DAS GROSSE BUCH DES
ALLGEMEIN WISSENS

DAS GROSSE BUCH DES
ALLGEMEIN WISSENS

Ein unentbehrliches Nachschlagewerk
für die ganze Familie

Verlag Das Beste Stuttgart · Zürich · Wien

Redaktionelle Leitung der deutschen Ausgabe:
Eberhard Anger M. A.,
Dr. Klaus Volkert

Redaktionelle Bearbeitung der deutschen Ausgabe:
Marlies Arenth, Dipl.-Geogr. Ellen Astor, Dipl.-Volkswirt Michael Bauer-Emmerichs,
Dr. Eva-Maria Brugger, Roger Bussian, Dr. Adolf Hanle, Dipl.-Ing. Helmut Kahnt,
Wolfhard Keimer, Dipl.-Biol. Franziska Liebisch, Sabine Rochlitz,
Dr. Renate Schmitt-Fiack, Marianne Strzysch, Irmgard Theobald, Klaus Thome,
Dipl.-Biol. Elke Thuy, Johannes-Ulrich Wening

Übersetzung aus dem Französischen:
Übersetzergemeinschaft Michael C. Sternheimer
Leitung: Michael C. Sternheimer
Übersetzer: Karen Becker, Christine Brenner, Matthias Laier,
                        Angelika M. Schwarz, Sabine Tholen

Titel der französischen Ausgabe: MÉMO LAROUSSE

Projektleitung der französischen Ausgabe:
Patrice Maubourguet, François Demay, Yves Garnier, Henri Serres-Cousiné

Verantwortlich für die Fachbereiche der französischen Ausgabe:
Jean-Christophe Balouet, Astrid Bonifacj, Didier Casalis, Philippe de la Cotardière,
Jean-Noël Charniot, Nadège Laneyrie-Dagen, Jacques Demougin, Sylvie Compagnon,
Jacqueline Demion, Philippe Faverjon, Michèle Beaucourt, Gilbert Gatellier,
Jean Gribenski, Pierre Grou, Nathalie Kristy, Elisabeth Launay, Nathalie Leconte,
Danielle Nakache, Philippe Obadia, René Oizon, Anne Charrier, Claude Poizot,
Bernard Roux, Patrick Tissier, Nicolas Witkowski, Edith Ybert-Chabrier

Dieses Buch entstand in Zusammenarbeit zwischen Bibliographisches
Institut & F. A. Brockhaus AG, Mannheim, und Verlag Das Beste GmbH, Stuttgart.
© 1991 Bibliographisches Institut & F. A. Brockhaus AG, Mannheim,
Sonderausgabe Verlag Das Beste GmbH, Stuttgart
© Französische Originalausgabe: Librairie Larousse 1989
A.D.A.G.P. 1989
SPADEM 1989

Alle Rechte, insbesondere die der Übersetzung,
Verfilmung, Funk- und Fernsehbearbeitung – auch von
Teilen des Buches –, im In- und Ausland vorbehalten

Bild Überzugvorderseite: Dr. R. Clark & M. Goff/Science Photo Library/FOCUS

Satz: Bibliographisches Institut & F. A. Brockhaus AG (Diacos Siemens)
und Mannheimer Morgen Großdruckerei und Verlag GmbH
Druck: Vereinigte Offsetdruckereien, Heidelberg
Bindung: Sigloch, Künzelsau
Printed in Germany
ISBN 3-87070-403-9

WIE MAN DAS BUCH BENUTZT

DAS GROSSE BUCH DES ALLGEMEINWISSENS ist ein Nachschlagewerk, in dem das Wissen unserer Zeit, in 19 Kapiteln geordnet, klar und übersichtlich abgehandelt wird. Es ist für den täglichen Gebrauch bestimmt und vor allem zum schnellen Nachschlagen geeignet. Hier einige Hinweise zur Benutzung:

Wenn man ein Wissensgebiet oder ein Thema vertiefen will

Das Inhaltsverzeichnis auf den Seiten VI–VII zieht man zu Rate, um das Kapitel zu finden, in dem das gesuchte Wissensgebiet oder Thema behandelt wird. Im Inhaltsverzeichnis ist für jedes Kapitel eine Seitenzahl angegeben: Auf dieser Seite befindet sich die Inhaltsübersicht des betreffenden Kapitels.
Diese Inhaltsübersicht gibt wiederum die genaue Seite an, auf der das gesuchte Thema zu finden ist.
Am Ende jeder Übersicht steht der Hinweis ›Siehe auch‹. Dort werden weitere Kapitel genannt, die ebenfalls nützliche Informationen zum gesuchten Thema enthalten.

Wenn man eine Tatsache, eine Persönlichkeit, ein Ereignis oder einen Begriff nachschlagen will

Das Register, das auf Seite 1233 beginnt, ist alphabetisch geordnet. Dort schlägt man das gesuchte Stichwort nach. Hinter diesem Wort sind die Zahlen der Seiten angegeben, auf denen die Tatsache, die Persönlichkeit, das Ereignis oder der Begriff vorkommt. Dem Register vorangestellt sind Hinweise darüber, wie man es benutzt, sowie eine Liste der Abkürzungen, die darin verwendet werden.

INHALT

1
Das Universum und die Erde

Seite 1

Die Materie; Astronomie; Geophysik; Paläontologie, Meteorologie, Mineralogie

2
Fauna und Flora

Seite 65

Tiere und Pflanzen aus aller Welt

3
Kalender

Seite 177

Die Zeitrechnung einst und jetzt

4
Weltgeschichte

Seite 193

Chronologie der Weltgeschichte
Übersicht über die Dynastien, Herrscher und Staatsoberhäupter
in Geschichte und Gegenwart

5
Religionen und Mythen

Seite 289

Götter, Religionen und Weltanschauungen aller Kulturen

6
Völker und Sprachen der Erde

Seite 353

Die Völker und Stämme der Erde, ihre Sprachen, Lebensformen und Geschichte

7
Länder der Erde

Seite 401

Daten und Fakten zur Geographie, Wirtschaft, Politik
und Geschichte aller Länder der Erde

8
Weltwirtschaft

Seite 561

Theorien, Fakten und Zahlen zur Wirtschaft

9
Internationale Organisationen

Seite 641

Ihre Strukturen, ihre Arbeitsweise, ihre Ziele

10
Meisterwerke

Seite 673

Archäologie, Vorgeschichte, frühe Hochkulturen, Malerei, Bildhauerei,
Architektur, Literatur, Theater, Musik, Tanz, Film,
Philosophie, Geisteswissenschaften, Geschichte

INHALT

11
Entdeckungen und Erfindungen

Seite 849

Geschichte der Naturwissenschaften und Technik

12
Kommunikation und Medien

Seite 913

Presse, Rundfunk, Fernsehen, Werbung

13
Körper und Gesundheit

Seite 945

Anatomie, Physiologie, Medizin, gesunde Lebensführung

14
Nahrungsmittel

Seite 1009

Pflanzliche und tierische Nahrungsmittel, Genußmittel,
Wasser, Bier, Wein, Nährwerte

15
Sportarten

Seite 1073

Regeln, Rekorde, Spitzensportler

16
Stile, Kleidermode, Uniformen

Seite 1137

Möbel, Kleidung und Uniformen im Spiegel der Zeiten

17
Gesellschaftsspiele

Seite 1169

Spielregeln und Geschichte der Spiele

18
Formeln und Fakten

Seite 1185

Mathematik, Physik, Chemie, Wirtschaft

19
Zeichen und Symbole

Seite 1217

Die Bedeutung der wichtigsten Zeichen und Symbole

Register

Seite 1233

Bildquellenverzeichnis

Seite 1277

DAS UNIVERSUM UND DIE ERDE

Seit Jahrtausenden versucht der Mensch, die Welt, in der er lebt, zu verstehen,
indem er den Himmel beobachtet und seinen Planeten erforscht. Das folgende Kapitel
liefert einen Überblick über den aktuellen Wissensstand in den Wissenschaften vom Universum und von der Erde.
Nach einer Einführung zur Materie und zu den Instrumenten,
mit deren Hilfe diese untersucht wird, gibt der erste Teil eine Übersicht über die wichtigsten Himmelskörper,
von den nächstgelegenen zu den entferntesten, und über die Techniken ihrer Erforschung.
Der zweite Teil stellt die Erde, ihre Struktur und ihre Geschichte, die natürlichen Gegebenheiten
im Zusammenhang mit ihrer Entwicklung und die Besonderheiten ihrer Oberfläche und ihrer Atmosphäre dar.
Zahlreiche Fakten werden in Form von Tabellen zusammengefaßt;
mittels einer Reihe von Erdkarten können schnell die Besonderheiten des Aussehens der Erde erfaßt werden:
die wichtigen natürlichen Landschaften, die Bodentypen, die Vegetation,
die Klimazonen, die Meeresströmungen, die Plattentektonik usw.

INHALT

DIE MATERIE
DIE STRUKTUR DER MATERIE,
GRUNDBAUSTEINE 2
WECHSELWIRKUNGEN, AUF DEM WEG ZUR
VEREINHEITLICHTEN THEORIE,
IST DAS PROTON STABIL? 3

INSTRUMENTE UND ANLAGEN
BESCHLEUNIGER MACHEN
UNENDLICH KLEINES SICHTBAR,
AUS ENERGIE WIRD MATERIE,
SEHR KOMPLEXE MASCHINEN 4
TECHNOLOGIEN DER ZUKUNFT 5

DAS SONNENSYSTEM
DAS SONNENSYSTEM IN ZAHLEN,
BESTANDTEILE 6
DIE SONNE IN ZAHLEN,
DIE SONNENAKTIVITÄT 7
DIE PLANETEN 8
NATÜRLICHE SATELLITEN 9
DER MOND IN ZAHLEN, MONDOBERFLÄCHE,
DIE FINSTERNISSE 10
DIE ASTEROIDEN IN ZAHLEN,
DIE EARTH-GRAZERS, KOMETEN 11
EINTEILUNG DER METEORITE,
WAHRSCHEINLICHKEIT EINES EINSCHLAGS 12

DIE GALAXIS UND DIE STERNE
STRUKTUR, BEWEGUNGEN, GRÖSSENKLASSEN 13
INTERSTELLARE MATERIE, SPEKTRALKLASSEN,
ENTFERNUNGEN, LEUCHTKRAFT UND GRÖSSEN,
EIGENBEWEGUNG 14
DIE ENTWICKLUNG DER STERNE,
NOVAE UND SUPERNOVAE, WEISSE ZWERGE,
PULSARE, SCHWARZE LÖCHER 15
NOMENKLATUR DER STERNE,
NOMENKLATUR DER STERNBILDER 16

DAS EXTRAGALAKTISCHE UNIVERSUM
EINTEILUNG DER GALAXIEN,
AKTIVE GALAXIEN UND QUASARE 18
GALAXIENHAUFEN, DIE LOKALE GRUPPE,
SUPERHAUFEN 19
BEOBACHTUNGEN, KOSMOLOGISCHE MODELLE,
DER URKNALL, DIE ZUKUNFT 20

ASTRONOMISCHE BEOBACHTUNGEN
DIE HIMMELSKUGEL, KOORDINATEN,
OPTISCHE ASTRONOMIE, RADIOASTRONOMIE,
ASTRONOMIE IM WELTRAUM 21
OBSERVATORIEN 24

DIE KARTOGRAPHISCHEN PROJEKTIONEN
DIE ZYLINDRISCHE MERCATOR-PROJEKTION,
DIE PETERS-PROJEKTION,
DIE KEGELPROJEKTION 25

STRUKTUR UND GESCHICHTE DER ERDE
FORM DER ERDE, DAS ERDINNERE,
URSPRUNG DER ERDE, DIE ERDGESCHICHTE 26

GESTEINE UND MINERALE
DEFINITION, KRISTALLISIERTE MATERIE,
BESTIMMUNG VON MINERALEN 28
DIE FARBE DER MINERALE, SILICATE,
CARBONATE, WEITERE MINERALE,
NÜTZLICHE MINERALE,
BEDEUTUNG DER MINERALE 29
BILDUNG DER GESTEINE,
MAGMATISCHE GESTEINE, SEDIMENTGESTEINE 30
METAMORPHE GESTEINE,
GESTEINE DES OBEREN ERDMANTELS 31

GEOPHYSIK
DAS GEOID, DAS ERDINNERE,
DAS MAGNETFELD DER ERDE,
GEOPHYSIKALISCHE PROSPEKTION 32

GEOCHEMIE
ZUSAMMENSETZUNG DER ERDE,
ENTWICKLUNG DER ZUSAMMENSETZUNG
DER ERDE, STOFFTRANSPORT,
GEOCHEMISCHE INDIKATOREN 33

DIE PLATTENTEKTONIK
DIE AUSBREITUNG DER MEERESBÖDEN,
DIE GROSSEN LITHOSPHÄRISCHEN PLATTEN 34
RELATIVE BEWEGUNGEN DER PLATTEN,
DIE PLATTENRÄNDER,
DIE THEORIE DER PLATTENTEKTONIK 35

VULKANE UND ERDBEBEN
VULKANAUSBRÜCHE 36
BILDUNG DER MAGMEN UND DER
VULKANISCHEN GESTEINE, ERDBEBEN,
ERDBEBENMESSUNG, ERDBEBENVORHERSAGE 37

**VULKANGEBIETE UND
ERDBEBENZONEN**
VERBREITUNG DER VULKANE UND ERDBEBEN,
MITTELOZEANISCHE RÜCKEN,
DIE VULKANINSELN 38
SUBDUKTIONSZONEN, GROSSGRÄBEN (RIFTS),
TRANSFORMVERWERFUNGEN,
VULKAN- UND ERDBEBENTÄTIGKEIT
IN DEUTSCHLAND 39

RELIEF UND EROSION
VERTEILUNG DES RELIEFS,
JUNGE GEBIRGE 40
SEDIMENTBECKEN UND LANDTERRASSEN,
ALTE GEBIRGSMASSIVE, FORMUNG DES RELIEFS,
KLIMAEINWIRKUNG 41

NATURDENKMÄLER 42

OZEANE
DIE GLIEDERUNG DES WELTMEERES 46

MEERESSTRÖMUNGEN UND GLETSCHER
MEERESSTRÖMUNGEN, GLETSCHER 48

STRÖME, FLÜSSE UND SEEN
FLÜSSE, SEEN 49

DIE ATMOSPHÄRE 50
DIE ATMOSPHÄRISCHE ZIRKULATION,
GROSSE LUFTMASSEN, LUFTDRUCK 51

KLIMATE 52
DER WIND: DIE BEAUFORT-SKALA 53

BÖDEN 54

VEGETATION 55

WOLKEN
DAS WOLKENSYSTEM,
LEXIKON DER METEOROLOGIE 56

URSPRUNG DES LEBENS AUF DER ERDE
WAS IST LEBEN?,
WOHER KOMMT DAS LEBEN?,
EXPERIMENTE ZUR ENTSTEHUNG DES LEBENS 57

LEBEN IM PRÄKAMBRIUM UND KAMBRIUM
DIE BAKTERIEN, ERSTE LEBENSFORMEN,
DIE FÜNF REICHE DER LEBEWESEN,
DAS LEBEN IM MEER ENTWICKELT SICH 58
DIE EROBERUNG DES FESTLANDES,
DIE PFLANZENWELT, DIE REPTILIEN 59

DAS LEBEN IM MESOZOIKUM
VORHERRSCHAFT DER REPTILIEN,
VÖGEL UND SÄUGETIERE 60
DIE BLÜTENPFLANZEN, DAS LEBEN IM MEER,
DAS VERSCHWINDEN DER DINOSAURIER 61

DAS LEBEN IM TERTIÄR
DIE VÖGEL, DIE SÄUGETIERE 62

DER MENSCH
DEFINITION DES MENSCHEN,
FOSSILE MENSCHEN 63

DAS LEBEN IM QUARTÄR
KLIMATE UND FAUNA,
BEVÖLKERUNGEN IN DER WELT 64

Siehe auch
Weltgeschichte, Teil ›Chronologie‹, S. 194 bis 256, für die Chronologie der Urgeschichte;
Fauna und Flora, S. 65 und folgende.

Redaktion und Texte
Philippe de La Cotardière, Generalsekretär der Redaktion (Naturwissenschaften und Technik, Astronomie);
René Oizon, Generalsekretär der Redaktion (Geographie);
Jean-Christophe Balouet, Paläontologe; Catherine Mével, Doktor der Naturwissenschaften, wissenschaftliche Mitarbeiterin am C.N.R.S.;
Nicolas Witkowski, Wissenschaftsjournalist, Professor der Physik.

DAS UNIVERSUM UND DIE ERDE

DIE MATERIE

DIE STRUKTUR DER MATERIE

Nach unserem Wissensstand ist die Materie unendlich vielfältig und von einer eindrucksvollen Komplexität. Der Gedanke, daß sich dahinter eine einfachere Struktur verbirgt und daß sich die Natur aus einer geringen Anzahl von Gesetzen und Grundbestandteilen ableitet, hatte die Griechen dazu veranlaßt, das Vorhandensein von *Elementen* wie Luft, Wasser oder Feuer und anschließend das von *Atomen* anzunehmen. Das Atom ist heute experimentell nachgewiesen; es ist jedoch mitnichten unteilbar (griechisch: *atomos*). Man entdeckte vielmehr, daß es aus *Elektronen* besteht, die um einen massiven Kern kreisen, der sich seinerseits aus *Neutronen* und *Protonen* zusammensetzt.

Vor dreißig Jahren noch schienen diese drei Grundbausteine auszureichen, um die Materie in allen ihren Formen nachzuvollziehen. Zwar gilt das Elektron noch immer als Elementarteilchen, es hat sich aber gezeigt, daß Neutronen und Protonen Ansammlungen aus noch kleineren Teilchen sind, nämlich den *Quarks*. Niemand kann heute mit Bestimmtheit sagen, daß Quarks nicht auch zusammengesetzte Teilchen sind. Die Physiker würden zudem gerne eine weitere Elementarebene finden. Die Liste der bekannten Teilchen ist so lang und so schwer zu interpretieren (ein Ausschnitt aus dieser Liste ist rechts dargestellt), daß jede neue Entdeckung, durch die die Liste vereinfacht würde, höchst willkommen wäre.

Findet sich nun die Vielfalt der Materie auf allen Ebenen? Hat der Begriff ›Elementarteilchen‹ überhaupt einen Sinn? Dies sind die Grundfragen der Teilchenphysik. Auch wenn die Vorstellungskraft der Theoretiker keinerlei Grenzen kennt, so scheinen doch die riesigen Maschinen, die die Theorien testen sollen, ihre Grenzen erreicht zu haben.

Die wichtigsten Elementarteilchen

Teilchen	Symbol	Masse (in MeV)	elektrische Ladung
Photon	γ	0	0
Neutrino	ν	0?	0
Antineutrino	ν̄	0?	0
Elektron	e⁻	0,5	−1
Positron	e⁺	0,5	+1
Myon	μ	105	−1
Antimyon	μ⁺	105	+1
Pionen	π⁻	140	+1
	π⁰	135	0
	π⁺	140	−1
Kaonen	k⁺	494	+1
	k⁰	498	1
	k⁻	494	−1
Proton	p	938	+1
Antiproton	p̄	938	−1
Neutron	n	940	0
Antineutron	n̄	940	0
Phiteilchen	Φ	1 020	0
Lambdateilchen	Λ	1 116	0
D-Mesonen	D⁰	1 863	0
	D⁺	1 868	+1
Charm-Lambda	Λ_c	2 260	0
J- oder Psi-Familie	J/ψ	3 098	0
	ψ	3 684	0
Y-Familie	Y	9 400	0
	Y'	10 000	0
	Y''	10 400	0

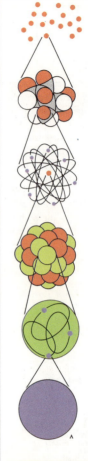

Materie.
Unter dem Mikroskop erscheint die Materie als eine Zusammenballung von *Molekülen*.

Moleküle.
Bei einer mittleren Größe von einem Milliardstel Meter (10^{-9} m) sind die Moleküle Ansammlungen von *Atomen*.

Atome.
10^{-10} m: das Atom besteht seinerseits aus *Elektronen*, die mit hoher Geschwindigkeit um einen Kern kreisen.

Kern.
10^{-14} m: Protonen und Neutronen, beides sehr viel schwerere Teilchen als das Elektron, bilden den *Atomkern*.

Quarks.
10^{-15} m: die Protonen und die Neutronen sowie weitere schwere Teilchen bestehen aus *Quarks*.

Struktur der Quarks?
10^{-18} m: Haben Quarks eine Unterstruktur? Diese Frage kann zur Zeit nicht beantwortet werden.

GRUNDBAUSTEINE

Zwei *Quarks* und zwei *Leptonen* braucht man, um das Universum mit seinen Galaxien, seinen Planeten und seinen Lebewesen aufbauen zu können. Die Leptonen sind das *Elektron* und das *Elektronneutrino*, welches schwer nachweisbar ist: Die Elektronneutrinos werden ständig von der Sonne abgegeben und durchqueren ungehindert unseren Planeten. Die zwei Quarks, *Up-Quark* und *Down-Quark*, schließen sich jeweils drei zu drei zusammen und bilden so Protonen und Neutronen. Diese Quarks sind in zweifacher Hinsicht mysteriös. Zunächst einmal tragen sie Bruchteile elektrischer Ladungen (+2/3 und −1/3 der Elementarladung). Und dann hat noch niemand ein einzelnes Quark feststellen können. Sie existieren lediglich in Zweier- oder Dreiergruppen. Eine zweite Familie wird von zwei weiteren Quarks, die *Charm* und *Strange* heißen, sowie von zwei weiteren Leptonen, *Myon* und *Myonneutrino*, gebildet. Eine dritte Familie umfaßt das Quark *Beauty*, das Quark *Truth*, das Lepton *Tauon* und das *Tauonneutrino*.

Zwölf Elementarteilchen? Nicht unbedingt, denn Quarks können drei unterschiedliche *Farben* tragen. Ganz zu schweigen von den hinzukommenden *Photonen*, *Bosonen* und *Gluonen*, die die Wechselwirkungen zwischen diesen Elementarteilchen übertragen.

MATERIE UND ANTIMATERIE

Auf die Elementarteilchen angewandt, ergeben die Gleichungen der Physik grundsätzlich zwei Lösungen mit entgegengesetztem Vorzeichen. Dem Elektron fügen sie ein positiv geladenes ›Antielektron‹ – *Positron* genannt – hinzu, den Neutrinos *Antineutrinos* und jedem Quark ein *Antiquark*.

Die Antimaterie, die sich aus Antiteilchen zusammensetzt, wird üblicherweise in Beschleunigern aus Materie erzeugt. Das Problem besteht in ihrer Erhaltung, denn Antimaterie wird vernichtet, sobald sie auf Materie trifft. Übrig bleibt Energie, die sich ihrerseits in weitere Teilchen umwandelt! Somit geht es darum, Vorrichtungen zu bauen, in denen ein sehr hohes Vakuum herrscht. Das Fehlen von Antimaterie im wahrnehmbaren Universum ist eines der großen Rätsel der Kosmologie. Zahlreiche Indizien lassen vermuten, daß ursprünglich ebenso viel Materie wie Antimaterie entstand. Wie kommt es, daß nach der Urkatastrophe ein wenig Materie übrig geblieben ist – nämlich unser Universum? Die von den mathematischen Gleichungen suggerierte Symmetrie zwischen den beiden Materiearten ist vielleicht weniger vollkommen, als es den Anschein hat.

B

	Grundbausteine der Materie		Austauschquanten (Vektorbosonen)	
	Quarks	Leptonen		
in der ›vertrauten‹ Materie	● Up	▪ Elektron	elektroschwache Wechselwirkung	Photonen
	● Down	▪ Elektronneutrino		
in der Materie höherer Energie	● Strange	▪ Myon		W-Bosonen
	● Charm	▪ Myonneutrino		Z-Boson
	● Beauty	▪ Tauon	starke Wechselwirkung	Gluonen
	● Top (oder Truth)	▪ Tauonneutrino		

DAS UNIVERSUM UND DIE ERDE

WECHSELWIRKUNGEN

Ebenso wie die stabile Materie aus vier Teilchen aufgebaut ist, genügen vier Kräfte (modern spricht man von *Wechselwirkungen*), um alle physikalischen Phänomene zu beschreiben. Die erste und am längsten bekannte Kraft, die **Gravitation**, erklärt die Anziehung der Himmelskörper und den Fall von Körpern. Die zweite Kraft, der **Elektromagnetismus**, bewirkt nicht nur das Funktionieren der elektrischen und elektronischen Geräte, sondern auch alle optischen und chemischen Phänomene. Sie hält nämlich in den Atomen die Elektronen in der Nähe des Kerns fest. Die beiden anderen Wechselwirkungen zeigen sich nur auf sehr kurze Entfernung im Kerninneren. Die **schwache Wechselwirkung** – so genannt, weil sie gewisse sehr langsame Prozesse wie den radioaktiven Zerfall des Urans verursacht – ist in allen Sternen aktiv. Die **starke Wechselwirkung** bindet ihrerseits die Quarks im Kerninneren.

Alle Wechselwirkungen können als das Ergebnis des Austauschs gewisser Teilchen angesehen werden. Die *Gravitonen*, die bis jetzt noch nicht nachgewiesen werden konnten, wären die Träger der Gravitation; die Fernwirkung eines Magneten beruht auf dem Austausch von *Photonen*; die drei *intermediären Bosonen*, die Z^0, W^+ und W^- genannt werden, sind die Vermittler der schwachen Wechselwirkung, die *Gluonen* diejenigen der starken Wechselwirkung. Ein Elektron bleibt somit in der Nähe eines Kerns, da es unablässig die vom Kern abgegebenen (oder aufgenommenen) Photonen aufnimmt (oder abgibt). Die Bosonen paaren sich ihrerseits mit den Quarks, wodurch aus *d*-Quarks *u*-Quarks werden und damit aus Neutronen *(udd)* Protonen *(uud)*.

Der Gluonenaustausch zwischen Quarks läßt eine andere Art Ladung zur Wirkung kommen, die sog. *Farbladung*. Diese ist mit dem Vakuum unverträglich. Deshalb also können Quarks und Gluonen, die ein und dieselbe Farbladung (nach der Theorie der ›Quantenchromodynamik‹ Rot, Gelb oder Blau) tragen, nicht getrennt werden. Sie schließen sich so in Zweier- oder Dreiergruppen zusammen, daß sich ihre Farben ›vermischen‹ und Weiß ergeben. Für sie ist dies der einzige Weg, stabile Teilchen zu bilden.

Gravitation: das Sonnensystem

Elektromagnetische Kräfte halten das Atom zusammen

Schwache Wechselwirkung: der radioaktive Zerfall

Die starke Wechselwirkung hält den Kern zusammen

A · **Die vier Wechselwirkungen.**

Mit nur vier Wechselwirkungen können alle natürlichen Phänomene erklärt werden. Die starke Wechselwirkung hält den Atomkern zusammen, die schwache Wechselwirkung verursacht seinen radioaktiven Zerfall.

Während diese Wechselwirkungen nur eine sehr kurze Reichweite haben, besitzen der Elektromagnetismus, der die Elektronen auf ihren Bahnen um die Kerne hält, und die Gravitation eine unendliche Reichweite.

AUF DEM WEG ZUR VEREINHEITLICHTEN THEORIE

Immer einfacher! So könnte das Motto der theoretischen Physik lauten. Dem Beispiel Maxwells folgend, der Elektrizität und Magnetismus verknüpfte, haben heute die Physiker Elektromagnetismus und schwache Wechselwirkung miteinander verbunden. Sie hoffen, diese *elektroschwache* Theorie mit der *Quantenchromodynamik,* die die starke Wechselwirkung beschreibt, vereinigen zu können. Das Problem dabei ist, daß eine solche vereinheitliche Theorie sich nur bei außerordentlich hohen Energien verifizieren läßt, die nie von den Teilchenbeschleunigern erreicht werden können. Glücklicherweise ermöglichen aber die Gesetze der Quantenphysik einen rechnerischen Zugang zu solchen Energien. Die **große Vereinheitlichung** wäre auch eine große Vereinfachung, weil dann Quarks und Leptonen nur zwei Aspekte ein und desselben elementaren Teilchens wären. Von da aus ist es nur noch ein kleiner Schritt hin zum Traum von einer allumfassenden Theorie, die auch die Gravitationswechselwirkung mit einschließen würde.

Die vier Elementarkräfte bildeten bei der Entstehung des Universums vermutlich eine einzige Kraft. Erst nach dem Urknall haben sich die Urkraft und die Urmaterie voneinander abgesetzt und damit dem Universum seine Verschiedenartigkeit gegeben.

VON NEWTON ZU DEN QUARKS

Die Gravitation, deren Rätsel von Isaac Newton gelöst wurde, hat gerade den 300. Geburtstag ihrer Entdeckung gefeiert. Der Elektromagnetismus ist das Werk des schottischen Physikers James C. Maxwell (oben links) aus dem Jahr 1864. Die Theorie der schwachen Wechselwirkung ging in den 60er Jahren aus Arbeiten der Amerikaner S. Glashow und S. Weinberg sowie des Pakistani Abdus Salam (oben rechts) hervor. Schließlich hat M. Gell-Mann 1963 die Existenz von Quarks behauptet, jener Teilchen, die man im Inneren von Protonen nachweisen konnte.

IST DAS PROTON STABIL?

Die große Vereinheitlichung sagt voraus, daß Quarks und Leptonen bei hoher Energie ineinander umwandelbar sind. Dies führt dazu, daß das Proton, das ja aus Quarks besteht, spontan zerfallen müßte, wenn sich eines seiner Quarks in ein Lepton verwandelt. Dieses Ereignis muß jedoch äußerst selten sein, da die Berechnung der durchschnittlichen Lebensdauer eines Protons 10^{31} Jahre ergibt, ein Zeitraum, der das Alter unseres Universums (ungefähr 10^{10} Jahre) erheblich übertrifft. Wenn dies zutrifft, sollte es möglich sein, beobachtet man 10^{31} Protonen, mehrmals jährlich einen Zerfall festzustellen. Man muß nur eine hinreichend große Anzahl von Protonen (häufig Wasser oder Eisen, die billigsten Materialien) beobachten und abwarten. Keine Vorrichtung, auch nicht dieses riesige Becken (s. u.), das in einer Mine in Japan ausgehoben wurde, hat bis heute den Zerfall eines Protons beobachtet.

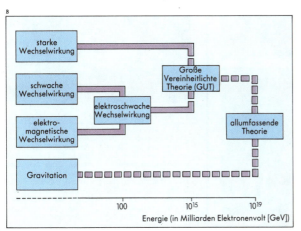

B · **Die Wechselwirkungen.**

Bei niederen Energien in Art und Intensität sehr verschieden, werden die vier Wechselwirkungen bei hohen Energien durchaus vergleichbar. Die große Vereinheitlichung ist jedoch noch nicht erreicht.

C · **Unter einem Berg.**

Der Detektor von Kamioka, der 1 000 m unter dem Ikenoyama in Japan aufgestellt ist, könnte mit Hilfe der ultrasensiblen Photodetektoren den spontanen Zerfall eines Protons beobachten (33 000 t Wasser sind in diesem ›Becken‹).

DAS UNIVERSUM UND DIE ERDE

INSTRUMENTE UND ANLAGEN

BESCHLEUNIGER MACHEN UNENDLICH KLEINES SICHTBAR

Vor weniger als fünfzig Jahren noch waren die Labors der Teilchenphysiker mit ganz bescheidenen Mitteln ausgestattet. Die Entdeckung des Neutrons im Jahr 1932 kostete nur einige tausend DM. Heute stellt der in den USA geplante Beschleuniger SSC (Superconducting Super Collider) eine Investition von ungefähr 6 Milliarden Dollar dar.

Warum Teilchenbeschleuniger? Diese Tendenz zum Gigantischen beruht auf einem einfachen physikalischen Prinzip: Ein Gegenstand einer bestimmten Größe kann nur beobachtet werden, wenn er von Licht ›angestrahlt‹ wird, dessen Wellenlänge eine vergleichbare Größe besitzt. Sichtbares Licht mit einer Wellenlänge von etwa einem Mikrometer bildet nur Einzelheiten in dieser Größenordnung ab. Um in der Untersuchung der Materie weiterzukommen, um Protonen oder gar Quarks ›sichtbar‹ zu machen, muß mit ›Licht‹ mit immer kürzeren Wellenlängen, das heißt immer größeren Energien, hergestellt werden. Dies gelingt durch Beschleunigung von Bündeln geladener Teilchen (Elektronen oder Protonen) im Vakuum auf Geschwindigkeiten nahe der Lichtgeschwindigkeit.

Prinzipieller Aufbau eines Beschleunigers. Zwei Metallplatten werden mit einer Spannungsquelle, zum Beispiel eine Batterie von 4,5 V, verbunden. Im Vakuum wird dann ein negatives Elektron, das von der positiven Platte angezogen wird, eine Energie von 4,5 eV aufnehmen (das *Elektronenvolt* [eV] ist die handlichste Energieeinheit in der Teilchenphysik). Oft unter hoher Spannung beschleunigt, können Teilchen Energien von 100 GeV (100 Gigaelektronenvolt, d. h. 100 Milliarden Elektronenvolt) erreichen, wodurch Punkte in der Größe von einem Trillionstel Meter beobachtet werden können. Teilchenbeschleuniger verbrauchen demnach viel elektrische Energie: CERN wird deshalb direkt von dem Wasserkraftwerk in Génissiat versorgt.

AUS ENERGIE WIRD MATERIE

Die Funktionsweise eines Beschleunigers beruht in mehrfacher Hinsicht auf der elektromagnetischen Wechselwirkung: Elektrostatische Generatoren liefern die geladenen Teilchen; Elektroden mit Spannungen von mehreren Millionen Volt und hochfrequente elektrische Felder übermitteln ihnen Energie; schließlich werden die Teilchen auf ihrer Bahn im Inneren einer Vakuumröhre mit einigen Zentimetern Durchmesser durch eine Kette von Elektromagneten gehalten, die jeweils 1/10 mm voneinander entfernt sind.

Das erste 1930 gebaute *Zyklotron* hatte einen Durchmesser von 2 m, SSC soll einen Umfang von 84 km haben, womit der Großraum Paris umschlossen werden könnte. Bis in die 70er Jahre wurden die von den Beschleunigern erzeugten Teilchenstrahlen auf feste Ziele – die *Targets* – gerichtet, die von Detektoren umgeben waren, die die Ergebnisse des Aufpralls analysierten. Die freigewordene Energie wird gemäß der von Einstein formulierten Masse-Energie-Äquivalenz in Form von Teilchen zu Materie. Bei der geschilderten Anordnung geht ein großer Teil der Energie auf das Target über, was nicht beabsichtigt ist. Es entstand daher der Gedanke, zwei Teilchenbündel in der gleichen Vakuumröhre im entgegengesetzten Sinn zu beschleunigen und die Detektoren am Kollisionspunkt aufzustellen. Diese Technik des *Kollisionsbeschleunigers (collider)* ist heute die am meisten verbreitete, sei es, um Kollisionen zwischen Protonen und Antiprotonen oder zwischen Elektronen und Positronen zu erzeugen.

Der Zusammenstoß von Materie und Antimaterie bei Geschwindigkeiten nahe der Lichtgeschwindigkeit ist das ideale Mittel, um Energie freizumachen. Dennoch ist keine Methode frei von Nachteilen. Elektronen haben den Vorteil, daß sie elementarer als die aus Quarks bestehenden Protonen sind; im Gegensatz zu den letztgenannten wird die ihnen übermittelte Energie beim Aufprall vollständig wieder freigesetzt, sie besitzen jedoch die unangenehme Eigenschaft, Energie durch ›Bremsstrahlung‹ zu verlieren, wenn sie auf einer gekrümmten Bahn kreisen.

SEHR KOMPLEXE MASCHINEN

Die meisten in Beschleunigern erzeugten Teilchen haben eine äußerst kurze Lebensdauer und sind nur durch die Spuren ihres Zerfalls erkennbar. Die hierfür eingesetzten riesigen *Detektoren* (die größten wiegen 2 000 t) sind vielleicht die komplexesten Maschinen, die jemals von Menschen gebaut wurden. Es handelt sich um *Blasenkammern*, mit Flüssigkeit gefüllte, unter niedrigem Druck stehende Behälter, in denen die geladenen Teilchen eine Schleppe von Gasblasen nach sich ziehen, um gasgefüllte *Ablenk- und Plasmakammern*, in denen sich zwei unter Spannung stehenden Elektroden befinden, die auf den Durchgang eines Teilchens durch eine elektrische Entladung reagieren, oder um *Kalorimeter*, die die Energie der Teilchen direkt messen.

Diese verschiedenen Systeme, die mit leistungsfähigen Elektromagneten verbunden sind, werden in konzentrischen Schichten um den Kollisionsort herum angeordnet. Sie müssen ständig in Betrieb sein, da pro Sekunde durchschnittlich tausend Kollisionen erfolgen. Von daher ist es überhaupt nicht verwunderlich, daß ein einziger Detektor gut einhundert Fachleute in Anspruch nimmt.

Obwohl nicht alle Kollisionen zu interessanten Ergebnissen führen, sammeln die Detektoren jede Sekunde ausreichend Informationen, um ein Telefonbuch zu füllen. Das Vorsortieren der ›Ereignisse‹ geschieht durch Minicomputer, der Hauptcomputer des Rechenzentrums nimmt nur eine genaue Analyse der wichtigsten Ereignisse vor. Trotz dieser strengen Auswahl vergehen im allgemeinen 4 bis 5 Jahre zwischen dem Anlaufen eines Versuchs und der vollständigen Auswertung seiner Ergebnisse.

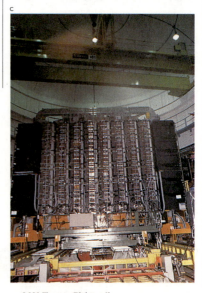

c · 2 000 Tonnen Elektronik.
«UA1» (underground area 1) ist einer der Detektoren des Beschleunigers SPS des CERN. Dieses riesige Elektronenhirn dient zur Bestimmung der Eigenschaften der Teilchen, die bei den Kollisionen mitwirken. Der Detektor mißt die Energie, die Geschwindigkeit und die Richtung der äußerst kurzlebigen Teilchen, die aus den Proton-Antiproton-Kollisionen bei hohen Energien entstehen. Einige der entstehenden Teilchen sind so instabil, daß sie in einer milliardstel Sekunde zerfallen, was an die Instrumente beträchtliche Anforderungen stellt.

LINEAR ODER KREISFÖRMIG?

Bei Teilchenbeschleunigern wurden verschiedene geometrische Formen getestet. Der Ring ermöglicht eine allmähliche Beschleunigung, wobei die Teilchenpakete in ihm mehrere Millionen Male kreisen können, bevor es zu einer Wechselwirkung kommt. Leider verlieren die geladenen Teilchen durch Abstrahlung Energie, weil sie eine gekrümmte Bahn durchlaufen. Sie verhalten sich ähnlich wie die Reifen eines Autos, die in der Kurve quietschen. Um diesen Störeffekt auf ein Minimum herabzusetzen, müssen also Kurven mit großen Krümmungsradius gebaut werden: 5, ja sogar 15 km!

Bei der Geraden tritt dieser Nachteil nicht auf, sie setzt jedoch energischere Beschleunigungstechniken voraus als der Kreisbeschleuniger, da die Teilchen die Vorrichtung nur ein einziges Mal passieren.

A · Der Herr der Ringe.
Dieser Teil des LEP, jenes Genfer Kreisbeschleunigers von 27 km Umfang, zeigt die Magneten, die die Teilchen auf ihrer Bahn halten.

B · 3 km mit Lichtgeschwindigkeit.
Mit seinen 3 km ist der Geradeausbeschleuniger von Stanford (Kalifornien) der längste der Welt.

DAS UNIVERSUM UND DIE ERDE

TECHNOLOGIEN DER ZUKUNFT

Um gegen die enorme Größe der Kreisbeschleuniger anzugehen, befaßt sich die Forschung gegenwärtig mit der Entwicklung von Linearbeschleunigern. Es werden neue Techniken der Beschleunigung und der Fokussierung von Teilchenstrahlen untersucht, wie zum Beispiel Laser und supraleitende Magneten, die sehr starke Magnetfelder liefern, oder aber das durch bestimmte Teilchenstrahlen erzeugte ›Wirbelstromfeld‹, das in der Lage zu sein scheint, die heute möglichen Beschleunigungen zu verzehnfachen.

Wenn alle diese Möglichkeiten ausgeschöpft sind, bleibt immer noch das größte Laboratorium, das es gibt: das Universum. Die von Neutronensternen und Quasaren freigesetzten Energien sind nämlich unvergleichlich viel größer als die in Teilchenbeschleunigern erzeugten. Die Astrophysik tendiert immer mehr dazu, sich bei der Erforschung der Geheimnisse der Materie der Teilchenphysik anzunähern.

An der Entwicklung der Beschleuniger sind im wesentlichen drei technologische Bereiche direkt beteiligt: die *Elektronik,* die die neuen für die Detektoren notwendigen Bestandteile bereitstellt und die Maschinen automatisiert; das *Vakuum,* das in der Beschleunigungsröhre ein milliardstel Millibar erreichen muß, und schließlich die *Supraleitung,* ein Phänomen, das bei sehr niedrigen Temperaturen auftritt und das es ermöglicht, hinreichend große Ströme durch die Leiterbahnen fließen zu lassen, wodurch sehr starke elektrostatische und magnetische Felder erzeugt werden.

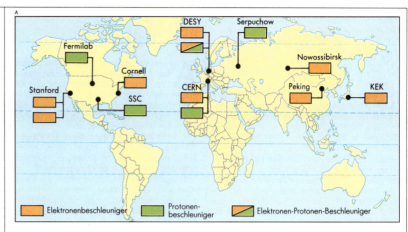

A · **Die Welt der Hochenergiephysik.** Obwohl es kaum mehr als zehn sehr große Beschleuniger gibt, so sind doch die Forschungsinstitute und Labors der Hochenergiephysik auf alle Industrieländer verteilt. Die leistungsfähigsten Maschinen sind zur Zeit das Tevatron des Fermilab in Chikago, der LEP des CERN in Genf und der UNK in Serpuchow in der UdSSR. Der größte von allen, der SSC, wird in Waxahachie südlich von Dallas (Texas) gebaut.

B · **Ein wilder Wettlauf.** In den letzten dreißig Jahren hat sich die Energie der Beschleuniger etwa alle zehn Jahre verzehnfacht. Da Elektronen und Positronen Elementarteilchen sind, ist die beim Zusammenprall freigesetzte Energie (Abszisse) gleich der Summe der Energien der beiden Teilchenstrahlen (Ordinate). Protonen, die ja aus Quarks bestehen, setzen Energien frei, die kleiner sind als diese Summe; sie ermöglichen jedoch Energiestufen, die zur Zeit von den Elektronen nicht erreicht werden können.

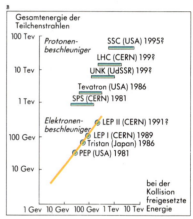

DAS CERN

3 500 fest angestellte Forscher und Techniker, 3 000 Gastphysiker im Jahr und ungefähr 600 Millionen Schweizer Franken Jahreshaushalt. Das europäische Kernforschungszentrum CERN liegt in der Nähe von Genf, beiderseits der Grenze zwischen Frankreich und der Schweiz, und ist das Ergebnis einer 35jährigen Zusammenarbeit zwischen 14 europäischen Ländern.

Zur Zeit der Entstehung des CERN in den 50er Jahren besaßen die Vereinigten Staaten einen unbestreitbaren Vorsprung in der Hochenergiephysik. Noch zwanzig Jahre lang behaupteten die amerikanischen Physiker diese Vormachtstellung. Dies änderte sich jedoch in den 80er Jahren. Die Schule der europäischen Physiker und die langsame Vervollkommnung der Maschinen sicherten CERN weltweit eine Spitzenstellung, was auch der Nobelpreis beweist, der 1984 an zwei seiner Forscher verliehen wurde, den Italiener C. Rubbia und den Holländer S. van der Meer.

Die zunehmende Größe der Beschleuniger ist für diesen Aufschwung bezeichnend. Das *Protonensynchrotron* (PS), das 1959 fertiggestellt wurde, besitzt einen Durchmesser von 200 m und erreicht eine Energie von 28 GeV (28 Milliarden Elektronenvolt). Heute dient es zur Versorgung des *Superprotonsynchrotrons* (SPS) mit 2,2 km Durchmesser und 450 GeV Energie (in der Zeichnung blau). Dessen Umbau in einen Proton-Antiproton-Kollisionsbeschleuniger (1983) führte zu der Entdeckung der ›Bosonen‹, den Vermittlern der schwachen Wechselwirkung. Hierzu gehört das Z°, dessen Zerfall sich in den zwei gelben Spuren zeigt, die auf dem nebenstehenden Computerbild zu sehen sind. Das SPS wird seinerseits zur Versorgung des LEP (Large Electron Positron Collider) mit einem Durchmesser von 8,5 km und 100 GeV Energie eingesetzt, dessen Inbetriebnahme 1989 erfolgte.

Man denkt im CERN bereits an den zukünftigen LHC (Large Hadron Collider), der in demselben Tunnel wie der LEP aufgestellt werden soll, jedoch zehnmal höhere Energien ermöglichen wird.

D · **Das Unsichtbare sehen.** Dies ist das Computerbild einer Kollision, durch die 1983 im CERN der erste Zerfall eines Z°-Bosons beobachtet werden konnte. Der Teilchendetektor erfaßt keine Spuren des Z°-Teilchens; das Elektron und das Positron jedoch, die beim Zerfall entstehen, hinterlassen zwei gelbe Spuren, die sich in entgegengesetzter Richtung voneinander entfernen.

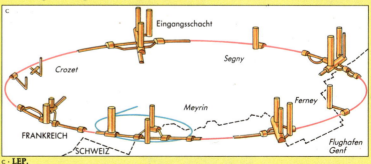

C · **LEP.** Eineinhalb Millionen Kubikmeter. Dies ist das Volumen des Gesteins, das 50 m unter den Ausläufern des Jura ausgehoben werden mußte, um den 27 km langen Tunnel für LEP zu bauen. Dieser Kollisionsbeschleuniger für Elektronen und Positronen enthält 3 400 Magneten, die die Teilchenstrahlen auf ihrer Bahn halten, und 1 300 Magneten, die diese fokussieren. Unter den ›Augen‹ von vier Detektoren werden die Kollisionen zunächst Energien von 50 GeV, später 100 GeV liefern. Etwa 1 200 Physiker arbeiten an den verschiedenen Versuchen, die vor allem der Untersuchung der ›elektroschwachen‹ Theorie dienen sollen.

5

DAS UNIVERSUM UND DIE ERDE

DAS SONNENSYSTEM

DAS SONNENSYSTEM IN ZAHLEN

Das Sonnensystem wird aus einem Stern, der Sonne, und der Gesamtheit der Himmelskörper, insbesondere der Planeten, die diesen umkreisen, gebildet.
Die Planeten befinden sich auf einer Scheibe, in deren Zentrum die Sonne steht und die einen Radius von 6 Milliarden km besitzt, eine Entfernung, die das Licht in weniger als 6 Stunden zurücklegt. Man nimmt darüberhinaus an, daß es eine große Häufung von Kometen in Entfernungen von 1 bis 1,5 Lichtjahren gibt. Der dem Sonnensystem am nächsten liegende Stern, Proxima Centauri, ist 4,22 Lichtjahre entfernt.

BESTANDTEILE

Abgesehen von der Sonne selbst umfaßt das Sonnensystem neun Hauptplaneten, Tausende von Asteroiden und Kometen sowie interplanetare Materie. Die neun Hauptplaneten sind: Merkur, Venus, Erde, Mars, Jupiter, Saturn, Uranus, Neptun und Pluto. Sie bilden zwei Familien:
1. nahe der Sonne die *erdähnlichen Planeten* (Merkur, Venus, Erde, Mars), klein, jedoch dicht, mit einer festen Kruste, die sich seit ihrer Bildung stark entwickelt haben;
2. von der Sonne weiter entfernt die *Riesenplaneten* (Jupiter, Saturn, Uranus und Neptun), die deutlich massiger und umfangreicher, jedoch weniger dicht sind, und deren Atmosphäre mit ihren Grundbestandteilen Wasserstoff und Helium noch eine ähnliche Zusammensetzung hat wie der Nebel, aus dem sie hervorgegangen sind. Der noch kaum erforschte Pluto scheint hinsichtlich seiner Größe zu den erdähnlichen Planeten, hinsichtlich seiner Dichte aber zu den Riesenplaneten zu gehören.

Das Gesetz von Titius-Bode. Bis zum Uranus werden die mittleren Entfernungen D der Planeten zur Sonne (in astronomischen Einheiten) annähernd durch die Beziehung $D = 0,4 + 0,3 \cdot 2^n$ gegeben, wobei n gleich $-\infty$ beim Merkur, gleich 0 für die Venus, gleich 1 für die Erde, gleich 2 für den Mars usw. ist. Diese empirische Beziehung wurde 1741 von dem Deutschen Wolf entdeckt, 1766 durch seinen Landsmann Johann Daniel Titius aufgegriffen, aber erst von Johann Elert Bode im Jahre 1772 veröffentlicht.

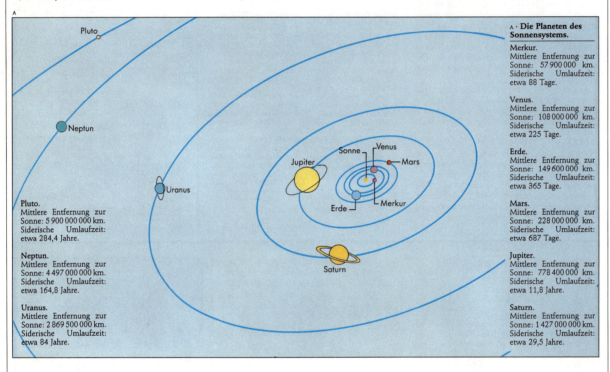

A · Die Planeten des Sonnensystems.

Merkur. Mittlere Entfernung zur Sonne: 57 900 000 km. Siderische Umlaufzeit: etwa 88 Tage.

Venus. Mittlere Entfernung zur Sonne: 108 000 000 km. Siderische Umlaufzeit: etwa 225 Tage.

Erde. Mittlere Entfernung zur Sonne: 149 600 000 km. Siderische Umlaufzeit: etwa 365 Tage.

Mars. Mittlere Entfernung zur Sonne: 228 000 000 km. Siderische Umlaufzeit: etwa 687 Tage.

Jupiter. Mittlere Entfernung zur Sonne: 778 400 000 km. Siderische Umlaufzeit: etwa 11,8 Jahre.

Saturn. Mittlere Entfernung zur Sonne: 1 427 000 000 km. Siderische Umlaufzeit: etwa 29,5 Jahre.

Pluto. Mittlere Entfernung zur Sonne: 5 900 000 000 km. Siderische Umlaufzeit: etwa 284,4 Jahre.

Neptun. Mittlere Entfernung zur Sonne: 4 497 000 000 km. Siderische Umlaufzeit: etwa 164,8 Jahre.

Uranus. Mittlere Entfernung zur Sonne: 2 869 500 000 km. Siderische Umlaufzeit: etwa 84 Jahre.

B · Größenvergleich der Planeten.

Die Planeten des Sonnensystems sind alle mit ihren bekannten Satelliten maßstabsgetreu dargestellt (nur bei den kleinsten wurde der Maßstab nicht berücksichtigt). Ausgehend von der *Sonne,* von der ein Teil rechts erscheint, sieht man nacheinander *Merkur* (ca. 4 880 km Durchmesser), *Venus* (ca. 12 100 km), die *Erde* (ca. 12 700 km), begleitet vom Mond, *Mars* (ca. 6 800 km) mit seinen zwei winzigen Satelliten, *Jupiter* (ca. 140 000 km) und seine 16 Satelliten, *Saturn* (ca. 120 000 km) und seine 17 Satelliten, *Uranus* (ca. 51 000 km) und seine 15 Satelliten, *Neptun* (ca. 40 000 km) und seine 8 Satelliten, schließlich *Pluto* (ca. 2 200 km) mit seinem Satelliten Charon.

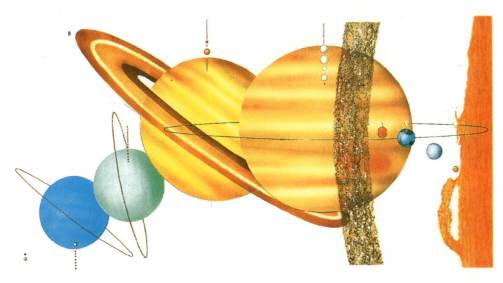

DAS UNIVERSUM UND DIE ERDE

DIE SONNE IN ZAHLEN

Der Radius der Sonne beträgt rund 696 000 km, ihre Masse ungefähr $2 \cdot 10^{30}$ kg, d. h. etwa das 333 000fache der Erdmasse. Ihre mittlere Dichte liegt bei 1 400 kg/m³, im Inneren des Himmelskörpers jedoch ist die tatsächliche Dichte ungefähr 100mal höher, während sie in den Oberflächenbereichen 1 000mal geringer ist.

DIE SONNENAKTIVITÄT

Zahlreiche Phänomene werden durch magnetische Störungen der Sonne verursacht: sie werden unter dem Begriff Sonnenaktivität zusammengefaßt. Diese zeigt sich in der Photosphäre durch Sonnenflecken und -fackeln, in der Chromosphäre durch Eruptionen und Protuberanzen, in der Korona durch Strahlenbündel in allen beobachtbaren Wellenlängenbereichen. Nach 25jähriger täglicher Beobachtung der Sonne hat der deutsche Amateurastronom H. S. Schwabe 1843 nachgewiesen, daß die Anzahl der Sonnenflecken einer Periodizität von 11 Jahren unterliegt. Die anschließend von dem Schweizer R. Wolf systematisch weitergeführten Beobachtungen haben die Existenz dieses elfjährigen Zyklus der Sonnenaktivität bestätigt, der sich insbesondere im Wechsel zwischen der höchsten und der geringsten Anzahl der Sonnenflecken bemerkbar macht.

Spikulen. Struktur in Form von Nadeln, die in der Chromosphäre in monochromatischem Licht sichtbar sind.

Protuberanzen.

Sonnenflecken. Zeitweilige dunkle Ausbildungen der Photosphäre; ihre Temperatur (etwa 4 500 K) ist niedriger als die ihrer Umgebung, Sitz intensiver Magnetfelder.

Sonnenfackeln. Leuchtende Bereiche um die Flecken; sie sind Zonen, in denen das Magnetfeld an Stärke zunimmt.

Kern. Zentraler und heißester Bereich der Sonne (rund 15 Millionen K); Ort der thermonuklearen Reaktionen, die die Sonne mit Energie versorgen.

Sonnenwind. Strom aus geladenen Teilchen, hauptsächlich Protonen und Elektronen, die ständig aus der Korona in den interplanetaren Raum entweichen.

Konvektionszone. Wirbelschicht unter der Photosphäre, in der Energie durch Konvektion transportiert wird; ungefähr 200 000 km dick.

A · **Aufbau der Sonne.**

Strahlungszone. Mächtige Schicht um den Kern, in der Energie durch Strahlung transportiert wird.

Chromosphäre. Hellrosa Schicht mit einer Dicke von ca. 10 000 km, die die Photosphäre umhüllt und aus der die Protuberanzen entweichen.

Korona. Äußerste Schicht der Sonnenatmosphäre, die sich bis mehrere Millionen Kilometer in den interplanetaren Raum hinein erstreckt.

Photosphäre. Bereich der Sonnenatmosphäre, aus dem fast das gesamte sichtbare Licht stammt. Sie ist nicht mehr als 200 km dick.

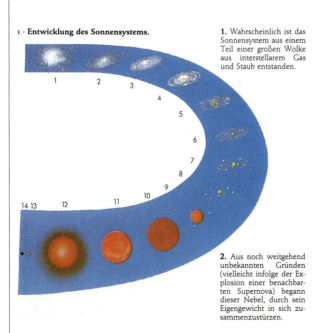

E · **Entwicklung des Sonnensystems.**

1. Wahrscheinlich ist das Sonnensystem aus einem Teil einer großen Wolke aus interstellarem Gas und Staub entstanden.
2. Aus noch weitgehend unbekannten Gründen (vielleicht infolge der Explosion einer benachbarten Supernova) begann dieser Nebel, durch sein Eigengewicht in sich zusammenzustürzen.
3. Infolge dieses Gravitationskollapses hat der Nebel allmählich die Form einer flachen, sich drehenden Scheibe angenommen, in der Druck, Temperatur und Dichte von außen nach innen zunahmen.
4. Vor 4,6 Milliarden Jahren hat sich der heißeste innerste Teil des Nebels zur Sonne verdichtet.
5. Nach der ›Zündung‹ der nuklearen Reaktionen im Sonneninneren verringerte sich die Leuchtkraft der Sonne und die Scheibe aus Materie, die sie umgab, kühlte ab. Ihre gasförmige Umgebung verfestigte sich in kleinen Körnern, die nahe der Sonne aus hitzebeständigen Elementen bestanden, während weiter entfernte sich aus unterschiedlichen Eissorten zusammensetzten.
6. Nach und nach bildeten die Körner infolge fortgesetzter Kollisionen kleine, einige Kilometer große Planetoide.
7. Der weitere Prozeß der Zunahme durch Kollisionen führte zur Bildung von Planetenvorformen mit ungefähr 1 000 km Durchmesser.
8. Die Planetenvorformen haben durch Zusammenballung und gegenseitige Anziehung ihr Wachstum vollendet und richtige Planeten gebildet. Der gesamte Entstehungsprozeß der Planeten dauerte etwa 100 Millionen Jahre.
9. In ungefähr 5 Milliarden Jahren wird die Sonne ihre Wasserstoffreserven verbraucht haben. Ihre Masse wird sich dann im Zentrum konzentrieren, wodurch sie ein viel größeres Volumen mit einer niedrigeren Oberflächentemperatur bekommen wird.
10. Wenn ihre Temperatur im Zentrum 100 Millionen Grad übersteigt, wird die Sonne beginnen, ihr Helium zu verbrennen. Dann wird sie zu einem roten Riesen mit dem 50fachen des heutigen Radius; die Erde wird ein Backofen sein.
11. Wenn ihre zentralen Gebiete im wesentlichen aus Fusionsprodukten von Helium, Kohlenstoff und Sauerstoff bestehen, wird die Sonne eine neue Instabilitätsperiode erleben; ihr Durchmesser wird dabei schwanken.
12. Ist der gesamte nukleare Brennstoff verbraucht, so wird die Sonne ihre Hülle brutal von sich stoßen; diese sich ausbreitende Gasschale wird einen planetaren Nebel erzeugen.
13. Der Restkern der Sonne wird in sich zusammensinken und so einen weißen Zwerg bilden, einen kleinen sehr dichten Stern in Erdgröße mit einer Oberflächentemperatur von 10 000 K.
14. Die Strahlung des weißen Zwerges wird allmählich abnehmen, und dieser wird schließlich zu einem schwarzen, nicht mehr feststellbaren Zwerg.

7

DAS SONNENSYSTEM

DIE PLANETEN

Unter den Planeten des Sonnensystems sind die fünf erdnächsten (Merkur, Venus, Mars, Jupiter, Saturn) mit bloßem Auge sichtbar; sie werden seit der Antike beobachtet. Die drei weiter entfernten Planeten wurden mit dem Teleskop entdeckt: Uranus 1781, Neptun 1846 (infolge von Berechnungen) und Pluto 1930.

A

A · **Merkur.**

Eine kleine Welt, deren Oberfläche großen Wärmeunterschieden ausgesetzt ist und von Meteoriten bombardiert wird. Sie ähnelt der des Mondes, umschließt aber vermutlich einen Eisenkern.

B

B · **Venus.**

Die Zwillingsschwester der Erde, die aufgrund ihrer größeren Nähe zur Sonne und ihrer dichten Atmosphäre aus Kohlendioxid zu einer Hölle geworden ist.

C

C · **Erde.**

Der blaue Planet, der das Leben beherbergt. Er unterscheidet sich von den anderen Planeten durch seine Atmosphäre, die im wesentlichen aus Stickstoff und Sauerstoff besteht.

Eigenschaften der Planeten des Sonnensystems

	MERKUR ☿	VENUS ♀	ERDE ♁	MARS ♂
Eigenschaften der Umlaufbahn				
siderische Umlaufzeit	87,95 d	224,70 d	365,26 d	686,98 d
synodische Umlaufzeit	115,98 d	583,92 d	–	779,94 d
mittlere Entfernung zur Sonne (in AE)	0,387	0,723	1,0	1,524
mittlere Entfernung zur Sonne (in Millionen Kilometer)	57,90	108,2	149,6	227,99
max./min. Entfernung zur Erde (in Millionen Kilometer)	80–219	42–257	–	50–380
Exzentrizität der Umlaufbahn	0,2056	0,0068	0,0167	0,0934
Neigung der Ekliptik	7° 00′	3° 24′	0°	1° 51′
Umlaufgeschwindigkeit (km/s)	48	35	30	24
Physikalische Kennzeichen				
Umlaufzeit	59 d	243 d (retr.)	23 h 56 min	24 h 37 min
Abplattung	0,0	0,0	0,003353	0,005
äquatorialer Radius (km)	2 439	6 052	6 378,14	3 397,2
max./min. Scheinradius	6″,5–2″,5	32″–5″	–	12″,5–1″,7
Masse, bezogen auf die Erdmasse	0,0553	0,815	1,00	0,1074
mittlere Dichte (g/cm³)	5,4	5,2	5,52	3,97
durchschnittl. Tagestemperatur am Boden	400 °C	470 °C	20 °C	0 °C
Albedo	0,06	0,49	0,37	0,14
Hauptbestandteile der Atmosphäre	Ne H	CO_2, CO H_2O N_2, HCI HF O_2	N_2 O_2 H_2O, Ar CO_2, CO H_2	H_2 CO_2, CO (H_2O), Ar
Magnetfeld (γ)	350	0	35 000	0
Anzahl der bekannten Trabanten	0	0	1	2

	JUPITER ♃	SATURN ♄	URANUS ⛢	NEPTUN ♆	PLUTO ♇
Eigenschaften der Umlaufbahn					
siderische Umlaufzeit	11,86 Jahre	29,46 Jahre	84,01 Jahre	164,79Jahre	248,4 Jahre
synodische Umlaufzeit	398,88 d	378,09 d	369,66 d	367,49 d	366,74 d
mittlere Entfernung zur Sonne (in AE)	5,203	9,539	19,18	30,07	39,44
mittlere Entfernung zur Sonne (in Millionen Kilometer)	778,37	1 427,0	2 869,5	4 497,0	5 900
max./min. Entfernung zur Erde (in Millionen Kilometer)	590–965	1 200–1 650	2 700–3 100	4 347–4 647	5 700–6 100
Exzentrizität der Umlaufbahn	0,0485	0,0556	0,0472	0,0086	0,25
Neigung der Ekliptik	1° 18′	2° 29′	0° 46′	1° 46′	17° 10′
Umlaufgeschwindigkeit (km/s)	13	10	7	5	5
Physikalische Kennzeichen					
Umlaufzeit	9 h 55 min	10 h 24 min	17 h 14 min	16 h 07 min	6d 9h 18min
Abplattung	0,062	0,096	0,06	0,02	¿
äquatorialer Radius (km)	71 398	60 000	25 600	24 765	~1 100
max./min. Scheinradius	25″–16″	10″–7″	1,8″	1″	< 1″
Masse, bezogen auf die Erdmasse	317,892	95,168	14,559	17,617	0,17 ¿
mittlere Dichte (g/cm³)	1,33	0,69	1,27	1,64	¿
durchschnittl. Tagestemperatur am Boden	– 103 °C	– 138 °C	– 218 °C	– 224 °C	– 200 °C
Albedo	0,38	0,42	0,42	0,49	0,15 ¿
Hauptbestandteile der Atmosphäre	H_2 H_e CH_4, NH_3 N_2O_4, HCN H_2O	H_2 H_e CH_4, NH_3	H_2 H_e CH_4	H_2 H_e CH_4	¿
Magnetfeld (γ)	420 000	20 000	25 000	10 000	¿
Anzahl der bekannten Trabanten	16	17	15	8	1

D

D · **Mars.**

Der rote Planet, der einst Ort einer intensiven Vulkantätigkeit war und auf dem es anscheinend Wasser gegeben hat.

E

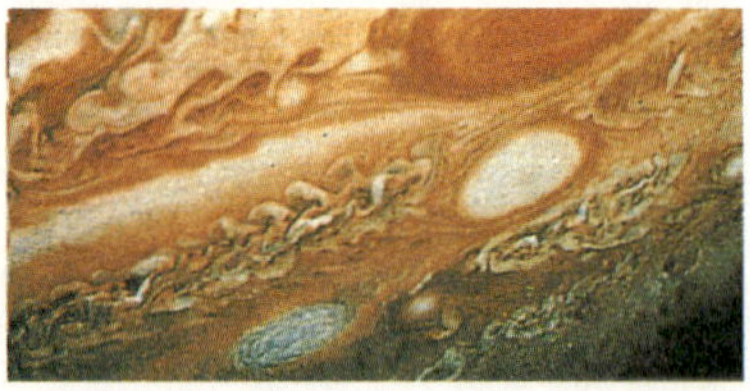

E · **Jupiter.**

Eine gigantische, sich schnell drehende Welt aus Wasserstoff und Helium. Seine Masse beträgt mehr als 300 Erdmassen.

F

F · **Saturn.**

Ein weiterer Riese, umgeben von einer Schicht aus Eisbrocken und versehen mit einem beeindruckenden Ringsystem.

G

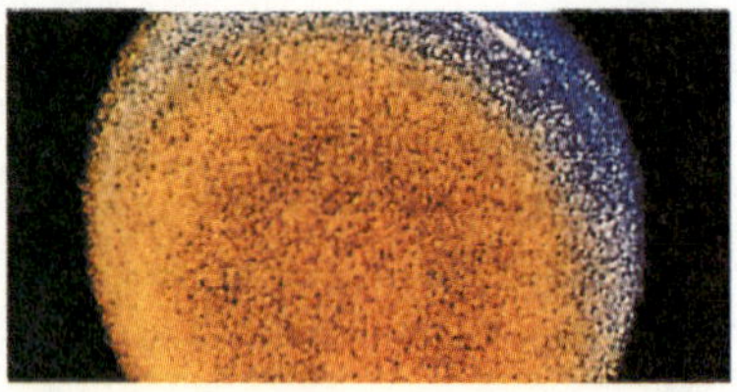

G · **Uranus.**

Eine Welt aus Eis, umgeben von Wasserstoff, Helium, Methan und feinen Ringen aus kohlenstoffhaltigem Material.

H

H · **Neptun.**

Der am weitesten entfernte Riesenplanet, 1846 nach Berechnungen entdeckt, 1989 Ziel einer Raumsonde.

I

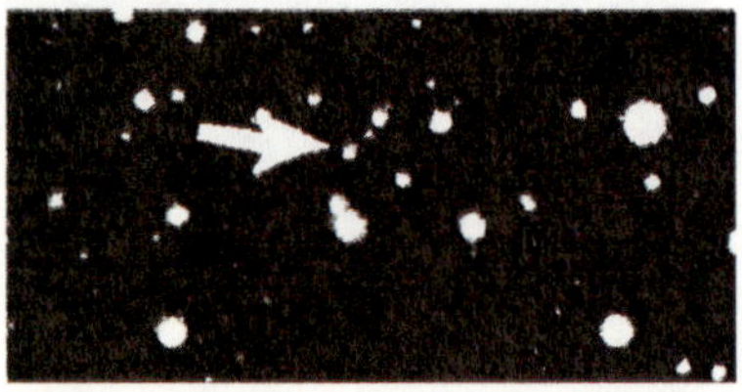

I · **Pluto.**

Der 1930 entdeckte Zwerg in der Planetenfamilie. Es könnte sich um einen ehemaligen Satelliten des Neptun handeln.

DAS UNIVERSUM UND DIE ERDE

Die natürlichen Satelliten der Planeten

Name	Nr.	Entdeckungs-jahr	siderische Umlaufdauer in Tagen (r wenn rückläufig)	große Halbachse der Umlaufbahn (mittlere Entfernung zum Planeten) 10³ km	(in Radien des Planeten)	Durchmesser (km)	Dichte (Wasser = 1)
Erde							
Mond			27,3217	384,40	60,268	3 476	3,33
Mars							
Phobos	I	1877	0,319	9,35	2,76	27 × 21 × 19[4]	2
Deimos	II	1877	1,262	23,49	6,91	15 × 12 × 11[4]	2
Jupiter							
Metis	XVI	1979	0,294	127,6	1,79	~40	¿
Adrastea	XV	1979	0,297	128,4	1,80	~40	¿
Amalthea	V	1892	0,498	181,0	2,52	270 × 170 × 150	¿
Zhebe	XIV	1979	0,678	222,4	3,11	~80	¿
Io	I	1610	1,679	421,6	5,90	3 632	3,53
Europa	II	1610	3,551	670,9	9,40	3 126	3,03
Ganymed	III	1610	7,155	1 070,0	14,99	5 276	1,93
Kallisto	IV	1610	16,689	1 880,0	26,33	4 820	1,79
Leda	XIII	1974	239	11 094	156,0	~10	¿
Himalia	VI	1904	251	11 480	159,8	180	¿
Lysithea	X	1938	259	11 720	163,2	~20	¿
Elara	VII	1905	260	11 737	163,4	~80	¿
Ananke	XII	1951	631 (r)	21 200	295,3	~20	¿
Carme	XI	1938	692 (r)	22 600	314,2	~30	¿
Pasiphae	VIII	1908	735 (r)	23 500	326,6	~40	¿
Sinope	IX	1914	758 (r)	23 000	330,3	~10	¿
Saturn							
Atlas	XV	1980	0,602	137,7	2,28	20 × 40	¿
Prometheus	XVI	1980	0,613	139,4	2,31	140 × 100 × 80	¿
Pandor	XVII	1980	0,628	141,7	2,35	110 × 90 × 70	¿
Epimetheus	XI	1980	0,694	151,4	2,51	140 × 120 × 100	¿
Janus	X	1966	0,695	151,5	2,51	220 × 200 × 160	¿
Mimas	I	1789	0,942	188,2	3,08	390	1,2
Enceladus	II	1789	1,370	240,2	3,95	510	1,2
Calypso	XIV	1980	1,888	294,6	4,88	34 × 22 × 22	¿
Tethys	III	1684	1,888	294,7	4,88	1 060	1,2
Telesto	XIII	1980	1,888	294,7	4,88	34 × 28 × 26	¿
Dione	IV	1684	2,737	377,4	6,26	1 120	1,4
Helena	XII	1980	2,737	377,4	6,26	36 × 32 × 30	¿
Rhea	V	1672	4,517	527,1	8,74	1 530	1,2
Titan	VI	1655	15,945	1 221,9	20,25	5 150	1,9
Hyperion	VII	1848	21,276	1 481,0	24,55	410 × 260 × 220	¿
Japetus	VIII	1671	79,33	3 560,8	59,02	1 460	1,2
Phoebe	IX	1898	550,45 (r)	12 954	214,7	220	¿
Uranus							
Cordelia	VI	1986	0,33	49,7	1,95	~40	¿
Ophelia	VII	1986	0,37	53,8	2,10	~50	¿
Bianca	VIII	1986	0,43	59,2	2,31	~50	¿
Cressida	IX	1986	0,46	61,8	2,41	~60	¿
Desdemona	X	1986	0,47	62,7	2,45	~60	¿
Julia	XI	1986	0,49	64,6	2,52	~80	¿
Portia	XII	1986	0,51	66,1	2,58	~80	¿
Rosalinde	XIII	1986	0,56	69,9	2,73	~60	¿
Belinda	XIV	1986	0,62	75,3	2,94	~60	¿
Puck	XV	1985	0,76	86,0	3,36	~170	¿
Miranda	V	1948	1,41 (r)	129,9	5,49	480	1,3
Ariel	I	1851	2,529 (r)	190,9	8,14	1 160	1,6
Umbriel	II	1851	4,144 (r)	266,0	11,35	1 190	1,4
Titania	III	1787	8,706 (r)	436,3	18,61	1 580	1,6
Oberon	IV	1787	13,46 (r)	583,4	24,89	1 526	1,5
Neptun							
1989 N6		1989	0,29	48	1,94	50	¿
1989 N5		1989	0,31	50	2,02	80	¿
1989 N3		1989	0,34	52,5	2,12	180	¿
1989 N4		1989	0,43	62	2,50	150	¿
1989 N2		1989	0,56	73,6	2,97	190	¿
1989 N1		1989	1,12	117,6	4,75	400	¿
Triton	I	1848	5,88 (r)	354,8	14,33	2 705	2,05
Nereide	II	1949	365,2	5 513,4	222,65	340	¿
Pluto							
Charon	I	1978	6,3867	19,7	13	1 200	¿

NATÜRLICHE SATELLITEN

Heute kennt man im Sonnensystem 60 natürliche Satelliten: einer kreist um die Erde (der Mond), zwei um den Mars, 16 um den Jupiter, 17 um den Saturn, 15 um den Uranus, acht um den Neptun und einer um den Pluto; 26 wurden auf Photographien entdeckt, die durch Raumsonden gemacht worden sind. Der größte, **Ganymed**, kreist um Jupiter und hat einen Durchmesser von 5 260 km; die kleinsten sind Gesteinsbrocken von ungefähr 10 km Durchmesser. **Phobos** liegt seinem Mutterplaneten Mars am nächsten (9 380 km). Der am weitesten entfernte Mond überhaupt, **Sinope**, kreist in einer durchschnittlichen Entfernung von 23 725 000 km um Jupiter. **Nereid** hat die ausgedehnteste Umlaufbahn: in 360 Tagen schwankt seine Entfernung zu Neptun zwischen 140 000 km und 9 500 000 km. **Io** (3 630 km Durchmesser), einer der größten Monde des Jupiter, besitzt Vulkane: man hat dort etwa 100 Schlote entdeckt, von denen mindestens 8 aktiv sind. Aus ihnen steigen Fahnen von Schwefelsäureanhydrid in Höhen bis zu 280 km auf. **Miranda** (480 km Durchmesser), die um den Uranus kreist, hat die zernarbteste Oberfläche.

A · **Europa.**
Dieser Satellit des Jupiter, der etwas kleiner als der Mond ist, ist eine Welt aus Eis mit einer besonders ebenen, aber rissigen Oberfläche.

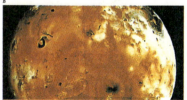

B · **Io.**
Ein weiterer Satellit des Jupiters, in seiner Größe vergleichbar mit dem Mond; er zeigt aktive Vulkantätigkeit.

C · **Miranda.**
Das erstaunlich komplexe Relief dieses Satelliten des Uranus besitzt dicht beieinander chaotische Gelände mit großen Kratern und großen Eisströmen, riesige Brüche, Steilhänge bis zu einer Höhe von 20 km und Grabenbrüche von 10 bis 15 km Tiefe. Dieses außerordentliche geologische Mosaik auf einem so kleinen (480 km Durchmesser) und so kalten (−187 °C an der Oberfläche) Himmelskörper bleibt ein Rätsel.

DAS UNIVERSUM UND DIE ERDE

DAS SONNENSYSTEM

DER MOND IN ZAHLEN

Der Mond, der Trabant der Erde, bewegt sich in einer Entfernung von durchschnittlich 384 000 km (zwischen 365 375 km und 406 720 km) mit einer Geschwindigkeit von rund 3 700 km/h. Sein mittlerer Durchmesser beträgt 3 476 km (das 0,27fache des Erddurchmessers am Äquator), seine Masse 1/81 der Erdmasse, seine Dichte 3,34 g/cm³. Die Gravitationsbeschleunigung am Äquator erreicht 1,627 m/s², so daß die Körper an seiner Oberfläche etwa 6mal leichter als auf der Erde sind. Die siderische Umlaufzeit beträgt 27 Tage, 7 Stunden, 43 Minuten und 11,5 Sekunden, er benötigt jedoch im Schnitt 29 Tage, 12 Stunden, 44 Minuten und 2,8 Sekunden, um, bezogen auf die Sonne, in seine alte Position zurückzukehren (entspricht dem Zeitraum zwischen zwei Neumonden).

MONDOBERFLÄCHE

Auf der Mondoberfläche lassen sich grundsätzlich unterscheiden:
die Meere (Mare), große, weite und dunkle Ebenen, die aus Basaltgestein bestehen und im allgemeinen von Gebirgen umgeben sind; die ersten Beobachter im 18. Jh. deuteten sie als Wasserflächen, woraus sich ihr Name ableitet; einige bilden mit ihren unregelmäßigen Konturen *Golfe, Landspitzen, Seen* oder *Sümpfe*;
die Terrae, helle, bergige und mit Kratern durchsetzte Regionen; die höchsten Berge im Leibniz-Gebirge erreichen 8 200 m;
die Krater, kreisförmige oder vieleckige, durch Meteoriten entstandene Vertiefungen; der größte Krater (Bailly) hat einen Durchmesser von 270 km; der tiefste (Newton) ist 7 250 m tief; die von der Erde gerade noch erkennbaren Krater haben einen Durchmesser von etwa 1 km. Besonders große Krater werden auch als *Ringgebirge* bezeichnet.

DIE FINSTERNISSE

Die Bewegung des Mondes um die Erde verursacht regelmäßig Mond- und Sonnenfinsternisse. Eine Mondfinsternis entsteht, wenn der Mond sich im Schatten der Erde befindet; sie kann total oder partiell sein und tritt nur bei Vollmond auf. Eine Sonnenfinsternis entsteht, wenn der Mond sich vor die Sonne schiebt; sie kann total, partiell oder ringförmig sein. Sie ergibt sich nur bei Neumond. Der Ablauf der Sonnen- und Mondfinsternis wiederholt sich exakt gemäß einem Zyklus von 18 Jahren und 10, 11 oder 12 Tagen, der *Saroszyklus* genannt wird und in dem im Schnitt 84 Finsternisse (42 Mond- und 42 Sonnenfinsternisse) auftreten. Im Gegensatz zu einer Mondfinsternis ist eine Sonnenfinsternis nur in einem relativ kleinen Gebiet auf der Erde zu sehen. Immer vom gleichen Ort aus sieht man somit selten eine Sonnenfinsternis.

B · Die Mondphasen.
Von oben nach unten: Neumond (unsichtbar), erste Sichel, erstes Viertel, Vollmond, hörnchenförmiger Mond, letztes Viertel, letzte Sichel, Neumond. Im ersten Viertel sieht der Mond wie der Bogen eines deutschen ʒ (für zunehmend) aus; im letzten Viertel wie der Bogen eines a (für abnehmend).

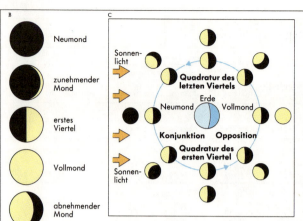

C · Der Mondzyklus.
Die Phasen des Mondes wiederholen sich in einem Zyklus von 29,5 Tagen (Lunation oder Mondmonat). Dieser beginnt bei Neumond. Der von der Erde aus gesehen in Richtung Sonne gelegene Mond dreht uns seine dunkle Seite zu und ist unsichtbar. Später erscheint eine feine Sichel, die täglich dicker wird. Im ersten Viertel steht der Mond in Quadratur zur Sonne; man sieht die rechte Hälfte seiner beleuchteten Halbkugel. Er nimmt dann weiterhin zu (hörnchenförmiger Mond) bis hin zum Vollmond. Der Mond befindet sich dann gegenüber der Sonne; er scheint die ganze Nacht und kehrt uns seine gesamte beleuchtete Seite zu. Anschließend nimmt der Mond ab. Im letzten Viertel sieht man die linke Hälfte seiner beleuchteten Halbkugel. Dann reduziert sich sein sichtbarer Teil auf eine Sichel, die allmählich dünner wird und schließlich verschwindet.

D · Mondkrater.
Die von Meteoriteneinschlägen herrührenden Krater, ein Hauptmerkmal der Oberfläche.

F · Der Mensch auf dem Mond.
Unser Wissen vom Mond hat erheblich zugenommen, seitdem dieser vom Menschen betreten worden ist. Im Rahmen des amerikanischen Apollo-Programms haben ihn 12 Astronauten zwischen 1969 und 1972 besucht und 382 kg Gesteinsproben zur Analyse auf die Erde gebracht.

Die nächsten Mondfinsternisse

Datum	Art	Größe (Anteil des verfinsterten Durchmessers)	Zeitpunkt zur Mitte der Finsternis (Weltzeit)
21. Dez. 1991	partiell	0,095	10 h 33
5. Juni 1992	partiell	0,687	04 h 58
9. Dez. 1992	total	1,277	23 h 45
4. Juni 1993	total	1,566	13 h 02
29. Nov. 1993	total	1,091	06 h 27
25. Mai 1994	partiell	0,248	03 h 31
15. April 1995	partiell	0,118	12 h 19
4. April 1996	total	1,384	00 h 11

Diese Tabelle enthält nicht die Finsternisse durch Halbschatten.

A · Mechanismen von Mond- und Sonnenfinsternis.

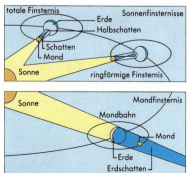

E · Verschiedene Typen der Sonnenfinsternis.

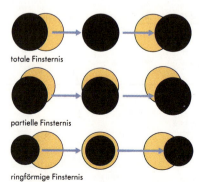

totale Finsternis

partielle Finsternis

ringförmige Finsternis

Die nächsten Sonnenfinsternisse

Datum der Finsternis	Art	maximale Dauer der totalen Verfinsterung
15. Januar 1991	ringförmig	–
11. Juli 1991	total	7 min 06 s
4. Januar 1992	ringförmig	–
30. Juni 1992	total	5 min 24 s
10. Mai 1994	ringförmig	–
3. November 1994	total	4 min 36 s
25. April 1995	ringförmig	–
24. Oktober 1995	total	2 min 15 s

DAS UNIVERSUM UND DIE ERDE

DIE ASTEROIDEN IN ZAHLEN

Am 1. Januar 1801 entdeckte Pater Giuseppe Piazzi in Palermo zu seiner großen Überraschung im Sternbild Stier einen Himmelskörper, der auf keiner Karte auftauchte und der sich als ein kleiner Planet erwies, der in einer mittleren Entfernung von 414 Millionen Kilometern zur Sonne mit einer Umlaufdauer von 1 680 Tagen zwischen Mars und Jupiter kreiste. Dieser kleine Planet jedoch, Ceres genannt, blieb nicht der einzige seiner Art. In den folgenden Jahren entdeckte man nacheinander Pallas (1802), Juno (1804), Vesta (1807) und Astra (1845). Seit 1848 wurden jährlich neue entdeckt. Zur Zeit sind etwa 4 000 Asteroiden katalogisiert; bei mehreren hundert müssen die Umlaufbahnen noch berechnet werden. Es bleiben wahrscheinlich noch Tausende zu entdecken. Man schätzt die Zahl der Körper, die zwischen Mars und Jupiter kreisen und deren Durchmesser mehr als 1 km beträgt, auf ungefähr 400 000. Der größte dieser kleinen Planeten, Ceres, hat nur einen Durchmesser von etwa 1 000 km. Die Gesamtmasse der Materie, die im Asteroidgürtel vermutet wird, wird auf 5 Trillionen Tonnen geschätzt, das ist etwa 1/1 000 der Erdmasse.

DIE EARTH-GRAZERS

Die Mehrzahl der kleinen Planeten findet sich zwischen den Umlaufbahnen von Mars und Jupiter, wobei ihre durchschnittliche Entfernung zur Sonne zwischen 2,17 und 3,3 astronomischen Einheiten beträgt. Einige Asteroide entfernen sich jedoch weit von diesem Bereich. Durch ihre sehr exzentrischen Umlaufbahnen nähern sie sich regelmäßig der Erde, der Venus und sogar dem Merkur. Unter den Asteroiden, die auf die beschriebene Weise die Erde streifen können (*earth-grazers* oder *earth-grazing asteroids*, abgekürzt *EGA*), unterscheidet man:
– die Asteroiden des Typs *Apollo* (oder *earth-crossers*), deren Perihel sich innerhalb der Erdumlaufbahn befindet und deren Bahn somit die Umlaufbahn der Erde schneidet;
– die Asteroiden des Typs *Amor*, deren Perihel leicht außerhalb der Erdumlaufbahn liegt und die sich bei Rückkehr zum Perihel stark der Erde nähern können;
– die Asteroiden des Typs *Aten*, die im wesentlichen innerhalb der Erdumlaufbahn kreisen.

Am 30. Oktober 1937 hat Hermes, ein kleiner Asteroid des Typs Apollo, mit ungefähr 800 m Durchmesser in weniger als 800 000 km die Erde passiert (dies entspricht nur der doppelten Entfernung zum Mond).

DAS WHO'S WHO DER KOMETEN

Der berühmteste der regelmäßig wiederkehrenden Kometen ist der Halleysche Komet. Er trägt den Namen des britischen Astronomen E. Halley, der als erster seine Regelmäßigkeit erkannt und seine Umlaufbahn berechnet hat (1705). Dieser Komet, der zwischen 88 und 5 300 Millionen Kilometern von der Sonne entfernt kreist, kommt alle 75 bis 79 Jahre zur Sonne zurück und wurde seit 240 v. Chr. jedesmal bei seiner Rückkehr beobachtet. Der viel weniger spektakuläre Komet Encke hat die kürzeste bekannte Umlaufdauer, nämlich 3,3 Jahre. Er kreist zwischen 51 und 615 Millionen Kilometern Entfernung von der Sonne. Er erhielt den Namen des deutschen Astronomen J. Encke, der 1818 seine Regelmäßigkeit erkannte und seine Umlaufbahn bestimmte. Eine andere Berühmtheit, der Biela-Komet, der 1826 von dem Österreicher W. von Biela entdeckt wurde, ist 1846 geborsten und hat dabei den Kometenschwarm der Andromediden (oder Bieliden) hervorgerufen, die 1872 und 1885 für die spektakulären Sternschnuppenschwärme sorgten. Zu den bekanntesten Entdeckern von Kometen gehören Charles Messier (1730–1817; 16 entdeckte, mehr als 40 beobachtete Kometen), der von Ludwig XV. den Spitznamen ›Kometenschnüffler‹ erhielt, Jean-Louis Pons (1761–1831; 37 entdeckte Kometen), Wilhelm Tempel (1811–1889; 17 entdeckte Kometen), Edward Emmerson Barnard (1857–1923; 19 entdeckte Kometen) und William Bradfield (13 entdeckte Kometen bis 1989).

KOMETEN

Die Kometen, weitere kleine Körper des Sonnensystems, werden seit der Antike beobachtet und haben lange Zeit hindurch Schrecken verbreitet, weil sie plötzlich auftauchen und ungewöhnlich aussehen.

Struktur. In großer Entfernung von der Sonne ist der Komet nur ein unregelmäßiger *Kern* mit einer Größe von einigen Kilometern, der sich um sich selbst dreht und aus einem Gemisch von Eis, Steinen und Staub besteht. Wenn sich der Komet der Sonne nähert, sublimiert das Eis; es entweichen Gase, die Steine und Staub mit sich ziehen. So bildet sich ein diffuser Nebel, der *Schweif*, der aufgrund der Streuung des Sonnenlichtes durch den Staub sowie aufgrund von Fluoreszenzerscheinungen leuchtet. Der Schweif ist von einer großen Hülle aus Wasserstoff umgeben, die in ultraviolettem Licht zu erkennen ist. Die von dem Sonnenwind fortgetriebenen Ionen erzeugen in der der Sonne entgegengesetzten Richtung einen langen, geraden und bläulichen *Schweif* aus Gas (oder aus *Plasma*), der einige hundert Millionen Kilometer Länge erreichen kann. Der vom Kern abgestoßene Staub, der durch den Strahlungsdruck der Sonne weggetrieben wird, bildet seinerseits einen gelblichen, gekrümmten *Staubschweif*, der breiter und diffuser als der Gasschweif ist.

Umlaufbahnen. In erster Näherung beschreibt ein Komet eine kegelschnittförmige (Ellipse, Parabel oder Hyperbel) Bahn um die Sonne. Allerdings werden diese geometrisch exakten Bahnen durch die Gravitationswirkungen der großen Planeten sowie anderer Himmelskörper gestört.

Anzahl. Seit der Antike sind ungefähr 1 200 Kometenerscheinungen überliefert worden. Diese wurden von rund 800 verschiedenen Kometen verursacht. Jedes Jahr entdeckt man rund zwanzig weitere Kometen. Rund eine Billion Kometen existieren am Rande des Sonnensystems in einem großen Halo.

KOMETEN UND ABERGLAUBE

Da die Kometen unvermutet die strenge Ordnung des Nachthimmels stören, wurden sie lange Zeit als Vorboten, normalerweise für Katastrophen, angesehen: Epidemien, Hungersnöte, Trockenheiten, Überschwemmungen, Erdbeben, Kriege. Es gab kaum ein Unheil, das ihnen nicht zugeschrieben wurde.

Im Jahr 43 v. Chr. ist ein leuchtender Komet nach dem Tod von Julius Cäsar erschienen. Man glaubte, daß es sich um seine Seele handelte, die zum Himmel aufstieg.

So begann der Aberglaube, der in den Kometen Vorboten für den Tod berühmter Persönlichkeiten sehen will.

1811 und noch einmal 1858 fiel das Auftreten eines helleuchtenden Kometen mit ausgezeichneten Weinernten zusammen (Donati-Komet). Seitdem gelten die leuchtenden Kometen auch als Vorzeichen großer Weinjahrgänge.

A · **Struktur eines Kometen.**
In der Nähe der Sonne zeigt ein Komet um seinen Kern herum einen leuchtenden Hof, der in der sonnenabgewandten Richtung in einen Gas- und einen Staubschweif ausläuft.

B · **Der Komet West (1976 VI).**
Er leuchtete sehr hell; sein Kern zerfiel in 30 Millionen Kilometer Entfernung von der Sonne. Zu beachten ist sein Gasschweif (fein, geradlinig) und sein Staubschweif (breit, gebogen), die sich deutlich unterscheiden.

DAS UNIVERSUM UND DIE ERDE

DAS SONNENSYSTEM

EINTEILUNG DER METEORITE

Die Meteorite werden in drei große Gruppen unterteilt: die Eisenmeteorite (oder *Siderite*), die hauptsächlich aus Nickeleisen sowie geringen Mengen von Mineralen bestehen; die *Steinmeteorite*, die vor allem aus Silicaten zusammengesetzt sind; die Eisen-Stein-Meteorite *(Siderolithe)*, die zu etwa gleichen Teilen Nickeleisen und Silicate enthalten. Die Steinmeteorite werden je nachdem, ob sie Chondren – das sind kleine, aus irdischen Gesteinen nicht bekannte Silicatkügelchen – einschließen oder nicht, als *Chondrite* oder *Achondrite* bezeichnet. Die Teilchen, die beim Einschlag eines großen Meteoriten aus irdischen Gesteinen entstehen, werden als *Tektite* bezeichnet.

Die größten Meteoritenfunde

Ort	Masse (t)	Jahr der Entdeckung
Hoba (Südafrika)	60	1920
Anighitom, Cap York (Grönland)	36	1895
Chingo (China)	30	?
Bacubirito (Mexiko)	27	1863
Mbosi (Tanganjika)	25	1930
Armanty (Mongolei)	20	?
Agpalilik (Grönland)	17	1963
Willamette (Oregon, USA)	15	1902
Chapaderos (Mexiko)	14	1852
Otumpa (Argentinien)	13,6	1783
Mundrabilla (Australien)	12	1966
Morito (Mexiko)	11	1600

WAHRSCHEINLICHKEIT EINES EINSCHLAGS

Man nimmt an, daß jährlich etwa 200 000 Meteorite auf die Erde fallen, das heißt ungefähr 10 000 Tonnen kosmische Materie. In die Erdatmosphäre würde umgerechnet aus dem Weltraum jeden Tag durchschnittlich ein Körper von 100 t eintreten, monatlich einer von 1 000 t, jährlich einer von 15 000 t, alle zehn Jahre einer von 100 000 t und ein oder zwei Mal in hundert Jahren einer von 1 000 000 t. Die größten Meteoriten zerbersten noch vor ihrem Aufprall. Seit 500 Millionen Jahren hätte somit die Masse der Erde durch die Zufuhr von Materie aus Meteoriten um 1/100 000 zugenommen (das entspricht 60 Billiarden [60 Millionen Milliarden] Tonnen).

A · Der Meteor Crater.
Der am längsten bekannte Meteoritenkrater der Erde ist der Meteor Crater in Arizona. Er wurde 1891 entdeckt, hat einen Durchmesser von rund 1200 m und ist 170 m tief. Er soll vor etwa 20 000 Jahren durch einen Meteoriten entstanden sein, dessen Durchmesser bei etwa 25 m und dessen Masse bei etwa 65 000 t lag. Im Gegensatz zum Merkur oder Mond wurde die Oberfläche der Erde rasch durch die Vulkantätigkeit und die Erosion umgeformt und bewahrte nur geologisch junge Aufprallspuren.

Mit Sicherheit durch Meteoriten entstandene Krater auf der Erdoberfläche

Ort	geographische Breite	geographische Länge	Anzahl der Krater	Durchmesser des Hauptkraters (m)	Jahr der Entdeckung
Meteor Crater, Barringer, Arizona (USA)	35° 02′ N	111° 01′ W	1	1200	1891
Wolf Creek (Australien)	19° 10′ S	127° 47′ O	1	850	1937
Boxhole (Australien)	22° 37′ S	135° 12′ O	1	185	1937
Odessa, Texas (USA)	31° 48′ N	102° 30′ W	3	168	1921
Henburg (Australien)	24° 34′ S	133° 10′ O	14	150	1931
Kalijärvi, Estland (UdSSR)	58° 24′ N	22° 40′ O	7	110	1928
Morasko (Polen)	52° 29′ N	16° 54′ O	7	100	
Wabar (Saudi-Arabien)	21° 30′ N	50° 28′ O	2	97	1932
Campo del Cielo (Argentinien)	27° 38′ S	61° 42′ O	20	90	1923
Sobolew, Sibirien (UdSSR)	46° 18′ N	137° 52′ O	1	51	
Sichote Alin, Sibirien (UdSSR)	46° 07′ N	134° 40′ O	122	26,5	1947
Dalgaranga (Australien)	27° 43′ S	117° 05′ O	1	21	1923
Haviland, Kansas (USA)	37° 37′ N	99° 05′ W	1	11	1933

Quelle: R. A. F. Grieve und P. B. Robertson, 1978

BERÜHMTE METEORITENEINSCHLÄGE

Wenn große Meteorite in der Atmosphäre explodieren, können sie Splitterregen (›Schauer‹) wie in L'Aigle (Orne) am 26. April 1803 bewirken (2 000 bis 3 000 Meteoritenstücke wurden in einem Gebiet von 12 × 4 km gesammelt; der größte wog 9 kg); in Knjachinja (Ukraine) am 9. Juni 1866 (500 kg gesammelte Splitter, davon einer mit 293 kg); zwischen Pultusk und Ostrolenka (Polen) am 30. Januar 1868 (mehr als 200 Splitter von mehr als 1 kg); nahe Mocs bei Klausenburg (Rumänien) am 3. Febr. 1882 (fast 300 kg); nahe bei Holbrook (Arizona) am 19. Juli 1912 (218 kg); in Sikhote-Alin (Ostsibirien) am 12. Febr. 1947 (etwa 70 t Trümmer in einem Gebiet von 50 km², mit einem Brocken von mehr als 1,7 t), schließlich in Jilin (China) am 8. März 1976 (mehr als 4 t mit einem größten Brocken von 1,77 t). Einschläge großer Meteoriten sind also relativ selten.

Eigenschaften der wichtigsten bekannten Meteoritenschwärme

Name	Ursprungskomet	Dauer	ungefähres Datum des Maximums	Rektaszension	Deklination
Quadrantides	Kozik-Peltier	1.01. bis 4.01.	3. Januar	15h 28min	+50°
Lyrides	Thatcher	19.04. bis 24.04.	21. April	18h 08min	+32°
η Aquarides	Halley	1.05. bis 8.05.	4. Mai	22h 24min	0°
Arietides		29.05. bis 19.06.	7. Juni	3h 00min	+23°
ζ Perseides		1.06. bis 17.06.	9. Juni	4h 08min	+24°
β Taurides	Encke	24.06. bis 2.07.	28. Juni	5h 48min	+20°
δ Aquarides S		21.07. bis 15.08.	29. Juli	22h 36min	−17°
δ Aquarides		15.07. bis 18.08.	29. Juli	22h 36min	0°
α Capricornides	Mrkos	15.07. bis 20.08.	1. August	20h 32min	−10°
ι Aquarides S		15.07. bis 25.08.	5. August	22h 32min	−15°
ι Aquarides		15.07. bis 25.08.	5. August	22h 04min	−6°
Perseides	Swift-Tuttle	22.07. bis 18.08.	12. August	3h 04min	+58°
κ Cygnides		18.08. bis 22.08.	20. August	19h 20min	+55°
Giacobinides (oder Draconides)	Giacobini-Zinner	9.10. bis 10.10.	9. Okt.	16h 08min	+54°
Orionides	Halley	18.10. bis 26.10.	20. Okt.	6h 24min	+15°
Taurides S	Encke	15.09. bis 15.12.	5. Nov.	3h 44min	+14°
Taurides	Encke	15.10. bis 30.11.	10. Nov.	3h 44min	+22°
Leonides	Tempel	14.11. bis 20.11.	16. Nov.	10h 08min	+22°
Germinides		7.12. bis 15.12.	13. Dez.	7h 28min	+32°
Ursides	Tuttle	17.12. bis 24.12.	22. Dez.	14h 20min	+78°

DAS UNIVERSUM UND DIE ERDE

DIE GALAXIS UND DIE STERNE

STRUKTUR

Die Sonne ist einer jener 100 Milliarden Sterne, die in einer ungeheuren Ansammlung von Himmelskörpern und interstellarer Materie, der Galaxis (Milchstraßensystem), versammelt sind und deren Zusammenhalt durch die Gravitation gewährleistet ist.

In erster Näherung kann man die Galaxis als eine sehr flache Scheibe ansehen, deren Durchmesser bei 30 000 Parsec (100 000 Lichtjahre) liegt und die etwa gleichmäßig dick ist. Sie besitzt in der Mitte eine Ausbauchung mit einer Dicke von etwa 5 000 pc (›Bauch‹). Für uns liegt das Zentrum in Richtung des Sternbildes Schütze. Die Sonne liegt 28 000 Lichtjahre vom Zentrum entfernt, etwas nördlich von der mittleren Ebene, wobei die Dicke der Scheibe am Ort der Sonne ungefähr 1 000 pc beträgt. Die Sterndichte nimmt zum Scheibenrand hin ab. Die Scheibe selbst ist allseitig von Kugelsternhaufen umgeben, die in ihrer Gesamtheit den galaktischen *Halo* bilden.

Die *Scheibe* umfaßt ungefähr 70 % der Gesamtmasse der Galaxis. Sie enthält alte Sterne mit unterschiedlicher Masse und die gesamte interstellare Materie. Diese und die jüngeren Sterne sind entlang von Spiralstrukturen in einer Scheibe sehr geringer Dicke von etwa 200 Lj verteilt. Die älteren Sterne und die planetarischen Nebel (siehe S. 15) treten beiderseits der galaktischen Ebene in einem Bereich von 700–1 000 Lj Dicke nur in geringer Konzentration auf.

Der *Bauch* enthält nur einen sehr geringen Gasanteil; er besteht hauptsächlich aus alten, metallreichen Sternen und aus Sternen der Population II (siehe S. 14). Die Verteilung des interstellaren Gases, die durch radioastronomische Beobachtungen nachgewiesen wurde, zeigt eine komplexe Struktur mit starker Expansionsbewegung des Gases vom galaktischen Zentrum fort. Insbesondere zeigt sich eine ringförmige Konzentration ungefähr 10 000 Lj vom Zentrum entfernt. Das zentrale und dichteste Gebiet der Galaxis wird *Kern* genannt. Das Zentrum selbst fällt mit einer kompakten Radioquelle zusammen, Sagittarius A, dessen Durchmesser weniger als ein zwanzigstel der Entfernung Erde–Sonne ist.

Der *Halo* besteht im wesentlichen aus alten Sternen und Sternen der Population II, die in kugelförmigen Sternhaufen verteilt sind. Es wird vermutet, daß es um die Scheibe herum eine breite gasförmige Korona gibt.

BEWEGUNGEN

Die Materie der galaktischen Scheibe rotiert um eine senkrecht zur Scheibe stehende Achse, die durch das Zentrum geht. Diese Drehung des Ganzen erfolgt nicht wie bei einem festen Körper, sie ist eine *Differentialdrehung*, die durch eine Kurve dargestellt werden kann, die die Rotationsgeschwindigkeit in Abhängigkeit von der Entfernung vom Zentrum angibt.

In den zentralen Gebieten, weniger als 2 000 Lichtjahre vom Zentrum entfernt, wächst diese Geschwindigkeit proportional zur Entfernung zum Zentrum, was zu einer ähnlichen Rotation wie bei einem Festkörper führt. Weiter weg vom Zentrum nimmt die Geschwindigkeit zu, erreicht einen Höchstwert (nahe bei 250 Kilometern pro Sekunde) und nimmt dann stetig ab.

Die Sonne und das Sonnensystem beschreiben in der Galaxis eine kreisförmige Bahn mit einer Geschwindigkeit von ungefähr 250 km/s; für einen vollständigen Umlauf benötigen sie etwa 240 Millionen Jahre. Seit ihrer Entstehung muß die Sonne demnach etwa zwanzig Umkreisungen vollführt haben. Neben dieser Gesamtbewegung führt die Sonne noch eine Eigenbewegung in Richtung *Apex* mit 19,6 km/s durch.

GRÖSSENKLASSEN

Die Helligkeit eines Himmelskörpers kann durch eine Zahl dargestellt werden, die Sterngröße genannt wird. Wenn zwei Himmelskörper die Helligkeit E und E_0 haben, so sind ihre Größenklassen m und m_0 durch die Beziehung $m - m_0 = -2{,}512 \log E_0/E$ miteinander verknüpft. Je leuchtender ein Himmelskörper ist, um so niedriger seine Größenklasse. Einem Unterschied von einer Größenklasse zwischen zwei Himmelskörpern entspricht ein Helligkeitsverhältnis von 2,512; bei einem Unterschied von n Größenklassen besteht ein Helligkeitsverhältnis von $(2{,}512)^n$. Mit dem bloßen Auge können Himmelskörper bis zu der Größenklasse 6 erkannt werden (etwa 6 000 Sterne am ganzen Himmel).

Die *scheinbare Größe* eines Himmelskörpers hängt nicht nur von seiner ihm eigenen Leuchtkraft ab, sondern auch von seiner Entfernung. Man verwendet daher auch die *absolute Helligkeit*, d. i. die Helligkeit, die ein Stern in einer Entfernung von 10 pc haben würde.

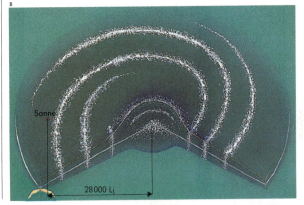

B · **Schematischer Schnitt durch die galaktische Scheibe.**

Das Licht braucht ungefähr 100 000 Jahre, um die Scheibe diametral zu durchqueren. Die Sonne befindet sich etwas nördlich der Mittelebene (galaktische Ebene), am Rande eines Spiralarms in 28 000 Lichtjahren (Lj) Entfernung vom Zentrum. Die Dicke nimmt von der Peripherie zur Mitte hin zu: die zentrale Verdickung erreicht 15 000 Lichtjahre.

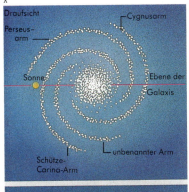

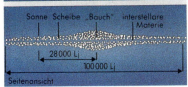

A · **Schematische Darstellung der Galaxis.**

Oben Vorderansicht; unten Seitenansicht. Man beachte die Randlage der Sonne.

C · **Interstellare Materie.**

Leuchtende Bereiche aus ionisiertem Wasserstoff und dunkle Bereiche aus neutralem Wasserstoff und Staub.

D · **Ein Kugelsternhaufen.**

Hunderttausende von sehr alten Sternen konzentrieren sich in dem Sternhaufen M 13 des Herkules.

E · **Eine Sternenwiege.**

In diesem Gebiet der Galaxis werden gerade Sterne ›geboren‹; andere befinden sich in einem Vorstadium.

F · **Ein offener Sternhaufen.**

Das ›Schmuckkästchen‹ im Kreuz des Südens ist ein Haufen junger Sterne in 6 800 Lichtjahren Entfernung.

DAS UNIVERSUM UND DIE ERDE

DIE GALAXIS UND DIE STERNE

INTERSTELLARE MATERIE

Die interstellare Materie besteht aus diffusen Gasen sowie aus Staub; sie ist zwischen den Sternen in Form mehr oder weniger dichter Wolken verteilt. Das neutrale, diffuse interstellare Gas zeigt sich durch Absorptionslinien im Sternspektrum, die man im sichtbaren und im ultravioletten Bereich beobachten kann. Neben dem Wasserstoff als wichtigstem Bestandteil (90 %) enthalten die interstellaren Gaswolken neutrale Atome (Calcium, Kalium und Natrium), Ionen (Kalium, Eisen, Titan) und einige Moleküle (CN, CH$^+$, CH, H^2, CO, OH, C$_2$). Der Wasserstoff absorbiert eine für ihn charakteristische Spektrallinie mit der Wellenlänge 21 cm, die 1951 von den amerikanischen Physikern H. J. Ewen, E. M. Purcell und G. Westerhout entdeckt wurde; ihre Beobachtung hat wesentlich zur Erforschung der Struktur der Galaxis beigetragen. Das interstellare Gas ist stark verdünnt (ungefähr 1 Atom pro cm^3, das entspricht einer Dichte von etwa 10^{-24} g/cm^3) und sehr kalt (von wenigen Kelvin bis 100 K).

Die Radioastronomie hat im interstellaren Umfeld zahlreiche Moleküle entdeckt. Heute kennt man bereits etwa 60 interstellare Moleküle, von denen einige äußerst komplex (bis zu 13 Atome) sind. Alle haben folgende Bestandteile: Wasserstoff, Sauerstoff, Kohlenstoff und Stickstoff. Sie finden sich bevorzugt in dicken Wolken, die dichte *Molekülwolken* genannt werden. Die Konzentration der Materie beträgt in diesen Wolken mehrere hundert Moleküle pro Kubikzentimeter, die Masse einer Wolke liegt bei 10 000 Sonnenmassen. Hier bilden sich die Sterne.

Das interstellare Gas in der Nähe von heißen Sternen ist ionisiert und zeigt sich in Gestalt von *Emissionsgebieten* (oder *H II-Gebiete*) mit Temperaturen von einigen tausend Grad.

Jüngste Beobachtungen haben eine andere Komponente des interstellaren Milieus nachgewiesen, die sich zwischen den Wolken befindet und als *interstellare Umgebung* zwischen den Wolken bezeichnet wird. Es handelt sich um ein heißes (Temperatur bei 1 000 K), aber noch neutrales Gas.

Der interstellare Staub bildet in den Gebieten, in denen er vermehrt vorkommt, absorbierende Wolken, die *Dunkelwolken* heißen. Sie bewirken eine Absorption und Rötlichfärbung des Sternlichtes.

SPEKTRALKLASSEN

Die Gesamtheit der monochromatischen Anteile der elektromagnetischen Strahlung eines Himmelskörpers, vor allem eines Sterns, bildet dessen *Spektrum*. Die Strahlungsintesität ist im allgemeinen nicht gleichmäßig verteilt: bei einigen Wellenlängen wird sie stärker (helle Linien, je nach Lichtemission); bei anderen wird sie schwächer (dunkle Linien, je nach Lichtabsorption). Alle unsere Informationen über die Sterne stammen aus der Untersuchung ihrer Spektren. In der zu Beginn dieses Jahrhunderts von Harvard aufgestellten Klassifizierung, die heute allgemein üblich ist, werden die Sterne in 11 *Spektralklassen* oder *-typen* eingeteilt, die mit Großbuchstaben bezeichnet werden: W, O, B, A, F, G, K, M, R, N, S. Die häufigsten Typen, beginnend mit den heißesten und mit den kältesten Sternen endend, sind: O, B, A, F, G, K, M (man kann sich diese Reihe mit Hilfe eines englischen Satzes merken: O Be A Fine Girl, Kiss Me!). Sie bilden eine Folge, bei der das Aussehen des Normalspektrums und das der Linien sich gesetzmäßig verändert.

ENTFERNUNGEN

Die Entfernungen der Sterne werden gemessen in:

Lichtjahren (Lj); ein Lichtjahr ist diejenige Entfernung, die das Licht im Vakuum in einem Jahr zurücklegt: 1 Lj = 9,46 · 10^{12} km (also fast 10 000 Milliarden Kilometer).

Parsec (pc; Abkürzung für Parallaxensekunde); ein Parsec ist diejenige Entfernung, bei der von dem Radius der Erdumlaufbahn unter einem Winkel (Parallaxe) von 1″ mißt; 1 pc = 3,26 Lj. Man verwendet auch zwei Vielfache dieser Einheit, das *Kiloparsec* (kpc), gleich 1 000 pc, und das *Megaparsec* (Mpc), gleich 10^6 pc.

Die Entfernungsmessungen haben für die Astronomie grundlegende Bedeutung. Erst nach 1750 gelang es, die Entfernungen der Sonne und der Planeten richtig zu bestimmen, und um 1840 wurden die ersten stellaren Entfernungen gemessen (siehe Abschnitt Entdeckungen und Erfindungen, S. 879). Der nächste Stern des Sonnensystems, Proxima Centauri, ist 4,22 Lj entfernt.

LEUCHTKRAFT UND GRÖSSEN

Je nach ihrer Leuchtkraft werden drei große Sternfamilien unterschieden: die *Überriesen* (10 000fache Leuchtkraft der Sonne), die *Riesen* (100fache Leuchtkraft der Sonne) und die *Zwerge* (Leuchtkraft kleiner oder gleich der der Sonne). Diesen Unterschieden in der Leuchtkraft entsprechen Größenunterschiede. Die größten Sterne sind die roten Überriesen (etwa 1 000facher Radius der Sonne) und die roten Riesen (etwa 100facher Radius der Sonne). Die Zwerge umfassen Sterne der Hauptreihe des Hertzsprung-Russell-Diagramms, wie zum Beispiel die Sonne (Radius etwa 700 000 km), aber auch die weißen Zwerge (Radius etwa 5 000 km) und die Neutronensterne (Radius ca. 10 km).

Der größte bekannte Stern ist ε-Aurigae im Sternbild Fuhrmann, dessen Durchmesser das 2 700fache der Sonne erreicht. Würde man ihn ins Zentrum des Sonnensystems verlagern, so würde er alle Planeten bis zum Saturn umfassen.

EIGENBEWEGUNG

Die Konfigurationen der Sternbilder erscheinen für uns unbeweglich; ein Beobachter jedoch, der mehrere tausend Jahre leben würde, könnte feststellen, daß sie allmählich ihre Form ändern. Die Sterne nämlich, die sie bilden, ändern langsam ihre Position. Das wurde von Edmond Halley 1718 festgestellt. Die winkelbezogene Fortbewegung eines Sterns am Himmelsgewölbe aufgrund seiner Bewegung im Raum wird Eigenbewegung genannt und in Bogensekunden pro Jahr ausgedrückt. Die Sterne mit der größten Eigenbewegung sind Barnards Pfeilstern (10,31″) im Sternbild Schlangenträger und Kapteyns Stern (8,76″) im Sternbild Maler. Die Eigenbewegung eines Sterns zeigt nur einen Aspekt seiner tatsächlichen Bewegung im Raum, nämlich die senkrecht zur Beobachtungsrichtung verlaufende Bewegung. Für die Ermittlung der tatsächlichen Bewegung muß auch deren Komponente in der Beobachtungsrichtung bekannt sein, die sog. Radialgeschwindigkeit.

Die wichtigsten Spektralklassen bei Sternen

Spektralklasse	Farbe	Temperatur	Spektraleigenschaften	Beispiele
O	blau	>30 000 K	Spektrallinien des ionisierten und neutralen Heliums, des zweifach ionisierten Kohlenstoffs, des dreifach ionisierten Siliciums und schwache Spektrallinien des Sauerstoffs	λ Orion
B	blau	10 000 bis 30 000 K	Spektrallinien des neutralen Heliums, des einfach und doppelt ionisierten Siliciums, von Sauerstoff und Magnesium, intensivere Spektrallinien des Wasserstoffs als in Klasse O	Rigel Spica Deneb
A	blau	7 500 bis 10 000 K	intensive Spektrallinien von ionisiertem Wasserstoff und Calcium	Sirius Vega
F	blau – weiß	6 000 bis 7 500 K	Spektrallinien von neutralen oder einfach ionisierten Metallen, Spektrallinien von ionisiertem Wasserstoff	Canopus Procyon
G	weiß – gelb	5 000 bis 6 000 K	es überwiegen intensive Spektrallinien von neutralen Metallen	Sonne Capella
K	orange – rot	3 500 bis 5 000 K	Spektrallinien von neutralen Metallen und Molekülbandenspektren	Arcturus Aldebaran
M	rot	<3 5000 K	Spektrallinien von neutralen Metallen und Molekülbandenspektren	Beteigeuze Antar

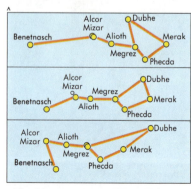

▲ *Eigenbewegung.* Infolge der Eigenbewegung der Sterne in den Sternbildern nehmen diese im Laufe der Zeit eine andere Form an. Die obenstehende Zeichnung stellt die Konfiguration der sieben hellsten Sterne des Großen Bären vor 100 000 Jahren (oben), heute (Mitte) und in 100 000 Jahren (unten) dar. Für den prähistorischen Menschen sah der Himmel etwas anders aus als für uns heute.

DIE ENTWICKLUNG DER STERNE

Die Sterne entstehen aus der Zusammenballung von großen Wolken (sog. Nebel) interstellarer Materie. Sobald die Temperatur in einer derartigen Zusammenballung ausreicht, beginnen thermonukleare Reaktionen in ihren Zentren. Diese verursachen elektromagnetische Strahlungen. Die Sternentwicklung verläuft in mehreren Schüben, während derer sich die zusammengeballte Materie durch die Gravitation kontrahiert; sie erhitzt sich dabei immer stärker, wodurch nukleare Reaktionen zwischen immer schwereren Elementen ausgelöst werden. Während der meisten Zeit ihres Lebens beziehen die entstehenden Sterne ihre Energie aus der Umwandlung von Wasserstoff in Helium (wie heute die Sonne). Wenn ihr nuklearer Brennstoff erschöpft ist, durchlaufen sie eine explosive Phase, danach eine letzte Phase des Gravitationskollapses, der je nach Masse einen weißen Zwerg, einen Neutronenstern oder ein schwarzes Loch ergibt.

A · **Ein typischer Nebel.**
Dieser große Komplex aus Wasserstoff und interstellarem Staub, umgeben von einem Halo aus jungen Sternen, befindet sich etwa 4 500 Lj. entfernt in Richtung des galaktischen Zentrums.

B · **Entstehende Sterne.**
Diese dunklen Wolken, die sich am stellaren Hintergrund der Milchstraße abzeichnen, sind sich zusammenballende ›Sternembryonen‹, die wegen ihres hohen Staubgehalts lichtundurchlässig sind.

NOVAE UND SUPERNOVAE

Einige Sterne werden im Explodieren plötzlich und kurzfristig sehr hell. Solche **Novae** werden 10 000- bis 100 000mal heller, bevor sie nach einigen Monaten oder Jahren ihre ursprüngliche Leuchtkraft wiedererlangen. Es handelt sich bei diesen Novae um weiße Zwerge, deren Oberflächenschichten explodieren. Diese Explosion erfolgt nach der Einverleibung von Materie eines nahen Riesen, mit dem der weiße Zwerg ein Doppelsternsystem bildet. Die durch die Explosion freigesetzte Materie bildet eine expandierende Gasblase um den Stern, die *planetarischer Nebel* heißt.

Supernovae werden 10- bis 100millionenmal heller, bevor sie endgültig untergehen. Es handelt sich hierbei um massive Sterne in einem fortgeschrittenen Entwicklungsstadium, die vollständig explodieren. Übrig bleibt nur der sehr dichte Kern des Sterns, der sich dann zusammenzieht und einen Neutronenstern oder ein schwarzes Loch ergibt. Die bei der Explosion abgestoßene Materie bildet einen expandierenden Nebel *(Rest der Supernova)*, der sich allmählich wie der aus leuchtenden Gasmassen bestehende Crabnebel (unten) auflöst, der aus der 1054 von den Chinesen im Sternbild Stier beobachteten Supernova hervorgegangen ist.

C · **Rest einer Supernova: der Crabnebel.**

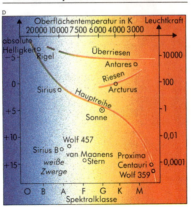

D · **Das Hertzsprung-Russell-Diagramm.**
Dieses Diagramm stellt eine Einteilung der Sterne nach Spektralklasse und Leuchtkraft dar, die in der Astrophysik von größter Bedeutung ist. Die Sonne ist ein Stern der Hauptreihe.

WEISSE ZWERGE

Die weißen Zwerge sind kleine, sehr dichte Sterne (Dichte etwa 1 t/cm³), sie sind schwachleuchtend und ziemlich heiß (ca. 10 000 K an der Oberfläche). Die weißen Zwerge sind das letzte Entwicklungsstadium relativ leichter Sterne (Masse ≤ 1,4 der Sonnenmasse). Obwohl sie in etwa Sonnenmasse haben, ist ihr Radius nicht größer als der der Erde.

PULSARE

Die Theorie nimmt an, daß Sterne mit einer Masse zwischen dem 1,4- und dem 3fachen der Sonnenmasse ihre Entwicklung als kleine (Radius ca. 10 km), äußerst dichte (10^8 t/cm³) Sterne vollenden, die im wesentlichen aus Neutronengas bestehen: die Neutronensterne. Die 1967 mit Hilfe des Radioteleskops der Universität Cambridge von dem britischen Astrophysiker A. Hewish und seiner Assistentin J. Bell entdeckten Pulsare, die sehr kurze und regelmäßige (zwischen 1,5 und 4,5 Millisekunden) Strahlungspulse abgeben, sind wahrscheinlich schnell rotierende Neutronensterne mit einem starken Magnetfeld. Ihre Strahlung, die die Form eines dünnen Bündels hat, überstreicht den Weltraum wie ein Leuchtscheinwerfer.

SCHWARZE LÖCHER

Die Theorie besagt, daß das letzte Entwicklungsstadium massereicher Sterne (mehr als 4fache Sonnenmasse) ein schwarzes Loch sein muß, das aufgrund von Gravitationskontraktion aus der stellaren Masse hervorgeht. Die schwarzen Löcher verdanken ihren Namen der Tatsache, daß ihr Gravitationsfeld so stark ist, daß nichts, auch nicht das Licht, nach außen dringen kann. Obwohl es nicht durch Strahlung identifiziert werden kann, ist ein schwarzes Loch indirekt durch seine Gravitations- und elektromagnetische Wirkung auf benachbarte Sterne zu erkennen. So hat die Analyse der Umlaufbewegungen bestimmter Sterne einige Doppelsternsysteme ergeben, von denen ein Teil ein schwarzes Loch sein soll. Der einleuchtendste Fall ist der der Röntgenquelle Cygnus X-1.

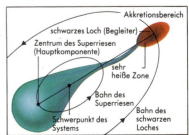

E · **Doppelsternsystem mit schwarzem Loch.**

Beziehungen zwischen den verschiedenen in der Astronomie gebräuchlichen Entfernungseinheiten

Einheit (Abkürzung)	Kilometer (km)	Astronomische Einheit (AE)	Lichtjahr (Lj)	Parsec (pc)
Kilometer (km)	1	$6,684 587 1 \cdot 10^{-9}$	$1,0570 \cdot 10^{-13}$	$3,24078 \cdot 10^{-14}$
Astronomische Einheit (AE)	149 597 870	1	$1,5813 \cdot 10^{-5}$	$4,84814 \cdot 10^{-6}$
Lichtjahr (Lj)	$9,4607 \cdot 10^{12}$	63 241	1	0,306 595
Parsec (pc)	$3,08568 \cdot 10^{13}$	206 265	3 261 633	1

DAS UNIVERSUM UND DIE ERDE

DIE GALAXIS UND DIE STERNE

NOMENKLATUR DER STERNE

Früher bezeichnete man einen Stern mit einem Namen, der seine Position im mythologischen Bild des Sternbildes, zu dem dieser Stern gehört, angab. Die hellsten Sterne erhielten im Mittelalter vor allem von den Arabern Eigennamen, die sich erhalten haben: *Sirius, Rigel, Aldebaran ...*

1603 schlug der deutsche Astronom Bayer in seiner *Uranometria* eine einfache und rationelle Nomenklatur vor, die sich der Buchstaben des griechischen Alphabets bedient: In jedem Sternbild wird der hellste Stern mit α bezeichnet, derjenige mit dem nächsthelleren Licht mit β, dann kommt γ und so weiter.

Diese heute auf der ganzen Welt gebräuchliche Nomenklatur beinhaltet einige verwendungsbedingte Ausnahmen: So wird der hellste Stern des Großen Bären mit ε und nicht mit α bezeichnet. Wenn alle Buchstaben des griechischen Alphabets aufgebraucht sind, greift man auf das lateinische Alphabet zurück und schließlich auf Zahlen. Allerdings kann man so nur die mit bloßem Auge sichtbaren Sterne bezeichnen. Die weniger hellen Sterne, die man mit Fernrohren und Teleskopen sieht, werden lediglich durch ihre laufende Nummer in den Sternkatalogen benannt. Da die Sternbilder offiziell lateinische (in der ganzen Welt verständliche) Namen haben, erhält man den offiziellen Namen eines Sterns, indem man seinem Buchstaben den Genitiv des lateinischen Namens des Sternbildes anfügt, zu dem er gehört.

Sternbilder. Der gesamte Himmel wird in 88 Sternbilder aufgeteilt, die jeweils neben der Gruppe der hellen Sterne, die ihnen den Namen gaben, einen Himmelsbereich umfassen, der nach Übereinkunft von Parallel- und Meridiankreisen begrenzt wird. Die größte Region umfaßt die Weibliche Wasserschlange, die kleinste das Kreuz des Südens. In der Region des Großen Hundes liegt der Sirius, das ist derjenige Stern, der uns am hellsten erscheint.

NOMENKLATUR DER STERNBILDER

Die heutige Nomenklatur der Sternbilder stammt größtenteils aus der griechischen Mythologie. Anscheinend war es Aratos, ein Arzt und Dichter am Hofe des mazedonischen Herrschers Antigonos Gonatas, der im 3. Jh. vor unserer Zeitrechnung die Idee hatte, den verschiedenen Sternbildern Namen aus der griechischen Mythologie zu geben. Die Sternkarte des nördlichen Himmels leitet sich von der im 2. Jh. von Ptolemäus erstellten Karte, die 48 Sternbilder enthielt, ab. Die südlichen Sternbilder wurden erst viel später benannt, da die Astronomen den Himmel der südlichen Halbkugel erst viel später beobachten konnten. Vor allem Bayer und Hevelius im 17. Jh. und Lalande sowie Lacaille im 18. Jh. gaben ihnen ihre Namen (meist Namen von Vögeln oder wissenschaftlichen Instrumenten).

Sternbilder

lateinischer Name (mit Genitivendung)	offizielle internationale Abkürzung	deutscher Name	Ausdehnung in 10^{-3} sr	lateinischer Name (mit Genitivendung)	offizielle internationale Abkürzung	deutscher Name	Ausdehnung in 10^{-3} sr
Andromeda *(-ae)*	And	Andromeda	220	Indus *(-i)*	Ind	Inder	90
Antlia *(-ae)*	Ant	Luftpumpe	73	Lacerta *(-ae)*	Lac	Eidechse	61
Apus *(-odis)*	Aps	Paradiesvogel	63	Leo *(-nis)*	Leo	Löwe	288
Aquarius *(-ii)*	Aqr	Wassermann	299	Leo *(-nis)* Minor *(is)*	LMi	Kleiner Löwe	71
Aquila *(-ae)*	Aql	Adler	199	Lepus *(-oris)*	Lep	Hase	88
Ara *(-ae)*	Ara	Altar	72	Libra *(-ae)*	Lib	Waage	164
Aries *(-tis)*	Ari	Widder	134	Lupus *(-i)*	Lup	Wolf	102
Auriga *(-ae)*	Aur	Fuhrmann	200	Lynx *(-cis)*	Lyn	Luchs	166
Bootes *(is)*	Boo	Bärenhüter	276	Lyra *(-ae)*	Lyr	Leier	87
Caelum *(-i)*	Cae	Grabstichel	38	Mensa *(-ae)*	Men	Tafelberg	47
Camelopardalis *(-)*	Cam	Giraffe	231	Microscopium *(-ii)*	Mic	Mikroskop	64
Cancer *(-cri)*	Cnc	Krebs	154	Monoceros *(-otis)*	Mon	Einhorn	147
Canes *(-um)*				Musca *(-ae)*	Mus	Fliege	42
Venatici *(orum)*	CVn	Jagdhunde	142	Norma *(-ae)*	Nor	Winkelmaß	50
Canis *(-)*				Octans *(-tis)*	Oct	Oktant	89
Major *(-is)*	CMa	Großer Hund	116	Ophiuchus *(-i)*	Oph	Schlangenträger	289
Canis *(-)*				Orion *(-is)*	Ori	Orion	181
Minor *(-is)*	CMi	Kleiner Hund	56	Pavo *(-nis)*	Pav	Pfau	115
Capricornus *(-i)*	Cap	Steinbock	126	Pegasus *(-i)*	Peg	Pegasus	342
Carina *(-ae)*	Car	Kiel des Schiffes	150	Perseus *(-i)*	Per	Perseus	187
Cassiopeia *(-ae)*	Cas	Kassiopeia	182	Phoenix *(-cis)*	Phe	Phönix	143
Centaurus *(-i)*	Cen	Zentaur	323	Pictor *(-is)*	Pic	Malerstaffelei	75
Cepheus *(-i)*	Cep	Cepheus	179	Pisces *(-ium)*	Psc	Fische	271
Cetus *(-i)*	Cet	Walfisch	375	Piscis *(-)*			
Chamaeleon *(-ontis)*	Cha	Chamäleon	40	Austrinus *(-i)*	PsA	Südlicher Fisch	75
Circinus *(-i)*	Cir	Zirkel	28	Puppis *(-)*	Pup	Achterschiff	205
Columba *(-ae)*	Col	Taube	82	Pyxis *(-idis)*	Pyx	Schiffskompaß	67
Coma *(-ae)* Berenices	Com	Haar der Berenike	118	Reticulum *(-i)*	Ret	Netz	35
Corona *(-ae)* Australis	CrA	Südliche Krone	39	Sagitta *(-ae)*	Sge	Pfeil	24
Corona *(-ae)* Borealis	CrB	Nördliche Krone	55	Sagittarius *(-ii)*	Sgt	Schütze	264
Corvus *(-i)*	CrV	Rabe	56	Scorpius *(-i)*	Sco	Skorpion	151
Crater *(-is)*	Crt	Becher	86	Sculptor *(-is)*	Scl	Bildhauer	145
Crux *(-cis)*	Cru	Kreuz des Südens	21	Scutum *(-i)*	Sct	Sobieskischer Schild	33
Cygnus *(-i)*	Cyg	Schwan	245	Serpens *(-tis)*	Ser	Schlange	194
Delphinus *(-i)*	Del	Delphin	58	Sextans *(-tis)*	Sex	Sextant	96
Dorado *(-us)*	Dor	Schwertfisch	55	Taurus *(-i)*	Tau	Stier	243
Draco *(-nis)*	Dra	Drache	330	Telescopium *(-ii)*	Tel	Fernrohr	77
Equuleus *(-i)*	Equ	Füllen	22	Triangulum *(-i)*	Tri	Dreieck	40
Eridanus *(-i)*	Eri	Fluß Eridanus	347	Australe *(-is)*	TrA	Südliches Dreieck	34
Fornax *(-acis)*	For	Chemischer Ofen	121	Tucana *(-ae)*	Tuc	Tukan	90
Gemini *(orum)*	Gem	Zwillinge	157	Ursa *(-ae)*			
Grus *(-is)*	Gru	Kranich	111	Major *(-is)*	UMa	Großer Bär	39
Hercules *(-is)*	Her	Herkules	373	Ursa *(-ae)*			
Horologium *(-ii)*	Hor	Pendeluhr	76	Minor *(-is)*	UMi	Kleiner Bär	78
Hydra *(-ae)*	Hya	Weibliche Wasserschlange	397	Vela *(-orum)*	Vel	Segel (des Schiffes)	152
				Virgo *(-inis)*	Vir	Jungfrau	394
Hydrus *(-i)*	Hyi	Männliche Wasserschlange	74	Volans *(-tis)*	Vol	Fliegender Fisch	43
				Vulpecula *(-ae)*	Vul	Fuchs	82

DAS UNIVERSUM UND DIE ERDE

Die 25 dem Sonnensystem nächsten Sterne

Name	Sternbild	Entfernung in Lichtjahren	scheinbare Helligkeit	Spektralklasse
Proxima Centauri	Zentaur	4,22	11,0	M5
α Centauri A	Zentaur	4,35	−0,0	G2
α Centauri B	Zentaur	4,35	1,3	K5
Bernard-Stern	Schlangenträger	6,0	9,5	M5
Wolf 359	Löwe	7,7	13,5	M8
Lalande 21 185	Großer Bär	8,2	7,5	M2
Luyten 726-8A	Walfisch	8,4	12,5	M5
Luyten 726-8B (UV Ceti)	Walfisch	8,4	13,0	M6
Sirius A	Großer Hund	8,6	−1,4	A1
Sirius B	Großer Hund	8,6	8,6	wZ*
Ross 154	Schütze	9,4	10,6	M4
Ross 248	Andromeda	10,4	12,2	M6
ε Eridani	Eridanus	10,8	3,7	K2
Luyten 789-6	Wassermann	10,8	12,2	M7
Ross 128	Jungfrau	10,8	11,1	M5
61 Cygne A	Schwan	11,1	5,2	K5
61 Cygne B	Schwan	11,1	6,0	K7
ε Indi	Indianer	11,2	4,7	K5
Groombridge 34A	Andromeda	11,2	8,1	M1
Groombridge 34B	Andromeda	11,2	11,0	M6
Procyon A	Kleiner Hund	11,4	0,4	F5
Procyon B	Kleiner Hund	11,4	10,7	wZ*
Σ 2398 A	Drache	11,6	8,9	M5
Σ 2398 B	Drache	11,6	9,7	M1
Lacaille 9352	Südlicher Fisch	11,7	7,3	M2

wZ* = weißer Zwerg

Die 25 hellsten mit dem bloßen Auge wahrnehmbaren Sterne

gebräuchlicher Name	internationale Bezeichnung	Sternbild	scheinbare Helligkeit	Spektralklasse	Entfernung in Lichtjahren
Sirius	α CMa	Großer Hund	−1,4	A1	8,6
Canopus	α Car	Kiel des Schiffes	−0,7	F0	190
Rigel Kentaurus	α Cen	Zentaur	−0,3	G2	4,3
Arctur	α Boo	Ochsentreiber	0	K2	36
Wega	α Lyr	Leier	0	A0	26,5
Capella	α Aur	Fuhrmann	+0,1	G8	45
Rigel	α Ori	Orion	+0,2	B8	660
Procyon	α CMi	Kleiner Hund	+0,4	F5	11,4
Achernar	α Eri	Fluß Eridianus	+0,5	B5	130
Agena	β Cen	Zentaur	+0,6	B1	390
Altair	α Aql	Adler	+0,7	A7	16
Beteigeuze	α Ori	Orion	+0,8*	M2	650
Aldebaran	α Tau	Stier	+0,8	K5	68
Acrux	α Cru	Kreuz des Südens	+0,8	B2	260
Spica	α Vir	Jungfrau	+1	B1	260
Antares	α Sco	Skorpion	+1**	M1	425
Pollux	β Gem	Zwillinge	+1,1	A0	36
Formalhaut	α PsA	Südlicher Fisch	+1,1	A3	23
Deneb	α Cyg	Schwan	+1,3	A2	1 600
Mimosa	β Cru	Kreuz des Südens	+1,3	B0	490
Regulus	α Leo	Löwe	+1,4	B8	85
Adhara	ε CMa	Großer Hund	+1,5	B2	680
Castor	α Gem	Zwillinge	+1,6	A0	45
Shaula	λ Sco	Skorpion	+1,6	B2	310
Bellatrix	γ Ori	Orion	+1,6	B2	140

* im Durchschnitt (die scheinbare Helligkeit schwankt zwischen 0,4 und 1,3)
** im Durchschnitt (die scheinbare Helligkeit schwankt zwischen 0,9 und 1,8)

A · Der Große Bär und der Bärenhüter.

Die sieben hellsten Sterne des Großen Bären haben die Form eines Wagens mit Deichsel oder die eines Henkeltopfes. Sie tragen Namen arabischen Ursprungs: α heißt Dubhe; β Merak; γ Phecda; δ Megrez; ε Alioth; ζ Mizar; η Benetnasch. Wenn man die Linie Merak–Dubhe um das Fünffache über den Dubhe hinaus verlängert, kommt man zum Polarstern. Der Schwanz des Bären (die Deichsel des Wagens, der Griff des Topfes) zeigt auf den Arcturus, den Hauptstern des Bärenhüters (Bootes).

B · Orion.

In den mittleren Breitengraden der nördlichen Hemisphäre beherrscht das schöne Sternbild des Orion den winterlichen Sternenhimmel. Es besteht aus einem großen Viereck aus hellen Sternen (α heißt Beteigeuze; β Rigel; γ Bellatrix; δ Saph), in dessen Zentrum drei weniger helle Sterne auf einer Schrägen liegen. Verlängert man diese Linie nach Westen, kommt man zu dem hellen, rötlichen Aldebaran aus dem Sternbild Stier, in dessen Nähe die Sternhaufen der Hyaden und der Plejaden liegen; weiter nach Osten gelangt man schließlich zum Sirius.

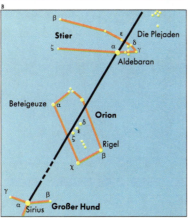

C · Kassiopeia, Andromeda, Pegasus.

Das Sternbild Kassiopeia ist am nördlichen Himmel leicht zu erkennen; vom Polarstern aus liegt es gegenüber dem Großen Bären. Seine fünf Hauptsterne ergeben ein W. Weiter unten befindet sich das Sternbild Andromeda, das die einzige auf der nördlichen Halbkugel mit bloßem Auge sichtbare Galaxie birgt, die M 31. Diese sieht unserer Spirale ähnlich und ist 2,2 Millionen Lichtjahre von uns entfernt. Der Stern α von Andromeda bildet mit den Sternen α, β und γ von Pegasus das Pegasusquadrat.

D · Schwan und Leier.

In den mittleren Breitengraden der nördlichen Hemisphäre kann man am Sommerhimmel ein großes gleichschenkliges Dreieck aus drei sehr hellen Sternen bewundern: Wega (Sternbild Leier), Atair (Sternbild Adler) und Deneb (Sternbild Schwan). Die Wega leuchtet bläulich; sie steht fast im Zenith in der Nähe eines kleinen Parallelogramms aus schwach leuchtenden Sternen. Der Schwan bildet ein großes, in der Milchstraße liegendes Kreuz mit Deneb an der Spitze. Deswegen wird er gelegentlich auch als Kreuz des Nordens bezeichnet.

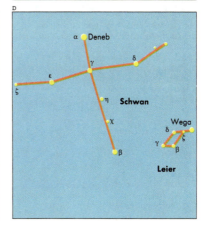

DAS UNIVERSUM UND DIE ERDE

DAS EXTRAGALAKTISCHE UNIVERSUM

EINTEILUNG DER GALAXIEN

In der auf Edwin Hubble (1926) zurückgehenden morphologischen Einteilung unterscheidet man grob der Form nach vier Gruppen von Galaxien: *spiralförmige* (60 %), *elliptische* (15 %), *linsenförmige* (20 %) und *irreguläre* (3 %). Nur 2 % der Galaxien, die sog. ›besonderen Galaxien‹, werden durch diese Einteilung nicht erfaßt. In jeder Gruppe beschreiben noch feinere Unterteilungen den genauen *morphologischen Typ* der Galaxien.

Die Spiralsysteme, die die Mehrheit ausmachen, besitzen einen runden Kern in der Mitte einer von Sternen und interstellarer Materie erfüllten Scheibe, die sich entlang der Spiralarme sammeln. Sie unterteilen sich in normale Spiralen (S) und Balkenspiralen (BS), je nachdem, ob die Arme direkt dem Kern oder den Endpunkten eines Querbalkens entspringen. Vier *a*, *b*, *c* und *d* genannte Klassen stehen für die relative Größe des Kerns und der Arme sowie deren Wicklung. Unsere Galaxie ist eine normale Spirale des Typs *Sb*. Wenn man den Inhalt der Galaxien analysiert, so zeigt sich, daß die Folge der morphologischen Typen eine physikalische Bedeutung hat, die mit dem Anteil an jungen Sternen und an Gas zusammenhängt. Die elliptischen Galaxien enthalten weder junge Sterne noch Staub und kaum Gas. Die Spiralgalaxien *Sa* besitzen kaum junge Sterne oder Gas; deren Anteil steigt dann in der Reihe bis hin zu den irregulären Galaxien gleichmäßig an. Letztere sind reich an jungen Sternen und an interstellarem Wasserstoff.

AKTIVE GALAXIEN UND QUASARE

Im Unterschied zu normalen Galaxien geben bestimmte Galaxien (weniger als 5 %) einen großen Teil ihrer Strahlung im nicht sichtbaren Bereich des Spektrums ab. Diese sehr starke Strahlung (meist Radio- oder Röntgenstrahlen) besitzt sehr hohe Energien, die meist mit heftigen Erscheinungen in den Kernen dieser Galaxien in Zusammenhang stehen. Solche Galaxien werden *aktive Galaxien* (oder *Galaxien mit aktivem Kern*) genannt. Hierzu zählen:
– die Seyfert-Galaxien (1943 von dem deutschamerikanischen Astrophysiker C. K. Seyfert entdeckt): Spiralgalaxien mit einem äußerst hellen Kern, aus dem Wasserstoffwolken sehr schnell entweichen und die starke Infrarotquellen bilden;
– die Radiogalaxien: Galaxien (meistens elliptische Riesen), die eine sehr intensive Strahlung im Radiowellenbereich abgeben (etwa einemillionmal stärker als die einer normalen Galaxie).

Zur Familie der aktiven Himmelskörper gehören auch die *Quasare* (gebildet aus *quasi stellar astronomical radiosources*), die 1960 von dem Amerikaner A. Sandage entdeckt wurden. Das sind Himmelskörper von sternähnlichem Aussehen, die Quellen einer starken Radiostrahlung sind und deren Spektrum durch eine starke Rotverschiebung gekennzeichnet ist. Wird diese als Doppler-Effekt in Verbindung mit der Ausdehnung des Universums gedeutet, so kann man die Quasare als sehr weit entfernte Sterne betrachten: Den Entfernungsrekord hält seit 1989 der Quasar PC 1158 + 4635, dessen Spektrum um 473 % in den Rotbereich verschoben ist, was eine Fluchtgeschwindigkeit bedeutet, die 95 % der Lichtgeschwindigkeit erreicht. Das entspricht einer Entfernung zwischen 12 und 16 Milliarden Lichtjahren.

Die Quasare werden als sichtbarer Teil eines Kerns einer sehr weit entfernten aktiven Galaxie gedeutet. Das Stadium der aktiven Galaxie stellt die Anfangsphase der Entwicklung von Galaxien dar. Man vermutet das Vorhandensein von ›superschweren‹ schwarzen Löchern im Zentrum dieser Himmelskörper.

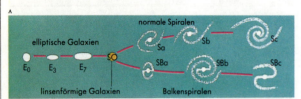

A · **Hubble-Diagramm.**
Dieses zeigt die Einteilung der Galaxien gemäß ihren morphologischen Typen: *elliptisch, linsenförmig, spiralförmig* und *irregulär*.

B · **Typ: E0.**
M 87, eine elliptische Riesengalaxie im Sternbild Jungfrau. Entfernung: 50 Millionen Lichtjahre.

D · **Typ: Sc.**
M 83, eine Spiralgalaxie im Sternbild Wasserschlange. Durchmesser 30 000 Lj. Entfernung: 10^7 Lj.

C · **Typ: SB*b*.**
M 91, eine spiralförmige Riesengalaxie im Sternbild Haar der Berenike. Entfernung: 250 Millionen Lichtjahre.

E · **Typ: Ir.**
Die Große Magellan-Wolke, eine irreguläre Galaxie, die der unseren am nächsten liegt. Entfernung: 170 000 Lj.

DER DOPPLER-EFFEKT

Wenn eine Strahlungsquelle (sichtbares Licht, Radiowellen, usw.) sich relativ zu einem Beobachter bewegt, so nimmt dieser die Strahlung der Quelle mit einer Wellenlänge wahr (oder, was auf dasselbe hinausläuft, mit einer Frequenz), die sich von der der Senderquelle unterscheidet. Dieses Phänomen ist der Doppler-Effekt. Der Grad der Verschiebung ermöglicht es, die Annäherungs- oder Fluchtgeschwindigkeit von Himmelskörpern zu bestimmen.

Die stellaren Objekte senden Licht mit Wellenlängen aus, die durch ihre Zusammensetzung *(a)* festgelegt sind. Wenn sie sich von der Erde entfernen *(b)*, so ist die beobachtete Wellenlänge des Lichtes größer als die des gesendeten Lichtes; dieses verschiebt sich nach Rot. Im Falle der Annäherung *(c)* ist die beobachtete Wellenlänge dagegen kürzer als die gesendete; es ergibt sich eine Verschiebung nach Blau. Aufgrund der Expansion des Universums entfernen sich die Galaxien im allgemeinen von der Erde, weshalb das Licht aus ihrem Zentrum nach Rot verschoben erscheint *(d,* in der Mitte). Bei Spiralgalaxien jedoch entfernt sich einer der Spiralarme *(d,* links) weniger schnell als das Zentrum. Deshalb ist sein Licht weniger stark in den Rotbereich verschoben. Der andere Arm *(d,* rechts) entfernt sich schneller, weshalb er in einem intensiverem Rot erscheint. Durch den Vergleich der Rotverschiebungen kann somit die Rotationsgeschwindigkeit eines Gebietes in einem Arm der Galaxie bestimmt werden, woraus sich die Aufteilung der Masse in der Galaxie ableiten läßt.

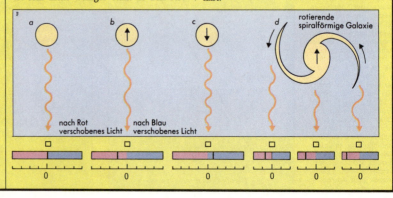

GALAXIENHAUFEN

Die Galaxien treten selten einzeln auf und sind im Universum nicht gleichmäßig verteilt. Die meisten kommen zu zweit, zu dritt, in Gruppen (bis zu einigen Dutzend) oder in Haufen (bis zu mehreren Tausenden) vor, die durch die Gravitation zusammengehalten werden. Heute sind mehrere zehntausend Galaxienhaufen bekannt. Diese werden in zwei Haupttypen unterteilt: die *regulären Haufen* mit einer Konzentration in der Mitte und kugelförmiger Symmetrie, wobei sie meistens aus elliptischen oder linsenförmigen Galaxien bestehen, und die *irregulären Haufen,* die weder in der Mitte konzentriert noch kugelförmig symmetrisch sind, mit Galaxien jeder Art in unterschiedlichen Anteilen. Die Galaxienhaufen selbst schließen sich oft zu riesigen Superhaufen zusammen, die sich über 100 Millionen Lichtjahre und mehr erstrecken können.

Hieraus folgt eine hierarchische Struktur des Universums, wobei die Systeme immer ausgedehnter, aber auch immer weniger dicht sind, wie es bereits der Schwede C. V. L. Charlier (1862–1934) vermutete.

△ · **Galaxienhaufen.**
Dieser reichhaltige oder reguläre Galaxienhaufen im Sternbild Haar der Berenike vereint mehr als tausend Galaxien in einem Raum mit einem Durchmesser von 20 Millionen Lichtjahren. Er ist ungefähr 250 Millionen Lichtjahre von uns entfernt.

DIE LOKALE GRUPPE

Unsere Milchstraße gehört zu einer kleinen Galaxiengruppe von ungefähr 50 Galaxien, die als *lokale Gruppe* bezeichnet wird. Diese befindet sich in einem ellipsoidförmigen Raum mit einer maximalen Ausdehnung von ungefähr 7 Millionen Lichtjahren; ihre Gesamtmasse wird auf das 650milliardenfache der Sonnenmasse geschätzt. Diese Gruppe enthält zwei kleine irreguläre Galaxien, die Begleiter unserer Galaxie sind, nämlich die Große Magellan-Wolke (170 000 Lj entfernt) und die Kleine Magellan-Wolke (200 000 Lj entfernt), die in der südlichen Hemisphäre zu sehen sind, sowie den Andromedanebel M 31, eine große Galaxie, die der unseren ähnelt und 2 200 000 Lj entfernt ist (der am weitesten entfernte mit dem bloßen Auge sichtbare Himmelskörper).

Die meisten Galaxien der lokalen Gruppe sind Zwerggalaxien. Unsere Galaxie sowie die Galaxie M 31 und die Galaxie M 33 bilden die beiden Pole, um die sich die anderen Galaxien der Gruppe konzentrieren.

SUPERHAUFEN

Der frankoamerikanische Astronom G. de Vaucouleurs hat 1953 die These aufgestellt, daß die lokale Gruppe und die Gesamtheit der nahen Galaxiengruppen Teil eines noch größeren, abgeflachten Systems, des *lokalen Superhaufens,* seien, dessen Radius etwa 50 Millionen Lj betrage und dessen Zentrum der Virgo-Haufen bilde. Jüngere Beobachtungen führten zum Nachweis weiterer Superhaufen, die durch große Leerräume getrennt sind. Die größte im Universum bekannte Struktur ist ein Superhaufen, der sich von den Sternbildern Perseus und Pegasus in einem Filament von mehr als einer Milliarde Lichtjahren Länge erstreckt. Er besteht aus 16 Haufen in Form einer Kette und ist von drei großen Leerräumen von etwa 300 Millionen Lj Durchmesser umgeben. Die großräumige Verteilung der Galaxien scheint darauf hinzuweisen, daß sie sich entlang großer Filamentstrukturen konzentrieren. Damit könnte das Universum eine Zellenstruktur haben, wobei sich die Galaxien vorzugsweise in den Grenzflächen von gigantischen vieleckigen Waben befänden. Diese erstaunliche Struktur soll kurz nach dem Urknall, also vor 15 bis 20 Milliarden Jahren, entstanden sein.

DIE ›VERBORGENE‹ MASSE

Die Masse eines Galaxienhaufens kann auf zwei Arten bestimmt werden. Zum einen wird die Streuung der Geschwindigkeiten der einzelnen Galaxien mit Hilfe der Doppler-Verschiebung gemessen. Je größer diese Geschwindigkeitsstreuung ist, um so größer muß die Masse des Haufens sein, um durch die Gravitationskräfte zusammengehalten zu werden. Zum anderen wird die Masse des Haufens bestimmt, indem man die Masse aller ihn bildenden Galaxien addiert. Die jeweilige Masse der Galaxien wird ihrerseits aus der Leuchtkraft oder aus der Rotationsgeschwindigkeit der sie bildenden Sterne, bezogen auf die Mittelpunkte der einzelnen Galaxien, berechnet. Nun ist aber die gesamte aus der Geschwindigkeitsstreuung errechnete Masse des Haufens immer zehnmal größer als diejenige, die man durch Addition der Massen aller Galaxien erhält.

Ermittelt man die Variation der Rotationsgeschwindigkeit unserer Galaxie in Abhängigkeit von der Entfernung zum Zentrum, so stellt man fest, daß die Geschwindigkeit in großen Entfernungen vom Zentrum zunimmt. Das läßt auf das Vorhandensein von großen Mengen unsichtbarer Materie schließen. Die gleiche Erscheinung wird bei zahlreichen anderen Galaxien beobachtet. Es könnte sein, daß neun Zehntel der Masse des Universums heute unserer Wahrnehmung entgehen. Diese unsichtbare Materie könnte aus braunen Zwergen, schwarzen Löchern, Neutrinos oder aus hypothetischen Teilchen mit einer geringen Wechselwirkung mit der sonstigen Materie bestehen.

Wichtige Galaxien der lokalen Gruppe

Objekt (Sternbild)	Hubble-Typ*	Entfernung (AE)	Radialgeschwindigkeit relativ zur Sonne** (km/s)	Durchmesser (AE)	Masse (Sonnenmasse $M_\odot$)	scheinbare Helligkeit	absolute Helligkeit
unsere Galaxie	Sb		0	100 000	$1,5 \cdot 10^{11}$		−20,2
Große Magellan-Wolke (Schwertfisch)	I	170 000	+270	23 000	10^{10}	0,1	−18,7
Kleine Magellan-Wolke (Tukan)	I	205 000	+168	10 000	$2 \cdot 10^9$	2,4	−16,7
Draco (Drache)	E0	220 000		1 000	10^5	10,6	−8,5
Ursa Minor (Kleiner Bär)	E	220 000		1 000	10^5	10	−9
Sculptor (Bildhauer)	E3	280 000		2 300	$3,2 \cdot 10^6$	7	−12,6
Ursa Major (Großer Bär)	E	390 000					
Sextans C (Sextant)	E0	460 000					
Fornax (Ofen)	E0	550 000	+ 40	5 400	$2 \cdot 10^7$	7	−13
Leo I (Löwe)	E3	750 000		2 000	$4 \cdot 10^6$	10,8	−11
Leo II (Löwe)	E0	750 000		1 000	10^6	12,3	−9,5
NGC 6822 (Schütze)	I	1 600 000	− 40	7 500	$3,2 \cdot 10^8$	8,6	−15,6
NGC 205 (Andromedanebel)	E5	2 100 000	−240	7 800	$7,9 \cdot 10^9$	8,2	−16,3
NGC 221 = M32 (Andromedanebel)	E2	2 150 000	−210	2 300	$3,2 \cdot 10^9$	8,2	−16,3
NGC 147 (Kassiopeia)	E5	2 150 000	−250	4 600	10^9	9,6	−14,8
NGC 185 (Kassiopeia)	E3	2 150 000	−300	3 250	10^9	9,4	−15,2
NGC 224 = M31 (Andromedanebel)	Sb	2 200 000	−275	160 000	$3,2 \cdot 10^{11}$	3,5	−21,1
IC 1613 (Wall)	I	2 400 000	−240	10 000	$2,5 \cdot 10^8$	9,6	−14,8
NGC 598 = M33 (Dreiecksnebel)	Sc	2 700 000	−280	46 000	$7,9 \cdot 10^9$	5,7	−18,8
LGS 3 (Fische)	I	2 700 000	−280	1 600	$15 \cdot 10^6$	21	−9,0
Sextans A (Sextant)	I	3 300 000		5 000			

*S = normale Spirale; SB = Balkenspirale; E = elliptisch; I = unregelmäßig.
**Eine positive Geschwindigkeit besitzt eine Galaxie, die sich nähert, eine negative Geschwindigkeit eine, die sich entfernt.

DAS UNIVERSUM UND DIE ERDE

DAS EXTRAGALAKTISCHE UNIVERSUM

BEOBACHTUNGEN

Der modernen Kosmologie liegen drei wesentliche Beobachtungen zugrunde: die Expansion des Universums insgesamt, die der Amerikaner Edwin Hubble in den 20er Jahren mit der Entdeckung der Rotverschiebungen im Spektrum der hinreichend weit entfernten Galaxien aufgrund der proportionalen Beziehung zwischen dieser Verschiebung und der Entfernung der betrachteten Galaxien nachgewiesen hatte;
die isotrope kosmische Hintergrundstrahlung, die der eines schwarzen Körpers von drei Kelvin entspricht und die 1965 von den Amerikanern Arno Penzias und Robert Wilson entdeckt und als Überbleibsel des ursprünglichen, sehr heißen Universums interpretiert wurde; das Überwiegen der leichtesten Elemente (Deuterium, Helium 3 und 4, Lithium 7) in der sichtbaren Materie, was bedeutet, daß das Universum eine sehr heiße und sehr dichte Phase durchlaufen haben muß.

Man nimmt an, daß das Universum mit Ausnahme lokaler Unregelmäßigkeiten homogen und isotrop ist.

KOSMOLOGISCHE MODELLE

Die bislang entwickelten Modelle nehmen entweder eine permanente Expansion des Universums (offenes Universum mit negativer Krümmung) oder eine Verlangsamung der Expansion, gefolgt von einer Kontraktionsphase (geschlossenes Universum mit positiver Krümmung), an. Dies hängt von dem Wert eines Parameters k ab, der mit der Dichte des Universums zusammenhängt. Die derzeitigen Beobachtungen sprechen für eine permanente Expansion, führen jedoch zu einem Wert von k, der sehr nahe am Grenzwert $k = 0$ liegt (sog. flaches Universum).

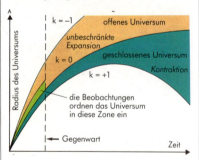

A · **Ist das Universum offen oder geschlossen?** Die derzeitigen Beobachtungen lassen vermuten, daß das Universum offen ist, sie liefern hierfür jedoch keinen zwingenden Beweis.

DER URKNALL

Heute nimmt man allgemein an, daß das ursprünglich sehr heiße und stark verdichtete Universum vor 15 bis 20 Milliarden Jahren plötzlich explodiert sei *(Urknall)* und daß es sich seitdem ständig ausgedehnt und abgekühlt hat. Die Entwicklung des Universums in den ersten Augenblicken nach dem Urknall könnte nach den neuesten Erkenntnissen der Elementarteilchenphysik etwa so ausgesehen haben: 10^{-43} s nach dem *Urknall* war das Universum noch ungeheuer heiß (10^{32} K) und dicht; sein Durchmesser belief sich auf ein Billiardstel eines Wasserstoffatoms.

Nach 10^{-35} s bildeten sich die Quarks, die Leptonen (Elektronen, Neutrinos) und ihre Antiteilchen *(hadronisches Zeitalter)*. Diese ›Teilchensuppe‹ existierte bis 10^{-6} s. Die meisten (aus Quarks zusammengesetzten) Protonen und Neutronen vernichteten sich dann beim Zusammentreffen mit ihren Antiteilchen; das Universum erfüllte sich mit Baryonen, Leptonen und Photonen *(leptonisches Zeitalter)*. Vielleicht war die Zeit zwischen 10^{-35} und 10^{-32} s nach dem Urknall eine Periode sehr rascher Ausdehnung *(Inflation)*, in der sich das Universum um das 10^{50}fache vergrößert hat. Eine Sekunde nach dem Urknall war die Temperatur bereits auf 6 Milliarden Grad abgesunken. Unter den Leptonen herrschte kein Gleichgewicht mehr. Nun begannen die Photonen, die Physik des Universums zu regieren *(Strahlungszeitalter)*. Nach rund hundert Sekunden tauchten die ersten Atomkerne auf: Wasserstoff, Helium, Deuterium und Lithium. Fünfzehn Minuten nach der Anfangsexplosion betrug die Temperatur nur noch 1 Million Grad, die Synthese der Wasserstoff- und Heliumkerne war jedoch bereits abgeschlossen. Einige Hunderttausende von Jahren später war das Universum genügend abgekühlt, damit sich die Elektronen mit den Kernen verbinden und Wasserstoff- und Heliumatome bilden konnten. Dabei entstand die kosmische Strahlung, die wir heute, auf 3 K abgekühlt, beobachten. Die mit den Kernen verbundenen Elektronen hinderten die Photonen nicht mehr daran, sich auszubreiten, so daß sich das Licht von der Materie abkoppeln konnte und das Universum erleuchtet wurde *(stellares Zeitalter)*.

DIE ZUKUNFT

Wenn sich die derzeitige Expansion des Universums unbegrenzt fortsetzt, so wird es allmählich immer leerer werden, da alle Galaxien unaufhaltsam immer weiter auseinander rücken. Gleichzeitig wird der Weltraum immer kälter. Mit der Zeit werden die Sterne erlöschen und ihre Überreste werden sich im Kosmos ansammeln. Das Universum wird nach und nach in einer tiefen Lethargie versinken. Es gibt jedoch eine andere Möglichkeit: daß nämlich das Universum eines Tages aufhört, sich auszudehnen, und sich zusammenzieht. Dabei wird es ungeheure Temperaturen erreichen, die alles bis zu den Atomkernen selbst zerstören werden *(großer Kollaps)*. Auf jeden Fall steht die Katastrophe noch nicht vor der Tür: schlimmstenfalls vielleicht in 100 Milliarden Jahren.

Dieses Schicksal wird durch die Menge der Materie im Universum entschieden. In seiner allgemeinen Relativitätstheorie hat Einstein festgestellt, daß die Himmelskörper durch ihre Masse das Universum krümmen. Je größer die Menge der Materie pro Volumeneinheit, desto ausgeprägter die Krümmung. Wenn die Dichte unter einem gewissen Wert bleibt, wird sich das Universum weiterhin unendlich ausdehnen: Es ist offen. Seine Expansion wird durch die Gravitation verlangsamt, aber niemals gestoppt. Überschreitet aber die Dichte den kritischen Wert, so wird eine Zeit folgen, in der die Gravitation überwiegt. Das Universum ist geschlossen und kehrt zu seinem ursprünglichen, außerordentlich verdichteten Zustand wieder zurück.

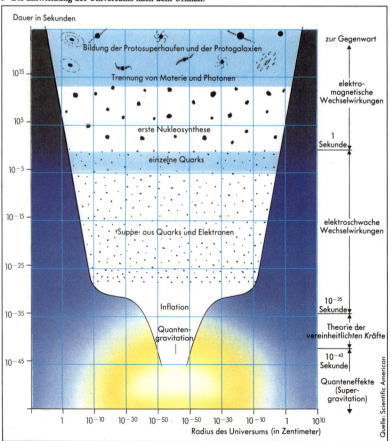

B · **Die Entwicklung des Universums nach dem Urknall.**

DAS UNIVERSUM UND DIE ERDE

ASTRONOMISCHE BEOBACHTUNGEN

DIE HIMMELSKUGEL

Um die Himmelskörper zu orten, nimmt man an, daß sie an einer fiktiven Kugel mit unbestimmtem Radius, der *Himmelskugel*, befestigt sind, deren Mittelpunkt das Auge des Beobachters ist.

Diese Kugel scheint sich um die Pollinie zu drehen, die die Verlängerung der Erdachse ist. Die zu dieser Linie senkrechte Ebene ist der Himmelsäquator. In der Vertikalen, die durch den Standort des Beobachters geht, befindet sich oberhalb des Horizonts der Zenit, unterhalb der Nadir. Der Horizont selbst ist die Ebene, die senkrecht auf der Vertikalen durch den Beobachtungspunkt steht. Die von der Vertikalen und der Pollinie gebildete Ebene ist der Meridian des Standortes.

KOORDINATEN

Ebenso wie man die Position eines Punktes auf der Erde durch Längen- und Breitengrad bestimmt, legt man die Position der Himmelskörper an der Himmelskugel mit Hilfe von astronomischen Koordinaten fest. Man unterscheidet mehrere Koordinatensysteme, die sich durch ihre Referenzebene und den in dieser Ebene gewählten Bezugspunkt voneinander unterscheiden.

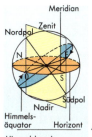

A · **Die Himmelskugel.**
Einige ihrer Elemente (z. B. die Pole, der Äquator) sind vom Beobachtungsstandort unabhängig, sie liegen bezüglich der Fixsterne fest; andere (z. B. Zenit, Nadir, die vier Himmelsrichtungen, Horizont, Meridian) sind vom jeweiligen Standort des Beobachters abhängig.

B · **Das Horizontsystem.**
Das sind der Azimut und die Höhe. Die Bezugsebene ist der Horizont, der Nullpunkt die Richtung Süden. Diese Koordinaten hängen mit vom Beobachtungsstandort ab. Die Höhe wird manchmal durch ihren Nebenwinkel, die sog. Zenitdistanz, ersetzt.

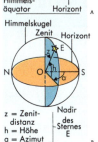

z = Zenitdistanz
h = Höhe
a = Azimut

C · **Das Äquatorsystem.**
In ihm dienen die Rektaszension und die Deklination als Koordinaten. Die Bezugsebene ist der Himmelsäquator und der Nullpunkt der Frühlingspunkt. Infolge der Präzession der Polachse ändern sich diese Koordinaten langsam mit der Zeit.

α = Rektaszension
δ = Deklination

D · **Das ekliptikale Koordinatensystem.**
In ihm dienen die ekliptische Länge und Breite als Koordinaten. Die Bezugsebene ist die Ekliptik (Ebene der Erdumlaufbahn), Nullpunkt ist der Frühlingspunkt (Schnittpunkt der Ekliptik mit dem Himmelsäquator).

L = ekliptale Länge
b = ekliptale Breite

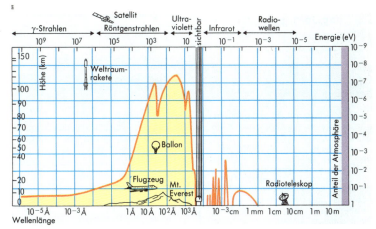

E · **Die Beobachtungsfenster.**
Die Erdatmosphäre absorbiert (oder reflektiert) einen Großteil der elektromagnetischen Strahlen aus dem All. Auf dem Erdboden verfügt man über zwei Beobachtungsfenster: das *optische Fenster* und das *Radiofenster*. Andere Strahlen können nur in größeren Höhen beobachtet werden: Im obigen Schema gibt die orange gekennzeichnete Zone die Höhe in Abhängigkeit von der Wellenlänge an, bei der die Strahlungsintensität auf die Hälfte ihres ursprünglichen Wertes gesunken ist.

OPTISCHE ASTRONOMIE

Die optische Astronomie untersucht die Quellen des sichtbaren Lichtes am Himmel (Wellenlängen zwischen 400 und 800 Nanometern). Ihre Hauptinstrumente sind das Fernrohr und das Teleskop (siehe S. 22), deren Aufstellung azimutaler (um eine horizontale und eine vertikale Achse drehbar) oder äquatorialer (um eine Polachse [Stundenachse] oder um eine senkrechte Achse [Deklinationsachse] drehbar) Art sein kann. Das mit diesen Instrumenten gesammelte Licht wird mit dem Auge beobachtet oder (meistens) durch einen photographischen, photoelektrischen oder elektronischen Detektor aufgezeichnet. Es kann mit Spektrographen einer Spektralanalyse unterzogen werden.

RADIOASTRONOMIE

Seit Ende des Zweiten Weltkrieges hat sich die Untersuchung der elektromagnetischen Strahlungsquellen am Himmel entwickelt. Diese wird im Wellenlängenbereich zwischen 1 mm und etwa 15 m mittels bodenständiger Radioteleskope durchgeführt. Diese Beobachtungen haben den Vorteil, daß sie Tag und Nacht, unabhängig von der Bewölkung gemacht werden können. Dagegen ist das Auflösungsvermögen der Instrumente durch die Wellenlängen, die beobachtet werden, eingeschränkt. Man verbessert dieses durch die Techniken der Interferometrie: Ein Stern wird dabei gleichzeitig mit mehreren, räumlich voneinander getrennten Instrumenten beobachtet (die Interferometrie benutzt gelegentlich Beobachtungen, die über einen ganzen Kontinent verstreut sind; die Signale werden gesammelt und ausgewertet).

ASTRONOMIE IM WELTRAUM

Der astronomischen Beobachtung im Weltraum dienen Stratosphärenballons, Raketen, Satelliten und automatische Sonden. Mit Hilfe von Satelliten kann das Universum in der Gesamtheit seines elektromagnetischen Spektrums untersucht werden. Dennoch behält man sich den Einsatz von Satelliten wegen der hohen Kosten für schwierige oder vom Boden aus nicht durchzuführende Beobachtungen vor (z. B. wenn deren Strahlung von der Erdatmosphäre absorbiert wird, wie das bei γ-Strahlern und bei Strahlungsquellen im Röntgen-, Ultraviolett- und Infrarotbereich der Fall ist). Mit Raumsonden können der Mond, die Planeten, die Kometen und die interplanetare Umgebung *in situ* untersucht werden.

F · **Das Hubble-Teleskop.**
Dieses Teleskop, das von einer amerikanischen Raumfähre in 590 km Höhe auf die Umlaufbahn gebracht wurde und von der Erde aus ferngesteuert wird, hat einen Durchmesser von 2,40 m. Der mit dem Hubble-Teleskop beobachtbare Wellenlängenbereich ist etwa tausendmal größer als bei terrestrischen Teleskopen. Sein Auflösungsvermögen ist fünf bis zehn Mal größer als das anderer Instrumente.

DAS UNIVERSUM UND DIE ERDE

ASTRONOMISCHE BEOBACHTUNGEN

FERNROHRE UND SPIEGELTELESKOPE

Die optische Astronomie verwendet zwei Arten von Instrumenten, das *Fernrohr* (Linsenfernrohr) und das *Spiegelteleskop*. Diese Instrumente bestehen im wesentlichen aus einer Röhre, die an einem Ende (in Richtung Himmel) ein Objektiv und an dem anderen (in Richtung Auge) ein Okular besitzt: Das Objektiv sammelt die Lichtstrahlen und konzentriert sie theoretisch in einem Punkt (praktisch in einem kleinen Fleck), von dem das Okular anschließend ein vergrößertes Bild wiedergibt. Das Fernrohr unterscheidet sich vom Teleskop durch sein Objektiv: Im Fernrohr ist das Objektiv eine Linse – oder häufiger ein Linsensystem – die das Licht bricht, während das Teleskop einen Spiegel enthält, von dem das Licht reflektiert wird. Deshalb werden Fernrohre häufig *Refraktoren* und Teleskope *Reflektoren* genannt. Die Leistungsfähigkeit des Instruments hängt von den Abmessungen des Objektivs ab: die Lichtstärke von der Objektivoberfläche, das Auflösungsvermögen (die Fähigkeit, dicht benachbarte Lichtquellen zu trennen) vom Objektivdurchmesser.

Die größten Teleskope der Erde

Ort (und Name) des Observatoriums	Höhe (m)	Durchmesser des Hauptspiegels (m)	Besitzer	Jahr der Inbetriebnahme	Name des Teleskops
Selentschukskaja; Postuchow, Kaukasus, UdSSR	2 070	6,00	Akademie der Wissenschaften der UdSSR	1976	Bolschoi Teleskop Azimutalny (BTA)
Mount Palomar; Kalifornien, USA	1 706	5,08	USA	1948	Hale
Mount Hopkins; Arizona, USA (Fred Lawrence Whipple Observatory)	2 600	4,60 (6 × 1,8)	Smithsonian Institution	1979	Multiple Mirror Telescope (MMT)
Las Palmas; Kanarische Inseln, Spanien (Obs. Roque de los Muchachos)	2 300	4,20	GB	1988	William Herschel
Cerro Tololo; Chile (Interamerican Observatory, CTIO)	2 400	4,00	USA	1976	
Siding Spring; Neusüdwales, Australien (Anglo-Australian Observatory)	1 164	3,89	GB-Australien	1975	Anglo-Australian Telescope
Kitt Peak; Arizona, USA (Kitt Peak National Observatory, KPNO)	2 064	3,81	USA	1973	Mayall
Mauna Kea; Hawaii, USA	4 194	3,80	GB	1979	UK Infrared Telescope (UKIRT)
Mauna Kea; Hawaii, USA	4 200	3,60	Kanada-Frankreich	1979	C.F.H. (Canada-France-Hawaii)
La Silla; Chile	2 400	3,57	ESO*	1976	
Calar Alto; Sierra Nevada, Spanien	2 160	3,50	BRD	1983	
La Silla; Chile	2 400	3,50	ESO*	1988	New Technology Telescope (NTT)
Mount Hamilton; Kalifornien, USA (Lick-Observatorium)	1 277	3,05	USA	1959	Shane
Mauna Kea; Hawaii, USA	4 208	3,00	USA (NASA)	1979	IRTF (Infra Red Telescope Facility)
Mount Locke; Texas, USA (MacDonald-Observatory)	2 070	2,72	Universität von Texas USA	1969	
Krim, UdSSR (Krim-Observatorium)		2,60	Akademie der Wissenschaften der UdSSR	1961	Schain
Aragaz; Armenien, UdSSR (Observatorium von Bjurakan)	1 500	2,60	Akademie der Wissenschaften der UdSSR	1971	
Las Palmas; Kanarische Inseln, Spanien (Obs. Roque de los Muchachos)	2 300	3,59	GB	**	Isaac Newton

* European Southern Observatoy
** 1967 in Herstmonceux, Sussex, GB, in Betrieb genommen, später auf die Kanarischen Inseln gebracht.

A · **Das Fernrohr des Yerkes-Observatoriums (USA).** Das größte Fernrohr der Welt (1,02 m Durchmesser).

B · **Das sowjetische 6-m-Teleskop.** Dieses Teleskop, das 1976 in Selentschukskaja im Kaukasus (UdSSR) in Betrieb genommen wurde, besitzt einen Hauptspiegel von 6 m Durchmesser und wiegt 42 t.

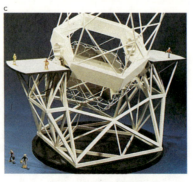

C · **Das amerikanische 10-m-Teleskop.** Wenn dieses amerikanische Spiegelteleskop mit 10 m Durchmesser (Keck-Teleskop) 1991 auf dem Mauna Kea in Hawaii in Betrieb genommen wird, wird es das größte der Welt sein.

D · **Das europäische 16-m-Teleskop.** Bis zum Jahr 2000 wollen die Europäer in Chile ein sehr großes Teleskop mit einer Objektivöffnung von 16 m, das VLT, bauen, das aus einem Netz von vier 8-m-Teleskopen bestehen soll.

DAS UNIVERSUM UND DIE ERDE

A · Das Radioteleskop von Arecibo.
Dieses Radioteleskop in einer natürlichen Mulde in Puerto Rico hat einen Durchmesser von 305 m. Seine Kollektorfläche ist unbeweglich.

B · Das Very Large Array (VLA).
Dieses große Radiointerferometer besitzt 27 parabolische Richtantennen; sie sind in Form eines riesigen Y angeordnet, dessen Arme etwa 20 km lang sind.

TELESKOPE DER ZUKUNFT

Die großen Teleskope der 90er Jahre profitieren von den jüngsten Fortschritten in der Elektronik und der Automation. Anstatt auf die Masse des Instruments zu bauen, um die notwendige Stabilität und Standfestigkeit zu erreichen, konstruiert man heute Teleskope mit leichten Spiegeln, deren Abbildungseigenschaften kontrolliert verändert werden können (aktive Optik). Zukünftige Instrumente werden v. a. azimutale Montierung haben, wie sie bei Radioteleskopen seit längerer Zeit üblich ist; diese Montierung ist in mechanischer Hinsicht wesentlich günstiger als die äquatoriale. Hierdurch sowie durch die Abkehr von der passiven Steifigkeit wird das Gewicht des Instrumentes erheblich vermindert. Bei den Primärspiegeln werden folgende Varianten erwogen: ein sehr dünner (10 bis 40 cm dick) monolithischer Spiegel mit einem Durchmesser nicht über 8 m; ein unterteilter Spiegel aus einem Mosaik mittelgroßer Bauteile (36 sechseckige Spiegel von 1,80 m Durchmesser, woraus sich ein Spiegel von 10 m Größe ergibt, wie er für das amerikanische Keck-Teleskop vorgesehen ist, das auf dem Mauna Kea in Hawaii 1991 in Betrieb genommen wird); Mehrfachspiegel mit Parallelachsen, deren reflektierte Lichtbündel in einem Brennpunkt wieder zusammengeführt werden; Teleskopnetze, die auf getrennten Aufbauten installiert werden (4 aneinandergereihte Teleskope von 8 m entsprechen dem 16-m-Spiegelteleskop des zukünftigen europäische VLT in Chile).

Die wichtigsten Radioteleskope mit nur einer Antenne

Name und Ort des Observatoriums (ggf. Name des Instruments)	Durchmesser (m)	optimale Wellenlänge (cm)	Jahr der Inbetriebnahme, Fläche, Bemerkungen
voll bewegliche Instrumente – für Zentimeterwellen			
Effelsberg (BRD)	100	6	1972, 7 500 m²
Jodrell Bank (GB) [Mark I]	76	10	1958, 1971 erweitert; 4 500 m²
Parkes (Australien)	64	10	3 200 m²
Goldstone; Kalifornien (USA)	64	7	
Tidbinbilla (Australien)	64		
Algonquin (Kanada)	50	3	2 000 m²
– für Millimeterwellen			
Yebes (Spanien)	13,7	0,6	1978
Amherst; Massachusetts (USA)	13,7	0,3	1978
Atibaia (Brasilien)	13,7	0,7	1973
Onsala (Schweden)	20	0,4	1978
IRAM (deutsch-französisch); Pico de Veleta (Spanien)	30	0,2	1983
Transitinstrumente Ootacamund (Indien)	530 × 30	100	parabolischer Zylinder, 17 000 m²
Nançay (Frankreich)	200 × 35	20	1966; 7 000 m²
Danville (USA)	80 × 21		1 600 m²
Columbus; Ohio (USA)	183 × 122	20	2 650 m²
feststehende Instrumente Arecibo (Puerto Rico)	305	75	73 000 m²
Selentschukskaja (UdSSR)	895 Platten		12 600 m² Ring mit 576 m Durchmesser

Die wichtigsten Radiointerferometer (ausgenommen Sonnenforschung)

Standort (ggf. Name des Instruments)	Anzahl der Antennen	Antennendurchmesser (m)	Basisabstand (km)	optimale Wellenlänge (cm)	Jahr der Inbetriebnahme
Owens Valley; Kalifornien (USA)	2	27	0,5	3	
Socorro; New Mexico (USA) [VLA: Very Large Array]	27	26	21 × 21 × 19	1	1981
Westerbork (Niederlande) [WSRT]	14 (4 bewegliche)	25	3,2	6	1970
Green Bank; West Virginia (USA)	3	25	5	11	
Cambridge (GB)	3 (1 bewegliche)	18	1,6	21	1964
IRAM; Plateau de Bure (Frankreich)	3	15		0,13	1987
Cambridge (GB)	8 (4 bewegliche)	14	4,6	1	1972
Owens Valley Kalifornien (USA)	3	10		0,13	1981
Nobeyama (Japan)	4 1	10 45		0,30 0,30	1982
VLBA (USA)	10	26		0,03	vollständige Inbetriebnahme 1990

DAS UNIVERSUM UND DIE ERDE

ASTRONOMISCHE BEOBACHTUNGEN

OBSERVATORIEN

Es ist für die astronomische Beobachtung vorteilhaft, wenn die Oberservatorien gleichmäßig, zumindest was den Breitengrad angeht, über die Erde verteilt sind. Heute konzentrieren sie sich jedoch vor allem auf der nördlichen Halbkugel, insbesondere in Ländern mit einer langen wissenschaftlichen Tradition. Deswegen werden seit den 60er Jahren große Anstrengungen unternommen, um die Beobachtungsmöglichkeiten auf der südlichen Halbkugel zu verbessern (Schaffung der ESO [europäische Organisation für astronomische Forschungen auf der südlichen Halbkugel], Einrichtung mehrerer Observatorien in Chile). Die am besten geeigneten Orte sind die in größeren Höhen.

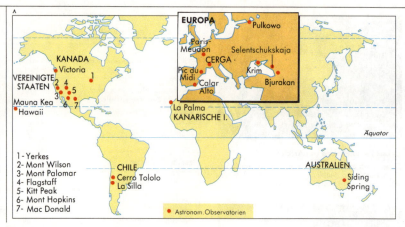

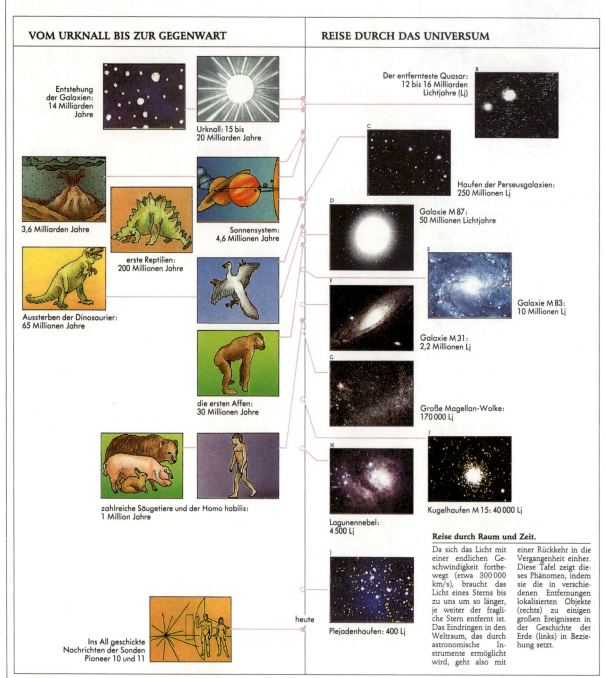

Reise durch Raum und Zeit. Da sich das Licht mit einer endlichen Geschwindigkeit fortbewegt (etwa 300 000 km/s), braucht das Licht eines Sterns bis zu uns um so länger, je weiter der fragliche Stern entfernt ist. Das Eindringen in den Weltraum, das durch astronomische Instrumente ermöglicht wird, geht also mit einer Rückkehr in die Vergangenheit einher. Diese Tafel zeigt dieses Phänomen, indem sie die in verschiedenen Entfernungen lokalisierten Objekte (rechts) zu einigen großen Ereignissen in der Geschichte der Erde (links) in Beziehung setzt.

DAS UNIVERSUM UND DIE ERDE

DIE KARTOGRAPHISCHEN PROJEKTIONEN

DIE ZYLINDRISCHE MERCATOR-PROJEKTION

Die zylindrische Mercator-Projektion ist eine winkeltreue Projektion. Die Längengrade werden als parallele Geraden dargestellt, die Entfernung zwischen den Breitenkreisen nimmt jedoch mit dem Breitengrad zu. Die Mercator-Projektion stellt deshalb die gemäßigten Zonen und besonders die Polarzonen übertrieben groß dar. Afrika hat in Wirklichkeit eine fast doppelt so große Fläche wie Nordamerika, was in der Mercator-Karte nicht zum Ausdruck kommt. Diese Mercator-Projektion ist für die Erstellung von See- und Luftkarten von großem Nutzen: Auf einer Mercator-Karte braucht man nur eine gerade Linie zwischen zwei Punkten zu ziehen, um die real kürzeste Entfernung zwischen ihnen zu ermitteln.

DIE PETERS-PROJEKTION

Die viel jüngere Peters-Projektion ist eine zylindrische, jedoch flächentreue Projektion, wobei Längen- und Breitenkreise jeweils äquidistant abgebildet werden. Sie erhält also die Flächen, verformt jedoch die Umrisse. Der Gegensatz zur Mercator-Projektion ist frappierend. Die tropische Region wird nicht mehr geopfert: Europa erscheint gegenüber einem sehr schlanken Afrika ziemlich klein (Afrika besitzt die dreifache Fläche Europas); das gleichermaßen gestreckte Südamerika nimmt fast die gleiche Fläche ein wie Nordamerika. Die Peters-Projektion findet kaum Verwendung.

DIE KEGELPROJEKTION

Die winkeltreue (auch: konforme) Kegelprojektion, die 1772 von dem Elsässer Johann Heinrich Lambert eingeführt wurde, wird in zahlreichen Ländern der Erde zur Berechnung der geodätischen Triangulation und zur Erstellung von topographischen Karten verwendet. Sie wird häufig mit Hilfe eines Kegels konstruiert, der an ein oder zwei Bezugsbreitenkreise angepaßt wird, die in Abhängigkeit von dem darzustellenden Globusteil gewählt werden.

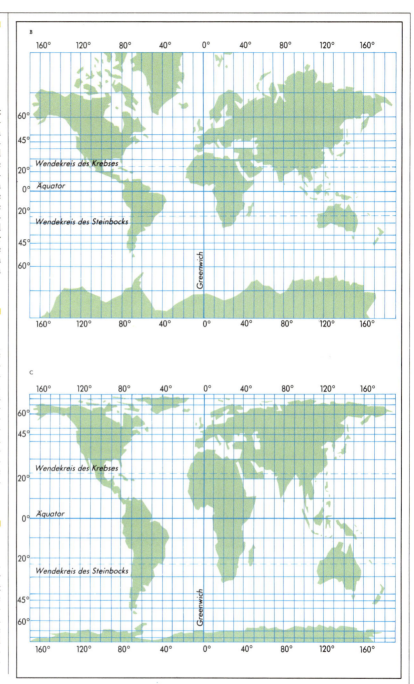

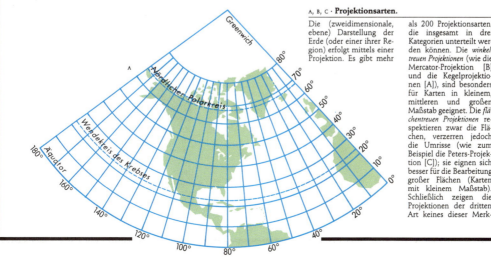

A, B, C · **Projektionsarten.**
Die (zweidimensionale, ebene) Darstellung der Erde (oder einer ihrer Regionen) erfolgt mittels einer Projektion. Es gibt mehr als 200 Projektionsarten, die insgesamt in drei Kategorien unterteilt werden können. Die *winkeltreuen Projektionen* (wie die Mercator-Projektion [B] und die Kegelprojektionen [A]), sind besonders für Karten in kleinem, mittleren und großen Maßstab geeignet. Die *flächentreuen Projektionen* respektieren zwar die Flächen, verzerren jedoch die Umrisse (wie zum Beispiel die Peters-Projektion [C]); sie eignen sich besser für die Bearbeitung großer Flächen (Karten mit kleinem Maßstab). Schließlich zeigen die Projektionen der dritten Art keines dieser Merkmale (es liegt auf der Hand, daß eine Projektion nicht gleichzeitig winkel- und flächentreu sein kann).
Heute kann man den Projektionstyp fast maßgeschneidert für das jeweilige zu bearbeitende Thema wählen. Man erstellt zum Beispiel Karten der Welt, die die Sichtweise von Washington oder von Moskau aus wiedergeben, wobei dann jede dieser Hauptstädte zum Mittelpunkt der Karte beziehungsweise der Welt wird.

25

DAS UNIVERSUM UND DIE ERDE

STRUKTUR UND GESCHICHTE DER ERDE

FORM DER ERDE

Die Erde ist einer der neun Planeten des Sonnensystems, die um die Sonne kreisen. Sie hat die Form einer aufgrund der Schwerkraft und ihrer Eigendrehung an den Polen leicht abgeflachten Kugel (Rotationsellipsoid). Die Unebenheiten des Reliefs, die bis 8 km in den Gebirgen und 11 km in den Tiefseegräben erreichen können, sind gering im Vergleich zum Erdradius, der am Äquator 6 378 km beträgt.

Die Ausmaße der Erde werden durch die Geodäsie gemessen. Um jedoch den inneren Aufbau der Erde kennenzulernen, muß man indirekte Methoden, insbesondere der Seismologie, zu Hilfe nehmen. Sie gibt uns durch die Analyse der natürlichen oder künstlichen Erdbebenwellen, die sich im Erdinneren ausbreiten, Aufschluß über dieses.

Physikalische und orbitale Merkmale.
Äquatorialer Durchmesser 12 756 km
Polarer Durchmesser 12 713 km
Abflachung 0,0034
Masse $5,98 \cdot 10^{24}$ kg
Mittlere Dichte 5,52 g/cm³
Beschleunigung der Schwerkraft am Äquator 9,78 m/s²
Siderische Umdrehungszeit 23 h 56 min 4 s
Neigung des Äquators zur Umlaufbahn 23° 26′
Große Halbachse der Umlaufbahn 149 897 570 km (= 1 AE)
Weiteste Entfernung zur Sonne 152 100 000 km
Kürzeste Entfernung zur Sonne 147 100 000 km
Siderische Umlaufzeit 365 Tage 6 h 9 min 9,05 s
Durchschnittliche Bahngeschwindigkeit 29,79 km/s

DAS ERDINNERE

Es ist im wesentlichen fest und besteht aus drei konzentrischen Zonen verschiedener Zusammensetzung.

Die Erdkruste ist die äußere Hülle, die an ihrer Basis durch die *Mohorovičić-Diskontinuität* (kurz ›Moho‹) begrenzt ist. Die Kruste unter den Ozeanen besteht aus Basalt und ist sehr homogen: Ihre Dicke beträgt ungefähr zehn Kilometer. Unter den Kontinenten erreicht die Erdkruste eine Dicke von bis zu 70 km; sie ist dort ziemlich heterogen und besteht im wesentlichen aus granitischem Material, ist also silicatreicher.

Der Erdmantel ist zweigeteilt. Der obere Mantel von etwa 100 km Dicke liegt oberhalb der *Asthenosphäre,* einer dicken plastischen Schicht, in die die Ausbreitungsgeschwindigkeit der seismischen Wellen abnimmt. Unter der Asthenosphäre erstreckt sich der untere Mantel bis zur sogenannten *Gutenberg-Diskontinuität.*

Der Erdkern besteht aus einem äußeren flüssigen Kern und einem inneren festen Kern. Kruste und oberer Mantel bilden die *Lithosphäre,* die zwischen 100 und 200 km dick ist. Sie ist in Platten aufgeteilt, deren Bewegungen auf der Asthenosphäre das Bild der Erdoberfläche bestimmen.

URSPRUNG DER ERDE

Wie auch die anderen Planeten des Sonnensystems ist die Erde wahrscheinlich aus der Zusammenballung (Akkretion) von Materie in einer Gas- und Staubwolke entstanden, die die ursprüngliche Sonne umgab. Man vermutet, daß sich die Partikel zunächst zu kleinen isolierten Körpern aneinandergelagert haben, die sich dann allmählich zusammenschlossen und schließlich einen einzigen großen Körper, die ursprüngliche Erde, bildeten. Dieser Körper, der von Meteoriten bombardiert wurde, verdankt seine Kugelform der gemeinsamen Wirkung von Rotation und Gravitation.

Bei der Akkretion setzt der Aufprall der Partikel Energie frei. Die Erde muß also größtenteils geschmolzen gewesen sein. Die Schwerkraft hat eine innere Differenzierung bewirkt, wobei die schwersten Partikel (Eisen, Nickel) zum Mittelpunkt wanderten und den Kern bildeten, während die leichteren sich zur Peripherie bewegten.

DIE ERDGESCHICHTE

Die an der Erdoberfläche anstehenden Teile der Erdkruste geben uns Hinweise auf die Ereignisse, die im Laufe der geologischen Zeitabschnitte stattgefunden haben. Um die Geschichte der Erde nachzuvollziehen, muß man diese Ereignisse aber zeitlich einordnen können.

Datierungen. Mit der *relativen Datierung* kann eine Chronologie der Ereignisse im Verhältnis zueinander erstellt werden. Sie gründet sich auf die Beziehungen zwischen den Gesteinsformationen. Die Sedimentgesteine sind besonders informativ, da sie in aufeinander liegenden Schichten, von den ältesten bis hin zu den jüngsten, angeordnet sind. Sie enthalten Fossilien, Reste oder Spuren von Lebewesen. Aufgrund der Evolution sind diese Fossilien bezeichnend für die Epochen, in denen sie gelebt haben, und erlauben damit den Vergleich zwischen weit voneinander entfernten Regionen. Magmatische Intrusionen geben Auskunft über das relative Alter ihrer Entstehung. Die großen Umwälzungen (Gebirgsbildung oder Orogenese), die Faltenbildung bewirken, zeichnen sich durch Diskontinuitäten *(Diskordanzen)* in der Schichtenfolge aus. Aus allen Informationen über die Erdoberfläche hat man eine Skala der geologischen Zeitabschnitte erarbeitet, die stratigraphische Skala. Sie umfaßt vier Zeitalter (Ären), die in Systeme (früher Formationen genannt), Abteilungen und Stufen unterteilt sind.

Für einen bestimmten Zeitpunkt der Erdgeschichte geben die damals entstandenen Gesteine, ihre geographische Ausdehnung, ihre eventuelle Verformung und die in ihnen enthaltenen Fossilien Auskunft über das damalige Gesicht der Erde.

Aber erst dank der Entwicklung der *absoluten Datierungen* konnte man die abgelaufene Zeit tatsächlich messen. Sie beruhen auf dem Zerfall bestimmter radioaktiver Isotope (Uran, Argon oder Kohlenstoff) im Gestein. Durch die absoluten Datierungen konnte man die stratigraphische Skala zeitlich festlegen, die Dauer der Zeitalter messen und die Ereignisse zeitlich einordnen. Je mehr man sich der heutigen Zeit nähert, desto besser können die Zeugnisse der Vergangenheit entschlüsselt werden, weshalb die Dauer der Zeitalter immer kürzer und die stratigraphische Gliederung immer detaillierter wird.

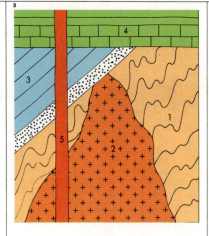

B · Relatives Alter der Formationen in ihren Lagebeziehungen.
Ein alter Sockel (1) wurde gefaltet und hat sich umgewandelt, durch eine magmatische Intrusion (2) injiziert, dann eingeebnet und von einer Sedimentserie bedeckt (3). Die Sedimente sind nicht mehr waagerecht angeordnet: Dies zeigt, daß tektonische Bewegungen alle vorhandenen Formationen gekippt haben, was dann erneut durch Erosion eingeebnet wurde. Eine neue Sedimentserie (4) hat sich waagerecht auf dieser neuen Erosionsfläche abgelagert, wobei sie verschiedene Formationen nebeneinanderstellte. Ein jüngerer Magmaschlot durchzieht alle diese Formationen.

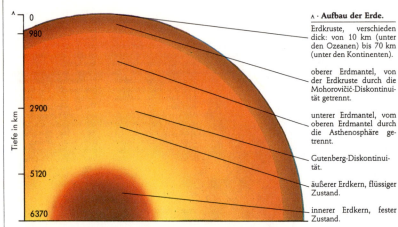

A · Aufbau der Erde.

Erdkruste, verschieden dick: von 10 km (unter den Ozeanen) bis 70 km (unter den Kontinenten).

oberer Erdmantel, von der Erdkruste durch die Mohorovičić-Diskontinuität getrennt.

unterer Erdmantel, vom oberen Erdmantel durch die Asthenosphäre getrennt.

Gutenberg-Diskontinuität.

äußerer Erdkern, flüssiger Zustand.

innerer Erdkern, fester Zustand.

DAS UNIVERSUM UND DIE ERDE

Präkambrium. Man datiert das Alter der Erde auf ungefähr 4,6 Milliarden Jahre und den Beginn des Paläozoikums auf 590 Millionen Jahre. Das Präkambrium ist das mit Abstand längste Erdzeitalter, allerdings auch das am wenigsten bekannte. Die späteren Veränderungen der Erdkruste erschweren die Deutung der ältesten Formationen.

Die absoluten Datierungen zeigen, daß man die ältesten, mindestens 3,6 Milliarden Jahre alten Gesteine in den stark verfestigten alten Schilden findet, die das Gerüst unserer heutigen Kontinente bilden. Diese bestehen aus metamorphen und granitischen Gesteinen, die immer wieder gefaltet wurden und von der Aufeinanderfolge mehrerer gebirgsbildender Zyklen zeugen. Sie sind in Kanada, Sibirien, Brasilien, Afrika, in der Antarktis und in Australien an der Erdoberfläche zu finden. Die Anordnung der Kontinente unterschied sich damals mit Sicherheit von der heutigen. Die Abtragung der Gebirge hat zur Ablagerung der ersten Sedimente geführt.

Das Präkambrium zeichnet sich jedoch auch durch das Auftreten von Lebewesen in den Ozeanen aus. Die ersten Spuren davon sind Organismen, die *Stromatolithen,* die an Algen erinnern; die ältesten werden auf 3,5 Milliarden Jahre datiert. Gleichzeitig mit der Zunahme von Sauerstoff in der Atmosphäre entwickelt sich die Photosynthese; verschiedene Arten beginnen, die Meere zu bevölkern.

Paläozoikum oder Erdaltertum. Das Paläozoikum ist durch die Bildung von zwei großen Gebirgssystemen gekennzeichnet, zunächst der *Kaledoniden,* deren Spuren man noch in Skandinavien, Großbritannien und Grönland findet, dann der *Variskiden,* die für den geologischen Bau von ganz Europa wichtig waren. In Deutschland gehören dazu u. a. das Rheinische Schiefergebirge, der Harz, der Schwarzwald und der Thüringer Wald. Diese Gebirge trugen zur Vergrößerung der Kontinente bei, die am Ende des Paläozoikums zu einer einzigen Masse, der *Pangäa,* verschmolzen.

Die Lebewesen entfalten sich. Alle Gruppen von Wirbellosen (Schalentiere, Trilobiten, Korallen und Schwämme) bevölkern die Meere. Neue Arten, wie die Reptilien, beginnen, die Kontinente zu erobern. Das Ende des Zeitalters ist durch ein heißes und feuchtes Klima gekennzeichnet, das die Entwicklung von üppigen Wäldern mit Baumfarnen begünstigt. Ihre fossilen Spuren findet man in der Steinkohle, die vor allem im Karbon entstanden ist.

Mesozoikum oder Erdmittelalter. Dieses Zeitalter erlebt mit der Öffnung neuer Ozeane die Verschiebung der Kontinentalmassen. Die Öffnung des Atlantischen Ozeans, erst im Süden, dann im Norden, entfernt Amerika stetig von Europa und Afrika. Die Öffnung des Indischen Ozeans trennt den Block Afrika-Australien-Antarktis, Indien bleibt jedoch mit Afrika verschweißt. Das *Thetysmeer* trennt zuerst Afrika von Eurasien; später beginnt es, sich wieder zu schließen.

Für Europa ist dies ein relativ ruhiges Zeitalter ohne größere Orogenese. Fortlaufend häufen sich Sedimente in den Flachmeeren an, die die Kontinente nach der Einebnung des Herzynischen Gebirges bedecken.

Neue Arten von Lebewesen tauchen auf; einige erreichen ihre Blütezeit, wie die *Ammoniten* und die Riesenreptilien, die am Ende des Erdmittelalters verschwinden. Das plötzliche Aussterben der *Dinosaurier,* riesiger Reptilien, die die Kontinente bevölkerten, bleibt rätselhaft und führt zu unterschiedlichen Deutungen. Eine der letzten Erklärungen führt dieses auf den Aufprall eines Meteoriten zurück, dessen Zusammenstoß mit der Erde eine radikale Änderung der Umwelt verursacht haben soll. Im Gegensatz zu den anderen Arten sollen die Dinosaurier nicht zur Anpassung fähig gewesen sein. In der Trias tauchen auch die Säugetiere, in der Kreidezeit die Bedecktsamer auf.

Känozoikum. Dieses Zeitalter umfaßt das Tertiär und das Quartär. Das Tertiär ist insbesondere durch die Bildung der Alpen gekennzeichnet. Die Schließung der Thetys und die Kollision Afrikas und Indiens mit Eurasien erklären die Bildung der Alpen und des Himalaya. Die angesammelten Sedimente werden stark gefaltet und metamorphosiert.

Nach dem Aussterben zahlreicher Arten am Ende des Mesozoikums entwickeln sich die Säugetiere, Vögel und Fische. Die Bedecktsamer überwiegen. Die Tiere und die Pflanzen nähern sich allmählich den Formen, die sie in der Gegenwart haben.

Der Beginn des Quartärs fällt mit dem Auftreten des Menschen vor ungefähr 2 Millionen Jahren zusammen. Die Position der Kontinente war ähnlich wie heute.

Mindestens vier große aufeinanderfolgende Eiszeiten haben im Wechsel mit Warmzeiten die Erdoberfläche geformt. So war ganz Nordeuropa einschließlich des Norddeutschen Tieflands von einem riesigen Inlandeisschild bedeckt, der den Untergrund glattgeschliffen und im Abschmelzen zahlreiche Seen hinterlassen hat. Auch die Alpen waren von Eis bedeckt. In den Kaltzeiten haben die Flüsse mächtige Ablagerungen aufgeschüttet, in die sie sich während der anschließenden Wiedererwärmung unter Terrassenbildung erneut eingeschnitten haben.

▲ · Stratigraphische Übersicht

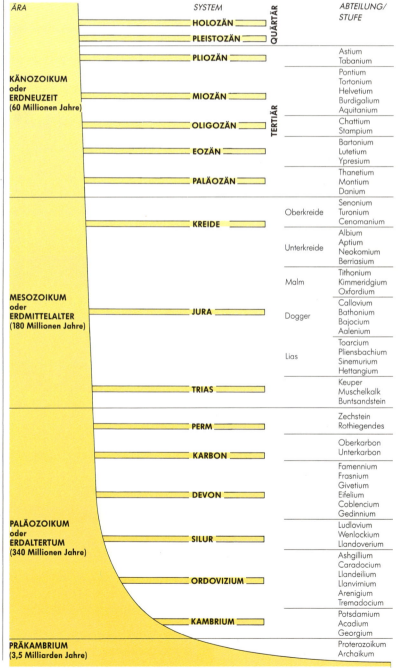

DAS UNIVERSUM UND DIE ERDE

GESTEINE UND MINERALE

DEFINITION

Die Gesteine bilden die Erdkruste. Gesteine sind heterogene Gebilde von unterschiedlicher Zusammensetzung. Die Bestandteile der Gesteine sind ihrerseits homogene Körner einheitlicher Zusammensetzung, nämlich die Minerale. Minerale sind reine, kristallisierte Körper mit wohlbestimmten physikalischen und chem. Eigenschaften.

KRISTALLISIERTE MATERIE

Die Materie besteht aus Atomen. Der *kristalline Zustand* zeichnet sich durch eine periodische Anordnung dieser Atome im Raum aus. Wenn sich ein beliebiges Atom eines Kristalls mit den nächsten Atomen verbindet, entsteht eine Elementarzelle. Die Wiederholung dieser Elementarzelle im Raum ergibt das *Kristallgitter*. Aufgrund der Periodizität hat das Kristallgitter bestimmte Eigenschaften: Die Atome sind gleichmäßig in aufeinanderfolgenden parallelen äquidistanten Ebenen angeordnet, die in konstanten Winkeln zueinander stehen. Zwischen den verschiedenen Ebenen herrschen mannigfaltige Symmetriebeziehungen. Die Anordnung der Atome unterscheidet sich jedoch im allgemeinen je nachdem, welche der drei Kristallachsen man betrachtet. Das bedeutet, daß die kristallisierte Materie nicht in allen Richtungen die gleichen Eigenschaften besitzt: Man sagt, daß sie *anisotrop* ist.

Die Form der Elementarzelle (Abstand der Atome, Achsenwinkel) legt die symmetrischen Eigenschaften des Kristallgitters fest. So kann man sieben Kristallsysteme (tetragonal, hexagonal, rhombisch, rhomboedrisch, kubisch, monoklin, triklin) definieren.

BESTIMMUNG VON MINERALEN

Die Bestimmung eines Minerals ähnelt in gewisser Hinsicht der Arbeit eines Detektivs: Man muß so viel Informationen wie möglich über die physikalischen und chemischen Eigenheiten eines Minerals sammeln, um es charakterisieren zu können.

Einige Eigenschaften sind leicht zu bestimmen: Form, Glanz (fett, metallisch, glasig) und Härte (nach der *Mohsschen Skala* reicht die Bewertung von 1 bis 10). Gleichartige Kristalle sind häufig in besonderen Ebenen miteinander verbunden; sie bilden *Zwillingskristalle*, deren Form immer für eine Art bezeichnend ist. Aufgrund der Kristallstruktur gibt es am Mineralkorn Ebenen geringerer Härte, die die *Spaltbarkeit* festlegen.

Man muß jedoch zur Vervollständigung der Bestimmung eines Minerals immer auf die Laboruntersuchungen zurückgreifen. Die optischen Eigenschaften, das heißt in erster Linie die Lichtdurchlässigkeit des Kristalls, werden mit Hilfe eines Polarisationsmikroskops ermittelt. Die Brechung von Röntgenstrahlen im Kristall läßt die Abstände der Netzebenen erkennen. Schließlich kann man durch viele Methoden die chemische Zusammensetzung bestimmen.

A · Tetragonales Kristallsystem: Wulfenitkristalle aus dem Staat Chihuahua (Mexiko).

C · Rhombisches Kristallsystem: Topaskristall aus Sibirien (UdSSR).

tetragonal / rhombisch

B · Hexagonales Kristallsystem: Smaragd aus Kolumbien.

D · Rhomboedrisches Kristallsystem: Rhodochrositkristalle aus Colorado (USA).

hexagonal / rhomboedrisch

E · Kubisches Kristallsystem: Fluoritkristalle aus Asturien (Spanien).

Kubisch

F · Monoklines Kristallsystem: Azuritkristall aus Mexiko.

G · Triklines Kristallsystem: Amazonitkristall aus Colorado (USA).

monoklin / triklin

Mohssche Härteskala

1 Talk
2 Gips } können mit dem Fingernagel geritzt werden
3 Calcit
4 Fluorit
5 Apatit
6 Orthoklas
7 Quarz
8 Topas } ritzen Glas
9 Korund
10 Diamant

H, I · Granat

J · Magnetit   K · Cuprit

H, I, J, K · Beispiele kristalliner Formen im kubischen System, die sich aus einem Würfel durch Kappung der Spitzen ableiten.

L · Sogenannter Sankt-Andreas-Zwilling, typisch für den Staurolith.

M · Sogenannter Karlsbader Zwilling, bezeichnend für den Orthoklas.

N · Kassiterit   O · Quarz

L, M, N, O · Beispiele von Zwillingskristallen, bei denen zwei Kristalle miteinander verwachsen sind.

P · Quarz   Q · Amethyst

P, Q · Die Farbe einer Mineralart kann verschieden sein und ist deswegen nicht charakteristisch. Der normalerweise farblose Quarz hat in der Varietät Amethyst eine violette Färbung.

DAS UNIVERSUM UND DIE ERDE

DIE FARBE DER MINERALE

Die Farbe der Minerale hängt im allgemeinen von ihrer chemischen Zusammensetzung ab, sie kann jedoch auch von Fehlern im Kristallgitter herrühren. Häufig genügt eine geringe Menge eines chemischen Elementes, um einen Kristall zu färben. Deshalb ist die Farbe kein gutes Bestimmungskriterium. Der meist farblose Quarz z. B. kann gelb (Citrin) oder violett (Amethyst) sein. Das gleiche chemische Element kann verschiedene Farben ergeben: So färbt Chrom den Rubin rot und den Smaragd grün.

SILICATE

In der Natur kommen zahlreiche Mineralarten vor: Die meisten sind allerdings selten, nur wenige sehr weit verbreitet. In der Erdkruste kommen die *Silicate* am häufigsten vor, weil das Silicium nach dem Sauerstoff das häufigste Element ist. Die verschiedenen Silicate unterscheiden sich durch ihre Kristallgitterformen.

Allen Silicaten ist gemeinsam, daß sie aus Kieselsäuretetraedern bestehen, jeweils mit einem Siliciumatom in der Mitte und je einem Sauerstoffatom an den vier Spitzen. Sie sind untereinander entweder direkt oder durch Kationen verschiedener Art, zum Beispiel Eisen, Magnesium, Calcium, Natrium oder Wassermoleküle, verbunden.

In *Olivin* und *Granat* sind die Tetraeder einzeln angeordnet (Inselsilicate). Beryll, Epidot und Turmalin bestehen dagegen aus Ringsilicaten.

In anderen Mineralen sind die Tetraeder zu Ketten verknüpft. Bei den *Pyroxenen* handelt es sich um einfache Ketten, bei den *Amphibolen* um doppelte, die durch Wassermoleküle miteinander verbunden sind. Bei den Schichtsilicaten sind die Tetraedernetze übereinandergelagert. Diese Ebenen sind sehr deutlich bei den Glimmern zu erkennen, die sich leicht in dünne Plättchen spalten lassen.

Schließlich können sich die Tetraeder in einem dreidimensionalen Gerüst organisieren. So beim *Quarz* und den *Feldspäten,* die die häufigsten Minerale der Erdkruste sind.

CARBONATE

In den Carbonaten legt das Ion CO die Struktur fest. Beim *Calcit* verbindet das Calcium die Ionen. Im *Dolomit* sind es das Calcium und das Magnesium. Es gibt auch Eisencarbonate *(Siderit)* und Kupfercarbonate *(Malachit).* Die Carbonate und besonders der Calcit bilden den Hauptbestandteil des Kalkgesteins und sind somit in den Sedimentgesteinen weit verbreitet.

WEITERE MINERALE

Sie sind sehr viel seltener als die Silicate und die Carbonate, können aber unter bestimmten Umständen in großen Mengen vorkommen.

Die Salze sind wenig verbreitete Minerale. Das *Steinsalz* besteht aus Natriumchlorid, das sich in Lagunen abgesetzt hat. Der *Fluorit* ist ein Calciumfluorid, das schöne grüne und violette Kristalle bildet.

Die Oxide sind wichtige Minerale, da sie abbauwürdige Erzlager bilden. Der *Hämatit* und der *Magnetit* sind Eisenoxide. Die *Pechblende* ist ein Uranoxid. Die wasserhaltigen Aluminiumoxide *Diaspor* und *Gibbsit* sind die Hauptbestandteile des Bauxits, des industriell bedeutsamsten Aluminiumerzes.

Die Sulfide spielen als Minerale ebenfalls eine Rolle. In diesem Fall ist ein Metall mit Schwefel verbunden: *Pyrit* und *Markasit* sind Eisensulfide, der *Chalkopyrit* ein Eisen- und Kupfersulfid, die *Zinkblende* ein Zinksulfid, der *Bleiglanz* ein Bleisulfid.

Bei den Sulfaten verbindet sich ein Kation mit Schwefel und Sauerstoff. Der *Gips,* der in Form von Sandrosen bekannt ist, besteht aus Calciumsulfat.

Bei den Phosphaten verbindet sich ein Kation mit Phosphor und Sauerstoff. Der wohlbekannte *Apatit* ist ein Calciumphosphat; aus ihm bestehen hauptsächlich unsere Knochen.

Einige Elemente kommen gediegen vor (nicht mit einem anderen Element verbunden). Dies gilt für *Gold,* das man in Klumpen findet, *Silber* und *Schwefel.*

Die organischen Minerale entstehen durch Abbau organischer Substanz; sie enthalten alle Kohlenstoff, der sie brennbar macht. Sie bilden die verschiedenen Kohlearten, Erdöl und Erdgas.

 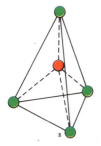 

A Diopsidkristall, ein Pyroxenmineral, aus Madagaskar.

B · Tetraeder des Siliciumdioxids (1 Siliciumatom, 4 Sauerstoffatome).

C · Ein Halit- oder Steinsalzkristall aus Wintershall in Deutschland.

NÜTZLICHE MINERALE

Einige Mineralarten spielen eine wesentliche Rolle für unsere Gesellschaft, da sie für die Industrie notwendige Rohstoffe liefern. Sie müssen jedoch in ausreichender Konzentration vorliegen, damit sich ihr Abbau lohnt. Aufgrund der Entwicklung der Kernenergie sucht man uranhaltige Minerale. Man darf jedoch auch nicht die wirtschaftlich sehr wichtige Rolle von Kohle und Erdöl vergessen.

BEDEUTUNG DER MINERALE

Die Minerale bilden sich in der Erdkruste und zeigen deren chemische Zusammensetzung. Jede Art kann sich jedoch nur unter ganz bestimmten Druck- und Temperaturbedingungen bilden. Die Untersuchung der Minerale in ihrer natürlichen Umgebung und ihre experimentelle Synthese im Labor erhellen diese Bildungsbedingungen. Man kann daraus das Umfeld einer Gesteinsbildung rekonstruieren und somit die Entwicklung der Erde besser verstehen.

EDELSTEINE UND ANDERE SCHMUCKSTEINE

Einige Minerale sind wegen ihrer Schönheit und Seltenheit sehr begehrt und werden zur Herstellung von Schmuck und Zierrat verwendet.

Nur vier Arten können als eigentliche Edelsteine bezeichnet werden. Der *Diamant* besteht aus reinem, unter sehr hohem Druck kristallisiertem Kohlenstoff; der größte Diamantenproduzent ist die Republik Südafrika. Der Diamant ist als härtestes Mineral auch für die Industrie von Interesse, obwohl man dort heute vor allem synthetische Diamanten verwendet. Der *Smaragd* ist eine grüne Varietät des Beryll; er stammt hauptsächlich aus Kolumbien. *Saphir* und *Rubin* sind die blauen bzw. roten Varietäten des einfachen Korunds; die schönsten Steine kommen aus Birma. Der Wert der Edelsteine hängt von ihrer Größe (sie wird in *Karat* gemessen, 1 Karat = 2 dg), ihrer Reinheit und ihrer Farbe, aber auch von ihrem Umfang und Schliff, der den Glanz verstärkt, ab.

Die anderen Schmucksteine sind weniger selten, aber auch sie können sehr wertvoll sein. Die meisten sind Minerale, einige aber auch Gesteine (Serpentin, Lapislazuli). Durchsichtige Steine werden wie die Edelsteine in Facetten geschliffen: *Topas, Beryll, Quarz, Turmalin, Granat* und *Aquamarin*. Andere Arten wie *Jade, Türkis, Opal* oder *Lapislazuli* werden wegen ihrer Nuancen geschätzt.

Einige Minerale, wie *Amethyst* und *Zölestin,* kleiden Hohlräume aus (Geoden mit einem Durchmesser bis zu über 1 m). Perlen und Korallen, die auch für die Schmuckherstellung verwendet werden, sind tierischen Ursprungs; Bernstein ist ein fossiles Harz. Heute werden auch synthetische Steine *(Syntheten)* hergestellt, deren Eigenschaften bei Identität der chemischen Zusammensetzung mit denen natürlicher Edelsteine übereinstimmen.

DAS UNIVERSUM UND DIE ERDE

GESTEINE UND MINERALE

BILDUNG DER GESTEINE

Die Erdkruste besteht aus Gesteinen. Gesteine sind Mineralaggregate unterschiedlicher Art und Menge, die sich unter verschiedenen Bedingungen gebildet haben. Ihre Untersuchung gibt Aufschluß über die Geschichte der Erde.

Die *endogenen Gesteine* stammen aus dem Erdinneren. Sie können entweder durch Kristallisation aus einem Magma hervorgegangen sein (dann sind sie *magmatische Gesteine*) oder aus der Umwandlung vorher existierender Gesteine (dies sind *metamorphe Gesteine*). Die *exogenen Gesteine* bilden sich an der Erdoberfläche unter dem Einfluß der Atmosphäre. Sie können durch Veränderung vorher bestehender Gesteine an Ort und Stelle entstehen (*Residualgesteine*) oder auf die Abtragung des Reliefs zurückgehen (*Sedimentgesteine*). Auch Lockermassen (z. B. Sand) zählen zu den Gesteinen.

Um Ursprung und Bildungsbedingungen der Gesteine zu verstehen, muß man zuerst ihre Lagerungsverhältnisse kennen, also ihre Zusammenhänge mit ihrem Umfeld. Diese Arbeit leistet die Erstellung von geologischen Karten. Dann müssen die Minerale, die sie enthalten, bestimmt und ihre Anordnung sowie chemische Zusammensetzung untersucht werden.

MAGMATISCHE GESTEINE

Die aus Kruste und Mantel bestehende äußere Zone der Erde ist im wesentlichen fest. Aber in Gebieten besonderer Instabilität kann eine partielle Aufschmelzung entstehen, die eine Silicatschmelze, das *Magma*, erzeugt. Dieses Magma steigt an die Oberfläche und verfestigt sich allmählich bei der Abkühlung; so bilden sich magmatische Gesteine. Die *Plutonite, Tiefen-* oder *Intrusivgesteine* entstehen durch langsame Abkühlung in der Tiefe, bevor das Magma die Oberfläche erreicht. Wenn das Magma jedoch bei Vulkanausbrüchen an die Oberfläche gelangt, erstarrt es sofort an der Luft; so entstehen *Effusiv-* oder *Ergußgesteine* (*Vulkanite*).

Magma. Die Zusammensetzung der Magmen variiert in relativ engen Grenzen, was von mehreren Parametern abhängt. Dazu gehört die Tiefe, in der die Schmelzvorgänge stattfinden, und die Art der Stoffe, die schmelzen: Aus Mantelmaterial entsteht *basaltisches*, aus Krustenmaterial *granitisches Magma*. Darüber hinaus verändert sich die Schmelze im Laufe der Zeit. Die ersten Minerale, die sich beim Abkühlen bilden, sind anders zusammengesetzt als das Magma und werden diesem einige Elemente entziehen oder ihm andere zuführen. Dieser Prozeß, die *magmatische Differentiation*, erzeugt immer silicatreichere Restschmelzen.

Die Unterscheidung zwischen Plutoniten und Vulkaniten beruht auf der Größe und der Anordnung der Minerale.

Plutonite. Sie bilden den Hauptteil der tiefen kontinentalen Kruste, treten jedoch durch die Abtragung von Gebirgen zutage. Da sie in der Tiefe langsam kristallisieren, bestehen die Plutonite aus großen, mit bloßem Auge erkennbaren Mineralen. Der *Granit* kommt mit Abstand am häufigsten vor und bildet Massive, die Tausende von Quadratkilometern umfassen können. Manchmal finden sich in Granit auch geringe Mengen von Diorit und Gabbro. Das Magma kann im Mantel entstehen und sich im Laufe seines Aufstiegs differenzieren. Es kann auch bei der teilweisen Aufschmelzung der Kruste, der *Anatexis*, im Zuge der Bildung von Gebirgen entstehen. Magma von basaltischer Zusammensetzung ist seltener und kristallisiert langsam in großen magmatischen Kammern. Die Kristalle setzen sich allmählich ab und verleihen diesen Intrusionen ein geschichtetes Aussehen.

Vulkanite. Die Vulkanite kristallisieren häufig in zwei Phasen. Während das Magma sich in tiefliegenden Kammern befindet, können sich einzelne große Kristalle bilden. Bei der Eruption jedoch erstarrt die Lava an der Luft sehr schnell zu einer sehr feinen Masse, deren Bestandteile mit bloßem Auge nicht zu erkennen sind.

Auf den Kontinenten bilden sich vereinzelte Vulkane, die von einer instabilen Zone der Erdkruste künden: Graben- oder Subduktionszonen. Die Struktur der Vulkane ist sehr unterschiedlich. Die Grabenvulkane sind aus der Anhäufung von Lava entstanden, die sich aus *Basalt* zu *Rhyolithen* und *Basaniten* entwickeln. In den Subduktionszonen herrschen vor allem die *Andesite* vor. Ungeheure Basaltergüsse haben große Ebenen in Indien, Brasilien und im Nordwesten der Vereinigten Staaten gebildet (Flutbasalt). Basalte sind vor allem der Hauptbestandteil der Kruste unter dem Meer. Bei untermeerischen Ergüssen spricht man aufgrund der charakteristischen Form von Pillowlava oder Kissenlava. Lockere vulkanische Auswurfmassen werden zu Tuff verarbeitet.

SEDIMENTGESTEINE

Sie gehen auf die Abtragung des Reliefs zurück. Die ursprünglich vorhandenen Gesteine zerfallen durch die gemeinsame Einwirkung von Wasser, Wind und Temperaturschwankungen. Die abgelösten Teilchen werden in Flüssen, Gletschern oder vom Wind bis in tiefere Gebiete, in die Seen oder ins Meer transportiert, wo sie sich ablagern. Die nachfolgenden Schichten legen sich darüber und bilden so die Lagen, die für Sedimentgesteine charakteristisch sind; allmählich verfestigen sie sich.

Der Transport kann in fester Form erfolgen. Die dabei entstehenden Sedimentgesteine sind die sogenannten *detritischen* Gesteine, da sie aus Trümmern entstanden sind. Je länger der Transport dauert, desto kleiner sind die Fragmente. Die groben Trümmer bilden *Brekzien* (wenn sie eckig sind) oder *Konglomerate* (wenn sie abgerundet sind). Die kleineren Teilchen von etwa einem Millimeter bilden die *Sande* oder *Sandsteine*, wenn die Körner miteinander verkittet sind. Die feinsten Teilchen, die große Entfernungen zurücklegen können, sind die *Pelite*.

Der Transport kann jedoch auch in Form gelöster Teilchen geschehen. Die Gesteine sind dann chemischen Ursprungs. Die Minerale setzen sich direkt ab, wenn die Konzentration im Wasser zu hoch wird, oder in Form lebender Organismen, die sie in ihre Schale oder ihr Skelett einbinden.

Das Siliciumdioxid des Feuersteins ist direkt aus Lösungen ausgefällt worden. In anderen Gesteinen wie den *Radiolariten* binden Organismen, die Radiolarien (Strahlentierchen), das Siliciumdioxid.

Im allgemeinen entstehen die Kalkgesteine dadurch, daß lebende Organismen Calcit ausscheiden. Diese Tiere können wie die *Kokkolithen* der Kreide winzig klein oder von einer beachtlichen Größe sein, wie die fossilen Schalentiere, die man in zahlreichen Kalksteinen findet (Ammoniten, Muscheln).

Salzgesteine wie beispielsweise das *Steinsalz* entstehen durch direkte Ausscheidung von Salz in Lagunengebieten aufgrund von starker Verdunstung.

Schließlich bilden sich Sedimentgesteine durch Zerfall von lebenden Organismen: Dies sind die *organischen Gesteine*. Die Steinkohle stammt aus der Zersetzung großer Wälder. *Erdöl* und *Erdgas* resultieren aus der Zersetzung von Mikroorganismen in flachen Meeren; die sich daraus ergebenden Kohlenwasserstoffe sind unter undurchlässigen Schichten eingeschlossen und durchtränken ein Gestein, das *Speichergestein*.

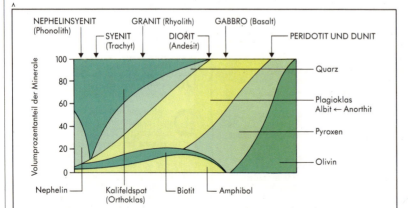

∧ · **Einteilung der magmatischen Gesteine.**

Diese Einteilung beruht auf der mineralischen Zusammensetzung der Gesteine, das heißt auf dem Anteil der am häufigsten in den Gesteinen vorkommenden Mineralarten: Quarze, Feldspate, Feldspatvertreter (Nephelin), Pyroxen, Olivin, Amphibol, Biotit. Ein Granit zum Beispiel besteht aus Orthoklas, Quarz, Plagioklas, Biotit und Amphibol, während ein Gabbro Plagioklas, Pyroxen und Olivin enthält. Die Namen in Großbuchstaben bezeichnen das Tiefengestein, in Kleinbuchstaben erscheint das vulkanische Gestein gleichartiger Zusammensetzung. Der Unterschied zwischen beiden liegt in der Struktur, das heißt in der Korngröße und der Lage der Mineralien zueinander. In den Vulkaniten sind die Mineralien manchmal zu klein, um kategorisiert werden zu können. In diesem Fall muß man sich auf die durch Analyse zu ermittelnde chemische Zusammensetzung stützen.

(nach B. Masson, 1966)

30

METAMORPHE GESTEINE

Wenn Sediment- oder Magmagesteine andere Druck- und Temperaturbedingungen vorfinden als bei ihrer Bildung, verändern sie sich. Man spricht von Metamorphose. Dies führt zum Auftreten neuer, den veränderten Bedingungen entsprechender Minerale. Bei der Gebirgsbildung wirkt die Metamorphose auf ganze Abschnitte der Kruste (Regionalmetamorphose). Es kommt zur Druckerhöhung, Gesteine werden verformt und gefaltet und können tief in die Kruste einsinken. Sie sind damit Druckeinwirkungen und einer Temperaturerhöhung aufgrund des Wärmeflusses aus dem Erdinneren ausgesetzt. Wegen der Belastung bei der Faltenbildung ordnen sich die neuen Minerale in bestimmte, bevorzugte Ebenen ein und verleihen den Gesteinen eine gerichtete Struktur. Sie sind *schieferig*, wenn sie zur Absplitterung neigen, oder *blätterig*, wenn die einzelnen Schichten massiver sind.

Die Metamorphose kann sich jedoch auch bei der Ausbreitung eines Plutonits ergeben. Bei der Abkühlung gibt es Wärme an die umgebenden Gesteine ab, was diese verändert. Diese *Kontaktmetamorphose* hat nur auf einen begrenzten Bereich (Aureole) des Plutonitmassivs Einfluß.

Die Minerale, die in den Gesteinen durch Metamorphose entstehen, zeigen die Bedingungen an, unter denen sie gebildet wurden. Durch ihre Untersuchung können daher der Druck und die Temperatur bestimmt werden, die bei ihrer Kristallisation herrschten. Somit kann die Geschichte der Gebirgsbildung nachvollzogen werden. Die Minerale lassen jedoch auch Rückschlüsse auf die chemische Zusammensetzung der Gesteine zu. Die an Quarz und Glimmer reichen *Schiefer* bilden sich durch die Metamorphose der Tonsedimente. Die *Gneise*, die vor allem aus Quarz, Feldspat und Glimmer bestehen, können bei der Metamorphose eines Granits oder eines Tongesteins, Amphibolite aus mergeligen Sedimenten oder aus Basalt entstanden sein. Der *Marmor*, der aus Calcit besteht, stammt aus der Metamorphose von Kalkstein, seltener von Dolomit.

GESTEINE DES OBEREN ERDMANTELS

Der obere, unter der Kruste gelegene Mantel zeigt sich nur vereinzelt in Form von Gesteinsmassiven bei Umlagerungen in Verbindung mit Gebirgsbildung. Es handelt sich häufig um *Ophiolithe*, das heißt um Fragmente der ozeanischen Lithospäre (Kruste und Mantel), die durch Druckeinwirkung in Gebirge eingeschlossen wurden.

Da der Mantel tief liegt, ist er dichter als die Kruste. Er besteht aus relativ homogenem Gestein, den *Peridotiten*, Eisen-, Magnesium- und Calciumsilikatverbindungen (Olivin und Pyroxene).

Die *Kimberlite* sind eine Varietät der Peridotite aus dem oberen Mantel, die sich in Form von Explosionsröhren, den sogenannten *Pipes*, ausgebildet haben. In ihnen trifft man oft auf Diamantvorkommen. Kimberlit ist blaugrün, verwittert auch gelblichbraun. Aufgrund seiner Farbe wird er auch *Blue Ground* bzw. *Yellow Ground* genannt.

A · Granit.

Dieses Gestein besteht aus groben Kristallen von rosa Orthoklas (etwa 2 cm lang), aus blaßgrünem Plagioklasfeldspat, aus gräulichem Quarz und schwarzem Glimmer. Seine Struktur ist eindeutig körnig, da alle Minerale mit bloßem Auge gut zu erkennen sind.

B · Gänge.

Magma kann aus den Magmakammern in verschiedene Bereiche der Erdkruste eindringen, ohne an die Oberfläche zu gelangen. Das Gefüge dieser *Gänge* ist seiner Struktur nach zwischen den Tiefengesteinen und den Vulkaniten einzuordnen. Das Photo zeigt einen Granitgang (weiß), der in Peridotite injiziert ist.

C · Kissenlava.

Auftreten von Basaltlava, Kissen- oder Pillow-Lava bei Catania. Diese elliptischen Strukturen entstehen beim plötzlichen Erkalten der Lava, wenn diese sich ins Meer ergießt. Die heutigen Meeresböden wurden durch Anhäufung von basaltischer Kissenlava gebildet, die an den mittelozeanischen Rücken austraten.

D · Farn.

Dieses Exemplar ist vor etwa 300 Millionen Jahren im Karbon versteinert worden. Der Farn, eine Landpflanze, die sich durch Sporen fortpflanzt, erschien in der Mitte des Paläozoikums (im Devon), und zwar mit einer Verbreitung (bis heute), die ihn für stratigraphische Zwecke unbrauchbar macht.

E · Pflanzenfossil.

im Triassandstein. Dieser besonders gut erhaltene Zweig entspricht einem primitiven Koniferentyp. Die Gesamtheit der Fossilien, die man in einer bestimmten Epoche in der gleichen Region findet, erlaubt die Rekonstruktion von Fauna und Flora und vermittelt eine Vorstellung von der damaligen Landschaft.

F · Flysch aus der Unterkreide (Kabylei).

Er besteht abwechselnd aus härteren vorspringenden Sandsteinschichten und aus grauen ausgehöhlten Tonschichten. Der Flysch ist eine detritische Formation (Schuttbildung), die sich in den Geosynklinalen ablagerte und an die Hebung eines Gebirges gebunden ist.

G · Gneis.

Dieses metamorphe Gestein zeigt eine deutlich ausgerichtete blättrige Struktur. Die Minerale sind in parallelen Ebenen angeordnet, die dem Gneis ein gebändertes Aussehen verleihen. Die Lagen aus Quarz und rosa Feldspat (etwa 5 mm dick) wechseln mit Lagen aus Quarz und schwarzem Glimmer.

H · Peridotiteinschlüsse.

in einer Basaltlava; der größte hat einen Durchmesser von 5 cm. Der Peridotit ist ein körniges Gestein, das vor allem aus grünem Olivin besteht. Der umgebende graue Basalt ist fein kristallisiert; mit bloßem Auge ist kein Mineral zu erkennen.

DAS UNIVERSUM UND DIE ERDE

GEOPHYSIK

DAS GEOID

Die Erdanziehungskraft oder Schwerkraft zieht alle Körper zum Mittelpunkt der Erde. Ihre Intensität ist proportional zur Erdmasse und nimmt mit der Höhe ab. Man mißt sie mit einem Gravimeter. Das *Geoid* ist die Fläche, die die Punkte gleicher Gravitation verbindet. Seine einem Ellipsoid ähnliche Form ist jedoch nicht gleichmäßig, da sich die Schwerkraft mit der Dichte der Gesteine und der Topographie ändert.

Sehr früh haben die gravimetrischen Messungen gezeigt, daß Berge eine Anziehungskraft ausüben, die die Schwere verringert und ihre Richtung ändert. J. H. Pratt und G. B. Airy haben um 1850 diese Änderungen der Tatsache zugeschrieben, daß die Kontinente aus einem leichten, in ein dichteres Material eingebetteten Material bestehen.

Die allgemein akzeptierte Hypothese von Airy besagt, daß jedes Relief der Erdoberfläche in der Tiefe derart kompensiert wird, daß sich ein isostatisches Gleichgewicht einstellt. Die quartären Vergletscherungen liefern hierfür ein gutes Beispiel: Die enormen, auf den Kontinenten angehäuften Eismassen haben deren Einsinken verursacht. Das nacheiszeitliche Abschmelzen der Gletscher hat die Kontinente von ihrer Überlast befreit und eine langsame Hebung derselben bewirkt.

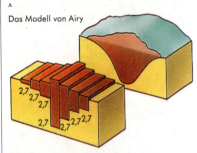

A
Das Modell von Airy

Die Zahlen geben die Dichte in g/cm³ an.

A · Die Dicke der kontinentalen Kruste.

Nach Airy bestehen die Kontinente aus leichtem Material von gleichmäßiger Dichte, das in eine dichtere Substanz eingesenkt ist. Für den topographischen Ausgleich muß die Einbettungstiefe um so größer sein, je höher das Relief ist. Deswegen ist die kontinentale Kruste unterschiedlich dick. Genau dies haben die geophysikalischen Messungen bewiesen: Unter den höchsten Gebirgen ist die Kruste am stärksten ausgeprägt.

DAS ERDINNERE

Die tiefsten Bohrungen erreichten mit einer Ausnahme (Halbinsel Kola, bisher 13 000 m) keine 10 000 m Tiefe. Um das Erdinnere zu untersuchen, muß man also indirekte Methoden anwenden, insbesondere die der *Seismologie*. Das Auftreten von Erdbeben bewirkt die Ausbreitung von seismischen Wellen in alle Richtungen. Diese Wellen sind entweder längsgerichtet *(P-Wellen)* oder quergerichtet *(S-Wellen)*. Ihre Geschwindigkeit und ihre Bahn variieren in Abhängigkeit von der Dichte und dem physikalischen Zustand der durchquerten Materie. Durch ein Netz von Stationen an der Erdoberfläche zeichnet man die von allen Erdbeben hervorgerufenen seismischen Wellen auf. Mittels der Analyse dieser Aufzeichnungen können Richtung und Ausbreitungsgeschwindigkeit der Wellen bestimmt und Auskünfte über das Erdinnere erhalten werden.

Die P-Wellen können sich in allen Milieus ausbreiten. Die S-Wellen dagegen breiten sich in Flüssigkeiten nicht aus. Die Grenzen zwischen den einzelnen Schichten der Erde (Kruste, Mantel und Kern) sind durch Diskontinuitäten gekennzeichnet, die sich in einer sprunghaften Änderung der Ausbreitungsgeschwindigkeiten zeigen. An der *Moho* nimmt die Geschwindigkeit infolge einer höheren Dichte plötzlich zu. Dagegen sinkt die Geschwindigkeit der P-Wellen im äußeren Kern, den die S-Wellen nicht durchdringen, plötzlich ab, was zeigt, daß dieser flüssig ist. Die Geschwindigkeit erhöht sich wieder im inneren festen Kern.

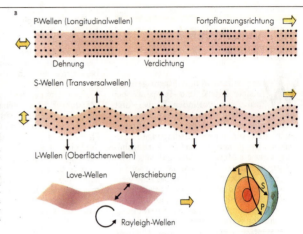

B · Seismische Wellen.

Die wichtigsten seismischen Wellen sind die P-Wellen und die S-Wellen. Die primären oder P-Wellen schwingen in Längsrichtung, parallel zu ihrer Ausbreitungsrichtung. Die sekundären oder S-Wellen schwingen senkrecht dazu (transversal). Die L-Wellen verlängern die P- und S-Wellen an der Oberfläche und sind eine Kombination aus Love- und Rayleigh-Wellen. Die durch ein Erdbeben ausgelösten Wellen breiten sich im Erdinneren aus und ermöglichen dadurch einen Nachweis der Diskontinuitäten zwischen den einzelnen Schichten.

DAS MAGNETFELD DER ERDE

An jedem Ort der Erde richtet sich die Magnetnadel des Kompasses auf ein und denselben Punkt nahe dem Nordpol. Dies beweist die Existenz eines natürlichen Magnetfeldes, das durch seine Stärke, seine Deklination und seinen Inklinationswinkel charakterisiert werden kann. Mit einem weltweiten Netz von Observatorien wird das Magnetfeld der Erde gemessen.

Das Magnetfeld hat sich jedoch im Laufe der geologischen Zeitalter erheblich verändert. Die Magnetisierung der Umgebung wird von den Gesteinen bei ihrer Bildung übernommen. Der *Paläomagnetismus* konnte nachweisen, daß sich die Richtung des Magnetfeldes periodisch umkehrt. Die Untersuchung der Magnetisierung der ozeanischen Kruste stützte die Theorie der Plattentektonik.

GEOPHYSIKALISCHE PROSPEKTION

Die geophysikalischen Methoden zur indirekten Erfassung des Erdinneren werden häufig bei der Suche nach Bodenschätzen eingesetzt. Die *angewandte Seismologie* analysiert die Wellen, die durch die Zündung von Sprengladungen verursacht werden. Sie liefert ein genaues Bild der oberflächennahen Schichten. Die *gravimetrischen Anomalien* zeigen an, daß Körper anormaler Dichte in der Tiefe vorhanden sind: Eine negative Anomalie weist auf die Existenz von wenig dichten Gesteinen hin, die Erdöl enthalten können, eine positive Anomalie auf schwere Erze.

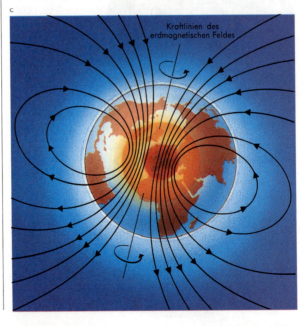

Kraftlinien des erdmagnetischen Feldes

C · Die Erde ist ein Magnet.

Die Erde verhält sich wie ein Magnet. Ihr Magnetfeld ist mit dem eines Dipols zu vergleichen. Zur Zeit ist die Achse der Magnetpole um ungefähr 11° gegen die Achse der geographischen Pole geneigt. Die paläomagnetischen Untersuchungen zeigen, daß der Dipol im Verlauf der geologischen Zeit sowohl eine Nord-Süd-Richtung als auch eine Süd-Nord-Richtung gehabt hat. In Verbindung mit der Stratigraphie konnte ein Katalog der im Laufe der Zeit erfolgten Umkehrungen erstellt werden. Das Studium der jüngsten Meeresbasalte (an den Tiefseerücken) hat gezeigt, daß die Umkehrungen in Intervallen von mehreren hunderttausend Jahren erfolgten. Der Ursprung des Magnetfeldes der Erde liegt tief und muß zweifellos im Kern gesucht werden.

32

DAS UNIVERSUM UND DIE ERDE

GEOCHEMIE

ZUSAMMENSETZUNG DER ERDE

Während man Proben aus den Gesteinen der Oberfläche direkt entnehmen und analysieren kann, muß man auf indirekte Methoden zurückgreifen, um die Zusammensetzung der tieferen Schichten zu bestimmen. Mit Hilfe der modernen geophysikalischen Methoden können die Dichten von Schichten bewertet werden. Man kann sich eine Vorstellung von ihrer chemischen Zusammensetzung machen, vor allem durch den Vergleich mit Meteoriten. Die Schichten der Erdkugel haben eine unterschiedliche Zusammensetzung. Die häufigsten Elemente werden *Hauptelemente* genannt. Zahlreiche Elemente jedoch sind nur in Spuren vorhanden. In der Lithosphäre sind die Elemente im allgemeinen an Sauerstoff und Siliciumdioxid in Silicaten gebunden.

Die am wenigsten dichte kontinentale Kruste besteht hauptsächlich aus Sedimentgesteinen unterschiedlicher Zusammensetzung. Sie bildet jedoch nur eine dünne Lage, die eine vorwiegend granitische Masse bedeckt, wie man an freigelegten Gebirgswurzeln erkennen kann, und enthält viel Silicium und Aluminium. Die ozeanische Kruste weist eine gleichmäßig basaltische, silicium- und magnesiumreiche Zusammensetzung auf.

Der Erdmantel ist zumindest in seinem oberen Teil aus Gesteinen, den Peridotiten, gebildet, die sehr viel Magnesium- und Eisensilicate, die Olivine und die Pyroxene, enthalten. Man vermutet, daß der sehr dichte Kern aus einer teilweise geschmolzenen Verbindung von Eisen- und Nickeloxiden besteht.

ENTWICKLUNG DER ZUSAMMENSETZUNG DER ERDE

Die heutige Verteilung der verschiedenen chemischen Elemente auf die einzelnen Schichten beruht auf einem Differenzierungsprozeß, der seit Beginn der Erdgeschichte anhält. Diese Umverteilung hängt im wesentlichen von der Dichte der zuerst gebildeten Schichten ab. Die weniger dichten Stoffe, die Silicate, sind nach außen gewandert, die dichtesten, die Eisen- und Nickeloxide, nach innen. Die in Spuren vorhandenen Elemente sind den Hauptelementen gefolgt, mit denen sie chemisch verwandt sind: Obwohl Uran sehr schwer ist, ist es dem Siliciumdioxid gefolgt, hat sich also in der kontinentalen Kruste konzentriert.

Ursprünglich enthielt die Erde auch *flüchtige Stoffe*. Diese sehr leichten Elemente, angefangen mit dem leichtesten, dem Wasserstoff, sind durch Entgasung rasch entwichen; sie haben die Meere und die Atmosphäre gebildet. Vulkanausbrüche zeigen, daß die Entgasung der Erde heute noch vor sich geht.

STOFFTRANSPORT

Alle geologischen Vorgänge an der Erdoberfläche bewirken Stofftransport, entweder von einem Ort zum andern oder zwischen den tiefer- und den höherliegenden Schichten, insbesondere zwischen der Lithosphäre und der flüssigen und gasförmigen äußeren Hülle, die die Hydrosphäre und die Atmosphäre bilden.

Das *Wasser* spielt durch den Zyklus Niederschlag–Verdunstung bei allen Phänomenen an der Oberfläche eine wichtige Rolle. Es fällt in Form von Niederschlägen, die einsickern oder abfließen und sich vereinigen, wodurch sie das hydrographische Netz bilden. Schließlich erreicht das Wasser die Meere, wo Verdunstung erfolgt. Im Verlauf seiner Wanderung an der Erdoberfläche ist Wasser ein wesentlicher Faktor bei der Erosion und der Sedimentbildung; es erleichtert den Transport von Materie. Wasser bewirkt auch mechanische oder chemische Trennung.

Ein Austausch findet ebenfalls zwischen dem oberen Mantel und den Oberflächenschichten statt. Die partielle Schmelzung des Mantels produziert Magmen, die an die Oberfläche kommen. Dem Mantel werden somit bestimmte Elemente entzogen. In den Subduktionszonen sinkt die eintauchende Platte in den Mantel ab. Die Platte wird durch Einwirkung des Meerwassers wasserhaltig und führt Sedimente mit sich.

Geschätzte durchschnittliche Zusammensetzung (in %) des Erdmantels (1), der Erdkruste (2) und der kontinentalen Kruste (3)

	1	2	3
SiO_2	43,95	55,2	60,2
Al_2O_3	3,88	15,3	15,2
Fe_2O_3 + FeO	8,25	8,6	6,3
MgO	39,00	5,2	3,1
CaO	2,60	8,8	5,5
Na_2O	0,60	2,9	3,0
K_2O	−0,22	1,9	2,9
TiO_2	0,57	0,22	0,7
P_2O_5		0,3	0,2

GEOCHEMISCHE INDIKATOREN

Dank der jüngsten Entwicklungen spielt die Geochemie bei dem Verständnis zahlreicher geologischer Vorgänge eine wichtige Rolle. Die moderne Geochemie beruht auf der Analyse der in den Gesteinen enthaltenen Elemente und ihrer Isotope.

Einige Elemente, wie seltene Erden, oder auch die verschiedenen Isotope desselben Elements verhalten sich bei bestimmten geologischen Vorgängen unterschiedlich und können die Rolle von Indikatoren übernehmen. So haben bestimmte Elemente bei der partiellen Schmelzung des Mantels, bei der Magma entsteht, die Tendenz, sich in der Flüssigkeit zu konzentrieren, andere sammeln sich im festen Rest. Wenn man den Gehalt und die Verhältnisse dieser Elemente in dem magmatischen Gestein mißt, kann man die Abschmelzvorgänge des Magma im einzelnen rekonstruieren. Desgleichen geben die Verhältnisse der Sauerstoff- und Wasserstoffisotope über den Ursprung des in den Gesteinsmineralen eingeschlossenen Wassers Auskunft.

Mit Hilfe der Geochemie konnten die Gesteine auch zeitlich eingeordnet werden. Einige der in den Gesteinen enthaltenen radioaktiven Isotope zerfallen und haben radiogene Isotope gebildet. Das Verhältnis des Gehalts an radioaktiven Isotopen zum Gehalt an radiogenen Isotopen hängt vom Alter des Gesteins ab, das man berechnen kann, wenn man ihre Halbwertszeit kennt. Um sehr alte Gesteine zu datieren, muß die Halbwertszeit sehr lang sein. So wird das *Carbon 14,* das eine Halbwertszeit von 5 730 Jahren hat, für das Quartär verwendet. Die radioaktiven Isotope des Urans und des Rubidiums, deren Halbwertszeit nahe bei 5 Milliarden Jahren liegt, haben durch die Datierung von Meteoriten Rückschlüsse auf das Alter der Erde ermöglicht.

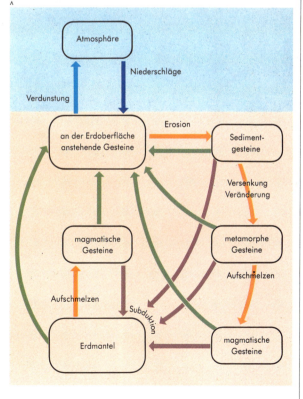

A · **Kreislauf der Gesteine und Stofftransport in den oberen Bereichen der Erdkugel.**

Die verschiedenen Gesteinstypen befinden sich an der Erdoberfläche entweder weil sie sich dort gebildet haben oder infolge tektonischer Bewegungen. Als Folge der Niederschläge werden sie durch die Abtragung zerstört; aus den Trümmern werden Sedimentgesteine gebildet. Bei der Gebirgsbildung werden diese umgewandelt (metamorphosiert); durch Schmelzvorgänge entstehen vielfach granitische Magmen. Magmen entstehen jedoch auch durch teilweises Aufschmelzen des Mantels. Die verschiedenen Gesteinstypen können sich dank der Subduktionszonen im Erdmantel erneuern. Alle diese Vorgänge gehen mit einem Austausch chemischer Elemente einher.

DAS UNIVERSUM UND DIE ERDE

DIE PLATTENTEKTONIK

DIE AUSBREITUNG DER MEERESBÖDEN

Die Fortschritte der Geophysik nach 1945 haben eine neue Welt, den Meeresboden, erschlossen, der zwei Drittel der Erde ausmacht. Die ozeanische Kruste ist viel dünner und homogener als die kontinentale Kruste; sie besteht im wesentlichen aus Basalt. Allerdings werden die Meeresböden durch gigantische untermeerische Gebirge, die *Tiefseerücken*, gegliedert; diese erstrecken sich über Tausende von Kilometern und bilden ein zusammenhängendes Relief, oft in der Mitte der Ozeane.

Folgt man der Hypothese über die Ausbreitung der Meeresböden, so sind die Tiefseerücken der Ort, an dem sich die basaltische Meereskruste durch Austritt von Magma aus dem Erdmantel aufgrund von Konvektionsbewegungen in der Tiefe bildet. Die neue Kruste wächst durch ständiges Aufdringen basaltischen Magmas. Dadurch wandert sie auf beiden Seiten der Tiefseerücken mit einer Geschwindigkeit von einigen Zentimetern pro Jahr auseinander. Je weiter man von dem Tiefseerücken entfernt ist, umso älter ist die ozeanische Kruste. Vor allem die Existenz von magnetischen Anomalien in den Basaltgesteinen hat die Annahme bestätigt, daß sich die Meeresböden ausdehnen.

Wenn Basalte auskristallisieren, werden sie einer schwachen Magnetisierung unterzogen, deren Richtung und Stärke von dem umliegenden Magnetfeld der Erde abhängen. Wenn man nun die Magnetisierung der Basalte unter den Meeren mißt, so stellt man fest, daß sie nicht konstant ist und daß sich vor allem ihre Richtung periodisch umkehrt. Parallel zu den Tiefseerücken können symmetrische Linien gleicher Richtung und Intensität gezogen werden, die die magnetischen Anomalien darstellen. Es ist bekannt, daß das Magnetfeld der Erde im Laufe der Zeit umschlägt und daß seine Richtung einmal normal (dieselbe wie heute) und einmal entgegengesetzt ist. Für die jüngste Periode der geologischen Zeitalter konnte die Richtung des Magnetfeldes rekonstruiert werden. Die magnetischen Anomalien zeugen von der Ausrichtung des Erdmagnetfeldes, die vorherrschte, als sich die Kruste an der Achse des Tiefseerückens gebildet hat; die Tatsache, daß die Anomalien symmetrisch sind, zeigt, daß die Kruste an manchen Stellen wandert.

DIE GROSSEN LITHOSPHÄRISCHEN PLATTEN

Wenn es stimmt, daß sich an den Tiefseerücken eine neue Kruste bildet, so muß es Gebiete geben, in denen die alte Kruste zerstört wird, da das Volumen der Erde konstant ist. Dies sind die *Subduktionszonen*, die in der Unterwassertopographie durch Tiefseegräben gekennzeichnet sind. In diesen Zonen taucht die alte Kruste unter und wird vom Mantel aufgenommen. Das Abtauchen vollzieht sich in der *Benioff-Zone*; hier herrscht intensive seismische Aktivität, die sich bis in eine Tiefe von 700 km auswirkt.

Die Untersuchung der Verteilung der Tiefseerücken und der Subduktionszonen erlaubte den Nachweis, daß die Erdoberfläche aus großen, starren Lithosphärenplatten mit einer Dicke von etwa 100 km besteht, die sich an den Tiefseerücken bilden, seitwärts wandern und in den Subduktionszonen aufschmelzen. Die Kontinente sind in den Platten verankert und werden mit ihnen verschoben. Die starren Platten wandern auf einer plastischen Schicht, der *Asthenosphäre*, die im Erdmantel liegt.

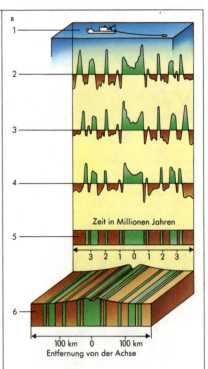

B · Die magnetischen Anomalien an den Tiefseerücken.

Die an den Tiefseerücken in der Mitte der Ozeane von ozeanographischen Schiffen (1) durchgeführten magnetischen Messungen zeigen parallele Streifen, deren Magnetismus abwechselnd positiv (Richtung Norden) und negativ (Richtung Süden) ausgerichtet ist (5,6). Die Basalte der ozeanischen Kruste bewahren das Magnetfeld, das bei ihrer Erstarrung herrschte. Diese zur Achse des Tiefseerückens symmetrische Anordnung spiegelt die Inversionen des Magnetfeldes in den letzten Millionen Jahren wider.

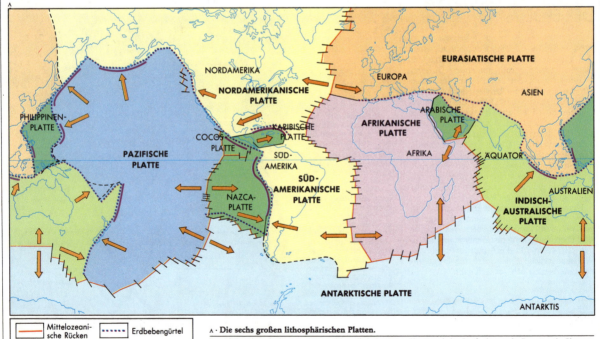

A · Die sechs großen lithosphärischen Platten.

Die Pfeile geben die Verschiebungsrichtungen der Platten an. Durch die relativen Bewegungen der Platten wird die Lage der instabilen Zonen der Erdkruste verständlich. Japan zum Beispiel, wo Erdbeben und Vulkanausbrüche sehr häufig vorkommen, liegt in einer Zone, in der die Eurasiatische Platte und die Pazifische Platte aufeinanderstoßen, die sich in entgegengesetzten Richtungen bewegen. Die Subduktion der Pazifischen Platte unter die Eurasiatische Platte erklärt die Instabilität dieser Region der Erde (insbesondere die der Inseln).

DAS UNIVERSUM UND DIE ERDE

Allgemein wird angenommen, daß die Konvektionsströme, die im Erdmantel stattfinden, die wesentliche Triebfeder für die Plattenbewegung sind.

Man unterscheidet sechs Hauptplatten und zahlreiche Nebenplatten. Jede dieser Platten ist einzeln für sich beweglich. Aus den relativen Bewegungen der Platten lassen sich die meisten geologischen Vorgänge, die im Erdinnern ihren Ursprung haben und an der Erdoberfläche beobachtet werden, erklären.

RELATIVE BEWEGUNGEN DER PLATTEN

Bereits 1915 hat Alfred Wegener die Theorie der Kontinentalverschiebung aufgestellt; er verglich die Kontinente mit Flößen, die sich auf einem zähflüssigen Untergrund fortbewegen. Zu seiner Zeit wurde er von den Wissenschaftlern heftig angegriffen. Die Plattentektonik jedoch hat Wegeners Gedanken aufgegriffen. Heute weiß man, daß sich die gesamte Lithosphäre verschiebt und mit ihr die Kontinente. Im Laufe der geologischen Zeitalter haben sich die relativen Positionen der Kontinente gewandelt. Wahrscheinlich waren ursprünglich alle Kontinente zu einer einzigen Landmasse, der *Pangäa*, verschmolzen. Heute entfernen sich Europa und Amerika mit einer Geschwindigkeit von 2 bis 3 cm/Jahr durch die Bildung neuer Kruste am Mittelatlantischen Rücken. Gleichermaßen rücken die Arabische und die Afrikanische Platte auseinander.

DIE PLATTENRÄNDER

In den Gebieten, in denen sich zwei Platten berühren, das heißt an den Plattenrändern, haben die wichtigsten geologischen Phänomene, die die Erdoberfläche geformt haben, stattgefunden. Anhand der Relativbewegungen der beiden sich berührenden Platten zueinander werden drei Arten von Rändern unterschieden:

Die *divergenten* oder *konstruktiven Ränder* entsprechen den Tiefseerücken in der Mitte der Ozeane. In ihnen herrscht rege vulkanische Tätigkeit, wobei Kubikkilometer von Basalten sehr einheitlicher Zusammensetzung produziert werden. Aus diesen Basaltmassen, die bei der Entstehung Kissenlaven bilden, wird die neue Meereskruste geformt, und die beiden nebeneinanderliegenden Platten wandern in entgegengesetzte Richtungen. Der Vulkanismus geht mit einer seismischen Aktivität in geringer Tiefe einher.

Die *konvergenten* oder *destruktiven Ränder* entsprechen den Subduktionszonen. Wenn zwei Platten, die sich in entgegengesetzter Richtung verschieben, zusammenstoßen, so schiebt sich die eine unter die andere und zerschmilzt im Mantel. Dieser Zusammenstoß ist von heftigen Vorgängen begleitet. Wenn die untere Platte absinkt, ergeben sich Reibungen, die sich in Erdbeben äußern. Daneben entsteht auch Magma, das die häufig explosiven Vulkane versorgt. Die obere Platte wird stark zusammengepreßt und verformt, wobei sie einen Wulst bildet, der ein Gebirge darstellt. Wenn es sich um zwei ozeanische Platten handelt, wie im westlichen Pazifik, ist dieser Wulst ein Inselbogen, durchsetzt mit zahlreichen Vulkanen, die nach und nach auftauchen. Wenn eine ozeanische Platte auf eine kontinentale Platte trifft, taucht die ozeanische Platte ab, was zur Bildung einer mächtigen Gebirgskette am Rande der kontinentalen Platte führt: Ein Beispiel hierfür sind die Anden. Aber auch durch die fortwährende Bewegung kann es zum Kontakt zwischen Kontinenten kommen. Dann ergeben sich Kollisionen zwischen zwei Kontinentalmassen, deren Bewegung abgebremst wird, wie man am Himalaya erkennen kann.

Schließlich gleiten die Platten in bestimmten Zonen seitlich zueinander. Dies sind *konservative Ränder*, da es weder Aufbau noch Abbau von Kruste gibt. Sie zeigen sich in Form von großen vertikalen Verwerfungen, den *Transformverwerfungen*, an denen es zu starker Reibung kommt, die zu heftigen Erdbeben führt. Ein Beispiel hierfür ist der San Andreas Fault.

DIE THEORIE DER PLATTENTEKTONIK

Die Theorie der Plattentektonik hat im wahrsten Sinne des Wortes die Wissenschaften von der Erde durch eine globale Erklärung umgewälzt. Durch sie kann man die sehr markante Verteilung der Erdbeben und der Vulkane in schmalen, langgestreckten Zonen sowie die Gebirgsketten verstehen: Dieser Theorie zufolge konzentriert sich die gesamte geologische Aktivität an den Rändern der Platten, während der Innenbereich der Platten starr ist und nur als Einheit verschiebt. Die Plattentektonik bietet auch eine Erklärung für die Kontinentalverschiebung an, die im Laufe der geologischen Zeitalter das Aussehen des Globus verändert hat.

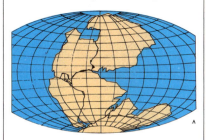

A, B, C, D · Die Kontinentalverschiebung.

Vor ungefähr 200 Millionen Jahren bildeten die Kontinente eine einzige Masse, die Pangäa. Die allmähliche Öffnung des Indischen und des Atlantischen Ozeans trennte sie. Amerika entfernt sich von Europa und von Afrika, die Antarktis verschob sich nach Süden. Das ehemals mit Afrika verbundene Indien hat sich schließlich losgelöst und ist in Richtung Asien gewandert, bis es dort zu einem Zusammenstoß kam und das Himalayagebirge entstand.

E · Blockdiagramm.

Diese Darstellung zeigt das Grundprinzip der mit der Plattentektonik verbundenen Vorgänge.

Transformverwerfung, an der zwei Platten entlanggleiten: ein konservativer Plattenrand.

Mittelozeanischer Rücken, wo sich die neue ozeanische Kruste bildet: ein konstruktiver Plattenrand.

Die Konvektionszellen im Erdmantel sind wahrscheinlich für die Bewegung der Platten verantwortlich.

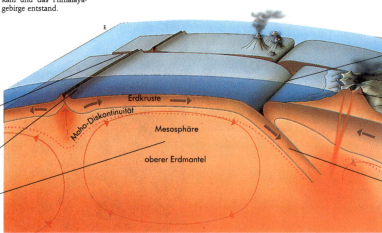

Die Tiefseegräben sind der topographische Ausdruck der Subduktion einer Platte unter eine andere.

Eine intensive vulkanische Tätigkeit kennzeichnet die Subduktionszonen in Inselbögen, wenn es sich um zwei ozeanische Platten handelt, sowie auf einer kontinentalen Platte am Rand eines Kontinents, wie bei den Anden.

Subduktionszone, wo sich eine Platte unter die andere schiebt und in den Erdmantel eintaucht: ein destruktiver Plattenrand.

DAS UNIVERSUM UND DIE ERDE

VULKANE UND ERDBEBEN

VULKANAUSBRÜCHE

Bei einem Vulkanausbruch werden Stoffe aus der Tiefe mit sehr hohen Temperaturen in Form von flüssiger Lava, Gas und festen Auswürflingen an die Erdoberfläche geschleudert. Normalerweise gehen den Eruptionen als Vorläufer kleine Erdbeben voraus. Sie sind mehr oder minder heftig, je nachdem, ob sie mit Explosionen einhergehen. Die heftigsten können tödliche Wirkungen haben: Die Geschichte ist voll von durch Vulkane verursachten Katastrophen, angefangen mit der Zerstörung Pompejis durch den Vesuv im Jahr 79. Selbst wenn Menschenleben verschont bleiben, so wird doch die Landschaft durch die Lavaströme verändert; oft müssen Jahre vergehen, bevor der Mensch sich wieder in diesen Gebieten ansiedeln kann.

Die Lava ist ein geschmolzenes Gestein, das Magma, das aus der Tiefe durch den Schlot des Vulkans aufsteigt, durch seinen Krater ausfließt und sich über die Oberfläche ausbreitet, wobei die Lava an der Luft allmählich erstarrt. Je nach ihrer Zusammensetzung verfestigt sie sich sehr schnell und bildet Nadeln oder Kuppen (saure Lava, silicatreich), oder aber sie bildet kilometerlange Ströme (basische Lava, silicatarm). Die Abkühlung kann zu bizarren Formen führen, wie die säulenförmige Lava des Giant Causeway in Irland oder die Stricklava in Hawaii zeigen.

Je nach ihrer Größe werden die Auswurfsprodukte, die das Ergebnis der Explosionen sind, *Brocken*, *Lapilli* oder *Asche* genannt. Die Lava, die in noch zähflüssigem Zustand ausgeworfen wird und sich beim Herabfallen verfestigt, nimmt gewundene Formen an und bildet *vulkanische Bomben*. Die sehr feine Asche legt große Entfernungen zurück und umrundet manchmal sogar die Erde, wie 1980 beim Ausbruch des Mount Saint Helens in den Vereinigten Staaten.

Ein Vulkan baut sich aus Lava und Lockermaterial auf. Einige sind riesig: Der größte Vulkan der Erde, der Mauna Kea auf Hawaii, der auf dem Boden des Pazifischen Ozeans aufgebaut ist, ist insgesamt (das heißt vom untermeerischen Fuß bis zur Spitze) höher als der Mount Everest! Die Form der Vulkane hängt mit der Eruptionsart zusammen; sie ist bedingt durch die Zusammensetzung der Magmen, die Häufigkeit der Explosionen und damit der Masse der Auswürfe. Alle diese Faktoren werden von der Umwelt beeinflußt, in der sich der Vulkan bildet. Bei Eruptionen, bei denen regelmäßige Ausstöße von sehr flüssiger basischer Lava vorherrschen (wie das beispielsweise auf Hawaii der Fall ist), nehmen die Vulkane die Form breiter flacher Schilde an. Besonders explosive Eruptionen bringen saure, zähflüssige Lava hervor, die sehr steile Kegel bildet. Die Lava kann sogar den Schlot

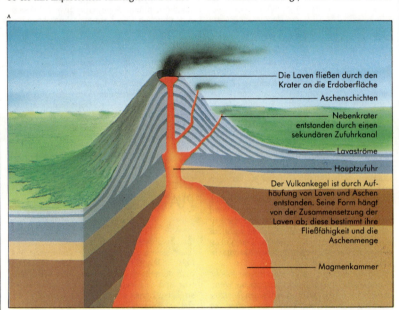

A

Die Laven fließen durch den Krater an die Erdoberfläche
Aschenschichten
Nebenkrater entstanden durch einen sekundären Zufuhrkanal
Lavaströme
Hauptzufuhr
Der Vulkankegel ist durch Aufhäufung von Laven und Aschen entstanden. Seine Form hängt von der Zusammensetzung der Laven ab; diese bestimmt ihre Fließfähigkeit und die Aschenmenge
Magmenkammer

B

D

A · Schnitt durch einen Vulkan.

Der Vulkankegel wird durch Aufhäufung von Lava und Asche gebildet. Seine Form hängt von der Zusammensetzung der Lava ab, die deren Fließfähigkeit bedingt, und von der ausgeworfenen Aschenmenge.

B · Lavastrom vom Ätna, Sizilien.

Die Lava wird von den Vulkanen mit einer Temperatur zwischen 700 und 1 200 °C, je nach ihrer chemischen Zusammensetzung, ausgestoßen. Die heißesten Laven sind auch die flüssigsten; sie fließen in langen, glühenden Strömen ab.

C · Caldera.

Der Gipfel der Vulkane ist häufig eine Caldera, eine große, kreisförmige Vertiefung mit steil abfallenden Wänden. Der Ausstoß großer Mengen von Lava leert die darunterliegende Magmakammer, was zum Zusammensturz des Vulkangipfels und zur Bildung der Caldera führt. Das Foto zeigt die Caldera des Vulkans Nemrut dağı in der Türkei; sie hat einen Durchmesser von 8 km. Der Boden der Caldera wird von einem See gebildet *(links)*, den junge Vulkanauswürfe *(rechts)* teilweise gefüllt haben.

D · Lavaströme.

Die glatte Oberfläche der dünnflüssigen Lava wird beim Erkalten aufgrund der Fließbewegung plastisch verformt: Dann entsteht die Stricklava oder Pahoehoe-Lava. Dagegen nimmt die gasreiche Lava eine chaotische und schlackenartige Form an: Dies ist die Aa-Lava. Das Photo zeigt die Überlagerung eines Aa-Lavastroms über einen Pahoehoe-Lavastroms (Hawaii).

DAS UNIVERSUM UND DIE ERDE

verstopfen: Dann kommt es zu zerstörerischen Explosionen wie die der Montagne Pelée auf Martinique im Jahre 1902 oder, in jüngster Zeit, die des Mount Saint Helens. Diese Art von Eruption ist die weitaus gefährlichste. Ausbrüche mit intermediärem Magma haben Vulkane wie den Stromboli oder die Insel Vulcano in Italien entstehen lassen.

BILDUNG DER MAGMEN UND DER VULKANISCHEN GESTEINE

Das Magma entsteht in instabilen Zonen der Lithosphäre durch teilweises Schmelzen des oberen Mantels in einer Tiefe von mehreren hundert Kilometern.

Die Zusammensetzung des Magmas hängt von zahlreichen Faktoren ab, insbesondere von der Tiefe, in der es geschmolzen wird, von der Zusammensetzung des schmelzenden Materials und von dem Anteil der Flüssigkeiten. Magma kann stark basisch (45 bis 50 % Siliciumdioxid), aber auch stark sauer (70 bis 75 % Siliciumdioxid) sein.

Die Zusammensetzung des so gebildeten Magmas kann sich jedoch auch mit der Zeit verändern. Bevor es an der Oberfläche austritt, bleibt das Magma in einem Hohlraum, der *Magmakammer*. Hier beginnt die Auskristallisierung der ersten Minerale. Die Zusammensetzung der aus der Magmakammer ausgestoßenen Lava ändert sich im Laufe der Zeit und wird immer saurer. Die unterschiedlichen Gesteine eines Vulkans stammen alle aus dem gleichen Magma.

Die durch Erstarrung des Magmas entstandenen Gesteine spiegeln natürlich seine Zusammensetzung wider. Sie enthalten oft große Kristalle, die offensichtlich in der Magmakammer entstanden und jetzt in eine Grundmasse aus winzig kleinen Mineralen eingebettet sind. Die basischsten Gesteine, wie die Basalte, sind schwarz und enthalten silicatarme Minerale wie den Olivin. Die Gesteine des intermediären Bereichs sind grauer und enthalten viel Plagioklas: Das sind die *Andesite*. Die sauersten, sehr silicatreichen Gesteine sind hell und enthalten viel Quarz. Sie heißen *Rhyolithe*. Diese sind sehr zähflüssig und erstarren oft vor der Kristallisierung mit einem hohen Glasanteil. Sie enthalten im allgemeinen viel Gas, das zahlreiche Blasen bildet; die *Bimssteine* enthalten so viele Blasen, daß sie auf Wasser schwimmen können.

ERDBEBEN

Wie Vulkanausbrüche sind auch Erdbeben Zeichen für die Instabilität der Erde. Ein Erdbeben ist eine heftige Erschütterung der Erdkruste, die sich von einem tiefgelegenen Punkt ausgehend, dem Herd, fortpflanzt. Die Bewegungen, die auf die Erdkruste einwirken, verursachen in einigen Zonen eine Häufung der tektonischen Spannungen, deren Lage durch bestimmte Gesetzmäßigkeiten festgelegt ist. Wenn die Spannungen zu stark werden, kommt es zum Bruch, was zu einer heftigen, von einem Stoß begleiteten Entspannung führt.

Ihrem Wesen nach sind Erdbeben unterschiedlich starke Erscheinungen. Sie können manchmal nur von sehr empfindlichen Instrumenten wahrgenommen werden, können jedoch auch zu wahren Katastrophen führen. Bei starken Erdbeben folgen auf die stärksten, die Hauptstöße, im allgemeinen sekundäre Stöße von geringerer Stärke. Leider ist es äußerst selten, daß Vorläuferbeben unmittelbar bevorstehende heftige Erdbeben ankündigen. Die stärksten Stöße verursachen ein Aufbrechen des Bodens, dessen Folgen vor allem in besiedelten Gebieten besonders schwerwiegend sind. Es ist für das Zusammenstürzen von Gebäuden oder Staudämmen und für den häufig von Bränden gefolgten Bruch von Leitungen verantwortlich. Hilfsaktionen sind schwierig zu organisieren, da im allgemeinen alle Kommunikationsmöglichkeiten unterbrochen sind: abgeschnittene Straßen und verdrehte Eisenbahnschienen, zerstörte Telefonleitungen. Im Meer bewirkt die Stoßwelle die Bildung riesiger Wellen, die *Flutwellen* oder *Tsunamis*, die noch in einer Entfernung von mehreren tausend Kilometern ganze Küstenstriche verwüsten können.

Die Heftigkeit eines Erdbebens kann mit Hilfe der *Richter-Skala*, die auf der Beobachtung der verursachten Schäden beruht, angegeben werden.

ERDBEBENMESSUNG

Physikalisch gesehen zeigt sich ein Erdbeben durch die Auslösung seismischer Wellen. Es gibt drei Arten von Wellen. Die *P-Wellen* und die *L-Wellen* breiten sich über die gesamte Erde aus. Die longitudinalen P-Wellen pflanzen sich in allen Schichten fort. Die *S-Wellen*, die quer zur Ausbreitungsrichtung verlaufen, werden nur in festen Schichten übertragen. Die komplexeren *L-Wellen* breiten sich nur an der Oberfläche aus. Gegenstand der Seismologie sind die Messung und die Analyse dieser Wellen mit dem Ziel, die Mechanismen der Erdbeben zu verstehen und Informationen über die Beschaffenheit des Erdinneren zu erhalten.

Die seismischen Wellen werden mit Hilfe von *Seismographen* gemessen, durch die die Erdbewegungen an einem bestimmten Punkt aufgezeichnet werden. Diese Bewegungen werden hunderttausendfach verstärkt, bevor sie registriert werden, wodurch es den Geräten möglich ist, Stöße zu registrieren, die für den Menschen nicht spürbar sind. Eine Erdbebenstation besitzt im allgemeinen drei Seismographen, die die Wellen in drei Richtungen (zwei horizontale und eine vertikale) aufzeichnen. Es gibt auf der Erde je nach Region ein mehr oder weniger dichtes Netz von Seismographen. Nach einem Erdbeben werden die Aufzeichnungen oder *Seismogramme*, die von verschiedenen Stationen erstellt wurden, miteinander verglichen. Auf diese Art und Weise kann man die Tiefe des Herdes oder die genaue Lage des Epizentrums, das ist die Projektion der Lage des Herdes auf die Erdoberfläche, bestimmen. Je nach Tiefe werden Normalherde (bis zu 70 km), mittlere Herde (bis zu 300 km) und tiefe Herde (bis zu 700 km) unterschieden. Die Tiefe eines Herdes ist ein Hinweis auf den physikalischen Zustand der Erde in der Tiefe.

ERDBEBEN-VORHERSAGE

Aufgrund der schwerwiegenden Folgen von Erdbeben ist es nur natürlich, daß die Forschungen über die Erdbebenvorhersage vorrangig sind, vor allem in besonders bedrohten Ländern wie Japan und den Vereinigten Staaten. Dabei geht es hauptsächlich um die Erforschung von Vorzeichen; es sieht so aus, als würden sich die Veränderungen im Spannungszustand im wesentlichen durch Schwankungen des Wassergehalts in den Erdspalten zeigen. 1975 konnten die Chinesen ein starkes Erdbeben vorhersagen, wobei sie sich u. a. auf das veränderte Verhalten der Tiere stützten. Es scheint jedoch effektiver zu sein, auf die Vorbeugung zu bauen, vor allem auf eine erdbebensichere Bauweise. Diese Methode, die man seit langem in Japan verfolgt, besitzt eine gewisse Wirksamkeit. Das praktische Fehlen jeglicher Normen über Erdbebensicherheit in Mexiko ist eine Erklärung für die besonders katastrophalen Folgen des Erdbebens aus dem Jahre 1985.

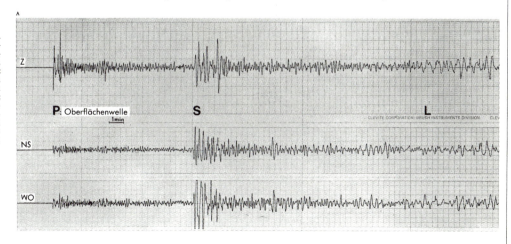

▲ · **Erdbeben- oder seismische Wellen.**
Aufzeichnung eines Erdbebens in den drei Richtungen (z = Senkrechte, N-S und O-W). Sie zeigt das Aufeinanderfolgen der drei Wellengruppen P, S und L. Vom Institut für Geophysik in der Erdbebenstation Saint-Sauveur-en-Rue (Loire) am 20. August 1973 aufgezeichnetes Erdbeben in Mexiko.

DAS UNIVERSUM UND DIE ERDE

VULKANGEBIETE UND ERDBEBENZONEN

VERBREITUNG DER VULKANE UND ERDBEBEN

Wenn man sich eine Karte der Verbreitung der Vulkane und Erdbeben auf der Erde ansieht, so stellt man fest, daß Vulkangebiete und Erdbebenzonen fast identisch sind. Es handelt sich dabei um relativ begrenzte Bereiche der Erdkruste, wohingegen riesige Flächen verschont bleiben. Das vulkanisch und seismisch aktivste Gebiet ist seit langem unter dem Namen *Feuergürtel des Pazifiks* bekannt. Eine andere größere Zone umrahmt den Süden Indonesiens. Weitere wichtige Zonen sind die Alpen und die Gebirge Südosteuropas, das ostafrikanische Grabensystem und das gesamte System der mittelozeanischen Rücken.

Diese Verteilung der aktiven Gebiete wurde erst durch die neue Theorie der Plattentektonik erklärt. Wenn man eine Karte der seismischen Aktivität mit einer Karte der lithosphärischen Platten vergleicht, so stellt man fest, daß die Gebiete großer seismischer Aktivität, mit Ausnahme der großen Inseln im Ozean, mit Plattenrändern zusammenfallen. Die stabilen Gebiete liegen im Inneren der Platten. Vulkanismus und seismische Aktivität hängen von der Art der Ränder ab.

MITTELOZEANISCHE RÜCKEN

Die ozeanische Kruste bildet sich an den mittelozeanischen Rücken. Unter dem Einfluß heute noch weitgehend ungeklärter Mechanismen reicht der obere Erdmantel unter den mittelozeanischen Rücken an die Oberfläche; durch umfangreiche Schmelzvorgänge wird eine erhebliche Menge an Magma mit einer sehr einheitlichen basaltischen Zusammensetzung produziert. Dieses Magma ergießt sich unter dem Meer in Form von Spaltenausbrüchen, die Lava häuft sich hier bis zu einer Dicke von Hunderten von Metern an. Sie besteht aus tholeiitischem Magma. Da sie im Meerwasser sehr schnell erstarrt, bildet sie häufig die Pillow- oder Kissenlava. Aufgrund der Wanderung der Meeresböden entfernen sich die Basalte allmählich, während immer neues Magma austritt. Obwohl man noch nie die Gelegenheit hatte, direkt eine Eruption an den Tiefseerücken zu beobachten, ist die Existenz einer Magmakammer dort durch das Vorhandensein von Wasserquellen belegt, deren Temperatur 350 °C erreicht. Das Meerwasser, das in die Meereskruste eindringt, wird in der Tiefe durch die vom Magma abgegebene Wärme erhitzt und tritt an diesen sogenannten *hydrothermalen* Quellen, in deren Umgebung eine Reihe besonderer Tiere lebt (Venusmuscheln, Krebse usw.), aus. Bei der Berührung mit dem kalten Meereswasser lagern diese Quellen gelöste Stoffe ab und bilden so ›Kamine‹ aus Zink-, Kupfer- und Eisensulfat (›Black smokers‹). Die seismische Aktivität an den Tiefseerücken ist durch Erdbeben mit sehr dicht unter der Oberfläche liegenden Herden erkennbar.

DIE VULKANINSELN

Die großen Vulkane gründen auf den Meeresböden und tauchen manchmal in Form von Inseln auf. Vor allem im Pazifischen Ozean reihen sie sich wie Girlanden aneinander, wie die Hawaii-, Marshall- oder Tuamotu-Inseln zeigen. Diese Girlanden werden durch ortsfeste heiße Zonen (›Hot spots‹) in der Tiefe unter dem oberen Mantel erklärt, aus denen Magma austritt. Der sich hier bildende Vulkan erlischt nach einer gewissen Zeit infolge der Plattenbewegung. Dadurch, daß über dem Hot spot immer wieder Vulkane ausbrechen, entsteht eine langgezogene Kette von Inselvulkanen. Bekanntestes Beispiel hierfür sind die Hawaii-Inseln, deren vulkanische Aktivität eine von Nordwesten nach Südosten fortschreitende zeitliche Aufeinanderfolge in ihrer Entstehung aufweist.

B · **Zusammensetzung der vulkanischen Magmen.**
Sie ist von der Umgebung, in der sich das Magma bildet, abhängig. An den Tiefseerücken ist das Magma sehr homogen (ozeanische Tholeiite). In den Subduktionszonen herrscht eine Kalkalkali-Zusammensetzung, vor allem Andesite, vor. Auf vielen ozeanischen Inseln findet man überwiegend Alkalimagmen.

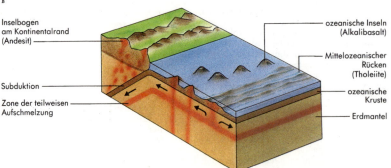

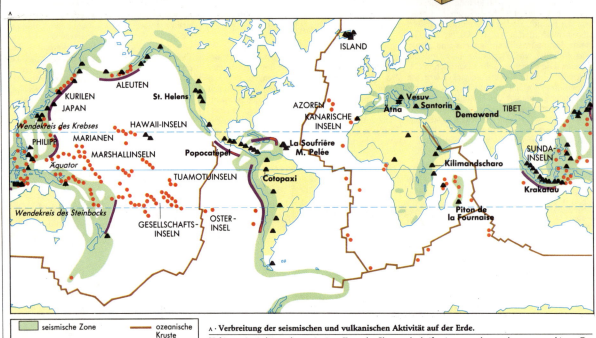

A · Verbreitung der seismischen und vulkanischen Aktivität auf der Erde.

Heftige seismische und vulkanische Aktivitäten überlagern sich in bestimmten Gebieten der Erdkruste. Der Vergleich mit einer Karte der Platten zeigt, daß sich diese Zonen systematisch an den Rändern von konvergenten Platten befinden, das heißt, sie entsprechen den Subduktionszonen. Die übrige Aktivität weist auf die Tiefseerücken und das Ostafrikanische Grabensystem hin. Der größte Teil der Erde ist daher von seismischen und vulkanischen Aktivitäten verschont.

38

SUBDUKTIONSZONEN

Dies sind Zonen, in denen die Platten abgebaut werden: Eine Platte schiebt sich unter eine andere und taucht dabei wieder in den Mantel ein. An solchen Stellen ist die seismische Aktivität am stärksten. Alle Erdbebenherde sind in der *Benioff-Zone,* einer geneigten Ebene in der Subduktionszone, angeordnet, die man bis in eine Tiefe von 700 km verfolgen kann. Diese Ebene entspricht der abtauchenden Platte, wobei die Erdbeben aus der Reibung bei der Abwärtsbewegung erklärt werden. Diese Situation kann man zum Beispiel in Japan beobachten.

Die Subduktion ist auch für die Bildung von Gebirgsketten verantwortlich, die Musterbeispiele instabiler Zonen sind. Hier ist die Vulkantätigkeit sehr stark. Das Abtauchen der mit Meerwasser getränkten Meeresplatte verursacht unter besonderen Bedingungen eine partielle Schmelzung, die Kalkalkalimagmen mit einem hohen Gehalt an flüchtigen Stoffen produziert. Daraus ergeben sich sehr heftige Eruptionen wie die Mount Saint Helens im Nordwesten der Vereinigten Staaten. Die sich bildenden Gesteine sind vor allem *Andesite* (benannt nach den Anden, wo diese Art der Vulkantätigkeit vorkommt).

GROSSGRÄBEN (RIFTS)

Große Brüche reißen manchmal das Innere der Kontinente auf. In einigen Fällen können sie die Öffnung eines Ozeans einleiten. Diese Brüche begrenzen große Einsturzgräben oder *Rifts,* von denen die bekanntesten die in Ostafrika sind, die sich nach Norden bis zum Roten Meer ziehen. In diesen großen Rissen ist die seismische und vulkanische Aktivität stark. Das Ostafrikanische Rift ist durchsetzt mit großen Vulkanen wie dem Kilimandscharo. Die Magmen stammen aus sehr großer Tiefe. Die Gesteine sind alkalische Basalte, gelegentlich auch saurere Gesteine, die sich mit der magmatischen Differentiation erklären lassen.

TRANSFORM-VERWERFUNGEN

Sie bilden die großen Verwerfungen, an denen die Platten entlanggleiten. Wenn es dort auch keinen Vulkanismus gibt, so ist die Erdbebentätigkeit doch sehr ausgeprägt. Das bekannteste Beispiel ist die San Andreas Fault: Sie verläuft parallel zur Pazifikküste im südlichen Teil Kaliforniens und ist für das Erdbeben in San Francisco im Jahr 1906 verantwortlich; die San Andreas Fault beunruhigt die Bewohner von Los Angeles auch heute noch, die er ständig durch kleine Beben an seine Existenz erinnert.

VULKAN- UND ERDBEBENTÄTIGKEIT IN DEUTSCHLAND

Aktiven Vulkanismus gibt es in Deutschland nicht mehr. Die letzten Ausbrüche des Laacher-See-Vulkans ereigneten sich vor etwa 11000 Jahren. Auch die Erdbebengefahr spielt keine große Rolle. Die meist schwachen Erdstöße haben bislang keine erheblichen Schäden verursacht; das am stärksten von Beben betroffene Gebiet ist der Zollerngraben in der Schwäbischen Alb.

An die vulkanische Tätigkeit früherer Zeiten erinnern heute noch Naturdenkmäler wie die Maare der Südeifel.

B · **Ostafrikanisches Grabensystem.**
Es liegt in einer Zone, wo sich später einmal ein Ozean bilden wird. Die großen Lavaplateaus sind durch Spaltenausbrüche entstanden. Sie werden von langen tektonischen Gräben durchzogen, in denen sich Seen verschiedener Größe gebildet haben.

C · **San Andreas Fault.**
Er liegt an der Grenze der Pazifischen und der Nordamerikanischen Platte (Länge ca. 1000 km); er reicht vom Golf von Kalifornien über die Stadt Los Angeles bis in den Norden San Franciscos und wird wegen seiner großen seismischen Aktivität aufmerksam überwacht.

A · **Mount Saint Helens.**
Dieser Vulkan im Bundesstaat Washington im Nordwesten der USA ist am 27. März 1979 nach 123 Jahren Untätigkeit wieder erwacht. Am 18. Mai hat eine enorme Explosion den ganzen Gipfel des Vulkans weggesprengt und diesen großen Krater freigelegt. Solche explosiven Ausbrüche sind für den Vulkanismus der Subduktionszonen bezeichnend.

DAS UNIVERSUM UND DIE ERDE

RELIEF UND EROSION

VERTEILUNG DES RELIEFS

Der Blick auf eine Weltkarte zeigt, daß die Ozeane ungefähr zwei Drittel unseres Planeten bedecken. Die Hochgebirge nehmen eine geringe Fläche ein und bilden meist langgestreckte Ketten an der Grenze zwischen Kontinent und Ozean; vorgelagert sind die großen Tiefseegräben. Der Rest der Kontinente besteht aus großen Hochebenen, die häufig von tiefen Tälern durchzogen sind, oder aus Becken mit einem flacheren Relief.

Ein Vergleich der Verteilung der Reliefs mit der Karte der Platten zeigt, daß sich diese Ketten an den konvergenten Plattenrändern entlangziehen, wo entgegengesetzte Bewegungen die Bildung von Gebirgen bewirken.

JUNGE GEBIRGE

Die Entstehung junger Gebirge beruhte auf den Relativbewegungen der Platten während des Känozoikums. Es bildeten sich dabei zwei große Systeme heraus:
– der zirkumpazifische Gürtel, der sich von Amerika (Anden, Rocky Mountains) bis Asien (Japan, Philippinen) erstreckt. Er ist noch immer aktiv, da der pazifische Tiefseerücken weiterhin Subduktion an den Rändern dieses Ozeans verursacht.
– das alpidische Gebirgssystem, das von den Alpen bis zum Himalaya reicht und das sich nach der allmählichen Schließung des Thetysmeers bis zum derzeitigen Stadium der Kollision gebildet hat.

Der Druck, den die gegensinnigen Bewegungen der Platten hervorrufen, führt bei der Gebirgsbildung zu Verformungen, insbesondere zur Faltung von Gesteinen. Dieser Druck bewirkt auch die Umwandlung (Metamorphose) sowie das Aufschmelzen (Anatexis) der Gesteine in der Tiefe. Ophiolithe, das sind Fragmente der Meereskruste, die aus der absinkenden Platte stammen, können in der aufsteigenden Kette enthalten sein und auf diese Art und Weise in sehr große Höhen gebracht werden.

Noch während ihrer Bildung greift die Abtragung die Gebirge an. Die Hänge sind immer sehr steil und die flachen Gebiete sehr begrenzt. Die hohen Gipfel unterliegen sehr starken Temperaturschwankungen, die das Bersten und den Zerfall des Gesteins begünstigen. Schneefälle ernähren die Gletscher, die breite flache Täler ausformen. Die Rinnsale vereinen sich zu starken Wildbächen, die tiefe Täler in die schroffen Hänge graben. Der Abtragungsschutt häuft sich am Fuße der Hänge zu Schuttkegeln, sobald das Gefälle abnimmt.

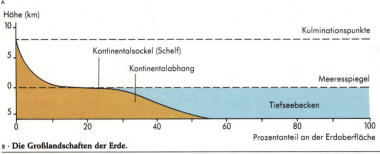

A · **Die hypsographische Kurve.** Die Kontinente machen nur ein Drittel der Erdoberfläche aus, der Rest ist von Ozeanen bedeckt. Die proportionale Verteilung der Höhen zeigt darüber hinaus, daß kontinentale Gebiete, deren Höhe 1 000 m übersteigt, äußerst selten sind. (Der Anteil der Bevölkerung, die oberhalb dieser Höhe lebt, ist weltweit noch viel geringer). Die mittlere Tiefe der Ozeane beträgt für die Tiefseebecken 4 000–5 000 m.

▨	alte Massive
▨	tertiäre Faltung: junge Gebirge
▨	Sedimentbecken
▨	Schwemmlandebenen oder tektonische Becken

B · **Die Großlandschaften der Erde.** Die jungen und höchsten Gebirge nehmen den ganzen Westen des amerikanischen Kontinents ein, von Alaska bis Feuerland; in der Alten Welt erstrecken sie sich, von Westen nach Osten, von den Pyrenäen über die Alpen und den Himalaya bis nach Indonesien. Die alten Massive und die Sedimentbecken haben ein sehr eintöniges Relief; sie treten vor allem in Afrika und Amerika auf.

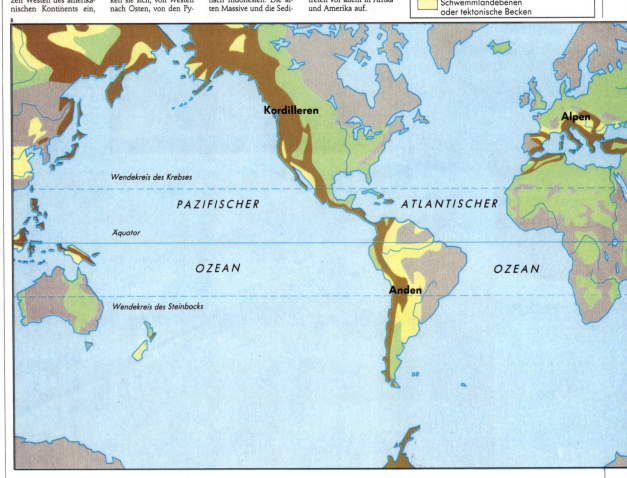

SEDIMENTBECKEN UND LANDTERRASSEN

Es handelt sich hier um tiefgelegene Gebiete, in denen sich Hunderte, ja sogar Tausende von Metern an Sedimenten in langen, sehr ruhigen Perioden angehäuft haben. Diese Ablagerungen beruhen auf der fortschreitenden Abtragung der angrenzenden Gebirge. Sie bestehen im allgemeinen zu Beginn aus groben Bestandteilen und belegen so die aggressive Erosion, die die hohen Gipfel angreift; dann werden sie feiner und sind vor allem chemischen Ursprungs (kalkig). Infolge des Gewichts der sich anhäufenden Ablagerungen vertieft sich das Becken. Die Senkung ist im Mittelpunkt des Beckens am stärksten; zum Rande hin steigen die Schichten daher leicht an.

Das Relief der Sedimentbecken ist wenig akzentuiert, da die Schichten dort horizontal lagern oder schwach geneigt sind. Die Abtragung läßt die unterschiedliche Widerstandsfähigkeit der Gesteine zur Geltung kommen: Harte Schichten wie die Sand- oder Kalksteine treten hervor, weiche Schichten wie Mergel- und Tongesteine werden dagegen deutlich ausgehöhlt. Wenn die Schichten leicht geneigt sind, bildet sich ein Stufenrelief *(Schichtstufen)*: Über den weicheren, leichter abzutragenden Schichten treten die härteren Schichten mit einer Steilstufe hervor; die anschließende *Landterrasse* hat dieselbe Neigungsrichtung. Dieses Relief ist insbesondere für den Ostteil des Pariser Beckens bezeichnend, wo die Stufen der Île-de-France, der Maas und der Mosel aufeinanderfolgen.

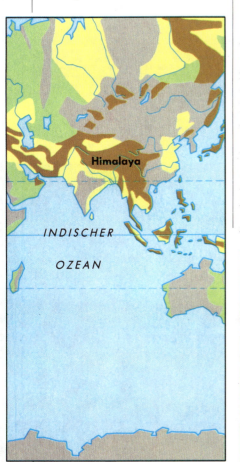

ALTE GEBIRGSMASSIVE

Diese Gebirgsmassive sind die Überreste ehemaliger Gebirge, die eingeebnet wurden. Die Erosion hat die tiefsten Schichten zutagegefördert, in denen granitische und metamorphe Gesteine vorherrschen. Diese ehemaligen Gebirge sind nicht mehr aktiv; ihre Lage steht in keinerlei Zusammenhang mit der derzeitigen Anordnung der Platten. Ihre Untersuchung gibt jedoch über die geologische Geschichte der fernen Vergangenheit Aufschluß.

Die ältesten Massive haben sich im Präkambrium vor mehr als einer Milliarde Jahren gebildet. Sie haben sich zu großen Schilden im Zentrum der Kontinente verfestigt wie der afrikanische, australische oder brasilianische Schild. Im Paläozoikum haben die kaledonische und die variskische Orogenese das Relief Europas zum großen Teil gestaltet.

Da sie sehr alt sind, sind diese Massive mittlerweile alle durch die Erosion abgetragen worden; sie haben zur Füllung der Sedimentbecken in ihrer Umgebung beigetragen. Diese Gebirge haben heute das Aussehen breiter, kaum gehobener, ebener Plateaus. Ihr Relief kann jedoch durch spätere En-Bloc-Bewegungen verjüngt worden sein. Das Gewässernetz senkt sich ein, wobei manchmal spektakuläre Schluchten entstehen. Ein Beispiel dafür ist das französische Zentralmassiv, das durch die Bildung der Alpen ›verjüngt‹ worden ist.

FORMUNG DES RELIEFS

Alle Reliefs sind starken Verwitterungseinflüssen ausgesetzt, durch die sie abgetragen werden. Regenwasser, Eis, Temperaturschwankungen und Wind zerstören die Gesteine und bilden unterschiedlich große Bruchstücke. Das Einsickern des Regenwassers löst chemische Vorgänge aus, indem es einige Gesteine, wie die Kalkgesteine, auflöst. Die Vegetation verändert die Gesteine an der Erdoberfläche und bildet mehr oder weniger dicke Bodenhorizonte, die eine Schutzfunktion erfüllen können.

Die abgetragenen Gesteinsbruchstücke werden zunächst an den Hängen hinab und dann von den Flüssen und Gletschern transportiert. Bei diesem Transport werden sie geglättet, zerkleinert und sortiert; sie setzen sich im Tiefland, am Fuß der Berge, in Seen und vor allem in den Meeren ab.

Im deutschen Sprachgebrauch wird im allgemeinen unter Erosion die lineare, einschneidende Tätigkeit des fließenden Wassers verstanden, im Gegensatz zur flächenhaften Abtragung. Der Abtragungszyklus führt ausgehend von jungen Gebirgen mit ausgeprägtem Relief zur Bildung von Rumpfflächen.

KLIMAEINWIRKUNG

Die Temperaturunterschiede, die Häufigkeit und Heftigkeit des Niederschlags, auch Schneefälle, verleihen der Erosion einen mehr oder weniger aggressiveren Charakter. Alle diese Klimafaktoren bestimmen auch die Dichte und Dauer der Pflanzendecke, deren Schutzfunktion sehr wichtig ist.

In den *gemäßigten Zonen* ist die Erosion von eingeschränkter Wirkung: Die Hänge sind durch eine dichte Pflanzendecke geschützt, die die Wirkung des abfließenden Wassers behindert. Die Oberflächenformen sind daher abgerundet. Die mediterranen Regionen, in denen es aufgrund der Trockenheit im Sommer kaum größere Waldgebiete gibt, haben ein ausgeprägteres Relief.

In den *tropischen Regionen* herrscht infolge der Wärme und der reichlichen Niederschläge die chemische Wirkung vor. Die sehr dichten tropischen Wälder bewirken die Bildung von sehr dicken und schützenden Böden. Eine lange Trockenzeit oder das unmäßige Roden der Wälder kann die Bildung von sehr harten Bodenkrusten, *Laterite* genannt, verursachen, die sie für den Anbau ungeeignet machen.

In den *Wüstenregionen* fällt dem Wind aufgrund der fehlenden Vegetation und der äußerst seltenen Niederschläge eine wesentliche Rolle zu. Er fegt über weite Flächen, die sich in steinige Plateaus, die Geröllwüsten, verwandeln. Der Sand, den er aufwirbelt, setzt sich etwas weiter in großen Dünenfeldern ab, die sich ständig umbilden und manchmal die Oasen bedrohen.

In den *kalten Regionen* ist das Eis der wichtigste Faktor. Das abwechselnde Gefrieren und Tauen läßt von einer verkümmerten Vegetation schlecht geschützte Gesteine aufspringen und häuft enorme Mengen an Trümmern an. Im Winter ist alles durch den Frost erstarrt, das plötzlich einsetzende Tauwetter im Frühjahr verursacht große Überschwemmungen. In den höchsten Breiten ist die Temperatur stets sehr niedrig; das Wasser wird in großen Gletschern und Inlandeismassen gebunden. Diese hobeln die Erdoberfläche ab. Die Talgletscher der Gebirge entstehen in Karen, kriechen wie lange Zungen die Täler hinab und schürfen sie trogförmig aus. Dabei transportieren sie sehr viele Gesteinsbrocken, die sie in Moränen anhäufen.

Das Trogtal.
Dies ist ein spektakuläres Beispiel für die Auswirkung der Erosion durch Gletscher. Diese haben ein vorher enges Tal mit bereits sehr steilen Hängen (V-Form) verbreitert und zu einem Tal mit U-Form und fast flachem Talboden (Trogsohle) umgeformt. Der flachere Teil (links) ist eine *Trogschulter,* Rest eines präglazialen, von einem Fluß geschaffenen Talbodens. Bis hierher war das Tal von eiszeitlichen Gletschern erfüllt.

DAS UNIVERSUM UND DIE ERDE

NATURDENKMÄLER

Die Naturgewalten wie Wasser, Eis, Wind, Wärme und Kälte, die Jahrtausende hindurch gewirkt haben, haben vielfach spektakuläre Naturdenkmäler geschaffen. Diese Landschaften, die unsere menschlichen Maßstäbe weit übertreffen, sind sehr beeindruckend; die Urbevölkerung hatte einem Großteil von ihnen eine religiöse Funktion zugeschrieben. Heute sind diese Naturdenkmäler häufig zu vielbesuchten touristischen Attraktionen geworden. In den letzten Jahrzehnten hat die Sorge um ihre Erhaltung stark zugenommen; die meisten werden entweder auf nationaler Ebene (Nationalpark) oder international unter der Schirmherrschaft der UNESCO geschützt. Letzteres gilt für die in die Liste des Kultur- und Naturerbes der Welt aufgenommenen Naturdenkmäler.

C · **Ätna.**
Der größte aktive Vulkan Europas (Sizilien). Seine zahlreichen Eruptionen haben seine Höhe verändert (zur Zeit 3 345 m). An den unteren Hängen befinden sich Dörfer und Äcker. Darüber folgt der Wald bis zu einer Höhe von etwa 2 000 m. Oberhalb dieser Grenze finden sich nackte Lavafelder.

D · **Die Dolomiten.**
Die Dolomiten sind Teil der Ostalpen Italiens, sie weisen bizarre ruinenartige Oberflächenformen auf, die durch die Abtragung in einem kalksteinähnlichen Gestein (Dolomit) entstanden sind.

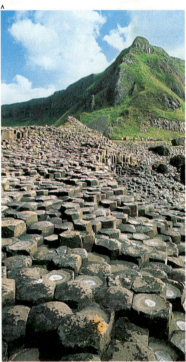

E · **Baikalsee.**
Dieser See in Sibirien (UdSSR) ist mit 1 620 m der tiefste der Erde. Mit einer Fläche von 31 500 km² erstreckt er sich über mehr als 600 km und bildet die größte Süßwasserreserve der Erde (23 000 km³). Er nimmt das Wasser von mehr als 300 Flüssen auf, der Abfluß erfolgt durch die Angara.

F · **Die Schluchten des Tarn.**
Die Schluchten des Tarn, die durch die Erosion in den Kalksteinen der Causses gebildet wurden, sind eines der großen Naturdenkmäler Frankreichs. Sie erstrecken sich über mehr als 50 km von Sainte-Enimie zum Rozier, zwischen der Hochfläche von Sauveterre und der von Méjean.

A · **Giant Causeway.**
Diese bizarre Landschaft, der Giant Causeway (Nordirland), ist möglicherweise die Folge einer plötzlichen Abkühlung von Basalt. Dabei entstanden (sechs- oder fünfseitige) Säulen, die infolge der Abtragung durch das Meer (Brandung) stufenförmig dorthin abfallen und einen ›Pflasterweg für Riesen‹ bilden.

B · **Höhle von Orgnac.**
Im Süden der Ardècheschlucht und im Süden des gleichnamigen Departements befindet sich eine der berühmtesten Karsthöhlen, jener natürlichen Gruben in Kalkgebieten, deren größte durch den Einsturz der Decke von Kalksteinhöhlen entstanden sind. Es gibt dort Stalaktiten (von der Decke herabreichend) und Stalagmiten (vom Boden aufragend).

42

DAS UNIVERSUM UND DIE ERDE

A · Kilimandscharo.
Der Kilimandscharo, der höchste Berg Afrikas (5 895 m), in Tansania, befindet sich in einem Nationalpark und ist ein aktiver Vulkan mit schneebedecktem Gipfel.

C · Fujiyama.
Der höchste Berg Japans ist ein erloschener Vulkan mit einem vollkommenen Kegel, dessen ständig schneebedeckte Spitze 3 776 m Höhe erreicht. Der Fujiyama (auch Fujisan) ist ein bevorzugtes Thema vieler Künstler (v. a. Hokusai); er liegt in einem Nationalpark, bleibt jedoch Ziel häufiger Pilgerfahrten.

D · Kalksteingebiet von Guilin (Kweilin).
Die Landschaft um Kweilin (Kwangsi) im Südosten Chinas hat viele chinesische Dichter und Maler inspiriert. Das subtropische, feuchtwarme Klima hat in dem Kalkstein turmartige Karstformen entstehen lassen, die die Reisfelder um 300 bis 600 m überragen.

E · Kappadokien.
In der Türkei hat die Erosion auf der anatolischen Hochebene südöstlich von Ankara im Tuff Kegel, Spitzen und Erdpyramiden gebildet und damit einzigartige Landschaften wie die des Nationalparks von Göreme geschaffen (wurde in die Liste des Kultur- und Naturerbes der Welt aufgenommen).

B · Wasserfälle des Sambesi.
Die Victoriafälle im südlichen Afrika, an den Grenzen von Sambia und Simbabwe (das ehemalige Rhodesien), zählen zu den bekanntesten und spektakulärsten Wasserfällen der Erde. Die Wasser des Sambesi passieren eine Basaltfläche in einem Fall von mehr als 100 Metern, fast doppelt so tief wie die Niagarafälle.

F · Die Bucht von Along.
Die steilen, von Höhlen durchsetzten Felsen sind in dieser Bucht Nordvietnams durch Eindringen des Meeres in ein Karstrelief entstanden.

43

DAS UNIVERSUM UND DIE ERDE

NATURDENKMÄLER

A · **Gletscher (Alaska).**
Der größte Staat der USA, Alaska, wird vom arktischen Polarkreis gequert; sein Klima ist größtenteils sehr rauh. Von seinen hohen Gebirgsketten gehen lange Gletschertäler in Richtung Meer aus, wo sie abrupt enden. Regelmäßig lösen sich große Eisfelder ab, von denen einige zu Eisbergen werden.

B · **Grand Canyon.**
Der Grand Canyon des Colorado ist eines der grandiosesten Naturdenkmäler der USA. Er liegt im Norden von Arizona und ist seit Ende des 19. Jh. geschützt und Teil eines Nationalparks von 4 860 km²; er steht in der Liste des Kultur- und Naturerbes der Welt und zählt zu den berühmtesten Sehenswürdigkeiten der Vereinigten Staaten. Über 450 km hinweg hat sich der Fluß in das Hochplateau aus Sedimentgesteinen bis zu einer Tiefe von etwa 1 600 m und einer Breite bis zu 20 km eingekerbt. Das Klima reicht je nach Höhe an den Hängen des Canyon, wo die geologischen Schichten vom Präkambrium bis zum Tertiär zu sehen sind, von subtropisch bis gemäßigt.

E · **Banff-Nationalpark.**
Der gegen Ende des 19. Jh. in Alberta geschaffene Banff-Nationalpark ist der älteste Nationalpark Kanadas. Er umfaßt mit dem Jasper-Nationalpark einen Teil der Ostabdachung der kanadischen Rocky Mountains. Die Gebirgs- und Waldlandschaften sind von großartigen Seen durchsetzt.

F · **Atacama.**
Wüstenregion im Norden Chiles, in der sich ruinenförmige Felsformen neben Kaktusebenen befinden. Die Atacama hat zahlreiche archäologische Überreste geliefert.

C · **Iguaçu.**
Im Süden Brasiliens, an den Grenzen zu Argentinien und Paraguay, fällt der Iguaçu, ein Nebenfluß des Paraná, in zahlreichen Fällen etwa sechzig Meter tief.

D · **Amazonas.**
Mit 6 518 km ist der Amazonas der zweitlängste Fluß der Erde. Sein Becken erstreckt sich über rund 7 Millionen km² in Brasilien, aber auch in Bolivien, Peru, Ecuador, Kolumbien, Venezuela und Guayana. Der Wald, der den größten Teil des brasilianischen Amazonasgebietes bedeckt, wird von einigen Straßen durchzogen.

G · **Everglades.**
Der 1947 eingerichtete Everglades-Nationalpark (5 440 km²) im Süden Floridas ist der Überrest eines Sumpfgebietes mit einer sehr vielfältigen Flora und Fauna.

44

DAS UNIVERSUM UND DIE ERDE

C · **Ayers Rock.**
Das Nord-Territorium, das mehr als 1,3 Mio. km² umfaßt, erstreckt sich über den Norden und die Mitte des australischen Kontinents. Sein südlicher Teil besteht aus Savannen. Dort erhebt sich über weite Ebenen das Massiv des Ayers Rock. Sein Umfang beträgt 9 Kilometer und seine Höhe ungefähr 350 Meter. Dieser große rote Sandsteinblock ist der größte bekannte Inselberg der Erde; sein Alter wird auf über 500 Millionen Jahre geschätzt. Für die Ureinwohner war Ayers Rock ein heiliger Ort, bevor er heute zu einer Sehenswürdigkeit wurde.

A · **Niagarafälle.**
Die Niagarafälle an der Grenze zwischen den USA und Kanada sind eine der spektakulärsten Naturerscheinungen. Zwischen dem Eriesee und dem Ontariosee gelegen, teilen sich die etwa 50 Meter hohen Fälle beiderseits einer kleinen Insel in zwei Einheiten, eine kanadische und eine amerikanische. Vor der Ankunft der Weißen waren sie ein heiliger Ort der Irokesen, ihr Name bedeutet ›Donner des Wassers‹. Diese Sehenswürdigkeit ist heute die am häufigsten besuchte der Welt.

D · **Hawaii.**
Der Hawaii-Archipel im Nordpazifik (50. Bundesstaat der USA) ist vulkanischen Ursprungs (einige Vulkane sind noch aktiv). Ein angenehmes Klima (Temperaturen zwischen 22 und 27 °C) hat den Tourismus begünstigt (die Marinebasis von Pearl Harbour erinnert noch an seine strategische Rolle).

F · **Großes Barriereriff.**
Auf einer Länge von fast 2 500 km liegt vor Queensland das Große Barriereriff; von der australischen Küste ist es durch eine Rinne mit einer Breite zwischen 25 und 600 km getrennt. Es umfaßt insgesamt 210 000 km² und steht auf der Liste des Kultur- und Naturerbes der Welt. Auf einer Ende des Tertiär überfluteten Gebirgskette haben sich Korallenriffe entwickelt. Sie liegen heute zum größten Teil unter Wasser, aber Hunderte von Inseln und Eilanden ragen heraus; einige sind wegen des tropischen Klimas für den Tourismus erschlossen, andere dienen dem Schutz der Flora und Fauna (Insel Hinchinbrook).

B · **Bahamas.**
Die Hunderte von Inseln, Inselchen und Felsen aus Korallenkalk, die den Archipel der Bahamas bilden, liegen auf einer unterseeischen Plattform von geringer Tiefe (weniger als 100 m). Das warme Klima und die Nähe zu den Vereinigten Staaten erklären die Bedeutung des Tourismus (etwa 3 Millionen Besucher im Jahr), der die wichtigste Einnahmequelle des Staates ist.

E · **Geirangerfjord.**
Dies ist einer der Seitenarme des Storfjord und einer der schönsten Fjorde Norwegens. Seine Steilhänge sind die Ränder des Trogtals, das die Gletscher in das Grundgebirge eingetieft haben und das vom Meer überflutet wurde. Hier sieht man die typischen Küstenformen alter Grundgebirge. Das Gletscherbett zeigt ein Profil, in dem stark vertiefte (beckenförmige) Gebiete und Bereiche mit geringerer Tiefe (Riegel) aufeinanderfolgen; es endet nach unten hin in einer Schwelle. Somit sind die Gewässer der Fjorde normalerweise geschichtet.

DAS UNIVERSUM UND DIE ERDE

OZEANE

DIE GLIEDERUNG DES WELTMEERES

Die Ozeane bedecken mehr als 70 % der Erdoberfläche (das sind etwa 361 Millionen km²) und enthalten 1 322 Millionen km³ Wasser. Drei große Einheiten lassen sich unterscheiden. Der *Pazifische Ozean,* zwischen Asien, Australien und Amerika gelegen, nimmt fast die Hälfte der Meeresfläche weltweit ein (180 Millionen km²). Er ist somit sehr viel größer als der *Atlantische Ozean* (106 Millionen km², zwischen Europa und Amerika) und der *Indische Ozean* (75 Millionen km²). Der Erdglobus zeigt eine sehr unterschiedliche Aufteilung der Wasser- und Landmassen zwischen den beiden Erdhalbkugeln: Das Weltmeer ist auf der nördlichen Halbkugel nur geringfügig größer (53 %) als das Festland, nimmt dagegen 90 % der Fläche der südlichen Halbkugel ein. Diese Aufteilung und die gegenwärtige geographische Lage der Ozeane gilt heute als das Ergebnis der Verschiebung der lithosphärischen Platten.

Das Meerwasser (das 97,5 % der gesamten Hydrosphäre, das heißt des flüssigen Teils der Erdkruste, ausmacht) zeichnet sich zunächst durch seinen Salzgehalt aus (gelöstes Chlor und Natrium, zu Natriumchlorid verbunden), der zwischen 33 und 37‰ liegt. Es enthält viel inertes Gas, aber auch Sauerstoff (in der Tiefe durch Ströme verteilt) sowie mineralische und organische Stoffe, die ihm seinen unterschiedlichen Nährstoffreichtum verleihen. Aufgrund seiner Zusammensetzung besitzt Meerwasser eine etwas höhere Dichte (1,02 bis 1,03) als Süßwasser.

Die Erdkarte zeigt die weite Erstreckung der Tiefseerücken (die aufgrund ihrer oft zentralen geographischen Lage auch mittelozeanische Rücken genannt werden). Diese Rücken bilden wahre Gebirgsketten unter Wasser mit einer Gesamtlänge von über 60 000 km. Die Gipfellinien, die von großen Quereinschnitten unterbrochen sind, liegen durchschnittlich in einer Tiefe von 2 500 m (das heißt ungefähr 2 km über dem Durchschnitt der Meeresböden). Sie tragen manchmal Inseln oder Archipele, zum Beispiel im Atlantik (Island, Azoren, Ascension und St. Helena).

Die Tiefseebecken nehmen den größten Teil des Meeresbodens ein; sie liegen zwischen den Kontinentalrändern und den Rücken und zeichnen sich häufig durch Stufen aus. Man kann hier Tiefseehügel und -täler sowie Tiefsee-Ebenen unterscheiden. Letztere sind Gebiete großer Aufschüttungen, die sich vor allem im Atlantik an den stabilen Kontinentalrändern entwickelt haben.

Bei den Schwellen werden normalerweise die *kontinentalen Schwellen* (die abgelöste Teile der Kontinente sind) und die *Inselschwellen,* welche vulkanischen Ursprungs sind, unterschieden. Hiervon legt die Erdkarte ein beredtes Zeugnis ab, insbesondere zeigt sie die Vielzahl der untermeerischen Vulkane im Pazifischen Ozean.

Die Ausdehnung des Kontinentalsockels oder Schelfs variiert erheblich. Er ist im allgemeinen am Rand junger Gebirge schmal (dies ist der Fall im Ostpazifik am Fuß der Anden), breiter dagegen vor den Sedimentebenen und -becken (z. B. Ärmelkanal und Nordsee).

Die Tiefseegräben stellen die gewaltigsten Einschnitte im Relief der Erde dar, da acht von ihnen – bezogen auf Meeresniveau – eine Tiefe erreichen, die die Höhe des Mount Everest übertrifft. Trotz des enormen Drucks in dieser Tiefe, des verringerten Sauerstoffgehalts, des fast vollständigen Fehlens von Licht, von Bakterienkolonien und von Biomasse gibt es in den Tiefseegräben Leben. Der tiefste Teil des Marianengrabens ist im Januar 1960 von dem Bathyskaph *Trieste* (mit J. Piccard und Don Walsh) erreicht worden.

Die Tiefseegräben fallen mit Zonen sehr häufiger und dabei oberflächennaher Erdbeben zusammen.

Tiefseegräben mit mehr als 9 000 m Tiefe	
Marianengraben	10 924 m
Tongagraben	10 882 m
Kurilen-Kamtschatka-Graben	10 542 m
Philippinengraben	10 540 m
Boningraben	10 340 m
Kermadecgraben	10 047 m
Puerto-Rico-Graben	9 218 m
Neubritannien-Bougainville-Graben	9 140 m

MEERESKUNDE

Die Meereskunde, Ozeanologie oder Ozeanographie untersucht den Meeresgrund und die Küsten, die Gewässer der Meere (Salzgehalt, Temperatur, Meeresströmungen, Beziehungen zur Atmosphäre u. a.) und die dort lebenden Tier- und Pflanzenarten. Hierzu setzt sie Geräte an der Oberfläche und in der Tiefe ein, heute auch die Fernerkundung (bei Umweltverschmutzung).

Daneben gibt es praktische Gesichtspunkte, die die Nutzungsmöglichkeiten der Ozeane betreffen, insbesondere den Fischfang sowie Erdöl- und Erzvorkommen; heute stammen etwa 25 % des Erdöls aus Vorkommen unter dem Meeresboden (Kontinentalsockel), in Westeuropa fast die gesamte Produktion. Weitere praktische Aufgaben der Meereskunde sind der Schutz von Küsten, Seefahrt und der maritimen Umwelt.

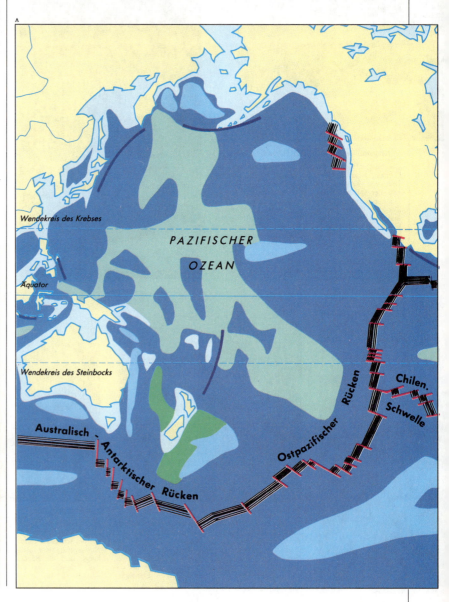

DAS UNIVERSUM UND DIE ERDE

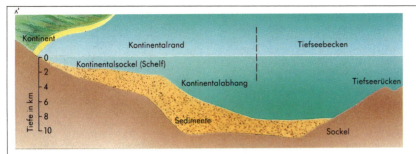

Die größten Inseln der Erde

Grönland	2 130 800 km²
Neuguinea	771 900 km²
Borneo	754 770 km²
Madagaskar	587 041 km²
Baffin Island	507 451 km²
Sumatra	473 600 km²
Honshū	227 414 km²
Victoria Island	217 290 km²
Großbritannien	216 777 km²
Ellesmere Island	196 236 km²
Celebes (Sulawesi)	189 216 km²
Neuseeland, Südinsel	150 718 km²
Java	118 000 km²
Neuseeland, Nordinsel	114 453 km²
Neufundland	108 860 km²

A, A' · **Das submarine Relief.**

Hierzu zählen Kontinentalränder und Tiefseebecken. Das Schema zeigt die Typen, jedoch nicht die Häufigkeit und die Ausdehnung der Reliefformen. Die *Tiefseebecken* nehmen den größten Teil der Meere ein (wie auf der Karte zu sehen). Sie bestehen aus den eigentlichen *Becken,* die durch *Schwellen* voneinander getrennt und durch *Rücken* begrenzt sind. Die Rücken markieren die divergierenden Bereiche der Erdkruste, wo sich zwei Platten voneinander entfernen; sie sind somit instabile Zonen (Erdbeben, manchmal Vulkane). Dagegen liegen die Tiefseegräben entlang den seismischen Grenzen, die zwei konvergierende Platten trennen. Hier kommt das Eintauchen von ozeanischer Kruste in die Asthenosphäre (Subduktion) morphologisch zum Ausdruck. Die Becken nehmen große Flächen ein. Die Schwellen zwischen ihnen bilden manchmal, vor allem im Pazifik, Inselbögen.

Im Vergleich dazu sind die *Kontinentalränder* weniger entwickelt und häufig schmal (vor Afrika). Auf den *Kontinentalsockel* (oder *Schelf*), der bis in eine Tiefe von 200 m reicht, folgt mit wesentlich stärkerer Neigung der *Kontinentalhang.* Darunter liegen die Tiefseeregionen. Die Meeresablagerungen werden nach ihrem Ursprung als kontinental (also *terrigen*) oder intern (also *organogen*) bezeichnet.

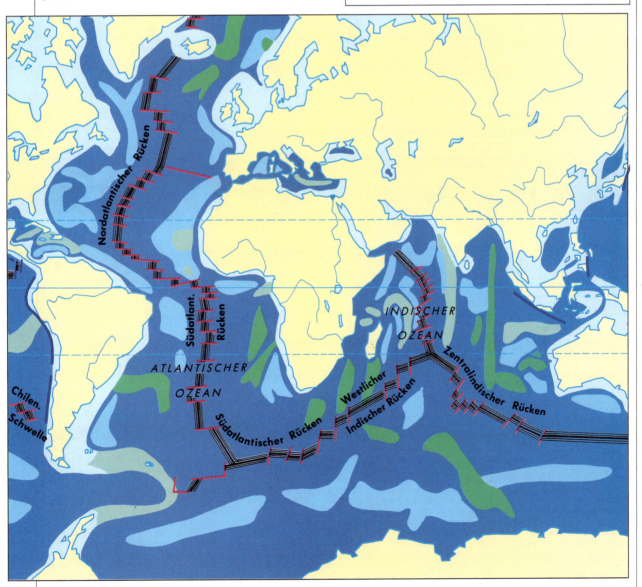

DAS UNIVERSUM UND DIE ERDE

MEERESSTRÖMUNGEN UND GLETSCHER

MEERESSTRÖMUNGEN

Die Karte der Meeresströmungen (an der Oberfläche) wird teilweise nach den großen Bewegungen in der atmosphärischen Zirkulation erstellt. Die Druckunterschiede und vor allem der Wind erklären die Existenz und die Richtung der Oberflächenströme. Diese hängen ebenfalls mit internen Kräften wie den Dichteunterschieden zwischen verschiedenen Wassermassen zusammen, die ihrerseits aus der Zusammenwirkung von Temperatur und Salzgehalt entstehen. Die Strömungen beschreiben zellenartige Bewegungen mit gebietsweisen Verschiebungen nach Osten in den höheren Breiten und Verschiebungen zur Mitte hin entlang der Kontinente in den niederen Breiten.

Die Meeresströmungen verschieben beträchtliche Wassermassen (Durchfluß von ungefähr 50 Millionen m³/s beim Golfstrom) mit geringen Geschwindigkeiten (im allgemeinen unter 1 m/s). Sie haben einen großen internen (Wassererneuerung, Verteilung der Nahrungssubstanzen) und externen Einfluß (Klimaänderung in den Küstengebieten, an denen sie vorbeifließen oder die sie berühren). Der mildernde Einfluß des Nordatlantischen Stroms, einer Verlängerung des Golfstroms, in Westnorwegen ist bekannt.

Die Unterscheidung zwischen warmen und kalten oder kühlen Strömungen beruht auf dem geographischen Ursprung der Strömung. Es kommt vor, daß kaltes Wasser bis in äquatoriale Breiten vordringt (Westseiten Afrikas und Südamerikas) und daß warmes oder lauwarmes Wasser bis in hohe Breiten gelangt (vor allem im Nordatlantik).

Hierbei handelt es sich um Meeresströmungen an der Oberfläche. In der Tiefe vollführt der Rest der ozeanischen Wassermassen eine Kreisbewegung, die langsam verläuft (oft zwischen 15 und 25 cm/s) und polaren Ursprungs ist, sich in meridionaler Richtung bewegt (im Atlantik Austausch zwischen den stark unterschiedlich ausgeprägten Hemisphären) und geschichtet ist (im Atlantik mittlere Strömungen zwischen 1 000 und 3 000 m, Strömungen am Meeresboden und in den größten Tiefen Tiefseeströmungen).

GOLFSTROM

Mit seiner Verlängerung, dem Nordatlantischen Strom, ist er zweifellos die bekannteste Meeresströmung. Er spielt für einen großen geographischen Bereich der gemäßigten Zone aufgrund seiner klimatischen Wirkung eine wesentliche Rolle (Destabilisierung der kalten Luftmassen, die über seine warmen Gewässer aus dem Golf von Mexiko ziehen, Transport der Wärme an die Ostküsten des Atlantik); er ist von biologischer Bedeutung (Konzentration von Planktonarten verschiedenen Ursprungs) und wichtig für den Fischfang (hohe Produktivität der Gewässer in der Nähe der Polarfront, wie im Gebiet der Großen Neufundlandbank).

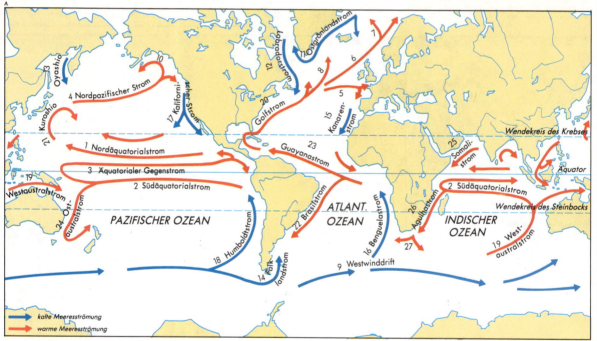

▲ · Die Meeresströmungen.

1. Nordäquatorialstrom;
2. Südäquatorialstrom;
3. Äquatorialer Gegenstrom;
4. Nordpazifischer Strom;
5. Nordatlantischer Strom;
6. Norwegischer Strom;
7. Westspitzbergenstrom;
8. Irmingerstrom;
9. Westwinddrift;
10. Alaska- und Aleutenstrom;
11. Ost- und Westgrönlandstrom;
12. Labradorstrom;
13. Oyashio;
14. Falklandstrom;
15. Kanarenstrom;
16. Benguelastrom;
17. Kalifornischer Strom;
18. Humboldt- oder Perustrom;
19. Westaustralstrom;
20. Golfstrom;
21. Kuroshio;
22. Brasilstrom;
23. Guayanastrom;
24. Ostaustralstrom;
25. Somaliastrom;
26. Agulhastrom;
27. Nadelkapstrom.

GLETSCHER

Die Gletscher, aus der Umwandlung von Schnee hervorgegangene, sich in einer langsamen Fließbewegung befindende Eismassen, bedecken mehr als 15 Millionen km², fast ausschließlich in den Polargebieten (Inlandeis); der Rest liegt in den Hochgebirgen der gemäßigten Zone (Talgletscher).

Die Inlandgletscher (in Grönland und vor allem in der Antarktis; ungefähr 13 Millionen km²) sind sehr dicke Eiskappen (2 000 m im Durchschnitt). Die Talgletscher entstammen den Karen, wo sich der Schnee ansammelt und sich in Firn verwandelt. Gletscherabwärts bildet sich die Gletscherzunge, die sich mit einer je nach Neigung meist langsamen Geschwindigkeit von unter 1 m pro Tag (man hat jedoch Geschwindigkeiten von 75 m pro Tag in Alaska und von 11 m pro Tag in den Alpen gemessen) fortbewegt. Die Fließgeschwindigkeit ist im übrigen nicht einheitlich (sie nimmt im allgemeinen mit der Tiefe ab).

Der Gletscher transportiert im Innern, am Grund und an seinen Seiten Gesteinsschutt, die Moränen, und überformt ein Relief, dessen frühere Topographie auch die Fließrichtung des Gletschers bedingt. Das Gletschertal hat häufig die Form eines Troges (U-förmiges Tal) und weist im allgemeinen abwechselnd Becken (kleine Aufschüttungsebenen mit flachem Grund oder ehemalige Seebecken) und Riegel auf (anstehender Fels, den der Gletscher oft in schroffen Schluchten durchschneidet).

Die Talgletscher haben häufig eine Länge unter 10 km. Die größten erreichen in den Alpen (Aletsch) ungefähr 30 km, 80 km im Pamir (Fedtschenko) und mehr als 100 km in Alaska (Hubbard).

DAS UNIVERSUM UND DIE ERDE

STRÖME, FLÜSSE UND SEEN

FLÜSSE

Im weiteren Sinn werden alle Wasserläufe auf den Kontinenten als Flüsse bezeichnet, sehr große auch als Ströme, sehr kleine als Bäche, unabhängig davon, ob sie ins Meer oder in einen anderen Fluß münden.

Wasserführung und Wassermenge. Neben seiner Länge und der Oberfläche des Einzugsgebietes ist ein Wasserlauf auch durch seine *Wasserführung* (Fließrhythmus im Jahresverlauf) und seine *Wassermenge* (durchfließendes Wasservolumen an einem Ort während einer bestimmten Zeiteinheit) gekennzeichnet. Wasserführung und Wassermenge werden von klimatischen (Niederschläge, aber auch Temperaturen) und petrographischen Bedingungen (im Gegensatz zu den anderen Gesteinen kann Wasser im Kalkstein versickern), aber auch von menschlichen Faktoren beeinflußt (natürlich ändern die Wasserentnahmen zur Bewässerung oder der Bau von Staudämmen Wasserführung und Wassermenge).

Das Abflußregime, die durch Hoch- und Niedrigwasserzeiten geprägte Wasserführung eines Flusses, kann einfach oder komplex sein. Die einfachen Abflußregime haben nur eine Hochwasser- und eine Niedrigwassersaison. Dazu gehört das glaziale Abflußregime (Sommerhochwasser aufgrund der Speicherung von Niederschlägen in Form von Schnee, anschließend in der heißen Jahreszeit schmelzendem Eis: die Arve in Chamonix ist hierfür ein Beispiel), das nivale Abflußregime (Hochwasser aufgrund der etwas verfrühten Schneeschmelze in Verbindung mit einem etwas tiefer gelegenen Becken; Beispiel: Alpenrhein) und das durch Schmelzwasser bedingte *Abflußregime in der Ebene* (Hochwasser im Frühjahr wie bei der Wolga vor ihrer Begradigung); in allen drei Fällen ist der Winter natürlich die Niedrigwassersaison. Das *rein auf Regen beruhende Abflußregime in den Tropen* (Senegal, Roter Fluß oder Paraná) ist gekennzeichnet durch Hochwasser im Sommer, der auch wie im größten Teil der Erde die Regenzeit ist. Beim *ozeanischen Regenregime* (Seine, Maas oder Themse) sind die Unterschiede (im Durchschnitt) weniger ausgeprägt; die Temperaturunterschiede bestimmen mehr als die (regelmäßigen) Niederschlagsmengen die Zeiten des Niedrigwassers (im Sommer, wenn die Verdunstung am höchsten ist) und des Hochwassers (oft im Januar oder Februar).

Es gibt jedoch auch zahlreiche komplexe Abflußregime, die von zwei oder mehr Faktoren gleichzeitig geprägt werden. Man spricht dann von *nivopluvialen* (hauptsächliches Hochwasser durch die Schneeschmelze bedingt) oder *pluvionivalen* Abflußregimen, wobei natürlich je nach Jahr wechselnde Situationen auftreten können.

Diese Definitionen beziehen sich auf die Messungen an einer bestimmten Station. Flüsse, die unter unterschiedlichen geomorphologisch-klimatischen Bedingungen ein Becken durchziehen, haben Abflußregime, die sich flußabwärts ändern können.

Die Abflußmenge wird im allgemeinen in Kubikmetern pro Sekunde angegeben. (An der Amazonasmündung wird sie auf 150 000 bis 200 000 m³/s geschätzt; für den Rhein beträgt sie bei Emmerich 2 450 m³/s.) Die *spezifische Wassermenge* gibt Auskunft über die Wassermenge, die pro Quadratkilometer Einzugsgebiet in Litern pro Sekunde abfließt. Die Mengenschwankungen können natürlich auch bei den Wasserläufen der gemäßigten ozeanischen Zonen, in denen regelmäßig Niederschlag fällt, enorm sein.

SEEN

Die Seen sind verschiedenen Ursprungs, die größten (die Großen Seen in Nordamerika) sind *glazialen* Ursprungs und haben sich nach der Rückbildung der quartären Inlandeisvergletscherung gebildet. Die anderen großen Seen werden als *endorheisch* bezeichnet (Victoriasee, Aralsee); sie haben

Die größten Seen der Erde

Oberer See (Nordamerika)	82 414 km²
Victoriasee (Afrika)	68 000 km²
Aralsee (UdSSR)*	64 100 km²
Huronsee (Nordamerika)	59 596 km²
Michigansee (USA)	58 016 km²
Tanganjikasee (Afrika)	34 000 km²
Baikalsee (Sibirien)	31 500 km²
Großer Bärensee (Kanada)	31 153 km²
Malawisee (Afrika)	30 800 km²
Großer Sklavensee (Kanada)	28 570 km²

* heute wohl auf die Hälfte geschrumpft

Seen Europas (Auswahl)

Ladogasee (UdSSR)	18 135 km²
Vänersee (Schweden)	5 585 km²
Plattensee (Ungarn)	591 km²
Genfer See (Schweiz/Frankreich)	581 km²
Bodensee	538 km²

nur geringe Tiefen und manchmal eine beträchtlich je nach Jahreszeit wechselnde Oberfläche (z. B. Tschadsee mit unregelmäßiger Zuführung und Verdunstung). Solche Seen sind Gewässer in kaum ausgeprägten Vertiefungen in semiariden Gebieten. Die Seen *tektonischen* Ursprungs mit manchmal großer Ausdehnung (wie der Baikalsee oder der Malawisee) sind durch Verwerfungen entstanden, die oft ausgeprägte Höhenunterschiede bewirkten (der Baikalsee erreicht eine maximale Tiefe von 1 620 m, wodurch er der tiefste See der Erde ist).

Es gibt außerdem Seen *vulkanischen* Ursprungs (kleine Kraterseen und Maare) oder durch Karst entstandene (die den Grund von Dolinen oder Poljen bedecken). Schließlich findet man auch gelegentlich künstliche Stauseen (oftmals verbunden mit einer Talsperre), die zur Bewässerung und/oder zur Stromerzeugung genutzt werden.

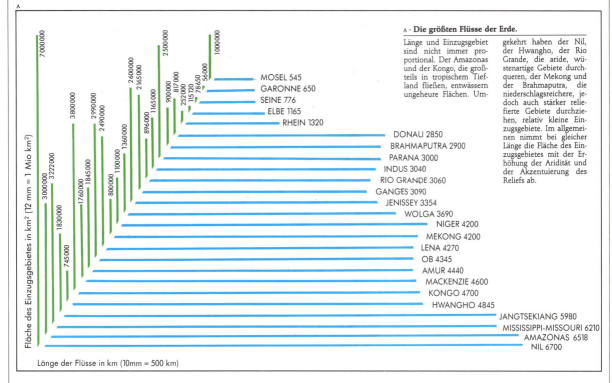

A · Die größten Flüsse der Erde.
Länge und Einzugsgebiet sind nicht immer proportional. Der Amazonas und der Kongo, die großteils in tropischem Tiefland fließen, entwässern ungeheure Flächen. Umgekehrt haben der Nil, der Hwangho, der Rio Grande, die aride, wüstenartige Gebiete durchqueren, der Mekong und der Brahmaputra, die niederschlagsreichere, jedoch auch stärker reliefierte Gebiete durchziehen, relativ kleine Einzugsgebiete. Im allgemeinen nimmt bei gleicher Länge die Fläche des Einzugsgebietes mit der Erhöhung der Aridität und der Akzentuierung des Reliefs ab.

DAS UNIVERSUM UND DIE ERDE

DIE ATMOSPHÄRE

Die Struktur der Erdatmosphäre hängt von zahlreichen Parametern ab, deren Werte sehr deutlich, je nach Zeit, Breitengrad usw., variieren. Die Atmosphäre wird üblicherweise in Schichten gegliedert, die mit dem Suffix *-sphäre* bezeichnet werden, wobei ein Parameter konstant bleibt oder gleichförmig variiert (wie im Fall der Troposphäre); diese Schichten werden von Flächen getrennt, die mit dem Suffix *-pause* versehen werden (Tropopause zwischen Tropo- und Stratosphäre).

Thermische Struktur. Je nach der Entwicklung der Temperatur werden, ausgehend vom Boden, unterschieden:
– die *Troposphäre,* in der die Temperatur pro km Höhe um ungefähr 6 °C abnimmt. In ihr befinden sich die meisten Wolken; sie ist das Hauptuntersuchungsgebiet der Meteorologie. Sie endet in der *Tropopause* (8 km Höhe an den Polen, 17 km am Äquator), wo sich die Temperatur bei etwa −57 °C stabilisiert;
– die *Stratosphäre,* in der die Temperatur langsam ansteigt. Sie umschließt die Ozonschicht und endet in der *Stratopause* (etwa 50 km), wo die Temperatur 0 °C beträgt;
– die *Mesosphäre,* in der die Temperatur erneut bis −100 °C bis zur *Mesopause* (etwa 85 km) abnimmt;
– die *Thermosphäre,* in der die Temperatur wieder mit der Höhe ansteigt, jedoch immer langsamer, bevor sie sich in der *Thermopause* stabilisiert, deren Höhe (400–800 km) und Temperatur (400–1 800 °C) von der Sonnenaktivität abhängen.

Chemische Struktur.
– Unter 100 km Höhe bleibt die chemische Zusammensetzung praktisch konstant: Dies ist die *Homosphäre.* Die wichtigsten Bestandteile sind molekularer Stickstoff (ungefähr 78 % Volumanteil) und molekularer Sauerstoff (etwa 21 %); die sekundären Bestandteile sind Kohlendioxid, Edelgase, Ozon, Wasserstoff, Stickstoffoxide und Wasser.
– Ungefähr bei 100 km nimmt die Vermischungstendenz des Gases ab (*Turbopause*).
– Über 100 km überwiegen die Diffusionsprozesse: das ist die *Heterosphäre.* In 150 km Höhe ist der Hauptbestandteil der atomare Sauerstoff, in 500 km das Helium; noch höher ist es der atomare Wasserstoff.

Die Standardatmosphäre. Zur Erstellung von Normen für die Zusammensetzung der Luft oder für die Luftzirkulation sowie als Bezugsgröße wurde international die Standardatmosphäre definiert, die einer durchschnittlichen Atmosphäre in den Gebieten der gemäßigten Breiten entspricht.

Höhe in m	Temperatur in °C	Luftdruck in Torr	in hPa
0	15,0	760	1 013
1 000	8,5	674	899
2 000	2,0	596	795
5 000	−17,5	403	537
10 000	−50,0	198	264
11 000	−56,5	170	226
15 000	−56,5	90	120
20 000	−56,5	41	55
30 000	−46,5	8	11
40 000	−22,1	2	2,8

Zwischen 11 000 m Höhe (Troposphärengrenze) und 20 000 m bleibt die Temperatur konstant. Anschließend steigt sie wieder um 1 °C pro 1 000 m bis in eine Höhe von 32 000 m, um dann bis zu einer Höhe von 47 000 m um 2,8 °C pro 1 000 m anzuwachsen.

Elektromagnetische Struktur. In einer Höhe zwischen 60 und 600 km hat die Atmosphäre mehrere stark ionisierte Schichten, die Funkwellen reflektieren: Das ist die *Ionosphäre.* Darüber liegt die *Magnetosphäre* bis zu mehr als 60 000 km auf der Tagesseite und bis zu 10mal höher auf der Nachtseite.

Zusammensetzung der Atmosphäre

Bestandteile	in Volumen-%
I. Konstante Bestandteile	
Stickstoff (N_2)	78,110 ± 0,004
Sauerstoff (O_2)	20,953 ± 0,001
Argon (Ar)	0,934 ± 0,001
Neon (Ne)	$(18,18 ± 0,04) \times 10^{-4}$
Helium (He)	$(5,24 ± 0,004) \times 10^{-4}$
Krypton (Kr)	$(1,14 ± 0,01) \times 10^{-4}$
Xenon (Xe)	$(0,087 ± 0,001) \times 10^{-4}$
Wasserstoff (H_2)	$0,5 \times 10^{-4}$
Methan (CH_4)	2×10^{-4}
Distickstoffoxid (N_2O)	$(0,5 ± 0,1) \times 10^{-4}$
II. Variable Bestandteile	
Wasser (H_2O)	0 bis 7
Kohlendioxid (CO_2)	0,01 bis 0,1
Schwefeldioxid (SO_2)	0 bis 0,001
Ozon (O_3)	0 bis 0,000 01
Stickstoffdioxid (NO_2)	Spuren

Quelle: Encyclopédie scientifique de l'Univers, Bureau des longitudes.

Nach Satellitenmessungen soll der Ozongehalt der Atmosphäre seit 1979 allgemein um 4 bis 5 % abgenommen haben; in der Südhemisphäre erreicht die Abnahme in den mittleren Breiten 18 %. Man hat sogar ein ausgesprochenes ›Loch‹ in der Ozonschicht über der Antarktis festgestellt: Dieses erscheint jedes Jahr zu Beginn des Südfrühlings und ver-

DAS OZONLOCH

schwindet im Sommer, bildet sich jedoch im folgenden Jahr neu und verstärkt. Im Oktober 1985 war die durchschnittliche Ozonkonzentration direkt über der Antarktis um 40 % geringer als im Oktober 1979. Das Ozonloch könnte zumindest teilweise eine Folge der besonderen meteorologischen Verhältnisse direkt über dem Pol sein. Die meisten Experten sind jedoch überzeugt, daß das Phänomen, ebenso wie die globale Abnahme der Ozonkonzentration, vor allem auf der durch die Menschen verursachten Emission von Fluorchlorkohlenwasserstoffen (FCKW) beruht. Diese werden als Treibmittel in Spraydosen, als Kühlmittel und Emulgatoren verwendet und gelangen dann in die Atmosphäre; FCKW steigt langsam in die Stratosphäre auf, wo er durch die ultraviolette Strahlung zersetzt wird. Dabei wird dann Chlor freigesetzt, das die Aufspaltung von Ozon in gewöhnlichen Sauerstoff bewirkt.

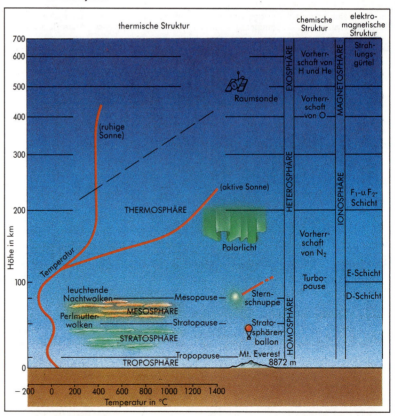

▲ · Struktur der Atmosphäre.

50

DAS UNIVERSUM UND DIE ERDE

DIE ATMOSPHÄRISCHE ZIRKULATION

Die allgemeine atmosphärische Zirkulation wird von kosmischen (Sonnenstrahlen), planetarischen (Zustand der Atmosphäre, Erdrotation) und geographischen Faktoren (Verteilung der Kontinente und der Meere, Pflanzendecke, Vergletscherung) beeinflußt. Sie zeigt sich durch Bewegungen in Längs- und Querrichtung und nach oben und unten. In der Höhe trennen starke Westwindströmungen (Jet streams) in jeder Hemisphäre die zirkumpolare Tiefdruckströmung und die subtropische Hochdruckströmung. An der Erdoberfläche entstehen aus den subtropischen Antizyklonen Nordostpassate (nördliche Halbkugel), Südostpassate (südliche Halbkugel) und die Westwinde der mittleren Breiten; in den Polarregionen wird der Hochdruck in der Höhe durch Tiefdruck ersetzt; er dirigiert die Polarströmungen in niedere Breiten.

A · Richtung eines Tiefdruckzentrums.
Der niederländische Meteorologe C. H. Buys-Ballot (1817–1890) hat die gleichnamige Regel aufgestellt, nach der die Richtung eines Tiefdruckzentrums mittels der Beobachtung des Windes bestimmt werden kann: 1. Auf der Nordhalbkugel liegt der tiefe Druck links, wenn man dem Wind den Rücken zukehrt; 2. je gedrängter die Isobaren auf der Erde sind, umso stärker ist der Wind.

D · Die Atmosphäre.
Ist Ort eines umfassenden Wärmeaustauschs. Die Temperaturunterschiede zwischen den Polen und dem Äquator verursachen die Zirkulation der Luftmassen (horizontale und vertikale Verlagerung). Absolut gesehen steigt die warme Luft am Äquator auf und verlagert sich zu den Polen, wobei sie sich oberhalb einer polaren Luftmasse bewegt, die zum Äquator zieht. Die Verteilung der vorherrschenden Winde wird durch die Coriolis-Kraft kompliziert, die auf der Erddrehung beruht, und durch die Luftdruckunterschiede sowie durch die Verteilung der Ozeane und Kontinente.

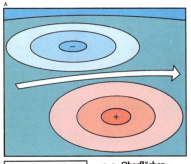

B, C · Oberflächenströmungen im Januar und im Juli.
Die Luftmassen, die ›Aktionszentren‹, verlagern sich je nach Jahreszeit seitwärts. Im Sommer (Nordhalbkugel) nähert sich das Azorenhoch Europa und bringt gutes Wetter. Durch den Tiefdruck über Indien angezogen, überquert der Passatwind den Äquator und bringt die Monsunniederschläge (während über Indien im Winter ein Hochdruckgebiet nahe dem sibirischen Hoch liegt).

GROSSE LUFTMASSEN

Die Erdatmosphäre ist in horizontaler Richtung in große, nahezu homogene Zellen unterteilt, die *Luftmassen* genannt werden. Diese Unterteilung beruht im wesentlichen auf dem Einfluß des Untergrunds (Festland, Meere, Wüsten, Waldgebiete usw.) auf die oberflächennahen Luftschichten. Diese Luftunterschiede legt durch ihre geographische Lage (Breite) und durch ihre Position über Kontinenten und Meeren die thermischen und hygrometrischen Merkmale fest, anhand derer vier große Luftmassen pro Hemisphäre unterschieden werden können (arktisch, polar, tropisch, äquatorial); sie werden durch Fronten getrennt (Arktikfront, Polarfront, innertropische Konvergenz), die sich im Rahmen der atmosphärischen Zirkulation verlagern.

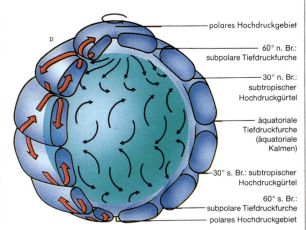

LUFTDRUCK

Pascal hat durch Versuche 1648 bewiesen, daß der Luftdruck in einer bestimmten Höhe gleich dem Gewicht der Luftsäule über dieser Höhe ist. Dieser Druck, der mit Hilfe des Barometers gemessen wird, wird in Hektopascal (hPa) oder in Millimeter Quecksilbersäule ausgedrückt. Der durchschnittliche Druck in Meereshöhe liegt bei 760 mm Hg oder 1 013 hPa, entsprechend etwa einem Druck, den ein Körper von 1 kg Masse auf eine Fläche von 1 cm^2 ausübt. Je höher man geht, um so kleiner wird die darüberliegende Luftsäule und desto geringer ist der Luftdruck.

In der Waagerechten organisiert sich das Druckfeld im allgemeinen in Zonenstreifen. In den unteren Schichten der Atmosphäre sind dies die polare Hochdruckzone, die subpolaren und gemäßigten Tiefdruckzonen, die subtropischen Hochdruckzonen und die innertropischen oder äquatorialen Tiefdruckzonen.

Darüber hinaus stellt man Gegensätze zwischen den Ozeanen und den Kontinenten fest. Diese kehren sich zwischen Sommer und Winter um. Sie ergeben sich daraus, daß die Kontinente im Winter kälter und im Sommer wärmer als die Ozeane sind. Die Anordnung in Zonenstreifen hängt von einer Kombination planetarer und geographischer Auswirkungen ab. Auf der ganzen Erde und insbesondere in Tiefdruckgebieten gibt es immer Luftdruckschwankungen. Sie entstehen infolge des Durchziehens von ›Störungen‹ und leiten eine Wetteränderung ein.

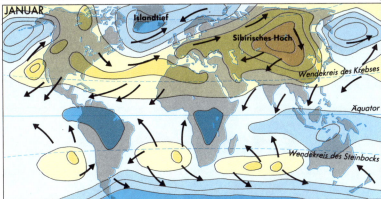

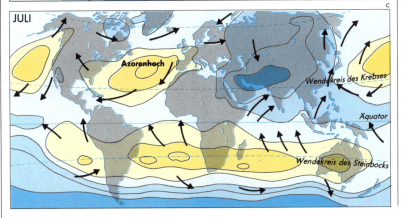

DAS UNIVERSUM UND DIE ERDE

KLIMATE

Noch mehr als das Relief (wenn man die Erde als Ganzes betrachtet) bedingt das Klima die Verteilung der Menschen auf der Erde. Es ordnet sich zuallererst in äquatorparallelen Zonen an. Die Temperaturen und die Niederschläge mischen sich nach zahlreichen Modellen, die die wichtigsten Klimatypen bestimmen.

■ Gebirgsklima.
Bei gleichem Breitengrad nehmen die Temperaturen mit der Höhe ab (um etwa 0,6 °C pro 100 m); die Niederschläge können zunehmen. In Bogotá (Kolumbien), fast am Äquator, jedoch in 2 650 m Höhe, liegt die durchschnittliche Temperatur des wärmsten Monats (April oder Mai) nicht über 15 °C.

■ Polares Klima.
Ist durch den Breitengrad bedingt. In Thule im Norden Grönlands steigt die Temperatur nur im Juni, Juli und August (leicht) über Null. Die mittleren Temperaturen im Dezember, Januar und Februar liegen unter −20 °C. In Werchojansk in Nordsibirien beträgt die mittlere Temperatur im Januar −50,5 °C.

■ Kaltgemäßigtes Klima.
Herrscht im größten Teil Sibiriens und in großen Teilen Kanadas. Selbst bei relativ niederen Breitengraden sind die Winter, so in Irkutsk am Baikalsee (in der UdSSR), streng (−20 °C im Januar und Februar); es gibt jedoch auch hier einen (kurzen) Sommer. Die mittlere Julitemperatur liegt am gleichen Ort über 15 °C; es wurden sogar schon Temperaturmaxima von über 30 °C im Zeitraum von Mai bis August gemessen.

■ Kühlgemäßigtes Klima.
Herrscht in den nördlichen Regionen Europas und in einem großen Teil Kanadas, ebenfalls an der Ostseite Asiens, wo die vorherrschende Westströmung das Eindringen milder Meeresluft nicht zuläßt. Die Kälte ist hier weniger streng (die durchschnittliche Temperatur im Januar beträgt in Leningrad ›nur‹ −10 °C), der Monatsdurchschnitt liegt von Juni bis August über 15 °C (gleiches gilt für die sowjetische Hauptstadt Moskau).

■ Mandschurei-Klima.
Eine Variante des vorhergegangenen Klimas, die regional begrenzt ist, jedoch mit einem deutlich wärmeren Sommer. In Shenyang (China) liegen die monatlichen Mittelwerte von Juni bis August deutlich über 20 °C.

■ Boreales Seeklima.
Ein Klima, in dem der Meereseinfluß durch eine hohe Breitenlage eingeschränkt wird. Man findet es an den nördlichen Westseiten Amerikas (Alaska) und Europas (Großteil Norwegens). Der Niederschlag ist eher regelmäßig als reichlich, die Wärmeunterschiede sind gering, aber der Winter bleibt kühl oder sogar kalt. Im bekannten Erzhafen Narvik, der in Nordnorwegen liegt, am Atlantik, belaufen sich die monatlichen Mittelwerte im Zeitraum Dezember bis März unter 0 °C.

■ Klima der mittleren gemäßigten Breiten (1).
Dieses Klima findet man an den Westseiten der Kontinente. Ein wirklich ozeanisches Klima mit konstanten Niederschlägen, milden Wintern und nur mäßig warmen Sommern. In Cherbourg in der Normandie regnet es im Schnitt alle zwei Tage (mit einem leichten Sommerloch), die Monatsmittel liegen nie unter 5 °C, jedoch auch nie über 17 °C.

■ Klima der mittleren gemäßigten Breiten (2).
Variante des obigen Klimas. Aufgrund der (relativ) schwächeren Meereseinflüsse verschieben sich die Niederschläge jahreszeitlich (zum Sommer hin); die Temperaturunterschiede zwischen Sommer und Winter nehmen (leicht) zu. In Paris liegen die Monatsmittel von Dezember bis Februar (leicht) über 5 °C; dagegen liegt die Temperatur im Juli bei durchschnittlich 20 °C.

■ Klima der mittleren gemäßigten Breiten (3).
Hierbei handelt es sich auch um eine Variante des obigen Typs. Die oben genannten Änderungen sind hier stärker ausgeprägt. In Kiew haben vier Monate (Dezember bis März) ein negatives Monatsmittel, der Sommer ist relativ warm (durchschnittlich 20 °C im Juli), die Temperaturamplitude liegt bei etwa 25 °C. Die Niederschläge fallen vorwiegend im Sommer. Dieses Klima wird häufig als Kontinentalklima bezeichnet.

■ Klima der mittleren gemäßigten Breiten (4).
Herrscht an den Ostseiten der Kontinente. Es ist dem vorigen ähnlich, mit beträchtlichen Temperaturunterschieden zwischen Sommer und Winter: mehr als 30 °C in Seoul zwischen dem Januar- (−4,5 °C) und dem Augustmittelwert (26,5 °C), mit häufigen, manchmal reichlichen Niederschlägen im Sommer (mehr als 600 mm im Juli/August in Seoul [etwa die jährliche Niederschlagsmenge in Paris]).

■ Mediterranes Klima.
Das Klima, dem der Mittelmeerraum seinen Namen gegeben hat, zeichnet sich vor allem durch sommerliche Hitze und Trockenheit aus (außerhalb der heißen Wüsten eine weltweite Ausnahme): In Athen herrscht von Juni bis August eine Temperatur von durchschnittlich 28 °C; es fallen nur 13 mm Niederschlag. Der Winter bringt die Niederschläge (aber auch Frühjahr und Herbst erleben kurze, heftige Niederschläge) bei milden Temperaturen. Nur im Januar liegt die Durchschnittstemperatur in Athen unter 10 °C.

■ Ständig feuchtes, sommerheißes subtropisches Klima.
Herrscht an den Ostseiten der Kontinente. Die Temperaturen und oft auch die Niederschläge nehmen zu. Dieses Klima herrscht in Südchina und in Miami. In Miami übersteigen die Niederschläge von Oktober bis Mai 150 mm im Monat (kein Monat unter 50 mm). Die mittleren Temperaturunterschiede sind nicht gering (in Miami, im Süden Floridas, USA, weniger als 10 °C zwischen Januar [19 °C] und Juli/August [27 °C]).

■ Variante des obigen Klimas (trockene Winter).
Man findet dieses Klima fast nur auf der Südhalbkugel. Das Temperaturmaximum schwankt in Townsville an der Küste von Queensland, Australien, im Laufe eines Jahres kaum mehr als 5 °C; der Südwinter ist hier fast trocken: Im Durchschnitt fallen weniger als 20 mm Niederschlag in den Monaten Juli, August und September.

■ Steppenklima.
Im Steppenklima fällt sehr wenig Niederschlag. Dieses Klima ist besonders in Mittelasien und im Westen Nordamerikas ausgeprägt. In El Paso an der Grenze der USA zu Mexiko beträgt die jährliche Niederschlagsmenge 220 mm, es regnet vor allem während eines warmen, manchmal heißen Sommers (im Juli und August steigen die Temperaturen über 40 °C).

■ Wüstenklima.
Durchschnittlich 0,6 mm Regen in Assuan (wobei hier Durchschnittswerte wenig besagen). Man muß jedoch zwischen den tropisch-subtropischen Wüsten (wo die täglichen Temperaturschwankungen doch beträchtlich sind) und denen in Mittelasien unterscheiden. Der Sommer ist immer warm (33,5 °C im Durchschnitt von Juli bis August in Assuan und immerhin 21 °C in Ürümqi [in einer Höhe von fast 1 000 m]), während die Winter sehr unterschiedlich ausgeprägt sind: +16,5 °C in Assuan und −16,5 °C in Ürümqi im Januar.

■ Wechselfeuchtes tropisches Klima.
Überwiegend trocken. Die Wärme bleibt, die Niederschläge nehmen zu. In Dakar regnet es zwei Monate lang (August und September) viel, aber praktisch nicht von November bis Juni. Die Temperaturen schwanken wenig, (Monatsmittel zwischen 20 °C und unter 30 °C), mit starker Hitze vor der kurzen Regenzeit.

■ Tropisches Klima.
Regenzeit und Trockenzeit. Dies ist das klassische tropische Klima mit einer Regenzeit (›Sommer‹) und einer Trockenzeit, die etwa gleich lang sind. In Freetown (Sierra Leone) fallen fast alle Niederschläge von Mai bis November, Trockenheit herrscht von Dezember bis April. Die Temperaturen sind ohne Unterbrechung hoch.

■ Äquatoriales Klima.
Ständige Wärme und Feuchtigkeit. In der brasilianischen Hafenstadt Belém nahe der Amazonasmündung sinkt die Temperatur niemals unter 18 °C. In vier Monaten des Jahres fallen mehr als 300 mm Niederschläge; in keinem Monat weniger als 65 mm.

▲ Das Klima wechselt.
Zwischen den oben aufgeführten Klimazonen gibt es Übergänge und innerhalb der Zonen Nuancen. So kann man große jährliche, für den Menschen und seine Umwelt wichtige Schwankungen beobachten. Ganz allgemein sind die Klimazonen, langfristig gesehen, nicht unbeweglich: Das Klima hat sich mit der Zeit auf dem ganzen Planeten verändert.

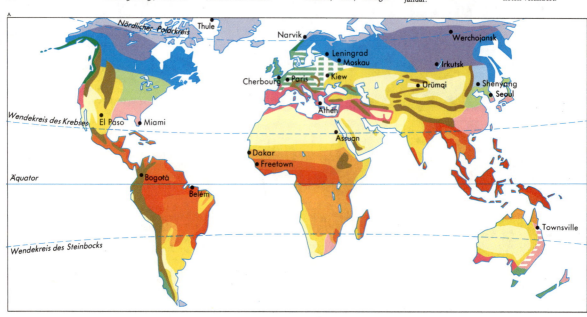

52

DAS UNIVERSUM UND DIE ERDE

DER WIND: DIE BEAUFORT-SKALA

Diese Skala zur Einteilung der Windstärken wurde zu Beginn des 19. Jahrhunderts im Jahre 1806 von dem britischen Admiral Sir Francis Beaufort erstellt. Sie wird auf der ganzen Welt zur Messung der Windstärke verwendet und ist vor allem bei der Seefahrt von Nutzen.

Auch heute noch umfaßt die Beaufort-Skala Zahlen von 0 bis 17, wobei sich die oberen Zahlen (zwischen 12 und 17) nur durch die zugehörige Windgeschwindigkeit unterscheiden: Sie entsprechen immer heftiger werdenden Orkanen.

Beaufort-Skala

Wind-stärke	Geschwindigkeit in km/h	Bezeichnung
0	<1	Stille
1	1–5	leiser Zug
2	6–11	leichte Brise
3	12–19	schwache Brise
4	20–28	mäßige Brise
5	29–38	frische Brise
6	39–49	starker Wind
7	50–61	steifer Wind
8	62–74	stürmischer Wind
9	75–88	Sturm
10	89–102	schwerer Sturm
11	103–117	orkanartiger Sturm
12 bis 17	>117	Orkan

BEMERKENSWERTE KLIMADATEN UND KLIMASCHWANKUNGEN

In der Klimatologie haben gewisse Durchschnittswerte wenig Sinn (wie die niemals gemessene mittlere Jahrestemperatur) oder können Überraschungen bereiten (zum Beispiel regnet es in Nizza an der Cote d'Azur deutlich mehr als in Rennes in der Bretagne, aber an weniger Tagen). Die spektakuläreren Extremwerte haben manchmal eine größere Aussagekraft.

In *In Salah,* einer Oase in der algerischen Sahara, erreicht die Temperatur von Juni bis August 50 °C; sie überschreitet jedoch in jedem Monat des Jahres 30 °C. In *Duala* (Kamerun) oder in *Freetown* (Sierra Leone) regnet es im Juli oder im August mehr als in Berlin in einem ganzen Jahr. *Assuan* in Oberägypten erhält jahrelang keinen Regen. In *Churchill* (Kanada), an der Hudsonbai, fiel das Thermometer schon einmal von November bis März unter −40 °C, stieg jedoch in Mai und Juni auf über 30 °C und im Juli sogar auf 35 °C; im Verlauf eines Jahres kann der Unterschied zwischen der Höchst- und der Tiefsttemperatur (Jahresamplitude genannt) über 80 °C betragen. Die Jahresamplitude überstieg in *Werchojansk* (Sibirien) zwischen den gemessenen Rekorden von −68 °C und +37 °C sogar 100 °C. In dem berühmten *Death Valley* in Kalifornien hat das Thermometer im Juli 57 °C erreicht (20 °C über der Körpertemperatur beim Menschen). *Cherrapunji,* die indische Station an den Hängen des Himalaya, hat mehr als 11 m Niederschläge pro Jahr, die vor allem auf den Sommer entfallen (Monsunzeit): Die Juliniederschläge machen vier Jahre mit durchschnittlichen Regen in Paris aus; der Winter dagegen ist (fast) trocken. In *Singapur,* praktisch auf dem Äquator, ist die Gleichmäßigkeit des Klimas bemerkenswert: 26,5 °C im Schnitt für den kältesten, 28 °C für den heißesten Monat, 170 mm Regen für den trockensten Monat und 257 mm für den niederschlagsreichsten. Die klimatische Gleichmäßigkeit hinsichtlich Feuchtigkeit und Wärme ist im übrigen für den Menschen sehr belastend.

Klimaschwankungen. Mehr noch als von den Schwankungen des Klimas sollte man von dessen Änderungen im Laufe der geologischen Zeiten sprechen: So gab es eine feuchte Sahara, die Gletscher reichten bis Lyon (und darüber hinaus) und bedeckten den größten Teil Nordeuropas. Die Großen Seen Nordamerikas verdanken ihnen ihre Entstehung. Heute stellt man eine Ausbreitung der Wüsten fest. Gleichzeitig glauben einige Meteorologen eine Erhöhung der Niederschläge in der gemäßigten Zone und eine allgemeine Erwärmung des Planeten festzustellen.

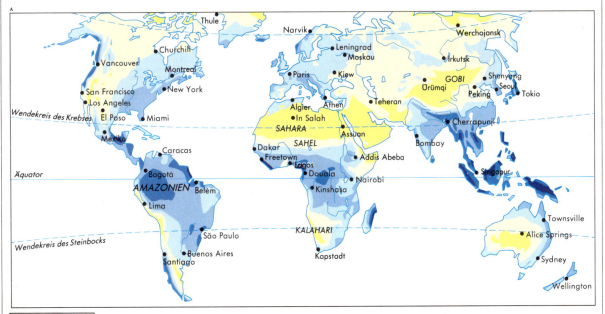

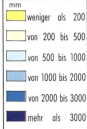

^ · Niederschläge.

Die Niederschlagskarte zeigt auf den ersten Blick eine breitenparallele Anordnung der Zonen mit einem Wüstenstreifen (unterbrochen), der die niederen Breiten (Äquatorgebiete) mit starken Niederschlägen von den mittleren Breiten mit relativ wenig Regen trennt.

Aber die Verteilung des Festlandes und der Meere und die Höhenverhältnisse haben beträchtliche Änderungen dieses Zonenschemas zur Folge. Die Existenz des Monsuns erklärt die Niederschläge im Fernen Osten, der auf dem gleichen Breitengrad wie die Sahara liegt; aufgrund des jahreszeitlichen Wechsels der Passatwinde zwischen den Hemisphären und wegen der Existenz von Tiefdruckgebieten über dem im Sommer überhitzten Kontinent ist der Monsun ein äußerst wichtiges Phänomen (mehr als ein Drittel der Menschheit hängt mehr oder weniger von ihm ab). Die Küstengebirge im Westen Nord- und Südamerikas verhindern das Eindringen der Meereseinflüsse und erklären die Existenz von Wüsten und Halbwüsten in den gemäßigten Breiten, obwohl die Westwindströmung hier vorherrscht. Die Kontinentalität (bedingt durch die Entfernung vom Meer) führt ebenfalls zu einem Abnehmen oder sogar zum völligen Ausbleiben der Niederschläge. Turkestan und die Wüste Gobi (durch den Himalaya ebenfalls vom Monsun abgeschnitten) sind Wüstenregionen auf demselben Breitengrad wie Bordeaux und New York. Umgekehrt führt die unmittelbare Einwirkung der Westwinde in Europa und auch in Südasien zu vermehrten Niederschlägen an der Küste.

DAS UNIVERSUM UND DIE ERDE

BÖDEN

Die Böden werden (aus der Sicht der Pedologie) als natürlich gebildete, unterschiedlich dicke Schichten aus Lockermaterial an der Erdoberfläche definiert. Sie entstehen aus der Umwandlung des anstehenden Gesteins durch physikalische, chemische oder biologische Prozesse im Kontakt mit der Atmosphäre und den Lebewesen.

Ein Boden kann durch sein *Profil,* das heißt durch die Schichtenfolge, oder durch die ihn bildenden *Horizonte* charakterisiert werden. Jeder Horizont ist durch seine Farbe definiert, kann aber auch durch die Art seiner Bestandteile (mineralische und organische Materie), seine Textur (das heißt die Größe dieser Bestandteile), seine Struktur (Art der Gruppierung der Elemente), seine chemischen Eigenschaften (auf der Basis des pH-Wertes, das heißt die sauren [pH-Wert unter 7] oder basischen Charakters [pH-Wert über 7] des Bodens) sowie die Humusart (die sich je nach Intensität der biologischen Aktivität unterscheidet und die vor allem vom bioklimatischen Milieu abhängt) bestimmt werden.

Die drei Haupthorizonte werden (ausgehend von der Oberfläche) mit den Buchstaben A, B und C bezeichnet und nach sekundären Unterscheidungsmerkmalen unterteilt. In Braunerden (sehr häufig in den gemäßigten Breiten) folgen die Horizonte A1 (im allgemeinen dunkel [der Boden hat hier den Namen einer Farbe], bestehend aus organischen und mineralischen Stoffen) und A2 (ärmer an organischen Stoffen), die Horizonte B (vollkommenes Fehlen organischer Stoffe) und C (Muttergestein [R]) aufeinander. Dieses Schema kann komplizierter (beispielsweise mit zahlreichen Unterhorizonten in B, die sich nach der Anreicherung mit Humus, Eisen oder Ton unterscheiden) oder einfacher sein (zum Beispiel Fehlen des Horizonts B bei den sogenannten Rohböden).

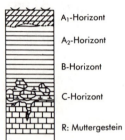

Die Weltkarte zeigt vorwiegend *zonale Böden,* das heißt von Klima und Vegetation beeinflußte Böden. Klima und Vegetation werden ihrerseits vorwiegend von der geographischen Breite bestimmt. Die zonalen Böden werden manchmal auch Klima- oder Klimaxböden genannt, weil sie mit dem Klima und der entsprechenden Vegetation im Gleichgewicht stehen. Es gibt außerdem *intrazonale Böden,* die besonderen örtlichen oder regionalen Gegebenheiten (Topographie, Art des darunterliegenden Muttergesteins) entsprechen, und *azonale Böden* (Böden der Gebirgsregionen).

Die Pedologie. Sie untersucht den Ursprung der Bodenbestandteile und ihre Eigenschaften sowie die Geschichte der Böden. Die analytischen Grundlagen der Pedologie sind unterschiedlich: physikalische Analysen; chemische und spektrometrische Analyse der Bestandteile; mineralogische und kristallchemische Analysen *in situ;* die Biochemie der Humusstoffe und Techniken der Mikrobiologie. Die Untersuchungstechniken haben sich weiterentwickelt: Simulation der Mechanismen der chemischen und biologischen Änderung der Bodenminerale in Labormodellen; Untersuchungen in natürlichen Versuchsstationen, usw.

Böden der Gebirgsregionen.

Dies sind azonale Böden, von der Breitenlage weitgehend unabhängig und vor allem durch die Höhe bedingt. Sie bedecken mehrere große Flächen in Nordamerika (von Alaska bis British-Columbia) und Südamerika (in den Anden von Venezuela bis Feuerland), in Asien vom Hindukusch und Pamir über den Himalaya bis weit nach Hinterindien hinein.

Mineralische Rohböden und Torf.

Erstere sind durch groben Zerfall des harten Muttergesteins entstanden. Die Torfe benötigen fast ebene Flächen sowie das Vorkommen von Pflanzen, die sich in einem fast ständig wassergesättigten Milieu nur unvollständig zersetzt haben.

Braunerden.

Es gibt eigentlich mehrere Varietäten, die sich allgemein nach der letzten Eiszeit entstanden und sich unter einer Walddecke entwickelt haben. Sie haben oft gute Ackerböden geliefert, die jedoch häufig vom Menschen erschöpft wurden; durch Auslaugung erhöhte sich die Azidität des Bodens.

Fersiallitische Böden.

Auch Terra rossa genannt (aufgrund der Verbindung von Eisenoxiden mit Tonen des Typs Montmorillonit); diese Böden sind zumindest anfangs aufgrund ihres hohen Mineralgehaltes sehr fruchtbar, werden aber häufig durch die Bodenerosion stark abgetragen und bilden dann nur noch Reliktböden oder Kalkkrusten.

Roterden.

Bekannter unter dem Namen Laterite, denen man nachsagt, sie hätten ›die Ergiebigkeit und die Farbe von Ziegeln‹. Dies sind jedoch stark veränderte Roterden, keine eigentlichen Böden, sondern zu einem Eisen- und Aluminiumoxidpanzer verhärtete Bodenkrusten. Sie sind praktisch unfruchtbar und haben sich in der letzten Zeit leider sehr ausgebreitet. Roterden bedecken bereits mehr als 20 Millionen km², vor allem in Afrika.

Wüsten- und Halbwüstenböden.

Dies sind kaum entwickelte Mineralböden mit einer fehlenden oder nur sporadisch und vereinzelt auftretenden Pflanzendecke. Sie sind vorwiegend in den Subtropen vom Atlantik bis zum Golf von Oman anzutreffen und dehnen sich fast ununterbrochen bis zur chinesischen und mongolischen Wüste Gobi aus.

Podsol.

Dies ist der Klimaboden der Taiga, dessen Bildung mit der Wirkung einer sauren, organischen Variante des Humus, Auflagehumus genannt, zusammenhängt. Die Podsolierung ist ein starkes Auslaugen aller basischen Elemente. Von dem mineralischen Milieu bleibt an der Oberfläche nur eine aschgraue Quarzschicht. Es handelt sich also um einen sauren Boden (pH-Wert unter 5), der häufig von Wasser durchtränkt, jedoch im Sommer ausgetrocknet ist und kaum mineralische Stoffe in den oberen Horizonten enthält.

Schwarzerden.

Dies ist die Gruppe der Tschernoseme oder Steppenschwarzerden. Die Böden sind schwarz, dick, reich an organischer Materie und in einem relativ trockenen, gemäßigten Klima entstanden. Sie sind sehr fruchtbar.

Eisenhaltige Böden.

Diese Böden sind reich an Eisen, enthalten jedoch keine freien Tonerden (im Gegensatz zu den Roterden) und sind insbesondere im tropischen Afrika, aber auch in Mittelamerika und Südasien zu finden.

Salz- und hydromorphe Böden.

Dies sind intrazonale Böden in relativ geringer Ausbreitung, die sich in den trockenen Regionen (Salzböden) oder sehr feuchten Gebieten (hydromorphe Böden) mit einem vorherrschenden Element entwickelt haben, das sie unterscheidet (an Natrium reiches Muttergestein bei den Salzböden; zumindest zeitweise Existenz einer Wasserschicht bei den hydromorphen Böden).

▲ · **Die wichtigsten Bodenarten.**

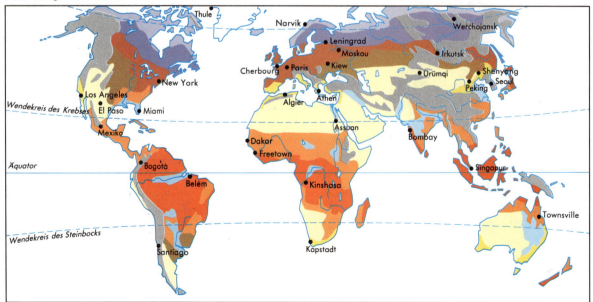

DAS UNIVERSUM UND DIE ERDE

VEGETATION

Die Vegetation, die als Gesamtheit der Pflanzenarten an einem bestimmten Ort definiert wird, hängt zunächst vom Klima ab (wie die geographische Aufteilung in Breitenzonen sowie ein Blick auf die Klima- und Niederschlagskarten zeigen) sowie von den Böden. Sie ist jedoch häufig durch den Menschen entweder direkt (zum Beispiel durch Rodung) oder indirekt (Verschlechterung der Lebensbedingungen durch Umweltverschmutzung) verändert worden.

Die Klassifikation der Pflanzenformationen kann aufgrund des Anteils des von Pflanzen bedeckten Bodens erfolgen (man spricht hier von *geschlossenem Bewuchs*, wenn der Boden ganz bedeckt ist, oder von *offenem Bewuchs*, wenn es freie Flächen gibt). Manchmal dient die Größe der Pflanzen, also die Unterscheidung zwischen Bäumen und Gräsern, als Kriterium. Man stellt dann den Wäldern die Prärien, Savannen und Grasländer gegenüber. Die Karte berücksichtigt diese Überlegungen und fügt ihr die Unterscheidung zwischen Formationen immergrüner Sträucher *(immergrüne Wälder)* und sommergrüner Strauchformationen mit Laubfall im Winter in der gemäßigten oder während der Trockenheit in der tropischen Zone *(Laubwälder)* hinzu.

Borealer Nadelwald. Taiga.

Aufgrund der Asymmetrie des Festlandes hat er keine Entsprechung in der südlichen Hemisphäre (daher auch der Name). Er ist das ausgedehnteste Waldgebiet der Erde (etwa 30 % aller Waldvorkommen). Eigentlich umfaßt er verschiedene Landschaften. Der echte boreale Nadelwald ist ein geschlossener Wald, in einem durchgehenden Streifen vom Atlantik zum Pazifik in Nordamerika und von Skandinavien bis Ostsibirien in Eurasien. Der Wald wird gegen Norden lichter, wo neben den Tannen oft Lärchen auftreten; dies ist die Taiga, mit Nadelholz- und Laubbaumarten.

Pazifische Wälder Nordamerikas.

Vielleicht der schönste Wald der Erde, der sich fast ausschließlich (daher der Name) von Südalaska bis nach Kalifornien erstreckt. Er besteht aus Nadelhölzern, die sich durch ihre Größe und ihre Üppigkeit auszeichnen, mit nadelförmigen, häufig breiten und dicken Blättern. Seine für eine Pflanzenformation dieser Größe ungewöhnliche Nord-Süd-Ausdehnung ist der Gebirgsbarriere des Pazifischen Gebirges und der Exposition gegen maritime Einflüsse in diesen geographischen Breiten zu verdanken.

Immergrüner Regenwald der südlichen Hemisphäre.

Diese Form des Regenwaldes bedeckt die Westhänge der niederschlagsreichen, immerfeuchten, kühlen, aber nicht kalten, häufig nebelreichen Küstengebirge der Südhalbkugel. Er findet sich vor allem in Südchile und Neuseeland.

Mediterrane Hartlaubwälder.

Sie haben diesen Namen, weil die oft verzweigten Bäume harte, glänzende, immergrüne Blätter besitzen, die gut an die Trockenheit und die Hitze im Sommer angepaßt sind. Diese Pflanzenformation findet sich vor allem rund um das Mittelmeer, taucht aber auch in der südlichen Hemisphäre auf (in Südafrika rund um das Kap sowie in Südaustralien. Da sie anfällig sind (selbst ohne das häufige Eingreifen des Menschen), bieten sie unterschiedliche Formen mit regionalen Bezeichnungen, gleichgültig, ob es sich um das Kalifornische Eiche, das chilenische Strauchwerk oder das Mallee-Buschwerk in Australien handelt.

Tropische Regenwälder.

Der äquatoriale Wald ist kennzeichnend für die ständig warmen und feuchten tropischen Tieflandgebiete. Er kommt in drei Hauptgebieten vor, dem Amazonasbecken, einem Teil des Kongobeckens und an der Küste des Golfs von Guinea, einem großen Teil Südostasiens, von Sumatra bis nach Neuguinea. Kleinere Gebiete finden sich in höheren Breiten an den feuchten Westabdachungen Monsunasiens (Indien und Thailand) und an der Ostküste Madagaskars (südliche Halbkugel), die einem niederschlagsreichen Südostpassat ausgesetzt ist.

Die tropische Parklandschaft.

Dies ist (vor allem in Afrika) eine Degradationsform des tropischen Regenwaldes, wo eine saisonale Trockenheit herrscht; sie unterscheidet sich durch den größeren Abstand zwischen den Bäumen, deren Kronen sich jedoch berühren, was sie von der baumbestandenen Savanne unterscheidet.

Borealer Mischwald.

Aus Nadelhölzern und Laubbäumen zusammengesetzt, schließt er sich im Süden an den immergrünen borealen Wald an; er findet sich hauptsächlich im Norden der kanadischen Prärie und am St.-Lorenz-Strom bei den Großen Seen und im Nordwesten Rußlands.

Mischwald der gemäßigten Zonen.

Er grenzt im Norden an den tropischen Regenwald und findet sich vor allem in Asien, im größten Teil Ostchinas (südlich vom Jangtsekiang) und in der Mitte Japans sowie auf einer kleineren Fläche in Louisiana.

Laubwald der gemäßigten Zonen.

Er nimmt (bzw. nahm vor dem Eingreifen des Menschen) den größten Teil Europas ein (mit Ausnahme der Gebiete in Skandinavien und um das Mittelmeer), er findet sich auch häufig im Osten der Vereinigten Staaten (die Appalachenwälder, die artenreicher sind als der europäische Wald [mit 28 Eichenarten gegenüber fünf in Deutschland], sind das größte Laubwaldgebiet der Erde) und in Ostchina.

Wechselfeuchter tropischer Wald.

Der Anteil der Belaubung nimmt bei dieser Waldform im Verhältnis zur Dauer der Trockenzeit zu. Dieser Wald ist besonders in Südafrika (in niederen Breiten, dort aufgrund der geringeren Temperaturen in der Höhe), im Nordosten Indiens und im Zentrum Hinterindiens, in vor den Monsunniederschlägen geschützten Gebieten, ausgeprägt.

Prärie.

Eine Grasformation mit hohen Gräsern, jedoch (fast) ohne Bäume, die in eher kühlen als lange trockenen Gebieten anzutreffen ist. Man findet sie im Süden Rußlands (manchmal unter dem falschen Namen Steppe), aber auch in Südamerika und vor allem in Nordamerika.

Grasland. Savannen.

Man unterscheidet das mit Bäumen auf den Flußufern (Galeriewälder) durchsetzte tropische Grasland, das vor allem in Ostaustralien zu finden ist, und die durch Baum- und Graswuchs gekennzeichnete *Savanne*, die insbesondere in Afrika vorkommt (am Nordrand des tropischen Regenwaldes oder der tropischen Parklandschaft vom Senegal bis zum Sudan), aber auch in Südamerika (Brasilien, Venezuela).

Tundra.

Mit der Verschlechterung des Klimas verschwindet der boreale Nadelwald. Die Tundra besteht aus Gräsern und Büschen.

Winterkalte Kontinentalsteppe.

Eine offene Grasformation, die sehr anfällig ist und oft durch Herden zu Badlands degradiert wurde, am Rande der Steppe (UdSSR) oder in den intramontanen Becken (Rocky Mountains [USA]).

Halbwüstensteppe.
Dornsteppen.
Chaparral.

Es handelt sich um Holzgewächse mit kleinen Blättern, jedoch gut entwickelten Wurzeln, und um Fettpflanzen mit sehr unterschiedlichen Formen und Größen. Sie trifft man häufig am Rand der Wüsten (zwischen der Sahara und der Savanne in Afrika) und in Mexiko an.

Höhenwald.
Höhensteppe.
Höhenprärie.

Sie liegen in vielen Ausprägungen vor, die mehr oder weniger durch die vorherrschende Formation ihrer Breitenlage bedingt sind. Der Höhenwald hat sich im feuchten amerikanischen Nordwesten entwickelt; die Steppe der hohen Breiten nimmt den größten Teil Zentralasiens ein (vor allem Westchina) und die Hochebenen der Anden. Die Bergprärie ist weniger ausgedehnt und auf den Hochebenen Ostafrikas zu finden (Kenia und Tansania).

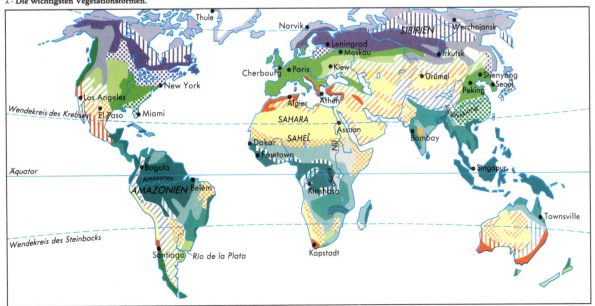

▲ **Die wichtigsten Vegetationsformen.**

DAS UNIVERSUM UND DIE ERDE

WOLKEN

DAS WOLKENSYSTEM

Das Wolkensystem, das ein Tiefdruckgebiet begleitet, zeigt eine charakteristische Abfolge. Der Vorläufer des Tiefdruckgebietes, der *Kopf*, ist der vorhergehende Kaltbereich (das Aufkommen von Cirruswolken kündet die Warmfront an). Der mittlere Teil, der *Körper*, entspricht den drei Fronten (warm, kalt und Okklusion) mit niedrigen, dicken Wolken, und geht mit fast kontinuierlichen Niederschlägen einher. Das Ende des Tiefdruckgebietes, die *Rückseite*, ist die instabile Zone des nachfolgenden kalten Sektors, in dem sich ebenfalls Niederschläge und Aufhellungen abwechseln. Die Schönwetterzone zwischen zwei Tiefdruckzonen heißt *Intervall*.

Es gibt zehn Wolkenarten (siehe Tabelle), innerhalb deren man zwischen Arten und Varietäten unterscheidet. Die Cirrus-, Cirrocumulus- und Cirrostratuswolken werden manchmal in der Familie des *oberen Stockwerks* zusammengefaßt (zwischen 6000 m und der Tropopause); die Altocumulus-, Altostratus- und Stratocumuluswolken bilden das *mittlere Wolkenstockwerk* (zwischen 2000 und 6000 m); die Nimbus- und Nimbostratuswolken gehören zum *unteren Stockwerk* (unter 2000 m). Die Cumulus- und Cumulonimbuswolken bilden die Familie der *Haufenwolken* (manchmal von 500 m bis zur Tropopause).

LEXIKON DER METEOROLOGIE

Antizyklone. Eine Hochdruckmasse (über 1015 hPa [Hektopascal, dem Millibar entsprechende Druckeinheit]); sie wird wie die Tiefdruckgebiete in Form von geschlossenen Ellipsen dargestellt, die Punkte gleichen Druckes verbinden, und Isobaren heißen.

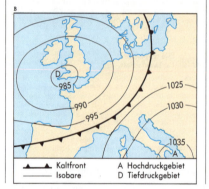

B
▲▲▲ Kaltfront   A Hochdruckgebiet
——— Isobare   D Tiefdruckgebiet

Isobare. Dies ist eine Linie zwischen Punkten gleichen Drucks (der auf eine Einheitshöhe [Meeresniveau] bezogen wird).

Wetterkarten. Werden in Zeitungen veröffentlicht und erscheinen häufig im Fernsehen, wo sie meist nicht als feststehende Bilder, sondern sich dynamisch ändernd zu sehen sind. Sie sind eine Grundlage für die Wettervorhersage, deren Zuverlässigkeit jedoch (in den gemäßigten Breiten) zur Zeit fünf Tage nicht überschreitet (mit einer nicht unbeträchtlichen Fehlerquote). Somit besitzen die Vorhersagen für mehrere Wochen und sogar Jahreszeiten trotz der Fortschritte der Meteorologie, vor allem dank der Satelliten, (noch) keine ernstzunehmende naturwissenschaftliche Grundlage.

Zyklone. Dies ist dagegen eine Tiefdruckmasse (unter 1015 hPa), die also von der Antizyklone durch die Isobare von 1015 hPa getrennt ist. Die Fronten bezeichnen die Berührung zweier Luftmassen, Kalt- und Warmfront, die konvergent sind, aber unterschiedliche Temperaturen und Feuchtigkeitsgrade besitzen. In einem Tiefdruckgebiet der gemäßigten Zone setzt sich die Warmfront an die Spitze (Kopf), wenn Kaltluft an einem bestimmten Punkt Warmluft passiert. Natürlich gelangt die Kaltfront hinter das Tiefdruckgebiet, wenn sie wieder an die Oberfläche kommt.

B · **Wetterkarte.**
Sie zeigt eine Augenblickssituation über Europa. Man kann daraus ersehen: ein Tiefdruckgebiet (D) mit Zentrum über dem Süden Großbritanniens, das den größten Teil Frankreichs erfaßt; ein Hochdruckgebiet (A) über Süditalien, welches die gesamte italienische Halbinsel bedeckt.

Einteilung der Wolken

Gattung	Abkürzung
Cirrus	Ci
Cirrocumulus	Cc
Cirrostratus	Cs
Altocumulus	Ac
Altostratus	As
Nimbostratus	Ns
Stratocumulus	Sc
Stratus	St
Cumulus	Cu
Cumulonimbus	Cb

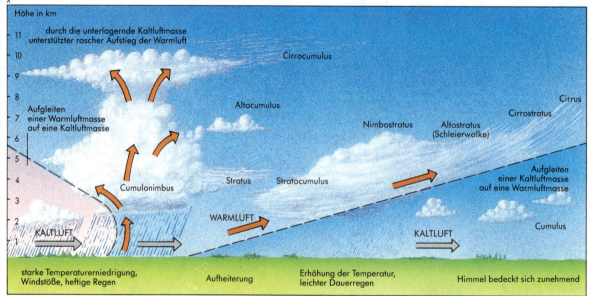

A · **Tiefdruck und Zyklone.**
In den gemäßigten Zonen zieht man den Begriff ›Tiefdruck‹ dem Begriff ›Zyklon‹ vor, der den Tropen vorbehalten bleibt. Ein Zyklon ist ein heftiger Wirbelwind mit verschiedenen regionalen Bezeichnungen (Hurrikan, Taifun, Willy-Willy, Baguio), der von Sturmfluten und Sturmböen begleitet wird.

Cirrocumulus. Höhenwolke in weißen Flocken oder getrennten Streifen, die auch Schäfchenwolken genannt werden.

Cumulonimbus. Dies ist eine massige, mehr oder weniger dunkle Wolke, die bis in große Höhen reicht (500 bis 10000 m) und heftige Regenfälle bringt.

Stratus. Dies ist eine durchgehende graue Wolkenschicht, die nicht immer mit Regen einhergeht (›trübes Wetter‹).

Altocumulus. Eine helle, flockenähnliche Wolke (gescheckter Himmel), sie entsteht bei Aufheiterungen während des Durchzugs eines Tiefdruckgebietes.

Nimbostratus. Eine Schlechtwetterwolke mit dicken, grauen Schichten.

Stratocumulus. Auch eine dunkle, jedoch tiefere Schlechtwetterwolke (etwa 2000 m), die sich durch eine wellige Basis auszeichnet.

Cumulus. Weiß, mit einer ebenen Basis, endet in einer Spitze mit abgerundeten Aufquellungen; sie ist eine Schönwetterwolke.

Altostratus. Ein ziemlich dunkler, gräulicher Schleier (man kann die Konturen von Sonne und Mond nicht mehr richtig sehen).

Cirrus. Einzelne Bänder in großen Höhen; sie treten vor einem Tiefdruckgebiet auf und sind Schlechtwetterboten.

Cirrostratus. Sie bilden einen weißlichen Schleier und ziehen einen Hof um Mond und Sonne.

DAS UNIVERSUM UND DIE ERDE

URSPRUNG DES LEBENS AUF DER ERDE

WAS IST LEBEN?

Um das Lebendige vom Unbelebten zu unterscheiden und um in einer einzigen Definition die Platane, die Gazelle und die Bakterie zu vereinen, muß man die Welt des Lebens in ihrer einzigartigen Vielfalt betrachten. Man muß sich vergewissern, daß keine Art unter den vier bis zehn Millionen Arten, die es heute auf unserem Planeten gibt, ausgeschlossen wird und daß die Merkmale ausreichend genau sind, damit man nicht irgendein Mineral, eine Maschine oder einen mathematischen Gegenstand mit einbezieht. Atmung, Fortpflanzung, Ernährung und Bewegung reichen nicht aus, um das Lebendige zu definieren.

Nur Leben kann Mangel an Symmetrie bewirken; es ist spontan, oder besser gesagt empfindsam; es flieht oder versucht, sich an solche ungünstigen Situationen anzupassen. Es ist auch zur autokatalytischen Rückwirkung fähig, das heißt, das Leben kann die Substanzen herstellen, die ihm fehlen.

Die chemische Zusammensetzung der Organismen. Sauerstoff, Kohlenstoff, Wasserstoff und Stickstoff sind die Hauptbestandteile der Organismen. Metalle sind nur in geringen Mengen vorhanden, während Wasser mehr als 85 % des Gewichts einiger Tiere ausmacht. Dies gilt zum Beispiel für die Quallen. Demgegenüber sind Minerale durch ihren hohen Gehalt an Silicium gekennzeichnet und durch die große Fülle an Metallen (wie Aluminium, Eisen und Natrium).

Allerdings unterscheidet die Anordnung der Elemente zu Molekülen das Lebendige noch besser vom Mineral. Zucker, Fettsäuren und Aminosäuren gehören zum Lebendigen. Die Desoxyribonukleinsäure oder DNS ist das charakteristischste Molekül; es bildet die Chromosomen, die weitergegeben werden und alle für das Leben notwendigen Informationen enthalten. Dieses Molekül in Form einer doppelten Schraubenlinie enthält mehr als 6 Milliarden aneinandergereihter Moleküle, die man mit den Buchstaben einer Nachricht vergleichen kann und die den genetischen Code bilden.

WOHER KOMMT DAS LEBEN?

Die Frage nach dem Ursprung des Lebens hat trotz ihrer Komplexität nicht aufgehört, die Denker und Wissenschaftler zu beschäftigen. Die wissenschaftliche Diskussion dieser Frage begann nach 1850.

Zunächst suchte man im All nach den Ursprüngen des Lebens; die Theorie, nach der das Leben auf der Erde aus einem Keim von einem anderen Himmelskörper stamme, wurde an kohlenstoffhaltigen Meteoriten untersucht. Der Meteorit, der 1864 in Orgeuil bei Toulouse niederging, wies zahlreiche gesättigte Kohlenwasserstoffe auf. Die damals an einem solchen Material durchgeführten Studien ergaben jedoch keinen eindeutigen Nachweis für Leben.

Darüber hinaus hat man seitdem im Weltraum Moleküle von biologischer Bedeutung gefunden, wie zum Beispiel Ammoniak und Methylalkohol. Diese Entdeckungen bilden den Grundstock für eine aktive Suche nach anderen Lebensformen im Weltall.

Doch die seriöseste Hypothese der Wissenschaftler ist heute die des irdischen Ursprungs des Lebens. Das Leben ist sehr wahrscheinlich durch Zusammenwirken komplexer chemischer Reaktionen im für das Leben unerläßlichen Wasser in einem Umfeld, das sich sehr stark von dem heutigen unterscheidet, entstanden (wobei die notwendige Energie aus dem Vulkanismus, aus elektrischen Entladungen (Blitzen) und aus der kosmischen Strahlung stammte).

EXPERIMENTE ZUR ENTSTEHUNG DES LEBENS

Der amerikanische Student Stanley L. Miller entwarf 1953 ein verblüffend einfaches Experiment. Er rekonstruierte künstlich das Umfeld unseres Planeten und synthetisierte zahlreiche für das Leben charakteristische Moleküle (s. Abb.).

Die beobachteten Reaktionen führten zu Polymerisationen, das heißt zur Aneinanderreihung mehrerer Moleküle bis zur Bildung ganzer Ketten. Wenn man diese Substanzen in Wasser gibt, ballen sie sich dank der Fettsäuren zu winzigen Kugeln zusammen. In einem günstigen, z. B. einem salzigen Milieu beginnen diese zu wachsen und sich nach Art der Bakterien zu teilen.

Die Entstehung einer DNS-Kette ist, ohne daß es bislang gelungen wäre, sie experimentell nachzubilden, ein ganz und gar plausibler Vorgang in einem primitiven Umfeld, wobei die letzte Stufe darin besteht, daß DNS in eine der winzigen Kugeln gelangt, um die erste Zelle zu bilden.

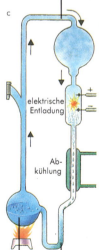

A · Zustand der Erde bei der Entstehung des Lebens.

Als die Erde sich vor ungefähr 7 Milliarden Jahren bildete, war ihre Temperatur so hoch, daß alles Gesteinsmaterial in geschmolzenem Zustand vorlag. Durch Abkühlung entstanden die ersten Gesteine wohl vor 4,5 Milliarden Jahren. Dann mußte die Temperatur der Atmosphäre noch unter 100 °C absinken, damit flüssiges Wasser entstehen konnte. Die Zusammensetzung der Atmosphäre sah damals ganz anders aus als heute. Es gab noch keinen freien Sauerstoff, die Atmosphäre war voller Wasserdampf, und die vulkanische Aktivität reicherte sie mit Kohlendioxid (CO_2), Ammoniak (NH_3) und Methan (CH_4) an.

C · Das Experiment von Miller.

In einen Glasballon, auf dessen Grund sich Wasser befand, gab Miller eine Atmosphäre aus Gasen ein, von denen er annahm, daß sie bei der Entstehung des Lebens beteiligt waren (Methan, Ammoniak, Kohlendioxid). Durch Erhitzen des Glasballons erzeugte er Wasserdampf. Das entstehende Gemisch, das der Uratmosphäre ähnelte, leitete er in einen anderen Ballon, in dem elektrische Entladungen stattfanden. Durch Abkühlung dieses Gases kam es zur Kondensation. Die Analyse der dadurch zustande gekommenen Flüssigkeit wies Aminosäuren, Eiweißstoffe, Zucker, Fettsäuren sowie zahlreiche andere lebensnotwendige Moleküle nach.

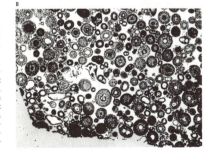

B · Die ersten Formen des Lebens.

Die ältesten bekannten fossilen Reste von Lebewesen wurden in Grönland gefunden; sie sind 3,8 Milliarden Jahre alt. Weitere Reste sind auf allen Kontinenten entdeckt worden. Dieses Gestein aus Mali, das auf mehr als 2 Milliarden Jahre datiert wird, enthält Fossilien von Lebewesen, von denen einige unterschiedliche Fortpflanzungsstadien aufweisen.

D · Stromatolithen.

Diese durch Kalkausfällung mariner Blaualgen entstandenen Kalkgebilde erschienen vor etwa 3 Milliarden Jahren. Anscheinend waren die Blaualgen zu einer sehr aktiven Photosynthese fähig; sie haben wohl bei der Bildung von Sauerstoffgas in der Atmosphäre eine entscheidende Rolle gespielt.

LEBEN IM PRÄKAMBRIUM UND KAMBRIUM

DIE BAKTERIEN, ERSTE LEBENSFORMEN

Die ersten bekannten Lebewesen sind Bakterien: In Grönland wurden von ihnen 3,8 Milliarden Jahre alte, in Transvaal 3,7 Milliarden Jahre alte Fossilien gefunden.

Vor ungefähr 3 Milliarden Jahren tauchten die Stromatolithen auf, von marinen Blaualgen geformte Kalkgebilde. Anscheinend waren diese Blaualgen zu einer sehr aktiven Photosynthese fähig und haben bei der Bildung von Sauerstoff in der Atmosphäre eine grundlegende Rolle gespielt. Somit konnten dann komplexere Organismen entstehen, die Sauerstoff aufnahmen und damit die Atmung erfanden.

Alle diese Organismen waren sehr klein (weniger als 60 Mikrometer) und gehörten der Welt der Prokaryonten oder kernlosen Zellen an. Tausende von Arten wie die Bakterien und die Blaualgen oder Cyanophyta gehören zu dieser Kategorie.

Vor ungefähr 1,45 Milliarden Jahren erschienen große Zellen (100 bis 600 Mikrometer), bei denen es sich um die ersten Eukaryonten gehandelt haben könnte. Diese Organismen unterschieden sich erheblich von ihren Vorfahren, da sie einen Zellkern und Organellen besaßen. Professor Lynn Margulis von der Universität Boston ist der Meinung, daß es sich hierbei lediglich um prokaryonte Organismen handelt, die sich durch Symbiose (zu beiderseitigem Vorteil) mit anderen Prokaryonten vereint haben (Endosymbiontentheorie). Organellen, die auf solche eingewanderte Bakterien zurückgeführt werden, sind z. B. die Mitochondrien und die Plastiden.

DIE FÜNF REICHE DER LEBEWESEN

Wenn auch die Urzellen, die Prokaryonten, bis in unsere Tage fortbestehen und eines der Reiche bilden, so haben sich aus ihnen doch auch die vier großen anderen Reiche entwickelt:
• die Pilze, Pflanzen ohne Chlorophyll, die wie die Hefepilze Einzeller sind, sich zu Fäden oder Kolonien zusammenschließen oder als Vielzeller, wie die eßbaren Pilze unserer Wälder, vorliegen;
• die Pflanzen, die die Moose, die Fruchtzapfen- und Blütenpflanzen umfassen;
• die Einzeller, die durch die Amöben, die Wimpertierchen, die Strahlentierchen, aber auch die Grün-, Rot- und Blaualgen vertreten sind;
• die Tiere, die so unterschiedliche Arten wie Korallen, Schwämme, Würmer umfassen.

DAS LEBEN IM MEER ENTWICKELT SICH

Obwohl das Präkambrium lange Zeit als eine Epoche ohne Leben galt, wurden Hunderte von Versteinerungen aus dieser Zeit gesammelt.

Im Paläozoikum, vor 590 bis 248 Millionen Jahren, entstanden nicht nur die ersten Wirbellosen, sondern auch die ersten Wirbeltiere.

Die ersten Wirbeltiere waren die Kieferlosen (Agnatha): Die älteste Art wird auf über 500 Millionen Jahre datiert. Die Kieferlosen hatten zwar noch kein ausgeprägtes Kieferskelett, gleichwohl besaßen diese Fische schon Schuppen aus Dentin, die den Knorpelpanzer umhüllten.

Die Wirbelsäule, die anfangs aus Knorpel bestand, verknöcherte rasch. Vor 420 Millionen Jahren tauchen mit den Acanthodii der Kiefer und die vorderen Gliedmaßen auf.

Die Panzerfische, die sich durch die dicke Bewehrung ihres Skeletts auszeichneten, sind heute nur noch durch Haie und Knorpelfische vertreten. Man kennt von ihnen riesige Formen bis zu 6 m Länge.

Kurze Zeit nach dem Kiefer bildeten sich aus den Dentinschuppen die Zähne, die das Maul umgaben.

A · **Die Fauna von Ediacara in Australien.**
Das 1947 entdeckte Ediacara ist die berühmteste Lagerstätte präkambrischer Fossilien. Es muß an diesem Ort außergewöhnliche Versteinerungsbedingungen gegeben haben, die dazu geführt haben, daß diese Weichtiere aus der Zeit vor 560–670 Millionen Jahren erhalten geblieben sind. Diese ältesten bekannten Vielzeller hatten keine Schalen und Skelette; es handelte sich um Hohltiere, Ringelwürmer, Gliederfüßer und Formen unbekannter Systematik.

B · **Der älteste Fisch der Welt.**
Sacabandaspis janvieri, 1987 in Bolivien entdeckt und auf 470 Millionen Jahre datiert. Dieser Fisch maß 37 cm, hatte kein Flossenpaar; er schwamm wie eine Kaulquappe.

C · **Die Trilobiten**
Sie sind die charakteristischen Gliederfüßer des Paläozoikums. Ihr Auftauchen kennzeichnet den Beginn dieser Ära. Von den 1500 bekannten Arten hat keine überlebt.

D · **Der Burgess-Schiefer in Kanada.**
Der im Mittelkambrium, vor etwa 530 Millionen Jahren entstandene Burgess-Schiefer zeigt schon eine beachtliche Fauna: Schwämme, mit den Korallen verwandte Kolonien, Würmer und Arthropoden und das älteste uns bekannte Chordatier, *Pikaia*.

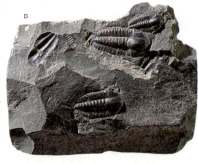

FOSSILIEN HELFEN BEI DER DATIERUNG

Die geologischen Zeitabschnitte sind geprägt vom Entstehen und Aussterben von Hunderttausenden von Arten. Sie können durch das Vorkommen großer Tiergruppen charakterisiert sein (Trilobiten im Paläozoikum, Dinosaurier im Mesozoikum). Die Lebensdauer einer Art beträgt 2 bis 10 Millionen Jahre. Das Vorhandensein von Fossilien und das gemeinsame Auftreten mehrerer Arten ermöglichen eine Datierung der Sedimentschichten, auch wenn die verwendeten Fossilien Gruppen angehören, deren Stellung unter den Lebewesen immer noch unbekannt ist.

DIE EROBERUNG DES FESTLANDES

Vor 380 Millionen Jahren trugen die Fische bereits Flossenpaare, also echte Glieder mit Muskeln. Einige von ihnen besaßen auch Beutel nahe den Kiemen, die Lungen ähnelten, sowie äußere Nasenflügel und einen Tränenkanal. Die Latimeria, die 1952 bei den Komoren entdeckt wurde, ist eine der seltenen Überlebenden dieser Arten, die man lange Zeit für ausgestorben hielt. Die Eroberung des Festlandes durch die Tierwelt erfolgte von Flüssen und Seen aus. Die ersten aus dem Wasser gekommenen Wirbeltiere waren die Amphibien. Sie mußten die für sie neuen Probleme der Fortbewegung und der Atmung an Land meistern.

Die älteste bekannte Amphibienart, die der Ichthyostega, lebte vor 370 Millionen Jahren. Fossilien dieses Tieres, die in Grönland gefunden wurden, besitzen noch einen Schwanz; Kiemendeckelknochen beweisen, daß es im erwachsenen Stadium noch Kiemen hatte.

A · **Ein Vorfahr der Amphibien.**

Der Quastenflosser *Eusthenopteron* ist einer der nächsten Verwandten der ersten Amphibien, mit knöchernen Flossenelementen und Lunge.

B · **Ichthyostega.**

Die Gliedmaßen dieser primitiven Amphibien zeigen wichtige Errungenschaften zur Fortbewegung auf dem Land. Die fünf Zehen sind frei beweglich, Speiche und Elle sind gleich lang und erleichtern die Bewegung der Gliedmaßen, während der Ansatz der Oberschenkel- und der Oberarmknochen durch ein richtiges Gelenk gebildet wird. Die Gliedmaßen sind seitlich angeordnet; der Körper kann sich nicht völlig vom Boden lösen.

DIE PFLANZENWELT

Wenn die Landpflanzen auch bereits vor über 450 Millionen Jahren existierten, wie es die Entdeckung von versteinerten Sporen bezeugt, so ist die erste bekannte Gefäßpflanze, *Cooksonia,* erst seit etwa 420 Millionen Jahre belegt. Es handelte sich um einen einfachen Stiel mit dem Vermehrungsapparat an der Spitze. Der Fundort Rhynie (Schottland) wird auf 400 Millionen Jahre datiert und enthält (neben Versteinerungen von Krebsen und Insekten) die Überreste der ersten Blattpflanze, *Asteroxylon.*

Erst seit 350 Millionen Jahren kann die Pflanze sich selbst durch die Entwicklung der Samenanlagen und Pollen vermehren. Die befruchtete Samenanlage wird zu einem Samen, der sich anschließend löst, um an anderer Stelle neue Pflanzen zu produzieren. Im primitivsten System waren die Pflanzen entweder männlich oder weiblich. Bei den Nadelhölzern trägt derselbe Baum männliche und weibliche Organe. Pflanzen ohne Blüten, Gymnospermen, beherrschen den Planeten bis zum Auftreten der ersten Blütenpflanzen, der Angiospermen, vor ungefähr 100 Millionen Jahren.

Vor über 300 Millionen Jahren bedeckten große Wälder unsere Kontinente. Diese Wälder, aus denen die Kohle hervorging, wuchsen an sehr feuchten, meist sumpfigen Standorten. Hier lebten die Amphibien, vor allem fleischfressende Tiere, die sich von Insekten, Spinnen, Schnecken, Würmern, Fischen und sogar anderen Amphibien ernährten. Von den Insekten wiesen die Schaben und die Silberfischchen kaum morphologische Unterschiede zu den heutigen Arten auf, die man deswegen als interessante lebende Fossilien ansehen kann.

DIE REPTILIEN

Diese Tiere, die heute eine sehr heterogene Kategorie bilden, tauchen vor 290 Millionen Jahren auf. Im Mesozoikum vermehrten sie sich sehr stark, eroberten alle Lebensräume und trugen zur Entstehung der Vögel und der Säugetiere bei. Die Eidechsen sind seit etwa 230 Millionen Jahren belegt. Ihre Zähne spezialisierten sich in Schneidezähne, Eckzähne und Mahlzähne. Später vervollkommneten sie die Mechanismen der Regulierung der Körpertemperatur.

Die Artenvielfalt der Reptilien im Mesozoikum war so groß, daß die Biologen bis heute kein gemeinsames Merkmal finden konnten, durch das alle verschiedenen Arten dieser Kategorie bestimmten Gruppen zugeordnet werden können.

Die ersten säugetierähnlichen Reptilien, die Vorfahren der Säugetiere, traten vor etwa 280 Millionen Jahren auf.

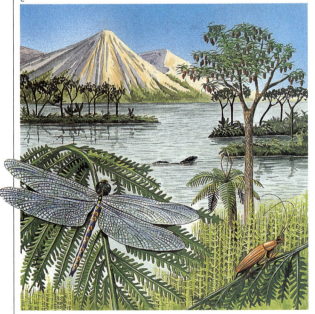

C · **Die Wälder des Karbon.**

Die üppige Flora des Karbon wurde von Farnen beherrscht. Pflanzenfossilien sind insbesondere in der Kohle sehr reichlich vorhanden, die sich durch Zersetzung dieses Pflanzenmaterials unter beträchtlichem Druck infolge Absenkens bildete.

UNTERSUCHUNG DER EVOLUTION

Die Systematiker, die die heutigen und die fossilen Arten untersuchen, bemühen sich um die Einordnung der Lebewesen.

Die Evolutionsforschung beruht auf der Kenntnis der Vorfahren und Nachkommen. Von den Eigenschaften jeder einzelnen Art müssen die, die von Vorfahren stammen (Urmerkmale), von denjenigen unterschieden werden, die während der Evolution aufgetreten sind (abgeleitete Merkmale).

Die Art, definiert als Gruppe von Individuen, die sich untereinander paaren und deren Nachkommen fruchtbar sind, ist die Grundeinheit der Klassifikation. Diese muß Verwandtschaften zwischen den Arten und den Ablauf ihrer Entwicklung beachten.

D · **Die Libelle Meganeura.**

Diese riesige Libelle mit etwa 80 cm Flügelspannweite ist eines der Rieseninsekten, die die Wälder des Karbons bevölkerten. Anscheinend war sie die Nahrung zahlreicher Amphibien.

DAS UNIVERSUM UND DIE ERDE

DAS LEBEN IM MESOZOIKUM

VORHERRSCHAFT DER REPTILIEN

Dies ist mit dem Auftreten der Vögel und Säugetiere eines der Hauptmerkmale des Mesozoikums.

Das erste Ei. Eine der größten Errungenschaften der Reptilien ist das Ei. Die ersten Eier erschienen zur gleichen Zeit wie die Reptilien im Karbon. Das Ei wird von nun an im Körper des Weibchens befruchtet. Der Dotter, der die Nahrungsreserve des Fetus ist, entwickelt sich und umgibt sich mit einem Amnion, das wiederum von einer Schutzmembran, der Allantois, eingehüllt ist, die durch eine Schale geschützt ist. Das Amnion, das man dann bei allen Säugetieren findet, spielt eine wichtige Rolle bei der Atmung und dem Schutz des Embryos gegen Stöße und Temperaturschwankungen. Diese Eistruktur bietet den besten Schutz des Embryos, während die Entstehungs- und Trächtigkeitszeit länger wird. Durch das Ei wird die Fortpflanzung vom Wasser unabhängig.

Dinosaurier. Diese Tiere, von denen die ersten Arten vor 220 Millionen Jahren erschienen, unterscheiden sich von den anderen Reptilien durch die beachtliche Entwicklung ihres Fortbewegungssystems. Sie werden, je nach der Struktur ihres Beckens, in die Saurischier oder Echsenbeckendinosaurier (dreistrahliges Becken) und die Ornithischier oder Vogelbeckendinosaurier (vierstrahlig) eingeteilt. Diese Reptilien haben riesige Formen wie den Brontosaurier und den Diplodocus, die Pflanzen fraßen und etwa 30 m groß wurden, oder wie die fleischfressenden Tyrannosaurier und den Deinonychus hervorgebracht.

Andere Reptilien. Die ersten Schildkröten traten vor über 300 Millionen Jahren in der oberen Trias zur gleichen Zeit wie die ersten Krokodile auf. Später, vor über 100 Millionen Jahren, entwickelten sich die ersten Schlangen. Als Beherrscher des Festlands haben die Reptilien ebenfalls gut angepaßte Meeresformen entwickelt, wie die Plesiosaurier und die Ichthyosaurier, sowie fliegende Formen, die Flugsaurier wie Pteranondon. Das größte fliegende Reptil, *Quetzalcoatlus*, hatte eine Spannweite von 27 m.

WARUM RIESEN?

Das bei den Reptilien auf dem Festland und im Wasser beobachtete Riesenwachstum ist sehr schwer zu erklären. Bei den Wirbeltieren war anscheinend in der Regel die Hypophyse, eine Drüse, die Wachstumshormone ausschüttet, stark ausgebildet. Bei den Ammoniten, die diese Drüse nicht besaßen, ist die Erklärung am schwiersten. Darüber hinaus liefern bestimmte Schichten des Paläozoikums nur Riesenformen, die fünf bis zehn Mal größer sind als ihre nächsten Verwandten. Diese Schichten, die nur einige Zentimeter dick sind, entsprechen sehr kurzen Zeiträumen und erstrecken sich manchmal über Hunderte von Kilometern!

VÖGEL UND SÄUGETIERE

Sie tauchen im Jura auf. Die Körpertemperatur der Säugetiere und der Vögel ist konstant (Warmblütigkeit). Einige Reptilien haben anscheinend die Mechanismen zur Erhaltung ihrer Körpertemperatur vervollkommnet. Die Forscher haben die Möglichkeit untersucht, ob die Dinosaurier ebenfalls Mechanismen zur Regulierung der Körpertemperatur entwickelt haben könnten, was jedoch noch nicht bewiesen ist.

Wir wissen noch nicht einmal, ob die Warmblütigkeit der Säugetiere und der Vögel einen gemeinsamen Ursprung hat.

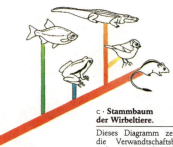

C · **Stammbaum der Wirbeltiere.**

Dieses Diagramm zeigt die Verwandtschaftsbeziehungen zwischen den Hauptgruppen der Wirbeltiere.

D · **Der Archaeopteryx.**
Dies ist der älteste bekannte Vogel. Er besitzt Federn, ein eindeutiges Merkmal der Vögel, zeigt jedoch noch zahlreiche, den Reptilien eigene Kennzeichen, wie einen Schwanz und Zähne. Man hat ihn lange Zeit für ›das fehlende Glied‹ in der Kette zwischen Reptilien und Vögeln gehalten. Heute jedoch wird angenommen, daß die Gruppe der Vögel, zu der er gehörte, andere Vorfahren hatte als unsere heutigen Vögel. Es sind nur sechs Exemplare bekannt. Zwei weitere Untergruppen von Vögeln mit Zähnen (Enantiornithen, Odontognathae) sind für die Kreide typisch.

A · **Der Tyrannosaurus.**
Dinosaurier unterscheiden sich von den anderen Reptilien durch die beachtliche Entwicklung ihres Fortbewegungsapparates. Die größten Dinosaurier waren Pflanzenfresser wie der Diplodocus, die fleischfressenden Formen wie der Tyrannosaurus sind die größten Festlandräuber, die auf der Erde gelebt haben.

E · **Das Rückensegel des Dimetrodon.**
Mehr oder weniger ausgebreitet, ermöglichte es die Erwärmung oder Abkühlung des Körpers.

B · **Dinosauriereier.**
Die Dinosaurier legten ihre Eier direkt auf den Boden. Diese Dinosauriereier stammen aus einem Fundort der Provence, der (wie die Fundorte der Mongolei und in Montana, USA) auf 80 bis 90 Millionen Jahre datiert wird. Die ältesten bekannten Eier von Dinosauriern sind etwa 200 Millionen Jahre alt.

DIE BLÜTENPFLANZEN

Sie treten vor 100 Millionen Jahren auf. Die männlichen und weiblichen Fortpflanzungsorgane befinden sich nun an der gleichen Stelle. Die Staubgefäße produzieren den Pollen, den die Insekten oder der Wind verbreiten, bis er sich auf dem Stempel absetzt und die Samenanlage befruchtet.

DAS LEBEN IM MEER

Es wird von zwei großen Gruppen von Kopffüßern beherrscht: den Ammoniten, die eng mit unserem Nautilus verwandt sind und die Hunderte von Arten umfassen, von denen es riesige Exemplare gibt, die einen Durchmesser bis 2,5 m erreichen, und den Belemniten. Die mit unseren heutigen Tintenfischen verwandten Belemniten sind durch das stark mineralisierte Rostrum bekannt, das den ›Knochen‹ verlängerte. Auch da gab es riesige Exemplare, die bis zu zehn Meter Länge erreichten.

Fest auf dem Meeresgrund leben die Seelilien, die Stachelhäuter mit fünfstrahliger Symmetrie. Lange glaubte man, daß sie am Ende des Mesozoikums ausstarben, aber 1986 wurden einige Exemplare zwischen Neukaledonien und Neuseeland aus dem Meer gefischt.

DAS VERSCHWINDEN DER DINOSAURIER

Gegen Ende der Kreidezeit, vor 65 Millionen Jahren, verschwanden die Dinosaurier, die Ammoniten und Tausende anderer Arten.

Ein erstaunliches Phänomen: Pflanzen und Tiere, 60 bis 75 % der Lebewesen im Meer, Tausende von Arten auf dem Festland – insbesondere diejenigen mit einem Gewicht von mehr als 25 kg, die in tropischen Gegenden oder an den Süßgewässern der Kontinente lebten – starben fast gleichzeitig aus.

Man stimmt darin überein, daß das Aussterben schnell erfolgt ist und den gesamten Planeten samt seiner Meere umfaßte. Allerdings liefert keine der vorgeschlagenen Erklärungen eine Auskunft über den selektiven Charakter des Aussterbens, noch konnte eine Logik in der Liste der verschwundenen Arten aufgedeckt werden.

Erste Feststellungen. Durch die Untersuchung der geologischen Schichten, die sich im Augenblick der Krise abgelagert hatten, konnte man einen anormal hohen Iridiumgehalt (ein Schwermetall mit der Ordnungszahl 77) nachweisen. Man nimmt an, daß diese ›Iridiumverschmutzung‹ die Folge einer starken Vulkantätigkeit oder des Einschlags eines riesigen Meteoriten von 10 km Durchmesser gewesen sein könnte, dessen Kollision mit der Erde eine Energie freigesetzt hätte, die größer als diejenige von Dutzenden von Atombomben ist.

Bei seinem Aufprall soll der Meteorit eine gewaltige Stoßwelle bewirkt haben, in zahlreiche Brocken explodiert sein und so viel Staub in der Atmosphäre aufgewirbelt haben, daß die Sonnenstrahlen fast nicht mehr unseren Planeten erreichten, woraus sich eine allgemeine Abkühlung des Klimas ergeben habe. Wenn man dieser Hypothese zustimmt, so wären jedoch alle Tiere und alle Pflanzen betroffen gewesen.

Hypothese der sauren Niederschläge. Um den selektiven Charakter des Aussterbens zu erklären, sind einige Forscher in ihren Überlegungen über die Folgen des Meteoritenaufpralls noch weiter gegangen. Der Meteorit könnte bei der Durchquerung unserer Atmosphäre durch Oxidation des Stickstoffs eine Verschmutzung derselben durch Stickstoffdioxid (NO_2) verursacht haben, die tausendmal größer war als die in unseren am meisten verschmutzten modernen Städten. Eine genauere Analyse der geologischen Ablagerungen aus dieser Epoche hat gerade gezeigt, daß ungefähr 100 Milliarden Tonnen Ruß zu dem Zeitpunkt des Meteoritenaufschlags auf die Erdoberfläche niedergegangen sein müssen. Die gleiche Wirkung hätte sich ergeben, wenn ein Großteil der Wälder der Erde verbrannt wäre.

Mit dem Verschwinden eines großen Teils der Pflanzendecke und des Planktons hätte sich der Anteil an Kohlendioxid (CO_2) ungewöhnlich erhöht und durch den Treibhauseffekt einen erheblichen Temperaturanstieg verursacht. Die Existenz von Gasen wie NO_2 und CO_2 in der Atmosphäre soll bei jedem Regen den Niederschlag ungeheurer Mengen von Salpeter- und Kohlensäure oder, anders gesagt, von ›saurem Regen‹, mit sich gebracht haben, der tausendmal zerstörerischer war als der, den wir heute kennen.

Die Tiere, die Eier mit Kalkschalen legen und die der Atmosphäre ausgesetzt sind (zum Beispiel die Dinosaurier), und die Seetiere an der Oberfläche (wie die Ammoniten) wären wegen dieses Regens verschwunden. Die Säugetiere dagegen, unsere Vorfahren, deren Nachkommenschaft im Bauch der Mutter geschützt war, die Organismen in großer Tiefe, die Krokodile und Schildkröten, die ihre Eier eingraben, bewahrten sich ihre Überlebenschancen.

C · Die Hypothese vom sauren Regen.

Saure Regen als Folge eines starken Vulkanismus oder eines Meteoriteneinschlags werden heute meist zur Erklärung des Aussterbens der Dinosaurier angenommen. Früher hatte man u. a. folgende Ereignisse dafür verantwortlich gemacht: das Auftauchen der Blütenpflanzen, deren Gifte alle Pflanzenfresser der damaligen Epoche vergiftet haben sollen; die Umkehrung des Magnetfelds der Erde, die zu einer starken Erhöhung der kosmischen Strahlung geführt haben soll; Schwankungen des Meeresspiegels von Hunderten von Metern; Meteoritenregen, die die Köpfe von Millionen Dinosauriern zertrümmerten (aber nicht die der Säugetiere!?).

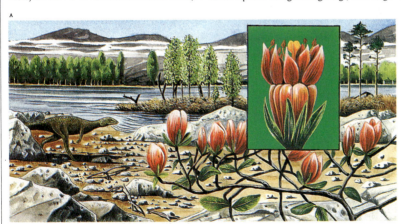

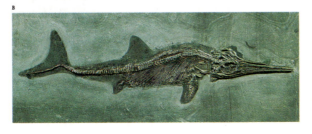

A · Die Blütenpflanzen.

Die ältesten bekannten Blütenpflanzen wurden in Grönland gefunden. Sie tauchten vor ungefähr 100 Millionen Jahren, in der Kreidezeit, auf. Unter ihnen finden sich den Magnolien verwandte Pflanzen und Bäume, die Pappeln ähneln.

B · Die Ichthyosaurier.

Dies sind Meeresreptilien, deren Form besonders an Schwimmbewegungen angepaßt war. Sie sind ein gutes Beispiel für Konvergenzformen, da ihr Äußeres an einen Delphin erinnert, ein Säugetier, das ebenso gut an das Leben in den Meeren angepaßt ist. Neben diesen marinen Formen entwickelten die Reptilien auch fliegende Exemplare, wie den Pteranodon oder den Rhamphorhynchus.

D · Die Ammoniten.

Die Ammoniten, mit dem heutigen Nautilus verwandte Kopffüßer, bevölkerten die Meere im Mesozoikum. Das Ende der Kreidezeit war auch das Ende der Blütezeit dieser großen Räuber.

DAS UNIVERSUM UND DIE ERDE

DAS LEBEN IM TERTIÄR

DIE VÖGEL

Die Ausbildung der Artenvielfalt bei den Säugetieren und den Vögeln, den beiden großen Klassen der Wirbeltiere, die bereits im Mesozoikum vorhanden waren, kennzeichnet das Tertiär.

Verglichen mit der reichlichen Dokumentation über die Säugetiere, sind die fossilen Vögel selten. Dies liegt an der Röhrenknochenstruktur der Vögel und an ihrer größeren Zerbrechlichkeit. Während allmählich die meisten Arten des Mesozoikums aussterben, tauchen die heutigen Vogelgruppen in der zweiten Hälfte des Tertiärs auf. Die Singvögel, die zuletzt entstandene große Ordnung, kommen vor ungefähr 20 Millionen Jahren erstmals vor. Zahlreiche Riesenformen sind auf allen Kontinenten und den großen Inseln entstanden. Die größten, die Elefantenvögel von Madagaskar, konnten größer als 3 m werden.

DIE SÄUGETIERE

Die Säugetiere, die sich durch die Differenzierung der Zähne und die Ausbildung von Milchdrüsen auszeichnen, erlebten im Tertiär eine Blütezeit.

Die heutigen Säugetiere bilden drei große Gruppen, die man nach ihrer Fortpflanzungsart unterscheidet. Die primitivsten, die in Australien lebenden Kloakentiere, legen Eier. Die Beuteltiere legen eine Larve ab, deren Entwicklung sich im Bauchbeutel der Mutter fortsetzt. Sie waren in der Vergangenheit viel stärker verbreitet; ihre heutige (weitgehende) Beschränkung auf Australien scheint mit der Konkurrenz der Plazentasäugetiere zusammenzuhängen. Bei den letzteren, die heute die größte Gruppe bilden, findet die langandauernde Entwicklung des Embryos gänzlich im Uterus statt.

Während die ersten ab Beginn des Mesozoikums auftretenden Säugetiere alle kleine Nachttiere waren, waren die des Tertiärs in zahlreichen Riesenformen auf dem Festland vertreten. Das größte Säugetier war wahrscheinlich das Baluchitherium, ein Vorfahr des Rhinozeros, das ungefähr 7 m Schulterhöhe erreichte. Wie bei den Vögeln sind alle diese Riesenexemplare heute verschwunden, wahrscheinlich aufgrund der allmählichen Abkühlung des Klimas ab Mitte Tertiär.

Auftreten der Primaten. Die Primaten unterscheiden sich von den anderen Säugetieren durch ihren opponierbaren Daumen, ihre flachen Nägel und die Existenz von zwei brustständigen Milchdrüsen. Sie treten darüber hinaus durch die Entwicklung ihres Gehirns und ihrer Augen hervor.

Die Vorfahren der Primaten waren kleine Insektenfresser, die mit unserer Spitzmaus verwandt sind. Der älteste bekannte Primat, *Purgatorius,* wurde in Ablagerungen in Nordamerika gefunden, die 65 Millionen Jahre alt sind. Er verdankt seinen Namen den schwierigen Ausgrabungsbedingungen, unter denen die Paläontologen arbeiteten, wobei sie nur einige wenige Zähne dieses Tieres fanden. Der *Purgatorius* war von geringer Größe, besaß einen langen Schwanz, lebte wahrscheinlich auf Bäumen und ernährte sich von Insekten.

Mehrere fossile Affen wurden bereits gefunden. Dennoch ist die paläontologische Dokumentation über die großen Affen (oder Hominoidea) noch sehr dürftig. Die ältesten bekannten Hominoiden werden auf 20 Millionen Jahre datiert. Unsere am besten bekannten fossilen Vorfahren sind wahrscheinlich die Australopithecinen.

Australopithecus. Unsere nächsten Verwandten, die Australopithecinen, die ab 1920 in Südafrika entdeckt wurden, sollen vor ungefähr 6 Millionen Jahren erschienen sein. Alle lebten in Afrika. Sie sollen von Hominiden wie dem Uranopithecus aus Griechenland oder dem Keniapithecus aus Kenia abstammen. Obwohl die Australopithecinen noch zahlreiche Merkmale aufwiesen, die einer Zwischenstellung zwischen Mensch und Affe entsprechen, waren sie bereits Zweifüßer und zeigten wesentliche Fortschritte gegenüber den Vorgängern.

Die ältesten bekannten Fossilien, die von dieser neuen Fortbewegungsart zeugen, werden auf 5,5 Millionen Jahre datiert. Man hat in Olduvai in Tansania Fußspuren gefunden, die auf 3 680 000 Jahre datiert werden. Das älteste und vollständigste fossile Exemplar des Australopithecus jedoch, das heute bekannt ist, ist nur 3 100 000 Jahre alt. Es handelt sich um die berühmte Lucy, einen *Australopithecus afarensis,* dessen Skelett im Tal des Omo in Äthiopien ausgegraben wurde. Lucy, ein weibliches Individuum von 25 Jahren, ist wahrscheinlich während einer großen Überschwemmung ertrunken.

Die Linie der grazilen Formen, die auch den *Australopithecus africanus* umfaßt, brachte die eigentlichen Menschen hervor, während die robuste Linie (*Austrapithecus robustus* und *Australopithecus boisei*), die vor etwa 2 Millionen Jahren auftrat, 1 Million Jahre später verschwand, ohne Nachkommen zu hinterlassen. Diese Verwandten unserer Vorfahren, die durch einen sagittalen Kamm auf der Schädeldecke gekennzeichnet waren, waren vorwiegend Pflanzenfresser, wie sich aus ihren breiten Mahlzähnen ersehen läßt. Von allen diesen menschlichen Formen, die zu dieser Zeit existierten, überlebte nur der *Homo erectus*.

B · **Landschaft des Tertiärs in Frankreich.**
Fauna und Flora des Gers vor 20 Millionen Jahren, die nach den Fossilien des Fundorts Sansan rekonstruiert wurden.

D · **Die ersten Schritte.**
Die ältesten bekannten Fußspuren unserer Vorfahren, der Australopithecinen, sind 3 680 000 Jahre alt. Sie stammen aus der Olduvaischlucht.

A · **Purgatorius.**
Der älteste bekannte, 65 Millionen Jahre alte Primat. Er war zweifellos ein Zeitgenosse der letzten Dinosaurier und ähnelte Insektenfressern wie der Spitzmaus.

C · **Die Australopithecinen.**
Sie lebten vor 4 Millionen Jahren und umfaßten vier Arten. Sie entwickelten sich in Afrika und brachten die ersten eigentlichen Menschen hervor, den *Homo habilis*.

DAS UNIVERSUM UND DIE ERDE

DER MENSCH

DEFINITION DES MENSCHEN

In der Ordnung der Primaten zeichnet sich der Mensch (Gattung *Homo*), der vor ungefähr 3 Millionen Jahren auftauchte, durch seine Haltung auf zwei Beinen, seine Intelligenz, seine artikulierte Sprache und seine Werkzeuge aus.

Die aufrechte Haltung war mit zahlreichen Änderungen im Körperbau verbunden. Die Wirbelsäule des Menschen hat drei Krümmungen gegenüber zweien beim Affen. Die vorderen Gliedmaßen, die beim Affen zur Fortbewegung dienen, sind frei. Sie wurden kürzer und sind nun etwas weniger lang als die hinteren Gliedmaßen. Die Anordnung von Elle und Speiche ermöglicht eine Drehung der Hand um 180°. Das Becken schloß sich mehr, um die Eingeweide besser tragen zu können.

Die deutlichsten Veränderungen sind jedoch am Schädel zu beobachten. Das bei den großen Affen U-förmige Gebiß wird beim Menschen parabelförmig; die Eckzähne werden kleiner, bis sie eine Linie mit den Schneide- und Backenzähnen bilden. Das Diastema, die Lücke ›Affenlücke‹ zwischen dem Eckzahn und den Schneidezähnen, verschwindet.

Das Hinterhauptsloch an der Schädelbasis, das bei den Affen schräg ist, öffnet sich vertikal. Das Gehirnvolumen, das beim Gorilla nur 500 cm³ beträgt, wächst beträchtlich und erreicht 1 200 cm³ beim Menschen. Diese Volumenzunahme geht mit einer Verkleinerung des Gesichts und der Ausbildung der Stirn einher.

Die Intelligenz, die als die Fähigkeit definiert wird, sich an neue Situationen anzupassen, soll ein typisches Merkmal des Menschen sein, aber die Kriterien sowie die Methoden der Intelligenzmessung sind unzureichend, um hier eine eindeutige Unterscheidung zwischen Mensch und Tier vornehmen zu können.

Obwohl die artikulierte Sprache dem Menschen eigen zu sein scheint, zeigen Versuche an Menschenaffen deren Fähigkeit, Dutzende von Worten in der Taubstummensprache zu beherrschen.

FOSSILE MENSCHEN

Homo habilis. Dies ist die älteste Art der Gattung *Homo: Homo habilis,* der 1960 in der Olduvaischlucht gefunden wurde, wird auf ein Alter von 1,8 Millionen Jahren datiert. Der Name ›habilis‹ wurde den Vertretern dieser Art gegeben, da sie die ersten gewesen sein sollen, die vor ungefähr 3 Millionen Jahren wirkliche Werkzeuge hergestellt und vor 1,8 Millionen Jahren Behausungen gebaut haben. Obwohl sie nur 1,3 m groß waren, ist ihr Schädelvolumen vergleichsweise groß. Die Entwicklung des Gehirns geht mit der Vervollkommnung ihrer technischen (Werkzeuge, Behausungen) und zweifellos auch ihrer sozialen Fähigkeiten einher.

Homo erectus. Er könnte eine Weiterentwicklung des *Homo habilis* sein. Die ältesten Funde dieser Art haben ein Alter von 1,5 Millionen Jahren in Afrika und 1,7 Millionen Jahren in China. Die jüngsten Exemplare wurden in Java entdeckt und werden auf 150 000 Jahre datiert. Das Schädelvolumen des *Homo erectus* entspricht dem des Menschen der Neuzeit, von dem er sich jedoch durch seine Masse, sein schmales Gesicht, seine fliehende Stirn sowie durch die noch stark vorstehenden Überaugenwülste unterscheidet. Vor 450 000 Jahren entdeckte der *Homo erectus* den Gebrauch des Feuers. Sein Werkzeug zeichnete sich durch Zweiseitigkeit aus; dies beinhaltet die Vorstellung von Symmetrie.

Der Meganthropus, ein fossiler Riesenmensch, lebte vor mehr als 1,8 Millionen Jahren auf Java. Von ihm ist nur ein Kiefer erhalten, der einen Vergleich seiner Größe mit der des Gorillas erlaubt.

Die Beherrschung des Feuers erlaubte den Vertretern des *Homo erectus* die Besiedlung zahlreicher Gebiete, die vorher wegen des unwirtlichen Klimas unzugänglich waren. Die Bevölkerung breitete sich über Afrika und Eurasien aus. Sie verschwand in China vor 250 000 Jahren, in Europa schon vor 450 000 Jahren, und machte damit dem archaischen *Homo sapiens* Platz.

Homo sapiens. Der Neandertaler (*Homo sapiens neanderthalensis*) tauchte vor 80 000 Jahren auf; der jüngste, auf ein Alter von 33 000 Jahren datiert, wurde in Saint-Césaire in Frankreich gefunden. Der Neandertaler begrub erstmals seine Toten. In Chanidar im Irak wurde ein Mensch vor 60 000 Jahren auf einem Blumenbett bestattet. In La Chapelle-aux-Saints (Corrèze) wurde der Verstorbene mit Werkzeugen, einem Stück Bergkristall und einem Stück Wild begraben.

Warum der Neandertaler ausstarb, bleibt ein Rätsel, wahrscheinlich jedoch ist der moderne Mensch an seinem Verschwinden beteiligt gewesen.

Der moderne Mensch, *Homo sapiens sapiens,* zu dem wir gehören, soll nach neuesten Forschungen vor mindestens 92 000 Jahren aufgetreten sein. Diese Hypothese beruht auf der Datierung von Funden menschlicher Fossilien aus Qafzeh in Israel aus dem Jahr 1987. Sie rückt das Alter des modernen Menschen weiter in die Vergangenheit; bisher galt der Cromagnonmensch (40 000 Jahre alt) als der älteste Vertreter seiner Art. Man muß jedoch die Bedeutung dieser Datierung mit Vorsicht betrachten und ihre Bestätigung abwarten.

B · *Homo habilis.*
Er soll vor 3 Millionen Jahren in Afrika entstanden sein; das älteste bekannte Exemplar wird auf 1,8 Millionen Jahre datiert. Die ersten wirklichen Menschen stammen von den Australopithecinen ab, die als Erfinder des Werkzeugs gelten.

C · *Homo erectus.*
Entdecker des Feuers, in Afrika und Eurasien.

D · **Der Mensch von Tautavel.**
Archaischer *Homo sapiens* vor 450 000 Jahren.

E · *Homo sapiens neanderthalensis.*
Eine Nebenlinie des modernen Menschen.

F · **Der Cromagnonmensch.**
Ein *Homo sapiens sapiens,* 1868 entdeckt.

G · **Terra Amata.**
Eine der ältesten bekannten Feuerstellen ist die von Terra Amata in der Nähe von Nizza, die auf 380 000 Jahre datiert wird. Die Steine dienten zum Schutz der Feuerstelle gegen den Wind. Sie war im Dünensand angelegt.

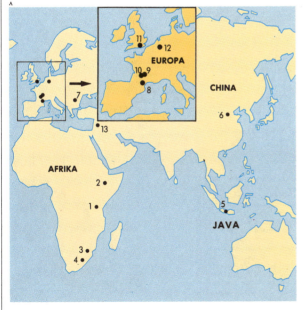

A · **Wichtige Fundorte menschlicher Fossilien.**

1	Olduvai
2	Omo
3	Swartkrans
4	Taung
5	Trinil
6	Zhoukoudian
7	Vértesszőllős
8	Tautavel
9	La Chapelle-aux-Saints
10	Cro-Magnon
11	Swanscombe
12	Neandertal
13	Kafzeh

63

DAS LEBEN IM QUARTÄR

KLIMATE UND FAUNA

Das Quartär, dessen Anfänge (vor 2,5 Millionen Jahren) vom Auftreten des Menschen geprägt sind, war tiefgreifenden Veränderungen unterworfen.

Klimatische Veränderungen. Eiszeiten (Günz, Mindel, Riß und Würm) und Warmzeiten wechselten sich ab und bewirkten erhebliche Veränderungen in der Zusammensetzung der Fauna und der Flora. So erlebten die heutigen gemäßigten Zonen den mehrfachen Wechsel von der Fauna kalter Klimate (mit Rentier, Mammut und Wollhashorn) zur Fauna warmer Klimate (mit Antilope, Hippopotamus und Hyäne).

Diese Eiszeiten waren durch Änderungen der Sonneneinstrahlung auf die Erde bedingt, die wiederum aus Schwankungen in der Bewegung der Erde infolge der Anziehungskraft entstehen, die die anderen Himmelskörper auf sie ausüben. Wichtig sind dabei:
– die Form der Erdumlaufbahn, d. h. die mittlere Entfernung zwischen Sonne und Erde; diese ändert sich in einem Zyklus von 100 000 Jahren;
– die Neigung der Polachse: sie variiert in einem Zyklus von ungefähr 40 000 Jahren;
– der Zeitpunkt des Passierens des Perihels; er ändert sich in einem Zyklus von etwa 20 000 Jahren.

Diese Phänomene, die die vergangenen Eiszeiten erklären (die letzte, die Würm-Eiszeit, endete um 9 500 v. Chr.), ermöglichen auch die Vorhersage weiterer Eiszeiten in 5 000 und 23 000 Jahren.

Meeresspiegel. Als Folge der Eiszeiten bewirkten die enormen Wassermassen, die in den Gletschern gebunden wurden, ein Absinken des Meeresspiegels um bis zu 100 m unter den heutigen Pegel. So waren Frankreich und England vor 9 000 Jahren noch verbunden, da der Ärmelkanal trocken lag.

Andere Faktoren der Veränderung. Durch seine Jagd hat der Mensch eine große Rolle beim Verschwinden bestimmter Arten gespielt, so z. B. der Mammuts, die Jahrtausende lang in ihrem ganzen Lebensraum gejagt wurden (aber auch klimatische Veränderungen haben zu ihrem Aussterben beigetragen).

Später wurde durch die Domestikation und die Ausbreitung der Hunde und der Katzen das Aussterben Hunderter von Arten verursacht. Die Umwelt auf Inseln, deren Fauna nicht an die Existenz von Raubtieren angepaßt war, verschwand schnell. Das Fehlen von Schlupfwinkeln auf so begrenzten Flächen und die Unmöglichkeit fortzuwandern beschleunigten diesen Vorgang.

Bis Ende unseres Jahrhunderts werden nach den heutigen Vorhersagen täglich Hunderte von Arten verschwinden, was zu einer beträchtlichen Einschränkung der Artenvielfalt führen müßte.

BEVÖLKERUNGEN IN DER WELT

Lebenserwartung. Die grazilen Formen der Australopithecinen hatten eine Lebenserwartung von etwa 22 Jahren, die robusten Formen von 17 Jahren. Im 18. Jh. lag die Lebenserwartung bei nur 28,8 Jahren. Heute beträgt sie 71,5 Jahre für Männer und 80,3 Jahre für Frauen.

Bevölkerungsdichte. Vor 1,5 Millionen Jahren gab es bereits 1 Million Individuen des *Homo erectus*. Vor 6 000 Jahren zählte die menschliche Bevölkerung 10 Millionen, vor 5 000 Jahren 50 Millionen. Um Christi Geburt betrug sie schon zwischen 400 und 500 Millionen; um 1810 überschritt sie 1 Milliarde. Mitte 1988 lag sie bei 5,1 Milliarden Menschen; die Statistiken sagen für das Jahr 2028 10 Milliarden voraus. Die demographischen Studien geben derzeit keinen Hinweis auf Anzeichen für eine Verringerung der menschlichen Bevölkerung.

Geographische Verteilung. Der Mensch, der lange Zeit auf Eurasien und Afrika beschränkt war, begann die Besiedlung Nordamerikas (durch Menschen aus Sibirien) vor etwa 40 000 Jahren; damals konnte man die Beringstraße trockenen Fußes durchqueren. Die Besiedlung Australiens erfolgte vor etwa 50 000 Jahren über die damals ebenfalls trockenliegende Torresstraße. Japan wurde vor etwa 33 000, Südamerika erst seit 15 000 Jahren besiedelt. Die Ausbreitung der Menschen auf die Inselwelt Ozeaniens setzte – von Neuguinea und den benachbarten Inseln abgesehen – erst vor etwa 5 000–4 000 Jahren ein; auf manche Inseln gelangte der Mensch aber erst wesentlich später, so auf Neuseeland um das Jahr 800.

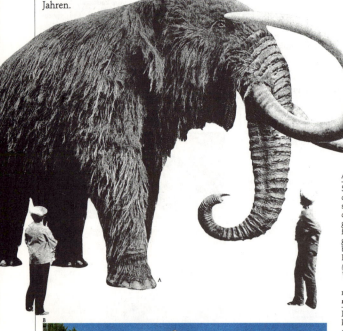

C · **Die Pollen.**
Die Form der Pollenkörner ist für jede Pflanzenart charakteristisch. Mit ihrer Untersuchung kann man also die Vegetation eines Zeitraums rekonstruieren und indirekt die Klimabedingungen besser bestimmen.

A · **Die Mammuts.**
Sie starben gegen Ende des Eiszeitalters aus. Im sibirischen Dauerfrostboden hat man zahlreiche gefrorene Exemplare gefunden. Eins der ersten gefundenen Tiere wurde bereits 1804 in Sankt Petersburg ausgestellt. *(Museum der Akademie der Wissenschaften, Leningrad).*

B · ***Sylviornis neocaledoniae.***
Dieser Riesenvogel Neukaledoniens gehört zu den zahlreichen Tier- und Pflanzenarten, die im Quartär ausgestorben sind. Wenn auch klimatische Veränderungen eine große Rolle gespielt haben können, so war doch anscheinend der Mensch die Hauptursache für das Aussterben hunderter von Wirbeltierarten, die aber auch Opfer von eingeführten Raubtieren wie Hund und Katze wurden. *(Nach einer Zeichnung von E. Alibert.)*

D · **Das Werkzeug.**
Ein Werkzeug ist ein absichtlich veränderter Gegenstand, der in großer Anzahl hergestellt, transportiert und wiederverwendet wird. Diese Merkmale erlauben die Unterscheidung zwischen den vom Menschen hergestellten Werkzeugen und den Erzeugnissen der Tiere.

2

FAUNA UND FLORA

Erst vor sehr kurzer Zeit ist sich der Mensch der Bedrohung seiner Umwelt bewußt geworden.
Zugleich hat sich sein Wissen um die genetischen Gesetze, um das Verhalten der Tiere und
um die Zerbrechlichkeit des ökologischen Gleichgewichts in den letzten Jahrzehnten stetig erweitert.
Aus diesem Grund liegt dem vorliegenden Werk daran, sich nicht auf eine trockene Beschreibung
der Tier- und Pflanzenarten zu beschränken, sondern seinen Lesern eine anregende,
aktuelle und praktische Zusammenfassung
des (alten und neuen) Grundwissens zu diesen Themen zu bieten.
Dazu gehört natürlich die Biologie der Tiere und Pflanzen,
aber ebenso der Schutz der Arten und ihrer Umwelt
sowie das Verhalten und die Psychologie der Tiere.
Haustiere und Nutzpflanzen werden in dem ihnen gebührenden Umfang abgehandelt.
Das Kapitel ist in zwei große Abschnitte unterteilt:
Fauna (S. 66–128) und Flora (S. 129–176).

INHALT

DIE TIERWELT
SYSTEMATIK 66
EVOLUTION 67
SPRACHE, WANDERUNGEN 70
WINTERSCHLAF 71
SOZIALLEBEN 72
VERGESELLSCHAFTUNGEN 73
FORTPFLANZUNG 74
METAMORPHOSEN 75
DEN TIEREN AUF DER SPUR 76

DER HUND
ABSTAMMUNG UND DOMESTIZIERUNG,
KÖRPERBAU UND PHYSIOLOGIE 78
RASSEN 79
GESUNDHEIT, DER KRANKE HUND 81
DER HUND IM ALLTAG 82

DIE KATZE
ABSTAMMUNG UND DOMESTIZIERUNG,
PHYSIOLOGIE 84
RASSEN 85
GESUNDHEIT, DIE KATZE IM ALLTAG 86

DAS PFERD
ANATOMIE, VERSCHIEDENES 88
RASSEN 89
VERWENDUNG 90
PFERDEFLEISCH,
DAS PFERD IM ALLTAG 91

DIE TIERE AUF DEM BAUERNHOF
RINDER, SCHAFE UND ZIEGEN 92
FEDERVIEH UND KANINCHEN 93

HAUSNAGETIERE
ZWERGKANINCHEN, WEISSE MÄUSE,
HAMSTER, MEERSCHWEINCHEN 94

AQUARIENFISCHE
SÜSSWASSERAQUARIENFISCHE,
SEEWASSERAQUARIENFISCHE,
FÜTTERUNG,
AQUARIENARTEN 95

KÄFIG- UND VOLIERENVÖGEL
ARTEN, KÄFIGE, ERNÄHRUNG 96
GESUNDHEIT 97

TIERE DER WELT
SÄUGETIERE 98
VÖGEL 102
REPTILIEN 105
AMPHIBIEN 106
FISCHE 107
WEICHTIERE, KREBSTIERE 109
INSEKTEN 110

GEFÄHRLICHE TIERE 112

AUSSERGEWÖHNLICHE TIERE
ELEKTRISCHE TIERE UND
LEUCHTTIERE 114
FLIEGENDE TIERE 115
TIERE UND WERKZEUGE 116
TIEFSEEFAUNA 117
NEUENTDECKTE ARTEN 118

DIE TIERE IN ZAHLEN
GRÖSSEN- UND GEWICHTSREKORDE 119
GESCHWINDIGKEITSREKORDE,
LANGSAMKEITSREKORDE 120
SPRUNGREKORDE, LEBENSDAUER
UND FRUCHTBARKEIT 121

TIERSCHUTZ
ÖKOLOGIE 122
ANPASSUNGEN 123
HAUSTIERE 124
GEFÄHRDETE UND GESCHÜTZTE
FREILEBENDE ARTEN 125
NATIONALPARKS UND
NATURSCHUTZGEBIETE 126

DIE PFLANZENWELT
KLASSIFIZIERUNG 129
BLÜTENLOSE PFLANZEN (KRYPTOGAMEN) 130
BLÜTENPFLANZEN
(PHANEROGAMEN) 131
EVOLUTION DER PFLANZEN 132
DIE PFLANZEN UND DER MENSCH 133

ANATOMIE DER PFLANZEN
ALLGEMEINES, WURZEL 135
SPROSSACHSE 136
BLATT 138
BLÜTE 139
FRUCHT UND SAMEN 140
BIOLOGIE 141
FORTPFLANZUNG 142

DIE PFLANZEN UND
IHRE LEBENSRÄUME
VIELFALT
IMMERGRÜNE WÄLDER 143
DER BOREALE WALD 144
NADELWALD DER PAZIFIKKÜSTE
DER VEREINIGTEN STAATEN,
DIE REGENWÄLDER IN CHILE 145
MEDITERRANE WÄLDER 146
WÄLDER MIT JAHRESZEITEN,
DIE SOMMERGRÜNEN LAUBWÄLDER EUROPAS
148
NORDAMERIKANISCHE WÄLDER 150
DIE MONSUNWÄLDER,
DIE GEMÄSSIGTEN WÄLDER
IN OSTCHINA 151
SAVANNEN 152
GRASLÄNDER 153
DORNSTRAUCHSAVANNEN,
HALBWÜSTE 154
PFLANZEN DER WÜSTE,
PFLANZEN DER TUNDRA 155
PFLANZEN AM GEWÄSSERRAND 156
DIE GEBIRGSPFLANZEN 157

NUTZPFLANZEN
GETREIDE, GEMÜSE 158
EUROPÄISCHE FRÜCHTE 160
EXOTISCHE FRÜCHTE 161
PILZE 162
BONSAIS, ZIMMERPFLANZEN 165
GARTENBLUMEN 166
GARTENSTRÄUCHER 168
ZIERBÄUME 170
HEILPFLANZEN 171
GEWÜRZE 174
HOLZVERWENDUNG, FASERPFLANZEN
175
BÜRSTEN, SPARTERIE, KÖRBE,
PARFUMPFLANZEN 176

Siehe auch
Das Universum und die Erde, Teil ›Ursprung des Lebens auf der Erde‹, S. 57 ff.;
Nahrungsmittel, S. 1010 ff., zum Thema Tiere und Pflanzen,
die der Mensch für seine Ernährung verwendet.

Redaktion und Texte
Philippe Obadia, Tierarzt; Jean-Jacques Barloy, Doktor der Zoologie;
Dominique Anglésio, Landschaftsarchitekt; Patrick Mioulane, Wissenschaftsjournalist;
Philippe Coppé, Wissenschaftsjournalist

FAUNA

DIE TIERWELT

SYSTEMATIK

Schon früh verspürten die Menschen das Bedürfnis, die Tiere, die sie beobachten, auch zu klassifizieren. Daraus entstand eine *Systematik* des Tierreichs, die aufgrund der Erkenntnisse der modernen Wissenschaften ständig im Wandel begriffen ist.

Die geläufigste Einteilung des *Tierreiches* – d. h. der Gesamtheit der Tiere – ist die in Wirbeltiere und Wirbellose: Die *Wirbeltiere* besitzen im Gegensatz zu den Wirbellosen ein Knochenskelett mit einer aus Wirbeln bestehenden Wirbelsäule. Die Wirbeltiere, zu denen die Fische, Amphibien (auch Lurche genannt), Reptilien, Vögel und Säugetiere zählen, bilden nur einen Bruchteil der Tierwelt: über 40 000 von etwa 1,4 Millionen beschriebenen Arten.

Stämme. Die Wirbeltiere bilden einen *Unterstamm* innerhalb des *Stammes* der Chordatiere. *Chordatiere* werden die Tiere genannt, die (zumindest im embryonalen Stadium) eine *Rückensaite (Chorda dorsalis)*, eine Art elastischen Stab, den Vorläufer der Wirbelsäule, besitzen. Daneben existieren zwei weitere Unterstämme: die Schädellosen (Lanzettfischchen) und die Manteltiere. Die Stämme (oder *Phyla*) bilden die großen Untergruppen in der Tierwelt. Jeder Stamm ist gekennzeichnet durch eine typische anatomische Struktur. Alle Stämme außer den Chordatieren gehören zu den *Wirbellosen*. Die zahlenmäßig bedeutendsten unter ihnen sind die *Weichtiere* (die im allgemeinen eine Schale besitzen), die *Stachelhäuter* (vor allem Seeigel und Seesterne), die *Gliederfüßer* (mit ›gepanzertem‹ Körper: Insekten, Krebstiere, Spinnentiere usw.) und die *Nesseltiere* (Quallen, Korallen).

Die Vertreter dieser großen Stämme unterscheiden sich grundlegend durch ihre Anatomie. Während die Mehrzahl zweiseitig symmetrisch gebaut ist, weisen die Stachelhäuter und die Nesseltiere eine strahlig um eine Achse angeordnete symmetrische Struktur auf. Die Gliederfüßer und auch die Ringelwürmer (wie Regenwurm und Blutegel) besitzen eine segmentierte Struktur: Ihr Körper ist aus aufeinanderfolgenden Segmenten aufgebaut, in denen in etwa die gleichen Organe zu finden sind.

Klassen, Ordnungen, Familien, Gattungen, Arten, Rassen. Jeder Stamm ist unterteilt in Klassen, diese ihrerseits in Ordnungen, usw. Nehmen wir den Europäischen Wolf als Beispiel. Er bildet eine Art, die, wie alle Arten, einen international gültigen lateinischen Namen trägt: *Canis lupus.* Um ganz präzise zu sein, fügt man manchmal den Namen des Zoologen hinzu, der die Art wissenschaftlich beschrieben hat, sowie das Datum der Beschreibung. Beim Wolf handelt es sich um den schwedischen Gelehrten Linné, den Vater der in der Zoologie heute üblichen Nomenklatur. Der Wolf heißt dáher offiziell *Canis lupus Linné 1758.* Der erste Name, *Canis,* ist der Gattungsname; der zweite bezeichnet die Art. Die Gattung umfaßt auch verwandte Arten: *Canis aureus,* der Goldschakal; *Canis latrans,* der Kojote usw. Die Gattung *Canis* und verwandte Gattungen gehören zur Familie der Hundeartigen. Diese Familie hat ihren Platz in der Ordnung der Raubtiere, die wiederum Teil der Klasse der Säugetiere ist.

Die wissenschaftlichen Namen weisen oft auf das Aussehen des Tieres hin: *Larus argentatus,* die Silbermöwe; *Lacerta viridis,* die Smaragdeidechse. Sie erinnern an seinen Lebensraum oder seine Lebensweise: *Rallus aquaticus,* die Wasserralle; *Microtus nivalis,* Schneemaus; *Locusta migratoria,* die Wanderheuschrecke. Oder auch an seine geographische Heimat: *Lacerta hispanica,* die Spanische Mauereidechse. Das Tier kann nach dem Naturforscher, der es entdeckt hat, benannt sein, nach einem Staatsoberhaupt usw. Oft sind die Bezeichnungen jedoch willkürlich: *Rattus norvegicus,* die Wanderratte, stammt keineswegs aus Norwegen. Das gleiche gilt für viele Trivialnamen: Das Rothuhn ist nicht rot.

Ein häufiger Fehler besteht darin, daß Art und Rasse verwechselt werden. Rassen sind Untergruppen einer Art. Es handelt sich dabei entweder um geographisch abgegrenzte Rassen (oder Unterarten), die sich durch einige Merkmale geringfügig unterscheiden oder in verschiedenen Regionen leben, oder um Rassen, die durch künstliche Selektion durch den Menschen entstanden sind: Der Deutsche Schäferhund und der Dalmatiner sind zwei sehr verbreitete Rassen des Haushundes (Canis lupus forma familiaris), der domestizierten Form des Wolfes.

Es ist sehr schwierig, eine genaue Zahl der gegenwärtig auf der Erde lebenden Tierarten anzugeben, zumal die systematische Einordnung (z. B. als Art oder Unterart) oft unklar ist; z. B. kann man die Zahl der Insektenarten nur auf einige hunderttausend Arten genau angeben. Außerdem werden immer noch neue Arten entdeckt und beschrieben.

Die Entwicklung der Systematik. Die Systematik ist aufgrund neuer Entdeckungen und auch aufgrund paläontologischer Funde häufig verändert worden: Fossilien können Aufschluß über die Einordnung der heutigen Arten geben. Heute fließen in immer stärkerem Maße Erkenntnisse aus der Genetik, der Biochemie und der Physiologie in die Systematik ein. Vor allem die Molekulargenetik trägt u. a. durch Vergleich des Erbgutes auf molekularer Ebene dazu bei, daß Verwandtschaftsverhältnisse, z. B. zwischen Arten, klarer werden. Dies zieht z. T. beträchtliche Änderungen in der Systematik nach sich.

ALTE IRRTÜMER

Naturforscher früherer Zeiten hielten den Delphin für einen Fisch, ein Irrtum, der lange Zeit weitverbreitet war. Dabei hatte Aristoteles schon sehr exakte Vorstellungen von der Klassifikation der Tiere.

Neunaugen wurden sogar noch vor kurzem für Fische gehalten. Heute ordnet man sie den kieferlosen Wirbeltieren zu.

Und denken wir nur an einige festsitzende Meerestiere, die – wie die Seeanemonen – wie Pflanzen aussehen und früher entsprechend zugeordnet wurden. Allerdings ist bei einzelligen Lebewesen der Unterschied zwischen Pflanzen und Tieren nicht immer klar definierbar.

DIE VÖGEL UND DIE BIOCHEMIE

Eine aktuelle Untersuchung der DNS (Desoxyribonukleinsäure) der Vögel erbrachte verblüffende Ergebnisse, die die Klassifikation der Vögel vollständig in Frage stellen. Seinem genetischen Erbgut nach wäre der Storch mit dem Kondor verwandt; der Kormoran mit dem Reiher; der Pelikan mit dem Schuhschnabel; der Fregattvogel mit dem Albatros und so weiter!

Dennoch wird die traditionelle Systematik wahrscheinlich noch lange maßgeblich sein. Denn solange die genetischen Verwandtschaftsverhältnisse nicht für alle Tiere geklärt sind, bleiben die morphologischen Merkmale ausschlaggebend.

A · Spitzhörnchen.
Die Spitzhörnchen sind eine Familie baumbewohnender Halbaffen in Südostasien. Lange Zeit war ihre systematische Zuordnung umstritten. Manche sehen sie als ein ›Bindeglied‹ zwischen zwei Gruppen an, den *Insektenfressern* und den *Lemuren.*

B · Lanzettfischchen.
Das Lanzettfischchen ist ein Chordatier, es besitzt eine Rückensaite (Chorda dorsalis), die sich über die gesamte Körperlänge erstreckt; ein Skelett fehlt. Dieser durchsichtige Vertreter des kleinen Stammes der Schädellosen ist etwa 5 bis 6 cm lang, lanzenförmig und lebt im Sand oder Kies unserer Meeresküsten. Es kann schwimmen und strudelt seine Nahrung mit Hilfe eines Kiemendarms aus dem Wasser.

FAUNA

Übersicht über die Systematik. Die folgende Übersicht zeigt einen Ausschnitt der heute überwiegend gültigen Systematik des Tierreiches. Insgesamt ist das Tierreich aufgegliedert in fünf Abteilungen mit zusammen 28 Stämmen, von denen hier nur die von der Artenzahl her umfangreichen genannt sind. Die älteren Systeme entstanden aus einem praktischen Bedürfnis nach Ordnung der Mannigfaltigkeit und der schnellen Identifikation; ihre Gruppierungen waren aufgrund der Ähnlichkeit leicht erkennbarer, vor allem morphologischer Merkmale zusammengestellt. Zu diesen ›künstlichen Systemen‹ gehört auch das von Carl von Linné 1732–1737 aufgestellte System, auf das die bis heute gültige Benennung einer Art durch den Gattungs- und Artnamen zurückgeht. Die modernen ›phylogenetischen Systeme‹ sind auf der Grundlage der Abstammungslehre entstanden und stellen eine Ordnung dar, die nach dem derzeitigen Kenntnisstand über die verwandtschaftlichen Beziehungen der verschiedenen Tiergruppen zueinander und untereinander aufgestellt wurde. Neue Ergebnisse der wissenschaftlichen Forschung, vor allem die mittlerweile in großem Umfang durchgeführten Vergleiche des genetischen Materials, bringen ständig Veränderungen und bessere Kenntnisse dieser Verwandtschaftsbeziehungen mit sich. Dieser stete Wandel und die damit verbundenen unterschiedlichen Auffassungen erklären das den Laien oft verwirrende Nebeneinander verschiedener Systematiken.

EVOLUTION

Das Tierreich verändert sich (wie alles Leben) ständig. Wir brauchen uns nur z. B. einen weißen Raben anzusehen, d. h. ein Tier, das sich aufgrund einer Mutation von der Mehrzahl der Vertreter seiner Art unterscheidet. Der Wandel in der stammesgeschichtlichen Entwicklung der Organismen wird als Evolution bezeichnet. Auffällige Beweise für das Phänomen der Evolution erbringt die Paläontologie. Denn sie zeigt uns, daß früher Tiere auf unserem Planeten lebten, die sich von den uns vertrauten Arten unterscheiden.

Evolutionstheorien. Zwar waren Ansätze zu Evolutionstheorien schon von verschiedenen Gelehrten und Schriftstellern entwickelt worden, aber erst der französische Naturforscher Lamarck stellte 1809 eine Evolutionstheorie vor, die auf der Anpassung an die Umwelt basierte. Fünfzig Jahre später veröffentlichte der britische Biologe Charles Darwin seine berühmte Theorie von der natürlichen Auslese, die – über viele Generationen – zum Wandel der Arten führt.

Obwohl bis heute von bestimmten Gruppierungen abgelehnt, hat sich die *Darwinsche Evolutionstheorie* in der Biologie durchgesetzt. Besonders in ihrer modernen Form, die sich durch Einbeziehung neuerer Erkenntnisse

v. a. der Genetik, Populationsbiologie, Biogeographie, Ökologie, Biochemie und Physiologie seit den 1930er und 1940er Jahren zu einer *synthetischen Evolutionstheorie* weiterentwickelt hat. Auch für diese gilt, daß immer noch nicht alle an der Evolution beteiligten Faktoren erfaßt sind. Sie kann jedoch die heute bekannten Erscheinungen weitgehend erklären und ist in der Lage, künftig bekannt werdende Evolutionsfaktoren aufzunehmen.

Neodarwinismus. Diese auf Alfred Weismann zurückgehende Evolutionstheorie erweiterte die Darwinsche Theorie um Gesetze der Genetik und Evolutionsbiologie; sie verneinte eine noch von Darwin angenommene Vererbung erworbener Eigenschaften. Unter dem Begriff Neodarwinismus wird fälschlich oft der synthetischen Evolutionstheorie zugehöriges Gedankengut eingeordnet.

Neolamarckismus. Unter dieser Bezeichnung sind alle antidarwinistischen Evolutionstheorien zusammengefaßt, die die (auf Lamarck zurückgehende) Vererbung erworbener Eigenschaften annehmen und Evolution ausschließlich als Änderung und Verbesserung von Anpassungen, also als zielgerichtet, betrachten.

Hypothesen. Die Herausbildung neuer Gene scheint für die Evolution ausschlaggebend zu sein. Und es ist möglich, daß in einigen Fällen eine ›Information‹ von außen hinzukommt. Die körpereigene DNS wäre somit nicht der einzige Träger genetischer Informationen. Vor allem Viren könnten einem Organismus neue Information zutragen. Es könnte Genübertragungen von einem Lebewesen zum anderen geben. So wurde gar behauptet, daß die erstaunliche Ähnlichkeit zwischen den Augen der Kopffüßer (Krake, Kalmar) und der Wirbeltiere auf einen solchen Mechanismus zurückzuführen sei.

Erworbene Merkmale. Lamarck und die Neolamarckisten hielten die ›erworbenen Merkmale‹ für erblich. Diese Merkmale erwirbt ein Tier im Laufe seines Lebens, z. B. Hornhaut. Sie gehören daher nicht zum genetischen Erbgut, weshalb sie in der Biologie meist als nicht erblich angesehen wurden.

Konvergenz. Tiere, die nicht miteinander verwandt sind, aber z. B. gleiche Lebensräume bewohnen, weisen manchmal als *Konvergenz* bezeichnete Ähnlichkeiten auf. So haben Haie, Thunfische und Delphine die gleiche zum schnellen Schwimmen geeignete Form.

Zusammenfassende Übersicht der Systematik der Tiere

• Stamm: Chordatiere	Unterstamm: Wirbeltiere	Klasse: Säugetiere
		Klasse: Vögel
		Klasse: Reptilien
		Klasse: Amphibien
		Klasse: Fische
	Unterstamm: Schädellose (Lanzettfischchen)	
	Unterstamm: Manteltiere (Seescheiden)	
• Stamm: Bartwürmer		
• Stamm: Stachelhäuter		Klasse: Seesterne
		Klasse: Schlangensterne
		Klasse: Seeigel
		Klasse: Seewalzen
• Stamm: Gliederfüßer		Klasse: Insekten
		Klasse: Tausendfüßer
		Klasse: Krebse
		Klasse: Pfeilschwanzkrebse
		Klasse: Asselspinnen
		Klasse: Spinnentiere
		Klasse: Trilobita
• Stamm: Ringelwürmer		Klasse: Gürtelwürmer
		Klasse: Vielborster
• Stamm: Weichtiere	Unterstamm: Conchifera	Klasse: Kopffüßer
		Klasse: Muscheln
		Klasse: Grabfüßer
		Klasse: Schnecken
	Unterstamm: Amphineura	Klasse: Käferschnecken
• Stamm: Schlauchwürmer		Klasse: Fadenwürmer
		Klasse: Rädertiere
• Stamm: Schnurwürmer		
• Stamm: Plattwürmer		Klasse: Bandwürmer
		Klasse: Saugwürmer (Leberegel)
		Klasse: Strudelwürmer
• Stamm: Rippenquallen		
• Stamm: Nesseltiere (Korallen, Quallen, Seeanemonen, Hydra)		
• Stamm: Schwämme		
• Stamm: Einzeller		Klasse: Wimpertierchen (Pantoffeltierchen)
		Klasse: Strahlentierchen
		Klasse: Wurzelfüßer
		Klasse: Geißeltierchen

Klassifikationsübersicht.

Durch ihren einfachen Aufbau unterscheiden sich die Urtierchen grundlegend von anderen Tieren: Sie bestehen nur aus einer einzigen Zelle. Am bekanntesten sind die Amöbe und das Pantoffeltierchen.

Alle anderen Tiere gehören zu den Vielzellern. Die einfachsten Vielzeller, die Nesseltiere und Rippenquallen, haben nur zwei Keimblätter, das Ektoderm und das Entoderm. Die anderen Stämme verfügen über ein drittes, mittleres Keimblatt, das Mesoderm.

Mit Ausnahme der Plattwürmer weist die Mehrzahl der letztgenannten

Stämme ein Zölom, d. h. eine sekundäre Leibeshöhle, auf. Das Nervensystem ist insbesondere bei den Ringelwürmern, den Gliederfüßern und den Weichtieren bauchseitig. Bei den Stachelhäutern und den Wirbeltieren dagegen liegt es rückseitig. Bei Gliederfüßern und Ringelwürmern ist der Körper in Segmente unterteilt, die man auch Metamere oder ›Ringe‹ nennt.

Das wichtigste Merkmal schließlich ist vielleicht, angefangen von den Schwämmen bis zu den Säugetieren, die zunehmende Komplexität des Nervensystems.

FAUNA

DIE TIERWELT

Die Geschwindigkeit der Evolution. Die Paläontologie ermöglicht sogar eine Schätzung der Evolutionsgeschwindigkeit, die bei den verschiedenen Tiergruppen sehr unterschiedliche Werte ergibt. In der Stammesgeschichte des Pferdes bildeten sich acht Gattungen in sechzig Millionen Jahren heraus. In anderen Gruppen stagnierte die Evolution dagegen. Daher haben wir heute noch Tiere vor uns, die ihren Vorfahren aus dem Paläozoikum oder Mesozoikum stark ähneln und meist die einzigen heute noch lebenden Vertreter ihrer Gruppe sind. Bekannte Beispiele für solche ›lebenden Fossilien‹ sind der Quastenflosser, der Pfeilschwanzkrebs und das Opossum.

Mutationen. Die Biologen haben daher versucht, eine Synthese zwischen den Theorien Lamarcks und Darwins und den Erkenntnissen der modernen Wissenschaften herzustellen. Eine wichtige Entdeckung waren die Mutationen: So nennt man plötzliche Veränderungen an einem Lebewesen. Ein weißer Rabe verdankt sein Aussehen einer Mutation. Dies ist sozusagen ein ›Unfall‹ auf der Gen- oder Chromosomenebene eines Tieres: Seine Nachkommen weisen später eine Anomalie in ihrer Morphologie, ihrer Farbe usw. auf. Ebenso sind die Abweichungen der domestizierten Rassen von der Wildform, wie z.B. beim Schleierschwanz, auf Mutationen zurückzuführen, die durch gezielte Züchtung erhalten blieben. Aber es gibt auch Sachverhalte, an denen sich der Streit zwischen Neodarwinisten und Neolamarckisten neu entfacht: Zum Wühlen im Boden kniet das Warzenschwein auf seinen Handwurzeln. Genau dort hat es Schwielen, die schon beim Fetus ausgebildet sind.

Da die Neodarwinisten die Erblichkeit erworbener Merkmale bestreiten, führen sie diese Schwielen auf eine Mutation zurück; sie habe sich als nützlich erwiesen und bleibe erhalten. Zugegeben handelt es sich hier um einen wirklich außergewöhnlichen Zufall. Die Neolamarckisten dagegen behaupten mit Genugtuung, daß die Schwielen durch die Gewohnheit, sich hinzuknien, nun erblich geworden sind.

Ist die Evolution abgeschlossen oder geht sie weiter? Alles deutet darauf hin, daß sie fortschreitet, aber so langsam, daß es mit menschlichen Zeitmaßstäben nicht möglich ist, ihre Geschwindigkeit zu messen. Alles, was wir beobachten können, ist eine Mikroevolution, bei der sich Mutationen, aber auch neue Arten allmählich herausbilden. Viele ›Populationen‹ innerhalb derselben Art neigen schon zu einer Abgrenzung, und dies kann so weit gehen, daß daraus neue Arten entstehen. Diese Erscheinung findet sich besonders deutlich auf Inseln, die oft die Wiege neuer Arten sind.

Auf Inseln leben häufig Arten, die sich von denen auf dem nächstgelegenen Kontinent unterscheiden. Dieses Phänomen zeigt sich insbesondere auf einigen Tropeninseln wie den Galápagosinseln mit ihren Riesen-Landschildkröten, Meeresleguanen, einem Kormoran mit Stummelflügeln usw. Die Insel Komodo östlich von Java und die benachbarten Inseln sind das Reich des berühmten Komodowarans. Inseltiere können riesen- oder auch zwergenwüchsig sein, wie das Shetlandpony.

Inselvögel haben oft verkümmerte Flügel, die sie flugunfähig machen. Dies gilt für den schon erwähnten Kormoran auf den Galápagosinseln und für den seltsamen Kiwi oder Apteryx auf Neuseeland. Viele dieser sogenannten *Laufvögel* waren schlecht für den Überlebenskampf gerüstet und wurden schnell von den Menschen ausgerottet, die ihre Inseln betraten (Moas auf Neuseeland, Dronten auf den Maskarenen).

Seen und Gebirge sind für das Auftreten besonderer Arten ebenfalls günstig. Gelegentlich wird eine Meerestierart nach geologischen Umwälzungen in einem See eingeschlossen und wird so zu einer neuen Art, wie der Hai im Nicaraguasee in Mittelamerika.

FALSCH GEDEUTETE FOSSILIEN

Voltaire glaubte, die fossilen Muscheln seien von Pilgern auf ihrer Wallfahrt nach Santiago de Compostela liegengelassen worden. Etwa zur gleichen Zeit hielt man das Skelett eines Riesensalamanders für die Überreste eines ›Menschen, der die Sintflut erlebt hat‹. Unzählbar sind die Irrtümer dieser Art: Die Knochen des Mastodons wurden als die eines von den Römern besiegten Riesen gedeutet. Fossilien wurden als ›Spielarten der Natur‹ betrachtet oder sollten durch Einwirkung des Blitzes oder der Sterne entstanden sein.

STAMMT DER MENSCH VOM AFFEN AB?

Die Formulierung ›Der Mensch stammt vom Affen ab.‹ sorgte zu Darwins Zeit für Empörung. Heute meint die Mehrzahl der Experten, daß der Mensch zwar von den Affen abstammt, aber nicht von den heutigen Arten: Er habe sich über das Zwischenstadium des Australopithecus aus den Affen des Tertiärs entwickelt. Eine wieder zu neuen Ehren gekommene alte Theorie bringt eine ganz andere Sichtweise der Abstammung des Menschen mit sich. Glaubt man der Theorie von der ›ursprünglichen Zweifüßigkeit‹, so gab es schon seit Urzeiten einen zweibeinigen Vorfahren des Menschen wie der Affen. Mit anderen Worten, die Affen hätten angefangen, auf allen vieren zu laufen, während die klassische Theorie jedoch besagt, daß sie sich zum Zweibeiner aufgerichtet hätten.

DIE TIERE DER ZUKUNFT

Man darf sich ruhig ausmalen, wie die Tiere in mehreren Millionen Jahren vielleicht einmal aussehen werden. Der Rüssel des Tapirs könnte sehr viel länger sein als heute; Trappen können vielleicht nicht mehr fliegen; die Jakobsmuschel könnte richtig schwimmen. Könnten Beuteltiere, Delphine und Katzenartige ›vermenschlichen‹? Wird der Fischotter zum Seehund? Entwickelt sich das Gehirn der Kraken weiter? Bleiben die Mauersegler ganz in der Luft? Der Phantasie sind keine Grenzen gesetzt, man kann jedoch nur Spekulationen über den weiteren Verlauf der Evolution anstellen. Gewiß ist nur, daß die Ausrottung der Arten durch den Menschen viele mögliche Entwicklungen verhindert.

A · Quastenflosser.
Der erst 1938 entdeckte Quastenflosser ist ein großer Fisch (1,50 m) mit auffälligen beinartigen Flossen, die auch zur vorübergehenden Fortbewegung an Land dienen könnten. Er wird als Bindeglied zu den vierfüßigen Landwirbeltieren (Lurche, Kriechtiere, Säugetiere) betrachtet. Er lebt in der Nähe der Komoren.

B · Dunkelpigmentierte Schmetterlinge.
1848 erschienen in England die ersten schwarzen Mutanten einer Schmetterlingsart, des Birkenspanners. Dies war zur Zeit der industriellen Revolution: An den Bäumen setzte sich nun Ruß ab. Diese neuen, schwarzen Schmetterlinge waren im Vorteil, weil die Vögel sie nicht vom Untergrund unterscheiden konnten, mit dem sie verschmolzen. Die ›schwarze‹ Mutante breitete sich bald aus und verdrängte den normalen Typ fast völlig. Dies ist ein seltenes Beispiel der Mikroevolution, das sich mit menschlichen Zeitmaßstäben messen läßt.

FAUNA

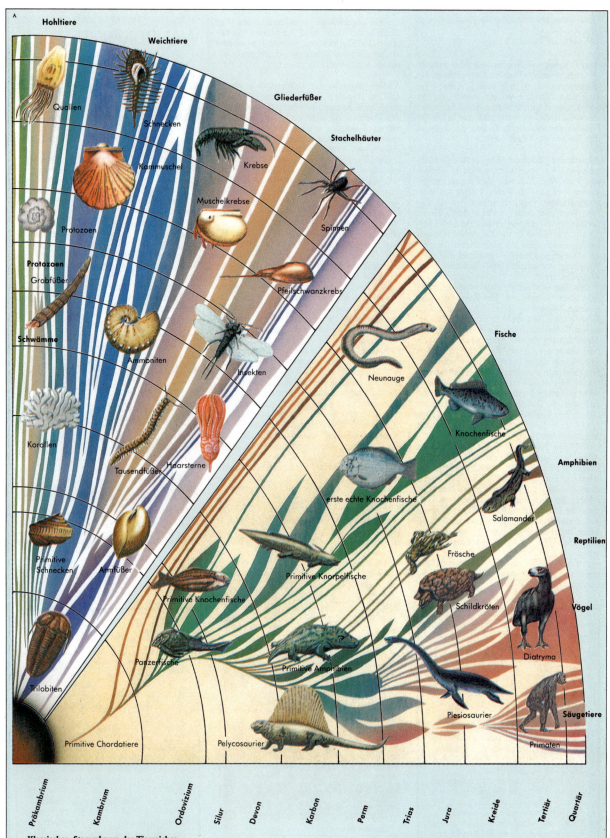

△ ›Klassischer‹ Stammbaum des Tierreiches.

Die Wirbeltiere stammen demnach über das Bindeglied der niederen Chordatiere von den Stachelhäutern ab, die sich wiederum aus ›primitiveren‹ Wirbellosen entwickelt hatten. Diese gingen aus den Urtierchen hervor, die aus den einfachsten Organismen unseres Planeten entstanden. Demzufolge lebten die Tiere zunächst im Meer, verbreiteten sich dann im Süßwasser und schließlich auf dem Land. Bei den Wirbeltieren war die Entwicklung bis zum Menschen lang und komplex. Die Entwicklungsgeschichte wird ständig umgeschrieben. Es ist eine Sache, Fossilien zu finden. Ihre systematische Einordnung steht auf einem anderen Blatt. Zum besseren Verständnis der Dauer dieser Evolution der folgende Vergleich: Setzt man die Erdgeschichte einem Jahr gleich, so begänne die ›Herrschaft‹ der Dinosaurier erst um den 15. Dezember herum. Und der *Homo sapiens* (d.h. der Mensch der Neuzeit), erschiene erst am 31. Dezember wenige Minuten vor Mitternacht.

FAUNA

DIE TIERWELT

SPRACHE

Im Umgang mit Artgenossen oder anderen Arten brauchen Tiere eine Möglichkeit zur Kommunikation, z.B. eine Sprache. Über eine echte Sprache verfügt jedoch nur der Mensch; man spricht nicht ganz zu Recht von einer ›Tiersprache‹, wenn man das Bellen des Hundes, das Miauen der Katzen, den Ruf und den Gesang der Vögel meint.

Akustische Zeichen. Die unterschiedlichsten Rufe der Vögel können vom Männchen wie vom Weibchen oder den Jungen ausgestoßen werden. Der Warnruf dient zur Warnung anderer Vögel derselben Art vor Gefahr, wird aber auch oft von anderen Tieren verstanden: So reagieren Nashörner oder Büffel auf die Warnrufe der Kuhreiher, die sich häufig auf ihren Rücken niederlassen. Jungvögel schreien mit einem besonderen Ruf nach Fütterung. Außerdem gibt es Sammel-, Brut-, Wut-, Drohrufe.

Das Singen ist jedoch im wesentlichen dem Männchen vorbehalten. Der Vogel bekundet anderen Männchen seiner Art durch seinen Gesang seine Anwesenheit in seinem Revier; einem Gebiet, das viele Tiere während ihrer Fortpflanzung für sich beanspruchen. Außerdem dient der Gesang dazu, ein Weibchen anzulocken, und u. a. der Synchronisation des Brutablaufs in einer Population. Dementsprechend liegt das Maximum der Gesangstätigkeit in unseren Breiten im Frühling, vor und zu Beginn der Brutzeit; ein zweites Maximum fällt in den Herbstbeginn. Bevorzugte Tageszeiten zum Singen sind die Morgen- und Abendstunden.

Auch die Säugetiere, vom Hirsch bis zum Affen, verfügen über vielfältige Ausdrucksmöglichkeiten. So dient das auch noch in 9 km Entfernung hörbare Brüllen des Löwen dazu, das Revier des Rudels abzustecken. Das Röhren des Hirsches ertönt in unseren Wäldern zur Brunft im Herbst. Die Brüllaffen am Amazonas verstärken ihre Schreie noch durch einen regelrechten Resonanzkörper. Bei den Delphinen und Walen spielen akustische Signale, wie z. B. Pfeifen oder Piepsen, eine sehr wichtige Rolle. Sie sind nicht zu verwechseln mit dem Ultraschall, den sie zur Orientierung nutzen.

Viele Amphibien verstärken ihren Ruf durch Schallblasen. Und jeder kennt die Gesänge der Singzikaden, die dafür besondere Trommelorgane haben, wobei die Atemröhren als Schallverstärker dienen.

Andere Signale. Berührungssignale gibt es z. B. bei Nagetieren, die bei einer Begegnung die Nasen aneinanderreiben, aber auch bei den Insekten, die sich mit ihren Fühlern berühren. Dann gibt es natürlich noch den berühmten Bienentanz, der den Arbeiterinnen mitteilt, wo eine nektarreiche Blume steht. Diesem Tanz folgen die Bienen mit ihren Fühlern, da er im Dunkeln stattfindet.

Optische Signale sind für Vögel wie für Säugetiere wichtig. So bewegen Wölfe zur Verständigung Schwanz oder Ohren, Stiere scharren auf dem Boden oder reiben den Nacken auf der Erde. Bei den Vögeln stellt der Wiedehopf seinen Schopf auf, die Elster bewegt ihren Schwanz.

Dialog zwischen Mensch und Tier. Jeder kennt die Bedeutung der menschlichen Sprache für die Dressur; wir können beobachten, wie unser Hund oder unsere Katze außer auf den Namen noch auf viele andere Wörter reagiert und diese zu verstehen scheint. Tierpsychologen haben vor allem in Experimenten mit Menschenaffen beachtliche Erfolge erzielt. Ihre Versuche wurden mit gefangenen, aus ihrer normalen Umgebung entfernten Affen durchgeführt. Es ist möglich, sich mit einem Schimpansen mittels der Gebärdensprache der Taubstummen zu verständigen. Dies gelingt auch mit einer kleinen, an einen Computer angeschlossenen Tastatur oder auch, indem man Schimpansen Klebmarken für bestimmte Wörter verwenden läßt. So kann das Tier Sätze zusammenstellen wie ›Gib mir Futter‹ oder ›Ein Apfel ist eine rote Frucht‹ und auf einfache Fragen folgerichtige Antworten geben. Er kann sogar selbst in die Rolle des Lehrers schlüpfen und seinen Artgenossen das Erlernte beibringen.

Ein Gorillaweibchen namens Koko erreichte dank dieser Methoden eine gewisse Fähigkeit zur Kommunikation mit dem Menschen. Bringt jemand ein Päckchen Nüsse, sagt sie in Gebärdensprache: ›Nuß, gib mir! Koko hier. Gut, lieb, gut Nuß. Koko mag Besuch.‹ Und damit bemächtigt sie sich natürlich der Nüsse.

WANDERUNGEN

Am Herbsthimmel zeichnet ein Schwarm Wildgänse ein riesiges V. Aus ihrer skandinavischen Heimat ziehen sie in die Mittelmeersümpfe.

Vogelzug. Das großartige Schauspiel des Vogelzugs, das den Ablauf der Jahreszeiten prägt, hat den Menschen schon immer gefesselt. Dem Sprichwort zum Trotz macht eine Schwalbe doch den Sommer. Tatsächlich gibt es bei den Vögeln alle Zwischenstufen vom Nicht- bis zum Fernzieher.

Die bekanntesten Zugvögel sind die, die in unseren Breiten nisten, am Ende des Sommers zum Überwintern nach Afrika fliegen und mit der wärmeren Jahreszeit zurückkehren. Genannt seien Schwalbe, Mauersegler, Nachtigall, Kuckuck, Pirol usw. Gleichzeitig kommen im Herbst Enten und Gänse aus den nordischen Gebieten in die gemäßigten Breiten, um hier zu überwintern. Wieder andere Arten wie der Graukranich überqueren die gemäßigten Breiten zweimal im Jahr, im Frühling und im Herbst.

B · Der Schimpanse spricht.

Neue Versuche haben gezeigt, daß Schimpansen über eine besonders entwickelte Sprache verfügen, die auf Körperhaltungen, Lauten und einer Kombination von Körpersprache und Rufen basiert. Im Kontakt mit Menschen kann der Schimpanse lernen, mehr als hundert Wörter zu verstehen und mit Taten oder eigenen Ausdrücken darauf zu antworten.

DIE SPRACHE DER GERÜCHE

Viele Säugetiere ›markieren‹ (wie der Hund mit ein paar Tropfen Urin an einer Mauer) ihr Revier mit Duftstoffen aus besonderen Drüsen: Der Rehbock reibt z. B. seinen Kopf an Bäumen, um dort einen Duftstoff abzusetzen. Ein besonders stark riechendes Sekret sondert der Skunk, das ›Stinktier‹, ab.

Solche Stoffe nennt man *Pheromone*. Das sind Hormone, die als Signal nach außen abgegeben werden. Auch bei den Insekten spielen sie eine große Rolle, vor allem bei Heuschrecken, Bienen und Ameisen. Bei den Bienen sondert die Königin einen Stoff ab, den die Arbeiterinnen auflecken. Dies ist ein chemisches ›Signal‹, an dem Bienen desselben Bienenstocks einander erkennen.

Blume und Sonne stehen in einer Richtung

Blume und Sonne stehen zueinander unter einem Winkel

▲ Tanz der Bienen.

Getanzt wird an der vertikalen Wabenwand:
– links ein einfacher Rundtanz: Die Blume ist weniger als 100 m vom Bienenstock entfernt;
– rechts Tanz in Form einer 8; deren Achse ist um x Grad nach rechts geneigt: Die Blume befindet sich in einem x-Grad-Winkel rechts der Sonne. Läuft die Biene die Achse umgekehrt, ist die Blume in der der Sonne entgegengesetzten Richtung.

ENTSCHLÜSSELUNG DES VOGELGESANGS

Schon seit langem finden die Bewohner unserer Landstriche Spaß daran, Gesang oder Rufe der Vögel lautmalerisch zu übersetzen. So endet der der Buchfink seinen laut schmetternden Gesang oft mit ›würzgebier‹ oder ›reitzug‹. Die Kohlmeise sagt: ›zizibäh‹ und die Wachtel: ›pickwerwick‹. Der Kuckuck verdankt seinen Namen dem charakteristischen Ruf.

Bei der Identifizierung des Gesangs spielen Melodie, Tempo und der Rhythmus eine Rolle; Spezialisten können fast alle Vogelarten am Gesang erkennen. In letzter Zeit werden die stimmlichen Äußerungen wissenschaftlich aufgezeichnet: in *Sonagrammen,* die Tonhöhe und Tondauer in eine Graphik übersetzen.

FAUNA

Die Auslösemechanismen für den Vogelzug sind in ihren Grundzügen bekannt. Es ist nicht so sehr der Futtermangel: Der Mauersegler zieht Ende August ab, wenn es noch viele Insekten gibt. Vielmehr wird über die Augen wahrgenommen, daß die Tage kürzer werden. Diese Information geht weiter zum Hypothalamus (im Gehirn) und zur Hypophyse, die auf die Geschlechtsdrüsen wirkt.

Orientierungshilfen. Wie findet die Schwalbe ihren Rückweg von Äquatorialafrika zum Stall in Hessen oder Niedersachsen, wo sie letztes Jahr ihr Nest hatte?

Zahlreiche Studien haben gezeigt, daß die Sonne (oder die Sterne, denn viele Zugvögel fliegen nachts) der wichtigste Orientierungspunkt ist. Das heißt, daß der Vogel seinen Kurs mit Hilfe des Sonnen- oder Sternenstandes korrigiert.

Und wenn der Himmel bedeckt ist? Dann nutzt der Vogel Orientierungspunkte am Boden: Flüsse, Küsten, Gebirge usw., bis sich die Wolken verziehen. Viele Arten können das Magnetfeld der Erde als Hilfsmittel nutzen. Die Erinnerung an bestimmte Orte ist hilfreich, aber nicht entscheidend: Das Orientierungsvermögen ist den Vögeln angeboren.

Die zurückgelegten Strecken sind oft beachtlich; dennoch legt die Schwalbe auf Insektenfang für ihre Jungen an einem Tag mehr Kilometer zurück als an einem Zugtag. Die Fluggeschwindigkeit schwankt im allgemeinen zwischen 30 und 80 km/h. Desgleichen die Flughöhe: Zugvögel fliegen knapp über dem Meer, aber auch über den Mount Everest!

Andere Wandertiere. Viele Meeressäugetiere legen weite Strecken zurück. Dies gilt für Seehunde wie Wale: In der kalten Jahreszeit schwimmen sie von den antarktischen Gewässern bis in die Tropenmeere, wo sie ihre Jungen gebären.

Auch von einigen Fledermausarten sind größere Wanderzüge bekannt. Die großen Wanderungen der Landsäugetiere gehören mehrheitlich der Vergangenheit an. Nach zu großer Dezimierung wandern die nordamerikanischen Bisons und die südafrikanischen Springböcke nicht mehr. Diese grazilen, springenden Antilopen bildeten früher Herden von mehreren 10 000 Tieren! Die skandinavischen Lemminge, Kleinnagetiere, sind ebenfalls für ihre Massenwanderungen bekannt, die oft an der Küste damit enden, daß große Massen ins Meer stürzen; nur wenige Überlebende machen sich auf den Rückweg.

Auch Fische wandern viel. Die Europäischen Flußaale werden in der Sargassosee vor den Bermudas geboren. Aus den durchsichtigen Larven (Leptocephalus) werden Glasaale, die in die europäischen Mündungsgebiete schwimmen. Nach mehreren Jahren im Süßwasser kehren die Aale zum Laichen und wahrscheinlich auch zum Sterben in die Sargassosee zurück.

Lachse, Alsen und Störe pflanzen sich dagegen in Flüssen fort und verbringen einen Großteil ihres Lebens im Meer.

Unter den Insekten bilden die Heuschrecken riesige Schwärme, die in bestimmte Gebiete einfallen und alles Freßbare verzehren. Diese Tiere wechseln zyklisch zwischen einer Solitär- und einer Wanderphase, in der sie Schwärme bilden.

Ein nordamerikanischer Schmetterling, der Monarch, wandert in riesigen Schwärmen von Alaska nach Mexiko. Und vergessen wir nicht die Wander- oder Treiberameisen, deren kriegerische Kolonnen der Schrecken der Tropenregionen sind.

Wanderungen finden bei manchen Arten in allen Stadien der Individualentwicklung statt, im allgemeinen wandern jedoch vorwiegend jugendliche Stadien (z. B. Biber, Schneehase, Kohlmeise).

WINTERSCHLAF

Einige Arten umgehen die schwierige Zeit des Winters und erstarren oder versinken in Schlaf. Viele Insekten (Schmetterlinge, Marienkäfer usw.) verbringen den Winter als fertig ausgebildetes Insekt in einem Unterschlupf. Auch viele Fische graben sich in den Schlamm, während Amphibien auf der Erde oder im Wasser überwintern.

Einige Säugetiere, wie Braunbär oder Dachs, sind keine echten Winterschläfer: sie wachen im Winter gelegentlich auf. Echte Winterschläfer sind Murmeltiere, Igel, manche Fledermäuse, Siebenschläfer, Gartenschläfer und Haselmäuse. Vor Winteranbruch legen diese Tiere ein Fettpolster als Energiereserve an. Dann verfallen sie in Erstarrung: Ihre Körpertemperatur sinkt (fast bis auf 0 °C), ihr gesamter Stoffwechsel verlangsamt sich. Der Winterschlaf ist auf eine hormonelle Umstellung zurückzuführen, die durch Änderungen der Lichtverhältnisse ausgelöst wird. Sie wachen an den ersten schönen Tagen wieder auf. Der Siebenschläfer schläft bis zu sieben Monate im Jahr. Bei den Vögeln können nur der Ziegenmelker und seine Verwandten in eine längere Kältestarre verfallen.

FETT ALS BRENNSTOFF

Eine Regenpfeiferart wandert von Sibirien bis zur Insel Wake mitten im Pazifik. Anfangs besitzt sie 26 g Fett, bei der Ankunft nach 4000 km Flug nur noch 22 g. Wenn ihr Verbrauch nur 4 g höher wäre, würde sie mitten über dem Meer wegen Brennstoffmangels abstürzen.

LANGSTRECKEN-REKORDLERIN

Roter Schnabel, schwarze Haube, graues Gefieder: die Küstenseeschwalbe, auf den ersten Blick ›nur‹ eine Seeschwalbe. Ihren Ruhmestitel verdankt sie den 17 000 km, die sie auf ihrem Hin- und Rückweg zwischen der Arktis (Sommerquartier) und der Antarktis (Winterquartier) zurücklegt. Dadurch erlebt sie täglich 24 Stunden Helligkeit für mindestens acht Monate pro Jahr.

A · **Zug von Wildgänsen.**

Viele Vögel wandern in einer Linie oder einem V-Zug. Das hat aerodynamische Vorteile: Sie nutzen den Sog aus, der durch die Flügelbewegungen des voranfliegenden Vogels entsteht. Andere fliegen ungeordnet.

B · **Lachse springen einen Wasserfall hoch.**

Bei ihrer Wanderung flußaufwärts überwinden Lachse auch Wasserfälle. Staumauern sind für sie unüberwindbar, wenn sie keine ›Lachstreppe‹ haben.

C · **Murmeltier im Winterschlaf.**

In den Alpen wurden winterschlafende Murmeltiere zu ihrem eigenen Vorteil ausgegraben. Sie waren durch den Bau eines Staubeckens gefährdet und wurden zur Fortsetzung ihres Schlafs an einen ruhigen Ort umgesiedelt.

FAUNA

DIE TIERWELT

SOZIALLEBEN

Ein Rudel Rehe im Wald, ein Schwarm Raben auf dem Feld, ein Ameisenhaufen sind Beispiele für das soziale Zusammenleben der Tiere einer Art. Beispiele für Vergesellschaftungen von Artgenossen sind die Familie, die sich aus Geschlechtspartnern und Nachkommen zusammensetzt, ferner größere, nicht verwandtschaftlich zusammengesetzte Verbände (z.B. ein *Rudel* Raubtiere, eine *Kolonie* Meeresvögel oder eine *Herde* Elefanten) und als komplizierteste Form der Vergesellschaftung der Staat der staatenbildenden Insekten. Bei den Vögeln muß der Begriff *Kolonie* auf die Brutgesellschaft eingegrenzt werden. Deshalb ist eine Ansammlung von Saatkrähennestern in einem Wäldchen eine Kolonie (eine *Krähenkolonie*), während die gleichen Vögel auf einem Feld bei der Nahrungssuche keine Kolonie bilden.

Kolonien ganz anderer Art werden von wirbellosen Meerestieren gebildet, die zu einem Überorganismus zusammengewachsen sind. Am bekanntesten sind die Korallen: Das 2 400 km lange Große Barrierriff kann als das größte Lebewesen dieser Erde angesehen werden.

Bei den Insekten und den Wirbeltieren ist das soziale Zusammenleben jedoch am weitesten entwickelt. Dieses Zusammenleben in einer Gesellschaft stützt sich auf verschiedene Formen der Kommunikation miteinander, die ein Funktionieren dieser komplexen Gebilde erst möglich machen. Manchmal leben verschiedene Arten in einer Kolonie zusammen: Dies ist häufig bei Vögeln der Fall, die jeweils die Rufe der anderen Art verstehen. Später werden wir noch subtilere Beziehungen zwischen verschiedenen Arten kennenlernen.

Rangordnung. Seit mehreren Dutzend Jahren sind die Ethologen (Verhaltensforscher) dabei, ihre Untersuchungen der Struktur der Vogel- und Säugetiergesellschaften voranzutreiben. Sie haben entdeckt, daß diese fast immer hierarchisch aufgebaut sind. Auch in einer Rinderherde gibt es eine Rangordnung. Im Gebirge trägt eine Kuh, die Leitkuh, eine größere Glocke als die andern. Sie wird nicht vom Menschen ausgewählt, sondern hat diesen Rang nach Auseinandersetzungen mit anderen Kühen und auch Stieren erkämpft.

Auch Affenhorden weisen eine deutliche Hierarchie auf. Bei den japanischen Makaken ist das dominante Männchen nicht besonders stark gebaut, sondern oft sogar klein. Der Grund ist, daß die Männchen dieser Art ihren Rang von ihrer Mutter erben; daher hat der Sohn eines hochrangigen Weibchens einen hohen Rang. Aber das ist die Ausnahme. Im allgemeinen wird ein Rang in der Hierarchie wie bei den Kühen erkämpft. Bei den Wölfen haben die ältesten Männchen den höchsten Rang; nur sie haben das Recht, sich fortzupflanzen. Trotz ihrer Verwandtschaft zum Wolf gibt es bei den Hyänen im tropischen Afrika keine Rangordnung. Sie haben kein Leittier. Ihre Meuten sind Fraßgemeinschaften: Einige würgen ihren Artgenossen, die nicht auf der Jagd waren, Fleisch wieder hoch und füttern sie damit. Elternlose Junge werden von der Gemeinschaft versorgt.

Betrachten wir nun die Afrikanischen Elefanten, die normalerweise in Herden von zwanzig bis fünfzig Tieren leben. Das entspricht drei oder vier Familien, zu denen noch ein paar erwachsene Männchen kommen. Die Herde wird gleichzeitig vom stärksten Männchen und vom kräftigsten Weibchen geführt. Bei den Asiatischen Elefanten leitet nur ein Weibchen die Herde: Die Asiatischen Elefanten leben somit im Matriarchat.

Der Name des österreichischen Biologen und Nobelpreisträgers Konrad Lorenz ist mit der Erforschung von Vogelgesellschaften, insbesondere der Dohlen, verbunden. Dies sind kleine Krähenvögel, die als Höhlenbrüter bevorzugt in Baumhöhlen, Felslöchern oder Mauernischen häufig in der Nähe menschlicher Siedlungen brüten. Dohlenpaare bleiben im Gegensatz zu anderen Vögeln ihr ganzes Leben lang zusammen. Diese Paare bilden Kolonien mit einer strengen Rangordnung. Aber seltsamerweise traktieren die dominanten Tiere, die ›Despoten‹, nur die ihnen in der Rangordnung am nächsten stehenden Tiere und ignorieren die anderen. Das Weibchen eines hochrangigen Männchens teilt automatisch dessen Rang und kann sich Respekt verschaffen. Den umgekehrten Fall beobachtet man nie: Bei den Dohlen ›heiraten‹ Männchen niedrigen Ranges keine ranghöheren Weibchen. Manchmal jedoch kommt es zu einem Umsturz: Ein wagemutiges Männchen kann das dominante Paar herausfordern, besiegen und neuer ›Stammesdespot‹ werden.

Insektenstaaten. Die *sozialen Insekten,* Termiten, Ameisen, Wespen und Bienen, leben in Staaten und sind polymorph, d.h., je nach ›Kaste‹ sehen sie anders aus. So gibt es bei den Termiten eine Königin, geflügelte männliche und weibliche ›Geschlechtstiere‹ und nichtfortpflanzungsfähige Soldaten und Arbeiter. Bei den Bienen besteht die Kolonie aus einer Königin, Männchen (oder Drohnen) und unfruchtbaren Weibchen, den Arbeiterinnen. Die gängigen Bezeichnungen sind nicht immer treffend. Zwar verrichten die Arbeiterinnen im Bienenstock alle feineren Arbeiten: Sie bauen die Zellen, putzen, sammeln Nektar usw. Aber bei den Termiten sind die Soldaten trotz ihres Namens keine großartigen Kämpfer. Kämpfer sind eher die Arbeiter, die den Termitenbau gegen Ameisenangriffe verteidigen. Ebensowenig ist die Königin ›Anführerin‹ eines Insektenstaates. Ihre Rolle ist vielmehr auf die Fortpflanzung beschränkt.

Die Staaten der Termiten, Bienen und Ameisen sind außerordentlich komplex. Man vergleicht einen Ameisenhaufen gerne mit der menschlichen Gesellschaft im Kleinformat. In ihm finden sich Ernte-, Anbau-, Sklavenjäger- und Blattlauszüchter-Ameisen. Es gibt parasitisch oder räuberisch lebende Arten unter den staatenbildenden Insekten.

Zur Aufrechterhaltung eines so komplexen Systems, wie es ein Insektenstaat darstellt, ist ein gutes Verständigungssystem unerläßlich. Dementsprechend sind die Sinnesorgane und die Assoziationszentren im Gehirn der staatenbildenden Insekten hoch entwickelt. Der Kommunikation dienen z.B. optische und chemische Wegmarkierung und Kennzeichnung von Futterstellen, Klopfsignale bei den Termiten, Tastberührungen (›Betrillern‹) bei den Ameisen sowie bei den Bienen der Schwänzeltanz.

A · **Kolonie von Seevögeln.**

Unzählige Seevögel, viele verschiedene Arten, nisten auf steilen, den Menschen schwer zugänglichen Klippen. Berühmt sind die riesigen Pinguinkolonien der Antarktis und des südlichen Südamerika oder auch die Kormorankolonien vor der Westküste Südamerikas und Afrikas, die der Guanogewinnung dienen.

B · **Elefantenherde.**

Elefantenherden sind in mehrere Untergruppen aufgeteilt: es gibt Bullenherden mit jüngeren männlichen Tieren, Mutterfamilien mit Weibchen und Jungen. Die alten Männchen sind vor allem zum Ende ihres Lebens oft Einzelgänger.

C · **Termitenhügel.**

Termitennester, die aufgrund ihrer speziellen Bauweise klimatische Außenfaktoren weitgehend ausgleichen können, sind sehr unterschiedlich: sie können in lebendem oder trockenem Holz angelegt sein, aus Erde oder zerkautem Holz gebaut sein. Die größten Termitenhügel sind bis 4,5 m hoch.

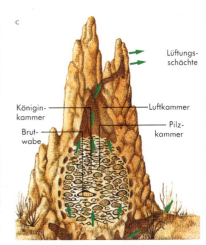

FAUNA

VERGESELLSCHAFTUNGEN

Tiere verschiedener Arten können sich verständigen und sogar zusammenleben. Oft sind diese zwischenartlichen Beziehungen außerordentlich weit entwickelt.

Beziehungskategorien. Man unterscheidet drei Kategorien. Bei der ersten, dem *Kommensalismus*, macht sich eine Art eine andere zunutze, ohne daß letztere einen Vorteil davon hat. Die zweite ist die *Symbiose* oder das Zusammenleben zum gegenseitigen Nutzen, von der beide Partner profitieren. Drittens schließlich gibt es den *Parasitismus*, bei dem eine Art die andere schädigt.

Kommensalismus und Symbiose lassen sich nicht klar abgrenzen. Für beides gibt es unzählige verblüffende Beispiele. Ein Meeresfisch, der Schiffshalter, saugt sich mit seiner auf der Kopfoberseite sitzenden Saugscheibe an größeren Tieren (oder auch Schiffen!) fest und läßt sich so ohne Eigenanstrengung mitnehmen. Wenn Lotsenfische Haie begleiten, dann nicht als Lotsen, sondern weil sie wie die Haie nach Schiffsabfällen suchen.

Erstaunliche Symbiosen. Ebenfalls im Meer leben Seeanemonen und ein kleiner gelbweißer Fisch, der Clownfisch, symbiotisch zusammen. Der Clownfisch bleibt ständig bei einer Seeanemone, reibt sich an ihren doch giftigen Fangarmen und zieht sich bei Gefahr in sie zurück. Das Nesselgift der Fangarme scheint ihm nichts anhaben zu können, die Seeanemone ist somit ein ausgezeichneter Schutz. Die Seeanemonen dienen wiederum einigen Krabben (Gattung Melia) als ›Boxhandschuhe‹: Sie tragen in jeder Schere eine der stark nesselnden Seeanemonen, die sie, wenn sie angegriffen werden, dem Feind entgegenhalten.

Eine der erstaunlichsten Symbiosen im Süßwasser ist das Zusammenleben von Bitterling und Flußmuschel. Der Bitterling, ein kleiner Teichfisch, laicht in der Schale der Flußmuschel: Die Jungen schlüpfen dort und bleiben eine Zeitlang in ihrem Schutz. Aber das ist noch nicht alles. Während der Bitterling in die Schale des Weichtiers laicht, entläßt dieses seine eigenen Larven, die sich an den Kiemen des Fisches festheften. Hier erweist jede Art der anderen einen Dienst!

Die Formen des Zusammenwohnens sind unendlich verschieden. Fuchs und Dachs teilen oft einen Bau. Sperlinge bauen ihre Nester manchmal in Reiher-, Storchen-, oder gar Greifvogelnester. Im letzteren Fall mag das gewagt erscheinen. Aber Greifvögel jagen nicht in Horstnähe und schrecken vor allem die Feinde des Sperlings hervorragend ab. In Afrika wohnen allerlei Säugetiere in den enormen Bauten der Erdferkel. In Neuseeland lebt die Brückenechse oder Tuatara zusammen mit Meeresvögeln in einem Bau. Auf Borneo folgen Straußwachteln den Wildschweinen, um etwas von der Nahrung zu bekommen, die ihnen aus dem Maul fällt. Notfalls holen sie sich etwas direkt aus ihrem Maul. Als Gegenleistung warnen sie das Schwein vor Gefahr.

Eine ebenfalls bemerkenswerte Symbiose besteht zwischen dem schwarzweißen Honigdachs und einem Vogel, der zu Recht Honiganzeiger heißt. Der Honigdachs liebt Honig, findet aber die Nester der Wildbienen nicht immer leicht. Der Honiganzeiger fliegt ihm von Baum zu Baum zum Nest voran. Der Honigdachs öffnet es und labt sich am Honig. Der Honiganzeiger macht sich dann an Wachs und Larven; allein hätte er das Nest nicht öffnen können.

Bei einer anderen Art der Symbiose lebt eine Art in der anderen. Termiten beherbergen z. B. Geißeltierchen in ihrem Darm. Letztere haben damit eine Unterkunft und zersetzen dazu noch die Zellulose aus dem Holz, das die Termiten fressen und das sie ohne fremde Hilfe nicht verdauen könnten.

Parasitismus. Viele Parasiten zählen zu den für den Menschen schädlichen Tieren, da sie ihn selbst sowie Haus- und Nutztiere und andere Wirbeltiere äußerlich (Flöhe, Läuse, Zecken usw.) oder innerlich (besonders Band-, Spul- und andere Würmer) befallen; Beispiele für von parasitischen Einzellern verursachte Krankheiten sind Schlafkrankheit und Malaria. Sie können aber auch Nützlinge sein, z. B. als Feinde schädlicher Insekten.

WESPE UND VIRUS

Eine Wespe, eine Raupe und ein Virus: eine verblüffende zwischenartliche Beziehung in Nordamerika. Die Wespe legt ihre Eier in eine lebende Raupe, die ihren Larven als Nahrung dient. Aber die Raupe ›schlägt zurück‹, indem sie die Eier durch ihre Immunabwehr zerstört. Daher ›injiziert‹ die Wespe ein Virus (aus ihren Eierstöcken) in die Raupe und neutralisiert deren Abwehr.

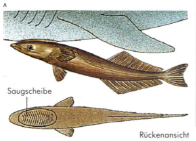

Saugscheibe

Rückenansicht

A · Schiffshalter.
Die erste Rückenflosse dieses tropischen Fisches ist zu einer Saugscheibe geworden, mit der er sich an andere Fische, Schildkröten und Schiffe heftet. In der Antike glaubte man, der Schiffshalter könne ein Schiff bei einer Seeschlacht anhalten. Die größte Art wird bis 1 m lang.

B · Clownfisch und Seeanemone.
Wie überlebt der Clownfisch das Gift ›seiner‹ Seeanemone? Wahrscheinlich ist seine Haut mit einem vermutlich von der Seeanemone selbst erzeugten Schleim überzogen. Sobald er sich an ihr reibt, erneuert sich dieser Schutz.

BESTÄUBUNG DURCH TIERE

Eine Biene landet bei der Nektar- und Pollensuche auf einer Blüte. Dabei nimmt sie einige Pollenkörner mit, die sie unfreiwillig zu einer anderen Blüte derselben Art trägt. Sie verhilft dieser Pflanze zur Bestäubung und damit zu ihrer Befruchtung und Fortpflanzung.

Dies ist ein Beispiel für eine Symbiose zwischen Tier und Pflanze. In unseren Breiten sorgen vor allem Insekten für die Bestäubung. In den Tropen übernehmen das hauptsächlich Vögel (besonders Kolibris sowie Nektarvögel und Honigfresser) und (seltener) auch Fledermäuse und Beuteltiere.

Die Vögel und die von ihnen befruchteten Pflanzen haben manchmal die gleiche Farbe. Einige Blumen (vor allem Orchideen) sehen Insekten ähnlich: Daher hält eine Hummel sie für eine Artgenossin.

C · Kuhreiher.
Ein Kuhreiher auf einem Büffel: ein typisches Bild aus der afrikanischen Savanne. Dieser kleine Reiher ist auf der ganzen Welt verbreitet, seit kurzem auch in Südeuropa, so in Südspanien und der Camargue.

73

FAUNA

DIE TIERWELT

FORTPFLANZUNG

Die Fortpflanzung ist eine der wesentlichen Fähigkeiten, die Lebewesen auszeichnen. Sie ist für den Fortbestand des Lebens notwendig und wird bei den Tieren in verschiedenen Formen praktiziert. Sie basiert nicht unbedingt auf der Vereinigung eines Männchens mit einem Weibchen.

Ungeschlechtliche Fortpflanzung. Zunächst einmal gibt es eine *ungeschlechtliche Fortpflanzung* (oder *Vermehrung*), bei der Sexualität keine Rolle spielt. Sie findet sich bei einigen ›niederen‹ Tieren und läßt sich unterteilen in *Zellteilung* und *Zellknospung*. Die Zellteilung ist die Teilung eines Organismus, die zur Vermehrung führt. Ein Strudelwurm (aus dem Stamm der Plattwürmer) streckt sich so lange, bis sein Hinterteil sich von seinem Vorderteil löst. Beide Teile sind dann vollständige Einzeltiere.

Die Knospung findet z. B. bei der Süßwasserhydra statt. Bei einem dieser kleinen schlauchförmigen Tiere knospen Nachkommen: Diese wachsen und lösen sich von ihrem Muttertier. Manchmal wechseln geschlechtliche Fortpflanzung und ungeschlechtliche Vermehrung im Lebenszyklus einer Art ab, wie bei der Qualle.

JUNGFERNZEUGUNG

Die Entstehung eines vollständigen Tieres aus einer unbefruchteten Eizelle wird Jungfernzeugung (Parthenogenese) genannt. Es gibt sie bei einigen Stämmen der Wirbellosen (z. B. bei Plattwürmern, Spinnentieren, Insekten), künstlich konnte die Jungfernzeugung auch bei Wirbeltieren herbeigeführt werden. Sie kann periodisch auftreten, z. B. bei Rädertieren und Blattläusen, und wechselt dann im Lebenszyklus der Art mit der normalen Fortpflanzung ab.

Das berühmteste Beispiel ist wahrscheinlich die Biene. Nach der auf dem Hochzeitsflug stattfindenden Paarung speichert die Königin die Spermien in einer ›Samentasche‹. Werden die Eizellen befruchtet, schlüpfen aus den Eiern Arbeiterinnen oder Königinnen. Aus den nicht befruchteten Eiern entstehen Männchen: Drohnen sind immer vaterlos.

Geschlechtliche Fortpflanzung. Auch bei der geschlechtlichen Fortpflanzung gibt es zwei große Untergruppen: *Zwittertum* oder *Getrenntgeschlechtlichkeit*.

Zwittertum. Hier sind beide Geschlechter in einem Individuum vereinigt. Bandwürmer, Egel, Regenwürmer, Schnecken, Nacktschnecken sind Zwitter. Obwohl man das Gegenteil annehmen könnte, brauchen zwittrige Tiere mit wenigen Ausnahmen (wie dem einzeln lebenden Bandwurm) ein zweites Tier zur Fortpflanzung.

Bei einigen Wirbeltieren kann es einen dem Zwittertum ähnlichen Zustand geben: Es handelt sich um *Intersexe*. Das Tier scheint zwischen den Geschlechtern zu ›verharren‹. So können Neunaugen z. B. ihr ganzes Leben lang zwischengeschlechtlich bleiben.

Getrenntgeschlechtlichkeit. Die Mehrzahl der Tiere ist getrenntgeschlechtlich, d. h. daß es bei ihnen unterschiedliche Geschlechter gibt. Männchen und Weibchen haben verschiedene Geschlechtsorgane: Die Keimdrüsen (oder Gonaden) sind bei Männchen die Hoden und bei Weibchen die Eierstöcke. Die Befruchtung der Eizelle durch eine Samenzelle ergibt eine Zygote, den Grundstock eines neuen Individuums. Die Befruchtung kann innerlich bei der Begattung (oder Kopulation), meist mittels besonderer Organe, stattfinden. Bei Wasserbewohnern erfolgt sie dagegen außerhalb des Tierkörpers (äußere Befruchtung).

Paarungsverhalten. Die Befruchtung wird häufig von komplizierten Riten eingeleitet oder begleitet, dem Paarungsverhalten. So fängt bei einigen Zweiflüglern das Männchen ein Insekt, faßt ein Weibchen im Flug und bietet ihm seine Beute an. Wir alle haben schon in der warmen Jahreszeit Libellen gesehen, die im ›Paarungsrad‹ über Teiche flogen.

Besonders eindrucksvoll ist die Balz bei den Vögeln. Auch ist bei ihnen der *Geschlechts-dimorphismus*, das unterschiedliche Aussehen von Männchen und Weibchen, oft sehr ausgeprägt. Bei vielen Vogelarten ist das Männchen bunter als das Weibchen oder sogar mit außergewöhnlichem Schmuck ausgestattet. In der Tierwelt gibt es extreme Fälle von Geschlechtsdimorphismus: Beim Tiefseeanglerfisch mißt das Weibchen 1 m, während das Männchen als 8 cm langer Parasit auf ihm lebt.

Bei der Balz zeigt sich das Männchen von seiner besten Seite: Pfauen schlagen z. B. ein Rad. In einem Park kann man leicht die Balz der Haussperlinge beobachten, die um so merkwürdiger ist, als sie kollektiv ist. Ein Männchen plustert in der Nähe eines Weibchens sein Brustgefieder, senkt die Flügel, hebt den Schwanz und ›tschilpt‹ dabei. Dann erscheinen andere Männchen und machen das gleiche. Das Weibchen pickt eines der Männchen in die Nähe der Kloake. Dann fliegen alle fort. Bei vielen Vögeln bringt das Männchen dem Weibchen ein symbolisches Geschenk.

Es kann auch zu Kämpfen zwischen den Männchen um den Besitz eines Weibchens kommen. Bei den Säugetieren gilt das z. B. für die Hirsche. Beim Paarungsverhalten gibt es noch zahlreiche andere Eigentümlichkeiten, angefangen vom Licht, das die Weibchen des Großen Leuchtkäfers (›Glühwürmchen‹) ausstrahlen, bis hin zum Gesang der Vögel.

Nestbau. Bei sehr vielen Tieren gehört zur Fortpflanzung auch der Nestbau. Dieser ist bei den Insekten sehr vielseitig: Außer Termitenhügeln und Ameisenhaufen gibt es gemauerte Nester, Erdbaue, in Holz gehöhlte Nester usw. Bei den Fischen ist das Nest des Stichlings zu erwähnen, das aus Wasserpflanzen gewebt ist. Für die bekanntesten Nester, die Vogelnester, ist eine Schalenform typisch, wie z. B. bei der Amsel und dem Buchfink. Andere sind kugelförmig oder gemauert (wie bei den Schwalben), in Baumstämme oder Sandgruben gegraben. Manche Nester liegen auf der Erde, manchmal nur in einer einfachen Mulde. Viele Säugetiere graben Baue in die Erde; andere, wie Eichhörnchen oder Siebenschläfer, bauen ein Nest, während der Biber eine ›Burg‹ (Biberburg) errichtet.

Geburt und Eiablage. Ein geringer Anteil der Tiere bringt lebende Junge zur Welt. Sie heißen *vivipar* oder lebendgebärend. Dazu zählen natürlich die Säugetiere (außer den Kloakentieren), einige Reptilien (wie die Boas) und Fische (wie viele Haie) und Skorpione. Die überwältigende Mehrheit der Arten ist dagegen *ovipar* oder eierlegend, d. h., sie legen Eier, aus denen Junge schlüpfen. Die Vipern hingegen sind *ovovivipar*, denn sie bringen lebende Junge in der häutigen Eihülle zur Welt.

PAPIERBOOT

Das kahnförmige Papierboot, auch Papiernautilus genannt, ist eine Art kleiner Krake. Wie alle Kopffüßer benutzt das Männchen zur Begattung einen seiner Fangarme. Aber bei dieser Art löst sich der Fangarm mit den Spermien und treibt auf der Suche nach einem Weibchen wie ein lebendes Wesen auf hoher See.

A · **Begattung bei Schnecken.**

Weinbergschnecken sind Zwitter. Sie besitzen ›Liebespfeile‹, mit denen sie sich bei ihrem langen Paarungsvorspiel gegenseitig stimulieren. Ob sie tatsächlich männliche und weibliche Funktion gleichzeitig ausüben können, im Sinne einer gegenseitigen Befruchtung, wird jedoch bezweifelt.

B · **Paarungsrad der Libellen.**

Zur sehr komplexen Begattung der Libellen gehört das Paarungsrad. Mit einer Zange am Unterleibsende hebt das Männchen das Weibchen mit in die Luft zum Paarungsflug.

FAUNA

METAMORPHOSEN

Das neugeborene Tier, das aus dem Ei schlüpft, muß oft mehrere Verwandlungen durchmachen, bis es erwachsen ist. Diese Verwandlungen nennt man *Metamorphosen*.

Tiere, die keine Metamorphosen aufweisen, machen eine ›direkte Entwicklung‹ durch. Dies gilt für Schnecken, Kopffüßer, Spinnen, Skorpione: Der gerade ausgeschlüpfte kleine Tintenfisch, die Jungschnecke, die neugeborene Spinne sind schon wie Erwachsene im Kleinformat. Auch bei den meisten Wirbeltieren gibt es keine Metamorphose; trotz zahlreicher Unterschiede haben der Jungvogel und das kleine Säugetier schon ihre endgültige Morphologie.

Fast alle Amphibien, aber auch einige Fische, wie der Aal, durchleben dagegen Metamorphosen. Bei diesen Tieren spricht man von einer ›indirekten Entwicklung‹. Die Kaulquappe des Frosches, die Aallarve sind Larven, aber der Satzfisch ist keine Larve, sondern ein kleiner Fisch.

Schmetterlinge. Der Begriff der Metamorphose setzt die Existenz von Larven voraus. Am bekanntesten sind die Metamorphosen der Insekten und der Amphibien. Wir wissen alle, daß aus dem Schmetterlingsei eine Raupe schlüpft. Die Raupe der Lepidopteren (oder Schmetterlinge) ist eine der vielen Larvenarten bei den Insekten. Eine Raupe hat drei Paar Brustfüße und meist vier Paar Bauchfüße. Die Raupe verwandelt sich in eine Puppe, eine *Chrysalide*. Im *Puppenstadium* bewegt sich das Tier fast überhaupt nicht und nimmt keine Nahrung auf; die Chrysalide ist oft in einem von der Raupe gesponnenen Seidenkokon versteckt. Eines schönen Tages schlüpft dann durch einen Riß aus der Puppe ein noch feuchter Schmetterling mit gefalteten Flügeln. Solche Metamorphosen bedeuten natürlich grundlegende innere Verwandlungen. Sie werden durch bestimmte Hormone gesteuert. Die Organe des späteren Schmetterlings bilden sich in kleinen Anlagen, die *Imaginalscheiben* heißen (›Imago‹ ist gleichbedeutend mit ›erwachsenes Insekt‹).

Verschiedene Insekten. Schmetterlinge sind Insekten mit vollständiger Metamorphose. Dasselbe gilt für Zweiflügler (deren Larve oft die Made ist), Hautflügler und Käfer, deren Larven ganz unterschiedlich aussehen (z. B. der ›Engerling‹ des Maikäfers). Heuschrecken- oder Zikadenlarven sind dem erwachsenen Insekt dagegen wesentlich ähnlicher und durchlaufen kein Puppenstadium (unvollkommene Metamorphose). Das Larvenleben bringt *Häutungen* mit sich: Die Larve verliert jedesmal ihre alte Haut und bildet eine neue.

Einige Insektenlarven sind wirklich erstaunlich. Die Made der Schlammfliege, einer Fliegenart, trägt wegen ihres langen Atemrohres den Beinamen Rattenschwanzlarve; sie lebt in faulendem Wasser. Viele Insektenlarven werden ›Wurm‹ genannt, ohne daß sie zoologisch Würmer sind. Die Larve eines Zweiflüglers, der Zuckmücke, lebt im Schlamm. Sie verdankt die rote Farbe ihrem hämoglobinhaltigen Blut.

Libellen. Die ebenfalls im Wasser lebende Libellenlarve weist mehrere seltsame Eigenheiten auf. Erstens besitzt sie Kiemen im Darm. Und zweitens ist sie mit einer Fangmaske ausgestattet, die eigentlich eine extrem verlängerte Unterlippe ist; ein furchterregender Fangapparat, den die Libellenlarve nach vorne schleudert und mit dem sie sogar kleine Fische fangen kann.

Ameisenlöwe. Die erwachsene Ameisenjungfer sieht einer Libelle ähnlich. Ihren Namen ›Ameisenlöwe‹ verdankt sie ihrem Verhalten als Larve. Der im Boden lebende Ameisenlöwe ist mit starken Oberkiefern ausgestattet. Er gräbt sich im Sand eine Art Trichter und versteckt sich ganz unten. Kommt eine Ameise in Reichweite, bombardiert er sie mit Sand, damit sie in sein Loch fällt, und stürzt sich auf sie.

Köcherfliege. Die ebenfalls libellenähnlichen Köcherfliegenlarven sind Wasserbewohner. Sie verdanken ihren Namen ihren bizarren Gewohnheiten. Sie bauen sich aus Kieseln, kleinen Schalen, Zweigen usw., die versponnen werden, einen Köcher. Die Larve lebt in diesem Etui; zum Laufen kommt sie mit Vorderteil und Beinen daraus hervor.

Amphibien. Die Metamorphosen von Frosch, Kröte und anderen Amphibien sind uns vertraut. Aus dem Ei schlüpft eine Kaulquappe mit Außenkiemen. Ihr großer Kopf und ihr langer Schwanz verleihen ihr das typische Aussehen. Anstelle der Außenkiemen entwickeln sich später innenliegende, von einem Kiemendeckel geschützte Kiemen. Erst wachsen die Hinter-, dann die Vorderbeine. Schließlich werden die Innenkiemen durch Lungen ersetzt; der Schwanz verschwindet.

Wirbellose Meerestiere. Die meisten wirbellosen Meerestiere durchlaufen Larvenstadien, in denen sie sich extrem vom fertig ausgebildeten Tier unterscheiden. Diese Larven sind im allgemeinen planktisch, d. h., sie treiben auf hoher See, sinken dann auf den Meeresboden und setzen sich fest. Ein Beispiel ist die Larve der Seeigel, Echinopluteus genannt, die vier bis sechs Paar schlanke Arme mit kräftigen Wimpernbändern besitzt.

Parasiten. Der Larvenzyklus schmarotzender Tiere ist oft sehr komplex, da er in mehreren Wirten abläuft. Ein Beispiel ist der Fischbandwurm, eine bis zu 15 m lange Bandwurmart, die aus bis zu 4 000 Gliedern besteht. Eine Wimperlarve schlüpft aus dem aus der Fischkloake ausgeschiedenen Ei und wird z. B. von einem Krebstier geschluckt, in dem sie sich weiterentwickelt. Wird das Krebstier von einem Fisch, z. B. einer Forelle, gefressen, setzt sich die Larve in ihrem neuen Wirt fest und macht eine weitere Entwicklung durch. Wenn Tiere – oder Menschen – diesen Fisch verzehren, werden auch sie befallen; die Larve entwickelt sich im Darm ihres Wirtes zum erwachsenen Fischbandwurm. Dessen Eier werden mit dem Kot des Wirtes ausgeschieden. Der Fischbandwurm verursacht eine schwere Blutarmut; seine Larven können durch Kochen oder Braten des Fleisches abgetötet werden. Häufig sind die Parasitenarten durch ihre Lebensweise so ›zurückentwickelt‹, daß sie unförmig geworden und daher schwer zu klassifizieren sind. Eine Untersuchung ihrer Larven ist oft die einzige Möglichkeit, sie zu bestimmen.

DIE DIREKTE ENTWICKLUNG

Spinnen sind ein Beispiel für direkte Entwicklung. Beim Schlüpfen haben die kleinen Spinnen schon die Körperform der Erwachsenen: Sie wachsen durch aufeinanderfolgende Häutungen und fangen die ihrer Größe angemessene Beute. Bei einigen Arten trägt der Wind die kleinen Spinnen an ihren Spinnfäden (›Marienfäden‹ genannt) fort; so können sie große Strecken zurücklegen.

c · **Generationswechsel der Schirmquallen.**

1. Erwachsene Qualle.
2. Wimperlarve.
3. Auf einem Fels festsitzende Larve.
4. Kleiner Polyp (Scyphistom).
5. Sprossender Polyp mit acht Tentakeln.
6. Ephyrula, die Vorstufe zur Qualle.

Quallen stammen aus den Abschnürungen sehr Polypen, die an einen ›Stapel Teller‹ erinnern. Sie pflanzen sich danach geschlechtlich fort: Aus dem Ei entsteht eine Larve, die zum Polypen wird.

A · **Von der Raupe zum Schmetterling.**

1. Raupe.
2. Raupe verpuppt sich.
3. Puppe.
4. Schlüpfender Schmetterling.

Raupe und Schmetterling sind so gegensätzlich, daß dieser Zyklus den Menschen immer gefesselt und angeregt hat; er hat ihn aber auch praktisch genutzt. Die Naturseide wird von der Seidenraupe gefertigt, nichts anderes ist als die Raupe des Maulbeerseidenspinners. Für ihren Kokon spinnt die Seidenraupe einen 150–200 m (Wildform), Zuchtformen sogar einen 1 000–3 500 m langen Seidenfaden.

B · **Von der Kaulquappe zum Frosch.**

1. Embryonen.
2. Kaulquappe mit Außenkiemen.
3. Kaulquappe mit Innenkiemen.
4. Kaulquappe mit vier Beinen.

Einige Kaulquappen erreichen eine stolze Größe: bis zu 16 cm bei der Knoblauchkröte, einer europäischen Krötenart. Die Dauer des Kaulquappenstadiums ist sehr unterschiedlich. Manche Amphibien behalten ihre Larvenform über Jahre. Der Extremfall ist der berühmte mexikanische Axolotl. Er kann sich als Larve fortpflanzen (sog. *Neotenie*).

FAUNA

DIE TIERWELT

DEN TIEREN AUF DER SPUR

Zum Beobachten gehören Geduld, Unaufdringlichkeit und Rücksicht. Nicht alle Tiere zeigen sich gleich häufig. Die größten sind nicht immer am leichtesten zu finden. In einem Wald bemerkt man fünf aufgeregt lärmende Eichelhäher viel eher als hundert Hirsche und Rehe. Die sichere Bestimmung einer Art ist aufgrund der herrschenden Beobachtungsbedingungen (große Entfernung, Sichtverhältnisse, Dauer usw.) und auch der Artenvielfalt nicht immer einfach.

Zur Beobachtung von Vögeln und Säugetieren sind Ferngläser oft unverzichtbar. Fotografieren und Filmen haben in letzter Zeit viele neue Anhänger gefunden. Voraussetzung ist eine zweckmäßige Ausrüstung (insbesondere ein Teleobjektiv). Von grundlegender Bedeutung ist die Tarnung, und man muß manchmal geeignete Unterstände bauen, um die Ausrüstung zu verstecken. Dennoch bleibt auch die Zeichnung weiterhin wichtig, und wenn es nur eine einfache Skizze ist. Auch die Rolle des Gehörs sollte hervorgehoben werden. Mit einiger Erfahrung kann man nicht nur Vögel, sondern auch Säugetiere, Amphibien und Insekten an ihren Rufen oder ihrem Gesang erkennen.

Spuren. Das Spurenlesen ist eine schwierige Kunst. Am Strand finden sich viele Möwenspuren; sie sehen anders aus als die Abdrücke der drei langen Zehen des Austernfischers. Im Wald hinterlassen Hirsche und Rehe eine Fährte mit den Abdrücken zweier Hufe, die Hinterfüße zeichnen sich normalerweise nicht ab (außer bei einem fliehenden Reh). Beim Rothirsch unterscheiden sich die Spuren männlicher und weiblicher Tiere. Dagegen weist die Spur des Wildschweins vier Abdrücke auf, die Hinterfüße deutlich hinter den Vorderfüßen.

Bei den Raubtieren ist der Abdruck der Katzenartigen mit ihren vier Pfoten dem der Hundeartigen recht ähnlich. Bei den Hundeartigen zeichnen sich die Krallen jedoch häufiger ab als bei den Katzenartigen, die ihre Krallen einziehen können, aber das ist kein eindeutiges Kriterium. Die Spur des Wolfs, die oft mit der Lilie der französischen Könige verglichen wird, sieht fast so aus wie die eines großen Hundes. In unseren Breiten begegnet man aber wohl eher dem letzteren!

Die Fuchsfährte ist ebenfalls mit einer Hundespur vergleichbar, jedoch ovaler, und die Krallen erscheinen deutlicher. Die Dachsspur ist typisch für einen Sohlengänger: Der Handteller und die fünf krallenbewehrten Zehen sind klar sichtbar.

Zwei längliche Spuren und zwei kurze: Ein Hase oder ein Wildkaninchen ist hier vorbeigekommen.

Andere Hinweise. Säugetiere hinterlassen noch viele andere Spuren. Ein Kiefernzapfen, der nur noch einen ›Schopf‹ Schuppen hat: Das war das Werk einer Waldmaus oder eines Eichhörnchens. Wildschweine hinterlassen viele Spuren, wenn sie in der Erde wühlen. Hirsche ›entrinden‹ Bäume, wenn sie ihr Geweih daran reiben. Löcher in einem Baumstumpf zeigen an, daß hier der Schwarzspecht, der größte einheimische Specht, wohnt.

Ein Vogelskelett, an dem noch die großen Schwungfedern sind, ist die ›Unterschrift‹ des Wanderfalken. Häufiger findet man einzelne Federn verschiedener Arten. Nicht immer kann man sie leicht bestimmen, aber man kann dadurch interessante Hinweise auf das Vorkommen von Arten bekommen, die sonst schwer zu entdecken sind. Mit viel Glück kann man im Winter im Wald das stolze Geweih eines Hirsches finden, das seinem Besitzer abgefallen ist.

Viele Naturfreunde interessieren sich für das *Gewölle* von Nachtraubvögeln. Käuze und Eulen würgen aus ihrem Schnabel unverdaute Teile ihrer Beute wieder hervor: Schädel, Knochen, Fell, Hornflügel (Flügeldecken) von Insekten usw. Sie werfen sie in Form von zentimeterlangen Gewöllen aus, die man vor allem unter Bäumen findet. Diese Gewölle sind dreifach interessant. Sie verraten das Vorkommen dieser Greifvögel, die im allgemeinen sehr zurückgezogen leben, und ihre Ernährungsweise. Und sie erbringen nützliche Informationen über die von diesen Vögeln verzehrten Kleinsäugetiere, die in dieser Region leben. Daher interessieren sich Ornithologen und Säugetierkundler so sehr für die Gewölle.

An der Meeresküste. Die Küste ist besonders reich an Spuren aller Art. Am Strand findet sich auf Schritt und Tritt Unbekanntes, das neue Fragen aufwirft: Ist dieser seltsame Organismus nun Tier oder Pflanze? Wer hat diese Eier gelegt? Was ist das für eine Muschel? Wer hat dieses Loch gegraben?

Jeder erkennt den Schulp des Tintenfisches, der häufig vom Meer angespült wird. Das ist die innere ›Schale‹ dieses Kopffüßers. Kalmare haben eine vergleichbare, aber hornartige Struktur, einen *Hornkiel,* während die Kraken nichts derartiges besitzen.

A · **Naturforscher in Aktion.**

Lupe, Mikroskop, Fernrohr, Fotoapparat gehören je nach Bedarf zur Ausrüstung des Zoologen, wenn er Tiere beobachtet. Sehr oft reichen die eigenen Augen.

E · **Spicknadel des Neuntöters.**

Ein auf einen Dorn oder manchmal auch auf Stacheldraht aufgespießtes Insekt; so lagert der Neuntöter, ein Sperlingsvogel mit Greifvogelgewohnheiten, seine Beute: Insekten, Frösche, Eidechsen, junge Vögel.

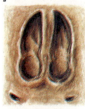

B · **Trittsiegel des Wildschweins.**

Auffallend die Abdrücke der Hinterzehen, deutlich abgezeichnet hinter und neben den Vorderzehen. Bei der Bache sind die Vorderzehen spitzer als beim Eber.

C · **Trittsiegel des Hirsches.**

Der Abdruck mißt 9 cm im Vergleich zu 5 cm beim Reh. Der Abdruck der Hirschkuh ist spitzer als der des Hirsches, bei dem sich mit steigendem Alter die Vorderzehen abrunden und der Hinterfuß näher an den Vorderfuß gesetzt wird.

D · **Trittsiegel des Fuchses.**

Im Vergleich zum Hund ist der Abdruck des Fuchses ovaler und die Krallen sind deutlicher. Außerdem reichen die seitlichen Zehen (ohne Krallen) kaum über den hinteren Teil der mittleren Zehen, was bei den meisten Hunden der Fall ist.

FAUNA

Eine große Masse weißlicher Eier: Das sind die Eier der Wellhornschnecke, einer Art Riesenstrandschnecke. Die Größe der Masse erklärt sich daraus, daß mehrere Weibchen ihre Eier zusammen ablegen.

Eine aufgebrochene schwarze, hornige Schale mit vier durch Spitzen verlängerten Ecken: Das ist ein Rochenei. Der kleine Rochen ist schon weit entwickelt. Manchmal erregt eine zungenförmige, fleischige Masse in lebhafter, oft oranger Farbe und um die dreißig Zentimeter lang die Aufmerksamkeit: Das ist eine wenig bekannte Art der Schwämme.

Ein Großteil des so gefundenen ›Strandguts‹ ist sehr schwer zu identifizieren. Das kann insbesondere für Fischknochen gelten. Normalerweise braucht man zur Bestimmung einen Experten.

Die Natur und das Gesetz achten. Es ist nichts Schlimmes, Federn, Knochen oder Muscheln zu sammeln, aber man sollte nicht der Versuchung erliegen, Sammlungen anzulegen, die dem Schutz der Fauna abträglich (und oft ungesetzlich) sind, insbesondere Eier- und Insektensammlungen. Man sollte sich daran erinnern, daß nicht mehr nur Säugetiere und Vögel zu den geschützten Arten zählen, sondern auch Reptilien, Amphibien, Weichtiere usw. Molche oder bestimmte Schnecken zu fangen, ist jetzt verboten.

Beobachten. Das ›passive‹ Beobachten bleibt oft das beste Mittel, das Verhalten eines Tieres wirklich kennenzulernen, denn dadurch stört man es nicht. Und man braucht kein professioneller Zoologe zu sein, um Beobachtungen zu machen, durch die man sein Wissen erweitern kann.

Einige Bereiche wie die Ornithologie haben heute viele Freunde, in Großbritannien ist z. B. das *birdwatching* ein nationales Hobby. Die Vogelkundler träumen davon, so viele ›Kreuze‹ wie möglich zu machen: Ein Kreuz ist eine weitere in der Natur gesichtete Art, die man dann auf der Liste der europäischen oder amerikanischen Vögel ankreuzen kann. Einige Begeisterte sind bereit, Hunderte von Kilometern für die Beobachtung einer seltenen Art zurückzulegen. Wenn in England ein seltener Vogel gemeldet wird, machen sich unzählige *birdwatchers* nachts auf den Weg und finden sich am frühen Morgen an Ort und Stelle ein. Augen und Ferngläser suchen dann fieberhaft nach dem Vogel – wenn er nicht in der Zwischenzeit fortgeflogen ist.

Allerdings ist Seltenheit etwas Relatives. An einer Stelle ist eine Art selten, einige hundert Kilometer weiter kann sie sehr häufig sein. In Deutschland gehören die Alpensteinböcke, Luchs, Biber und Otter, Weißstorch, Steinadler, Blaukehlchen, Europäische Sumpfschildkröte, Lachs, Edelkrebs zu den nurmehr sehr seltenen Arten. Um die Spur einer seltenen oder scheuen Art zu finden, sollte man sich bei den Bewohnern der Gegend informieren oder bei Tierschutzorganisationen. Vor allem sollte man jedoch beachten, daß gerade seltene Arten besonderen Schutz benötigen und nicht übermäßig gestört werden dürfen.

Naturnähe. Wenn man das Glück hat, einen Garten zu besitzen, kann man sich bemühen, ihn etwas ›verwildern‹ zu lassen, indem man einen Haufen toter Äste liegen läßt und ›Unkräutern‹ einen Teil des Gartens überläßt. Dann wird sich dort eine überraschend reiche Fauna einstellen, ob es nun Vögel, Säugetiere, Amphibien, Insekten oder andere Wirbellose sind. Ein kleiner Teich ist ebenfalls empfehlenswert: Er wird schnell von einer Vielzahl wasserbewohnender Arten bevölkert. Angepflanzte Beerensträucher ziehen Vögel an. Dasselbe gilt für das Winterfutter, das Meisen, Grünlinge und viele andere schnell schätzen lernen. Nistkästen erleichtern manch einer Art den Nestbau; aber man muß sie im Herbst und nicht, wie man vermuten würde, im Frühjahr aufstellen.

In einem Tropfen Wasser. Die Welt der mikroskopisch kleinen Tiere ist auch dem Laien zugänglich. Es genügt, eine Handvoll Heu oder Blumenstengel ein paar Tage lang in Wasser zu legen oder etwas Wasser und pflanzliches Material aus der flachen Uferzone eines Gewässers zu entnehmen. Danach kann man unter dem Mikroskop einen Tropfen dieses ›Aufgusses‹ betrachten. Darin bewegt sich eine ganze kleine Welt von winzigen Tierchen, die ganz treffend ›Aufgußtierchen‹ heißen. Es sind Protozoen (Einzeller), Wimpertierchen (da mit Wimpern bedeckt), namentlich das Pantoffel- und das Trompetentierchen. Neben den Aufgußtierchen finden sich andere Einzeller, wie Amöben und Geißeltierchen, die sich mit einem Flagellum, einer Geißel, fortbewegen. Und dazu noch Rädertiere, deutlich weiter entwickelte kleine Organismen. Natürlich sind diese Tiere nicht durch spontane Zeugung (die es nicht gibt) entstanden, sondern aus Zysten oder Eiern, die schon an den Pflanzen waren. Will man Einzeller kultivieren, gibt man sie in Schalen mit einigen Reis- oder Weizenkörnern.

DAS SAMMELN VON FEDERN

Es ist interessant, Federn mitzunehmen und zu sammeln, die man auf Spaziergängen findet oder von tot gefundenen Vögeln mitnimmt. Am Meeresstrand findet man z. B. die weiß und braun gestreiften Federn junger Möwen. Eine kleine Feder mit gelbem Rand, die man auf dem Lande findet, kann vom Distelfink stammen. Die wohlbekannte blaue Flügelfeder des Eichelhähers liegt manchmal im Wald. Sehr typisch ist auch die blaugrüne, an der Spitze weiße Feder aus der Handschwinge der Stockente. Die Flügel der Nachtraubvögel sind leicht an ihrer sehr seidigen Textur zu erkennen.

Die Federn kann man mit Fundort und Funddatum und Angabe der Art in ein großes Heft kleben oder heften. Sehr häufig wird es schwierig sein, die Art ganz sicher zu bestimmen. Aber das macht eine solche Sammlung nicht weniger interessant.

Die längsten Federn, die man in den europäischen Wäldern finden kann, sind die Schwanzfedern des aus Asien eingeführten Königsfasans. Die bis zu 60 cm langen Federn sind weiß gefärbt, mit wenig schwarz.

Die längsten Federn überhaupt sind mit 2–4 m Länge die Schwanzfedern des koreanischen Phönixhahns.

A · Gewölle von Nachtraubvögeln.
Sie sind im allgemeinen 3 bis 5 cm lang und gräulich. Zahlreiche Knochen sind darin. Die Gewölle des Waldkauzes und der Waldohreule finden sich unter Bäumen, die der Schleiereule z. B. auf Dachböden.

B · Häutung einer Schlange.
Zwei- bis dreimal im Jahr verlieren Schlangen die hornige Oberschicht ihrer Haut. Angefangen mit dem Kopf, streift sich die Haut ab. Diese Schlangenhäute kann man gelegentlich finden. Auch alle anderen Kriechtiere häuten sich.

FISCHOTTERSPUREN

Der vom Aussterben bedrohte Fischotter ist kaum noch zu beobachten, da er zudem infolge der Verfolgung durch Menschen eher nachtaktiv geworden ist. Seine Anwesenheit kann man zunächst an seinen sternförmigen Fußabdrücken erkennen (die Schwimmhaut zeichnet sich kaum ab) und an seinen ca. 4 cm langen Exkrementen, die er immer gut sichtbar an derselben Stelle auf Steinen ablegt. Außerdem kann man den *Wechsel* des Fischotters ausfindig machen. Überreste von Mahlzeiten können auch Anzeichen sein. Der Bau des Fischotters kann in Wassernähe zwischen Wurzeln entdeckt werden. Schrille, vibrierende oder heisere Schreie bekunden manchmal die Gegenwart dieses faszinierenden Tieres. Er wird oft mit anderen Arten verwechselt (Nutria, Bisamratte).

HAUSTIERE

DER HUND

ABSTAMMUNG UND DOMESTIZIERUNG

Vor allem in älteren Systemen wird der Haushund als eine eigene Art betrachtet, die vom Wolf und anderen Hundeartigen getrennt zu sehen ist. Nach heutigen Erkenntnissen ist jedoch der Wolf der alleinige Stammvater aller Haushundrassen, so verschieden sie auch aussehen mögen. Wahrscheinlich sind vor allem die kleineren Wolfsformen des orientalischen Raums (Canis pallipes und Canis lupaster) die direkten Vorfahren der Haushunde und eventuell auch der asiatischen *Pariahunde* und der australischen *Dingos*. Kriterien, die eindeutig auf die Abstammung vom Wolf hinweisen, sind: gleiche Chromosomenzahl, gleiche Zahnformel, gleiches Proteinmuster des Bluteiweißes sowie viele Ähnlichkeiten in Schädel- und Skelettbau sowie Hautbeschaffenheit und Übereinstimmungen im Verhalten.

Domestizierung. Falls der Wolf wirklich der Vorfahr des Hundes ist, so stellt sich die Frage, wie es zur Annäherung zwischen Hund und Mensch gekommen ist. Drehen wir die Uhr auf 8000 Jahre vor Christus zurück, um die echte Symbiose zu verstehen, die zwischen Mensch und Hund entstanden ist: Beide haben ein Interesse daran, sich für die Jagd zusammenzutun, und allmählich kommen sich die beiden Komplizen näher, bis vielleicht im Neolithikum die Bewohner eines Dorfes einen verirrten Welpen adoptieren. Wahrscheinlich war dies der Anfang der Domestizierung, die durch die Veranlagung des Wolfes recht einfach wurde. Was sein Sozialverhalten angeht, so gehorcht der Wolf einem Herrn, dem Leittier; das Gruppenleben ist ihm ein Bedürfnis, und besonders Einzeltiere können sich eng an den Menschen anschließen. Der Mensch, der die Rollen von Anführer und Ersatzmutter sich vereinigte, konnte daher den Wolf erfolgreich zähmen. Die allmählich entstehende enge Inzucht brachte eine Vielzahl von Erbänderungen mit sich, die Basis der Entstehung der Haushundrassen.

Der Hund war sehr bald in Europa, Afrika und im westlichen Asien domestiziert, und heute kann man sagen, daß alle großen Kulturen den Hund gekannt, gebraucht, ja sogar verehrt haben. Ägypten, Griechenland, Rom, Indien, Mexiko, China sind weitere Meilensteine in der Geschichte unseres treuesten Begleiters, der seit dem sechsten Jahrtausend vor unserer Zeitrechnung auch im Nahen Osten zu finden ist.

KÖRPERBAU UND PHYSIOLOGIE

Zwischen den Rassen und zwischen den Einzeltieren bestehen beim Hund große Unterschiede.

Es gibt wohl kaum eine andere Haustierform, die eine vergleichbare Formenmannigfaltigkeit aufweist: So variiert die Körpergröße zwischen 15 cm und 1 m Schulterhöhe und das Gewicht von 1 kg bis 90 kg; das bei den Wildformen ursprünglich gelbe oder schwarze Fell zeigt als Ergebnis züchterischer Maßnahmen eine Vielfalt von Farben und Mustern (gefleckt, gestromt, gescheckt). Ebenso vielfältig sind Ohren- und Schnauzenformen und auch der Körperumriß (man vergleiche z. B. einen Mops mit einem Windhund).

Trotz aller Unterschiede haben alle Hunde einen weitgehend gleichen Skelettbau, meist sind lediglich die Proportionen (z. B. Hals zu Gliedmaßen) verändert.

Skelett und Muskeln. Das Knochengerüst der Hunde besteht je nach Rasse aus 279 bis 282 Knochen. Bei den meisten dauert es etwa 10 Monaten, bis die langen Knochen, insbesondere die der Gliedmaßen, ihre endgültige Länge erreichen. Die Anatomie des Hundes verrät den ausdauernden Läufer. Seine Muskeln machen zusammengenommen den größten Teil seines Körpers aus. Dieser für die Kraftübertragung ideale Antriebsapparat verleiht dem Hund die nötige Leistungsfähigkeit und macht ihn zu einem echten Athleten. Diese Eigenschaft zeigt sich auch an den meist langen und geraden Extremitäten, von denen nur jeweils das dritte Zehenglied den Boden berührt. Man bezeichnet den Hund als *Zehengänger*.

Gebiß, Gehirn, Wahrnehmung. Der Kiefer ist mit einer besonders kräftigen Muskulatur ausgestattet. Ein Hund von 20 kg kann eine Bißkraft von 165 kg aufbringen. Das Gebiß des erwachsenen Hundes hat 42 Zähne, von denen einige, die Reißzähne, zum Beißen zäher Substanzen verwendet werden. Die Milchzähne wachsen zwischen dem 20. und 30. Lebenstag; mit 6 Monaten hat der Hund sein endgültiges Gebiß. Das Verhältnis Gehirngewicht zum Gesamtkörpergewicht beträgt beim Hund etwa 1 zu 235 (beim Menschen 1 zu 52), jedoch enthält z. B. das Riechhirn des Hundes vierzigmal mehr Zellen als die entsprechende Region beim Menschen. Entsprechend ausgeprägt ist der Geruchssinn des Hundes, dessen Nasenschleimhäute eine Oberfläche von bis zu 130 cm² umfassen. Man schätzt, daß das Geruchsvermögen des Hundes eine Million Mal empfindlicher als unseres ist. Was den Gesichtssinn betrifft, so sieht der Hund gut im Dunkeln und erkennt auch entfernte Bewegungen korrekt.

Verschiedenes. Der Herzrhythmus eines gesunden Hundes liegt zwischen 90 und 120 Schlägen pro Minute. Die Ventilation der Lungen, die frische Luft in die Lungen führt und die verbrauchte Luft auswechselt, hat einen Rhythmus von 18 bis 20 Bewegungen pro Minute. Die Rektaltemperatur eines gesunden Hundes in Ruhestellung schwankt zwischen 38 und 39 °C.

Obwohl der Hund ein Fleischfresser ist, verdaut er schnell. Die Nahrung bleibt nicht länger als drei bis vier Stunden im Magen. Der Magensaft ist sehr stark und verdaut selbst größere Nahrungsbrocken problemlos.

VORFAHREN DES WOLFS

Wenn man nach der Abstammung des Hundes fragt, fragt man gleichzeitig nach den Vorfahren des Wolfes. Die Familie der Hundeartigen erschien am Ende des Tertiärs, genauer gesagt, am Ende des Eozäns, vor etwa 40 Millionen Jahren. Im Oligozän Nordamerikas erschien der Hesperocyon, der als die Stammform aller Hundeartigen angesehen werden kann. Ihm folgten im Jungtertiär verschiedene Stämme der Hundeartigen, unter anderem mit den Gattungen Tomarctus, Cynodesmus, Leptocyon.

In der Alten Welt breiteten sich die Hundeartigen seit dem jüngsten Miozän aus; seit dem Pliozän gibt es die heute lebenden Gattungen.

A, B, C · **Anatomie des Hundes.**

Der Körperbau des Hundes ist der eines ausdauernden Läufers. Seine Muskeln bilden einen Antriebsmechanismus, der aus ihm einen echten Athleten macht. Diese Ausrichtung auf das Laufen zeigt sich auch an den langen und geraden Extremitäten. Der Kopf besteht aus einem starken Gebiß mit 42 Zähnen (beim erwachsenen Tier), darunter die für Raubtiere typischen Reißzähne.

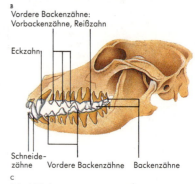

B
Vordere Backenzähne:
Vorbackenzähne, Reißzahn

Eckzahn

Schneidezähne   Vordere Backenzähne   Backenzähne

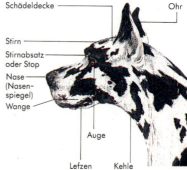

C
Schädeldecke   Ohr
Stirn
Stirnabsatz oder Stop
Nase (Nasenspiegel)
Wange
Auge
Lefzen   Kehle

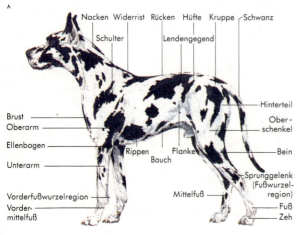

A
Nacken   Widerrist   Rücken   Hüfte   Kruppe   Schwanz
Schulter   Lendengegend
Hinterteil
Oberschenkel
Brust
Oberarm
Ellenbogen
Unterarm   Rippen   Flanke   Bein
Bauch
Sprunggelenk (Fußwurzelregion)
Vorderfußwurzelregion   Mittelfuß   Fuß   Zeh
Vordermittelfuß

HAUSTIERE

RASSEN

Der Internationale Verband der Kynologen (Fédération Cynologique Internationale) erkennt heute offiziell 328 verschiedene Hunderassen an. Diese Vielfalt ist das Ergebnis einer vom Menschen immer schon intensiv betriebenen Selektion. Einige Rassen helfen uns bei der Jagd, andere beschützen uns oder hüten unsere Herden. Die Rassen illustrieren den Reichtum des genetischen Erbguts des Hundes.

C · Pudel.
Der intelligente, sehr lebendige Pudel ist der Begleithund schlechthin. Da er lerneifrig und merkfähig ist, nimmt man ihn manchmal als Zirkushund. Er ist ein sehr anhänglicher, fröhlicher Familienhund.

D · Siberian Husky.
Erst 1966 von der FCI als Rasse anerkannt, ist der Siberian Husky der kleinste, wohl aber auch der beliebteste Schlittenhund. Als Begleithund gehalten, braucht der überaus menschenfreundliche Husky viel Bewegung.

E · Cockerspaniel.
Unmöglich, dem Blick dieses Hundes mit ausgeprägter Persönlichkeit zu widerstehen. Rudyard Kipling sagte von seinem Cocker: »Er ist mein aufrichtigster Bewunderer: Er liebt mich, ohne mich je gelesen zu haben.«

A · Deutscher Schäferhund.
Dies ist der beliebteste Gebrauchshund der Welt. In Deutschland werden jährlich rund 30 000 Schäferhunde neu in die Zuchtbücher eingetragen. Seine ungewöhnliche Anpassungsgabe macht ihn in vielen Situationen zum bevorzugten Helfer des Menschen sowie zu einem bemerkenswerten Gefährten.

B · Labrador.
Früher half dieser großartige Schwimmer den Fischern Neufundlands, die Fische zu fangen, die aus ihren Netzen entkamen. Man verwendet ihn zum Erschnüffeln von Drogen, und auch auf der Jagd zeichnet er sich aus. Neue Untersuchungen über die Beziehungen zwischen Hund und Kind haben ergeben, daß der Labrador ein idealer Gefährte für Kinder ist.

H · Briard.
Dank seines üppigen Felles ist dieser Hirtenhund zu einem sehr gesuchten Begleithund geworden. Sein eigenwilliger Charakter und sein lebhaftes Temperament verlangen jedoch einen erfahrenen Besitzer, der ihn konsequent erzieht.

F · Yorkshire-Terrier.
Das Äußere täuscht oft. Der Yorkshire-Terrier, der sich heute gern lässig auf den schönsten Sofas ausstreckt, ist nicht vornehmer Herkunft. Englische Bergarbeiter in Yorkshire schufen diese kleine, sehr widerstandsfähige Rasse vor einem Jahrhundert zur Bekämpfung der Ratten in den Stollen.

G · Englischer Setter.
Durch seine harmonische und langgliedrige Körperform, seine langen Schritte, sein langes und seidiges Haarkleid ist er in Erscheinung und Bewegung ein sehr eleganter Hund. Aber Vorsicht, das Leben eines einfachen Begleithundes bekommt ihm nicht besonders. Um glücklich zu sein, muß der Englische Setter jagen können. Er steht im Ruf, Meister im Beschleichen von Schnepfen zu sein.

I · Bretonischer Vorstehhund.

Der kleinste französische Spaniel ist ein idealer Vorstehhund. Der Liebling der französischen Jäger ist ein liebevoller Kamerad und gleichzeitig ein schlauer und lustiger Komplize.

J · Dackel.
In Deutschland ist der Dackel (Teckel) mit rund einer Million Vertretern der beliebteste Haushund, die zur Jagd eingesetzten Dackel mitgerechnet. Trotz seiner geringen Größe besitzt er außergewöhnlichen Mut. Er ist ein Komödiant und Starrkopf, erweist sich aber auch als charmanter Gefährte.

K · Collie.
Er verdankt seinen Ruf der treuen Lassie, deren Erfolge im Fernsehen unbestreitbar sind. Dieser elegante, majestätische Begleithund mit einem üppigen weichen Fell ist ein guter Wachhund. Übrigens muß man wissen, daß fünf verschiedene Lassies nacheinander über den Bildschirm gingen und daß der Besitzer der ersten Lassie mit Metro Goldwin Mayer einen Vertrag über 7 Jahre und etwa 2 600 DM pro Film unterzeichnet hatte.

DIE ZEHN RASSENGRUPPEN

Im Jahr 1987 verabschiedete der Internationale Verband der Kynologen (Fédération Cynologique Internationale, FCI; Sitz Brüssel), eine neue Gruppeneinteilung der über 400 (328 von der FCI anerkannt) erfaßten Hunderassen. Die Einteilung umfaßt vier Kategorien: I Hirten-, Wach-, Dienst- und Gebrauchshunde; II Jagdhunde; III Begleit- oder Familienhunde; IV Windhunde; in diesen sind insgesamt zehn Rassengruppen zusammengefaßt:

1. Gruppe (I): Schäferhunde,
2. Gruppe (I): Wach-, Dienst- und Gebrauchshunde,
3. Gruppe (II): Terrier,
4. Gruppe (II): Dachshunde,
5. Gruppe (II): Spürhunde für Großwild,
6. Gruppe (II): Spürhunde für Niederwild,
7. Gruppe (II): Vorstehhunde,
8. Gruppe (II): Britische Jagdhunde,
9. Gruppe (III): Begleithunde,
10. Gruppe (IV): Windhunde.

HAUSTIERE

GESUNDHEIT

Ein gesunder Hund kann mehr als 20 Jahre alt werden. Seine durchschnittliche Lebenserwartung schwankt stark je nach Rasse: etwa zwischen 8 bis 15 Jahren. Die Gesundheit des Hundes ist verbunden mit der Einhaltung einer angemessenen Pflege (ausgewogene Ernährung, genügend Auslauf, Erziehung), besonders in Zeiten großer Anfälligkeit: Wachstum, Tragzeiten, Säugzeiten, Arbeit, Alter. Ein großer Hund nimmt in weniger als einem Jahr prozentual so viel an Gewicht zu wie ein Mensch in 18 Jahren. Es gibt viele Krankheiten, die die Konsultierung eines Tierarztes erfordern.

Vorbeugung.
Impfungen. Die Tollwutschutzimpfung ist im Fall einer Auslandsreise die einzige Pflichtimpfung, jedoch empfiehlt sich auch die Impfung der Welpen gegen Staupe, Hepatitis, Leptospirose und Tollwut und deren regelmäßige Auffrischung.
Wurmmittel. Die bei Wurmbefall nötige Wurmkur sollte nur unter Aufsicht eines Tierarztes durchgeführt werden.
Kontrolle über die Fortpflanzung. Es gibt chirurgische (ab 8 bis 10 Monaten anwendbar) und hormonelle Methoden. Erstere (Entfernung der Eierstöcke oder Tubenligatur beim Weibchen, Kastration oder Vasektomie beim Männchen) haben den Vorteil oder Nachteil, je nach Sichtweise, endgültig zu sein. Hormonelle Maßnahmen sind das Spritzen (Injektionen in regelmäßigen Abständen) oder die Verhütung durch die Pille. Die *Abtreibung,* die einige Tage nach der ›zufälligen Begegnung‹ vorgenommen wird, muß von einem Tierarzt durchgeführt werden.

Was tun?
Ihr Hund hat jemanden gebissen:
– die Wunde umgehend mit Wasser und Seife säubern;
– die gebissene Person soll ihren Arzt konsultieren;
– sofort Kontakt zu Ihrem Tierarzt aufnehmen;
– 14 Tage Zwangsüberwachung des Tieres durch einen Tierarzt;
– die Versicherung informieren (Haftpflicht).
Ihr Hund hatte Kontakt mit einem tollwütigen Tier:
– Benachrichtigung der zuständigen Gemeindeverwaltung vorgeschrieben;
– ist das Tier nicht geimpft: töten;
– ist das Tier nachweislich geimpft, muß sofort eine zusätzliche Auffrischungsimpfung erfolgen.

DER KRANKE HUND

Wenn ein Hund krank ist, müssen erste Hilfsmaßnahmen sowie Maßnahmen, die dem Tierarzt seine Diagnose erleichtern, ergriffen werden: Notieren Sie die Art der Symptome, den Zeitpunkt ihres Auftretens, die Temperatur des Tieres und seine Atemfrequenz genau.

Notfälle.
Unfall. Man sollte den Hund mit einer improvisierten ›Leine‹ (Gürtel oder Schnur) ruhigstellen und ihm einen Behelfsmaulkorb überstreifen. Zu beobachten sind: Herzschlag, Atmung, schwere Blutungen, Röcheln, Blässe des Zahnfleisches, Unvermögen, stehen zu bleiben, sichtbare Brüche. Auf dem Weg zum Tierarzt muß der Hund vorsichtig transportiert werden. Wenn er transportunfähig ist, braucht er einen ruhigen, warmen Platz mit einer Decke und einer Wärmflasche. Atmet der Hund nicht mehr, so ist sein Halsband zu lösen, eventuell vorhandene Fremdkörper aus seinem Maul zu entfernen (Speichel, Blut, Erbrochenes) und künstliche Beatmung anzuwenden (s. S. 82). Schlägt das Herz nicht mehr, muß eine Herzmassage durchgeführt werden, indem man kräftig etwa im Sekundentakt auf die linke Seite des Brustkorbs gerade hinter dem Ellenbogen drückt.
Blutungen. Einen Wattetupfer auf die Wunde legen und ihn mit einer Binde fixieren.
Krämpfe. *Symptome:* ruckartige Bewegungen der Kiefer, hochgezogene Lefzen, Schaum im Maul, Bewußtlosigkeit, ruckartige Bewegungen der Pfoten, der Hund uriniert und hat Stuhlgang. Bei einem Epilepsieanfall (Dauer: nicht länger als 5 min), zeigt der Hund erst Zeichen von Nervosität, dann überkommen ihn die Krämpfe. Im Falle von Vergiftung oder einer anderen neurologischen Ursache dauert die Krise häufig länger. Ein Berühren des Hundes vor Ende der Krise ist zu vermeiden.
Hitzschlag. Ein Schock aufgrund eines längeren Aufenthalts in großer Hitze (z. B. in einem Auto in praller Sonne). Der Hund japst sehr stark, Schaum tritt aus seinem Maul; er kann auch bewußtlos sein. Man sollte ihn mit kaltem Wasser abkühlen und ihn umgehend zum Tierarzt bringen.
Gifte. Ein Hund kann sich vergiften, wenn er etwas Giftiges verschluckt oder wenn sein Fell mit einem Gift in Kontakt gekommen ist und er sich leckt. *Symptome:* starkes Erbrechen, Bewußtlosigkeit, starke Muskelkontraktionen, Krämpfe, allgemeine Schwäche, Blutungen. Erstes Behandlungsziel ist die Entfernung des Giftes, z. B. durch Erbrechen.

DIE IMPFUNG GEGEN TOLLWUT

Grundsätzlich ist in der Bundesrepublik Deutschland keine Impfung gegen die Tollwut vorgeschrieben. Sie ist jedoch in jedem Fall Pflicht bei grenzüberschreitendem Verkehr, sowohl ins als auch aus dem Ausland. Außerdem kann für Hunde (und Katzen), die an Ausstellungen, Wettbewerben o. ä. teilnehmen, von den örtlichen Behörden der Nachweis einer Tollwutimpfung gefordert werden. Als Impfstoff darf nur ein Serum aus nicht vermehrungsfähigen (inaktivierten) Erregern geimpft werden. Tollwutkranke, seuchenverdächtige oder ansteckungsverdächtige Tiere dürfen nicht geimpft werden, sondern müssen getötet werden. Jeder Fall ist zu melden. Nicht getötet werden müssen ansteckungsverdächtige Tiere, wenn nachgewiesen ist, daß sie mindestens vier Wochen und höchstens ein Jahr vor dem vermuteten Ansteckungszeitpunkt gegen Tollwut geimpft wurden, sie müssen dann gewöhnlich noch einmal geimpft werden. Aus diesem Grund sollte der Hund immer die gelbe Marke mit dem Eintrag der letzten Impfung am Halsband tragen. Ansteckungsverdächtige Hunde und Katzen unterliegen einer amtstierärztlichen Beobachtung.

DIE RASSEN IN ZAHLEN

In der Bundesrepublik Deutschland gibt es Schätzungen zufolge rund 3,5 Millionen Hunde (1989). Etwa zwei Drittel davon sind Rassehunde, wobei immer noch der Deutsche Schäferhund und der Dackel am beliebtesten sind. Von den jährlich etwa 250 000 gekauften Welpen werden über 100 000 über die dem Verein deutscher Hundehalter (VDH) angeschlossenen Züchter erworben.

▲ · **Temperaturmessen.**
Die Temperatur des Hundes beträgt normalerweise 38 bis 39 °C, außer wenn der Hund sehr erregt ist, wodurch die Temperatur leicht ansteigen kann. Es reicht nicht, die Nase des Hundes auf Fieberanzeichen hin zu untersuchen. Man sollte ein mit etwas Vaseline eingefettetes Thermometer benutzen und es rektal einführen. 30 Sekunden warten und die Temperatur ablesen.

Zeitplan für die Wurmbehandlung

Welpen	zwischen 8. Tag und 6. Woche
Junge Hunde	vor der Impfung, danach alle 2 bis 3 Wochen
Weibchen	während der Läufigkeit; 10 Tage vor und 10 Tage nach dem Werfen
ausgewachsene Tiere	zweimal jährlich

Impfplan

	8 Wochen	3 Monate	4 Monate	1 Jahr	2 Jahre	3 Jahre	4 Jahre
Carré-Krankheit	+	+		+		+	
Rubarth-Hepatitis	+	+		+		+	
Parvovirose	+	+		+		+	
Leptospirose		+	+	+	+	+	+
Tollwut		+	+	+	+	+	+
Parainfluenza	+	+		+			

Dieser Impfplan gibt Richtwerte an, die Daten können je nach Impfmittel und Tier variieren.

DER HUND

Wenn möglich, das Produkt mit Verpackung mit zum Tierarzt nehmen. Man sollte nicht versuchen, das Tier selbst zu kurieren.

Verletzungen und Verbrennungen. Die häufigsten Verletzungen sind Bisse und Schnitte an den Pfoten. Wenn die Wunde nicht zu sehen ist, sollte man mit dem Finger über das Fell fahren, bis eine klebrige Stelle zu spüren ist. Die Blutung stillen. Die Wunde verbinden. Verbrennungen werden in der Regel durch kochendheiße oder ätzende Flüssigkeiten verursacht. Vor dem Gang zum Tierarzt den Hund mit kaltem Wasser bespritzen und Vaseline auftragen.

Krankheiten.
Infektionskrankheiten. Die bekanntesten ansteckenden Hundekrankheiten sind die *Staupe* (sie betrifft vor allem junge Hunde und greift im Endstadium das Nervensystem an), die *ansteckende Hepatitis* (›Rubarth-Krankheit‹, greift die Leber an), die *Parvovirose* (eine Magen- und Darmkrankheit), die *Leptospirose* (vom Urin der Nagetiere übertragene Leber- oder Nierenkrankheit) und die *Tollwut*. Jeder Welpe sollte gegen diese verbreiteten Infektionskrankheiten geimpft werden.

Außenparasiten. Ihrer gibt es viele. Die häufigsten sind Flöhe, Zecken, Läuse, Larven der Erntemilbe, Räudemilben, schließlich Pilze als Verursacher von Pilzkrankheiten (Erbgrind). Einige von ihnen (Zecken, Flöhe) sind Überträger von schweren Infektionskrankheiten oder Zwischenwirte von gefährlichen Parasiten, z. B. dem Gurkenkernbandwurm.

Innenparasiten. Der Hund kann mehr als 20 Wurmarten beherbergen. Die *Spulwürmer*, im Stuhlgang mit bloßem Auge erkennbar, sind die häufigsten Rundwürmer. Fast alle Welpen und 10 bis 20 % aller ausgewachsenen Tiere sind befallen. Weniger häufig, aber bösartiger sind *Hakenwürmer* und *Trichinen*. Unter den Plattwürmern (den ›Bandwürmern‹) spielt der Hundebandwurm *Dipylidium caninum*, der von Flöhen übertragen wird, eine wichtige Rolle. Die am Anus festsitzenden Segmente des Bandwurms bewirken starken Juckreiz. Ein typisches Zeichen ist, wenn das Tier sein Hinterteil am Boden reibt. Weitere Innenparasiten sind Kokzidien, Lungenwürmer, Nasenparasiten, Trichinen, Protozoen. Bei Befall treten lokale und Allgemeinsymptome auf.

Andere Krankheiten. Die häufigsten sind: Verdauungsbeschwerden, die den Magen-Darm-Trakt betreffen (Anzeichen: Erbrechen, Durchfall, Verstopfung), Krebserkrankungen, Gebärmutterinfektionen (Eiteransammlung), Ohren- und Augenkrankheiten (Ohren-, Bindehautentzündung), Herzschwäche, Piroplasmose oder Babesiose, Diabetes mellitus, Rachitis, Calciummangel, Scheinträchtigkeit (nervöse Trächtigkeit), Niereninsuffizienz und Blasenentzündung.

DIE STAUPE

Diese sehr ansteckende Viruskrankheit befällt v. a. Junghunde vom 3. bis 9. Lebensmonat; die Infektanfälligkeit wird u. a. durch Zahnwechsel, Wurmbefall, Vitaminmangel, Überanstrengung erhöht. Die Übertragung geschieht durch infektiösen Augen- und Nasenschleim sowie durch Harn. Krankheitszeichen (nach etwa 2 bis 10 Tagen) sind u. a. schnelles Ermüden, Appetitmangel, Zittern, trockene, warme Nase, hohes Fieber, Bindehautentzündung. Eine überstandene Erkrankung verleiht jahrelange Immunität.

DER KRANKE HUND

Der Hund ist weniger aktiv oder ungewöhnlich unruhig. Er verliert den Appetit oder frißt und trinkt im Gegenteil viel.

Man sollte sofort zum Tierarzt gehen, wenn der Hund im Koma liegt, seit mehr als 24 Stunden häufig erbrechen muß oder Durchfall hat, bei schwerer Atmung, bei Blutung aus einer Körperöffnung oder wenn er starke Schmerzen zu haben scheint.

Hauptkrankheitsmerkmale: krankes Aussehen, Erbrechen, Durchfall, schwere Atmung, Bluten, Juckreiz.

Andere häufige Merkmale: Husten, schmerzende Ohren, entzündete Ohrmuscheln, Ausfluß aus den Ohren, Hörbeschwerden, tränende Augen, Humpeln, Kratzen, Rötungen, Haarausfall, Verstopfung, Inkontinenz.

DER HUND IM ALLTAG

Vom Kauf bis zum Tode braucht der Hund täglich Pflege: Futter, Auslauf, Sauberkeit, Erziehung, Versicherung, Transport, Körperpflege.

Ernährung. Die erste Pflicht des Hundehalters ist, seinen Hund gut zu füttern. Der Hund braucht eine ausgewogene Ernährung, die sich von der des Menschen unterscheidet. Essensreste reichen nicht. Man kann wählen zwischen selbstgemachtem Futter oder Fertigfutter (Dosen- oder Trockenfutter).

Hausgemachte Tagesration: Die folgende Formel ist ein gutes Beispiel für eine ausgewogene hausgemachte Tagesration. Sie sollte beim abgesetzten Welpen auf vier, ab 4 Monaten auf drei Portionen, schließlich bei erwachsenen Tieren auf eine oder zwei Portionen täglich verteilt werden.

Rindfleisch	500 g
Reis	240 g
Grüngemüse, Karotten, Grüne Bohnen, Salat	200 g
Maisöl	20 g
Hefen	20 g
Vitamine und Mineralstoffe	20 g

Tagesration: 1 kg

A · Künstliche Beatmung. Sich vergewissern, daß Mund und Luftröhre frei sind. Beide Hände auf den Brustkorb legen und fest, aber nicht zu fest auf die Rippen drücken, um die Luft aus den Lungen zu pressen. Dann loslassen, damit die Lungen sich mit Luft füllen können. Alle 5 Sekunden wiederholen.

B · Läuse. Läuse treten hauptsächlich beim Welpen auf. Häufig vorkommende Arten: *Trichodectes canis* (Hundehaarling), braungelblich, ziemlich beweglich, und *Ligognathus setosus* (Hundelaus), dunkel, oft unbeweglich. Läuse haben spezielle Wirte, auf denen sie ihr ganzes Leben verbleiben.

C · Zecken. Zecken (eine Familie der Milben) ernähren sich vom Blut der Warmblüter. Am bekanntesten ist die Hundszecke (Ixodes ricinus), auch Gemeiner Holzbock genannt, die die Hunde vor allem beim Durchstreifen von Gebüschen und Wäldern befällt. Zecken lassen sich nach Betupfen mit öligen Mitteln mit einer Pinzette entfernen.

D · Larven der Erntemilbe. Im Sommer oder Herbst verursachen die Larven der Erntemilbe (Trombicula autumnalis) eine parasitäre Hautkrankheit mit starkem Juckreiz, die vor allem bei Jagdhunden auftritt. Die Larven befallen vorwiegend fein behaarte Stellen, wie z. B. Nase, Augen, Bauch, und verursachen dort gelbliche Krusten.

E · Flöhe. Der Hundefloh (Ctenocephalides canis), der ausschließlich den Hund befällt, lebt blutsaugend im Fell des Hundes, pflanzt sich dort aber nicht fort. Die Eier der Weibchen fallen vielmehr zu Boden, wo sie sich bei genügend Wärme und Feuchtigkeit über ein Larvenstadium wieder zum Floh entwickeln. Gegen Befall schützen u. a. Flohhalsbänder.

Praktische Möglichkeiten der Bekämpfung einiger Außenparasiten

	Eingesetzte Mittel und Behandlungsdauer	Hygienische Maßnahmen
Flöhe	Insektizide: – mit Insektizid einpudern, Flohhalsband – bei Befall 4–6 Wochen Dauerbehandlung	Regelmäßige Fell- und Hautpflege, gründliche Reinigung des Hundelagers und des Bodens sowie Behandlung derselben mit Insektiziden
Zecken	Akarizide: – an exponierten Stellen auftragen – bei Befall Zecken mit Öl betupfen	Regelmäßige Fell- und Hautpflege, um Zecken aufzufinden
Läuse	Insektizide: – Derris-Präparate 3–4 Wochen auf befallene Stellen, bei Massenbefall auch Bäder	Regelmäßige Fell- und Hautpflege, Desinfektion des Lagers bei Befall
Räudemilben	Akarizide: – nach Reinigung und Scheren auf befallene Stellen; längere Behandlung nötig	Im Zwinger Isolierung kranker Tiere; gründliche Desinfektion des Lagers

HAUSTIERE

LÄUFIGKEIT

Je nach Rasse erreicht die Hündin die Geschlechtsreife zwischen 6 und 24 Monaten. Die Dauer des Zyklus schwankt zwischen 140 und 300 Tagen, i.d.R. gibt es je eine Läufigkeitsperiode im Winter und im Sommer. Der Zyklus umfaßt drei Phasen:
– den *Proöstrus* (7 bis 10 Tage): Die Hündin verliert Blut, zieht Männchen an, verweigert aber die Begattung;
– den *Östrus* (5 bis 15 Tage): Dies ist die Phase des Eisprungs; weniger Blutverlust, das Weibchen akzeptiert das Männchen;
– den *Metaöstrus* (110 bis 140 Tage): In dieser Phase verweigert sich das Weibchen einer neuerlichen Begattung; sie entspricht bei einem gedeckten Weibchen der Tragzeit. Am Ende des Metaöstrus beginnt die Phase der sexuellen Ruhezeit, des *Anöstrus*.

Die Nahrungsmenge hängt vom Einzeltier ab: zwischen 80 g (Wachstum) und 30 g (normale Verpflegung) pro Tag und kg Lebendgewicht (Beispiel: Hund von 10 kg: normale Verpflegung 300 g pro Tag, davon 150 g Fleisch).

Sauberkeit. Wenn man über die körperliche Sauberkeit seines Tieres wacht, vermeidet man viele Hautkrankheiten. Der Haarwuchs verläuft zyklisch. Der Hund haart sich das ganze Jahr über physiologisch, am stärksten in Frühjahr und Herbst. Dagegen ist jeglicher lokale Haarausfall anormal und läßt eine Erkrankung vermuten.

Das Fell muß regelmäßig gepflegt werden. Beim Bürsten oder Kämmen können abgestorbene Haare entfernt werden. Einschamponieren sollte man nicht zu häufig, sondern nur wenn das Tier schmutzig ist, jedoch möglichst nicht öfter als drei- bis viermal im Jahr. Man kann dazu spezielle Hundeshampoos verwenden. Besonders ist auf die Sauberkeit von Ohren und Augen zu achten, die mit schonenden Handgriffen und Mitteln sauber gehalten werden müssen. Sind die Krallen zu lang, genügt es oft, sie durch Abfeilen mit einer Nagelfeile zu kürzen. Schneiden lassen sollte man die Krallen nur vom Tierarzt.

VERHALTEN DES HUNDES

Wenn man sich einen Hund angeschafft hat, gilt es Voraussetzungen zu schaffen, damit er sich wohlfühlt. Dazu gehören ausreichende und hundegerechte Ernährung, regelmäßiger Auslauf, Zuwendung. Dazu gehört auch, daß man sich mit seinen Reaktionen, dem Verhalten, seinen Vorlieben und Abneigungen auseinandersetzt und diese respektiert.

Der Hund hat, obwohl schon lange domestiziert, ein großes Repertoire der Körpersprache seines Vorfahren, des Wolfes, beibehalten. Die wichtigsten Verständigungsmittel sind der Schwanz, die Ohren, die Gesichtsmuskulatur und das Fell. So ist Schwanzwedeln ein Zeichen von Freude oder der Begrüßung, ein steifer, nach hinten gestreckter Schwanz ist eine deutliche Drohung, ein zwischen die Hinterbeine geklemmter Schwanz ein Zeichen von Angst. Das Sträuben des Fells kann eine Drohung bedeuten oder Zeichen für eine Störung sein. Aufrechtgestellte Ohren sind ein Zeichen von Aufmerksamkeit, Wachsamkeit, seitwärts gedrehte, angelegte Ohren kommen einer Drohung gleich. Mit einem Angriff ist zu rechnen, wenn der Hund mit zurückgelegten Ohren die Lefzen hochzieht und seine Zähne zeigt, die Nasenpartie kräuselt und die Stirn runzelt. Zieht er hingegen die Lefzen zurück und die Mundwinkel nach oben, stellt die Ohren auf und öffnet leicht den Fang, macht er sein Spielgesicht.

Auch der Geselligkeitstrieb des Hundes ist ein Erbe seiner in Rudeln lebenden Wolfsahnen. Für den meist einzeln gehaltenen Haushund sind sein Besitzer und dessen Familie der Ersatz für das Rudel. Bei richtiger Erziehung wird er den Menschen als Ranghöheren anerkennen; andernfalls kommt es zu Rangstreitigkeiten, die vom Menschen als ›Ungehorsam‹ des Hundes ausgelegt werden. Unter Umständen kann der Hund zum Herrn des ›Rudels‹, des Hauses werden. Auch seine Anhänglichkeit ist ein Erbe seiner Stammväter. Zum einen resultiert sie aus der Gefolgschaftstreue, mit der der Wildhund oder Wolf v.a. am Rudelleiter hängt, zum anderen aus der Bindung, die ein junges Tier an das Elterntier hat. Vor allem diese kindliche Anhänglichkeit ist ausschlaggebend für die Bindung an den Menschen und bleibt beim Haushund, im Unterschied zum Wildhund dauernd erhalten.

Erziehung. Der von zahlreichen Kampagnen sensibilisierte Hundebesitzer will zunehmend ein Tier besitzen, das gut an die moderne Gesellschaft angepaßt ist und ihn überallhin begleiten kann, ohne Probleme zu verursachen und ohne unangebrachte Aggression zu zeigen. Während das Wort ›Abrichtung‹ kaum mehr in Mode ist, wird der Begriff ›Erziehung‹ sehr geschätzt. Tatsächlich bieten viele Einrichtungen den Hundefreunden ihre Hilfe bei der Erziehung ihrer Tiere an. Stubenreinheit, aber auch Gehorsam bei einigen einfachen Befehlen wie Stillsitzen, Stilliegen sind ebenso Grundlage für eine gute Hundeerziehung wie das Hören auf Anruf.

Versicherungen. Die aufmerksamsten Hundehalter können ihren Hund jetzt für die Kosten versichern, die sie für die Gesundheit ihres Tieres tragen müssen. Diese Krankenversicherung trägt i.d.R. etwa 80 % der Kosten für stationäre und ambulante Behandlung sowie einen Teil der Impfkosten. Sie kann abgeschlossen werden für Hunde ab 4 Monate bis 5 Jahre. Darüber hinaus gibt es Lebensversicherungen für Hunde, die u.a. die Kosten im Falle von Tod oder Nottötung infolge Krankheit oder Unfall übernehmen. Der Hundehalter sollte eine Haftpflichtversicherung haben.

Pensionen. Obwohl Hunde heute überall erlaubt sind, muß man sie manchmal in Pension geben. Für diesen Fall gibt es viele spezialisierte Einrichtungen, deren Ruf und deren Preise variieren.

Transport. Sofern sie die gültigen Vorschriften beachten, können Hundehalter ihren Hund jetzt fast überall mitnehmen. In der Bundesbahn z.B. kann man kleine Hunde im Personenabteil mitnehmen, sie kosten dann die Hälfte einer Erwachsenenfahrkarte zweiter Klasse; größere Hunde reisen in speziell dafür zur Verfügung gestellten Abteilen oder im Gepäckwagen. Bei Auslandsreisen sollte man sich erkundigen, denn einige Länder, insbesondere Großbritannien, verhängen eine Quarantäne für Hunde.

Pflege. Die Hundehalter verwenden Jahr für Jahr große Beträge für die Verhätschelung ihrer Hunde. In den unzähligen Hundesalons finden sie alles, was sie für das Wohlergehen ihres Lieblingstieres erträumen können: Schönheitsmittel, Halsbänder, Leinen, Bürsten, Kämme, Parfüm, Zahngel, Hundedecken und alle Arten von Bekleidung bis zur Abendgarderobe.

Alles für ihn. Daß es Hunde gibt, wird in allen Lebensbereichen berücksichtigt. Es gibt Hundetaxis, Hundekrankenwagen, man berechnet ihr Geburtshoroskop, sie haben ihren eigenen Kalender, und dank Btx können ihre Herrchen ihnen jetzt auch eine verwandte Seele suchen. Dogsitter (das Gegenstück der Babysitter für die Kinder) kommen auf Anfrage zum Ausführen. Nach ihrem Tod werden sie auf dem Hundefriedhof begraben.

Flugreisen. Die meisten Luftfahrtgesellschaften lassen Hunde als Begleiter von Fluggästen zu, aber man muß sie bei der Reservierung anmelden, da nur eine begrenzte Anzahl Hunde mitreisen darf. Kleine Tiere dürfen in der Kabine reisen, müssen aber in einer Tasche bleiben. Größere Hunde reisen im Laderaum in einem Spezialkäfig, der von den Gesellschaften verkauft wird. Eine Ausnahme bilden die Blindenhunde. Die Preise sind je nach Fluggesellschaft verschieden, aber da der Hund als Gepäck mit Übergewicht angesehen wird, kann man von einem Betrag von 1 % des Preises eines Erster-Klasse-Tickets pro kg ausgehen.

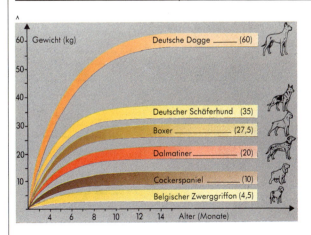

∧ · **Wachstum.**
Die beste Art festzustellen, ob ein konstanter Fortschritt einstellt, ist das regelmäßige Wiegen des Tieres. So kann man sich an der Kurve orientieren, die den Wachstumsdurchschnitt der verschiedenen Hunderassen angibt.

HAUSTIERE

DIE KATZE

ABSTAMMUNG UND DOMESTIZIERUNG

Weil sie den Willen zur Unabhängigkeit zeigt und den Verdacht von Menschenscheu erweckt, erscheint die Katze weniger domestiziert als andere Haustiere. Grund ist vielleicht die Tatsache, daß ihre Domestizierung, besonders im Vergleich zum Hund, neueren Datums ist.

Die Katze gehört zur großen Gruppe der Katzenartigen, die im Tertiär erschien und sich in verschiedene Zweige unterteilte bis hin zu den heutigen Katzenartigen auf der ganzen Welt. Eine Wildkatze, die aus Afrika und Westasien stammende Falbkatze (Felis silvestris libyca), mit fahlgelbem, gesprenkeltem Fell, wird als wahrscheinlichster Vorfahr unserer Hauskatze angesehen. Das Hauptargument zu ihren Gunsten ist die Tatsache, daß sie in Ägypten lebte, wo die Katze domestiziert wurde. Die ältesten Spuren dieser Domestizierung reichen zurück bis 2500 vor Christus, aber erst anhand von Gemälden aus der Zeit um 2000 vor Christus konnte belegt werden, daß die Katze ein Haustier der Ägypter geworden war. Die Gemälde und Skulpturen jener Zeit zeigen uns ein schlankes, langgliedriges, hochbeiniges Tier mit geraden Schultern und schmaler Brust. Sein Fell ist gestreift, und seine Erscheinung erinnert an unsere heutige Abessinierkatze.

Die Ägypter machten die Katze sehr bald zu einem heiligen Tier und stellten sie als Göttin Bastet dar, die als Mutter der Schönheit, Herrin des Himmels, Göttin der Liebe galt und in dieser Eigenschaft dem Pantheon angehörte. Zahlreiche Ägypter glaubten, daß sie von einer Katze abstammten, viele Frauen, darunter Kleopatra, kultivierten ein katzenhaftes Aussehen. Nach ihrem Tod wurden Katzen mumifiziert und in Sarkophage gelegt.

Nach Mitteleuropa kamen die Hauskatzen erst zur Zeit der Karolinger. In der Folge kreuzten sie sich wohl häufiger mit der dort lebenden Europäischen Wildkatze, was bei einem Vergleich der nordafrikanischen Katzen mit der europäischen Hauskatze sehr deutlich wird: Letztere ist viel massiger und kurzbeiniger durch den Einfluß der gedrungenen, stämmigen Wildkatzen. Insgesamt hat sich das Äußere der Katze gegenüber der Wildform wenig verändert; Hauptunterschiede sind in der Körpergröße und der Haarlänge zu suchen sowie in einer Verbreiterung des Schädels durch eine Verkürzung des Gesichtsteils. Die durch die unterschiedliche Nahrung verursachten Änderungen am Kiefer und am Gebiß sind in Abhängigkeit von der Rasse recht variabel. Insgesamt könnte man sagen, daß die Hauskatze, zumindest im Vergleich mit anderen Haustieren, im Anfangsstadium der Domestikation stehengeblieben ist. Vielleicht ist die Tatsache, daß sich die Katze als ausgeprägter Individualist nie in dem Maße dem Menschen angeschlossen hat, wie z. B. der Hund, und auch nicht als Nutztier gehalten wird, mit ein Grund für die späte und meist weniger ausgeprägte Domestikation.

Von Ägypten aus wurde die Hauskatze zunächst nach Palästina (1700 v. Chr.) und von dort aus auf dem Seeweg mit Handelsschiffen nach Griechenland und ab etwa 500 v. Chr. nach Italien gebracht. Mit Ausbreitung des Römischen Reiches gelangte sie dann über die Alpen und von Europa aus nach Asien sowie auf dem Seeweg nach Amerika und Australien. Mit Ausnahme des hohen Nordens und der nomadisch lebenden Völker ist die Hauskatze weltweit verbreitet.

PHYSIOLOGIE

Die Katze ist vor allem ein Jäger, und alles an ihrer Erscheinung hat mit diesem entscheidenden Wesenszug zu tun. Geschmeidigkeit, Schnelligkeit, Beobachtungsgabe machen sie bei jägerischen Unternehmungen leistungsfähig. Dieses Raubtier weist die anatomischen und physiologischen Merkmale aller Fleischfresser auf: feingliedriges Knochengerüst, einen kürzeren Darm im Vergleich zu Pflanzenfressern, geschärfte Sinne und scharfe Zähne.

Katzentypen. Aufgrund morphologischer Merkmale unterscheidet man drei verschiedene Katzentypen:
– die *konkav Kurzgliedrigen;* sie haben einen eckigen Kopf, ein Gesicht mit breiter, plattgedrückter Nase und eine kurze, massige Körperform mit kaum gestreckten Gliedmaßen; die Perserkatze gehört in diese Gruppe;
– die *konvex Langgliedrigen,* vertreten durch die Siamkatze; ihr Kopf ist dreieckig und ruht auf einem langen und schlanken Hals; ihr langgestreckter Körper steht auf hohen Beinen, ihre Gliedmaßen sind lang und fein, vor allem an den Endgliedern;
– die *geraden Mittelgliedrigen;* im Vergleich zu den vorhergehenden Typen, die als Extreme gelten, liegen die Maße der Katzen dieser Gruppe zwischen der Kurz- und der Langgliedrigen; sie haben einen runden Kopf, und ihr berühmtester Vertreter stammt aus Europa.

Skelett und Muskulatur. Das Knochengerüst der Katze zeigt in vielen Punkten Anpassungen an ihre Lebensweise; so fehlt das Schlüsselbein, das von einem verkümmerten Knochen im Brustmuskel ersetzt wird, was dem Tier eine große Geschmeidigkeit gibt; zusammen mit der sehr beweglichen Wirbelsäule und einer enormen Reaktionsfähigkeit ermöglicht dies der Katze sogar Drehungen um die Längsachse in der Luft, z. B. beim Fallen. Die Muskulatur der Katze paßt sich perfekt an die Feingliedrigkeit des Skeletts an und verleiht ihr die zum Jagen nötige Kraft. Die Katze ist ein Zehengänger, d. h., sie läuft auf den Zehenspitzen, die Krallen sind einziehbar. Der Katzenkopf besitzt ein starkes Gebiß mit kräftigen Muskeln, die an einem Knochenkamm am Schädel ansetzen. Ihre Zähne (30 bis 32 im Alter von 7 oder 8 Monaten) sind die eines Raubtiers: scharfe Reißzähne zum Beißen und schneidende Backenzähne zum Zerkleinern des Fleisches.

Wahrnehmung. Der Geruchssinn der Katze ist recht gut ausgeprägt, jedoch wesentlich schwächer als der des Hundes. Hingegen ist das Gehör hochempfindlich, eine wertvolle Hilfe beim Anschleichen an die Beute. Besonders leistungsstark ist das Sehvermögen, das auch Farbsehen ermöglicht. Im Halbdunkel sieht die Katze besonders gut dank einer hinter der Netzhaut liegenden reflektierenden Schicht, die das einfallende Licht noch einmal auf die Netzhaut zurückwirft. Außerdem adaptiert das Katzenauge viel schneller an die Dunkelheit als z. B. das menschliche Auge. Das Gesichtsfeld der Katze umfaßt 280 Grad, mit einer beidäugigen Überschneidung von 130 Grad, wodurch sie beim Ausmachen ihrer Beute eine große Präzision an den Tag legen kann. Ebenfalls ausgezeichnet sind der Gleichgewichtssinn und der Tastsinn.

Verschiedenes. Wie die Atmung des Hundes ist auch die der Katze viermal so schnell wie die des Menschen. Da die Katze nicht schwitzt, hechelt sie bei Hitze.

Die Schnurrhaare spielen bei der sensorischen Wahrnehmung eine wichtige Rolle, ihr Verlust beeinträchtigt die Katze schwer.

Weibliche Katzen werden mit 7 bis 12 Monaten geschlechtsreif, die Männchen mit etwa einem Jahr. In der Regel werden Katzen nur einmal im Jahr trächtig.

HAARBALLEN

Die Katzen besitzen eine mit Hornstacheln besetzte ›Raspelzunge‹. Durch diese Raspelzunge werden bei der täglichen Fellpflege Haare aus dem Fell in den Magen befördert, wo sie zu Ballen verkleben und die Verdauung behindern können. Von Zeit zu Zeit werden diese Ballen als ›Gewölle‹ wieder herausgewürgt, wobei die Katzen, vermutlich um einen Brechreiz herbeizuführen, vorher meist Gras fressen.

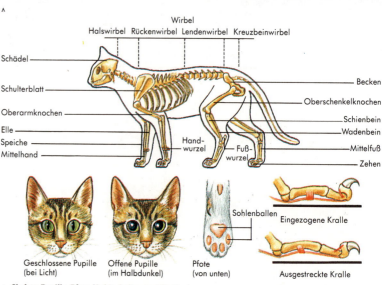

△ · **Skelett, Pupille, Pfote (Sohlenballen und Krallen).**

HAUSTIERE

RASSEN

Im Unterschied zur Formenmannigfaltigkeit bei den Hunden variieren bei den Katzen Gewicht und Größe insgesamt kaum. Dennoch gibt es etwa einhundert Hauskatzenrassen und -spielarten. Die Vorstellung einer reinrassigen Katze kam vor etwa einhundert Jahren zur Zeit der ersten Katzenausstellungen auf. Seitdem haben Züchter in geduldiger Selektionsarbeit viele neue Rassen mit zuweilen sehr überraschendem Aussehen entwickelt.

E · Burmakatze.
Ihr schimmernder weicher und seidig glatter Pelz um ihren recht runden Körper macht den Charme dieser ebenso anhänglichen wie verspielten Katze aus.

F · Abessinierkatze.
Diese aus Äthiopien kommende Katze stammt wahrscheinlich direkt von den heiligen ägyptischen Katzen ab. Ihr Fell zeigt als Besonderheit Wildfärbung der Haare ohne Streifen- oder Fleckenmuster. Sie ist sehr sanft, anschmiegsam und unaufdringlich.

G · Manx.
Diese Katze von der Isle of Man hat zwei deutliche Kennzeichen: Aufgrund einer Mutation und langer Inzucht hat sie ihren Schwanz verloren; ihre Hinterbeine sind länger als ihre Vorderbeine, so daß sie wie ein Kaninchen läuft.

A · Colourpoint.
Als Ergebnis einer Kreuzung zwischen einer Perser- und einer Siamkatze besitzt sie schöne saphirblaue Augen und ein prächtiges Fell. Obwohl wagemutiger als die Perserkatze, hängt sie doch sehr an ihrem Besitzer.

C · Siamkatze.
Die Siamkatze, die mittlerweile wohl die beliebteste kurzhaarige Zuchtkatze der Welt ist, stammt aus Thailand, wo sie als Tempelkatze verehrt und gehütet wird. Charakteristisch für sie ist die Dunkelfärbung der Haare an den äußersten Körperteilen. Siamkatzen sind lebhaft und brauchen den Kontakt zum Menschen.

B · Maine Coon.
Der buschige Schwanz der Maine Coon und die Farbe ihres Fells haben die Legende entstehen lassen, daß sie von einer verwilderten Katze und einem Waschbären abstamme. Sie ist amerikanischer Herkunft.

D · Japanisch Bobtail.
Diese aus Japan kommende Katze hat einen um die zehn Zentimeter langen, eingerollten Schwanz. Sie sitzt oft mit erhobenen Vorderbeinen. In Japan gelten ihre Farben weiß, orange und schwarz als glücksbringend.

I · Balikatze.
Diese der Siamkatze ähnliche Langhaarkatze verdankt ihren Namen ihrer Eleganz, die an balinesische Tänzerinnen erinnert. Sie ist eine der anhänglichsten Katzen.

J · Kartäuserkatze.
Diese kurzhaarige, blaue Katze zeigt einen kräftigen, gedrungenen Wuchs. 1880 war sie erstmals auf einer Katzenausstellung in London zu sehen. Über ihre Herkunft ist nichts Genaues bekannt; man nimmt an, daß sie aus Rußland als Fellieferant nach England kam.

K · Birmakatze.
Die zur Zeit sehr in Mode gekommene Birmakatze ist feingliedriger als die anderen Langhaarkatzen. Sie hat weiße Pfoten.

H · Perserkatze.
Dies ist die beliebteste Rassekatze. In einer Ausstellung sind manchmal 90 % der gezeigten Tiere Perserkatzen. Die ruhige, anhängliche Perserkatze muß sehr oft gebürstet werden, damit ihr Fell schön bleibt. Es gibt sehr viele Abarten. Die blauäugige weiße Perserkatze neigt zur Taubheit.

L · Ragdoll.
Diese kalifornische Katze ist in Europa sehr selten. Ihre Eigenheit ist ein Körper, der in entspanntem Zustand so weich wie eine Stoffpuppe wird. Sie ist sehr wenig schmerzempfindlich.

M · Amerikanische Kurzhaarkatze.
Kräftiger als ihre europäische Verwandte, ist sie ein echter Athlet, sehr robust und voller Kühnheit.

N · Sphynx.
Dies ist die einzige haarlose Katze. Ihre Haut fühlt sich weich an und bildet Runzeln, jedoch fehlt ihr der natürliche Wärmeschutz. Sie wurde ursprünglich in Kanada und Südafrika aus entsprechenden Mutationen weitergezüchtet.

O · Europäische Kurzhaarkatze.
Alle Europäischen Kurzhaarkatzen stammen von schönen Hauskatzen (oder gar Straßenkatzen) ab. Man unterscheidet die Europäischen Einfarbigen (weiß, cremefarben, schwarz, gelbrot), die Marmorierten (Tabby; gelbrot, silbern, braun), die Getigerten und die Dreifarbigen (weiß, braun und schwarz).

P · Angorakatze.
Die Angorakatze kam als erste Langhaarkatze im 16. Jahrhundert nach Europa. Da sie kein wolliges Unterhaar hat, ist sie weniger füllig als die Perserkatze, mit der sie oft verwechselt wird. Sie ist meist weiß, kann aber auch andersfarbig (schwarz, gelbrot, braun, elfenbein) oder gefleckt sein.

HAUSTIERE

DIE KATZE

GESUNDHEIT

Jede Veränderung des normalen Verhaltens der Katze kann auf eine Krankheit hindeuten: Unlust, zu spielen und sich zu bewegen, Apathie, gesträubtes Fell und Hängenlassen des Kopfes, Lichtscheu, ständiges Miauen oder gesteigerte Unruhe zeigen, daß die Katze sich nicht wohlfühlt. Erhöhte Körpertemperatur, veränderter Puls und veränderter Atem sowie Veränderungen an den Schleimhäuten und ein struppiges Fell sind wichtige Anhaltspunkte.

Vorbeugung. Neben der täglichen Pflege zur Erhaltung der Gesundheit der Katze sorgen bestimmte vorbeugende Maßnahmen für einen dauerhaften Schutz vor zahlreichen Leiden, die durch Außen- und Innenparasiten sowie Virusinfektionen hervorgerufen werden.
Außenparasiten: Dies sind Parasiten in Haut und Fell. Sie können von einer Katze auf die andere übertragen werden und entwickeln sich vor allem auf schwachen oder schlecht gepflegten Tieren. Dazu gehören Flöhe, die als Hauptüberträger des Bandwurms eine echte Gefahr sind. Zu ihrer Abwehr wird eine ganze Palette von Halsbändern und Insektenbekämpfungsmitteln in Form von Fellsprays, Pudern oder Lotionen angeboten.
Die Räude wird von kleinen Milben mit Saugnäpfen an den Beinen hervorgerufen, die sich in der äußeren Hautschicht fortbewegen. Diese sehr ansteckende Hautkrankheit führt zu starkem Juckreiz und erfordert eine angemessene Behandlung.
Der Erbgrind schließlich wird von einem Pilz verursacht, der auf dem Tier eine klar umgrenzte, kreisrunde kahle Stelle hinterläßt. Die Behandlung dieser auf den Menschen übertragbaren Hautkrankheit umfaßt die Behandlung der Stelle und die orale Einnahme von Fungiziden.
Innenparasiten: Jedes Kätzchen wird mit einer großen Menge von Innenparasiten geboren, die das Muttertier während der Tragzeit weitergegeben hat, und wächst mit ihnen auf. Am häufigsten handelt es sich um Spulwürmer oder Bandwürmer, die Verdauungsbeschwerden verursachen. Zu ihrer Bekämpfung reicht es, dem Kätzchen in der Wachstumszeit alle drei Wochen ein geeignetes, gut verträgliches Wurmmittel zu verabreichen. Einige Symptome zeigen an, daß eine Katze Parasiten hat: Abmagerung, Verdauungsbeschwerden, Juckreiz um den Anus.
Virusinfektionen: Die Katze ist für Virusinfektionen besonders anfällig. Es gibt Impfstoffe gegen vier dieser immer schweren Erkrankungen: Typhus, Katzenschnupfen, Tollwut und Katzenleukose.
Der **Typhus** trifft hauptsächlich in Gruppen lebende Katzen in schlechtem Gesundheitszustand. Nach einer kurzen Inkubationszeit leiden die Tiere unter schweren Verdauungsbeschwerden und großem Wasserverlust. Der Impfstoff schützt das Tier wirksam.
Unter **Katzenschnupfen** versteht man verschiedene von Viren und Bakterien verursachte Erkrankungen der oberen Atemwege. Das typische Symptom ist das Niesen; Begleiterscheinungen sind meist Bindehautentzündung und Appetitlosigkeit. Im Verbund mit der Typhusimpfung erfordert die Impfung gegen Katzenschnupfen zwei Injektionen in einem Mindestabstand von 14 Tagen. Sie schützt 1 Jahr lang, eine jährliche Auffrischung ist nötig.
Die durch Kratzen oder Beißen übertragbare **Tollwut** ist eine unheilbare Krankheit. Die Impfung ist in Tollwutgebieten unbedingt zu empfehlen und bei Auslandsreisen vorge-

schrieben. Die Behandlung tollwutverdächtiger Tiere ist verboten, sie müssen eingeschläfert werden.
Die **Katzenleukose** ist eine für Katzen gefährliche Krankheit. Mehr als 1 Million Tiere sind in den Vereinigten Staaten betroffen. In Frankreich schätzt man 12 % erkrankte und infizierte Tiere, für Deutschland existieren keine Zahlen. Das Leukosevirus entwickelt sich im lymphatischen Gewebe, das das Immunsystem des Tieres überwacht. Eine schwer erkrankte Katze leidet an einer in den meisten Fällen tödlichen Leukämie. Resistentere Tiere leiden gelegentlich, besonders wenn sie geschwächt sind, unter sogenannten Bagatellerkrankungen (wie beispielsweise Schnupfen, Zahnfleischentzündung). Infizierte Katzen, die aber wohlauf sind (Seropositive), sind für ihre Artgenossen sehr gefährlich: 1 Milliliter Speichel einer leukosekranken Katze kann bis zu 1 Million Viruspartikel enthalten. Seit 1986 gibt es einen speziellen Impfstoff; ab 6 Monaten kann er gespritzt werden, mit einer Wiederholungsimpfung nach 3 Wochen und einer Auffrischungsimpfung nach 3 Monaten. Danach genügt eine jährliche Auffrischung. Ferner gibt es Tests zur Erkennung infizierter Tiere.

Verschiedene Beschwerden. Erbrechen, Durchfall und Verstopfung sind bei der Katze die deutlichsten Symptome bei Verdauungsstörungen. Sie sind oft harmlos und verschwinden nach 1 bis 2 Tagen Schonkost. Verschwinden die Symptome nicht, ist dies Anzeichen einer ernsteren Erkrankung.
Da Katzen wenig trinken, ist ihr Urin zuweilen zu konzentriert, was das Auftreten von Harnsteinen in der Blase fördert. Dieses Leiden betrifft insbesondere kastrierte Männchen mit Bewegungsmangel.

DAS FELL

Es gibt mehrere Einteilungen, gemäß deren man Rassekatzen nach ihren körperlichen Merkmalen eingruppieren kann. Eine der einfachsten Einteilungen unterscheidet:
– *Kurzhaarkatzen:* Die Europäische Kurzhaarkatze, die berühmte Straßenkatze, gehört zu dieser Gruppe. Jenseits des Atlantiks ist sie zur Amerikanischen Kurzhaarkatze geworden. Auch alle nicht domestizierten Katzen sind kurzhaarig;
– *Exoten:* Auch sie sind kurzhaarig, sind jedoch schlanker, weniger gedrungen als die Europäischen und Amerikanischen Kurzhaarkatzen, sie besitzen einen dreieckigen Kopf. Da einige aus dem Osten kamen, nannte man sie zu Unrecht orientalische Katzen. Siam- und Abessinierkatze sind die bekanntesten Exoten;
– *Langhaarkatzen,* vom Menschen gezüchtet, gibt es noch nicht lange. Eine Vertreterin ist die Perserkatze.

DIE KATZE IM ALLTAG

Etwa 5 Millionen der 400 Millionen weltweit erfaßten Katzen leben in Deutschland. Sie stellen 21 % der in einem Haushalt lebenden Tiere. Rund 20 000 davon sind Rassekatzen, wobei die Langhaarkatzen und unter diesen die Perserkatze zur Zeit die beliebtesten sind, gleich gefolgt von einer Kurzhaarkatze, nämlich der Kartäuserkatze. Wachsender Beliebtheit erfreut sich auch eine Halblanghaarkatze, die aus Norwegen stammende Norwegische Waldkatze, deren halblange Haare fettig oder tranig wirken. Ob diese neue Rasse herausgezüchtet wurde oder aufgrund einer spontanen Mutation entstand, ist bislang nicht klar.

Identifizierung. Im Hinblick auf Gefahren, die das Leben in der Stadt oder auch auf Reisen (Unfall, Diebstahl, illegale Tierfänger) mit sich bringt, sollte eine Katze stets identifizierbar sein. Eine Möglichkeit ist das Anbringen einer Plakette an ihrem Halsband, auf der ihr Name und die Anschrift ihres Besitzers eingraviert sind. Aber seit geraumer Zeit können Katzen zu ihrer Sicherheit auch tätowiert werden. Tätowiert wird am Ohr unter Vollnarkose. Eine Zentrale in Frankfurt speichert die Daten des Tieres und ihres Besitzers. Die Tätowierung ist v. a. ein Schutz gegen illegale Tierfänger, da Forschungslabors keine tätowierten Katzen annehmen.

Ernährung. Da die richtige Ernährung entscheidend ist für das Wohlbefinden der Katze, sollte man auf Ausgewogenheit achten:
– Proteine; enthalten in leicht gebratenem Fleisch (Suppenfleisch), Schlachtabfällen, namentlich Leber, höchstens zweimal pro Woche, (vorzugsweise kleinen) Fischen, Eiern und Milchprodukten;
– Fette; in Fleisch, Fisch, Milch enthalten oder in Form von Pflanzenöl sind sie eine Energie- und Vitaminquelle;
– Kohlenhydrate; Kohlenhydrate finden sich in Reis, Getreideflocken, Nudeln, Gries, Gemüse;
– Vitamine; es gibt sie in natürlichem Zustand in vielen Nahrungsmitteln. Bei Hauskatzen ist es jedoch in der Regel notwendig, zusätzlich Multivitaminpräparate zu verabrei-

---

KATZENLEUKOSE

Die furchtbare Katzenleukose erinnert an Aids beim Menschen. Wie bei Aids ist der Verursacher ein Retrovirus; typisch ist eine Immunschwäche. Diese Ähnlichkeit führte dazu, daß man gelegentlich von Katzenaids sprach und damit Panikgefühle schürte. Diese Leukose ist jedoch nicht auf den Menschen übertragbar und deshalb für diesen ungefährlich.

Impfplan

	8 Wochen	3 Monate	4 Monate	20 Wochen	7 Monate	1 Jahr	2 Jahre	3 Jahre	4 Jahre
Typhus	+	+				+	+		
Schnupfen	+	+				+	+	+	+
Tollwut		+	+			+	+	+	+
Leukose			+	+	+*		+	+	+

Dieser Impfplan gibt Richtwerte an, die Daten können je nach Impfstoff und Tier variieren.
* Jährliche Auffrischung bei Leukose.

HAUSTIERE

chen, besonders bei trächtigen und säugenden Katzen.
– Mineralsalze; sie sind wichtig für das Kätzchen während des Wachstums, während des Säugens oder bei der Genesung;
– Wasser; ein Napf mit sauberem Wasser sollte immer für die Katze bereitstehen.

Man kann die Katze mit selbstgemachtem oder mit Fertigfutter ernähren.

Wenn man das Futter selbst herstellt, sollten die folgenden Anteile beachtet werden: 50 % Fleisch oder Fisch, 20 % weichgekochter Reis oder ähnliche Beikost, 20 % Karotten und grünes Gemüse, 10 % Öl, Hefe und Mineralien.

Bei Fertignahrung gibt es zwei Futterarten: Trockenfutter in Form von Kroketten, die einfach zu handhaben sind und die Zähne zum Zubeißen zwingen; Dosenfutter in ausgeprägter Vielfalt, das mit großer Sicherheit schmeckt und verdaut wird. Da die Geschmackspapillen der Katze sehr empfindlich sind, vergrößert sich die Palette der Futterzubereitungen für Katzen ständig um neue, immer raffiniertere Sorten.

Sauberkeit. Obwohl sie im Ruf der Sauberkeit steht und viel Zeit damit verbringt, sich zu lecken, bedarf die Katze einer sorgfältigen und regelmäßigen Pflege.

Fell: Eine gesunde Katze hat immer ein schönes Fell. Regelmäßiges Bürsten ist unverzichtbar, besonders bei Langhaarrassen. Wenn das Fell fettig aussieht, kann man es mit Trockenshampoo oder Maismehl pudern, das man anschließend herausbürstet.

Ohren: Bei einem gesunden Tier bedürfen sie keiner besonderen Aufmerksamkeit.

Augen: Sie müssen immer sauber und glänzend sein, und jeglicher verdächtige Ausfluß erfordert den Besuch beim Tierarzt.

Mund: Die Zähne sind einmal pro Woche zu säubern, damit sich kein Zahnstein absetzt. Wenn die Katze diese Behandlung nicht mag, muß der Zahnstein je nach Bedarf sorgfältig entfernt werden.

Krallen: Die Krallen einer aktiven Katze bleiben von selbst in gutem Zustand. Lebt die Katze in einer Wohnung, sollte man ihr ein mit Rupfen bespanntes Holzbrett geben, an dem sie sie abnutzen kann. Sind die Krallen schmutzig, reinigt man sie mit feuchter Watte. Das Schneiden der Krallen ist schwierig (s. Abb.) und nicht unbedingt notwendig.

Katzenstreu. Im Gegensatz zum Hund, der sein Geschäft draußen verrichtet, braucht die Katze eine leicht zugängliche Wanne, die sie nach Belieben benutzen kann. Die Wanne sollte ein Plastikbehälter mit einer Bodenschicht aus Sägemehl, Sand, zerknülltem Papier, oder besser noch, aus einer saugfähigen Streu sein. Vorzuziehen ist eine pflanzliche Streu. Diese Streu muß regelmäßig gewechselt werden, und die Wanne sollte mit Desinfektionsmittel gewaschen und desinfiziert werden.

Erziehung. Trotz ihrer Unabhängigkeit kann die Katze sich in ihrem Verhalten an die Erwartungen ihres Besitzers anpassen, so daß es möglich ist, ihr einige elementare Dinge beizubringen, wie z. B. Stubenreinheit und Gehen an der Leine. Die Katze verabscheut Lärm, und man verständigt sich mit ihr am besten durch leises Sprechen.

Sexualität. Beim Kauf einer Katze ist die Wahl des Geschlechts wichtig, da es über die Lebensweise und Art des Zusammenlebens entscheidet. Der Sexualzyklus der Katze ist komplex. Beim Weibchen liegt eine reizbedingte Ovulation vor, d. h., ihr Eisprung findet nicht regelmäßig, sondern nur aufgrund einer ›Erregung‹ statt. Je nach Rasse schwankt das Alter der Geschlechtsreife zwischen 7 und 12 Monaten. Meistens wird die Katze zum ersten Mal im Frühling um den 7. Monat herum rollig, wenn sie etwa 2 kg wiegt. Im Gegensatz zur Hündin, die nur zweimal im Jahr läufig wird, kann die Katze das ganze Jahr über zwischen 15 bis 21 Tage lang paarungsbereit sein, mit einer empfänglichen Phase (Östrus) zwischen 3 bis 6 Tagen. Diese Zeiten schwanken je nach Rasse. Bei Perserkatzen liegt sie bei 6, bei Siamkatzen bei 12 Tagen. Während der Paarungsbereitschaft ist die Vulva der Katze leicht geschwollen und sondert einen unauffälligen Ausfluß ab. Der Östrus äußert sich vor allem durch eine deutliche Verhaltensänderung. Das Tier zeigt seinem Besitzer seine Anhänglichkeit. Es erscheint unruhig und miaut ununterbrochen. Außerdem sind typische Haltungen erkennbar: Anheben der hinteren Gliedmaßen, der Schwanz wird seitlich gehalten. Wenn man Katzenjunge will, ist es empfehlenswert, Katzen erst ab einem Jahr begatten zu lassen. Nach einer Begattung folgt der Eisprung innerhalb von 24 Stunden, und die Paarungsbereitschaft endet sehr bald. Bei einem Koitus ohne Befruchtung dauert die sexuelle Ruhephase (Scheinträchtigkeit) etwa 40 Tage. Die Tragzeit dauert etwa 63 Tage.

Um Problemen im Zusammenhang mit der Sexualität zu begegnen, kann man auf Verhütung zurückgreifen. Die Kastration des Männchens ist ein kleiner Eingriff, bei dem die Testikel aus dem Hodensack entfernt werden. Kastrierte Kater sind sanfter, geselliger, aber man sollte die tägliche Nahrungsration verringern, damit sie nicht zuviel Gewicht ansetzen. Beim Weibchen können Hormone in Form von Pillen oder Injektionen verabreicht werden. Dadurch erzielt man eine Ruhezeit von etwa 6 Monaten, aber eine fortgesetzte Anwendung ist kaum wünschenswert. Eine endgültige Verhütung beinhaltet die chirurgische Entfernung der Eierstöcke oder aller Geschlechtsorgane.

Die Tragzeit der Katzen beträgt durchschnittlich 62 bis 66 Tage. Etwa drei bis vier Wochen nach der Befruchtung färben die Zitzen sich rosa und treten aus dem Fell hervor. Ab der fünften Woche sieht man der Katze an, daß sie trächtig ist. Die Zahl der Jungen beträgt drei bis sechs, in Ausnahmen bis zu zehn oder auch nur eins.

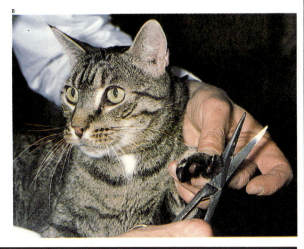

A · **Kätzchen mit Fläschchen.**
Die Ernährung mit der Flasche ist notwendig, wenn Kätzchen Waisen sind oder ihre Mutter sie nicht säugen kann. Im Handel sind Milch und Fläschchen speziell für domestizierte Raubtiere erhältlich (Katzen und Hunde).

B · **Stutzen der Krallen.**
Die Sohlenballen zwischen den Fingern zusammenpressen, damit die Krallen hervortreten. Abzuschneiden ist die weiße Spitze der Kralle, die aus totem Gewebe besteht.

DIE TOXOPLASMOSE

Die Toxoplasmose ist eine Menschen und Katzen gemeinsame Krankheit. Die Katze infiziert sich durch den Genuß von verseuchtem (rohem oder nicht garem) Fleisch. Sie scheidet den Parasiten mit dem Stuhl aus. Beim Umgang mit der verschmutzten Streu besteht für den Menschen Infektionsgefahr. Die Krankheit tritt mit sehr unterschiedlichen Symptomen am häufigsten bei schwachen oder alten Tieren auf. Sie ist für Tiere mit geschwächter Immunabwehr (z. B. bei Katzenleukose) besonders gefährlich. Oft tritt nur eine leichte Erhöhung der Körpertemperatur auf, oder die Infektion verläuft ohne Symptome.

Diese auf den Menschen übertragbare Parasitose bleibt meistens unentdeckt. Die größte Gefahr besteht bei Ansteckung schwangerer Frauen. Die Toxoplasmose infiziert dann den Fetus, was eine Fehlgeburt, eine Totgeburt oder Fälle von geistiger Behinderung und Blindheit zur Folge haben kann. Eine schwangere Frau ohne Antikörper gegen Toxoplasmose sollte daher einige Vorkehrungen im Hinblick auf ihre Katze treffen und insbesondere nicht mit der Streu in Berührung kommen. Außerdem sollte sie Obst und Gemüse sorgfältig waschen und Fleisch garen.

HAUSTIERE

DAS PFERD

ANATOMIE

Die Kenntnis der Anatomie ist sehr wichtig für den Reiter, der alle Möglichkeiten seines Pferdes voll ausnutzen will.

Skelett. Die Knochen des Pferdes sind im Alter von etwa 5 oder 6 Jahren voll entwickelt. Das Knochengerüst des Pferdes setzt sich aus Kopf, Rumpf und Gliedmaßen zusammen. Der Kopf besteht aus zusammengewachsenen Knochen, die Schädeldecke und Gesicht bilden. Der Rumpf umfaßt Brustkorb und Wirbelsäule (oder Rückgrat). Die Wirbelsäule ist etwa 3 m lang und zählt 7 Hals-, 18 Brust-, 6 Lenden-, 5 Kreuz- sowie 15 bis 21 Schwanzwirbel. Zahlreiche einzelne und gemeinsame Bänder machen sie geschmeidig und strapazierfähig. Der Brustkorb wird von 18 an den Rückenwirbeln angewachsenen Rippenpaaren umschlossen.

Die Vorderextremitäten des Pferdes bestehen aus Oberarm, Unterarm und Röhrbein (entspricht den Mittelhandknochen beim Menschen); der Skeletteil des Fußes besteht aus dem Fesselbein, dem Hufbein sowie dem Kronbein. Elastisch schwingende Knorpel, die weichen, polsterartigen Ballen- und Strahlkissen sowie die in der Belastung schwingende Hufrolle vervollständigen den Huf. Die hinteren Extremitäten sind durch das Hüftbein mit dem Kreuzbein verbunden. Sie bilden die Beckenhöhle, die vom Schambein abgeschlossen wird. Das Fußwurzelgelenk (die Ferse beim Menschen) wird hier als Sprunggelenk bezeichnet.

Große Systeme. Das Atemsystem weist einige Besonderheiten auf. So können Pferde die Sauerstoffaufnahme bei schwerer Arbeit um das 33- bis 35fache steigern. Die Zahl der Atemzüge pro Minute kann im Ruhezustand auf 12 absinken. Diese Atemfrequenz beträgt 18 bis 20 im Schritt und kann im Galopp auf 120 ansteigen.

Blutkreislauf. Das Herz wird teilweise von den Lungen umhüllt. Sein Durchmesser beträgt etwa 26 cm und sein Durchschnittsgewicht 3 kg; die Gesamtblutmenge beläuft sich auf 40 Liter. In Ruhe schlägt das Herz etwa 32- bis 45mal in der Minute.

Verdauungssystem. Um seinen Energiebedarf zu decken, frißt das Pferd viele Graspflanzen. Diese sind schwer verdaulich und erfordern einen sehr langen, großvolumigen Darm. Die Kiefer des Tieres tragen je sechs Schneide- und zwölf Mahlzähne sowie bei den Hengsten zwei Eckzähne. Ein Hengst hat also 40, eine Stute 36 Zähne. Der Zustand der Pferdezähne gibt über das Alter Aufschluß. Der Magen ist recht klein (10 bis 15 l), ihm schließen sich der über 25 m lange Dünndarm und der 9 m lange Dickdarm an.

Urogenitalsystem. Die Nieren entziehen dem Blut lösliche Giftstoffe, die im Urin ausgeschieden werden. Dazu werden die Nieren täglich von 400 l Blut durchflossen.

Nerven- und Sinnessystem. Das Gesichtsfeld ist zu den Seiten und nach hinten sehr weit. Nach unten ist es durch die Gesichtsknochen begrenzt. Der Aufbau der Ohren entspricht, abgesehen von der äußeren Form, dem Menschen. Am Stellungsspiel der Ohren ist die seelische Stimmungslage des Pferdes zu erkennen.

Äußere Erscheinung (Exterieur). Bei äußerer Betrachtung unterteilt man ein Pferd in drei Körperabschnitte: Vorderhand, Körper (auch Mittelhand) und Hinterhand.

Das Fell kann einfarbig (weiß, schwarz, Brauntöne) oder gescheckt sein; man unterscheidet kurzes Deck- oder Grannenhaar und Langhaar (Mähne, Schweif, Kötenbehang).

VERSCHIEDENES

Haltung und Gangarten. Ein Pferd muß lernen, unter dem Reiter sein Gleichgewicht wiederzufinden, da sich durch das Reitergewicht sein Schwerpunkt verlagert.

Die Fortbewegungsarten des Pferdes werden als ›Gangarten‹ bezeichnet. Die drei Hauptgangarten sind:
– Schritt: Er ist die langsamste Gangart und ein Viertakt; nach dem linken Hinterbein folgt das linke Vorderbein, dann das rechte Hinterbein und das rechte Vorderbein.
– Trab: Gangart mit diagonaler Fußfolge; im Zweitakt; die Durchschnittsgeschwindigkeit liegt zwischen 14 und 18 km/h;
– Galopp: Diese Gangart ist die schnellste; man hört drei taktmäßige Hufschläge, dann folgt eine Pause (Schwebephase). Die Galoppgeschwindigkeit des Pferdes liegt zwischen 20 und 60 km/h, im Renngalopp sogar bis 90 km/h.

Neben diesen Hauptgangarten beherrschen einige Pferderassen auch den **Tölt** (ähnlich einem raschen Schritt) und den **Paß**, bei dem die gleichseitigen Beinpaare gleichzeitig aufkommen und abheben.

Futter. Es setzt sich zusammen aus energiereichen bzw. faserhaltigen Substanzen, Proteinen, Vitaminen und Spurenelementen.

An Flüssigkeit nimmt das Pferd hauptsächlich Wasser (20 bis 30 l pro Tag) zu sich. Die Verdauung ist durch langsames, aber vollständiges Kauen, ein kurzes Verbleiben im Magen, ein recht schnelles Passieren des Dünndarms und eine längere Phase im geräumigen Dickdarm gekennzeichnet.

Als Futter erhält das Pferd vor allem Heu, Stroh, Hafer, Gerste, zuweilen ergänzt durch Roggen, Weizen, Mais, Reis, Ackerbohnen, Kleie und Ölkuchen. In der Regel wird dreimal täglich gefüttert.

Sexualität. Das Pferd wird im Alter zwischen 12 und 18 Monaten geschlechtsreif, als zuchtreif gilt es jedoch erst mit etwa 3 Jahren. Der Zuchthengst kann jederzeit decken; eine Stute ist nur während der periodisch auftretenden Rosse aufnahmebereit. Die Trächtigkeit dauert zwischen 336 und 342 Tagen, dann bringt die Stute ein (selten zwei) Fohlen zur Welt.

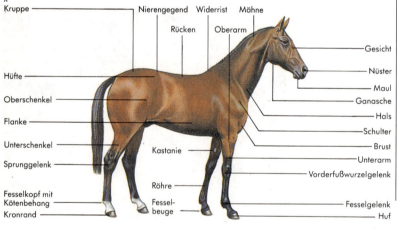

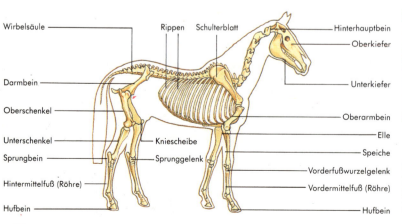

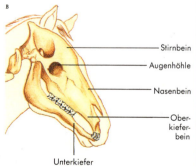

A, B ∙ Anatomie und Morphologie.

Ein leichter Kopf, Widerrist lang nach hinten gezogen, tiefe Brust, langer Rücken, Hinterhand mit starker Muskulatur, strapazierfähige Glieder und Gelenke: Alle Pferde zeigen eine große Leichtigkeit beim Laufen.

HAUSTIERE

RASSEN

Die berittenen Eroberervölker trugen zur Verbreitung der Arten bei und förderten dadurch Kreuzungen, die weltweit zur Entstehung zahlreicher, sehr unterschiedlicher Rassen führten. Aber in all den vielgestaltigen Formen des Pferdes erkennt man immer noch den Einfluß einiger bedeutender Rassen: den Araber, den Berber, den Neapolitaner, den Andalusier und heute auch das Englische Vollblut.

VOM SHIRE ZUM SHETLANDPONY

Man teilt die Pferde in vier Kategorien ein:
– *Vollblüter;* zu diesen besonders auf Schnelligkeit gezüchteten Pferden zählen Galopper und Traber. Ihre Merkmale sind u.a. ein leichter Kopf, eine tiefliegende Brust, ein langer Rücken, lange, muskulöse Schenkel und feines Gewebe;
– *Kaltblüter;* diese haben größtenteils ihre Beschäftigung verloren, seit die Motorisierung die tierische Zugkraft verdrängt hat; die schweren, muskulösen Tiere mit ihren großen Köpfen und der kompakten Statur werden aber heute wieder zunehmend, z. B. in der Forstwirtschaft, eingesetzt. Die größten Kaltblüter sind die englischen Shires mit einem Stockmaß von 180 cm.
– *Warmblüter* werden entweder als Dressur-, Spring- oder Vielseitigkeitspferde im Reitsport, als Freizeitpferde zum Ausreiten oder auch als Wagenpferde vor der Kutsche eingesetzt.
– *Ponys;* ihr Kennzeichen ist ihre kleine Größe, die obere Grenze ist willkürlich auf ein Stockmaß von 148 cm festgelegt. Die ursprünglichen Ponyrassen, die vor allem in Großbritannien beheimatet sind, ähneln häufig kleinen Kaltblütern, während die für den modernen Reitsport gezüchteten Tiere oft wie Vollblüter im Miniaturformat aussehen. Allgemein ist die Ausdauer und die Leistungsbereitschaft der Ponys enorm.

A · Berber.
Er ist ein genügsames, ausdauerndes Reitpferd sehr alter Abstammung und der Ahne vieler heutiger Pferderassen.

B · Anglonormanne.
Dieses französische Reitpferd wird auch in der deutschen Pferdezucht sehr geschätzt. Sehr vielseitig und athletisch, für alle Formen des Reitens nutzbar.

C · Camarguepferd.
Freilebend, stammt nicht von einem früheren Hauspferd ab. Wahrscheinlich ein Vetter des Pferds von Solutré, des Vorfahrens der mittel- und westeuropäischen Pferde. Das Camarguepferd lebt das ganze Jahr über in Herden von 40 Tieren ohne Betreuung. Wird oft recht alt.

D · Shetlandpony.
Eine der beliebtesten Ponyrassen, da es sehr robust und ausdauernd ist; geeignet als Kinderreitpferd. Mit 4 Jahren ist es etwa 1 m groß.

E · Rheinisch-deutsches Kaltblut.
Eine der bedeutendsten deutschen Kaltblutrassen. Schwer mitgenommen von den beiden Weltkriegen, hat es dennoch überlebt. Heute noch wird es gelegentlich in der Landwirtschaft eingesetzt.

F · Araber.
Eine der ältesten und edelsten Pferderassen, zugleich leicht und widerstandsfähig. Persönlichkeit und Fähigkeiten bringen ihm nur Loblieder ein.

G · Deutsches Reitpferd.
Typbezeichnung für alle deutschen Warmblüter, die vor allem im Reitsport eingesetzt werden. Am bekanntesten sind die Hannoveraner, Westfalen und Holsteiner; sie sind auch im Ausland sehr beliebt.

H · Englisches Vollblut.
In England seit 1793 in Reinzucht gezüchtetes Rennpferd. Das langgliedrige Vollblut wiegt selten mehr als 500 kg und erreicht Geschwindigkeiten um 70 km/h.

I · Percheron.
Diese Kreuzung zwischen normannischen und arabischen Pferden kann 1 200 kg wiegen. Er ist sehr beliebt und findet sich in vielen Ländern der Erde, wo man seine genetischen Anlagen schätzt. In Japan hat er bei Zugpferderennen echten Erfolg.

J · Maultier.
Es entstammt der Kreuzung von Esel und Stute. Das unfruchtbare Maultier ist sehr robust und wurde lange Zeit zum Ziehen und Tragen großer Lasten eingesetzt.

K · Esel.
Vetter des Pferdes, schon immer Inbegriff von Sanftmut, Freundlichkeit, Mut, weshalb man sich fragt, warum er ständig verspottet wird. Das genügsame, leicht zu pflegende Tier begnügt sich mit einfachem Futter; weltweit im Dienst des Menschen. Es soll 40 Millionen Esel geben.

89

HAUSTIERE

DAS PFERD

VERWENDUNG

Seit seiner Domestizierung stand das Pferd dem Menschen, für den es lange ein unersetzliches Fortbewegungs- und Transportmittel war, immer sehr nahe. Mit dem Beginn der Motorisierung verringerte sich jedoch die Bedeutung des Pferdes. Der Traktor scheint das Zug- und Arbeitspferd endgültig ersetzt zu haben, wenn man in jüngster Zeit auch zunehmend den umweltschonenden Einsatz des Pferdes, z. B. in der Forstwirtschaft, wieder schätzen lernt. Allgemein jedoch ist das Nutzpferd mehr und mehr dem Sport- und Freizeitpferd gewichen.

Hohe Schule. Bereits im antiken Griechenland machte man sich Gedanken um die Ausbildung und Dressur von Pferden. Die Kunst, ein Pferd durch gymnastizierende Lektionen zu höchsten Dressurleistungen auszubilden, wird heute vor allem noch an der Spanischen Hofreitschule in Wien gepflegt, die dafür weltberühmt ist.

Reitturniere.
Springreiten. Dies ist ein Wettbewerb, bei dem der Reiter mit seinem Pferd in einer bestimmten Zeit in einer festgelegten Reihenfolge eine Anzahl von künstlichen Hindernissen überwinden muß. Diese können je nach Art des Parcours verschieden sein, z. B. Stangen, Gatter, tragbare Holzkästen (für den Bau der ›Mauern‹), Wassergräben oder Hecken.
Dressurreiten. Bei diesem Wettbewerb wird das Zusammenspiel von Pferd und Reiter bei der Ausführung von Lektionen verschiedener Schwierigkeitsgrade beurteilt. Ein oder mehrere Richter bewerten die Leistung des Pferdes sowie die Einwirkung des Reiters.
Vielseitigkeitsreiten. Das Vielseitigkeitsreiten ist sehr erfahrenen Reitern vorbehalten und enthält mehrere Teile:
– Dressurprüfung;
– Geländeprüfung: Sie umfaßt zwei sehr anspruchsvolle Wegestrecken auf Straßen und Wegen, ein Jagdrennen und eine Querfeldeinstrecke sowohl mit hohen als auch mit breiten Hindernissen;
– Springprüfung.

Pferderennen. Schon immer führten die Reiter Schnelligkeitsvergleiche ihrer Pferde durch; die ersten dokumentierten Rennen kamen jedoch zuerst um 1700 in England auf und führten zu einer organisierten Zuchtauslese der Pferde nach ihrer Rennleistung (Englisches Vollblut, 1793). Rennen, bei denen gewettet wird, gibt es heute in vielen Ländern. Man unterscheidet Galopp- und Trabrennen. Die Teilnahmebedingungen für die Pferde sind streng reglementiert. Für einen fairen Rennablauf werden vor (Wiegen der Jockeys), während (Kameraüberwachung) und nach dem Rennen (Speichel-, Urin- und sogar Blutproben zur Aufdeckung von Dopingfällen) Kontrollen durchgeführt.

Fahren. Schon bevor der Mensch lernte zu reiten, spannte er das Pferd vor ein Wagen. Zunächst aus militärischen Gründen, später zur friedlichen Nutzung seiner Zugkraft. Heute findet das Fahren als Sportart oder Freizeitbeschäftigung von Jahr zu Jahr neue Anhänger.

Voltigieren. Das Ausführen turnerisch-gymnastischer Übungen auf einem galoppierenden Pferd war zunächst als Hinführung von Kindern und Jugendlichen zum Reitsport gedacht. Heute ist das Voltigieren als Einzelwettbewerb und als Mannschaftsdisziplin eine Sportart.

Freizeitreiten. Die Entdeckung der Natur durch den Menschen hat in den letzten Jahren zu einer starken Zunahme der sogenannten Freizeitreiterei geführt. Gestreßt durch den Arbeitsalltag und die zunehmende Technisierung der Umwelt, suchen viele Menschen einen geeigneten Ausgleich in ihrer Freizeit. Unbefriedigt von den doch immer gleichen Aktivitäten auf der Reitbahn, verspüren viele Reiter bald den Wunsch nach einem echten Ausritt mit ihrem Pferd. Daneben hat sich das Distanzreiten, das Zurücklegen weiter Strecken zu Pferde, als Sportart etabliert.

Fuchsjagd. Bei dieser Pferdesportart wird in Deutschland nicht mehr ein echter Fuchs gejagt, sondern ein bestimmter Reiter; meist geht es dabei über viele feste Hindernisse. Hierfür müssen die Pferde sehr strapazierfähig und vielseitig sein. Meist handelt es sich um noch im Blut stehende Warmblüter oder Vollblüter. Die Briten züchten spezielle ›Hunter‹ und bilden sie für die Jagd aus.

Westernreiten. Hierbei wird das Pferd nach der Art der amerikanischen Cowboys geritten, wobei es nur auf die Verlagerung des Reitergewichts schnelle Wendungen ausführt oder auf Kommando blitzartig stehenbleibt. Die Arbeit der Cowboys erforderte volles Vertrauen der Pferde und absoluten Gehorsam.

Polo. Polo ist ein Ballspiel zwischen zwei Mannschaften von je vier Reitern, das von einem indischen Sport abstammt, der mit einer Kugel aus gespannter Jakhaut, ›Polo‹ genannt, gespielt wurde.

Kavallerie. Bis noch vor relativ kurzer Zeit ein wichtiger Teil der Armee, tritt das Pferd heute nur noch bei offiziellen Anlässen in Erscheinung. In vielen großen Städten gibt es berittene Polizei. Entscheidend ist für ein Polizeipferd, daß es ruhig und an Lärm gewöhnt ist.

Therapeutisches Reiten. Zunehmend werden Pferde zu therapeutischen Zwecken eingesetzt, da man erkannt hat, daß behinderte Menschen beim Reiten ein besseres Gefühl für ihren Körper und dadurch auch Selbstvertrauen erhalten.

A · **Hohe Schule.**
Die Hohe Schule ist die klassische Form der Reiterei. Die Spanische Hofreitschule in Wien setzt die Tradition der klassischen Reitkunst fort. Dargestellt ist eine Courbette, eine eindrucksvolle Figur.

B · **Pferdewagen.**
Das Pferd war lange Zeit vor allem Fortbewegungsmittel. Der Fahrsport kommt heute wieder in Mode, daneben werden Pferde auch für folkloristische und touristische Zwecke angespannt.

REKORDE

Schnelligkeit: im Galopp 67,16 km/h, im Trab (Rennen) 49,30 km/h.
Hochsprung: 2,47 m 1949 in Santiago de Chile.
Weitsprung: 8,40 m.

GEBORENE RENNER

Anhand ihres Körperbaus unterscheidet man mehrere Pferdetypen, die für unterschiedliche Aufgaben geeignet sind. Aber fast allen ist eine große Rennfähigkeit eigen. Reitpferde nutzt man natürlich zum Dressur- und Springreiten, aber auch zum Ausreiten. Die speziell für Pferderennen gezüchteten Vollblüter haben einen leichten Kopf, einen lang nach hinten gezogenen Widerrist, eine tiefliegende Brust, einen langen Rücken, eine Hinterhand mit starker Muskulatur und sehr strapazierfähige Glieder und Gelenke. Beim Galopper gesellen sich noch lange Röhren, eine lange, schräge und muskulöse Schulter und eine gleichmäßige Beinstellung hinzu. Die Schulter des Trabers ist dagegen eher vertikal und der Vorderarm horizontal. Das Springpferd schließlich hat eine breitere Kruppe und eine kräftige Hinterhand, aus der es die Kraft zum Absprung entwickelt.

C · **Trab.**
Eine Gangart in zwei Takten, bei der Vorder- und Hinterbein auf entgegengesetzten Seiten den Boden berühren; dann kommen die vorher angehobenen Beine der anderen Diagonale an die Reihe.

HAUSTIERE

PFERDEFLEISCH

Auch heute noch wird das Pferd wegen seines Fleisches genutzt. Von den Christen lange als unrein betrachtet, hat es dennoch in einigen europäischen Ländern, z. B. Frankreich, seine Liebhaber gefunden. Einige Rassen werden dort nur als Schlachtpferde gezüchtet.

Der Genuß von Pferdefleisch ist in Deutschland dagegen selten, da viele dies aus emotionalen Gründen ablehnen. In Deutschland geschlachtete Pferde werden entweder exportiert oder zu Hundefutter verarbeitet.

DAS PFERD IM ALLTAG

Als das Freizeittier schlechthin verlangt das Pferd von einem Reiter, der dieses Namens würdig ist, die Beachtung bestimmter Dinge.

Auswahl des Pferdes. Der Traum jedes Reiters ist ein eigenes Reitpferd. Bevor man sich entscheidet, muß man wissen, daß ein Pferd teuer in Ankauf und Unterhalt ist und man jeden Tag viel Zeit aufwenden muß. Wenn man weder die Zeit noch das Geld hat, um es gut zu betreuen, sollte man lieber weiter im Reitstall reiten.

Ein erfahrener Reiter wird ein Pferd wählen, das für seine Zwecke geeignet ist. So wäre ein robustes Pferd richtig für jemanden, der gern ausreitet und sich in der Natur aufhält; wer an Reitsportveranstaltungen teilnehmen will, muß sich ein entsprechend begabtes Turnierpferd suchen. Es ist aber wichtig, seine eigenen Wünsche und vor allem seine reiterlichen Fähigkeiten richtig einzuschätzen. Nach der Entscheidung geht der Reiter auf die Suche nach seinem Reitpferd. In Fachzeitschriften oder bei Züchterverbänden kann er die richtigen Adressen finden. Bei teuren Pferden läßt er am besten immer ein tierärztliches Gutachten erstellen, das den Zustand des zu kaufenden Pferdes beurteilt. Bei Rassetieren muß der Verkäufer eine Abstammungsurkunde vorweisen können, die die Eintragung des Tieres in das Stammbuch dieser Rasse belegt.

Sattel- und Zaumzeug. Das Sattel- und Zaumzeug eines Reitpferdes umfaßt den Sattel mit den Steigbügeln und den Zaum mit dem Gebiß.
Sattel. Es gibt viele Sättel unterschiedlichen Typs. Für das Springreiten wird eine italienische Erfindung, ein Sattel mit vorgezogenen Sattelblättern, bevorzugt, für die Dressur ein Sattel mit einem besonders schmalen und langen Sattelblatt. Immer häufiger werden Vielseitigkeitssättel benutzt. Sie sind für jede Situation geeignet und bilden einen Kompromiß zwischen Dressur- und Springsattel. Beim Rennen dient der gewichtsreduzierte Sattel nur zum Halten der Steigbügel.
Zaumzeug. Das Zaumzeug besteht im einfachsten Fall aus zwei auf die Abmessungen des Pferdekopfes einstellbaren Backenriemen, die mit einem Kopfstück hinter den Ohren verbunden werden. Die Backenriemen halten das ›Gebiß‹, das Mundstück, das das Pferd ins Maul bekommt. Die Zügel können aus Leder, Schnur oder Nylon sein. Am häufigsten vertreten ist bei uns das Hannoversche Halfter, bei dem der Nasenriemen gerade noch auf dem Nasenbein aufliegt; geeigneter ist das Englische Halfter mit höherliegendem Nasenriemen und ergänzendem Sperriemen.

Das Zaum- und Sattelzeug sollte regelmäßig gepflegt werden. Zunächst entfernt man die Schweißreste mit einem feuchten Schwamm; dann werden alle Lederteile, die auch regelmäßig eingefettet werden müssen, mit Seife gewaschen.

Sauberkeit und Pflege.

Unterbringung. Pferde fürchten Zugluft, Hitze, Kälte und zu starkes Licht. Außerdem vertragen sie starke Gerüche schlecht. Der Laufstall wird von mehreren Pferden gemeinsam genutzt, während die Box dem einzelnen Pferd gehört. Die Mindestabmessungen einer Box sollten 3 × 3 m betragen, bei einer Höhe von 3,5 m. Jedem Pferd müssen zwischen 30 und 50 m^3 Atemluft zur Verfügung stehen. Die der Helligkeit wegen weiß gekalkten Wände werden regelmäßig desinfiziert. Der Boden sollte leicht zu säubern sein und Abflußrinnen zum leichteren Ablaufen des Urins aufweisen. Die Streu besteht gewöhnlich aus einer dicken Schicht Weizen- oder Haferstroh. Sie sollte täglich von Pferdeäpfeln gesäubert und mit frischer Einstreu ergänzt werden.
Pflege. Pflegemittel sind Striegel, Kardätsche, Wurzelbürste, Schwamm, Mähnenkamm, Hufkratzer, Schere, Schweißmesser (dünne, flexible Klinge zum Abreiben des Körpers des schwitzenden Tieres).

Vor dem Satteln sollte man das Pferd striegeln, bürsten, den Schweif verlesen, die Hufe säubern und die Beschläge überprüfen. Nach der Arbeit sollte man sein Fell trocknen, indem man es mit einem Strohwisch abreibt, und ihm mit einem feuchten Schwamm über Nüstern, Augen, Gliedfalte und Anus wischen. Anzuraten ist auch ein Abspritzen der Beine zur Kühlung der Sehnen.

Letztendlich macht aber das Striegeln die tägliche Pflege aus, egal ob das Tier gearbeitet hat oder nicht. Zuerst streicht man mit dem Striegel gegen den Strich über die muskulösen Teile des Pferdekörpers. Dann entfernt man mit einer Kardätsche den vom Striegel gelösten Staub. Die Beine werden mit der Wurzelbürste gereinigt, die Hufe eingefettet.
Beschlagen. Wenn das Pferd arbeitet, muß sein Huf mit Hufeisen vor zu schneller Abnutzung geschützt werden. Dieser Eingriff wird in der Regel einem Hufschmied überlassen. Es gibt verschiedene Hufeisenformen, die gewöhnlich heiß aufgebracht werden. Die Hufeisen werden meist mit schräg eingeschlagenen Nägeln befestigt, deren Enden umgeschlagen, gebogen und abgefeilt werden.

Krankheiten und Verletzungen. Von grundlegender Bedeutung ist die Kenntnis der ersten Anzeichen jeder Krankheit. Sobald ein Pferd weniger frißt oder weniger als gewöhnlich arbeitet, ist es möglicherweise krank. Wenn seine Augen gerötet sind, sein Atem schneller geht, seine Nüstern Blut- oder Eiterflecken aufweisen, handelt es sich um eine schwere Erkrankung. Bei über 38,5 °C hat das Pferd Fieber.

Es passiert auch, daß ein Pferd sich verletzt. Bei einer leichten Verletzung reicht es, die Wunde mit heißem Wasser zu waschen, sie mit Jodtinktur zu bestreichen und Puder oder Salbe aufzulegen. In anderen Fällen muß der Tierarzt gerufen werden.

A · **Westernsattel.**
Die Wahl des Sattels hängt von der Art des Reitens ab. Es gibt sehr viele verschiedene, auf die verschiedenen Anwendungen (Springen, Dressur, Wandern, Jagd usw.) zugeschnittene Sättel. Der dargestellte Westernsattel ist sehr bequem, mit langen Steigbügeln, und wurde ursprünglich von den berühmten amerikanischen Cowboys für Viehtrieb und Rodeos benutzt. Er wird heute auch in der Freizeitreiterei verwendet. Einige dieser Sättel erzielen sehr hohe Preise.

B · **Hufschmied.**
Der Beschlag, das berühmte Hufeisen, schützt den hornigen Teil des Pferdefußes, d.h. den Huf, vor übermäßiger Abnutzung. Eisen mit Stollen verbessern die Bodenhaftung; außerdem kann ein guter Beschlag einige Gangfehler ausgleichen. Der Hufschmied setzt den Beschlag instand, in Abständen, die von der Bewegungsfreudigkeit und dem Hufwachstum des Pferdes abhängen.

C · **Galopp.**
Die schnellste Gangart des Pferdes, bestehend aus drei Takten, danach eine Phase ohne Bodenkontakt. Man unterscheidet, je nachdem, welches Beinpaar vorgreift, Rechts- und Linksgalopp.

HAUSTIERE

DIE TIERE AUF DEM BAUERNHOF

RINDER

Das Rind hat mit Fleisch und Milch als wichtigsten Produkten von allen Haustierrassen sowohl volkswirtschaftlich als auch für den Einzelbetrieb die größte Bedeutung. In der Bundesrepublik Deutschland stammen 43 % der Verkaufserlöse der Landwirtschaft aus der Rinderhaltung, davon 58 % aus dem Verkauf von Milch. Die weite Verbreitung des Rindes hängt sicherlich damit zusammen, daß es sowohl rohfaserreiches schwerverdauliches als auch energiereiches leichtverdauliches Futter gut verwerten kann. Bei den weltweit insgesamt etwa 450 Rinderrassen lassen sich folgende Nutzungstypen unterscheiden:
– mittel- und großrahmige Milchrassen;
– Mastrassen;
– Fleischrassen;
– Doppelnutzungsrassen (Milch und Fleisch).

Die in Deutschland (v. a. in der Nordhälfte) weitaus häufigste Rinderrasse ist die Deutsche Schwarzbunte, die zugleich auch weltweit die häufigste Rinderrasse ist. Sie gehört zu den Doppelnutzungsrassen mit überwiegender Milchproduktion.

Das vor allem in Süddeutschland verbreitete Deutsche Fleckvieh ist ein kräftiges, braunweiß geschecktes Rind, das auf Vorfahren im Berner Oberland zurückgeht. Es wird in Deutschland als Milch- und Fleischrind, in Übersee meist als Fleischrind gehalten.

Die überwiegend in Nord- und Westdeutschland verbreitete Deutsche Rotbunte ist dunkelrot und weiß gescheckt mit weißem Abzeichen am Kopf. Sie wird seit dem 15. Jahrhundert unter Einkreuzung von Shorthorn gezüchtet und ist ein Doppelnutzungsrind mit gleichwertiger Nutzung von Milch und Fleisch.

Einheitlich braun oder graubraun gefärbt ist das Deutsche Braunvieh, dessen Zucht vor etwa 600 Jahren in der Zentralschweiz begann, von wo aus es sich über die Schweiz, Österreich und das deutsche Voralpengebiet ausbreitete. Es ist ein Doppelnutzungsrind mit Betonung der Milchproduktion.

Das Gelbvieh, von dessen zahlreichen Schlägen in Deutschland eigentlich nur noch das Frankenvieh übriggeblieben ist, ist die fünfthäufigste Rinderrasse in der Bundesrepublik Deutschland. Die Bestände dieses Dreinutzungsrindes (Milch, Fleisch, Arbeitstier) sinken jedoch, da es teilweise durch Fleckvieh ersetzt wird.

Der vor allem in Schleswig-Holstein und Nordhessen verbreitete Angler, ein einfarbig dunkelrot bis sattbraunes Rind (Doppelnutzungsrasse, v. a. Milchlieferant), wurde in viele andere Rassen eingekreuzt. Er zeichnet sich durch eine gute Anpassungsfähigkeit an extreme Klimabereiche aus.

In den deutschsprachigen Ländern gibt es keine einheimischen Einnutzungsrassen, diese sind in den letzten Jahrzehnten aus Großbritannien, Frankreich und Nordamerika zu uns gekommen. Ein wichtiger Vertreter ist das aus Frankreich stammende Charolais, ein weißes bis cremefarbenes Fleischrind. Eine reine Milchrasse ist das ursprünglich von der gleichnamigen Kanalinsel stammende Jersey, ein kleines, zierliches Rind, von dem gelbbraune, hellrote, cremefarbige und fast schwarze Tiere existieren. Seine Milch ist sehr fettreich (6 % Fett).

In den hochtechnisierten Ländern spielt die Arbeitsleistung der Rinder heute keine Rolle mehr, weltweit gesehen hat sie jedoch immer noch große Bedeutung.

SCHAFE UND ZIEGEN

Schafe und Ziegen waren, neben dem Hund, wahrscheinlich die ersten Haustiere des Menschen. Spuren der Domestizierung dieser Wiederkäuer finden sich im 10. Jahrtausend vor Christus. Schafe und Ziegen wurden immer schon wegen ihrer Milch, ihres Fells und ihrer Wolle geschätzt, zudem gibt es kein religiöses Tabu bezüglich der Tötung und des Verzehrs von Schafen und Ziegen. Darüber hinaus sind beide anspruchslos und anpassungsfähig.

Die Ziege stammt wahrscheinlich von einem mittelöstlichen wilden Vorfahren ab, während das Schaf mehrere Ahnen haben soll. Man nimmt an, daß die Schafe mit kurzem Schwanz und dunklen Hörnern vom Korsischen Mufflon abstammen, während Schafe mit längerem Schwanz und hellen Hörnern den mittelasiatischen Argali zum Stammvater haben sollen.

Weltweit zählen die Herden der Ziegen und Schafe heute mehr als eine Milliarde Tiere. Während ihre Bestände in den Industriestaaten abnehmen, nehmen sie in den meisten Entwicklungsländern zu.

Rassen. Die Merinos sind wahrscheinlich die bekanntesten Schafe. Diese kleinwüchsigen, aus dem Maghreb stammenden Tiere kamen etwa Mitte des 18. Jahrhunderts aus Spanien nach Deutschland. Obwohl sie sehr feine Wolle liefern, bekamen sie sehr bald Konkurrenz von den größeren englischen Schafen, die gröbere Wolle von allerdings vorzüglicher Qualität liefern.

Mastrassen erfordern mehr Pflege und Futter und sind gedrungener gebaut. Die verbreitetsten Rassen in Deutschland sind die von englischen Rassen abstammenden Schwarzköpfigen und Weißköpfigen Fleischschafe und die Texelschafe.

Neuer Aufschwung. Nach einem Rückgang der Schafzucht, der in der Bundesrepublik Deutschland 1965 mit etwa 700 000 Schafen seinen Tiefpunkt erreichte, erlebt die Schafzucht wieder einen neuen Aufschwung. Mehrere Tendenzen zeichnen sich ab: Produktion von hochwertigem Fleisch, insbesondere vom Lamm, und Landschaftspflege durch Beweidung großer Brachflächen durch Schafe (Koppelschafhaltung), die sich als sehr wirtschaftlich erweist. Ziel der englischen Schafzüchter sind Schafe, die gleichzeitig eine schöne Wolle und gutes Fleisch haben.

Einige Rassen sind jedoch bedroht, wie das Rote Roussillon-Schaf, das Gemeine Alpenschaf und die Poitou-Ziege.

A · **Ochse.** Ein Ochse ist ein kastriertes, erwachsenes männliches Rind. Ochsen werden vor allem für schwere Zugarbeit und nach Mast als Schlachtvieh genutzt.

B · **Rind.** Die Domestizierung der Rinder liegt etwa 4500 Jahre zurück. Ursprünglich als Fleischreserve für magere Tage vorgesehen, wurden die Rinder vielfach auch zu Milchproduzenten herangezüchtet.

C · **Bulle.** Der Bulle ist in erster Linie ein Zuchttier. Dank der Techniken der künstlichen Besamung kann ein Bulle heute in seinem Leben mehr als 50 000 Kühe befruchten. Auf diese Weise können vielleicht auch Rassen erhalten werden.

D · **Ziege.** Sie ist ein pflanzenfressender Wiederkäuer, der sehr anspruchslos ist. Sie kann sich von Futter ernähren, das für andere Tiere völlig unverdaulich ist, und in sehr pflanzenarmer Umgebung leben. Die Ziegenmilch ist Grundstoff zahlreicher Käsesorten.

E · **Hammel.** Ein Hammel ist ein etwa einjährig kastriertes, männliches, zur Fleischproduktion bestimmtes Schaf. Schafe sind Pflanzenfresser, die wegen ihrer Milch, ihres Fleisches oder ihrer Wolle gehalten werden.

HAUSTIERE

FEDERVIEH UND KANINCHEN

Für das Jahr 1988 wurde die Zahl der in der Landwirtschaft gehaltenen Hühner in der Bundesrepublik Deutschland mit rund 72 Millionen ermittelt, davon rund 38 Millionen Legehennen; weiterhin wurden 515 000 Gänse, rund 1,2 Millionen Enten und 3,2 Millionen Truthühner gezählt. Im Vergleich mit den Anfang der 1980er Jahre ermittelten Zahlen hat die Zahl der Hühner um etwa 10 % abgenommen, während bei den restlichen Geflügelarten eine leichte Bestandszunahme zu verzeichnen ist. Weitaus die größten Geflügelbestände hat Niedersachsen (rund 34 Millionen Hühner), mit einigem Abstand gefolgt von Bayern (rund 12 Millionen Hühner) und Nordrhein-Westfalen (rund 11 Millionen Hühner).

Hühner. Seit ihrem Erscheinen im 5. Jahrhundert vor Christus haben sich die Hühner stark verändert und eine Vielzahl von Arten gebildet. Man unterscheidet etwa 150 Rassen, davon sieben, die als Bezugsrassen gelten, weil sie als Genreservoir dienen können:
Leghorn, weißes Huhn, einfacher Kamm, gelbe Läufe;
Rhodeländer, rotes Huhn, einfacher Kamm, gelbe Läufe;
New Hampshire, rotes Huhn, aber heller;
Wyandotte, weißes Huhn, Rosenkamm, gelbe Läufe;
Schwarzes Bressehuhn, schwarzes Huhn, einfacher Kamm, blaue Läufe;
Sussex, weißes Huhn, einfacher Kamm, rosa Läufe;
Gâtinaise, weißes Huhn, einfacher Kamm, weiße Läufe.

Die Legehenne soll die Versorgung mit Qualitätseiern sichern. In Deutschland sind bunte Eier sehr gesucht, während man in den Vereinigten Staaten und anderen Ländern weißschalige bevorzugt. Die Farbunterschiede haben keinen Einfluß auf den Geschmack. Das Gewicht des Eis hängt von Herkunft, Temperatur, Alter beim Legen und Gesundheitszustand ab: es wiegt zwischen 45 und 70 g und wird in Gewichtsklassen verkauft.

Hähnchen. Die Produktion der verschiedenen Masthähnchen hat sich entsprechend der Nachfrage entwickelt. Sie führte zu unterschiedlichen Arten der Haltung:
– Batteriehaltung: Die Tiere leben in hellen oder dunklen Gebäuden in Käfigen; Schlachtung durchschnittlich mit 56 Tagen bei einem Gewicht von 1,8 kg;
– Bodenhaltung: Die Tiere leben in meist fensterlosen Ställen am Boden; wie auch bei Batteriehaltung Einsatz von Antibiotika u. a.;
– Auslaufhaltung: Die Tiere können sich frei drinnen und draußen bewegen, bekommen Frischfutter und keinerlei Medikamente.

Die beliebtesten Rassen sind aus der Kreuzung regionaler Rassen mit dem Weißen Cornish hervorgegangen; sie besitzen einen guten Körperbau und entwickeln ihre Brustbeinmuskeln voll. Die Bresse-Rasse erzielt hervorragende Ergebnisse.

Perlhühner. Das Perlhuhn, das aus Afrika stammt und dort als Wildvogel noch weit verbreitet ist, wird in seiner domestizierten Form v. a. in Nordafrika, Frankreich, Italien und Spanien auf Bauernhöfen gehalten (in Mitteleuropa in geringerem Umfang). Es ist wegen seiner Schmackhaftigkeit sehr beliebt. Wegen ihres durchdringenden Geschreis haben die Perlhühner weniger Bedeutung in der bäuerlichen Tierhaltung; seit einigen Jahren gibt es spezialisierte Farmen, die Perlhühner in großer Zahl halten. Geschlachtet wird im Alter zwischen 12 und 14 Wochen, wenn der Vogel 1,2 bis 1,3 kg wiegt.

Truthuhn. Die von den Indianern domestizierten Truthühner traten in Europa im 16. Jahrhundert in Erscheinung. Es gibt zahlreiche Rassen, die in Größe, Farbe und Form von der Wildform z. T. stark abweichen; man kann z. B. nach Herkunft unterscheiden:
– französische Rassen; dies sind oft schwarze Truthühner, leicht, mit zartem Fleisch, mit einigen weißen Flecken (Schwarzer von Gers, Schwarzer von Bresse). Ihr Gewicht liegt bei 12 kg beim Männchen und 6 bis 7 kg beim Weibchen;
– amerikanische Rassen; man unterscheidet große Truthühner mit breiter Brust wie den Großen Weißen und kleinere Truthühner wie den Weißen von Beltsville, dessen Weibchen höchstens 5 kg wiegt.

Das Truthuhn legt zwischen April und September Eier. Das Weibchen wird mit 12 bis 13 Wochen, das Männchen mit 15 bis 16 Wochen geschlachtet.

Ente. Von diesem bekannten Wasservogel mit Schwimmfüßen und einem löffelförmig verbreiterten Schnabel gibt es weltweit Dutzende verschiedener Rassen, die größte Zahl wird in China und den USA gehalten. Die unter dem Namen ›Flugente‹ auf den Markt kommende Warzenente stammt hingegen von einer brasilianischen Entenart ab.

Gans. Die Graugans ist die Stammart aller Hausgänse. Bereits die Ägypter und die Römer hielten Gänse. Mittlerweile gibt es zahlreiche Rassen, wobei man nach Gefieder und Gewicht unterscheiden kann:
– weiße Gänse; diese kleinen Gänse werden gebraten. Die bekanntesten Unterarten sind die Gans von Bresse, die Gans der Touraine, die Bourbonische Gans, die Elsässische Gans, die Gans von Poitou usw.;
– graue Gänse; diese eher großen Vögel werden vor allem zur Herstellung von Gänseleber benutzt. Die bekanntesten Unterarten sind: Toulouser Gans, Gimonter Gans, Gans des Landes. Ihr Gewicht schwankt je nach Haltung: zwischen 6 und 10 kg bei Aufzucht auf dem Bauernhof und 8 bis 12 kg im Mastbetrieb.

Die Gans beginnt mit dem Eierlegen etwa im Alter von 300 Tagen. Gänseeier sind heute hauptsächlich für die Fortpflanzung bestimmt. Verwendet werden Fleisch, Federn, Daunen (für Federbetten) und die Leber der Gans.

Kaninchen. Das zu den Hasentieren gehörende Kaninchen wird v. a. wegen seines Fleisches gehalten. Ausnahmen sind die Kurzhaarkaninchen (Fell) und das Angorakaninchen, von dem die Wolle genutzt wird. In Medizin und Pharmakologie ist es eines der am häufigsten verwendeten Versuchstiere. Kaninchen können sich ab dem Alter von 4 oder 5 Monaten fortpflanzen und haben pro Wurf ein bis 12 Junge. Sie fressen Grünfutter, Heu, Wurzelgemüse, Rüben. Das Hauskaninchen stammt von dem ursprünglich vor allem in Südwesteuropa verbreiteten Wildkaninchen ab. Bereits die Römer hielten Kaninchen wegen ihres Fleisches in Gehegen, den ›Leporarien‹. Nach Deutschland kamen die ersten Wildkaninchen etwa um 1300, sie wurden auf der Insel Amrum ausgesetzt. Die eigentliche Domestikation begann im Mittelalter in Frankreich.

A · **Wyandotte.** Weißes Leghuhn mit Rosenkamm und gelben Läufen.

B · **Gans.** Man nutzt das Fleisch, die Federn und die Leber der Gans. Nach der Farbe des Gefieders kann man unterscheiden zwischen weißen, grauen und gescheckten Gänsen.

C · **New Hampshire.** Rotes Leghuhn, stammt vom Sussexhuhn ab.

D · **Sussex.** Leghuhn, weiß mit einfachem Kamm, das zu den traditionellen Rassen wie Leghorn zählt.

E · **Perlhuhn.** Dies ist eine afrikanische Geflügelart, sehr widerstandsfähig, die wegen ihres schmackhaften Fleisches zunehmend gehalten wird.

F · **Kaninchen.** Das Gelbsilber ist ein kleines Hauskaninchen, das wie die meisten Kaninchen wegen seines Fleisches gehalten wird. Ausgewachsen wiegt es etwa 2,5 kg; seine Haltung ist recht einfach.

HAUSTIERE

HAUSNAGETIERE

Viele Kleinsäugetiere sind leicht zu haltende Haustiere mit geringem Platzanspruch. Die meisten sind kleine Nager, wie Meerschweinchen, Hamster und Mäuse.

ZWERGKANINCHEN

Das Zwergkaninchen (oder auch Zwerghase) ist eine Kreuzung aus dem kleinen Hermelinkaninchen mit verschiedenfarbigen Großrassen. Wie alle Hasentiere besitzt es ein doppeltes Paar Schneidezähne im Oberkiefer. Das Gewicht des Zwergkaninchens liegt um 800 g, die größten Tiere können bis zu 2 kg erreichen, während die schlanksten nur 600 g auf die Waage bringen.

Die Zwergkaninchenrassen verfügen über einen großen Farbenreichtum. Mit der Bezeichnung ›polnisch‹ versehen die Züchter Albinozwergkaninchen, die auch ›Hermelinkaninchen‹ heißen. Das ›kleine Russenkaninchen‹ ist ein Teilalbino mit schwarzen oder blauen Stellen. Das ›Schwarze Kaninchen‹ wiederum hat als Farbe ein echtes Ebenholz. Auch ein Zwergkaninchen kann sich mit Myxomatose, der schwersten Kaninchenkrankheit, infizieren. Diese Krankheit wird von einem durch Mücken übertragenen Virus verursacht und bewirkt eine Entzündung der Augen und ein Anschwellen der Schleimhäute. Das Tier stirbt innerhalb weniger Tage, ohne daß man ihm helfen könnte. Der Kadaver muß tief vergraben werden; Käfig und Geräte sollten sehr sorgfältig desinfiziert werden. Wegen der Ansteckungsgefahr muß jede Erkrankung gemeldet werden.

WEISSE MÄUSE

Mit einem Gewicht von 30 g und einer Länge von etwa 80 mm ist die Weiße Maus das kleinste Haussäugetier. Sie ist eine albinotische Abart der grauen Maus. Ihre rosa Nase, ihre hübsche Schnauze, ihr Fell haben Generationen von Kindern bezaubert, die diesen lustigen, immer aktiven und leicht zu zähmenden Freund schätzen. Als Futter reicht ihm eine Kleinigkeit. Brot, ein Salatblatt, Obst sind für sie Leckerbissen, an denen sie sich gütlich tut.

Schon im Alter von anderthalb Monaten kann eine Maus mit absoluter Regelmäßigkeit alle 5 bis 6 Wochen einen Wurf von 4 bis 15 Jungen zur Welt bringen.

HAMSTER

Der Goldhamster, den Mitglieder einer britischen Mission in den dreißiger Jahren aus Palästina nach England mitbrachten, wurde schnell das Lieblingstier vieler Versuchsleiter. Sein gefälliges Wesen, seine Freundlichkeit machten ihn ebenso schnell zum großen Freund der britischen Kinder. Im Zweiten Weltkrieg verbreitete er sich als Maskottchen vieler britischer Soldaten auch im übrigen Europa. Hamster haben die Angewohnheit, in ihren Backen Nahrung zu sammeln, dies führte dazu, daß man für das Sammeln von Vorräten den Ausdruck *Hamstern* benutzt.

Ein Hamster wiegt zwischen 50 und 200 g und wird 15 bis 30 cm lang. Sein rundlicher Körper ist mit einem dicken und seidigen Fell bedeckt, das viele verschiedene Färbungen aufweisen kann, obwohl goldbraun am häufigsten vorkommt.

Der einzelgängerische Hamster läßt sich schnell und leicht zähmen, bleibt aber auch in Gefangenschaft ein Nachttier. Er braucht immer etwas, woran er nagen kann, weil seine Nagezähne ständig wachsen und sich in den Gaumen krümmen und damit bei fehlender Abnutzung schnell die Kiefer blockieren.

Hamster brauchen eine abwechslungsreiche Kost, jedoch nicht mehr als 200 g pro Tag. Brotrinden, Kekse, Apfelscheiben, Karottenstückchen sind die Trockenkost, die er mag. Seine Ernährung sollte mit Salat, kleinen Käsestücken und sogar rohem Fleisch abgerundet werden.

Das Weibchen kann sieben- bis achtmal im Jahr sechs bis zwölf Junge gebären, die nach zehn Wochen fortpflanzungsfähig sind.

A · **Weiße Maus.**
In ihrem kurzen Leben (2 bis 4 Jahre) kann sie bis zu 130 Junge zur Welt bringen. Aber man sollte ihr zu häufige Würfe lieber ersparen.

B · **Hamster.**
Er legt sich gerne Vorräte an. Er kann schätzungsweise über 500 kg Körner pro Jahr in seinen Backentaschen transportieren.

C · **Zwergkaninchen.**
Da es Pflanzenfresser ist, braucht das Zwergkaninchen eine ausgewogene Ernährung auf der Grundlage von Heu, Gemüse und Luzerne. Es kann bei guter Pflege etwa 10 Jahre alt werden und ist für die gleichen Krankheiten anfällig wie die großen Kaninchen. Das Zwergkaninchen muß gegen Myxomatose geimpft sein.

MEERSCHWEINCHEN

Als Christoph Kolumbus Amerika entdeckte, entdeckte er auch das Meerschweinchen. Die Konquistadoren versäumten es nicht, sich für jenes kleine Tier zu interessieren, das die Indios zu Ehren der Inka-, Maya- oder Aztekengötter opferten. Das französische Wort für Meerschweinchen, ›cobaye‹, soll von ›cabiai‹, dem einheimischen Namen abgeleitet sein, den deutschen Namen ›Meerschweinchen‹ hat es, weil es wie ein Ferkel quiekt und über das Meer nach Deutschland kam. Das Meerschweinchen wurde bei uns im 16. Jahrhundert heimisch, trat aber nicht besonders in Erscheinung, bis man im 19. Jahrhundert merkte, daß es auf Arzneimittel ähnlich wie der Mensch reagierte, und es damit zu einem der häufigsten Versuchstiere der medizinischen Forschung wurde. Seit den fünfziger Jahren ist es vor allem zu einem sehr beliebten Haustier geworden. Bei den Hausmeerschweinchen gibt es viele Schläge. Nach Fellbeschaffenheit kann man unterscheiden:
– das *Englische* oder *Glatte Meerschweinchen*, mit kurzem und hartem Fell;
– das *Rosettenmeerschweinchen* mit kurzem und hartem Haar, das wirbel- und rosettenartig angeordnet ist;
– das *Angorameerschweinchen* mit langem, seidigem Fell.

Von diesen Sorten wiederum gibt es viele verschiedene Farbschläge.

Auch dem Meerschweinchen genügen 200 g Futter, auf zwei Mahlzeiten täglich verteilt. Heu, Gerste, Brot, Roggen, Mais oder das handelsübliche Futter bilden den Grundstock seiner Ernährung. Karotten, Kartoffeln und Grünzeug können zugefüttert werden. Wasser benötigen Meerschweinchen nur, wenn das Futter sehr trocken ist.

Das schüchterne Meerschweinchen ist empfänglich für Zärtlichkeit und Sanftheit. Es beißt fast nie, und da es keine ausgeprägte Neigung hat, alles in Reichweite zu zernagen, kann es sehr gut frei in der Wohnung leben. Sein Käfig sollte an einem ruhigen und warmen Ort stehen. Der Boden sollte mit etwas trockenem Heu bedeckt sein.

Wie die meisten Nagetiere ist das Meerschweinchen sehr fruchtbar. Das Weibchen kann sich schon mit 2 Monaten fortpflanzen, aber man sollte bis zum Alter von 8 oder 10 Monaten warten, bis man ihm ein Männchen gibt. Die Jungen wiegen bei der Geburt 60 g. Ab dem zweiten Tag fressen sie (neben der Muttermilch) schon pflanzliche Kost. Mit drei Wochen wiegen sie 230 g, und mit 5 Monaten sind Muskulatur und Skelett voll ausgebildet.

D · **Meerschweinchen.**
Meerschweinchen benötigen einen genügend großen Käfig mit einer kleinen Schlafhöhle sowie einen Futternapf und eventuell eine Trinkflasche. Für den Boden nimmt man spezielle Kleintierstreu, zur Verhinderung von Geruchsbildung mit Katzenstreu vermischt, oder Torfmull.

HAUSTIERE

AQUARIENFISCHE

Man schätzt, daß es in Deutschland rund 40 Millionen Zierfische gibt. Vom Goldfisch, dem häufigsten unserer wasserbewohnenden Freunde, bis hin zu den prächtigen Fischen der Tropenmeere haben Aquarienfreunde eine große Auswahl.

SÜSSWASSER-AQUARIENFISCHE

Normalerweise rät man Aquarienfreunden, sich zu Anfang an Süßwasserfische zu halten. Deren Haltung ist einfacher und weniger kostspielig. Die meisten Süßwasserfische sind auch interessant zu beobachten und angenehm zu betrachten.

Man muß zwischen Süßwasserfischen aus kalten und aus tropischen Gewässern unterscheiden. Erstere gehören zu einem Großteil zur Familie der Karpfenfische und sind weniger zahlreich und äußerlich unauffälliger. Sie sind ovipar, d. h., sie pflanzen sich über Eier fort, die sie im Aquarium ablegen. Ihre häufigsten Vertreter sind: der Goldfisch, eine Zuchtform des Giebels, sowie seine Varietäten, u. a. der Kometenschweif mit längeren Flossen, der Schleierschwanz, erkennbar an seiner schönen, in mehrere Lappen auslaufenden Schwanzflosse, und der Teleskopfisch mit vorspringenden Augen.

Zu den tropischen Süßwasserfischen zählen sehr viele, manchmal sehr bunte Arten. Die beliebtesten dieser Zierfische gehören zu der Familie der lebendgebärenden Zahnkarpfen, die sehr widerstandsfähige, aus Indien und Mittelamerika stammende Arten umfassen, wie den Guppy und den Schwertträger. Die 2 000 Arten der Karpfenfische, z. B. der Gattungen Danio und Barbus, haben das gemeinsame Merkmal, daß sie statt Zähnen Knochenplatten an den Schlundknochen tragen. Die kleinen, sehr hübschen und normalerweise friedlichen Neonfische sind die wichtigsten Vertreter der Salmler. Die größten Süßwasserfische der Tropen findet man bei den Buntbarschen: Der Segelflosser kann 15 cm lang werden und der Chanchito 25 cm. Die Labyrinthfische besitzen einen besonderen Atemmechanismus, das Labyrinthorgan, mit dem sie die an der Oberfläche eingeatmete Luft halten können. Einige von ihnen sind sehr aggressiv, wie der Kampffisch. Diesen Fischen ähnelt die Familie der Panzerwelse, die die Eigenart haben, Aquarien sauberzuhalten, indem sie alles fressen, was ihre Artgenossen verschmähen.

SEEWASSER-AQUARIENFISCHE

Der Aquarienfreund könnte mit der Akklimatisierung von Clownfischen beginnen. Diese an ihren breiten, weißen Streifen erkennbaren Fische schwimmen gaukelnd und verbringen die meisten Zeit bei den Seeanemonen. Der Aquarienfreund ist wahrscheinlich auch empfänglich für den Charme des Kometenschweifs, der mit seinem weißgetüpfelten, dunklen Schuppenkleid wohl der schönste Meeresfisch ist. Er versteckt sich tagsüber und kommt erst bei Nacht heraus.

Freunde großer Fische werden die meist sehr schön gefärbten, bis 60 cm langen Drückerfische bevorzugen. Diese z. T. sehr phantasievoll gezeichneten Fische sind jedoch im Aquarium etwas problematisch, da sie untereinander und auch gegen andere Fische sehr intolerant sind. Sie kämpfen mit Schwanzschlägen. Außerdem werden kaum Paare eingeführt, so daß der Aquarianer in der Regel auf die Haltung von Einzeltieren angewiesen ist. Drückerfische erzeugen durch Gegeneinanderreiben ihrer drei Zahnreihen ein typisches Knacken, dessen Bedeutung jedoch nicht bekannt ist. Zu den originellsten bei uns verbreiteten Aquarienfischen zählen die Skorpionsfische (u. a. die Feuerfische).

FÜTTERUNG

Jede Fischart stellt ihre eigenen Anforderungen, aber die Mehrzahl frißt lebende Nahrung, die je nach Fall durch Fertigfutter und Gemüsegaben aus Algen, Salat- und Spinatblättern ergänzt werden kann.

Zuviel Futter ist für Fische noch verhängnisvoller als schlechtes Wasser. Überfütterte Fische setzen Fett an, das lebensverkürzend wirkt. Außerdem fressen sie bei einer überreichlichen Futtermenge nicht alles auf, und durch Futterreste verschmutzt das Wasser im Aquarium schnell, was ernste Folgen für ihre Gesundheit haben kann. Es ist besser, mehrere Male am Tag kleinere Mengen zu füttern.

Das Futter eines Fisches sollte sich nach seinem Geschmack und seinem Bedarf richten und etwa enthalten
– Frischfutter: Muscheln, Fischfleisch, Fischlaich, rohes Fleisch, Salat;
– lebende Beutetiere: Insektenlarven, Wasserwürmer wie beispielsweise Schlammröhrenwürmer, Krustentiere (Wasserfloh, Hüpferling, Bachflohkrebs);
– künstliche Nahrung: industriell hergestellte Flocken und Futterpillen. Sie sollte auf Tage beschränkt werden, an denen wenig Frisch- oder Lebendfutter vorhanden ist.

AQUARIENARTEN

Man unterscheidet folgende Typen von Aquarien: Nach der Wassertemperatur, die sich aus den Lebensansprüchen der gehaltenen Pflanzen und Tiere herleitet, spricht man von:
– Kaltwasseraquarium; es bedarf keiner künstlichen Heizung und beherbergt einheimische Pflanzen und Tiere oder solche der gemäßigten Breiten.
– Warmwasseraquarium; es bedarf einer dauernden zusätzlichen Beheizung und dient der Haltung von (nichteinheimischen) Pflanzen und Tieren, die ständig Temperaturen über 20 °C benötigen.
Nach der Herkunft der Pflanzen und Tiere kann unterschieden werden zwischen:
– Süßwasseraquarium,
– Meerwasser- oder Seewasseraquarium.

DER GOLDFISCH

Der aus Asien stammende, beliebteste aller Zierfische wurde von den Schiffen der Ostindischen Kompanie nach Europa gebracht. In seiner Wildform ist er ein grünlichbrauner Fisch, die Goldfärbung ist nur das Ergebnis der Züch-

tung. V. a. die Chinesen haben in geduldiger Zuchtwahl die vielgestaltigen Vertreter dieser Art herausgezüchtet, die wir heute kennen.

Der Goldfisch ist robust und wenig anspruchsvoll, das Futter und die Haltebedingungen betreffend. Er verträgt kaltes Wasser genausogut wie warmes. Er kann um die zwanzig Jahre alt werden. Goldfische werden heute vorwiegend in Gartenteichen gehalten.

B · **Aquarium.**
1. Belüftungspumpe.
2. Antisiphon.
3. Thermometer.
4. Filter unter dem Sand.
5. Platte aus geschäumtem Polystyrol.
6. Bodenplatte.
7. Kombinierter Thermostatwiderstand.
8. Luftverteiler.
9. Abdeckung.
10. Leuchtröhren.
11. *Macropodus opercularis.*
12. *Brachydanio rerio.*
13. *Tanichtys albonubes.*
14. *Xiphophorus helleri.*
15. *Bacopa.*
16. *Acorus.*
17. *Ludwigia.*

Für verschiedene Fischarten gibt es verschiedene Typen von Aquarien: Warmwasser-, Meerwasser-, Süßwasseraquarien usw. Man sollte sich über Belüftung, Filterung, Beheizung, Beleuchtung und die chemische Zusammensetzung des Wassers informieren.
Pflanzen spielen eine entscheidende Rolle im Aquarium, da ein ständiger Austausch zwischen Pflanzen und Fischen stattfindet. Pflanzen absorbieren Kohlendioxid, setzen Sauerstoff frei und bieten viele Unterschlupfmöglichkeiten, so daß die Fische sich absondern können. Mittlerweile werden über 250 verschiedene Pflanzenarten in Aquarien gepflegt.

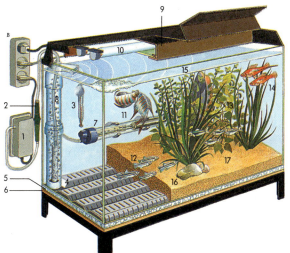

HAUSTIERE

KÄFIG- UND VOLIERENVÖGEL

ARTEN

Von den etwa 8 700 beschriebenen Vogelarten, die auf der Erde leben, wird eine recht große Zahl wegen der ansprechenden Färbung, des schönen Gesangs oder interessanter Verhaltensweisen als Ziervögel gehalten. Die bekanntesten stammen aus den Familien Drosseln, Stare, Finken, Weber und Papageien. Wohl die am häufigsten gehaltene Art ist der Wellensittich (rund 2,5 Millionen in der Bundesrepublik Deutschland), gefolgt vom Kanarienvogel mit rund 1,5 Millionen Individuen. Die Zahl der sonstigen Käfig- und Ziervögel, die in der Bundesrepublik Deutschland gegenwärtig gehalten werden, wird auf etwa 750 000 geschätzt.

Papageien werden einmal wegen ihres oft prächtig gefärbten Gefieders gehalten (z. B. Aras, Amazonen, Kakadus, Unzertrennliche), wobei die großen Arten allein schon wegen des Platzbedarfs sich kaum für die Haltung in der Wohnung eignen, zum anderen sind viele wegen ihrer Fähigkeit, menschliche Laute nachzuahmen (zu ›sprechen‹), sehr beliebt. Besonders befähigt sind dazu die Graupapageien. Auch viele Stare haben dieses Nachahmungstalent. Bekanntestes Beispiel ist der Beo, eine schwarze Art der Stare mit charakteristischem gelbem Augenring, dessen ›Sprechbegabung‹ die der Papageien sogar übertrifft. Unter den Singvögeln sind es besonders die Finken, die sowohl wegen ihres oft sehr bunt gezeichneten Gefieders als auch wegen des zum Teil außergewöhnlich wohlklingenden Gesangs (zum Beispiel Kanarienvögel, vor allem der bekannte ›Harzer Roller‹) als Käfigvögel vor allem in Europa und Afrika überaus beliebt sind.

KÄFIGE, ERNÄHRUNG

Die Umgebung und die Ernährung sind die beiden wichtigsten Faktoren für das Wohlergehen und die Behaglichkeit der Käfig- und Volierenvögel.

Käfige. Kanarienvögel, Sittiche, Papageien und Volierenvögel ausländischer Herkunft sowie alle exotischen Vögel brauchen Käfige, die auf ihre Größe und Lebensweise zugeschnitten sind. Der Käfig sollte in einem zugfreien Raum mit Tageslicht, weit von jeglicher Wärmequelle entfernt stehen, mehr lang als breit und aus einem leicht zu säubernden Material, z. B. Eisendraht, sein. Das Gitter sollte so engmaschig sein, daß der Vogel seinen Kopf nicht hindurchstecken kann. Die handelsüblichen Käfige sind im allgemeinen von vier Seiten einzusehen; allerdings kann der Vogel bei nur einer offenen Seite ein wenig ›Privatsphäre‹ behalten, die jeder Vogel braucht. Man sollte also ein dünnes Holzbrett an die drei Seiten stellen, die man zudecken will. Nachts sollte der Käfig mit einem Tuch abgedeckt werden, das gleichzeitig vor Kälte, Lärm und künstlichem Licht schützt, das den Vogel zu lange wachhalten würde. Der Kanarienvogel benötigt 9 bis 12 Stunden Schlaf pro Tag.

Die Einrichtung des Käfigs oder der Voliere ist von großer Bedeutung. Die Sitzstangen müssen so angebracht sein, daß der Vogel bestmöglich fliegen kann, ohne Flügelfedern oder Schwanz zu verschleißen. Zusätzlich zur im Handel erhältlichen, mit dem Käfig gelieferten Grundausstattung benötigt man natürliche Sitzstangen, wie z. B. Äste unterschiedlicher Formen. Schaukeln, Leitern, Bänder, Glöckchen sind verschiedene Ablenkungsmöglichkeiten für unsere Zöglinge. Eine Papiertüte, ein Karton bietet ihnen ein Versteck, wenn sie es suchen.

Freß- und Trinknäpfe sollten leicht abnehmbar sein und können aus Glas, Hartplastik oder Porzellan bestehen. Eine recht lange, aber nicht zu hohe Wanne dient als Badewanne. Die Einrichtung ist vollständig, wenn eine weitere Wanne mit einer Schicht feinen Sandes bereitsteht, in der der Vogel sich nach dem Bad trocknen kann.

Eine systematische und regelmäßige Reinigung ist unerläßlich. Trink- und Freßnäpfe und der Boden müssen täglich gesäubert werden. Käfig und Zubehör sollten einmal wöchentlich mit Seifenwasser ausgewaschen und desinfiziert werden. Um Anhäufungen von getrocknetem Kot zu vermeiden, wird empfohlen, die Sitzstangen mit Glaspapier abzureiben.

Ernährung. Je nach Art haben die Vögel unterschiedliche Ernährungsgewohnheiten. Man unterscheidet:

Körnerfresser; sie bilden die große Mehrheit der Vögel (Kanarienvögel, Tauben, Papageien) und sind an ihrem kräftigen Schnabel erkennbar, der zum Zerkleinern von Samen bestimmt ist. Sie brauchen eine Körnermischung, die den Grundbedarf an Proteinen, Fetten und Kohlenhydraten abdeckt. So sollten Kanarienvögel eine Körnermischung erhalten, die Hirse, Rübsen und Hanf enthält. Unverzichtbar sind natürliche Vitaminträger wie Vogelmiere oder auch Apfelstückchen.
Insektenfresser; dies sind z. B. Sperlingsvögel und Japanische Nachtigallen. In freier Natur fangen sie lebende Insekten. In der Gefangenschaft bekommen sie ein Gemisch aus Insekten und deren Larven (Mehlwürmer, Ameisenpuppen), getrockneten Garnelen, Eiern, Fleisch oder anderem Ersatzfutter.
Nektarfresser; Kolibris und Loris sind die bekanntesten dieser Vögel, die man mit Flüssignahrung auf Wasser-, Milch-, Honigbasis und anderen Flüssigkeiten ernährt.
Allesfresser; sie fressen alle Futterarten, und ihre Fütterung ist kein Problem, solange sie abwechslungsreich ist.

Dazu kommen Futterergänzungen in Form von Schleckereien. Früchte werden z. B. vom Kanarienvogel sehr geschätzt. Der Zusatz von Vitaminen, Spurenelementen und Mineralstoffen schließlich beugt Mangelerscheinungen vor, die im allgemeinen zu physiologischen und psychischen Störungen führen. Obwohl kleine Kiesel kein echtes Futter sind, werden sie regelmäßig von den Vögeln gefressen, die sie im Kaumagen speichern, wo sie das Futter in kleinere Teile zermahlen. Die Kiesel werden auf die Größe des Vogels abgestimmt. Man sollte nie vergessen, dem Vogel frisches und sauberes Wasser hinzustellen. Ohne Wasser stirbt z. B. ein Kanarienvogel innerhalb von 48 Stunden.

A · Unzertrennliche. Ihrer originellen Art, sich gegenseitig zu putzen, und ihrer Partnertreue verdanken sie ihren Beinamen. Die aus Afrika stammenden Agapornis sind normalerweise grün mit orangefarbenen, gelben, blauen, schwarzen, grauen oder weißen Flecken. Durch den Massenfang sind die Bestände stark zurückgegangen.

B · Zebrafink. Einer der geselligsten Stubenvögel. Dieser robuste, leicht zu zähmende Vogel ohne jegliche Aggressivität ist der ideale Vogel für Hobbyornithologen.

C · Bunter Kanarienvogel. Dieser Vogel ist ursprünglich grünbraun. Er ist leicht zu pflegen und pflanzt sich problemlos fort. Unter dem Einfluß der Zucht entstanden viele Körper- und Farbveränderungen.

D · Mohrenkopfpapagei. Dieser senegalesische Papagei kann grau, gelb oder grün sein und besitzt einen starken, hakenförmigen Schnabel.

E · Beo. Der Beo ist wegen seiner Sprech- und Imitationsbegabung sehr beliebt. Beos sprechen deutlicher als Papageien und können bis zu 40 verschiedene Sätze behalten. Am Gelb seiner Beine und seine Augen kann man das Alter des Vogels erkennen. Beim Jungvogel ist es hellgelb und wird mit zunehmendem Alter lebhafter.

F · Girlitz. Der Girlitz ist mit dem Kanarienvogel eng verwandt, er wird oft sogar in eine Art mit ihm gestellt. Es gibt ihn in verschiedenen, mehr oder weniger gelben Rassen, mit oder ohne farbige Flecken.

G · Wellensittich. Dies ist der bekannteste und am weitesten verbreitete Sittich. Er ist seiner anmutigen Körperform wegen beliebt und sehr gesellig, weshalb man ihn paarweise oder zu mehreren halten sollte. Er kann um die zwanzig Jahre alt werden.

H · Veilchenastrild. In der Paarungszeit zeigt das Männchen ein sehr buntes Gefieder. Der Veilchenastrild ist einfach zu halten und pflanzt sich leicht fort. Er stammt aus Afrika und wird geschätzt wegen seines reinen Gesangs.

HAUSTIERE

GESUNDHEIT

Im Vergleich zu Hunden oder Katzen brauchen Vögel relativ wenig tägliche Pflege. Abgesehen von der selbstverständlichen allgemeinen Hygiene, müssen dem Vogel die Krallen gepflegt, d. h. regelmäßig geschnitten, und das Gefieder mit Wasser bestäubt werden. Bei diesen wenigen wichtigen Pflegemaßnahmen kann man den Allgemeinzustand des Vogels kontrollieren. Da Vogelkrankheiten schwer zu erkennen sind, ist ein schlechter Gefiederzustand immer ein Zeichen, daß etwas nicht in Ordnung ist. Häufig nehmen Erkrankungen bei Ziervögeln einen raschen Verlauf, oft ist der Vogel jedoch schon lange krank, wenn man auf bestimmte Symptome aufmerksam wird. Man sollte daher die Anzeichen sehr schnell erkennen können und möglichst rasch den Tierarzt aufsuchen. Krankheitszeichen sind u. a.:
– Der Vogel sitzt, meist mit geschlossenen Augen, u. U. den Kopf im aufgeplusterten Gefieder versteckt, auf der Stange oder auf dem Käfigboden. Futter und oft auch Wasser werden nicht mehr aufgenommen.
Wenn ein Vogel krank scheint, sind vor dem Besuch beim Tierarzt einige Vorkehrungen zu treffen:
– das Wasser aus dem Käfig nehmen;
– vor dem Besuch beim Tierarzt den Käfig nicht säubern; eine Kotanalyse kann dringend notwendig sein;
– den Vogel beobachten und sein Verhalten notieren: diese Informationen können bei der Diagnose sehr nützlich werden.
Der Transport des kranken Vogels zum Tierarzt sollte ruhig vonstatten gehen, um das Tier nicht zu belasten. Ideal ist ein Transport in seinem Käfig, den man abdecken sollte, damit der Vogel nicht auskühlt.
– Symptome einer Atemwegserkrankung: schwere Atmung, tränende Augen oder Nase, Husten oder irgendein anderes Geräusch sind Anzeichen für Atemwegserkrankungen, die beim Vogel häufig und besonders ernst sind;
– Symptome einer Verdauungsstörung: 15 bis 20 % der Vögel sterben an Verdauungsbeschwerden. Diese Beschwerden weisen die typischen und leicht erkennbaren Anzeichen auf: Hochwürgen von Nahrung, Erbrechen, Durchfall oder Verstopfung;

– Symptome von Haut- und Gefiederkrankheiten: Da sie ihn vor Kälte, Feuchtigkeit und der Sonne schützen, sind die Federn für das Wohlergehen des Vogels sehr wichtig; ein gesunder Vogel achtet darauf, die Schönheit seines Gefieders zu erhalten, das in einer oder mehreren Mausern pro Jahr erneuert wird. Die Mauser ist für den Vogel, der dabei 10 % seines Körpergewichts erneuert, eine schwere Belastung. Durch verschiedene Faktoren kann die Mauser schnell anormal werden. So kann man manchmal eine Teilmauser, ein Aufhören der Mauser (klebende Mauser) oder den Dauermauser (weiche Mauser) beobachten. Das bei Papageien und Sittichen häufige Federpicken bedeutet, daß der Vogel sich selbst Federn ausreißt. Dieses Verhalten ist oft von Selbstverstümmelung begleitet. Bei allen Hautkrankheiten sollte man das Futter, die Umstände der Pflege und die Umgebung sorgfältig überprüfen und die psychologischen Bedingungen beobachten.
Schließlich können Vögel auch von Außenparasiten befallen werden: Milben, Läuse und Pilze. Der Vogel kratzt sich dann viel.
Die Gesundheit des Vogels beruht auf einem sehr empfindlichen Gleichgewicht. Die freilebenden Vögel, die vielen Gefahren ausgesetzt sind, verfügen über natürliche Abwehrmechanismen. Aber gegen die unnatürlichen Belastungen, mit denen sie im Käfig zu tun haben, sind sie nicht gewappnet. Daher ist es so wichtig, sich auf ihre Gesundheitsprobleme einzustellen.

Psychische Erkrankungen. Langeweile und unzureichender Bewegungsraum sind die Hauptursachen für psychische Krankheiten beim Vogel. Diese Störungen können verschiedener Form sein:
– Federfressen; der Vogel (v. a. Papageien) attackiert sein eigenes Gefieder oder das seiner Artgenossen. Das Federfressen wird meist ausgelöst durch Langeweile, Umgebungsänderung, Verfettung, Nierenkrankheiten und kann durch mehr Ablenkung und abwechslungsreichere Fütterung geheilt werden;
– Aggressivität; die zur Zeit der Fortpflanzung normale Aggressivität äußert sich zu anderen Zeiten als Folge eines seelischen Ungleichgewichts; Ursachen sind häufig Schlaf- oder Platzmangel;
– Freßsucht; sie bedroht einen Vogel, der sich langweilt;
– ständiges Eierlegen; einige Vögel brüten bis zur Erschöpfung. Die Ursache ist oft ein falscher Beleuchtungsrhythmus, der die hormonelle Steuerung beeinflußt.

Erkennen eines kranken Vogels. Durch die Kenntnis bestimmter Symptome kann man die meisten Vogelkrankheiten bestimmen:
– Appetitlosigkeit; der Vogel frißt weniger oder gar nicht mehr; sein Gefieder ist glanzlos, zerzaust;
– Schläfrigkeit; der Vogel ist matt, seine Lider schließen sich, er kann nicht auf der Stange sitzen und läßt den Schwanz hängen;
– Gewichtsverlust; die Knochen des Brustkorbs treten hervor;
– Gefiederverlust;
– Durchfall.
Zu diesen Symptomen kommen noch speziellere Anzeichen, die es dem Tierarzt ermöglichen, die Krankheit des Vogels genau zu diagnostizieren. Um sich vor der gefährlichen Papageienkrankheit (bei über 100 Vogelarten) zu schützen, sollte man den Tierarzt möglichst früh hinzuziehen.

SPRECH-UNTERRICHT FÜR VÖGEL

Nichts ist trauriger als ein Sprechvogel, der stumm bleibt. Um die größtmögliche Chance zu haben, einen sprechenden Vogel zu bekommen, sollte man einen jungen Vogel wählen. Um ihm das Sprechen beizubringen, gibt es die klassische Methode des zugedeckten Käfigs; man nutzt den Moment am Abend oder Morgen, wenn der Käfig abgedunkelt ist und der Vogel sich daher am besten konzentrieren kann. Man beginnt mit einfachen zweisilbigen Wörtern und wiederholt sie unermüdlich und leise. Wenn man diese Sitzungen wiederholt und sie nie länger als etwa 20 Minuten betreibt, erzielt man schon nach wenigen Tagen ein Ergebnis. Man fährt dann mit neuen Wörtern fort, achtet aber darauf, nicht zu schnell vorzugehen.

Wenn der Vogel ein Wort, das man ihm beigebracht hat, richtig ausspricht, muß man ihn natürlich dafür belohnen, indem man ihm einen Leckerbissen anbietet, den er besonders mag.

PLATZBEDARF

Die Käfiggröße hat einen erheblichen Einfluß auf die Gesundheit des Vogels, der darin Platz genug zum Fliegen haben muß. Eine Voliere ist besonders gut zur Unterbringung von Vögeln geeignet, da sie den Vögeln ein Leben in halber Freiheit ermöglicht. Fliegen ist Vögeln ein Grundbedürfnis. Im Flug bewegen sie sich nicht nur, sondern bringen auch ihre Gefühle und ihr Instinktverhalten zum Ausdruck.
Mindestabmessungen eines Käfigs
(Länge × Breite × Höhe):
Kanarienvogel: 45 × 35 × 40 cm.
Sittich: 65 × 50 × 65 cm.
Zwergpapageien, Unzertrennliche:
85 × 50 × 60 cm.
Tropenvögel: 50 × 50 × 35 cm.
Beos und ähnliche: 55 × 55 × 100 cm.
Amazone, Kakadu, Ararauna:
65 × 75 × 100 cm.

Bevorzugte Futtersorten für verschiedene Vogelarten

	Körner oder Nüsse	Früchte oder Beeren	Nektar	Insekten, Larven	Frischer Futterbrei	Frischgemüse	Verschiedenes
Afrikanische oder amerikanische Papageien, Amazonen, Kakadus	****	****	*	***	**	**
Loris, Fledermauspapageien		****	***		**	*
Sittiche, Kanarienvögel, Tauben, Prachtfinken	****	*		*	***	**	**
Beos, Tukane		****			***		*
Kolibris, Nektarvögel			****				**
Spechte, Fliegenschnäpper, Bienenfresser, Racken, Japanische Nachtigall				****	****		*
Hühner, Entenvögel	****				**	**	**

****: Grundfutter
***: Zusatzfutter
**: Ersatzfutter
*: gelegentlich Ersatzfutter

WILDLEBENDE TIERE

TIERE DER WELT

SÄUGETIERE

Die Säugetiere, die als die höchstentwickelten Tiere gelten und zu denen auch der Mensch gehört, verdanken ihren Namen den Milchdrüsen, mit denen die Weibchen ihre Jungen säugen. Säugetiere verfügen über ein hochentwickeltes Gehirn. Einzigartiges Merkmal ist das zumindest embryonal immer ausgebildete Haarkleid. Säugetiere besiedeln ganz unterschiedliche Lebensräume: den Boden von 0 bis über 5000 m sowie den unterirdischen Bereich, Süßgewässer, Meere und die Luft.

KR = Kopf-Rumpf-Länge
S = Schwanzlänge
SH = Schulterhöhe (bei Huftieren)

A · **Eichhörnchen.**
KR: 25 cm; S: 20 cm. Dieser sympathische, fuchsrote oder schwarzbraune Bewohner unserer Wälder ist ein sehr flinkes, baumbewohnendes und tagaktives Nagetier. Es baut sein Nest in den Bäumen.

B · **Klammeraffe.**
KR: 50 cm; S: 75 cm. Sein langer Greifschwanz ist für den Klammeraffen eine echte fünfte Hand. Dieser schlaksige Affe (deshalb *Spinnenaffe* genannt) lebt in den Wäldern Südamerikas.

C · **Igel.**
KR: 25 cm; S: 3 cm. Ein in Europa weit verbreiteter Insektenfresser mit nadelartig spitzen Stacheln auf dem Rücken. Er frißt v.a. Kleintiere bis hin zu Schlangen. Bei Gefahr rollt er sich zu einer Kugel zusammen. Er hält Winterschlaf.

D · **Klippschliefer.**
KR: 40 cm; S: 25 cm. Trotz seiner Ähnlichkeit mit dem Murmeltier ist dieser Säuger aus dem tropischen Afrika und Westasien eher mit dem Elefanten verwandt. Lebt auf Bäumen oder Felsen.

E · **Gleithörnchen.**
KR: 16 cm; S: 10 cm. In Osteuropa und dem gemäßigten Asien verbreitetes Nagetier. Die Flughaut *(Patagium)* zwischen seinen Vorder- und Hinterbeinen ermöglicht ihm lange Gleitflüge zwischen den Bäumen.

F · **Ratte.**
KR: 16 bis 28 cm; S: 17 bis 25 cm. Zwei der rund 570 bekannten Arten haben sich dank ihrer Anpassungsfähigkeit und ihres schlauen Verhaltens die Welt erobert: die *Wanderratte* (oder Kanalratte) und die *Hausratte*.

G · **Gibbon.**
Scheitelhöhe: 70 cm bis 1 m. Bei diesem Bewohner der südostasiatischen Wälder sind die langen Arme auffällig. Er kann aufrecht gehen, indem er mit seinen Armen balanciert.

H · **Weißbüscheläffchen.**
KR: 20 bis 25 cm; S: 29 bis 35 cm. Winziger südamerikanischer Affe mit weißem Haarbüschel an den Ohren. Hat eine große Ähnlichkeit mit den Löwenäffchen.

I · **Katta.**
KR: 45 cm; S: 55 cm. Zu den Lemuren zählender madagassischer Halbaffe mit spitzer Schnauze, geringeltem, langem Schwanz und charakteristisch schwarzweiß gezeichnetem Gesicht.

J · **Gorilla.**
Scheitelhöhe: 1,80 m. Es gibt ihn in zwei Populationen: eine in Gabun und in Kamerun (Flachlandgorilla), die andere im Osten von Zaire (Berggorilla). Er ist der größte Affe, sehr beeindruckend und äußerst friedlich.

K · **Mantelpavian.**
KR: 70 bis 90 cm; S: 20 cm. Robuster afrikanischer Affe aus der Gattung Paviane. Seine Hundeschnauze (daher sein anderer Name *Hundskopfaffe*), seine Mähne, die beim Männchen stark gefärbte Haut verleihen ihm eine imposante Erscheinung.

L · **Schimpanse.**
Scheitelhöhe: 1,40 cm. Seine Intelligenz, die ihn u.a. zum Werkzeuggebrauch befähigt, hat diesen afrikanischen Affen berühmt gemacht. Er lebt im tropischen Regenwald, zuweilen auch in der Savanne. Gelegentlich Fleischfresser.

M · **Orang-Utan.**
Scheitelhöhe: 1,40 m. Großer, rotbrauner Affe auf Sumatra und Borneo. Baumbewohner. Die alten Männchen haben Fettwülste auf beiden Seiten des Gesichts. Er ist heute sehr selten.

N · **Makake.**
KR: 55 bis 70 cm; S: 30 cm. Makaken gibt es in vielen Arten in Asien, bis hin nach Japan. Oft bodenbewohnende Affen. Der auf Gibraltar und im Maghreb lebende *Berberaffe* ist ein Makake.

INTELLIGENZ BEI TIEREN

Die Primaten, bei diesen besonders die Schimpansen, und die Wale, darunter v.a. die Delphine, gelten als die Tiere mit der höchsten Intelligenz. Allgemein gilt, daß ein Tier um so intelligenter ist, je größer sein der jeweiligen Art entsprechendes Gehirn ist, da dies u.a. von einer größeren Anzahl Nervenzellen der Großhirnrinde abhängt. Hierbei handelt es sich um die Intelligenz, die der jeweiligen Art die höhere Überlebenschance im Lauf der Evolution garantiert.

WILDLEBENDE TIERE

A · Ameisenbär.
KR: 1 m; S: 1 m. Der *Große Ameisenbär* ist ein südamerikanisches Säugetier mit schmaler, zahnloser Schnauze, aus der eine klebrige Zunge hervorkommt. Er benutzt sie zum Ameisenfang.

B · Maulwurf.
KR: 15 cm; S: 3 cm. Die reichliche Zahl von Maulwurfshügeln belegt, daß viele Maulwürfe unsere Wiesen oder Gärten bevölkern. Der fast blinde Maulwurf mit seinem torpedoförmigen Körper ist an das Leben unter der Erde perfekt angepaßt.

E · Biber.
KR: 85 cm; S: 35 cm. Berühmt für die von ihm gebauten Deiche und Burgen, charakteristisch sein platter Schwanz. Erfolgreich in vielen Regionen Mitteleuropas wieder eingeführt.

F · Schuppentier.
Gesamtlänge: 80 cm bis 1,50 m. In Afrika und Asien verbreitetes Säugetier, mit Schuppen bedeckt, frißt Insekten. Einige Arten sind Baumbewohner.

C · Feldhase.
KR: 60 cm; S: 10 cm. Der Hase ist als hervorragender Läufer und sehr guter Springer an offenes Gelände angepaßt. Im Gegensatz zum Wildkaninchen gräbt er keinen Bau. Weiterer Unterschied: Seine Jungen werden schon behaart geboren.

D · Alpenmurmeltier.
KR: 55 cm; S: 15 cm. Typisches Alpennagetier, das in 800 bis 3 200 m Höhe lebt. Bei Gefahr stößt es schrille Schreie aus, die an Pfiffe erinnern. Es lebt in kleinen Gruppen und verbringt den ganzen Winter in tiefem Schlaf.

G · Wildschwein.
KR: 1,20 bis 1,60 m; S: 20 cm; SH: 60 cm bis 1 m. Naher Verwandter des Hausschweins, noch in großer Zahl in unseren Wäldern. Die Jungen besitzen ein gestreiftes Fell. Wildschweine sind Allesfresser und lieben Schlammbäder.

H · Delphin.
Gesamtlänge: bis 3 m. Gehört zur artenreichen Familie Delphine. Berühmt wegen seiner Auffassungsgabe. Schnauze meist schnabelförmig. Sie schließen sich dem Menschen leicht an.

I · Schnabeltier.
KR: 40 cm; S: 12 cm. Gehört mit dem Australischen Ameisenigel zur Ordnung der *Kloakentiere,* eierlegender australischer Säugetiere. Suchen mit ihrem tastempfindlichen ‹Schnabel› Nahrung in Gewässern.

J · Dugong.
Gesamtlänge: bis 4 m. Meeressäuger im Indischen Ozean und vor Australien. Gehört zur Ordnung der *Seekühe.* Bei den Männchen sind die oberen Schneidezähne zu Stoßzähnen entwickelt. Frißt Pflanzen.

K · Seehund.
Gesamtlänge: 1,50 bis 2 m. Zu den Robben gehörendes Wasserraubtier. Mehrere europäische Unterarten. Ein Fischfresser. Ebenfalls zu den Robben gehören der *See-Elefant,* die *Ohrenrobbe* und das *Walroß.*

L · Pottwal.
Gesamtlänge: 9 bis 20 m. Größter Zahnwal, dessen Kopf ein Drittel der Körperlänge einnimmt. Er besitzt nur am Unterkiefer Zähne. Beutetiere sind v. a. große Tintenfische, auch Haie und andere Fische.

M · Blauwal.
Gesamtlänge: 22 bis 33 m. Sein richtiger Name ist *Blauer Finnwal.* Das größte Lebewesen der Erde ist heute sehr selten. Die Finnwale haben im Gegensatz zu den echten Walen eine Rückenflosse (Finne).

AMPHIBISCH LEBENDE ARTEN

Es ist eine bemerkenswerte Tatsache, daß es bei den meisten Säugetiergruppen überwiegend oder ganz im Süßwasser lebende Arten gibt. Die wichtigsten sind:
– Schnabeltier (Kloakentiere);
– Schwimmbeutler (Beuteltiere);
– Bisamspitzmaus, Otterspitzmaus, Wasserspitzmaus (Insektenfresser);
– Biber, Bisamratte, Schermaus (›Wasserratte‹), Wanderratte, Nutria (Nagetiere);
– Flußpferd, Wassermoschustier (Huftiere);
– Fischotter, Seeotter, Nerz, Waschbär (Raubtiere).
Auch die Flossenfüßer (Seehund, Ohrenrobbe, Walroß) können erwähnt werden, da es tatsächlich einige Süßwasserrobben gibt, wenn auch die meisten im Meer leben.

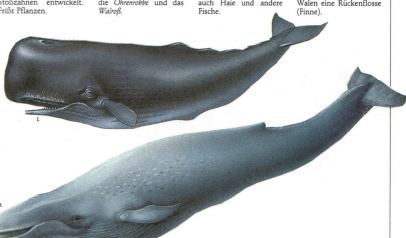

WILDLEBENDE TIERE

TIERE DER WELT

SCHUTZANPASSUNGEN

Viele Säugetiere sind mit Schutzanpassungen ausgestattet. So haben normalerweise Wüstenbewohner wie Mendesantilope, Oryxantilope, Fennek und Wüstenspringmaus ein hellbeiges Fell. Ebenso tragen Streifen dazu bei, das Zebra oder den Tiger in der Vegetation unsichtbar zu machen, da sie die Kontur auflösen. Einige Arten werden im Winter weiß, wenn ihre natürliche Umgebung schneebedeckt ist: Beispiele sind Schneehase und Hermelin. Beim Hermelin ist der Farbwechsel nicht zwingend; über die auslösenden Faktoren ist bisher wenig bekannt.

KR = Kopf-Rumpf-Länge
S = Schwanzlänge
SH = Schulterhöhe (bei Huftieren)

A · Kleine Hufeisennase.
KR: 4,5 cm; S: 3 cm; Spannweite: 20 cm. Mit der Großen Hufeisennase die häufigste Fledermaus bei uns. Verbringt Tages- und Winterschlaf gern in Höhlen. Jagt Insekten.

B · Rotfuchs.
KR: 70 cm; S: 45 cm. Verbreitet in Europa, Nordafrika, Asien, Nordamerika. Paßt sich an sehr unterschiedliche Umgebungen an. Allesfresser; jagt vor allem Kleinnagetiere.

C · Wolf.
KR: 1,10 bis 1,40 cm; S: 35 cm. In Mitteleuropa nach und nach verschwunden; taucht gelegentlich noch in Frankreich auf. Lebt auch in anderen Ländern Europas. Bewohnt sowohl Gestrüpp oder Heideland als auch Wälder. Sehr unterschiedliche Fellfarben. Raubtier, manchmal Allesfresser.

D · Känguruh.
KR: bis zu 1,50 m; S: bis zu 1 m. Beuteltier. Viele australische Arten, Größe sehr unterschiedlich. Sehr guter Springer: Hinterbeine und Schwanz dienen als Stütze. Pflanzenfresser.

E · Hyäne.
KR: 1 bis 1,40 m; S: 40 cm. Drei Arten in Afrika und Asien. Gilt als Aasfresser, fängt aber auch oft lebende Beute. Stößt charakteristische Schreie aus.

F, G · Löwe.
KR: 1,70 m; S: 80 cm. Der ›König der Tiere‹. Bewohnt in Afrika die Savannen und lebt auch in Indien. Auch das Weibchen jagt. Ausgeprägtes Sozialverhalten (selten bei Katzentieren). Früher auch in Nordafrika. Raubtier und auch Aasfresser.

H · Braunbär.
KR: 1,80 bis über 3 m. S: 10 bis 20 cm. Bewohnt die letzten großen Wälder Europas, Asiens und Nordamerikas. Die nordamerikanischen Formen, der berühmte Grizzly (Rocky Mountains) und der Kodiakbär (Alaska) sind große Unterarten.

I · Koala.
KR: 60 cm. Berühmtes kleinbärenähnliches australisches Beuteltier. Die Mutter trägt ihr Junges auf dem Rücken. Ernährt sich von Eukalyptusblättern.

J · Faultier.
KR: 50 bis 70 cm. Verdankt seinen Namen seiner trägen Lebensweise. Bewohnt die Wälder Südamerikas, wo es in Bäumen lebt. Fünf Arten, u. a. Ai und Unau. Frißt Pflanzen.

K · Panda.
KR: 1,50 m. Berühmtes Raubtier aus Südchina. Lebt in Bambuswäldern, ernährt sich von Bambus. Typische schwarzweiße Fellzeichnung. Wird meist zu den Kleinbären gezählt. Streng geschützt.

L · Kamel.
Gesamtgröße: 2 m. Zwei domestizierte Arten. Das zweihöckerige Trampeltier lebt in Mittelasien. Das einhöckerige Kamel oder Dromedar bevölkert Nordafrika und Westasien. Angepaßt an das Leben in der Wüste. Pflanzenfresser.

M · Tiger.
KR: 2 m; S: 1 m. In Asien. Lebt in sehr unterschiedlicher Umgebung zwischen Sibirien und Indonesien. Frißt große Tiere. Fälschlich als Menschenfresser bekannt. Sehr selten geworden.

N · Leopard.
KR: 1,20 m; S: 75 cm. In Afrika und Asien. Raubtier. Sehr agiler Baumbewohner. Wurde wegen seines Pelzes stark dezimiert. Der schwarze Panther ist eine schwarzpigmentierte Varietät (Asien).

VERBLÜFFENDE ÄHNLICHKEITEN

Säugetiere können sich erstaunlich ähnlich sehen, ohne näher verwandt zu sein. Die südamerikanischen Riesennager (Wasserschwein) erinnern an das Zwergflußpferd oder Wassermoschustier in Afrika. Die südamerikanischen Spinnenaffen sind (ohne Schwanz) mit den asiatischen Gibbons vergleichbar. Der Jaguarundi, eine amerikanische Katze, ähnelt der Fossa erstaunlich, einer madegassischen Zibetkatze. Dieses Phänomen heißt *Konvergenz*: Tiere aus ganz unterschiedlichen Gruppen, die aber die gleiche ›ökologische Nische‹ bewohnen, zeigen ähnliche Anpassungen.

WILDLEBENDE TIERE

A · Erdferkel.
KR: 1 m; S: 30 cm. Seltsames afrikanisches Säugetier mit fast nackter Haut, langer Schnauze, großen Ohren und dickem Schwanz. Frißt Insekten. Gräbt riesige Baue.

B · Rothirsch.
KR: 1,60 bis 2,50 m; SH: 1 bis 1,50 m; S: 15 cm. Typischer Bewohner der europäischen Wälder. Röhrt in der Brunstzeit. Komplexes soziales Zusammenleben. Viele Unterarten, davon einige gefährdet. Als begehrtes Jagdwild wird der R. in einigen Regionen so gut gehegt, daß die Wälder durch Wildverbiß bedroht sind.

C · Zebra.
KR: 2 bis 2,40 m; SH: 1,40 m; S: 90 cm. Drei Arten in den Savannen von Äthiopien bis Südafrika. V. a. die Steppenzebras bilden Herden mit bis zu 100 Tieren und unternehmen weite Wanderungen.

D · Oryxantilope.
KR: 2 m; SH: 1,20 m; S: 70 cm. Prächtige Antilope mit langen Hörnern. Vier Unterarten in Afrika, eine im Nahen Osten (Weiße Oryx). Pflanzenfresser.

E · Bison.
KR: 2,60 m; SH: 2 m; S: 60 cm. Eine Art in Nordamerika, die nah verwandt mit dem europ. Wisent (Polen) ist; beide werden z. T. als zwei Unterarten einer Art aufgefaßt.

F · Giraffe.
Scheitelhöhe: 5,50 m; S: 80 cm. Bewohnt die afrikanischen Savannen. Frißt v. a. Akazienlaub und -zweige. Trinkt mit gespreizten Beinen. Geht im Paßgang.

G · Kaffernbüffel.
KR: 1,80 bis 2,60 m; SH: 1,10 bis 1,50 m; S: 60 cm bis 1 m. Robuster afrikanischer Wiederkäuer, lebt eher in der Savanne als im Wald. Nicht zu verwechseln mit dem asiatischen Büffel, der in großer Zahl domestiziert wurde. Pflanzenfresser.

H · Elefant.
SH: 2 bis 4 m; S: 1 bis 1,50 m. Der Afrikanische Elefant ist größer als der Asiatische; seine Ohren sind größer. Die Asiatischen Elefanten haben eine gewölbte Stirn und kleinere Stoßzähne. Erstaunliches Sozialverhalten (verletzte Artgenossen werden gestützt und betreut). Bedroht durch den Elfenbeinhandel.

I · Nashorn.
KR: 2,50 bis 4,20 m; SH: 1,50 bis 1,70 m; S: 65 cm. Drei Arten in Asien, zwei in Afrika. Die afrikanischen Arten haben wie auch eine asiatische Art zwei Nasenhörner. Die beiden übrigen asiatischen Arten haben nur ein Horn. Frißt Pflanzen.

J · Flußpferd.
KR: 4 m; SH: 1,50 m; S: 40 cm. Walzenförmiger Rumpf mit glatter Haut. Lebt an Süßgewässern Afrikas. Untere Schneidezähne manchmal stark herausgebildet. Liegt oft flach im Wasser. Frißt Pflanzen.

SITZ DER MILCHDRÜSEN

Der Sitz der Milchdrüsen ist bei den Säugetieren sehr verschieden: Bei den meisten liegen sie in der Bauchgegend (oder Leistengegend), aber bei den Primaten, Seekühen und den Elefanten befinden sie sich an der Brust. Die Klippschliefer (s. Abb. S. 98) haben ein Paar Milchdrüsen an der Brust und zwei Paare in der Leistengegend.

Ein sehr merkwürdiger Fall ist die Nutria: Ihre Milchdrüsen sitzen an den Seiten des Rückens. So kann das Weibchen dieses amphibisch lebenden südamerikanischen Großnagers seine Nachkommenschaft beim Schwimmen säugen.

WILDLEBENDE TIERE

TIERE DER WELT

VÖGEL

Typisches Merkmal der Vögel ist das Federkleid. Die Vordergliedmaßen sind bei den Vögeln zu Flügeln umgebildet, die aber bei einigen Arten (z. B. dem Stummelflügelkormoran auf den Galápagosinseln) verkümmert sind, so daß sie flugunfähig werden. Das Flugvermögen bringt zahlreiche besondere anatomische Merkmale mit sich (hohle Knochen, Luftsäcke usw.). Der Vogel ist ein wunderbarer Flugapparat, dessen Geheimnisse noch nicht vollständig enträtselt sind. Insgesamt ist die Biologie der Vögel überreich an erstaunlichen Fakten (eindrucksvolles Balzverhalten bei einigen Arten, Nestbau in verschiedenen Konstruktionen, Vogelzug in großem Rahmen und über weite Strecken usw.).

DIE TAUCHER

Einige Vögel, wie Tölpel, Seeschwalben, Eisvögel und Fischadler, tauchen aus dem Flug von hoch oben. Die Mehrzahl der Vögel taucht von der Wasseroberfläche aus unter. Zu ihnen zählen die vielen Enten, Alken, Lappentaucher, Seetaucher, Bläßhühner, Pinguine usw. Um unter Wasser voranzukommen, benutzen sie ihre Füße oder Flügel oder beide. Einige Vögel können mehrere Minuten unter Wasser bleiben. Die Wasseramsel kann sogar unter schnell strömendem Wasser laufen.

A · Tordalk.
G: 40 cm; S: 70 cm. Der kleine Alk und seine Verwandten (Lummen, Papageitaucher) nisten v. a. auf den arktischen Steilküsten, im Süden bis in die Bretagne. Sie fliegen und tauchen gut. Der flugunfähige Riesenalk wurde Mitte des letzten Jahrhunderts ausgerottet.

B · Ente.
G: 40 bis 60 cm; S: 70 bis 95 cm. Sehr viele Arten. Die häufigste ist die Stockente, Stammform der Hausente. Wie Knäk- und Krickenten eine kleine Ente, die an der Wasseroberfläche gründelt. Andere Arten tauchen. Frißt Pflanzen und manchmal Fische.

C · Kormoran.
G: 90 cm; S: 1,40 m. Großer schwärzlicher Tauchvogel. In Mitteleuropa v.a. an der niederländischen Küste. Breitet nach dem Tauchen die Flügel zum Trocknen aus.

D · Albatros.
G: 80 cm bis 1,35 m; S: 2 bis 3,60 m. Sehr großer Meeresvogel, der herrlich über die Ozeane segelt, vor allem in der südlichen Hemisphäre. Nährt sich von Fischen, Krebsen, auch Aas. Nur als Irrgast in Europa.

G = Gesamtlänge von der Schnabel- bis zur Schwanzspitze
S = Spannweite

E · Möwe.
G: 40 bis 72 cm; S: 1 bis 1,75 m. Meeresvogel mit langen, silber- oder dunkelgrauen Flügeln. Mehrere europäische Arten. Lachmöwen, Silbermöwen und die nah verwandten Sturmmöwen leben auch in Städten.

F · Pelikan.
G: 1,20 bis 1,80 m; S: 2,20 bis 3,60 m. Der Hautsack an seinem Unterschnabel ist sein auffälligstes Kennzeichen. Die verschiedenen Arten leben an den Küsten oder in den Sümpfen heißer Regionen. Sehr große Spannweite. Fischfresser.

G · Haubentaucher.
G: 48 cm; S: 85 cm. Auf unseren Seen und an unseren Küsten relativ häufig. Lappenartig verbreiterte Zehen. Schwimmnest. Eindrucksvolles Balzverhalten. Guter Taucher. Fischfresser.

H · Schwan.
G: 1,60 m; S: 2,10 m. Die größten Vertreter der Gänse mit insgesamt sechs Arten. Flug mit gestrecktem Hals. Der Höckerschwan ist die bei uns am weitesten verbreitete Art.

I · Weißstorch.
G: 1,10 m; S: 1,80 m. In Mitteleuropa im verschwinden begriffen, brütet auch in Nordwestafrika, Klein- und Zentralasien. Vermeidet ein Überfliegen des Meeres; überquert das Mittelmeer über Gibraltar oder Suez. Frißt kleine Tiere.

J · Fischreiher.
G: 90 cm; S: 1,70 m. Der größte und häufigste Reiher in Mitteleuropa. Nistet in Kolonien (Reiherkolonien) in den Wipfeln großer Bäume. Geschickter Fischer.

K · Pinguin.
Scheitelhöhe: 40 cm bis 1,20 m. Vogelordnung mit 16 Arten. Die flugunfähigen Pinguine bevölkern in großen Kolonien die Küsten der Antarktis und der südlichen Inseln. Ihr Sozialleben ist bemerkenswert. Sehr gute Taucher. Fischfresser.

L · Kiwi.
G: 40 cm. Der Kiwi oder Apteryx lebt in Neuseeland. Verkümmerte Flügel. Federn erinnern an Haare. Er besitzt einen sehr ausgeprägten Geruchssinn (Ausnahme bei den Vögeln). Legt sehr große Eier. Frißt v. a. Maden und Würmer.

M · Strauß.
Scheitelhöhe: 2,50 m. Der größte rezente Vogel. Bewohner der afrikanischen Savannen. Im Nahen Osten verschwunden. In Südafrika seiner Federn wegen auf Straußenfarmen gezüchtet. Allesfresser. Geradeaus gerichteter Blick (selten bei Vögeln).

N · Flamingo.
G: 1,60 m; S: 1,50 m. Von seiner Körperform her ›Stelzvogel‹, von seinen Schwimmhäuten her ein ›Schwimmvogel‹. Nistet in großen Kolonien an Seen oder Lagunen, in Europa in Südfrankreich und Südspanien. Ernährt sich von kleinen Tieren.

WILDLEBENDE TIERE

A · Hyazinthara.
G: 1,05 m; S: 80 cm. Der größte Papagei der Welt. Südamerika. Es gibt etwa 15 andere Arten der Aras. Nistet in Baumhöhlen. Sehr geräuschvoll beim Fliegen. Körner- und Früchtefresser.

B · Großfußhuhn.
G: 40 cm; S: 70 cm. Die in Australien und Neuguinea lebenden Großfußhühner bebrüten ihre Eier nicht: Sie bedecken sie mit einem Haufen Pflanzenreste, dessen Gärungswärme die Bebrütung sichert. Körnerfresser.

C · Uhu.
G: 70 cm; S: 1,70 m. Der größte Nachtraubvogel Europas. Bewohnt fast alle Lebensräume. Seinen Ruf hört man 5 km weit. Fängt große Beutetiere (Birkhühner usw.).

D · Auerhahn.
G: 60 cm (Weibchen), 85 cm (Männchen); S: 90 cm (Weibchen), 1,25 m (Männchen). In Europa sehr selten gewordener Vogel mit beeindruckendem Balzverhalten. Die schweren und massigen Hühnervögel leben vor allem in Bergwäldern. Frißt Pflanzen.

E · Ringeltaube.
G: 40 cm; S: 75 cm. In den Wäldern und Parkanlagen Europas und Westasiens verbreitete Taube, die sich v.a. von Pflanzen, aber auch von Kleintieren ernährt. Brütet in günstigen Sommern bis zu dreimal.

F · Waldschnepfe.
G: 34 cm; S: 58 cm. Lebt versteckt in den Wäldern des gemäßigten Europas und Asiens. Durch die weit hinten am Kopf liegenden Augen kann die Waldschnepfe nach allen Seiten sehen. Frißt kleine Tiere.

G · Turmfalke.
G: 34 cm; S: 75 cm. Der häufigste europäische Greifvogel, kommt sogar in Städten vor. Beim Beutefang typischer Rüttelflug auf der Stelle. Nistet auf Steilhängen, Gebäuden, Bäumen. Jagt Nagetiere und kleine Vögel.

H · Waldkauz.
G: 37 cm; S: 95 cm. Sehr häufig in den Wäldern und Parks Europas, auch in den Städten, aber selten gesichtet. Bekannt ist sein Balzruf im Spätwinter: ›Uhu-uhu‹. Nistet in Baumstämmen. Jagt Nagetiere und kleine Vögel.

I · Rebhuhn.
G: 30 cm; S: 46 cm. Typischer Vogel auf großen landwirtschaftlichen Flächen. Trotz schwerer Formen schneller Flug. Körnerfresser. Der Name ist auf den Warnruf ›reprep-rep...‹ zurückzuführen.

J · Steinadler.
G: 85 cm; S: 2,45 m. Großer Greifvogel in weiten Teilen Europas, Asiens und Nordamerikas. Jagt kleine und mittlere Säugetiere und Vögel. Baut seinen Horst in Steilwänden. Vielerorts durch den Menschen ausgerottet.

K · Gänsegeier.
G: 1 m; S: 2,80 m. Großer aasfressender Greifvogel in Afrika und Europa. Einige Paare leben in den westlichen Pyrenäen sowie im Sommer in den Hohen Tauern, ohne dort jedoch zu brüten. Hervorragender Segler.

L · Kiebitz.
G: 30 cm; S: 85 cm. In Europa sehr verbreitet. Weicher, gaukelnder Flug im Frühling. Sehr häufig in Schwärmen auf Feldern, in Sümpfen. Frißt kleine Tiere.

M · Teichhuhn.
G: 32 cm; S: 53 cm. Sehr häufig am Ufer von Seen und Wasserläufen, jedoch versteckt lebend. Die Jungen sind ganz schwarz; die Jungen der ersten Brut helfen den Eltern bei der Ernährung der zweiten. Frißt Körner und kleine Tiere.

DIE BALZ

Die Vogelbalz ist oft eindrucksvoll. Einige Paradiesvögel hängen sich mit dem Kopf nach unten auf. Das Fregattvogelmännchen bläst einen roten ›Sack‹ unter dem Schnabel auf. Normalerweise ist das Männchen aktiv: Auf den Menschen übertragen, würde man sagen, daß es versucht, ein Weibchen zu verführen. Beim Haubentaucher schwimmen Männchen und Weibchen über Wasser aufeinander zu, schütteln den Kopf und stellen die Haube auf. Der Birkhahn schlägt seinen außergewöhnlichen Schwanz über seinen Rücken, bis er ihn ganz verdeckt. Der Laubenvogel, der auf Neuguinea heimisch ist, baut sogar eine Art Laube und plaziert dort verschiedenen Zierat, den er dem Weibchen schenkt.

WILDLEBENDE TIERE

TIERE DER WELT

B · Kuckuck.
G: 32 cm; S: 60 cm. Bekannt für seinen Ruf und seine parasitären Lebensgewohnheiten. Europa, überwintert in Afrika. Das Weibchen legt sein Ei in die Nester anderer Arten: Diese ziehen den jungen Kuckuck auf. Insektenfresser.

F · Tukan.
G: 32–60 cm; S: 50–110 cm. Sein großer, aus einem Knochennetzwerk bestehender Schnabel ist leicht. Seine Heimat ist Mittel- und Südamerika. Frißt Früchte.

J · Kolibri.
G: 4–8 cm; S: 7–12 cm. Die Kolibris sind die kleinsten Vögel der Erde. Leben in Süd- und Nordamerika. Können ›in der Luft stehen‹. Kolibris ernähren sich von Nektar (bestäuben dabei die Blüten) und v. a. von Gliederfüßern.

C · Dompfaff.
G: 14,5 cm; S: 25 cm. Einer der schönsten Vögel Europas. Lebt ziemlich versteckt im Gebüsch. Sehr leiser Ruf.

D · Haussperling.
G: 14,5 cm; S: 25 cm. Sehr häufig in Europa. Heimisch geworden in weiten Teilen der Welt. Errichtet sein ›unordentlich‹ aussehendes Nest fast überall. Allesfresser, Kulturfolger, bis zu vier Bruten im Jahr.

G · Mauersegler.
G: 16 cm; S: 40 cm. Europa. Überwintert in Afrika. Fliegt sehr schnell (200 km/h). Sichelförmige Flügel. Die vier Zehen sind nach vorne gerichtet. An Sommerabenden wilde Verfolgungsjagden mit schrillen Schreien über den Dächern der Städte. Fängt Insekten im Flug.

I · Grünspecht.
G: 31 cm; S: 50 cm. Europa. Zwei nach vorne gerichtete Zehen, zwei Wendezehen. Klettert an Baumstämmen hoch, in die er sein Nest baut. Sein Ruf klingt wie ein Auflachen. Insektenfresser.

K · Amsel.
G: 25 cm; S: 38 cm. Sehr häufig in Europa. Melodiöser Gesang. Frißt Insekten, Regenwürmer, Früchte und Beeren. Ausgesprochener Kulturfolger. Nistet zuweilen sogar auf Gebäuden.

L · Rabenkrähe.
G: 46 cm; S: 95 cm. Sehr verbreitet in Europa. Oft (zu Unrecht) Rabe genannt. Nistet als Einzelpaar, während die Saatkrähe (mit unbefiederter Schnabelwurzel) in Kolonien nistet. Allesfresser. Standvogel.

E · Star.
G: 21 cm; S: 32 cm. Kulturfolger und ›Menschenfreund‹, häufig in Europa. Nistet in Baumhöhlen oder Gebäuden. Sehr guter Nachahmer. Bildet im Winter manchmal riesige ›Schlafgruppen‹. Allesfresser.

A · Rauchschwalbe.
G: 19 cm; S: 33 cm. Einer unserer beliebtesten Frühjahrszugvögel. Im Sommer in Nordamerika und Europa. Überwintert in Südamerika oder Afrika. Baut ihr Nest aus durchspeichelter Erde in Ställen und dergleichen; fängt Insekten im Flug. Die verwandte Mehlschwalbe lebt häufiger in Städten.

H · Blaumeise.
G: 11 cm; S: 17 cm. Eine der bekanntesten europäischen Meisen. Nimmt Nistkästen leicht an. Frißt Insekten und Körner. Andere häufige Meisen: Kohlmeise, Sumpfmeise, Tannenmeise, Haubenmeise, Schwanzmeise.

M · Leierschwanz.
G: 80 cm; S: 1 m. Der größte Sperlingsvogel. Das Männchen hat einen leierförmigen Schwanz, der in der Balz eine große Rolle spielt. Guter Nachahmer. Frißt kleine Tiere.

DIE EIER

Die kleinsten Eier, die der Kolibris, sind nur 10 mm groß. Die größten Eier, die Straußeneier, erreichen 20 cm. Eier weisen eine ganze Palette von Farben auf: weiß, blau, gelb, grau, rötlich usw. Viele sind in den verschiedensten Mustern gefleckt, gesprenkelt oder gestreift. Einige weisen auffällige Formen auf. Die Eier der kleinen Stelzvögel sind fast birnenförmig. Die Eier der Nachtraubvögel und des Eisvogels sind kugelrund. Meist sind Zahl und Farbe der Eier arttypisch.

VOGELSCHAREN

Zum Nisten wie zum Vogelzug oder zum Überwintern können sich die Vögel in beachtlichen Scharen zusammenfinden. Die ›Schlafgruppen‹ der Stare zählen oft mehrere hundert Tiere. Die Buchfinkenschwärme des Nordens können viele tausend Tiere umfassen. 1955 konnten an der Müritz (Pommern) an einem Oktobertag 100 000 rastende Kraniche beobachtet werden. Vom Großen Sturmtaucher wurden in einer Brutkolonie rund 2 Millionen Paare gezählt.

VÖGEL, DIE NICHT FLIEGEN

Bei relativ vielen Vögeln sind die Flügel so verkümmert, daß sie nicht fliegen können. Dazu zählen die Flachbrust- oder Laufvögel (Strauß, Emu, Nandu, Kasuar, Kiwi) und die Pinguine. Flugunfähige Vögel finden sich auch in anderen Gruppen, so z. B. einige Rallen, der Kormoran der Galápagosinseln, der nordamerikanische Erdkuckuck. Flugunfähig war auch die im 18. Jahrhundert ausgestorbene Dronte.

WILDLEBENDE TIERE

REPTILIEN

Schildkröten, Krokodile und Schuppenkriechtiere mit Echsen und Schlangen sind die Hauptgruppen der heutigen Kriechtiere. Dazu kommt noch die Brückenechse, einziger Vertreter der Ordnung der Schnabelköpfe. Die Reptilien sind mit Schuppen bedeckt; sie sind im Gegensatz zu Vögeln und Säugetieren wechselwarm. Die große Mehrheit lebt räuberisch.

C · Gecko.
L: 11 bis 60 cm. Kleine Echse mit Haftlamellen an den Zehen. Große Augen. Im allgemeinen nachtaktiv. In den Mittelmeerländern ist der Mauergecko häufig anzutreffen.

D · Mauereidechse.
L: 12 bis 17 cm. Kleine, in Europa verbreitete Echse. Versteckt sich in Mauerspalten. Oft in der Nähe von Häusern.

G · Leguan.
L: 80 cm bis 1,50 m. In Nord- und Südamerika mit vielen Arten vertretene Echse. Einige sind Baumbewohner. Oft in lebhaften Farben, mit einem Kamm auf dem Rücken.

J · Galapagos-Riesenschildkröte.
L (Panzer): 1,20 m. Riesige Landschildkröte, die etwa 200 Jahre alt werden kann. Ähnliche Arten auf Inseln im Indischen Ozean.

N · Lederschildkröte.
L (Panzer): 1,35 bis 2 m. Meeresschildkröte mit in eine lederartige Haut eingebettetem Panzer. Die größte Schildkröte. Sie kommt in allen wärmeren Meeren vor. Frißt vor allem Quallen.

P · Nilkrokodil.
L: 5 bis 9 m. Lebt in den Flüssen und Sümpfen Afrikas. Fängt Vögel und Säugetiere, die es mit unter Wasser zieht. Schluckt Steine, um sich zu beschweren.

SCHLANGEN IN DEUTSCHLAND

Die in Deutschland vorkommenden Schlangen gehören überwiegend zu den ungiftigen Nattern. Weit verbreitet und ziemlich bekannt ist die Ringelnatter, die mit mehreren Unterarten vorkommt; weitere Arten sind Würfelnatter, Zornnatter, Äskulapnatter und die oft mit der Kreuzotter verwechselte Glattnatter. Die einzigen Vipernarten hierzulande sind die Kreuzotter und im Südschwarzwald die Aspisviper.

L = Gesamtlänge

A · Chamäleon.
L: 11 bis 80 cm. Das Chamäleon ist eine vor allem in Afrika lebende Echse, die ihre Augen unabhängig voneinander bewegen kann, die Zunge zum Insektenfang weit hinausschleudert und ihre Körperfarbe wechseln kann.

B · Blindschleiche.
L: 30 bis 45 cm. In Europa häufige, beinlose Echse. Verschiedene Färbung, oft bräunlich. Legt Eier. Lebt in Grünland, Gestrüpp usw.

E · Moloch.
L: 16 cm. Stachelige australische Wüstenechse. Sucht Insekten, v. a. Ameisen, im Boden. Wird auch ›Dornteufel‹ genannt.

F · Perleidechse.
L: 40 bis 90 cm. Große europäische Echse, lebt im südlichen Frankreich und auf der Iberischen Halbinsel. Beliebtes Terrarientier.

H · Waran.
L: 20 cm bis 4 m. Warane sind im allgemeinen große, in Afrika, Asien und Ozeanien verbreitete Echsen. Am bekanntesten sind der Nilwaran und der Komodowaran (Indonesien).

I · Brückenechse oder Tuatara.
L: 60 cm. Ziemlich eigenartiges, neuseeländisches Reptil. Sehr ursprünglich gebauter Schädel; die am wenigsten wärmebedürftige Reptilienart (aktiv bei 12 °C).

K · Smaragdeidechse.
L: 20 bis 35 cm. Schöne europäische Echse; in Mitteleuropa in den klimatisch begünstigten Regionen (Mittelrhein, Kaiserstuhl, Mosel) verbreitet.

L · Sumpfschildkröte.
L (Panzer): 16 bis 18 cm. Europäische Süßwasserschildkröte. Lebt in Sümpfen in Mittel- und Südeuropa. Wärmt sich gerne in der Sonne. Jagt Insektenlarven, kleine Fische.

M · Griechische Landschildkröte.
L (Panzer): 13 bis 20 cm. Landschildkröte, die in zwei Unterarten das ganze südliche Europa bewohnt. Sie bevorzugt trockenes, steiniges, mit Büschen bewachsenes Gelände und frißt v. a. Pflanzen, manchmal auch Schnecken und sogar Kot.

O · Unechte Karettschildkröte.
L (Panzer): 1,10 m. Seeschildkröte, die auch in den europäischen Meeren vorkommen kann. Wandert über weite Strecken. Räuberisch.

Q · Gavial.
L: 6 m. In indischen Flüssen lebendes Krokodil (im weiteren Sinne). Lange, schmale Schnauze mit gegeneinander versetzten Zähnen. Frißt Fische.

R · Kaiman.
L: 1,5 bis 4,5 m. Gerundete Schnauze. Mehrere Arten in Südamerika. Wurde wegen seiner Haut stark dezimiert. In Afrika gibt es keine Kaimane.

S · Alligator.
L: 4 bis 6 m. Lebt im Süden der Vereinigten Staaten (Florida). Gerundete Schnauze. Heute relativ selten. Das Weibchen baut ein Nest. Eine andere Art lebt in China.

SCHLANGEN: UNTERSCHIEDLICHSTE LEBENSWEISEN

Schlangen passen sich den unterschiedlichsten Lebensräumen an. Viele Schlangen sind Amphibien und schwimmen sehr gut. Im Indischen und im Pazifischen Ozean gibt es Schlangen, die ständig auf hoher See leben und die nur zur Eiablage an Land kommen. Viele Schlangen sind Baumbewohner. Einige sind Grabtiere, andere bewohnen Höhlen. Darüber hinaus gibt es Schlangen, die jahreszeitlich wandern.

105

WILDLEBENDE TIERE

TIERE DER WELT

A · Python.
L: 4 bis 10 m. Große Würgeschlange. Bekannte Arten: der Felsenpython in Afrika; der Netzpython und der Tigerpython im tropischen Asien.

B · Anakonda.
L: 6 bis 10 m. Große wasserbewohnende Boa am Amazonas, die größte Riesenschlange der Erde. Greift Säugetiere oder Vögel an, wenn sie zum Trinken kommen.

C · Kobra.
L: 2 bis 5,50 m. Die verschiedenen Arten leben in Afrika und Asien. Kobras können den Hals zu einer Scheibe spreizen. Berühmte Arten: die Naja oder Brillenschlange; die asiatische Königskobra. Giftschlange.

D · Echte Ottern.
L: 55 cm. Europäische Giftschlangen mit insgesamt acht Arten, bei uns zwei Arten: die Aspisviper (Schwarzwald, Südschweiz, Frankreich), die Kreuzotter (etwas nördlicher). Legt Eier.

E · Klapperschlange.
L: 50 cm bis 2,50 m. Nordamerika. Besitzt am Schwanzende eine ›Klapper‹ aus Hornringen alter Haut, mit der sie Geräusche erzeugen kann. Giftig.

F · Ringelnatter.
L: 50 bis 70 cm. Eine der häufigsten europäischen Schlangen, lebt in Wassernähe. Schwimmt sehr gut. Fängt vor allem Amphibien. Legt Eier in Mist oder Heu.

G · Königsboa.
L: 1 bis 5 m. Riesenschlange im tropischen Amerika. Würgeschlange, frißt kleine Säugetiere, Vögel, Echsen. Lebendgebärend.

H · Eidechsennatter.
L: 1,50 bis 2,50 m. Größte westeuropäische Schlange (französische und spanische Mittelmeerküste). Lebt in der Macchia, in Strauchheide, Buschwerk.

I · Riesensalamander.
L: 1,50 m. Eindrucksvolles Tier, das in den Bächen der chinesischen und japanischen Gebirge lebt. Winzige Augen. Haut glatt und schleimig. Selten geworden.

J · Wasserfrosch.
L: 5 bis 12 cm. Häufiger Bewohner der europäischen Teiche. Die Art ist hybrid, eine Kreuzung eines kleinen Grünfrosches mit dem Seefrosch. Urheber der nächtlichen Froschkonzerte.

K · Axolotl.
L: 20 cm. Eigenartiger mexikanischer Schwanzlurch, oft albinotisch. In Wirklichkeit eine fortpflanzungsfähige Kaulquappe (Fall von Neotenie). Unter bestimmten Bedingungen Verwandlung ins erwachsene Tier (Landform des Axolotl).

L · Feuersalamander.
L: 15 bis 18 cm. Schwarz und gelb. Europa. Sehr selten geworden. Kommt in regnerischen Nächten hervor. Legt Eier.

M · Kammolch.
L: 16 cm. Einer der häufigsten europäischen Molche. Im Frühling trägt das Männchen einen gezackten Kamm auf dem Rücken. Rücken schwärzlich, Bauchseite gelborange.

N · Erdkröte.
L: 7 bis 15 cm. Sehr häufig in Europa. Nachtaktiv, versteckt sich tagsüber. Laicht in Teichen. Frißt hauptsächlich Insekten.

O · Laubfrosch.
L: 5 cm. Kleiner europäischer Frosch. Baumbewohner, sitzt auf Ästen. Zehen mit Haftscheiben. Färbung paßt sich der Umgebung an. Die Männchen singen abends.

L = Kopf-Rumpf-Länge (gegebenenfalls mit Schwanz)

VERSCHIEDENE VERTEIDIGUNGSMITTEL

Vor einem Feind stellen sich Echsen oder Schlangen tot. Eine mit dem Schwanz gefangene Echse wirft diesen ab (Phänomen der *Autotomie*): Der Schwanz wächst nach. Andere Reptilien reißen das Maul auf, blasen ihren Körper auf oder speien Blut oder eine andere abstoßende Flüssigkeit. Kurz, es mangelt ihnen nicht an Verteidigungsmitteln. Ganz zu schweigen von den vielen Möglichkeiten der Tarnung.

AMPHIBIEN

Diese auch Lurche genannten Tiere leben, wie ihr Name andeutet, teilweise im Wasser und teilweise an Land. Sie haben eine nackte Haut. Fast alle machen Metamorphosen durch. Grundsätzlich unterscheidet man Schwanzlurche mit langem Schwanz (Molche, Salamander) und Froschlurche, die als ausgewachsene Tiere keinen Schwanz haben (Frösche, Kröten). Amphibien ernähren sich von kleinen Tieren.

SELTSAME AMPHIBIEN

Die Westliche Lebendgebärende Kröte ist eine kleine Kröte aus dem Nimbagebirge in Guinea. Die Kaulquappen entwickeln sich im Uterus des Weibchens und werden fertig entwickelt geboren. In den Tropen gibt es beinlose Amphibien, die großen Regenwürmern ähneln. In Südostasien lebt ein Flugfrosch; die unterirdischen Gewässer Jugoslawiens beherbergen den Grottenolm, einen farblosen Schwanzlurch mit unter der Haut versteckten Augen.

106

WILDLEBENDE TIERE

FISCHE

Die Fische bilden eine umfangreiche Gruppe recht heterogener Wirbeltiere. Sie verlassen das nasse Element fast nie. Die Neunaugen sind keine echten Fische, sie zählen zu den Kieferlosen (Agnatha). Die Lungenfische (Molchfisch), die Störe und die Quastenflosser bilden eigene kleine Gruppen. Die beiden Hauptgruppen sind die Selachier oder Knorpelfische (Rochen, Haie) und die Teleostier oder Knochenfische, das sind alle übrigen. Fast alle Fische atmen durch Kiemen. Ihr Körper ist normalerweise mit Schuppen bedeckt. Fische besitzen besondere Sinnesorgane: So erlauben ihnen ihre *Elektrorezeptoren,* elektrische Felder zu orten, die manchmal auch vom Tier selbst erzeugt werden, um Beute aufzuspüren.

EINGEFÜHRTE ARTEN

Viele Süßwasserfische sind erst vom Menschen in die mitteleuropäischen Gewässer gebracht worden. Beispiele sind die ursprünglich in China beheimateten Karpfen, der aus Osteuropa stammende Zander, die ursprünglich nordamerikanische Regenbogenforelle, die die Europäische Forelle mehr und mehr aus den mitteleuropäischen Flüssen verdrängt. In Mitteleuropa weit verbreitet ist auch der aus Nordamerika importierte Katzenwels.

A · **Mantarochen.** L: 5 m. Sehr großer Rochen in den Tropenmeeren (bis 7 m Spannweite). Vollführt eindrucksvolle Sprünge über der Meeresoberfläche. Lebendgebärend. Frißt hauptsächlich Plankton.

B · **Echte Rochen.** L: 50 cm bis 2 m. Rochen haben meist einen vom Rücken zum Bauch abgeplatteten Körper. Viele Arten in den europäischen Meeren. Stachelrochen im weiteren Sinne und Zitterrochen sind mit ihnen verwandt.

C · **Quastenflosser.** L: 1,50 m. Lebendes Fossil im Meer um die Komoren. Beinartige Flossen. Lebt in geringer Tiefe. Legt Eier.

D · **Hering.** L: 40 cm. Bildet riesige, von den Fischern gesuchte Schwärme. Es gibt viele Populationen mit recht unterschiedlichen Lebensweisen.

E · **Meeraal.** L: 50 cm bis 3 m. Im Meer lebender Verwandter des Flußaals. Auch bei ihm Stadium der Aallarven (Leptocephalus). Gefährlicher Raubfisch. An unseren Küsten recht häufig.

F · **Katzenhai.** L: 50 cm bis 1,20 m. Kleiner Knorpelfisch, mit zwei Arten in den europäischen Meeren vertreten. Eier hängen an schraubig gedrehten Fäden.

G · **Sägerochen.** L: 7 m. Zu den Rochen gehörender Knorpelfisch. Das Maul ist zu einem an beiden Seiten mit ›Zähnen‹ versehenen Schwert ausgezogen, das er zum Wühlen im Boden benutzt.

H · **Riesenhai.** L: 8 bis 12 m. Sehr großer, ungefährlicher Hai, Planktonfresser. Recht häufig in den europäischen Meeren. Nicht ortsfest.

I · **Lachs.** L: 50 cm bis 1,50 m. Europäischer Laichwanderer, der sich in Gebirgsbächen fortpflanzt und einen Teil seines Lebens im Meer verbringt. In den meisten Flüssen sehr selten geworden. Der Junglachs heißt Sälmling, der ausgewachsene ›Hakenlachs‹ (wenn sein Unterkiefer sich gekrümmt hat). Auch in Nordamerika.

L = Gesamtlänge

J · **Neunauge.** L: 12 cm bis 1 m. Gehört zu den Kieferlosen (oder Rundmäulern). Hat keine Kiefer; saugnapfartiger Mund. Schuppenlose Haut. Wanderformen und Süßwasserformen.

K · **Chimäre.** L: 1,50 m. Im Meer lebende Knorpelfische mit großem Kopf. Auch Tiefseebewohner. Rückenflosse mit Giftstachel.

GETARNTE FISCHE

Die Seezunge und andere Plattfische nehmen die Farbe des Bodens an, über dem sie sich aufhalten. Die Seenadel, eine Verwandte des Seepferdchens, wird den Algen ähnlich. Der Blattfisch aus dem Amazonasgebiet schwimmt an der Oberfläche und sieht aus wie ein abgestorbenes treibendes Blatt: So nähert er sich seiner Beute unerkannt. Der Hecht zieht Nutzen aus seinem tarnfarbenen Schuppenkleid, wenn er sich zwischen Wasserpflanzen versteckt.

L · **Flußaal.** L: 40 cm bis 1,50 m. Berühmt durch seine Wanderungen zwischen der Sargassosee und Europa. Drei Stadien: Aallarve, Glasaal und ausgewachsener Aal. Verläßt gelegentlich das Wasser.

N · **Forelle.** L: 25 cm bis 1,40 m. Lebt in europäischen Flüssen und Wildbächen. In unterschiedlichen Farben. Flecken auf Rücken und Seiten. Laicht in den Kieseln am Gewässerboden.

O · **Hecht.** L: 30 cm bis 1,50 m. Großer europäischer Süßwasserraubfisch. Lauert auf seine Beute. Fängt sogar schwimmende Vögel. Das Weibchen ist größer als das Männchen.

P · **Afrikanischer Lungenfisch.** L: 1,50 m. Besitzt wie die verwandten südamerikan. und austral. Lungenfische innere Kiemen und lungenartige Bildungen; afrikan. und südamerikan. Tiere vertragen ein vorübergehendes Austrocknen des Wassers.

M · **Stör.** L: 3 bis 4 m. In West- und Mitteleuropa heute nur noch sehr selten. Sehr große Tiere in der Donau und der Wolga. Trägt Reihen von Knochenschilden an der Seite. Schwimmt zum Laichen die Wasserläufe aufwärts. Eier als Kaviar begehrt.

107

WILDLEBENDE TIERE

TIERE DER WELT

A · Seeteufel.
L: 1 bis 2 m. Im Küstengebiet des Atlantik (Nordhalbkugel) verbreiteter Meeresfisch mit dunkelbraun marmorierter Tarnfärbung. Sehr gefräßig. Ausgezeichneter Speisefisch.

B · Schleie.
L: 20 bis 70 cm. Bewohnt stille Gewässer in Europa. Ernährt sich auf dem Schlammgrund. Häufig. Schleien werden zusammen mit Karpfen in Teichen gehalten.

C · Vieraugengaukler.
L: 15 cm. Einer der vielen bunten Fische der Korallenriffe. Seitlich zusammengedrückt. Die Augenflecke oder ›falschen Augen‹ dienen zur Täuschung des Feindes.

E · Atlantischer Lungenfisch.
L: 30 bis 45 cm. Fliegender Fisch mit vergrößerten Brustflossen. Kann 45–50 m weit gleiten. Warme Gewässer, noch in Südeuropa.

D · Stichling.
L: 4 bis 8 cm. Kleiner bunter europäischer Süßwasserfisch. Das Männchen baut ein Nest aus Pflanzenteilen und bewacht es, nachdem mehrere Weibchen darin gelaicht haben.

F · Piranha.
L: 25 bis 30 cm. Südamerikanischer Süßwasserfisch, berüchtigt wegen seiner Blutrünstigkeit. Starkes Gebiß mit dreieckigen Zähnen. Jagt in Schwärmen.

G · Seepferdchen.
L: 10 bis 15 cm. Berühmter kleiner Meeresfisch, der sich mit seinem Greifschwanz an Algen festhält. Das Männchen bebrütet den Laich in einer Tasche.

DIE SCHWIMMBLASE

Die Schwimm- oder Gasblase ist ein den Fischen vorbehaltenes Organ. Es handelt sich um eine Art Ausstülpung am Darm, die normalerweise rückenseitig liegt. Sie ist von Muskeln umgeben. Die Luftmenge in der Schwimmblase verändert das spezifische Gewicht des Fisches. Daher kann er in unterschiedlichen Tiefen schwimmen. Der Fisch muß nicht unbedingt an die Oberfläche steigen, um seine Schwimmblase aufzufüllen; die meisten Arten haben ein geschlossenes Kreislaufsystem, mit dem sie Gase produzieren können.

DIE LEGENDE DER MURÄNEN

Die mit dem Flußaal und dem Meeraal verwandte Muräne ist erkennbar an ihrem schnabelartigen Maul, einer gewölbten Stirn und einer oft gefleckten Haut. Ihre spitzen Fangzähne sind eindrucksvoll. Sie lebt im Mittelmeer und im Pazifik und ist nicht besonders aggressiv. Die Römer sollen sie in Fischteichen gehalten haben; manche warfen ihnen angeblich Sklaven zum Fraß vor. Aber das ist nur eine Legende.

L = Gesamtlänge

H · Schwertfisch.
L: 2 bis 5 m. Der zum ›Schwert‹ verlängerte Oberkiefer dient dem Beutefang und der Verteidigung. Schneller und ausdauernder Schwimmer. In allen tropischen Meeren.

I · Mondfisch.
L: 2 bis 4 m. Riesiger träger Meeresfisch. Ernährt sich von Plankton und Quallen. Das Weibchen legt bis zu 300 Millionen Eier ab. Wird gelegentlich in Europa gesehen.

J · Karpfen.
L: 35 cm bis 1 m. Typischer europäischer Teichfisch. Gräbt im Schlamm. Legt sehr viele Eier. Verschiedene Unterarten: Lederkarpfen, Spiegelkarpfen usw.

K · Flußwels.
L: 1 bis 4 m. Außerordentlich großer Verwandter des Katzenwelses. Lebt besonders im Donaubecken. Nachtaktiver Raubfisch, der buchstäblich alles verschlingt, was er bewältigen kann.

L · Barrakuda.
L: 1,50 bis 2,50 m. Raubfisch in warmen Gewässern. Einzelgänger oder in kleinen Gruppen. Im Mittelmeer selten.

M · Gründling.
L: 10 bis 15 cm. In europäischen Fließgewässern lebender Karpfenfisch. Hauptsächlich räuberisch. In Frankreich ist er ein geschätzter Speisefisch.

N · See- oder Wolfsbarsch.
L: 0,8 bis 1 m. Europäische Meere. Vor allem an Felsküsten. Wandert zum Laichen flußaufwärts. Wohlschmeckender Speisefisch.

O · Seezunge.
L: 20 bis 45 cm. Einer der häufigsten europäischen Plattfische. Paßt sich der Farbe des Untergrundes an. Im Laufe seiner Entwicklung wandert das eine Auge auf die gegenüberliegende Körperseite. Benachbarte Arten: Rotzunge, Scholle, Steinbutt, Heilbutt usw.

P · Dorsch oder Kabeljau.
L: 50 cm bis 1 m. Bildet Schwärme an der Oberfläche nördlicher Meere. Eier und Samen werden frei ins Wasser abgelaicht. Wandert.

Q · Flußbarsch.
L: 35 bis 50 cm. Häufiger Bewohner der Seen und Wasserläufe Europas. Färbung paßt sich dem Lebensraum (Wasserpflanzen, freies Wasser) etwas an. Eiablage in Schleimfäden.

WILDLEBENDE TIERE

WEICHTIERE

Die wirbellosen Weichtiere, die im Süßwasser oder im Meer, seltener auf dem Land vorkommen, leben meist in einer Schale: Diese wird von einem besonderen Organ, dem Mantel, erzeugt. Die Schale kann innen liegen (wie der ›Schulp‹ des Tintenfisches) oder auch ganz fehlen. Die meisten Weichtiere atmen durch Kiemen.

DIE PERLMUTTER UND DIE PERLEN

Die Perlmutter ist die innere Schicht der Weichtierschale. Wegen ihres irisierenden Schimmers wird sie zu Schmuckzwecken verwendet. Wenn ein Fremdkörper in eine Weichtierschale gelangt, wird er als Reaktion mit Perlmutt ummantelt: So entsteht die Perle. In Japan werden Perlaustern gezüchtet. Ein Fremdkörper wird künstlich eingebracht, um Perlen zu züchten. Die Perlen bleiben etwa 6 Jahre lang in der Auster.

A · Strandschnecke.
L: 2 bis 3 cm. An den Küsten recht häufige marine Schnecke. Setzt sich auf Steinen oder Algen fest.

B · Herzmuschel.
L: 1,5 bis 4,5 cm. Meeresmuschel, die im Sand eingegraben lebt. An sandigen Küsten oft in großen Mengen angeschwemmt. Beliebte Speisemuschel.

C · Nacktschnecke.
L: 3 bis 12 cm. Mit der Landlungenschnecke verwandt, mit zurückgebildeter oder fehlender Schale. Häufigste Art: Rote Wegschnecke. Kleiner sind die Egelschnecken. Allesfresser. Zwitter.

D · Kalmar.
L: 50 cm bis 4 m. Hochseekopffüßer, sehr guter Schwimmer. Manchmal in riesigen Schwärmen. Viele Arten, einige riesenhaft (17 m). Schale zu einem Chitinblatt (Lamelle) zurückgebildet.

E · Krake (Achtfüßer).
Spannweite: 80 cm bis 4 m. Lebt an Felsküsten, versteckt sich in Spalten. Schale zurückgebildet. Viele Arten, einige sehr groß. An vielen Küsten bereits ausgerottet.

F · Seepocke.
Höhe: 1 cm. Die weißen Schalen der Seepocken bedecken die Felsen an der Meeresküste. Ernährt sich von Plankton.

G · Auster.
Schalendurchmesser: 5 bis 15 cm. An den Küsten gezüchtete Muschel. Hauptarten: Europäische Auster und Portugiesische Auster, deren Schale ungleiche Klappen hat.

H · Miesmuschel.
L: 5 bis 8 cm. Meeresmuschel, die auch gezüchtet wird. Setzt sich mit einem Büschel Haftfäden, dem Byssus, an Steinen fest. Manchmal in großer Zahl.

I · Weinbergschnecke.
Schalendurchmesser: 1cm bis 4 cm. Zwitter. Legt Eier in ein von ihr gegrabenes Loch. Pflanzenfresser. Drohte auszusterben, daher von März bis Juli geschützt.

J · Flußkrebs.
L: 12 bis 15 cm. Lebt im Süßwasser. Ernährt sich von Kleintieren und Pflanzen. Nach Aussterben des heimischen Edelkrebses durch die Krebspest wurde der nordamerikanische Flußkrebs eingebürgert.

K · Languste.
L: 25 bis 45 cm. Kleine Scheren. Zweites Fühlerpaar ist länger als der Körper. Ernährt sich v. a. von Muscheln.

KREBSTIERE

Die Krebstiere sind eine umfangreiche Klasse der Gliederfüßer, deren große Mehrheit im Süßwasser oder im Meer lebt. Nur Asseln und einige Krabben sind Landbewohner. Die großen Arten sind wohlbekannt; daneben aber gibt es noch sehr viele, die mikroskopisch klein sind.

L · Strandfloh.
L: 1,5 cm. An Stränden, im Brack- und Süßwasser und sogar an Land verbreitet. Springt; gräbt Erdbaue.

M · Hummer.
L: 50 cm bis 1 m. Lebt an Felsküsten des Ostatlantik, selten im Mittelmeer. Die Bestände des als Speisekrebs sehr geschätzten Hummers sind stark zurückgegangen. Daher gelten Schutzbestimmungen.

N · Garnele.
Zwei Arten vor den deutschen Küsten: Ostseegarnele und Nordseegarnele. Ernähren sich von Würmern, Krebsen, Algen.

O · Wasserfloh.
L: 1,5 bis 6 mm. Winziger Süßwasserkrebs. Fortbewegung mittels seiner bewimperten Füße. Die Larven wachsen in der Bruttasche des Weibchens.

P · Taschenkrebs.
Breite: 20 bis 30 cm. Häufige Krabbenart der Nordsee. Lebt räuberisch von Krebsen, Fischen, Muscheln. Eßbar, wirtschaftlich bedeutend.

L = Gesamtlänge

FORMENVIELFALT

Der Bernhardiner- oder Einsiedlerkrebs, der leere Muschelschalen bewohnt, die Kokospalmenkrabbe, die auf Bäume klettert, und die japanische Riesenkrabbe, die auf Stelzen zu stehen scheint, sind alle Vertreter der Welt der Krebstiere. Unter ihnen gibt es auch Schmarotzer. Der wie ein unförmiger Sack aussehende Sackkrebs setzt sich am Körper von Krabben fest. Ist diese Krabbe ein Männchen, so bewirkt der Sackkrebs, daß es sich fortan wie ein Weibchen verhält.

WILDLEBENDE TIERE

TIERE DER WELT

INSEKTEN

Diese Klasse der Gliederfüßer, die mit Abstand größte Gruppe im Reich der Tiere, hat als Merkmal einen in drei Teile gegliederten Körper: Kopf, Bruststück und Hinterleib. Alle Insekten besitzen sechs Beine: Jedes der drei Segmente des Bruststücks trägt ein Beinpaar. Am Bruststück befinden sich i. d. R. zwei Flügelpaare; bei einigen Insekten fehlen sie. Insekten haben Facettenaugen. In ihrer Entwicklung gibt es Metamorphosen. Aufgrund ihrer vielfältigen Verhaltensweisen und ihres sozialen Zusammenlebens haben Insekten eine große wirtschaftliche (z. B. durch Zersetzung organischer Substanzen und durch die von ihnen verursachten Schäden, u. a. bei Wanderheuschrecken) und biologische Bedeutung.

A · Libelle.
L: 3 bis 7 cm; S: 6 bis 8 cm. Räuberisches Insekt, mehrere Arten am Ufer von Süßgewässern. Männchen und Weibchen bilden ein Paarungsrad. Die Wasserjungfern haben einen schlanken Hinterleib. Wasserbewohnende Larven.

B · Ohrwurm.
L: 6 bis 14 mm. Name nicht gerechtfertigt. Oft unter Baumrinde. Ernährt sich von Fliegen, Raupen. Legt Eier in Erdbau.

C · Marienkäfer.
L: 4 bis 6 mm. Kleiner Käfer mit leuchtend bunten, häufig roten, gepunkteten Deckflügeln. Frißt Blattläuse und Schildläuse: daher häufig in der biologischen Schädlingsbekämpfung eingesetzt.

D · Eintagsfliege.
L: 0,5 bis 2 cm. Sehr kurzes Leben als entwickeltes Insekt. Die im Wasser lebenden Larven werden viel älter. Eindrucksvoller Paarungsflug. Auch ›Maifliege‹ genannt.

E · Termite.
L: 5 bis 7 mm (die Königin mißt bis zu 8 cm). Insekt mit komplexem sozialem Zusammenleben, je nach Kaste geflügelt oder flügellos. Zerfrißt Holz. In Afrika riesige Termitenhügel. Einige Arten in Südeuropa.

F · Goliathkäfer.
L: 10 cm. Großer afrikanischer Käfer, das schwerste Insekt der Erde. Hornartige Fortsätze am Kopf. Ernährt sich von Saft, Pollen, Nektar usw. Larve lebt im Holz.

G · Gottesanbeterin.
L: 4 bis 7 cm. Heißt ›Gottesanbeterin‹, weil sie mit ihren ›Fangarmen‹ zu beten scheint. Manchmal frißt das Weibchen das Männchen nach der Begattung. In Deutschland nur in warmen Lagen Süddeutschlands. Räuberisch.

H · Hirschkäfer.
L: 3 bis 4,5 cm (Weibchen), 7,5 cm (Männchen). Großer europäischer Käfer mit ausgeprägtem Geschlechtsdimorphismus. Das Männchen hat enorme Oberkiefer. Ist dämmerungsaktiv. Die Larve lebt in Stämmen alter Eichen.

L = Körperlänge. S = Spannweite

I · Wanderheuschrecke.
L: 2 bis 7 cm. Unterscheidet sich von anderen Heuschrecken durch ihre kurzen Fühler. Bildet in bestimmten Gebieten in unregelmäßigen Abständen Schwärme, die alles Freßbare verzehren. In Europa nur vereinzelt Schwarmbildung.

K · Grünes Heupferd.
L: 3 bis 4 cm. In Gärten und Grünland häufig in Europa. Räuberisch. Guter Springer. Zirpt.

N · Heimchen.
L: 15 bis 25 mm. ›Musikalisches‹ Insekt, das oft in der Nähe des Menschen lebt. Zirpt. Bevorzugt geheizte Räume, z. B. Backstuben, nur im Hochsommer im Freien. Frißt verschiedene Abfälle.

J · Stabheuschrecke.
L: 5 bis 30 cm. Langgestrecktes Insekt, das sich kleinen Zweigen anpaßt. Häufig regungslos. Jungfernzeugung. Eine in den Tropen der Alten Welt lebende Art ist das längste Insekt der Erde (33 cm).

L · Silberfischchen.
L: 1 cm. Primitives flügelloses Insekt. In Wohnungen verbreitet, bevorzugt dauernd geheizte Räume.

M · Hausschabe.
L: 1,5 cm. Primitives Insekt, ein echtes ›lebendes Fossil‹, lebt sehr häufig in Wohnungen. Schiffe haben es in der ganzen Welt verbreitet.

O · Kartoffelkäfer.
L: 1 cm. Nordamerikanischer Käfer, unbeabsichtigt nach Europa eingeführt. Kartoffelschädling, dessen (rötliche) Larve wie das entwickelte Insekt das Kartoffelkraut frißt.

P · Maikäfer.
L: 2 bis 3 cm. Zyklisch einfallender Käfer (alle 3–4 Jahre). Weniger häufig als früher. Seine Larve ist der Engerling, der etwa 3 Jahre in der Erde verbringt: er frißt an Wurzeln. Das fertige Insekt frißt an Blättern.

DIE RIESEN

Mit einer Länge von etwa 30 cm ist die südostasiatische Stabheuschrecke das größte Insekt des Planeten. Der Goliathkäfer im tropischen Afrika erreicht 10 cm, der Herkuleskäfer im tropischen Amerika 18 cm. Die im Wasser lebende Riesenwanze (China, Amerika) mißt bis zu 10,5 cm. Der größte Schmetterling der Welt ist ein amerikanischer Nachtfalter, *Thysania aggripina,* der bis zu 30 cm Flügelspannweite erreicht. Der asiatische *Attacus atlas* hat trotz geringerer Spannweite eine größere Flügeloberfläche.

GEHEIMNISVOLLER GESANG DER INSEKTEN

Zur Erzeugung ihres Gesangs hat die Zikade am Hinterleib eine Doppeltrommel mit einer elastischen Membran; eine andere Zikadenart besitzt im Körperinnern einen enormen Hohlraum. Die Grille reibt ihre beiden Deckflügel gegeneinander: Der ›Bogen‹ des einen streicht über die ›Saite‹ des anderen und umgekehrt. Die Heuschrecke hat eine ähnliche Vorrichtung. Die Wanderheuschrecken wiederum reiben ihre Schenkel, die mit kleinen ›Zähnen‹ versehen sind, gegen ihre Deckflügel.

Die Insektenmusik spielt eine Rolle bei der Verständigung der Geschlechter. In der Regel kommt sie vom Männchen. Aber in vielen Fällen ist ihre Bedeutung nicht ganz klar.

WILDLEBENDE TIERE

SCHÄDLINGS-BEKÄMPFUNG

Bei der rein biologischen Schädlingsbekämpfung bekämpft man ein schädliches Insekt mit seinem natürlichen Feind, um Insektenbekämpfungsmittel zu umgehen. In der Regel setzt man gegen Blatt- oder Schildläuse den Marienkäfer ein, der in ›Insektarien‹ in Massen gezüchtet wird. Auch Wespen und Ameisen werden eingesetzt. Die biologische und die chemische Schädlingsbekämpfung können zur ›integrierten Schädlingsbekämpfung‹ kombiniert werden.

A · Kohlweißling.
S: 6 bis 7 cm. Weißlicher Tagfalter, sehr häufig in Europa. Die gelbgrüne Raupe lebt auf Kohl. Wanderfalter.

B · Morphofalter.
S: 12 cm. Prächtiger südamerikanischer Schmetterling, der leider als Schmuckobjekt gesucht ist, daher dezimiert.

C · Schwalbenschwanz.
S: 8 cm. Sehr schöner europäischer Tagfalter. Die grün-schwarz-rote Raupe lebt auf Doldengewächsen (vor allem Karotten).

D · Schwärmer.
S: 9 bis 13 cm. Dämmerungsaktiver Falter, der oft mit seinem sehr langen Saugrüssel Nektar von den Blüten sammelt. Die Raupe hat ein Horn und einen ›Schwanz‹. Bekannteste Art: der Totenkopfschwärmer. Einige Arten sind tagaktiv.

E · Sandwespe.
L: 13 bis 28 mm. Hautflügler, der Raupen mit Hilfe seines Stachels lähmt: Er spritzt ihnen Gift in die Nervenknoten. Dann legt die Sandwespe ihre Eier in die Raupe, die von der Larve von innen aufgefressen wird.

I · Honigbiene.
L: 14 bis 22 mm. Eine der wenigen ›domestizierten‹ Insektenarten, wegen ihres Honigs gezüchtet. In Kasten organisierter Staat. Hochentwickeltes Verhalten, insbesondere der ›Bienentanz‹. Bei uns wichtigster Blütenbestäuber.

K · Schnake.
L: 15 bis 25 mm. Einige große Mückenarten mit sehr langen Beinen. Sie sind für den Menschen gesundheitlich und wirtschaftlich unbedeutend. Die Larve nagt an Wurzeln.

F · Wanze.
L: 5 mm bis 4 cm. Sehr viele Arten, Land- und Wasserwanzen (häufig bunt). Saftsauger. Die Bettwanze lebt in Wohnungen.

G · Großes Nachtpfauenauge.
S: 12 cm. Großer europäischer Nachtfalter. Fliegt in der warmen Jahreszeit abends. Raupe mit hellblauen Höckern mit starren Haaren: Sie lebt auf Obstbäumen.

L · Blattlaus.
L: 2 bis 3 mm. Winziges Insekt, dessen Stich Pflanzen schadet. Blattläuse werden heute biologisch bekämpft.

H · Hummel.
L: 2 bis 3 cm. Behaarter Hautflügler. Mehrere Arten in Europa. Staaten mit Kasten. Nester in der Erde oder unter Steinen.

J · Wespe.
L: 1 bis 2 cm. Meist gelb-schwarz gezeichneter Hautflügler. Nester aus kartonartigem Material in der Erde, auf Bäumen usw. Ernährt sich von Insekten, Früchten. Die Larven werden in der Regel mit gelähmter oder getöteter Beute gefüttert.

M · Fliege.
L: 3 bis 18 mm. Hauptarten: die weit verbreitete Gemeine Stubenfliege; die Schmeißfliege; die Bremse; die winzige Drosophila (oder Fruchtfliege), das Studienobjekt der Genetik.

O · Ameise.
L: 6 mm bis 2 cm. Sehr viele Arten. Je nach Kaste geflügelt oder flügellos. Komplexes soziales Zusammenleben. Sehr bemerkenswertes Verhalten. Nest (Ameisenhaufen) meist auf der Erde.

N · Zikade.
L: 3 bis 5 cm. Vor allem die Mittelmeerarten sind bekannt durch ihren typischen Gesang. Große Augen. Pflanzensauger. Die Larve lebt im Boden. In Mitteleuropa 500 Arten.

P · Stechmücke.
L: 7 mm. Oft in Wohnungen. Wasserbewohnende Larve. Zu den Stechmücken gehören Hausmücken, Wiesenmücken und Malariamücken.

Q · Laus.
L: 1 bis 5 mm. Flügelloses, parasitierendes Insekt. Viele Arten auf Säugetieren und Vögeln. Drei Arten auf dem Menschen: Kopflaus, Kleiderlaus, Filzlaus. Die Eier heißen Nissen. Läuse saugen sich voll Blut. Krankheitsüberträger.

R · Floh.
L: 1,5 bis 2 mm. Flügelloses, springendes, parasitierendes Insekt. Eine Art auf dem Menschen, andere auf Säugetieren. Saugt Blut. Krankheitsüberträger.

111

FAUNA

GEFÄHRLICHE TIERE

Viele Tiere erregen Angst. Seit jeher haben manche Menschen Furcht vor Schlangen, Kröten, Käuzen und Eulen und auch vor Fledermäusen. Heute allerdings sind viele Vorurteile und irrige Vorstellungen verschwunden.

Große Säugetiere. Das Tier, das bei uns auf dem Lande jahrhundertelang Furcht und Schrecken verbreitete, ist der Wolf. Diese Angst vor dem Wolf, die sich in vielen Redensarten und in manchen literarischen Werken widerspiegelt, war jedoch nicht gerechtfertigt. Zwar trifft es zu, daß der Wolf Haustiere angreift, aber es stimmt nicht, daß er auch Menschen anfällt. Man findet in der Vergangenheit trotz intensiver Untersuchungen keinen verbürgten Fall, daß ein gesunder Wolf einen gesunden Menschen angegriffen hätte. Hirten oder Schäferinnen wußten früher, daß einige Stockschläge ins Gebüsch ausreichten, um den Wolf zu vertreiben.

Dagegen sind alte Chroniken voll von Übeltaten, die Wolf zugeschrieben wurden, wobei diesen oft noch Vorstellungen von einem Werwolf zugrunde lagen, von einem Menschen also, der sich in einen Wolf verwandelt und dann andere Menschen überfällt. Im 18. Jahrhundert wurde gefangenen Wölfen häufig noch der Prozeß gemacht, wobei sie meist zum Feuertod verurteilt wurden.

Ein wildes Tier flieht vor dem Menschen und greift ihn nicht an: Dies ist ein Gesetz mit wenigen Ausnahmen. Es gilt für die großen tropischen Raubtiere: Löwen, Tiger, Leoparden usw. Die seltenen Fälle von menschenfressenden Tigern lassen sich durch eine Behinderung dieser Tiere erklären, die es ihnen unmöglich macht, ihre gewohnte Beute zu jagen; so hatte einer dieser Tiger einen Stachelschweinstachel in der Pfote.

Manchmal schafft das moderne Leben neue Beziehungen zwischen Mensch und Tier, die gefährlich sein können. In Nordamerika kommen Grizzlybären, angelockt von Müllkippen, in die Nähe von Siedlungen: Mensch und Bär stehen sich manchmal Auge in Auge gegenüber, was gefährlich werden kann.

Die Unterbringung von Tieren in Zoos und im Zirkus, die viel ›engere‹ Beziehungen zwischen Menschen und Raubkatzen (oder anderen Arten) bewirkt, sind Ursache von schweren oder gar tödlichen Unfällen. Ebenso sind Haustiere, insbesondere Stiere oder große Hunde, nicht immer ungefährlich. Die Verantwortung des Menschen, der große Wachhunde nicht angemessen erzieht, wird hier deutlich.

In Afrika haben z. B. Büffel oder auch Nashörner mehr als einmal Menschen angegriffen und getötet, aber dabei handelte es sich um Jäger, die das Tier angegriffen oder verwundet hatten. Das gleiche gilt für Elefanten.

Krokodile und Haie. Die Blutrünstigkeit der Krokodile ist viele Male in Abenteuererzählungen oder Comics ausgeschlachtet worden. Nur die großen Arten – Nilkrokodil und Leistenkrokodil – sind wirklich gefährlich. Das Leistenkrokodil richtet in Südostasien zuweilen ein Blutbad an, jedoch nur nach Schiffsunglücken, wenn Dutzende von Menschen im Meer treiben. Mit anderen Worten, unter außergewöhnlichen Umständen.

Mehrere große Haiarten stehen in dem beständigen Ruf, Menschenfresser zu sein. Während die beiden größten Haie, der Walhai und der Riesenhai, harmlose Planktonfresser sind, können u. a. Blauhai, Heringshai, Sandhai, Macohai, Kammzähner, Hammerhai, Tigerhai und der Weißhai wirklich gefährlich werden. Der drittgrößte Hai (er wird in Ausnahmefällen 10 m lang), der Weißhai, ist sehr wohl in der Lage, einen Menschen zu verschlingen. Von Zeit zu Zeit passieren Unfälle, z. B. vor den Küsten Australiens, wo er in großer Zahl vorkommt, und vereinzelt sogar im Mittelmeer, in dem der Weißhai und einige andere der genannten Arten vorkommen.

Zwei Arten von Reizen führen den Hai zu seiner Beute: Vibrationen im Wasser und Gerüche, insbesondere der Geruch von Blut. Ein Unterwasserjäger sollte keinen blutigen und verletzten Fisch mit sich herumtragen. Dem hartnäckigen Gerücht zum Trotz dreht sich der Hai beim Angriff nicht auf den Rücken.

Verschiedenste Maßnahmen werden gegen Haie eingesetzt: Haikäfige, abstoßende Mittel (Kupferacetat), Haisperren, sogar abgerichtete Delphine.

Die Gefährdung durch Haie, Krokodile, eventuell auch Riesenschlangen ist statistisch nicht bedeutend. Gifttiere sind eindeutig gefährlicher.

Gifttiere. Es ist aufschlußreich, daß sich giftige Arten bei fast allen zoologischen Gruppen finden. So gibt es giftige Seeigel und desgleichen einige giftige Kraken und Schnecken, wie die Kegelschnecke. Jeder weiß, daß es auch viele Insekten (Bienen, Wespen, Ameisen), Spinnentiere (Spinnen, Skorpione) und Tausendfüßer (Bandasseln) Gift besitzen.

Einige Giftfische sind zu nennen: Rochen, wie der Stechrochen, oder das Petermännchen, das an den Stacheln der ersten Rückenflosse Giftdrüsen besitzt, sich im allgemeinen aber in größeren Tiefen aufhält. Auch Amphibien können Gift absondern, haben aber keine Übertragungsorgane. Bei den Reptilien gibt es neben zahlreichen Schlangen auch Giftechsen, z. B. die Krustenechse in den nordamerikanischen Wüsten. Nur sehr wenige Säugetiere sind giftig, z. B. einige Spitzmäuse und das Schnabeltier, das mit einem Giftsporn ausgestattet ist. Festzuhalten ist, daß es keine giftigen Vögel gibt.

In unseren Breiten können einige giftige Arten gefährlich werden, so z. B. einige Schlangen (Kreuzotter, Aspisviper), zwei Spinnenarten (Wasserspinne, Grüner Dornfinger) sowie – unter bestimmten Bedingungen – einige Arten der Hautflügler.

Hautflügler. Diese besitzen häufig einen Stachel, der mit einem Giftsack verbunden ist. Wenn das Insekt sticht, wird der Stachel in das Opfer hineingestoßen und schnell wieder herausgezogen: Das Gift rinnt durch die zwei mit Widerhaken versehenen Lanzetten, aus denen der Stachel besteht. Manchmal kann das Insekt seinen Stachel nicht mehr aus dem Körper des Opfers herausziehen und läßt ihn mit einem Teil seines Hinterleibs stecken. Es stirbt dann. Der Stich der Hornisse ist sehr schmerzhaft, aber entgegen früheren Vorstellungen nicht gefährlicher als jeder andere Wespenstich.

Aber vor allem eine größere Zahl von Stichen kann gefährlich werden, falls Wespen oder Bienen in Massen angreifen, sowie Stiche in den Mund (was natürlich selten vorkommt). Die entstehende Schwellung kann die Atmung behindern. Allergiker sind ebenfalls besonders gefährdet.

Quallen. Am Strand oder im Meer sollte man den Kontakt mit Quallen vermeiden. Diese sind wie alle Nesseltiere nesselnd, etwa wie die Brennessel. Sie haben nämlich winzige Zellen mit einer Giftkapsel, die mit einem Spiralfaden ausgestattet ist. Die Zelle hat an der Außenseite einen Fortsatz. Sobald ein Tier – oder ein Mensch – diesen berührt, stülpt sich der Nesselfaden aus und impft ihm das Gift ein. Da viele Nesselfäden gleichzeitig reagieren, kann das Brennen recht stark sein. Es kann zu Quaddelbildung kommen, unter Umständen auch zu Muskelkrämpfen oder fiebrigen Erkrankungen, das Gift der Feuerquallen kann sogar zum Tod führen.

In den letzten Jahren wurde das Auftreten großer Quallenansammlungen an den europäischen Atlantik- und Mittelmeerküsten beobachtet. Es handelte sich hierbei um Schirmquallen, insbesondere um Ohrenquallen. In Griechenland traten örtlich solche Massen auf, daß das Wasser zu kochen schien und Boote blockiert wurden. Die Ursachen dieses spektakulären Gedränges scheinen komplex zu sein. Die Bestände der quallenfressenden Fische wurden zu stark dezimiert. Das überreiche Planktonangebot und die Temperatur spielen eine Rolle sowie die Strömungen, die die Quallen an die Küste treiben. Diese Quallenschwemme tritt meist im Sommer auf.

A, B · **Hornisse.**
Diese große Wespe (3 cm), deren Stich sehr schmerzhaft sein kann, baut ein Kugelnest aus mit Speichel vermengten Holzfasern in alten Bäumen, manchmal auch auf Dachböden, in Schornsteinen usw. Das Nest kann einen Durchmesser von bis zu 50 cm haben und acht Stockwerke zählen (›Waben‹). Es hat oft mehrere Eingänge, an denen Wachen stehen.

SPUKENDE TIERE

In Presse und Rundfunk hört man häufig von furchteinflößenden ›Bestien‹, die hier und dort erscheinen. Manchmal wird das Tier gefunden: ein streunender Hund oder eine aus dem Zirkus entlaufene Raubkatze. In anderen Fällen findet man nichts. So machte 1977 das ›Vogesenungeheuer‹ von sich reden. Dabei handelte es sich wahrscheinlich um ein von einem Spaßvogel abgerichtetes Tier. Das ›Monster von Touquet‹, das 1986 auftauchte, war eine Inszenierung, die Urlauber erschrecken sollte.

FAUNA

Aspisviper und Kreuzotter. Beim Thema Gifttiere denkt man unwillkürlich an Schlangen. Große Gefahr besteht vor allem in den tropischen Regionen, in denen es zahlreiche giftige Arten gibt (Kobras, Klapperschlangen, Mambas, Vipern usw.) und die Menschen häufig barfuß gehen. Man schätzt die Zahl der an den Folgen eines Schlangenbisses sterbenden Menschen auf 30 000 pro Jahr.

Einige Schlangen haben regelrechte *Giftzähne:* in ihnen befindet sich eine Furche, durch die das Gift fließen kann. Das Gift wird von einer umgewandelten Speicheldrüse produziert, die zu einer *Giftdrüse* geworden ist.

Die meisten Nattern besitzen keine Giftzähne. Außerdem wird ihr Gift durch ihren Speichel stark verdünnt. Die Eidechsnatter, eine Trugnatter, hat zwar zwei Furchenzähne für den Abfluß des Giftes, aber sie sitzen hinten am Rachen und machen die Schlange somit weniger gefährlich.

Bei den Vipern sitzen die Giftzähne dagegen vorne im Maul. Die Zähne sind von einem richtigen Giftkanal durchbohrt und liegen bei geschlossenem Maul nach hinten geklappt; sie richten sich im Augenblick des Bisses auf. Da die Giftdrüse durch einen Muskel zusammengepreßt wird, wird das Gift wie mit einer Spritze injiziert. Das Gift hemmt meist die Gerinnungsfähigkeit des Blutes und führt zu Blutergüssen unter der Haut und in inneren Organen. An der Bißstelle kommt es zu starken Schmerzen und Schwellungen.

In Deutschland leben zwei giftige Arten: die Aspisviper und die Kreuzotter. Die Aspisviper kommt vor allem im Mittelmeerraum vor und in Deutschland nur im äußersten Süden des Schwarzwaldes. Die eher nordische Kreuzotter bevölkert v. a. Waldzonen Europas bis zum Polarkreis. Die Aspisviper bevorzugt steinigen Boden, Buschwerk und sonnige Plätze. Auch die Kreuzotter kann man an solchen Stellen finden, aber sie bewohnt auch Torfmoore und andere feuchte Zonen.

Nach in Frankreich erstellten Statistiken befinden sich 43 % der Vipernbisse bei Erwachsenen am Fuß oder am unteren Teil des Beines. Dieser Anteil steigt bei Kindern auf 71 %. Hände und Unterarme werden bei 51 % der Erwachsenen und nur 28 % der Kinder gebissen. In der Bundesrepublik Deutschland ist seit 25 Jahren kein Todesfall nach einem Kreuzotterbiß mehr bekannt geworden.

Das Schlangengift dient mehr dazu, Beute zu töten und vorzuverdauen, weniger der Feindabwehr. Meist wird eine Schlange vor dem Menschen flüchten statt anzugreifen. Außerdem wird die Wirkung des Kreuzottergiftes weit übertrieben.

Die bedingte Gefahr, die von Giftschlangen ausgeht, rechtfertigt nicht die systematische Vernichtung, der sie zum Opfer fallen – und die im übrigen auch oft andere Schlangen trifft. Von den in Deutschland vorkommenden Schlangen sind Äskulapnatter, Würfelnatter und Aspisviper akut vom Aussterben bedroht, und auch die Kreuzotter ist als stark gefährdet anzusehen.

Vögel. Von Zeit zu Zeit berichtet die Presse von Menschen, die von Vögeln angegriffen wurden, die auf sie eingehackt hätten. In dieser Hinsicht hat Alfred Hitchcocks Film *Die Vögel* das Denken geprägt. Die Wirklichkeit ist weniger furchteinflößend. Die Greifvögel, die manchmal jemanden angreifen, sind fast immer aus dem Zoo oder privaten Haltern entflogene Tiere, die für die Beizjagd abgerichtet wurden. Diese an die menschliche Gegenwart gewöhnten, von ihr ›erfüllten‹ Tiere haben die Neigung, sich dem Menschen wieder zu nähern. Sie tun dies ungeschickt und versuchen z. B., sich auf dem Kopf oder der Schulter eines Passanten niederzulassen. Dieser fühlt sich durch Schnabel und Krallen angegriffen.

In anderen Fällen will der Vogel sein Nest oder sein ›Revier‹ verteidigen. Mittelgroße oder große Arten scheuen sich nicht, einen Hund oder sogar einen Menschen aus ihrem Revier zu vertreiben. Meist hackt der Vogel auf den Eindringling ein und biegt dann ab.

Einige Arten gehen etwas weiter. Die Raubmöwen (den Möwen verwandt, mit braunem Gefieder, nisten in den nordischen Regionen, z. B. in Island, und ziehen während des Vogelzugs an unseren Küsten vorbei) z. B. sind berüchtigt wegen ihrer Piratenmanieren: Sie bedrängen andere Meeresvögel, so daß diese erbeutete Fische fallen lassen, und fangen sie im Flug. Raubmöwen schrecken nicht davor zurück, einen Menschen, der in ihr Nistgebiet eindringt, anzugreifen. Sie ›ohrfeigen‹ ihn buchstäblich mit ihren Flügeln.

Das hartnäckige Gerücht, daß Adler Kinder stehlen, hält sich teilweise heute noch. Die wenigen gemeldeten Fälle hielten einer strengeren Überprüfung nicht stand. Ein Greifvogel von der Größe des Steinadlers oder des Seeadlers könnte bei günstigsten Bedingungen ein Baby von 7 kg mit in die Lüfte tragen.

In Wirklichkeit sind die in unseren Breiten regelmäßig wieder auflebenden Gerüchte über Greifvögel, Raben, Wölfe, Luchse und Wildkatzen Ausdruck von Mißtrauen und Feindseligkeit gegenüber den wildlebenden Tieren. Unwissenheit schürt Angst, Angst schürt Haß, und Haß führt zur Vernichtung. Eine solche Einstellung macht Maßnahmen des Naturschutzes und zur Wiedereinführung von verschollenen Arten natürlich schwierig. Man muß leider feststellen, daß kulturelle Überlieferungen oder auch Vorurteile in vielen Bereichen zu lange die Angst vor der Natur am Leben erhalten haben und damit der Erhaltung ursprünglicher Landschaften und wildlebender Tiere entgegengerichtet sind. Aber glücklicherweise kündigt sich ein Gesinnungswandel an.

Affen. Die europäischen Forscher und Jäger des vergangenen Jahrhunderts stellten den Gorilla als furchterregenden Affen dar, der Elefanten erschlagen oder Frauen entführen könne. Dieses Bild hat sich bis heute gehalten und wurde gefördert vom Kino, durch Lieder, Bilderbogen und Zirkuswerbung. In Wirklichkeit ist der Gorilla ein friedlicher Primat, der nur ganz selten gefährlich wird, z. B. wenn man sein Junges bedroht. Die Angriffsgebärden eines Gorillas, der seine furchtbaren Schreie ausstößt und sich manchmal aufrichtet und sich auf die Brust schlägt, sind zwar eindrucksvoll, sollen aber nur einschüchtern.

Man sollte nicht vergessen, daß die höherentwickelten Affen (Gorillas, Schimpansen, Orang-Utans) über eine beachtliche Körperstärke verfügen. Ein Schimpanse z. B. kann einen Menschen im Kreis herumwirbeln, wenn er ihn an der Hand faßt. Außerdem haben diese Affen ein gefährliches Gebiß. Insbesondere mit Schimpansen haben sich schon schwere Unfälle in Zoos oder bei Veranstaltungen ereignet. Es ist also Vorsicht geboten bei diesen Tieren, die als ausgewachsene Tiere nicht als Haustiere geeignet sind. Ein Grund mehr, die internationalen Konventionen zum Schutz dieser Tiere zu beachten.

Haustiere. Unter den Haustieren sind in den letzten Jahren die Kampfhunde als gefährliche Hausgenossen in das Gerede gekommen. Ihre gemeinsamen Merkmale sind hohe Aggressivität (gefördert durch Zucht und Erziehung), geringe Schmerzempfindlichkeit und fehlende Angst. Die steigende Zahl von Unfällen mit diesen von manchen Menschen als ›Waffen‹ gehaltenen Hunden fördert Überlegungen, ihre Haltung gesetzlich zu verbieten.

Viele andere Tiere können für den Menschen zu einem Risiko anderer Art werden: durch Übertragung von Krankheiten (s. Körper und Gesundheit).

A **Aspisviper.**
Sie ist erkennbar an ihrem dreieckigen Kopf mit leicht gestauchtem Maul. Ihre Färbung ist unterschiedlich. Sie trägt auf dem Rücken ein dunkles Zickzackmuster. Ihre Nahrung besteht v. a. aus kleinen Nagern.

B **Weißhai.**
Der berühmteste ›Menschenfresser‹ ist an unseren Küsten sehr selten, obwohl er sowohl an der Atlantik- wie an der Mittelmeerküste schon gesehen wurde. Er ist erwiesenermaßen der gefährlichste Hai. Die größten Tiere finden sich jedoch in den tropischen Gewässern. Trotz seines Namens hat dieser Hai einen hellgrauen Rücken, jedoch eine weiße Bauchseite.

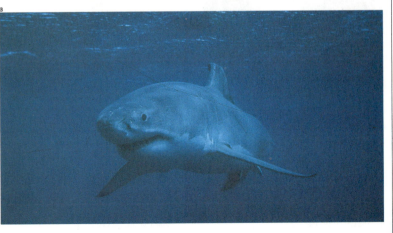

FAUNA

AUSSERGEWÖHNLICHE TIERE

ELEKTRISCHE TIERE UND LEUCHTTIERE

Verschiedene Tiere verfügen über elektrische oder Leuchtorgane, die ihnen als Verteidigungsmittel, als Orientierungshilfe oder zur Verständigung zwischen den Geschlechtern dienen.

Elektrische Tiere. Während es Leuchttiere in den meisten Stämmen gibt, sind alle elektrischen Tiere Fische.
Zitterrochen. Einer der bekanntesten ist eine Rochenart, der Zitterrochen. Der 60 cm bis 1 m lange Rochen ist an den europäischen Küsten recht häufig. Seine elektrischen Organe sehen aus wie eine Anhäufung von kleinen Säulen, die einen großen Teil seines ›Körpers‹ einnehmen. Diese vielen kleinen Säulen bestehen aus Hunderten von Scheiben. Bei einer Aktivierung des Nervensystems wird die Oberseite jeder Scheibe positiv und die Unterseite negativ geladen. Das Ganze wird daher zu einer Art galvanischem Element. Ein Feind, der den Zitterrochen bedroht, kann einen richtigen elektrischen Schlag bekommen.
Andere elektrische Fische. Ähnliche Organe haben auch einige andere Fische, insbesondere der südamerikanische Zitteraal: Seine Stromstöße erreichen 600 Volt. Bei den afrikanischen elektrischen Fischen, den Nilhechten, dienen die elektrischen Organe, die aus abgeflachten Muskelzellen bestehen, dagegen der Erzeugung eines elektrischen Feldes. Störungen des Feldes helfen dem Fisch bei der Orientierung und beim Aufspüren von Beute.

Einige südamerikanische Süßwasserfische, wie z. B. der Messeraal *(Eigemannia)* und der Schwanzflossen-Messeraal, sind zwar mehr oder weniger nahe mit dem Zitteraal verwandt, verwenden ihre elektrischen Organe allerdings nicht für Angriff und Verteidigung, sondern – wie die oben genannten afrikanischen Arten – zur Orientierung.

Der Messeraal, so genannt wegen der langgezogenen Form von Körper und Schwanz, gibt 250 bis 600 elektrische Impulse pro Sekunde ab. Der Schwanzflossen-Messeraal erreicht tausend Entladungen pro Sekunde. Die Schwingungszahlen sind bei diesen Fischen so unterschiedlich, daß ein Experte sie allein daran schon erkennen könnte.

Leuchttiere. Bei ihnen gibt es eine größere Vielfalt. Die Mikroorganismen, die das Meeresleuchten bewirken, sind Dinoflagellaten, mikroskopisch kleine Organismen, die zu den Geißeltierchen gehören. Es gibt viele leuchtende Meerestiere unter den Quallen, den Seesternen, den Weichtieren (insbesondere den Kalmaren), den Krebstieren usw. Während des Kriegs im Pazifik nutzten japanische Offiziere zur Übermittlung von Nachrichten nachts ein Pulver aus Muschelkrebsen.
Tiefseetiere. Der Tintenfisch *Vampyroteuthis infernalis* verdankt seinen Namen seinen außergewöhnlichen Leuchtorganen, die in großer Tiefe blinken. Ebenfalls dort in der Tiefsee – wo eine natürliche Lumineszenz besonders nützlich ist – finden sich viele Leuchtfische. Sie senden rotes, blaues, weißes Licht usw. aus. Derselbe Fisch kann in verschiedenen Farben scheinen. Diese Fische besitzen Leuchtorgane, die Photophoren genannt werden. Ihre Zahl schwankt stark, und sie sitzen an den unterschiedlichsten Körperstellen. Einige bestehen nur aus einfachen Anhäufungen von Zellen, andere hingegen aus einem Schirm, Reflektoren, Linsen, einer Art Lid usw. Das Licht wird ständig oder nur zeitweise produziert. Manchmal ist es so stark, daß man noch in 2 m Entfernung eine Uhr lesen könnte.

Aber diese Fische verwenden ihre Photophoren keineswegs als Scheinwerfer. Sie wollen nichts beleuchten, sondern sich gegenseitig aufspüren oder Beutetiere anlocken. Übrigens kommen Leuchtfische nicht nur in der Tiefsee vor.
Insekten. Auch verschiedene Insektenarten leuchten. Die berühmteste ist der **Große Leuchtkäfer** oder **Glühwürmchen**. Dieser in Europa recht verbreitete Käfer weist einen starken Geschlechtsdimorphismus auf. Das flügellose Weibchen ist größer als das Männchen, und nur das Weibchen leuchtet mit seiner Hinterleibsspitze; sein grünliches Licht zieht die Männchen an.

Beim **Kleinen Leuchtkäfer** leuchten auch die Männchen, die Larven und die Eier. Die **Cucujos** dienen den südamerikanischen Indios manchmal als Laterne. Die Larve des Cucujo trägt den Beinamen ›Eisenbahnwurm‹, weil er in bunten Farben leuchtet.

Die Eigentümlichkeiten der Leuchttiere sind auf *Biolumineszenz* (und nicht auf Phosphoreszenz) zurückzuführen. Hierbei wird ohne Temperaturerhöhung ein kaltes Licht erzeugt, das aus der Oxidation einer von besonderen Zellen produzierten Substanz, des *Luziferins*, durch ein Enzym, die *Luziferase*, entsteht. Die Lichtausbeute ist hervorragend. Bei einigen Fischen scheinen symbiontische Leuchtbakterien eine Rolle zu spielen; dies gilt auch für manche Tintenfische, die in Hauteinsackungen manchmal gleich mehrere Arten von Leuchtorganen beherbergen. Der Tiefsee-Tintenfisch Heteroteuthis stößt bei Gefahr eine Wolke aus Leuchtbakterien aus, die den Angreifer blendet.
Verschiedene Phänomene. Im Zusammenhang mit dieser Biolumineszenz sind noch einige seltsame Phänomene zu erwähnen. Das Skelett des **Hornhechts**, eines Meeresfisches mit schnabelartig verlängertem Kiefer, leuchtet über lange Zeit. Die Augen von Katzen, Hunden und anderen Raubtieren (z. B. die von Scheinwerfern angestrahlten Augen eines Fuchses) scheinen im Dunkeln zu leuchten dank einer irisierenden Schicht, die ihre Aderhaut bedeckt und wie ein Spiegel wirkt, wenn diese Tiere angeleuchtet werden. Ein mit einer Ultraviolettlampe angestrahlter **Skorpion** fluoresziert wunderbar in einem lebhaften Gelb. Das gleiche gilt für einige **Korallen**. Die höchstentwickelten Leuchtorgane (z. B. bei den Tiefseebeilfischen) besitzen neben einer lichtreflektierenden Schicht sogar eine Linse und gelegentlich einen Farbfilter; zudem können sie eine Blende aufweisen.

Die Leuchtdauer kann 0,1 Sekunden bis einige Minuten betragen. Das Leuchten wird vielfach durch Berührungs- oder Lichtreize hervorgerufen, scheint aber zudem unter nervaler Kontrolle zu stehen.

A · Glühwürmchen.
Die letzten Hinterleibssegmente des flügellosen Glühwurmweibchens geben das gelbgrüne Licht ab und bilden einen stark strahlenden Leuchtpunkt. Das Tier kann das Leuchten nach Belieben abstellen. Das geflügelte Männchen leuchtet nicht. Der Große Leuchtkäfer hat eine weitere Besonderheit: Die erwachsenen Tiere fressen nichts. Die Larven ernähren sich von Schnecken.

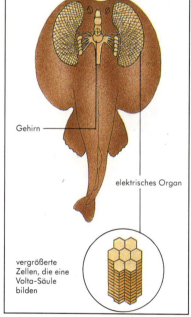

B · Zitterrochen.
Zu beachten sind die Lage und die Struktur der elektrischen Organe. Der Zitterrochen hat einen scheibenförmigen Körper. Er kann seine Stromstöße je nach Art der angegriffenen Beute dosieren. Das ist notwendig, da er bis zur nächsten Entladung eine Weile warten muß. Fischer haben dem Zitterrochen den Beinamen ›Zitterer‹ oder ›Betäuber‹ gegeben, um die Wirkung der Stromstöße zu verdeutlichen.

DIE LEUCHTEULEN

Manchmal löst ein seltsam leuchtendes Objekt in der Nacht Furcht aus. Es handelt sich um eine Schleiereule, die sich an einer schimmelüberzogenen Baumrinde gerieben hat. An ihren Federn ist etwas von dem Schimmel geblieben, der in der Nacht leuchtet. Die Eule hat also nichts Furchterregendes an sich. Sie sucht sogar die Nähe des Menschen, da sie in Scheunen, Dachböden oder Glockentürmen haust.

FAUNA

FLIEGENDE TIERE

Im Laufe der Geschichte der Tierwelt entwickelte sich das Flugvermögen bei den Insekten und den Vögeln sowie bei einer Gruppe von Säugetieren, den Fledermäusen, und einem Seitenzweig der Reptilien im Mesozoikum, den **Flugsauriern**.

Fliegende Fische. Dennoch findet sich eine gewisse Fähigkeit zu fliegen oder zumindest zu gleiten bei verschiedenen anderen Wirbeltieren. So gibt es fliegende Fische, deren bekanntester Vertreter der **Schwalbenfisch** ist. Seine Brustflossen sind stark vergrößert. Beim Anfliegen schlägt er schnell mit den Brustflossen und der Schwanzflosse. Dann streckt der Schwalbenfisch seine Bauchflossen aus und gleitet 200 bis 300 m weit mit einer Geschwindigkeit von bis zu 90 km/h. Der **Flughahn** kann ähnliche Leistungen vollbringen; er springt in Bögen über den Wellen.

Die fliegenden Süßwasserfische sind weniger bekannt. In Afrika gelingt es dem 10 cm langen **Schmetterlingsfisch** ebenfalls, dank seiner vergrößerten Brustflossen, mehrere Meter weit zu ›fliegen‹.

Im Amazonasgebiet und in Guyana lebt ein außergewöhnlicher Fisch, der **Beilbauchfisch**. Der 4 cm lange Fisch, der auch ›Fliegendes Beil‹ genannt wird, ist perlmuttfarben mit einem extrem stromlinienförmigen Bauch. Dieser Bauch ermöglicht ihm das Fliegen wie einem Gleitboot. Außerdem verfügt der Beilbauchfisch über sehr kräftige Brustmuskeln, die sich in eine Art Brustbein einfügen. Diese Muskeln wirken auf die sichelförmigen Brustflossen. Der Fisch hebt schwirrend aus dem Wasser ab, indem er etwa wie ein Kolibri schnell mit den Brustflossen schlägt. Auf diese Weise gelingt es ihm, fliegende Insekten zu fangen, und dies ist ziemlich einzigartig bei einem Fisch. Jedenfalls fliegt der Beilbauchfisch richtig, während die anderen fliegenden Fische eher gleiten als fliegen.

Amphibien und Reptilien. Unter den Amphibien haben indomalaiische Frösche, die Ruder- oder **Flugfrösche**, stark entwickelte Schwimmhäute an Vorder- und Hinterbeinen: Daher können sie von Baum zu Baum springen oder ›Fallschirmabsprünge‹ machen.

Ferner gibt es Reptilien, die durch die Luft gleiten. Ebenfalls in Südostasien verdankt eine kleine Echse von 12 cm ihren Namen **Flugdrachen** ihren lebhaft bunten Flughäuten, die an beiden Seiten des Körpers von den verlängerten Rippen gehalten werden. In der gleichen Gegend finden sich fliegende **Geckos**, die Flughäute zwischen den Zehen, am Körper entlang und an beiden Seiten des Schwanzes haben.

In dieser asiatischen Region leben auch fliegende Schlangen, die sich von einem Baum abstoßen und hinuntergleiten, indem sie die Rippen spreizen. Dadurch bildet sich eine Furche an ihrem Bauch, die den Fall bremst.

Säugetiere. Die Fähigkeit zum Gleitflug hat sich – schönes Beispiel für Konvergenz – bei drei verschiedenen Säugetierzweigen herausgebildet. Die australischen **Phalanger**, das sind kleine Beuteltiere, haben behaarte Flughäute zwischen Vorder- und Hinterbeinen. Diese Flughäute bilden das, was man *Patagium* nennt. Außerdem weist der Schwanz bei einigen Arten eine Doppelreihe starrer, langer Haare auf, wodurch er einer Feder ähnelt. Er dient ihnen als Steuerruder beim Gleiten. Die Größe der fliegenden Phalanger schwankt zwischen 7 cm bei den ›Akrobaten‹ und 1 m beim großen Gleiter von Queensland. Das Weibchen nimmt sein Junges, auf dem Rücken festgeklammert, mit in die Lüfte.

Die südostasiatischen **Gleitflieger** bilden ihre eigene kleine Ordnung der Riesengleitflieger. Sie sind eine alte, mit den Insektenfressern verwandte Gruppe. Die Gleitflieger messen etwa 40 cm. Ihr Patagium setzt am Hals an und reicht unter Einbeziehung der Gliedmaßen bis zur Schwanzspitze. Wie ein Hirschkäfer gleitet der Gleitflieger von Baum zu Baum. Das Weibchen trägt sein Junges, das sich an seinen Zitzen festhält. Während des Fluges verliert es nur ein Fünftel seiner Höhe.

Die dritte Gruppe der gleitenden Säugetiere ist die der **Flughörnchen**. Diese in verschiedenen Regionen beheimateten Tiere (Afrika, Amerika usw.) haben ebenfalls ein Patagium zwischen Vorder- und Hinterbeinen, das von der Schulter bis zum Handgelenk verläuft, wo es durch einen nach hinten faltbaren Stützsporn verlängert wird und über das Fußgelenk bis zur Schwanzbasis verläuft. Als Steuer und auch als Tragfläche dient der buschige, zum Teil auch federartig abgeflachte Schwanz. Einige legen fliegend Strecken von 400 m zurück. Kleine afrikanische Flughörnchen heißen auch ›Flugmäuse‹. Sie können mit der geringsten Luftströmung auf- oder absteigen. Der einzige Vertreter in Europa ist das in Nordosteuropa und Nordasien beheimatete Europäische Flughörnchen.

A · **Pteranodon.**
Einer der größten Flugsaurier des Mesozoikums (8 m Spannweite). Es ist gelungen, Modelle dieses Tieres herzustellen und sie fliegen zu lassen.

B · **Schwalbenfisch.**
Der bekannteste fliegende Fisch; typischer Anblick in tropischen Meeren. Er ist an den europäischen Mittelmeerküsten selten. Dort ist der Flughahn häufiger.

C · **Flugfrosch.**
Er lebt in den südostasiatischen Wäldern, die auch fliegende Echsen, Geckos, Schlangen, Hörnchen und Gleitflieger beherbergen. In den oft überschwemmten Wäldern ist es von Vorteil, den Boden zu meiden.

D · **Europäisches Flughörnchen.**
Das einzige europäische Flughörnchen. Es ist 17 cm lang (Schwanzlänge 12 cm) und lebt in den finnischen und russischen Wäldern; es gleitet etwa 50 m weit und kann während des Fluges die Richtung ändern.

FLIEGENDE KALMARE

Kopffüßer bewegen sich meistens nach dem Rückstoßprinzip vorwärts. Kalmare haben einen derart hydrodynamischen Körper, daß sie durch ihre eigene Geschwindigkeit manchmal über die Meeresoberfläche hinausschießen. Sie können bis zu 7 m aus dem Wasser herausschnellen und bis zu 50 m durch die Luft segeln. Die Pechvögel unter ihnen landen auf einem Schiff.

FLIEGENDE SPINNEN

Bei einigen Spinnenarten spinnen die jungen Spinnen im Spätsommer lange Fäden, die ›Marienfäden‹. Der Wind trägt die Fäden mit den kleinen Spinnen davon. Sie können so bis in 1 500 m Höhe gelangen; der Wind vermag sie 200 km von ihrem Ausgangspunkt wegzuwehen. Die Odyssee der Spinnen endet unter Umständen an unvorhergesehenen Stellen, manchmal auch auf hoher See.

FAUNA

AUSSERGEWÖHNLICHE TIERE

TIERE UND WERKZEUGE

Die Prähistoriker betrachten einen fossilen Primaten automatisch als Menschen, falls er Werkzeuge benutzt hat. Zwar trifft es zu, daß nur der Mensch bearbeitete und handgerechte Werkzeuge benutzt, aber auch eine kleine Anzahl wilder Tiere verwendet Werkzeuge. Diese Fähigkeit interessierte insbesondere die Psychologen, die daraufhin von einer begrenzten Elite der Tierwelt sprachen.

Verschiedene Tiere. Ein Rabe bemächtigt sich einer Nuß, fliegt mit ihr hoch und läßt sie zur Erde fallen, damit sie zerbricht. Eine Möwe verfährt gleichermaßen mit einer Muschel.

Besser noch: Die **Drossel** schlägt Schneckenhäuser, um sie zu zerbrechen, auf aus dem Boden ragende Steine.

Der **Schmutzgeier**, ein kleiner afrikanischer Geier (kommt auch in Südeuropa vor), hat eine Vorliebe für Straußeneier, aber sein Schnabel ist zu schwach, um sie zu öffnen. Also nimmt er einen Stein, hebt den Kopf und läßt den Stein auf das Ei fallen.

Der **Seeotter** im Nordpazifik hat die Gewohnheit, sich wie ein Brett im Meer treiben zu lassen. Er legt sich dann einen Stein auf den Bauch und schlägt die Muscheln darauf, bis die Schalen brechen. Einige **Sandwespen**, den Wespen verwandte Insekten, nehmen einen kleinen Stein zwischen ihre Oberkiefer und stampfen damit die Erde fest, um den Eingang zu ihrem Erdbau zu verstecken. Eine **Schwarzdrossel** wurde im Winter beobachtet, wie sie einen kleinen Zweig nahm, damit etwa 900 cm² Schnee in einer Dicke von 4 bis 5 cm wegfegte und dann ihre Nahrung auf der Erde suchte. In Ostasien und Australien lebende **Grasmücken**, die ›Näherinnen‹ genannt werden, befestigen mit einem Spinnen- oder einem anderen Faden die Ränder eines großen Blattes aneinander. So entsteht eine Tüte, in die sie ihr Nest bauen. Einige durchbohren sogar die Blätter, um den Faden durchzuziehen. Eine dieser Grasmücken, der **Weitraum-Zistensänger**, bewohnt die Sümpfe im Süden Europas.

Eine **Ameise** aus den tropischen Regionen der Alten Welt weist ein recht ähnliches Verhalten auf. Zwei Kolonnen dieser Art bringen die Ränder zweier Blätter zusammen. Dann nehmen einige von ihnen eine ihrer eigenen seidenspinnenden Larven. Sie benutzen sie als lebendes Weberschiffchen und verkleben so die beiden Blätter mit dem klebrigen Faden, den die Larve absondert. Die Arbeiterin hält die Larve zwischen ihren Oberkiefern und näht die beiden Blätter regelrecht zusammen.

Der **Darwin-Fink** hat einen kurzen kegelförmigen Schnabel, mit dem er an in Rissen von Baumstämmen versteckte Insekten nicht herankommen kann. Also holt er sich einen Kaktusstachel und schiebt ihn in die Risse, um die Insekten aufzuspießen. Wenn der Stachel zu lang ist, zerbricht er ihn, um die geeignete Länge zu erhalten.

Der weniger bekannte **Neukaledonische Rabe** macht es ähnlich: Er nimmt einen kleinen Zweig zum Insektenfang. Wenn er ihn nicht richtig im Schnabel hat, setzt er ihn ab und nimmt ihn neu auf.

Der **Laubenvogel** ist ein in Australien und Neuseeland vorkommender Sperlingsvogel, der eine Art Laube baut, vor der das Männchen ein Weibchen anzulocken versucht. Mehr noch, er stellt aus Rindenfasern einen Pinsel her, tränkt ihn mit einer Farbe aus Kohle oder zerdrückten Beeren. Schließlich nimmt er diesen Pinsel in den Schnabel und bemalt mit ihm die Innenwände seiner Laube.

Ein nordamerikanisches Nagetier der Gattung **Neotamia** bedeckt die Wege, die zu seinem Erdbau führen, mit in alle Richtungen gelegten Kaktusstacheln, damit ein eventueller Feind kehrtmacht.

Noch ein paar andere Beispiele zum Schluß: Der Elefant ergreift mit seinem Rüssel einen Stock, um sich zu kratzen. Eine Krabbe geht mit einer Seeanemone an jeder Schere umher: So schreckt sie ihre Feinde ab. Eine Spinne benutzt den von ihr gesponnenen Faden als Schleuder: Sie wirbelt ihn mit ihren Beinen herum und schleudert ihn auf vorbeifliegende Insekten. Die Krake wiederum setzt ein Steinchen zwischen die Schalen einer Muschel, um sie besser verschlingen zu können.

Affen. Einige Makaken säubern ihre Nahrung durch Reiben mit Blättern, bevor sie sie fressen. Die japanischen **Makaken** sind fähig, ein Holzbrett zum Waschen von Gemüse zu ›erfinden‹. Sobald ein Tier so etwas herausgefunden hat, macht die Horde, der es angehört, seine Entdeckung nach.

Wenn **Schimpansen** das faulige Wasser aus einer Spalte in einem Baumstamm trinken wollen, nehmen sie eine Handvoll Blätter, tauchen sie ein und lecken sie dann ab. Um Nüsse zu öffnen, nehmen sie manchmal größere Steine, die sie dafür herbeigetragen haben. Zum ›Angeln‹ von Termiten schieben die Schimpansen einen 50 bis 75 cm langen Ast in den Termitenhügel, warten, bis er voll mit Insekten sitzt, ziehen ihn dann heraus und lecken ihn ab. Es ist bemerkenswert, daß der Affe die Blätter vom Ast entfernt, damit er seinen Zweck besser erfüllen kann, und daß er vor allem auch Äste zur späteren Verwendung

DIE MÖWEN UND DIE MUSCHELN

Da hat also eine Möwe am Strand eine Muschel gefunden. Sie nimmt sie auf und erhebt sich in 7 oder 8 m Höhe. Dann macht sie plötzlich in der Luft einen Purzelbaum nach hinten und läßt dabei die Muschel fallen. Wenn die Muschel beim Aufprall auf den Strand noch nicht zerbricht, beginnt der Vogel von vorn. Meistens platzt die Muschel auf. Die Möwe braucht sie nur noch zu fressen.

beiseite legt. Dies weist auf ein echtes ›vorausschauendes Denken‹ hin. Im Falle der Termiten (oder Ameisen) angelnden Schimpansen wie auch bei anderen werkzeugbenutzenden Tieren stellt man fest, daß nicht alle Tiere derselben Art die gleichen Fertigkeiten besitzen. Manchmal handelt es sich nur um einige Populationen innerhalb einer Art. Bei den Schimpansen sind es hauptsächlich die Schimpansen in Tansania und Äquatorialguinea, die Insekten angeln. Man muß also annehmen, daß ein besonders begabtes Tier eines Tages auf eine solche Idee kam. Dann imitierten es seine Artgenossen, wodurch sich das Verhalten in der Population verbreitete.

Daß Tiere Werkzeuge benutzen, ist einer der Beweise dafür, daß einige von ihnen wirklich über Intelligenz verfügen, d. h. die Fähigkeit haben, ein neues Problem zu lösen, das sie mit Instinkt allein nicht lösen könnten.

A · **Seeotter beim Zerbrechen von Muscheln.**

Der Seeotter öffnet Muscheln, indem er sie auf einem auf seinem Bauch liegenden Stein zerschlägt. Die Bestände dieser geschützten schönen Art, die früher wegen ihres Pelzes stark bejagt wurde, konnten im Nordpazifik wieder wachsen.

B · **Schmutzgeier beim Öffnen von Straußeneiern.**

Der Schmutzgeier ist in den Pyrenäen und in der Provence anzutreffen. Er nistet in Spalten an Steilküsten und ist ein hervorragender Segler. Aber in diesen Regionen hat er keine solchen Eierprobleme zu lösen.

C · **Schimpanse beim ›Angeln‹ von Termiten.**

Die berühmte Zoologin Jane van Lawick-Goodall entdeckte dieses erstaunliche Verhalten bei den Schimpansen. Dieser Affe wird traditionell als das intelligenteste Tier angesehen, obwohl es gewagt ist, eine Rangfolge aufstellen zu wollen.

FAUNA

TIEFSEEFAUNA

Die Tiere der großen Meerestiefen, das heißt der Tiefsee, haben die Menschen immer zu Traumbildern angeregt. Es sind ›Monster‹, weniger aufgrund ihrer Größe als durch ihr Aussehen. Die großen Meerestiere sind in den geringeren Meerestiefen anzutreffen, denn das magere Nahrungsangebot der Tiefsee würde zu ihrer Ernährung kaum ausreichen.

Die Tiefsee ist ein Beispiel für einen extremen Lebensraum mit besonderen Umweltbedingungen. Die Lichtintensität nimmt mit zunehmender Tiefe natürlich ab: Schon in 600 m Tiefe ist es vollkommen dunkel, so daß pflanzliches Leben fehlt. Ebenso nimmt die Temperatur mit der Tiefe ab. Dagegen steigt der Druck: Genauer gesagt, steigt der Druck alle 10 m um 1 kg pro cm². So beträgt der Druck in 100 m Tiefe 10 kg/cm², in 1 000 m Tiefe liegt er bei 100 kg/cm² usw.

Fische. Die Tiefseetiere – und insbesondere die Fische – müssen sich diesen speziellen Bedingungen anpassen. Als Zone der Tiefsee werden Tiefen ab 800 bis 1 000 m angesehen. Da es dort keine Algen gibt, sind die Tiere zwangsläufig Raubtiere, Aasfresser oder fressen kleine, bodenlebende Tiere. Die Fische widerstehen dem Druck dank des osmotischen Austausches, der über ihre Haut und die Kiemen zwischen dem Wasser und ihrem Körperinneren stattfindet.

Die Körperform der Fische, die in der Tiefsee leben, ist sehr unterschiedlich. Sie sind schwarz oder rotviolett und haben große Tastorgane, die nichts anderes als Flossenstrahlen sind. Sie besitzen oft Leuchtorgane, obwohl Biolumineszenz und Leben in der Tiefsee nicht zwangsläufig zusammengehören.

Besonders erstaunlich ist, wie sie für die Nahrungsaufnahme ausgestattet sind. Sie können sehr starke Zähne aufweisen oder auch einen sehr dehnfähigen Magen. Der **Schnepfenaal** hat ein zugespitztes Maul mit aufwärtsgebogenen Kiefern. Der **Sackmaulfisch** sieht außergewöhnlich aus: Er ist etwa 60 cm lang und hat einen peitschenschnurartig auslaufenden Körper, während er mit seinem riesigen Maul Beute verschlingen kann, die viel größer ist als er selbst.

Andere Tiefseefische halten sich in Bodennähe auf. Das gilt z. B. für die **Chimären.** Diese Fische schwimmen langsam und wühlen im Schlamm. Die vorne massigen, nach hinten schmaler werdenden Fische sind schwarz, braun, violett oder auch farblos.

Eine seltsame Tatsache ist, daß einige Tiefseefische hochentwickelte Augen haben, während andere blind sind. Jede dieser beiden gegensätzlichen ›Antworten‹, die die Evolution auf die gleiche Situation entwickelte, ist verständlich. Einige Tiefseeanglerfische sind ein kurioses Beispiel für Geschlechtsdimorphismus. Das winzige Männchen lebt so eng auf und mit dem weit größeren Weibchen, daß ihre Kreislaufsysteme miteinander in Verbindung stehen.

Wirbellose. Fische sind nicht die einzigen Tiere in der Tiefsee. Auch allerlei Wirbellose leben dort. Dies sind z. B. Seeigel, Seegurken und vor allem Seelilien; es handelt sich um Stachelhäuter, die auf langen Stielen sitzen, die ihnen den Namen ›Seelilien‹ gaben. Ihre Nachbarn sind Seeanemonen, Steinkorallen, Schwämme, Weichtiere und Armfüßer. Letztere sind sehr eigenartige Wirbellose, die in einer muschelähnlichen Schale mit zwei Klappen leben. Sie sind lebende Fossilien, die sich seit dem Paläozoikum nicht verändert haben.

Altertümlich, aber rezent. Die großen Meerestiefen sind Zufluchtsstätte sehr alter, für die Wissenschaft aber sehr neuer Tiere, da einige erst vor sehr kurzer Zeit entdeckt wurden (s. folgende Seite). Vor Costa Rica wurde 1952 in den Tiefen des Pazifiks ein sehr merkwürdiges Weichtier, die Neopilina, entdeckt. Sie ist die letzte Überlebende der Gruppe der Monoplacophora, von denen man angenommen hatte, daß sie seit dem Devon ausgestorben seien. Neopilina weist Spuren einer Segmentierung auf, so daß man sie als Bindeglied zwischen Weichtieren und Ringelwürmern betrachten kann.

In der Tiefe bewegen sich auch stachlige Krebse, 20 cm lange **Asseln** und auch die bizarren **Asselspinnen** (Pantopoden). Es handelt sich hierbei um eine Klasse eigenartiger Gliederfüßer, deren Körper nicht länger als 10 cm sind, an denen aber acht, zehn oder zwölf sehr lange Beine sitzen. Daher sehen die Asselspinnen aus wie große, schlaksige Spinnen.

Riesenkalmare. In weniger großer Tiefe halten sich wahre Monstren auf, die durch Filme oder Romane sehr bekannt wurden: die Riesenkalmare. Ihre offizielle Rekordgröße liegt bei 17 m, wobei die längsten Fangarme 11 m lang waren. Die Augen der oft rötlichen Kalmare, die der Art *Architeuthis princeps* angehören, haben einen Durchmesser von 40 cm. Verschiedenes deutet darauf hin, daß es noch größere Exemplare gibt. Sie sind in allen Meeren daheim, kommen manchmal an die Oberfläche und stranden zuweilen tot an den Küsten des nördlichen Atlantik.

Diese Riesenkalmare haben einen Feind: den Pottwal. In der Regel steigen Säugetiere nicht in große Tiefen hinab, weil sie zum Atmen wieder an die Oberfläche zurückkehren müssen. Aber der Pottwal taucht bis in 1 000 m und manchmal gar bis in 3 000 m Tiefe hinab. Ein anderer, kleinerer Zahnwal, der Entenwal, erreicht bis zu 1 300 m Tiefe.

Der Pottwal greift Riesenkalmare an. Er stürzt sich auf einen von ihnen, packt ihn mit seinem riesigen Maul und steigt mit ihm wieder hoch. Der Kalmar umschlingt ihn mit seinen Fangarmen. Der Kampf setzt sich an der Oberfläche fort und lockt ein paar Haie an. Nur wenigen Seeleuten war es vergönnt, solche Titanenkämpfe, die eindrucksvollsten in der Tierwelt, zu beobachten. Sicher gewinnt der Pottwal fast immer. Aber es ist dennoch nicht ausgeschlossen, daß ein riesiger Kalmar den großen Wal daran hindern kann, an die Oberfläche zurückzukehren, und ihn so zum sicheren Erstickungstod verurteilt. Um eine Vorstellung von der Größe dieser Riesenkalmare zu bekommen: Sie können eine Gesamtlänge (einschließlich Tentakeln) von über 20 m und ein Gewicht von bis zu drei Tonnen erreichen. In den Mägen von Pottwalen hat man Kalmare gefunden, deren Saugnäpfe bis zu 25 cm und deren Augen bis zu 40 cm Durchmesser besaßen. Solche riesigen Exemplare sind jedoch die Ausnahme.

Man fand auch tote Pottwale, die sich in unterseeischen Kabeln verfangen hatten, die sie angegriffen hatten, weil sie sie für die Fangarme eines Kalmars hielten.

DIE RIESENKRAKEN

Die Riesenkraken sind viel weniger bekannt als die Riesenkalmare. 1898 wurden die sterblichen Überreste eines Riesenkraken an der Küste von Florida angespült; einige Proben sind noch erhalten. Diese rätselhaften kolossalen Achtfüßer scheinen vor allem in den nicht minder mysteriösen ›blauen Löchern‹ der Bahamas zu leben, einer Art unterseeischer Krater. Ihre Ausmaße werden auf 40, 50 oder sogar 60 m Spannweite geschätzt. Ein kleiner, aber ebenfalls unbekannter Krake wurde 1984 im östlichen Pazifik aus der französischen Tauchkapsel *Cyane* gefilmt. Er war 2,50 m lang. Die im Mittelmeer lebenden Kraken können 3 m Länge und 25 kg Gewicht erreichen.

∧ · **Tiefseefauna.**
Die moderne Forschung machte es möglich, diese an ›Reliktarten‹ reiche Tierwelt nach und nach zu entdecken, die Überlebende eines anderen Zeitalters sind.

1. Nematonurus armatus.
2. Architeuthis princeps (Kalmar).
3. Lamprotoxus.
4. Sternopyx diaphana.
5. Argyropelecus hemigymnes.
6. Myctophum asperum.
7. Himantolophus.
8. Chauliodus.
9. Photostomias.
10. Lynophryne.
11. Eustomias.
12. Lasionathus saccostoma.
13. Eurypharynx.
14. Benthosaurus.
15. Gonostoma.

117

FAUNA

AUSSERGEWÖHNLICHE TIERE

NEUENTDECKTE ARTEN

Viele Arten verbergen sich noch im Amazonasgebiet, im tropischen Afrika, in den Meeren und sogar an leichter zugänglichen Orten. Zwar handelt es sich in der Regel um kleine Tiere: So werden jeden Tag unbekannte Insekten, Würmer und Krebstiere beschrieben. Aber dies gilt auch für Tiere von beträchtlicher Größe. Im allgemeinen waren sie der lokalen Bevölkerung schon bekannt, harrten aber noch ihrer wissenschaftlichen Taufe.

Säugetiere. Eine große Raubkatze wurde erst kürzlich entdeckt. Es ist der Onza, der in der westlichen Sierra Madre in Mexiko lebt. Ein paar Schädel und zwei dieser Tiere – insbesondere das Tier, das ein Jäger am 1. Januar 1986 erlegt hat – konnten die Zoologen untersuchen. Der Onza sieht dem Puma ähnlich, aber er hat deutlich schlankere Beine, die ihm fast schon das Aussehen eines Geparden verleihen. Er scheint seine Beute zu hetzen, während der Puma seiner Beute auflauert; daher sind sie keine Konkurrenten.

In Nordjemen wurde 1985 eine unbekannte Gazelle, die Bilkisgazelle, und auf Madagaskar 1987 ein Halbaffe, der **Hapalemur aureus** beschrieben. In den Meeren werden von Zeit zu Zeit noch Wale entdeckt, wie z. B. 1983 eine antarktische Schwertwalart: Bei ihr waren die sonst weißen Hautzonen braun. Jedes Jahr werden neue Nagetiere und Insektenfresser beschrieben.

Vögel. In einem algerischen Gebirge, dem Djebel Babor in der Kleinen Kabylei, machte man 1976 die erstaunlichste Entdeckung, den Kabylischen Kleiber. Kleiber sind kleine Sperlingsvögel, die klettern können. Eine Art, der Europäische Kleiber, kommt sehr häufig in Europa vor. Man sollte nicht glauben, daß an den Ufern des Mittelmeers selbst ein so kleiner Vogel unbemerkt bleiben konnte. Und doch war es so. Französische Ornithologen spielten eine große Rolle bei dieser Entdeckung. Wieder waren es Franzosen, die 1983 auf der Insel Amsterdam im Indischen Ozean einen unbekannten Albatros mit 3 m Flügelspannweite entdeckten.

In Peru wurde 1977 eine Art aus der Gattungsgruppe der Schakuhühner lebend gefunden; man hatte sie seit Ende des vergangenen Jahrhunderts für ausgestorben gehalten. Solche Wiederentdeckungen kommen vor allem bei Vögeln relativ häufig vor.

Reptilien. 1986 geschah etwas Seltsames: Im Laufe eines Kampfes an der Golffront schlug im Iran eine irakische Granate in der Nähe eines Erdbaus ein. Eine große Echse kam heraus und zog die Aufmerksamkeit eines iranischen Soldaten auf sich: Es war ein 40 cm großer Gecko einer völlig unbekannten Art. Durch ein seltsames Zusammentreffen wurde ein anderer, noch größerer Gecko im gleichen Jahr gefunden, und zwar im Naturhistorischen Museum von Marseille. Das war also eine rückwirkende Entdeckung – wie sie recht häufig in den Annalen der Zoologie vorkommt. Das 62 cm große Tier war im letzten Jahrhundert von dem französischen Forscher Dumont d'Urville sowohl in Neukaledonien als auch in Neuseeland gesichtet worden. Tausende von Besuchern waren an seiner Vitrine vorbeigelaufen, und niemand hatte gemerkt, daß es unbekannt war. Ist diese Echse, der größte Gecko der Erde, inzwischen ausgestorben? Oder versteckt er sich noch irgendwo? Momentan weiß man es nicht.

Fische. Der große Hai von 4,50 m Länge, der 1976 vor den Hawaii-Inseln gefangen worden war, entpuppte sich als völlig neue Haifischart. Er hat ein großes Maul, dem er den Namen Großmaulhai verdankt. Um sein Maul herum hat er ein lumineszierendes Gewebe, das wahrscheinlich Beute anlockt. Ein zweites Tier wurde 1984 vor Los Angeles gefangen.

Verschiedene Tiere. Noch häufiger werden Entdeckungen in der Welt der wirbellosen Meereslebewesen gemacht, insbesondere in der Tiefsee. 1975 entdeckte man in einem amerikanischen Museum eine seltsame Garnele, die 1908 bei den Philippinen gefangen worden war. **Neoglyphea** ist eine sehr primitive Krebstierart.

Gymnocrinus heißt ein sehr merkwürdiger Stachelhäuter aus der Gruppe der Seelilien, von dem man dachte, daß er seit dem Paläozoikum verschwunden sei. Er wurde jedoch sehr lebendig 1986 vor Neukaledonien wiederentdeckt.

Eine Spinne in Botswana, ein 2 m langer Regenwurm in der Gebirgskette der Anden, eine Fledermaus in Neuguinea, ein kleines Käuzchen in Peru, ein seltsamer Rochen vor der südafrikanischen Küste, eine Beutelratte in Kolumbien, eine Meerkatze in Gabun, das ist ein Teil der reichen zoologischen Ausbeute der letzten Jahrzehnte in den verschiedensten Gruppen.

Bei den Insekten ist – vor allem aufgrund der ohnehin schon überwältigenden Artenzahl – jede Schätzung unmöglich. Am Fuße des Christus vom Corcovado, der Rio de Janeiro überragt, sammeln sich z. B. fast jeden Tag unentdeckte Schmetterlinge an, die gegen die Scheinwerfer geflogen sind.

DIE KRYPTOZOOLOGIE

Die Kryptozoologie, die von der Wortbedeutung her die ›Wissenschaft von den versteckt lebenden Tieren‹ ist, versucht, das Geheimnis der Tiere zu erforschen, deren Existenz (und noch mehr deren Aussehen) nicht einwandfrei feststeht oder von einigen sogar in Frage gestellt wird. Die Seeschlangen, das Ungeheuer von Loch Ness, der Yeti oder Schneemensch und der Bigfoot in den Rocky Mountains sind die berühmtesten dieser Tiere. Aber es gibt noch viele andere wie z. B. der Mokele-Mbembe im Kongo, den man zuweilen für einen überlebenden Dinosaurier hält. Augenzeugenberichte, Abdrücke, Fotos, Tonaufnahmen und alte Dokumente sind die Beweisstücke, auf die sich ein Kryptozoologe bei seiner Tätigkeit verläßt.

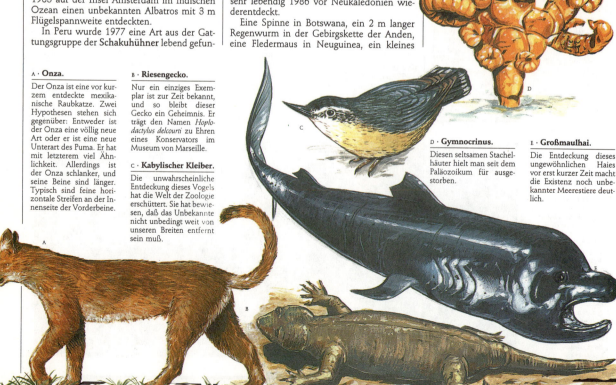

A · Onza.
Der Onza ist eine vor kurzem entdeckte mexikanische Raubkatze. Zwei Hypothesen stehen sich gegenüber: Entweder ist der Onza eine völlig neue Art oder er ist eine neue Unterart des Puma. Er hat mit letzterem viel Ähnlichkeit. Allerdings ist der Onza schlanker, und seine Beine sind länger. Typisch sind feine horizontale Streifen an der Innenseite der Vorderbeine.

B · Riesengecko.
Nur ein einziges Exemplar ist zur Zeit bekannt, und so bleibt dieser Gecko ein Geheimnis. Er trägt den Namen *Hoplodactylus delcourti* zu Ehren eines Konservators im Museum von Marseille.

C · Kabylischer Kleiber.
Die unwahrscheinliche Entdeckung dieses Vogels hat die Welt der Zoologie erschüttert. Sie hat bewiesen, daß das Unbekannte nicht unbedingt weit von unseren Breiten entfernt sein muß.

D · Gymnocrinus.
Diesen seltsamen Stachelhäuter hielt man seit dem Paläozoikum für ausgestorben.

E · Großmaulhai.
Die Entdeckung dieses ungewöhnlichen Haies vor erst kurzer Zeit macht die Existenz noch unbekannter Meerestiere deutlich.

FAUNA

DIE TIERE IN ZAHLEN

GRÖSSEN- UND GEWICHTSREKORDE

Welches ist das größte Tier auf unserem Planeten? In der Regel wird dem Blauen Finnwal oder Blauwal dieser Titel zuerkannt. Mit einer Länge von bis zu 33 m und einem Gewicht zwischen 93 und 120 t – das Weibchen ist größer als das Männchen – ist er unbestritten die schwerste Art auf Erden.

Wirbellose. Die rezenten Tiere, die den Titel ›Riesen‹ auf diesem Planeten beanspruchen könnten, sind nicht die, an die man denkt. Eine Qualle der Nordmeere (*Cyanea capillata*) hat Tentakel von etwa 40 m Länge und somit eine Spannweite von 80 m. Ein Meereswurm aus dem Stamm der Schnurwürmer, der an den Küsten des Ärmelkanals beheimatet ist, ist 10 m lang; er kann sich manchmal bis auf die dreifache Länge strecken! Dabei liegt er nicht dicker als ein Schnürsenkel zusammengerollt unter den Steinen an der Küste. Seinen wissenschaftlichen Namen *Lineus longissimus* verdient er voll und ganz. Die Anzeichen deuten darauf hin, daß die Riesenkraken der Bahamas Fangarme von 25 bis 30 m Länge und somit eine Spannweite von 60 m haben.

Bleiben wir bei den Wirbellosen und erinnern uns an parasitische Würmer, den Bandwurm und den Fischbandwurm, die bis zu 10 m lang werden. Ein Meeresringelwurm der Gattung *Eunice* erreicht 8 m. Die Japanische Stelzenkrabbe steht auf übermäßig langen Beinen, und ihre Scheren erreichen eine Spannweite von 4 bis 5 m. Dagegen ist ihr Körper höchstens 30 cm breit. Der der typischen Taschenkrebsform ähnlichere Körper der Tasmanischen Riesenkrabbe mißt 40 cm in der Breite; dieses eindrucksvolle Tier wiegt 13 kg.

Bei den Muscheln sind die Riesenmuscheln der tropischen Meere zu erwähnen. Ihre Schale wiegt bis zu 200 kg. Diese Riesenmuscheln verdanken ihren in Frankreich üblichen Beinamen Weihwassermuscheln der Tatsache, daß ihre Schalen früher in Kirchen verwendet wurden.

Fische. Bei den meisten Gruppen leben die größten Arten im Meer. Das ist angesichts der Weite des Ozeans nicht erstaunlich. Die Fische weichen von dieser Regel ab. Ihr Rekordhalter ist der Walhai. Dieser friedliche Planktonfresser der tropischen Meere sieht mit seinem breiten Kopf und seinem wie kariert aussehenden weißgefleckten Rücken seltsam aus. Er wird bei einem Gewicht von 43 t zwischen 16 und 20 m lang. Der Riesenhai steht mit einer Länge von 8 bis 12 m an zweiter Stelle. Bei den Süßwasserarten messen einige Störe bis zu 4 m und konkurrieren so mit verschiedenen Welsarten, die die gleiche Länge erreichen.

Reptilien. Das größte Krokodil ist das Leistenkrokodil an den mittelasiatischen und australischen Küsten. Dieses Tier, das sich gerne auf hohe See hinauswagt, kann bis zu 10 m lang werden. Unter den Schlangen werden die südamerikanischen Anakondas und die größten asiatischen und afrikanischen Pythons sicherlich ebenfalls 10 m lang. In vielen Berichten hört man von deutlich größeren Tieren. Da Schlangen und Krokodile heute aber wegen ihrer Haut getötet werden, können sie ihre Maximalgröße kaum mehr erreichen, weshalb sehr große Tiere selten sind.

Bei den Echsen gilt in der Regel der Komodowaran, der auf kleinen indonesischen Inseln beheimatet ist, als das längste Tier. Das ist ein Irrtum. Zwar ist dieses eindrucksvolle Tier aufgrund seines massigen Körpers mit einem Gewicht von 160 kg die schwerste Echse, aber der Salvadoriwaran auf Neuguinea übertrifft ihn in der Länge. Dieser kann dank seines überlangen Schwanzes mehr als 4 m lang werden, während der Komodowaran nur auf 3 m kommt.

Die größte Schildkröte ist die Lederschildkröte, deren Panzer bis 2 m messen kann. Der Panzer der Galapagosriesenschildkröte, die oft für die größte Schildkröte gehalten wird, wird nicht länger als 1,20 m.

Amphibien. Unter den Amphibien sind unbestritten der Chinesische und der Japanische Riesensalamander mit einer Länge von 1,50 bzw. 1,85 m die Riesen.

Vögel. Größter rezenter Vogel ist der Strauß, der leicht 2,50 m Scheitelhöhe erreicht.

Säugetiere. Bei den großen Säugetieren mißt man die Schulterhöhe. Der Afrikanische Elefant mit einer Schulterhöhe von 3,50 m oder sogar 4 m gilt traditionell als das größte landbewohnende Säugetier der Welt. Er wiegt 7 t,

---

WICHTIGSTE REKORDE: GRÖSSE, GEWICHT, SPANNWEITE, LEBENSDAUER, SCHNELLIGKEIT

Größe (in Metern)

Säugetiere	
Waltiere	
– Blauwal	33
Rüsseltiere	
– Afrikanischer Elefant	
(Schulterhöhe)	4
Wasserraubtiere	
– See-Elefant	6,50
Landraubtiere	
– Kodiakbär	
(stehend)	2,70
Primaten	
– Berggorilla	2
Vögel	
– Strauß	
(Scheitelhöhe)	2,50
Reptilien	
Krokodile	
– Leistenkrokodil	10
Schlangen	
– Anakonda	10
– Felsenpython	10
Echsen	
– Salvadoriwaran	4,20
Amphibien	
– Riesensalamander	1,85
Fische	
Meeresfische	
– Walhai	20
Süßwasserfische	
– Stör	4
– Wels	4
Weichtiere	
– Riesenkalmar	17
– Riesenkrake	
(Spannweite: 60 m)	30
Würmer	
Schnurwürmer	
– Lineus	30
Ringelwürmer	
– Eunice	8
Plattwürmer	
– Bandwurm	10
Quallen	
– Cyanea (Durchmesser, Tentakellänge bis 40 m)	2

Gewicht (in Tonnen)

Blauwal	120
Pottwal	50
Nordkaper	50
Walhai	43
Riesenhai	40
Afrikanischer Elefant	11
Weißer Hai	5
See-Elefant	4
Flußpferd	3
Mantarochen	3
Breitmaulnashorn	2
Mondfisch	2
Leistenkrokodil	1,5
Lederschildkröte	0,8
Kodiakbär	0,7
Gorilla	0,4
Anakonda	0,2

Spannweite (in Metern)

Wanderalbatros	3,6
Gemeiner Pelikan	3,6
Marabu	3,3
Andenkondor	3,2
Höckerschwan	3
Bartgeier	3
Gänsegeier	2,8
Grauer Kranich	2,5
Steinadler	2,5
Weißstorch	1,8
Graureiher	1,7
Baßtölpel	1,7
Mantelmöwe	1,7

Einige Albatrosse und Pelikane sollen 4 m erreicht haben. Der Flamingo ist ein seltenes Beispiel für einen Vogel, dessen Spannweite (1,5 m) geringer ist als seine Größe (1,6 m).

Lebensdauer (in Jahren)

Die Angaben sind nicht immer belegt, zudem gilt in einigen Fällen die angegebene Lebensdauer für das Leben in Gefangenschaft und nicht in freier Wildbahn.

Riesenlandschildkröte	200
Krokodil	100
Griech. Landschildkröte	100
Seeanemone	100
Elefant	70
Kolkrabe	70
Ara	64
Pferd	61
Adler	55
Riesensalamander	55
Flußaal	50
Wels	50
Orang-Utan	50
Flußpferd	50
Löwe	49
Karpfen	47
Schimpanse	45
Strauß	40
Hund	35
Katze	35
Bär	34
Insektenlarven	30
Wal	30
Trichine	30
Kanarienvogel	24
Sperling	23
Delphin	20
Wolf	16
Kaninchen	15
Fuchs	14
Käfer	12
Hase	12
Taube	10
Regenwurm	10
Igel	7
Meerschweinchen	7
Biene	5
Maus	4
Seepferdchen	4
ausgewachsene Eintagsfliegen	einige Stunden bis einige Tage

Geschwindigkeit zu Land (in km/h)

Säugetiere	
Gepard	110
Reh	98
Antilope	95
Löwe	80
Hirsch	78
Hase	70
Pferd	69
Zebra	65
Windhund	60
Giraffe	50
Wolf	45
Elefant	40
Vögel	
Strauß	50
Reptilien	
Krokodile	13
Schlange (Mamba)	11

Geschwindigkeit in der Luft

Säugetiere	
Fledermäuse	20 bis 50
Vögel	
im Sturzflug	
Wanderfalke	360
Steinadler	300
im Horizontalflug	
Segler	200
Knäk- und Krickente	120
Austernfischer	100
Schwan	90
Ente	85
Rebhuhn	84
Fasan	60
Kranich	50
Möwe	40
Krähe	40
Fische	
Schwalbenfisch	90
Insekten	
Libelle	75
Schwärmer	50

Geschwindigkeit im Wasser

Säugetiere	
Delphin	64
Schwertwal	55
Wal	48
Ohrenrobbe	40
Vögel	
Pinguin	40
Reptilien	
Lederschildkröte	35
Fische	
Segelträger	110
Schwertfisch	90
Blauhai	70
Thunfisch	70
Lachs	40
Forelle	37
Hecht	33

FAUNA

DIE TIERE IN ZAHLEN

manchmal 10 oder 11 t. Der Asiatische Elefant begnügt sich mit einer Höhe von 2,5 m. Darauf folgen die Nashörner, insbesondere das afrikanische Breitmaulnashorn mit einer Schulterhöhe von 1,70 m und einem Gewicht von 2 t.

Betrachtet man nur die Scheitelhöhe, so steht natürlich die Giraffe mit 5,50 m an der Spitze. Das zweihöckerige Trampeltier und das einhöckerige Kamel (oder Dromedar) kämen auch auf einen guten Platz.

Verschiedenes. Riesen gibt es natürlich in allen zoologischen Gruppen. Die exotischen Regenwürmer werden bis zu 3 m lang. Die größten Insekten sind schon erwähnt worden. Was das die berüchtigten südamerikanischen Spinnen betrifft, so sind das die berüchtigten südamerikanischen Vogelspinnen. Sie messen 9 cm bei einer Beinspannweite von 27 cm. Ein afrikanischer Skorpion verdankt seinen wissenschaftlichen Namen *Pandinus imperator* seinen 18 cm Länge; er ist schwarz und wenig gefährlich.

GESCHWINDIGKEITS-REKORDE

Ob sie sich im Wasser, auf dem Land oder in der Luft bewegen, die Tiere haben ihre Geschwindigkeitsrekordler. Die schnellsten Arten begegnen sich nicht, gleichgültig, in welcher natürlichen Umgebung sie leben. Luft, Wasser und insbesondere das Meer begünstigen eine schnelle Fortbewegung, aber dies gilt nicht in gleichem Maße für alle Biotope auf dem Land. Die schnellsten Säugetiere sind die Bewohner von Ebenen, Steppen oder Wüsten und nicht die im Wald lebenden Tiere. Je nach Fall handelt es sich um Raubtiere, denen ihre Schnelligkeit das Fangen ihrer Beutetiere ermöglicht, oder umgekehrt um die potentiellen Opfer dieser Fleischfresser, die durch ihre Schnelligkeit eine Chance haben, zu entkommen.

Land. Der Gepard und verschiedene Gazellen und Antilopen, die in der afrikanischen Savanne beheimatet sind, sind ein hervorragendes Beispiel für dieses Prinzip. Der Gepard erreicht mit Leichtigkeit 90 km/h und wahrscheinlich über allerdings sehr kurze Strecken auch 110 km/h. Seine nicht einziehbaren Krallen (einmalig bei den Katzenartigen) helfen ihm beim Festkrallen im Boden. Einige Antilopen, insbesondere der Springbock, kommen ihrerseits auf 95 km/h. In unseren Breiten erreicht der Hase 70 km/h. Das Rennpferd, das von dem in der Steppe lebenden Wildpferd abstammt, erreicht 69 km/h. Mit seinem zum Rennen geschaffenen Körper sichert sich der Windhund ebenfalls einen guten Platz. Um 1930 legte der berühmte Greyhound Pigalle Wonder auf der Hunderennbahn von White City in Großbritannien 480 m in 28 Sekunden und 44 Hundertstel zurück (etwa 61 km/h).

Geschwindigkeit ist nicht alles. Der Wolf begnügt sich mit 45 km/h, aber dafür ist seine Ausdauer beachtlich; dies gilt vor allem für ausgewachsene Tiere. Auch wenn ein angreifender Elefant nicht über 40 km/h schnell ist, so ist er dennoch nicht minder eindrucksvoll.

Luft. Bei den Vögeln muß man scharf trennen zwischen Geradeausflug und Sturzflug. Im ersten Fall sind die Segler sicherlich am schnellsten. An Sommerabenden erfreuen uns die Mauersegler über unseren Dächern mit ihren schwindelerregenden, 200 km/h schnellen Verfolgungsflügen. Es scheint, als müßten sie gegen eine Mauer prallen, aber im letzten Moment weichen sie aus. Man muß erwähnen, daß sie sehr gute Augen haben. Nur einem einzigen Greifvogel, dem Baumfalken, gelingt es in Ausnahmefällen, einen Mauersegler zu fangen.

Im Sturzflug schreibt man einem Wanderfalken, der sich auf seine Beute stürzt, 360 km/h zu: Der Falke erzeugt dabei ein Geräusch wie ein Düsenflugzeug. Obwohl er deutlich schwerer ist, bringt es der Steinadler ›nur‹ auf 300 km/h.

In gerader Linie fliegen die Knäk- und Krickenten leicht 120 km/h. Ein an unseren Küsten häufiger Stelzvogel, der Austernfischer, soll kaum niedrigere Geschwindigkeiten erreichen. Bei den Insekten erreichen die Libellen 75 km/h.

Meer. Im Meer liegt ein mit dem Schwertfisch verwandter, ebenfalls einen speerförmigen Fortsatz am Oberkiefer tragender Fächerfisch mit etwa 110 km/h an der Spitze. Der Schwertfisch selbst erreicht 90 km/h, gefolgt vom Blauhai und dem Thunfisch, die bis zu 70 km/h erreichen. In der Gruppe der Meeressäugetiere erreicht der Delphin Schätzungen zufolge 64 km/h.

LANGSAMKEITS-REKORDE

Hier fällt einem sofort die Schnecke ein: Man schreibt ihr eine Geschwindigkeit von 50 m/h zu. Das träge Faultier in Amazonien bewegt sich am Boden mit einer Geschwindigkeit von 110 bis 150 m/h. Und der langsamste Vogel? Die Wiesenralle hat mit 20 km/h gute Aussichten auf den Titel.

A · **Gepard.**
Das schnellste Landsäugetier lebte früher in fast ganz Afrika und Westasien bis nach Indien und Turkestan. Es ist durch den Handel mit Pelzen und lebenden Tieren sehr selten geworden.

B · **Delphine.**
Dank ihrer hydrodynamischen Körperform sind Delphine sehr schnelle Schwimmer. Die Struktur ihrer Haut fördert eine laminare Strömung des Wassers ohne jeden Wirbel.

RIESIGE WEISSE HAIE?

Der große einzellebende, gefräßige und gefährliche Weißhai *(Carcharodon carcharias)* wird manchmal auf 10 oder gar 12 m Länge geschätzt. Solche Maße sind aber die Ausnahme. Allerdings hört man in verschiedenen Berichten von Begegnungen mit übermäßig großen Weißen Haien. So soll 1954 in der Nähe von Timor ein Schiff von einem enormen Tier angegriffen worden sein. Ein paar seiner Zähne blieben im Schiffsrumpf stecken; sie bildeten einen Halbkreis von 1 m Radius. Wenn es wirklich Weiße Haie von 20 m Länge und mehr in den Ozeanen gibt, könnten sie zu der Art *Carcharodon megalodon* gehören, die man als Fossilien kennt oder mit dieser eng verwandt sein.

FAUNA

SPRUNGREKORDE

Im Weitsprung schafft der Frosch problemlos Sprünge von 2 m (oder gar 5 m). Einige Säugetiere schneiden deutlich besser ab: Der Schneeleopard springt 15 m weit; das Känguruh 13 m; der Springbock 12 m; der Hund 9 m; einige Affen 8 m; das Eichhörnchen 5 m. Andere sprungbegabte Säugetiere sind: die Wüstenspringmaus, der Rüsselspringer (Spitzmaus mit Rüssel) und der Koboldmaki. Bei den Insekten macht der Floh Sprünge von 33 cm, die Heuschrecke von 3 m.

Im Hochsprung hält der Delphin den Rekord (7 m), gefolgt von Mantarochen (5 m), Känguruh (4 m), Hund (3,50 m) und Pferd (2,50 m).

EINE ENTE

In den fünfziger Jahren berichtete man von der Entdeckung einer asiatischen Fliege, die Überschallgeschwindigkeit erreichen könne! Seriöse Autoren nahmen sich der Sache an: Unter diesen Umständen wäre die Fliege zerrissen worden.

A · **Kolkrabe.**
Die Langlebigkeit des Raben wurde häufig übertrieben, aber er wird wirklich sehr alt. Der Kolkrabe lebt an Steilwänden an der Küste und im Gebirge ebenso wie in Wäldern und Wüstenlandschaften.

B · **Bartwürmer.**
Erst 1914 entdeckte man in den Tiefen des Meeres diese seltsamen Wirbellosen, die in einer aus Hautdrüsen abgeschiedenen Röhre leben.

C · **Elefant und Elefantenkalb.**
Nach 20 bis 22 Monaten Tragzeit wird das Junge geboren und gut beschützt von der übrigen Herde. Die jungen Elefanten leben zusammen in einem ›Kindergarten‹, in dem sie jeweils von einer erwachsenen Kuh überwacht werden.

LEBENSDAUER UND FRUCHTBARKEIT

Die Lebensdauer der Tiere ist ein Thema, bei dem es viele Irrtümer gibt. Denn es ist schwer, sie mit Sicherheit zu bestimmen, insbesondere bei den freilebenden Tieren. Einige Techniken, wie das Beringen von Vögeln, ermöglichen genauere Angaben. Dennoch ist es angebracht, bei jeder Art zwischen der durchschnittlichen und der potentiellen Lebensdauer, die ein Tier theoretisch erreichen kann, zu unterscheiden.

Für ein freilebendes Tier ist das Leben voller Gefahren, seien es die Unbilden der Witterung, Krankheiten, Unfälle, Parasiten, Raubtiere oder die Einwirkung des Menschen. Unter diesen Umständen ist es eine Leistung, ein hohes Alter zu erreichen. Einige Tiere haben durch ihre Größe einen Vorteil. Ein erwachsener Elefant braucht z. B. keine Feinde zu fürchten, ebensowenig wie die großen Raubtiere – vom Tiger bis zum Weißhai – selbst. Allerdings drohen diesen Tieren andere Gefahren.

Mensch. Man staunt vielleicht, wenn man hört, daß eine der langlebigsten Arten der Mensch ist. Mit seiner potentiellen Lebenserwartung von 80 bis 100 Jahren hat er nur einen Rivalen unter den Säugetieren: den Elefanten, der fast gleich alt wird.

Vögel. Vögel werden keine hundert Jahre alt. Der Kolkrabe kann 70 Jahre alt werden, ihm folgen Papageien und die großen Greifvögel.

Reptilien. Krokodile und kleine Landschildkröten werden manchmal 100 Jahre alt. Große Landschildkröten erreichen das biblische Alter von zwei Jahrhunderten: Es handelt sich bei ihnen um Schildkröten, die auf den Galápagosinseln oder halbdomestiziert auf einigen Inseln im Indischen Ozean und im Südatlantik leben. Unter diesen Umständen darf man sich vorstellen, daß die Schildkröten von Sankt Helena Napoleon gekannt haben. Lurche hingegen werden nicht so alt: Frösche 14–16 Jahre, Kröten bis 40 Jahre.

Verschiedene Tiere. Bei den Fischen scheint ein halbes Jahrhundert das Höchstalter zu sein. Würmer werden 30 Jahre alt; Weichtiere 50 Jahre; Insektenlarven 30 Jahre. Einige Seeanemonen werden angeblich sogar über 100 Jahre alt.

Altersbestimmung. Neben der Anbringung künstlicher Markierungen zur Feststellung des Alters (z. B. Vogelberingung) gibt es eine Reihe natürlicher Altersmerkmale, die man zur Altersbestimmung nutzen kann. Dazu gehören: Form und Tracht (z. B. Jugend- und Erwachsenenkleid bei Vögeln), Größe und Gewicht, Maße bestimmter Körperteile (z. B. der Rosenstöcke beim Rothirsch), Durchbruch, Wechsel und Abnutzung der Zähne bei Säugetieren, Jahresringe oder -schichten an Schuppen oder Skelettteilen (bei Fischen) oder am Sporn von Hühnervögeln.

FRUCHTBARKEIT BEI VÖGELN

Die Fruchtbarkeit der Vögel weist große Unterschiede auf, die Zahl der Eier pro Gelege schwankt zwischen einem Ei (beim Eissturmvogel und beim Schlangenadler) und etwa 20 Eiern (bei Rebhühnern). Viele Vögel brüten auch mehrmals in einem Jahr.

Art	Zahl der Eier pro Gelege	Bruten pro Jahr
Steinadler	2	1
Lachmöwe	3	1
Stockente	8–10	1–2
Graureiher	3–5	1–2
Kiebitz	4	1
Mauersegler	2–3	1
Rauchschwalbe	4–5	2–3
Kohlmeise	9–12	1–2
Amsel	4–5	2–3
Star	5–7	1–2
Haussperling	4–5	2–3

BRUTZEITEN BEI VÖGELN

In der Regel ist die Brutzeit bei Vögeln in etwa ihrer Größe proportional. Hier einige Beispiele (Angaben in Tagen):

Sperling	13	Kormoran	35
Taube	13–17	Höckerschwan	35
Kolibri	14–17	Uhu	35
Krähe	19–20	Strauß	42
Haushuhn	21	Pinguin	53
Kiebitz	27	Bartgeier	55
Stockente	28	Albatros	60–90
Storch	33	Kiwi	75–80

TRAGZEITEN EINIGER SÄUGETIERE

	Tage		Tage
Opossum	13	Biber	180
Maus	21	Hirsch	240
Ratte	23	Gorilla	255
Kaninchen	29	Delphin	276
Eichhörnchen	36	Kuh	280
Igel	38	Seehund	300
Katze	60	Wal	305–365
Hund	63	Pferd	335
Löwe	110	Kamel	394
Makake	160	Elefant	623–660

FAUNA

TIERSCHUTZ

ÖKOLOGIE

Jede in der Natur vorkommende Tierart bevorzugt einen oder mehrere bestimmte Lebensräume. In dieser Beziehung sind einige Arten sehr, andere weniger stark spezialisiert. Viele Arten haben sich im Laufe der Jahrhunderte an von Menschen geschaffene oder veränderte Lebensräume so sehr angepaßt, daß sie allgegenwärtig geworden sind.

Zu dieser ökologischen Zuordnung nach natürlichem Lebensraum kommt die geographische Verteilung. Jede Art verteilt sich über eine bestimmte geographische Fläche, die man auf einer Karte abstecken kann. Diese Fläche ist nicht konstant, sondern kann sich ausdehnen oder kleiner werden. Bei den Wandertieren muß man zwischen Fortpflanzungsgebieten, Wanderungszonen und Überwinterungsgebieten unterscheiden. Die geographische Verbreitung (oder Verteilung) der Tiere ist Thema der *Zoogeographie* (die zur *Biogeographie* wird, wenn man darüber hinaus auch die Pflanzen betrachtet).

Warum bevölkert ein bestimmtes Tier eher den einen als den anderen Lebensraum? Warum kommt die Tannenmeise vor allem in Nadel- und die Blaumeise in Laubwäldern vor? Warum lebt eine Art in dieser und keiner anderen Region? Warum lebt der Jaguar in Amerika und der Leopard in Afrika und Asien? Die Antwort ist zunächst in der paläontologischen Geschichte der Vorfahren der betreffenden Art zu suchen, die an einem bestimmten Ort in Erscheinung traten. Deren Ökologie und Verbreitung wurden dann von einer Reihe von Faktoren beeinflußt: Nahrung, Temperatur, Helligkeit, Geologie, Raubtiere, Pflanzendecke usw.

So definiert sich jede Art durch eine ›ökologische Nische‹, d. h. durch einen Komplex von Ernährungs- und anderen Bedürfnissen. Daher sind ihrer Verbreitung mehr oder weniger Grenzen gesetzt. Zwei Arten, die in etwa die gleiche ökologische Nische besetzen, stehen miteinander in ›Konkurrenz‹.

In einer natürlichen Umwelt, in die der Mensch nicht eingegriffen hat, befinden sich Tier- und Pflanzenarten im Gleichgewicht. Trotzdem kann durch eine langsame Veränderung der Bedingungen eine Art eine andere verdrängen, wodurch sich der Bestand ändert. In der Regel bildet sich zwischen konkurrierenden Arten wie auch zwischen Raubtier und Beutetier ein recht dauerhaftes Gleichgewicht heraus. Obwohl man es vermuten würde, wird ein Raubtier eine Beutetierart niemals ausrotten. Nehmen wir einmal an, die Hechte fräßen alle kleinen Fische in einem Teich: Dadurch würden sie sich selbst zum Sterben verurteilen.

Nahrungsketten. Es gibt also Beutetierarten in größerer Menge als Raubtiere. Ein Raubtier kann selbst Opfer eines größeren Raubtiers werden. Die größten Raubtiere haben meist – außer dem Menschen – keine Feinde mehr.

Raubtiere und Beutetiere bilden eine Nahrungskette. Im Meer z. B. dient das pflanzliche Plankton (oder *Phytoplankton*), das aus einzelligen Algen besteht, dem tierischen Plankton *(Zooplankton),* das sich aus kleinen Krebstieren und anderen winzigen Tieren zusammensetzt, als Nahrung. Dieses Zooplankton wird von kleinen Fischen gefressen; diese wiederum von größeren Fischen, die ihrerseits Beutetiere von noch größeren Fischen oder Kalmaren sind. Letztere werden von Delphinen oder Robben gejagt, die Opfer des Schwertwals werden können.

Es gibt auch eine kürzere Nahrungskette: Das Zooplankton ist bei sehr großen Meerestieren begehrt, so z. B. Mantarochen, Riesenhai, Walhai und den Bartenwalen.

Im Mittelmeerraum z. B. jagt der Schlangenadler Nattern, die ihrerseits Frösche fressen, welche Insekten fangen, von denen einige noch kleinere Beutetiere fressen usw.

Die Pflanzen, die die Grundlage der Nahrungskette bilden, werden als Primärproduzenten bezeichnet. Die sie verzehrenden Tiere sind Pflanzenfresser. Die Raubtiere auf den folgenden Stufen sind primäre und sekundäre Fleischfresser. Vergessen wir nicht eine letzte Kategorie von Lebewesen, die zwar unsichtbar sind, aber eine wichtige Funktion erfüllen: die Bakterien, die die Überreste aller Organismen nach ihrem Tod abbauen. Sie gehören zu den abbauenden Organismen.

Nahrungspyramide. Das Gewicht der Primärproduzenten übertrifft das der Pflanzenfresser bei weitem, das wiederum größer ist als das der verschiedenen Fleischfresserkategorien. Wenn man daher diese Gewichte, die sogenannte *Biomasse,* berücksichtigt, baut sich aus der Nahrungskette eine *Nahrungspyramide.*

In einer Nahrungskette (oder -pyramide) findet ein Energietransfer statt. Die Energie der Sonnenstrahlung wird zum Teil durch das Chlorophyll der Pflanzen absorbiert: Dies ist die primäre Bruttoproduktivität. Ein Teil davon wird von den Primärkonsumenten genutzt, der Rest von den Bakterien abgebaut.

Mit anderen Worten: Bei jedem Glied der Kette geht ein Teil der Energie verloren. Man kann daraus die ökologische Funktionsfähigkeit eines natürlichen Lebensbereiches ableiten. Die Assimilationsleistung der pflanzenfressenden Tiere, d. h. ihre Fähigkeit, die in den Pflanzen enthaltene chemische Energie zu nutzen, schwankt zwischen 8,7 % und 13,3 %. Bei den Fleischfressern liegt sie zwischen 5,5 % und 22,3 %.

Nahrungsketten bewirken eine Erneuerung der Biomasse, da die lebende Materie der Pflanzen von den Pflanzenfressern konsumiert wird, deren Fleisch von den Fleischfressern verzehrt wird, usw. Die Geschwindigkeit der Erneuerung schwankt je nach Umwelt. In ständig von Wiederkäuern abgeweidetem Grünland läuft sie schneller ab als in einem Wald am Äquator.

Wenn wir einen natürlichen Lebensbereich, z. B. einen See, betrachten, stellen wir fest, daß er sich aus einem unbelebten (Boden und Wasser) und einem belebten (Pflanzen und Tiere) Teil zusammensetzt. Der unbelebte Teil bildet den (oder das) *Biotop,* der lebende Teil die *Biozönose.* Man kann daraus die folgende Gleichung aufstellen:

Biotop + Biozönose = Ökosystem.

Entsprechend sind eine Insel, ein Wald, eine Düne, eine Felswand, ein Sumpf Ökosysteme.

Ökologische Einheiten. Die kleinste Einheit ist die *Synözie.* Verschiedene Arten von z. B. Bakterien, Rundwürmern, Insekten und Milben sammeln sich an Baumstämmen, insbesondere dort, wo der Pflanzensaft austritt. Solche Formen des Zusammenlebens, die in ihrer Zusammensetzung sehr beständig sind, werden Synözien genannt.

Ein *Biom* dagegen weist auf einer sehr weiten Fläche einen homogenen Charakter auf. Beispiele sind die Great Plains in Nordamerika, die sibirische uind kanadische Taiga.

Ein weiterer wichtiger Begriff ist der Begriff der *Klimax.* Dies ist der Endzustand einer ökologischen Entwicklung. Heideland kann sich z. B. allmählich in einen Wald verwandeln, während am Ende der Entwicklung eines Teiches die Verlandung stehen kann.

A · **Spektrum der Beutetiere der Gelbgrünen Zornnatter.**
Bei der Aufstellung eines Spektrums der Beutetiere muß der Prozentsatz der einzelnen Tiere, die ein Raubtier frißt, ermittelt werden. Die Gelbgrüne Zornnatter, die 1,30 m lang wird, lebt im südlichen Europa.

B · **Das Leben in einem europäischen Teich.**
Ein Teich stellt ein typisches Ökosystem dar: Raubtiere und Pflanzenfresser, Pflanzen und abbauende Organismen leben dort normalerweise im Gleichgewicht.

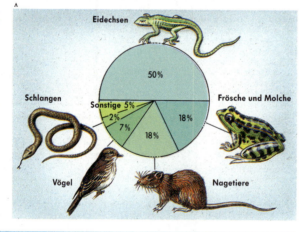

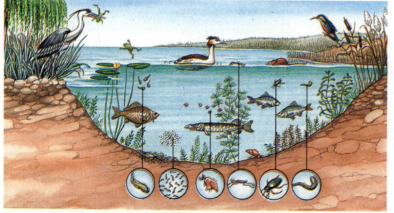

122

FAUNA

ANPASSUNGEN

Seit mehreren tausend Jahren verändert eine Art der Lebewesen, die mächtiger als die anderen ist, die natürlichen Gleichgewichte. Diese Art ist der Mensch. Zahlreiche Tiere fielen in der Vergangenheit diesen Umwälzungen zum Opfer. Dieser Prozeß dauert an. Der Mensch muß den bedrohten Tieren nun zu Hilfe kommen.

Anderen Arten gelang es dagegen, sich anzupassen und in einer vom Menschen veränderten oder geschaffenen Umwelt zu gedeihen. Die Bauwerke der Menschen werden für sie zu Nist- oder Ruheplätzen; die menschlichen Abfälle sind für viele von ihnen eine Nahrungsquelle. Man braucht nur durch eine europäische Stadt zu gehen, um festzustellen, wie viele wildlebende Tiere es dort gibt. Man sieht die Säugetiere zwar kaum, aber man weiß, daß Ratten dort in großer Zahl leben. An Sommertagen flattern einige Kleine Hufeisennasen herum. Verschiedenste Insekten schleichen sich fast überall ein, und eine kleine Tierwelt von Spinnen, Tausendfüßern, Asseln, Würmern usw. bevölkert die Keller und die Kanalisation.

Die Vögel sind die am leichtesten sichtbaren Tiere. Es ist aufschlußreich, daß die Vogeldichte in den Gärten in der Stadt deutlich größer als mitten im Wald ist. Gebäude sind bei vielen Arten, bis hin zum Turmfalken, beliebt. Die moderne Architektur ist leider für den Nistbau weniger gut geeignet.

Bei den Vögeln in der Stadt läßt sich eine doppelte Evolution feststellen, eine zugleich ökologische und ethologische. Verschiedene Arten, die früher nur auf dem Land oder im Wald vorkamen, zogen nach und nach in die Stadt: zuerst z. B. Amsel und Ringeltaube, vor noch nicht so langer Zeit u. a. Krähe, Eichelhäher, Elster und Teichhuhn. Schließlich veränderten die Vögel ihr Verhalten. Sie verließen sich auf das Wohlwollen der Städter, so daß einige sich kaum mehr von Passanten stören lassen und ihnen aus der Hand fressen. Selbst Graureiher schlafen in den städtischen Parks.

Manchmal geht das ein bißchen zu weit. Einige Arten haben derart überhand genommen, daß sie z. B. in der Landwirtschaft zum Problem werden können; in Europa sind es v. a. Sperlinge und Krähen, die in großen Massen die Felder aufsuchen und schädlich werden können; aber auch Kleinsäuger, z. B. Wiesel, Hasentiere, Nagetiere, Maulwürfe. Zwar haben sich vor allem für körnerfressende Arten (besonders für Vögel) die Bedingungen seit Einführung der intensiven Unkrautbekämpfung verschlechtert, doch sind andererseits auch ihre natürlichen Feinde dezimiert.

Hierbei handelt es sich um durch menschliche Gedankenlosigkeit verursachte ökologische Ungleichgewichte. Die Greifvögel, deren Aufgabe die ›Regelung‹ der Zahl der Vögel und Kleinsäuger ist, werden als Endglieder der Nahrungskette ebenfalls oft durch Insektizide geschädigt, deren Anreicherung im Körper u. a. eine dünnere Eischale und damit unter Umständen den Tod des Embryos zur Folge hat.

Fremde Eindringlinge. In jeder Region der Welt finden sich in der Tierwelt Arten, die ursprünglich nicht dorthin gehörten. Diese Tiere wurden vom Menschen absichtlich oder unabsichtlich mitgebracht.

Schiffe und später Flugzeuge oder einfach Obstkisten und Postsäcke transportierten Insekten (wie Schaben oder Mücken), Skorpione, Spinnen oder gar Reptilien oder Vögel um die ganze Welt. Einige dieser Arten haben sich in den Ländern, in die sie gelangten, angesiedelt und sich fortgepflanzt.

Im Laufe ihrer Eroberung der Welt nahmen europäische Forscher und Siedler absichtlich viele Tiere mit in die Länder, die sie entdeckten. Manchmal waren die Tiere nur zum Schmuck oder aus sentimentalen Gründen dabei. Man wollte z. B. Vögel um sich haben, die man liebte. Oder Arten wurden ausgesetzt, damit man sie später jagen konnte. Darum leben heute z. B. Biber in Argentinien, Hirsche auf Neukaledonien und in Neuseeland, Stare in den Vereinigten Staaten usw.

Insekten. Auch Westeuropa beherbergt viele exotische Arten, die hier – leider – seßhaft geworden sind, denn vom ökologischen Standpunkt her sind solche Importe beklagenswert. Unter den Insekten sind neben den klassischen Beispielen Kartoffelkäfer und Reblaus die Argentinische Ameise, die in Blumentöpfen an die Côte d'Azur kam, und der Götterbaumseidenspinner zu nennen. Dieser sehr große Falter wurde im 19. Jahrhundert wegen seiner Seide aus dem Fernen Osten eingeführt, dann aber nicht weiter gezüchtet. Er setzte seine Nachkommenschaft in den Götterbaum, von dem sich seine Raupe ernährt, und ist in einigen Städten immer noch recht häufig.

Krebstiere. Die unabsichtlich eingeführte Chinesische Krabbe hat sich in unseren Wasserläufen ebenso verbreitet wie der absichtlich mitgebrachte Amerikanische Flußkrebs. Bei den Fischen gibt es eine lange Liste von nicht einheimischen Arten, die sich jetzt in unseren Süßgewässern finden (s. S. 107).

Vögel. Bei den Vögeln handelt es sich bisher hauptsächlich um Hühner- und Entenvögel (Gänse und Enten), die sich in Europa angesiedelt haben. Ein schon altes Beispiel: der Jagdfasan, der schon im Mittelalter aus Asien zu uns kam (allerdings stellen neuere Funde dies vielleicht in Frage). Andere Fasanen wie der Königsfasan mit dem sehr langen Schwanz wurden in unseren Wäldern ausgesetzt.

Mehrere Entenvögel sind in Europa so heimisch geworden, daß man sie schon zu den Arten unserer Tierwelt zählen muß. Es handelt sich vor allem um die Mandarinente, die Ägyptische Gans und die Kanadagans. Die letzte Art, eine große Gänseart, war nach Großbritannien und Skandinavien eingeführt worden. Sie verwilderte dort und breitete sich weiter nach Nord- und Mitteleuropa aus. Dieses Phänomen scheint sich auch bei anderen exotischen Arten zu finden. Bei den Flamingos, die hier und dort erscheinen, ist schwer zu sagen, ob sie aus einem Zoo entflogen sind oder aus der Camargue stammen und einen Zug nach Norden unternehmen.

Es passiert häufig, daß Käfigvögel entfliegen. In der Regel sterben sie sehr schnell, weil sie nicht ausreichend angepaßt sind. Aber eine Prachtfinkenart, ein kleiner afrikanischer Sperlingsvogel, hat sich in Portugal verbreitet, und der Kleine Alexandersittich ist gerade dabei, sich in Belgien anzusiedeln.

Säugetiere. Verschiedene Säugetierarten von anderen Kontinenten sind in Europa heimisch geworden. Außer verschiedenen Hirscharten, die absichtlich ausgesetzt wurden, sind dies vor allem vier Amphibienarten, zwei Nagetier- und zwei Raubtierarten. In den meisten Fällen handelt es sich um Tiere, die wegen ihres Pelzes eingeführt worden waren, aber aus den Zuchtbetrieben entwichen sind.

Die Bisamratte hat auf diese Weise alle unsere Teiche und Sümpfe besiedelt, bald gefolgt von der Nutria oder Biberratte. Diese beiden Arten werden oft verwechselt: Die Nutria ist viel größer als die Bisamratte (8 kg gegen 1,5 kg).

Während der Europäische Nerz im mitteleuropäischen Raum praktisch ausgestorben ist, hat sich der – wegen seines schöneren Fells ebenfalls als Pelztier eingeführte – Amerikanische Nerz ausgebreitet, wenn auch in relativ geringen Beständen.

Zwei auf den ersten Blick sympathische Raubtiere, die aber bald lästig werden, verbreiten sich ebenfalls, allerdings weniger schnell. Dies sind der aus Nordamerika stammende Waschbär und der seltsame Marderhund, der aus Rußland kommt. Diese beiden Arten sind heute auch in Nord- und Mitteleuropa zu finden.

DER PLANET DER REGENWÜRMER

Die Regenwürmer allein machen schon etwa zwei Drittel des Trockengewichts der Bodenfauna einer mitteleuropäischen Wiese aus. Im Acker schwanken die Werte zwischen 50 und 500 kg/ha. Auf Feldern mit Bodenruhe und Gründüngung zählt man bis zu 1 000 Regenwurmgänge pro m². Dabei können vor allem von den größeren Arten bis über 1,5 m tiefe, senkrechte Röhren angelegt werden. Die durch den Regenwurm verursachte Durchporung des Bodens ist für das Gedeihen der Kulturpflanzen sehr wichtig. So folgen die Wurzeln vieler Pflanzen den Regenwurmgängen. Außerdem findet sich dort eine erhöhte Zahl von Mikroorganismen, vor allem die wichtigen stickstoffbindenden Bakterien.

A · Wilde Ziegen in Korsika.
Diese verwilderten Ziegen bevölkern die ›Wüste der Agriates‹ im Norden von Korsika. Die schwindelfreien Tiere laufen oben auf den senkrecht abfallenden Steilwänden entlang.

B · Nutria.
Ein großes Nagetier, das an der Teichoberfläche schwimmt. Diese aus Südamerika stammende Art hat unsere Sümpfe erobert. Sie ist dort jetzt Nachbarin der kleineren, nordamerikanischen Bisamratte.

FAUNA

TIERSCHUTZ

HAUSTIERE

Die Bewegung zum Schutz der Haustiere unterscheidet sich in ihrer Einstellung zunächst von der Bewegung zum Schutz der freilebenden Tiere. Ersterer geht es nicht darum, eine Art an sich zu erhalten. Allein schon durch die Tatsache, daß sie domestiziert ist, kann eine Art nicht vom Aussterben bedroht sein, obwohl viele Haustierrassen heute nicht mehr existieren, da ihre Haltung aufgegeben wurde.

Das enge Zusammenleben von Mensch und Haustieren führte dazu, daß die ersten Tierschutzvereine zunächst zum Schutz von Haustieren entstanden, insbesondere von Katzen, Hunden und Pferden, wobei letztere zu jener Zeit in den Städten häufig anzutreffen waren. In der Folge wurde allen Haustierarten gesetzlicher Schutz zuteil. Aber es ist heute immer noch schwierig, den Gesetzgeber zu dem Eingeständnis zu bewegen, daß das Delikt der Tierquälerei auch bei freilebenden Tieren zum Tragen kommen kann.

Während sich der Naturschutz vor allem für die Erhaltung der Arten interessiert, geht es beim Tierschutz im wesentlichen um einzelne Tiere. Er bekämpft Mißhandlung oder Tierquälerei, gleichgültig, ob sie von einzelnen begangen werden oder als Ursache Freizeitbeschäftigungen und Traditionen haben, oder zum Zwecke der Forschung geschehen, wie die Tierversuche, oder wirtschaftlichen Interessen dienen, wie die Massentierhaltung, die in vielen Ländern enorme Umfänge angenommen hat.

Verhalten des einzelnen. Ein Verhalten, unter dem Haustiere zu leiden haben und das die Tierschützer am stärksten mobilisiert hat, ist das Aussetzen von Hunden und Katzen anläßlich der Fahrt in die Ferien. In der Regel wirkt sich die Mode, ein Tier zu halten, später gegen die Tiere aus, die Opfer von Schmuggel, Diebstählen und Euthanasie in Tierheimen werden. Es wird immer stärker zu Sterilisierung und Tätowierung geraten, um eine Ausbreitung solcher Praktiken zu bekämpfen und die Risiken von Diebstahl oder Aussetzen zu vermindern.

Spiele, Sport. Viele Spiele, Sportarten oder grausame Traditionen sind zur Zielscheibe der Tierschützer geworden. Als Beispiele, die die Haustiere betreffen, sind das Schießen auf lebende Tauben, Hahnen- und Hundekämpfe (diese ›Sportarten‹ sind in Deutschland alle verboten) und Stierkämpfe zu nennen. Letztere werden verurteilt, auch wenn keine Tötung vorgesehen ist.

Tierversuche. Obwohl es seit der Antike Tierversuche gibt, haben diese doch erst seit dem 19. Jahrhundert an Bedeutung gewonnen. Anfänglich waren sie auf naturwissenschaftliche und medizinische Bereiche beschränkt, fanden im 20. Jahrhundert aber dann auch Anwendung in vielen anderen Bereichen: Kosmetika, Färbemittel, Schädlingsbekämpfungsmittel, Farben und Waffen werden an Tieren getestet. Die Zahl der dabei getöteten Tiere wird weltweit auf 800 Millionen geschätzt, davon etwa 2,4 Millionen in der Bundesrepublik Deutschland (1984), wobei die Zahlen im Zurückgehen begriffen sind. Der Begriff ›Tierversuch‹ ist exakter als der enger gefaßte Begriff der Vivisektion.

Von den durchgeführten Versuchen waren 6 % mit erheblichen Schmerzen, Leiden oder Schäden verbunden, bei 2 % war eine notwendige Schmerzlinderung möglich, bei 4 % hingegen ausgeschlossen. Rund 68 % der Versuchstiere waren geringeren Belastungen (z. B. Injektionen) ausgesetzt oder wurden noch in Narkose getötet.

Argumente gegen rein kommerzielle Versuche sind leicht zu finden, aber bei Versuchen mit naturwissenschaftlicher und medizinischer Zielsetzung wird es schwieriger. Tierschützer machen geltend, daß rein wissenschaftliche Versuche oft nur der Neugier des Forschers dienen. Die Versuche in der Medizin beruhen indessen auf der Übertragbarkeit der Ergebnisse auf den Menschen, was längst nicht immer zuverlässig ist.

Allmählich setzen sich allerdings Methoden durch, die einen Verzicht auf Tierversuche ermöglichen, z. B. Zellkulturen, Computersimulationen, mathematische Modelle und viele andere Techniken. Viele Wissenschaftler sind nun selbst die ersten, die solche Methoden fördern und anwenden.

Massentierhaltung. Ein anderer Bereich, der im 20. Jahrhundert sehr große Bedeutung gewann, die Massentierhaltung oder Haltung in Zuchtbetrieben, ist ein Hauptkritikpunkt der Tierschützer geworden. Diese Art Tierhaltung kam um 1950 auf und war eine Folge der Bevölkerungsentwicklung in den westlichen Ländern und der Verringerung des für die traditionelle Tierhaltung verfügbaren Platzes.

Bei der Massentierhaltung werden z. B. Kälber in Boxen gesperrt, in denen sie sich nicht bewegen können. Bis zum Schlachten nach etwa drei Monaten werden sie oft in Dunkelheit gehalten, mit einer milchähnlichen Flüssigkeit als Hauptnahrung. Hühner werden am Boden oder auf Drahtgitter zu 20 oder 25 Tieren pro m² eingepfercht. Legehennen werden in mehreren Etagen zu 4 bis 5 Tieren in Käfige von 40 x 40 cm gesperrt, deren Boden abgeschrägt ist.

Die konzentrationslagerähnliche Haltung bietet ein Experimentierfeld für verschiedenste neue Techniken, die alle das Tier zu einem Objekt degradieren. So werden durch einen Kaiserschnitt zur Welt gekommene Ferkel in Plastikblasen eingeschlossen, die sie eine Monat lang von der Welt abschließen. Diese Tiere sind dann frei von spezifischen krankheitserregenden Organismen.

Eine Kampagne zur Förderung der Rückkehr zur traditionellen Tierhaltung wurde gestartet, die es dem Verbraucher ermöglichen soll zu erfahren, wie das Tier, dessen Fleisch oder Eier er gekauft hat, gehalten wird.

Schlachten und Stopfen. Die Schlachtbedingungen wurden ebenfalls gesetzlich geregelt, die Tötung ohne vorherige Betäubung ist verboten. Was aber nicht heißt, daß das Gesetz immer beachtet wird. Auch das Stopfen von Gänsen für die Gänseleberproduktion war Ziel heftiger Proteste und ist bei uns verboten.

Rechte des Tieres. 1978 wurde von der UNESCO die Allgemeine Erklärung der Rechte des Tieres verkündet. Eine Internationale Liga der Rechte des Tieres, die in vielen Ländern von nationalen Ligen unterstützt wird, bemüht sich um ihre Durchsetzung. In Deutschland treten u. a. für die Rechte der Tiere ein: Verein zum Schutz gegen tierquälerische Massentierhaltung e.V., der Deutsche Tierschutzbund e.V., der Bundesverband der Tierversuchsgegner e.V., Vereinigung Ärzte gegen Tierversuche e.V. und einige andere.

Die Anerkennung der Rechte des Tieres stützt sich auf Ergebnisse moderner Wissenschaften. Die Ethologie und die Zoopsychologie haben die hohe Intelligenz vieler Tiere nachgewiesen. Aus ethischen Überlegungen heraus ist der Anthropozentrismus, d. h. die Herrschaft des Menschen über die Natur, ohnehin strittig.

Wir befinden uns mitten in einem Prozeß des Umdenkens, der in unserem Land in zwanzig Jahren weiter fortgeschritten ist als in den zwanzig Jahrhunderten davor.

ZAHLEN

In der Bundesrepublik Deutschland werden immer weniger Versuchstiere in der Industrie benötigt. So waren es im Jahre 1977 4,2 Millionen Tiere und im Jahre 1984 nur noch 2,4 Millionen.

KÜNSTLICHE TIERE

Die künstliche Auslese ist eine zwar gewaltlose, aber anfechtbare Versuchsmethode. Durch das Einführen von Genen, die ein Wachstumshormon kodieren, hat man aus Mäusen Riesenmäuse geschaffen. Leider fingen sie an, ihre Haare zu verlieren. Wissenschaftler träumen davon, die Anzahl solcher ›transgenetischer‹ Tiere zu vergrößern: elefantengroße Kühe, Schafe, die viel mehr Wolle tragen, usw.

· Tierversuch.
Vor allem das Schicksal von Hunden, Katzen und Affen bewegt die öffentliche Meinung. Aber wir sollten nicht vergessen, daß Mäuse und Ratten genauso leiden. Es ist keine Kleinigkeit, einsichtig zu machen, daß Tiere Gefühle haben und nicht nur ›Material‹ sind.

FAUNA

GEFÄHRDETE UND GESCHÜTZTE FREILEBENDE ARTEN

Schon sehr früh hatten einige Tiere unter Eingriffen des Menschen zu leiden. Bereits in der Vorgeschichte beschleunigten wahrscheinlich Menschen das Aussterben des **Mammuts** und anderer großer Arten. Besonders deutlich wurde dies auf dem amerikanischen Kontinent, wo die fortschreitende Besiedlung durch den aus Asien kommenden Menschen zum Rückgang der großen Tierarten, insbesondere der **Riesenfaultiere** und **Riesengürteltiere**, führte.

Später rotteten die Basken mit ihren einfachen Harpunen den **Nordkaper** (oder Biskayawal) im Golf von Biskaya aus (aber die Art hat an anderen Stellen überlebt). Die neuseeländischen Maoris rotteten die **Moas** aus, riesige Vögel, die nicht fliegen und daher auch nicht gut fliehen konnten.

In Europa bewirkte das Roden der Wälder den Rückgang vieler großer Säugetiere. Einige, wie der **Auerochse** und der **Tarpan** (Wildpferd), starben vollständig aus. Das Vordringen von europäischen Seefahrern und Siedlern in der ganzen Welt hatte das Aussterben vieler Arten zur Folge. Sie wurden zur Ernährung oder einfach aus Spaß hingeschlachtet. In vielen Fällen vollendeten die mitgebrachten Begleiter des Menschen, vor allem Hunde und Katzen, dieses Zerstörungswerk, insbesondere im Falle der flugunfähigen Vögel. Zu den berühmtesten Opfern zählen die drei Arten der **Dronten** oder **Dodos** auf den Maskarenen (Mauritius, Réunion und Rodrigues), die zwischen 1680 und 1760 vernichtet wurden. Es handelte sich um riesige, dickleibige, flugunfähige Verwandte der Tauben. Mit den Dronten starben auch andere außergewöhnliche Tiere aus, wie z. B. ein **Riesenwasserhuhn** (1,80 m) und ein sehr großer Bodenpapagei. Auf den Kommandeursinseln vor Kamtschatka entdeckte die Bering-Expedition 1741 die **Stellersche Seekuh**, eine 8 m lange große Sirene, die schon 27 Jahre später ausgestorben war.

Im Nordatlantik wurde der ebenfalls flugunfähige **Riesenalk** ausgerottet; die beiden letzten Tiere wurden 1844 auf Island geschlachtet. Das Quagga, die Rodriguesschildkröte, der Falklandwolf – die Liste der für immer verschwundenen Arten ist lang.

Einige Arten konnten zum Glück gerade noch rechtzeitig gerettet werden. Als die nordamerikanischen Pioniere in die Great Plains kamen, begegneten sie enormen Herden von **Bisons**, die das Gebiet durchstreiften. Ihre Zahl erreichte angeblich 70 Millionen. Es begann ein Gemetzel, durch das Buffalo Bill berühmt wurde: Er soll in 18 Monaten 4 280 Bisons getötet haben. Erst der Stimme der Vernunft beendete das Massaker. Die letzten Bisonherden konnten gerettet werden; die Art zählt heute wieder mehrere zehntausend Tiere. Das sind viele im Vergleich zu ihrer einstigen Anzahl, aber wenigstens erging es dem Bison nicht wie der amerikanischen **Wandertaube**. Dieser Vogel, dessen Schwärme früher den Himmel der Vereinigten Staaten verdunkelten, wurde bis auf das letzte Tier ausgerottet. Die Art starb 1914 aus.

Die Bestände der anderen, der europäischen Bisonart, die früher fast überall auf dem Kontinent verbreitet war, nahmen allmählich aufgrund von Jagd und Waldrodungen ab. Einige verstreut überlebende Tiere sicherten auch hier den Fortbestand der vom Aussterben bedrohten Art. Sie leben wild in Polen und halbwild in verschiedenen Parks und Naturschutzgebieten.

Neue Bedrohungen. Im Laufe des 20. Jahrhunderts nahm die Bedrohung der freilebenden Tiere zu. Es breiteten sich nicht nur Umweltzerstörung und -verschmutzung aus, sondern auch der Handel mit Tieren nahm in einigen Bereichen bedrohliche Ausmaße an. Daher mußten die Naturschützer ihre Bemühungen koordinieren, um an diesen verschiedenen Fronten kämpfen zu können. 1948 wurde die Internationale Union für Naturschutz gegründet, die den wissenschaftlichen Schutz gefährdeter Arten organisiert, indem sie eine aktuelle ›Rote Liste‹ veröffentlicht, die über die Bestände Buch führt. Sie wird vom WWF *(World Wildlife Fund)* unterstützt, der die finanziellen Mittel für die erfolgreiche Durchführung von Schutzmaßnahmen zur Verfügung stellt. Der WWF ist in vielen Ländern durch nationale Verbände vertreten.

Um eine Art zu retten, ist auch die Erhaltung ihrer natürlichen Umwelt unabdingbar. Zu diesem Zweck wurden Nationalparks und Naturschutzgebiete geschaffen.

In der heutigen Zeit wird die Fauna fast schon generalstabsmäßig zerstört. Dafür ist der **Walfang** ein gutes Beispiel: Die Lage der meisten großen Wale ist jetzt kritisch, da sie von Fabrikschiffen verfolgt werden, die mit den modernsten Mitteln ausgestattet sind. Die Internationale Walfangkommission hat ein Moratorium beschlossen, das einige Länder aber rückgängig machen wollen.

Viele andere Tiere werden weltweit getötet wegen der verschiedenen Produkte, die man aus ihnen herstellen kann. Eines der Hauptprodukte ist der Pelz. Die großen gefleckten Raubkatzen – Tiger, Leopard, Jaguar, Gepard,

C · **Steinkauz.**
Die alten Griechen machten ihn zum Symbol der Weisheit. Er ist sehr selten geworden. Die Flurbereinigung hat die von ihm bevorzugten Hecken entfernt, Schädlingsbekämpfungsmittel schaden ihm über seine Beutetiere. Trotz gesetzlichen Schutzes fällt er dem modernen Leben zum Opfer.

Ozelot usw. – wurden wegen ihres Felles dezimiert, bis die Gesetze sie, unterstützt von der öffentlichen Meinung, gerade noch retten. Aber noch ist die Gefahr für sie nicht vollkommen gebannt.

Den grönländischen **Robbenbabys**, die auf dem kanadischen Packeis unter besonders abstoßenden Bedingungen getötet wurden, wurde dank ihres rührenden Aussehens ein leidenschaftlicher Feldzug zuteil. Sie werden heute fast nicht mehr gejagt.

Aber immer noch werden viele Säugetiere wegen ihres Fells getötet. Die Jagd wird besonders intensiv in den kanadischen und sowjetischen Wäldern betrieben, wo die Säugetiere aufgrund des harten Klimas einen besonders dichten Pelz haben. Auch in Europa werden oder wurden zumindest bis vor kurzem Fuchs, Baummarder, Steinmarder und Hermelin wegen ihres Felles getötet.

Vor allem der **Afrikanische Elefant** wird wegen des Elfenbeins verfolgt. Der Handel damit hat ein solches Ausmaß erreicht, daß er die größte Landsäugetierart der Erde in ihrer Existenz gefährdet. Das Elfenbein wird zur Bearbeitung in den Fernen Osten geschickt und kommt dann nach Europa. Ein wahrer ›Krieg um das weiße Gold‹ spielt sich in Afrika ab, wo die Auseinandersetzungen zwischen Wildhütern und Wilderern manchmal zu mörderischen Feldschlachten werden. Die Naturschützer in den westlichen Ländern haben eine intensive Informationskampagne über die Gefahren des Elfenbeinhandels für den Afrikanischen Elefanten begonnen.

Krokodile, Schlangen und Echsen sind wegen ihrer Haut gesucht; Meeresschildkröten aufgrund des Schildpatts; einige Vögel, wie der Ibis, der Seidenreiher und die Paradiesvögel, wegen ihrer Federn. Gorillahände werden zu Aschenbechern.

Eine andere Art des Handels, die in den letzten Jahrzehnten sehr stark zugenommen hat, ist der Handel mit lebenden Tieren. Allerdings ist das nicht ganz neu. Schon die Römer holten sich von den Küsten des Mittelmeers die großen Säugetiere, die sie für ihre Zirkusspiele brauchten. Zudem hat sich aber auch die Zahl der zoologischen Gärten in den letzten Jahrhunderten vervielfacht, und viele Liebhaber wollen, weil es jetzt Mode ist, exotische Arten als Hausgenossen besitzen. Auch Versuchslabors begannen schließlich, eine ständig wachsende Zahl von Affen zu verwenden.

Insgesamt entstand ein umfangreicher legaler oder illegaler Handel mit exotischen Tieren. Primaten (insbesondere Gorillas, Schimpansen, Orang-Utans), Geparden, viele Vögel – von Papageien bis hin zu Flamingos –, Schlangen und Schildkröten gehören zu den betroffenen Arten. Schon beim Fang und beim Transport sterben sehr viele Tiere, bei einigen Arten bis zu 90 %.

Der Handel mit Tieren ist sowohl hinsichtlich seiner Umsatzzahlen wie auch aufgrund der Methoden, die zur Umgehung von Kontrollen angewendet werden, durchaus mit dem Drogen- oder Waffenhandel vergleichbar, dessen Verbindungen manchmal genutzt werden.

A · **Fingertier.**
Das 40 cm lange Fingertier mit dem 55 cm langen Schwanz ist einer der seltsamsten madagassischen Halbaffen. Es hat große Augen und sehr schlanke Finger. Nur etwa ein Dutzend Tiere leben auf einer unter Naturschutz stehenden Insel, auf der sie sicher sind.

B · **Quagga.**
Dieses südafrikanische Zebra mit gestreifter Vorderhand wurde derart von den Buren hingeschlachtet, daß es im letzten Jahrhundert ausstarb. Das letzte Tier starb 1882 in Gefangenschaft.

FAUNA

TIERSCHUTZ

Ein wichtiger Fortschritt wurde erreicht, als viele Staaten das Washingtoner Artenschutzübereinkommen unterzeichneten.

Dieses Übereinkommen wurde von den meisten Staaten, darunter auch die Bundesrepublik Deutschland, ratifiziert. Es umfaßt mehrere (regelmäßig aktualisierte) Listen der Arten, die nicht oder nur mit Ausnahmegenehmigungen gehandelt werden dürfen.

Gerettete Arten. Wir haben bereits das Beispiel der beiden Bisonarten, des nordamerikanischen und des europäischen, erwähnt. Ein zentralasiatischer Steppenbewohner, die Saigaantilope mit ihrer rüsselartig verlängerten Schnauze, war früher nach Westen hin bis nach Rumänien verbreitet. Sie wurde so stark bejagt, daß ihre Bestände 1922 auf etwa tausend Tiere geschrumpft waren. Nachdem sie durch Gesetze wirksam geschützt wurde, wuchs ihre Zahl auf 1,5 Millionen an.

Der von den Walfängern im Nordpazifik rücksichtslos gehetzte Grauwal wurde sogar für ausgerottet gehalten. Nach seiner Wiederentdeckung im Jahre 1911 wurde er so gut geschützt, daß seine Population auf 20 000 Tiere anwuchs.

Ebenfalls im Nordpazifik wurde der Seeotter auf spektakuläre Weise gerettet, wie auch die Pelzrobbe, die durch eine Vereinbarung zwischen Japan, der Sowjetunion, Kanada und den Vereinigten Staaten geschützt wurde. Die Rettung dieser Art ermöglichte weiterhin ihre zwar umstrittene, aber kontrollierte Nutzung.

Wenn der Bestand einer Art sehr weit zurückgegangen ist, mag es vorteilhaft erscheinen, einige Tiere der Art in Gefangenschaft zu halten, um die Fortpflanzung zu sichern. Dieses Argument ist sehr umstritten. Erstens besteht bei einer solchen Fortpflanzung wegen der geringen Anzahl der Tiere die Gefahr, daß der Genbestand der Art aufgrund der verstärkten Inzucht im Laufe der Zeit verarmt oder ungünstige Mutationen sich häufen. Zweitens lohnt sich eine solche Züchtung nur, wenn die Art später wieder in ihrer natürlichen Heimat ausgesetzt wird.

Dennoch wurden von leistungsfähigen zoologischen Stationen glänzende Erfolge verzeichnet. Die Hawaiigans z. B. wurde im englischen Naturschutzgebiet von Slimbridge gerettet und dann in ihrem Heimatarchipel wieder ausgesetzt. Die Oryxantilope wurde nach ihrem Aufenthalt im Park von Phoenix in Arizona wieder in mehreren Ländern des Nahen Ostens eingeführt. Das Einfangen der letzten Kalifornischen Kondore, deren Fortpflanzung gefährdet war, wurde nicht von allen Ökologen gutgeheißen, aber vielleicht läßt sich die Art so retten. Stammbücher, Genbanken und der Austausch von Zuchttieren machen solche Methoden wirksamer.

Lokal bedrohte Arten. Bisher haben wir uns nur mit den vom Aussterben bedrohten Tieren beschäftigt, die überall selten sind. Aber eine Art kann in einer Region gefährdet und in anderen stark vertreten sein. Der Wolf ist z. B. in der Sowjetunion nicht selten, während er in Deutschland nur noch in besonders geschützten Gebieten (Nationalpark Bayerischer Wald) zu finden ist.

Der Luchs ist aus Deutschland fast völlig verschwunden. Etwa ab 1970 wurde u. a. in Deutschland mit der Wiedereinführung dieser schönen Raubkatze begonnen. Sie trägt dazu bei, das ökologische Gleichgewicht wiederherzustellen, nachdem die Rehe seit dem Verschwinden dieses Tieres keine natürlichen Feinde mehr hatten. Leider wurden mehrere Luchse getötet, da sie fälschlich immer wieder als blutrünstige Bestien angesehen werden. Recht gut gelungen ist die Wiedereinführung

des Bibers in Teilen Frankreichs, in Bayern wie auch in der Schweiz. Außerdem kreisen mehrere Dutzend Bartgeier wieder in den Alpen, wo sie verschwunden waren.

Man muß festhalten, daß es für das Aussterben einer Art oft mehrere Gründe gibt. Der früher an unseren Flüssen in großer Zahl vorkommende Fischotter ist selten geworden. Er hatte unter Flußbegradigungen, Uferbetonierungen und Wasserverschmutzung zu leiden sowie unter Felljägern und Fischern, die in ihm einen Konkurrenten sahen; außerdem wurde er Opfer von Bisamrattenfallen oder erstickte an den Stacheln des eingeführten Katzenfisches. Wie sehr viele Arten unserer Tierwelt wird der Fischotter heute per Gesetz geschützt. Jeder sollte die Liste dieser Arten kennen, die Molche und Schnecken ebenso umfaßt wie Säugetiere und Vögel.

▲ · **Schneeleopard.**
Der von manchen für die schönste Raubkatze gehaltene Schneeleopard oder Irbis lebt in den mittelasiatischen Gebirgen. Es gibt nur noch etwa eintausend Tiere dieser Art. Der Schneeleopard ist die einzige Großkatze, die schnurrt. Dieses Tier kann bis in 4 000 m Höhe und noch viel höher steigen.

NATIONALPARKS UND NATURSCHUTZGEBIETE

Die Notwendigkeit des Schutzes natürlicher Lebensräume zur Erhaltung der darin lebenden Tierwelt wurde nur langsam erkannt. Über lange Jahre gab es nur geschützte Jagdreviere, in denen die Jagd allein dem Fürsten vorbehalten war. 1853 wurde allerdings ein Teil des Waldes von Fontainebleau unter den Schutz einer Gruppe von Malern aus der Schule von Barbizon gestellt. 1872 wurde der erste Nationalpark, der Yellowstone-Nationalpark in den Vereinigten Staaten, eingerichtet. Als erstes europäisches Land richtete Schweden 1909 fünf Nationalparks ein.

Heute besitzen fast alle Staaten und Hoheitsgebiete ihre Schutzzonen. Traditionell unterscheidet man zwischen Nationalparks und Naturschutzgebieten, obwohl auch unzählige Zwischenformen möglich sind. Ein Nationalpark ist eine in der Regel großräumige Schutzzone, die aufgrund ihrer zoologischen, botanischen und geologischen Besonderheiten ausgewählt wurde, sich in einem vom Menschen wenig beeinflußten Zustand befindet und vornehmlich der Erhaltung eines möglichst artenreichen Pflanzen- und Tierbestands dienen soll. Die Öffentlichkeit hat unter bestimmten Bedingungen Zutritt.

Die normalerweise kleineren Naturschutzgebiete schützen einen oder mehrere besonders ›empfindliche‹ Lebensräume, in denen seltene oder nur lokal vorkommende Arten noch bestehen. Es kann sich um eine Insel, einen Sumpf, einen Wald, einen See usw. handeln. Dank der geringen Fläche der Naturschutzgebiete kann die dort lebende Fauna in der Regel vom Rand des Gebietes aus beobachtet werden. Naturschutzgebiete werden vom Staat, verschiedenen Organisationen, Naturschutzverbänden o. ä. eingerichtet und können auf verschiedene Weise gemietet oder gepachtet sein.

Naturschutzgebiete in der Bundesrepublik Deutschland. Die insgesamt 2 593 Naturschutzgebiete in der Bundesrepublik Deutschland nehmen eine Fläche von 3 035,5

VOM AUSSTERBEN BEDROHTE TIERE

(geschätzter Bestand in freier Wildbahn)

Nordamerika	
Elfenbeinspecht	
(Süden der Vereinigten Staaten, Kuba)	5 bis 10
Schreikranich	
(Kanada, Vereinigte Staaten)	100
Europa	
Krallenmöwe (Mittelmeer)	4 000
Mönchsrobbe (Mittelmeer)	700
Afrika	
Spitzmaulnashorn	
(Ost- und Südafrika)	1 000
Breitmaulnashorn	
(Ost- und Südafrika)	1 500
Bergzebra (Südafrika)	140
Berggorilla (Zaire, Ruanda)	150
Turmfalke von Mauritius	20
Asien	
Orang-Utan (Sumatra, Borneo)	4 000
Mesopotamischer Damhirsch	1 100
Javanashorn	50
Sumatranashorn	150
Weiße Oryx	100
Schneeleopard	1 000
Tiger	4 000
Riesenpanda (China)	200
Kouprey	
(Kambodscha)	10
Affenadler	
(Philippinen)	80
Ozeanien	
Beutelwolf	
(Australien, Tasmanien)	einige
Meere	
Blauwal	650
Nordkaper	200
In freier Wildbahn ausgestorben	
Kalifornischer Kondor, Przewalskipferd	
(Zentralasien), Davidshirsch (China)	

FAUNA

km² ein (1988). Darüber hinaus sind 26 % der Fläche des Bundesgebietes Landschaftsschutzgebiete; dies sind Gebiete, in denen ein besonderer Schutz von Natur und Landschaft zur Erhaltung oder Wiederherstellung der Leistungsfähigkeit des Naturhaushalts, der Nutzungsfähigkeit der Naturgüter, wegen Vielfalt, Eigenart oder Schönheit des Landschaftsbildes oder wegen der besonderen Bedeutung für die Erholung notwendig ist. Landschaftsschutzgebiete befinden sich z. B. in der Diepholzer Moorniederung, am Steinhuder Meer, im Donautal, im Wurzacher Ried. Als Naturschutzgebiete ausgewiesen sind z. B. das Gebiet am Dümmer, das eine wichtige Brutstätte für Wasservögel ist und auch andere bedrohte Vogelarten (Fischadler, Kranich, Kornweihe) beherbergt, in Hessen das Naturschutzgebiet Meißner mit Beständen an Mufflons, Wildkatzen, Waschbären, Schwarzspechten, Rauhfußkäuzen, im Rheingau das Naturschutzgebiet Rheinauen, ein Feuchtbiotop, wo im Winter bis zu 10 000 Wasservögel gezählt werden; die größten Ansammlungen von Enten und Watvögeln im Winter finden sich im Naturschutzgebiet Unterer Inn, an der Grenze zu Österreich. Im Naturschutzgebiet Federsee leben u. a. Rohr- und Zwergdommel sowie Purpur- und Nachtreiher.

Die vier bekanntesten Nationalparks in Deutschland sind: Bayerischer Wald (131 km²), Berchtesgaden (210 km²), Niedersächsisches Wattenmeer (2 400 km²) und Schleswig-Holsteinisches Wattenmeer (2 850 km²). Der Nationalpark Bayerischer Wald liegt an der deutsch-tschechischen Grenze im größten zusammenhängenden Waldgebiet Mitteleuropas und ist zu über 98 % bewaldet. Während die hier ursprünglich heimischen Wildtierarten Wisent, Luchs, Bär, Biber, Wolf nur noch in Gehegen vorkommen, lebt der Fischotter hier, wenn auch in geringer Zahl, noch in freier Wildbahn. An Vögeln gibt es u. a. Birkhuhn, Haselhuhn, Wespenbussard, Sperlingskauz, Zwergschnäpper, Schwarzspecht. Der im äußersten Südosten der Bundesrepublik, an der Grenze zu Österreich, gelegene Nationalpark Berchtesgaden ist durch vier große Bergmassive, die die drei Haupttäler voneinander trennen, geprägt. Entsprechend der großen Schwankungsbreite, die das Klima hier zeigt, sind Fauna und Flora sehr vielgestaltig. Hier leben u. a. der Apollofalter, Alpenmurmeltiere und Steinadler. Luchs und Bartgeier versucht man anzusiedeln. Der Nationalpark Niedersächsisches Wattenmeer besteht seit Anfang 1986; er schließt sich an den Nationalpark Schleswig-Holsteinisches Wattenmeer an, der im Oktober 1985 per Gesetz gegründet wurde. Beide Nationalparks beherbergen v. a. Brut- und Überwinterungsgebiete für Millionen von Watvögeln, Enten, Gänse, Möwen, Seeschwalben, Ringel- und Weißwangengänse, Pfuhlschnepfen, Knutts, Eiderenten, Austernfischer, Lach- und Brandseeschwalben, Säbelschnäbler, Rotschenkel sowie einen Lebensraum für Seehunde. Diese beiden Nationalparks sind in drei Zonen unterschiedlicher Schutzqualität eingeteilt: Zone I, die sogenannte Ruhezone mit 54 % der Gesamtfläche. Für Zone II (Zwischenzone; rund 45 % der Fläche) gelten den Landschaftsschutzgebieten entsprechende Einschränkungen. Zone III (Erholungszone) darf nur als Badestrand oder Kureinrichtung benutzt werden.

Die 64 Naturparks (Gesamtfläche 52 000 km²) in der Bundesrepublik Deutschland dienen mehr dem Fremdenverkehr und der Erholung der Bevölkerung; der Naturschutz muß häufig hinter solchen Belangen zurückstehen. Die bekanntesten Naturparks sind: Eifel, Rhön, Spessart, Bergstraße-Odenwald, Pfälzer Wald, Harz, Hochtaunus, Altmühltal, Schwäbisch-Fränkischer Wald, Nördlicher Teutoburger Wald. Daneben gibt es drei grenzüberschreitende Naturparks: Deutsch-Luxemburgischer, Deutsch-Belgischer und Deutsch-Niederländischer Naturpark.

Eine weitere wichtige Schutzkategorie sind die ›Feuchtgebiete internationaler Bedeutung‹. Durch den Beitritt zur Ramsar-Konvention (1976) hat sich die Bundesrepublik verpflichtet, ›Feuchtgebiete internationaler Bedeutung‹ zu melden und besonders zu schützen. Diese Einrichtung hat das Ziel, weltweit ein möglichst engmaschiges Netz von Brut- und Rastgebieten, vor allem für Wasservögel, zu schaffen.

Nationalparks und Naturschutzgebiete in Europa. Jedes Land in Europa ist stolz darauf, Landschaften von großem Reiz gerettet zu haben. In Belgien beherbergt das Naturschutzgebiet von Zwin bei Knokke-Le-Zoute Meeres- und Sumpfvögel. Das Hohe Venn, diese so eigenartige Region, wurde in ein Naturschutzgebiet verwandelt. In den Ardennen ist der Nationalpark von Lesse et Lomme ebenfalls zu Recht berühmt.

In der Schweiz sind im Engadin-Nationalpark Hirsche, Gemsen, Steinböcke und Murmeltiere geschützt. An den Seeufern finden sich Wasservögel in den vielen Schutzgebieten, wie z. B. Pointe-à-la-Bise (bei Genf), Grangettes (bei Montreux) und Fanel im Norden des Neuenburger Sees.

Die Niederlande sind bekannt für ihre Löfflerkolonien am Naardermeer und auf der Insel Texel. Ebenfalls erwähnenswert ist der Nationalpark Hoge Veluwe wegen seiner Großtiere. In Großbritannien schützt das Naturschutzgebiet von Slimbridge im Mündungsgebiet des Severn Wildgänse und -schwäne.

▲ · **Yellowstone-Nationalpark.**

Als erster amerikanischer Nationalpark wurde der Yellowstone-Nationalpark von Präsident Grant auf Anraten von fünf Abgesandten gegründet, die in die Region geschickt worden waren, um die Möglichkeiten ihrer wirtschaftlichen Nutzung zu erforschen. 1988 wurde der Park teilweise vom Feuer verwüstet.

SELTENE TIERE IN DEUTSCHLAND

Angegeben sind: die Tierart und das vorherrschende Verbreitungsgebiet.
Säugetiere.
Seehund, Nordseeküste; Fischotter, Norddeutschland; Bayerischer Wald; Wildkatze, Mittelgebirge; Biber, Bayern; Schweinswal, Nord- und Ostsee; Alpensteinbock, Alpen; Große Hufeisennase und einige andere Fledermäuse, regional ganz Deutschland.
Vögel.
Kranich, Norddeutschland; Weißstorch, v. a. Norddeutschland; Schwarzstorch, Nord- und Ostdeutschland; Auer- und Birkhuhn, Süddeutschland; Wanderfalke, v. a. Süddeutschland; Seeadler, Ostholstein; Steinadler, Wiesenweihe, Kornweihe, regional; Uhu, Eifel, Bayern; Schleiereule, regional in ganz Deutschland; Steinkauz, überwiegend Süddeutschland; die meisten Watvögel und Wasservögel, Küste und Feuchtgebiete; Blaukehlchen, regional; Rohrdommel, Feuchtgebiete.
Reptilien.
Äskulapnatter, Taunus, Süddeutschland; Kreuzotter, Hoch- und Flachmoore.
Amphibien.
Rotbauchunke, stehende Gewässer.

DIE AUSROTTUNG VON TIERARTEN

Die zunehmende Ausbeutung und Zerstörung der Natur in den letzten Jahrzehnten hat die Zahl der Tier- und Pflanzenarten vermindert, was einen Verlust an genetischem Reservoir auf der Erde bedeutet. In den letzten 350 Jahren wurden über 280 Säugetier- und Vogelarten ausgerottet. Etwa 200–300 weitere Arten werden vermutlich bis zum Ende des Jahrhunderts ausgestorben sein und weitere 1 000 gelten bereits als sehr selten. Ähnliches gilt auch für die Bewohner der Meere und vor allem auch für die unzähligen Kleinlebewesen, ohne die jedoch der Fortbestand des Lebens auf der Erde gefährdet ist. Daneben darf z. B. auch die Tötung vieler Tiere im Straßenverkehr nicht vergessen werden (in der Bundesrepublik jährlich über 200 000) und in Südeuropa der Fang durchziehender Singvögel.

FAUNA

TIERSCHUTZ

Der französische Pyrenäen-Nationalpark beherbergt noch Braunbären; die Camarque ist eines der wichtigsten Vogelschutzgebiete Europas.

In Dänemark sind die vogelreichen Naturschutzgebiete von Hansted und Vejlerne im Norden von Jütland zu nennen. Viele und große Schutzgebiete gibt es auch in Norwegen, Schweden und Finnland. Der Sarek-Nationalpark in Nordschweden beherbergt Wölfe, Bären, Luchse, Vielfraße, Elche usw.

Der in den italienischen Alpen gelegene Nationalpark Gran Paradiso (›Großes Paradies‹) trug zur Rettung des Steinbocks bei.

Die Marismas des Guadalquivir im spanischen Andalusien entsprechen in etwa der Camargue. Auch dort finden sich Flamingos und Stiere, außerdem die seltene Ginsterkatze.

Viele interessante Schutzgebiete gibt es in Mittel- und Osteuropa. Die Naturschutzgebiete am Neusiedler See in Österreich, am Plattensee in Ungarn und am Donaudelta in Rumänien beherbergen Grau- und Seidenreiher, Ibisse und in Rumänien sogar Pelikane.

Der polnische Nationalpark von Białowieza, ein richtiger Urwald, ist das Refugium der 250 europäischen Bisons. Auch Wölfe und Luchse durchstreifen diesen Wald, in dem es noch kein Waldsterben gibt.

Nationalparks und Naturschutzgebiete anderer Kontinente.
Nordamerika. Das Land, in dem die ersten Nationalparks entstanden, ist in dieser Hinsicht reich bestückt. Der größte Nationalpark der Erde befindet sich übrigens in Grönland.

In Kanada sind der Jasper- und der Banff-Nationalpark in Alberta zu erwähnen, in denen Bären, Dickhornschafe und Bergziegen leben. Im Süden des Großen Sklavensees gelegen, verdankt der *Wood-Buffalo*-Park seinen Namen einer großen Waldbisonherde, die dort lebt; hier befindet sich auch die letzte Brutstätte des seltenen weißen amerikanischen Kranichs.

In den Vereinigten Staaten verdankt der Yellowstone-Nationalpark seine Berühmtheit den Geysiren. In ihm leben Wapitis, Elche, Bisons, Schwarzbären und Grizzlybären. Viele andere Nationalparks (Grand Canyon, Kings Canyon, Yosemite usw.) sind ebenfalls zu Recht berühmt. Der Everglades-Nationalpark in Florida verdient besondere Beachtung, da er einen tropischen Lebensraum mit Mangroven und Zypressenwäldern schützt. Seine Tierwelt umfaßt Pumas, Rundschwanz-Seekühe, Alligatoren, Seidenreiher, Löffler usw. Viele Naturschutzgebiete in den Vereinigten Staaten bieten seltenen Arten, wie z. B. weißen Kranichen und Trompeterschwänen, Schutz. In Alaska beherbergt der Mount-McKinley-Nationalpark eine abwechslungsreiche Fauna, während im Naturschutzgebiet auf der Kodiakinsel Riesenbären leben.

Lateinamerika. Auf der kleinen Insel Barro Colorado mitten im Panamakanal sind in einem Tropenwaldgebiet Gürteltiere, Ameisenbären, Ozelote und Pekaris zu beobachten. In Kuba existieren einige v. a. wegen der Vögel interessante Naturschutzgebiete.

In Südamerika gibt es noch nicht sehr viele Parks und Naturschutzgebiete. Im peruanischen Amazonasgebiet liegt der Pacaya-Nationalpark, in dem Anakondas und Süßwasserdelphine leben. In Surinam beherbergt ein Naturschutzgebiet in der Mündungszone des Coppename eine großartige Kolonie von roten Ibissen.

Ecuador besitzt mit den Galápagosinseln eines der berühmtesten geschützten Gebiete der Welt. Die Riesenschildkröte und die Meerechse sind die ungewöhnlichsten Tiere dieser Inseln, auf denen auch die nördlichsten Pinguine der Welt vorkommen.

Afrika. Im tropischen Afrika wurden sehr viele Nationalparks eingerichtet, die zahlreiche Touristen anlocken. Der Niokolo-Koba-Nationalpark im Senegal schützt die letzten Elefanten dieses Landes sowie Flußpferde und Elenantilopen. Im Djoudj-Nationalpark überwintern 3 Millionen Wasservögel. Der Sine-Saloum-Park ist das Reich des Kamerunfluß-Delphins. Im Banc-d'Arguin-Nationalpark in Mauretanien leben große Bestände von Meeres- und Küstenvögeln.

Im Naturschutzgebiet Mont Nimba in Guinea lebt ein besonderes insektenfressendes Säugetier, die kleine Otterspitzmaus. An der Elfenbeinküste werden in mehreren Naturschutzgebieten und Nationalparks Zwergflußpferd, Büffel, Affen usw. geschützt. Der bekannteste ist der Bouna-Nationalpark. An den Grenzen von Niger, Benin und Burkina Faso beherbergt der W-Nationalpark Löwen, verschiedene Antilopen und Flußpferde. Im Waza-Park in Kamerun leben u. a. 30000 Moorantilopen und 20000 Leierantilopen.

In Gabun und im Kongo gibt es Naturschutzgebiete zum Schutz der Waldtiere. Mehrere der Nationalparks in Zaire sind weltweit berühmt geworden: Der Virunga-Nationalpark liegt im Zentralafrikanischen Graben. Zwei besonders seltene Arten kommen dort vor: Okapi und Berggorilla. An den Wasserflächen drängen sich Flußpferde, Kormorane, Marabus und Jabirus. Die Parks von Upemba und Garamba sind ebenfalls sehr eindrucksvoll.

Besonders attraktiv für Touristen sind die Nationalparks in den Savannen von Kenia, Tansania und Südafrika. Man kann unmöglich alle aufzählen. Elefanten, Giraffen, Zebras, Gnus, Nashörner, verschiedene Antilopen, Strauße und natürlich die großen Raubtiere: Löwe, Gepard, Hyäne, Leopard (schon schwieriger zu sehen) sind die Attraktionen dieser Parks, ob es sich um den Tsavo-Nationalpark in Kenia oder den Krüger-Nationalpark in Südafrika handelt. Am Ufer des Nakurusees in Kenia sammeln sich 2 Millionen Flamingos. Südafrika hat ein Naturschutzgebiet für das seltene Bergzebra eingerichtet.

Auf Madagaskar wurden Naturschutzgebiete für die Halbaffen geschaffen, insbesondere auf der Insel Nosy-Mangabe, auf der das äußerst seltene Fingertier lebt.

Naher Osten und Asien. Im Nahen Osten gibt es nur wenige Naturschutzgebiete und Nationalparks. In Indien trägt der Kaziranga-Nationalpark in Assam wirksam zum Schutz des einhörnigen Indischen Nashorns bei. Im Wald von Gir im Westen des Landes leben die letzten Löwen Asiens, die früher über ganz Westasien verbreitet waren. Andere Parks oder Naturschutzgebiete sind zum Schutz des Tigers geschaffen worden, dessen Bestände wider Erwarten wieder angewachsen sind.

Sri Lanka (Ceylon) wird oft wegen der Anzahl und Größe der dortigen Schutzzonen als beispielhaft bezeichnet. In einigen kann man den Leoparden sehr gut beobachten. In Nepal werden Tiger und Indisches Nashorn ebenfalls in Naturschutzgebieten geschützt. In Bangladesh ist der Mangrovendschungel von Sundarban in einen Nationalpark verwandelt worden, um Tiger zu schützen.

In Indonesien ist ein angesehenes Naturschutzgebiet zu nennen: Ujung Kulon an der Westspitze von Java, das eine der letzten Zufluchtsstätten des einhörnigen Javanashorns ist. In China wurden mehrere große Schutzzonen sowohl für Vögel als auch für den Schneeleoparden und insbesondere natürlich für den Riesenpanda geschaffen. Japan besitzt viele Nationalparks und Naturschutzgebiete, vor allem auf Hokkaido. Einige sind vor allem geologisch interessant, andere schützen seltene Arten wie den japanischen Ibis.

Die Sowjetunion hat zwischen Ostsee und Pazifik ein Netz von Schutzzonen eingerichtet, um den Onager, eine Art Wildesel, in Zentralasien, den Zobel in Sibirien, den Eisbär in der Arktis und den Flamingo am Kaspischen Meer zu schützen.

Ozeanien. Auf dem weiträumigen australischen Kontinent werden vor allem Beuteltiere, insbesondere der Koala, die Kloakentiere und Vögel, wie der Leierschwanz, geschützt. Neuseeland schützt zudem die am stärksten gefährdeten Arten, wie den Takahe, eine Art großes Wasserhuhn.

Zu nennen sind ebenfalls die zum Schutz der Meeresfauna eingerichteten Unterwasser-Nationalparks einiger Archipele im Pazifik, wie auf den Fidschi-Inseln und den Hawaii-Inseln.

A · **Afrikanischer Elefant.**
Seine Bestände sind mit 400 000 geschätzten Tieren zwar immer noch groß. Aber aufgrund seiner ungleichmäßigen Verbreitung und des Umfangs des Elfenbeinhandels braucht er dennoch Schutz.

B · **Galápagosinseln.**
Die durch Darwin berühmt gewordenen Galápagosinseln sind ein einmaliges natürliches Laboratorium für die Evolutionsforschung.

FLORA

DIE PFLANZENWELT

KLASSIFIZIERUNG

Was ist eine Pflanze? Man kann die Pflanze als ein Lebewesen definieren, das organische Materie aus anorganischen Substanzen synthetisieren kann. Die Pflanzenwelt umfaßt heute ungefähr 400 000 Arten, was eine Klassifizierung erfordert, um die verschiedenen Pflanzen miteinander zu vergleichen, aber auch, um sie zu beschreiben und aufzulisten. Die Entwicklung der Medizin und der Pharmazie mit der Verwendung der pflanzlichen Wirkstoffe hatte den Aufschwung der Botanik zur Folge. Zunächst einmal wurden die Pflanzen nach ihrer Verwendung (nützlich, schädlich) und ihrem Aussehen eingeteilt (Kräuter, Gehölze). Die ersten Ansätze einer botanischen Wissenschaft gehen auf den griechischen Philosophen Aristoteles (384–322 v. Chr.) und seinen Schüler Theophrast (um 372–287 v. Chr.) zurück. Bis zum Mittelalter jedoch wurde keine Verbesserung eingeführt, da die Gelehrten dieser Zeit überwiegend die alten Texte studierten. Die Unterscheidung zwischen höheren und niederen Pflanzen verdanken wir Josef Pitton de Tournefort (1656–1708), einem französischen Botaniker, der in seiner *Methode zur Erkennung der Pflanzen* einen für diese Epoche großen Schritt weiterkam. Sehr schnell jedoch schien diese Unterscheidung zu global zu sein, und bereits zu Beginn des 18. Jh. wurden die Begriffe Gattung und Art definiert. Dem großen schwedischen Wissenschaftler Carl von Linné (1707–1778) verdankt man die Idee der neuzeitlichen Einteilung der Pflanzen mit lateinischen Gattungs- und Artbezeichnungen, die eine universale wissenschaftliche Sprache möglich machte. In seinen beiden wichtigsten Werken, *Genera plantarum* (1737) und *Pflanzenarten* (1753), hat dieser bedeutende Botaniker eine große Anzahl von Pflanzenarten beschrieben und somit die Grundlagen für die heutige Systematik gelegt.

Technik der Klassifizierung. Ausgehend von der Morphologie der Pflanzen, kommt man zu deren Unterscheidung. Da sind zunächst die *Blütenpflanzen,* bei denen die Anordnung der verschiedenen Blütenorgane (Kelchblätter, Blütenblätter, Staubblätter, Stempel) zum Vergleich untereinander berücksichtigt wird. Dem deutschen Botaniker August Wilhelm Eichler (1829–1887) verdanken wir die Erfindung der *Blütendiagramme,* die den Vergleich erleichtern.

Die Stellung dieser Blütenorgane am Stiel ist ebenfalls ein wichtiges Unterscheidungsmerkmal. Bei der *wirteligen* Anordnung gruppieren sich die Blütenorgane jeweils in einem Ansatzpunkt, meist am Stielende, bei der *spiraligen* Anordnung verteilen sie sich einzeln in Form einer Spirale um den Stiel. Daneben gibt es weitere morphologische Klassifikationsmerkmale, die an dieser Stelle nicht näher erörtert werden sollen. Die ersten Untersuchungen auf diesem Gebiet leisteten unter anderem der Schweizer Botaniker Augustin Pyrame de Candolle (1778–1841) und der Franzose Philippe Edouard Léon Van Tieghem (1839–1914), der die Arbeiten von de Candolle fortführte.

Die ersten modernen Ansätze der Klassifizierung in Familien verdankt man Antoine Laurent de Jussieu (1748–1836) und insbesondere seinem Werk *Untersuchung der Familie der Hahnenfußgewächse.* Durch die Vertiefung der Arbeiten seines Onkels Bernard de Jussieu (1699–1777) und von Michel Adanson (1727–1806), einem anderen französischen Botaniker, der 1763 das Werk *Natürliche Pflanzenfamilien* veröffentlicht hatte, erhielt Antoine Laurent de Jussieu die erste wirklich zusammenhängende Pflanzeneinteilung.

Prinzip der Klassifizierung. Das Prinzip der Klassifizierung der Pflanzen (und auch der Tiere) orientiert sich am Gedanken der Evolution. Jedoch sind Pflanzen im Gegensatz zu Tieren, die in Form von Versteinerungen zahlreiche Anhaltspunkte in der Geschichte hinterlassen haben, paläontologisch viel seltener. Somit ist die Art der Bewertung, mit der man bestimmt, ob eine Pflanze weiter entwickelt ist als eine andere, häufig ein wenig empirisch. Dies führt ständig zu Überprüfungen und Korrekturen der angenommenen Daten mit der Schaffung neuer Gattungen, wenn nicht sogar neuer Familien.

Man kann zwei große Pflanzengruppen unterscheiden: die *Kryptogamen* oder *blütenlosen Pflanzen* mit etwa 160 000 bis 200 000 Arten, die Algen, Moose, Pilze, Farne, Bärlappe, Schachtelhalme und Flechten umfassen, sowie die *Phanerogamen* oder *Blütenpflanzen* mit etwa 200 000 bis 250 000 Arten. Alle Phanerogamen produzieren Samen, während die Kryptogamen sich durch Sporen fortpflanzen.

Das Pflanzenreich unterteilt man in Abteilungen, die Klassen umfassen, die ihrerseits in Ordnungen unterteilt sind, die wiederum Familien bilden. Der Weizen gehört zum Beispiel zur Abteilung der Blütenpflanzen, zur Klasse der Einkeimblättrigen, Ordnung der Gräser, Familie der Süßgräser. Er ist jedoch nur eine der 450 Gattungen mit insgesamt 6 000 Arten der Familie der Süßgräser.

Durch Verfeinerung der Auswahlkriterien kommt man zu dieser komplexen, aber sehr präzisen Trennung, die die Bezeichnung und die Einordnung jeder Pflanze ermöglicht, ohne daß das Risiko zu groß ist, einen identischen Namen für zwei verschiedene Pflanzen zu finden.

Bezeichnung der Pflanzen. Wie die Menschen einen Namen und einen Vornamen haben, so werden auch die Pflanzen mit einem Gattungsnamen (zum Beispiel *Aesculus* bei der Roßkastanie oder *Crataegus* beim Weißdorn) und mit einem Artnamen (*hippocastanum* bei der Roßkastanie und *oxyacantha* beim Zweigriffeligen Weißdorn) bezeichnet. Es kann Variationen in der gleichen Art geben. Man nennt sie *Varietäten,* durch Züchtung entstandene auch *Sorten* oder *Cultivare.* So ist *Prunus serrulata 'Kanzan'* eine Japanische Blütenkirsche, deren Sorte 'Kanzan' sich durch halbgefüllte, dunkelrosafarbene Blüten auszeichnet. Manchmal wird die Art in *Unterarten* oder *Subspezies* aufgeteilt, wobei diese als die Gesamtheit der Varietäten definiert werden, die sich untereinander mehr ähneln, als sie anderen Varietätengruppen ähnlich sind. In allen Fällen wird der Gattungsname groß geschrieben und der der Art klein. Die Namen der Unterarten und Varietäten werden meist durch Hinzufügen von ssp. bzw. var. gekennzeichnet und dann ebenfalls klein geschrieben. So lautet beispielsweise der wissenschaftliche Name der Latsche, einer Unterart der Bergkiefer, *Pinus montana ssp. pumilio.* Bei Kulturpflanzen wird der Sortenname jedoch meist zwischen Apostrophen und groß geschrieben.

Man findet manchmal Pflanzennamen mit dem Buchstaben x zwischen der Gattung und der Art, zum Beispiel *Forsythia x intermedia.* Dieses x bedeutet, daß es sich um eine hybride Art handelt, die künstlich durch Kreuzung entstanden ist. Es kann auch hybride Gattungen geben wie x *Cupressocyparis,* eine aus der Kreuzung zwischen Zypresse *(Cupressus)* und Scheinzypresse *(Chamaecyparis)* entstandene Nadelholzgattung.

DIE ERSTE KLASSIFIZIERUNG

Der Grieche Theophrast hat drei Jahrhunderte vor Christus in seiner *Geschichte der Pflanzen* die erste Pflanzenklassifizierung vorgeschlagen. Er unterschied damals nach der Größe zwischen Bäumen, Sträuchern sowie Kräutern. Dieses Prinzip wird noch immer benutzt, beispielsweise bei der Einteilung der Gartenpflanzen. Dioskurides (1. Jh. n. Chr.) teilte die Pflanzen in aromatische Pflanzen, Nahrungspflanzen, medizinische und giftige Pflanzen ein, was ebenfalls noch heute gilt.

A · **Antoine Laurent de Jussieu.**

Er erzielte große Fortschritte bei der Klassifizierung, indem er die verschiedenen Familien in 15 Klassen gruppierte.

B · **Carl von Linné.**

Der Vater der modernen Systematik hatte die Idee, die Lebewesen mit aus dem Lateinischen abgeleiteten Begriffen für Gattung und Art zu bezeichnen.

C · **Augustin Pyrame de Candolle.**

Dieser Schweizer Botaniker war einer der ersten, der eine ziemlich komplette Systematik der Pflanzenwelt veröffentlicht hat.

D · **Sinningia.**

Die Pflanzen werden häufig von den Botanikern umbenannt. So ist diese *Sinningia* bei vielen unter dem Namen *Gloxinia* bekannt, wie sie vor einigen Jahren noch hieß.

FLORA

DIE PFLANZENWELT

BLÜTENLOSE PFLANZEN (KRYPTOGAMEN)

Die Kryptogamen, die alle sogenannten niederen Pflanzen und die Farnpflanzen (Farne, Schachtelhalme, Bärlappe) umfassen, bilden eine fremde und kaum bekannte Welt, die regelmäßig von den Botanikern umgewälzt wird, weil diese anscheinend große Schwierigkeiten haben, sich dort zurechtzufinden. Die Kryptogamen sind hier angefangen von den ›primitivsten‹ bis zu den ›am weitesten entwickelten‹ eingeteilt.

Die Blaualgen oder Cyanophyten. Dies sind chlorophyllhaltige Pflanzen mit nicht differenzierten Geweben (keine Zweige, Blätter oder Wurzeln, aber ein *Thallus*). Die Farbpigmente der Blaualgen schwanken zwischen Blau und Rot. Sie sind keine Gefäßpflanzen (ohne Leitbündel).
Standort: feuchte Bodenbereiche, Süß- und Meerwasser, heiße Quellen.

Die Bakterien oder Bakteriophyten. Hier handelt es sich um winzige Einzeller, die einige Wissenschaftler heute in einer gesonderten Abteilung zusammenfassen: die Protisten. Sie leben meist heterotroph, d. h., sie müssen organische Substanz aufnehmen, im Gegensatz zu den chlorophyllhaltigen autotrophen Pflanzen, die aus Kohlendioxid, Wasser und Mineralstoffen organische Substanz aufbauen können. Einige Bakterien sind Krankheitserreger bei Mensch, Tier und Pflanze. Die im Boden lebenden Bakterien sind unentbehrlich für den Stoffkreislauf der Natur. Die Bakterien vermehren sich durch Teilung und bilden Ketten oder Haufen.
Vorkommen: alle Lebensräume.

Die eukaryontischen Algen. Zu dieser Gruppe gehören unter anderem die *Rotalgen* oder *Rhodophyceen*, die *Braunalgen* oder *Phaeophyceen*, die *Grünalgen* oder *Chlorophyceen* und die *Kieselalgen* oder *Bacillariophyceen*. Ihre Mannigfaltigkeit reicht von wenige μm großen Einzellern bis zu hochorganisierten Großalgen von mehreren Metern Länge. Die Grundform ist jedoch immer der Thallus, ein spezialisiertes Leitgewebe fehlt. Es kommt sowohl geschlechtliche als auch ungeschlechtliche Fortpflanzung vor, häufig miteinander abwechselnd in Form eines Generationswechsels.
Vorkommen: vor allem im Wasser, es gibt jedoch auch an Land, z. B. an Baumstämmen lebende Arten.

Die niederen Pilze. Dies sind kleine saprophytische Arten (die von sich zersetzender organischer Substanz leben) oder Parasiten. Man nennt sie *Myxomyzeten* oder *Phykomyzeten*. Ein großer Teil von ihnen ähnelt Schimmelpilzen oder Amöben. Sie vermehren sich durch Sporen in ihren Sporenkapseln.
Vorkommen: sehr häufig im Boden und in allen organischen Substanzen, aber auch Parasiten auf Pflanzen oder Tieren.

Die höheren Pilze. Dies sind die *Schlauchpilze* oder *Askomyzeten* und die *Ständerpilze* oder *Basidiomyzeten*, die sich durch ihre Fortpflanzungsorgane unterscheiden und in Wiesen und Wäldern wachsen. Sie bilden die größte und komplexeste Pflanzengruppe überhaupt. Zu ihnen gehören unsere Speisepilze. Im Hut der Fortpflanzungsorgane entwickeln sich die Sporen, die eine Verbreitung der Pflanze sichern.
Vorkommen: alle relativ feuchten Gebiete, wo man organische Substanz findet: humusreiche Böden, zerfallende Baumstämme, Mist usw.

Die Flechten. Dies sind echte Kuriositäten der Natur, die in Symbiose eine Alge und einen Pilz vereinen. Die Flechten teilen sich auf in *Ascolichenes,* bei denen der Pilz ein Schlauchpilz ist, und in *Basidiolichenes,* die einen Ständerpilz enthalten. Sie sind sehr formenreich. Die Vermehrung erfolgt vor allem vegetativ, wobei Teile durch den Wind fortgetragen werden und Knospen treiben. Man zählt hier mehr als 8 000 Arten.
Vorkommen: wegen ihrer Anspruchslosigkeit in allen Lebensräumen, vegetationsbestimmend in den kalten Regionen.

Die Moose. Hierzu gehören rund 26 000 Arten, die in *Lebermoose* und *Laubmoose* unterteilt werden. Während bei den Lebermoosen der Pflanzenkörper häufig nur relativ wenig strukturiert ist, ist er bei den Laubmoosen immer in Stämmchen und Blätter gegliedert. Im Stengel und der meist vorhandenen Blattrippe sind darüber hinaus einfache Leitelemente vorhanden. Die Entwicklung der Moose erfolgt durch einen Generationswechsel, bei dem sich eine geschlechtliche Fortpflanzung (durch eine befruchtete Eizelle) mit einer ungeschlechtlichen Fortpflanzung (durch Sporen) abwechselt.
Vorkommen: in feuchten Gebieten, auf Waldböden, in Felsspalten.

Die Farne. Mit diesen Pflanzen, die man mit den Schachtelhalmen und den Bärlappen zu den *Farnpflanzen* oder *Pteridophyten* zusammenfaßt, kommt man zu der Kategorie der Gefäßkryptogamen. Ihre Organe sind gut differenziert; sie besitzen Saftleitungsgefäße. Die Wurzelstöcke haben Seitenwurzeln, die großen, meist gestielten und gefiederten Blätter werden Wedel genannt. Die Vermehrung erfolgt durch Sporen in der Sporenkapsel.
Vorkommen: Wälder, Unterholz, Gärten, Schutt, Sandböden, saure Böden.

Die Schachtelhalme. Ihre gegliederten Stiele haben quirlständige Blätter. In der Urzeit waren diese Pflanzen weit verbreitet.
Vorkommen: mit Ausnahme Australiens auf der ganzen Welt, auf kieselerdehaltigem Boden und am Rande von Gewässern.

Die Bärlappe. Sie bilden eine besondere Pflanzenklasse, da sie echte Wurzeln und kleine schuppen- oder nadelförmige Blätter besitzen. Diese Klasse umfaßt zahlreiche fossile Arten, die wesentlich an der Steinkohlenbildung beteiligt waren.
Vorkommen: besonders in tropischen Regionen, auf Waldböden.

B · Niederer Pilz *(Penicillium).*
A · Farn.
C · Schachtelhalm.
D · Flechte *(Ramalina fraxinea).*
E · Eukaryontenalge *(Blasentang).*
F · Lebermoos.
G · Bärlapp.
H · Blaualge.

DIE KRYPTOGAMEN DER URZEIT

Das Karbon, die Zeit in der sich die für uns so wichtigen Kohlelagerstätten gebildet haben, war von riesigen Kryptogamen, vor allem Riesenfarnen, beherrscht. Heute gibt es noch einige baumartige Exemplare in den tropischen Regenwäldern (vor allem Arten aus den Gattungen *Cyathea* und *Dicksonia*). Die ältesten Farnpflanzen wurden in den Schichten des Kambrium (500 Millionen Jahre) gefunden. Die Algen dürften jedoch die ältesten organisierten Pflanzen überhaupt sein, da die ersten Blaualgen bis in die vorsilurische Zeit (2,75 Milliarden Jahre) zurückreichen und wahrscheinlich aktiv an der Schaffung unserer sauerstoffreichen Atmosphäre beteiligt waren.

FLORA

BLÜTENPFLANZEN (PHANEROGAMEN)

Die Phanerogamen, die auch *Samenpflanzen* oder *Spermatophyten* genannt werden, da sie Samen produzieren, werden unterteilt in *Nacktsamer* oder *Gymnospermen*, deren Samen ungeschützt sind (Nadelhölzer, Palmfarne und Ginkgo), und *Bedecktsamer* oder *Angiospermen*, deren Samen geschützt in einer Frucht liegen. Zu den Phanerogamen gehören fast alle heutigen Kulturpflanzen, sie enthalten die schönsten und auffälligsten Pflanzen. Die Gymnospermen umfassen 10 Ordnungen. Die Angiospermen zeigen eine sehr komplexe Klassifizierung, die in zwei große Klassen aufgeteilt ist: die *Einkeimblättrigen* oder *Monokotyledonen*, die 10 Ordnungen umfassen, und die *Zweikeimblättrigen* oder *Dikotyledonen* mit 47 Ordnungen.

Die Gymnospermen.
Die *Palmfarngewächse* sind gewissermaßen eine Zwischenstufe zwischen den Farnen und den Blütenpflanzen. Sie sind ›lebende Fossilien‹. Die Wedel entwickeln sich schneckenförmig, aber ihre Samen sind in den Fruchtzapfen eingebettet. Palmfarngewächse sind sehr dekorative Pflanzen mit dem Aussehen einer Palme. Es gibt davon 9 Gattungen und 85 Arten.
Vorkommen: tropische, manchmal auch semiaride Regionen.
Die *Ginkgogewächse* umfassen nur noch eine Familie und eine Pflanzenart, die im Perm (vor rund 260 Millionen Jahren) auftauchte. Es handelt sich um einen Baum mit fächerförmigen Blättern, von dem es männliche und weibliche Pflanzen gibt.
Vorkommen: wild wachsend in China, als Park- und Gartenbaum auch in Europa.
Die *Nadelhölzer*: eine Unterabteilung mit 5 Ordnungen und 7 Familien, die 54 Gattungen und mehr als 630 Arten vereint. Ob als Baum oder Strauch, sie haben die Eigenschaft, Zapfen zu bilden. Anders als die oben genannten Pflanzen, die als Zwischenstufen gelten können, da sie keine eigentlichen Samen bilden, entwickeln die Nadelhölzer Samen aus einer befruchteten Eizelle. Viele Arten besitzen als Blätter nur Schuppen oder Nadeln.
Vorkommen: weltweit verbreitet.

Die Angiospermen. Sie umfassen 5 große Gruppen, darunter die *Dikotyledonen* und die *Monokotyledonen*, wobei die letztgenannten als die am weitesten entwickelten Pflanzen gelten.
Die **erste Gruppe** wird von den *Kasuarinen* gebildet. Hierbei handelt es sich gleichzeitig um eine Linie und um eine Ordnung mit einer einzigen Gattung und ungefähr 50 Arten, deren Blattform an die der Schachtelhalme erinnert, der allgemeine Wuchs an Kiefern.
Vorkommen: tropische Strände, Australien, Malaysia, Madagaskar, usw.
Die **zweite Gruppe** der Angiospermen umfaßt lediglich apetale Dikotyledonen und drei große Ordnungen: die *Ölbaumgewächse* (2 Familien, 90 Gattungen, mehr als 2 000 Arten), holzartige Pflanzen mit einfachen Blättern, die *Sandelholzgewächse* (7 Familien, 90 Gattungen, mehr als 2 000 Arten), meistens Parasiten, und die *Proteusgewächse* (1 Familie, 55 Gattungen, 1 200 Arten), immergrüne Bäume oder Sträucher mit wechselständiger Blattstellung und sehr bunten, zusammengesetzten Blüten.
Vorkommen: im wesentlichen in tropischen Zonen, die Proteusgewächse vor allem in Südafrika.

Die **dritte Gruppe** umfaßt *apetale* oder *verwachsenblumenblättrige* (verwachsene Kronblätter) Dikotyledonen. Sie besteht aus 14 Ordnungen, 35 Familien, etwa 760 Gattungen und 14 400 Arten.
Vorkommen: Aufgrund der Artenvielfalt findet man diese Pflanzen auf der ganzen Welt.
Beispiele: Zu den wichtigsten und interessantesten Familien der dritten Gruppe gehören: *Betulaceen* (Birke, Erle), *Fagaceen* (Buche, Eiche, Kastanie), *Salicaceen* (Weide, Pappel), *Ulmaceen* (Ulme, Zürgelbaum, Zelkove), *Moraceen* (Feigenbaum, Maulbeerbaum, Brotfruchtbaum, Jackbaum), *Chenopodiaceen* (Futterrübe Spinat), *Caryophyllaceen* (Nelke, Seifenkraut, Leimkraut, Kornrade), *Urticaceen* (Brennessel), *Cactaceen* (Feigenkaktus, Warzenkaktus, Säulenkaktus), *Primulaceen* (Primel, Alpenveilchen, Alpenglöckchen), *Polygonaceen* (Rhabarber, Sauerampfer, Knöterich), *Juglandaceen* (Walnuß, Hickorybaum) usw.
Die **vierte Gruppe** ist sehr komplex, da sie 7 Linien umfaßt, die in 16 Ordnungen unterteilt sind und die Mehrheit der Dikotyledonen umfassen. Man findet hier 110 Familien mit 4 260 Gattungen und fast 73 000 Arten.
Vorkommen: auf der ganzen Welt und in allen Ökosystemen.
Beispiele: Familie der *Rutaceen* (Orangen- und Zitronenbaum), *Anacardiaceen* (Mangobaum, Pistazien), *Aceraceen* (Ahorn), *Buxaceen* (Buchsbaum), *Balsaminaceen* (Springkraut), *Rhamnaceen* (Faulbaum, Jujube), *Vitaceen* (Weinrebe, Wilder Wein), *Araliaceen* (Efeu, Schefflera), *Umbelliferae* (Karotte, Kerbel), *Oleaceen* (Olivenbaum, Flieder, Esche, Jasmin), *Caprifoliaceen* (Holunder, Geißblatt, Schneeball), *Apocynaceen* (Oleander, Immergrün), *Convolvulaceen* (Prunkwinde, Seide), *Solanaceen* (Kartoffel, Paprika, Aubergine, Tomate, Tollkirsche), *Scrophulariaceen* (Löwenmaul, Ehrenpreis, Pantoffelblume, Fingerhut), *Labiaceen* (Rosmarin, Lavendel, Salbei, Minze), *Malvaceen* (Malve, Hibiskus, Baumwolle), *Euphorbiaceen* (Kroton, Wunderbaum, Wolfsmilch) usw.
Die **fünfte Gruppe** ist genauso komplex und wichtig wie die vorangegangene, denn sie enthält 7 Linien, die in 29 Ordnungen mit 223 Familien unterteilt sind, darunter die wichtigsten Nutz- und Zierarten der Monokotyledonen und Dikotyledonen. Man findet fast 5 900 Gattungen und 127 000 Arten.
Vorkommen: über die ganze Welt verteilt.
Beispiele: Familien der *Lauraceen* (Lorbeer, Zimt, Avocado), *Ranunculaceen* (Anemone, Klematis, Akelei, Rittersporn, Hahnenfuß), *Araceen* (Philodendron, Aronstab), *Palmaceen* (Kokos-, Dattel- und Ölpalme), *Gramineen* (Weizen, Hafer, Roggen, Gerste, Mais, Reis), *Bromeliaceen* (Ananas, Tillandsia), *Liliaceen* (Tulpe, Lilie, Lauch, Knoblauch, Maiglöckchen, Zwiebel, Schnittlauch), *Amaryllidaceen* (Schneeglöckchen, Narzisse), *Iridaceen* (Iris, Gladiole, Krokus, Safran), *Orchidaceen* (Vanille, Venusschuh), *Papaveraceen* (Klatsch- und Schlafmohn, Erdrauch), *Cruciferae* (Rettich, Kresse, Kohl, Goldlack), *Cucurbitaceen* (Melone, Gurke, Kürbis), *Ericaceen* (Heidekraut, Rhododendron, Heidelbeere), *Asteraceen* (Margeriten, Leberbalsam, Sonnenblume, Ringelblume, Disteln), *Hamamelidaceen* (Zaubernuß, Scheinhasel), *Crassulaceen* (Hauswurz, Fetthenne, Kalanchoe), *Saxifragaceen* (Rote und Schwarze Johannisbeere, Hortensie), *Rosaceen* (Weißdorn, Apfelbaum, Birnbaum, Kirschbaum, Erdbeere, Rose, Himbeere, Pflaume, Pfirsich), *Papilionaceen* (Goldregen, Klee, Luzerne, Linse, Bohne, Erbse) usw.

A · Sandelholzbaum.
B · Ginkgobaum.
C · Nordmannstanne.
D · Palmfarn.
E · Zitronenbaum.

FLORA

DIE PFLANZENWELT

EVOLUTION DER PFLANZEN

Die Evolution der Pflanzen ist eng mit dem Klima und der Verbreitung der pflanzenfressenden Tiere verbunden. Die Pflanzen benötigen für eine gute Entwicklung in ausreichendem Maße Erde, Licht, Wasser und Wärme. Somit findet man Pflanzen praktisch auf der ganzen Welt, mit Ausnahme der polaren Regionen, die ständig mit Eis bedeckt sind.

Es scheint so, als ob die Natur stets auf der Suche nach Vervollkommnung ist oder als ob sie zumindest die von ihr geschaffenen Wesen immer mehr vervollkommen möchte, um sie so ihrer Umwelt besser anzupassen und die Chancen ihrer Ausbreitung zu erhöhen. Somit ist man, vom Pflanzenstandpunkt aus gesehen, vom Zufall der vegetativen Vermehrung (der sich fortpflanzende Teil der Pflanze muß einen geeigneten Ort zur Ansiedlung finden, kann aber uneingepflanzt nicht lange überleben, was seine Verbreitungsmöglichkeiten sehr stark einschränkt) zur Raffinesse des Samens gekommen, der zunächst nackt war und anschließend in eine Frucht eingebettet wurde, deren Schutzmöglichkeiten sich mit der Evolution der Pflanzen ständig verbessert haben.

Algen, die ersten Lebewesen. Heute weiß man, daß die einzelligen Blaualgen, von denen man versteinerte Spuren (Stromatolithen) in dem präkambrischen Gestein in den USA und in Südafrika gefunden hat, die ersten Formen organisierten Lebens waren. Diese etwa 3 Milliarden Jahre alten Ablagerungen bestätigen die Theorie, nach der die Verbreitung dieser chlorophyllhaltigen Algen die Bildung unserer für die Atmung geeigneten Atmosphäre ermöglicht hat. Heute noch sind die Pflanzen aufgrund ihrer Fähigkeit, Sauerstoff freizusetzen (Phänomen der Photosynthese), die ›Lungen‹ der Erde. Diese Fähigkeit der Pflanzen, sich ›von Kohlendioxid zu ernähren‹, ermöglichte die Entwicklung des Lebens auf der Erde. Durch ihre Anpassung an das Süßwasser bildeten bestimmte Algen den Ursprung der ersten Pflanzen auf dem Festland, die am Rande von Wasserläufen wuchsen. Nach und nach änderte sich ihre Struktur, um die notwendige Widerstandsfähigkeit zur Eroberung des Festlandes zu entwickeln.

Das Reich der Farnpflanzen. Die Eroberung des Festlandes durch Pflanzen begann vermutlich vor etwa 400 Millionen Jahren. In Anpassung an das Landleben entwickelte sich der Pflanzenkörper vom relativ undifferenzierten Thallus zu einem in Sproßachse, Blatt und Wurzel zusammengesetzten sogenannten Kormus. Die Farnpflanzen sind die ersten Pflanzen mit einem Kormus und damit die ersten Kormophyten. Mit der Differenzierung in die Grundorgane ging auch eine gewebliche Differenzierung einher: Abschlußgewebe schränkt die Verdunstung ein, Leitgewebe transportiert den Pflanzensaft von der Wurzel zum Blatt und umgekehrt, Festigungsgewebe gibt dem Pflanzenkörper den nötigen Halt. So ›ausgerüstet‹, begann eine Entwicklung der Pflanzen, die zu den großen Wäldern des Karbons mit Bärlappen, Farnen und Schachtelhalmen führte. Vor 300 Millionen Jahren etwa war ein großer Teil der Erde mit *Asteroxylon,* einer Art Riesenmoos von einem Meter Höhe, bedeckt, mit *Sigillaria,* einem Bärlappgewächs der Sumpfgebiete, das 30 m erreichen konnte, sowie mit Schachtelhalmen von 10 bis 12 m Höhe, den *Kalamiten,* die große Haine bildeten. Die ersten primitiven Nacktsamer wie die *Kordaiten* begannen, sich an den weniger feuchten Orten zu entwickeln. Diese Pflanzen besiedelten den Boden so dicht, daß sie bei ihrer Zersetzung die riesigen Kohle- und Erdölvorkommen bildeten, die heute abgebaut werden.

Nacktsamer. Wenn man Jahrmillionen zurückgeht, so kommt man zur Trias und zum Jura vor 225 bis 150 Millionen Jahren. Damals herrschten hier die ersten Nacktsamer, vor allem die Nadelhölzer und die Palmfarngewächse. Die damaligen Arten ähnelten in vielem denen, die wir heute noch kennen, und einige konnten bis heute überleben, vor allem

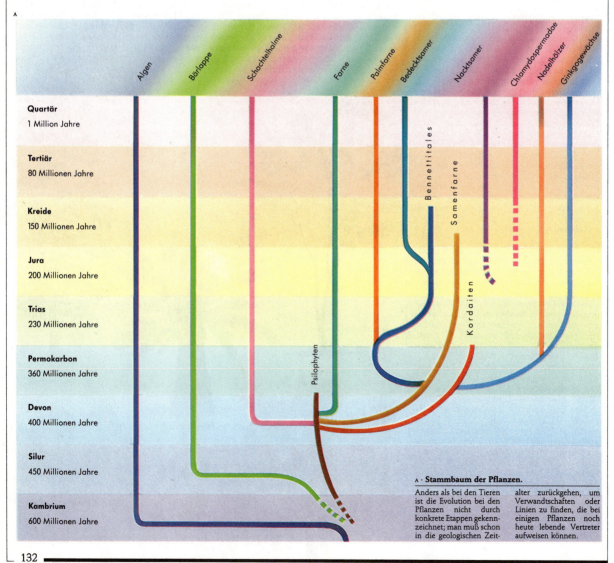

Stammbaum der Pflanzen. Anders als bei den Tieren ist die Evolution bei den Pflanzen nicht durch konkrete Etappen gekennzeichnet; man muß schon in die geologischen Zeitalter zurückgehen, um Verwandtschaften oder Linien zu finden, die bei einigen Pflanzen noch heute lebende Vertreter aufweisen können.

FLORA

der Ginkgobaum, eine ziemlich primitive Form, aber auch die Metasequoia (eine Art Sumpfzypresse aus China). Viele andere Arten sind verschwunden, vor allem die *Schuppenbäume* oder *Lepidodendren,* Riesenbärlappgewächse mit einem schuppigen Stamm, die eine Höhe von bis zu 30 m erreichten, die *Williamsoniaceen,* die Palmen mit Farnblättern ähnelten, und die *Bennettitaceen,* eine Art Palmfarn mit sehr gedrungenem Stamm. Die Nadelhölzer waren durch die *Araukariten* vertreten, die sehr nahe mit unseren heutigen Araukarien verwandt sind, sowie durch die *Voltzia,* die den Tannen sehr ähnelten.

Bedecktsamer. Erst in der Kreidezeit, der Blütezeit der Dinosaurier (vor 135 Millionen Jahren), treten die ersten Bedecktsamer auf. Diese Pflanzen, die bereits etwas den Arten ähneln, die wir heute kennen, sind die echten Vorfahren unserer Flora, weil seit 130 Millionen Jahren keine neue Pflanzengruppe auf der Erde aufgetaucht ist. Vor allem die Gräser haben sich verbreitet, insbesondere die Süßgräser, die heute die hauptsächliche Nahrung für Mensch und Tier sind. Man hat Blätter von Platanen oder Ahornbäumen gefunden, die 100 Millionen Jahre alt und vollkommen erhalten sind. Dies beweist, daß die Pflanzen eine ausreichende Vervollkommnung erreicht haben. Nur der Mensch kann heute durch Artenkreuzung und Selektion das Aussehen der Vegetation merklich verändern.

DIE ÄLTESTE PFLANZE DER ERDE

Sie ist 420 Millionen Jahre alt. Es handelt sich um ein Moos, das in den USA gefunden wurde. Die älteste entdeckte Versteinerung einer Blüte ist 65 Millionen Jahre alt. Die älteste noch existierende Pflanze ist der *Ginkgo biloba,* von dem man Versteinerungen gefunden hat, deren Alter auf 160 Millionen Jahre geschätzt wird (Jura), wobei die Art selbst wohl schon vor etwa 300 Millionen Jahren aufgetreten ist.

A · **Versteinerter Farn.**
Wenn uns die versteinerten Riesenfarne wie *Asteroxylon, Calamites* oder *Cordaites* fast vertraut erscheinen, so deswegen, weil diese Pflanzen sich seit Jahrtausenden kaum weiterentwickelt haben.

B · **Samen.**
Eine Höherentwicklung stellt das Auftauchen des Samens dar, der den genetischen Code der Pflanze enthält. Die ersten Samenpflanzen ähnelten stark unseren heutigen Nadelhölzern und stammen aus den Gattungen *Lepidodendron, Williamsonia, Araucaria, Voltzia* usw. Unten Blütenstand und Frucht (mit Samen) des Ahorns.

SEHR ALTE VEGETATIONEN

Noch heute ist es möglich, Vegetationen zu bewundern, die in vielem der Flora des Erdmittelalters (Mesozoikums) vor 150 bis 65 Millionen Jahren ähneln. Die Hochgebirge Afrikas, vor allem der Kilimandscharo und der Ruwenzori, sind in einer Höhe über 3 000 m von buschartigen Heidekräutern bedeckt, die von langen Flechten übersät sind, die wie Bärte herabhängen, wohingegen die Heidekräuter selbst sich auf einem dichten Moosteppich entwickeln, der bis zu 2 m dick werden kann. Etwas höher sieht man die Kreuzkräuter und die Riesenlobelien, deren Formen an manche primitiven Pflanzen erinnern. In den Everglades in Florida sind die Sumpfzypressen *(Taxodium),* die halb im Wasser stehen, und die von Usneen *(Tillandsia)* bedeckten Palmen der Vegetation ziemlich ähnlich, die sich den Blicken der ersten Säugetiere zu Beginn des Tertiärs geboten haben dürften.

DIE PFLANZEN UND DER MENSCH

Es ist dem Menschen gelungen, die Pflanzen zu domestizieren, wie er auch die Tiere domestiziert hat. Aber die einfachere biologische Struktur der Pflanzen macht es ihm im größeren Maße möglich, deren Wachstum zu steuern, sie ständig zu verbessern (beispielsweise im Hinblick auf ihre Früchte) und sogar neue, in der Natur völlig unbekannte Pflanzen zu produzieren. Vergessen wir nicht, daß die eßbaren Pflanzen relativ selten sind (und darüber hinaus beschränken wir die Anzahl der verwendeten Arten immer mehr, was Anlaß zu Besorgnis gibt). Aus der Sicht der Entwicklung der Gattung Mensch war die einfache Sammelkultur langfristig nicht durchführbar. Die natürliche Vegetation bringt nur einen sehr geringen Ertrag. Deswegen hat wahrscheinlich vor allem die Erfindung der Landwirtschaft einen der größten Entwicklungsschübe der menschlichen Gesellschaft geprägt.

Heute machen die Anbautechniken und die Sortenverbesserungen die Erde tausendmal produktiver, als sie es in ›wildem‹ Zustand wäre. Die Sortenverbesserungen haben die Erträge der Kulturen in die Höhe getrieben. Man erntete zum Beispiel 1939 in Deutschland etwa 15 Doppelzentner Weizen/Hektar und 52 im Jahre 1980! Und die Erträge steigen weiter: In einigen günstigen Gebieten werden mehr als 100 Doppelzentner/Hektar erzielt. Beim Mais ist dieser Anstieg mit Erträgen, die sich in 25 Jahren verfünffacht haben, noch auffälliger!

Artenkreuzung, die heimliche Hochzeit. Die aufsehenerregenden Ergebnisse in bezug auf den Ertrag der modernen Sorten beruhen auf der Artenkreuzung. Man hat festgestellt, daß die aus einer Kreuzung entstandenen Pflanzen (Hybriden genannt) in der ersten Generation eine vermehrte Kraft und Produktivität aufweisen, wobei bei einigen Maissorten zum Beispiel eine Ertragssteigerung bis zu 25 % erreicht werden konnte. Dieses Phänomen, *Heterosis* genannt, wurde von Mendel in seinen Arbeiten über die Vererbung nachgewiesen. Es wird heute mit den ›F1‹ benannten Hybriden, das heißt der ersten Generation, in großem Rahmen genutzt. Der Wettbewerb zwischen den verschiedenen Kreuzungen ist so groß, daß ein gewerblicher Schutz für die neuen Pflanzen eingerichtet wurde. So steht nach dem Sortenschutzgesetz vom 1. 7. 1968 ausschließlich dem Züchter einer neuen Sorte das Recht zu, diese Sorte wirtschaftlich zu verwerten.

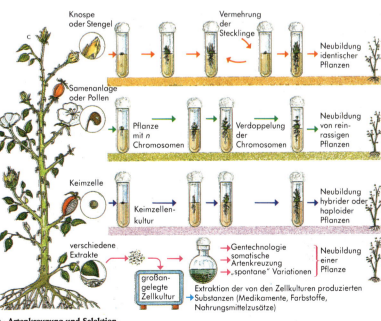

C · **Artenkreuzung und Selektion.**
Dank den Techniken zur Selektion der Stämme und der Artenkreuzung von Pflanzen ist es gelungen, die Nutzpflanzen viel produktiver zu machen. Dadurch ist es heute bei kleiner werdenden Anbauflächen möglich, die Nahrung für eine immer zahlreichere Bevölkerung zu sichern. Diese kostspieligen Forschungen sind im Augenblick den Industrieländern vorbehalten.

133

FLORA

DIE PFLANZENWELT

Die Retortenpflanzen. Die Technologie ist dabei, die Methoden der Züchtung und sogar des Pflanzenanbaus zu revolutionieren. Man hat bereits sehr große Fortschritte mit der *Mikrostecklingsvermehrung* in vitro gemacht (wodurch man aus einem einzigen Elternteil gut eine Million gleichartiger Kinder erhalten kann), kann jedoch heute noch viel weiter gehen. Die somatische Embryogenese ermöglicht zum Beispiel, Pflanzen aus undeterminierten Zellen zu erhalten. Dieses Verfahren wurde zur Gewinnung der Weizensorte ›Florin‹ 1985 eingesetzt. Man tappt noch etwas im Dunkeln, denn diese Technik war noch vor kurzem nur Zukunftsmusik! Bei der *Haploidenmethode* kultiviert man Pollen auf geeigneten Nährböden. Es entwickeln sich daraus kleine, haploide Pflanzenembryoide, das sind Embryoide, die nur die Hälfte des normalen Chromosomensatzes besitzen. Aus ihnen können dann ganze, haploide Pflanzen gezogen werden. Häufig wird jedoch der Chromosomensatz, z. B. durch Behandlung mit Colchicin, wieder verdoppelt. Man erhält dann in einer einzigen Generation Pflanzen mit zwei identischen Chromosomensätzen – das ideale Ausgangsprodukt für Kreuzungsversuche. Eine weitere Technik ist die *Protoplastenfusion*, der sicherlich bei der Züchtung intergenerischer Artenkreuzungen die Zukunft gehört.

Die Pflanzen, die wir kennen, sind genetisch derart komplex, daß es schwierig ist, ihre ›wilden‹ Verwandten wiederzufinden. Es gibt mehr Unterschiede zwischen Sorten von heutigen Petunien oder Bohnen und der Ursprungspflanze als zwischen einem Krokodil und einem Elefanten!

Spielerei oder Pflanze des Jahres 2000? Einige Labors (unter anderem das Max-Planck-Institut für Biologie in Tübingen) bereiten ganz neue Gemüse vor. Die ›Tomoffel‹, eine Kreuzung aus Tomate und Kartoffel, ist das bekannteste Beispiel: Man erntet gleichzeitig sowohl Knollen als auch Früchte, was in puncto Ertrag mehr als wünschenswert ist. Die Forschungslabors wollen sogar ›Meterbohnen‹ züchten, die Schoten von fast einem Meter ohne Fäden hervorbringen! Man arbeitet an viereckigen Tomaten, die viel leichter zu lagern und zu transportieren wären. Es gibt bereits die rot-grüne Bohne im Versuchsstadium! Dies ist keine Spielerei, sondern eine Art, die Ernte zu vereinfachen, indem man die Hülsen besser am Stengel erkennt. Die rote Pigmentierung verschwindet beim Kochen und hinterläßt im Teller richtig grüne, ganz normale Bohnen.

Widerstandsfähigkeit. Neben diesen aufsehenerregenden Ergebnissen zielt die Forschung vor allem auf Produktivität, aber auch auf Widerstandsfähigkeit gegen Krankheiten ab. Die Selektion ist heute die einzige wirksame Methode, um gegen Viruskrankheiten zu kämpfen. Obwohl viele Fortschritte in diesem Bereich bereits gemacht wurden, müssen weitere dringend folgen.

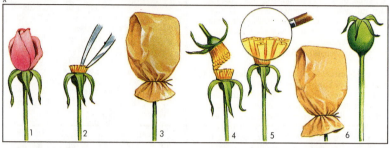

A · **Rosenkreuzung.**

1. Man wählt Blüten verschiedener Sorten aus. Die eine ist der weibliche, die andere der männliche Elternteil. Die männliche Knospe wird beschnitten (wobei man etwas vom Stiel erhält) und in Wasser gestellt.
2. Man entfernt die Staubgefäße des weiblichen Elternteils.
3. Die Stempel werden vor Pollen geschützt.
4. Man reibt die Staubbeutel der männlichen Blüte an den Stempeln der weiblichen Blüte.
5. An den Stempeln müssen dabei Pollen hängenbleiben.
6. Die weiblichen Blüten werden eine Woche lang geschützt. Die runde Basis der Blüten wird dicker. Die Samenanlagen in ihr reifen. Diese werden gesät.

B · **Zuchtrosen.**

Die ältesten Gartensorten der Rose sind aus wilden Arten Europas und Vorderasiens entstanden und seit ungefähr 150 Jahren aus Kreuzungen mit Arten aus dem Fernen Osten. Durch wieder andere Arten können die Rosen noch ›verfeinert‹ werden (Form und Farbe, Unempfindlichkeit gegen Krankheiten usw).

DIE FUSION DER PROTOPLASTEN

Dies ist wahrscheinlich die phantastischste Technik, die man sich denken kann. Die Protoplasten sind Zellen, die von ihrer Membran befreit wurden. Man kann nun zwei Protoplasten dazu bringen, zu verschmelzen, ihre Membran wiederherzustellen und somit ein neues, hybrides Individuum zu schaffen. So hat man eine Fusion zwischen der Karotte und dem Raps und sogar zwischen Karotte und Maus erreicht! Zur Zeit jedoch führen nur die Versuche mit Tabak, Petunie und Luzerne zu neuen Pflanzen.

150 ESSBARE PFLANZEN

Von den ungefähr 10 000 eßbaren Pflanzen in der Pflanzenwelt (das macht eine von 40 Arten) werden kaum mehr als 150 intensiv kultiviert; weniger als 30 stellen 90 % der Grundnahrung der menschlichen Bevölkerung dar. Da man sich heute der Gefahren der damit verbundenen Verknappung des genetischen Materials bewußt ist, hat man Genbanken geschaffen und vor allem auf die wilden Arten zurückgegriffen. Die Forscher versuchen nämlich, in der Natur wilde Pflanzen zu finden, bei denen sie einige interessante Gene wiederfinden können, die während der Jahrhunderte des Anbaus verloren gegangen sind (Widerstandsfähigkeit gegen einige Krankheiten, frühe Reife, besondere Wuchsform usw.).

15 JAHRE FÜR EINE ROSE

Seit jeher wurden Fortschritte durch die genealogische Selektion erreicht. Man sucht sich jeweils die kräftigsten und produktivsten Pflanzen aus, um sie dann zur weiteren Vermehrung zu verwenden. Diese Technik wird noch immer eingesetzt, vor allem bei der Züchtung neuer Sorten von Gemüsen, Früchten oder Zierpflanzen. Bei den Rosen braucht man zum Beispiel 10 bis 15 Jahre geduldiger Beobachtungen und drastischer Auslese, damit eine neue Sorte entsteht. Von 100 000 Sämlingen durchlaufen weniger als 5 alle Phasen der Selektion. Bei den Tulpen schätzt man die erforderliche Beobachtungs- und Auslesezeit auf 25 Jahre, bevor man eine neue brauchbare Sorte gewonnen hat.

C · **Die Rosen von heute.**

Die modernen Rosen erreichen eine seltene Vollkommenheit. Die Hilfe des Computers und der Biotechnologien könnte die Erfolgsquote steigern.

FLORA

ANATOMIE DER PFLANZEN

ALLGEMEINES

Die höheren Pflanzen sind alle nach demselben Muster mit einer unveränderlichen Struktur und den gleichen Pflanzenorganen gebaut: Wurzel, Sproßachse, Blatt, Blüte, Samen. Natürlich haben diese einzelnen Pflanzenteile je nach Art sehr unterschiedliche Formen, Ausmaße und Farben. Dies ermöglicht nämlich, sie zu unterscheiden, aber allgemein wird die anfangs für jedes Organ festgelegte Rolle eingehalten.

WURZEL

Die Wurzel, die meist unter der Erde liegt oder sie berührt, hat eine Gewebestruktur, die der Sproßachse ziemlich ähnlich ist. Allerdings hat die Wurzel keine Blätter. Sie besitzt drei Hauptfunktionen.
Die Verankerung im Boden: Die dicken Wurzeln ermöglichen der Pflanze, sich fest zu verankern. Je tiefer und verzweigter sie sind, desto besser widersteht eine Pflanze starken Winden. Man kann die Wurzeln mit den Seilen vergleichen, die die Zeltplanen spannen. Sie dringen schräg in die Erde ein, wodurch sich die Pflanze besser im Boden verankern kann.
Die Nahrungsaufnahme: Die feinsten Enden der Wurzeln übernehmen die Rolle der ›Wasserpumpe‹. Die Saughaare nehmen die Flüssigkeit aus dem Boden auf und saugen sie an, um sie in den Gefäßen durch Kapillarwirkung aufsteigen zu lassen. Sie haben auch die Aufgabe, die im Boden enthaltenen mineralischen Elemente aufzulösen.

Die Vorratshaltung: Die häufig fleischigen Wurzeln sind saftreich und stellen wichtige Reserven für die Pflanzen vor allem bei Trockenheit dar. Dies ist zum Beispiel der Fall bei Rüben, Brassicarüben, Dahlien, usw.

Wurzelarten. Die Wurzel ist von der Sproßachse durch eine kleine Verdickung oder Vertiefung, den *Ring*, getrennt. Er ist bei einigen Pflanzen, wie Lattich und Karotte, deutlich zu sehen. Viele Zweikeimblättrige und Nacktsamer besitzen eine senkrecht in den Boden eindringende Hauptwurzel, die man als *Pfahlwurzel* bezeichnet (Karotte, Brassicarüben, Löwenzahn, Distel). Von der Hauptwurzel gehen *Seitenwurzeln* ab, die sich häufig mehrfach verzweigen und im allgemeinen das Erdreich gleichmäßig in alle Richtungen durchziehen. In bestimmten, beispielsweise in bezug auf die Feuchtigkeit besonders vorteilhaften Bodenhorizonten können *Wurzelnester* auftreten. Als *Flachwurzler* bezeichnet man Pflanzen, deren Wurzelsystem sich mehr oberflächlich ausbreitet (Fichte, manche Kakteenarten). Bei den Einkeimblättrigen stirbt die Hauptwurzel meist frühzeitig ab und wird durch sproßbürtige, das heißt an der Sproßachse entspringende Wurzeln ersetzt. *Wurzelknollen* sind verdickte Wurzeln, die der Vorratshaltung dienen (Dahlien).

Sproßbürtige Wurzeln können auch Luftwurzeln sein wie bei den großen tropischen Feigenbäumen, die Banyan genannt werden. Sie entstehen an der oberirdischen Sproßachse und erreichen den Boden, wodurch sie die Verankerung der Pflanze verstärken. Die Luftwurzeln der Orchideen oder der Philodendren dienen dazu, ein Maximum an Luftfeuchtigkeit aufzunehmen.

Bei den parasitischen Pflanzen wie der Mistel oder der Seide werden die Wurzeln in Sauger umgewandelt, die in das Gewebe der Wirtspflanze eindringen. Andere Wurzelumformungen finden sich beim Efeu, wo die Luftwurzeln zu Haftorganen werden, um die Pflanze bei der Verankerung an ihrem Untergrund zu unterstützen.

Wurzelstruktur. Die Hauptwurzel teilt sich in mehr oder weniger großem Maße in Seitenwurzeln auf. Diese sind viel feiner. Die Wurzeln enden in der Wurzelhaube, dem glatten und runden Teil, der als Bohrkopf zum Eindringen der Wurzel in den Boden dient. Hinter der Wurzelhaube befinden sich die

---

FEUCHTIGKEIT: FREUNDIN DER WURZELN

Da die Hauptaufgabe der Wurzeln darin besteht, Flüssigkeiten aufzunehmen und der Pflanze zuzuführen, werden Wurzeln von allen feuchten Orten stark angezogen. Dies ist der *Hydrotropismus*. Dieses Phänomen erklärt die Überschwemmung einiger Kanalisationen durch Pfropfen aus Wurzeln. Die außerordentliche Wachstumskraft dieser Organe, die in der Lage sind, massive Bauten hochzuheben und Mauern, Straßen oder Steinböden aufzureißen, ist bekannt. Einige Pflanzen schließlich, wie die epiphytischen Orchideen, haben Luftwurzeln, die die Feuchtigkeit aus der Luft aufnehmen können.

REKORDWURZELN

Die größten bekannten Wurzeln sind die eines tropischen Feigenbaumes in Südafrika, die man in 120 m Tiefe gefunden hat. In Europa hatte eine englische Ulme Wurzeln von 110 m Länge. Wenn man jedoch das gesamte Wurzelsystem betrachtet, gehört der absolute Rekord dem Roggen, dessen Wurzeln zusammengerechnet bei einigen Pflanzen mehr als 600 km lang sind.

A · **Aufbau der Wurzel.**

Ring. Dies ist die Grenze zwischen Sproßachse und Primärwurzel.

Primärwurzel. Sie wird auch Hauptwurzel genannt.

Nebenwurzel.

Wurzelhaare. Sie bilden den behaarten Bereich der Wurzel, der sich ständig erneuert, aber gleich lang bleibt.

Wurzelhaube. Sie übernimmt Schutzfunktionen.

B, C · **Wurzelformen.**
Die Wurzel kann grundsätzlich zwei Formen haben: die senkrecht in den Boden eindringende Pfahlwurzel, wie die der Steckrübe (B), oder die vielfach verzweigte Büschelwurzel, wie die der Melone (C).

D · **Luftwurzeln.**
Die große Pagodenfeige aus Indien bringt riesige Luftwurzeln hervor, die bis zur Erde reichen. Sie dienen zur Unterstützung des Baums, aber auch als Wasserpumpe. Wenn sie den Boden berühren, verankern sie sich dort und können so Schößlinge treiben.

E, F · **Wurzelknollen.**
Die Dahlie (E) und einige widerstandsfähige Orchideen wie die Orchis (F) besitzen Speicherorgane in Form von verdickten sproßbürtigen Wurzeln. Man nennt sie Wurzelknollen. Sie können zur Vermehrung der Pflanze geteilt werden.

G · **Haftwurzeln.**
Die Luftwurzeln des Efeus dienen ihm auch als Haftorgan, um sich an seinem Untergrund festzukrallen. Sie sind sehr kräftig, dringen in die Zwischenräume von z.B. Steinen ein und können diese sogar lösen.

135

FLORA

ANATOMIE DER PFLANZEN

Wurzelhaare, die die Versorgung der Pflanze mit Wasser und Mineralsalzen sichern. Diese Saughaare haben nur eine begrenzte Lebensdauer und werden mit dem Wachstum der Wurzel ersetzt.

Wurzelwachstum. Es geht sehr rasch vonstatten. Die Wurzel ist das erste Organ, das sich bei der Keimung entwickelt. Die Länge der Wurzeln ist nicht unbedingt proportional zu dem Teil über der Erde. So dringen beim Weinstock einige Wurzeln bis zu 15 m tief ein. Die Bewegung der Wurzel entspricht der eines Bohrers. Sie wächst nicht gerade sondern spiralförmig, um den Boden wirksamer zu durchdringen. Die Wurzel entwickelt sich immer nach unten: Unabhängig von der Position, in die man sie bringt, wendet sie sich Richtung Boden. Hier handelt es sich um das Phänomen des *Geotropismus,* der mit der Erdanziehung zusammenhängt. Wenn die Wurzel länger wird, wird sie ebenfalls von Feuchtigkeit beeinflußt (dies wird Hydrotropismus genannt). Diese Tropismen beeinflussen ihre Richtung. Wenn darüber hinaus die Wurzel zufällig beleuchtet wird, wendet sie sich vom Licht ab (negativer Phototropismus). Diese verschiedenen Ausrichtungen beruhen auf der differentiellen Verteilung der Auxine.

DIE WURZELN ATMEN

Wie alle Organe der Pflanze nimmt die Wurzel Sauerstoff auf und gibt Kohlendioxid ab. Das ist die Atmung. Diese wird manchmal, insbesondere in kompakten, schweren Böden, behindert. Das gilt bei Bäumen in Städten auf betonierten Bürgersteigen oder entlang von Asphaltstraßen. Den Wurzeln fehlt Sauerstoff, was zu einem vorzeitigen Laubfall gegen Ende des Sommers, dunklen Flecken oder sogar zum Tod der Pflanzen führt. Die im Wasser stehenden Arten wie die Mangrovenbäume der Gattung *Sonneratia* lassen einige Wurzeln, sogenannte *Atemwurzeln,* aus dem Wasser herausragen und kehren somit den Geotropismus um. Bei den Sumpfzypressen *(Taxodium)* unterstützen an die Luft reichende Auswüchse, die *Pneumatophoren,* die Wurzeln der Pflanzen bei der Atmung und geben ihr darüber hinaus ein dekoratives Aussehen.

A · Atmung.
Bei den zeitweise im Wasser stehenden Pflanzen ragen manchmal Wurzelauswüchse aus dem Wasser heraus, wodurch eine Atmung ermöglicht wird. Dies ist der Fall bei den Mangrovenbäumen der Gattung *Sonneratia* oder bei der Sumpfzypresse mit den Pneumatophoren.

SPROSSACHSE

Als Stützorgan des oberirdischen Teils der Pflanze hat die Sproßachse gewöhnlich einen aufrechten Wuchs und verzweigt sich, um die Blätter zu tragen. Sie bestimmt die eigentliche Form der Pflanze. Wenn eine Art keine Sproßachse besitzt, wird sie *Rosettenpflanze* genannt (Löwenzahn oder Wegerich). Die Sproßachse kann *krautig,* das heißt beweglich wie Gras (Lupine, Weizen, Primel, Brennessel), *sukkulent,* wenn sie wasserspeichernd ist wie bei den Kakteen oder den Fettpflanzen, oder *holzig* sein wie bei den Bäumen.

Sproßachsenformen. Die Sproßachse ist *aufrecht,* wenn sie gerade wächst (Kornblume, Margerite), *kriechend,* wenn sie am Boden verläuft (Pachysandra, Immergrün), *kletternd,* wenn sie sich am Untergrund festklammert (Efeu, Wilder Wein), *windend,* wenn sie kreisend wächst und dabei die Stütze umschlingt (Winde, Hopfen), oder *rankend,* wenn sie mit Hilfe von Ranken sich auf wächst (Wein).
Die Sproßachse der Süßgräser wie Weizen, Hafer oder Bambus heißt *Halm.* Der *Ausläufer* oder *Stolon* ist eine über die Erde streichende Sproßachse, die manchmal Wurzeln und sogar junge Pflanzen hat (Erdbeere, Grünlilie).

Unterirdische Sproßachsen. Dies sind besondere Pflanzenorgane, die man leicht mit Wurzeln verwechseln kann. Sie unterscheiden sich jedoch von diesen vor allem durch den Besitz schuppenförmiger Blätter oder deren Narben und durch ihren anatomischen Bau. In den meisten Fällen dienen sie als Reservestoffspeicher. Die *Zwiebeln* sind gestauchte und verdickte Sproßachsen mit fleischigen Zwiebelschalen, die entweder schuppenförmige Niederblätter (Tulpe, Lilie) oder geschlossene, stengelumfassende Blattscheiden (Küchenzwiebel) darstellen. Ebenfalls unterirdische verdickte Sproßachsen sind die *Wurzelstöcke* oder *Rhizome.* Sie tragen sproßbürtige Wurzeln. In jeder Vegetationsperiode bilden sie einen Luftsproß. Er durchbricht die Erdoberfläche und stirbt später wieder ab, während die Wurzelstöcke horizontal weiterwachsen. *Knollen* sind lokale Anschwellungen. Sie dienen der Vermehrung.

Umgeformte Sproßachsen. Die Anpassung der Pflanzen an Umweltfaktoren hat manchmal zu einer Umformung der Sproßachse geführt. So können Ranken gebildet werden, die dem Sproß helfen, sich an einem Untergrund festzuklammern (Erbse, Bohne). Ein Schutz gegen Tierfraß wird durch Umwandlung der Zweige in Dornen erreicht (Weißdorn). Wenn die Sproßachse wie ein Blatt aussieht, nennt man sie *Flachsproß* (Mäusedorn).

Der Baumstamm, eine besondere Sproßachse. Der Baumstamm ist eine verholzte Sproßachse, die ständig an Länge und Dicke zunimmt. Das *Kambium,* ein Gewebe direkt unter der Rinde, produziert jedes Jahr nach innen *Holz* (enthält leitendes Gewebe für Wasser und darin gelöste Mineralsalze) und nach außen *Bast* (leitet organische Substanzen). Die im Frühjahr gebildeten Holzgefäße sind meist sehr groß, um große Mengen an Wasser leiten zu können, die im Sommer entstehenden kleiner. Dadurch entstehen die *Jahresringe.* Der lebende Teil des Stammes befindet sich im äußeren Bereich, was erklärt, warum ein teilweise hohler Stamm normal weiterleben kann.

Wachstum der Sproßachse. Die Endknospe ermöglicht die Sproßverlängerung. Sie bildet ebenfalls die Blätter. Durch *Achselknospen,* die sich am Blattansatz befinden, können sekundäre Sproßachsen gebildet werden, was zu einer Verzweigung führt. Einige Sproßachsen können von sogenannten ›adventiven‹ Knospen hervorgebracht werden, die auf den Wurzeln oder an der Stelle einer Verletzung oder eines Schnitts wachsen. Die Ausdehnung der Sproßachsen hängt von den Lichtverhältnissen ab *(Phototropismus)*. Wenn Licht fehlt, werden die Sproßachsen übermäßig lang; es handelt sich dann um Geilwuchs. Wenn das Licht von der Seite einfällt, stellt man eine Ausrichtung der Sprosse zum Licht fest. Dies ist häufig bei schlecht belichteten Zimmerpflanzen der Fall. Auch die Temperatur spielt eine wesentliche Rolle, da das maximale Wachstum der Pflanzen bei einer Temperatur von 25 bis 30 °C erreicht wird. Dies erklärt die guten Wachstumsergebnisse in Treibhäusern. Die Luftfeuchtigkeit ist weniger auffällig, jedoch ebenso wichtig. Davon kann man sich durch das üppige Wachstum der Pflanzen in tropischen Wäldern und Gärten überzeugen.

B · Halm.
Dies ist der Name der oberirdischen Sproßachse der Süßgräser, vor allem der Getreide. Der Teil des Getreides, der nach der Ernte in der Erde verbleibt, wird ebenfalls Halm genannt.

C · Behaarte Sproßachse der Roten Taubnessel.
Die Sproßachse dieser Pflanze (ähnlich einer Brennessel) ist viereckig und mit einem Flaum bedeckt.

D · Flache Sproßachse mit Dornen.
Die flachen Sproßachsen des Feigenkaktus *(Opuntia ficus-indica)* sind Tennisschlägern ähnlich. Sie verlieren allmählich ihre scheibenförmige Form und werden zylindrisch.

E · Die windende Sproßachse der Winde.
Diese Sproßachsen wickeln sich rechtsherum um ihre Stütze *(rechtswindende Sproßachse des Hopfens und des Geißbarts)* oder linksherum *(linkswindende Sproßachse der Winde oder der Bohne).*

FLORA

Das Wachstum erfolgt meistens *dichotom*, also unter Beachtung einer gewissen Symmetrie. Wenn sich ein Seitentrieb auf der rechten Seite ausbildet, folgt sofort ein anderer auf der linken Seite, damit die Pflanze ihr Gleichgewicht behält.

REKORDE

Der Bambus hält den Wachstumsrekord bei den Sproßachsen, da er pro Tag einen Meter wachsen kann. Im Gegensatz hierzu stellt man das langsamste Wachstum bei den Arten der kalten Regionen nahe der Arktis fest. Wahrscheinlich hält hier eine Sitkakiefer den Rekord: Sie ist in einem Jahrhundert weniger als 30 cm gewachsen. Die Borstenkiefer wächst im Durchmesser vermutlich nur 1 cm im Jahrhundert! Der größte jemals gemessene Baum ist ein Eukalyptus in Australien, der auf natürliche Weise entwurzelt wurde. Er erreichte 132,50 m. Den größten Umfang aller Baumstämme hat eine Montezumazypresse in Mexiko mit 35,8 m erreicht.

WASSERSPEICHERNDE SPROSSACHSEN

Die verdickte, im Extremfall kugelförmige Gestalt der Sproßachsen von Kakteen und anderen Fettpflanzen läßt sich dadurch erklären, daß eine Kugel der Sonnenstrahlung im Vergleich zu anderen Körpern gleichen Volumens die geringste Angriffsfläche bietet und dadurch die Verdunstung herabgesetzt wird. Gleichzeitig sind diese Sproßachsen hervorragende Flüssigkeitsspeicher mit besonderen Schutzeigenschaften, damit das gespeicherte Wasser nicht verdunstet. Das Sproßachsengewebe der sukkulenten Pflanzen ähnelt wahren Schwämmen, die die Flüssigkeit gut aufnehmen. Im Inneren der Sproßachsen herrscht häufig eine höhere Temperatur als in der Umgebung, wodurch Verdunstungsprobleme vermieden werden. So können einige Pflanzen riesige Wasservorräte speichern, wie zum Beispiel der 15 m hohe Säulenkaktus (Gattung *Cereus*), der 3 000 Liter Wasser enthalten kann!

DIE BAUMRINDE

Die Rinde des Baumes, auch Bast genannt, enthält Speichergewebe, Leitgewebe für organische Substanzen und Schutzgewebe. Dem Dickenwachstum des Baumstamms kann die äußerste Schicht, die Epidermis, bald nicht mehr folgen. Sie zerreißt, stirbt ab und wird durch ein sekundäres Abschlußgewebe, den Kork, ersetzt. Die Korkzellen schließen lückenlos aneinander und enthalten Suberin. Sie schützen das darunterliegende Gewebe vor Beschädigungen und Wasserverdunstung. Häufig wird wegen des Dickenwachstums immer wieder ein neues Korkbildungsgewebe weiter innen in der Rinde angelegt. Die Gesamtheit der auf diese Weise abgetrennten Gewebe wird Borke genannt. Die Rinde ist ein wichtiges Bestimmungsmerkmal für Baumarten, besonders für Laubbäume im Winter. So ist z. B. die Rinde der Buche glatt und die der Edelkastanie längsrissig und oft spiralig verlaufend.

A · **Phototropismus.**
Wenn die Pflanze nicht genügend Licht bekommt, vergeilt sie. Ihre Sproßachsen verlängern sich dann ebenso wie der Raum zwischen den Blattachseln. Wenn das Licht von der Seite kommt, richten sich die Sproßachsen nach der Lichtquelle: Dies wird Phototropismus genannt. Er ist *positiv,* anders als der der Wurzeln, der im allgemeinen *negativ* ist.

D · **Aufbau der Sproßachse.**

Endknospe.
Mit dieser Knospe erfolgt das Wachstum der Sproßachse.

Triebe.
Bei Kurztrieben ist das Wachstum gering; die Blätter stehen dicht beieinander. Langtriebe besitzen eine Endknospe und Achselknospen.

Achselknospe.
Sie soll eventuell einen Zweig oder einen Ast hervorbringen.

Internodium.
Dies ist der Abstand zwischen zwei aufeinanderfolgenden Knoten.

Knoten.
Die Stelle an einer Sproßachse, aus der sich Blätter und Zweige bilden. Der Aufbau der Sproßachse ändert sich häufig an den Knoten.

Klettersproß (Efeu) — Rinde — Kernholz — Mark — Splintholz — Kambium

B · **Schnittbild eines Baumstammes.**
Der Baumstamm besitzt nur im äußeren Bereich lebende Zellen. Sein Herz besteht aus konzentrischen Schichten toter Zellen. Durch ihre Regelmäßigkeit kann das Alter eines Baumes genau bestimmt werden, obwohl diese Jahresringe die Tendenz haben, sich mit zunehmendem Alter des Baumes stärker zusammenzupressen.

C · **Wasservorräte.**
Die verdickten Sproßachsen der Fettpflanzen (man nennt sie sukkulente Pflanzen) erlauben es ihnen, den extremen Bedingungen in Wüsten zu trotzen. Sie können gut Wasser speichern und besitzen umfangreiche Schutzmaßnahmen gegen zu starke Sonneneinstrahlung. Links eine Kakteenart.

E, F · **Unterirdische Sproßachsen: Kartoffel und Weißwurz.**
Die *Knollen* (E) sind keine Wurzeln, sondern unterirdische, wasserreiche Sproßachsen, die Kohlenhydrate (Stärke) enthalten.
Die *Wurzelstöcke* (Rhizome [F]) bilden jedes Jahr Wurzeln und oberirdische Sproßachsen. Einige können sich in Knollen umwandeln.

FLORA

ANATOMIE DER PFLANZEN

BLATT

Das Blatt ist im allgemeinen flach und aufgrund des in ihm enthaltenen Chlorophylls von grüner Farbe. Das Blatt ist mit der Sproßachse durch einen ›Schwanz‹, den *Blattstiel*, verbunden, der meistens in einem breiteren Teil, der *Blattscheide*, endet, die die *Blattknospe* (oder *Auge*) schützt. Der flache Blatteil ist die *Spreite*. Sie ist von mehr oder weniger deutlichen, häufig farbigen Rippen durchzogen. Im allgemeinen ist die Oberseite der Blätter stärker gefärbt als die Unterseite. Auf der Unterseite findet man die *Spaltöffnungen*, eine Art Poren für den Gasaustausch der Pflanze. Bei einigen Pflanzen wie den Süßgräsern fehlt der Blattstiel (Weizen). Bei anderen sind an seinem Ansatz *Nebenblätter* vorhanden, die bei einigen Pflanzen riesig (Erbse) oder dornig (Berberitze) sein können.

Blattform. Sie ist ein wichtiges Unterscheidungsmerkmal der Pflanzen. Man muß *einfache Blätter* (aus einem Stück) von *zusammengesetzten Blättern* unterscheiden, die aus mehreren Blättchen bestehen.

Die gesägten Blätter haben leicht eingeschnittene Ränder wie kleine Zähne (Birke, Ulme). Die Blätter sind *gekerbt* oder *gelappt*, wenn die Unterteilungen tiefer und weniger zahlreich sind (Eiche). Man nennt sie *fiederteilig*, wenn die Einkerbungen fast bis an die Hauptrippe reichen (einige Chrysanthemen oder die Pyrenäeneiche). Wenn die Unterteilung der Spreite die Rippe erreicht, ist das Blatt *fiederschnittig* (Fenchel, Adonisröschen, Schierling). Abgesehen von der Blattzahnung können die Blätter *eiförmig* (Magnolie, Pflaumenbaum, Hornstrauch) oder *verkehrt eiförmig*, also leicht gestreckt (Rhododendron), sogar *linealisch*, also sehr schmal (Gräser) oder *nadelförmig* (Kiefer) sein. Sie sind manchmal dreieckig (Kanadische Pappel), *schildförmig*, also abgerundet (Kapuzinerkresse), *abgestumpft*, als hätte man sie abgeschnitten (Tulpenbaum), *handförmig geteilt* (Ahorn, Platane), *nierenförmig* (Sumpfdotterblume), *pfeilförmig* (Grundblätter des Sauerampfers) usw.

Zusammengesetzte Blätter. Für die einzelnen Blättchen gelten zum Teil die oben genannten Bezeichnungen.

Einige Blätter sind *gefingert* (Roßkastanie), die meisten jedoch *gefiedert*, also wie Federn angeordnet. Man nennt sie *unpaarig gefiedert*, wenn die Anzahl der Einzelblätter ungerade ist (Esche, Nußbaum, Eberesche, Robinie), und bei gerader Anzahl der Einzelblätter *paarig gefiedert* (Zaunwicke). Einige Blätter sind doppelt oder sogar mehrfach zusammengesetzt mit bereits zusammengesetzten Blättchen (Mimose).

Besondere Blätter. In einigen Fällen werden die Blätter für spezielle Aufgaben umgewandelt. So sind die großen farbigen ›Blütenblätter‹ des Weihnachtssterns oder der Bougainvillea lediglich umgeformte Blätter, die man *Hochblätter* nennt. Die Schuppen der Zwiebeln und der Knospen sind ebenso Blätter wie die Schuppen der Zypressen und die Kiefernnadeln. Ebenfalls umgewandelte Blätter sind die Dornen der Kakteen und der Berberitzen. Schließlich verwandeln sich die Blätter bei den fleischfressenden Pflanzen in eine Falle (wie bei der Venusfliegenfalle), die sich über dem unvorsichtigen Insekt schließt, oder werden zu Urnen (Kannenstrauch, Schlauchpflanze, Darlingtonia), die einen Saft enthalten, der die Beute anlockt. Das Blattwerk des Sonnentaus ist klebrig und zu Tentakeln umgeformt. Die Insekten bleiben daran hängen und werden verdaut.

Bei den Kletterpflanzen schließlich sind häufig die Blätter ganz oder teilweise in Ranken umgewandelt (Erbse).

Blattfarben. Die Blätter können einheitlich gefärbt sein wie die purpurroten Blätter einiger Nußbäume oder Pflaumenbäume sowie die goldfarbenen Nadeln einiger ›Aurea‹ genannter Sorten der Nadelhölzer (*Chamaecyparis pisifera 'Aurea'* oder *Juniperus chinensis 'Aurea'*). Am häufigsten sind jedoch Sprenkelungen, entweder am Rand der Blätter, wobei die betreffenden Varietäten ›Aureomarginata, Albomarginata, Argentomarginata ...‹ genannt werden, oder über die ganze Blattspreite verteilt wie bei den Varietäten mit dem Zusatz ›Variegata‹. Einige Pflanzen besitzen auch farbige Rippen (Marante) oder Blätter in Papageienfarben (die Kaladie oder der Grüne und der Rote Kroton) usw.

Blattstellung. Die Anordnung der Blätter an den Sproßachsen folgt genau festgelegten Regeln, die von den Botanikern für die Klassifizierung und die Unterscheidung der Arten verwendet werden. Wenn die Blätter einzeln stehen, werden sie *wechselständig* genannt (Birnbaum, Springkraut). Stehen sie sich immer paarweise gegenüber, heißen sie *gegenständige* Blätter (Minze, Lichtnelke, Baldrian). Es kommt vor, daß mehrere Blätter rings um einen Ansatzpunkt angeordnet sind, dann spricht man von *quirlständigen* Blättern (Waldmeister). Die Winkelabstände der Blätter sind im allgemeinen gleich, so daß die Blätter gleichmäßig um den Sproß verteilt sind. Diese Regel wird *Äquidistanzregel* genannt.

Lebensdauer. Ein Blatt hat im allgemeinen ein relativ geringes Wachstum; seine Größe ist selten mit der der Sproßachse zu vergleichen. Dies liegt hauptsächlich an der relativ kurzen Lebensdauer. Bei den Holzgewächsen leben die Sproßachsen viele Jahre lang, aber ihre Blätter überdauern bei den sommergrünen Laubbäumen und -sträuchern nur eine Jahreszeit und bei den Nadelhölzern und sonstigen immergrünen Gehölzen 7 bis 8 Jahre. Der Laubfall ist oft mit dem Klima verbunden, ebenso wie der Laubaustrieb. Wenn die Tageslänge und die Temperatur abnehmen, löst ein Hormon die Bildung eines Kallus am Blattstiel aus. Der Baum oder Strauch entzieht dann alle in den Blättern enthaltenen Nährstoffe, was die Herbstfärbung bewirkt. In den tropischen Ländern, in denen es Trocken- und Regenzeiten gibt, bestimmt der Feuchtigkeitsgehalt das Verhalten der Blätter.

D · **Das Blatt als Falle.**
Bei den Kannenpflanzen bildet sich das äußere Blattende um und wird zu einem Gefäß mit einem für die Insekten anziehenden Saft. Wenn das Tier in die Falle geht, kann es aufgrund der nach unten gerichteten Haare nicht wieder entschlüpfen. Die Kannenpflanzen stammen vor allem aus Ozeanien, aber auch aus Asien und Madagaskar.

A · **Aufbau des Blattes.**
Der größte Teil des Blattes ist die Blattspreite, die durch einen stielartigen Teil (›Blattstiel‹) mit der Sproßachse verbunden ist; auf beiden Seiten des Blattansatzes an der Sproßachse befinden sich oft zwei Nebenblätter. Ein Blatt ohne Blattstiel wird ungestielt genannt. Die Art des Blattansatzes an der Sproßachse unterliegt bei jeder Art einer bestimmten Gesetzmäßigkeit (Äquidistanzregel).

B · **Aufbau der Spreite.**
Vor allem die Epidermis der Spreite ist von Spaltöffnungen, einer Art Poren, durchsetzt, die den Gasaustausch der Pflanze mit ihrer Umwelt ermöglichen.

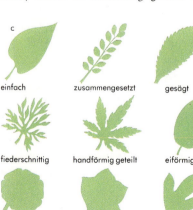

C · **Blattformen.**
Je nach Art können die Blätter sehr unterschiedlich aussehen. Ob sie nun einfach oder zusammengesetzt sind, sie können verschiedene Konturen haben. Darüber hinaus sind ihre Blattaderungen unterschiedlich angeordnet. Dies alles erleichtert die Bestimmung der Pflanzen und ermöglicht teilweise ihre Klassifizierung.

BLÜTE

Die Blüte, das Fortpflanzungsorgan der Blütenpflanzen, bildet sich im allgemeinen am Endpunkt der Sproßachse. Blüten sind häufig bunt und duftend, um die Insekten, die sie befruchten, anzuziehen. Die Form, die Anordnung und die Farbe der Blüten sind so verschieden, daß es sogar dem Laien in den meisten Fällen möglich ist, die Pflanzen voneinander zu unterscheiden.

Blütenorgane. Man unterscheidet folgende Blütenorgane, die von einem im allgemeinen fleischigen Blütenboden getragen werden.
Die *Blütenhüllblätter*, die einen äußeren, im allgemeinen grünen Teil, den *Blütenkelch*, und einen inneren, meist bunten Teil, die *Krone*, bilden. Die Blätter des Kelches bezeichnet man als *Kelchblätter*; sie schützen die Blütenknospe. Die Krone besteht aus *Blütenblättern*, das sind nicht chlorophyllhaltige Blütenhüllblätter in unterschiedlicher Anzahl. Die Entfaltung des Kelches und der Krone legt das Andrözeum und das Gynözeum frei. Dies sind die Fortpflanzungsteile der Blüte.
Das *Andrözeum* oder männliche Organ umfaßt die *Staubblätter*, die im allgemeinen kronenförmig um den Blütenmittelpunkt angeordnet sind. Die Staubblätter werden aus einem kleinen dünnen Stiel, dem *Staubfaden*, gebildet, der an seinem Ende verdickt ist und den *Staubbeutel* bildet. Dieser Staubbeutel enthält den männlichen Samen der Blüte, den *Pollen*, in den *Pollensäcken*.
Das *Gynözeum* ist die Gesamtheit der *Fruchtblätter*, der weiblichen Blütenorgane. An den Fruchtblättern befinden sich die Samenanlagen. Die Fruchtblätter können zu einem *Fruchtknoten* verwachsen. Der Fruchtknoten wird durch eine Art Schlauch, den *Griffel*, verlängert, der seinerseits in einem Aufnahmeorgan für den Pollen, der *Narbe*, endet. Die Gesamtheit aus Fruchtknoten, Griffel und Narbe nennt man *Stempel*.

Blütenanordnung. Die Blüten sind selten einzeln und von einem einzigen Blütenschaft getragen wie bei Veilchen, Tulpe usw. Meistens sind *Blütenstände* vorhanden, also eine Gruppierung mehrerer Blüten um den Stiel in einer ganz besonderen Anordnung.
Einfache Blütenstände. Als Grundform kann man die *Traube* ansehen. Sie trägt unregelmäßig an der Hauptachse verteilte Blüten. Der Stiel jeder Blüte ist gleich lang (Rote Johannisbeere, Maiglöckchen, Goldlack).
Die *Ähre* ist eine Traube, deren Blüten praktisch ungestielt sind (Wegerich). Eine hängende Traube oder Ähre wird *Kätzchen* genannt (Nußbaum, Birke, Weide, Pappel). Bei der *Doldentraube* nimmt die Länge der Blütenstiele von unten nach oben ab, so daß die Blüten in einer Ebene zu liegen kommen (Birnbaum, Holunder, Kirschbaum, Pflaumenbaum). Die *Dolde* ist eine Traube, deren Blütenstiele alle an der gleichen Stelle ansetzen und gleich lang sind (Efeu). Das *Körbchen* ist eine Dolde mit ungestielten Blüten, die sich sehr gedrängt auf einem fleischigen und breiten Blütenboden befinden (die gesamte Familie der Korbblütler: Margerite, Aster, Distel, Löwenzahn). Es ist von einem *Hüllkelch* aus Hochblättern umgeben.
Beim *geschlossenen Blütenstand* endet jede Haupt- und Nebenachse mit einer Blüte. Diese Blüte blüht als erstes auf und wird häufig von den nächsten Blüten übergipfelt. Man unterscheidet mehrere Formen. So entsteht beispielsweise ein *Wickel*, indem sich abwechselnd nach links und rechts jeweils nur ein Seitenast entwickelt (Natternkopf).

Zusammengesetzte Blütenstände. Sie werden aus einer Gruppe einfacher Blütenstände gebildet. Man findet aus *Ährchen* zusammengesetzte Ähren bei vielen Süßgräsern (Weizen), aus *Döldchen* zusammengesetzte Dolden (Karotte, Bärenklau) und sogar Trauben aus Körbchen (Kreuzkraut) sowie Trauben aus geschlossenen Blütenständen (Roßkastanie). Als *Rispe* bezeichnet man eine mehrfach verzweigte Traube, deren Äste jeweils eine Endblüte besitzen (Weinrebe, Hafer).

Blütengeschlecht. Die Gameten (die Fortpflanzungszellen) werden nur von den Staubblättern (männlich) und den Fruchtblättern (weiblich) hervorgebracht. Wenn eine Blüte beides besitzt, ist sie *zwittrig* (Hahnenfuß, Apfelbaum, Anemone). Kommen nur Staubblätter vor, spricht man von einer männlichen Blüte; sie ist weiblich, wenn sie nur Fruchtblätter aufweist. Die Pflanzen, auf denen sich eingeschlechtige Blüten beider Geschlechter entwickeln, heißen *einhäusig* (Birke, Kiefer). Befinden sich die männlichen und die weiblichen Blüten auf verschiedenen Pflanzen, so spricht man von einer *zweihäusigen* Pflanze (Stechpalme, Kiwi, Dattel). Bei zwittrigen und einhäusigen Pflanzen kann Selbstbefruchtung und damit Inzucht vorkommen. Dies wird häufig verhindert, beispielsweise durch genetische Inkompatibilität. Im seltensten Fall gibt es männliche, weibliche und zwittrige Blüten auf derselben Pflanze; sie heißt dann *polygam* (Esche).

BLÜTENREKORDE

Die größte Blüte der Pflanzenwelt ist die *Rafflesia arnoldii* aus Sumatra, einer parasitischen Pflanze, deren Blüte einen Durchmesser von mehr als 90 cm erreichen und die mehr als 7 kg wiegen kann. Die Blüte der *Aristolochia gigantea* ist so umfangreich, daß sich die Bewohner des Flußgebietes des Rio Magdalena in Kolumbien daraus Hüte machten. Die Form dieser Blüte erinnert an eine Jakobinermütze. Die *Amorphophallus titanum* hat ein Hochblatt von 1,50 m Länge. Die *Cardiocrinum giganteum*, eine Zwiebelpflanze, hat einen etwa 3 m hohen Blütenstand aus weißen, trompetenförmigen Blüten. Die Agaven jedoch halten zweifellos den absoluten Rekord bei den Blütenschäften mit mehr als 15 m, daneben die Puyas aus Bolivien, deren bis zu 10 m hohe Rispen an die 8 000 Blüten tragen.

E · Blüte der *Rafflesia arnoldii*.
Mit ihren 90 cm Durchmesser ist sie die größte Blüte der Erde.

A · **Anatomie einer Blüte.**
Die Blüte enthält die Fortpflanzungsorgane der Pflanze. Das Andrözeum wird aus den Staubblättern gebildet. Diese bestehen jeweils aus einem Staubfaden, der den Staubbeutel, das männliche pollenbildende Organ, trägt. Das Gynözeum besteht aus Fruchtblättern, das ist das weibliche Organ, das die Samenanlage und damit die Samen enthält.

B · **Traube.**
Die glockenförmigen Blüten des Fingerhuts, die von kleinen gleichlangen Stielen gehalten werden, bilden eine regelmäßige Traube.

C · **Doldentraube.**
Die Blüten des Birnbaums befinden sich in der gleichen horizontalen Ebene. Sie haben Stiele unterschiedlicher Länge. Es handelt sich um eine Doldentraube.

D · **Körbchen.**
Die Sonnenblume, die Margerite und alle anderen Korbblütler besitzen Blütenkörbchen. Der Blütenstand ist das Herz der Blume, wohingegen der äußere Teil aus Hochblättern besteht.

F · **Zusammengesetzte Dolde.**
Die Dolde ist ein Blütenstand, bei dem die langgestielten Blüten in gleicher Höhe dem Stiel entspringen und sich so verteilen, daß alle Blüten mehr oder weniger in der gleichen Höhe liegen. Bei einer zusammengesetzten Dolde trägt jede Nebenachse wiederum eine kleine Dolde, das Döldchen. Häufig bilden Hochblätter eine Hülle um die Dolde bzw. ein Hüllchen um die Döldchen.

ANATOMIE DER PFLANZEN

FRUCHT UND SAMEN

Die Frucht, die sich aus der Blüte nach ihrer Befruchtung entwickelt, wird durch die Vergrößerung des Fruchtknotens gebildet, dessen fleischige Wände die *Fruchthülle* oder das *Perikarp* bilden. Dieses besteht meist aus drei Lagen: dem einschichtigen *Exokarp* oder der Schale, dem ebenfalls einschichtigen *Endokarp* und dem dazwischenliegenden *Mesokarp* oder Fruchtfleisch. Während der Entwicklung der Frucht reifen die Samenanlagen zu Samen heran. Diese Umwandlung wird von den Gärtnern *Ansetzen* genannt. Natürlich finden sich Früchte nur bei den Bedecktsamern, der Pflanzengruppe, die ihr Fortpflanzungssystem gut schützt.

Fleischige Früchte. Diese Formen haben ein Mesokarp, das manchmal eßbar ist und das mit Fruchtzucker, Pektin, organischen Säuren usw. gefüllt ist. Die Entwicklung des Mesokarps wird durch die Absonderung eines Pflanzenhormons (Auxin) bei dem mit Pollen bestäubten Fruchtknoten verursacht. In dieser Kategorie sind zahlreiche Früchte vertreten, die von besonderem Interesse für die Ernährung sind. Die *Beere* ist eine *Schließfrucht* (die sich im reifen Zustand nicht öffnet), die mehrere im Fleisch unregelmäßig verteilte Samen enthält (Traube, Johannisbeere, Heidelbeere). Die *Steinfrucht* ähnelt der Beere, ihr Samen befindet sich jedoch im verholzten Endokarp (Kirsche, Pflaume, Pfirsich). Die *zusammengesetzten Kernfrüchte* (Apfel und Birne) sind komplexe Früchte, die aus den Verschmelzen der einzelnen Abteilungen ihres Fruchtknotens und der Ausdehnung des fleischig gewordenen Blütenbodens gebildet werden. Bei den Zitrusfrüchten (Orange, Zitrone, Pampelmuse) ist der Fruchtknoten 8- bis 15fächrig. Das Fruchtfleisch besteht aus Saftschläuchen, die sich aus dem Endokarp entwickeln und die Fruchtfächer ausfüllen.

Trockene Früchte. Ihr Zellgewebe enthält kaum Wasser und ist oft hart. Man unterscheidet trockene *Öffnungsfrüchte,* die sich von selbst öffnen, um die Samen freizusetzen, und trockene *Schließfrüchte,* die geschlossen bleiben.

Trockene Öffnungsfrüchte: Je nach Methode teilt man sie nach der Öffnungsart oder der Art der Befestigung der Samen ein. Die *Hülse* öffnet sich bei der Reife an Bauch- und Rückennaht, wobei die Frucht in zwei gleiche Teile geteilt wird. Sie ist ein Merkmal der Leguminosen (Erbse, Bohne, Puffbohne). Die Samen liegen alle auf derselben Seite. Die *Schote* öffnet sich wie die Hülse, die Samen sind jedoch an einer mittleren Trennwand befestigt (die meisten Kreuzblütler wie Kohl, Levkoje). Wenn sich die Frucht nur auf einer Seite öffnet, spricht man von einem *Balg* (Rittersporn). Die im allgemeinen abgerundete *Kapsel* enthält die Samen in mehreren Fächern, die aufbrechen (Veilchen, Pfingstrose, Fingerhut) oder sich an ihrer Spitze öffnen (Mohn). Wenn sich die Kapsel in zwei Teile spaltet und sich die obere Hälfte wie ein Deckel öffnet, spricht man von einer *Deckelkapsel* (Bilsenkraut).

Trockene Schließfrüchte. Die meisten sind *einsamige Früchte,* ihre Fruchtwände sind nicht die Samenwände. Bei der *Nußfrucht* wird die Fruchthülle zu einem harten, dickwandigen Gehäuse, das den Samen umschließt (Haselnuß, Eichel). Eine Sonderform der Nußfrucht ist die *Karyopse* der Süßgräser, bei der die dünne Samenschale mit der dünnen Fruchtschale verwächst. Ebenfalls eine Sonderform ist die *Spaltfrucht,* bei der die Fruchtblätter bei der Reife an den Verwachsungsnähten auseinanderweichen und einsamige Nüßchen darstellen (Ahorn).

Samen. Dies ist der fruchtbare Teil der Frucht. Er zeigt sich mit den Schutzhüllen in den unterschiedlichsten Formen. Der Samen enthält große Vorräte an Nährstoffen, um der kleinen Pflanze bei der Keimung ausreichend Nahrung liefern zu können. In der Frucht ruht er (*Diapause*), er entwickelt sich also nicht. In dieser Form wartet er auf günstige Entwicklungsbedingungen (Feuchtigkeit, Wärme).

Struktur eines Samens. Von außen gesehen ist der Samen einfach eine mehr oder weniger harte Hülle, die entweder glatt (Birnbaum, Apfelbaum), faltig (Pfirsichbaum), wabenförmig (Klatschmohn) oder behaart (Baumwolle) ist. Es kommt vor, daß der Samen eine fleischige, *Samenmantel* genannte Erweiterung besitzt (Eibe, Weide, Passionsblume).

Der Samen muß längs durchschnitten werden, damit man seine Struktur erkennt. Zum Schutz ist eine meist mehrschichtige *Samenschale* ausgebildet. Sie umhüllt das *Endosperm* (Nahrungsreserve) und den *Embryo* (die zukünftige Pflanze). Die Befestigungsstelle des Samens in der Frucht zeichnet sich durch eine Vertiefung *(Hilum),* den ›Nabel‹ des Samens, aus. Einige Samen besitzen kein Endosperm (Bohne). In diesem Fall sind die Reserven in dem oder den *Keimblättern* enthalten. Diese sind ein wichtiges systematisches Merkmal der Bedecktsamer, die in Monokotyledonen (ein Keimblatt) und Dikotyledonen (zwei Keimblätter) aufgeteilt sind.

Streuung der Samen. Man müßte eher von Streuung der Frucht sprechen, da der Samen in dieser Form verbreitet wird. Im einfachsten Fall fällt die Frucht auf den Boden, wo sie sich öffnet (Roßkastanie, Kastanie) oder fault (Apfel, Pflaume) und so den Samen freilegt. Andere Früchte verbleiben auf der Pflanze. Sie springen bei Reife auf, und der Samen fällt heraus. Bei einigen Pflanzen gelangt er nur bis zum Fuß der Pflanze, bei anderen wird er durch Druck weiter weg geschleudert. Dies gilt für das Springkraut, dessen Fruchtklappe sich beim geringsten Kontakt aufrollt und die Samen abwirft, für die Spritzgurke, die ihren Samen beim geringsten Druck hinausschleudert, und auch für ein amerikanisches Wolfsmilchgewächs, dessen Schalen nach dem Austrocknen mit einem lauten Geräusch aufspringen. Einige Früchte werden durch den Wind transportiert. Der Löwenzahnsamen besitzt eine Federkrone, durch die er weiter fliegen kann (gilt auch für Lattich, einige Distelarten usw.). Die Tiere dienen häufig als ›Transportmittel‹, vor allem für die Klettfrüchte (Klebkraut, Klette), oder sie verschlingen die Früchte, ohne die Samen zu verdauen, die dann in den Exkrementen abgegeben werden, wo sie günstige Keimbedingungen vorfinden (Kirsche, Traube).

A · **Struktur einer fleischigen Frucht: der Apfel.**

B, C, D, E · **Trockene Früchte.**

Die trockenen Früchte unterscheiden sich nach der Öffnungsart (Veilchen [B], Erbse [C], Mohn [D]), bei Schließfrüchten nach ihrer Struktur (Ulme [E]).

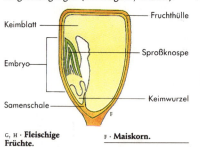

G, H · **Fleischige Früchte.**

Die fleischigen Früchte kann man nach der Anzahl ihrer Samen unterscheiden: mehrfach bei den Beeren (Johannisbeere [G]) und einzeln bei den Steinfrüchten (Pflaumen [H]). Der Apfel und die Birne sind Kernfrüchte.

F · **Maiskorn.**

I, J, K · **Einsamige Schließfrüchte.**

Bei der Feige (I, J) wird das ›Fruchtfleisch‹ nicht durch die Umwandlung der Fruchtknoten, sondern durch die des Blütenbodens erreicht. Die echten Früchte sind nämlich das, was man für Samen hält. Es handelt sich um einsamige Früchte. Dies ist etwa das gleiche wie bei der Erdbeere (K), bei der die wirklichen Früchte die kleinen ›Körner‹ außen am Fruchtfleisch sind.

BIOLOGIE

Die Pflanze ist ein Lebewesen, das ißt, trinkt, atmet, schwitzt, wächst, sich vermehrt und stirbt wie alle anderen Organismen auf der Erde. Die Gesamtheit der Organe ermöglicht der Pflanze ihr Leben.

Pflanze und Wasser. Die Pflanzen bestehen größtenteils aus Wasser. Dies reicht von 90 % beim Spinat bis zu etwa 40 % im Holz der Bäume. Die Saughaare der Wurzeln nehmen das Wasser im Boden auf, das aufgrund von Osmose in sie eindringt. Dies erklärt, warum die Pflanzen sehr trockener Zonen ein tief reichendes Wurzelwerk haben. Sie können so Wasser aus großen Tiefen pumpen. Der Saft geht in die Sproßachse, die alle Pflanzenorgane mit Wasser versorgt. Dieses Zirkulieren wird von den verholzten Gefäßen sichergestellt. Man spricht vom *steigenden Saft* oder *Rohsaft*.

Transpiration. Die Pflanzen sondern durch die Spaltöffnungen an der Unterseite der Blätter, jedoch auch durch die sie außen umgebende und schützende Haut Wasserdampf ab. Man schätzt den Wasserverlust eines großen Waldbaumes wie der Eiche auf 110 t während der Vegetationszeit (April bis September). Ein Kohl kann an einem einzigen Tag bis zu 1/2 l Wasser transpirieren. Mit Absinken der Feuchtigkeit und mit Wärmeanstieg nimmt die Transpiration zu.

Die Nahrung der Pflanzen. Die Pflanzen benötigen als Nahrung *Kohlendioxid* aus der Luft, woraus sie mit Hilfe des Chlorophylls Zucker aufbauen (siehe Kasten), sowie *Wasser* und darin im Boden gelöste *Mineralsalze*. Bei letzteren sind folgende Mineralstoffe bedeutend: *Stickstoff* ist ein wichtiger Baustein organischer Substanzen wie Aminosäuren und Nucleinsäuren. Er wird in Form von Nitrat, seltener als Nitrit oder N_2 aufgenommen. Ebenfalls ein wichtiger Baustein organischer Substanzen ist *Schwefel*, der in Form von Sulfat assimilierbar ist. *Phosphor* ist vor allem unentbehrlich für den Energiehaushalt und Bestandteil der Zellwände. Er wird als Phosphat aufgenommen. Die Hauptaufgabe von *Calcium* und *Kalium* besteht in der Regulation des Wasserhaushalts. Sie werden als Ca^{2+}- und K^+-Ionen assimiliert. *Magnesium* wird als Mg^{2+}-Ion aufgenommen und ist unter anderem ein Bestandteil des Chlorophylls und Cofaktor von Enzymen. *Eisen* ist unentbehrlich für den Aufbau des Chlorophylls und wichtiger Baustein von Enzymen. Es wird als Fe^{2+}- oder Fe^{3+}-Ion assimiliert. *Mangan, Kupfer, Zink, Molybdän, Bor* und *Chlor* werden als *Spurenelemente* bezeichnet, da sie nur in sehr geringem Maße auftreten; ihr Fehlen bewirkt jedoch Mangelerscheinungen.

Die geläufigste Art, Pflanzen zusätzlich zu ernähren, ist die Düngung. Sie ist bei Kulturen wichtig, da dem Boden Nährstoffe entzogen werden.

Atmung. Dies ist die Fähigkeit, aus der Atmosphäre Sauerstoff aufzunehmen und Kohlendioxid abzugeben. Nur einige sogenannte *anaerobe* Bakterien, die nur ohne Sauerstoff existieren können, atmen nicht. Die Stärke der Atmung ist je nach Pflanzenart, ihrem Alter, der Temperatur und dem Sauerstoffgehalt in der Atmosphäre unterschiedlich. Die krautigen Pflanzen und sommergrünen Laubbäume atmen am stärksten, die sparsamsten sind die sukkulenten Pflanzen.

Wachstum. Die Pflanzen wachsen bis an ihr Lebensende. Man stellt jedoch in unseren Breiten einen Stillstand der Vegetation von Oktober bis März fest, der der kalten Jahreszeit entspricht. Die Wärme und die Feuchtigkeit in der Luft spielen eine wichtige Rolle bei der Wachstumsgeschwindigkeit, die je nach Art unterschiedlich ist. Wichtig sind auch Bodenqualität und Umgebung (je weniger Krankheiten und Verschmutzung, um so schneller wächst die Pflanze).

EINE SAUERSTOFFABRIK

Alle grünen Pflanzen sowie diejenigen mit buntem Laub besitzen Chlorophyll, das in den *Chloroplasten* enthalten ist. Mit dessen Hilfe kann die Pflanze bei Licht aus Kohlendioxid Zucker aufbauen. Durch das Chlorophyll zersetzt das Licht das Wasser in seine Bestandteile. Es werden dabei Sauerstoff, Wasserstoff und Energie frei, die als Adenosintriphosphat (ATP) gespeichert wird. ATP ist ein wichtiger Bestandteil für alle Lebewesen, der chemische Reaktionen ohne direkte Beteiligung auslösen kann. Unter Einwirkung von Enzymen und durch die vom ATP gelieferte Energie kann sich der Wasserstoff (H) mit dem Kohlendioxid (CO_2) verbinden: So entsteht Zucker. Der freigesetzte Sauerstoff geht in die Atmosphäre zurück, wodurch die Pflanzen zu den ›Lungen‹ der Erde werden. Das gesamte Phänomen heißt *Photosynthese*. Durch den geschilderten Vorgang kann sich der Rohsaft mit organischen, von der Pflanze erzeugten Stoffen anreichern. Dies ist der *bearbeitete* oder *absteigende Saft*, der in der Pflanze durch die Siebzellen oder Siebröhren, die sich in der Rinde der Pflanze befinden, transportiert wird.

A · Die Photosynthese.

Die Assimilation von Kohlenstoff in den Chloroplasten während der Photosynthese erfolgt in zwei Schritten und nur bei Licht. Dadurch können energiereiche Kohlenhydrate, ausgehend vom Kohlendioxid der Luft, produziert und Sauerstoff freigesetzt werden, der an die Atmosphäre abgegeben wird.

C · Die pflanzliche Zelle.

Die pflanzliche Zelle, eine echte kleine Fabrik, enthält einen großen Kern, der den genetischen Code der Pflanze umschließt, *Mitochondrien*, die die ›Energiefabrik‹ der Zelle sind, *Chloroplasten* (grün), die das Chlorophyll enthalten, *Chromoplasten* (bunt), die die Pflanze färben, sowie *Amyloplasten* (Stärkevorrat), *Ribosomen* (Ort der Eiweißsynthese) und den *Golgi-Apparat* (Enzymspeicher). Im Gegensatz zur Membran bei den Tieren ist die pflanzliche Zellmembran von einer Zelluloseschicht umgeben.

B · Transpiration.

Nach einer Nacht auf einer Waage wiegt eine Topfpflanze, deren Erde wasserdicht abgedeckt wurde, weniger. Die Pflanze hat also einen Teil ihres Wassers verdunstet. Dies ist die Transpiration. Sie ist die Ursache des Verwelkens: Bei unzureichender Wasserzufuhr entsteht durch die Transpiration ein Wasserverlust in der Pflanze.

D · Atmung.

Stellt man eine Pflanze mit einem Glas Kalkwasser unter eine fest verschlossene Glasglocke, so wird nach einer gewissen Zeit das Kalkwasser trüb. Dies beweist, daß die Pflanze Kohlendioxid freigesetzt hat.

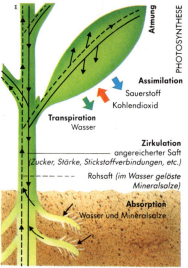

E · Das Zirkulieren des Saftes.

Die Wurzeln pumpen mit Mineralsalzen angereichertes Wasser: Dies ist der *Rohsaft*, der durch die aus der Photosynthese gelieferten organischen Elemente konzentriert und so zum *aufbereiteten Saft* wird, einem wahren Nährsaft, durch den die Pflanze Vorräte anlegen kann.

FLORA

ANATOMIE DER PFLANZEN

FORTPFLANZUNG

Eine Hauptfähigkeit eines Lebewesens ist die Fortpflanzung. Die Pflanzen machen darin keine Ausnahme und zeigen auf diesem Gebiet sehr viel Einfallsreichtum, selbst wenn sie sich dabei häufig auf Zufall und Glück verlassen. Je höher die Pflanzen entwickelt sind, um so komplexer sind die Systeme.

Vegetative Vermehrung. Dies ist die Fortpflanzungsart der meisten niederen Lebewesen ohne Befruchtung. Sie kann durch Brutknospen oder Brutkörper, ›Babypflanzen‹, erfolgen, die sich auf der Mutterpflanze entwikkeln (Bryophyllum, Kalanchoe, einige Farne), durch *Teilung* (vor allem bei den einzelligen Pflanzen), aber auch durch *Wurzelschößlinge*, wobei Knospen an den Wurzeln auftreten und die Bildung eines neuen Individuums ermöglichen. Bei den höheren Pflanzen kann man eine vegetative Vermehrung künstlich durch Teilung bewirken, durch *Stecklinge*, indem man einen Pflanzenteil Wurzeln schlagen läßt (Sproßachse, Wurzel, Blatt), durch *Ableger*, wenn man an einem Zweig die Wurzelbildung auslöst, ohne ihn von der Mutterpflanze zu lösen, oder durch *Pfropfen*, indem man die Vereinigung von zwei verschiedenen, aber kompatiblen Pflanzen bewirkt, die dann nur eine Pflanze bilden.

Geschlechtliche Vermehrung. Diese Vermehrungsart findet man sowohl bei den Kryptogamen als auch bei den Phanerogamen, bei denen die Befruchtung des in der Samenanlage befindlichen Eies mit einer Spermazelle (entsteht aus dem Pollenkorn) zu einer Zygote und schließlich zu dem Embryo des Samens führt. Die Geschlechtszellen heißen *Gameten*, und ihre Verschmelzung ist die *Befruchtung* oder *Bestäubung*. Im 18. Jh. hat man die Existenz der Geschlechter der Pflanzen mit den Klassifizierungsarbeiten von Linné anerkannt, die auf den Geschlechtsmerkmalen beruhen.

Bestäubungsarten. Es handelt sich um *Selbstbestäubung*, wenn der Pollen einer Blüte die Narbe einer Blüte der gleichen Pflanze befruchtet (wie bei den Veilchen). Hierzu müssen die verschiedenen Organe gleichzeitig reif sein. Bei der *Fremdbestäubung* bestäubt der Pollen nicht die Narbe einer Blüte der gleichen Pflanze, sondern muß zu fremden Pflanzen weitertransportiert werden.

Die *anemophile Bestäubung* erfolgt mit Hilfe des Windes. Mit ihr können Bestäubungen über sehr große Entfernung geschehen. Sie fördert die Artenverbreitung, ist jedoch verlustreich.

Die *entomophile Bestäubung* geschieht durch Insekten. Man nimmt an, daß 80 % der höheren Pflanzen so befruchtet werden. Einige, wie der Salbei, besitzen Blüten, die echte ›Landebahnen‹ für die Bienen darstellen, andere, insbesondere die Orchideen (Fliegenorchis, Hornissenragwurz usw.) sehen den Weibchen der Hummeln, Fliegen oder Bienen zum Verwechseln ähnlich. Die angelockten Männchen kommen, um sich mit diesen Trugbildern zu paaren und transportieren so den Pollen weiter.

In der *Bestäubung durch die Schwerkraft* fällt der ziemlich schwere Pollen auf die darunterliegenden Blüten.

Die *Wasserbestäubung* kommt vor allem bei Wasserpflanzen vor.

Die *künstliche Bestäubung* wird vom Menschen vorgenommen, um Hybriden zu erhalten und die Arten zu verbessern, aber auch, um einige eingeführte Pflanzen manuell zu befruchten. Dies ist bei der Vanille und der Dattel der Fall.

B · **Die Vermehrung der Farne.**

Die im Sporenbehälter enthaltenen Sporen keimen und bringen ein herzförmiges Prothallium hervor. Dieses trägt die männlichen (Antheridien) und weiblichen Geschlechtsorgane (Archegonien). Nach der Befruchtung bildet sich auf dem Prothallium eine neue Pflanze.

DIE LIEBESFALLE

Um sich fortzupflanzen, sind die Pflanzen sehr einfallsreich, was manchmal erstaunliche Blüten treibt. So bilden die Blüten des Aronstabs einen unscheinbaren Kolben, der wenig Chancen hätte, befruchtet zu werden, wenn dieser nicht von einem großen, auffälligen Hochblatt, der Spatha, umhüllt wäre. Bei der Veronika sind die Blütenblätter längsgestreift und zeigen dem Insekt den Weg. Beim Salbei führt die Weichheit der Lippe (ein flaches Blütenblatt, auf dem sich das Insekt niederläßt) dazu, daß sich das Staubgefäß automatisch beugt und seine Pollen auf dem Rücken des Tieres ablegt. Die Blütendüfte üben ebenfalls eine Anziehungskraft auf die Insekten aus.

D · **Bestäubung durch die Schwerkraft.**

Bei dieser Art Bestäubung fällt der Pollen auf die darunterliegenden Blüten. Dies ist bei Nadelhölzern der Fall.

E · **Blüte oder Insekt?**

Die Natur läßt sich viel einfallen, um die bestäubenden Insekten anzulocken. Bei einigen Orchideen unserer Regionen ist die Mimikry mit einem weiblichen Insekt vollkommen, und dieses Trugbild hilft der Pflanze bei ihrer Verbreitung.

A · **Die Schößlinge aus Wurzeln.**

Bei der Quecke, der Erdbeere, der Himbeere usw. ist die Vermehrung aus Wurzelschößlingen eine Art der vegetativen Vermehrung, durch die sich die Pflanze, ausgehend von ihren eigenen Wurzeln oder Rhizomen, ausbreiten kann.

C · **Die Vermehrung durch Stecklinge.**

Ein Zweig einer höheren Pflanze kann sich unter guten Feuchtigkeits- und Wärmebedingungen bewurzeln und entwickelt dann genau die Merkmale der Mutterpflanze.

F · **Das Einsammeln von Pollen.**

80 % der ungefähr 250 000 höheren Pflanzen werden durch Insekten, unfreiwillige, aber doch sehr nützliche Helfer, befruchtet. Die Bienen spezialisieren sich häufig auf das Sammeln von Pollen einer einzigen Blütenart.

FLORA

DIE PFLANZEN UND IHRE LEBENSRÄUME

VIELFALT

Wenn man sich die Erde ansieht, kann man nur über die große Verschiedenartigkeit der Klimate staunen, die sich durch die Wechselwirkung von Temperatur und Niederschlägen ergibt, eine Vielfalt, die sich natürlich in der Vegetation widerspiegelt. Betrachtet man die Formen einiger Pflanzen, so kann man sich eine ziemlich genaue Vorstellung vom Klima, in dem sie leben, machen. Der Baobab der afrikanischen Savannen hat einen verdickten Stamm, in dem er große Mengen Wasser speichert, die dieser Pflanze helfen, bei Trockenheit zu überleben; in Südamerika, unter den gleichen Klimabedingungen, wächst die Art *Eriodendron samauna*. Sie ähnelt dem Baobab im Aussehen stark, obwohl sie nicht zur gleichen botanischen Familie gehört: Beide sind jedoch Savannenpflanzen. Einige Pflanzenarten können nur in sehr eng begrenzten Temperatur- und Feuchtigkeitsbereichen leben, andere dagegen vertragen es, durch Tier oder Mensch verpflanzt oder in Klimate versetzt zu werden, die ihrem Ursprungsklima annähernd ähnlich sind. Das Schilfrohr (*Phragmites communis*) zum Beispiel lebt an Gewässern in der halben Welt. Weltweit verbreitete Pflanzen nennt man Kosmopoliten. Andere Pflanzen gibt es nur auf einigen Quadratkilometern, manchmal sogar noch auf kleinerem Raum: Der Gilbweiderich aus Menorca lebt auf dieser Insel nur auf einigen Quadratmetern!

Verteilung der Pflanzenarten über die Welt. Aus einem in geringer Höhe fliegenden Flugzeug sieht man, daß die Pflanzen je nach Region einen Teil oder den gesamten Boden bedecken. Zu verschiedenen Zeiten im Jahr stellt man ebenfalls fest, daß die Blätter an den Pflanzen bleiben oder abfallen. Es gibt nämlich Pflanzengruppen, die das ganze Jahr hindurch Laub tragen, man nennt sie *immergrün*, und andere, auf die dies nicht zutrifft. Die Gruppen, die den größten Teil der Bodenfläche bedecken, umfassen die immergrünen Wälder, die Laubwälder, die *sommergrüne Laubwälder* genannt werden, und Flächen mit mehr oder weniger dicht stehenden Kräutern mit einem unterschiedlichen Anteil an strauch- oder baumartigen Gewächsen.

IMMERGRÜNE WÄLDER

Ihr leuchtendes Grün verhalf den immergrünen Wäldern zu dem Namen ›grüne Hölle‹. Die tropischen Regenwälder gehören natürlich zu dieser Art von Wald, aber auch die kanadischen und die sibirischen borealen Wälder. Die Bäume in diesen Wäldern verlieren nicht ihr gesamtes Laub; sie bleiben deshalb das ganze Jahr über grün.

A · Die Ausläufer der Bäume tropischer Wälder.
Der Boden der tropischen Regenwälder ist nicht tief. Die großen Bäume entwickeln deswegen dicke Ausläufer, um sich auf einer größeren Fläche zu verankern und den starken Stürmen zu trotzen. Diese Ausläufer verlängern sich durch Wurzeln und ähneln dünnen, senkrechten Lamellen, die sich an der Oberfläche des Bodens wellen; am Stamm sind sie häufig so groß wie ein Mensch (*Canarium decumanum*).

B · Blüten auf Baumstämmen.
Unter den höheren Arten leben niedrigere Arten, die sich an die Dunkelheit angepaßt haben. Ihre kaum unterschiedlichen ovalen und länglichen Blätter ähneln in manchem denen des Lorbeers; sie sind praktisch alle dick, steif und häufig sehr groß. Diese Bäume schmücken sich mit sehr großen, bunten Blüten, die häufig aus dem Stamm herauswachsen. Dies nennt man *Kauliflorie*.

Dichter tropischer Regenwald. Dieser außerordentlich feuchte Wald ist durch die Vorherrschaft der Bäume geprägt, die es in allen Höhen gibt, wobei die größten 50 m Höhe und mehr erreichen können. Die Anzahl der Pflanzenarten pro Hektar liegt manchmal bei etwa einhundert, beispielsweise in einigen Regionen der Insel Borneo, während die verschiedenen Arten von Waldbäumen in Europa niemals mehr als etwa zehn pro Hektar betragen. Der tropische Regenwald, vielleicht der älteste der Welt, kennt keine Nadelhölzer.

PFLANZEN, DIE AUF PFLANZEN LEBEN

Im tropischen Regenwald wachsen Pflanzen auf anderen Pflanzen. Auf den Ästen sammeln sich Pflanzenreste; einige Pflanzen, die *Epiphyten*, nutzen dies für ihre Entwicklung. Sie haben nicht alle dieselben Anforderungen: Einige passen sich an die Dunkelheit an und leben nur einige Meter über dem Boden; andere leben in den lichtreicheren Höhen. Dazu gehören Farne, Orchideen und Aronstabgewächse. Die tropischen Farne der Gattung *Platycerium* besitzen zwei Arten von Blättern. Die großen, rundlich-nierenförmigen Jugendblätter liegen in einer dichten Rosette der Stammunterlage eng an. Sie ›sammeln‹ Pflanzenreste und Wasser. Auf den Folgeblättern befinden sich die Fortpflanzungsorgane.

D · Die Würgerfeige.
In den Regenwäldern verlaufen die Lianen von einem Baum zum andern, einige erreichen dabei etwa 100 m Länge. Sie können ihrerseits von anderen parasitischen Lianen befallen werden, die sich um sie herumwickeln. Die Wurzellianen gehen zum Boden und können, wie einige tropische Feigenbäume, die Baumstämme der Wirtspflanzen einschnüren. Wenn sie wachsen, ersticken sie schließlich ihren Wirtsbaum.

FLORA

DIE PFLANZEN UND IHRE LEBENSRÄUME

DER BOREALE WALD

Dieser immergrüne Wald gedeiht in Breitengraden, in denen die Temperaturen außerordentlich niedrig sind. Er nimmt ein großes Gebiet in Kanada und in Sibirien, zwischen den Tundren im Norden und den sommergrünen Laubwäldern im Süden, ein. Er ist der größte Wald der Welt. Die Russen nennen ihren Teil *Taiga*. Der boreale Wald besteht hauptsächlich aus Nadelhölzern. Dies sind vor allem Tannen, Lärchen, Kiefern und Fichten mit insgesamt relativ wenigen Pflanzenarten. Dieser Mangel steht im Gegensatz zu dem blühenden Reichtum der tropischen Regenwälder.

Den größten Teil des Jahres hindurch ist der Boden gefroren, es gibt kein flüssiges Wasser im Boden, und folglich kann der Saft in den Pflanzen nicht zirkulieren. Um der Kälte zu widerstehen, besitzen die borealen Nadelhölzer nadelförmige Blätter mit harzigen Substanzen, die sie vor Kälte und Austrocknung schützen. Bestimmte Sorten wie die Lärchen verlieren im Winter sogar die Nadeln. Je mehr man sich der Tundra nähert, desto mehr nehmen die Nadelbäume eine säulenartige Form an. So wird das Gewicht des Schnees, das sie tragen müssen, auf ein Minimum reduziert und sie sind so weniger dem Wind ausgesetzt. Darüber hinaus werden sie kleiner; so können Bäume mit nur einigen Metern Höhe Hunderte von Jahren alt sein!

Von Alaska bis Neufundland besteht der boreale kanadische Wald, der *Hudsonwald* genannt wird, vor allem aus Fichten ((*Picea glauca* oder Schimmelfichte und *Picea mariana* oder Schwarzfichte), Lärchen (*Larix laricina*), Kiefern (*Pinus banksiana*) und einigen Laubbäumen: der von den Indianern zum Kanubau verwendeten Papierbirke (*Betula papyrifera*) und der Pappelart *Populus tremuloides*. Die ebenfalls vorkommende Balsamtanne (*Abies balsamea*) liefert den berühmten Kanadabalsam.

In der Gegend der großen amerikanischen Seen werden Laubbäume wie Eschen, Birken, Linden, Ulmen und der bekannte Zuckerahorn häufiger. Die Kiefern sind durch die Art *Pinus strobus* oder Weymouthskiefer vertreten; sie mischen sich mit einer Nadelholzart, die es weder in Rußland noch in Nordeuropa gibt, der Art *Tsuga canadensis*.

Der russische boreale Wald ist reich an Fichten (*Picea abies, Picea obovata*), Tannen (*Abies sibirica*), Lärchen (*Larix sibirica, Larix dahurica*) und verfügt über eine Art, die auch auf sandigen und armen Böden unserer Wälder vorkommt: die Föhre. In der Taiga gibt es auch sommergrüne Bäume: Birken, Espen und die Grünerle, die man auch in Kanada findet. Das Unterholz der borealen Wälder ist wegen der schlechten Lichtverhältnisse nur spärlich entwickelt; hinzu kommen die ziemlich ungünstigen Klimabedingungen.

A · **Schimmelfichte**
(*Picea glauca*).

B · **Bankskiefer**
(*Pinus banksiana*).

C · **Hemlocktanne**
(*Tsuga canadensis*).

D · **Lärche**
(*Larix decidua*).

E · **Papierbirke**
(*Betula papyrifera*).

EIN PIONIER DER ARMEN BÖDEN: DIE FÖHRE

Die Föhre ist eine Pionierart der Taiga, die nur nährstoffarme, von den Fichten gemiedene Erden benötigt. Sie reichert sie im Laufe der Zeit durch Nadelfall und andere Pflanzenteile mit Nährstoffen an. Nach dieser Vorarbeit übernehmen Fichten dann ihren Platz.

144

FLORA

NADELWALD DER PAZIFIKKÜSTE DER VEREINIGTEN STAATEN

In der Verlängerung des borealen Nadelwaldes Kanadas und Alaskas findet sich ein weiterer Nadelwald an der Westküste der Vereinigten Staaten. Dies ist einer der längsten Wälder der Welt, da er sich von Britisch-Kolumbien bis nach Kalifornien erstreckt (etwa 3 700 km), ein Band, das manchmal schmal, manchmal aber auch bis zu 500 km breit ist. Dieser Wald enthält nur wenige Arten und profitiert von dem sehr feuchten Klima der westamerikanischen Küste mit Temperaturen, die im Jahr kaum schwanken, und zahlreichen Niederschlägen in der kalten Jahreszeit. Dieses sehr günstige Klima führt zu einer üppigen Vegetation, die zum größten Teil aus Nadelhölzern besteht, die sich allerdings sehr von denen des borealen Waldes unterscheiden. Die Blätter dieser Bäume sind nämlich viel breiter als die nadelförmigen Blätter der borealen Nadelhölzer. Die amerikanischen Nadelbäume sind höher als die unseres Klimas, und – obwohl sie eine große Fläche bedecken – umfassen nur wenige Arten: die Westliche Hemlocktanne (*Tsuga heterophylla*), den Riesenlebensbaum (*Thuja plicata*), die Sitkafichte (*Picea sitchensis*) und die berühmte Douglastanne (*Pseudotsuga douglasii*). Das Unterholz besteht aus großblättrigen, jedoch kleinwüchsigeren Arten: Rhododendren, Weiden und Ahornarten.

Im Gebiet von Puget Sound finden sich außerordentlich hohe Tannen wie die Weißtanne (*Abies alba*), die Riesentanne (*Abies grandis*) und die Purpurtanne (*Abies amabilis*).

A · **Waldbaum: die *Thuja plicata*.**

Die *Thuja plicata* bildet spontan ›Ableger‹, das heißt, ihre unteren Zweige können bei Berührung mit dem Boden Wurzeln schlagen. Die Mutterpflanze wird somit nach Jahrzehnten von einem Miniwald mit schönen roten Stämmen umgeben.

B, C, D, E · **Erkennungsmerkmale von Tanne, Hemlocktanne, Douglastanne und Fichte.**

Tanne (B): regelmäßig verteilte Nadeln mit kurzem Stiel, die nach dem Abfallen eine helle Narbe am Zweig hinterlassen; trockener Zweig ohne Unebenheit, im Gegensatz zur Fichte; aufrechte Zapfen. Hemlocktanne (C): einzelne und unregelmäßige Nadeln, hängende, kleine und eiförmige Zapfen; schnell wachsende Art, die zum Aufforsten in Europa gepflanzt wird. Pseudotsuga douglasii (ungenau Douglastanne genannt) [D]: gerillte Nadeln mit zitronenartigem Geruch in zwei Reihen, hängende Zapfen mit Zungen, die an drei Punkten gefalzt sind und über die Schuppen hinausragen. Fichte (E): trockener Zweig mit sehr deutlichen Unebenheiten, hängende Zapfen.

DIE ALTEN ROTEN RIESEN IN KALIFORNIEN

Auf einem Gebiet von 60 000 ha zwischen der Bucht von Monterey und dem Südwesten Oregons hat sich ein Wald von riesigen Mammutbäumen (*Sequoia sempervirens*) entwickelt. Diese gehören mit einer Höhe bis zu 110 m zu den größten uns bekannten Bäumen. Viele sind mehr als 2 000 Jahre alt. Im Vergleich dazu ist die älteste bekannte Eiche in Deutschland, die Femeiche von Erle in Westfalen, vermutlich ›erst‹ 1 500 Jahre alt.

F · **Sequoia.**
Ihre jungen lindgrünen Zweige sind mit kleinen schuppigen Blättern bedeckt. Die älteren Zweige besitzen viel längere Blätter.

DIE REGENWÄLDER IN CHILE

Da Chile sich über 39 Breitengrade erstreckt, begegnet man in diesem Land von Nord nach Süd extremen Klimaunterschieden. Im Norden herrscht subtropisches Klima mit im nördlichsten Teil sehr geringen Niederschlägen, weiter südlich mit Winterregen. Der Norden ist daher ein Wüstengebiet, das weiter südlich in ein Gebiet mit Vegetationen mediterraner Art übergeht. In Südchile kommt dagegen ein Klima mit reichen Niederschlägen zu allen Jahreszeiten und niedrigen Sommertemperaturen vor. Zwischen diesen beiden Extremen existiert in Mittelchile ein sehr üppiger Wald, der im Sommer keine Trockenzeit kennt und vor allem aus Scheinbuchen, besonders der Art *Nothofagus dombeyi*, besteht. Daneben findet man einige Nadelhölzer (Steineibe, Flußzeder), Magnolien und sogar Bambus; der Wald ist sehr lichtarm, weshalb es viele Lianen, Farne, Epiphyten und Moose gibt.

EIN PHÄNOMEN IN CHILE: DIE ALERCE

Die Laubbäume in Chile haben einen riesigen Nadelbaum zum Nachbarn, die Alerce (*Fitzroya cupressoides*), die über 60 m hoch werden kann. Dieser beeindruckende Baum mit einem Durchmesser von manchmal mehr als 3 m kann älter als 2 000 Jahre werden. Er wächst im Gegensatz zu der Sequoia äußerst langsam: Eine Alerce von 300 Jahren ist knapp 20 m hoch.

G · **Nothofagus.**
Jede Region in Chile hat ihre besondere Art der Gattung *Nothofagus*. Im Norden verlieren die Scheinbuchen ihr Laub (*N. obliqua* und *N. procera*), weiter südlich tauchen die immergrünen Arten auf (*N. dombeyi*); schließlich gibt es in den kälteren Gebieten in Südchile die Arten *N. pumilio* und *N. antarctica*.

FLORA

DIE PFLANZEN UND IHRE LEBENSRÄUME

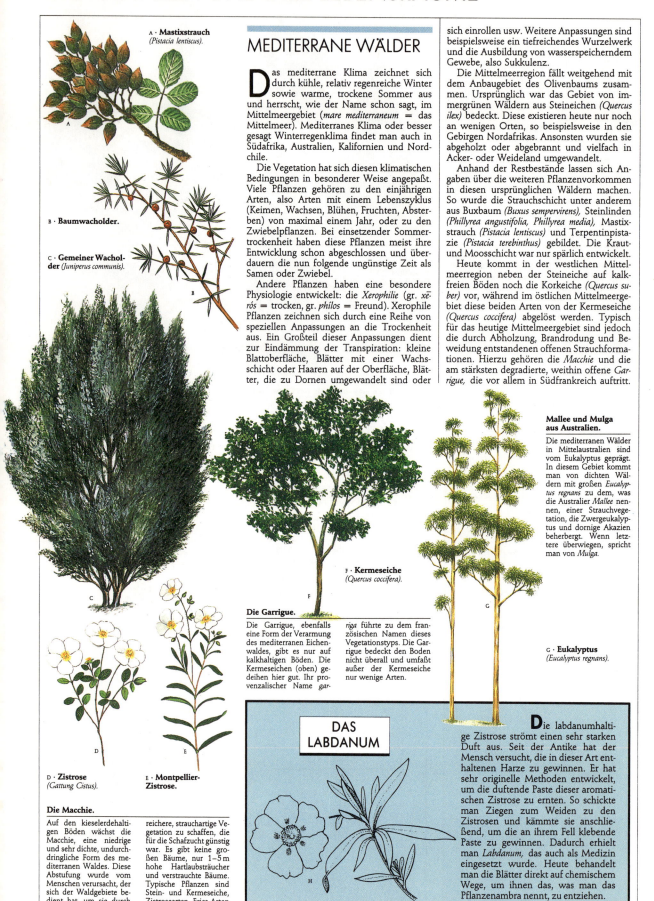

MEDITERRANE WÄLDER

Das mediterrane Klima zeichnet sich durch kühle, relativ regenreiche Winter sowie warme, trockene Sommer aus und herrscht, wie der Name schon sagt, im Mittelmeergebiet (*mare mediterraneum* = das Mittelmeer). Mediterranes Klima oder besser gesagt Winterregenklima findet man auch in Südafrika, Australien, Kalifornien und Nordchile.

Die Vegetation hat sich diesen klimatischen Bedingungen in besonderer Weise angepaßt. Viele Pflanzen gehören zu den einjährigen Arten, also Arten mit einem Lebenszyklus (Keimen, Wachsen, Blühen, Fruchten, Absterben) von maximal einem Jahr, oder zu den Zwiebelpflanzen. Bei einsetzender Sommertrockenheit haben diese Pflanzen meist ihre Entwicklung schon abgeschlossen und überdauern die nun folgende ungünstige Zeit als Samen oder Zwiebel.

Andere Pflanzen haben eine besondere Physiologie entwickelt: die *Xerophilie* (gr. *xērós* = trocken, gr. *phílos* = Freund). Xerophile Pflanzen zeichnen sich durch eine Reihe von speziellen Anpassungen an die Trockenheit aus. Ein Großteil dieser Anpassungen dient zur Eindämmung der Transpiration: kleine Blattoberfläche, Blätter mit einer Wachsschicht oder Haaren auf der Oberfläche, Blätter, die zu Dornen umgewandelt sind oder sich einrollen usw. Weitere Anpassungen sind beispielsweise ein tiefreichendes Wurzelwerk und die Ausbildung von wasserspeicherndem Gewebe, also Sukkulenz.

Die Mittelmeerregion fällt weitgehend mit dem Anbaugebiet des Olivenbaums zusammen. Ursprünglich war das Gebiet von immergrünen Wäldern aus Steineichen (*Quercus ilex*) bedeckt. Diese existieren heute nur noch an wenigen Orten, so beispielsweise in den Gebirgen Nordafrikas. Ansonsten wurden sie abgeholzt oder abgebrannt und vielfach in Acker- oder Weideland umgewandelt.

Anhand der Restbestände lassen sich Angaben über die weiteren Pflanzenvorkommen in diesen ursprünglichen Wäldern machen. So wurde die Strauchschicht unter anderem aus Buxbaum (*Buxus sempervirens*), Steinlinden (*Phillyrea angustifolia, Phillyrea media*), Mastixstrauch (*Pistacia lentiscus*) und Terpentinpistazie (*Pistacia terebinthus*) gebildet. Die Kraut- und Moosschicht war nur spärlich entwickelt.

Heute kommt in der westlichen Mittelmeerregion neben der Steineiche auf kalkfreien Böden noch die Korkeiche (*Quercus suber*) vor, während im östlichen Mittelmeergebiet diese beiden Arten von der Kermeseiche (*Quercus coccifera*) abgelöst werden. Typisch für das heutige Mittelmeergebiet sind jedoch die durch Abholzung, Brandrodung und Beweidung entstandenen offenen Strauchformationen. Hierzu gehören die *Macchie* und die am stärksten degradierte, weithin offene *Garrigue*, die vor allem in Südfrankreich auftritt.

A · **Mastixstrauch** (*Pistacia lentiscus*).

B · **Baumwacholder**.

C · **Gemeiner Wacholder** (*Juniperus communis*).

D · **Zistrose** (*Gattung Cistus*).

E · **Montpellier-Zistrose**.

F · **Kermeseiche** (*Quercus coccifera*).

G · **Eukalyptus** (*Eucalyptus regnans*).

Die Garrigue.

Die Garrigue, ebenfalls eine Form der Verarmung des mediterranen Eichenwaldes, gibt es nur auf kalkhaltigen Böden. Die Kermeseichen (oben) gedeihen hier gut. Ihr provenzalischer Name *garriga* führte zu dem französischen Namen dieses Vegetationstyps. Die Garrigue bedeckt den Boden nicht überall und umfaßt außer der Kermeseiche nur wenige Arten.

Mallee und Mulga aus Australien.

Die mediterranen Wälder in Mittelaustralien sind vom Eukalyptus geprägt. In diesem Gebiet kommt man von dichten Wäldern mit großen *Eucalyptus regnans* zu dem, was die Australier *Mallee* nennen, einer Strauchvegetation, die Zwergeukalyptus und dornige Akazien beherbergt. Wenn letztere überwiegen, spricht man von *Mulga*.

Die Macchie.

Auf den kieselerdehaltigen Böden wächst die Macchie, eine niedrige und sehr dichte, undurchdringliche Form des mediterranen Waldes. Diese Abstufung wurde vom Menschen verursacht, der sich der Waldgebiete bedient hat, um sie durch Feuer zu roden und eine reichere, strauchartige Vegetation zu schaffen, die für die Schafzucht günstig war. Es gibt keine großen Bäume, nur 1–5 m hohe Hartlaubsträucher und verstrauchte Bäume. Typische Pflanzen sind Stein- und Kermeseiche, Zistrosearten, Erica-Arten und Wacholder.

DAS LABDANUM

Die labdanumhaltige Zistrose strömt einen sehr starken Duft aus. Seit der Antike hat der Mensch versucht, die in dieser Art enthaltenen Harze zu gewinnen. Er hat sehr originelle Methoden entwickelt, um die duftende Paste dieser aromatischen Zistrose zu ernten. So schickte man Ziegen zum Weiden zu den Zistrosen und kämmte sie anschließend, um die an ihrem Fell klebende Paste zu gewinnen. Dadurch erhielt man *Labdanum*, das auch als Medizin eingesetzt wurde. Heute behandelt man die Blätter direkt auf chemischem Wege, um ihnen das, was man das Pflanzenambra nennt, zu entziehen.

FLORA

A · **Proteacee.**

B · **Kalifornische Goldeiche.**

C · **Boldo** (Pneumus boldus).

Der Fynbos aus Südafrika.

In Südafrika gibt es eine Flora, die zu den reichhaltigsten der Welt zählt; die Flora des Kaps umfaßt 2 700 Arten auf einem sehr begrenzten Gebiet (500 km²). Die Afrikaner haben dieser Flora den Namen *Fynbos* gegeben, denn sie besteht zum größten Teil aus kleinblättrigen Sträuchern (englisch *fine* klein, *bush* Busch). Dieser Fynbos umfaßt eine große Anzahl von Arten aus der Familie der Proteaceen, die sich zu großen Sträuchern mit einer Höhe bis zu etwa 6 m entwickeln. In diesen buschartigen Vegetationsformationen hat sich ein außerordentlicher Anpassungsmechanismus entwickelt: Die Samen einiger Proteaarten keimen nur dann, wenn sie dem Einfluß von in der Regel durch Blitze entstandenem Feuer ausgesetzt sind.

Der Chaparral.

Der *Chaparral* ist eine mediterrane Pflanzengesellschaft in Kalifornien. Die Baumstufe umfaßt Eichen (Kalifornische Goldeiche) und verschiedene Kiefernarten; die Strauchstufe besteht aus Säckelblumen (*Ceanothus cuneatus*). Der Chaparral kommt überwiegend an den trockenen Berghängen vor mit Süßgräsern wie Trespen und Hafer sowie den Säckelblumen und Pflanzen der Art *Adenostoma fasciculatus*. Auf den feuchten Hängen werden die Eichen (auf der anderen Seite des Berges nur selten verbreitet) zahlreicher, da die jungen Pflanzen dort günstigere Keimbedingungen vorfinden.

Der Matorral.

In Nordchile herrschen Klimabedingungen, die eine Vegetationsart ähnlich der Macchie entstehen lassen; sie wird *Matorral* genannt. Die weitverbreitetsten Sträucher gehören zur Art *Boldo (Peumus boldus)*, über denen sich einige große Bäume erheben: die Chilenischen Seifenbäume (*Quillaja saponaria*). Allerdings findet man auch Dornengewächse, darunter Akazien. Wenn diese zahlreicher werden, ändert der Matorral seinen Namen in *Espinal*. Jetzt treten die sukkulenten Pflanzen (also die Wasser speichernden), wie der große Säulenkaktus (*Cactus chilensis*), auf, da sie besser an die Sommertrockenheit angepaßt sind.

Die Eichen.

Diese große Gattung (*Quercus*) zählt mehr als 300 Arten. Die Eichen haben entweder sommergrünes oder immergrünes Laub. Sie befinden sich vor allem in den gemäßigten und warmen Wäldern auf der nördlichen Hemisphäre.

D · **Pinie.**

F · **Steineiche** (Quercus ilex).

E · **Terpentinpistazie** (Pistacia terebinthus).

G · **Korkeiche** (Quercus suber).

147

FLORA

DIE PFLANZEN UND IHRE LEBENSRÄUME

WÄLDER MIT JAHRESZEITEN

Diese Pflanzenformationen bedecken den Boden während des größten Teils des Jahres vollständig. Sie vereinen die sommergrünen Laubwälder Europas, Chinas und Nordafrikas, die tropischen Wälder mit Klimawechsel nach Jahreszeiten und die Monsunwälder. Ihnen ist die Anpassung an eine jahreszeitlich bedingte Trockenheit durch Wärme oder durch Kälte gemeinsam, die sich in einem vollständigen oder teilweisen Laubfall zeigt.

A · **Waldmeister** (*Galium odoratum*).

B · **Buschwind-röschen** (*Anemone nemorosa*).

C · **Rotbuche** (*Fagus sylvatica*).

Der Buchenwald.

Die Rotbuche (*Fagus sylvatica*) bevorzugt ein ausgeglichenes Klima. Sie ist empfindlich gegen Spätfröste, gegen sommerliche Dürre und tiefe Wintertemperaturen und gehört zu den Schattenhölzern, d. h., sie kann sich, vor allem im Jugendstadium, auch unter Beschattung entwickeln. Andererseits läßt sie aber Lichthölzer wie beispielsweise die Eiche kaum hochkommen. Auf nährstoffreichen Lehm- und Mergelstandorten ist der Boden des Buchenwaldes häufig mit Perlgras (*Melica uniflora*) überzogen. Daneben findet man Stauden wie Waldveilchen (*Viola reichenbachiana*), Bingelkraut (*Mercurialis perennis*), Waldschwingel (*Festuca altissima*) und andere. Auf sandigen und sandiglehmigen Böden wachsen auch die Stieleiche (*Quercus robur*) und die Sandbirke (*Betula pendula*), auf sehr armen Böden häufig die Kiefer (*Pinus sylvestris*). Die Krautschicht wird dann hauptsächlich aus Pfeifengras (*Molinia coerulea*) und Heidelbeere (*Vaccinium myrtillus*) gebildet. Daneben findet man Sauerklee (*Oxalis acetosella*) und Dornfarn (*Dryopteris carthusiana*), auf nährstoffreicheren Böden Buschwindröschen (*Anemone nemorosa*), Flattergras (*Milium effusum*), Waldmeister (*Galium odoratum*) und Goldnessel (*Lamium galeobdolon*). Vor allem im Süden, Westen und Nordwesten Deutschlands wächst im Unterwuchs auch die immergrüne Stechpalme (*Ilex aquifolium*).

D · **Birke** (*Betula pendula*).

E · **Stechpalme** (*Ilex aquifolium*).

F, G · **Flaumeiche** (*Quercus pubescens*).

Der Eichen-Hainbuchen-Wald.

Eichenmischwälder waren früher häufig verbreitet, sind heute jedoch selten, da sie meist gerodet wurden und der Boden anderweitig genutzt wird. Im Eichen-Hainbuchen-Wald sind die wichtigsten Holzarten, wie der Name schon sagt, die Hainbuche (*Carpinus betulus*) und die Stieleiche (*Quercus robur*). Auf reichen Böden findet man als Bodenflora Scharbockskraut (*Ficaria verna*), Hexenkraut (*Circaea lutetiana*) und andere. Auf ärmeren Böden wächst Drahtschmiele (*Deschampsia flexuosa*) und Wiesenwachtelweizen (*Melampyrum pratense*). Früher waren auch Wälder aus Wintereiche (*Quercus petraea*), Winterlinde (*Tilia cordata*) und Hainbuche anzutreffen. Diese sind aber mehr und mehr verschwunden.

DIE SOMMERGRÜNEN LAUBWÄLDER EUROPAS

Das Klima, in dem diese Wälder wachsen, ist ozeanisch oder kontinental. Der ozeanische Winter ist nicht sehr kalt, wird aber nach Norden hin strenger. Die Vegetation paßt sich diesen klimatischen Bedingungen an, indem sie ihr Laub während der kalten Monate abwirft, bis zum Frühjahr die Saftzirkulation verlangsamt und im Herbst ihre Knospen bildet.

Der *Laubwald* ist eine Formation, die in mehrere Vegetationsstufen aufgeteilt ist: die hohen Bäume zwischen 20 und 30 m, die Sträucher bis zu 8 m und die verschiedenen Kräuter und Stauden. Die zweijährigen Kräuter und die Stauden überleben den Winter, indem sie die Erneuerungsknospen entweder dicht über dem Boden anlegen, damit die Schneedecke sie vor der Kälte schützt, oder indem sie unterirdisch Wurzelstöcke (Rhizome), Zwiebeln oder Knollen ausbilden. Die Sträucher, Stauden und Kräuter blühen meist im Frühjahr, wenn die Pflanzendecke der hohen Bäume noch nicht vollkommen geschlossen ist.

Das Gebiet der laubabwerfenden, sommergrünen Laubwälder wird als *nemorale Zone* bezeichnet. Hierzu gehört der größte Teil West- und Mitteleuropas. Die vorherrschende Baumart der ursprünglichen Vegetation ist die Rotbuche (*Fagus sylvatica*). Die Rotbuche bildet Reinbestände oder mit Esche, Bergahorn, Linden, im Süden teilweise auch mit Tannen und anderen Arten rotbuchenreiche Mischwälder. Weitere waldprägende Bäume sind die Wintereiche (*Quercus petraea*) und die Stieleiche (*Quercus robur*). Auf nährstoffarmen Böden gedeihen bodensaure Eichenwälder. Sie sind mit Heidekraut (*Calluna vulgaris*) und anderen anspruchslosen Pflanzen durchsetzt. *Eichen-Hainbuchen-Wälder* findet man beispielsweise in Nordwestdeutschland, während wärmeliebende *Eichenmischwälder* häufig an trockenen Südhängen vorkommen. In ihnen wachsen auch viele submediterrane Arten wie Flaumeiche (*Quercus pubescens*), Felsenahorn (*Acer monspessulanum*), Kornelkirsche (*Cornus mas*) und viele ursprünglich in Ost- und Südeuropa beheimatete krautige Pflanzen.

DAS LEBEN AM WALDBODEN

Über dem Boden bilden verschieden trockene Pflanzenreste (Laub, Reisig, Früchte) eine Gesamtmasse von ungefähr 3 bis 4 t/ha. In dieser Schicht leben zahlreiche Kleintiere und ernähren sich von den Abfällen (Milben, Asseln, Tausendfüßler). Darunter finden sich verfaultes und zersetztes Laub sowie Abfälle. Es ist dort warm und feucht; zahlreiche Organismen leben hier. Die Zersetzungstätigkeit geschieht vor allem durch Bakterien und größere oder kleinere Pilze. Anschließend findet man eine dunkle schwarze Schicht, den *Humus*, der den eigentlichen Gesteinsboden bedeckt, dessen chemische Zusammensetzung (basisch oder sauer) die Ansiedlung angepaßter Pflanzen begünstigt.

FLORA

A · **Weißbuche**.

B, C · **Stieleiche**
(Quercus robur).

D, E · **Wintereiche**
(Quercus petraea).

Der Birken-Eichen-Wald.

Auf basenarmen, zur Podsolierung neigenden Sandböden, die häufig unter Grundwassereinfluß stehen, kommt der Birken-Eichen-Wald vor. Neben der Birke (Betula pendula) und der Stieleiche (Quercus robur) treten auch andere Baumarten wie Wintereiche (Quercus petraea), Espe (Populus tremula), Eberesche (Sorbus aucuparia) sowie Rotbuche (Fagus sylvatica) und Hainbuche (Carpinus betulus), selten auch die Waldkiefer (Pinus sylvestris) auf. An Sträuchern findet man unter anderem Faulbaum (Rhamnus frangula), Gemeiner Wacholder (Juniperus communis) und Brombeere (Rubus fruticosus). Die Krautschicht wird unter anderem von Sternmiere (Stellaria holostea), Maiglöckchen (Convallaria majalis), Buschwindröschen (Anemone nemorosa) und hohen Waldgräsern wie Flattergras (Milium effusum) und Waldschwingel (Festuca altissima) gebildet.

Wintereiche und Stieleiche.

Die Blätter der Stieleiche haben auf beiden Seiten keine Haare; nahe beim ziemlich kurzen Blattstiel sind zwei ›Öhrchen‹ ausgebildet. Ihre Eicheln werden von langen Stielen gehalten. Die Eicheln der Wintereiche besitzen diese langen Stiele nicht, ihre Blätter haben keine Öhrchen; zusätzlich ist ihre Unterseite von einem kurzen Flaum bedeckt.

DIE KULTUR VON WALDBÄUMEN

Ein wirklich ungestört gewachsener Wald existiert nur noch an wenigen Stellen. Die meisten Wälder Deutschlands werden kultiviert und bewirtschaftet, selbst wenn sie ›wild‹ erscheinen. Es gibt mehrere Arten von Forstwirtschaft. Die häufigste Form ist der *Hochwald*, dessen Bäume sehr alt und gerade gewachsen sind. Er teilt sich in zwei Typen auf: den *gleichmäßigen Hochwald*, dessen Bäume alle das gleiche Alter und Stämme derselben Dicke haben, da sie zur selben Zeit gepflanzt worden sind, und den *bestellten Hochwald*, dessen Bäume verschieden dick, also unterschiedlich alt sind. Im *Niederwald* erneuert sich der Baumbestand durch Austrieb aus Stöcken und Wurzeln der alle 10–30 Jahre gefällten Bäume. Eine Zwischenform ist der *Mittelwald*.

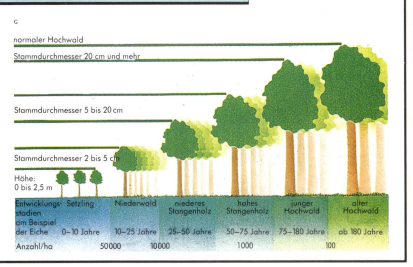

FLORA

DIE PFLANZEN UND IHRE LEBENSRÄUME

NORDAMERIKANISCHE WÄLDER

Das Gebiet Nordamerikas ist von Kanada bis Louisiana mit einem sommergrünen Laubwald bedeckt, der sich in mehrere Teile aufgliedert, wobei jeder einen Klimawechsel widerspiegelt. Man unterscheidet den *St.-Lorenz-Wald,* den *Appalachenwald* und die *Wälder des Mississippi.*

Der Appalachenwald.

Auf den Appalachenbergen, in einem gemäßigten und sich wenig ändernden Breitenklima, entwickelt sich ein sehr artenreicher Laubwald. Die Ausdehnung der größeren Arten ist viel größer als in Europa. Der Sommer hat keine Trockenmonate, und die Niederschläge im Winter sind gering. Die am weitesten verbreiteten Bäume sind die Weißeiche *(Quercus alba),* die Färbereiche *(Quercus velutina)* und zwei Arten der Gattung *Carya,* die die Amerikaner *Hickory* nennen *(Carya ovata* und *Carya cordiformis)* und die eßbare Nüsse hervorbringen. Daneben gibt es jedoch noch viele andere Eichenarten: Man hat ungefähr 30 (gegenüber 7 europäischen Arten) gezählt. Ähnlich sieht es bei den Eschen, Ulmen und Birken aus. Die amerikanische Buche *(Fagus grandifolia)* ist im Wald nur verstreut zu finden; sie bildet keine großen Bestände wie entsprechende Buchenarten in Europa.

A · **Hickory** *(Carya ovata).*

Der St.-Lorenz-Wald.

Er umfaßt zahlreiche Nadelbäume, unter denen sich kleinere, sommergrüne Laubbäume entwickeln, die den Schatten vertragen. Die Kiefern, insbesondere die Weymouthskiefer *(Pinus strobus)* sind sehr zahlreich und mischen sich mit den Hemlocktannen *(Tsuga canadensis).* Unter den Laubbäumen findet man den berühmten Zuckerahorn *(Acer saccharum),* das Wahrzeichen Kanadas, Eichen *(Quercus rubra),* amerikanische Weißbuchen und eine mit der Weißbuche verwandte Art, die Hopfenbuche *(Ostrya carpinifolia).*

D · Die Sumpfzypresse.

Sie hat sich gut an die überschwemmten Böden des Mississippi angepaßt: Ihr Holz fault nicht, und ihre Wurzeln entwickeln seltsame Auswüchse, die *Pneumatophoren,* die über das Wasser oder den überschwemmten Boden hinausragen.

B · **Roteiche** *(Quercus rubra).*

E · Der Greisenbart.

In der Region der Bayous am Mississippi ist die Luft so feucht, daß einige Pflanzen aus der Familie der Bromeliaceen sich fern vom Boden entwickeln. Dies gilt für den Greisenbart *(Tillandsia usneoides),* der auch Louisianamoos genannt wird. Er ähnelt den Bartflechten und läßt sich mehr als einen Meter von Zweigen, Telefonleitungen und ähnlichem herunterhängen.

C · **Amberbaum** (Gattung *Liquidambar*).

Die Wälder des Mississippi.

Wenn man noch weiter nach Süden geht, über die Appalachen hinaus, wird das Klima wärmer und feuchter. Zunächst gibt es im Süden der Appalachen einen Übergangswald mit vielen Hickorys, wo auch die Amberbäume gedeihen. Am unteren Mississippi weicht dieser Wald einem Kiefernwald mit *Pinus taeda,* der ursprünglich eine niedrigere Form des zuvor genannten Waldes war, der aber durch Feuer und intensive Bewirtschaftung zerstört wurde. Die Ufer des Mississippi bilden mit der Flußniederung eine sehr feuchte und sehr heiße Sumpfzone, die günstig für das Auftauchen vieler außergewöhnlicher Arten ist. Nahe dem Wasser und im Wasser entwickeln die Sumpfzypressen *(Taxodium distichum)* einen typischen Wald, der früher stark ausgebeutet wurde und heute geschützt ist. Auf dem Festland herrschen Magnolien vor, die erstaunliche Ausmaße erreichen, sowie zahlreiche andere immergrüne Arten, Stechginster, Eichen und Buchen mit Blättern in Form von Lorbeerblättern.

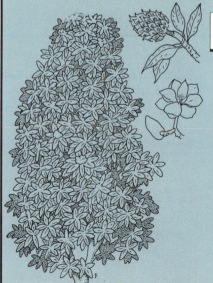

EINE DER ERSTEN MAGNOLIEN IN FRANKREICH

Die *Magnolia grandiflora* hat ihren Namen von dem französischen Botaniker Pierre Magnol, der einer der ersten war, die im 17. Jh. eine Einteilung der Pflanzen versucht haben. Die erste in Frankreich blühende Magnolie dieser Art wurde in jener Zeit von einem Leutnant vom Ufer des Mississippi mitgebracht und in der Nähe von Nantes eingepflanzt. Sie brauchte sehr lange Zeit, um endlich ihre cremefarbenen, duftenden Blüten zu zeigen. Dieses Ereignis wurde so bewundert, daß Ludwig XV. verlangte, die Magnolie solle in den Park von Versailles transportiert werden. Glücklicherweise brachten Botaniker und Gärtner ihn davon ab, da sie fürchteten, daß dieser Baum während des Transports eingehen würde.

FLORA

DIE MONSUNWÄLDER

Der Monsunwald in Nordostindien in der Nähe des Ozeans besteht aus zwei Vegetationsschichten: den großen Teakbäumen *(Tectona grandis)* mit 30 bis 40 m Höhe, begleitet von *Xylia xylocarpa,* unter denen sich eine immergrüne Vegetationsschicht entwickelt. Die Teakbäume verlieren ihre Blätter nur während der Trockenzeit. Das Unterholz und die feuchtesten Orte zeigen einige Merkmale des Regenwaldes: Lianen und gelegentlich Epiphyten. Im Landesinnern Indiens verlängert sich die Trockenzeit. Die Teakbäume dort sind daher viel kleiner und von anderen Bäumen umgeben: den Salbäumen *(Shorea robusta).* Da die Trockenzeit immer länger wird, kommt man allmählich zu einer Art Savanne mit weniger Bäumen und durchgehenden Flächen aus Süßgräsern.

Die Monsunwälder finden sich in zahlreichen Gebieten der Erde. Sie bedecken den indischen Dekhan, aber auch Birma und Indochina und einige Teile der indischen Halbinsel und Malaysias. In Amerika schließen sie im Norden und im Süden (Gebiet der Westindischen Inseln und des Südostens Brasiliens) an den riesigen tropischen Amazonaswald an. Man erkennt immer die beiden charakteristischen Vegetationsstufen der Monsunwälder: hohe sommergrüne Arten, unter denen eine immergrüne Vegetationsschicht gedeiht. In Australien nimmt dieser Wald ein sehr schmales, aber sehr langes Band von einigen Dutzend Kilometern Länge ein, das vom Norden bis zum Osten dieses Kontinents reicht. In Afrika bedeckt diese Art Wald einige Gebiete in der Casamance und nahe den Quellen der Flüsse Zaire und Sambesi.

TEAKBAUM

Der Teakbaum, dessen Holz wie das der nordamerikanischen Sumpfzypresse nicht verfault, ist eng mit der Geschichte der Segelschiffahrt des 19. Jh. verbunden. Zu dieser Zeit war er eine sehr gesuchte Art. Der Teakbaum wird auch heute noch für die Herstellung von Jachten verwendet. Das honigfarbene Teakholz wird auch bei Einlegearbeiten und in der Kunsttischlerei eingesetzt.

DIE GEMÄSSIGTEN WÄLDER IN OSTCHINA

Im Süden des chinesischen borealen Waldes, zwischen dem Hwangho, dem Jangtsekiang und dem Gelben Meer, wird ein Gebiet von einem Wald bedeckt, der hauptsächlich aus sommergrünen Laubbäumen besteht. In dieser Region gibt es keine Trockenheit, aber einen mehr als fünf Monate dauernden Winter. Der größte Teil der Niederschläge konzentriert sich auf die Monate Juni bis August, die Hälfte des Jahres herrscht Frost. Diese Bedingungen sind günstig für das Auftreten von Laubbäumen. Sie haben einen äußerst fruchtbaren Boden zur Verfügung: die Lößebenen. Dieser Wald ist vom Menschen stark bewirtschaftet worden, weshalb es nur noch kleinere Überreste an den Flußläufen gibt. Er besteht aus einigen lokalen Eichenarten, Weiden, Pappeln, Zürgelbäumen, Eschen und Nußbäumen. Südlich des Jangtsekiang sind die Temperaturen viel milder. Der Wald umfaßt gleichzeitig Arten der gemäßigten Zonen und tropische Arten. Neben dem Ahorn, der Linde und der Eberesche findet man Palmen, immergrüne Eichen und vor allem Magnolien. Mit Nadelbäumen der gemäßigten Breiten wie Kiefern und einigen Eibenarten mischen sich andere typische Gattungen der südlichen Hemisphäre, wie *Podocarpus* und *Keteleeria.* Man sieht ebenfalls zahlreiche Arten, die harte Blätter ähnlich denen der Lorbeerbäume haben, ein Anzeichen des Übergangs zu einem eher trocken geprägten Wald, sowie zahlreiche Reliktarten wie Ginkgo und Mammutbaum.

B · **Der Götterbaum** *(Ailanthus altissima).*

C · **Der *Ginkgo biloba*.**
Die klimatische Stabilität Ostchinas war für das Überleben von ›lebenden Fossilien‹ sehr günstig. So auch für den Ginkgobaum *(Ginkgo biloba),* eine Schlüsselart der Evolution, da von ihr zwei Zweige des Pflanzenstammbaumes abgeleitet werden: die Laubbäume und die Nadelhölzer mit Nadeln oder Schuppen.

D · **Gelber Trompetenbaum** *(Catalpa ovata).*

CHINESISCHE BÄUME IN UNSEREN STÄDTEN

Viele chinesische Arten werden als Park-, Garten- oder Alleebaum in Deutschland kultiviert. Der Götterbaum *(Ailanthus altissima)* gehört zu dem, was man heute als subspontane Arten bezeichnet. Das heißt, daß sich diese Arten aus unseren Gärten heraus, wo sie kultiviert wurden, verbreitet haben. Hierzu zählt auch der Weiße Maulbeerbaum *(Morus alba),* dessen Blätter den Seidenraupen als Nahrung dienen und der deshalb in vielen Ländern angepflanzt wird. In Parkanlagen und größeren Gärten kommt der Gelbe Trompetenbaum *(Catalpa ovata)* vor, der eine Höhe bis 15 m erreichen kann. Ein beliebter Ziernadelbaum ist die Sicheltanne *(Chryptomeria japonica),* die vor allem in Japan auch als Nutzholz angebaut wird.

151

FLORA

DIE PFLANZEN UND IHRE LEBENSRÄUME

SAVANNEN

In den Savannen stehen vereinzelt hohe Bäume in ausgedehnten Grasflächen. Savannen gibt es vor allem in den Zonen zwischen den Wendekreisen, die an die großen Wüsten grenzen. Die echte Savanne beginnt erst, wenn man unter den Bäumen einen durchgehenden Grasteppich findet.

In Afrika, in der bewaldeten Savanne, sind die Bäume nicht sehr hoch, aber dicht; Gräser sind noch dünn gesät. Diese Vegetation kennt zugleich immergrüne Bäume und Bäume, die entweder unregelmäßig oder sehr regelmäßig in der Trockenzeit ihr Laub verlieren. Die Baumsavannen sind große Grünflächen mit mehr oder weniger gedrängt stehenden Bäumen und Sträuchern. Die Bäume sind im Schnitt 6 bis 9 m hoch, mit gedrehten Stämmen und einer dicken Rinde.

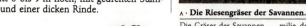

A · **Die Riesengräser der Savannen.**

B · Folge der Savannen.

In Afrika existiert ein allmählicher Übergang von Wäldern mit hohen, immergrünen Bäumen zu Wäldern, in denen die Baumarten ihr Laub in der Trockenzeit verlieren, kleiner sind und anderen morphologischen Typen wie den Baobabs angehören. Diese komplexen Vegetationsarten gehen schließlich über zu Pflanzengruppierungen, bei denen die Gräser, wie zum Beispiel die Riesensüßgräser, vorherrschen und die Bäume und Sträucher durch Buschfeuer immer lichter werden.

Die Gräser der Savannen gehören vor allem zur Familie der Süßgräser. Die häufigen Buschbrände lassen sie in sehr gedrängten Büscheln wachsen. Ausgehend von den Rhizomen unter der Erde, treiben sie nach dem Feuer wieder neue Halme. Die Wurzeln bilden einen so dichten und so dicken Teppich, daß es anderen Pflanzen unmöglich ist, dort zu wachsen. Ihnen bleiben die von den Gräsern freigelassenen Stellen. So entsteht ein Artenmosaik mit sehr klaren, unüberwindbaren Abgrenzungen. Die Süßgräser erreichen leicht 3 m Höhe. Sie bilden ein üppiges Futter für die großen Pflanzenfresser Afrikas, wie das Elefantengras (*Pennisetum purpureum*). Aber auch der Mensch kann die Gräser nutzen, beispielsweise das Alang-Alang (*Imperata cylindrica*), mit dem er Strohhütten deckt.

C · Die Dumpalme.

In Afrika kommt die Dumpalme vor, eine Pflanze, die auf den sandigen und feuchten Böden der Grassavanne in Kenia beheimatet ist. Sie ist jedoch weit verbreitet, da die Ägypter die Dumpalme wegen ihrer Früchte anbauten. Die Ägypter haben sie häufig auf den Fresken ihrer Gräber dargestellt. Für sie war die Dumpalme ein heiliger Baum.

D · Die Giraffenakazie.

Sie durchzieht die Savannen Ostafrikas. Ihre Blätter und ihre Früchte sind die bevorzugte Nahrung der großen Tiere. Wie viele Bäume dieser Regionen bildet die Giraffenakazie einen charakteristischen Schirm. Sie kann auf sehr trockenen Böden überleben, da ihre Wurzeln das Wasser aus sehr großer Tiefe hochpumpen können.

DIE BÄUME IN DER SAVANNE

E · **Baobab**
(*Adansonia digitata*).

Die afrikanischen Baumsavannen bedecken große Flächen südlich der Sahara von der Küste Guineas bis zum Sudan; die bekannteste Art dieser Regionen ist ohne Zweifel der Baobab (*Adansonia digitata*), auch Affenbrotbaum genannt, mit einem riesigen Stamm, der in seinen Fasern große Mengen an Wasser enthält. Viele Arten der Baumsavanne gehören zur Familie der Mimosengewächse (der Gattung *Acacia*). An einigen Stellen mit sandigem Boden treten Palmen verstärkt auf; sie gehören meist den beiden Gattungen *Borassus* und *Hyphaene* an.

FLORA

GRASLÄNDER

Weitere große Grünflächen unserer Erde, die keine Bäume und Sträucher besitzen, haben den Namen Steppe erhalten. Steppen befinden sich in Nordamerika, wo sie auch als Prärien bezeichnet werden, in Argentinien (die ›Pampas‹) sowie in Europa und Asien. In Nordamerika nehmen sie große, kaum gewellte Ebenen ein, die sich zwischen den Rocky Mountains und den Appalachen in Ost-West-Richtung erstrecken und von Kanada bis Texas in Nord-Süd-Richtung. Die amerikanischen Prärien bestehen vor allem aus Süßgräsern, die im Boden ein sehr dichtes Wurzelgeflecht bilden. Dieses kann nur von Pflanzen mit Pfahlwurzeln durchdrungen werden, weshalb man viele Arten findet, die zur Familie der Korbblütler oder zu der der Leguminosen gehören. Sie bilden unter der Erde Wurzelstöcke oder Knollen, von denen aus sie jedes Jahr ihre Sproßachsen treiben, wobei die unterirdischen Teile ebenfalls Nährstoffspeicher darstellen. In den Prärien können sich trotz der häufig günstigen klimatischen Bedingungen keine Bäume oder Büsche ansiedeln, da deren Samen keine genügend starke Wurzeln hervorbringen können, um das Wurzelgeflecht der Süßgräser zu durchdringen, das den Boden bis in große Tiefe erobert. Die Prärien beherbergen eine große Artenvielfalt; aber nur zehn Pflanzenarten bedecken 90 % der Fläche.

In Asien sind die Steppen häufig einer starken Trockenheit ausgesetzt, die sich in der Zusammensetzung der Vegetationsformen mit einem geringeren Anteil an Süßgräsern zugunsten anderer botanischer Familien bemerkbar macht.

UMGEWANDELTE GRASLÄNDER

In den Prärien und Grasländern der Welt wird der Einfluß des Menschen sehr deutlich, da das äußerst fruchtbare Land ausgezeichnete Anbaumöglichkeiten bietet. Die amerikanischen Prärien mit langen Gräsern sind zu Mais- und Weizenfeldern geworden, während die Prärien mit kurzen Gräsern im Far West heute riesige Weideflächen geworden sind. Die Ukraine wurde zu einem Weizengebiet, während sich in der Mongolei und der Mandschurei die Pferde- und Kamelzucht entwickelt hat.

WASSERSPARENDE PFLANZEN

Selbst wenn sie nicht in gedrängten Büscheln stehen, können die Präriegräser dennoch über dem Boden eine praktisch durchgehende Pflanzendecke bilden, die den kleinsten Wassertropfen aufnimmt, sowie es regnet. Diese Aufnahme ist so wirksam, daß nur sehr wenig Wasser in den Boden unter dem Wurzelnetz gelangen kann, was anderen Pflanzen die Ansiedlung erschwert.

B · **Das Pampasgras.**
Die Argentinier nennen ihre Steppe die *Pampa*. Sie bedeckt die Gebiete an den Ufern des Rio de la Plata. Aus der Pampa kommt das Gras mit dem gleichen Namen, auch ›Silbergras‹ genannt.

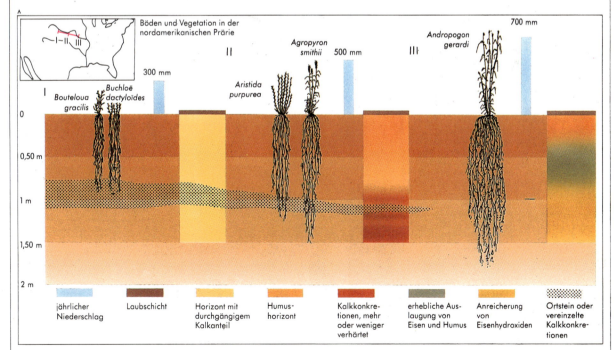

A · **Die Prärie der kurzen Gräser.**
Sie bedeckt die trockeneren Flächen über Dakota und Kansas bis zu den Rocky Mountains. Auf diesen Prärien nimmt der Anteil der Süßgräser leicht ab; man findet mehr Pflanzen mit Zwiebeln oder Rhizomen, die sich besser an die Trockenheit angepaßt haben. In diesen Gebieten gibt es das Büffelgras (*Buchloë dactyloides*) und ein Gras, das die Cowboys Blue Grass nennen (*Bouteloua gracilis*). Beide Arten sind Süßgräser und bilden einen Teppich von maximal 40 cm Höhe. Die Wurzeln dieser Pflanzen sind viel länger als die der Pflanzen in den Prärien der hohen Gräser, da sie bis in 1 m Tiefe reichen müssen, um Feuchtigkeit zu finden.

Die Prärien der hohen Gräser.
In seiner ganzen Länge hat der amerikanische Westen um so weniger Niederschlag, je weiter er vom Atlantik entfernt ist, da die Rocky Mountains keine Wolken vom Pazifik herüberziehen lassen. Bei den Appalachen findet man Prärien mit hohen Gräsern, die sich bis Dakota und Kansas erstrecken. Die Süßgräser erreichen leicht eine Höhe von 1,5 m, einige Arten können jedoch mehr als 3,5 m erreichen. Dies gilt für das *Andropogon gerardi*. Diese Pflanze wächst in Büscheln, deren Wurzeln bis in ungefähr 2 m Tiefe hinabreichen. Das *Andropogon gerardi* wächst zusammen mit dem Indianergras, dem *Sorghastrum nutans*, und mit einem aus Europa eingeführten Süßgras, der *Poa pratensis*, das als Viehfutter verwendet wird.

153

FLORA

DIE PFLANZEN UND IHRE LEBENSRÄUME

DORNSTRAUCH-SAVANNEN

Als Übergangsvegetation von der Savanne zur Wüste entsteht eine besondere Vegetationsformation: die Dornstrauchsavanne. Von Äthiopien bis Mauretanien verändert sich die Vegetation der Savanne wegen der zunehmenden Trockenheit; es bleiben als Holzpflanzen nur Dornengewächse, vor allem Akazien und Bäume der Gattung *Balanites* mit gefährlichen Dornen. In Afrika gibt es am Rande der Namib- und der Kalahari-Wüste weitere Dornstrauchflächen. Im Südosten Brasiliens, aber auch in Venezuela, zeigt die Vegetation ähnliche Züge. Die Einwohner nennen diese Region die *Caatinga*. Die Pflanzen mit sommergrünen (die ihr Laub zu Beginn der Trockenzeit verlieren) oder immergrünen Blättern sind Palmen, Kakteen, kleinblättrige und dornige Arten.

A · Das dornige Wolfsmilchgewächs aus Madagaskar.
Viele Dornengewächse gehören zur Familie der Wolfsmilchgewächse (unter denen eine Pflanze ist, deren Saft sogar zur Herstellung von einer Art Gummi dienen kann).

B · Madagaskarpalmen.
Die Familie der Hundsgiftgewächse umfaßt auch die Madagaskarpalmen (Gattung *Pachypodium*), die leicht mit Palmen verwechselt werden.

DORNENGEWÄCHSE IN MADAGASKAR

Eine der merkwürdigsten Gegenden mit Dornengewächsen auf der Erde ist das im Süden von Madagaskar in der Region von Antseranana (früher Diego-Suarez) gelegene Gebiet. Dort findet man vor allem eine Pflanzenfamilie, die nur in diesem kleinen Raum existiert, die Didiereaceen. Sie umfassen vier Gattungen (*Didierea, Alluaudia, Alluadiopsis* und *Decarya*). Dies sind baumartige Pflanzen mit dicken, zylindrischen Zweigen, die Tentakeln ähneln, und deren Oberfläche von Rosetten aus kleinen Blättern und spitzen Dornen bedeckt ist. Exemplare der Gattungen *Didierea* und *Alluaudia* können 10 bis 15 Meter hoch werden. Einige Arten bilden ihre Zweige nacheinander horizontal und vertikal aus und formen so einen richtigen ›Krakenbaum‹. Das Stamminnere besteht aus einem Gewebe, das einen echten pflanzlichen Schwamm darstellt und eine große Menge Wasser für die langen Trockenperioden speichern kann.

HALBWÜSTE

Es gibt Gebiete, die sehr weit von den Ozeanen entfernt oder die von ihnen durch Gebirgszüge getrennt sind. Hier fällt nur selten Niederschlag, und die Pflanzendecke ist daher lückenhaft. Solche Halbwüsten bedecken die Böden in den US-Bundesstaaten Arizona und Südkalifornien, in Neumexiko, in Texas und im Norden Mexikos. Man findet dort nur wenige Bäume und Sträucher wie die Akazien, die Mesquitesträucher, die Ocotillas *(Fouquieria splendens)* und die Sumachsträucher, die ihr Wasser in der Tiefe aus den Tonschichten schöpfen. Halbwüsten kommen auch in Eurasien vor, z. B. in Kasachstan zwischen den südsibirischen Steppen im Norden und den Wüsten im Süden.

C, D · Feigenkaktus und Säulenkaktus.
In den kalifornischen Steppen wachsen die berühmten Säulenkakteen der Gattung *Cereus, Echinocacteen* mit verdickten und mit Wasser gefüllten Stämmen und die Opuntien, die auch Feigenkakteen genannt werden.

F · Der Beifuß der Steppen.
In Nevada, Utah, Nordkalifornien und im Norden Arizonas erstreckt sich die Beifußsteppe aus *Artemisia tridentata*. Diese Pflanze, die etwa 2 m hoch werden kann, erobert große Gebiete und bedeckt den Boden viel dichter als die Steppenpflanzen im Süden Kaliforniens. Dicht aneinandergedrängt, können die Beifußpflanzen das gesamte Gelände fast lückenlos bedecken.

E · Yucca brevifolia.
Wächst auf den Hochebenen von Utah und Arizona. Ihre immergrünen Blätter besitzen Stacheln.

DIE MELDEN LIEBEN SALZ

In den Böden der steppenartigen Tiefebenen steigt der Salzgehalt aufgrund der Trockenheit. Nur wenige Pflanzen, so die Meldenart *Atriplex confertifolia* aus der Familie der Gänsefußgewächse, können ihn ertragen. Sie gewöhnen sich an den hohen Salzgehalt des Bodens, können diesen jedoch nicht bedecken. Zusammen mit diesen Melden findet man vereinzelte Grasbüschel, zwischen denen bei Regen einjährige Pflanzen sehr schnell wachsen, um ihre Blüten und ihre Samen hervorzubringen und dann zu verschwinden. An den Küsten der Ost- und Nordsee wächst die Strandmelde *(A. litoralis)*, eine bis 60 cm hohe, einjährige Pflanze mit linealischen bis lanzettlichen Blättern.

FLORA

PFLANZEN DER WÜSTE

Die Wüsten sind Gebiete, wo die Temperaturen von 0 °C in der Nacht bis zu mehr als 30 °C am Tag reichen können. Manchmal gibt es jahrelang gar keine Niederschläge. Um sich daran anzupassen, schließen manche Pflanzen ihren Vegetationszyklus direkt nach den kurzen, zufälligen Regenfällen ab. Dies ist der Fall bei einigen Süßgräsern, die innerhalb von 10 Tagen nach einem Regenguß bereits ihre Samen hervorgebracht haben. Andere besitzen unterirdische Organe (Zwiebeln und Rhizome), die bei Regen austreiben und dann sehr schnell Blüten und Früchte bilden.

In der Sahara kann man Süßgräser wie den Drinn der Tuareg *(Arstida pungens),* einige verstreute Ginster und eine andere Leguminosenart finden, die von den Hirten ›par rtem‹ *(Retama retam)* genannt wird. Alle diese Pflanzen können der konstanten Bewegung des Sandes durch den Wind widerstehen und tragen zu seiner Befestigung bei.

In den Steinwüsten ist die Vegetation noch karger, da die Böden noch trockener sind. Sogar die Pflanzen ähneln schließlich Steinen, wie dies bei einer Pflanze in der algerischen Wüste, *Anabasis aretioides,* der Fall ist.

A · Die Akazien der Sahara.
Einige Bäume wie die Saharaakazien haben Wurzeln, die in sehr große Tiefen, manchmal mehr als 20 m, hinabreichen, um an Wasser zu gelangen. Diese Pflanzen besitzen nur sehr wenig Laub und transpirieren praktisch nicht, um den Wasserverlust zu beschränken.

B · Der Saxaul.
Der Saxaul aus Turkestan besteht fast nur aus Stamm und besitzt auf Schuppen reduzierte Blätter. Bei sehr ungünstigen Bedingungen verliert er einen Teil seiner jungen Zweige.

C · Der Drinn der Tuareg.
Dieses Süßgras behält das ganze Jahr hindurch die Blätter. Es wickelt sie wie eine Dachrinne ein und bildet sehr lange Wurzeln, die das Wasser in großer Tiefe erreichen können.

D · *Dalea spinosa.*
Vermeidet den Feuchtigkeitsverlust durch Wüstenwinde, indem sie einen Großteil des Jahres keine Blätter trägt.

PFLANZEN DER TUNDRA

Am Rande der großen borealen Wälder gibt es eine Vegetationsart, die für die arktischen und antarktischen Regionen charakteristisch ist: die Tundra. Der Sommer ist auf etwa fünfzig Tage beschränkt, in denen die Temperatur kaum über 0 °C steigt. Der Boden ist ständig bis in eine bestimmte Tiefe gefroren, und das Wasser tritt nur während der Sommertage an die Bodenoberfläche. Dann ist das Land praktisch überschwemmt. Wegen des Windes müssen alle Pflanzen entweder am Boden kriechend wachsen, um zu überleben, oder dürfen nicht sehr hoch sein. Die Tundra ist also eine artenarme, niedrig bleibende Vegetation, die aus Moosen und Flechten, manchmal Gräsern der Gattung *Carex,* kleinen Büschen und Zwergbäumen (Birken) besteht.

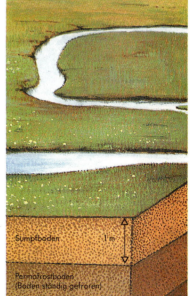

E · Die Tundra.
Die trockene Tundra erscheint auf porösen kalkhaltigen oder sandigen Böden, die das Wasser durchsickern lassen. Dort siedeln sich dann einige Heidekräuter, die Weide der Arktis *(Salix arctica)* und eine hübsche, kleine Blume an, die auch in unseren Gebirgen in großer Höhe lebt, die Silberwurz.

Die feuchte Tundra entwickelt sich in den windgeschützten Vertiefungen dann, wenn der Boden an der Oberfläche leicht auftaut; hier leben einige Pflanzen der Familie der Cyperaceen, Süßgräser, kleine Weiden und einige weitere an Feuchtgebiete angepaßte Pflanzen.

DIE ZWERGBÄUME DER TUNDREN

Die Kälte und der Wind sind in den Tundren so schneidend und die vegetative Periode so kurz (2 bis 3 Monate), daß die Pflanzen nur sehr langsam wachsen. Sträucher wie die Zwergweiden bilden nur zwei oder drei Blätter pro Saison aus. Auf einer Insel der Arktis hat man einen mehr als 500 Jahre alten Zwergginster gefunden, der einen Busch von weniger als 1 m Durchmesser bildete. Sowie die Pflanzen einen ausreichenden Windschutz haben, wird die Vegetation etwas höher und buschiger. Die Täler und Vertiefungen zwischen den großen Felsen sind für die Zwergweiden *(Salix herbacea)* [F], für die Zwergbirken *(Betula nana)* [G] und auch für kleine Erlen günstig, die ein dichtes Gestrüpp bilden.

155

FLORA

DIE PFLANZEN UND IHRE LEBENSRÄUME

PFLANZEN AM GEWÄSSERRAND

Die Mangroven. Die Sümpfe in den Mündungsgebieten und den Lagunen der Tropen, die von den Gezeiten überschwemmt und dann wieder freigelegt werden, sind von einer ganzen Reihe Pflanzen besiedelt, die Tausende von Kilometern an den Küsten dieser Gebiete bedecken. Sie bilden einen Küstenwald, der *Mangrove* heißt. Diese Mangroven dehnen sich am weitesten am Indischen Ozean und am Pazifik aus, insbesondere an den ostafrikanischen Küsten, den Inseln und Halbinseln Südostasiens und an den Küsten Guyanas. So bedecken am Gangesdelta die Mangroven mehr als eine Million Hektar. Diese Vegetationen umfassen ziemlich wenig Arten, insgesamt ungefähr fünfzig, von denen die meisten zu den Gattungen *Rhizophora*, *Avicennia* und *Bruguiera* gehören. Einige dieser Pflanzen haben sich so an das Vorhandensein von Salz gewöhnt, daß sie davon abhängen. So entwickeln sich im Inneren der Flußmündungen die Avicenniamangroven nur bis zu einer gewissen Grenze flußaufwärts, bis nämlich das Wasser für sie zu süß wird.

Süßwasserpflanzen und Torfmoorpflanzen. Die Pflanzen, die im Süßwasser oder an dessen Rand leben, unterscheiden sich durch ihre Art der Verwurzelung. Die einen schwimmen an der Wasseroberfläche, wie die Wasserlinsen *(Lemna)*, im Wasser lebende Lebermoose *(Riccia)* und der Froschbiß *(Hydrocharis)*. Andere schwimmen untergetaucht: Es handelt sich zum Beispiel um die Wasserpest *(Elodea)* und um eine fleischfressende Pflanze, den Wasserschlauch *(Utricularia)*, der seine Blätter in Fallen für winzige Wassertiere umgewandelt hat. Diese Pflanzen leben nur in ruhigen Gewässern.

Andere Pflanzenarten leben untergetaucht im Wasser und wurzeln im Schlamm. Beispiele sind das Laichkraut und das Tausendblatt, die von Aquarienliebhabern sehr gesucht sind. Die Nymphaeaceen, wie die Seerosen und die Lotusblumen, bilden Blätter und Blüten aus, die an der Oberfläche ruhiger Gewässer schwimmen. Schließlich lebt am Rand der Gewässer eine gewisse Anzahl von Pflanzen, bei denen nur die Basis unter Wasser und der größte Teil der Pflanze an der Luft ist. Viele sind Süßgräser wie der Schwaden und das Schilfrohr; es gibt jedoch auch Riedgräser und Rohrkolben, die sich mit Binsenarten und Pflanzen mit schönen, farbenprächtigen Blüten (wie Gelbe Schwertlilie und Blutweiderich) mischen.

FLEISCHFRESSENDE PFLANZEN

Die fleischfressenden Pflanzen leben auf nährstoffarmen, vor allem stickstoffarmen Böden. Sie fangen mittels Klebdrüsen auf Tentakeln oder Blättern (Sonnentau), Klappfallen (Venusfliegenfalle) oder als Fallgruben wirkenden Behältern (Kannenpflanze) kleine Tiere, hauptsächlich Insekten, verdauen diese und nutzen sie somit als Stickstoff-, aber auch als Phosphorquelle. Viele fleischfressende Arten sind vom Aussterben bedroht.

B · **Seerose** (Gattung *Nymphaea*).

C · **Wasserlinsen** (Gattung *Lemna*).

D · **Rohrkolben** (Gattung *Typha*).

E · **Gelbe Schwertlilie** (*Iris pseudacorus*).

F · **Wasserschlauch** (*Utricularia vulgaris*).

G · **Mangrovenbaum** (Gattung *Rhizophora*).

Da die Pflanzen der Mangroven wie die *Sonneratia* oder die *Bruguiera* in einem ständig wasserdurchtränkten Boden leben, müssen sie gegen das Ersticken ihrer Wurzeln kämpfen. Sie haben raffinierte Organe entwickelt, um dieser Gefahr zu begegnen: die Atmungswurzeln, auch *Pneumatophoren* genannt (griech. *pneũma* = Luft und *phoreĩn* = tragen). Das sind Wurzelauswüchse, die senkrecht aus dem Sumpf herausragen. Sie haben die gleiche Aufgabe wie die Stelzenwurzeln, die die Mangrovenbäume der Gattung *Rhizophora* charakterisieren und regelmäßig von den Gezeiten freigelegt werden.

DER KAMPF GEGEN DAS ERSTICKEN

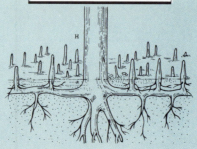

Die Stelzenpflanzen der Mangroven. Vom festen Land bis zum tiefen Meer besetzt jede Art der Mangroven ein genau umrissenes Gebiet des Sumpfstreifens, der parallel zum Festland verläuft. Die *Rhizophora*, die echten Mangrovenbäume, sind durch ihre großen, gebogenen Stelzwurzeln und ihre ›lebendgebärende‹ Fortpflanzungsart bemerkenswert: Im Inneren ihrer Früchte bilden die Samen Pflanzen von mehreren Dezimetern aus, die eine Pfahlwurzel in Form einer nach unten gerichteten Keule haben. Durch die Erschütterungen der Wellen fallen sie vom Baum und sind dank ihrer dicken Wurzel schwimmfähig. Die Pflänzchen, die durch Strömungen transportiert werden, können sehr weit von ihrem Ursprungsort entfernt Wurzeln schlagen.

FLORA

DIE GEBIRGSPFLANZEN

Die Gebirgsvegetation zeichnet sich durch eine höhenbedingte Stufung der Arten aus. An den Alpenhängen ist sie in sechs völlig unterschiedliche Gebiete unterteilt. Am Fuß des Gebirges gedeihen in der *Hügellandstufe* an den feuchten Hängen Eichenmischwälder; meist sind diese heute aber durch Kulturland verdrängt. An den trockenen Hängen wird bis in eine Höhe von etwa 600 m Wein angebaut, in sehr trockenen Lagen tritt Steppenheidevegetation auf. Auf den kieselerdehaltigen Böden findet man die Roßkastanie.

Darüber trifft die Buche sehr günstige Lebensbedingungen an; sie entwickelt sich bis in etwa 1 300 m. Ihr Vorkommen prägt die *untere Bergwaldstufe*. Wenn der Hang sonnig und der Boden kalkhaltig ist, mischt sich die Buche mit dem Bergahorn. Auf armen Böden kann die Föhre *(Pinus sylvestris)* in großen Mengen auftreten. An feuchteren Hängen finden die Tannen *(Abies alba)* die besten Bedingungen; sie beginnen im oberen Teil der Buchenwälder und leiten zur nächsten Stufe über. In der unteren Bewaldungsstufe wird häufig noch Ackerbau betrieben.

Die *obere Bergwaldstufe* (von 1 300 bis 1 600 m) wird an den feuchten Hängen durch Tannen gebildet. Sie sind oft durch Fichtenkulturen ersetzt worden. Das sind schattige Wälder, in denen nur wenige niedrige Pflanzen wachsen können. Dazu gehören der Heidelbeerstrauch, der Wachtelweizen und die Hainsimse.

Noch höher, bis 2 300 m, leben in der *subalpinen Stufe* zunächst Kiefern, gemischt mit Grünerlen. An den oberen Grenzen, wo die Winde immer stärker werden, finden sich an den niederschlagsreicheren Hängen Kiefern, wie die Legföhre und die Zirbelkiefer; die Schwarzkiefer und die Lärchen leben an den trockeneren Hängen. Noch weiter oben verschwinden die Kiefern, und es gedeihen an den feuchten Hängen nur noch einige Büsche wie die wunderschönen Alpenrosen mit roten Blüten und die ebenfalls rötlich blühende Gemsheide, die sehr niedrige Temperaturen im Winter aushalten können; an den trockenen Hängen gehen die Zirbelkiefern direkt in Grasland über.

Die letztgenannten Pflanzen bilden die *alpine Stufe,* die 2 800 und 2 900 m erreicht. Dort verschwinden die Holzgewächse vollständig; es wachsen nur noch Süßgräser und Riedgras, gemischt mit Enzian, Korbblütlern und Doldenblütlern der Höhenlagen.

Darüber beginnt die *nivale Stufe.* Sie ist die oberste Höhenstufe der Vegetation, und zwar die über der klimatischen Schneegrenze. Nur wenige Blütenpflanzen dringen bis in diese Höhe vor. Hierzu gehören einige Gräser, der Gletscherhahnenfuß und das Alpenleinkraut. Ansonsten findet man nur Moose, Flechten und Algen.

D · **Weißtanne** *(Abies alba).*

E · **Nadeln und Zapfen der Weißtanne.**

F · **Zirbelkiefer** *(Pinus cembra).*

A · **Zeugen der Vergangenheit.**

Als die Polargletscher, die ganz Europa bedeckten, allmählich infolge des wärmer werdenden Klimas zurückwichen, sind die an die Kälte gewöhnten Pflanzen mit ihnen gezogen und haben in den arktischen Gebieten Zuflucht gefunden. Die Silberwurz *(Dryas octopetala)* ist jedoch als Zeuge der Vergangenheit zurückgeblieben. Solche Pflanzen werden *Relikte* genannt, da sie aus einem nicht mehr gegebenen Klima stammen.

B · **Gletscherhahnenfuß** *(Ranunculus glacialis).*

C · **Alpenrose** *(Rhododendron ferrugineum).*

BAUMARTIGES KREUZKRAUT IN KENIA

Die Gebirge Kenias sind Vulkankegel mit Gipfeln von mehr als 5 000 m Höhe (Massiv des Mount Kenia und des Elgon). Am Fuß dieser Vulkane gedeiht eine Art tropischer Regenwald, dem in der Höhe ein Gebirgsregenwald folgt. Darüber findet man Bambuswald. Wenn man noch höher steigt, durchquert man eine Buschvegetation, in der die Pflanzen der Familie der Ericaceen stark vertreten sind, um dann zu einer sehr skurrilen Pflanzenformation zu gelangen. Diese besteht aus den baumartigen Kreuzkräutern, die einem riesigen Kohl auf einem Palmenstamm ähneln [G], und aus Lobelien. Das hier herrschende Klima ist für diese Breiten ungewöhnlich: Es ist feuchtkalt, und es gibt ständig Nebel. Schließlich findet man in noch größerer Höhe Grasflächen, wo Arten leben, die denen in den Hochalpen ähneln: Enziane, Primeln, usw.

FLORA

NUTZPFLANZEN

GETREIDE

Getreide bildet für den größten Teil der Menschheit die wichtigste Nahrungsquelle. Aus Getreide stammen, bezogen auf den weltweiten Verbrauch an Nahrungsmitteln, rund 45 % der Eiweiße, 60 % der Kohlenhydrate und 45 % der Energie. Nicht alle Getreidearten sind Süßgräser: Wenn auch Weizen, Roggen, Hafer, Hirse, Mais und Sorghum zu dieser Familie gehören, so gilt dies nicht für Buchweizen, der zu den Knöterichgewächsen gehört. Die Getreide waren zunächst Samen wilder Süßgräser, die die prähistorischen Menschen in der Natur gesammelt hatten. Es gab große Gebiete, gewissermaßen Felder, wo man Ansammlungen einer einzigen Art, zum Beispiel des wilden Weizens, antraf. Solche ›Felder‹ konnten leicht genutzt werden. Durch Beobachtung hat der Mensch nach und nach gelernt, wie die produktivsten Samen auszuwählen sind, und hat dann versucht, durch Kreuzungen seine Anbauerträge zu steigern. Bis zum 20. Jh. war die Artenkreuzung das einzige Mittel, die vorhandenen Sorten produktiver zu machen. Zur Zeit ergeben sich durch die Genmanipulation und das Klonen andere Möglichkeiten. Neue Sorten entstehen, die zum Beispiel gegen Herbizide zur Unkrautvertilgung resistent sind. Man hofft, in einigen Jahrzehnten Getreide zu haben, die den Stickstoff in der Luft binden und an sehr trockene oder sehr kalte Regionen angepaßt sind.

Pflanze	Name und Beschreibung	Ernte und Verwendung
	Saatweizen, meist grannenlos (*Triticum aestivum*, Süßgras). Herkunft Europa, Asien. Hohe Pflanze mit langen und geraden Blättern, dicker Ähre, nicht behaart.	Aussaat im Winter oder im Frühjahr, Reife im Juli–August. ☐ Brot, Teigwaren, Grieß, Bier- und Branntweinherstellung (Weißbier, Whisky).
	Mais (*Zea mays*, Süßgras). Herkunft Südamerika. 1 bis 3 m hohe Pflanze mit starken Halmen sowie langen und breiten Blättern, sehr dicke Ähre mit großen gelben, weißen oder violetten Körnern.	Aussaat im Frühjahr, Reife September–Oktober. ☐ In Lateinamerika dient er zur Herstellung von Pfannkuchen (›Tortillas‹) und Bier. In Europa und den USA hauptsächlich als Viehfutter (Hühner und Schweine).
	Rispenhirse (*Panicum miliaceum*, Süßgras). Herkunft Zentralasien. 0,40 bis 1 m hohe Pflanze mit langen und geraden Blättern, die mit Haaren behaftet sind, Ährchen von 4 bis 5 mm, glatt.	Aussaat im Winter oder im Frühjahr. ☐ Brot, Fladen, Pferde- und Geflügelfutter, mit Hopfen Herstellung von Bier.
	Gerste (*Hordeum vulgare*, Süßgras). Herkunft Vorderasien. 0,50 bis 1 m hohe Pflanze mit langen und geraden Blättern, Ähre mit langen Grannen.	Aussaat im Winter oder Frühjahr. ☐ Brot, Futter für Pferde und Geflügel, mit Hopfen für die Bierherstellung.

Pflanze	Name und Beschreibung	Ernte und Verwendung
	Reis (*Oryza sativa*, Süßgras). 0,50 bis 1,50 m hohe Pflanze mit langen und geraden Blättern, bildet Rispen mit durchsichtigen weißen Körnern.	Aussaat im Frühjahr, Reife August–September. Getreide für feuchte Orte. ☐ Das Korn, das gekocht ganz verzehrt wird, dient auch zur Herstellung von Kuchen und Alkohol (Reiswein, Arrak).
	Buchweizen (*Fagopyrum esculentum*, Knöterichgewächs). 30 bis 80 cm hohe Pflanze mit rötlichem Stiel, herzförmigen Blättern, weißen Blüten in Trauben, die dreieckige Früchte hervorbringen.	Aussaat im Frühjahr. Reife Juli–September. ☐ Mit Weizen vermischt zur Herstellung von Mischbrot, auch als Suppeneinlage und Grieß.
	Roggen (*Secale cereale*, Süßgras). Herkunft Europa, Asien. 0,60 bis 2 m hohe Pflanze mit langen und geraden Blättern, kaum behaarte Ähre.	Aussaat im Winter oder im Frühjahr, Reife Juni bis Juli. ☐ Brot, Kornschnaps.
	Besenkorn, Mohrenhirse (*Sorghum bicolor*, Süßgras). Herkunft Afrika. 1 bis 5 m hohe maisähnliche Pflanze mit langen und geraden Blättern; bildet violette oder gelblichgrüne, pyramidenförmige Rispen.	Aussaat im Winter, Reife September–Oktober. ☐ Menschliche und tierische Nahrung; Besen.

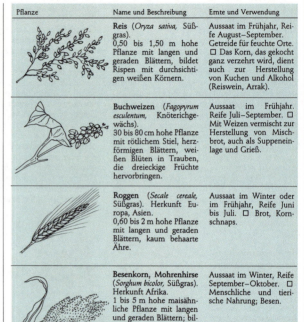

GEMÜSE

Der Gemüsegarten ist eine weit verbreitete Gartenart in Deutschland. Viele große Städte sind von einem Gemüseanbaugürtel zur Versorgung der Stadtbewohner umgeben; in den Städten und Vorstädten haben sich Einheiten kleinerer, sorgfältig gepflegter ›Schrebergärten‹ entwickelt. Um den jährlichen Gemüseverbrauch einer Person zu decken, benötigt man ungefähr einhundert Quadratmeter, für die Produktion von Kartoffeln oder von Vorratsgemüse braucht man zusätzlich weitere einhundert Quadratmeter. In Deutschland häufig angebaute Gemüsearten sind Karotten, Weißkohl, Blumenkohl und Kopfsalat. Der Gemüsegarten benötigt eine relativ sonnige Lage. Die Nähe hoher Mauern oder Bäume sollte man vermeiden. In sehr sonnenreichen Gebieten dagegen kann ein leichter Schatten wünschenswert sein, damit die starke Sonne und der Wind die Pflanzungen nicht zu schnell austrocknen. Für den Gemüsegarten eignen sich besonders mittelschwere, sandige Lehm- oder lehmige Sandböden. Der Gemüseanbau folgt häufig der Fruchtwechselmethode: In einem Zeitraum von drei Jahren wechselt man die Kulturen, die den Boden mit Stickstoff anreichern (Erbsen, Bohnen) gegen diejenigen aus, die Stickstoff verbrauchen (zum Beispiel Kartoffeln). Einige Pflanzen wie die Tomate werden auch gewerblich auf künstlichen Böden, die mit Nährlösungen getränkt sind, angebaut.

GEMÜSE, DEREN BLÄTTER MAN VERZEHRT

Pflanze	Name und Beschreibung	Ernte und Verwendung
	Stangensellerie (*Apium graveolens*, Doldenblütler). Zweijährige Pflanze mit fleischigen Blattstielen. Der Knollensellerie ist ein Wurzelgemüse.	Aussaat im Frühjahr ins Frühbeet, Pikieren von April bis Juni, Ernte August–September. ☐ Blätter als Salat und Gemüse.
	Chicorée (*Cichorium intybus* var. *foliosum*, Korbblütler). Ausdauernde Pflanze auf sandigen Lehmböden.	Die ausgegrabenen Wurzeln werden im Treibhaus abgedeckt zum Treiben gebracht. Ernte im Winter bis April. ☐ Blätter als Salat oder Gemüse.
	Kohl (*Brassica oleracea*, Kreuzblütler). Zweijährige Pflanze. Sortenbeispiele: Wirsing, Rosenkohl, Weißkohl.	Aussaat je nach Art und Ernte ebenso. ☐ Blätter werden gekocht oder roh verzehrt.

Pflanze	Name und Beschreibung	Ernte und Verwendung
	Spinat (*Spinacia oleracea*, Gänsefußgewächs). Ein- oder zweijährige Pflanze in frischer Erde.	Aussaat Ende Sommer und Anfang Herbst, Ernte Ende Herbst oder im Frühjahr. ☐ Blätter werden gekocht als Gemüse verzehrt.
	Kopfsalat (*Lactuca sativa*, Korbblütler). Einjährige Pflanze in frischer Erde.	Aussaat in allen Jahreszeiten außer Winter, je nach Sorte, Ernte ein oder zwei Monate später. ☐ Als Salat oder gekocht verzehrte Blätter.
	Löwenzahn (*Taraxacum officinale*, Korbblütler). Mehrjährige Pflanze in frischer Erde.	Aussaat März–Juni, Ernte November–April. ☐ Blätter werden roh oder gekocht verzehrt.

FLORA

Pflanze	Name und Beschreibung	Ernte und Verwendung
	Lauch (*Allium porrum*, Liliengewächs). Ein- oder zweijährige Pflanze in lockerer Erde.	Aussaat Februar bis Mai, Ernte Juli bis Herbst. □ Blätter werden gekocht als Gemüse gegessen.
	Mangold (Kulturform von *Beta vulgaris*, Gänsefußgewächs). Zweijährige Pflanze in kühler Erde.	Aussaat Ende März–Juli, Ernte Juli bis Winter. □ Blätter und Stiele werden als Gemüse gekocht.

WEGEN IHRER WURZELN UND KNOLLEN VERZEHRTE GEMÜSE

Pflanze	Name und Beschreibung	Ernte und Verwendung
	Rübe (*Beta vulgaris* mit den Kulturformen Rote Rübe und Zuckerrübe, Gänsefußgewächs). Zweijährige Pflanze auf Tonboden.	Aussaat von Anfang Frühjahr bis Juni–Juli, Ernte Juli bis Ende Herbst. □ Die roten Wurzeln der Roten Rübe werden gekocht. Den weißen Wurzeln der Zuckerrübe entzieht man Zucker.
	Karotte (Wurzeln der *Daucus carota*, Doldenblütler). Zweijährige Pflanze in lockerer Erde.	Aussaat je nach Sorte während des ganzen Jahres möglich, Ernte zweieinhalb Monate später. □ Wurzeln werden roh oder gekocht verzehrt.
	Knollensellerie (weiße Wurzeln des *Apium graveolens*, Doldenblütler). Zweijährige Pflanze in kühler Erde.	Aussaat im April, Ernte September–Oktober. □ Wurzeln werden als Salat, Gemüse oder Suppengewürz verwendet.
	Steckrübe (Wurzeln der *Brassica napus*, Kreuzblütler). Zweijährige Pflanze auf frischem Tonboden.	Aussaat Mai–Juni, Ernte Ende Herbst und im Winter. □ Wurzeln werden gekocht.
	Weiße Rübe (Wurzeln der *Brassica rapa*, Kreuzblütler). Zweijährige Pflanze auf leichtem Boden.	Aussaat März bis Juni, Ernte zwei Monate später. □ Wurzeln werden gekocht.
	Pastinak (Wurzeln der *Pastinaca sativa*, Doldenblütler). Zweijährige Pflanze in frischer und tiefer Erde.	Aussaat von Februar bis Juni, Ernte ab Mai. □ Wurzeln werden gekocht.
	Kartoffel (Knolle des *Solanum tuberosum*, Nachtschattengewächs). Mehrjährige Pflanze.	Aussetzen Ende März oder April, Ernte zwei Monate später. □ Knollen werden gekocht.
	Haferwurzel (*Tragopogon porrifolius*, Korbblütler). Zweijährige Pflanze, die in lockeren Böden wegen ihrer langen hellgelben oder weißen Wurzeln angebaut wird.	Aussaat im April, Ernte Oktober bis März, nach Bedarf. □ Wurzeln werden gekocht, junge Blätter roh im Salat oder gekocht verzehrt.

WEGEN IHRER ZWIEBELN VERZEHRTE GEMÜSE

Pflanze	Name und Beschreibung	Ernte und Verwendung
	Knoblauch (weiße ›Zwiebeln‹ des *Allium sativum*, Liliengewächs, die aus Zehen bestehen).	Als Gewürz verwendet.
	Schalotte (rote, eiförmige Zwiebeln des *Allium ascalonicum*, Liliengewächs). Mehrjährige Pflanze für nicht feuchte Böden.	Aussaat Oktober–März, Ernte im Juli. □ Zwiebeln als Gewürz verwendet.
	Zwiebel (weiße, rote oder strohgelbe Zwiebeln des *Allium cepa*, Liliengewächs). Zweijährige Pflanze für leichte Böden.	Aussaat Herbst oder Frühjahr, Ernte April bis September, je nach Sorte. □ Zwiebel wird als Gewürz verwendet oder gekocht als Gemüse verzehrt.

GEMÜSE, DIE WEGEN IHRER FRÜCHTE VERZEHRT WERDEN

Pflanze	Name und Beschreibung	Ernte und Verwendung
	Aubergine (*Solanum melongena*, Nachtschattengewächs). Einjährige Pflanze des warmen Klimas.	Aussaat Anfang Frühjahr, Ernte 4 bis 6 Monate später. □ Frucht wird gekocht.
	Gartenkürbis, Zucchino (Früchte der *Cucurbita pepo*, Kürbisgewächs). Einjährige Kriechpflanze auf stickstoffreichen Böden.	Aussaat Mai, Ernte Juli bis Oktober. □ Die Zucchini haben eine grüne Schale; man verzehrt sie gekocht. Der Kürbis hat eine orangene Schale und wird meist nur noch als Viehfutter verwendet.
	Salatgurke, Essiggurke (*Cucumis sativus*, Kürbisgewächs). Einjährige Kriechpflanze auf stickstoffreichen Böden.	Aussaat Anfang Frühjahr, Ernte je nach Sorte Mai bis Juli. □ Die glatte, große, auch als Schlangengurke bezeichnete Salatgurke wird roh oder gekocht verzehrt, die kleinere Essiggurke besitzt eine rauhe Haut und wird in Essig eingelegt.
	Kürbis, Riesenkürbis, (*Cucurbita maxima*, Kürbisgewächs). Eine einjährige Kriechpflanze auf stickstoffreichen Böden.	Aussaat im Mai, Ernte im Oktober. □ Früchte werden gekocht.
	Zuckermelone (*Cucumis melo*, Kürbisgewächs). Einjährige Kriechpflanze auf stickstoffhaltigem Boden.	Aussaat von März bis April, Ernte von Juli bis September, je nach Sorte. □ Die süßen Früchte werden roh als Vorspeise oder Nachspeise verzehrt.
	Wassermelone (*Citrullus lanatus*, Kürbisgewächs). Einjährige Kriechpflanze, Frucht grün oder marmoriert mit rotem Fleisch und dunklen Samen.	Ernte von Juli bis September. □ Erfrischend schmeckende Frucht, wird roh verzehrt.
	Tomate (*Solanum lycopersicum*, ein Nachtschattengewächs). Einjährige Pflanze für leichten Boden.	Aussaat Anfang Frühjahr, Ernte Juni bis Ende August. □ Frucht wird roh oder gekocht verzehrt.

GEMÜSE, DIE WEGEN IHRER SAMEN VERZEHRT WERDEN

Pflanze	Name und Beschreibung	Ernte und Verwendung
	Saubohne (*Vicia faba*, Leguminose). Eine einjährige Pflanze für nährstoffreiche und feste Böden.	Aussaat Anfang Frühjahr, Ernte im Juni. □ Die Bohne wird frisch oder getrocknet gekocht verzehrt, die frischen Schoten gekocht.
	Grüne Bohne (*Phaseolus vulgaris*, Leguminose). Einjährige, teilweise kletternde Pflanze auf kühlen und leichten Böden.	Aussaat Mai–Juni, Ernte der frischen Samen 3 Monate, der trockenen 4 Monate später. □ Die Schote oder grüne Bohne wird gekocht verzehrt, gleiches gilt für den Samen und die Trockenbohne.
	Erbse (*Pisum sativum*, Leguminose). Eine einjährige Pflanze für kühlen und leichten Boden.	Aussaat von Februar–Juni, Ernte 1 bis 1,5 Monate später. □ Man ißt die Hülsen der ›Zuckererbsen‹ und die frischen Samen der ›Palerbsen‹ und der ›Markerbsen‹. Die Futtererbsen dienen als Viehfutter.

GEMÜSE, DIE WEGEN IHRER BLÜTEN VERZEHRT WERDEN

Pflanze	Name und Beschreibung	Ernte und Verwendung
	Artischocke (Blütenkopf der *Cynara scolymus*, Korbblütler). Eine mehrjährige Pflanze für kühle und gut gedüngte Böden.	Wird März–April gepflanzt. Ernte jährlich im Sommer. □ Der Blütenkopf wird gekocht verzehrt.
	Blumenkohl (Blütenstand der *Brassica oleracea*, Kreuzblütler). Zweijährige Pflanze der kühlen, tonhaltigen Böden.	Aussaat im Herbst oder Anfang Frühjahr, Ernte im Juni. □ Der Blütenstand wird gekocht verzehrt.

GEMÜSE, DIE WEGEN IHRER STENGEL VERZEHRT WERDEN

Pflanze	Name und Beschreibung	Ernte und Verwendung
	Spargel (junge Sproßachsen von *Asparagus officinalis*, Liliengewächs). Mehrjährige Pflanze auf leichten und ziemlich kühlen Böden.	Wird im Herbst oder Frühjahr gepflanzt, Ernte ab dem dritten Jahr. □ Stengel werden gekocht.

FLORA

NUTZPFLANZEN

EUROPÄISCHE FRÜCHTE

Die Arbeit des Obstgärtners besteht darin, künstlich eine vermehrte Bildung von Blüten zu veranlassen, aus denen anschließend Früchte wachsen. Diese Arbeit nennt man *Beschneiden*. Durch Beschneiden werden die meisten Pflanzenorgane entfernt, die keine Früchte tragen. Der Obstbaum reagiert mit dem Versuch, seine Art stärker zu verbreiten, bildet also mehr früchtetragende Organe. Der Gärtner versucht darüber hinaus, seine Obstkulturen durch Artenkreuzung und durch Pfropfen mit neuen Fruchtsorten zu diversifizieren. Die *Artenkreuzung* betrifft den Blütenapparat und besteht darin, die Blüten einer Sorte mit dem Pollen einer anderen zu befruchten; die Früchte haben dann Merkmale beider Eltern. Das *Pfropfen* führt zum selben Ergebnis, aber es geschieht am vegetativen Apparat, also an den Zweigen. Auf einen kleinen Baum, der als Veredelungsunterlage dient, werden Zweige einer anderen Sorte gepfropft: Die Unterlage bringt ihre Robustheit und ihre Bodenanpassung ein, die gepfropften Zweige die Qualität der Früchte.

Die Lage eines Obstgartens muß sorgfältig gewählt werden. Die deutschen Fruchtsorten sind in der Mehrzahl Rosaceen, die im Frühling blühen; sie sind gegenüber dem Frühjahrsfrost sehr empfindlich. Obstbäume brauchen eine gute Sonnenbestrahlung, wodurch die Reifung erleichtert wird. Sie sollten auch gegen den Wind geschützt werden.

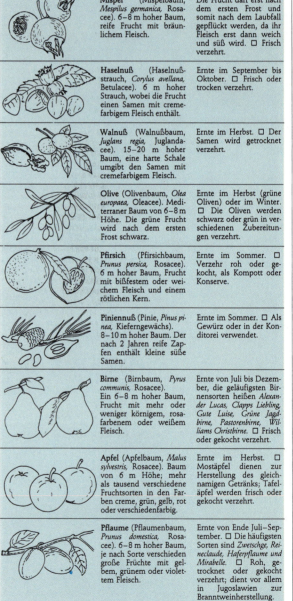

Frucht	Name und Beschreibung	Ernte und Verwendung
	Aprikose (Aprikosenbaum, *Prunus armeniaca*, Rosacee). Baum von 6 m Höhe. Frucht mit orangefarbenem Fleisch.	Ernte von Mitte Juni bis Mitte August. □ Verzehr frisch oder getrocknet, als Konfitüre, Kompott oder Konserve.
	Mandel (Mandelbaum, *Prunus amygdalus*, Rosacee). Baum von 6–8 m Höhe. Die Mandel ist in der samtig behaarten Steinfrucht enthalten.	Ernte August–September. □ Verzehr frisch oder getrocknet, werden zu Dragees verarbeitet.
	Erdbeerbaumfrucht (Erdbeerbaum, *Arbutus unedo*, Ericacee). Mediterraner Strauch von 5 m Höhe. Beere von 1 bis 2 cm mit rosa Fleisch.	Reife im Herbst. □ Verzehr frisch, als Kompott, als Konfitüre. Man macht daraus einen Branntwein.
	Schwarze Johannisbeere (Johannisbeerstrauch, *Ribes nigrum*, Stachelbeergewächs). Ein 1,50 m hoher Strauch mit schwarzen, aromatischen Früchten.	Ernte im Sommer. □ Verzehr roh, in Kuchen. Wird auch für Sirup und Gelee verwendet.
	Kirsche (Sauerkirschbaum, *Prunus cerasus*, Süßkirschbaum, *Prunus avium*, Rosacee). Baum mit rotfleischigen Früchten, je nach Art süß oder sauer.	Ernte Ende Frühjahr oder Anfang Sommer. □ Verzehr frisch, als Konfitüre oder Konserve.
	Eßkastanie, auch Marone genannt (Kastanienbaum, *Castanea sativa*, Buchengewächs). Ein Baum von 15–20 m Höhe, weißfleischige Frucht.	Ernte im Herbst. □ Verzehr gekocht, Mehlherstellung.
	Quitte (Quittenbaum, *Cydonia vulgaris*, Rosacee). Baum von 5–6 m Höhe, gelbfleischige Frucht.	Ernte Ende Oktober. □ Wird nicht roh verzehrt, dient jedoch für Süßwaren und Gelees.
	Feige (Feigenbaum, *Ficus carica*, Maulbeergewächs). Baum von 6–7 m Höhe, grüne, braune, gelbe oder schwarzviolette Frucht mit rosafarbenem Fleisch.	Ernte Sommeranfang oder Herbst. □ Die grünen und gelben Feigen werden getrocknet, die braunen oder schwarzvioletten Feigen frisch verzehrt.
	Erdbeere (Erdbeerstaude, *Fragaria vesca*, Rosacee). Staude, Frucht mit rötlichem Fruchtfleisch.	Ernte im Sommer. □ Frisch oder als Konfitüre.
	Himbeere (Himbeerstrauch, *Rubus idaeus*, Rosacee). Ein 1,5 m hoher Strauch, die Frucht besteht aus kleinen Steinfrüchtchen, die zusammenhängen.	Ernte im Sommer. □ Sehr empfindlich, daher muß die frische Frucht rasch verzehrt werden. Für Gelee und Konfitüren geeignet.
	Granatapfel (Granatapfelbaum, *Punica granatum*, Punicacee). 4–7 m hoher Baum, gelbe oder rotbraune Frucht mit harter Schale und mit rötlichem Fruchtfleisch.	Ernte im Herbst. □ Frisch oder als Gelee verzehrt, man macht Sirup daraus.
	Rote Johannisbeere (Johannisbeerstrauch, *Ribes rubrum*, Stachelbeergewächs). Strauch mit roten oder weißen Früchten.	Ernte im Sommer. □ Frisch, als Konfitüre oder Gelee verzehrt.

Frucht	Name und Beschreibung	Ernte und Verwendung
	Heidelbeere (Heidelbeerstrauch, *Vaccinium myrtillus*, Ericacee). Zwergstrauch mit sehr süßen, blauschwarzen Früchten.	Ernte im Sommer. □ Wird roh oder als Gelee verzehrt, für Sirup geeignet.
	Mispel (Mispelbaum, *Mespilus germanica*, Rosacee). 6–8 m hoher Baum, reife Frucht mit bräunlichem Fleisch.	Die Frucht darf erst nach dem ersten Frost und somit nach dem Laubfall gepflückt werden, da ihr Fleisch erst dann weich und süß wird. □ Frisch verzehrt.
	Haselnuß (Haselnußstrauch, *Corylus avellana*, Betulacee). 6 m hoher Strauch, wobei die Frucht einen Samen mit cremefarbigem Fleisch enthält.	Ernte im September bis Oktober. □ Frisch oder trocken verzehrt.
	Walnuß (Walnußbaum, *Juglans regia*, Juglandacee). 15–20 m hoher Baum, eine harte Schale umgibt den Samen mit cremefarbigem Fleisch.	Ernte im Herbst. □ Der Samen wird getrocknet verzehrt.
	Olive (Olivenbaum, *Olea europaea*, Oleacee). Mediterraner Baum von 6–8 m Höhe. Die grüne Frucht wird nach dem ersten Frost schwarz.	Ernte im Herbst (grüne Oliven) oder im Winter. □ Die Oliven werden schwarz oder grün in verschiedenen Zubereitungen verzehrt.
	Pfirsich (Pfirsichbaum, *Prunus persica*, Rosacee). 6 m hoher Baum, Frucht mit bißfestem oder weichem Fleisch und einem rötlichen Kern.	Ernte im Sommer. □ Verzehr roh oder gekocht, als Kompott oder Konserve.
	Piniennuß (Pinie, *Pinus pinea*, Kieferngewächs). 8–10 m hoher Baum. Der nach 2 Jahren reife Zapfen enthält kleine süße Samen.	Ernte im Sommer. □ Als Gewürz oder in der Konditorei verwendet.
	Birne (Birnbaum, *Pyrus communis*, Rosacee). Ein 6–8 m hoher Baum, Frucht mit mehr oder weniger körnigem, rosafarbenem oder weißem Fleisch.	Ernte von Juli bis Dezember, die geläufigsten Birnensorten heißen *Alexander Lucas, Clapps Liebling, Gute Luise, Grüne Jagdbirne, Pastorenbirne, Williams Christbirne*. □ Frisch oder gekocht verzehrt.
	Apfel (Apfelbaum, *Malus sylvestris*, Rosacee). Baum von 6 m Höhe; mehr als tausend verschiedene Fruchtsorten in den Farben creme, grün, gelb, rot oder verschiedenfarbig.	Ernte im Herbst. □ Mostäpfel dienen zur Herstellung des gleichnamigen Getränks; Tafeläpfel werden frisch oder gekocht verzehrt.
	Pflaume (Pflaumenbaum, *Prunus domestica*, Rosacee). 6–8 m hoher Baum, je nach Sorte verschieden große Früchte mit gelbem, grünem oder violettem Fleisch.	Ernte von Ende Juli–September. □ Die häufigsten Sorten sind *Zwetschge, Reineclaude, Haferpflaume* und *Mirabelle*. □ Roh, getrocknet oder gekocht verzehrt; dient vor allem in Jugoslawien zur Branntweinherstellung.
	Traube (Weinstock, *Vitis vinifera*, Vitacee). 3–4 m hoher Kletterstrauch; süße bis saure Früchte in den Farben grün, gelb, rot oder blau.	Ernte im Herbst. □ Frisch oder als Saft, als Wein oder Branntwein und getrocknet (Sorten aus Korinth, Smyrna und Malaga).

FLORA

EXOTISCHE FRÜCHTE

Die exotischen Früchte gehören zu vielen botanischen Familien, während die Obstbäume der gemäßigten Zone hauptsächlich Rosaceen sind. Die Artenanzahl nimmt nämlich deutlich ab, je weiter man sich vom Äquator in Richtung der Pole entfernt. Einige Familien scheinen mit eßbaren Früchten großzügiger zu sein als andere. Das gilt zum Beispiel für die Nachtschattengewächse, zu denen neben der Tomate die Tamarillen oder Baumtomaten (*Cyphomandra betacea*), die Naranjillas (*Solanum quitoensis*) und die Kapstachelbeeren (*Physalis peruviana*), gehören. Die Annonaceen, die Sapotaceen und die Palmaceen sind Familien, die in den gemäßigten Klimaten gar nicht oder sehr selten vorkommen. Sie umfassen in den Tropen zahlreiche Obstbäume. In Deutschland findet man in den Gärten immer häufiger exotische Früchte. Durch entsprechende Züchtungen versucht man, relativ winterharte Pflanzen zu erhalten. So sind beispielsweise Feigenbaum und Kiwipflanze zu begehrten Gartenpflanzen geworden. In sehr warmen Gegenden, beispielsweise an der Weinstraße in der Pfalz, gedeihen sogar Mandel- und Zitronenbäume. Zu gewerblichen Zwecken werden diese Pflanzen jedoch kaum angepflanzt, da die Erntemengen geringer sind als in warmen Gebieten und darüber hinaus die Gefahr einer Schädigung durch den Frost und damit die eines Ernteverlustes zu groß ist.

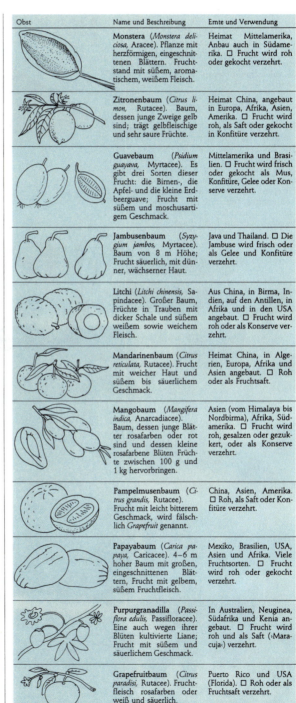

Frucht	Name und Beschreibung	Ernte und Verwendung
	Cashewbaum (*Anacardium occidentale*, Anacardiaceae). Die Frucht heißt *Cashewnuß*. Enthält eine eßbare Mandel, die man durch Rösten öffnet. Der Stiel der Frucht bringt den *Cashewapfel* mit säuerlichem Geschmack hervor.	Beheimatet in den Tropen Amerikas, angebaut auf den Antillen, in Afrika, Südostasien und Indien. □ Der Kern wird geröstet, gesalzen oder gezuckert verzehrt und bei Süßwaren verwendet. Die Frucht wird roh oder gekocht gegessen.
	Ananas (*Ananas comosus*, Bromeliacee). Mehrjährige Pflanze mit einer Rosette aus langen, schmalen Blättern. Die Ananas ist keine Einzelfrucht, sondern ein Fruchtstand, der durch Fleischigwerden und Verwachsen der Blütenstandteile entsteht.	Beheimatet in Südamerika, angebaut in Asien, Afrika und auf den Inseln des Pazifik. □ Roh, als Fruchtsaft oder gekocht in Konserven.
	Annone (*Annona spec.*, Annonacee). Die *Annona squamosa* bildet den Zimtapfel. Die *Annona reticulata* bringt die Netzannone hervor, die *Annona cherimola* die Cherimoya, die *Annona muricata* die Stachelannone.	Zimtapfel: Antillen; Netzannone: Brasilien, Afrika, Australien; Stachelannone: Kolumbien; Cherimoya: Amerika, Antillen, Asien. □ Früchte werden frisch oder gekocht verzehrt.
	Brotfruchtbaum (*Artocarpus altilis*, Maulbeergewächs). Baum mit großen, tiefeingeschnittenen Blättern (1 m) und mehligen Nußfruchtverbänden, die mehr als 2 kg wiegen können.	Beheimatet im malayischen Archipel, angebaut in Polynesien, Südostasien, Afrika und in Mittelamerika. □ Gekocht verzehrt.
	Avocadobaum (*Persea gratissima*, Lorbeergewächs). 8–15 m hoher Baum mit breitem bis spindelförmigem Wuchs und leuchtend grünen Blättern; gelbliche Blüten, hellgelbes Fruchtfleisch mit nußartigem Geschmack.	Mexiko, Kalifornien, Südamerika, Asien, Afrika. □ Die Frucht wird roh gesalzen oder gezuckert oder gekocht verzehrt. Avocadoöl wird in der Kosmetik verwendet.
	Bananenstaude (*Musa spec.*, Musacee). Die Früchte der nur 2–3 m hohen Zwergbananenstaude oder Chinesischen Bananenstaude (*Musa nana* oder *Musa sinensis*) sind klein und süß. *Musa paradisiaca sapientium* bringt die bekannte Obstbanane hervor, *Musa paradisiaca normalis* die roh ungenießbare Mehlbanane.	Beheimatet in Asien, angebaut in Afrika, Amerika. □ Frucht wird roh oder gekocht verzehrt. Likörherstellung.
	Pomeranzenbaum (*Citrus aurantium*, Rutacee). Der Pomeranzenbaum trägt die Bitterorangen oder Pomeranzen. Die Art *Citrus sinensis* ist der Orangenbaum, der eine süße Frucht hervorbringt.	Beheimatet in China und Indien, angebaut in vielen anderen Ländern. □ Aus den Pomeranzen wird das für Parfüm verwendete Pomeranzenöl gewonnen. Die Orange wird roh, als Saft oder als Konfitüre verzehrt.
	Karambolabaum (*Averrhoa carambola*, Sauerkleegewächs). 5–12 m hoher Baum mit roten und weißen Blüten sowie sauren und adstringierenden gelben Beeren mit wächserner Haut.	Beheimatet in Indien und Indochina, angebaut in Florida, Kalifornien, Südamerika, auf den Karibischen Inseln und Hawaii. □ Frucht wird roh sehr reif oder gekocht als Konfitüre verzehrt.

Obst	Name und Beschreibung	Ernte und Verwendung
	Monstera (*Monstera deliciosa*, Aracee). Pflanze mit herzförmigen, eingeschnittenen Blättern. Fruchtstand mit süßem, aromatischem, weißem Fleisch.	Heimat Mittelamerika, Anbau auch in Südamerika. □ Frucht wird roh oder gekocht verzehrt.
	Zitronenbaum (*Citrus limon*, Rutacee). Baum, dessen junge Zweige gelb sind; trägt gelbfleischige und sehr saure Früchte.	Heimat China, angebaut in Europa, Afrika, Asien, Amerika. □ Frucht wird roh, als Saft oder gekocht in Konfitüre verzehrt.
	Guavebaum (*Psidium guayava*, Myrtacee). Es gibt drei Sorten dieser Frucht: die Birnen-, die Apfel- und die kleine Erdbeerguave; Frucht mit süßem und moschusartigem Geschmack.	Mittelamerika und Brasilien. □ Frucht wird frisch oder gekocht als Mus, Konfitüre, Gelee oder Konserve verzehrt.
	Jambusenbaum (*Syzygium jambos*, Myrtacee). Baum von 8 m Höhe; Frucht säuerlich, mit dünner, wächserner Haut.	Java und Thailand. □ Die Jambuse wird frisch oder als Gelee und Konfitüre verzehrt.
	Litchi (*Litchi chinensis*, Sapindacee). Großer Baum, Früchte in Trauben mit dicker Schale und süßem weißen sowie weichem Fleisch.	Aus China, in Birma, Indien, auf den Antillen, in Afrika und in den USA angebaut. □ Frucht wird roh oder als Konserve verzehrt.
	Mandarinenbaum (*Citrus reticulata*, Rutacee). Frucht mit weicher Haut und süßem bis säuerlichem Geschmack.	Heimat China, in Algerien, Europa, Afrika und Asien angebaut. □ Roh oder als Fruchtsaft.
	Mangobaum (*Mangifera indica*, Anarcadiacee). Baum, dessen junge Blätter rosafarben oder rot sind und dessen kleine rosafarbene Blüten Früchte zwischen 100 g und 1 kg hervorbringen.	Asien (vom Himalaya bis Nordbirma), Afrika, Südamerika. □ Frucht wird roh, gesalzen oder gezuckert, oder als Konserve verzehrt.
	Pampelmusenbaum (*Citrus grandis*, Rutacee). Frucht mit leicht bitterem Geschmack, wird fälschlich *Grapefruit* genannt.	China, Asien, Amerika. □ Roh, als Saft oder Konfitüre verzehrt.
	Papayabaum (*Carica papaya*, Caricacee). 4–6 m hoher Baum mit großen, eingeschnittenen Blättern, Frucht mit gelbem, süßem Fruchtfleisch.	Mexiko, Brasilien, USA, Asien und Afrika. Viele Fruchtsorten. □ Frucht wird roh oder gekocht verzehrt.
	Purpurgranadilla (*Passiflora edulis*, Passifloracee). Eine auch wegen ihrer Blüten kultivierte Liane; Frucht mit süßem und säuerlichem Geschmack.	In Australien, Neuguinea, Südafrika und Kenia angebaut. □ Frucht wird roh und als Saft (›Maracuja‹) verzehrt.
	Grapefruitbaum (*Citrus paradisi*, Rutacee). Fruchtfleisch rosafarben oder weiß und säuerlich.	Puerto Rico und USA (Florida). □ Roh oder als Fruchtsaft verzehrt.
	Sapotillbaum (*Manilkara zapota*, Sapotacee). Weißes, süßes Fruchtfleisch mit Vanillegeschmack.	Südamerika. □ Frucht wird roh verzehrt; der Baumsaft dient zur Kaugummiherstellung.

FLORA

NUTZPFLANZEN

PILZE

Die große Gruppe der Pilze zeichnet sich durch das Fehlen von Chlorophyll aus. Deshalb müssen sie die kohlenstoffhaltigen Substanzen, die für sie lebensnotwendig sind, durch die Zersetzung vor allem von Pflanzen, aber auch von Tieren gewinnen. Daher nennt man sie *Saprophyten* (griech. *saprós* = faul und *phytón* = Gewächs). Man findet Pilze meistens auf Resten von Pflanzen, Zweigen oder toten Blättern sowie abgestorbenen Baumstämmen. Einige Pilze, wie die Mehltaupilze, leben auch parasitisch und können beträchtlichen Schaden anrichten. Der Pilz entwickelt nicht immer seinen berühmten Hut. Er existiert meist in Form von Fäden, die die Sammler wegen der Farbe ›das Weiße‹ nennen. Je nach Art bringen diese Fäden Stiele und Hüte in sehr unterschiedlichen Farben und Formen hervor oder nicht.

Höhere Pilze. So werden die Pilze genannt, die Stiel und Hut haben. Diese ›Hüte‹ sind ihre Befruchtungsorgane. Die höheren Pilze werden je nach ihrer Vermehrungsart in zwei große Gruppen eingeteilt. Die *Basidiomyzeten* oder Ständerpilze umfassen die bekanntesten Pilze, von denen viele eßbar sind: Blätterpilze, Röhrenpilze, Täublinge usw. Die *Askomyzeten* oder Schlauchpilze umfassen die Trüffeln, Morcheln und die Becherlinge.

Niedere Pilze. Diese Pilze haben keinen Hut und nur winzig kleine Fortpflanzungsorgane. Sie umfassen zahlreiche nützliche Arten. Die Pinselschimmel dienen insbesondere zur Käseherstellung. Jeder Käsesorte läßt sich ein besonderer Typus von Pinselschimmel zuordnen: Zum Beispiel wird der Roquefort mit dem *Penicillium roqueforti* hergestellt. Die Pinselschimmel können auch Antibiotika erzeugen (darunter das berühmte Penizillin), sind aber nicht die einzigen Organismen mit dieser Fähigkeit. *Aspergillus candidus* ist zum Beispiel der Grundstoff eines biochemischen Produktes, der Streptokinase, durch die Blutgerinnsel aufgelöst und tote Gewebe zersetzt werden können; sie wird bei der Behandlung von Verletzungen und Verbrennungen eingesetzt.

PILZE FÜR DIE INDUSTRIE

Die moderne Industrie setzt sehr viele niedere Pilze zur Herstellung von Enzymen ein, das sind Proteine, mit deren Hilfe die Synthese chemischer oder biochemischer Produkte durchgeführt wird. Die in der Nahrungsmittelindustrie häufig verwendete Glutaminsäure wird durch Pilze des Typus *Aspergillus, Rhizopus* oder *Penicillium* synthetisiert. Das Lysin, das man der Tiernahrung beimischt, wird mit einem Schimmelpilz des Typs *Mucor* hergestellt. Das Riboflavin oder Vitamin B_2 wird von *Candida guillermondi* produziert und als (gelber) Nahrungsmittelfarbstoff in Back- und Süßwaren verwendet, während die *Rhotula* Farbstoffe wie das ebenfalls gelbe Carotin synthetisieren, das in der Metzgerei Anwendung findet und dem Geflügel eine appetitliche Farbe gibt. Nicht zu vergessen ist schließlich die Herstellung von Antibiotika, am bekanntesten das Penizillin aus *Penicillium*.

A · Mairitterling. (*Tricholoma georgii*, Blätterpilz). Ziemlich häufiger Pilz im Frühjahr an hellen Orten: Wiesen, Hecken, Waldränder, Lichtungen. ☐ **Hut** dick, eben und konvex. **Lamellen** gedrängt, anfangs weiß; anschließend cremefarben. **Stiel** zylindrisch. **Fleisch** weiß mit angenehmem Mehlgeruch.

B · Violetter Ritterling. (*Rhodopaxillus nudus*, Blätterpilz). Vorkommen im Herbst und im Winter in Gärten, auf Weiden, in Laub- und Nadelwäldern. ☐ **Hut** dick, eben und konvex. **Stiel** zylindrisch. **Fleisch** und **Lamellen** sind violett.

C · Kaiserling. (*Amanita caesarea*, Blätterpilz). Der Kaiserling, der von den römischen Kaisern (daher sein Name) sehr geschätzt wurde, wächst im Sommer und am Herbstanfang auf den Lichtungen trockener und warmer Eichen- und Kastanienwälder in wärmeren Gegenden. ☐ **Hut** 8–20 cm, normalerweise ohne Schuppen; **Lamellen** in echtem Goldgelb, was ihn vom Fliegenpilz unterscheidet, der weiße Lamellen und einen weißen Stiel hat; **Stiel** goldgelb, zylindrisch und nach oben hin etwas dünner, er hat eine breite hängende Manschette in demselben Goldgelb und eine dicke, weiße häutige Scheide. **Fleisch** weiß (gelb unter dem Hut).

D · Spitzmorchel. (*Morchella conica*, Schlauchpilz). Bergart, schwieriger in Ebenen zu finden, zieht Nadelwälder und Weiden vor. ☐ **Hut** kegelförmig, manchmal mit schwärzlichen Längs- und Querrippen durchzogen, welche mehr oder weniger regelmäßige Waben bilden. **Stiel** 3–8 cm hoch, oben breiter werdend.

E · Steinpilz. (*Boletus edulis*, Röhrenpilz). Häufig im Sommer und im Herbst in lichten Wäldern und auf Lichtungen. ☐ **Hut** konvex, mit einem Durchmesser zwischen 10 und 20 cm; unter dem Hut befinden sich keine Lamellen, sondern Röhren. **Stiel** sehr dick, nicht zylindrisch; **Fleisch** fest und weiß mit einer braunrosa Nuance direkt unter dem Hut; an der Luft wechselt es die Farbe nicht.

FLORA

A · Echter Pfifferling.
(*Cantharellus cibarius*, Leistenpilz). Häufig auf kieselerdehaltigem Boden der Laub- und Nadelwälder von Mai–Oktober. □ **Hut** eingedrückt mit eingerolltem, krausem Rand. Keine Lamellen, sondern kaum hervorstehende Leisten in kräftigem Gelb. **Stiel** kurz und zylindrisch, nach unten verjüngt. Sein **Fleisch** ist sehr schmackhaft und gelb.

B · Semmelstoppelpilz.
(*Hydnum repandum*, Leistenpilz). Häufig in Laubwäldern von Ende Sommer bis Anfang Winter; wächst in Gruppen. □ **Hut** dick und buckelig mit 3–15 cm Durchmesser. Unter dem Hut sehr empfindliche Nadeln in der Farbe des Hutes. **Stiel** dick, kurz und ungleichmäßig. **Fleisch** wohlriechend und weiß, an der Luft rot oxidierend.

C · Gelber Pfifferling.
(*Cantharellus lutescens*, Leistenpilz). Im Gebirge ziemlich häufig unter Nadelbäumen und Kastanien, im Herbst. □ Unterscheidet sich vom echten Pfifferling durch seinen hohlen Stiel und seinen dunkelbraunen, trichterförmigen Hut, dessen vertiefte Mitte manchmal in die Stielhöhlung übergeht. Darunter sind die Rillen orangegelb, ebenso der Stiel.

D · Echter Reizker.
(*Lactarius deliciosus*, Blätterpilz). Häufig im Sommer und Herbst in Nadelwäldern. □ Die Reizker oder Milchlinge lassen über ihre Lamellen und beim Anschnitt Milch austreten. **Hut** breit mit grünen Flecken, in der Mitte eingedrückt, 5–13 cm Durchmesser. **Lamellen** gedrängt, orangefarben; an verletzten Stellen grün gefleckt. **Stiel** grob zylindrisch und an der Basis gekrümmt. **Fleisch** bleich, direkt nach dem Schnitt geht es von Orange in Grün über.

E · Speisemorchel.
(*Morchella esculenta*, Schlauchpilz). Wächst im Frühjahr auf Kalkboden am Waldrand, in Hecken aus Ulmen und Eschen. □ Unterscheidet sich von der Spitzmorchel durch ihren länglichen Hut mit unregelmäßigen, hirnähnlichen Waben.

F · Frauentäubling.
(*Russula cyanoxantha*, Blätterpilz). Häufig in Laubwäldern, im Sommer und Herbst. □ **Hut** konvex, in der Mitte vertieft, Farbe verschieden: purpur, blauschwarz, grauviolett, grün. **Lamellen** weiß, scheinen bei Kontakt fettig. **Stiel** kurz; **Fleisch** weiß, an der Luft grau.

G · Scheidenstreifling.
(*Amanita vaginata*, Blätterpilz). Sehr häufig im Sommer und Herbst in sandigen Wäldern, auf Lichtungen, an Heckenrändern, unter Heidekraut und auf Wiesen. □ **Hut** ausgebreitet 3–10 cm; tief am Rand gerieft, mit manchmal großen Scheidenlappen an der Oberfläche. **Lamellen** frei vom Stiel und weiß. **Stiel** schmal und hohl, an der Basis leicht verdickt, von einer weißen Scheide umschlossen. Keine sichtbare Manschette. **Fleisch** zart, weiß, mild.

H · Mehlpilz.
(*Clitopilus prunulus*, Blätterpilz). Auch Mehlräsling genannt. Häufig im Sommer und im Herbst an Grasrändern der Straßen, in Hecken und Wäldern. □ **Hut** trichterförmig, 3–12 cm, am Rand unregelmäßig gewellt. **Lamellen** gedrängt, zunächst weiß, dann (braun)rosa. **Stiel** kurz und fleischig, seitlich, exzentrisch. **Fleisch** zart und weich mit mehlartigem Geruch wie Mairitterling.

I · Feldchampignon.
(*Agaricus campestris*, Blätterpilz). Häufig auf Wiesen und Feldern. □ **Hut** 4–14 cm, mit seidiger Oberfläche. Erst mit rein rosa, später fast schwarzen **Lamellen**. **Stiel** ziemlich kurz, zylindrisch und an der Basis leicht zusammengezogen, mit einer dünnen, häutigen, weißen Manschette, die mit dem Wachsen verschwindet. **Fleisch** weiß, an der Luft leicht rötlich werdend.

J · Perigord-Trüffel.
(*Tuber melanosporum*, Schlauchpilz). Lebt unter der Erde in Symbiose mit Eichenwurzeln; ernährt sich von den vom Baum synthetisierten Kohlenhydraten und erleichtert diesem dafür die Aufnahme von Mineralsalzen im Boden. □ Durchmesser 2–10 cm, mit großen sechseckigen Warzen bedeckt, schwarze Hülle. **Fleisch** schwarz, wenn es reif ist, mit charakteristischen Adern, die von zwei durchscheinenden Linien umgeben sind.

K · Schafchampignon.
(*Agaricus arvensis*, Blätterpilz). Häufig auf Lichtungen. □ Ähnelt dem Feldchampignon sehr, sein Fleisch wird jedoch an der Luft gelb, duftet nach Anis; sein Stiel ist an der Basis dicker. Diese beiden Pilze unterscheiden sich von den Knollenblätterpilzen dadurch, daß sie keine Scheide um den Stiel besitzen und daß das Fleisch der letztgenannten die Farbe an der Luft nicht wechselt.

L · Großer Schirmling, Parasolpilz.
(*Lepiota procera*, Blätterpilz). Im Sommer und im Herbst sehr häufig in lichten Wäldern, auf Lichtungen und waldnahen Wiesen, auf Kalkböden. □ **Hut** ausgebreitet und mit Warzen versehen, mit dunkleren Schuppen, 10 bis 25 cm. **Lamellen** frei, weiß. **Stiel** zylindrisch, 20–40 cm hoch, mit braunen Flecken getigert und an der Basis verdickt, gefranste, oben weiße und unten braune Manschette, die sich bei einem alten Pilz am Stiel entlangschieben läßt. **Fleisch** weiß, anschließend rötlich.

163

FLORA

GEFÄHRLICHE PILZE

A • Pantherpilz.
(*Amanita pantherina*, Blätterpilz). Vergiftungssymptome: s. Fliegenpilz. Vorkommen häufig im Herbst und im Sommer in Laubwäldern. ◻ **Hut** jung konvex, später ausgebreitet 6–12 cm. Graubraun, Oberfläche mit zahlreichen kleinen, recht gleichmäßig verteilten, weißen Schüppchen mehlartiger Konsistenz bedeckt. **Lamellen** dichtstehend, frei und weiß. **Stiel** zylindrisch, weiß, mit hängender, weißer und nicht gerieft Manschette, verdickt sich an der Basis zu einer kugeligen Knolle. Die Scheide besteht bei dieser Art nur aus einem oder mehreren Gürteln, die sich spiralförmig um den Stiel winden. **Fleisch** weiß.

B • Grüner Knollenblätterpilz.
(*Amanita phalloides*, Blätterpilz). Bewirkt 10 bis 12 Stunden nach dem Verzehr Leibschmerzen, verbunden mit Durchfall und starken Schweißausbrüchen, Störungen der Nerven-, Muskel- und Leberfunktionen, die zum Tode führen. Unter Laubbäumen, insbesondere Eichen und Kastanien, seltener unter Nadelbäumen; auf Sandböden, zwischen Stechginster und Farn, gelegentlich auf Rasen. ◻ **Hut** fleischig, konvex, jung fast kugelförmig, später flacher und breiter, mißt 5–15 cm, schuppenlos und schimmernd, grünlichgelb, gelegentlich olivgrün, olivbraun, blaß grüngelb oder gebleicht, fein gerieft mit glänzenden, braunen Fäserchen. **Lamellen** ungleichmäßig, frei, dichtstehend, weiß mit gelbgrünem Schimmer. **Stiel** 5–12 cm hoch, schlank, zylindrisch, weißlich, gerieft. Die verdickte Basis ist von einer bleibenden, sackförmigen, häutigen, weißlichen Scheide umhüllt. **Fleisch** weiß.

C • Frühlingsknollenblätterpilz.
(*Amanita verna*, Blätterpilz). Vergiftungssymptome: s. Grüner Knollenblätterpilz. Vorzugsweise in feuchten Wäldern auf kalkhaltigem Boden. Wächst vor allem im Sommer, ist aber auch von Frühjahr bis Herbst zu finden. Seltener in Wäldern mit kieselhaltigem Boden, an trockenen und sonnigen Hängen. ◻ **Hut** jung eiförmig, später flach, 5–10 cm, weiß oder bräunlichgelb, seidig, etwas zur Seite geneigt, mit glattem Rand. **Lamellen** frei, dichtstehend, weiß und an der Schneide flockig. **Stiel** zylindrisch, 8–9 cm hoch, mit dünner Manschette, Unterseite leicht gerieft und knollig, eiförmige Basis in häutiger Scheide. **Fleisch** weiß und weich.

D • Fliegenpilz.
(*Amanita muscaria*, Blätterpilz). 1 bis 3 Stunden nach Verzehr leichte Magen-Darm-Beschwerden, rauschartiger Zustand in Verbindung mit Halluzinationen, Delirium, Erregung, Hysterie und Krämpfen. Häufiges Vorkommen hauptsächlich im Herbst auf saurem Boden in Birken- und Nadelwäldern, aber auch auf Sandboden und im Unterholz. ◻ **Hut** jung fast kugelig, später dann scheibenförmig, 6–25 cm, zinnoberrot, mit weißlichen, flockigen Schuppen besetzt. **Lamellen** gedrängt, groß und frei, weiß oder cremefarben. **Stiel** zylindrisch, bis 2 cm dick und weiß, mit einer breiten, hängenden, weißen, kaum gerieften Manschette, Scheide besteht aus nur drei bis vier schuppigen Gürtelreihen um die Knolle. **Fleisch** recht fest, weiß und direkt unter dem Hut orangegelb.

E • Weißer Knollenblätterpilz.
(*Amanita virosa*, Blätterpilz). Vergiftungssymptome: s. Grüner Knollenblätterpilz. Selten, Vorkommen in feuchten Tannen- und Buchenwäldern auf kieselhaltigem Humusboden. ◻ **Hut** weiß, 6–10 cm, jung kegelförmig, glockig, später abgeflacht mit Buckel in der Mitte. Glatter, gelegentlich etwas gewellter und flockiger Rand (Reste der Manschette). **Lamellen** frei, dichtgedrängt und weiß, mit flockiger Schneide. **Stiel** schlank, knollig an der Stielbasis, 7–10 cm hoch, jung rein weiß, später cremefarben, samtig und mit abstehenden Schuppen bedeckt. **Stiel** mit zarter, flockiger, häufig eingerissener Manschette, deren Reste am Hutrand hängen. Eine häutige, dicke und weiße Scheide bedeckt den Stielgrund.

F • Ziegelroter Rißpilz.
(*Inocybe patouillardi*, Blätterpilz). Bewirkt drei Tage nach Verzehr Verdauungsstörungen (Erbrechen, Durchfall), starke Schweißausbrüche, übermäßige Speichelbildung und Nasenschleimhautabsonderungen, Verlangsamung des Pulses. Vorkommen recht häufig im Frühjahr und im Sommer, immer in Gruppen am trockenen Waldrand, an lichten Stellen, am Wegrand und insbesondere unter Linden. ◻ **Hut** mit 2–9 cm Durchmesser, jung kegelig, später ausgebreitet mit breitem stumpfem Buckel. Oberfläche seidig und faserig, jung cremeweiß, später gelb; Rand zunächst eingerollt und lappig, im Alter rissig. **Lamellen** gedrängt, recht dick und weiß, später schwarzbraun, rostfarben mit weißer Schneide. **Stiel** weiß und zinnoberrot gerieft, unregelmäßige zylindrische Form, am Stielgrund knollig und gekrümmt. **Fleisch** fest, weiß oder rosafarben, mit starkem Geruch.

G • Fleischrosa Giftschirmling.
(*Lepiota helveola*, Blätterpilz). Führt 5–10 Stunden nach Verzehr zu Erbrechen, Muskelkrämpfen, Untertemperatur und schließlich zum Tod. Vorkommen auf Wiesen, Brachland, Böschungen und in lichten Wäldern. In Deutschland selten, häufiger in West- und Südeuropa. ◻ **Hut** 2 bis 6 cm, zunächst konvex, später abgeflacht. Jung ockerfarben, dann rosarot. **Lamellen** zunächst weiß, dann cremefarben, gedrängt, frei. **Stiel** 2–4 cm hoch, dünn, braunrosa, am Stielgrund mit einer Manschette, die nur aus einem ringförmigen Gürtel in der Mitte besteht. **Fleisch** weiß, an der Luft rosa.

H • Orangefuchsiger Rauhkopf.
(*Cortinarius orellanus*, Blätterpilz). Verursacht nach 3 bis 14 Tagen Magenbeschwerden, Dehydratation, schwere Nierenschäden und Leberbeschwerden; tödlich. Recht selten, Vorkommen im Herbst in Laubwäldern auf kieselhaltigem Boden. ◻ **Hut** Durchmesser 3–8 cm, zunächst glockig und gebuckelt, später etwas flacher und am Rand dünner. Jung leuchtend gelborange, später fahlrot, dann dunkel braunrot. **Lamellen** gelb, später orangefarben. **Stiel** zylindrisch, zur Basis hin verjüngt. Gelb, später orange, mit feinen, roten Riefen. **Fleisch** blaß gelbrot.

I • Satansröhrling.
(*Boletus satanas*, Röhrenpilz). Vergiftungssymptome: s. Riesenrötling. Relativ selten, Vorkommen von Juli bis September unter Eichen und Buchen auf kalkhaltigem Boden. ◻ **Hut** Durchmesser bis 25 cm, auffallend hell, weiß bis olivfarben. **Röhren** jung gelblich, später olivgrün mit blutroten Röhrenmündungen. **Stiel** kurz und dickbauchig, mit roter Netzzeichnung auf gelbem Grund. **Fleisch** weiß, läuft beim Anschneiden bläulich an, Geruch aasartig.

J • Tigerritterling.
(*Tricholoma pardinum*, Blätterpilz). Vergiftungssymptome: s. Riesenrötling. Nicht häufig, gesellig oder in Ringen in Nadelhölzern, im Sommer oder Herbst. ◻ **Hut** jung halbkugelförmig, später konvex, bis zu 15 cm, erkennbar an einem eingerollten und leicht gezackten, häufig eingerissenen Rand. Dunkelgrau mit kastanienbraunen Schuppen. **Lamellen** gelbliches Weiß mit leichtem grünem Stich. **Stiel** sehr dick, cremeweiß, zur Basis hin dicker. **Fleisch** weiß.

K • Weißer Gifttrichterling.
(*Clitocybe dealbata*, Blätterpilz). Vergiftungssymptome: s. Ziegelroter Rißpilz. Recht häufig auf Wiesen, Rasen- und Grasflächen, im Sommer und Herbst. ◻ **Hut** jung flach konvex, später ausgebreitet, mit schwach trichterförmiger Vertiefung in der Mitte, 2 bis 5 cm. Von gelblich weiß bis blaßgrau. **Lamellen** gedrängt, dünn, weißlich. **Stiel** voll und faserig, recht kurz und weißlich. **Fleisch** weißlich und recht faserig.

L • Riesenrötling.
(*Rhodophyllus sinuatus*, Blätterpilz). Verursacht Erbrechen, Koliken, Durchfall und gelegentlich beschleunigten Puls. Abkühlung der Extremitäten, Krämpfe und Kopfschmerzen. Häufig, Vorkommen von Juli bis Oktober in kleinen Gruppen in Eichen- und Buchenwäldern. ◻ **Hut** jung konvex mit eingerolltem Rand und in der Mitte gebuckelt, später ausgebreitet 6 bis 20 cm. Gelbliches Weiß oder bräunliches Grau, mit glänzenden Fäserchen durchsetzt. **Lamellen** zunächst gelblich, später blaß orangerot. **Stiel** fest, verdickte Basis, weißlich, später hellgelb gefleckt. **Fleisch** dick und weiß.

FLORA

NUTZPFLANZEN

BONSAIS

Die Japaner haben ungefähr im 12. Jh. die Bonsais erfunden und diese künstlerische Tradition bis heute fortgesetzt. Der Bonsai besteht aus einem oder mehreren Miniaturbäumen und stellt eine Miniaturlandschaft dar. Die entsprechende Kunst wird in Japan *Salikei* genannt.

Um einen Bonsai zu züchten, kann man in einer Art großer hohler Platte einen Zwergbaum aus der Natur wachsen lassen. Man kann jedoch auch eine künstliche Verkleinerung erreichen, wenn man den Bäumen zu Beginn ihres Wachstums nur sehr wenig Erde gibt und systematisch ihre Zweige beschneidet. Ein verlangsamtes Wachstum führt sie nach und nach zum Zwergentum. Dies jedoch genügt nicht, um einen Bonsai zu formen: Man muß die Zweige der Pflanze in einer bestimmten Weise ausrichten, damit ihr Wuchs dem Wuchs der Bäume ähnelt, die man in der Natur sieht, und zwar so, wie die japanischen Künstler sie gemalt haben.

DIE BONSAIS IN DER NATUR

Unter bestimmten ungünstigen Lebensbedingungen, beispielsweise auf sehr kargem, steinigem Boden, wachsen manche Bäume wie Fichten und Kiefern nur sehr langsam und erreichen, selbst nach mehreren hundert Jahren, nicht einmal eine Höhe von einem Meter. Ihre Blätter sind dann klein, und ihre Zweige und Wurzeln sind kaum entwickelt. Dieses natürliche Phänomen haben die Japaner in der Kultur der Bonsais nachahmen können.

A · **Kengai.**
Der Baum biegt sich über den Rand hinweg. Seine Zweige hängen tiefer als seine Wurzeln.

B · **Moyogi.**
Der Baumstamm, der sich nach oben hin verjüngt, beschreibt annähernd eine Sinuskurve.

C · **Chokkan.**
Der Baumstamm ist vollkommen gerade, seine Zweige sind sehr regelmäßig.

D · **Sokan.**
Der Baum entwickelte zwei verschieden dicke Stämme aus einer einzigen Wurzel.

E · **Negari.**
Der Baum wurde so kultiviert, daß sich seine Wurzeln verlängern, um derart den Eindruck mehrerer Stämme zu vermitteln. Seine Form ist unregelmäßig.

F · **Shakan.**
Der Baumstamm ist geneigt, um den Eindruck hervorzurufen, daß der Baum vom Wind verformt wurde.

G · **Fukinagashi.**
Mehrere kleine Bäume aus ein- und derselben Wurzel scheinen vom Wind gebeugt zu sein. Form mit Steinen.

H · **Ishitsuki.**
Der Baum wächst und umschließt dabei einen Stein mit seinen Wurzeln. Der Bonsai nähert sich immer mehr dem, was man an den japanischen Küsten beobachtet, wo die windgebeugten Kiefern sich in Vertiefungen des Gesteins flüchten.

I · **Netsuranari.**
Dies scheinen mehrere kleine Bäume zu sein, sie stammen jedoch alle aus einer einzigen Kriechwurzel.

ZIMMERPFLANZEN

Zahlreiche tropische Pflanzen sind Gäste in unseren Häusern und Wohnungen; sie finden dort die Wärme und die Feuchtigkeit, die ihrer natürlichen Umgebung gleichkommt.

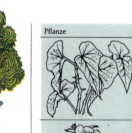

Pflanze	Name und Beschreibung	Kultur
	*Codiaeum variegatum pictum* (Euphorbiacee). Bekannter unter dem Namen *Kroton*, mit Blättern unterschiedlichster Form zwischen breit und schmal, in den Farben Grün, Rot oder Gelb, einige auch gefleckt.	3 Stunden Sonne pro Tag, in der Wachstumszeit gut gießen. Temperatur über 13 °C, Vermehrung durch Stecklinge.
	*Coleus blumei* ›Brilliancy‹ (Labiata). Auch *Buntnessel* genannt. Zahlreiche Sorten mit sehr verschiedenen grünen Blättern mit einem weißen Fleck in der Mitte, rosa mit blaßgrünem Rand.	Stecklingsvermehrung. Pflanze liebt helles Licht. Temperatur über 18 °C. Trockenheit vermeiden.
	*Euphorbia pulcherrima* (Euphorbiacee). Auch *Weihnachtsstern* genannt. Grüne Blätter und rote Hochblätter in der Blütezeit; beschädigte Stiele und Blätter sondern einen weißlichen Saft ab.	Viel Sonne, Temperatur über 13 °C, Lufttrockenheit. Mäßiges Gießen, Trockenheit vermeiden. Vermehrung durch Stecklinge.
	*Ficus elastica* (Moracee). Der *Gummibaum* gehört zur Familie der Feigen. Es gibt Sorten mit dunkelgrünen, gelben oder gemaserten Blättern.	Indirekte Beleuchtung. Temperatur über 16 °C. Erde niemals austrocknen lassen. Vermehrung erfolgt durch Stecklinge.

Pflanze	Name und Beschreibung	Kultur
	Begonia corallina ›Lucerna‹ (Begoniacee). Strauchbegonie mit einer Höhe von etwa 2 m. Die lanzenförmigen Blätter sind 10 bis 20 cm lang und 5–10 cm breit, oberseits dunkelgrün, unterseits rot.	Direktes Licht vermeiden. Vermehrung durch Stecklinge. Temperatur 16 bis 18 °C. Gießen, wenn die Erde trocken ist.
	Hibiscus rosa sinensis (Malvacee). Höhe 1,8 m, eingeschnittene Blätter, leuchtende Blüten mit 13 cm Durchmesser und 5 Blütenblättern.	Helles Licht oder Sonne 2–3 Stunden pro Tag. Temperatur 18 °C. Überwintern bei 13 °C. Mäßig gießen. Vermehrung erfolgt durch Stecklinge.
	Monstera deliciosa (Aracee), das *Fensterblatt*. Kletterpflanze mit mehr als 4 m Länge. Blätter in Herzform, junge Blätter ohne Einschnitt.	Gedämpftes Licht. Temperatur 18 °C. Mäßig gießen. Vermehrung durch Stecklinge.
	Philodendron bipinnatifidum (Aracee). Kletterpflanze in zahlreichen Sorten, die man leicht an ihren ganzen oder eingeschnittenen Blättern erkennen kann.	Helles gedämpftes Licht. Temperatur über 20 °C, mäßig gießen. Vermehrung durch Stecklinge.
	Sinningia speciosa (Gesneriacee). Auch *Gloxinie* genannt. Samtige Blätter, kurze Stiele. Blumenkrone mit fünf Lappen, weiß, rot oder purpur.	Mäßige Sonne. Temperatur von 18 bis 24 °C, keine Trockenheit, zu hohe Feuchtigkeit vermeiden. Vermehrung durch Stecklinge.
	Yucca aloifolia (Agavacee), eine *Palmlilie*. Pflanze mit einem zylindrischen Holzstamm, auf dem sich die Blätter schopfig gehäuft entwickeln.	Helles Licht (3 Std. pro Tag). Temperatur über 10 °C. Reichliches Gießen in der Wachstumszeit. Vermehrung durch Stecklinge.

FLORA

NUTZPFLANZEN

GARTENBLUMEN

In den Gärten findet man verschiedene Arten, wie die Blumen angeordnet werden. Blumen unterteilt man in *mehrjährige, zweijährige* und *einjährige*. Die einjährigen Pflanzen haben einen Lebenszyklus von einem Jahr, die zweijährigen leben zwei Jahre und blühen im zweiten Jahr, die mehrjährigen blühen mehrere Jahre. Im Blumengarten sind die mehrjährigen Pflanzen häufig in Reihen und nach Arten getrennt angeordnet; sie werden auch nach Höhe und Blütezeit gesetzt. Man erhält bessere Ergebnisse bei der Kultivierung von Schnittblumen, wenn der Boden vorher entsprechend mit Nährstoffen angereichert, das Terrain verbessert und gut belüftet wird. Bei künstlerisch gestalteten Blütenbeeten werden die Blumen nur nach ihren Farben verwendet. So zeichnet man Blütenwappen, Uhren und alle möglichen Schmetterlinge. Gemischte Rabatten versuchen, die Blumen zu kombinieren, um eine naturgetreue Wirkung zu erzielen. Die Blumen werden dann in verschiedenen Ebenen ihrer Höhe nach angeordnet, die höchsten hinter den kleineren, und in sich überlappenden Gruppen, damit die Farben gemischt werden.

DIE DÜFTE DER ROSEN

Von den Tausenden Rosensorten in der Welt haben nur relativ wenige einen starken Duft. Im allgemeinen zeigen die ältesten Sorten den stärksten Duft. Die Duftnuancen sind sehr unterschiedlich. Unter den älteren Sorten sind die Moschusrosen stark duftend *(Rosa mulliganii, R. brunonii, R. filipes, R. helenae, R. rubus)*. Aus den Blütenblättern wird das bekannte Rosenöl hergestellt.

Pflanze	Name und Kultur
JANUAR	*Helleborus niger* (Christrose), Ranunculacee. Blüten weiß, später purpur getönt, Höhe 25 cm. Aussaat Juni–Juli, Blütezeit zwei Jahre, später von Januar–März.
FEBRUAR	*Arabis albida* (Gänsekresse), Kreuzblütler. Blüten weiß, Höhe 20 cm. Pflanzzeit September, Oktober oder März, Blütezeit Februar–Juni.
	*Eranthis hyemalis* (Winterling), Ranunculacee. Blüten zitronengelb, Höhe 20 cm. Pflanzzeit Herbst, Blütezeit im Februar.
MÄRZ	*Aubrieta deltoidea* (Blaukissen), Kreuzblütler. Blüten blau bis purpurviolett, Höhe 6–12 cm. Pflanzzeit zwischen September und März, Blütezeit März bis Juni.

Pflanze	Name und Kultur
	Bellis perennis (Gänseblümchen), Korbblütler. Blüten von weiß bis rot; Höhe 2–10 cm. Pflanzzeit Oktober oder November; Blütezeit März bis Oktober.
	Chionodoxa luciliae (Schneestolz), Liliengewächs. Blüten hellblau mit weißem ›Auge‹; Höhe 15 cm. Pflanzzeit Herbst; Blütezeit Februar, März.
	Crocus vernus (Krokus), Schwertliliengewächs. Blüten blau, violett, rot oder gelb; Höhe 10 cm. Pflanzzeit Oktober; Blütezeit im März.
	Primula auricula (Aurikel), Primelgewächs. Blüten weiß, rosa, gelb, rot und violett. Höhe 15 cm. Saat Mai bis September. Blütezeit März bis Mai.
APRIL	*Cheiranthus cheiri* (Goldlack), Kreuzblütler. Blüten gelb bis braun; Höhe 20–60 cm. Aussaat im Mai; Pflanzzeit Oktober; Blütezeit April bis Juni.
	Dicentra spectabilis (Tränendes Herz), Fumariacee. Blüten weiß oder rosafarben, Höhe 60 bis 90 cm. Pflanzzeit Herbst oder Frühjahr; Blütezeit April bis Juni.
	Draba rigida (Hungerblümchen), Kreuzblütler. Blüten gelb; Höhe 8–10 cm. Pflanzzeit März oder April; Blütezeit im April.
	Fritillaria imperialis (Kaiserkrone), Liliengewächs. Blüten gelb, orange oder rot. Höhe 60–80 cm. Aussaat Juli–August; Blütezeit im April.
	Matthiola incana (Levkoje), Kreuzblütler. Blüten weiß, rosa, gelb, rot, blau, mauve, Höhe 30 bis 50 cm. Aussaat Mai bis Juli, Blütezeit April–August.
	Narcissus pseudonarcissus (Osterglocke), Amaryllisgewächs. Blüten gelb; Höhe 15–30 cm. Pflanzzeit der Zwiebeln im August oder September, Blütezeit im April.
	*Tulipa sylvestris* (Waldtulpe), Liliengewächs. Blüten rosa, weiß, rot, gelb, violett. Höhe 35 cm. Pflanzzeit der Zwiebeln im Oktober, Blütezeit April bis Mai.

Pflanze	Name und Kultur
MAI	*Aquilegia alpina* (Alpenakelei), Ranunculacee. Blüten blau; Höhe 30 cm. Pflanzzeit zwischen September und März; Blütezeit Mai.
	Bergenia cordifolia (Bergenie), Saxifragacee. Blüten violett-rosa. Höhe 30 cm. Pflanzzeit zwischen Oktober und März; Blütezeit Mai.
	Calendula officinalis (Ringelblume), Korbblütler. Blüten gelb oder orange; Höhe 60 cm. Aussaat im März; Blütezeit Mai bis Oktober.
	*Cerastium tomentosum* (Silberhornkraut), Nelkengewächs. Blüten weiß; Höhe 10 bis 15 cm. Pflanzzeit März; Blütezeit im Mai.
	*Dianthus caryophyllus* (Nelke), Nelkengewächs. Blüten weiß, rosa, rot, gelb; Höhe 50 cm. Saat Mitte April; Blütezeit Mitte Mai bis Mitte Juni.
	*Eremurus elwesii albus* (Steppenlilie), Liliengewächs, Höhe 180 bis 250 cm. Pflanzzeit Herbst; Blütezeit im Mai.
	Heliotropium hybridum (Heliotrop), Rauhblattgewächs. Blüten von weiß bis violett; Höhe 60 cm. Saat im Februar, Blütezeit im Mai.
	Iris pseudacorus (Sumpfschwertlilie), Schwertliliengewächs. Blüten gelb; Höhe 100 bis 120 cm. Pflanzzeit der Wurzelstöcke im Herbst. Blütezeit Mai bis Juni.
	Lupinus polyphyllus (Staudenlupine), Leguminose. Blüten blau, weiß, rot und gelb; Höhe 1,5 m. Pflanzzeit Herbst oder Frühjahr; Blütezeit Mai bis Juli.
	Paeonia officinalis (Pfingstrose), Ranunculacee. Blüten rot, weiß, rosa; Höhe 150 bis 180 cm. Pflanzzeit zwischen September und März. Blütezeit im Mai.
	*Pelargonium grandiflorum* (Geranie), Storchschnabelgewächs. Blüten in vielen Farben; Höhe 40–60 cm. Pflanzzeit Anfang Frühjahr; Blütezeit Mai bis Oktober.

FLORA

Pflanze	Name und Kultur

JUNI

Alyssum saxatile (Felsensteinkraut), Kreuzblütler. Blüten gelb; Höhe 15–30 cm.

Pflanzzeit April; Blütezeit Juni–August.

Anthemis tinctoria (Färberkamille), Korbblütler. Blüten gelb; Höhe 20–80 cm.

Pflanzzeit zwischen September und März; Blütezeit Juni bis August.

Campanula lactiflora (Glockenblume), Campanulacee. Blüten weiß bis hellblau; Höhe 100–150 cm. Pflanzzeit zwischen September und April; Blütezeit Juni–Juli.

Delphinium cressida (Rittersporn), Ranunculacee. Blüten blau oder violett; Höhe 30–100 cm.

Pflanzzeit September bis März; Blütezeit Juni bis August.

Digitalis purpurea (Roter Fingerhut), Braunwurzgewächs. Blüten purpurrot; Höhe 1,5 m.

Pflanzzeit Herbst oder Frühjahr; Blütezeit Juni und Juli.

Erigeron aurantiacus (Feinstrahl), Korbblütler. Blüten gelb; Höhe 25–30 cm.

Pflanzzeit Herbst oder Frühjahr; Blütezeit Juni bis August.

Eschscholtzia californica (Kalifornischer Mohn), Mohngewächse. Blüten orange; Höhe 30–50 cm.

Pflanzzeit September; Blütezeit Juni bis Oktober.

Gaillardia aristata (Kokardenblume), Korbblütler. Blüten rot und gelb; Höhe 60–75 cm.

Pflanzzeit zwischen März und Mai; Blütezeit Juni bis Oktober.

Gladiolus spic and spare (Gladiole), Schwertliliengewächs. Blüten rosa, rot oder weiß; Höhe 30 bis 60 cm.

Pflanzzeit März; Blütezeit Juni und Juli.

Gypsophila paniculata (Schleierkraut), Nelkengewächs. Blüten weiß; Höhe 90 cm.

Pflanzzeit zwischen Oktober und März; Blütezeit Juni bis August.

Hesperis matronalis (Nachtviole), Kreuzblütler. Blüten weiß, malvenrot oder purpur; Höhe 60 bis 90 cm.
Pflanzzeit zwischen Oktober und März; Blütezeit Juni.

Iberis amara (Schleifenblume), Kreuzblütler. Blüten weiß oder violett; Höhe 15–30 cm.

Pflanzzeit zw. September und März; Blütezeit Juni bis September.

Impatiens balsamina (Gartenbalsamine), Springkrautgewächs. Blüten rosa, Höhe 80 cm.

Aussaat März oder April; Blütezeit Juni bis September.

Lathyrus odoratus (Wohlriechende Wicke), Leguminose. Blüten weiß, gelb, rosa, rot, orange; Höhe 3 m.

Aussaat im März; Blütezeit Juni bis September.

Lilium candidum (Madonnenlilie), Liliengewächs. Blüten weiß; Höhe 120 bis 150 cm.

Pflanzzeit Herbst oder Frühjahr; Blütezeit Juni und Juli.

Lonicera caprifolium (Je-länger-je-lieber), Geißblattgewächs. Blüten weiß und rosa; Höhe 6 m.

Pflanzzeit Herbst oder Frühjahr; Blütezeit Juni.

Malva alcea (Malve), Malvengewächs. Blüten weiß oder rosa; Höhe 60–120 cm.

Pflanzzeit Oktober bis März; Blütezeit Juni bis September.

Meconopsis betonicifolia (Himalayamohn), Mohngewächs. Blüten blau; Höhe 90–150 cm.

Pflanzzeit März bis April; Blütezeit Juni bis September.

Nicotiana affinis (Tabak), Nachtschattengewächs. Blüten weiß, Höhe 60 bis 150 cm.

Im Mai setzen; Blütezeit Juni bis August.

Nigella damascena (Jungfer im Grünen), Ranunculacee. Blüten blau, mauve, purpur, rosa oder weiß; Höhe 60 cm.

Aussaat im März; Blütezeit Juni bis August.

Petunia (Petunie), Nachtschattengewächs. Blüten weiß, blau, rosa oder rot; Höhe 10 bis 40 cm.

Ende Mai setzen; Blütezeit Juni bis November.

Reseda odorata (Reseda), Resedacee. Blüten gelb oder rot; Höhe 30 bis 75 cm.

Saat im März, April oder September; Blütezeit Juni bis Oktober.

JULI

Achillea filipendulina (Schafgarbe), Korbblütler. Blüten goldgelb; Höhe 80 bis 120 cm.

Pflanzzeit zwischen Oktober und März; Blütezeit Juli bis September.

Althaea rosea (Stockrose), Malvengewächs. Blüten weiß, rosa, violett und gelb; Höhe 135 cm.

Im April setzen; Blütezeit Juli bis September.

Amaranthus caudatus (Gartenfuchsschwanz), Amarantgewächs. Blüten purpur; Höhe 90–120 cm.

Im Mai setzen; Blütezeit Juli bis Oktober.

Antirrhinum majus (Gartenlöwenmaul), Braunwurzgewächs. Blüten gelb, rot, rosa oder weiß; Höhe 30–150 cm.

Pflanzzeit März bis Juni. Blütezeit Juli bis Oktober.

Callistephus chinensis (Sommeraster), Korbblütler. Blüten rosarot, gelb, blau, purpur und weiß; Höhe 50 cm.

Im Mai setzen; Blütezeit Juli bis November.

Chrysanthemum parthenium (Chrysantheme), Korbblütler. Blüten weiß oder gelb; Höhe 20–70 cm.

Im April setzen; Blütezeit Juli bis September.

Clarkia elegans (Clarkie), Nachtkerzengewächs. Blüten rosa, scharlachrot oder orange; Höhe 60 cm.

Im Mai setzen; Blütezeit Juli bis September.

Cleome spinosa (Spinnenpflanze), Kapergewächs. Blüten weiß bis purpur; Höhe 90–120 cm.

Im Mai setzen; Blütezeit Juli bis November.

Eryngium alpinum (Alpendistel), ein Doldenblütler. Blüten blau; Höhe 40 bis 70 cm.

Im Herbst setzen; Blütezeit Juli bis September.

Fuchsia magellanica (Scharlachfuchsie), ein Nachtkerzengewächs. Blüten rosa; Höhe 120–180 cm.

Pflanzzeit Mai; Blütezeit Juli bis Oktober.

Gazania x hybrida (Gazanie), Korbblütler. Blüten weiß, gelb, orange, braunrot; Höhe 20 cm.

Pflanzzeit Juni; Blütezeit Juli bis September.

167

FLORA

NUTZPFLANZEN

Pflanze	Name und Kultur
	Geranium ibericum (Storchschnabel), Storchschnabelgewächs. Blüten blauviolett; Höhe 45–60 cm. Pflanzzeit zwischen September und März; Blütezeit Juli und August.
	Helianthus annuus (Sonnenblume), Korbblütler. Blüten gelb, Höhe 1 bis 3 m. Aussaat März oder April; Blütezeit Ende Juli bis September.
	Helipterum manglesi (Sonnenflügel), Korbblütler. Blüten rosa mit gelbem Herz; Höhe 30 cm. Im Mai setzen; Blütezeit Juli bis September.
	Hypericum polyphyllum (Johanniskraut), Johanniskrautgewächs. Blüten gelb, Höhe 15 cm. Pflanzzeit April; Blütezeit Juli bis September.
	Ipomoea purpurea (Prunkwinde), Windengewächs. Blüten rot; Höhe 2 bis 3 m. Pflanzzeit Mai oder Juni; Blütezeit Juli bis Oktober.
	Lavatera trimestris (Sommermalve), ein Malvengewächs. Blüten rosa; Höhe 50–100 cm. Herbst oder Frühjahr setzen; Blütezeit Juli bis September.
	Lobelia cardinalis (Lobelie), Glockenblumengewächs. Blüten rot, Höhe 80 cm. Im April setzen; Blütezeit Juli und August.
	Lychnis coronaria (Kronlichtnelke), ein Nelkengewächs. Blüten rosa, dunkelrot oder weiß; Höhe 60 cm. Pflanzzeit Mai; Blütezeit Juli bis September.
	Mirabilis jalapa (Wunderblume), Wunderblumengewächs. Blüten rosa, rot, gelb oder weiß; Höhe 60 cm. Ende Mai setzen; Blütezeit Juli bis September.
AUGUST	*Anemone x hybrida* (Anemone), Ranunculacee. Blüten rosa, rot oder weiß; Höhe 60–100 cm. Im Oktober setzen; Blütezeit August bis September.
	*Cosmos bipinnatus* (Kosmee), Korbblütler. Blüten rosa, weiß oder rot; Höhe 100 cm. Pflanzzeit Mai; Blütezeit August und September.

Pflanze	Name und Kultur
	Cyclamen neapolitanum (Alpenveilchen), Primelgewächs. Blüten weiß oder rosa; Höhe 10 cm. Pflanzzeit Anfang Herbst; Blütezeit August bis November.
	Dahlia (Dahlie), Korbblütler. Blüten in vielen Farben; Höhe 40–60 cm. Pflanzzeit Mitte April. Blütezeit August bis November.
	Lippia citriodora (Zitronenstrauch), Verbenacee. Blüten blaß mauve; Höhe 150 cm. Pflanzzeit Ende Mai; Blütezeit August.
	Salvia patens (Salbei), Lippenblütler. Blüten blau, Höhe 60 cm. Im Mai setzen; Blütezeit August bis September.
SEPTEMBER	*Amaryllis belladonna* (Amaryllis), Amaryllisgewächs. Blüten weiß oder rosa; Höhe 60–75 cm. Pflanzzeit Juni–Juli; Blütezeit September–Oktober.
	Colchicum speciosum album (Zeitlose), Liliengewächs. Blüten weiß, Höhe 15 cm. Pflanzzeit August oder September. Blütezeit September bis November.
	Leonitis leonorus (Löwenohr), Lippenblütler. Blüten orange; Höhe 120 bis 150 cm. Im Frühjahr setzen; Blütezeit September–Oktober.
	Nerine bowdenii (Nerine), Amaryllisgewächs. Blüten rosa; Höhe 60 cm. Pflanzzeit August oder April; Blütezeit September–November.
	Sedum spectabile (Fetthenne), ein Dickblattgewächs. Blüten rosa, Höhe 30 bis 50 cm. Pflanzzeit zwischen Oktober und April; Blütezeit September–November.
OKTOBER	*Galanthus nivalis* (Schneeglöckchen), Amaryllisgewächs. Blüten weiß, Höhe 7–20 cm. Pflanzzeit direkt nach der Blüte; Blütezeit Oktober oder Februar–April.
DEZEMBER	*Hyacinthus orientalis* (Hyazinthe), Liliengewächs. Blüten weiß, rosa, gelb, mauve, blau; Höhe 15 bis 20 cm. Pflanzzeit März–April; Blütezeit Dezember–Mai.

GARTENSTRÄUCHER

Die Sträucher unterscheiden sich von den Bäumen durch ihre Größe und ihren Bau. Im allgemeinen werden Sträucher nicht mehr als 6 m hoch und haben keinen Hauptstamm. Sträucher werden bei der Gartengestaltung verschieden genutzt. Einzeln, um eine exotische Art mit origineller Form herauszustellen, als Beet, um so einen stärkeren Farbeffekt zu erzielen, sowie als freiwachsende oder beschnittene Hecken. Die freiwachsende Hecke ist eine Reihe von Sträuchern, deren natürlicher Wuchs so weit wie möglich erhalten wird; die beschnittene Hecke besteht aus beschnittenen Sträuchern, um eine geometrische Form zu erhalten. Die beschnittene Hecke findet vorzugsweise in Wohngebieten Anwendung, wo sie strenge Formen annimmt; die freiwachsende Hecke gleicht eher der Feldhecke, die aus sehr vielfältigen Sträuchern und Bäumen besteht. Der untenstehende Kalender zeigt eine Artenauswahl mit über das gesamte Jahr verteilten Blütezeiten. Man muß darauf achten, einen Standort zu wählen, der der gepflanzten Art bekommt, auch im Hinblick auf die Lichtverhältnisse. Einige Arten ziehen einen leichten Schatten vor, andere bilden nur blasse Blüten aus, wenn sie nicht genügend Sonne bekommen. Sträucher sollte man im allgemeinen nicht schneiden, da dies ihren natürlichen, oft graziösen Wuchs verformt.

Pflanze	Name und Beschreibung
JANUAR 	*Chimonanthus praecox* (Winterblüte), Calycanthacee. Höhe 3 m, Umfang 3 m; Blüten gelb, duftend; lanzenförmige, dünne, sommergrüne Blätter.
FEBRUAR 	*Cornus mas* (Kornelkirsche), Hartriegelgewächs. Höhe 2,5 m, Umfang 3 m, Blüten goldgelb, dunkelgrüne, ovale, sommergrüne Blätter.
	*Mahonia japonica* (Japanische Mahonie), Berberidacee. Höhe 2,50 m, Umfang 2,50 m, zitronengelbe Blüten, gefiederte, ovale, dunkelgrüne, dornige, immergrüne Blätter.
	*Rhododendron leucaspis* (Rhododendron), Heidekrautgewächs. Höhe 60 cm, Umfang 90 cm, Blüten weiß, ovale, immergrüne, harte, graublaue Blätter.
MÄRZ 	*Chaenomeles japonica* (Japanische Quitte), Rosengewächs. Höhe 90 cm, Umfang 1,80 m, Blüten orangerot; flaumige, ovale, sommergrüne Blätter.

FLORA

Pflanze	Name und Beschreibung
	Forsythia x intermedia (Forsythie), Ölbaumgewächs. Höhe 2,50 m, Umfang 3 m, Blüten goldgelb, dunkelgrüne, lanzenförmige, sommergrüne Blätter.
	Magnolia stellate (Sternmagnolie), Magnoliengewächs. Höhe 2,50 m, Umfang 3 m, sternförmige, duftende, weiße Blüten; verkehrt eiförmige, blaßgrüne, sommergrüne Blätter.
APRIL 	*Berberis darwinii* (Berberitze), Berberitzengewächs. Höhe 2,5 m, Umfang 2,5 m, Blüten gelb; immergrüne, dunkelgrüne Blätter mit dornigen Zähnen.
	Cytisus scoparius (Besenginster), Leguminose. Blüten gelb, winzige, dreigeteilte, sommergrüne Blätter, grüne Stiele.
	Spiraea argute (Spierstrauch), Rosengewächs. Höhe 1,80 m, Umfang 2,50 m, Blüten weiß, sommergrüne, lanzenförmige, schmale Blätter.
MAI 	*Choisya ternata* (Orangenblume), Rautengewächs. Höhe 1,50 m, Umfang 1,80 m, weiße, duftende Blüten, glänzende, dreigeteilte, duftende, immergrüne Blätter.
	*Cotoneaster horizontalis* (Felsenmispel), Rosengewächs. Höhe 50 cm, Blüten weiß bis rötlich, meist nur sommergrüne, fast kreisrunde, dunkelgrüne Blätter.
	*Pyracantha crenato-serrata* (Feuerdorn mit eingekerbten Blättern), Rosengewächs. Höhe 3 m, Umfang 3 m, Blüten weiß, leuchtend grüne, unten blassere, ellipsenförmige immergrüne Blätter.
	Syringia vulgaris (Flieder), Ölbaumgewächs. Höhe bis 3 m, als kleiner Baum bis 7 m, Blüten duftend, ursprünglich lilafarben, kultiviert in vielen Farbvarianten, kahle, ganzrandige Blätter.

Pflanze	Name und Beschreibung
JUNI	*Deutzia scabra* (Deutzie), Saxifragacee. Höhe 1,80 m, Umfang 1,50 m, Blüten weiß, grüne, ovale oder lanzettliche, sommergrüne Blätter.
	Philadelphus coronarius (Pfeifenstrauch), Saxifragacee. Höhe 2,50 m, Umfang 2 m, Blüten weiß und duftend; grüne, ovale, sommergrüne Blätter mit hervorstehenden Rippen.
JULI 	*Buddleja davidii* (Schmetterlingsstrauch), Schmetterlingsstrauchgewächs. Höhe 5 m, Umfang 7 m, Blüten lila, duftend; sommergrüne, lanzettliche, dunkelgrüne bis graufilzige Blätter.
	*Calluna vulgaris* (Besenheide), ein Heidekrautgewächs. Höhe 8 bis 75 cm, Umfang 10 bis 80 cm, Blüten weiß, rosa oder purpur; winzige, am Zweig schuppig angeordnete, grüne bis rote immergrüne Blätter.
	Fuchsia magellanica (Fuchsie), ein Nachtkerzengewächs. Höhe 1,20 bis 1,80 m, Umfang 0,50 bis 1,30 m, Blüten rot, lanzettliche, gegenständige sommergrüne Blätter.
	Indigofera gerardiana (Indigopflanze), eine Leguminose. Höhe 1,75 m, Umfang 2 m, Blütenstände purpur; besitzt harte, silbergrüne, sommergrüne Blätter.
AUGUST 	*Clethra alnifolia* (Scheineller), Clethracee. Höhe 1,80 m, Umfang 1,90 m, Blüten cremefarben, sommergrüne, verkehrt-eiförmige, gezähnte Blätter.
	*Hibiscus syriacus* (Hibiscus), Malvengewächs. Höhe 2,50 m, Umfang 1,50 m, Blüten von weiß bis purpur, sommergrüne, ovale, gezähnte, dunkelgrüne Blätter.
	*Myrtus communis* (Brautmyrte), Myrtengewächs. Höhe 2,60 m, Umfang 2,60 m, Blüten weiß und duftend, hat glänzende, ovale, dunkelgrüne, immergrüne Blätter, die zerrieben würzig duften.

Pflanze	Name und Beschreibung
SEPTEMBER–OKTOBER	*Lespedeza thunbergii* oder *Desmodium penduliflorum* (Buschklee), Leguminose. Höhe 2 m, Umfang 2 m, Blüten rosa, dreizählige, sommergrüne Blätter.
	Leycesteria formosa (Geißblattgewächs). Höhe 1,80 m, Umfang 1,50 m, Blüten dunkelrot, sommergrüne, herzförmige, blaugrüne Blätter.
NOVEMBER	*Jasminum nudiflorum* (Winterjasmin), Ölbaumgewächs. Kletterpflanze bis 3 m Höhe, Blüten gelb, sommergrüne, dreizählige, dunkelgrüne Blätter.
	*Lonicera standishii* (Standish-Geißblatt), Geißblattgewächs. Höhe 1,40 m, Umfang 1,40 m, Blüten cremefarben, hellgrüne, ovale, sommergrüne Blätter.
	Viburnum farreri (Duftender Schneeball), Geißblattgewächs. Höhe 3,50 m, Umfang 3,50 m, Blüten blaßrosa und duftend, ovale, spitze oder gezähnte sommergrüne Blätter. Blüht häufig auch März–April.
	Perovskia atriplicifolia (Blauraute), ein Lippenblütler. Höhe 1,5 m, Umfang 2 m, Blüten blau, sommergrüne, eiförmig lanzettliche, graufilzige Blätter.
DEZEMBER	*Hamamelis mollis* (Zaubernuß), Zaubernußgewächs. Höhe 2,20 m, Umfang 2,30 m, Blüten gelb, breite, fast ovale, flaumige, im Herbst gelbe, sommergrüne Blätter.
	Lonicera fragrantissima (Duftendes Geißblatt), Geißblattgewächs. Höhe 2 m, Umfang 2 m, Blüten cremefarben, ovale, fast immergrüne Blätter.
	*Viburnum tinus* (Lorbeer-Schneeball), Geißblattgewächs. Höhe 2,50 m, Umfang 2 m, Blüten weiß-rosa, ovale oder lanzenförmige immergrüne Blätter.

FLORA

NUTZPFLANZEN

ZIERBÄUME

Die Zierbäume sind entweder modifizierte europäische Arten, bei denen man den Wuchs, die Farbe der Blätter oder die der Blüten verändert hat, oder exotische Arten. Im 17. Jh. haben die exotischen Bäume einen großen Aufschwung erlebt, denn in dieser Zeit haben die großen botanischen Expeditionen begonnen. Die Botaniker brachten Nutzarten zunächst aus Nordamerika, dann aus anderen Ländern wie Japan, dem Nahen Osten, China usw. mit. Das 18. und 19. Jh. war eine Blütezeit für die großen botanischen Sammlungen, aus denen die untenstehenden geläufigen Zierarten hervorgegangen sind, die nicht unbedingt zu den Nutzpflanzen gehören. Bei der Kultivierung dieser Bäume muß man auf die Art des Bodens achten, denn sie verlangen nicht alle die gleichen Kulturbedingungen (viele vertragen zum Beispiel keinen Kalkboden). Man muß auch das Klima berücksichtigen: Wenn auch einige Zierbäume den Süden vorziehen, so ist für andere ein niederschlagsreicheres Klima erforderlich. Um einen interessanteren Garten zu erhalten, versuchen die Gärtner, über das gesamte Jahr gestaffelte Blütezeiten zu erreichen. Deswegen stellen wir ein paar Arten vor, die nacheinander blühen. Je nach Region und Jahr wird manchmal ein erheblicher Unterschied zu den hier angegebenen Durchschnittswerten festzustellen sein.

BLÜTEN-KALENDER

Die Folge der verschiedenen Blütezeiten im Jahresverlauf hängt natürlich von der mehr oder weniger frühzeitig einsetzenden Wärme ab; von Jahr zu Jahr kann man aufgrund der Klimaschwankungen Unterschiede von mehr als einem Monat bei der Blütezeit derselben Art am selben Ort feststellen. Einige Pflanzen brauchen darüber hinaus unbedingt die Kälte (Chrysanthemen), die sie zur Ausschüttung der Blühhormone veranlaßt. Die hier angegebenen Blütezeiten stellen nur Durchschnittswerte für Deutschland dar: In wärmeren Gebieten werden die Pflanzen früher blühen, in kälteren später.

Pflanze	Name und Beschreibung
JANUAR 	*Acacia dealbata* (Mimose), Leguminose. Herkunft Südostaustralien, Mittelmeerraum. Höhe 6–8 m, stark eingeschnittene, silbergraue Blätter, hellgelbe Blüten, besitzt eine kegelförmige Krone.
FEBRUAR 	*Populus tremula* (Zitterpappel), Weidengewächs. Herkunft Europa. Höhe 20 m, ovale, schwach gezähnte und blaßgrüne Blätter, Unterseite graugrün, Blüten als braungraue und gelbe, dicke Kätzchen.

Pflanze	Name und Beschreibung
	Prunus davidiana (Blütenpfirsich), Rosengewächs. Herkunft China, Höhe 5 bis 10 m, Blätter lanzenförmig und spitz, Blüten rosa vor Blattaustrieb, aufrechter Wuchs.
	Rhododendron arboreum (Rhododendronbusch), Heidekrautgewächs. Herkunft Himalaya, Höhe 6–12 m, längliche, oben dunkelgrüne, unten braune Blätter, Blüten dunkelrot, runde Krone.
MÄRZ 	*Acer rubrum* (Rotahorn), Ahorngewächs. Herkunft Vereinigte Staaten. Höhe 23 m, grüngelbe, im Herbst rote Blätter, Blüten rot vor Blattaustrieb, schmale und unregelmäßige Krone.
	Magnolia denudata (Chinesische Magnolie), Magnoliengewächs. Herkunft China. Höhe 4,50 bis 8 m, sommergrüne Blätter, duftende, weiße Blüten, runde Krone.
	Parrotia persica (Eisenholzbaum), Zaubernußgewächs. Herkunft Kaukasus. Höhe 6–8 m, Blätter färben sich im Herbst rot, Blüten klein mit roten Staubblättern, sehr breite Krone.
APRIL	*Prunus avium* (Vogelkirsche), Rosengewächs. Herkunft Europa. Höhe 10–13 m, grüne, ovale, gezähnte, im Herbst rote Blätter, weiße Blüten in Trauben mit Blattaustrieb, pyramidenartiger Wuchs.
	Prunus serrulata (Japanische Blütenkirsche), Rosengewächs. Herkunft China und Korea. Höhe bis 25 m, Kulturformen meist niedriger, Blätter eiförmig, Blüten weiß, zu mehreren in Büscheln, Kulturformen auch rosafarben.
MAI	*Aesculus carnea* (Roßkastanie), Roßkastaniengewächs. Herkunft ungewiß. Höhe 4,50–6 m, grüne, 5–7fingrige, gezähnte Blätter, rosa Blüten in Gruppen, die eine Länge von 15–20 cm erreichen; kuppelförmige Krone.
	*Cercis siliquastrum* (Judasbaum), Leguminose. Herkunft Mitteleuropa. Höhe 4,50–6 m, grüne runde Blätter, rosa Blüten, die häufig direkt am Stamm erscheinen, zeigt einen breiten Wuchs.

Pflanze	Name und Beschreibung
	Paulownia tomentosa (Paulownia), Scrophulariacee. Herkunft China. Höhe 5–10 m, grüne, herzförmige Blätter, lavendelblaue Blüten vor Blattaustrieb, duftend, kuppelförmige Krone.
JUNI	*Fraxinus ornus* (Blumenesche), Ölbaumgewächs. Herkunft Europa und Westasien. Höhe 24 m, gefiederte Blätter mit 5, 7 oder 9 Einzelblättern, Blüten cremeweiß in Trauben von 20 cm Länge, Krone halbkugelförmig.
	Robinia pseudoacacia (Scheinakazie), Leguminose. Herkunft Vereinigte Staaten. Höhe 30 m, gefiederte Blätter aus 13–15 Einzelblättern, Blüten weiß und duftend, in Trauben, Krone an der Spitze breiter.
JULI 	*Catalpa bignonioides* (Trompetenbaum), Bignoniengewächs. Herkunft Vereinigte Staaten. Höhe 18 m, grüne und glänzende Blätter, jung rötlich; Blüten in weißen konischen Trauben, breite kuppelförmige Krone.
	*Liriodendron tulipifera* (Tulpenbaum), Magnoliengewächs. Herkunft Vereinigte Staaten. Höhe 10 bis 15 m, fast viereckige, gelbgrüne Blätter, Blüten gelbgrün, in Tulpenform, Krone hoch und kuppelförmig.
AUGUST 	*Aralia elata* (Baumaralie), Araliengewächs. Herkunft Ostasien. Höhe 5–7 m, große, doppelt gefiederte Blätter, Blüten klein, weiß, in breiten Trugdolden, meist mehrstämmiger Wuchs.
	*Sophora japonica* (Schnurbaum), Leguminose. Herkunft China. Höhe 15 bis 20 m, grüne, gefiederte Blätter mit lanzettlichen Einzelblättern, violette Blüten in Trauben, von 15–20 cm Länge, unregelmäßige Krone.
SEPTEMBER–OKTOBER	*Arbutus unedo* (Erdbeerbaum), Heidekrautgewächs. Herkunft Europa. Höhe 10 m, dunkelgrüne, ovale immergrüne Blätter, Blüten weißgrünlich, kurzer Stamm, Zweige gewunden und aufragend, rote Früchte.
OKTOBER–NOVEMBER	*Alnus nitida* (Himalaya-Erle), Birkengewächs. Herkunft Himalaya. Höhe 8–15 m, ovale, grüne Blätter, die weiblichen Blüten bilden eine Art von braunen, schuppigen Zapfen, pyramidenartiger Wuchs.

FLORA

HEILPFLANZEN

Von den vielen Arten, die auf der Erde existieren, wurde bis heute nur eine kleine Anzahl als heilkräftige Pflanzen anerkannt. Spätestens seit dem Mittelalter sind sie bekannt, und einige von ihnen werden seit dieser Zeit in den Gärten angebaut. Nicht alle Organe der Heilpflanzen haben zwangsläufig eine Wirkung. Je nach Art verwendet man die ganze Pflanze oder nur die Früchte, die Blüten, die Blätter oder die Wurzeln. Die Jahreszeit und der Erntezeitpunkt haben auf die Wirksamkeit der Pflanze einen großen Einfluß, denn die biochemischen Phänomene ihrer Zellen hängen von der Photosynthese ab, die ihrerseits dem Sonnenrhythmus folgt. Die in den Pflanzen enthaltenen Substanzen sind unterschiedlicher chemischer Natur: Einige sind in Wasser löslich, andere in Äthylalkohol, noch andere in Öl. Die Heilpflanzen werden also je nach ihren chemischen Eigenschaften verwendet. Unterschiedliche Zubereitungen sind möglich: Es gibt den *Aufguß*, den *Absud*, die *Tinktur* und den *Ölextrakt*. Aufguß und Absud werden dadurch hergestellt, daß man die Pflanzenteile mehr oder weniger lange Zeit im heißen Wasser beläßt; die Tinktur ist ein kalter Aufguß in Alkohol; der Ölextrakt wird seltener verwendet und ist eine Mazeration in Öl. Die Pflanzen können jedoch auch ganz, frisch oder getrocknet, in mehr oder weniger kleine Teile zerlegt eingenommen werden. Der frische Saft einiger Pflanzen wird in manchen Fällen ebenfalls verwendet.

Manche Pflanzen sind ungefährlich, wie Linde, Kamille, Minze usw. Andere, sehr viele, sind jedoch giftig und sollten nur nach ärztlicher Anweisung eingenommen werden, wie Fingerhut, Belladonna, Herbstzeitlose, usw. Die unvorsichtige Verwendung von selbst gepflückten und zubereiteten Pflanzen kann zu schweren, sogar tödlichen Vergiftungen führen. Die im folgenden aufgeführten Pflanzen sind weitgehend ungefährlich.

Pflanze	Name und Verwendung
	**Schafgarbe** (*Achillea millefolium* L., Korbblütler). Am Wegesrand, an Eisenbahndämmen, auf brachliegenden Flächen und Weiden. Blütezeit Frühjahr bis Ende Herbst. □ Gegen Beingeschwüre und Hämorrhoiden. Den Saft der frischen, in einem sauberen Tuch gepreßten Pflanze verwenden. Der 3%ige Aufguß lindert Magen- und Darmkrämpfe sowie Menstruationsbeschwerden; 2–3 Tassen pro Tag.
	**Odermennig** (*Agrimonia eupatoria* L.; Rosengewächs). An Böschungen, Waldrändern und auf Lichtungen. Blütezeit Juni bis September. □ Leberheilmittel; bei Leberkoliken, bei Gallenblasenentzündungen; 3%iger Sud, indem man die Blätter bei schwacher Hitze 5 Min. kochen läßt; 3–5 Tassen pro Tag außerhalb der Mahlzeiten. Wirkt bei Durchfall und als Gurgellösung gegen Halsschmerzen.

Pflanze	Name und Verwendung
	**Frauenmantel** (*Alchemilla vulgaris* Roth, Rosengewächs). Am Wegesrand, in Wiesen, auf feuchten Weiden. □ Bei Durchfall, Ruhr, Entzündung des Dünndarms, starken Regelschmerzen, Weißfluß, Uterusblutung und Venenkrankheiten; 3–5 Tassen am Tag (35 g Blätter pro Liter, 15 Min. ziehen lassen). Sud 10 %: Juckreiz und Entzündung von Haut und Mund.
	**Engelwurz** (*Angelica archangelica*, Doldenblütler). Wegrand. □ Fördert die Verdauung, beruhigt Magenkrämpfe, lindert Appetitmangel: Aufguß von 15 g Engelwurz und 10 g Bitterklee in 1 Liter Wasser, ½ Stunde ziehen lassen. 1 Tasse vor jeder Mahlzeit. Krankheiten der Bronchien (Bronchitis, Lungenentzündung, Rippenfellentzündung, Asthma): 3%iger Aufguß (3–4 Tassen pro Tag).
	**Anis** (*Pimpinella anisum* L., Doldenblütler). Im Libanon angebaute Pflanze. □ Für die Verdauung, ein Aufguß mit 1 Teelöffel Früchte pro Tasse kochendes Wasser lindert Magenkrämpfe. Beseitigt Luftschlucken und Blähungen sowie nervöse Koliken bei Kindern. Heilt Schwindel, Herzklopfen, Schlafstörungen und Hustenkrämpfe. Fördert mit Fenchel und Kümmel die Milchproduktion.
	**Beifuß** (*Artemisia vulgaris* L., Korbblütler). Wege, Schutt, Brachland und Bahndämme. Blütezeit Juni bis September. □ Die Beifußwurzel ist ein krampflösendes Mittel, das Zuckungen bei Kindern mit einer Dosis von 2,5 cg pro 25 cg Zucker lindert. Bei Menstruationsbeschwerden: Aufguß der Blüten im Verhältnis 15 g pro Liter Wasser.
	**Arnika** (*Arnica montana* L., Korbblütler). Gebirgspflanze, Blütezeit Anfang Sommer. □ Die Arnikatinktur wird zur Linderung von Blutergüssen, Muskelkatern und Verstauchungen angewandt. Direkt vor der Anwendung mit Wasser 10 : 1 verdünnen. 50 g der getrockneten Blüten in 250 g Alkohol 10 Tage lang bei 60°C einlegen. Filtern, Flüssigkeit dunkel aufbewahren.

Pflanze	Name und Verwendung
	**Weißdorn** (*Crataegus oxyacantha*, Rosengewächs). Wilde Hecken. Blütezeit im Frühjahr. □ Blütenaufguß (1 bis 2 Eßlöffel pro Tasse kochendes Wasser, 2- bis 3mal pro Tag in Kuren von 3 Wochen und einer Woche Erholung) behebt hohen und niedrigen Blutdruck sowie Herzklopfen. Lindert die Störungen der Menopause. Beruhigt die Nerven: gegen Schlaflosigkeit und allgemeine Nervosität.
	**Echter Alant** (*Inula helenium*, L., Korbblütler). Aus dem Mittelmeergebiet und Asien, bei uns meist kultiviert, stellenweise verwildert. □ Der Wurzelsud des Alant mit 40 g pro Liter Wasser wirkt gegen Verstopfung und Durchfall. 1 Min. kochen, dann 10 Min. ziehen lassen, ein Glas vor dem Essen. Der Sud reguliert die Regel, wirkt bei Nieren- und Nierenbeckenentzündung und bei Blasenentzündung, ferner bei Nierenkoliken, Bronchitis und Husten.
	**Schwarznessel** (*Ballota nigra* L., Lippenblütler). Hecken und Schutt, oft zusammen mit Brennesseln. Blütezeit im August. □ Heilmittel des Nervensystems: Angstzustände und Schlaflosigkeit, nervöse Störungen des Verdauungssystems. Als alkoholischer Pflanzenauszug verwendet: 8 Tage lang die frische Pflanze in gleichem Volumen in Alkohol einlegen, passieren und filtern. Dosis für Erwachsene 20–30 Tropfen morgens und abends.
	**Basilikum** (*Ocymum basilicum* L., Lippenblütler). Aus Indien, bei uns kultiviert. Blütezeit Juni bis August. □ Die Blüten sind ein gutes Heilmittel gegen Magenkrämpfe bei Nervosität. Aufguß aus einem Eßlöffel Blüten pro Tasse kochendes Wasser. Man kann auch Basilikum und Weißdorn mischen (2 Eßlöffel pro Tasse mischen), um Schlaflosigkeit und Nervosität zu lindern.
	**Königskerze** (*Verbascum thapsus* L., Rachenblütler). Unbebaute und trockene Flächen. Blütezeit Juli–August. □ Der Blütenaufguß aus 30 g pro Liter Wasser mit 20 g Mohnblüten, 10 g Malvenblüten und 20 g Huflattichblüten ist wegen seiner beruhigenden Wirkung ein Heilmittel bei Erkrankungen der Atemwege. Wirkt dämpfend bei Durchfall, Entzündungen des Dünndarms sowie bei Blasenentzündungen.

171

FLORA

NUTZPFLANZEN

Pflanze	Name und Verwendung
	**Borretsch** (*Borago officinalis* L., Rauhblattgewächs). In Gärten und am Rande von Siedlungen. Blütezeit Mai bis Juni. □ Der Blattsud von 30 g/Liter ist wegen der entzündungshemmenden Wirkung ein Heilmittel für Bronchitis, Lungenentzündung, Rippenfellentzündung. Etwa 5 g getrocknete Borretschblüten pro Tasse nehmen. Der frische Borretschsaft wirkt bei akuter Nierenentzündung mit Ödem.
	**Heidekraut** (*Calluna vulgaris* [L.] Hull, Heidekrautgewächs). Auf Moor- und Sandböden. Blütezeit Juli–September. □ Diese Pflanze ist ein stark harntreibendes Mittel mit antiseptischer Wirkung auf die Harnwege. Die Blüten werden im Sud von 30 g/Liter, durch Kochen auf 700 cl reduziert, verwendet. Bei der Behandlung von Blasenentzündungen mit Waldmeister (20 g nach dem Kochen hinzugeben) wirksam.
	**Kamille** (*Matricaria chamomilla* L., Korbblütler). Auf Äckern und Wiesen. Verdauungsprobleme, Verstopfung oder Durchfall, Neuralgien, Migränen und Fieber werden durch Aufguß (1 Eßlöffel Blüten auf 150 g kochendes Wasser) behandelt; nach dem Essen zu trinken. Der 1%ige Aufguß wird zur Behandlung von Schleimhautentzündungen, Augenentzündungen und entzündeten Wunden verwendet.
	**Kümmel** (*Carum carvi* L., Doldenblütler). Kalkhaltige Wiesen. Blütezeit Mai bis Juli. □ Gegen Verdauungsträgheit, Luftschlucken, Krämpfe im Magen-Darm-Bereich. Leichtes Beruhigungsmittel bei Nervosität, erhöht die Milchproduktion bei stillenden Frauen. In einem Aufguß mit einem Teelöffel Früchte pro Tasse dreimal täglich zu sich nehmen.
	**Koriander** (*Coriandrum sativum* L., Doldenblütler). Kulturpflanze im Mittelmeerraum. Blütezeit Juli und August. □ Wirkt auf die Verdauungswege (Durchfall, Vergiftungen der Verdauungswege) und bei Nervosität entspannend. Man gießt 1 oder 2 Teelöffel pro Tasse kochendes Wasser auf (10 Min.); 1 Tasse nach jeder Mahlzeit.

Pflanze	Name und Verwendung
	**Fenchel** (*Foeniculum vulgare* Miller, Doldenblütler). Aus dem Mittelmeergebiet, bei uns stellenweise kultiviert. □ Die Samen regen den Verdauungsapparat an, vertreiben Koliken und sind milchtreibend: Aufgüsse mit einem Teelöffel Samen auf 1 Tasse Wasser nach dem Essen. Die Wurzel ist harntreibend: Aufguß mit 30–60 g Wurzeln, gemischt mit Echtem Alant (30 g), Schachtelhalm (30 g) und Glaskraut (30 g) pro Liter Wasser (1 Std. ziehen lassen).
	**Besenginster** (*Sarothamnus scoparius*, Leguminose). Kieselerdehaltige Böden, Lichtungen, Brachland, nicht auf kalkhaltigen Böden. □ Blütenaufguß (20 g pro Liter Wasser): 3–5 kleine Gläser am Tag. Heilt Ödeme, Wassersucht, Nierenentzündung, Gicht, Rheumatismus, Hautentzündungen, Rippenfell- und Lungenentzündung sowie Grippe. Als heiße Kompressen den Aufguß auf geschwollene Gelenke und kalt auf Abszesse auftragen.
	**Gelber Enzian** (*Gentiana lutea* L., Enziangewächs). Gebirgsweiden und Anbau. □ Die Pflanzenwurzel wird zur Herstellung von Aperitifs verwendet und hat eine belebende, appetitanregende und fiebersenkende Wirkung. Der Enzian bekämpft Schwäche und fördert die Erholung. Erleichtert auch die Verdauung, beseitigt sowohl Verstopfung als auch Durchfall. 10 bis 20 g zerstampfte Wurzeln pro Liter in Wasser oder Wein einlegen.
	**Eibisch** (*Althea officinalis* L., Malvengewächs). An Gewässern, vor allem am Meer. □ Die Wurzel hat deutlich lindernde Eigenschaften. Heilmittel gegen Entzündungen und Reizungen (Aufguß mit 30 g Wurzeln pro Liter lauwarmes Wasser). In äußerlicher Anwendung und als Sud wirkt sie als Kompresse gegen Dermatosen und Furunkel, in Gurgellösungen lindert sie Entzündungen im Mund.
	**Ysop** (*Hyssopus officinalis* L., Lippenblütler). Beheimatet in Südwestasien bis Südeuropa, in Deutschland kultiviert, oftmals verwildert und im Süden zuweilen eingebürgert. □ Die Blüten der Pflanze lindern Husten und fördern das Abhusten. Aufguß mit 10 oder 20 g Blüten pro Liter (1 Stunde ziehen lassen) bei Bronchitis und starkem Husten. Als Gurgellösung hilft sie bei Mandelentzündung. Als Kompresse heilt sie Blutergüsse.

Pflanze	Name und Verwendung
	**Lavendel** (*Lavandula angustifolia*, Lippenblütler). Wird in Deutschland als Zierpflanze angebaut; im Mittelmeergebiet heimisch. □ Der Aufguß aus 5–10 g getrockneten Blüten pro Liter Wasser wirkt gegen Verdauungsstörungen und bekämpft Benommenheit. Heilt Infektionskrankheiten, Bronchitis und Grippe durch schweißtreibende Wirkung. Äußerlich fördert die Lavendelessenz die Wundheilung und hilft bei Dermatosen.
	**Gundelrebe** (*Glechoma hederacea* L., Lippenblütler). An Weg- und Waldrändern. □ Sie ist eine der wirksamsten Pflanzen zur Behandlung von Husten und von chronischem Bronchialkatarrh; man verwendet ihre Blüten als Aufguß (15–30 g Blüten pro Liter Wasser; 2–3 Tassen pro Tag).
	**Gemeiner Andorn** (*Marrubium vulgare* L., Lippenblütler). Auf trockenen Weiden, Ödland, an Wegrändern. Nur an sehr warmen und sonnigen Stellen. □ Der Aufguß mit 30 g Blüten pro Liter Wasser fördert die Beseitigung von Bronchialschleim bei Bronchitis, Luftröhrenentzündung, Husten und Asthma. Fiebersenkend; lindert Magenschmerzen und Ruhr. Beseitigt Herzrhythmusstörungen.
	**Melisse** (*Melissa officinalis* L., Lippenblütler). Am Wegrand, zusammen mit Brennesseln und Andorn. Blütezeit Juni bis September. □ Der Aufguß von 15 bis 20 g Blüten pro Liter Wasser ist ein krampflösendes Mittel, das auch bei nervösen Störungen hilft: Schlaflosigkeit, Migräne, Zittern, Schwindelgefühle, allg. Nervosität und folglich nervös bedingte Magenkrämpfe.
	**Poleiminze** (*Mentha pulegium* L., Lippenblütler). Auf feuchten Wiesen und an Gewässern. Blütezeit Juni bis August. □ Blütenaufguß aus 10 oder 20 g pro Liter Wasser für die Behandlung von Katarrh, Bronchitis und Keuchhusten. Hilft der Verdauung, beseitigt Blähungen nach den Mahlzeiten. Die Blätter bekämpfen wirksam Flöhe in der Behausung und im Fell der Haustiere.

FLORA

Pflanze	Name und Verwendung
	**Johanniskraut** (*Hypericum perforatum L.*; Hartheugewächse). Unbebaute, trockene Orte, Wegränder, Lichtungen, Weiden. Blütezeit Juni bis September. ☐ Blütenaufguß mit 15–30 g pro Liter Wasser heilt chronische Blasenentzündungen. Der Sud in Öl heilt Verbrennungen und Geschwüre, lindert Verstauchungen und Rheuma. Möglichst viele Blüten in einem Becher Öl am Sonnenlicht mazerieren: Öl färbt sich nach und nach rot.
	**Wilder Majoran, Dost** (*Origanum vulgare L.*, Lippenblütler). Kalkhaltige und trockene Hänge, Waldränder und Böschungen. Blütezeit Juli bis September. ☐ Aufguß mit 10–20 g Blüten pro Liter Wasser bekämpft Verdauungsstörungen sowie Luftschlucken und Blähungen. Behandlung von starken Hustenanfällen und Keuchhusten. Äußerlich lindern die warm auf Rheumastellen aufgelegten Blüten die Schmerzen.
	**Glaskraut** (*Parietaria officinalis L.*, Nesselgewächse). Alte Mauern und Schutt. ☐ Aufguß aus 30 oder 40 g getrockneten Pflanzen pro Liter Wasser hilft bei der Beseitigung von Nierensteinen, da er harntreibend wirkt (4 Tassen pro Tag). Ist auch beruhigend und lindert Entzündungen und Krämpfe der Harnwege und der Blase. Bei hohem Oxalsäuregehalt nicht geeignet.
	**Großer Wegerich** (*Plantago major L.*, Wegerichgewächs). Wege und unbebautes Land, Weiden. Blütezeit Mai bis November. ☐ Sud aus 50–60 g der Pflanze, die 3 Min. gekocht und 10 Min. gezogen hat. Beruhigt Husten und stillt Nasenbluten. Die gut mit kochendem Wasser gewaschenen Blätter fördern die Wundheilung und helfen bei Krampfadern. Der Aufguß von 10 g in kochendem Wasser heilt Lid- und Bindehautentzündungen.
	**Ackerschachtelhalm** (*Equisetum arvense L.*, Schachtelhalmgewächs). Feuchte Stellen. ☐ Remineralisierende Pflanze (Pulver der getrockneten Pflanze, 2 g zweimal täglich), beschleunigt Verheilung von Brüchen. Der Sud ist harntreibend (50 g der getrockneten Pflanze pro Liter Wasser, 15 Min. gekocht, mehrere Tassen täglich) und stillt Blutungen. Äußerlich wirkt er gegen Ekzeme, Beingeschwüre, Juckreiz, Entzündungen.

Pflanze	Name und Verwendung
	**Echtes Mädesüß** (*Filipendula ulmaria Maxim*, Rosengewächs). Ufer von Bächen und Flüssen. Blütezeit Juni bis September. ☐ Schweiß- und harntreibend, daher zur Behandlung von Wassersucht, Ödemen an Gliedern, akutem Gelenkrheuma und Rheuma allgemein geeignet. Alkoholischer Auszug und Blüten im gleichen Gewicht werden 8 Tage lang mazeriert (3–4 Teelöffel pro Tag).
	**Rosmarin** (*Rosmarinus officinalis L.*, Lippenblütler). Im Mittelmeergebiet an trockenen Stellen. Blütezeit ganzjährig. ☐ Blütenaufguß mit 30 oder 40 g pro Liter Wasser (2–3 Gläser pro Tag) ist ein krampflösendes Mittel (nervöses Erbrechen, Asthma, Keuchhusten). Bei Leberinsuffizienz. Bei äußerlicher Anwendung lindert der Blütensud mit 50 g pro Liter Wein, 5 Min. gekocht und 15 Min. gezogen, Verstauchungs- und Prellungsschmerzen.
	**Brombeere** (*Rubus sp.*, Rosengewächs). Waldrand, Hecken, am Wegrand. ☐ Der Aufguß von 50 g Brombeerblättern pro Liter Wasser muß 5 Min. kochen und 10 Min. ziehen. Er stoppt Durchfälle, Ruhr, Uterusblutungen und lindert Magenentzündungen (3 Tassen täglich). Äußerlich angewandt, lindert der zum Gurgeln verwendete Sud Angina und Entzündungen in Mund- und Rachenraum.
	**Blutweiderich** (*Lythrum salicaria L.*, Weiderichgewächs). Gewässerrand und feuchte Stellen. Blütezeit Juni–September. ☐ Der Sud von 40 g Blüten pro Liter Wasser hilft bei infektiösem Durchfall, bei Magengeschwüren, Uterusblutungen, Bluthusten und Hämorrhoiden (½ l täglich). Äußerlich angewandt, lindert der Sud mit 6 g pro Liter als Kompresse Juckreiz bei Ekzemen und im Schambereich.
	**Bohnenkraut** (*Satureja hortensis L.*, Lippenblütler). Auf Felsen und trockenen und sandigen Hängen in Süd- und Südwestfrankreich. Blütezeit Juli–September. ☐ Gegen Durchfall, wirkt als Sud von 20–30 g der getrockneten Pflanze pro Liter Wasser (3 Tassen täglich) anregend. Der Aufguß mit 30 g/l lindert Angina und Aphthen und bekämpft Soor. Äußerlich hilft er bei Mykosen, Furunkel und der Wundheilung.

Pflanze	Name und Verwendung
	**Salbei** (*Salvia officinalis L.*, Lippenblütler). Aus Südeuropa und dem Orient stammend, in Deutschland kultiviert und teilweise verwildert. Blütezeit Mai–Juli. ☐ Aufguß mit 15 g/l (1 Tasse nach jeder Mahlzeit) lindert Schwindel, Benommenheit, Depressionen, Streß, unterstützt die Genesung, stoppt Durchfälle. Heilmittel für Frauenkrankheiten: Amenorrhö und Dysmenorrhö, Weißfluß und Menopause.
	**Ackerringelblume** (*Calendula arvensis L.*, Korbblütler). Im Mittelmeergebiet beheimatet, in Deutschland im Süden auf Äckern und in Weinbergen eingebürgert. ☐ Die Ackerringelblumentinktur (Mazeration aus 50 g getrockneter Blüten in 250 g Alkohol 10 Tage lang) heilt Amenorrhö, Dysmenorrhö mit 10 Tropfen Tinktur dreimal täglich in der Woche vor der Regel. 3%iger Aufguß wirkt entzündungshemmend.
	**Thymian** (*Thymus vulgaris L.*, Lippenblütler). Aus dem Mittelmeergebiet, in Deutschland als Gewürz- und Heilpflanze kultiviert. Blütezeit April–Juli. ☐ Der Aufguß von 10 oder 20 g der getrockneten Pflanze pro Liter Wasser hilft bei chronischer Bronchitis, krampfartigem Husten oder Keuchhusten. Äußerlich angewandt wird der wäßrige Sud bei Wunden und Geschwüren sowie bei Prellungen und Verstauchungen.
	**Huflattich** (*Tussilago farfara L.*, Korbblütler). Feuchte ton- oder mergelhaltige Äcker, Wegrändern, steinige Matten, Moränen. Blütezeit März–April. ☐ Eines der besten Hustenmittel. Bei Schnupfen, Bronchitis, Entzündung der Luftröhre wird der Aufguß mit 5 g Blüten pro Tasse, eventuell mit Ysop und Wegerich zusammen, angewandt. Diese Pflanze wirkt ebenfalls gegen Skrofulose.
	**Baldrian** (*Valeriana officinalis L.*, Baldriangewächs). Am Rande von Gewässern, Weiden und feuchten Gräben. Blütezeit Mai bis Juli. ☐ Er wird bei Migräne, Schlaflosigkeit, nervös bedingten Herz- oder Magenschmerzen, Zuckungen bei Kindern empfohlen. Die Tinktur von 50 g getrockneter Wurzeln pro 250 g Alkohol, die 48 Std. mazeriert wurde, wird vor dem Schlafen eingenommen (40 bis 50 Tropfen).

FLORA

NUTZPFLANZEN

GEWÜRZE

Für die Bewohner des Abendlandes steht ›Gewürze‹ für ›Ferner Osten‹; tatsächlich stammen die wichtigsten Gewürze aus Indien und Südostasien. Die Probleme des Handels im Mittelalter machten diese Güter so kostbar, daß sie den gleichen Wert wie Gold hatten. Andererseits waren die Nahrungsmittel bis zum 16. Jh. stark gewürzt. Einige Abgaben und Steuern wurden im übrigen in dieser Zeit in Form von Gewürzen geleistet. Indien war einer der Hauptproduzenten (von dort stammt der berühmte Curry, für den es zahlreiche Rezepte gibt). Obwohl Indien im Mittelalter seine Gewürze in alle Welt ausführte, importierte es gleichzeitig Gewürze aus den angrenzenden Ländern wie der indonesischen Inselwelt. Die arabischen Händler lieferten den Europäern zahlreiche in diesen Ländern gekaufte Gewürze; sie waren zu dieser Zeit ein wichtiger kultureller Zwischenträger zwischen dem Fernen Osten und dem Abendland. Die Entdeckungsfahrt nach Amerika hatte keinen anderen Grund als die Suche nach diesen kostbaren indischen Gewürzen. Nachdem die Seefahrt auf der ganzen Welt florierte, machten die westlichen Länder aus den östlichen Gebieten Kolonien, um sich die Produktion und den Handel der so begehrten Gewürze zu sichern. In diesem Sinne bestraften die Holländer alle Ausländer mit dem Tod, die von ihren indonesischen Besitzungen junge Muskatpflanzen (die die Muskatnuß hervorbringen) mitzunehmen versuchten.

Spätestens ab Anfang des 19. Jh. verloren die Gewürze nach und nach ihre kommerzielle Bedeutung.

DIE BIENE UND DIE VANILLE

Lange Zeit hindurch versuchte man, die Vanille außerhalb ihres Herkunftslandes Mexiko zu kultivieren. Nun ist jedoch die Ausbildung der Vanilleschoten von der Befruchtung dieser Orchidee durch eine ganz besondere Bienenart abhängig. Erst nach Einführung der manuellen Befruchtung konnte sich der Vanilleanbau auch auf andere tropische Länder, insbesondere auf Madagaskar, ausweiten.

Pflanze	Name und Beschreibung
	**Schwarzer Pfeffer** (*Piper nigrum* L., Pfeffergewächs). Infolge der Feldzüge Alexanders des Großen an die Ufer des Indus wurde der Pfeffer allgemein in Griechenland eingeführt. Die Pfefferpflanze ist eine mehrjährige Kletterpflanze mit holzigem Stamm und einfachen, wechselständigen, lanzettförmigen Blättern. Die ährenförmigen Blütenstände bringen als Früchte die Pfefferkörner hervor. Die Ähren werden vor der Reife gepflückt und getrocknet. Dabei werden die grünen Früchte schwarz.
	**Muskat** (*Myristica fragrans* Houtt., Muskatnußgewächs). Die bei den Griechen der Antike unbekannte Muskatnuß wurde bei den Arabern aus Indien eingeführt. Die Muskatnuß ist der Samen der Frucht des Muskatnußbaumes, eines in Indonesien beheimateten Baums. Diese Frucht hat eine dicke, orangerote Haut, aus der man die Muskatblütenessenz gewinnt. Die Holländer verhinderten aus offensichtlich kommerziellen Gründen sehr lange die Verbreitung des Anbaus dieses Gewürzes.
	**Gewürznelke** (*Eugenia caryophyllata* Thunb., Myrtengewächs). Der Gewürznelkenbaum ist ein Baum von etwa zehn Metern Höhe, dessen immergrüne Blätter winzig kleine Drüsen besitzen, die einen Aromastoff absondern. Die Nelken sind nichts anderes als die Blütenknospen, die man erntet, wenn sie rot sind, und anschließend trocknet. Man gewinnt daraus ebenfalls ein beruhigendes, von den Zahnärzten verwendetes ätherisches Öl.
	**Ingwer** (*Zingiber officinalis*, Ingwergewächs). Der Ingwer ist eine Staude von etwa 1,50 m Höhe, mit langen lanzettlichen Blättern und grünlichgelben Blüten. Der Wurzelstock ist der Teil der Pflanze, der als Gewürz verwendet wird; er wird mit oder ohne Rinde verkauft. Das Fleisch dieses Wurzelstocks ist hellgelb. Der Ingwer wird bei der Zusammensetzung des Currypulvers verwendet und wird auch kandiert verzehrt.
	**Zimt** (*Cinnamomum zeylanicum*, Lorbeergewächs). Die Rinde der jungen Zweige des Zimtbaumes liefert den braunroten Zimt. Der in Ceylon beheimatete kleine Baum besitzt ovale, dreigerippte, zähe und glänzende Blätter mit einem aromatischem Geruch. Seine Rinde wird erst geerntet, wenn er 6 bis 8 Jahre alt ist. Der Zimt, der im Alten Testament, insbesondere im 2. Buch Mose, erwähnt wird, diente zur Herstellung der heiligen Salben.

Pflanze	Name und Beschreibung
	**Vanille** (*Vanilla planifolia* Andr., Orchidee). Die Vanille ist eine Kletterpflanze aus Mexiko, die sehr groß werden kann. Ihre schotenähnlichen Kapselfrüchte werden nach einer langen Vorbereitung, durch die sich ihr Aroma entwickelt, als Gewürz verwendet. Die Azteken nannten diese Vanilleschoten *Tlilxochitl* und benutzten sie zur Verfeinerung ihrer Kakaogetränke.
	**Paprika** (*Capsicum annuum* L., *Capsicum frutescens*, Nachtschattengewächs). Die Paprikapflanzen bringen leuchtend gefärbte, vielsamige Beerenfrüchte hervor. Der Gewürzpaprika besitzt meist leuchtend rote, scharf schmeckende Früchte. Einige Sorten von *Capsicum annuum* tragen dicke Früchte mit einem viel milderen Geschmack, die man *Gemüsepaprika* nennt. Der *ungarische Paprika* ist ebenfalls ein Produkt dieser Paprikaart, hat jedoch nicht die Schärfe des Cayennepfeffers (*Capsicum frutescens*).
	**Kardamom** (*Eletteria cardamomum*, Ingwergewächs). Der Kardamom ist ein seit sehr langer Zeit in Indien bekanntes Gewürz und Heilmittel. Er wird in einem der Heiligen Bücher, dem Yajurveda, erwähnt, das die Heilstoffe behandelt. Der Kardamom ist eine 2 bis 3 m hohe Pflanze mit lanzettlichen Blättern. Die Früchte sind bräunliche Kapseln, die kleine braune und aromatische Körner mit pfefferartigem Geschmack enthalten.
	**Safran** (*Crocus sativus* L., Schwertliliengewächs). Der Safran ist eine seit der Antike angebaute Zwiebelpflanze, welche schöne bläuliche Blüten mit gelben Staubblättern und rötlichen Stempeln hervorbringt. Diese werden geerntet, da sie einen sehr geschätzten Aromastoff enthalten. Für 1 kg Safran müssen Zehntausende von Stempeln von Hand gepflückt werden; dies erklärt den hohen Preis dieses Gewürzes. Der Safran wird in der spanischen Küche reichlich verwendet.
	**Kurkuma** (*Curcuma longa* L., Ingwergewächs). Die Wurzelstöcke dieser Pflanze ergeben das Gewürz. Ihr gelborangefarbenes Fleisch hat einen aromatischen Duft, der dem der Muskatnuß ähnelt, und einen bitteren Geschmack. Die Inder nutzen es, um ein Milchgetränk herzustellen, das bei Schnupfen helfen soll. Früher war die Kurkuma ein Heilmittel bei Leberkrankheiten und Verdauungsstörungen. Wie der Paprika und der Ingwer dient er der Herstellung von Currypulver.

FLORA

HOLZVERWENDUNG

Das aus den Wäldern stammende Holz kann als Nutzholz, in zerkleinerter Form zur Papierherstellung oder als Brennholz dienen.

Brennholz wird unterteilt in *Hartholz* (Eiche, Buche, Ahorn, Esche, Weißbuche), in *Weichholz* (Birke, Erle, Linde) und in *Harzholz* (Kiefer, Tanne). Zur Papierherstellung nimmt man *Papierholz,* vor allem Harzhölzer.

Für Jachten werden exotische Hölzer wie Teakholz verwendet, die im Wasser nicht faulen und kaum von Bohrwürmern befallen werden. Die Bauschreinerei benutzt Buchen, Eichen, Tannen und Kiefern. Die Möbelschreinerei bedient sich der heimischen Hölzer: Eiche, Kirsche, Ahorn, Birnbaum, sowie exotischer Hölzer: Australische Kiefer (*Pinus australis*) und Hickory (*Carya alba*) amerikanischen Ursprungs und aus Afrika stammende Hölzer (*Khaya senegalensis* und *Khaya ivorensis*), die dem Mahagoni ähneln. Das echte Mahagoni ist das Holz der Art *Swietina mahagoni,* eines großen Baumes, der in den Wäldern Kubas, Santo Domingos, Mexikos und Nicaraguas vorkommt. Holz findet auch anderweitig Verwendung: Schachfiguren werden aus Buchsbaumholz gefertigt. Nußbaum-, Birnbaum- und Lindenholz werden für Skulpturen verwendet, Musikinstrumente werden u. a. aus Ahorn, Kirschbaum und Fichte hergestellt.

HOLZ FÜR GEIGEN

Die Geigenbauer setzen zahlreiche Holzsorten ein. Der Kopf, der Hals, die Zargen und die Stege sind aus Ahornholz; die Decke und der Boden aus Fichtenholz; das Griffbrett, der Saitenhalter und der Sattelknopf aus Ebenholz und die Wirbel aus Ebenholz oder Palisander.

FASERPFLANZEN

Die am weitesten verbreiteten Faserpflanzen sind Baumwolle, Hanf, Jute und Echter Lein; es gibt jedoch noch zahlreiche andere, weniger bekannte Faserpflanzen.

Die Baumwollpflanze (*Gossypium herbaceum*) aus der Familie der Malvengewächse bringt Früchte hervor, die sich bei Reife wie eine Klappe öffnen. Die herausquellenden Samen sind jeweils von einem dichten Haarbüschel umgeben. Diese Haare sind bandartig abgeflachte und zum Teil schraubig verdrehte, bis 4 cm lange Samenhaare, die der Samenschale entspringen.

Der Echte Lein (*Linum usitatissimum*) ist eine Pflanze aus dem Orient, die in Europa weit verbreitet ist. Je nach Sorte wird sie zur Ölgewinnung angebaut, weil ihre Samen in großen Mengen Öl enthalten, oder zur Fasergewinnung; dann werden ihre Stengel geerntet. Zur Fasergewinnung führt man das *Rösten* durch, indem man die Stengel bis zu einem bestimmten Grad durch chemische oder biochemische Mittel verfaulen läßt. Nach dem Trocknen werden die Stiele zerstampft, damit sich die darin enthaltenen Fasern voneinander lösen. Man erhält dann zwei Produkte; eines wird *Werg* genannt und bei der Seilherstellung verwendet, das andere sind die eigentlichen Leinenfasern, aus denen man äußerst feste Stoffe herstellt.

Der Hanf (*Cannabis sativa*) ist eine Pflanze, deren trockene Stiele geerntet werden. Man röstet sie ebenfalls und führt dann ähnliche Arbeitsgänge wie beim Echten Lein durch. Man erhält eine Fasermasse geringerer Qualität als Leinen, aus der dann Schnüre, Fäden, Seile und grobe Stoffe hergestellt werden.

Die Jute (*Corchorus capsularis*), die auch *Kalkuttahanf* genannt wird, wird in Pakistan und Indien angebaut und ist fast 3 m hoch. Nach verschiedenen Arbeitsgängen zieht man die Fasern heraus, aus denen Sackgewebe, Tauwerke und Teppiche entstehen.

Der Sisal wird aus der Sisalagave (*Agave sisalana*) gewonnen. Diese Pflanze wird in Mexiko und Kuba angebaut. Ihre Fasermasse wird für Säcke, Gurte und Tauwerk verwendet. Eine weitere Agavenart (*Agave vivipara*) aus dieser Region bringt eine sehr viel feinere Faser als der Sisal hervor. Aus ihr werden Tuchstoffe hergestellt.

Der Manilahanf wird aus den Blattstielen einer Bananenstaudenart gewonnen (*Musa textilis*). Seine feinen und festen Fasern ergeben sehr schöne Stoffe. In Madagaskar wird die Palmenart *Raphia ruffia* angebaut, aus der man *Bast* herstellt. In Neuseeland wächst der Neuseeländer Flachs (*Phormium tenax*), aus dessen 1 bis 2 m langen Blättern man Fasern gewinnt, die gewebt oder zu Seilen gedreht werden können.

A · **Palisander.** Das violette Palisanderholz wird mit zunehmendem Alter heller und braun; es wird vor allem aus der *Dalbergia perrieri,* einem Baum aus Madagaskar, gewonnen.

B · **Eiche.** Das Eichenholz kann entweder aus der Wintereiche (*Quercus petraea*) oder der Stieleiche (*Quercus robur*) gewonnen werden.

C · **Mahagoni.** Echtes Mahagoni kommt von der amerikanischen Art *Swietena mahagoni,* die nicht mit den afrikanischen Mahagonibäumen verwandt ist.

D · **Zitronenbaum.** Dieses sehr harte Holz stammt vom *Citrus limon.*

E · **Pitchpin.** Dies ist das Holz von *Pinus palustris,* einer Kiefer aus den USA.

F · **Buche.** Die Buche ist in Europa heimisch. Ihr Holz ist ziemlich dicht.

G · **Ebenholz.** Das Ebenholz ist das Holz einer Diospyrosart, die mit dem Götterbaum verwandt ist.

H · **Hanf.**

I · **Baumwollblüte.**

J · **Flachsblüte.**

FLORA

NUTZPFLANZEN

BÜRSTEN, SPARTERIE, KÖRBE

Bürstenherstellung. Zur Herstellung von Bürsten verwendet man neben synthetischem Material äußerst widerstandsfähige Pflanzenfasern wie die Quecke. Man bedient sich des *Andropogon ischaemum*, auch *Besenquecke* genannt. Diese Pflanze wächst in Europa vor allem in Italien auf den sandigen Böden der Adriaküste. Die alle 3 oder 4 Jahre geernteten Wurzeln werden sortiert, gebleicht und zu harten Bürsten zusammengefügt. Ebenfalls für die Herstellung von Bürsten werden die borstigen Gefäßbündel der Blattscheiden (Piassava genannt) einiger Palmen verwendet: in Brasilien die Parapiassavapalme (*Leopoldinia piassaba*) und die Bahia-Piassavapalme (*Attalea funifera*), in Indien die Brennpalme (*Caryota urens*), in Afrika die Weinpalme (*Raphia vinifera*) und viele andere mehr.

Sparteriewaren. Die Sparterie verwendet dicke rohe oder geschälte Fasern, um Körbe, Matten und Fußmatten herzustellen. Der Name kommt vom *Espartogras,* einem Süßgras der Gattung *Lygea,* das in Spanien vorkommt und dessen schmale, lange und kräftige Blätter verwendet werden. Andere Materialien sind: Peddigrohr, Stroh, Halfa, Besenginster, Ried, Binsen, Segge und Palmen.

Korbflechterei. Die Weidenruten sind der Hauptwerkstoff der Korbflechterei und stammen hauptsächlich von der Korbweide (*Salix viminalis*). Daneben werden auch andere Weidenarten benutzt. Weiterhin verwenden die Korbmacher auch das Italienische Rohr (*Arundo donax*) und Material aus dem Orient, darunter Rotan und Bambus.

DIE PANAMAHÜTE

Diese berühmten, fast unverwüstlichen Hüte werden aus Fasern einer mit den Palmen verwandten Pflanze, der Panamapalme, hergestellt. Das ist ein Strauch von 2 bis 3 m Höhe, der an der Pazifikküste Panamas wächst. Man erntet seine fächerförmigen Blätter, bleicht sie in kochendem Zitronenwasser und läßt sie trocknen. Dann werden sie nach Anfeuchten von Hand geflochten.

A · **Besenquecke** (*Andropogon ischaemum*).

B · **Italienisches Rohr** (*Arundo donax*).

C · **Halfa** (*Stipa tenacissima*).

D · **Silberweide** (*Salix alba*).

PARFUMPFLANZEN

Parfums tierischen Ursprungs sind selten; die meisten stammen von Pflanzen. Geruchsstoffe bilden sich bei vielen Pflanzen, entweder in allen Organen (Lavendel, Minze) oder in den Blättern (Patschuli), in den Blüten (Rose), den Früchten (Orange), den Samen (Anis), den harzigen Säften (Tolu) oder auch im Holz (Sandel). Parfums werden meist durch Destillation gewonnen.

Pflanze	Name und Verwendung
	Andropogon muricatus (Süßgras). Aus den Wurzelstöcken dieser Pflanze, die auf der Insel Réunion, den Antillen und den Philippinen angebaut wird, wird das Vetiveröl gewonnen.
	Cananga odorata (Annonacee). Aus den gelben Blüten dieser Pflanze der Philippinen, die in den Tropen vielfach angebaut wird, wird das Ylang-Ylang-Öl gewonnen.
	Citrus aurantium (Rautengewächs). Pomeranzenöl wird aus den Blüten und Früchten des Pomeranzenbaumes gewonnen. Bergamottöl aus der Fruchtschale der Unterart Bergamotte.
	Jasminum officinale (Ölbaumgewächs). Das Jasminöl stammt meist von *Jasminum officinale.* Für 500 g Blütenöl braucht man 6000 kg Blüten.

Pflanze	Name und Verwendung
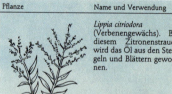	*Lippia citriodora* (Verbenengewächs). Bei diesem Zitronenstrauch wird das Öl aus den Stengeln und Blättern gewonnen.
	Pogostemon patchouli (Lippenblütler). Das Patschuliöl wird aus den Blättern und Blüten dieser in Indien, China und Java angebauten Pflanze gewonnen.
	Polianthes tuberosa (Amaryllisgewächs). Das Tuberosenöl wird aus der Tuberose gewonnen, die im Treibhaus angebaut wird. Die Pflanze ist 0,60 bis 1,20 m hoch und stammt aus Mexiko.
	Rosa centifolia (Rosengewächs). Das Rosenöl stammt insbesondere aus der Zentifolie, der Moschusrose und der Damaszenerrose. 3000 kg Blüten ergeben 1 kg Öl!

Pflanze	Name und Verwendung
	*Santalum album* (Sandelholzgewächs). Das Sandelholzöl wird aus der Rinde dieses 8–10 m hohen Baumes gewonnen, der wild in Indien in Mysore und Madras wächst.
	Sassafras albidum. (Myrtengewächs). Das Sassafrasöl stammt aus den Wurzeln und der Rinde dieses 8–15 m hohen Baums, der von Kanada bis Florida vorkommt.
	Styrax benzoin (Styraxgewächs). Das Benzoeharz wird aus diesem 20 m hohen Baum gewonnen, der vor allem in Sumatra und Laos angebaut wird.
	*Viola odorata* (Veilchengewächs). Das Veilchenparfum wird aus den Blüten dieser Pflanze gewonnen. Man benötigt etwa 10 t Blüten für 500 g Parfumkonzentrat.

3

KALENDER

Alle Kulturen haben eine Zeitrechnung geschaffen, durch die das tägliche
Leben und die religiösen Feiern geregelt werden konnten. Alle waren auch
bestrebt, einen zeitlichen Ablauf der Geschehnisse darzustellen.
Alle wurden dadurch veranlaßt, Kalender auszuarbeiten. Auch wenn heute der Gregorianische
Kalender überall Gültigkeit besitzt, so wird er manchmal im Alltag durch traditionellere Kalender ersetzt
(zum Beispiel in China oder Israel), die man also kennen muß.
Dieses Werk stellt natürlich
den Aufbau der wichtigsten in der Geschichte erstellten
Kalender vor. Es führt ebenfalls für die großen Kalender
der nicht westlichen zeitgenössischen oder vergangenen
Kulturen die Namen und Daten der wichtigsten Feste auf. Schließlich
werden die Umrechnungen in den allgemein üblichen
Gregorianischen Kalender angegeben.

INHALT

GRUNDLAGEN DES KALENDERS
KALENDERARTEN *178*
ZEITEINTEILUNGEN *178*
ÄREN *179*

ALTE KALENDER
ÄGYPTISCH *180*
BABYLONISCH *180*
GRIECHISCH *180*
MAYA *181*
AZTEKISCH *181*
RÖMISCH *182*
JULIANISCH *182*

KALENDER DER NEUZEIT
GREGORIANISCH *184*
JAHRESBEGINN *184*

IMMERWÄHRENDER KALENDER
EINEN TAG FINDEN *185*

REFORM
NEUE KALENDER *186*

RELIGIÖSE KALENDER
CHRISTLICH *186*
KOPTISCH *187*
JÜDISCH *188*
ISLAMISCH *189*

TRADITIONELLE KALENDER
HINDUISTISCH *190*
KAMBODSCHANISCH *190*
LAOTISCH *190*
TAMILISCH *191*
CHINESISCH *191*

ANDERE KALENDER
REVOLUTIONSKALENDER *192*

Siehe auch
Religionen und Mythen, S. 289 ff.
für die religiösen Kalender.
Formeln und Fakten, S. 1185 ff. für die Einheiten der Zeitmessung.

Redaktion und Texte
Philippe de La Cotardière, wissenschaftlicher Autor,
Generalsekretär der Redaktion (Wissenschaft und Technik).

GRUNDLAGEN DES KALENDERS

KALENDERARTEN

Ein Kalender ist ein System der Zeiteinteilung in Jahre, Monate und Tage. Je nach der zugrundeliegenden astronomischen Erscheinung werden danach drei Haupttypen von Kalendern unterschieden: Sonnenkalender, Mondkalender und Sonne-Mond-Kalender.

Sonnenkalender. Diese beruhen auf dem Wechsel der Jahreszeiten, das heißt auf der Umlaufzeit der Erde um die Sonne. Das Jahr hat 365 Tage, aufgeteilt in 12 Monate. Eine regelmäßige Anpassung ist jedoch erforderlich (*Schaltjahre*), weil die tatsächliche Umlaufzeit der Erde um die Sonne 365,25 Tage beträgt. In den primitiven Sonnenkalendern (vor allem in Ägypten) hatte das Jahr nur 360 Tage (*ungenaue Kalender*), was vielleicht mit der Aufteilung des Kreises in 360° und dem Sexagesimalsystem zusammenhing. Man fügte dem Jahr fünf zusätzliche Tage, die *Epagomenen*, mehr oder minder willkürlich an.

Mondkalender. Sie beruhen auf dem Zyklus der Mondphasen. Das Jahr hat 12 Monate mit 29 oder 30 Tagen im Wechsel und umfaßt 354 Tage, also eine runde Anzahl von Mondphasen. Der Unterschied von ungefähr 11,25 Tagen zum Sonnenjahr führt sehr schnell zu einer Verschiebung der Monate über die Jahreszeiten.

Sonne-Mond-Kalender. Sie vereinen die beiden oben aufgeführten Kalender. Wie bei den Sonnenkalendern hat das Jahr 365 Tage, die Monate jedoch werden soweit wie möglich an eine Mondphase angeglichen.

ZEITEINTEILUNGEN

In allen Kulturkreisen führten die Erfordernisse des Zusammenlebens zur Messung der Zeit:
– um die vergangenen Ereignisse einzuordnen oder Zukünftiges zu planen;
– um ein zeitliches Bezugssystem zur Regelung des Alltags zu besitzen.

Natürliche Zeiteinheiten: Tag, Monat, Jahr. Seit den frühen Kulturen hat die einfache Beobachtung der Natur drei regelmäßig auftretende astronomische Phänomene aufgezeigt, die zur Zeitmessung eingesetzt werden können: den periodischen Wechsel zwischen Tag und Nacht, die Folge der Mondphasen und den Zyklus der Jahreszeiten. Somit drängen sich drei natürliche Zeiteinheiten auf:
– der *Tag,* beruhend auf der Erdumdrehung;
– der *Monat,* beruhend auf der Bewegung des Mondes um die Erde;
– das *Jahr,* beruhend auf der Bewegung der Erde um die Sonne.

Diese drei Einheiten bilden die Grundlage des Kalenders (lat. *calendarium,* Schuldbuch, da bei den Römern die Zinsen an den Kalenden gezahlt wurden, die den ersten Tag im Monat bezeichneten), eines Systems zum Messen langer Zeiträume und zum Begründen einer praktischen chronologischen Erfassung. Später hat der Mensch zum Messen kurzer Zeiträume Uhren geschaffen, die Zeitabstände unter einem Tag festlegen und zählen: Stunden, Minuten und Sekunden. (Vgl. die Zeiteinheiten, S. 1186)

Der Tag, der *Mondmonat* (Zyklus der Mondphasen oder *Lunation*) und das *Jahr der Jahreszeiten* (oder *tropisches Jahr*) sind leider nicht kommensurabel: Der Mondmonat dauert durchschnittlich 29,530 588 Tage (also 29 Tage 12 Std. 44 Min. 2,8 Sek.) und das tropische Jahr 365,242 198 79 Tage (also 365 Tage 5 Std. 48 Min. 45,975 Sek.). Im Alltag müssen aber Jahr und Monat eine ganze Anzahl von Tagen dauern. Die verschiedenen Kalender der Geschichte waren deswegen keine genauen Kalender. Eine regelmäßige Anpassung war erforderlich, um mit den astronomischen Phänomenen, auf denen sie beruhen, übereinzustimmen.

Weitere Zeiteinheiten: die Woche. Die Woche ist eine Zeiteinheit, die vielen alten Kalendern gemein ist: Man findet sie in allen großen neuzeitlichen Kalendern wieder. Dieser Zeitraum von 7 Tagen scheint einen Ursprung zu haben, der mit den Mondphasen zusammenhängt, denn seine Dauer ist die volle Anzahl der Tage, die dem Zeitabstand am nächsten kommt, in dem die wichtigsten Mondphasen wechseln: Neumond, erstes Viertel, Vollmond, letztes Viertel. Neben dieser natürlichen und astronomischen Grundlage wurde die Woche möglicherweise zur Zeit der Babylonier durch eine astrologische Bedeutung gestützt: die besonderen Vorteile, die der Zahl 7 zugeschrieben werden, und der Zusammenhang mit den seit der Antike bekannten sieben wandernden Himmelskörpern. Diese Bedeutung scheint klar in der im 1. Jh. n. Chr. angenommenen römischen Nomenklatur durch, von der sich unsere heutige Nomenklatur ableitet: *dies lunae,* Tag des Mondes (Montag); *dies Martis,* Tag des Mars (Dienstag); *dies Mercurii,* Tag des Merkur (Mittwoch); *dies Jovis,* Tag des Jupiter (Donnerstag, nach Donar); *dies Veneris,* Tag der Venus (Freitag, nach Freija); *dies Saturni,* Tag des Saturn (Samstag); *dies Solis,* Tag der Sonne (Sonntag; christianisiert in *dies dominica,* Tag des Herrn, was im Französischen dann zu Dimanche führte). Nach dem römischen Historiker Dio Cassius (3. Jh.) haben diese Bezeichnungen ihren Ursprung in einem bereits bei den Ägyptern verwendeten System: nämlich die einzelnen Planeten in einer gewissen Ordnung den 24 Stunden des Tages zuzuordnen und jeden Tag nach dem Planeten zu benennen, der die erste Stunde beherrschte. Die Reihenfolge der Wochentage scheint aus einem alten kosmographischen System hervorgegangen zu sein, nach dem die Planeten um so weiter von der Erde entfernt waren, je mehr Zeit sie für ihre Bewegung am Himmel zwischen den Sternen benötigten.

Die Ägypter, Chinesen und Griechen rechneten zunächst in *Dekaden*. Die Babylonier verwendeten als erste die Woche. Ihre Anwendung im Abendland verbreitete sich allmählich in den ersten Jahrhunderten der christlichen Zeitrechnung: Schließlich wurde sie im Jahr 327 offiziell eingeführt.

Weitere Zeiteinheiten: das Jahrhundert. Das Jahrhundert ist ein Zeitraum von 100 Jahren. In der Chronologie werden die Jahrhunderte ab einem *Ära* genannten Ursprung gezählt. Das 1. Jh. der christlichen Ära begann am 1. Januar des Jahres 1 und endete am 31. Dezember des Jahres 100. Das 20. Jh. begann am 1. Januar des Jahres 1901 und wird am 31. Dezember 2000 enden.

Jahr der Jahrhundertwende wird ein Jahr genannt, dessen Jahreszahl mit 00 endet und das ein Jahrhundert abschließt: beispielsweise 1800, 1900 und 2000.

Das Wort Jahrhundert hatte nicht immer dieselbe Bedeutung. Die Römer unterschieden zwischen *natürlichen Jahrhunderten,* die auf die menschliche Lebensdauer bezogen wurden, und *Kalenderjahrhunderten*. Je nach Autor hatten beide Arten unterschiedliche Längen.

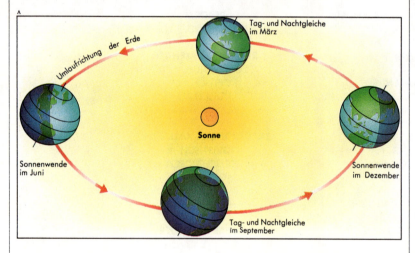

A · Die Jahreszeiten.
Die Unterteilung des Jahres in Jahreszeiten ergibt sich aus der Neigung (23° 26′) der Rotationsachse der Erde zur Bahnebene um die Sonne. Um die Sonnenwende im Juni sind die Tage in der nördlichen Hemisphäre am längsten, zur Sonnenwende im Dezember die Tage der südlichen Hemisphäre. An den Tagen der Tag- und Nachtgleiche (März und September) befindet sich die Sonne exakt in der Äquatorebene: Auf der ganzen Erde ist der Tag genauso lang wie die Nacht.

B · Die Mondphasen.
Je nach seiner relativen Stellung zur Erde und zur Sonne sehen wir den Mond in unterschiedlichen Phasen, die sich alle 29½ Tage wiederholen (Mondmonat oder Lunation).

KALENDER

ÄREN

In der Chronologie wird ein historisches Ereignis, das als Bezugspunkt zur Zählung der Jahre gewählt wird, Ära genannt.

Alte Ären:

– **Weltära:** Jahr der Erschaffung der Welt nach den Bibeltexten. Je nach Autor unterschiedlich: 5500 v. Chr. nach Julius Africanus, im 3. Jh. n. Chr. (Alexandrinische Weltära); 5493 v. Chr. nach dem ägyptischen Mönch Panodorus (Antiochia-Ära); 5509 v. Chr. nach Autoren im Konstantinopel des 7. Jh. (Ära von Konstantinopel); 3950 v. Chr. nach dem Chronologen J.-J. Scaliger im 16. Jh.; 5873 v. Chr. nach dem Zisterzienser P. Pezron im 17. Jh.; 4004 v. Chr. nach J. Usher, Erzbischof von Armagh (Irland) im Jahr 1648 (dieses Datum wird auch von Bossuet in seinem *Discours sur l'histoire universelle* angegeben);

– **Olympiaden-Ära** (oder nur *Olympiaden*): 776 v. Chr., Beginn der Olympischen Spiele mit feierlicher Eintragung des Namens der Sieger in offizielle Register;

– **Nabonassar-Ära:** 747 v. Chr., Regierungsantritt des Königs Nabonassar von Babylon (Ära nach dem griechischen Gelehrten Ptolemäus im 2. Jh. n. Chr., Nabonassar war der früheste Herrscher, den er im Zuge seiner chronologischen Forschungen finden konnte);

– **Philipp-Ära:** 323 v. Chr., der König von Makedonien und Nachfolger Alexanders des Großen, Philipp Arrhidaios, tritt die Regierung an;

– **Seleukiden-Ära:** 312 v. Chr., triumphale Rückkehr von Seleukos I. Nikator (311–281 v. Chr.) nach Babylon nach dem Sieg bei Gaza;

– **Arsakiden-Ära** (oder *Parthische Ära*): 241 v. Chr., Aufkommen der von Arsakes gegründeten Partherdynastie;

– **Sasaniden-Ära:** 224 n. Chr., Aufkommen der persischen Dynastie der Sasaniden;

– **Ära des Jasdgird III.:** 632 n. Chr., Auftreten des persischen Königs gleichen Namens;

– **Römische Ära** *(ab urbe condita)*: 753 v. Chr.; Gründung Roms (nach Varro, Geschichtsschreiber des 1. Jh. v. Chr.);

– **Kapitolinische Ära:** 752 v. Chr. (nach der Liste der römischen Konsuln);

– **Postkonsulare Ära:** 541 n. Chr. (Abschaffung des Konsulats in Rom);

– **Indiktionsära:** 312 n. Chr.;

– **Julianische Ära:** 45 v. Chr., Inkrafttreten der Kalenderreform von Julius Caesar, in Rußland bis 1918 verwendet;

– **Spanische Ära:** 38 v. Chr. (Jahr 716 der Römischen Ära). Vielleicht handelte es sich um eine Provinzialära des Römischen Weltreiches. Sie wurde bis 1383 in den Königreichen Kastilien und León und bis 1422 in Portugal verwendet;

– **Diokletian-Ära** (oder Märtyrer-Ära, wegen der Christenverfolgung): 284 n. Chr., Diokletian wird römischer Kaiser.

Buddhistische Ära: Vollmondtag des Monats *Pisak* (6. Monat) des Jahres 544 v. Chr., Todesjahr von Buddha nach der singhalesischen Überlieferung.

Samvat-Ära (Indien): 23. Februar 57 v. Chr.

Christliche Ära: Jahr nach der Geburt Christi nach den 532 von dem Mönch Dionysius Exiguus erstellten Berechnungen. Laut diesem Autor soll Jesus am 25. Dezember 753 der Römischen Ära geboren sein. Das 7 Tage später, am 1. Januar 754 beginnende Jahr wird als das Jahr 1 der christlichen Ära gezählt (Jahr 1 n. Chr.). Die Geburt Christi scheint nach neueren Erkenntnissen 4 bis 5 Jahre früher gewesen zu sein.

Üblicherweise springt man bei der Zählung der Jahre vor Christus vom Jahr 1 n. Chr. zum Jahr 1 v. Chr.: Das Jahr vor Beginn der christlichen Ära wird als das erste Jahr vor Jesus Christus gezählt. Die Astronomen jedoch zählen seit Cassini dieses Jahr lieber als das *Jahr Null* und beziffern die früheren Jahre mit -1, -2, -3... So sind die Bezeichnungen *Jahr n vor Chr.* und *Jahr $-(n-1)$* gleichwertig.

Saka-Ära oder **Große Ära** (indisch): beginnt am 15. März 78 n. Chr.

Mohammedanische Ära (Hedschra): 16. Juli 622 n. Chr. (Epochendatum Auszug Mohammeds nach Medina).

Cullasakaraja-Ära oder **Kleine Ära** (Laos): 21. März 638 n. Chr.

Jüdische Ära: 3761 v. Chr. (Jahr der Erschaffung der Welt nach dem Rabbiner Hillel im 4. Jh. n. Chr.).

Französische Revolutionsära: 22. September 1792 (Gründung der Republik Frankreich). Nur bis zum 31. Dezember 1805 in Gebrauch.

A, B, C, D
Die Jahreszeiten.
Das Leben auf der Erde vollzieht sich seit Jahrtausenden nach dem Wechsel der Jahreszeiten. Die Besonderheiten dieser natürlichen Zeiteinteilung haben zahlreiche Künstler inspiriert. So auch den italienischen Renaissancemaler Giuseppe Arcimboldo (1527–1593), von dem die abgebildeten ›Allegorischen Launen‹ stammen, wo Stilleben, Blumen, Früchte, Fische, Muscheln Figuren bilden, die die Jahreszeiten symbolisieren: den *Frühling* (A), den *Sommer* (B), den *Herbst* (C) und den *Winter* (D). Jedes Brustbild besteht aus den Merkmalen der dargestellten Jahreszeit. Der Blütenrahmen wurde wohl im 17. Jh. hinzugefügt. *(Louvre, Paris)*

KALENDER

ALTE KALENDER

ÄGYPTISCH

Typ. Der im alten Ägypten gebräuchliche Kalender (vermutlich ab dem 4. Jahrtausend v. Chr.) ergab sich aus der Kombination eines primitiven Mondkalenders und eines landwirtschaftlichen Kalenders, der sich nach der Nilüberschwemmung (und folglich nach den Jahreszeiten) richtete.

Jahr, Monat. Das Jahr hatte 365 Tage: 12 Monate mit 30 Tagen und 5 zusätzliche Tage (von den Griechen *Epagomenen* genannt). Die Monate waren auf 3 Jahreszeiten mit jeweils 4 Monaten verteilt: Akhet (Überschwemmung), Peret (Auftauchen des Bodens aus dem Wasser = Winter) und Shemou (Trockenheit = Sommer). Die Monate hatten keinen eigenen Namen, sondern waren nur durch ihre Stellung in ihrer Jahreszeit gekennzeichnet.

Die Nilüberschwemmung trat (mit gewissen Abweichungen) immer dann ein, wenn der Stern Sothis (heute Sirius), der hellste am Himmel, kurz vor Sonnenaufgang wieder auftauchte, nachdem er lange nicht zu sehen gewesen war. Dieser heliakische Aufgang des Sirius kennzeichnete den Jahresbeginn, den ersten Tag des ersten Monats der Überschwemmung.

Das ägyptische Jahr war mit seinen 365 Tagen um etwa einen Vierteltag kürzer als das tropische Jahr. Der Jahresbeginn verschob sich also allmählich gegenüber den Jahreszeiten. Nach einem Zeitraum von 1461 Jahren (Sothis-Periode oder Großes Jahr) war die Übereinstimmung des Kalenderjahres mit dem tropischen Jahr wieder hergestellt.

Wir wissen durch den lateinischen Schriftsteller Censorinus, daß der erste Tag des ägyptischen Kalenderjahres mit einem heliakischen Aufgang des Sirius im Jahr 139 n. Chr. (am 21. Juli) zusammenfiel. Ähnliche Zusammentreffen haben sich 1317, 2773 und 4229 v. Chr. ereignet.

Um eine Verschiebung des Jahresanfangs gegenüber den Jahreszeiten zu vermeiden, beschloß König Ptolemaios III. Euergetes im Jahre 238 v. Chr., alle vier Jahre einen sechsten Epagomenen-Tag einzufügen. Diese Reform konnte jedoch erst der römische Kaiser Augustus 30 v. Chr. durchsetzen: Das ägyptische Jahr begann dann am 29. August.

Die Tage wurden ab dem Sonnenaufgang gezählt, und das Verschwinden der abnehmenden Mondsichel in der Morgendämmerung kennzeichnete den Monatsbeginn. Jeder Tag war in 24 ungleiche Stunden unterteilt, Tag und Nacht umfaßten jeweils 12 Stunden.

Die Zählung der Jahre beruhte auf der Anzahl der Regierungsjahre eines Herrschers.

BABYLONISCH

Typ. Der babylonische Kalender war ein Kalender nach dem Zyklus der Mondphasen. Aus ihm entstand der jüdische Kalender.

Jahr, Monat. Das normale Jahr umfaßte 12 Monate mit 29 oder 30 Tagen, die auf dem Zeitabschnitt zwischen zwei aufeinanderfolgenden Neumonden beruhten: Das Auftauchen der Sichel des zunehmenden Mondes am Abendhimmel kennzeichnete den Beginn jedes Monats.

Der Jahresanfang war von Stadt zu Stadt verschieden, fiel jedoch im allgemeinen mit der ersten Mondphase nach der Tag- und Nachtgleiche im Frühjahr zusammen.

Die Bezeichnung Hundstage geht auf die alten Ägypter zurück. Sie hatten festgestellt, daß alljährlich um den 19. Juli (unserer Zeitrechnung) herum die Wasser des Nils zu steigen begannen. Das Ansteigen des Nils fiel mit dem Auftauchen eines hellen Sterns unmittelbar vor Sonnenaufgang zusammen. Weil es so aussah, als würde dieser Stern den Bauern das Ereignis ankündigen, verglichen ihn die Ägypter mit einem Hund: ägyptisch *sopt*, griechisch *sothis*.

HUNDSTAGE

Der heliakische Aufgang des Sopt (der Stern Sirius) wurde zu einem wichtigen Datum im alten Ägypten; das bürgerliche Jahr begann mit ihm.

Die griechischen Astronomen, die den Sternenhimmel mit Göttern und legendären Helden bevölkerten, gaben dem Sternbild, dessen hellster Stern Sothis ist, den Namen ›Großer Hund‹, weil es ihnen als Jagdbegleiter des Orion galt. Die Römer nannten den Stern Sothis (der heutige Sirius) *Canicula*, d. h. kleiner Hund. Später wurden im allgemeinen Sprachgebrauch die Tage, an denen dieser Stern in der Morgendämmerung aufgeht, als Hundstage bezeichnet. Weil dieser Zeitraum bei uns mit einer warmen Sommerperiode zusammenfällt, hat es sich eingebürgert, jede Hitzeperiode als Hundstage zu bezeichnen.

Die Feldarbeiten, die an den Vegetationszyklus gebunden sind, zeigten bald die Notwendigkeit, den Kalender regelmäßig anzupassen, um die Verschiebung zu kompensieren, die sich allmählich zwischen dem Mondjahr und dem Jahr der Jahreszeiten ergab. Diese Angleichung wurde durch Hinzufügen eines 13. Monats erreicht. Hierzu ordnete man jedem Monat den heliakischen Aufgang eines oder mehrerer Sterne zu. Wenn dieser Aufgang nicht in dem ihm zugeordneten Monat stattfand, beschloß der König, in diesem Jahr einen zusätzlichen Monat einzuführen, der den Namen des vergangenen Monats mit der Angabe II erhielt. Bis zum 6. Jh. v. Chr. waren die Einschübe unregelmäßig; man hatte Jahre mit 14 Monaten, 2 aufeinanderfolgende Jahre mit 13 Monaten usw. Erst im 5. Jh. v. Chr. stellten die Babylonier eine systematische Regel auf, die sieben Einschübe in 19 Jahren vorschrieb. Diese beruht auf der Beobachtung, daß 235 Mondmonate (das heißt 19 Mondjahre plus 7 Monate) genau 19 Sonnenjahre ergeben.

Monat. Die Monate hatten folgende Namen: Nisanu, Ayaru, Simanu, Duúzu, Abu, Ululu, Tashritu, Arakhsamna, Kislimu, Tebetu, Shabatu, Adaru. Die Monatsnamen des jüdischen Kalenders leiten sich daraus ab.

Der Monat *Adaru II* wurde in den 19 Jahren sechsmal eingeschoben, im 17. Jahr des Zyklus wurde stets der Monat *Ululu II* hinzugefügt.

Tag. Der Tag begann bei Sonnenuntergang und war in zwölf gleiche Einheiten *(bêru)* unterteilt, die jeweils einer Doppelstunde entsprachen, die wiederum in 60 Doppelminuten und diese in 60 Doppelsekunden unterteilt waren.

Die Zeitmessung geschah zunächst am Tage mit Hilfe der *Gnomone* und der *Polos* (halbkugelförmige Sonnenuhren), in der Nacht durch die Beobachtung von Sternaufgängen. Später verwendete man *Wasseruhren*.

GRIECHISCH

Typ. Die Griechen verwendeten zuerst einen reinen Mondkalender. Ab dem 6. Jh. v. Chr. bemühten sie sich, ihren Kalender auf die Jahreszeiten abzustimmen, aber die Anpassung an das Sonnenjahr blieb lange unzureichend.

Jahr. Das Jahr enthielt 12 Monate zu je 30 Tagen wie auch bei den Ägyptern. Dann ermöglichte das Abwechseln der Monate mit 30 Tagen (volle Monate) mit den Monaten von 29 Tagen (hohle Monate) eine bessere Übereinstimmung des Kalenders mit dem Zyklus der Mondphasen (Jahr mit 354 Tagen). Ein erster Versuch, den Jahreskalender an den Zyklus der Jahreszeiten anzupassen, wurde zur Zeit des Solon (6. Jh. v. Chr.) unternommen, indem alle zwei Jahre ein 13. Monat eingeschoben wurde. Dieses System wurde noch von den Makedoniern im 3. Jh. v. Chr. verwendet. Es führte jedoch allmählich zu einem zu langen Jahr.

432 v. Chr. entdeckte der Astronom Meton, daß 19 Sonnenjahre exakt 235 Mondphasen entsprechen. Nach dieser Periode *(Meton-Zyklus)* wiederholen sich die Mondphasen also an denselben Daten derselben Monate. Eine noch genauere Kenntnis der durchschnittlichen Dauer des Sonnenjahres wurde später dank der Entdeckungen von Kallippos (4. Jh. v. Chr.) und Hipparchos (2. Jh. v. Chr.) erzielt. Aber die Politiker kümmerten sich nie um diese Entdeckungen, die somit den Kalendern nicht zugute kamen. Um 200 n. Chr. ver-

▲ · **Ägyptischer Kalender.**
Ein Schrein mit Götterbild (sogenannter Naos) aus der XXX. Dynastie, auf dem die 36 Perioden von zehn Tagen des ägyptischen Jahres eingraviert sind. *(Louvre, Paris)*

KALENDER

wendeten die Griechen noch einen Zeitraum von acht Jahren, **Oktaeteris** genannt, dem sie drei eingeschobene Monate hinzufügten (jeweils im 3., 5. und 8. Jahr).

In Athen trugen die Monate die folgenden Namen: Hekatombaion, Metageitnion, Boedromion, Pyanepsion, Maimakterion, Poseideon, Gamelion, Anthesterion, Elaphebolion, Munichion, Targelion und Skirophorion.

Im makedonischen Kalender hießen die Monate Dios, Apellaios, Audynaios, Peritios, Dystros, Xanthikos, Artemisios, Daisios, Panemos, Loos, Gorpiaios und Hyperberetaios.

Tag. Der Tag begann bei Sonnenuntergang. Zur Zeit der Gedichte des Hesiod (9. und 8. Jh. v. Chr.) unterteilte man Tag und Nacht in nicht klar getrennte Abschnitte (Anfang, Mitte, Ende). Die Einführung von Sonnenuhren und dann von Wasseruhren ermöglichte die Aufteilung von Tag und Nacht in 12 Stunden wie in Ägypten. Danach dauerte abhängig von der Jahreszeit eine Stunde ungefähr 45 bis 75 Minuten (temporäre Stunden).

Zehn Tage bildeten eine *Dekade*. In den hohlen Monaten hatte die dritte Dekade nur neun Tage. In den ersten beiden Dekaden bezeichnete man die Tage durch ihre Stellung in der Dekade, mit Ausnahme des ersten Tags im Monat (Neumond), der *Neumonat* genannt wurde. Die dritte Dekade zählte man nach dem allmählichen Verschwinden des Mondes, und man sagte: 9. Tag vor Verschwinden, 8. Tag vor Verschwinden, und so weiter, bis zum letzten Tag des Monats, der *Triakade* (das Dreißigstel) genannt wurde.

MAYA

Der Kalender der Maya umfaßte eine unbestimmte Folge von Tagen, die geordnet, jedoch willkürlich und unabhängig von astronomischen Fakten war. Die Maya benutzten nämlich zwei Kalender:
– einen Ritualkalender von 260 Tagen, den Tzolkin;
– einen Sonnenkalender von 365 Tagen, den Haab.

Der Ritualkalender (der Tzolkin). Der Tzolkin umfaßte 20 Perioden zu 13 Tagen, die jeweils mit einem eigenen Namen und einer Zahl zwischen 1 und 13 bezeichnet wurden. Der Tag, der zur Zahl 1 gehörte, trug in jeder Periode einen anderen Namen. Die 20 unterschiedlichen Namen der Tage des Ritualkalenders der Maya sind: Ik, Akbal, Kan, Chicchan, Cimi, Manik, Lamat, Muluc, Oc, Chuen, Eb, Ben, Ix, Men, Cib, Caban, Eznab, Cauac, Ahan, Imix.

Der Sonnenkalender (der Haab). Der Haab umfaßte 18 Monate mit 20 Tagen und einen ›schlechten‹ Monat mit 5 Tagen. Diese Monate hießen jeweils: Pop, Uo, Zip, Zotz, Tzec, Xul, Yexkin, Mol, Chen, Yax, Zac, Ceh, Mac, Kankin, Muan, Pax, Kayab, Cumhu, Uayeb. Pop war der erste Monat im Jahr; der erste Tag eines Monats trug das Monatsdatum 0: Neujahr war also 0 Pop.

Verwendung. Beide Kalender wurden gemeinsam gebraucht. Das vollständige Datum eines Tages umfaßte die Angabe des Tzolkin, gefolgt von der des Haab. Beispiel: 2 Ik 0 Pop; der darauffolgende Tag 3 Akbal 1 Pop usw.

Von den 260 Tagen des Tzolkin konnten nur 52 den Haab beginnen. Die Kombination von Tzolkin und Haab brachte alle 18 890 Tage die Wiederholung der Tagesfolge mit sich. So maßen die Maya dieser kosmischen Periode, die 52 Haab oder 73 Tzolkin umfaßte, große Bedeutung bei.

Für lange Zeiträume verwendete man ein Zwanzigersystem mit dem Tag *(kin):*

20 kin = 1 uinal,
18 uinal = 1 tun = 360 Tage,
20 tun = 1 katun = 7 200 Tage,
20 katun = 1 baktun = 144 000 Tage,
20 baktun = 1 pictun = 2 880 000 Tage.

Der Beginn der Maya-Ära konnte als der 6. September des Jahres 3114 v. Chr. ermittelt werden. Er entspricht wahrscheinlich einem mythischen Ereignis, also keinem historischen oder besonderen astronomischen Anlaß.

A · **Aztekischer Kalender.**
Die Symbole der 20 Tage des aztekischen Sonnenkalenders sind auf einem Kreis um die Sonne, die in das Zentrum gestellt ist, angeordnet. *(Nationalmuseum für Anthropologie, Mexiko)*

AZTEKISCH

Der Aztekenkalender unterschied sich nicht wesentlich von dem Kalender der Maya.

Der Ritualkalender (der Tonalpohualli). Der Ritualkalender, *Tonalpohualli* genannt, umfaßte wie der *Tzolkin* der Maya 20 Perioden von 13 Tagen, die jeweils mit einem Eigennamen benannt waren (die sich größtenteils mit denen der Maya decken), der noch einer Zahl von 1 bis 13 folgt. Der Kalender war in vier oder fünf gleiche Teile unterteilt, von denen vier jeweils einem Teil der Welt und einer Farbe zugeordnet waren und der fünfte für den Mittelpunkt der Erde stand.

Die Azteken maßen der durch die Zahlen der Tage festgelegten Periode von 13 Tagen große Bedeutung bei, wobei jede der 20 derartigen Perioden unter die Schutzherrschaft einer besonderen Gottheit gestellt war. Eine ähnliche Liste von 20 Göttern war den Eigennamen der Tage beigegeben. Daneben gab es 13 Götter des Tages und 9 Götter der Nacht.

Der Sonnenkalender. Der Sonnenkalender von 365 Tagen ähnelte ebenfalls dem der Maya, obwohl er möglicherweise mit diesem nicht synchron war. Er umfaßte 18 Monate von 20 Tagen und fünf zusätzliche Tage, **Nemontemi** genannt, die als schlecht galten.

Die Jahre waren mit dem Namen eines besonderen Kalenderdatums bezeichnet, ohne daß man weiß, ob es sich um den ersten oder den letzten Tag des ersten Monats oder auch um den letzten Tag des letzten Monats im Jahr handelte.

In dem Zyklus von 52 Jahren, der durch die Kombination des Sonnen- mit dem Ritualkalender entstand, konnten die Jahre also vier verschiedene Namen haben: **Acatl** (Schilfrohr), **Tecpatl** (Stein), **Calli** (Haus) und **Tochtli** (Hase). Der Zyklus begann mit einem Jahr 2 Acatl und endete mit einem Jahr 1 Tochtli, das als schlechtes Vorzeichen galt.

Alle 8 Jahre wurde das erneute Zusammenfallen des Sonnenjahres mit dem synodischen Umlauf der Venus (584 Tage) gefeiert. Zwei Zyklen von 52 Jahren bildeten das ›Hohe Alter‹, das durch das erneute Zusammenfallen des Ritualkalenders, des Sonnenkalenders und des synodischen Umlaufs der Venus gekennzeichnet war.

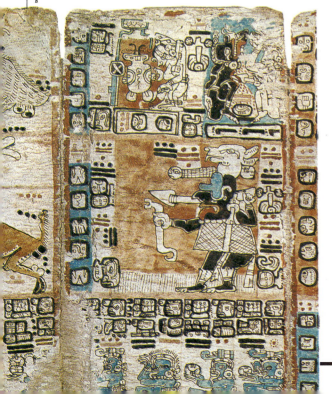

B · **Kalender der Maya.**
Fragment des Codex Tro-Cortesianus (13. Jh.), ein Wahrsagealmanach der Maya, in dem der Tzolkin eine wichtige Rolle spielt. Auf der linken Seite der dargestellten Szenen stehen die Symbole bestimmter Tage aus verschiedenen Perioden des 260-Tage-Zyklus. *(Amerikamuseum, Madrid)*

C · **Kalender der Maya.**
Ineinandergreifen von Tzolkin (links) und Haab (rechts).

KALENDER

ALTE KALENDER

RÖMISCH

U nser heutiger Kalender hat sich aus dem römischen Kalender entwickelt. Das einfache römische Jahr (Jahr des Romulus) hatte 304 Tage und 10 Monate (4 Monate mit 31 und 6 Monate mit 30 Tagen).

Im 7. oder 6. Jh. v. Chr. ging man zu einem Mondkalender mit einem Jahr von 355 Tagen über, die in 12 Monate unterteilt wurden. Die Monate begannen bei Neumond:
Martius (31 Tage), dem *Mars* gewidmet;
Aprilis (29 Tage), *Aperta* (Apollon) gewidmet;
Maius (31 Tage), *Maia* gewidmet;
Junius (29 Tage), *Junius Brutus* gewidmet (♀);
Quintilis (31 Tage)*, von *quintus,* der Fünfte;
Sextilis (29 Tage)**, von *sextus,* der Sechste;
September (29 Tage), von *septem,* sieben;
October (31 Tage), von *octo,* acht;
November (29 Tage), von *novem,* neun;
December (29 Tage), von *decem,* zehn;
Januarius (29 Tage), dem *Janus* gewidmet;
Februarius (28 Tage), dem *Februus* gewidmet.
(* wird im Jahre 716 der römischen Ära zu *Julius* zur Ehrung von Julius Caesar, der in diesem Monat geboren wurde;
** wird im Jahre 746 der römischen Ära zu *Augustus* zur Ehrung des Kaisers Augustus.)

Jeder Monat enthält 3 Abschnitte:
– die Kalenden (1. Tag des Monats),
– die Nonen (5. Tag [Monat mit 29 Tagen] oder 7. Tag [Monat mit 31 Tagen]),
– die Iden (13. Tag [Monat mit 29 Tagen] oder 15. Tag [Monat mit 31 Tagen]).

Von den Kalenden bis zu den Nonen wurde das Datum durch die Anzahl der Tage ausgedrückt, die bis zu den Nonen noch fehlten; von den Nonen bis zu den Iden durch die Anzahl der Tage bis zu den Iden und nach den Iden durch die Anzahl der Tage bis zu den Kalenden des nächsten Monats.

Der Tag vor den Kalenden, den Iden oder den Nonen wurde *Vortag* genannt. Der Tag vor dem Vortag trug nicht den Namen *zweiter Tag vor...* (den Kalenden, Iden oder Nonen), sondern er hieß *dritter Tag vor...* und so weiter mit einem konstanten Fehler von einer Einheit. Zum Beispiel war der 11. Januar der 3. Tag vor den Iden des Januar (13. Januar).

In dem Bemühen, den Kalender den Jahreszeiten anzupassen, fügten die Pontifices alle zwei Jahre entweder nach dem 23. Februar oder nach dem 24. Februar einen zusätzlichen Monat, den *Mercedonius,* mit 23 oder 22 Tagen ein. Am Ende dieses Monats fuhr man mit der Zählung der Tage des Februars fort. Dadurch erhielt das Kalenderjahr eine durchschnittliche Dauer von 366 Tagen.

Die Römer waren allerdings nicht in der Lage, das Kalenderjahr an die Jahreszeiten anzupassen. Nach verschiedenen Angleichungsversuchen erhielten die Pontifices das Recht, dem Mercedonius eine beliebige Dauer zu geben. So verlängerten oder verkürzten sie ein Jahr, je nachdem, ob sie die Konsuln oder deren Nachfolger begünstigen wollten. Diese Willkür wurde erst durch den Julianischen Kalender beseitigt.

JULIANISCH

D urch die Reform, die Julius Caesar auf Anraten des Astronomen Sosigenes von Alexandria im Jahr 708 der römischen Ära (46 v. Chr.) durchführte, wurde der Römische Kalender zum *Julianischen* Kalender.

Dieser, ein Sonnenkalender, beruht auf der Annahme, daß das Jahr der Jahreszeiten exakt 365,25 Tage dauerte.

DER RÖMISCHE KALENDER
(vor der Reform durch Julius Caesar)

Martius (Mars gewidmet)	Aprilis (Aperta gewidmet, ein Beiname von Apollon)	Maius (Maia gewidmet)	Junius (vielleicht Junius Brutus gewidmet)
Kalenden	Kalenden	Kalenden	Kalenden
VI vor den Nonen	IV vor den Nonen	VI vor den Nonen	IV vor den Nonen
V " "	III " "	V " "	III " "
IV " "	Vortag der Nonen	IV " "	Vortag der Nonen
III " "	Nonen	III " "	Nonen
Vortag der Nonen	VIII vor den Iden	Vortag der Nonen	VIII vor den Iden
Nonen	VII " "	Nonen	VII " "
VIII vor den Iden	VI " "	VIII vor den Iden	VI " "
VII " "	V " "	VII " "	V " "
VI " "	IV " "	VI " "	IV " "
V " "	III " "	V " "	III " "
IV " "	Vortag der Iden	IV " "	Vortag der Iden
III " "	Iden	III " "	Iden
Vortag der Iden	XVII vor den Kalenden des Maius	Vortag der Iden	XVII vor den Kalenden des Quintilis
Iden	XVI " "	Iden	XVI " "
XIX vor den Kalenden des Aprilis	XV " "	XIX vor den Kalenden des Junius	XV " "
XVIII " "	XIV " "	XVIII " "	XIV " "
XVII " "	XIII " "	XVII " "	XIII " "
XVI " "	XII " "	XVI " "	XII " "
XV " "	XI " "	XV " "	XI " "
XIV " "	X " "	XIV " "	X " "
XIII " "	IX " "	XIII " "	IX " "
XII " "	VIII " "	XII " "	VIII " "
XI " "	VII " "	XI " "	VII " "
X " "	VI " "	X " "	VI " "
IX " "	V " "	IX " "	V " "
VIII " "	IV " "	VIII " "	IV " "
VII " "	III " "	VII " "	III " "
VI " "	Vortag der Kalenden des Maius	VI " "	Vortag der Kalenden des Quintilis
V " "		V " "	
IV " "		IV " "	
III " "		III " "	
Vortag der Kalenden des Aprilis		Vortag der Kalenden des Junius	

September (von septem, sieben)	October (von octo, acht)	November (von novem, neun)	December (von decem, zehn)
Kalenden	Kalenden	Kalenden	Kalenden
IV vor den Nonen	VI vor den Nonen	IV vor den Nonen	IV vor den Nonen
III " "	V " "	III " "	III " "
Vortag der Nonen	IV " "	Vortag der Nonen	Vortag der Nonen
Nonen	III " "	Nonen	Nonen
VIII vor den Iden	Vortag der Nonen	VIII vor den Iden	VIII vor den Iden
VII " "	Nonen	VII " "	VII " "
VI " "	VIII vor den Iden	VI " "	VI " "
V " "	VII " "	V " "	V " "
IV " "	VI " "	IV " "	IV " "
III " "	V " "	III " "	III " "
Vortag der Iden	IV " "	Vortag der Iden	Vortag der Iden
Iden	III " "	Iden	Iden
XVII vor den Kalenden des October	Vortag der Iden	XVII vor den Kalenden des December	XVII vor den Kalenden des Januarius
XVI " "	Iden	XVI " "	XVI " "
XV " "	XIX vor den Kalenden des November	XV " "	XV " "
XIV " "	XVIII " "	XIV " "	XIV " "
XIII " "	XVII " "	XIII " "	XIII " "
XII " "	XVI " "	XII " "	XII " "
XI " "	XV " "	XI " "	XI " "
X " "	XIV " "	X " "	X " "
IX " "	XIII " "	IX " "	IX " "
VIII " "	XII " "	VIII " "	VIII " "
VII " "	XI " "	VII " "	VII " "
VI " "	X " "	VI " "	VI " "
V " "	IX " "	V " "	V " "
IV " "	VIII " "	IV " "	IV " "
III " "	VII " "	III " "	III " "
Vortag der Kalenden des October	VI " "	Vortag der Kalenden des December	Vortag der Kalenden des Januarius
	V " "		
	IV " "		
	III " "		
	Vortag der Kalenden des November		

KALENDER

Quintilis (von *quintus*, der Fünfte)	Sextilis (von *sextus*, der Sechste)
Kalenden	Kalenden
VI vor den Nonen	IV vor den Nonen
V " "	III " "
IV " "	Vortag der Nonen
III " "	Nonen
Vortag der Nonen	VIII vor den Iden
Nonen	VII " "
VIII vor den Iden	VI " "
VII " "	V " "
VI " "	IV " "
V " "	III " "
IV " "	Vortag der Iden
III " "	Iden
Vortag der Iden	XVII vor den Kalenden des *September*
Iden	XVI " "
XIX vor den Kalenden des *Sextilis*	XV " "
XVIII " "	XIV " "
XVII " "	XIII " "
XVI " "	XII " "
XV " "	XI " "
XIV " "	X " "
XIII " "	IX " "
XII " "	VIII " "
XI " "	VII " "
X " "	VI " "
IX " "	V " "
VIII " "	IV " "
VII " "	III " "
VI " "	Vortag der Kalenden des *September*
V " "	
IV " "	
III " "	
Vortag der Kalenden des *Sextilis*	

Januarius (*Janus* gewidmet)	Februarius (*Februus* gewidmet)
Kalenden	Kalenden
IV vor den Nonen	IV vor den Nonen
III " "	III " "
Vortag der Nonen	Vortag der Nonen
Nonen	Nonen
VIII vor den Iden	VIII vor den Iden
VII " "	VII " "
VI " "	VI " "
V " "	V " "
IV " "	IV " "
III " "	III " "
Vortag der Iden	Vortag der Iden
Iden	Iden
XVII vor den Kalenden des *Februarius*	XVII vor den Kalenden des *Martius*
XVI " "	XVI " "
XV " "	XV " "
XIV " "	XIV " "
XIII " "	XIII " "
XII " "	XII " "
XI " "	XI " "
X " "	X " "
IX " "	IX " "
VIII " "	VIII " "
VII " "	VII " "
VI " "	VI " "
V " "	V " "
IV " "	IV " "
III " "	III " "
Vortag der Kalenden des *Februarius*	Vortag der Kalenden des *Martius*

Die Dauer des Kalenderjahres (das aus praktischen Gründen eine ganzzahlige Anzahl von Tagen haben muß) wird also auf üblicherweise 365 Tage angesetzt, drei *normalen Jahren* mit 365 Tagen folgt ein *Schaltjahr* mit 366 Tagen (die durchschnittliche Jahresdauer in diesem Vierjahreszeitraum ist 365,25 Tage; dies nennt man *Julianisches Jahr*).

Der zusätzliche Tag in den Schaltjahren wurde dem Februar angefügt, dem letzten Monat des römischen Kalenders zur Zeit der Reform. Ein Trick jedoch machte es möglich, daß dieser dem Totengott gewidmete und als unheilbringend angesehene Monat anscheinend eine gerade Anzahl von Tagen (28) beibehielt. Das war erforderlich, da die ungeraden Zahlen als glückbringend galten: Der zusätzliche Tag folgte nach dem 23. Februar und bekam, um die Namen der Tage nicht zu verändern, keine eigene Bezeichnung; dieser 24. Tag des Februars wurde wie der folgende Tag *sextus (ante) calendas martii* (sechster Tag vor den Kalenden des März) genannt. Er war der *bissextus*, der zweite sechste, der zusätzliche Tag in unserem heutigen *Schaltjahr*.

Um eine Übereinstimmung zwischen dem Kalenderjahr und dem Jahr der Jahreszeiten zu erzielen, fügte Caesar dem Kalender ausnahmsweise im Jahr seiner Reform zwei Monate von 33 bzw. 34 Tagen zwischen *November* und *December* ein, und zwar zusätzlich zu dem Monat *Mercedonius*, der sowieso in jenem Jahr hinzukam. Das Jahr 708 der römischen Ära (46 v. Chr.) hatte somit 455 Tage: Man nennt es *Jahr der Verwirrung*.

Die Tag- und Nachtgleiche im Frühjahr wurde auf den 25. März und der Jahresbeginn vom 1. März auf den 1. Januar gelegt, an dem die Konsuln ihr Amt antraten. Die Monatsnamen blieben jedoch unverändert, obwohl diese nicht mehr ihrer Reihenfolge im Jahr von *Quintilis* bis *December* entsprachen. Der *Mercedonius* wurde abgeschafft.

Die 10 zum normalen Jahr hinzugefügten Tage wurden auf die ehemaligen Monate mit 29 Tagen verteilt: *Januarius*, *Sextilis* und *December* hatten nun 31 Tage; *Aprilis*, *Junius*, *September* und *November* 30 Tage. Alle Monate hatten ab jetzt 30 oder 31 Tage, mit Ausnahme des Februars (28 Tage in normalen Jahren, 29 Tage in Schaltjahren).

Kurz nach seiner Reform wurde Caesar ermordet; die Reform wurde falsch durchgeführt. Die Pontifices fügten alle 3 Jahre und nicht alle 4 Jahre ein Schaltjahr ein. Nach 36 Jahren hatte man so 12 statt 9 Schaltjahre eingeschoben. Im Jahr 8 v. Chr. beschloß Augustus zur Korrektur dieses Fehlers, daß es 12 Jahre lang kein Schaltjahr geben sollte. Erst im Jahr 5 n. Chr. wurde der Julianische Kalender korrekt eingeführt. Die 50 Jahre vorher werden die *fehlerhaften Julianischen Jahre* genannt.

Die Jahreszahlen der Schaltjahre des Julianischen Kalenders können alle durch 4 geteilt werden. Der Julianische Kalender jedes beliebigen Jahres wiederholt sich alle 28 Jahre.

JULIANISCHE PERIODE

Möchte man ein weitentferntes Datum ermitteln, so ist es oftmals bequem, eine Periode von 7 980 Julianischen Jahren zu benützen. Diese wurde von Joseph Juste Scaliger eingeführt und *Julianische Periode* genannt.

Die Zahl 7 980 ist das Produkt der drei Zahlen 28, 15 und 19. Diese stehen für die Perioden der drei für die Berechnung zu berücksichtigenden Elemente: Sonnenzyklus, römische Indiktion und Goldene Zahl (vgl. S. 187). Die Zahlen 28, 15 und 19 besitzen keinen gemeinsamen Teiler. Daraus resultiert, daß es in der Julianischen Periode immer genau eine Jahreszahl gibt, zu der eine vorgegebene Kombination der drei Zahlen als Stellung im Sonnenzyklus, römische Indiktion und Goldene Zahl paßt.

Das erste Jahr der Periode ist das Jahr 4713 v. Chr. Dieses wurde gewählt, weil sowohl seine Stellung im Sonnenzyklus, seine Indiktionszahl als auch seine Goldene Zahl 1 betragen.

Die Tage der Perioden beginnen am Mittag (12 Uhr Universalzeit): Die Periode fing am 1. Januar 4713 v. Chr. um 12 Uhr UZ an und wird am 1. Jan. (Gregorianisch: 23. Januar) 3268 um 12 Uhr UZ enden.

A · Fragment des gallischen Kalenders.

Dieser in Bronze gravierte Kalender aus dem 2. Jh. ist ein Sonne-Mond-Kalender, der 1897 in Coligny (Ain) in Frankreich entdeckt wurde.

Das Jahr hat 12 Mondmonate mit 29 oder 30 Tagen, jeweils aufgeteilt in zwei durch das unbekannte Wort ATENOUX getrennte Zeiträume mit 15 Tagen. Ein zusätzlicher Monat wird alle 30 Monate eingefügt. Die größte Besonderheit an diesem Fund jedoch ist ein Übertragungssystem der Tagesbezeichnungen von einem Monat auf den nächsten, mit Wechseln, Übertragungen und Rückübertragungen von Tagen. Insgesamt wurden 153 Fragmente gefunden, die eine Zusammenstellung für 5 Jahre liefern. (Museum der galloromanischen Zivilisation, Lyon)

KALENDER DER NEUZEIT

GREGORIANISCH

Der Julianische Kalender ist nicht ganz genau. Das tropische Jahr, der Mittelwert des Zeitabstandes zwischen zwei aufeinanderfolgenden Tag- und Nachtgleichen im Frühjahr, ist um 11 Min. und 14 Sek. kürzer als das Julianische Jahr. Seine derzeitige Dauer (sie wird um 0,53 Sek. pro Jahrhundert kürzer) beträgt nämlich 365 Tage, 5 Std., 48 Min. und 46 Sek. Daraus ergibt sich, daß der Beginn des Julianischen Jahres nach und nach in rund 400 Jahren um 3 Tage gegenüber dem Beginn des tropischen Jahres verzögert wird.

Die katholische Kirche hat sich als erste mit diesem Tatbestand aufgrund der Vorschriften des Konzils von Nizäa über das Osterdatum auseinandergesetzt (vergleiche S. 187). Während dem Willen der Kirchenväter die ausgegebene Vorschrift dem Ostersonntag den ersten Vollmond im Frühjahr zuordnen sollte, würde die allmähliche Abweichung des Julianischen Kalenders gegenüber der Tag- und Nachtgleiche dazu führen, daß Ostern schließlich mitten im Sommer gefeiert würde.

Die von Papst Gregor XIII. 1582 angeordnete Reform des Julianischen Kalenders (auf Anraten einer Kommission von Gelehrten, zu denen der deutsche Jesuit Clavius gehörte) hatte vor allem das Ziel, die Übereinstimmung zwischen dem Kalender und den Jahreszeiten wiederherzustellen. Der *Gregorianische Kalender* ist aus dieser Reform hervorgegangen.

Seit dem Konzil von Nizäa (im Jahre 325) war die Tag- und Nachtgleiche des Frühjahrs auf dem Kalender um 10 Tage gegenüber dem 21. März vorgerückt, der ihr damals zugeordnet worden war. Gregor XIII. verfügte also die Streichung von zehn Tagen im Kalender des Jahres 1582. In Rom folgte auf den Donnerstag, 4. Oktober 1582, sofort der Freitag, 15. Oktober, wodurch die Folge der Wochentage nicht geändert wurde.

Das Jahr 1582 hatte also nur 355 Tage. Von dem folgenden Jahr an fiel die Tag- und Nachtgleiche im Frühjahr wieder auf den 21. März. Damit dieses Datum auch weiterhin gewährleistet blieb, beschloß Gregor XIII. darüber hinaus, daß nach der Julianischen Regel alle 4 Jahre ein Schaltjahr eingefügt wird, und zwar so, daß die Jahrhundertjahre (die mit zwei Nullen enden), die im Julianischen Kalender alle Schaltjahre waren, dies nur noch dann sind, wenn ihre Jahreszahl durch 400 teilbar ist. Mit dieser Maßnahme können nämlich drei Julianische Tage in vier Jahrhunderten ausfallen.

So waren die Jahre 1700, 1800 und 1900 normale Jahre, 1600 war ein Schaltjahr, und das Jahr 2000 wird es ebenfalls sein. Die durchschnittliche Dauer (bezogen auf 400 Jahre) des Gregorianischen Jahres beträgt 365,2425 Tage, d. h. 365 Tage 5 Std. 49 Min. 12 Sek. Nun dauert aber das tropische Jahr 365,2422 Tage. Das Gregorianische Jahr ist also um 0,0003 Tage länger. Im Jahr 4317 wird es aufgrund des seit 1582 kumulierten Fehlers um einen Tag länger sein.

Im Gregorianischen Kalender hat das Jahr 365 oder 366 Tage und ist in 12 Monate unterteilt, deren Namen sich von denen des Römischen Kalenders ableiten:

Januar (31 Tage)	Juli (31 Tage)
Februar (28 oder 29 Tage)	August (31 Tage)
	September (30 Tage)
März (31 Tage)	Oktober (31 Tage)
April (30 Tage)	November (30 Tage)
Mai (31 Tage)	Dezember (31 Tage)
Juni (30 Tage)	

Der Jahresanfang ist auf den 1. Januar festgelegt; die Wahl dieses Datums erfolgte je nach Land zu verschiedenen Zeitpunkten.

Das Inkrafttreten des Gregorianischen Kalenders. In Rom, Spanien und Portugal folgte auf den Donnerstag, 4. Oktober 1582, der Freitag, der 15. Oktober 1582.

In **Frankreich** trat die Reform im Dezember 1582 in Kraft: Auf Sonntag, den 9. Dezember, folgte Montag, der 20. Dezember.

In den **Niederlanden** war der Tag nach dem 14. Dezember der Weihnachtstag. Die protestantischen Provinzen widersetzten sich jedoch dieser Verordnung.

Die **katholischen Staaten in Deutschland und der Schweiz** führten die Reform 1584, **Polen** 1586, **Ungarn** 1587 durch.

Die **protestantischen Länder** weigerten sich lange: ›Die Protestanten‹, so Kepler, ›wollen lieber mit der Sonne uneins als mit dem Papst eins sein.‹ In den protestantischen Staaten des Deutschen Reiches wurde der Gregorianische Kalender im Jahre 1700 eingeführt, auf den 18. Februar folgte der 1. März.

Großbritannien und Schweden schlossen sich der Reform erst 1752 an. Dazu mußte man 11 Tage streichen (1700 war im Julianischen Kalender ein Schaltjahr, nicht jedoch im Gregorianischen). In **Großbritannien** folgte auf den 2. den 14. September. Protestierende schrien auf den Straßen: ›Gebt uns unsere 11 Tage wieder!‹ Die Gemüter waren um so mehr erregt, als der Jahresbeginn 1752 bereits um 3 Monate vorverlegt worden war, damit das Jahr am 1. Januar begann und nicht mehr am 25. März.

Japan übernahm den neuen Kalender 1873, **China** 1911.

Die **Länder mit orthodoxer Tradition** haben den Julianischen Kalender bis zum 20. Jh. beibehalten. So wurde der Gregorianische Kalender erst 1918 von **Rußland**, 1919 von **Rumänien** und **Jugoslawien** und 1923 von **Griechenland** eingeführt.

Der Gregorianische Kalender ist nunmehr im bürgerlichen Leben allgemein üblich.

JAHRESBEGINN

Die Wahl des Datums für den Jahresbeginn ist völlig willkürlich: Es gibt keinen besonderen Punkt auf der Erdumlaufbahn, durch den festgelegt werden kann, wann ein Jahr beginnt und wann es endet.

Das in Gallien von den Druiden festgelegte Jahr war ein Mondjahr und fing in der sechsten Nacht der Mondphase (oder im ersten Viertel) nach der Wintersonnenwende an. Im 6. und 7. Jahrhundert begann das Jahr noch in vielen Ländern am 1. März. Unter Karl dem Großen fiel der Jahresbeginn in allen der Rechtsprechung des Kaisers unterworfenen Gebieten auf Weihnachten. Bei den Kapetingern fiel Neujahr mit Ostern zusammen. Dies war im 12. und 13. Jh. fast überall und im 16. Jh. noch in einigen Regionen üblich. Da Ostern ein bewegliches Fest ist, das in den Zeitraum zwischen dem 22. März und dem 25. April fällt, war das Jahr ständig unterschiedlich lang, was zu ärgerlichen Nachteilen führte: Das Jahr 1347 begann an einem 1. April und endete an einem 20. April; es hatte somit zwei fast vollständige Aprilmonate! An einigen Orten fiel der Jahreswechsel auf den 25. März, das Fest Mariä Verkündigung. Das Konzil von Reims im Jahr 1235 nennt dieses Datum ›in Frankreich üblich‹. Die Neujahrsgeschenke wurden so Anfang April ausgetauscht. Von daher könnte die Sitte der ›Aprilscherze‹ herrühren: Man soll sich, nachdem der Jahresbeginn auf den 1. Januar verlegt worden war, angewöhnt haben, am 1. April Schabernack zu treiben.

König Karl IX. machte 1564 im Alter von 13 Jahren den 1. Januar als Jahresbeginn obligatorisch. In Deutschland wurde dieser Jahresbeginn um 1500 eingeführt. In Großbritannien wurde der 25. März bis einschließlich 1751 beibehalten. Die Einführung des 1. Januars fiel dort mit der des Gregorianischen Kalenders zusammen. Das Jahr 1751, das am 25. März begonnen hatte, endete nicht in der üblichen Weise. Ab dem 1. Januar 1751 zählte man 1752: Das Jahr 1751 verlor somit Januar, Februar und 24 Tage des März.

In Rußland begann das Jahr bis zu Peter dem Großen am 1. September, danach am 1. Januar des Julianischen Kalenders (12., dann 13. Januar des Gregorianischen Kalenders), bis 1918 der Gregorianische Kalender eingeführt wurde.

In Frankreich begann in der Zeit des Revolutionskalenders das Jahr per Gesetz am Tag der Tag- und Nachtgleiche im Herbst.

MONATE DER HAND

Welches sind die Monate mit 31 Tagen und die mit 30 Tagen (oder 28 bzw. 29 Tagen beim Februar) im Julianischen und Gregorianischen Kalender? Als Gedankenstütze kann man eines der beiden dargestellten Verfahren anwenden:

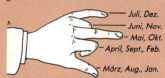

1. Man beugt den Zeigefinger und den Ringfinger einer Hand und ordnet dem März dem Daumen und die folgenden Monate den anderen Fingern zu. Ist man beim kleinen Finger mit dem 5. Monat, dem Juli, angelangt, so springt man zum Daumen zurück. Bei dieser Zählung entsprechen die gestreckten Finger Monaten mit 31 Tagen (März, August und Januar beim Daumen; Mai und Oktober beim Mittelfinger; Juli und Dezember beim kleinen Finger); die gebeugten Finger stehen für die Monate mit 30 Tagen sowie für den Februar.

2. Man ballt eine Faust. Die Knochen an der Basis der vier nebeneinanderliegenden Finger bilden auf der Faust Erhebungen, dazwischen sind Vertiefungen.

Wenn man nun die 12 Monate, beginnend mit dem Januar, der auf die erste Erhebung am Zeigefinger gelegt wird, zählt, mit dem Februar für die rechts daneben folgende Vertiefung zwischen Zeigefinger und Mittelfinger fortfährt usw., stellt man fest, daß alle Monate mit 31 Tagen auf die Erhebungen fallen.

KALENDER

IMMERWÄHRENDER KALENDER

EINEN TAG FINDEN

Man bezeichnet als *immerwährende Kalender* Tabellen, mit deren Hilfe man den Kalender jedes beliebigen Jahres herausfinden kann und die alle Fragen über Daten und Wochentage in den entsprechenden Jahren beantworten können.

Tabelle I

Immerwährender Moret-Kalender

ZEHNER- UND EINERSTELLE DER JAHRESZAHL (a)

	00(d)	01	02	03	04	05
	06	07	**08**	09	10	11
		12	13	14	15	**16**
	17	18	19	**20**	21	22
	23	**24**	25	26	27	
	28	29	30	31	**32**	33
	34	35	**36**	37	38	39
	40	41	42	43		**44**
	45	46	47	**48**	49	50
	51	**52**	53	54	55	
	56	57	58	59	**60**	61
	62	63	**64**	65	66	67
	68	69	70	71	**72**	
	73	74	75	**76**	77	78
	79	**80**	81	82	83	
	84	85	86	87	**88**	89
	90	91	**92**	93	94	95
	96	97	98	99		

HUNDERTER- UND TAUSENDERSTELLE DER JAHRESZAHL (a)

0	7	14	**17**	**21**	6	0	1	2	3	4	5
1	8	15(b)			5	6	0	1	2	3	4
2	9		**18**	**22**	4	5	6	0	1	2	3
3	10				3	4	5	6	0	1	2
4	11	15(c)	**19**	**23**	2	3	4	5	6	0	1
5	12	**16**	**20**	**24**	1	2	3	4	5	6	0
6	13				0	1	2	3	4	5	6

Tabelle II

MONAT (d)

	Aug. Feb. Mai	Feb. März Nov.	Juni	Sept. Dez.	April Juli Jan. B	Jan. Okt.
1	2	3	4	5	6	0	1
2	3	4	5	6	0	1	2
3	4	5	6	0	1	2	3
4	5	6	0	1	2	3	4
5	6	0	1	2	3	4	5
6	0	1	2	3	4	5	6
0	1	2	3	4	5	6	0

Tabelle III

DATUM (e)

	1 8 15 22 29	2 9 16 23 30	3 10 17 24 31	4 11 18 25	5 12 19 26	6 13 20 27	7 14 21 28
1	So	Mo	Di	Mi	Do	Fr	Sa
2	Mo	Di	Mi	Do	Fr	Sa	So
3	Di	Mi	Do	Fr	Sa	So	Mo
4	Mi	Do	Fr	Sa	So	Mo	Di
5	Do	Fr	Sa	So	Mo	Di	Mi
6	Fr	Sa	So	Mo	Di	Mi	Do
0	Sa	So	Mo	Di	Mi	Do	Fr

1. Man suche in der **Tabelle I** die Zahl auf dem Schnittpunkt der Zeile mit den Ziffern des Jahrhunderts und der Spalte mit denen des Jahres.
2. Die gefundene Zahl ist in die äußere Spalte der **Tabelle II** zu übertragen und die Zahl zu suchen, die sich in dieser Zeile am Schnittpunkt der Monatsspalte befindet. Im Schaltjahr muß man die mit B bezeichneten Monate Januar und Februar nehmen.
3. Die gefundene Zahl wird in die äußere Spalte der **Tabelle III** übertragen. Auf der so gefundenen Zeile liegt auf dem Schnittpunkt mit der Spalte des Datums der gesuchte Wochentag. *Beispiel:* An welchem Wochentag fand die Schlacht von Waterloo statt (18. Juni 1815)?

Tabelle I. Zeile *18*, Spalte *15*, gefundene Zahl: *1*. **Tabelle II.** Zeile *1*, Spalte *Juni*, gefundene Zahl: *5*. **Tabelle III.** Zeile *5*, Spalte *18*, gesuchter Wochentag: **Sonntag**.

Dieser Kalender ist auch für die umgekehrte Fragestellung geeignet: Aufsuchen des Freitags, der auf den 13. eines Monats fällt, des 1. Januars, der auf einen bestimmten Tag fällt.

Zeichen und Abkürzungen. (a): die gregorianischen Schaltjahre sind fett gedruckt; (b): bis einschließlich 4. Oktober 1582; (c): seit dem 15. Oktober 1582 einschließlich – die Daten vom 5. bis 14. Oktober 1582 fehlen im Gregorianischen Kalender; (d): die vollen Hunderter, die im Julianischen Kalender immer Schaltjahre sind, sind dies im Gregorianischen Kalender nur, wenn sie durch 400 teilbar sind.

Weiterer immerwährender Kalender. Wenn man den/die Sonntagsbuchstaben eines Jahres kennt (vgl. S. 186), gibt **Tabelle IV** die entsprechenden Buchstaben für die sieben Wochentage in einer Spalte unter dem Sonntagsbuchstaben an.

Tabelle V zeigt die Entsprechung zwischen den Buchstaben und den Tagen des Jahres.

Tabelle IV

	Sonntagsbuchstaben						
Sonntag	A	B	C	D	E	F	G
Montag	B	C	D	E	F	G	A
Dienstag	C	D	E	F	G	A	B
Mittwoch	D	E	F	G	A	B	C
Donnerstag	E	F	G	A	B	C	D
Freitag	F	G	A	B	C	D	E
Samstag	G	A	B	C	D	E	F

Mit diesen Tabellen kann das folgende Problem leicht gelöst werden:
Bestimme den Wochentag, der einem durch Monat und Jahreszahl festgelegten Datum entspricht.

Tabelle V

Tag des Monats (Datum)	Jan. Okt.	Mai	Aug.	Febr. März Nov.	Juni	Sept. Dez.	April Juli
			Sonntagsbuchstaben				
1, 8, 15 22, 29	A	B	C	D	E	F	G
2, 9, 16 23, 30	B	C	D	E	F	G	A
3, 10, 17 24, 31	C	D	E	F	G	A	B
4, 11, 18 25	D	E	F	G	A	B	C
5, 12, 19 26	E	F	G	A	B	C	D
6, 13, 20 27	F	G	A	B	C	D	E
7, 14, 21 28	G	A	B	C	D	E	F

Tabelle V gibt den Buchstaben für dieses Datum an: Man muß denjenigen nehmen, der sich am Schnittpunkt der Spalte mit dem Namen des Monats und der Zeile befindet, die links die Jahresendzahl beinhaltet. In **Tabelle IV** sucht man diesen Buchstaben in der Spalte, die mit dem Sonntagsbuchstaben beginnt. Der links eingetragene Name des Wochentages ist der gesuchte (bei einem Schaltjahr verwendet man den ersten Sonntagsbuchstaben im Januar und Februar, sonst den zweiten).

– Für 1988, ein Schaltjahr, heißen die Gregorianischen Sonntagsbuchstaben CB. Für den 29. Februar ist der Buchstabe in der **Tabelle V** D; der zu verwendende Sonntagsbuchstabe ist C, und man sieht in Tabelle I, daß der 29. Februar ein Montag ist. Beim 14. Juli (**Tabelle V**) ist der Buchstabe F; der zu verwendende Sonntagsbuchstabe ist B; der 14. Juli ist ein Donnerstag (**Tabelle IV**).

– Für 1990 ist der Sonntagsbuchstabe G, und folglich fällt der 28. August (in **Tabelle V** der Buchstabe B) auf einen Dienstag.

▲ · **Immerwährender Kalender.**

Immerwährender Kalender, der die Umrechnung der Daten aus verschiedenen historischen oder religiösen Kalendern ermöglicht.

KALENDER

REFORM

NEUE KALENDER

Kalenderreform. Zahlreiche Reformpläne für den Gregorianischen Kalender werden seit Mitte des 19. Jh. vorgeschlagen. Denn die verschieden langen Monate und die jährlichen Schwankungen der Anzahl an Arbeitstagen wirken störend im Wirtschaftsleben.

1927 wurden dem Völkerbund, der eine Umfrage bei allen Regierungen gestartet hatte, 200 verschiedene Entwürfe vorgelegt. Nur zwei Reformtypen haben jedoch Beachtung gefunden.

Der feste Kalender. In diesem schon 1849 von Auguste Comte erdachten Kalender wird das Jahr in 13 gleichlange Monate von 28 Tagen zu 4 Wochen aufgeteilt; der Monatsbeginn fällt dabei immer auf einen Sonntag. Der 29. Dezember wäre Neujahr, ein Feiertag, der zu keiner Woche gehört. In den Schaltjahren wäre der 366. Tag des Jahres, ebenfalls außerhalb der Woche, der 29. Juni. Diese Reform hätte den Nachteil, die angenommenen Gewohnheiten radikal zu ändern und eine Monatsanzahl einzuführen, die nicht mehr die Teilung des Jahres in Trimester und Semester gestattet. Der feste Kalender hat heute keinerlei Chancen, international angenommen zu werden.

Der Universalkalender. Das Jahr bekommt 364 gezählte Tage, aufgeteilt in 12 Monate und 52 Wochen. Es hat vier gleichlange Trimester mit 91 Tagen: Der erste Monat jedes Trimesters würde am Sonntag beginnen und hätte 31 Tage, der zweite Monat würde am Mittwoch beginnen und 30 Tage dauern, der dritte Monat würde am Freitag beginnen und ebenfalls 30 Tage haben. Die Monate mit 31 Tagen wären die einzigen mit fünf Sonntagen, die Anzahl an Arbeitstagen pro Monat wäre konstant.

In den Schaltjahren wird ein zusätzlicher Feiertag ohne Datum auf Ende Dezember gelegt und ein weiterer Feiertag außerhalb der Woche auf Ende Juni.

Die vorgeschlagene Reform ließe sich in einem Jahr durchführen, das im heutigen Gregorianischen Kalender an einem Sonntag beginnt, so daß der Übergang fast unbemerkt vonstatten ginge.

Der Nachteil dieses Kalenders liegt in der Einführung nicht datierter Tage, die die Kontinuität der Woche unterbrechen und die Chronologie komplizieren würden.

RELIGIÖSE KALENDER

CHRISTLICH

Der christliche Kirchenkalender ist ein Gregorianischer Kalender mit einer gewissen Anzahl fester oder beweglicher religiöser Feste, deren wichtigste in den Tabellen auf S. 186 und 187 genannt werden.

Die beweglichen Feste sind vom Osterfest abhängig.

Das Osterdatum hängt mit der Tag- und Nachtgleiche im Frühjahr und dem Zyklus der Mondphasen zusammen (siehe Text im Kasten). Es wird jedoch üblicherweise berechnet, ohne daß hierfür eine astronomische Beobachtung erforderlich wäre. Es kann also viele Jahre im voraus festgesetzt werden.

Das Berechnungsschema. Dieses besteht aus fünf Elementen: dem Sonntagsbuchstaben, dem Sonnenzyklus, der römischen Indikation, der Goldenen Zahl und der Epakte. Die Bestimmung des Osterdatums setzt die Kenntnis des Sonntagsbuchstabens und der goldenen Zahl im Julianischen Kalender, des Sonntagsbuchstabens und der Epakte im Gregorianischen Kalender voraus.

— **Sonntagsbuchstabe:** Einer der Buchstaben A bis G, und zwar derjenige, der auf den Sonntag fällt, wenn man dem 1. Januar des Jahres den Buchstaben A, dem 2. Januar B usw. zuordnet. Am 8. Januar wird mit A erneut begonnen und die Folge für das ganze Jahr wiederholt. Bei Schaltjahren gelten zwei Buchstaben: der eine bis zum 29. Februar, der andere für die folgenden Monate.

Die wichtigsten festen religiösen Feiertage

Name	Datum	Name	Datum
Neujahr	1. Januar	Mariä Himmelfahrt	25. August
Sankt Josef	19. März (1)	Allerheiligen	1. November
Mariä Verkündigung	25. März (2)	Allerseelen	2. November
Geburt Johannes des Täufers	24. Juni	Mariä Empfängnis	8. Dezember
Peter und Paul	29. Juni	Weihnachten	25. Dezember

(1) Auf den 18. vorgezogen, wenn der 19. auf einen Sonntag fällt.
(2) Auf den 24. vorgezogen, wenn der 25. ein Sonntag ist, wird jedoch auf den zweiten Montag nach Ostern gelegt, wenn Ostern vor dem 2. April ist (nur im Gregorianischen Kalender).

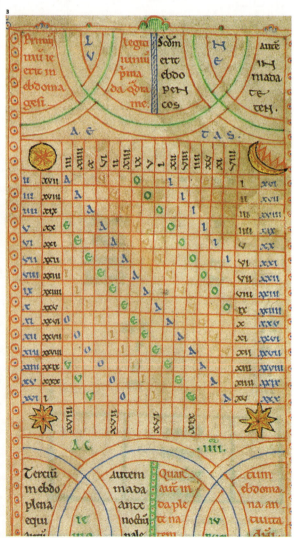

A, B · Illustrationen für einen Kalender des 12. Jh.

Astronomische Tabellen, die insbesondere die Mondphasen angeben. Links die ersten drei Monate des Jahres, jeweils durch zwei nebeneinander gestellte Figuren dargestellt, von denen die eine das Tierkreiszeichen (links) und die andere eine typische bäuerliche Tätigkeit des betreffenden Monats zeigt (rechts). (Saint John's College, Cambridge)

KALENDER

Die wichtigsten beweglichen religiösen Feiertage

Name	Korrektur bezogen auf das Osterdatum	Wochentag	Grenzdaten (normale Jahre) [1]
Aschermittwoch	− 46 Tage	Mittwoch	4. Februar – 10. März
1. Fastensonntag	− 42 Tage	Sonntag	8. Februar – 14. März
Gründonnerstag, Karfreitag, Karsamstag	− 3 bis 0 (4)	Donnerstag, Freitag, Samstag	19. März – 24. April
Ostern		Sonntag	22. März – 25. April
Christi Himmelfahrt	+ 39 Tage	Donnerstag	30. April – 3. Juni
Pfingsten	+ 49 Tage	Sonntag	10. Mai – 13. Juni
Trinitatis	+ 56 Tage	Sonntag	17. Mai – 20. Juni
Fronleichnam	+ 60 Tage	Donnerstag	21. Mai – 24. Juni
Herz-Jesu-Fest	+ 68 Tage	Freitag	29. Mai – 2. Juli
Dreikönige (Epiphanias)	6. Januar (3) oder Sonntag zwischen dem 2. und 8. Januar		
Totensonntag	letzter Sonntag des Kirchenjahres (20. bis 26. November)		
1. Adventsonntag	Sonntag zwischen dem 27. November und dem 3. Dezember		

(1) In Schaltjahren ist den Grenzdaten vor dem 1. März ein Tag hinzuzufügen.
(2) In Ländern, in denen dies ein gesetzlicher Feiertag ist, wird Fronleichnam am vorangehenden Donnerstag gefeiert.
(3) In den Ländern, in denen Dreikönige ein gesetzlicher Feiertag ist.
(4) Da die Karwoche in der Osternacht endet.

– **Sonnenzyklus**: Die Stellung eines bestimmten Jahres in einem Zeitraum von 28 Jahren, nach dem der Sonntagsbuchstabe wieder die gleiche Verteilungszyklus hat. Dieser Zyklus verdankt seinen Namen der Tatsache, daß der Sonntag *(dies Solis)* ursprünglich im römischen Kalender der der Sonne gewidmete Tag war.

– **Indiktion (römische)**: Die Indiktionszahl bezeichnet die Stellung eines bestimmten Jahres in einem Zyklus von 15 Jahren.

Die Indiktion war seit Kaiser Diokletian die Grundlage des römischen Steuersystems; ab dem 4. Jh. wurde sie dann verstärkt zur Datierung verwendet, wobei die Indiktionszahl meist nur zur Ergänzung einer weiteren Datierung diente. Der Beginn der Indiktionsperioden wurde auf das Jahr 312 gelegt.

Zur Umrechnung von Jahren des Gregorianischen Kalenders in die Indiktionsrechnung ist zu der Jahreszahl 3 zu addieren; diese Summe muß durch 15 dividiert werden, wobei der Rest die gesuchte Indiktion ergibt.

– **Goldene Zahl**: Stellung eines bestimmten Jahres in einem Zeitraum von 19 Jahren, der einem Zyklus entspricht, der im 5. Jh. v. Chr. von dem griechischen Astronomen Meton entdeckt wurde und an dessen Ende sich die Mondphasen an denselben Daten wiederholen (Meton-Zyklus). Die Goldene Zahl wurde so festgelegt, daß das Jahr 1 der christlichen Ära die Goldene Zahl 2 erhielt.

Folglich ist die Goldene Zahl eines Jahres mit der Endzahl *m* gleich dem Rest der durch 19 geteilten Jahresendzahl plus 1. Die Goldene Zahl verdankt ihren Namen der Tatsache, daß die Griechen sie nach ihrer Entdeckung für so bedeutsam für die Erstellung von Kalendern hielten, daß sie diese an ihren öffentlichen Gebäuden anbrachten.

– **Epakte**: im Gregorianischen Kalender die jeweilige Mondphase am 1. Januar des betrachteten Jahres, ausgedrückt in einer ganzen Zahl von Tagen von 0 bis 29, wobei vereinbarungsgemäß der Wert 0 für den Neumond verwendet wird.

KOPTISCH

Typ. Der Kalender der koptischen Kirche ist eine Variante des Julianischen Kalenders.

Jahr. Es hat 365 Tage und jedes vierte Jahr 366. Der gewählte chronologische Ursprung *(Diokletian-Ära)* ist das früher als Beginn der Herrschaft des römischen Kaisers Diokletian angenommene Datum: Freitag, 29. August 284 christlicher Zeitrechnung. Der erste Tag des koptischen Jahres mit der Jahreszahl *A* fällt auf das Julianische Jahr mit der Jahreszahl $B = A + 283$.

Monat. Das Jahr hat 12 Monate mit 30 Tagen (s. Tabelle), gefolgt von 5 oder 6 *Epagomene* genannten Tagen.

Die Monate des koptischen Kalenders

Monat	Beginn im Julianischen Kalender	Dauer in Tagen
Thôth	29. August*	30
Phaôpi	28. September	30
Athyr	28. Oktober	30
Choiak	27. November	30
Tybi	27. Dezember	30
Mechir	26. Januar	30
Phamenôth	25. Februar	30
Pharmouthi	27. März	30
Pachôn	26. April	30
Payni	26. Mai	30
Epiphi	25. Juni	30
Mesore	25. Juli	30
Epagomene	24. August	5 oder 6

* Diejenigen Jahre, die auf ein Jahr mit 366 Tagen folgen, beginnen am 30. August Julianischer Rechnung. Deshalb müssen die in dieser Tabelle angegebenen Anfangsdaten der ersten sieben Monate in einem derartigen Jahr um einen Tag erhöht werden. Für die letzten fünf Monate ergibt sich aufgrund der Existenz eines 29. Februars Julianischer Rechnung keine Änderung.

Nach einer traditionell (aber ungesichert) dem Konzil von Nizäa (325 n. Chr.) zugeschriebenen Regel wird das Osterfest an dem Sonntag gefeiert, der auf die 14. Nacht der Mondphase folgt (oder anders gesagt, am Sonntag nach dem ersten Frühlingsvollmond), die auf den 21. März fällt oder sofort folgt.

DAS OSTERDATUM

Ostern kann also frühestens auf den 22. März und spätestens auf den 25. April fallen. Diese Enddaten sind sehr selten: Ostern wurde 1598, 1693, 1761 und 1818 am 22. März gefeiert, was wieder 2285 der Fall sein wird. Auf den 25. April fiel es 1666, 1734, 1886 und 1943; dies wird 2038 und 2190 wieder so sein. Insgesamt kann das Osterfest an 35 verschiedenen Daten gefeiert werden.

Das zur Festlegung von Ostern zu berücksichtigende Datum des Vollmondes wird im allgemeinen nach den Regeln des Berechnungsschemas und nicht nach der tatsächlichen Dauer jeder Mondphase ermittelt: Es kann also um einen, zwei oder auch drei Tage vom tatsächlichen Datum des Vollmondes abweichen.

Osterdaten des Gregorianischen Kalenders von 1900–2099

(Die fettgedruckten Daten beziehen sich auf den März, die anderen auf den April)

Jahr	0	1	2	3	4	5	6	7	8	9
1900	15	7	**30**	12	3	23	15	**31**	19	11
1910	27	16	7	**23**	12	4	23	8	**31**	20
1920	4	**27**	16	1	20	12	4	17	8	**31**
1930	20	5	**27**	16	1	21	12	**28**	17	9
1940	**24**	13	5	25	9	1	21	6	**28**	17
1950	9	**25**	13	5	18	10	1	21	6	**29**
1960	17	2	22	14	**29**	18	10	**26**	14	6
1970	**29**	11	2	22	14	**30**	18	10	**26**	15
1980	6	19	11	3	22	7	**30**	19	3	**26**
1990	15	**31**	19	11	3	16	7	**30**	12	4
2000	23	15	**31**	20	11	27	16	8	**23**	12
2010	4	24	8	**31**	20	5	27	16	1	21
2020	12	4	17	9	**31**	20	5	**28**	16	1
2030	21	13	**28**	17	9	25	13	5	25	10
2040	1	21	6	**29**	17	9	25	14	5	18
2050	10	2	21	6	**29**	18	2	22	14	**30**
2060	18	10	**26**	15	6	**29**	11	3	22	14
2070	**30**	19	10	**26**	15	7	19	11	3	23
2080	7	**30**	19	4	**26**	15	**31**	20	11	3
2090	16	8	**30**	12	4	24	15	**31**	20	12

187

KALENDER

RELIGIÖSE KALENDER

JÜDISCH

Typ. Der jüdische Kalender ist ein Sonne-Mond-Kalender, der in seiner heutigen Form auf das 4. Jh. zurückgeht.

Jahr. Das Jahr hat 12 Monate (normales Jahr) oder 13 (Jahr mit Schaltmonat). Ein normales Jahr kann 353, 354 oder 355 Tage und ein Jahr mit Schaltmonat 383, 384 oder 385 Tage haben, je nachdem, ob es unvollständig, regelmäßig oder überzählig ist. Diese verschiedenen Jahre folgen so aufeinander, daß am Ende eines Zeitraums von 19 Jahren (Meton-Zyklus), der 7 Jahre mit Schaltmonaten (das 3., 6., 8., 11., 14., 17. und 19. Jahr) und 12 normale Jahre umfaßt, das Neujahr zur gleichen Zeit wie das Sonnenjahr wiederholt wird.

Das Jahr hat durchschnittlich 365,2468 Tage. Für liturgische Zwecke nimmt man an, daß der Tag bei Sonnenuntergang oder am Ende der Dämmerung des vorhergehenden Kalendertages beginnt; man teilt ihn in 24 Stunden unterschiedlicher Dauer, wobei Tag und Nacht jeweils 12 Stunden umfassen.

Monat. Die Monate umfassen 29 oder 30 Tage, wobei die Anzahl der Tage schwanken kann, je nachdem, ob es sich um ein normales Jahr oder ein Jahr mit Schaltmonat einerseits, ein unvollständiges (U), regelmäßiges (R) oder überzähliges (Ü) Jahr andererseits handelt. Die Monatsnamen sind dem alten assyrischen und babylonischen Kalender entlehnt, der von den Juden während der babylonischen Verbannung im 6. Jh. v. Chr. angenommen und dann mit nach Palästina gebracht worden war.

Monate des jüdischen Kalenders

Monat	ohne Schaltmonat U	ohne Schaltmonat R	ohne Schaltmonat Ü	mit Schaltmonat U	mit Schaltmonat R	mit Schaltmonat Ü
Tischri	30	30	30	30	30	30
Marcheschwan	29	29	30	29	29	30
Kislew	29	30	30	29	30	30
Tewet	29	29	29	29	29	29
Shewat	30	30	30	30	30	30
Adar	29	29	29	30	30	30
Adar II				29	29	29
Nisan	30	30	30	30	30	30
Ijjar	29	29	29	29	29	29
Siwan	30	30	30	30	30	30
Tammus	29	29	29	29	29	29
Aw	30	30	30	30	30	30
Elul	29	29	29	29	29	29
Summe	353	354	355	383	384	385

Die Zahlen stehen für die Anzahl der Tage.

Die wichtigsten jüdischen Feiertage

Datum	Feiertag	Bemerkungen
1. Tischri	Rosch Ha-Schana	kein Mittwoch, Freitag oder Sonntag
3. Tischri	Fasten-Gedalja	am 4., wenn der 3. ein Samstag ist
10. Tischri	Jom Kippur (Große Versöhnung)	weder Freitag noch Sonntag
15. Tischri	Laubhüttenfest	
21. Tischri	Hoschana Rabba	kein Samstag
23. Tischri	Gesetzesfreude	
25. Kislew	Tempelweihfest	
2. oder 3. Tewet	Lichterfest	
10. Tewet	Fasten-Tewet	
13. Adar	Fasten-Esther	am 13. Adar II (oder am 11., wenn der 13. ein Samstag ist) bei einem Jahr mit Schaltmonat
14. Adar	Purim	verschoben auf 14. Adar II bei Jahren mit Schaltmonat, der 14. Adar wird dann der kleine Purim genannt
14. Nisan	Pessach	
5. Ijjar	Israelischer Unabhängigkeitstag	
18. Ijjar	Lag Ba-Omer	
6. Siwan	Schawuot (Wochenfest)	
17. Tammus	Tammus-Fasten	am 18., wenn der 17. ein Samstag ist
9. Aw	Aw-Fasten	am 10., wenn der 9. ein Samstag ist

A · Jüdischer Kalender. Ein Palmen- und ein Zedernzweig werden am Ende des Laubhüttenfestes (Sukkot) zur Synagoge getragen, wenn die Feierlichkeiten des jüdischen Kalenders im Herbst beendet sind.

B · Jüdischer Kalender. Fragment eines modernen jüdischen Kalenders, das vor allem zeigt, wie die Umrechnung in den Gregorianischen Kalender vorgenommen wird.

188

KALENDER

Die Monate *Tischri, Schewat, Nisan, Siwan und Aw* haben immer 30 Tage, während *Tewet, Ijjar, Tammus und Elul* immer 29 Tage haben. *Marcheschwan, Kislew und Adar* schwanken. *Adar II* (*Adar Scheni* oder *we-Adar*) ist ein nur in den Schaltjahren eingeschobener Monat mit 29 Tagen. *Adar* hat 29 Tage und in Jahren mit Schaltmonat 30 Tage.

Feste und denkwürdige Daten. Das Jahr beginnt am 1. Tischri, bei Neumond. Das entsprechende Fest (**Rosch Ha-Schana**) kann aber um 1 oder 2 Tage verschoben sein, weil das Fest **Jom Kippur** (10. Tischri) weder auf einen Freitag noch auf einen Sonntag fallen darf, das Fest **Hoschana Rabba** (21. Tischri) dagegen nicht auf einen Samstag: *Rosch Ha-Schana* darf also nicht auf einen Mittwoch, einen Freitag oder einen Sonntag fallen. Wenn der Neumond mittags oder danach eintritt, wird *Rosch Ha-Schana* auf den nächsten Tag verschoben oder, wenn dies zu den o. g. Fällen führt, auf den übernächsten Tag gelegt.

Die Jahre werden ab dem legendären Epochendatum der Erschaffung der Welt, **anno mundi** (AM), 3761 v. Chr. gezählt.

ISLAMISCH

Typ. Der islamische Kalender ist ein Mondkalender: Die durchschnittliche Dauer der Monate nähert sich stark dem Wechsel der Mondphasen (Lunation) an; dagegen ist die Dauer des Kalenderjahres nur eine sehr grobe Annäherung an die Umlaufdauer der Erde.

Jahr. Das Jahr, das immer bei Neumond endet, umfaßt exakt 12 Mondphasen; seine durchschnittliche Dauer beträgt 354,37 Tage; zu diesem Ergebnis gelangt man, wenn man zu den Jahren mit 354 Tagen (*normale Jahre*) innerhalb eines Zyklus von 30 Jahren 11 *überzählige Jahre* mit 355 Tagen einschiebt. Verglichen mit dem Gregorianischen Kalender, beginnt das islamische Jahr immer 10 bis 12 Tage früher. Die Mohammedaner zählen den Tag ab Sonnenuntergang des vorhergehenden Kalendertages. Der Sonntag ist der erste Tag der Woche.

Monat. Die Monate, deren Namen in der Tabelle angegeben sind, haben abwechselnd 30 und 29 Tage. In normalen Jahren hat der erste Monat 30 Tage und der letzte 29 Tage bzw. 30 in den überzähligen Jahren. Somit hat der Monat eine durchschnittliche Dauer von 29,530 556 Tagen.

Feste und denkwürdige Daten. Neujahr ist der erste Tag des ersten Monats (*Muharram*). Der Auszug des Propheten nach Medina, die *Hedschra*, wird am ersten Tag des dritten Monats (*Rabī' al-awwal*) gefeiert. Im gesamten neunten Monat (*Ramaḍān*) wird von Sonnenaufgang bis Sonnenuntergang streng gefastet. Der Freitag, der Tag des gemeinsamen Gebets, der von Mohammed eingerichtet wurde, ist in vielen islamischen Ländern arbeitsfrei.

Das Jahr 1 der Hedschra hat am Freitag, dem 16. Juli des Jahres 622 n. Chr. begonnen. Das Jahr 1411 der Hedschra begann am Sonntag, dem 4. Juli 1990.

Islamischer Kalender

Monat des islamischen Kalenders	wichtigste Feiertage	Datum der Feiertage	Entsprechung für 1991
1. Muḥarram	Neujahr	1 Muḥarram	Sa. 13. Juli
	'Āchūrā	10 Muḥarram	Mo. 22. Juli
2. Ṣafar			
3. Rabī' al-awwal	Hedschra	1 Rabī' al-awwal	Di. 10. Sept.
	Mawlid oder Mawlūd (Geburt des Propheten)	12 Rabī' al-awwal	Sa. 21. Sept.
4. Rabi' al-ākhir			
5. Djumāda al-ūlā			
6. Djumāda al-ākhira			
7. Radjab	Auferstehung des Propheten	27 Radjab	Di. 12. Febr.
8. Cha'bān			
9. Ramaḍān	Koranblätter	1 Ramaḍān	So. 17. März
	Schlacht bei Badr	17 Ramaḍān	Di. 2. April
	Eroberung Mekkas	20 Ramaḍān	Fr. 5. April
	Verkündigung des Koran	7 Ramaḍān	Fr. 12. April
	30. Ramaḍān	30 Ramaḍān	Mo. 15. April
10. Chawwāl	Īd al-Fiṭr (oder Īd al-ṣaghīr) (Nacht des Fastenbrechens)	1 Chawwāl	Di. 16. April
11. Dhū'l-qa'da			
12. Dhū'l-hidjdja	Īd al-aḍha (oder Īd al-kabīr) (Osterfest)	10 Dhū'l-ḥidjdja	So. 23. Juni

A, B · Immerwährender islamischer Kalender.
(Vollbild [A] und ein Ausschnitt [B]). Dieser Kalender, der 1760/61 von Sulaiman al-Hikmati erstellt wurde, enthält Tabellen, durch die man für einen größeren Zeitraum den Wochentag finden kann, der dem Wochentag jedes ersten Tag jedes Monats des islamischen Kalenders entspricht, sowie die Zuordnung der Daten dieses Kalenders zu denen des Gregorianischen, der Stunden der fünf täglichen Gebete des Islam für ein bestimmtes Datum usw. (*Museum des Instituts der arabischen Welt, Paris*)

C · Persisches Astrolabium des 15. Jh.
Wichtigstes von arabischen und europäischen Astronomen verwendetes Beobachtungsinstrument. Das Astrolabium ermöglichte durch Anvisieren die Bestimmung der Örter von Sternen und diente auch astrologischen Beobachtungen. Mit dem Astrolabium konnte man die Stunden ermitteln. (*Coll. G. Mandel*)

KALENDER

TRADITIONELLE KALENDER

HINDUISTISCH

Typ. Der hinduistische Kalender war ein Mondkalender. Nachdem er ab dem 4. Jh. zu astrologischen Zwecken verfeinert wurde, ist er heute ein Sonne-Mond-Kalender.

Jahr, Monat. Das Jahr ist in 6 Jahreszeiten und 12 Monate (s. Tabellen) unterteilt. In einem Monat durchquert die Sonne ein Tierkreiszeichen. Das Jahr beginnt mit Eintritt der Sonne in das Zeichen des Widders (20. oder 21. März).

Die Monate des hinduistischen Kalenders

Name	von der Sonne durchquertes Tierkreiszeichen	entsprechende Periode im Gregorianischen Kalender
Caitra	Widder	März–April
Vaiśākha	Stier	April–Mai
Jyaiṣṭha	Zwillinge	Mai–Juni
Āṣāḍha	Krebs	Juni–Juli
Śrāvaṇa	Löwe	Juli–August
Bhādrapada	Jungfrau	August–September
Āśvina	Waage	September–Oktober
Kārttika	Skorpion	Oktober–November
Mārgaśīrṣa	Schütze	November–Dezember
Pauṣa	Steinbock	Dezember–Januar
Māgha	Wassermann	Januar–Februar
Phālguna	Fische	Februar–März

▲ **Hinduistischer Kalender.** Abbildung aus einer Jain-Schrift (Privatbesitz, Ahmadabad, Gujarat, Indien), die die Zeiträume und Gebiete zeigt, die das ›Ich‹ vor seiner Befreiung nach der hinduistischen Auffassung durchlaufen muß.

Die Jahreszeiten des hinduistischen Kalenders

Name	entsprechende Periode im Gregorianischen Kalender
vasanta (Frühjahr)	Mitte März bis Mitte Mai
grīṣma (Sommer)	Mitte Mai bis Mitte Juli
varṣā (Regenzeit)	Mitte Juli bis Mitte September
śarad (Herbst)	Mitte September bis Mitte November
hemanta (Winter)	Mitte November bis Mitte Januar
śiśira (Tauzeit)	Mitte Januar bis Mitte März

Tag. Jeder Mondmonat ist in 30 Tage unterteilt. Da jedoch der Zyklus der Mondphasen nur ungefähr 29,5 Sonnentage umfaßt, fällt der Mondtag (**tithi**) nicht mit dem Kalendertag (**ahoratra**) zusammen. Vereinbarungsgemäß wird ein *tithi,* der nach der Dämmerung an einem bestimmten Kalendertag beginnt und vor der Dämmerung des folgenden Tages endet, nicht berücksichtigt.

Das Datum eines Ereignisses wird durch den Namen des Monats, den Zweiwochenzeitraum (zunehmender oder abnehmender Mond), die Stellung des *tithi* in diesem Zeitraum und das Jahr der Bezugsära ausgedrückt.

Seit dem 6. Jh. erwähnt man manchmal die Stellung des Jahres in einem zwölfjährigen Zyklus, der etwa der Umlaufdauer Jupiters um die Sonne entspricht (so kann jedes Jahr als ein Monat in diesem Zeitraum angesehen werden) oder in einem 60jährigen Zyklus aus fünf Zwölfjahreszyklen. Jeder *tithi* ist in zwei Hälften (**karaṇa**) aufgeteilt.

Der Kalendertag hat 30 **muhūrta** von 48 Minuten oder 60 **ghaṭikā** von 24 Minuten. Man zählt den Tag beginnend mit der Abenddämmerung.

Die wichtigsten Feste im Hinduismus

Datum	Fest
Caitra, 9 śukla (1)	Rāmanavamī (Rama wird wieder auf den Thron von Ayodhyā eingesetzt)
Āṣāḍha, 2 śukla	Rathayātrā (in Puri gefeiertes Fest von Jagannātha)
Śrāvaṇa, 8 kṛṣṇa (2)	Janmāṣṭamī (Geburtstag Krishnas)
Bhādrapada, 4 śukla	Gaṇeśacaturthī (Geburtstag Gaṇeśas)
Āśvina, 7–10 śukla	Durgā-pūjā (Fest zu Ehren der Göttin Durgā) Daśahrā (Sieg von Rama über Rāvaṇa)
Āśvina, 15 śukla	Lakṣmī-pūjā (Ehrung Lakṣmis, Göttin des Reichtums und des Wohlstands)
Āśvina, 14 kṛṣṇa	Dīpāvalī (Lichterfest)
Kārttika, 1 śukla Kārttika, 15 śukla	Gurū Nānak Jayantī (Geburtstag Nānaks, Gründer des Sikhtums)
Māgha, 14 kṛṣṇa	Mahā-Śivarātri (zu Ehren von Shiva)
Phālguna, 15 śukla	Dolāyātrā Holī

(1) śukla = Zweiwochenzeitraum des zunehmenden Mondes (endet bei Vollmond)
(2) kṛṣṇa = Zweiwochenzeitraum des abnehmenden Mondes (endet bei Neumond)

KAMBODSCHANISCH

Typ. Der kambodschanische Kalender ist ein Sonne-Mond-Kalender indischen Ursprungs.

Jahr, Monat, Tag. Das Jahr hat 365 oder 366 Tage und beginnt mit Eintritt der Sonne in das Zeichen des Widders. Es ist in 12 Mondmonate unterteilt, die im Wechsel 29 oder 30 Tage (s. Tabelle) haben. Ein Zwischenmonat wird alle 3 oder 4 Jahre hinzugefügt, indem der Monat *Asath* (8. Monat) verdoppelt wird; alle 5 oder 6 Jahre wird ein 30. Tag an den Monat *Chés* (7. Monat) angefügt, der normalerweise nur 29 Tage hat.

Jeder Monat teilt sich in 2 Perioden zu 15 Tagen: die Periode des zunehmenden Mondes vom 1. bis 15. Tag und diejenige des abnehmenden Mondes vom 16. bis 29. (oder 30.) Tag.

Innerhalb dieses Zweiwochenzeitraumes werden die Tage gezählt: der 5. Tag des Monats ist zum Beispiel der 5. des zunehmenden Mondes und der 19. Tag des Monats der 4. Tag des abnehmenden Mondes.

Wie in China werden die Tage nach einem 60jährigen Zyklus, einer Kombination eines Zyklus von 12 Jahren und eines von 10 Jahren, gezählt. Die Tiernamen des 12jährigen Zyklus sind dieselben wie in China und stehen vor den Namen des 10jährigen Zyklus, die einfach Sanskritzahlen sind.

Die kambodschanischen Monate

Name	Anzahl der Tage	entsprechende Periode im Gregorianischen Kalender
Chet	29	März–April
Pisak	30	April–Mai
Chés	29 oder 30	Mai–Juni
Asath	30	Juni–Juli
Srap	29	Juli–August
P'otrabot	30	August–September
Asoch	29	September–Oktober
Kadek	30	Oktober–November
Meakaser	29	November–Dezember
Bos	30	Dezember–Januar
Meak	29	Januar–Februar
P'alkun	30	Februar–März

LAOTISCH

Typ. Der laotische Kalender ähnelt dem kambodschanischen, von dem er nur in der Bezeichnung der Jahre und Monate abweicht.

Jahr, Monat, Tag. In dem für die Chronologie verwendeten Zyklus von 60 Jahren steht der Jahresname des 12jährigen Zyklus nach dem, der die Stellung des fraglichen Jahres im 10jährigen Zyklus angibt.

Die Jahresbezeichnungen im 12jährigen Zyklus sind: **Chaeu, Pao, Yi, Mao, Si, Saeu, Sanga, Mot, Sanh, Hao, Set, Kaeu.** Die Namen der Jahre des 10jährigen Zyklus lauten: **Kap, Hap, Huai, Meung, Peuk, Kat, Kot, Huang, Tao, Ka.**

Die Monate werden einfach mit den Namen der 12 ersten Zahlen bezeichnet, aber der Jahresbeginn fällt nicht in den ersten Monat, denn die gebräuchliche Numerierung entspricht einem alten Jahr, das mit der Wintersonnenwende begann: Das derzeitige Jahr beginnt im 5. oder 6. Monat, das heißt im April des Gregorianischen Kalenders.

KALENDER

TAMILISCH

Typ. Der tamilische Kalender ist eine Variante des hinduistischen Kalenders.

Jahr, Monat, Tag. Das Jahr bezieht sich auf einen festen Tierkreis *(nirayana),* dessen Ursprung man auf etwa 400 n. Chr. legt.

Jeder Monatsbeginn fällt mit dem Eintritt der Sonne in eines der Zeichen des Tierkreises zusammen. Das Jahr beginnt zur Zeit etwa Mitte April. Der Kalendertag unterteilt sich in 60 **naligei** (oder **nali**), jeder naligei in 60 **vinadi** und jeder vinadi in 60 **nodi**. Man erhält also ungefähr:
1 naligei = 24 Minuten,
1 vinadi = 24 Sekunden.

Das tamilische Jahr entspricht somit sehr genau 365 Tagen, 15 naligei, 31 vinadi und 15 nodi, das sind 365 Tage, 6 Stunden, 12 Minuten und 30 Sekunden. Die Abweichung zum Gregorianischen Kalenderjahr beträgt nach 4 Gregorianischen Jahren (3 normale und ein Schaltjahr) 50 Minuten.

Wenn der Beginn eines astronomischen Monats auf die Zeit nach Sonnenuntergang fällt, wird der Beginn des Kalendermonats auf den folgenden Tag verschoben.

Die Jahre werden in 60jährigen Zyklen gezählt (**perandu** = großes Jahr); jedes der 60 Jahre eines Zyklus hat einen eigenen Namen. Der aktuelle Zyklus hat im April 1987 begonnen.

CHINESISCH

Typ. Der traditionelle chinesische Kalender ist ein Sonne-Mond-Kalender. Er hat in einem Zeitraum von 19 Jahren 12 normale Jahre mit 12 Mondmonaten zu 29 oder 30 Tagen (also 354 oder 355 Tage) und 7 Schaltjahre mit 13 Monaten (also 383 oder 384 Tage).

Jahr, Monat, Tag. Das Jahr ist in 24 Jahreszeitabschnitte *(jieqi)* unterteilt, die jeweils aus zwei Teilen, *jie* und *qi* bestehen, deren Beginn mit 24 äquidistanten besonderen Positionen auf der Ekliptik zusammenfällt. Ihre Daten sind beweglich. Ein Monat kann bis zu drei Abschnitte *(jieqi)* haben. Die zusätzlichen Monate der Schaltjahre werden so aufgeteilt, daß der Jahresbeginn etwa um den *lichun* (Frühlingsanfang) liegt. Der Jahresbeginn schwankt nämlich zwischen dem 21. Januar und dem 20. Februar des Gregorianischen Kalenders.

Seit der Shang-Dynastie werden die Tage mit Hilfe eines Sexagesimalsystems gezählt. Jedes Datum ist sowohl bezüglich eines Zyklus von 10 Tagen (*himmlische Stämme*) als auch eines Zyklus von 12 Tagen (*irdische Zweige*) festgelegt. Da 60 das kleinste gemeinsame Vielfache von 12 und 10 ist, wiederholen sich die Daten nach 60 Tagen in der gleichen Abfolge.

Seit der Han-Dynastie wird dieses System auch zur Zählung der Jahre verwendet (s. Tabelle). Die 12 Jahre des 12jährigen Zyklus werden mit Tiernamen belegt: **Ratte, Büffel, Tiger, Hase, Drache, Schlange, Pferd, Ziege, Affe, Hahn, Hund** und **Schwein**. So ist das erste Jahr des Zyklus das Jahr der Ratte, das zweite das des Büffels usw.

Die 24 jieqi des chinesischen Kalenders

jie	qi	Bedeutung	Gregorianisches Datum
lichun		Frühlingsanfang	4. oder 5. Februar
	yushui	Regenzeit	18. oder 19. Februar
jingzhe		Erwachen der Kreaturen	5. oder 6. März
	chunfen	Tag- und Nachtgleiche im Frühjahr	20. oder 21. März
qingming		Helligkeit	4. oder 5. April
	guyu	Samenregen	20. oder 21. April
lixia		Sommeranfang	5. oder 6. Mai
	xiaoman	Kleiner Überschuß	21. oder 22. Mai
mangzhong		Ährensamen	5. oder 6. Juni
	xiazhi	Sommersonnenwende	21. oder 22. Juni
xiaoshu		Kleine Hitze	7. oder 8. Juli
	dashu	Große Hitze	22. oder 23. Juli
liqiu		Herbstbeginn	7. oder 8. August
	chushu	Ende der Hitze	23. oder 24. August
bailu		Weißer Tau	7. oder 8. September
	qiufen	Tag- und Nachtgleiche im Herbst	23. oder 24. September
hanlu		Kalter Tau	8. oder 9. Oktober
	shuangjiang	Ankunft des Raureifs	23. oder 24. Oktober
lidong		Winteranfang	7. oder 8. November
	xiaoxue	Kleiner Schnee	22. oder 23. November
daxue		Großer Schnee	7. oder 8. Dezember
	dongzhi	Wintersonnenwende	21. oder 22. Dezember
xiaohan		Kleine Kälte	5. oder 6. Januar
	dahan	Große Kälte	20. oder 21. Januar

A · **Auszug aus einem chinesischen Almanach.** Von oben nach unten: die Daten und das Jahr, die dem Jahr 1979 in Gregorianischer Zählung entsprechen; eine Liste der Tätigkeiten, die am Neujahrstag (28. Januar 1979) zu vermeiden sind, sowie Ratschläge aus dem ›Horoskop‹ für jede Stunde des Tages. *(Privatbesitz)*

B · **Chinesischer Kalender.** Der traditionelle chinesische Kalender, der seit der Zeit der Zhou (um 1025–265 v. Chr.) verwendet wird, ist der ›Huangdi-Kalender‹ (Kalender des Gelben Kaisers), dessen Epochendatum das Jahr 2697 v. Chr. ist. Der derzeitige Zyklus ist der 79. seit jenem Jahr. Er umfaßt die Jahre 1984–2044 des Gregorianischen Kalenders. *(Nationalbibliothek, Paris)*

191

KALENDER

ANDERE KALENDER

REVOLUTIONSKALENDER

Typ, Jahr. Der Revolutionskalender ist ein Sonnenkalender. Das Jahr begann am Tag der Tag- und Nachtgleiche im Herbst (um 0 Uhr Kalenderzeit für den Längenkreis Paris), dem Jahrestag der Gründung der Französischen Republik. Es hatte normalerweise 365 Tage, jedes vierte Jahr war ein *Schaltjahr* mit 366 Tagen.

Monat. Das Jahr hatte 12 Monate mit 30 Tagen (siehe unten). Es endete mit 5 (normales Jahr) oder 6 (Schaltjahr) *zusätzlichen Tagen* oder *Sanskulottiden,* die an den letzten Monat angefügt wurden.

Die Namen der Monate wurden durch den französischen Konvent eingeführt; sie erinnern an das klimatische oder landwirtschaftliche Hauptmerkmal (in Frankreich) ihrer Bezugsperiode und haben je nach Jahreszeit eine andere Endung. Sie heißen:

– Vendémiaire (Weinmonat)
– Brumaire (Nebelmonat)   [Herbst]
– Frimaire (Rauhreifmonat)
– Nivôse (Schneemonat)
– Pluviôse (Regenmonat)   [Winter]
– Ventôse (Windmonat)
– Germinal (Monat der Keimung)
– Floréal (Blütenmonat)   [Frühling]
– Prairial (Wiesenmonat)
– Messidor (Erntemonat)
– Thermidor (Hitzemonat)   [Sommer]
– Fructidor (Fruchtmonat)

Jeder Monat ist in drei Dekaden unterteilt (erste, zweite und dritte).

Jede Dekade ist ein Zeitraum von 10 Tagen, die jeweils in ihrer Reihenfolge lateinisch gezählt werden: primidi, duodi, tridi, quartidi, quintidi, sextidi, septidi, octidi, nonidi und decadi.

Gebrauch. Der Revolutionskalender, der durch Konventionsdekret vom 6. Oktober 1793 in Kraft gesetzt wurde, war gesetzlich in Frankreich bis zum 1. Januar 1806 vorgeschrieben. Er wurde von Napoleon I. durch Verordnung vom 9. September 1805, die den Gregorianischen Kalender wieder in Kraft setzte, abgeschafft. Die Jahre wurden (in römischen Ziffern) ab dem 22. September 1792, dem Datum der Ausrufung der Republik, gezählt. Wenn man das Datum der Veröffentlichung des Gesetzes, das ihn vorschrieb (15. Vendémiaire, Jahr II), berücksichtigt, wurde der Revolutionskalender nur 12 Jahre lang verwendet, da ja das Jahr I bei der Einführung schon vorüber war. Das Jahr XIV, das am 23. September 1805 begann, existierte per Gesetz nur 3 Monate und 8 Tage.

Selbst in der Zeit, als die Anwendung des Revolutionskalenders vorgeschrieben war, konnte er sich niemals wirklich in der Öffentlichkeit durchsetzen, da er die Traditionen mißachtete und mit der Geschichte brach. Seine Erfinder hatten darüber hinaus zwei Fehler begangen, aufgrund deren er sich international nicht durchzusetzen vermochte:
– Die Monatsnamen waren den klimatischen Verhältnissen Frankreichs angepaßt;
– Der Jahresbeginn war durch eine auf den Längenkreis von Paris bezogene Berechnung festgelegt worden.

Umrechnung in den Gregorianischen Kalender. Die untenstehende Tabelle gibt für den ersten Tag jedes Revolutionsmonats vom Jahr I bis zum Jahr XV den jeweiligen Tag des Gregorianischen Kalenders an. Danach kann man das Gregorianische Datum eines beliebigen Tages in diesen 15 Jahren ableiten.

A · **Revolutionskalender.** Symbolgestalt für den Monat Frimaire (ausgeführt von Salvadore Tresca nach einer Zeichnung von Louis Laffite). *(Carnavalet-Museum, Paris)*

B · **Revolutionskalender für das Jahr III.** Die wichtigsten Ereignisse im Jahr III (1794/1795) waren in Frankreich: der strengste Winter des Jahrhunderts, der Tod von Ludwig XVII. (25. Nivôse), die Befriedung der Vendée (28. Pluviôse) und der Bretagne (1. Floréal), die Stürmung des Sitzungssaals des Konvents durch aufgebrachte Volksmassen (1. Prairial), das Massaker der Jakobiner in Marseille (10. Prairial) und die Niederlage der Royalisten gegen Hoche in Quiberon (3. Thermidor). *(Druck von F. M. Queverdo, Ausschnitt)*

Konkordanz zwischen dem Revolutionskalender und dem Gregorianischen Kalender

Revolutionskalender	I	II	III	IV	V	VI	VII	VIII	IX	X	XI	XII	XIII	XIV	XV
Gregorianischer Kalender	1792	1793	1794	1795	1796	1797	1798	1799	1800	1801	1802	1803	1804	1805	1806
I Vendémiaire September	22	22	22	23	22	22	22	23	23	23	24	23	23	23
I Brumaire Oktober	22	22	22	23	22	22	22	23	23	23	24	23	23	23
I Frimaire November	21	21	21	22	21	21	21	22	22	22	23	22	22	22
I Nivôse Dezember	21	21	21	22	21	21	21	22	22	22	23	22	22	22
Gregorianischer Kalender	1793	1794	1795	1796	1797	1798	1799	1800	1801	1802	1803	1804	1805	1806	1807
I Pluviôse Januar	20	20	20	21	20	20	20	21	21	21	22	21	21	21
I Ventôse Februar	19	19	19	20	19	19	19	20	20	20	21	20	20	20
I Germinal März	21	21	21	21	21	21	21	22	22	22	22	22	22	22
I Floréal April	20	20	20	20	20	20	20	21	21	21	21	21	21	21
I Prairial Mai	20	20	20	20	20	20	20	21	21	21	21	21	21	21
I Messidor Juni	19	19	19	19	19	19	19	20	20	20	20	20	20	20
I Thermidor Juli	19	19	19	19	19	19	19	20	20	20	20	20	20	20
I Fructidor August	18	18	18	18	18	18	18	19	19	19	19	19	19	19

4

WELTGESCHICHTE

Dieses Kapitel ist zweigeteilt:
Eine umfassende *Chronologie der Weltgeschichte* geht einer großen Übersicht über die *Dynastien,
Herrscher und Staatsoberhäupter* voraus. Die Chronologie der Weltgeschichte verzeichnet
die wichtigsten Ereignisse der Weltgeschichte von den Anfängen bis in unsere Zeit.
Diese Ereignisse sind hier chronologisch und nach großen Kulturbereichen gegliedert.
Auf je einer Doppelseite wird eine zeitliche Einheit in den großen Zügen ihrer Entwicklung vorgestellt.
Die Dauer der Zeiteinheiten macht bei der Vorgeschichte mehrere Millionen Jahre aus,
zwischen 700 und 1800 ein Jahrhundert und vermindert sich auf etwa sechzehn Jahre gegen Anfang des 20. Jh.
Bei der Geschichte der Neuzeit von 1945 bis 1988 sind wir etwas anders vorgegangen,
um dem Leser auf dem verfügbaren Platz möglichst viele Informationen zu bieten.
Der Teil Dynastien, Herrscher, Staatsoberhäupter stellt für jeden großen Staat –
ob er heute noch besteht oder nicht – die Folge seiner Herrscher oder Führer vor.
Dort finden sich ebenfalls die Stammbäume derjenigen Dynastien,
die in einem oder mehreren Ländern regiert haben.
Somit besitzt der Leser wichtige historische Anhaltspunkte,
die von zahlreichen Zusatzinformationen und Abbildungen abgerundet werden.

INHALT

**CHRONOLOGIE DER
WELTGESCHICHTE**

6 MILLIONEN bis 100000 v. CHR. *194*
100000 bis 3000 v. CHR. *196*
3000 bis 2000 v. CHR. *198*
2000 bis 1000 v. CHR. *200*
1000 bis 500 v. CHR. *202*
500 bis 300 v. CHR. *204*
300 bis 200 v. CHR. *206*
200 bis 100 v. CHR. *208*
100 bis CHRISTI GEBURT *210*
CHRISTI GEBURT bis 100 *212*
100 bis 200 *214*
200 bis 300 *216*
300 bis 400 *218*
400 bis 550 *220*
550 bis 700 *222*
700 bis 800 *224*
800 bis 900 *226*
900 bis 1000 *228*
1000 bis 1100 *230*
1100 bis 1200 *232*
1200 bis 1300 *234*

1300 bis 1400 *236*
1400 bis 1500 *238*
1500 bis 1600 *240*
1600 bis 1700 *242*
1700 bis 1800 *244*
1800 bis 1850 *246*
1850 bis 1900 *248*
1900 bis 1928 *250*
1929 bis 1945 *252*
JÜNGSTE GESCHICHTE
1946 bis 1990 *254*

**DYNASTIEN, HERRSCHER,
STAATSOBERHÄUPTER**
ÄGYPTEN *257*
IRAN *258*
ROM,
BYZANTINISCHES KAISERREICH *260*
FRANKREICH *262*

ITALIEN *264*
SPANIEN, PORTUGAL *266*
GROSSBRITANNIEN *268*
DEUTSCHLAND *269*
DEUTSCHLAND, ÖSTERREICH *270*
RUSSLAND, UDSSR *271*
DÄNEMARK, NORWEGEN,
SCHWEDEN *273*
NIEDERLANDE, BELGIEN *274*
KANADA, VEREINIGTE STAATEN *275*
CHINA *276*
INDIEN, PAKISTAN, BANGLADESH *278*
JAPAN *279*
ISLAMISCHE WELT *280*
MEROWINGER *283*
KAROLINGER *284*
STAUFER *286*
HOHENZOLLERN *287*
HABSBURGER *288*

Siehe auch
Länder der Erde S. 401 ff. für die genaue Geschichte der Länder
Entdeckungen und Erfindungen S. 849 ff. für die Geschichte der Entdeckungen und Erfindungen in Wissenschaft und Technik

Redaktion und Texte
Jean-Noël Charniot, Nadeije Laneyrie-Dagen, Edith Ybert-Chabrier, Redaktion (Geschichte)

Unter der Mitwirkung von
Jean-Christophe Balouet, Paläontologe, Astrid Bonifacj, Redaktion
(Archäologie, Vorgeschichte, nicht-abendländische Kunst)

Berater:
Francine Hérail, Doktor der Philosophie, Studienleiter bei E. P. H. E.,
Elisabeth Peyraube, Historikerin, Dozentin an der Universität Paris VII.

CHRONOLOGIE DER WELTGESCHICHTE

6 MILLIONEN bis 100 000 v. CHR.

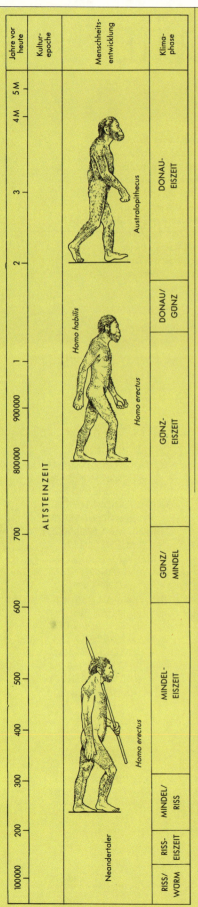

EUROPA

um −1 900 000. In Mittel- und Südeuropa stammen die ältesten Spuren menschlicher Tätigkeiten aus dem mittleren Villafranchium.

−1 800 000. Behauene Steingerölle in Verbindung mit Skeletten der Mastodonten (Chilhac, Frankreich).

−950 000 bis −900 000. Geröllgerätekultur (Vallonnet-Grotte, Frankreich).

um −900 000. Erste Behausungen; Errichtung von Steinblöcken am Ufer eines ehemaligen Sees in Soleilhac (Frankreich).

um −800 000. Abbevillien (sorgfältig gearbeitete Faustkeile und grobe Feuersteine); Clactonien-Kultur (Feuersteinabschlaggeräte).

um −650 000. Verwendung des Feuers (Escale-Grotte, Frankreich).

um −450 000. Erster Nachweis beherrschten Feuers in Europa (eingefaßte Feuerstelle in der Höhle von Vértesszöllös, Ungarn).

um −450 000. Behausung in der Grotte Caune de l'Arago (Tautavel, Frankreich); Raumaufteilung, wobei ein Teil zur Bearbeitung der Feuersteine vorgesehen ist.

um −380 000. Angelegte Feuerstellen (durch ein Steinmäuerchen geschützt) in Hütten (Terra Amata bei Nizza).

um −200 000. Erstes Auftreten der Levallois-Technik, einer Methode zur Steinbehauung, die einen weichen Schlagbolzen verwendet, der nicht aus Stein ist (Holz, Knochen); die Berechnung der Schlagrichtung bewirkt Splitter mit einer vorbestimmten Form.

MENSCH UND FEUER

Die Beherrschung des Feuers ist wahrscheinlich eine der wichtigsten Errungenschaften des Menschen. Die älteste bekannte Feuerstelle in Europa ist die aus der Höhle von Vértesszöllös in Ungarn; dort verbrannte der *Homo erectus* vor 450 000 Jahren Tierknochen. In den Funden der ›Knochenhöhle‹ von Swartkrans (Republik Südafrika) konnte man (1988) Reste von Lagerfeuern nachweisen, die über eine Million Jahre alt sind.

Die verwendeten Techniken (Bohren oder Reiben von Holz auf Holz oder Schlagen von Stein oder Eisen) ermöglichen das Feuermachen nach Belieben. Das Holz bleibt der häufigste Brennstoff, aber der Mensch verbrennt ebenfalls Knochen oder Fette, die eine helle Flamme ergeben. Mit diesen Techniken kann er neue Gebiete in den Gebirgen besiedeln.

Gleichzeitig verbessert das Kochen der Nahrungsmittel die Hygienebedingungen. Wahrscheinlich haben die Zubereitung der Mahlzeiten, die Wärme und das Licht der Feuerstelle die Ausbildung eines sozialen Lebens gefördert.

Sehr schnell lernt der Mensch, die Glut zu transportieren. Um −130 000 Jahre verwendet er, wie in der Lazaret-Grotte bei Nizza, die Glut, die von einer Herdstelle am Ausgang der Grotte erzeugt wurde, um einen Raum innen zu wärmen.

Die ersten Lampen, bei denen ein Docht aus Fell oder Pflanzenfasern verwendet und Fette verbrannt werden, tauchen vor 18 000 Jahren auf.

△ · **Spuren einer Feuerstelle,** geschützt durch einen Steinwall, am Fundort von Terra Amata (bei Nizza), datiert auf −380 000 Jahre. Diese Feuerstelle war eingerichtet in der Mitte einer ovalen Hütte, die aus in den Sand gesteckten Zweigen bestand; sie diente einer Gruppe von herumziehenden Jägern als Schutz.

CHRONOLOGIE DER WELTGESCHICHTE

MITTLERER UND NAHER OSTEN

−500 000. Behauene Steingerölle; Fundort von Ubaydiyya (Palästina).

−200 000. Steinwerkzeuge des Acheuléen-Typs (Jordanien).

DIE ÄLTESTEN BEHAUSUNGEN

Die Höhlen waren immer ein beliebter Unterschlupf der Menschen. Diese natürlichen Behausungen wurden aufgesucht, um dem strengen Klima zu trotzen oder sich vor Raubtieren zu schützen. Die ältesten von Menschen bewohnten Höhlen sind die von Taungs und Makapansgat in Südafrika.

In höhlenarmen Gebieten mußte der Mensch jedoch Behausungen bauen. Die älteste, auf 1,5 bis 1,8 Millionen Jahre datierte, wurde im Norden Tansanias gefunden. Sie besteht aus kleinen Anhäufungen von Basaltsteinen, die in einem Halbkreis angeordnet und mit Zweigen bedeckt waren. Nach vorne diente eine kleine Mauer als Windschutz.

WERKZEUG

Das Werkzeug wird als die Schöpfung des Menschen schlechthin betrachtet. Es ist ein absichtlich veränderter, in großen Mengen hergestellter, transportabler und wiederverwendbarer Gegenstand.

Diese Definition soll die Produktion des Menschen von der der Tiere abheben, sie trifft jedoch auch auf den Schimpansen zu, der ganz gerade, nicht zu große Stengel nimmt, sie bricht, die Blätter entfernt und sie von einem Termitenhaufen zum nächsten mitnimmt, um die Insekten zu holen, die er so gern mag.

Die ersten vom Menschen hergestellten Werkzeuge sollen Steingerölle gewesen sein, von denen er durch Schlagen Splitter abtrennte. Das einfachste Werkzeug, der *chopper,* wurde durch Abheben nur eines Splitters erzeugt; das *chopping tool* erhält man durch Abheben mehrerer Splitter. Die Steine in den Flüssen können diesen primitiven Werkzeugen erstaunlich ähneln; Prähistoriker konnten jedoch feststellen, daß vor ungefähr 3 Mio. Jahren diese behauenen Steine schon etwa 10 Kilometer von ihrem Ursprung wegtransportiert worden waren.

Bis heute ist man sich über den Erfinder der ersten Werkzeuge nicht einig: wahrscheinlich war es der *Homo habilis,* es scheint jedoch, daß schon die Australopithecinen lange vorher Knochen als Waffen oder Pfähle verwendet haben.

ASIEN

−2 Mio. Aus China ist der *Homo erectus* unter dem Namen Sinanthropus oder Peking-Mensch bekannt; aus Indonesien unter dem Namen Pithecanthropus oder Java-Mensch.

um −800 000. Geröllgerätekultur.

−600 000. Der Mensch von Lantian (China) in Verbindung mit einem Quarzit-Werkzeug (behauenes Steingeröll).

−500 000. Der Mensch von Zhoukoudian (China) kannte das Feuer und wahrscheinlich auch das Kochen (Spuren von Feuerstellen); Handel mit Quarz und Feuersteinen.

−500 000. Presoan-Mensch; massive, schwer zu identifizierende Faustkeile am Ufer des Soan (Pakistan); älterer Soan-Mensch: Handel mit Steinwerkzeugen (Zwischeneiszeit Mindel-Riss).

−200 000. Höherer Soan-Mensch; Bearbeitung in Levallois-Technik.

−100 000. Fen-Kultur (China); nach Moustérien-Technik behauene Steine.

SINANTHROPUS

Der Pekingmensch oder Sinanthropus pekinensis gehört zur Art *Homo erectus.* Er wurde von Dr. Davidson Black 1927 im Gebiet von Zhoukoudian, 60 km von Peking entfernt, gefunden. Diese 500 000 Jahre alten Fossilien (einer der reichsten Funde der Welt) umfassen die Überreste von 40 Individuen (davon Reste oder Bruchteile von 5 Schädeln, 8 Oberschenkel- und 2 Oberarmknochen). Der Pekingmensch wurde lange Zeit als Bindeglied zwischen dem Javamenschen und dem Neandertaler angesehen.

Die Auswertung des Fundorts von Zhoukoudian ging bis zur japanischen Invasion 1941 weiter. Diese menschlichen Überreste waren die ersten jemals entdeckten in China, und da die Paläontologen erst sehr spärliche Nachweise über unsere Vorfahren hatten, haben sie versucht, diese Fossilien zu retten, indem sie sie vorsichtig umwickelten, bevor sie in zwei Kisten gelegt wurden.

Heute sind diese Kisten unauffindbar. Dem Finder winken 150 000 $. Sie sollen kurz nach dem 7. Dez. 1941 verschwunden sein, als die Marinesoldaten, die sie aufbewahrten, sich der japanischen Armee ergeben mußten. Sind sie vielleicht an Bord eines bombardierten japanischen Schiffes untergegangen? Sind sie eine Kriegsbeute oder ein eifersüchtig versteckter Besitz eines Sammlers?

AFRIKA

um −3,7 Mio. Menschliche Fußspuren in der Vulkanasche (Laetolil, Tansania).

um −3,1 Mio. Skelett von Lucy, *Australopithecus afarensis* (Äthiopien). Erste gespaltene Steine, Entwicklung und erste Benutzung des Faustkeils (Omo, Äthiopien).

−3 Mio. Faustkeilwerkzeuge (Hadar, Äthiopien).

−2,8 Mio. *Australopithecus africanus* in Südafrika (Sterkfontein, Transvaal); Verschwinden des *afarensis,* auf den wahrscheinlich der *Homo habilis* folgt.

−2 Mio. Erste Spuren von angelegten Behausungen (Olduwai, Tansania).

−2 Mio. bis −1,6 Mio. Auftreten des *Australopithecus robustus* (Olduwai).

um −1,8 Mio. Der *Homo habilis* verwendet behauene Steingerölle; Faustkeile und erster Handel (Olduwai) in Verbindung mit Werkzeugen aus Knochen und dem Elfenbein des Flußpferds (Turkana-See, Kenia; Olduwai).

um −1,75 Mio. Halbkreisförmige Fundamente eines Windschutzes (Olduwai).

−1,7 Mio. Benutzung des Faustkeils (Tal des Aouach, Melka Kontouré, Äthiopien).

um −1,6 Mio. *Homo erectus* in Verbindung mit Handel von Steinen des Acheuléen-Typs; Verwendung von Knochen (Omo-Tal).

−1 Mio. Steingerölle des Präacheuléen (Fundort von Tardiguet el-Rahla, marokkanische Atlantikküste). Erste menschliche Feuerstelle (Swartkrans, Rep. Südafrika).

um −700 000. Der *Homo erectus* ist unter dem Namen Atlanthropus oder Mensch von Ternifine (Algerien) bekannt.

−600 000. Steinindustrie des Acheuléen (Olduwai).

A, B · **Schädel und Nachbildung des Gesichtes des Sinanthropus.**

CHRONOLOGIE DER WELTGESCHICHTE

100 000 bis 3000 v. CHR.

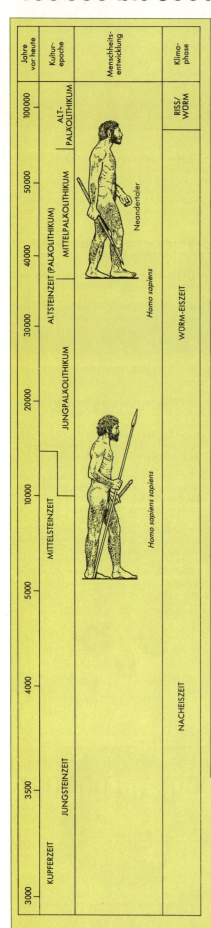

EUROPA

um −100 000. Beginn des Moustérien, gekennzeichnet durch zahlreiche Schlagwerkzeuge, manchmal in Verbindung mit doppelseitigen Werkzeugen, erste Bestattungen.

−35 000 bis −30 000. Kultur von Châtelperron; Entwicklung von Knochenwerkzeugen, zahlreiche Schaber und Lochbohrer.

−33 000 bis −28 000. Aurignacien; Auftreten von keilförmigen Schabern und gekrümmten Meißeln; Wurfspeerspitzen aus Knochen; die Kultur des Aurignacien erstreckt sich über ganz Europa und den Nahen Osten bis zur Iberischen Halbinsel.

−27 000 bis −19 000. Das Gravetien ist eine kulturelle Einheit, insbesondere bei der Steinbearbeitung; charakteristisch ist die Gravettespitze (Frankreich), eine Klinge mit geradem Rücken und scharfen Enden (Verbreitungsgebiet: West- und Mitteleuropa, Rußland bis zum Don); erste Nutzgegenstände aus Knochen mit Verzierung, zahlreiche Venusbilder (Brassempouy, Lespugue, Willendorf).

−24 000 bis −20 000. Überreste von Behausungen (runde oder gerade Zelte, halb eingegrabene, durch flache Steine oder Knochen verstärkte Hütten) in Verbindung mit menschen- und tierförmigen Statuen.

−20 000 bis −16 000. Solutréen; die Steinherstellung ist gekennzeichnet durch die sog. ›Lorbeer-‹ oder ›Weidenblattspitzen‹ mit sehr glatter Überarbeitung.

−16 000 bis −10 000. Das Magdalénien ist die Blütezeit der Knochenwerkzeuge (Wurfspeere, Harpunen mit einer, dann zwei Widerhakenreihen); mehrere nebeneinander bestehende Behausungstypen: Die Jäger wohnen unter Tierhäuten (Pincevent), es gibt Höhlen, wo sich die Höhlenmalerei entwickelt (Lascaux, Altamira, La Mouthe), sowie halb in den Boden gebaute Hütten mit einer Verstärkung aus Mammutzähnen. Das Magdalénien erstreckt sich über ganz Europa, Sibirien und den Mittleren Osten.

um −7000. Kultur des Sauveterrien; Sammeln von Hülsenfrüchten.

−7000 bis −4000. Frühes Neolithikum in Verbindung mit Kardium-Keramik (Westeuropa); Viehzucht, Ackerbau.

um −6000. Getreideanbau, Zucht von Ziegen, Schweinen und Rindern (Thessalien, Kreta, Peloponnes).

−5000 bis −2000. Entwicklung des Donau-Neolithikums, von Mitteleuropa bis zum Pariser Becken; Bandkeramik, zunächst als Linien-Bandkeramik, dann als Stich-Bandkeramik; große rechteckige Holzhäuser.

MITTLERER UND NAHER OSTEN

um −100 000. Jabroudien (Syrien), in der Art des Moustérien.

−17 000 bis −12 000. Sammeln von Roggen und Weizen in Oberägypten.

um −9000. Natoufien (Palästina); Beginn von Ackerbau und Domestizierung; mikrolithisches Werkzeug (Schaber, Bohrer, Pfeilspitzen, usw.); Wohnen in runden, eingegrabenen Hütten; erste Besiedlung von Jericho (Jordanien), Kulthandlungen wahrscheinlich (Schädelfunde).

um −9000. Runde, tief angelegte Behausungen mit Wänden aus Lehm und Holz (Mureybat, Syrien).

um −8000. Beginn des Ackerbaus in Anatolien (Kleinasien).

um −7500. Weizen-, Gerste- und Linsenanbau (Mureybat), erste Besiedlung von Çatal Hüyük (Anatolien); Wohnung aus rohen Ziegeln, Wandmalereien, gediegenes Kupfer.

um −7000. Domestizierung von Schaf und Ziege in Çayönü (Türkei).

um −6000. Erste Siedlung in Uruk (Irak).

−4500 bis −3500. Kultur von El-Obeid (N-Mesopotamien); Ackerbau (Bewässerungskanäle), Schaf- und Rinderzucht, Fischfang; Keramik mit geometrischem Muster.

um −3500. Erste Bilderschrift in Uruk, Vorläufer der Keilschrift; Auftauchen der Rundsiegel.

um −3200. Narmer vereint die Königreiche von Ober- und Unterägypten; Anfang der Thinitenzeit. Gründung von Memphis an der Deltaspitze; der Ackerbau im Niltal wird organisiert, und es entwickelt sich die königliche Verwaltung.

ENTSTEHUNG DER SCHRIFT

Anfänge der Schrift tauchten zum ersten Mal am Ende des 4. Jahrtausends in Uruk (Mesopotamien) in Form von bildhaften, schematisierten Zeichnungen auf, die Gegenstände oder Tätigkeiten darstellten. In ihren Anfängen diente diese Schrift zur Auflistung und Messung der Nahrungsmittel und zur Angabe ihres Besitzers oder ihrer Bestimmung. Ihre Entwicklung hing mit der Entstehung einer neuen sozialen Organisation zusammen; die Seßhaftigkeit, die Fortschritte in der Landwirtschaft und die Anfänge des Handels bildeten den Grundstein für die ersten Städte. In diesen Städten entstanden neue Verwaltungsmethoden, wie man an den Rundsiegeln sieht, die auf frischen Ton gerollt wurden, der Behältnisse und Vorräte versiegelte. Die Städte strebten nach Kontrolle über die wirtschaftlichen Aktivitäten, die sich dort abspielten. Die Schrift diente jedoch nur

CHRONOLOGIE DER WELTGESCHICHTE

ASIEN

um −8000. Beginn der Besiedelung Japans durch Völker, die wahrscheinlich aus dem nordasiatischen Raum kamen.

um −7000. In Mehrgarh (pakistanisches Belutschistan) Beginn der Präinduskultur (Dorf, Domestizierung von Rindern und Schafen, Getreideanbau).

um −6000. Auftreten der Keramik im Industal.

−5000 bis −2500. Induskultur; chalkolithische Periode, die durch den Beginn der Städtebildung, die Kupferbearbeitung und eine bunte Töpferkunst gekennzeichnet war (Mehrgarh, Amri, Mundigak).

um −5000. Anfänge des Reisanbaus in Südchina.

−4500 bis −3700. Beginn der Jomon-Kultur (Japan), die sich durch Töpferei mit Schnurmuster (Insel Honschu) oder Muschelabdrücken (Insel Kyushu) auszeichnet; Bevölkerung von Jägern, Sammlern und Fischern.

−4500 bis −2000. Yangshao-Kultur (China), gekennzeichnet durch ihre rote, mit spiralförmigen und geometrischen Motiven verzierte Keramik; vollentwickelte Bauernkultur mit Fruchtfolge-Anbau (Hirse); Hanf und Seidenraupe sind bekannt; Viehzucht (Schwein, Hund), Jagd, Fischfang.

AFRIKA

um −40 000 bis −25 000. Atérien (Nordafrika), Steinbearbeitung des Moustérien-Typs (Klingen, Levallois-Faustkeile).

−18 000 bis −9000. Ibéromaurusien (Nordafrika); geschliffene Steinwerkzeuge.

−5000 bis −4000. Domestizierung des Rindes im Gebirge der zentralen Sahara; Blütezeit dieser Hirtenperiode (Ziegen- und Schafzucht) zeigt sich durch die zahlreichen Höhlenmalereien, die Rinderherden darstellen.

um −4000 bis −3000. Sorghum-Anbau (Sudan).

ALTAMIRA, HOCHBURG DER VORZEIT

Als wißbegieriger Mensch sammelte der Marquis Marcelino Sanz de Santuola Feuersteine und Knochen in der Höhle von Altamira in Spanien (Provinz Santander). Seine 5 Jahre alte Tochter begleitete ihn, blickte zur Decke und sah riesige Tiere. Die ersten Höhlenmalereien des Paläolithikums waren entdeckt. Wir wissen heute durch die Datierung mit Hilfe der Radiokarbonmethode, daß sie zur Zeit des Magdalénien (um 13 500 v. Chr.) entstanden sind.

1879 publizierte der Marquis eine Schrift, und die Höhle wurde der Öffentlichkeit zugänglich gemacht. Santuola wurde nicht nur von den Prähistorikern verspottet, man behandelte ihn sogar als Fälscher. Damals war die Kleinkunst anerkannt: daß unsere ›guten wilden‹ Vorfahren ausgezeichnete Handwerker waren und Elfenbein schnitzten, das wollte man akzeptieren; darüber hinaus jedoch ihnen die räumliche Konzeption eines Bildes zuzutrauen, war ein nicht zu vollziehender Schritt! Aber nach den Funden in Frankreich (1895 die Gravierungen von La Mouthe, 1897 die Malereien von Marsoulas, 1901 die Gravierungen von Combarelles und die Malereien von Font-de-Gaume) gab es keinen Zweifel mehr: die Höhlenmalerei existierte im Paläolithikum. 1902 entschuldigte sich Emile Cartailhac (1845–1921) in aller Form und veröffentlichte seinen berühmten Artikel: *Mea culpa eines Skeptikers.*

AMERIKA UND OZEANIEN

−40 000 bis −35 000. Beginnende Bevölkerung des Kontinents durch kleine Jägergruppen, die aus Asien über die Beringstraße kamen.

−37 000. Behausungsreste in Lewisville (Texas).

−35 000 bis −8000. Sogenannte ›Wisconsin-Eiszeit‹, der Würm-Eiszeit entsprechend.

um −30 000. Besetzung der Uferregion des Mungo-Sees (Bundesstaat Victoria, Australien).

um −28 000. Verkohlte Mammutknochen in Tule Springs (Nevada).

um −26 000. Pygmide und Papua beginnen, Neuguinea und die Neuen Hebriden zu bevölkern; Herstellung von wenig bearbeiteten Faustkeilen.

−15 000 bis −12 000. Sandia-Kultur (Neu-Mexiko), gekennzeichnet durch die Sandia-Spitze, nicht gerifelt.

−15 000 bis −11 000. Clovis-Kultur (Neu-Mexiko); gerifelte Spitzen zusammen mit Schabern und Klingen; Verwendung des polierten Knochens.

−11 000 bis −8000. Folsom-Kultur (Nordosten Neu-Mexikos); gekennzeichnet durch Spitzen mit langen und breiten Riffeln (man hat etwa 8000 bei Hüttenspuren am Boden einer Senke, dem ersten bekannten Behausungstyp der Paläo-Indianer, gefunden; in Folsom fand eine Massenschlachtung von Großwild, das die Klippe heruntergestürzt wurde, statt).

−10 000. Jäger-und-Sammler-Bevölkerung am Fundort Tepexpán (Hochbecken von Mexiko).

−9000. Spuren menschlicher Besiedlung (Fell-Höhle, Patagonien).

um −9000. Auftreten von polierten Querbeilen und Äxten (Melanesien).

um −8000. Muschelhaufen mit zahlreichen Werkzeugen aus Obsidian in Englefield (Südchile).

−8000 bis −200. Cochise-Kultur und Wüstenkultur; Kulturfazies des Südwestens der Vereinigten Staaten mit Tieren wie Mammut, Pferd und Bison.

−6000. Erste Spuren von Ackerbau und Viehzucht in Melanesien.

−5200 bis −3400. Anfänge der Domestikation des Maises (Tehuacán, Mexiko).

4. Jahrtausend. Die Vorfahren der heutigen Melanesier, die aus Südostasien kamen, beginnen, sich in Neuguinea niederzulassen. Es sind Bauern, die Querbeile mit polierten Steinklingen benutzen.

A · Sumerische Piktogramme.
Dieses sumerische Kalksteintäfelchen mit Piktogrammen stammt vom Ende des 4. Jahrtausends. Es ist wahrscheinlich eine Eigentumsakte, die die Anzahl der Sklaven angibt, wobei der Besitzer durch die Hand symbolisiert wird. Anders als die ägyptischen Hieroglyphen entwickelte sich diese Schrift weiter. Ihre immer mehr schematisierten Zeichen nahmen die Form von Keilen (Nägeln) an. Der letzte bekannte Text in Keilschrift, ein Almanach aus Uruk, wurde 75 n. Chr. geschrieben.

der Verwaltung und hatte noch keine literarische Funktion.

B · Malerei in der Halle der Bisons in der Höhle von Altamira; Magdalénien.

CHRONOLOGIE DER WELTGESCHICHTE

3000 bis 2000 v. CHR.

EUROPA

−3000 bis −1700. Kultur von Tripolje (bei Kiew in der Ukraine); Dörfer aus Holzbauten mit Mauern aus Stampferde; Weizen-, Gerste- und Hirseanbau; Rinder-, Ziegen-, Schaf- und Pferdezucht.

um −2640. Erstes nachgewiesenes Bauern-Gemeinwesen in Skandinavien (Muldbjerg, Dänemark); Kultur der Großsteingräber (Megalithgräber); Fortschritte in den Techniken des Fischfangs und der Jagd.

um −2600 bis −2200. Frühe helladische Zeit: das gesamte griechische Territorium bevölkert sich allmählich, die Beziehungen mit den Inseln der Ägäis entwickeln sich, frühe Minoszeit oder Vorpalaststil: Keramik, Steingeschirr in großer Zahl; Kupferdolche, Goldschmuck.

um −2400. Erste Bauphase der Megalithanlage von Stonehenge (Großbritannien); Ausdruck astronomischen Wissens.

Ende des 3. bis Anfang des 2. Jahrtausends. Bandkeramik (West- und Mitteleuropa) zusammen mit den ersten Kupfer- und Goldgegenständen; Schnurkeramik (Mittel- und Nordeuropa); Bevölkerung vor allem Hirten, individuelle Bestattungen unter runden Hügeln.

MITTLERER UND NAHER OSTEN

um −3000. Die Stadtstaaten Mesopotamiens (Kisch, Lagasch, Ur, Uruk, Mari) versuchen, das Gebiet zu beherrschen.

um −3000 bis −2000. Das Kanaaniter lassen sich in Syrien und Palästina nieder.

um −2778. Djoser, der erste König der III. Dynastie, gründet das Alte Reich Ägyptens; sein Minister Imhotep baut die Stufenmastaba von Sakkara.

−2723 bis −2563. IV. ägyptische Dynastie; Cheops, Chephren und Mykerinos lassen die großen Pyramiden und den Sphinx von Giseh bauen.

um −2700. Die Könige von Kisch beherrschen das ganze untere Mesopotamien; Bau der Festungen von Uruk, die dem legendären König Gilgamesch zugeschrieben werden.

um −2600. Gründung der Stadt Assur.

um −2500. Die I. Dynastie von Ur beherrscht einen Teil des Landes von Sumer.

um −2450. Mari wird die Hauptstadt eines mächtigen Staates.

−2350 bis −2200. Das Königreich Ebla beherrscht Syrien und den mittleren Euphrat.

um −2300. Sargon I., genannt der Alte, gründet den Stadtstaat Akkad, das erste semitische Großreich auf mesopotamischem Boden, das sich bis nach Syrien und Anatolien erstreckt. Assur befreit sich von der Herrschaft Maris.

−2260 bis −2160. In Ägypten die erste Zwischenzeit. Nach dem Tod von Pepi II. ist Ägypten der Anarchie und Fremdeinflüssen ausgesetzt.

um −2200. Naramsin, der Herrscher von Akkad, zerstört das Reich Ebla (Syrien).

um −2160. Gudea, Fürst der sumerischen Stadt Lagasch, beherrscht von hier S-Babylonien. Das Königreich Akkad zerfällt unter den Angriffen der Gutäer, einem Bergvolk aus dem Zagrosgebirge.

−2160. Beginn des Mittleren Reiches (Ägypten) durch die Fürsten von Theben, die die XI. Dynastie gründen.

−2111. Urnammu gründet die III. Dynastie von Ur; Sumerisch wird zur offiziellen Sprache; Errichtung des Zikkurats von Ur.

−2003. Die Stadt Ur wird von den Elamiten geplündert.

SONNENKULT IN STONEHENGE?

Im 17. Jh. spürt der englische König James I. den eigenartigen Zauber von Stonehenge im Norden von Salisbury. Er beauftragt seinen besten Architekten, Inigo Jones, die Rätsel dieser geheimnisvollen Steine zu klären. Der berühmte Architekt schrieb den Bau dieses Tempels den Römern zu!

Heute nimmt man an, daß dieses Monument in drei Phasen erbaut wurde. Die älteste gegen Ende des Neolithikums (um 2400 v. Chr.) und die beiden anderen in der frühen Bronzezeit (um 1900 und 1700 v. Chr.) Die Analyse der blauen Steine von Stonehenge hat ergeben, daß sie aus den Prescelly Mountains der Grafschaft Pembroke, etwa 220 km entfernt, stammen. Der Transport dieser schweren Massen über eine so große Entfernung allein durch menschliche Kraft scheint unmöglich. Geologen vermuten, daß diese Steine Findlinge sind, daß sie also während der letzten Eiszeit von den Gletschern herangebracht wurden. Wozu diente Stonehenge? Die genaue Bedeutung dieser Anlage ist unbekannt; man nimmt heute jedoch an, daß sie möglicherweise in Verbindung mit Beobachtungen der Sterne stand. Ort des Sonnenkults oder astronomisches Instrument? Die Frage bleibt offen.

A · **Stonehenge** (3. bis 2. Jahrtausend) ist die größte Megalithansammlung Großbritanniens. Die Anlage besteht aus konzentrischen Kreisen von Steinen, von denen der größte 32 m Durchmesser hat. Die Steine dieses äußeren Kreises tragen auf ihren Oberseiten querliegende Steine.

CHRONOLOGIE DER WELTGESCHICHTE

ASIEN

um −2400 bis −1800. Kultur von Longshan (China); von einer Erdmauer umgebene Siedlungen um ein Mittelgebäude; Spuren von ländlichen Riten; graue oder schwarze Keramik.

um −2500. Domestizierung des Pferdes (Mittelasien).

um −2400 bis −1800. Induskultur (Indien, Pakistan); Reste von großen Städten (Harappa, Mohenjo-Daro, Mehrgarh); bemalte Töpferei, Kupfer- und Bronzearbeiten.

Ende des 3. Jahrtausends bis 18. Jh. v. Chr. Die mythische Dynastie der Xia, erste Dynastie in China, leitet bruchlos über zur historischen Zeit.

AFRIKA

um −2500. Die Saharagebiete werden trockener; die Hirtenbevölkerung wandert nach Süden in die Sudanzone.

AMERIKA UND OZEANIEN

um −3000. Erste Keramikarbeiten in Puerto Hormiga (Kolumbien).

um −3000 bis −2500. Aus dem Spätarchaikum entsteht die Waldlandkultur (Nordamerika). Entwicklung der Keramik, Anfänge des Ackerbaus.

−3000 bis −2500. Domestizierung des Lamas (Anden).

um −2500. Erste Dörfer seßhafter Bauern (Mexiko, außerhalb des Mayagebietes); in Canapote (Kolumbien) und Valdivia (Ecuador) entwickelt sich die Keramik (die Bewohner Valdivias sind Bauern, die Mais und wahrscheinlich Baumwolle kennen); kleine Terracotta-Gegenstände, die als Opfergaben dienten (Kotosh, Peru).

um −2000 bis −700. Präklassische Mayakultur, die ursprünglich im Gebiet des südlichen Yucatán angesiedelt ist.

um −2000. Maisanbau (Wüstenkultur, Südwesten der Vereinigten Staaten); Mahlsteine *(metate)*, Einhandzerkleinerer *(mano)*.

um −2000. Beginn der Olmeken-Kultur in der Küstenregion des Golfs von Mexiko.

um −2000. Die polynesische Kultur verbreitet sich bis nach Melanesien und Mikronesien.

um −2000. Erste Goldarbeiten des südamerikanischen Kontinents; Andahuaylas-Gebiet (Provinz Ayacucho, Peru).

DIE ZEIT DER PYRAMIDEN

Cheops, Chephren, Mykerinos. Auf dem Plateau von Gizeh erheben sich die Pyramiden dieser drei Pharaonen der IV. Dynastie (um 2600 v. Chr.), davor die kleineren ihrer Königinnen. Diese Monumente aus riesigen Gesteinsmassen sind nur ein Bestandteil des großen Grabkomplexes der Herrscher des Alten Reichs, der zahlreiche Kultgebäude umfaßt, bewacht von dem Steinmonument der Sphinx (20 m hoch, 73,5 m lang), einer Mischgestalt aus Löwenkörper und Menschenkopf (stellt wohl den Pharao Chephren dar). Die Cheopspyramide ist am berühmtesten. Die ›große Pyramide‹, eines der Sieben Weltwunder der Antike, maß 147 m Höhe (heute 138), 227 in der Breite und bedeckte eine Fläche von etwa 4 Hektar. Jede Seite dieser drei Monumente entspricht fast genau einer Himmelsrichtung. Ihr Eingang liegt an der Nordseite; ein Gang führt zu einem Vorzimmer vor der Grabkammer mit dem Sarkophag des verstorbenen Pharaos. Es gibt noch viele Geheimnisse um die von den ägyptischen Baumeistern angewandten Techniken; vor allem kennt man die Hebeverfahren noch nicht, durch die diese enormen Blöcke an ihren richtigen Platz gehievt werden konnten.

△ · **Die Pyramiden** von Mykerinos (Vordergrund), Chephren und Cheops. (IV. Dynastie)

MENSCH UND PFERD

Das Pferd, das auf den Höhlenwänden und in den Abris ab dem oberen Paläolithikum dargestellt ist, wurde zunächst vom Menschen gejagt, der es als Jagdwild ansah. In den Überresten der Kultur der Bronzezeit findet man dann den sichtbaren Beweis der Zähmung des Pferdes. Dieses befindet sich in dieser Zeit in voller Entwicklung, wie die Entdeckung von Knochen mehrerer verschiedener Rassen zeigt. Eine letzte Herde eines der Vorfahren unserer Pferde, das Przewalski-Pferd, durchstreift noch immer die asiatischen Steppen. Am Ende des 3. Jahrtausends scheint man das gezähmte Pferd erstmals vorgespannt zu haben: Teile von Zaumzeug und Gebiß wurden in Mittelasien gefunden und auf diese Zeit datiert. Am Ende der Bronzezeit und zu Beginn der Eisenzeit spielt das Pferd nunmehr eine wachsende Rolle bei den Kämpfen zwischen den verschiedenen europäischen oder asiatischen Völkern. Mit ihren Reiterkriegern können sie in den Steppen große Nomadenreiche schaffen, und ebenso konnten dank ihrer Pferde die Hyksos aus Vorderasien im 2. Jahrtausend v. Chr. Ägypten einnehmen.

CHRONOLOGIE DER WELTGESCHICHTE

2000 bis 1000 v. CHR.

EUROPA

um −2000. Entstehung des Ackerbaus, Schweine-, Schaf- und Rinderzucht in Skandinavien.

−2000 bis −1600. Mittlere minoische oder Frühpalast-Zeit (Kreta); Bau der ersten Palastkomplexe (Malia, Knossos, Phaistos), die durch Erdbeben zerstört werden.

um −1600. Die Achaier aus dem Norden siedeln sich in Griechenland an (Mykene, Tiryns); Entwicklung der mykenischen Kultur.

um −1600 bis −1100. Neominoische oder Neopalast-Zeit.

um −1500. Die Achaier beherrschen teilweise Kreta; sie führen dort das Pferd und den Kampfwagen ein; Blütezeit der mykenischen Kultur (reiche Grabausstattung: Elfenbein, goldene Masken).

um −1375. Zerstörung des Palastes von Knossos.

um −1200. Die kretischen Kulte und der Wein- und Olivenanbau verbreiten sich auf der Peloponnes (Argolis).

Ende des 13. Jh. v. Chr. Zerstörung der mykenischen Kultur durch die Einwanderung der Dorer; Anfänge des ›Griechischen Mittelalters‹.

um −1000. Anfänge des Weizen- und Haferanbaus, Domestizierung des Pferdes; Entwicklung der Bronzearbeiten (Skandinavien).

MITTLERER UND NAHER OSTEN

Ab dem 2. Jahrtausend dringen asiatische Völker, durch Invasionen der indogermanischen Völker verdrängt, in Ägypten ein.

−2000 bis −1800. Ebla (Syrien) wird die Hauptstadt eines amoritischen Königreichs.

−2000 bis −1750. Die Hebräer dringen in Kanaan ein.

um −1850. Der Pharao Sesostris III. kolonisiert Nubien bis zum 3. Nilkatarakt.

19.–18. Jh. v. Chr. Die Hethiter besetzen das Land Hatti (Halysbecken, Anatolien).

−1785 bis −1750. König Hammurapi von Babylon zerstört die anderen mesopotamischen Staaten und begründet ein Reich.

−1785 bis −1580. Zweite Zwischenzeit in Ägypten; das Land wird beherrscht von den Hyksos; die Thebenfürsten verjagen sie und stellen die Einheit des Landes wieder her.

um −1640 bis −1610. Der Hethiterkönig Hattusili I. vollendet die Einheit des Hatti.

um −1600. Das Pferd wird aus Europa oder Asien in Ägypten eingeführt.

−1595. Zerstörung Babylons durch die Hethiter.

−1580 bis −1085. Neues Reich in Ägypten, die Hauptstadt wird nach Theben verlegt.

um −1500. Der Pharao Thutmosis III. erobert Phönikien, Palästina und Syrien.

−1372 bis −1354. Herrschaft von Amenophis IV. (Echnaton), der in Ägypten den Kult des ersten monotheistischen Gottes, Aton, einführt (dargestellt als Sonnenscheibe).

−1360 bis −1330. Das Mitannireich hält dem Druck der Hethiter nicht stand; Assuruballit I. gründet erstes assyrisches Reich.

13.–12. Jh. v. Chr. Unter dem Druck der Hebräer und der Aramäer wird das Gebiet der Kanaaniter (von den Griechen Phöniker genannt) auf einen Küstenstreifen verringert, wo sich Stadtstaaten entwickeln (Tyros, Byblos, Sidon).

−1283. Ramses II. und der König der Hethiter Hattusili III. schließen einen Bund gegen die Assyrer.

um −1250 bis −1200. Beginn der aramäischen Invasionen in Mesopotamien.

um −1250. Die Hebräer verlassen Ägypten unter der Führung von Moses.

−1198 bis −1166. Ramses III. kämpft siegreich gegen die Invasionen der Seevölker, die das Hethiterreich zerstören.

−1127 bis −1105. Nebukadnezar I. gibt Babylon seine führende Stellung wieder.

um −1100. Entwicklung des phönikischen Alphabetes.

−1085. Beginn der Spätzeit in Ägypten; mehrere fremde Dynastien teilen sich die Macht.

um −1010 bis −970. David vereint das Königreich Israel, zu dessen Hauptstadt er Jerusalem ernennt.

DIE SCHRIFTZEICHEN

Die Bilderschrift ist die erste bedeutende Erfindung des Menschen auf dem Gebiet der Schrift. Es handelt sich dabei um eine direkte Darstellung der zu benennenden Gegenstände. Aber eine gewisse Anzahl der dargestellten Gegenstände konnte einen Doppelsinn ergeben: so konnte ein Kelch bereits ein Opfer für eine Gottheit darstellen. Die Schrift entwickelte sich jedoch schnell zum Abstrakten hin. Beim Gebrauch werden die Zeichnungen zu kaum erkennbaren Schemata und dann zu Zeichen. Das Ideogramm, das sich im wesentlichen aus dem Piktogramm entwickelt hat, zeigt mehr oder weniger symbolisch den Sinn der Worte. Die Sumerer verbanden zum Beispiel das Zeichen *Vogel* mit dem Zeichen *Ei,* um die Tätigkeit des Gebärens zum Ausdruck zu bringen. Einige Schriften entwickelten sich durch ihre immer abstrakter werdende Gestalt zu Kommunikationscodes, deren Zeichen keinerlei Zusammenhang mit dem Wortsinn zeigen. Dies sind die alphabetischen Systeme, die wir heute kennen. Lange Zeit hat man die Phöniker als die Erfinder des Alphabets angesehen. Die Griechen entnahmen dieser Schrift eine bestimmte Anzahl von Zeichen und paßten sie den Merkmalen ihrer Sprache an, woraus sich eine völlig alphabetische Schrift mit 24 Zeichen ergab.

Das alte Ägypten kennt drei Schriftarten: die älteste, die Hieroglyphenschrift, die auf den Denkmälern entdeckt wurde; die kursive oder hieratische, von den Schreibern verwendete Schrift; auf Papyrus sind diese Zeichen schematisiert und vereinfacht; schließlich die demotische Schrift, noch einfacher als die hieratische, die in der Verwaltung üblich ist und allgemein gebräuchlich und populär wird. (Von daher der Name demotisch [gr. demos, Volk]).

Die chinesische Schrift taucht im 2. Jahrtausend auf. Um 1500 v. Chr. entwickelt sich (erhalten auf Knochen und Schildkrötenschalen) eine sehr schematisierte piktographische Schrift, Grundlage der heutigen Schrift. Die Schrift festigt sich im 4. Jh. in der noch heute üblichen Form. Die heute rund 50 000 Schriftzeichen, von denen etwa 3 500 für die gewöhnliche Lektüre genügen, bauen sich aus knapp 1 000 einfacheren, zum Teil allein verwendeten Elementen auf.

A · **Chinesisches Ideogramm.** Gedicht von Li Bo (Li Po), Kalligraph Su Dongpo (Su Tong-p'o) aus dem Jahr 1093. *(Song-Zeit, Stadtmuseum von Osaka)*

B · **Ägyptische Hieroglyphen,** zur Zierde einer Holztafel aus der Region Abusir (Niederägypten). *(Altes Reich, III. Dynastie, Kairo, Ägyptisches Museum)*

CHRONOLOGIE DER WELTGESCHICHTE

ASIEN

um −2000 bis −1500. Indogermanische Völker (Arier) kommen aus Mittelasien und dringen nach Nordindien vor; unter ihnen entwickelt sich dort ein sprachliches (Sanskrit) und kulturelles Gemeinwesen.

18. Jh. v. Chr. bis um −1025. Unter der Shang-Dynastie (später Yin) bildet sich in der Ebene des Hwangho das erste historisch und archäologisch faßbare chinesische Reich; hochentwickelte Bronzekunst, Entwicklung einer Schrift; Praktiken der Gottesverehrung sowie der Ahnenkult breiten sich aus.

um −1025 bis −256. Chinesische Dynastie der Zhou, bis zum 8. Jh. v. Chr. wird der König von allen Vasallen geachtet.

AFRIKA

−2000 bis −1000. Domestizierung von Rindern und Schafen, Entwicklung des Hirtentums (Mali, Mauretanien, Ufer des Tschadsees, Kenia); gleichzeitig Jagd und Fischfang; kleine Steinarbeiten, polierte Beile.

um −1500. Felsbilder (Namibia).

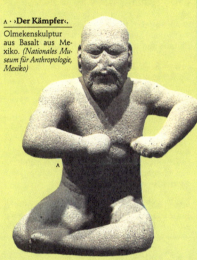

A · ›Der Kämpfer‹. Olmekenskulptur aus Basalt aus Mexiko. *(Nationales Museum für Anthropologie, Mexiko)*

AMERIKA UND OZEANIEN

um −1500. Schachtgräber mit Keramikbeigaben (Michoacán, Mexiko).

um −1500. Erste Besiedlung der Marianen-Inseln (Mikronesien) durch Völkergruppen von den Philippinen; Beginn der Besiedelung der Fidschi-Inseln (Melanesien).

−1500 bis −1200. Lapita-Kultur in Westpolynesien; mit dem Kamm verzierte Keramik zusammen mit der Herstellung von Steinwerkzeugen (Querbeile, Haken, Korallenfeile).

−1300. Entwicklung der Chavín-Kultur (Peru); graue und schwarze, durch Einritzen verzierte Keramik; Gold- und Muschelarbeiten, Monumentalskulptur (Lanzon-Idol).

um −1200 bis −600. Blütezeit der Olmekenkultur in Mexiko: Kolossalköpfe aus Basalt (wichtigste Zeremonienstätten: Tres Zapotes, San Lorenzo, La Venta).

um −1200 bis −500. Beginn der Paracas-Kultur an der Südküste Perus; Phase der *Paracas Cavernas,* die sich durch bunte Töpferei in tief in den Boden gegrabenen Gräbern *(Cavernas)* auszeichnet, die Mumien beinhalten.

DIE GESETZE DES HAMMURAPI

Diese Stele aus schwarzem Diorit, ›Gesetzes-Stele des Hammurapi‹ genannt, wurde 1901 in Susa (Iran) entdeckt und enthält einen der ältesten Texte des alten Mesopotamien. Er ist in alkadischer Sprache verfaßt, und es handelt sich eher um eine Sammlung von Fällen der Rechtsprechung als um einen Gesetzestext im heutigen Sinn. Ihre 282 Artikel sind jedoch eine einzigartige Quelle für das Studium der Gesellschaft, der Wirtschaft und der Monarchie Babylons im 2. Jahrtausend v. Chr. Hier einige kurze Auszüge dieses Textes, in dem alle Fälle des Privat- und Gesellschaftslebens vorgesehen zu sein scheinen:

›– wenn ein Mann einem Ehrenmann das Auge aussticht, wird ihm das Auge ausgestochen;
– wenn ein Architekt für jemanden ein Haus baut und dies nicht solide baut, wenn das Haus zusammenstürzt und der Besitzer getötet wird, so verdient dieser Architekt den Tod.‹

B · **Hammurapi-Gesetze.** Der obere Teil der Stele zeigt Hammurapi bei der Anbetung von Shamash, dem Sonnengott und Herrn der Gerechtigkeit. *(18. Jh. v. Chr., Louvre)*

DIE WAGENSTRASSE

Für das Neolithikum bezeugen gemalte oder gravierte Felsbilder, daß Rinder, Schafe und Ziegen domestiziert waren und die Sahara fruchtbarer war als heute.

Zu Beginn des 1. Jahrtausends folgt auf diese ›Hirtenperiode‹ eine Kunst mit Felsbildern von Pferden, Wagen und Reitern. Ungefähr 600 Abbildungen finden sich entlang der ›Wagenstraße‹ zwischen Libyen und dem Nigerbogen. Die Verteilung dieser Malereien und Gravierungen bestätigt die Erzählungen von Herodot. Das Pferd, das in Ägypten um das 17. Jh. bekannt ist und im Neuen Reich eingesetzt wird, kommt um 1500 v. Chr. in die Cyrenaica. Um das 8. Jh. v. Chr. durchstreifen Libyer und Garamanten mit von Pferden gezogenen Wagen die mittlere Sahara. Ihre Route beginnt in Oea (heute Tripolis), um in der Nähe von Gao auf den Niger zu stoßen, wobei sie Ghadames (Libyen), den Tassili N'Ajjer, den Hoggar und den Adrar des Iforas durchqueren. Sie transportieren Elfenbein, Gold und Sklaven vom Sudan zum Mittelmeer und von dort aus nach Ägypten und Griechenland. Nach ihrer Blütezeit im 5. Jh. v. Chr. gehen die letzten Garamanten unter, die noch im Dienst Hannibals kämpften. Darüber hinaus erschwert die zunehmende Trockenheit die Pferdezucht, die schließlich vom Dromedar, das spät aus Arabien kam, abgelöst wird (wahrscheinlich im 2. Jh. v. Chr.). Es ist besser als das Pferd an Wüstenbedingungen angepaßt und eröffnet in der Geschichte der Sahara eine neue Epoche, die ›Kamelzeit‹.

C · **Pferdegespann;** Felsgravierung. *(Oued Djerat, Tassili N'Ajjer)*

CHRONOLOGIE DER WELTGESCHICHTE

1000 bis 500 v. CHR.

HOMERS ILIAS UND ODYSSEE

Über das Leben Homers ist kaum etwas bekannt. Nach Herodot soll er im 9. Jh. v. Chr. gelebt haben und Ionier gewesen sein. Er ist vielleicht in Smyrna geboren, jedoch machen sich auch andere Städte die Ehre seines Geburtsortes streitig.

Kein Werk wurde mehr vorgetragen als das von Homer. Ab dem 8. Jh. v. Chr. bildeten sich Gruppen von ›Homeriden‹, die vorgaben, Nachkommen des Dichters zu sein, und die *Ilias* und die *Odyssee* zitierten. Diese Sänger waren ebensosehr Vortragende wie Darstellende. Im zweiten Viertel des 7. Jh. war das Werk Homers in der ganzen griechischen Welt verbreitet. Die Kinder lernten, die schönsten Passagen der *Ilias* und der *Odyssee* zu lesen und zu rezitieren, deren Texte endgültig am Ende des 6. Jh. festgelegt wurden. Erst im 17. Jh. unserer Zeitrechnung wurde die Existenz Homers bezweifelt, da man Stilunterschiede zwischen der *Ilias* und der *Odyssee* festgestellt hatte. Heute gibt es zwei Theorien:
– die eine hält daran fest, daß es sich um einen einzigen Autor handelt. Für einige hat der geniale Dichter das jeweilige Hauptthema von *Ilias* und *Odyssee* erfunden, um das sich in verschiedenen Zeiten Texte von geschickten Darstellern gruppiert haben. Andere meinen, daß der Dichter zunächst die *Ilias* und dann im Alter die *Odyssee* geschaffen hat.
– nach der anderen Theorie sind die *Ilias* und die *Odyssee* nicht das Werk ein- und desselben Autors, und zwar aufgrund der großen Unterschiede in Ton, Stil und Geist.

▲ ›Odysseus und die Sirenen.‹
Episode der *Odyssee*. (Detail aus einer italischen Keramik um 330 v. Chr.; Berlin, Antikenmuseum)

EUROPA

11. Jh. v. Chr. Anfänge der Villanova-Kultur in Italien; Verwendung von Eisen, Totenverbrennung.

1. Jahrtausend v. Chr. Erstes Auftreten der Eisenbearbeitung in Westeuropa.

um −1000 bis −500. Frühe Eisenzeit, gekennzeichnet durch große Eisen- und Bronzeschwerter (Hallstatt, Österreich); um 600 v. Chr. taucht ein Kurzschwert auf; reger Handel mit den mediterranen Ländern.

um −800. Die Etrusker erscheinen in der Toskana.

−776. Begründung der Olympischen Spiele zu Ehren von Zeus.

−753. Sagenhafte Gründung Roms.

um −750. Anfänge der griechischen Kolonialisierung in Richtung Westen (Gründung von Cumae, Naxos, Syrakus); Entfaltung der geometrischen Kunst (Keramik).

um −657. Kypselos ist Tyrann von Korinth; Beginn der Entwicklung der Stadt, die zum wirtschaftlichen Zentrum Griechenlands wird.

um −600. Bau des Heratempels in Olympia.

6. Jh. v. Chr. Gründung von Massilia (Marseille) durch die Ionier aus Phokaia.

um −594. Solon ist Archont in Athen.

−585. Die von Thales von Milet vorhergesagte Sonnenfinsternis tritt ein.

um −575. Rom fällt unter die Herrschaft der Etrusker (Reich der Dynastie der Tarquinier).

−561 bis −546. Reich des Krösus, letzter König von Lydien.

um −535. Die mit den Karthagern verbündeten Etrusker siegen vor Alalia (Korsika) über die Griechen.

um −530. Der griechische Mathematiker und Philosoph Pythagoras wandert nach Kroton aus, wo er zahlreiche Schüler findet.

−509. Die Römer vertreiben den letzten Etruskerkönig; traditionelles Datum der Gründung der Römischen Republik.

−507. Trotz des Widerstands Spartas gibt Kleisthenes der Stadt Athen eine demokratische Verfassung.

MITTLERER UND NAHER OSTEN

−969 bis −962. Salomon errichtet den Tempel in Jerusalem.

−883. Zweites assyrisches Reich; Assurnasirpal II. dehnt sein Reich bis zum Mittelmeer aus.

um −750. Eroberung von Ägypten durch Pianchi, Priesterkönig von Napata (Sudan).

um −700. Einführung des Kamels in Ägypten.

um −671. Der Assyrer Asarhaddon annektiert das Nildelta.

−669 bis −627. Assurbanipal vollendet das Werk seiner Vorgänger; das assyrische Reich vereint den Orient vom oberen Nil bis zum Persischen Golf.

−663. Psammetich I. vertreibt die Assyrer und die Sudanesen aus Ägypten.

um −627. Eine aramäische Dynastie (chaldäisch genannt) breitet ihr Herrschaftsgebiet auf das obere Mesopotamien und Syrien aus.

−612. Kyaxares, der König von Medien, erobert Assur (614) und Ninive (612), die Hauptstädte des assyrischen Reiches.

−609. Der Pharao Necho II. schlägt und tötet den König von Juda Josias in Meggido (heute Har Magedon, Israel).

−587. Nebukadnezar II. erobert Jerusalem; Beginn der Babylonischen Gefangenschaft des jüdischen Volkes.

um −556 bis −530. Herrschaft von Kyros II., Gründer des persischen Achaimenidenreiches.

−546. Kyros II. besiegt den König Krösus und annektiert Lydien.

−539 bis −538. Kyros II. erobert Babylon und gestattet dem jüdischen Volk die Rückkehr aus dem Babylonischen Exil.

−525 bis −404. Nach der Eroberung Ägyptens durch den persischen König Kambyses II. wird das Land eine Satrapie.

−522 bis −486. Unter Dareios I. dehnt sich das Persische Reich vom Indus bis zur Donau aus.

−513. Dareios I. veranlaßt den Bau der königlichen Residenz von Parsa (Persepolis).

ASIEN

−722 bis −481. In China Periode der ›Frühlinge und Herbste‹ (so genannt nach der Chronik des Konfuzius); die Stadtpaläste schießen in Mittelchina aus dem Boden und erscheinen als die Hauptstädte unabhängiger Fürstentümer; diese Zeit ist durch das Auftreten zahlreicher Philosophenschulen gekennzeichnet.

um −700. Das Königreich Van Lang bildet sich in Nordvietnam.

7. bis 6. Jh. v. Chr. Aus China stammende, reitende Hirten führen die Bronze in Nordwestkorea ein.

6. bis 5. Jh. v. Chr. Die Indoarier verbreiten sich in den Ebenen von Indus und Ganges sowie im Süden des Landes.

um −528. Bodhi (›Erleuchtung‹) von Siddharta Gautama, der zum höchsten Buddha wird und die Lehre des Buddhismus zu predigen beginnt.

−527. Tod von Mahavira, Gründer des Jainismus.

um −518. Dareios, der Perserkönig, erobert einen Teil des Industales, aus dem er eine Satrapie macht.

AFRIKA

um −1000. Felsbilder von zweirädrigen, von Pferden gezogenen Wagen (Sahara), die auf eine ›Wagenstraße‹ zwischen dem Niger und dem Mittelmeer hinweisen; auf diesem Weg war der Handel mit Goldstaub, Sklaven und Elfenbein nach Ägypten und Griechenland möglich.

−814. Gründung von Karthago durch die Phöniker (mythisches Datum).

−631. Gründung von Kyrene (Libyen) durch dorische Kolonialherren (mythisches Datum).

−600 bis −300. Verbreitung der Eisenbearbeitung in West- und Ostafrika von Nubien aus.

6. Jh. v. Chr. Gründung von Meroë, Hauptstadt des Königreichs Kusch (Sudan).

AMERIKA UND OZEANIEN

um −1000. Opferaltar, Mayagebiet (Seibal, Guatemala).

−700 bis −300. Mittlere Vorklassik der Maya.

8. bis 7. Jh. v. Chr. Die Chavínkultur breitet sich im peruanischen Gebiet aus.

um −700 bis −500. Die *Danzantes,* Flachreliefs mit Figuren von Gefangenen (Monte Albán I, Mexiko); Reliefs mit Darstellungen von Ballspielern (Dainzú, Mexiko).

um −600. Erste Anfänge der Maya-Stadt Tikal (Guatemala).

−600 bis −500. Pyramide von Cuicuilco, erster Zeremonialbau (Hochbecken von Mexiko).

DAREIOS I.

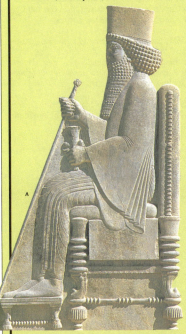

Dareios gründete oder organisierte die Verwaltungs- und Abgabensysteme neu. Er entwickelte ein Netz königlicher Straßen, ließ den Nilkanal zum Roten Meer vollenden und den Indischen Ozean erforschen. Er prägte die ersten persischen Münzen, die *Dariken.* (Dareios I., Perserkönig [522–486], Flachrelief der Schatzkammer, Persepolis)

ERSTE MÜNZEN

In Griechenland bestand der Handel, wie auch im gesamten Orient, bis zum 7. Jh. aus dem Austausch von Waren. Ab dem 2. Jahrtausend wurden zwar in Assyrien und im Hethiterreich geprägte Metallstücke verwendet. Das eigentliche Geld scheint jedoch in Vorderasien erfunden worden zu sein. Die griechischen Überlieferungen über den Ursprung des Geldes sind verwirrend und widersprüchlich. Ihr Bestreben, einer Persönlichkeit oder einer Stadt das Verdienst an dieser Erfindung zuzuschreiben, führt zu einer Vermischung von Geschichte und Sage. Anscheinend ist jedoch in Lydien (im Osten Kleinasiens) die erste Münze geprägt worden. Diese Stater aus Elektrum, einer natürlichen Gold- und Silberlegierung, die insbesondere in dem vom Fluß Paktol mitgeführten Sand gefunden wurde, ist zwischen 600 und 550 v. Chr. in Kleinasien, wahrscheinlich in Lydien, geprägt. Diese Münze zeigt vorne einen Löwenkopf mit einer strahlenverzierten Wölbung auf der Stirn. Der Reichtum der lydischen Könige war sprichwörtlich, und der Name des letzten Königs, Krösus, steht für außerordentlichen Reichtum. In Griechenland, wo es weder Gold noch Elektrum gab, war dies anders. Aber sehr schnell wurden in Ägina Silbermünzen geprägt. Sie sind durch ihre Schildkrötendarstellungen berühmt. Allmählich begannen alle Handelsstädte mit der Münzprägung. Das Auftreten einer Geldwirtschaft förderte die Entfaltung des griechischen Großhandels im Mittelmeerraum.

B · **Lydischer Stater aus Elektrum,** 7.–6. Jh. v. Chr. *(Münzkabinett, Paris)*

CHRONOLOGIE DER WELTGESCHICHTE

500 bis 300 v. CHR.

EUROPA

−500. Ionischer Aufstand: die griechischen Städte Kleinasiens erheben sich gegen den persischen König Dareios I.

−490. Der Feldherr Miltiades drängt die Armee von Dareios bei Marathon zurück.

−490 bis −485. Bau des Schatzhauses der Athener in Delphi.

−490 bis −449. Perserkriege, zwischen Griechen und dem persischen Reich.

−483. Themistokles läßt eine Kriegsflotte bauen und beginnt mit dem Bau von Piräus.

−480. Die spartanischen Hopliten unter Leonidas werden bei den Thermopylen von der Armee von Xerxes I., dem Sohn von Dareios, vernichtend geschlagen; Athen zerstört die persische Flotte bei Salamis.

−477. Gründung des 1. Attischen Seebundes (Zentrum in Delos) mit Athen an der Spitze.

um −477. Beginn des Baus des Parthenon durch Iktinos; Bildhauerarbeiten unter der Leitung von Phidias.

um −475 bis −300. Beginn der zweiten Eisenzeit, die ihren Namen den Entdeckungen am Fundort La Tène (Schweiz) verdankt; Wohnen in bewehrten Oppida mit verschiedenen Bestattungsarten, darunter die ›Wagengräber‹ für Würdenträger und Oberhäupter.

−474. Die Etrusker werden von den Syrakusern vor Cumae geschlagen.

um −468. Errichtung des Zeustempels in Olympia; Schaffung der Bronzegruppe *Der Wagenlenker* in Delphi.

um −450. Gesetz der Zwölf Tafeln, das die Gleichheit zwischen Plebejern und Patriziern sicherstellen soll.

−449. Der Friede von Kallias, der die Autonomie der griechischen Städte in Kleinasien garantiert, beendet die Perserkriege.

−431. Beginn des Peloponnesischen Krieges zwischen Athen und Sparta; Perikles unterwirft in Athen die attische Bevölkerung.

−415. Mißerfolg des griechischen Eroberungszuges gegen Syrakus (›Sizilische Expedition‹), die von Alkibiades initiiert worden war.

−411. Aristophanes schreibt *Lysistrata*, ein Theaterstück, das die Gefahren eines Bruderkrieges zwischen Athen und Sparta aufzeigt.

−405 bis −395. Die Römer bekriegen die etruskische Stadt Veji, die nach einer langen Belagerung zerstört wird.

−404. Ende der Perserkriege mit der Kapitulation von Athen, das seine Flotte ausliefern und eine aristokratische Regierung zulassen muß (Regierung der Dreißig).

−400. Rückzug der Zehntausend, griechischen Söldnern im Dienste von Kyros dem Jüngeren, quer durch das persische Reich; unter den Führern befindet sich Xenophon.

−399. Prozeß gegen Sokrates, der zum Tode verurteilt wird, weil er die Götter des Staates mißachtet und die Jugend verdorben haben soll.

um −390 bis −386. Invasion der Gallier; Rom wird mit Ausnahme des Kapitols besetzt.

−386. Sparta erhält die Unterstützung des Perserkönigs Artaxerxes II. gegen die Aufgabe der Griechen in Kleinasien.

−377. Tod des Hippokrates, des bedeutendsten Arztes der Antike und des Begründers der klinischen Beobachtung.

−371. Epaminondas besiegt die Spartaner bei Leuktra; Theben vereint die Peloponnes unter seiner Hegemonie.

−367. Aristoteles tritt in die Athener Akademie ein, in der Plato lehrt.

um −360. Skulptur der *Aphrodite von Knidos* von Praxiteles.

−356. Philipp II. von Makedonien kommt an die Macht.

−343 bis −341. Erster Krieg der Römer gegen die Samniter.

−338. Theben und Athen werden bei Chaironeia von Philipp von Makedonien geschlagen.

−333. Alexander besiegt bei Issos (Kilikien) den Perserkönig Dareios III. Kodomannos.

−326 bis −304. Zweiter Samniterkrieg.

−323. Alexander stirbt in Babylon, sein Feldherr Perdikkas herrscht im Osten, während Antogonos Monophtalmos Griechenland und Makedonien behält.

−321. Perdikkas wird ermordet; das Alexander-Reich wird unter seinen Feldherren, den *Diadochen* (Nachfolger), aufgeteilt: Antipater behält Makedonien, Seleukos Bâylonien und Antigonos Kleinasien. Neben dieser Teilung behält Ptolemäus Ägypten und Lysimachos Thrakien. Niederlage bei den Kaudinischen Pässen; das römische Heer, das von den Samnitern nahe der Stadt Caudium (Samnium) besiegt wird, muß mit seinen beiden Konsuln entehrende Bedingungen akzeptieren (›Kaudinisches Joch‹).

−312. Bau der Via Appia zwischen Rom und Brindisi.

ab −306 erklärt sich jedes makedonische Oberhaupt zum König in dem von ihm regierten Gebiet.

MITTLERER UND NAHER OSTEN

−486 bis −482. Perserkönig Xerxes I. muß die Aufstände Ägyptens und Babylons bekämpfen.

−456 bis −454. Die von den Athenern ausgesandte Flotte und das Heer zur Unterstützung der aufständischen Ägypter werden am Nilufer vernichtet.

−404. Erneute Errichtung einer einheimischen Dynastie in Ägypten; der König von Sais, Amyrteos, verjagt die Perser und gründet die XXVIII. Dynastie.

−401. Kyros der Jüngere wird im Kampf gegen seinen Bruder, den Perserkönig Artaxerxes II., in der Schlacht von Kunaxa getötet.

−367. Die Satrapen Kleinasiens erheben sich gegen Artaxerxes II.

−343. Artaxerxes III. unterwirft das aufständische Ägypten; der Pharao Nektanebos II. flüchtet nach Oberägypten.

−341. Nektanebos II., der letzte König der XXX. Dynastie, wird vom Perserkönig Artaxerxes III. gestürzt.

−332. Auf Befehl Alexanders des Großen gründet Dinokrates die Stadt Alexandria (Ägypten).

−330. Nach seiner Niederlage gegen Alexander bei Gaugamela (Assyrien) im Jahr 331 und seiner Verfolgung quer durch Persien wird Dareios III. von einem seiner Satrapen in Parthien ermordet. Zerstörung Parsas durch Alexander; die Stadt wird nun Persepolis, die ›Ruinenstadt‹, genannt.

−305. Ptolemäus I. Soter gründet in Ägypten die griechische Dynastie der Lagiden. Seleukos I. Nikator begründet in Phrygien die hellenistische Dynastie der Seleukiden.

−303. Seleukos I. gibt an den indischen König Candragupta Afghanistan und das heutige pakistanische Belutschistan zurück.

−301. Schlacht bei Ipsos (Kleinasien); Antigonos Monophtalmos wird durch den Bund der beiden anderen Diadochen geschlagen. Das Alexander-Reich wird unter den *Epigonen* (Nachkommen) aufgeteilt.

−300. Gründung Antiochias in Syrien (heute in der Türkei), der Hauptstadt des Seleukiden-Reiches.

CHRONOLOGIE DER WELTGESCHICHTE

ASIEN

Anfang des 5. Jh. v. Chr. Die Verbreitung der Technik des Eisenschmelzens ermöglicht die Urbarmachung größerer Flächen.

−481 bis −221. In China Epoche der kriegerischen Königreiche; die Konflikte zwischen den chinesischen Fürstentümern nehmen zu, und der Krieg breitet sich aus; während dieser Zeit entwickeln sich die grundlegenden Denkrichtungen der chinesischen Welt: Konfuzianismus und Taoismus.

um −479. Tod von Konfuzius.

−327 bis −325. Zug Alexanders des Großen bis zum Indusbecken.

um −320. Gründung des ersten indischen Großreichs, dem der Maurya-Dynastie, durch Candragupta.

AFRIKA

−500 v. Chr. bis 200 n. Chr. Kultur von Nok (Nigeria); ihre Terrakotta-Figuren gehören zu den ältesten Schwarzafrikas.

um −450. Vermutliche Reise des Karthagers Hanno bis zum Golf von Guinea.

um −530 v. Chr. bis 330 n. Chr. Meroë ist Hauptstadt des Reiches Kusch (Nubien); Handelsbeziehungen zum südarabischen Reich Saba.

AMERIKA UND OZEANIEN

−500 bis −200. Wüstenkultur (Phase San Pedro, Neu-Mexiko); erste Ackerbauversuche (durch Züchtung verbesserter Mais), erste ständige Behausungen, Korbflechterei.

um −500 v. Chr. bis 100 n. Chr. *Paracas-Nekropolis-Phase:* riesige kollektive Bestattungen mit einer feineren Keramik sowie mit prächtigen Geweben *(mantos),* die die Mumien einhüllen.

−400 v. Chr. bis 800 n. Chr. Kultur von Teotihuacán (Mexiko), die sich auf einer friedlichen Theokratie gründet; ihr Einfluß war bis Guatemala spürbar.

DIE DAME VON VIX

Im Jahr 1953 wurde auf dem Gemeindegebiet von Vix nördlich von Châtillon-sur-Seine (Frankreich) das Hügelgrab einer keltischen (?) Prinzessin entdeckt. Neben Silbervasen, beckenförmigen Behältern, attischen Kelchen und etruskischen Bronzevasen befand sich ein Mischkessel (Krater) aus Bronze, die heute größte bekannte antike Vase. Mit einer Höhe von 1,64 m und einem Gewicht von 208 kg betrug ihr Fassungsvermögen ungefähr 1 100 Liter! Man vermutet heute, daß sie in einer griechischen Werkstatt in Süditalien gefertigt wurde. Dieser Krater hat einen Deckel mit kleinen Löchern, die das Bild von vierundzwanzig strahlenförmigen Blütenblättern, ausgehend von einer kleinen Statue in der Mitte, ergeben. Die reich geschmückte Gestalt der ›Dame von Vix‹ ruhte in einem Wagen, dessen technische Vollkommenheit und Bronzeschmuck von dem Können der keltischen Handwerker zeugen. Die Entdeckung dieses Grabes bei dem Oppidum des Mont Lassois stützt die Annahme einer Zinnstraße, die, von Süden kommend, entlang dem Seine-Tal bis zur Armorika und nach Cornwall führte. Der Besitzer des Oppidums kontrollierte diese Straße und bereicherte sich an den Abgaben, die von den Zügen zu entrichten waren. Dies würde den Reichtum der Ausstattung des Grabes von Vix erklären.

A · **Oberer Teil des Gefäßes von Vix.**

Die Henkel stützen sich auf eine Gorgo-Büste mit bedrohlichem Gesicht. Der Rand des Kraters ist mit einem Fries geschmückt, auf dem abwechselnd Gespanne und griechische Krieger dargestellt sind. *(Archäologisches Museum, Châtillon-sur-Seine)*

TEOTIHUACÁN

Dies ist die imposanteste Metropole des präkolumbischen Amerika: in der klassischen Zeit umfaßte sie über 50 km² mit über 120 000 Einwohnern. Sie lag im Zentrum einer Kultur, die sich über das gesamte Hochland Mexikos zwischen 400 v. Chr. und 800 n. Chr. erstreckte, und hatte ihre Blütezeit im 5. Jh. Der Aufbau der Stadt entsprach einem strengen Plan. Das Kultzentrum lag entlang einer Achse, dem *Weg der Toten,* einer Prachtstraße mit ungefähr 40 m Breite in Nord-Süd-Orientierung und leicht geneigt. Auf beiden Seiten dieser Straße erhoben sich die großen Monumente: Sonnenpyramide, Mondpyramide, Tempel für Ackerbau usw. Im Osten befand sich das Tepantitla-Viertel, berühmt wegen seiner Fresken, insbesondere jene, die das Paradies von Tlaloc, dem Regengott, darstellen.

DIE NIL-FLUTEN

Die alten Ägypter verehrten den Nil als guten Geist, der von den Göttern geschickt worden war; er hieß Hapi. Jeder Tempel mußte ein Nilometer besitzen, dem ein Priester zugeordnet war, der die Höhe der Flut verzeichnete. Dieses Gerät diente zur Erhebung der Steuern auf die Ernte. Das berühmteste Nilometer, dessen Skala 90 Stufen aufweist, ist das von Syene (heute Assuan), wo nach dem Glauben der Ägypter die Flut, von den Sandalen des Widdergottes Chnum freigesetzt, begann. Bei seinem Zug nilaufwärts bis zur Insel Elephantine bemühte sich der griechische Historiker Herodot, die wirklichen Ursachen dieser regelmäßig wiederkehrenden Flußüberschwemmung herauszufinden. Es waren jedoch erst viel später die Erzählungen der südwärts reisenden Händler, durch die die ersten Karten erstellt werden konnten.

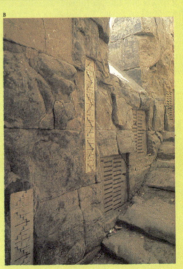

B · **Nilometer von Syene** (Assuan) auf der Insel Elephantine (Ägypten); ptolemäische Zeit.

205

CHRONOLOGIE DER WELTGESCHICHTE

300 bis 200 v. CHR.

EUROPA

—**300 bis um —120.** Die letzte Periode der zweiten Eisenzeit setzt sich bis zur römischen Eroberung fort und verlängert sich in Irland, Skandinavien, Germanien bis zur Christianisierung dieser Länder.

—**298 bis —291/90 (?).** Dritter Samniter-Krieg; das siegreiche Rom beherrscht ganz Mittelitalien.

—**295.** Die Römer triumphieren in Sentinum über einen Bund von Samnitern, Etruskern, Galliern und Umbrern.

—**294.** Nach der Einnahme Athens ernennt sich Demetrius I. Poliorketes zum Herrscher über Mittel- und Nordgriechenland sowie über Makedonien.

—**281 bis —275.** Rom kämpft gegen Pyrrhus von Epirus, der Tarent zu Hilfe kam.

—**279.** Eine keltische Armee gelangt bis Delphi; ein zweites Heer kommt bis Kleinasien (Galater).

—**272.** Fall von Tarent; Eroberung Süditaliens durch die Römer.

—**269.** Erstes Silbergeld in Rom.

—**264 bis —241.** Erster Punischer Krieg; der Sieg Roms nimmt den Karthagern Sizilien, Sardinien und Korsika.

—**251.** Aratos von Sikyon verbindet sich mit dem Achaiischen Bund, der dadurch zu einer wirklichen Macht gelangt.

um —226. Hasdrubal der Schöne gründet Carthagena (Spanien), um die Silberminen in diesem Gebiet auszubeuten.

—**218 bis —201.** Zweiter Punischer Krieg; das besiegte Karthago tritt seine spanischen Besitzungen ab und wird auf das heutige NO-Tunesien beschränkt.

—**216.** Hannibal siegt bei der Schlacht von Cannae.

—**213 bis —212.** Der Konsul Marcellus belagert Syrakus, dessen Verteidigung Archimedes leitet.

—**202.** Scipio Africanus besiegt Hannibal bei Zama.

HANNIBAL ÜBERQUERT DIE ALPEN

Im Jahr 219 v. Chr. fällt die Stadt Sagunt (Spanien) nach einer langen Belagerung durch die Karthager. Rom sendet ein Ultimatum an Karthago und fordert die Rückgabe von Sagunt sowie die Auslieferung Hannibals. Der Zweite Punische Krieg ist ausgebrochen. Hannibal entschließt sich, Italien auf dem Landweg zu erreichen. Mit 37 Elefanten beginnt er die schwierige Durchquerung der Alpen. Wahrscheinlich nimmt er den Weg durch das Isère-Tal und über den Paß des Mont Cenis (heute am meisten anerkannte Hypothese). Der Schnee, die schmalen Wege, die Hinterhalte der Bergbewohner, alle diese Hindernisse bewirken, daß die Armee in Italien erschöpft und geschrumpft ankommt (er hat nur noch einen Elefanten), dies jedoch in einer Ebene, deren Verteidigung Rom kaum vorgesehen hat. Hannibal besiegt die Römer an den Ufern des Tessins und der Trebbia (218).

Der Elefant ist damals ein Bestandteil der hellenistischen Heere. Pyrrhus, der König von Epiros, siegt bei Herakleia dank seiner Elefanten über Rom (Sommer 280); 188 muß der von Rom besiegte Seleukiden-König Antiochos III. auf seine Elefanten verzichten. Die kühne Alpenüberquerung Hannibals mit Elefanten hat lange Zeit die Gemüter bewegt, und 1987 wurde eine neue Überquerung gestartet, um dieses Abenteuer zu wiederholen.

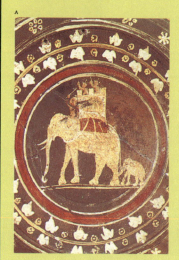

▲ · **Kriegselefant**; Ausschnitt eines Tellers aus dem 3. Jh. v. Chr., aus Kampanien. *(Villa Giulia, Rom)*

MITTLERER UND NAHER OSTEN

um —290. Gründung des Museums von Alexandria durch Ptolemäus Soter (seine Bibliothek soll 700 000 Bände umfaßt haben).

um —280. Sostratos von Pnides läßt den Leuchtturm von Alexandria auf der Insel Pharos bauen.

—**262.** Durch seinen Sieg über den Seleukiden Antiochos I. sichert Eumenes I. die Unabhängigkeit des Staates Pergamon.

—**253.** Ptolemäus II. Philadelphos muß Kleinasien an Antiochos II. abtreten.

um —250. Arsakes, der König der Parther, die in der persischen Satrapie von Parthia leben, gründet die Dynastie der Arsakiden.

—**245.** Ptolemäus III. Euergetes behauptet im Kampf mit den Seleukiden die Machtstellung des Reichs und führt seine Heere bis in die Gegend von Babylon.

um —240. Diodotes, der Satrap von Baktrien, erklärt seine Unabhängigkeit und gründet eine Monarchie.

—**237.** Gründung des großen Horustempels in Idfu (Ägypten).

—**230.** Nach seinen Siegen über die Galater ernennt sich Attalos I. zum König von Pergamon; er erweitert die Bibliothek von Pergamon (200 000 Bände).

—**223.** Seleukos III. Soter wird bei dem Feldzug gegen Attalos I. von Pergamon ermordet.

—**217.** Ptolemäus IV. Philopator, der König Ägyptens, schlägt die Seleukiden, die von Antiochos III. geführt werden, bei der Schlacht von Raphia (Palästina) dank einer eingeborenen Phalanx von 20 000 nach makedonischer Art bewaffneten Ägyptern.

um —206. Oberägypten entzieht sich der Herrschaft der Ptolemäer.

DIE HELLENISTISCHE WELT

Sie wird von allen Staaten gebildet, die aus dem Reich Alexanders des Großen hervorgegangen sind. Alexanders Generäle haben Monarchien geschaffen, die die antigonidische (in Makedonien), die lagidische (in Ägypten) und Seleukiden-Dynastie (in Syrien) begründen. Aus der Erhebung einiger großer Vasallen entstehen neue Königreiche, die von Pergamon, Bithynien und Pontos. Die Könige genießen eine absolute Macht, und es gibt um sie verschiedene Kulte. Nur in Makedonien werden die Herrscher nicht vergöttlicht. Die hellenistischen Könige herrschen nicht über vereinte Länder, sondern über mehr oder weniger eigenständige Gemeinschaften: Völker, Tempel, vor allem Städte. Der Hellenismus erreicht nur einen kleinen Teil der einheimischen Bevölkerung. Die griechische Prä-

CHRONOLOGIE DER WELTGESCHICHTE

ASIEN

300 v. Chr. bis 300 n. Chr. Jajoi-Periode (Japan): Auftreten des Reisanbaus; Eisen- und Bronzebearbeitung; Weberei, Töpferscheibe; Bauern in kleinen Gemeinschaften organisiert, die ihre Toten in Körben oder Urnen bestatten.

um −269 bis −233. Ashoka errichtet ein Imperium, das den größten Teil des indischen Subkontinents umfaßt.

−258. Nachdem er das Königreich Van Lang (Vietnam) besiegt hat, errichtet König An Duong das Königreich Au Lac, wahrscheinlich ein militärisches Fürstentum.

um −250. Die Xiongnu, ein Hirten- und Jägervolk aus dem Norden, zwingen China zu Abgaben.

−221 bis −206. Nach der Vereinigung aller chinesischen Königreiche treibt Qin Chi Huangdi den Bau der großen Chinesischen Mauer voran. Vereinheitlichung der Maßeinheiten, des Geldes und der Schrift.

−214. Anfänge der chinesischen Besetzung Vietnams.

−213. In China werden die klassischen Bücher auf Befehl des Kaisers Qin Chi Huangdi vernichtet.

−208. Das vietnamesische Königreich Au Lac wird unter den Befehl von Nanhai gestellt und bildet das unabhängige Königreich Nam Viet.

−206. In China Ende der Qin-Dynastie. Liu Bang, der zukünftige Han Gaozu, gründet die Dynastie der späteren Han oder westlichen Han.

AFRIKA

−240 bis −238. Ein Fürst der Numider, Naravas (Naarbaal ¢), greift an der Seite von Hamilkar zur Vernichtung der aufständischen karthagischen Söldner ein.

−203. Massinissa (oder Masinissa), der König der Numider und Verbündeter der Römer, läßt Syphax gefangennehmen, den König der Masaesylen und Verbündeten Karthagos.

−201. Massinissa herrscht über ganz Numidien; er versucht, die Nomaden seßhaft zu machen und begünstigt den Bau von Städten.

AMERIKA UND OZEANIEN

−300 bis −200. Im Südwesten der Vereinigten Staaten (Wüstenkultur) leben mehrere unterschiedliche Kulturen nebeneinander: die Stämme werden seßhaft.

−300 v. Chr. bis 250 n. Chr. Späte Vorklassik der Maya; erste Pyramiden zusammen mit ersten Skulpturstilen.

300 v. Chr. bis 1100 n. Chr. Mogollonkultur (Südwesten von Neu-Mexiko); Behausung in Grubenhäusern, Verwendung der *kiwa* (halb unterirdische Kultkammer); Korbflechterei und Töpferei mit Steinbearbeitung; Akkerbau (Mais und Kürbisse).

um −250. Erste Stadt der Maya in Tikal (Guatemala).

senz in den ›barbarischen‹ Ländern bereitet jedoch die Vereinigung des Mittelmeerraumes vor, die Rom im 3. Jh. n. Chr. vollständig verwirklichen wird.

A · Ein Teilstück der Großen Chinesischen Mauer, die im 3. Jh. v. Chr. unter Kaiser Qin Chi Huangdi errichtet wurde.

DIE GRÖSSTE MAUER DER WELT

Seit der Zeit der kriegerischen Königreiche umgeben die drei nördlichen chinesischen Fürsten ihre Staaten Qin, Zhao und Yan mit langen Festungsmauern zum Schutz gegen das Eindringen von Nomadenvölkern aus Mittelasien, den Xiongnu. Im 3. Jh. v. Chr. läßt der erste Kaiser Chinas, Qin Chi Huangdi, durch Erweiterung und Verbindung dieser Schutzwehren die Große Mauer bauen, die jahrhundertelang die Nordgrenze des Landes bilden wird und die größte Schutzanlage darstellt, die jemals auf der Erde gebaut wurde. Vom Gelben Meer bis zum Rand der Wüste Gobi über Berge und Täler ist sie die traditionelle Grenze zwischen den Bauern und den Nomaden. Vom 14. bis 17. Jh. wird sie von den Ming wieder aufgebaut, die ihr ihren heutigen Verlauf geben und sie um 500 km verlängern. Sie hat eine durchgehende Länge von 2500 km, einschließlich aller Verzweigungen 6250 km. Sie besteht aus zwei Mauern von 7 bis 8 m Höhe, deren Zwischenraum aufgefüllt und gepflastert ist, so daß sich eine Straße ergibt, und hat zahlreiche Wachtürme. Mehrere Reiter konnten nebeneinander galoppieren. So war die Große Mauer, die als Festung gegen die Nomaden gedacht war, gleichzeitig ein Verbindungsweg, auf dem Truppen und Siedler nach Nordwesten entsandt werden konnten. Sie wurde unter den Qing aufgegeben.

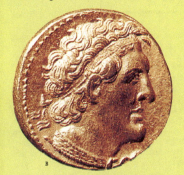

B · **Ptolemäus I. Soter (305−283).**
Begründer der lagidischen Dynastie, errichtet ein Königreich, in dem die Eroberer sich nicht mit der lokalen Bevölkerung mischen.
(Avers einer goldenen Pentadrachme, Nationalbibliothek, Paris)

CHRONOLOGIE DER WELTGESCHICHTE

200 bis 100 v. CHR.

EUROPA

−197. Die beweglichen und kampferprobten römischen Legionen schlagen die Heere Philipps V. von Makedonien bei Kynoskephalae (Thessalien).

−192. Auf Hilferuf des Ätolischen Bundes greift Antiochos III. in Griechenland gegen die Römer ein; er wird in der Schlacht an den Thermopylen geschlagen (191).

−191. Aufführung des *Pseudolus* (›Der Betrüger‹), Komödie des Plautus.

−187. Bau der Via Aemilia zwischen Ariminium (im Süden des Rubikon) und Piacenza.

−184. Cato der Ältere als Zensor, der sich gegen den Luxus und die neuen Sitten aus dem Orient auflehnt.

−181. An der Küste der Adria gründen die Römer die lateinische Kolonie Aquileja.

−179. Nach dem Tod Philipps V. wird sein Sohn Perseus König von Makedonien.

−168. Der Konsul Paulus Emilius schlägt das makedonische Heer von Perseus in Pydna; Makedonien wird in vier Gebiete aufgeteilt, die Rom Tribut zahlen.

−166. Rom macht aus Delos einen Freihafen, um die Handelsmacht von Rhodos zu brechen.

−161. Terentius schreibt *Eunuchus,* eine seiner berühmtesten Komödien.

−149 bis −146. Dritter Punischer Krieg.

−148. Makedonien sowie Epiros und Thessalien werden römische Provinzen.

−147 bis −139. Aufstand der von Viriathus geführten Lusitanier und der Keltiberer gegen die römische Herrschaft.

−146. Korinth wird vereinnahmt und auf Anordnung des römischen Senats verbrannt.

−133. Einnahme der Stadt Numantia (Spanien) durch die Römer unter Scipio Aemilianus. Tribunat des Tiberius Sempronius Gracchus, der sich um die Wiedereinrichtung des Kleingrundbesitzes bemüht (Agrargesetze).

−123 bis −122. Tribunat von Caius Sempronius Gracchus; er läßt die Gründung von Kolonien auf dem Gebiet von Tarent, Karthago und Korinth beschließen und ist Urheber eines Getreidegesetzes, das den Proletariern billigen Weizen garantiert.

−123. Gründung der Stadt *Aquae Sextiae* (Aix-en-Provence) durch die Römer.

um −115. Die Kimbern und die Teutonen werden von einer großen Wanderbewegung durch Mitteleuropa erfaßt.

−107. Der zum Konsul gewählte Marius reformiert das römische Heer.

−102. Marius besiegt die Teutonen bei Aquae Sextiae und die Kimbern bei Vercellae (101).

MITTLERER UND NAHER OSTEN

−198. Der Seleukiden-König Antiochos III. besetzt Südsyrien, das ihm Ägypten endgültig im Jahr 195 abtritt.

−188. Friedensvertrag von Apameia (heute Dinar, Türkei) nach der Niederlage Antiochos III., der von Rom in Magnesia am Sipylos (189) besiegt wurde: der Seleukiden-König muß ganz Kleinasien abtreten und seine Flotte und Elefanten übergeben.

−180 bis −160. Eumenes II., der König von Pergamon, läßt den großen Zeustempel und Athenatempel vollenden.

−168. Der Seleukiden-König Antiochos IV. Epiphanes belagert Alexandria (Ägypten); der Legat Popilius Laenas zwingt ihn im Namen Roms zum Rückzug.

−167. Da Antiochos IV. sein Reich systematisch hellenisieren will, provoziert er in Judäa den Aufstand der Juden (Makkabäer).

−162. Demetrius I. Soter läßt seinen Neffen Antiochos V. Eupator ermorden; dies ist der Beginn der Dynastiekämpfe unter den Seleukiden.

−141. Nach der Einnahme von Medien, Elam und Babylonien ernennt sich der Partherkönig Mithridates I. zum ›Großen König‹.

−134. Hyrkanos I., Hoherpriester und Statthalter der Juden, gründet die Dynastie der Asmonäer.

−133. Tod des Königs Attalos III. Philometor, der sein Reich den Römern überläßt.

−129. Schaffung der römischen Provinz Asia.

um −120. Einrichtung der großen Agora von Milet.

−111. Mithridates VI. Eupator, genannt der Große, wird König von Pontos.

−103. Mithridates bemächtigt sich eines Teils von Galatien und von Paphlagonien.

ASIEN

−195. In China stirbt Han Gaozu; Generäle und Mitglieder der Kaiserfamilie drohen, das Feudalsystem wieder einzuführen.

um −185. Pusyamitra stürzt den letzten Maurya-Herrscher und gründet die Dynastie der Sunga.

Zweite Hälfte des 2. Jh. v. Chr. Menander, der griechische König Baktriens, dringt am oberen Ganges bis nach Pataliputra (bei Patna) vor. Seine Bekehrung zum Buddhismus hat eine echte Synthese zwischen Buddhismus und Hellenismus zur Folge (griechisch-buddhistische Kunst von Gandhara).

−138 bis −125. Unterwegs im Auftrag des chinesischen Kaisers Wudi kommt Zhang Qian mit wertvollen Informationen über Handelsmöglichkeiten mit Indien und Persien zurück.

−134. In China führt Kaiser Wudi die Einstellung von Beamten des Reichs durch Examen ein, und klassische Texte werden wieder aufgelegt: Beginn des Mandarinats.

um −130. Die Juezhi werden aus China vertrieben, erreichen Baktrien und unterwerfen es.

−126. Das chinesische Heer der Han erobert Gansu und läßt sich in Turkestan nieder.

−119. Die Xiongnu, räuberische Nomaden in Nordchina, werden vernichtet. Das Han-Reich hält die Seidenstraße unter Kontrolle.

−111. China erobert Yunnan und Tonkin und führt dort seine Kultur ein.

−110. In China richtet Kaiser Wudi ein ›Amt für Musik‹ ein, das die Melodien der Volksmusik des gesamten Reiches sammeln soll.

−108. Nach 20 Jahren Feldzügen wird Korea vom Han-Heer erobert.

DIE SEIDENSTRASSE

Zur Zeit der Han sind die Seidenspinnerei und -weberei in China blühende Gewerbe. Unter der Herrschaft des Kaisers Wudi vernichten mehrere Feldzüge die Xiongnu. Das chinesische Heer erobert Turkestan und dringt bis zum Pamir vor. Das Han-Reich hält nunmehr die Seidenstraße unter Kontrolle. Von Antiochia und Tyros am Mittelmeer ausgehend (die beiden Straßen vereinigen sich in Palmyra), quert die Seidenstraße das Zweistromland (Bagdad), Nordpersien und Afghanistan und führt zum Pamir, wo an einem ›Steinturm‹ genannten Ort der Austausch zwischen den Karawanen aus dem Westen und denen aus dem Osten erfolgt. Eine Abzweigung führt nach Indien, eine weitere durchquert den Süden des heutigen russischen Turkestan. Neben der Seide werden zahlreiche Produkte auf diesem Handelsweg in den Westen gebracht: Gold, Edel- und Halbedelsteine (Diamanten, Rubine, Türkise); seltene Naturprodukte: Perlmutt, Perlen, Elfenbein; auch Pelze, Gewürze und Edelhölzer. Nach dem Untergang des Han-Reiches wird die Landweg zugunsten des Seewegs aufgegeben, der ab dem 1. Jahrhundert unserer Zeitrechnung offenstand.

Als Verbindung zwischen dem Fernen Osten und dem Westen hat die Seidenstraße ebenfalls eine wichtige Rolle bei der Verbreitung der Philosophien und Religionen (Buddhismus, nestorianisches Christentum ab dem 7. Jh.) sowie handwerklicher Tradition (v. a. griechischer und iranischer) gespielt.

CHRONOLOGIE DER WELTGESCHICHTE

AFRIKA

2. Jh. v. Chr. Entwicklung einer neuen Schrift in Äthiopien (Geez), noch heute von den christlichen Äthiopiern benutzt.

um −195. Hannibal flieht vor der Bedrohung, Rom ausgeliefert zu werden, zum Seleukiden-König Antiochos III.

−193 bis −152. Massinissa beginnt die Annektierung der von Karthago abhängigen Gebiete (Tripolitanien, mittleres Tunesien).

−149. Angesichts der ständigen Übergriffe Massinissas antwortet Karthago mit Krieg; dies ist der Beginn des Dritten Punischen Krieges.

−146. Die römischen Truppen von Scipio Aemilianus nehmen Karthago ein, das zerstört und geschliffen wird; sein Gebiet wird zur römischen Provinz Africa, deren Grenzen zum numidischen Königreich durch einen Graben verstärkt werden.

−112. Jugurtha, der König von Numidien, nimmt Cirta ein; dies ist der Beginn des Krieges gegen Rom.

−105. Bocchus I., der König von Mauretanien, liefert Jugurtha an Sulla, den Quästor des Marius, aus.

DELENDA EST CARTHAGO

Karthago muß zerstört werden: ein halbes Jahrhundert nach der Schlacht bei Zama (202), die den zweiten *Punischen Krieg* beendet hatte, bestand Cato darauf, daß die Stadt Karthago, die sich inzwischen wieder wirtschaftlich erholen konnte, endgültig zu schlagen sei. Als Vorwand für den dritten *Punischen Krieg* (149–146) diente die Kriegserklärung Karthagos an Massinissa, den numidischen Verbündeten Roms. Der Widerstand Karthagos hielt drei Jahre an; erst im Frühjahr 146 gelang dem neuen Konsul Scipio Aemilianus nach siebentägigen Kämpfen die Eroberung. Die Stadt wurde vollständig niedergebrannt; das Gebiet um Karthago wurde als Africa römische Provinz.

AMERIKA UND OZEANIEN

200 v. Chr. bis 600 n. Chr. Entwicklung der Kultur von Tiahuanaco (Bolivien); grandiose Megalithbauten, Keramik, Metallarbeiten, Weberei.

200(?) v. Chr. bis 700 n. Chr. Periode der ›Basket makers‹ der Anasazi-Kultur; Ackerbau (Mais, Kürbis) breitet sich aus, zusammen mit Jagd und Sammeln; Steinwerkzeug, Knochenarbeiten; Entwicklung der Keramik und der Korbflechterei; eingegrabene Häuser mit Feuerstellen in der Mitte.

200 v. Chr. bis 700 n. Chr. Blütezeit der Mochekultur (Nordküste Perus) um das Mochetal; gleichzeitig entwickelt sich an der Südküste die Nazcakultur: sie ist v. a. durch die riesigen Scharrbilder in der Wüste von Nazca (Tiere, geometrische Formen, bis mehrere Kilometer lang) bekannt.

200 v. Chr. bis 1700 n. Chr. Anasazikultur (San Juan-Becken, sowie verteilt in den Bundesstaaten Utah, Colorado, Arizona und New Mexico).

A · **Hipparchos.** Er stellte zwischen 161 und 127 astronomische Beobachtungen in Rhodos an. Zur Messung der Schwankungen des Scheindurchmessers von Sonne und Mond erfand er ein spezielles Visierinstrument. Er erklärte das Phänomen der Präzession der Tag- und Nachtgleichen und stellte nach einer streng wissenschaftlichen Methode den ersten Fixsternkatalog auf. *(Gravur von Sargent nach A. de Bar)*

B · **Karawanenstraße im Pamir.** Ende des 2. Jh. haben die Han-Kaiser Feldzüge nach Mittelasien und in den Pamir gestartet und Forscher und Botschafter entsandt (nach Kokand, Seleukien und an den Tigris), um die Wege zu erkunden und den Seidenhandel zu organisieren.

209

CHRONOLOGIE DER WELTGESCHICHTE

100 bis CHRISTI GEBURT

EUROPA

1. Jh. v. Chr. bis 1. Jh. n. Chr. Zwischen der römischen Welt und den skandinavischen Ländern entwickeln sich Handelsbeziehungen (Bernsteinstraße).

−100. Marius schlägt die von den Tribunen L. Apuleius Saturninus und C. Servilius Glaucia geführte Bewegung blutig nieder; sie hatten sich zu Herren Roms gemacht.

−91 bis −88. Nach dem Mord an M. Livius Drusus, der vorgeschlagen hatte, allen Italern das römische Bürgerrecht zu geben, bricht ein Krieg zwischen der Republik Rom und ihren Bundesgenossen (Marser, Samniter, Apulier und Lucanier) aus.

−87 bis −85. Sulla wird 88 v. Chr. Konsul und unternimmt einen Feldzug nach Osten.

−86. Sulla nimmt Athen nach einer langen Belagerung ein.

−82. Nach seiner Landung in Italien (83) erobert Sulla Rom, das sich in den Händen der Anhänger von Marius befindet, der 86 starb.

−82 bis −79. Diktatur Sullas, der strenge Proskriptionen erläßt.

−73 bis −71. Unter der Führung von Spartakus erheben sich die Sklaven und schlagen mehrere Berufsheere. Sie werden von Crassus besiegt.

−70. Pompeius und Crassus werden Konsuln; Cicero veröffentlicht die *Verrines,* eine schwere Anklage gegen die Senatorenverwaltung.

−67. Pompeius vernichtet die Piraten, die das Mittelmeer unsicher gemacht hatten.

−63. Konsulat Ciceros, der mit der Verschwörung des Catilina zu kämpfen hat.

−60. Erstes Triumvirat; ein geheimes Abkommen zwischen Cäsar, Crassus und Pompeius.

−59. Julius Cäsar wird Konsul.

−58 bis −51. Cäsar unternimmt siegreiche Feldzüge in Gallien, Germanien und der Bretagne.

−52. Pompeius, der einzige Konsul, will die Ordnung in Rom wiederherstellen.

−49. Cäsar überschreitet den Rubikon; Pompeius verläßt Italien und zieht nach Osten.

−48. Cäsar besiegt das Heer des Pompeius in Pharsalus; er ist nunmehr der einzige Herrscher der römischen Welt.

−44. Julius Cäsar wird ermordet.

−43. Bildung des zweiten Triumvirats zwischen Oktavian, Markus Antonius und Lepidus.

−31. Oktavian erringt bei Aktium einen entscheidenden Sieg über die Flotte von Markus Antonius und Kleopatra.

−29. Vergil beginnt die Abfassung eines großangelegten Epos, der *Aeneis.*

−27. Teilung der Macht und der Provinzen zwischen Oktavian und dem Senat; Oktavian nimmt den Namen Augustus an.

−12. Augustus wird zum Pontifex Maximus.

−8 bis −7. Tiberius stabilisiert die Eroberungen des Drusus in Germanien.

MITTLERER UND NAHER OSTEN

um −100. Schaffung der römischen Provinz Kilikien (Kleinasien).

−88. Mithridates IV. Eupator vertreibt Nikomedes IV. Philopator, den König von Bithynien, von seinem Thron; von den Griechen als Befreier gefeiert, läßt er alle in Asien niedergelassenen Römer niedermetzeln.

−85. Mithridates, der von Sulla besiegt wurde, muß seine Eroberungen zurückgeben (Provinz Asia, Bithynien und Kappadokien).

um −74. Nikomedes IV. überläßt Bithynien dem römischen Senat.

−71. Licinius Lucullus, der Prokonsul der Provinz Asien, zwingt Mithridates, zu seinem Schwiegersohn Tigranes II., dem arsakidischen König von Armenien, zu flüchten.

−65. Nachdem Pompeius Mithridates vertrieben hat, unterwirft er Tigranes II.

−64. Pompeius macht Syrien zu einer neuen römischen Provinz.

−63. Nachdem Mithridates vergeblich versucht hat, sich zu vergiften, läßt er sich von einem Soldaten der Galater töten. Pompeius nimmt Jerusalem ein und organisiert die neue Provinz Bithynien-Pontos.

−53. Sieg des Partherheeres bei Carrhae (heute Harran, Türkei); sieben römische Legionen werden niedergemetzelt.

−51. Nach dem Tod von Ptolemäus XII. (oder XIII.) geht das Königreich Ägypten auf seine Tochter, Kleopatra VII., über.

−48. Nach seiner Niederlage in Pharsalus flieht Pompeius nach Ägypten; er wird auf Anordnungen von Ptolemäus XIII. (oder XIV.) von einem Centurion ermordet.

−47. Pharnakes II., Sohn des Mithridates, wird von Cäsar bei Zela (Pontos) geschlagen.

−41. Treffen des Triumvirs Markus Antonius und Kleopatras.

−37. Nach der Vernichtung des letzten Asmonäers, Antogonos, wird Herodes I. der Große mit Unterstützung der Römer König von Judäa.

−36. Feldzug von Markus Antonius gegen die Parther.

−30. Nach dem Tod Kleopatras fällt Ägypten unter die Herrschaft Roms.

−20. Der Partherkönig Phraates IV. gibt Augustus die den Legionen des Crassus abgenommenen Feldzeichen zurück.

△ · **Vergil schreibt die *Aeneis*.**
Der Dichter sitzt zwischen Klio, der Muse der Geschichte, und Melpomene, der Muse der Tragödie. Er hält eine Rolle, auf der die Verse des ersten Gesanges der *Aeneis* stehen, in denen der Dichter die Musen nach den Gründen des Zorns der Juno gegenüber Aeneas fragt. Mit diesem Werk hat Vergil für Rom ein nationales Epos geschaffen, in dem sich Geschichte mit Legende mischt. Dieses Mosaik aus dem 3. Jahrhundert stammt aus dem antiken Hadrumetum, dem heutigen Sousse, Tunesien. (Bardo-Museum, Tunis)

CHRONOLOGIE DER WELTGESCHICHTE

ASIEN

1. Jh. v. Chr. Bildung von drei Königreichen in Korea: Koguryo im Norden, Paikche im Südwesten und Silla im Südosten.

um −86. Tod von Sima Qian, dem Autor der *Historischen Erinnerungen (Shiji)*, des ersten Werks über die Geschichte Chinas in ihrer Gesamtheit.

um −80 bis −75. Die wahrscheinlich aus Mittelasien von den Chinesen vertriebenen Hunnen sollen ihrerseits die Skythen oder Saka nach Indien verdrängt haben.

um −75. Die Chinesen bauen Festungen in der Mandschurei und im Norden Koreas.

um −75 bis um −25. Nach den *Purana* (anonyme Epen) Herrschaft der letzten Erbdynastie der Maurya, der Kanva, in Indien.

AFRIKA

−46. Cäsar vernichtet in Thapsus die Partei von Pompeius; der numidische König Juba I. tötet sich. Sittius nimmt Cirta ein; dies ist der Beginn der römischen Herrschaft über einen Teil Numidiens, in dem Cäsar die Provinz *Africa Nova* einrichtet.

AMERIKA

−31. Stele C des Kultzentrums von Tres Zapotes (Mexiko) mit der ersten schriftlichen Datierung auf dem amerikanischen Kontinent.

Am Ende des Jahres 54 war Gallien noch nicht vollkommen besetzt: Die Römer hielten nur die strategischen Punkte und Verbindungswege. Im Jahr 52 ging der Aufstand von den Mittelstaaten (Carnuter, Bituriger) aus. Der Arverner Vercingetorix sammelte um sich ein ziemlich großes Heer um sich. Er vermied den Kampf und verwüstete das Land vor dem römischen Heer, um es von jeder Proviantquelle abzuschneiden. Cäsar unterlag ihm bei Gergovia. Diese Niederlage war jedoch weniger wichtig als er vorgab, denn er wollte seinen Gegner als Oberhaupt ganz Galliens darstellen, was falsch war. Vercingetorix, der in dem Gebiet der Lingoner (Region von Langres) geschlagen worden

VENI, VIDI, VICI

war, zog sich mit einem Heer aus 80 000 Soldaten in das Oppidum von Alesia, heute Alise-Sainte-Reine (im NO des französischen Zentralmassivs) zurück. Dies war eine hervorragende Verteidigungsposition, allerdings mit schwachen Befestigungen. Er stationierte seine Truppen nicht innerhalb des Oppidums, sondern an der Ostseite, die er in aller Eile befestigte. Cäsar, der ihm gefolgt war, belagerte ihn und baute einen Gegenwall, der das Oppidum großräumig umgab. Um zu verhindern, daß Hilfe der Gallier nach Alesia gelangt, errichtete er eine weitere Linie von Hürden (Circumvallation), die sich nach außen richteten.

Aus den erhaltenen Plänen ist ersichtlich, daß diese Befestigungen aus einem Palisadenzaun, mit Wachttürmen verstärkt und mit Gräben versehen, sowie einem großen Feld mit Fallen bestanden. Die Gallier machten drei vergebliche Versuche, Alesia zu befreien. Nach sieben Monaten harter Belagerung ergaben sich die Gallier mit Vercingetorix an der Spitze Cäsar. Dieser Erfolg, obwohl nicht endgültig, ebnete Cäsar den Weg zur Macht.

∧ · **Alesia.**
Nachbildung der von Julius Cäsar um Alesia errichteten Befestigungen. Diese Wälle waren etwa fünfzehn Kilometer lang und umgaben das Oppidum weiträumig. *(Archäodrom, Beaune)*

211

CHRONOLOGIE DER WELTGESCHICHTE

VON CHRISTI GEBURT bis 100

EUROPA

6–9 n. Chr. Tiberius schlägt die Aufstände in Pannonien und Dalmatien nieder.

9. Die römischen Legionen unter Führung von Varus werden von den Germanen unter Arminius geschlagen.

14. Tod des Kaisers Augustus; Tiberius wird sein Nachfolger. Ein Reskript des römischen Senats verbietet es Männern, Seidenkleidung zu tragen.

17. Nach den siegreichen Feldzügen des Germanicus in Germanien wird das römische Heer an den Rhein zurückgeführt. Tod des römischen Historikers Titus Livius, Verfasser einer unvollendeten römischen Geschichte (Ab urbe condita libri ...) in 142 Büchern.

27. Tiberius verläßt Rom endgültig (26) und zieht sich nach Capri zurück.

31. Nach einem Versuch, den Kaiser zu stürzen, wird Seianus, Befehlshaber der Prätorianergarde und Günstling des Tiberius, ermordet.

37. Nach dem Tod des Tiberius wird Caligula Kaiser.

41. Nach der Ermordung Caligulas setzen die Prätorianer Claudius als Kaiser ein.

43. Beginn der Eroberung Britanniens (heute Großbritannien).

49. Claudius vertreibt die Juden sowie eine Anzahl von Christen aus Rom. Nachdem er seine Frau Messalina hat töten lassen (48), heiratet Claudius seine Nichte Agrippina.

50. Am Rhein, im Gebiet der Ubier, Gründung der Colonia Claudia Ara Augusta Agrippinensis (Köln).

54. Claudius wird vergiftet; Nero, der Sohn Agrippinas, wird sein Nachfolger.

64. Nach dem Brand Roms läßt Nero die Christen verfolgen.

68–69. Nach dem Tod Neros erlebt Rom eine Zeit der Bürgerkriege. Tod von Galba, Otho und Vitellius.

69. Vespasian wird Kaiser und gründet die Dynastie der Flavier.

7–84. Agricola wird nach Britannien geschickt; er fördert den Städtebau und beginnt mit der Befriedung des Nordens der Insel.

79. Ein Ausbruch des Vesuvs begräbt die Städte Pompeji und Herkulaneum unter sich. Tod Vespasians; Titus wird Kaiser.

80. Kaiser Titus eröffnet das Amphitheater des Kolosseums, dessen Bau unter Vespasian begonnen worden war.

81. Nach dem Tod des Titus folgt ihm sein Bruder Domitian.

88–89. Kampf der Heere Domitians gegen die Daker zwischen Rhein und Donau (Dekumatenland).

96. Domitian wird ermordet; Nerva wird im Alter von 70 Jahren sein Nachfolger.

98. Trajan wird Nachfolger von Nerva und begründet die Dynastie der Antoninen.

NERO VERFOLGT DIE CHRISTEN

In der Nacht vom 17. zum 18. Juli 64 verwüstet ein gewaltiger Brand das Zentrum Roms, wo sich die Wohnviertel des einfachen Volkes befinden. Sehr rasch klagt das öffentliche Gerücht Kaiser Nero an, die Stadt angezündet zu haben. Nero weist die Schuld von sich und macht die Christen verantwortlich. Diese, etwa 2 000 bis 3 000, werden gefoltert oder in die Arena geschickt. Unter ihnen ist Petrus, das Oberhaupt der Gemeinde; er wird gekreuzigt. Paulus wird nach mehreren Monaten im Kerker enthauptet. Diese erste und blutige Christenverfolgung ist allerdings eher auf die Reaktion einer mißtrauischen und feindseligen öffentlichen Meinung als auf eine gezielte politische Strategie zurückzuführen. Gegenüber der Entwicklung der Kirche und ihrer Lehren reagiert das Kaiserreich in der ersten Hälfte des 3. Jh. mit der Veröffentlichung von Edikten, um ihre Ausbreitung einzudämmen. In der zweiten Hälfte des 3. Jh. und zu Beginn des 4. Jh. versucht man mit weitreichenden Verfolgungen, das Christentum aus der römischen Welt zu verbannen. 313 stellt dann das Edikt von Mailand den Religionsfrieden her und gewährt den Christen die freie Religionsausübung.

DIE PARTHER

Die Parther sind ein zu den Skythen gehörendes Nomadenvolk. Um 250 v. Chr. gründet Arsakes I. ein Reich in Parthien (im Nordosten des heutigen Iran) und die Dynastie der Arsakiden. Auf dem Höhepunkt ihrer Macht (seit dem 2. Jh. v. Chr.) beherrschen die Parther das Gebiet vom Euphrat bis zum Indus, besonders die Ost-West-Handelswege. 92 v. Chr. legen Parther und Römer ihre Grenze auf den Euphrat fest. Unter Orodes werden die römischen Heere bei Carrhae (53 v. Chr.) geschlagen, und die Parther dringen bis Antiochia und Jerusalem vor. Aber die Wirren der Dynastien schwächen das Königreich. Die Kriege zwischen Rom und den Parthern gehen weiter, und 63 v. Chr. gelangt durch eine Übereinkunft ein Arsakide, ein Vasall von Rom, in Armenien an die Macht. Im 2. Jh. besetzt Trajan Armenien, Mesopotamien und Assyrien, aber den Römern gelingt es nicht, das Partherreich zu verkleinern. 224 besiegt der Sassanide Ardaschir König Artaban IV. und tötet ihn, womit er die Parther-Dynastie auslöscht.

A · Die Katakomben von Sankt Calixtus in Rom. 1. Jh. v. Chr. Im Gegensatz zu einer allgemein verbreiteten Vorstellung waren die Katakomben niemals für den heimlichen Gottesdienst oder die Sicherheit der Christen während der Verfolgungen gedacht. Erst nach den Christenverfolgungen wurden hier Gottesdienststätten eingerichtet zur Verehrung der an dieser Stelle bestatteten Märtyrer. Die Katakomben sind ein wertvolles Zeugnis der frühchristlichen Kunst.

CHRONOLOGIE DER WELTGESCHICHTE

MITTLERER OSTEN

6 n. Chr. Archelaos, der Sohn von Herodes dem Großen und Statthalter von Judäa, wird von Augustus abgesetzt und ins Exil geschickt; an seiner Stelle wird ein Präfekt von Judäa ernannt.

10. Artaban III., der König von Medien, wird König der Parther infolge einer Erhebung gegen Vonones I., dem eine zu positive Einstellung gegenüber den Römern vorgeworfen wird.

um 18. Gründung der Stadt Tiberias durch den Tetrarchen von Galiläa, Herodes Antipas. Germanicus annektiert die Fürstentümer der Vasallen in Kappadokien und der Kommagene. Kaiphas wird Hoherpriester.

26. Pontius Pilatus wird zum Präfekten von Judäa ernannt.

27–28. Johannes der Täufer predigt und tauft am Ufer des Jordan; Taufe Jesu.

30 oder 33. Jesus stirbt am Kreuz.

34–37. Die Römer schalten sich diplomatisch bei den Parthern ein und wahren ihre Kontrolle über Armenien.

38–39. Vologesus I., König der Parther, kämpft gegen Rom; er wird von Domitius Corbulo besiegt, der ihm und seinem Bruder Tiridates den Frieden aufzwingt.

63. Unter Nero wird Pontos der Provinz Kappadokien angeschlossen *(Pontus Cappadocicus)*.

66–70. Aufstand des jüdischen Volkes gegen die Römer; Zerstörung Jerusalems und des Tempels durch die Legionen von Titus, dem Sohn des Kaisers Vespasian.

ASIEN

2 n. Chr. Eine Volkszählung ermöglicht die Schätzung der Bevölkerung des chinesischen Reichs auf mehr als 57 Millionen Einwohner.

9–23. Ein großer Würdenträger, Wang Mang, reißt die Macht in China an sich; Aufstand der ›Roten Augenbrauen‹.

23. Begründung der chinesischen Dynastie der Han des Ostens (oder spätere Han); sie verlegen die Hauptstadt des Reiches von Chang'an (heute Xi'an, Shaanxi) weiter östlich nach Luoyang in Henan (daher ihr Name ›Han des Ostens‹).

29. In China wird eine ›Hochschule‹ in Luoyang (Henan) mit 30 000 Schülern eröffnet.

um 30. Kadphises I. gründet das Kushana-Reich in Baktrien.

um 40. Das Kushana-Reich dehnt sich bis Mathura (Indien) aus.

40–43. Aufstand in Vietnam gegen die chinesischen Besatzungstruppen.

48. Die südlichen Xiongnu unterwerfen sich China, das sie als Verbündete nördlich der Großen Mauer ansiedelt.

58–75. Mingdi ist Kaiser von China. Unter seiner Herrschaft stoßen die Chinesen ins Tarimbecken vor; der Feldherr Ban Chao schlägt die Hunnen und erobert Turkistan.

68. Erste chinesische buddhistische Niederlassung in Luoyang (Henan).

78–120. Unter Kanishka erlebt das Kushana-Reich seine Blütezeit; es erstreckt sich vom Aralsee bis zum heutigen indischen Bundesstaat Mysore.

92. Tod des chinesischen Historikers Ban Gu, dem Verfasser der Geschichte der ersten Han *(Qian Hanshu)*; er war der Bruder des Feldherrn Ban Chao.

AFRIKA

1. Jh. n. Chr. Gründung des Königreichs Aksum (Äthiopien).

1. bis 6. Jh. Wanderung der Bantu von Shaba aus nach Süden.

17–24. Ein numidischer Abtrünniger, Tacfarinas, kämpft gegen die Römer um die Unabhängigkeit.

40–42. Rom annektiert das Königreich Mauretanien und schafft die Provinzen des cäsarischen Mauretanien (Hauptstadt Cherchell) und des tingitanischen Mauretanien (Hauptstadt Tanger).

DIE MOORLEICHEN

Am 8. Mai 1950 wird der Leichnam eines Mannes aus dem Moor in Tollund (Dänemark) geborgen; der Mann ist nackt und trägt nur eine Ledermütze und einen Gürtel. Um den Hals befindet sich ein Strick, mit dem er erwürgt wurde. Unter den chemischen Einflüssen des Moors ist sein Körper in ausgezeichnetem Zustand, fast mumienhaft konserviert, und er wird sehr genau untersucht, wodurch man sogar die Zusammensetzung seiner letzten Mahlzeit erfahren kann. Sein Tod muß ungefähr in den allerersten Jahren des 1. Jh. n. Chr. erfolgt sein.

Die Erzählungen von Tacitus und das Gefäß von Gundestrup zeugen von Menschenopfern bei den germanischen und skandinavischen Völkern. Allein in Dänemark wurden beim Torfstechen ungefähr 170 Leichen gefunden, die durch Erwürgen oder Erdrosseln zu Tode kamen (ungefähr 700 in ganz Nordwesteuropa). Diese ›Moormenschen‹ stammen aus der Bronze- und der Eisenzeit. Das Vorhandensein von kostbaren Gegenständen unterstützt die Annahme, daß es sich um Opfergaben an die Gottheiten der Fruchtbarkeit gehandelt hat. Das Fest der großen Erneuerung im Frühjahr ist allen indogermanischen Völkern gemein.

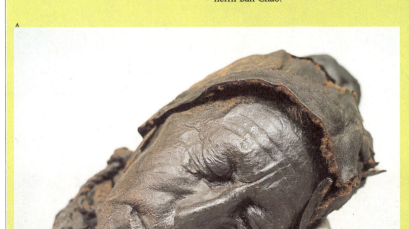

▲ · **Der Mann von Tollund** *(1. Jh. n. Chr., Silkeborg-Museum, Dänemark)*.

CHRONOLOGIE DER WELTGESCHICHTE

100 bis 200

EUROPA

101–107. Trajan führt mehrere Feldzüge gegen die Daker; nach seinem Sieg wird Dakien zu einer römischen Provinz.

113. Errichtung der Trajanssäule in Rom zu Ehren des Sieges Trajans über die Daker.

um 115–117. Der römische Historker Tacitus beginnt die Abfassung der *Annalen*.

117. Tod Trajans. Nachfolger wird Hadrian, der Verwaltungsreformen einleitet.

122–127. Der Hadrianswall wird erbaut, ein militärisches Bauwerk vom Golf von Solway (Westküste Großbritanniens) zur Mündung des Tyne (Ostengland nahe der schottischen Grenze) zum Schutz des unterworfenen Teils Britanniens gegen Überfälle der Kaledonier.

128–134. Zweite Reise Hadrians in die römischen Provinzen.

131. Abfassung des Ewigen Edikts; die kaiserlichen Verfassungen, die zu Rate gezogen werden, bilden von nun an die Grundlage der römischen Gesetzgebung.

um 131–um 201. Der griechische Arzt Galen macht bedeutende Entdeckungen in der Anatomie (vor allem über das Nervensystem und das Herz).

138. Der von Hadrian adoptierte Antoninus wird Kaiser; seine Herrschaft kennzeichnet die Blütezeit der ›Pax Romana‹. Vollendung des Baus der *Hadriansvilla* in Tibur (Tivoli), einer der prunkvollsten Villen der römischen Kaiser.

um 160. Herodes Attikus läßt in Athen das Odeon bauen, das seinen Namen trägt.

161. Der mit dem Reich seit 146 verbündete Marc Aurel wird Nachfolger von Antoninus.

166–169. Marc Aurel vertreibt die Germanen aus Italien und drängt sie über die Donau zurück.

169–175. Der Kaiser kämpft in Mitteleuropa gegen die Markomannen, die Quaden und die Sarmaten.

178. Neuer Feldzug gegen die Markomannen und die Quaden an den Ufern der Donau.

180. Beginn der Herrschaft des Kaisers Commodus.

193. Nach der Ermordung des Commodus wird Septimius Severus vom illyrischen Heer zum Kaiser ausgerufen.

194. Niederlage und Tod von Pescennius Niger, dem Widersacher von Septimius Severus.

197. Der von den Legionen Britanniens zum Kaiser ausgerufene Clodius Albinus wird in Lyon getötet.

DER HADRIANSWALL

Nach einem vergeblichen Versuch zu Zeiten Cäsars beginnt die Eroberung Großbritanniens im Jahre 43 durch Kaiser Claudius und wird fortgeführt durch Agricola, der das Land bis zum Clyde unterwirft (77–83). Die Insel wird dann zur römischen Provinz Britannien, nach dem Namen ihrer Einwohner, den *Britanni* der lateinischen Autoren. Zu Beginn des 2. Jh. wird die Verteidigung Britanniens nach innen und außen neu organisiert. Von 122 bis 126/127 läßt Kaiser Hadrian eine durch eine Mauer befestigte Straße bauen, die die Truppenverschiebung ermöglichen und Eindringlinge abhalten soll: dieser *limes*, eine Verlängerung des germanischen *limes* zwischen Rhein und Donau, erstreckt sich von der Mündung des Tyne (der in die Nordsee mündet) zum Golf von Solway (Irische See). Mit einer Länge von 118 km umfaßte er eine Mauer von 3 m Breite und etwa 4,5 m Höhe, die durch eine Brustwehr erhöht ist und hinter einem Graben liegt. In regelmäßigen Abständen verstärken Türme und kleine Festungen diese Mauer. Der Raum hinter der Befestigung endete in einem weiteren, 6 m breiten Graben, an dessen Seiten sich zwei große Aufschüttungen befanden, das *Vallum*. Schließlich wurde diese Verteidigung durch ein dichtes Netz von Forts und bewohnten Lagern vervollständigt. Die römischen Truppen hatten dort Garnisonen bis gegen Ende des 4. Jh., außer zwischen 145 und 180, als sich die römische Verteidigung weiter im Norden zwischen Clyde und Forth einrichtete *(Antoninuswall)*.

MITTLERER OSTEN

105. Die Eroberung des nabatäischen Arabien durch die Römer sichert die Kontrolle über die Karawanenstraßen.

110. Bau der Celsus-Bibliothek in Ephesus.

114–116. Trajan bekämpft die Parther und gründet die Provinzen Assyrien, Armenien und Mesopotamien.

117. Nach dem Tod Trajans gibt Hadrian alle Eroberungen im Osten mit Ausnahme Arabiens auf.

127–152. Durch seine in Alexandria gemachten Beobachtungen vollendet der griechische Astronom Claudius Ptolemäus das Werk des Hipparchos.

132–135. Die Juden erheben sich in Palästina gegen Kaiser Hadrian.

152–153. Ein Aufstand der ägyptischen Fellachen gefährdet die Versorgung Roms mit Weizen.

161. Die Parther unter Vologeses III. erobern das von Rom geschützte Armenien und dringen in die Provinz Syrien ein.

164. Die von Orodes (55 bis 37 v. Chr.) gegründete Hauptstadt der Parther, Ktesiphon, wird von den Römern geplündert.

166. Nach den siegreichen Feldzügen des Lucius Verus unterzeichnen die Parther einen Friedensvertrag, der Roms Einfluß bis östlich des Euphrat ausdehnt.

175. Machtergreifung des Gouverneurs von Syrien, Avidius Cassius Pudens.

196. Byzanz wird von Septimius Severus erobert; seine Mauern werden geschleift und sein Stadtrecht abgeschafft.

197. Septimius Severus zieht im Osten gegen die Parther.

∧ · Ansicht des Hadrianswalls. Der *limes* kombinierte Straße und mit einer Mauer verbundene Befestigungen. Hier hat die aus Stein gebaute Mauer am besten standgehalten.

214

CHRONOLOGIE DER WELTGESCHICHTE

ASIEN

102. Tod des chinesischen Feldherrn Ban Chao.

123. Die nördlichen Xiongnu, geschlagen von den Xianbei, die die Chinesen gegen sie geschickt haben, werden teilweise von ihren Besiegern aufgenommen.

184. Aufstand der ›Gelben Turbane‹, deren Anführer sich auf die taoistische Lehre berufen.

190. Beginn der Herrschaft von Xian Di, des letzten chinesischen Kaisers aus der Dynastie der Han des Ostens.

192. Gründung des Reiches Champa (durch das Volk der Cham) im mittleren Vietnam.

196–204. Cao Cao, chinesischer Kämpfer und Dichter, vereint Nordchina.

1. bis 6. Jh. Das Reich Funan entsteht am Delta und am mittleren Lauf des Mekong, das erste auf dem Gebiet der Khmer bekannte Königreich.

AFRIKA

193–211. Blütezeit von Leptis Magna (Libyen) unter Septimius Severus.

Zweite Hälfte des 2. Jh. bis Beginn des 3. Jh. Verbreitung des Christentums im römischen Afrika.

Ende des 2. Jh. bis 3. Jh. Blütezeit der römischen Stadt Timgad (Algerien).

DIE TRAJANSSÄULE

Sie ist eine der größten Gedenksäulen Roms und wurde im Goldenen Zeitalter des Reiches unter den Antoninen errichtet – wie die *Antoninussäule* oder die *Aurelianssäule,* die zu Ehren von Antoninus Pius sowie von Marc Aurel aufgestellt wurden. Die 113 n. Chr. von Trajan errichtete Trajanssäule gedenkt der Siege des Kaisers gegen die Daker (101 bis 102 und 105–106). Mit einer Höhe von 40 m erhebt sie sich über einen Sockel, in dem früher eine Urne mit der Asche Trajans aufbewahrt wurde. Um den Schaft winden sich 24 Bänder eines Flachreliefs (in Form einer 200 m langen Spirale), auf dem 2500 Figuren abgebildet sind (Detailansicht der Säule, Rom, Trajansforum).

AMERIKA

200–1400. Hohokamkultur (Südosten Arizonas), möglicherweise vor Beginn der christlichen Zeitrechnung aus Mexiko gekommen; Dörfer mit in den Boden eingelassenen Häusern, Pelotaspiel, Spuren vieler Kanäle (der Fundort Casa Grande, um 1350–1450 besetzt, ist nationales Denkmal).

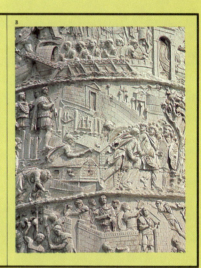

CAI LUN STELLT IN CHINA PAPIER HER

Dieser chinesische Stich, auf dem die Phasen der Papierherstellung dargestellt sind, zeigt, daß im 19. Jh. die von Cai Lun im 2. Jh. erarbeiteten Techniken noch immer angewandt werden. Dieser Mandarin hatte die Idee, verschiedene Fasern, v. a. Bambus, zu verflechten, um eine Art Filz zu erhalten. Nach sorgfältiger Auswahl der verschiedenen Pflanzenfasern wurden diese gewaschen, in Kalklauge gelegt, zerstampft und zu einer Paste verarbeitet. Diese wurde schließlich ausgestrichen, und man ließ sie auf einem Sieb im Format der zukünftigen Papierblätter abtropfen. Diese Blätter wurden dann getrocknet und gepreßt. Das Geheimnis der Papierherstellung wurde zunächst streng gewahrt. 751 nehmen die Araber chinesische Soldaten, von Beruf Papierhersteller, gefangen, bringen sie nach Samarkand und lassen sie dort ihre Fertigkeit ausüben. Von dort verbreitet sich die Papierherstellung mit den islamischen Eroberungen. 1389 entsteht in Nürnberg die erste deutsche Papiermühle.

▲ · Papierherstellung.
Das Verfahren der Papierherstellung in China durch Flachklopfen von Bambusrohr. *(Chinesischer Stich aus dem 19. Jh.)*

CHRONOLOGIE DER WELTGESCHICHTE

200 bis 300

EUROPA

202. In Rom untersagt ein kaiserliches Reskript jüdische und christliche Bekehrungen.

208. Septimius Severus zieht nach Britannien, um die Übergriffe der Bergbewohner Schottlands zu beenden.

211. Septimius Severus stirbt in Eburacum (York); sein Sohn Caracalla wird Nachfolger.

212. Die *Constitutio Antoniniana* Caracallas verleiht allen freien Bewohnern des römischen Reiches das Bürgerrecht.

217–218. Nachdem er Caracalla ermorden ließ, ergreift der Anführer der Prätorianer, Macrinus, die Macht.

218. Der Großneffe von Septimius Severus, Elagabal, wird von seinen Truppen zum Augustus ausgerufen.

222. Elagabal wird bei einer Meuterei getötet; sein Cousin Severus Alexander wird sein Nachfolger.

234. Severus Alexander begibt sich zum Kampf gegen die Germanen an den Rhein.

235. Nachdem er den Mord an Severus Alexander veranlaßt hat, läßt sich Maximinus von den Truppen am Rhein zum Kaiser ausrufen. Dies ist der Beginn der Militäranarchie. Ein halbes Jahrhundert lang werden zahlreiche Kaiser von den Legionen ausgerufen, während im ganzen Reich die Grenzen bedroht sind.

238. Die Goten dringen zur Donau vor.

244. Philippus Arabs wird Nachfolger von Gordian III., nachdem er diesen ermordet hat.

248. Der Besieger der Goten, Decius, wird von seinen Truppen zum Kaiser ausgerufen.

250. Decius verfolgt die Christen.

253–260. Herrschaft Valerians.

258. Die Franken dringen in Gallien ein; als Reaktion gründet Postumus das ›Reich der Gallier‹; unter seiner Herrschaft vereint er Gallien, Germanien, Britannien und einen Teil Spaniens.

268–270. Herrschaft von Claudius II. Goticus, der die Goten in Naissus (heute Niš, Jugoslawien) besiegt.

270. Tetricus wird Kaiser von Gallien.

270–275. Herrschaft Aurelians, der die Einheit des Reiches wieder herstellt; er muß jedoch Dakien verlassen (271).

274. Tetricus und Zenobia feiern den Triumph Aurelians.

276–282. Herrschaft des Probus; Beendigung der Invasion der Barbaren.

284. Diokletian wird Kaiser.

286. Maximianus wird zum Augustus für das Westreich ausgerufen.

293. Einrichtung der Tetrarchie; Constantius Chlorus und Galerius werden zu Cäsaren ernannt.

MITTLERER OSTEN

211. Caracalla verleiht Palmyra den Titel einer römischen Kolonie.

216–217. Feldzüge von Caracalla gegen die Parther.

224. Ardaschir erhebt sich gegen den Arsakiden Artaban IV. und schlägt ihn.

226. Nachdem er sich Ktesiphon angeeignet hat, ernennt sich Ardaschir I. zum ›König der Könige‹ und läßt seine Autorität in ganz Persien anerkennen; er ist der erste König der Sassanidendynastie.

232–233. Feldzug des Severus Alexander gegen die sassanidischen Parther.

240. Zweite ›Erleuchtung‹ des Mani, Entstehung des Manichäismus.

241. Beginn der Herrschaft von Schapur I., Sohn und Nachfolger von Ardaschir.

um 250. Tod Alexanders, des Bischofs von Jerusalem und Freund von Origenes, dem Vater der alexandrinischen Schule.

260. Schapur I. nimmt den römischen Kaiser Valerian bei Edessa (Nordmesopotamien) gefangen.

261. Odaenatus, der Fürst von Palmyrien, wird vom gallischen Kaiser mit der Verteidigung des Ostreichs beauftragt.

267. Nach der Ermordung des Odaenatus nehmen seine Frau Zenobia und sein Sohn Vaballathus die Titel Augusta und Augustus an.

um 270. Der Heilige Antonius zieht sich in Ägypten in eine Einsiedelei in der östlichen Wüste zurück.

272. Nach der Belagerung von Palmyra nimmt Kaiser Aurelian die Königin Zenobia gefangen.

273–276. Bahram I., König der Perser, ist Nachfolger seines Bruders Horsmisd I.

287. Bahram II. muß Diokletian einen Teil Mesopotamiens abtreten.

287. Teridatus II. (oder III.), König von Armenien, schließt mit Rom einen Bund gegen die Sassaniden.

295–296. Der Sohn von Constantius Chlorus, der spätere Konstantin der Große, begleitet Diokletian auf einem Zug nach Ägypten.

297–298. Galerius kämpft siegreich gegen die Perser und schlägt Narses, der Armenien verliert.

ASIEN

3. Jh. Nordindien erlebt eine Periode politischer Anarchie; Ende des Andhra-Reiches.

220–280. In China die sog. Periode der ›Drei Reiche‹.

220. In China regiert der Fürst Cao Pei, der Sohn des Cao Cao, über die Nordprovinzen, die im Wei-Reich zusammengefaßt sind, dessen Hauptstadt Luoyang ist.

221. Der Fürst Liu Bei, ein Han-Fürst, gründet das Königreich Shu Han in Sichuan (Mittelchina) mit der Hauptstadt Chengdu.

222. Der Fürst Sun Quan gründet das Königreich Wu, das die Südprovinzen beherrscht.

229. Nanking wird die Hauptstadt des Reiches Wu.

Mitte des 3. Jh. Neue Völkergruppen aus Korea tauchen auf den Inseln Südjapans auf. Sie vertreiben allmählich die Jajoi-Bewohner nach Norden. Beginn der Periode der großen Bestattungen *(Kofun)*.

um 255. Der Perserkönig Schapur I. besetzt Peshawar (Pakistan), Samarkand und Taschkent (Usbekistan).

263. Untergang des Königreiches von Shu Han.

265. Ende des Reiches Wei. Der Fürst Sima Yan vom Wei-Reich gründet eine neue Dynastie, die der Xi Jin (oder östliche Chin).

280. Die Namenseinheit Chinas wird durch die Dynastie der Xi Jin wiederhergestellt.

DIE MAYA

Die Mayakultur erstreckte sich in Gebieten der heutigen Staaten Mexiko, Belize, Guatemala und Honduras. Die hierarchisch organisierte Gesellschaft wurde von einer Aristokratie beherrscht, die die Stadtstaaten kontrollierte, und von einem theokratischen Orden regiert. Drei Perioden bestimmen die Entwicklung der Mayakultur: die Vorklassik (2000 v. Chr.–250 n. Chr.), die Klassik oder Blütezeit (250–950) und die Postklassik (950–1500); diese beginnt mit der Aufgabe der Zeremonialzentren im südlichen Yucatán (über die Ursachen hierfür gibt es mehrere Theorien) und bedeutet eine Verschiebung des Schwergewichts nach Norden und endet mit der Ankunft der Europäer. Aus der klassischen Epoche stammen die großen Schöpfungen der Mayakultur: die Hieroglyphenschrift, der Sonnenkalender mit 365 Tagen, die großen Bauten – besonders die Pyramiden – sowie Skulpturen und Reliefs. Die bedeutendsten Zentren waren Copán, Tikal, Palenque, Bonampak, Uxmal.

CHRONOLOGIE DER WELTGESCHICHTE

AFRIKA

238. Die Großgrundbesitzer von Thysdrus (heute El-Djem, Tunesien) erheben sich gegen die Steuerpolitik des Kaisers Maximinus.

AMERIKA

292. Die Stele 29 in Tikal ist das älteste datierte Bauwerk der Mayakultur.

300–900. Blütezeit der Zapotekenkultur im Hochbecken von Oaxaca (Mexiko); wichtigste Kultzentren: Monte Albán und Mitla. Entwicklung der Totonakenkultur in dem Gebiet von Veracruz (Mexiko); bedeutendes Kultzentrum in El Tajín. Klassische Epoche der Maya mit der Blütezeit ihrer Kultur, die sich im ganzen Yucatán und dem größten Teil von Honduras ausgebreitet hat; die Städte entwickeln sich (Copán, Tikal, Palenque, Uaxactún).

ROM IN DER KRISE

Nach dem Tod von Severus Alexander (235) durchläuft das Römische Reich eine Periode von Krisen. Während zahllose Kaiser von ihren Truppen ausgerufen werden und die Militäranarchie die Einheit des Reiches bedroht, werden gleichzeitig die Grenzen des Reiches angegriffen. Der Zeitraum von 256–269 ist besonders dramatisch: während die Goten über die Donau angreifen, überqueren die Franken den Rhein und verwüsten Gallien und Spanien. Gleichzeitig bemächtigt sich der Perserkönig Schapur I. der Stadt Antiochia (256). Im Jahr 260 belagert er Edessa (Mesopotamien), die größte Befestigung der Ostgrenze des Reiches. Als der römische Kaiser Valerian dieser Stadt zu Hilfe eilt, wird er mit 70 000 Legionären gefangengenommen. Die Gefangenen müssen am Bau von Brücken und Staudämmen zur Bewässerung des unteren Mesopotamien arbeiten. Als äußerste Demütigung stirbt erstmalig ein römischer Kaiser, der im Kampf gefangengenommen wurde, in der Gefangenschaft. In den darauffolgenden Jahren gelingt es jedoch den illyrischen Kaisern, die sich auf die Loyalität der Bevölkerung stützen, das Reich aufrechtzuerhalten. Ab 270 ist die Herrschaft Aurelians durch die Wiederherstellung der Einheit des Reiches gekennzeichnet.

A · **Hochrelief von Naksch-e Rustam** (Iran), das den Triumph des Perserkönigs darstellt (Schapur I. nimmt die Ehrung des römischen Kaisers Valerian, seines Gefangenen, entgegen, 3. Jh.).

TIMGAD, WACHTPOSTEN DES REICHES

Zu Beginn des 1. Jh. n. Chr. errichten die Römer in Nordafrika einen wichtigen militärischen Außenposten, der bis Ende des 3. Jh. besteht. Er liegt an der Grenze zur Sahara, und sein Zentrum ist die 3. Augusta-Legion, deren Sitz Hadrian nach Lambesius legt.

Das antike Thamugadi *(Timgad)* liegt auf einer Römerstraße, die Lambesius *(Tazoult)* mit Theveste *(Tebessa)* verbindet, und war zunächst ein einfacher Militärposten, der eine der Mündungen des Aurès kontrollierte. Im Jahre 100 machte Trajan daraus eine römische Kolonie. Streng geometrisch angelegt mit sich rechtwinklig kreuzenden Straßen, ist die Stadt eines der besten Beispiele architektonischer und städtebaulicher Planung der Römer.

Ende des 2. und im 3. Jh. konnte die Stadt sich durch die erfolgreiche Befriedung und den darauf folgenden Wohlstand außerhalb ihrer ursprünglichen Grenzen weiterentwickeln. In diesen Vororten wurden die größten und die schönsten Gebäude Timgads gebaut: das Kapitol, die großen Thermen und später die Kirchen der christlichen und der donatistischen Gemeinden. Das Forum, Theater und die Tempel liegen dagegen im älteren Teil der Stadt.

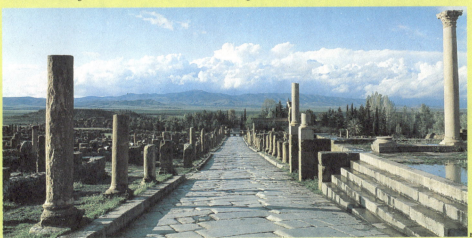

B · **Ansicht von Timgad.** Die streng geradlinigen Straßen von Timgad schneiden sich rechtwinklig und teilen die Stadt in gleichmäßige Quadrate auf.

CHRONOLOGIE DER WELTGESCHICHTE

300 bis 400

Im Jahr 367 verläßt Kaiser Valentinian I. Mailand, wohin er seine Residenz verlegt hat, und läßt sich in Trier nieder, um die Verteidigung des Rheins und der oberen Donau zu sichern. Er ist von der Armee drei Jahre vorher zum Kaiser ernannt worden und regiert über das Westreich, wobei er die Provinzen des Kaiserreiches seinem Bruder Valens überlassen hat. Er ist weder der erste noch der letzte der römischen Kaiser, die

TRIER, HAUPTSTADT RÖMISCHER KAISER

ihre Hauptstadt an das Ufer der Mosel verlegt haben.

Trier, das an der Stelle eines Heiligtums der keltischen Treverer liegt, die von Cäsar zwischen 54 und 52 v. Chr. mehrfach geschlagen wurden, wird von Augustus um 15 v. Chr. unter dem Namen *Augusta Treverorum* gegründet. Unter Kaiser Claudius wird es Kolonie; diese nimmt an der Revolte des Batavers Civilis um 69–70 n. Chr. teil und wird dann zu einem strategisch und wirtschaftlich bedeutenden Zentrum; wichtige Straßen führen nach Mainz und Köln. Darüber hinaus besitzt die Stadt Glas- und Keramikherstellung sowie angesehene Schulen. Unter der Bedrohung der Invasionen im 3. Jh. baut die Stadt Befestigungen und wird dann zu einer der politischen Hauptstädte des Reiches.

EUROPA

301. In Rom wird versucht, durch ein Edikt die Preissteigerung einzudämmen, indem Höchstpreise festgelegt werden.

305. Gleichzeitige Abdankung von Diokletian und Maximian.

307. Konstantin, seit 306 Kaiser, läßt sich von Maximian als Augustus anerkennen.

308. Diokletian einigt Maximian und Galerian, um die Tetrarchie neu zu ordnen.

312. Konstantin besiegt die Truppen von Maxentius an der Milvischen Brücke über den Tiber.

313. Das Edikt von Mailand gewährt den Christen das Recht, ihre Religion öffentlich auszuüben.

324. Die von Konstantin besiegten Goten werden zum Frieden gezwungen.

337. Auf seinem Totenbett bekehrt sich Konstantin zum Christentum. Seine Söhne Konstantin II. und Constans teilen sich das Westreich.

340. Nachdem Constans seinen Bruder Konstantin II. getötet hat, regiert er das Westreich alleine.

350. Constans stirbt, Machtergreifung des Magnentius.

351. Constantius II. vernichtet Magnentius bei Mursa in Pannonien.

353. Constantius II. stellt die Einheit des Reiches wieder her.

355. Constantius II. ruft Julian nach Mailand und ernennt ihn zum Cäsar.

361. Nach dem Tode von Constantius bleibt Julian der einzige Kaiser.

363–364. Jovian wird von den Legionen Illyriens zum Kaiser ausgerufen.

364. Beim Tod von Jovian wird Valentinian I. Kaiser.

366–374. Valentinian vertreibt die Alemannen aus Gallien.

368–369. Valentinian beendet die Übergriffe der Sachsen und Skoten im römischen Britannien.

370 oder 371. Martin wird Bischof von Tours.

374. Ambrosius wird Bischof von Mailand.

375. Gratian und sein Bruder Valentinian II. regieren gemeinsam das Westreich.

383. Gratian wird in Lyon getötet; Machtergreifung von Maximus.

388. Theodosius schlägt Maximus bei Aquileja.

394. Die Olympischen Spiele werden als Symbole des Heidentums von Theodosius verboten.

395. Beim Tod des Theodosius wird sein Sohn Honorius sein Nachfolger für den Westen.

▲ · **Die Porta Nigra von Trier.**
Der monumentale Bau des Nordtors der römischen Stadtmauer von Trier besteht aus zwei durch eine Galerie verbundenen Türmen und gibt einen Eindruck von der Größe der Stadt im römischen Imperium. Der Name *Porta Nigra*, Schwarzes Tor, wurde ihm im Mittelalter aufgrund einer schwarzen Patina auf seinen Steinen verliehen.

CHRONOLOGIE DER WELTGESCHICHTE

MITTLERER OSTEN

301. Tiridatus II. (oder III.), der von Gregor dem Erleuchter bekehrt wurde, macht das Christentum zur offiziellen Religion in Armenien.

303. Das in Nikomedia erlassene Edikt, das die christlichen Versammlungen untersagt, kennzeichnet den Beginn der Verfolgungen.

310. Schapur II. wird Sassanidenkönig.

313. Licinius vernichtet Maximinus Daia in der Schlacht von Andrianopel.

324. Licinius erleidet eine Niederlage gegen Konstantin bei Chrysopolis (heute Üsküdar, Vorort am asiatischen Ufer von Istanbul).

325. Schapur II. vereinigt eine nationale Synode, die den Text der *Avesta* festlegt, des Heiligen Buches des Mazdaismus. Das erste Konzil von Nicäa (Bithynien); auf Veranlassung des Kaisers Konstantin versammelt, verurteilt es die Thesen des Arius *(Arianismus)* über die Natur Christi.

330. Offizielle Einweihung von Konstantinopel durch Kaiser Konstantin.

337. Persische Angriffe gegen Mesopotamien; nach dem Tod Konstantins regiert sein Sohn Konstantius II. im Osten.

357. Konstantius II. kämpft gegen die Sarmaten und die Perser.

363. Die römische Armee unter Befehl von Kaiser Julian dringt bis Ktesiphon am Tigris vor.

364. Der durch seinen Bruder Valentinian an der Macht beteiligte Valens regiert die östlichen Provinzen des Imperiums.

378. Valens wird von den Goten in der Schlacht bei Adrianopel (heute Edirne, Türkei) getötet.

379. Theodosius wird von Gratian zum Augustus ernannt und wird Kaiser im Ostreich.

379–383. Herrschaft des Perserkönigs Ardaschir II., der den Christen äußerst feindlich gesonnen ist.

381. Konzil von Konstantinopel, das den Arianismus verurteilt; Gregor von Nazianz wird Bischof von Konstantinopel.

387–390. Ein Abkommen zwischen dem Perserkönig Schapur III. oder Bahram IV. und Theodosius I. teilt das Königreich von Armenien.

395. Arkadius, der älteste Sohn von Theodosius, wird Kaiser im Ostreich.

397. Johannes Chrysostomos wird Bischof von Konstantinopel.

399. Jasdgird I., Sohn von Schapur III., wird nach Bahram IV. König von Persien.

ASIEN

308. Die chinesisch beeinflußten südlichen Xiongnu besetzen Nordchina.

311. Gefangennahme des Kaisers Xi Jin.

316. Luoyang wird von den chinesisch beeinflußten Xiongnu aus Shanxi (Nordchina) eingenommen.

317–389. In China die sog. ›Periode der Dynastien des Nordens und des Südens‹.

320. In Indien begründet Candragupta I. die Gupta-Dynastie.

um 330. Samudragupta wird Nachfolger seines Vaters Candragupta. Er dehnt sein Reich von Bengalen nach Madras aus.

349. Die Xianbei-Stämme (türkisch-tungusischen Ursprungs) dringen in den Norden Chinas ein und gründen das Reich Bei Wei.

372. Der Buddhismus verbreitet sich in Korea.

um 375. Candragupta II. folgt auf Samudragupta; sein Reich erstreckt sich über fast ganz Südindien. Unter seiner Herrschaft blühen die hinduistische Kultur und Kunst auf.

384. In Korea kämpft das Königreich von Koguryo mit den Chinesen und unterstellt chinesische Kommandaturen seiner Kontrolle.

386. In China richtet die Bei-Wei-Dynastie (oder Wei des Nordens) ihre Hauptstadt in Chang'an (westlich von Luoyang) ein.

392. Das koreanische Königreich von Paikche muß an Koguryo mehrere befestigte Orte abtreten.

399. Reise des ersten chinesischen Pilgers Fa Xian ins buddhistische Indien.

A · **Der lehrende Buddha,** der in Sarnath (bei Varanasi) entdeckt wurde, dem Ort, der traditionsgemäß als der der ersten Predigt Buddhas angesehen wird. *(Sandstein. Gupta-Kunst, 5. Jh., Museum in Sarnath)*

AFRIKA

4. Jh. Besiedlung des Ortes Simbabwe.

um 350. Annektierung von Meroë (Sudan) durch das Königreich Aksum.

Mitte des 4. Jh. Der Kaiser von Aksum bekehrt sich zum Christentum.

372–375. Firmus, ein verbündeter maurischer Fürst, erhebt sich gegen Rom und bemächtigt sich der mauretanischen Provinzen. Er wird von Theodosius dem Älteren, dem Vater von Theodosius dem Großen, besiegt.

396. Augustinus wird Bischof von Hippo.

DAS KLASSISCHE INDIEN: DIE GUPTAKULTUR

Um 320 begründet Candragupta I. die Guptadynastie, die eine lange Zeit politischer Anarchie beendet. Vom Pandschab bis nach Westbengalen beginnt eine wahre politische und kulturelle Renaissance. Diese Dynastie erreicht ihren Höhepunkt mit Samudragupta (um 330 bis um 375), dem Sohn von Candragupta, der seine Hegemonie bis nach Nepal und Assam anerkennen ließ. Die buddhistische, brahmanische oder jainistische Guptakunst und die sog. ›Post-Guptakunst‹ kennzeichnen das klassische Indien. Die Bildhauerei erreicht große Vollkommenheit, v. a. die Schulen von Sarnath und von Elephanta. Als wahres goldenes Zeitalter Indiens auf den Gebieten der künstlerischen und religiösen Literatur hat diese Epoche ebenfalls außerordentliche Fortschritte in Mathematik, Astronomie (Theorie der Erdrotation) sowie in Medizin und Chirurgie (Hautverpflanzungen, Darmnähte) zu verzeichnen. Jedoch wird ab Ende des 5. Jh. durch die Invasionen der hephtalitischen Hunnen und die wachsende Unabhängigkeit der unterstellten Fürstentümer der Niedergang des Guptareiches eingeleitet.

CHRONOLOGIE DER WELTGESCHICHTE

400 bis 550

EUROPA

402. Alarich, der König der Westgoten, wird bei Pollentia geschlagen. Honorius macht Ravenna zur Hauptstadt des römischen Westreiches.

406–409. Die Wandalen, Sueben und Alanen durchqueren Gallien, das sie systematisch plündern, und dringen nach Spanien vor.

um 407. Die römischen Legionen verlassen die Provinz Britannien, um die Barbaren auf dem Kontinent zu bekämpfen.

407–411. Machtergreifung Konstantins, der einen Teil Galliens unterwirft.

410. Alarich plündert Rom.

418. Theoderich I. wird König der Westgoten; Rom gesteht ihm die Regierung Aquitaniens zu.

425. Valentinian III. folgt auf Honorius im Westen.

434. Aetius wird der eigentliche Herrscher des römischen Westreiches.

451. Die sog. Schlacht auf den ›Katalaunischen Feldern‹; Attila wird von den vereinten Heeren von Aetius und dem Westgotenkönig Theoderich I. geschlagen, der in der Schlacht stirbt.

455. Nach dem Mord an Valentinian landet Geiserich in Italien und plündert Rom.

476. Die Einnahme Roms durch Odoaker, König der Heruler, bedeutet den Untergang des römischen Westreiches.

486. Der Frankenkönig Chlodwig besiegt in der Schlacht von Soissons den Römer Syagrius und sichert endgültig den Besitz Nordgalliens.

488–489. Unter der Führung von Theoderich I. beginnen die Ostgoten mit der Eroberung Italiens.

493. Nachdem Theoderich Odoaker getötet hat, widmet er sich der Organisation eines ostgotischen und römischen Staates.

um 493. Heirat von Chlodwig und Clothilde, der Nichte von Gundobad, dem Burgunderkönig.

um 496–507. Chlodwig wird getauft.

um 501–515. Auf Anordnung von Gundobad wird das Gombettegesetz verfaßt, das die ehemaligen Burgundergesetze in sich vereint.

507. Die von Chlodwig in der Schlacht von Vouillé besiegten Westgoten ziehen sich nach Spanien zurück.

508. Die Ostgoten besetzen die Provence.

511. Chlodwig beruft das Konzil von Orléans ein.

535. Die Byzantiner erobern unter dem Kommando von Belisar Dalmatien und Sizilien zurück.

MITTLERER OSTEN

um 405. Mesrob entwickelt das armenische Alphabet; die neu erfundenen Zeichen gleicht er dem griechischen Alphabet an.

408. Theodosius II. wird Nachfolger seines Vaters Arcadius.

420–438. Herrschaft von Bahram V., dem Sohn des Perserkönigs Jasdgird I.

421–422. Nach dem siegreichen militärischen Eingriff des Kaisers Theodosius gewährt Bahram V. den Christen freie Religionsausübung.

425. Theodosius gründet die christliche Universität von Konstantinopel.

um 428. Die armenischen Adligen vertrauen ihr Schicksal den Sassaniden an.

431. Nestorius wird verurteilt und beim Konzil von Ephesus abgesetzt.

431. Die Flotte des römischen Ostreichs wird von Geiserich besiegt.

435–438. Verfassung des *Codex Theodosianus,* einer Sammlung der seit Konstantin verfaßten kaiserlichen Edikte.

um 440. Die hephtalitischen Hunnen vollenden die Besetzung von Sogdiana und Baktrien.

449. Attila stimmt einer Evakuierung des westlichen Teils des Ostreiches zu.

430–457. Marcianus ist byzantinischer Kaiser.

457–474. Herrschaft von Leo I., dem ersten byzantinischen Kaiser, der vom Patriarchen von Konstantinopel gekrönt wird.

471. Leo I. läßt Aspar ermorden, einen byzantinischen General, der ihm zum Thron verholfen hat.

474–491. Zenon ist byzantinischer Kaiser.

476. Theoderich I. wird als *Waffensohn* von Kaiser Zenon adoptiert.

491. Anastasius I. wird byzantinischer Kaiser.

513. Vitalian, der Befehlshaber von Thrakien, greift Konstantinopel vergeblich an.

518. Justinian I. wird als byzantinischer Kaiser ausgerufen.

527. Kurz vor seiner Krönung heiratet Justinian Theodora.

528–529 und 534. Abfassung des *Codex Justinianus,* der die seit Hadrian erlassenen Gesetze sammelt und ordnet.

532. Justinian schlägt in Konstantinopel den Nika-Aufstand nieder. Er schließt einen ›ewigen‹ Frieden mit dem Perserkönig Chosrau I.

543. Belisar fällt in Ungnade.

JUSTINIAN

△ · **Justinian und der Kaiserhof.** Ausschnitt aus einem Mosaik der Apsis der Kirche San Vitale in Ravenna. Um 548.

CHRONOLOGIE DER WELTGESCHICHTE

ASIEN

um 406. Tod von Gu Kaizhi, des ersten chinesischen Malers, dessen Name mit einem authentischen alten Werk verbunden ist: *Ratschläge der Lehrerin an die Hofdamen*.

415–455. In Indien Herrschaft des Kumaragupta, der im Nordwesten gegen die Invasionen der hephtalitischen Hunnen kämpfen muß.

420. In Südchina wird die Dynastie der Xi Jin von der in Nanking herrschenden Sung-Dynastie abgelöst.

455–um 467. In Indien herrscht Skandagupta, der die Hunnen 455 entscheidend aufhält.

465–um 550. Die Hunnen festigen ihre Kontrolle des größten Teils des Indusgebietes.

479. Die Dynastie der Sung wird von den Qi abgelöst.

502. Die Liang stürzen die Qi. Kaiser Wu begünstigt den Buddhismus, zu dem er sich bekehrt.

um 520. Der Begründer des Zen-Buddhismus, Bodhidharma (japanisch Daruma Daishi, chinesisch Da Mo), ist nach China gekommen.

533. Der chinesische Kaiser Xiaowu läßt eine Ausgabe des *Tripitaka,* einer Sammlung der klassischen buddhistischen Texte, erscheinen.

um 538 (oder 552). Der Buddhismus wird, ausgehend von Korea, nach Japan eingeführt.

541. Aufstand in Vietnam gegen die Chinesen. Ly Bôn (Ly Bi) gründet das Königreich Van Xuan, das mehr als 60 Jahre besteht.

Dieses Mosaik von San Vitale in Ravenna zeigt das Übergreifen der byzantinischen Kunst auf den Westen und bezeugt damit gleichzeitig die Dynamik der Außenpolitik des Kaisers Justinian. Der römische Kaiser wollte den Westen wieder erobern und das Reich als Ganzes wiederherstellen. Die mit ihm 527 gekrönte Theodora unterstützte ihn, und sehr fähige Mitarbeiter umgaben ihn wie die Feldherren Belisar und Narses oder der Rechtsberater Tribonius, der einer der Verfasser des *Codex Justinianus* war. Nachdem er die Wandalen aus Afrika (534) vertrieben hat, beherrscht er bald Rom, wo Papst Silverius abgesetzt und ins Exil geschickt wird (537). Die Wiedereroberung Italiens endet zunächst im Mai 540 mit der Einnahme Ravennas. Diese Erfolge sind jedoch vorübergehend, und Justinian, der die Fähigkeiten seines Reiches überschätzt hat, ruiniert es schließlich. Dennoch bleibt seine Herrschaft eine der prunkvollsten der byzantinischen Geschichte. Konstantinopel, blühendes Handelszentrum zwischen Europa und Asien, wurde zu einem intellektuellen und künstlerischen Treffpunkt (Bau der Hagia Sophia).

AFRIKA

429. Die Wandalen unter Geiserich fallen im römischen Afrika ein.

435. Geiserich erhält für die Wandalen den Status des Verbündeten mit dem Reich und besetzt einen Teil von Numidien.

439. Geiserich bemächtigt sich Karthagos.

476. Geiserich zwingt das Ostreich zur Anerkennung seiner Besitzungen: Afrika, Korsika, Sardinien und die Balearen.

530–534. Wiedereroberung Nordafrikas durch die Byzantiner unter der Führung des Feldherrn Belisar.

ÄRA DER KOFUN

Um die Mitte des 3. Jh. tauchen neue Gruppen aus Korea auf den Inseln Südjapans auf. Als in Klans organisierte Krieger besitzen sie Eisenpanzer und reiten auf größeren Pferden als die japanischen Krieger. Indem sie sich als Beschützer der Bauern aufspielen, werden sie ganz natürlich zu Führern der bereits bestehenden Gemeinwesen, denen sie ihre Organisation sowie neue Bestattungsarten in riesigen Grabhügeln *(Kofun)* bringen. Anscheinend waren diese Gräber, die bedeutenden Persönlichkeiten vorbehalten waren, eine Nachahmung der koreanischen Grabhügel. Etwas später werden dann die Kofun mit *Haniwa,* röhrenartigen und mit Figuren geschmückten Töpferwaren, bedeckt. Gleichzeitig wird die Grabkammer mit Gemälden geschmückt und mit zahlreichen Geräten ausgestattet (Waffen und Schilde aus Bronze). Das Ende dieser Periode fällt mit dem Datum der offiziellen Einführung des Buddhismus in Japan (538) zusammen, die das Ende der Vorgeschichte Japans und den Beginn seiner Geschichte kennzeichnet.

AMERIKA

um 400–1400. Sinaguakultur (Arizona) mit Einflüssen von Hohokam und Anasazi.

▲ · **Terrakotta-Figur** *(haniwa),* Periode der Kofun (große Grabmäler) 5.–6. Jh. *(Guimet-Museum, Paris)*

CHRONOLOGIE DER WELTGESCHICHTE

550 bis 700

EUROPA

552. Totila, der König der Ostgoten, stirbt.

534. Der byzantinische Feldherr Narses vernichtet die Franken und die Alemannen, die in Italien einfallen. Schaffung des Westgotenreichs in Toledo (Spanien).

535. Nach der Kapitulation der letzten Goten wird Italien in das byzantinische Reich eingegliedert.

563. Beginn der Evangelisierung Schottlands durch Columban aus Irland.

568. Die Awaren lassen sich in Ungarn nieder.

568–572. Der Lombardenkönig Alboin besetzt Norditalien und läßt sich in Pavia nieder.

580. Die Slaven lassen sich in Thrakien und in Makedonien nieder.

587. Rekkared I., König der Westgoten in Spanien, bekehrt sich zum Christentum.

593. Die Lombarden belagern Rom, das von Papst Gregor dem Großen verteidigt wird.

597. Evangelisierung in England, Taufe Aethelberths, des Königs von Kent.

601–612. Evangelisierung der Alemannen in den Gebieten von Konstanz und Zürich.

607. Bekehrung des lombardischen Königs Agilulf zum Christentum.

627. Taufe von Edwin, dem König von Northumberland.

629. Dagobert wird König der Franken.

um 638. Dagobert stirbt (Pippin der Ältere ist sein Majordomus in Austrasien).

um 650. Die Chasaren, ein türkisches Volk, lassen sich in den Ebenen am Don nieder.

653–661. Unter Aribert I. bekehrt sich der Lombardenstaat offiziell zum Christentum.

um 660–670. Neues Geldsystem des Silberlings.

677. Erste königliche Akte auf Pergament in Gallien (vorher verwendeten die Merowinger Papyrus).

678–679. Beginn der Evangelisierung Frieslands.

um 680. Die Proto-Bulgaren türkischer Herkunft lassen sich nach dem Sieg über die Byzantiner an der Donau nieder und gründen das erste bulgarische Reich.

687. Theoderich III., vorher schon vom Majordomus Ebroin zum König von Neustrien eingesetzt, wird als Herrscher des ganzen Frankenreiches anerkannt.

Ende des 7. Jh. In Gallien wird die lateinische Sprache von der galloromanischen verdrängt. Gleichzeitig entwickelt sich die deutsche Sprache (in der Form des Althochdeutschen). Beginn der fränkischen Miniatur.

MITTLERER UND NAHER OSTEN

551. Armenien nimmt den Monophysitismus an.

um 553–554. Einfuhr der ersten Seidenraupen in das byzantinische Reich.

562. Einweihung der Hagia Sophia, die nach dem Einsturz der großen Kuppel im Jahr 558 wieder aufgebaut worden war.

563. Tod von Justinian und Belisar.

579. Tod des Sassanidenkönigs Chosrau I.

610. Heraklios I. wird byzantinischer Kaiser.

um 610. Erste Verkündigungen des Erzengels Gabriel an Mohammed.

611–613. Chosrau II., der König von Persien, besetzt Antiochia, Kappadokien, Kilikien und Palästina.

614. Chosrau II. erobert Jerusalem, erbeutet die Reliquien des Kreuzes Christi und nimmt sie nach Persien mit.

622. Heraklios befreit Kleinasien von den Persern. Flucht Mohammeds aus Mekka nach Medina (Hedjra).

630. Heraklios erobert Jerusalem zurück, die Reliquien des Kreuzes Christi kehren dorthin zurück.

632. Tod Mohammeds.

634. Omar wird zweiter Kalif der Muslime.

636. Die Araber erobern Syrien.

637. Die Araber siegen bei Kadisiyya über die Perser, die Mesopotamien verlieren.

638. Die Araber erobern Jerusalem.

640–642. Die Araber erobern Ägypten.

642. Die Araber siegen bei Nehavend (Iran), und das Sassanidenreich fällt.

644–656. Kalifat des Othman, der eine endgültige Fassung des Korantextes erstellen läßt.

um 647–649. Erste Schiffsexpedition der Muslime; Plünderung Zyperns.

656. Aufstand von Ali, dem Schwiegersohn des Propheten, und Mord an Othman.

657. Die Charidjiten trennen sich von der Partei Alis und betrachten alle übrigen Muslime als todeswürdige Ketzer.

661. Mord an Ali und Gründung des Omaijadenkalifats in Damaskus. Die Ali treu gebliebene Partei wird schiitisch genannt.

673–677. Blockade Konstantinopels durch die muslimische Flotte.

690. Prägung der ersten Goldmünzen der Muslime.

691. Bau des Felsendoms auf dem Platz des Tempels von Jerusalem.

ASIEN

552. Die Türken gründen ein neues Steppenreich.

581. Der Feldherr Yang Jian gründet die chinesische Dynastie der Sui.

587–608. In China Bau eines Kanalnetzes zwischen dem unteren Jangtsekiang und dem Hwangho.

7. Jh. Entwicklung des Reiches von Dvaravati in Thailand, unter indischem Einfluß und mit Mon-Bevölkerung.

600–622. Shotoku Taishi regiert in Japan. Verbreitung des Buddhismus und Bau des Horyu-ji bei Nara.

um 606–647. Herrschaft des Harshavardhana, der der mächtigste Fürst Nordindiens wird und freundschaftliche Beziehungen zu China unterhält.

610–642. Herrschaft des Pulakesin aus der Dynastie der westlichen Calukya. Er beherrscht ganz Südindien.

611–635. In Kambodscha gerät das indisch beeinflußte Königreich der Funan unter die Kontrolle des Khmerreiches Tchen-la.

618. Li Yuan ruft sich zum Kaiser von China aus und gründet die Tangdynastie.

628. Astronomisches Werk des indischen Wissenschaftlers Brahmagupta, der als erster negative Zahlen verwendet.

629–645. Pilgerreise des chinesischen Buddhistenmönches Xuanzang nach Indien.

630. Chinesischer Angriff und Sieg gegen die Türken, was den Beginn der Ausbreitung der Tang in Mittelasien bedeutet.

um 630–635. Entstehung einer nestorianischen Christengemeinde in China.

630–645. Die Straßen in Mittelasien kommen unter die Kontrolle des Heers und der chinesischen Verwaltung.

645. In Japan Annahme der Reform der Taika-Ära, inspiriert durch die Institutionen aus dem China der Tang.

648. Chinesischer Zug nach Indien, um die Thronnachfolge des Magadha zu regeln.

652. Bau der Großen Pagode der Wildgänse in Chang'an, der Hauptstadt der Tang.

660–668. Vereinigung Koreas durch das Silla-Königreich, den Verbündeten der chinesischen Tang.

670. Tibeter und Chinesen bekämpfen sich in Mittelasien.

671–695. Pilgerreise des chinesischen Buddhistenmönches Yijing nach Indien.

672–676. Skulptur eines riesigen Buddha in einer der Longmen-Höhlen (Henan, China).

682–686. Erste Schriften, die die Existenz des Königreichs von Shriwidjaja mit dem Zentrum Sumatra und mit Beherrschung der Straße von Malakka belegen.

AFRIKA

670. Die Araber erobern Ifriqiya (Tunesien) und gründen Kairouan.

681–682. Die Araber erobern Algerien.

689. Die Araber nehmen endgültig Karthago ein.

AMERIKA

600–1000. Die Tiahuanaco-Kultur erlebt ihre Blütezeit und breitet sich in den südlichen Anden aus.

683. Bestattung des Pacal, Oberhaupt der Mayastadt Palenque, in der Pyramide der Inschriften.

DIE EINFLÜSSE DES BUDDHISMUS IN CHINA

Als der Buddhismus im 1.–2. Jh. in der chinesischen Welt verbreitet wurde, war er bereits von iranischen und hellenistischen Einflüssen geprägt. Seine Verbreitung in ganz China vom 5.–8. Jh. ging mit der der künstlerischen Techniken und wissenschaftlichen Kenntnisse sowie indischer Literatur einher, die durch persische und griechische Einflüsse ergänzt waren. Die indischen Werke der Medizin, Astrologie, Astronomie und Mathematik wurden damals ins Chinesische übersetzt. Nach Techniken, die aus dem indo-iranischen Gebiet eingeführt wurden, baute man Höhlentempel mit riesigen Statuen. So wurde in den Felswänden von Longmen (südlich von Luoyang) die Statue des ›Großen Erleuchters‹, des Buddha Vairocana, erstellt (672–676).

Schließlich vereinigte der buddhistische Glaube die so unterschiedlichen Gebiete von Nord- und Südchina. Der Gegensatz zwischen dem kriegerischen, fast ungebildeten Nordchina und dem aristokratischen, verfeinerten Südchina wurde geringer.

A · **Longmen: der große Buddha Vairocana.**
Die buddhistischen Höhlentempel von Longmen wurden 494 von den Wei Nordchinas begonnen und bis zum 10. Jh. fortgeführt. Die Bildhauerei hat dort ihre Blütezeit unter den Tang mit dem großen Buddha Vairocana und den Bodhisattvas.

DIE ISLAMISCHE EROBERUNG

Sie erfolgte zunächst durch Araber von der Arabischen Halbinsel, Beduinen, deren Oberhäupter aus der Handelswelt von Mekka und Medina hervorgegangen waren. Diese Araber eroberten in wenigen Jahren Syrien, Ägypten, Mesopotamien und Persien. Welche Erklärung gibt es für die Leichtigkeit und die Schnelligkeit dieser Eroberung? Wahrscheinlich die Situation dieser Länder, die die byzantinische (Syrien, Ägypten) oder sassanidische (Mesopotamien, Persien) Herrschaft schlecht ertrugen und durch soziale und religiöse Aufstände geschwächt waren. Das byzantinische und das sassanidische Reich waren selbst aus einer Periode heftiger gegenseitiger Kämpfe hervorgegangen, die sie ärmer gemacht hatten. Die Araber verschmolzen schnell mit den Stadtgemeinschaften der eroberten Länder, in denen sie den Islam einführten, dabei aber Christen- und Judentum tolerierten. Von diesen Ländern machten sich erneut Heere auf, die die islamische Eroberung fortführten: Perser drangen nach Mittelasien vor, Syrer und Ägypter in den Maghreb. Von dort aus trugen die Mauren den Islam nach Spanien und Sizilien.

So wurde das islamische Reich gegründet, ein großes, von Kalifen regiertes Gebiet mit Verwaltungsinstitutionen, die den unterworfenen Ländern entlehnt waren. In den ehemaligen byzantinischen und sassanidischen Gebieten entstand eine synkretistische Kultur, die sich dann auf das gesamte islamische Gebiet ausdehnte.

CHRONOLOGIE DER WELTGESCHICHTE

700 bis 800

EUROPA

um 700. Erste Niederlassungen der Wikinger auf den Shetlandinseln.

711. Die muslimischen Mauren Nordafrikas besiegen nach der Überquerung der Meerenge von Gibraltar den Westgotenkönig Roderich und erobern Spanien.

720–740. Herrschaft von Karl Martell.

731. Papst Gregor III. verurteilt den Ikonoklasmus.

732. Karl Martell stoppt die Araber in der Schlacht bei Poitiers.

732–754. Bonifatius, der Erzbischof von Germanien, evangelisiert verschiedene Gebiete und richtet zahlreiche Bistümer ein.

734–739. Liutprand, Lombardenkönig seit 712, verbündet sich mit Karl Martell im Kampf gegen die Überfälle der Sarazenen in der Provence.

739. Liutprand belagert Rom.

um 740. Der Chasarenhof bekert sich zum Judentum.

742–743. Letzte große Pestepidemie des frühen Mittelalters.

um 750. Gründung des Klosters Sankt Gallen (Schweiz).

751. Pippin der Jüngere setzt den Merowinger Childerich ab und läßt sich zum Frankenkönig wählen. Ravenna, das Zentrum des byzantinischen Widerstandes, fällt in die Hände von Aistulf, dem König der Langobarden seit 749.

754. Pippin der Jüngere wird vom Papst in Saint-Denis zum Bischof geweiht.

756. Pippin der Jüngere liefert Rom aus, das von den Langobarden unter Aistulf belagert wird, und gibt seine Eroberungen dem Papst zurück, wodurch er den Kirchenstaat gründet. Gründung des Emirats von Cordoba durch den Omaijaden Abd ar-Rahman.

771. Nach dem Tod von Karlmann wird Karl der Große Alleinherrscher im Frankenreich.

774. Karl der Große entthront Desiderius, den König der Langobarden seit 756, und annektiert sein Reich.

778. Bei der Rückkehr von einem Zug gegen die Mauren in Spanien wird Karl der Große bei Roncevaux besiegt.

782. Karl der Große läßt den angelsächsischen Mönch Alkuin kommen und vertraut ihm die Schule der Pfalz von Aachen an.

785. Sachsen unterwirft sich Karl dem Großen, der Sachsenherzog Widukind läßt sich taufen.

um 795. Erste Überfälle der (dänischen) Wikinger in England.

796. Unterwerfung der Awaren, die Karl der Große seit mehr als 10 Jahren bekämpft.

MITTLERER UND NAHER OSTEN

Erste Hälfte des 8. Jh. Die Christen in Syrien weigern sich, die byzantinischen Gebräuche (der Melchiten) anzunehmen; sie bilden ein eigenständiges Patriarchat, das sich *maronitisch* nennt.

705. Bau der großen Moschee der Omaijaden in Damaskus.

713. Die Muslime erreichen Multan (Pakistan).

714. Die Muslime erobern Transoxanien.

717. Leo III. reißt die Macht an sich und gründet die syrische oder isaurische Dynastie. Er verteidigt Konstantinopel gegen einen Angriff der Araber; diese setzen ihre jährlichen Überfälle in Kleinasien fort.

726. Beginn des Bilderstreits. Der byzantinische Kaiser Leo III., der Isaurier, und Konstantin V., der dem Reich angeschlossene Sohn, befehlen die Vernichtung der Bilder, Statuen und Mosaiken, die Gott, Christus oder Heilige darstellen.

741. Regierungsbeginn des byzantinischen Kaisers Konstantin V., der fanatisch eine bilderfeindliche Politik fortsetzt.

745. Erhebung der Schiiten in Persien.

750. Untergang der Omaijaden und Herrschaft der Abbasiden, die die Kalifen des Islam werden.

762. Der Kalif Al-Mansur gründet Bagdad.

773. Arabische Übersetzung der *Elemente* von Euklid; die Verwendung der aus Indien eingeführten sog. arabischen Zahlen breitet sich aus.

780. Tod des byzantinischen Kaisers Leo IV. und Beginn der Regentschaft von Irene.

781. Vertrag zwischen den siegreichen Arabern und den Byzantinern, die eine Tributzahlung akzeptieren.

787. Irene läßt durch das Konzil von Nikaia den Kult der Bilderverehrung bestätigen.

794. Erste Papiermanufaktur in Bagdad.

797. Im byzantinischen Reich stürzt Irene Konstantin VI. und ruft sich zur alleinigen Kaiserin aus.

SCHLACHT VON POITIERS

Der arabische Feldherr in Andalusien, Abd ar-Rahman ibn Abd Allah, bereitete einen Feldzug gegen die Basilika Sankt Martin in Tours vor. Er vereinte in Pamplona eine starke Armee, überquerte den Paß von Roncevaux, vernichtete das Heer des Herzogs von Aquitanien Eudes und verwüstete Bordeaux. Auf dem Weg nach Tours stieß er auf den Frankenherzog Karl Martell und seine Krieger, die in ihrer (zunächst an den Tag gelegten) Unbeweglichkeit den arabischen Reitern wie eine ›Eismauer‹ erschienen. Poitiers war der Endpunkt der islamischen Ausbreitung im Westen. Die Schlacht von Poitiers stärkte den Ruf von Karl Martell als Verteidiger des Christentums. Sie ermöglichte den Franken, ihren Einfluß auf Aquitanien zu stabilisieren, ein Land mit starken galloromischen Traditionen, das zu einem Aufstand gegen die Herrschaft der Franken bereit gewesen war.

Darüber hinaus kämpften in Poitiers einige aquitanische Truppen auf der Seite der Muslime. Die Kämpfe zwischen Mauren oder Sarazenen und Christen dauerten das ganze Mittelalter hindurch an: in der Provence, in Latium und in Campanien, bei der Rückeroberung Spaniens sowie im Verlauf der Kreuzzüge.

A · **Zweikampf zwischen einem Christen und einem Mauren.**
(Mosaikboden aus der romanischen Basilika Santa Maria Maggiore von Vercelli, Leone-Museum).

ASIEN

Beginn des 8. Jh. Schaffung des Bohai-Königreiches, das vor allem von Tungusen bevölkert ist und sich bis zur Mandschurei, zum Nordosten Koreas und Ostsibirien erstreckt.

705. Tod der chinesischen Kaiserin Wu Zetian und Wiedereinrichtung der Tang-Dynastie.

710. Die japanische Hauptstadt Nara wird gegründet.

712. Die Provinz Sind wird von den Arabern erobert.

714. Die ausländischen Kaufleute, die den Handel mit Indien und dem muslimischen Reich sichern, erhalten das Recht, sich in Kanton niederzulassen.

720–755. Bau des Shivatempels Kailasa d'Ellora (Maharashtra), ein Meisterwerk der indischen Steinbildkunst.

743. Errichtung des Todai-ji in Nara und eines großen Buddhabildnisses aus Bronze.

745. Die Uiguren nehmen an der Spitze des mongolischen Reiches den Platz der Tujue-Türken ein.

Mitte des 8. Jh. In China Auftreten von durch Xylographie gedruckten Texten, wobei graviertes Holz verwendet wird.

um 750. Beginn der Ausbreitung des Nanzhao, des größten tibetobirmanischen Fürstentums, das sich bis zu den Grenzen Chinas und Birmas entwickelt.

751. Am Fluß Talas nahe dem heutigen Alma Ata werden die chinesischen Truppen von den Arabern besiegt, die seit 705 in Mittelasien vorrücken.

755. Die Rashtrakuta-Dynastie löst die der Calukya in Maharashtra (Indien) ab. Aufstand des Feldherrn An Lushan in Henan (China).

756. In China nimmt An Lushan Chang'an ein und stürzt den Kaiser Tang Xuanzong.

763. Ende des Aufstandes von An Lushan. Die Tibeter erobern Chang'an, und nach ihrem Rückzug stellt Kaiser Tang Suzong die Autorität der Tang wieder her.

um 770. Wirken von Dharmapala, der über Bengalen herrscht und sein Reich bis zum Kanauj ausdehnt. Er gründet zahlreiche buddhistische Klöster.

791. Inschrift, mit der das Eindringen des Buddhismus des Großen Fahrzeugs in Kambodscha bezeugt wird.

794. Der Kaiser Kammu-tenno gründet Heian (heute Kyoto), die neue Hauptstadt Japans, die nach dem Schachbrettplan von Chang'an, der Tang-Hauptstadt, gebaut wurde.

AFRIKA

8. Jh. Kulturen, die auf der Kupfer- und Eisenbearbeitung in der Region von Sanga (Sambia) und in Shaba (Zaire) beruhen. Entwicklung des Reiches Gana (im Sahel zwischen den Flüssen Niger und Senegal). Die Araber besetzen die Küste Äthiopiens.

700–710. Die Araber erobern Marokko. Ganz Nordafrika gehört nun zum muslimischen Einflußbereich und wird von omaijadischen Gouverneuren regiert.

732. Gründung der Moschee al-Zaytuna in Tunis.

739–740. Aufstand der Maghreb-Berber gegen die arabische Herrschaft.

um 740. An der Ostküste Afrikas lassen sich Muslime nieder.

761. Gründung des rustemidischen Königreiches von Tahert durch einen Charidjiter persischen Ursprungs (zentrales Maghreb-Gebiet).

789. Gründung der Dynastie der Idrisiden in Marokko durch Idris I., der der Ermordung seiner Familie durch die Abbasiden entgeht.

AMERIKA

700–1100. Pueblo-Phase der Anasazi-Kultur; Auftauchen von Dörfern mit rechteckigen Häusern und Steinmauern; zeremonielle Kivas.

HARUN AR-RASCHID UND *TAUSENDUNDEINE NACHT*

Das Bagdad der Abbasidenkalifen ist der Hintergrund der Märchen von *Tausendundeine Nacht,* die ab dem 9. Jh. auf indischer und persischer Grundlage entstanden, ergänzt durch Erzählungen aus dem Kairo der Fatimidenzeit. Der Franzose Antoine Galland hat Anfang des 18. Jh. dem Westen *Tausendundeine Nacht* nahegebracht. Ihre sagenhaften Erzählungen schildern das Bild des prunkvollen Herrschers Harun ar-Raschid und seines Wesirs, des Barmakiden Djafar.

Harun ar-Raschid war jedoch weit davon entfernt, ein großer Herrscher zu sein. Obwohl es durch die Handelsbeziehungen bis nach China möglich war, den Luxus und das Mäzenatentum des Hofes zu entwickeln, kennzeichnet seine Regierung in Wirklichkeit den Beginn des Untergangs des islamischen Reiches. Harun ar-Raschid, der mit 20 Jahren Kalif wurde, ließ zunächst die Barmakidenwesire Yahya ibn Chalid und seine beiden Söhne al-Fadl und Djafar große Macht erlangen. Dann, als er selbst seine Aufgaben als Oberhaupt der muslimischen Gemeinschaft wahrnahm und Pilgerfahrten nach Mekka und die Feldzüge gegen die Byzantiner leitete, mißtraute er der Macht der Barmakiden, und sie fielen 803 in Ungnade. Trotz seines schlechten Gesundheitszustandes zog er mit seinen beiden Söhnen aus, um den Aufstand niederzuschlagen, der in Ostpersien ausgebrochen war, und starb während dieses Feldzuges (809 in Tus).

▲ · **Harun ar-Raschid** als junger bewaffneter Mann dargestellt. (Miniatur von Behzad, 16. Jh., Nationalbibliothek Paris)

CHRONOLOGIE DER WELTGESCHICHTE

800 bis 900

EUROPA

800. Krönung Karls des Großen in Rom durch Papst Leo III.

814. Tod Karls des Großen in Aachen. Ludwig I., der Fromme, wird sein Nachfolger.

826–830. Erste Missionsreisen Ansgars nach Dänemark und Schweden.

827. Beginn der Eroberung Siziliens durch die Aghlabiden, einer Dynastie Nordafrikas.

834–841. Die Normannen beginnen, sich in Friesland niederzulassen.

840. Tod von Ludwig dem Frommen.

842–847. Enzyklopädie *De rerum naturis* von Hrabanus Maurus, Abt in Fulda.

843. Teilung des karolingischen Reiches im Vertrag von Verdun: *Francia occidentalis* (zukünftiges Frankreich) geht an Karl den Kahlen, *Francia orientalis* (zukünftiges Deutschland) an Ludwig den Deutschen, Lotharingia (Gebiete an Maas, Mosel und Rhône) an Lothar.

845. Die Normannen plündern Paris, das sie erst nach Entrichtung eines Tributs *(danegeld)* verlassen.

846. Die Araber plündern Sankt Peter in Rom.

852. Einrichtung der Leostadt (Vatikan) durch Papst Leo IV.

um 862. Gründung Nowgorods durch die Waräger unter Rurik.

um 863. Beginn der Missionsreise von Cyrillos und Methodios bei den Slaven im Großmährischen Reich.

864. Der Fürst der Bulgaren, Boris I., tritt zum Christentum über.

866. Alfons III., der Große, wird König von Asturien und Leon.

um 872. Harald Schönhaar vereint zum ersten Mal Norwegen.

877. Das Kapitular von Quierzy. Karl der Kahle erlaubt die Vererbung der Lehngüter, der Abgaben und der Lehnsherrnwürden.

878. Nach seinem Sieg bei Edington über die Wikinger wird Alfred der Große, seit 871 König von Wessex, als König der Angelsachsen anerkannt.

882. Der Waräger Oleg läßt sich in Kiew nieder, das zur Hauptstadt des ersten russischen Reiches wird.

887. Ende des Karolingerreichs, das Karl III. (der Dicke), 881 zum Kaiser gekrönt, 884 wiedervereint hatte.

896. Die Ungarn überqueren die Karpaten und beginnen, sich in der Donauebene niederzulassen.

898. Karl III. (der Einfältige) wird König von Frankreich. Er ist Nachfolger von Odo, dem ältesten Sohn von Robert dem Starken, der die Gegendynastie der Robertianer zu den Karolingern begründet hat.

MITTLERER UND NAHER OSTEN

806. Harun ar-Raschid besiegt den byzantinischen Kaiser Nikephoros und verpflichtet ihn, auf die Tributabgabe zu verzichten.

809. Tod von Harun ar-Raschid. Konflikte zwischen seinen Söhnen.

813. Beginn der Herrschaft von Leon V., des Armeniers, der den Bilderstreit wieder aufleben läßt.

820. Ermordung des byzantinischen Kaisers Leon V. Michael II. gründet die amorische Dynastie.

832. Der Kalif Al-Mamun gründet das ›Haus der Weisheit‹ in Bagdad. Übersetzungen griechischer Werke der Philosophie, Medizin, Astronomie und Mathematik.

836. Die abbasidische Hauptstadt wird nach Samarra verlegt, wo die Wache des Kalifen aus türkischen Söldnern ihren Sitz hat.

838. Der Kalif Mutassim nimmt den Byzantinern Ancyra (heute Ankara).

843. Ende des Bilderstreits. Endgültige Durchsetzung der Bilderverehrung in der Ostkirche.

863. Papst Nikolaus I. setzt den Patriarchen von Konstantinopel, Photios, der vom Kaiser unterstützt wird, ab.

867. Ermordung des byzantinischen Kaisers Michael III. durch Basileios I., der die makedonische Dynastie gründet. Diese Dynastie führt einen siegreichen Gegenangriff in Kleinasien durch. Photios läßt den Papst durch ein Konzil in Konstantinopel absetzen.

868. Achmed ibn Tulun gründet eine Dynastie autonomer Regenten in Ägypten, die Tuluniden.

869–883. Aufstand der schwarzen Sklaven (zandj) im Süden Iraks.

870. Wiederherstellung der Einheit zwischen Konstantinopel und Rom.

874. Abgang von Mohammed al-Mahdi, dem zwölften Imam der Zwölferschiiten. Gründung der persischen Dynastie der Samaniden in Transoxanien, der ehemaligen Gouverneure der Abbasiden, die unabhängig werden.

885. Die Byzantiner besetzen die Städte Süditaliens.

886. Beginn der Herrschaft des byzantinischen Kaisers Leon VI., des Weisen.

892. Bagdad ist erneut die Hauptstadt der Abbasiden.

893. Die saiditischen Imame, die ein gemäßigtes Schiitentum predigen, gründen im Jemen eine eigenständige Dynastie.

896. Sieg des Bulgarenfürsten Simeon I., des Großen, über die Byzantiner.

KRÖNUNG KARLS DES GROSSEN

Am Weihnachtstag des Jahres 800 krönte Papst Leo III. Karl den Großen zum Kaiser des Westreiches. So wurde mehr als drei Jahrhunderte nach dem Fall Roms das Reich für einen fränkischen König wiederhergestellt. Das Papsttum wendete sich vom Osten und den Byzantinern ab und verband sein Schicksal mit dem Karolingerreich. Dieses Reich, das Nordgallien und Germanien umfaßte, hatte Feldzüge zum Schutz gegen die Mauren in Spanien, die Slawen im Süden und die Awaren organisiert. Es war somit in seinen Gebieten fest verankert. Es wurde von den Karolingern regiert, die durch einen von Pippin dem Jüngeren besiegelten Bund mit der Kirche verbunden waren. Karl der Große schrieb unter dem Einfluß des angelsächsigen Mönches Alkuin 796 an Leo III.: ›Es ist unsere Aufgabe, überall außerhalb der christlichen Kirche die Verteidigung gegen Angriffe von Heiden und Raubzüge von Abtrünnigen zu sichern und innerhalb der Kirche darauf zu achten, daß der christliche Glaube anerkannt wird.‹ Die Krönung im Jahr 800 verstärkte noch den Bund mit der Kirche. Karl der Große verschmolz den weltlichen und den geistlichen Bereich, die Gesetze des Reiches und die religiösen Vorschriften. Er ließ seine Untertanen auf Reliquien oder das Evangelium schwören.

▲ **Krönung Karls des Großen.** *(Miniatur der ›Grandes Chroniques de France‹ von Jean Fouquet, um 1460)*

CHRONOLOGIE DER WELTGESCHICHTE

ASIEN

9. Jh. In Nordindien geht der Kampf zwischen den Dynastien Rashtrakuta, Pratihara und Pala über das gesamte Jahrhundert weiter. In Java vertreibt die buddhistische Dynastie der Sailendra die hinduistischen Duodezfürsten.

um 800. Bau des großen buddhistischen Bauwerks von Borobudur in Java.

802–836. Herrschaft von Jayawarman II. in Kambodscha. Er führt den Kult des Gottkönigs ein und errichtet seine Hauptstadt nahe bei Angkor.

Erste Hälfte des 9. Jh. Einführung des ›fliegenden Geldes‹ (Papiergeld) in China.

842–845. In China werden fremde Religionen, besonders der Buddhismus, verboten.

um 849. Gründung des birmanischen Königreichs Pagan.

858. Beginn der Herrschaft der Fujiwara-Familie in Japan. Ihre Mitglieder verleihen sich den Titel eines Regenten und sind die eigentlichen Machthaber.

860. Die Armeen des Nanzhao erobern das Delta des Roten Flusses (Vietnam).

868. Druck des ältesten noch erhaltenen buddhistischen Buches.

881. Plünderung von Chang'an, der Hauptstadt der Tang, durch Räuber und Aufständische, die sich ab 874 in Banden organisiert haben.

885. Die Tang-Kaiser geben Chang'an auf und richten ihre Hauptstadt in Luoyang ein. Ab dieser Zeit verlieren sie die wirkliche Macht in China.

889. Beginn der Herrschaft von Yasovarman I., der in Angkor eine brahmanische Stadt bauen und große Wasseranlagen ausführen läßt (die eher heiligen als nützlichen Charakter haben).

Ende des 9. Jh. Untergang der Pallava-Dynastie, die im Süden des Dekhan regierte (Tamil Nadu), und Beginn der Ausbreitung der Cola-Dynastie, ausgehend von Thandjavur.

∧ · **Bug eines Schiffes aus dem 9. Jh.**, das in einem Grabhügel in Oseberg gefunden wurde.
(Museum der Wikingerschiffe in Bygdøy, Oslo)

AFRIKA

9. Jh. Beginn des Königreichs Kanem östlich des Tschadsees.

800. Gründung der Aghlabiden-Dynastie, die in Ifriqiya herrscht und Kairouan als Hauptstadt hat; sie beginnt die Eroberung Siziliens.

9.–11. Jh. Ansiedlung von Arabern und Persern an der Küste Ostafrikas und auf Sansibar.

AMERIKA

um 850. Die Tolteken aus dem Norden lassen sich auf der zentralen Hochebene Mexikos nieder.

WIE FUHREN DIE WIKINGER ZUR SEE?

Das Wort ›Drache‹, das die skandinavischen Schiffe bezeichnet, kommt von *drakar*. Ein großes Kriegsschiff mit einem von einem Drachenkopf geschmückten Bug hieß ebenfalls ›drakar‹. Die Wikinger verwendeten zwei verschiedene Schiffstypen: die langen und gestreckten Kriegsschiffe und die rundlicheren Handelsschiffe. Sie bewegten sich mit Rudern oder mit dem Segel vorwärts. Ihre leichten Schiffe mit geringem Tiefgang und eher niederer Bordwand wurden bequem ans Ufer gezogen; Krieger und Pferde konnten so leicht aus- und einsteigen.

Wie konnten sie ohne Kompaß, Sextant und Seekarte navigieren? Wie konnten die Wikinger den Ozean von Norwegen bis Island und Grönland überqueren?

Wenn ein Schiff auslief, nahm es einen ›Orientierer‹ an Bord. Dieser hatte Kenntnisse über die Strömungen, die Untiefen und die zu fahrenden Routen. Solche Angaben wurden im 9. Jh. von Adam von Bremen und Alfred dem Großen festgehalten, deren Schriften uns erhalten sind. Darüber hinaus ist man in der Schiffahrtsgeschichte heute der Ansicht, gestützt durch verschiedene archäologische Entdeckungen und das Studium der Sagas, daß die Wikinger ihre Position ermitteln konnten. Bei klarem Wetter mußten sie den azimutalen Peilungskreis einsetzen, den Vorläufer des neuzeitlichen Theodoliten (diese Annahme beruht auf einer archäologischen Entdeckung aus dem Jahr 1948 in einer Abtei des Unarteq-Fjords in Grönland). Bei bedecktem Himmel behalfen sie sich mit dem Sonnenstein oder einem Stein aus Islandspat.

CHRONOLOGIE DER WELTGESCHICHTE

900 bis 1000

EUROPA

Erstes Viertel des 10. Jh. Zahlreiche Raubzüge der Ungarn in Italien und Germanien.

902–908. Die Ungarn vernichten das slawische Großmährische Reich (Tschechoslowakei).

910. Der angelsächsische König Eduard der Ältere drängt die Dänen von Merzia zurück.

911. Tod Ludwigs III. (oder IV.), des Kindes, des letzten Karolingers in Germanien. Karl III., der Einfältige, tritt dem Normannenherrscher Rollo das Gebiet um die Mündung der Seine ab (Vertrag von Saint-Clair-sur-Epte).

913. Simeon I., der Große, dringt nach Konstantinopel vor und läßt sich zum Kaiser der Bulgaren krönen.

919. Heinrich I., der Vogelfänger, der Herzog von Sachsen, wird zum deutschen König gewählt.

929. Abd ar-Rahman III., Emir von Córdoba, ernennt sich zum Kalifen; er unternimmt Feldzüge nach Nordafrika, um dort seine Autorität anerkennen zu lassen.

Ludwig IV., der Überseeische, Sohn Karls des Einfältigen, wird König von Frankreich. Otto I., Sohn Heinrichs I., wird deutscher König.

940. Beginn der Herrschaft von Harald Blåtand, des ersten Königs von Dänemark, der das Christentum annimmt.

955. Otto I. vernichtet die Ungarn auf dem Lechfeld.

961. Otto I. entthront den König von Italien, Berengar II.

961–963. Athanasius gründet als erstes Kloster auf dem Berg Athos die *Große Lavra*.

962. Otto I. wird in Rom zum Kaiser gekrönt und schafft das Heilige Römische Reich Deutscher Nation.

966. Richard I. der Normandie gründet die Abtei des Mont-Saint-Michel, die er den Benediktinern übergibt. Mieszko I. läßt sich taufen und läßt Polen dem römischen Christentum beitreten.

969. Der Großfürst von Kiew, Swjatoslaw, vernichtet das Chasarenreich.

970–971. Swjatoslaw, der Bulgarien 967 erobert hatte, wird von den Byzantinern vertrieben.

973. Otto II. wird Nachfolger seines Vaters, Ottos I.

982. Otto II. wird im Kampf gegen die Muslime am Kap Colonne (Kalabrien) besiegt.

987. Wahl und Krönung von Hugo Capet, des Gründers der Dynastie der Karpetinger.

988. Der Großfürst von Kiew, Wladimir der Große, läßt seine Untertanen taufen.

996. Robert II., der Fromme, wird nach Hugo Capet König von Frankreich.

MITTLERER UND NAHER OSTEN

905. Ende der Tuluniden-Dynastie in Ägypten.

927. Nach dem Tod Simeons I., des Großen, schließen die Byzantiner mit den Bulgaren Frieden.

930. Die Karmaten, eine gegen die abbasidischen Kalifen aufständische ismaelitische Sekte, bemächtigen sich des schwarzen Steins von Mekka, den sie erst zwanzig Jahre später zurückgeben.

945. Der abbasidische Kalif übergibt die wirkliche Macht dem persischen Schiiten-Emir der Dynastie der Bujiden (oder Buvajiden), die über hundert Jahre in Bagdad herrschen.
Beginn der Alleinherrschaft von Konstantin VII. Porphyrogenetes, der durch den Schutz der Künste und der Literatur und durch seine eigenen literarischen Werke zum Glanz des byzantinischen Reiches beiträgt.

Zweite Hälfte des 10. Jh. Der Dichter Ferdausi (Firdosi) schreibt das *Buch der Könige (Schah-Name),* das nationale iranische Epos.

959. Romanos II. wird Nachfolger von Konstantin VII. Porphyrogenetes.

962. Gründung der türkischen muslimischen Dynastie der Ghasnawiden in Ghazni (Afghanistan) durch Alp-Tegin.

963. Nikephoros Phokas, der Anführer der byzantinischen Offensive gegen die Araber, denen er Aleppo abgenommen hat, besetzt den Thron.

969. Nikephoros Phokas erobert Zypern zurück. Johannes I. Tzimiskes ermordet ihn und ergreift die Macht. Der fatimidische Kalif Al-Muiss erobert Ägypten, Palästina und Syrien.

973. Al-Muiss richtet die fatimidische Hauptstadt in Kairo ein und gründet die Universität Al-Azhar.

975–996. Herrschaft des Fatimiden-Kalifen Al-Asis, der den Christen und Juden gegenüber besonders tolerant ist, in Ägypten. Er kämpft in Syrien, um seine Macht zu Lasten der Abbasiden und der Byzantiner auszuweiten.

976. Beginn der Herrschaft von Basileios II., dem berühmtesten Herrscher der makedonischen Dynastie, unter dem das byzantinische Reich seine Blütezeit erlebt.

987–989. Aufstand von Bardas Skleros und Bardas Phokas, die sich das byzantinische Reich teilen (Kleinasien und europäische Provinzen). Mit Hilfe des russischen Fürsten Wladimirs des Großen stellt Basileios II. seine Macht wieder her.

999. Beginn der Herrschaft von Mahmud von Ghazni, unter dem die Ghasnawiden-Dynastie den größten Teil Persiens beherrscht und ihre Blütezeit erlebt.

OTTO WIRD ZUM KAISER GEKRÖNT

Am 2. Februar 962 wurde der Sachse Otto I. in der Peterskirche in Rom von Papst Johannes XII. zum *imperator augustus* gekrönt. So wurde das Heilige Römische Reich Deutscher Nation gegründet, das erst 1806 untergehen sollte. Johannes XII., ein unfähiger junger Mann mit ausschweifendem Lebenswandel, suchte einen Beschützer und glaubte, ihn in dem deutschen König Otto gefunden zu haben, der Italien unterworfen und die Ungarn besiegt hatte. Aber Otto übernahm auch die Herrschaft über Rom, und setzte Johannes XII. ab.

Diese zweite Wiederherstellung des Imperiums hatte viel weitergehende Auswirkungen als die Krönung Karls des Großen: Der Kaiser stellte das Papsttum unter seinen Schutz; die Beziehungen zwischen Byzanz und dem Westen waren wiederhergestellt; Italien war nun an Deutschland gebunden; die Kaiserwürde stellte den deutschen König über die anderen Herrscher im Westen.

⌃ · **Otto I. und seine Gattin Edith.**
Darstellung aus der Kathedrale von Magdeburg (wohl um 1245).

CHRONOLOGIE DER WELTGESCHICHTE

ASIEN

907. Der erste Tang-Kaiser tritt die Macht an Zhu-Quanzhong, den Gründer der Dynastie der Liang in Kaifeng, ab. Beginn einer Periode der Zersplitterung in China, der sog. Periode der Fünf Dynastien (907–960).

907–953. König Parantaka aus der Cola-Dynastie weitet seine Macht in Südindien aus.

923–936. In China Dynastie der späteren Tang, die die Hauptstadt von Kaifeng nach Luoyang verlegen.

932–952. Xylographischer Druck der klassischen Texte der chinesischen Antike.

935. Das Königreich Silla wird vom Reich Koryo annektiert, das Korea vereint.

936–946. In China die Dynastie der späteren Jin in Kaifeng. Sie wird von den Kitan gestürzt.

939. Vietnam macht sich von der chinesischen Herrschaft unabhängig.

940. In Japan beginnt der Kampf, in dem sich mehr als zwei Jahrhunderte lang die rivalisierenden Klans Taira und Minamoto gegenüberstehen.

944. Beginn der Herrschaft der Rajendravarman in Kambodscha, die militärische Feldzüge gegen Champa unternimmt.

947. Die Kitan, türkische Mongolen in Nordchina seit dem 4. Jh., gründen dort die Liao-Dynastie, während die späteren Han Kaifeng bis 950 halten.

951–960. Dynastie der späteren Zhou in Kaifeng.

960. Der Feldherr Zhao Kuangyin gründet die Sung-Dynastie, die China, außer dem Norden, der unter der Herrschaft der Liao bleibt, wiedervereint.

Letztes Drittel des 10. Jh. Die Fujiwara haben in Japan die ausschließliche Herrschaft.

973. Gründung der Dynastie der östlichen Calukya im Süden des Dekhan.

Ende des 10. Jh. Die Monarchie von Anuradhapura in Ceylon (Sri Lanka) wird von König Rajaraja aus der indischen Cola-Dynastie gestürzt.

AFRIKA

10. Jh. Blütezeit der Saokultur südlich des Tschadsees. Niederlassung der Somal an der Küste der Ostspitze Afrikas (Somalia).

10.–11. Jh. Gründung des Reiches Mali.

909–910. Gründung der schiitischen ismaelitischen fatimidischen Dynastie von Ubayd Allah al-Mahdi, der in Kairouan zum Kalifen aller Muslime ausgerufen wird.

911. Zerstörung des rustemidischen Königreiches von Tahert durch die Fatimiden.

920. Die Fatimiden nehmen den Idrisiden Fès ab.

931. Abd ar-Rahman III., Kalif von Córdoba, nimmt Ceuta ein, versucht, die Fatimiden aus Nordafrika zu vertreiben und läßt seine Autorität von den Fürsten Marokkos und des zentralen Maghreb anerkennen.

958–959. Nach der fatimidischen Gegenoffensive behält Abd ar-Rahman III. in Nordafrika nur Ceuta und Tanger.

972. Gründung der Siriden-Dynastie, die Ifriqiya im Namen der Fatimiden regiert, die sich in Ägypten niedergelassen haben.

AMERIKA

900–1200. Die Maya unterliegen dem toltekischen Einfluß; Blütezeit der Städte Chichén Itzá und Uxmal.

950–1200. Mimbres-Phase der Mogollonkultur (im Südwesten Neu-Mexikos); zu Dörfern gruppierte Häuser aus luftgetrockneten Ziegeln (Adobe); Bestattung der Toten mit Totengaben (Töpferwaren) im Keller der Häuser.

968. Gründung von Tollan (heute Tula), der Hauptstadt der Tolteken; monumentale Bildhauerei: Giganten, Chac-Mool.

986. Der norwegische Kundschafter Erik der Rote gründet eine Wikingerkolonie an der Südwestküste Grönlands.

CÓRDOBA

Das 711 von den Arabern besetzte Córdoba, die Hauptstadt der omaijadischen Emire und dann der Kalifen Spaniens, war eine ungeheuer reiche Stadt. Sie hatte riesige Gewinne aus dem Handel zwischen dem maurischen Spanien und Afrika sowie dem christlichen Europa. Die Stadt kaufte Gold aus dem Sudan, schwarze Sklaven und Gummi für die Bearbeitung von Seide gegen modischen Tand und Quecksilber zum Goldabbau. Sie ließ sich aus Osteuropa Pelze, slawische Sklaven und aus dem Karolingerreich Schwerter anliefern. Sie lieferte als Gegenleistung Luxusstoffe und Gold- und Silbermünzen. So konnte sie sich dem Luxus hingeben und die Lebensweise von Bagdad nachahmen. Die Gesellschaft Córdobas hatte Kristallgläser, Möbel mit gepolstertem und vergoldetem Leder sowie orientalische Bekleidung. Abd ar-Rahman II. (822–852) hatte eine Palastwerkstatt eingerichtet, die nur für den Hof arbeitete und äußerst kostbare Stoffe herstellte. Dieses orientalische ›Savoir vivre‹ erreichte den christlichen Westen durch das maurische Spanien.

Man muß nur an die Große Moschee erinnern, um den Gedanken an eine der prunkvollsten Städte des Islam im Mittelalter aufleben zu lassen. Nachdem sie 785–786 vom Emir Abd ar-Rahman I. begonnen und 833 vergrößert worden war, erlitt sie schwere Schäden beim Erdbeben von 880. Abd ar-Rahman III. (912–961), dessen Herrschaft die Blütezeit des Kalifats in Córdoba kennzeichnet und der damals Herrscher über Andalusien war, ließ sie in großartigem Stil wiederaufbauen. Sie ist eine der größten Moscheen der Welt mit mehr als 23 000 m² Fläche.

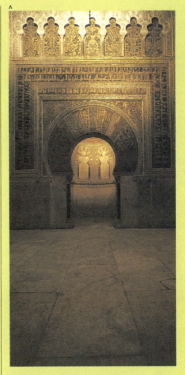

▲ · **Portal mit reichem Ornamentschmuck an der Großen Moschee von Córdoba.**

Diese Moschee, die in Europa von den Einflüssen des omaijadischen Syrien und des abbasidischen Irak zeugt, wird heute die ›Mezquita‹ genannt und hat ihrerseits den christlichen Westen beeinflußt.

CHRONOLOGIE DER WELTGESCHICHTE

1000 bis 1100

EUROPA

1000. Stephan I. läßt sich in Rom von Papst Sylvester II. zum König von Ungarn krönen.

1008. Taufe des schwedischen Königs Olaf Skötkonung, der die Christianisierung seines Reiches vorantreibt.

1014. Heinrich II., seit 1002 deutscher König, wird zum Kaiser geweiht.

1016. Knut I., der an der Seite seines Vaters, des Königs von Dänemark Sven, England zurückerobert hat, wird König von England.

1016–1028. Herrschaft von Olaf II. Haraldsson, der in Norwegen das Christentum durchsetzt.

1018. Nach der Niederlage Samuils durch Kaiser Basileios II. (1014) wird Bulgarien byzantinische Provinz.

1031. In Frankreich wird Heinrich I. Nachfolger seines Vaters Roberts II., des Frommen, der den Einfluß der Kapetinger ausgedehnt hat. Ende des Kalifats von Córdoba und Bildung kleiner islamischer Königreiche in Andalusien *(taifas)*, die sich untereinander bekämpfen.

1036. Jaroslaw I., der Weise, Großfürst von Kiew, besiegt die Petschenegen, ein in den Steppen zwischen Dnjepr und Donau ansässiges Turkvolk.

1042. Eduard der Bekenner stellt die angelsächsische Dynastie in England wieder her.

1056. Tod des deutschen Kaisers Heinrichs III., dessen Nachfolger sein Sohn Heinrich IV. wird.

1060. Philipp I. wird Nachfolger seines Vaters Heinrichs I. in Frankreich; er verbündet sich mit den Grafen von Anjou und Flandern gegen die Anglo-Normannen.

1066. Der Herzog der Normandie, Wilhelm der Eroberer, landet in England, siegt bei Hastings und läßt sich zum König von England krönen.

1072–1091. Die Normannen Robert Guiscard und Roger I. erobern ganz Sizilien von den Arabern zurück.

1076. Beginn des Investiturstreits zwischen der Kirche und dem Heiligen Römischen Reich Deutscher Nation; die Reichssynode in Worms setzt Papst Gregor VII. ab, während die Synode in Rom den Kaiser Heinrich IV. absetzt.

1077. Der deutsche Kaiser Heinrich IV. geht nach Canossa (Italien) und erhält die Absolution des Papstes. Er wird 1080 erneut exkommuniziert.

1086. Alfons VI., König von Kastilien, der Toledo den Mauren abgenommen hat, wird von den Almorawiden geschlagen, einer Berberdynastie, die Andalusien unter ihre Herrschaft bringt.

1096–1099. Erster Kreuzzug.

1097. Schaffung der Grafschaft Portugal durch Alfons VI. für Heinrich von Burgund.

MITTLERER UND NAHER OSTEN

1014. Basileios II. trägt einen entscheidenden Sieg über die Bulgaren davon.

1017. Der fatimidische Kalif Hakim stimmt der Ausrufung seiner eigenen Göttlichkeit zu; er wird von den Drusen verehrt.

1040. Die Seldschuken vertreiben die Ghasnawiden aus Khorasan (Ostiran).

1051. Die Seldschuken machen Isfahan zu ihrer Hauptstadt.

1054. Der Konflikt zwischen dem Patriarchen von Konstantinopel Michael Kerullarios und Papst Leo IX. führt zum endgültigen Bruch zwischen Ost- und Westkirche (Morgenländisches Schisma).

1055. Der Seldschuke Toghrul Beg erobert Bagdad, und der Kalif verleiht ihm den Sultanstitel.

1056. Ende der byzantinischen Dynastie der Makedonen.

1064. Die Seldschuken durchqueren Armenien und zerstören Ani.

1071. Der Seldschuke Alp Arslan nimmt den byzantinischen Kaiser Romanos IV. Diogenes in Malazgirt (Mantzikert) gefangen und öffnet somit den Türken Kleinasien.

1076. Die Seldschuken erobern Jerusalem von den Fatimiden.

1077. Gründung des Seldschuken-Sultanats Rum in Anatolien durch Sulaiman ibd Kutlumusch.

1080. Die Armenier wandern in großer Zahl nach Kilikien (Südwesten der Türkei) aus, wo sie den Staat Kleinarmenien gründen.

1081. Der Feldherr Alexios I. Komnenos gründet die Dynastie der Komnenen; er unterzeichnet einen Friedensvertrag mit den Seldschuken, deren Hauptstadt Nizäa wird.

1082. Alexios I. Komnenos ruft die Venezianer gegen die Normannen zu Hilfe und gewährt ihnen bedeutende Handelsprivilegien.

1096. Die Pilger des von Peter von Amiens und Walter Habenichts geführten ›Kreuzzuges des Volkes‹ werden in Kleinasien von den Türken geschlagen.

1097. Der ›Kreuzzug der Barone‹ gibt Nizäa, das er befreit hat, den Byzantinern zurück und besiegt die Türken bei Dorylaion.

1098. Die Kreuzritter erobern Edessa und Antiochia; entgegen ihren Versprechungen treten sie die Städte nicht an die Byzantiner ab, sondern gründen die Grafschaft Edessa (für Balduin I. von Boulogne) und das Fürstentum Antiochia (zugunsten von Bohemund I., dem ältesten Sohn von Robert Guiscard).

1099. Unter der Führung von Gottfried von Bouillon, der den Titel ›Vogt des Heiligen Grabes‹ annimmt, befreien die Kreuzritter Jerusalem.

BLÜTEZEIT VON BYZANZ

Unter der Dynastie der Makedonen (867–1057), die aus Makedonien stammte, aber armenischer Herkunft war, erreichte Byzanz den Höhepunkt seiner Macht. Niemals zuvor hatte sich die kaiserliche Autorität in solcher Stärke gezeigt: Der Kaiser war von Gott erwählt, er war das Oberhaupt der Verwaltung, der Kommandant des Heers, der oberste Richter und der Verteidiger der Kirche. Zu Beginn des 11. Jh. erlangten die Byzantiner erneut die Macht in Süditalien und in Armenien und vernichteten die Bulgaren. Nach dem Friedensschluß erlebte das Reich eine wirtschaftliche Blüte. Konstantinopel war die größte Industrie- und Handelsstadt der Erde. Die kaiserlichen (Gynäkeum) oder privaten Werkstätten brachten hochwertiges Kunsthandwerk hervor: Seide, Schmuck, liturgische Gefäße, Reliquienschreine und Leinentücher. Schließlich bildete die Universität von Konstantinopel, prunkvoller als je zuvor, die zukünftigen Männer des Gesetzes sowie die hohen weltlichen und geistlichen Würdenträger des Reiches aus.

▲ **Byzantinisches Mosaik.** Christus zwischen dem Kaiser Konstantin IX. Monomachos (1042 bis 1055) und der Kaiserin Zoë, der Tochter von Konstantin VIII. Unter ihrer Herrschaft kam es zum Schisma zwischen Rom und Byzanz. (Südliche Tribüne der Hagia Sophia, Konstantinopel)

CHRONOLOGIE DER WELTGESCHICHTE

ASIEN

1001–1027. Mahmud von Ghazni unternimmt zahlreiche Feldzüge und erobert große Teile des heutigen Pakistan.

um 1006. Gründung der Dynastie Hoysala in Mysore.

1010. Die Dynastie Ly kommt in Vietnam an die Macht.

1020. Korea kann die Kitan nicht mehr abwehren und erkennt ihre Oberhoheit an.

1021–1022. Rajendra aus der Cola-Dynastie zieht an der Ostküste Indiens bis nach Bengalen und erreicht das Gangestal.

1024. Erste staatliche Ausgabe des ›fliegenden Geldes‹ (Papiergeld) in China.

1025. Seeangriff Rajendras auf das Königreich von Shrivijaya in Südostasien.

1038. Das nordosttibetische Volk der Tanguten gründet das Reich Hsi-Hsia, das den Verkehr zwischen China und Innerasien kontrolliert.

1042. Der indische Buddhist Atisha, dessen Lehre die Grundlage für die Gründung der großen ›Lamasekten‹ in Tibet ist, kommt nach Lhasa.

1044. Friedensvertrag zwischen den Hsi-Hsia und den Song, die sich zur Lieferung eines jährlichen Tributes von Silber, Tee und Seidenwaren verpflichten.

1044–1077. Das birmanische Reich erlebt unter Anoratha, der die Mon unterwirft und ihre Hauptstadt erobert, seine Blütezeit.

1069–1085. Wang Anshi (Wang Ngan-che) veranlaßt die Song zur Annahme von Steuer-, Verwaltungs- und Militärreformen und organisiert die Einstellungswettbewerbe für den Staatsdienst neu.

1070. Der singhalesische Fürst Vijayabahu befreit Ceylon (Sri Lanka) von der Herrschaft der Cola.

1090. Erster nachgewiesener Gebrauch des Kompasses auf chinesischen Schiffen.

AFRIKA

11. Jh. Der König von Kanem tritt zum Islam über. Bau von Steingebäuden in Simbabwe. Erste Bronzeköpfe von Ife, dem geistlichen Zentrum der Joruba (Nigeria).

1015. Die Hammadiden gründen im zentralen Maghreb (Algerien) eine eigenständige Dynastie.

um 1050. Verwüstung der Provinz Ifrikija (Tunesien) durch die Banu Hilal.

1051–1052. Die Ziriden machen sich von den Fatimiden in Kairo unabhängig.

1061. Gründung der Dynastie der Almoraviden, hervorgegangen aus einem kriegerischen Missionsorden, der die Berberstämme am Senegal islamisierte.

1077–1078. Die Almoraviden erobern Ghana und führen den Islam ein.

1091. Die Hammadiden ziehen sich an die Küste zurück und machen Bougie (Bejaïa) zu ihrer Hauptstadt.

AMERIKA UND OZEANIEN

um 1000. Die Tolteken dringen in das Mayagebiet von Yucatán ein. Leif Eriksson entdeckt Nordamerika.

1000–1200. Polynesier beginnen, das östliche Mikronesien zu besiedeln.

1064–1065. Der Ausbruch des Sunset Crater (Arizona), der 1930 zum Nationaldenkmal erklärt wird, hat die Urbarmachung des Gebietes und die Neuansiedlung verschiedener Volksgruppen, darunter der Puebloindianer, zur Folge.

DIE CHINESISCHE ›RENAISSANCE‹

Die chinesische Elite des 11. Jh. war von der der Tang-Epoche ebenso verschieden wie der Mensch der Renaissance von dem des Mittelalters. Eine neue Wißbegier trieb sie dazu, sich in allen Bereichen einzusetzen: Künste, Medizin, Astronomie und Mathematik. Der Buddhismus verlor an Einfluß, und die Philosophen legten die Grundlagen des modernen chinesischen Denkens, des Neukonfuzianismus, der das Reich bis Anfang des 20. Jh. beherrschen sollte. Die Auswahl der Beamten war streng an die Ergebnisse von Staatsprüfungen gebunden. Den Erwerbern des Doktortitels standen glänzende Karrieren bevor. Der Titel des ›Gebildeten‹ war sehr begehrt.

Der kulturelle Aufschwung wurde durch die Verbreitung des Druckens gefördert. Die Xylographie, also die Verwendung geschnitzter Buchstaben für den Druck, war im 10.–11. Jh. in den chinesischen Handelsstädten allgemein üblich geworden. Ab den 1040er Jahren wurden bewegliche Buchstaben entwickelt. Jedoch hatte diese Erfindung, die im Westen erst drei Jahrhunderte später von Gutenberg gemacht wurde, in China nicht die gleiche bahnbrechende Wirkung wie in Europa. Die Xylographie, die besser für die Vervielfältigung der sehr zahlreichen chinesischen Buchstaben geeignet ist, spielte in der chinesischen Druckerei bis ins 19. Jh. eine vorherrschende Rolle.

A · **Su Shi,** auch Su Dongpo oder Sou Tong-pó genannt (1036 bis 1101). Konfuzianischer chinesischer Schriftgelehrter, Dichter taoistischen Einschlags und vom Zen-Buddhismus beeinflußter Maler, Kalligraph; er beherrscht alle literarischen Gattungen. Berühmter Vertreter und eine der schillerndsten Persönlichkeiten der chinesischen ›Renaissance‹. (Shohaku Soga zugeschriebenes Portrait, japanische Schule, 18. Jh.)

CHRONOLOGIE DER WELTGESCHICHTE

1100 bis 1200

EUROPA

12. Jh. Blütezeit des Fürstentums Wladimir-Susdal, das seit dem 10. Jh. ein Randgebiet des Kiewer Reiches bildet, wo Siedler auf der Flucht vor Angriffen von Steppennomaden in den südlichen Gebieten einströmen.

1108. Ludwig VI., der Dicke, folgt Philipp I. auf dem französischen Thron.

1122. Versöhnung zwischen Papst Kalixt II. und Kaiser Heinrich V. und Unterzeichnung des Wormser Konkordats, das den Investiturstreit beendet.

1137. Ludwig VII., der Junge, Nachfolger von Ludwig VI., dem Dicken, heiratet Eleonore von Aquitanien.

1138. Konrad III. von Hohenstaufen wird deutscher König.

1139. Alfons I., der Eroberer, wird nach seinem Sieg über die Mauren König von Portugal.

1146. Bernhard von Clairvaux ruft zum zweiten Kreuzzug auf.

1147. Konrad III. und Ludwig VII. nehmen am zweiten Kreuzzug teil.

1152. Wiederverheiratung von Eleonore von Aquitanien mit Heinrich Plantagenet. Friedrich I. Barbarossa wird deutscher König.

1154. Beginn des Kampfes zwischen Sacerdotium und Imperium, der etwa ein Jahrhundert lang die Kirchenautorität (Sacerdotium) gegen die weltliche Autorität (Imperium) stellt. Heinrich II. Plantagenet wird König von England und fügt dem englischen Gebiet Aquitanien hinzu, das Eleonore als Mitgift einbrachte.

1163. Beginn des Baus von Notre-Dame in Paris.

1169. Der Fürst von Wladimir, Andrej Bogoljubskij, erobert Kiew und legt den Grund für die Vorherrschaft Wladimirs über die anderen russischen Fürstentümer.

1175. Heinrich II. Plantagenet läßt seine Lehnshoheit über Irland anerkennen.

1180. Philipp II. August folgt auf Ludwig VII.

1189. Richard I. Löwenherz wird Nachfolger von Heinrich II. Plantagenet.

1189–1192. Dritter Kreuzzug unter Führung von Kaiser Friedrich I., an dem Philipp August und Richard Löwenherz teilnehmen.

1194. Sizilien kommt zum Haus Hohenstaufen; Heinrich IV., der 1190 Nachfolger seines Vaters Friedrich I. Barbarossa geworden war, wird König von Sizilien.

1195. Die Almohaden, die Beherrscher von Nordafrika und Andalusien, siegen bei Alarcos über Alfons VIII. von Kastilien und León.

1199. Johann ohne Land wird Nachfolger von Richard I. Löwenherz.

MITTLERER UND NAHER OSTEN

1100–1118. Balduin I., König von Jerusalem, vergrößert sein Reich durch die Einnahme von Akko, Beirut und Sidon.

1109. Bertrand de Saint-Gilles nimmt Tripolis (Libanon) ein, das zum Zentrum der Grafschaft Tripoli wird.

1118–1143. Herrschaft des byzantinischen Kaisers Johannes II. Komnenos.

1119. Gründung des Templerordens in Jerusalem.

1122. Die Byzantiner vernichten die Petschenegen endgültig.

1127. Imad al-Din Zangi gründet in Mosul (Irak) die Dynastie der Zangiden, die in einem großen Teil Syriens herrscht und gegen die lateinischen Staaten des Orients kämpft.

1143. Beginn der Herrschaft von Manuel Komnenos.

1144. Imad al-Din Zangi bemächtigt sich der Stadt und der Grafschaft Edessa.

1147–1149. Der zweite, zur Rückeroberung von Edessa organisierte Kreuzzug scheitert vor Damaskus.

1154. Nur al-Din Mahmud wird König von Damaskus.

1159. Nach der Unterwerfung von Kilikien-Kleinarmenien rückt Manuel Komnenos nach Antiochia vor, dessen Fürst Renaud von Châtillon seine Lehnshoheit anerkennen muß.

1166. Tod von Abd al-Qadir al-Djilani, des Gründers der Bruderschaft der Qadirijja in Bagdad, die noch heute eine der wichtigsten muslimischen Bruderschaften ist.

1171. Sultan Saladin stürzt den fatimidischen Kalifen von Kairo und gründet die Dynastie der Aijubiden.

1176. Manuel Komnenos wird vom Seldschukensultan Kilidsch-Arslan bei Myriokephalon besiegt.

1185. Ende der byzantinischen Dynastie der Komnenen. Isaak Angelos gründet die Dynastie der Angeloi.

1187. Saladin erobert Akko und Jerusalem zurück.

1189–1192. Dritter Kreuzzug. Richard Löwenherz erobert Zypern von Isaak Angelos und belagert anschließend Akko, dessen Kapitulation er erzwingt.

1192. Waffenstillstand zwischen Richard Löwenherz und Saladin; die Franken behalten die Küste von Tyrus bis Jaffa; Jerusalem bleibt unter islamischer Herrschaft, die Christen haben jedoch freien Zugang zu den heiligen Stätten.

1193. Tod von Saladin.

AUSTAUSCH ZWISCHEN ORIENT UND OKZIDENT

Die Folgen der Kreuzzüge betrafen alle Bereiche des politischen, wirtschaftlichen und kulturellen Lebens von Okzident und Orient. Die Kreuzzüge ermöglichten die Entstehung von lateinischen Staatsbildungen in der Levante sowie des Lateinischen Kaisertums auf dem Boden des Byzantinischen Reiches und verpflanzten damit feudalistische Gesellschaftsformen, die dem abendländischen Christentum angehörten, nach Syrien, Kleinasien und Griechenland. Die Kontakte zwischen diesen Staaten und den westlichen Reichen, die sie mit bewaffneten Pilgern versorgten, trugen zur Entwicklung des Handels über das Mittelmeer bei. Dies führte zu einem Aufschwung großer Handelsplätze wie Genua, Pisa, Venedig, Marseille, Montpellier oder Barcelona. Über diese Häfen kamen Gewürze, Seidenwaren und Baumwolle aus dem Osten und wurden Tücher westlicher Herkunft abtransportiert. Der Krak des Chevaliers, eine imposante Festung, die von den Hospitalitern in Syrien erbaut wurde, oder die vier Bronzepferde der Basilika San Marco in Venedig, die während des vierten Kreuzzuges in Konstantinopel erbeutet wurden, zeugen noch heute von dieser kulturellen Durchdringung.

Insgesamt gesehen, kam es jedoch durch den Kontakt miteinander weder in der islamischen Welt noch in der westlichen Christenheit zu tiefgreifenden Veränderungen in Kultur und Gesellschaft. Die Franken lebten in der Levante streng nach ihren Gewohnheiten, und die großen Handelsströme zwischen Orient und Okzident liefen über Spanien und Sizilien.

▲ · Der Krak des Chevaliers.
Zwischen Tartus und Homs gelegen, diente er der Verteidigung der Grafschaft Tripoli und gehörte den Hospitalitern, die sich dort 1142 niederließen. Die Festung besteht aus zwei Ringen mit Wohngebäuden, einer romanischen Kapelle und einer gotischen Galerie.

CHRONOLOGIE DER WELTGESCHICHTE

ASIEN

12. Jh. Untergang der Cola und Auftauchen der Hoysala in Indien.

1113–nach 1144. Herrschaft von Suryavarman II. und Blütezeit des Angkorreiches, das Siam umfaßt und bis Birma und zur malaiischen Halbinsel reicht.

1115. Die Dschurdschen, ein tungusischer Stammesverband, gründen die Dynastie Jin (Kin) in der Mandschurei.

1124. Die Jin verbünden sich mit den Song und vernichten das Reich der Liao; seit 1126 beherrschen sie Nordchina.

1127. Die von den Jin angegriffenen Song müssen ihre Hauptstadt Kaifeng verlassen und sich in den Süden zurückziehen.

1153–1186. Parakramabahu I. stellt die politische Einheit Ceylons (Sri Lanka) wieder her und gründet die neue Hauptstadt Polonaruwa.

1177. Die Cham zerstören Angkor.

1181. Beginn der Herrschaft von Jayavarman VII., der die Cham vertreibt und die letzte Blütezeit des Angkorreiches einleitet; als Anhänger des Buddhismus läßt er zahlreiche religiöse Stiftungen gründen.

1185. Zerstörung der Flotte der Taira bei Dannoura (Japan) und Ende des über einein-halb Jahrhunderte dauernden Kampfes zwischen den Taira und den Minamoto.

1186. Muhammad von Ghor erobert Lahore.

1192. Minamoto no Yoritomo, der eigentliche Herrscher Japans, erhält vom Kaiser den Titel eines Shogun; er setzt in allen Provinzen Militärgouverneure ein.

1193. Nach dem Sieg über die Rajputen nimmt Muhammad von Ghor Dehli ein, von wo aus die Ghuriden ihren Herrschaftsbereich weiter ausdehnen.

1199. Tod von Minamoto no Yoritomo und Beginn der Regentschaft der Hojo.

AFRIKA

12. Jh. Zagoué-Dynastie in Äthiopien. Entstehung des Sultanats Kilwa (Tansania), des arabischen Handelszentrums am Indischen Ozean.

1121. Der religiöse Reformator Mohammed ibn Tumart, der als der erwartete Mahdi (›der, welcher Gerechtigkeit und wahren Glauben walten läßt‹) verehrt wird, gründet die islamische Glaubenspartei der Almohaden.

um 1128. Abd al-Mumin wird Kalif der almohadischen Gemeinschaft.

1147. Abd al-Mumin erobert Marrakesch von den Almoraviden. Die Dynastie der Almohaden wird über ein Jahrhundert lang über Nordafrika und Spanien herrschen.

1152. Die Almohaden vernichten die Hammadiden von Bougie.

12.–13. Jh. Auftauchen der Königreiche von Oyo und Benin (Nigeria).

AMERIKA

um 1100. ›Große Pueblo-Phase‹ der Anasazikultur; Bau von stadtartigen Großsiedlungen (Mesa Verde, Colorado); Silber- und Türkisarbeiten.

um 1100–1220. Bau des Dorfes Wupatki (Arizona), das 1924 zum Nationaldenkmal erklärt wird.

12. Jh. Gründung des Inkareiches durch Manco Cápac I., den sagenhaften ersten Herrscher der Dynastie.

∧ · **Richard I. Löwenherz bei der Rückkehr vom dritten Kreuzzug.**

Mit dem Pilgergewand bekleidet, das ihm die Straffreiheit hätte sichern sollen, wird er verhaftet (Dez. 1192) und von Herzog Leopold von Österreich festgehalten, der ihn an Kaiser Heinrich VI. ausliefert. Nachdem er mehr als ein Jahr in Dürnstein gefangen war, zur Genugtuung seines eigenen Bruders Johann ohne Land, wird er schließlich nach Zahlung eines hohen Lösegeldes freigelassen.
(Miniatur eines bebilderten Manuskriptes von Piedro da Eboli: Liber ad honorem Augusti [1195–1197], Bürgerbibliothek Bern)

CHRONOLOGIE DER WELTGESCHICHTE

1200 bis 1300

EUROPA

1202–1204. Vierter Kreuzzug.

1205. Schaffung des Herzogtums Athen und des Fürstentums Achaia (Peloponnes) durch die Kreuzfahrer. Sieg des Zaren von Bulgarien Johannes II. Kalojan über Balduin I., den oströmischen Kaiser von Konstantinopel, der ihm fast ganz Thrakien abtritt.

1212. Friedrich II. von Hohenstaufen, seit 1197 König von Sizilien, wird zum deutschen König gewählt. Kastilien, Aragonien und Navarra siegen in der Schlacht bei Las Navas de Tolosa über die Mauren und vernichten die Armee der Almohaden.

1215. König Johann ohne Land gesteht den englischen Baronen die Magna Charta zu, die ihre Privilegien festlegt und die königliche Autorität einschränkt. Die Parteien der *Guelfen*, Anhänger von Otto IV. von Braunschweig und vom Papst, und der *Ghibellinen*, die Friedrich II. von Hohenstaufen unterstützen, treffen in Florenz aufeinander; die Kämpfe zwischen Guelfen und Ghibellinen dauern bis etwa 1330 an.

1217–1219. Fünfter Kreuzzug.

1226. Ludwig VIII. übernimmt die Leitung des Kreuzzuges gegen die Albigenser und stirbt auf der Heimreise; Ludwig IX. wird sein Nachfolger. Beginn der Kolonisation in Preußen durch den Deutschen Orden.

1228–1229. Sechster Kreuzzug.

1229. Ende des Kreuzzuges gegen die Albigenser und Anbindung des Languedoc an das Königreich Frankreich.

1238–1240. Die Mongolen verwüsten Rußland und unterwerfen die russischen Fürstentümer.

1241–1242. Die Mongolen unternehmen einen Raubzug durch Mitteleuropa (Polen, Ungarn) und erreichen die Adria.

1242. Alexander Newskij, der Fürst von Nowgorod, besiegt den Deutschen Orden und verhindert damit dessen weitere Ausbreitung in Rußland.

1248. Nach der Einnahme Sevillas durch Ferdinand III. besitzen die Mauren in Spanien nur noch das Königreich Granada.

1248–1250. Siebter Kreuzzug.

1250. Tod des deutschen Kaisers Friedrich II. und Beginn des großen Interregnums.

1266. Karl I. von Anjou wird König von Sizilien.

1270. Achter Kreuzzug; Ludwig IX. stirbt bei Tunis; Philipp III., der Kühne, wird sein Nachfolger.

1273. Rudolf I. von Habsburg wird zum deutschen König gewählt.

1278. Rudolf I. besiegt den König von Böhmen Ottokar II. und zwingt ihn zum Verzicht auf Österreich.

1281. Die Hansen (Bünde von Kaufleuten) aus Köln, Hamburg und Lübeck schließen sich zur deutschen Hanse zusammen.

1282. Der Aufstand der Bürger von Palermo gegen Karl I. von Neapel-Sizilien (›Sizilianische Vesper‹) führt zum Anschluß Siziliens an das Königreich Aragonien.

1285. Beginn der Herrschaft Philipps IV., des Schönen.

1291. Entstehung der Schweizer Eidgenossenschaft.

MITTLERER UND NAHER OSTEN

1204. Die Kreuzfahrer plündern Konstantinopel und gründen das Lateinische Kaiserreich. Venezianer und fränkische Barone teilen sich Thrakien, Makedonien und die Peloponnes (Achaia). Gründung der Kaiserreiche von Nizäa und Trapezunt sowie des Despotats Epirus.

1206–1216. Herrschaft Heinrichs von Flandern und Hennegau, der das Lateinische Kaiserreich von Konstantinopel vergrößert und festigt.

1219. Die Kreuzfahrer nehmen Damiette (Ägypten) ein, das sie 1221 den Arabern wieder überlassen müssen.

1220. Raubzug der Mongolen im Nordiran und Niederlage des Charism-Schahs.

1222–1254. Herrschaft von Johannes III. Vatatzes, der den Herrschaftsbereich Nizäas zu Lasten von Epirus und des Lateinischen Kaiserreichs erweitert.

1229. Vertrag zwischen Friedrich II. und dem Sultan von Ägypten, Malik al-Kamil, der ihm Jerusalem, Bethlehem und Nazareth zurückgibt.

1243. Die Mongolen besiegen die Rum-Seldschuken und begründen ihre Herrschaft in Anatolien.

1244. Die Türken erobern Jerusalem. Der siebte Kreuzzug versucht vergeblich, es zurückzuerobern.

1248–1250. Die Kreuzritter Ludwigs IX. erobern Damiette; der in Mansurah gefangengenommene König wird gegen die Rückgabe von Damiette freigelassen.

1250. Die Mamelucken (Militärsklaven) stürzen die Dynastie der Aijubiden und ergreifen in Ägypten die Macht.

1256–1265. Der Mongole Hülägü erobert den Iran und gründet die Dynastie der Ilkhane.

1258. Hülägü zerstört Bagdad. Ende des Kalifats der Abbasiden.

1260. Die Mongolen erobern Alep und Damaskus und werden dann von den Mamelucken in Ayn Djalut in Galiläa besiegt.

1261. Michael VIII. Palaiologos, Mitkaiser des Reiches von Nizäa, erobert Konstantinopel zurück und wird zum Kaiser gekrönt. Ende des Lateinischen Kaiserreiches und Wiederherstellung des Byzantinischen Reiches.

1268. Sultan Baybars I. erobert Antiochia, was zum achten Kreuzzug führt.

1282. Andronikos II. Palaiologos wird Nachfolger von Michael VIII.

1291. Die Mamelucken nehmen Akko ein; Ende der Präsenz der Franken in Palästina.

DAS STUDIUM IN FRANKREICH

Die Universität von Paris wurde Mitte des 13. Jh. eingerichtet. Sie bestand aus Fakultäten, die sich aus Schulen zusammensetzten, in denen die gleichen Fächer gelehrt wurden, und aus Nationen (›Frankreich‹, Normandie, Picardie, England), die die Studenten nach ihrem Geburtsland zusammenfaßten. Eine Schule war eine disziplinierte Gruppe von jungen Männern, die wie Mönche zusammenlebten. Der Unterricht umfaßte die sieben ›freien Künste‹: Grammatik, Rhetorik (Redeschulung), Dialektik (Gesprächsschulung), Arithmetik, Geometrie, Astronomie und Musik. Die Fakultät der Künste bereitete auf die höheren Fakultäten der Theologie, des Dekrets (Recht) und der Medizin vor.

Außerhalb von Paris gab es Universitäten mit weniger Studenten und geringerem Einzugsbereich. Montpellier besaß Fakultäten für Medizin, Künste und Recht, Toulouse eine Universität mit Schwerpunkt auf dem Recht. Angers und Orleans hatten ebenfalls Schulen, die zwar nicht den Status einer Universität besaßen, ihnen jedoch gleichgestellt waren.

▲ **Ein Astronom**, ein Priester und ein Rechner. Miniatur des Psalters von Paris. (Bibl. de l'Arsenal, Paris)

ASIEN

1203–1220. Kambodscha besetzt Champa.

1206. Temüdschin, der Gründer des mongolischen Weltreiches, erhält von der Hauptversammlung (großer *quriltay*) aller mongolischen Stämme den Titel Dschingis Khan (›Weltherrscher‹). Gründung des Sultanats Delhi durch türkische Sklaven, die die Ghuriden stürzen.

1211–1216. Dschingis Khan erobert Nordchina.

1219–1221. Dschingis Khan erobert Charism und Transoxanien.

um 1220. Die aus Südchina gekommenen Thai fassen im Khmerreich Fuß und gründen das Königreich von Sukhothai (Thailand).

1225. In Vietnam folgt die Tran-Dynastie auf die Ly.

1227. Das Tangutenreich Hsi-Hsia wird von den Mongolen zerstört.

1231. Die Mongolen dringen in Korea ein.

1234. Die Mongolen erobern das Jin-Reich.

1236. Beginn der Eroberung Südchinas durch die Mongolen.

1260. Kubilai, der Enkel Dschingis Khans, wird Großkhan der Mongolen.

1264. Peking wird die Hauptstadt der Mongolen.

1268–1284. Unter dem Shogun Hojo Tokimune wehrt Japan zwei Eroberungsversuche der Mongolen ab.

1271. Die Mongolen gründen die Yuandynastie.

1271–1295. Reise und Aufenthalt Marco Polos in China.

1276. Die Mongolen nehmen Hangzhou, die Hauptstadt der Südlichen Song, ein.

1279. Selbstmord des letzten Song-Kaisers.

1281. Der zweite Eroberungsversuch Japans durch die Mongolen mißlingt. Der *Kamikaze* (›göttlicher Wind‹) zerstört die feindliche Flotte).

1285. Champa und Vietnam drängen die Mongolen zurück, akzeptieren jedoch ihre Lehensherrschaft.

1287. Die Mongolen besetzen Pagan (Birma).

1290. Beginn der afghanischen Dynastie der Chaldij in Delhi; sie legt mehreren Staaten Südindiens Tributzahlungen auf.

1292. Zug der Mongolen gegen das Königreich Singasari (Ostjava). Das Königreich Majapahit (Java) dehnt Ende des 13. Jh. seine Herrschaft auf Kosten von Shrivijaya auf den größten Teil des insularen Indien aus.

1296. Gründung des Thai-Königreiches von Lan Na mit Chiangmai als Hauptstadt.

AFRIKA

13. Jh. Blütezeit des Königreichs Kanem, das Bornu, Fessan und Ouaddai beherrscht und bis zum Nil reicht.

um 1203. Die Sosso nehmen das wiederhergestellte Ghana ein.

1229. Die Hafsiden verweigern den Almohaden den Gehorsam und werden Herrscher über Ifrikija.

1230–1255. Der erste Kaiser von Mali, Sundjata Keita, erobert Ghana von den Sosso.

1236. Gründung der Berberdynastie der Abdalwadiden in Tlemcen.

1269. Die Meriniden nehmen Marrakesch ein und vernichten die Almohaden in Marokko.

um 1270. In Äthiopien gelangt mit Jekuno Amlak die salomonische Dynastie, die ehemals Aksum beherrschte, wieder an die Macht.

1270. Beim achten Kreuzzug landet Ludwig IX. in Karthago; sein Bruder Karl von Anjou beendet den Kreuzzug und schließt einen vorteilhaften Handelsvertrag mit dem Hafsiden-Herrscher al-Mustansir ab.

Ende 13. Jh. Beginn der Niederlassung arabischer Volksgruppen in Mauretanien.

AMERIKA

um 1200. Chichén Itzá wird für Mayapán (Mexiko) aufgegeben.

13. Jh. Die Azteken aus dem Norden dringen in das Tal von Mexiko ein.

1250–1400 (?). Besetzung von Montezuma Castle, eines weiteren Dorfes der Pueblo, das 1906 zum Nationaldenkmal erklärt wird.

1261. Die isländische Kolonie Grönland kommt unter norwegische Oberhoheit.

A · Berittener Bogenschütze.
Zu Beginn des 13. Jh. war das Klima in den mongolischen Steppen besonders günstig für die Pferdezucht. (Persische Miniatur des 16. oder 17. Jh., Topkapi-Museum, Istanbul)

MONGOLENHEER

Das militärische Genie Dschingis Khans machte aus den ungeordneten mongolischen Reiterscharen ein schlagkräftiges Eroberungsheer. Es behielt die Bewaffnung (Bogen, Lanze), die Taktik und die Strategie der Reitereinheiten der alten iranischen und türkischen Nomadenreiche bei. Mehrere Neuerungen jedoch erhöhten seine Schlagkraft. Pioniere mit Belagerungsgerät und Wurfmaschinen nach iranischem Vorbild ermöglichten es den Reitern zum ersten Mal, befestigte Orte zu erobern. Ein Informationsdienst setzte die mongolischen Feldherren über die Lage der Orte und die Position ihrer Gegner in Kenntnis. Dschingis Khan organisierte Abteilungen von 10, 100, 1 000 und 10 000 Mann und vermischte dabei die verschiedenen Klans und Stämme, wodurch die traditionellen Beziehungen zwischen ihnen durch die Loyalität gegenüber dem Reich ersetzt wurden. Er zwang seine Truppen zu einer harten Ausbildung und unterwarf sie einer eisernen Disziplin. Zu einer Zeit, in der die Kriegskunst in Europa im Aufeinandertreffen gepanzerter Reitereien bestand, zerstreuten die Mongolen ihre Heere auf riesigen Gebieten und zogen sie am gleichen Tag wieder zusammen, um den Feind von drei Seiten einzukesseln und ihn in einem Überraschungsangriff zu besiegen.

B · Das Mongolenheer greift eine Stadt an.
So zerstörte das Mongolenheer in Afghanistan und im Ostiran Balch, Ghazni, Harat, Nichapur (1220 bis 1221) und vernichtete ihre Bevölkerung. (Miniatur des Timur Name, 16. Jh., Museum für islamische und türkische Kunst, Istanbul)

CHRONOLOGIE DER WELTGESCHICHTE

1300 bis 1400

EUROPA

1302. Die flandrischen Zünfte besiegen bei Kortrijk ein französisches Ritterheer (›Sporenschlacht‹).

1307–1314. Prozeß und Verurteilung der Tempelritter in Frankreich.

1309. Papst Klemens V. verlegt den Sitz der Päpste nach Avignon.

1311. Das Herzogtum Athen wird von der Katalanischen Kompanie erobert.

1322. Ludwig IV., der Bayer, besiegt den Herzog von Österreich Friedrich den Schönen; Papst Johannes XXII. weigert sich, ihn zum Kaiser zu krönen, und exkommuniziert ihn.

1328. Mit dem Tod Karls IV., des Schönen, sterben die Kapetinger in der Hauptlinie aus; sein Nachfolger wird Philipp VI. von Valois.

1330. Durch seinen Sieg über die mit Byzanz verbündeten Bulgaren sichert Stephan Dušan die serbische Vorherrschaft auf dem Balkan.

1337. Beginn des Hundertjährigen Krieges; der englische König Eduard III. erhebt Anspruch auf den französischen Thron, während Philipp VI. von Frankreich den größten Teil Aquitaniens besetzen läßt.

1346. Eduard III. vernichtet das französische Reiterheer bei Crécy. Papst Klemens VI. und die deutschen Kurfürsten setzen Ludwig IV., den Bayern, ab, auf den Karl IV. von Luxemburg folgt. Stephan Dušan läßt sich zum Zaren der Serben, Griechen, Bulgaren und Albaner ausrufen.

1347–1353. Die Pest, der ›schwarze Tod‹, wird aus Kaffa, einer genuesischen Niederlassung auf der Krim, nach Messina eingeschleppt und wütet in ganz Europa; sie rafft ein Drittel seiner Bevölkerung dahin.

1350. Johann II., der Gute, wird Nachfolger von Philipp VI. von Valois.

1356. Johann II., der Gute, wird von den Engländern bei Maupertuis gefangengenommen und in London in Gefangenschaft gehalten. Karl IV. regelt durch die Goldene Bulle die Bestimmungen der Königswahl im Heiligen Römischen Reich und die Stellung der Kurfürsten.

1358. Étienne Marcel, der Vorsteher der Pariser Kaufmannschaft, der mit dem König von Navarra, Karl dem Schlechten, verbündet ist, wiegelt Paris gegen den Kronprinzen (den zukünftigen Karl V.) auf.

1360. Vertrag von Brétigny, durch den der König von England Eduard III. einen großen Teil Aquitaniens erhält und auf die französische Krone verzichtet.

1364–1380. Wiedererstarken Frankreichs dank der Siege von Bertrand du Guesclin über die Engländer.

1370. Frieden von Stralsund zwischen dem dänischen König Waldemar IV. und der Hanse, die die Vorherrschaft in der Ostsee erhält.

1378. Beginn des großen Abendländischen Schismas; fünf Monate nach der Wahl Urbans VI. wählt ein neues Konklave Klemens VII., der sich in Avignon niederläßt.

1380. In Frankreich wird Karl VI. Nachfolger von Karl V. Der Großfürst von Moskau, Dimitri Donskoi, siegt in der Schlacht auf dem ›Schnepfenfeld‹ am Don über die Mongolen.

1386. Bündnis zwischen Polen und Litauen, dessen Großfürst Jagiello getauft wird und polnischer König unter dem Namen Wladislaw II. wird.

1389. Sieg der Türken auf dem Amselfeld und Unterwerfung Serbiens.

1397. Durch die Kalmarer Union, begründet durch die Heirat Margarethes I. von Dänemark, werden Dänemark, Norwegen und Schweden vereinigt.

1399. Ende der Plantagenet-Dynastie in England und Ausrufung von Heinrich IV. von Lancaster zum König.

MITTLERER UND NAHER OSTEN

Beginn 14. Jh. Osman I. Ghasi, der Begründer der Dynastie der Osmanen, wird Führer einer Gruppe turkmenischer Glaubenskämpfer im Norden des Irak.

1308. Untergang des Seldschukensultanats von Rum.

1326. Beginn der Herrschaft Orchans, der das Heer der Janitscharen bildet; er erobert Bursa (Brussa) und macht es zur Hauptstadt des Osmanischen Reiches.

1328. Andronikos III. Palaiologos folgt Andronikos II. auf dem Thron des Byzantinischen Reiches.

1335. Ende der mongolischen Dynastie der Ilkhane im Iran.

1341. Johannes V. Palaiologos wird Kaiser.

1341–1347. Thronwirren, aus denen Johannes Kantakuzenos siegreich hervorgeht.

1347–1354. Herrschaft von Johannes VI. Kantakuzenos.

1354. Die Osmanen erobern Gallipoli und fassen somit in Europa Fuß.

1359. Murad I. wird Nachfolger von Orchan I.

1361. Die Türken erobern Adrianopel (Edirne), das 1365 Hauptstadt des Osmanischen Reiches wird.

1369. Johannes V. Palaiologos reist nach Rom, wo er zum Katholizismus übertritt.

1375. Die ägyptischen Mamelucken erobern das Königreich Kleinarmenien in Kilikien.

1376–1379. Andronikos IV. erhebt sich gegen seinen Vater Johannes V. Palaiologos, der die Macht mit Hilfe des osmanischen Sultans Murad I. wiedererlangt.

1380. Beginn der Feldzüge von Timur-Leng (Tamerlan) im Iran und in Afghanistan.

1389. Bajasid I. wird Nachfolger seines Vaters Murad I.

1394. Bajasid I. belagert Konstantinopel; der Angriff von Timur-Leng (Tamerlan) zwingt ihn 1402 zur Aufhebung der Belagerung.

DIE PEST

Die Erreger der Pest wurden 1347 durch genuesische Schiffe von der Krim nach Messina, Neapel und Marseille eingeschleppt und durch den Hof des Papstes Clemens VI. in Avignon verbreitet. Vom Hafen von Bordeaux aus wanderte die Pest nach England, dann nach Rouen und nach Paris (1348). 1351–1352 erreichte sie die Grenzen Polens und Rußlands. Sie trat sehr unregelmäßig auf. Anscheinend wurden ganze Gebiete, z. B. Böhmen, verschont. Häufig wurde in der gleichen Provinz ein Dorf vernichtet, während das Nachbardorf nicht betroffen war. Insgesamt starb ein Drittel der Bevölkerung. Die Seuche tauchte regelmäßig in den folgenden fünfzig bis sechzig Jahren wieder auf. Diese bildeten einen tiefen Bruch in der Geschichte der europäischen Zivilisation, deren Entwicklung drastisch verlangsamt wurde.

▲ · **Leichenverbrennung**
Als die Pest zuschlug, reagierten die Menschen mit Flucht, wie es ihnen von den Ärzten empfohlen wurde, und mit frommen Exerzitien. Mildtätige Bruderschaften pflegten, begruben oder verbrannten die Pestopfer. (Venezianische Miniatur des 14. Jh., Marciana-Bibliothek, Venedig)

ASIEN

1301–1315. Ausdehnung des Sultanats von Delhi, das seit 1926 von Ala-ud-din-Khilji regiert wird; dieser wehrt die Mongolen ab, unterwirft die Rajputen-Führer und vertreibt aus dem südlichen Indien die Yadava und die Pandya.

1325–1351. Blütezeit, dann beginnender Untergang des Sultanats Delhi unter Mohammed bin Tughluq; er muß den Mongolen Tribut zahlen und verliert die Herrschaft über Südindien.

1333. Der Kaiser Godaigo stellt die Kaisermacht in Japan mit Hilfe von Ashikaga Takauji wieder her, nimmt Kamakura, die Hauptstadt der Shogune, ein und brennt es nieder; im selben Jahr wendet sich Ashikaga Tagauji gegen ihn.

1336. Gründung des hinduistischen Reiches Vijayanagar (Karnataka) durch Harihara I.

1336–1392. Die ›Zeit der Höfe des Nordens und des Südens‹ in Japan: Dem südlichen Hof (Godaigo und seiner Nachfolger) steht der von den Ashikaga, seit 1338 Shogune, beherrschte nördliche Hof gegenüber.

1347. Die Stadt Toungoo am Sittang, wohin zahlreiche Birmanen unter dem Druck der Shan ausgewandert sind, wird Zentrum eines birmanischen Königreiches. Gründung des islamischen Sultanats der Bahmaniden im Norden des Dekhan.

um 1350. Gründung des Thai-Königreiches Ayutthaya (Thailand). Ausbreitung der Aufstände gegen die Mongolen in China.

1350–1389. Herrschaft von Rajasanagara (Hayam Wuruk) und Blütezeit des Königreichs Majapahit, das über die indonesischen Inseln herrscht.

1353. Fa Ngum gründet das Königreich Lang Xan (›Reich der Millionen Elefanten‹), das Laos und den Nordosten des heutigen Thailand umfaßt; er führt dort den Buddhismus ein.

1364. Entstehung des Shanreiches in Oberbirma mit dem Zentrum Ava.

1368. Gründung der Mingdynastie durch Zhu Yuanzhang (Chu Yüan-chang), den Führer des Aufstandes gegen die Mongolenherrschaft.

1368–1398. Herrschaft von Taizu (T'ai-tsu früher: Zhu Youanzhang), der die Mongolen in die Steppen des Nordens zurückdrängt und China vereint.

1377. Das Königreich Shrivijaya wird von Majapahit vernichtet.

1392. In Japan muß der letzte Kaiser der Dynastie des Südens den Nordkaiser anerkennen.

1398. Das Sultanat von Delhi bricht unter dem Ansturm Timur-Lengs zusammen. In ganz Indien kommt es zu kleineren islamischen Staatsgründungen.

AFRIKA

Beginn 14. Jh. Gründung des Dyolof-Reiches im Senegal.

14.–15. Jh. Kampf zwischen den Königen von Äthiopien und den islamischen Sultanaten, die im Osten und Süden des äthiopischen Tieflandes entstanden sind.

um 1312–1335. Blütezeit des Königreichs Mali unter Kankan Musa.

1331–1349. Herrschaft von Abu al-Hasan. Blütezeit der marokkanischen Dynastie der Meriniden, die sich 1337 des abdalwadidischen Königreiches von Tlemcen bemächtigt und 1347 das hafsidische Ifrikija (Tunesien, Ostalgerien) besetzt haben.

Mitte 14. Jh. Der König von Kanem flieht nach Bornu.

Zweite Hälfte 14. Jh. Gründung des Königreiches Kongo.

1358. Ende der Herrschaft der Meriniden über Ifrikija, das unter drei hafsidischen Fürsten aus Tunis, Bougie (Bejaïa) und Constantine aufgeteilt wird.

1359. Die Abdalwadiden erobern die Macht in Tlemcen zurück.

1370–1394. Abu al-Abas Ahmad stellt die Macht der Hafsiden wieder her und vereint Ifrikija.

AMERIKA

14. Jh. Die Maori wandern von den Cookinseln in Neuseeland ein.

1325 (oder 1345?). Gründung von Tenochtitlán (Mexiko) an dem Ort, wo ein Adler (Prinzip der Sonne) eine Schlange (Prinzip der Erde) nach dem Orakel des Gottes Huitzilopochtli (Gott der Nacht und des Krieges) verschlungen haben soll.

DIE HANSE

In ihrer Blütezeit in der zweiten Hälfte des 14. Jh. umfaßte die Hanse mehr als 150 Städte in Norddeutschland, an den Küsten des Baltikums und Skandinaviens. Lübeck war ihre eigentliche Hauptstadt. Die Hanse besaß drei ständige Niederlassungen: Bergen (Norwegen), London und Brügge. Über Nowgorod lenkte sie den russischen Handel (Honig, Pelze) zur Ostsee. Über die Weichsel, die Elbe und die Oder ließ sie den Weizen und die Metalle aus Mittel- und Osteuropa in ihre Häfen bringen. Schließlich kontrollierte sie den Fischhandel in Skandinavien (Hering). Diese Produkte wurden nach Brügge transportiert, wo der Handel mit dem Mittelmeer, dem Atlantik und Nordeuropa stattfand. Er beruhte vor allem auf Gewürzen, Seide, englischer Wolle, flämischen Tuchen, Salz und französischen Weinen auf der einen Seite sowie Holz, Metallen, Pelzen, Fisch und Weizen auf der anderen.

In allen nördlichen Städten besaß die Hanse Faktoreien und Privilegien. Sie übte ein echtes Wirtschaftsmonopol an den Küsten der Ostsee aus, und, indem sie die lokalen Kaufleute verpflichtete, sie als Vermittler zu nutzen, leitete sie die Erschließung des Hinterlandes ein.

A · **Kaufleute der Hanse in Hamburg.** Hamburg trug durch sein Bündnis mit Lübeck (1241) zur Entstehung der Hanse bei. Dieser Hafen entwickelte sich auch nach dem Untergang der Hanse weiter. *(Miniatur [1497] aus den Vorschriften der Stadt Hamburg, Staatsarchiv, Hamburg)*

CHRONOLOGIE DER WELTGESCHICHTE

1400 bis 1500

EUROPA

1407–1435. Bürgerkrieg in Frankreich zwischen den Häusern Orléans (›Armagnacs‹) und Burgund (›Bourguignons‹).

1410. Durch den Sieg des vereinigten polnisch-litauischen Heeres über den Deutschen Orden bei Tannenberg wird die militärische Macht des Deutschen Ordens gebrochen.

1415. Der tschechische Reformator Jan Hus wird auf dem Konstanzer Konzil verurteilt und verbrannt. Einnahme von Ceuta durch die Portugiesen, die bis 1487 die Westküste Afrikas erkunden.

1417. Ende des großen Abendländischen Schismas; Wahl des Papstes Martin V.

1418–1419. Der englische König Heinrich V. erobert die Normandie.

1422. Tod Karls VI. und Ausrufung des Kronprinzen (des zukünftigen Karls VII.) zum König von Frankreich. Heinrich VI. wird nach dem Tod Heinrichs V. zum König von Frankreich.

1429. Johanna von Orléans verläßt Domrémy und trifft in Chinon mit dem König zusammen; sie befreit Reims, wo Karl VII. zum König von Frankreich gekrönt wird.

1431. Krönung Heinrichs VI. in Notre-Dame in Paris. Prozeß und Hinrichtung von Johanna von Orléans.

1439. Konzil von Florenz, das die Einheit der griechischen und römischen Kirche proklamiert.

1442. Alfons V., der Weise, König von Aragonien und Sizilien, erobert das Königreich Neapel und gründet das Königreich beider Sizilien.

1453. Ende des Hundertjährigen Krieges; Frankreich erhält Guyenne und die Gascogne zurück, England behält Calais.

1455. Druck der Gutenbergbibel.

1456. Die Türken erobern Athen.

1461. Ludwig XI. wird Nachfolger von Karl VII.

1467–1477. Kampf zwischen Karl dem Kühnen, Herzog von Burgund, und Ludwig XI.

1469. Isabella von Kastilien heiratet Ferdinand II. von Aragonien, und ihre Königreiche werden vereint.

1480. Der Großfürst von Moskau, Iwan III., befreit Rußland endgültig von der Herrschaft der Mongolen.

1483–1498. Regierung von Karl VIII., König von Frankreich.

1492. Entdeckung Amerikas durch Christoph Kolumbus. Wiedereroberung Granadas, der letzten maurischen Hochburg in Spanien.

1493. Nach einem Schiedsspruch Papst Alexanders VI. werden im Vertrag von Tordesillas die Grenzen der spanischen und portugiesischen Gebiete in der Neuen Welt festgelegt.

1494. Der Prediger Savonarola vertreibt die Medici aus Florenz und richtet seine Diktatur ein.

1494–1495. Erster Italienfeldzug. Karl VIII. erobert das Königreich Neapel, muß sich aber unter dem Druck der Heiligen Liga wieder zurückziehen.

1498. Ludwig XII. wird Nachfolger von Karl VIII.

MITTLERER UND NAHER OSTEN

1402. Der osmanische Sultan Bajasid I. wird von Timur-Leng (Tamerlan) bei Ankara geschlagen und gefangengenommen; in Anatolien entstehen von den Osmanen unabhängige Fürstentümer.

1405–1447. Herrschaft des Timuriden Shah Roch; zunächst nur Herrscher von Khorasan (Ostiran), wird er nach seinen Feldzügen das gesamte Erbe von Timur-Leng beherrschen.

1408–1410. Der turkmenische Bund der Karakoyunlu, der sich nach dem Tod von Timur-Leng neu gebildet hat, ergreift die Macht in Aserbaidschan und im Irak.

1413–1421. Herrschaft von Mohammed I., der Anatolien erneut der osmanischen Herrschaft unterwirft.

1421. Beginn der Herrschaft von Murad II.

1425. Johannes VIII. Palaiologos wird Nachfolger von Manuel II.

1435–1467. Djihan Schah, der Führer der Karakoyunlu, dehnt sein Herrschaftsgebiet auf den größten Teil Irans aus.

1439. Johannes VIII. Palaiologos unterzeichnet angesichts der Bedrohung durch die Osmanen die Union mit der römischen Kirche (Konzil von Florenz).

1444. Ausdehnung des Osmanischen Reiches auf dem Balkan: Murad II. schlägt das ungarische Heer bei Warna.

1451. Mohammed II., der Eroberer, wird Nachfolger von Murad II.

1453. Belagerung und Fall Konstantinopels; der siegreiche Sultan Mohammed II. macht es zur Hauptstadt des Osmanischen Reiches.

1453–1478. Herrschaft von Uzun Hasan an der Spitze des turkmenischen Bundes der Akkoyunlu; er vernichtet 1468 die Karakoyunlu und annektiert ihr Gebiet.

1465. Beginn der Herrschaft von Hussein Bayqara, der aus Harat (Afghanistan) ein großes kulturelles Zentrum der timuridischen Renaissance macht.

1468–1496. Herrschaft des Mameluckensultans Qait Bay in Ägypten und Syrien.

1475. Mohammed II. erobert die genuesische Niederlassung in Kaffa und unterwirft die Krim.

1481. Bajasid II. wird mit Unterstützung der Janitscharen Nachfolger von Mohammed II.; sein Bruder Cem Sultan (Djem) erhebt ebenfalls Anspruch auf den Thron.

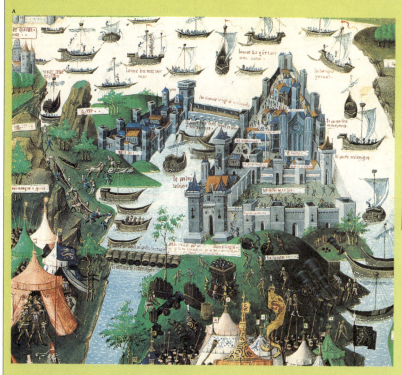

▲ · **Der Fall Konstantinopels.** Das Lager des osmanischen Sultans Mohammed II. liegt westlich der Stadt. Sieben Wochen heftiger Bombardierung schlagen schwere Breschen in die Mauern von Konstantinopel, die von den Verteidigern nicht mehr geschlossen werden können. Schließlich, nachdem die Byzantiner das Goldene Horn befestigt haben, umschließen die Türken den Vorort Galata, indem sie ihre Schiffe nachts auf runden Holzbohlen rollen lassen. Konstantinopel fällt am 29. Mai 1453. *(Miniatur von Jean Le Tavernier (1455) aus der Reise in überseeische Länder von Bertrandon de la Broquière)*

CHRONOLOGIE DER WELTGESCHICHTE

ASIEN

15. Jh. Vordringen des Islam in Java und allen Küstenregionen Indonesiens. In Südindien erlebt das Königreich Vijayanagar zahlreiche Erbfolgekämpfe; für 125 Jahre liegt es mit Orissa im Streit.

1403. Gujarat und Malva (Madhya Pradesh und Rajasthan) werden von Delhi unabhängige Sultanate.

1403–1424. Herrschaft des Kaisers Yunglo (Yungle) der Mingdynastie; er verlegt die Hauptstadt von Nanking nach Peking.

1403–1435. Bau von Festungen, die in etwa der Trasse der Großen Mauer aus dem 6. Jh. folgen.

1405–1433. Übersee-Expeditionen des Eunuchen Zheng He (Cheng Ho) führen bis nach Ostafrika (Mogadischu).

1413–1428. Das vietnamesische Reich steht unter chinesischer Herrschaft.

1419. Der Fürst von Malakka tritt zum Islam über.

1428. Befreiung Vietnams durch Le Loi, der die Dynastie der Le gründet.

1431. Die Thai erobern und zerstören Angkor; die Stadt wird aufgegeben; die Khmerkönige machen 1434 Phnom Penh zu ihrer Residenz.

1438–1439. In China Angriffe der Mongolen, die den Kaiser Yingzong (Ying-Tsung) gefangennehmen; Bau einer neuen Verteidigungslinie, der Großen Inneren Mauer.

1458–1481. Blütezeit des Bahmanisultanats in Indien, das das Gebiet von Goa annektieren kann.

1465–1487. Bau neuer Abschnitte der Großen Mauer.

1467–1477. Oninkrieg in Japan zwischen den sog. West- und Ostlagern; durch die Schwächung der Autorität der Shogune kam es nach seinem Ende zu einer etwa 100 Jahre dauernden Periode eines anarchischen Chaos (›Zeit der kämpfenden Länder‹).

1471. Der Kaiser Vietnams, Le Thanh Tong, erobert Champa.

1498. Der portugiesische Seefahrer Vasco da Gama erreicht die Westküste Vorderindiens bei Calicut.

AFRIKA

15. Jh. Am rechten Ufer des Kongo entstehen die Königreiche Loango und Tyo. Die Songhai, die unter der Herrschaft des Reiches Mali stehen, beginnen sich unabhängig zu machen.

1410–1411. Der hafsidische Herrscher Abu Faris bemächtigt sich Algiers.

1415. Die Portugiesen erobern Ceuta.

1434. Der Portugiese Gil Eanes umsegelt im Dienste Heinrichs des Seefahrers das Kap Bojador an der westafrikanischen Küste und eröffnet seinen Landsleuten den Weg nach Süden.

1435–1488. Herrschaft von Abu Amr Othman, der die hafsidische Macht festigt und den ganzen Maghreb beherrscht.

Zweite Hälfte 15. Jh. Gründung des Reiches des Monomotapa im Sambesigebiet, das den Goldhandel mit Portugal sichert.

1460. Die Portugiesen erreichen Kap Verde.

1463–1499. Der Stadtstaat Kano nimmt unter der Herrschaft von Mohammed Rimfa den Islam an.

1464–1492. Der Sonni (König) der Songhai Ali legt die Grundlagen des Reiches Gao und erobert Timbuktu und Djenné.

1471. Die Portugiesen erobern Tanger.

1472. Beginn der Wattasidenherrschaft in Marokko. Die Portugiesen erreichen die Küste von Benin (Nigeria).

1482. Die Portugiesen bauen an der Küste von Guinea das Fort São Jorge da Mina; Entwicklung des Gold- und Sklavenhandels.

1483. Diogo Cão entdeckt die Kongomündung und nimmt Kontakte zum König des Kongo auf.

1487. Bartolomeu Diaz umsegelt das Kap der Guten Hoffnung.

vor 1490. Entstehung des Lubareiches in Shaba (Südzaire).

nach 1490. Die Portugiesen erreichen Moçambique. Sie setzen sich in den Häfen fest, fahren den Sambesi aufwärts und vertreiben die Araber.

1492. Beginn der Herrschaft von Askia (König) Mohammed, unter dem das Songhaireich den Höhepunkt seiner Geschichte erreicht.

AMERIKA UND OZEANIEN

1428. Entstehung des Aztekenreiches durch den Dreibund zwischen Tenochtitlán, Texcoco und Tlakopan.

um 1438. Beginn der Herrschaft von Pachacutec, unter dem das Inkareich seinen Machtbereich ausdehnt; Hauptstadt ist Cuzco.

um 1450. Die Mayastadt Mayapan in Yukatán (Mexiko) wird zerstört und aufgegeben.

1458. Die Azteken beherrschen fast das gesamte zentrale Mexiko von der Golfküste bis zur Pazifikküste. Ihre Kultur (Astronomie, Mathematik, Bilderschrift) ist Teil des gemeinsamen Erbes der Zivilisationen der mittelamerikanischen Völker.

1492–1493. Erste Reise von Christoph Kolumbus, auf der er Kuba und Haiti entdeckt.

1493–1496. Zweite Reise von Christoph Kolumbus; Entdeckung der Kleinen Antillen.

1493–1525. Herrschaft von Huayna Cápac, unter dem das Inkareich seine größte Ausdehnung erreicht. Seine Nordgrenzen erreichten die heutigen Grenzen Kolumbiens.

1497. Der in englischen Diensten stehende italienische Seefahrer Giovanni Caboto (John Cabot) erreicht die Ostküste Nordamerikas.

1498–1500. Auf seiner dritten Reise gelangt Christoph Kolumbus ins nördliche Küstengebiet Südamerikas (Trinidad, Orinocomündung, Isla Margarita).

1499. Der Spanier Juan Díaz de Solís erreicht die Küsten von Honduras. Amerigo Vespucci segelt entlang der Küste von Guyana.

▲ · **Sevilla.**
In Sevilla, wohin im 15. Jh. Genueser und Florentiner strömten, läßt Christoph Kolumbus seine Expedition ausrüsten. Im folgenden Jahrhundert hält Sevilla das Handelsmonopol der Königreiche Kastilien und Aragonien mit der Neuen Welt. In dem Saal des Alcázar, der die *Casa de Contratación* (Handelskammer) beherbergte, beschützt die *Jungfrau der Seefahrer* mit ihrem weiten Mantel Indianer, Konquistadoren, Steuermänner und Kaufleute sowie die Könige Ferdinand den Katholischen und Karl V. (*Altaraufsatz von Alejo Fernández, Mittelteil, um 1535*)

CHRONOLOGIE DER WELTGESCHICHTE

1500 bis 1600

EUROPA

1501. Zweiter Italienfeldzug. Ludwig XII. erobert das Königreich Neapel, das er 1504 wieder abgeben muß.

1511. Papst Julius II. bildet die Heilige Liga gegen Frankreich.

1515. Franz I. wird König von Frankreich. Er erzwingt durch den Sieg bei Marignano die Abtretung Mailands.

1516. Karl von Habsburg, der zukünftige Kaiser Karl V., erbt die Königreiche Kastilien, Aragonien und Sizilien.

1517. Luther erhebt sich gegen die Mißbräuche der Kirche. Er veröffentlicht in Wittenberg seine 95 Thesen.

1519. Karl V. folgt Maximilian I. als König des Heiligen Römischen Reiches.

1521–1526. 1. Krieg Karls V. gegen Franz I. von Frankreich.

1523. Ende der Kalmarer Union nach dem Aufstand von Gustav I. Wasa in Schweden.

1525. Niederlage Franz' I. bei Pavia; Franz I. wird gefangengenommen.

1525–1526. Die Reformation erreicht die Niederlande, Dänemark und Norwegen.

1526. Sultan Sulaiman II. besiegt in der Schlacht bei Mohács den König von Böhmen und Ungarn, Ludwig II.

1531. Heinrich VIII., dem der Papst die Annulierung seiner Ehe verweigert hat, ruft sich zum Oberhaupt der anglikanischen Kirche aus.

1535. Calvin, der sich der Reformation angeschlossen hat, flüchtet nach Basel. Handelsvertrag zwischen Frankreich und dem Osmanischen Reich.

1540. Die Osmanen besetzen die ungarische Tiefebene.

1547. Eduard VI. wird Nachfolger von Heinrich VIII., Heinrich II. von Franz I. Iwan IV. nimmt den Titel eines Zaren von Rußland an.

1555. Augsburger Religionsfriede, der die Teilung Deutschlands in katholische und protestantische Fürstentümer festschreibt.

1556. Abdankung Kaiser Karls V. zugunsten seines Bruders Ferdinand. Philipp II. wird König von Spanien.

1558. Elisabeth I. wird Nachfolgerin von Maria Tudor.

1559. Vertrag von Cateau-Cambrésis, durch den die Kriege in Italien beendet werden. Tod Heinrichs II. und Beginn der Regentschaft von Katharina von Medici.

1562–1563. Erster Hugenottenkrieg in Frankreich, ausgelöst durch die Ermordung von Protestanten in Wassy.

1564. Maximilian II. wird Kaiser.

1571. Die Heilige Liga siegt in der Seeschlacht bei Lepanto über die Osmanen.

1572–1573. Vierter Hugenottenkrieg in Frankreich, ausgelöst durch die Bartholomäusnacht (24. August 1572).

1574. Heinrich III. wird König von Frankreich.

1576. Beginn der Regierung Kaiser Rudolfs II.

1579–1581. Die kalvinistischen Provinzen im Norden der Niederlande sagen sich los.

1588. Niederlage der von Philipp II. von Spanien gegen England ausgesandten ›unüberwindlichen Armada‹.

1589. Heinrich IV. wird Nachfolger von Heinrich III. Gründung des orthodoxen Patriarchats in Moskau.

1598. Das Edikt von Nantes beendet die Hugenottenkriege in Frankreich. Philipp III. wird König von Spanien und Portugal; Boris Godunow wird Zar von Rußland.

MITTLERER UND NAHER OSTEN

1501–1524. Herrschaft von Ismail I. im Iran, der die Safawidendynastie gründet. Er führt im Iran den Glauben der Zwölferschiiten ein.

1512–1520. Im Osmanischen Reich Herrschaft von Selim I.

1514. Sieg Selims I. über den Schah von Iran, Ismail I., in Aserbaidschan.

1516–1517. Die Osmanen erobern Syrien, Palästina und Ägypten; der Sultan wird Schutzherr der heiligen Stätten des Islams in Mekka und Medina.

1520–1566. Blütezeit des Osmanischen Reiches unter der Herrschaft von Sulaiman dem Prächtigen. Ausdehnung in Europa (Rhodos, Ungarn), Nordafrika (Algier, Tripolis, Tunis) und im mittleren Osten (Mesopotamien, Aden).

1524–1576. Herrschaft des Safawidenschahs Tahmasp I.

1566–1574. Herrschaft des osmanischen Sultans Selim II.

1570. Die Osmanen erobern Zypern.

1574–1595. Herrschaft des osmanischen Sultans Murad III.

1587. Beginn der Herrschaft des Safawidenschahs Abbas I., des Großen.

1599. Abbas I., der Große, erobert von den Usbeken Mechhed und Herat zurück.

∧ · **Der Aufschwung der Edelmetalle.**
Die Silbermine von Potosí wird von den Spaniern ab 1545 ausgebeutet, wobei die Indianer zur Zwangsarbeit herangezogen werden. Aus dieser Mine kommen Tausende von Tonnen Silber, die die europäische Wirtschaft umwälzen. Die vom König auf Edelmetalle erhobene Steuer, das ›Fünftel‹ (20 %), wird Spanien zu einer europäischen Großmacht machen. (Indianer, die in der Silbermine von Potosí [Bolivien] arbeiten. *Gravur des 16. Jh. B. N., Paris*)

CHRONOLOGIE DER WELTGESCHICHTE

ASIEN

1505. Die Portugiesen kommen nach Ceylon.

1510. Der Portugiese Albuquerque erobert Goa.

1511. Die Portugiesen erreichen Java und nehmen Malakka ein.

1516–1566. In Kambodscha Herrschaft von Ang Chan, der die neue Hauptstadt Lovêk gründet.

1520–um 1548. In Laos regiert Pothisarat, der die Thai von Ayutthaya zurückdrängt.

1521. Magalhães entdeckt die Philippinen.

1526. Babur, ein Nachkomme Dschingis Khans und Timur-Lengs, gründet die indische Dynastie der Großmoguln.

1527–1592. Die Mac ergreifen in Vietnam die Macht.

1542. Portugiesische Kaufleute erreichen Kyushu.

1546. Tabishweti, der das untere Birma zwischen 1539 und 1542 erobert hat, wird zum König von ganz Birma gekrönt.

1556. Beginn der Herrschaft Akbars, des bedeutendsten Mogulherrschers.

1565. Zerstörung des Reiches Vijayanagar.

1571. Die Spanier errichten ihre Lehnshoheit auf den Philippinen, deren Hauptstadt Manila wird.

1573–1582. Der Heerführer Nobunaga regiert in Japan, das er vereint.

1576. Akbar erobert Bengalen.

um 1580. Der Großmogul Altan Chan verleiht dem tibetanischen Oberhaupt eines buddhistischen Mönchsordens den Titel ›Dalai Lama‹.

1582. Tod Zhang Juzhengs (Chang Kiucheng), eines hohen Beamten, der die Finanzkrise in China beigelegt hatte. Die Eunuchen gewinnen die Macht zurück.

1582–1598. Toyotomi Hideyoshi herrscht in Japan. Er unterwirft alle Daimyo mit Ausnahme seines Verbündeten Tokugawa Ieyasu.

1586. Akbar erobert Kashmir.

1592–1593. Die japanische Invasion in Korea wird mit Hilfe der Chinesen abgewehrt.

1594. Kambodscha wird dem Königreich Siam unterstellt.

1598. Die Japaner müssen Korea nach dem Sieg des koreanischen Admirals Yi Sunsin verlassen.

1599. Untergang des birmanischen Königreiches.

AFRIKA

16. Jh. Blütezeit des Songhaireiches, das das ganze Gebiet vom Senegal bis über die Nigerschleife beherrscht. Gründung des Königreichs Gondja in Ghana und des Königreichs Bagirmi im Tschad. Teilung des Monomotapareichs in vier Gebiete, die weiterhin mit den Portugiesen Handel treiben. Gründung des Sultanats der Fung im Sudan. Niederlassung der Luo, eines Nilotenstammes, in Kenia und Uganda. Ausdehnung des Lubareiches (Shaba) an die Grenze des heutigen Sambia und nach Zaire.

1503. Die Portugiesen nehmen Sansibar ein und machen es zum Mittelpunkt ihrer Herrschaft in Ostafrika.

1505–1511. Die Spanier besetzen Mers el-Kébir, Oran und Bougie.

1506–1543. Herrschaft von Afonso I., des ersten katholischen Königs des Kongo, der mit Hilfe der Portugiesen sein Land modernisiert.

1519. Der osmanische Admiral Cheireddin Barbarossa, der Herrscher in Algier, unterstellt sich dem türkischen Sultan.

1527–1543. Der islamische Emir von Harar, Ahmed Gran, dringt in Äthiopien ein.

1535. Das von Cheireddin unterworfene Tunis wird von Karl V. zurückerobert.

1541–1543. Mit Hilfe der Portugiesen gelingt es dem äthiopischen Reich, sich von der muslimischen Herrschaft zu befreien.

nach 1543. Die Galla, ein heidnisches Volk des Südens, nutzen die Schwächung der christlichen und muslimischen Truppen und besetzen die äthiopische Hochebene.

1551. Die Osmanen erobern Tripolis (Libyen).

1554. In Marokko kommt die Dynastie der Saaditen an die Macht.

um 1571–um 1603. Unter König Idris Alaoma, der die Herrschaft der Kanuri über Kanem (Tschad) wiederherstellt, erlebt das Reich Bornu seine Blütezeit.

1574. Tunesien kommt unter osmanische Herrschaft; es wird ein osmanisches Paschalik.

1575. Niederlassung von Portugiesen in Luanda (Angola).

1578. Sieg der Marokkaner, die die Portugiesen nach Alcaçar-Quivir zurückdrängen.

1583. Beginn eines Krieges zwischen Portugal und dem Königreich von Angola, der bis 1625 andauert.

1587. Die Regentschaft von Algier wird eingerichtet.

1591. Die Marokkaner nehmen Timbuktu ein und vernichten das Songhaireich.

AMERIKA UND OZEANIEN

1511. Die Spanier erobern Kuba und beginnen mit der Kolonisation Puerto Ricos.

1513. Juan Ponce de León (Spanien) erreicht Florida. Der Spanier Balboa durchquert den Isthmus von Panama und erreicht den Pazifischen Ozean.

1515. Juan Díaz de Solís entdeckt die La-Plata-Mündung.

1519. Der Spanier Hernán Cortés unternimmt eine Expedition zur Erkundung des Aztekenreichs; er gründet Veracruz. Diego Velázquez gründet Havanna.

1521. Die Spanier erobern Tenochtitlán und zerstören es. Magalhães entdeckt die Marianen.

1525. Der letzte Kaiser der Azteken, Cuauhtémoc, wird hingerichtet.

1526. Die Portugiesen entdecken die Nordküste Neuguineas.

1533. Der spanische Konquistador Pizarro erobert Cuzco; der Inkaherrscher Atahualpa wird zum Tode verurteilt.

1534. Erste Reise von Jacques Cartier nach Kanada. Erforschung des Sankt-Lorenz-Stroms.

1535. Pizarro gründet Lima. Neuspanien wird Vizekönigreich.

1538. Die Spanier gründen Bogotá an der Stelle einer ehemaligen Siedlung der Chibcha-Indianer.

1541. Dritte Reise von Jacques Cartier nach Kanada. Pedro de Valdivia gründet Santiago de Chile.

1542. Mittelamerika bildet das Generalkapitanat von Guatemala.

1543. Das Vizekönigreich Peru mit Lima als Hauptstadt wird gegründet.

1545. Entdeckung der Silberminen von Potosí (Bolivien).

1549. Bogotá wird Sitz einer Audiencia (Gerichtshof).

1563. Gründung der Audiencia von Quito, das zum Vizekönigreich Peru gehört.

1568. Die Spanier entdecken die Salomoninseln.

1572. Túpac Amaru I., der letzte Inkaherrscher, wird in Cuzco hingerichtet.

1584. Sir Walter Raleigh gründet in Nordamerika eine englische Kolonie, die er zu Ehren der Königin Elisabeth ›Virginia‹ nennt.

1592. Der Engländer John Davis entdeckt die Falklandinseln.

1595. Der Spanier Mendaã de Neira entdeckt die Marquesasinseln.

CHRONOLOGIE DER WELTGESCHICHTE

1600 bis 1700

EUROPA

1600. Gründung der englischen Ostindischen Kompanie.

1602. Gründung der niederländischen Ostindischen Kompanie.

1603. Jakob VI. Stuart, König von Schottland, folgt Elisabeth I. als Jakob I. auf dem Thron Englands und Irlands.

1610. Ludwig XIII. wird König von Frankreich; Regentschaft Marias von Medici.

1613. Ende der ›Zeit der Wirren‹ in Rußland. Michail Fjodorowitsch Romanow wird zum Zaren von Rußland gewählt.

1618. Prager Fenstersturz und Beginn des Dreißigjährigen Krieges.

1621. Philipp IV. wird Nachfolger von Philipp III., König von Spanien und Portugal.

1629. Richelieu wird Erster Minister. Lübecker Frieden zwischen dem Reich und Dänemark, das sich im Dreißigjährigen Krieg auf die Seite der Protestanten gestellt hat.

1632. Schlacht bei Lützen und Tod des schwedischen Königs Gustav Adolf.

1633. Zweiter Prozeß und Verurteilung von Galilei.

1635. Richelieu greift in den Dreißigjährigen Krieg ein und erklärt Spanien den Krieg.

1640. Beginn der Revolution in England. Portugal erhält seine Unabhängigkeit unter Johann IV. von Bragança zurück. Regierungsantritt Friedrich Wilhelms von Brandenburg, des ›Großen Kurfürsten‹.

1642. Tod von Richelieu und Eintritt Mazarins in den Rat des Königs.

1643. Ludwig XIV. wird Nachfolger von Ludwig XIII. Beginn der Regentschaft von Anna von Österreich.

1644. Regierungsübernahme von Christine von Schweden.

1648. Durch den Westfälischen Frieden wird der Dreißigjährige Krieg beendet. Spanien erkennt die Unabhängigkeit der Republik der Vereinigten Niederlande an. Beginn des Aufstands der Fronde in Frankreich.

1649. Enthauptung Karls I., Ausrufung der Republik in England und Diktatur von Cromwell. Gesetze regeln in Rußland die Leibeigenschaft.

1653. Ende der Fronde.

1660. Rückkehr Karls II. und Wiedereinsetzung der Stuarts in England.

1661. Regierungsübernahme von Ludwig XIV.; Colbert wird Oberintendant der Finanzen.

1664. Gründung der französischen Ostindienkompanie.

1673–1674. Erster Zusammenschluß der Vereinigten Niederlande, des Reiches, Spaniens, Lothringens und Dänemarks gegen Frankreich während des Holländischen Krieges.

1683. Die Osmanen belagern Wien und werden von dem polnischen König Johann III. Sobieski in der Schlacht am Kahlenberg abgewehrt.

1685. Widerrufung des Ediktes von Nantes und Flucht der Protestanten aus Frankreich.

1688–1697. Pfälzischer Erbfolgekrieg. In den Friedensschlüssen von Turin (1696) und Rijswijk gibt Frankreich Lothringen und die rechtsrheinischen Gebiete heraus und verzichtet auf die Pfalz.

1689. Wilhelm von Oranien, Statthalter der Vereinigten Niederlande, wird König von England. Peter der Große übernimmt die Regierung in Rußland.

1697. In Schweden wird Karl XII. König.

1699. Durch den Frieden von Karlowitz, der den Türkenkrieg 1683–1699 beendet, werden die Osmanen endgültig nach Südosteuropa zurückgeworfen.

MITTLERER UND NAHER OSTEN

1603. Ahmed I. folgt Mohammed III. auf den Thron des Osmanischen Reiches.

1614–1618. Der Emir des Libanon, Fakhr al-Din, flüchtet sich im Krieg mit den Osmanen an den Hof der Medici.

1617–1623. Mustafa I. wird Nachfolger von Ahmed II., 1618 abgesetzt und kommt infolge des Janitscharenaufstandes, der Osman II. stürzt, 1622 wieder an die Macht.

1620–1621. Abbas I., der Große, nimmt dem Großmogul Kandahar ab.

1622. Mit Hilfe der Briten erobert Abbas I. Hormus.

1623–1640. Regierung des osmanischen Sultans Murad IV.

1629. Safi I. wird Nachfolger von Abbas I., dem Großen.

1635. Hinrichtung des Emirs Fakhr al-Din, den die Osmanen 1633 gefangengenommen hatten.

1639. Friede von Qasr-e Chirin zwischen dem Iran der Safawiden und dem Osmanischen Reich, das Bagdad und Bassora behält.

1640–1648. Herrschaft des osmanischen Sultans Ibrahim I.

1648–1687. Herrschaft des osmanischen Sultans Mohammed IV.

1656. Mahmud Köprülü wird Großwesir des osmanischen Reiches. Er ist der erste der fünf Großwesire aus der Familie Köprülü albanischer Herkunft, denen es gelingt, den Untergang des Reiches am Ende des 17. Jh. aufzuhalten.

1687–1691. Herrschaft des osmanischen Sultans Sulaiman II. (nach europäischer Zählung: III.).

1695. Mustafa II. wird Nachfolger von Ahmed II.

▲ · **Der Dreißigjährige Krieg.**

Er hat Deutschland verwüstet. Die von den Söldnerheeren verübten Gewalttätigkeiten kosteten 40 % seiner Landbevölkerung und 30 % seiner Stadtbevölkerung das Leben. Einige Gebiete haben mehr als zwei Drittel ihrer Bevölkerung verloren, wie Württemberg, die Pfalz, Hessen, Mecklenburg und Pommern. (Plünderung eines Dorfes *von Sebastiaan Vrancx [1573–1647], flämische Schule. Louvre, Paris*)

CHRONOLOGIE DER WELTGESCHICHTE

ASIEN

1600. Tokugawa Ieyasu schlägt die Daimyo (Großgrundbesitzer), die sich gegen ihn verbündet hatten, in der Schlacht bei Sekigahara.

1603. Tokugawa wird zum Shogun ernannt; seine Residenz ist Edo (heute Tokio).

1605. Jahangir wird als Nachfolger Akbars indischer Großmogul. Die Niederländer vertreiben die Portugiesen von der Molukkeninsel Ambon, die unter die Kontrolle der niederländischen Ostindienkompanie kommt.

1616. Fürst Nurhachi gründet das Reich der Mandschu, eines ostasiatischen Volkes tungusischer Herkunft.

1619. Gründung von Batavia (heute Jakarta), der Hauptstadt von Niederländisch-Indien.

1637/1638. In Japan löst der Christenaufstand von Shimabara eine Christenverfolgung aus. Schließung des Landes für Ausländer, außer für Chinesen und Holländer. Herrschaft der Mandschu in Korea.

1639. Die englische Ostindische Kompanie errichtet eine Niederlassung in Madras.

1641. Die Niederländer nehmen Malakka ein.

1644. Die Mandschu dringen nach China vor, erobern Peking und stürzen den letzten Mingkaiser, der Selbstmord begeht. Sie gründen die Dynastie der Qing (Ching).

1657–1688. Herrschaft von Phra Narai in Siam (Thailand) und Annäherung an Frankreich.

1658. Herrschaft von Aurangseb, der das Mogulreich zu seiner Blüte führt. Die Niederländer vertreiben die Portugiesen aus Ceylon, das sie zu einer Handelskolonie machen.

1661. Der Ming-General Koxinga vertreibt die Niederländer aus Taiwan. Beginn der Herrschaft des chinesischen Kaisers Kangxi (K'ang-hsi).

1674. Beginn der Marathenherrschaft in Indien unter Shivaji.

1683. Kangxi erobert Taiwan.

1686–1687. Eroberung Bijapurs und Golcondas durch Aurangseb.

1689. Vertrag von Nertschinsk zwischen Rußland und China. Rußland verzichtet auf das Amurgebiet und erhält die Genehmigung, mit China Handel zu treiben.

1690. Die englische Ostindische Kompanie errichtet eine Niederlassung in Kalkutta.

1698. Die Vietnamesen gründen Saigon und besiedeln das Mekongdelta, das sie Kambodscha abnehmen.

AFRIKA

17. Jh. Beginn der Streitigkeiten zwischen den Barbareskenstaaten im westlichen Mittelmeer (Algier, Tunis), Kampf zwischen den Hausastaaten Kano und Katsina (Niger), aus dem Katsina Ende des Jahrhunderts siegreich hervorgeht. Entstehung eines Bambarareiches um die Stadt Ségou (Mali). Aufstieg des Reiches der Lunda, eines sakralen Königtums in Angola und Katanga. Blütezeit des Staates der Kuba, des Königreichs Buschogo im Südwesten des heutigen Zaïre. Der Sklavenhandel nimmt den Platz des Goldhandels an der Goldküste (heute Ghana) ein.

um 1625. Gründung des Fon-Königreiches Dahome mit der Hauptstadt Abomey (Benin).

um 1636. Gondar wird die Hauptstadt Äthiopiens.

1637. Die Niederländer erobern die Festung Elmina (Ghana) der Portugiesen.

1638. Die Franzosen besetzen die Insel Réunion.

um 1640. Sulaiman Solong macht Darfur zum Sultanat (Sudan).

1643. Gründung von Fort-Dauphin im Südosten Madagaskars durch den Franzosen Jacques Pronis.

1652. Die niederländische Ostindische Gesellschaft gründet am Kap der Guten Hoffnung eine Siedlung, um ihre Schiffe mit frischem Proviant zu versorgen.

1659. Gründung von Saint Louis (Senegal), einer französischen Handelsniederlassung.

1669. In Marokko löst die Dynastie der Hassaniden die Saaditen ab.

1672. Gründung der britischen Royal African Company, die sich dem Handel mit Schwarzen zwischen Europa, Afrika und Amerika widmet.

1677. Die Franzosen erobern die Insel Gorée (Senegal) von den Niederländern.

1683. Gründung der Handelsniederlassung Groß-Friedrichsburg an der Goldküste (Ghana) im Auftrag des Kurfürsten von Brandenburg; sie bestand bis 1717.

1684. Der Sultan Mulay Ismael erobert Tanger zurück, das Portugal Großbritannien abgetreten hatte.

um 1695. Aufstieg des Ashanti-Königreiches (Ghana).

1698. Araber aus Oman gewinnen die Herrschaft über Sansibar und die portugiesischen Besitzungen der Ostküste Afrikas.

AMERIKA UND OZEANIEN

1604. Die Jesuiten errichten am oberen Paraná (Paraguay) indianische Missionsterritorien mit begrenzter Selbstverwaltung *(Reduktionen)*.

1605. Gründung von Port Royal in Akadien (Kanada).

1606. Spanische Seefahrer entdecken die Inseln der Neuen Hebriden.

1607. Gründung von Jamestown (Virginia) als erster britischer Dauersiedlung in Nordamerika.

1608. Champlain gründet Quebec.

1609. Henry Hudson entdeckt den Hudson River und erkundet das Gebiet des heutigen Pennsylvania.

1616. Der Niederländer J. Le Maire umsegelt den Feuerlandarchipel.

1620. Die Pilgerväter gründen Plymouth, die erste Stadt in Neuengland.

1626. Die Niederländer gründen Neu-Amsterdam als Hauptstadt ihrer Kolonie Neu-Niederland.

1635. Beginn der Kolonialisierung von Guadeloupe und Martinique durch die Franzosen.

1642–1644. Der Niederländer Tasman entdeckt das Van Diemen's Land (heute Tasmanien) und die Tongainseln und erkundet den größten Teil der Nordküste Australiens.

1642. Gründung von Ville-Marie (Montreal).

1654. Die Portugiesen vertreiben die Niederländer aus Brasilien.

1655–1658. Die Engländer erobern Jamaika.

1663. Ludwig XIV. gliedert Neufrankreich (Kanada) in sein Hoheitsgebiet ein. Colbert organisiert die systematische Kolonialisierung von Französisch-Guayana.

1664. Die Engländer erobern Neu-Amsterdam und nennen es New York.

1665. Die Marianen kommen in spanischen Besitz.

1667. Die Engländer, die sich in Surinam niedergelassen haben, treten dieses an die Niederländer ab.

1683. William Penn gründet die Stadt Philadelphia.

1690. Die Engländer erobern Akadien und Neufundland.

1697. Die Friedensschlüsse von Rijswijk sprechen Frankreich seine Eroberungen in der Hudsonbai zu und geben ihm Neufundland zurück. Kuba wird zwischen Spanien (Ostteil) und Frankreich aufgeteilt, das auch den westlichen Teil von Haiti erhält.

CHRONOLOGIE DER WELTGESCHICHTE

1700 bis 1800

EUROPA

1700. Philipp V., der Enkel Ludwigs XIV., wird König von Spanien.

1701. Der Kurfürst von Brandenburg wird als Friedrich I. König in Preußen.

1701–1714. Spanischer Erbfolgekrieg zwischen Frankreich und Österreich um das Erbe des letzten spanischen Habsburgers Karl II.

1707. Die Vereinigung des schottischen und des englischen Parlaments besiegelt die Realunion zwischen England und Schottland; neuer Landesname: Großbritannien.

1709. Karl XII. unterliegt Peter dem Großen bei Poltawa.

1712. Peter der Große macht Petersburg zur Hauptstadt Rußlands.

1713. Pragmatische Sanktion Karls VI. über die Erbfolge im Hause Habsburg.

1713–1714. Verträge von Utrecht und Rastatt, die den Spanischen Erbfolgekrieg beenden.

1715. Ludwig XV. wird Nachfolger von Ludwig XIV. Regentschaft (bis 1723) von Philipp von Orléans.

1721. Der russische Zar Peter der Große nimmt den Kaisertitel an.

1740. Friedrich II. wird König in Preußen und Maria Theresia Königin von Böhmen und Ungarn.

1741–1748. Österreichischer Erbfolgekrieg zwischen Preußen, Frankreich, Bayern, Sachsen und Spanien gegen Österreich.

1745. Franz von Lothringen, der Gatte Maria Theresias, wird als Franz I. römisch-deutscher Kaiser.

1755. Lissabon wird durch ein Erdbeben zerstört.

1756–1763. Siebenjähriger Krieg zwischen England und Preußen gegen Frankreich, Österreich und Rußland, der durch die Friedensschlüsse von Hubertusburg und Paris beendet wird.

1762. Beginn der Herrschaft von Katharina II., der Großen, in Rußland.

1765. Joseph II. wird Nachfolger seines Vaters Franz I.

1772. Erste Polnische Teilung zwischen Rußland, Preußen und Österreich.

1774. Ludwig XVI. folgt auf Ludwig XV. Der Frieden von Kütschük Kainardschi, der den russisch-türkischen Krieg beendet, bringt für Rußland den Zugang zum Schwarzen Meer.

1778. Frankreich greift in den amerikanischen Unabhängigkeitskrieg ein.

1783. William Pitt der Jüngere wird Premierminister in Großbritannien.

1789. Beginn der Französischen Revolution: Versammlung der Generalstände, die sich zur verfassungsgebenden Nationalversammlung ausrufen; Sturm auf die Bastille; Verkündigung der Menschen- und Bürgerrechte.

1793–1797. Hinrichtung von Ludwig XVI. und erster Koalitionskrieg: Österreich, Preußen, Großbritannien, die Generalstaaten, Spanien, Sardinien und Neapel gegen das revolutionäre Frankreich. Französische Siege bei Hondschoote, Fleurus und Rivoli (Italienfeldzug von Bonaparte).

1799. Staatsstreich Napoleon Bonapartes vom 18. Brumaire: Auflösung des Direktoriums, Beginn des Konsulats von Napoléon Bonaparte und Ende der Französischen Revolution.

MITTLERER UND NAHER OSTEN

1703–1730. Herrschaft des osmanischen Sultans Ahmed III.

1722. Die Afghanen erobern Isfahan. Die Schiitenhierarchie zieht sich in die heiligen Städte des Irak zurück (Karbala, Nadjaf).

1730–1754. Herrschaft des osmanischen Sultans Mahmud I.

1730–1731. Der Feldherr Nadir vertreibt die Afghanen aus Isfahan.

1736. Nadir setzt den letzten Safawiden, Abbas III., ab und ernennt sich zum Schah von Persien.

1747. Ermordung Schah Nadirs. Im Iran beginnt eine Zeit der Wirren, aus denen die Kadjaren als Sieger hervorgehen. Afghanistan wird unter Ahmed Schah Durrani unabhängig.

1754–1757. Herrschaft des osmanischen Sultans Osman III.

1757–1774. Herrschaft des osmanischen Sultans Mustafa III., der das Heer mit Hilfe des französischen Generals F. de Tott modernisiert.

1768–1774. Russisch-türkischer Krieg, in dessen Verlauf die osmanische Flotte bei Çeşme zerstört wird (1770). Vertrag von Kütschük Kainardschi, durch den Rußland den Zugang zum Schwarzen Meer erhält.

1774–1789. Herrschaft des osmanischen Sultans Abd ül-Hamid I.

1788. Beginn der Herrschaft des Emirs Chihab Bachir im Libanon.

1789. Beginn der Herrschaft von Selim III., der das Osmanische Reich zu reformieren versucht.

A · Friedrich II., der Große.
Die aufgeklärten Herrscher wirkten im Sinne der Aufklärung für das Wohl des Staates, das Glück ihrer Untertanen und für den Fortschritt. Unter ihnen Friedrich II., der Große, König von Preußen, den man hier in seinem Schloß von Sanssouci in Potsdam in Begleitung von Voltaire sieht. *(Nach einem Gemälde von Georg Schöbel)*

AUFKLÄRUNG

Friedrich II. in Preußen, Maria Theresia und Josef II. in den österreichischen Staaten, Katharina II. in Rußland, Karl II. in Spanien und Gustav III. in Schweden sind die herausragenden Herrscher der Aufklärung. Sie praktizierten einen durch die Vernunft legitimierten Absolutismus. Ihr Werk der Vereinigung und der Zentralisierung stieß jedoch häufig auf Widerstand. So rief Josef II., der Deutsch zur einzigen Verwaltungssprache seiner Staaten erklärt hatte, 1789 die Erhebung Ungarns und der Niederlande hervor. Die aufgeklärten Herrscher verbesserten im allgemeinen das Schicksal der Landbevölkerung, indem sie die persönliche Leibeigenschaft und die Fron abschafften. Sie gewährten oder respektierten die Religionsfreiheit, bemühten sich, eine gerechte Justiz zu garantieren, und förderten das Schulwesen.

CHRONOLOGIE DER WELTGESCHICHTE

ASIEN

1722. Tod des chinesischen Kaisers Kangxi und Beginn der Herrschaft von Yongzheng (Yung-cheng).

1735. Beginn der Herrschaft des chinesischen Kaisers Qianlong (Ch'ien-lung).

1751. Tibet wird chinesisches Protektorat.

1752–1760. Herrschaft von Alaungpaya, der das birmanische Reich nach der Zerstörung seiner Hauptstadt Ava durch die Mon wiederherstellt.

1756. Vernichtung der Dsungaren und Eroberung des Ili-Tals (Mittelasien) durch die Chinesen.

1757. Sieg des Briten Clive über den Bengalenfürsten bei Plassey.

1761. Schlacht von Panipat zwischen Marathen und Moguln und Beginn des Niedergangs der Marathen.

1763. Verlust der französischen Besitzungen in Indien im Frieden von Paris.

1767. Eroberung von Ayutthaya, der Hauptstadt Siams, durch die Birmanen.

1769. Eroberung Nepals durch die Gurkha.

1770. General Paya Tak vertreibt die Birmanen aus Siam.

1778. Lehnsherrschaft Siams über die laotischen Königreiche Vientiane und Luang Prabang.

1782. General Paya Chakkri, der Nachfolger Paya Taks, wird als Rama I. König von Siam.

1789. Die Tay Son, die Führer einer 1773 ausgebrochenen Aufstandsbewegung in Vietnam, wehren einen chinesischen Angriff ab.

nach 1794. Kämpfe zwischen Siamesen und Vietnamesen in Kambodscha; die Vietnamesen haben das Mekongdelta endgültig erobert.

1795. Abdankung des Kaisers Qianlong.

1796. Großbritannien annektiert Ceylon.

1798. Auflösung der holländischen Ostindienkompanie, deren Besitzungen der Batavischen Republik zugesprochen werden.

AFRIKA

18. Jh. Blüte des Hausareichs von Katsina (Nigeria). Die Baule gründen zwischen den Flüssen Comoé und Bandama ein Reich; Entstehung des Dyula-Königreiches Kong (Elfenbeinküste). Die Araber von Oman vertreiben nach langen Kämpfen die Portugiesen von ihren Stützpunkten an der Küste Kenias. Blüte des Handels zwischen den europäischen Häfen, der afrikanischen Küste und Amerika.

1705. Nach der Vertreibung der Algerier wird Husain Ibn Ali Bei von Tunis und begründet die Dynastie der Husainiden.

1715. Die Franzosen erobern Mauritius.

1725. Die Fulbe errichten im Fouta Djalon (Guinea) einen theokratischen islamischen Staat. Die Sosso werden zur Küste zurückgedrängt und gründen dort einen Staat.

1737. Die Tuareg erobern Timbuktu und vertreiben die Marokkaner.

1743. Die Seychellen werden endgültig von Frankreich in Besitz genommen.

um 1750. Das Königreich Kazembe löst sich vom Lundareich (Zaïre) ab.

1757–1790. Herrschaft von Mohammed III. ibn Abd Allah in Marokko und Unterzeichnung von Handelsverträgen mit den europäischen Mächten.

um 1766–1770. Die Fulbe von Masina (Mali) werden durch die Könige von Ségou unterworfen.

1778. Portugal tritt die Inseln Annobón (heute Pegalu) und Fernando Póo (heute Bioko) an Spanien ab (Äquatorialguinea).

1780. Beginn der ›Kaffernkriege‹ in Südafrika zwischen Xhosa und weißen Siedlern.

1787. Gründung von Freetown (Sierra Leone) als Niederlassung für befreite Sklaven.

um 1787. Beginn der Herrschaft von Andrianampoinimerina im Merinareich (Madagaskar).

AMERIKA UND OZEANIEN

1713. Im Frieden von Utrecht verliert Frankreich die Hudsonbai, Akadien und einen Großteil Neufundlands.

1717. Schaffung des Vizekönigreichs Neugranada, das kostbare Metalle in die Metropole exportiert. Ihm wird die Audienzia von Quito angeschlossen.

1718. Die Franzosen gründen New Orleans, die Hauptstadt von Louisiana.

1722. Entdeckung der Samoa-Inseln durch die Niederländer.

1724. Gründung von Montevideo (Uruguay).

1756–1763. Während des Siebenjährigen Krieges unterstützen amerikanische Siedler die Briten bei der Vertreibung der Franzosen aus Kanada.

1763. Im Frieden von Paris tritt Frankreich Kanada an Großbritannien ab. Schaffung der Provinz Quebec.

1770. Cook erkundet die Ostküste Australiens.

1774. Die Delegierten der amerikanischen Kolonien halten ihren ersten Kontinentalkongreß in Philadelphia ab. Cook entdeckt Neukaledonien.

1775. Beginn des amerikanischen Unabhängigkeitskrieges.

1776. Der zweite Kontinentalkongreß ernennt George Washington zum Oberbefehlshaber der Armee der Kolonien und erklärt die Unabhängigkeit der dreizehn Kolonien von der britischen Krone. Gründung des spanischen Vizekönigreichs von La Plata (Argentinien). Die Spanier gründen San Francisco.

1777. Der Vertrag von San Ildefonso legt die Grenzen zwischen Brasilien und den spanischen Besitzungen fest.

1778. Cook entdeckt die Hawaii-Inseln, die er ›Sandwich-Inseln‹ nennt.

1780. Das mit den Vereinigten Staaten verbündete Frankreich entsendet ein Expeditionskorps nach Amerika.

1783. Der Friede von Paris erkennt die Unabhängigkeit der Vereinigten Staaten von Amerika an.

1788. Landung der ersten *Convicts* (Zwangsarbeiter) in Port Jackson (Sydney). Beginn der Besiedlung Australiens.

1789–1797. Amtszeit von George Washington, des ersten Präsidenten der Vereinigten Staaten.

1791. Trennung des französischen Unterkanada (mit Quebec als Hauptstadt) vom englischen Oberkanada (heute Ontario).

1794. Französisch-Guayana wird zu einem Verbannungsort.

1795. Spanien tritt Frankreich den Ostteil von Haiti ab (Vertrag von Basel).

245

CHRONOLOGIE DER WELTGESCHICHTE

1800 bis 1850

EUROPA

1800. Urkunde der Vereinigung Irlands mit Großbritannien. Sieg Bonapartes in Marengo, Italien.

1801. Beginn der Herrschaft Alexanders I. in Rußland.

1804. Napoleon wird zum Kaiser gekrönt. Franz II., römisch-deutscher Kaiser, nimmt den Titel eines Kaisers von Österreich (Franz I.) an.

1805. Drittes Bündnis (England, Österreich, Rußland) gegen Napoleon I. England siegt in der Seeschlacht von Trafalgar. Frankreich siegt bei Austerlitz.

1806. Auflösung des Heiligen Römischen Reiches Deutscher Nation. Einrichtung der Kontinentalsperre, um die Handelsbeziehungen Großbritanniens mit dem Festland zu unterbinden.

1807–1813. Spanischer Unabhängigkeitskrieg gegen Napoleon.

1809. Napoleon I. besiegt die Österreicher bei Wagram. Das Russische Reich annektiert Finnland.

1812. Rußlandfeldzug Napoleons.

1813–1815. Befreiungskriege der Koalition europäischer Mächte und Abdankung Napoleons I.

1815. Wiedereinsetzung von Ludwig XVIII. Schlußakte des Wiener Kongresses, der Europa nach den Grundsätzen der dynastischen Legitimität und des europäischen Gleichgewichtes umgestaltet. Schaffung des Deutschen Bundes; er umfaßt 38 souveräne Staaten, darunter Preußen, das sein Gebiet vergrößert. Die Herrschaft Österreichs in Nord- und Mittelitalien wird wiederhergestellt. Kongreßpolen wird in Personalunion mit Rußland vereinigt. Das Königreich der Vereinigten Niederlande (Holland, Belgien, Luxemburg) wird geschaffen.

1821. Beginn des griechischen Freiheitskampfes gegen die Herrschaft der Osmanen.

1824. Karl X. wird Nachfolger von Ludwig XVIII.

1825. Nikolaus I. wird Nachfolger Alexanders I. als russischer Kaiser.

1830. Julirevolution und Herrschaftsbeginn des französischen Königs Louis-Philippe. Aufstand in Belgien und Anerkennung der belgischen Unabhängigkeit. Anerkennung der vollen Souveränität des Königreichs Griechenland in den Londoner Protokollen.

1837. Beginn der Herrschaft von Viktoria I. in Großbritannien.

1848. Französische Februarrevolution. Abdankung von Louis-Philippe und Ausrufung der Zweiten Republik. Aufstände in Italien: Karl-Albert von Sardinien unterliegt den Österreichern. Märzrevolution in Deutschland, Österreich und Ungarn. Beginn der Herrschaft von Franz-Joseph, Kaiser von Österreich.

MITTLERER UND NAHER OSTEN

1803–1814. Herrschaft des Emirs Saud des Großen in Arabien; die Wahhabiten, Anhänger einer islamischen Reformbewegung, erobern Medina und Mekka.

1805. Mehmed Ali ergreift in Ägypten die Macht und läßt sich von den Osmanen als *wali* (Vizekönig) anerkennen.

1808. Ermordung Selims III. und Herrschaftsbeginn des osmanischen Sultans Mahmud II.

1812–1813. Mehmed Ali stellt die osmanische Herrschaft über Medina und Mekka wieder her.

1813. Der Iran tritt Rußland den größten Teil von Aserbaidschan ab (Vertrag von Golistan).

1826. Gewaltsame Auflösung der Janitscharen durch die Heeresreform Mahmuds II.

1828. Der Iran tritt Rußland seine Besitzungen in Ostarmenien ab.

1831–1833. Ibrahim Pascha, der Sohn von Mehmed Ali, erobert Syrien und den Libanon. Sieg Ägyptens über die Türken bei Konya.

1834–1848. Herrschaft von Mohammed Schah und Ausbreitung des Babismus, einer aus dem schiitischen Islam hervorgegangenen religiösen Bewegung im Iran.

1839. Erneuter Sieg der Ägypter. Abd ül-Medjid I. wird Nachfolger von Mahmud II. und leitet die Ära der Reformen im Osmanischen Reich ein.

1840. Die Quadrupelallianz von London zwischen Großbritannien, Rußland, Österreich und Preußen zwingt Ägypten zum Rückzug aus Syrien und zur Wiederanerkennung des osmanischen Sultans.

ASIEN

1800. Verordnung, die die Einfuhr und den Gebrauch von Opium in China untersagt.

1801–1839. Der Maharadscha Ranjit Singh regiert das Reich der Sikh im Pandschab.

1802–1820. Herrschaft von Kaiser Gia Long in Vietnam. Er gründet die Nguyen-Dynastie und vereint das Land.

1806–1841. Kambodscha gerät während der Regierungszeiten von Ang-chan II. und seiner Tochter unter die Oberherrschaft von Vietnam.

1815. Großbritannien erobert das singhalesische Königreich Kandy (Sri Lanka).

1816. Die Briten geben Java und die Molukken an die Niederlande zurück.

1819. Endgültige Niederwerfung der Marathenfürsten, deren Gebiete von der englischen Ostindischen Kompanie annektiert werden. Diese besetzt auch Singapur.

1830. Die Briten fassen ihre Besitzungen in Malaysia (Penang, Singapur, Malakka) als *Straits Settlements* zusammen.

1839–1842. Erster Krieg zwischen Großbritannien und Afghanistan. Flucht des britischen Expeditionskorps, das in Afghanistan eingedrungen war.

1841–1843. In Japan sollen Reformen die inneren Unruhen beilegen und eine bevorstehende Konfrontation mit den Westmächten vorbereiten.

1842. Im Vertrag von Nanking, der den Opiumkrieg zwischen China und Großbritannien beendet, tritt China Hongkong ab und öffnet fünf weitere Häfen dem britischen Handel.

1848. Beginn der Herrschaft des vietnamesischen Kaisers Thu Đuk.

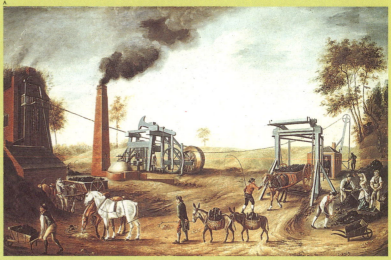

▲ **Die industrielle Revolution.**
Der Einsatz der Dampfmaschine seit Ende des 18. Jh. führte zu einer Revolution in Industrie und Transportwesen. Im Zeitalter der Dampfmaschine bedeutet Kohle großen Reichtum, und ihre riesigen Vorkommen (1850 werden 56 Millionen Tonnen abgebaut) erklären den industriellen Aufschwung Großbritanniens im 19. Jh. Oberirdische Anlagen einer Kohlemine in England zu Beginn des 19. Jh. Die Dampfmaschine dient auch zum Abpumpen des in die Stollen eingedrungenen Wassers. *(Unbekannter Maler, um 1800. Walker Art Gallery, Liverpool)*

AFRIKA

nach 1801. Osman Dan Fodio errichtet im heutigen Nordnigeria und Nordkamerun einen islamischen Großstaat, das Kalifat von Sokoto.

1806. Großbritannien nimmt die Kapkolonie (Südafrika) in Besitz.

1810. Frankreich tritt Mauritius an Großbritannien ab.

1810–1828. Herrschaft von König Radama I. in Madagaskar, der mit Hilfe der Briten das Merinareich modernisiert.

1814. Frankreich tritt die Seychellen an Großbritannien ab.

1817–1837. Herrschaft von Mohammed Bello, dem Sohn Osman Dan Fodios. Er unterwirft den gesamten Norden Nigerias mit Ausnahme von Bornu.

um 1818. Hamadou Sékou, ein Gefolgsmann Osman Dan Fodios, gründet im Land Masina (Mali) einen theokratischen Staat.

1818–1828. Chaka errichtet im südlichen Afrika (Natal) den Staat der Zulu und wird dessen König.

1820–1823. Der Ägypter Mehmed Ali erobert den Sudan.

um 1822. Die Sotho richten sich im Gebiet des heutigen Lesotho ein.

1823. Der schottische Afrikaforscher Hugh Clapperton erreicht den Tschadsee.

1828. Der französische Afrikareisende René Caillié dringt bis nach Timbuktu vor. Beginn der Herrschaft von Königin Ranavalona I. in Madagaskar.

1830. Die Franzosen erobern Algier.

1832. Unter Sajjid Said beginnt das Sultanat Sansibar, sich von Oman zu lösen.

1832–1847. Abd el-Kader leitet den Widerstand gegen die französischen Eroberungsversuche Algeriens.

1834–1839. Großer Trek der Buren, die die Kapkolonie verlassen, um die Küsten von Natal und anschließend das Binnenland zu erreichen. Sie gründen die unabhängigen Republiken Natal, Oranjefreistaat und Transvaal.

1843. Die Franzosen erobern die Komoreninsel Mayotte. Natal kommt unter britische Verwaltung.

1847. Gründung der Republik Liberia.

^ · **Die Schlacht von Navarino (20. Oktober 1827).** Die Griechen erheben sich 1821 gegen die Osmanen und erklären im folgenden Jahr ihre Unabhängigkeit. Die Türken jedoch besetzen mit Hilfe der Truppen des Paschas von Ägypten, Mohammed Ali, 1826 Missolunghi und 1827 Athen erneut. Frankreich, Großbritannien und Rußland greifen nun ein und vernichten vor Navarino die türkisch-ägyptische Flotte von Ibrahim Pascha. Griechenland erhält 1830 seine Unabhängigkeit. *(Stich von François Georgin, B. N., Paris)*

AMERIKA UND OZEANIEN

1808. Rio de Janeiro (Brasilien) wird Residenz des portugiesischen Prinzregenten.

1808–1821. Einführung der Merinoschafe in Australien.

1810. Der Vizekönig von Río de la Plata wird durch eine Revolutionsjunta abgesetzt.

1810–1815. In Mexiko Volksaufstand gegen die Spanier.

1811. In Chile kämpft eine patriotische Junta gegen die Spanier. Paraguay wird unabhängig.

1812–1814. ›Zweiter Unabhängigkeitskrieg‹ zwischen Großbritannien und den Vereinigten Staaten.

1816. Der Kongreß von Tucumán erklärt die Unabhängigkeit Argentiniens.

1818. Nach dem Sieg von Maipó über die Spanier erklärt sich Chile für unabhängig.

1819. Sieg von Boyacá. Simon Bolivar proklamiert die Vereinigung Neugranadas und Venezuelas zur Republik Großkolumbien.

1821. Unabhängigkeit Mexikos und Costa Ricas.

1822. Peter I., Kaiser von Brasilien.

1822–1844. Die Insel Santo Domingo steht unter haitianischer Herrschaft.

1823. New South Wales wird britische Kronkolonie; der Präsident der Vereinigten Staaten, James Monroe, verkündet die Monroedoktrin.

1823–1838/1839. Costa Rica, Guatemala, Honduras, Nicaragua und El Salvador schließen sich zur ›Zentralamerikanischen Konföderation‹ zusammen.

1824. Sieg bei Ayacucho. Peru wird unabhängig.

1825. Unabhängigkeit Boliviens.

1828. Die Holländer besetzen den Westen Neuguineas. Unabhängigkeit Uruguays.

1830. Zerfall Großkolumbiens in Kolumbien, Ecuador und Venezuela.

1833. General Santa Anna wird Präsident von Mexiko.

1836–1839. Bolivien und Peru bilden eine Konföderation.

1840. Der Transport von Sträflingen nach Australien wird eingestellt. Großbritannien erläßt ein Gesetz, das Unter- und Oberkanada zur Provinz Kanada vereinigt.

1842. Tahiti wird französisches Protektorat.

1846–1848. Krieg zwischen Mexiko und den Vereinigten Staaten; Mexiko verliert Texas, Kalifornien, Nevada, New Mexico und Utah sowie Teile von Arizona und Colorado.

1848. Abschaffung der Sklaverei in den französischen Besitzungen.

1850. Die vier australischen Kolonien erhalten die nahezu vollständige Unabhängigkeit mit parlamentarischer Verfassung.

1850 bis 1900

EUROPA

1851. Der ›Prinz-Präsident‹ Charles Louis Napoléon Bonaparte löst die Nationalversammlung auf und erklärt sich zum Kaiser der Franzosen.

1853/54–1855. Krimkrieg zwischen Rußland und dem mit Großbritannien und Frankreich verbündeten Osmanischen Reich.

1858. Zusammenkunft in Plombières zwischen Napoleon III. und Cavour.

1859. Italienkrieg. Siege der Franzosen bei Magenta und Solferino.

1860. Frankreich erhält Nizza und Savoyen. Garibaldi landet mit einem Freiwilligenkorps auf Sizilien und erobert es.

1861. Der König von Sardinien, Viktor Emanuel II., nimmt den Titel eines Königs von Italien an. Abschaffung der Leibeigenschaft in Rußland.

1862. Bismarck wird preußischer Ministerpräsident. Vereinigung der Fürstentümer Moldau und Walachei zum Fürstentum Rumänien.

1864. Krieg zwischen Dänemark und dem Deutschen Bund; Dänemark muß die Herzogtümer Schleswig, Holstein und Lauenburg abtreten. In Genf wird das Internationale Rote Kreuz gegründet.

1866. Deutscher Krieg zwischen Preußen und Österreich, der durch den preußischen Sieg bei Königgrätz entschieden wird. Ausscheiden Österreichs aus dem Deutschen Bund und Gründung des Norddeutschen Bundes.

1867. Österreich-Ungarischer Ausgleich und Schaffung der Doppelmonarchie Österreich-Ungarn.

1868. Isabella II., Königin von Spanien, wird abgesetzt.

1870. Amadeus, Herzog von Aosta, wird von den Cortes zum König von Spanien gewählt.

1870–1871. Deutsch-französischer Krieg; Niederlage der französischen Truppen bei Sedan und Zusammenbruch des Kaisertums. Der Norddeutsche Bund erhält den Namen ›Deutsches Reich‹.

1871. Der preußische König Wilhelm I. wird zum Deutschen Kaiser proklamiert. Aufstand der Pariser Kommune. Gesetzliche Anerkennung der britischen Gewerkschaften (trade unions).

1877–1878. Russisch-türkischer Krieg. Rumänien und Serbien werden unabhängig. Autonomie in Bulgarien.

1881. Attentat auf den russischen Kaiser Alexander II. Thessalien und ein Teil von Epirus werden vom Osmanischen Reich an Griechenland abgetreten.

1882. Bund zwischen Deutschland, Österreich und Italien (der Dreibund).

1884–1885. Parlamentsreform in Großbritannien. Kolonialkonferenz in Berlin.

1886. Das Unterhaus weist den Plan der irischen Autonomie zurück (Home Rule).

1888. Wilhelm II. wird Kaiser von Deutschland.

1890. Rücktritt Bismarcks.

1894. Nikolaus II. wird Kaiser von Rußland. Endgültige Ratifizierung des russisch-französischen Bündnisses.

1894–1906. Die Affäre Dreyfus führt zu einer tiefen Spaltung der französischen Öffentlichkeit.

1897. Durch den Vertrag von Konstantinopel wird Kreta im Rahmen des Osmanischen Reiches für autonom erklärt.

MITTLERER UND NAHER OSTEN

1850. Der junge Schah des Iran, Nasir od-Din läßt die aufständischen Babisten töten.

1860. Bürgerkrieg im Libanon zwischen Drusen und Maroniten (unierte Christen), der in Christenmassakern gipfelt.

1861. Abd ül-Asis wird osmanischer Sultan.

1864. Frankreich setzt durch, daß das Gebiet um Beirut ein autonomer Sandschak unter einem christlichen Gouverneur wird.

1867. In Ägypten erhält Ismail Pascha den Titel eines Khediven (Vizekönig).

1869. Die Kaiserin Eugenie weiht den Suezkanal ein.

1861. Einrichtung der Telegrafenlinie zwischen Bagdad und Istanbul.

1871. Die Osmanen organisieren den Vilayet (Verwaltungseinheit) des Jemen.

1876. Ismail Pascha muß die Finanzkontrolle Frankreichs und Englands anerkennen. Der osmanische Sultan Abd ül-Asis wird durch einen Aufstand der Theologiestudenten *(softas)* gestürzt; Abd ül-Hamid II. wird sein Nachfolger. Serbisch-türkischer Krieg.

1878. Die Insel Zypern wird von den Briten unter Anerkennung der osmanischen Oberhoheit verwaltet. Auf dem Berliner Kongreß verpflichtet sich die Türkei zur Durchführung von Reformen in den armenischen Provinzen.

1882. Aufstand des Führers der ägyptischen Nationalistenpartei, Arabi Pascha, nach dessen Scheitern die Khedive Taufik die britische Besetzung Ägyptens dulden muß.

1895–1897. Im Anschluß an Aufstände der Armenier gegen das Osmanische Reich verüben Kurden und Türken blutige Massaker unter den Armeniern.

▲ · **Livingstone und Stanley.**

Der Missionar und Arzt David Livingstone setzt sich engagiert für Afrika ein und kämpft dort gegen den Sklavenhandel. Man glaubt ihn tot. Henry Morton Stanley, der sich aufgemacht hatte, um ihn zu suchen, findet ihn, und es kommt zu dem berühmten Zusammentreffen. Später bricht Stanley, mehr an Eroberung als an Entdeckung interessiert, im Dienste des belgischen Königs Leopold II. nach dem Kongo auf. (Treffen von Livingstone und Stanley bei Ujiji im November 1871. *Gravur aus dem 19. Jh., B. N., Paris*)

CHRONOLOGIE DER WELTGESCHICHTE

ASIEN

1851–1864. Taipingrevolte in China gegen die Dynastie der Qing (Ch'ing).

1852. Zweiter englisch-birmanischer Krieg. Die Briten erobern Pegu.

1853. In Indien Bau der Eisenbahn und des Telegraphen.

1854–1855. Japan öffnet sich dem Westen.

1857–1858. Aufstand der Cipayas in Indien; nach dessen Niederwerfung wird Indien direkt der britischen Krone unterstellt.

1858. Durch die Verträge von Tientsin wird China gezwungen, die Missionstätigkeit der christlichen Kirchen zuzulassen.

1860. Plünderung des Sommerpalastes von Peking durch die französisch-englischen Truppen.

1861. Sikkim wird britisches Protektorat.

1862. Frankreich annektiert das östliche Cochinchina.

1863. Frankreich weitet sein Protektorat auf Kambodscha aus.

1868. Beginn der Meiji-Ära. Kaiser Mutsuhito verlegt die Hauptstadt Japans nach Edo (Tokio).

1871–1873. Expedition von Prschewalski in die Mongolei und an die Grenzen Tibets.

1876. Königin Viktoria nimmt den Titel einer Kaiserin von Indien an.

1878–1880. Zweiter Krieg gegen die Briten in Afghanistan.

1885. Dritter englisch-birmanischer Krieg. Birma wird dem indischen Reich angeschlossen (1886). Zugunsten Frankreichs verzichtet China auf seine Rechte an Annam und an Tonking. Gründung des indischen Nationalkongresses, der zur richtungweisenden Kraft in der indischen Nationalbewegung wird.

1887. Cochinchina wird französische Kolonie.

1889. Japan wird eine konstitutionelle Monarchie.

1894–1895. Chinesisch-japanischer Krieg. China muß die Unabhängigkeit Koreas anerkennen und Formosa (Taiwan) an Japan abtreten.

1898. China wird von den Westmächten in Einflußbereiche unterteilt.

1899–1900. Die Besetzung des Gesandtschaftsviertels in Peking löst den Boxeraufstand aus.

AFRIKA

1850. Die Deutschen Heinrich Barth und Adolf Overweg sowie der Brite James Richardson durchqueren die Sahara bis zum Tschad.

1852. Anerkennung der Unabhängigkeit der Republik Transvaal durch Großbritannien.

1852–1856. Livingstone durchquert Afrika von Kapstadt bis Luanda und dann von Luanda bis Quelimane; er entdeckt 1855 die Victoriafälle.

1858. Der Brite John Hanning Speke entdeckt den Tanganjikasee (Äquatorialafrika).

1861–1881. Der Malinkehäuptling Samory Touré errichtet ein großes Reich am oberen Niger.

1871. Stanley trifft in Ujiji, am östlichen Ufer des Tanganjikasees, auf Livingstone.

1875–1878. Savorgnan de Brazza erforscht den Lauf des Ogowe.

1876–1877. Stanley durchquert den Kongo.

1878. Der belgische König Leopold II. gründet mit Stanley den Forschungsausschuß Oberer Kongo.

1881. Massaker in der Mission von Paul Flatters (Frankreich) im Süden von Ouargla (algerische Sahara). Tunesien unter französischem Protektorat (Vertrag von Bardo).

1881–1898. Mahdi-Aufstand im Sudan.

1883. Charles de Foucauld erkundet Südmarokko und die algerische Sahara.

1885. Gründung des unabhängigen Staates Kongo, der von der Berliner Konferenz anerkannt wird.

1887–1889. Der Belgier A. Delcommune erkundet die wichtigsten Nebenflüsse des Kongo.

1888–1890. Ein großer Teil des Reiches von Samory Touré erhebt sich gegen ihn, der schließlich 1898 von der französischen Armee gefangengenommen wird.

1894. Dahomey unter französischem Protektorat.

1895–1896. Frankreich erobert Madagaskar.

1896. Sieg des Negus von Äthiopien, Menelik II., bei Adua über die Italiener.

1896–1898. Reise des Kapitäns Marchand (Frankreich) vom Kongo zum Nil. Frankreich muß den Forderungen der britischen Regierung nachgeben und Fachoda räumen. Der Franzose Émile Gentil zieht den Chari hinunter und kommt zum Tschadsee.

1898–1900. Reise der Franzosen Fernand Foureau und François Lamy von Algerien in die Tschadregion.

1899. Der Sudan wird englisch-ägyptisches Kondominium.

1899–1902. Burenkrieg gegen die Engländer in Südafrika.

AMERIKA UND OZEANIEN

1851. Beginn des australischen Goldrausches.

1852. Neuseeland erhält weitgehende Autonomie.

1853. Neukaledonien wird französisch.

1860. Abraham Lincoln wird zum Präsidenten der Vereinigten Staaten gewählt.

1861. Die von der Union abgefallenen Südstaaten bilden die Konföderierten Staaten von Amerika.

1861–1865. Sezessionskrieg, in dem sich Nord- und Südstaaten gegenüberstehen.

1862–1867. Französische Expedition nach Mexiko.

1864. Ferdinand Maximilian, Erzherzog von Österreich, wird als Maximilian I. Kaiser von Mexiko.

1865. Ermordung des Präsidenten Lincoln. In den Vereinigten Staaten wird die Sklaverei offiziell abgeschafft.

1865–1870. Krieg des Dreierbündnisses (Argentinien, Brasilien, Uruguay) gegen Carlos Antonio Lopez, den Diktator von Paraguay.

1867. Nova Scotia, New Brunswick und die Provinz Kanada bilden das ›Dominion of Canada‹. Die Vereinigten Staaten kaufen von Rußland das Gebiet von Alaska.

1869. In den Vereinigten Staaten ›verbindet die transkontinentale Eisenbahn die Westküste und die Ostküste.

1870. Unter der Führung von Louis Riel erheben sich die kanadischen Mischlinge.

1876. Porfirio Díaz wird Staatspräsident von Mexiko und beginnt, das Land zu modernisieren.

1879–1883. Im ›Salpeterkrieg‹ muß das mit Peru verbündete Bolivien die Provinz Antofagasta an Chile abtreten und verliert damit den Zugang zum Pazifik.

1880. Tahiti wird französische Kolonie.

1881–1888. Erste Arbeiten am Panamakanal durch F. de Lesseps; die Einstellung der Arbeiten führt in Frankreich zur Panamaaffäre (1892).

1883–1885. Großbritannien (im Südosten) und Deutschland (im Nordosten) richten ihre Protektorate in Neuguinea ein.

1889. In Brasilien wird die Republik ausgerufen. Einführung des allgemeinen Wahlrechts in Neuseeland.

1898. Spanisch-Amerikanischer Krieg; das unterlegene Spanien muß Kuba an die Vereinigten Staaten abtreten; Annektierung der Inseln Hawaii, Puerto Rico und der Philippinen durch die Vereinigten Staaten.

1899. Spanien verkauft die Marianeninseln an das Deutsche Reich.

CHRONOLOGIE DER WELTGESCHICHTE

1900 bis 1928

EUROPA

1900. Ermordung des italienischen Königs Umberto I.

1901. Eduard VII. wird Nachfolger von Königin Viktoria.

1904. Unterzeichnung der Entente cordiale zwischen Frankreich und Großbritannien.

1905. Erste russische Revolution. Norwegen trennt sich von Schweden und wird unabhängig.

1906. Gründung der Labour-Partei (englische Arbeiterpartei).

1907. Abkommen zwischen Großbritannien und Rußland über Zentralasien, was zur Tripelentente (Großbritannien, Frankreich, Rußland) führt.

1909. Blériot gelingt die erste Kanalüberquerung im Flugzeug.

1910. Portugal wird zur Republik erklärt.

1912. Annahme der Home Rule für Irland.

1912–1913. Erster Balkankrieg; Serbien, Bulgarien und Griechenland verbünden sich gegen die Türkei.

1914. Attentat auf den österreichischen Erzherzog Franz Ferdinand in Sarajevo. Beginn des Ersten Weltkriegs. Die deutschen Truppen dringen in Belgien ein. Marneschlacht unter dem Kommando von Joffre. Russische Niederlage bei Tannenberg.

1915. Alliiertenangriff im Artois, deutscher Angriff in Polen. Italien tritt an der Seite der Alliierten in den Krieg ein, Bulgarien an der Seite der Mittelmächte.

1916. Schlacht bei Verdun. Rumänien und Portugal treten an der Seite der Alliierten in den Krieg ein. Irischer Aufstand in Dublin.

1917. Griechenland tritt an der Seite der Alliierten in den Krieg ein; russische Revolution; Kriegseintritt der Vereinigten Staaten an der Seite der Alliierten; deutsch-russischer Waffenstillstand von Brest-Litowsk.

1918. Gegenoffensive der Alliierten, Ende des Ersten Weltkriegs. Abdankung Kaiser Wilhelms II. und Ausrufung der ›Deutschen Republik‹. Bildung des Königreichs der Serben, Kroaten und Slowenen.

1919. Vertrag von Versailles. Elsaß-Lothringen wird an Frankreich zurückgegeben. Gründung der Dritten Internationale. Annahme der ›Weimarer Reichsverfassung‹.

1920. Gründung des Völkerbundes durch die Unterzeichner des Vertrags von Versailles. Bürgerkrieg in Irland. Scheitern des rechtsradikalen Kapp-Putsches.

1921. Hitler wird Vorsitzender der Nationalsozialistischen Deutschen Arbeiterpartei (NSDAP). Anerkennung des freien Staates Irland.

1922. Marsch der *Schwarzhemden* Mussolinis auf Rom; Mussolini wird Miniserpräsident.

1922–1923. Französische und belgische Truppen besetzen das Ruhrgebiet.

1923. Hitlerputsch in München.

1924. Tod Lenins.

1925. Hindenburg wird Reichspräsident der Weimarer Republik. Mussolini erhält diktatorische Vollmachten.

1928. Erster Fünfjahresplan in der UdSSR. Abschluß des Briand-Kellog-Pakts (›Kriegsächtungspakt‹), dem sich 57 Staaten anschließen.

MITTLERER UND NAHER OSTEN

1906. Die iranische Opposition erreicht die Einsetzung einer Verfassung.

1907. Ein englisch-russisches Abkommen teilt den Iran in zwei Einflußbereiche.

1908. Die Jungtürken zwingen Abd ül-Hamid II., die Verfassung wieder in Kraft zu setzen, und setzen ihn im darauffolgenden Jahr ab.

1914. Die Türkei tritt an der Seite Deutschlands in den Krieg ein. Britisches Protektorat in Ägypten. Die Briten beginnen mit der Eroberung des Irak.

1915. Scheitern des Dardanellenfeldzugs. Die alliierten Truppen müssen Gallipoli räumen. Das Massaker an der armenischen Bevölkerung des Osmanischen Reiches fordert 1 500 000 Opfer.

1917. Die *Balfour-Declaration* sieht die Schaffung einer nationalen Heimstätte für die Juden in Palästina vor.

1918. Nach seiner Niederlage wird das Osmanische Reich von den Alliierten besetzt. Die Republik Armenien wird ausgerufen. Jemen wird selbständiges Königreich.

1919. Mustafa Kemal Pascha organisiert den Widerstand in Anatolien. Unabhängigkeit Afghanistans.

1920. Großbritannien erhält vom Völkerbund ein Mandat über den Irak. Frankreich erhält ein Mandat über Syrien und den ›Großen Libanon‹. Mustafa Kemal Pascha (später Kemal Atatürk) wird Vorsitzender der Großen Nationalversammlung in Ankara. Errichtung der Sowjetrepublik Armenien durch die Rote Armee.

1921. Militärischer Staatsstreich im Iran; Resa Khan setzt eine neue Regierung ein. Der Haschimite Feisal wird erster König des Irak. Großbritannien setzt Abd Allah ibn Al-Husain als Emir von Transjordanien ein.

1922. Nominelle Unabhängigkeit Ägyptens; König Fuad I. erläßt eine parlamentarische Verfassung (1923). Der Völkerbund überträgt Großbritannien das Mandat für Palästina. Im Griechisch-Türkischen Krieg verdrängt die Türkei Griechenland aus Kleinasien. Kemal Pascha schafft das Sultanat ab.

1923. Im Vertrag von Lausanne verliert Griechenland Ostthrakien und seine kleinasiatischen Gebiete an die Türkei, die eine Republik mit Kemal Pascha als Präsident wird.

1924. Das Kalifat wird in der Türkei abgeschafft.

1925. Zypern wird britische Kronkolonie. Resa Khan wird vom Parlament zum Schah des Iran gewählt und gründet die Dynastie der Pahlewi.

1925–1926. Die Drusen erheben sich in Syrien gegen die Franzosen.

1926. Der Libanon wird parlamentarische Republik und erhält eine Verfassung.

△ **Der Erste Weltkrieg.**
An der Westfront war der Erste Weltkrieg hauptsächlich ein Stellungskrieg, ein ›Grabenkrieg‹. Bei Verdun fand die blutigste Schlacht statt. Von Februar bis Dezember 1916 wehrten die Franzosen erfolgreich die deutschen Angriffe auf ihre Stellungen an beiden Ufern der Maas (Douaumont, Vaux, Höhe 304 usw.) ab. Das Heldentum der Soldaten und die ungeheuren Verluste haben Verdun zu einem Symbol des ›Großen Krieges‹ werden lassen. (*Graben der Franzosen der Höhe 304 in der Schlacht von Verdun*)

CHRONOLOGIE DER WELTGESCHICHTE

ASIEN

1900. Der ›Boxeraufstand‹ in China wird durch das von den Westmächten gemeinsam entsandte Expeditionskorps niedergeworfen.

1901. Ende des antiamerikanischen Guerillakrieges auf den Philippinen (Gefangennahme von Aguinaldo).

1904. Japanischer Angriff auf den russischen Stützpunkt von Port Arthur.

1904–1927. Herrschaft von Sisovath in Kambodscha, der das Land mit der französischen Kolonialverwaltung modernisiert.

1905. Niederlagen Rußlands bei Mukden und in der Seeschlacht von Tsushima. Japan siegt im Russisch-Japanischen Krieg. Die Japaner erhalten die russischen Teile der Mandschurei, den Süden von Sachalin und das Recht, ihr Protektorat über Korea zu errichten.

1906. Bildung der Muslimliga zur Verteidigung der Muslime in Indien.

1907. Thailand gibt Angkor und Battambag an Kambodscha zurück.

1908. In China stirbt die Kaiserinwitwe Cixi (Ts'u-hsi).

1909. Thailand muß das Gebiet östlich des Mekong an Laos, Battambang und Siem Reap an Kambodscha abtreten.

1910. Japan annektiert Korea. Tod von Chulalongkorn, der Thailand eine moderne Infrastruktur verliehen hatte.

1911. Revolution in China und Ausrufung der Republik. Gründung der nationalistischen muslimischen Partei *Sarekat Islam* in niederländisch Indien.

1912. Gründung der chinesischen Partei Kuo-min-tang (Guomindang) durch Sun Yatsen. Ende der Meiji-Ära in Japan und Beginn der Taisho-Ära.

1914. Japan tritt an der Seite der Alliierten in den Ersten Weltkrieg ein.

1918–1922. Japan besetzt Teile Sibiriens.

1920–1922. Mahatma Gandhi leitet die erste Kampagne des zivilen Ungehorsams in Indien.

1921. Gründung der chinesischen kommunistischen Partei. Sie verbündet sich mit der Kuo-min-tang.

1925. Tod von Sun Yatsen. Chiang Kai-chek wird Führer der Kuo-min-tang.

1926. Beginn der Herrschaft von Kaiser Hirohito in Japan (Showa-Ära).

1927. Bruch zwischen der Kuo-min-tang und der kommunistischen Partei Chinas.

AFRIKA

1900–1909. Bau der Eisenbahn zwischen Tananarive und der Ostküste von Madagaskar.

1902. Dakar wird die Hauptstadt von Französisch-Westafrika.

1903. Die Seychellen werden britische Kronkolonie.

1906. Die Algeciras-Konferenz beendet die erste deutsch-französische Marokkokrise; die Souveränität Marokkos bleibt erhalten. Äthiopienabkommen zwischen Italien, England und Frankreich.

1908. Belgien übernimmt den von König Leopold II. geschaffenen Kongostaat als Kolonie.

1910. Gründung des britischen Dominions Südafrikanische Union, das die Kolonien Kapprovinz, Natal, Oranjefreistaat und Transvaal zusammenfaßt.

1911. Zweite Marokkokrise. Das deutsche Kanonenboot *Panther* liegt im Hafen von Agadir.

1911–1912. Italienisch-Türkischer Krieg. Italien erwirbt die Cyrenaika und Tripolis.

1912. Marokko unter französischem Protektorat. Schaffung der französischen Kolonie Komoren.

1919–1920. Die deutschen Kolonien kommen als Völkerbundsmandate an ihre Eroberer (Frankreich, Belgien, England und Südafrika).

1921. Beginn des Baus der kongolesischen Eisenbahn zum Ozean.

1923. Äthiopien wird Mitglied des Völkerbundes. Die Eisenbahn Dakar-Niger wird fertiggestellt. Südrhodesien wird britische Kolonie mit Selbstverwaltung.

1924. Nordrhodesien wird britische Kolonie.

1925–1926. Rifkrieg gegen die Franzosen in Marokko.

1928. Freundschaftsvertrag zwischen Italien und Äthiopien.

8 MILLIONEN TOTE

Anzahl der getöteten Soldaten und Zivilisten im Ersten Weltkrieg.
Insgesamt: etwa 8 Millionen.
- Belgien: 10 000.
- Deutschland: 1 800 000.
- Frankreich: 1 400 000.
- Großbritannien: 780 000.
- Italien: 530 000.
- Kanada: 62 000.
- Österreich-Ungarn: etwa 950 000.
- Rumänien: etwa 700 000.
- Rußland: etwa 1 700 000.
- Serbien: 400 000.
- Türkei: 400 000.
- Vereinigte Staaten: 114 000.

AMERIKA UND OZEANIEN

1901. Gründung des Australischen Bundes innerhalb des Britischen Commonwealth; Anschluß Tasmaniens. Ermordung des Präsidenten der Vereinigten Staaten McKinley.

1903. Kolumbien verliert Panama, das als Republik unabhängig wird. Die Vereinigten Staaten beginnen mit dem Bau eines transozeanischen Kanals.

1907. Neuseeland wird Dominion im britischen Commonwealth.

1911. In Mexiko wird Porfirio Díaz gestürzt. Beginn der Revolution.

1912. Amerikanische Besetzung Nicaraguas.

1914. Kanada, Australien und Neuseeland treten an der Seite von Großbritannien und Frankreich in den Krieg ein. Eröffnung des Panamakanals.

1915. Die Vereinigten Staaten besetzen Haiti.

1917. Die Vereinigten Staaten und Brasilien erklären Deutschland den Krieg. Annahme einer neuen Verfassung in Mexiko, die noch heute gültig ist. Die Puertoricaner erhalten die amerikanische Staatsbürgerschaft. Neufundland erhält den Status eines Dominions.

1918. Der amerikanische Präsident Wilson formuliert seine Vierzehn Punkte als Grundlage einer Friedensordnung nach dem Ersten Weltkrieg.

1919. Präsident Wilson kann in den Vereinigten Staaten die Annahme des Versailler Friedensvertrags und die Teilnahme am Völkerbund (1920) nicht durchsetzen; Prohibition (Alkoholverbot). Die Marianeninseln werden japanisches Mandatsgebiet. Liberale Verfassung in Uruguay.

1921–1922. Washingtoner Konferenz über Fragen der Politik im pazifischen Raum und im Fernen Osten sowie über die Beendigung des Flottenwettrüstens.

1921. Neuguinea wird australisches Treuhandgebiet.

1926–1929. Religionskrieg der ›Cristeros‹ in Mexiko.

1927. A. C. Sandino führt einen Kleinkrieg gegen die amerikanischen Truppen in Nicaragua.

1928. Die panamerikanische Konferenz von Havanna versucht vergeblich, eine Bundesorganisation der amerikanischen Staaten zu bilden. Britisch-Guayana wird Kronkolonie.

CHRONOLOGIE DER WELTGESCHICHTE

1929 bis 1945

EUROPA

1929. Lateranverträge, die die Beziehungen zwischen der katholischen Kirche und dem italienischen Staat regeln. Trotzki im Exil.

1931. Die Weltwirtschaftskrise greift auf Europa über.

1933. Adolf Hitler wird Reichskanzler und baut ein diktatorisches Regierungssystem auf.

1934. Attentat der Nationalsozialisten auf den österreichischen Bundeskanzler Dollfuss.

1935. Beginn der Stalinschen ›Säuberung‹ in der Sowjetunion.

1936. Beginn des spanischen Bürgerkrieges; Franco steht an der Spitze der Nationalisten. Volksfront in Frankreich. Hitler besetzt das Rheinland. Bildung der Achse Berlin–Rom.

1938. *Anschluß* Österreichs an Deutschland. Münchner Abkommen.

1939. Sieg der Francotruppen in Spanien. Stahlpakt zwischen Deutschland und Italien. Hitler-Stalin-Pakt. Sowjetischer Angriff auf Finnland. Die Deutschen fallen in Polen ein und provozieren den Kriegseintritt von Frankreich und England. Italien marschiert in Albanien ein.

1940. Deutsche Invasion in Norwegen, den Niederlanden, Belgien und Frankreich. Kriegseintritt Italiens. Französisch-deutscher Waffenstillstand. Marschall Pétain wird Ministerpräsident von Frankreich. General de Gaulle geht nach London. Churchill wird Premierminister von Großbritannien.

1941. Die Deutschen erreichen Griechenland und Jugoslawien. Deutscher Angriff auf die Sowjetunion. Neutralitätsvertrag zwischen Japan und der Sowjetunion.

1942. Beginn der Belagerung von Stalingrad. Deutsche Konzentrationslager dienen der Vernichtung der aus politischen oder ethnischen Gründen Deportierten (Juden, Polen, Russen, Zigeuner...).

1943. Sowjetischer Sieg bei Stalingrad. Die Alliierten landen auf Sizilien. Mussolini dankt ab. Beginn des Rückzugs der Deutschen aus der Sowjetunion.

1944. Die Alliierten landen in der Normandie und der Provence. Befreiung Westeuropas. Die russischen Armeen stehen in der Ukraine und in Mitteleuropa.

1945. Jalta-Konferenz zwischen Stalin, Churchill und Roosevelt. Befreiung von Norditalien, Mussolini wird hingerichtet. Die Alliierten dringen nach Deutschland vor. Hitler begeht in Berlin Selbstmord. Die amerikanischen und russischen Armeen treffen an der Elbe zusammen. Bedingungslose Kapitulation Deutschlands. Nürnberger Prozesse.

MITTLERER UND NAHER OSTEN

1930. Englisch-irakischer Vertrag, der dem Irak eine nominelle Unabhängigkeit verleiht. Im Hasa (Arabien) wird Erdöl entdeckt.

1932. Die von Abd al-Asis III. Ibn Saud eroberten Gebiete erhalten den Namen Saudi-Arabien. Die Türkei tritt in den Völkerbund ein.

1936. Großbritannien bestätigt die Souveränität Ägyptens. Autonomie von Syrien und Libanon.

1936–1939. Arabische Guerillabewegung in Palästina.

1937. Aden wird britische Kronkolonie.

1938. Mustafa Kemal Atatürk stirbt; Ismet Inönü wird sein Nachfolger.

1939. Britisches Weißbuch, das die Einwanderung von Juden nach Palästina einschränkt. Beginn des zionistischen Aufstandes (terroristische Aktionen der Irgun).

1939–1945. Die Türkei erklärt ihre Neutralität im Zweiten Weltkrieg.

1940. Italienischer Angriff auf Ägypten, dann Gegenoffensive der Briten.

1941. Die Sowjets und die Briten besetzen einen Großteil des Irans. Schah Resa dankt zugunsten seines Sohnes Mohammed Resa Pahlewi ab. Die Briten besetzen Bagdad. Das freie Frankreich erklärt die Unabhängigkeit Syriens.

1942. Die Deutschen dringen in Ägypten vor.

1943. Konferenz von Teheran; Churchill, Roosevelt und Stalin beschließen die Landung der Alliierten in der Provence und der Normandie. Unabhängigkeit des Libanon.

1945. Saudi-Arabien, Irak, Libanon, Syrien, Ägypten, Jemen und Transjordanien gründen die Arabische Liga.

DAS MÜNCHNER ABKOMMEN

Nach der Annektierung Österreichs wendet sich Hitler gegen die Tschechoslowakei, wo die Sudetendeutschen als deutschsprachige Minderheit leben. Während Hitler die Annektierung des Sudetenlandes fordert, bemühen sich Frankreich und Großbritannien als Verbündete der Tschechoslowakei um eine Schlichtungspolitik. Am 29. September 1938 treffen sich die Regierungsoberhäupter von Großbritannien, Frankreich, Italien und Deutschland in München und unterzeichnen das Abkommen über die Evakuierung des Sudetenlandes durch die Tschechen und seine allmähliche Besetzung durch deutsche Truppen.

ASIEN

1930–1933. Gandhi organisiert in Indien die zweite Kampagne des zivilen Ungehorsams.

1931. Besetzung der Mandschurei durch Japan, das 1932 den unter seinem Protektorat stehenden Staat Mandschukuo ausruft und ihn 1933 zum Kaiserreich erklärt.

1934–1935. Mao Tse-tung führt den Langen Marsch an, den Rückzug der chinesischen Kommunisten vor der Kuo-min-tang. Die Kommunisten verlassen ihr Herrschaftsgebiet in Südchina und bauen Yanan in der Provinz Shaanxi zu ihrem zentralen Stützpunkt aus.

1935. *Government of India Act* über die Autonomie der indischen Provinzen. Mao Tse-tung wird ins Politbüro der kommunistischen Partei Chinas gewählt.

1937. Die Kongreßpartei siegt bei den Wahlen in Indien. Die Muslimliga fordert einen eigenen muslimischen Staat.

1937–1938. Japan besetzt den Nordosten Chinas und setzt in Nanking eine japanfreundliche Regierung ein; Bündnis der Kommunisten und der Kuo-min-tang gegen die Japaner.

1938–1944. Militärdiktatur von Pibul Songgram, der Thailand an der Seite Japans in den Zweiten Weltkrieg führt.

1940. Dreimächtepakt zwischen Japan, Italien und Deutschland.

1941. Japanischer Angriff auf die amerikanische Flotte in Pearl Harbor. Beginn der Herrschaft von Norodom Sihanuk in Kambodscha.

1942. Japan erobert den größten Teil Asiens im Südostpazifik. Antibritische Bewegung *Quit India* in Indien.

1944–1945. Die Vereinigten Staaten erobern die Philippinen zurück.

1945. Japanischer Angriff auf Französisch-Indochina. Atombomben auf Hiroshima und Nagasaki. Japan kapituliert. Ho Chi-minh ruft die unabhängige Demokratische Republik Vietnam aus und wird deren Präsident. Befreiung Chinas und Wiederaufflackern des Bürgerkriegs zwischen den Kommunisten und der Kuo min-tang. Gründung der unabhängigen Republik Indonesien mit Sukarno als erstem Staatspräsidenten. Befreiung von Birma und Malaysia mit Hilfe der Briten. In Korea Vormarsch der sowjetischen Truppen im Norden bis zum 38. Breitengrad und Landung der amerikanischen Truppen im Süden.

CHRONOLOGIE DER WELTGESCHICHTE

AFRIKA

1931. Haile Selassie gibt Äthiopien eine Verfassung nach westlichem Modell.

1932. Obervolta (heute Burkina Faso) wird zwischen dem Sudan, der Elfenbeinküste und Nigeria aufgeteilt.

1934. Gründung des Neo-Destur in Tunesien durch Habib Bourguiba.

1935–1936. Krieg zwischen Italien und Äthiopien. Äthiopien wird mit Eritrea und Italienisch-Somaliland zur Kolonie Italienisch-Ostafrika zusammengefaßt.

1939. Die Südafrikanische Union tritt in den Krieg gegen Deutschland ein.

1940. Die französische Flotte wird von den Briten bei Mers el-Kébir bombardiert. Französisch-Äquatorialafrika und Kamerun verbünden sich mit General de Gaulle.

1941. Angriff von Rommel in Libyen. Britischer Sieg in Eritrea. Wiedereinsetzung Kaiser Haile Selassies in Äthiopien. Tobruk wird von der britischen Armee eingenommen. Angriff von Leclerc auf Koufra.

1942. Die deutsche Armee besetzt Tunesien. Schlacht von El-Alamein. Briten und Franzosen landen in Nordafrika (Marokko, Algerien). Rommel nimmt Tobruk. Die britische Armee steht in Madagaskar.

1943. Tunesienfeldzug. De Gaulle in Algier. In Marokko wird die Unabhängigkeitspartei Istiklal gegründet.

1944. Konferenz von Brazzaville über den künftigen Status der französischen Kolonien. Bildung der ›Provisorischen Regierung der Französischen Republik‹ in Algier.

50 MILLIONEN TOTE

Anzahl der getöteten Soldaten und Zivilisten im Zweiten Weltkrieg.

Insgesamt: zwischen 40 und 52 Millionen, darunter etwa 7 Millionen nach Deutschland Deportierte.

- Belgien: 89 000.
- Deutschland: etwa 4,5 Millionen.
- Frankreich: etwa 535 000.
- Griechenland: etwa 500 000.
- Großbritannien: 390 000.
- Italien: 310 000.
- Japan: etwa 2 Millionen.
- Jugoslawien: etwa 1,5 Millionen.
- Kanada: 41 000.
- Niederlande: etwa 210 000.
- Polen: etwa 5 Millionen.
- Rumänien: etwa 460 000.
- Sowjetunion: etwa 20 Millionen.
- Ungarn: etwa 450 000.
- Vereinigte Staaten: 300 000.
- Etwa 6 Millionen Juden starben als Opfer von Deportationen und Massakern.

AMERIKA UND OZEANIEN

1929. Der Börsenkrach in New York steht am Anfang der Weltwirtschaftskrise.

1930. R. Trujillo wird Präsident der Dominikanischen Republik.

1931. Das Westminsterstatut gewährt den britischen Dominions Kanada, Australien und Neuseeland volle Souveränität.

1932–1935. Chacokrieg Boliviens gegen Paraguay; Bolivien verliert den größten Teil des Gran Chaco.

1933. Der Präsident der Vereinigten Staaten, Roosevelt, beginnt mit der Politik des *New Deal*. Batista y Zaldívar ergreift in Kuba die Macht.

1938. Verstaatlichung der Erdölproduktion in Mexiko.

1939. Kanada, Australien und Neuseeland treten in den Krieg gegen Deutschland ein.

1941. Die Japaner bombardieren die amerikanische Pazifikflotte in Pearl Harbor. Deutschland und Italien erklären den Vereinigten Staaten den Krieg. Japanische Siege im Pazifik. Roosevelt und Churchill verkünden die Atlantikcharta.

1942. Brasilien und Mexiko erklären Deutschland den Krieg. Im Atlantikkrieg Wende zugunsten der Alliierten. Die japanische Invasion in Indonesien beendet die niederländische Herrschaft. Amerikanischer Seesieg bei den Midway Islands. Beginn des Kampfes um Guadalcanal.

1943. Bolivien und Kolumbien erklären den Achsenmächten den Krieg. Die Japaner räumen Guadalcanal.

1944. Die Amerikaner nehmen die Marshallinseln wieder ein und befreien Neuguinea. Die japanische Flotte wird in der Seeschlacht bei den Philippinen vernichtet.

1945. Die Japaner verlieren Iwo Jima. Roosevelt stirbt, Truman wird sein Nachfolger. Ausarbeitung und Unterzeichnung der Charta der Vereinten Nationen (UNO) in San Francisco.

△ · **Pearl Harbor.** Am 7. Dezember 1941 bombardieren mehrere Einheiten der japanischen Luftwaffe von Flugzeugträgern aus den amerikanischen Marinestützpunkt Pearl Harbor. Durch seine strategischen und politischen Folgen stellt dieses Ereignis eines der wichtigsten des Zweiten Weltkrieges dar, da es die Rolle der Marineluftstreitkräfte deutlich machte und zum Eintritt der Vereinigten Staaten in den Krieg führte. *(Brand an Bord der amerikanischen Panzerschiffe* Tennessee *und* West Virginia *nach dem japanischen Angriff auf den Marineluftstützpunkt von Pearl Harbor [Hawaii])*

CHRONOLOGIE DER WELTGESCHICHTE

JÜNGSTE GESCHICHTE: 1946 bis 1990

EUROPA

1946. Bürgerkrieg in Griechenland. Ausrufung der Republik Italien. Albanien und Bulgarien werden Volksrepublik.

1947. Friedensverträge von Paris mit Italien, Ungarn, Rumänien, Bulgarien und Finnland. Marshallplan, amerikanische Wirtschaftshilfe für Europa. Rumänien wird Volksrepublik.

1948. Kommunistischer Staatsstreich in der Tschechoslowakei. Polen übernimmt das sowjetische Modell.

1948–1949. Berlinblockade und Luftbrücke. Ausschluß Jugoslawiens aus dem ›sozialistischen Lager‹.

1949. Gründung der Bundesrepublik Deutschland und der Deutschen Demokratischen Republik. Adenauer ist Kanzler der Bundesrepublik. Bildung des COMECON (Rat für gegenseitige Wirtschaftshilfe) in Osteuropa. Ungarn wird Volksrepublik.

1951. Pariser Verträge über die Europäische Gemeinschaft für Kohle und Stahl (EGKS).

1953. Tod Stalins; Chruschtschow wird Generalsekretär der sowjetischen KP. Aufstand des 17. Juni in der DDR.

1955. Die Bundesrepublik Deutschland tritt der NATO bei. Gründung des Warschauer Pakts. Neutralität Österreichs.

1956. 20. Kongreß der sowjetischen KP, der die Abwendung vom Stalinismus festlegt. Antisowjetischer Aufstand in Ungarn.

1957. Unterzeichnung der Römischen Verträge: Bildung der Europäischen Wirtschaftsgemeinschaft (ab 1959).

1958. Wahl des Papstes Johannes XXIII.

1959. De Gaulle wird Präsident der 5. französischen Republik.

1961. Bau der Berliner Mauer. Konferenz der blockfreien Staaten in Belgrad.

1962–1965. 2. Vatikanisches Konzil.

1964. Malta wird unabhängig. Chruschtschow wird abgesetzt.

1967. Militärputsch in Griechenland, das ›Obristenregime‹ schafft die Monarchie ab. Tod Adenauers. Nicolae Ceauçescu wird rumänischer Staats- und Parteichef.

1968. In Portugal gibt Salazar die Macht ab. Das Eingreifen der sowjetischen Truppen in der Tschechoslowakei beendet den ›Prager Frühling‹. Studentenunruhen in Deutschland und Frankreich.

1969. Terrorakte der ›provisorischen‹ IRA beginnen in Ulster. General de Gaulle tritt zurück.

1972. Großbritannien und Irland werden Mitglieder der Europäischen Wirtschaftsgemeinschaft. Katholikenaufstände und blutige Unterdrückung in Nordirland. Grundlagenvertrag zwischen den beiden deutschen Staaten.

1973. Dänemark tritt dem Gemeinsamen Markt bei. Griechenland wird Republik.

1974. Militärischer Staatsstreich in Portugal, (›Nelkenrevolution‹).

1975. Tod Francos; Juan Carlos I. wird König von Spanien.

1976. ›Historischer Kompromiß‹ in Italien; Beginn des Terrorismus (Rote Brigaden).

1977. Belgien wird in drei Regionen geteilt: Wallonien, Flandern, Brüssel.

1979. Wahl des ersten Europaparlaments durch allgemeine Wahl.

1980. Gründung der Gewerkschaft Solidarität (Solidarność) in Polen. Tod Titos.

1981. François Mitterrand wird französischer Ministerpräsident. In Polen gelangt General Jaruzelski an die Macht, Einsetzung des ›Kriegsrechts‹.

1982. Spanien tritt der NATO bei.

1985. Englisch-irisches Abkommen über die Ulster-Frage. Gorbatschow wird Generalsekretär der sowjetischen KP und beginnt mit seiner Reformpolitik der ›Glasnost und Perestroika‹.

1986. Spanien und Portugal treten der Europäischen Wirtschaftsgemeinschaft bei. Reaktorunglück in Tschernobyl.

1987. Erster Besuch eines Staatsoberhauptes der DDR in der Bundesrepublik. Gorbatschow und Reagan unterzeichnen einen Vertrag über den weltweiten Abbau der Mittelstreckenraketen.

1989. Massendemonstrationen in der DDR führen zum Rücktritt Honeckers; die führende Rolle der SED wird aus der Verfassung gestrichen. In Polen bildet T. Mazowiecki nach freien Wahlen eine nichtkommunistische Regierung. Volksaufstand in Rumänien; Ceauşescu wird durch ein Militärtribunal zum Tode verurteilt und hingerichtet. Der tschechische Staatspräsident Husák tritt zurück, sein Nachfolger wird Václav Havel. In Ungarn beschließt das Parlament den Übergang zu einem demokratischen Rechtsstaat mit Mehrparteiensystem.

1989/90. Unabhängigkeitsbestrebungen in fast allen sowjetischen Unionsrepubliken.

1990. Erste freie Wahlen in der DDR; L. de Maizière wird Ministerpräsident. Am 3. Okt. tritt die DDR der BRD bei. Ion Iliescu wird der erste frei gewählte Präsident Rumäniens. Die Tschechoslowakei ändert ihren Namen in ›Tschechische und Slowakische Föderative Republik‹ (ČSFR). Ungarn wählt eine nichtkommunistische Regierung unter J. Antall. Rücktritt T. Schiwkows in Bulgarien; die bulgarische KP wird eine sozialistische Partei. Die KPdSU verzichtet auf ihr Machtmonopol. Die UdSSR beginnt mit dem Abzug ihrer Truppen aus der DDR, Polen, der Tschechoslowakei und Ungarn.

MITTLERER UND NAHER OSTEN

1946. Jordanien wird unabhängig; der Emir nimmt den Königstitel an.

1947. Die UNO empfiehlt die Teilung von Palästina in einen jüdischen und einen arabischen Staat, was von den Arabern abgelehnt wird.

1948–1949. Gründung des Staates Israel, der den ersten israelisch-arabischen Krieg gewinnt. Ben Gurion wird erster israelischer Ministerpräsident.

1949. Israel wird in die UNO aufgenommen. Viele arabische Palästinenser verlassen Israel.

1950. Der türkische Ministerpräsident Menderes betreibt eine prowestliche Politik.

1951. Verstaatlichung des iranischen Erdöls.

1952. In Ägypten ergreift die Armee die Macht und stürzt König Faruk. Nach der Ermordung seines Vaters wird Husain König von Jordanien. Die Türkei tritt der NATO bei.

1953. Ägypten wird Republik.

1954. Der Offizier Nasser wird ägyptischer Ministerpräsident.

1955. Auf Zypern beginnen die Streitigkeiten zwischen den Anhängern einer Anbindung an Griechenland und denen einer Anbindung an die Türkei.

1956. Nasser verstaatlicht den Suezkanal. Zweiter israelisch-arabischer Krieg.

1958. Sturz der Monarchie im Irak und Ausrufung der Republik. Im Libanon Bürgerkrieg zwischen Muslimen und Christen und militärische Intervention der USA.

1958–1961. Ägypten und Syrien bilden die Vereinigte Arabische Republik unter der Leitung von Nasser.

1960. In der Türkei ergreift die Armee die Macht.

1961. Das Emirat Kuwait wird unabhängig.

1962. Ausrufung der Arabischen Republik Jemen.

1963. Beginn der ›weißen Revolution‹ (Agrarreform) im Iran. Ein weiterer Staatsstreich im Irak stürzt General Kassem. In Syrien kommt die Baath-Partei an die Macht. Aden tritt der Südarabischen Konföderation bei.

1964. Gründung der Palästinensischen Befreiungsorganisation (PLO).

1967. Dritter arabisch-israelischer Krieg, der ›Sechstagekrieg‹. Israel besetzt die Sinaihalbinsel, das Jordanland und den Gazastreifen. Ausrufung der Volksrepublik Jemen (seit 1970 Demokratische Volksrepublik Jemen).

1968. Militärputsch im Irak; die Baath-Partei ergreift die Macht.

1970. Die Palästinenser werden von den königlichen Truppen aus Jordanien vertrieben.

1970–1976. Auseinandersetzungen zwischen libanesischen Truppen und Palästinensern.

1971. Das Emirat Bahrein wird unabhängig.

1971–1972. Bildung der Vereinigten Arabischen Emirate.

1973. Vierter israelisch-arabischer Krieg, der ›Jom-Kippur-Krieg‹.

CHRONOLOGIE DER WELTGESCHICHTE

1974. In Zypern führt ein Staatsstreich, der die Anbindung an Griechenland bezweckt, zur Landung türkischer Truppen im Norden der Insel.

1975. Beginn des Bürgerkriegs im Libanon.

1976. Syrien schreitet im Libanon ein.

1978. Entsendung einer UNO-Friedenstruppe in den Libanon.

1979. Unterzeichnung des Friedensvertrages zwischen Ägypten und Israel in Washington; Anerkennung einer endgültigen Grenze zwischen beiden Ländern. Der Schah wird aus dem Iran vertrieben; Einrichtung einer islamischen Republik unter Ayatollah Khomeini.

1980. Beginn des Kriegs zwischen Iran und Irak.

1981. In Ägypten wird Sadat von islamischen Extremisten ermordet.

1982. Israel gibt den Sinai an Ägypten zurück.

1982–1985. Israelische Truppen besetzen den Südlibanon.

1988. Palästinenseraufstände in den besetzten Gebieten. Einstellung der Kämpfe und Friedensverhandlungen zwischen Irak und Iran. Versammlung des Rates der PLO in Algier: Annahme der Resolution 242 der UNO (Anerkennung Israels) und Proklamation eines unabhängigen Staates ›Palästina‹.

1989. Tod des Ayatollah Khomeini.

1990. Kuwait wird von irakischen Truppen besetzt.

ASIEN

1946. Die Briten gründen die malaiische Union. Unabhängigkeit der Philippinen. Scheitern der Konferenzen von Dalat und Fontainebleau zwischen Frankreich und dem Viet-minh (Liga für die Unabhängigkeit Vietnams) und Beginn des Indochinakrieges.

1946–1947. Verfassung, die Japan zu einer konstitutionellen Monarchie macht.

1947. Indien wird unabhängig und in zwei Staaten geteilt: Pakistan mit muslimischer Mehrheit, Indien mit hinduistischer Mehrheit; Nehru wird indischer Premierminister.

1948. Verkündung der demokratischen Volksrepublik von Nordkorea und der Republik Südkorea. Unabhängigkeit von Sri Lanka (früher Ceylon) und von Birma. Gandhi wird ermordet.

1948–1950. Java wird der Republik Indonesien angeschlossen.

1949. In China gründen die siegreichen Kommunisten die Volksrepublik China, während die Nationalisten sich nach Taiwan zurückziehen. Laos wird im Rahmen der französischen Union unabhängig.

1950–1953. Koreakrieg: Nordkorea, unterstützt von der UdSSR und China, gegen Südkorea, unterstützt von den Vereinigten Staaten. Am Ende der Kämpfe wird Korea wieder

am 38. Breitengrad geteilt. Der Krieg in Indochina nimmt internationale Dimensionen an: chinesisch-sowjetische Hilfe für Ho Chi-minh und amerikanische Unterstützung für die Franzosen.

1951. Die Alliierten (außer der UdSSR) unterzeichnen in San Francisco einen Friedensvertrag mit Japan, der Japan seine Souveränität wiedergibt.

1954. Kapitulation der französischen Truppen in Dien Bien Phu. Genfer Abkommen, durch das Vietnam am 17. Breitengrad geteilt und die Unabhängigkeit von Kambodscha gesichert wird. Südostasienpakt (SEATO).

1955. Ausrufung der Republik Südvietnam und Machtergreifung durch Ngô Đinh Diêm. Afro-asiatische Konferenz in Bandung über den Rassismus und den Kolonialismus.

1957. Malaysia wird unabhängig.

1958. Mao Tse-tung tut den ›Großen Sprung nach vorn‹, um den Übergang zum Kommunismus zu beschleunigen. Bildung der Volkskommunen.

1963. In Südvietnam wird Ngô Đinh Diêm gestürzt und ermordet.

1964–1968. Die Vereinigten Staaten greifen verstärkt in Vietnam ein.

1965. Singapur wird unabhängig.

1966. Mao Tse-tung beginnt die Große Proletarische Kulturrevolution.

1967–1968. General Suharto verdrängt Sukarno und wird Präsident der Republik Indonesien.

1968. Eröffnung der Konferenz von Paris mit dem Ziel, den Vietnamkrieg zu beenden.

1969. Einsetzung einer provisorischen Revolutionsregierung in Südvietnam.

1971. Scheich Mujibur Rahman ruft in Ostpakistan die Volksrepublik Bangladesh aus. Der Sitz Chinas in der UNO, der seit der Gründung Taiwans von diesem Land besetzt wurde, wird an die Volksrepublik China zurückgegeben.

1973. Die USA unterzeichnen in Paris ein Waffenstillstandsabkommen und ziehen ihre Truppen aus Vietnam ab.

1975. Fall von Saigon und Zusammenbruch Südvietnams. Die Roten Khmer kommen in Kambodscha an die Macht und errichten das blutige Pol-Pot-Regime.

1976. Wiedervereinigung Vietnams. Tod Mao Tse-tungs.

1977–1981. Nach der Rehabilitierung von Teng Hsiao-ping setzt sich in China allmählich eine neue Linie durch: Modernisierung der Wirtschaft, Auflösung der Kollektive, Öffnung zur Außenwelt.

1978. Friedens- und Freundschaftsvertrag zwischen China und Japan, wodurch Japan seinen Einfluß im Fernen Osten ausweiten kann. Kommunistischer Staatsstreich in Afghanistan. Beginn der vietnamesischen Invasion in Kambodscha.

1979. Militärisches Eingreifen der UdSSR in Afghanistan.

1984. Die Präsidentin der Kongreßpartei und indische Premierministerin, Indira Gandhi, wird von extremistischen Sikhs ermordet; Nachfolger ist ihr Sohn Rajiv Gandhi.

1986. Marcos, der seit 1965 auf den Philippinen an der Macht war, muß diese an Corazon Aquino abgeben.

1988/1989. Abzug der sowjetischen Truppen aus Afghanistan.

1989. Massendemonstrationen auf dem ›Platz des Himmlischen Friedens‹ in Peking für mehr Freiheit und Demokratie, die in einer blutigen Militäraktion unterdrückt werden. Die vietnamesischen Truppen ziehen sich aus Kambodscha zurück. In Japan besteigt Kaiser Akihito den Thron unter der Devise ›Heisei‹ (Frieden und Eintracht).

AFRIKA

1946. Gründung der Französischen Union mit allen französischen Kolonialbesitzungen. Die Insel Réunion wird französisches Überseedepartement. Félix Houphouët-Boigny wird Präsident der ›Afrikanischen Demokratischen Sammlungsbewegung‹.

1947–1948. Aufstand in Madagaskar.

1951. Libyen wird als konstitutionelle Monarchie unabhängig.

1952. Eritrea wird mit Äthiopien vereinigt.

1952–1956. Mau-Mau-Aufstand in Kenia.

1953. Frankreich setzt den marokkanischen Sultan Mohammed V. ab. Zusammenschluß von Njassaland sowie Nord- und Südrhodesien zur Zentralafrikanischen Föderation.

1954. Aufstand der ›Nationalen Befreiungsfront‹ in Algerien. Frankreich erkennt die Unabhängigkeit Tunesiens an.

1956. Im Sudan wird die Republik ausgerufen. Marokko wird unabhängig.

1957. Ghana wird im Rahmen des Commonwealth unabhängig. Mohammed V. wird König von Marokko. In Tunesien verkündet Bourguiba die Republik unter seiner Präsidentschaft.

1958. Aufstände in Algerien. Bildung der Französischen Gemeinschaft, die Frankreich und die meisten seiner ehemaligen Kolonien in Afrika umfaßt. Guinea wird unabhängig; Sékou Touré wird Staatspräsident. Madagaskar wird eine autonome Republik. Njassaland wird autonom.

1959. In Libyen wird Erdöl entdeckt.

1960. Die autonomen Staaten der Französischen Gemeinschaft werden unabhängig. Houphouët-Boigny wird Premierminister der Elfenbeinküste. Léopold Senghor wird Staatspräsident der Republik Senegal. Ghana wird Republik mit Nkrumah als erstem Präsidenten. Nigeria wird unabhängig. Bildung der Republik Somalia. Unabhängigkeit des Kongo-Kinshasa (heute Zaire).

1961. Südafrika tritt aus dem Commonwealth aus und wird Republik. Hasan II. wird König von Marokko. Sierra Leone und Tan-

CHRONOLOGIE DER WELTGESCHICHTE

ganjika werden unabhängig. Scheitern eines Putsches in Algerien.

1962. Algerien wird unabhängig. Eritrea wird von Äthiopien annektiert. Burundi und Uganda werden unabhängig.

1963. Konferenz von Addis Abeba, die die Organisation für Afrikanische Einheit ins Leben ruft. Beginn des Guerillakrieges gegen die Portugiesen in Guinea-Bissau. Kenia wird im Rahmen des Commonwealth unabhängig. Nigeria wird Republik. Ben Bella wird Staatspräsident der Republik Algerien.

1964. J. Kenyatta wird Staatspräsident der Republik Kenia. Njassaland wird unter dem Namen Malawi unabhängig. Nordrhodesien wird unabhängig und nimmt den Namen Sambia an. Sansibar vereinigt sich mit Tanganjika und bildet Tansania.

1965. Militärischer Staatsstreich von J. B. Bokassa in der Zentralafrikanischen Republik. Gambia wird unabhängig. S. S. Mobutu übernimmt in Kongo (Kinshasa) die Macht.

1966. Lesotho und Botswana werden unabhängig. In Burundi wird das Königreich zugunsten der Republik abgeschafft.

1967–1970. Abspaltung des östlichen Teils von Nigeria, Biafra-Krieg.

1968. Unabhängigkeit von Äquatorialguinea.

1969. Staatsstreich des Obersten Gaddhafi in Libyen.

1971. Idi Amin Dada ergreift in Uganda die Macht. Der Kongo (Kinshasa) nimmt den Namen Zaire an.

1973. Gründung der Polisario, die für die Errichtung eines unabhängigen Staates in der Westsahara kämpft.

1974. In Äthiopien übernimmt das Militär die Macht und setzt Kaiser Haile Selassie ab, Errichtung eines marxistisch-leninistischen Regimes. Portugal erkennt die Republik von Guinea-Bissau an. Spanien zieht sich aus der spanischen Sahara zurück. Beginn des Konflikts zwischen Marokko, der Polisario und Mauretanien.

1975. Die portugiesischen Kolonien Angola und Moçambique werden unabhängig.

1977. Die Republik Dschibuti wird unabhängig und schließt sich der Arabischen Liga an.

1979. Sturz Bokassas und Wiederherstellung der Republik Zentralafrika.

1980. Unabhängigkeit von Südrhodesien, das den Namen Simbabwe annimmt.

1981. Bildung von Senegambia, einer Konföderation von Senegal und Gambia.

1982. Hissen Habré wird Staatschef des Tschad.

1984. Obervolta nimmt den Namen Burkina Faso an.

1985–1986. Antiapartheidkämpfe in Südafrika. Der Notstand wird ausgerufen, und mehrere westliche Staaten erlassen Wirtschaftssanktionen.

1987. Bourguiba wird abgesetzt.

1989. Einführung eines Mehrparteiensystems in Algerien. Die kubanischen Truppen verlassen Angola.

1990. Der südafrikanische Bürgerrechtler Nelson Mandela wird aus der Haft entlassen. Namibia wird unabhängig.

AMERIKA UND OZEANIEN

1946. Juan Perón wird Präsident der Republik Argentinien. Französisch-Guayana, Guadeloupe und Martinique werden französische Überseedepartements (DOM). Neukaledonien wird französisches Überseeterritorium (TOM). Die Strafkolonie in Cayenne wird geschlossen.

1947. Das Taft-Hartley-Gesetz schränkt das Streikrecht in den Vereinigten Staaten ein.

1948. Gründung der Organisation der Amerikanischen Staaten (OAS). Beginn des ›Kalten Krieges‹ mit der UdSSR.

1949. Die Insel Neufundland wird kanadische Provinz. Unterzeichnung des Nordatlantikpakts (NATO).

1951. Abschluß des Pazifikpakts (ANZUS) durch Australien, die Vereinigten Staaten und Neuseeland. Unterzeichnung des Friedensvertrages zwischen Japan und den Alliierten in San Francisco.

1952. In Kuba kommt Batista wieder an die Macht. Puerto Rico erhält die volle innere Autonomie.

1953. Eisenhower wird Präsident der Vereinigten Staaten. Einführung des allgemeinen Wahlrechts in Britisch-Guayana.

1954. Surinam wird autonom. Gründung der SEATO.

1955. Perón wird durch einen Militärputsch gestürzt und geht ins Exil.

1956. Fidel Castro landet mit einer Guerillaorganisation in Kuba. Der Somoza-Klan herrscht in Nicaragua.

1957. François Duvalier beginnt seine Diktatur in Haiti.

1958. Französisch-Polynesien wird Überseeterritorium (TOM).

1959. Sieg der Castro-Revolution in Kuba. Hawaii wird der 50. Bundesstaat der USA.

1961. Abbruch der diplomatischen Beziehungen zwischen Kuba und den USA. Ermordung von Trujillo in der Dominikanischen Republik. John F. Kennedy wird Präsident der Vereinigten Staaten.

1962. Internationale Krise aufgrund der Stationierung sowjetischer Raketen auf Kuba. Jamaika und Westsamoa werden im Rahmen des Commonwealth unabhängig.

1963. Ermordung von John F. Kennedy in Dallas. Annektierung des niederländischen Westteils von Neuguinea durch Indonesien.

1964. L. B. Johnson beschließt das Eingreifen der USA in Vietnam.

1966. Ausrufung der Republik Guyana (früher Britisch-Guayana) im Rahmen des Commonwealth.

1969. R. Nixon wird Präsident der USA. Die Amerikaner N. Armstrong und E. Aldrin landen auf dem Mond.

1969–1970. ›Fußballkrieg‹ zwischen Honduras und El Salvador.

1970. Allende wird Präsident von Chile.

1972. Besuch von Nixon in China. Diplomatische Beziehungen zwischen Neuseeland und der Volksrepublik China.

1973. In Chile wird Allende durch die Armee gestürzt; General Pinochet wird ›Oberster Staatschef‹. Nixon zieht die amerikanischen Truppen aus Vietnam ab.

1973–1974. Zweite Präsidentschaft von Perón in Argentinien.

1974. Rücktritt Nixons nach der Watergate-Affäre. In Mexiko wird Erdöl gefunden.

1975. Beginn der kubanischen Militärintervention in Afrika (Angola). Unabhängigkeit des Ostteils von Neuguinea als Papua-Neuguinea, das Mitglied des Commonwealth wird.

1976. Eine Militärjunta übernimmt die Macht in Argentinien.

1977. Unterzeichnung des Vertrags zwischen Panama und den USA über die endgültige Übergabe des Kanals im Jahr 1999.

1978. Aufstände der Sandinisten gegen Somoza in Nicaragua.

1980. Die Einwohner von Quebec sprechen sich in einer Volksabstimmung für die Unabhängigkeit der Provinz aus.

1981. Nicaragua rückt an Kuba und die UdSSR heran. Belize (früher Britisch-Honduras) erlangt die Unabhängigkeit. R. Reagan wird Präsident der Vereinigten Staaten.

1982. Scheitern der Eroberung der Falklandinseln (oder Malwinen) durch Argentinien. Wiedereinsetzung der kanadischen Verfassung.

1983. Die USA unterstützen die Konterrevolution in Nicaragua (contras). Raúl Alfonsí wird Präsident in Argentinien.

1985–1986. Treffen zwischen Gorbatschow und Reagan.

1986. J.-C. Duvalier, der Präsident von Haiti, geht ins Exil. Abschaffung der letzten rechtlichen Bindungen zwischen Australien und Großbritannien.

1987. Costa Rica, Guatemala, Honduras, Nicaragua und El Salvador unterzeichnen einen Friedensplan für Zentralamerika.

1989. George Bush wird Präsident der USA. Patricio Aylwin Azocar, Kandidat der Opposition, wird Präsident in Chile.

1990. Violeta Chamorro wird Präsidentin von Nicaragua.

DYNASTIEN, HERRSCHER, STAATSOBERHÄUPTER

ÄGYPTEN

DAS ALTE ÄGYPTEN

Die Erstellung einer Chronologie der Dynastien und Reiche der ägyptischen Pharaonen stößt auf eine Reihe von Schwierigkeiten.

Zum einen kennt die Zeitrechnung im alten Ägypten keine reine Chronologie. Die Ereignisse werden nach den Regierungsjahren der Pharaonen datiert: ›Jahr 12 des Amenophis‹. Die Zählung wurde bei jedem Herrscherwechsel neu begonnen, wobei manchmal mehrere Herrscher nebeneinander regierten, und sie wurde in verschiedenen Landesteilen erstellt. Außerdem sind Reihenfolge und Regierungszeit der Pharaonen um so schwerer festzustellen, als Könige mit gleichem Namen nicht mit einer ›Ordnungszahl‹ versehen sind. Die Übereinstimmung zwischen astronomischen Daten und den bekannten historischen Tatsachen ermöglicht jedoch die genaue Datierung einiger Reiche.

Zum anderen sind die Quellen, die den Historikern zur Verfügung stehen, unvollständig oder widersprüchlich (Turiner Königspapyrus, Königstafel im Tempel Sethos' I. von Abydos). Im 3. Jh. v. Chr. hat der ägyptische Priester und Historiker Manetho in griechischer Sprache die *Chroniken* verfaßt, in denen er die Pharaonen in einunddreißig Dynastien einteilt. Diese Einteilung wurde von den modernen Historikern übernommen, die sich jedoch nicht über die Einzelheiten dieser Chronologie einig sind.

Thinitische Epoche: 3200–2778 v. Chr.

I. Dynastie
Narmer oder Menes
Aha
Djer
Djet oder Uadji
Udimu
Anedjib oder Adjib
Semerchet
Ka

II. Dynastie
Hotepsechemui
Nebrê oder Rêneb
Ninetjer oder Neterimu
Uneg
Senedj
Peribsen
Chasechem
Chasechemui

Altes Reich: 2778–2660 v. Chr.

III. Dynastie (2778–2723)
Djoser
Sechem-chet
Sanacht oder Nebka
Chaba
Neferka
Hu oder Huni

IV. Dynastie (2723–2563)
Snofru
Cheops
Didufri oder Dedefre
Chephren
Mykerinos
Shepseskaf

V. Dynastie (2563–2420)
Userkaf
Sahurê
Neferirkarê
Shepseskarê
Neferefrê
Neusserê
Menkauor
Isesi
Unas

VI. Dynastie (2420–um 2260)
Teti
Userkare
Pepi I.
Merenrê
Pepi II.

Erste Zwischenzeit: um 2260–2160 v. Chr.

VII. Dynastie (fiktiv)
VIII. Dynastie (um 2260)
IX.–X. Dynastie (2220–2160)

Mittleres Reich: 2160–1785 v. Chr.

XI. Dynastie (2160–um 2000)
Antef I.
Antef II.
Antef III.
Mentuhotep I.
Mentuhotep II.
Mentuhotep III.

XII. Dynastie (um 2000–1785)
Amenemhet I.
Sesostris
Amenemhet II.
Sesostris II.
Sesostris III.
Amenemhet III.
Amenemhet IV.
Nefrusobek (Königin)

Zweite Zwischenzeit: 1785–1580 v. Chr.

XIII.–XIV. Dynastie (1785–1730)
XV.–XVI. Dynastie (Hyksos) [1730–1580]
XVII. Dynastie (1680–1580)

Neues Reich: 1580–1085 v. Chr.

XVIII. Dynastie (1580–1314)
Amosis I.
Amenophis I.
Thutmosis I.
Thutmosis II.
Hatschepsut (Königin)
Thutmosis III.
Amenophis II.
Thutmosis IV.
Amenophis III.
Amenophis IV. oder Echnaton
Semenchkare
Tut-ench-Amun ⎫
Aja   ⎬ (Diese drei Pharaonen regierten gleichzeitig)
Haremhab   ⎭

XIX. Dynastie (1314–1200)
Ramses I.
Sethos I.
Ramses II.
Merenptah
Sethos II.

XX. Dynastie (1200–1085)
Sethnacht
Ramses III.
Ramses IV.
Ramses V.
Ramses VI.
Ramses VII.
Ramses VIII.
Ramses IX.
Ramses X.
Ramses XI.

Niedere Epoche: 1085–333 v. Chr.

Der Zeitraum zwischen der XXI. und der XXIV. Dynastie wird bisweilen als dritte Zwischenzeit bezeichnet.

XXI. Dynastie (1085–950)
Theben (Oberägypten)
Priesterkönige:
Herihor
Pinedjem I.
Pinedjem II.

Tanis (Unterägypten):
Smendes
Psusennes I.
Amenophtis
Siamon
Psusennes II.

XXII. Dynastie, ›libysche Dynastie‹ genannt (950–730)
Die XXII., XXIII., XXIV. und XXV. Dynastie bestehen teilweise gleichzeitig.
Scheschonk I.
Osorkon I.
Takelothis I.
Osorkon II.
Scheschonk II.
Takelothis II.
Scheschonk III.
Pami
Scheschonk V.

XXIII. Dynastie (um 817–730)
Pedubast oder Pedubastis
Scheschonk IV.
Takelothis III.
Amunrud
Osorkon IV.

XXIV. Dynastie (730–715)
Tefnacht
Bokchoris

XXV. Dynastie, ›äthiopische Dynastie‹ genannt (751–656)
Pianchi
Schabaka
Schabataka
Taharka
Tanutamon

XXVI. Dynastie, ›saitische Dynastie‹ genannt (663–525)
Psammetich I.
Necho
Psammetich II.
Apries
Amosis II.
Psammetich III.

XXVII. Dynastie (525–404) [erste Perserherrschaft]
Kambyses I.
Dareios I.
Xerxes I.
Artaxerxes I.
Dareios II.

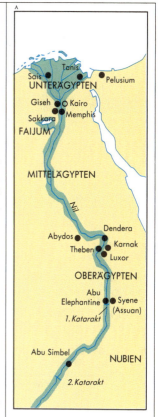

▲ Das alte Ägypten.

XXVIII. Dynastie (404–398)
Amyrtaios

XXIX. Dynastie (398–378)
Nepherites I.
Achoris
Psammuthis
Nepherites II.

XXX. Dynastie (378–341) [letzte einheimische Dynastie]
Nektanebos I.
Teos
Nektanebos II.

[Zweite Perserherrschaft] (341–333 v. Chr.)
Artaxerxes III.
Arses
Dareios III. Kodomannos

GRIECHISCHE ZEIT 332–30 v. CHR.

Makedonen (332–305)
Alexander III., der Große
Arrhidaios
Alexander IV. Aigos

Ptolemäer (305–30)
Ptolemaios I. Soter (305–283)
Ptolemaios II. Philadelphos (283–246)
Ptolemaios III. Euergetes I. (246–221)

DYNASTIEN, HERRSCHER, STAATSOBERHÄUPTER

ÄGYPTEN

Ptolemaios IV. Philopator (221–204/203)
Ptolemaios V. Epiphanes (204–181)
Ptolemaios VI. Philometor (181–145)
Ptolemaios VII. Neos Philopator (145–144)
Ptolemaios VIII. (oder VII.) Euergetes II. (143–116)
Ptolemaios IX. (oder X.) Philometor Soter II. (116–107)
Ptolemaios X. (oder XI.) Alexander I. (107–88)
Ptolemaios XI. (oder XII.) Alexander II. (80)
Ptolemaios XII. (oder XIII.) Auletes (80–51)
Ptolemaios XIII. (oder XIV.) [51–47]
Ptolemaios XIV. (oder XV.) [47–44]
Ptolemaios XV. (oder XVI.) Kaisarion (44–30)

DIE RÖMISCHE UND BYZANTINISCHE ZEIT

Von 30 v. Chr. bis 395 n. Chr. war Ägypten römisch, dann war es von 395 bis 642 Teil des Byzantinischen Reiches.

ISLAMISCHE ZEIT

Ägypten bis Mehmed Ali: 642–1805
Arabische Eroberung: 642
Omaijaden (661–750)
Abbasiden (750–868)
Tuluniden (868–905)
Ichschididen (935–969)
Fatimiden (969–1171)
Aijubiden (1171–1250)
Mamelucken (1250–1517)
Osmanen → ISLAMISCHE WELT

Das Ägypten der Neuzeit: 1805–1952
Unter Mehmed Ali wird Ägypten selbständig. Es wird von Paschas und seit 1867 von den Khediven (Vizekönigen) regiert. Ab 1882 steht es unter britischer Herrschaft, wird 1922 unabhängig, und seine Herrscher führen den Königstitel. Großbritannien behält immer noch eine gewisse Kontrolle über die ägyptischen Angelegenheiten. Die vollständige Unabhängigkeit des Landes wird durch den Vertrag vom 26. August 1936 bestätigt.
Mehmed Ali (1805–1848)
Ibrahim Pascha (1848)
Abbas I. Hilmi (1848–1854)
Said Pascha (1854–1863)
Ismail Pascha (1863–1879), mit dem Titel eines Khediven ab 1867.

A · Pschent.
Als Attribut der Könige und der Götter wird die Krone oft in der ägyptischen Kunst dargestellt. Der *Pschent*, der Kopfschmuck des Pharao, besteht aus der Krone Unterägyptens (mit Volute), auf die die Krone Oberägyptens (Mitra) gesetzt wird. Er ist Symbol der Vereinigung des Reiches. Der Pschent ist mit der Uräusschlange geschmückt, der Darstellung einer weiblichen, aufgerichteten, angriffsbereiten Naja. Er erinnert an das Auge des Ra und schützt den Pharao vor seinen Feinden. *(Ausschnitt des Tempels der Königin Hatschepsut in Karnak. Museum in Luxor, Ägypten)*

B · Nofretete.
Mehrfarbige Büste, XVIII. Dynastie. *(Museum Berlin-Dahlem)*

C · Ägyptische Fünf-Pfund-Note.
Das arabische und islamische Ägypten der Neuzeit ist stolz auf seine Pharaonenzeit und bildet auf seinen Geldscheinen die Büste Nofretetes, der Königin Ägyptens der XVIII. Dynastie, ab.

Taufik (1879–1892)
Abbas II. Hilmi (1892–1914)
Nach dem Kriegseintritt der Türkei stellt Großbritannien Ägypten unter sein Protektorat.
Husain Kamil (1914–1917) nimmt den Titel eines Sultans an.
Fuad I. (1917–1936), Sultan, ab 1922 König
Faruk I. (1936–1952)

Die Republik Ägypten: seit 1952
Nach dem Sturz des Königshauses wird die Republik ausgerufen (1953)
Mohammed Nagib (1953–1954)
Gamal Abd el-Nasser, Ministerpräsident (1954), dann Staatspräsident (1956–1970)
Anwar as-Sadat (1970–1981)
Hosni Mubarak (seit 1981)

IRAN

DYNASTIEN IM ALTEN IRAN

Die Regierungszeiten einiger Herrscher variieren in den verschiedenen Chronologien um einige Jahre, da den Historikern mehrere Quellen zur Verfügung stehen, die sie in einigen Punkten unterschiedlich interpretieren. Die griechischen Texte (Herodot), die assyrisch-babylonischen Schriften sowie die iranischen Aufzeichnungen und Legenden ermöglichen eine ziemlich genaue Datierung der Reiche der Achaimeniden. Die griechischen und lateinischen Geschichtsschreiber geben viele Hinweise auf die Dynastien der Seleukiden (damals bildete der Iran einen Teil der hellenistischen Welt) und der Arsakiden (Parther). Schließlich läßt auch das von den Sassaniden verwendete Datierungssystem unterschiedliche Auslegungen zu. Die Liste der sassanidischen Herrscher, die wir angeben, beruht auf den Arbeiten von Theodor Nöldeke.

Achaimeniden (7.–4. Jh. v. Chr.).
Ihr Name stammt von ihrem legendären Vorfahren Achaimenes
Teispes (um 675–645)
Kyros I. (um 645–600)
Kambyses I. (um 600–556)
Kyros II. (um 556–530)
Kambyses II. (530–522)
Dareios I. (522–4 86)
Xerxes I. (486–465)
Artaxerxes I. (465–424)
Xerxes II. (424)
Dareios II. (423–404)
Artaxerxes II. (404–358)
Artaxerxes III. (358–338)
Arses (338–336)
Dareios III. (336–330)
Alexander der Große besetzt das persische Reich (330–323). Bei Alexanders Tod wird das Reich unter seinen Generälen, den Diadochen, aufgeteilt.

Seleukiden (312/305–129 v. Chr.) und Arsakiden (250 v. Chr.–224 n. Chr.).

• Seleukiden
Seleukos I. (312/305–281)
Antiochos I. Soter (281–261)
Antiochos II. Theos (261–246)
Seleukos II. (246–226)
Seleukos III. Soter (226–223)
Antiochos III., der Große (223–187)
Seleukos IV. Philipator (187–175)
Antiochos IV. Epiphanes (175–164)
Antiochos V. Eupator (164–162)
Demetrius I. Soter (162–150)
Alexander I. Balas (150–145)
Demetrius II. Nikator (145–125)

DYNASTIEN, HERRSCHER, STAATSOBERHÄUPTER

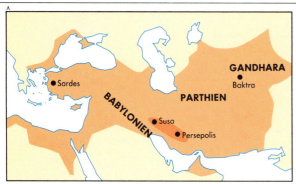

A · Das Achaimeniden-Reich und Dareios I.

B · Der sassanidische Iran (Schapur I.)

C · Der safawidische Iran im 16. Jh.

Ende der Seleukidenherrschaft im Iran und in Mesopotamien. Die Seleukiden regieren noch bis zur römischen Eroberung (64–63 v. Chr.) in Syrien.

• **Arsakiden.** Die Parther erheben sich gegen die Seleukiden und gründen das Arsakidenreich.

Arsakes I. (250–um 214)
 [Sein Bruder Tiridates ist historisch nicht nachweisbar.]
Artabanus I. (214–191)
Phripates (191–180)
Phraates I. (um 178–um 171)
Mithridates I. (171–138)
Phraates II. (138–127)
Artabanus II. (127–124)
Mithridates II. (um 123–88)
Gotarzes I. (88–69)
Orodes I. (88–69)
Sanatrukes (88–69)
Phraates III. (69–57)
Mithridates III. (57–55)
Orodes II. (um 55–37)
Phraates IV. (37 v. Chr.–2 n. Chr.)
Tiridates II. (37 v. Chr.–2 n. Chr.)
Phraatakes
 oder Phraates V. (2–4)
Orodes III. (4–6/7)
Vonones I. (7/8–11)
Artabanus IV. (12–um 38)
Die Kämpfe zwischen den Dynastien schwächen die Macht der Parther. Der Seleukide Ardaschir stürzt den letzten Arsakiden, Artabanus IV., im Jahr 224.

Sassaniden (224–651)
Ardaschir I. (224/226–241)
Schapur I. (241–272)
Hormisd I. (272–273)
Bahram I. (273–276)
Bahram II. (276–293)
Bahram III. (293)
Narses (293–302)
Hormisd II. (302–309)
Schapur II. (310–379)

Ardaschir II. (379–383)
Schapur III. (383–388)
Bahram IV. (388–399)
Jesdgerd I. (399–420)
Bahram V. (420–438)
Jesdgerd II. (438–457)
Hormisd III. (457–459)
Peros (459–484)
Balasch (484–488)
Kawadh (488–496)
Jamasp (496–499)
Kawadh (499–531)
 [zweite Herrschaft]
Chosrau I. (531–579)
Hormisd IV. (579–590)
Chosrau II. (590–628)
Ardaschir III.
Chahrbaras
Chosrau III.   (628–630)
Tchahwanshar
Puran
Shushnazbendé
Azarmidacht
Hormisd V.
Chosrau IV.   (630–632)
Peros oder Firus II.
Chosrau V.
Jesdgerd III. (632–651)

DYNASTIEN DES ISLAMISCHEN IRAN

Omaijadenkalifat (661–750)
s. Islamische Welt, S. 262

Abbasidenkalifat (750–1258)
s. Islamische Welt, S. 262

Teilweise unabhängige Dynastien
Zur Zeit der Abbasidenkalifate herrschen in den Provinzen teilweise unabhängige Dynastien:

Tahiriden (820–873)
Saffariden (862–900)
Samaniden (874–999)
Buwayhiden oder Buyiden
 (932–1055)
Ghasnawiden (962–1040)
Seldschuken (1038–1157)
s. Islamische Welt, S. 262
Seldschuken von Kerman
 (1041–1186)
Charism-Schah (1194–1231)

Mongolische und türkische Dynastien. Die Invasion der Mongolen beendet das Abbasidenkalifat. Der Iran wird von der mongolischen Dynastie der Ilkhane (1258–1335), die von Hülägü begründet worden war, regiert und dann auf mehrere lokale Dynastien aufgeteilt:
Musaffariden (1353–1393)
Djalayiriden (1335–1410)
Nach der Invasion von Timur-Leng wird das Land von seinen Nachfolgern, den Timuriden, und verschiedenen turkmenischen Stammesbünden regiert.
Timuriden (1370–1502)
Karakoyunlu (Schwarzer
 Hammel) (14. Jh.–1468)
Akkoyunlu (Weißer Hammel)
 (14. Jh.–1501)

**Die Safawiden
(1501–1722/1736)**
Ismail I. (1501–1524)

Tahmasp I. (1524–1576)
Ismail II. (1576–1578)
Mohammed Khodadanba
 (1578–1587)
Abbas I., der Große
 (1587–1629)
Safi (1629–1642)
Abbas II. (1642–1667)
Soleiman (1667–1694)
Hosain (1694–1722)

1722: Die Afghanen besetzen Isfahan.

Der General Nadir läßt sich 1736 zum Schah krönen. Der Iran wird von Nadir Schah (1736–1747) und dann von seinem Sohn Schah Roch (1748–1796) und dem Kurden Karim Khan Zand (1750–1795) regiert.

Die Kadjaren (1796–1925)
Agha Mohammed Schah
 (1796–1797)
Fath Ali Schah (1797–1834)
Mohammed Schah
 (1834–1848)
Nasir od-Din (1848–1896)
Mosaffar od-Din (1896–1907)
Mohammed Ali Schah
 (1907–1909)
Ahmed Schah (1909–1925)

Die Pahlewi (1925–1979)
Resa Schah (1925–1941)
Mohammed Resa (1941–1979)
1979 wird die Islamische Republik proklamiert.

D · **Iran.**
Die islamischen iranischen Dynastien sind dem Symbol des Löwen treu geblieben. So bilden ihn die Kadjaren auf den Wappen Persiens ab. Die islamische Republik Iran hat dieses Symbol aufgegeben und verwendet streng islamische Embleme. (Aquarell des 19. Jh.; Bibliothek des Museums der schönen Künste, Paris)

E · **Achaimeniden.**
Zur Zeit der Achaimeniden wird der Löwe sehr häufig dargestellt. Er zeigt den würdigen, ernsten und feierlichen Charakter, durch den die gesamte Achaimenidenkunst geprägt ist und der die Unterwerfung der Welt unter die Herrscher und die des Königs der Könige unter den Hauptgott ausdrückt. (Geflügelter Löwe aus Susa, 5. bis 4. Jh. v. Chr., Louvre, Paris)

DYNASTIEN, HERRSCHER, STAATSOBERHÄUPTER

ROM, BYZANTINISCHES KAISERREICH

KÖNIGE VON ROM (739–509 v. CHR.)

Romulus (753–715)
Numa Pompilius
 (um 715–um 672)
Tullus Hostilius
 (um 672–640)
Ancus Marcius (640–616)
Tarquinius der Ältere, lat.
 Lucius Tarquinius Priscus
 (616–um 578)
Servius Tullius
 (um 578–um 534)
Tarquinius der Hochmütige,
 lat. *Lucius Tarquinius Superbus* (um 534–509)

RÖMISCHE REPUBLIK (509–31/27 v. CHR.)

Die Anfangszeit der Republik ist vom Ständekampf der Plebejer gegen die Patrizier gekennzeichnet. Nach dem Sturz der Monarchie wird die politische Macht unter den Magistraten (Exekutive) und der Volksversammlung (Legislative) aufgeteilt. Die Magistraten, d. h. die Konsuln, und die Senatoren sind Patrizier. Die Schaffung des Amtes des Volkstribunen stellt einen ersten Sieg der Plebejer dar, die 367 einen der beiden Konsulposten erhalten. Zu Beginn des 3. Jh. haben sie in etwa die rechtliche Gleichstellung mit den Patriziern erreicht.

Ausrufung der Republik
 (überliefertes Datum) [509]
Einsetzung des Konsulats
 (überliefertes Datum) [509]
Kodifizierung des Rechts im Zwölftafelgesetz, das die Gleichheit aller vor dem Gesetz vorschreibt (451/450)
Licinische Gesetze (Wiedereinführung des Konsulats, 444 abgeschafft) [367]
Zensur des Cato (185–184)
Tribunat des Tiberius Gracchus (133)
Tribunat des Gaius Gracchus (123–122)
Erstes Konsulat des Marius (107)
Aufeinanderfolgende Wiederwahlen von Marius zum Konsul (104–100)
Konsulat des Sulla (88)
Diktatur des Sulla (82–79)
Aufstände des Spartakus (73–71) und des Pompeius (70)
Verschwörung des Catilina (63–62)
Erstes Triumvirat von Caesar, Crassus und Pompeius [60]
Konsulat des Caesar (59)
Zweites Konsulat von Crassus und Pompeius (55)
Pompeius ist alleiniger Konsul nach dem Tode von Crassus (52)
Beginn des Bürgerkrieges zwischen Caesar und Pompeius (49)
Caesar erhält die Diktatur (49)
Tod des Pompeius (48)
Caesar wird auf zehn Jahre zum Diktator ernannt (46)
Ermordung Caesars (44)
Zweites Triumvirat (Octavian, Antonius, Lepidus) [43]
Lepidus wird seines Amtes enthoben (36)
Octavian ist Alleinherrscher über die römische Welt (31)
Octavian nimmt den Namen Augustus an (27)

A · Die größte Ausdehnung des Römischen Reiches im 2. Jh.

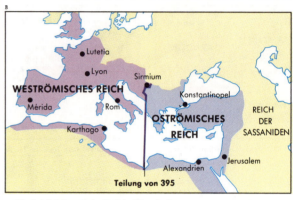

B · Die Reichsteilung beim Tod des Theodosios.

RÖMISCHE KAISER BIS ZUM UNTERGANG DES WESTREICHS

Augustus und die Julisch-Claudische Dynastie (27 v. Chr.–68 n. Chr.)
Augustus
 (27 v. Chr.–14 n. Chr.)
Tiberius (14–37)
Caligula (37–41)
Claudius (41–54)
Nero (54–68)

Krise von 68–69
Galba (Juli 68–Jan. 69)
Otho (Jan. 69–Apr. 69)
Vitellius (Apr. 69–Dez. 69)

Flavische Dynastie (69–96)
Vespasian (69–79)
Titus (79–81)
Domitian (81–96)

Antoninische Dynastie (›Adoptivkaiser‹) (96–112)
Nerva (96–98)
Trajan (98–117)
Hadrian (117–138)
Antoninus Pius (138–161)
Mark Aurel (161–180)
Lucius Verus (161–169)
Commodus (180–192)

Severerdynastie (193–235)
Pertinax (193)
Julian (193 [66 Tage Herrschaft])
Septimius Severus (193–211)
Caracalla und Geta (211–212)
Caracalla (212–217)
Macrinus (217–218)
Heliogabal (218–222)
Alexander Severus (222–235)

Soldatenkaiser (235–268)
Maximinus I. (235–238)
Gordian I. und Gordian II.
 (238 [Mai–Juni])
Balbinus und Pupienus (238)
Gordian III. (238–244)
Philippus Arabs (244–249)
Decius (249–251)
Gallus (251–253)
Valerian (253–260)
Gallienus (260–268)

Illyrische Kaiser (268–284)
Claudius II. Gothicus (268–270)
Aurelian (270–275)
Tacitus (275–276)
Probus (276–282)
Carus (282–283)
Numerian (283–284)
Carinus (283–285)

Die Tetrarchie (286–310)
Um die Autorität des Kaisers über das gesamte Reich zu erhalten setzt der 284 zum Kaiser ausgerufene Diokletian ab 286 die Tetrarchie ein. Vier Kaiser beherrschen die römische Welt, zwei Augusti und zwei Cäsaren. Jeder Augustus hat seinen Cäsar zum Nachfolger, den er adoptiert.

Diokletian [A] (284–305)
Maximian [A] (286–305)
Constantius Chlorus [C]
 (293–305)
Galerius [C] (293–305)
Constantius Chlorus [A]
 (305–306)
Galerius [A] (305–306)
Severus [C] (305–306)
Maximinus Daia [C] (305–306)
Galerius [A] (306–307)
Severus [A] (306–307)
Konstantin [C] (306–307)
Maximinus Daia [C] (306–307)
Galerius [A] (307–310)
Licinius [A] (307–310)
Maximinus Daia [C; 308 A]
 (307–310)
Konstantin [C; 310 A]
 (307–310)

Konstantinische Dynastie (306–363)
Konstantin und Licinius
 (306–324)
Konstantin I., einziger Kaiser
 (324–337)
Konstantin II. [Westreich]
 (337–340)
Konstans I. [Italien, Afrika, nach 340 Westreich]
 (337–350)
Konstantios II. [Osten]
 (337–350)
Konstantios II., einziger Kaiser
 (350–361)
Julian Apostata (361–363)
Jovian (363–364)

Valentinische Dynastie (364–395)
Valentinian I. (Westen)
 (364–375)
Valens (364–378)
Gratian (375–383)
Valentinian II. [Illyricum, Italien, Afrika] (375–392)
Theodosius [Osten] (379–392)
Theodosius (392–395)

Kaiser des Weström. Reiches (395–476)
Honorius (395–423)
Valentinian III. (425–455)
Petronius Maximus
 (März–Mai 455)
Avitus (Juli 455–Okt. 456)
Maiorianus (457–465)
Libius Severus (461–465)
Anthemius (467–472)
Olybrius (Apr. 472–Dez. 472)
Glycerius (473–474)
Julius Nepos (474–475)
Romulus (Augustulus)
 [475–476]

DYNASTIEN, HERRSCHER, STAATSOBERHÄUPTER

DIE BYZANTINISCHEN KAISER

Das Byzantinische Reich hat sich ab 330 im östlichen Teil des römischen Imperiums gebildet; in diesem Jahr wurde Konstantinopel von Konstantin zur Hauptstadt erhoben. Die Kämpfe nach dem Tode Konstantins beschleunigen die Spaltung zwischen Ost- und Westreich. Beim Tode von Theodosius (395) wird das Reich unter seinen Söhnen Honorius (Westreich) und Arkadius (Ostreich) aufgeteilt. Nach dem Untergang des Westreichs soll der Kaiser des Ostreichs erneut das gesamte römische Imperium vereinen.

Konstantinische Dynastie (306–363)
Konstantin I., der Große (306 [Westreich] und 324–337)
Konstantios II. (337–361) mit Konstantin II. (337–340) im Westreich mit Konstans I. (337–350) im Westreich
Julian Apostata (361–363) [Westreich]

Jovianische Dynastie (363–364)
Jovian (363–364)

Valentinianische Dynastie (364–379)
Valentinian I. (364–378)
Valens (364–378)
Gratian (375–383)

Theodosianische Dynastie (379–457)
Theodosios I., der Große (379–395)
Arkadios (395–408)
Theodosius II., der Junge (408–450)
Markian (450–457)

Thrakische Dynastie (457–518)
Leon I. (457–474)
Leon II. (473–474)
Zenon (474–475 und 476–491) Basiliskos (Usurpator, 475–476),
Anastasios I. (491–518)

Justinianische Dynastie (518–602)
Justin I. (518–527)
Justinian I., der Große (527–565)
Justin II. (565–578)
Tiberios I. (578–582)
Maurikios (582–602)

Dynastie des Phokas (602–610)
Phokas (602–610)

Herakleianische Dynastie (610–711)
Herakleios I. (610–641)
Konstantin III. und Heraklonas (641)
Heraklonas (641)
Konstans II. (641–668)
Konstantin IV. Pogonatus (668–685)
Justinian II. Rhinotmetos (685–695 und 705–711)

Zeit der Wirren (695–716)
Leontios (695–698)
Tiberios II. Apsimaros (698–705)
Philippikos Bardanes (711–713)
Anastasios II. (713–715)
Theodosios III. (715–717)

Syrische Dynastie (717–802)
Leon III., der Syrer (716–741)
Konstantin V. (741–775)
Leon IV., der Chasare (775–780)
Konstantin VI. (780–797)
Irene (790 und 797–802)

Zeit der Wirren (802–820)
Nikephoros I. (802–811)
Staurakios (811)
Michael I. Rhangabe (811–813)
Leon V., der Armenier (813–820)

Amorische oder phrygische Dynastie (820–867)
Michael II. (820–829)
Theophilos (829–842)
Michael III. (842–867)

Makedonische Dynastie (867–1057)
Basileios I., der Makedone (867–886)
Leon VI., der Weise (886–912)
Alexander, Mitherrscher (Apr. 871–912), Alleinherrscher (912–913)
Konstantin VII. Porphyrogennetos (913–959)
Romanos II. (959–963)
Basileios II. Bulgaroktonos (963–1025)
Konstantin VIII., Mitherrscher dann Alleinherrscher (961–1028)
Zoë (1028–1050) heiratet:
  1. Romanos III. Argyros (1028–1034)
  2. Michael IV., der Paphlagonier (1034–1041) [Michael V. (1041–1042), von Zoë adoptiert]
  3. Konstantin IX. Monomachos (1042–1055)
Theodora, Mitherrscherin (1042) dann Alleinherrscherin (1055–1056)
Michael VI. Stratiotikos (1056–1057)

Dynastie der Komnenen (zum 1. Mal: 1057–1059)
Isaak I. (1057–1059)

Dynastie der Dukas (1059–1078)
Konstantin X. (1059–1067)
Romanos IV. Diogenes (1068–1071)
Michael VII. (1071–1078)

Dynastie des Nikephoros Botaneiates (1078–1081)
Nikephoros III. Botaneiates (1078–1081)

Dynastie der Komnenen (zum 2. Mal: 1081–1185)
Alexios I. (1081–1118)
Johannes II. (1118–1143)
Manuel I. (1143–1180)
Alexios II. (1180–1183)
Andronikos I. (1183–1185)

Dynastie der Angeloi (1185–1204)
Isaak II. (1185–1195 und 1203–1204)
Alexios III. (1195–1203)
Alexios IV. (1203–1204)
Alexios V. Murtzuphlos (1204)

Dynastie der Laskariden (1204–1258)
Konstantin XI. (1204)
Theodoros I. Laskaris (1204–1222)
Johannes III. Vatatzes (1222–1254)
Theodoros II. Laskaris (1254–1258)
Johannes IV. Dukas (1258–1261)

Dynastie der Palaiologen (1259–1453) und der Kantakuzenos (1341–1357)
Michael VIII. Palaiologos (1259 [1261]–1282)
Andronikos II. Palaiologos (1282–1328) mit Michael IX. (1295–1320)
Andronikos III. Palaiologos (1328–1341)
Johannes V. Palaiologos (1341–1354) mit Johannes VI. Kantakuzenos (1341–1354) mit Matthias Kantakuzenos (1354–1357)
Johannes V. Palaiologos (1355–1376 und 1379–1391)
Andronikos IV. Palaiologos (1376–1379)
Manuel II. Palaiologos (1391–1425) mit Johannes VII. Palaiologos (1391–1425)
Johannes VIII. Palaiologos (1425–1448)
Konstantin XI. Palaiologos (1449–1453)

A · **Die Ursprünge Roms.**
Diese Skulptur weist auf die Sage von der Gründung Roms hin, nach der eine Wölfin die ausgesetzten Zwillinge Romulus und Remus gesäugt hat. *(Kapitolinische Wölfin, etruskische Bronze, um 500 v. Chr., Kapitolinisches Museum, Rom)*

B · **Rom, Republik und Kaiserreich.**
Im republikanischen Rom wird die Macht des Volkes durch die Formel SENATUS POPULUSQUE ROMANUS (S.P.Q.R.), ‹der Senat und das römische Volk› symbolisiert. Diese Devise bleibt auch im Kaiserreich erhalten, wie es diese Inschrift des Titusbogens in Rom zeigt.

DYNASTIEN, HERRSCHER, STAATSOBERHÄUPTER

FRANKREICH

MEROWINGER

Das Fränkische Reich ist die bedeutendste Reichsbildung der Völkerwanderungszeit. Das von den salischen Franken im 5. Jh. um Tournai gebildete Kleinkönigtum der Merowinger wurde durch die Eroberungen Chlodwigs I. zum Großreich. Nach dem fränkischen Erbrecht war es ein Erbgut, das bei jeder Erbfolge geteilt wurde. Dies führte zur Ablösung der Teilreiche Austrasien, Neustrien und Burgund sowie zur Schwächung der Reichsautorität.
(Siehe auch Merowinger S. 283).
Chlodio (um 425–um 455)
Merowech (um 447–um 458)
Childerich I. (um 456–um 482)
Chlodwig (um 482–511)

Erste Teilung (511)

Austrasien
Theuderich I. (511–um 534)
Theudebert I. (534–548)
Theudebald (548–555)

Orléans
Chlodomer (511–524)

Paris
Childebert I. (511–558)

Neustrien
Chlothar I. (511–561 und 558–561 im Gesamtreich)

Zweite Teilung (561)

Paris
Charibert (561–567)

Orléans und Burgund
Gunthram (561–592)

Neustrien
Chilperich I. (561–584)
Chlothar II. (584–629 und 613–629 im Gesamtreich)
Dagobert I. (623–639 und 629–639 im Gesamtreich)

Austrien
Sigibert I. (561–575)
Childebert II. (575–595)
Theudebert II. (595–612)

Burgund
Theuderich II. (595–613)

Austrien
Sigibert II. (613)
Sigibert III. (634–656)
Childerich II. (662–675)
Dagobert II. (676–679)

Neustrien und Burgund
Chlodwig II. (640–657)
Chlothar III. (657–673)
Theuderich III. (673, 675–690)
Chlodwig III. (690/691)
Chlodwig IV. (691–695)
Childebert III. (695–711)
Dagobert III. (711–715)
Chilperich II. (715–721)
Chlothar IV. (718–719)
Theuderich IV. (721–737)

Interregnum
Childerich III. (743–751)

DIE KAROLINGER

Die zweite Dynastie im Fränkischen Reich ist die der Karolinger, deren Begründer, Karl Martell, seinen Machtbereich über die Grenzen des heutigen Frankreich ausdehnt. Unter Kaiser Karl dem Großen umfaßt das Reich um 800 ein Gebiet, das vom Baltikum über Mittelitalien und vom Ärmelkanal bis nach Böhmen reicht. Im Zentrum dieses Gebiets befindet sich Frankreich, oder *Francia occidentalis*, mit einem Gebiet, das sich etwa von Gent bis Barcelona und von der Bretagne (nicht Teil des Königreichs) bis zu einer Linie westlich des Rheins, der Saône und der Rhône erstreckt.
(Siehe auch S. 284–285).
Pippin III., der Jüngere (751–768)
Karl der Große (768–814 mit Karlmann bis 771)
Ludwig I., der Fromme (813–840)
Karl II., der Kahle (843–877)
Ludwig II. (877–879)
Karlmann (879–884, mit Ludwig III., 879–882)
Karl der Dicke (885–887)
Odo (888–898)
Karl III., der Einfältige (893–923, mit Odo bis 898)
Robert I. (922–923)
Rudolf von Burgund (923–936)
Ludwig IV. (936–954)
Lothar (954–986)
Ludwig V. (986–987)

DIE KAPETINGER

Die dritte französische Dynastie, die der Kapetinger, beginnt mit der Wahl von Hugo Capet, der dem rheinfränkischen Grafengeschlecht der Robertiner entstammt.

Hauptlinie
Hugo Capet (987–996)
Robert II., der Fromme (996–1031)
Heinrich I. (1031–1060)
Philipp I. (1060–1108)
Ludwig VI., der Dicke (1108–1137)
Ludwig VII., der Junge (1137–1180)
Philipp II. Augustus (1180–1223)
Ludwig VIII., der Löwe (1223–1226)
Ludwig IX., der Heilige (1226–1270)
Philipp III., der Kühne (1270–1285)
Philipp IV., der Schöne (1285–1314)
Ludwig X., der Zänker (1314–1316)
Johann I., das Kind (1316)
Philipp V., der Lange (1317–1322)
Karl IV., der Schöne (1322–1328)
Karl IV. stirbt ohne männlichen Erben; die Krone fällt an seinen Vetter, Philipp von Valois.

Der endgültige Anschluß der wichtigsten Provinzen.

Nebenlinien:

Die Valois
Philipp VI. (1328–1350)
Johann II., der Gute (1350–1364)
Karl V., der Weise (1364–1380)
Karl VI. (1380–1422)
Karl VII. (1422–1461)
Ludwig XI. (1461–1483)
Karl VIII. (1483–1498)
Ludwig XII. (1498–1515)
Franz I. (1515–1547)
Heinrich II. (1547–1559)
Franz II. (1559–1560)
Karl IX. (1560–1574)
Heinrich III. (1574–1589)

BOURBONEN

Heinrich III. stirbt ohne Erben: die Macht geht an die Bourbonen, die von Robert de Clermont, dem zweiten Sohn Ludwigs IX., abstammen. Seitdem (bis zu Louis Philippe) tragen die Könige den Titel *König von Frankreich und von Navarra*.
Heinrich IV. (1589–1610)
Ludwig XIII. (1610–1643)
Ludwig XIV. (1643–1715)
Ludwig XV. (1715–1774)
Ludwig XVI. (1774–1792)

REVOLUTION UND KAISERREICH

Die Revolution führt zur Verkündung der Ersten Republik am 10. August 1792. Ludwig XVI. wird am 21. Januar 1793 hingerichtet. Die Republik jedoch will die persönliche Macht begrenzen: Unter dem Nationalkonvent regieren die Ausschüsse; unter dem Direktorium wird die Funktion des Staatsoberhauptes von den Direktoren erfüllt; unter dem Konsulat wird sie von drei Konsuln wahrgenommen: Bonaparte, E. J. Sieyès, Roger Ducos (1799), dann von Bonaparte (Erster Konsul), J.-J. de Cambacérès, Ch.-Fr. Lebrun (1799–1802).
Dieses System endet am 2. August 1802, als Bonaparte sich zum Konsul auf Lebenszeit erklärt.
Das erste Kaiserreich wird am 18. Mai 1804 verkündet. Napoleon I. wird am 2. Dezember 1804 gekrönt und ist bis zu seiner Abdankung am 4. April 1814 und dann während der ›Hundert Tage‹ (20. März 1815 bis 22. Juni 1815) Kaiser der Franzosen.

RESTAURATION

Die Restauration bedeutet die Rückkehr der Bourbonen mit Ludwig XVIII., dem Bruder von Ludwig XVI.; der Sohn Ludwigs XVI., der 1795 in der Gefangenschaft starb, trägt die Nummer XVII:
Ludwig XVIII. (Erste Restauration, vor den ›Hundert Tagen‹) [1814–1815]
Ludwig XVIII. (Zweite Restauration) [1815–1824]
Karl X. (1824–1830)
Die Julirevolution von 1830 bringt mit der Wahl des aus der bourbonischen Nebenlinie Orléans stammenden ›Bürgerkönigs‹ Louis Philippe die konstitutionelle Monarchie. Der Herrscher nimmt den Titel *König der Franzosen* an.
Louis Philippe (1830–1848)

DYNASTIEN, HERRSCHER, STAATSOBERHÄUPTER

ZWEITE REPUBLIK UND ZWEITES KAISERREICH

Die Zweite Republik wird am 25. Februar 1848 ausgerufen. Kollektive vorläufige Regierung von Februar bis Dezember 1848. Präsident der Republik: Charles Louis Napoleon Bonaparte (Dezember 1848 bis 2. Dezember 1851) [im Dezember 1851 wird er für 10 Jahre zum Staatschef gewählt]. Das Zweite Kaiserreich wird am 21. November 1852 ausgerufen. Der Kaiser regiert offiziell vom 2. Dezember 1852 bis zum 4. September 1870 unter dem Namen Napoleon III. (›Napoleon II.‹ ist der Sohn Napoleons I., zuerst König von Rom und dann Herzog von Reichstadt, gestorben 1832).

DIE DRITTE REPUBLIK

Sie wird am 4. September 1870 ausgerufen. Ihre Präsidenten:
Adolphe Thiers (1871–1873)
Edme Patrice Graf von Mac-Mahon (1873–1879)
Jules Grévy (1879–1887)
Sadi-Carnot (1887–1894)
Jean Casimir-Perier (1894–1895)
Félix Faure (1895–1899)
Émile Loubet (1899–1906)
Armand Fallières (1906–1913)
Raymond Poincaré (1913–1920)
Paul Deschanel (Februar bis September 1920)
Alexandre Millerand (1920–1924)
Gaston Doumergue (1924–1931)
Paul Doumer (1931–1932)
Albert Lebrun (1932–1940)
Die Dritte Republik überlebt den Zusammenbruch von 1940 nicht. Am 10. Juli 1940 errichtet Marschall Philippe Pétain im unbesetzten Frankreich ein autoritäres Regierungssystem mit Sitz in Vichy und nimmt den Titel ›Chef des französischen Staates‹ an.

PROVISORISCHE REGIERUNG

Der Vichy-Staat wird am 8. Juni 1944 aufgelöst. Bevor die Verfassung der Vierten Republik ausgerufen und ihr erster Präsident gewählt wird, wird Frankreich von einer provisorischen Regierung gelenkt.
Charles de Gaulle (1944–1946)
Félix Gouin (Januar bis Juni 1946)
Georges Bidault (Juni bis November 1946)
Léon Blum (Dezember 1946 bis Januar 1947).

DIE VIERTE REPUBLIK

Präsidenten der Republik
Vincent Auriol (1947–1954)
René Coty (1954–1958)

DIE FÜNFTE REPUBLIK

Sie wird am 4. Oktober 1958 ausgerufen.

Präsidenten der Republik
Charles de Gaulle (1958–1965 und 1965–1969)
Interim von Alain Poher
Georges Pompidou (1969–1974)
Interim von Alain Poher
Valéry Giscard d'Estaing (1974–1981)
François Mitterrand (seit 1981)

Premierminister
Michel Debré (1959–1962)
Georges Pompidou (1962–1968)
Maurice Couve de la Murville (1968–1969)
Jacques Chaban-Delmas (1969–1972)
Pierre Messmer (1972–1974)
Jacques Chirac (1974–1976)
Raymond Barre (1976–1981)
Pierre Mauroy (1981–1984)
Laurent Fabius (1984–1986)
Jacques Chirac (1986–1988)
Michel Rocard (seit 1988)

A · Das Wappen Frankreichs.
Das Wappen Frankreichs zur Zeit Ludwigs XIV. Auf einem hermelingefütterten Mantel das Schild mit den drei Lilien unter der Krone, umgeben von den Ketten der Orden des Heiligen Michael und des Heiligen Geistes. Darunter gekreuzt das Zepter und die Hand der Gerechtigkeit. *(Wandteppich, 17. Jh., Museum der Ehrenlegion, Paris)*

B, C · Der gallische Hahn.
Kein Volk Galliens hat den Hahn als Emblem. Die Verbindung zwischen Hahn und Galliern beruht auf dem lateinischen Wort *gallus*, das beides bedeutet. Die Gelehrten in der Renaissance sollen häufig darüber gescherzt haben. Dennoch ist der Hahn eines der Nationalembleme Frankreichs während der Revolution geworden *(Revolutionsplakat, Museum de L'Imagerie, Épinal)*. Der Hahn, der in der Julimonarchie und in der II. Republik wieder aufgetaucht ist, verschwindet im Zweiten Empire und kommt vermehrt in der III. Republik wieder auf. Er schmückt sogar die Rückseite von Goldstücken, die ab 1899 geprägt wurden. Hier stellt er Frankreich dar, das einen preußischen Soldaten bezwingt. *(Kriegsplakat 1914–1918 von Abel Faivre, Paris, Privatsammlung)*

DYNASTIEN, HERRSCHER, STAATSOBERHÄUPTER

ITALIEN

DIE LANGOBARDEN

In der römischen Epoche und dann unter den Königen der Ostgoten im 5. Jh. bis zu dem Zeitpunkt, als Italien unter der Herrschaft von Justinian (527 bis 565) in das Ostreich eingegliedert wird, bildet es einen einheitlichen Staat. Erst beim Eindringen der Langobarden beginnt es, sich in zahlreiche Teile aufzusplittern. Die Langobarden bilden im Norden ein Königreich, das seinen Mittelpunkt in der Poebene hat; im Süden bestehen die byzantinischen Provinzen weiter (die wichtigste ist das Erzbistum von Ravenna).
Alboin (569–572)
Cleph (572–574)
Interregnum (574–584)
Authari (584–590)
Agilulf (590–616)
Adaloald (616–626)
Arioald (626–636)
Rothari (636–652)
Aribert I. (653–661)
Thronstreit zwischen Godebert und Perctarit (661)
Grimoald (662–671)
Perctarit (671–688)
Cunipert (688–700)
Aribert II. (700–712)
Liutprand (712–744)
Ratchis (744–749)
Aistulf (749–756)
Desiderius (756–774)

Desiderius, der seinen Sohn Adalgis an der Macht beteiligt hat, wird von Karl dem Großen vom Thron vertrieben. Dieser trägt als letzter den Titel eines Langobardenkönigs.

DAS KAROLINGISCHE ITALIEN

Mit Karl dem Großen wird Italien Teil des Karolingerreichs. Der Titel des Königs von Italien wird von den Kaisern, ihren Söhnen oder Brüdern getragen, dann von den indirekten Nachkommen der Karolinger. Es sind schwache Könige, die nicht in der Lage sind, die Königsmacht gegenüber den örtlichen Lehnsherren zu behaupten *(siehe auch Seite 284–285)*.
Pippin I. (781–810)
Bernhard (813–818)
Lothar I. (822–844)
Ludwig II. (844–875)

Interregnum
Karlmann (877–879)
Karl III., der Dicke (879–887)
Berengar I. von Friaul (888–924)
Guido von Spoleto, Gegenkönig (889–894)
Lambert, Gegenkönig (892–898)
Hugo (926–947)
Lothar II. (947–950)
Berengar II. von Ivrea (950–963)

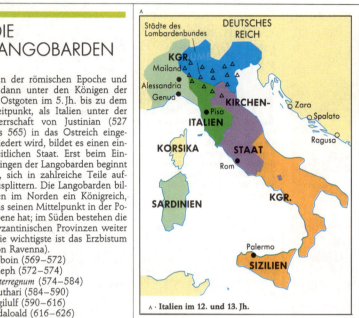

A · Italien im 12. und 13. Jh.

B · Italien im Jahr 1815.

DAS KAISERLICHE ITALIEN

Berengar II., der zusammen mit seinem Sohn Adalbert regiert, wird von dem deutschen König Otto I. vertrieben. Dessen Eingreifen verbindet die Schicksale von Italien und Deutschland, indem es die Halbinsel in das Heilige Römische Reich eingliedert. Von da an wird der Kandidat, der zum deutschen König gewählt wird, gleichzeitig für die italienische Kaiserkrone bestimmt (s. auch S. 270).
Otto I. (951/962–973)
Otto II. (973–983)
Otto III. (983–1002)
Arduin, Gegenkönig (1002–1004)
Heinrich II. (1004–1024)
Konrad II. (1024–1039)
Heinrich III. (1039–1056)
Heinrich IV. (1056–1106)
Konrad, Gegenkönig (1093)
Heinrich V. (1106–1125)
Lothar II. (1125–1137)
Konrad III. (1138–1152)
Friedrich I. Barbarossa (1152–1190)
Heinrich VI. (1190–1197)
Diese Herrscher, die von Deutschland aus regieren, müssen gegen das Unabhängigkeitsstreben der Städte und gegen die Feindseligkeit des Papsttums kämpfen. Im Süden vereinigt der Normanne Robert Guiscard ganz Unteritalien unter seiner Herrschaft. Zum Zusammenschluß der beiden Reiche kommt es, als Heinrich VI. durch seine Heirat mit der Tochter des Nachkommens von Robert, Wilhelm II., den Südstaat erbt.
Nach dem Tod Heinrichs VI. versucht das Papsttum, die italienische Krone von der Kaiserkrone zu trennen, und die Könige kämpfen vergeblich darum, die Macht über ganz Italien zu behalten: Philipp von Schwaben und der 1198 von der welfischen Partei zum Gegenkönig gewählte Otto IV. von Braunschweig streiten sich um den Kaisertitel und um die Herrschaft über Italien. Friedrich II., der seit 1189 in Sizilien regiert, wird 1220 zum Kaiser gekrönt. Er scheitert beim Versuch, ganz Italien zu erobern, und seine Söhne und Enkel Konrad IV., Manfred und Konradin werden von Karl von Anjou verdrängt.

LOKALE DYNASTIEN

Von diesem Zeitpunkt an bis zur Vereinigung im Jahre 1860 gibt es keine einheitliche Geschichte Italiens mehr, sondern nur noch die Geschichte einzelner Regionen und Stadtstaaten, wobei jedoch häufig ein Oberhaupt oder eine Familie ab dem 14./15. Jh. die Macht an sich reißt. Unter der Herrschaft dieser Familien beginnen die Städte mit der Eroberung eines Gebiets und verleihen sich bald darauf den Titel eines Herzogtums.

Florenz und das Herzogtum Toscana

Die Medici
Cosimo der Alte (1434–1464)
Piero I., der Gichtige oder der Kindische (1464–1469)
Lorenzo der Prächtige (1469–1492), mit Giuliano (1478 ermordet)
Piero II. (1492–1494)

Aufstand des Savonarola
Giuliano (1512–1516)
Lorenzo (1516–1619)
Giulio (1519–1523, der spätere Papst Klemens VII.)
Ippolito und Alessandro (1523–1527)

Aufstand gegen die Medici
Alessandro (1532–1537, Herzog von Florenz)
Cosimo I. (1537–1569, Großherzog von Toskana)
Francesco (1569–1587)
Ferdinando I. (1587–1609)
Cosimo II. (1609–1621)
Ferdinando II. (1621–1670)
Cosimo III. (1670–1723)
Gian Gastone (1723–1737)
Toskana fällt 1737 an das Haus Habsburg-Lothringen.

Mailand und das Herzogtum Mailand

Die Visconti
Ottone (1277–78 und 1283–1295)
Matteo I. (1287–1302 und 1311–1322)
Galeazzo I. (1322–1328)
Azzon (1329–1339)
Luchino (1339–1349)
Giovanni (1349–1354)
Matteo II., Barnabeo und Galeazzo II. (1354–1385)
Giangaleazzo (1378/1385–1402), Herzog von Mailand, dann Herzog der Lombardei)
Gianmaria (1402–1412)
Filippo Maria (1412–1447)

Die Sforza
Francesco I. (1450–1466, Herzog von Mailand)
Galeazzo Maria (1466–1476)
Gian Galeazzo (1476–1494)
Ludovico il Moro (1494–1499 und 1500)
Massimiliano (1500–1515)
Francesco II. (1521–1526, dann 1529–1535)
1535 kommt das Herzogtum Mailand unter spanische Herrschaft.

DYNASTIEN, HERRSCHER, STAATSOBERHÄUPTER

Venedig. Die Republik Venedig wurde niemals von einer Familie beherrscht: Sie wählt ihre Herzöge *(Dogen)* seit Anfang des 8. Jh. (Orso Ipato 726–737) bis zu dem Zeitpunkt, zu dem sie ihre Freiheit bei ihrer Eroberung durch französische Truppen einbüßt. Der letzte Doge, Ludovico Manino, dankt 1797 ab und tritt den Staat an Österreich ab (Vertrag von Campoformio). Unter den Dogen sind die wichtigsten: Pietro II. Orseolo (992–1009), wegen seiner Mittelmeerpolitik. Enrico Dandolo (1192–1205), Initiator des vierten Kreuzzuges, der mit der Eroberung Konstantinopels endet. Francesco Foscari (1423–1457), der die Ausbreitung auf der Terra Ferma begann.

Weitere Städte. Die anderen mit einer Familie verbundenen und zeitweise unabhängigen und mächtigen Städte:
Bologna: die Bentivoglio (1401–1506)
Ferrara: die Este (1240–1598)
Genua: die Doria (1528–1797) [den Höhepunkt seiner Macht erlebte Genua jedoch im Mittelalter]
Mantua: die Gonzaga (1328–1708)
Padua: die Carrara (1318–1405)
Parma und Piacenza: die Farnese (1545–1731)
Rimini: die Malatesta (1334–1528)
Verona und Vicenza: die Della Scalla (die Skaliger) [1259–1387]

Der Kirchenstaat. Der Kirchenstaat oder das ›Patrimonium Petri‹ entsteht 756, als das Eingreifen der Franken die Langobarden zwingt, das ›Erbe des Sankt Petrus‹ anzuerkennen: das Exarchat Ravenna und den Dukat (byzantinischer Verwaltungsbezirk) von Rom. Ihre Grenzen schwanken im Lauf der Zeit, bleiben jedoch auf Mittelitalien beschränkt. Die Französische Revolution und das Kaiserreich (1791–1815) haben die Existenz des Kirchenstaats erstmalig in Frage gestellt. Endgültig wird sie durch die Vereinigung Italiens bedroht: 1870 wird Rom von Nationalisten besetzt; eine Volksabstimmung macht es zur Hauptstadt des Königreichs Italien. Die ›römische Frage‹ wird erst 1929 durch die ›Lateranverträge‹ gelöst, die ›die Vatikanstadt als eigenständigen Staat mit dem Papst als Oberhaupt anerkennen.‹
(Siehe die Liste der Päpste, S. 321)

Die Königreiche Sizilien, Neapel und der beiden Sizilien.

Königreich Sizilien: Von der Eroberung durch die Normannen bis zu Karl von Anjou bilden Süditalien und Sizilien ein einziges ›Königreich Sizilien‹, das größte Königreich der Halbinsel. Dieses erlebt die Blütezeit zur Zeit Friedrichs II. (1197–1250).
Normannische Dynastie. Dies ist die Familie der Altavilla, der

Robert Guiscard (›der Listige‹) [gest. 1085], der erste König des doppelten Königreiches, und sein Bruder Roger (I.) [gest. 1101], Graf von Sizilien und Vater von Roger II., entstammen.
Roger II. (1130–1154)
Wilhelm I. (1154–1166)
Wilhelm II. (1166–1189)
Tancredi, Gegenkönig (1189–1194)
Wilhelm, Gegenkönig (1194)

Dynastie der Staufer.
Heinrich VI. (1190/1194–1197, mit Konstanze)
Friedrich I. (II. als Kaiser, 1197–1250)
Konrad (1250–1254)
Konradin (1254–1263)
Manfred, Gegenkönig (1258–1263)

Die Dynastie der Anjou.
Karl I. (1266–1282)
Karl I. wird durch den Aufstand Palermos, auch ›Sizilianische Vesper‹ genannt, aus Sizilien vertrieben. Seitdem sind Süditalien und Sizilien getrennt.

Königreich Sizilien: Die Insel bildet unter der Herrschaft von Aragonien das Königreich Sizilien
Peter I. (1282–1285)
Jakob (1285–1295)
Friedrich II. (1296–1337)
Peter II. (1337–1342)
Ludwig (1342–1355)
Friedrich III. (1355–1377)
Bürgerkrieg (1377–1412):
Maria (1402 gest.)
Martin I., dem Alten (1410 gest.)
Martin II., dem Jungen (1409 gest.)
Ferdinand I. (aus dem Haus Kastilien, 1412–1416)
Alfons I. (V. von Aragonien), der Großartige (1416–1442)

Königreich Neapel: Die Gebiete der Halbinsel bilden das Königreich Neapel oder Königreich Sizilien, das in den Händen des Hauses Anjou verbleibt
Karl I. (1282–1285)
Karl II. (1285–1309)
Robert der Weise (1309–1343)
Johanna I. (1343–1381)
Karl III. (1381–1386)
Wladislaw (1386–1414), der König von Ungarn wird
Johanna II. (1414–1435)
Krieg zwischen den Thronanwärtern René von Anjou und Alfons I. (1435–1442).
1442 erobert Alfons I. das Königreich Neapel und nimmt den Titel eines Königs beider Sizilien an (1442–1458). Bei seinem Tod wird jedoch das Erbe zwischen seinem Bruder Johann und seinem Sohn Ferdinand aufgeteilt.
In Sizilien folgen:
Johann (Johann II. von Aragonien) [1458–1479]
Ferdinand III. (Ferdinand II., der Katholische) [1479–1516]
Im Königreich Neapel folgen:
Ferdinand I. (1458–1494)
Alfons II. (1494–1495)
Ferdinand II. (1495–1503)

Königreiche Neapel und Sizilien: 1504 wird Ferdinand III. (1516 gest.), der König von Sizilien, auch König von Neapel. Die beiden Königreiche bleiben zwar rechtlich getrennt, haben aber

seitdem fast immer die gleichen Herrscher. 1516 kommen die beiden Staaten unter die Herrschaft der spanischen Habsburger:
Karl I. (Karl V.) [1516–1556]
Philipp I. (II. in Spanien) [1556–1598]
Philipp II. (III.) [1598–1623]
Philipp III. (IV.) [1623–1665]
Karl II. (1665–1700)
Nach 1700, mit Ausnahme des Zeitraums 1707–1734, beherrschen die Bourbonen, die in Spanien die Nachfolge der Habsburger antreten, die beiden Königreiche:
Philipp IV. (V. in Spanien) [1700–1707]
Karl VI. (der spätere Kaiser) [1707–1713/1713–1718/1718–1736]
Zwischen 1713 und 1718 regiert Karl in Neapel als König, in Sizilien hat er als Vizekönig Viktor Amadeus, den Herzog von Savoyen, eingesetzt.
Karl VII. oder Don Carlos (Karl III. in Spanien) [1734–1759]
Ferdinand IV. (in Neapel) oder III. (in Sizilien) [1759–1799/1806/1815]

Königreich der beiden Sizilien. Nach dem Intermezzo der französischen Besetzung (1799 bis 1815) werden die Bourbonen wieder als Könige eingesetzt. Die Königreiche Neapel und Sizilien bilden seitdem einen einzigen Staat unter dem wiederaufgenommenen Namen des Königreichs beider Sizilien:
Ferdinand I. [1816–1825]
Franz I. (1825–1830)
Ferdinand II. (1830–1859)
Franz II. (1859–1860)
1861 wird das Königreich beider Sizilien in das Königreich Italien eingegliedert.

Savoyen und Piemont-Sardinien.
Im 18. Jh. breitet sich ein Staat ständig aus, während die anderen regionalen Staaten an Macht verlieren: Dies ist das Königreich von Piemont-Sardinien oder Königreich Sardinien (oder die sardischen Staaten, wie sie nach 1861 genannt werden). Es entsteht offiziell 1718, als Viktor Amadeus II., Herzog von Savoyen, den Vorschlag der Österreicher annimmt, seine Besitzungen in Sizilien gegen Sardinien einzutauschen, und dabei König wird. Vorher hatte Savoyen, das seit dem 11. Jh. Grafschaft und seit dem 15. Jh. Herzogtum war, 1419 Piemont annektiert und 1562 seine Hauptstadt nach Turin verlegt; es hatte sich somit gegen Italien gewandt und sich nach Frankreich ausgerichtet.

Herzöge von Savoyen
Amadeus VIII. (1416–1439)
Ludwig (1440–1465)
Amadeus IX., der Glückliche (1465–1472)
Philibert I., der Jäger (1472–1482)
Karl I. (1482–1490)
Karl II. (1490–1496)
Philipp II. (1496–1497)

Philibert II., der Schöne (1497–1504)
Karl III., der Gute (1504–1553)
Emmanuel Philibert (1553–1580)
Karl Emmanuel der Große (1580–1630)
Viktor Amadeus I. (1630–1637)
Franz (1637–1638)
Karl Emmanuel II. (1638–1675)
Viktor Amadeus II. (1675–1720), ab 1713 König von Sizilien

Könige von Piemont-Sardinien
Viktor Amadeus II. (1720–1730)
Karl Emmanuel III. (1730–1773)
Viktor Amadeus III. (1773–1792)

Französische Besetzung
Viktor Emmanuel I. (1815–1821)
Karl Felix (1821–1831)
Karl Albert (1831–1849)
Viktor Emmanuel II. (1849–1861)
Unter seiner Regierung vollendete der Ministerpräsident Camillo Benso Graf von Cavour sein Werk der Vereinigung Italiens.

ITALIEN

Das Königreich Italien.
Viktor Emmanuel II. (1861–1878)
Umberto I. (1878–1900)
Viktor Emmanuel III. (1900–1946)
Mussolini, Duce (1922–1943/1945)
Umberto II. (1944–1946).

Staatspräsidenten.
Enrico De Nicola (1946–1948)
Luigi Einaudi (1948–1955)
Giovanni Gronchi (1955–1962)
Antonio Segni (1962–1964)
Giuseppe Saragat (1964–1971)
Giovanni Leone (1971–1978)
Sandro Pertini (1978–1985)
Francesco Cossiga (seit 1985)

Ministerpräsidenten.
Alcide De Gasperi (1945–1953)
Giuseppe Pella (1953–1954)
Amintore Fanfani (1954)
Mario Scelba (1954)
Antonio Segni (1955–1957)
Adone Zoli (1957–1958)
Amintore Fanfani (1958–1959)
Antonio Segni (1959–1960)
Fernando Tambroni (1960)
Amintore Fanfani (1960–1963)
Giovanni Leone (1963)
Aldo Moro (1963–1968)
Giovanni Leone (1968)
Mariano Rumor (1968–1970)
Emilio Colombo (1970–1972)
Giulio Andreotti (1972–1973)
Mariano Rumor (1973–1974)
Aldo Moro (1974–1976)
Giulio Andreotti (1976–1979)
Ugo La Malfa (1979)
Giulio Andreotti (1979)
Francesco Cossiga (1979–1980)
Arnaldo Forlani (1980–1981)
Giovanni Spadolini (1981–1982)
Amintore Fanfani (1982–1983)
Bettino Craxi (1983–1987)
Amintore Fanfani (1987)
Giovanni Goria (1987–1988)
Chiriaco De Mita (1988)
Giulio Andreotti (seit 1989)

DYNASTIEN, HERRSCHER, STAATSOBERHÄUPTER

SPANIEN, PORTUGAL

CHRISTLICHE KÖNIGREICHE IN SPANIEN

Acht Jahrhunderte lang kämpfen die Christen in Spanien gegen die Mauren, die die gesamte Iberische Halbinsel erobert haben. In einige Gebirgsregionen Nordspaniens geflüchtet, bilden sie bald kleine unabhängige Königreiche. Ab 737 entsteht das Königreich Asturien, aus dem 914 das Königreich Léon hervorgeht, das im 11.–13. Jh. mit Kastilien vereinigt wird. Navarra wird 905 ein Königreich, während Katalonien Ende des 10. Jh. unter den Grafen von Barcelona seine Unabhängigkeit gewinnt. Die im 9. Jh. entstandene Grafschaft Aragonien bildet 1035 ein selbständiges Königreich.

Asturien
Pelayo (718–737)
Favila (737–739)
Alfons I., der Katholische (739–757)
Fruela I. (757–768)
Aurelio (768–774)
Silo (774–783)
Mauregato (783–788)
Bermudo I. (788–791)
Alfons II., der Keusche (791–842)
Ramiro I. (842–850)
Ordoño I. (850–866)
Alfons III., der Große (866–910)

León
Nach seiner Abdankung muß Alfons III. seine Staaten aufteilen. Er gibt seinem ältesten Sohn, García, die Gebiete der Hochebene von Kastilien und León.
García I. (910–914)
Ordoño II. (914–924)
Fruela II. (924–925)
Alfons IV., der Mönch (925–931)
Ramiro II. (931–951)
Ordoño III. (951–956)
Sancho I., der Dicke (956–958)
Ordoño IV., der Böse (958–960)
Sancho I., der Dicke (960–966)
Ramiro III. (966–982)
Bermudo II. (982–999)
Alfons V., der Edle (999–1028)
Bermudo III. (1028–1037)
1032 sieht ein Friedensvertrag die Heirat von Sancha, der Schwester von Bermudo III., mit Ferdinand, dem Sohn des Königs von Navarra, Sancho III. García dem Großen, vor. Nach dem Tod von Bermudo III. (1037) fällt das Königreich an Sancha; ihr Gatte Ferdinand I., der Große, wird der erste König von Kastilien und León.

Kastilien
Auf dem Gebiet der Ende des 9. Jh. entstandenen Grafschaft Kastilien gibt es zum Schutz der Südostgrenze des Königreichs León mehrere befestigte Burgen (castillos); daher der Name Castilla.
Gonzalo Fernández (899–922?)
Fernán González (923–970)
García Fernández (970–995)
Sancho García (995–1017)
García Sánchez (1017–1029)

Kastilien und León
Ferdinand I., der Große (1035–1065)
Sancho II., der Starke (1065–1072)
Alfons VI. (1072–1109)
Im Jahr 1095 gibt Alfons VI. die Grafschaft Portugal an Heinrich von Burgund, den Gatten seiner Tochter Theresa. Aus dieser Verbindung entstammt Alfons I. Henriques, der erste König Portugals (s. u. Portugal)
Urraca (1109–1126)
Alfons VII., der Gute (1126–1157)

Kastilien
Sancho III., der Erwünschte (1157–1158)
Alfons VIII., der Edle (1158–1214)
Heinrich I. (1214–1217)
Ferdinand III., der Heilige (1217–1252)

León und Galizien
Ferdinand II. (1157–1188)
Alfons IX. (1188–1230, 1230–1252)
Nach dem Tod von Alfons IX. (1230) werden Kastilien und León unter Ferdinand III. endgültig vereinigt.

Kastilien und León
Alfons X., der Weise (1252–1284)
Sancho IV., der Tapfere (1284–1295)
Ferdinand IV. (1295–1312)
Alfons XI., der Gesetzgeber (1312–1350)
Peter I., der Grausame (1350–1369)
Heinrich II., der Prächtige (1369–1379)
Johann I. (1379–1390)
Heinrich III., der Kränkelnde (1390–1406)
Johann II. (1406–1454)
Heinrich IV., der Machtlose (1454–1474)
1469 heiratet Isabella, die Infantin von Kastilien, den Erben Aragoniens, Ferdinand. Die Vereinigung der beiden Reiche unter der Herrschaft der Katholischen Könige ist ein wichtiger Schritt hin zur Einheit Spaniens.
Isabella I., die Katholische (1474–1504)
   und Ferdinand V. von Kastilien (Ferdinand II. von Aragonien) [1474–1504]
Philipp I., der Schöne (1504–1506)
Regentschaft Ferdinands V. (1506–1516) während der Minderjährigkeit Karls I.

Navarra
Ab dem hohen Mittelalter ist das Gebiet von Pamplona ein Zentrum des Widerstands gegen Westgoten, Araber und Franken. 905 wird Pamplona Hauptstadt des Königreichs Navarra.
Iñigo Arista (gest. um 852)
García I. Íñiguez (851–870)
Fortún Garcés I. (870–905)
Sancho I. Garcés (905–925)
García II. Sánchez I. (926–970)
Sancho II. Garcés Abarca (970–994)
García III. Sánchez II., der Zitternde (994–1000)
Sancho III., der Große (1000–1035)
Bei seinem Tod beherrscht Sancho III. das gesamte christliche Spanien mit Ausnahme der Grafschaft Barcelona. Seine Söhne teilen sich sein Erbe.
García IV. Sánchez III. (1035–1054)
Sancho IV. Garcés de Peñalén (1054–1076)
Nach der Ermordung von Sancho IV. ordnet sich Navarra dem König von Aragonien, Sancho I. Ramírez, unter, der unter dem Namen Sancho V. regiert.
Sancho V. (1075–1094)
Peter I. (1094–1104)
Alfons I., der Schlachtenkämpfer (1104–1134)
Nach dem Tod von Alfons I. rufen die Navarrer seinen Vetter García V. und die Aragonesen seinen jüngeren Bruder Ramiro II. zum König aus.
García V. Ramírez (1134–1150)
Sancho VI., der Weise (1150–1194)
Sancho VII., der Starke (1194–1234)
Da Sancho VII. keine direkten Nachkommen hat, wird sein Neffe, der Graf der Champagne, Theobald IV., sein Nachfolger.

Haus Champagne
Theobald I. (1234–1253)
Theobald II. (1253–1270)
Heinrich I. (1270–1274)
Johanna I. (1274–1305)
1284 heiratet Johanna von Navarra Philipp IV., den Schönen. Navarra ist daher an Frankreich angeschlossen:
Ludwig X., der Zänker (1314–1316)
Philipp V., der Lange (1316–1322)
Karl IV., der Schöne (1322–1328)
Dieser tritt Navarra an seine Nichte Johanna, die Gattin von Philipp von Évreux, ab.

Das Haus Évreux
Johanna II. (1328–1349)
Philipp III. (1328–1343)
Karl II., der Böse (1349–1387)
Karl III., der Edle (1387–1425)
Blanka I. (1425–1441)
Johann I. (Johann II. von Aragonien) [1441–1479]
Die Tochter von Johann I., Leonore, verheiratet mit Gaston IV. von Foix, erhält die Krone.

Das Haus Foix
Leonore (1479)
Francisco Febo (1479–1483)
Katharina (1483–1512), Gattin von Johann III. von Albret.
Nachdem Ferdinand II., der Katholische, das obere Navarra an Kastilien angeschlossen hat (1512), behält die Familie von Albret lediglich das untere Navarra, das 1548 an die Bourbonen geht. Die Nachfolge Heinrichs IV. auf den Thron Frankreichs verbindet diese beiden Länder endgültig.

Grafschaft Barcelona (Katalonien)
Ab dem 9. Jh. wird die Grafschaft Barcelona Mittelpunkt der fränkischen Besitzungen in Spanien. Der Untergang des Karolingerreiches beschleunigt die Trennung der Grafen von Barcelona von Frankreich. Unter der Herrschaft von Berenguer Ramón IV. kommt Katalonien zu Aragonien.
Suniario (897–947)
Borrell (948–992)
Ramón Borrell (992–1018)
Berenguer Ramón I. (1018–1035)
Ramón Berenguer I., der Alte (1035–1076)
Ramón Berenguer II. (1076–1082)
Berenguer Ramón II. (1076–1096)
Ramón Berenguer III. (1096–1131)
Ramón Berenguer IV. (1131–1162)

Die christlichen und islamischen Königreiche (12.–14. Jh.).

266

DYNASTIEN, HERRSCHER, STAATSOBERHÄUPTER

Aragonien
Ramiro I. (1035–1063)
Sancho I. Ramírez (1063–1094)
Peter I. (1094–1104)
Alfons I., der Schlachtenkämpfer (1104–1134)
Ramiro II., der Mönch (1134–1137)
Petronilla (1137–1162)
Petronilla heiratet 1150 Ramón Berenguer IV., Graf von Barcelona, der ab 1137 Aragonien mit dem Titel eines Fürsten regiert. Katalonien und Aragonien bilden seitdem ein Königreich.
Alfons II. (1162–1196)
Peter II. (1196–1213)
Jakob I., der Eroberer (1213–1276)
Peter III., der Große (1276–1285)
Alfons III. (1285–1291)
Jakob II., der Gerechte (1291–1327)
Alfons IV., der Gütige (1327–1336)
Peter IV. (1336–1387)
Johann I. (1387–1396)
Martin I. (1396–1410)
Interregnum (1410–1412)
Ferdinand I., der Gerechte (1412–1416)
Alfons V., der Großmütige (1416–1458)
Johann II. (1458–1479)
Ferdinand II., der Katholische (1479–1516)

DAS SPANIEN DER NEUZEIT UND DER GEGENWART

Der Enkel Ferdinands II. von Aragonien und Isabellas von Kastilien, der spätere Karl V., erbt ihre Staaten.

Die Habsburger
Karl I. (Karl V.) [1516–1556]
Philipp II. (1556–1598)

Philipp III. (1598–1621)
Philipp IV. (1621–1665)
Karl II. (1665–1700)
Karl II. benennt Philipp von Anjou zu seinem Nachfolger.

Die Bourbonen
Philipp V. (1700–1746)
Ferdinand VI., der Weise (1746–1759)
Karl III. (1759–1788)
Karl IV. (1788–1808)
Ferdinand VII. (1808)
Napoleon ernennt seinen Bruder Joseph zum König.
Joseph I. (1808–1813)
Ferdinand VII. (1814–1833)
Ferdinand VII. eröffnet durch die Pragmatische Sanktion von 1830 seiner ältesten Tochter Isabella die Thronfolge.
Isabella II. (1833–1868)
Nach der Abdankung Isabellas bildet sich eine provisorische Regierung (1868–1870). Nach der kurzen Regierung von Amadeus von Savoyen (1870–1873) wird die Republik ausgerufen (1873 bis 1874), ein Pronunciamiento setzt jedoch die Bourbonen wieder ein.
Alfons XII. (1874–1885)
Alfons XIII. (1886–1931)

Die zweite Republik
Präsidenten
Niceto Alcalá Zamora (1931–1936)
Manuel Azaña y Díaz (1936–1939)
Seit 1936 kämpfen Republikaner und Nationalisten im Bürgerkrieg gegeneinander. Francisco Franco Bahamonde baut seine Stellung als *Caudillo* (Führer) aus.
Franco, Generalissimus und Staatschef (1936–1938)

Das Franco-Regime
Franco, Staats- und Regierungschef (1938–1975)

Die parlamentarische Monarchie
Nach dem Tod Francos wird die Monarchie wiederhergestellt. Juan Carlos, der Enkel Alfons' XIII., wird König.

Ministerpräsidenten (seit 1975)
Carlos Arias Navarro (1975–1976)
Adolfo Suárez (1976–1981)
Leopoldo Calvo Sotelo (1981–1982)
Felipe González Márquez (seit 1982)

PORTUGAL

Im Jahr 1095 übergibt Alfons VI. die Grafschaft Portugal an Heinrich von Burgund, dem Gatten seiner Tochter Theresa. Unter ihrem Sohn Alfonso Henriques wird Portugal unabhängig.

Haus Burgund
Alfons I. Henriques (1139–1185)
Sancho I. (1185–1211)
Alfons II. (1211–1223)
Sancho II. (1223–1248)
Alfons III. (1248–1279)
Dionysius I., der Liberale (1279–1325)
Alfons IV. (1325–1357)
Peter I. (1357–1367)
Ferdinand I. (1367–1383)
Nach dem Tod Ferdinands erlebt Portugal eine schwere dynastische Krise (1383–1385).

Haus Avis
Dem kastilischen Bewerber stellt sich Johann, der illegitime Sohn Peters I., entgegen, der als Johann I., der Große, regiert.
Johann I., der Große (1385–1433)
Eduard I. (1433–1438)
Alfons V., der Afrikaner (1438–1481)
Johann II., der Vollkommene (1481–1495)
Emmanuel I., der Große oder der Glückliche (1495–1521)
Johann III., der Fromme (1521–1557)
Sebastian I. (1557–1578)
Heinrich I., der Kardinal (1578–1580)
Nach dem Tod Heinrichs fällt die Krone an Philipp II. von Spanien. Diese Vereinigung der Reiche endet 1640, als die Portugiesen sich erheben und den Herzog von Bragança zum König ausrufen.

Haus Bragança
Johann IV., der Glückliche (1640–1656)
Alfons VI. (1656–1683)
Peter II. (1683–1706)
Johann V., der Prächtige (1706–1750)
Josef I., der Reformator (1750–1777)
Peter III. (1777–1786) und Maria I. (1777–1816)
Nach dem Eindringen französischer Truppen (1807) flüchtet die Königsfamilie nach Brasilien.
Johann VI., der Milde (1816–1826)
Peter IV. (Peter I. von Brasilien) [1826]

Maria II. von Bragança (1826–1853)
Machtergreifung durch Michael, den Gatten von Maria (1828–1834)
Peter V. (1853–1861)
Ludwig I. (1861–1889)
Karl I. (1889–1908)
Emmanuel II. (1908–1910)
1910 wird Emmanuel II. durch einen Militärstreich abgesetzt. Die Republik wird ausgerufen.

Die parlamentarische Republik
Provisorische Regierung unter Führung von Teófilo Braga (1910–1911)
Präsidenten der Republik
Manuel de Arriaga (1911–1915)
Teófilo Braga (1915)
Bernardino Machado (1915–1917)
Sidonio Pais (1917–1918)
Antonio José de Almeida (1919–1923)
Manuel Teixeira Gomes (1924–1925)
Bernardino Machado (1925–1926)

Der Neue Staat (Estado Novo)
1926 stürzt General Gomes da Costa das parlamentarische System.
Antonio Óscar de Fragoso Carmona, Staatschef (1928–1951).
António de Oliveira Salazar, Finanzminister (1928–1932), dann Ministerpräsident (1932–1968), übt eine diktatorische Macht aus.
Francisco Higino Craveiro Lopes, Präsident der Republik (1951–1958)
Américo Tomás, Präsident der Republik (1958–1974)
Nach einer Gehirnblutung tritt Salazar zurück. Sein Nachfolger wird Marcelo Das Neves Caetano (1968–1974).

Die Rückkehr zur Demokratie
1974 wird Caetano durch einen Staatsstreich gestürzt. Eine ›Junta des nationalen Heils‹ verpflichtet sich, die bürgerlichen und demokratischen Rechte wiederherzustellen.
Präsidenten der Republik
António Sebastião Ribeiro de Spínola (1974)
Francisco da Costa Gomes (1974–1976)
Ramalho Eanes (1976–1986)
Mário Soares (seit 1986)
Ministerpräsidenten (seit 1974)
Adelino Palma Carlos (1974)
Vasco Gonçalves (1974–1975)
Pinheiro de Azevedo (1975–1976)
Mário Soares (1976–1978)
Alfredo Nobre da Costa (1978)
Carlos Mota Pinto (1978–1979)
Maria de Lourdes Pintassilgo (1979)
Francisco Sá Carneiro (1979–1980)
Francisco Pinto Balsemão (1981–1983)
Mário Soares (1983–1985)
Aníbal Cavaco Silva (seit 1985)

∧ · Spanien.

Die Wappen der Königreiche, aus denen die spanische Nation entstand, bilden sein Wappenschild. Oben links Kastilien neben dem Löwen des Königreichs Léon. Unten rechts die Goldketten von Navarra, daneben das Blut und das Gold des Königreiches Aragonien. An der Spitze des Schildes befindet sich das Wappen Granadas. In der Mitte die drei Lilien auf blauem Grund, die daran erinnern, daß die Könige von Spanien seit 1700 zum Haus der Bourbonen gehören. Der Wappenschild ist von den beiden Säulen des Herkules (Gibraltar) eingerahmt, die die Devise ›Plus Ultra‹ ›weiter, weiter als die Grenzen der Welt‹ tragen.

267

DYNASTIEN, HERRSCHER, STAATSOBERHÄUPTER

GROSSBRITANNIEN

ENGLAND

Angelsächsische Könige. Im 5. Jh. beginnen die Angelsachsen nach England einzuwandern. Sie drängen die einheimischen Kelten zurück und gründen im 6. und 7. Jh. mehrere, miteinander rivalisierende kleine Königreiche, die schließlich im 9. Jh. unter der Führung der Könige von Wessex vereinigt werden.
Egbert (802–839)
Aethelwulf (839–858)
Aethelbald (858–860)
Aethelbert (860–866)
Aerthelred I. (866–871)
Alfred der Große (871–899)
Eduard (899–924)
Aethelstan (924–939)
Edmund (939–946)
Edred (946–955)
Edwin (955–959)
Edgar der Friedliche (959–975)
Eduard der Märtyrer (975–978)
Aethelred II., der Unentschlossene (978–1016)
Edmund der Eiserne (1016)

Dänische Könige. Im 9. Jh. lassen sich die Dänen nördlich einer Linie zwischen Themse- und Deemündung nieder. Der dänische König Knut I., der auch König von Norwegen ist, gliedert England seinem Reich ein.
Knut I. (1016–1035)
Harold I. Harefoot (1035–1040)
Hardknut (1040–1042)

Wiedereinsetzung der angelsächsischen Könige
Eduard der Bekenner (1042–1066)
Harold II. Godwinson (1066)

Normannische Könige. Wilhelm, der Herzog der Normandie, dem von seinem Verwandten Eduard dem Bekenner die Krone versprochen worden ist, schlägt Harold II. Godwinson bei Hastings (1066) und läßt sich vom Rat der angelsächsischen Könige als König bestätigen. Er errichtet einen zentral gelenkten anglo-normannischen Feudalstaat.
Wilhelm I., der Eroberer (1066–1087)
Wilhelm II. (1087–1100)
Heinrich I. Beauclerc (1100–1135)
Stephan I. von Blois (1135–1154)

Die Plantagenet (Haus von Anjou). Heinrich, der Sohn des Grafen Gottfried von Anjou (Beiname: Plantagenet) und Enkel von Heinrich I. Beauclerc, besteigt beim Tode Stephans I. den Thron.
Heinrich II. Kurzmantel (1154–1189)
Richard I. Löwenherz (1189–1199)
Johann I. ohne Land (1199–1216)
Heinrich III. (1216–1272)
Eduard I. (1272–1307)
Eduard II. (1307–1327)

A · Das angelsächsische England im 9. Jh.

B · Bildung des Vereinigten Königreiches.

Eduard III. (1327–1377)
Richard II. (1377–1399)

Das Haus Lancaster. Heinrich von Lancaster, der von der Abwesenheit Richards II., der in Italien kämpft, profitiert, landet in England. Richard, von den meisten seiner Barone verlassen, wird zur Abdankung gezwungen.
Heinrich IV. (1399–1413)
Heinrich V. (1413–1422)
Heinrich VI. (1422–1461)
In den ›Rosenkriegen‹ (1455 bis 1485) kämpfen die beiden Plantagenet-Seitenlinien Lancaster (rote Rose im Wappen) und York (weiße Rose) um den Thron. Richard von York, der Vater von Eduard IV., stammt durch seine Mutter von Lionel von Clarence, dem dritten Sohn Eduards III., ab. Die Lancaster (Heinrich VI.), stammen vom vierten Sohn Eduards III., Johannes von Gent, ab.
Eduard IV. (1461–1483)
Richard III. (1483–1485)

Die Tudor. Als letzter Vertreter der Lancaster durch seine Mutter bemüht sich Heinrich VII. Tudor um die nationale Versöhnung und heiratet Elisabeth von York, Erbin der Gegenpartei.
Heinrich VII. Tudor (1485–1509)
Heinrich VIII. (1509–1547)
Eduard VI. (1547–1553)
Maria I. (1553–1558)
Elisabeth I. (1558–1603)

Die Stuarts. Nach dem Tode Elisabeths I., mit der das Geschlecht der Tudor erlöscht, wird Jakob VI. Stuart, König von Schottland und Urgroßneffe Heinrichs VIII., König von England. Damit sind England und Schottland, die sich seit dem 14. Jh. immer wieder bekämpft haben, in Personalunion verbunden.
Jakob I. Stuart (1603–1625)
    [Jakob VI. von Schottland]
Karl I. (1625–1649)

Das Protektorat der Cromwells. Nach dem Bürgerkrieg und der Hinrichtung von Karl I. erhält England die erste schriftliche Verfassung.
Oliver Cromwell (1649–1658)
Richard Cromwell (1658–1659)

Wiedereinsetzung der Stuarts
Karl II. (1660–1685)
Jakob II. (1685–1688)
Nach der Revolution von 1688 flieht Jakob II. ins Ausland. Seine Tochter Maria folgt ihm auf den Thron und regiert mit ihrem Gemahl Wilhelm von Oranien.
Maria II. Stuart (1689–1694)
    und Wilhelm III. von Oranien (1689–1702)
Anna Stuart (1702–1714)
Mit der Vereinigung des schottischen mit dem englischen Parlament 1707 werden beide Königreiche endgültig zum Königreich Großbritannien vereinigt.

Das Haus Hannover. Durch den *Act of Settlement* von 1701 wird die protestantisch-anglikanische Thronfolge geregelt. Kurfürst Georg Ludwig von Hannover, der Urenkel Karls II., besteigt als Georg I. den Thron.
Georg I. (1714–1727)
Georg II. (1727–1760)
Georg III. (1760–1820)
1800 kommt die Einheit der Königreiche Großbritannien und Irland zustande. Diese bilden fortan das Vereinigte Königreich von Großbritannien und Irland.
Georg IV. (1820–1830)
Wilhelm IV. (1830–1837)
Viktoria (1837–1901)
Eduard VII. (1901–1910)
Georg V. (1910–1936)

Die Windsor. 1914 gibt die Dynastie ihren deutschen Namen auf und nimmt den Namen Windsor an.
Eduard VIII. (1936)
Georg VI. (1936–1952)
Elisabeth II. (seit 1952)

Premierminister seit 1830. Jeder Mehrheitswechsel führt zur Wahl eines neuen Premierministers. Auf den traditionellen Gegensatz zwischen den Whigs und den Tories folgt derjenige zwischen den Liberalen und den Konservativen (ab 1830), dann zwischen Labour und den Konservativen (seit 1922–1924).
Charles Grey (1830–1834)
William Melbourne (1834)
Robert Peel (1834–1835)
William Melbourne (1835–1841)
Robert Peel (1841–1846)
John Russell (1846–1852)
Edward Derby (1852)
George Aberdeen (1852–1855)
Henry Palmerston (1855–1858)
Edward Derby (1858–1859)
Henry Palmerston (1859–1865)
John Russell (1865–1866)
Edward Derby (1866–1868)
Benjamin Disraeli (1868)
William Gladstone (1868–1874)
Benjamin Disraeli (1874–1880)
William Gladstone (1880–1885)
Robert Salisbury (1885–1886)
William Gladstone (1886)
Robert Salisbury (1886–1892)
William Gladstone (1892–1894)
Archibald Rosebery (1894–1895)
Robert Salisbury (1895–1902)
Arthur Balfour (1902–1905)
Henry Campbell-Bannerman (1905–1908)
Herbert Asquith (1908–1916)
David Lloyd George (1916–1922)
Andrew Bonar Law (1922–1923)
Stanley Baldwin (1923–1924)
James MacDonald (1924)
Stanley Baldwin (1924–1929)
James MacDonald (1929–1935)
Stanley Baldwin (1935–1937)
Arthur Neville Chamberlain (1937–1940)
Winston Churchill (1940–1945)
Clement Atlee (1945–1951)
Winston Churchill (1951–1955)
Anthony Eden (1955–1957)
Harold Macmillan (1957–1963)
Alexander Douglas-Home (1963–1964)

DYNASTIEN, HERRSCHER, STAATSOBERHÄUPTER

DEUTSCHLAND

Harold Wilson (1964–1970)
Edward Heath (1970–1974)
Harold Wilson (1974–1976)
James Callaghan (1976–1979)
Margaret Thatcher (1979–1990)
John Major (seit 1990)

WALES

Das gebirgige Waldland Wales wirkt wie eine natürliche Festung, an der im Lauf der Zeit mehrere Eindringlinge scheitern. Vom 5. bis 7. Jh. nehmen die Angelsachsen die gesamte Insel, bis auf Wales, ein, das bald die letzte Zuflucht der Kelten wird. Die normannische Eroberung im 9. Jh. bewirkt keine Einheit in Wales. Mehrere Fürstentümer teilen sich das Land westlich des ›Dyke‹ (Erdfestung, im 8. Jh. unter Offa, dem König von Mercia, erbaut). Die mächtigsten Reiche sind Gwynedd, Powys und Deheubarth. Vergebliche Versuche einer Vereinigung von ganz Wales unter der Herrschaft von:

Rhodri Mawr (der Große)
  [844–um 878]
Hywell Dda (der Gute)
  [942–950]
Gruffup ap Llewelyn
  (1039–1063)

Die Eroberung Englands durch die Normannen stellt eine erneute und größere Gefahr dar, der die Waliser unter folgenden Herrschern begegnen:

Rhys ap Gruffydd
  (1155 bis um 1197)
Llewelyn ap Iorwerth
  (1194–1240)
Llewelyn ap Gruffydd
  (1246–1282)

Der Tod von Llewelyn ap Gruffydd beendet die Unabhängigkeit von Wales. Nach und nach wird das Land in das englische Königreich eingegliedert. 1485 besteigt Heinrich von Richmond, der Prinz von Wales, den englischen Thron unter dem Namen Heinrich VII. Die *Acts of Union* Heinrichs VIII. von 1536 und 1642 verbinden endgültig die Schicksale beider Länder.

SCHOTTLAND

Die Entstehung Schottlands.
Schottland, das seit der Eisenzeit von den Pikten bewohnt ist, wird nun nach und nach von den Skoten aus Irland, den germanischen Angeln und den keltischen Bretonen, die von den Angelsachsen aus dem Süden Großbritanniens verdrängt wurden, besiedelt. Trotz der Unterschiede zwischen diesen Völkern kann der Skotenkönig Keneth I. MacAlpin um 843 das Piktenreich unterwerfen und das einheitliche Königreich von Alban errichten. Seine Nachfolger erweitern allmählich ihre Herrschaft auf die Gebiete im Südosten und Südwesten; im 11. Jh. wird Edinburgh Sitz der Könige von Schottland. Wir führen nur einige Könige aus der ziemlich unklaren Frühzeit auf.

Kenneth I. Mac Alpin (843–858)
Donald I. (um 860–864)
Donald II. (889¢–900)
Malcolm I. (943–954)
Kenneth II. (971–995)
Kenneth III. (997–1005)
Malcolm II. (1005–1034)
Duncan I. (1034–1040)
Macbeth (1040–1057)
Malcolm III. Canmore
  (1058–1093)
Donald III. Bane (1093–1097)
Edgar (1097–1107)
Alexander I. (1107–1124)
David I. (1124–1153)
Malcolm IV. (1153–1165)
Wilhelm I., der Löwe
  (1165–1214)
Alexander II (1214–1249)
Alexander III. (1249–1286)

Einzige Erbin Alexanders III. ist seine Enkelin Margarete, Tochter des Königs von Norwegen, der 1290 stirbt. Während der nun folgenden Thronwirren wird der englische König Eduard I. von den schottischen Baronen ersucht, eine Entscheidung zu treffen. Er entscheidet sich für John de Baliols (1292–96). Daraufhin erheben sich die Schotten, und 1306 läßt sich Robert Bruce zum König krönen.

Robert I. Bruce (1306–1329)
David II. (1329–1371)

Das Schottland der Stuarts.
David stirbt ohne Erben. Sein Neffe, Robert Stuart, wird sein Nachfolger.

Robert II. (1371–1390)
Robert III. (1390–1406)
Jakob I. (1406–1437)
Jakob II. (1437–1460)
Jakob III. (1460–1488)
Jakob IV. (1488–1513)
Jakob V. (1513–1542)
Maria I. Stuart (1542–1567)
Jakob VI. (1567–1625)

Da Elisabeth I. 1603 ohne Nachfolger stirbt, fällt die englische Krone an den Sohn von Maria Stuart, Jakob VI. von Schottland, der als Jakob I. König von England wird.

GERMANIEN

Die deutschen Stämme, die mit anderen Völkerschaften im Fränkischen Reich Karls des Großen vereinigt sind, lösen sich durch die Reichsteilung im Vertrag von Verdun (843): Ludwig II., der Deutsche, erhält das Ostfränkische Reich. Seine Nachfolger regieren über ein Gebiet, für das sich später der Name ›Deutschland‹ einbürgert. Nach dem Aussterben der Karolinger (911) wählen die deutschen Stammesherzogtümer Franken, Schwaben, Bayern und Sachsen Konrad I. zum König und legen so die Unteilbarkeit des Ostfränkischen Reiches fest.

Karolinger
Ludwig II., der Deutsche
  (843–876)
Karl III., der Dicke (876–887)
  [Kaiser des Westreiches
  881–887]
Arnulf [887–899] (Kaiser
  des Westreiches 896–899)
Ludwig IV., das Kind
  (900–911)
  (s. Stammtafel der Karolinger
  S. 284–285)

Herzöge von Franken und Sachsen
Konrad I., Herzog von Franken
  (911–936)
Heinrich I., der Vogler, Herzog
  von Sachsen (919–936)

HEILIGES RÖMISCHES REICH DEUTSCHER NATION

Das Ostfränkische Reich trägt seit Konrad II. den Titel *Romanum Imperium* (Römisches Reich). Als *Sacrum Imperium* (Heiliges Reich) wird es seit 1157 bezeichnet, und seit der Mitte des 13. Jh. bürgert sich der Name *Sacrum Romanum Imperium* (Heiliges Römisches Reich) ein. Der Zusatz *Nationis Germaniae* (Deutscher Nation) wird erst im 15. Jh. hinzugefügt.
Der deutsche (oder Römische) König wird seit 1356 (Goldene Bulle) durch ein Kollegium von sieben Kurfürsten gewählt. Seit Otto I. wird der deutsche Kaiser jedoch vom Papst gekrönt, als letzter 1530 Karl V. Seit dem 15./16. Jh. wird das Heilige Römische Reich von den Machtkämpfen zwischen Kaiser und Reichsständen bestimmt, bis sich dann, nach dem Westfälischen Frieden 1648 die deutsche Geschichte fast nur noch auf der Ebene der Territorialstaaten abspielt. 1806 kommt es zur Auflösung des Heiligen Römischen Reiches Deutscher Nation.
(s. Tafel S. 270)

B · Das Heilige Römische Reich im 12. Jh.

PREUSSEN UND DAS DEUTSCHE REICH

Die Hohenzollern. Sie werden 1417 mit dem Kurfürstentum Brandenburg belehnt.

Kurfürsten von Brandenburg
Friedrich I. (1417–1440)
Friedrich II. (1440–1470)
Albrecht Achilles (1480–1486)
Johann Cicero (1486–1499)
Joachim I. (1499–1535)
Joachim II. (1535–1571)
Johann Georg (1571–1598)
Joachim Friedrich (1598–1608)
Johann Sigismund (1608–1619)
Georg Wilhelm (1619–1640)
Friedrich Wilhelm, der Große
  Kurfürst (1640–1688)
Friedrich III. (1688–1701)

Könige von Preußen
Friedrich III., König in Preußen
  unter dem Namen Friedrich I.
  (1701–1713)
Friedrich Wilhelm I.
  (1713–1740)
Friedrich II., der Große
  (1740–1786)
Friedrich Wilhelm II.
  (1786–1797)
Friedrich Wilhelm III.
  (1797–1840)
Friedrich Wilhelm IV.
  (1840–1861)
Wilhelm I. (1861–1871)

Das Deutsche Reich
1871 wird König Wilhelm I. von Preußen zum Deutschen Kaiser proklamiert und damit die Reichsgründung vollzogen.

Kaiser
Wilhelm I. (1871–1888)
Wilhelm II. (1888–1918)

Kanzler
Otto von Bismarck (1871–1890)
Georg Leo von Caprivi
  (1890–1894)

A · **Großbritannien.**
Im Wappen Großbritanniens wird England durch die goldenen Leoparden der Plantagenet symbolisiert. Der Löwe stellt Schottland dar, die goldene Harfe Irland. Der Hosenbandorden umgibt den Schild; unten die Devise der Könige Englands, die Richard Löwenherz zugeschrieben wird.

DYNASTIEN, HERRSCHER, STAATSOBERHÄUPTER

DEUTSCHLAND, ÖSTERREICH

Chlodwig Fürst zu Hohenlohe-Schillingsfürst (1894–1900)
Bernhard von Bülow (1900–1909)
Theobald von Bethmann-Hollweg (1909–1917)
Georg Michaelis (1917)
Georg von Hertling (1917–1918)
Max von Baden (1918)

DIE WEIMARER REPUBLIK

Präsidenten der Republik
Friedrich Ebert (1919–1925)
Paul von Hindenburg (1925–1934)

Kanzler
Philipp Scheidemann (1919)
Gustav Bauer (1919–1920)
Hermann Müller (1920)
Konstantin Fehrenbach (1920–1921)
Joseph Wirth (1921–1922)
Wilhelm Cuno (1922–1923)
Gustav Stresemann (1923)
Wilhelm Marx (1923–1925)
Hans Luther (1925–1926)
Wilhelm Marx (1926–1928)
Hermann Müller (1928–1930)
Heinrich Brüning (1930–1932)
Franz von Papen (1932)
Kurt von Schleicher (1932–1933)

DAS DRITTE REICH

Adolf Hitler, Führer und Reichskanzler (1934–1945)
Karl Dönitz (1945)

DIE BEIDEN DEUTSCHEN STAATEN

Nach der Kapitulation des Deutschen Reiches am 8. Mai 1945 übernehmen die vier Siegermächte (USA, UdSSR, Großbritannien, Frankreich) die Regierungsgewalt. Sie teilen Deutschland in vier Besatzungszonen (Potsdamer Abkommen, 2. August 1945). Angesichts des beginnenden Ost-West-Konflikts kommt es 1949 zur Teilung Deutschlands: In den Westzonen entsteht die Bundesrepublik Deutschland, in der Sowjetischen Besatzungszone (SBZ) die Deutsche Demokratische Republik.

Bundesrepublik Deutschland

Bundespräsidenten
Theodor Heuss (1949–1959)
Heinrich Lübke (1959–1969)
Gustav Heinemann (1969–1974)
Walter Scheel (1974–1979)
Karl Carstens (1979–1984)
Richard v. Weizsäcker (seit 1984)

Bundeskanzler
Konrad Adenauer (1949–1963)
Ludwig Erhard (1963–1966)
Kurt G. Kiesinger (1966–1969)
Willy Brandt (1969–1974)
Helmut Schmidt (1974–1982)
Helmut Kohl (seit 1982), seit 3. 10. 1990 Bundeskanzler des wiedervereinigten Deutschland.

Deutsche Demokratische Republik

Staatschefs
Wilhelm Pieck (1949–1960)
Walter Ulbricht (1960–1973)
Willi Stoph (1973–1976)
Erich Honecker (1976–1989)
Egon Krenz (Okt.–Dez. 1989)
Manfred Gerlach (1989–1990)

Erste Sekretäre des ZK der SED
Walter Ulbricht (1950–1071)
Erich Honecker (1971–1989)
Egon Krenz (Okt.–Dez. 1989)
Nach dem politischen Umsturz: L. de Maizière, Ministerpräsident, 12. 4.–2. 10. 1990.

▲ · Das Deutsche Reich (1871).

Herrscher des Heiligen Römischen Reiches

Häuser und Dynastien	Könige und Kaiser		Gegenkönige		Häuser und Dynastien
Sachsen/ Liudolfinger	Heinrich I.	919–936			
	*Otto I.	936–973			
	*Otto II.	973–983			
	*Otto III.	983–1002			
	*Heinrich II.	1002–1024			
Franken/ Salier	*Konrad II.	1024–1039			
	*Heinrich III.	1039–1056			
	*Heinrich IV.	1056–1106	Rudolf	1077–1080	Schwaben
	*Heinrich V.	1106–1125	Hermann	1081–1088	Salm
Supplinburg	*Lothar	1125–1137			
Staufer	Konrad III.	1138–1152			
	*Friedrich I. Barbarossa	1152–1190			
	*Heinrich VI.	1190–1197			
Welfen	*Otto IV.	1198–1218	Philipp	1198–1208	Staufer
			Friedrich II.	1212–1220	
Staufer	*Friedrich II.	1220–1250	Heinrich Raspe	1246–1247	Thüringen
			Wilhelm	1247–1250	Holland
	GROSSES INTERREGNUM				
	Konrad IV.	1250–1254	Wilhelm	1250–1254	Holland
Holland	Wilhelm	1254–1256			
Cornwall	Richard	1257–1272	Alfons	1257–1272	Kastilien
Habsburg	Rudolf I.	1273–1291	Alfons	1273–1275	Kastilien
Nassau	Adolf	1292–1298			
Habsburg	Albrecht I.	1298–1308			
Luxemburg	*Heinrich VII.	1308–1313			
Bayern	*Ludwig IV.	1314–1346	Friedrich der Schöne	1314–1330	Habsburg
			Karl IV.	1346	Luxemburg
Luxemburg	*Karl IV.	1346–1378	Günther	1349	Schwarzburg
Luxemburg	Wenzel	1378–1400			
Pfalz	Ruprecht	1400–1410			
Luxemburg	*Siegmund	1410–1437	Jobst	1410–1411	Mähren
Habsburg	Albrecht II.	1438–1439			
	*Friedrich III.	1440–1493			
	Maximilian I.	1493–1519	(nahm 1508 ohne Krönung den Kaisertitel an)		
	*Karl V.	1519–1556			
	Ferdinand I.	1556–1564			
	Maximilian II.	1564–1576			
	Rudolf II.	1576–1612			
	Matthias	1612–1619			
	Ferdinand II.	1619–1637			
	Ferdinand III.	1637–1657			
	Leopold I.	1658–1705			
	Joseph I.	1705–1711			
	Karl VI.	1711–1740			
Bayern	Karl VII.	1742–1745			
Lothringen	Franz I.	1745–1765			
Habsburg-Lothringen	Joseph II.	1765–1790			
	Leopold II.	1790–1792			
	Franz II.	1792–1806	(als Franz I. Kaiser von Österreich)		

* Deutsche Könige, die in Italien zum Kaiser gekrönt wurden; seit Ferdinand I. Kaiserkrönung in Frankfurt.

DYNASTIEN, HERRSCHER, STAATSOBERHÄUPTER

RUSSLAND, UdSSR

A · Die beiden deutschen Staaten.

ÖSTERREICH

Keimzelle des späteren Österreich ist die zum Fränkischen Reich gehörende bayerische Ostmark, die seit 976 von den Babenbergern und seit 1246 von den Habsburgern regiert wird.

Die Babenberger. Sie erwerben im 12. Jh. Teile Oberösterreichs und 1292 die Steiermark.
Luitpold I. (976–994)
Heinrich I. (994–1018)
Adalbert (1018–1055)
Ernst (1055–1075)
Luitpold II. (1075–1095)
Leopold III. (1095–1136)
Leopold IV. (1136–1141)
Heinrich II. (1141–1177)
Leopold V. (1177–1194)
Friedrich I. (1194–1198)
Leopold VI. (1198–1230)
Friedrich II. (1230–1246)

Die Habsburger. Kaiser Rudolf I. von Habsburg, der 1276 Österreich erwirbt, gibt es 1278 als Lehen an seine Söhne weiter. Nach 1526 werden auch die Kronen von Ungarn und Böhmen angeschlossen. 1736 heiratet die Erbin der Staaten des Hauses Österreich, Maria-Theresia (1740 bis 1780), Franz von Lothringen, den Gründer des Hauses Habsburg-Lothringen (siehe Tafel S. 270 und Stammbaum S. 288). 1804 wird das österreichische Kaiserreich errichtet, das durch den Österreich-Ungarischen Ausgleich 1867 in die Doppelmonarchie Österreich-Ungarn umgewandelt wird.
Franz I. (1804–1835)
Ferdinand I. (1835–1848)
Franz-Josef I. (1848–1916)
Karl I. (1916–1918)

Die Republik Österreich (Erste Republik)
1918 trennt Ungarn sich von Österreich, und die demokratische Republik Deutsch-Österreich wird proklamiert.

Präsidenten
Karl Seitz (1919–1920)
Michael Hainisch (1920–1928)
Wilhelm Miklas (1928–1938)

Kanzler
Karl Renner (1918–1920)
Michael Mayr (1920–1921)
Johann Schober (1921–1922, 1929–1930)
Mgr. Ignaz Seipel (1922–1924, 1926–1929)
Ernst Streeruwitz (1929)
Carl Vaugoin (1930)
Otto Ender (1930–1931)
Karl Buresch (1931–1932)
Engelbert Dollfuß (1932–1934)
Kurt Schuschnigg (1934–1938)
1938–1945 ist Österreich ein Teil des Dritten Reichs.

Die Zweite Republik
Präsidenten
Karl Renner (1945–1950)
Theodor Körner (1951–1957)
Adolf Schärf (1957–1965)
Franz Jonas (1965–1974)
Rudolf Kirchschläger (1974–1986)
Kurt Waldheim (seit 1986)
Kanzler
Leopold Figl (1945–1953)
Julius Raab (1953–1961)
Alfons Gorbach (1961–1964)
Josef Klaus (1964–1970)
Bruno Kreisky (1970–1983)
Fred Sinowatz (seit 1983)
Franz Vranitzky (seit 1986)

RUSSLAND

Über die Anfänge des russischen Staates berichtet die älteste russische Chronik: Unter den russischen Fürsten habe Streit geherrscht, und sie schickten übers Meer zu den Warägern (Normannen), damit sie über sie regieren sollten. Daraufhin kam Rurik und herrschte in Nowgorod, und es kamen Askold und Dir und ließen sich in Kiew nieder. – Auf Rurik führt die Dynastie der Rurikiden ihre Herkunft zurück, die später die Moskauer Großfürsten und russischen Zaren stellt. 1613 werden die Romanows ihre Nachfolger.

RURIKIDEN

Fürsten und Großfürsten von Kiew. Das Kiewer Reich ist ursprünglich ein Fürstenbund, der durch die Fürsten von Kiew zusammengehalten wird. Jaroslaw der Weise erläßt 1054 eine Thronfolgeordnung, nach der der Älteste als Großfürst in Kiew herrschen soll. Trotzdem kommt es bei der Thronfolge häufig zu Familienfehden, die das Reich schwächen.
Oleg (um 882–912)
Igor (912–945)
Swjatoslaw Igorjewitsch (945–973)
Jaropolk Swjatoslawitsch (973–978)
Wladimir I. Swjatoslawitsch, der Heilige (um 980–1015)
Swjatopolk Wladimirowitsch (1015–1019)
Jaroslaw Wladimirowitsch, der Weise (1019–1054)
Isjaslaw I. Jaroslawitsch (1054–1073)
Swjatoslaw Jaroslawitsch (1073–1076)
Wsewolod I. Jaroslawitsch (1078–1093)
Swjatopolk Isjaslawitsch (1093–1113)
Wladimir II. Wsewolodowitsch Monomach (1113–1125)
Mstislaw I. Wladimirowitsch (1125–1132)
Jaropolk Wladimirowitsch (1132–1139)
Wsewolod II. Olgowitsch (1139–1146)
Isjaslaw II. Mstislawitsch (1146–1154)
Jurij Wladimirowitsch Dolgoruk (1149–1157)
Rotislaw Mstislawitsch (1154, 1159–1167)
Mstislaw II. Isjaslawitsch (1167/68–1169)

Großfürsten von Wladimir. Mit der Eroberung Kiews durch Andrej Jurjewitsch Bogoljubskij von Wladimir-Susdal beginnt die Zeit der Teilfürstentümer, die jedoch bald unter den Einfluß der mächtigen Fürsten von Wladimir-Susdal geraten. Diese nehmen

C · Das Kiewer Reich im Jahr 912.

um 1200 den Großfürstentitel an. Dem Ansturm der Mongolen ist das zerstückelte Reich jedoch nicht gewachsen; 1236–1240 erobert Khan Batu die russischen Fürstentümer: Die Fürsten behalten zwar ihre Fürstentümer, müssen sich ihre Herrschaftsrechte aber vom Khan bestätigen lassen. Dieser verleiht den Fürsten von Wladimir um 1318 offiziell die Großfürstenwürde. Aus den Kämpfen um die Vorherrschaft im Osten geht schließlich das Fürstentum Moskau als Sieger hervor.
Andrej Jurjewitsch Bogoljubskij (1169–1174)
Wsewolod III. Jurjewitsch das Große Nest (1176–1212)
Jurij Wsewolodowitsch (1212–1238)
Konstantin Wsewolodowitsch (1217–1218)
Swjatoslaw Wsewolodowitsch (1246–1248)
Michail Jaroslawitsch (1248)
Andrej Jaroslawitsch (1248–1252)
Alexander Jaroslawitsch Newskij (1252–1263)
Jaroslaw Jaroslawitsch (1263–1272)
Wassilij Jaroslawitsch (1272–1276)
Dimitrij Alexandrowitsch (1276–1281, 1283–1293)
Andrej Alexandrowitsch (1282–1284, 1293–1304)
Michail Jaroslawitsch (1304–1318)
Jurij Danilowitsch (1319–1322)
Dimitrij Michajlowitsch (1322–1325)
Alexander Michajlowitsch (1326–1327)

Großfürsten von Moskau. Daniel (1276–1303), der Sohn Alexander Newskijs, ist der Begründer der Moskauer Linie der Rurikiden, der Danilowitschi. Sein Sohn, Iwan I. Kalita, beginnt mit der Wiedervereinigung der früher zum Kiewer Reich gehörenden Fürstentümer um Moskau und nennt sich erstmals ›Großfürst des ganzen Rußland‹.

B · Das Kaiserreich Österreich (1815–1867)

DYNASTIEN, HERRSCHER, STAATSOBERHÄUPTER

RUSSLAND, UdSSR

A · Das Moskauer Reich Ende des 16. Jh.

B · Das russische Reich im Jahr 1900.

1380 gelingt es Dmitrij Iwanowitsch Donskoj, das Tatarenkhanat der Goldenen Horde erstmals zu schlagen. 1480 wird die tatarische Oberherrschaft aufgehoben, 1547 wird Iwan IV. zum ›Zaren von ganz Rußland‹ gekrönt.

Obwohl der Vatername weiterhin verwendet wird (dies ist noch heute bei den Bürgern der Sowjetunion der Fall), geben wir die am häufigsten in westlichen Quellen verwendete Form an, d. h. den Vornamen, eine Zahl und eventuell einen Beinamen.

Iwan I. Kalita (1325–1340)
Simeon der Stolze (1341–1353)
Iwan II., der Schöne
   (1353–1359)
Dmitrij Donskoij (1359–1389)
Wassilij I. (1389–1425)
Wassilij II., der Blinde
   (1425–1462)
Iwan III., der Große
   (1462–1505)
Wassilij III. (1505–1533)
Iwan IV., der Schreckliche
   (1533–1584)
Fjodor I. (1584–1598)

DIE ZEIT DER WIRREN

Diese Periode beginnt für einige Historiker nach dem Tod Fjodors I. 1598, für andere nach dem Tod von Boris Godunow 1605. Sie endet mit der Wahl des ersten Romanow (1613) und ist gekennzeichnet durch eine schwere wirtschaftliche Krise, die Besetzung Moskaus 1610–1612 durch Polen sowie das Auftauchen zweier Hochstapler, der ›Falschen Dmitrij‹. Während der Herrschaft von Boris Godunow war Dmitrij Iwanowitsch, der Sohn von Iwan IV., unter ungeklärten Umständen ums Leben gekommen. Mit der Behauptung, dieser Dmitrij zu sein, beanspruchen die beiden ›Falschen Dmitrij‹ den Thron für sich.

Boris Godunow (1598–1605)
Fjodor II., Sohn von Boris
   Godunow (1605)
Der erste falsche Dmitrij
   (1605–1606)
Wassilij IV. Schuijskij
   (1606–1610)
Der zweite falsche Dmitrij
   (1608–1609)
Wladislaw IV. Wasa, Sohn des
   Königs von Polen, Sigismund III. (1610–1612)

DIE ROMANOW

Diese aus einer seit dem 14. Jh. bekannten Bojarenfamilie hervorgegangene Dynastie nimmt Ende des 16. Jh. den Namen Romanow an. 1613 wird Michail Fjodorwitsch Romanow zum Zar. Peter I., der Große, nimmt 1721 den Kaisertitel (Imperator) an. 1730 stirbt die Dynastie in der männlichen Linie und mit Elisabeth I., der Tochter Peters des Großen, in der direkten weiblichen Linie aus. Den Thron besteigt Peter III., ein Sohn Annas, der älteren Tochter Peters des Großen, und des Herzogs Karl Friedrich von Schleswig-Holstein-Gottorp, der die Dynastie als Romanow-Holstein-Gottorp fortsetzt.

Michail Fjodorowitsch
   (1613–1645)
Alexeij Michaijlowitsch
   (1645–1676)
Fjodor III. (1676–1682)
Iwan V. (1682–1696)
   und Peter I., der Große
   (1682–1696)
Peter I., der Große
   (1696–1725)
Katharina I. (1725–1727)
Peter II. (1727–1730)
Anna Iwanowna (1730–1740)
Iwan VI. (1740–1741)
   Regentin: Anna Leopoldowna
Elisabeth I. (1741–1762)
Peter III. (1762)
Katharina II., die Große
   (1762–1796)
Paul I. (1796–1801)
Alexander I. (1801–1825)
Nikolaus I. (1825–1855)
Alexander II. (1855–1881)
Alexander III. (1881–1894)
Nikolaus II. (1894–1917)

DAS BOLSCHEWISTISCHE RUSSLAND

Die Februarrevolution 1917, ein Arbeiter-und-Bauern-Aufstand, erzwingt die Abdankung Nikolaus' II., und die Oktoberrevolution bringt die Bolschewiki an die Macht: Wladimir Iljitsch Lenin wird Vorsitzender des als provisorische Arbeiter-und-Bauern-Regierung eingesetzten Rates der Volkskommissare, dem auch Leo Trotzkij, Michail Iwanowitsch Kalinin und Iossif Wissarionowitsch Stalin angehören. 1918 wird die Russische Sozialistische Föderative Sowjetrepublik (RSFSR) ausgerufen.

UdSSR

Am 30. Dezember 1922 wird aus der RSFSR, Weißrussland, der Ukraine und Transkaukasien die Union der Sozialistischen Sowjetrepubliken (UdSSR) gebildet. Die Macht wird vom Vorsitzenden des Zentralen Exekutivkomitees der UdSSR und seit 1937 vom Vorsitzenden des Präsidiums des Obersten Sowjets sowie vom Generalsekretär des Zentralkomitees der Kommunistischen Partei ausgeübt.

• **Vorsitzende des Zentralen Exekutivkomitees der UdSSR und des Präsidiums des Obersten Sowjets**

Michail Iwanowitsch Kalinin
   (1919–1946)
Nikolaij Michaijlowitsch
   Schwernik (1946–1953)
Kliment Jefremowitsch
   Woroschilow (1953–1960)
Leonid Iljitsch Breschnew
   (1960–1964)
Anastas Iwanowitsch Mikojan
   (1964–1965)
Nikolaij Wiktorowitsch Podgorny
   (1965–1977)
Leonid Iljitsch Breschnew
   (1977–1982)
Jurij Wladimirowitsch Andropow
   (1983–1984)
Konstantin Ustinowitsch
   Tschernenko (1984–1985)
Andreij Andrejewitsch Gromyko
   (1985–1988)
Michail Sergejewitsch
   Gorbatschow (seit 1988)

• **Generalsekretäre des Zentralkomitees der Kommunistischen Partei der UdSSR**

Iossif Wissarionowitsch
   Stalin (1922–1953)
Nikita Sergejewitsch
   Chruschtschow (1953–1964)
Leonid Iljitsch Breschnew
   (1964–1982)
Jurij Wladimirowitsch Andropow
   (1982–1984)
Konstantin Ustinowitsch
   Tschernenko (1984–1985)
Michail Sergejewitsch
   Gorbatschow (1985–1990,
   seitdem Staatspräsident).

DYNASTIEN, HERRSCHER, STAATSOBERHÄUPTER

DÄNEMARK, NORWEGEN, SCHWEDEN

DÄNEMARK

Von den ersten Königen bis zur Kalmarer Union. Als eigentlicher Staatsgründer gilt Gorm der Alte. Sein Sohn Harald Blauzahn vereinigt Dänemark und Norwegen, und bis 878 erobern die dänischen Wikinger drei Viertel von England. Knut II. herrscht über ein Nordseegroßreich, das Dänemark, Norwegen und England umfaßt.
Godfred († 810)
Gorm der Alte
  († um 950)
Harald Blauzahn
  (um 950–um 986)
Sven Gabelbart
  (um 986–1014)
Harald
  (1014–1018)
Knut II., der Große
  (1018–1035)
Hardknut
  (1035–1042)
Magnus der Gute
  (1042–1047)
Sven Estridsen
  (1047–1076)
Harald Hein
  (1076–1080)
Knut der Heilige
  (1080–1086)
Olaf Hunger
  (1086–1095)
Erich I. Ejegod
  (1095–1103)
Niels (1104–1134)
Erich II. Emune
  (1134–1137)
Nach Bürgerkriegen (seit 1131) und Thronwirren (seit 1146) stellt Waldemar I. 1157 Frieden und Einheit wieder her.
Waldemar I., der Große
  (1157–1182)
Knud VI.
  (1182–1202)
Waldemar der Sieger
  (1202–1241)
Erich IV.
  (1241–1250)
Abel (1250–1252)
Christoph I.
  (1252–1259)
Erich V. (1259–1286)
Erich VI.
  (1286–1319)
Christoph II. (1320–1326, 1330–1332)
Waldemar III. (1326–1330)
Die Grafen von Holstein üben die Regentschaft während der Herrschaft von Waldemar III. aus und regieren das Land, das von 1332 bis 1340 keinen König hat.
Waldemar IV. Atterdag
  (1340–1375)
Olaf (1376–1387)

Die Kalmarer Union und das norwegisch-dänische Königreich. Die Tochter von Waldemar IV., Margarete Waldemarsdotter, heiratet Håkon VI., den König von Norwegen und Schweden. Ihr Sohn Olaf wird 1376 König von Dänemark und 1380 als Olaf IV. König von Norwegen. Margarete führt für ihren Sohn Olaf die Regentschaft. 1388 wird sie in beiden Ländern zur Herrscherin gewählt. 1389 kann sie sich auch in Schweden gegen König Albrecht (von Mecklenburg) durchsetzen. 1396 läßt sie ihren Großneffen Erich (VII.) zum König der drei Reiche erheben. Die dauernde Vereinigung der skandinavischen Königreiche gelingt ihr 1397 mit dem Abschluß der Kalmarer Union, die bis 1523 bestehen bleibt. Mit Christian I. beginnt 1448 die Reihe der Könige aus dem Hause Oldenburg, das bis 1863 in Dänemark regiert.
Margarete I. (1387–1396)
Erich VII. (1396–1439)
Christoph III. (1440–1448)

Das Haus Oldenburg
Christian I. (1448–1481)
Johann (1481–1513)
Christian II. (1513–1523)
Friedrich I. (1523–1533)
Christian III. (1534–1559)
Friedrich II. (1559–1588)
Christian IV. (1588–1648)
Friedrich III. (1648–1670)
Christian V. (1670–1699)
Friedrich IV. (1699–1730)
Christian VI. (1730–1746)
Friedrich V. (1746–1766)
Christian VII. (1766–1808)
Friedrich VI. (1808–1839)

Das heutige Dänemark. 1814 wird Friedrich VI. von Bernadotte, dem schwedischen Regenten, zur Abtretung Norwegens gezwungen. Mit Christian IX. gelangt der jüngere Zweig der Familie Holstein-Sonderburg-Glücksburg auf den dänischen Thron.
Christian VIII. (1839–1848)
Friedrich VII. (1848–1863)
Christian IX. (1863–1906)
Friedrich VIII. (1906–1912)
Christian X. (1912–1947)
Friedrich IX. (1947–1972)
Margarete II. (seit 1972)

NORWEGEN

Von den ersten Königen bis zur Vereinigung.
Im Südwesten des Landes wählen die Bauern den König ihres Tales. Sie nehmen an den Wikingerzügen teil und besiedeln die Inseln des Nordatlantiks. Nach der Überlieferung wird Norwegen von Harald I. Schönhaar Ende des 9. Jh. vereint. Durch Aufstände und Bürgerkriege kommt Norwegen im 10./11. Jh. mehrfach unter dänische Herrschaft.
Harald I. Schönhaar
  (um 863–933)
Erich I. Blutaxt (933–um 935)
Håkon I., der Gute
  (um 935–um 960)
Harald II. Graufell
  (um 960–um 970)
Håkon Jarl (um 970–995)
Olaf I. Tryggvesson (995–1000)
Erich (II.) Jarl (1000–1015)
Sven Jarl (1000–1015)
Olaf II. Haraldsson (1015–1028)
Knut I., der Große (1028–1035)
Magnus I., der Gute
  (1035–1047)

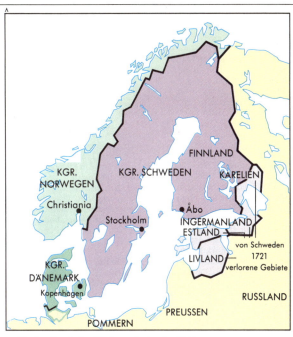

▲ Die skandinavischen Länder zu Beginn des 18. Jh.

Harald III., der Harte
  (1047–1066)
Olav III., der Stille (1067–1093)
Magnus II. Haraldsson
  (1067–1069)
Magnus III. Barfuß (1093–1103)
Øystein I. Magnusson
  (1103–1135)
Sigurd I. (1103–1130)
Magnus IV. (1130–1135)
Harald IV. Gille (1130–1136)
Sigurd II. (1136–1155)
Inge I. Hakenrücken
  (1136–1161)
Øystein II. Haraldsson
  (1142–1157)
Håkon II. Breitschulter
  (1157–1162)
Magnus V. Erlingsson
  (1163–1184)
Sverre Sigurdsson (1184–1202)
Håkon III. (1202–1204)
Inge II. Bårdsson (1204–1217)
Håkon IV. Håkonsson
  (1217–1263)
Magnus VI., der Gesetzesverbesserer (1261–1280)
Erich III. Magnusson
  (1280–1299)
Håkon V. Magnusson
  (1299–1319)
Magnus VII. Eriksson
  (1319–1355)
Håkon VI. Magnusson
  (1355–1380)
Olav IV. Håkonsson
  (1380–1387)

Die Vereinigung. Das im Rahmen der Kalmarer Union mit Dänemark und Schweden vereinigte Norwegen (1397–1523) wird 1523 Teil des Königreichs Dänemark. 1814 zwingt Schweden Dänemark, ihm Norwegen abzutreten. Dieses muß die Union mit Schweden akzeptieren, die bis 1905 in Kraft bleibt.
(s. die Aufzählung der Könige von Dänemark und Schweden)

Die Unabhängigkeit. Das norwegische Parlament (Storting) löst 1905 die Union auf, und eine Volksabstimmung bestätigt diese Entscheidung. Daraufhin tritt Oskar II. zurück, und das Storting wählt den dänischen Prinzen Karl, der als Håkan VII. den norwegischen Thron besteigt.
Håkon VII. (1905–1957)
Olaf V. (1957–1991)
Harald V. (seit 1991)

SCHWEDEN

Die Reichsbildung. Um Uppsala besteht in vorhistorischer Zeit ein Reich, dessen Könige aus dem Geschlecht der Ynglingar stammen. Im 9. Jh. lassen sich Stammeskönige aus diesem Geschlecht westlich des Oslofjords nieder. Seit 1250, der Wahl seines Sohnes Waldemar II., übt Birger Jarl, der Begründer der Dynastie der Folkunger, die Macht aus.

Die Ynglingar
Björn der Alte
  (um 900–um 950)
Erich VII. Segersäll
  (um 950–994)
Olaf III. Skötkonung
  (um 991–1022)
Anund Jakob (um 1022–1055)
Emund (um 1051–1056)

Das Stenkilgeschlecht.
Stenkil (um 1060–1066)
Inge I., der Ältere
  (um 1080–1112)
Inge II., der Jüngere
  (um 1118–1130)

Das Sverker- und das Erichsgeschlecht.
Sverker I., der Ältere
  (um 1130–1156)

273

DYNASTIEN, HERRSCHER, STAATSOBERHÄUPTER

SCHWEDEN

Erich IX., der Heilige
 (um 1156–1160)
Karl VII. Sverkersson
 (um 1160–1167)
Knut Eriksson (um 1167–1196)
Sverker II. (um 1196–1208)
Erich X. Knutsson
 (um 1208–1216)
Johann I. Sverkersson
 (um 1216–1222)
Erich XI. Eriksson (1222–1229
 und 1234)

Die Folkunger
Waldemar (1250–1278)
Magnus Ladulås (1275–1290)
Birger Magnusson (1302–1318)
Magnus Eriksson (1319–1363)
Albrecht von Mecklenburg
 (1364–1389)

Die Kalmarer Union. Die Vereinigung Dänemarks, Norwegens und Schwedens wird von Margarete Waldemarsdotter *(s. Dänemark)* vollzogen. Die Kalmarer Union besteht bis 1523.
Margarete (1389–1396)
Erich XIII., der Pommer
 (1396–1439)
Christoph (1441–1448)
Karl VIII. Knutsson (Gegenkönig) (1448–1457,
 1664–1465, 1467–1470)
Christian I. (1457–1464/71)
Sten Sture der Ältere
 (1470–1497, 1501–1503)
Johann II. (1497–1501)
Christian II. (1520–1523)

Die Wasa. Gustav Eriksson Wasa beseitigt die Dänenherrschaft und besteigt 1523 als Gustav I. den schwedischen Thron. Unter den Wasa beginnt Schweden, seine Herrschaft über den Ostseeraum zu errichten.
Gustav I. Eriksson
 (1523–1560)
Erich XIV. (1560–1568)
Johann III. (1568–1592)
Sigismund (1592–1599)
Karl IX. (1600/1604–1611)
Gustav II. Adolf (1611–1632)
Christine (1632–1654)

Das Haus Pfalz-Zweibrücken. Nach der Abdankung der Königin Christine wird ihr Vetter Karl X. Gustav aus dem Haus Pfalz-Zweibrücken schwedischer König.
Karl X. Gustav (1654–1660)
Karl XI. (1660–1697)
Karl XII. (1697–1718)
Ulrike Eleonore (1719–1720)
Friedrich I. von Hessen
 (1720–1751)

Das Haus Holstein-Gottorp
Adolf Friedrich (1751–1771)
Gustav III. (1771–1792)
Gustav IV. Adolf (1792–1809)
Karl XIII. (1809–1818)

Das Haus Bernadotte. Der französische Marschall Bernadotte wird als Karl XIV. Johann Nachfolger des kinderlosen Karl XIII.
Karl XIV. Johann (1818–1844)
Oskar I. (1844–1859)
Karl XV. (1859–1872)
Oskar II. (1872–1907)
Gustav V. (1907–1950)
Gustav VI. Adolf (1950–1973)
Karl XVI. Gustav (seit 1973)

NIEDERLANDE, BELGIEN

DIE VEREINIGTEN NIEDERLANDE

Das historische Gebiet der Niederlande umfaßt die heutigen Staaten Niederlande und Belgien. Es ist seit 1477 Teil des Habsburgerreiches *(s. Stammtafel, S. 288).* 1579 lösen sich die sieben nördlichen kalvinistischen Provinzen, bilden die Union von Utrecht und gründen 1587 die Republik der Vereinigten Niederlande, die nach der Vertretung der Provinzen auch Generalstaaten genannt wird. Sie bildet einen Staatenbund, in dem die Souveränität bei den Provinzen liegt.

Statthalter (Oranien-Nassau)
Wilhelm I., der Schweigsame
 (1559–1567, 1572–1584)
Moritz von Nassau (1585–1625)
Friedrich Heinrich (1625–1647)
Wilhelm II. (1647–1650)
Wilhelm III. (1672–1702)
Wilhelm IV. (1747–1751)
Wilhelm V., der Batavier
 (1766–1795)
Ratspensionäre
Johan Van Oldenbarnevelt
 (1586–1618)
Jan de Witt (1653–1672)
Anthonie Heinsius (1689–1720)

KÖNIGREICH DER NIEDERLANDE

Französische Truppen besetzten 1795 die Vereinigten Niederlande und erklären sie zur Batavischen Republik. Diese wird 1806 von Napoleon I. in das Königreich Holland umgewandelt. 1815 gründet der Wiener Kongreß das Königreich der Vereinigten Niederlande.

**Ratspensionär der
Batavischen Republik**
Rutger Jan Schimmelpenninck
 (1805–1806)

König von Holland
Ludwig Napoleon Bonaparte
 (1806–1810)

Könige der Niederlande
Wilhelm I. (1815–1840)
Wilhelm II. (1840–1849)
Wilhelm III. (1849–1890)
Wilhelmine (1890–1948)
Juliana (1948–1980)
Beatrix (seit 1980)

Ministerpräsidenten
Gerit Schimmelpenninck
 (1848)
Jacob De Kempenaer
 (1848–1849)
Johan Thorbecke (1849–1853,
 1862–1866, 1871–1872)
Floris Adriaan Van Hall
 (1853–1856, 1860–1861)
Justinus Van der Brugghen
 (1856–1858)
Karl Rochussen (1858–1860)
Julius Van Zuylen Van Nyevelt
 (1861–1862, 1866–1868)
Isaac Fransen Van de Putte
 (1866)
Peter Van Bosse (1868–1871)
De Vries (1872–1874)
Jan Heemskerk (1874–1877,
 1883–1888, 1908–1913)
Joannes Kappeyne Van de
 Coppello (1877–1879)
Constant Van Lynden
 Van Sandenburg (1879–1883)
Aenas Mackay (1888–1891)
Gijsbert Van Tienhoven
 (1891–1894)
Joan Roëll (1894–1897)
Nicolaas Pierson (1897–1901)
Abraham Kuyper
 (1901–1905)
Theodor De Meester
 (1905–1908)
Pieter Cort Van der Linden
 (1913–1918)
Karl Ruys de Beerenbrouck
 (1918–1925, 1929–1933)
Hendrikus Colijn
 (1925–1926, 1933–1939)
Dirk Jan De Geer
 (1926–1929, 1939–1940)
Pieter Gerbrandy (1940–1945)
Willem Schermerhorn
 (1945–1946)
Louis Beel (1946–1948,
 1958–1959)
Willem Drees (1948–1958)
Jan Eduard De Quay
 (1959–1963)
Victor Marijnen (1963–1965)
Joseph Cals (1965–1966)
Jelle Zijlstra (1966–1967)
Petrus De Jong (1967–1971)
Barend Biesheuvel (1971–1973)
Joop Den Uyl (1973–1977)
Anderas Van Agt (1977–1982)
Rudolph Lubbers (seit 1982)

BELGIEN

Belgien wird bis 1792 von den Habsburgern regiert. 1795 wird es Frankreich angeschlossen, 1815 dem Königreich der Niederlande. 1830 erklärt es seine Unabhängigkeit, die auf der Konferenz von London (1831) anerkannt wird.

Herrscher
Leopold I. (1831–1865)
Leopold II. (1865–1909)
Albert I. (1909–1934)
Leopold III. (1934–1951)
Baudouin I. (seit 1951)

Premierminister
Albert Joseph Goblet (1831)
E. de Sauvage (1831)
Felix de Muelenaere
 (1831–1932)
Albert Joseph Goblet
 (1832–1834)
Barthélemy-Théodore de Theux
 (1834–1840)
Joseph Lebeau (1840–1841)
Jean-Baptiste Nothomb
 (1841–1845)
Sylvain Van de Weyer
 (1845–1846)
Barthélemy-Théodore de Theux
 (1846–1847)
Charles Rogier (1847–1852)

△ · Niederlande und Republik der Vereinigten Niederlande im 17. Jh.

Henri de Brouckère (1852–1855)
Pieter De Decker (1855–1857)
Charles Rogier (1857–1858)
Hubert Frère-Orban
 (1858–1867, 1868–1870)
Jules Joseph d'Anethan
 (1870–1871)
Barthélemy-Théodore de Theux
 (1871–1878)
Hubert Frère-Orban
 (1878–1884)
Jules Malou (1884)
Auguste Beernaert (1884–1894)
Jules de Burlet (1894–1896)
Paul de Smet de Nayer
 (1896–1899, 1899–1907)
Alphonse Vandenpeereboom
 (1899)
Jules de Trooz (1907)
Franz Schollaert (1908–1911)
Charles de Broqueville
 (1911–1918)
Gerard Cooreman (1918)
Léon Delacroix (1918–1920)
Henry Carton de Wiart
 (1920–1921)
Georges Theunis (1921–1925)
Alois Van de Vyvere (1925)
Prosper Poullet (1925–1926)
Henri Jaspar (1926–1931)
Jules Renkin (1931–1932)
Charles de Broqueville
 (1932–1934)
Georges Theunis (1934–1935)
Paul van Zeeland (1935–1937)
Paul-Émile Janson (1937–1938)
Paul Henri Spaak (1938–1939)
Hubert Pierlot (1939–1945)
Achille Van Acker (1945–1946)
Paul Henri Spaak (1946,
 1947–1949)
Camille Huysmans
 (1946–1947)
Gaston Eyskens (1949–1950)
Jean Duvieusart (1950)
Joseph Pholien (1950–1952)
Jean Van Houtte (1952–1954)
Achille Van Acker (1954–1958)
Gaston Eyskens (1958–1961)
Théo Lefèvre (1961–1965)
Pierre Harmel (1965–1966)
Paul Vanden Boeynants
 (1966–1968)
Gaston Eyskens (1968–1972)
Edmond Leburton (1973–1974)
Leo Tindemans (1974–1978)
Paul Vanden Boeynants
 (1978–1979)
Wilfried Martens (1979–1981)
Mark Eyskens (1981)
Wilfried Martens (seit 1981)

DYNASTIEN, HERRSCHER, STAATSOBERHÄUPTER

KANADA, VEREINIGTE STAATEN

KANADA

Neufrankreich. Neufrankreich wird aus den ab 1524 in Nordamerika von den Franzosen entdeckten und kolonisierten Gebieten gebildet, die J. Cartier 1534/35 und 1541 für Frankreich in Besitz nimmt. Es reicht von der Hudsonbai bis zur Mündung des Mississippi, von Labrador bis zu den Grenzen des heutigen Maine einschließlich Neufundlands. Der verwaltungsmäßige Rahmen von Neufrankreich wird erst 1665 festgelegt. An der Spitze steht der Gouverneur, der Vertreter des Königs von Frankreich. Man kann jedoch annehmen, daß Samuel de Champlain und seine sechs ersten Nachfolger de facto, wenn auch noch nicht dem Titel nach, die sieben ersten Gouverneure von Neufrankreich sind.

Gouverneure
Samuel de Champlain (1627–1635)
Charles Huault de Montmagny (1636–1648)
Louis d'Ailleboust (1648–1651)
Jean de Lauzon (1651–1656)
Pierre Voyer d'Argenson (1657–1661)
Pierre Du Bois d'Avaugour (1661–1663)
Augustin de Saffray de Mésy (1663–1665)
Rémy de Courcelle (1665–1672)
Louis de Buade de Frontenac (1672–1682)
Joseph Lefebvre de la Barre (1682–1685)
Jacques-René de Brisay de Denonville (1686–1689)
Louis de Buade de Frontenac (1689–1698)
Louis de Callières (1699–1703)
Philippe de Rigaud de Vaudreuil (1705–1725)
Charles de Beauharnois (1726–1746)
Roland Barrin de la Galissonnière (1747–1749)
Jacques Taffanel de La Jonquière (1749–1752)
Ange de Menneville de Du Quesne (1752–1754)
Pierre de Rigaud de Vaudreuil-Cavagnal (1755–1760)

Die Konföderation von Kanada. Mit der Abtretung von Neufrankreich an Großbritannien (1763) wird Kanada britische Kolonie. 1867 schafft Großbritannien mit dem *British Nort America Act* das Dominion Kanada, einen Bundesstaat, in dem die Provinzen Quebec, Ontario, Nova Scotia und New Brunswick vereinigt sind. Der ›Act‹ erkennt die innere Autonomie an, überläßt die Exekutive jedoch der Königin von Großbritannien und Nordirland, die durch einen Generalgouverneur vertreten wird. Der Generalgouverneur, dem ein Kabinett unter der Leitung des Premierministers zur Seite steht, ist dem Unterhaus verantwortlich. 1982 löst eine neue Verfassung, die Kanada die volle Unabhängigkeit gewährt, den ›Act‹ ab.

Premierminister
John Macdonald (1867–1873)
Alexander Mackenzie (1873–1878)
John Macdonald (1878–1891)
John Abbot (1891–1892)
John Thompson (1892–1894)
Mackenzie Bowell (1894–1896)
Charles Tupper (1896)
Wilfrid Laurier (1896–1911)
Robert Borden (1911–1920)
Arthur Meighen (1920–1921)
William Mackenzie King (1921–1926)
Arthur Meighen (1926)
William Mackenzie King (1926–1930)
Richard Bennett (1930–1935)
William Mackenzie King (1935–1948)
Louis Saint-Laurent (1948–1957)
John George Diefenbaker (1957–1963)
Lester Pearson (1963–1968)
Pierre Elliott Trudeau (1968–1979)
Joe Clark (1979–1980)
Pierre Elliott Trudeau (1980–1984)
Brian Mulroney (seit 1984)

Die Provinz Quebec umfaßt das gesamte ehemalige französische Kanada von 1774. Dann wird sie aufgeteilt (das obere Kanada geht 1791 an den englischsprachigen Teil). Sie behält ihr Statut von 1867. 1982 löste ein neues ›Verfassungsgesetz‹ für ganz Kanada das Statut von 1867 ab.

Premierminister
Pierre Chauveau (1867–1873)
Gédéon Ouimet (1873–1874)
Charles-Eugène de Boucherville (1874–1878)
Henri Joly de Lotbinière (1878–1879)
Joseph Adolphe Chapleau (1879–1882)
Joseph Alfred Mousseau (1882–1884)
George William Ross (1884–1887)
Louis Olivier Taillon (2 Tage im Jahr 1887)
Honoré Mercier (1888–1891)
Charles Eugène de Boucherville (1892)
Louis Olivier Taillon (1892–1896)
Edmund James Flynn (1896–1897)
Félix Gabriel Marchand (1897–1900)
Simon Napoléon Parent (1900–1905)
Lomer Gouin (1905–1920)
Louis Taschereau (1920–1936)
Maurice Duplessis (1936–1939)
Joseph Godbout (1939–1944)
Maurice Duplessis (1944–1959)
Jean Lesage (1960–1966)
Daniel Johnson (1966–1968)
Jean-Jacques Bertrand (1968–1970)
Robert Bourassa (1970–1976)
René Levesque (1976–1985)
Robert Bourassa (seit 1985)

A · **Beitritt der Bundesstaaten zur Union.**

- Die dreizehn Gründerstaaten
- 1790–1821
- 1821–1865
- 1865–1914
- 1959

VEREINIGTE STAATEN

Die 13 britischen Kolonien an der Ostküste Nordamerikas erklären 1776 ihre Unabhängigkeit, die im Frieden von Paris (1783) anerkannt wird. Die Bundesverfassung der Vereinigten Staaten wird zwischen 1787 und 1789 von den Bundesstaaten ratifiziert.

Präsidenten
George Washington (1789–1797)
John Adams (1797–1801)
Thomas Jefferson (1801–1809)
James Madison (1809–1817)
James Monroe (1817–1825)
John Quincy Adams (1825–1829)
Andrew Jackson (1829–1837)
Martin Van Buren (1837–1841)
William Henry Harrison (1841)
John Tyler (1841- 1845)
James Knox Polk (1845–1849)
Zachary Taylor (1849–1850)
Millard Fillmore (1850–1853)
Franklin Pierce (1853–1857)
James Buchanan (1857–1861)
Abraham Lincoln (1861–1865)
Andrew Johnson (1865–1869)
Ulysses Grant (1869–1877)
Rutherford Hayes (1877–1881)
James Garfield (1881)
Chester Arthur (1881–1885)
Stephen Grover Cleveland (1885–1889)
Benjamin Harrison (1889–1893)
Stephen Grover Cleveland (1893–1897)
William McKinley (1897–1901)
Theodore Roosevelt (1901–1909)
William Taft (1909–1913)
Thomas Woodrow Wilson (1913–1921)
Warren Harding (1921–1923)
Calvin Coolidge (1923–1929)
Herbert Hoover (1929–1933)
Franklin Delano Roosevelt (1933–1945)
Harry Truman (1945–1953)
Dwight D. Eisenhower (1953–1961)
John F. Kennedy (1961–1963)
Lyndon B. Johnson (1963–1969)
Richard Nixon (1969–1974)
Gerald Ford (1974–1977)
James Earl Carter (1977–1981)
Ronald Reagan (1981–1989)
George Bush (seit 1989)

B · **Vereinigte Staaten.**
Die Freiheitsstatue von Auguste Bartholdi. Sie ist ein Geschenk Frankreichs an die Vereinigten Staaten und erhebt sich über Liberty Island in der Bucht von New York. Sie wurde 1886 von Präsident Grover Cleveland eingeweiht. Die Freiheit wird als Frau dargestellt, die mit der rechten Hand eine glühende Fackel emporhält. In ihrer linken Hand das Gesetzbuch, auf das ›4. Juli 1776‹ eingraviert ist, das Datum der amerikanischen Unabhängigkeitserklärung. Zu ihren Füßen gebrochene Ketten.

275

CHINA

DAS ARCHAISCHE CHINA

Die Xia oder Hsia (halbmythische Dynastie): etwa 21.–16. Jh. v. Chr.

Die Shang (oder Yin): etwa 16.–11. Jh. v. Chr.

Die Zhou oder Chou: etwa 11. Jh.–256 v. Chr. Auf eine Zeit der Einheit (*Periode der westlichen Zhou*, etwa 11. Jh.–711) folgt eine Epoche der Teilungen und unaufhörlichen Kriege, die *Zeit der östlichen Zhou* (771–256). Diese teilt sich auf in:
– die Chun-qiu- oder Ch'un-ch'iu-Periode ›Frühling und Herbst‹, die in den Annalen des Fürstentums Lu beschrieben wird: 771 bis 476;
– die sog. Periode der ›Streitenden Reiche‹: 475–221. Die wichtigsten sind die Königreiche: Qin oder Ch'in, Zhao oder Chao, Yan oder Yen, Qi oder Ch'i, Wei, Han, Chu oder Ch'u.

PINYIN

Die chinesischen Namen werden nach dem ›Pinyinsystem‹ der Chinesen umschrieben, das offiziell 1958 angenommen wurde. Sie löst zunehmend auch im Westen andere Umschriftsysteme (zum Beispiel das Umschriftsystem nach Wade-Giles) ab.

DAS KAISERLICHE CHINA

Die Qin oder Ch'in: 221–206 vor Christus. Von dem Fürsten Qin gegründete Dynastie, der den Namen Qin Chi Huangdi oder Ch'in Shih Huang-ti (221–210 vor Christus), des Ersten Göttlich Erhabenen Kaisers von Qin, annimmt und in China das erste vereinte Kaiserreich gründet.

Die Han: 206 v. Chr.–220 n. Chr. Die Dynastie ist unterteilt in:
Westliche Han: 206 v. Chr.–25 n. Chr. Darunter die Kaiser:
Han Gaozu (206–195)
 [Han Kao-tsu]
 p. Liu Bang oder Liou Pang
Han Wendi (179–156)
 [Han Wen-ti]
Han Wudi (140–87)
 [Han Wu-ti]
 p. Liu Che oder Liou Ch'e

A · Das China der Tang.

Östliche Han: 25–220.
Han Guangwudi (25–57)
 [Han Kuang Wu-ti]
 p. Liu Xiu oder Liou Hsiu

Periode der Reichsteilung oder chinesisches ›Mittelalter‹: 220 bis 581. Sie ist in mehrere Perioden unterteilt, die sich v. a. aufteilen in:
– die Zeit der drei Reiche: 220 bis 280. Die Wei im Norden, die Shu Han in Sichuan und die Wu am Unterlauf des Jangtsekiang;
– die Periode der Westlichen Jin oder Chin (265–317) und der Östlichen Jin oder Chin (317 bis 420);
– die Periode der Nördlichen und Südlichen Dynastien: 420 bis 589. Der Norden, der von nichtchinesischen Dynastien beherrscht wird, wird durch die Nördlichen Wei oder Toba Wei [386–535] türkisch-mongolischer Herkunft vereint.
Er wird nach 534 erneut zwischen den Westlichen und den Östlichen Wei, den Zhou oder Chou des Nordens und den Qi oder Ch'i des Nordens aufgeteilt.

Die Sui: 581–618. Dynastie mit den folgenden wichtigsten Kaisern:
Sui Wendi (581–604)
 [Sui Wen-ti]
 p. Yang Jian oder Yang Chien
Sui Yangdi (605–617)
 [Sui Yang-ti]
 p. Yang Guang oder Yang Kuang

Die Tang oder T'ang: 618–907. Dynastie mit den folgenden wichtigsten Kaisern:
Tang Gaozu (618–627)
 [T'ang Kao-tsu]
 p. Li Yuan oder Li Yüan
Tang Taizong (627–650)
 [T'ang T'ai-tsung]
 p. Li Shimin oder Li Shih Min
Tang Gaozong (650–684)
 [T'ang Kao-tsung]
 p. Li Zhi oder Li Chih
Wu Zetian (684–705)
 [Wu Tse-t'ien]
 p. Wu Zhao oder Wu Chao (einzige offiziell regierende Kaiserin in der Geschichte Chinas, sie gründete die Dynastie der Zhou).
Tang Xuanzong (713–756)
 [T'ang Hsüan-tsung]
 p. Li Longqi oder Li Lung-ch'i

Zeit der Fünf Dynastien: 907–960. Nordchina wird re-

B · Das China der Song.

giert von: den Späteren Liang (907–923), den Späteren Tang oder T'ang (923–936), den Späteren Jin oder Chin (936–947), den Späteren Han (947–951), den Späteren Zhou oder Chou (951–960). Südchina ist in zehn Reiche aufgeteilt.

Die Song oder Sung und die Fremddynastien: 960–1279. Die Song teilen sich in die Nördlichen Song (960–1127) und nach ihrem Rückzug in das Tal des Jangtsekiang in die Südlichen Song (1127–1279) auf.
Song Taizu (960–976)
 [Sung T'ai-tsu]
 p. Zhao Kuangyin oder Chao K'uang-yin
Song Huizong (1101–1126)
 [Sung Hui-tsung]
 p. Zhaoji oder Chao Chi
Teile des chinesischen Territoriums werden von mächtigen Fremdreichen okkupiert: Kitan- oder Liaoreich (907–1125) in Nordchina, Tanguten- oder Xi-Xia(Hsi-hsia)-Reich im Nordwesten (1038–1227) und Dschurdschen- oder Jin(Chin)-Reich (1115–1234), das 1125 die Liaodynastie ausgelöscht hatte.

Die Yuan: 1280–1368. Mongolendynastie, die vom mongolischen Kaiser Kubilai Khan (1260–1294) gegründet wurde,

C · Das China der Yuan.

der als chinesischer Kaiser den Namen Yuan Shizu oder Yuan Shih-tsu trägt.

Die Ming: 1368–1644. Chinesische Dynastie.
Ming Taizu (1368–1398)
 [Ming T'ai-tsu]
 p. Zhu Yuanzhang oder Chu Yüan-chang
 Ä. Hongwu oder Hong Wu
Ming Huidi (1399–1403)
 [Ming Hui-ti]
 Ä. Jianwen oder Chien Wen
Ming Chengzu (1403–1425)
 [Ming Ch'eng-tsu]
 p. Zhudi oder Chu Ti
 Ä. Yongle oder Yung Le
Ming Renzong (1425–1426)
 [Ming Jen-tsung]
 Ä. Hong xi oder Hung Hsi
Ming Xuanzong (1426–1436)
 [Ming Hsüan-tsung]
 p. Zhu Zhanji oder Chu Chan-chi
 Ä. Xuande oder Hsüan Te
Ming Yingzong (1436–1450)
 [Ming Ying-tsung]
 Ä. Zhengtong oder Cheng T'ung
Ming Daizong (1450–1457)
 [Ming Tai-tsung]
 Ä. Jingtai oder Ching Tai
Ming Yingzong (1457–1465)
 [Ming Ying-tsung]
 Ä. Tianshun oder T'ien Shun

DIE NAMEN DER KAISER

Die chinesischen Kaiser werden mit Hilfe ihres *postumen Namens* oder *Tempelnamens* bezeichnet, vor dem der Name ihrer Dynastie steht. Besonders bei den Begründern einer Dynastie wird auch der persönliche Name verwendet, den sie vor ihrer Thronbesteigung trugen. Bei Erwähnung dieses Namens wird ihm der Buchstabe *p.* vorangestellt. Während seiner Herrschaft wird der Kaiser mit einem unpersönlichen Titel bezeichnet, zum Beispiel ›Sohn des Himmels‹. Seit der Ming-Dynastie entspricht jeder Herrschaft der Name einer Ära; dem Namen der Ära wird in der Übersicht der Buchstabe *Ä.* vorangestellt.

Demnach erscheint der Begründer der Ming-Dynastie in der Übersicht in folgender Form:
1 Postumer Name in Pinyin-Umschrift,
2 Regierungsdaten,
3 Postumer Name in Wade-Giles-Umschrift,
4 Persönlicher Name in Pinyin- und Wade-Giles-Umschrift,
5 Name der Ära in Pinyin- und Wade-Giles-Umschrift, also:
1 Ming Taizu, 2 (1368–1398), 3 Ming T'ai-tsu, 4 *p.* Zhu Yuanzhang oder Chu Yüan-chang, 5 *Ä.* Hongwu oder Hong Wu

DYNASTIEN, HERRSCHER, STAATSOBERHÄUPTER

A · Das China der Ming.

B · Das Reich der Qing Mitte des 19. Jh.

Ming Xianzong (1465–1488)
[Ming Hsien-tsung]
Ä. Chenghua oder Ch'eng Hua
Ming Xiaozong (1488–1506)
[Ming Hsiao-tsung]
Ä. Hongzhi oder Hung Chih
Ming Wuzong (1506–1522)
[Ming Wu-tsung]
Ä. Zhengde oder Cheng Te
Ming Shizong (1522–1567)
[Ming Shih-tsung]
Ä. Jiajing oder Chia Ching
Ming Muzong (1567–1573)
[Ming Mu-tsung]
Ä. Longqing oder Lung Ch'ing
Ming Shenzong (1573–1620)
[Ming Shen-tsung]
p. Zhu Yijun oder Chu I-chün
Ä. Wanli oder Wan Li
Ming Guangzong (1620–1621)
[Ming Kuang-tsung]
Ä. Taichang oder T'ai Ch'ang
Ming Xizong (1621–1628)
[Ming Hsi-tsung]
Ä. Tianqi oder T'ien Ch'i

Ming Yizong (1628–1644)
[Ming I-tsung]
p. Zhu Youjian oder Chu Yu-chien
Ä. Chongzhen oder Ch'ung Chen

Die Qing oder Ch'ing:
(1644–1911/12).
Von den Mandschu stammende Dynastie.
Qing Shizu (1644–1662)
[Ch'ing Shih-tsu]
p. Fulin oder Fu Lin
Ä. Shunzhi oder Shun Chih
Qing Shengzu (1662–1722)
[Ch'ing Sheng-tsu]
p. Xuanhua oder Chuanhua
Ä. Kangxi oder K'ang Hsi
Qing Shizong (1723–1736)
[Ch'ing Shih-tsung]
Ä. Yongzheng oder Yung Cheng
Qing Gaozong (1736–1796)
[Ch'ing Kao-tsung]
p. Hongli oder Hung Li
Ä. Qianlong oder Ch'ien Lung
Qing Renzong (1796–1821)
[Ch'ing Jen-tsung]
Ä. Jiaqing oder Chia Ch'ing
Qing Xuanzong (1821–1851)
[Ch'ing Hsüan-tsung]
Ä. Daoguang oder Tao Kuang
Qing Wenzong (1851–1862)
[Ch'ing Wen-tsung]
Ä. Xianfeng oder Hsien Feng
Qing Muzong (1862–1875)
[Ch'ing Mu-tsung]
Ä. Tongzhi oder T'ung Chih
Qing Dezong (1875–1908)
[Ch'ing Te-tsung]
p. Zaitian oder Tsai T'ien
Ä. Guangxu oder Kuang Hsü
Zwischen 1861 und 1908 liegt die Macht in den Händen von Cixi oder Tz'u-hsi
Qing Xundi (1909–1911/12)
[Ch'ing Hsün-ti]
p. Puyi oder P'u I
Ä. Xuantong oder Hsüan T'ung

ERSTE CHINESISCHE REPUBLIK

Präsidenten
Sun Yatsen (1912)
Yuan Shikai (1912–1916)
[Yüan Shih-k'ai]
• Die eigentliche Macht liegt in den Händen der *Warlords* (rivalisierender Militärgruppen), der chinesischen kommunistischen Partei, die 1921 gegründet wurde, sowie der Kuo-min-tang oder Guomindang (nationalistische Partei), die nacheinander von Sun Yat-sen (bis 1925), dann von Chiang Kai-shek geführt wird.
Nach dem gemeinsamen Sieg über die Japaner (1945) lebt der Krieg zwischen den Kommunisten und den Nationalisten wieder auf. Die siegreichen Kommunisten errichten 1949 die Volksrepublik China. Die Nationalisten ziehen sich nach Taiwan zurück.

VOLKSREPUBLIK CHINA

Vorsitzende und Generalsekretäre der kommunistischen Partei
Mao Zedong (1949–1976)
[Mao Tse-tung]
Hua Guofeng (1976–1981)
[Hua Kuo-feng]
Hu Yaobang (1981–1987)
[Hu Yao-pang]
Zhao Ziyang (1987–1989)
[Chao Tse-jang]
Jiang Zemin (seit 1989)
[Chiang Tse-min]

Präsidenten der Republik
Mao Zedong (1954–1958)
[Mao Tse-tung]
Liu Shaoqi (1958–1969)
[Liu Chao-ch'i]
Das bei der Kulturrevolution abgeschaffte Amt wird 1983 wieder eingerichtet.
Li Xiannian
(1983–1988)
[Li Hsien-nien]
Yang Shangkun
(seit 1988)
[Yang Shang-k'un]

TAIWAN

Präsidenten der Republik
Chiang Kai-shek
(1950–1975)
Yen Chia-kan
(1975–1978)
Chiang Ching-kuo
(1978–1988)
Li Teng-hui
(seit 1988)

C · Das alte China.
Ab der Shang-Zeit wurden die großen Königsgräber gebaut. Hier ist ein Leichentuch aus Jadeplättchen, mit Goldfäden genäht, aus dem Grab der Prinzessin Dou Wan abgebildet. Han-Zeit, 2. Jh. v. Chr. (Mancheng, Hebei, Volksrepublik China)

DYNASTIEN, HERRSCHER, STAATSOBERHÄUPTER

INDIEN, PAKISTAN, BANGLADESH

DAS ALTE INDIEN

Die wichtigsten Quellen der Vorgeschichte Indiens sind die Texte der religiösen Literatur: vedische (bis Mitte des 1. Jahrtausends v. Chr.), buddhistische, jainistische und brahmanische Texte. Sie geben nur einen ungefähren Eindruck der chronologischen Geschichte des alten Indiens. Mit dem Islam wird die Geschichte eine eigenständige Wissenschaft. Wir nennen in der nachfolgenden Übersicht die wichtigsten Dynastien unter Angabe der Region (oder des Namens der heutigen Staaten), über die diese Dynastien ihre Macht ausgeübt haben. Wir führen die Namen der berühmtesten Herrscher unter dem Namen der Dynastien *(halbfett)* an, zu denen sie gehören.

Bimbasara, der erste bekannte König, Zeitgenosse Buddhas (um 560–480 v. Chr.), der Gründer des Königreichs Magadha (Bihar).
Maurya-Dynastie
 (um 320–185 v. Chr., ganz Indien außer dem Dekhan)
Candragupta
 (um 320–um 296)
Ashoka (um 269–um 232)
Shunga (um 185–um 72, Uttar-Pradesh, Bihar).
Indo-griechische Dynastie
 (um 160–um 70, Pandschab und Rajasthan)
Kanva (72/63–27/19, Bihar)
Andhra oder Satavahana
 (1. Jh. v. Chr.–3. Jh. n. Chr., Maharashtra, Andhra Pradesh)
Gautamiputra
 (um 106–um 125)
Kushana-Reich (um 78–um 251, Pandschab, Rajasthan, um 30 im Gebiet von Kabul gegründet)
Kanishka (um 78–um 102)
Vasishka (um 102–um 106)
Huvishka (um 106–um 138)
Vasudeva (um 142–um 176)
Gupta (um 270 oder um 320 bis 551/552, Nordindien)
Candragupta I. (320–330)
Samudragupta (330–375)
Candragupta II. (375–414)
Kumaragupta I. (415–455)
Skandagupta (455–467)
Pushpabhuti, eine kleine Fürstendynastie des Pandschab, die sich von den Gupta unabhängig macht. Sie wird unter Harsha (um 606–647) mächtig.
Pallava (Anfang 4. Jh.–um 890, Tamil Nadu)
Mahendravarman I.
 (um 600–630)
Westliche Calukya (543–755, Nordwest-Dekhan)
Pulakeshin II. (610–642)
Cola (um das 7. Jh.–1279, Tamil Nadu)
Rajaraja I. (985–1014)
Rashtrakuta (755–973, Maharashtra)
Pala (um 765/770–1086, Bihar, Orissa, Assam)
Dharmapala (um 770–810)

A · Indien unter den Maurya.

Östliche Calukya (973–1190, Süd-Dekhan)
Pandya (um 1070/1076–1311, Tamil Nadu)
Hoysala (um 1006–1327, Mysore)
Yadava (1190–1312, Maharashtra)

INDIEN UNTER ISLAMISCHER HERRSCHAFT

Das Sultanat von Delhi wird nach der Eroberung Delhis von Mohammed von Ghor (1193) gegründet. Es beherrscht ganz Nordindien unter den drei ersten Dynastien, die es regieren und Eroberungszüge gegen die letzten großen hinduistischen Königreiche beginnen (Pandya, Yadava, Hoysala). Nach der Invasion von Timur (Tamerlan) 1398–99 wird es dann zu einem lokalen Fürstentum, während sich regionale Sultanate in Bengalen, dem Dekhan, Gujarat und Malva (Madhya Pradesh, Rajasthan) bilden. Dann vereint eine islamische Dynastie türkischer Herkunft, die als Moguldynastie bezeichnet wird, fast den ganzen indischen Subkontinent unter ihrer Herrschaft. Im 17. Jh. taucht eine neue Hindumacht, das Marathen-Reich, auf. Die Namen der Dynastien werden *halbfett* angegeben.

Islamische Sultanate
Sultane von Delhi
Dynastie der Sklaven:
 (1206–1290)
Iltutmisch (1211–1236)
Khilji (1290–1320)
Ala ud-Din Khilji
 (1296–1315)
Tughluq (1320–1414)
Mohammed ibn Tughluq
 (1325–1351)
Firos Shah Tughluq
 (1351–1388)
Sayyid (1414–1451)
Lodi (1451–1526)

Sultanat der Bahmaniden
 (1347–1527, Nord-Dekhan)

B · Das Indien der Moguln.

C · Die Teilung Indiens.

Hindureich Vijayanagar
1. Dynastie: 1336–1486
Harihara I. (1336–1357)
Bukka I. (1357–1377)
Harihara II. (1377–1404)
Devaraya I. (1406–1422)
2. Dynastie: 1486–1503
3. Dynastie: 1503–1565
Viria Narasimha (1503–1509)
Krishna Devaraja (1509–1529)
4. Dynastie: um 1570 bis um 1614

Mogulreich
Babur (1526–1530)
Sher Shah (1540–1545)
Humayun (1530–1540; 1545–1556)
Akbar (1556–1605)
Jahangir (1605–1627)
Jahan Shah (1628–1658)
Aurangseb (1658–1707)
Bahadur Shah I. oder Shah Alam I. (1707–1712)

DYNASTIEN, HERRSCHER, STAATSOBERHÄUPTER

JAPAN

Jahandir Shah (1712–1713)
Farrukhsiyar (1713–1719)
Mohammed Shah (1719–1748)
Ahmad Shah (1748–1754)
Alamgir (1754–1759)
Shah Alam II. (1759–1806)
Akbar Shah (1806–1837)
Bahadur Shah II. (1837–1857)

Marathen-Reich
Shivaji Bhonsle (1674–1680)
Ab 1714/1720 wird das Reich von den *Peshva* regiert, einer Erbdynastie von obersten Hofbeamten:
Balaji Visvanath (1741–1720)
Baji Rao I. (1720–1740)
Balaji Rao (1740–1761)

DIE BRITISCHE HERRSCHAFT

Die Regierung Indiens wird zunächst der britischen Ostindiengesellschaft anvertraut (1772–1858). Der Widerstand gegen die Eroberung durch die Briten wird im wesentlichen von den Marathen bis 1802–1803 geführt, dann von den Sikh. Nach der Absetzung des letzten Mogulherrschers schaffen die Briten das Königreich Indien, das der britischen Krone unterstellt und von Vizekönigen regiert wird.

Britische Gouverneure
Warren Hastings (1772–1785)
Charles Cornwallis (1786–1793)
Sir John Shore (1793–1798)
Richard Colley Wellesley (1798–1805)

Gilbert Elliot Minto (1807–1813)
Francis Rawdor.-Hastings (1813–1823)
William Bentinck (1827–1835)
George Eden Auckland (1836–1842)
Edward Law Ellenborough (1842–1844)
James Ramsay, Marquis of Dalhousie (1847–1856)
Charles Canning (1856–1862, Generalgouverneur und Vizekönig)

Die Sikh
Die Sikh, eine religiöse Sekte, die Anfang des 16. Jh. gegründet worden war, werden zu einer kriegerischen Gemeinschaft, die geführt wird von:
Govind Singh (1699–1708)
Banda Singh Bahadur (1708–1716)
Die von den Moguln besiegten Sikh erlangen ihre Macht zurück und gründen im Pandschab ein Reich, das regiert wird von:
Ranjit Singh (1801–1839).

INDIEN, PAKISTAN UND BANGLADESH

Indien wird 1947 in das mehrheitlich islamische Pakistan und Indien mit hinduistischer Mehrheit geteilt. 1971 spaltet sich Ost-Pakistan (Bangladesh) ab.

Indische Union
Ministerpräsidenten
Die Ministerpräsidenten Indiens sind gleichzeitig die Führer der Mehrheitspartei: der Kongreßpartei (außer 1977–1980).
Javaharlal Nehru (1947–1964)
Lal Bahadur Shastri (1964–1966)
Indira Gandhi (1966–1977)
Morarji Desai (1977–1979)
Indira Gandhi (1980–1984)
Rajiv Gandhi (1984–1989)
Vishvanath Pratap Singh (1989–1990)
Chandra Shekar (1990–1991)

Pakistan
Staatspräsidenten
Iskander Mirza (1956–1958)
Ajub Khan (1958–1969)
Yahya Khan (1969–1971)
Ali Bhutto (1971–1973)
Chandri Fazal (1973–1977)
Zia ul-Haq (1978–1988)
Ghulam Ishaq Khan (seit 1988)

Bangladesh
Staatspräsidenten
Abu Sayyid Chaudhury (1972–1973)
Mujibur Rahman (1973–1975)
Zia ur-Rahman (Oberster Kriegsrechtsadministrator 1975–1978, Staatspräsident 1978–1981)
Husain Mohammed Ershad (Oberster Kriegsrechtsadministrator 1982–1986, Staatspräsident 1983–1990)

VON DER FRÜHGESCHICHTE BIS ZUM ENDE DES ABSOLUTISMUS

Die völlig legendäre Überlieferung legt die Reichsgründung auf 660 v. Chr. fest. Sie erstellt eine Liste der Kaiser, darunter:
Jimmu-tenno: 660–585 v. Chr. nach der Überlieferung (wahrscheinlich Anfang der christlichen Zeitrechung)
Ojin-tenno: 270–310 ? n. Chr., der unter dem Namen Hachiman als Kriegsgott verehrt wird.

Asuka-Zeit:
Mitte des 6. Jh.–Anfang des 8. Jh.
Suiko-tenno (592–628) [Shotoku-Taishi, Regent]
Kotoku-tenno (645–654)
 Ä. Taika (645–649)
 Ä. Hakuchi (650?)
Tenji-tenno (661–671)

Nara-Zeit: 710–784
Shomu-tenno (724–749)
 Ä. Jinki (724–728)
 Ä. Tempyo (729–748)
Koken-tenno (749–758)
Sie regierte noch einmal unter dem Namen Shotoku-tenno (764–770).
 Ä. Tempyo Shoho (749–756)
 Ä. Tempyo Hoji (757–764)
 Ä. Tempyo Jingo (765–766)
 Ä. Jingo Keiun (767–769)

Heian-Zeit: 794–1185/1192
Von 858 bis 1168 liegt die eigentliche Macht in den Händen der Regenten *(sessho)* und der großen Kanzler *(kampaku)* der Fujiwara-Familie. Von 1086–1321 regieren die Kaiser nach ihrer Abdankung als Exkaiser weiter (dies ist das *insei*-System).
Kammu-tenno (781–806)
 Ä. Enryaku (782–805)
Saga-tenno (809–823)
 Ä. Konin (810–822)
Seiwa-tenno (858–876)
 Ä. Jogan (858–876)

Daigo-tenno (897–930)
 Ä. Shotai (898–901)
 Ä. Engi (901–922)
 Ä. Encho (923–931)
Murakami-tenno (946–967)
 Ä. Tenryaku (947–956)
 Ä. Tentoku (957–960)
 Ä. Owa (961–963)
 Ä. Koho (964–967)
Go-Sanjo-tenno (1068–1072)
 Ä. Enkyu (1069–1073)
Shirakawa-tenno (1072–1086)
Exkaiser, Einfluß von 1086 bis 1129
Toba-tenno (1107–1123)
Exkaiser, Einfluß bis 1156
Go-Shirakawa-tenno (1155–1158)
Exkaiser, Einfluß bis 1192

HERRSCHAFT DER KRIEGER

Kamakura-Zeit: 1185/1192–1333
Das Shogunat, eine Militärregierung unter einem Shogun, wird 1192 geschaffen. Der Kaiser behält wenig Einfluß. Die Shogune gehören zur Familie der Minamoto durch Blutsverwandtschaft, oder nach Sanetomo (1203 bis 1219) durch Adoption. Die Macht jedoch haben dann die Regenten aus der Familie Hojo.

Kaiser
Go-Toba-tenno (1183–1198)
Tsuchimikado-tenno (1198–1210)

Shogune
Minamoto no Yoritomo (1192–1199)
Minamoto no Yoriie (1202–1203)
Minamoto no Sanetomo (1203–1219)

Regenten
Yoshitoki (1205–1224)
Yasutoki (1224–1242)
Tokimune (1268–1284)

ZEITEN, REICHE, ÄREN

Die Geschichte Japans ist in Perioden *(jidai)* unterteilt, die mit dem Namen der Kaiserhauptstadt Asuka, Nara, Heian-kyo (heute Kyoto) für die Heian-Zeit und dann mit dem Namen der Hauptstadt der Shogune bezeichnet werden: Kamakura, Muromachi (Stadtviertel von Kyoto), Edo (heute Tokyo). Die Kaiser werden mit ihrem posthumen Namen *(songo)* bezeichnet, den wir hier angeben, gefolgt von dem Titel *tenno*, was ›Herr des Himmels‹ bedeutet. Während ihrer Regierungszeit haben sie keinen persönlichen Namen. Das System der Ären *(nengo)* war das einzige geltende in Japan bis zur Annahme des westlichen Kalenders 1873. Jedes wichtige Ereignis oder besondere Zyklusjahre kennzeichneten den Beginn einer neuen Ära. Im Verlauf einer Regierungszeit konnte es mehrere Ären geben. Als Beispiel geben wir einige Namen von Ären der Asuka-, Nara- und der Heian-Zeit sowie des modernen Japan an, denen wir den Buchstaben *Ä.* voranstellen.

∧ · **Indien, Dynastie der Ashoka.**
Drei Löwen, Symbole der ruhigen Kraft, stehen auf einem Sockel, an dem sich jeweils Zebu, Pferd, Löwe und Elefant, getrennt durch buddhistische Räder, befinden. *(Ashoka-Säule, Museum in Sarnath)*

DYNASTIEN, HERRSCHER, STAATSOBERHÄUPTER

JAPAN

ISLAMISCHE

Muromachi-Zeit oder Ashikaga-Zeit: 1336–1573

Sie beginnt mit der Zeit der ›Zwei Höfe‹ (1336–1392), nachdem Ashikaga Takauji den Kaiser Godaigo (1318–1339), der sich in den Süden flüchtet, abgesetzt und Komyo eingesetzt hat.

Kaiser
Komyo-tenno (1336–1348)
Suko-tenno (1349–1351)
Go-Kogon-tenno (1352–1371)
Go-Enyu-tenno (1371–1382)
Go-Komatsu-tenno (1382–1412)
Go-Hanazono-tenno (1428–1464)
Go-Tsuchimikado-tenno (1464–1500)

Shogune
Ashikaga Takauji (1338–1358)
Ashikaga Yoshiakira (1358–1394)
Ashikaga Yoshimitsu (1367–1394)
Ashikaga Yoshimasa (1443–1473)

Die Ära der Diktatoren: 1573–1603

Kaiser
Ogimachi-tenno (1557–1586)
Go-Yozei-tenno (1586–1611)
• Die tatsächliche Macht haben:
Oda Nobunaga (1573–1582)
Toyotomi Hideyoshi (1582–1598)

Ab 1600 ist Tokugawa Ieyasu uneingeschränkt Herr im Land.

Edo-Zeit oder Tokugawa-Zeit: 1603–1867

Kaiser
Go-Yozei-tenno (1586–1611)
Go-Mizunoo-tenno (1611–1629)
Meisho-tenno (1630–1643)
Go-Komyo-tenno (1643–1654)
Go-Sai-tenno (1654–1663)
Reigen-tenno (1663–1687)
Higashiyama-tenno (1687–1709)
Nakamikado-tenno (1709–1735)
Sakuramachi-tenno (1735–1747)
Momozono-tenno (1747–1762)
Go-Sakuramachi-tenno (1762–1770)
Go-Momozono-tenno (1771–1779)
Kokaku-tenno (1780–1817)
Ninko-tenno (1817–1846)
Komei-tenno (1847–1866)

Shogune
Tokugawa Ieyasu (1603–1605)
Tokugawa Hidetada (1605–1623)
Tokugawa Iemitsu (1623–1651)
Tokugawa Ietsuna (1651–1680)
Tokugawa Tsunayoshi (1680–1709)
Tokugawa Ienobu (1709–1713)
Tokugawa Ietsugu (1713–1716)
Tokugawa Yoshimune (1716–1745)
Tokugawa Ieshige (1745–1760)
Tokugawa Ieharu (1760–1786)
Tokugawa Ienari (1786–1837)
Tokugawa Ieyoshi (1837–1853)
Tokugawa Iesada (1853–1858)
Tokugawa Iemochi (1858–1866)
Tokugawa Yoshinobu (1866–1867)

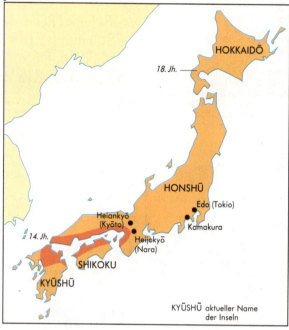

B · Die Expansion Japans (4. bis 18. Jh.).

Japan der Gegenwart

Der Kaiser setzt der Macht der Shogune 1867–68 ein Ende und richtet 1889 eine konstitutionelle Monarchie ein. 1947 entsagt er einer aus der göttlichen Abstammung des Kaisers sich herleitenden besonderen Stellung des kaiserlichen Amtes.
Meiji-tenno (1868–1912)
 Ä. Meiji
 p. Mutsuhito
Taisho-tenno (1912–1926)
 Ä. Taisho
 p. Yoshihito
Showa-tenno (1926–1989)
 Ä. Showa
 p. Hirohito
Akihito (seit 1989)
 Ä. Heisei

Ministerpräsidenten
Yoshida Shigeru (1946–1947)
Katayama Tetsu (1947–1948)
Ashida Hitoshi (1948)
Yoshida Shigeru (1948–1954)
Hatoyama Ishiro (1954–1956)
Ishibashi Tanzan (1956–1957)
Kishi Nobusuke (1957–1960)
Ikeda Hayato (1960–1964)
Sato Eisaku (1964–1972)
Tanaka Kakuei (1972–1974)
Miki Takeo (1974–1976)
Fukuda Takeo (1976–1978)
Ohira Masayoshi (1978–1980)
Suzuki Zenko (1980–1982)
Nakasone Yasuhiro (1982–1987)
Takeshita Noboru (1987–1989)
Uno Sosuke (1989)
Kaifu Toshiki (seit 1989)

A · Japan.
Als die Regierung von Edo Beziehungen mit Fremden zustimmt und daran denkt, eine Marine aufzubauen, stellt sich die Frage nach einem Flaggensymbol, wofür man bei der ersten Überquerung des Pazifik durch eine japanische Mannschaft (1860) die Sonnenscheibe (roter Kreis auf weißem Grund) wählt. Nach der Wiedereinsetzung des Kaisers nimmt der Hof dies als Landesflagge an (1870). Die hier gezeigte strahlende Sonne taucht am häufigsten in Kampfszenen auf.
(Schlacht im chinesisch-japanischen Krieg [1894 bis 1895]; Kupferstich; Privatsammlung)

KALIFEN, EMIRE UND SULTANE

Der Kalif ist das Oberhaupt der islamischen Gemeinschaft. Mit den Omaijaden von Damaskus wird das Kalifat erblich. Ab dem 9. Jh. erleben die Abbasiden-Kalifen von Bagdad, wie sich halbunabhängige Dynastien in verschiedenen Regionen des Reiches bilden. Sie werden sogar mit dem Auftauchen von Rivalen konfrontiert: den Fatimiden-Kalifen in Nordafrika und dann in Ägypten und den Omaijaden-Kalifen in Córdoba (929 bis 1031).

1055 verleiht der Kalif Al-Kaim dem Seldschuken-Türken Togrul Beg den Titel eines Sultans. Seitdem verleihen die Kalifen diesen Titel an einige Fürsten (Emire), denen sie eine größere Autorität als den anderen Emiren geben wollen.

Nach der Plünderung Bagdads durch die Mongolen (1258) flüchten sich die Abbasiden nach Kairo und haben keine weltliche Macht mehr. Seitdem geben sich die Emire verschiedener islamischer Staaten (Osmanisches Reich, Sultanat Delhi, Marokko usw.) den Titel eines Sultans. Nach der Eroberung Ägyptens (1517) nehmen die osmanischen Herrscher den Titel eines Kalifen an. Nach einer Überlieferung soll sich der letzte Abbasiden-Kalif nach Istanbul begeben und zugunsten von Selim I. auf das Kalifat verzichtet haben. 1924 schafft Mustafa Kemal das Kalifat ab.

Das osmanische Kalifat übte seine geistliche Autorität nicht über die gesamte islamische Welt aus. Vor allem der von den Safawiden beherrschte Iran hat Anfang des 16. Jh. den Zwölfer-Schiismus als offizielle Religion eingeführt und stellte sich der osmanischen Macht entgegen. Nach dem Ersten Weltkrieg verlieren die Osmanen die Oberherrschaft in den orientalischen Ländern.

OMAIJADEN-ZEIT (661–750)

Die Omaijaden-Kalifen
Moawija I. (661–680)
Jesid I. (680–683)
Moawija II. (683–684)
Abd al-Malik ibn Merwan (685–705)
Walid I. (705–715)
Suleiman I. (715–717)
Omar ibn Abd al-Asis (717–720)
Jesid II. (720–724)
Hischam ibn Abd al-Malik (724–743)
Walid II. (743–744)

DYNASTIEN, HERRSCHER, STAATSOBERHÄUPTER

WELT

Jesid III. (744)
Ibrahim (744)
Merwan II. (744–750)

ABBASIDEN-ZEIT (750–1258)

Die Abbasiden-Kalifen (750–1258)
Abu l-Abbas as-Saffah (750–754)
Abu Djafar al-Mansur (754–775)
Mohammed al-Mahdi (775–785)
Musa al-Hadi (785–786)
Harun ar-Raschid (786–809)
Mohammed al-Amin (809–813)
Abd Allah al-Mamun (813–833)
Mohammed al-Mutassim (833–842)
Harun al-Wathik (842–847)
Djafar al-Mutawakkil (847–861)
Mohammed al-Muntassir (861–862)
Ahmed al-Mustain (862–866)
Mohammed al-Mutass (866–869)
Mohammed al-Muhtadi (869–870)
Ahmed al-Mutamid (870–892)
Ahmed al-Mutadid (892–902)
Ali al-Muktafi (902–908)
Djafar al-Muktadir (908–932)
Mohammed al-Kahir (932–934)
Ahmed ar-Radhi (934–940)
Ibrahim al-Muttaki (940–944)
Abd Allah al-Mustakfi (944–946)
al-Fadl al -Muti (946–974)
Abd al-Karim at-Tai (974–991)
Ahmed al-Kadir (991–1031)
Abd Allah al-Kaim (1031–1075)
Abd Allah al-Muktadi (1075–1094)
Ahmed al-Mustasshir (1094–1118)
al-Fadl al-Mustarschid (1118–1135)

al-Mansur ar-Raschid (1135–1136)
Mohammed al-Muktafi (1136–1160)
Jusuf al-Mustandjid (1160–1170)
al-Hasan al-Mustadi (1170–1180)
Ahmed an-Nasir (1180–1225)
Mohammed as-Sahir (1225–1226)
Mansur al-Mustanssir (1226–1242)
Abd Allah al-Mustassim (1242–1258)

Die rivalisierenden Kalifate und die wichtigsten halbunabhängigen Dynastien

Omaijaden (Spanien)
Abd ar-Rahman I. (756–788)
Hischam I. (788–796)
al-Hakam I. (796–822)
Abd ar-Rahman II. (822–852)
Mohammed I. (852–886)
al-Mundhir (886–888)
Abd Allah (888–912)
Abd ar-Rahman III. (912–961)
[Er gründet 929 das Kalifat von Córdoba]
al-Hakam II. (961–976)
Hischam II. (976–1009/1010–1013)
Mohammed II.
Suleiman
Abd ar-Rahman IV. } 1009–
Abd ar-Rahman V. } 1031
Mohammed III.
Hischam III.

Die Fatimiden-Kalifen (Nordafrika, dann Ägypten)
Ubaid Allah (al-Mahdi) [909–934]
al-Kaim (934–946)
al-Mansur (946–953)
al-Muiss (953–975)

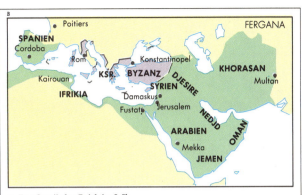

B · Das Omaijaden-Reich im 8. Jh.

al-Asis (975–996)
al-Hakim (996–1021)
as-Sahir (1021–1036)
al-Mustanssir (1036–1094)
al-Mustali (1094–1101)
al-Amir (1101–1130)
al-Hafis (1130–1149)
as-Safir (1149–1154)
al-Fais (1154–1160)
al-Adid (1160–1171)

Siriden (Tunesien)
Bulukkin ibn Siri (972–984)
al-Mansur (984–996)
Badis (996–1016)
al-Muiss (1016–1062)
Tamin (1062–1108)
Jahja (1108–1116)
Ali (1116–1121)
al-Hasan (1121–1148)

Almoraviden (Nordafrika, Spanien)
Jusuf ibn Taschfin (1061–1106)
Ali ibn Jusuf (1106–1143)
Taschfin ibn Ali (1143–1145)
Ibrahim ibn Taschfin (1145–1146)
Ishak ibn Ali (1146–1147)

Almohaden (Nordafrika, Spanien)
Mohammed ibn Tumart, al-Mahdi (1121–1128?)
Abd al-Mumin (1128–1163)
Abu Jakub Jusuf (1163–1184)
Abu Jusuf Jakub al-Mansur (1184–1199)
Mohammed an-Nasir (1199–1213)
Jusuf al-Mustanssir (1213–1224)
Abd al-Wahid, al-Makhlu (der Abgesetzte) [1224]
al-Adil (1224–1227)
al-Mamun (1227–1232)
ar-Raschid (1232–1242)

as-Said (1242–1248)
al-Murtada (1248–1266)
Abu al-Ula, genannt Abbu Dabbus (1266–1269)

Die Großseldschuken (Iran, Irak, Syrien)
Togrul Beg (1038–1063)
Alp Arslan (1063–1073)
Malik Schah (1073–1092)
Mahmud (1092–1094)
Barkjaruk (1094–1104)
Malik Schah II. (1105–1118)
Sandschar (1118–1157)

Die Rum-Seldschuken (Türkei)
Suleiman Schah Kutalmisoglu (Suleiman ibn Kutulmisch) [1077–1086]
Kilidsch Arslan I. (1092–1107)
Melikschah (Malik Schah) [1107–1116]
Mesud I. (Masud I.) [1116–1155]
Kilidsch Arslan II. (1155–1192)
Kai Chosrau I. (1. Regierung) [1192–1196]
Suleiman II. (Sulaiman II.) [1196–1204]
Kilidsch Arslan III. (1204)
Kai Chosrau I. (2. Regierung) [1204–1210]
Kai Kawus I. (1210–1219)
Kai Kubad I. (1219–1237)
Kai Chosrau II. (1237–1246)
Nach dem Einfall der Mongolen (1243) teilen sich mehrere Herrscher die Macht.
Kai Kawus II. (1246–1259)
Kai Kubad II. (1248–1254)
Kilidsch Arslan IV. (1257–1266)
Kai Chosrau III. (1264–1283)
Mesud II. (Masud II.) (1282–1308)
Kai Kubad III. (1284–1307)

Die Aijubiden (Ägypten, Syrien)
Salah ad-Din (Saladin) [1169–1199]
al-Adil I. (1199–1218)
al-Kamil (1218–1238)
al-Adil II. (1238–1240)
as-Salih Aijub (1240–1249)
al-Muassam Turanschah (1249–1250)

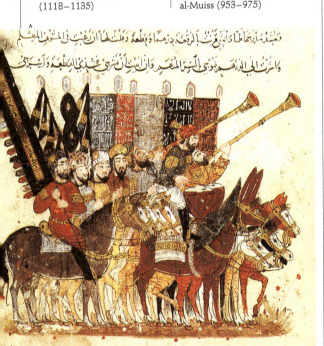

A · Islamische Welt.
Die Standarten der Wache des Kalifen. (Miniatur von al-Wasiti, Illustration zu den Makamen des al-Hariri. Schule von Bagdad. 13. Jh. Nationalbibliothek, Paris)

DYNASTIEN, HERRSCHER, STAATSOBERHÄUPTER

ISLAMISCHE WELT

A · Der Maghreb im 11. Jh.

B · Der Maghreb im 15. Jh.

C · Das Osmanische Reich im 16. Jh.

DIE OSMANISCHE ZEIT (1299–1924)

Osmanen
Osman der Siegreiche (Ghasi) [1299–1326]
Orhan (1326–1359)
Murad I., der Herrscher (Hüdavendigar) [1359–1389]
Bajasid I., der Blitz (Yildirim) [1389–1403]
Mohammed der Herr (Çelebi) [1403/1413–1421]
Murad II. (1421–1451)
Mohammed II., der Eroberer (Fatih) [1451–1481]
Bajasid II., der Heilige (Veli) [1481–1512]
Selim I., der Strenge (Yavuz) [1512–1520]
Suleiman der Prächtige oder Suleiman der Gesetzgeber (Kanuni) [1520–1566]
Selim II., der Trunkene (Mest) [1566–1574]
Murad III. (1574–1595)
Mohammed III. (1595–1603)
Ahmed I. (1603–1617)
Mustafa I. (1617–1618)
Osman II. (1618–1622)
Murad IV. (1623–1640)
Ibrahim (1640–1648)
Mohammed IV. (1648–1687)
Suleiman II. (1687–1691)
Ahmed II. (1691–1695)
Mustafa II. (1695–1703)
Ahmed III. (1703–1730)
Mahmud I. (1730–1754)
Osman III. (1754–1757)
Mustafa III. (1757–1774)
Abd al-Hamid I. (1774–1789)
Selim III. (1789–1807)
Mustafa IV. (1807–1808)
Mahmud II. (1808–1839)
Abd al-Madjid I. (1839–1861)
Abd al-Asis (1861–1876)
Murad V. (1876–1909)
Mohammed V. (1909–1918)
Mohammed VI. (1918–1922)
Abd al-Madjid II. (1922–1924)

Hafsiden
(Tunesien, Ost-Algerien)
Abu Sakarija Jahja (1228–1249)
al-Mustanssir (1249–1277)
al-Watik (1277–1279)
Abu Ishak I. (1279–1283)
Abu Hafs (1284–1295)
Abu Assida (1295–1309)
Abu Jahja Abu Bakr (1309)
Abu al-Baka (1309–1311)
Ibn al-Lihjani (1311–1317)
Abu Darba (1317–1318)
Abu Jahja Abu Bakr (1318–1346)
Abu l-Abbas Ahmed (1346–1347)
Marinidische Besetzung
al-Fadl (1349–1350)
Abu Ishak (1350–1369)
Abu al-Baka Chalid (1369–1370)
Abu l-Abbas (1370–1394)
Abu Faris (1394–1434)
al-Muntassir (1434–1435)
Othman (1435–1488)
Abu Sakarija Jahja II. (1488–1489)
Abd al-Mumin (1489–1490)
Abu Sakarija Jahja II. (1490–1494)
Abu Abd Allah Mohammed (1494–1526)
al-Hasan (1526–1543)
Ahmed (1543–1569)

Abdalwadiden
(Algerien, Gebiet Tlemcen)
Jagmurasan ibn Saijan (1235–1283)
Abu Said Othman (1283–1304)
Abu Saijan (1304–1308)
Abu Hammu Musa I. (1308–1318)
Abu Taschufin I. (1318–1337)

Mariniden-Herrschaft
Abu Hammu Musa II. (1359–1389)
Abu Taschufin II. (1389–1393)
Abu Thabit II. (1393)
Abu al Hadjdjadj Jusuf (1393–1394)
Abu Saijan II. (1394–1399)
Abu Mohammed Abd Allah I. (1399–1401)
Abu Abd Allah Mohammed I. (1401–1411)
Abd ar-Rahman (1411)
Abu Malik Abd al-Wahid (1411–1423)
Abu Abd Allah Mohammed II. (1423–1427, 1429–1430)
Abu al-Abbas Ahmed (1430–1461)
Abu Abd Allah Mohammed III. (1461–1468)
Abu Taschufin III. (1468)
Abu Abd Allah Mohammed IV. (1468–1504)
Abu Abd Allah Mohammed V. (1505–1517)
Abu Hammu III. (1517–1527)
Abu Mohammed Abd Allah II. (1527–1540)
Abu Abd Allah Mohammed VI. (1540)
Abu Saijan III. (1544–1550)
al-Hasan (1550)

Mariniden (Marokko)
Abu Jusuf Jakub (1258–1286)
Abu Jakub Jusuf (1286–1307)
Abu Thabit (1307–1308)
Abu Rabia (1308–1310)
Abu Said Othman (1310–1331)
Abu l-Hasan (1331–1349)
Abu Inan (1349–1358)
as-Said I. (1358–1359)
Abu Salim (1359–1361)
Abu Omar (1361)
Abu Saijan (1361–1367)
Abd al-Asis (1367–1372)
as-Said II. (1372–1374)
Abu l-Abbas (1374–1384)
Musa (1384–1386)
Abu l-Abbas (1387–1393)
as-Said III. (1398–1420)
Abd al-Hakk (1420–1465)

Khediven von Ägypten
→ ÄGYPTEN S. 258

Safawiden, Kadjaren, Pahlewi → IRAN S. 259

Moguln → INDIEN S. 278–279

EINIGE HERRSCHER-DYNASTIEN

Alawiden (Marokko)
Mulai ar-Raschid (1666–1672)
Mulai al-Ismail (1672–1727)
Dreißigjährige Kämpfe zwischen seinen Söhnen
Mohammed ibn Abd Allah (1757–1790)
Mulai Jasid (1790–1792)
Mulai Suleiman (1792–1822)
Mulai Abd ar-Rahman (1822–1859)
Mohammed ibn Abd ar-Rahman (1859–1873)
Mulai al-Hasan (1873–1894)
Mulai Abd al-Asis (1894–1908)
Mulai Hafis (1908–1912)
Mulai Jusuf (1912–1927)
Mohammed V. (1927–1961)
Hasan II. seit 1961

Haschemiten
Husain ibn Ali, Emir (1908) dann König des Hidjas (1916–1924)
Feisal I., König des Irak (1921–1933)
Ghasi, König des Irak (1933–1939)
Abd Allah, Emir (1921) dann König von Transjordanien (1946–1949) König von Jordanien (1949–1951)
Talal, König von Jordanien (1951–1952)
Husain, König von Jordanien seit 1952

Saudi
(Saudi-Arabien)
Abd al-Asis III. ibn Saud, Emir des Nedjd (1902) König des Hidjas (1926) dann von Saudi-Arabien (1932–1953)
Saud ibn Abd al-Asis (1953–1964)
Feisal I. (1964–1975)
Chalid (1975–1982)
Fahd seit 1982

282

DYNASTIEN, HERRSCHER, STAATSOBERHÄUPTER

MEROWINGER

Die Gründer. Die Merowinger tauchen zuerst wie ein heiliger Klan auf, der den fränkischen Volksstämmen Könige gibt. Der eigentliche Begründer der Merowingerdynastie ist Chlodwig I.: Die Könige vor ihm sind entweder sagenumwoben, oder die sie vereinenden Verwandtschaftsbande und die mit Chlodwig sind wenig bekannt. Die Sage macht aus Pharamund den großen Vorfahren der fränkischen Dynastie; er soll von Begleitern von Aeneas aus Troja abstammen. Die erste historisch belegte Persönlichkeit ist Chlodio (um 460). Er soll der Sohn von Pharamund sein. Danach kommen Merowech und dann Childerich, die vielleicht Großvater und Vater von Chlodwig waren.

Die Merowingerstaaten. Die Merowinger herrschten ab der Zeit von Chlodwig bis zu ihrer Auslöschung durch die karolingische Dynastie 751 über den größten Teil von Gallien. Als König der Salischen Franken in dem Gebiet, das dann Brabant wird, vereint Chlodwig das fränkische Volk und erobert den größten Teil Galliens. Bei seinem Tod teilen seine Söhne seine Eroberungen gleichmäßig auf und führen seine Expansionspolitik weiter. Das vergrößerte Königreich wird dann zur Zeit von Chlothar I. vereint und bei dessen Tod erneut geteilt. Es bilden sich vier große Gebiete, deren Grenzen sich danach ändern: im Nordwesten Neustrien, das Gebiet der ehemaligen Franken-Salier; im Nordosten Austrasien, das Gebiet der sog. Rheinfranken; im Südosten Burgund, dessen Bevölkerung überwiegend aus Galloromanen bestand, und im Südwesten Aquitanien mit galloromanischer Bevölkerung.

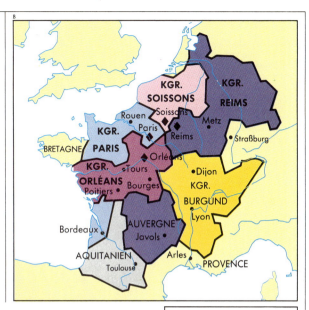

A · **Die Taufe von Chlodwig.**
Dieser Ausschnitt einer karolingischen Elfenbeinschnitzerei stellt die berühmte Szene der Taufe des Frankenkönigs dar: er erhält sie vom Bischof von Reims, dem Heiligen Remigius, und in Anwesenheit seiner Gattin, der christlichen Prinzessin Chlothilde. (Einbandplatte aus dem 9. bis 10. Jh., Museum der Picardie, Amiens)

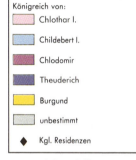

Königreich von:
- Chlothar I.
- Childebert I.
- Chlodomir
- Theuderich
- Burgund
- unbestimmt
- ◆ Kgl. Residenzen

B · **Die Aufteilung Galliens unter den Söhnen von Chlodwig.**
Beim Tod von Chlodwig (511) erbte Theuderich I. das Königreich Reims und Auvergne, Chlodomir das Königreich Orleans, Childebert I. das Königreich Paris und Chlothar I. das Königreich Soisson. Das Schicksal Aquitaniens, das durch mehrere Teilungen aufgesplittert wurde, wurde nicht festgelegt, schließlich fügten die vier Brüder ihrem Erbe noch Burgund hinzu, das 534 endgültig annektiert wurde.

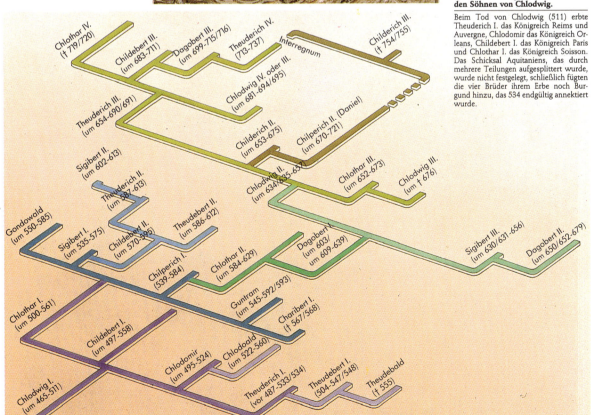

DYNASTIEN, HERRSCHER, STAATSOBERHÄUPTER

KAROLINGER

Ursprung. Die Dynastie der Karolinger stammt aus einer der mächtigsten fränkischen Familien zwischen Rhein und Mosel im heutigen Brabant: der Familie der Pippiniden. Diese Familie leitete ihre Macht aus der Herrschaft über Austrasien ab, die Pippin I. (auch ›Pippin der Ältere‹ genannt) und sein Enkel Pippin II. (›der Mittlere‹) innehatten. Von anderer Seite wurde sie mit dem Ansehen von Arnulf, dem heiligen Bischof von Metz, geschmückt, dessen Sohn Ansegisel die Tochter von Pippin, Begga, heiratete. Dieser Arnulf wurde später der Geistige Vater der Karolingerdynastie genannt.

Gründer. Der eigentliche Gründer der Karolingerdynastie ist Karl Martell, ein unehelicher Sohn Pippins II.: Als Herrscher des *regnum Francorum* seit 721 schafft er sich eine große Gefolgschaft und ein Eliteheer, er gewinnt an Ruhm aus seinem Sieg über die Araber bei Poitiers im Jahre 732. Sein Sohn, Pippin III. (›der Jüngere‹), verleiht der Dynastie den Königstitel: 751 setzt er den Merowingerherrscher Childerich ab und läßt sich an dessen Stelle zum König wählen. Drei Jahre später wird diese Wahl legitimiert und erhält durch die Krone, Papst Stephan II. Pippin verleiht, einen heiligen Charakter: Dies ist die erste Zeremonie dieser Art in Gallien. Der Bund mit der Kirche wurde im darauffolgenden Jahr bekräftigt, als Pippin auf Bitte Stephans gegen die Langobarden eingreift und es dem Papst gestattet, einen ›Kirchenstaat‹ (siehe S. 265) zu gründen. Das war der Beginn einer expansionistischen Politik, die von Karl dem Großen fortgesetzt wurde: Dieser greift in Italien, Sachsen und Bayern sowie in Spanien ein. Darüber hinaus erhält er den Kaisertitel, der ihm am Weihnachtstag des Jahres 800 in Rom von Papst Leo III. verliehen wird. Damit begann die Blütezeit des Reiches, die Zeit der ›karolingischen Renaissance‹, Wiedereinführung der Schriften in den Schulen und der Künste in den Abteien. Die Schwäche des Reiches rührte von seiner Größe her. Die kleine Zentralregierung, die *Pfalz*, befand sich unter Karl dem Großen in Aachen. Um seine Macht nun in den verschiedenen Teilen des Reiches spüren zu lassen, schuf er sich ein Netz aus *Getreuengebieten*, in denen Großvasallen, die *Grafen*, die von den *missi dominici* überwacht wurden, die Kleinsten kontrollierten.

▲ · **Der Abt von Sankt-Martin in Tours legt König Karl dem Kahlen seine Bibel vor.**

Diese Miniatur, die älteste Darstellung eines zeitgenössischen Ereignisses im Abendland, zeigt zwei Bezüge: die Dynastie stützt sich auf die Kirche (die segnende Hand Gottes über dem König ...); sie beansprucht das römische Erbe (die Ausstattung der Soldaten).
(Miniatur der Bibel Karls des Kahlen, 9. Jh., Nationalbibliothek, Paris)

DYNASTIEN, HERRSCHER, STAATSOBERHÄUPTER

Das System enthielt Gefahren: unter den Nachfolgern Karls des Großen, die schwächer waren als dieser, erlangten die Grafen eine für das Reich gefährliche Unabhängigkeit. Eine andere Schwäche des Reiches lag in seiner Wirtschaft. Da das Reich nur auf dem Festland bestand, lebte es in sich zurückgezogen in Herrschaftszellen, die autark waren. Es gelang niemals, ein starkes und in allen Regionen gültiges Zahlungsmittel zu entwickeln.

Aber der Hauptgrund des Untergangs der Karolinger war der Erbschaftsbegriff, den die Dynastie beibehielt: Titel und Gebiete gingen nicht etwa auf den ältesten Sohn über, sondern wurden durch die Erbfolgen und die Kriege der Fürsten geteilt. Ab Mitte des 9. Jh. und mehr noch im 10. Jh. verlor das karolingische Königreich nach und nach an Macht, und das Reich machte einer Unzahl von herrschaftlichen Kleinstaaten Platz.

A · **Kaiser Karl der Große**
Die Sicht Dürers von Karl dem Großen entspricht der Legende: unter den deutschen und französischen Wappen trägt der Kaiser eine gotische Phantasiekrone und einen langen Bart, der auf ein anachronistisches Brokatgewand fällt. (*Dürer, ›Kaiser Karl der Große‹, germanisches Museum, Nürnberg*)

B · **Das Reich Karls des Großen und die Teilung von Verdun (1843).**

Zur Zeit Karls des Großen erlebte das Karolingerreich seine größte Ausdehnung sowie seine kulturelle Blütezeit. Eine Ausdehnung, die vor der Kaiserkrönung erreicht war: als einfacher Frankenkönig hat sich Karl zum Beherrscher Norditaliens gemacht, indem er die Langobarden besiegte (*s. S. 264*). Er hatte das Königreich Aquitanien geschaffen, Bayern unterworfen, Sachsen an den Frankenstaat angeschlossen (799), die Friesen (785), die Awaren von Pannonien (796) und die Sachsen (804) unterworfen. Er hatte ein Grenzland zu Spanien und ein Grenzland zur Bretagne (789–790) geschaffen. Nach der Krönung begnügte sich der Kaiser damit, das Reich von seiner normalen Residenz, Aachen, aus zu verwalten. Die Einheit des Reiches dauerte noch eine Generation nach dem Tod Karls des Großen an: 843 kennzeichnete die Teilung von Verdun unter den Söhnen von Ludwig dem Frommen den beginnenden Untergang der Karolinger. Drei Gebiete wurden festgelegt. In Westfranken (*Francia occidentalis*) wurden die Karolingerherrscher, Nachkommen Karls des Kahlen, nach dem Tod von Ludwig V. 987 von Hugo Capet vom Thron ausgeschlossen. In Lothringen, dem Gebiet Lothars, das Lothringen und Italien vereinte, blieben die Karolinger bis Ende des 10. Jh. an der Macht. In Ostfranken (*Francia orientalis*) behielten die Erben Ludwigs des Deutschen den Thron bis zum Tod von Ludwig III. dem Kind im Jahr 911. Der Kaisertitel, den Lothar 843 geerbt hatte, wurde nach 887 abwechselnd von den Königen Germaniens getragen und dann in einem anderen Rahmen von den Ottonen 962 (Heiliges Römisches Reich Deutscher Nation).

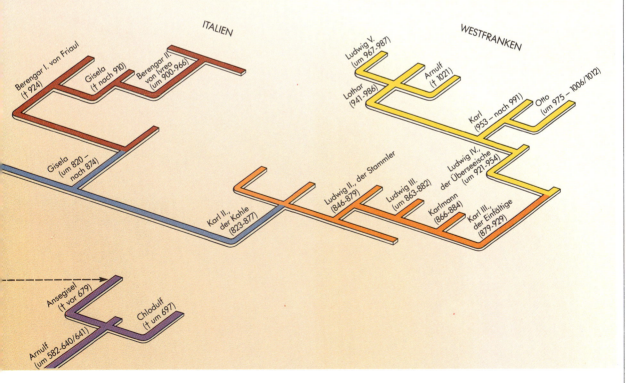

DYNASTIEN, HERRSCHER, STAATSOBERHÄUPTER

STAUFER

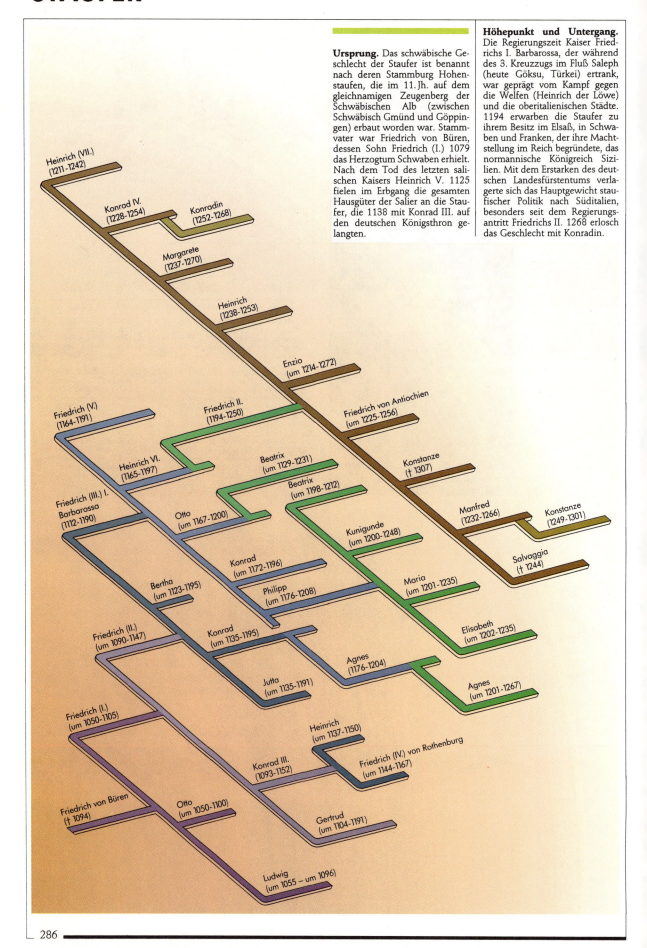

Ursprung. Das schwäbische Geschlecht der Staufer ist benannt nach deren Stammburg Hohenstaufen, die im 11. Jh. auf dem gleichnamigen Zeugenberg der Schwäbischen Alb (zwischen Schwäbisch Gmünd und Göppingen) erbaut worden war. Stammvater war Friedrich von Büren, dessen Sohn Friedrich (I.) 1079 das Herzogtum Schwaben erhielt. Nach dem Tod des letzten salischen Kaisers Heinrich V. 1125 fielen im Erbgang die gesamten Hausgüter der Salier an die Staufer, die 1138 mit Konrad III. auf den deutschen Königsthron gelangten.

Höhepunkt und Untergang. Die Regierungszeit Kaiser Friedrichs I. Barbarossa, der während des 3. Kreuzzugs im Fluß Saleph (heute Göksu, Türkei) ertrank, war geprägt vom Kampf gegen die Welfen (Heinrich der Löwe) und die oberitalienischen Städte. 1194 erwarben die Staufer zu ihrem Besitz im Elsaß, in Schwaben und Franken, der ihre Machtstellung im Reich begründete, das normannische Königreich Sizilien. Mit dem Erstarken des deutschen Landesfürstentums verlagerte sich das Hauptgewicht staufischer Politik nach Süditalien, besonders seit dem Regierungsantritt Friedrichs II. 1268 erlosch das Geschlecht mit Konradin.

HOHENZOLLERN

Herkunft und Aufstieg. Die Hohenzollern tragen ihren Namen nach der vermutlich im 11. Jh. auf dem Kegel des Zollerberges am Rand der Schwäbischen Alb (südlich von Hechingen) erbauten Burg, deren heutige Form ein in der Mitte des 19. Jh. errichteter neugotischer Bau ist. Erstmals 1061 in Schwaben bezeugt, erhielt das Geschlecht zur Zeit Graf Friedrichs III. 1191 die Burggrafschaft Nürnberg (als Burggraf: Friedrich I.). Unter seinen Söhnen entstanden 1214 durch Teilung die später größere Bedeutung erlangende fränkische Linie sowie die schwäbische Linie. Friedrich VI. erhielt 1415/17 das Kurfürstentum Brandenburg (als Kurfürst: Friedrich I.).

Könige und Kaiser. Nachdem Friedrich Wilhelm, der Große Kurfürst, Brandenburg eine anerkannte Stellung verschafft hatte, stieg sein Sohn Friedrich 1701 zum König in Preußen auf. Friedrich Wilhelm I., der ›Soldatenkönig‹, baute die preußische Armee zu einem Machtinstrument aus, mit dessen Hilfe sein Sohn, Friedrich der Große, Preußen in drei schlesischen Kriegen zur zweiten Macht in Deutschland neben Österreich werden ließ. Nachdem durch den Krieg von 1866 der deutsche Dualismus beendet und Preußen zur Führungsmacht in Deutschland geworden war, erlangten die Hohenzollern mit der Reichsgründung 1871 die deutsche Kaiserwürde. Am Ende des 1. Weltkriegs 1918 dankte der letzte Kaiser, Wilhelm II., ab.

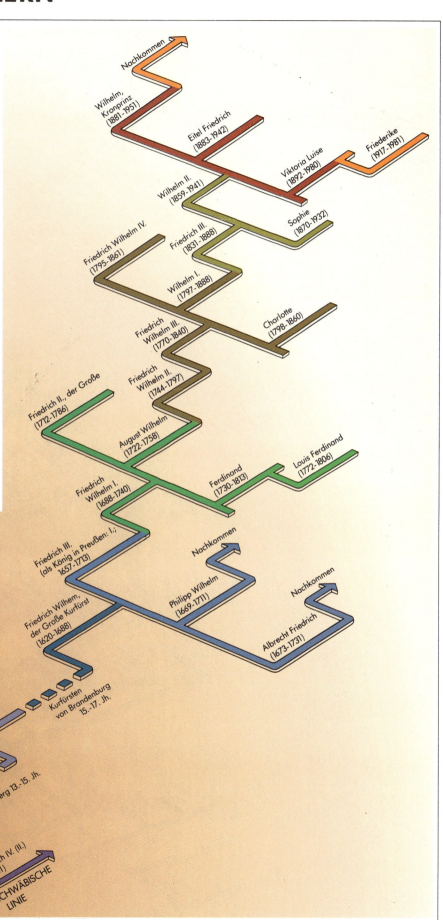

DYNASTIEN, HERRSCHER, STAATSOBERHÄUPTER

HABSBURGER

Die Familie der Habsburger hat ihren Namen von dem Schloß Habichtsburg, das einer der Vorfahren im 11. Jh. gekauft hatte. Von 1278–1918 herrschte die Familie über Österreich, wovon sich ihr Name ›Haus von Österreich‹ ableitet. Ab dem Ende des 15. Jh. sorgen glückliche Umstände für die Ausweitung der Familie durch den Untergang des älteren Zweiges von Albert III., der nur eine Linie hinterläßt; weiterhin eine kluge und zweckmäßige Heiratspolitik, durch die diejenige Linie ihre Gebiete ausweitet: Maximilian I. heiratet die Erbin der Niederlande, Philipp der Schöne die von Kastilien und Aragonien, Ferdinand die von Böhmen und Ungarn. Zur Zeit, als Karl V. auch noch den Kaisertitel erhält, besitzen die Habsburger den größten Teil Europas. Doch dies ist nur von kurzer Dauer: Bei der Abdankung des Kaisers werden seine Gebiete geteilt; der ältere Zweig mit Philipp II. behält die Niederlande, die Besitzungen in Italien und Spanien; die Habsburger von Wien behalten den Kaisertitel und die Gebiete in Mitteleuropa. Die Einigkeit des Reiches wird vorübergehend wieder hergestellt, als die spanische Linie im Jahr 1700 ausstirbt. Franz II., Sohn von Maria Theresia, ändert den Kaisertitel und erklärt sich 1804 zum Kaiser von Österreich.

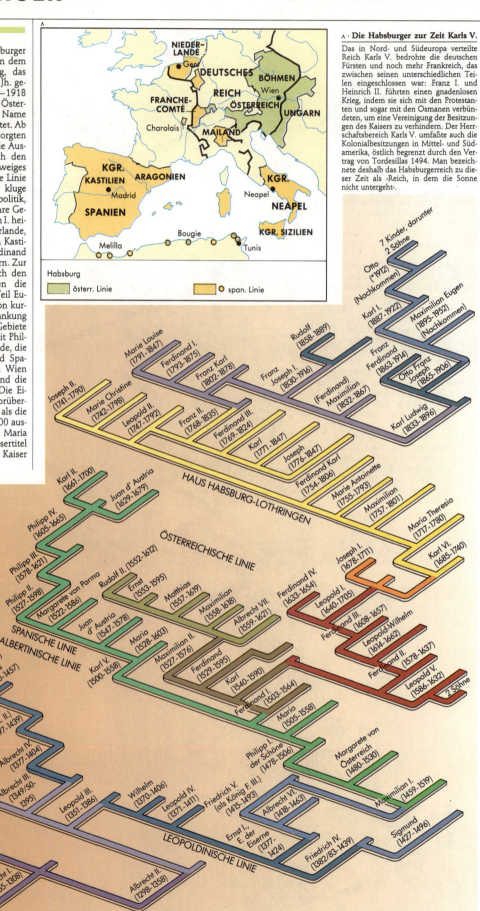

A · **Die Habsburger zur Zeit Karls V.**
Das in Nord- und Südeuropa verteilte Reich Karls V. bedrohte die deutschen Fürsten und noch mehr Frankreich, das zwischen seinen unterschiedlichen Teilen eingeschlossen war: Franz I. und Heinrich II. führten einen gnadenlosen Krieg, indem sie sich mit den Protestanten und sogar mit den Osmanen verbündeten, um die Vereinigung der Besitzungen des Kaisers zu verhindern. Der Herrschaftsbereich Karls V. umfaßte auch die Kolonialbesitzungen in Mittel- und Südamerika, östlich begrenzt durch den Vertrag von Tordesillas 1494. Man bezeichnete deshalb das Habsburgerreich zu dieser Zeit als ›Reich, in dem die Sonne nicht untergeht‹.

5

RELIGIONEN UND MYTHEN

Der Mensch ist ein gläubiges Wesen. Sein Vertrauen in den Fortschritt und in die Vernunft
mag den Eindruck erweckt haben, als sei der Glaube zumindest im christlichen
Abendland seit dem 18. Jahrhundert schwächer geworden; aber das Wiederaufleben des
Fundamentalismus belegt, daß das Phänomen der Gläubigkeit weiterbesteht und der Mensch das
Bedürfnis hat nach einem geistigen Leben, einer Beziehung zum Heiligen und einem Glauben
an ein Jenseits, durch das Leiden und Tod einen Sinn bekommen. Je nach Kultur,
Ort und Zeit kommen diese religiösen Bedürfnisse sehr unterschiedlich
zum Ausdruck. Dieses Werk gibt einen Überblick
über die verschiedenen Religionen, die großen Mythologien
in den Anfängen der Geschichte und schließlich die
aktuellen Aspekte des religiösen Lebens.

INHALT

DAS ALTE ÄGYPTEN
QUELLEN, GÖTTER 290
PRIESTERSCHAFT UND KULT 292

MESOPOTAMIEN
QUELLEN, GÖTTER,
PRIESTERSCHAFT UND KULT 293

DAS ANTIKE GRIECHENLAND
QUELLEN, GÖTTER IM PANTHEON,
HELDEN, GESCHICHTE DER
GÖTTER 294–295
WANDERUNG DER SEELE
NACH DEM TOD,
DIE RELIGIOSITÄT DER GRIECHEN,
FESTTAGE 296

DAS ALTE PERSIEN
QUELLEN, MAZDAISMUS UND
ZOROASTRISMUS, MITHRASKULT UND
MANICHÄISMUS 297

DAS ANTIKE ROM
QUELLEN, GÖTTER UND
ENTWICKLUNG, PRIVATER UND
ÖFFENTLICHER KULT 298

GERMANEN, KELTEN UND GALLIER
QUELLEN, DIE IRISCHEN KELTEN,
GERMANISCHE MYTHOLOGIE,
DIE GALLISCHEN KELTEN, 301

DIE PRÄKOLUMBISCHEN RELIGIONEN
QUELLEN, GÖTTERWELT 302
KULT, KOSMOLOGIE,
DAS KULTISCHE PELOTASPIEL 303

DAS JUDENTUM
DIE ERSTE MONOTHEISTISCHE RELIGION,
AUFBAU DER HEBRÄISCHEN BIBEL 304
TEXTE 305
DIE GESCHICHTE DER JUDEN
BIS ZUR DIASPORA,
DER TALMUD, DIE KABBALA 306
DAS JERUSALEM DES ZWEITEN TEMPELS,
SEKTEN 307
DAS JÜDISCHE DENKEN IM MITTELALTER,
MESSIANISCHE BEWEGUNGEN 308
CHASSIDISMUS,
DAS MODERNE JUDENTUM,
FESTTAGE 309
JÜDISCHE GEMEINDEN IN DER WELT,
DAS JUDENTUM HEUTE 310

DAS CHRISTENTUM
DAS LEBEN JESU,
DIE CHRISTLICHE BOTSCHAFT,
APOSTEL 311
TEXTE 312–313
ENGEL UND DÄMONEN,
DAS JENSEITS 314
CHRISTENGEMEINDEN, DIE KIRCHENVÄTER,
AUSBREITUNG DES CHRISTENTUMS 315
DIE WICHTIGSTEN CHRISTLICHEN HÄRESIEN,
DAS CHRISTENTUM
IN DER WELT 316

DIE KATHOLISCHE KIRCHE
GRUNDLAGEN DER KIRCHE,
DIE STRUKTUR DER KIRCHE 317
DAS AMT, LITURGISCHE GEWÄNDER 318
DIE HOHEN KATHOLISCHEN FESTE,
DIE HEILIGENVEREHRUNG,
MARIA UND DIE MARIENVEREHRUNG 319
DIE SIEBEN SAKRAMENTE,
DIE LITURGIE 320
DIE PÄPSTE,
DIE AUTORITÄT DES PAPSTES 321
DIE PÄPSTE DES 20. JAHRHUNDERTS,
DIE WICHTIGSTEN
ENZYKLIKEN DER GEGENWART 322
ÖKUMENISCHE KONZILE,
DIE THEOLOGEN, DIE MYSTIKER 323
HEILIGKEIT 324
SCHUTZPATRONE 325
DIE WICHTIGSTEN ORDEN, FRAUENORDEN 326

ORIENTALISCHE UND ORTHODOXE KIRCHEN
HISTORISCHE DATEN,
DOKTRIN UND SPIRITUALITÄT,
DIE MIT ROM UNIERTEN KIRCHEN 327
ORTHODOXE KIRCHEN,
DER ORTHODOXE RITUS 328

DIE REFORMATIONSKIRCHEN
HISTORISCHE HINTERGRÜNDE,
LUTHER, CALVIN 329
GNADE UND PRÄDESTINATION,
TEXTE, GOTTESDIENST,
SAKRAMENTE, RITEN 330
KLERUS UND INSTITUTIONEN,
DER DEUTSCHE PROTESTANTISMUS,
DER PROTESTANTISMUS IN EUROPA,
DER PROTESTANTISMUS DER GEGENWART 331
DIE ANGLIKANISCHE KIRCHE
UND KIRCHENGEMEINSCHAFT,
PROTESTANTISCHE KIRCHEN
UND SEKTEN 332

DER ISLAM
GRUNDLAGEN,
DAS VORISLAMISCHE ARABIEN,
DAS LEBEN DES PROPHETEN 333
DER KORAN, DIE SUNNA 334
DIE GEMEINSCHAFT DES PROPHETEN,
DIE LEHRE 335
DIE FÜNF SÄULEN DES ISLAM,
DIE MOSCHEE 336
DIE ERSTEN NACHFOLGER DES PROPHETEN,
SUNNITEN UND SCHIITEN,
DER ISLAM IN DER WELT 337

AFRIKANISCHE RELIGIONEN
TRADITIONELLE RELIGIONEN,
MODERNE PROPHETEN 338
SYNKRETISMUS:
DER BOUITI FANG IN GABUN,
DER ISLAM, DAS CHRISTENTUM,
DER HAITIANISCHE WODU,
LATEINAMERIKANISCHE SYNKRETISMEN 339

DIE FERNÖSTLICHEN RELIGIONEN
FERNÖSTLICHE RELIGIONEN HEUTE,
DIE VEDISCHE LITERATUR,
DIE GÖTTER DER VEDEN 340
VEDISCHE GLAUBENSVORSTELLUNGEN
UND RITEN,
BRAHMANAS UND UPANISHADEN,
MAHAVIRA, STIFTER DES JAINISMUS,
JAINISMUS 341

DER HINDUISMUS
QUELLEN, GÖTTER, LEHRE 342
YOGA, TANTRISMUS 343
RITUALE UND KULTORTE,
DER HINDUISMUS IN INDIEN 344

DER BUDDHISMUS
QUELLEN, BUDDHA,
BUDDHISTISCHE SCHULEN 345
DIE MUDRAS, KULT UND FESTE 346
VERBREITUNG DES BUDDHISMUS,
DER TIBETANISCHE BUDDHISMUS,
DER HEUTIGE BUDDHISMUS 347

DIE RELIGIONEN CHINAS
RELIGION DER FAMILIE UND
DES KAISERS,
SYMBOLE UND KOSMOLOGIE 348
TAOISMUS: QUELLEN, LAOZI
TAOISMUS: LEHRE, KONFUZIUS 349
DER KONFUZIANISMUS,
DER BUDDHISMUS IN CHINA,
DIE RELIGIONEN
IM HEUTIGEN CHINA 350

DIE RELIGIONEN JAPANS
SHINTO, DER JAPANISCHE BUDDHISMUS 351

JÜNGSTE ENTWICKLUNGEN
BEDEUTUNG DER
VERSCHIEDENEN RELIGIONEN,
GROSSE INNERE ENTWICKLUNGEN 352

Siehe auch
Meisterwerke, S. 830 ff. zum Thema Taoismus und Konfuzianismus u. ä., und S. 673 ff. Abbildungen von Tempeln und Göttern.

Redaktion und Texte
Nicole Belaïche, Historiker; René Bureau, Historiker; Michel Dousse, Religionshistoriker;
Elisabeth Kohler, Religionshistorikerin; Nadeije Laneyrie-Dagen, Historikerin,
Leiterin der Redaktion (Geschichte und Religionen); Ysé Masquelier, Historikerin,
Vorsitzende des französischen Yogalehrerverbands; Maurice Meleau, Historiker; Michel Meslin,
Dozent für Religionsgeschichte an der Universität von Paris-Sorbonne,
wissenschaftlicher Berater bei Librairie Larousse.

RELIGIONEN UND MYTHEN

DAS ALTE ÄGYPTEN

QUELLEN

Unser Wissen über die ägyptische Religion gründete sich lange Zeit auf meist griechische Reiseberichte aus der klassischen Antike. Herodot (5. Jh. v. Chr.) bereiste Ägypten und widmete ihm ein Buch seiner *Historien*. Er war der erste, der die erstaunlichen Riten und die großen Kultbauten der Ägypter, die er die ›gläubigsten Menschen‹ nannte, beschrieb sowie die Absonderlichkeit einiger Kulte, in denen heilige Tiere verehrt wurden. In den etwa 200 Jahren, die seit der ägyptischen Expedition (1798–1801) vergangen sind, wurden Entdeckungen über Entdeckungen gemacht. Tempel und Gräber wurden ausgegraben und geöffnet. 1922 wurde das Grab Tut-ench-Amuns entdeckt, eines der wenigen, das unversehrt geblieben war und noch die vollständigen Grabbeigaben aufwies. Texte und Statuen wurden zu Tausenden gefunden: die schönste Gesamtanlage, die entdeckt und restauriert wurde, ist Theben mit den riesigen Tempeln von Karnak und Luxor am rechten Ufer und den Gräbern der Pharaonen und der bedeutenden Gestalten des Neuen Reiches (16.–11. Jh.) am linken Ufer des Nil.

Die wichtigsten Texte bringen den Glauben ans Jenseits zum Ausdruck: die *Pyramidentexte* (auf den Wänden der unterirdischen Kammern der Königspyramiden des Alten Reiches), *Sargtexte* (im Mittleren Reich auf die Wände der Sarkophage geschrieben) und schließlich die auf Papyrusrollen geschriebenen *Totenbücher*, die seit dem Neuen Reich mit der Mumie des Verstorbenen bestattet wurden.

GÖTTER

Die Ägypter glauben wie alle Völker der Antike an mehrere Götter: Sie sind Polytheisten. Über Jahrhunderte und Jahrtausende bewahren sie ein Pantheon mit so vielen Gottheiten, daß Reisende sie nicht mehr zählen können. Zu Anfang, vor dem 3. Jahrtausend v. Chr., hat jedes der vierzig kleinen Reiche (oder ›Nomoi‹) Ägyptens seine eigenen Götter. Sie werden auch nach der Reichseinigung weiter verehrt. Es bildet sich jedoch eine Hierarchie heraus, die durch die Vormachtstellung einiger Städte bedingt ist. Im Alten Reich wird der Hauptgott von Heliopolis bei Memphis oberster Gott: Re, der Sonnengott. Später stellen die aus Theben stammenden Dynastien Amun, den wohltätigen Luft- und Windgott, an die Spitze des Pantheons. Sie verbinden ihn mit Re, wie sein Name Amun-Re zeigt, und machen ihn zum Reichs-, zum Pharaonengott. Die anderen Gottheiten sind diesem Gott untertan und miteinander verwandt; allerdings unterscheiden sich die Mythen, die diese Beziehungen zwischen den Göttern beschreiben, je nach Stadt und Tempel.

Die Götter sind den Menschen nicht nur in ihren Leidenschaften und Abenteuern, sondern auch in ihrem Aussehen ähnlich. Die Ägypter stellten sich diese Götter mit menschlichem Gesicht und Tierkörper vor: Horus, der Kindgott, ist der Falkengott oder ein Mensch mit Falkenkopf; der Gott Amun kann einen Widderkopf tragen; Hathor, die hilfreiche Göttin, ist eine Kuh oder hat einen Kuhkopf usw. Später verehren die Ägypter dann sogenannte ›heilige‹ Tiere, in denen sie die Inkarnation ihrer Gottheiten sehen (siehe Seite 291).

Amenophis IV. oder das Scheitern des Monotheismus. Mehr als 3000 Jahre lang wird die Götterwelt von den Priestern ständig verändert. Aber es gelingt ihnen nie, die Vorstellung von einem einzigen Gott durchzusetzen (Monotheismus). Ein Herrscher faßt diesen Plan: Amenophis IV. (Echnaton), der von 1372 bis 1354 v. Chr. regiert. In einer Gegenreaktion auf den Kult des Amon-Re, des Gottes von Theben, und die Macht seiner Priester versucht er, den Kult einer einzigen Gottheit, des sich in der Sonnenscheibe zeigenden Gottes Aton, durchzusetzen. Die anderen Götter werden zu besonderen Manifestationen des einen göttlichen Wesens. Diese Reform überdauert den ›häretischen‹ Pharao nicht: der Polytheismus erweist sich als stärker, da er von den Tempelpriestern verteidigt wird und auch im Volksglauben weiterlebt. Die kleinen Leute verehren weiterhin Bes, den koboldhaften, aber wohltätigen Zwerg, Chepre, den heiligen Skarabäus, Thueris, die für Gebärende und stillende Mütter zuständige Göttin, und Hunderte anderer Schutzgeister. Aber alle, ob Untertanen oder Mächtige, ob Bauern oder gelehrte Schreiber, verehrten Osiris oder seine Gattin Isis: als Trostbringer lehren sie die Geheimnisse des ewigen Lebens; wenn man sie ehrt, gewinnt man Wohlstand im Diesseits und Glück im Jenseits.

Triumph der Magie. Am Ende der Antike verehren die Ägypter ihre Götter noch immer; aber dies ist kein lebendiger Glaube mehr. Die Masse der Gläubigen wendet sich Osiris und Isis zu; sie sucht die Götter in ›heiligen Tieren‹, verehrt Fetische und Amulette – wie den Skarabäus, das Symbol der Erneuerung –, und bedient sich der Magie zur Bewältigung von Ängsten und Problemen.

A · **Osiris.** Sein größtes Heiligtum befindet sich in Abydos, aber ganz Ägypten verehrt diesen getöteten und wiederbelebten Gott. Sein Bruder Seth ist eifersüchtig auf den König von Ägypten, tötet ihn und zerstückelt seine Leiche. Isis, seine Schwester und Gattin, setzt die Leichenteile zusammen und erweckt ihn wieder zum Leben. Er wird zum Herrscher des Totenreichs; sein Sohn Horus vollendet die Rache an Seth. Er trägt ein enges weißes Gewand und die Krone Oberägyptens und hält den Krummstab und die Geißel als Insignien der Königswürde. (Ausschnitt eines Freskos im Grab von Sennedjem im Tal der Vornehmen bei Theben, 13. Jh. v. Chr.)

B · **Horus.** Zunächst ist er der Falkengott, der am lichten Himmel regiert. Als Beschützer der Pharaonen, von denen jeder einen ›Horusnamen‹ trägt, hat er seinen größten Tempel in Edfu. Aber Horus ist auch der Sohn des toten Osiris, das Kind, das seine Mutter Isis in den Sümpfen des Nildeltas versteckt. Als Erwachsener besteigt er den Thron seines Vaters, den Seth zu Unrecht beansprucht. Er wird als menschengestaltiger Gott mit Falkenkopf und Doppelkrone oder als geflügelte Sonnenscheibe dargestellt. (Ausschnitt aus einem Fresko im Grab von Haremhab im Tal der Könige bei Theben, 14. Jh. v. Chr.)

C · **Amun.** Als Gott von Theben, Beherrscher der Luft und Gott der Fruchtbarkeit bekommt Amun eine sehr wichtige Stellung, als die Fürsten von Theben an die Macht gelangen (16. Jh. v. Chr.). Er beschützt das Reich, und sein Tempel in Karnak ist der größte der Welt. Durch seine Verschmelzung mit dem Sonnengott wird er zu Amun-Re. Er wird mit dem Gesicht eines Menschen – oder mit Widderkopf – und zwei langen Federn dargestellt. (Granitstatue, 16. Jh. v. Chr., Paris, Louvre)

RELIGIONEN UND MYTHEN

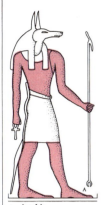  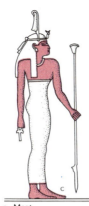 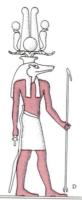  

A · Anubis. Er ist der Schakal auf den Friedhöfen und in dieser Eigenschaft ein Herrscher der Totenwelt. Er ist für die Mumifizierung zuständig und führt die Seele des Verstorbenen zum Totengericht des Osiris.

B · Hathor. Hathor ist vor allem als Liebes- und Freudengöttin bekannt. Diese junge Frau in Kuhgestalt liebt die Klänge ›des Sistrums‹, eines Musikinstruments. Ihr größtes Heiligtum ist in Dendera.

C · Maat. Diese kleine Göttin, die Tochter des Re, die mit einer Straußenfeder auf dem Kopf dargestellt wird, verkörpert gleichzeitig die Wahrheit und die göttliche Weltordnung.

D · Sobek oder Suchos. Dieser insbesondere im Faijum und in Kom-Ombo verehrte Krokodilgott ist einer der Weltenherrscher; als Re und Horus gleichgesetztes Land- und Wasserwesen gibt er Ägypten das Leben.

E · Sachmet. Die Löwengöttin, die manchmal als Gattin des Re betrachtet wird, offenbart sich durch Gewalttätigkeit (sie metzelt Menschen nieder, die sich gegen Re auflehnen) und Epidemien. Wird sie verehrt und beschwichtigt, gibt sie Heilmittel.

F · Ptah. Stadtgott von Memphis, nach Angaben seiner Priester Schöpfergott, Schutzherr der Handwerker. Er wird als alter Mann, in sein Gewand gehüllt wie eine Mumie, dargestellt.

   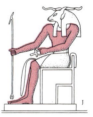 

G · Thot. Als Gott mit Ibiskopf und Mondgott ist Thot der Schutzherr der Schreiber und Zauberer. Er hat die Schreibkunst erfunden und berechnet den Kalender. Er ist eine Art Sekretär der Götter, ›Herz (= Gedanke) des Re‹ und ›Zunge des Ptah‹.

H · Geb, Nut und Schu. Der Erdgott Geb und die Himmelsgöttin Nut sind sehr alte Götter. Geb ruht auf dem Rücken, Nut beugt sich über ihn und berührt die Erde nur mit Füßen und Fingerspitzen. Schu, der Sohn von Geb und Nut, ist der Luftgott, der sich zwischen ihren beiden voneinander getrennten Körpern bewegt. Jeden Abend verschluckt Nut die Sonne und gebiert sie jeden Morgen neu. Ihr heiliger Baum ist der Maulbeerfeigenbaum.

I · Isis. Isis, die Gattin des Osiris und Mutter des Horus, ist die helfende Göttin, die wohltätige Zauberei vollbringt. Sie wird auch außerhalb Ägyptens in der römischen Welt verehrt. Ihr berühmtestes Heiligtum erhebt sich auf der Insel Philae.

J · Chnum. Er ist der Töpfer, der die Menschen geformt hat. Dieser Gott mit Widderkopf wird überall verehrt, aber ganz besonders auf der Insel Elephantine. Er bewacht die Nilquellen.

K · Chepre. Der Skarabäusgott, der durch zahllose, nachbildende Amulette bekannt ist, ist die Erscheinungsform Res am Morgen; rollt der Skarabäus, der Pillendreherkäfer, seine Kugel nicht ebenso wie Re die Sonne?

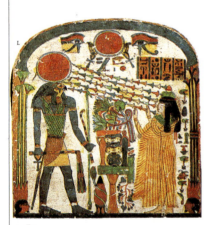 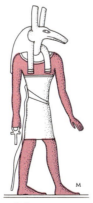 

L · Re. Er ist der Sonnengott, der Gott von Heliopolis. Er hat die Welt, die Götter und die Menschen geschaffen, die Pharaonen sind seine ›Söhne‹. Er wird als Mensch mit Falkenkopf und einer Sonnenscheibe darüber dargestellt und hält die Geißel *(neheh)*, das Henkelkreuz *ankh*, das das Leben symbolisiert, und zwei Krummstäbe. Tagsüber fährt er mit seiner Barke durch den Himmelsraum, nachts durch die Tiefen der Erde. *(Malerei auf Holz, Stele der Dame Tentperet, Ausschnitt, 7. Jh. v. Chr., Paris, Louvre)*

M · Seth. Dieser ›rote‹ Gott mit einer Art Windhundkopf ist der Gott der Gewalt und des Sturms. Die kriegerischen Pharaonen des Neuen Reiches verehrten ihn noch ehrfürchtig, aber später sah man in ihm nur noch den Mörder des Osiris und einen bösen Geist.

N · Bes. Der verwachsene, bärtige Zwerg mit heraushängender Zunge ist ein sympathischer Geist, der die Menschen zum Lachen bringt und böse Geister und Zauberei abwehrt.

HEILIGE TIERE

Der Tierkult (Zoolatrie) verwunderte die griechischen und römischen Reisenden. Dieser Kult spielt in der Endzeit des alten Ägypten eine große Rolle. Ursprünglich besitzt jeder Gau *(Nomos)* sein Totem, d. h. ein Tier, das die Schutzgottheit der Gemeinschaft verkörpert. Daher behalten die vermenschlichten Götter später ein tierähnliches Aussehen. Noch später werden Tiere in der Nähe von Heiligtümern gehalten und verehrt, wie z. B. Ibisse oder Paviane bei den Thot-Tempeln, Kühe in der Nähe des Hathor-Tempels in Dendera usw. In Bubastis im Nildelta ist die Katzengöttin die Göttin Bastet. Ein römischer Bürger wurde umgebracht, weil er hier einen Kater getötet hatte. Am berühmtesten ist jedoch der Stier Apis, die Erscheinungsform von Ptah, seine ›erhabene Seele‹. Nach ihrem Tod werden heilige Tiere einbalsamiert; das *Serapeum* von Memphis besteht aus unterirdischen Grabkammern, in denen die Apisstiere bestattet sind.

RELIGIONEN UND MYTHEN

DAS ALTE ÄGYPTEN

PRIESTERSCHAFT UND KULT

Die Ägypter glauben, daß die Götter die Statuen bewohnen, die man von ihnen geschaffen und im Allerheiligsten jedes Tempels aufgestellt hat. Der Gott wird daher wie eine hochrangige Persönlichkeit, wie auch der Pharao selbst, jeden Morgen von den Priestern geweckt, gewaschen, parfümiert, angekleidet und schließlich gespeist. Er wird mit Lobgesängen und Weihrauch besänftigt und erfreut. An hohen Feiertagen wird er aus dem Tempel geführt und wieder in seine Barke gesetzt, und das Volk drängt sich, um ihn zu sehen.

An den übrigen Tagen dürfen nur diejenigen, die wir Priester nennen, die aber eher Angestellte und Verwalter als religiöse Führer sind, den Tempel betreten. Sie waschen sich innerhalb von 24 Stunden sechsmal, sind in Leinen gekleidet und vollständig rasiert und erfüllen damit strikte Reinheitsgebote; nur die ältesten und gelehrtesten betreten das Innerste des Heiligtums. Alle sind Spezialisten, einige für sakrale Musik, andere für die liturgische Rezitation und wieder andere für die Darbringung der Opfergaben. Sie werden in Schulen in Tempelnähe, den ›Lebenshäusern‹, ausgebildet. Häufig übernimmt ein Sohn das Priesteramt von seinem Vater. Entscheidend ist, daß der Priester dank einer langen Lehrzeit mit seinen Aufgaben gut vertraut ist.

Die Priester verwalten die Ländereien der Götter. Der Besitz des Amun in Karnak umfaßt 200 000 ha, auf denen 80 000 Menschen arbeiten. Die Hohepriester Amuns sind also mächtige Persönlichkeiten, und es wird verständlich, weshalb Amenophis IV. ihre Macht zu seiner Zeit brechen wollte (s. S. 291).

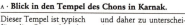

A · **Blick in den Tempel des Chons in Karnak.**
Dieser Tempel ist typisch für die Bauwerke des Neuen Reiches (1550 bis 1070). Er ist für die Verehrung des Chons, des Sohnes Amuns, bestimmt und daher zu unterscheiden von den Grabtempeln für den Totenkult.

Naos.
Dies ist der am weitesten vom Eingang entfernte Raum, an der Tempelachse gelegen und ständig im Halbdunkel. Hier steht das Bildnis des Gottes. Alle Tempelwände sind mit Texten und Bildern bedeckt. Die Könige, die den Tempel erbauen oder verschönern ließen, haben ihre Namen hier hinterlassen, von Ramses III. (1198–1166) bis hin zu Ptolemäus III. (246–221).

Saal der Barke.
Hier beginnt das eigentliche Heiligtum, in diesem langen, an beiden Enden offenen Raum, in dem die Barke des Gottes steht. Rundherum befinden sich Räume für verschiedene Zwecke: Lagerräume usw.

Hypostylon.
Das Hypostylon ist ein nur von kleinen Öffnungen erhellter Saal mit einer Decke auf hohen Säulen. Abgeschlossener als der Hof, daher einer Elite von Reinen vorbehalten.

Hof.
Eingerahmt von einer Säulenhalle, hinter den Pylonen gelegen, allen Gläubigen offen.

Pylon.
Der Tempel wird durch den Pylon betreten, ein riesiges Tor aus zwei Türmen mit nach innen geneigten Mauern. Die beiden Türme tragen Halterungen für Flaggenmasten.

B · **Das Wiegen der Seelen oder Psychostasie.** Die Seele darf nicht mehr wiegen als eine Straußenfeder, das Symbol der Gerechtigkeit, damit sie nicht vernichtet wird. (Ausschnitt einer Malerei auf Holz, 7. bis 6. Jh. v. Chr., Louvre, Paris)

TOTENKULT

Ein neues Leben jenseits des Todes ist möglich, wenn Seele *(ka)* und Körper verbunden bleiben. Das glauben die Ägypter, die die Mumifizierungstechniken deshalb immer weiter vervollkommnen. Der Körper, von dem die Spezialisten nur noch Haut und Knochen übriglassen, wird mit Natron ausgetrocknet, mit gewürzgetränkten Binden umhüllt und dann in einen Sarg gelegt, der wiederum in einen Sarkophag kommt.

Mastabas und Pyramiden. Um diesen mumifizierten Körper zu schützen, lassen Wohlhabende sich eine Mastaba erbauen (Abb. C): der Tote ruht in der Grabkammer (1), die Lebenden sprechen im Kultraum Gebete und bringen Opfergaben dar. Im Alten Reich bauten die Pharaonen riesenhafte Gräber, die *Pyramiden,* von denen die von Giseh am berühmtesten sind (Abb. D). Die Grabkammer (1) ist über einen langen Gang (2) mit vermauertem Eingang (3) zugänglich. Die Herrscher werden in Tempeln (nicht in der Pyramide) verehrt.

Totengericht. Durch die Mumifizierung identifiziert sich der Verstorbene mit Osiris, dem ersten Wiedererweckten, der zum Herrscher des Totenreichs wurde. Aber nur der Gerechte hat ein Recht auf ein Weiterleben im Jenseits. Die in seinen Sarkophag eingravierten Texte oder das auf Papyrus geschriebene *Totenbuch* bei seiner Mumie geben ihm die nötigen Anweisungen zur Überwindung von Hindernissen und lehren ihn die Gebete, die zu sprechen sind, wenn seine Seele (d.h. sein moralisches Leben) unter Aufsicht von Thot und Anubis (Abb. B) bei der Psychostasie gewogen wird. Bleibt bei diesem Totengericht die Waage im Gleichgewicht, kommt der Tote in den Genuß der ewigen Glückseligkeit.

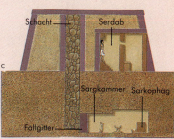

C · **Mastaba:** Um Grabräuber irrezuleiten, ist der Eingang des Grabes getrennt vom Eingang des Kultraums.

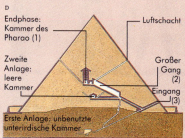

D · **Cheopspyramide:** Die Abbildung zeigt die Vorkehrungen, die Eindringlinge von der Sargkammer des Pharao fernhalten sollten.

RELIGIONEN UND MYTHEN

MESOPOTAMIEN

QUELLEN

Jahrhundertelang kannte man vom alten Mesopotamien, wo die Städte von Sumer und die Königreiche von Babylonien und Assyrien lagen, nur wenige, von der Bibel überlieferte Fakten und Bilder: den Turm von Babel, Babylon und seine Tempelhuren ... Zwischen 1850 und 1860, ein halbes Jahrhundert später als in Ägypten, begann die systematische Erforschung. Kultgegenstände, Statuen und Schmuck mit Gravierungen wurden entdeckt. Die Archäologen mühten sich ab mit der Erforschung und Restaurierung von Bauwerken, deren Ziegelmauern zu Staub zerfallen waren. Als sie endlich die Keilschrift entziffern konnten, wurden sie von der Masse der Dokumente fast erdrückt. Auf Zehntausenden von Tontafeln waren kultische Texte, Gebete, Geisteraustreibungs- und Weissagungstexte, Verwaltungs- und Buchführungsaufzeichnungen erhalten, die das Tempelleben regelten, sowie große Teile der im engeren Sinne literarischen Texte, deren berühmteste Beispiele die Geschichte der *Schöpfung* und das *Gilgamesch-Epos* sind. Nach mehreren Dutzend Jahren konnten die Gelehrten verschiedene große Kulturen unterscheiden: auf die Sumerer folgten semitische Kulturen, die bei der Entstehung der Religionen im alten Orient eine so große Rolle spielten, daß auch die Bibel deutlich von ihnen geprägt ist.

GÖTTER

Zählt man die in Mesopotamien verehrten Gottheiten, kommt man auf die schwindelerregende Zahl von drei- oder viertausend. Wie in Ägypten hat jeder kleine Marktflecken seine eigenen Götter; aber nach der Einigung Mesopotamiens kristallisieren sich einige mächtigere Gottheiten heraus.

Hauptgötter. Drei Götter überdauern die Jahrtausende von Sumer bis zum Ende der Antike: Anu, der Himmelsgott, dessen Heiligtum sich in Uruk befindet; Enlil, der Herrscher über Schicksal und über königliche Macht; Ea, der Beherrscher des Wassers, der als Chimäre mit Ziegenkörper und Fischschwanz dargestellt wird. Die Gläubigen gesellten ihnen früher untergeordnete Gottheiten hinzu: Adad, der sich im Blitz offenbart, der Sturmgott, der die Sintflut auslöst; Schamasch, der Sonnengott, der sich jeden Morgen aus der Sonne heraussägt. Er ist als Lichtgott auch der Gott der Gerechtigkeit. Marduk, der Stadtgott von Babylon, ist ein schlangenköpfiger Drache. Marduk wurde unter Hammurapi, dem König von Babylon, der Mesopotamien beherrschte (18. Jh. v. Chr.), zu einem Hauptgott, überlebte den Zusammenbruch des Reiches und setzt sich allmählich dank seiner Priesterschaft an die Spitze des Pantheons: die Assyrer versuchen vergeblich, ihn durch ihren Nationalgott Assur zu ersetzen.

Die Göttinnen sind fast ebenso zahlreich wie die Götter. Aber keine ist so mächtig wie Ischtar, die Liebes-, Fruchtbarkeits- und Kriegsgöttin. Ischtar, die geflügelte Göttin mit dem Löwen, erscheint in der Nachbarin der Sonne, der Venus. Sie wird oft nackt, mit Waffen oder aber mit Ähren und wassergefüllten Gefäßen dargestellt.

Die Götter haben ein menschliches Gesicht und menschliche Leidenschaften; sie streiten, lügen und kämpfen. Dennoch halten die Mesopotamier sie für unsterblich, erhaben und allmächtig. Im Vergleich zu ihnen ist der Mensch ›ein Schilfrohr, das sich im Wind wiegt‹. Den Göttern gebühren die prächtigen Tempel und die reichen Opfergaben. Man beugt sich demütig ihren Zornesausbrüchen: Krieg, Hungersnot und Krankheit, bei denen Dämonen und böse Geister entfesselt werden. All dies ist Ausdruck des göttlichen Zorns und Folge eines bewußten oder unbewußten Frevels: Mesopotamien schuf die ersten Bußpsalmen, in denen der Gläubige um Vergebung bittet.

Das schreckliche Los der Toten. Es gibt kein Osirisreich für die Verstorbenen. Der schreckliche Nergal herrscht über die Unterwelt, in der die Seelen der Toten sich im ewigen Halbdunkel von Staub und Schlamm nähren. Im *Gilgamesch-Epos* geht es um das Streben des Königs von Uruk, der den Tod seines Freundes Enkidu nicht verwinden kann, nach der Unsterblichkeit, die ihm am Ende verwehrt wird. Entsprechend kann der Mensch nur auf ein langes, glückliches Leben hoffen.

PRIESTERSCHAFT UND KULT

In Mesopotamien sind Tempel ebenso zahlreich und groß wie im alten Ägypten. Der Statue des Gottes werden täglich Opfer in Form von Nahrung, Duftstoffen, Gebeten und Gesängen dargebracht. Wie in Ägypten sind die Priester Spezialisten mit einer langen Ausbildungszeit und vor allem Schriftgelehrte: Alle sind oder waren Schreiber.

Zwei dieser Spezialistengruppen fallen besonders auf. Zum einen die Geisterbeschwörer, die die nötigen Formeln zur Vertreibung von Dämonen, insbesondere aus den Körpern von Kranken, kennen: Die besten werden Ärzte. Zum anderen die Weissager, die die Zeichen erkennen, durch die die Götter zu den Menschen sprechen: Eingeweide von Opfertieren, Himmelserscheinungen und darunter insbesondere die Position der Sterne. Am Ende der Epoche des Altertums entwickelt sich in Mesopotamien die Astrologie.

B · **Gilgamesch zähmt ein Löwenjunges.**
Flachrelief auf Orthostaten vom Palast Sargons II. in Khorsabad (Irak), 8. Jh. v. Chr. *(Louvre, Paris)*

C · **Ein Betender.**
Die Gläubigen können sich nicht ununterbrochen ins Gebet versenken: Statuen von Betenden, die man zu Hunderten in allen Heiligtümern fand, vertreten sie. *(Gipsbildnis mit eingelegten Augen [Ausschnitt] aus dem Tempel des Gottes Abu, Anfang des 3. Jahrtausends v. Chr., Bagdad, Irak-Museum)*

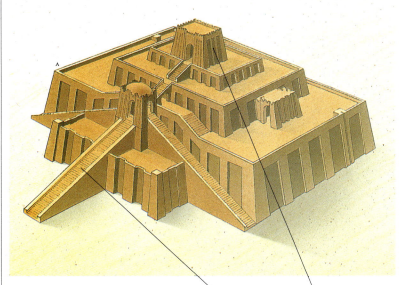

A · **Außenansicht der Zikkurat von Ur.**
Herodot beschreibt den aus Ziegeln gemauerten gigantischen Stufenturm, der neben dem Marduktempel in Babylon steht. Er hatte 7 Stufen und war 91 m hoch, seine quadratische Grundfläche hatte eine Seitenlänge von 91 m. Davon steht nichts mehr. Die älteste der vier noch existierenden Stufentürme steht in Ur; seine drei Stufen wurden um 2100 v. Chr. erbaut.

Treppe zwischen Himmel und Erde.
Die Stufenbauweise der Zikkurat symbolisiert die Zusammenführung von Erde und Himmel. In der Bibel spiegelt sich dies im Mythos vom Turmbau zu Babel.

Heiligtum der Götterhochzeit.
Auf der letzten Stufe befindet sich der Kultraum. Der Gott kommt mindestens einmal jährlich dorthin, um seine Vermählung mit der Hohepriesterin zu feiern.

RELIGIONEN UND MYTHEN

DAS ANTIKE GRIECHENLAND

QUELLEN

In Griechenland selbst und im gesamten östlichen Mittelmeerraum, wo die Griechen sich angesiedelt haben, finden sich die Überreste zahlreicher Tempel und Heiligtümer sowie Zehntausende von Statuen und bemalten Gefäßen. Literarische Texte beschreiben die Götter und erzählen von den Riten. Die wichtigsten Texte, *die Ilias* und *die Odyssee* aus dem 8. Jh. v. Chr., stammen von Homer, ferner sind Hesiod zugeschriebene Gedichte überliefert, so die *Erga* und die *Theogonie* (d. h. die ›Geburt der Götter‹) aus dem 7. Jh. v. Chr. Diese Texte vermitteln ein Bild von der Komplexität der griechischen Religion: in ihr sind noch die alten Götter erhalten, die in der ägäischen Welt und insbesondere auf Kreta verehrt wurden und deren Hauptgestalt die Muttergöttin ist. Die eigentlichen griechischen Götter wurden im 2. Jahrtausend v. Chr. von den Griechen, Achaiern und Dorern, aus dem Norden mitgebracht: ein Licht- und Himmelsgott, der im klassischen Pantheon zu Zeus wird, herrscht über sie. Im Laufe der Jahrhunderte verschmelzen die Gottheiten aus dem Osten mit ihnen oder treten den neuen Göttern durch ihre äußere Erscheinung ab: Aphrodite hat z. B. vieles von den östlichen Fruchtbarkeitsgöttinnen Ischtar und Astarte. Hera, die Gemahlin des Zeus, vereinigt in ihrer Person die Eigenschaften einer antiken achäischen Göttin sowie der Muttergöttin der Kreter und der Völker Kleinasiens.

GÖTTER IM PANTHEON

Wie die anderen Völker des Altertums verehren die Griechen zahlreiche Götter: sie sind Polytheisten. Auch ihre Götter haben menschliche Züge und Leidenschaften: Ihre Religion ist anthropomorph. Diesen mächtigen und unsterblichen Göttern billigen die Griechen keine überwältigende Erhabenheit zu. Sie glauben, daß sie noch vor kurzem am Leben der Menschen teilhatten. Aus der Verbindung von Göttern und Sterblichen entstehen die Helden: z. B. Herakles, der Sohn des Zeus und der schönen Alkmene.

Wie andere Völker versuchen auch die Griechen, Ordnung in die verwirrende Götterwelt im Pantheon zu bringen. Große Götter setzen sich gegenüber Ortsgottheiten durch, und in Erzählungen oder Mythen wird erklärt, wie die Götter sich zusammengefunden haben und wie sie zu den Menschen stehen. Diese Mythen bilden zusammen eine Mythologie, die Maler, Bildhauer und Dichter seit 3000 Jahren inspiriert, so etwa die Affären des Zeus mit zahllosen Göttinnen und sterblichen Frauen.

HELDEN

Die Helden oder ›Halbgötter‹, die halb menschlicher, halb göttlicher Abstammung sind, sind Thema der beliebtesten Mythen des alten Griechenland. Drei Helden sind besonders berühmt: Der Athener Theseus, der Bezwinger des Ungeheuers, das im Labyrinth von Knossos auf Kreta umgeht; Jason, der Prinz von Thessalien, der mit den Argonauten auszieht, das Goldene Vlies zu holen; Ödipus, der König von Theben mit dem traurigen Schicksal, der seinen Vater tötet, seine Mutter heiratet und sich für dieses Verbrechen zur Strafe selbst blendet.

Herakles und seine zwölf Arbeiten. Der größte Held ist Herakles, Sohn des Zeus und einer Sterblichen. Der Haß der Hera, der Gemahlin des Zeus, zwingt ihn zu zwölf ›Arbeiten‹: Er muß den Löwen besiegen, der die Region von Nemea verheert; eine vielköpfige Schlange, die *Hydra*, töten, die in den lernäischen Sümpfen haust; den riesigen Eber in den Erymantischen Bergen lebend fangen; die riesige Kerynitische Hirschkuh verletzen; die bösen Vögel an den Ufern des Sees Stymphalos töten; den Pferdestall des Königs Augias ausmisten; den furchterregenden kretischen Stier fangen; die menschenfressenden Rosse des Diomedes, des Herrschers von Thrakien, entführen; den wunderbaren Gürtel der Amazonenkönigin Hippolyte erringen; Geryon seine ihm entführten Rinder zurückbringen; den Hund Zerberus bezwingen, das dreiköpfige Ungeheuer, das die Unterwelt bewacht, und die goldenen Äpfel pflücken, die im Garten der Nymphen, der göttlichen Hesperiden, wachsen. Nachdem er alle Prüfungen bestanden und die Erde von Räubern und Bestien befreit hat, wird Herakles unsterblich und steigt zu den olympischen Göttern auf.

GESCHICHTE DER GÖTTER

Die Frage nach der Entstehung der Welt (Kosmogonie) führte zu Spekulationen, in die die Themen der Abstammung der Götter und des Ursprungs des Universums einfließen. Am Anfang steht das Chaos. Irgendwann erscheint eine primitive Gottheit, die Erdgöttin (Gaia), die den Himmel (Uranos) gebiert und mit ihm die ersten Göttergenerationen der Titanen und Giganten zeugt. Einer dieser Titanen, Kronos, entmannt Uranos und ergreift die Macht. Aus Furcht, nun seinerseits von einem Sohn entthront zu werden, verschlingt er alle ihm von seiner Frau Rhea geborenen Kinder gleich nach der Geburt. Eines Tages täuscht sie ihn, indem sie ihm einen in Windeln gewickelten Stein zu essen gibt, und rettet so ihr letztgeborenes Kind, den kleinen Zeus. Er wächst auf Kreta auf und setzt der Herrschaft der Titanen und Giganten ein Ende. Er stürzt Kronos, und damit beginnt die Herrschaft der Götter mit menschlicher Gestalt. Sie regieren vom Berg Olymp im Norden Griechenlands aus. Die besiegten Titanen und Giganten lehnen sich jedoch auf. Sie stürmen den Olymp, werden aber schließlich besiegt.

A · **Aphrodite.**
Die Göttin der Liebe und der Fruchtbarkeit hat Heiligtümer von Zypern bis Sizilien. Später wird sie nackt oder halbnackt dargestellt. Ihr wird die Taube zugeordnet, die Grazien sind ihr Gefolge.

B · **Hera.**
Schwester und Gemahlin des Zeus, eine jähzornige Matrone, die unablässig mit ihrem untreuen Gatten streitet. Als Schutzpatronin der Ehe und der Mutterschaft wird sie von allen Griechen verehrt.

C · **Demeter.**
Sie unterrichtete den Menschen im Landbau. Sie ist die Mutter der Kore (oder Persephone) und wird in Eleusis verehrt, zusammen mit Kore und Dionysos.

D · **Zeus.**
Sein Name bedeutet ›der Leuchtende‹. Er ist der Himmels- und Wettergott, dem in der Regel der Adler und der Blitz zugeordnet werden. Überall in Griechenland wurde Zeus, der ›Götter- und Menschenvater‹, der Vater zahlreicher Helden, verehrt. Trotz seiner Ehe mit seiner Schwester Hera hat er häufig Affären mit Göttinnen und sterblichen Frauen. Da er Beschützer von Herrschern wie von Volksversammlungen ist, ist er Schwurzeuge. Nur die ›Moira‹ (Schicksal oder Los) setzt seiner Allmacht Grenzen. (Teilansicht des Zeus von Histiaia, Bronze, dem Athener Kalamis zugeschrieben, um 460 v. Chr., Nationalmuseum, Athen)

RELIGIONEN UND MYTHEN

Die Bezeichnung ›olympische Götter‹ ist jedoch mißverständlich. Viele Götter leben nicht auf dem Olymp, obwohl sie aufgrund ihrer Machtfülle zu den einflußreichen Gottheiten gehören: Zu ihnen zählen etwa Poseidon, der Meeresgott, oder Hades, der Gott der Tiefen der Erde und insbesondere der Unterwelt.

Die Herkunft des Menschen erklärten die Griechen nie eindeutig. Sie existieren zumindest von Anfang an als schwache und beklagenswerte Wesen. Prometheus, der Titanensohn, bringt ihnen eines Tages das den olympischen Göttern gestohlene Feuer: Dies ist der Ursprung der Technik. Aus Wut über die nun größere Menschenmacht schmiedet Zeus Prometheus an einen Felsen im Kaukasus, wo ihm ein Adler die immer neu nachwachsende Leber aus dem Leib frißt. Und er schickt Pandora zu den Menschen, eine bezaubernde, aber zu neugierige Frau: sie öffnet die Büchse, in der Krankheiten und böse Leidenschaften eingeschlossen sind. Diese entweichen aus der Büchse und geißeln seitdem die Menschheit, die nun keine Hoffnung mehr hat, göttergleich zu werden. Einem anderen, wahrscheinlich babylonischen Mythos zufolge soll Zeus eines Tages die Menschheit bis auf ein einziges Menschenpaar mit der Sintflut vernichtet haben. So festigt sich die Allmacht des Zeus auf der Welt durch alle Krisen und Katastrophen hindurch.

ILIAS UND ODYSSEE

Die *Ilias* und die *Odyssee* wurden im 8. Jh. v. Chr. geschaffen. Ihr Thema ist der Trojanische Krieg, der Feldzug der von Agamemnon geführten Griechen gegen Troja, wo Priamos unter dem Schutz seines tapferen Sohnes Hektor regiert. Anlaß ist die Vergeltung für eine Entführung: ein Sohn des Priamos, der Trojaner Paris, hat die schöne Griechin Helena, die Frau von Agamemnons Bruder Menelaos, entführt. Die *Ilias* berichtet von diesem mörderischen Krieg und von den Heldentaten des edelsten Griechen, Achill, einem Halbgott, der Hektor tötet und damit den Untergang Trojas einleitet. Die Götter mischen sich leidenschaftlich in die Angelegenheiten der Menschen ein: Hera und Athene auf seiten der Griechen, Aphrodite und Ares auf seiten der Trojaner. Zeus, der über den Parteien steht, liebt Hektor und will ihn retten, beugt sich aber dem Schicksal und läßt Achill siegen. Nach dem Untergang Trojas kehren die überlebenden Griechen heim. Für Odysseus, den König von Ithaka, dauert die Heimreise zehn Jahre: davon handelt die *Odyssee*. Am Ende siegt der Held und kehrt zu seiner treuen Gemahlin Penelope, die die Freier mit dem Vorwand hinhält, einen Wandbehang fertigstellen zu müssen, und ihrem Sohn Telemach zurück. Die lange Fahrt und die Prüfungen werden mit dem Einwirken der Götter erklärt: der Zorn des Apoll und die Rache des Poseidon lasten auf Odysseus. Aber Zeus läßt Athene den Helden unablässig beschützen.

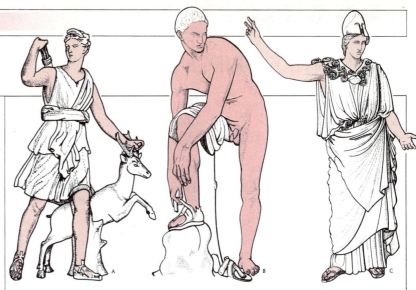

A · **Artemis.**
Die Tochter des Zeus und der Leto, die Zwillingsschwester des Apoll, ist eine Gottheit der freien Natur, ewige Jägerin, Schutzgöttin der Keuschheit und der Fruchtbarkeit.

B · **Hermes.**
Als Sohn des Zeus, der alles fördert, was Überlegung und Geschicklichkeit erfordert, beschützt er Kaufleute und Geldhändler, Reisende und sogar Diebe. Als Götterbote trägt er den Reisehut, den Hermesstab (Heroldsstab) und geflügelte Schuhe.

C · **Athene.**
Diese Tochter des Zeus entsprang vollbewaffnet seiner Stirn. Diese immer behelmte Walküre ist so keusch gekleidet, wie es sich für eine Parthenos (›Jungfrau‹) ziemt, und ist zugleich Kriegsgöttin und Göttin der Handwerker. Ihre Attribute sind unter anderem Eule und Ölbaum.

D · **Hephaistos.**
Dieser Sohn des Zeus und der Hera bekam seinen Buckel, als Zeus ihn aus Zorn auf die Erde hinabstieß. Als Gott des Feuers schmiedet er unter dem Ätna Waffen und Gerät. Er ist der Gatte der schönen Aphrodite.

E · **Apoll.**
Der Zwillingsbruder der Artemis ist Phoibos (›der Lichte‹), der Sonnengott. Als Gott der Harmonie und der Musik ist er der Anführer der Musen. Der Heilgott gilt als Vater des Äskulap.

F · **Poseidon.**
Der Bruder des Zeus ist der Meeres- und Wassergott. Der Gatte der Amphitrite verursacht mit seinem Dreizack Stürme und Erdbeben. Dem Schutzgott der Seeleute sind Delphin und Pferd zugeordnet.

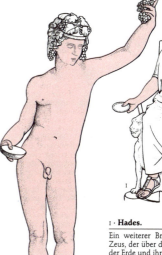

G · **Dionysos.**
Dieser Sohn des Zeus ist ebenfalls ein Gott des Landbaus und der Fruchtbarkeit, vor allem aber Weingott. Zusammen mit seinem Gefolge, den Bacchantinnen, Silenen und Satyrn, schenkt er den Menschen das Glück in der Ekstase.

H · **Ares.**
Ebenfalls ein Sohn des Zeus und der Hera. Er ist der von ›Furcht‹ und ›Schrecken‹ begleitete Krieger, zugleich Geliebter der Aphrodite.

I · **Hades.**
Ein weiterer Bruder des Zeus, der über das Innere der Erde und ihre Schätze herrscht; daher sein anderer Name Pluton (*Plutos* bedeutet ›reich‹). Der Gemahl der Persephone (oder Kore), die er Demeter entführte, ist Herrscher des Totenreichs.

295

RELIGIONEN UND MYTHEN

DAS ANTIKE GRIECHENLAND

WANDERUNG DER SEELE NACH DEM TOD

Die Vorstellungen der Griechen über das Jenseits haben sich über Jahrhunderte hinweg entwickelt. Im Zeitalter der Klassik (5. bis 4. Jh. v. Chr.) gelangt man zu der folgenden Auffassung: die Seele des Toten kommt in die Unterwelt, über die Hades und Persephone herrschen. Um die Seele zu befreien, wird der Körper verbrannt. Unter der Führung von Hermes überschreitet sie die Schwelle zur Unterwelt, die vom Höllenhund Kerberos (s. S. 294) bewacht wird; sie erreicht den Styx, den schwarzen Fluß, über den Charon sie mit seiner Fähre setzt: ein Obolos (eine kleine Münze), die in den Mund des Toten gelegt wurde, dient als Fährgeld. Der Tote wird dann von einem Gericht unter Vorsitz von Minos, Aiakos und Rhadamanthys gerichtet: nach dem Urteilsspruch wird er entweder in den Abgrund des Tartarus gestürzt, wo er die gräßlichsten Martern erleidet, oder darf auf ewig in das Elysium eintreten, ein luftiges und heiteres Gefilde, in dem die Seele über mit Asphodelen übersäte Wiesen streift.

Blick in den Parthenon.
Man betritt den Tempel durch eine Vorhalle, den *Pronaos* (auf der Abbildung links). Direkt dahinter befindet sich schon das eigentliche Heiligtum, der *Naos*. Dort steht die goldene und elfenbeinerne Athene-Statue von Phidias (5. Jh. v. Chr.). Noch weiter hinten wird in einem Raum mit einer von vier Säulen getragenen Decke der Schatz der Göttin bewahrt. Dieses ›Jungfrauengemach‹ (griech. *parthenos*) gab dem Tempel seinen Namen.

DIE RELIGIOSITÄT DER GRIECHEN

Im alltäglichen Leben verehren die Griechen eine Menge untergeordneter Gottheiten: Nymphen oder Quellgottheiten, Wiesen- und Waldgottheiten, Nereiden oder Meeresgottheiten ... Sie bitten sie um gute Ernten und um Schutz vor kleinen und großen Schicksalsschlägen. Gleichzeitig dienen sie einem oder mehreren großen Göttern, zum Beispiel Zeus. Sie stellen sich diese Götter menschenähnlich vor. Die Götter, und insbesondere Zeus, werden zu Garanten des Guten und Gerechten: sie strafen den Bösen und belohnen den Tugendhaften.

Aber es gibt keine Rechtfertigung für Unglück und Tod. Wie Osiris und Isis in Ägypten werden trostspendende Götter, die Unsterblichkeit versprechen, immer beliebter. Zusammen mit Demeter ist Dionysos einer dieser Götter: wer sich an den Riten in ihrem Heiligtum in Eleusis bei Athen beteiligt, kann dem Tod entrinnen. Orpheus, der berühmte Musiker und untröstliche Gemahl der Eurydike, die an einem Schlangenbiß starb, ist eine weitere Quelle der Hoffnung. Er steigt in die Unterwelt, um seine Frau zurückzuholen, und gehorcht den Göttern nicht, die ihm verboten haben, sich umzudrehen: dadurch verliert er sie für immer. Dennoch verheißt das Beispiel des leidenden Helden, der den Tod einen Augenblick lang besiegt, Unsterblichkeit.

FESTTAGE

Für die Griechen sind die Götter überall anwesend. Das Herdfeuer ist ein Schutzgeist, dem der Familienvater jeden Tag kleine Opfer bringt. Auch die Quellen, in denen eine Nymphe wohnt, ein von Hermes bewohnter großer Stein, der eine Wegkreuzung markiert, sind Orte, an denen die Menschen den Göttern täglich ihre Ehrfurcht erweisen. Außerdem hat jede Stadt ihre Tempel; die Tempel der Gründungs- und Schutzgottheit (Athene in Athen, Hera in Argos) und Tempel für große Götter und für Helden. Die Gottheit bewohnt den Tempel und ist in ihrer Statue anwesend. Beamte und einfache Bürger bringen auf Steinaltären Opfer dar. Jedes Jahr kommen alle Bürger zu den großen Festen zusammen: in Athen werden die Panathenäen zu Ehren der Athene gefeiert. Höhepunkt ist eine Prozession, die alle Bürger auf die Akropolis zum Parthenon führt. Einige besondere Orte sind ebenfalls Sammelpunkte für alle Griechen: das sind die ›panhellenische‹ Heiligtümer. Seit 776 v. Chr. kommen alle vier Jahre Griechen aus allen Städten in Olympia zusammen, um Zeus durch die Zurschaustellung ihrer Kräfte im sportlichen Wettkampf zu ehren: dies sind die Olympischen Spiele. In Delphi wird das Orakel des Apoll befragt: der Gott verkündet seine Botschaften durch den Mund einer Priesterin, der Pythia. Die Griechen feiern auch Apoll alle vier Jahre im sportlichen und musikalischen Wettstreit.

B · Akropolis von Athen.

Wie die meisten Städte hat auch Athen seine Akropolis, d. h. ›Oberstadt‹. Auf einem befestigten Felsen gelegen, ist sie lange Zeit eine Zitadelle, in die sich die Bevölkerung im Falle einer Invasion zurückzieht. Die Akropolis, noch zur Zeit der ersten Tempel Wohnsitz der Herrscher, wird von den Persern 480 v. Chr. zerstört. Als das Schicksal sich zu ihren Gunsten wendet, erbauen die Griechen unter Verwendung von Marmor das schönste Kultzentrum Griechenlands, über das die Stadtgöttin, Athene, herrscht. 800 Jahre lang, in der griechischen und später in der römischen Epoche, häufen sich hier Bauwerke und Opfergaben.

Vom Erechtheion zum Parthenon.
Das am Nordrand des Plateaus errichtete Erechtheion, das 406 v. Chr. fertiggestellt wurde, umfaßt mehrere zu einer Einheit zusammengefaßte Heiligtümer. In einem Hof wächst der Ölbaum. Der erste König von Athen, Kekrops, und sein Sohn Erechtheus, die wie Götter verehrt werden, sind hier begraben. Ein Kultraum beherbergt die älteste Statue der Athene, ein hölzernes Kultbild, dem die Stadt anläßlich der Panathenäen ein Gewand darbringt. Zwischen dem Erechtheion und dem eigentlichen Parthenon steht im 6. Jh. v. Chr. der erste, später von den Persern zerstörte Tempel der Athene. Das zwischen 447 und 432 erbaute Parthenon bewahrt schließlich die neue Statue der Göttin und ihre Schätze.

Zugang zur Akropolis. Athene Nike
Man betritt die Akropolis von Westen, indem man der Heiligen Straße folgt. Gläubige und Pilger kommen dabei an einem kleinen Tempel auf einem Felsvorsprung vorbei. Er ist der siegreichen Athene (griechisch Nike) geweiht. Er wurde Ende des 5. Jh. v. Chr. errichtet.

Plattform.
In der Antike füllt ein Wirrwarr von Bauwerken, Altären und Standbildern den Raum zwischen den heute noch erhaltenen Gebäuden. Mehrere Götter und Helden haben hier ihre Heiligtümer. In der Mitte steht die über 9 m hohe Bronzestatue der Athene Promachos (das bedeutet die ›Erste im Kampf‹).

Propyläen.
Dies ist der zwischen 437 und 435 v. Chr. gebaute monumentale Eingang zur Akropolis: durch eines der fünf Tore und die Vorhalle gelangt man auf den Vorplatz. Zwei Flügelbauten schließen sich im Norden bzw. Süden an. Der nördliche Bau beherbergt eine Gemäldesammlung.

RELIGIONEN UND MYTHEN

DAS ALTE PERSIEN

QUELLEN

Das antike Persien entsteht etwa 2000 v. Chr. mit dem Einfall arischer Reiterscharen aus Turkestan. Es endet mit der islamischen Eroberung 642 n. Chr. Das religiöse Leben entwickelt sich über einen Zeitraum von 2 500 Jahren auf einem weiträumigen Gebiet im Kontakt mit anderen großen Kulturen wie z. B. der babylonischen. Unsere wichtigste Informationsquelle ist das *Avesta,* eine Zusammenstellung heiliger Schriften, die seit dem 6. Jh. v. Chr. gesammelt werden. Das *Avesta* ist dem *Rigveda* ähnlich, einer weiteren Sammlung heiliger Texte, die von anderen Ariern ab 2000 v. Chr. in Nordindien zusammengetragen wurde. Die persischen Götter, besonders Mithras, und einige Glaubensvorstellungen finden Eingang in die griechisch-römische Welt, die sie aufnimmt und verwandelt. Unser Wissen aus dieser Spätzeit kann zu falschen Annahmen über die ersten Jahrhunderte der persischen Religion führen.

MAZDAISMUS UND ZOROASTRISMUS

Wie alle Indogermanen verehren die Iraner einen Gott des Himmels und des Lichts, einen ›weisen Herrn‹ als Schöpfer des Universums: Ahura Mazda. Er befiehlt über die *Yazata,* die Kräfte der Natur, in denen Mithras sich offenbart, der Hirten- und Regengott und Gott des Gerichts, der mit seinen tausend Ohren und zehntausend Augen überall gegenwärtig ist. Anahita, die ›Makellose‹, die fruchtbare Quellengöttin, und Haoma, der Gott der Pflanze gleichen Namens, aus der ein berauschender Trank gewonnen wird, vervollständigen dieses Pantheon des Lichts. Ihnen steht das Schattenreich unter der Herrschaft von Angra Mainyu (später Ahriman) gegenüber, das die Kräfte des Guten bekämpft. Den meisten Göttern werden Blutopfer dargebracht. Die Gläubigen trinken das *Haoma* und verfallen in einen ekstatischen Rausch. Ahura Mazda, der Herr des Lichts, wird mit dem Feuer geehrt, das oben von den Kulttürmen leuchtet. Man erzählt einander von den Abenteuern der Helden, die ihr Leben im Kampf gegen das Böse verloren. Jegliche Beschmutzung galt als Beleidigung der Götter: die Toten werden daher aus Ehrfurcht vor der Erde nicht begraben und aus Ehrfurcht vor Ahura Mazda auch nicht verbrannt. Die Leichen werden auf Türmen aufgebahrt, wo die Raubvögel sie zerfleischen.

Zoroaster. Im 6. Jh. v. Chr. erscheint ein Erneuerer, Zoroaster (oder Zarathustra), der aus Baktrien stammt und dort predigt. Er macht Ahura Mazda zum einzigen Gott. Die *Yazata* sind nur noch verschiedene Gesichter des einzigen Gottes. Zoroaster verkündet, daß Ahura Mazda zwei Erzengel geschaffen hat, den guten und den bösen, zwischen denen der Mensch wählen muß. Gott zu ehren, bedeutet, ein reines Herz zu haben, mit dem Gebet nur das Feuer darzubringen und auf Blutopfer und *Haoma*-Rausch zu verzichten. Den Anhängern dieser neuen Lehre verheißt Ahura Mazda ewige Glückseligkeit für den Tag seiner Wiederkehr in der Feuersbrunst des Universums.

In den folgenden Jahrhunderten befolgen die Perser die Lehren Zoroasters nur teilweise. In dieser Zeit herrschen die Bruderschaften der Weisen, der Astrologenpriester.

ZOROASTER IN DEUTSCHLAND

Die Persönlichkeit Zoroasters inspirierte den Philosophen Friedrich Nietzsche (1844 bis 1900) zu seinem Werk *Also sprach Zarathustra,* einem zwischen 1883 und 1885 verfaßten philosophischen Prosagedicht, in dem die Idee des Übermenschen entwickelt wird. Zarathustra wurde ferner namengebend für eine sinfonische Dichtung des Komponisten Richard Strauss (1864–1949), die 1896 auf der Grundlage des Textes von Nietzsche entstand. *(Nietzsche, anonyme Radierung, 19. Jh., Paris, Bibliothèque Nationale)*

MITHRASKULT UND MANICHÄISMUS

Die Perser vergessen die Predigten des Zoroaster und machen Mithras zum höchsten Gott, indem sie Funktionen Ahura Mazdas – seine Eigenschaften als Lichtgott und Gott des Gerichts – auf ihn übertragen. Der im ganzen Orient verbreitete Kult wird von römischen Soldaten in die Mittelmeerwelt eingeführt. Der Kampf zwischen Gut und Böse, der in den iranischen Religionen von Anfang an bestand, wird in den Lehren von Mani im 3. Jh. n. Chr. zur Grundlage des dualistischen *Manichäismus*. Diese Ketzerlehre wird verfolgt (ihr Stifter um 275 hingerichtet), gewinnt aber zahlreiche Jünger im persischen Reich der Sassaniden, die Anhänger Zoroasters sind. Der ewige Kampf zwischen Gut und Böse im Menschen wie im Universum zwingt den Gläubigen zur Askese, die ihn von den Begierden des Körpers befreit. Die nicht in Askese Lebenden müssen bis zum Weltende Reinkarnationen durchleben: nach 15 Jahrhunderten Feuersbrunst wird sich das Böse vom Guten scheiden.

B · **Turm des Schweigens in Yazd, Iran.**

Die Perser des Altertums bahrten die Leichen der Verstorbenen ebenso auf wie die Feueranbeter und Parsen heute. An entlegenen Orten werden die Leichen auf Gitter gelegt, die den ›Turm des Schweigens‹ nach oben hin abschließen. Nachdem die Leichen von Raubvögeln zerfleischt wurden, fallen die wenigen Überreste ins Turminnere.

PARSEN

Die alte Religion Zoroasters (Zarathustras) besteht heute noch unter anderem Namen fort. Im Iran selbst gibt es noch heute Tausende von praktizierenden Feueranbetern, aber sie leben erbärmlich am Rande der Gesellschaft.

In der Region von Bombay bilden die Parsen eine Gruppe von mehr als 100 000 Gläubigen, die aus wohlhabenden Kaufleuten und Handwerkern besteht. Unter dem Einfluß von religiösen Erneuerern haben sich diese Nachfahren von Auswanderern, die Persien schon im 7. Jh. n. Chr. verließen, auf die reine Lehre Zoroasters zurückbesonnen: Sie verehren das Feuer, führen langandauernde Reinigungszeremonien am Meeresufer durch und haben den Brauch, die Toten auf den ›Türmen des Schweigens‹ aufzubahren, beibehalten.

C · **Iranischer Feueranbeter.**

Die Anbetung des Feuers ist in den aus dem Zoroastrismus hervorgegangenen Religionen der Kern der Zeremonie. Der hier Betende hat sein Gesicht mit einem Tuch bedeckt, um die Flamme nicht mit seinem Atem zu verunreinigen.

RELIGIONEN UND MYTHEN

DAS ANTIKE ROM

QUELLEN

Neben den archäologischen Überresten und den vielen Inschriften auf Stelen und Altären vermitteln uns zahlreiche Texte ein Bild der römischen Religion: Die großen klassischen Autoren erzählen gern die Mythen von der Gründung Roms oder von römischen Göttern, sie beschreiben Bräuche und kultische Handlungen oder werden zu Chronisten der Veränderungen, die die Religion im Laufe der Jahrhunderte erlebt. Beispiele sind Cicero, der seine drei Bücher *De natura deorum (Über das Wesen der Götter)* im Jahre 45 v. Chr. verfaßt, Titus Livius, der seine *Geschichte Roms* ab 27 v. Chr. schreibt, und Ovid, Autor der *Fastes,* einem zwischen 3 und 8 n. Chr. entstandenen Gedicht mit allen Gedenk- und Feiertagen des römischen Kalenders.

GÖTTER UND ENTWICKLUNG

Die Römer glaubten an die Existenz einer Unzahl von Göttern, was mit den Ursprüngen der römischen Religion zusammenhängt. Die Römer sind ein Seitenzweig der Italiker, die seit 1000 v. Chr. in Mittelitalien ansässig sind und glauben, daß die Gottheit in jedem Ding und jeder Handlung zugegen sei: in einer sprudelnden Quelle, im schreienden Säugling, in der Türangel, in der sich die Tür dreht. Die Römer nennen diese unbestimmte Kraft *numen,* und alles damit Zusammenhängende ist *sacer* (eher ›tabu‹ als ›heilig‹). Entscheidend ist, daß man mit diesem wohltätigen oder schrecklichen, in Tausenden von Einzelgottheiten Gestalt annehmenden *numen* (*numina,* Mehrzahl von *numen*) in Frieden lebt: dies bezeichnen die Römer später als ›pax deorum‹ (der ›Frieden der Götter oder mit den Göttern‹). Die Römer unterscheiden die *dies fasti,* d. h. die Tage, an denen die Götter die Menschen ihren Aktivitäten nachgehen lassen (235 Tage pro Jahr), und die *dies nefasti,* die den Göttern und damit großen öffentlichen Zeremonien vorbehalten sind (109 Tage pro Jahr). Sie glauben, daß die Götter ihren Willen in wunderbaren Erscheinungen wie Blitzeinschlag oder der Geburt monströser Tiere kundtun, oder aber, daß man diesen Willen an bestimmten Erscheinungen wie dem Vogelflug ablesen kann. Jede römische Familie verehrt jeden Tag ihre zahlreichen Schutzgottheiten. Der Staat dagegen übernimmt die großen Feierlichkeiten, die dem Gemeinwesen zu Wohlstand und Sieg verhelfen sollen.

Eine für Einflüsse offene Religion. Die beiden Völker, die vor den Römern in Italien leben, die Italiker und Etrusker, beeinflussen die Anfänge Roms. Die Etrusker errichten Roms erste Tempel und schaffen damit ein architektonisches Vorbild, das mehr als 1000 Jahre Bestand hat. Anhand von Kalendern legen sie die Riten und die Festtage genau fest und schaffen eine spezialisierte Priesterschaft. Die Italiker, die indogermanischen Ursprungs sind, verehren eine Trias – eine Gesamtheit von drei Göttern –, die über die zahllosen anderen Götter herrscht: sie besteht aus Jupiter (dem Gott des Himmels), Mars (dem Kriegsherrn) und Quirinus (ebenfalls einem Kriegsgott, vielleicht auch Agrargott). Die Etrusker ersetzen sie durch eine andere Dreiheit, Jupiter, Juno und Minerva, denen sie ein Heiligtum auf dem Kapitol errichten.

Von dieser Zeit an (6.–5. Jh. v. Chr.) öffnet sich die römische Religion langsam fremden Göttern und Riten. Zur kapitolinischen Trias kommen verschiedene Götter, darunter auch italische Götter, hinzu wie Saturn und Neptun sowie Götter und Riten aus den griechischen Städten in Süditalien. Aus Cumae stammen die *Sibyllinischen Bücher,* eine Sammlung rätselhafter Prophezeiungen, die in Krisenzeiten befragt werden. Herakles und Artemis werden als Herkules und Diana übernommen. Zur Abwendung einer Epidemie wird Apoll, der Gott des Heilwesens, im 5. Jh. eingeführt. Dann folgt Dionysos ...

Die ursprünglich von einem formalen Rechtsverständnis geprägte Religion (›do ut des‹, d. h. an den Gott gerichtet, ›ich gebe, damit du gibst‹) wird zu einer stärker verinnerlichten Religion mit Ausrichtung auf die Bedürfnisse des einzelnen. Bald kommen die Götter des Orients hinzu. Aber schon vorher beunruhigen orientale Geheimkulte die Behörden: sie sehen darin die Gelegenheit zu Ausschweifungen, Verbrechen und politischen Verschwörungen. Im Jahr 186 v. Chr. werden die Anhänger des Dionysos zu Hunderten verhaftet und hingerichtet.

B · **Larenschrein einer Familie.**

Jede römische Familie verehrt die Familienlaren, die Beschützer von Haus und Feldern; nicht zu verwechseln mit den Penaten, die die Vorräte schützen. Laren werden als junge Männer in kurzer Tunika dargestellt. In einer Hand halten sie ein Trink- oder Füllhorn, in der anderen eine Schale oder einen Korb. Oft wird auch der *Genius* des Familienvaters mit ihnen zusammen als Schlange abgebildet. *(Larenschrein der Vettier, Pompeji)*

PRIVATER UND ÖFFENTLICHER KULT

Als erste werden die Schutzgötter der Familie verehrt, wobei der Familienvater die Funktion des Priesters übernimmt. Der Familienverband verehrt den jeweiligen Ahnherrn und Stammvater: die *gens Julia* (die Familie von Julius Caesar) führt ihre Herkunft auf die Liebe der Venus zu Anchises, dem Vater des Äneas, zurück. Der Fortbestand der Familie findet jedoch einen noch einfacheren Ausdruck in dem ständig unterhaltenen Herdfeuer. Hier werden täglich Opfer dargebracht. In Herdnähe befinden sich in einer Nische oder einem Schrein Standbilder oder Gemälde von Laren und Penaten, meist zusammen mit einem Abbild des *Genius,* der göttlichen Verkörperung des Familienvaters. Die Opfergaben sind einfach: Speisebrocken, Fruchtstücke, ein paar Öl- und Weintropfen.

Das Leben ist nicht möglich ohne die Friedfertigkeit der Toten. Die Römer haben eine sehr einfache Vorstellung vom Jenseits. Die Seelen der Toten müssen für sie schon deshalb existieren, weil alle Riten dazu dienen, sie zu besänftigen und sie in ihr Reich zurückzuschicken. Die den abgeschiedenen Seelen – den Manen – geopferten Gaben genügen im Normalfall. Andere Tote können nur durch die langandauernden Riten der *Lemuria* gebannt werden. 6 Tage und 3 Nächte braucht man, um sich für das kommende Jahr gegen die Seelen der Toten im allgemeinen (die Laren) und die Geister der auf tragische Weise Verschiedenen (Lemuren) zu wappnen.

Bei den Gesten und den gesprochenen Formeln ist größte Präzision gefordert. Nur so ist die Wirksamkeit des Gebets und der Opfergabe gesichert. Die öffentlichen Kulthandlungen werden weniger in den Tempeln als draußen auf Steinaltären zelebriert. Der einfache Bürger oder Beamte, der ein Opfer darbringt, wird dabei von einem Priester angeleitet.

ROMULUS, REMUS

Die Sage verbindet die Gründung Roms mit dem Mythos von Troja. Numitor, König von Alba Longa, ein Nachkomme des Äneas, des Helden des Trojanischen Krieges, wird von seinem Bruder Amulius vom Thron vertrieben. Seine Tochter Rhea Silvia ist der Göttin des Herdfeuers, Vesta, geweiht und unterliegt wie diese dem Gebot der Keuschheit. Nun vereinigt sich aber der Gott Mars mit Rhea Silvia, und aus dieser Verbindung gehen Zwillinge, Romulus und Remus, hervor. Um die hinderlichen Kinder loszuwerden, läßt Amulius sie in einem Korb in den Tiber werfen. Der Fluß tritt über die Ufer und setzt den Korb am Fuß des Palatin ab, wo eine Wölfin wunderbarerweise die beiden Kinder säugt. Der Hirte Faustulus nimmt sie auf und läßt sie von seiner Frau Acca Larentia, die *Lupa* (›Wölfin‹) genannt wird, aufziehen. Mit 18 Jahren erfahren die Zwillinge von ihrer Herkunft. Sie töten Amulius, setzen ihren Großvater Numitor wieder auf den Thron von Alba Longa und gründen dann mit heimatlosen Hirten und Bauern eine Stadt auf dem Palatin. Sie befragen den Himmel, wer ihr König sein soll: Remus sieht 6 Geier, aber dem Romulus schicken die Götter 12. Daher wird Romulus König, und die Stadt wird nach ihm benannt. Als erstes zieht er an der Stelle eine Furche, wo die Mauern stehen sollen. Remus springt aus Trotz hinüber: Romulus tötet ihn. Als Romulus stirbt, holt Mars ihn in den Himmel, wo er seitdem als *Quirinus* verehrt wird. (Kopf der *Kapitolinischen Wölfin,* etruskische Kunst, um 500 v. Chr., Rom, Konservatorenpalast)

298

RELIGIONEN UND MYTHEN

PANTHEON

Der Gedanke einer Gesamtheit der Götter als einer organisierten Gemeinschaft mit Stammbaum, Heiraten und Scheidungen ist der römischen Vorstellungswelt fremd. Bis zur Übernahme der etruskischen und griechischen religiösen Praktiken verehren die Römer ihre *numina,* die keine konkrete Gestalt, sondern nur einen an ihre Funktion erinnernden Namen haben. Da gibt es etwa Saturn, den Gott des Ackerbaus; Liber, den Weingott; Vesta, die Göttin des Herdfeuers; Vulkan, den Gott des Feuers; Janus (der später mit zwei Gesichtern dargestellt wurde), den Gott der Tür, usw. Aber bald treten drei Götter als kapitolinische Trias hervor: Jupiter, Juno und Minerva.

C · **Juno.**
Sie ist zunächst die Göttin der Mutter Erde, die man mit der Hera von Argos gleichsetzt. Als Gattin des Jupiter teilt sie dessen Macht und wird mit dem Titel Juno *Regina* (›Königin‹) geehrt. Sie wird von allen Frauen als Schutzgöttin angebetet.

D · **Minerva.**
Die Göttin der geistigen und handwerklichen Fertigkeiten wird in Latium verehrt und einer etruskischen Gottheit und schließlich Athene gleichgesetzt. Die Etrusker machen sie zum Mitglied der kapitolinischen Trias und außerdem zur Göttin des Krieges und der Heilkunst.

A · **Kapitolinischer Jupiter.**
Der Herr der Welt ist wie der griechische Zeus Himmelsgott. Der Adler ist sein Bote, er offenbart sich im Blitz. Man nennt ihn auch *Optimus* (Gott der Fülle) und *Maximus* (sehr großer Gott). Er beschützt den Staat, führt die Legionen zum Sieg und hält sie bei der Flucht auf. Ihm sind die großen *ludi romani (römische Spiele)* geweiht. (Jupiter Stator, römische Statue, Rom, Vatikanische Museen)

B · **Suovetaurilia.**
Dieses Wort setzt sich aus den lateinischen Wörtern *sus* (Schwein), *ovis* (Schaf) und *taurus* (Stier) zusammen und bezeichnet die Opfer, bei denen diese Tiere dargebracht werden. Damit endet eine Reinigungszeremonie, bei der die Prozession der Priester und Tiere das zu läuternde Objekt dreimal umkreist. *(Steinernes Flachrelief am Altar des Domitius Ahenobarbus, 2. Jh. v. Chr., Paris, Louvre)*

RÖMISCHE / GRIECHISCHE GÖTTER

Das griechische und das römische Pantheon scheinen sich zu vermischen. Die Götter unterscheiden sich für uns nur durch ihren lateinischen bzw. griechischen Namen. Die Römer der heidnischen Antike sahen dies anders, und die Entsprechungen bzw. Gleichsetzungen, auf die wir uns verständigt haben (wie sie die nebenstehende Übersicht darstellt), gelten nur annähernd. Apoll, der Gott aus Griechenland, gilt über lange Zeit eher als Heil- denn als Sonnengott. Mars war schon vor seiner Gleichsetzung mit dem griechischen Ares Kriegsgott. Daneben verehren die Römer ihn jedoch jahrhundertelang als Ackergott. Bacchus ist kein römischer Gott. Sein Name ist nur die römische Version eines Rufes, der bei den dionysischen Festen ertönte. Der griechische Gott verdrängt eine alte italische Gottheit, Liber: hier findet keine Verschmelzung statt. Vollständig von den Griechen übernommen sind die Darstellungen der Götter in der bildenden Kunst; die alten *numina* nehmen nunmehr menschliche Gestalt an.

Entsprechungen römische Götter / griechische Götter

Apoll/Apoll Phoibos, Heilgott, Sonnengott, Gott der Künste;
Bacchus/Dionysos, Gott des Weins und der Ekstase;
Ceres/Demeter, Göttin der Erde und der Feldfrucht;
Diana/Artemis, Göttin des Ackerbaus und der Jagd;
Juno/Hera, Schutzgöttin der Frau und der Mutterschaft;
Jupiter/Zeus, Gott des Himmelslichts, Herrscher über das Universum, oberster der Götter;
Juventas/Hebe, Göttin der Jugend;
Mars/Ares, Kriegsgott, früher Gott des Ackerbaus;
Merkur/Hermes, Gott des Handels und der Beredsamkeit;
Minerva/Athene, Göttin der Weisheit;
Neptun/Poseidon, Meeresgott;
Venus/Aphrodite, Göttin der Liebe und der Schönheit;
Vesta/Hestia, Göttin des Herdes und des Herdfeuers.

RELIGIONEN UND MYTHEN

DAS ANTIKE ROM

ERHEBUNG DES KAISERS ZUM GOTT

Kurz nach seinem Tod (44 v. Chr.) wurde Julius Caesar zum *divus* (›Göttlichen‹) erklärt, und seine Erhebung unter die Götter wird verkündet (das bedeutet das Wort Apotheose). Unter der Regierung seines Adoptivsohns, der im Jahre 27 v. Chr. den Namen Augustus annimmt, setzt ein Kult des *Genius* des Augustus ein, und die Zahl der ihm geweihten Altäre nimmt zu. Von Rom aus erreicht der Augustuskult, der sich mit dem Kult der Stadtgottheit von Rom, Roma, verbindet, die östlichen Provinzen im Jahre 29 v. Chr. Nach einer Generation gibt es in allen Provinzen Augustustempel.

Man mag vermuten, daß der römische Senat, als er Augustus zum ›Vater des Vaterlandes‹ erklärt und öffentliche Spiele zu Ehren seines *Genius* ausrichtet, dies aus Gründen der Schmeichelei tut. Um so mehr, als die Zeitgenossen der Flavier, wie Martial und Statius zur Zeit von Domitian, nicht zögern, den Kaiser mit Schmeicheleien zu überhäufen. Jedenfalls steht fest, daß dieser Kult, der sich mit Statuen und Steininschriften überall im Reich ausbreitet, den religiösen Eifer des Volkes weckt. Von nun an wird der Kaiser, dieses Ausnahmewesen, das durch seinen *Genius* dem Reich Frieden und Wohlstand bescheren kann, wie ein Wesen von göttlicher Kraft betrachtet, das nach seinem Tod in die Welt der Götter eingeht. Diese Verehrung wird noch zwei Jahrhunderte lang in gemäßigter Form als Ausdruck von aufrichtiger Religiosität, aber auch von politischer Loyalität fortgeführt. Im Jahr 100 n. Chr. läßt sich Trajan in einer Lobrede von Plinius dem Jüngeren als Stellvertreter und Schützling Jupiters darstellen. Im 3. Jh. n. Chr. bezeichnen sich die Kaiser, und Aurelian als erster, als lebendige Götter. Oder sie erklären das Kaisertum zu einem göttlichen Amt. Wenn jemand sich, wie die Christen, weigert, den Kaiser als Person und als Amtsträger zu verehren, lehnt er damit zugleich das Kaisertum als Ganzes ab und setzt sich Verfolgungen aus.

PRIESTER

Wie in allen alten Religionen beherrschen die Priester von Amts wegen Riten und Formeln, die zur Erhaltung der *pax deorum* notwendig sind. Die seit Urzeiten bestehende Organisation der Priesterkollegien ermöglicht ihre strenge Aufgabentrennung. An erster Stelle stehen die *Pontifices* (ursprünglich 5, 16 zur Kaiserzeit): der *Pontifex maximus* ist der höchste religiöse Würdenträger Roms. Die 15 *Flamines* sind die Opferpriester der Hauptgötter. Die 12 *Salii* stehen im Dienst des Gottes Mars. Die *Fetialen* regeln die diplomatischen Beziehungen und vollziehen das Ritual der Kriegserklärung. Zehn *(Dezimvirn)*, später fünfzehn *(Quindezimvirn)* Spezialisten bewahren die rätselhaften Sibyllinischen Bücher, die sie in Krisenzeiten zu Rate ziehen. 12 *Luperkalier* schützen die Stadt vor Wölfen und bewirken durch ihre Riten weibliche Fruchtbarkeit. Die 12 *Arvalischen Brüder* praktizieren einen archaischen Cereskult. 7 *Vestalinnen* bewachen das Stadtfeuer auf dem Forum: sie beginnen ihren Dienst im Alter von 10 Jahren und müssen Jungfrauen bleiben, wenn sie nicht lebendig begraben werden wollen. Um den Willen der Götter zu erfahren, wendet man sich an *Auguren* und *Haruspices* – letztere haben sich auf den Beschau der Eingeweide von Opfertieren spezialisiert. Fast 10 Jahrhunderte lang üben diese Priester ihre Ämter auch in Krisenzeiten und in Zeiten geistigen Wandels aus: Staat und Gesellschaft insgesamt können nur durch strenge Befolgung der Kulthandlungen erhalten werden.

FESTE UND SPIELE

Der offizielle Kalender zählt zur Zeit der Republik 45 hohe Feiertage, zu denen noch besondere – Tempeln und Stadtteilen vorbehaltene – Feste kommen. Diese Feste prägen den Ablauf des ländlichen und politischen Lebens. Die im Februar stattfindenden *Lupercalia* dienen der Reinigung des Stadtgebietes und fördern die Fruchtbarkeit. Im Dezember schützen die *Saturnalien* den Jahreswechsel: dieses Sonnenfest ist die Gelegenheit für einen maßlosen Karneval, in dem der Sklave einen Tag lang seinem Herren befiehlt, und kündigt das Aufkommen der nächsten Saat an.

Im Kalender finden sich ferner 60 Tage für öffentliche Spiele. Zur römischen Kaiserzeit dauern diese dann einschließlich aller Gedenktage 175 Tage (!) im Jahr. Außerdem gibt es noch Spiele privater Veranstalter, die die großen Familien der Stadt stiften können. Die *Ludi Romani* (oder *magni*, die ›großen‹), die der Etrusker Tarquinius zu Ehren Jupiters stiftete, werden im September gefeiert. Zur Kaiserzeit verbanden die im Oktober stattfindenden *Ludi Augustales* die Verehrung des lebenden Kaisers mit dem Kult des gottgewordenen Augustus. Die Spiele sind religiöse, glanzvolle Feste, bei denen das Volk mit Begeisterung die verschiedenen Veranstaltungen besucht: Theatervorstellungen, Wettrennen und Ringkämpfe, später Tier- und Gladiatorenkämpfe, aber vor allem Wagenrennen im *Circus Maximus*, dem ›Großen Zirkus‹.

A · **Augur.**
Der Augur (der einem neun-, später einem fünfzehnköpfigen Kollegium angehört) hilft dem Magistrat: vor wichtigen Entscheidungen (Abstimmungen im Senat, Beginn eines Kampfes ...) befragt er die Vorzeichen. Mit Hilfe seines Krummstabs steckt er am Himmel einen heiligen Bereich ab, in dem er den Vogelflug beobachtet. Oder der Appetit der heiligen Hühner verrät ihm die Antwort der Götter.

ORIENTALISCHE RELIGIONEN

Die orientalischen Religionen werden von einzelnen Personen, Kaufleuten, Sklaven, Soldaten, die mit exotischen Kulten in Berührung kommen, in das antike Rom mitgebracht. Der Staat duldet sie, vorausgesetzt, die öffentliche Ordnung wird nicht bedroht. Zur Kaiserzeit sind diese Religionen erfolgreich, weil sie eine Antwort auf die persönlichen Fragen der Gläubigen haben, auf die der offizielle Kult nicht eingeht. Der aus Syrien stammende Baal wird Jupiter gleichgesetzt. Der schon seit 204 v. Chr. in Rom bestehende Kult der kappadokischen Göttin Kybele und ihres Geliebten Attis wird durch die orgiastischen Feste und die ekstatischen Tänze der Gläubigen populär. Von Caligula und Domitian gefördert, locken die Geheimnisse der Isis durch die Verheißung der Auferstehung, die man durch Reinheit und Verzicht erlangt. Aber kein Kult breitet sich so stark aus wie der Kult des Mithras, des persischen Gottes, der seine Anhänger durch das Blut des getöteten Stieres nach einer langen Initiation erlöst. Als Erlösergott, der die Welt richtet, und als Siegesgott wird er drei Jahrhunderte lang von den Gläubigen – ausschließlich Männern –, insbesondere Soldaten, in der Hauptstadt (und in Ostia) wie am *Limes*, dem Grenzwall, dort, wo römische Legionen stehen, verehrt.

B · **Mithraskult.**
Gebetet wird an einem unterirdischen heiligen Ort, dem *Mithräum*, dessen Wölbung an den Sternenhimmel erinnert. Im Hintergrund steht ein Altar mit der Darstellung des Stieropfers, mit dessen wiederbelebendem Blut die Aufnahme in die Kultgemeinschaft vollzogen wird. Im Laufe der Jahrhunderte wird Mithras zum Erlösergott: er rettet den vom Untergang bedrohten Menschen. Dieser Initiationskult begeistert Tausende von Gläubigen. (Skulpturengruppe aus Marmor aus der römischen Kolonie Ulpia Traiana, 2.–3. Jh. n. Chr., Regionalmuseum von Deva, Rumänien)

RELIGIONEN UND MYTHEN

GERMANEN, KELTEN UND GALLIER

QUELLEN

Bis ins 1. Jh. v. Chr. beherrschen die Kelten Europa außerhalb des Mittelmeergebiets. Sie siedeln in großen Gebieten von den Karpaten bis nach Irland und vom Rhein bis nach Gibraltar. Dann folgt ihr Untergang. Die Römer erobern ihre Reiche oder Städte: Gallien, die Bretagne, Spanien. Die Germanen, die lange nur an den Ufern der Ostsee gelebt hatten, beherrschen den europäischen Kontinent bis zur Donau und bis zum Rhein. Keine dieser beiden Kulturen kannte die Schrift, und es sind auch nur wenige Spuren von ihren religiösen Bauwerken erhalten. Unsere Informationen über diese Kulturen beziehen wir aus griechischen und römischen Berichten: die berühmtesten sind Caesars *Denkschriften* über den *Gallischen Krieg* (›De bello gallico‹) und Tacitus' Schrift über *Germanien* (›Germania‹, 98 n. Chr.). Andere Informationsquellen sind Spuren (Texte, Skulpturen, Bauten) aus dem römischen Gallien. Schließlich liegen nachträglich niedergeschriebene Überlieferungen aus der keltischen bzw. germanischen Welt vor. Im einem Fall handelt es sich um irische und gallische Texte; sie stammen aus dem 10. bis 12. Jh., als die keltische Welt schon fünf- bis sechshundert Jahre lang christlich war. Im anderen Fall sind es isländische und norwegische Texte aus der gleichen Zeit: die religiösen Gedichte der *Edda* und die den Helden gewidmeten *Sagas* entstanden bis ins 11. Jh. bei immer noch heidnischen Völkern.

DIE IRISCHEN KELTEN

Die Kelten, die seit dem 5. Jh. v. Chr. in Irland ansässig sind und nach 400 n. Chr. zum Christentum bekehrt werden, bewahren sechs Jahrhunderte lang den Schatz ihrer Mythen und Traditionen. Unter anderen Namen sind ihre Götter auch die Götter Galliens. *Lug,* der ›König der Götter‹, offenbart sich in der Gestalt von *Dagda:* er ist die Entsprechung des gallischen Jupiter-Taranis. *Brigitte* (die ›Strahlende‹), Dagdas Tochter, entspricht Minerva-Epona usw. Die in Zyklen angeordneten Texte berichten über die Mythen der keltischen Welt: das Leben und die Abenteuer der Helden, deren größter *Cu Chulainn,* eine Art Achill, ist; das Thema der Ritterbruderschaften, das vom Romanzyklus um König Artus und die Ritter der Tafelrunde wieder aufgenommen wird; die Berichte von Visionen und Reisen zu den Zauberinseln, die der Held nach langer, einsamer Irrfahrt erreicht.

GERMANISCHE MYTHOLOGIE

Auch die Welt der germanischen Götter ist uns aus nachträglich niedergeschriebenen Texten überliefert: sie wird beherrscht von der Gegnerschaft der *Asen,* der Herrscher- und Kriegsgötter, und der *Vanen,* die Fruchtbarkeit und Gedeihen sichern. Der oberste Gott ist *Odin* oder *Wotan:* er ist ein aktiver, ja ungestümer Gott, ein Krieger, der die Seelen der Helden in der Halle der toten Krieger – Walhalla – um sich schart, und der Gott der poetischen Ekstase und des sexuellen Drangs. *Thor* oder *Donar* (der ›Donnergott‹) verteidigt die Welt gegen das durch die Riesen verkörperte Chaos: er zerschmettert seine Gegner mit seinem riesigen Hammer. *Loki,* ein possenhafter Gott, ein schlauer und listiger Geist, kann Odin dienen; aber er kann ebenso Böses tun, wie z. B. gegenüber Baldr. Die Vanen sind zwiespältige Wesen. Sie verkörpern gleichzeitig das männliche und das weibliche Prinzip und gehen oft blutschänderische, unzüchtige und fruchtbare Bindungen ein, die die Asen mißbilligen: so hat *Njörd* seine Schwester Hertha, die bei Tacitus Nerthus heißt, zur Geliebten; Kinder des Njörd sind *Freyr* und seine Schwester *Freyja.* Die Gemahlin Odins, *Frigg* oder *Frija,* kommt aus der Welt der Vanen. Sie ist die Göttin der Ehe und der Geburt und die Mutter *Baldrs.* Dieser ist der Gott der Vegetation und des Lichts; ihn haßt Loki, dem es gelingt, ihn trotz Frijas Bann zu töten. Trotz des Kummers aller lebenden Wesen hält Loki Baldr im Totenreich.

Die Götter sind allmächtig, aber sie unterliegen dem Schicksal. Die drei das Schicksal verkörpernden Gottheiten, die *Nornen,* machen das Ende der Welt, das *Ragnarök,* unausweichbar: nach einem Kampf zwischen Asen und Riesen wird ein Feuer das Universum verschlingen. In einer gereinigten Welt regiert dann der aus dem Totenreich befreite Baldr über eine neu erstandene Menschheit.

Helden. In den germanischen Mythologien gibt es außer den großen Göttern mit ihren Leidenschaften auch viele Helden. Einer dieser Helden ist Siegfried: dieser Hauptakteur der *Nibelungensage* – benannt nach den Zwergen, den Untertanen König Nibelungs, des ›Sohns des Nebels‹, d. h. der Unterwelt – tötet König Schilbung, selbst ein Nibelung, bezwingt den Zwerg Alberich und bemächtigt sich der unermeßlichen Reichtümer der Zwerge. Ihm allein gelingt es, sich der kriegerischen Jungfrau – der Walküre – Brunhilde zu nähern: aber dunkle Intrigen wecken ihren Haß auf Siegfried, und sie läßt ihn durch den Verräter Hagen töten. Der Name Nibelungen, den Siegfrieds Krieger angenommen hatten, geht nach Siegfrieds Tod auf die Burgunder über. In den Heldenepen des Mittelalters bleibt ihnen dieser Name.

DER RING DES NIBELUNGEN

Im Werk des Komponisten Richard Wagner nimmt der *Ring des Nibelungen* einen besonderen Platz ein. Es handelt sich um einen Zyklus von vier Opern *(Das Rheingold, Die Walküre, Siegfried* und *Die Götterdämmerung)* mit Themen aus der germanischen Mythologie. Der Text wurde 1852 fertiggestellt. Nach jahrelanger Kompositionsarbeit fand die Uraufführung 1876 statt. *(Wagner, Porträt von Guiseppe Tivoli, 1883, Accademia Rossini, Bologna)*

DIE GALLISCHEN KELTEN

Von diesen Vertretern der keltischen Welt weiß man noch am meisten, obwohl die schnelle Romanisierung Galliens unseren Blick trübt. Vier oder fünf Jahrhunderte lang gleichen die Gallier ihre Götter an griechisch-römische Götter an; allerdings bewahren sie auch Namen oder Wesenszüge aus ihrer eigenen Kultur: *Taranis,* der Donner- und zugleich Priestergott, der mit einem Rad dargestellt wird, hat die Erscheinungsform Jupiters. Züge Jupiters besitzt auch *Cernunnos,* der Sonnengott, der ein Hirschgeweih trägt. *Epona,* die zugleich kriegerische und weise Reitergöttin, gleicht Minerva. Mars erkennt man in *Oc,* dem Kriegsgott, oder auch in *Teutates,* dem Stammes- und späteren Nationalgott der Gallier, wieder. Über alle stellt Julius Caesar *Merkur,* den er mit *Lug* gleichsetzt und in dem die heutigen Gelehrten entweder wiederum *Teutates* oder den Holzfäller *Esus* zu erkennen glauben. Die romanisierten Gallier versuchten, Gegensätzliches miteinander zu verschmelzen: das klar strukturierte Pantheon der Römer und die im Unterschied dazu undurchsichtige, ja chaotische Götterwelt der Kelten. Letztere leben mit der Vorstellung einer offenen Grenze zwischen dem Göttlichen und dem Weltlichen: die Seelen gehen von einer Welt in die andere über, und aus der Welt der Toten kehren die Seelen in die der Lebenden zurück.

Die Gallier errichten noch lange nach der Eroberung traditionelle runde oder quadratische Tempel, in deren Umfassungsgräben sich die Reste der Opfergaben häufen: diese *Fana* (Plural von *Fanum*) unterscheiden sich von den offiziellen, den römischen nachempfundenen Tempeln. Aber bald verschwindet die dazugehörige Priesterschaft, die Druiden, über die Griechen und Römer staunten. Die sonst toleranten Römer sehen in ihnen die Träger der keltischen Kultur und verbieten ihnen die Ausübung ihres Amts und ihre Lehre. Wir können sie in Priester, Barden, die die mythischen und literarischen Traditionen bewahren, und Weissager, deren Aufgabe die Magie, Weissagung und Heilung ist, unterteilen. Die weißgekleideten Druiden zelebrieren die kultischen Handlungen in den *Fana* oder aber auch einfach an heiligen Orten, zu denen z. B. hochgelegene Plätze, Bäume oder Quellen gehören können. Tierische oder pflanzliche Opfergaben gibt es nur bei anderen Völkern; die Menschenopfer, die man den Galliern gelegentlich zuschreibt, sind nicht seltener oder häufiger als in der mediterranen Welt.

B · **Keltischer Gott.**

Diese seltsame steinerne Statue aus Euffigneix (Haute-Marne) ist wahrscheinlich die Bildnis einer Gottheit. Wir kennen ihren Namen nicht. Das Wildschwein läßt einen Gott der freien Natur vermuten. An der linken Flanke des Gottes ist ein großes Auge eingeritzt, vielleicht Symbol für seine außerordentliche Weitsicht. *(Nationalmuseum für Vor- und Frühgeschichte in Saint-Germain-en-Laye)*

301

RELIGIONEN UND MYTHEN

DIE PRÄKOLUMBISCHEN RELIGIONEN

QUELLEN

Bei jeder schriftlosen Kultur sind die Quellen eine heikle Sache. Zwar gibt es ein paar ›schriftliche‹ Dokumente: Manuskripte mit gezeichneten Szenen (Piktogrammen) und Hieroglyphen; Überlieferungen der einheimischen Sprache in lateinischer Schrift (das *Popul Vuh* oder die Bücher der *Chilam Balam* bei den Maya), die kurz nach der Eroberung verfaßt wurden. Aber meist muß man auf spanische Quellen zurückgreifen, von denen die wichtigste die *Historia general de las cosas de Nueva España* des Franziskaners Bernardino de Sahagun (1499–1590) ist, sowie auf archäologische Dokumente: Stelen mit Zahlenangaben, gemeißelte Flachreliefs, Skulpturen und sogar die Anordnung der einzelnen Bauwerke zueinander.

GÖTTERWELT

Die Götterwelt der **Maya** ist ein Spiegelbild der Gegensätze in ihrer Gesellschaft und Ausdruck ihrer dualistischen Weltsicht; es gibt Götter, die eine gute, und solche, die eine böse Einwirkung auf die Menschen haben.

Die Hauptgötter sind: **Hunabku**, ›der einzige Gott‹, der Göttervater; **Itzamná**, Beherrscher des Himmels, wichtigster Gott der Priester, eigentlicher Begründer der Maya-Kultur; **Ixchel**, Gattin des Itzamna, Muttergöttin; **Chac**, Regengott, der beliebteste Gott; **Yumkaax**, der Maisgott; **Ah Puch**, Gott des Todes.

Die Götterwelt der **Azteken** ist sehr uneinheitlich, da in ihr ein dreifaches Erbe fortlebt: klassische (Quetzalcóatl) und toltekische (Tezcatlipoca) Überlieferungen sowie das Erbe der frühen Azteken (Huitzilopochtli). In der Regel sind die Azteken den einheimischen Religionen gegenüber tolerant, u. a. weil sie glauben, daß deren Gottheiten von ihrem Vorbild, den Tolteken, stammen. Zugleich versuchen sie, die Hauptgötter in ihr theologisches System einzufügen.

Azteken-Götter sind: **Ometecutli**, Gott der Zweiheit und oberster Gott – die anderen Gottheiten stammen von ihm ab, sein Kult duldet keine Bildnisse; **Quetzalcóatl** (s. Bild); **Tezcalipoca** (s. Bild); **Huitzilopochtli**, Kriegsgott, Sonnengott und Stammesgott der frühen Azteken; **Tlaloc**, Gott des Regens und des Donners, Hauptgott der Vegetation; **Chicomecoatl**, Maisgöttin; **Xipe Totec**, Gott der Frühjahrsvegetation; **Tonantzin**, Muttergöttin.

Götterwelt der **Inka**. Die Inka schaffen eine echte Staatsreligion. Von ihren Eroberungen bringen sie allerdings Idole mit, die in der Hauptstadt als niedere Gottheiten verehrt werden. Der Volksglauben und die Religionen einiger unterworfener Stämme bestehen innerhalb dieses theokratischen Systems fort, z. B. die Fruchtbarkeitsgöttin Pachamama, die bis heute verehrt wird.

Die wichtigsten Inka-Götter sind: **Inti**, Sonnengott, der Ahnherr der Herrscherfamilie der Inka und lange Zeit oberster Gott, und **Viracocha**, ›der Gott‹ oder oberstes Wesen, der seit Pachacútec die Götterwelt regiert: er erleichtert das religiöse Zusammenwachsen des Reiches, bleibt dem gewöhnlichen Menschen aber unzugänglich.

A · Tezcatlipoca.
›Rauchender Spiegel‹; Gott der Nacht, des nächtlichen Himmels und der unterirdischen Sonne, des Winters, der Kälte und des Todes. Als Kriegsgott schützt er die jungen Krieger der Soldatenbünde der ›Adler‹ und ›Jaguare‹. (Mit Türkisen und Muscheln verzierter Schädel, aztekische Kunst, British Museum, London)

B · Quetzalcóatl.
›Gefiederte Schlange‹; Gott des Lichts und der Tagessonne; göttlicher Priesterkönig der Tolteken, wird als Ahnpriester und kulturbringender Held verehrt. Schutzherr der Priester und Titel des Oberpriesters. (Monolith aus Basalt – eine Kopie –, aztekische Kunst, Mexiko, Anthropologisches Museum)

Die Maya.
In der Kultur der Maya gibt es nach der Vorklassik zwei große Epochen: das *Alte Reich*, die klassische Zeit (3.–10. Jh.), und das *Neue Reich*, die postklassische Zeit (10. bis 15. Jh.). Die klassische Epoche ist die Blütezeit der Mayakultur und geprägt von der Schaffung der großen Kulturzentren (Tikal, Copán, Palenque, Uaxactún). Dort werden Ackergötter und andere Götter verehrt, die den Priestern gelegen kamen. Dort werden die ›Schrift‹ und der Kalender der Maya entwickelt. Ästhetische Verfeinerung und wissenschaftlicher Genius sind also typisch für die Maya, die ›Griechen der Neuen Welt‹. Im 10. Jh. geht diese Kultur unter, vielleicht nach Putschen toltekischer Krieger, vielleicht nach einer ökologischen Katastrophe. Im folgenden Neuen Reich gibt es in den Städten (Chichén Itzá, Mayapán, Uxmal) mehr weltliche als religiöse Bauwerke, und die friedlichen Götter der Bauern und Priester werden von Kriegsgöttern verdrängt.

Die Azteken.
Ihr Name stammt von ihrem mythischen Herkunftsort, dem See Aztlán, auf den Hochplateaus im Nordwesten. Diese ursprünglich nomadischen Jäger siedeln sich im 13. Jh. im Hochbecken von Mexiko an, wo schon seßhafte Bauern leben. Dort treten sie das zweifache Erbe der friedlichen Ackerbaukultur von Teotihuacán und der kriegerischen und blutigen Kultur der Tolteken an und entwickeln eine militaristische Kultur. Von ihrer 1325 (oder 1345) gegründeten Hauptstadt Tenochtitlán (der heutigen Stadt Mexiko) aus unterwerfen sie benachbarte Völker und schaffen ein Reich, das schließlich weite Gebiete Mexikos (bis nach Guatemala hinein) umfaßt. Die größte Ausdehnung erreicht es unter Moctezuma II. (1502–1520) kurz vor der Eroberung Mexikos durch Cortés (1519). Die Zerstörung Tenochtitláns (1521) bedeutet das Ende des Aztekenreichs.

Die Inka.
Der Name Inka bezeichnet zunächst einen Stamm, dann den Adel und die herrschende Klasse und schließlich das Oberhaupt, den Monarchen: er ist der heilige Vertreter oder gar der Sohn des Sonnengottes, der seit Pachacútec (1438 bis 1471) oberster Gott wird. Das Inkareich ist somit eine theokratische Monarchie, deren Anfänge auf die Vision Manco Capacs, des ersten Inka (um 1200), zurückgehen. In seiner Blütezeit (1438–1532) reicht es von Quito (Ecuador) bis Valparaiso (Chile), weit über das heutige Peru hinaus. Hauptstadt ist Cuzco (›Nabel‹). Mit der Ausdehnung findet eine starke Zentralisierung statt: Staatsreligion, Aufteilung des Ackerlands, komplexes Verwaltungssystem. Dem Angriff Pizarros fällt 1532 damit ein echter Staat zum Opfer.

DIE TOLTEKEN

Auf die Tolteken, die Begründer der zweiten Mayakultur und Vorläufer der Azteken, geht der kriegerische und blutrünstige Aspekt in den mesoamerikanischen Kulturen zurück. Mit der mythischen Geschichte Quetzalcóatls begründeten sie die Heiligkeit des Königtums, rechtfertigten sie die Menschenopfer und schufen die Vorstellung von einem goldenen Zeitalter und von dem Kommen eines Erlösers. Der Mythos berichtet, wie der Schöpfergott Quetzalcóatl auf wundersame Weise Topiltzin Quetzalcóatl, sein menschliches Gegenstück, geboren wird. Im Gebiet von Tollan (Tula) befindet sich eine Art Paradies, ein Reich voller Fruchtbarkeit, Güte und Schönheit. Alles verändert sich, als Tezcatlipoca erscheint. Dieser vertreibt Quetzalcóatl aus seinem Reich und führt das Menschenopfer ein. Dies ist das Ende Tollans, und Krieg wird zur Notwendigkeit. Aber Quetzalcóatl hat versprochen, zurückzukehren und sein Reich wiederherzustellen. Aufgrund dieses Mythos hielten viele die Konquistadoren für die erwarteten Befreier.

RELIGIONEN UND MYTHEN

KULT

Die Rituale nehmen im Leben der präkolumbischen Gesellschaften eine wichtige Rolle ein; daher gibt es hier eine große und oft sehr spezialisierte Priesterschaft. Die Priester stammen aus den oberen Schichten der Gesellschaft und werden in besonderen Schulen *(Calmecatl)* ausgebildet. Kasteiungen und Askese, aber auch Unterricht in rituellen Gesängen, der Schrift und der Astrologie stehen auf dem Lehrplan. Die Schulen liegen innerhalb der Kultzentren in unmittelbarer Nähe des Tempels. Am höchsten werden die Priester geachtet, die das Wissen in den Bereichen Astronomie, Schreibkunst, Heilkunde und Weissagung bewahren und bereichern. Die Priesterschaft ist also in erster Linie Bewahrerin der Kultur und erst in zweiter Linie mit der Organisation des religiösen Lebens befaßt. Für die Opferungen werden viele Priester (diese haben einen niedrigen Rang) benötigt, da eine große Zahl von Feiertagen, die in der Regel einen Bezug zum Zyklus der Jahreszeiten und zur Landwirtschaft haben und Opfer (Menschenopfer oder andere) verlangen, den Ablauf des rituellen Jahres bestimmen. Auf einige Kultformen hat die Priesterschaft jedoch keinen Einfluß, z. B. auf die Verehrung der *Huacas* (›Mächte‹), d. h. von heiligen Orten, die oft von aufgerichteten großen Steinen oder Steinhaufen symbolisiert werden.

KOSMOLOGIE

Von allen präkolumbischen Kulturen hat die der Azteken die komplexeste Weltanschauung entwickelt: die Erdoberfläche ist eine von Wasser umgebene Scheibe im Mittelpunkt des Universums mit einer horizontalen und einer vertikalen Unterteilung. In der Senkrechten gehören dreizehn Teile zur Ober- und elf zur Unterwelt (chtonische Welt). Diese beiden Welten sind wie zwei runde Stufenpyramiden gedacht, die eine mit der Spitze nach unten, die andere mit der Spitze nach oben, und beide verbinden sich in ihren Basisflächen. Der Bereich dieser Verbindung ist die Oberfläche der Erde. Die unterste Sphäre der Unterwelt ist das *Mictlan,* das Totenreich.

In der Waagerechten ist die Welt in vier Teile untergliedert: jeder Teil wird einem der Söhne der Urgottheit gleichgesetzt, mit denen bestimmte Farben verbunden werden. Der rote Tezcatlipoca ist der Osten, das Land der Fruchtbarkeit und des Lebens; der schwarze Tezcatlipoca ist der Norden, der Winter, und wird mit dem Tod assoziiert; der weiße Quetzalcoatl ist der Westen, das Reich des Alters und der Geburt; der blaue Huitzilopochtli steht für den Süden. Das ursprüngliche Gleichgewicht zwischen diesen vier Kräften wurde von den Kämpfen zwischen Quetzalcoatl und Tezcatlipoca zerstört. Damit begann die Vergänglichkeit, und die Menschen müssen seither Menschenopfer darbringen, um die Sonne in ihrer Bahn zu halten.

DAS KULTISCHE PELOTASPIEL

Das Pelotaspiel *(Tlachtli)* ist bei den Maya wie bei den Azteken ein wichtiger Ritus als Vorbereitung der Opferhandlung. Es steht im Zusammenhang mit den kosmischen Vorstellungen. Das Spielfeld wird in der Regel in vier um eine Mitte angeordnete Felder unterteilt und ist damit ein Abbild der Welt (Kosmogramm). Die Spielwege entsprechen dem engen Gang mitten in der Unterwelt, den die Sonne durchqueren muß, bevor sie im Osten zur Neuerschaffung der Welt wieder aufgeht. Der Wettstreit zwischen den beiden Mannschaften symbolisiert den Kampf zwischen Tag und Nacht. Der Ausgang des Spiels wird von Gewinnern wie Verlierern mit einem Opfer bestätigt.

A · Das Kultzentrum Tenochtitlán.
Tenochtitlán, das heutige Mexiko, großes Stadt- und Kultzentrum der präkolumbischen Welt, ist genau nach Plan angelegt. Die Kultstätten (Tempelpyramiden, Pelotafelder) liegen an rechtwinklig angeordneten Straßen und folgen damit einem allen Aztekenstädten gemeinsamen Schema.

Die große Pyramide. Oben auf ihrer Plattform befinden sich die Heiligtümer von Tlaloc, Gott des Blitzes und des Regens, und von Huitzilopochtli, Stammesgott der Azteken. Jenseits der Straße liegt die runde Mondpyramide.

Die Pyramidenplattform, Ort der Opferhandlung. Oben auf der Bodenplattform spielen sich die Opferhandlungen ab. Monumentaltreppen und Terrassen ermöglichen eine großartige Zurschaustellung: Die Prozession, die die Opfergaben bringt oder die als Menschenopfer Vorgesehenen begleitet, schreitet langsam nach oben. Wenn das Opfer dargebracht ist, werden die Geopferten in die Volksmenge hinuntergeschleudert (es soll dann zu Kannibalismus gekommen sein).

DIE MENSCHENOPFER

Die Menschenopfer sind vor allem für die aztekische Kultur charakteristisch. Sie sind nicht etwa Ausdruck besonderer Grausamkeit, sondern eher eines ausgeprägten Bewußtseins der zerstörerischen kosmischen Kraft. Die Azteken glauben eine zunehmende Auflösung der Zeit und einen unaufhörlichen Energieschwund (Entropie) zu beobachten. Dieses Phänomen ist eng mit dem Gegensatz Tag/Nacht verbunden. Wenn die Sonne im Osten wieder aufgehen und das Leben auf der Erde andauern soll, muß man ihren Lauf ununterbrochen in Gang halten. Dies ist das Hauptziel der den Göttern und insbesondere der Sonne des Tages und der Nacht dargebrachten Menschenopfer. Die Azteken führen regelmäßig ›Blumenkriege‹ mit dem einzigen Ziel, Kriegsgefangene für die Menschenopfer zu machen. Neben dem Tod durch Feuer, Pfeile oder Häutung ist die verbreitetste Opferungsart das Ausreißen des Herzens bei lebendigem Leib. Die Symbolik des Herzens verbindet sich hier mit der der kosmischen Energie.

B · Der Gott Tezcatlipoca und die Spieler.
Neben dem Gott der Nacht das kreuzförmige Spielfeld, die Spieler und die Lochscheiben an den Wänden, die als eine Art Ziel dienen. *(Illustration des* Codex Magliabechi, *Florenz, Nationalbibliothek)*

C · Menschenopfer.
Das blutende Herz wird beim Austritt aus der Brust zum Stern. *(Illustration des* Codex Magliabechi, *Florenz, Nationalbibliothek)*

303

RELIGIONEN UND MYTHEN

DAS JUDENTUM

DIE ERSTE MONOTHEISTISCHE RELIGION

Das Judentum ist die erste Religion der Menschheit, die die Existenz eines einzigen Gottes lehrt (Monotheismus) und die älteste der drei Religionen, die auf Abraham zurückgehen – die beiden anderen sind das Christentum und der Islam. Im engeren Sinne ist das Judentum die Religion des jüdischen Volkes nach der Zerstörung des Ersten Tempels und dem ersten Babylonischen Exil im Jahre 587 v. Chr. Davor sollte man eher von ›israelitischer Religion‹ sprechen.

Entwicklung des Judentums. Dieser erste und zwei Jahrtausende lang einzige monotheistische Glaube der Geschichte entwickelte sich an einem der wichtigsten Kreuzwege in der Geschichte der antiken Welt, dem mediterranen Nahen Osten, wo ebenso reiche wie unterschiedliche Kulturen aufeinander treffen (Mesopotamier, Semiten und Ägypter). Von Kanaan aus, dem gelobten Land in Palästina, wo die ›Söhne Abrahams, Isaaks und Jakobs‹ sich Anfang des 12. Jh. v. Chr. ansiedeln, breitet sich das glaubenstreue jüdische Volk in der Welt aus. Die Zerstörung des Zweiten (und letzten) Tempels im Jahr 70 n. Chr. ist der Beginn der fast 20 Jahrhunderte dauernden großen *Diaspora* (s. S. 308) des jüdischen Volkes. 1948 wird die 1917 versprochene ›jüdische Heimstätte‹ mit der Gründung des Staates Israel Wirklichkeit.

Religion und Nation. Das Judentum umfaßt weit mehr als nur den Aspekt der Religion. Denn das hebräische Volk (das, ethymologisch, ›vom anderen Ufer des Flusses [des Jordans]‹ stammt) ist durch den mit Gott auf dem Berge Sinai geschlossenen Bund das erwählte Volk: Gott wird ihm seinen Messias senden und es zum Herrn über die Völker der Erde machen. Das Judentum ist daher eine Religion mit einer starken ethnischen Komponente, bei der Nation und Religion sich überschneiden. Voraussetzung für den Fortbestand des jüdischen Volkes ist die sorgfältige und vollständige Überlieferung der israelitischen Lehren. Daraus ergibt sich die Einfachheit des jüdischen Glaubens, der sich in zwei Grundsätzen zusammenfassen läßt: die Einheit Gottes und die Auserwähltheit Israels. Dies drückt auch das wichtigste Gebet aus: ›Shema Israel‹ – ›Höre, Israel: Jahwe, unser Gott, Jahwe ist einzig‹ (Deuteronomium 6, 4). Der Glaube an den einzigen Gott wird in allen Augenblicken des Lebens durch Seinen Gottesdienst in der Art, wie Er ihn in der Offenbarung bestimmt hat, bezeugt.

AUFBAU DER HEBRÄISCHEN BIBEL

Die Bezeichnung ›Altes Testament‹ ist christlichen Ursprungs. Paulus meint damit die heiligen Bücher, die in den Gottesdiensten verlesen und kommentiert werden. Die jüdischen Rabbiner sprechen nur von den ›Schriften‹ oder den ›Büchern‹. Das Wort ›Bibel‹ stammt vom griechischen *ta biblia*, ›die Bücher‹ und wird schließlich nur noch für *das* Buch gebraucht.

Die 24 Bücher der hebräischen Bibel, die in der Antike die Form von Rollen hatten, teilen sich in drei Komplexe:

Die Thora (Gesetz) oder der Pentateuch (›Fünfrollenbuch‹). Diese Bücher enthalten die göttliche Offenbarung. Sie werden im Hebräischen nach den ersten Worten des jeweiligen Buches genannt: Genesis, Exodus, Levitikus, Numeri und Deuternonomium.

Die Nebiim (die Propheten) umfassen die historischen Bücher: die Bücher Josua, der Richter, Samuel (1 und 2) und der Könige; die drei großen Propheten: die Bücher Jesaja, Jeremia und Ezechiel; schließlich das ›Zwölfprophetenbuch‹ (oder kleine Propheten).

Die Ketubim (die Schriften oder Hagiographien [›Heilige Schriften‹]) sind eine Sammlung von poetischen Texten und Weisheitsbüchern (die Psalmen, Hiob, Sprichwörter, das Hohelied, Kohelet), von historischen Büchern (Chronik, Esra und Nehemia) und den Büchern Ruth, der Klagelieder Jeremias, Esther und Daniel.

Diese drei Schriftkomplexe bilden den Kanon der hebräischen Bibel, wie sie Ende des 1. Jh. n. Chr. aufgezeichnet wurde. Die *Rabbiner* (s. S. 306) haben nur Bücher in hebräischer oder aramäischer Sprache und keine griechische Bücher oder Schriften bewahrt – unabhängig von der seit dem 3. Jh. v. Chr. existierenden griechischen Übersetzung der *Septuaginta* (da von 72 Weisen ausgearbeitet), die für die Diaspora bestimmt war. Der Text besteht nur aus Konsonanten und hat keine Vokale. Die *Masoreten* (von hebräisch *Masora*, ›Überlieferung‹) fügten später Vokale ein, um falsche Auslegungen zu vermeiden. Neuere linguistische und philologische Untersuchungen machten es möglich, die unterschiedlichen Bearbeitungsschichten und -zeiten sowie die daran Beteiligten näher zu bestimmen. Diese Schichten, die beim Pentateuch vom 9. bis zum 4. Jh. v. Chr. reichen, erklären die doppelten Überlieferungen und die Mehrdeutigkeit des Bibeltextes.

HANDSCHRIFTEN VOM TOTEN MEER

Als ein Beduinenhirte 1946 in einer Höhle, die sich in der Wüste Juda zum Toten Meer hin öffnet, die sieben ersten Handschriften fand, ahnte er nicht, daß er damit zu einer der wichtigsten archäologischen Entdeckungen unseres Jahrhunderts beitrug. Seitdem ist durch systematische Ausgrabungen in den Höhlen von Qumran die unterschiedlich

B · Fragment einer Handschrift.
(Habakukkommentar, 1. Jh. v. bis 1. Jh. n. Chr., Jerusalem, Schrein des Buches)

gut erhaltene Bibliothek der dort ansässigen Essenergemeinde (s. S. 307) zum Vorschein gekommen. Diese Schriften gewähren uns Einblick in das Leben einer solchen klosterähnlichen Gemeinschaft und in ihre Lehrmeinung; sie zählen zu den Apokryphen, den nicht im Kanon der hebräischen Bibel enthaltenen Büchern (s. gegenüber). Außerdem finden sich in dieser Bibliothek Teile aller Bücher des Alten Testaments bis auf eines. Dies sind die ältesten bekannten Handschriften der Bibel.

A · Marc Chagall, Noah und der Regenbogen.
Der Maler stellt den ersten Bund Jahwes mit den Menschen dar: Der Regenbogen symbolisiert den Bund. *(Nizza, Musée du Message Biblique Marc-Chagall)*

TEXTE

Der Bund mit Abraham ...

›Als nun Abram neunundneunzig Jahre alt war, erschien ihm der Herr und sprach zu ihm: Ich bin der allmächtige Gott; wandle vor mir und sei fromm. Und ich will meinen Bund zwischen mir und dir schließen und will dich über alle Maßen mehren. Da fiel Abraham auf sein Angesicht. Und Gott redete weiter mit ihm und sprach: Siehe, ich habe meinen Bund mit dir, und du sollst ein Vater vieler Völker werden. Darum sollst du nicht mehr Abram heißen, sondern Abraham (›Vater einer Menge‹) soll dein Name sein ... Und ich will aufrichten meinen Bund zwischen mir und dir und deinen Nachkommen von Geschlecht zu Geschlecht, daß es ein ewiger Bund sei, so daß ich dein und deiner Nachkommen Gott bin. Und ich will dir und deinem Geschlecht nach dir das Land geben, darin du ein Fremdling bist, das ganze Land Kanaan, zu ewigem Besitz, und will ihr Gott sein.‹

... und die Beschneidung.

Und Gott sprach zu Abraham: ›So haltet nun meinen Bund, du und deine Nachkommen von Geschlecht zu Geschlecht. Das aber ist mein Bund, den ihr halten sollt zwischen mir und euch und deinem Geschlecht nach dir: alles, was männlich ist unter euch, soll beschnitten werden; eure Vorhaut sollt ihr beschneiden. Das soll das Zeichen sein des Bundes zwischen mir und euch. Jedes Knäblein, wenn's acht Tage alt ist, sollt ihr beschneiden bei euren Nachkommen ... Und so soll mein Bund an eurem Fleisch zu einem ewigen Bund werden. Wenn aber ein Männlicher nicht beschnitten wird an seiner Vorhaut, wird er ausgerottet werden aus seinem Volk, weil er meinen Bund gebrochen hat.‹ (Genesis 17, 1–14)

Die Offenbarung des Namens auf dem Gottesberg: der brennende Dornbusch.

Der Name des Gottes, Jahwe, wird durch das Tetragramm JHWH ausgedrückt, die alte konsonantische Form des Verbs ›sein‹ (›Er ist‹). Aus Ehrfurcht sprechen die Juden diesen Namen nicht aus und ersetzen ihn durch Adonai (mein Herr).

›Und der Engel des Herrn erschien ihm [Mose] in einer feurigen Flamme aus dem Dornbusch. Und er sah, daß der Busch im Feuer brannte und doch nicht verzehrt wurde ... und Gott rief ihn aus dem Busch und sprach: Mose, Mose! Er antwortete: Hier bin ich.

... Ich bin der Gott deines Vaters, der Gott Abrahams, der Gott Isaaks und der Gott Jakobs. Und Mose verhüllte sein Angesicht, denn er fürchtete sich, Gott anzuschauen.

Und der Herr sprach: Ich habe das Elend meines Volkes in Ägypten gesehen ...

Weil denn nun das Geschrei der Israeliten vor mich gekommen ist und ich dazu ihre Not gesehen habe, wie die Ägypter sie bedrängen, so geh nun hin, ich will dich zum Pharao senden, damit du mein Volk, die Israeliten, aus Ägypten führst.

... Ich werde sein, der ich sein werde. Und sprach: So sollst du zu den Israeliten sagen: Jahwe, der Herr, der Gott eurer Väter, der Gott Abrahams, der Gott Isaaks, der Gott Jakobs, hat mich zu euch gesandt. Das ist mein Name auf ewig, mit dem man mich anrufen soll von Geschlecht zu Geschlecht.‹ (Exodus 3, 1–15)

Die Gebote achten und befolgen ...

›Dies sind die Gesetze und Gebote und Rechte, die der Herr, euer Gott, geboten hat, daß ihr sie lernen und tun sollt in dem Lande, in das ihr zieht, es einzunehmen, damit du dein Leben lang den Herrn, deinen Gott, fürchtest und alle seine Gebote hältst, die ich dir gebiete, du und deine Kinder und deine Kindeskinder, auf daß du lange lebest. Israel, du sollst es hören und festhalten, daß du es tust, auf daß dir's wohlgehe und du groß an Zahl werdest, wie der Herr, der Gott deiner Väter, dir zugesagt hat, in dem Lande, darin Milch und Honig fließt.‹

... und sie weitergeben.

›Höre, Israel: Der Herr ist unser Gott, der Herr allein. Und du sollst den Herrn, deinen Gott, liebhaben von ganzem Herzen, von ganzer Seele und mit all deiner Kraft. Und diese Worte, die ich dir heute gebiete, sollst du zu Herzen nehmen und sollst sie deinen Kindern einschärfen und davon reden, wenn du in deinem Hause sitzt oder unterwegs bist, wenn du dich niederlegst oder aufstehst.‹ (Deuteronomium 6, 1–7)

Das von Gott auserwählte Volk ...

›Wenn dich der Herr, dein Gott, ins Land bringt, in das du kommen wirst, es einzunehmen, und er ausrottet viele Völker ...

Denn du bist ein heiliges Volk dem Herrn, deinem Gott. Dich hat der Herr, dein Gott, erwählt zum Volk des Eigentums aus allen Völkern, die auf Erden sind.

Nicht hat euch der Herr angenommen und euch erwählt, weil ihr größer wäret als alle Völker – denn du bist das kleinste unter allen Völkern –, sondern weil er euch geliebt hat und damit er seinen Eid hielte, den er euren Vätern geschworen hat. Darum hat er euch herausgeführt mit mächtiger Hand und hat dich erlöst von der Knechtschaft, aus der Hand des Pharao, des Königs von Ägypten. So sollst du nun wissen, daß der Herr, dein Gott, allein Gott ist, der treue Gott, der den Bund und die Barmherzigkeit bis in tausendste Glied hält denen, die ihn lieben und seine Gebote halten, und vergilt ins Angesicht denen, die ihn hassen ...‹

... und Gottes Segen.

›... Und wenn ihr diese Rechte hört und sie haltet und danach tut, so wird der Herr, dein Gott, auch halten den Bund und die Barmherzigkeit, wie er deinen Vätern geschworen hat, und wird dich lieben und segnen und mehren, und er wird segnen die Frucht deines Leibes und den Ertrag deines Ackers, dein Getreide, Wein und Öl, das Jungvieh deiner Kühe und deiner Schafe in dem Lande, das er dir geben wird, wie er deinen Völkern geschworen hat. Gesegnet wirst du sein vor allen Völkern ... Der Herr wird von dir nehmen alle Krankheit und wird dir keine von all den bösen Seuchen der Ägypter auflegen, die du kennst, sondern wird sie allen deinen Hassern auflegen.‹ (Deuteronomium 7, 1–15)

Das ›Glaubensbekenntnis‹ der Juden.

›Mein Vater war ein Aramäer, dem Umkommen nahe, und zog hinab nach Ägypten und war dort ein Fremdling mit wenigen Leuten und wurde dort ein großes, starkes und zahlreiches Volk. Aber die Ägypter behandelten uns schlecht und bedrückten uns und legten uns einen harten Dienst auf. Da schrien wir zu dem Herrn, dem Gott unserer Väter. Und der Herr erhörte unser Schreien und sah unser Elend, unsere Angst und Not und führte uns aus Ägypten mit mächtiger Hand und ausgestrecktem Arm und mit großem Schrecken, durch Zeichen und Wunder, und brachte uns an diese Stätte und gab uns dies Land, darin Milch und Honig fließt. Nun bringe ich die Erstlinge der Früchte des Landes, das du, Herr, mir gegeben hast.‹ (Deuteronomium 26, 5–10)

DIE ZEHN GEBOTE ODER DER DEKALOG

›Und der Posaune Ton ward immer stärker. Und Gott verkündete seine Gebote: „Ich bin Jahwe, dein Gott, der dich aus dem Land Ägypten, aus der Knechtschaft, geführt hat.

Du sollst keine anderen Götter haben neben mir.

Du sollst dir kein Bildnis noch irgendein Gleichnis machen, weder von dem, was oben im Himmel, noch von dem, was unten auf Erden, noch von dem, was im Wasser unter der Erde ist. Du sollst diese Bildnisse nicht anbeten und ihnen nicht dienen, denn ich, der Herr, dein Gott, bin ein eifersüchtiger Gott, der die Missetat der Väter heimsucht bis ins dritte und vierte Glied derer, die mich hassen, aber Barmherzigkeit erweist an vielen Tausenden, die mich lieben.

Du sollst den Namen des Herrn, deines Gottes, nicht mißbrauchen; denn der Herr läßt den nicht ungestraft, der seinen Namen mißbraucht.

Gedenke des Sabbats und halte ihn heilig! Sechs Tage sollst du arbeiten und alle deine Werke tun. Am siebten Tag aber, dem Tag des Herrn, deines Gottes, sollst du keine Arbeit tun ... Denn in sechs Tagen hat der Herr Himmel und Erde geschaffen und das Meer und alles, was darinnen ist; am siebten Tag ruhte er ...

Ehre deinen Vater und deine Mutter, damit du lange lebst in dem Land, das der Herr, dein Gott, dir gibt.

Du sollst nicht morden.

Du sollst nicht ehebrechen."‹ (Exodus 19, 19–20,14)

▲ Die Übergabe des Gesetzes.
Mose, inmitten einer Feuerhecke auf dem Berg der Erscheinung Gottes, empfängt die Gesetzestafeln. Er steigt zu Aaron und dem Volk hinab und überreicht ihnen die Thora Jahwes.
(Seite aus dem sog. ›Regensburger‹ Pentateuch, um 1300, Jerusalem, Israel-Museum)

RELIGIONEN UND MYTHEN

DAS JUDENTUM

DIE GESCHICHTE DER JUDEN BIS ZUR DIASPORA

Im Jahr 1989 n. Chr. zeigt der jüdische Kalender das Jahr 5749 an. Die Informationen des Alten Testaments machen mit literarischen Quellen und Daten aus der Archäologie die Erstellung einer zuverlässigen Chronologie ab dem 3. Jahrtausend möglich.

DIE PATRIARCHEN
Die Vorfahren Abrahams sind Nomaden in Mesopotamien
– um – 1850: Abraham kommt in Kanaan
– um – 1700 bis – 1350: Die Patriarchen in Ägypten

MOSES UND JOSUA: DER AUSZUG AUS ÄGYPTEN
– 1300: Die Juden leisten Fronarbeit in Ägypten
– 1230: Moses empfängt das Gesetz auf dem Berg Sinai
– 1220 bis – 1200: Josua fällt in Palästina ein

DIE RICHTER
um – 1200: Kampf mit den Philistern an der Küste
– 1040 bis – 1030 Samuel

DIE KÖNIGE
– 1030 bis – 1010: Saul
– 1010 bis – 970: David; Eroberung Jerusalems (– 1000)
um – 970 bis – 931: Salomon;
Bau des ersten Tempels von Jerusalem

DIE KÖNIGREICHE ISRAEL UND JUDA
– 931: Zerfall des Reiches in zwei Königreiche
um – 880: Gründung Samarias;
– 721: Eroberung Samarias; Untergang von Israel
– 874 bis – 853: Elias und die Jahwistische Reaktion – 740: Jesaja

KÖNIGREICH JUDA
– 716 bis – 687: Ezechiel
– 622: Glaubensreform
– 630: Sophonie – 627: Jeremias Historische Bücher

BABYLONISCHE GEFANGENSCHAFT
– 587: Zerstörung des Tempels, Deportation nach Babylon
Jesaja: Trost Israels
– 538: Edikt des Kyros, Erlaubnis zum Wiederaufbau des Tempels
– 537 bis – 515: Bau des zweiten Tempels

RÜCKKEHR DER JUDEN UNTER DEN PERSERN
– 398: Esdras stellt das Gesetz wieder her, theokratischer Staat Judäa
›Zwölfpropheten‹
Wohlstand der babylonischen Juden

GRIECHISCHE EPOCHE
– 333 bis – 287: Alexander der Große und die Diadochen
– 287 bis – 197: Herrschaft der Lagiden
– 197 bis – 142: Herrschaft der Seleukiden
– 168: Antiochos IV. Epiphanes schändet den Tempel

HASMONÄISCHE MONARCHIE
– 167: Makkabäeraufstand
Unabhängiges Königreich Judäa
Hellenisierung Palästinas
Wohlstand der Gemeinden in der orientalischen Diaspora
Septuaginta
Makkabäerbücher

RÖMISCHE HERRSCHAFT
– 63: Pompejus erobert Jerusalem
– 37 bis + 4: Herrschaft Herodes' des Großen
6: Judäa wird römische Provinz
66: erster jüdischer Aufstand
70: Eroberung Jerusalems; Zerstörung des zweiten Tempels
Zweite Diaspora
132 bis 135: Scheitern des Aufstandes des Bar Kochba (Jerusalem geschleift)
Apokalyptische und apokryphe Literatur

DER TALMUD

Nach der Zerstörung des Tempels im Jahre 70 und dem Mißlingen des Aufstandes, des Bar Kochba 132–135 als letztem Versuch, die nationale Unabhängigkeit wiederzugewinnen, ist das Judentum seiner religiösen und nationalen Grundlagen beraubt: Die Thora wird mehr denn je zum einzigen Garanten des Überlebens Israels. Dabei ermöglicht ihre mündliche Überlieferung (s. S. 304) zwar eine ideale Anpassung des Gesetzes an jede neue Situation, birgt aber auch die Gefahr der Abweichung: Die Kodifizierung der mündlichen Überlieferung wird dringend notwendig. Schon 70 n. Chr. gründet Rabbi Johanan ben Zakkai in Jabne, einem wichtigen Zentrum für rabbinische Studien, ein *Synedrium*, einen Rat aus Rechtsgelehrten unter Vorsitz des Patriarchen, des *Nasi*. Gemeinsam schreiben Generationen von Rabbinern drei Jahrhunderte lang, vom 2. bis zum 5. Jh. n. Chr., die Lehren der mündlichen Thora nieder und schaffen damit den *Talmud* (›Lehre‹).

Mischna und Gemara. Der *Talmud* existiert in zwei Fassungen: Die eine basiert auf den Diskussionen der palästinensischen Schulen (hauptsächlich in Caesarea, Tiberias und Sepphoris) [*Jeruschalmi*], die andere wurde von Schulen in Babylonien (*Babli*) verfaßt. Er besteht aus zwei zu unterschiedlichen Zeiten entstandenen Teilen. Die *Mischna* (›Lernen durch Wiederholen‹), eine Gruppe von 63 hebräischen Traktaten, ist eine Sammlung des mündlichen Gesetzes, die die *Tannaiten* (›Lehrer‹), die angesehensten Gesetzeslehrer, mit Rabbi Akiba (gestorben 135 n. Chr.) begannen und unter Rabbi Jehuda Ha-Nasi (137–227) beendeten. Die Rabbiner, die sich mit dieser Auslegung befassen, sind die *Amoraim* (›Kommentatoren‹): Ihr in aramäischer Sprache verfaßtes Werk ist die *Gemara* (›Kommentar‹, ›Vervollständigung‹), die sich in der am weitesten entwickelten Fassung im babylonischen *Talmud* findet.

B · Seite aus dem Babylonischen Talmud, gedruckt von Daniel Bomberg in Venedig zwischen 1520 und 1523. Dieser Umbruch der Texte und Kommentare des Talmuds wurde zum Vorbild späterer Ausgaben: 1. *Mischna*; 2. *Gemara*; 3. Zusatzkommentar des Rabbi Raschi (s. S. 308). 4. *Tosefta*: Kommentare seiner Nachfolger und Schüler.

DIE KABBALA

Die ursprüngliche Bedeutung von *qabbala* ist ›Überlieferung‹. Dieses Wort bezeichnet eine jüdische Mystik und Geheimlehre, die ihre Wurzeln in der biblischen Tradition und in der apokalyptischen Literatur der ersten Jahrhunderte unserer Zeitrechnung hat. Die Kabbala ist ursprünglich die esoterische Lehre einer kleinen Gruppe Eingeweihter, die ab dem 13.–14. Jh. im europäischen Judentum zunehmend beliebter wird.

Es gibt zwei Ansätze in der kabbalistischen Mystik. Die spekulative Kabbala ist eine Philosophie, die sich mit den Beziehungen zwischen der geistigen und der irdischen Welt beschäftigt. Die praktische Kabbala sucht nach Mitteln, um geistige Energien in der physischen Welt zu aktivieren. Ihr Ziel ist die Wiederherstellung der durch das Böse befleckten Harmonie; mit dem Sieg über das Böse soll das messianische Gottesreich beginnen.

Das älteste mystische Werk, das Rabbi Akiba (50–135 n. Chr.) zugeschrieben wird, ist das *Sefer Yetsira (Buch der Schöpfung)*, das 32 mystischen Mittel beschreibt, die Gott zur Schöpfung der Welt verwendet hat (die 22 Buchstaben des hebräischen Alphabets und die 10 *Sephirot* [von *sefira*, ›Zahl‹], die Schöpfungsinstrumente). Mit dem *Sohar (Buch des Glanzes,* um 1300), dem Werk des Mose de Leon, erreicht die Kabbala ihre Blütezeit. Diese ›Bibel der Kabbalisten‹, trägt in der Art eines Kommentars zum Pentateuch die großen spekulativen Themen ihrer Zeit zusammen. Der Sohar inspirierte im 16. Jh. die Gedanken der größten Kabbalisten der Schule von Safed in Palästina.

RELIGIONEN UND MYTHEN

DAS JERUSALEM DES ZWEITEN TEMPELS

Nachdem Kyros den Juden die Rückkehr nach Palästina erlaubt hat und der Tempel wieder aufgebaut ist, wird Jerusalem wieder zum religiösen Mittelpunkt des Judentums, selbst für die immer zahlreicher werdenden Juden in der Diaspora, die hier ihre Opfer darbringen und jedes Jahr Tempelsteuern zahlen. Seit dem Makkabäeraufstand, der den Weg zu einer national-monarchistischen Erneuerung unter den Hasmonäern ebnet, ist die Heilige Stadt auch die politische Hauptstadt. Die hasmonäischen Könige, von denen einige auch Hohepriester sind, unterliegen 63 v. Chr. den Legionen des Pompeius. Herodes nutzt die römischen Bürgerkriege und stellt zum letzten Mal die nationale Unabhängigkeit Judäas her: Die – allerdings gräzisierenden – Arbeiten am Tempel stammen aus dieser Zeit. Aber schon im 2. Jh. prangern die Essener, die in die Wüste Juda gegangen sind und sich als die ›letzten Israeliten‹ betrachteten, die Korruption und Gottlosigkeit des für den Tempeldienst zuständigen Priesteradels an.

SEKTEN

Unter den vier ›Sekten‹, die Josephus Flavius, ein jüdischer Geschichtsschreiber des 1. Jh. n. Chr., beschreibt, stellen die *Sadduzäer* eine vermögende Priesteraristokratie, deren Aufgabe die Opferzeremonie im Tempel ist. Sie sind eine konservative Gemeinschaft. Politisch arbeiten sie mit Rom zusammen. Im religiösen Bereich bestehen sie auf der buchstabentreuen Auslegung des Gesetzes und lehnen die Weiterentwicklung des theologischen Denkens (Auferstehung, Engelslehre) ab.

Die *Pharisäer* dagegen, die auch in den Evangelien erwähnt werden (s. S. 308), treten das Erbe der *Chassidim* des Makkabäeraufstands an. Sie sind Schriftgelehrte, *Rabbiner*, und erfahren in der Auslegung von Texten. Sie lehren die *Thora* in den Synagogen und finden damit bei den Juden in Palästina große Resonanz. Obwohl sie praktizierende Orthodoxe sind, sind sie doch in Fragen der Lehre Neuerungen offen. Nach der Zerstörung des Zweiten Tempels wird das Judentum der Pharisäer zur offiziellen jüdischen Religion.

C · **Juden an der Klagemauer.**

Während des Sechstagekrieges 1967 besetzt der Staat Israel den Ostteil von Jerusalem. Seitdem haben die Juden freien Zugang zu den Resten der Westwand des Tempels, an der eine kleine Gruppe seit der Zerstörung im Jahre 70 ununterbrochen geklagt und in ihren Gebeten die nationale Erneuerung erbeten hat. Der *Kotel* (hebräisch ›Mauer‹) wird zum wichtigsten Ort für alle Juden der Welt, die Gott für den wiedererlangten heiligen Ort danken. Ständig beten dort Männer (und zunehmend auch Frauen), nachdem sie Gebetsriemen mit dem Wort Gottes (die *Tefillin*) zum Zeichen auf ihre Hand und um die Stirn (Deuteronomium 6,8) gelegt haben, und legen Zettel mit Wünschen in die Spalten zwischen den Steinen.

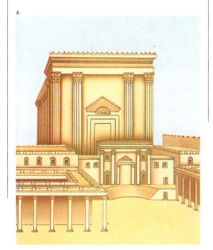

A, B · **Ein Ort nur für Juden.**

Nur Juden ist der Zutritt in den hinter der zweiten Mauer gelegenen Teil des eigentlichen Tempels erlaubt; allen anderen droht die Todesstrafe. Das nach Osten gerichtete Schöne Tor führt zum Vorplatz, über den Frauen nicht hinaus dürfen. Die Männer gehen durch das Nicanor-Tor (6) oberhalb einer halbrunden Treppe und gelangen auf den Hof Israels, der wiederum vom Hof der Priester getrennt ist, wo sich der Opferaltar und der Eingang zum Allerheiligsten (7) befinden.

Ein Tempel auf einem Berg.
Der von Herodes verschönerte und vergrößerte Tempel erhebt sich auf dem Plateau des Berges Moria, das nach drei Seiten hin steil abfällt. An der vierten Seite, im Nordwesten, bauen die Römer die Festung Astonia. Hier werden die rituellen Gewänder des Hohenpriesters aufbewahrt, nachdem Judäa römische Provinz geworden ist. Für die gläubigen Juden des 1. Jh. bedeutet die Anwesenheit des Militärs eine dauernde Beleidigung Jahwes.

Die Überreste.
Systematische Ausgrabungen haben seit 1967 neben byzantinischen und muslemischen Bauten aus dem 7.–8. Jh. Überreste aus der Antike ans Licht gebracht: die Fortsetzung der Westwand des Tempels (›Klagemauer‹) (1) sowie die Treppen und Zugangsrampen (2) auf der Esplanade. Zur Zeit sucht man nach Spuren des Ersten Tempels.

Die Mauern.
Der Tempel umfaßt eine Reihe von Mauern, die immer weiter eingeschränkte Zugangsrechte bedeuten. Die Außenmauer ist eine griechisch beeinflußte Säulenhalle (3), die sich nach innen hin zum jedermann zugänglichen Vorhof der Heiden (4) öffnet. Die am häufigsten benutzten Tore dieses Platzes liegen im Süden, wo Herodes eine monumentale Treppe (3a) zur königlichen Säulenhalle anlegen ließ. In den äußeren Säulenhallen befinden sich die Stände der Händler, Marktschreier und Geldwechsler.

Die Opferstätte.
Die Opferzeremonie findet vor dem Allerheiligsten statt. Auf dem monumentalen Altar, an dem auch Holz für das Brandopfer (Holocaust) und Wasser für die Reinigung aufbewahrt werden, werden täglich oder an Feiertagen Opfer dargebracht, die von den hierfür zuständigen Priestern, den Nachfahren Aarons, rituell getötet und dann verbrannt werden. Die Leviten – die Nachfahren Levis, die untergeordneten Geistlichen – begleiten die Zeremonie auf Musikinstrumenten und mit Chören.

Das Allerheiligste.
Hinter dem Opferaltar, an der Rückseite der Tische mit den Kultinstrumenten, darf sich nur der Hohepriester (höchster Rang in der Priester- und damit auch in der nationalen Hierarchie) aufhalten. Einmal im Jahr, am Versöhnungstag, betritt er den Ort der Schechina (der göttlichen Gegenwart) und schaut das ›Angesicht Gottes‹.

RELIGIONEN UND MYTHEN

JUDENTUM

DAS JÜDISCHE DENKEN IM MITTELALTER

Nach der großen Zerstreuung 135 bestehen zwar in Palästina einige Zentren weiter, in denen die mündliche Tradition schriftlich fixiert wird (der zukünftige *Jerusalemer Talmud*), aber das geistliche Zentrum des Judentums liegt nun im Osten, in Babylon.

Babylonische Gemeinden. Die alten und reichen Gemeinden, die das Meisterwerk des *Babylonischen Talmud* hervorbringen, profitieren von den im 7. Jh. beginnenden arabisch-islamischen Eroberungen. Die von den Kalifen erreichte politische Einigung ermöglicht es den *Geonim*, den Oberhäuptern der Gelehrtenschulen von Sura und Pumbedita (in Babylonien), ihre moralische und religiöse Autorität über die Gesamtheit der Juden im Reich des Halbmonds auszuweiten. Die Sammlungen der *Responsa (Sheelot* oder *Teshuvot)* bieten den z. T. sehr weit entfernt lebenden Juden Antworten bei Problemen mit der Auslegung des Gesetzes in Fällen, die nicht durch den *Talmud* geregelt werden.

Das Spanien der omaijadischen Kalifen. Die glänzende Kultur im Spanien der Omaijaden bietet dem spanischen Judentum einen günstigen Rahmen. Dies ist das goldene Zeitalter des religiösen Denkens der Juden. Anhand arabischer Übersetzungen entdeckten die Juden die griechische Philosophie. Eine Gruppe jüdischer Theologen befaßt sich mit dem Ausgleich zwischen Religion und Philosophie, zwischen Vernunft und Offenbarung. Saadja, der bedeutendste Gaon des mittelalterlichen Judentums, ist der Begründer dieser Philosophie *(Emunot ve Deot – Buch des Glaubens und des Wissens)*. Salomon ibn Gabirol (um 1020 bis um 1058) tritt aus dem Rahmen der jüdischen Welt heraus, da sein *Mekor Hayim, Lebensquell,* in lateinischer Übersetzung von christlichen Theologen (die ihn Avicebron nennen) verwendet wird. Seit dem 13. Jh. verschmelzen seine Ideen mit dem kabbalistischen Gedankengut.

Der vollkommenste Ausgleich zwischen aristotelischer Philosophie und jüdischer Glaubenslehre gelingt jedoch im 12. Jh. einem aus Cordoba stammenden Juden, Mose Ben Maimon (Maimonides, auch als Rambam bekannt). Er veröffentlicht um 1195 den *Führer der Unschlüssigen,* der mit Hilfe der Methode der Allegorie eine Theorie des (geistigen und Gott betreffenden) Wissens und eine Theorie der negativen Eigenschaften Gottes entwikkelt. Trotz der heftigen Kritik des Provenzalen Levi Ben Gerson (Gersonides) im 14. Jh. ist seine Autorität so groß, daß seine ›dreizehn Glaubensartikel‹ in den Gebetsritus aufgenommen werden.

Vervollständigung der ›Halacha‹. Diese philosophischen Entwicklungen haben wie auch die messianischen Strömungen (s. u.) keine nachteilige Auswirkung auf den Glauben, da sich die Rabbiner peinlich genau nach der *Halacha* (wörtlich: ›Art des Gehens‹) richten – einem Regelwerk, dessen Hauptbestandteil der *Talmud* ist und das die korrekte Befolgung der jüdischen Vorschriften festlegt. Sie wird ergänzt von den Kommentaren des Rabbi Raschi (1040–1105), des Begründers der Talmudschule – *Jeschiwa* – von Troyes: Seine bald unverzichtbaren Anmerkungen werden von seinen Schülern vervollständigt *(Tosefta,* ›Ergänzungen‹) [s. S. 306]. Allmählich mehren sich die Gesetzessammlungen, und im 16. Jh. veröffentlicht Josef Karo von Safed den *Schulchan Aruch,* die endgültige *Halacha*.

MESSIANISCHE BEWEGUNGEN

Der Messiasglauben ist ein wesentliches Element des Judentums, da der Wille Gottes, der das Volk Israel auserwählt hat, auf den Ruhm Israels gerichtet ist, der durch einen Gottesgesandten, den ›Gesalbten‹, *Messias,* Wirklichkeit wird. Aber seiner Ankunft wird eine besonders düstere, tragische und schmerzvolle Zeit vorausgehen, die der kriegerische Messias beendet, damit das Reich Gottes anbreche. So wird verständlich, daß die dramatischsten Augenblicke in der Geschichte des jüdischen Volkes als ›Tage der Verkündigung‹, als ›Geburtsqualen‹ des Heilands, empfunden wurden und zu messianischem Fanatismus führten, der ›das Zeitenende beschleunigen‹ sollte. Das Ende der Ära des Zweiten Tempels ist ein erstes historisches Beispiel messianischer Unruhe. Josephus Flavius berichtet von der wachsenden Anhängerschaft dieser ›falschen Messiasse‹, als die Katastrophe naht. Die Zerstörung des Tempels im Jahr 70 wird, als der Schock vorbei ist, religiös als letzter ›Greuel der Verwüstung‹ (Daniel) gedeutet; daher die Ankündigung Rabbi Akibas, des sicher nicht wirklichkeitsfremden, berühmtesten Schriftgelehrten seiner Zeit, Bar Kochba, der ›Sternensohn‹ sei der Messias. Das Scheitern des Aufstandes sei sein Martyrium.

Im 17. Jh. erscheint ein Messias anderer Art. Sabbatai Zwi wird von Rabbi Nathan aus Gasa 1665 in Smyrna zum Messias ausgerufen. Er leitet den Beginn der Erlösung und damit das Ende der Gültigkeit des Gesetzes ein und verleiht dem Nachdruck, indem er sich zum Islam bekehrt. Sabbatianergemeinden, ›die Gläubigen‹, bestehen noch heute in der Türkei. Eine ähnliche pseudomessianistische Bewegung entsteht im 18. Jh. in Deutschland unter Jacob Frank (1726–1791). Die Frankisten, die nihilistische religiöse Anschauungen vertraten, vollzogen später den Bruch mit dem Judentum und traten zum Katholizismus über.

DIE DIASPORA

Dieses griechische Wort bezeichnet die Zerstreuung des jüdischen Volkes (das ›Exil‹, hebräisch *Galut*). Sie begann 587 v. Chr., als Nebukadnezar nach der Zerstörung des Ersten Tempels alle, ›die das Schwert übriggelassen hatte, nach Babel führte, wo sie seiner und seiner Söhne Knechte wurden, bis das Königtum der Perser zur Herrschaft kam‹ (2. Chronik 36, 20). Aber nicht alle kehrten unter Kyros aus dem Exil zurück. Außerdem wanderte ein großer Teil des jüdischen Volkes unter den griechischen Herrschern freiwillig vor allem in den östlichen Mittelmeerraum aus. Dies geschah in einem solchen Maße, daß Philon von Alexandria zu Beginn unserer Zeitrechnung berichtete, daß Jerusalem ›Siedler in alle umliegenden Länder geschickt hat: Ägypten, Phönizien, Syrien. Und darunter sind nicht die jenseits des Euphrat.‹ Das Scheitern der Erhebung von 132 führt zur Großen Diaspora, die bis 1948, dem Jahr der Gründung des Staates Israel, dauert. Unabhängig von der alten Aufteilung in 12 Stämme sind eigenständige Gemeinden mit eigenen Traditionen und einer eigenen, von der jeweiligen Landeskultur geprägten Sprache entstanden. Im Orient und am Rande des Mittelmeers sprachen die *Sephardim* in den osmanischen oder den in das Osmanische Reich eingegliederten Ländern *Ladino* und die verschiedenen jüdisch-arabischen Sprachen. In Europa entwickelten die *Aschkenasim* eine reiche Volks- und Kultursprache, das Jiddische. Es ist immer noch eine lebende Sprache, die über die Grenzen Europas hinaus gesprochen wird (jiddische Zeitungen in New York) und als Literatursprache mit dem Literaturnobelpreisträger Isaac B. Singer geehrt wurde.

▲ · **Jom Kippur, der Versöhnungstag.**
Anfang dieses Jahrhunderts, in einer Londoner Synagoge. Der Tag der Klagen geht zu Ende. Die Männer im Saal (die Frauen sind oben auf der Galerie) wenden sich nach Osten zum *Thora*-Schrein; ihr Kopf ist mit einem Hut bzw. einer Kappe im Fall der Offizianten, die Schultern mit einer gestreiften Stola (dem *Tallit*) bedeckt. Gerade werden die Rollen ohne ihren Schmuck vor der letzten Lesung herumgetragen.

RELIGIONEN UND MYTHEN

CHASSIDISMUS

Der Chassidismus (*chasid,* Heiliger) ist eine mystische Strömung im Mitteleuropa des 18. Jh., die als Reaktion auf das Scheitern der messianischen Bewegungen und als deren Umdeutung entstand. Sein Begründer, Baal Schem Tov (um 1700–1760) [der *Bescht,* der ›Herr des guten Rufs‹], ließ sich mit einer Gruppe von Anhängern in der Ukraine nieder. Er lehrte durch sein Vorbild eine neue Art der Huldigung Gottes. Zwar bilden Gebet und Studium die Grundlage des Gottesdienstes, aber in der *Hitlahvut,* der Fröhlichkeit, der inbrünstigen Freude und der Ekstase von Tanz und Gesang, findet der Gläubige Gott und erlebt seine Vereinigung mit ihm. Derjenige, der diesen Grad an Vertrautheit mit der Gottheit erlangt, ist ein *Zaddik,* ein ›Gerechter‹, in dessen Nähe man lebt, um in der Gotteserkenntnis voranzuschreiten.

Im Chassidismus tritt der Heilige an die Stelle der Lehre: Er wird zur lebendigen Verkörperung der *Thora.* Nicht mehr das Wissen, sondern das alltägliche Leben des Rabbiners ist ausschlaggebend. ›Ich bin nicht zum *Maggid* von Meseritsch gegangen, um von ihm die *Thora* zu lernen, sondern um ihn beim Schnüren seiner Schuhe zu beobachten.‹

Der rasche Erfolg des Chassidismus in Rußland, Polen, Litauen hatte seinen Grund in den Persönlichkeiten der herausragenden *Zaddikim:* Dob Bär von Meseritsch, Rabbi Levi Isaak von Berditschew, Nahman von Breslau und Mendel von Witebsk, der ihn nach Israel brachte. Früher stand der Chassidismus im Widerspruch zum traditionellen, auf dem Text basierenden Judentum. Nachdem er dem Studium wieder eine zentrale Rolle eingeräumt hat und dabei seine Begeisterungsfähigkeit bewahren konnte, ist der Chassidismus heute das orthodoxe Judentum schlechthin.

DAS MODERNE JUDENTUM

Das 14. und 15. Jh. stellen einen Wendepunkt in der Geschichte der jüdischen Gemeinden in Europa dar. Seit dem 13. Jh. waren Juden zunehmend aus Frankreich, dann aus England ausgewiesen worden. Die Vertreibung der spanischen Juden 1492 war bis zum 20. Jh. die größte Umwälzung in ihrer geographischen Verteilung.

Seitdem gibt es zwei Kernzonen. In dem von den Osmanen beherrschten Palästina siedeln sich Kabbalisten und Rabbiner in Safed in Galiläa an. Im Mitteleuropa des 16.–17. Jh. wird mit den polnischen Talmudschulen (*Jeschiwot*) der Höhepunkt des Studiums des Gesetzes erreicht. Bis 1648, als die Juden von den Kosaken und den ukrainischen Bauern hingemetzelt werden, gedeihen zahlreiche, in ihrer Verwaltung unabhängige Gemeinden.

Erst in Venedig – wo der Begriff ›Ghetto‹ ein Juden vorbehaltenes Gebiet bezeichnet –, dann allmählich in ganz Europa schließen sich die Juden entweder auf Druck der Behörden oder zur Bewahrung ihrer Identität in ihrer Gemeinde, der *Kehilla,* zusammen. Die Psalmen der Synagoge und die Thora bestimmen den Rhythmus des von den *Mizwot,* den Geboten, geregelten Tagesablaufs. Die neuen Ideen, die das westliche Europa durch die Philosophie der Aufklärung seit der zweiten Hälfte des 18. Jh. revolutionär verändern, stellen die Juden jedoch vor das Problem der Emanzipation, d. h. des Identitätsverlusts.

A · **Eine wichtige Zeremonie, die Bar-Mizwa.**
In der Woche seines dreizehnten Geburtstages hat der jüdische Junge seine *Bar-Mizwa,* die seine Einführung in die Glaubensgemeinschaft der Erwachsenen besiegelt. Er wird ›Sohn der Verpflichtung‹ (Wortsinn von *Bar-Mizwa*). Er beweist damit seine Kenntnis des Gesetzes und in der Schriftlesung, die er ab dem Alter von 7 Jahren im Talmud Thora erworben hat.

Schriftlesung.
Wie die Männer um ihn herum, unter ihnen auch der Rabbiner (Liturgienmeister) und der *Chasan* (Vorsänger), trägt der Junge den *Tallit* auf den Schultern und die *Kippa* auf dem Kopf. Unter dem symbolischen Licht des siebenarmigen Leuchters (*Menora*) versucht er in einer sehr wohlwollenden Atmosphäre mit einer silbernen Hand als Hilfsmittel, laut und fehlerfrei aus der Schrift vorzulesen, denn das Wort Gottes darf nicht entstellt werden. Von nun an zählt er zu einem *Minjan,* einer Gruppe von zehn Juden, die die Voraussetzung für jede gültige religiöse Zeremonie bildet.

Das Vorzeigen der Thorarollen.
Am Sonnabend, der der eigentlichen Zeremonie folgt, hat der Junge, der religionsgesetzlich volljährig ist und zur Gemeinde der Erwachsenen gehört, das besondere Recht, auf das Pult vor dem Thoraschrein zu steigen. Nach ihrer Entnahme aus ihrer heiligen Lade werden die Rollen (*Sefer Thora*) rituell umhergetragen. Dann legt man sie auf das Pult und nimmt sie aus ihren reich bestickten Hüllen. Sie werden an der *Parascha* des Tages an der entsprechenden Stelle der *Thora* geöffnet, da das gesamte Gesetz jedes Jahr ganz gelesen wird.

FESTTAGE

Die vielen Rituale des jüdischen Jahres lassen sich in drei sich überlagernde Komplexe gliedern. Mit Ausnahme des Sabbats (Sonnabend) sind die Feste beweglich (s. Kapitel ›Kalender‹).

Alle jüdischen Festtage beginnen und enden im Einklang mit der Schöpfungsordnung mit dem Sonnenuntergang.

Sabbat, wöchentlicher Ruhetag nach dem Vorbild des 7. Schöpfungstages: ›Und Gott segnete den siebenten Tag und heiligte ihn, weil er an ihm ruhte von allen seinen Werken, die Gott geschaffen und gemacht hatte.‹ (Genesis 2, 3). Daher ist jede körperliche oder geistige Betätigung untersagt. Der Sabbat wird im Kreise der Gemeinde in der Synagoge und durch Gebete in der Familie, bei denen Brot und Wein gesegnet wird, gefeiert.

Die Riten, die an die Geschichte Israels vor der Ankunft im gelobten Land erinnern: Sie sind sehr alt und eng verbunden mit einer archaischen, jahreszeitbedingten Anordnung der Festtage (Frühling, Herbst).
• Im Frühjahr erinnert Passah (*Pessach*) an den Auszug der Juden in die Wüste Sinai. Als Erinnerung an die Hast und das Herumirren verzichten die Juden eine Woche auf alle gegorenen oder hefehaltigen Nahrungsmittel.

• Sieben Wochen oder 50 Tage (Pfingsten) später heiligt das Wochenfest (*Schawuot*) die Erstlinge der Ernte und gedenkt der Übergabe des Gesetzes am Berg Sinai.
• Im Herbst wird das Laubhüttenfest (*Sukkot*) gefeiert (s. Foto).

Drei Festtage gehen auf die Geschichte der Juden nach dem Exil zurück.
• Das Losfest (*Purim*) feiert die Rettung der persischen Juden durch Königin Esther. Dies ist ein sehr beliebtes Fest, an dem man sich verkleidet.
• Ein anderes Freudenfest ist Anfang Dezember das Lichterfest (*Chanukka*): Jeden Abend wird eine Kerze angezündet. In dieser Woche wird der Reinigung des Tempels durch Judas Makkabäus gedacht (s. S. 306).
• Der *Tescha be Av* (der 9. des Monats *Av*) dagegen, ein Tag der Trauer, erinnert an die Zerstörung der beiden Tempel.

Das Neujahrsfest im Herbst ist der Beginn einer neuen Zeit und im Einklang mit Gott zu begehen. Dafür ist vom ersten Tag des Jahres an – *Rosch Ha-Schana* – ein Zeitraum von 10 Tagen zur persönlichen Prüfung vorgesehen, die mit einem der Höhepunkte des liturgischen jüdischen Jahres schließt, *Jom Kippur,* dem Tag des Sündenbekenntnisses und der Läuterung, dem **Versöhnungstag.** Die Gläubigen läutern sich durch Fasten, Beten und das Sündenbekenntnis. Wenn der *Schofar* ertönt, ist die Zeit wieder unbefleckt.

B · **Sukkot, das Laubhüttenfest.**
Damit wird der Herbstanfang begangen. Eine Woche lang heiligt man die Ernte und gedenkt des Lebens während der vierzig Jahre in der Wüste nach der Flucht aus Ägypten wie diese Gemeinde von jungen Leuten von 1954 im Schloß von Pontault-Combault.

RELIGIONEN UND MYTHEN

DAS JUDENTUM

JÜDISCHE GEMEINDEN IN DER WELT

Die Zerstreuung der jüdischen Gemeinden ist eng mit der europäischen Geschichte des 20. Jh. verbunden. Zum einen ist die Zahl der Juden durch den nationalsozialistischen Völkermord um ein Drittel gesunken (6 Millionen europäischer Juden starben in den Konzentrations- und Vernichtungslagern), zum anderen war die antisemitische Politik totalitärer Regierungen ausschlaggebend für die geographische Verteilung des Judentums. Die größten Gemeinden (außerhalb Israels) der weltweit etwa 13 Millionen Juden befinden sich in Europa (einschließlich Sowjetunion) und Amerika.

DAS JUDENTUM HEUTE

Aktuelle Daten. Das heutige Judentum muß im Zusammenhang mit zwei Faktoren betrachtet werden: ›Kultur‹ und Geschichte.

Die rationalistisch-positivistische Revolution des 19. Jh. bewirkt grundlegende Veränderungen des Judentums. In Deutschland entwickelt Moses Mendelssohn im Geiste der *Aufklärung* in *Jerusalem oder über die religiöse Macht und das Judentum* ein Bild des Judentums als ›offenbarter Gesetzgebung‹, deren Wahrheit durch die Vernunft erfahren wird. Diese ›wissenschaftliche‹ Sicht der Religion, die sich auf eine deutschsprachige Bibel und Kommentare stützt, führte zur Entstehung der *Maskilim*-Strömung, die im Gegensatz zu traditionellen jüdischen Anschauungen steht.

Seitdem rivalisieren diese beiden Bewegungen, insbesondere da die aus der *Haskala* (Aufklärung) hervorgegangene Strömung Gefahr läuft, sich bis hin zur Abkehr vom Glauben aus der religiösen Bindung zu lösen.

Der zweite Faktor ist die Geschichte. Seit Ende des letzten Jahrhunderts waren die mit einer antisemitischen Umgebung konfrontierten russischen und deutschen Gemeinden für sozialistische (marxistische und nichtmarxistische) Theorien sehr empfänglich. Im *Bund*, einer sozialistischen jüdischen Bewegung, entstehen zwei Flügel, einer in der Internationalen mit dem Ziel der Teilnahme an der sozialen Revolution und ein anderer, der in der Nachfolge Theodor Hertzls die Schaffung eines jüdischen Nationalstaates mit sozialistischem Charakter anstrebt, der die versprengten Stämme sammeln soll. Die Balfour-Erklärung im Ersten Weltkrieg bietet das Konzept einer jüdischen Heimstätte in Palästina an, das schon seit Ende des 19. Jh. Ziel mehrerer *Alijoth* (›Aufstiege‹, Auswanderungen) von aus Mittel- und Osteuropa fliehenden Juden ist. Der historische Aspekt trat durch die Schaffung des Staates Israel (1948) nach dem nationalsozialistischen Völkermord und einem mörderischen Unabhängigkeitskrieg in den Vordergrund, als das Judentum nach fast 2000 Jahren wieder einen nationalen Charakter annahm.

Heutige Strömungen und Spannungen. Im Staat Israel lebt nur etwa ein Viertel der Juden der Welt. Neben den Problemen, die den jungen Staat erschüttern (sozio-ethnischer Konflikt zwischen Aschkenasim und Sephardim und dem innen- und außenpolitischen Problem der arabischen Palästinenser), ist das israelische Judentum mit den gleichen Problemen konfrontiert wie alle zerstreuten Gemeinden. Die Rabbinate – von denen das Große Rabbinat von Jerusalem die angesehenste Instanz in Fragen der Lehre ist – mußten vor kurzem über drei Fragen befinden.

Jüdischer ›Fundamentalismus‹? Religiöse Strömungen können sich sehr leicht entwickeln, da es im Unterschied zum Katholizismus keine höchste religiöse Instanz gibt und jedes nationale Rabbinat souverän ist. Die Auseinandersetzung mit einer technisierten Welt, in der das Irrationale keinen Platz hat, und die Integration der westlichen Diasporagemeinden, die durch diese Assimilierung Gefahr laufen, ihre Identität zu verlieren, haben die Frage nach der strengen Befolgung der religiösen Praktiken aufgeworfen.

Der liberale Flügel, der zu einem großen Teil aus der ›Reformierten Synagoge‹ besteht, hat sich prinzipiell für eine Öffnung entschieden; daraus ergab sich eine Reduzierung der religiösen Pflichten und eine weltliche Ausrichtung. In Israel, den Vereinigten Staaten und Frankreich wählt dagegen der orthodoxe Flügel, in dem die Fraktion der *Lubawitsch* am aktivsten ist, den fundamentalistischen Weg der Erstarrung in Geboten und Lehren, was in Israel zu Demonstrationen führte.

Wer ist Jude? Eine Definition ist durch das ›Heimkehrgesetz‹, das mit der Schaffung des Nationalstaates in Kraft trat, dringend notwendig geworden. Zudem setzen die Orthodoxen den Reformbestrebungen, die die Vorschriften für Konvertiten und Kinder aus gemischten Ehen erleichtern wollen, einen unerbittlichen Purismus entgegen, um ihr Volk, das für immer mehr junge Leute, insbesondere aus den Vereinigten Staaten, attraktiv wird, unvermischt zu erhalten.

Die Frauen im Judentum. In beiden Strömungen fordern sie ihren Platz. Die orthodoxen Frauen nehmen ihre traditionelle Mutterrolle an, befassen sich aber mehr und mehr mit Studium und Gebet: Sie begehen zunehmend ihre Einführung in die Glaubensgemeinschaft (Bar-Mizwa). Unter den Reformen war die radikalste Neuerung die geforderte Gleichstellung vor der *Thora*. Die Frauen wollen den Gottesdienst zusammen mit den Männern in der Synagoge feiern.

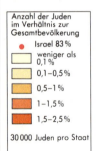

Vereinigte Staaten.
In den Vereinigten Staaten lebt die größte jüdische Minderheit (fast zweimal so viele Juden wie in Israel), und New York ist noch vor Tel Aviv die größte jüdische Stadt der Welt. Diese Gemeinde ist aus verschiedenen Ländern eingewandert (Mittel- und Osteuropa, Nordafrika und sogar Israel). Sie spielt eine wichtige Rolle in den besonders guten Beziehungen zwischen den Vereinigten Staaten und Israel.

Argentinien.
In Südamerika hat der junge argentinische Staat seit der Jahrhundertwende Juden auf der Suche nach Freiheit oder Erfolg aufgenommen.

Afrika.
Hier gibt es nur wenige Juden, da, besonders nachdem die ehemaligen französischen Kolonien in Nordafrika selbständig geworden waren, viele Juden emigrierten. Ganze marokkanische *Mellahs* (Judenviertel) wanderten nach Israel aus, und im Reich der Scherifen leben heute nur noch etwa 30 000 Juden. Ende 1984 wurden in der aufsehenerregenden Operation ›Mose‹ die schwarzen Juden aus Äthiopien (Falachen) geholt. Nur die jüdische Gemeinde in Südafrika, wo der größte Teil der Juden des Kontinents lebt (etwa 125 000), spielt dank der besonderen Beziehungen Israels zu diesem Land eine wichtige Rolle.

Westeuropa.
Die Gemeinden zählen hier nur etwa 1,5 Millionen Mitglieder, davon zwei Drittel in Frankreich und Großbritannien. Sie sind gut integriert, besonders rege und wirtschaftlich aktiv. Sie achten stark auf Anzeichen eines latenten Antisemitismus und sind dabei in Großbritannien in religiöser Hinsicht eher liberal, in Frankreich eher orthodox. Die ursprünglich aschkenasische französische Gemeinde wurde zwischen 1956 und 1962 durch die Ankunft sephardischer Juden aus Nordafrika verstärkt und grundlegend erneuert.

Sowjetunion.
Die ›sowjetischen Juden‹ standen in den letzten Jahren oft im internationalen Rampenlicht. Als Zielscheibe eines alten russischen Antisemitismus in Kombination mit der sowjetischen Kirchenfeindlichkeit zählen die russische und die georgische Gemeinde, die hohe Auswanderungsraten in Richtung Israel verzeichnet, Tausende von *Refusniks*, die nicht emigrieren dürfen. Sie haben einen beträchtlichen Einfluß auf die Beziehungen zwischen Israel und der Sowjetunion, und es scheint, daß Gorbatschow sich im Zuge der Liberalisierung um eine Normalisierung ihrer Lage bemüht.

Asien und Ozeanien.
Juden leben in Südostasien, manchmal nach altem Brauch, wie jener vergessene ›Stamm‹, der sich vor kurzem an der Ostgrenze Indiens zu seinem Judentum bekannte. In Australien handelt es sich um vor kurzem aus Europa eingewanderte Juden.

RELIGIONEN UND MYTHEN

DAS CHRISTENTUM

DAS LEBEN JESU

Der Volksprophet Jesus, den seine Jünger als den Messias bejubeln (s. Kasten) wird gegen Ende der Regierungszeit des Herodes oder spätestens in den Jahren 6–7 unserer Zeitrechnung zur Zeit der Volkszählung in Palästina geboren. Nach dreißig Jahren, über die wenig bekannt ist, empfängt er im Jordan die Taufe durch Johannes den Täufer und beginnt, in seinem Heimatland Galiläa zu predigen. Er spricht in Fabeln und Gleichnissen, vollbringt Heilungen und kann so seine ersten Begleiter aus den benachteiligten jüdischen Kreisen für sich gewinnen. Er kündigt das baldige Kommen eines Reiches an, das nicht von dieser Welt sei, in dem aber die Armen eine sofortige Veränderung ihres Schicksals erwarten. Er leugnet nicht, der Messias zu sein, und gewinnt in dieser Eigenschaft großen Einfluß auf das Volk. Daß er zunächst auf der Wanderschaft, dann im Tempel von Jerusalem predigt, verärgert die Pharisäer (s. S. 307), die ihn als Nonkonformisten betrachten, der im Volk die religiöse und moralische Autorität der Priesterkaste untergräbt. Auch die Sadduzäer (s. S. 307), die die Ankündigung des Gottesreiches für antirömische Aufwiegelung halten und überzeugt davon sind, daß die Beliebtheit Jesu beim Volk eine ernste Gefahr darstellt, prangern den Propheten an, der den römischen Frieden stören will. Nach dem triumphalen Einzug Jesu in Jerusalem, wo er die Händler aus dem Tempel vertreibt, ist sein Tod beschlossen: Am Donnerstag wird er von einem seiner Jünger, Judas, verraten und, nachdem er mit den zwölf Aposteln eine letzte Mahlzeit eingenommen hat, das Abendmahl, bei dem er das Sakrament der Eucharistie einführt, verhaftet. Die jüdischen Behörden machen aus dem Prozeß des religiösen Reformators den eines politischen Agitators, um den römischen Statthalter Pontius Pilatus unter Druck zu setzen. Am Freitag, dem Vorabend des jüdischen Passahfestes, stirbt Jesus am Kreuz zwischen zwei Verbrechern. Zwei Wochen später, zu Pfingsten, verkünden die zwölf Apostel öffentlich, daß der tote Jesus auferstanden und ihnen erschienen sei; sie fordern die Juden auf, in ihm den Messias zu erkennen, auf den Israel warte, und sich zur ›frohen Botschaft‹ zu bekehren.

Palästina zur Zeit Jesus Christus

(Karte: Tyrus, PHÖNIKIEN, Kapernaum, See Genezareth, GALILÄA, Karmel, Nazareth, Tabor, DEKAPOLIS, Caesarea, MITTELLÄND. MEER, SAMARIA, Samaria, Jordan, Joppe (Jaffa), PERÄA, Emmaus, Jericho, Jerusalem, Bethanien, Bethlehem, Gaza, JUDÄA, TOTES MEER, IDUMÄA)

DIE CHRISTLICHE BOTSCHAFT

Seit der ersten Predigt des Petrus am Pfingstabend enthält die christliche Botschaft mehrere grundsätzliche Aussagen.

Jesus ist der Messias. Er verkündet mit dem Evangelium, daß Jesus der Messias ist: Er ist wahrhaft auferstanden von den Toten und wird am Zeitenende wiederkehren, um die Menschen zu richten. Bis zu seiner Wiederkehr hat er den Heiligen Geist als Pfand dieses zukünftigen Reiches geschickt, um die Gemeinde der Gläubigen, die Kirche, zu einen. Dies ist die Frohe Botschaft, griechisch *Kerygma* (›Verkündigung‹), mit der bestätigt wird, was Gott für die Menschen getan hat.

Eine Moral für das Seelenheil. Er lehrt ferner, was die Menschen zur Erlangung des Heils tun müssen. Denn die göttliche Offenbarung bringt ein Gesetz mit sich, Verhaltensregeln für die Christen der Welt, eine neue Liturgie, die die Völker lernen sollen. Diese Lehre (die *didake* – von *didaskein*, ›lehren‹) läßt sich nicht von der ›Frohen Botschaft‹ trennen: Denn der die Menschheit erlösende Tod Jesu Christi hat eine Umwandlung des Menschen zur Folge. Sein Gebot ›Liebe deinen Nächsten wie dich selbst‹ beinhaltet bekannte Pflichten. Aber das Gesetz Christi ist nicht nur ein Regelwerk für eine Gesellschaft von Menschen, es setzt auch ein neues Verhältnis zwischen dem Menschen und Gott voraus: Das Geschöpf wendet sich seinem Erlöser zu und erwartet seine Wiederkehr.

Die Liebe Gottes. Die Grundlage des christlichen Lebens ist vor allem der Glaube an Jesus, den Herrn. Aber dieser Glaube, der neue Bindungen zwischen dem Menschen und seinem Herrn schafft, bewirkt auch ein neues Verhältnis unter den Gläubigen, das hat seine Grundlage in der *agape* (von *agapan*, ›lieben‹), der Liebe Gottes: Der Ursprung jeglichen moralischen und sozialen Lebens ist eben diese unerschöpfliche Liebe, mit der Gott die Menschen und die Welt liebt. Darum hat Jesus seinen Jüngern das Gebot der Nächstenliebe hinterlassen.

DER HISTORISCHE JESUS

Über die Person Jesu besitzen wir Bemerkungen eines jüdischen Schriftstellers, Josephus Flavius, zweier römischer Historiker, Tacitus und Sueton, und den Bericht des Provinzstatthalters Plinius an Kaiser Trajan, der bestätigt, daß ›seine Jünger ihn wie Gott verehren‹. Die wichtigste literarische Quelle sind die Schriften des Neuen Testaments. Diese Texte, apostolische Episteln und Evangelien, sind keine historische Biographie Jesu. Es handelt sich vielmehr um theologische Texte, Zeugnisse der christlichen Lehre, die den Glauben an Jesus, den Christus und Erlöser, bekräftigen. Sie werfen daher das Problem der Unterscheidung zwischen Glaubenswahrheit und historischer Wahrheit auf.

APOSTEL

Das Wort ›Apostel‹ kommt vom griechischen *apostellein*, ›schicken‹. Nach der Überlieferung der synoptischen Evangelien wählt Jesus persönlich unter seinen Jüngern 12 aus, ›um bei ihm zu sein und die Frohe Botschaft zu predigen‹. Dies sind Simon Petrus, sein Bruder Andreas, Jakobus d. Ä. und Johannes (Söhne des Zebedäus), Philippus, Bartholomäus, Matthäus, Thomas, Jakobus d. J. (Sohn des Alphäus), Thaddäus, Simon (Zelotes) und Judas Iskariot, der Jesus am Ende verrät. Diese Zwölfzahl ist eine symbolische Erinnerung an die 12 Stämme Israels. Jesus läßt die Apostel großen Anteil an seinem Werk nehmen und schickt sie zunächst zum Predigen nach Galiläa (MARKUS 6, 6–13), dann nach seiner Auferstehung in die ganze Welt (MATTHÄUS 28, 18–20). Die Apostel kommen aus verschiedenen sozialen Schichten, Fischer am See Genezareth, Zöllner, Nationalisten. Diese Zwölf verkünden zu Pfingsten den vielen Juden, die nach Jerusalem gepilgert sind, die Göttlichkeit Jesu, der gestorben und auferstanden ist, um die Menschheit zu erlösen. Sie bilden damit den Kern der ersten Christengemeinde und verbreiten in den Synagogen Palästinas, dann in denen der großen Städte des Orients die Botschaft des Evangeliums. Gelegentlich vollbringen sie Wunder, ebenso wie Jesus. Ihnen schließt sich nach seiner Bekehrung der Heidenapostel Paulus an, der die Aufgabe, die Botschaft des Christentums zu den Heiden zu bringen, in seiner Vision auf dem Weg nach Damaskus unmittelbar von Christus erhält (1. KORINTHER 9 und GALATHER 1, 11–16).

DER MESSIAS

Die Jünger Jesu erkannten in ihm den Messias, das heißt, sie gaben ihm den Titel, der früher den Königen von Israel und Juda vorbehalten war, nachdem sie zum Zeichen ihrer Auserwähltheit durch Jahwe die Salbung erhalten hatten. Das geknechtete jüdische Volk hoffte auf das Erscheinen eines Heilands, eines von David abstammenden Messias, der ihm die Freiheit wiedergeben würde. Unter der römischen Herrschaft haftete dem *Messianismus* eine politische Ideologie an, die Jesus stets ablehnte, da sein ›Reich nicht von dieser Welt‹ sei.

B · **Der Stamm Jesse.**

Ikonographische Darstellung des Stammbaums Christi. Er illustriert die Prophezeiung Jesajas (11, 1–10), aufgenommen in Matthäus (1, 15–16), derzufolge David, der Enkel Jesses, der Stammvater des Messias ist. *(Miniatur in der Bibel des Klosters Saint-André-au-Bois, 12. Jh., Boulogne-sur-Mer, Stadtbibliothek)*

311

RELIGIONEN UND MYTHEN

DAS CHRISTENTUM

TEXTE

Das Leben Christi wird in den vier von der Kirche anerkannten Evangelien, die Matthäus, Markus, Lukas und Johannes zugeschrieben werden, erzählt, wobei die ersten drei dieser Evangelisten wegen ihrer Ähnlichkeit auch synoptische (griech. ›nebeneinandergestellt‹) Evangelien genannt werden. Die nicht von der Kirche anerkannten apokryphen Evangelien berichten kleine Geschichten, z. B. aus der Kindheit Christi, so das Protevangelium des Jakobus.

Geburt Jesu. ›Es begab sich aber zu der Zeit, daß ein Gebot von dem Kaiser Augustus ausging, daß alle Welt geschätzt würde. Und diese Schätzung war die allererste und geschah zur Zeit, da Quirinius Statthalter in Syrien war. Und jedermann ging, daß er sich schätzen ließe, ein jeder in seine Stadt. Da machte sich auch auf Josef aus Galiläa, aus der Stadt Nazareth, in das jüdische Land zur Stadt Davids, die da heißt Bethlehem, weil er aus dem Hause und Geschlecht Davids war, damit er sich schätzen ließe mit Maria, seinem vertrauten Weibe; die war schwanger. Und als sie dort waren, kam die Zeit, daß sie gebären sollte. Und sie gebar ihren ersten Sohn und wickelte ihn in Windeln und legte ihn in eine Krippe; denn sie hatten sonst keinen Raum in der Herberge. Und es waren Hirten in derselben Gegend auf dem Felde bei den Herden, die hüteten des Nachts die Herde. Und der Engel des Herrn trat zu ihnen und ... sie fürchteten sich sehr. Und der Engel sprach: Fürchtet euch nicht. Siehe, ich verkündige euch große Freude, die allem Volk widerfahren wird; denn heute ist euch der Heiland geboren, welcher ist Christus der Herr, in der Stadt Davids ... Und alsbald war da bei dem Engel die Menge der himmlischen Heerscharen, die lobten Gott und sprachen: Ehre sei Gott in der Höhe und Frieden auf Erden bei den Menschen seines Wohlgefallens. Und als die Engel von ihnen gen Himmel fuhren, sprachen die Hirten untereinander: Laßt uns nun gehen nach Bethlehem und die Geschichte sehen, die da geschehen ist, die uns der Herr kundgetan hat. Und sie kamen eilend und fanden beide, Maria und Josef, dazu das Kind in der Krippe liegen.‹ (LUKAS 2, 1–16)

Die Wunder Jesu. Jesus wird in den Evangelien nie als einfacher Heiler mit außergewöhnlichen Kräften dargestellt. Zwar heilt er die Menschen schnell und völlig, aber er gründet seinen Ruf nicht auf das Bedürfnis nach Wundern, das die Masse seiner Anhänger hat, sondern verlangt vor der Heilung Glauben und danach Schweigen. Ein Beispiel für die Heilung zweier Blinder:

›Und als Jesus von dort weiterging, folgten ihm zwei Blinde, die schrien: Ach, du Sohn Davids, erbarme dich unser. Und als er heimkam, traten die Blinden zu ihm. Und Jesus sprach zu ihnen: Glaubt ihr, daß ich das tun kann? Da sprachen sie zu ihm: Ja, Herr. Da berührte er ihre Augen und sprach: Euch geschehe nach eurem Glauben! Und ihre Augen wurden geöffnet. Und Jesus drohte ihnen und sprach: Seht zu, daß es niemand erfahre. Aber sie gingen hinaus und verbreiteten die Kunde von ihm in diesem ganzen Lande.‹ (MATTHÄUS 9, 27–31)

Gott gibt den Menschen also, durch Jesus, die Gesundheit des Körpers zurück, und die Wunder erweisen die Macht des Vaters, an der der Sohn teilhat. Für die Massen, die dies erleben, erfüllt er die Prophezeiung Jesajas (53, 4): ›Fürwahr, er trug unsere Krankheit und lud sich auf unsre Schmerzen‹. Für den Evangelisten Johannes sind die Wunder, z. B. die Heilungen, die Brotvermehrung, der wunderbare Fischfang, Zeichen für die Gegenwart Gottes in Jesus. Seine Handlungen an physisch und psychisch Kranken sind ebenfalls Zeichen der Güte Gottes gegenüber seinen Geschöpfen. Jesus wird daher von denen geholt, die krank sind und Hilfe brauchen, die er ihnen geben kann, und die ihr Vertrauen, ihren ›Glauben‹ an die Güte Gottes zeigen.

So antwortet Jesus einem Vater, der ihn sagt: ›Wenn du aber etwas kannst, so erbarme dich unser und hilf mir!‹, ›Wenn du kannst – alle Dinge sind möglich dem, der da glaubt. Sogleich schrie der Vater des Kindes: Ich glaube; hilf meinem Unglauben.‹ (MARKUS 9, 22–23). Eine seltsame Logik, die aber zeigt, welches Vertrauen Jesus bei denen, die er heilte, weckte.

Passion und Tod Jesu. ›Es waren noch zwei Tage bis zum Passahfest und den Tagen der Ungesäuerten Brote. Und die Priester und Schriftgelehrten suchten, wie sie ihn mit List ergreifen und töten könnten ... Und Judas Iskariot, einer von den Zwölfen, ging hin zu den Hohenpriestern, daß er ihn an sie verrate. Als sie dies hörten, wurden sie froh und versprachen, ihm Geld zu geben ... Und alsbald, während er noch redete, kam herzu Judas, einer von den Zwölfen, und mit ihm eine Schar mit Schwertern und mit Stangen ... und sie führten Jesus zu dem Hohenpriester ... Da fragte ihn der Hohepriester und sprach zu ihm: Bist du der Christus, der Sohn des Hochgelobten? Jesus aber sprach: Ich bin's; und ihr werdet sehen den Menschensohn sitzen zur Rechten der Kraft und kommen mit den Wolken des Himmels. Da zerriß der Hohepriester seine Kleider und sprach: ... Ihr habt die Gotteslästerung gehört. Was ist euer Urteil? Sie aber verurteilten ihn alle, daß er des Todes schuldig sei ... Und alsbald am Morgen hielten die Hohenpriester Rat mit den Ältesten ... und sie banden Jesus, führten ihn ab und überantworteten ihn Pilatus. Und Pilatus fragte ihn: Bist du der König der Juden? Er aber antwortete ihm: Du sagst es. Und die Hohenpriester beschuldigten ihn hart. Pilatus aber fragte ihn abermals: Antwortest du nichts? Siehe, wie hart sie dich verklagen. Jesus aber antwortete nichts mehr ... Pilatus aber wollte dem Volk zu Willen sein ... und ließ Jesus geißeln und überantwortete ihn, daß er gekreuzigt werde. Die Soldaten aber ... zogen ihm einen Purpurmantel an und flochten ihm eine Dornenkrone und setzten sie ihm auf und fingen an, ihn zu grüßen: Gegrüßet seist du, der Juden König. Und sie schlugen ihn mit einem Rohr und spien ihn an ... Und als sie ihn verspottet hatten, führten sie ihn hinaus, daß sie ihn kreuzigten ... Und sie brachten ihn zu der Stätte Golgatha ... Und sie kreuzigten ihn mit zwei Räubern, einen zu seiner Rechten und einen zu seiner Linken ... Und zu der neunten Stunde rief Jesus laut: Mein Gott, mein Gott, warum hast du mich verlassen? Und einige, die dabeistanden als sie das hörten, sprachen: Siehe, er ruft den Elia. Da lief einer und füllte einen Schwamm mit Essig, steckte ihn auf ein Rohr, gab ihm zu trinken und sprach: Halt, laßt sehen, ob Elia komme und ihn herabnehme! Aber Jesus schrie laut und verschied. Und der Vorhang im Tempel zerriß in zwei Stücke von oben an bis unten aus. Der Hauptmann aber, der dabeistand, ihm gegenüber, und sah, daß er so verschied, sprach: Wahrlich, dieser Mensch ist Gottes Sohn gewesen.‹ (MARKUS 14 und 15)

▲ · **Geburt Jesu und die Hirten.**

Die Geburt Jesu wird in einer Grotte oder, wie hier, in einer ›Krippe‹, einem kleinen Holzbau, dargestellt. In der Nähe des Jesuskindes sieht man einen Ochsen und einen Esel, die im Evangelium der Kindheit Jesu erwähnt werden, einem vom kirchlichen Kanon nicht anerkannten Text, der im Lukasevangelium fehlt. (Giotto, Fresko in der Scrovegni-Kapelle in Padua, 1303–1304)

WAS IST EIN WUNDER?

Der Begriff Wunder gehört in den Bereich der Religionswissenschaft. Es ist weder ein philosophischer, noch ein naturwissenschaftlicher Begriff. In vielen menschlichen Gesellschaften wird ein Wunder nicht als ›Durchbrechung der Naturgesetze‹ empfunden, sondern als Werk höherer und übernatürlicher, göttlicher Mächte, die die Welt der Menschen bewegen. Daher offenbaren Wunder das Göttliche, zeigen es in Ereignissen, die durch die Erfahrung und logisch nicht erklärbar sind. Im Alten Testament werden Wunder selten erwähnt, kommen aber im Neuen Testament häufiger vor, wenn über die vom Sohn Gottes vollbrachten Wunder berichtet wird. In der katholischen Theologie spielen Wunder im Prozeß der Heiligsprechung eine Rolle (s. S. 319).

RELIGIONEN UND MYTHEN

Auferstehung Jesu. Als der Sabbat vergangen war, kauften Maria von Magdala, Maria, die Mutter des Jakobus, und Salome wohlriechende Öle, um hinzugehen und Jesus zu salben. Und sie kamen zum Grab am ersten Tag der Woche, sehr früh, als die Sonne aufging. Und sie sprachen untereinander: Wer wälzt uns den Stein von des Grabes Tür? Und sie sahen hin und wurden gewahr, daß der Stein weggewälzt war; denn er war sehr groß. Und sie gingen hinein in das Grab und sahen einen Jüngling zur rechten Hand sitzen, der hatte ein langes weißes Gewand an, und sie entsetzten sich. Er aber sprach zu ihnen: Entsetzt euch nicht. Ihr sucht Jesus von Nazareth, den Gekreuzigten. Er ist auferstanden, er ist nicht hier. Siehe da, die Stätte, wo sie ihn hinlegten. Geht aber hin und sagt seinen Jüngern und Petrus, daß er vor euch hingehen wird nach Galiläa; dort werdet ihr ihn sehen, wie er euch gesagt hat. Und sie gingen hinaus und flohen von dem Grab; denn Zittern und Entsetzen hatte sie ergriffen. Und sie sagten niemandem etwas; denn sie fürchteten sich. Als aber Jesus auferstanden war früh am ersten Tag der Woche, erschien er zuerst Maria von Magdala ... Und sie ging hin und verkündete es denen, die mit ihm gewesen waren und Leid trugen und weinten. Und als diese hörten, daß er lebe und sei ihr erschienen, glaubten sie es nicht. Danach erschien er in anderer Gestalt zweien von ihnen unterwegs, als sie über Land gingen ... Zuletzt, als die Elf zu Tisch saßen, offenbarte er sich ihnen und schalt ihren Unglauben und ihres Herzens Härte, daß sie nicht geglaubt hatten denen, die ihn gesehen hatten als Auferstandenen.‹ (MARKUS 16, 1–14)

Das Credo oder Glaubensbekenntnis. Dies ist der Text, der die Grundaussagen des christlichen Glaubens (credo, ›ich glaube‹) zusammenfaßt; der Wortlaut wurde nach den Konzilen von Nizäa und Konstantinopel Ende des 4. Jh. endgültig festgelegt.

›Wir glauben an den einen Gott, den Vater, den Allmächtigen, der alles geschaffen hat, Himmel und Erde, die sichtbare und die unsichtbare Welt,

Und an den einen Herrn Jesus Christus, Gottes eingeborenen Sohn, aus dem Vater geboren vor aller Zeit, Gott von Gott, Licht vom Licht, wahrer Gott vom wahren Gott,

Gezeugt, nicht geschaffen, eines Wesens mit dem Vater; durch ihn ist alles geschaffen.

Für uns Menschen und zu unserem Heil ist er vom Himmel gekommen, hat Fleisch angenommen durch den Heiligen Geist von der Jungfrau Maria und ist Mensch geworden.

Er wurde für uns gekreuzigt von Pontius Pilatus, hat gelitten und ist begraben worden, ist am dritten Tage auferstanden nach der Schrift und aufgefahren in den Himmel. Er sitzt zur Rechten seines Vaters

Und wird wiederkommen in Herrlichkeit zu richten die Lebenden und die Toten und seiner Herrschaft wird kein Ende sein.

Wir glauben an den Heiligen Geist, der Herr ist und lebendig macht, der aus dem Vater und dem Sohn hervorgeht, der mit dem Vater und dem Sohn angebetet und verherrlicht wird, der gesprochen hat durch die Propheten, und die eine, heilige, allgemeine und apostolische Kirche. Wir bekennen die eine Taufe zur Vergebung der Sünden. Wir erwarten die Auferstehung der Toten und das Leben der kommenden Welt. Amen.‹

›Credo in unum Deum Patrem omnipotentem, factorem caeli et terrae, visibilium omnium, et invisibilium,/ Et in unum Dominum Jesum Christum, Filium Dei unigenitum, et ex Patre natum ante omnia saecula, Deum de Deo, lumen de lumine, Deum verum de Deo vero,/ Genitum, non factum, consubstantialem Patri per quem omnia facta sunt,/ Qui propter nos, homines, et propter nostram salutem descendit de caelis. Et incarnatus est de Spiritu Sancto ex Maria Virgine, et homo factus est./ Crucifixus etiam pro nobis: sub Pontio Pilato passus, et sepultus est./ Et resurrexit tertia die, secundum Scripturas; et ascendit in caelum, sedet at dexteram Patris./ Et iterum venturus est cum gloria judicare vivos, et mortuos: cujus regni non erit finis./ Et in Spiritum Sanctum, Dominum, et vivificantem: qui ex Patre, Filioque procedit. Qui cum Patre et Filio simul adoratur, et conglorificatur: qui locatus est per Prophetas. Et in unam sanctam catholicam et apostolicam Ecclesiam, confiteor unum baptisma in remissionem peccatorum, et exspecto resurrectionem mortuorum et vitam venturi saeculi,` amen.‹

Das Vaterunser. Das christliche Gebet schlechthin ist das, welches Jesus seine Jünger lehrte: ›Darum sollt ihr so beten:

›Unser Vater im Himmel,

Dein Name werde geheiligt, dein Reich komme,

Dein Wille geschehe, wie im Himmel, so auf Erden!

Unser täglich Brot gib uns heute

Und vergib uns unsere Schuld wie auch wir vergeben unseren Schuldigern,

Und führe uns nicht in Versuchung, sondern erlöse uns von dem Bösen, Amen.‹ (MATTHÄUS 6, 9–13)

›Pater noster, qui es in caelis/ Sanctificetur nomen tuum, adveniat regnum tuum/ Fiat voluntas tua, sicut in caelo et in terra!/ Panem nostrum quotidianum da nobis hodie/ Et dimitte nobis debita nostra sicut et nos dimittimus debitoribus nostris/ Et ne nos inducas in tentationem/ Sed libera nos a malo, amen.‹

Das Ave Maria. Dieses am häufigsten gebetete Gebet an die Jungfrau Maria umfaßt zwei Teile: Der ältere Teil nimmt die Worte des Engels bei der Verkündigung (Englischer Gruß, LUKAS 1, 22) und die ihrer Cousine Elisabeth (LUKAS 1, 42) auf. Der andere, von der Kirche ergänzte, Teil stammt aus dem 12. Jh.. Endgültig wurde der Text von Papst Pius V. im 16. Jh. festgeschrieben:

›Gegrüßet seist du, Maria, voll der Gnade, der Herr ist mit dir. Du bist gebenedeit unter den Frauen, und gebenedeit ist die Frucht deines Leibes, Jesus.

Heilige Maria, Mutter Gottes, bitte für uns Sünder, jetzt und in der Stunde unseres Todes.‹

›Ave, Maria, gratia plena, Dominus tecum, benedicta tu in mulieribus, et benedictus fructus ventris tui./ Santa Maria, Mater Dei, ora pro nobis peccatoribus, nun et in hora mortis nostrae. Amen.‹

▲ **Die Kreuzigung.** Maria aus Magdala kniet am Kreuz und küßt die Füße Jesu, die sie wenige Tage vorher mit kostbarem Öl gesalbt hatte. Links die Jungfrau Maria, gestützt vom Apostel Johannes und der Mutter der Söhne des Zebedäus. Rechts teilen sich die römischen Soldaten das Gewand Jesu. Unter dem Kreuz ist der Schädel Adams, des ersten Menschen, begraben, von dessen Sünde der Heiland erlöst. Durch seine Position in der Mitte des Bildes und durch seine Größe gehört der Gekreuzigte zur Welt der Menschen und ist doch schon im Himmel, wo ihn Engel mit Kelchen und Kronen empfangen. (Giotto, Fresko in der Scrovegni-Kapelle in Padua, 1303–1304)

DAS FILIOQUE

Das lateinische Wort *Filioque* (›und vom Sohn‹) wurde von der römischen Kirche im 11. Jh. in das Credo eingefügt: ›(Ich glaube) an den Heiligen Geist, der vom Vater und vom Sohn ausgeht‹. Dies war der Grund für die Trennung von Ost- und Westkirchen (s. S. 327), denn die Ostkirchen wollten die bisherige Formulierung beibehalten: ›(Ich glaube) an den Heiligen Geist, der vom Vater über den Sohn ausgeht‹.

RELIGIONEN UND MYTHEN

DAS CHRISTENTUM

ENGEL UND DÄMONEN

Engel. Unter dem Einfluß des Judentums und später des Christentums sind Engel die übernatürlichen Wesen, deren Glauben im Westen am weitesten verbreitet ist. Sie sind Himmelswesen, die von Gott vor dem Menschen geschaffen wurden, um Botschafter und Vollstrecker seines Willens und seine Mitarbeiter im Werk der nie endenden Schöpfung zu sein. Sie sind in der Welt allgegenwärtig und sorgen für Bewahrung und Ordnung. In unüberschaubarer Zahl bilden sie den Hofstaat Gottes, den sie unablässig anbeten. Sie gehören zu einer Hierarchie von neun Chören: Seraphim, Cherubim (oder ›Engel mit Menschengesichtern‹), Throne, Herrschaften, Fürstentümer, Mächte, Kräfte, Erzengel und Engel. Sie führen Buch über die guten und bösen Werke der Menschen. Auf der Grundlage bestimmter Bibelstellen (Genesis 46, 16; Tobias 15; Matthäus 28, 10; Apostelgeschichte 12, 15) entwickelte sich der Glaube, daß jeder Mensch einen bestimmten Engel hat, der ihn auf den rechten Weg führt und ihm beisteht. Dieser gute Engel, oder ›Schutzengel‹, geleitet die Seele des Toten ins Paradies. Er ist eine religiöse Verkörperung des Gewissens des einzelnen.

Dämonen. Die Vorstellung vom Teufel entstammt dem weit verbreiteten Glauben an böse Mächte und Geister, die unbedachte, unsteuerbare Gefühlsregungen bewirken. Die Dämonologie, die sich im Alten Orient entwickelt hat, nennt Dämonen als Auslöser menschlichen Unglücks, aber auch als Verursacher des moralisch Schlechten. Der erste personifizierte Dämon findet sich im Buch Tobias in Asmodi, ›dem Vernichter‹, dem schlimmsten Dämonen, dem Dämonen der Mißgunst. Die Figur des Satans erscheint im Buch Hiob: Er ist der Gegenspieler Gottes und der Ankläger des Menschen vor Jahwe. In den Gleichnissen Jesu ist er der Herrscher des dem Gottesreich entgegengesetzten Reiches; die

B · **Der Fall der aufrührerischen Engel.**
Das Thema des Falls der Engel entsteht spät in der apokalyptischen jüdischen Literatur und wird vom Christentum wiederaufgenommen, um die Existenz von Dämonen zu erklären: Die Engel, die sich gegen die Macht Gottes, ihres Schöpfers, empört haben, werden von ihren treu gebliebenen Brüdern für immer vertrieben. *(Holzmalerei, dem Meister der aufrührerischen Engel zugeschrieben, italienische Kunst des 14. Jh., Paris, Louvre)*

Dämonen sind seine Untertanen. Sie haben die Bösen und Gottlosen im Gefolge. Satan und Dämonen sind aufrührerische und gefallene Engel, bleiben aber reine Geister und nehmen nur manchmal eine sichtbare Gestalt an, um die Menschen zu versuchen. Das eigentlich Teuflische ist die Wandelbarkeit des Satans, der als junge und schöne Frau, Bestie oder Ungeheuer erscheinen kann. Die Dämonen sind für den Menschen nicht nur Versucher seines Willens; manchmal ist sein Körper von ihnen besessen, was sich in hysterischen Krämpfen und anderen psychischen Krankheiten äußert. So ist der Teufel in den Wahnbildern der Menschen ständig vorhanden.

A · **Das Paradies.**
Ein Reigen, in dem sich Engel und Auserwählte abwechseln, im Garten Eden, in dessen Hintergrund sich die Tore des himmlischen Jerusalem erheben, das in goldenem Licht erstrahlt. Dieses Bild des Fra Angelico vermittelt einen außergewöhnlichen Eindruck von Glück und Heiterkeit.

C · **Die Hölle.**
Die Hölle der mittelalterlichen Maler ist loderndes Feuer, in dem die Verdammten brennen und die Leiber eine ihrem persönlichen Laster entsprechende Marter erleiden. *(Fra Angelico, ›das Paradies‹, Ausschnitt aus dem Jüngsten Gericht, 1432 bis 1435, San-Marco-Museum, Florenz)*

DAS JENSEITS

Paradies. Das Wort ›Paradies‹ stammt von dem awestisch-persischen Wort pairi-daeza, das ›umfriedeter Garten‹ bedeutet. An diesem Bild orientiert sich der Garten Eden, den Jahwe im Osten der Welt pflanzt und in den er den ersten Menschen setzt (Genesis 2, 8). Eine biblische Überlieferung lokalisiert diesen Garten auf einem Berg und macht daraus den Aufenthaltsort der Gerechten, ›den Lebensgarten‹. In der Mitte steht der Baum der Erkenntnis: Gott wird diesen Baum am Tag des Jüngsten Gerichts ins Neue Jerusalem verpflanzen; dies wäre das Ebenbild des ersten Gartens, und die Gerechten dürften dort ewig leben. Die Apokalypse des hl. Johannes beschreibt die Versetzung des Neuen Jerusalem vom Himmel auf die Erde: Es glänze wie ein Jaspisstein, umgeben von einer Mauer mit zwölf Toren, und in der Mitte erhebe sich der Thron Gottes, von dem der Fluß des Lebens fließe, an dessen Ufer Bäume stehen, deren Blätter die Menschen heilten. Danach besteht an diesem Ort des Glücks, an dem es weder Tag noch Nacht gibt, keine Trennung mehr zwischen Himmel und Erde.

Hölle. Die jüdisch-christliche Überlieferung hat die Vorstellungen von der Hölle geprägt. Im Buch Hiob ist die Hölle das Reich des Schattens und der Dunkelheit, Land der Finsternis und des Chaos. Die Propheten Israels sprechen von einem unergründlichen Höllenschlund *(Sheol)*, in dem ein vernichtendes Feuer lodert. Die Hölle ist ein dunkles Gefängnis, in dem Verzweiflung herrscht und in das der Zorn Gottes die Sünder stürzt. Im Christentum bleiben nur die Sünder ewig in der *Gehenna*. Dieses Wort bezeichnet das Tal bei Jerusalem, wo sich der *Tophet* befindet, die ewige Feuersbrunst, in der die Kanaaniter ihre Kinder als Opfer an ihre Gottheit Moloch warfen und in der man später Abfälle verbrannte. Durch Übertragung wird die Hölle zu einem Feuerschlund, einem ›See von brennendem Schwefel‹ (Apokalypse 19, 20). Sie ist eine sehr konkrete Realität, in der das größte Leid in der Nichtteilhabe am Segen des Gottesreiches, der Kontemplation und des wahren Lichtes besteht. Das Höllenfeuer ist das Feuer der Leidenschaften, des Hasses und der Mißgunst. Der schlimmste Schmerz ist, das Böse in seinen vielen Gestalten kennenzulernen und den Verlust der Seligkeit zu spüren.

Fegefeuer. Das Fegefeuer läßt sich als die Fortsetzung der Buße jenseits des Todes und als eine Prüfung verstehen, der sich von Jesus Christus erlösten Seelen sich unterziehen müssen, bevor sie die himmlische Glückseligkeit erlangen. Ab dem 8. Jh. entsteht in der Vorstellungswelt Nordwesteuropas ein Bild von dem Ort, an dem diese ›reinigende Strafe‹ vollzogen wird: Es ist ein tiefes, dunkles Tal, das zur Linken von Flammen und zur Rechten von Schnee- und Hagelgestöber begrenzt wird, in das die Seelen geworfen und in dem sie von wütenden Winden hin- und hergewirbelt werden. Im 12. Jh. wird die Beschreibung genauer: Das Fegefeuer ist ein Ort, an dem jeder Tag Jahre dauert und an dem die Seelen der Toten die begangenen Sünden bereuen und auf das Glück des Anblicks Gottes warten. Als Ort der zeitlich begrenzten Sühne und der notwendigen Reinigung wird das Fegefeuer von Dante in seiner *Göttlichen Komödie* beschrieben als Umkehrbild der Hölle mit sieben Stockwerken, in denen die Seelen sich reinigen und ihre Fehler abbüßen in der tröstenden Gegenwart von Engeln, deren Gewänder und Flügel die Farbe der Hoffnung haben.

RELIGIONEN UND MYTHEN

CHRISTENGEMEINDEN

Die ersten Christengemeinden entstanden nach dem von Lukas in der Apostelgeschichte beschriebenen Vorbild, der Jerusalemer Gemeinde. Es handelt sich um eine Kultgemeinde mit eigenen Riten und Gebeten, zugleich aber auch um eine brüderliche Gemeinschaft, die die materiellen Güter unter sich aufteilt. Aber was diese brüderliche Gemeinschaft vor allem zusammenhält, ist der gemeinsame Glaube an den gleichen Herrn Jesus. Er hat diese Gemeinschaft mit dem Wort ›Alle sollen eins sein‹ (Johannes 17, 21) befohlen. Diese Gemeinden, die bald den Titel *Kirchen* annehmen, brechen in Erinnerung an das Abendmahl das Brot. Sie bleiben den Lehren der Apostel treu und bemühen sich um eine harmonische und tiefgehende Übereinstimmung zwischen den Jüngern desselben Herrn. Die Apostel haben eine Priesterschaft aufgebaut, die unter ihrer Anleitung die Verbindung zwischen Gott und der Gesamtheit der Christen herstellt: Ein Kollegium von Presbytern – von Alten – hat die Aufgabe, die Lehre zu unterrichten und zu wahren. Einer von ihnen hat den Vorsitz bei der Eucharistiefeier und trägt den Titel *Episkopos,* Bischof, der eher die Ausübung einer bestimmten Funktion als eine hierarchische Würde beinhaltet. Die *Diakone* nehmen die liturgische Lesung der heiligen Texte und den sozialen und karitativen Dienst in der Gemeinde wahr und verwalten zudem die gemeinsamen Güter. Diese schon Ende des 1. Jh. stark ausgeprägte Struktur vereinigte jede Kirche um den Bischof, der als Stellvertreter Christi auf Erden den sichtbaren Mittelpunkt für die Gesamtheit der Christen bildete.

CHRISTEN-VERFOLGUNGEN

Die ersten Christenverfolgungen ähneln *Pogromen:* Sie sind Ausdruck des Hasses gegenüber den als ›Schande des Menschengeschlechts‹ bezeichneten Christen. Der römische Staat greift nur zur Erhaltung der Ordnung ein. Dies ändert sich im 2. Jh., als durch ein Edikt Trajans das Christsein zum Verbrechen wird, auf dem die Todesstrafe steht: Die Weigerung, die Schutzgötter des Reiches anzubeten und den Kaiser als Gott anzuerkennen, wird von nun an ein Hauptanklagepunkt (s. S. 300). Die schwersten Verfolgungen finden unter Mark Aurel 177 in Lyon, unter Decius 250 und unter Diokletian von 303 bis 311 statt. Nach dessen Scheitern wird ein Toleranzedikt veröffentlicht, dem das berühmte Mailänder Edikt von Konstantin (313) folgt. Diese Verfolgungen schaffen in jeder sozialen Schicht Märtyrer. Das Wort *Märtyrer* (von griech. martyr) bedeutet ›Zeuge‹, ›Blutzeuge‹: Der Märtyrer bezeugt durch die Hingabe seines Lebens seine Liebe und Treue zu Gott; sein Schicksal ähnelt dem Schicksal Jesu, der die Folter erlitten hat und am Kreuz gestorben ist. Es wird verständlich, daß in dieser Zeit der Verfolgung das Martyrium als herausragende Form der Heiligkeit und als direktester Weg zum ewigen Leben betrachtet wird.

DIE KIRCHENVÄTER

Kirchenväter werden die Schriftsteller und Denker aus der Frühzeit des Christentums im 1. und 2. Jh. genannt, die sowohl in der Tradition des griechischen Ostens wie auch in der des lateinischen Westens als verbindliche Zeugen der christlichen Lehre anerkannt sind. So unterscheidet man die *Apostolischen Väter,* die – wie Clemens von Rom, Ignatius von Antiochia (Märtyrer um 110) oder Papias, Freund des Polykarp von Smyrna, des Jüngers des Johannes – einen Apostel oder einen seiner Jünger direkt kannten und somit die zweite oder dritte Christengeneration darstellen. Im 2. und 3. Jh. stellen die *Apologeten* die christliche Lehre den heidnischen Philosophen und den Gnostikern vor und verteidigen sie. Die berühmtesten sind Justin, Irenäus, Bischof von Lyon, Tertullian und Origenes. Das goldene Zeitalter der Kirchenväter war die zweite Hälfte des 4. Jh. Diese Väter, die aus gebildeten Kreisen stammten, oft hohe Beamte des Reiches waren und einige Zeit als Mönche gelebt hatten, waren gleichzeitig Bischöfe, große Schriftsteller und Redner sowie in die Kontroversen ihrer Zeit engagierte Theologen. Von ihnen müssen im Westen genannt werden: Ambrosius von Mailand, der heilige Augustinus und Hieronymus; und im Osten: Athanasios, Verteidiger des orthodoxen Glaubens gegen den Arianismus, Basilius von Caesarea und Gregor von Nyssa, die die Lehre von der Dreifaltigkeit präzisierten, sowie Johannes von Konstantinopel, der als berühmter Redner *Chrysostomos,* d. h. ›Goldmund‹, genannt wurde.

AUSBREITUNG DES CHRISTENTUMS

Am Ende des 1. Jh. endet die Zeit des Urchristentums: Die Generation der Apostel, die Jesus gefolgt sind, stirbt aus. Aber die meisten Städte des Ostens sind zu diesem Zeitpunkt schon mit der Evangelisation in Berührung gekommen: nach Jerusalem Caesarea in Palästina, Antiochia, Ephesus, Philippi, Athen, Korinth, Alexandria. Die ersten Christengemeinden entstehen in den Küstenstädten und Häfen, wo schon eine große jüdische Kolonie existiert. Außer in Palästina und Kleinasien, wo das Christentum ins Landesinnere vorgedrungen ist, bleiben die Gemeinden an der Küste. Im Westen scheint es zu dieser Zeit nur in Rom eine Gemeinde gegeben zu haben. Diese ersten Christen sind Juden aus der Welt des Handels und das kleine Volk der Hafenarbeiter sowie Sklaven. In den reichen Städten gelangt die christliche Botschaft auch in die wohlhabenden Schichten: Dies gilt für Jerusalem, wo einige Mitglieder der Priesterklasse Christen werden, oder für Rom, wo schon seit Nero (54–68) im Hochadel Sympathien für das Christentum bestehen. Dagegen verschließt sich die Landbevölkerung noch jahrhundertelang dem Christentum und praktiziert weiterhin ihre uralte Religion. Im Laufe des 2. Jh. verbreiten Missionare aus dem Osten den christlichen Glauben in den östlichen Gemeinden, die sich in den großen Städten im Inneren des Römischen Reiches gebildet haben. Aber im 3. Jh. erobert das Christentum dann dank einer Friedensphase von 45 Jahren, dem ›kleinen Kirchenfrieden‹, fast alle Städte im Osten und Westen: Dort lassen sich Bischöfe nieder, und damit beginnt die Ausbreitung des Glaubens auf dem Lande.

A, B · Der hl. Hieronymus und der hl. Augustinus.
Die wichtigsten Kirchenväter werden mit dem Titel *doctor ecclesiae* ausgezeichnet. Dazu gehören im Westen der hl. Hieronymus, erkennbar an seinem Kardinalsgewand und dem Löwen, und der hl. Augustinus im Bischofskleid. (Ausschnitt aus dem Kirchenväteraltar von *Michael Pacher* [ca. 1435 bis 1498], München, Alte Pinakothek)

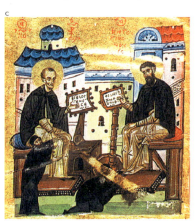

C · Der hl. Gregor von Nyssa (links) und der hl. Johannes Chrysostomos.
Miniatur aus den *Homilien über die Jungfrau* von Jakob von Kokkinobaphos. (Ausschnitt, 12. Jh., Paris, Nationalbibliothek)

D · Christus umgeben von den Symbolen der vier Evangelisten.
Die Evangelisten sind die Verfasser der vier in den Kanon der Bibel aufgenommenen Evangelien, die das Leben Christi erzählen. Sie sind auch die ersten Verbreiter der ›Frohen Botschaft‹, die sie überall in der Welt verkünden wollen. Die mittelalterliche Kunst stellt jeden durch eine symbolische Figur dar. Matthäus als Menschen, Lukas als Stier, Markus als Löwen und Johannes als Adler. (Emaille, 12. Jh., Rouen, Departementsmuseum)

RELIGIONEN UND MYTHEN

DAS CHRISTENTUM

DIE WICHTIGSTEN CHRISTLICHEN HÄRESIEN

Adoptianismus. Er verneint die Göttlichkeit Jesu, der erst durch die Taufe im Jordan zum Sohn Gottes geworden sei.
Apollinarismus. Lehre von Apollinaris, Bischof von Laodicea (gest. um 390), der sich weigert anzuerkennen, daß Christus eine menschliche Seele und Psyche gehabt habe.
Arianismus. Häresie des Arius von Alexandria, die von den Konzilen zu Nizäa 325 und Konstantinopel 381 verurteilt wurde. Für Arius ist der Sohn nicht wesensgleich mit dem Vater, der ihn zeugte; er ist ein untergeordneter Gott.
Doketismus. Diese vor allem in den ersten zwei Jahrhunderten verbreitete Lehre behauptet, der Leib Christi sei nur eine Erscheinung und sein Leidensweg und Tod nicht Wirklichkeit.
Ebionismus. Bei den Judenchristen im 1. Jh. verbreitet: Christus sei ein einfacher, von Joseph und Maria geborener Mensch. Er sei ein Prophet, aber nicht der Sohn Gottes.
Enkratismus. Strenge Glaubensrichtung, die eine radikale Askese predigt; sie entstand im Osten zwischen dem 2. und 4. Jh.
Eunomianismus. Für Aetius und Eunomius (4. Jh.) ist das Wesen von Gott Vater und Gott Sohn unähnlich. Der Eunomianismus ist die extreme Ausprägung des Arianismus.
Generatianismus. →Traduzianismus.
Gnostizismus. Diese religiöse Strömung, die zur gleichen Zeit wie das Christentum erscheint, kann nicht als echte Häresie betrachtet werden, obwohl die Kirchenväter sie heftig bekämpft haben. Die Gnostiker glauben an einen pessimistischen Dualismus; nur die einer kleinen Gruppe Auserwählter vorbehaltene Erkenntnis könne zum Heil führen.
Homöismus. Lehre, derzufolge der Sohn dem Vater in allen Dingen ähnlich, aber mit ihm nicht wesensgleich ist.
Ikonoklasmus. Bewegung in der byzantinischen Kirche des 8. bis 9. Jh., die die liturgische Verwendung von Bildern ablehnt und sich dabei auf die Verbote der Bibel und des Korans, Gott abzubilden, beruft. Er wurde vom Konzil von Nizäa 787 verurteilt.
Katharismus. Diese im 11. Jh. im Süden Frankreichs entstandene Häresie betont die Existenz zweier gegensätzlicher Prinzipien (Dualismus), des Guten und des Bösen. Ihre Anhänger ersetzen die Sakramente der katholischen Kirche durch eine Taufe des Geistes (*consolamentum*), predigen Keuschheit und Armut. Innozenz III. ging gegen sie im *Albigenserkreuzzug* vor.
Messalianismus. Lehre syrischer Asketen und Mystiker des 4. und 5. Jh., die die Gegenwart Gottes in tranceähnlichen Tänzen und ekstatischen Visionen an sich erfahren. Auf dem Konzil von Ephesus (431) verurteilt.
Monophysitismus. Auf dem Konzil von Chalkedon (451) verurteilte Häresie, die nur eine einzige Natur in der Person Jesu Christi anerkennt. Das Konzil verkündet die Existenz zweier, einer menschlichen und einer göttlichen, im Sohn Gottes verkörperten Naturen.
Monotheletismus. Lehre des 7. Jh., derzufolge es nur einen (göttlichen) Willen in der Person Christi gebe. Diese zweite Form des Monophysitismus wurde 680 in Konstantinopel verurteilt.
Nestorianismus. Lehre von Nestorius (gest. nach 451), nach der in Jesus Christus zwei Personen, der Mensch und der Gott, nebeneinander existieren.
Origenismus. Glaubensbewegung nach dem Tod des Origenes (um 253/254) bis Ende des 6. Jh. Er legt die Schriften allegorisch aus und behauptet, daß die Seelen schon vor der Geburt der Menschen existieren.
Pelagianismus. Der englische Mönch Pelagius (gest. um 422) betont die Bedeutung der individuellen Bemühung und deren Auswirkung auf die Erlangung des Seelenheils. Dadurch, daß er den freien Willen hervorhebt, bleibt die göttliche Gnade bei ihm fast ohne Einfluß. Trotz seiner Verurteilung 431 ist diese Lehrmeinung weiterhin Grundlage von Kontroversen über Gnade und Prädestination.
Sabellianismus. Vom lybischen Priester Sabellius (3. Jh.) verkündete Lehre, in der nur geringe Unterschiede zwischen Vater und Sohn bestehen.
Subordinatianismus. Häresie, die den Sohn dem Vater in der göttlichen Dreieinigkeit unterordnet. Adoptianismus und Arianismus sind ähnliche Formen.
Traduzianismus. Westliche Lehre, derzufolge die Seele durch elterliche Zeugung entsteht. Sie wurde Ende des 5. Jh., erneut im 14., 16. und 19. Jh. verurteilt und widerspricht der Lehre, daß die Seele direkt von Gott geschaffen wird (*Generatianismus*).

WAS IST HÄRESIE?

Im engeren Sinne bedeutet das griechische Wort *hairesis* das Studium einer frei gewählten philosophischen Lehre, im weiteren Sinne die Wahl einer bestimmten Lehrmeinung. Allmählich bekam das Wort eine abwertende Bedeutung und bezeichnete die Meinungen derer, die sich von der Rechtgläubigkeit entfernten. Danach wäre die Häresie also eine Folgeerscheinung, die den Inhalt der offiziellen Lehrmeinung in Frage stellt. Historisch ist das Problem komplexer. Die Verwendung des Begriffs ›Häresie‹ deckt ein Kräfteverhältnis zwischen den verschiedenen Lehrmeinungen. Die Rechtgläubigkeit entsteht aus dem Sieg einer dieser Lehrmeinungen über die anderen.

DIE MISSION

Die Mission ist für Christen eine bindende Vorschrift, die sich aus dem letzten Befehl Jesu an seine Jünger herleitet (MATTHÄUS 28, 16–20). Der Beginn der Verbreitung der christlichen Glaubenslehre verlief ungeplant und ohne besondere Organisation über persönliche Kontakte. Die Eroberung neuer Welten im 16. Jh. führte dann jedoch in einigen Orden zu einer Spezialisierung auf die Mission: bei den Franziskanern, Dominikanern und den Jesuiten. 1622 wurde in Rom die Kongregation *De propaganda fide (für die Glaubensausbreitung)* zur Leitung der Heidenmission gestiftet. Im 19. Jh. nahm die Zahl der katholischen Missionskongregationen (z. B. die Väter des Heiligen Geistes) und der protestantischen Missionsgesellschaften (z. B. die Gesellschaft der evangelischen Missionen von Paris) zu.

DAS CHRISTENTUM IN DER WELT

Die Zahl der Christen wird heute auf 1,5 Milliarden geschätzt: sie zerfällt in 59 % Katholiken, 29 % Protestanten und 11 % Orthodoxe.

Nordamerika.
Hier stellen die Christen die Mehrheit – etwa 87 % der Bevölkerung, davon 36 % Protestanten und 33 % Katholiken.

Lateinamerika.
Die Bevölkerung ist katholisch, aber synkretistische Glaubensformen sind in Haiti und der Dominikanischen Republik stark verbreitet.

Europa.
Im Norden herrscht der Protestantismus, in den romanischen Ländern, Irland und in Mitteleuropa der Katholizismus. Weiter östlich beginnt der orthodoxe Glaube.

Afrika.
Das Christentum ist vor allem in Zentral- und Südafrika sowie an der Westküste südlich der Sahara vertreten.

Australien und Neuseeland.
Große christliche Mehrheit (etwa 84 % bzw. 91 %).

316

DIE KATHOLISCHE KIRCHE

GRUNDLAGEN DER KIRCHE

Die von Jesus Christus gestiftete Kirche ist die Gemeinschaft der Gläubigen, die aufgerufen sind, das Reich Gottes kennenzulernen. Nach der auf dem 2. Vatikanischen Konzil gegebenen Definition ist ›die Kirche das Gottesvolk des Neuen Bundes‹ (*Lumen Gentium,* 9). Das Credo bezeichnet diese Kirche als einen Gegenstand des Glaubens: Sie ist die ›eine, heilige, katholische (allgemeine) und apostolische‹ Kirche (s. S. 313).

Eine, da die Kirche dem ausdrücklichen Wunsch ihres Stifters zufolge (›alle sollen eins sein‹) in der Gemeinschaft eines einzigen Herrn, eines einzigen Glaubens, einer einzigen Taufe und eines einzigen Gottes und Vaters lebt. Diese Einheit zeigt sich im Zusammenschluß der Gläubigen um den Bischof von Rom, den Nachfolger Petri, den Jesus als ›Hirten‹ der Herde eingesetzt hatte.

Heilig, da alle Mitglieder der Kirche aufgerufen sind, in der Heiligkeit des Gottes zu leben, der sie erlöst hat. Die Sakramente, die die Kirche spendet, sind Mittel dieser Heiligung.

Allgemein, da die Kirche einen weltumfassenden (griechisch *katholikos* bedeutet allgemein) Sendungsauftrag hat, allen Menschen, gleich welcher Kultur, die Heilsbotschaft und die Verkündigung des Gottesreiches zu überbringen.

Apostolisch schließlich, da die Kirche ihre Lehre, die Heilsbotschaft, von den Aposteln erhalten hat, die wiederum direkt von Jesus bekamen. Und durch die Nachfolger der Apostel, deren Schriften die *Tradition* bilden, wurde diese Botschaft weiter offenbart. Die apostolische Nachfolge begründet daher die Authentizität von Lehre und Ethik und legitimiert zugleich die Autorität der an die Spitze jeder örtlichen Kirche gesetzten Bischöfe. Es ist nicht so, wie man es im Mittelalter glaubte, daß jeder Bischof von einem Apostel abstammt; aber zusammen mit dem Nachfolger Petri ist das Kollegium der Bischöfe eine Fortführung des Kollegiums der Apostel, das Jesus Christus als Grundlage seiner Kirche eingesetzt hat. Diese Apostel waren die Stifter der ersten Christengemeinden.

Eine Institution. Aber die römisch-katholische Kirche ist nicht nur eine Gemeinschaft im Glauben. Sie existiert seit fast 2000 Jahren in Form einer religiösen Institution, deren Riten und Sakramente, die zur göttlichen Gnade führen, die Gläubigen in einem brüderlichen und kindlichen Verhältnis innerhalb einer besonderen hierarchischen Struktur miteinander verbinden. Daraus ergibt sich eine der Kirche eigene Disziplin, die von einem internen Gesetz, dem kanonischen Recht, reglementiert wird. Nach einer langen Entwicklung definiert sich der Katholizismus durch das Gewicht, das er der Tradition und der geistigen Autorität – und nicht allein der Schrift als einziger Quelle der Offenbarung – beimißt. Er definiert sich ferner durch den Gehorsam seiner Mitglieder gegenüber den Lehren des Papstes und der Bischöfe in Glaubensfragen und durch die Anerkennung eines hierarchischen Priesteramtes, das das Sakrament der Weihe voraussetzt. Die Billigung der Marien- und Heiligenverehrung schließlich ist ein grundlegendes Merkmal der römisch-katholischen Kirche.

DIE STRUKTUR DER KIRCHE

An der Spitze der Kirche steht der Papst. Vom Heiligen Kollegium, dem Senat der Kardinäle, der bei diesem Anlaß als *Konklave* bezeichnet wird, gewählt, ist er Träger des Primats der lehramtlichen Unfehlbarkeit und besitzt die Macht der absoluten Rechtsprechung über alle Kirchenmitglieder, Laien wie Priester; er ist der höchste Würdenträger der kirchlichen Hierarchie. Gleichzeitig ist er der Souverän des unabhängigen Vatikanstaates.

Zentralregierung (Kurie). Die allgemeinen Angelegenheiten der Kirche werden von Rom aus unter der Verantwortung des Papstes geleitet, und zwar durch die *Kurie,* die zugleich Regierung, Gericht und Beamtenschaft ist. Diese Kurie besteht aus für bestimmte Bereiche zuständigen Organen oder *Kurienkongregationen* und wird meist von hohen Prälaten, insbesondere Kardinälen, gebildet, aber auch von Laien, die ein Gehalt beziehen; die Ämter, die lange Zeit unkündbar waren, werden zur Zeit nach dem Tode des Pontifex jeweils neu besetzt; die Altersgrenze liegt heute bei 75 Jahren. Die Kurie wurde zuletzt durch die apostolische Verfassung von Paul VI. (s.u.) reformiert [*Regimini Ecclesiae universae* vom 15. August 1967], aber Papst Johannes Paul II. hat schon eine baldige Reorganisation angekündigt.

Regionaler Aufbau. Der dem Papst in der Hierarchie direkt untergeordnete Rang wird von den *Kardinälen* vertreten. Wenn sie sich im Laufe eines Pontifikats in Rom versammeln, spricht man von *Konsistorium.* Bis zu 120 Kardinäle im Wahlalter, d.h. unter 80 Jahren, werden vom Papst frei ausgewählt. Johannes Paul II., der erste nichtitalienische Papst seit dem 16. Jh., ernannte in den ersten zehn Jahren seines Pontifikats (1978–1988) 85 neue Kardinäle und veränderte damit die traditionelle geographische Aufteilung grundlegend, bei der die Europäer, und unter ihnen die Italiener, besonders stark vertreten waren.

Die Bischöfe werden ebenfalls vom Papst ernannt, außer wenn einer lokalen Regierung oder dem Klerus ein Vorschlagsrecht eingeräumt wird, das an die regionale Situation gebunden ist und zeitlich begrenzt sein kann. Der Bischof ist das Oberhaupt der Diözese. Er hat die Autorität des *Metropoliten,* d.h. des über eine Kirchenprovinz gesetzten Bischofs. Die Bischöfe können sich auf Provinzebene *(Provinzialsynode)* oder auf nationaler Ebene *(Nationalsynode)* versammeln. Sie sind gehalten, regelmäßig nach Rom zu reisen und Berichte zu schreiben. Die Pontifikalagenten (insbesondere die *Nuntien*) besuchen sie regelmäßig.

B · Der Papst

mit *Mitra* und *Pallium* (s. S. 318). Hier Johannes Paul II. 1979.

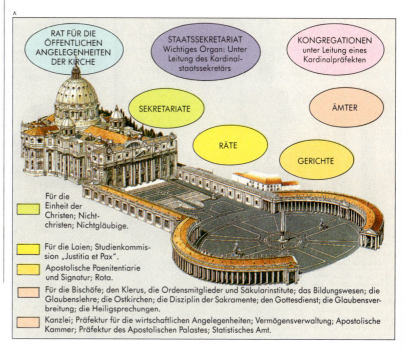

A · Römische Kurie.

Sie wurde ab dem 4. Jh. nach dem Vorbild des Kaiserhofs strukturiert und entwickelte sich bis zur letzten Reform 1967 weiter.

RELIGIONEN UND MYTHEN

DIE KATHOLISCHE KIRCHE

DAS AMT

Die Schriften des Neuen Testaments heben die Notwendigkeit des *Priestertums* hervor, das heißt des Zelebrierens des Gottesdienstes, der die Anbetung Gottes durch und in Jesus Christus und zugleich das Bekenntnis des Glaubens vor den Menschen ermöglicht. *Amt* bedeutet, genauer gesagt, jede Aufgabe oder Funktion des Priesters im Dienste Christi innerhalb der Kirche. Christus verkörpert das ganze Priestertum: Er gibt es an seine Apostel weiter, indem er ihnen zu Pfingsten den Heiligen Geist schenkt (MATTHÄUS 28, 18; JOHANNES 20, 22). Das bischöfliche und priesterliche Amt leitet sich somit von Jesus her. Aber den Heiligen Geist schenkt Jesus durch das Sakrament der Taufe auch jedem Gläubigen: Die Gesamtheit des Christenvolkes wird so zur ›königlichen Priesterschaft‹, zum ›heiligen Volk‹ (1. PETRUS 2, 9). Dennoch gibt es einen grundlegenden Unterschied zwischen dem Priestertum der Gläubigen und dem Priestertum der Geistlichen. Nach der Definition des 2. Vatikanischen Konzils (Konstitution *Lumen Gentium*): ›Der Amtspriester nämlich bildet kraft seiner heiligen Gewalt, die er innehat, das priesterliche Volk heran und leitet es; er vollzieht [...] das eucharistische Opfer und bringt es [...] Gott dar; die Gläubigen hingegen wirken kraft ihres königlichen Priestertums an der eucharistischen Darbringung mit und ihr Priestertum aus im Empfang der Sakramente, im Gebet, in der Danksagung, im Zeugnis eines heiligen Lebens, [...] und durch tätige Liebe.‹ Das Priestertum der Gläubigen beruht auf den Sakramenten der christlichen Initiation (Taufe und Firmung), während das Priestertum der Geistlichen eines weiteren Sakraments bedarf, des Sakraments der Weihe: Dieses Sakrament überträgt dem Geistlichen eine Mission, die über die des einfachen Gläubigen, des Laien, hinausgeht und ihn seinerseits zum Spenden der Sakramente berechtigt (s. S. 320).

Aber das geistliche Priestertum hat seine eigene Hierarchie: Das Priestertum des Diakons (s. unten), des Pfarrers und des Bischofs umfaßt jeweils andere Befugnisse.

Das Bischofsamt. Das Bischofsamt war anläßlich des 2. Vatikanischen Konzils Gegenstand vieler Diskussionen, denn auf dem vorangegangenen ökumenischen Konzil war man aufgrund des Krieges von 1870 nicht dazu gekommen, die Rolle des Bischofs im Verhältnis zur Lehre von der päpstlichen Autorität in der Kirche zu klären. Der Bischof wird vom Papst in eine Diözese eingesetzt und von drei seiner ›Kollegen‹, die regelmäßig wechseln, geweiht. Seine wichtigste Aufgabe ist die Unterrichtung in der christlichen Lehre und Moral. Der Bischof, der das ganze Sakrament der Weihe empfangen hat, ist dafür verantwortlich, die Gnade der Priesterschaft weiterzugeben, indem er Priester weiht. Das Bischofsamt erscheint daher als übergeordnetes Priesteramt, dem das Amt des Priesters untergeordnet ist. Als ›Vikar und Legat des Christus‹ leitet der Bischof die *Diözese* (oder das *Bistum*), in der er im Namen Christi, den er vertritt, seine Autorität ausübt. Das Bischofsamt ist in gewissem Maße ein kollegiales Amt: Es besteht eine organische Beziehung zwischen dem Bischof und seinen Amtskollegen in aller Welt und dem Papst, dem Bischof von Rom und Nachfolger Petri.

Amt des Priesters. Der Priester wird durch das *Sakrament der Weihe* (oder *Ordination*) geweiht, das insbesondere das Ritual der Handauflegung durch einen Bischof beinhaltet. Dieses Sakrament gibt ihm die Vollmacht, das Eucharistieopfer, die Kommunion, zu feiern und Sünden zu vergeben, d. h. die Absolution zu erteilen. Er nimmt ferner an der Fortführung der der Kirche durch Christus aufgetragenen Mission teil (2. Vatikanisches Konzil, Erlaß *Presbyterorum ordinis*). In dieser Funktion übernimmt er insbesondere das Amt des Wortes – die Predigt – und spendet die Sakramente. Im Gegensatz zu den Ostkirchen erlegt die katholische Kirche dem Priester den Zölibat auf, nicht als Forderung, sondern als Geschenk des Lebens, das uneingeschränkt dem Dienst Christi geweiht sein soll.

DAS DIAKONAT, EIN AKTUELLES PROBLEM

Das Diakonat ist eines der drei Ämter, die auf dem Sakrament der Weihe beruhen. Die ersten Diakone wurden von den Aposteln ausgewählt, um ihnen bei Predigt und Gottesdienst zu helfen und Pflichten in der Armenpflege zu übernehmen (Apostelgeschichte 6, 3–6). Im Abendland wurde das Diakonat bald unüblich; es wurde zu einem zeitlich begrenzten Amt, das nur noch vor der Priesterweihe ausgeübt wurde. Um dem Priestermangel abzuhelfen, führte das 2. Vatikanische Konzil das Diakonat wieder ein. Die Weihe der Diakone, die verheiratet sein dürfen, ist den lokalen Kirchen überlassen. Der Auftrag der Diakone bezieht sich auf die ›kirchlichen Basisgemeinden‹, die sie mit dem zuständigen Bischof betreuen sollen.

LITURGISCHE GEWÄNDER

Beim Zelebrieren der Messe und bei der Spende der Sakramente trägt der katholische Priester einen besonderen Ornat, der dem Kult mehr Feierlichkeit verleihen soll. Hierzu gehören die *Albe,* die *Stola,* das *Meßgewand* und die *Capa,* die aus Seide gefertigt und mit symbolischen Stickereien verziert sind. Die Farbe dieser Gewänder wechselt je nach Zeitpunkt des liturgischen Jahres. Man unterscheidet gegenwärtig vier Farben: *Weiß,* oft zusammen mit Goldstickereien, die Farbe des verklärten Christus, hohen Festen vorbehalten; *Grün,* die Farbe der Hoffnung, nur für Sonntage außerhalb der Festzeit; *Violett,* für die Zeiten der Buße (Advent und Fastenzeit), zur Zeit wird es jedoch auch häufig statt Schwarz bei Beerdigungen und Trauergottesdiensten verwendet; und schließlich *Rot,* Symbol des vergossenen Blutes und der Ausgießung des Geistes, anläßlich der Festtage der Apostel, Märtyrer und des Heiligen Geistes (Pfingsten).

A · **Meßgewand.**
Ein ärmelloses, bis zu den Knien reichendes Gewand, das bei der Feier der Messe über der Albe getragen wird.

B · **Pallium.**
Ein wollenes, mit schwarzen Kreuzen verziertes weißes Band. Päpstliches Insignium, wird den Erzbischöfen vom Papst als Zeichen der Verbundenheit überreicht.

E, F · **Mitra und Krummstab.**
Die Mitra ist eine dreieckige liturgische Kopfbedeckung, oft mit Goldstickereien und Edelsteinen verziert, die dem Bischof vorbehalten ist und ihm bei seiner Ordination überreicht wird. Der Krummstab ist der Hirtenstab des Bischofs und Klosterabts: Der obere Teil ist oft spiralförmig gekrümmt und verziert.

G, H · **Chorhemd und Mäntelchen.**
Das Chorhemd (G) ist ein Gewand aus feinem Wäschestoff, das die Prälaten beim Spenden der Sakramente oder beim Gebet über der Soutane tragen. Es ist feiner als das Chorhemd der Priester. Das Mäntelchen (H) ist ein kurzer Umhang, der darüber getragen wird: Es ist schwarz mit bunten Paspeln oder violett bzw. bei den Kardinälen rot.

C · **Albe und Stola.**
Die Albe ist ein Gewand aus weißem Leinen, das aus der römischen Tunika entstanden ist. Die Stola ist ein langer besteckter Schal, der beim Gebet, der Predigt und den Sakramenten angelegt wird.

D · **Capa.**
Ein langes, vorne offenes und an der Brust mit einer großen Agraffe geschlossenes Gewand, das bei Prozessionen oder dem Tumbagebet – dem Gebet am Sarg nach dem Gottesdienst – bei Beisetzungen über der Albe getragen wird.

RELIGIONEN UND MYTHEN

DIE HOHEN KATHOLISCHEN FESTE

Die Kirche feiert im Laufe des Jahres Feste und Gedenktage, die nach dem liturgischen Kalender jährlich wiederkehren. Dies ist als pädagogisches Mittel für die Gläubigen gedacht, damit sie sich an Jesus Christus erinnern und ihr Leben nach seinem ausrichten. Über das Kirchenjahr verteilen sich die wichtigen Ereignisse im Leben Jesu, der Jungfrau Maria sowie die Gedenktage der Heiligen. Der Jahreszyklus erscheint damit als Zusammenfassung und Wiederaufnahme des Heilswerks des menschgewordenen Sohnes Gottes, das mit jedem Augenblick der gelebten Zeit durch die Erinnerung und die Nachfolge der Gläubigen fortgeführt wird.

Jesus geweihte Feste. Das Kirchenjahr beginnt Ende November mit der Erinnerung an das Warten auf den Messias: Dies ist die *Adventszeit.* Am 25. Dezember, zur Wintersonnenwende, wird die Geburt Jesu, *Weihnachten,* gefeiert; darauf folgt am 1. Januar die Erinnerung an seine *Beschneidung;* gefolgt durch *Epiphanias* (›Erscheinung‹), sein erstes Erscheinen vor den Heiden, die durch die Heiligen Drei Könige symbolisiert werden. An diesem Tag feiert die Kirche auch das erste Wunder (die Verwandlung von Wasser in Wein), das Jesus auf der Hochzeit von Kana als Zeichen seiner Göttlichkeit vollbrachte. Die vierzigtägige *Fastenzeit,* die Zeit der Buße und Reue, beginnt mit dem *Aschermittwoch,* der zwischen dem 4. Februar und dem 10. März liegt, je nachdem wann Ostern gefeiert wird. Über sehr lange Zeit wurde während dieser Tage gefastet und strenge Abstinenz geübt. Des Leidensweges Christi wird während der *Karwoche* gedacht, die auf den *Palmsonntag* folgt, an dem man an den feierlichen Einzug Jesu nach Jerusalem erinnert. Diese Karwoche pflegt die Erinnerung an die Einführung der Eucharistie am *Gründonnerstag,* an die Leiden, das Sterben und den Tod Jesu am Kreuz am *Karfreitag.* In der Nacht von Sonnabend auf Sonntag wird das größte Fest des Kirchenjahres, die Auferstehung Jesu, das *Osterfest,* gefeiert. 40 Tage nach Ostern folgt die glorreiche *Himmelfahrt* Christi, der zu seinem Vater zurückkehrt, und zehn Tage darauf wird in Erinnerung an die Ausgießung des Heiligen Geistes über die Apostel und die Geburt der christlichen Kirche, *Pfingsten,* gefeiert. Drei weitere Feste betonen weniger der historischen Ereignisse als vielmehr Glaubenswahrheiten bezüglich des göttlichen Wesens: das seit dem 14. Jh. gefeierte *Trinitatisfest; Fronleichnam,* das der leiblichen Gegenwart des Herrn in der geweihten Hostie gedenkt und sie in einer feierlichen Prozession feiert; das Fest der *Verklärung Jesu,* das im August begangen wird und an die Offenbarung der messianischen Würde und göttlichen Natur Jesu Christi vor seinen Jüngern auf dem Berg Tabor erinnert.

Den Heiligen und Maria geweihte Feste. Andere Feiertage bezeugen das Dogma der Gemeinschaft der Heiligen, das die lebenden Gläubigen mit den Heiligen und Märtyrern aller Zeiten vereinigt (*Allerheiligen* am 1. November) bzw. mit der Gesamtheit der Verstorbenen, für die die Kirche insbesondere am 2. November, ›Allerseelen‹, betet. Zu diesen Gedächtnistagen kommen 7 der Marienverehrung vorbehaltene Festtage: Mariä *Lichtmeß* am 2. Februar, 40 Tage nach der Geburt Jesu; Mariä *Verkündigung* am 25. März; Mariä *Heimsuchung* am 2. Juli zur Erinnerung des Besuches Marias bei ihrer Cousine Elisabeth und des Gebets der Erkenntnis, des *Magnificat;* Mariä *Geburt* am 8. September, gefolgt von der *Darstellung* Mariä im Tempel von Jerusalem durch ihre Eltern. Das Dogma der *Unbefleckten Empfängnis* Marias, das 1854 von Pius IX. eingeführt wurde, wird am 8. Dezember gefeiert. Aber das größte Marienfest bleibt der Tag Mariä *Himmelfahrt* am 15. August, an dem die Kirche daran erinnert, daß die Unbefleckte Muttergottes am Ende ihres irdischen Schicksals ›mit Leib und Seele in die himmlische Glorie‹ in den Himmel aufgenommen wurde.

DIE HEILIGENVEREHRUNG

Ihr Ursprung ist in der Verehrung zu suchen, die die Christen ihren Märtyrern ab Ende des 2. Jh. entgegenbrachten. Sie beruht auf dem Glauben an die wirksame Fürsprache derer, die bis zur Hingabe ihres Lebens ›Zeugen‹ Christi waren oder sich von weltlichen Werten losgesagt haben. Im Laufe der Geschichte gab es verschiedene ›Typen‹ von Heiligen. Seit dem 11. Jh. versteht die Kirche unter einem Heiligen einen Christen, der sein Leben in der Nachfolge Christi und so tugendhaft wie möglich lebt. Sie zeigt ihn ihren Gläubigen als Vorbild und als Fürsprecher der Menschen bei Gott.

Heiligsprechung. Eine langwierige Prozedur ist notwendig, bevor die Kirche einen Christen heiligspricht und seine öffentliche Verehrung gestattet. Frühestens fünf Jahre nach seinem Tod beginnt eine Untersuchung (seit 1983 im Rahmen der Diözese), in der Beweise für die christlichen Tugenden und eventuell für das Vollbringen von Wundern vor oder nach seinem Tod (Heilungen, Erscheinungen usw.) gesammelt werden. Dann werden in einem Prozeß Zeugenaussagen abgewogen, an dessen Ende die *Seligsprechung* erfolgt, der erste Schritt zur offiziellen Heiligsprechung. Neue Wunder, die durch die Fürsprache des Seligen stattfinden, ermöglichen den Beginn des Prozesses der *Heiligsprechung,* die schließlich vom Papst im Petersdom verkündet wird.

MARIA UND DIE MARIENVEREHRUNG

Die Verehrung der Jungfrau Maria entstand schon in der Frühzeit des Christentums, wie Darstellungen der Jungfrau mit dem Kind, z. B. in der Priscillakatakombe in Rom (3. Jh.), bezeugen. Diese Verehrung ist natürlich und verständlich, da Maria an allen wichtigen Ereignissen im Leben Jesu Anteil hatte.

Die Marienverehrung wird in der katholischen Kirche offiziell als *Hyperdulie* (wörtlich ›sehr große Verehrung‹) bezeichnet; dies besagt, daß Maria ein höherer Grad der Verehrung zukommt als den Heiligen. Die Marienverehrung besteht in der Verehrung Marias, die durch das Konzil von Ephesus (431) als *Theotokos,* Gottesgebärerin, anerkannt wurde, in der Anrufung Marias als Fürsprecherin bei ihrem Sohn und in ihrer Nachfolge, da ihr ›gnadenreiches‹ Leben ein Vorbild für alle Christen ist.

Das Ausmaß der Marienverehrung veränderte sich im Laufe der Jahrhunderte, und es entstanden besondere Formen der Verehrung und der Gläubigkeit. Vor allem im 19. und 20. Jh. erreichte sie ihren Höhepunkt: Verkündigung der Unbefleckten Empfängnis 1854; weltweite Einführung des Herz-Mariä-Festes durch Pius XII. im Jahr 1942; Festschreibung des Dogmas der Himmelfahrt Mariä 1950; Feier eines Marienjahres 1954. Das 2. Vatikanische Konzil mußte angesichts einer übermäßigen gefühlsbetonten Verehrung korrigierend eingreifen: Die Verehrung Marias wurde in das Mysterium des menschgewordenen Gottes eingebettet. An die Stelle der traditionellen Formel ›Jesus durch Maria‹ tritt die Vorstellung, daß alles in Jesus seinen Ursprung hat, einschließlich Marias, deren Abbild die Kirche ist, welche ihren Gläubigen den Leib und das Blut Christi gibt, ebenso wie Maria den Menschen den Sohn Gottes in menschlicher Gestalt schenkte. Einige Befreiungsbewegungen in Lateinamerika finden in Maria Ermunterung für ihren Kampf, und das *Magnificat* wird in ihrem Aufstand gegen Ungerechtigkeit und Ausbeutung der Armen zum Befreiungslied.

▲ · **Prozession Unsere liebe Frau vom Rosenkranz in Fatima (Portugal).**

In dieser Kleinstadt erschien die Jungfrau im Mai 1917 drei Kindern und hob in ihrer Botschaft die Notwendigkeit hervor, sich zu bekehren, Buße zu tun und den Rosenkranz zu beten. Seit 1920 Wallfahrtsort; z. Zt. kommen jährlich etwa 2 Millionen Gläubige nach Fatima.

RELIGIONEN UND MYTHEN

DIE KATHOLISCHE KIRCHE

DIE SIEBEN SAKRAMENTE

Was ist ein Sakrament? Die katholische Kirche versteht unter dem Begriff *Sakrament* rituelle Handlungen, die den Gläubigen die göttliche Gnade spenden. Jedes Sakrament bewirkt einfach durch seinen Empfang die ihm eigene heiligmachende Gnade. Die katholische Kirche erkennt sieben Sakramente an: Taufe, Firmung, Eucharistie, Buße, Krankensalbung (oder Letzte Ölung), Priesterweihe und Ehe. Diese Sakramente wurden zum ersten Mal Mitte des 12. Jh. durch Petrus Lombardus im vierten Buch seines *Sentenzenkommentars* aufgezählt. Offiziell anerkannt wurden sie als Teil des christlichen Glaubens 1208 im Glaubensbekenntnis von Papst Innozenz III. für die Bischöfe der Provinzen, in denen die Waldenser lebten, sowie 1274 von den Griechen im Glaubensbekenntnis des Kaisers Michael Palaiologos.

Taufe: Dies ist der Ritus der Aufnahme in die Christengemeinde. Sie wurde von Jesus eingesetzt, löscht die Spuren der Erbsünde und führt den Neugetauften in das Leben in Gnade ein. Sie wird entweder an einem Kind vollzogen, dessen Eltern sich in seinem Namen verpflichten, ein Leben im christlichen Glauben zu führen, oder an einem Erwachsenen, der vorher die dogmatische und moralische Lehre des *Katechumenats* empfangen muß und sich persönlich verpflichtet, als Christ zu leben. In der Regel wird die Taufe von einem Priester vorgenommen, kann aber im Notfall oder bei Lebensgefahr auch von einem getauften Laien vollzogen werden.

Firmung: Dies ist die Ergänzung der Taufe mit dem Ziel, den neuen Christen in seinem Glauben zu festigen. Sie wird von einem Bischof oder dessen Stellvertreter mit einer Stirnsalbung und dem Handauflegen vorgenommen, das den Gefirmten an den Heiligen Geist und dessen sieben Gaben erinnern soll.

Eucharistie: Dies ist das wichtigste der sieben Sakramente. Es wurde von Jesus selbst bei der letzten Passahmahlzeit, die er mit seinen Jüngern am Donnerstagabend vor seinem Leidensweg und seinem Tod einnahm, eingesetzt. Nur ein Priester kann Brot und Wein, das Opfer, segnen, das der Lehre des Konzils von Trient zufolge wirklich, wahrhaftig und wesentlich zum Leib und Blut, zur Seele und Göttlichkeit Jesu Christi in der Erscheinung von Brot und Wein wird. 1910 ließ Papst Pius X. das Abendmahl für Kinder zu, die persönliche Verantwortung übernehmen können und schon den ersten Religionsunterricht erhalten haben.

Sakrament der Buße: Es wurde ebenfalls von Jesus eingesetzt. Früher öffentlich vor der gesamten Christengemeinde gefeiert, ist es heute zum geheimen Ritus der Ohrenbeichte geworden. Die Vergebung Gottes erfolgt zwingend durch das Wort des Priesters, der die Absolution der Sünden erteilt, unter der Voraussetzung, daß auf das Geständnis der begangenen Fehler ein echtes Bereuen dieser Beleidigung Gottes erfolgt und der feste Wille, von jetzt an als Christ zu leben, vorhanden ist.

Krankensalbung: Dieses früher Menschen in Lebensgefahr vorbehaltene Sakrament (daher die Bezeichnung Letzte Ölung) beinhaltet Gebete, die den Kranken während seiner körperlichen Prüfung, die er durchlebt, stärken sollen, sowie Salbungen der Augen, der Ohren, der Nasenlöcher, des Mundes, der Hände und der Füße mit dem heiligen Salböl. Seit 1973 kann es auch Kranken erteilt werden, die nicht in Lebensgefahr schweben.

Sakrament der Priesterweihe: Es verleiht die Befugnis, Kirchenämter auszuüben, und die Gnade, dies gut zu tun. Es wird vom Bischof gespendet. In der katholischen Kirche gibt es mehrere Weihegrade, in die der Bischof die Kandidaten ›beruft‹. Man unterscheidet zwischen niederen Weihen, Vorleser und Akoluth, die Altardienst tun, und höheren Weihen, Diakonat und Priesterschaft, die durch die Ordination verliehen werden. Die Reform von 1972 schaffte die Ämter des Ostiarius und des Exorzisten in den niederen und das Subdiakonat bei den höheren Weihegraden ab.

Sakrament der Ehe: Es sieht in der unauflöslichen Vereinigung von Mann und Frau mit dem Ziel der Familiengründung das Ebenbild der Bande, die zwischen Christus und seiner Kirche bestehen. Die katholische Kirche erkennt daher die Scheidung nicht an, gesteht aber zu, daß einige Ehen unter bestimmten Bedingungen nach einem Verfahren am römischen Gerichtshof der *Rota* für nichtig erklärt werden können. Die Ehe ist das einzige Sakrament, das nicht von einem Priester gespendet wird: Er ist nur Zeuge, denn die Ehegatten spenden einander das Sakrament. Der Priester nimmt ihre gegenseitige Zustimmung entgegen und segnet ihre Verbindung.

DIE LITURGIE

Eine liturgische Bewegung, die unter dem Pontifikat Pius' X. ihren Anfang nahm und in Deutschland, Belgien und Frankreich unter Pius XI. und Pius XII. energisch fortgeführt wurde, erlaubte seit dem 2. Vatikanischen Konzil die Erneuerung der katholischen Gottesdienstes. In der Konstitution über die Liturgie (22. Nov. 1963) unterscheidet das Konzil zwischen einem kraft göttlicher Einsetzung nicht veränderbaren Teil und Teilen, die im Laufe der Zeit so verändert werden dürfen, daß das christliche Volk sie in tätiger Teilnahme mitfeiern kann. Damit läßt man Unterschiede zwischen den einzelnen Kirchen und Anpassungen an die verschiedenen Gebiete und Völker zu, vorausgesetzt der Geist des Gottesdienstes bleibt unverändert. Von den wichtigsten Veränderungen sind zu nennen: die Verwendung der lebenden Sprachen des Landes, in denen die Messe gefeiert wird; die Möglichkeit, das Abendmahl in beiderlei Gestalt, Brot und Wein, zu nehmen; die Aufwertung einer Liturgie des Wortes vor der Eucharistiefeier; die Konzelebration und die neue Ausrichtung des Altars zur Gemeinde hin. Diese Entwicklung führte zu Protesten aus fundamentalistischen Kreisen, die sich nach der Liturgie ›des heiligen Pius V.‹ vom Konzil von Trient richten.

MINDESTPFLICHTEN DES CHRISTEN

›Daß jeder Gläubige mindestens einmal im Jahr ohne Zeugen seinem Priester seine Sünden bekenne und daß er versuche, die ihm auferlegte Buße nach Kräften zu verrichten. Daß er das Sakrament der Eucharistie zumindest an Ostern empfange, es sei denn, daß ihn nach Rücksprache mit seinem Pfarrer ein guter Grund dazu veranlaßt, eine Zeitlang darauf zu verzichten. Daß ihm andernfalls lebenslang der Zugang zur Kirche untersagt sein und er im Tode kein christliches Grab haben soll. Daß dieses Heilsstatut oft in den Kirchen öffentlich verlesen werden soll, damit niemand sich des Vorwandes der Unwissenheit bedienen kann. Wenn jemand aus gutem Grund einem fremden Priester seine Sünden beichten will, soll er zunächst die Zustimmung seines Pfarrers einholen. Andernfalls hat dieser andere Priester weder die Vollmacht, ihm die Absolution zu erteilen noch ihn zu binden.‹
Kanon des 4. Laterankonzils (1215)

A, B · **Die Messe vor und nach dem 2. Vatikanischen Konzil.**

Das linke Bild wurde Ende 1957 in der Kirche von Buc (Yvelines) bei Versailles aufgenommen; das rechte vor kurzem in der Kapelle des Hl. Bruno in Issy-les-Moulineaux. Sie zeigen deutlich die Veränderungen der Eucharistiefeier seit dem 2. Vatikanischen Konzil. In der Kirche von Buc zelebriert der Priester mit dem Rücken zur Gemeinde. Er hebt die Hostie nach der Segnung hoch; hinter ihm, eine Stufe tiefer, zwei Ministranten. Die Gläubigen knien auf Betstühlen und sind vom Altarraum relativ weit entfernt. In der Kapelle des Hl. Bruno ist der Altar dagegen ein einfacher Tisch. Der Priester wendet sich der Gemeinde zu; hinter ihm hängt ein modernes Kreuz. Der Priester segnet gerade Brot und Wein; er ist umgeben von Meßdienern, Jungen wie Mädchen. Die Gottesdienstbesucher bleiben stehen.

RELIGIONEN UND MYTHEN

DIE GESCHICHTE DER KATHOLISCHEN KIRCHE

DIE PÄPSTE

Auf dem päpstlichen Thron saßen nach Petrus – der von Christus ernannt war und sich in Rom niederließ, nachdem er eine Weile in Antiochia residiert hatte – bis zu Johannes Paul II., der 1978 gewählt wurde, 262 Päpste. Dieser Liste sind noch die sog. *Gegenpäpste* hinzuzufügen, die nicht unter normalen Umständen gewählt und von der Kirche nicht anerkannt wurden. Dazu zählen vor allem die Päpste aus der Zeit des Großen Schismas. Zwischen 1378 und 1417 zerbrach die Einheit der Kirche an der Auseinandersetzung rivalisierender Päpste: Den Päpsten in Rom (Urban VI. Bonifatius IX., Innozenz VII. und Gregor XII.) standen die in Avignon (Klemens VII. und Benedikt XIII.) oder Pisa (Alexander V. und Johannes XXIII.) residierenden Päpste gegenüber. Zwischen 1409 und 1415 gab es in Europa sogar drei Päpste, die Anspruch auf Rechtmäßigkeit stellten. Diese Konkurrenz zwischen mehreren Päpsten wurde noch von der Pest, die viele Todesopfer gefordert hatte, als eine weitere der Christenheit auferlegte Prüfung empfunden. Das Konzil von Konstanz (1414–1418) beendete diese Kirchenspaltung.

Die Päpste seit dem Großen Schisma.

Martin V. (1417–1431)
Eugen IV. (1431–1447)
Nikolaus V. (1447–1455)
Kalixt III. (1455–1458)
Pius II. (1458–1464)
Paul II. (1464–1471)
Sixtus IV. (1471–1484)
Innozenz VIII. (1484–1492)
Alexander VI. (1492–1503)
Pius III. (1503)
Julius II. (1503–1513)
Leo X. (1513–1521)
Hadrian VI. (1522–1523)
Klemens VII. (1523–1534)
Paul III. (1534–1549)
Julius III. (1550–1555)
Marcellus II. (1555)
Paul IV. (1555–1559)
Pius IV. (1559–1565)
Pius V., hl. (1566–1572)
Gregor XIII. (1572–1585)
Sixtus V. (1585–1590)
Urban VII. (1590)
Gregor XIV. (1590–1591)
Innozenz IX. (1591)
Klemens VIII. (1592–1605)
Leo XI. (1605)
Paul V. (1605–1621)
Gregor XV. (1621–1623)
Urban VIII. (1623–1644)
Innozenz X. (1644–1655)
Alexander VII. (1655–1667)
Klemens IX. (1667–1669)
Klemens X. (1670–1676)
Innozenz XI., sel. (1676–1689)
Alexander VIII. (1689–1691)
Innozenz XII. (1691–1700)
Klemens XI. (1700–1721)
Innozenz XIII. (1721–1724)
Benedikt XIII. (1724–1730)
Klemens XII. (1730–1740)
Benedikt XIV. (1740–1758)
Klemens XIII. (1758–1769)
Klemens XIV. (1769–1774)
Pius VI. (1775–1799)
Pius VII. (1800–1823)
Leo XII. (1823–1829)
Pius VIII. (1829–1830)
Gregor XVI. (1831–1846)
Pius IX. (1846–1878)
Leo XIII. (1878–1903)
Pius X., hl. (1903–1914)
Benedikt XV. (1914–1922)
Pius XI. (1922–1939)
Pius XII. (1939–1958)
Johannes XXIII. (1958–1963)
Paul VI. (1963–1978)
Johannes Paul I. (1978)
Johannes Paul II. Seit 1978

DIE AUTORITÄT DES PAPSTES

Der Papst, der Nachfolger Petri, ist der rechtmäßige Bischof von Rom und das Oberhaupt der römisch-katholischen Kirche. So wie Petrus der erste unter den Aposteln war, steht der Papst an der Spitze des Bischofskollegiums. Um die Einheit der Kirche zu bewahren, erhält der Papst durch die persönliche Einsetzung durch Christus den Primat Petri über die gesamte Kirche, wie auf dem 1. Vatikanischen Konzil in der Konstitution *Pastor aeternus* vom 18. Juli 1870 feierlich festgelegt wurde. Der Papst wird in geheimer Wahl von den 120 Kardinälen gewählt, die seit Paul VI. das Kardinalskollegium bilden; eine Zweidrittelmehrheit plus eine weitere Stimme sind nötig. Nach der Wahl spricht er direkt und allgemein Recht über die römisch-katholische Kirche. Sein Amt hat wie das Bischofsamt drei Aufgaben: die Heiligung des Christenvolkes, die Unterrichtung in der Lehre und die Regierung der Kirche. Aber sein Primat überträgt ihm außerdem noch die Vollmacht, unter Achtung der Bischofskollegialität die Gesamtheit der kirchlichen Institutionen zu kontrollieren und zu leiten.

Autorität der Lehre. Die Lehrautorität des Papstes beruht hauptsächlich auf dem Dogma von der päpstlichen Unfehlbarkeit, die ebenfalls auf dem 1. Vatikanischen Konzil von 1870 definiert wurde. Wenn er *ex cathedra* spricht, d. h., wenn er in seiner höchsten apostolischen Machtvollkommenheit feierlich eine Lehre verkündet, die in engem Zusammenhang mit der Offenbarung steht, ist der Papst dank der Unterstützung des Heiligen Geistes unfehlbar. Die so getroffenen Entscheidungen sind unabänderlich. Dies kommt allerdings selten vor; in der heutigen Zeit wurde dieses Verfahren von Pius XII. verwendet, der 1950 das Dogma von der Himmelfahrt Marias verkündete. Die Lehre wird meist in enzyklischen Briefen des Papstes an die Bischöfe, an die gesamte Christenheit oder aber an einzelne Kirchen weitergegeben. Diese Briefe beziehen sich auf ein wichtiges aktuelles Thema und werden nach ihren ersten beiden lateinischen Worten benannt. Die Enzykliken sind Konzilsbeschlüsse und gelten nicht als unfehlbar.

Regierungsgewalt. Die Regierungsgewalt des Papstes ist die einer höchsten Rechtsprechung, die jedoch nicht in den Machtbereich der Bischöfe einzugreifen. Diese sind Leiter der lokalen Kirchen, aber keineswegs Gesandte des Papstes, wie es von der Regierung eingesetzte hohe Beamte wären. Der Primat des Bischofs von Rom muß ständig in Einklang gebracht werden mit der Bischofskollegialität und der Einheit der Kirche, die der Papst erhalten muß, sowie mit der Vielheit der Kirchen, die ihn als Oberhirten anerkennen. In dieser Regierungsaufgabe wird er vom Heiligen Kollegium der Kardinäle unterstützt, von denen einige in Rom residieren und Kongregationen leiten, welche Fachministerien entsprechen. Der Papst entsendet residierende Legaten (die *Nuntien*) als Repräsentanten in Kirchen und Staaten oder Sonderlegaten in besonderer und begrenzter Mission.

VOM KIRCHENSTAAT BIS ZUR VATIKANSTADT

Seit Ende der Antike residieren die Päpste in Rom im Bereich des Lateran in der Nähe der Lateranbasilika. Sie haben diese Residenz nie verlassen, außer in den Jahren 1309 bis 1376, nachdem Papst Klemens V. sich in Avignon niedergelassen hat. Während des gesamten Mittelalters erwerben die Päpste Grundbesitz (Patrimonium Petri), über den sie die weltliche Macht ausüben und der den Kern des *Kirchenstaats* bildet (s. S. 265). Nach seiner Auflösung durch die Französische Revolution und Napoleon wird er 1814 wiederhergestellt, im Zuge der italienischen Einigung aber endgültig abgeschafft: Nach der Besetzung Roms durch nationalistische Truppen schließt sich Pius IX. am 13. Mai 1871 in der Vatikanstadt ein. Die Beziehungen zwischen Papsttum und dem italienischen Staat normalisieren sich erst 1929 mit den Lateranverträgen zwischen Pius XI. und Mussolini, durch die der unabhängige Staat ›Vatikanstadt‹ geschaffen und damit die unabdingbare Freiheit des Zentrums der katholischen Kirche garantiert wird.

B · **Gregor VII.**
Er war Papst von 1073 bis 1085 und wurde 1606 heiliggesprochen. Er förderte eine tiefgehende Kirchenreform und kämpfte im Namen eines theokratischen Ideals gegen die weltliche Macht, um die Kirche von den Laien unabhängig zu machen. Der Investiturstreit brachte ihn in scharfen Gegensatz zu Kaiser Heinrich IV., den er in Canossa zur Unterwerfung zwang. *(Ausschnitt aus einer Tonmalerei, nach Federico Zuccari, 17. Jh., Paris, Nationalbibliothek)*

A · **Innozenz III.**
Innozenz III. wurde 1198 mit 37 Jahren zum Papst gewählt und regierte bis 1216. Er mußte sich der katharischen Häresie im Languedoc (s. S. 316) stellen: Er bekämpfte sie durch die Entsendung von Zisterzienserpredigern und des hl. Dominikus und veranlaßte schließlich den Albigenserkreuzzug. Er behauptete ferner seine Souveränität in weltlichen Dingen und griff im Namen der Moral in Staatsangelegenheiten ein. Er förderte die Entstehung der Bettelorden, berief 1215 das 4. Laterankonzil ein und bemühte sich um einen Reform der Kurie. *(Ausschnitt aus einem Fresko des 13. Jh., Kloster Sacro Speco in Subiaco, Italien)*

RELIGIONEN UND MYTHEN

DIE GESCHICHTE DER KATHOLISCHEN KIRCHE

DIE PÄPSTE DES 20. JAHRHUNDERTS

Trotz der starken Unterschiede in ihrer Persönlichkeit aufgrund ihrer sozialen Herkunft, ihrer Ausbildung und ihres kirchlichen Werdegangs haben die Päpste, die seit dem Ende des 19. Jh. bis heute das höchste Amt in der katholischen Kirche bekleideten, eines gemeinsam: Sie mußten Stellung zu Position und Denken der Kirche beziehen angesichts von wirtschaftlichen, politischen und sozialen Problemen wie Kapitalismus, Marxismus-Leninismus, totalitären Regimen und den Anforderungen der Demokratie. Die Frage der Mission beschäftigte jeden von ihnen, und sie wollten die Ausbreitung der Kirche und den einheimischen Klerus fördern. Vor allem in der zweiten Hälfte des 20. Jh. trat das Problem der Beziehungen zwischen den christlichen Kirchen und der Möglichkeiten und Grenzen der Ökumene in den Vordergrund. Außerdem zeigte sich die Notwendigkeit, die Wertmaßstäbe an die Veränderung der Sitten anzupassen, ob es nun um Ehe, Geburtenkontrolle oder Genforschung ging. Jeder Papst hat durch seine Persönlichkeit prägend auf die Bewältigung der Probleme seiner Zeit eingewirkt, sei es durch innerkirchliche Reformen oder durch seine in Form von Enzykliken veröffentlichten Lehren. Jeder bemühte sich, die Unversehrtheit des von den Aposteln überkommenen Glaubens zu wahren und ihn gleichzeitig an die Erfordernisse der modernen Welt anzupassen.

A · **Leo XIII.**
(Vincenzo Gioacchino Pecci) [1810 bis 1903]. Erzbischof von Perugia (1846), Kardinal (1853), 1878 zum Papst gewählt. Er war einer der größten Pontifices Maximi der zeitgenössischen Kirche, die er den Erfordernissen der Gegenwart anpassen wollte. Er verfaßte die erste päpstliche Sozialenzyklika (*Rerum novarum*, 1891) und förderte eine Annäherung zwischen der römischen und der anglikanischen Kirche.

B · **Pius X.**
(Giuseppe Sarto) [1835 bis 1914]. Bischof von Mantua (1884), Patriarch von Venedig und Kardinal (1893), 1903 zum Papst gewählt, 1954 heiliggesprochen. Angesichts des Laizismus und des Modernismus nahm er teilweise eine starre Haltung ein, begann aber mit der Reform des kanonischen Rechts. Er förderte die tägliche Kommunion und die Kommunion von Kindern, reformierte das Brevier und die geistliche Musik auf der Grundlage des gregorianischen Gesangs.

DIE WICHTIGSTEN ENZYKLIKEN DER GEGENWART

Durch diese von den Päpsten des 20. Jh. verfaßten Lehrschreiben, die jeweils nach ihren Anfangsworten benannt werden, tritt der Kern der Probleme der Gegenwart ans Tageslicht, zu denen eine päpstliche Lehre ergeht.
Leo XIII., der sehr aufmerksam die Probleme seiner Zeit verfolgte, legte den Grundstein für eine Kirche, die im Einklang mit der modernen Welt steht: 1879 kritisiert die Enzyklika *Aeterni Patris* den wissenschaftlichen Rationalismus und schlägt die Rückkehr zu einer auf dem Thomismus basierenden Theologie vor. Die Enzyklika *Immortale Dei* von 1885 über die Demokratie und die Rolle der Kirche im Staat schafft die Grundlagen für eine echte christliche Demokratie. 1891 erscheint die Enzyklika *Rerum novarum* über die kirchliche Soziallehre. 1893 schließlich beschäftigt sich *Providentissimus Deus* mit der Bibellehre und legt das Vorgehen bei der Exegese und der Bibelkritik fest.
Pius X. nimmt eine defensivere Haltung ein. Die Enzyklika *Gravissimo officii* von 1906 verurteilt das Gesetz vom Dezember 1905, das mit dem Konkordat bricht und in Frankreich die Trennung von Kirche und Staat einführt. 1907 verurteilt *Pascendi dominici* die der traditionellen kirchlichen Lehre widersprechenden Irrtümer als ›Modernismus‹.
Pius XI. ist der Verfasser von 29 enzyklischen Briefen, in denen er die Menschenrechte und die Freiheit der Kirche verteidigt. Mutig nimmt er gegen den Faschismus Stellung (*Non abbiamo bisogno,* 1931), später gegen den Nationalsozialismus (*Mit brennender Sorge,* 1937) und 5 Tage später gegen den atheistischen Kommunismus (*Divini Redemptoris,* 19. März 1937). 1930 erinnert *Casti connubii* an die Anforderungen der christliche Ehe und verurteilt die freiwillige Geburtenkontrolle. Im darauffolgenden Jahr feiert *Quadragesimo*

C · **Benedikt XV.**
(Giacomo Della Chiesa) [1854–1922]. Nuntius in Madrid, Unterstaatssekretär von 1901 bis 1907, 1907 Erzbischof von Bologna, 1914 Kardinal, im September 1914 zum Papst gewählt. Unter Einhaltung einer strengen Neutralität bemühte er sich sehr engagiert um den Frieden, z. B. durch die Note *An die Oberhäupter der kriegführenden Völker* (1917). Er verkündete die Reform des kanonischen Rechts (1917), zeigte ein reges Interesse an den Ostkirchen und knüpfte mit zahlreichen Staaten neue diplomatische Beziehungen an.

D · **Pius XI.**
(Achille Ratti) [1857 bis 1939]. Präfekt der Vatikanischen Bibliothek, 1919 Nuntius in Polen, Erzbischof von Mailand (1921), 1922 zum Papst gewählt. Er unterzeichnete die Lateranverträge, schloß 18 Konkordate mit verschiedenen Staaten ab und prangerte den Nationalsozialismus an (Enzyklika *In brennender Sorge,* 1937).

E · **Pius XII.**
(Eugenio Pacelli) [1876 bis 1958]. Nuntius in Deutschland, Kardinal (1929), Staatssekretär von Pius XI., 1939 zum Papst gewählt. Er hielt an der traditionellen Position der Kirche fest. 1950 verkündete er das Dogma von der Himmelfahrt Marias. Obwohl er während des Zweiten Weltkrieges vielen politischen Flüchtlingen im Vatikan Zuflucht gewährte, warf man ihm sein ›Schweigen‹ zu den Greueltaten des nationalsozialistischen Regimes vor.

F · **Johannes XXIII.**
(Angelo Guiseppe Roncalli) [1881–1963]. Nuntius in Bulgarien, der Türkei und in Paris, Patriarch von Venedig und Kardinal (1953), 1958 zum Papst gewählt. Er wurde der Papst des *Aggiornamento* (›Anpassung an das Heute‹), berief das 2. Vatikanische (1962) ein und veröffentlichte zwei wichtige Enzykliken über die Sozial- und Friedenslehre (*Mater et Magistra,* 1961; *Pacem in terris,* 1963).

G · **Paul VI.**
(Giovanni Battista Montini) [1897 bis 1978]. Prostaatssekretär unter Pius XII., Erzbischof von Mailand (1954), Kardinal (1958), 1963 zum Papst gewählt. Er setzte die Konzilsarbeit Johannes' XXIII. vertiefend fort, reformierte die Kurie und berief mehrere Synoden ein. Er bemühte sich um die Ökumene und die Annäherung der Kirchen. Ab 1976 war er Ziel von Feindseligkeiten aus fundamentalistischen Kreisen.

H · **Johannes Paul II.**
(Karol Wojtyła) [1920 geboren]. Erzbischof von Krakau (1964), Kardinal (1976), am 16. Oktober 1978 als Nachfolger von Johannes Paul I. (Albino Luciani), der nur 33 Tage regiert hatte, zum Papst gewählt. Er betont den Vorrang der menschlichen Arbeit gegenüber Technik und Kapital und übt mit vielen Reisen ein weltumspannendes Hirtenamt aus. Am 13. Mai 1981 entging er einem Attentat.

RELIGIONEN UND MYTHEN

anno den Jahrestag der Sozialenzyklika Leos XIII. und bestimmt die ›Wiederherstellung der sozialen Ordnung in Übereinstimmung mit den Geboten des Evangeliums‹.

Pius XII. entsendet 34 enzyklische Briefe, vor allem: *Mystici corporis* von 1943 über die Natur der Kirche; *Humani generis* von 1950 gegen einige anthropologische Thesen, die für mit der christlichen Lehre unvereinbar gehalten werden; *Evangelii praecones* von 1951 über die Missionen und die Notwendigkeit der Förderung des einheimischen Klerus. Im gleichen Jahr erinnert *Sempiternus Rex* an den 1500. Gedenktag des Konzils von Chalkedon, das die beiden Naturen und die eine Person Christi definiert hatte. *Fulgens corona* verkündete 1953 das Marienjahr.

Johannes XXIII. verfaßte zwei Enzykliken mit weltweiter Wirkung: 1961 die längste aller Enzykliken, *Mater et Magistra,* die den jüngsten Entwicklungen der Soziallehre gewidmet war; 1963 *Pacem in terris,* die die Position der Kirche zum Frieden und zu ihren Beziehungen mit der kommunistischen Welt festlegte.

Paul VI. beschäftigte dich intensiv mit dem Problem der Missionen (*Ecclesiam suam,* 1964) und der Entwicklung der Sitten (*Humanae vitae,* 1968, über Geburtenkontrolle und Verhütungsmethoden). Aber insbesondere *Populorum progressio* von 1967 bestätigt, daß die soziale Frage nunmehr eine weltweite Dimension hat und weitere Entwicklung der neue Name für Frieden ist.

Johannes Paul II. nimmt diese Themen neu auf, indem er die Notwendigkeit der Verteidigung der Menschenrechte und der kirchlichen Rechte bekräftigt: *Redemptor hominis* (1979) und *Laborem exercens* (1981) bezeugen seine Verwurzelung in der kirchlichen Doktrin und die soziale Offenheit seiner Lehre.

ÖKUMENISCHE KONZILE

Die ökumenischen (von griech. *oikoumene ge,* ›die bewohnte Erde‹) Konzile sind die vom Papst einberufenen Versammlungen aller Bischöfe der katholischen Kirche. Die Beschlüsse eines Konzils werden mit der Bestätigung des Papstes für alle Gläubigen verbindlich. Man zählt 21 ökumenische Konzile:
Nizäa I (325): verurteilt Arius, erklärt den Sohn für wesensgleich mit dem Vater und verfaßt das erste offizielle christliche Glaubensbekenntnis (›Nizäum‹).
Konstantinopel I (381): verurteilt den Arianismus; räumt den Bischöfen von Rom und Konstantinopel eine Vorrangstellung ein.
Ephesus (431): verurteilt Nestorius, der die Gottesmutterschaft Marias leugnet; bekräftigt, daß Jesus zugleich Mensch und Gott ist.
Chalkedon (451): legt fest, daß zwei Naturen (göttlich und menschlich) in der einen Person Christi vereint sind, und verurteilt den Monophysitismus als Irrlehre.
Konstantinopel II (553): bemüht sich, die religiöse Einheit im Byzantinischen Reich wiederherzustellen.
Konstantinopel III (680–681): verurteilt den Monotheletismus.
Nizäa II (787): verurteilt den Ikonoklasmus, gestattet und empfiehlt bestimmte Gottes-, Marien- und Heiligenbilder.
Konstantinopel IV (869–870): Dieses Konzil war eher ein Gericht, das den unrechtmäßigen Patriarchen Photios entthronte und Ignatius wieder auf den Heiligen Stuhl von Konstantinopel setzte.
Lateran I (1123): billigt das Wormser Konkordat, demzufolge die Bischöfe vom Papst und nicht vom Kaiser ernannt werden und letzterer sie nur mit den weltlichen Besitzungen und den damit verbundenen Rechten belehnt.
Lateran II (1139): Reformkonzil, verurteilt den Handel mit geistlichen Gütern (*Simonie*) und den Wucher und predigt priesterliche Enthaltsamkeit.
Lateran III (1179): verurteilt Albigenser und Waldenser.
Lateran IV (1215): verurteilt erneut die Albigenser; legt die Pflichten der Gläubigen im Hinblick auf die Sakramente fest.
Lyon I (1245): gegen Kaiser Friedrich II., der in Italien in die Rechte der Kirche eingreift.
Lyon II (1274): Annäherung an die griechische Kirche – vorläufige Kirchenunion.
Wien (1311–1312): Verurteilung und Aufhebung des Templerordens.
Konstanz (1414–1418): beendet das Große Abendländische Schisma, verkündet den Vorrang des Konzils vor dem Papst. Verurteilt Jan Hus.
Florenz (vorher in Basel, dann in Ferrara, 1431–1442): aufgrund des Beschlusses des Konzils von Konstanz zusammengetreten, das regelmäßige ökumenische Konzile vorschrieb; erneuter Annäherungsversuch an die griechische Kirche.
Lateran V (1512–1517): Unterzeichnung des Bologner Konkordats zwischen dem Papst und Frankreich; das Konzil reformiert einige kirchliche Institutionen.
Trient (1545–1563): aufgrund der durch die Reformation hervorgerufenen Krise einberufen, definiert die Lehre von der Erbsünde, der Rechtfertigung, der Sakramente, des Meßopfers, der Heiligenverehrung, des Verhältnisses von Schrift und Tradition; erlegt den Geistlichen neue Pflichten auf: Residenzpflicht des Bischofs und der Pfarrer, Einrichtung von Priesterseminaren.
Vatikanum I (1869–1870): definiert die Position der Kirche zur Offenbarung und zum Glauben im Hinblick auf den Rationalismus; verkündet die päpstliche Unfehlbarkeit (Konstitution *Pastor aeternus*). Wird durch die Besetzung Roms unterbrochen, von Pius IX. *sine die* (auf unbestimmte Zeit) vertagt und offiziell erst 1962 abgeschlossen.
Vatikanum II (1962–1965): Versammlung von mehr als 2000 Bischöfen; das erste ökumenische Konzil ohne Verurteilung einer Lehre; bekräftigt die Kollegialität des mit dem Bischof von Rom vereinten Episkopats; verkündet 4 Konstitutionen: *Das Mysterium der Kirche, Die Offenbarung, Die Liturgie, Die Kirche in der Welt von heute,* 9 Konzilsdekrete zur Disziplin und 3 Erklärungen zur Religionsfreiheit, zu den Nichtchristen und zur christlichen Erziehung.

▲ · **Die Theologie.**
Die Theologie am Altar diktiert die ihr offenbarten Wahrheiten. *(Ausschnitt aus der Disputa, Fresko in der Stanza della Segnatura im Vatikan, 1509 bis 1511)*

Zur Fortführung der Konzilsarbeit setzt Paul VI. am 15. September 1967 die Bischofssynode ein, die alle drei Jahre zusammentritt und deren Delegierte von den Bischofskonferenzen gewählt werden.

DIE THEOLOGEN

Die ersten christlichen Theologen sind die Kirchenväter (1.–7. Jh.). Seitdem haben sich viele Theologen zu Wesen und Natur Gottes geäußert, darunter:
Thomas von Aquin (hl.) [1225–1274], Dominikaner, kommentierte die Bibel sowie Boethius, den Pseudo-Dionysios Areopagita und Petrus Lombardus. Nach der Neuentdeckung der metaphysischen Schriften von Aristoteles entwickelte er in der *Summa theologiae* ein neues Verhältnis zwischen Glauben und Vernunft, zwischen antiker Philosophie und Theologie, die er als Wissenschaft verankerte.
John Henry Newman (1801–1890). Dieser berühmteste Theologe der anglikanischen Kirche vertrat eine vermittelnde Position zwischen einem starren Katholizismus und den der kirchenväterlichen Tradition fernen protestantischen Kirchen. Nach seinem Übertritt zum Katholizismus veröffentlichte er 1845 sein Hauptwerk *Über die Entwicklung der Glaubenslehre.* 1847 wurde er zum Priester, 1879 zum Kardinal geweiht. Er nahm grundlegenden Einfluß auf das Verhältnis von Katholizismus und Anglikanismus.
Henri de Lubac (geboren 1896). Der französische Jesuit war Mitglied der theologischen Kommission des 2. Vatikanischen Konzils und wurde 1983 Kardinal. Sein Werk betont das Streben der menschlichen Natur nach dem Übernatürlichen, das ›Drama‹ der atheistischen Menschheit und den wahren Sinn der mystischen Theologie.

DIE MYSTIKER

Man kann die christliche Mystik als die in tiefster Seele empfundene Erfahrung der Einheit mit Gott definieren. Viele solcher Erfahrungen bleiben verborgen. Von den Mystikern, die der Kirche bekannt sind und die sie anerkennt, sind zu nennen:
Heinrich Seuse (um 1295–1366). Dieser Dominikaner und Schüler Meister Eckharts erlebte mehr als 10 Jahre lang häufig, wie sein Wesen in der göttliche Weisheit aufging, und schrieb dies im *Büchlein der Wahrheit* (um 1328) nieder.
Theresia von Avila (hl.) [1515–1582]. Nachdem sie den Karmeliterinnenorden reformiert hatte, stiftete sie viele neue Frauenklöster. Von 1555 bis zu ihrem Tod erlebte sie viele mystische Zustände, Visionen und Ekstasen. Von diesen Erfahrungen lebt ihr Buch *Die Seelenburg,* in dem sie das mystische Leben von seinen Anfängen bis hin zur Verwandlung in der Vereinigung der geistigen Ehe beschrieb, und dies mit großem psychoanalytischem Geschick und in völligem geistigem Gleichgewicht.
Maximilian Kolbe (hl.) [1894–1941]. Polnischer Franziskaner, litt an chronischer Tuberkulose, Verleger in Krakau, später in Nagasaki; Gründer der Militia Immaculatae. Er lebte ein asketisches und meditatives Leben und hatte viele Visionen. Er wurde von der Gestapo verhaftet, nach Auschwitz gebracht und gefoltert, wo er sein Leben für einen Familienvater hingab und den Hungertod starb. Von Johannes Paul II. heiliggesprochen.

RELIGIONEN UND MYTHEN

KATHOLISCHE HEILIGE UND MÄRTYRER

HEILIGKEIT

Als Erbe des Judentums, in dem die Heiligkeit als Aufforderung zur Nachahmung der göttlichen Vollkommenheit angesehen wurde (›Denn ich bin der Herr, euer Gott. Darum sollt ihr euch heiligen, so daß ihr heilig werdet, denn ich bin heilig‹. LEVITICUS 11, 44), wird in Christentum die Auffassung vertreten, daß gläubige Menschen an der Heiligkeit Gottes teilhaben können. Diese Menschen sind ein Vorbild, deren Beispiel die Gläubigen erbauen soll und die gleichzeitig Fürsprecher bei Gott sind. Die katholische und die orthodoxe Kirche widmen ihnen eine öffentliche Verehrung oder *Dulie*. Als erste wurden die Märtyrer verehrt: Offiziell werden 3000 von der Kirche anerkannt. Nach dem Religionsfrieden folgten ihnen als Vorbild an Heiligkeit die Einsiedlermönche, die in der Wüste ein asketisches Leben führten und nach ihrem Bruch mit der Welt gegen die Versuchungen des Lebens in Einsamkeit kämpften. Nach dem heiligen Ritter des Mittelalters und dem heiligen Adligen mit allen heldenhaften Tugenden entstand das Vorbild der priesterlichen und mönchischen Heiligkeit mit der Hervorhebung der Tugenden des Gehorsams und der Armut. Seit dem 16. Jh. sind Wissenschaft und Lehre Kriterien für die Heiligsprechung. Im 20. Jh. sind einige Laien und Missionarspriester Beispiele für diese Entwicklung des Heiligenverständnisses. Es gibt neben den Märtyrern etwa 4000 Heilige, von denen ein Viertel Frauen sind.

C · Margareta.
Sie war Tochter eines heidnischen Priesters in Antiochien, wurde von ihrer Amme christlich erzogen und heimlich getauft. Sie weigerte sich, ihre Gott geweihte Keuschheit aufzugeben und den Präfekten Olybrius zu heiraten, der sie zum Tod durch Zerreißen mit Eisenhaken verurteilte. Sie wurde um 275 lebend verbrannt und enthauptet. Tag: 20. Juli.

D · Bartholomäus.
Jesus pries die Aufrichtigkeit dieses Apostels, der den Märtyrertod starb. Tag: 24. August.

G · Sebastian.
Er war Zenturio der ersten Kohorte der Prätorianergarde unter Maximian und Diokletian; als Christ tröstete er seine verurteilten Brüder während der Folter und half ihnen. Er wurde entdeckt und starb 288, von Pfeilen durchbohrt. Er wird zusammen mit dem Bischof von Rom, Fabian, verehrt, der am 20. Januar 250 als Märtyrer starb.

H · Stephanus.
Er war als Jude der Diaspora zum Pfingstfest nach Jerusalem gekommen, wurde durch die Predigten der Apostel bekehrt und von ihnen zum ersten Diakon gewählt. Aufgrund seiner leidenschaftlichen Predigt wurde er vom Hohen Rat verurteilt. Er wurde zu Tode gesteinigt, hatte aber vor seinem Tod eine Vision vom Paradies und sah Christus zur Rechten Gottes sitzen. Tag: 26. Dezember, als *Erzmärtyrer* (erster christlicher Märtyrer).

A · Apollonia.
Jungfrau aus Alexandria, die den christlichen Glauben predigte. Ihr wurden, nachdem sie verurteilt war, die Zähne zerschlagen und ausgerissen; sie stürzte sich selbst ins Feuer, als sie 249 zum Feuertod verurteilt wurde. Tag: 9. Februar.

I · Hieronymus.
(um 345– um 420) Er stammte aus Dalmatien und zog nach umfangreichen Studien nach Osten, wo er als Einsiedler lebte und Hebräisch lernte. 381 wurde er Priester, dann Sekretär des Papstes Damasus in Rom und überarbeitete die lateinische Übersetzung der Bibel (Vulgata). Er zog sich nach Bethlehem zurück, wo er zahlreiche *Briefe* und *Kommentare* über die Schrift verfaßte. Als großer Gelehrter ist er einer der 4 großen Kirchenlehrer und wird seit dem 14. Jh. häufig als Kardinal dargestellt (s. S. 315). Tag: 30. September.

B · Maria von Bethanien.
Die Schwester des Lazarus und der Martha, in der Überlieferung oft mit der Sünderin verwechselt, die Jesu Füße mit Öl salbt. Sie sah als erste den auferstandenen Christus. Eine spätere Legende bringt sie nach Marseille (Saintes-Maries-de-la-Mer), wo sie in einer Höhle, der Sainte-Baume, ein zurückgezogenes, bußfertiges Leben führt. Tag: 22. Juli.

E · Laurentius.
Als Diakon der römischen Kirche mit der Verwaltung der weltlichen Güter der Gemeinde beauftragt, weigerte er sich, sie dem Präfekten der Stadt auszuliefern, und verteilte sie an die Armen. Er wurde zum Tod auf dem Rost verurteilt und starb am 10. August 258.

F · Petrus.
Simon, Fischer auf dem See Genezareth, wurde von Jesus auserwählt und erhielt den Namen Petrus. Jesus vertraute ihm die Leitung seiner Kirche an. Nach der Verkündung der Frohen Botschaft in Jerusalem brachte Petrus den christlichen Glauben nach Antiochia, Korinth und Rom. Nach der Überlieferung war er das Oberhaupt der ersten Christengemeinde in Rom, wo er um 64 als Märtyrer starb. Tag: 29. Juli. *(Lukas Cranach [1472–1553] zugeschriebenes Gemälde, Moulins, Museum für Schöne Künste)*

324

RELIGIONEN UND MYTHEN

A · Paulus.
Dieser in Tarsus geborene Jude, römischer Bürger und Rabbiner, bekehrte sich nach einer Vision auf dem Weg nach Damaskus zum Christentum und wurde nach drei Missionsreisen in Kleinasien, Makedonien und Griechenland zum Heidenapostel. Er wurde gefangengenommen und nach Rom überführt, wo er verurteilt und auf dem Weg nach Ostia enthauptet wurde. Tag: 29. Juni, zusammen mit Petrus, und 30. Juni, Tag seines Martyriums. Erster christlicher Theologe.

E · Agatha.
Jungfrau und Märtyrerin aus Catania. Sie weigerte sich, den heidnischen Präfekten Quintianus zu heiraten. Dieser verurteilte sie zu einer rituellen Vergewaltigung sowie zum Zerquetschen und Abschneiden der Brüste. Sie wurde auf wunderbare Weise von Petrus geheilt und starb unter gräßlichen Foltern 251 beim Ausbruch des Ätna. Tag: 5. Februar.

F · Christophorus.
Er war ein Grieche aus Lycien (?) und predigte nach seiner Taufe durch Babylas, den Bischof von Antiochia, den christlichen Glauben. Er wurde durch die Verfolgung unter Decius (251) zum Märtyrer. Die Bedeutung seines Namens ›Christusträger‹, führte zur Entstehung einer Legende, derzufolge er ein Riese gewesen sei, dem es als Fährmann auch unter Aufbietung aller Kräfte nicht gelingt, das Jesuskind über den Fluß zu tragen. Dieses Wunder habe seine Bekehrung bewirkt. Tag: 25. Juli.

B · Lucia.
Jungfrau und Märtyrerin aus Syrakus, die wohl im 3./4. Jh. lebte. Sie weihte nach einer Vision am Grab der hl. Agatha ihr Leben Gott und weigerte sich daher, einen Heiden zu heiraten. Von ihrem Verlobten denunziert, überstand sie alle Martern, bis man ihr schließlich ein Schwert durch die Kehle stieß. Nach späteren Fassungen hat sie sich selbst die Augen ausgerissen und ihrem Verlobten in einer Schüssel geschickt. Tag: 13. Dezember.

C · Rochus.
Als Mitglied des Dritten Franziskanerordens kümmerte er sich um die aus den Städten vertriebenen Pestkranken; ein Hund brachte ihm jeden Tag Brot und heilte ihn durch Lecken von einer Pestbeule. Bis zu seinem Tod bei einer Pestepidemie in Montpellier um 1327 widmete er sich den Armen und Kranken. Fest: 16. August.

D · Veronika.
Jesus begegnete auf dem Weg auf den Kalvarienberg unter der Last des Kreuzes einer frommen Frau, die sein Gesicht mit einem weißen Tuch abwischte. Der Abdruck des ›Heiligen Gesichtes‹ blieb darauf. Dieses Schweißtuch, das von da an *veron eikōn* (›das wahre Bild‹) hieß, gab dieser Heiligen ihren Namen. Die Kirche behielt diese Überlieferung mit der sechsten Station des Kreuzwegs bei. Tag: 4. Februar. *(Ausschnitt eines Bildes von Simon Vouet [1590–1649], Le Mans, Tessé-Museum)*

SCHUTZPATRONE

Man nennt einen Heiligen einen Schutzpatron, wenn er als der Beschützer eines Gebietes (Diözese, Provinz, Nation oder Kontinent – so ist der heilige Benedikt Schutzpatron Europas) oder einer Personengruppe (Bruderschaft, religiöse Gemeinschaft oder Berufsverband, Kranke usw.) gilt. Der Schutzpatron ist auch der Heilige, dessen Namen man als Vornamen trägt (s. S. 314) und der als Beschützer der Person mit diesem Vornamen gilt. Hierfür kommen nur die Heiligen der ersten Kategorie in Frage. Selbstverständlich ist diese Liste nicht vollständig.

Schutzheilige von Berufsgruppen
Apotheker
Jakob d.Ä.
Arbeiter
Joseph
Architekten
Benedikt; Raimund Gayrard; Thomas
Ärzte
Pantaleon; Cosmas und Damian; Lukas
Bäcker
Honorius; Michael; Lazarus
Bankiers
Matthäus; Erzengel Michael
Bauern
Benedikt und Medard
Bergarbeiter
Barbara
Bettler
Alexius
Buchhalter
Matthäus
Buchhändler
Johannes vor der Lateinischen Pforte
Chemiker
Albertus Magnus
Chirurgen
Cosmas und Damian; Lukas
Dichter
Stella
Diplomaten
Erzengel Gabriel
Elektriker
Lucia
Färber
Mauritius
Feuerwehrleute
Laurentius; Barbara
Fischer
Petrus; Andreas
Fischhändler
Petrus
Fleischer
Nikolaus
Flieger
Joseph von Copertino
Fotografen
Veronika
Friseure
Ludwig
Gärtner
Fiacrinus; Dorothea; Phocas
Gastwirte
Martha
Gelehrte
Albertus Magnus
Gendarmen
Genoveva
Hausangestellte
Zita
Hausfrauen
Martha
Ingenieure
Dominikus von Caussade
Journalisten
Franz von Sales; Bernhardin von Siena
Juweliere
Eligius
Kaufleute
Franz von Assisi
Klempner
Eligius
Köche
Martha; Fortunatus
Konditoren
Macarius; Honorius
Krämer
Nikolaus
Krankenpfleger
Kamillo
Krankenschwestern
Irene von Rom
Lehrer
Gregor der Große; Johannes Baptista de la Salle; Robert Bellarmin
Maurer
Thomas; Sylvester
Metallarbeiter
Eligius
Musiker
Blasius; Cäcilie; Dunstan; Gregor der Große; Otto von Cluny
Notare
Ivo
Parfümeure
Maria Magdalena
Polizisten
Genoveva; Severus
Rechtsanwälte
Ivo
Schauspieler
Genesius
Schlosser
Petrus
Schmiede
Nikodemus; Eligius
Schneider
Klarus; Kasimir
Schriftsteller
Franz von Sales
Schuhmacher
Crispianus
Schweinemetzger
Antonius
Sekretäre
Cassianus
Seelsorger
Jean-Marie Vianney
Seemänner
Nikolaus (von Bari)
Soldaten
Mauritius; Martin
Sprecher
Johannes Chrysostomos
Taxifahrer
Fiacrinus; Christophorus
Teppichweber
Genoveva
Tischler
Joseph
Versicherer
Ivo
Viehzüchter
Blasius; Markus
Wäscherinnen
Klara
Werbung
Bernhardin von Siena
Winzer
Vinzenz; Werner; Johannes vor der Lateinischen Pforte
Zahnärzte
Apollonia
Zimmerleute
Julian
Zöllner
Matthäus

Weitere Schutzpatrone

Schülerinnen werden beschützt von Madeleine-Sophie Barat, **Schüler** von Karl dem Großen oder Expedit; Brieuc hilft den Stipendiaten, der hl. Expedit den **Führerscheinbewerbern**.
Jungfrauen werden von Maria Goretti beschützt, junge Mädchen im heiratsfähigen Alter erwarten die Hilfe von Katharina; schwangere Frauen rufen Beuve, Anna oder Margareta an; Gebärende beten zu Fides; unfruchtbare Frauen bitten Rita um Hilfe; Witwen suchen die Unterstützung von Franziska oder Anna. **Bergsteiger** hoffen auf die Hilfe von Bernhard von Menthon; **Autofahrer** setzen auf Franziska oder Christophorus; **Touristen** vertrauen sich Christophorus an; wer etwas verloren hat, bittet Antonius von Padua um Hilfe. Die Betrunkenen schließlich brauchen sich nur an den heiligen Urban zu wenden.

DIE KATHOLISCHEN MÖNCHSORDEN

DIE WICHTIGSTEN ORDEN

Benediktiner. Der älteste abendländische Mönchsorden wurde um 530 von dem heiligen Benedikt von Nursia gegründet. Seine Regel basiert auf dem unbedingten Gehorsam gegenüber dem Abt, der das Kloster leitet, auf der Pracht des Gottesdienstes, der Gesänge und der Liturgie. Heute gibt es weltweit etwa 10 000 Benediktinermönche und etwa 20 000 Benediktinernonnen.

Dominikaner oder **Predigerorden.** 1216 vom hl. Dominikus gegründet, spezialisiert auf das Studium und die Lehre der Theologie. (Der hl. Thomas von Aquin gehörte diesem Orden an.) Momentan etwa 8 000 Mitglieder, an deren Spitze ein für neun Jahre gewählter Ordensgeneral und, ihm untergeordnet, Provinziale und der Prior des Klosters stehen. Die Dominikanerinnen gehören 78 verschiedenen Instituten an, folgen aber der gleichen Regel.

Franziskaner oder **Mindere Brüder.** 1209 vom hl. Franz von Assisi gegründeter Orden; heute mehr als 20 000 Mitglieder, zu denen noch die *Kapuziner* kommen, die den Idealen des Stifters nahestehen und etwa 12 000 Mitglieder zählen. Sie widmen sich der Missionsarbeit und der Volkspredigt.

Jesuiten. Die ›Gesellschaft Jesu‹ wurde 1534 vom hl. Ignatius von Loyola gegründet. Sie zählt über 25 000 Mitglieder in 87 Ordensprovinzen. An ihrer Spitze steht ein General, der von drei Abgeordneten pro Provinz auf Lebenszeit gewählt wird. Nach einer zehnjährigen Ausbildung, die philosophische und theologische Studien umfaßt, kann man zum feierlichen großen Gelübde zugelassen werden, zu dem neben den drei üblichen Gelübden ein besonderes Treuegelöbnis gegenüber dem Papst und dem General gehört.

Karmeliter. 1207 im Heiligen Land gegründeter kontemplativer Orden. Die Karmeliter praktizieren eine besondere Marienverehrung; es gibt heute etwa 5 700 Karmelitermönche und 13 000 Karmeliterinnen.

Kartäuser. Vom hl. Bruno von Köln 1084 gestifteter Orden. Seine Mitglieder – heute etwa 540 (einschließlich der Nonnen) – leben wie Eremiten in völliger Stille und kommen nur zum Gottesdienst zusammen.

Lazaristen oder **Congregatio Missionis.** Vom hl. Vinzenz von Paul 1625 gestiftet: Missionen, karitative Arbeit, Priesterseminare, Seelsorge; heute etwa 4 300 Mitglieder.

Missionare Oblaten der Allerheiligsten und Unbefleckten Jungfrau Maria. Von Bischof Mazenod 1816 gegründeter Missionsorden. Über 6 000 Mitglieder, davon etwa 4 000 Priester.

Prämonstratenser. Zu den Regularkanonikern zählender Orden, welcher der Regel des hl. Augustinus folgt, vom hl. Norbert 1120 gegründet. Die Kanoniker leben in kleinen Prioraten und versehen ein Pfarramt. Etwa 1 290 Mitglieder.

Väter vom Hl. Geist. 1703 gegründete Ordensgenossenschaft für Mission, die 1848 die Kongregation vom Heiligen Herzen Mariens des Paters Liberman aufnahm. Über 4 000 Mitglieder.

Weiße Väter. 1868 von Kardinal Lavigerie gegründete Missionskongregation, spezialisiert auf das Apostolat in islamischen Ländern und Schwarzafrika; etwa 3 000 Mitglieder.

Zisterzienser und Trappisten. 1098 in Cîteaux gegründeter Orden, im 12. Jh. reformiert, unter dem geistigen Einfluß des hl. Bernhard von Clairvaux. Er zählt z. Zt. etwa 4 600 Mönche und 1 900 Nonnen.

KATEGORIEN

Das offizielle Jahrbuch des Heiligen Stuhls unterscheidet sechs Kategorien von Mönchen und Nonnen:

Klosterorden, denen Männer oder Frauen angehören, die nach Ablegung feierlicher Gelübde unter Leitung eines/einer der Ihren in einem Kloster leben (z. B. Benediktiner).

Kanoniker und Regularkanoniker (z. B. Prämonstratenser [s. diese Seite]).

Bettelorden, deren Gemeinschaft nur die in der Ordensregel vorgeschriebenen Güter besitzen darf (z. B. Franziskaner).

Priesterkongregationen oder **Priestergesellschaften** wie die Oratorianer und die Sulpizianer.

Religiöse Institute oder **Laienkongregationen** wie die Brüder der christlichen Schulen, die sich dem Unterricht widmen und keine Priester sind.

Säkularinstitute, seit 1947 offiziell anerkannt, deren Mitglieder ihren sozialen Stand und ihren Beruf in der Welt beibehalten.

FRAUENORDEN

Zur Zeit gibt es weltweit 1 230 Frauenorden mit über 500 000 Mitgliedern. Zwischen 1970 und 1975 wurden 25 000 Nonnen von ihren Gelübden entbunden, sei es aus gesundheitlichen Gründen oder wegen fehlender Berufung oder aufgrund einer persönlichen Unfähigkeit, die Gelübde einzuhalten. Das 2. Vatikanische Konzil wünschte eine Erneuerung des Ordenslebens im Sinne einer Anpassung an das moderne Leben. Abgesehen von äußerlichen Veränderungen (z. B. der Kleidung, des Wohnens und der Lebensweise) gab es weitreichende Veränderungen: Schulen und Krankenhäuser wurden mehr oder weniger aufgegeben, um sich den neuen Aufgaben des Apostelamtes in der Arbeitswelt und der Hilfe für die von wirtschaftlichen und sozialen Zwängen erdrückten Menschen widmen zu können. Diese Neuerungen sollen an der Botschaft der Evangelien festhalten. Auch die im Kloster lebenden Nonnen haben aus dem Wunsch heraus, zu den Quellen ihrer Spiritualität zurückzukehren, und in dem Bemühen um eine bessere intellektuelle und theologische Ausbildung tiefgreifende Veränderungen durchgeführt. Dieser Wandel löst das Grundproblem, daß nämlich immer weniger junge Frauen den Orden beitreten und diese überaltert sind, jedoch nicht.

A · **Benediktinerhabit.** Schwarze Kutte mit Kapuze.

B · **Karmeliterinnenhabit.** Kutte aus grobem braunen Wollstoff mit braunem Skapulier, schwarzem Schleier und weißem Mantel.

C · **Franziskanerhabit.** Kutte mit Kapuze aus grobem braunen Wollstoff, durch eine weiße Schnur mit drei Knoten zusammengehalten. Die Knoten symbolisieren die drei Gelübde: Gehorsam, Armut und Keuschheit.

D · **Dominikanerhabit.** Weiße Kutte, über der ein schwarzer Kapuzenmantel getragen wird.

RELIGIONEN UND MYTHEN

ORIENTALISCHE UND ORTHODOXE KIRCHEN

HISTORISCHE DATEN

Die orientalischen Kirchen sind die christlichen Kirchen, die sich im Byzantinischen Reich im Einflußbereich der lateinischen Sprache und des Apostolischen Stuhls in Rom entwickelt haben. Sie spalteten sich schon im 5. Jh. ab. Die **Nestorianer** brachen nach der Verurteilung ihrer Lehre durch das Konzil von Ephesus 431 mit der Reichskirche, die übrigen Kirchen vollzogen die Abtrennung 451 durch ihre Weigerung, das Glaubensbekenntnis des Konzils von Chalkedon anzuerkennen, das Dogma der zwei Naturen in der einen Person Christi festschrieb: Sie heißen daher **monophysitische** oder **chaldäische** Kirchen. Zu diesem Zeitpunkt bestand kein Unterschied in der Lehre zwischen den anderen orientalischen und den abendländischen Kirchen. Der Zusatz *Filioque* im Glaubensbekenntnis der lateinischen Kirche war der Grund für den Bruch zwischen Osten und Westen (1054) [s. S. 313]; seitdem sind die **orthodoxen** Kirchen, die dem Konzil von Chalkedon treu bleiben und das Dogma des *Filioque* ablehnen, von der römischen Kirche getrennt und folgen dem byzantinischen Ritus. Zur Zeit der Kreuzzüge wurde diese Kluft durch die Einführung einer zweiten lateinischen Hierarchie noch vertieft. Rom hat seither immer wieder versucht, mit den orientalischen Kirchen zu einer *Union* zu kommen. Dies gelang auf dem Konzil von Florenz (1439–1442), als sich einige orientalische Kirchen der Gemeinschaft der römischen Kirche unter Beibehaltung ihrer eigenen Institutionen und Liturgie anschlossen: Dies sind die **unierten** Kirchen.

DOKTRIN UND SPIRITUALITÄT

Die Geschichte der Theologie zeigt, daß die orientalischen Kirchen immer gewisse Vorbehalte gegenüber zu entschieden formulierten Dogmen hatten. So erklärt sich auch der Streit um das *Filioque,* d. h. darüber, ob der von Jesus verheißene Paraklet, der Heilige Geist, vom Vater *und vom Sohn* ausgeht, der im Schisma gipfelte; in neuerer Zeit die Ablehnung des Dogmas von der Unbefleckten Empfängnis Marias in der von Pius IX. 1854 verkündeten Formulierung; und schließlich die Vorbehalte gegenüber dem 1950 verkündeten Dogma von der Himmelfahrt Marias trotz der Tatsache, daß die Verehrung der Jungfrau *Theotokos,* der ›Gottesgebärerin‹, im Osten entstand.

Das Dogma, eine gelebte Erfahrung. Tatsächlich sind in diesen Kirchen Lehre und Spiritualität eng mit dem persönlichen Erleben der christlichen Mysterien und des von der Kirche verkündeten Dogmas verbunden. So ist z. B. das zentrale Dogma der Trinität, das die absolute Jenseitigkeit – die Transzendenz – und den Personencharakter Gottes festschreibt, nicht nur ein Komplex von theologischen Erkenntnissen über das Göttliche: Es ist ebenso Ergebnis einer persönlichen Erfahrung, die jeder machen kann. Das Dogma ist nichts, was von außen aufgezwungen wird und an das man glauben muß, um gerettet zu werden, sondern eine jedem Gläubigen offene Möglichkeit, sich durch einen heiligen Lebenswandel zu verändern.

Die Bedeutung der Liturgie. Die von Jesus Christus verheißene Erlösung ist nur in der und durch die Kirche möglich. Daher die sakramentale Auffassung des christlichen Lebens, die jede Einzelexistenz in ein zusammengehöriges Ganzes eingliedert, in dem die Liturgie eine große Rolle spielt. Diese entstand hauptsächlich zwischen dem 4. und 9. Jh. und ist in der Bibel verwurzelt, die oft dichterisch umgesetzt und mit dem Glanz der Gesänge und der Zeremoniells versehen wird. Damit stellt die Liturgie in der gesamten Orthodoxie die Verbindung zwischen Kirche und Gemeinde her. Sie wird von allen tatsächlich als ›Manifestation des Himmels auf Erden‹ erlebt. Während der vielen Verfolgungen in der Geschichte bewahrte diese lebendige Liturgie zusammen mit der Ikonenverehrung die Spiritualität dieser Kirchen, da sie den Kern der christlichen Botschaft bewahrte.

Eine eigene Ekklesiologie. Das letzte Grundmerkmal der Orthodoxie ist ihre Auffassung von der Kirche – ihre Ekklesiologie: Da die Orthodoxie kein unfehlbares und dauerhaftes Wahrheitskriterium besitzt, verwirklicht sie ihre Einheit und Katholizität in einer Glaubensgemeinschaft, deren einziger Maßstab der Heilige Geist ist. Dieser Geist der Wahrheit beseelt die durch das Gebot der Liebe vereinigte Gemeinschaft der Gläubigen: Er offenbart sich durch die, welche die Gnadengabe des Lehrens empfangen haben – die Bischöfe, die Gemeindepriester. Jeder Gläubige hat daher grundsätzlich die Wahl, die ihm so offenbarte Wahrheit Gottes anzunehmen, und er trägt selbst im freiwilligen und wohlüberlegten Gehorsam seiner Kirche gegenüber und in der Nächstenliebe direkt die Verantwortung für seine Entscheidung.

DAS MÖNCHSTUM

Im Bereich der orientalischen und orthodoxen Kirchen war das Mönchstum schon immer ein Zentrum des geistigen Lebens. Nach der Lehre der griechischen Väter ist der Mönch nichts anderes als ein wahrer Christ, der alle Gebote des Evangeliums einhält. In der orientalischen Christenwelt leben die Mönche in Gemeinschaften – den *Zönobien* – nach der Regel des hl. Basilius, zugleich aber haben sich verschiedene Formen des Lebens in der Einsamkeit bis heute erhalten. Das Eremitentum – das Leben des *Einsiedlers* in der ›Wüste‹ – scheint besser geeignet für die Suche nach der *hésychía,* das heißt nach dem für das Gebet und die Vereinigung mit Gott nötigen inneren Frieden. Diese Andacht in Einsamkeit führte zur Herausbildung eines endlosen Gebets (›Jesusgebet‹), das am Berg Athos und sich im gesamten Einflußbereich des christlichen Ostens verbreitete. Das Mönchstum bleibt weiterhin die Schule, in der der Zusammenhang zwischen der Erinnerung an Jesus, die in diesem Dauergebet mit jedem Atemzug wachgerufen wird, und der Mystik der Gottwerdung erlernt wird.

∧ · **Berg Athos.**
Auf dem Athos, dem ›Heiligen Berg‹, wurde 963 das erste Kloster, die Große Lawra, gegründet, dem seit 980 weitere Klöster aus verschiedenen orthodoxen Völkern folgten. Damit wurde der Athos zu einem religiösen Zentrum der Orthodoxie. Heute ist er mit etwa 1 300 Mönchen in 20 Klöstern – eine autonome, aber nicht souveräne Mönchsrepublik, die der Rechtsprechung des Patriarchen von Konstantinopel untersteht und den politischen Schutz Griechenlands genießt.

DIE MIT ROM UNIERTEN KIRCHEN

Diese katholischen Kirchen vertraten 1986 etwa 14 Millionen Gläubige. Sie spielen eine sehr wichtige Rolle in der Auseinandersetzung zwischen abendländischen und orientalischen Kirchen. Die nichtkatholischen orientalischen Kirchen betrachteten die Union dieser Kirchen mit Rom als einen Versuch des Katholizismus, die Macht des römischen Papstes zu stärken und die Kirchen alter Tradition zu latinisieren. Heute bemüht man sich, im ökumenischen Dialog das wahre Problem der Katholizität und der Freiheit gegenüber den Nationalismen in einer Atmosphäre des Gesprächs statt der Konfrontation zu lösen.

Maronitische Kirche (traditionell im Libanon ansässig): etwa 1 670 000 Mitglieder, davon etwa 600 000 im Westen (1986). Ihr Name stammt vom Kloster des hl. Maro in Syrien, das im 4. Jh. Hochburg des Kampfes gegen den Monophysitismus war. Oberhaupt ihrer Organisation, die im 18. Jh. entstand, ist der maronitische Patriarch von Antiochia. Zum Weltklerus gehören viele verheiratete Priester. Die Sprache der Liturgie ist Syrisch, jedoch hat der Gebrauch des Arabischen stark zugenommen.

Syro-Malabarische Kirche (Südindien): etwa 3 875 000 Mitglieder (1986). Von den Portugiesen Ende des 18. Jh. mit Rom uniert.

Ukrainische Kirche: Sie zählte vor ihrer Zwangseingliederung in die russische Kirche (1943) etwa 4 340 000 Gläubige. 1986 gehörten ihr etwa eine Million Gläubige im Westen, davon etwa 550 000 in den Vereinigten Staaten und Kanada, an.

RELIGIONEN UND MYTHEN

ORIENTALISCHE UND ORTHODOXE KIRCHEN

ORTHODOXE KIRCHEN

Die orthodoxe Gemeinschaft umfaßt die vier alten Patriarchate, die mit dem Patriarchat von Rom die *Pentarchie* bildeten, und die *autokephalen,* d. h. autonomen Kirchen, die ihren Primas oder Patriarchen selbst wählen, oder Metropolitankirchen, deren Oberhaupt, der *Metropolit,* einen Rang zwischen dem Patriarchen und den Bischöfen innehat.

Die vier antiken Patriarchate.
Ökumenisches Patriarchat von Konstantinopel (Sitz: Istanbul). Etwa 2 Millionen Gläubige (Türkei, griechische Inseln, Nordgriechenland, Diözesen von Emigrantengemeinden in Westeuropa und Amerika sowie auf dem Athos). Einige autokephale Kirchen erkennen ihm eine moralische Autorität zu.
Patriarchat von Antiochia (1. Jh.). Etwa 450 000 Gläubige in Syrien und im Libanon.
Patriarchat von Alexandria (1. Jh.), von dem sich die Kopten abspalteten. Etwa 100 000 Gläubige in Ägypten, Sudan, Äthiopien und anderen afrikanischen Ländern.
Patriarchat von Jerusalem, das älteste, das die Heiligen Stätten beaufsichtigt. Unter 50 000 Gläubige in Palästina.

Die übrigen orthodoxen Kirchen. Neben diesen vier Patriarchaten gibt es etwa fünfzehn autokephale oder Metropolitankirchen mit über 100 Millionen orthodoxen Gläubigen, von denen der größte Teil in Ost- und Mitteleuropa lebt.
Patriarchat von Moskau (1589 unter Zustimmung gegründet).
Die russische Kirche, die beansprucht, die Nachfolgerin von Byzanz und das Dritte Rom zu sein, zählte 1917 über 100 Millionen Gläubige. Heute gehören ihr trotz mehr oder minder schwerer Verfolgung noch etwa 50 Millionen Gläubige an.
Patriarchat von Bukarest (1925 durch Zusammenschluß der autokephalen siebenbürgischen und der rumänischen Kirche entstanden). Es zählte zu dieser Zeit etwa 14 Millionen Gläubige.
Autokephale Kirche von Griechenland. Der Erzbischof von Athen ist seit 1833 ihr Primas. Er ist Vorsitzender der ständigen heiligen Synode und der Versammlung aller Hierarchen. Sie hat eine enge Bindung an den Staat und zählt z. Zt. etwa 7,5 Millionen Gläubige.
Autokephale Kirche von Bulgarien (1945 gegründet), Trennung vom Staat 1947, 1953 als Patriarchat eingerichtet. Etwa 2,5 Millionen Gläubige.
Autokephale Kirche von Serbien (1879 gegründet). Es wurde 1920 mit den orthodoxen Kirchen von Montenegro, Bosnien und Karlowitz zum Patriarchat von Peć (Jugoslawien) vereinigt.
Kirche Georgiens (im 5. Jh. gegründet). Seit 1918 von der russischen Kirche getrennt; ihr Oberhaupt, der *Katholikos,* residiert in Tiflis. Etwa 2,5 Millionen Mitglieder.
Kirche von Zypern (431 gegründet). Ihr Oberhaupt, der Erzbischof, ist ihr Primas und war oft auch weltlicher Gouverneur oder, wie Makarios, sogar Staatspräsident. Etwa 450 000 Gläubige.
Kirche vom Berg Sinai. Die kleinste autokephale orthodoxe Kirche wird von einem Erzbischof geleitet, der von den Mönchen des Klosters der hl. Katharina (im 6. Jh. von Justinian I. gegründet und vom Patriarchen von Jerusalem geweiht) gewählt wird. Sie zählt etwa 100 Gläubige.

Über 3 Millionen Orthodoxe wanderten in die Vereinigten Staaten aus, große Gruppen gingen nach Kanada und Südamerika. Sie unterstehen entweder der Rechtsprechung eines griechisch-orthodoxen Erzbischofs, der zum Patriarchat von Konstantinopel gehört (s. o.), oder seit 1970 der autokephalen orthodoxen Kirche von Nordamerika, die mit dem Patriarchat von Moskau in Verbindung steht.

Ferner sind die *autonomen Kirchen* von Finnland (70 000), Kreta, Japan (36 000), China (20 000), Korea (wieder zur Erzdiözese von Nordamerika gehörig), Uganda, Kenia, Zaire und Ghana zu nennen, die dem Patriarchen von Alexandria unterstehen.

DER ORTHODOXE RITUS

In den meisten orthodoxen Kirchen wird der byzantinische Ritus praktiziert. Die ältesten Kirchen verwenden noch eine eigene liturgische Sprache (Griechisch oder Kirchenslawisch), die übrigen ihre Nationalsprachen. Skulpturen sind in den Kirchen verboten, aber Ikonen – heilige Abbildungen Gottes, der Jungfrau oder der Heiligen – werden verehrt und haben sakramentalen Wert. Instrumentalmusik ist bei Gottesdiensten verboten, aber der Gesang spielt in der Liturgie eine große Rolle. Die Messe wird immer feierlich gesungen.

Im Mittelpunkt des Ritus steht die Eucharistie, die nach einer alten Liturgie des ›hl. Johannes Chrysostomos‹ oder nach der des hl. Basilius zelebriert wird. Das Abendmahl wird in beiderlei Gestalt – Brot in Wein getaucht – eingenommen. Die Orthodoxie erkennt wie die römische Kirche die 7 Sakramente an; die Firmung folgt direkt auf die Kindstaufe.

Die Priesterweihe kann auch verheirateten Männern gewährt werden, den Mönchen aber, aus deren Reihen seit dem 6. Jh. die Bischöfe gewählt werden, wird der Zölibat auferlegt.

C · **Trauung in einer Moskauer Kirche.**
In der orthodoxen Welt wird die Hochzeit nach dem alten Brauch der Krönung der Ehegatten mit großer Feierlichkeit begangen. Die vom Priester auf den Kopf gesetzte Krone ist Symbol ihres Sieges über die Lust und ihre zukünftige Belohnung im Paradies.

A · **Melchitischer Bischof.**
Er wendet sich vor der mittleren Tür der Ikonostase – der mit Ikonen bedeckten Wand zwischen Kirchenschiff und Altarraum – der Gemeinde zu. Die griechische melchitische katholische Kirche zählt heute etwa 500 000 Mitglieder.

B · **Orthodoxer Mönch.**
Dieser schwarz gekleidete Mönch des bulgarischen Rila-Klosters trägt eine Toque auf dem Kopf und hält einen Rosenkranz zwischen den Händen.

VORCHALDÄISCHE KIRCHEN

Die vorchaldäischen Kirchen, die sich von der katholischen Kirche, den unierten und orthodoxen Kirchen unterscheiden, haben heute etwa 25 Millionen Gläubige. Das Glaubensbekenntnis dieser Kirchen (siehe unten) stammt aus der Zeit vor dem Konzil von Chalkedon (siehe Seite 327).
Syrische Kirche des Ostens oder nestorianische Kirche. ☐ Armenische Kirche. ☐ Syrische Kirche des Westens oder Jakobiten, vom Mönch Jakob Baradäus (gest. 578) gestiftet. ☐ Syrischorthodoxe Kirche von Indien. ☐ Koptische oder Ägyptische Kirche. ☐ Kirche von Äthiopien, die im 4. Jh. entstand.

RELIGIONEN UND MYTHEN

DIE REFORMATIONSKIRCHEN

HISTORISCHE HINTERGRÜNDE

Die Hintergründe der Reformation sind vielfältig und komplex. Die oft angeführte These von den Mißständen bleibt unzureichend. Sicher, die Bischöfe liebten den Luxus, und die Priester lebten im Konkubinat. Aber diese Mißstände waren nicht neu, und es gab zahlreiche Reformversuche innerhalb der Kirche.

Wichtiger ist die Tatsache, daß der Protestantismus über das Stadium der Kritik hinausgelangen und eine Antwort auf die religiösen Bedürfnisse der Zeit bieten konnte. Das Priestertum der Gläubigen berücksichtigt das Aufkommen von Individualismus und Weltlichkeit. Nach Wilhelm von Ockham, Wyclif und Jan Hus verkündet er, daß für den Gläubigen die Bibel und nicht die Kirche die einzige Autorität sei und er das Recht habe, sie in seiner eigenen Sprache zu lesen. Dieses berühmte *sola scriptura* (›nur die Schrift‹) ist vor dem Hintergrund der Erfindung des Buchdrucks und der Bearbeitung der heiligen Texte durch die Humanisten zu sehen.

Vor allem aber legt der Protestantismus den Schwerpunkt auf die Rechtfertigung aus dem Glauben. In einer verängstigten Welt, in der der Tod allgegenwärtig ist, hatte Rom die Ablässe eingeführt – Straferlasse für den Sünder, die für das Vollbringen guter Werke und später zunehmend für Geld gewährt wurden. Es kam zum Skandal, als der Erzbischof von Mainz 1515 vom Papst die Erlaubnis erhielt, aus den Erlösen, die der Dominikaner Tetzel mit seinen Ablaßpredigten erzielte, seine Wahlkosten zu decken.

Der Begriff ›Protestant‹ ist zufällig entstanden. Auf dem zweiten Reichstag zu Speyer (1529) wurde gegen die der Reformation abträglichen Beschlüsse protestiert. Diese ›Protestanten‹ waren in der Minderheit und mit der Acht bedroht. Aber obwohl diese Bezeichnung ursprünglich eher politisch als religiös ist, drückt sie doch auch einen Protest gegen bestimmte Strukturen oder Traditionen der römisch-katholischen Kirche aus. Das Auftauchen des Begriffs ›Protestantismus‹ kennzeichnet den Zeitpunkt, an dem die Reformation anfängt, sich zu organisieren und institutionalisieren: Damit etabliert sich

PROTESTANTEN – REFORMATOREN?

der Protestantismus; seitdem gibt es in seiner Geschichte die ›Rückkehr zur Reformation‹. Während der Begriff ›Protestant‹ einen antirömischen Klang behält und die kritische Haltung betont, bevorzugen einige den weniger polemischen Begriff ›evangelisch‹ (z. B.: *Evangelische Kirche in Deutschland*), der die Besinnung auf die Quellen der evangelischen Botschaft unterstreicht. Das Wort ›Reformator‹ oder ›Reformation‹ hebt schließlich die Bereitschaft zur Verbesserung, zum Wandel, zur Erneuerung hervor, ohne unbedingt auf das Schisma hinzuwirken.

LUTHER

Martin Luther wird 1483 in Eisleben, in der Nähe von Halle, geboren. Er ist der zweite Sohn eines Bergmanns und früheren Bauern und erhält seine Ausbildung in Magdeburg, in Eisenach und schließlich an der Universität Erfurt, wo er 1505 als Magister der Philosophie abschließt. Er plant ein Rechtsstudium; als er aber eines Tages von einem heftigen Sturm überrascht wird, gelobt er, Mönch zu werden, falls er überleben sollte.

Er tritt in das Kloster der Augustiner-Eremiten in Erfurt ein und empfängt 1507 die Priesterweihe. Ende 1510 bis Anfang 1511 wird er nach Rom entsandt und dann endgültig nach Wittenberg versetzt, wo er 1512 zum Doktor der Theologie promoviert wird. Beim Kommentieren des Römerbriefs (1515–1516) entwickelt er die Rechtfertigung aus dem Glauben, den späteren Grundstein des Protestantismus. Zur Widerlegung der ›Kraft des Ablasses‹ verfaßt er die *95 Thesen*, die er am 31. Oktober 1517 an der Tür der Wittenberger Schloßkirche anschlägt. Er wird vom päpstlichen Legaten, Kardinal Cajetanus, in Augsburg verhört, widerruft aber nicht. In der Leipziger Disputation mit Johannes Eck (1519) vertritt er eine Haltung, die ihn zur Formulierung der These des Priestertums der Gläubigen bringt.

Schließlich verurteilt 1520 die päpstliche Bulle *Exsurge Domine* die meisten Thesen Luthers und fordert ihn unter Androhung der Exkommunikation auf zu widerrufen. Der Anfang 1521 vom jungen Kaiser Karl V. einberufene Reichstag zu Worms verhängt über Luther die Reichsacht (Wormser Edikt).

In dieser Zeit voller Spannungen und Drohungen verfaßt er seine drei reformatorischen Hauptschriften: *An den christlichen Adel deutscher Nation, Von der Babylonischen Gefangenschaft der Kirche, Von der Freiheit eines Christenmenschen*. In der Abgeschiedenheit der Wartburg schreibt er seinen Traktat über die Mönchsgelübde und beginnt die deutsche Bibelübersetzung.

Nach seiner Rückkehr nach Wittenberg 1522 fördert er die rasche Verbreitung seiner Ideen. Einige seiner Schüler gehen weiter als er; er selbst verurteilt 1525 den Bauernkrieg (Bauernführer ist Thomas Müntzer) in *Ermahnung zum Frieden...* Im gleichen Jahr heiratet er die frühere Nonne Katharina von Bora, mit der er fünf Kinder hat, und schreibt *De servo arbitrio* gegen Erasmus. Während die lutherische Kirche sich allmählich organisiert, verfaßt er den *Großen* und den *Kleinen Katechismus*; das *Augsburger Bekenntnis* (1530) ist jedoch das Werk Melanchthons.

Luther ist gleichzeitig ein mittelalterlicher und ein moderner Mensch, der von Schuldgefühlen besessen ist und nach Heiligkeit strebt. Er stirbt 1546 in Eisleben. (*Portrait Luthers von Lucas Cranach d. Ä., Ausschnitt, Uffizien, Florenz*)

CALVIN

Johannes Calvin wird 1509 in Noyon, in der Picardie, geboren. Sein Vater, der die Geschäfte des Bischofs leitete, bevor er Prokurator des Domkapitels wurde, bestimmte ihm die kirchliche Laufbahn. Nach Studien in seiner Heimatstadt erhält er am Pariser Collège Montaigu Unterricht in Scholastik. Nach dem Zerwürfnis seines Vaters mit dem Kapitel von Noyon gibt er 1528 Paris und die Theologie auf und studiert in Orléans Jura. In Bourges und später wieder in Paris vervollkommnet er sein Latein, lernt mit dem erklärten Lutheraner Wolmar Griechisch und mit Vatable Hebräisch.

1532 veröffentlicht er sein erstes Werk, eine Auslegung von Senecas *De clementia*. Auf bestem Wege, ein katholischer Humanist zu werden, beginnt er Ende 1532, sich zum Protestantismus zu bekennen. Er arbeitet an der französischen Bibelübersetzung seines Cousins Olivetan und an der Reformationsrede von Nicolas Cop (vom 1. November 1533), dem Rektor der Universität von Paris, mit: Daraufhin muß er Paris und nach dem Anschlag eines stark antikatholischen Traktats in Amboise (die Plakataffäre, 1534) Frankreich verlassen. In Basel veröffentlicht er die erste Fassung der *Christianae Religiones Institutio* (1536), die er bis 1559 nach und nach ergänzt. Nach kurzem Aufenthalt am Hof von Renée von Frankreich in Ferrara geht er nach Genf, wo er Wilhelm Farel bei der Festigung der Reformation hilft. Er verfaßt Artikel über die Regierung der lokalen Kirche und ein *Glaubensbekenntnis*, die beide als zu streng empfunden werden: Er muß Genf 1538 verlassen. Kaum in Basel angekommen, wird er von Martin Bucer nach Straßburg gerufen. Dort baut er Reformationsgemeinden auf, vorbildlich für spätere Protestantengemeinden in Frankreich, unterrichtet an der Haute École, korrespondiert eifrig, verfaßt die *Epistel an Sadolet* und seine kleine Abhandlung über das Abendmahl und heiratet Idelette de Bure. Er wird 1541 nach Genf zurückgerufen und setzt dort nicht ohne Schwierigkeiten die *Ordonnances ecclésiastiques* durch, eine Rechts- und Moralordnung, die in Genf 200 Jahre lang gilt.

Trotz vieler Predigten, seinem *Genfer Katechismus* und der Umorganisation der protestantischen Akademie mit dem Ziel, Genf zu einem großen Universitätszentrum zu machen, bleibt Calvin umstritten, da er viele politische und religiöse Gegner hat: Castellion, Bolsec, Trolliet und insbesondere Michel Servet, der ihm die Verfälschung der urchristlichen Lehre vorwirft und 1553 lebendig verbrannt wird. Calvin erlebt danach ruhigere Jahre an der Spitze der reformierten Kirche. Nach seinem Tod 1564 tritt Theodor Beza seine Nachfolge an. (*Portrait Calvins von einem unbekannten Künstler, Museum Boymans-Van Beuningen, Rotterdam*)

RELIGIONEN UND MYTHEN

DIE REFORMATIONSKIRCHEN

GNADE UND PRÄDESTINATION

Luther: die Rechtfertigung durch den Glauben. Für Luther ist es allein der Glaube, der den Sünder rettet. Aber es liegt nicht in der Macht des Menschen zu glauben, sondern der Glaube wird von Gott in seiner Allmacht dem Sünder gewährt. Er ist daher eine Gnade Gottes. Mit der Behauptung, daß nur einige Auserwählte Gottes den Glauben haben können, setzt Luther eine Prädestination voraus, ohne daraus wie Calvin eine Theorie zu entwickeln. Diese relative Gleichgültigkeit der Prädestination gegenüber hat ihre Ursache darin, daß der Mensch während seines Erdenlebens nicht wissen kann, ob er den Glauben hat oder nicht. Der Mensch ist gerecht und Sünder zugleich *(simul et iustus peccator)*. Er fällt täglich in Sünde, aber darf täglich aufs neue die Vergebung Gottes empfangen.

Calvin: die Theorie von der Prädestination. Der Rechtfertigung aus dem Glauben setzt Calvin die Lehre von der Prädestination entgegen:
1. Gott hat für alle Ewigkeit kraft seiner Allmacht und Liebe bestimmte Geschöpfe auserwählt, die mit Christus in Ewigkeit leben sollen, unabhängig von ihrem Glauben oder ihren Werken. Die übrige Menschheit soll ewig in Sünde und Verdammnis leben. Dies ist die Theorie der Erwählung.
2. Das Opfer Christi hat die Erwählten und nur sie erlöst. Die Erlösung ist also nicht universell, sondern einzelnen vorbehalten.
3. Die Erbsünde hat es dem Menschen auf immer unmöglich gemacht, Gutes zu tun (Lehre der moralischen Unfähigkeit im Zustand des Gefallenseins). Alle Menschen verdienen daher die ewige Verdammnis.
4. Aber kraft seiner *unwiderstehlichen Gnade* ruft Gott durch sein Wort und durch den Heiligen Geist die Erwählten, die diesem Ruf gehorchen müssen und damit zur Rettung bestimmt sind, unabhängig von ihren Sünden und ihren Verdiensten.
5. Die Erwählten sind für immer gerettet: Die Gnade ist unumkehrbar und für die Ewigkeit erworben. Dies ist die Lehre von der unwiderruflichen Gnadenwahl.

These des Arminius: Calvin meint, der Erwählte könne von seiner Erwählung wissen, da der Besitz des Glaubens und die Fähigkeit, gute Werke zu tun sowie der wirtschaftliche Erfolg seiner Tätigkeit Zeichen dieser Erwählung sind. Dennoch ist seine Lehre grundsätzlich pessimistisch, da sie zeigt, daß der Mensch ohne Gottes Hilfe nichts erreichen kann. Andere, wie der Holländer Jacobus Arminius (1560–1609), fanden die Theologie Calvins zu streng und von der Frohen Botschaft der Evangelien zu weit entfernt. Die arminianische These beschränkt die Prädestination darauf, daß Gott allwissend ist und daher vorher weiß, wer im Glauben ausharrt und wer ungläubig wird. Sie wurde auf der Dordrechter Synode verurteilt (1618–1619).

TEXTE

Die Rechtfertigung: ›Außerdem wird gelehrt, daß wir Vergebung der Sünde und Gerechtigkeit vor Gott nicht durch unsere Verdienste, Werke und Gott versöhnenden Leistungen erreichen können. Vielmehr empfangen wir Vergebung der Sünde und werden vor Gott gerecht aus Gnade um Christi willen durch den Glauben, (das heißt) wenn wir glauben, daß Christus für uns gelitten hat und daß uns um seinetwillen die Sünde vergeben, Gerechtigkeit und ewiges Leben geschenkt wird. Diesen Glauben will Gott als Gerechtigkeit, die vor ihm gilt, ansehen und zurechnen [...].‹ *(Augsburger Bekenntnis,* ARTIKEL 4)

Der Glaube und die guten Werke: ›Wer [die Gnade] durch eigenes Tun zu erreichen glaubt [...], der verachtet Christus und sucht seinen eigenen Weg zu Gott, der dem Evangelium widerspricht [...]
Denn ohne Glauben und ohne Christus sind menschliche Natur und menschliches Können viel zu schwach, gute Werke zu tun, Gott anzurufen, im Leiden Geduld zu haben, den Nächsten zu lieben, übertragene Aufgaben zu erfüllen, gehorsam zu sein, Unzucht zu meiden usw. Solche wahrhaft guten und rechten Werke können ohne die Hilfe Christi nicht geschehen, wie er selbst Johannes 15,5 sagt: ›Denn ohne mich könnt ihr nichts tun.‹ *(Augsburger Bekenntnis,* ARTIKEL 20)

Die Prädestination: ›Vor der Erschaffung der Welt hatte Gott in seinem ewigen Rat beschlossen, was er wollte, daß der ganzen Menschheit geschehe. Durch den ewigen Rat Gottes geschah es, daß Adam des normalen Zustands seiner Natur verlustig ging und durch seinen Fall seine ganze Nachkommenschaft mit sich riß in eine gerechte Verdammung zum ewigen Tod. Derselbe Ratschluß bestimmt den Unterschied zwischen den Gerechten und den Verdammten: Denn Gott hat die einen zu ihrem Heil angenommen und die anderen dem ewigen Verderben anheim gegeben.‹ (CALVIN, *Traité de la prédestination;* CALVIN, *op.* 9, S. 713–714)

Die Eucharistie: ›Wir bekennen, daß es nach dem Wort des Irenäus zwei Wirklichkeiten in der Eucharistie gibt, eine irdische und eine himmlische. Sie (die Katholiken) glauben und lehren, daß der Leib und das Blut Christi wirklich und wesenhaft mit dem Brot und dem Wein anwesend sind, gezeigt und eingenommen werden.‹ (Konkordat von Wittenberg, 1536)
›Das Abendmahl unseres Herrn ist ein Zeichen, durch welches er uns mittels Brot und Wein die wahre spirituelle Verbindung, die wir zu seinem Körper und seinem Blut haben, schenkt.‹ (Calvin, *Glaubensbekenntnis,* CALVIN, *op.* 9, S. 697)

Die Freiheit und die Knechtschaft: ›Ein Christenmensch ist ein freier Herr und über alle Dinge und niemandem untertan. Ein Christenmensch ist ein dienstbarer Knecht aller Dinge und jedermann untertan.‹ (LUTHER, *Von der Freiheit eines Christenmenschen,* 1520)

GOTTESDIENST, SAKRAMENTE, RITEN

Aufgrund der drei großen Prinzipien des Protestantismus, des einen Gottes, der einen Schrift und der einen Gnade, hat der Gottesdienst keine so zentrale Funktion wie im Katholizismus.

Im Sinne des allgemeinen Priestertums aller Gläubigen teilen die Protestanten die katholische Sicht des Priesteramts nicht, derzufolge der Gläubige zur Erlangung des Heils auf die Vermittlung des Priesters angewiesen ist. Die Lutheraner und Reformierten erkennen nur zwei von Jesus eingesetzte Sakramente an: Taufe und Abendmahl.

Aber während die Lutheraner den Sakramenten und der Predigt die gleiche Bedeutung beimessen, neigen die Reformierten zu einer stärkeren Gewichtung der Predigt.

Was das Sakrament des Abendmahls angeht, lehnen Lutheraner und Reformierte die katholische Lehre von der Transsubstantiation zwar gleichermaßen ab, aber aus unterschiedlichen Gründen. Die Lutheraner glauben an die *Konsubstantiation* (die begleitende Anwesenheit des Leibes und Blutes Christi im unverwandelten Brot und Wein des Abendmahls), während die Kalvinisten meinen, es handle sich um keine Verwandlung der materiellen Elemente, sondern um die *Realpräsenz* Christi durch den Heiligen Geist.

Neben diesen beiden Sakramenten kennen die Protestanten einige Riten: Konfirmation, Ehe und Bestattung.

Schließlich legt der Protestantismus großen Wert auf die Schlichtheit des Gottesdienstes: einfache Pastorengewänder, schmucklose Gottesdiensträume (denn die Kunst soll nicht das Mittel für den Zugang zu Gott sein), Klarheit der Gesänge.

A · **Versammlung von Protestanten in den Cevennen.**

Diese ›Wüstenversammlung‹ erinnert an die heimlichen Gottesdienste an abgelegenen Orten, in der ›Wüste‹, nach der Aufhebung des Edikts von Nantes. Der ›informelle‹ Charakter der Versammlung zeugt von der Schlichtheit des protestantischen Gottesdienstes.

KLERUS UND INSTITUTIONEN

Die Reformation hat einen besonderen Typ des Geistlichen hervorgebracht: den *Pastor*. Dieser hat nur religiöse Funktionen, ist aber für die Existenz der Kirche nicht wesentlich, da diese nicht von einer Kirchenhierarchie abhängig ist, sondern von der Versammlung der Gläubigen. Ferner verleiht ihm die Ordination keine ausschließliche Macht, da die Predigt und das Spenden der Sakramente auch Laien gestattet werden kann. Der Pastor ist also vor allem jemand, der aufgrund seiner Ausbildung geeignet ist, die Gläubigen zu unterrichten. Auch Frauen können das Pastorenamt ausüben; es gibt kein Heiratsverbot. Die Hierarchie in der Pastorenschaft hat eine rein praktische Funktion, da alle Pastoren die gleichen Rechte haben.

Das Fundament der reformierten und lutherischen Kirchen ist die Kirchengemeinde, die von einem aus dem Pastor und Laien bestehenden *Presbyterium* geleitet wird; es kümmert sich um die Organisation der Kirchengemeinde und verschiedene, auch geistliche Aktivitäten. Die Kirchengemeinden in einem größeren Bezirk werden von einem *Konsistorium* geleitet, die regionale Verwaltung übernimmt eine *Synode*, der ebensoviele Laien wie Pastoren angehören. Diese kommt jedes Jahr zusammen und entsendet Abgeordnete in die Nationalsynode, das Entscheidungsgremium jeder Kirche. In vielen Ländern haben sich die lutherische und die reformierte, d. h. kalvinistische Kirche mit anderen protestantischen Kirchen zu einem interkonfessionellen protestantischen Verband zusammengeschlossen.

DER DEUTSCHE PROTESTANTISMUS

Die Anhänger der Lehre Luthers erreichten im Augsburger Religionsfrieden 1555 die Anerkennung als zu Recht bestehende kirchliche Gemeinschaft. Schon bald begann jedoch – mit der Ausformung des protestantischen Gedankens – ihre Aufspaltung: Es entstanden viele, auf das jeweilige Land beschränkte Kirchenordnungen. Schon Ende des 16. Jh verfestigte sich der Gegensatz zwischen *lutherischen* und *reformierten* Kirchen, die erst im Zuge der Unionen des 19. Jh. wieder zueinander fanden. 1945 wurde die Neuordnung der Gesamtkirche als *Evangelische Kirche in Deutschland (EKD)* verwirklicht, von der sich 1969 der Bund der Evangelischen Kirchen in der DDR loslöste. Dieser befürwortete nach der Wiederherstellung der deutschen Einheit 1990 die Wiederherstellung der Einheit der Evangelischen Kirchen in Deutschland.

Zur EKD gehören die *Lutherischen*, die *Unierten* und die *Reformierten* Gliedkirchen. Diese entscheiden selbständig in allen Fragen des Bekenntnisses, während es die Aufgabe der EKD ist, die Gemeinschaft unter den Gliedkirchen zu fördern und die gesamtkirchlichen Anliegen gegenüber allen Inhabern der öffentlichen Macht zu vertreten.

Die *Synode* der EKD beschließt kirchliche Gesetze, nimmt zu kirchlichen und gesellschaftlichen Fragen Stellung und gibt dem Rat der EKD Richtlinien. Die *Kirchenkonferenz*, die von den Kirchenleitungen der Gliedkirchen gebildet wird, berät über Anliegen der Gliedkirchen. Der *Rat der EKD* übt die Leitung der EKD aus und vertritt sie nach außen.

DER PROTESTANTISMUS IN EUROPA

Der Protestantismus verbuchte einen besonders großen Erfolg in Ländern, in denen ein starker Nationalismus und ein Wille zur Befreiung aus der Abhängigkeit von Rom herrschte. Seine Ausbreitung wurde zusätzlich durch das Prinzip *cujus regio ejus religio* (›wessen das Land, dessen die Religion‹) beschleunigt, das das Heilige Römische Reich im Augsburger Religionsfrieden von 1555 verabschiedete und das vorsah, daß die Untertanen eines Landes die Religion ihres Fürsten annehmen mußten. Schon Mitte des 16. Jh. war ein Großteil Europas protestantisch. Heute gibt es fast 50 Millionen Lutheraner und 14 Millionen Reformierte.

DER PROTESTANTISMUS DER GEGENWART

Seit dem Ausgang des 18. Jh. kommt es zu einer weltweiten Ausbreitung des Protestantismus, wobei die Vielfalt der evangelischen Kirchen die Vielfalt der Missionen, insbesondere seit dem Eintritt der Vereinigten Staaten ins Weltgeschehen, entspricht.

Angesichts der fortschreitenden Säkularisierung der Welt geht es dem Protestantismus der Gegenwart jedoch eher um die Fragen der Gültigkeit des Christentums und des Verhältnisses zwischen Religion und Kultur. In der Bibelauslegung wird versucht, in einem historisch-kritischen Ansatz die Gültigkeit der heiligen Texte nachzuweisen. Der theologische Liberalismus, der geprägt ist von einer verinnerlichten Frömmigkeit und der Betonung des moralischen Aspekts des christlichen Lebens, erscheint als Suche nach einem theologischen Gegenstück zur kulturellen Entwicklung. Das Sozialchristentum verbindet die Evangelisation des Volkes mit theologischen Überlegungen. Allerdings ist der dem Liberalismus eigene Optimismus seit dem Ersten Weltkrieg einem stärkeren Pessimismus gewichen. Dies bringt sehr prägnant die Theologie des Schweizers Karl Barth (1886–1968) zum Ausdruck, eine Theologie vom Wort und dem Anderssein Gottes: Von Gott könne man nur dialektisch sprechen, d. h., der Mensch könne in keiner Weise über ihn verfügen. Die Betonung dieses Aspekts paßt in eine Gesellschaft, in der die soziale Bedeutung der Religion abnimmt.

DIE ÖKUMENE

Die Ökumenische Bewegung für die Einheit der Christen entstand seit der Mitte des vorigen Jahrhunderts im Protestantismus. Sie zeigte sich zunächst in der Schaffung von Organen mit internationalem und interkonfessionellem Charakter, von denen das bekannteste die *Evangelische Allianz* ist. Ein wichtiger Schritt wurde mit der internationalen Missionskonferenz in Edinburgh (1910) erreicht: Dort entstanden zwei Bewegungen, *Faith and Order* (›Glauben und Kirchenverfassung‹) und *For Life and Work* (›Leben und Arbeit‹), die 1937 die Bildung des *Ökumenischen Rates der Kirchen* beschlossen. Dieser trat erstmals 1948 unter alleiniger Teilnahme der protestantischen Kirchen zusammen. Inzwischen sind auch die orthodoxen Kirchen beigetreten, und seit 1968 entsendet die katholische Kirche offizielle Beobachter zu den wichtigsten Veranstaltungen.

▲ · **Die Kirchen der Reformation.**

Skandinavien.
Das Luthertum wurde im 16. Jh. eingeführt. Große protestantische Mehrheit.

Britische Inseln.
Von weltweit etwa 62 Millionen Anglikanern leben 27,5 Millionen in England. In Schottland überwiegt der Presbyterianismus, ein auf John Knox zurückzuführender kalvinistischer Protestantismus.

Frankreich und Niederlande.
Bei einer großen kalvinistischen Mehrheit stellen die Protestanten über 30 % der niederländischen und unter 2 % (etwa 1 Million) der französischen Bevölkerung.

Schweiz.
Ausbreitung der Reformation unter Zwingli und später Bullinger. Die Protestanten stellen heute etwa 45 % der Gesamtbevölkerung.

Deutschland.
Die Bevölkerung gehört zu etwa 50 % den evangelischen Kirchen an.

RELIGIONEN UND MYTHEN

REFORMATIONSKIRCHEN

DIE ANGLIKANISCHE KIRCHE UND KIRCHENGEMEINSCHAFT

Die anglikanische Kirche, oder genauer, die Kirche von England, ist die Hauptkirche Englands. Sie entstand 1534 mit der *Suprematsakte,* die König Heinrich VIII. als Oberhaupt der Kirche anerkannte und den Bruch mit der röm.-katholischen Kirche vollzog. Diese *Akte* entsprach einem gewissen Nationalgefühl und Reformwillen. Es gibt keine eigene anglikanische Lehre: Der Anglikanismus bekennt sich zum Glauben der Kirchenväter und der Konzile vor dem Bruch zwischen Ost- und Westkirche im Jahre 1054. Für ihn ist eine Mittelstellung zwischen Katholizismus und den Kirchen der Reformation kennzeichnend: Das *Common Prayer Book* enthält Liturgien, die den katholischen ähnlich geblieben sind; die *Neununddreißig Artikel* von 1563 (1571 überarbeitet) und die *Lambeth Quadrilateral* (nach der Londoner Residenz des Erzbischofs von Canterbury) von 1888 betonen die Vorrangstellung der Hl. Schrift als einziger Glaubensgrundlage und die Anerkennung der beiden Hauptsakramente, der Taufe und der Eucharistie. Aber die anglikanische Kirche, deren Oberhaupt das englische Staatsoberhaupt ist (es ernennt auf Vorschlag des Premierministers die Bischöfe), hat zwei Richtungen: die High Church (oder hochkirchliche Bewegung), die die Rolle der kirchlichen Institution hervorhebt und in Riten und Sakramenten der katholischen Kirche nahe bleibt, und die Low Church (niederkirchliche Bewegung), die von Lutheranern und Kalvinisten beeinflußt wurde.

Die anglikanische Kirchengemeinschaft vereint die Kirchen, die den geistlichen Primat des Erzbischofs von Canterbury anerkennen. Sie zählt etwa 62 Millionen Gläubige, davon 27,5 Millionen in England; die übrigen werden von den anglikanischen Kirchen von Schottland, Irland, den Vereinigten Staaten (über 6 Millionen), Australien (4,5), Kanada (2,5) usw. vertreten. Seit 1867 versammeln sich die anglikanischen Bischöfe alle 10 Jahre auf der *Lambethkonferenz,* und ihre Vertreter treffen sich alle zwei Jahre in einem anglikanischen Beirat. Die Beschlüsse der Synoden müssen unter bestimmten Voraussetzungen vom britischen Parlament gebilligt werden.

WAS IST EINE SEKTE?

Eine Sekte entsteht aus einer Meinungsverschiedenheit über Lehre, Kultus oder Brauch, die früher oder später zur Abspaltung von der Kirche führt. Die Sekte ist somit frei, ihr eigenes Bezugssystem zu entwickeln, und kann daher schneller als die etablierte Kirche auf neue geistige Bedürfnisse eingehen. Diese Anpassung der Sekten an gesellschaftliche Veränderungen bewirkt bei den etablierten Kirchen oft sehr positive Neuerungen. Dagegen führt die völlige Freiheit der Sekten bei der Festlegung ihrer Weltsicht sie unweigerlich dahin, das Göttliche allein auf den Vorteil ihrer Mitglieder auszurichten.

PROTESTANTISCHE KIRCHEN UND SEKTEN

Mennoniten. Von allen kongregationalistischen Kirchen (d. h. denen, die die Autonomie und Souveränität der lokalen Kirchen betonen) sind die Mennonitengemeinden die ältesten. Diese nach 1535 in Zürich entstandene Bewegung entwickelte sich insbesondere dank Menno Simons (1496–1561) in den Niederlanden. Die pazifistischen Mennoniten, die nach den Geboten der Bergpredigt leben wollen, praktizieren die Erwachsenentaufe und betrachten sich als Nachfahren der Wiedertäufer. Etwa 500 000 Mitglieder, davon etwa 350 000 in den Vereinigten Staaten.

Baptisten. Die erste Baptistenkirche wurde 1611 von Thomas Helwys (um 1550 bis um 1616) in London gegründet. Die Baptisten erklären die Bibel zur alleinigen Richtschnur. Sie sind eine ›bekennende‹ Kirche, d. h., der Gläubige wird erst, nachdem er seinen Glauben an Jesus Christus bekannt hat, durch Untertauchen getauft. Die Baptisten gehören zum Weltbund der Baptisten, der etwa 34 Millionen Mitglieder, davon etwa 26 Millionen in den Vereinigten Staaten, hat.

Methodisten. Die methodistischen Kirchen sind aus der ›Revival‹-Bewegung, einer Erweckungsbewegung im England des 18. Jh., hervorgegangen. Die von John Wesley (1703–1791) ab 1740 organisierte Kirche hebt insbesondere die Notwendigkeit der Heiligung hervor. Die Kindstaufe wird in der Regel durch eine Art ›Vorstellung‹ ersetzt, erst der Erwachsene wird getauft. Den Baptisten nahestehend, zählen sie etwa 25 Millionen Gläubige, davon 14 Millionen in den Vereinigten Staaten.

Quäker. (›Gesellschaft der Freunde‹). Diese Bewegung entstand seit 1647 in England, wo George Fox (1624–1691) ein Christentum predigte, das sich nicht auf die Autorität von Menschen oder auf heilige Bücher gründet, sondern auf das ›innere Licht‹, die innerlich wahrgenommene ›Stimme Gottes‹. Die Quäker, die hauptsächlich in den Vereinigten Staaten verbreitet sind, besitzen weder ein formelles Glaubensbekenntnis noch ein Kirchensystem oder eine Gottesdienststruktur. Pazifismus und soziales Engagement sind weitere Merkmale der heute etwa 200 000 Quäker.

Adventisten. Diese Kirche entstand aus der Predigt des Amerikaners William Miller (1782–1849), der die Wiederkunft Christi für 1844 ankündigte. Trotz seines Nichterscheinens zog sie mit ihrem Messianismus aber weiterhin Gläubige an. Der Name ›Siebenten-Tags-Adventisten‹ wurde 1860 gewählt, um die Heiligung des Sonnabends (Sabbat) als gottgesegneten Ruhetag hervorzuheben. Die Adventisten glauben an die Inspiration und die Autorität der Bibel, messen den biblischen Prophezeiungen große Bedeutung bei und vollziehen die Erwachsenentaufe durch Untertauchen. Es gibt etwa 4 Millionen Adventisten, davon viele in den Entwicklungsländern.

Mormonen (Kirche Jesu Christi der Heiligen der letzten Tage). Diese Kirche wurde 1830 von dem Amerikaner Joseph Smith (1805–1844) gegründet. Dieser hatte 1827 angeblich von einem Engel namens Moroni eine Schrift erhalten, die er als *Buch Mormon* herausgab. Dieses eine ganz auf Amerika bezogene Geschichtstheologie enthaltende Buch und die Bibel sind die heiligen Schriften der Mormonen. Die Mormonenkirche versteht sich als wiederhergestellte Urkirche und wird von einem Propheten geleitet, der die von Christus in Offenbarungen erhaltenen Anweisungen weitergeben soll. Er ist umgeben von einem Apostelkollegium. Die Mormonen haben ferner sehr verschiedenartige metaphysische Lehren, bauen viele Tempel und bemühen sich zunehmend, ihren Glauben von ihrem großen Zentrum, Salt Lake City, aus in die Welt zu tragen. Sie zählen heute etwa 3 Millionen Gläubige.

Heilsarmee. Diese Gemeinschaft ging 1878 aus der 1865 von dem Engländer William Booth (1829–1912) gegründeten Ostlondoner Zeltmission hervor und hat eine militaristische Struktur. Sie ist vor allem in der Evangelisation und im sozialen Bereich tätig. Der Glaube der Salutisten gründet sich auf die Bibel und Jesus Christus: den Nächsten lieben wie sich selbst, nach dem Evangelium leben und eine Friedens- und Freudenbotschaft verbreiten. 3 Millionen Anhänger, davon 25 000 ›Offiziere‹, in 86 Ländern.

Christian Science (›christliche Wissenschaft‹). Die Kirche wurde 1866 von der Amerikanerin Mary Baker-Eddy (1821–1910) gegründet, um ›das vergessene Element der Heilung‹ wieder ins Christentum einzuführen. Aber ihr Ziel geht über die Krankenbehandlung hinaus. Sie strebt eine Wiederherstellung der universellen Harmonie des Menschen im moralischen, seelischen und körperlichen Bereich durch ihre These an, daß das Böse nicht wirklich sei, da Gott es nicht geschaffen habe. Es gibt weder Klerus noch Sakramente. Die Mutterkirche ist in Boston, etwa 350 000 Anhänger.

Zeugen Jehovas. Diese Abspaltung der Adventisten entstand um 1875 um den Amerikaner Charles Russell (1852–1916). Die Zeugen Jehovas lehnen die Lehren von der Dreifaltigkeit, der Unsterblichkeit der Seele, der Hölle sowie zahlreiche christliche Riten und Festtage ab. Sie glauben, daß die Zeit nahe ist, in der Christus seine Herrschaft antreten wird und in der die aufrichtigen Zeugen eine neuerschaffene Erde bevölkern werden. Die Zeugen Jehovas, eine echte theokratische Organisation, haben etwa 3,2 Millionen Mitglieder in über 200 Ländern, hauptsächlich in den liberalen christlichen Ländern des Westens; etwa 25 % leben in den Vereinigten Staaten.

▲ · **Predigt als Medienereignis.**

›Fundamentalistisch‹ heißt für die Amerikaner ›zu den evangelischen Kirchen gehörig‹. Obwohl diese sich seit jeher modernistischen Ideen widersetzen, zögert der fundamentalistische Pastor Jimmy Swaggart nicht, die Medien zum Überbringen der evangelischen Botschaft einzusetzen. Dieser häufig charismatische neue Predigertyp geht so weit, richtige Fernsehshows zu organisieren, um ein spürbares und direktes Gotteserlebnis zu vermitteln. Er kann dabei sein Publikum in Trance versetzen.

RELIGIONEN UND MYTHEN

DER ISLAM

GRUNDLAGEN

Der Islam ist eine universelle Religion, d.h. seine Glaubensaussage wendet sich an alle Völker und erstreckt sich auf alle Lebensbereiche. Der Islam verkündet den Glauben an einen einzigen Gott (Monotheismus). Er gründet sich auf das Buch der Offenbarung, den *Koran*, sowie auf das Vorbild des Propheten Mohammed, der im 7. Jh. n. Chr. in Arabien lebte. Das arabische Wort *Islam* bedeutet ›Ergebung in den Willen Gottes‹; in dieser Haltung soll der Gläubige dem Vorbild Abrahams folgen, welcher in Mekka, wo er die Kaaba stiftete, das folgende Gebet sprach: ›O unser Herr, mache uns zu Muslimen (*muslimun*, ›Unterwürfige‹), und mache aus unserer Nachkommenschaft eine Gemeinde von Muslimen!‹ (Koran II, 122)

DAS VORISLAMISCHE ARABIEN

Die arabische Gesellschaft ist vor der Geburt Mohammeds eine reine Stammesgesellschaft. Die Stammesleitung ist nicht erblich; sie fällt dem zu, der der Stammesehre am besten Respekt zu verschaffen weiß. Es ist eine weitgehend egalitäre, solidarische Gesellschaft, denn ein Überleben ist nur durch gegenseitige Hilfe und Selbstaufopferung möglich. Ein ungeschriebenes, aber von allen anerkanntes Gesetz bestimmt die Regeln. Es legt die heiligen Pflichten der Gastfreundschaft und der Blutrache fest, die auf die Lebensbedingungen in der Wüste zurückzuführen sind.

Aber mit der Zeit untergraben der Aufschwung des Karawanenhandels und der dadurch begründete Reichtum diese Gleichheits- und Solidaritätsprinzipien: bei der Geburt Mohammeds ist die Gesellschaft von Mekka von krassen Ungleichheiten geprägt. Raubzüge und Stammesfehden machen die Wege unsicher. Einige Städte, die es verstehen, Handel und Religion miteinander zu verbinden, werden zu wichtigen Wallfahrtsorten (insbesondere Mekka mit dem Heiligtum der Kaaba); dort werden Dichterwettstreite ausgetragen, dank derer neben den Stammesdialekten eine gemeinsame Sprache entsteht, die die Verbreitung der Lehre des Korans ermöglicht.

Vor der Entstehung des Korans verehren die Araber des Hidjas eine Vielzahl von Idolen und Geistern. Allerdings kannten die Nomaden ursprünglich einen Schöpfergott, Allah, sowie einen Regengott, dessen heiliges Symbol der rohe Stein als unveränderter Zeuge der Schöpfung war. Die Tradition des Monotheismus wird dann von Judengemeinden und zum Christentum bekehrten Nomadengruppen vertreten. Außerdem haben sich Gnostiker und Häretiker, die aus Nachbarstaaten geflohen sind, in die Wüste zurückgezogen. Eine Minderheit gebildeter Araber *(Hanifen)* bekennt sich schließlich zu einem ›ursprünglichen‹ (da angeblich von Abraham überkommenen) Monotheismus, dessen historische Einordnung schwierig ist *(Hanifismus)*.

DAS LEBEN DES PROPHETEN

Wir wissen kaum etwas über die Lebensdaten und den Lebenslauf von Mohammed; ausgehend von seinem einhellig anerkannten Todesjahr 632 ist sein Leben recht willkürlich rekonstruiert worden. Unsere Hauptinformationsquellen sind: der *Koran*, zuverlässig, aber meist nur Andeutungen enthaltend, die *Tradition (Sunna)* und die *Hagiographie (Sira)*.

Von der Geburt bis zum Mannesalter. Der *Sira* zufolge wird Mohammed um 572 in Mekka geboren. Sein Vater Abd Allah aus dem Klan der Beni Haschim vom mächtigen Stamm der Koraisch stirbt kurz vor seiner Geburt, und seine Mutter Amina ist in einer schwierigen Lage. Das Kind wird zu einer Amme bei einem Beduinenstamm gegeben und bleibt dort bis zum Alter von etwa 6 Jahren. Seine Mutter stirbt kurz nach seiner Rückkehr. Mohammed kommt zu seinem Großvater väterlicherseits und nach dessen Tod zu einem der Brüder seines Vaters, Abu Talib, einem reichen Händler in Mekka, dessen Sohn Ali für seinen jungen Cousin eine unwandelbare Zuneigung entwickelt. Da man nichts Genaueres weiß, ranken sich viele Legenden um die Jugend des Propheten. Als junger Mann beginnt er mit dem Karawanenhandel und arbeitet für eine reiche, einige Jahre ältere Witwe, Chadidja, die er bald heiratet. Ihre Verbindung ist glücklich, und sie haben mehrere Kinder. Die Söhne sterben jung; ihre Tochter Fatima heiratet Ali und spielt mit ihm zusammen eine wichtige Rolle in der weiteren Geschichte des Islam.

Berufung und Jahre in Mekka. Mohammed zieht sich regelmäßig zur Meditation und zum Gebet in eine nicht weit von Mekka entfernte Grotte auf dem Berg Hira zurück. Dort erlebt er im Alter von etwa vierzig Jahren seine erste Offenbarung durch den Engel Gabriel. Aus Angst, Opfer des Spiels böser Geister zu sein, vertraut er sich Chadidja an, die ihn tröstet und ihn zu einem Verwandten, dem angesehenen *Hanifen* Waraqa ibn Nawfal, bringt, der in Mohammed den angekündigten, in der Tradition von Moses und Jesus stehenden Propheten erkennt. In den ersten Jahren weiht Mohammed nur die ihm Nahestehenden in die offenbarte Botschaft ein: Chadidja, Ali, Zaid ibn Haritha, einen jungen Sklaven, den er freigelassen und adoptiert hat, und Abu Bakr, einen reichen Kaufmann, dessen Tochter Aischa er nach dem Tod Chadidjas in zweiter Ehe heiratet. Als er dann in der Öffentlichkeit predigt, wird dies insbesondere von den Reichen in Mekka, die um ihre Privilegien bangen, zunächst ironisch, dann mit offener Feindseligkeit aufgenommen. Trotz zuweilen heftigen Widerstands setzt er seine missionarische Tätigkeit zehn Jahre lang in Mekka fort. Er nutzt gleichzeitig die Wallfahrten, um Kontakt mit den Menschen aus der Stadt Jathrib, dem späteren Medina, aufzunehmen und dort die Ansiedlung seiner Gemeinde vorzubereiten. In die ersten Jahre in Mekka legt die Überlieferung (Koran, XVII, 1 und LIII, 1–18) die Geschichte von der Nachtfahrt *(Isra)* des Propheten, die ihn auf wundersame Weise von Mekka nach Jerusalem führt, sowie die Geschichte seines Aufstiegs *(Miradj)* vom Tempel in Jerusalem zum Thron Gottes durch die Kreise der Hölle und der sieben Himmel. Während dieser Reise soll er die Regeln für seine Gemeinschaft empfangen haben.

Von der Hedjra bis zum Tod. In kleinen Gruppen verlassen die Anhänger Mohammeds Mekka und ziehen ins 435 km entfernte Jathrib, wo der Prophet mit Ali und Abu Bakr zu ihnen trifft. Diese Auswanderung *(Hedjra)* aus Mekka ist der Anfang einer neuen, monotheistischen Gemeinde und der Bruch mit der traditionellen Gesellschaft. Daher beginnt mit der Hedjra die islamische Zeitrechnung. Der Prophet muß nun der neuen Gemeinschaft eine Verfassung geben; zugleich muß er den Kampf gegen Mekka fortsetzen und der Kritik der jüdischen Kolonie entgegentreten – diese Auseinandersetzungen spiegelt der Koran wider. Die Gegner werden verjagt, und nach einigem Zögern schließen sich ihm auch die Mekkaner an. 632, wenige Monate vor seinem Tod, kann Mohammed mit den Seinen nach Mekka und zum Berg Arafa pilgern, um dort seine Abschiedsbotschaft zu verkünden. Damit gibt er den alten Riten neuen Sinn und bestätigt Mekka als religiöses Zentrum des Islam. Bei seinem Tod hinterläßt er eine gut organisierte Gemeinschaft, ohne jedoch seine Nachfolge geregelt zu haben.

A · **Die Arabische Halbinsel zur Zeit Mohammeds.**

Als Steppen- und Wüstenland (außer im Südwesten und an einigen Küsten) läßt sie der Bevölkerung außerhalb der Oasen nur die Möglichkeit, ein Nomadenleben zu führen. Im Bereich der Arabischen Halbinsel, insbesondere im Hidjas am Roten Meer, der Wiege des Islam, kreuzen sich die Karawanen- und Seehandelswege, die vom Fernen Osten ins Mittelmeergebiet sowie von Westafrika nach Persien führen.

B · **Das Heiligtum der Kaaba in Mekka.**

Die Kaaba ist ein uraltes Heiligtum in Mekka. Es birgt den schon in vorislamischer Zeit verehrten schwarzen Stein. Die Kaaba ist ein kubusförmiger Bau, der sich etwa im Zentrum der großen Moschee von Mekka, der heiligen Stadt des Islam, befindet. (Persische Miniatur, 15. Jh., Istanbul, Bibliothek Süleymaniye)

333

RELIGIONEN UND MYTHEN

DER ISLAM

DER KORAN

Der Islam, der zugleich Religion sowie religiöse und weltliche Gemeinschaft ist, gründet sein Glaubensbekenntnis, seine Gesetze und seine Riten auf zwei sich ergänzende Quellen: den Koran und die Sunna. Der *Koran (qurán)* ist ein unantastbarer, aus göttlicher Offenbarung entstandener Text. Die Wortbedeutung ist ›Lesung‹ und erinnert daran, daß der Engel Gabriel (Djabraíl) Mohammed befahl, die Worte, die er ihm gesagt hatte, zu wiederholen (Koran, XCVI, 1–3): diese Lesung muß von der muslimischen Gemeinschaft bis zum Tag des Jüngsten Gerichts wiederholt werden. Der Urtext der Offenbarung ist in der ›Urschrift‹ oder der ›Mutter des Buches‹, wie der Koran es nennt, enthalten: Gott bewahrt ihn bei sich auf und enthüllte Mohammed seine Substanz (er ›sandte‹ sie ›herab‹, sagt der Koran) in arabischer Sprache in einer halb rezitierten, halb gesungenen Form, die *Psalmodie* heißt. Darum müssen alle Muslime weltweit, gleich welcher Muttersprache, ihre rituellen Gebete in Arabisch sprechen. Der Hauptteil der Offenbarung wurde Mohammed bei einer einzigen Gelegenheit zuteil (s. S. 333), aber sie wurde noch 20 Jahre lang ergänzt. Zu Lebzeiten des Propheten wurden nur Bruchstücke davon von seinen Begleitern niedergeschrieben. Unter dem dritten Kalifen, Othman (644–656), wurden die bestehenden Teile zur einzigen und endgültigen Fassung des Korans zusammengetragen.

Aufbau. Der Koran zählt 114 *Suren* (oder Kapitel) und 6 226 Verse, arabisch *ayat,* ›Zeichen‹ (die die Zeichen, die Gott dem Menschen in der Natur gab, ergänzen und erklären). Die Suren sind nicht chronologisch oder thematisch, sondern ihrer Länge nach geordnet, abgesehen von der ersten Sure, *Fatiha,* mit der jedes Gebet beginnen muß und die nur sieben Verse zählt.

Mit wenigen Ausnahmen baut der Koran seine Thematik nicht auf, und die angesprochenen Themen werden meist stückchenweise und in einer Anordnung ohne augenfällige Logik behandelt. So stehen Predigten, Anrufungen und Verwünschungen, Mahnungen und Erzählungen, Beschreibungen und polemische Erwiderungen, theologische Darlegungen sowie juristische Vorschriften nebeneinander. Die Fülle seiner Bedeutung erschließt sich in einer Betrachtung des Ganzen, dessen Einzelteile aufeinander eingehen und sich ergänzen: daher muß der Gläubige den ganzen geoffenbarten Text auswendig kennen. Jede Sure – außer einer – beginnt mit: ›Im Namen Allahs des Erbarmers, des Barmherzigen!‹, einer Formulierung, die der Gläubige auch vor jeder Handlung mit moralischer Zielsetzung ausspricht.

Inhalt. Er handelt von dem Mysterium des einen Gottes und seiner Eigenschaften; von der Schöpfung und den Zeichen, die der ›Sehende‹ in ihr finden kann; von Belohnung und Strafe; von der Geschichte der Offenbarungen von Adam bis Mohammed. Der Koran enthält ferner kultische, soziale, juristische und sogar Anstandsvorschriften. Der Muslim findet darin die Grundlagen seines Glaubens, Anregung für sein Gebet und seine Meditation, aber ebenso Prinzipien für sein moralisches und soziales Leben und seine Weltanschauung sowie eine Ästhetik, die sich in der Sprache selbst, in der zurückhaltenden Ausdruckskraft der Psalmodie und in der Kalligraphie ausdrückt.

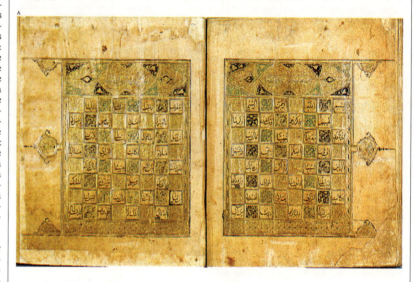

▲ · **Seiten des Korans.**

Auszug aus der 29. Sure, Titel in kufischer Schrift, weiß auf Goldgrund; Text in schwarzer Farbe auf Schachbrettmuster. (Türkei, 14. Jh., Paris, Nationalbibliothek)

FATIHA: DIE ERSTE SURE

›Im Namen Allahs, des Erbarmers, des Barmherzigen! Lob sei Allah, dem Weltenherrn, Dem Erbarmer, dem Barmherzigen, Dem König am Tag des Gerichts! Dir dienen wir und zu dir rufen um Hilfe wir; Leite uns auf den rechten Pfad, Den Pfad derer, denen du gnädig bist, Nicht derer, denen du zürnst, und nicht den der Irrenden.‹

DIE SUNNA

Die Sunna ist nach dem Koran die zweite Quelle der Lehre, des Gesetzes und der Frömmigkeit des Islam. *Sunna* bedeutet ›Brauch‹, ›Sitte‹, ›überlieferte Handlungsweise‹ (im Gegensatz zu ›Erneuerung‹). Genauer gesagt: die Sunna überliefert die Worte, die Taten und die Haltung des Propheten und sogar sein Schweigen, das als stumme Zustimmung verstanden wird. Die überlieferten Fakten liegen in Form von unterschiedlich langen Berichten, *Hadith,* vor. Man unterscheidet zwischen den ›prophetischen‹ *Hadith (nabawi)* über die Worte und Taten des Propheten und den ›heiligen‹ *Hadith (qudsi),* in denen die göttliche Offenbarung zum Ausdruck kommt. Zu seinen Lebzeiten wird Mohammed jeder nicht im Koran erwähnte Fall vorgelegt, über den er kraft seiner Eigenschaft als Prophet entscheidet. Nach seinem Tod kann man sich nur noch auf sein Beispiel berufen. Die Sammlung und Einteilung der Überlieferungen wird seitdem zu einer Hauptaufgabe der sich ausbreitenden Gemeinschaft. Jede Überlieferung muß belegt werden durch eine möglichst lückenlose Kette von Zwischengliedern, die bis zu einem Zeugen oder einem an der erzählten Szene Beteiligten zurückzuverfolgen ist. Trotz dieser Vorkehrungen entstehen unvermeidlich Fälschungen mit praktischen, frommen oder politischen Zielen. Seit dem 2. Jh. nach der Hedjra wird mit einer kritischen Durchsicht des *Hadith* begonnen. Als Ergebnis behält die sunnitische Gemeinschaft sechs große ›kanonische‹ Sammlungen, von denen die berühmtesten die *Sahih* (die ›authentischen‹) von Al-Bukhari und anderen Muslimen aus dem 3. Jh. sind.

DIE RELIGIONSWISSENSCHAFT (ULUM AD-DIN)

Sehr schnell nach Mohammeds Tod entwickeln sich die ersten religiösen Disziplinen. Dies ist vor allem die Koranwissenschaft im Zusammenhang mit der Lesung des Korans *(qiraat)* und seiner Auslegung *(tafsir),* die Wissenschaft von den überlieferten Schriften *(Hadith)* und des Rechts *(Fikh).* In ihrem Gefolge entstehen die ›instrumentellen‹, nicht eigentlich religiösen Wissenschaften, die aber im Dienst der Religionswissenschaft stehen: die Grammatik, die ein genaues Verständnis der Texte ermöglicht, die Astronomie und die Mathematik, mit deren Hilfe anhand des Mondkalenders die Termine für Fastenzeit und Pilgerfahrt sowie die Gebetszeiten festgelegt werden. Später entwickelt sich die Wissenschaft des *Kalam,* d. h. des Wortes über Gott, auch ›Wissenschaft der Einzigartigkeit‹ genannt, die eher eine Verteidigung und Apologetik Gottes als eine Theologie ist. Schließlich zählt traditionell die Mystik *(ilm al-tasawwuf)* zu der Religionswissenschaft, die als durch das offenbarte Wort erfahrene und gelebte Auslegung – Exegese – betrachtet wird. Diese Wissenschaft wird jedoch nicht allgemein anerkannt.

RELIGIONEN UND MYTHEN

DIE GEMEINSCHAFT DES PROPHETEN (UMMAT AL-NABI)

Der Islam versteht sich als ›Gemeinschaft des Propheten‹. Diese Gemeinschaft kennt weder Priesteramt noch – abgesehen vom Koran – eine oberste Instanz, die die Glaubenswahrheiten und die zu verrichtenden Werke festlegt. Die Gemeinschaft wird regiert von einem Gesetz (*Scharia*) und einem Recht (*Fikh*), die aus dem Koran und der *Sunna* hervorgehen und die einerseits nach dem Prinzip der Analogie (*qiyas*) und andererseits durch den Konsens der Gemeinschaft (*idjma*) ausgelegt werden. Die verschiedenen juristischen Schulen unterscheiden sich hauptsächlich durch den Stellenwert, den sie den beiden letzten Elementen und insbesondere dem Konsens beimessen. Dem *Hadith* zufolge sagt der Prophet: ›Nie wird sich meine Gemeinde (*Umma*) auf einen Irrtum einigen.‹

Die *Umma*, ein wahrscheinlich auf *Umm* – ›Mutter‹ – zurückgehendes arabisches Wort, ist gekennzeichnet von universeller Offenheit (trotz anfänglicher Präferenzen alles Arabischen und der bis heute verbindlichen Sprache des Korans); dies wirkt sich in der Ausbreitung, die der Islam in vielen Regionen der Erde erfahren hat, aus. Ein weiteres Kennzeichen ist ihre Einheit, die sich in einem Glaubensbekenntnis und in gemeinsamen religiösen Übungen, aber auch in dem Bewußtsein ›Gott ist größer‹, das jedem Ding einen relativen Wert beimißt, ausdrückt.

DIE LEHRE

Einem Hadith Al-Bukharis zufolge antwortete Mohammed auf die Frage des Engels Gabriel, worin der Glaube (*iman*) bestehe: ›Der Glaube besteht darin, daß du an Gott glaubst, an seine Engel, seine Schriften, seine Boten und an den Jüngsten Tag; und daß du an die göttliche Bestimmung zum Guten und zum Bösen glaubst.‹

Allah, einziger Gott. Allah bedeutet auf Arabisch einfach ›Gott‹, und der Koran betont immer wieder, daß es nur einen Gott gibt und er Eins in sich selbst ist. Der Islam bekennt sich zu dieser ungeteilten und unteilbaren Einheit und Einzigartigkeit, in der Gott sich offenbart.

Allah ist der ganz Andere, nichts ähnelt ihm. Er hat alles geschaffen, was existiert, und außerhalb von ihm existierte nichts. Nichts ist zwischen ihm und seinem Werk; die Beständigkeit seines Werkes wird als in jedem Augenblick erneuerte Schöpfung betrachtet, und alles Sein hängt allein vom Befehl Gottes ab. Diese Unmittelbarkeit läßt keinen Raum für Naturgesetze und macht die Natur zu einem bloßen Zeichen Gottes.

Der Koran geht mit denen, die Gott andere Wesen beigesellen, ins Gericht. Er genügt sich selbst und ist aus sich heraus, er ist allgegenwärtig, nichts entgeht ihm, und es gibt keine Rettung außer in ihm. Sein Mysterium ist undurchdringlich; der Koran versieht ihn dennoch mit zahlreichen Bezeichnungen, die jede seiner Eigenschaften beschreiben und die die Theologen die ›göttlichen Attribute‹ nennen. Die Mystiker (*Sufi*) meditieren über diese Namen. Die beiden häufigsten göttlichen Namen im Koran sind der Erbarmer und der Barmherzige. Nach der Tradition hat Gott hundert Namen, aber der hunderste ist nur ihm bekannt.

Engel. Der Koran theoretisiert nicht über die Natur der Engel, sondern stellt sie bei der Ausübung verschiedener Funktionen dar. Einige dienen in unmittelbarer Nähe Gottes, dessen Namen sie wissen und dessen Thron sie tragen; andere bewachen das himmlische Exemplar des Buches, und mit Gabriel wird die Offenbarung ›herabgesandt‹. Einige sind Beschützer des Menschen, andere Schreiber, die seine guten und bösen Taten niederschreiben; sie bilden Heere, die auf der Seite der Gläubigen kämpfen, und sollen in der Zukunft und am Ende der Welt eine wichtige Rolle spielen (Eschatologie).

Der Koran spricht ferner von einem Dämonen (*Schaitan*) und von Iblis, einem gefallenen Engel, der sich weigerte, sich auf göttlichen Befehl vor Adam zu verneigen: ›Ich bin besser als er; du erschufst mich aus Feuer und hast ihn aus Ton erschaffen ...‹ (Koran, XXXVIII, 77). Iblis verführt daraufhin Adam und Eva zum Ungehorsam, worauf sie aus dem ›Garten‹ verstoßen werden.

Vertrag vor der Zeit. Obwohl er nicht zu den im *Hadith* erwähnten Glaubensartikeln gehört, ist der Vertrag vor der Zeit (*mithaq*) wesentlich für das Verständnis der islamischen Glaubens- und Heilsauffassung. Dieses grundlegende Ereignis findet dem Koran zufolge statt, bevor Gott die Menschen in die Welt und in die Zeit setzt. Gott ruft den Menschen, die um ihn versammelt sind, zu: ›Bin ich nicht euer Herr?‹, worauf sie antworten: ›Jawohl, wir bezeugen es.‹ (Koran, VII, 171). Gott offenbart sich also jedem Menschen und allen Menschen ohne Ausnahme, und darum wird jeder Mensch nach der Überlieferung als Monotheist geboren. Nach dieser ersten Offenbarung vor der Zeit sind alle Offenbarungen in der Zeit nur Wiederholungen und jedes Bekenntnis zum Monotheismus eine bloße Wiederholung des ersten Bekenntnisses.

Der Sündenfall Adams macht das *Mithaq* nicht zunichte, aber er zieht die Bestrafung Adams und seiner Nachkommen nach sich, die seitdem zu Feindschaft untereinander und einem kurzen, mit dem Tod endenden Aufenthalt auf Erden verdammt sind (Koran, II, 34). Diese Situation erfordert dem Koran zufolge weder Erlösung noch einen Erlöser. Der Koran lehrt, die Schöpfung Gottes zu bewundern und zu schätzen und sie maßvoll und dankbar zu genießen. Die historische Zeit hat ihren Platz zwischen zwei entscheidenden Augenblicken der Ewigkeit: dem *Mithaq* auf der einen und dem Jüngsten Gericht auf der anderen Seite.

Schriften und Boten. Dem Koran zufolge hat Gott jeder Gemeinschaft einen Mahner geschickt, der an die Verpflichtung des *Mithaq* und das bevorstehende Jüngste Gericht erinnern soll. Einigen dieser Mahner vertraute er ein Buch, ein Gesetz an: im Falle Abrahams waren es ›Schriften‹, bei Moses die Thora, bei Jesus die Evangelien und schließlich bei Mohammed der Koran. Die Wiederholung der prophetischen Botschaften ist kein Widerspruch zu der Unwandelbarkeit der ursprünglichen Religion. Sie geschieht, weil die Gemeinschaften mit der Zeit die Botschaft verzerrt oder sogar verfälscht haben. Der Glaube an die Schriften und die Boten wird in einigen Versen des *Korans* direkt nach dem Glauben an den einen Gott genannt.

Jüngster Tag. Gott, der Schöpfer der Welten, ist auch derjenige, der ihr Ende beschließt. Er wird in der *Fatiha* ›König am Tag des Gerichts‹ genannt. Der Koran beschreibt an vielen Stellen die kosmischen Erscheinungen des Zeitenendes, ›wenn die Himmel zusammengerollt werden‹ (Koran, XXI, 104) – als ob das Universum ein provisorisches Zeltlager sei – und die Engel zum Antreten für die Endabrechnung rufen. Jeder einzelne und auch jede Gemeinschaft muß dann vortreten. Allerdings ist festzuhalten, daß bei allem ›Aufwiegen‹ der Taten letztendlich doch nur das Bekenntnis des Glaubens an einen einzigen Gott für das Urteil zählt: ›Wahrlich wenn du (Allah) Gefährten gibst (= wenn ihr an mehrere Götter glaubt), dann soll dein Tun vereitelt werden, und du sollst unter den Verlorenen sein.‹ (Koran, XXXIX, 65.)

▲ · **Muezzin ruft zum Gebet.**
Der Aufruf zum Gebet (*adhan*) wurde in Medina eingeführt. Vom Minarett aus ruft der *Muezzin*, der Gebetsrufer, in alle vier Himmelsrichtungen. (Omaijadenmoschee in Damaskus)

Göttliche Bestimmung. Der Koran erwähnt die überwältigende Allmacht Gottes, die durch nichts eingeschränkt wird: ›Woraus erschuf er ihn? Aus einem Samentropfen. Er erschuf den Menschen und bildete ihn, dann machte er ihm den Weg leicht.‹ (Koran, LXXX, 17–20) Nichts geschieht, das nicht vorbestimmt und vor der Schöpfung niedergeschrieben wurde (Koran, LVII, 22). So wird die alleinige Wirkung Gottes bezeugt: ›Und Allah erschuf euch und was ihr macht.‹ (Koran, XXXVII, 94); aber andererseits trägt der Mensch für sein Handeln selbst die Verantwortung, da er frei ist, und jede Seele erhält ihren Lohn ›nach Verdienst‹ (Koran, II, 281). Der Koran versucht an keiner Stelle, den Widerspruch, den die Undurchdringlichkeit der göttlichen Geheimnisse darstellt, aufzulösen.

DIE 112. SURE

›Sprich: Er ist der eine Gott, der ewige Gott; er zeugt nicht und wird nicht gezeugt, und keiner ist ihm gleich.‹

Dies ist der Text der 112. Sure; sie hat den Titel *al-tawhid* (›Verkündung der göttlichen Einzigartigkeit‹). Diese Sure wird besonders gerne gebetet, da sie das zentrale Bekenntnis des Islam beinhaltet; darum heißt sie auch *ikhlas*, was mit einem Wort den Akt der reinen Anbetung Gottes bezeichnet, d. h. einer ihm angemessenen Anbetung.

RELIGIONEN UND MYTHEN

DER ISLAM

DIE FÜNF SÄULEN DES ISLAM

Fünf Vorschriften (*arkan,* ›Säulen‹) fassen die Pflichten der islamischen Gemeinschaft und jedes einzelnen Muslim zusammen. Es sind: 1. das Aussprechen des Glaubensbekenntnisses (*Schahada*); 2. das Ritualgebet (*Salat*); 3. das Pflichtalmosen (*Zakat*); 4. das Fasten im Monat Ramadan (*Saum*); 5. die Pilgerfahrt nach Mekka (*Hadjdj*).

Glaubensbekenntnis. Das aufrichtige Sprechen des Glaubensbekenntnisses vor geeigneten Zeugen reicht, um in die islamische Glaubensgemeinschaft aufgenommen zu werden. Es besteht aus nur zwei Aussagen: ›Es gibt keinen Gott außer Gott‹ und ›Und Mohammed ist der Gesandte Gottes‹. *Schahada* bedeutet ›Zeugnis‹. Durch diese Handlung wiederholt der Gläubige die Anerkennung des einen Gottes durch Adam und seine Nachkommen vor der Zeit (Koran, VII, 171). Jedes im Islam geborene Kind muß öffentlich seinen Glauben bezeugen, sobald es dazu alt genug ist. Der Muslim wiederholt dieses Bekenntnis sein ganzes Leben lang und hebt dazu bis zum letzten Moment den Zeigefinger der rechten Hand zu einer symbolischen Geste. Die *Schahada* wird fünfmal täglich im Gebetsruf des *Muezzin* zu den rituellen Zeiten aufgesagt und psalmodierend für Verstorbene auf dem Weg ins Grab gesprochen.

Ritualgebet. Die zweite Pflicht eines jeden Muslim ist das Ritualgebet (*Salat*) fünfmal täglich zu vorbestimmter Stunde, zu dem der Ruf des *Muezzin* auffordert: zu Tagesanbruch, mittags, in der Mitte des Nachmittags, bei Sonnenuntergang und nach Einbruch der Nacht. Dieses am unwandelbaren kosmischen Rhythmus ausgerichtete Gebet ist im wesentlichen ein Akt der Anbetung (und nicht an bestimmte Umstände gebunden); es kann überall verrichtet werden, solange bestimmte heiligende Vorschriften eingehalten werden. ›Dort, wo dich die Stunde des Gebets antrifft‹, sagt ein *Hadith,* ›dort ist der heilige Ort des Gebets.‹ Diese Heiligkeit wird außerhalb der Moschee durch Absonderung erreicht, indem ein Tuch oder eine Matte verwendet oder einfach auf der Erde ein Kreis abgesteckt wird, in dessen Mitte sich der Betende aufhält. Vor dem Gebet muß sich der Gläubige durch Waschungen reinigen; dazu wendet er sich nach Mekka und formuliert ausdrücklich die Absicht, sich seiner kultischen Unreinheit zu entledigen. Das Niederwerfen mit der Stirn auf den Boden ist im Islam die Körperhaltung der Anbetung schlechthin und Gott allein vorbehalten. Das Freitagsgebet ist besonders feierlich und muß in der Moschee verrichtet werden.

Pflichtalmosen. Das Pflichtalmosen (*Zakat*) hat zwei Bedeutungen. Durch diese Gabe werden die Reichtümer gewissermaßen gereinigt und die soziale Solidarität der Gläubigen gestärkt. Es wurde als Steuer, die nach einem bestimmten Satz auf den Besitz zu zahlen war, vom Propheten selbst in Medina eingeführt: Die Almosen, sagt der Koran (IX, 60), ›sind nur für die Armen und Bedürftigen, und die, welche sich um sie bemühen, und die, deren Herzen gewonnen sind, und für die Gefangenen und die Schuldner und den Weg Allahs und den Sohn des Weges. (Das ist) eine Vorschrift von Allah.‹ Der Koran empfiehlt ferner das wohltätige Almosen (*sadaq*), das jedem Bedürftigen, gleich welcher Religionszugehörigkeit, zukommen soll.

A · **Staatsoberhäupter in Mekka.**

Das weiße Faltengewand (*ihram*) des Pilgers ist das Leichentuch, in dem er zur Erde zurückkehren wird. Es ist für alle gleich, Symbol des egalitären Charakters der islamischen Gemeinschaft. (In der Mitte König Chalid von Saudi-Arabien, Islamischer Gipfel, Januar 1981)

Fastenzeit des Ramadan. Ramadan ist der Name des neunten (Mond-)Monats des islamischen Jahres. Er endet mit der ›Nacht der Macht‹ (vom 26. auf den 27.), in der der ›Herabsendung‹ des Islam und der vollständigen Erneuerung der Schöpfung gedacht wird. In diesem vom Islam dafür auserwählten Monat wird tagsüber (von Sonnenauf- bis Sonnenuntergang) streng gefastet, aber nicht zur Buße, sondern zur bloßen Abhärtung und als Zeugnis der Gemeinschaft. Man soll sich des Essens, Trinkens, Rauchens sowie sexueller Kontakte enthalten. Das Fastenbrechen ist allabendlich Anlaß zu Freudenfesten in der Familie, zu denen Nachbarn und Freunde eingeladen werden. Der Monat schließt ab mit dem *id al-fitr,* dem zweitwichtigsten Fest des muslimischen Kalenders.

Pilgerfahrt. Die *Hadjdj* ist der zentrale Kultakt des Islam. Jeder Muslim, der die Mittel dazu hat, soll mindestens einmal in seinem Leben nach Mekka pilgern. Die Riten sind zum Großteil dieselben wie in der vorislamischen Zeit, aber Mohammed hat sie gestrafft und ihnen bei seiner ›letzten Pilgerfahrt‹ eine neue Bedeutung verliehen. Bei ihrer Ankunft am Eingang zum heiligen Bezirk, der für Nichtmuslime gesperrt ist, versetzen sich die Pilger durch umfangreiche Waschungen in den Weihezustand (*ihram*) und legen das für alle gleiche Pilgergewand an, das sie erst am Ende der Pilgerfahrt ablegen. Man unterscheidet zwischen einer kleinen Pilgerfahrt (*umra*), die zu jeder Zeit im Jahr gemacht werden kann, und der vorgeschriebenen großen Pilgerfahrt, (*Hadjdj*), die zu einer bestimmten Zeit, die mit dem 7. des letzten Monats des islamischen Jahres beginnt, stattfindet.

Die *Hadjdj* beginnt in Mekka und endet auf dem Berg Arafa etwa 20 km von Mekka entfernt. Nach einem Tag des Wartens im Angesicht Gottes auf dem Berg eilen die Pilger zum Heiligtum von Muzdalifa, wo sie die Nacht im Gebet verbringen, bevor sie im Morgengrauen zu den Schlußriten nach Mina aufbrechen. In Mina wird das Opfer in Erinnerung an das Opfer Abrahams gefeiert; und am gleichen Tag, dem höchsten islamischen Festtag, opfern alle muslimischen Familien mit den Pilgern ein Schaf. Einer der Hauptaspekte der Pilgerfahrt ist die Zusammenführung, die Annäherung der Gläubigen, die aus allen vier Himmelsrichtungen zum heiligen Zentrum gekommen sind, wo sie die Allgemeingültigkeit der *Umma* an sich erfahren.

DER KAMPF FÜR GOTT

Das Wort *Djihad* wird in der Regel als ›heiliger Krieg‹ übersetzt; man sollte eher von einem Kampf für Gott und gegen die Ungläubigen sprechen. Der *Djihad* wurde zuweilen zu den ›Säulen‹ des Islam gezählt. Er unterscheidet sich von diesen allerdings dadurch, daß man dieser Pflicht nicht überall und immer nachkommen kann; sie obliegt daher nicht jedem Muslim einzeln, sondern es ist eine ausreichende Zahl von Muslimen (in Vertretung der Gesamtgemeinde) notwendig. Jeder Gläubige, der in diesem Kampf stirbt, wird als Märtyrer betrachtet und tritt in die ewige Glückseligkeit ein.

DIE MOSCHEE

Ursprünglich nach dem Vorbild der einfachen Behausungen (wie die des Propheten) gebaut, ist die Moschee nicht wie ein Tempel Residenz Gottes, sondern ein Versammlungsort (*Djami*) der Gemeinschaft der Gläubigen zur Anbetung.

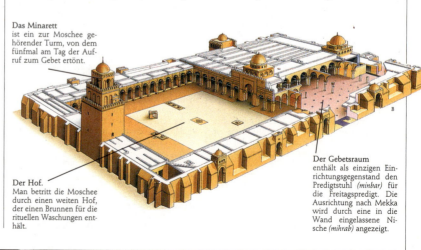

Das Minarett ist ein zur Moschee gehörender Turm, von dem fünfmal am Tag der Aufruf zum Gebet ertönt.

Der Hof. Man betritt die Moschee durch einen weiten Hof, der einen Brunnen für die rituellen Waschungen enthält.

Der Gebetsraum enthält als einzigen Einrichtungsgegenstand den Predigtstuhl (*minbar*) für die Freitagspredigt. Die Ausrichtung nach Mekka wird durch eine in die Wand eingelassene Nische (*mihrab*) angezeigt.

RELIGIONEN UND MYTHEN

DIE ERSTEN NACHFOLGER DES PROPHETEN

Das erste Jahrhundert der Hedjra wird als das goldene Zeitalter des Islam betrachtet, in dem die vier ersten Kalifen, traditionell die ›Wohlgeleiteten‹ *(rachidun)* genannt, dem Islam eine rasante Verbreitung sicherten. Diese Anfangszeit war jedoch von Rivalitäten und internen Kämpfen geprägt, da Mohammed seine Nachfolge nicht geregelt hatte. Bei seinem Tod einigte man sich einstimmig auf den Namen Abu Bakrs, den Getreuen der ersten Stunde, den Vater Aischas, der Lieblingsfrau des Propheten. In seiner kurzen Regentschaft von 632 bis 634 festigte er die Einheit der Stämme, indem er ihren Kriegseifer auf neue Eroberungen in Richtung des byzantinischen und des persischen Reiches lenkte. Sein Nachfolger Omar führte die Eroberungen weiter; er wurde 644 von einem Christen ermordet. Ein ›Kollegium‹ bestimmte danach Othman zu seinem Nachfolger und zog ihn Ali vor, dem Schwiegersohn und Gefährten des Propheten. Othman wird 656 von einem Anhänger Alis getötet. Letzterer übernimmt ohne einhellige Zustimmung die Führung der Gemeinschaft. Seine Gegner sind Aischa, die Witwe des Propheten, und Moawija, Othmans Cousin und Gouverneur von Syrien. 657 stehen sich die Truppen Alis und Moawijas in Siffin gegenüber. Die Truppen Alis stehen kurz vor dem Sieg, als dieser im Namen des Korans einen Waffenstillstand annimmt. Ein Teil seiner Anhänger verzeiht ihm das nicht und löst sich los: Man nennt sie *Charidjiten,* ›die Ausziehenden‹. Die übrigen, die ihm auch dann noch treu bleiben, als er zugunsten Moawijas auf das Kalifat verzichten muß, sind die *Schiiten,* ›die Partei‹. Ali wird 661 in Kufa von einem Charidjiten ermordet. Sein ältester Sohn Hasan übernimmt bis 669 die Führung der schiitischen Gemeinschaft, ihm folgt Husain, der mit seinem Gefolge 680 in Kerbela niedergemetzelt wird.

SUNNITEN UND SCHIITEN

Sunniten und Schiiten bilden die beiden Hauptrichtungen des Islam; sie stellen indessen die Einheit der Religion nicht in Frage. Alle stimmen den grundlegenden Glaubenssätzen zu: der göttlichen Einzigartigkeit und der Sendung Mohammeds.

Pflichtlehren oder Schulen der Sunniten. Der Begriff *Sunnit* stammt von dem Ausdruck ›ahl al-sunna wal-djamaa‹, die ›Menschen der Tradition und der Gemeinschaft‹, einer Bezeichnung für die Mehrheit der Gemeinschaft, von der sich die Schiiten abspalteten. Die sunnitischen Oberhäupter, die *Imame,* arbeiteten in den ersten Jahrhunderten des Islam daran, die Botschaft des Korans an die neuen Zeiterfordernisse und Orte anzupassen und zu ergänzen. Sie gründeten vier Rechtsschulen, die ihre Namen tragen: die hanefitischen, malikitischen, schafiitischen und hanbalitischen Pflichtlehren. Der sunnitische Islam unterstreicht die Rechtmäßigkeit der ersten Kalifen und predigt den Gehorsam gegenüber dem politischen Anführer, sofern er nichts anordnet, das im Widerspruch zum göttlichen Gesetz steht. Er schließt Sekten aus.

Schiitischer Islam und schiitische Sekten. Für die *Schiiten,* die Partei Alis, müssen die Nachfolger des Propheten aus seiner Familie stammen: sie lehnen die ersten drei Kalifen ab und erkennen nur die Tradition an, die von den Mitgliedern des Hauses, d. h. Ali, Fatima und ihren Söhnen Hasan und Husain verbürgt wird. Der zentrale Begriff des schiitischen Islam ist das *Imamat* (anstelle des Kalifats). Der Imam ist ein Nachkomme Alis, den Gott mit besonderen Gnaden ausstattet, welche ihn unfehlbar und allein fähig zur Auslegung der Offenbarung und zur Leitung der Gemeinschaft machen. Die einzelnen schiitischen Sekten unterscheiden sich in der Anzahl der anerkannten Imame. Die *Imamiten* oder *Zwölferschiiten,* die Mehrheit der Schiiten, erkennen zwölf Imame an, von denen der letzte nicht tot, sondern in die Verborgenheit eingegangen sei (seine Wiederkunft wird erwartet). Die *Ismailiten* oder *Siebenerschiiten* erkennen sieben Imame an. Der letzte, Ismail, Sohn des Djafar, ging ebenfalls in die Verborgenheit ein: Er ist der erwartete *Mahdi* (Messias). Die *Zaiditen* bilden die gemäßigste Strömung: Sie erkennen fünf rechtmäßige Imame an, verkünden nicht das Dogma des verborgenen Islam und akzeptieren die Wahl Abu Bakrs und Omars, obwohl Ali vorzuziehen gewesen wäre. Seit 893 regieren sie Jemen.

DER ISLAM IN DER WELT

Die erste Welle der Ausbreitung des Islam, Ergebnis arabischer Eroberungen des 7./8. Jh., bringt ihn in den ganzen Vorderen Orient (einschl. Nordafrika) und bis nach Spanien. Die zweite Expansion beginnt im 11. Jh.; die Türken spielen dabei eine wichtige Rolle im ganzen indischen Subkontinent und im Kaukasus. Später, vom 19. Jh. an, schreitet der Islam stark in Schwarzafrika fort und bildet bis etwa zur Linie Senegal–Somalia in den meisten Gebieten die Bevölkerungsmehrheit.

DIE CHARIDJITEN

Die *Charidjiten,* heute nur noch klein an Zahl, bilden einen wichtigen Meilenstein in der islamischen Geschichte, da sie sich als erste vom Islam abspalteten. Für sie ist das Kalifat nicht erblich, sondern ein Wahlamt, und die Abstammung des Kalifen ist unerheblich; er wird gewählt, weil er als der Würdigste erscheint, und kann abgewählt werden, wenn er einen schweren Fehler macht. Die *Charidjiten* sind die ›Puritaner‹ des Islam: für sie ist ein Muslim, der schwer sündigt, ein Abtrünniger, denn die Handlungen werden als Teil der Glaubensbezeugung bewertet.

Die Kriege gegen die *Charidjiten* setzten schon unter dem Kalifat Alis ein und dauerten unter den Omaijaden und den Abbasiden an. Heute leben *Charidjiten* noch in Oman sowie in Nordafrika: in Tunesien, Libyen und Algerien.

Eine genaue Angabe über die Anzahl der Anhänger des Islam weltweit ist aus verschiedenen Gründen schwierig: Zum einen das Problem der Volkszählung in vielen Entwicklungsländern; dann die Tendenz, die Zahl der Muslime geringer anzugeben, besonders in Ländern, die die Religionszugehörigkeit abwerten wollen (wie in der Sowjetunion und in China); schließlich das schnellere Bevölkerungswachstum. Daher sind die Angaben, je nach Herkunft der Statistiken, sehr unterschiedlich zu bewerten. Nach Schätzungen von 1986 schwankt die Gesamtzahl der Muslime weltweit zwischen 860 Millionen und 1 102 Millionen. Nach Angaben der UNO von 1983 verteilen sich die Muslime in der Alten Welt wie in der unten stehenden Karte angeführt.

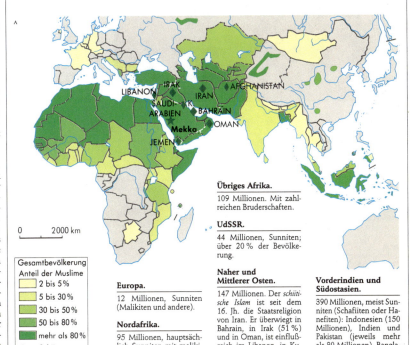

Europa. 12 Millionen, Sunniten (Malikiten und andere).

Nordafrika. 95 Millionen, hauptsächlich Sunniten mit malikitischem Ritus.

Übriges Afrika. 109 Millionen. Mit zahlreichen Bruderschaften.

UdSSR. 44 Millionen, Sunniten; über 20 % der Bevölkerung.

Naher und Mittlerer Osten. 147 Millionen. Der *schiitische Islam* ist seit dem 16. Jh. die Staatsreligion von Iran. Er überwiegt in Bahrain, in Irak (51 %) und in Oman, ist einflußreich im Libanon, in Kuwait und Jemen.

Vorderindien und Südostasien. 390 Millionen, meist Sunniten (Schafiiten oder Hanefiten): Indonesien (150 Millionen), Indien und Pakistan (jeweils mehr als 80 Millionen), Bangladesh (77 Millionen).

337

AFRIKANISCHE RELIGIONEN

TRADITIONELLE RELIGIONEN

Das Afrika südlich der Sahara ist sehr verschiedenartig, und die Glaubensvorstellungen variieren mit den Kulturen (siehe Karte). Trotzdem kann man allgemein von traditionellen afrikanischen Religionen sprechen, da das Verhältnis zur Erde die dortige Gedankenwelt und die Glaubensvorstellungen prägt.

Leben und Tod, Grundprinzipien. Die Religion ist auf das Fortdauern und die Erneuerung des Lebens ausgerichtet. Die Gesellschaft besteht aus der Aufeinanderfolge von Ahnen, Lebenden und zukünftigen Kindern, die eine Kontinuität schaffen. Wie in der Natur, in der die Pflanzen sich jedes Jahr wieder aus der Fäulnis des pflanzlichen Humus neu entwickeln, besteht ein Zyklus, in dem eine Generation die andere ersetzt. Darum verbinden die großen Riten Tod und neues Leben. Die Mythen über den Ursprung der Welt besagen, daß ihre Geburt ein Tod und ihr Untergang eine Wiedergeburt im ›Bauch‹ Gottes ist.

Verborgene Mächte, Animismus. Die Afrikaner haben nicht, wie vielfach angenommen wird, mehrere Götter. Der einzige Gott – bei den Bantu heißt er Zambe – hält sich seit Anbeginn der Schöpfung, seit dem Verstoß gegen das erste Tabu, fern. Dieses Vergehen der ersten Geschöpfe brachte den Menschen in eine zwiespältige Lage. Er ist nicht der Herrscher über die Natur; er muß unsichtbaren Wesen gehorchen, die das Wasser, den Boden, die Wälder, die Steine bevölkern ... Um zu überleben, muß er mit den verborgenen ›Naturgeistern‹ und den Verstorbenen teilen, denn sie versorgen den Menschen mit dem Lebensnotwendigen, sofern er sie zufriedenstellt. Es ist ein Handel: Der Wohlstand wird mit Geschenken und Opfern erkauft, deren Annahme ungewiß bleibt.

Diesen Glauben, nach dem die Elemente der Natur einen eigenen Willen und eigene Kräfte haben, denen der Mensch unterliegt, nennt man *Animismus*. Darstellungen dieser Naturgeister heißen (nach einem portugiesischen Wort für ›Zauber‹, ›Amulett‹) *Fetisch*.

Bedeutung der Zauberei. Es gibt keine Priester im eigentlichen Sinne. Jeder kann ein Opfer darbringen; es gibt jedoch Spezialisten, die weissagen, die die Verehrung verschiedener Geister organisieren, die Initiationen leiten, den komplexen Prozeß der Heilung beherrschen, für den Regen und die Fruchtbarkeit der Ernten zuständig sind usw. Auf der dunklen Seite der Welt gibt es außerdem sehr lebendige Menschen, die ihre Persönlichkeit spalten können und gegen soziale Regeln verstoßen. Sie nutzen ihr Zweites Gesicht innerhalb des nächtlichen Universums, um Macht und Besitz anzuhäufen. Der Glauben an die *Zauberei* ist besonders stark. Mit ihr kann man diesen ›Mächten der Nacht‹, gegen die ›Unschuldige‹ wehrlos sind, Unglück zufügen – Krankheit, vorzeitigen Tod, Unfruchtbarkeit, Unfälle, schlechte Ernten usw.

Ordnung der Welt. In der Weltordnung des Afrikaners hat der Mensch seinen festen Platz; er darf nicht versuchen, diesen zu verlassen, weder nach oben hin durch Machtmißbrauch wie der Zauberer, noch nach unten hin, indem er sich wie die Tiere verhält und z. B. widernatürliche sexuelle Beziehungen unterhält. Die Riten bilden das Bollwerk gegen die Unordnung. Das Heil wird durch die ständige Bekämpfung aller lebensfeindlichen Mächte erlangt: Den Mächten der Fruchtbarkeit müssen Geschenke gebracht werden, die Vergehen gegen die Erhaltung der kosmischen Ordnung müssen aufgedeckt werden, und alles in einem Menschen, das fremd ist, das von den Ahnen trennt, muß ausgetrieben werden.

MODERNE PROPHETEN

Seit Ende des 19. Jh. entstanden Bewegungen, die in der Regel nach Art der Missionen in Kirchen organisiert sind. Charismatische Persönlichkeiten, Männer wie Frauen, traten auf und verkündeten die Befreiung von der Herrschaft der ›Welt der Weißen‹. Diese ›Propheten‹ sind Kennzeichen eines grundlegenden Wandels der traditionellen Religion: Aufgabe der Fetische und der Magie, die im Vergleich zum Gott der Weißen ohnmächtig sind, sowie ein Wandel mit Blick auf die christlichen Missionen. Der Schwarze kann ohne Hilfe der Weißen selbst Zugang finden zum Inhalt der Bibel und zum Wort Gottes. Der Chiliasmus, d. h. die Erwartung, daß das Heil in einer bestimmten Frist eintritt, findet sich ebenfalls in dieser prophetischen Botschaft. Sie kann auch eine messianische Form annehmen, sobald der Prophet sich von sich aus oder, häufiger, unter dem Einfluß seiner Anhänger, an die Stelle des weißen Messias, Christus, setzt und als eigener Erlöser der Schwarzen dargestellt wird. Es gibt viele tausend Propheten in allen Teilen Afrikas. Sie können Kranke heilen, Angst fortnehmen, Feindselige abschrecken, Richter, Prüfer und Vorgesetzte gewogen machen. Bekannte prophetische Bewegungen sind der *Harrismus* im Gebiet der Elfenbeinküste, der um 1910 von William Wadé Harris (gest. 1929) begründet wurde, und der *Kimbanguismus* in Zaire, der von Simon Kimbangu (1889–1951) Anfang der dreißiger Jahre gepredigt wurde. Der Harrismus hat mehrere hunderttausend, der Kimbanguismus mehrere Millionen Anhänger.

A · Tanz der Dogon mit Kanagamaske.
Bei diesem Tanz, der die Schöpfung symbolisiert, stellt der Maskenaufsatz den Menschen als Achse der Welt dar: er streckt die Hände gen Himmel und die Füße zur Erde.

C · Initiationstanz bei den Pende.
Abgebildet ist ein Initierter, der die Beschneidungszeremonie der Knaben leitet. Er trägt eine runde Maske und einen Anzug aus geflochtenen Fasern.

B · Religionen in Afrika.
Die Vielfalt der afrikanischen Religionen erklärt sich teilweise aus geographischen Gegebenheiten: physische Barrieren (Sahara oder Tropenwald); unterschiedliche Wirtschaftsformen (Jäger, Bauern und Fischer haben andere Gottheiten).

Islam.
Er drang aus dem Norden vor allem in die Sudanzone und längs der Ostküste vor.

Christentum.
Es breitete sich von der Westküste ins Landesinnere aus. Das südliche Afrika ist aufgrund der Besiedlung durch Europäer mehrheitlich christlich (40 % Protestanten), eine große christliche Gemeinschaft (59 % der Bevölkerung) existiert traditionell in Äthiopien.

Animismus.
Diese Religionsform ist rückläufig, ist jedoch regional noch von Bedeutung.

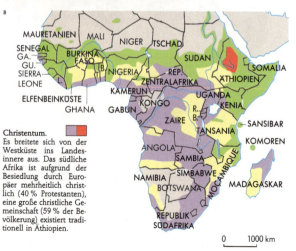

SYNKRETISMUS: DER BOUITI FANG IN GABUN

Die *Fang* sind eine Volks- und Kulturgruppe in S-Kamerun und N-Gabun. Zu ihrer traditionellen Religion gehört der Ahnenkult *Biéri*. In den zwanziger Jahren trafen die Fang in Libreville und Port-Gentil Arbeiter aus der Mitte des Landes, die sie in ihren Kult, *Bouiti* genannt, einführten. Die schon teilweise christianisierten *Fang* bildeten daraus eine synkretistische Religion, die Elemente des *Biéri*, des *Bouiti* und der Bibel enthält, die Religion *Bouiti Fang*.

Der Gläubige wird durch die Einnahme einer halluzinogenen Wurzel, *Eboga*, in den Kult initiiert. Dieses Erlebnis macht es ihm möglich, seine Ahnen zu treffen und das ›Haus‹ des *Nzambia-Pongo* (Jesus Christus) zu entdecken. Er erlebt auch seinen eigenen Tod im voraus und tilgt jede Spur von Zauberei aus seinem Körper und seinem Geist. Das komplexe Ritual erstreckt sich über drei aufeinanderfolgende Nächte, in denen man die Geburt, den Tod und das Leben im Jenseits feiert. Am Tempeleingang symbolisiert eine quer durchbohrte Säule das ›Geburtsloch‹. Wenn der Gläubige in den Schoß seiner Mutter zurückgeht, gelangt er gleichzeitig in den Bauch Gottes, aus dem er gekommen ist und in den er zurückkehrt. Die Frauen nehmen, gleichberechtigt mit den Männern, am Kult teil. Die mit der Sexualität verbundenen Symbole spielen im Ritual eine wichtige Rolle.

Wie die anderen modernen religiösen Bewegungen widersetzt sich der *Bouiti Fang* den ›frevelhaften‹ Bestrebungen der westlichen Welt; er strebt gleichzeitig eine Ausrottung der Macht der Zauberer an.

DER ISLAM

Mit dem 12. Jh., als die ersten nordafrikanischen Kaufleute die Wüste durchqueren, beginnt der Islam, nach Schwarzafrika vorzudringen. Die ersten schwarzen Muslime sind die Fürsten und Könige der Reiche im alten Sudan und Tschad (Königreich Kanem); ihre Völker folgen ihnen in dem neuen Glauben. Gebildete Afrikaner erwerben ihr Wissen an den Königshöfen in den Schulen der Herren aus dem Norden und Osten. Die Islamisierung schreitet fort – sie erstreckt sich über die letzten sieben oder acht Jahrhunderte – bis an ihre zugleich physischen und kulturellen Grenzen, den tropischen Regenwald. Er ist schwer zu durchqueren, und in ihm herrscht ein auf Abstammung gegründetes Sozialsystem, das mit animistischen Glaubensvorstellungen besonders gut zusammenpaßt.

Der schwarze Islam organisiert sich häufig in Gemeinschaften oder Bruderschaften unter einem geistlichen Führer *(Marabut)*. Er zählt heute etwa 100 Millionen Anhänger, das entspricht einem Achtel der *Umma* (Weltgemeinschaft), hauptsächlich in der Sahelzone (s. Karte S. 338). Die Religion Mohammeds eignet sich recht gut für die schwarzen Kulturen; sie verändert die Familienstrukturen nicht (Großfamilie und Polygamie); sie verbreitet sich durch das Wort der Marabuts (stärker als durch die Lektüre des Korans), dessen Rolle mit der der traditionellen Initiationsmeister verschmilzt; und schließlich bringt sie eine Entwicklung der Kultur mit sich.

DAS CHRISTENTUM

Wenn man die 20 Millionen orthodoxen Christen Äthiopiens ausnimmt, machen die Christen etwa ein Drittel der Bevölkerung Schwarzafrikas aus, wobei die Zahl der Protestanten die der Katholiken um einige Millionen übersteigt. In den meisten Ländern liegt die Zeit der Missionare fast hundert Jahre zurück. Oft werden der Kontakte erwähnt, die schon im 15. Jh. mit Angola und im 17. Jh. mit dem Königreich Kongo bestanden, aber diese ersten Bekehrungen blieben ohne Folge. Einige Länder, wie Liberia, Sierra Leone und Nigeria, wurden von ehemaligen schwarzen Sklaven aus Amerika evangelisiert. Die europäischen Missionsorden entsandten die meisten Missionare nach der ›Befriedung‹ in den letzten Jahrzehnten des 19. Jh. Die Taktik der Missionare bestand darin, einen neuen Raum zu schaffen, der die Kinder in den Schulen und die zukünftigen Täuflinge zur Mission bringen sollte. Das Heidentum sollte zunehmend isoliert werden und zugleich mit der ›Barbarei‹ von selbst weichen. Die Missionare ›zivilisierten‹ die Menschen durch ihre Evangelisierung.

Christentum im heutigen Afrika. Die Afrikaner nahmen den neuen Glauben je nach ethnischer Zugehörigkeit mehr oder weniger schnell an. Einige Regionen sind fast vollständig getauft. Die Bekehrung war mit Forderungen verbunden: Aufgabe der Polygamie und allzu ›Götzenanbetung‹. Seit dem Zweiten Weltkrieg wird den christlichen Missionen ihre ›Komplizenschaft‹ mit den Kolonialherren vorgehalten. Unabhängige Kirchen sind entstanden (s. S. 338). Das letzte Konzil stärkte den einheimischen Klerus und die Autonomie der lokalen Kirchen. Eine afrikanische Liturgie und Theologie haben sich unter Einbeziehung der ursprünglichen Kulturen herausgebildet. Die afrikanische Christenheit verzeichnet einen regelmäßigen Zuwachs und entwickelt eigenständige Kirchen.

DER HAITIANISCHE WODU

In Benin wird bis heute ein Kult für die *Wodun*-Geister praktiziert. Schwarze Sklaven aus diesem Gebiet bewahrten selbst nach ihrer Bekehrung zum Christentum in Amerika einen Teil der Religion ihrer Heimat. Insbesondere in Haiti in der Karibik hat der *Wodun*-Kult als *Wodu* überlebt. Seit der Zeit der Sklaverei ist er eine Form des Widerstands gegen die Herrschaft der Weißen.

Der Wodu ist eine Volksreligion, die neben dem Christentum besteht. Wie in den rein afrikanischen Religionen hält sich der eine Gott (›Großer Meister‹) fern. Das von den *Houngan* geleitete Ritual schließt Weissagungen und Opfer ein. Jeder Gläubige steht unter dem Schutz eines *Loa* genannten Geistes. Die *Loas* haben eigene Namen und Persönlichkeiten. Das auffälligste Merkmal des Wodukultes ist die Besessenheit durch den *Loa*, der den Initiierten ›reitet‹. Die Trance ist die Erfahrung, die die Gläubigen eng an ihre Gemeinschaft bindet und ihnen ein starkes Gefühl des inneren Zusammenhalts vermittelt.

Die katholischen Heiligen werden zwar bisweilen verschiedenen *Loas* gleichgesetzt, und die Zeremonien richten sich nach dem christlichen Kirchenjahr. Dennoch haben die meist getauften Anhänger des Wodu dank des in kreolischer Sprache gefeierten Kultes ihre Tradition wahren können, die reich ist an nichtchristlichen Eigenheiten und althergebrachten symbolischen Handlungen.

LATEINAMERIKANISCHE SYNKRETISMEN

Wie die haitianischen Anhänger des Wodukults haben auch frühere Sklaven in Südamerika, besonders in Brasilien, die Religion ihrer afrikanischen Vorfahren erhalten. Die Religionsformen entwickelten sich unter dem Einfluß des Christentums und, in viel geringerem Maße, der indianischen Religionen. So entstand ein religiöser Synkretismus – das Ergebnis der Verschmelzung verschiedener Religionen.

Candomblé, Macumba. Der am weitesten verbreitete Kult ist der *Candomblé*-Kult, der von Bahia ausging. Dort feiert man die *Orischa*, die Gottheiten der nigerianischen Yorubakultur. Die *Orischa* werden katholischen Heiligen gleichgesetzt; aber die Zeremonien (Weissagung, Initiation, Opfer, Trance, Gesänge und Tänze) entsprechen den afrikanischen Traditionen. Zu nennen ist ferner der vor allem in den Städten verbreitete *Macumba* und der aus ihm entstandene *Umbanda*.

Diese Religionen scheinen in stark benachteiligten Gruppen die Funktion des sozialen Ausgleichs zu erfüllen. In Brasilien, wo die afrikanischen Sekten polizeilich verboten sind, nimmt die Zahl der Geisteskrankheiten zu, und auf Betreiben von Ärzten werden *Candomblés* wieder eingeführt.

▲ · **Woduszene.**
Die rituellen Malereien und die mit Alkohol besprengten und mit Kerzen beleuchteten Speiseopfer sollen die angerufenen *Loas* (›Geister‹) dazu bewegen, sich zu zeigen.

DIE FERNÖSTLICHEN RELIGIONEN

FERNÖSTLICHE RELIGIONEN HEUTE

Im 20. Jh. veränderten sich die Religionen im Fernen Osten so stark wie nie zuvor; nicht einmal die Ausbreitung des Islams oder die Kolonisation haben Glaubensvorstellungen und Riten so radikal verändert wie die Kriege gegen die Kolonialherrschaft, der Nationalismus und der zunehmende Einfluß des Marxismus.

Aber trotz der Verfolgung durch kommunistische Regierungen (China, Korea, Vietnam, Kambodscha) blieben die meisten religiösen Gemeinschaften intakt; wo sie verschwunden, hatte der Staatsatheismus ihren Niedergang nur beschleunigt; den übrigen konnte er nichts anhaben. Hinduismus, Buddhismus, Islam und Christentum bestehen fort. Das Frömmigkeitsgefühl verschmilzt in der Volksseele oft mit der Anerkennung einer nationalen Identität; die Verweltlichung erscheint daher als Gefährdung dieses gemeinsamen Bewußtseins und der von den Vorfahren übernommenen Traditionen und Bräuche. Tibet ist ein Beispiel. Allerdings wanken auch die rigorosesten marxistischen Regierungen: Die chinesische Regierung hat ihre Haltung seit 1949 immer wieder geändert. Noch erstaunlicher ist der Fall Nordkoreas, wo der kommunistische Führer (Kim Il Sung) wieder zu einer Religiosität zurückfindet, die die Züge einer neuen Religion – man spricht vom ›Kimilsungismus‹ – annimmt. Diese ›Wiederkehr des Heiligen‹ ist allerdings, vor allem wegen der Überschneidung von Politik und Religion, nicht unproblematisch.

DIE VEDISCHE LITERATUR

Etwa zwischen dem 18. und dem 8. Jh. v. Chr. entstand ein riesiger Komplex von religiösen Texten, die *Veden* (Sanskrit ›Wissen‹), die aus vier umfangreichen Sammlungen bestehen. Sie enthalten die ewigen Wahrheiten, die die Götter den großen Sehern der Vorzeit, den *Rishi,* geoffenbart haben. Diese Bücher wurden in Sanskrit, einer poetischen Sprache mit außerordentlich komplexer Symbolik, verfaßt und vermitteln den Menschen Wissen über das Göttliche, die Schöpfung der Welt und über die Riten für die Kontaktaufnahme mit den unsichtbaren Mächten und für die Teilhabe an ihrer Ewigkeit.

Der *Rigveda,* ›Veda der Verse‹, 1500 v. Chr. verfaßt, ist die Grundlage der gesamten späteren indischen Literatur. Er umfaßt 1 028 Hymnen oder über 10 000 Verse; er ist eine Sammlung von Gebeten, Kosmogonien, epischen Gesängen und Mythen. Die Gedichte sind den Göttern des Kosmos (Varuna, Mitra, Indra) und des Kultes (Agni, das Feuer; Soma, der Trank der Unsterblichkeit) gewidmet.

Der *Samaveda,* ›Veda der Lieder‹, der Melodien und Hymnen enthält, gibt den Sängerpriestern die musikalische Notation und die Rhythmen zu den Hymnen vor und legt die Wissenschaft der Tonschwingungen fest.

Der *Yajurveda,* ›Veda der Sprüche‹ (Zaubersprüche), ist später entstanden und spekulativ ausgerichtet. Er wurde außerhalb der bramahnischen Sammlungen ausgearbeitet und erfaßt die zu bestimmten Feierlichkeiten gehörigen Gesänge; von der genauen Befolgung dieser Gesänge hängt die Wirksamkeit der Riten ab.

Der *Atharvaveda* wurde den drei anderen Sammlungen später hinzugefügt und ist spekulativ und magisch inspiriert. Wie im Rigveda werden in Hymnenform geheime Verbindungen zwischen den Grundelementen des Universums offenbart.

DIE GÖTTER DER VEDEN

Viele untergeordnete Gottheiten und Geister sind Verkörperungen von Naturkräften oder Lebensfunktionen. Ihnen übergeordnet sind Götter, deren Herrschaft sich auf drei Wirkungsbereiche verteilt: Die religiöse Herrschaft, die Magie und die Gerechtigkeit stehen unter dem Schutz Varunas und Mitras; das Königtum, die Verteidigung der Kultur und die Kriegszeit werden von Indra verkörpert; die Schätze des Bodens, der Künste und der Handwerks stehen unter dem Schutz der Göttin Aditi und der Zwillinge Ashvin. Auch werden die an der Liturgie beteiligten Mächte verehrt: Agni, der Gott des Opferfeuers, oder Soma, der ›Saft‹, der einen rituellen Rausch und visionäre Zustände bewirkt.

Aber diese Vielfalt verdeckt eine unendlich tiefer gehende spirituelle Dimension: Die inspirierten Dichter der Veden ergründen das Mysterium des Jenseits und suchen nach dem Ursprung der Welt und des Menschen. Hinter der exotischen Vielheit dieses glänzenden vedischen Olymps verbirgt sich die Suche nach dem ersten Wesen, dem Wesen ›ohne gleichen‹, dem absoluten Wesen, von dem alles stammt und zu dem alles zurückkehrt:
›Der unter den Göttern der einzige Gott war,
Wer ist dieser Gott,
Daß wir ihm opfernd dienen?‹
(*Rigveda,* 10, 121, Verse 31–32)

Bald bezeichnete man dieses Wesen mit dem Begriff ›Brahman‹, dessen ursprüngliche Bedeutung ›Rätsel‹, ›Rätselspruch‹ ist. Das Wort wurde dann zur Beschreibung der Transzendenz verwendet, die jedes Individuum anstrebt, um sein Heil zu erlangen.

PRÄVEDISCHE RELIGIONEN

Über die Vorgeschichte der indischen Religionen ist wenig bekannt, aber man kann dennoch drei große Strömungen unterscheiden:

Im Norden fördert der Einfluß des sibirischen Schamanismus den Glauben an Wesen, die eine Energie verkörpern, (Animismus) und das Vertrauen zu einem als Krieger und Fürsprecher bei den Göttern beschriebenen Wesen (Schamane).

Im Indus- und im Gangestal hatte eine ländliche Kultur in Stadtstaaten (Harappa, Mohenjo-Daro) von 3000 bis 1500 v. Chr. ihre Blütezeit. Bei Grabungen wurden große Tempel entdeckt, die den babylonischen ähnelten und durch eine Flutkatastrophe oder indoeuropäische Invasionen zerstört wurden.

In Südindien verehrten Eingeborenenstämme wahrscheinlich die große Muttergöttin sowie phallische Symbole, Elemente, die später Einfluß auf Teile des Shivakultes hatten.

DIE INDOEUROPÄER

Zu Beginn des 2. Jahrtausends v. Chr. zwangen aus Zentralasien stammende Völker Nordindien, Persien, dann auch ganz Europa, in das sie zogen, die gleiche religiöse Struktur auf: Himmels- und Kriegsgötter, eine Einteilung der Gesellschaft in Kasten und prächtige Rituale. In Indien erschienen sie unter dem Namen Arya (Arier) und siedelten sich im Gangestal und später im Dekkan an. Sie verdrängten die alten matriarchalischen Ackerbaukulte des drawidischen Indien, die später im Tantrismus wieder aufgenommen wurden. Die Verbindung zwischen der Metaphysik der Priester (Brahmanen) und der Macht des heiligen Königs sichert den Sieg des Vedismus und später des Brahmanismus.

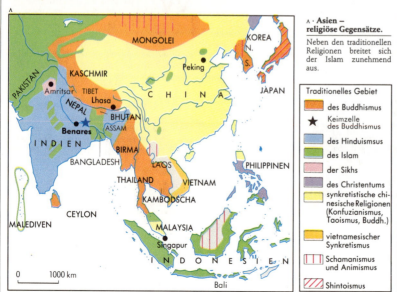

A · Asien – religiöse Gegensätze. Neben den traditionellen Religionen breitet sich der Islam zunehmend aus.

Traditionelles Gebiet
- des Buddhismus
- ★ Keimzelle des Buddhismus
- des Hinduismus
- des Islam
- der Sikhs
- des Christentums
- synkretistische chinesische Religionen (Konfuzianismus, Taoismus, Buddh.)
- vietnamesischer Synkretismus
- Schamanismus und Animismus
- Shintoismus

RELIGIONEN UND MYTHEN

VEDISCHE GLAUBENS-VORSTELLUNGEN UND RITEN

Der vedische Mensch respektiert die Ordnung der Welt sehr genau: Diese von den Göttern garantierte und aufrechterhaltene Ordnung (rita) beinhaltet die Beziehungen zwischen den kosmischen Elementen, den hierarchischen Aufbau der Gesellschaft und das Verhältnis zwischen ›Diesseits‹ und ›Jenseits‹. Die Frage nach ihrer Herkunft bewegt die Gemüter, daher auch die vielen Mythen über die Entstehung der Welt, in denen die Götter meist ein Urwesen zerstückeln, dessen Organe zu Teilen des Universums werden.

Der vedische Glaube findet seine Erfüllung in der genauen Ausführung der Riten, deren Vorbild diese erste Zerstückelung ist und die die Ordnung erhalten. Die Wortbedeutung von Veda ist ›Wissen‹; dies bezieht sich aber mehr auf die genaue Kenntnis der Sprüche und liturgischen Handlungen als auf eine moralische Urteilsfähigkeit.

Es gibt sehr unterschiedliche vedische Opfer. Einige prächtige Opfer ehren den König und erneuern die Macht der arischen Klane (Thronbesteigung, Pferdeopfer). Andere feiern die Zeit (Sonnenaufgang und Dämmerung, Mondzyklus, Tagundnachtgleiche, Sonnenwende). Das tägliche Leben ist durchdrungen von dieser heiligen Stimmung: Neben dem Agnihotra, dem täglichen Kult an einer Feuerstelle, die nie erlöschen darf, haben alle Lebensphasen ihre ›Sakramente‹. Die Frömmigkeit der Familie und des einzelnen, die sich auch auf die Vorfahren erstreckt, eröffnet – ebenso wie die großen Gemeinschaftsliturgien – die Möglichkeit des Erwerbs materieller Reichtümer, geistiger Verdienste, eines längeren Lebens und vielleicht auch der Unsterblichkeit bei den Göttern.

BRAHMANAS UND UPANISHADEN

Der Glauben an die Wirksamkeit des Opfers und die Allgegenwart der Riten in allen Lebensbereichen bewirken eine Erstarrung der vedischen Religion. Die Brahmanen beginnen, sich an lange Abhandlungen, die Brahmanas, zu halten, in denen das Ritual und die Gewissenhaftigkeit bei dessen Ausführung an erster Stelle stehen.

Später tragen kleine Gruppen am Rande der Brahmanenkaste ihre Lehren in neuen Texten zusammen, den Upanishaden. Diese zwischen dem 8. Jh. v. Chr. und dem Beginn unserer Zeitrechnung entstandenen Werke bewirken eine große Veränderung des Vedismus.

Statt den Ritus zu betonen, predigen die Weisen der Upanishaden moralische Besserung und metaphysische Erkenntnis. Statt des Opfers bieten sie die Gabe des Inneren, des Atems, des Herzens und der Gedanken an. Der Polytheismus und die Mythologie sind für sie nur Verschleierungen des Absoluten, der Rausch des Soma ein grobes Abbild der Ekstase. Anstelle der käuflichen Verdienste und des Auslöschens der Unreinheit setzen sie das Gesetz des Karma, ein Prinzip, demzufolge die gegenwärtige Existenz eines jeden Wesens durch die guten oder bösen Handlungen seiner früheren Inkarnationen vorherbestimmt ist.

Sie entdecken, daß der Mittelpunkt ihrer eigenen Individualität, das Ich, das Atman, nur ›Funke Brahmans‹ ist – ein Bruchstück des Ganzen, der Transzendenz. Die Mystik der Upanishaden stellt sich so dar: Am Ende der Erfahrung der Verinnerlichung erkennt der Lernende, daß das Ich und das Sein identisch sind. Er ist dann ein ›befreit Lebender‹.

MAHAVIRA, STIFTER DES JAINISMUS

Der Stifter des Jainismus wurde 540 v. Chr. bei Patna im Nordosten Indiens geboren (seine Anhänger behaupten 600 v. Chr., so daß ihre Religion älter als der Buddhismus wäre). Der Fürstensohn erhielt als Kind den Namen Vardhamana. Später heiratet er und wird Vater, gibt aber mit etwa 30 Jahren Macht und Familie auf und führt zwölf Jahre lang das Leben eines Wanderasketen in einer Gruppe, die den Vorschriften des Weisen Parshva, des letzten Tirthankara (›Furtenmacher‹ oder ›Erretter‹) vor Mahavira, folgt. Nachdem er sich von seinen Leidenschaften befreit hat, empfängt er die göttliche Erleuchtung und predigt bis an sein Lebensende. Er verkündet seine Botschaft vor allem in Bengalen, wo er einen sehr strengen Mönchsorden gründet. Er stirbt der Überlieferung zufolge um 477.

Er ist unter dem Ehrentitel Mahavira, ›großer Sieger‹, bekannt, da er das geistige Ideal der adligen Ksatriya verkörpert, die der Vorschriften des Brahmanismus müde sind. Bei ihm bedeutet Sieg, das eigene Verlangen und die eigene moralische Unzulänglichkeit zu überwinden und dem endlosen Kreislauf der Wiedergeburten, dem Samsara, zu entkommen. Er erhält ferner den Titel Tirthankara, da er als ›Retter‹ zum Vorbild derer wird, die sich wandeln und in einen höheren Bewußtseinszustand übergehen wollen. Er tritt damit die Nachfolge von 23 ›Errettern‹ an, die nach Ansicht seiner Anhänger zu Zeiten des Zweifels am Glauben geboren wurden, um eine Botschaft der Erneuerung zu überbringen.

Das Bild der Weisheit, das Mahavira vermittelt, beinhaltet eine völlige Gefaßtheit, die Loslösung von Gefühlen, auch von der Liebe, eine strenge Disziplinierung von Körper und Seele und eine fortschreitende Auslöschung der Persönlichkeit.

DER JAINISMUS

Es ist äußerst schwierig, das Ideal des Mahavira zu erreichen. Seine Lehre bildet den jainistischen Kanon, der in den ersten Jahrhunderten unserer Zeitrechnung entstand. In ihm wird zwischen einem reinen, den Mönchen vorbehaltenen Weg und einem leichteren Weg für die Laien unterschieden. Es gibt eine umfangreiche Literatur, die Legenden über den Stifter und moralische und philosophische Abhandlungen umfaßt.

Zu Anfang ist der Jainismus eher ein Weg zur persönlichen Entwicklung als eine etablierte Religion: Es gibt keinen Schöpfergott, Universum und Seelen bestehen in Ewigkeit, sie sind in ihrem Wesen identisch und unterscheiden sich nur durch ihr Karma. Später entwickeln sich liturgische Formen: Tempel werden gebaut, die zu Wallfahrtsstätten werden.

Die Lehre oder der ›Weg der drei Diamanten‹ beruht auf drei Prinzipien: dem ›wahren Glauben‹, der ›wahren Erkenntnis‹ und dem ›wahren Verhalten‹. Sie führt zur Erlösung, die als allmähliche Auflösung der Bande zwischen der ewigen Seele und ihren vergänglichen Anteilen verstanden wird. Der Gläubige übt eine sehr strenge Disziplin (Fasten, Kasteiungen, Bußen). Er hält sich an die Ahimsa, die Gewaltlosigkeit: Er verweigert daher die Blutopfer des Vedismus, lebt streng vegetarisch und achtet genauestens darauf, nicht zu töten, nicht einmal ein Insekt.

Diese Strenge macht das Alltagsleben kompliziert. Der Jainismus ist eine unsoziale Religion, die eher der Nichteinmischung als dem Mitleid zuneigt. Seine Anhänger bilden kleine Gemeinschaften mit hohen moralischen und kulturellen Ansprüchen, aus denen Gandhi die Inspiration für seine Bewegung der Gewaltlosigkeit bezog.

A · **Agni.**

Agni, ›das Feuer‹, ist der große Mittler zwischen den Göttern und den Menschen: Er wirkt bei jedem Opfer mit und verwandelt die materiellen Opfer in eine reine Substanz, die die Gebete der Gläubigen gen Himmel trägt. Als Mittelpunkt der großen Gemeinschaftsrituale, als Urtyp des Priesters, ist er auch im Alltag anwesend, wo das nie erlöschende Herdfeuer die Beständigkeit der religiösen Bindungen symbolisiert: Daher hat Agni eine ›öffentliche‹ und eine ›private‹ Erscheinung.
(Agni auf einem Pferd, hölzernes Flachrelief, Indien, 17. Jh., Paris, Museum Guimet)

B · **Die Kasten.**

Der Veda unterteilt die Gesellschaft in die drei Kasten (portugiesisch: ›rein‹): die Priester (Brahmanen), die die Offenbarung bewahren und den Kult feiern; die Krieger (Ksatriya), aus deren Reihen Könige und Fürsten, aber auch die Weisen stammen, die den Brahmanismus reformieren (Mahavira, Buddha usw.); die Bauern und Handwerker (Vaisya), die mit den Mächten der Erde und den Energien umgehen, die die traditionellen Methoden verändern.

Im Laufe der Geschichte wird diese Struktur komplexer: Unterkasten trennen verwandte oder rivalisierende Gruppen und nehmen fremde Religionen an (Zoroastrismus, Christentum). Diese Hierarchie, die ein kompliziertes System von Tabus enthält, gewährleistet die Erziehung und die soziale Absicherung, rechtfertigt aber auch Ungerechtigkeiten (Parias, Unberührbare).
Oben: Ein Brahmane bei einem Ritual.

RELIGIONEN UND MYTHEN

DER HINDUISMUS

QUELLEN

Das, was man ›Hinduismus‹ nennt, ist ein rein westliches Konzept; tatsächlich muß man zwischen außerordentlich unterschiedlichen Ausdrucksformen der hinduistischen Spiritualität unterscheiden, die von der überschwenglichen Religiosität des Volkes bis hin zu abstrakter Metaphysik, von intellektuellem Konservatismus zu spontanem Gebet, von militanter Sektiererei zu allumfassender Toleranz reichen. Aber all diese sich ständig wandelnden Formen haben eine gemeinsame Grundlage: die unstrittige Anerkennung der heiligen Schriften. Als Reaktion auf die Herausforderung durch den Buddhismus erinnert man sich in Indien mit neuem Eifer der ursprünglichen Offenbarung in den Veden und den Upanishaden und entwickelt vom 5. bis zum 10. Jh. daraus ein großes Gesamtgefüge, in das auch vorarische Traditionen (Tantrismus) einfließen. Zur selben Zeit arbeiten Intellektuelle und Weise an existentiellen Philosophien. Die bekanntesten sind: der *Vedanta*, ein von Sankara im 8. Jh. entwickelter mystischer Idealismus; die *Mimamsa*, die Aufzeichnung des Schöpfungswortes der Götter; der *Yoga*, eine tägliche Übung zur Disziplinierung von Körper und Geist, die in ununterbrochener Folge von Meistern an Schüler weitergegeben wurde. Die Volksfrömmigkeit nährte sich ihrerseits von den unzähligen Legenden im *Purana* und den beiden großen Epen, dem *Mahabharata* aus dem Norden und dem *Ramayana* aus Ceylon.

In weiteren Schriften werden die häuslichen Zeremonien *(Grihya-sutra)* und Rechtsvorschriften *(Dharma-sutra)* aufgeführt.

GÖTTER

Der Hinduismus, der die alten vedischen Götter nicht übernimmt, hat eine große theologische Synthese geschaffen, die *Trimurti* oder Dreigestalt des Göttlichen: Brahma verkörpert darin die Schöpfung, Vishnu die Bewahrung, Shiva die Verwandlung und Zerstörung.

Vishnu ist der Schöpfer und Bewahrer des *Dharma*, des ewigen kosmischen Gesetzes. Als gütiger und an den Sterblichen Anteil nehmender Gott wird er mit einer ganz persönlichen Ergebenheit verehrt, und seine Anhänger fallen durch ihre Liebe und Hingabe *(Bhakti)* an ihn auf. Wenn das Chaos die Welt bedroht, steigt Vishnu in verschiedenen Verkörperungen herab: Mit der Zeit unterscheidet man zehn Avatara, von denen Rama und Krishna am berühmtesten sind. Rama, der Held des *Ramayana*, verkörpert durch seinen Kampf gegen den Dämonen die Güte und den Glauben. In *Krishna* ist die indische Vorliebe für Wunder verkörpert: Er ist der göttliche Hirtenknabe, der den Krieger Arjuna in der *Bhagavadgita*, dem schönsten Text des Epenzyklus des *Mahabharata*, Weisheit lehrt; er ist das mutwillige Kind, der hitzige Jüngling, der die Hirtenmädchen in der epischen Erzählung des *Bhagavata-Purana* verführt und die Anziehungskraft des ›Göttlichen Herrn‹ für die Seelen symbolisiert. Das von Vishnu verkörperte Ideal des reinen Herzens und der Liebe gibt eine Moral vor, die jeder praktizieren kann, inspirierte aber auch einige große Mystiker: Ramanuja im 11. und Caitanya im 16. Jh.

Shiva vertritt eine andere Dimension des Hinduismus. Dieser grausame Gott verkörpert die Transzendenz und ihren heiligen Schrecken. Er zerstört, um zu wandeln: Daher ist er Vorbild der Asketen und der Anhänger des Yoga, die nach einem höheren Bewußtsein streben. Er beherrscht alle Lebensenergien, insbesondere die sexuelle Energie: Darum wird er in enger Vereinigung mit seinem weiblichen Gegenpol *Shakti* dargestellt. Alle Shivakulte sind von dieser Spannung zwischen Askese und Erotik geprägt, die eine Quelle großer spiritueller Anregung ist, aber auch extreme Formen annehmen kann wie im Falle des Kults der schwarzen Göttin Kali, der furchtbaren Gestalt Shaktis. Die eindrucksvollsten Anhänger Shivas vollführen eine metaphysische Gratwanderung: Sie schwanken zwischen der Großartigkeit und der Grausamkeit dieses widersprüchlichen Gottes.

LEHRE

Das Universum wird als Kreislauf aufgefaßt: Die Welt bewegt sich in einem Wandel der Geschichte, der in ›Zeitaltern‹ ausgedrückt wird, auf ihren Untergang zu. Darum findet die Offenbarung immer am Anfang statt, lange vor der heutigen Menschheit, die im ›dunklen Zeitalter‹ und in der Erfahrung der Vergänglichkeit lebt.

B · **Vishnu.**
So wie Brahma der Gott der Erkenntnis und der Wissenschaft und Shiva der Gott der transzendentalen Erfahrung ist, ist Vishnu der Gott der Anbetung und des religiösen Lebens. Als Schützer und Lenker allen Lebens wird er oft mit der Weltenschlange dargestellt, die die Urmaterie des Universums symbolisiert: Man nennt Vishnu daher Narayana, ›auf dem Wasser ruhend‹. *(Flachrelief aus der Guptazeit, 6.–8. Jh., Sandstein, Tempel von Deogarh, Madhya Pradesch)*

C · **Shiva.**
Shiva Nataraja, der ›König des Tanzes‹, ist überall in Indien bekannt. Im Flammenkreis, der den *Samsara*, den Kreislauf der Wiedergeburten, symbolisiert, ist der Tanz Shivas Ausdruck der Phasen der kosmischen Zeit, des Sieges über das metaphysische Nichtwissen (der Dämon zu seinen Füßen), der Trance der Seele vor der Transzendenz des Göttlichen und des ekstatischen Jubels, die sie dabei empfindet. *(Bronze, Cola-Dynastie, 11.–12. Jh., Museum von Madras)*

A · **Brahma.**
Brahma ist die göttliche Verkörperung des Brahman, des Absoluten, das durch nichts eingeschränkt ist und das niemand sich vorstellen kann. Er hat vier Köpfe und vier Arme. In seinen Händen hält er oft die *Veden* und symbolisiert damit seine Schirmherrschaft über die Kaste der Brahmanen. In den vedischen und brahmanischen Mythen setzt man ihn mit dem goldenen Weltei (*Hiranyagarbha*) gleich, aus dem Zeit und Raum, die ersten Verkörperungen Brahmas als Schöpfergott, stammen. *(Khmerstatue im Koh Ker-Stil, Sandstein, 10. Jh., Paris, Museum Guimet)*

RELIGIONEN UND MYTHEN

Auf das Ende einer Welt folgt in einem nie endenden Kreislauf die Erschaffung eines neuen Universums.

In engem Zusammenhang mit dem *Karma* steht die Vorstellung vom *Samsara,* der ›Wanderung durch die Wiedergeburten‹, nach dem die individuelle Existenz als eine Episode in einer Folge von unzählbaren Wiedergeburten aufzufassen ist. Jedes Wesen, ob Mensch oder Tier, besitzt ein ewiges geistiges Prinzip, das von einer Gestalt in die nächste übergeht (die Seelenwanderung) und bei einem negativen *Karma* schwerer, bei einem positiven *Karma* aber leichter wird und daher leichter aus diesem Kreislauf durch die Geburten entweichen kann.

Von entscheidender Bedeutung ist es daher, zu erfahren, wie man den *Atman,* die gefangene Seele, befreien kann. Verschiedene Heilswege stehen offen: *Karma-marga,* der Weg des Rituals und der guten Taten; *Bhakti-marga,* der Weg der Andacht und des innigen Kontakts mit der Gottheit; *Jnana-marga,* der Weg des Wissens, der die Einswerdung der Einzelseele mit dem geistigen Absoluten ermöglicht. Die Gewißheit, dem *Samsara* durch gewissenhafte Übung entkommen zu können, verhindert, daß die Hindus in metaphysischen Pessimismus verfallen.

Außerdem hat der Hinduismus eine Theorie der Lebensalter entwickelt, auf deren Grundlage alle Lebensabschnitte durch Zuteilung einer bestimmten Funktion auf dem Heilswege geheiligt werden können: Da gibt es die Zeit der Initiation, des Familien- und des Berufslebens, des Ruhestands und des völligen Verzichts auf jegliche Form von Besitz, um unbeschwert ins Absolute eingehen zu können.

YOGA

Das Wort Yoga kommt vom Sanskritwort *Yu* ›das Anschirren‹, das in zwei Richtungen gedeutet werden kann: das Anspannen, um eine spontane Energie zu zähmen; das Zusammenführen von zwei Tieren, um ihnen denselben Rhythmus aufzuzwingen. Diese beiden unterschiedlichen Bedeutungen machen sehr klar deutlich, daß Yoga eine Disziplin zur inneren Sammlung ist. Jedes Leiden, jedes Unwohlsein geht ihm zufolge zwangsläufig auf eine Verstimmung zwischen den lebenserhaltenden Polaritäten zurück: Körper und Geist, männlich und weiblich, Zerstreuung und Sammlung, Spannung und Entspannung. Wenn er kein Yoga betreibt, ist der Mensch ein äußerst instabiles Gefüge, das von wechselnden Gegensätzen beherrscht wird.

Der Yoga ist so alt wie Indien, falls es zutrifft, daß ein bei den Grabungen von Mohenjo-Daro gefundenes Siegel wirklich eine Gottheit in Yogihaltung darstellt. Auf jeden Fall ist in den *Upanishaden* häufig die Rede von Yoga und körperlichen, Atem- und Geistesübungen, mit deren Hilfe die Einheit zwischen dem Ich und dem Absoluten verwirklicht werden kann. Yoga wird von den gleichen Weisen und Asketen kultiviert, die auch das starre vedische Gedankengut wiederbeleben, und ist daher, ohne eine Religion zu sein, durch diesen spirituellen Anspruch geprägt.

Während der Entwicklung des Hinduismus erhält der Yoga einen wichtigen Platz neben den anderen Heilswegen. Er wird durch den Leitfaden von Patanjali, das *Yoga-sutra* (2. Jh. v. Chr.), anerkannt. Darin werden die Notwendigkeit einer Initiation durch einen Meister (einen *Guru*) hervorgehoben und die praktischen Übungen aufgezählt, die der *Yogi* – der Anhänger des Yoga – beherrschen muß: die Übung von Haltungen, die Beherrschung des Atemrhythmus, Konzentrationstechniken zur Erreichung geistiger Zustände, in denen das befreite Bewußtsein zum Absoluten zurückkehrt und freudig in der wiedergefundenen Einheit aufgeht.

TANTRISMUS

Die jüngste religiöse Strömung Indiens, der Tantrismus, eröffnet dem Menschen des *Kali Yuga,* dem in der schlimmsten Zeit des kosmischen Kreislaufs Geborenen, einen Heilsweg. Hier tauchen alte prävedische Gestalten wieder auf, insbesondere eine zugleich anteilnehmende und schreckliche Muttergöttin, die in einigen Formen des Tantrismus mit der Gestalt der *Shakti,* der Gefährtin Shivas, verschmilzt.

Der Tantrismus, der in Tibet vom Schamanismus beeinflußt ist, in Kaschmir in einer gereinigten, metaphysischen Form erscheint und in Südindien die Frömmigkeit betont, ist sehr schwer erklärbar, da er innerhalb von geschlossenen Gruppen praktiziert und durch Initiation weitergegeben wird. Seine fruchtbarste Zeit liegt zwischen dem 10. und 17. Jh. Seine Texte, die *Tantren* (Sanskrit ›Gewebe‹, später ›System‹, ›Lehre‹, ›Ritual‹), sind unterteilt in einen eher intellektuellen und asketischen ›rechten Weg‹ und einen ›linken Weg‹ mit überwiegend sexueller Symbolik.

Der Tantrismus sieht die Realität als System von Energien, die sich verbinden und austauschen. Seine Techniken des Wachsens, der Körperhaltungen, Visualisierungsübungen, Modulationen der Tonvibrationen sowie die ritualisierte sexuelle Vereinigung machen unbewußte Kräfte zu Instrumenten der Wandlung und sogar der Weissagung. Diese Übungen, fast eine ›Alchimie‹ der Verwandlung, sind für den Schüler nicht ungefährlich: Daher ist der Meister, der *Guru,* ständig anwesend.

Der Tantrismus ist eher ohne Moral als unmoralisch und weniger anarchisch, als vermutet wird; er bietet eine direkte Erfahrung der Transzendenz in außergewöhnlichen Formen, die mit den Gegebenheiten einer institutionalisierten religiösen Gemeinschaft nicht vereinbar sind.

A · **Ganesha.**
Ganesha oder Ganapati, der ›Herr der Schar‹ (d. h. des Gefolges von Shiva), ist der Beschützer der Gelehrsamkeit. Er stiftet das *Mahabharata:* ›Du, Ganesha, schriebst dieses Werk nieder.‹ Als Gott des Wissens lenkt er alles und wird daher immer zuerst angerufen, wie hier zu Anfang dieser Handschrift des Bhagavata-Purana aus dem 18. Jh. aus Rajasthan. Die Elefantengestalt des Ganesha symbolisiert den Makrokosmos. *(Paris, Nationalbibliothek)*

B · **Krishna.**
Krishna wird hier als Jüngling dargestellt, der die schöne Hirtin Radha verführt. Die Liebesgeschichte zwischen Krishna und Radha ist Inhalt einer sehr beliebten Legende. In dieser Miniatur aus dem 18. Jh. *(Schule von Kishangar, Rajasthan, Privatsammlung)* wird der naturalistische Aspekt des Mythos gut wiedergegeben: Auch die großen Vierbeiner und die Affen sind von der göttlichen Musik verzaubert.

RELIGIONEN UND MYTHEN

DER HINDUISMUS

RITUALE UND KULTORTE

Die Teilnahme an den Zeremonien im Tempel ist nicht obligatorisch. Wichtiger sind die privaten, vom Familienoberhaupt übernommenen Kulthandlungen. Tatsächlich legt der Tantrismus großen Wert auf die Heiligung des täglichen Lebens: So sind das Aufstehen, das Zubettgehen, das Baden und die Mahlzeiten rituelle Handlungen, die mit Hilfe kosmischer Elemente wie Feuer, Wasser usw. vorgenommen werden. Jeder Lebensabschnitt hat sein ›Sakrament‹ (*Samskara*): Empfängnis, Schwangerschaftsriten, Geburt und Namensgebung, überlieferte Bräuche zum Schutz des Kindes, Initiation ins Erwachsenenalter, Eheschließung, Feuerbestattung und Gedenkriten für die Ahnen. Jeder hinduistische Haushalt hat sein Heiligtum, das Besuchern verschlossen ist. Uralte Texte, die *Grihya-sutra*, ›Häusliche Leitfäden‹, regeln diese Riten; den Bauernfamilien werden sie von Brahmanen erklärt.

In den Tempeln findet die Frömmigkeit der Hindus jedoch ungewöhnliche Ausdrucksformen: An den nächtlichen Veranstaltungen mit Andachten, Waschungen und Opferdarbringungen von Pflanzen (Tiere heutzutage sehr selten) sowie geschmolzener und geklärter Butter (der *ghrita* oder *ghi*) nehmen immer zahlreiche Pilger teil.

DER HINDUISMUS IN INDIEN

Das heutige Indien, das eine laizistische Verfassung hat, ist mehrheitlich hinduistisch: Über 80 % der Inder gehören einer der vielen Strömungen des Hinduismus an. Dieser hat im Lauf seiner Geschichte den Sieg über den Buddhismus und später den Islam davongetragen. Der Buddhismus wurde in seinem Ursprungsland verschmäht und drang daraufhin ins ganze übrige Asien vor. Der Islam verwüstete die großen Tempel und verbot die überschwenglichen Kulte, verlor aber unter der englischen Herrschaft an Macht und ist seit der Teilung Indiens und Pakistans eine Minderheitenreligion.

Aber im Grunde ist der Hinduismus mit den Konflikten nicht fertig geworden. Drei Unruheherde sind besorgniserregend: Im Süden sind es die Beziehungen zur Insel Sri Lanka, wo eine Minderheit tamilischer Hindus sich gegen eine Mehrheit buddhistischer *Theravadin* (s. S. 345) zur Wehr setzt und von Indien Hilfe anfordert. Im Norden verschärft sich seit der Entweihung des Goldenen Tempels von Amritsar und der Ermordung Indira Ghandhis 1984 durch Sikhs das Sikhproblem unablässig. Und schließlich sind die Beziehungen zwischen Hindus und Muslimen seit vierzig Jahren ständig angespannt. Außerdem bewirkt der muslimische Fundamentalismus auf seiten der Hindus als Gegenreaktion einen recht bedrohlichen Nationalismus.

Die verschiedenen Formen des Hinduismus sowie seine philosophischen Schulen (besonders der Yoga und der auf den Upanishaden basierende Vedanta) passen sich leicht an die moderne Welt an.

A · **Linga (oder Lingam).**
Wörtlich ›Merkmal‹. Dies ist die bestmögliche Darstellung des Gottes Shiva und ein Gegenstand großer Anbetung: Ein erigiertes männliches Glied – *Linga* – steht (oft, aber nicht immer) in einer runden Schüssel, die das weibliche Geschlecht, *Yoni,* symbolisiert. Aber dies ist mehr als ein Ausdruck heiliger Erotik: Es ist eine energiereiche und polarisierte Vision des Wirklichen. *(Yonilinga des Tempels von Pashupatinath bei Katmandu)*

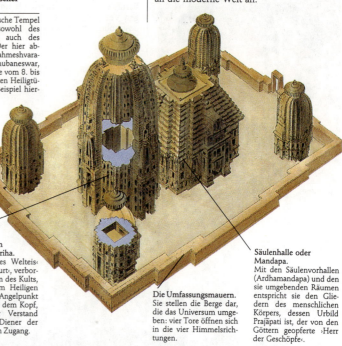

B · **Hinduistischer Tempel.**
Der hinduistische Tempel ist Abbild sowohl des Kosmos wie auch des Menschen. Der hier abgebildete Brahmeshvara-Tempel in Bhubaneswar, typisch für die vom 8. bis 11. Jh. gebauten Heiligtümer, ist ein Beispiel hierfür.

Das Heiligtum oder Garbhagriha.
Das ›Haus des Welteis‹ oder ›der Geburt‹, verborgenes Zentrum des Kults, entspricht dem Heiligen Berg, dem Angelpunkt der Welt, und dem Kopf, in dem der Verstand wohnt; nur Diener der Gottheit haben Zugang.

Die Umfassungsmauern.
Sie stellen die Berge dar, die das Universum umgeben: vier Tore öffnen sich in die vier Himmelsrichtungen.

Säulenhalle oder Mandapa.
Mit den Säulenvorhallen (Ardhamandapa) und den sie umgebenden Räumen entspricht sie den Gliedern des menschlichen Körpers, dessen Urbild Prajāpati ist, der von den Göttern geopferte ›Herr der Geschöpfe‹.

C · **Die Sikhs.**
Das Wort *Sikh* bedeutet ›Schüler‹: Die Sikhs sind tatsächlich Schüler des Gurus Nanak und seiner neun geistlichen Nachfolger. Der Guru Nanak wurde 1469 bei Lahore in eine Umgebung hineingeboren, in der die Annäherung zwischen hinduistischem Vishnuismus und Islam eine religiöse Erneuerung bewirkte. Er und seine Nachfolger bekennen sich zu einem einzigen Gott und legen besonderen Wert auf moralisches und mutiges Verhalten. Die theoretische Grundlage der Religionsgemeinschaft der Sikhs ist der *Adi Granth,* oder *Granth Sahib* (Heiliges Buch), aus dem 17. Jh. Ihr religiöses Zentrum ist der Goldene Tempel von Amritsar. Das kriegerische, aber sehr fromme Volk der Sikhs wurde durch die Teilung des Pandschabs zwischen Indien und Pakistan gespalten. Die gegenwärtigen Spannungen haben politische Gründe, sind aber auch durch die Nichtanerkennung ihrer religiösen Identität bedingt. *(Sikh mit traditionellen Attributen – Dolch, Bart und Turban – vor dem Goldenen Tempel von Amritsar)*

RELIGIONEN UND MYTHEN

DER BUDDHISMUS

QUELLEN

Der Buddhismus erkennt wie der zur gleichen Zeit entstehende Jainismus die Autorität der *Veden* und der *Upanishaden* nicht an. An seiner Entstehung hatten weder Götter noch geoffenbarte Schriften einen Anteil. Vielmehr ist die Grundlage des Buddhismus die historisch belegte Erfahrung eines erwachten Wesens, das zum Prototyp jedes Menschen wird, da jeder ein ›Erwachter‹ sein kann.

Die Quellen sind daher erstaunlich einfach: ›Der Vollendete, ihr Mönche, ist der heilige, höchste Buddha. Tut euer Ohr auf, ihr Mönche, die Erlösung vom Tod ist gefunden‹, sagt er am Anfang der Predigt von Benares. Die großen Predigten des Buddha sind in der Überlieferung festgehalten: Predigt des Feuers, Predigt in seiner Familie, letzte Mahnung vor seinem Tod. Es gibt kein Kastenwesen, keine Vorbedingungen, es wird nur verlangt, daß man versteht und den Willen hat, sich aus den Fesseln des Werdens zu lösen.

Bald nach dem Tod des Buddha tritt um 480 v. Chr. das erste ›Konzil‹ zusammen: Die direkten Zeugen tragen ihre Erfahrungen vor. Ein Jahrhundert später wird die Erstellung eines Kanons nötig, und ein zweites Konzil findet in Vaishali statt. Um 250 v. Chr. beruft der zur buddhistischen Weltsicht bekehrte König Ashoka ein drittes Konzil in Pataliputra ein, das der Aufteilung in Schulen zustimmt. Die Quellen werden komplexer, haben aber denselben Ansatz: den Vorrang der erlebten Weisheit gegenüber metaphysischen oder ritualisierten Problemen und die Entwicklung einer umfangreichen Volksmythologie zum Thema der ›früheren Existenzen des Buddha‹.

BUDDHA

Der Mann, den man den Buddha, den ›Erwachten‹ oder ›Erleuchteten‹, nennt, wurde um 560 v. Chr. als Siddharta Gautama in eine adlige Familie im nordöstlichen Indien nahe der nepalesischen Grenze geboren. Die Legende berichtet, daß er aus einer wundersamen Vereinigung seiner Mutter, der Prinzessin Maya, mit einem weißen Elefanten hervorgegangen sei. Schon bei seiner Geburt kann er sieben Schritte (in jede Weltrichtung) machen und zeigt so seine weltumfassende Berufung. Da sein Vater ihm jegliche Traurigkeit ersparen will, läßt er ihn nicht aus dem prächtigen Palast und verheiratet ihn. Aber Gautama flieht dreimal in die nahe Stadt Kapilavastu, und dreimal begegnet er Symbolgestalten: einem Greis und einem Leichnam, die ihn das Leiden lehren, und einem Bettelmönch, durch den er den Gleichmut erahnt.

Daraufhin läßt er alles hinter sich und geht auf die Suche nach der Weisheit zu den Brahmanen, dann zu den Anhängern des Yoga, den Yogis, und sucht sie schließlich sechs Jahre lang in Bodh-Gaya im südlichen Bihar in sich selbst. Dort erlebt er endlich unter einem Feigenbaum die Erleuchtung und soll sieben Wochen lang, in denen er seine früheren Existenzen durchlebte, vom Dämon Mara versucht wurde und den Prozeß des universellen Leidens durchschaute, unbeweglich dagesessen haben. Nach dieser Ekstase predigt er zum ersten Mal: die Predigt von Benares. Dann durchreist er den ganzen Nordosten Indiens, verkündet die ›vier edlen Wahrheiten‹ über das Leiden und die Aufhebung des Leidens und zeigt den Weg zur Weisheit, den ›Weg in der Mitte‹. Im Alter von 80 Jahren tritt er in das *Mahaparinirvana*, die ›große Ekstase‹, ein, die ihn aus dem Leben holt. Die Anhänger des Buddha verbreiten seine Botschaft.

BUDDHISTISCHE SCHULEN

Die Theravada-Schule, oder ›Ansicht der Alten‹, legt ihren Kanon im 1. Jh. v. Chr. auf der Grundlage des Konzils von Pataliputra und später der auf Ceylon praktizierten Richtung fest. Sie erstellt eine Sammlung von Texten, die *Tripitaka* (der ›Dreikorb‹). Diese Schule verbreitet sich bis zum 5. Jh. in Indien und findet sich heute hauptsächlich in Sri Lanka, Birma, Thailand und Kambodscha. Sie wird oft wegen ihrer geringen Verbreitung und ihres elitären Moralsystems abfällig als *Hinayana*, ›Kleines Fahrzeug‹, bezeichnet, bleibt aber der Gleichgültigkeit des Buddha gegenüber Spekulationen über die Götterwelt sowie dem Ideal des gefaßten und gleichmütigen Heiligen am nächsten.

Der *Mahayana-Buddhismus*, das ›Große Fahrzeug‹, erkennt den theravadischen Kanon an, behauptet aber, von den Lieblingsschülern des Meisters eine weiterreichende Lehre erhalten zu haben. Sein Ideal ist der *Bodhisattva*, der Heilige, der seine eigene Erlösung aus Mitleid hinausschiebt, um der leidenden Menschheit zu helfen. Der Kanon wird 120 n. Chr. auf dem Konzil von Kundalavana in Kaschmir unter Vorsitz des indoskythischen Königs Kanishka erstellt. Das Große Fahrzeug wird danach ins Tibetanische und ins Chinesische übertragen und erlebt eine erstaunliche Verbreitung. Seine große theologische Offenheit ermöglicht ihm die Anpassung an viele Religionsformen. Der Buddha wird dadurch zu einem Gott unter Göttern. Man betet zu ihm und hofft auf sein Paradies, sein ›Land der Reinheit‹. Das Mahayana entfernt sich damit von der ursprünglichen Einfachheit des buddhistischen Gedankenguts, und seine Gelehrten erarbeiten die Lehre von der ›zweifachen Wahrheit‹: Es gibt den einen Weg der Symbole und der Religionen, der Liebe in einer Welt des Scheins, in der das Erlebnis der Erlösung dennoch wahr wird, und den schwierigen Weg der reinen Erkenntnis, in der die Götter und der Bhodhisattva nur Verschleierungen des Nirvana sind.

Der *Vajrayana-Buddhismus*, das ›Diamantfahrzeug‹ entsteht später (7.–8. Jh.) aus der Begegnung des Volksbuddhismus mit dem shivaitischen Tantrismus. Man findet ihn vor allem in Tibet.

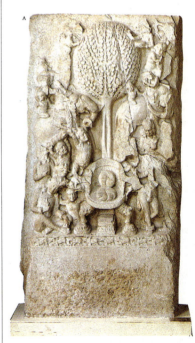

△ · **Anfechtung durch Mara.**
Während seiner langen Versenkung in sich selbst unter dem Feigenbaum von Bodh-Gaya, in der er das universelle Wissen über den Ursprung von Leid und Tod erwirbt, wird der Buddha durch den Dämon Mara, den Fürsten des Todes (und damit der Kettung an die Samsara), versucht. Mara schickt ihm drei betörende Mädchen, die alle vergänglichen Freuden (auch die des Geistes) verkörpern. Dann schlägt er ihm vor, die leidende Menschheit zu verlassen und sich ins *Nirvana* (s. Glossar S. 346) zu verlieren. Aber der Buddha siegt über Verlangen und Egoismus. Auf diesem indischen Relief (2. Jh., Marmor, Paris, Museum Guimet) wird der Weise in seiner Ekstase nur durch seine Fußspuren angedeutet: Die Abbildung bewahrt das Mysterium der Transzendenz.

DIE PREDIGT VON BENARES

Das Grundthema der Lehre des Buddha ist das Leiden in all seinen Formen. Aber der Buddha predigt keinen Pessimismus, sondern er beschreibt den Weg zum Heil. Wie ein Arzt geht er dabei schrittweise vor: Er stellt die Diagnose, behebt die Ursachen, macht eine Prognose und bietet ein Rezept an.

Erste Wahrheit. Alles ist Leiden: ›Geburt ist Leiden, Alter ist Leiden, [...] Tod ist Leiden, mit Unliebem vereint sein ist Leiden, vom Lieben getrennt sein ist Leiden, nicht erlangen, was man begehrt, ist Leiden‹. Buddha sieht durchaus die Freuden des Lebens, aber durch ihre Vergänglichkeit sind sie ein potentielles Leid.

Zweite Wahrheit. ›Dies [...] ist die heilige Wahrheit von der Entstehung des Leidens: Es ist der Durst‹, Durst nach Freude und Begier, am Ende Leiden wegen des Verlusts des begehrten Objekts; Durst, zu überdauern, oder Lebenswille, der auf den Tod stößt; Durst zu sterben oder Verzweiflung.

Dritte Wahrheit. Es gibt einen Weg zur ›Aufhebung des Leidens‹, einen heiteren und freien Weg. Der Buddha bezeugt durch sein Leben, daß es die Möglichkeit gibt, diesen Weg der Aufhebung des Verlangens zu beschreiten.

Vierte Wahrheit. Das Heil wird erlangt durch die Einhaltung der acht ›Tugenden‹, deren Ziel die Disziplinierung, die Konzentration und die Gleichmut der Seele sowie die ›Weisheit‹ oder Entwicklung des Geistes ist. Dieser achtfache Pfad, der auf Mäßigung und Rechtschaffenheit abzielt, ist der ›Weg in der Mitte‹. Es gibt keine Mystik oder außergewöhnlichen Praktiken: eine weise Lebensregel, die sich als ›Rechtes Gesetz‹ verbreitet, fortschreitende Weisheit und moralische Wandlung ermöglichen das Entkommen aus dem Kreislauf der Existenzen.

RELIGIONEN UND MYTHEN

DER BUDDHISMUS

DIE MUDRAS

Die Mudras sind symbolische Gesten, die in allen fernöstlichen Religionen vorkommen und von denen jede ein bestimmtes Gefühl und damit die Einwirkung einer Gottheit oder eines spirituellen Meisters widerspiegeln. Einige Mudras gehören eher zu Vishnu, andere zu Shiva; wieder andere finden sich mehr bei den Buddhabildern; bestimmte Mudras werden für die Shaktis, die Muttergöttinnen, verwendet. Die Hand- und Fingerhaltungen (manchmal auch die Körperhaltung) der Mudras machen es möglich, die dem Geistkörper des Gottes oder Heiligen innewohnende Energie zu konzentrieren, auszurichten oder zu zerstreuen. Eine solche Mudra bewirkt eine bestimmte geistige Einstellung: Frieden, Liebe, Meditation usw. Mudras werden von den Yogis, aber auch von den Gläubigen im Gebet und beim Sprechen von *Mantras* (s. Glossar) verwendet.

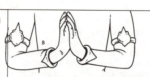

B · **Anjali-Mudra.** Diese Geste der respektvollen und sanften Begrüßung drückt durch das vollständige Zusammenführen der beiden Handflächen die Aufhebung jeglicher Dualität aus.

C · **Varada-Mudra.** Durch diese Bewegung gewährt die Gottheit einen Wunsch, erhört die Bitte des Gläubigen, gewährt ihre Gnade und ihr Erbarmen; diese Geste ergänzt die Abhaya-Mudra.

D · **Abhaya-Mudra.** Diese Mudra, mit der häufig Vishnu dargestellt wird, beinhaltet die abgeklärte Weisheit und den ›Frieden des Herzens‹, die der Gott seinen Gläubigen zusammen mit der Gnade schenkt.

E · **Dhyana-Mudra.** Diese Mudra schafft die Voraussetzungen für die Innerlichkeit: Geschlossenheit der geistigen Kreisläufe durch Verbinden der Hände, Öffnung der Handflächen hin zum höheren Bewußtsein.

F · Die Hände des großen Buddha von Kamakura (Japan).

G · Meditierender Bonze: die Hände.

KULT UND FESTE

Es ist unmöglich, eine allgemeine Linie bei den Festen des Buddhismus aufzuzeigen, da diese Religion sich bei ihrer Ausbreitung in die jeweiligen lokalen Traditionen eingefügt hat. So werden z. B. in Tibet die Feste von schamanischen Ritualen beeinflußt, und in Japan übernehmen sie Elemente des kaiserlichen und shintoistischen Zeremoniells. Dennoch gehen die Auffassungen gläubiger Buddhisten zum Kult auf wenige grundlegende Merkmale zurück. Der Kult gedenkt der Ereignisse im Leben des Buddha; er verehrt das erwachte Wesen als Vorbild für den Gläubigen und ist ein Instrument der Läuterung oder für die Erlangung bestimmter Verdienste. Im Gegensatz zum Hinduismus wird im Buddhismus mit Ausnahme des Todes kein bestimmtes Ereignis im Leben geheiligt, und es werden keine Opfer dargebracht.

A · **Buddhistische Zeremonie.**
Im Vajrayana-Buddhismus unterstreichen die besonders farbenprächtigen Zeremonien eine sehr komplexe Symbolik. Die Hauptbeteiligten sind Mönche, hier die Dgelugs-pa-Lamas oder ›Gelbmützen‹ (s. S. 347) im Kloster (oder Gompa) von Spituk in Ladakh, die das nötige Wissen erlangt haben, um eine Mittlerrolle zwischen den Menschen und dem Göttlichen spielen zu können. Sie vollziehen die Riten im Zustand höchster Konzentration. Töne sind in ihren heiligen Handlungen sehr wichtig, insbesondere die Vibration der Gongs und die gesungenen *Mantras*. Das Volk ist zu den höchsten Zeremonien, in denen die Gottheiten durch symbolische Hilfsmittel in verärgerter oder friedlicher Gestalt sichtbar werden sollen, nicht zugelassen.

GLOSSAR

Amitabha: ›unermeßlicher Lichtglanz‹. Dieser Buddha ist der Herr des reinen Landes, in dem die befreiten Seelen leben, die sich durch seine Verehrung Verdienste erworben haben. Dieser Kult ist unter dem Namen Amida-Buddhismus insbesondere in China und Japan verbreitet (chinesisch Omituo fo; japanisch Amida).

Avalokiteshvara: Als beliebtester *Bodhisattva* verkörpert er das universelle Mitleid. In China wurde er zur Göttin Guanyin (Kuan-yin), ›die Töne der Welt Hörende‹ (s. S. 347). In Tibet ist er Chenrezi, der Große Anteilnehmende.

Bodhisattva: ›Erleuchtungswesen‹. Dies ist ein Wesen, das in vielen Leben eine große Weisheit erlangt hat, das den ›Erleuchtungsgedanken‹ empfangen hat, aber seine Erlösung aus Mitleid für die Menschheit noch hinausschiebt.

Dhyana: meditativer Zustand. Durch Abwandlung zum Namen der buddhistischen *Chan*-Schule in China und im Japanischen zu *Zen* geworden.

Maitreya: Der Überlieferung nach soll ihn der Buddha Shakyamuni ausdrücklich als erleuchtetes Wesen, den Buddha des nächsten Weltzyklus bezeichnet haben. Er wird in Zentralasien sehr verehrt; er leitet die Seelen der Toten zum Licht und ist Hüter des Gesetzes.

Mandshushri: Der Herr des Wortes und des Gesanges wird in Nepal gefeiert; die chinesischen Mandschu verdanken ihm ihren Namen.

Mantra: heiliger Spruch, der zur Erlangung eines Zustands der bewußten Leerheit ständig wiederholt wird. Es stammt aus dem göttlichen Wort der *Veden* und bezeichnet in den Sprachen der buddhistischen Länder eine geistige Übung.

Nirvana: wörtlich ›Erlöschen des Atems‹. Zustand des von Verlangen und allen Bindungen befreiten Bewußtseins. Als spontaner Zustand ist es dem Schüler nicht erreichbar, er kann sich nur vorbereiten und warten. Die Sprache kann das Nirvana nicht beschreiben, das weder Leerheit noch Fülle ist, sondern ein Entkommen aus dem *Samsara*, dem Kreislauf der Wiedergeburten.

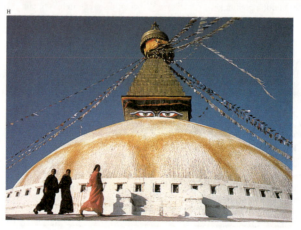

H · **Stupa.**
Ursprünglich sind die *Stupas* Sakralbauten zur Aufbewahrung von Reliquien des Buddha, später seiner direkten Schüler. Diese Heiligtümer waren zuerst als massiver Bau ohne Zeremonienhalle gedacht, bekamen aber bald riesige Säulenvorhallen und eine umlaufende Balustrade, so daß die Gläubigen den Hauptritus des Umschreitens (*Pradaksina*) vollziehen können. In Tibet heißen sie *Tschorten*. (Stupa von Bodhnath bei Katmandu)

346

RELIGIONEN UND MYTHEN

VERBREITUNG DES BUDDHISMUS

Die Entwicklung des Buddhismus weist eine Merkwürdigkeit auf. Bis zum 6. Jh. n. Chr. verdrängt er überall in Indien den alten Brahmanismus: Die Könige nehmen die buddhistische Lehre an und ziehen ihre Untertanen mit sich. Dann besinnt man sich in Indien jedoch auf die Vergangenheit und entwickelt eine Synthese, aus der␣der Hinduismus entsteht; spätestens seit dem 12. Jh. ist der Buddhismus stark in der Minderheit. Außerhalb Indiens dagegen verbreiten die Mönche das ›Rechte Gesetz‹ mit dauerhaftem und überwältigendem Erfolg: Schon im 2. Jh. v. Chr. ist Ceylon eine Hochburg des Buddhismus, die auf ganz Südostasien – Birma, Laos, Thailand und Kambodscha – einwirkt. Im Norden dringt das Große Fahrzeug nach Tibet ein und entwickelt sich zum Lamaismus; seit dem 1. Jh. dringt er nach China vor, und seit dem 6. Jh. ist er auch im im fernen Japan heimisch.

DER TIBETANISCHE BUDDHISMUS

Die ursprüngliche tibetanische Bon-Religion ist schamanisch. Im 7. Jh. führt König Srong-bcam-gampo den Buddhismus ein. Ein reger religiöser Austausch mit Indien beginnt, insbesondere im 8. Jh. durch Padma Sambhava, einen Meister des Vajrayana, des ›Diamantfahrzeugs‹ (s. S. 345).

Der erste Mönchsorden, die Rotmützen, wird im 11. Jh. von zwei großen Meistern, Marpa und Milarepa, erneuert. Im 14. Jh. gründet Tsong-kha-pa den Orden der Gelbmützen: Damit beginnt die Blütezeit der tibetanischen Theokratie. Die Mönche oder Lamas machen Tibet zum ›Land der Götter‹, indem sie Texte bewahren, von denen es nicht einmal mehr die Sanskritoriginale gibt, und Tausende von Klöstern bauen. Sie legen eine Rangfolge der Buddhas fest, die auf den einen Urbuddha, den *Adibuddha,* zurückgeht. Ihre Wissenschaft von den Zuständen des Bewußtseins, der Vorstellung und des Traumes, d. h., von den Stufen der Meditation, ist außergewöhnlich. Ihre Riten räumen den tantrischen Liturgien viel Platz ein (s. S. 343), sie verwenden bestimmte Yogatechniken, sichtbare farbige (wie die Mandalas) oder hörbare Hilfsmittel wie Gongs, Glöckchen und das unermüdliche Wiederholen der Mantras.

Vier große Mönchsschulen vertreten verschiedene Lehren: *Nyingma-pa; Kagyur-pa; Sakya-pa; Deg-lugs-pa.* Das nicht sehr gebildete Volk ist voller religiöser Inbrunst und gibt seine Kinder gern in die Klöster: Vor der Besetzung durch China war jeder vierte Tibetaner Mönch.

DER HEUTIGE BUDDHISMUS

Der Buddhismus, der aus Indien fast völlig verschwunden war, ist dort wieder auf dem Vormarsch (etwa 0,6 %, das sind 4 Millionen Inder). Der Theravada-Buddhismus (s. S. 345), der dem Humanismus des Buddha am nächsten steht, ist in Ceylon entstanden und hat sich von dort aus in ganz Südostasien verbreitet (s. oben). Sofern sie nicht von atheistischen Regierungen daran gehindert werden, praktizieren diese Völker den Buddhismus in großer Zahl.

Den Gegensatz zu dieser ›südlichen Schule‹ stellt das ›Große Fahrzeug‹, *Mahayana*, die ›nördliche Schule‹ dar. Sie erreicht über Nordindien und Tibet im Osten China, Korea und Japan, wobei theologische Flexibilität ihr die Anpassung erleichterte. Während er in China durch den Kommunismus gelähmt wurde, ist er in Japan zu einem Bestandteil des modernen Lebens geworden.

In Tibet, dem Land des ›Diamantfahrzeugs‹, *Vajrayana,* existiert der Buddhismus in einer abgeschiedenen Welt, die durch den Druck des kommunistischen China von der Zerstörung bedroht ist; sein Oberhaupt, der Dalai-Lama, lebt seit 1959 im Exil.

Der Buddhismus scheint auch für die Zukunft noch eine wichtige Botschaft zu haben. Die buddhistische Analyse der Seele weist seltsame Ähnlichkeiten mt der Psychoanalyse auf; seine Vorstellung von der Materie überschneidet sich mit einigen Hypothesen der Kernphysik; und schließlich kommt diese ›Religion‹ ohne Gott den geistigen Bedürfnissen vieler Zeitgenossen entgegen.

A · **Mandala.**
Das *Mandala*, ein um einen Mittelpunkt angeordnetes Symbolbild, ist zugleich *Kosmogramm* (Symbol des Universums), *Psychogramm* (Darstellung der Seele) und *Theophanie* (wunderbare Erscheinung) des Gottes in seiner Mitte und bildet das Zentrum der Meditation. (Hier die Göttin Vejravarahi, die tibetanische Dämonengestalt von Shakti, der Gefährtin des Hindugottes Shiva [s. S. 342]). *(Museum Guimet, Paris)*

C · **Der Potala von Lhasa.**
Der Potala ist ein riesiges Kloster, das sich vollständig selbst versorgen kann. Das jetzige Gebäude (das den Namen eines Himmelsreichs des tibetanischen Buddhismus trägt) wurde vom fünften Dalai Lama (17. Jh.) als Residenz für sich und seine Nachfolger erbaut. Tempel, Festung und Palast zugleich, ist er teilweise zugänglich und heute Museum.

B · **Tänzer.**
Die heiligen Tänze, in denen Götter und Dämonen bis zur Trance nachgeahmt werden, spielen eine wichtige Rolle in der tibetanischen Liturgie; die Tänzer sind in der Regel Lamas, die in die Symbolik der Gesten und Attribute eingeführt werden. Während eines Festes im Hemis-Kloster in Ladakh erscheinen hier drei wichtige Ritualobjekte: die Maske, die dem Gott ähnlich macht; der Diamantenblitz *(Dordje)* in der rechten Hand; die Glocke *(Trilpu)* in der linken.

DALAI-LAMA

Bisher hat es einschließlich des jetzigen vierzehn Dalai-Lamas bzw. Inkarnationen des Dalai gegeben, den aufeinander folgenden menschlichen Formen eines einzigen Prinzips, Chenrezi, der tibetanischen Gestalt des Avalokiteshvara (s. S. 346). Wenn ein Dalai die Welt verläßt, sucht man ein kurz danach geborenes Kind, das sich durch bestimmte körperliche Zeichen offenbart, und unterrichtet es im gesamten Wissen der Lamas. Anfang des 17. Jh. entstand die Gegenlinie der Pantschen-Lamas in Shigatse. In unruhigen Zeiten machen sich die Feinde Tibets diese Rivalität zunutze. So auch heute: Der Pantschen-Lama ist williger Geisel der chinesischen Politik, während der Dalai-Lama, Tenzin Gyatso, aus dem Exil in Dharamsala in Nordindien versucht, die Religion Tibets zu retten.

RELIGIONEN UND MYTHEN

DIE RELIGIONEN CHINAS

RELIGION DER FAMILIE UND DES KAISERS

Die Kindesliebe ist für die Chinesen der Eckpfeiler jedes geistigen Lebens, jeder sozialen Organisation sowie jeder moralischen oder politischen Ordnung. Das System der menschlichen Beziehungen orientiert sich an dem Vorbild der zwischen Vater und Sohn bestehenden Beziehung und ihren gegenseitigen Verpflichtungen. Es wäre falsch, dies nur als einfaches Moralgesetz zu betrachten, das dem Jüngeren die Autorität des Älteren aufzwingen soll. Es handelt sich vielmehr um ein religiöses Konzept auf der Grundlage mehrerer wichtiger Prinzipien. Zunächst einmal hat das ›Vorangehende‹ immer einen größeren Wert als das ›Nachfolgende‹ und ist dem Göttlichen näher. So hatten die mythischen Dynastien der Urzeit eine heute unerreichbare Schöpferkraft. Der Sohn sieht also in seinem Vater den Vertreter seiner Ahnenreihe, den er nach seinem Tod mit einem heiligen Kult im Familienheiligtum ehren wird. Daher ist der Alltag des Sohnes, der durch seinen stetigen Gehorsam entbehrungsreich und sogar demütigend scheint, in Wirklichkeit eine religionsähnliche Initiation, die ihn allmählich auf die Rolle des Kultmeisters vorbereitet: Dazu und um Mittler zwischen den Toten und den Lebenden zu sein, muß er rein sein, würdevoll leben und die Riten kennen. Dies erklärt auch die zentrale Bedeutung der Trauerriten mit ihren Prüfungen (Absonderung, Fasten, Schweigen), an deren Ende der Sohn, indem er den Tod des Vaters ganz verarbeitet, ein vollkommener Mann wird.

Die Frau, die unterwürfig und isoliert lebt und keine rechtliche oder wenigstens moralische Eigenständigkeit hat, erfüllt trotz alledem eine sehr wichtige Funktion: Sie verkörpert den mütterlichen und irdischen Pol, den die Chinesen *Yin* nennen und ohne den Schöpfung oder Umwandlung unmöglich sind.

Der Herrscher ist Vater aller Untertanen, die ihm daher Gehorsam, Treue und Achtung schulden. In seiner Eigenschaft als *Tianzi (T'ien tseu)*, Sohn des Himmels, ist er Teil der kosmischen Ordnung; von Huangdi (Huang-ti) wird gesagt, er habe ›die Ordnung für die Sonne, den Mond und die Sterne‹ geschaffen; und von Wudi (Wu-ti), dem wichtigsten Kaiser der Han-Dynastie, er habe 113 v. Chr. ein Doppelritual eingeführt: die Opfer an die mächtige Erde und den erhabenen Himmel. Der Kaiser braucht nicht im eigentlichen Sinne zu regieren: Sein Grad an Religiosität führt gute Beamte herbei und lenkt den Lauf der menschlichen Angelegenheiten und der Jahreszeiten der Natur in die richtige Richtung. Hier verbindet sich das Idealbild des Königs mit dem Bild des Asketen, der das *Wuwei (wu-wei)*, das ›Nicht-Tun‹, die Quintessenz des menschlichen Lebens, erlangt hat.

B

B · Ahnenverehrung.
Jede Familie weiht in ihrem Haus einen Ort der Ahnenverehrung. Dies ist bei den einfachen Leuten ein kleiner Altar, bei den Reicheren ein richtiger Tempel, z. B. in dem ›Residenz der Nachfahren des Konfuzius‹ genannten Palast aus dem 16. Jh. in Qufu in Shandong, der von der kommunistischen Regierung sorgsam unterhalten wird. Der Tote wird anhand von Tafeln verehrt, die seinen Namen tragen und ihn vertreten: Diese Tafeln werden durch den Ritus des *Yangsheng*, der ›Geisterspeisung‹ geehrt.

SYMBOLE UND KOSMOLOGIE

Das alte China kennt keine Gottheiten in unserem Sinne, sondern nur Wind-, Fluß- oder Bergmächte. Im wesentlichen beruhen die Glaubensvorstellungen auf symbolischen Analogien zwischen Mensch und Welt: Das eine existiert nicht ohne das andere, und das Universum ist nicht vor der Gesellschaft entstanden. Die mythischen Herrscher haben durch Begrenzung von Raum und Zeit die Wirklichkeit in Form von hierarchischen Prinzipien (Jahreszeiten, Himmelsrichtungen, Farben) geschaffen, so daß im Universum verschiedene heilige Faktoren aufeinander einwirken, die wiederum ihre Entsprechung in jedem Individuum und jeder Gemeinschaft haben.

Ein Kapitel des *Shu-jing*, der *Hong fan*, der zu den ältesten philosophischen Schriften der Han-Kultur gehört, befaßt sich mit diesen Entsprechungen zwischen dem Universum, dem Makrokosmos, auf der einen und dem Mikrokosmos, dem Menschen innerhalb dieses Universums, auf der anderen Seite: Ebenso wie es 4 Jahreszeiten, 360 Tage, 5 Elemente und verschiedene Winde gibt, gibt es 4 Gliedmaßen, 360 Gelenke, 5 innere Organe und unterschiedliche Atemarten, die die Energie im Körper steuern.

Diese Symbolsysteme erklären den Ursprung der Krankheiten und die Herstellung von Heilmitteln, begründen Wissenschaften wie die Akupunktur – die sich auf die Kenntnis des ›Stroms der Lebensenergie‹ stützt –, die Weissagung und die Alchimie.

Diese enge Verwandtschaft zwischen der Natur und dem Menschlichen, dem Physischen und der Moral ist nichts anderes als das *Tao*, der ›Weg der Erlangung‹, dessen Verwahrer, Mittler und Vollbringer in archaischen Zeiten der Herrscher war, bis sich im Taoismus andere daran versuchten.

D

A · Grabfiguren: Krieger.
Diese Tonfiguren wurden bei Xian (Singan) in Shaanxi gefunden; ihre Menge und ihre lebensechten Gesichter faszinieren die Archäologen. Der Überlieferung zufolge gehören die Grabkammern, in denen sie gefunden wurden, Qin Shi Huangdi (Chin Shih Huang-ti), der China als erster einte (Ende 3. Jh. v. Chr.). Die Tonkrieger sind der Ersatz für echte Krieger, die sonst hätten geopfert werden müssen, um den Fürsten im Jenseits zu eskortieren (s. S. 674).

C · Himmelstempel in Peking.
Der 1420 auf der äußeren Umfassung des Kaiserpalastes erbaute Tempel entspricht dem Tempel des Landbaus, der dem Erdkult geweiht ist. Das runde Bauwerk hat drei konzentrische Terrassen und ist von drei Dächern gekrönt. Der Kreis ist das Symbol des Himmels, die Zahl 3 deutet die Vereinigung von Himmel, Mensch und Erde an.

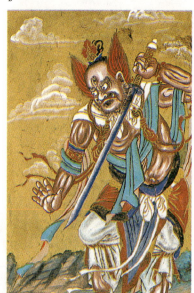

D · Lokapala.
Lokapala ist der Geist der Himmelsrichtungen. Er entstammt sehr alten Glaubensvorstellungen und soll über die Unversehrtheit des Gebietes wachen in einer Kultur, in der der Kosmos von extremer Bedeutung ist. Er gehört zu den ›Schwellengeistern‹ und wird entweder wohlwollend oder furchterregend dargestellt (wie auf diesem Fresko im Tempel von Song Gwang in Korea).

RELIGIONEN UND MYTHEN

TAOISMUS: QUELLEN

Wenn auch wenig über den Stifter des Taoismus bekannt ist, so ist doch gewiß, daß seine Anschauungen sich auf sehr alte Prinzipien des chinesischen Denkens gründen. Im übrigen betrachten sich die Väter des Taoismus oft als Erben der Alchimistenbruderschaften, denen der legendäre Herrscher Huangdi (Huang-ti) entstammte.

Der grundlegende Begriff ist das *Tao;* wenn es bei einigen Philosophen die Gestalt einer Gottheit annimmt, so ist seine Grundbedeutung eher ›Weg‹, ›Bahn‹, aber auch ›einen Weg abstecken‹ und somit ›in Kontakt treten‹ und schließlich ›den Weg sagen oder lehren‹, woraus die Bedeutung ›Lehre‹ entstand. Ursprünglich bezeichnete das Tao ein System von religiösen Übungen, die es erlaubten, eine Verbindung zwischen Himmel und Erde herzustellen, eine Aufgabe, die jeder Mensch, vor allem aber der Herrscher, hatte. Die Entfaltung des Tao geschieht in einem zyklischen Rhythmus zwischen zwei Polen: *Yang* (der Sonnenhang eines Berges) stellt die Sonne, die trockene Hitze, die Aktivität, das Männliche, das Helle dar; *Yin* (der Nordhang) stellt den Mond, die feuchte Kälte, die Passivität, das Weibliche, das Dunkle dar. Das Universum enthält jede dieser Realitäten: Eine Jahreszeit, eine Speise, ein Gefühl haben einen größeren Yin- oder größeren Yang-Anteil. Die Entwicklung und die Vergänglichkeit aller Dinge sind durch die Abfolge von Yin und Yang erklärlich, denn wenn das eine seine größte Ausdehnung erreicht, hört das andere auf zu schwinden. Dieses sehr naturalistische Bild scheint so alt zu sein wie China selbst und betont ein in diesem Land sehr starkes Gefühl: Die sehr enge Verbindung des Menschen mit der Weltordnung ist die Voraussetzung für ein harmonisches Leben.

LAOZI

Es ist sehr schwierig, Laozi (Laotse) historisch zu fassen; sein Biograph, Sima Qian, beschreibt Laozis Leben im 2. Jh. v. Chr., d. h. vier Jahrhunderte nach seinem Tod, und äußert selbst Bedenken. Aber die Gelehrten halten die beschriebenen Ereignisse für ziemlich wahrscheinlich und wahren damit eine feste Tradition.

Schon der Name Laozi erinnert an ein Wortspiel: Er bedeutet ›alter Meister‹, aber auch ›altes Kind‹, als ob die Weisheit sich paradoxerweise als geistige Jugend darstellen würde. Er soll 604 v. Chr. in Hunan (Südchina) als Kind armer Eltern geboren worden sein, die aber in der Lage waren, ihn für den Posten des kaiserlichen Archivars ausbilden zu lassen; sein Sohn soll unter den Zhou ein hoher Beamter gewesen sein. Bekannt ist nur, daß er nach einem plötzlichen Bewußtseinswandel das aktive Leben und die Familie hinter sich ließ und sich völlig zurückzog. 517 soll er gestorben sein. ›Laozi war ein edler Mann, der verborgen lebte‹, sagt Sima Qian nüchtern, und damit tritt das Ideal des Weisen hervor, der sich in seine souveräne Passivität zurückzieht. Dennoch soll Laozi eine Lehrtätigkeit ausgeübt haben, die den Grundstein der taoistischen Philosophie legte; außerdem wird ihm (ohne historische Grundlage) die Autorenschaft des *Dao-de-jing (Tao-te ching)*, des ›Buchs des Tao und seiner Kraft‹ und des ›Buchs des Seins und der Existenz‹ zugeschrieben, die erst zwischen dem 5. und dem 2. Jh. v. Chr. entstanden sein können.

TAOISMUS: LEHRE

In der Nachfolge Laozis schrieben und lehrten wichtige Meister. Zhuang-zi (Chuang-tzu) verlieh der Bewegung eine philosophische Dimension: Er war im 4. Jh. v. Chr. vielleicht Minister des Fürsten von Wei und zog sich dann zur Meditation auf einen Berg zurück; seine Werke belegen seine Genialität als Dichter und Philosoph (das wichtigste trägt seinen Namen: der *Zhuang-zi* oder der *Chuang-tzu*) und seine völlige Loslösung: ›Der Himmel und die Erde sind mein Sarg, die Sonne und der Mond scheinen für mich wie Totenlampen, die Sterne sind meine Perlen und Edelsteine, und die gesamte Schöpfung ist mein Totengeleit‹, sagt er bei seinem Tod.

Das zentrale Thema des Taoismus ist die Rückkehr ins Tao, die höchste und unteilbare Weltordnung, aus der der Mensch sich durch seine Individualität und seine Taten gelöst hat: ›Diese Rückkehr zur Quelle heißt Seelenfrieden; dies ist die Erfüllung des Schicksals‹, verkündet Laozi. Die Einswerdung mit dem Tao wird ekstatisch erlebt: ›Ich folgte dem Wind nach Osten und nach Westen, wie ein Blatt oder ein trockener Strohhalm, und ich weiß wirklich nicht, ob der Wind mich trieb oder ich den Wind‹ (Auszug aus dem *Lie-zi [Lieh-tzu]*, einem taoistischen Werk aus dem 4. Jh.). Wie soll man ›das Tao erlangen‹, in Ekstase kommen? Vor allem durch das Aufgeben jedes eigenen Willens, durch persönliches Nicht-Tun, das *Wuwei*, das die Selbstauslöschung vor den Erscheinungsformen des Tao verlangt: Dieser Quietismus steht in völligem Gegensatz zum sozialen Positivismus des Konfuzius. Das Ideal des Meisters ist somit das eines zurückgezogenen Eremiten, der den Lauf der Dinge durch sein *De (Te)*, seine Erleuchtungskraft, und nicht durch seine Aktivität beeinflußt. Zugleich beginnt das Streben nach Verschmelzung (Transsubstantiation) von Körper und Seele; erreicht der Schüler in diesem Leben die Einswerdung mit dem Tao, erlangt er damit die Unsterblichkeit. Wie der indische Yoga kennt der Taoismus einige Techniken, die der Einteilung des Atems, der Zähmung der körperlichen Energien und der Meditation dienen. Sie entwickeln sich vor einem typisch chinesischen Hintergrund: der Alchimie; seit der Han-Dynastie verfällt der Taoismus jedoch zu einer Volksreligion, die auf Unsterblichkeitszauberei und -drogen ausgerichtet ist.

KONFUZIUS

Kong Qiu (K'ung Ch'iu) oder Kung-fu-tzu, ›Meister Kong‹, ist im Abendland seit dem 17. Jh. unter dem latinisierten Namen ›Konfuzius‹, der von jesuitischen Missionaren geprägt wurde, bekannt. Seine Lebensgeschichte ist besser belegt als die Laozis; Sima Qian erzählt sie im *Shiji (She-chi)* [Historische Memoiren] in allen Einzelheiten, aber es gibt noch eine frühere Informationsquelle, ein Werk mit dem Titel *Lun-yu:* In diesem Buch über die ›Gespräche‹, die er mit seinen Schülern führte (verfaßt von der zweiten Generation seiner Schüler) ist seine Lehre niedergelegt.

Konfuzius wird 551 v. Chr. im Fürstentum Lu im heutigen Shandong in eine verarmte Adelsfamilie geboren: Zwar ist er keine Inkarnation eines Gottes wie die indischen Weisen, aber zumindest gilt er als Nachfahre der glänzenden Shang-Dynastie (18.–10. Jh. v. Chr.).

Aufgrund seiner Erziehung beschäftigt er sich mit dem Studium alter Texte, Sitten und Riten; seine Abstammung und die Zeitumstände bringen ihn in die Politik. Er ist verheiratet, besitzt kein Vermögen und bekleidet einen untergeordneten Posten in der Verwaltung des Fürsten von Lu; er gibt weise Ratschläge, aber sein freier Geist bringt ihm weder Sympathien noch große Aufgaben ein: Als er seine Prinzipien nicht in die Tat umsetzen kann, verzichtet er vorläufig auf die Karriere als Beamter. 530 gründet er eine kleine Akademie, in der die Söhne gebildeter Familien die Kunst lernen, sich im öffentlichen Leben gut zu führen. Konfuzius reist später in verschiedene kleine Staaten auf der Suche nach einem Herrscher, der sein soziales Ideal verwirklichen läßt. Ist er in dieser Zeit vielleicht auch Laozi begegnet? Die Geschichte, die von dieser Begebenheit berichtet, ist wahrscheinlich und wird gerne erzählt.

501 ruft ihn der Fürst von Lu zurück und bietet ihm den Posten des Präfekten von Zhondu (Chong-tu), dann das Amt des Justizministers an. Konfuzius führt mit äußerster Korrektheit und strenger Moral Reformen im Geist der alten Sitten durch. Dann geht er wieder ins Exil: Fürsten werden gestürzt, andere maßen sich den Thron an, während er an den Höfen von Wei, Chen (Ch'en) und Cai (Ts'ai) lehrt.

483 kehrt er nach Lu zurück, um im Alter sein großes Werk zu vollenden: die fast vollständige Zusammenstellung der uralten chinesischen Weisheit in den *Fünf Klassikern: Yijing* – das ›Buch der Wandlungen‹, *Shi-jing* – das ›Buch der Lieder‹, *Shu-jing* – das ›Buch der Urkunden‹, *Li-ji* – die ›Aufzeichnungen über die Riten‹ und *Chun-qiu* – die ›Frühlings- und Herbstannalen‹.

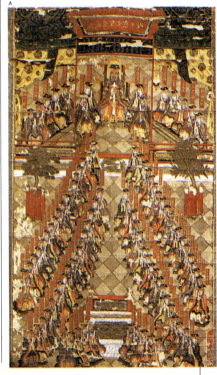

△ · **Konfuzius und seine Schüler.**

Außerhalb Chinas verbreitete sich der Konfuzianismus insbesondere in Japan, Vietnam und Korea, woher auch dieses Gemälde aus dem 14. Jh. stammt: Man sieht deutlich die streng hierarchische Struktur, die sich auf die Gestalt des ›Meisters Kong‹ ausrichtet. Dieser thront an der Spitze einer pyramidenförmigen Konstruktion, die aus unterwürfigen Schülern und Namenslosen besteht.

RELIGIONEN UND MYTHEN

DIE RELIGIONEN CHINAS

DER KONFUZIANISMUS

Ohne Konfuzius und seine eifrige Restaurationsarbeit wäre uns wohl ein Großteil der chinesischen Religion und Philosophie unbekannt geblieben. Durch die *Fünf Klassiker* lernt ein ganzes Volk seine Herkunft und seine Identität kennen: So erklärt sich, daß die konfuzianischen Klassiker bis 1912 Teil jeder staatlichen Prüfung waren.

Der persönliche Unterricht durch den Meister, den die Schüler anhören und niederschreiben, gehörte zur Tradition der Gebildeten. Aus dem *Lun-yu, ›Gespräche‹,* stammen die grundlegenden Maximen: ›Ich übermittle, und erneuere nicht‹ (VII, 1); ›Der Fürst handle als Fürst, der Vater als Vater, der Sohn als Sohn‹ (XII, 11). Der *Zhong-yong (Chung-yung), ›Innehalten der Mitte‹,* portraitiert den Weisen, der regieren kann, da er einen Ausgleich seiner widerstreitenden Leidenschaften erreicht hat und sein Handeln auf die genaue Situation und im Einklang mit der natürlichen Ordnung abstimmen kann. Der *Da-xue (Ta-hsüeh), ›Große Lehre‹,* beschreibt den Einfluß des Meisters auf das soziale und politische Umfeld. Zu diesen Texten gehört auch das Werk von Meng-zi (Meng-tzu), der im Westen unter dem Namen Menzius (um 372–289 v. Chr.) bekannt ist und die Lehre systematisch und mit einer Tendenz zum Liberalismus und Optimismus beschreibt: Der Mensch ist von Natur aus rechtschaffen; die Ordnung, oder der ›Himmel‹, bekommt damit einen moralischen Sinn. Auch Xunzi (Hsün-zi) [um 300–235 v. Chr.] stützt sich auf Konfuzius, fordert aber eine autoritäre aristokratische Regierung zur Eindämmung des schlechten Einflusses der Natur. Im Laufe der Jahrhunderte wurde Konfuzius zur Rechtfertigung gegensätzlicher Lehren gebraucht.

Einige Vorstellungen hielten jedoch den verschiedensten Wechselfällen und dem Einfluß von Taoismus oder Buddhismus stand: Der Konfuzianismus ist eine materialistische Philosophie, ohne Gott oder Vorsehung, ohne Leben nach dem Tod; die Unterwerfung unter die zyklische Natur der Erscheinungen, die am Patriarchen ausgerichtete Moral, die im Ahnenkult verwurzelt ist sowie die Übung einer Moral der Mäßigung sind die Tugenden des edlen Wesens, der Kaste der Gebildeten.

DER BUDDHISMUS IN CHINA

Im Jahre 61 läßt Kaiser Mingdi (Ming-ti) aus der Han-Dynastie unter dem Eindruck eines Traums buddhistische Mönche aus Indien holen, die die heiligen Texte übersetzen sollen. Schon im 2. Jh. entwickelt sich die *Schule des Reinen Landes* oder *Amida-Buddhismus,* der Kult des Buddha Amitabha (chinesisch *Omituo fo;* s. Glossar S. 346). Dies ist eine Religion des Herzens, in der ein persönlicher Gott angerufen wird.

Um 520 erscheint in Kanton der große Mönch Bodhidharma, der in Henan die *Schule der Meditation (Chan)* gründet: Als Lehre der Läuterung führt der Chan zur Ekstase, die als Verzückung der Seele in der unvorstellbaren Leerheit des Göttlichen erlebt wird; weit fortgeschrittene Mönche verachten Bezeugungen der Frömmigkeit. Es gibt Annäherungen an den Taoismus; der Zustand der Erleuchtung wird dem taoistischen Bewußtsein und der Zustand des Lebens dem Wuwei, dem ›Nicht-Tun‹, gleichgesetzt.

Der Buddhismus erlebt seine Blütezeit in China unter den Tang (618–907). Viele Mönche pilgern auf den Karawanenstraßen nach Indien. Maitreya wird kultisch verehrt, und Avalokiteshvara (s. S. 346) wird der Göttin Guanyin gleichgesetzt. Wie auch anderswo erweist sich der Mahayana-Buddhismus als flexibel und paßt sich den lokalen Glaubensvorstellungen an. Er führt ein, was dem Taoismus und dem Konfuzianismus fehlt: einen warmen und tröstlichen Kontakt mit dem Göttlichen. Unter den Song und insbesondere unter den Mongolen bleibt er trotz des Widerstands der konfuzianischen Gebildeten weiter erfolgreich. Aber ab dem 17. Jh. beginnt der Niedergang und die Erstarrung des chinesischen Buddhismus.

DIE RELIGIONEN IM HEUTIGEN CHINA

Vor der Einführung des Marxismus-Leninismus war es mit den Religionen in China eine merkwürdige Sache. Da waren zum einen die Oan-Chinesen, die selbst unter der Autorität der Kaiser ihre eigenen Religionen beibehielten: den Lamaismus in Tibet, den Schamanismus bei einigen mongolischen Völkern und den Islam bei den Uiguren. Die Han dagegen glaubten an eine der drei großen Glaubensrichtungen: Konfuzianismus, Taoismus und Buddhismus, die am Ende des 19. Jh. zu einer Art synkretistischer Volksreligion verschmolzen. In den Tempeln thronen Buddha, Konfuzius und Laozi nebeneinander; ihre Unterschiede verschwanden als Folge eines nachlassenden religiösen Gefühls, das sich mit den Riten der familiären Pflichten und der Verwendung alter Heilzauber begnügte.

Es ist daher nicht erstaunlich, daß die neue Führung schon 1949 kaum Schwierigkeiten mit der Einführung des Staatsatheismus hatte. Der Widerstand und die daraus resultierenden Verfolgungen konzentrierten sich auf die wenigen tiefgläubigen Gruppen: taoistische Mönche, Minderheiten (Nicht-Han), insbesondere unterworfene Völker wie die Tibetaner, und Einzelpersonen, die aufgrund persönlicher Überzeugung andere Religionen angenommen hatten (z. B. Christen).

Obwohl Mao Zedong (Mao Tse-tung) schrieb, daß er Konfuzius schon im Alter von acht Jahren gehaßt habe, verfolgt der Kommunismus keine geradlinige Politik gegenüber dem Konfuzianismus. Auf die strikte Ablehnung dieses in einer klassenlosen Gesellschaft unduldbaren, reaktionären Idealismus folgte eine allmähliche Rehabilitierung: Denn wer könnte in völligem Einklang mit der chinesischen Seele die familiären und kommunistischen Tugenden, die strenge Moral und die Bescheidenheit, die die Führung im Volk verbreiten wollte, besser verkörpern als Konfuzius? Deshalb findet man eine weltliche Verehrung des Weisen in den Staatstempeln (s. Foto S. 348), und deshalb dürfen lokale Gemeinschaften konfuzianische Riten zelebrieren (Hochzeiten, Bestattungen, Neujahrs- oder Totenfeste usw.).

Den Höhepunkt der Kampfs gegen die Religionen bildete die Kulturrevolution 1966 bis 1976), aber die Probleme bestehen weiter: Über 25 % der Chinesen, fast 300 Millionen Menschen, bekennen sich als Gläubige; sie werden mit unterschiedlich starken Mitteln, oft mit massivem Druck, davon abgeschreckt, ihren Glauben zu praktizieren.

DAS ABENDLAND HÖRT ASIEN

Seit Pythagoras, Alexander oder Julian Apostata war das Abendland ständig in Kontakt mit den Philosophien Asiens, und auf den Handelswegen wurden neben Seide, Gewürzen und Metallen auch Religionen und Ideen mitgeführt. In der heutigen Zeit hat sich jedoch etwas verändert. Einerseits haben die Amerikaner und Europäer den Zenit ihrer technischen Fähigkeiten erreicht und stehen den traditionellen Denkweisen nun kritischer gegenüber. Andererseits wird die ›Wanderung der Ideen‹ ins Abendland durch sehr unterschiedliche Faktoren in mehreren Ländern des Orients unterstützt: Indien ist sich der Kraft seines religiösen Erbes bewußt geworden; Japan verbreitet mit seinem Handelserfolg einen Zen-Buddhismus, der Aktion und Komtemplation in Einklang bringt; das durch die chinesische Invasion zerrissene Tibet läßt seine Mönche gehen, die in Europa Exilkolonien bilden und ihren Aufnahmeländern ihre Weisheit anbieten.

Dies geht nicht ohne Illusionen vonstatten, wie die Hippiebewegung zwischen 1965 bis 1970 zeigt, oder ohne Vermarktung, denn Weisheit läßt sich gut an orientierungslose Menschen verkaufen, oder ohne Gefahren, wovon die Tragödien zeugen, die sich in einigen Sekten abspielen: Ein Beispiel ist die Volkstempelsekte von Jim Jones, die in den Dschungel von Guayana zog und dort gemeinschaftlich Selbstmord beging.

Insgesamt ist die Bilanz aber eher positiv: Annäherung von Körper und Seelenleben, Übung von Disziplinen, die Geistesfrieden und eine wache Innerlichkeit bewirken, Aufwertung des Heiligen im zeitgenössischen Humanismus und ein fruchtbarer Austausch zwischen den Naturwissenschaften und den Philosophien sind die ersten Früchte dieser Begegnung zweier Welten.

▲ · **Buddhistische Initiation.**

Kalu Rin-po-che (Rin-po-che bedeutet ›Großer Lama‹) ist ein geistlicher Gelehrter aus Tibet, der nach der Besetzung Tibets durch die Volksrepublik China ins Exil gehen mußte und dem Dalai-Lama nahesteht: Er leitet heute das Kloster Kagyu Ling in Plaige bei Toulon-sur-Arroux (Saône-et-Loire, Frankreich).

RELIGIONEN UND MYTHEN

DIE RELIGIONEN JAPANS

SHINTO

Bis zum 6. Jh. ist Japan eine in sich geschlossene Welt, deren Bevölkerung sich auf einen Animismus geeinigt hat, der die Kräfte der Natur als Gottheiten verehrt und einfache Riten vorschreibt.

Mit der Ausbreitung des Buddhismus werden die alten Glaubensvorstellungen *Shinto* genannt, ein chinesisches Wort, das ›Weg der Gottheiten‹ (japanisch *Kami no michi*) bedeutet, zur Unterscheidung vom *Butsudo,* dem ›Weg des Buddha‹.

Die shintoistische Mythologie ist aus Schriften des 8. Jh. bekannt: dem *Kojiki,* ›Aufzeichnung alter Begebenheiten‹ und dem *Nihongi,* ›Chroniken Japans‹. Im 10. Jh. werden die Gebete, Zeremonien und großen jährlichen Feste im *Engishiki,* ›Ordnung der Engi-Ära‹, aufgezeichnet. In diesen Texten wird der Begriff *Kami* angesprochen, den ›Gott‹ nur unzulänglich wiedergibt. Kami umfaßt jede Energie, die eine Realität verwandeln kann: die großen Götter (Amaterasu, die Göttin der Sonne und der lebendigen Welt; Susanoo, der Gott des Meeres, der Liebe und des Chaos), aber auch Helden, Weise, Tiere (der Fuchs Inani, der in einem sehr beliebten Fruchtbarkeitskult angebetet wird), Elementarkräfte der Natur usw. Der ursprüngliche Shinto kennt keine Moral, fürchtet aber die ›Befleckung‹ – das Gebrechen ebenso wie den Frevel.

Im Mittelpunkt des Shinto steht die göttliche Natur des Kaisers, des Nachfahren Amaterasus, der großen Göttin, deren Heiligtum in Ise auf der Insel Honshu liegt.

Im 6. Jh. geht eine tief vom Buddhismus durchdrungene Religion, der *Ryobu-Shinto,* in den Shinto ein. Dieser erlebt seine Wiedergeburt im 17. Jh. durch den Einfluß der Schule der Wagaku-sha und des Meisters Motoori Norinaga (1730–1801). Nach dem Fall des letzten *Shoguns* im Jahre 1868 macht der junge Kaiser Mutsuhito den Shinto zur Staatsreligion. Im 20. Jh. beseelt er Soldaten und Kamikazeflieger und hat auch nach 1946 noch großen Einfluß auf das japanische Volk.

DER JAPANISCHE BUDDHISMUS

Mahayanistische Mönche kommen 520 über Korea nach Japan. Man unterscheidet drei Perioden in der Verbreitung dieser fremden Religion, die den einheimischen Kult verdrängt. Jede dieser Perioden ist durch die Entstehung großer Sekten geprägt, die sich um ein besonders reges religiöses Zentrum bilden.

Die erste Periode ist die der Nara-Sekten (710–794), die heute fast verschwunden sind,

B · **Göttin Kishipoten.**
Diese Göttin, die den großen Buddhas und den kosmischen Gottheiten Japans untergeordnet ist, verkörpert die Schönheit und Harmonie, wie ihr entferntes indisches Urbild Mahashri. (Gemälde des 8. Jh. aus Yakushi-ji, einem der großen Tempel der Nara-Ära. *Paris, Privatsammlung*)

die aber den Shinto mit dem Buddhismus verschmolzen, indem sie aus der Göttin Amaterasu den Buddha Vairocana und aus dem Kriegsgott Hachiman einen Bodhisattva (s. Glossar S. 346) machten.

Die Heian-Sekten (794–1192) hatten ihr Zentrum in Kyoto (früher Heian-kyo). Charakteristisch sind ist ihre esoterische Haltung, ihre diffuse Anerkennung des einzigen Prinzips und die tantrischen Einflüsse, die oft um Magie kreisen: Heute existieren noch die Tendai- und die Shingon-Sekte.

Die von Kämpfen im feudalen System erschütterte Epoche der Kamakura (1192 bis 1603) betrachtet die Religion eher unter praktischen als metaphysischen Aspekten. Das *Zen* wird von Eisai (1141–1215) auf der Grundlage der chinesischen buddhistischen Schule der Meditation (Chan) begründet und im 13. Jh. von Shoyo Daishi verbreitet. Sein Streben gilt der Erleuchtung *(Satori),* die den Zugang zum Absoluten ermöglicht. Der Preis dieser Offenbarung ist der Gleichmut, der männliche Kampf gegen die Leidenschaften und die Beherrschung der Energien in der Aktion. Dies ist der Weg der Elite und der Samurais. Der *Amida-Buddhismus* (s. S. 350) dagegen ist die Religion der Gnade, der demütigen Hingabe an den Mitfühlenden Herrn, den Buddha Amitabha. Innerhalb des Amida-Buddhismus wird zwischen dem *Jodo-shu,* der Schule des Reinen Landes, die Honen Shonin 1175 gründet, und dem *Jodo-shinshu* unterschieden, die durch eine Reform um 1250 entsteht.

1867–1889 wird der Buddhismus unter Kaiser Mutsuhito verfolgt. Später werden die Kulte angesichts der geringen theologischen und moralischen Forderungen wieder gestattet. Die Anpassungsfähigkeit des Buddhismus zeigt sich auch im Japan der Gegenwart.

VOM ZEN ZUM DIENST AM YEN

Das Zen ist weniger eine Philosophie als vielmehr eine täglich lebbare Erfahrung. Die Meister des Zen lehren, daß das, was wir denken nennen, oft aus einer Folge von Gedankenassoziationen besteht und daß Meditation schnell zur Flucht vor der Verantwortung des Lebens wird. Sie lehren die Beherrschung des Mentalen durch die *Koan,* unauflösliche Widersprüche, die ihre Auflösung einer plötzlichen Erleuchtung verdanken, die den Geist völlig klar macht. Ohne die konzentrierte Unbeweglichkeit der Sitzhaltung *(Zazen)* zu vernachlässigen, gehen die Weisen ihren Beschäftigungen, gleich welcher Art, mit erstaunlicher Effizienz nach; sie sind dazu aufgrund der von ihnen erworbenen selektiven Aufmerksamkeit fähig.

Man kann mit dem Zen malen oder sein Feld bestellen. Ebenso kann man damit als Geschäftsmann seine Leistung und seine Intelligenz (oder die seiner Angestellten) steuern oder steigern. So hat etwas Geistiges paradoxerweise teil an der Entwicklung des Materialismus und des internationalen Wettbewerbs: Amerikanische Unternehmen haben dies begriffen und bieten ihren leitenden Angestellten nun ihrerseits an, Zen zu erlernen.

A · **Shintofest: Tanz des Würdenträgers.**
Die Shintoriten feiern das individuelle wie das gemeinschaftliche Leben (während der Buddhismus Tod und Trauer zelebriert). Beim *Matsuri* können sowohl die *Kami,* die toten Vorfahren, als auch die lebenden Mitglieder der Gemeinschaft an einem heiligen Vergnügen teilnehmen, das Lebensfreude und kosmische Einheit ausdrückt. (Abb.: Shintofest im Heiligtum von Kasunga.)

351

RELIGIONEN UND MYTHEN

JÜNGSTE ENTWICKLUNGEN

BEDEUTUNG DER VERSCHIEDENEN RELIGIONEN

Die jüngsten demographischen und gesellschaftlichen Entwicklungen haben einen beträchtlichen Einfluß auf die relative Bedeutung der Religionen ausgeübt.
Im Vergleich zu den Christen wächst die muslimische Bevölkerung schneller, was in den kommenden Jahren zwangsläufig zu einer Veränderung des gegenwärtigen Gleichgewichts führen wird: Die Zahl der Muslime wird die der Christen Anfang des 21. Jh. übersteigen.
– Die Veränderungen der sog. ›primitiven‹ Kulturen haben, insbesondere in Afrika, den Rückgang traditioneller Religionen zugunsten der großen monotheistischen (Islam) oder neuer, synkretistischer Religionen (s. S. 339) bewirkt.
– Die Regierungen marxistischer Länder haben bekämpft oder bekämpfen den ›Aberglauben‹: Zumindest in der UdSSR und der Volksrepublik China haben mehrere Jahrzehnte antireligiöser Propaganda den Erfolg verhindert und den Anteil der Agnostiker und Atheisten erhöht, zuungunsten der orthodoxen Religion bzw. konfuzianischer, taoistischer und buddhistischer Traditionen.
– Im Abendland setzten sich mit der Entstehung vieler weltlicher Staaten ohne Staatsreligion zunehmend agnostische oder atheistische Strömungen durch, so in den Vereinigten Staaten, Kanada oder Frankreich, d. h. in Ländern mit starker christlicher Tradition.

GROSSE INNERE ENTWICKLUNGEN

Andere Veränderungen berühren den Kern der Religionen:
• Die Auflösungserscheinungen der christlichen Tradition in Europa und den Vereinigten Staaten haben ein religiöses Vakuum hinterlassen, mit dem sich nicht alle abfinden konnten: daher der Erfolg neuer Religionsformen und insbesondere der Erfolg von Sekten mit östlicher Philosophie (Moon, Krishna).
• Die Bereitschaft zu religiöser Erweckung führte auch zu unterschiedlichen Strömungen innerhalb einer Glaubensgemeinschaft. Der Niedergang des Katholizismus förderte seine Anpassungsbereitschaft (2. Vatikanisches Konzil oder der Einsatz der Medien durch Johannes Paul II.) oder im Gegenteil auch den Rückzug auf die Tradition (Bischof Lefèbvre in Frankreich). Eine andere Folge war die Einbeziehung bestimmter marxistischer Thesen in das Konzept der sozialen Emanzipation (›Befreiungstheologie‹ in Lateinamerika, der Karibik oder auf den Philippinen) oder die Stärkung des nationalen Widerstands gegen eine marxistische Regierung (Polen).
• Die Katholiken schwanken noch zwischen Traditionalismus und Liberalismus; in den anderen großen monotheistischen Religionen scheint sich in den letzten Jahren der radikale Flügel durchgesetzt zu haben: Die islamische Revolution von 1978–1979 im Iran ist der gesamten muslimischen Welt ein Beispiel für radikalen (schiitischen) Fundamentalismus; aber die ›Rückkehr des Religiösen‹ ist auch in der Besorgnis einiger israelischer Juden spürbar, die eine auf den Heiligen Schriften begründete Politik und einen theokratischen Staat fordern.

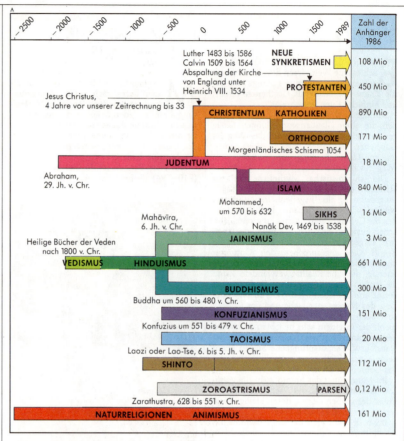

A · Die großen Religionen der Welt.
Nach Angaben des *International Bulletin of Missionary Research* 1986 belief sich die Zahl der Agnostiker (Menschen ohne Meinung zur Existenz Gottes) auf 825 Millionen; die Zahl der Atheisten (Menschen, die nicht an die Existenz Gottes glauben) erreichte 214 Millionen (1986). Derselben Quelle zufolge wird die Zahl der Muslime im Jahr 2000 voraussichtlich die Zahl der Christen zum ersten Mal übersteigen.

KATHOLIZISMUS HEUTE

Auch dem Katholizismus blieb der Konflikt zwischen den Befürwortern einer Anpassung des Glaubens an das moderne Leben und den Verfechtern der Bewahrung des religiösen Erbes nicht erspart. Der Streit zwischen den beiden Strömungen, zwischen Kontinuität und Wandel, hatte Auswirkungen auf die Entscheidungen des 2. Vatikanischen Konzils und dessen Folgen. Der Öffentlichkeit sind die oberflächlichsten und sichtbarsten Punkte im Gedächtnis, z. B. ob die Messe in lateinischer oder der jeweiligen Landessprache gelesen werden soll. Im Juni 1988 gipfelte der Konflikt in einem echten Schisma: Bischof Marcel Lefèbvre, der 83jährige Führer der Traditionalisten, sicherte die Fortführung seines Kampfes gegen den ›Modernismus‹ durch die Weihung von vier Bischöfen im Seminar von Écône in der Schweiz; er wurde daraufhin zusammen mit den vier gerade geweihten Bischöfen exkommuniziert. Dies war Bischof Lefèbvre schon 1976 angedroht worden, als er begann, Priester zu weihen.

SCHIITISCHER FUNDAMENTALISMUS

Im März 1979, einen Monat nach der Rückkehr des Ayatollah Khomeini aus seinem französischen Exil in Neauphle-le-Château, wurde die ›Islamische Republik‹ Iran ausgerufen, die, getragen von der schiitischen Geistlichkeit, jeden Kritiker des radikalen Kurses verfolgte. Die Auswirkungen dieses Ereignisses waren in der ganzen Welt zu spüren: Der Westen entdeckte eine ihm unbekannte, schwer verständliche und gefährliche Seite des Islam; die muslimische Welt war sich nicht einig, aber ihre Regierungen standen dem Iran eher feindlich gegenüber. Die Angst war groß, daß die iranische Revolution ansteckend wirken würde: Die neue Regierung förderte diese Angst, indem sie sich als aus religiöser Sicht einzig mögliche Regierung und den Konflikt mit dem Irak als eine Form des *Djihad*, des heiligen Krieges, darstellte und dem Westen gegenüber gern mit theatralischer Feindseligkeit auftrat. Aber der Funken sprang nicht über: Das iranische Vorbild regte keine ähnlichen Revolutionen an.

352

6

VÖLKER UND SPRACHEN DER ERDE

Fast täglich melden Fernsehen, Radio und Presse, daß dieses oder jenes Volk für seine Rechte,
seine Unabhängigkeit oder einfach nur für seine Freiheit kämpft.
Dieses Werk führt daher die wichtigsten Völker auf, die zwar keinen Staat,
sehr wohl aber eine Sprache, ein Siedlungsgebiet, eigene Traditionen, eine Geschichte und eine Religion haben.
Die Völker werden systematisch behandelt:
Name, Siedlungsraum, Zahl der Angehörigen, Sprache, Verwandtschaftsbeziehungen, politisches System,
Bodenrecht, Geschichte und Religion werden betrachtet.
Auf den zahlreichen Übersichtskarten ist eingetragen, wo diese Völker in der Welt von heute
(und ggf. auch in der Welt von gestern) leben oder über welches Gebiet sich ihr Sprachraum erstreckt.
Auf die Völker des Altertums, für die nur unvollständige oder uneinheitliche Angaben vorliegen, wird nicht eingegangen.
Das Kapitel wird mit einem Glossar der Völkerkunde eingeleitet.
Am Ende des Kapitels befindet sich eine Übersicht der wichtigsten nichtlateinischen Schriften
und ihrer phonetischen Umschrift.

INHALT

VÖLKERKUNDE
VÖLKERKUNDLICHES VOKABULAR 354

VÖLKER
AFRIKA UND MADAGASKAR 356
AMERIKA 368
ASIEN 377
EUROPA, UDSSR UND MONGOLEI 386
OZEANIEN 394

SCHRIFTEN UND ALPHABETE
ARABISCH, HEBRÄISCH, JAPANISCH,
DEVANAGARI 399
KOREANISCH, GRIECHISCH,
KYRILLISCH, CHINESISCH 400

Siehe auch
Länder der Erde, S. 401 ff., zur Geschichte von Völkern mit eigenem Staat.
Meisterwerke,
Abschnitt über die Leistungen der Humanwissenschaften, S. 820 ff., zu den großen Werken und Strömungen der Anthropologie.
Religionen und Mythen, S. 289 ff., zu den Religionen von ausgestorbenen und lebenden Völkern.

Redaktion und Texte
Didier Casalis, Leiter der Redaktion (Humanwissenschaften).

VÖLKERKUNDE

VÖLKERKUNDLICHES VOKABULAR

Akkulturation, Entwicklung, bei der ein Volk, das mit einem anderen Volk in Berührung gekommen ist (meist auch von diesem beherrscht wird), die Kultur dieses Volkes ganz oder teilweise annimmt.
Animismus, ritueller Glaube, demzufolge Tiere, Erscheinungen und Dinge der Natur eine Seele besitzen.
Anthropologie, Wissenschaft vom Menschen.
Avunkulat, Gesellschaftssystem in matrilinearen Gesellschaften, in dem der Bruder der Mutter die Verantwortung für die Kinder übernimmt.
Basic Personality, Gesamtheit der Verhaltensweisen, die durch die Erziehung in einer sozialen Gruppe geprägt sind.
bilaterale Abstammung, gesellschaftliches Strukturprinzip, bei dem jede Linie, mütterlicher- oder väterlicherseits, bestimmte Rechte hat, die nur innerhalb der Linie übertragbar sind.
bilineare Abstammung, Abstammungssystem, bei dem die Rechte und Pflichten sowohl von der mütterlichen als auch von der väterlichen Linie übernommen werden.
Blutsverwandtschaft oder **Konsanguinität,** Verwandtschaft von Personen mit gemeinsamen Ahnen.
Brautpreis, in traditionellen Gesellschaften Vereinbarung, mit der die Dienstzeit eines Jungverheirateten in der Familie seiner Ehefrau festgesetzt wird, ebenso wie die Güter und Werte, die er oder seine Eltern der Schwiegerfamilie zu geben haben.
Cargo-Kult, melanesischer millenaristischer Glaube, demzufolge eines Tages ein wunderbares europäisches Schiff ankommen wird, das alle fehlenden materiellen Güter und alle nur vorstellbaren Gegenstände aus der als höher angesehenen Kultur mitbringen wird.
Dialekt, Sprachform, deren Zeichen- und Kombinationssystem gleichen Ursprungs ist wie das der jeweiligen Hoch- oder Standardsprache. Er stellt im Extremfall ein eigenes, von dieser phonetisch, lexikalisch und grammatisch unterschiedenes System dar. Er wird in einem Gebiet gesprochen, das kleiner ist als der Sprachraum der eigentlichen Sprache. Dialekt ist gleichbedeutend mit **Mundart.**
Diaspora, Zerstreuung eines Volkes über die ganze Erde.
Diffusionismus, völkerkundliche Theorie, derzufolge sich die herrschenden Kulturen zum Nachteil anderer in einem bestimmten Gebiet zunehmend ausbreiten.
Endogamie, Verpflichtung eines Mitgliedes einer Gesellschaft, sich nur mit einer Person aus derselben Gruppe zu verheiraten (Gegensatz: EXOGAMIE).
Ethnie, Menschengruppe, die eine einheitliche familiäre, wirtschaftliche und soziale Struktur besitzt, und deren Einheit auf einer gemeinsamen Sprache und Kultur beruht.
Ethnologie, Völkerkunde, Wissenschaft von den Völkern und ihrer sprachlichen, wirtschaftlichen, sozialen und kulturellen Einheit.
Evolutionismus, völkerkundliche und soziologische Lehre, die der Auffassung ist, daß jede Kultur immer das Ergebnis eines konstanten Evolutionsprozesses ist.
Exogamie, Ordnung, die ein Individuum dazu zwingt, seinen Ehepartner außerhalb seiner Gruppe zu suchen (Gegensatz: ENDOGAMIE).
Exzision, rituelle Entfernung der Klitoris.
Fetisch, Kultgegenstand, dem außernatürliche Fähigkeiten zugeschrieben werden, die dem Besitzer zum Vorteil gereichen sollen.
Fettsteiß, Steatopygie, verstärkte Fettablagerung im Bereich des Steißbeins. Findet sich vorwiegend bei den Buschmännern und Hottentotten.
Gegenleistung, in manchen Gesellschaften die Verpflichtung, nach Erhalt von Gütern im Gegenzug ebenfalls Güter zu geben.
Großfamilie, Gemeinschaft, die von dem Vater, der Mutter, den Kindern, den Enkeln, Onkeln und Tanten, Neffen und Nichten gebildet wird.
Häuptlingstum, politisches Amt, oft mit religiösen und richterlichen Funktionen verbunden, die ein Individuum aus der Gruppe längere Zeit innehat.
Höhlenbewohner, Person, die in einer natürlichen Höhle oder in einer in den Fels geschlagenen Höhlung wohnt.
Infibulation, Operation zur Verhinderung des Geschlechtsverkehrs. Beim Mann wird die Vorhaut durch einen eingezogenen Ring verschlossen; bei der Frau wird die Vulva vernäht oder verklammert.
Kaste, endogame soziale Gruppe, die sich durch besondere Privilegien auszeichnet und einen bestimmten Rang in der Hierarchie einer Gesellschaft einnimmt.
Klan, Sozialeinheit, aus Individuen bestehend, die einen gemeinsamen Ahnen haben.
Klansystem, gesellschaftliches Strukturprinzip, dessen Grundlage der Klan ist.
klassifikatorische Verwandtschaft, nichtbiologisches Verwandtschaftsverhältnis, das auf Grund sozialer Kriterien festgelegt wurde.
Kleinfamilie, Gemeinschaft, bestehend aus Vater, Mutter und Kindern.
Kreuz-Vetter und **Kreuz-Kusine** bezeichnen Verwandte, die von einem Verwandten abstammen, der anderen Geschlechts ist als der direkte Aszendent der betreffenden Person (Gegensatz: ORTHO-).
Kultur, Gesamtheit der Gesellschaftsstrukturen und ihrer künstlerischen, religiösen und intellektuellen Erscheinungen, die eine Gruppe oder eine Gesellschaft von anderen unterscheiden.
Kulturanthropologie, nordamerikanische Strömung der Völkerkunde, die der Auffassung ist, daß die gegenseitige Beeinflussung von Kulturen und ihre Auswirkung ausschlaggebend ist bei der Herausbildung einer Gesell-

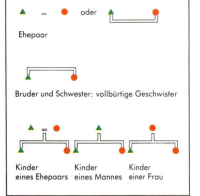

A · Die in Verwandtschaftsbeschreibungen benutzten Symbole.

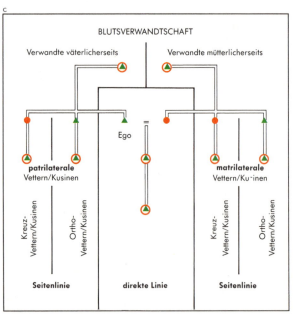

B · **Patrilineare Abstammung.** Darstellung der für die Regeln der Blutsverwandtschaft geltenden Unterscheidungen; bei dieser Abstammungsrechnung geben nur die Männer die Familienzugehörigkeit weiter.

C · **Blutsverwandtschaft.** Die Verwandten väterlicherseits sind Blutsverwandte des Vaters des Ego, die Verwandten mütterlicherseits sind mit seiner Mutter verwandt. Bei gerader Linie stammen die Verwandten direkt voneinander ab, in der Seitenlinie nicht; sie haben jedoch einen gemeinsamen Ahnen.

VÖLKER UND SPRACHEN DER ERDE

schaft und der Persönlichkeit der Individuen, die in ihr leben.

Magie, Gesamtheit von Kulten und Praktiken, die auf der Vorstellung beruhen, es gäbe verborgene Mächte in der Natur, die man sich gewogen machen oder die man anflehen muß, um Glück oder Unglück heraufzubeschwören.

Mana, in den animistischen Religionen außernatürliche, nicht physische Macht. Das Mana befindet sich manchmal in Gegenständen, meistens jedoch ist es den Häuptlingen eigen (Polynesien).

Maske, stilisierte Form eines Gesichts, menschlichen Körpers oder Tieres; dient rituellen Zwecken.

Matriarchat, gesellschaftliches, politisches und rechtliches System, in dem die Frauen die dominierende Position in der Familie einnehmen und auch politische Funktionen ausüben.

Matriklan, Klan matrilinearer Abstammung.

Matrilineage, unilineare Linie oder Abstammungsgruppe, in der sich alle Mitglieder als Nachfahren der Frauen eines gemeinsamen Vorfahren betrachten.

matrilinear, bezeichnet ein Abstammungssystem und eine Gesellschaftsordnung, in der nur die mütterliche Linie für die Übertragung des Namens, der Privilegien, der Zugehörigkeit zu einem Klan oder einer Gruppe ausschlaggebend ist.

Messianismus, Glaube an das Kommen eines Erlösers oder Retters, der der bestehenden, als schlecht angesehenen Ordnung ein Ende bereiten und eine neue, gerechtere und bessere Ordnung einführen wird.

Millenarismus, Geistesbewegung, die die bestehende gesellschaftliche und politische Ordnung wegen ihrer Dekadenz und Verkommenheit ablehnt und auf die Erlösung der Menschen wartet (Rückkehr zum verlorenen Paradies oder Ankunft einer charismatischen Person).

Mundart, gleichbedeutend mit →Dialekt.

Mythos, Erzählung, die von übermenschlichen Wesen und imaginären Taten handelt, auf die man reelle oder gewünschte Ereignisse sowie familiäre oder gesellschaftlichen Strukturen projiziert.

Mythologie, Gesamtheit der Mythen, Legenden und Sagen eines Volkes, einer Kultur oder eines Gebietes.

Ortho-Vetter und **Ortho-Kusine** bezeichnen Verwandte, die von einem Verwandten abstammen, der gleichen Geschlechts ist wie der direkte Aszendent einer betreffenden Person (Gegensatz: KREUZ-).

Patriarchat, Gesellschafts- und Familienordnung, in der der Vater die dominierende Position einnimmt und die männliche Linie ausschlaggebend ist.

Patriklan, auf patrilinearer Abstammung beruhender Klan.

Patrilineage, Lineage oder unilineare Abstammungsgruppe aus der männlichen Linie.

patrilinear, bezeichnet ein Abstammungssystem oder eine Gesellschaftsordnung, bei dem die väterliche Linie ausschlaggebend ist (Gegensatz: MATRILINEAR).

Phratrie, aus mehreren Klanen bestehende Gruppe (oft exogam).

Polygamie, Gesellschaftssystem, in dem ein Mann gleichzeitig mehrere Ehefrauen (Polygynie), oder eine Frau mehrere Ehemänner (Polyandrie) haben darf. Bei zeitlicher Befristung spricht man von NEBENEHE.

Potlatch, Gesamtheit der Zeremonien, in denen unterschiedliche gesellschaftliche Gruppen Geschenke untereinander austauschen. Mit diesen Zeremonien wird durch Anzahl und Wert der Geschenke einem symbolischen Wettstreit Ausdruck verliehen; durch Zeremonien gekennzeichnetes Tauschsystem.

Reservat, Reservation, Territorium, in dem die Urbevölkerung untergebracht ist (z. B. in den Vereinigten Staaten, in Kanada, Australien). Ursprüngliches Ziel ist die leichtere Kontrollierbarkeit durch die Regierung.

Ritus, Brauch, Feierlichkeit mit magischem Charakter, die immer wieder in der gleichen Form vollzogen wird und überirdische Mächte durch eine bestimmte Handlung beeinflussen soll.

Schamane, mit magischen Fähigkeiten ausgestatteter Priester, der sich mit Hilfe übernatürlicher Mächte in Trancezustände versetzt. Den Kontakt zu diesen Mächten nimmt er durch eine Seelenfahrt auf. Er tritt besonders als Heiler auf, auch als Wahrsager, Zauberer, Hüter der Traditionen, Opferpriester, Künstler (besonders Sänger und Tänzer).

Schamanismus, Gesamtheit der religiösen Praktiken, in deren Mittelpunkt der Schamane steht.

schwarze Magie, Gesamtheit geheimer Praktiken mit dem Ziel, sich mit den bösen Geistern, den außernatürlichen Mächten, zu versöhnen, damit sie ihre Kräfte bei jemandem anwenden, dem man schaden will.

Sororat, Gesellschaftssystem, in dem ein Ehemann die Schwester seiner verstorbenen Ehefrau heiratet.

Sprache, System sprachlicher Zeichen, das der Kommunikation zwischen Mitgliedern einer Sprachgemeinschaft dient.

Stamm, aus vielen Familien bestehende Gruppe, die ein bestimmtes Gebiet bewohnt oder in ihm umherzieht. Er besitzt ein politisches System (Häuptlingstum), religiöse Kulte, eine gemeinsame Sprache. Die Mitglieder führen meist ihre Herkunft auf einen gemeinsamen Ahnen zurück.

Tabu, Verbot religiösen Charakters, das sich auf Wesen, Gegenstände oder Handlungen bezieht, die als heilig oder unrein betrachtet werden.

Totem, Tier, Pflanze, Gegenstand oder Erscheinung, die von einem Indianerstamm oder einer Gruppe, meistens dem Klan, als mythischer Vorfahr oder ferner Verwandter angesehen werden.

Totemismus, gesellschaftliche Ordnung, die sich auf das Totem stützt.

Übergangsriten, Rites de passage, Riten und Feierlichkeiten, mit denen der Übergang eines Individuums von einer Gruppe in eine andere begangen wird, insbesondere bei der Aufnahme von Jugendlichen in die Gruppe der Erwachsenen.

unilinear, bezeichnet eine Abstammungsform, bei der entweder die mütterliche Linie (matrilinear) oder die väterliche Linie (patrilinear) ausschlaggebend ist.

Verwandtschaft, durch Abstammung oder Heirat entstandene Beziehung, die zwei oder mehrere Personen miteinander verbindet.

Verwandtschaft(ssystem), Gesamtheit der Beziehungen zwischen Verwandten und den Verwandtschaftsgruppen einer Familie in einer Ethnie bzw. einer Gesellschaft, die das Verhalten, die Rechte und Pflichten der Familienmitglieder bestimmen.

weiße Magie, Gesamtheit der Riten und Praktiken, mit denen man die bösen Geister abwendet, das Unglück bannt und Personen heilt, die Opfer von Behexungen wurden.

Zauberei, Fähigkeit eines Individuums innerhalb einer Gesellschaft oder einer Gruppe, durch magische Handlungen und Rituale zu heilen oder Schaden zuzufügen.

Die verbreitetsten Sprachen der Erde

Sprache	Familie	Hauptverbreitungsgebiete	Anzahl der Sprecher (in Millionen, Schätzung)
Chinesisch (Mandarin)	sinotibetische Sprachen	China, Taiwan	700
Englisch	indogermanische Sprachen (Gruppe: germanische Sprachen)	Nordamerika, Großbritannien, Australien, Südafrika	370
Hindi und Urdu	indogermanische Sprachen (Gruppe: indoarische Sprachen)	Indien, Pakistan	300
Spanisch	indogermanische Sprachen (Gruppe: romanische Sprachen)	Spanien, Lateinamerika	250
Russisch	indogermanische Sprachen (Gruppe: slawische Sprachen)	UdSSR	160
Arabisch	semitische Sprachen	Vorderasien, Nordafrika	150
Portugiesisch	indogermanische Sprachen (Gruppe: romanische Sprachen)	Portugal, Brasilien	140
Japanisch	vermutlich: altaische Sprachen	Japan	110
Bengali	indogermanische Sprachen (Gruppe: indoarische Sprachen)	Indien, Bangladesch	100
Französisch	indogermanische Sprachen (Gruppe: romanische Sprachen)	Frankreich, Kanada, Belgien, Schweiz, Schwarzafrika	100
Deutsch	indogermanische Sprachen (Gruppe: germanische Sprachen)	Deutschland, Österreich, Schweiz	85
Italienisch	indogermanische Sprachen (Gruppe: romanische Sprachen)	Italien, Schweiz	60
Javanisch	austronesische Sprachen	Indonesien (Java)	45
Telugu	Dravidasprachen	Südindien	45
Koreanisch	vermutlich: altaische Sprachen	Korea	45
Kantonesisch	sinotibetische Sprachen	China (Kanton)	40
Tamil	Dravidasprachen	Südindien, Sri Lanka	40
Ukrainisch	indogermanische Sprachen (Gruppe: slawische Sprachen)	UdSSR (Ukraine)	40
Marathi	indogermanische Sprachen (Gruppe: indoarische Sprachen)	Südindien	40

VÖLKER UND SPRACHEN DER ERDE

AFRIKA UND MADAGASKAR

A

Adioukrou oder **Adiukru,** Volk im Süden der Republik Elfenbeinküste, das eine Kwasprache spricht (1981: 70 000). ▫ Die Adioukrou betreiben Ackerbau. Sie besitzen das gleiche Verwandtschaftssystem wie die Agni oder die Baule.
Adja oder **Aja,** Volk in Benin, (1986: ca. 284 000); spricht eine Kwasprache.
Afar →Danakil.
Agni oder **Anyi,** Volk, das *Akan* spricht (1979: 200 000). Die Agni bewohnen das Waldgebiet im Südwesten der Republik Elfenbeinküste. ▫ Sie bilden verschiedene Häuptlingstümer. Die Bevölkerung des Nordens hat sich dem islamischen Glauben angeschlossen, während im Süden weiterhin Naturreligionen vorherrschen.
Akan, Gruppe von Völkern (Ashanti, Agni, Baule usw.), die das den Kwasprachen angehörende *Akan* (oder *Twi*) sprechen. Die Akan zählen knapp 7 Millionen Menschen (1987).
Alur, in Uganda und Zaire lebendes Volk (1971: 190 000). Sie sprechen *Luo,* eine nilosaharanische Sprache. ▫ Die Alur betreiben Ackerbau. Ihr Abstammungssystem ist patrilinear. Sie untergliedern sich in Klane, und diese wiederum in Lineages. Sie hängen einem animistischen Glauben an und verehren die toten Häuptlinge.
Ambo oder **Ovambo,** Volk in Angola (vier Stämme) und besonders in Namibia (acht Stämme), wo sie mit 641 000 (1988) die größte Gruppe bilden. Ihre Sprache gehört zu den Benue-Kongo-Sprachen. ▫ Sie betreiben Ackerbau und Viehhaltung. Ihr Königtum stützt sich auf Erbadel. Sie sind Christen.
Amhara, das Staatsvolk von Äthiopien (1987: 14 Millionen); spricht *Amharisch,* eine semitische Sprache. Durch ihr zentralistisches Königtum konnten die Amhara die anderen Völker Äthiopiens unterwerfen. Sie betreiben Ackerbau und Viehzucht. Sie sind Anhänger des christlichen Glaubens.
Ankole oder **Nkole** oder **Banyankole,** Volk in Uganda (1987: über 1,2 Millionen); spricht eine Benue-Kongo-Sprache. ▫ Die Ankole sind Bauern und Viehhalter. Es gilt das patrilineare Abstammungssystem.
Antaisaka oder **Tesaka,** Bevölkerungsgruppe an der SO-Küste der Insel Madagaskar (1985: 500 000). Die Antaisaka sprechen *Malagasy* und haben einen ausgeprägten Totenkult.
Antandroy, Bevölkerungsgruppe im trockenen Süden von Madagaskar (1974: 412 000). Sie sprechen *Malagasy;* Rinderhaltung.
Anuak oder **Anywak,** Volk im Süden der Republik Sudan (1971: ca. 45 000). Sie leben in Häuptlingstümern und sprechen eine nilosaharanische Sprache.
Ashanti, Aschanti oder **Asante,** Bevölkerung Zentralghanas (1983: 1 Million). Die Ashanti sprechen das zu den Kwasprachen gehörende Akan. ▫ Sie ließen sich ungefähr im 11. Jh. im Norden Ghanas nieder, mußten dieses Gebiet aber im 15. Jh. verlassen und nach Zentralghana gehen. Ende des 17. Jh. sicherte einer ihrer Häuptlinge, Osei Toutou, ihre Autonomie, vergrößerte ihr Königreich und errichtete die Hauptstadt der Ashanti, Kumasi. Danach schlossen sich die Ashanti zu einer Föderation zusammen. Der von 1725 bis 1749 herrschende Neffe Osei Toutous, Apokou Ouaré, stärkte die Macht der Ashanti. Die Reformen von Osei Bonsou (1800–1824) ermöglichten den Übergang von einem sakralen Königtum zu einer beratenden und verfassungsmäßigen Regierung. 1863 begannen die Streitigkeiten mit den Briten. 1874 wurde Kumasi zerstört. 1935 wurde die Föderation der Ashanti feierlich wiederhergestellt. ▫ Die Ashanti sind geschickte Handwerker (hochentwickelte Goldschmiedekunst). Ihre Gesellschaft baut sich aus Lineages auf und ist noch heute vom Königtum geprägt.
Azande →Zande.

B

Bagirmi, Bevölkerung des Tschad (1981: knapp 30 000), in der Elemente der Araber, der Fulbe, der Kanuri und der Sara verschmelzen, und die vom 16. Jh. bis zum 19. Jh. im Sudan ein eigenes Sultanat hatten. Dieses wurde insbesondere durch das Königreich Bornu unterworfen und schließlich aufgelöst.
Baja oder **Gbaya** oder **Baya,** in den Flußniederungen der Zentralafrikanischen Republik und in Zaire lebendes Volk, das eine Adamaua-Ost-Sprache spricht. ▫ Die Baja sind Bauern und Fischer. Manche sind in modernen Landwirtschaftsgenossenschaften organisiert. Sie sind in patrilokale Lineages aufgeteilt und versuchen, ihren traditionellen animistischen Glauben angesichts der immer stärkeren Islamisierung zu wahren.
Bakoko →Koko.
Bakongo →Kongo.
Bakota →Kota.
Bakuba →Kuba.
Balante, Volk in Guinea-Bissau und Senegal; spricht *Balante,* eine Niger-Kongo-Sprache (1981: 190 000). ▫ Die Balante widmen sich dem Ackerbau und der Viehzucht, insbeson-

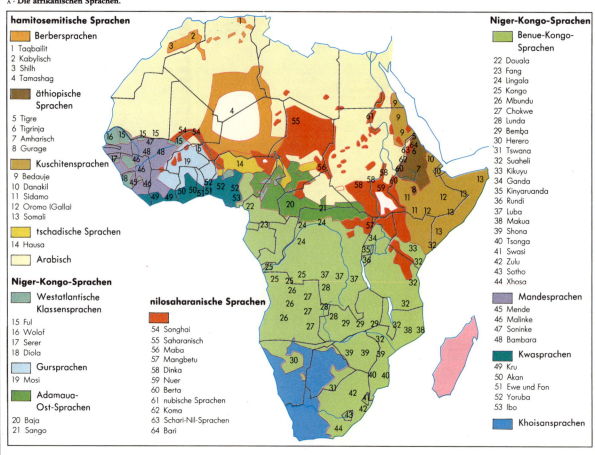

A · Die afrikanischen Sprachen.

hamitosemitische Sprachen
- Berbersprachen
  1 Taqbailit
  2 Kabylisch
  3 Shilh
  4 Tamashag
- äthiopische Sprachen
  5 Tigre
  6 Tigrinja
  7 Amharisch
  8 Gurage
- Kuschitensprachen
  9 Bedauje
  10 Danakil
  11 Sidamo
  12 Oromo (Galla)
  13 Somali
- tschadische Sprachen
  14 Hausa
- Arabisch

Niger-Kongo-Sprachen
- Westatlantische Klassensprachen
  15 Ful
  16 Wolof
  17 Serer
  18 Diola
- Gursprachen
  19 Mosi
- Adamaua-Ost-Sprachen
  20 Baja
  21 Sango

nilosaharanische Sprachen
  54 Songhai
  55 Saharanisch
  56 Maba
  57 Mangbetu
  58 Dinka
  59 Nuer
  60 Berta
  61 nubische Sprachen
  62 Koma
  63 Schari-Nil-Sprachen
  64 Bari

Niger-Kongo-Sprachen
- Benue-Kongo-Sprachen
  22 Douala
  23 Fang
  24 Lingala
  25 Kongo
  26 Mbundu
  27 Chokwe
  28 Lunda
  29 Bemba
  30 Herero
  31 Tswana
  32 Suaheli
  33 Kikuyu
  34 Ganda
  35 Kinyaruanda
  36 Rundi
  37 Luba
  38 Makua
  39 Shona
  40 Tsonga
  41 Swasi
  42 Zulu
  43 Sotho
  44 Xhosa
- Mandesprachen
  45 Mende
  46 Malinke
  47 Soninke
  48 Bambara
- Kwasprachen
  49 Kru
  50 Akan
  51 Ewe und Fon
  52 Yoruba
  53 Ibo
- Khoisansprachen

356

VÖLKER UND SPRACHEN DER ERDE

dere der Schweinezucht. Ihr Verwandtschaftssystem ist matrilinear.

Baluba → LUBA.

Balunda → LUNDA.

Bambara, hauptsächlich in Mali lebendes Volk; spricht *Bambara*, eine Niger-Kongo-Sprache der Mandegruppe. (1987: 2 750 000). □ Die Bambara-Königreiche wurden im 19. Jh. von den Tukulor zerstört. Die Bambara sind seßhafte Bauern. Ihre Abstammung ist patrilinear organisiert. Sie sind Anhänger eines animistischen Glaubens und besitzen durch Initiation zugängliche Geheimbünde.

Bambuti oder **Mbuti** → PYGMÄEN.

Bamileke, in Kamerun lebendes Volk; spricht *Bamileke*, eine Benue-Kongo-Sprache (1983: 600 000 bis 700 000). □ Die Bamileke betreiben hauptsächlich Ackerbau. Sie untergliedern sich in etwa 100 mehr oder weniger autonome Häuptlingstümer.

Bamum, Volk in Kamerun (1984: 100 000); spricht eine Benue-Kongo-Sprache. □ Sie sind hauptsächlich Bauern und Händler. Sie leben in Dorfgemeinschaften. Ihr König hat auch religiöse Funktionen. Sie entwickelten ein Schriftsystem.

Bangi oder **Babangi,** im Tropenwald in Zaire lebendes Volk; spricht eine Benue-Kongo-Sprache. □ Die Bangi sind Fischer und Bauern und leben in geschlossenen Dörfern mit einem Stammesoberhaupt.

Bantu, im subäquatorialen Afrika lebende Gruppe von Völkern (1987: über 7 Millionen). Bantu bezeichnet alle in dieser Region Afrikas lebenden Völker mit Ausnahme der Buschmänner und der Hottentotten. Zu den Bantu gehören im wesentlichen die Nguni (Xhosa, Swasi, Zulu u. a.), Shona, Sotho, Ambo, Tsonga und Tswana. Die Bantusprachen gehören zu den Benue-Kongo-Sprachen, die eine Untergruppe der Niger-Kongo-Sprachen darstellen: Diese Sprachen werden von 60 Millionen Menschen gesprochen (1979).

Banyankole → ANKOLE.

Bapedi → PEDI.

Bari, nilohamitischer Volksstamm in den Niederungen von Westsudan; spricht eine nilosaharanische Sprache (1981: 35 000). Die Bari leben vom Sammeln und vom Fischfang.

Basoga → SOGA.

Basuku → SUKU.

Basuto → SOTHO.

Bateke → TEKE.

Bateso → TESO.

Batetela → TETELA.

Baule, zu den Akan gehörendes Volk in der Republik Elfenbeinküste (1986: 1,3 Millionen). □ Das Volk entstand im 18. Jh. aus Einwanderern aus dem heutigen Ghana. Ihre Gesellschaft basiert auf matrilinearer Verwandtschaft. Sie pflanzen Kakao und Kaffee an.

Bavenda → VENDA.

Baya → BAJA.

Bemba, im Nordosten Sambias lebendes Volk. Das *Bemba* gehört zu den Benue-Kongo-Sprachen. □ Die Bemba betreiben Ackerbau. Ihre matrilineare Gesellschaft ist in Klane unterteilt. Das Dorf ist die wichtigste soziale Einheit, ihr Königtum jedoch eint sie zu einer Art Staat.

Berber, bewohnen weite Teile des Atlasgebirges und des nördlichen Sahara und bestehen aus etwa 30 verschiedenen Gruppen, darunter die Tuareg und die Kabylen. Ihre Dialekte *(Berberisch)* gehören zur hamitosemitischen Sprachfamilie. Zählt man die Tuareg nicht mit, umfassen die Berber über 14 Millionen Menschen. Sie sind charidjitische Muslime. □ Schon in Vorzeiten lebten sie in Afrika. Das unwegsame Bergland erschwerte den Zusammenhalt der Stämme. Gegen Ende des römischen Kaiserreiches lehnten sie sich immer häufiger auf. Sie wehrten sich ebenso gegen den Einfall der Wandalen und gegen die Ausdehnung des byzantinischen Reichs (6.–7. Jh.). Zu den ersten Berührungen mit den Arabern kam es im 7. Jh. Diese eroberten das Land nach hartem Kampf, trotz des starken Widerstandes der Berber, die von der legendären Heldin Al-Kahina angeführt wurden. Die Berber mußten zum Islam übertreten, behielten jedoch den Wunsch nach Unabhängigkeit und revoltierten mehrfach. Vom 11. Jh. bis zum 14. Jh. gründeten sie eigene Dynastien (Almoraviden, Almohaden, Meriniden, Abdalwadiden, Hafsiden). Später gerieten sie großenteils unter türkische Herrschaft (16.–19. Jh.) und danach unter die Kolonialherrschaft Frankreichs. Erst das 20. Jh. brachte ihren Ländern die Unabhängigkeit. Die in den Gebirgen (Rif, Kabylei, Aurès) lebenden Berber haben ihre Dialekte, tribalen Sozialorganisationen, Bräuche und ihr Gewohnheitsrecht beibehalten.

Bete, im Westen der Republik Elfenbeinküste und in Liberia lebende Stammesgruppe, die *Kru* spricht. □ Die Gesellschaft der Bete ist patrilinear aufgebaut und besitzt keine zentrale Machtinstanz. Sie boten den französischen Kolonisatoren lange Zeit Widerstand. Vor der Kolonisierung bestand die den Männern vorbehaltene Arbeit aus gemeinsamer Jagd und Kriegszügen, die Aufgaben der Frauen lagen im landwirtschaftlichen Bereich; heute bauen sie Kaffee und Kakao an.

Betsileo, Volk im Hochland von Madagaskar (1986: 1,2 Millionen). Ihre Sprache ist *Malagasy*. □ Sie sind in Klane aufgeteilt und betreiben Terrassenanbau (Reis). Sie hängen einem animistischen Glauben mit einem Schöpfergott an und praktizieren den Ahnenkult.

Betsimisaraka, an der O-Küste Madagaskars lebendes Volk, das *Merina*, einen Malagasydialekt, spricht (1987: über 1,5 Millionen). □ Die Betsimisaraka bilden Klane. Die politische Macht ist zwischen einem Stammesoberhaupt und den Patriarchen aufgeteilt. Sie haben animistische Glaubensvorstellungen.

Bini → EDO.

Bobo oder **Bwa,** Volk im westlichen Burkina Faso und im angrenzenden Mali (1987: 370 000); spricht eine Mandesprache. □ Die Bobo leben in Lehmhäusern mit zinnenbewehrten Verteidigungsmauern.

Bororo oder **Wodaabe,** Untergruppe der Fulbe, lebt beiderseits der Grenze zwischen Nigeria und Niger. Die Bororo leben nach wie vor als nomadische Rinderhirten. Sie sind hellhäutig und treiben einen ausgesprochenen Schönheitskult.

Buschmänner, ethnische Gruppe, die früher weite Teile des südlichen Afrika bewohnte, dann aber von den Bantu und später auch von Europäern in die Kalahari (Namibia und Botswana) zurückgedrängt wurde. (1987: zwischen 40 000 und 50 000). Die Buschmänner sprechen eine Khoisansprache. □ Nur wenige führen noch ihre traditionelle Lebensweise als Jäger und Sammler.

A · **Teilansicht von Timbuktu.**

Timbuktu liegt oberhalb der Nigerschleife, etwa 10 Kilometer vom Fluß entfernt, auf seiner linken Seite. Früher war es eine große Handelsstadt, in der man Produkte vom Mittelmeer gegen Gold und gegen sudanesische Sklaven tauschte. Der Beginn der Seefahrt von Europa zur Küste Westafrikas bedeutete das Ende für diesen Handel. Heute ist Timbuktu Umschlagplatz für Hirtennomaden, die sich dort mit Salz, Getreide und Stoffen versorgen.

B · **Dorf der Bamileke.**

Die Siedlungsweise der Bamileke in Kamerun spiegelt die starke politische Organisation in ihrer Gesellschaft, die auch in den sozialen und religiösen Bereich übergreift, wider. Die Gesellschaft ist in Häuptlingstümer *(chefferies)* unterteilt, die bis heute eine weitgehende Autonomie bewahrt haben. An ihrer Spitze stehen religiöse Würdenträger. Diese traditionellen Häuser sind äußerst solide und funktionell gebaut.

VÖLKER UND SPRACHEN DER ERDE

AFRIKA UND MADAGASKAR

C

Chewa oder **Cewa**, Volk in Malawi und Sambia. Die Chewa sprechen eine Benue-Kongo-Sprache. □ Sie sind in matrilinearen Gruppen organisiert. Ihre durch Erbfolge bestimmten Oberhäupter haben magische und politische Macht.

Chokwe oder **Tschokwe**, Volk in Angola, Zaire und Sambia (1987: 1,1 Millionen). Ihre Sprache ist das *Chokwe*, eine Sprache der Benue-Kongo-Gruppe. □ Im Norden leben die Jäger, im Landesinnern und Süden die Bauern. Sie bilden eine patrilokale Gesellschaft mit matrilinearem Abstammungssystem. In ihrem animistischen Glauben spielt Zauberei eine wichtige Rolle.

D

Dan, Volk in der Republik Elfenbeinküste und in O-Liberia; spricht eine Mandesprache (1987: über 600 000). □ Die Dan bilden eine patrilineare segmentäre Gesellschaft.

Danakil oder **Afar**, ein zwischen dem Roten Meer und dem äthiopischen Hochland lebendes Volk, das das zu den Kuschitensprachen gehörende *Danakil* spricht (1987: 600 000). Sie sind Hirtennomaden (Rinder), die früher der Salzgewinnung nachgingen. Sie sind sunnitische Muslime.

Dasa oder **Daza**, Volk im Tibesti (Tschad); spricht eine nilosaharanische Sprache. □ Einige Dasa sind Nomaden, andere wiederum sind seßhaft. Ihre patrilineare Gesellschaft untergliedert sich in Klane. Für manche Berufe (z. B. Schmiede) gibt es Kasten. Die Dasa bekennen sich zum Islam.

Dinka, Volk in Sudan, im Überflutungsgebiet am oberen Nil (1988: zwischen 1 und 2 Millionen). Das *Dinka* gehört zu den nilosaharanischen Sprachen. Die Dinka sind mit den Nuern verwandt. □ Sie sind ein Hirten- und Kriegervolk. Ihre Gesellschaft ist dualistisch aufgebaut: Jeder Klan besteht aus zwei Hälften. Die Männer der einen Hälfte dürfen nur Frauen aus der anderen Hälfte heiraten. Die Gesellschaft ist in Klassen unterteilt; durch Initiation können verschiedene Rangstufen erreicht werden. Die Dinka hängen Naturreligionen an. Die Rinder spielen im religiösen Leben eine große Rolle. Man schenkt einem in eine andere Altersklasse eintretenden Mann einen geschmückten Stier und gibt ihm seinen Namen. Unter den Völkern des Südsudans leisten die Dinka der autoritären Regierung von Khartoum, die den Islam zur Staatsreligion erklärt hat und die Scharia anwendet, den heftigsten Widerstand. Sie unterstützen die Guerillabewegungen und sind Opfer von Pogromen (Soldaten, muslimische Fanatiker). Sie mußten in letzter Zeit auch Hungersnöte erdulden (vor allem 1981).

Diola oder **Dyola**, in Senegal, Gambia und Guinea lebendes Volk (1987: über 650 000). Das *Diola* gehört zu den Niger-Kongo-Sprachen der westatlantischen Sprachfamilie. □ Die Diola sind Bauern und leben in kleinen, recht offen strukturierten Einheiten. Ihr animistischer Glaube wird langsam vom Christentum und mehr noch vom Islam verdrängt.

Djerma oder **Zarma**, in Burkina Faso und Niger lebendes Volk (1987: etwa 1 Million)

Dogon, Volk in Mali, das *Dogon* spricht, eine Niger-Kongo-Sprache (1986: 350 000). □ Der komplexe Glaube der Dogon beruht auf einer Mythologie, die sich in der Struktur ihrer patrilinearen Gesellschaft wiederfindet.

Douala, oder **Duala**, Volk in Kamerun; spricht eine Benue-Kongo-Sprache (1986: etwa 10 000). □ Die Douala sind Bauern und Jäger und leben in geschlossenen Dörfern. Es gilt das patrilineare Abstammungssystem.

Dyula oder **Dioula** →MANDE.

E

Edo oder **Bini**, Volk im südlichen Nigeria, das eine Kwasprache spricht (1986: 3,4 Millionen). □ Im 12. Jh. waren die Edo das Staatsvolk des großen Königreichs Benin, das im 15. Jh. den Zenit seiner Macht erreicht hatte. Dieses Königreich ist heute vollkommen auseinandergefallen, es gibt jedoch noch Überreste (z. B. die Erblichkeit hierarchischer Ämter). □ Ihre Gesellschaft zeichnet sich durch viele Initiationsgruppen aus. Es gilt das patrilineare Abstammungssystem.

Egba, Volk im südlichen Nigeria. □ Die Handwerkskunst der Egba ist weit entwickelt. Sie betreiben intensiven Handel. Ihre Kultur verbindet sie mit den Yoruba.

Ekoi, Volk im Süden Nigerias; spricht eine Benue-Kongo-Sprache (1968: 100 000). □ Die Ekoi sind Bauern und leben in geschlossenen Dörfern. Ihre Gesellschaft ist patrilinear aufgebaut.

Ewe, Volk in Ghana und Togo; spricht *Ewe*, eine Kwasprache (1988: 1,5 Millionen in Ghana und 1 Million in Togo). □ Die Ewe stammen aus dem heutigen Yorubaland. Sie sind Bauern und Fischer. Ihr Gesellschaftssystem gründet sich auf exogame patrilineare Gruppen, deren Oberhäupter eine große Rolle als Fürsprecher bei den Ahnen spielen. Sie hängen einem animistischen Glauben an.

F

Fang oder **Pangwe**, Bevölkerung in den Waldgebieten N-Gabuns, Äquatorialguineas und S-Kameruns (1987: über 2,7 Millionen). Sie sprechen *Fang*, eine Benue-Kongo-Sprache. □ Die Fang sind vorwiegend Bauern (Kakao, Erdnüsse, Palmen, Maniok usw.), aber sie gehen auch auf Jagd und Fischfang. Ihre Gesellschaftstruktur beruht auf patrilinearer Abstammung.

Fante, Volk in Ghana. Ihre Sprache gehört zu den Kuschitensprachen (1981: 850 000). □ Im 17. Jh. wanderten die Fante an die Küste und gründeten dort autonome Königreiche. Sie bildeten eine Staatenbund. □ Es gilt das patrilineare Abstammungssystem.

Fon, Volk in Benin und Nigeria. Sie sprechen eine Kwasprache (1987: über 2,8 Millionen). □ Die Fon gründeten das Königreich Dahome, das im 18. und 19. Jh. am mächtigsten war. Sie hatten eine sehr zentralistische und hierarchische Verwaltungsorganisation, mit einem Hof, Würdenträgern und einer Armee, die praktisch das Monopol für den Sklavenhandel besaß (daher der Name *Sklavenküste*). Übriggeblieben ist eine streng hierarchische Gesellschaftsstruktur.

Fulbe oder **Fulani** oder **Peul**, Völkerstämme, die sich über Westafrika, von Senegal bis Kamerun, verteilen; sprechen *Ful*, eine Niger-Kongo-Sprache (1984: über 6 Millionen Sprecher). □ Seit dem 18. Jh. übernahmen die Fulbe in verschiedenen Teilen Westafrikas die Herrschaft: 1559 im Fouta-Toro in Tekrur im mittleren Senegal, 1727 im Bergland des Fouta-Djalon.

Im frühen 19. Jh. hatten islamisch-fundamentalistische Fulbestaaten die Vorherrschaft in Westafrika: ab 1801 gründete Osman dan Fodio (1754–1817) in den Hausa-Stadtstaaten (N-Nigeria) das Kalifat von Sokoto, 1810 eroberte Hamadou Sekou das Gebiet Masina, 1860 Omar Saidou Tall die Stadt Segou. Ihre Reiche zerfielen jedoch zunehmend während der französischen und britischen Kolonisierung.

Die Fulbe leben heute meistens als Minderheit unter anderen Völkergruppen. Ihre Lebensweise ist sehr unterschiedlich. Die einen wandern umher als Hirtennomaden (→BORORO), die anderen sind seßhaft.

A · **Häuser der Danakil.**
Die Danakil oder Afar sind Halbnomaden im äthiopischen Tiefland und in Djibouti (Afarsenke). Die mit zahlreichen abflußlosen Becken übersäte Senke liegt zwischen den Danakilbergen und dem äthiopischen Hochland und hat trocken-heißes Klima. In den ausgetrockneten Salzsümpfen brechen die Danakil Salzblöcke und bringen sie ins Hochland. Dieses Dorf liegt im Tal des Omo.

B · **Dorf der Dinka.**
Die Anordnung der Häuser in diesem Dorf der Dinka am Nil spiegelt ihre dualistische Gesellschaftsstruktur nicht wider.

VÖLKER UND SPRACHEN DER ERDE

G

Galla oder **Oromo,** Volk in S-Äthiopien und NW Kenia. Die Galla nennen sich selbst *Oromo* (1987: 11 950 000). Sie sprechen *Galla* oder *Oromo,* eine Kuschitensprache. □ Sie bauen Gerste an und sind meist Hirtennomaden. Ihre Gesellschaft besteht aus exogamen Patrilineages und ist in Altersklassen unterteilt (Initiationsriten).

Ganda, hauptsächlich in Uganda, aber auch in Kenia ansässiges Volk (1987: 2 750 000). *Ganda* ist eine Benue-Kongo-Sprache (1988: über 1 Million). □ Noch im 19. Jh. bildeten die Ganda ein Königreich, das größte in Ostafrika, doch sie konnten ihre Autonomie nicht wahren. Ihr Königtum wurde 1966 endgültig abgeschafft. Sie wurden sehr wichtig für das Land, als eine exportorientierte Landwirtschaft eingeführt wurde. Ihre gesellschaftliche Struktur brach jedoch dadurch auseinander. Seit einem Jahrhundert ist das Christentum die offizielle Religion.

Gbaya → BAJA.

Giryama, im Küstengebiet Kenias lebendes Volk (1982: 60 000). □ Ihre landwirtschaftlichen Überschüsse ermöglichten den Giryama lange Zeit, ihre Unabhängigkeit gegenüber der Verwaltung Großbritanniens zu wahren und sich der Christianisierung zu widersetzen. Nach dem niedergeschlagenen Aufstand von 1914–15 wurden sie zu Zugeständnissen gezwungen. Ihre Glaubensvorstellungen sind animistisch.

Gisu, Volk mit Benue-Kongo-Sprache im südöstlichen Uganda, an den fruchtbaren Hängen des Elgon (etwa 290 000). Die Gisu sind Bauern und wohnen dicht bei ihren Hirsefeldern und Bananenhainen. Sie glauben an einen Hochgott und an die Bestrafung von Übeltaten durch ihre Ahnen.

Gogo, Volk mit Benue-Kongo-Sprache in Tansania (1970: 300 000). Das politische System der Gogo beruht auf Patrilineages und Altersklassen. Ihr animistischer Glaube schreibt die Arbeitsteilung zwischen Mann und Frau vor, insbesondere bei der Viehhaltung, die zwischen der Welt der Menschen und der Welt der Geister vermittelt.

Grusi oder **Grussi** → GURUNSI.

Gurage, Volk im Süden Äthiopiens (1987: über 1,3 Millionen). Sie sprechen *Gurage,* eine hamitosemitische Sprache. □ Die Gurage haben eine stark hierarchisierte politische Struktur mit einem komplexen Rechtssystem: Ein traditionelles ›Tribunal‹ übt legislative Funktionen aus und berät über strafbare Handlungen. Sie hängen animistischen Glaubensvorstellungen an.

Guerze → KPELLE.

Gurma, in den weiten Ebenen des südöstlichen Burkina Faso und in Niger (1987: 180 000) lebendes Volk. □ Die Gurma betreiben hauptsächlich Ackerbau. Ihre gesellschaftliche Untergliederung in Häuptlingstümer und Klane scheint vor allem an die Kolonialzeit gebunden zu sein. Islamischer Einfluß und animistische Glaubensvorstellungen bestehen nebeneinander.

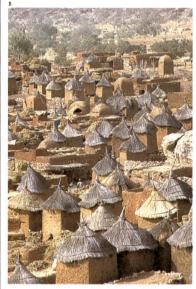

B · **Siedlungsform der Dogon.**
Die Dogon, ein sudanesisches Volk in Mali, leben im *Dogonland* an der Grenze zu Burkina Faso, östlich von Bandiagara. Sangha liegt malerisch am Felshang von Bandiagara und wird viel von Touristen besucht. Dorfstruktur und Anordnung der Hütten spiegeln die kosmologischen Vorstellungen wider. Der Standort jeder einzelnen Hütte steht im Einklang mit den gemeinsamen Vorstellungen von der Struktur der Gesellschaft.

Guro, Volk im Südwesten der Republik Elfenbeinküste, im tropischen Regenwald zwischen den Flüssen Bandama und Sassandra (1970: über 100 000). Die Guro sprechen eine Mandesprache. Sie sind Bauern (Reis). Ihre gesellschaftliche Organisation basiert auf patrilinearer Abstammung und einem nicht segmentären, hierarchischen System von Häuptlingstümern. Ihre Naturreligion beinhaltet Elemente eines synkretistischen Christentums.

Gurunsi oder **Grusi** oder **Grussi,** Volk im Südwesten von Burkina Faso, in O-Ghana und im Landesinnern von Togo (über 500 000). Die Gurunsi sprechen die Gursprache. □ Die meisten Gurunsi sind Bauern, es gibt jedoch auch Handwerker. Ihre Gesellschaft ist patrilinear organisiert und besteht aus einer Vielzahl von Klanen, deren wichtigste die Nonouma und die Youlsi sind.

Gusii, Volk in Kenia, in einem gut beregneten gebirgigen Gebiet im Süden der Provinz Nyanza (1979: fast 1 Million), spricht eine Benue-Kongo-Sprache. □ Die Gusii führten Krieg mit ihren Nachbarn, bevor sie durch die Kolonisierung Großbritanniens Frieden schließen mußten. Als Reaktion auf die Übergriffe der Kolonialverwaltung entstanden Mythen und ein millenaristischer Kult, der das Abwandern der Europäer und das Kommen eines goldenen Zeitalters ankündigte. Die Gusii sind heute in Genossenschaften organisierte Bauern.

H

Hausa, Volk im Norden Nigerias und im südlichen Niger (1984: 6 Millionen). Die Hausa sprechen *Hausa,* das zur tschadischen Gruppe der hamitosemitischen Sprachen gehört. □ Sie sind stark vom Islam beeinflußt und in von Vertretern adliger Klassen beherrschte Staaten untergliedert. Sie praktizieren Besessenheitskulte; die in Trance versetzten Individuen werden als Sprachrohr der Götter betrachtet.

Herero, Volk in Namibia und Botswana (1988: 97 000); spricht *Herero,* eine Benue-Kongo-Sprache. □ Sie haben eine eigene christliche Kirche *(Oruuano)* gegründet, in der ihr alter Ahnenkult weiterlebt.

A · **Ostafrikanische Hausformen.**
Links ein Haus aus Bambus, in der Mitte ein Haus der Oromo (Galla), rechts eine Kuppelhütte mit parallel zueinander verlaufenden waagerechten Verstärkungen des Gestänges.

C · **Dorf der Gurunsi.**
Die Gurunsi leben im westlichen Burkina Faso. Es gibt dort lange, 6 bis 8 Monate anhaltende Trockenzeiten, (von November bis Mai/Juni), in denen es anfangs kalt und später sehr heiß ist. Die Gurunsi leben in Dörfern mittlerer Bevölkerungsdichte und pflanzen hauptsächlich Getreide (Hirse) an, aber auch Jams, Erdnüsse und Baumwolle.

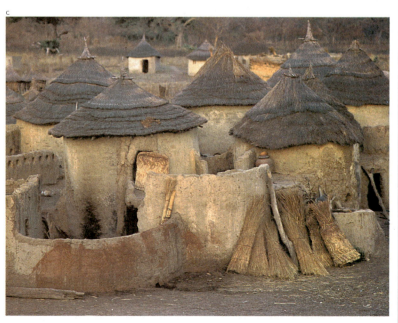

359

VÖLKER UND SPRACHEN DER ERDE

AFRIKA UND MADAGASKAR

Hima oder **Wahima,** äthiopides Volk in Ostafrika, Gründer der Staaten Buganda, Bunyoro, Burundi und Ruanda (›Himastaaten‹). Im heutigen Ruanda und Burundi heißen sie → Tutsi.

Holoholo, Volk mit Benue-Kongo-Sprache in Ruanda, in den Bergwäldern am Ostufer des Kivusees.

Hottentotten oder **Khoin-Khoin,** Völkerfamilie im südlichen Afrika. Ihre Sprache, das *Hottentottische,* gehört zu den Khoisansprachen. Die Hottentotten bewohnten bis ins 18. Jh. v. a. das Gebiet zwischen Oranje und Kap der Guten Hoffnung. Sie züchteten Langhornrinder und Fettschwanzschafe. Als einzige ethnische Gruppe haben sich die Nama in Namibia erhalten.

Hutu, Volk in O-Afrika, in Burundi und Ruanda (1986: über 10 Millionen in Ruanda, 1988: 4 250 000 in Burundi). Die Hutu sprechen Benue-Kongo-Sprachen. □ Ihr Verwandtschaftssystem basiert auf Klanen und patrilinearer Abstammung. Die Hutu bilden die Bevölkerungsmehrheit in Burundi (Bauern), die Minderheit der Tutsi jedoch hat die Macht inne. Als die Belgier 1922 mit der Kolonisierung Burundis begannen, stärkten die Tutsi gleichzeitig ihre Macht. Im Mai 1972 richteten die Tutsi ein Massaker unter den Hutu an, die die gleiche Kultur, Sprache (Kirundi) und Schrift wie sie besitzen. Dieses Massaker kostete über 100 000 Menschen das Leben und bewirkte eine Auswanderungswelle nach Ruanda. Im Juli/August 1988 begannen die Tutsi erneut mit den Massakern (nach Schätzungen fast 50 000 Opfer), und wieder zog dies Abwanderungen der Hutu nach Ruanda nach sich, wo die beiden Völker friedlicher miteinander leben.

I

Ibibio, in S-Nigeria lebendes Volk (1986: 4,2 Millionen), spricht eine Benue-Kongo-Sprache. □ Ihre Gesellschaftsstruktur beruht auf Altersklassen und Patrilineages. Sie sind Bauern. Sie wohnen, mit starker Bevölkerungsdichte, in dem Gebiet zwischen Niger und Cross River. Die Zugehörigkeit zu Bünden (Initiation) ermöglicht manchem den Erwerb von Gütern.

Ibo oder **Igbo,** Volk in SO-Nigeria (1987: 18,5 Millionen), spricht *Ibo,* eine Kwasprache. □ Vor der britischen Kolonialherrschaft lebten die Ibo als Ackerbauern in kleinen, demokratischen Gemeinwesen. Sie wurden früh Christen. Dank ihrer guten Schulbildung arbeiteten sie schon in den 1930er jahren in ganz Nigeria als Beamte, Händler, Handwerker und Techniker. Nach Ausschreitungen gegen sie versuchten sie 1967–70 (Biafrakrieg) vergeblich, einen eigenen Staat zu gründen.

Idoma, Volk in Nigeria südlich des unteren Benue im Bundesstaat Benue (1984: 250 000). Es spricht *Idoma,* eine Kwasprache.

Igala oder **Igara,** Volk in Zentralnigeria, östlich des Zusammenflusses von Niger und Benue (etwa 300 000). Sitz ihres Oberhauptes ist Idah. Ihre Sprache ist das *Igara,* eine Kwasprache.

Ijo oder **Ijaw,** Volk in Nigeria, im Nigerdelta (1987: 1,8 Millionen). Die Ijo sprechen eine Kwasprache. □ Sie lebten früher vom Fischfang, heute jedoch vorwiegend von der Palmölgewinnung.

Issa → Somal.

K

Kabre, Volk in Togo (1987: 750 000). □ Die Kabre betreiben Ackerbau (Jams, Hirse, Erdnüsse) und leben trotz ihrer hohen Bevölkerungsdichte in Streusiedlungen. Sie sind patrilinear organisiert. Ihre Gesellschaft besteht aus 5 Klassen, diese wiederum aus Untergruppen, in die man durch Initiation gelangt. Die Kabre hängen einer Naturreligion an.

Kabylen, Berbervolk in Algerien. Die Kabylen in der Großen Kabylei (Nordwest-Algerien) sprechen nach wie vor ihre Berbersprache, die in anderen Regionen Algeriens lebenden Kabylen sprechen mehr arabisch. □ Seit Beginn der Eroberung durch Frankreich waren sie der Fremdmacht feindlich gesinnt. Unter den zahlreichen Aufständen ist vor allem der von 1871 zu nennen. Bei der Befreiung Algeriens (zwischen 1954 und 1962) spielten sie eine entscheidende Rolle. Die Kabylen leben in Klanen mit besonderen Aufgaben und Verboten, die jeweils aufeinander abgestimmt sind. Bei ihnen gilt das patrilineare Abstammungssystem. Sie sind Muslime.

Kaffa oder **Kafa,** Volk in Äthiopien (1987: 1,8 Millionen). □ Die Kaffa bildeten im 15. Jh. ein Königreich, das Ende des 19. Jh. an Äthiopien angegliedert wurde. Sie betreiben Feldbau und leben in Streusiedlungen. Bei ihnen gilt das System der patrilinearen Abstammung. Ihre Gesellschaft gliedert sich in verschiedene soziale Schichten. Ihr König, dem ein Rat beisteht, verkörpert den Himmelsgott. Die staatliche Struktur war auf Kriegführung ausgerichtet. Die Kaffa hängen vorwiegend Naturreligionen an.

Kamba, in den Hochplateaus von Kenia lebendes Volk (1987: 2 350 000). Die Kamba sprechen eine Benue-Kongo-Sprache. Sie sind in 25 patrilineare totemistische Klane unterteilt, wobei jede Großfamilie auf einem bestimmten Territorium lebt. Sie untergliedern sich in Altersklassen. Der ältesten Klasse fallen die Macht sowie magische und religiöse Aufgaben zu. Sie hängen animistischen Glaubensvorstellungen an.

Kanuri, Volk im Staat Bornu in N-Nigeria (1987: 4 950 000). Die Kanuri sprechen *Kanuri,* eine nilosaharanische Sprache. □ Nach ihrer Bekehrung zum Islam (10. Jh.) gründeten sie einen auf Expansion bedachten islamischen Staat (einer der sogenannten Sudanstaaten), dem ein religiöses Ideal zugrunde liegt. Der Sultan, die zentrale Instanz, hat politische und religiöse Funktionen. Die Kanuri betreiben Feldbau und Viehhaltung. Ihre Gesellschaft ist patrilinear strukturiert.

Karamojong, Volk in Kenia und im Nordosten Ugandas (1985: 100 000). Das *Karamojong* ist eine nilosaharanische Sprache. □ Die Karamojong betreiben Viehhaltung und wohnen an Wasserstellen. Das Vieh wird innerhalb der patrilinearen Linie vererbt. Das politische System basiert auf Altersklassen. Die Karamojong sind Krieger und stehen wegen Weidenutzung und Viehdiebstahl in ständigen Konflikten mit ihren Nachbarn.

Kavirondo, Volk in W-Kenia. Die Sprache teilt sie in zwei Gruppen: die eine Benue-Kongo-Sprache sprechenden Bantu-Kavirondo oder Luhya (1987: über 2,8 Millionen) und die nördlich davon angesiedelten, der Luo-Sprachgruppe angehörenden Kavirondo. □ Die Bantu-Kavirondo bestehen aus etwa 20 politisch unabhängigen Stämmen (Logoli, Vigus u. a.). Die letzteren leben in patrilinearen Klanen. Es gibt keine zentrale politische Macht. Die Kavirondo betreiben Ackerbau und Viehhaltung. Sie sind in Altersgruppen unterteilt. In einer dieser Gruppen erlangen sie den Status eines Kriegers.

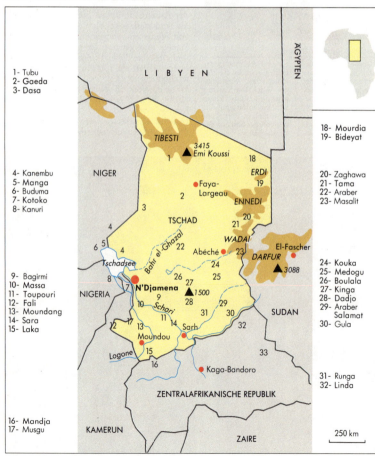

A · Die Völker im nördlichen Zentralafrika.

VÖLKER UND SPRACHEN DER ERDE

Kikuyu, Volk auf dem Kikuyuplateau in Kenia (1984: 3 Millionen). Das *Kikuyu* ist eine Benue-Kongo-Sprache. ▫ Ihre in Klane unterteilte Gesellschaft gliedert sich in zahlreiche Patrilineages, die sich auf Gebietseinheiten verteilen. Das soziale Gefüge besteht aus Altersklassen. Je nach Beruf gibt es verschiedene Initiationsstufen und entsprechende Geheimbünde.

Kirdi, Gruppe von Volkstämmen im Norden und Landesinnern Kameruns (1986: 800 000). ▫ Die Kirdi betreiben im Bergland Terrassenfeldbau. Sie sind Anhänger einer Naturreligion.

Kissi, Volk in Guinea, spricht *Kissi,* eine zur Westatlantischen Sprachgruppe gehörige Sprache. (1987: 630 000). ▫ Die Kissi betreiben Feldbau (Reis), Viehhaltung und gehen auf die Jagd. Sie leben in kleinen Dörfern mit zwei oder drei Segmenten exogamer, patrilinearer Lineages. Ihre gleichberechtigte Gesellschaft hört auf einen Ältestenrat. Sie hängen animistischen Glaubensvorstellungen an (Opferung von Nahrungsmitteln, Ahnenkult).

Koko oder **Bakoko,** Volk in Westkamerun (1984: 300 000); spricht eine Benue-Kongo-Sprache. ▫ Die Koko sind Bauern und Fischer und leben in Streusiedlungen. Die patrilineare Abstammungsfolge wird mehr und mehr durch ein matrilineares System ersetzt.

Kongo oder **Bakongo,** Gruppe von Volksstämmen in Zaire (1984: 4 Millionen). Das *Kongo* ist eine Benue-Kongo-Sprache. ▫ Die Kongo gründeten im 15. Jh. ein Reich, das sich von der Atlantikküste bis zum Kwango und vom Nsele im Norden bis zum südlichen Loje erstreckte. Ende des 15. Jh. unternahmen die Portugiesen mehrere Expeditionen, um sich mit Hilfe der Händler und Missionare mit den Kongo zu verbünden, die ihnen Sklaven lieferten. Es entstand ein christliches Reich. Die Könige versuchten damals, auf das Abendland Einfluß zu nehmen. Aber das Reich wurde etwa in der Mitte des 16. Jh. durch den Vorstoß des Königreichs Angola zerstört. Ende des 19. Jh. begann die Kolonisierung dieses Teils von Afrika durch Frankreich und Belgien. ▫ Die Kolonisierung untergrub die Grundlagen der kongolesischen Kultur. Heute leben die Kongo in einer matrilinearen Gesellschaft. Ihr Christentum ist durch synkretistische, noch aus traditionellen Glaubensvorstellungen stammende Bräuche gekennzeichnet.

Konjo, Volk von Jägern und Bauern mit Benue-Kongo-Sprache (etwa 100 000), in über 2 000 m ü. M. am Ruwenzori, Zaire/Uganda.

Konso, Volk in SO-Äthiopien (1984: 400 000); spricht eine Kuschitensprache. ▫ Die Oberhäupter in den Dörfern der Konso werden durch Erbfolge festgelegt. Sie betreiben intensiven Terrassenfeldbau. Sie unterteilen sich in Altersklassen mit bestimmten sozialen Funktionen.

Kota, Volk im Regenwald von O-Gabun (1987: 98 000), spricht eine Benue-Kongo-Sprache. ▫ Die Kota leben traditionsgemäß in kleinen, höchstens 80 Personen umfassenden Dörfern ohne Oberhaupt. Sie sind in Patriklane und Patrilineages organisiert, und nur das Klanoberhaupt darf den Lineages des Dorfes Weisungen erteilen. Sie hängen einem animistischen Glauben mit Ahnenkult an.

Kotoko, Gruppe von Volksstämmen im Tschad und in Kamerun (1984: 60 000), spricht eine tschadische Sprache. ▫ Die Kotoko waren früher ausschließlich Fischer; heute widmen sie sich auch dem Anbau von Nährpflanzen. Sie sind für ihr Handwerk (Keramik und Färben) bekannt. Sie leben in urbanen Siedlungen, in der Nähe von Städten und untergliedern sich in mehr oder weniger unabhängige Fürstentümer. Sie sind Muslime.

Kpelle oder **Pessi,** Volk in Guinea (wo man sie **Guerze** nennt) und in Liberia (1987: 750 000); spricht *Kpelle,* eine Mandesprache. ▫ Ihr Verwandtschaftssystem ist patrilinear; Sie unterteilen sich in Klane und Lineages und leben in Häuptlingstümern. Kennzeichnend sind männliche und weibliche Geheimbünde, deren Ziel die Erziehung Jugendlicher ist.

Kreda, Volk mit nilosaharanischer Sprache in der Republik Tschad, östlich von Kanem (etwa 15 000). Die Kreda leben als nomadische Hirten von Schafen und Rindern und sind Muslime.

Kru, Völkergruppe, die die Kru selbst, die Ewe, die Bete, die Dida usw. umfaßt und in Liberia und der Republik Elfenbeinküste lebt (1985: 1,5 Millionen; die eigentlichen Kru 1987: 170 000). Die Sprache ist das *Kru,* eine Kwasprache. ▫ Früher wurden sie von den Europäern ›Kru Men‹ genannt. Sie galten bei den ersten westlichen Ankömmlingen als berühmte Seefahrer und Händler. Ihre segmentäre Gesellschaft ist patrilinear aufgebaut. Jeder Patrilineage steht ein Ältestenrat vor. Des weiteren unterteilen sie sich in männliche Altersklassen mit Kriegerstatus.

Kuba oder **Bakuba,** Volk in Zaire (Kasai und Lulua); setzt sich aus zahlreichen Stämmen zusammen. ▫ Die Aufteilung der Aufgaben ist durch die Tradition festgelegt: Die Männer kümmern sich um die Jagd und den Fischfang, die Frauen um die Landwirtschaft. Die Kuba teilen sich in kleine Dörfer auf, nach matrilinearen exogamen Gruppen. Dörfer und Gruppen sind streng hierarchisch aufgebaut. An der Spitze steht ein göttlicher Monarch. Sie hängen animistischen Glaubensvorstellungen an.

Kunama, Volk mit nilosaharanischer Sprache im Grenzgebiet von Sudan und NW-Äthiopien (etwa 150 000). Die Kunama treiben Ackerbau (Hirse).

L

Limba, Volk im Norden und Landesinnern von Sierra Leone (1987: 140 000); spricht eine Niger-Kongo-Sprache. ▫ Sie unterteilen sich in Patriklane und Häuptlingstümer. Über die benachbarten muslimischen Völker kamen islamische Elemente in ihre Naturreligion.

Lobi, Volk im Süden von Burkina Faso und im Norden der Republik Elfenbeinküste (1987: 680 000). Die Lobi sprechen eine Niger-Kongo-Sprache. ▫ Sie sind Krieger und haben sich lange den französischen Kolonisierung widersetzt. Sie betreiben Feldbau. In ihrem Gesellschaftssystem gibt es sowohl Patriklane als auch Matriklane. Der gesellschaftliche Zusammenhang wird durch gemeinsame, regelmäßig stattfindende Märkte und die Initiationsriten der Männerbünde gewahrt. Sie hängen animistischen Glaubensvorstellungen an.

Loma → TOMA.

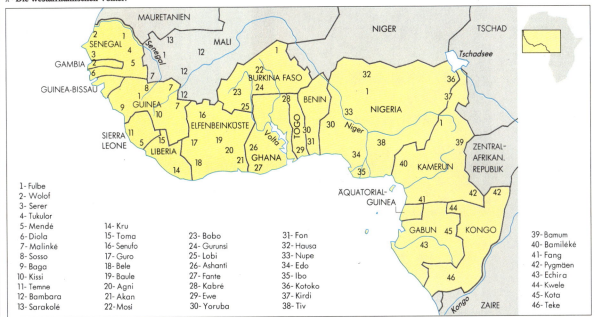

A · Die westafrikanischen Völker.

1- Fulbe
2- Wolof
3- Serer
4- Tukulor
5- Mendé
6- Diola
7- Malinké
8- Sosso
9- Baga
10- Kissi
11- Temne
12- Bambara
13- Sarakolé
14- Kru
15- Toma
16- Senufo
17- Guro
18- Bele
19- Baule
20- Agni
21- Akan
22- Mosi
23- Bobo
24- Gurunsi
25- Lobi
26- Ashanti
27- Fante
28- Kabré
29- Ewe
30- Yoruba
31- Fon
32- Hausa
33- Nupe
34- Edo
35- Ibo
36- Kotoko
37- Kirdi
38- Tiv
39- Bamum
40- Bamiléké
41- Fang
42- Pygmäen
43- Echira
44- Kwele
45- Kota
46- Teke

VÖLKER UND SPRACHEN DER ERDE

AFRIKA UND MADAGASKAR

Lozi → ROTSE.
Luba oder **Baluba,** Volk im Süden von Zaire, in Shaba und Kasai (1987: 5,7 Millionen). Ihre Sprache ist das *Luba,* eine Benue-Kongo-Sprache. ◻ Die Luba hatten lange Zeit ein hochentwickeltes Staatswesen. In der königlichen Familie galt die matrilineare Abstammung. Heute jedoch gilt bei den Luba das patrilineare System. Sie leben in kleinen Dörfern, die jeweils eine Einheit bilden. Die Frauen kümmern sich um die Landwirtschaft (Maniok, Bananen, Jams, Hirse).
Luena, Volk mit Benue-Kongo-Sprache in O-Angola, zwischen den Flüssen Luena und Kasai (etwa 90 000). ◻ Viele der engbebauten Dörfer liegen an Fluß- oder Seeufern; der Fischfang spielt eine große Rolle.
Lugbara, Volk am östlichen Rand Ugandas (1984: 500 000); spricht eine Schari-Nil-Sprache. ◻ Die Lugbara betreiben Ackerbau und Viehhaltung. Ihre Gesellschaftsstruktur beruht auf dem Klansystem und patrilinearer Abstammung. Zu ihrem animistischen Glauben gehört der Ahnenkult.
Luguru, Volk in O-Tansania (1984: 400 000); spricht eine Benue-Kongo-Sprache. ◻ Sie sind auf Handelsprodukte spezialisiert (Früchte, Sisal). Sie leben in einem matrilinearen Klansystem. Sie sind zwar Muslime, praktizieren aber auch Sühneriten und Ahnenkulte.
Luhya → KAVIRONDO.
Lunda oder **Balunda,** Volk in O-Angola, in Zaire und Sambia (1987: 565 000). Die Lunda setzen sich aus den Lunda-Kioko, Lunda-la-Chinde und Lunda-Ndembo zusammen. Das *Lunda* ist eine Benue-Kongo-Sprache. ◻ Die im Norden lebenden Lunda sind patrilinear, die im Süden lebenden matrilinear strukturiert. Im 17. Jh. bildeten sie ein auf Expansion ausgerichtetes Reich, das bis ins 19. Jh. bestehen blieb. Lange Zeit behielten sie ihre hierarchischen Strukturen mit Stammesoberhäuptern und Sklaven bei.
Luo, in Kenia nahe dem Viktoriasee lebendes Volk (1987: 2 650 000). Das *Luo* ist eine nilosaharanische Sprache. ◻ Das Vieh ist ihre wichtigste Einnahmequelle. Manchmal überfallen die Luo ihre Nachbarn, um sich Vieh zu beschaffen. Sie untergliedern sich in Klane und Patrilineages.

▲ · **Hütten der Masai.**
Die Masai, ein altes Nomadenvolk, leben westlich des Rift Valley in einfachen und schnell erbauten Hütten. Die Masai leben in Stämmen mit jeweils eigener Kriegergruppe. Ihre Hütten sind mit Stroh bedeckt. Die Rinderhaltung spielt bei ihnen eine große Rolle.

M

Maba, Volk im Tschad (1984: 600 000); spricht *Maba,* eine nilosaharanische Sprache. ◻ In dem im 17. Jh. gegründeten Staat Wadai waren sie die größte Volksgruppe. Sie sind Bauern (Hirse) und Viehzüchter. Ihre Gesellschaft ist patrilinear organisiert. Sie sind Muslime und unterhielten früher ein stehendes Heer, um bei den benachbarten heidnischen Stämmen Sklaven zu rauben.
Madi, Volk in S-Sudan und in N-Uganda (1985: 100 000); spricht eine Schari-Nil-Sprache. ◻ Die Madi betreiben Feldbau, Jagd und Fischfang. Ihre Gesellschaftsstruktur basiert auf dem Klansystem und patrilearer Abstammung. Sie leben in Streusiedlungen mit Stammesoberhäuptern.
Makonde, Volk in Ostafrika, im Grenzbereich Tansania / Moçambique (1987: 1 450 000). Die Makonde sprechen eine Benue-Kongo-Sprache. ◻ In ihren kreisförmig aufgebauten Siedlungen leben Großfamilien unter einem religiösen und politischen Oberhaupt. Zwischen den Dörfern besteht keine Rangordnung. Ihr Glaube ist monotheistisch, und sie beten zu ihren Ahnen.
Makua, Volk in Moçambique, an der Grenze zu Malawi, nördlich des Sambesi (1987: 6 850 000). Ihre Sprache, das *Makua,* gehört zu den Benue-Kongo-Sprachen. ◻ Sie sind Bauern. Ihre Gesellschaft lebt nach dem Klansystem und beruht auf matrilinearer Abstammung. An der Spitze eines jeden Dorfes steht ein von einem Rat unterstütztes Stammesoberhaupt. Ihr monotheistischer Glaube vermischt sich mit animistischen Glaubensvorstellungen.
Malinke, Volk in Mali (1987: über 3,3 Millionen); spricht das *Malinke,* eine Mandesprache. ◻ Die Malinke leben hauptsächlich vom Feldbau (Reis, Sorghum, Hirse). Sie sind in patrilinearen Klanen organisiert und leben in befestigten Dörfern. Jede Familie untersteht der absoluten Autorität eines Patriarchen. Die Malinkegesellschaft unterteilt sich in Klassen unterschiedlichen Ranges, mit religiösen Funktionen und bestimmten, aufeinander abgestimmten wirtschaftlichen Aufgaben.

Mamprusi, Volk in Ghana, nordöstlich des Weißen Volta (etwa 50 000). Die Mamprusi sprechen eine Gursprache. ◻ Sie halten Vieh und wohnen in geschlossenen Dörfern und Städten und haben einen Stammesoberhäuptling.
Mande oder **Mandingo,** Gruppe von Volksstämmen, die sich hauptsächlich aus den Malinke, den Soninke, den Bambara, und den Dyula (oder Dioula) zusammensetzt (1987: über 1,7 Millionen). Sie sprechen *Mande,* eine etwa 20 Sprachvarianten umfassende Niger-Kongo-Sprache. Diese Völker verbindet fast ausschließlich ihre Sprache, ihre Kulturen unterscheiden sich zum Teil erheblich. ◻ Vor mehreren hundert Jahren hatten sie ein großes Reich geschaffen, aus dem zahlreiche westafrikanische Kulturen hervorgingen. So entstanden das Reich von Mali, das vom 12.–14. Jh. große Teile Afrikas einschloß, das Reich der Bambara (Ségou- und Kaarta-Staat, im 19. Jh. von den Fulbe zerstört), das Reich von Gana usw. Die meisten Gesellschaften sind patrilinear aufgebaut. Oft findet man auch durch Vererbung fortgeführte Kasten, wie z. B die der Schmiede und vor allem der Griots, die die afrikanische Literatur mündlich überliefern.
Mangbetu, Volk in Zaire (tropischer Regenwald und Savanne); spricht *Mangbetu,* eine nilosaharanische Sprache. ◻ Im 18. Jh. bildeten die Mangbetu einen Klan, der ein Vielvölkerreich gründete. Die gemeinsame Sprache war das Mangbetu. Im 19. Jh. wurde das Königreich vernichtet. Von den Zande in den Regenwald zurückgedrängt, bildeten sie kleine Häuptlingstümer. Sie sind überwiegend Bauern. Ihre Gesellschaft ist patrilinear und in Klanen organisiert.
Masai oder **Massai,** im Grenzgebiet von Kenia und Tansania lebendes Volk (1985: 240 000); spricht *Masai,* eine nilosaharanische Sprache. ◻ Die Masai untergliedern sich in Altersklassen. Die Beschneidung ermöglicht den Eintritt in die Kriegerklassen. Sie leben in Stämmen mit einem gewählten Oberhaupt. Sie sind Hirtennomaden und Krieger.
Matabele → NDEBELE.
Mbala, Volk mit Benue-Kongo-Sprache im Regenwald von Zaire, in der Nähe des Kwango (etwa 1 Million). ◻ Die Mbala leben in verstreuten Dörfern. Die Frauen bestellen die Felder (Maniok, Mais) und sammeln Früchte, während die Männer jagen.
Mbundu oder **Ovimbundu,** Volk in Angola (1987: 5,4 Millionen); spricht eine Benue-Kongo-Sprache. ◻ Die Mbundu leben in Dörfern und Städten mit einem durch Erbfolge bestimmten Oberhaupt, dem ein Rat beisteht. Früher kannten sie das Gottkönigtum.
Mbuti oder **Bambuti** → PYGMÄEN.
Mende, Volk im Regenwald von Sierra Leone (1987: 1,3 Millionen). Die Mende sprechen eine Mandesprache. ◻ Sie sind Ackerbauern, Jäger und Sammler (Kolanuß, Kokosnuß). Ihren Dorfgemeinschaften steht das Oberhaupt und der Ältestenrat vor. Ihre Gesellschaftsstruktur ist patrilinear aufgebaut. Männliche und weibliche Geheimbünde kümmern sich um die Erziehung der Jugendlichen.
Merina, Volk im zentralen Hochland von Madagaskar (1987: über 2 Millionen); spricht *Merina,* die Hauptsprache der Insel, aus der das Malagasy hervorging. ◻ Seit dem 15. Jh. leben sie in Königreichen und versuchten Madagaskar zu einen. Bis zum Beginn der Kolonisation herrschte ein König oder eine Königin der Merina. Sie untergliedern sich in große patrilineare Klane und zelebrieren noch heute große Feste zu Ehren der Toten.
Meru, Volk in Kenia (1985: 850 000); spricht eine Benue-Kongo-Sprache. Ihre Gesellschaft ist in Altersklassen unterteilt, die wiederum Teil eines hierarchischen Generationensy-

VÖLKER UND SPRACHEN DER ERDE

A · **Typische Hütte der Musgu.**
In der Ebene des Logone in N-Kamerun sind in Hochwasserzeiten weite Flächen überschwemmt. Die Zeit des abschwellenden Wassers ist günstig für die Anlage verschiedener Kulturen (Reis oder Sorghum), und es entstehen Weiden für die Rinder. Die Musgu bauen granatenförmige Hütten in Gebieten mit einer Trockenzeit von 7 Monaten und großen Temperaturschwankungen.

stems sind, das 20 bis 30 Jahre lang besteht (wie bei den Kikuyu). Sie praktizieren einen dualistischen Animismus.

Mitsogo oder **Tsogo**, Bevölkerung im Landesinnern von Gabun (1984: 20 000). Die Mitsogo sprechen eine Benue-Kongo-Sprache. □ Sie leben in einer Gebirgszone und sind Bauern, Jäger und Fischer. Ihre Dörfer sind in zwei parallelen Häuserreihen angeordnet. Sie leben in einer segmentären, aus Patrilineages bestehenden Gesellschaft. Manchmal gilt auch das matrilineare Abstammungssystem. Die Männer werden durch Initiationsriten in die Geheimbünde aufgenommen, in denen Ahnenkult der Klane betrieben wird und halluzinogene Pflanzen gekaut werden.

Mongo, Volk im nordöstlichen Zaire, nahe der Grenze zur Republik Sudan (etwa 200 000). Die Mongo sprechen eine Benue-Kongo-Sprache. □ Die Frauen kümmern sich um die Felder (Maniok, Kochbananen), die Männer jagen und roden das Land. Die Mongo leben in Gruppen von Weilern, manche in Symbiose mit Pygmäen.

Mosi oder **Mossi**, Volk in Burkina Faso, in der Republik Elfenbeinküste und in Ghana (1987: 4 Millionen). Das *Mosi* ist eine Gursprache. □ Ihr kompliziertes Gesellschaftssystem geht auf das 11. Jh. zurück, als die Mosi ein Königtum herausbildeten und sich ein Kastensystem entwickelte. Die despotisch herrschenden Mosistaaten hatten Bestand, bis die Kolonialherren ihre Macht brachen. Heute gibt es noch einen nominell regierenden König mit einem Hof sowie adlige Schichten.

Moundang oder **Mundang** oder **Mundan**, an der Grenze zwischen dem Tschad und N-Kamerun lebendes Volk (1984: 100 000), das oft zu den Kirdi gezählt wird. Die Moundang sprechen eine Benue-Kongo-Sprache. □ Die meisten sind Bauern. Sie unterteilen sich in Klane und leben in einem Königreich, in dem der König politische und religiöse Macht hat. Sie hängen einem animistischen Glauben an.

Murle, Volk in SW-Äthiopien (1984: 60 000); spricht eine nilosaharanische Sprache. □ Die Murle sind Hirten und Halbnomaden. Ihre Gesellschaft beruht auf patrilinearer Abstammung. In ihrem animistischen Glauben spielt der Sonnenkult eine große Rolle.

Musgu oder **Mousgou**, Volk im Tschad und in Kamerun (1984: 60 000). Das *Musgu* gehört zu den tschadischen Sprachen. □ Im 16. Jh. wurden die im Gebiet des früheren Sultanats von Bagirmi lebenden Musgu durch das Reich von Bornu unterworfen. Sie leben in geschlossenen Dörfern aus Lehmkegelhütten. Das Abstammungssystem ist patrilinear. Der Islam breitet sich zunehmend aus.

N

Nama, Volk in Namibia, v. a. im Namaland um Gibeon (1988: 62 000); spricht *Nama*, die verbreitetste Form des Hottentottischen (Khoisansprachen). Nama wird auch von den Damara gesprochen (weitere 97 000 Sprecher). □ Die Nama bestanden ursprünglich aus 8 Häuptlingsschaften (›Nationen‹), zu denen im 19. Jh. 5 aus dem Kapland eingewanderte Orlamstämme (akkulturierte Hottentotten, z. T. mit Weißen vermischt) kamen. Unter Jonker Afrikaner hatten die Nama zeitweise die Vorherrschaft im Lande. Heute sind sie Christen.

Nandi, Volk in Kenia (1984: 300 000); spricht eine nilosaharanische Sprache. □ Die Männer betreiben Viehhaltung, die Frauen verrichten Feldarbeit oder melken die Rinder. Ihr Abstammungssystem ist patrilinear. Sie untergliedern sich in Altersklassen.

Ndebele oder **Matabele**, Volk in Südafrika und Simbabwe (1984: 500 000); spricht eine Benue-Kongo-Sprache. □ Die Ndebele sind seßhafte Bauern und Viehzüchter. Sie leben über das Land verstreut in Kralen. Die Dorfgemeinschaft setzt sich aus polygynen Familien zusammen.

Ngala oder **Bangala**, Volk in Zaire (1984: 150 000); spricht eine Benue-Kongo-Sprache. Die Ngala sind Bauern, Fischer und fungieren als Zwischenhändler. Ihre Gesellschaft ist patrilinear organisiert.

Ngoni, Gruppe von Völkerstämmen in Sambia, Tansania und Malawi (1987: 500 000). Sie sprechen eine Benue-Kongo-Sprache. □ Die Ngoni sind Nachfahren der Zulu-Gruppen, die im 19. Jh. vor dem König Chaka (1787–1828) flohen. Dieser gründete nach vielen blutigen Kriegen ein Zulu-Reich, in dem mehrere Kulturen lebten. Die Ngoni vereinen mehrere Kulturen, wie z. B. die der Sotho, Swazi oder Tsonga. Sie betreiben Feldbau und Viehzucht. Ihre Gesellschaftsstruktur ist patrilinear organisiert.

Nguni, Gruppe von Völkerstämmen, die im 19. Jh. in Natal und Transvaal lebten, und heute eine Untergruppe der Bantu darstellen. Die Nguni sprechen Sprachvarianten der Benue-Kongo-Sprachgruppe. Sie setzten sich aus den Xhosa, Zulu, Swazi, Ndebele und Ngoni zusammen. Im Laufe des 19. Jh. wanderten die Nguni in Richtung Norden. □ Eine für sie typische patriarchalische Hirtentradition hat sich bei den verschiedenen Völkern gehalten.

Nkole → ANKOLE.

Nuba, Volk im Sudan (1987: über 1,4 Millionen); spricht eine Kordofansprache, die der Niger-Kongo-Sprachfamilie nahesteht. □ Die Nuba betreiben Feldbau (Terrassenfeldbau, Bewässerung). Ihre in Altersklassen unterteilte Gesellschaft läßt sowohl matrilineare als auch patrilineare Strukturen zu.

Nuer, Volk im Sudan (1987: 600 000); spricht das *Nuer*, eine nilosaharanische Sprache. □ Die Nuer betreiben Ackerbau und Viehzucht. Ihre Gesellschaft ist in Altersklassen aufgeteilt und patrilinear strukturiert. Sie wandern mit den Jahreszeiten.

Nupe, Volk in Nigeria (1987: 2,5 Millionen); spricht eine Kwasprache. Die Nupe sind Bauern. Sie leben in geschlossenen Dörfern, die einen Staat bilden, und haben ein hochentwickeltes Handwerk (in Bida berühmte Glaswerkstätten).

Nyakyusa, Volk in Tansania (1985: 300 000); spricht eine Benue-Kongo-Sprache. □ Die Nyakyusa sind Bauern. Ihre Gesellschaft besteht aus Altersklassen, die sich auf die Dörfer verteilen.

Nyamwezi, Volk in Tansania (1984: 700 000); spricht eine Benue-Kongo-Sprache. □ Die Nyamwezi sind Bauern. Ihre Gesellschaft ist matrilinear und patrilinear strukturiert. Sie leben in einem zentralistischen Königreich mit einem Gottkönig.

Nyanja, Volk in Malawi und Moçambique (1984: 400 000); spricht eine Benue-Kongo-Sprache. □ Die Nyanja sind Bauern. Sie leben in Häuptlingstümern, auf mehrere Dörfer verteilt, unter einem durch Erbfolge bestimmten König. Ihr Abstammungssystem ist matrilinear.

O

Ometo, Volk im Gebiet der Galla in Äthiopien (etwa 500 000), spricht eine Kuschitensprache. □ Die Ometo treiben Hackbau (Hirse, Mais, Dattein), einige verwenden auch von Ochsen gezogene Pflüge. Die meisten hängen ihrem alten Glauben an, einige sind Muslime oder Christen. Als Tauschmittel verwenden sie dünne, gebogene Stahlstangen.

Oromo → GALLA.
Ovambo → AMBO.
Ovimbundu → MBUNDU.

B · **Siedlung im Tschad.**
Das Dorf Arada liegt nördlich von Biltine in einer Ebene im westlichen Wadai. Die Ebene erstreckt sich von Abéché bis in den Norden von Oum-Chalouba und im Norden an einem Wadi (Haddad) entlang. Das Gebiet besteht aus Sanddünen. Feldbau ist nur in den Oasen möglich.

VÖLKER UND SPRACHEN DER ERDE

AFRIKA UND MADAGASKAR

P

Pangwe → FANG.

Pedi oder **Bapedi,** Volk in Lesotho und in Transvaal, in der Umgebung von Pretoria (1987: 1,2 Millionen); spricht eine Benue-Kongo-Sprache. ☐ Die Pedi sind Bauern und Viehzüchter und leben in Gehöftsiedlungen (Krale); viele sind heute als Lohnarbeiter tätig.

Pende, Volk in Zaire, im Gebiet zwischen den Flüssen Kasai und Kwilu; spricht eine Benue-Kongo-Sprache. ☐ Ihre Gesellschaft ist in Klanen organisiert. Die Frauen widmen sich dem Feldbau (Hirse, Sorghum usw.), die Männer sind Jäger (adelige Klassen). Ihre Gesellschaft besteht aus Häuptlingtümern. Zu ihrem animistischen Glauben gehört der Ahnenkult.

Pepel, Volk in Guinea-Bissau (1984: 200 000); spricht eine Westatlantische Klassensprache. ☐ Die Pepel sind Bauern und Viehzüchter. Sie leben in Häuptlingtümern. Ihre Gesellschaft ist matrilinear strukturiert.

Peul → FULBE.

Pondo, Volk im Küstenbereich Südafrikas südlich des Stammesgebiets der Zulu (etwa 300 000). Ihre Sprache gehört zur Benue-Kongo-Gruppe. ☐ Die einst kriegerischen Pondo sind heute seßhafte Bürger, deren Häuptlinge nur noch wenig von ihrer früheren Macht besitzen. Sie leben verstreut in Familiengehöften (Kralen), deren zylindrische Kegeldachhütten um einen runden Viehpferch angeordnet sind. Ackerbau und Viehhaltung sind von gleicher Bedeutung.

Pygmäen, zwergwüchsige Menschen in tropischen Regenwaldgebieten Afrikas, zwischen Atlantik und Victoriasee (1984: 120 000). Die Pygmäen haben eine durchschnittliche Körperhöhe von 137 cm für Frauen und 144 cm für Männer. Im Gegensatz zu den großwüchsigen Negriden mit Kraushaar haben sie Pfefferkornhaar, oft kräftigen Bartwuchs und intensive Körperbehaarung sowie eine helle Hautfarbe. Als die ursprünglichsten gelten die **Bambuti** oder **Mbuti** (mit **Aka, Sua, Efe**) im Osten. In Gabun und S-Kamerun leben die **Baka,** in der Republik Kongo und der Zentralafrikanischen Republik die **Bayaka.** In Zaire, Angola, Ruanda, Burundi und Uganda leben die **Twa;** sie sind zum Teil stärker mit Großwüchsigen vermischt (Pygmiforme). ☐ Die Pygmäen leben als Jäger (Männer) und Sammler (Frauen und Kinder). Sie schweifen in kleinen Gruppen (Sippen) von 50–80 Personen umher und bauen Lager aus Rundhütten. Sie sprechen eine eigene Sprache, manche auch die der Nachbarn, mit denen sie in Symbiose leben und von denen sie außer pflanzlicher Kost auch Salz, Eisenklingen, Speerspitzen und sonstigen Hausrat gegen ihre Jagdbeute eintauschen. Die meisten Pygmäen leben monogam. Hochgottglaube ist mit verschiedenen religiösen Vorstellungen (Geister-, Ahnenglaube) verknüpft. ☐ Die Umwandlung großer Regenwaldgebiete in Kulturland durch Abholzung und Brandrodung bedroht die Existenz der Pygmäen. Unterdrückung und Versklavung durch die Bantuvölker ist heute vielfach an die Stelle des symbiotischen Zusammenlebens getreten.

R

Rotse oder **Lozi,** Volk am oberen Sambesi in W-Sambia (1987: 680 000); spricht eine Benue-Kongo-Sprache. ☐ Sie sind Bauern (Sorghum, Hirse, Mais), Fischer und Jäger. Es gibt weder Lineages noch Klane. Die Rotse leben in einer zentralistischen Gesellschaft, die patrilinear organisiert ist. Sie hängen dem Animismus an, glauben an die Seelenwanderung und verehren den Gott Orage.

Ruanda, Gruppe von Volksstämmen in Ruanda (1987: 4 Millionen); spricht *Ruanda,* eine Benue-Kongo-Sprache (5 Millionen Sprecher: Zaire, Uganda, Burundi, Ruanda). Die Ruanda bestehen aus drei Völkern: den **Tutsi,** den **Hutu** und den **Twa** (Pygmäen). ☐ Ihre Gesellschaft ist patrilinear. Sie bilden einen hierarchisch aufgebauten Staat, der aus dem König, den Adligen und den Kasten besteht. Bevor die belgische Kolonisierung begann, herrschte ein Gottkönig.

Rundi oder **Barundi,** Volk in Burundi (1985: 3 Millionen); spricht *Rundi* (oder *Kirundi*), eine Benue-Kongo-Sprache. ☐ Die Kulturen der Rundi und der Ruanda gleichen sich sehr. Die Rundi sind Bauern und Viehhalter, leben nach patrilinearem System in kleinen aus Familien bestehenden Streusiedlungen unter der Herrschaft eines Gottkönigs.

S

Sakalava oder **Sakalaven,** an der Westküste Madagaskars lebendes Volk (1983: 380 000), das *Malagasy* spricht. ☐ Im 17. Jh. gründeten die Sakalava große Königreiche, wie z. B. das Menabereich im Westen und das Boinareich im Nordwesten. Diese beiden wurden später vom Königreich Merina abgelöst. Ihre Gesellschaft bestand aus streng getrennten Schichten (Prinzen, Königsfamilie, Adel, Bürger, versklavte Kriegsgefangenen und gekaufte Sklaven) und war nach Kasten und Altersklassen unterteilt. In den meisten Gruppen galt das patrilineare Verwandtschaftssystem. ☐ Die Sakalava leben heute von Rinderzucht, vom Fischfang (die Untergruppe der Vezo) und vom Anbau von Nährpflanzen. Ihrem traditionellen Glauben gemäß verehren sie einen Schöpfergott und praktizieren den Ahnenkult.

Sandawe, Volk in N-Tansania (1985: 500 000). Ihre Sprache, das *Sandawe,* steht den Khoisansprachen nahe. ☐ Sie betreiben Ackerbau und Viehzucht. Sie sind monogam und leben in exogamen Patrilineages.

Sara, Volk im Süden des Tschad und in der Zentralafrikanischen Republik (dort 190 000). Sie sprechen *Sara,* eine nicht klar zuzuordnende Sprache. Die Sara setzten sich aus den **Ngambaye, Mbaye** und **Madlingaye** zusammen. ☐ Im 19. Jh. wurden sie Opfer von Sklavenjägerüberfällen, insbesondere von Seiten ihrer Nachbarn, der Zande. ☐ Sie betreiben Feldbau (Hirse, Baumwolle) und Viehhaltung. Ihre Gesellschaft lebt in einem Klansystem mit patrilinearer Abstammung. Jeder Patriklan bildet eine autonome Dorfgemeinschaft und besitzt ein eigenes Initiandenlager.

Schilluk → SHILLUK.

Senufo oder **Senoufo,** Volk in der Republik Elfenbeinküste, in Mali und Burkina Faso (1987: über 3 Millionen); spricht eine Niger-Kongo-Sprache, in Burkina Faso hauptsächlich *Gur.* ☐ Die Senufo betreiben Feldbau (Reis, Hirse) und Viehzucht. Sie leben in Häuptlingtümern. Es gilt das matrilineare Abstammungssystem. Ihrem Glauben zufolge gibt es zwei Gottheiten, den Gott Kulo Tyolo und die weibliche Gottheit Kulo Tyelo. Die Maske hat eine magisch-religiöse Funktion; die Senufo besitzen eine Vielzahl von religiösen Bräuchen.

Serer, Volk in Senegal (1987: über 1,2 Millionen). Sie sprechen *Serer,* eine Niger-Kongo-Sprache. ☐ Sie sind Feldbauern (Reis, Hirse, Sorghum) und Viehzüchter. Ihre Gesellschaft ist matrilinear strukturiert und zeichnet sich durch streng getrennte Schichten aus: Adel, Krieger, Bürger, Sklaven, endogame Handwerksgruppen (Griots, Schmiede). Heute werden meist nur noch zwei Kasten unterschieden: Bauern und Gebieter.

Sherbro, Volk in Sierra Leone (1984: 300 000); spricht eine Mandesprache der Niger-Kongo-Sprachfamilie. ☐ Die Sherbro leben in kleinen, geschlossenen Dörfern. Ausschlaggebend ist die patrilineare Abstammung. Jedes Dorf besitzt ein Oberhaupt, dem ein Ältestenrat beisteht.

Shilluk oder **Schilluk,** Volk in Sudan (1984: 200 000); spricht eine nilosaharanische Spra-

A · **Wohnform der Fulbe.** Der seßhafte Teil der Fulbe lebt oft in Hütten, die aus einfachem Material bestehen und mit ihrem Stützpfeiler in der Mitte an ein Zelt erinnern. Vor der Hütte ist eine kleine überdachte Fläche. Diese Hütte liegt in Gorom-Gorom im Norden von Burkina Faso.

VÖLKER UND SPRACHEN DER ERDE

che. ☐ Die Shilluk sind seßhafte Bauern und Viehzüchter. Ihre segmentäre Gesellschaft ist patrilinear organisiert. Die Gesellschaftsform war das Gottkönigtum, in dem der rituelle Königsmord praktiziert wurde.

Shona oder **Maschona**, Volk in Simbabwe und Moçambique (1987: über 1,7 Millionen); spricht *Shona*, eine Benue-Kongo-Sprache. ☐ Sie sind Bauern und leben in kleinen Streusiedlungen. Ihre Gesellschaftsstruktur ist patrilinear.

Soga oder **Basoga**, Volk im Süden Ugandas (1987: über 1,2 Millionen); spricht eine Benue-Kongo-Sprache. ☐ Die Soga sind Bauern und Viehzüchter. Sie leben in einer segmentären Gesellschaft nach dem patrilinearen System.

Somal, Volk in der Republik Somalia, in Äthiopien (Ogaden), in Djibouti (dort heißen sie *Issa*) und im Grenzstreifen von Kenia (1984: 5 Millionen); spricht *Somali*, eine Kuschitensprache. ☐ Die Somal sind Bauern und Viehzüchter. Ihre segmentäre Gesellschaft besteht aus Patrilineages. Sie bekennen sich überwiegend zum Islam.

Songhai oder **Sonrhai**, Volk in Niger (1987: über 1,1 Millionen); spricht das *Songhai*, eine nilosaharanische Sprache. ☐ Vor dem 7. Jh. gründeten die Songhai ein großes Reich am Niger. Hauptstadt war erst Kouya, später Gao. Der Höhepunkt der Macht wurde mit dem Herrscher Soni Ali Ber (1464–1492) erreicht. Sein Nachfolger verbreitete den Islam. Innere Streitigkeiten führten zum Niedergang. Unter dem Sultan von Marokko Ende des 16. Jh. löste sich das Songhaireich endgültig auf. Die Songhai sind Bauern (Hirse, Reis). Ihre Gesellschaft ist patrilinear strukturiert. Sie sind größtenteils Muslime, praktizieren aber immer noch den Ahnenkult.

Sotho oder **Basuto**, Volk in Lesotho und in angrenzenden Gebieten der Republik Südafrika (1987: 7 Millionen); spricht *Sotho*, eine Benue-Kongo-Sprache. ☐ Die Sotho sind Maisbauern. Rinder- und Schafzucht spielen eine große Rolle; von den Sommerweiden im Hochland (Hochveld) zieht man im Winter in das Niederveld hinab. Die Christianisierung im 19. Jh. hat nicht nachhaltig gewirkt. Magie und Wahrsagerei (Medizinmänner) sowie die Ahnenverehrung spielen eine wichtige Rolle. Es gilt die patrilineare Abstammung. Die Siedlungen (Krale) sind auffallend klein (nicht mehr als 50 Bewohner).

Suku oder **Basuku**, Volk im Südwesten von Zaire. (1984: 150 000); spricht eine Benue-Kongo-Sprache. ☐ Sie sind Bauern und Jäger. Das Amt des Häuptlings ist erblich.

Suaheli oder **Swahili**, Gruppe von Volksstämmen in Kenia, Tansania und im Norden von Moçambique (1987: über 2 Millionen). Ihre Sprache ist das *Suaheli* oder *Kisuaheli*, eine Benue-Kongo-Sprache. ☐ Sie sollen aus der Vermischung der Bevölkerungsgruppen der Makua und der Makonde hervorgegangen sein (10. Jh.) und mit islamischen Gruppen Kontakt gehabt haben. Sie folgen dem patrilinearen Abstammungssystem. In ihrem islamischen Glauben finden sich noch heute schamanistische Bräuche.

Sukuma, Volk in Tansania (1983: 2,5 Millionen). Die Sukuma sprechen eine Benue-Kongo-Sprache. ☐ Sie leben in etwa 60 Häuptlingstümern, die ständig miteinander rivalisieren. Die religiöse und richterliche Funktion der Häuptlinge wird durch eine Gruppe von Kriegern gestützt; die Oberhäupter müssen sich jedoch gegebenenfalls vor den Ältesten verantworten.

Swazi oder **Swasi**, Volk in Südafrika und Swasiland (1985: 700 000); spricht *Swasi*, eine Benue-Kongo-Sprache. ☐ Swasiland wurde um 1815 gegründet. Es stand erst unter der Herrschaft von Transvaal, später unter britischer Kontrolle (1902). Es wurde konstitutionelle Monarchie. Die Unabhängigkeit wurde 1968 unter König Subhoza II. erklärt. Er ersetzte 1978 das Parlament durch Stammesversammlungen. Die Swasi leben mit ihrem Vieh in geschlossenen Siedlungen (Krale). Sie haben ein komplexes patrilineares Gesellschaftssystem. Die Wahl ihres Gottkönigs ist an einen komplizierten Ritus geknüpft.

T

Teda → Tubu.

Teke oder **Bateke**, Volk in der Republik Kongo (1987: über 1,4 Millionen). Die Teke sprechen eine Benue-Kongo-Sprache. ☐ Die Frauen betreiben Ackerbau, die Männer gehen auf Jagd und Fischfang. Ihre Gesellschaft ist sowohl patrilinear als auch matrilinear organisiert. Sie leben in Dörfern unter der Autorität eines Ältestenrates.

Temne, Volk in Sierra Leone (1987: 1,2 Millionen); Die Temne sprechen eine Westatlantische Klassensprache. ☐ Sie sind Bauern, Fischer und Jäger.

Teso oder **Bateso**, Volk im Nordwesten von Kenia und in Uganda (1987: 1 380 000); spricht eine dem Karamojong verwandte Sprache. ☐ Sie sind Bauern und Halbnomaden (Rinder). Ihre Gesellschaft besteht aus Patrilineages; sie ist in Altersstufen unterteilt.

Tetela oder **Batetela**, Volk in Zaire (1985: 500 000); spricht eine Benue-Kongo-Sprache. ☐ Die Tetela leben im Regenwald, wo sie Maniok anpflanzen. Ihre Gesellschaft unterteilt sich in Klane.

Thonga → Tsonga.

Tigre, Volk in O-Äthiopien vor allem in Eritrea, sowie in angrenzenden Teilen der Republik Sudan (1987: 2,3 Millionen); spricht *Tigre*, eine semitische Sprache. ☐ Sie und die Amhara machen fast die Hälfte der äthiopischen Bevölkerung aus. Sie sind Christen. Sie haben eine mündlich überlieferte Literatur.

Tiv, Volk in Zentral-Nigeria (1987: 2,2 Millionen); spricht eine Benue-Kongo-Sprache. ☐ Die Tiv sind Bauern und Viehzüchter. Sie sind in Patrilineages organisiert.

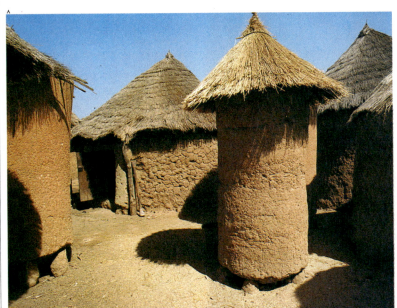

A · Gehöft der Senufo.

Das Land der Senufo liegt zu einem kleinen Teil in Mali und Burkina Faso, größtenteils jedoch im Nordwesten der Republik Elfenbeinküste. Es gibt zwei Jahreszeiten, eine feuchte und eine extrem trockene: Aus Nordwesten bläst dann ständig der trocken-heiße Wind Harmattan.

B · Maske der Senufo.

Diese für Rituale verwendete Maske besteht aus Holz. Die Senufo sind vorwiegend Bauern. In ihren Ernteriten benutzen sie viele Masken. Ihre Götterwelt besteht im wesentlichen aus zwei Gottheiten: *Koulo-Tyolo*, dem Baumeister der Welt, und *Ka Tyeleo*, der Muttergöttin. Ersterer bestimmt über die Menschen, die Göttin aber über alle Lebewesen. Es gibt ferner Götter, die zwischen den beiden Gottheiten und den Menschen vermitteln, sowie Schutzgeister.

365

VÖLKER UND SPRACHEN DER ERDE

AFRIKA UND MADAGASKAR

Toma oder **Loma,** Volk in Guinea und Liberia (1985: 150 000).

Tonga, Volk in S-Sambia und O-Simbabwe (etwa 250 000); spricht eine Benue-Kongo-Sprache. □ Die Tonga treiben Brandrodungsfeldbau (Mais, Sorghum, Bohnen, Erdnüsse). Die kleinen Dörfer werden von Sippen bewohnt, die ihre Abstammung auf ein Totem zurückführen und einen starken Zusammenhalt zeigen. Es gibt Kultstätten und Riten für den Regen.

Toro, Volk in W-Uganda (etwa 210 000), am Fuß des Ruwenzori; spricht eine Benue-Kongo-Sprache. □ Die Toro bauen für den Markt Kaffee und Baumwolle an. Mittelpunkt ihrer Religion ist ein Kult um die Geister ihrer frühesten Könige.

Tschokwe → Chokwe.

Tsimihety, Volk im Landesinnern von N-Madagaskar (1985: 740 000); spricht einen Malagasydialekt. □ Die Tsimihety leben in etwa 20 Distrikten. Eine Gruppe unterteilt sich jeweils in Klane, denen ein gewähltes Oberhaupt vorsteht. Sie leben in patriarchalischen, endogamen Familien entweder in Streusiedlungen (Westen) oder geschlossenen Siedlungen (Osten). Ihre Wirtschaft basiert auf Rinderhaltung. Der Ahnenkult spielt in ihrer Religion ein große Rolle.

Tsogo → Mitsogo.

Tsonga oder **Thonga,** Volk in Moçambique (1987: 3,4 Millionen). Das *Tsonga* gehört zur Benue-Kongo-Sprachgruppe. □ Die Tsonga sind Ackerbauern und Viehzüchter. Sie bilden eine segmentäre Gesellschaft und leben in kleinen Dörfern (Krale).

Tswana oder **Betschuanen,** Volk in Botswana (19987: 1,8 Millionen); spricht das *Tswana,* eine Benue-Kongo-Sprache. □ Die Tswana leben in großen Dörfern (Krale). Ihre Gesellschaft ist patrilinear aufgebaut. Sie sind Bauern und vor allem Viehzüchter.

Tuareg, Nomadenvolk in Mali, Niger und der algerischen und marokkanischen Sahara (1987: 1 120 000). Die Tuareg sprechen eine Berbersprache, das *Tamashaq,* für die sie auch eine Schrift entwickelt haben. □ Das Verwandtschaftssystem ist matrilinear. Sie sind Muslime. Sie wurden seit dem 14. Jh. von den Arabern immer weiter in die Sahara gedrängt, wo sie ihre hierarchische Gesellschaftsstruktur bewahrten. Sie untergliedern sich in Klassen. Lange Zeit lebten sie von ihren Viehherden und den Karawanenzügen. Durch die Kolonisierung und später die Gründung moderner, unabhängiger Staaten wurden sie immer stärker isoliert und ihre traditionellen sozialen Strukturen geschwächt.

Tubu oder **Teda,** Volk im Tibesti in N-Tschad (1987: 400 000). Die Tubu sprechen das *Kanuri,* eine nilosaharanische Sprache. □ Sie setzen sich aus Hirtennomaden und halbseßhaften Bauern zusammen. Ein Patriklan bildet jeweils eine Gemeinschaft. Ihre Gesellschaftsstruktur ist patrilinear. Seit dem 18. Jh. sind sie Muslime.

Tukulor oder **Toucouleur,** Volk in Senegal (1987: 7 000 000) Die Tukulor sprechen eine Fulbesprache der Niger-Kongo-Gruppe. □ Sie vernichteten Ende des 18. Jh. das Reich der Fulbe und gründeten eine theokratische Föderation, die bald zerfiel. Viele Tukulor folgten El-Hadj Omar auf seinen Eroberungszügen. Er unterwarf den Bambarastaat (1857, Kaarta; 1861, Segou) und das Reich der Masina (1862). Andere ließen sich in Boundou (Senegal) oder Dakar nieder; wieder andere emigrierten nach Frankreich. □ Seit dem 11. Jh. sind die Tukulor Muslime. Ihr Verwandtschaftssystem basiert auf Patrilineages und Großfamilien. Die Aufgabenverteilung (Hirse, Erdnüsse, Fischfang) hängt von den Lineages und deren Kastensystem ab.

Turkana, Stamm in N-Kenia (etwa 80 000), in der Wüste westlich des Turkanasees; spricht eine nilotische Sprache. □ Die Turkana sind traditionell Rinder-, Schaf-, Kamel- und Ziegennomaden. Seit den 1960er Jahren werden sie zu Fischern umgeschult.

Tutsi, Volk in Burundi und Ruanda (1987: in Ruanda 1,2 Millionen; in Burundi 700 000). Die Tutsi sprechen *Rundi* (oder *Kirundi*), das zu den Benue-Kongo-Sprachen gehört. □ Sie sind seßhafte Hirten. Sie leben in einer hierarchischen Gesellschaft und üben ein Art Feudalherrschaft über die von ihnen abhängigen Hutu aus. Ihre Gesellschaft ist patrilinear strukturiert. Viele Tutsi wanderten 1972 nach Zaire aus. Auch nach der Unabhängigkeit von Burundi bestanden ihre Dynastie (die Mwami), ihr altes soziales System und ihre gesellschaftliche Sonderstellung fort. Sie besetzen in der Armee fast alle Offiziersposten. Sie richteten bei den Hutu mehrere Massaker an, besonders 1972 und 1988.

Twa → Pygmäen.

V, W, X

Venda oder **Bavenda,** Volk in Südafrika und S-Simbabwe (1985: 600 000); sie sprechen eine Benue-Kongo-Sprache.

Wodaabe → Bororo.

Wolof, Volk in Senegal und Gambia (1987: 2,7 Millionen); spricht *Wolof,* eine Niger-Kongo-Sprache. Vom 16. Jh. bis zur französischen Kolonisierung bildeten sie mehrere muslimische Königreiche. Durch den Islam setzt sich immer mehr das patrilineare Abstammungssystem durch.

Xhosa, Volk im Süden Afrikas (1987: 3,5 Millionen); gehört zu den Nguni. Das *Xhosa* ist eine Benue-Kongo-Sprache. □ Sie betreiben Ackerbau und Viehzucht. An der Spitze ihrer Gesellschaft stehen die Mitglieder des Königsgeschlechtes. In Südafrika arbeiten viele Xhosa heute als Wanderarbeiter (Minen, Industrie, Bauhandwerk).

Y, Z

Yao, Volk in Moçambique (zwischen dem Fluß Rovuma und seinem Nebenfluß Lugenda), in Tansania und Malawi (1987: über 1,3 Millionen); spricht eine Benue-Kongo-Sprache. □ Die Yao bilden eine Klangesellschaft mit matrilinearem Verwandtschaftssystem. Sie betreiben Magie und Zauberei und praktizieren zahlreiche Reinigungs- und Initiationsriten.

Yoruba oder **Joruba,** Volk in SW-Nigeria, Togo und Benin (1987: 21 850 000); spricht *Yoruba,* eine Niger-Kongo-Sprache der Kwagruppe. □ Seit dem 15. Jh. gab es in ihrem Gebiet Königreiche mit hochentwickelten Kulturen (Ife, Nupe, Benin usw.). Sie sind Ackerbauern, Händler und Handwerker, leben aber in großen Stadtsiedlungen. Ihre Gesellschaft ist patrilinear. Sie hängen animistischen Glaubensvorstellungen an, die wie ihre Mythologie sehr komplex sind.

Zande oder **Azande,** Gruppe von Volksstämmen in der Zentralafrikanischen Republik, im Sudan und Zaire (1987: 3,7 Millionen). Die Zande setzen sich aus drei Gruppen zusammen: den **Abandia,** den **Anunga** und den **Avungara.** □ Im 19. Jh. wurde ein Zandestaat gegründet. In dem kulturell heterogenen Staat lebten zahlreiche bezwungene Volksgruppen. Die Zande leben in Streusiedlungen in Familienverbänden.

Zulu oder **Sulu** oder **Ama-Zulu,** Volk in Südafrika; lebt hauptsächlich in Kwazulu (1987: über 7,2 Millionen). Die Zulu sprechen eine Benue-Kongo-Sprache. □ Im 16. Jh. taten sich die Ngonigruppen zusammen und bildeten ein Kriegervolk zur Vergrößerung ihrer Gebiete. Chaka (zwischen 1818 und 1828) stellte sich an die Spitze einer Konföderation und setzte die Zulugesellschaftsform in großen Teilen des Landes durch (in Richtung Viktoriasee). Die Zulu widerstanden siegreich dem 1887 entstandenen britischen Protektorat, und von 1906–07 lehnten sie sich auf. Früher lebten sie als Hirten. Die Strukturen ihrer patrilinearen Gesellschaft sind an das System der Viehhaltung geknüpft. Sie sind heute Christen.

▲ · **Marokkanische Siedlung.**

Tafraoute ist ein Dorf in Marokko, in der Provinz Agadir, mit etwa 1 000 Einwohnern. Es liegt in einem Tal des Antiatlas, östlich von Tiznit, und ist ein Touristenzentrum. Tafraoute ist von Gebirgen aus rötlichem Granit umgeben. Wohin der Besucher auch schaut, sieht er bizarr geformte Felsen, die aus Palmenhainen herausragen.

VÖLKER UND SPRACHEN DER ERDE

Eine billige Arbeitskraft. Die große Ausbeutung Afrikas durch die Weißen begann schon im 15. Jh. Die Portugiesen, die an der Westküste entlangfuhren, nahmen Afrikaner gefangen, um sie zu verkaufen und so ihre Expeditionen zu finanzieren. Diese Methode setzt sich durch: Spanier, Portugiesen, später Niederländer, Franzosen und Engländer beuten ihre Kolonien aus. Um die neuerworbenen Kolonien gewinnbringend nutzen zu können, braucht man Arbeitskräfte; man greift auf Sklaven zurück. Die Kolonien liefern Zuckerrohr, Kaffee, Kakao, Baumwolle, Reis und Indigo. Den Anbau dieser Pflanzen überläßt man den Einheimischen, die an das Klima gewöhnt sind und die man als Sklaven ausbeuten kann. Einige Jahre später kommen einige tausend Sklaven aus Senegal, Mauretanien und dem Golf von Guinea auf die Kanarischen Inseln, Madeira und die Azoren. Später exportiert man die Sklaven auch nach São Tomé und Fernando Póo (heute: Bioko). Im 17. Jh. beläuft sich die Anzahl der versklavten und deportierten Schwarzen auf 75 000. Die Sklavenhändler führen ein neues System ein. Man liefert der Neuen Welt Anfang des 17. Jh. etwa 300 000 schwarze Sklaven. Die Transportbedingungen jedoch sind noch problematisch und die Sterblichkeitsrate hoch (auch bei den weißen Seefahrern).

Das System wird im 17./18. Jh. perfektioniert. Die Anzahl der zwangsverschleppten Schwarzen erreicht im 17. Jh. 1,5 Millionen, im 18. Jh. 6,5 Millionen. Das Klima im Norden ist für die Weißen erträglich, im Süden jedoch und auf den Inseln ist die Sterblichkeitsrate außerordentlich hoch. In Französisch-Guyana sterben etwa 100 000 Franzosen an Epidemien. Die Schwarzen dagegen scheinen das Klima gut zu vertragen und sind daher als Arbeitskräfte rentabler. Die Händler, angesehene Bürger unterschiedlicher Herkunft, haben keinerlei moralische Bedenken. Der Seehandel ist für sie ein Mittel, um in der Gesellschaft aufzusteigen. Viele werden geadelt.

Außerdem eröffnet die Kolonisierung den Unternehmern die Möglichkeit, neue Produkte oder auch herkömmliche, seltenere Produkte auf den Markt zu bringen (Kaffe, Zucker, Kakao, Tabak). Luxusartikel werden zu einem Muß. Die rentabelste Lösung ist, die Sklaverei zu intensivieren und so eine größere Wirtschaftlichkeit zu erzielen. Dies ist der Anfang des *Dreieckshandels*.

Der Dreieckshandel: Er besteht aus drei Stationen

1. Reise von Europa nach Afrika. Die Sklavenhändler nehmen Rum, Schnaps, Eisenstangen, Kupfertöpfe, Glaswaren, und später, als der Handel immer schwieriger wird, Stoffe mit, die speziell für den afrikanischen Markt hergestellt werden, sowie Tauschgeld. Manchmal haben sie auch Waffen und Schießpulver dabei, weil sie Verbündete vor Ort brauchen. Ausgangshäfen sind Nantes, La Rochelle, Bordeaux,

DER SKLAVENHANDEL

Marseille, London, Bristol, Kopenhagen und Lissabon.

2. Ankunft in Afrika, in den Häfen von Gorée (Insel vor Dakar) und der ganzen Guineaküste, sogar bis Moçambique. Die Stammesoberhäupter tauschen gefangene Schwarze gegen Ware aus.

3. Abfahrt in Richtung Neue Welt: Antillen, Brasilien, die britischen Kolonien in N-Amerika, Mexiko, Peru, Kolumbien, Venezuela. Dort werden die Afrikaner gruppenweise verkauft. Die Sklavenhändler teilen die Schwarzen in gesunde und durch die Reise geschwächte auf. Die Handelswährung ist entweder eine nationale Währung, oder sie besteht aus Tropenfrüchten.

Frankreich kann den aus Amerika importierten Zucker und Kaffee nicht verbrauchen. Es exportiert beides nach Nord- und Mitteleuropa. Man zahlt in Gold.

Der Dreieckshandel ist die beste Verdeutlichung der merkantilistischen Politik: die Kolonien liefern dem Mutterland beträchtliche Geldeinnahmen. Die Risiken sind minimal: 15–20 %. Der Gewinn ist enorm: 200–400 %. Der einzige Nachteil ist, daß der Kapitalumsatz mehrere Jahre dauert.

Die Beschaffung von Sklaven. Die afrikanischen Gebiete sind unter den europäischen Großmächten aufgeteilt. Frankreichs Handelszone reicht von Mauretanien bis Sierra Leone. Die Niederlande beanspruchen die Elfenbeinküste und einen Teil von Ghana, dessen ehemalige Bezeichnung ›Goldküste‹ aufschlußreich ist. Dort errichtete man 13 niederländische Forts, 9 britische und 1 dänisches. Die sogenannte ›Sklavenküste‹ umfaßt das übrige Ghana, Togo und Benin. Das Gebiet zwischen dem heutigen Nigeria und Kamerun, das am dichtesten besiedelt ist, wird Gegenstand großer Auseinandersetzungen zwischen Engländern und Franzosen. Auch Loango und Angola gewinnen im 18. Jh. eine sehr große Bedeutung. Die Sklavenhändler gehen immer weiter in den Süden bis nach Moçambique.

Der Krieg ist eine Hauptquelle für die Sklavenbeschaffung. Ein Stamm greift einen anderen an und versklavt die Besiegten. Die Kriegsgefangenen werden zu Zwischenhändlern (Weiße oder Schwarze, Christen oder Muslime) gebracht, die sie bis an die Küste schaffen. Aber man versklavt auch Menschen, die in den Kolonien nach Gewohnheitsrecht verurteilt wurden. Das war auch das Schicksal ganzer Familien, die aus Hunger ihre Dienste einem Herrn anboten, von dem sie Mitleid erhofften.

Sobald die Sklaven auf dem Sklavenmarkt ankommen, werden sie in Vierergruppen aufgeteilt, entkleidet und auf ihren Körperbau untersucht (fehlende Zähne vermindern den Preis). Wenn der weiße Händler ankommt, beginnt das Aushandeln des Preises. Zwischen 1750 und 1770 verdoppelt sich der Preis. Die schwarzen Händler haben die Spielregeln schnell begriffen.

Die Auswirkungen. Zwischen 12 und 15 Millionen Schwarze müssen unter diesen schrecklichen Umständen ihr Heimatland verlassen. Über 2 Millionen sterben auf dem Weg in die Neue Welt. Im Laufe des 19. Jh. werden die Sklaven freigelassen, und der Sklavenhandel wird abgeschafft. Aber die Stellung der Schwarzen wird z. B. in den Vereinigten Staaten immer durch ihre Vergangenheit als ehemaliges Sklavenvolk geprägt sein (Rassentrennung, Lynchjustiz, alle Formen des Rassismus, berufliche Diskriminierung, räumliche Trennung u. a.). In den spanisch- und portugiesischsprachigen Ländern ergeht es den Schwarzen und den Mischlingen im allgemeinen besser.

Die Auswirkungen des Sklavenhandels auf die Entwicklung Afrikas sind kaum abzuschätzen. Die Kolonisierung Afrikas durch Europa im 19. Jh. vollzog sich wesentlich leichter, weil keine kampfkräftige einheimische Bevölkerung da war; noch heute ist der schwarze Kontinent der Erdteil, in dem der Lebensstandard und das Pro-Kopf-Einkommen von allen Erdteilen am niedrigsten und das Analphabetentum am höchsten ist. Daran wird sich wohl auch in Zukunft wenig ändern. Sogar im 20. Jh. gibt es gebietsweise noch Sklaven, außer in Mauretanien und in der Republik Sudan auch in arabischen Ländern.

∧ · **Sklavenverkauf.**

Sklavenverkauf in den Vereinigten Staaten, in Virginia, im Jahre 1861. An dem Podest, auf dem die Sklaven stehen, ist ein Schild befestigt: Versteigerung von Negersklaven heute 10 Uhr.

VÖLKER UND SPRACHEN DER ERDE

AMERIKA

A

Abenaki, Konföderation von Indianerstämmen der Algonkingruppe, vorwiegend an der Küste von Maine (Vereinigte Staaten). Im 18. Jh. machten die Franzosen sie zu ihren Verbündeten. Gemeinsam bekämpften sie die britischen Kolonisten. Noch Ende des 19. Jh. hatten die Abenaki den Europäern gegenüber weitgehend ihre kulturelle Eigenständigkeit bewahrt.

Acoma, Pueblo-Indianer im Landesinnern von Neumexiko (zwischen 1000 und 3000); sprechen *Keres*. ☐ Ihre soziale Struktur beruht auf einem matrilinearen Klansystem. Sie leben vom Feldbau (Mais, Bohnen) und vom Handwerk.

Aimara oder **Aymará,** südamerikanische Indianer im Gebiet des Titicacasees, sprechen *Aimara* (1986: 1,25 Millionen in Bolivien, 300000 in Peru). ☐ Sie sind Fischer, Viehhalter und Bauern. Ihre Gesellschaft ist patrilinear aufgebaut. In ihrem Glauben vermischt sich die christliche Heiligenverehrung mit ihrer traditionellen Religion. Auf ihre Vorfahren gehen möglicherweise Bauten der Vorinkazeit (Tiahuanaco u.a.) zurück.

Alakaluf, südamerikanische Indianer, die früher in der Inselwelt von S-Chile lebten; sie werden den Feuerländern zugerechnet. Noch 1945 erstreckte sich ihr Gebiet vom Golf von Peñas bis zur Magellanstraße. Heute sind sie als Ethnie ausgestorben. Sie hatten eine vorwiegend wandernde Lebensweise. Ihr Fortbewegungsmittel war das Kanu, das früher aus zusammengefügten Brettern und im 20. Jh. aus ausgehöhlten Holzstämmen gefertigt wurde. Sie lebten von der Jagd (Seehunde, Robben, aber mit Hilfe einer aus Walfischknochen bestehenden Harpune gefangen wurden). Sie hatten eine lockere Gesellschaftsstruktur. Die einzelnen Gruppen bestanden aus Großfamilien. In ihren Riten und Bräuchen spielte das Meer eine große Rolle. Bei Bestattungen wurde der Verstorbene in einem mit Fellen ausgelegten Boot auf dem Wasser ausgesetzt.

Aleuten, mit den Eskimo eng verwandte Bewohner der Aleuten-Inselkette und des westlichen Teils der Alaskahalbinsel (etwa 1500). ☐ Ab 1745 gerieten die Aleuten unter russischen Einfluß, 1867 unter amerikanische Herrschaft und sind heute stark assimiliert.

Algonkin, Gruppe nordamerikanischer Stämme:
1. Nordatlantikküste: Micmac, Maleciten, Massachusetts, Wampanoag, Narragansett, Nipmuc, Pequot, Mohikaner, Metoac, Wappinger;
2. Südatlantikküste: Munsee, Delaware, Shawano, Nanticoke, Mattamuskeet;
3. Landesinneres: Naskapi, Montagnais, die eigentlichen Algonkin, Ottawa, Muskogee, Cree, Ojibwa, Missisaga, Miami, Piankashaw, Kickapoo, Potawatomi, Menomini, Chipewyan.

Die Algonkinsprachgruppe umfaßt rund 50 Sprachen, die von Ost bis West auf das ganze Land verteilt gesprochen werden: Westkanada (Cree), Gebiet der Großen Seen (Menomini, Fox, Ojibwa), im Osten der Rocky Mountains (Cheyenne, Arapaho), Ostküste (Micmac, Delaware), Florida und Louisiana (Natchez u.a.).

Die Stämme bildeten Konföderationen, um gegen Eroberer oder andere Indianer zu kämpfen. Die bekanntesten sind die Abenaki, die Pennacook, Illinois, Siksika, Cheyenne, Arapaho, Sauk und Fox.

Amuzgoz, Volk in Mexiko, in den Bundesstaaten Oaxaca und Guerrero (1950: 12800). ☐ Sie sind Bauern und arbeiten traditions-
gemäß mit dem Grabstock. Die Frauen weben Stoffe für die traditionelle Bekleidung. Wie so oft bei zentralamerikanischen Völkern glauben auch die Amuzgoz an ein beschützendes Tier, das dem Neugeborenen ein Leben lang beistehen wird.

Apachen, Gruppe von Volksstämmen; sprechen eine athapaskische Sprache. Die Apachen kamen angeblich um 1000 v. Chr. aus dem Norden der heutigen Vereinigten Staaten. Sie gingen hauptsächlich auf Bisonjagd und lebten in matrilinearen Gruppen. Der Schamanismus spielte im täglichen Leben eine große Rolle (Malereien, rituelle Tänze, Heilungen). Ihre ständigen Kämpfe mit den Eroberern im Westen, deren Höhepunkte durch die Häuptlinge Cochise und Geronimo verkörpert wurden, führten zum totalen Verlust ihrer Identität und zum Zerfall ihrer Stämme. ☐ Heute leben die Apachen in Reservationen (New Mexico, Colorado, Arizona), wo sie Feldbau betreiben (1985: 25000). Nur noch wenige Reste ihrer alten Kultur sind erhalten (Korbflechtkunst u.a.).

Arapaho, Volksgruppe, deren Sprache zur Algonkingruppe gehört. Sie sind Bisonjäger: Sie waren anfangs seßhaft. Als sie dann aber in die Prärie verjagt wurden, veränderte das ihre Gesellschaftsstruktur, und sie schlossen sich in Gruppen zusammen. ☐ Man schätzt ihre Zahl auf 3000 (1981). Sie leben in Reservationen in Wyoming und Oklahoma.

Araukaner oder **Araukan,** Name, mit dem die Spanier im 16. Jh. die Völker in Zentralchile bezeichneten (Ostflanke der Anden). Die größten Araukanerstämme waren die Picunche, die Mapuche, und die Huilliche. Ein verwandter Stamm waren die Pehuenche. Sie bilden keine kulturelle Einheit, da sie in unterschiedlicher Weise von der Inkakultur beeinflußt waren. Es verbindet sie jedoch ihre gemeinsame Sprache, das *Araukanische*.

Arikara, nordamerikanische Indianer am oberen Missouri (etwa 700); sprechen *Caddo*, eine den Irokesischen verwandte Sprache. Zusammen mit den Mandan und Hidatsa wurden sie als die ›Präriedorfstämme‹ bezeichnet, weil sie in befestigten Siedlungen lebten.

Aruak, Gruppe von Volksstämmen, die *Aruak* sprechen (100000 Sprecher in Venezuela, Kolumbien, Brasilien und Bolivien). Sie verteilen sich auf ein weites Gebiet, das von Florida über Guyana und Kolumbien bis zu den Großen Antillen reicht (wo sie sich auch Taino nannten und von wo die Kariben sie vertrieben). In Guyana leben die Aruak in Gemeinschaftshäusern. Sie praktizieren den Schamanismus. In der Sierra Nevada nennen sie sich auch Aruaco.

Assiniboin, Volk, das eine Siouxsprache spricht. Sie lebten in Saskatchewan (Kanada), in Montana und North Dakota und waren Bisonjäger. ☐ Sie leben heute in Reservationen (1982: etwa 2000).

Athapasken, die indianischen Völker und Stämme, die athapaskische Sprachen (Na-Dené-Gruppe) sprechen. Bei den Südathapasken unterscheidet man die eigentlichen Apachen, die Navajo und die Kiowa-Apachen. Zu den Athapasken gehören auch die Chatacosta, Tututni, Umpqua (Oregon), die Bear River, Hupa und Tolowa (Kalifornien). Die Chipewyan, Dogrib, Kutchin, Slave usw. waren historisch von großer Bedeutung. Sie lebten im großen subarktischen Waldgebiet zwischen Labrador und den Rocky Mountains. Erst im 14. Jh. wanderten einige Völker in den Süden, um dort neue Gruppen zu bilden, wie z.B. die Navajo oder die Apachen.

Atsina, nordamerikanische Indianer, die eine Sprache der Algonkingruppe sprechen. Sie sind typische Plainsindianer. Wie bei zahlreichen anderen Stämmen (Blackfoot, Hidatsa
usw.) ist ihre Gesellschaft in Altersklassen unterteilt. ☐ Sie leben heute in Reservationen in Montana (1968: über 1000). Man nennt sie manchmal auch Gros-Ventres.

Azteken, mesoamerikanisches Volk; spricht *Nahuatl (Aztekisch)*. Die Azteken kamen aus dem Norden und drangen im 13. Jh. bis ins heutige Hochbecken von Mexiko vor. Dort gründeten sie 1325 die Hauptstadt Tenochtitlán (später Mexiko). 1428 bildeten sie einen Staatenbund mit dem aztekischen Herrscher an der Spitze. Anfang des 16. Jh. unterwarf das Aztekenreich Zentralmexiko von der Golfküste bis zur Pazifikküste. Aber bald begann die spanische Eroberung, der das Reich von Moctezuma II. nicht standhalten konnte. Es wurde 1525 zerstört. Der letzte Herrscher Cuautemoc wurde erhängt.

Die Gesellschaft der Azteken war hierarchisch aufgebaut. Die soziale Einheit war der Klan, der aus Angehörigen einer Lineage bestand. Die Kluft zwischen Volk und Adel wurde in den letzten Jahrzehnten des Aztekenreiches immer größer; es entstanden neue Gruppen: Handwerker, Händler, Beamte. Die Bauern besaßen kein Land und arbeiteten für ihre Herren. Die niederen Frondienste verrichteten die Sklaven. Die Bauern betrieben Brandrodungsfeldbau. Der Handel beruhte auf Tausch, es gab aber auch eine Art Geld (kleine Kattunstücke, Goldstaub in kupfernen Behältnissen, insbesondere Kakao).

Die Religion der Azteken stützte sich auf einen liturgischen Kalender mit Opferungen für die Naturgötter. Nur wenige Tempel wurden nicht zerstört; die Überreste zeigen jedoch den großen Einfluß der toltekischen und huaxtekischen Kultur. Die Azteken hatten eine reichhaltige Literatur. Davon zeugen die Codizes, die von historischen Ereignissen, Legenden und Genealogien erzählen.

B

Blackfoot oder **Blackfeet** (auch: Schwarzfußindianer), Gruppe der Prärieindianer. Ihre Sprache gehört zur Algonkingruppe. Sie lebten als Jagdgruppen (Bisonjagd) und Reiterkrieger unter der Führung eines Oberhauptes, das sie auch im Stammesrat vertrat. ☐ Heute leben sie in Reservationen, 12000 (1985) in Alberta (Kanada) und über 5000 in Montana (Vereinigte Staaten).

Bororo, Indianer in Mato Grosso (Brasilien), sprechen *Bororo* (Gê-Sprachfamilie). ☐ Das Dorf der Bororo ist traditionsgemäß in zwei matrilineare Hälften geteilt. Jede Hälfte besteht aus 3 Klanen, diese wiederum aus 3 Unterklanen. Exogame Heiraten finden innerhalb der beiden Hälften und der Unterklane statt. Das ›Männerhaus‹ dürfen Frauen und Nichtinitiierte nicht betreten. Heute verlieren die Bororo ihre kulturelle Identität.

Botokuden oder **Botocudos,** Volk in Brasilien (Minas Gerais, Espírito Santo), das hauptsächlich vom Sammeln lebte. Sie sind als Ethnie ausgestorben.

C

Calchaqui, größtes Volk der Diaguita, das in Argentinien lebte. Sie sind ausgestorben. Sie sprachen *Kakan*.

Campa, Indianer in Peru, die *Aruak* sprechen (1982: 50000).

Canoeiro, zur Gê-Sprachfamilie gehörendes Volk (→Gê).

Carrier, Indianer in Britisch Columbia, die

VÖLKER UND SPRACHEN DER ERDE

eine athapaskische Sprache sprechen. Sie lebten früher in exogamen, matrilinearen Gruppen und gingen auf Fischfang und Jagd.
Cayapa, Indianer an der NW-Küste und im Tiefland von Ecuador; sprechen eine Chibchasprache. □ Durch ihr auf Selbstversorgung ausgerichtetes Wirtschaftssystem (Feldbau, Fischfang, Jagd) und den relativ großen Schutz, den ihr Territorium genießt, finden kaum Akkulturationsprozesse statt. Ihre Zahl beläuft sich auf etwa 2000 (1981).
Chatino, Zapotekenindianer im Süden des Staates Oaxaca (Mexiko). □ Obwohl sie heute katholische Christen sind, praktizieren sie noch ihre ursprünglichen Bestattungsriten. 1960 schätzte man sie auf über 10 000.

Cherokee, nordamerikanische Indianer; sie sprechen *Cherokee,* eine Hoka-Sioux-Sprache. Ihre Gesellschaft ist in matrilineare Klane gegliedert. Während des Unabhängigkeitskrieges standen sie auf der Seite der Briten, versuchten danach aber, sich den Amerikanern und ihrer Kultur anzunähern. Sie entwickelten ein Alphabet, um die Laute ihrer Sprache wiedergeben zu können. 1827 gründeten sie einen Staat. Als jedoch 1835 dort Gold entdeckt wurde, wurden sie aus ihrem Gebiet vertrieben. □ Sie leben heute in Reservationen (1968: zw. 3500 und 4000 in North Carolina und über 46 000 in Oklahoma).
Cheyenne, in den Great Plains Nordamerikas lebende Indianer. Sie sprechen die Sprache der Algonkingruppe. Sie lebten in exogamen matrilinearen Klanen und zogen seit etwa 1800, nachdem sie Pferde erworben hatten, als Bisonjäger umher. Ihr Sonnenkult bestand darin, ein ›mystisches‹ Zelt zu bauen und rituelle Tänze aufzuführen (Sonnentanz), bei denen Frauen und Männer abwechselnd im Vordergrund standen. □ Heute leben sie in Reservationen in Montana und Oklahoma (1982: 7000).
Chichimeken, Stamm mit uto-aztekischer Sprache, der im Norden Mexikos und im Süden der Vereinigten Staaten lebte, zwischen 950 und 1500 n. Chr. aber in das Hochbecken von Mexiko zog.
Chilkotin, Indianer in Britisch Columbia; sprechen eine athapaskische Sprache. □ Sie leben in matrilinearen Klanen. Man schätzt ihre Zahl auf 1500 bis 2000 (1982).
Chimú, altes peruanisches Volk, das sich ab 1200 n. Chr. ausbreitete, zwei Jahrhunderte später einen Großteil der peruanischen Küste beherrschte und im 15. Jh. von den Inka unterworfen wurde.

A · Die nordamerikanischen Indianersprachen.

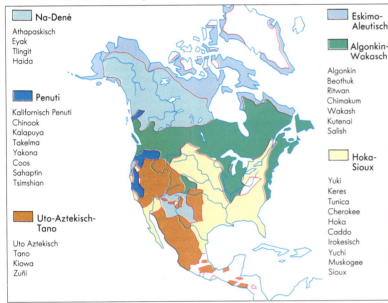

B · Die nordamerikanischen Völker zur Zeit der Ankunft der Europäer.

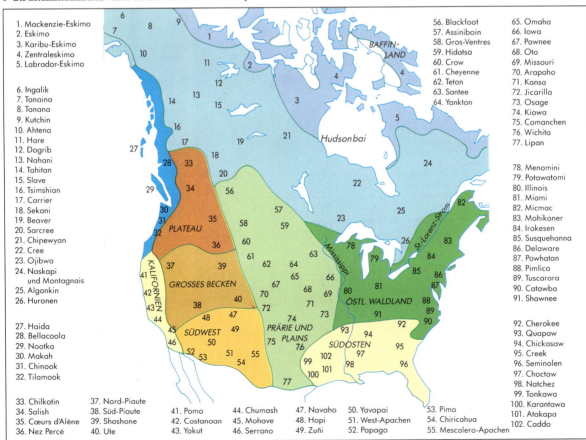

369

VÖLKER UND SPRACHEN DER ERDE

AMERIKA

Chinanteken, Indianer im NW von Oaxaca (Mexiko); sprechen eine Otomanguesprache. □ Katholizismus und schamanistische Bräuche verschmelzen miteinander. 1960 schätzte man sie auf 60 000 (anderen Quellen zufolge auf 23 000).
Chinook, nordamerikanische Indianer im nördlichen Mündungsgebiet des Columbia River. Das *Chinook* ist eine Penutisprache.
Chippewa → OJIBWA.
Chiricahua, Apachenstamm; spricht eine athapaskische Sprache. Die Chiricahua waren Bisonjäger in den Great Plains und leben heute im Süden von Colorado, westlich des Río Grande.
Chiriguano, südamerikanische Indianer, die eine Tupí-Guaraní-Sprache sprechen. Sie lebten im Gran Chaco und galten als sehr kriegerisch. □ Man schätzte ihre Zahl 1972 auf 15 000.
Chocó, Indianer in Kolumbien und Panama; sprechen eine Makro-Chibcha-Sprache. □ Sie sind Bauern und Fischer und leben in patrilinearen Klanen.
Choctaw, Indianer in den Vereinigten Staaten. Ihre Sprache gehört zur Muskogeesprachfamilie. □ Man schätzte sie 1970 auf 20 000 (Reservation von Mississipi).
Chol, Indianer in Mexiko. Sie sprechen *Chol*, eine Sprache der Maya-Quiché-Gruppe. □ Sie sind akkulturiert. Man schätzt ihre Zahl auf 61 000 (1982).
Chontal, Indianer in Mexiko; sprechen eine Mayasprache. Man schätzt ihre Zahl auf 25 000 (1982).
Chortí, Indianer in Guatemala; sprechen eine Mayasprache. 1950 zählte man 52 000.
Chulupi, Indianer im Gran Chaco in Paraguay (1982: etwa 15 000).
Cœurs d'Alène, Indianer in den Vereinigten Staaten, die eine Salishsprache sprechen. Sie leben in Gruppen und gehen gemeinsam auf Jagd und Fischfang. Sie wohnen in den Hochbecken der westlichen Gebirge. Zur Zeit des Bisonjägertums gingen sie in die Great Plains und erwarben Pferde.
Comanchen, typische Plainsindianer in den Great Plains der Vereinigten Staaten. Sie sprechen eine uto-aztekische Sprache. □ Sie leben heute in einer Reservation in Oklahoma (1968: 2 500 bis 3 000).
Cree, Indianer aus den Great Plains in Nordamerika. Sie sprechen eine Sprache der Algonkingruppe. □ Sie leben in einer Reservation in Montana (1984: einige Hundert).
Creek, ehemalige Konföderation nordamerikanischer Indianerstämme, die eine Sprache der Muskogeegruppe sprechen.
Crow, nordamerikanische Indianer (Montana, Wyoming); sprechen eine Siouxsprache. Sie leben in exogamen Klanen. Früher waren sie Bisonjäger. □ In Montana schätzte man ihre Zahl 1968 auf 2 000 bis 3 000.
Cuna, Indianer auf den Sankt-Blas-Inseln vor der karibischen Küste von Panama (Islas de Las Mulatas), aus der Sprachgruppe der Chibcha. 1970 zählte man 24 000. □ Sie pflanzen Maniok an. Die Frauen haben seit dem 18. Jh. eine einzigartige textile Volkskunst (Mola) entwickelt. Die Cuna haben seit ihrem Aufstand (1925–30) auf ihren Inseln innere Autonomie.

D, E, F

Dakota, nordamerikanische Indianer, die erst am oberen Mississipi lebten, bis sie von den Ojibwa vertrieben wurden und seit dem *Homestead Act* von 1862 in Reservationen in Minnesota, Montana, Nebraska, North Dakota und South Dakota leben. Sie sprechen eine Siouxsprache. □ 1968 wurde ihre Zahl auf etwa 35 000 geschätzt.
Delaware, nordamerikanische Indianer. Ihre Sprache gehört zur Algonkingruppe. Seit Ende des 19. Jh. leben sie in einer Reservation in Oklahoma.
Diaguita, altes Volk aus der vorkolumbischen Zeit. Sie bildeten in Chile und Kolumbien eine kulturell homogene Gruppe. Die Diaguita lebten im Andengebiet und standen unter dem starken Einfluß des Inkareichs. Sie errichteten zahlreiche halburbane Zentren. Ihre Sprache, das *Kakan,* ist heute ganz verschwunden.

A · Die indianischen Kulturen in Nordamerika.

Emerillon, Tupívolk aus Guyana; früher sehr bedeutend; lebt heute in Amapá.
Eskimo, Bevölkerung mit einheitlicher Sprache in der nordamerikanischen Arktis, an den Ufern der Beringstraße, der Hudsonbai, in Alaska, Grönland und Kanada (1987: 60 000). In Kanada nennen sie sich selbst Inuit. □ Ihre traditionelle Lebensweise ist an den Fischfang und die Jagd geknüpft. Im Sommer jagen sie Karibus und Pelztiere, im Winter Walrosse und Robben. Sie sind vollkommen akkulturiert; die wirtschaftliche Bedeutung ihrer Gebiete jedoch trug dazu bei, daß sie sich ihrer Identität bewußt wurden. Seit 1980 (Arktiskonferenz) versuchen sie, mit den Staaten, die ihre Rohstoffe ausbeuten, ein Abkommen zu schließen.
Feuerländer, Sammelbezeichnung für die Indianer im äußersten Süden des amerikanischen Kontinents: die **Alakaluf,** die **Yahgan** oder **Yamana,** die **Ona** (die in Feuerland selbst wohnten). Die Feuerländer sind als Ethnien ausgestorben.
Flathead, Indianer in den Ebenen von Montana. Sie sprechen eine Salishsprache und waren früher Bisonjäger. □ Man schätzt ihre Zahl auf 3 500 bis 4 000 (1970). Sie leben in einer Reservation in Montana.
Fox, amerikanische Plainsindianer; sprechen eine Sprache der Algonkingruppe. Früher waren sie Bisonjäger und lebten im Osten von Wisconsin. Sie glauben an eine übernatürliche Macht *(Manitu),* die den Menschen oder auch manchen Objekten der Natur innewohnen kann. Ihre traditionelle Gesellschaftsstruktur orientierte sich an drei Faktoren: dem Frieden, dem Krieg und an Zeremonien, für die jedesmal ein Oberhaupt ernannt wurde, dessen Aufgabe es war, die Spannungen in der Gruppe zu beseitigen.

G

Galibi, karibisches Volk in Surinam und Französisch-Guyana (1978: 8 000); spricht *Galibi,* eine karibische Sprache.
Gê, die Volksstämme der Gê-Sprachfamilie. Sie leben im Osten des Brasilianischen Berglands. Zu ihnen gehören die **Timbira,** die **Canoeiro,** die **Kayapó** und die **Akwe.** Sie waren Jäger und Kleinbauern und lebten in kleinen Gruppen.
Gros-Ventres → ATSINA und HIDATSA.
Guaikurú oder **Guaycuru,** indianisches Jägervolk, das im 18. Jh. in Paraguay und Argentinien lebte und *Guaikurú* sprach. Sie lebten in Jagdgruppen. Es gab Adelsklassen, Klassen initiierter Krieger und Sklaven.

B · Heutige Verbreitung der Indianer in den Vereinigten Staaten.

1. Paiute
2. Klamath, Modac, Paiute
3. Cœurs d'Alène
4. Nez Percé
5. Shoshone-Bannock
6. Paiute, Shoshone
7. Blackfoot
8. Salish, Kutenai
9. Gros-Ventres, Assiniboin
10. Sioux, Assiniboin
11. Cheyenne, Crow
12. Arapaho, Shoshone
13. Ute
14. Sioux, Ponca
15. Winnebago, Omaha
16. Navaho
17. Hopi
18. Apachen
19. Papago
20. Yavapai
21. Sioux
22. Ankara, Gros-Ventres
23. Ojibwa
24. Menomini
25. Osage
26. Choctaw
27. Cherokee

370

VÖLKER UND SPRACHEN DER ERDE

Guaná →TERENA.
Guaraní, südamerikanische Indianer, die *Guaraní* sprechen, eine der Hauptsprachen aus der Tupí-Guaraní-Gruppe (1,5 Millionen Sprecher). ☐ In ihren Reservationen (in den Gebieten von Paraná, Brasilien) betreiben sie Jagd und Fischfang. Sie leben in kleinen patrilinearen Gemeinschaften. Ihre Zahl wird auf 7 000 geschätzt (1983).
Guarao →WARAO.
Guayaki, südamerikanische Indianer im Waldgebiet von O-Paraguay. Sie leben von der Jagd, vom Fischfang und vom Honigsammeln.

H

Haida, Indianer auf den Queen Charlotte Islands (Britisch Columbia, Kanada) und im Süden von Prince of Wales Island (Alaska), 1983: 2 000. Sie sind Nachbarn der Tlingit. Ihre Sprache gehört zur Na-Déné-Gruppe. ☐ Ihre Gesellschaftsstruktur beruht auf der patriarchalen Familie. Das Oberhaupt übernimmt seine Autorität vom Bruder der Mutter (matrilineare Abstammung); es überwacht alle wirtschaftlichen Aktivitäten (hauptsächlich Fischfang). In einem Dorf leben mehrere Familien, die Klane bilden.
Hidatsa, nordamerikanische Indianer, die eine Siouxsprache sprechen. Sie leben in den Ebenen (Prärie). Ihre Klanorganisation ist matrilinear aufgebaut. Früher wohnten sie in Zelten aus Tierhäuten, seit dem 19. Jh. jedoch in Lehmhäusern. ☐ Nach 1886 wurden sie zusammen in einer Reservation in North Dakota untergebracht (1968: etwa 1 000). Man nennt sie auch Gros-Ventres.
Hopi, Puebloindianer in Arizona mit uto-aztekischer Sprache. Der Stamm der Hopi (etwa 6 000) teilte sich anfangs in 6 politisch autonome Dörfer auf. Mehrere matrilineare Klane schlossen sich zu 12 Phratrien zusammen. Die Klane trugen Pflanzennamen und besaßen Heiligtümer, die *Kiva,* über die nur der jeweilige Klan bestimmen durfte. Das Oberhaupt hatte eine wirtschaftliche und religiöse Funktion und herrschte nicht nur über die Lebenden, sondern auch über die Geister der Ahnen, die durch Statuen, die *Katchina,* dargestellt wurden. Die Katchina, die Ahnengeister, lebten unter der Erde und kehrten jedes Jahr als maskierte Tänzer in das Dorf zurück. ☐ Die meisten Hopi leben nach wie vor von Feld- und Gartenbau; viele arbeiten in den Städten, haben aber eine intensive Bindung an ihre Verwandtschaft. Kunsthandwerkliche Traditionen (Silberschmiedekunst, Töpferei) haben sich erhalten.
Huaxteken oder **Huasteken,** Indianer in Mexiko, die seit präkolumbischer Zeit weite Gebiete zwischen der östlichen Sierra Madre und dem Golf von Mexiko bewohnen (1960: zw. 18 000 und 19 000). Sie sollen zur Mayasprachfamilie gehören, sich aber Ende des 2. Jahrtausends v. Chr. von den anderen Maya getrennt haben. ☐ Sie wohnen heute an 3 Orten (Potosí, Tantoyuca, Sierra Otontepec). Sie leben vom Ackerbau und Handwerk. Sie bauten früher eindrucksvolle Rundtempel. Ihre Bildhauerkunst und Keramik erlebte zwischen 950 und 1500 eine große Blütezeit.
Huichol, Indianer in Mexiko (Jalisco und Nayarit). Sie sprechen eine uto-aztekische Sprache (1960: fast 4 000). ☐ Sie leisteten den Spaniern starken Widerstand und konnten dadurch lange Zeit ihre Identität bewahren. Sie sind Handwerker, Feldbauern (Mais, rote Bohnen, Tabak). Ihre Lebensweise wird von den abwechselnd trockenen und feuchten Jahreszeiten bestimmt. Sie praktizieren Jagdriten und verehren die Gestirne. Ihre Heilmethoden stützen sich auf Zauberei.
Huronen, nordamerikanische Indianer am Sankt-Lorenz-Strom. Im 17. Jh. belieferten sie die Franzosen mit Pelzen, was zu einem blutigen Krieg mit den Irokesen führte, da diese wiederum die Niederlande belieferten. Die Überlebenden der Massaker von 1648–1650 flüchteten nach Kanada.

I

Indianer, Gruppe von Völkern und Stämmen, die in der Neuen Welt lebten, als die Europäer diesen Erdteil entdeckten. Ihre Existenz sowie ihre Geschichte, ihre Verteilung über den Kontinent, die Lebensweise, ihr Glaube usw. wurden durch die Ankunft der Europäer grundlegend verändert.

WICHTIGSTE ETHNIEN:
• **Nordamerika.** Als Amerika entdeckt wurde, waren die **Algonkin** im Norden und Nordosten das älteste dort ansässige Volk. Die **Irokesen** und die **Huronen** ließen sich erst später dort nieder.
Im Südosten bildeten die fünf größten Stämme den ›Bund der fünf Nationen‹: die **Creek,** die **Cherokee,** die **Choctaw,** die **Chikkasaw** und die **Seminolen.** Sie wurden später nach Oklahoma gebracht. In den Ebenen der Great Plains und der Prärie traf man hauptsächlich die **Sioux** an: Sie lebten vor allem von der Bisonjagd. Im Westen lebten die **Shoshone,** die **Paiute,** und die **Nez-Percés,** die 1848 durch den Goldrausch dezimiert wurden. Im Südwesten versuchten die **Athapasken** und die **Pueblo,** ihr Gebiet zu halten. Zwischen Amerikanern und Indianern wurden zahlreiche Verträge geschlossen. Die wichtigsten waren: der *Indian Removal Act* (1830) und der *Homestead Act* (1862), mit dem die Indianer einfach ihres Landes beraubt und deportiert wurden; der ›Act‹ über die Fünf Nationen‹, der sie 1834 einem indianischen Gebiet namens ›Oklahoma‹ zuweist und der 1889 gebrochen wurde, indem den Kolonisten der Zugang gestattet wurde (Oklahoma wurde 1907 ein Staat). Der Vertrag von 1924 verlieh ihnen die amerikanische Nationalität. Mit dem *Indian Reorganization Act* (1934) versuchte man, ihre Rechte genauer zu definieren.
Demographie. Mit der Ankunft der Europäer ging die Zahl der Indianer im Gebiet der späteren Vereinigten Staaten drastisch von 600 000 Anfang des Jahrhunderts auf 200 000 Ende des Jahrhunderts zurück. Die Schlacht von Wounded Knee (1890), in der die Sioux vernichtend geschlagen wurden, bedeutete das Ende des bewaffneten Widerstands der Indianer. Deportationen, Krankheiten und Alkoholismus waren die Hauptgründe für den Bevölkerungsrückgang. 1917 jedoch machte sich eine neue Tendenz bemerkbar. Zwischen 1917 und 1960 verdoppelte sich die indianische Bevölkerung. Man zählte zu diesem Zeitpunkt 523 600 Indianer. 1985 befanden sich offiziellen Schätzungen zufolge 1,5 Millionen Indianer auf amerikanischem Boden.
• **Mexiko und Zentralamerika.** Die indianischen Gemeinschaften bestehen trotz starker Vermischung weiter, insbesondere die **Chol, Chontal, Misquito, Mixteken, Nahua, Otomí, Zapoteken.**
• **Südamerika.** Man unterscheidet fünf große kulturelle Einheiten oder Gebiete:
1. das *Andengebiet,* in dem vor allem drei ethnische Gruppen zu nennen sind: die **Ketschua,** das weitaus größte Volk, die **Uru-Chipaya** und die **Aimara;**
2. der *Tropenwald:* hauptsächlich **Aruak, Bororo, Kariben, Gê, Guaraní, Jívaro, Tucano, Tupí, Yanomani.**
3. *Gran Chaco,* wo die Guaicurú, die Mataco, die Guaraní, die Tupí und die Aruak leben;
4. die *Jäger und Sammler des Südens:* **Alakaluf** und **Yahgan** (oder **Yamana**).
5. die *Andenbauern:* **Araukaner** (die aus drei Gruppen bestehen: Picunche, Mapuche und Huilliche).

SPRACHEN
Die Klassifikation der Indianersprachen nach einzelnen Sprachfamilien ist noch nicht abgeschlossen.
• **Nordamerika.** Man kann unterscheiden:
1. *Eskimo-Aleutisch,* wird eher in den nördlichen Regionen gesprochen;
2. das *Na Dené,* zu dem unter anderem das *Athapaskische,* das im Südosten gesprochene *Tlingit* und das in Britisch Columbia gesprochene *Haida* gehören.
Die athapaskische Sprache wird im Landesinnern von Alaska, im Nordwesten Kanadas und im Norden Kaliforniens und vor allem in Neumexiko und Arizona gesprochen *(Navajo, Apachen);*
3. *Algonkin* oder *Algonkin-Wakash;* es umfaßt *Cree* (Westkanada), *Menomini, Fox, Ojibwa* (Gebiet der Großen Seen), *Cheyenne, Arapaho* (östliche Rocky Mountains), *Micmac, Delaware* (Ostküste) und *Natchez* (Florida, Louisiana);
4. *Penuti* (in Kalifornien und Oregon);
5. *Hoka-Sioux* (manchmal in Hoka und Sioux aufgeteilt); wird im Osten durch *Irokesisch* und *Cherokee,* in den zentralen Ebenen durch *Sioux* und *Caddo,* im Westen durch *Hoka* vertreten;
6. *Uto-Aztekisch-Tano,* zu dem unter anderem *Kiowa* (Oklahoma), *Tano* (Neumexiko) und *Uto-Aztekisch* (Ute, Comanchen, Hopi) gehören und das vor allem in Mexiko und Zentralamerika gesprochen wird.
• **Zentralamerika und Mexiko.** Etwa 6 Millionen Personen sprechen indianische Sprachen (1983). Hauptsprachen sind *Nahuatl* (Azteken), das zur uto-aztekischen Gruppe gehört (1 Million Sprecher), die Mayasprachen *Yucatekisch, Quiché, Cakchiquel, Mam* (2 Millionen Sprecher) und die Otomanguesprachen *Mixtekisch, Zapotekisch, Otomí* (1 Million Sprecher).
• **Südamerika.** Etwa 15 Millionen Personen sprechen indianische Sprachen. Dazu gehören *Ketschua* (6 Millionen Sprecher), *Aimara,* (600 000 Sprecher), *Araukanisch* und *Guaraní* (1983: 1 Million Sprecher).
Inka, Indianer des *Inkareichs,* im vorkolumbischen Amerika, das sich vom Süden Kolumbiens bis zum Río Maule in Chile und im Osten bis zum Amazonas-Waldgebiet erstreckte. Sie sprachen das zur andinen Sprachgruppe gehörende *Ketschua* oder *Quechua.* Die Inka führen ihren Ursprung auf 4 mythische Brüder zurück, die in das Gebiet von Cuzco kamen. Einer von ihnen ließ sich im 12. Jh. im heutigen Cuzco nieder. Das Reich hatte seine Blütezeit im 15. Jh. Ab 1533 begann sein Zerfall, nachdem die Spanier unter Pizarro den

△ · **Die Eskimo im Nordpolargebiet.**

371

AMERIKA

letzten Herrscher beseitigt hatten. Ihre sehr zentralisierte und ritualisierte Religion einte das Volk. Der Schöpfergott, die Sonne, der Mond und der Blitz standen im Mittelpunkt der Kulte. Die Kaste der Adligen und der Priester stützte die Autorität des Herrschers. Durch das gut ausgebaute Straßennetz wurde der Kontakt mit den Provinzen aufrechterhalten. Die Arbeit wurde von Beamten überwacht.

Inuit, Eigenbezeichnung der kanadischen →Eskimo.

Irokesen, nordamerikanische Indianer, die die Ufer des Sankt-Lorenz-Stroms und des Erie-, Huron- und Ontariosees bevölkerten. Ihre Gesellschaft ist in matrilinearen Klanen organisiert. Sie wohnten in ›Langhäusern‹ (Großfamilie). Sie betrieben Ackerbau (Wanderwirtschaft). Die Klane bildeten 5 Stämme (die **Mohawk**, die **Oneida**, die **Onondaga**, die **Cayuga**, und die **Seneca**), die sich zu einer Liga zusammenschlossen (Irokesische Liga). Dieser stand ein Rat vor, der aus 50 *Sachem* oder Weisen bestand. Im 17. Jh. begannen die kämpferischen Auseinandersetzungen mit den Huronen, gleichzeitig bekämpften sie das Vordringen der Franzosen in den Süden. Nach dem Unabhängigkeitskrieg konnten sie sich als Ethnie nicht mehr halten (Massaker, Deportationen).

J, K, L

Jebero, Indianer im tropischen Regenwald am Amazonas (1972: 3 000). Sie lebten an den Ufern des Flusses Huallaga nahe bei Yurimaguas.

Jívaro oder **Jíbaro**, Indianer im tropischen Regenwald am oberen Amazonas (1972: über 21 000). Ihre Sprache ist das *Jívaro*. Ihre Gesellschaft ist in Kleinfamilien patrilinearer Abstammung organisiert. Sie wohnen in Langhäusern. Ihre traditionelle Kultur war durch Schamanismus und Kopfjagd (Gewinnung von Schrumpfköpfen) gekennzeichnet.

Kaingang, Indianer in Brasilien, die eine *Gêsprache* sprechen. (1982: schätzungsweise 6 500). Heute steht der Name Kaingang für die Indianer, die keine Guaraní sind: die **Guayana**, die **Coroado**, und die **Borocudo**. Sie leben verstreut in den Staaten São Paulo, Parana, Santa Catarina, und Rio Grande do Sul. Trotz ihrer Zwangsintegration haben sie ihre Jagdbräuche und Rituale bewahrt.

Kaliña →Kariben.

Kansa, nordamerikanische Indianer; sprechen eine Siouxsprache. Sie lebten an den Ufern von Kansas und Saline. Ihre Gesellschaft war patrilinear aufgebaut. ☐ Heute leben sie in einer Reservation in Oklahoma.

Kariben, **Karaiben** oder **Kaliña**, Volk, das bei der Ankunft der Europäer die Kleinen Antillen und einen Teil Guyanas bewohnte. Im 17. Jh. wurden die Kariben von den Franzosen und Engländern nach Dominika und Saint Vincent abgeschoben. ☐ Einige Nachkommen leben in Guatemala und Kolumbien. Ihre Sprache, das *Karibische*, wird in Venezuela und Guyana von ca. 40 000 Menschen gesprochen (1982).

Karok, nordamerikanische Indianer, die *Hoka* sprechen, eine Sprache der Hoka-Sioux-Gruppe. ☐ In ihrer traditionellen Gesellschaft galt das patrilinare Abstammungssystem. Sie ernährten sich von Fischfang und Jagd. Sie leben heute in einer Reservation in Kalifornien (1970: 1400).

Ketschua oder **Quechua**, südamerikanische Indianer in den zentralen Anden, insgesamt 6 Millionen (1983), in Bolivien (1 Million), Peru (4,3 Millionen), in N-Chile, NW-Argentinien und Ecuador. Sie sprechen *Ketschua* oder *Quechua*, die Sprache der Inka. Sie sind die größte indianische Bevölkerungsgruppe in Südamerika. ☐ Sie konvertierten zum Katholizismus, bewahrten aber Elemente ihres alten Glaubens sowie traditionelle Gebote gegenseitiger Hilfeleistung.

Kiowa, nordamerikanische Indianer, die eine Tanosprache sprechen. Sie gehörten zu den Plainsindianern und waren Bisonjäger. Sie führten Sonnentänze auf. Ihre Gesellschaft untergliederte sich in Altersklassen. ☐ Nach 1830 waren sie stark dezimiert. Man schätzte sie 1983 auf 2 000 bis 2 500.

Kwakiutl, nordamerikanische Indianer auf Queen Charlotte Island und im Norden der Insel Vancouver (1983: 2 000), sprachen eine Wakashsprache. Sie lebten in einer patrilinearen Klangesellschaft und ernährten sich hauptsächlich vom Fischfang. Ihr religiöses Leben war vom Schamanismus geprägt.

Lenca, mittelamerikanische Indianer, die in den Bergregionen von Honduras und NO-Salvador leben (1983: 57 000). ☐ Ihre Gesellschaft ist durch eine Form patrilinearer Abstammung gekennzeichnet; Boden gilt als kollektiver Besitz. Er wird von dem Kaziken, dem Dorfoberhaupt, zugewiesen.

M

Macuxi oder **Makuschi**, südamerikanische Indianer in SW-Guyana und an den Ufern des Flusses Rupununí in Brasilien (1983: 11 000). Sie sprechen eine karibische Sprache. Sie praktizierten Zauberriten und hatten detaillierte Kenntnisse im Umgang mit Curare.

Mandan, nordamerikanische Plainsindianer, deren Sprache zur Siouxgruppe gehört. ☐ Sie leben heute in einer Reservation in North Dakota.

Mapuche, südamerikanische Indianer, die vom Bío-Bío bis zum Toltén-Fluß lebten, im Süden von Temuco (Chile). Sie gehörten zur Kultur der Araukaner. Sie betrieben Brandrodungsfeldbau. Sie zeichneten sich durch eine sehr hierarchische politische Struktur aus, mit einem Ältestenrat an der Spitze, der über alle ihre Dörfer bestimmte. Heute sind sie akkulturiert.

Mataco, Chaco-Indianer (Argentinien) am Fluß Pilcomayo (1983: 17 000). Ihre Dörfer organisieren sich nach einem matrilinearen Abstammungssystem. Ihr Glaube ist schamanistisch geprägt. Heute akkulturieren sie sich langsam.

Mawe, südamerikanische Indianer, die eine Tupísprache sprechen (1973: 3 000). Sie bewohnen einen Teil des brasilianischen Gebietes zwischen den Flüssen Tapajóz, Amazonas, Urariá und Ramos.

Maya, mittelamerikanisches Indianervolk. Die Maya sprechen miteinander verwandte Sprachen, die als Mayasprachen bezeichnet werden. Hierzu gehören unter anderem: *Huaxtekisch, Yucatekisch, Quiché, Cakchiquel, Chontal, Chol* und *Chortí*. Das Mayagebiet unterteilt sich in 3 Bereiche: den nördlichen (Yucatán), den mittleren (Tabasco bis Honduras) und den südlichen (Pazifikküste und Hochland von Chiapas und Guatemala). ☐ Die erste Epoche der Maya dauerte von 2000 v. Chr. bis 250 n. Chr. (erste Häuser, Plattformen, auf denen Gebäude stehen, Pyramiden, Skulpturen). Die ›klassische‹ Periode datiert man zw. 250 und 950 (Grabdenkmäler mit chronologischen Inschriften, religöse und zeremonielle

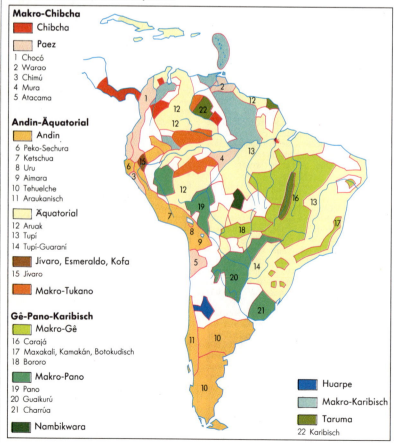

A · Die südamerikanischen Indianersprachen.

Makro-Chibcha
- Chibcha
- Paez
- 1 Chocó
- 2 Warao
- 3 Chimú
- 4 Mura
- 5 Atacama

Andin-Äquatorial
- Andin
- 6 Peko-Sechura
- 7 Ketschua
- 8 Uru
- 9 Aimara
- 10 Tehuelche
- 11 Araukanisch
- Äquatorial
- 12 Aruak
- 13 Tupí
- 14 Tupí-Guaraní
- Jívaro, Esmeraldo, Kofa
- 15 Jívaro
- Makro-Tukano

Gê-Pano-Karibisch
- Makro-Gê
- 16 Carajá
- 17 Maxakali, Kamakán, Botokudisch
- 18 Bororo
- Makro-Pano
- 19 Pano
- 20 Guaikurú
- 21 Charrúa
- Nambikwara
- Huarpe
- Makro-Karibisch
- Taruma
- 22 Karibisch

VÖLKER UND SPRACHEN DER ERDE

Zentren mit pyramidenförmigen Tempeln, die oben eine Plattform aufweisen, zu der eine Treppe hinaufführt); Hauptzentren waren Palenque, Copán, Quiriguá u. a. Die Schrift der Maya ist eine der am höchsten entwickelten im vorkolumbischen Amerika. Die Maya kannten die Astronomie und hatten mit Hilfe ihrer astronomischen Entdeckungen mehrere Kalender erstellt. Diese Kalender setzten voraus, daß sie zum einen ihre mehr oder weniger mythische Vergangenheit kannten und zum anderen eine zyklische Zeitvorstellung hatten. Kennzeichnend für die dritte Periode war der Einfluß der Tolteken und die Renaissance, die sie auslösten. Es entstanden mächtige Dynastien (Quiché, Cakchiquel usw.). ☐ In der Mayagesellschaft herrschte eine streng hierarchische Ordnung. An ihrer Spitze stand der Adel, der Sklaven und Kriegsgefangene schwerste Arbeiten verrichten ließ. Die Maya waren ein Krieger- und Händlervolk. Davon zeugen z. B. die Kriegsszenen der Wandmalereien in Bonampak. ☐ Die Nachkommen der Maya sind weitgehend akkulturiert. Etwa 330 000 Maya leben (1985) in Guatemala, Belize und vor allem Yucatán (Mexiko).
Mazateken, Indianer im Norden von Oaxaca (Mexiko), deren Zahl auf 89 000 geschätzt wird (1983). Sie sprechen *Mazatekisch,* eine Otomanguesprache.

Menomini, nordamerikanische Indianer der Algonkingruppe. ☐ Sie leben heute in einer Reservation in Wisconsin. Man schätzt sie auf 2 500–3 000 (1968).
Micmac, nordamerikanische Indianer (1988: 17 000) der Algonkingruppe. Sie leben in Reservationen in O-Kanada (Nova Scotia, New Brunswick und Prince Edward Island).
Misquito, mittelamerikanische Indianer, die eine Chibchasprache sprechen. Sie weisen starken negriden Einschlag auf und leben im Grenzgebiet Honduras-Nicaragua. In jüngster Zeit hatten sie Auseinandersetzungen mit der nicaraguanischen Zentralregierung.
Mixteken, Indianer im Norden und Westen des Staates Oaxaca (Mexiko); etwa 275 000 (1983); sprechen Mixtekendialekte, die zur Otomangue-Sprachgruppe gehören. Im 13. Jh. verbreiteten sie sich im Hochbecken von Oaxaca, wo sie die Zapoteken unterwarfen, in der Region von Monte Albán und später im Gebiet von Mitla. Sie beeinflußten die Mayakultur.
Moche oder **Mochica,** vorkolumbische Kultur im Küstengebiet von N-Peru (200 v. Chr. bis 700 n. Chr.), mit einer hochentwickelten Kunst (bemalte Keramik).
Mohave, nordamerikanische Indianer, die im Nordwesten von Arizona lebten, an den Ufern des Colorado, sowie im Südosten Kaliforniens.

Mohawk, nordamerikanische Indianer, die der Irokesischen Liga angehörten. ☐ Heute leben die meisten Mohawk in der Reservation von Kanawake (Caughnawaga) bei Montréal. Man schätzt sie auf 6 000 (1988).
Mohikaner oder **Mahican,** nordamerikanische Indianer der Algonkingruppe, an beiden Ufern des Hudson (USA). ☐ Der Untergang ihrer alten Kultur wird im J. F. Coopers ›Der letzte Mohikaner‹ geschildert. Reste der heute stark vermischten Mohikaner (1980: etwa 500) wohnen in und bei Norwich (Connecticut).
Montagnais, nordamerikanische Indianer aus der Algonkingruppe. Sie lebten im Waldgebiet zwischen Labrador und den Rocky Mountains.
Muisca, präkolumbisches Volk aus der Sprachgruppe der Chibcha. Ihre reiche Kultur (mit hervorragender Goldverarbeitung) blühte zwischen 1000 und 1500 n. Chr. im Hochland von Bogotá, Kolumbien.

N, O

Nahua, mittelamerikanische Indianer, die das zur uto-aztekischen Sprachgruppe gehörende *Nahuatl* sprechen. Sie sind die größte indianische Bevölkerungsgruppe Mexikos und leben auf beiden Seiten der westlichen und der östlichen Sierra Madre (1984: etwa 1 Million).
Nambikwara, Indianer in Mato Grosso.

A · Verbreitung der Indianer in Zentralamerika und Mexiko.

C · Die indianischen Kultur- und Wirtschaftsformen in Südamerika.

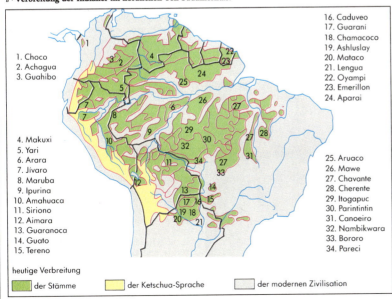

B · Verbreitung der Indianer im nördlichen Teil Südamerikas.

D · Getränke und Tabak bei den südamerikanischen Indianern.

373

VÖLKER UND SPRACHEN DER ERDE

AMERIKA

Naskapi, nordamerikanische Indianer, die eine Sprache der Algonkingruppe sprechen. Sie lebten in den Rocky Mountains.

Natchez, alter Volksstamm am Mississippi. Sie wurden Anfang des 18. Jh. durch die Kriege mit den Franzosen dezimiert. Ihr Häuptling wurde als eine Art Nachfahre der Sonne betrachtet und hatte die absolute Gewalt inne.

Navajo oder **Navaho,** nordamerikanische Indianer; sprechen *Navajo,* das zur athapaskischen Sprachgruppe gehört. ☐ Sie waren stark von der Kultur der Pueblo beeinflußt: Jagd, matrilineare Abstammung, magisch-religiöse Riten. Man schätzt ihre Zahl auf 44 000 (1984).

Nootka, nordamerikanische Indianer, die eine Wakashsprache sprechen und an der Westküste Kanadas leben (Küsten der Insel Vancouver und von Britisch Columbia). Ihre Zahl beläuft sich auf 4500 bis 5 000 (1970). Sie ernährten sich vom Fischfang (Lachs, Kabeljau). Sie lebten in Holzhäusern, die von jeweils einer Großfamilie bewohnt wurden. Ihren Dörfern stand ein Oberhaupt vor, dessen Würde ererbt war. Die Dörfer wurden in ›Unterstämme‹ aufgeteilt, die sich in eine Stammeshierarchie einfügten.

Ojibwa oder **Chippewa,** nordamerikanischer Indianerstamm der Sprachengruppe der Algonkin im Gebiet der Großen Seen. Sie praktizierten Polygynie, – wie die meisten nordamerikanischen Völker – und waren patrilinear organisiert. Ihre religiösen Bräuche waren vom Schamanismus und der Zauberei geprägt. ☐ Heute befinden sich viele in einem Akkulturationsprozeß; andere wohnen in Reservationen. Die Angaben über ihre Anzahl sind widersprüchlich; das Bureau of Indian Affairs schätzte sie 1985 auf über 70 000.

Olmeken, altes mexikanisches Volk. Seine um 1200 v. Chr. entstandene Kultur (LaVenta-Kultur) verblaßte gegen 200 v. Chr., beeinflußte jedoch die nachfolgenden Kulturen Mesoamerikas.

Omaha, nordamerikanische Indianer, die eine Siouxsprache sprechen. Je nach Tätigkeit lebten sie an verschiedenen Orten: Im Sommer, wenn auf dem Feld gearbeitet wurde, lebten die Großfamilien bei der Mutter; im Winter, wenn gejagt wurde, richtete sich ihr Aufenthaltsort nach der jeweiligen Wohnfolgeordnung und den (patrilinearen) Abstammungsregeln. Ihre Gesellschaft war der Aufgabenverteilung entsprechend zweigeteilt. Eine Hälfte war für die Beschaffung materieller Güter für den Krieg verantwortlich, die andere Hälfte hatte religiöse Aufgaben (Schamanismus). Die Terminologie der Omaha für Verwandtschaftsverhältnisse wurde von den Ethnologen wegen des beispielhaften Formalismus oft als Modell verwendet. ☐ Heute leben die etwa 1 500 Omaha (1968) in einer Reservation in Nebraska.

Osage, nordamerikanische Indianer, die eine Siouxsprache sprechen. ☐ Sie leben in einer Reservation in Oklahoma (1968: 4 500 bis 5 000).

Otomanguesprachen, Oto-Mangue-Sprachen, in Mexiko gesprochene Gruppe von Indianersprachen, darunter *Chinantekisch, Mazatekisch, Mixtekisch, Otomí* und *Zapotekisch.*

Otomí, mittelamerikanische Indianer. Ihre Sprache, das *Otomí,* gehört zur Otomanguegruppe. Über ihre Herkunft ist wenig bekannt. Sie bewohnen große Gebiete in den mexikanischen Staaten San Luis Potosí, Jalisco, Guanajuato, Puebla, Tlaxcala und Guerrero. Im 13. Jh. ließen sie sich im Hochbecken von Mexiko nieder und wurden später von den Azteken unterworfen. ☐ Man schätzt sie auf etwa 350 000 (1981). Sie wurden zum Christentum bekehrt. Sie sind Bauern.

P, Q

Paiute oder **Pajute,** nordamerikanische Indianer, die eine uto-aztekische Sprache sprechen. Sie lebten im westlichen Teil des Großen Beckens, in NW-Nevada, in NO-Kalifornien, in SO-Oregon und SW-Idaho. Ihre gesellschaftliche Grundeinheit war eine Gruppe von 4–6 polygamen Familien. Sie schlossen sich zu Jagdgruppen zusammen. Im 19. Jh. gab es bei ihnen eine messianische Bewegung, die auf andere Völker übergriff und politische Forderungen stellte. Heute leben die 1 400 bis 3 000 Paiute (1983) in Reservationen (Nevada, Kalifornien); viele arbeiten als Lohnarbeiter auf weißen Farmen.

Palikur, Indianer aus dem Gebiet von Amapá in N-Brasilien (1980: 1 000). Sie führen ständig Kriege gegen ihre Nachbarn. Sie bewohnen große Gebietsstreifen zwischen Orinoco und Amazonas.

Pano, Sprachfamilie der südamerikanischen Indianer in den Waldgebieten von O-Peru, NO-Bolivien und angrenzenden Gebieten Brasiliens.

Papago, nordamerikanische Indianer. Ihre Sprache gehört zur uto-aztekischen Gruppe. Sie leben im Staat Sonora (Mexiko) sowie in Arizona und Kalifornien (Vereinigte Staaten). Sie waren in patrilinearen Klanen organisiert, lebten von der Jagd und vom Sammeln und waren für ihren Kaktuswein berühmt, den sie bei magisch-religiösen Riten und Tänzen tranken. ☐ Sie leben heute in Reservationen (1982: 10 000), vor allem in S-Arizona; sie treiben Feldbau und Viehhaltung.

Pareci, Indianer in Mato Grosso (Brasilien).

Pawnee oder **Pawni,** nordamerikanische Indianer im mittleren Präriegebiet, die das zur Hoka-Sioux-Gruppe gehörende *Caddo* sprachen. Sie lebten als Bauern, zeitweise auch als Bisonjäger. Ihre Gesellschaftsstruktur beruhte auf einer Unterteilung in Klane und in Klanhälften mit besonderen Aufgaben. Sie sind als Ethnie ausgestorben.

Pemón, südamerikanische Indianer, die eine karibische Sprache sprechen und im Landesinnern und Südosten des Staates Bolívar (Venezuela) lebten. ☐ Obwohl sie in religiöser Hinsicht akkulturiert sind (Katholizismus), haben sie schamanistische Bräuche bewahrt.

Pima, nordamerikanische Indianer, die eine uto-aztekische Sprache sprechen. Sie lebten in Mexiko (Staat Sonora) und den Vereinigten Staaten (Arizona). Sie waren in 5 patrilineare totemistische Phratrien unterteilt. Ihren hierarchisch strukturierten Dörfern stand ein Oberhaupt vor, dessen Würde ererbt war. Sie trieben intensiven Bewässerungsfeldbau und, wie die Papago stellten auch sie Kaktuswein her. ☐ Sie sind heute akkulturiert. Man zählt etwa 7 000 (1983).

Pipil, mittelamerikanische Indianer in El Salvador und Honduras (etwa 2 000). Sie sprechen *Nahuatl.* Gegen die spanische Eroberung hatten sich die Pipil fast bis zur Selbstaufgabe gewehrt. Heute sind sie der Mestizenbevölkerung angeglichen. Sie bauen Mais, Kakao, Tabak und Baumwolle an.

Piro, südamerikanische Indianer, die eine Aruaksprache sprechen und im tropischen Regenwald von O-Peru leben (1983: 5 000). ☐ Sie sind in patrilinearen Familien organisiert. Ihren Dörfern steht ein Oberhaupt mit erblichem Rang vor. Sie hängen bis heute schamanistischen Glaubensvorstellungen an.

Potawatomi, Indianer an den Großen Seen in Nordamerika. Sie sind heute ausgestorben.

Potiguara, südamerikanische Indianer, die eine Tupí-Guaraní-Sprache sprechen und an der NW-Küste Brasiliens leben. Ihre Gesellschaftsstruktur beruhte auf der patrilinearen Großfamilie. Sie hingen schamanistischen Glaubensvorstellungen an. ☐ Sie befinden sich heute in einem Akkulturationsprozeß (1983: 1 000).

Powhatan, nordamerikanische Indianer, die in den Ebenen von Louisiana und Florida lebten.

Pueblo, Indianer im Südwesten der Vereinigten Staaten. Im 13. Jh. hatten sie ihre Blütezeit. Nachdem sie von den Spaniern besiegt waren, zogen sie Richtung Westen. Ein Großteil lebte an den Ufern des Río Grande, insbesondere die Zuñi und die Hopi.

Quinault, nordamerikanische Indianer, die eine Salishsprache sprechen. Sie leben in einer Reservation im Staat Washington (1968: zw. 1 000 und 1 500).

S

Santee, nordamerikanische Indianer, die eine Siouxsprache sprechen. Sie waren Plainsindianer und lebten in S-Minnesota, in N-Iowa und in Osten von North Dakota. Sie hingen dem Schamanismus an und führten Sonnentänze auf (1972: 5 500).

Seminolen, nordamerikanische Indianer, die vor allem an der O-Küste der Vereinigten Staaten lebten. Sie führten zwischen 1817 und 1858 drei Kriege gegen die Truppen der USA. ☐ Sie leben heute in den Reservationen von Florida und Oklahoma (Vereinigte Staaten). Sie sprechen eine Muskogeesprache.

Seri, Indianergruppe in Niederkalifornien (etwa 260), auf der Insel Tiburón und auf dem benachbarten Festland (seit Anfang des Jahr-

▲ · **Haus der Navajo.**
Die Navajo (besonders in Arizona) haben eine eigene Art von Häusern entwickelt, die *Hogan.* Diese Unterkünfte bestehen aus Holzgerüst und Astwerk, das mit gestampfter Erde bedeckt ist. Sie sind oft rund und haben einen vertieften Boden. Sie werden nach einem festen Ritus gebaut. Sie dienen sowohl der Beherbung wie auch als zeremonieller Ort. Das Hoganhaus symbolisiert die Welt als Teil des Weltalls.

VÖLKER UND SPRACHEN DER ERDE

hunderts nur noch dort). Die Seri leisteten den spanischen Eroberern verbissenen Widerstand. Erst Mitte des 20. Jh. wurden sie mit der modernen Zivilisation konfrontiert. Sie leben heute vom Fischfang.

Shawnee, Plainsindianer in Nordamerika; sprechen eine Sprache aus der Algonkinsprachgruppe. Ihre Gesellschaft war dualistisch aufgebaut. Jede Hälfte bestand aus 5 patrilinearen Klanen. □ Sie leben heute in einer Reservation in Oklahoma (1968: etwa 1 000).

Shoshone oder **Schoschonen,** Plainsindianer in Nordamerika, die *Shoshone,* eine uto-aztekische Sprache, sprechen. Sie leben hauptsächlich in Idaho, im Norden von Nevada und im Norden von Utah.

Sioux, nordamerikanische Indianer, deren Sprache von einer Reihe unabhängiger Stämme gesprochen wird: den Crow, Hidatsa, Winnebago, Mandan, Iowa, Oto, Omaha, Osage, Ponca, Quapaw, Kansa, Dakota. Sie lebten als Plains-Indianer (Crow, Dakota) und als Prärie-Indianer (Omaha, Iowa, Osage), bis die Bisons ausstarben.

Slave, nordamerikanische Indianer, die eine athapaskische Sprache sprechen. Sie bewohnten die NW-Territorien Kanadas. Sie lebten in Gruppen und betrieben Subsistenzwirtschaft. Sie belieferten die Weißen lange Zeit mit Pelzen. Sie hängen schamanistischen und animistischen Glaubensvorstellungen an.

T

Tacana, südamerikanische indianische Volksgruppe im Westen Boliviens; spricht *Aruak.* Zu ihnen gehören insbesondere die Araona, Capeche, Caviña, Tiatinagua, Maropa, Toromona, Mabenaro und die eigentlichen Tacana.

Talamanca, Indianer der Chibcha-Sprachfamilie, von S-Nicaragua bis nach W-Panama (etwa 40 000). Die Talamanca leben als seßhafte Waldbauern in Dörfern mit großen Gemeinschaftshäusern.

Tarahuamara, mittelamerikanische Indianer, die eine uto-aztekische Sprache sprechen und in N-Mexiko leben, in der Sierra Madre Occidental (1970: zw. 18 000 und 19 000). Sie bauen Mais, Bohnen und Kürbisse an und halten seit spanischer Zeit auch Vieh. Früher praktizierten sie eine rituelle Hirschjagd. Sie hatten besondere Bestattungsriten; die Toten wurden in Grotten, die mit Steinen verschlossen wurden, bestattet, versehen mit Schnapsvorrat, 3 Maiskolben sowie Pfeilen und Bogen. Heute spielen die Feiertage ihrer katholischen Schutzpatrone eine große Rolle. Auch vorchristliche (schamanistische) Zeremonien werden durchgeführt.

Tarasken, mittelamerikanische Indianer am Pátzcuarosee (Hochland von Zentralmexiko). Im 15. Jh. n. Chr. beherrschten sie ein weites Gebiet, das den heutigen Staat Michoacán und Teile benachbarter Staaten umfaßte. Nie gelang es den Azteken, sie zu unterwerfen. Ihr Niedergang begann erst, als sich ihr König im 16. Jh. den Spaniern ergeben mußte. □ Die Tarasken leben heute in etwa 60 Dörfern. Das größte ist Cherán. Sie betreiben vorwiegend Handel. Sie sind heute stark ins nationale Geschehen eingebunden.

Tehuelche oder **Patagonier,** südamerikanische Indianer, die eine araukanische Sprache sprechen. Sie bewohnten das Gebiet zwischen Río de la Plata und der Magellanstraße. Sie unterteilten sich in eine nördliche und eine südliche Gruppe. Sie wurden erst von den Araukanern und später von den Spaniern unterworfen. Sie konnten sich als ethnische Gruppe nicht halten.

Terena oder **Guaná,** südamerikanische Indianer, die *Aruak* sprechen. Sie leben im Osten des Gran Chaco, Paraguay, und im Süden von Mato Grosso, Brasilien (1983: 6 000).

Teton-Dakota, nordamerikanische Plainsindianer, die eine Siouxsprache sprechen. Sie lebten in Zelten (aus Tierhäuten), die kreisförmig angeordnet waren. Ihre Gesellschaft bestand aus autonomen Gruppen mit exogamen Klanen, die patrilinear organisiert waren. □ Sie leben heute in Reservationen in South Dakota, Nebraska und Kanada.

Tikuna, südamerikanische Indianer in N-Amazonien, in den Flußgebieten des Solimões und des Putumayao. Sie unterteilten sich in etwa 50 Klane. Sie sind heute akkulturiert.

Tlingit, nordamerikanische Indianer an der nördlichen Pazifikküste, auf den Queen Charlotte Islands (Kanada) und an der Küste von S-Alaska (etwa 8 000). Sie sprechen das *Tlingit,* eine Sprache der Na-Dené-Gruppe. Sie lebten von der Jagd auf Säugetiere und vom Fischfang. Die gesellschaftliche Einheit war die Großfamilie. Ihre Gesellschaft unterteilte sich in Phratrien, die aus exogamen Klanen bestanden. Das Symbol dieser Klane war das Totemtier, dessen Namen sie auch trugen. Sie errichteten Wappenpfähle (›Totempfähle‹) und hielten Verdienstfeste (›Potlatch‹) ab.

Toba, südamerikanische Indianer im argentinischen, bolivianischen und paraguayanischen Chaco, hauptsächlich in NO-Argentinien. Sie sprechen *Guaicurú.* Sie waren Halbnomaden und lebten in Gruppen mit einem Oberhaupt (erblicher Rang).

Tojolabal, mittelamerikanische Indianer der Mayagruppe im Staat Chiapas (Mexiko). Ihre Gesellschaft bestand aus patrilinearen Familien, die in Dörfern unter der Leitung eines Rates lebten. □ Heute sind sie weitgehend akkulturiert (1983: 40 000).

Tolteken, mexikanischer Stamm aus der Sprachgruppe der Uto-Azteken; ließ sich in der nachklassischen Zeit (950–1500 n. Chr.) im Norden des heutigen Mexiko nieder. Im 10. Jh. wurde der Toltekenkönig von den Priestern des blutgierigen Gottes Tezcatlipoca entmachtet. Sie gründeten das Toltekenreich, das sich über ganz Zentralmexiko vom Atlantik bis zum Pazifik erstreckte. Es entstand eine Kultur, die später die Maya beeinflussen sollte.

Totonaken, mittelamerikanische Indianer im Gebiet von Oaxaca, im Staat Veracruz und im Staat Puebla (Mexiko). Früher lebten sie am Golf von Mexiko. Sie standen unter der Vorherrschaft der Azteken und verbündeten sich mit den Spaniern gegen sie. Sie sind heute vollkommen akkulturiert.

Tupí, Sprach- und Kulturfamilie im brasilianischen Amazonien, zu der die **Tupinamba,** die Tupí-Guaraní, die Siriono (Bolivien) und die Guyaki gehören. Die Amazonas-Tupí bestehen aus zahlreichen Gruppen, die bekannt für ihre Stammesfehden sind.

Tupí-Guaraní, Völker- und Sprachfamilie, deren Kultur den südlichen Teil des Tupí-gebietes einnimmt, bis ins Becken des Río de la Plata und den Gran Chaco.

Tupinamba, südamerikanische Indianer, die zur Sprach- und Kulturfamilie der Tupí gehören. Sie lebten anfangs im tropischen Regenwald des Amazonasgebiets, wanderten aber an die brasilianische Küste, als die Europäer kamen. Sie waren als Kannibalen bekannt, deren Bräuche mit schamanistischen Glaubensvorstellungen einhergingen.

Tzeltal, Mayaindianer im Landesinnern des Staates Chiapas (Mexiko).

Tzotzil, Mayaindianer im Hochland des Staates Chiapas (Mexiko), um Chamula und San Cristóbal de las Casas. Sie sind für ihre Handwerkskunst bekannt.

U, W

Ute, nordamerikanische Indianer aus der Gruppe der Shoshone, die eine uto-aztekische Sprache sprechen. Sie leben im Großen Bekken, heute in den Reservationen von Utah, Neumexiko und Colorado.

Wapishana, südamerikanische Indianer, die eine Aruaksprache sprechen. Sie leben in der Savanne in SW-Guyana und in Roraima in Brasilien.

Warao oder **Warrau** oder **Guarao,** südamerikanische Indianer in Guyana und im Orinocodelta.

Winnebago, Indianer an den Großen Seen in Nordamerika; sprechen eine Siouxsprache. □ Sie sind in Reservationen in Nebraska und Wisconsin untergebracht (1968: 2 800 bis 3 000).

Y, Z

Yahgan oder **Yamana,** Indianer, die bei der Ankunft der Europäer im äußersten Süden von Südamerika lebten (und die man daher zu den Feuerländern zählt). Sie und die Alakaluf bewohnten als einzige den Archipel an der Magellanstraße. Die meisten lebten auf der Insel Navarino. Seit dem 17. Jh. weiß man von ihnen. Sie sprachen *Yahgan.* Die soziale Grundeinheit war die Kleinfamilie. Sie praktizierten Initiationsriten für die heranwachsenden Männer. Bei ihren Bestattungsriten verbrannten sie ihre Toten (im Gegensatz zu den Alakaluf).

Yakima, nordamerikanische Indianer. Sie waren in Untergruppen organisiert, die von der Jagd lebten. Ihre schamanistischen Zeremonien basierten auf einem Mythos des Koyoten. □ Sie leben heute im Süden des Staates Washington (1968: zw. 3 000 und 3 500).

Yamana → Yahgan.

Yankton, nordamerikanische Indianer, die eine Siouxsprache sprechen. Sie leben im O von North Dakota und South Dakota.

Yanomani oder **Yanomami,** südamerikanische Indianer im waldreichen Grenzgebiet zwischen Brasilien und Venezuela. Sie sprechen eine Macro-Chibcha-Sprache. Da sie sehr abgeschieden lebten, blieb ihre alte Kultur sehr lange lebendig. Sie pflanzten Mehlbanane und Pfirsichpalme an, auch intensive Jagd und Sammelwirtschaft mit langer Abwesenheit von den Dörfern. Bis in die 1970er Jahre gab es Kämpfe zwischen den Dörfern. Das Schnupfen von halluzinogenem Pulver hatte zum Ziel, mit den Geistern (Herren und Herrinnen von Tieren und Pflanzen) in Verbindung zu treten.

Yaqui, Indianer in Mittel- und Nordamerika, die eine uto-aztekische Sprache sprechen.

Zapoteken, Volk im Hochbecken von Oaxaca (Mexiko); spricht *Sapotek,* eine Otomanguesprache. In präkolumbischer Zeit hatten sie eine hochentwickelte Kultur (Blütezeit 250 bis 950 n. Chr). Zentrum ihrer Kultur war Monte Albán. Sie wurden im 13. Jh. von den Mixteken verdrängt. □ Man schätzt ihre Zahl heute auf 215 000 (1983).

Zuñi oder **Zuni,** Puebloindianer in den Vereinigten Staaten, die vorwiegend im Nordwesten Neumexikos lebten; sie sprechen *Zuñi.* Sie waren in exogamen, matrilinearen Klanen organisiert und standen unter der Autorität eines gewählten Oberhauptes. Wie die Hopi praktizierten sie den *Katchinakult.* □ Sie leben heute in einer Reservation in Neumexiko (1968: zw. 2 000 und 3 000).

375

AMERIKA

Seit 1790 werden in den Vereinigten Staaten die *Schwarzen* in der Bevölkerungsstatistik extra ausgewiesen. Hier ein paar aufschlußreiche Zahlen:

Jahr	Weiße	Schwarze
1790	3 172 000	757 000
1800	4 306 000	1 002 000
1810	5 862 000	1 378 000
1850	19 553 000	3 639 000
1880	43 403 000	6 781 000
1900	66 869 000	8 834 000
1940	118 358 000	12 866 000
1950	135 150 000	15 045 000
1970	177 749 000	22 580 000
1980	188 372 000	26 495 000

Die ersten Schwarzen waren 1619 als Sklaven in Virginia gelandet; seitdem stieg ihre Zahl unaufhaltsam: 1640 waren es 1 600, 1750 schon 236 420. Kurz vor Beginn der Sezessionskriege lebten 449 000 Schwarze in den Vereinigten Staaten, davon 90 % im Süden. Sie arbeiteten als Sklaven auf Tabak- und Reisplantagen (Alabama, Mississippi, Louisiana, Texas) und brachten ihren Besitzern hohe Gewinne ein. Nach dem Bürgerkrieg erhielten die Schwarzen ihre Freiheit und kurz darauf bürgerliche und politische Rechte (13., 14. und 15. Amendment der amerikanischen Verfassung). Eine Zeitlang erhielten die Schwarzen im Süden zwar Unterstützung von Vertretern des Nordens (Bildung), aber der *Ku Klux Klan* begann, sie zu terrorisieren, und ihre Lage verschlimmerte sich noch, als die Nordamerikaner ihre Hilfeleistungen einstellten. Die Pflanzer des Südens übernahmen wieder die Macht. Wanderarbeit in der Industrie trennte die schwarzen Männer von ihren Familien; Rassentrennung und Lynchjustiz waren bald überall verbreitet.

Die ersten Kämpfe für die Gleichberechtigung. Die ersten Schwarzenführer, die sich öffentlich mit diesem Problem beschäftigten, waren *Booker Taliaferro Washington* (1856–1915) und *William Edward Burghardt Du Bois* (1868–1963): Ersterer predigte Mäßigung und schlug vor, die Lage der Schwarzen durch Bildung zu verbessern, letzterer lehnte diesen sanften Weg ab und kämpfte mit juristischen Mitteln gegen die Diskriminierung. Er gründete mit anderen schwarzen Intellektuellen und mit liberalen Weißen 1909 die National Association for Advancement of Colored Peoples. Außer den Rechtsmitteln setzten die Schwarzen auch gewaltfreie Demonstrationen wie Protestmärsche ein, die aber nicht viel bewirkten. Obwohl heute die Rassentrennung abgeschafft ist und Gleichheit vor dem Gesetz garantiert wird, hat sich an der sozialen Unterprivilegierung der Schwarzen wenig geändert.

Die soziale Situation. 1910 lebten 91 % der Schwarzen im Süden der Vereinigten Staaten und 27 % in Orten mit über 2 500 Einwohnern. Seither ist eine wachsende Anzahl in die nördlichen Industriegebiete, aber auch mit dem allgemeinen Trend in den SW und W gewandert. Den höchsten Anteil an der Bevölkerung (je über 30 %) haben die Schwarzen in den Staaten Mississippi, South Carolina und Louisiana sowie in den Städten Washington (71 %), East St. Louis (69 %) und Newark (54 %). Der Lebensstandard der schwarzen Familien ist sehr niedrig. Arbeitslosigkeit, zerbrochene Familien und Kriminalität sind die Hauptprobleme, die von der ungenügenden Sozialgesetzgebung nicht aufgefangen werden können. Die Konzentration der Schwarzen in bestimmten Wohnvierteln hat zum Entstehen von Ghettos geführt.

DIE SCHWARZ-AMERIKANER

Seit etwa dreißig Jahren hat sich die Lage der Schwarzen allerdings leicht gebessert. Ein schwarzer Mittelstand ist entstanden, Ärzte, Rechtsanwälte, Pfarrer und besonders Lehrer. Für die überwiegende Mehrheit reichen jedoch die Schulen und die sozialen Einrichtungen im Ghetto nicht aus; die schlechte Schulbildung ist erschreckend.

Separatistische Bewegungen. Nach dem Krieg und insbesondere unter Justizminister Robert Kennedy (1961–1964) wurden sich die Schwarzen ihrer Macht bewußt.

Zwei separatistische Bewegungen machten von sich reden. Die *Black Muslims* (schwarze Muslime) wurden 1930 auf Anregung von Wallace D. Fard in Detroit gegründet; Elijah Poole, der den Namen Elijah Muhammad annahm, sorgte für die Ausbreitung der Bewegung. Sie propagierte, daß alle Schwarzen Muslime seien. 1960 erlebte die Bewegung einen weiteren Aufschwung unter Malcolm Little, der seinen amerikanischen Personalausweis verbrannte und sich fortan ›Malcolm X‹ nennen ließ. Er brach jedoch mit Muhammad und wurde 1965 ermordet. Die Bewegung breitete sich in Studentenkreisen aus. Sie predigte die Rückbesinnung auf den Koran, die sexuelle Enthaltsamkeit, den Verzicht auf übermäßiges Essen und lehnte insbesondere den Genuß alkoholischer Getränke ab.

Die andere Befreiungsbewegung, die *Black Panther Party,* wurde 1966 von Huey P. Newton und Bobby G. Seale in Oakland ins Leben gerufen. Ihr Ziel war die Bildung von bewaffneten Milizen zum Schutz vor polizeilichen Übergriffen. Sie wurden jedoch unerbittlich verfolgt und haben heute praktisch keinen Einfluß mehr.

Die Bewegung um Martin Luther King. Einen dritten Weg schlug die Bewegung ein, in deren Mittelpunkt der schwarze Pfarrer *Martin Luther King* (1929–1968) stand. Als 1955 eine schwarze Frau in einem Bus in Montgomery (Alabama) gedemütigt wurde, organisierte M. L. King einen Boykott der Verkehrsmittel und Geschäfte, die weißen Befürwortern der Rassentrennung gehörten. Dieser Boykott dauerte über ein Jahr und wurde von allen amerikanischen Schwarzen unterstützt. Diese gingen gewaltlos vor und reagierten nicht auf die Provokationen der Weißen, insbesondere des *Ku Klux Klans*. Schließlich gaben die Bundesgerichte nach und erklärten die Rassentrennung in öffentlichen Verkehrsmitteln für illegal. 1957 gründete M. L. King die Southern Christian Leadership Conference, die bei der Wahl J. F. Kennedys zum Präsidenten eine entscheidende Rolle spielte. Da am Kongreß 1963 zögerte, den Schwarzen Gleichberechtigung bei den Bürgerrechten zu gewähren, plante er einen friedlichen Marsch auf Washington. Ein Jahr später erhielt M. L. King den Friedensnobelpreis. 1965 und in den folgenden Jahren kam es in den Schwarzenvierteln von Los Angeles (Watt) unter dem Schlagwort ›Black Power‹ zu Unruhen: Die Bemühungen M. L. Kings, mäßigend einzuwirken, schlugen fehl. Zudem entfremdeten ihn seine starke Ablehnung der Kernwaffen und sein Kampf gegen die Armut, den er insbesondere 1966 in Chicago predigte, den weißen Amerikanern wie auch dem schwarzen Mittelstand. Er wurde 1968 auf einer friedlichen Zusammenkunft in Memphis ermordet. Nach seinem Tod kam es zu kurzlebigen Unruhen in den Ghettos.

Diese schwarzen Bewegungen sind weitgehend ohne ideologischen Hintergrund und finden heute kaum noch Resonanz. Dabei bleibt im Kampf gegen rassistische Vorurteile noch viel zu tun. Die Tatsache, daß der schwarze Pastor Jesse Jackson innerhalb der Demokratischen Partei scheiterte (Juli 1988), als er sich darum bewarb, nach den nächsten Wahlen das Amt des Vizepräsidenten zu übernehmen, zeigt, daß das Schwarzenproblem auf politischer Ebene fortbesteht.

▲ · **Black Panthers.**
Eine Gruppe der Black Panthers (›Schwarze Panther‹) wohnt der Beerdigung von Jonathan Jackson in Oakland (Kalifornien) bei. Jonathan wurde 1970 getötet, sein Bruder ein Jahr später. Die Brüder und die anderen Gefangenen im Gefängnis von Soledad gelten als Symbole für die Forderungen der Schwarzen.

VÖLKER UND SPRACHEN DER ERDE

ASIEN

A

Aceh oder **Atjeh,** Volk in den Küstengebieten von Sumatra. □ Die Aceh bildeten schon im 13. Jh. ein bis heute eigenständiges Zentrum; im 16. Jh. war der Pfefferhandel bedeutend. Gegen die niederländische Kolonialherrschaft führen sie Kriege (1875–1904). Sie bauen Reis an und treiben Fischfang.

Achang oder **Atschang,** südchinesisches Volk (1960: 18 000), spricht eine sinotibetische Sprache. □ Die Achang sind Bauern und Handwerker und hängen dem Hinayana-Buddhismus an.

Ainu, japanische Ethnie auf Sachalin, den Kurilen und Hokkaido (1987: 25 000), spricht eine schriftlose, mit keiner anderen verwandte Sprache. Große Unterschiede von Insel zu Insel. □ Die körperlichen Merkmale der Ainu (helle Hautfarbe, breites Gesicht, fast kein mongolider Augenschnitt, starke Körperbehaarung) weisen darauf hin, daß sie andere Vorfahren als die übrigen Japaner haben. Sie sind heute vollständig akkulturiert. Ihre Geschichte ist aufgrund von Chroniken gut bekannt. In Hokkaido z. B. fischten sie im Sommer mit beweglichen Haken und jagten im Winter (Bären, Hirsche, Meeressäuger). Die Landwirtschaft war Aufgabe der Frauen. Politische Einheit war das Dorf, dem ein aus der wichtigsten Familie stammendes Oberhaupt vorstand. Sie hatten animistische Glaubensvorstellungen. Heute leben sie z. T. vom Tourismus.

Akha oder **Kaw** oder **Ko,** mongolisches Bergvolk im östl. Birma, in Yunnan (China), N-Thailand und N-Laos (1981: 100 000), spricht eine zu den sinotibetischen Sprachen gehörende schriftlose Sprache. □ Die Akha leben in Großfamilien in abgelegenen, auf Pfählen gebauten Dörfern. Sie sind Bauern, hängen animistischen Glaubensvorstellungen und dem Schamanismus an und sind patriarchalisch organisiert.

Alawiten → NUSAIRIER.

Andamaner, die kleinwüchsigen Bewohner der Inselgruppe der Andamanen im Golf von Bengalen (Indien). Sie leben als Jäger und Sammler, sprechen eine eigene Sprache und werden den Negritos zugerechnet (1970: 500).

Arakaner, Volk in Birma und Bangladesh (1987: 2 Millionen), spricht eine sinotibetische Sprache. Die Arakaner sind Buddhisten (Birma) bzw. Muslime (Bangladesh). □ Sie betrachten sich als Erstbesiedler Birmas, die ihre Geschichte über einen Zeitraum von 2 600 Jahren zurückverfolgen können (227 Archive verzeichnen eine Ahnenreihe von 227 Fürsten). Sie leben von Fischfang, Landwirtschaft und Handwerk.

Ataouat, Bevölkerungsgruppe in der Region des oberen Se Kong (Laos), auf einige Tausend (1981) geschätzt. Die Ataouat betreiben Brandrodungsfeldbau (Reis). Sie sind patriarchalisch organisiert. Ihre Pfahldörfer sind in einem Quadrat oder einem Rechteck um ein Gemeinschaftshaus angelegt.

B

Bachtiaren, Volk im Zagrosgebirge, SW-Iran (etwa 400 000). Mehr als ein Drittel der Bachtiaren nomadisieren auch heute noch mit ihren Schafen, Ziegen und Kamelen bis in die Ebenen von Khusistan. Die paternalen Großfamilien leben in Zelten. Die übrigen Bachtiaren betreiben Ackerbau. Berühmte Teppichknüpfkunst.

Bahnar, Bevölkerung der Hochebenen Vietnams, in der Region von Kontum-an Khe (1981: über 100 000), spricht *Bahnar,* eine Mon-Khmer-Sprache. □ Die Bahnar betreiben Brandrodungsfeldbau (Reis). Sie bewohnen Pfahldörfer; das Dorfoberhaupt wird von einem Ältestenrat ernannt. Sie sind in patrilinearen Klanen organisiert und praktizieren eine mit den Zyklen der Natur verbundene, animistische Religion.

Bai oder **Pai,** südchinesische Bevölkerungsgruppe, hauptsächlich in W-Yunnan (1987: 1,17 Millionen). □ Die Bai leben sowohl in der Ebene wie im Gebirge in Häusern mit traditioneller chinesischer Architektur. Sie sind Viehzüchter und Fischer. Sie leben in einem patrilinearen System und praktizieren eine synkretistische Religion, in der Ahnenkult, Taoismus und Buddhismus verschmelzen, die jedoch heute immer weniger Anhänger findet.

Banjara oder **Lambadi** oder **Sugali,** in ganz Indien verbreitete Bevölkerungsgruppe, insbesondere in Maharashtra, Karnataka und Andhra Pradesh (1981: 2 Millionen). □ Die Banjara leben als Nomaden und halten Rinder. Sie sind Träger, Hausierer, Händler, Tänzer und Musikanten. Sie sind Hindus und in Kasten organisiert.

Batak, Volk im zentralen N-Sumatra (Indonesien), spricht *Batak,* eine austronesische Sprache (1981: 2 Millionen). □ Die Batak sind in Stämmen organisiert, die sich aus patrilinearen Klanen zusammensetzen. Sie wohnen im Gebirge und bauen Reis im Brandrodungs- und im Terrassenfeldbau. Heute siedeln sie sich immer mehr an den Hängen von Toba und Medan an. Sie haben eine eigene traditionelle Religion, die allerdings vom Islam beeinflußt ist.

Bhil, halbnomadischer Stamm dravidischer Herkunft im NW Indiens (hauptsächlich Rajasthan), spricht die indoarischen Sprachen *Bhili* und *Gujarati* (1981: 4 Millionen). Die Bhil betreiben Brandrodung, jagen und sammeln. Ihre Sozialstruktur gründet sich auf den Klan nach dem Prinzip der patrilokalen Wohnfolgeordnung. Typisch sind Streusiedlungen. Die Bhil sind Hindus; ihre Klane unterstehen der Autorität eines religiösen Oberhaupts.

Bhotia → BHUTIJA.

Bhumij, Volk in Indien, in Westbengalen, Bihar, Chota Nagpur und Orissa (1981: 120 000), spricht hauptsächlich eine Mundasprache sowie *Bengali.* □ Die Bhumij betreiben Terrassenfeldbau und leben in exogamen patrilinearen Klanen unter der Autorität eines Ortsrates, dem Pancayat. Sie sind Hindus.

Bhutija oder **Bhotia,** Bevölkerungsgruppe in Sikkim (Indien), Bhutan und Nepal (1983: 1 Million), spricht eine sinotibetische Sprache. □ Die Bhotia leben an den Südhängen des Himalaja und bauen Reis und Weizen in Terrassenkultur an. Ihre Gesellschaft ist patrilinear aufgebaut. Sie leben polygam (Polyandrie und Polygynie). Sie sind Anhänger eines Tantrismus mit schamanistischen Traditionen. Sie erkennen den Dalai Lama als religiöses Oberhaupt an.

Bihari, Volk in N-Indien, Bangladesh und Nepal (1980: über 40 Millionen), spricht *Bihari,* eine indoarische Sprache. □ Sehr viele Bihari sind Muslime. Sie waren gegen die Gründung des Staates Bangladesh (1971) und wurden Opfer zahlreicher Massaker.

Binjwar, Stammesbevölkerung in Indien, in Madhya Pradesh (1981: 70 000). Die Binjwar sind Nachkommen zentralindischer Stämme. Heute leben sie in Waldgebieten, in denen sie Brandrodungsfeldbau betreiben, sammeln und jagen. Sie sind in einer patrilinearen und streng monogamen Gesellschaft organisiert. Typisch sind animistische Kulte.

Birmanen, Volk, das hauptsächlich in Birma, ferner in Bangladesh und angrenzenden Gebieten bis hin nach Vietnam lebt (1987: 26 bis 30 Millionen); spricht eine sinotibetische Sprache. □ Die Birmanen sind Anhänger des Hinayana-Buddhismus, haben jedoch animistische Kulte mit Opfern für die Ahnen- und Naturgeister *(Nat)* beibehalten.

Bodo, Gruppe von Stämmen in Indien (Assam) und Bangladesh, spricht eine sinotibetische Sprache (1981: 1,5 Millionen). □ Die Bodo sind Bauern (Brandrodungsfeldbau, auch Naßreisanbau) und Handwerker und praktizieren einen Hinduismus mit animistischen Elementen (Ahnen- und Geisterkult). Patrilineare Organisation.

Brahui, Volk in Belutschistan, Pakistan (1981: 250 000), spricht *Brahui,* eine dravidische Sprache. □ Die Brahui wurden von den Belutschen in die Berge getrieben. Sie sind Hirtennomaden und Muslime. Sie praktizieren die Polyandrie.

Brao, Bergvolk in S-Laos, N-Kambodscha und O-Thailand (1981: 12 000). Die Brao sprechen eine Mon-Khmer-Sprache. □ Sie sind Nomaden und Bauern (Reis); sie fischen und töpfern. Sie bauen befestigte Häuser in einem Kreis um das Gemeinschaftshaus. Bilaterales Verwandtschaftssystem. Polygamie ist erlaubt.

Buyi oder **Puyi,** Bevölkerungsgruppe in S-China, in Guizhou, Guangxi und Yunnan (1987: 2 234 000). Seit langem ist bekannt, daß sie hinsichtlich Sprache und Institutionen mit den Zhuang verwandt sind. Außer Chinesisch sprechen die Buyi eine Taisprache. Der Name ist relativ neu; sie wurden früher auch Dioi genannt. □ Sie bauen Reis im Brandrodungsfeldbau an und betreiben Viehzucht. Ihre Gesellschaft ist patrilinear organisiert. Ihre Religion zeigt animistische und taoistische Elemente; ihre Bestattungsriten sind chinesisch beeinflußt. Ihre Entwicklung verlief ähnlich wie bei den Zhuang.

C

Chakma oder **Tschakma,** Stamm in SO-Bengalen, Bangladesh (etwa 135 000). Die Chakma sprechen Bengali. □ Die meisten treiben Brandrodungsfeldbau; einige bauen in den Ebenen Reis an (mit Pflug). Sie sind Buddhisten, haben aber eigene Stammesriten.

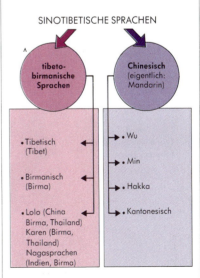

⌃ · **Die Familie der sinotibetischen Sprachen.**

377

VÖLKER UND SPRACHEN DER ERDE

ASIEN

Cham oder **Tscham,** ehemaliges Hochkulturvolk in Zentral- und S-Vietnam, die Nachfahren des Champa-Reichs (2.–15. Jh.), heute nur noch eine Minderheit von etwa 100 000, mit austronesischer Sprache. Die Cham-Kunst hat eindrucksvolle Architektur und Plastik hervorgebracht.

Chenchu, weddider Stamm in den bewaldeten Bergen von Andra Pradesh (etwa 12 000). □ Die meisten Chenchu sind heute seßhaft und treiben Waldwirtschaft und Ackerbau. Einige Gruppen schweifen noch sammelnd umher. Während der Regenzeit leben sie in kegelförmigen Hütten.

Chin oder **Tschin,** Bergvolk in S-China und W-Birma (1981: 1,5 Millionen, davon 660 000 in Birma). Die Chin sprechen eine sinotibetische Sprache in zahlreichen Dialekten. □ Die meisten hängen animistischen (nur wenige christlichen) Glaubensvorstellungen an. Sie sind Hackbauern (Brandrodungsfeldbau), sind in patrilinearen Klanen organisiert und leben in größeren Marktorten.

Chingpo →KACHIN.
Chong oder **Tschong,** Volk in Kambodscha, im Hochland westlich des Tonle-Sap-Sees und im Kardamomgebirge sowie in O-Thailand. Die Chong sprechen eine Mon-Khmer-Sprache. □ Sie leben in Dörfern und bauen Reis an.

D

Dafla, Bergvolk in NO-Indien, in Arunachal Pradesh (1982: 50 000). Die Dafla sprechen eine sinotibetische Sprache. □ Sie leben in einer Stammesgesellschaft in Marktorten und haben ›Langhäuser‹ (niedrige, langgestreckte Häuser für Versammlungen). Sie sind Jäger und Sammler, betreiben Brandrodungsfeldbau und Viehhaltung; sie bearbeiten Bambus.

Daghuren, Mongolenvolk in NO-China (Mandschurei und Innere Mongolei), spricht *Daghurisch,* eine mongolische Sprache. □ Die Daghuren sind Anhänger des (sibirischen) Schamanismus und des (tibetischen) lamaistischen Buddhismus. Sie waren lange Zeit Grund für Konflikte zwischen Russen und Chinesen, insbesondere im 19. Jh., als sie von den Chinesen nach Osten umgesiedelt wurden. Sie betreiben Ackerbau und Viehhaltung. Ihre traditionellen Strukturen sind durch die Politik der kommunistischen Regierung Chinas stark gefährdet, die auf eine Angleichung an die Chinesen abzielt.

Dariganga, Volk in der Mongolei (1987: 29 800), spricht *Dariganga,* eine mongolische Sprache. □ Die Dariganga hatten sich lange Zeit auf die Aufzucht von Kamelen für die kaiserliche chinesische Armee spezialisiert. Sie stellten sich 1911 nach ihrem Aufstand gegen die Mandschu auf die Seite der mongolischen Regierung, als das chinesische Kaiserreich zerbrach und die Republik ausgerufen wurde. Heute sind sie ein seßhaftes Hirtenvolk und haben die klassische Organisation ihrer Lager *(ulu)* ebenso aufgegeben wie den Lamaismus, eine Sonderform des Buddhismus.

Dioi, früherer Name der Buyi.

Dolpo, Bergvolk in Nepal, in abgelegenen Dörfern nahe der chinesischen Grenze, nur wenige tausend Angehörige. Die Dolpo leben von Ackerbau und Viehzucht in Dörfern unter der Führung eines von der Regierung anerkannten Dorfoberhaupts. Sie sind Buddhisten und sprechen eine sinotibetische Sprache. □ Sie praktizieren Polyandrie und sind in exogamen totemistischen Klanen organisiert. Ihre Religion ist ein animistischer Kult, wie ihn ähnlich die Lahu praktizieren: mit Exorzismus, Wiedergeburt, Seelenwanderung, Ahnenkult. Außerdem gibt es Riten zur Läuterung und zum Loskauf von Sünden.

Dom oder **Domba,** Volk in Bihar und Bengalen (Indien). □ Die Dom sind Nomaden und Hindus und übernehmen in der traditionellen hinduistischen Gesellschaft die niederen Ar-

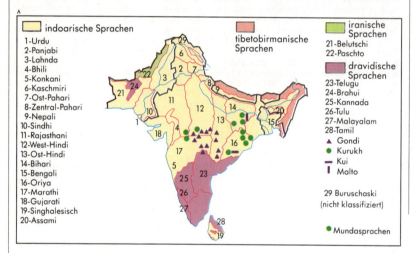

A · Die Sprachen Vorderindiens.

B · Die Sprachen Südostasiens.

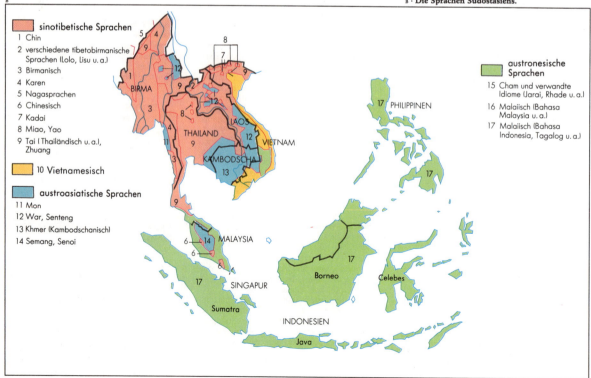

378

beiten: sie sind Abdecker, Korbmacher, Henker, Straßenkehrer und bereiten die Totenverbrennung vor. Die Brahmanen bezeichnen sie als ›ohne Form‹, da sie auf der untersten Stufe der sozialen Leiter stehen. Dom leben auch im Pandschab und in Benares.

Dong oder **Tung**, Volk in Zentral- und Südchina, in Hunan, Guizhou und Guangxi (1987: 1,5 Millionen), spricht eine Taisprache. □ Die Dong bauen Reis und Baumwolle an; sie bewohnen Pfahlhäuser. Als Anhänger des Animismus und des Schamanismus mußten sie vom Norden in den Süden ziehen. Ihre größte soziale Einheit ist das Dorf. Sie haben eine bemerkenswerte musikalische Tradition bewahrt.

Dongxiang oder **Tong-hiang**, chinesisches Volk in Gansu (1978: unter 200000), spricht *Santa*, eine mongolische Sprache. □ Die Dongxiang sind vom Islam beeinflußt (Polygamie, Patriarchat), trotz des ideologischen Drucks von seiten der kommunistischen Regierung. Sie betreiben Feld- und Gemüseanbau in Oasen und bewohnen aus Holz oder Strohziegeln gebaute Höfe.

Dravida, Völkergruppe, die von indoarischen Eindringlingen in den Süden Indiens abgedrängt wurde. Diese Völker sprechen alle *Dravidisch*, eine Sprachfamilie mit etwa 20 Sprachen, die von über 120 Millionen Menschen gesprochen werden. Vier dieser Sprachen sind angesehene literarische Sprachen, die in vier Staaten der Indischen Union den Status von Nationalsprachen haben: *Tamil* (Tamil Nadu, aber auch in Sri Lanka, Birma und Malaysia), *Malayalam* (Kerala), *Kannada* (Karnataka) und *Telugu* (Andra Pradesh); die übrigen Sprachen werden von Stammesgemeinschaften gesprochen, denen einige tausend bis einige hunderttausend Menschen angehören. Die Dravida leben heute in den indischen Bundesstaaten Tamil Nadu, Kerala, Karnataka und Andra Pradesh.

Drusen, arabischsprachige muslimische Religionsgemeinschaft im Libanon und in Syrien, 1982 auf 330 000 Angehörige geschätzt. □ Diese Gemeinschaft ging aus einer esoterischen ismailitischen Sekte hervor, die vor dem Hintergrund der Verehrung des Kalifen Hakim (996–1021) entstand. Unter dem Einfluß des Persers Hamza ibn Ali nahm die Verehrung Hakims ihre endgültige Form an, die Inkarnation des Einen, dessen Imam Hamza war. Hakim wurde bald auch in Syrien als göttlich verehrt; im 11. Jh. begründete Muktana unter Berufung auf einen heiligen Text, die *Briefe der Weisheit*, die orthodoxe drusische Lehre. Bis zum Ende des 19. Jh. mußten die libanesischen und syrischen Drusen die Herrschaft von verschiedenen muslimischen Dynastien erdulden, u. a. den Osmanen, die sich um die Erhaltung des Gleichgewichts zwischen Drusen und Maroniten bemühten. Im 19. Jh. begann jedoch im Libanon eine Auseinandersetzung zwischen Drusen und Maroniten. Letztere standen unter französischem Schutz, so daß Frankreich 1860 eingriff. Daraufhin ergriffen die Osmanen repressive Maßnahmen gegen die Drusen. Nach dem Ende des Osmanischen Reiches 1918 wurden die Drusen aufgeteilt und unterstanden in Syrien und im Libanon den Franzosen bzw. in Palästina den Briten. Die Drusen in Palästina gehören seit 1948 zum Staat Israel. In Syrien erklärten die Franzosen den Djebel ed-Drus zu einem autonomen Territorium; dieses rebellierte 1926 gegen das französische Mandat. Nach Inkrafttreten der libanesischen Verfassung von 1926 werden die Drusen an der nationalen Politik beteiligt und sind im Parlament vertreten, insbesondere nach der Reform von 1943. Heute sind sie in der Fortschrittlichen Sozialistischen Partei organisiert, die Kamal Djumblat (1977 ermordet) 1949 gründete und die seit 1977 von seinem Sohn Walid Djumblat geführt wird.

Dscharai → Jarai.

Dzahchin oder **Dzakhatchin**, Volk im NW der Mongolei (1968: 11 000), spricht eine mongolische Sprache. □ Die Dzahchin lebten als Hirten (in Jurten), aber sie betreiben auch Ackerbau. Sie waren Anhänger des tibetischen Buddhismus (viele Lamaklöster) und des Schamanismus. Sie lebten in einer stark ausgeprägten sozialen Hierarchie (weltliche Feudalherren, religiöse Würdenträger, eine Art Leibeigene) und waren patriarchalisch und in Klanen organisiert. Mit der Revolution von 1917 begann ihre Akkulturation.

E, G

Ede → Rhadé.

Ewenken, Volk mit tungusischer Sprache in der Sowjetunion, China und der Mongolischen Volksrepublik (s. Abschnitt ›Europa und die UdSSR‹).

Gadaba oder **Gadba**, Volk in Indien, in Orissa, Madhya Pradesh und Andhra Pradesh (1971: 66000), spricht eine Mundasprache. □ Die Gadaba sind Bauern, die Brandrodungsfeldbau (Hirse, Hülsenfrüchte) betreiben. Sie sind Hinduisten, praktizieren aber auch animistische Kulthandlungen. Patrilineare Organisationsform. Ihre Dörfer werden von Räten regiert, deren Mitglieder aus den oberen Kasten stammen.

Garo oder **Atchik**, Volk in Indien, in Meghalaja (1983: 300000), spricht eine sinotibetische Sprache. □ Die Garo sind mutterrechtlich organisiert. Die Frauen sind, sobald sie verheiratet sind, Besitzerinnen und Erbinnen des Bodens, auf dem sie geboren wurden; jedoch stehen die Väter der Familie oder dem Dorf vor. Die Söhne können sehr früh vom Haus der Familie in das ›Männerhaus‹ umziehen, wo sie von einem Älteren erzogen werden; Frauen ist der Zutritt strengstens untersagt. Die Garo treiben Brandrodungsfeldbau (Reis, Hirse, Mais und Baumwolle). Sie verehren ihre Ahnen, die sie in Holz- und Steinfiguren nachbilden.

Gond, eine der größten indischen Stammesgruppen, in der ein Teil eine dravidische *(Gondi)* und ein anderer Teil eine indoarische Sprache spricht (1978: 4 Millionen). Sie leben in Orissa, Andhra Pradesh, Madhya Pradesh und Maharashtra. □ Die Gond sind Anhänger eines Hinduismus mit vielen Besonderheiten (Opfer für Klantotems), die wahrscheinlich auf eine mehr oder weniger erzwungene Bekehrung zurückgehen. Ihre Mythen belegen ihre dravidische Abstammung. Es gibt eine Hypothese, derzufolge sie in Hügeln und Wäldern leben, weil sie von den Indoariern dorthin gedrängt wurden. Sie betreiben Ackerbau und leben in Dörfern unter der Führung eines Dorfoberhaupts, eines Wächters und eines Priesters; der Schmied genießt eine Vorrangstellung.

Gujar, indoarisches Volk in Indien, in Jammu-und-Kashmir und Himachal Pradesh (1983: 50000). Die Gujar sprechen *Gujarati*, eine indoarische Sprache. □ Die Gujar sind Bergbewohner, sind in Kasten organisiert und heiraten in der Regel endogam. Im Sommer ziehen sie mit ihren Herden höher in die Berge; sie produzieren Wolle und Milcherzeugnisse. Sie sind Hindus oder Muslime.

Gurung, Volk in Nepal, an der Südflanke des Annapurna (1983: 200000), spricht eine sinotibetische Sprache. □ Die Gurung sollen aus der tibetischen Hochebene stammen. Sie sind Bergbewohner und Bauern (Terrassenanbau). Manche Gurung lassen sich für das Elitebataillon der *Gurkha* anwerben. Sie sind in exogamen und häufig polygynen Klanen organisiert. Die Gurung sind lamaistische Buddhisten.

H

Han, Bevölkerungsmehrheit in China (1989: 1093 Millionen) und in Taiwan (19,6 Millionen), spricht eine dialektreiche sinotibetische Sprache. □ Die Han sind mehrheitlich Bauern und haben ihre patriarchalische Familienstruktur bewahrt. Ihre religiösen Glaubensvorstellungen wurzeln im Buddhismus; allerdings haben auch konfuzianische und taoistische Elemente Einfluß auf ihr Verhalten und ihre moralischen Werturteile. Alte Traditionen bestehen weiter (zentrale Rolle der Familie, Inzesttabu bei Partnern gleichen Namens). Die wichtigste Rolle spielt die Ahnenverehrung. Die sozialistische Revolution in China scheint keine tiefgreifenden Veränderungen in ihren kulturellen Eigenheiten bewirkt zu haben. □ Viele Han leben als Auslandschinesen in Thailand, Malaysia, Indonesien und Singapur.

Hazara, Volk in einer bergigen Region Afghanistans sowie in Belutschistan, dem östl. Iran und Sowjetisch-Mittelasien. Die Hazara sprechen hauptsächlich westiranische Sprachen. □ Das Wort ›hazara‹ bedeutet im Persischen ›tausend‹ und bezeichnet eine alte mongolische Stammes- und Heereseinheit. Seit der afghanischen Eroberung im 19. Jh. haben nur noch die Gruppen unter der Leitung eines ›Mir‹ (früherer Titel der Perserfürsten) eine Stammesorganisation. Die Hazara erheben

▲ · **Häuser der Gurung.**
Die Gurung leben im Norden Nepals an der Südflanke des Annapurna. Sie gehören zu den ältesten mongoliden Stämmen des mittleren Himalaya. Die Häuser sind sehr gut gebaut und extrem kältebeständig (hier in Pokhara in Zentralnepal).

VÖLKER UND SPRACHEN DER ERDE

ASIEN

den Anspruch, Nachfahren des Dschingis Khan zu sein; ihre Kultur zeugt jedoch auch von der Assimilation türkisch-mongolischer und persischer Elemente. Sie sind größtenteils Zwölferschiiten, viele auch Ismailiten oder Sunniten und haben ihre alte Stammesstruktur fast völlig verloren. Der Boden gehört dem Dorfoberhaupt, dem eine Ältestenrat zur Seite steht. Sie betreiben Bewässerungsfeldbau (Weizen, Gerste) und Viehhaltung (Ziegen, Schafe). Von traditionalistischen Afghanen werden die Hazara verachtet und feindselig behandelt. Wegen ihres schnellen Bevölkerungswachstums ziehen viele in die Städte, wo sie in der Regel schwere Arbeiten verrichten.
Hmong →Miao.
Ho, indische Stammesgruppe in Bihar und Orissa (1983: 700 000), spricht eine Mundasprache. ◻ Die Ho leben in totemistischen Klanen in Dörfern unter der Autorität eines Oberhaupts, dessen Rang erblich ist. Sie hängen animistischen und schamanistischen Glaubensvorstellungen an. Sie haben ihr Wanderleben aufgegeben und sind zu seßhaften Bauern geworden; allerdings ist das Sammeln für sie noch relativ wichtig.
Hoa, Bezeichnung für Vietnamesen chinesischer Herkunft (1979: 1 182 000). Viele flohen nach 1976 aus Vietnam *(boat people).*
Hui oder **Huei,** Bezeichnung der muslimischen Chinesen, die in ganz China, aber insbesondere in Gansu, Henan und Ningxia und in dem großen Bogen des Gelben Flusses (Hwangho) leben (1987: 25 540 000). Die chinesischsprachigen Hui sind die drittgrößte religiöse Minderheit in China. ◻ Diese Bevölkerungsgruppen wurden im 10. Jh. von den Türkvölkern islamisiert bzw. vermischten sich mit arabisch-türkischen Völkern. Die Hui wurden von den herrschenden Mandschu im 18. und 19. Jh. verfolgt. Sie betreiben lange Zeit Handel und Karawanenhandel.

J

Jarai oder **Dscharai,** Volk in Vietnam, auf der Dac-Lac-Hochebene (1984: 150 000 bis 200 000), spricht eine austronesische Sprache. ◻ Die Jarai leben in Dörfern in ›Langhäusern‹. Sie sind in matrilinearen Klanen organisiert und sind Reisbauern und Jäger. Handwerklich betätigen sie sich als Weber und Korbflechter. Sie haben animistische Glaubensvorstellungen.
Jat, Nomadenvolk in Pakistan und N-Indien (1983: 11 Millionen). ◻ Einigen Quellen zufolge sollen die Jat von Nomadenvölkern abstammen, die im 2. Jahrtausend aus Mittelindien kamen. Vielleicht sind sie mit den Zigeunern verwandt. Heute sind sie Nomaden, die sowohl von den Kasten als auch von den Kastenlosen der hinduistischen Gesellschaft als ›unrein‹ betrachtet werden.

K

Kachin oder **Katschin** oder **Chingpo,** in S-China (Yunnan), Birma (Kachinstaat und Shanstaat) und Indien (Assam) verstreut lebendes Volk (1984: 450 000), spricht das den sinotibetischen Sprachen zugehörige *Kachin.* ◻ Die Kachin waren ursprünglich Bergbewohner, die heute in feuchten Hochtälern leben und dort Reis in Terrassen anbauen. Bei den Kachin sollen sich zwei Gruppen unterscheiden lassen. Die eine Gruppe soll patriarchalisch organisiert sein mit einem patrilinearen Abstammungssystem und einer patrilokalen Wohnfolgeordnung. Es handelt sich um ein aristokratisches System, in dem auch die Patrilineages untereinander hierarchisch strukturiert sind. Dieses System wird von den Ethnologen ›Kachinsystem‹ genannt. Ihr Gesellschaftssystem ist auf ihre Methode der Landgewinnung zurückzuführen: als Brandrodungsbauern können sie nur in kleinen Gemeinschaften leben; die Würde des Stammesoberhaupts ist erblich. Ihre Gesellschaft teilt sich in vier einander ergänzende Klassen: Prinzen, Adlige (von einer Nebenlinie eines Prinzengeschlechts abstammend), Volk (Nachfahren eines Adelsgeschlechts) und Sklaven (Kriegs- oder Schuldgefangene). In jeder Generation erhält nur der Kronprinz den Rang des Vaters, während seine Brüder um einen Rang niedriger eingestuft werden; sie wechseln damit die Klasse. Aber durch die Mythologie ihrer Abstammung können auch diese Prinzen mit ihren ursprünglichen Göttern in Kontakt bleiben: Dies wirkt als Ausgleich und sorgt für die Weiterführung des Ahnenkults. In Oberbirma stießen die Briten oft auf die andere Gesellschaftsstruktur der Kachin, die egalitär und demokratisch aufgebaut ist. Diese zwei Organisationsformen waren insbesondere im 19. Jh. Anlaß zu Kriegen. Die Kachin, die ursprünglich dem Animismus anhingen, wurden zum größten Teil Buddhisten, einige wurden Christen.

Kafiren →Nuristani.
Karen oder **Kayah,** Bevölkerungsgruppe in S-Birma (1987: 2 588 000) und W-Thailand, spricht *Karen,* eine sinotibetische Sprache. ◻ Die Karen leben nicht in einem geschlossenen Siedlungsgebiet. Sie leben im Gebirge vom Ackerbau (Reis, Gemüse, Gewürze, Baumwolle), aber auch in den Städten (in Birma). Sie unterscheiden sich nur durch ihre Sprache und durch ihre Geschichte. Sie sind endogam und haben ein matrilineares Abstammungssystem. Ihre Religion war der Animismus; heute sind die meisten Buddhisten, einige Christen. Sie streben nach Anerkennung als Nation. Bei den Karen gibt es mehrere separatistische Bewegungen.
Kawa →Wa.
Khalkha oder **Chalcha,** mongolisches Volk, lebt hauptsächlich im Gebiet um Ulan-Bator (1989: 1 500 000) und spricht *Khalka,* eine mongolische Sprache, Amtssprache der Mongolei. ◻ Die Khalkha waren traditionell Hirtennomaden (besonders Schafe als Lieferanten für Nahrung, Kleidung und Behausung, ferner Ziegen, Rinder, Yaks, Pferde, Kamele), wurden aber allmählich seßhaft. Sie sind Anhänger eines tantrischen Buddhismus. Ihre Gesellschaftsform trägt patriarchalische Züge und hat viele Traditionen bewahrt.
Kharia, Bevölkerung in Indien, in Orissa und Bihar (1984: 250 000), spricht eine Mundasprache. ◻ Die Kharia leben in einer patrilinearen Gesellschaft mit patrilokaler Wohnfolgeordnung. Sie jagen, fischen, sammeln und betreiben Brandrodungsfeldbau. Die meisten sind nach wie vor Anhänger des Animismus, einige sind Christen geworden.
Khasa →Pahari.
Khmer, Bevölkerungsmehrheit in Kambodscha (1987: 7,15 Millionen), lebt auch in Thailand und Vietnam und spricht *Khmer,* eine Mon-Khmer-Sprache. ◻ Die Khmer sind Reisbauern und leben in relativ geschlossenen Dörfern. Sie sind Buddhisten. Einst hatten sie das mächtigste Reich Hinterindiens, das Reich von Angkor (802–1432); es wurde von den Taivölkern und Vietnamesen beschnitten. Die Geschichte der Khmer verschmilzt mit der Geschichte Kambodschas. Ihre traditionelle Gesellschaftsform ist streng hierarchisch gegliedert.
Khmu, Stammesgruppe, spricht *Palaung,* eine Mon-Khmer-Sprache. Die Khmu leben verstreut in Laos, Kambodscha, Vietnam und

A · **Dorf der Kurden.**
Ein kurdisches Dorf im Gebiet von Dogubayazit in der Osttürkei nahe der iranischen Grenze, südsüdöstlich des Berges Ararat.

B · **Befestigtes Dorf der Hazara.**
Die Hazara leben im zentralen und nordwestlichen Afghanistan. Sie wohnen, soweit sie nicht in die Städte abgewandert sind, in befestigten Dörfern im Hazarajatgebirge, westlich von Kabul. In den Steppen am Bergfuß gedeihen Pistazien; im Gebirge gibt es, auf 2 000 bis 2 700 m Höhe, nur noch einen spärlichen Wacholderbewuchs.

380

VÖLKER UND SPRACHEN DER ERDE

Thailand (1983: 300 000). ☐ Die Khmu sind Halbnomaden und Brandrodungsbauern, die nach und nach in Waldgebiete gedrängt wurden, auf die sonst niemand Anspruch erhob; sie hängen dem Animismus an und sind in Klanen organisiert. Die Khmu werden allmählich seßhaft und assimilieren sich.

Khond oder **Kond,** dravidisches Volk in Orissa, spricht Kui, eine dravidische Sprache (1983: 700 000). ☐ Die Khond leben in den Bergen und den Wäldern von Orissa und betreiben Brandrodungsfeldbau. Sie vollziehen Rituale mit Tieropfern, die die Fruchtbarkeit des Bodens steigern sollen; mit den Opferungsriten ist eine bestimmte Kaste betraut. Der Schamanismus hat großen Einfluß auf das Leben der Khond.

Kiranti, die altnepalischen, mongoliden Bergvölker in O-Nepal, Sikkim und Bhutan (1985: 650 000). Ihre sinotibetischen Sprachen zeigen Anklänge an das Austroasiatische. Hauptgruppen sind die Limbu und die Rai. Ihre Religion ist eine Mischung aus Hinduismus und Lamaismus.

Kirgisen, s. Abschnitt ›Europa und UdSSR‹.

Korku, die westlichste Volksgruppe der Munda, in den Satprabergen von Madhja Pradesh und Maharashtra. Die Korku sind Hindus; ihre alte Glaubenswelt ist jedoch noch lebendig.

Kurden, Volk im Grenzgebiet zwischen der Türkei, Iran, Irak, Syrien und der UdSSR, spricht *Kurdisch,* eine iranische Sprache mit mehreren Dialekten (darunter *Kurmandschi* und *Kurdi*). In der Türkei gibt es ca. 10 Millionen Kurden, in Iran 6 Millionen, in Irak 3 Millionen, in Syrien 800 000 und in der UdSSR 350 000 (1984). Diese etwa 20 Millionen Kurden bilden zusammen eine Nation und bewohnen ein ziemlich geschlossenes Gebiet, sind aber kein Staat. ☐ Über die Herkunft der Kurden ist wenig bekannt. Man weiß von ihnen seit dem 11./12. Jh. Seit dem Sieg des osmanischen Sultans Selim I. über den persischen Schah (Schlacht von Tchaldiran, 1514), zu dem die Kurden auf seiten des Sultans beigetragen hatten, lebten letztere in autonomen Fürstentümern unter der Aufsicht der Osmanen und der iranischen Safawidenherrscher und ihrer Nachfahren. Nach dem Ende des Osmanischen Reiches und der Entstehung moderner Staaten im Nahen Osten am Ende des Ersten Weltkriegs verteilt sich das Gebiet der Kurden auf fünf Staaten. Überall in den neu entstandenen Staaten wurde ihre Forderung nach nationaler Eigenständigkeit, die von den Siegermächten in den Verträgen von San Remo und Sèvres (1920) nicht berücksichtigt worden waren, feindselig aufgenommen: Großbritannien griff 1920 im südlichen Kurdistan ein, und in der Türkei sowie insbesondere in Iran gab es eine Reihe von Kurdenaufständen. Schon vor Ende des Zweiten Weltkriegs erhoben sich die Kurden unter Führung von Mustafa al-Barsani erneut: Die demokratische Partei Kurdistans wurde in Iran (1945) und Irak (1946) gegründet, und der Konflikt verschärfte sich. Insbesondere in Irak war das kurdische Volk sowohl in seinem physischen Überleben wie auch in seiner Kultur bedroht, nachdem die kurzlebige Republik Kurdistan (1945–46) von den Iranern und Irakern ausgelöscht wurde (1946). Nachdem 1971 der Belagerungszustand ausgerufen worden war und 1980 eine Militärregierung die Macht übernahm, sind die Kurden in der Türkei noch stärker unterdrückt worden. Der Krieg zog sich bis zur Niederlage der Kurden 1974 hin. In Iran wird insbesondere seit Ausrufung der Islamischen Republik (1979) der Kampf für jede Form kurdischer Unabhängigkeit hart unterdrückt. Zwar entstand eine autonome Region; aber der Krieg zwischen Iran und Irak (1980–88) vereinte die Kurden in ihrem Widerstand gegen die Islamische Republik Iran: ihre Lage ist ungewiß und heikel, die UNO ist machtlos. In beiden Ländern wurden die Kurden Opfer des Krieges; viele starben durch irakische Chemiewaffen. ☐ Die Kurden sind schon seit dem 10. Jh. schafiitische Sunniten (Muslime). Als traditionelle Nomaden haben sie ein Sommerlager (Zelte) und ein Winterlager (Ziegelhäuser). Die seßhaften Kurden leben vom Weizen- und Reisanbau.

Kurukh →Oraon.

L

Ladakhi, Volk in der Hochgebirgslandschaft Ladakh, an der chinesisch-indischen Grenze (1983: 90 000), das sich aus drei ethnisch verschiedenen Gruppen zusammensetzt: zwei indogermanischen (**Darden** und **Mon**) und einer sinotibetischen (**Maugor**). Die Ladakhi sprechen sinotibetische und indoarische Sprachen. ☐ Sie sind Ackerbauern und Hirten. Sie praktizieren die Polyandrie (ein junges Mädchen heiratet alle Brüder einer Familie gleichzeitig), aber das Land bleibt Eigentum des ältesten Sohns. Sie sind Anhänger des Buddhismus, des Hinduismus oder des Islam.

Lahu oder **Musö,** verstreut in Yunnan, in N-Birma, N-Thailand und N-Laos lebendes Volk (1987: um 300 000). Die Lahu sprechen eine dem *Lolo* verwandte tibetobirmanische Sprache. ☐ Sie betreiben Brandrodungsfeldbau (Reis) und pflanzen Opium an. Sie leben in Dörfern in hochgelegenen Regionen, in die Chinesen und Thai sie gedrängt haben. Ihre religiösen Bräuche sind animistisch geprägt und zeugen vom Einfluß des frühen Lamaismus. Im 18. Jh. bildeten sie eine mächtige, in Fürstentümern organisierte, dörfliche Gesellschaft.

Lambadi →Banjara.

Lao oder **Phu Lao,** Volk in Laos und in NO-Thailand (1987: über 15 Millionen, davon 14 Millionen in Thailand und 1,8 Millionen in Laos). Die Lao sprechen eine Taisprache. ☐ Die Lao sind überwiegend Bauern und leben in der Ebene des mittleren Mekong sowie allgemein im Tiefland, wo sie Reis und Hülsenfrüchte anbauen und Büffel halten. Sie sind Buddhisten, aber auch Reste eines animistischen Glaubens bestehen fort. ☐ Aus den Gebirgen im südöstlichen China kommend, eroberten sie im 10. Jh. nach und nach ganz Laos von Norden bis Süden. Sie leben in langgezogenen Dörfern an Wasserläufen; die Holz- oder Bambushäuser stehen auf Pfählen inmitten von üppigen Obstgärten. Sie sind auch Fischer. Den Frauen vorbehalten sind die Töpferei, das Korbflechten und die Herstellung von hölzernen Gebrauchsgegenständen.

Lepcha oder **Leptscha** oder **Rongpa,** Volk in Sikkim (Indien), Bhutan und Nepal (1983: 70 000), spricht eine sinotibetische Sprache. ☐ Die Lepcha sind Bauern und Anhänger des Lamaismus und des Schamanismus. Ihre Gesellschaft ist patrilinear in exogamen und i. d. R. monogamen Klanen organisiert. Der Schamane spielt weiterhin eine wichtige Rolle im täglichen Leben.

Li, Volk im Süden der Insel Hainan, China (1987: über 851 300), spricht eine Taisprache. Die Li waren den Chinesen lange Zeit feindlich gesinnt, verlieren aber unter chinesischem Einfluß zunehmend ihre sozialen Bräuche und ihre animistischen Glaubensvorstellungen. Sie sind Bauern und Fischer.

Limbu, Volk in Nepal, Sikkim (Indien) und Bhutan (1983: 170 000), spricht eine sinotibetische Sprache. ☐ Die Limbu leben in Dörfern unter der Autorität eines Oberhaupts, dessen Würde erblich ist. Ihre Gesellschaft ist patrilinear in endogamen Klanen organisiert. Sie sind Anhänger einer Naturreligion (Verehrung von Berg- und Wildwassergeistern) und von Buddhismus und Hinduismus beeinflußt. Sie sind Bauern.

Lisu, Volk in S-China, Birma und N-Thailand (1987: über 500 000), spricht *Lisu,* eine tibetobirmanische Sprache. ☐ Sie sind halbseßhafte Brandrodungsbauern (Reis, Opium), wohnen in kleinen hochgelegenen Dörfern. Sie hängen animistischen Glaubensvorstellungen an und sind von chinesischen Glaubensvorstellungen und Bräuchen beeinflußt. Die Lisu sind patriarchalisch organisiert.

Lolo →Yi.

Luren oder **Loren,** in viele Stämme gegliedertes Volk mit iranischer Sprache *(Luri)* im zentralen W-Iran und als Minderheit in angrenzenden Gebieten von Irak. ☐ Früher waren sie überwiegend Kleintiernomaden; die meisten wurden durch staatliche Maßnahmen angesiedelt. Die Mehrheit bekennt sich zum sunnitischen Islam.

Lushai →Mizo.

∧ · **Jurten der Kirgisen.**
Kirgisische Nomaden bauen ihre Jurten in Xinjiang (China) auf. Die Jurte ist ein zerlegbares Zelt mit starkem Holzgestell, auf dem Filzdecken ausgebreitet werden. Die chinesischen Kirgisen sind weniger zahlreich als die sowjetischen, die weitgehend seßhaft sind. In China liegt (1983) ihre Zahl bei etwa 100 000 (s. S. 388).

VÖLKER UND SPRACHEN DER ERDE

ASIEN

M

Magar, Volk in Nepal (1983: 330 000), spricht eine sinotibetische Sprache. ◻ Die Magar sind in patrilinearen und exogamen Klanen organisiert und größtenteils Hindus, glauben aber weiterhin an Klangottheiten (Ackergötter). Sie sind vorwiegend Bauern. Sie stellen den größten Teil der *Gurkha,* d. h. sie sind Söldner in einem Elitebataillon der britischen Armee.

Mandschu, Volk in N-China (Liaoning, Heilongjiang, Jilin, Hebei), über Mittel- und Südchina zerstreut, lebt auch in der Inneren Mongolei, spricht Chinesisch (1983: 4,3 Millionen). Die Mandschu beherrschten China vom 17. bis 20. Jh., haben sich heute aber vollständig den Chinesen angepaßt; sie bilden heute kaum mehr eine eigenständige Einheit.

Manipuri →MEITHEI.

Marathen, Volk in Indien, in Maharashtra (1987: Staat mit 62 Millionen Einwohnern). Die Marathen sprechen *Marathi,* eine indoarische Sprache, mit etwa 40 Millionen Sprechern (1984). ◻ Sie siedelten sich vor den Muslimen in Indien an. 1655 kam es dank Shivaji Bhonsle, der sich 1674 zum König krönen ließ, zur Gründung eines marathischen Fürstentums. Es wurde von den Muslimen von Bijapur anerkannt. Die Erben Shivajis überließen die Verwaltung ihren Premierministern (1714–1818), die die Zentralregierung stärkten und ihr Amt oft weitervererbten. In der ersten Hälfte des 18. Jh. war der Einfluß der Marathen am größten. Ihre miteinander verbündeten Königreiche (Baroda, Gwalior, Indore) schlossen sich zu einer marathischen Konföderation (1732–1738) zusammen. Sie verfügten über die stärkste Armee in Indien. Dennoch schlugen die Afghanen sie 1761 in Panipat unter der Führung von Ahmed Schah vernichtend. Die Schwächung der Marathen erleichterte den Briten den Vormarsch. Diese annektierten das Land der Marathen nach drei Kriegen (1779–1782; 1802–1804; 1817) gegen den Willen der Franzosen; bis 1850 gingen nach und nach auch die marathischen Vasallenstaaten in die Hände der Briten über. ◻ Die Marathen sind Hindus und Ackerbauern. Sie sind innerhalb der Klane in Kasten organisiert.

Meithei oder **Manipuri,** Volk der Kuki-Chin-Gruppe, im indischen Bundesstaat Manipur (1983: 700 000), spricht eine sinotibetische Sprache. ◻ Die Meithei bauen Reis an und züchten Pferde für ihren Lieblingssport Polo. Sie sind Hindus und leben in einer Kastenhierarchie mit exogamen Klanen. Heute sind sie keine Kopfjäger mehr und verzichten auf Opferungen und auf alkoholische Getränke. Besondere Verehrung genießt Krishna.

Meo →MIAO.

Mewati, indisches Volk in der Region von Alwar (1983: 1,3 Millionen), spricht eine dem Rajasthani verwandte Sprache. ◻ Die Mewati sind wahrscheinlich türkischer Herkunft. Sie sollen im 10. Jh. nach Indien gekommen sein und sich dort im 11. Jh. zum Islam bekehrt haben. ◻ Sie sind in exogamen patrilinearen Klanen organisiert. Sie betreiben Landwirtschaft. Eine Minderheit ist heute hinduistisch.

Miao oder **Meo** oder **Hmong,** Volk in China (Hunan, Guizhou, Sichuan, Yunnan), N-Thailand, N-Laos und NW-Vietnam (1987: auf 6 Millionen geschätzt, davon 5 232 000 in China). Die Miao sprechen *Miao,* eine den Yao-Sprachen verwandte Sprachengruppe, die sich entweder den sinotibetischen oder den Taisprachen zuordnen läßt. ◻ Die Miao sind Bergbewohner und Handwerker. Sie bauen hauptsächlich Mais, etwas Reis sowie Mohn an, aus dem sie Opium herstellen, das sie in den Tälern verkaufen. Auch die Viehzucht (Schweine, Ziegen, Büffel, Pferde) ist für sie einträglich. Sie fertigen ihre Werkzeuge aus Eisen (aus Yunnan). Die Familie ist patrilinear strukturiert. Viele Miao glauben an Naturgeister; die meisten sind stark vom chinesischen Taoismus beeinflußt. Politischer Druck bewegt weiterhin viele Miao zur Auswanderung.

Mikir, Volk in Indien, in Assam (1983: 300 000), spricht eine sinotibetische Sprache. ◻ Die Mikir sind Brandrodungsbauern. Ihre Gesellschaft ist patrilinear organisiert, geheiratet wird exogam, matrilokale Wohnsitzregelung. Ihre Religion ist animistisch geprägt. Sie halten Schweine als Opfertiere für die Geister.

Mishmi, Volk in Indien, in Arunachal Pradesh (1983: 70 000), spricht eine sinotibetische Sprache. ◻ Die Mishmi sind patrilinear organisiert; in den exogamen Klanen ist die Polygynie sehr verbreitet. Sie leben von der Landwirtschaft, vom Jagen und vom Sammeln. Sie haben animistische Glaubensvorstellungen. Bei der Ernährung müssen die Frauen viele Tabus beachten.

Mizo oder **Lushai,** Ethnie der Kuki-Chin-Gruppe im Grenzgebiet Indiens (Assam) zu Birma und Bangladesh (1986: etwa 100 000). Die Mizo leben in einem autonomen Gebiet, Mizoram, mit der Hauptstadt Aizawe. Sie sprechen eine sinotibetische Sprache. ◻ Sie wurden Ende des 19. Jh. zum Christentum bekehrt. Ihre Gesellschaft ist patrilinear organisiert. In der Adelsschicht gibt es noch Polygamie.

Moi, Volk in Vietnam und Laos, spricht *Moi,* eine Mon-Khmer-Sprache. ◻ Die Moi lebten in den Bergen und Hochebenen von Annam. Sie sind Brandrodungsbauern (Reis, Süßkartoffeln) und betreiben Viehzucht (Schweine und Geflügel). Sie wurden in großer Zahl Opfer des Kriegs in Indochina.

Moken oder **Selung,** Volk in Birma, im Mergui-Archipel (1985: auf einige Millionen geschätzt), spricht eine austronesische Sprache. Die Moken sollen Altindonesier sein, die von Osten über das Meer kamen. ◻ Die Gesellschaftsform ist stark durch den Fischfang geprägt. Die Fischer eines Bootes bilden eine soziale Einheit, innerhalb einer Fischerflotte wird endogam geheiratet. In ihrer Gesellschaft gibt es kein Oberhaupt. Patrilokale Wohnfolgeregelung. Schamanistische Bräuche.

Mon, Bevölkerungsgruppe in Birma und Thailand (1983: über 1 Million in Birma, 100 000 in Thailand), spricht eine Mon-Khmer-Sprache und ist stark von der indischen Kultur geprägt. ◻ Die Gesellschaft der Mon ist ›undifferenziert‹ strukturiert (sowohl patrilineares wie matrilineares System). Sie sind heute Hinayana-Buddhisten, bewahren aber ihren animistischen Ahnenglauben sowie Elemente ihrer Klanorganisation. ◻ Die Mon siedelten am unteren Menam (7. Jh., Königreich von Dvaravati), später am oberen Menam (Königreich von Haripunjaya), mußten aber kriegerischeren Völkern weichen. Dvaravati wurde im 11. Jh. von den Khmer besetzt, Haripunjaya 1292 von den Thai erobert. Die Monkultur hat die Eroberer allerdings entscheidend geprägt; sie sorgte u. a. für die Verbreitung des orthodoxen singhalesischen Buddhismus. Die Mon sind heute teilweise assimiliert und leben am unteren Menam und im Süden Birmas.

Mongolen, asiatisches Volk, spricht *Mongolisch,* eine altaische Sprache. Die Mongolen leben in Zentralasien über ein riesiges Gebiet verstreut, das von den Ufern des Amur bis an die Wolga reicht. Sie leben in der Mongolei, China, der UdSSR und Afghanistan. ◻ Im 12. Jh. untergliederten sich die Mongolen in fünf große Stammesverbände: die eigentlichen Mongolen, die Merkit, die Keraït, die Tataren und die Naiman, die sich die Steppen der Mongolei teilten. Insbesondere zur Zeit Dschingis Khans waren sie auf Eroberungen ausgerichtet und bezwangen Anfang des 13. Jh. Khorasan, Transoxanien und Afghanistan. Hulagu unterwarf Iran, Irak und Syrien (1256–1260). Unter Kubilai (1260–1294) verwandelte sich das Reich in einen Staatenbund und wurde zur ›Goldenen Horde‹, einem Staat unter türkischer Vorherrschaft, der Fürstentümer in Rußland und auf der Krim eroberte. Die mongolische Kultur, die tolerant und anderen Kulturen gegenüber offen war, nahm einen bemerkenswerten Aufschwung. Das Mongolenreich zerfiel jedoch allmählich, als China unter den Ming wieder erstarkte und sich dann die Russen (1480) und später auch die mit den Mongolen verbündeten Tataren gegen sie erhoben. Auch große Khane wie Dayan Khan (1481–1543) konnten nicht verhindern, daß die Stämme der Mongolei in die Anarchie zurückfielen. Der mongolische Adel nahm Ende des 16. Jh. den tibetischen Lamaismus an; die Ostmongolen unterwarfen sich im 17. Jh. den Mandschu. Nach der Ausrufung der Republik China (1911) blieb der Südosten der Mongolei chinesisch. Im gleichen Jahr wurde die Äußere Mongolei gegründet; sie wurde 1945 zur Mongolischen Volksrepublik.

Die Mongolenstämme leben heute weit verstreut. Die Hauptverbände sind die Kalmücken (s. Abschnitt ›Europa, UdSSR und Mongolei‹) und die **Khalkha.** In China zählen sie 3,4 Millionen. In Afghanistan leben nur wenige Mongolen.

Mulao, Volk in S-China, in Guizhou und Guangxi (1978: 70 000), spricht eine sinotibetische Sprache. ◻ Die Mulao sollen Ureinwoh-

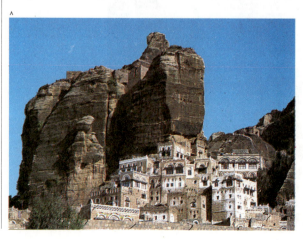

▲ · **Jemenitische Siedlung.**
Al-Tawila liegt etwa 2 700 m hoch. Das jemenitische Hochland kennt dank des Sommermonsuns (der Regen, der aus dem Mittelmeergebiet herüberkommt, spielt keine große Rolle) keine Bewässerungsprobleme: über 1 m Niederschlag wird jährlich an den höchsten Stellen gemessen. Eine solide Landwirtschaft konnte entstehen. Die Marktflecken und Städte sind hoch über den Anbauflächen angelegt: unterhalb von 1 300 m wird Kaffee, zw. 1 400 und 2 600 m Kat angebaut.

VÖLKER UND SPRACHEN DER ERDE

ner Chinas sein (chinesischen Annalen zufolge, die sie als ›Lao‹ bezeichnen). Sie sind Bauern und stark chinesisch beeinflußt; Assimilation an die Han. Sie praktizieren einen Drachen- und Tigerkult und setzen ihre Särge in Bäume.

Munda, Stammesgruppe in Mittel- und Ostindien (1983: 5 Millionen), spricht eine *Munda*-Sprache. ◻ Die Munda waren früher Jäger und Sammler. Durch ihre Brandrodungsmethoden verringert sich der Waldbestand. Trotz hinduistischem Einfluß hängen sie animistischen Glaubenvorstellungen an.

Muong, Volk in N-Vietnam, im SW des Deltas des Roten Flusses und an den Ostflanken des Annamitischen Gebirges (1988: über 800 000). Die Muong sprechen eine dem Vietnamesischen verwandte Sprache (außer im Norden, wo ein Dialekt einer Mon-Khmer-Sprache ähnelt). ◻ Sie sind patriarchalisch organisiert. Sie betreiben Feldbau (Reis) und Handwerk. Sie praktizieren Ahnenverehrung. Aber sie haben kulturell vieles mit Vietnamesen und Thai gemeinsam.

Muria, Volksstamm in Madhya Pradesh und Maharashtra, Indien, wahrscheinlich Nachkommen der Ureinwohner. Heute sprechen sie Gond. Ihre alte Religion droht dem Hinduismus zu unterliegen.

Musö → Lahu.

N

Naga, Bergstämme in Nagaland (Indien) und Birma (1987: fast 800 000), sprechen *Naga,* eine tibetobirmanische Sprache. ◻ Die Naga sind Bauern, Jäger und Fischer. Sie sind in einer patrilinearen Gesellschaft in exogamen Klanen organisiert und mehrheitlich Christen; die übrigen hängen animistischen Glaubensvorstellungen an (Kuhmilch als Opfergabe an die Götter).

Naxi oder **Nahsi,** Volk in China, in NW-Yunnan (1978: 230 000), spricht eine dem *Yi* ähnliche sinotibetische Sprache. ◻ Die Naxi sind Bergbauern, Jäger und Fischer und halten Schafe, Ziegen und Jaks. Ihr alter Volksglaube ist von Elementen des Lamaismus, Taoismus, Christentums und der Bon-Religion durchsetzt.

Negritos, kleinwüchsige Menschengruppen auf einigen südostasiatischen Inseln: **Aeta** auf den Philippinen; **Semang** auf der Malaiischen Halbinsel, wo sie auch **Menik** genannt werden; **Wedda** auf Sri Lanka; **Andamaner** auf den Andamanen (1985: einige zehntausend). ◻ Die Negritos haben eine für diese Region noch sehr archaische Lebensweise.

Newari, Volk in Nepal, im Tal von Kathmandu (1987: 527 000), spricht *Newari,* eine sinotibetische Sprache. ◻ Die Newari haben eine Gesellschaftsform nach indischem Vorbild. Als Hindus sind sie in patrilinearen Kasten organisiert; an der Spitze stehen die Brahmanen (Hindus oder Buddhisten); es folgen die Landbesitzer; dann kommen die Bauern, die Handwerker und schließlich die unberührbaren Straßenkehrer. Die Newari sind endogam. Es gilt eine patrilokale Wohnsitzregelung. Bevor sie den hinduistischen Glauben annahmen, waren die Newari Buddhisten.

Nuristani oder **Kafiren,** die Bewohner des Hindukusch in O-Afghanistan (etwa 80 000). ◻ In ihren waldreichen Gebirgstälern entwickelten die Nuristani eine ausgeprägte Schnitzkunst (Kult- und Ahnenfiguren). Sie treiben Acker- und Gartenbau mit sommerlicher Alm-wirtschaft. Sie wurden Ende des 19. Jh. zwangsweise zum Islam bekehrt.

Nusairier, Bevölkerungsgruppe in Syrien, ursprünglich im Djebel Ansariya lebend, besteht aus arabischsprachigen Stämmen, die eine schiitische Sekte mit etwa 600 000 Gläubigen bilden. Während des französischen Mandats über Syrien (1920–1941) hatten sie unter dem Namen **Alawiten** ihren eigenen Staat. Heute leben die Nusairier hauptsächlich in den Städten Latakia, Homs und Hama.

O

Oraon oder **Kurukh,** ein den Mundavölkern sehr ähnliches Volk mit dravidischer Sprache (1984: 1,3 Millionen). Die meisten Oraon leben auf dem Chota-Nagpur-Plateau, Indien, vor allem in S-Bihar (Bezirke Ranchi und Palamau) sowie in angrenzenden Gebieten von Bihar, Madhja Pradesh, Orissa und W-Bengalen. Landmangel bewirkte Abwanderungen bis nach N-Bengalen, Assam und die Andamen. Etwa 20 % der Oraon hängen noch ihrer traditionellen animistischen Religion an. Christianisierung, Hinduisierung, Verstädterung und Industrie haben einen großen Teil der Oraon ihrer überlieferten Kultur (u. a. exogame Klane, Schlafhäuser für die Jugend) entfremdet. Traditionelle Wirtschaftsformen sind Pflugbau und Viehzucht.

P

Pahari oder **Khasa,** Volk in Nepal (1984: 5 Millionen), spricht *Pahari,* eine indoarische Sprache. ◻ Die Pahari sind Hindus. Sofern sie keine Brahmanen sind, gehören sie einer der Kasten der Goldschmiede, Gerber und Schmiede an. Sie heiraten endogam; patrilokale Wohnsitzregelung.

Pai → Bai.

Palaung oder **Ta-ang** oder **Rumai,** Volk in Birma (Shan- und Kachin-Staat) und China (Yunnan), spricht eine Mon-Khmer-Sprache (1984: 100 000). ◻ Sie haben sich auf das Anpflanzen von Tee spezialisiert. Sie sind Bauern (Reis, Bohnen, Mais usw.), Viehzüchter und Händler. Bis in die sechziger Jahre wa-

A · **Dorf in Bihar (Indien).**

Die Landwirtschaft ist die Haupteinnahmequelle in der Ebene von Bihar, die ihr Wasser aus den vom Himalaja kommenden Flüssen bekommt, die aber auch häufig durch Überschwemmungen verwüstet wird. Reis und Weizen, Mais und Hülsenfrüchte werden zur Eigenversorgung, Zuckerrohr, Tabak und Jute für den Markt angebaut.

B · **Dorf der Sherpa.**

Das Sherpa-Dorf Namche Bazar in der östlichen Mitte Nepals. Hier machen Wanderer und Bergsteiger auf dem Weg zum Mount Everest Station.

C · **Lager der Pathanen.**

Die Pathanen leben als Nomaden in den Hochregionen Afghanistans. Dort herrscht ein rauhes Kontinentalklima sowie sehr große Trockenheit: Mäßige Niederschläge fallen meist nur bei Gewitterstürmen im Frühjahr sowie im Herbst mit den letzten Regenwolken aus dem Mittelmeergebiet.

VÖLKER UND SPRACHEN DER ERDE

ASIEN

ren sie in Klanen innerhalb hierarchisch strukturierter Fürstentümer organisiert, ähnlich wie ihre Nachbarn, die Shan. Ihre Hauptreligion war der Buddhismus mit einigen animistischen Elementen; ferner gibt es noch Überreste eines Reinkarnationsglaubens.

Paschtunen oder **Pathanen**, Volk in NW-Pakistan und in O-Afghanistan (1984: 14 Millionen), spricht *Paschto,* eine iranische Sprache. □ Die Paschtunen sind Sunniten (Muslime) der hanefitischen Richtung (ausgenommen der Stamm der Turi, die Zwölferschiiten sind). Vor dem Krieg zwischen der Sowjetunion und Afghanistan (1979–1988) lebten sie (auch die Nomaden) innerhalb eines bestimmten Gebietes. Sie verteilten sich auf mehrere Stämme: die **Ghalzay**, ein großer Nomadenstamm, leben in schwarzen Zelten aus Ziegenhäuten und halten Schafe, Ziegen und Dromedare; die **Durrani**, Bauern, leben im Süden Afghanistans; die ›Bergstämme‹ an der Grenze zwischen Afghanistan und Pakistan; die **Yusufzay** (1 Million) im Gebiet von Peshawar und im Swattal; sie leben vom Feldbau und haben ein politisches System, das für eine regelmäßige Neuverteilung des Landes sorgt. Jeder Paschtunenstamm untersteht einem Khan (erblicher Rang), dem ein Rat zur Seite steht, der die einzelnen Lineages vertritt.

Pear oder **Porr** oder **Samrês**, Volk in W-Kambodscha, spricht eine Mon-Khmer-Sprache. □ Früher sammelten sie Früchte für die Gewürzherstellung (Kardamom). Heute sind die Pear Fischer und Reisbauern. Sie leben in einer patriarchalischen und patrilinearen Gesellschaft. Ihre Bräuche sind animistisch geprägt; sie glauben insbesondere an Erdgeister.

Phou Lao → LAO.

Phuan, Volk in N-Laos (Xieng Khouang, Vientiane, Luang Prabang), den Lao verwandt. Die Phuan sprechen eine Taisprache. □ Sie sind vorwiegend Bauern (Reis, Hülsenfrüchte) und leben in Dörfern; sie haben noch animistische Glaubensvorstellungen, sind aber mehrheitlich Buddhisten. Sie leben in einer monogamen und patriarchalischen Gesellschaft.

Poroja, Volk mit dravidischer Sprache in Andhra Pradesh (1981: 200 000). □ Die Poroja sind Bauern, Jäger und Sammler; sie verarbeiten auch Bambus. Sie sind in endogamen totemistischen Klanen organisiert; ausschlaggebend ist die patrilineare Abstammung; patrilokale Wohnfolgeordnung.

Porr → PEAR.

Puyi → BUYI.

Pumi oder **P'ou-mi**, Volk in China, in Yunnan, Sichuan, Qinghai und Gansu (1960: 16 000), spricht eine sinotibetische Sprache. □ Die Pumi waren früher Nomaden. Sie durchstreiften das westliche China bis zum Einfall der Mongolen (13. Jh.), von denen sie unterworfen und als Söldner gegen die Bergbewohner eingesetzt wurden. Zwischen 1920 und 1930 spielten sie eine gewisse Rolle in der Guomindang. □ Heute leben sie verstreut, sie sind als Bauern in die Gesellschaft integriert und haben den lamaistischen Buddhismus sowie auch größtenteils die Ahnenverehrung aufgegeben.

Q

Qiang oder **K'iang**, Volk in Südchina und Tibet (1978: 80 000), spricht eine sinotibetische Sprache. □ Die Qiang sind in einer matriarchalischen Gesellschaft organisiert, in der es Levirat und Bruderehe gibt. Sie sind Hirten (Jak, Schaf, Pony) und Nomaden. Sie hängen einem vom tibetischen Lamaismus beeinflußten pantheistischen Glauben (Tieropfer, Wahrsagung, Bestattungsriten) an.

R

Rabha, Stammesgruppe in Assam, Indien (1983: 150 000). □ Die mit den Garo verwandten Rabha sind Bauern und Handwerker (Weber). Ihre Gesellschaft ist matriarchalisch mit matrilokaler Wohnsitzordnung; das Land wird über die Töchter vererbt. Animistische Glaubensvorstellungen. Die Tendenz geht jedoch heute hin zu einer hinduistischen und patriarchalischen Gesellschaft.

Rajbanshi, Volk in Bangladesh, Indien und Nepal, mehrere Millionen Angehörige, spricht eine bengalische Sprache. □ Die Rajbanshi sind in einer patrilinearen Gesellschaft organisiert; Polygamie ist gestattet, Exogamie überwiegt. Aufgrund ihrer Ernährungsgewohnheiten (Alkoholgenuß und Wild) gelten sie in der traditionellen hinduistischen Gesellschaft als Parias. Sie sind mehrheitlich Hindus.

Rajputen, Volk in N-Indien, dessen Name die Hindiform des Sanskritwortes für ›Königssohn‹ ist. □ Vom 8. bis zum 19. Jh. waren die Rajputen ein politischer Machtfaktor mit Fürstentümern und Festungen. Sie waren mit den Großmogulen verbündet und versuchten, mit ihrer Handwerkskunst (Stoffe, Schmuck, Waffen) den Prunk des Hofes von Delhi nachzuahmen. Ihre Maler übernahmen sowohl hinduistische als auch muslimische Motive (Gemälde des Palastes von Udaipur in Rajasthan, ab 1567 Hauptstadt des rajputischen Fürstentums). □ Als Grundbesitzer gelten sie in der hinduistischen Hierarchie als hochrangig (Krieger), stehen aber ursprünglich unter den Brahmanen. Sie sind allerdings Muslime und in patrilinearen Klanen organisiert.

Reddi, Volk in Andhra Pradesh, Indien (1982: 200 000). □ Die Reddi zerfallen in drei große Gruppen, **Pandava, Raja** und **Vamsa**. Sie sind Jäger und Sammler und gelten als älteste Einwohner dieser Region. Sie sind shivaistische Hinduisten. Ihre Gesellschaft ist patrilinear und in Kasten organisiert; endogame Heirat.

Rhadé oder **Ede**, Bergvolk, lebt hauptsächlich auf der Dac-Lac-Hochebene in Vietnam, spricht eine austronesische Sprache (1987: 142 000). □ Die Rhade bewohnen langgestreckte Häuser. Sie hängen einer Naturreligion an. Sie sind in matrilinearen Klanen mit matrilokaler Wohnfolgeordnung organisiert. Sie sind Reisbauern und Jäger. In ihrer Religion gibt es Rituale, Opfergaben und vielfältige Tabus, die auch nach den Umwälzungen des Vietnamkriegs fortbestehen.

Rongpa → LEPCHA.

Rumai → PALAUNG.

S

Samrês → PEAR.

Santal, Stammesgruppe in Indien, in Bihar, Bengalen und Orissa (1984: über 3,5 Millionen), spricht *Santali,* eine Mundasprache. □ Die Santal leben von der Landwirtschaft und bilden eine patrilineare Gesellschaft mit exogamen Klanen; Polygamie ist gestattet. In ihrer Religion vermischen sich Hinduismus und animistische Glaubensvorstellungen (mit Geister- und Ahnenkult).

Saora, Volk in Orissa, Indien (1983: über 400 000), spricht Oriya- oder Mundadialekte. □ Die Saora sind größtenteils Bauern und Jäger. Patrilineare Gesellschaftsform mit endogamen Heiraten. Sie sind Hinduisten. □ Sie bezeichnen sich als Nachfahren der Sabara, die im *Mahabharata* und im *Ramayana* erwähnt werden, und sollen mit den Sabracae identisch sein, von denen der griechische Geograph Ptolemäus im 2. Jh. spricht.

Sedang, protoindochinesisches Volk auf den nördlichen Hochebenen des annamitischen Gebirges (Vietnam), spricht *Sedang,* eine Mon-Khmer-Sprache. □ Die Sedang bauen Reis an und betreiben Brandrodungsfeldbau. Sie bearbeiten Eisen und stellen Waffen her. Ihre Religion gründet sich auf schamanistische Bräuche.

Senoi, Stammesgruppe in Malaysia, deren Einzelgruppen alle zur austroasiatischen Sprachgruppe gehören (1983: 30 000). □ Sie leben in besonders unwirtlichen Gebieten Malaysias und sind Brandrodungsbauern, Jäger und Sammler. Traditionell bearbeiten sie Eisen und stellen Waffen her. Sie wohnen in Dörfern mit nur einigen Dutzend Einwohnern. Sie haben animistische Glaubensvorstellungen; der Schamanismus hat sehr großen Einfluß.

Shan, hauptsächlich in Birma, insbesondere im Shanstaat lebendes Volk (1983: 3,5 Millionen). Die Shan sprechen eine Taisprache. □ Sie leben im Tiefland, in Dörfern aus Bambushäusern und bauen Reis an. Sie sind Händler

▲ · **Haus aus Schilfrohr in Mesopotamien.**
In den Flußmarschen von Euphrat und Tigris werden die Häuser mit einer Schilfrohr-Bindetechnik gebaut wie dieses Haus in Nasiriya. Das Klima dieses von Sümpfen, Seen und Flußarmen durchsetzten Landes wird von der umgebenden Wüste beeinflußt; Regen kommt mit den seltenen winterlichen Tiefs aus dem Mittelmeerraum.

VÖLKER UND SPRACHEN DER ERDE

(insbesondere Opium) und Schmuggler. Teakholz, Edelsteine und silberhaltiges Blei sind die wichtigsten Ressourcen in ihrem Siedlungsgebiet. Sie sind Buddhisten.
Sherpa, Volk in Nepal, im Himalaya (1983: 90 000), spricht eine sinotibetische Sprache. □ Die Sherpa sollen im 17. Jh. nach Nepal gekommen sein. Sie sind patrilinear und in exogamen Klanen organisiert. Bei ihnen gibt es Polygynie und Polyandrie. Sie bauen Kartoffeln und Getreide an und züchten Jaks. Sie sind lamaistische Buddhisten. Sie sind den Europäern im Hochgebirge hervorragende Führer, insbesondere bei der Besteigung der höchsten Gipfel des Himalaya; so wurde E. Hillary 1953 auf dem Weg auf den Mount Everest von Sherpa unter der Führung von Tenzing Norgay begleitet.
Shui oder **Schui,** nationale Minderheit in China (1983: 200 000). Die Shui leben in der autonomen Region Zhuang (Provinz Guangxi) und in der autonomen Region Shui (Provinz Guizhou) Sie sprechen eine sinotibetische Sprache. □ Sie sind Ackerbauern und stehen unter starkem chinesischen Anpassungsdruck. Früher hatten sie eine Religion, in deren Mittelpunkt Naturkreislauf und Erdgottheiten standen. Ihre Dörfer hatten vor der Kollektivierung eine feudalistische Struktur.
Silung → MOKEN.
Singhalesen, Volk in Sri Lanka mit einem Bevölkerungsanteil von 70 %, spricht *Singhalesisch,* eine indoarische Sprache (1981: 10,9 Millionen). □ Die Singhalesen sollen im 1. Jahrtausend v. Chr. auf die Insel gekommen sein. In den Bergen konnten sie ihre alten Traditionen bewahren, in den Ebenen dagegen waren sie westlichem Einfluß ausgesetzt. Sie sind Buddhisten und in Kasten organisiert. Seit 1971 kämpfen sie gegen die hinduistischen Tamilen, die ihre Unabhängigkeit anstreben.
Sugali → BANJARA.

T

Ta-ang → PALAUNG.
Tadschiken, Volk im Südosten des zentralasiatischen Teils der UdSSR (1989: 4,2 Millionen) und in Nord- und Mittelafghanistan (1980: 3,9 Millionen), ferner in W-Xinjiang (China) und im Iran. Die Tadschiken sprechen *Tadschikisch,* eine iranische Sprache. □ Die Tadschiken sind die seßhaften Ureinwohner Zentralasiens. Sie sind mehrheitlich sunnitische Muslime der hanefitischen Richtung. In Afghanistan gibt es tadschikische Zwölferschiiten, im Pamir (autonome Region Berg-Badachschan in der UdSSR) Ismailiten.

Tai, Völker- und Sprachengruppe der sinotibetischen Familie in Hinterindien und S-China (insgesamt mehr als 60 Millionen): in Birma die **Shan** (1988: 3 Millionen), in Thailand die **Thai** (1987: 42,7 Millionen), in Laos die **Lao**; zu den Tai in Yunnan gehören die **Lü**. Ihre Religion ist der Hanayana-Buddhismus.
Tamang, Volk in Nepal in der Region von Katmandu (1981: 525 700), spricht eine sinotibetische Sprache. □ Die Tamang sind Ackerbauern. Ihre Gesellschaft teilt sich in exogame Klane. Sie sind Buddhisten; die Lamas sind eine privilegierte Kaste.
Tamilen, Volk in Südindien und Sri Lanka (1988: 40–60 Millionen), spricht *Tamil,* eine dravidische Sprache. □ Die hinduistischen Tamilen sind in patrilineare Kasten gegliedert. Im Norden des Inselstaates Sri Lanka bilden sie eine große Minderheit (20 % der Gesamtbevölkerung), gegen die die Singhalesen (Buddhisten, 70 % der Bevölkerung Sri Lankas) insbesondere seit 1983 offen vorgehen. Die Tamilen organisierten sich als Guerilla und wurden von Indien unterstützt. Ziel der indischen Politik war, ein Gleichgewicht zwischen der tamilischen Guerilla und den Streitkräften der Regierung Sri Lankas zu erzielen. 1987 schlossen Indien und Sri Lanka ein Abkommen über eine begrenzte Autonomie der Tamilen im Norden und Osten; trotzdem kämpfen die Tamilen weiterhin für einen eigenen Staat.
Tchuang → ZHUANG.
Thai oder (früher) **Siamesen,** das Staatsvolk von Thailand, in der Mitte und im Süden des Landes, spricht eine Taisprache.
Tharu, Volk mit indoarischer Sprache im Sumpfwald in Südnepal und Uttar Pradesh, Indien (1981: 540 700). □ Die Tharu sind Bauern, Jäger und Fischer. Sie sollen aus Rajputana stammen, das sie zur Zeit der Islamisierung verlassen haben. Ihre Gesellschaft ist patrilinear und in exogamen Klanen mit patrilokaler Wohnfolgeordnung organisiert. Sie sind Hinduisten, verehren aber auch Waldgeister.
Tong-hiang → DONGXIANG.
Tung → DONG.
Türken, s. Abschnitt ›Europa und UdSSR‹.

U

Uiguren, Türkvolk. Dieses Volk wird schon im 3. Jh. n. Chr. in chinesischen Quellen erwähnt. Die Uiguren beherrschten das Mongolenreich zwischen 745 und 840, bis die Kirgisen einfielen und ihre Hauptstadt Kara Balgasun (Ordu Balig) einnahmen. Die Uiguren

mußten daraufhin nach Gansu auswandern oder sich in ihre Kolonien Turfan, Bechbalig und Kucha zurückziehen. Elemente des Nestorianismus, des Manichäismus sowie des Buddhismus flossen in ihre neu entstehende, glanzvolle Kultur mit ein. Sie waren Vasallen der Kara Kitai, unterstellten sich aber dann dem Schutz Dschingis Khans (1209). Die Mongolen übernahmen das uigurische Alphabet und andere Elemente ihrer Kultur. Die Uiguren des Tarimbeckens nahmen zwischen dem 14. und 17. Jh. den islamischen Glauben an; um 1750 annektierte das chinesische Reich dieses Gebiet. Einige Uiguren flohen nach Rußland, insbesondere im Zusammenhang mit den Aufständen von 1861–1878. 1944 gründeten Uiguren zusammen mit Kasachen die Ostturkestanische Republik. 1962 flohen Uiguren nach Kasachstan. Die Mehrheit blieb in China (Xinjiang, 1988: unter 6 Millionen); 1979 gab es in der UdSSR 211 000 Uiguren. Die meisten sind Sunniten der hanefitischen Richtung.
Uraon, Volk im indischen Bengalen, mit den Oraon in Bihar verwandt (1984: 350 000), spricht eine dravidische Sprache. □ Die Uraon leben im Gebiet der Gangesmündungen und sind Ackerbauern. Sie sind in totemistischen endogamen Klanen organisiert; es gilt die patrilokale Wohnsitzregelung sowie die patrilineare Abstammung. Sie haben animistische Glaubensvorstellungen und verehren Waldgötter.

W

Wa oder **Kawa,** Volk (1984: 300 000) in Yunnan (China) sowie im Shanstaat und im Karenstaat (Birma). □ Die Wa leben in Berggebieten und bauen Reis, Mais und Mohn an. Ihre Häuser stehen auf Pfählen. Das Dorf ist die soziale Grundeinheit. Ihre Gesellschaft ist in Klanen organisiert.
Wedda, altes Volk auf Sri Lanka, heute fast völlig verschwunden, spricht eine indoarische Sprache. □ Die Wedda waren die Ersteinwohner der Insel (6. Jh. v. Chr.). Sie waren hauptsächlich Höhlenbewohner, lebten als Jäger und Sammler im Wald und waren in Klanen organisiert. Animistischer Glaube (Totenkult).

Y, Z

Yao, über Südchina, Birma, Thailand, Vietnam und N-Laos verstreute Völkergruppe (1984: über 4 Millionen). Die Yao sprechen *Yao,* eine sinotibetische Sprache. □ Sie betreiben Brandrodungsfeldbau (Reis) und leben als Nomaden im Hochland. Sie bilden kleine Sozialeinheiten mit patriarchalischer Struktur und haben animistische Glaubensvorstellungen. Ihre Kultur ist stark chinesisch geprägt.
Yi oder **Lolo,** Völkergruppe in Südchina, Laos, Vietnam und Thailand (1987: 5,7 Millionen). Die Yi sprechen eine tibetobirmanische Sprache. □ Sie betreiben Ackerbau und Viehzucht. Sie sind in patrilinearen exogamen Klanen organisiert. Ihre Religion basiert auf Animismus und Schamanismus.
Zhuang oder **Tschuang,** Volk in S-China, in Guangxi, Guangdong und Guizhou (1987: 14 153 000), spricht *Zhuang,* eine Taisprache. □ Die Zhuang sind Reisbauern. Sie wohnen in Pfahlhäusern. Ihre Gesellschaft ist in exogamen Klanen organisiert. Ihre Religion ist eine Mischung aus Ahnenkult und Bodenfruchtbarkeitsriten.

▲ · **Syrische Siedlung: Dorf bei Rusafa.**

Rusafa hat eine sehr lange Geschichte: die Stadt war in byzantinischer Zeit bekannt. Sie war Karawanenstation, dann Wallfahrtsort, an dem man den hl. Sergius feierte, der in ganz Nordmesopotamien verehrt wurde. Der Einfall der Araber bestimmte ihr im 12. Jh. ein anderes Geschick; im 14. Jh. zogen ihre Einwohner nach Hama. Damit begann der Niedergang der Stadt, aber nicht der Region, die bis heute ein Durchgangsgebiet ist.

VÖLKER UND SPRACHEN DER ERDE

EUROPA, UDSSR UND MONGOLEI

A

Adscharen, Volk in Georgien (1981: 150 000). Die Adscharen sprechen einen Dialekt des Georgischen; sie verwenden (neben Russisch als Amtssprache) nach wie vor Georgisch als literarische Sprache. ☐ Im 16. Jh. wurden sie von den türkischen Osmanen zum sunnitischen Islam der hanefitischen Richtung bekehrt. Heute noch unterscheiden sich die Adscharen hauptsächlich durch ihre Religion von den anderen Georgiern.

Altaier, türkmongolische Ethnie in Westsibirien, lebt z. T. im Altai und im Sajan und z. T. in der Taiga und in der Steppe zwischen Irtysch und Jenissej (1979: 60 000). Der Name ›Altaier‹ wurde auf eine türksprachige Völkergruppe übertragen, die insbesondere die **Chor,** die **Chakassen,** die **Tofalaren** und die **Tuwiner** umfaßt. ☐ Die früher nomadischen Altaier sind aufgrund ihrer getrennten Wohngebiete in zwei Gruppen geteilt: Jäger (gemeinsam; der Jagd ging ein ritueller Kampf voraus) und Viehzüchter. Sie leben je nach Region entweder in einer runden Jurte oder in einem kegelförmigen Zelt. Sie waren in exogamen Klanen organisiert, aus denen die Russen eine Einheit machen wollten. Typisch für ihre schamanistisch geprägte Religion ist ein Dualismus, in dem sich über- und unterirdische Welt gegenüberstehen.

Armenier, Volk, das größtenteils in der *Armenischen Sozialistischen Sowjetrepublik,* ebenfalls in Georgien und Aserbaidschan lebt, ferner in Iran, Syrien, Türkei und Libanon (1989: 4,05 Millionen); einschließlich der weltweiten Diaspora (bes. in Frankreich und den USA) schätzt man 11,5 Millionen Armenier. Ihre Sprache bildet einen eigenen Zweig innerhalb der indogermanischen Sprachfamilie. ☐ Armenier gibt es mindestens seit dem 5. Jh. v. Chr.; 189 v. Chr. wurden die Reiche *Groß-* und *Kleinarmenien* geschaffen. Sie wurden im 3. Jh. christianisiert, vollzogen die Kirchenspaltungen nicht nach und bewahrten die ursprünglichen Formen des frühen Christentums. Zwischen dem 5. und dem 14. Jh. bauten sie Kirchen in einem eigenen Stil (z. B. Kirche vom Hl. Kreuz auf der Insel Ahtamar im Vansee; s. S. 688). Sie schufen eine glanzvolle Kultur: Literatur, Künste, Musik (Volks- und Kirchenmusik bis heute). Ihre Kultur überstand sogar den türkischen Völkermord von 1915 und ihre schon viel früher einsetzende Zerstreuung in die Diaspora. 1920 übernahmen die Sowjets die Macht in Georgien, Armenien und Aserbaidschan: Lenin trat zwei armenische Bezirke an die Türkei ab, drei Regionen wurden in eine transkaukasische Föderation eingegliedert. Diese wurde von Stalin aufgelöst; die mehrheitlich armenischen Bezirke Achalkalaki und Bergkarabach wurden Georgien und Aserbaidschan angegliedert. Nach 1945 forderten die Armenier vergeblich die Rückgabe dieser Gebiete an Armenien. 1988 besetzte die sowjetische Armee nach Unruhen in Bergkarabach und Demonstrationen in Armenien zeitweise Jerewan. Die Forderungen nach nationaler Eigenständigkeit wurden lauter. 1989/90 wurden die Armenier in Bergkarabach Opfer von Ausschreitungen der Aserbaidschaner.

Aserbaidschaner oder **Azeri** oder **Aseri,** Volk in Aserbaidschan (1980 etwa 12 Millionen), lebt etwa zur Hälfte in der *Aserbaidschanischen Sozialistischen Sowjetrepublik,* (Hauptstadt Baku) und in den iranischen Provinzen Ost-Aserbaidschan (Täbris) und West-Aserbaidschan (Urmia); spricht *Azeri,* eine Türksprache. ☐ Die Aserbaidschaner stammen von den früher iranischsprachigen Einwohnern des ehemaligen Osttranskaukasien ab und kamen nach dem 11. Jh. unter türkischen Einfluß. ☐ Die meisten sind seit langem seßhaft und haben ihre Klan- und Stammesstruktur verloren. Über 70 % sind Zwölferschiiten; die übrigen sind hanefitische Sunniten. 1989 konkretisierten sich die Bestrebungen um einen unabhängigen Staat innerhalb der UdSSR.

B

Baschkiren, Türkvolk im südlichen Ural (1979: 1 371 000). ☐ Die zwischen dem 11. und 13. Jh. zum Islam bekehrten Baschkiren wurden zw. 1552 und Anfang des 18. Jh. russische Untertanen. Sie erhoben sich mehrfach (1678 und im ganzen 18. Jh.). Sie beteiligten sich am Aufstand von Pugatschow (1773–1774). Dennoch wurden sie im 19. Jh. von den Russen kolonisiert, insbesondere nach der Entdeckung von Erdölvorkommen und anderer Bodenschätze. Während der Oktoberrevolution von 1917 versuchten sie vergeblich, ihre Unabhängigkeit zu erlangen.

Basken oder **Euskaldunak,** Volk im Baskenland auf beiden Seiten der französisch-spanischen Grenze, spricht *Baskisch,* eine nicht-indogermanische Sprache. ☐ Die baskische Kultur läßt sich bis in eine Zeit vor der römischen Eroberung zurückverfolgen, in der sich die Basken in Navarra **Vascones,** in Guipúzcoa **Varduli** sowie in Vizcaya und im Dreieck zwischen den Pyrenäen, der Gascogne und dem Meer **Caristii** nannten. Um Pamplona herum entstand ein Reich, das ihre Kultur einen und sie im Kampf gegen die Araber stärken sollte; allerdings unterstützten sie wahrscheinlich die Araber gegen die Armeen Karls des Großen (778). Dieses Reich wandelte sich mit der Zeit; im 12. und 13. Jh. kamen Niedernavarra sowie Soule, Vizcaya und schließlich Guipúzcoa dazu. Vor der französischen Revolution von 1789 besaßen die baskischen Provinzen Sonderrechte (keine Leibeigenschaft, begrenzte Abgaben). Die neue Republik versuchte jedoch, die Entstehung eines Baskenstaates zu unterbinden (Schaffung eines Départements Basses-Pyrénées auf der französischen Seite, heute Pyrénées-Atlantiques), während der Streit um die Nachfolge des Bourbonen Karl IV. es den Karlisten in Spanien ermöglichte, eine gewisse Unabhängigkeit von der Krone in Madrid zu erreichen. Aber 1876 wurden die Karlisten geschlagen und die relative Autonomie der spanischen Basken damit in Frage gestellt. 1893 gründete Sabino Arana Goiri eine nationalistische Baskenpartei. Seine Anhänger errangen Wahlsiege, und 1931 wurde den Cortes ein Gesetzesentwurf zur baskischen Autonomie vorgelegt. Der spanische Bürgerkrieg veränderte die Lage; die Unterdrückung durch die Anhänger Francos war grausam. 1959 wurde die ETA (Euzkadi ta Askatasuna, ›Baskenland und Freiheit‹) gegründet, die von Anfang an mit Gewalt agierte: frankistische Repression (Prozeß von Burgos 1970), Attentate (Ermordung des spanischen Premierministers Carrero Blanco 1973). Seitdem arbeiten französische und spanische Polizeikräfte bei der Fahndung nach baskischen Terroristen zusammen, die meist auf die Unterstützung eines Großteils der baskischen Bevölkerung zählen konnten. ☐ Die baskische Kultur ist eindrucksvoll: Literatur, architektonische Werke, Sangeskunst und

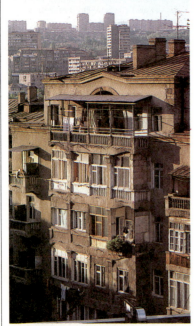

A · Armenische Stadt: Jerewan.

Jerewan ist die Hauptstadt der Armenischen Sozialistischen Sowjetrepublik. Sie liegt in 1 000 m Höhe und ist umgeben von den Gebirgsmassiven des Aragaz und Ararat. Sie wird in der armenischen Literatur erstmals im 6. Jh. erwähnt; sie entwickelte sich vor allem im 13. Jh. und wurde 1440 Verwaltungszentrum. Zusammen mit dem übrigen Armenien wurde das Gebiet 1828 vom Russischen Reich annektiert.

B · Baskisches Haus.

Das französische Baskenland ist eine bergige Landschaft, kaum über 2 000 m Höhe, am Westrand der Pyrenäen. Das milde und feuchte Klima wird (außer in Niedernavarra) vom Atlantik geprägt. Auf Wiesen und Weiden werden Rinder, Schafe und Ziegen gehalten. Der Ackerbau (insbesondere Mais) ist dagegen schwach entwickelt.

VÖLKER UND SPRACHEN DER ERDE

Tanz zeugen vom besonderen Charakter dieses Volkes.

Burjaten, Volk in Sibirien, UdSSR (1979: 353 000), spricht *Burjatisch,* eine mongolische Sprache. ◻ Die Burjaten ließen sich im 13. Jh. in ihren heutigen Siedlungsgebieten am Baikalsee nieder, von wo sie Jakuten und Tungusen verdrängten. Sie wurden lamaistische Buddhisten. Sie kämpften entschlossen gegen die Ausweitung des Russischen Reiches, später gegen die Sowjetmacht, insbesondere 1923 bei der Gründung der ›Burjatisch-mongolischen ASSR‹. 1939 wurde ihr Territorium leicht verkleinert; 1958 wurde es in *Burjatische Autonome Sozialistische Sowjetrepublik* umbenannt. ◻ Die Burjaten waren ursprünglich Nomaden (Rinder, Schafe, Pferde, Kamele) und lebten in Lagern mit Filzjurten; sie wurden langsam seßhaft (sechseckige Jurten aus Holz mit Rindenbedeckung). Wie die anderen Mongolen haben sie i. d. R. eine große Liebe zur Musik: Ein Saiteninstrument ertönte, wenn der Geschichtenerzähler die überlieferten Epen der mongolischen Volksdichtung vortrug.

C, D

Chewsuren → GEORGIER.
Darginer oder **Dargwa,** Volk im westl. Kaukasus, in Dagestan (1979: 287 000), spricht *Dargwa,* eine kaukasische Sprache. ◻ Die Darginer sind seit dem 11. Jh. sunnitische Muslime. Ihr feudalistisch aufgebautes Fürstentum hatte seine Blütezeit im 16. und 17. Jh. ◻ Die Darginer betreiben Ackerbau in der Ebene und ziehen im Sommer mit dem Vieh in die Berge.
Dariganga, Volk in der Mongolei (1981: 24 600), mit mongolischer Sprache. ◻ Die Dariganga hatten sich lange Zeit auf die Aufzucht von Kamelen für die kaiserliche chinesische Armee spezialisiert und wurden so praktisch zu Beamten des Kriegsministeriums. Als das chinesische Kaiserreich zerbrach und die Republik ausgerufen wurde (1911), stellten sie sich nach ihrem Aufstand gegen die Mandschu auf die Seite der mongolischen Regierung. ◻ Heute sind sie ein seßhaftes Hirtenvolk und haben die sich im Aufbau ihrer Lager (›Ulu‹) widerspiegelnde Klanstruktur ebenso aufgegeben wie den lamaistischen Buddhismus.
Dunganen, im 19. Jh. nach Rußland ausgewanderte chinesische Muslime (Hui; s. Abschnitt ›Asien‹) in Kirgisien und Kasachstan (1979: 52 000). ◻ Die Dunganen sind sunnitische Muslime der hanefitischen Richtung. Sie sprechen *Chinesisch.* Sie sind hauptsächlich Bauern; sie sind in Kolchosen organisiert und bauen vor allem Reis an.
Dzahchin oder **Dzakhatchin,** Volk der Mongolei (s. Abschnitt ›Asien‹).

E, F

Enzen, eine Gruppe der → SAMOJEDEN.
Euskaldunak oder **Eskualdunak,** Eigenbezeichnung der Basken.
Ewenken oder **Tungusen,** Volk mit tungusischer Sprache im Gebiet zwischen Jenissei und Ochotskischem Meer (1980: 27 300 in der UdSSR, kleine Gruppen in der Mongolei und China). ◻ Die Ewenken sind in konsanguinen exogamen Klanen organisiert und wählen ihr Oberhaupt. Sie waren ursprünglich Rentierzüchter und lebten von der Jagd und dem Pelzhandel. Die Religion der Ewenken stützte sich auf den Schamanismus. Es entstanden zwei Hauptkulte, die um den Bären als Himmels- und den Elch als Sonnensymbol kreisten. Die Ewenken wurden während des Russischen Reiches christianisiert. ◻ Nach der Machtübernahme der Qingdynastie 1644 gerieten einige Gruppen in den Herrschaftsbereich der Mandschu, die sie in ihren Kriegszügen einsetzten. Viele Ewenkengruppen leben weiterhin an der chinesisch-sowjetischen Grenze.
Finnen, Volk der finno-ugrischen Gruppe, setzt sich aus 3 Hauptstämmen zusammen: den eigentlichen **Finnen** (Varsinaissuomalaiset), den **Tavasten** (Hämäläiset), die im Westen Finnlands bewohnen, und den **Kareliern** (Karjalaiset), die östlich der beiden anderen leben. ◻ Die Finnen kamen zunächst mit der baltischen, dann frühzeitig und dauernd mit der germanischen Kultur in Berührung und wurden von ihr wesentlich beeinflußt.

Die *finno-ugrischen Sprachen* gehören zur uralischen Sprachfamilie und umfassen das *Lappische,* die *ostseefinnischen Sprachen* (darunter das in Finnland gesprochene *Finnisch* im engeren Sinn), das *Wolgafinnische* (darunter *Mordwinisch* und *Tscheremissisch),* das *Permische,* das *Obugrische* und das *Ungarische.*

G, I, J

Gagausen, türkischsprachiges, christlich-orthodoxes Volk in der Moldauischen und der Ukrainischen SSR (1979: 173 000). ◻ Sie sind Nachfahren der Balkantürken, die im 19. Jh. auswanderten.
Georgier oder **Kartwelier** oder **Grusinier** (so von den Russen genannt), Sammelname für eine Vielzahl kulturell und sprachlich eng verwandter Gruppen im südwestlichen Kaukasien (1979: 3,5 Millionen), besonders in der *Georgischen Sozialistischen Sowjetrepublik,* kleine Gruppen leben auch im NO der Türkei und in Iran. Wichtigste Untergruppen sind: **Swanen, Mingrelier, Imeretier, Kachetier, Pschawen, Chewsuren, Adscharen.** Die georgische Sprache gehört zu den südkaukasischen oder Kartwelsprachen. ◻ Seit alters betreiben die Georgier Acker-, Obst- und Weinbau, im Gebirge Viehzucht, die Mingrelier und Imeretier auch Seidenraupenzucht. Das im 4. Jh. eingeführte Christentum trug trotz ständiger politischer Zerrissenheit entscheidend zur Wahrung eines starken Nationalgefühls bei. Im 12./13. Jh. bildeten die Georgier ein Großreich (Georgien), das von den Mongolen und ihren Nachfolgern verwüstet wurde. Der Islam konnte keinen entscheidenden Einfluß gewinnen.
Giljaken → NIWCHEN.
Imeretier → GEORGIER.
Inguschen, muslimisches Volk mit kaukasischer Sprache im Kaukasus (1979: 186 000, davon 135 000 in der *Autonomen Republik der Tschetschenen und Inguschen,* vor allem im westlichen Teil). ◻ Die Inguschen waren Anhänger eines Geisterglaubens und des Christentums, bevor sie nach 1860 von Sufis aus Dagestan zum sunnitischen Islam bekehrt wurden. Nach ihrer Erhebung gegen die Sowjetmacht (1941–42) und gegen die Tschetschenen wurden sie 1943–44 nach Sibirien deportiert. Nach dem Tode Stalins (1954) kehrten sie in ihre Republik zurück.
Itelmen, Volk mit paläosibirischer Sprache in Ostsibirien auf der Halbinsel Kamtschatka. Durch Kämpfe mit Russen sowie durch Epidemien sind die Itelmen seit dem 18. Jh. dezimiert (1983: etwa 2 000) und weitgehend assimiliert. Heute treiben sie Fischfang und Jagd in Kollektiven. Ihr religiöses Leben ist nach wie vor durch Schamanismus und Bärenkult geprägt. Die durch Heirat in das russische Volk integrierten Itelmen nennt man **Kamtschadalen.**
Jakuten, Türkvolk in der UdSSR, insbesondere in der *Jakutischen Autonomen Sozialistischen Sowjetrepublik* (1979: 330 000), spricht *Jakutisch,* eine Türksprache. ◻ Die Jakuten züchteten vor allem Pferde und Hornvieh. Ihr traditionelles Getränk war geronnene Stutenmilch, Kumys. Sie verarbeiteten Eisen (Waffen, Werkzeuge). Vor ihrer Ansiedlung in der autonomen Sowjetrepublik waren sie Nomaden, die in Totemklanen (Elchkult) organisiert waren und dem Schamanismus anhingen. Seit dem 19. Jh. tiefgreifende Änderungen durch russische Siedler und Industrie.
Jukagiren, Volk in der Jakutischen Autonomen Republik (1988: unter 1 000). ◻ Die Jukagiren gehören zu den ältesten Völkern Sibiriens. Sie waren nomadisierende Rentierjäger an der Kolyma. Heute arbeiten sie in Viehkolchosen.

A · **Burjatendorf** am Baikalsee. Die Burjaten waren traditionell Nomaden; nach dem Scheitern ihres Widerstandes gegen russische Machtansprüche und insbesondere nach der endgültigen Machtübernahme der Sowjets wurden sie zur seßhaften Lebensweise gezwungen. Lebensgrundlage der Burjaten sind die Waldnutzung, Schaf-, Ziegen- und Rinderzucht und der Abbau von Erzen. Die Bevölkerung wohnt vor allem in der Hauptstadt Ulan-Ude. Die Burjaten machen nur 30 % der Gesamtbevölkerung der Burjatischen ASSR aus.

VÖLKER UND SPRACHEN DER ERDE

EUROPA, UDSSR UND MONGOLEI

K

Kabardiner, muslimisches Volk mit kaukasischer Sprache im Nordkaukasus, in der *Autonomem Sozialistischen Sowjetrepublik der Kabardiner und Balkaren* (1979: 322 000). Bis zum 16. Jh. war der kabardische Feudaladel christlich-orthodox und mit dem Moskauer Reich verbündet. Aber als Vasallen des Krimkhans und Verbündete des osmanischen Sultans bekannten sich die Kabardiner schon Ende des 16. Jh. zum sunnitischen Islam der hanefitischen Richtung.

Kachetier, → GEORGIER.

Kalmücken, Volk mit mongolischer Sprache in der UdSSR (1979: 147 000 in der *Kalmückischen ASSR*) und in China (Xinjiang). □ Im 15. Jh. beherrschten die Kalmücken die gesamte Mongolei; sie regierten einen Großteil Zentralasiens, bis die Chinesen sie 1754–56 aus der Dsungarei vertrieben. Die ins Russische Reich eingegliederten Kalmücken am Westufer der Wolga wurden dort seßhaft. Die meisten sind lamaistische Buddhisten. 1943 wurden sie deportiert, weil sie angeblich mit den deutschen Truppen kollaboriert hatten. Nach 1957 konnten sie in ihre Wohngebiete zurückkehren.

Kamtschadalen → ITELMEN.

Karakalpaken, muslimisches Volk in der UdSSR, südlich des Aralsees am Ufer des Amudarja (1979: 303 300) und in Afghanistan, spricht *Karakalpakisch*, eine mit dem Kasachischen verwandte Türksprache. □ Die Karakalpaken sind Bauern und Fischer und sind in Klanen organisiert. Sie sind Sunniten der hanefitischen Richtung.

Karatschaier, Türkvolk in der UdSSR, im *Autonomen Gebiet der Karatschaier und Tscherkessen* im mittleren Kaukasus (1979: 131 000). □ Die Karatschaier wurden im 15. Jh. islamisiert und sind Sunniten der hanefitischen Richtung. Sie wurden wegen angeblicher Zusammenarbeit mit den deutschen Truppen 1943 deportiert, konnten aber nach 1957 in ihre Wohngebiete zurückkehren.

Karelier, Bevölkerung von Karelien (UdSSR und Finnland), davon 138 500 in der UdSSR in der *Karelischen ASSR* (1979). Die Karelier sprechen schriftlose Dialekte, darunter *Karelisch*, eine finno-ugrische Sprache; heute tritt sie hinter dem Russischen zurück. □ Die Karelier bewahren trotz ihrer seit 1958 verstärkten Akkulturation ihre mündlichen Überlieferungen. Der zunehmende Einfluß der orthodoxen Kirche und der Bojaren führte seit dem 14. Jh. zu einer fortschreitenden Auflösung ihrer alten Klanstrukturen. Sie verfügen über eine umfangreiche, mündlich überlieferte Literatur, die mit Musik und Tanz verbunden ist.

Kartwelier → GEORGIER.

Kasachen, türksprachiges muslimisches Volk in den Steppen zwischen Kaspischem Meer, und der Gobi, hauptsächlich in der UdSSR (1979: 6 556 000, davon 5 289 000 in der *Kasachischen Sozialistischen Sowjetrepublik,* in der ihr Bevölkerungsanteil nur 36 % beträgt), ferner in China, v. a. in Xinjiang (1987: über 957 000). □ Die Kasachen traten zur Zeit des Mongolenreiches im 14./15. Jh. zum Islam über (Sunniten der hanefitischen Richtung). Nach der Annexion durch das Russische Reich blieben sie lange Zeit Hirtennomaden und bewahrten ihre Stammes- und Klanorganisation. Ihre Zwangsseßhaftmachung begann 1930.

Kasantataren oder **Wolgataren,** Türkvolk, stammt von den Wolgabulgaren und verschiedenen türkischen und mongolischen Nomadenstämmen ab. □ Nach der Auflösung des Reichs der Goldenen Horde (Anfang des 16. Jh.) gründeten die Kasantataren das *Khanat von Kasan,* das 1552 von den Russen erobert wurde. 1920 wurde die *Tatarische ASSR* oder *Tatarstan* gegründet. 1979 wurden 6 320 000 Tataren gezählt, davon über ein Viertel in Tatarstan und die übrigen in Kolonien in der ganzen Sowjetunion. Sie sprechen *Tatarisch,* eine Türksprache. Die meisten Kasantataren auf zentralasiatischem Gebiet sind vom Islam zum orthodoxen Christentum übergetreten, aber ihre Zahl ist schwer zu schätzen.

Kirgisen, muslimisches Volk, spricht *Kirgisisch,* eine Türksprache, lebt v. a. in der UdSSR in Kirgisistan, Usbekistan und Tadschikistan (1989: 2,5 Millionen) sowie in China, in Xinjiang, im Pamir und im Tienschan (1983: 100 000). □ Die Kirgisen schlugen die Uiguren 840 vernichtend, siedelten sich um 920 in der Mongolei an, wurden dann aber nach Südsibirien zurückgedrängt. Sie lebten unter der Herrschaft der Mongolen, der Kalmücken und schließlich der Russen, deren Machtansprüche sie 1864 anerkennen mußten. Sie erhoben sich 1916, und viele flohen nach China. □ Der Lebensraum der Kirgisen liegt in den zentralasiatischen Hochgebirgen. Sie lebten als Nomaden (Schafe, Pferde) und wanderten zwischen den Winterweiden am Fuß der Berge oder in geschützten Flußtälern und den Sommerweiden in den Bergen hin und her. Ergänzenden Ackerbau trieben sie bei den Sommer- und Winterweiden. Heute sind sie seßhaft. Den sunnitischen Islam haben sie (oberflächlich) im 17./18. Jh. übernommen; vorislamische Glaubenselemente (Schamanismus) blieben lebendig.

Komi oder **Syrjänen,** Volk in der sowjetischen Tundra, in der *Komi Autonomen Sozialistischen Sowjetrepublik* (1979: 327 000), spricht *Komi,* eine finno-ugrische Sprache der permischen Gruppe. □ Die traditionelle Lebensweise der Komi basierte auf Jagd und Viehzucht. Sie lebten in zerstreuten Familienverbänden mit gemeinsamen Weiden und Jagdgebieten.

Korjaken, Volk mit paläosibirischer Sprache in O-Sibirien (1979: 7 900), lebt im *Autonomen Kreis der Korjaken* und in angrenzenden Landstrichen Kamtschatkas sowie des Gebietes Magadan.

Krimtataren, Türkvolk, das vor 1944 auf der Krim lebte. □ Das *Khanat der Krimtataren* wurde im 15. Jh. gegründet und vom Russischen Reich 1783 erobert und annektiert (taurischer Bezirk, mit nur 25 %igem tatarischen Bevölkerungsanteil). 1921 wurde die Krim eine ASSR. Im Zweiten Weltkrieg warf Stalin ihnen Kollaboration mit den deutschen Truppen vor und ließ sie nach Usbekistan deportieren; ihre Republik wurde 1945 aufgelöst. 1967 wurden sie rehabilitiert, erhielten aber keine Rückkehrerlaubnis. Seit 1960 hatten sie die Erlaubnis zur Rückkehr und die Anerkennung ihres Staates gefordert. 1987 durften etwa 2 500 Tataren wieder einzeln

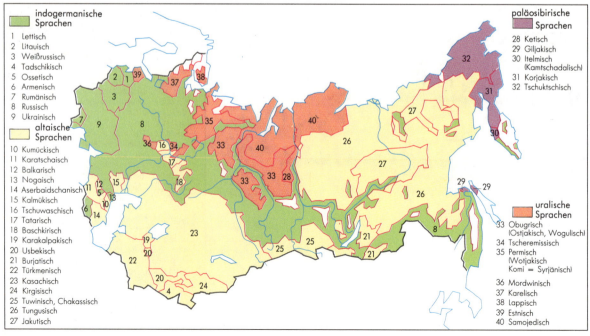

▲ · Die Sprachen der UdSSR.

indogermanische Sprachen
1 Lettisch
2 Litauisch
3 Weißrussisch
4 Tadschikisch
5 Ossetisch
6 Armenisch
7 Rumänisch
8 Russisch
9 Ukrainisch

altaische Sprachen
10 Kumückisch
11 Karatschaisch
12 Balkarisch
13 Nogaisch
14 Aserbaidschanisch
15 Kalmükisch
16 Tschuwaschisch
17 Tatarisch
18 Baschkirisch
19 Karakalpakisch
20 Usbekisch
21 Burjatisch
22 Türkmenisch
23 Kasachisch
24 Kirgisisch
25 Tuwinisch, Chakassisch
26 Tungusisch
27 Jakutisch

paläosibirische Sprachen
28 Ketisch
29 Giljakisch
30 Itelmisch (Kamtschadalisch)
31 Korjakisch
32 Tschuktschisch

uralische Sprachen
33 Obugrisch (Ostjakisch, Wogulisch)
34 Tscheremissisch
35 Permisch (Wotjakisch Komi = Syrjänisch)
36 Mordwinisch
37 Karelisch
38 Lappisch
39 Estnisch
40 Samojedisch

VÖLKER UND SPRACHEN DER ERDE

auf die Krim ziehen. Nach einem Beschluß vom November 1989 soll den (1983 etwa 500 000) Krimtataren die Rückkehr in ihr Stammland ermöglicht werden. ◻ Die Krimtataren sind sunnitische Muslime; einige sind zum orthodoxen Christentum übergetreten.

Kumücken, muslimisches Volk in der UdSSR, im nordöstlichen Kaukasus, vor allem in Dagestan (1979: 228 000), spricht *Kumükkisch,* eine Türksprache. ◻ Die Kumücken sind v. a. Ackerbauern.

L

Laken oder **Lak,** Volk im Nordkaukasus, in der Dagestanischen SSR (1979: 100 000), spricht *Lakkisch,* eine kaukasische Sprache. ◻ Die Laken gehörten zu den ersten Anhängern des Islam. Sie sind Sunniten der hanefitischen Richtung.

Lamuten → TUNGUSEN.

Lappen oder **Samen,** Bevölkerung im äußersten Norden Europas. Die Lappen zählten 1983 etwa 46 000 Angehörige (1 000 in Finnland, 5 000 in Schweden, 10 000 in Norwegen und 30 000 in der UdSSR auf der Halbinsel Kola). Sie sprechen *Lappisch,* eine finno-ugrische Sprache. ◻ Ihre traditionelle Kultur ist regional unterschiedlich. Einige Lappen sind Fischer und Bauern, andere sind Rentierhalter, heute halbnomadisch und in der Nähe der Winterweiden seßhaft. Weideflächen und technische Anlagen befinden sich in Staats- oder Gemeinschaftsbesitz, die Tiere in Privatbesitz. Viele leben heute auch vom Fremdenverkehr. Die Lappen in Finnland, Norwegen und Schweden sind Lutheraner, die Skoltlappen auf Kola sind orthodoxe Christen; der Schamanismus ist aber lebendig geblieben.

Lesgier, muslimisches Volk in der UdSSR, in S-Dagestan und N-Aserbaidschan (1979: 383 000), spricht *Lesgisch,* eine kaukasische Sprache. ◻ Die Lesgier sind Sunniten der schafiitischen Richtung und berühmt für ihre Stickereien.

Liven, Volk im Norden der kurländischen Küste, spricht *Livisch,* eine finno-ugrische Sprache der ostseefinnischen Gruppe. ◻ Die Liven sind größtenteils in den Letten und Esten aufgegangen.

M, N

Mansen oder **Wogulen,** Volk am unteren Ob in Westsibirien (1979: 7 600), spricht *Wogulisch,* eine finno-ugrische Sprache. ◻ Die Mansen sind in patrilinearen Klanen organisiert. Sie sind Rentierzüchter und Fischer (Hauptnahrungsmittel: Fisch). Sie verfügen über eine sehr reiche mündlich überlieferte Literatur.

Mingrelier → GEORGIER.

Mongolen, Volk in Zentralasien. (s. Abschnitt ›Asien‹).

Mordwinen, Volk beiderseits der mittleren Wolga (nördlich von Saratow) und verstreut in der ganzen UdSSR (1979: 1 192 000, davon 339 000 in der *Mordwinischen ASSR*), spricht *Mordwinisch,* eine finno-ugrische Sprache der wolgafinnischen Gruppe. ◻ Die Mordwinen mußten sich schon im 12. Jh. gegen Machtansprüche russischer Fürsten zu Wehr setzen. Sie verbündeten sich zunächst mit den Chazaren, dann mit der Goldenen Horde und wurden schließlich 1552 vom Russischen Reich unter Iwan IV. unterworfen. Die Sprachen der beiden Hauptgruppen (1. *Mordva-Erzia* und *Mordva-Mokcha;* 2. *Terioukhan* und *Karatai*) sind untereinander nicht verständlich.

Negidalen → SIBIRIER.

Nenzen, die größte der vier Untergruppen der Samojeden, für die der *Autonome Bezirk der Nenzen* innerhalb der Russischen SFSR geschaffen wurde. (s. SAMOJEDEN).

Nganasanen, eine der vier Untergruppen der Samojeden im autonomen Kreis Taimyr der Dolganen und Nenzen auf der Halbinsel Taimyr in N-Sibirien. (s. SAMOJEDEN).

Niwchen oder **Giljaken,** Volk am unteren Amur und auf Sachalin, UdSSR (1979: 4 400); ihre paläosibirische Sprache wird nur noch von der Hälfte der Niwchen als Muttersprache gesprochen. ◻ Die Niwchen sind seßhafte Fischer, die im Winter in Erdhäusern aus Birkenholz und im Sommer in Pfahlhäusern leben. Seit dem 19. Jh. sind sie orthodoxe Christen; Elemente ihrer alten Religion (Bärenkult, Schamanismus) blieben jedoch erhalten.

Nogaier, Volk in der Nogaiersteppe zwischen Terek und Kuma, nördlich des Großen Kaukasus (1979: 59 500 in der *Dagestanischen ASSR* und der *Aserbaidschanischen ASSR*), spricht *Nogaiisch,* eine Türksprache. ◻ Die Nogaier lebten ursprünglich in den Steppen am Ural (Fluß). Sie verbündeten sich mit der Goldenen Horde. Im 17. Jh. wurden sie von den Kalmücken verdrängt. ◻ Sie sind sunnitische Muslime der hanefitischen Richtung.

O

Ob-Ugrier, zusammenfassender Name für die → OSTJAKEN und die → MANSEN.

Oiraten, Bezeichnung für die Stämme der Westmongolen (Bajaten, Dsachtschinen, Mungaten, Oloten, Torguten und Uriang Khai) in China, der Mongolischen Volksrepublik und der UdSSR.

Oltschen oder **Ultschen,** kleines Volk von Jägern und Fischern am unteren Amur in der UdSSR (1979: 2 600). Ihre Sprache gehört zu den tungusischen Sprachen. Ihr religiöses Leben zeigt animistisch-schamanistische und christlich-orthodoxe Praktiken sowie chinesische Einflüsse.

Oroken, kleine Bevölkerungsgruppe mit tungusischer Sprache auf der Insel Sachalin (UdSSR), im Ochotskischen Meer. ◻ Die Oroken sind mit den Orotschen und Oltschen verwandt. Früher trieben sie im Sommer Fischerei an der Küste, im Herbst und Winter Jagd und Rentierhaltung in den Wäldern. Heute gibt es in N-Sachalin Kollektivfarmen mit Betonung ihrer traditionellen Wirtschaftsformen; im ehemals japanischen S-Sachalin waren die Oroken schon früh zur Seßhaftigkeit übergegangen.

Orotschen, kleine Bevölkerungsgruppe im östlichen Sibirien (UdSSR) und in der östlichen Inneren Mongolei (China). ◻ Früher lebten die Orotschen vom Fischfang und der Hochseejagd im Sommer, von der Jagd in den Wäldern im Winter. Zu ihren alten religiösen Praktiken (Bärenfeste, Verehrung der Jagdtiere, Hundeopfer) traten buddhistische und christliche Einflüsse. Nach 1917 wurden die Orotschen der UdSSR aus ihren zerstreuten Siedlungen in große Dörfer umgesiedelt (Fischfangkollektive, heute auch Feldbau); in China wurden sie seit 1950 zur Seßhaftwerdung in Dörfern zusammen mit anderen Minderheiten gezwungen.

Osseten, Volk im mittleren Kaukasus (1979: 542 000, davon 300 000 in der *Nord-Ossetischen ASSR*), spricht *Ossetisch,* eine iranische Sprache mit 400 000 Sprechern (1983). ◻ Die Osseten sind Nachfahren der Alanen, eines Stammes iranischer Herkunft. Ihre Religion war das byzantinische Christentum (6.–7. Jh.). Ihr Staat wurden von den Mongolen unter Dschingis Khan zerstört. Die Mongolen drängten die Osseten in die Hochtäler des Kaukasus. Ein Teil der Osseten (die *Digoren*) traten zum Islam über (17. und 18. Jh.); die übrigen sind orthodoxe Christen. Das Land der Osseten wurde Ende des 18. Jh. vom Russischen Reich annektiert.

Ostjaken, finno-ugrisches Volk in W-Sibirien zwischen Ob und Ural, spricht das der obugrischen Gruppe zugehörige *Ostjakisch.* ◻ Die Ostjaken betreiben Viehzucht und Hanfanbau. Sie haben noch Relikte des Schamanismus ihrer Vorfahren bewahrt.

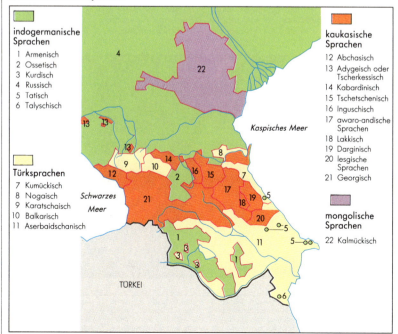

▲ · Die kaukasischen Sprachen.

indogermanische Sprachen
1 Armenisch
2 Ossetisch
3 Kurdisch
4 Russisch
5 Tatisch
6 Talyschisch

Türksprachen
7 Kumückisch
8 Nogaisch
9 Karatschaisch
10 Balkarisch
11 Aserbaidschanisch

kaukasische Sprachen
12 Abchasisch
13 Adygeisch oder Tscherkessisch
14 Kabardinisch
15 Tschetschenisch
16 Inguschisch
17 awaro-andische Sprachen
18 Lakkisch
19 Darginisch
20 lesgische Sprachen
21 Georgisch

mongolische Sprachen
22 Kalmückisch

VÖLKER UND SPRACHEN DER ERDE

EUROPA, UDSSR UND MONGOLEI

P, R

Paläosibirier, die Nachfahren der Urbevölkerung Nordasiens, am unteren Amur, auf Sachalin und am mittleren Jenissej; →Sibirier.

Permjaken oder **Komi-Permjaken,** Volk im Ural, spricht eine finno-ugrische Sprache. Die Komi-Permjaken sind mit den Udmurten und den Komi verwandt. ◻ Sie wurden 1372 vom hl. Stephan, dem russischen Bischof, der die heiligen Bücher in ihre Sprache übersetzte und ein eigenes Alphabet entwickelte, zum Christentum bekehrt.

Pschawen →Georgier.

Rätoromanen, Volksgruppen mit romanischen Sprachen der rätoromanischen Gruppe im Alpengebiet: 1) die **Bündner Romanen** im schweizerischen Kanton Graubünden (50 000 Sprecher); 2) die **Ladiner** in Südtirol; 3) die **Friauler** in Friaul.

Roma oder **Zigeuner,** Bevölkerungsgruppe (1989: 5,7 Millionen geschätzt), spricht *Roma,* eine indoarische Sprache. ◻ Es scheint festzustehen, daß die Roma aus Nordindien stammen. Aber nicht bekannt ist, ob sie zu einer indischen Kaste gehörten oder eine eigenständige Bevölkerungsgruppe bildeten. Später verbreiteten sich die Roma v. a. von Ungarn und der Moldau aus (15. Jh.). ◻ Die Roma sind in Gruppen und Untergruppen organisiert; die Untergruppen sind in Lineages unterteilt, die aus verschiedenen Familien bestehen. Grundstein ihrer Sozialstruktur ist die *Kris,* der Rat der Häupter der Lineages, der wichtige Rechtsprechungsaufgaben hat. Die Kris soll auch angesichts des intoleranten Verhaltens der seßhaften Völker den Zusammenhalt und die kulturelle Identität der Roma stärken. Zwischen den Hauptgruppen ist Exogamie selten; innerhalb der Untergruppen ist die Endogamie jedoch weit seltener. Fast immer kommen eheliche Verbindungen zwischen Untergruppen zustande. Die meisten Roma ziehen umher; viele sind aber auch seßhaft geworden. Die Roma üben in der Regel Handwerksberufe aus (Schmiede in Osteuropa, Korbflechter in Spanien usw.). In Frankreich waren die Roma von jeher katholisch (Wallfahrten nach Saintes-Maries-de-la-Mer), heute treten aber viele zum Protestantismus über. Deutschland, Böhmen und Mähren sowie Österreich bis zur Steiermark ist das Gebiet der **Sinti.** Der Druck der Umgebung auf die Nichtseßhaften und die Unduldsamkeit gegenüber ihrer Kultur haben dazu geführt, daß die Roma versuchen, die Kris durch eine neue internationale Institution zu ersetzen.

S

Samen →Lappen.

Samojeden, Volk in Sibirien. Sie bewohnen sumpfige Tundragebiete und Waldgebiete, v. a. im Altaigebirge und im Ob- und Jenissej-Becken. Ihre Zahl wird auf 30 000 geschätzt (1983). Die sowjetische Statistik unterscheidet vier Gruppen: **Nenzen** (1979: 29 900), **Enzen** (200), **Nganasanen** (870) und **Selkupen** (3 600). Die Nenzen leben in den Küstenzonen zwischen Jenissej und dem Weißen Meer, die Enzen im Jenissejgebiet, die Nganasanen in der Region von Taimyr und die Selkupen bei Tobolsk. ◻ Die Samojeden waren Nomaden und betrieben Rentierzucht. Das Ren versorgte sie mit fast allem (Transportmittel, Kleidung, Nahrung und sogar Gegenstände des täglichen Lebens). Die Nenzen jagten Robben und Weißwale. Ihre Behausungen, die im Winter mit einer doppelten Rentierhaut bedeckt waren, hatten einen Eingangsraum. Heute sind sie praktisch akkulturiert und leben in Kolchosen. Trotz der Zwangschristianisierung durch die Russen bestehen bei den Samojeden einige schamanistische Bräuche und eine reiche mündlich überlieferte Literatur fort.

Selkupen, eine Gruppe der →Samojeden.

Sibirier, Gesamtheit der Völker in Sibirien (1983: schätzungsweise über 1 Million Angehörige). Untergruppen sind **Türkmongolen, Finno-Ugrier** und die **Samojeden, Paläosibirier** oder **Paläoasiaten** sowie **Tungusen.**

• Zu den **Türkmongolen** gehören insbesondere die **Altaier,** die **Burjaten** und die **Jakuten.** Sie sind Hirtennomaden oder Jäger. Sie wurden zunehmend dazu gebracht, die Transhumanz aufzugeben und seßhaft zu werden.

• Die größten **finno-ugrischen** Völker sind die **Ostjaken,** die **Mansen** und die **Lappen.** Ihre Sprachen bilden zusammen mit denen der Samojeden die uralischen Sprachen. Ihre Klane oder Stämme sind patrilinear und exogam organisiert. An ihrer Spitze steht in der Regel ein von einem Rat unterstützter Fürst. Sie haben eine großartige mündlich überlieferte Literatur hervorgebracht.

• Die **paläosibirischen** Völker werden v. a. durch die **Niwchen,** die **Korjaken,** die **Tschuktschen,** die **Itelmen** und die **Jukagiren** vertreten. Sie organisieren große Jagden; sie wohnen in Lagern. Ihre Religion beinhaltet schamanistische Glaubensvorstellungen. Sprachlich nehmen sie eine Sonderstellung ein (paläosibirische Sprachen).

• Die **Tungusen** (mit den **Oltschen, Udiheischen, Orotschen** und **Negidalen**) sind in exogamen konsanguinen Klanen organisiert. Sie sind Jäger und Viehhalter.

Die Zwangskollektivisierung hat die Lebensweise dieser Völker maßgeblich verändert. Die Kolonisierung der Sibirier durch die Russen erfolgte in mehreren Etappen: erst kamen die Kosaken, dann die Händler und Bauern, die aus der Leibeigenschaft flohen. Erst Ende des 19. Jh. war die Kolonisierung endgültig abgeschlossen.

Slawen, die Völker mit slawischen Sprachen. Zu den Slawen zählen über 260 Millionen Menschen (1983), die über den größten Teil Mittel- und Osteuropas und in Nordasien verbreitet sind. Von den größten südslawischen Völkern sind die **Serben,** die **Bulgaren,** die **Kroaten,** die **Slowenen** und die **Makedonier** zu nennen; Ostslawen sind die **Russen,** die **Ukrainer,** und die **Weißrussen,** Westslawen die **Slowaken,** die **Tschechen,** die **Sorben** (weitgehend assimiliert), die **Polen** und die **Kaschuben.** ◻ Die slawischen Völker werden zum ersten Mal von Autoren wie Plinius dem Älteren und Tacitus (1. Jh. n. Chr.) erwähnt. Zu jener Zeit müssen sie nördlich der Karpaten gelebt haben. Angesichts der Bedrohung durch Hunnen und Awaren begaben sie sich auf eine große Wanderung, die sie bis nach Triest bzw. auf die Peloponnes führte. Im Osten verbreiteten sie sich bis zum Schwarzen Meer. Ihre Zeitgenossen empfanden sie im 7. bis 11. Jh. keinesfalls als geeintes und hierarchisch strukturiertes Volk, sondern betrachteten sie als anarchische Gruppe. Die Magyaren trennten die Slawen denn auch im 10./11. Jh. in West- und Ostslawen von den Südslawen (Schaffung Pannoniens). In Rumänien wurden die Slawen von den Dakern rumänisiert. Im 9. Jh. führten die Heiligen Kyrillos und Methodios die *glagolitische* Schrift, die Vorform der kyrillischen Schrift, ein. Außerdem trieben sie die Christianisierung der Slawen mit Hilfe einer liturgischen Sprache, des Kirchenslawischen, voran. Die Serben und die Bulgaren bekehrten sich zur Orthodoxie. Im 10. Jh. bekannten sich die Kroaten und die Polen zum katholischen Ritus: kurz darauf vollzog sich der große Bruch zwischen orthodoxen Slawen mit kyrillischer Schrift und katholischen Slawen mit lateinischer Schrift. Mit der Reformation entstand ein dritter kultureller Faktor, der insbesondere Tschechen und Slowaken beeinflußte. Im 19. Jh. wurde der *Panslawismus* (Vereinigung aller Slawen) zu einer Ideologie, die die Russen besonders ansprach; dennoch wurden die meisten slawischen Völker, und insbesondere die Polen, durch die Verträge, die das Ende des Ersten Weltkriegs besiegelten, in neu entstandenen Staaten unabhängig. In diesen Staaten lebten allerdings auch zahlreiche ethnische Minderheiten.

Sorben oder **Lausitzer Slawen** oder **Wenden,** slawisches Volk in der Lausitz und im Spreewald, um Cottbus und Bautzen (etwa 50 000). Ihre Sprache, das *Sorbische,* gehört zur westslawischen Sprachgruppe. ◻ Die Sorben sind Nachkommen der Slawen, die die Zeit der deutschen Ostkolonisation im Mittelalter überdauerten und bis in die Neuzeit ihre ethnische, sprachliche und kulturelle Eigenart bewahrten.

Swanen →Georgier.

Syrjänen →Komi.

▲ · **Lebensweise der Lappen.**

In N-Norwegen spielten sich im Zweiten Weltkrieg Kämpfe ab, von denen auch die Lappen betroffen waren. Seither haben, durch das Übergreifen moderner Lebensweisen, die meisten Lappen ihre kulturelle Eigenständigkeit eingebüßt. Sie bemühen sich jedoch heute um eine Rückbesinnung; gleichzeitig wollen sie die Annehmlichkeiten der modernen Technik für sich nutzen.

390

VÖLKER UND SPRACHEN DER ERDE

T

Tadschiken, muslimisches Volk mit iranischer Sprache, von dem ein Teil in der UdSSR (1989: 4,2 Millionen) in der *Tadschikischen Sozialistischen Sowjetrepublik* lebt (s. Abschnitt ›Asien‹).

Tataren, →KASANTATAREN.

Tscherkessen, Volk im mittleren und westlichen Nordkaukasus. Man unterscheidet:
1. die **Westtscherkessen** oder **Adyge** (1979: 109 000) im unteren Kuban- und Labatal *(Adygeisches Autonomes Gebiet).* Sie sprechen *Adygisch,* eine kaukasische Sprache;
2. die eigentlichen **Tscherkessen** (1979: 47 000) im mittleren Kubantal (s. KARATSCHAIER);
3. die **Kabardiner** (s. dort).
□ Die Tscherkessen sind sunnitische Muslime der hanefitischen Richtung. Sie wurden im 16. Jh. zum Islam bekehrt. Sie spielten eine aktive Rolle im Glaubenskrieg gegen die Russen (1834–1859); viele emigrierten in die Türkei, nach Jordanien, Syrien und Israel.

Tschetschenen, Volk im mittleren Nordkaukasus (1979: 750 000, davon 80 % in der *ASSR der Tschetschenen und Inguschen*), spricht *Tschetschenisch,* eine kaukasische Sprache. □ Vor dem 17. Jh. hingen die Tschetschenen animistischen oder christlichen Glaubensvorstellungen an, bekehrten sich dann aber zum sunnitischen Islam der schafiitischen Richtung. Sie führten zahlreiche Glaubenskriege gegen die Russen. Ihr letzter Aufstand fand 1943 statt, als sie wegen angeblicher Kollaboration mit dem deutschen Feind nach Sibirien und Kasachstan deportiert wurden und ihre Republik aufgelöst wurde. Sie wurde 1957 wiederhergestellt; der Vorwurf des Verrats wurde zurückgenommen.

Tschuktschen oder **Luorawetlan,** Volk in der UdSSR, im äußersten Nordosten Sibiriens, in den weiträumigen Gebieten zwischen Lena und der Beringstraße (1979: 14 000), spricht *Tschuktschisch,* eine paläosibirische Sprache. □ Sie werden nach Wohngebiet und wirtschaftlicher Aktivität unterteilt in:
1. seßhafte Küstentschuktschen, den Eskimo nahestehend, die vom Fischfang leben;
2. halbnomadische Rentiertschuktschen, die im Sommer am Nördlichen Eismeer und im Winter in Waldgebieten leben; bis zu 4 oder 5 Familien wohnen in einem Lager, sie sind endogam und praktizieren Polygynie. Ihre Religion ist schamanistisch geprägt.
Heute wohnen die meisten im *Autonomen Bezirk der Tschuktschen.*

Tschuwaschen, Volk in der UdSSR (1979: 1,75 Millionen), hauptsächlich in der *Tschuwaschischen Autonomen Sozialistischen Sowjetrepublik.* □ Die Tschuwaschen sind Nachkommen bulgarischer Bevölkerungsgruppen, die nach mongolischen Massakern (7./8. Jh.) aus dem Kaukasus und vom Asowschen Meer hierher gekommen waren. Trotz Christianisierung in der Mitte des 18. Jh. blieben heidnische Glaubensinhalte (Fruchtbarkeitskulte, Schamanismus, Verehrung von Göttern und Geistern) lebendig. Sie sprechen *Tschuwaschisch,* eine Türksprache.

Tungusen →EWENKEN.

Turanier, Völkergruppe, die uraltaische Sprachen spricht.

Turkmenen, Türkvolk in der zentralasiatischen Sowjetunion (1979: 1 890 000 in Turkmenistan; 92 000 in Usbekistan; 14 000 in Tadschikistan), spricht *Turkmenisch,* eine Türksprache. □ Das ›Land der Turkmenen‹ östlich des Kaspischen Meeres wurde zwischen 1863 und 1885 von den Russen erobert und als Transkaspische Provinz eingegliedert. Nach der Oktoberrevolution konnte sich dank britischer Besatzung eine menschewikische Regierung bis April 1919 in Aschchabad halten. Der 1921 geschaffene turkmenische Bezirk wurde um die Gebiete der früheren Khanate von Buchara und Kiwa erweitert, 1924 in die *Turkmenische Sozialistische Sowjetrepublik* umgewandelt und 1925 der UdSSR angeschlossen. □ Die Turkmenen sind sunnitische Muslime der hanefitischen Richtung.

Türkvölker, Gruppe von fast ausschließlich muslimischen Völkern (1980: 75 Millionen), die als Minderheiten in Afghanistan und Iran und in drei großen Gruppen in der Türkei, der UdSSR (1979: 40 Millionen) und Xinjiang in China (1983: 8 Millionen) leben.

Tuwinen, türkmongolisches Volk im Altai, bewohnt insbesondere die *Tuwinische ASSR* (1987: 284 000), spricht *Tuwinisch,* eine Türksprache.

U, W, Z

Udiheischen →SIBIRIER.

Udmurten oder (früher) **Wotjaken,** finnougrisches Volk in der UdSSR (1979: 714 000). Die Udmurten leben heute in der *Udmurtischen Autonomen Sozialistischen Sowjetrepublik* und sprechen eine finno-ugrische Sprache (1983: ca. 600 000 Sprecher).

Uiguren oder **Uighuren,** Türkvolk, das zu einem kleinen Teil in der UdSSR (1979: 210 000) und größtenteils in China lebt. (s. Abschnitt ›Asien‹)

Ukrainer oder (früher) **Ruthenen,** ostslawisches Volk in der Ukraine. Die Ukrainer (1989: 44,1 Millionen) leben vor allem in der *Ukrainischen SSR.* □ Sie sind Nachkommen altostslawischer Stämme und besiedelten seit dem 6. Jh. das Gebiet vom mittleren Dnjepr bis zu beiden Hängen der mittleren Karpaten. □ Sie sind russisch-orthodox, im Westen z. T. uniert.

Ultschen →SIBIRIER.

Usbeken, Volk in Zentralasien, lebt in der UdSSR (1989: 16 686 000, davon die meisten in der *Usbekischen Sozialistischen Sowjetrepublik;* die übrigen in anderen Republiken) und in Afghanistan (1984: 1,5 Millionen), spricht *Usbekisch,* eine Türksprache. □ Die usbekische Nation setzt sich zusammen aus iranischen Volksgruppen, zentralasiatischen Alteinwohnern, Nachfahren der Türken und Mongolen, die sich zwischen dem 11. und dem 15. Jh. dort niederließen, sowie den eigentlichen Usbeken, die sich unter der Herrschaft der Chaybaniden (16. Jh.) dort ansiedelten. □ Von der Baukunst der Usbeken zeugen beispielsweise die Moscheen von Samarkand und die Medresen von Kiwa. Ihre Literatur nahm vom 11. Jh. bis heute eine eindrucksvolle Entwicklung; sie hat sich entweder der staatlich verordneten sowjetischen realistischen Kunst angenähert oder, eigene Formen bewahrend, sich ihr widersetzt. □ Die Usbeken sind sunnitische Muslime der hanefitischen Richtung und haben ihre starke religiöse Tradition trotz des Drucks der sowjetischen Regierung bewahrt.

Wenden →SORBEN.
Wogulen →MANSEN.
Wolgatataren →KASANTATAREN.
Wotjaken →UDMURTEN.
Zigeuner →ROMA.

A · **Roma** bei Schäßburg in Siebenbürgen (Rumänien). Die Roma ziehen durch ganz Osteuropa, insbesondere durch Rumänien. Ihr traditionelles Fortbewegungsmittel ist ein von einem Pferd gezogener Wohnwagen.

B · **Roma in Les Saintes-Maries-de-la-Mer.** Die beiden Hauptwallfahrtszeiten in Les Saintes-Maries-de-la-Mer (S-Frankreich) liegen im Mai und im Oktober. Viele Roma pilgern im Mai dorthin und versammeln sich am Grab von Sara, der schwarzen Dienerin der beiden Heiligen Maria Jakoba und Maria Salome.

VÖLKER UND SPRACHEN DER ERDE

EUROPA, UDSSR UND MONGOLEI

Die deutschen Mundarten bilden innerhalb des Gesamtraums der deutschen Sprache und im Unterschied zur Hochsprache die durch Lautgebung und Wortschatz deutlich abgehobenen sprachlichen Sonderformen, wie sie sich in verschiedenen Landschaften ausgeprägt haben. Das Verhältnis von Hochsprache und jeweiliger Mundart ist in den einzelnen Dialektgebieten unterschiedlich; so findet sich im niederdeutschen Sprachgebiet generell ein deutlicherer, durch mehrfachen Lautwandel bedingter Abstand von der Hochsprache als im Ober- und Mitteldeutschen. Die sprachlichen Besonderheiten der deutschen Mundarten werden in umfangreichen deutschen Sprachatlanten erfaßt. Wie die Hochsprache, so sind auch die Mundarten in ständigem Wandel begriffen; sie übernehmen Wortgut aus angrenzenden Dialekten oder aus Fach- und Sondersprachen (Soziolekt). Der Pendelverkehr aus dem Umland in die Städte bedingt eine vorübergehende Anpassung der arbeitenden Bevölkerung an die Stadtmundart oder die überregionale Umgangssprache. Dies wirkt unter anderem dem regionalen Kulturleben (Mundartdichtung) entgegen.

Die Abgrenzung der einzelnen Mundarten gegeneinander ist schwierig und häufig nur in vereinfachter Form darstellbar, da die Grenzen oft nur bestimmte sprachliche Erscheinungen einer Mundart betreffen, andere davon aber nicht berührt werden. Die Entstehung der heutigen Mundartgebiete läßt sich bis in die Zeit der Völkerwanderung zurückführen, in der mit der Bildung von deutschen Stämmen (Alemannen, Franken, Sachsen, Thüringern, Bayern) aus deren Sprachen das Althochdeutsche entstand; im weiteren Verlauf haben Binnengrenzen der staatlichen und kirchlichen Verwaltung, topographische Schranken sowie die jeweilige Ausrichtung auf bestimmte kulturelle und wirtschaftliche Zentren mitgewirkt. Die um die Mitte des 1. Jahrtausends einsetzende hochdeutsche Lautverschiebung (germanisch p, t, k wurden im Wortanlaut, in der Doppelung und nach Konsonanten zu pf, z, ch) bewirkte eine Trennung des Althochdeutschen vom Altniederdeutschen. Allgemein werden die deutschen Mundarten, die diese Lautverschiebung nicht mitvollzogen, als niederdeutsche Mundarten bezeichnet, als mitteldeutsche Mundarten diejenigen, die sie zum Teil mitmachten, als oberdeutsche Mundarten jene, die sie im wesentlichen vollständig durchgeführt haben: Das Mitteldeutsche und das Oberdeutsche werden als hochdeutsche Mundarten zusammengefaßt. Neben der hochdeutschen Lautverschiebung hat die neuhochdeutsche Diphthongierung (die mittelhochdeutschen Langvokale ī, ū und iu [gesprochen: ü] werden zu ei, au und äu) zur Gliederung der deutschen Mundartgebiete beigetragen; sie erfaßte in gewissen Abstufungen die hochdeutschen Mundarten (jedoch ohne das Alemannische). Weiterhin wirkte vor allem die binnendeutsche Konsonantenschwächung (p, t, k wurden zu b, d, g) auf die deutschen Mundarten; diese Konsonantenschwächung wurde vor allem in den ostmitteldeutschen Mundarten durchgeführt.

Allgemein sind die heutigen Dialektgrenzen nicht mehr mit den früheren Stammesgrenzen identisch. Verschiebungen haben sich bes. aufgrund historisch-politischer Entwicklungen ergeben, z. B. durch die deutsche Ostkolonisation (12.–14. Jh.) und die Aussiedlung und Vertreibung der Deutschen aus den ehemaligen Ostgebieten nach 1945. Jenseits der heutigen staatlichen Grenzen sind deutsche Mundarten (außer in unmittelbar angrenzenden Ländern, z. B. Schweiz, Österreich, Frankreich, Niederlande, Belgien, Polen, Tschechoslowakei, Dänemark) in Sprachinseln (zum Teil auch außerhalb Europas) erhalten (in Europa z. B. in Italien, Rumänien, Ungarn und der Sowjetunion, außerhalb Europas z. B. in Argentinien, Australien, Belize, Bolivien, Brasilien, Chile, Ecuador, Israel, Kanada, Kolumbien, Mexiko, Namibia, Paraguay, Peru, Südafrika, Uruguay, den Vereinigten Staaten und Venezuela).

Niederdeutsche Mundarten. Das Niederdeutsche (Plattdeutsche) läßt sich in Westniederdeutsch und Ostniederdeutsch unterteilen. **Westniederdeutsch** umfaßt Niederfränkisch und Niedersächsisch (mit Westfälisch, Ostfälisch und Nordniedersächsisch). **Ostniederdeutsch** läßt sich in die Dialektgruppen Mecklenburgisch (mit dem Vorpommerischen), Märkisch-Bran-

DEUTSCHE MUNDARTEN

denburgisch, Mittelpommerisch, Pommerisch (Ostpommerisch) und Niederpreußisch gliedern. In einigen Gebieten innerhalb des niederdeutschen Sprachraums wird Friesisch gesprochen, das sich als ein eigenständiger germanischer Sprachzweig jedoch vom Niederdeutschen abhebt.

Westniederdeutsch: Das **Niederfränkische** stimmt im Konsonantismus im allgemeinen mit den niederdeutschen Mundarten überein (da es die hochdeutsche Lautverschiebung nicht mitvollzog), weist aber im Vokalismus Merkmale des Hochdeutschen auf (z. B. die nur teilweise Monophthongierung von germanisch ai zu langem e und von germanisch au zu langem o).

Kennzeichnend für das **Westfälische** sind die beiden langen a-Laute, ein velares [ɔ:] und ein palatales [ɑ:], anstelle eines einzigen langen a-Lautes in den übrigen niedersächsischen Mundarten, ferner die ›westfälische Brechung‹ der altsächsischen Kurzvokale in offener Silbe (z. B. [kuɔlə] ›Kohle‹). Charakteristisch für den Konsonantismus ist die Bewahrung der Aussprache [sk] oder [sx] für ›sch‹ (z. B. ›wasken‹ statt ›waschen‹).

Das **Ostfälische** hebt sich vor allem durch ein morphologisches Merkmal von den übrigen niederdeutschen Dialekten ab: es weist für das Personalpronomen im Dativ und im Akkusativ akkusativische Einheitsformen auf (›mik‹, ›dik‹, ›üsch‹, ›jük‹, statt der sonst für den Dativ bezeichnenden Formen ›mi‹, ›di‹, ›us‹, ›ju‹). Ein Übergangsdialekt zwischen Ost- und Westfälisch wird im Raum von Göttingen gesprochen.

Das **Nordniedersächsische** besitzt ein stark vereinfachtes Vokalsystem, das eine Verringerung grammatischer Formen bewirkt, z. B. schwindet das unbetonte -e im Wortauslaut, das auslautende -m wird zu -n geschwächt, wobei Dativ- und Akkusativformen zusammenfallen. Das Nordniedersächsische läßt sich vor allem in die größeren Dialektgruppen des Ostfriesischen, Emsländischen, Oldenburgischen, Nordhannoverschen, Holsteinischen, Dithmarsischen und Schleswigschen gliedern.

Ostniederdeutsch: Das **Mecklenburgische** (mit dem Vorpommerischen) ist unter anderem durch die Diphthongierung von mittelniederdeutschem langem o und ö zu au, äu und ai, z. B. ›bauk‹ für ›Buch‹, ›bäuker‹ für ›Bücher‹, ›laif‹ für ›lieb‹, die Hebung von e, o und ö zu langem i, u und ü vor r mit folgendem Dental, z. B. ›pierd‹ für ›Pferd‹ sowie die Verkleinerungsendung -ing, z. B. ›Mudding‹ für ›Mütterchen‹ und die Hebung der mittleren Langvokale vor r (z. B. [u:r], ›Ohr‹) charakterisiert.

Das **Märkisch-Brandenburgische** läßt sich in Nordmärkisch und Mittelmärkisch (mit dem Berlinischen) sowie einen kleineren südmärkischen Dialektraum gliedern. Nord-, Mittel- und Südmärkisch grenzen sich durch die unterschiedlich starke Diphthongierung aller Langvokale voneinander ab, wobei die Diphthongierung im Nordmärkischen am schwächsten ausgeprägt ist (z. B. nordmärkisch ›Schnee‹, südmärkisch ›Schnei‹).

Das **Mittelpommerische** hat (gegenüber dem Mecklenburgischen mit dem Vorpommerischen) den Diphthong ei bewahrt (z. B. ›deit‹, ›tut‹), ebenso die alten Langvokale mittlerer Zungenstellung vor r (z. B. [o:r]. ›Ohr‹); das Diminutivsuffix lautet -ke. Westgermanisch langes e und langes o wurden (anders als meist im Mecklenburgischen und Pommerischen) nicht diphthongiert (z. B. ›lef‹, ›lieb‹).

Ein Merkmal des **Pommerischen** (Ostpommerischen) ist der teilweise eingetretene Schwund des auslautenden -n (z. B. ›sitte‹, ›sitzen‹).

Das **Niederpreußische** weist einen (gegenüber dem Pommerischen noch verstärkten) Abfall des auslautenden -n sowie Wandel von u zu o vor Nasal auf (z. B. ›ons‹ für ›uns‹).

Mitteldeutsche Mundarten. Das Mitteldeutsche umfaßt die west- und die ostmitteldeutschen Mundarten. Die Grenze zwischen dem West- und Ostmitteldeutschen, die durch die Verschiebung des anlautenden ›p‹ zu ›f‹ (z. B. in ›fert‹, ›Pferd‹) gekennzeichnet ist, verläuft zwischen Fulda und Werra über die Rhön. **Westmitteldeutsch** gliedert sich in Mittelfränkisch (mit Ripuarisch und Moselfränkisch), Rheinfränkisch (mit Hessisch und Rheinpfälzisch), **Ostmitteldeutsch** umschließt die Dialektgruppen Thüringisch, Obersächsisch, Schlesisch und Hochpreußisch.

Westmitteldeutsch: Für das **Mittelfränkische** allgemein kennzeichnend sind die verschobenen Formen ›machen‹ und ›ich‹ (mit Lautverschiebung von k zu kch, ch) sowie die unverschobenen Formen ›dat‹, ›appel‹ und ›pund‹ (ohne Lautverschiebung von t zu tz, zz, heute [s] und von p beziehungsweise pp zu pf). Im Ripuarischen – gesprochen in der Nordhälfte des mittelfränkischen Sprachraumes um Köln bis nördlich von Aachen und Düsseldorf – ist der Anteil an der hochdeutschen Lautverschiebung auf die Verschiebung von westgermanisch t sowie p und k nach Vokal beschränkt; so sind z. B. unverschobenes ›dorp‹ und ›helpen‹ (gegenüber moselfränkisch ›dorf‹ und ›helfen‹) erhalten; unverschoben wie im Moselfränkischen bleiben ›dat‹ (›das‹) und ›wat‹ (›was‹). Die binnendeutsche Konsonantenschwächung ist im Unterschied zum nahezu gesamten übrigen mitteldeutschen Dialektgebiet nicht durchgeführt, ebensowenig die neuhochdeutsche Diphthongierung der mittelhochdeutschen Langvokale ī, ū, iu [ü:]. Hunsrück und Eifel trennen

VÖLKER UND SPRACHEN DER ERDE

(als natürliche Schranke) die ripuarische Mundart vom moselfränkischen Dialektgebiet.

Zum Moselfränkischen – gesprochen in der südlichen Hälfte des mittelfränkischen Dialektraumes: von der Ahr bis zum Hunsrück, mit dem Westerwald, dem Siegerland und dem Südwestrand Westfalens – gehören auch das Luxemburgische (Letzebuergesch), die Dialekte der Gegend um Diedenhofen (französisch Thionville) in Lothringen und die dem Luxemburgischen verwandte Mundart der Siebenbürger Sachsen in Rumänien. Im Moselfränkischen ist nicht nur die binnendeutsche Konsonantenschwächung, sondern auch die Diphthongierung vollzogen.

Das Rheinfränkische (sein Verbreitungsgebiet reicht im Norden bis zum Rothaargebirge und nördlich von Kassel, im Westen bis Lothringen – die Moselgegend ausgeschlossen) läßt sich in Hessisch und Rheinpfälzisch gliedern; es hat die Lautverschiebung weiter durchgeführt als das Mittelfränkische (z. B. ›das‹ statt ›dat‹, jedoch blieben ›pund‹ und ›appel‹ erhalten); die binnendeutsche Konsonantenschwächung ist im gesamten Rheinfränkischen durchgeführt, ebenso der Wandel von intervokalischem -d- zu -rr- (›gurres Werrer‹, ›gutes Wetter‹). Die st/scht-Grenze trennt das Hessische (›fest‹) vom Rheinpfälzischen (›fescht‹ für ›fest‹). Kennzeichnend für das Hessische (bes. das Zentralhessische) sind die ›gestürzten Diphthonge‹ (›ei‹, ›oi‹, ›ou‹ für mittelhochdeutsch ›ie‹, ›üe‹, ›uo‹, z. B. ›leib‹ für ›lieb‹, ›gout‹ für ›gut‹). Das Hessische umfaßt die rheinfränkischen Übergangsdialekte östlich des Mainzer Raums und erstreckt sich vom Main im Süden bis zum niederdeutschen Bereich.

Das Rheinpfälzische hat die alten mittelhochdeutschen Langvokale diphthongiert; gestürzte Diphthonge (wie im Hessischen) finden sich nicht. Lediglich das zum Rheinpfälzischen gehörende Lothringische weist keine Diphthongierung auf. Überwiegend pfälzischen Dialekt sprechen auch die Banater Schwaben, die Rußlanddeutschen und die Deutschen in Pennsylvania (Pennsylvaniadeutsch).

Ostmitteldeutsch: Das Thüringische kennzeichnet der Übergang von mittelhochdeutsch e zu a ([asən] für ›essen‹) und der Wandel von ›i‹ (auch von entrundetem ›ü‹) zu ›ö‹ (z. B. ›tösch‹ für ›Tisch‹, ›höbsch‹ für ›hübsch‹, ›drönne‹ für ›drinnen‹), während altes ö entrundet wird. Nur im südwestlichen Dialektraum wird anlautendes pf- (das sonst zu f- vereinfacht wurde) erhalten. Im Westthüringischen haben sich – wie im Niederdeutschen – die alten Langvokale erhalten.

Das Obersächsische (mit dem Meißnischen) bewahrt im Süden anlautendes pf-, wandelt es im mittleren Teil zu f-, während im Norden p- noch erhalten ist. Die Hinterzungenvokale (ö, ü) werden entrundet (zu e, i).

Charakteristisch für das Schlesische, das sich im Verlauf der Ostkolonisation zu einem neuen Dialekt auf der Grundlage des Meißnischen sowie aus rheinischen, fränkischen, bairischen, besonders aber thüringischen Siedlermundarten entwickelte, ist das Kennwort ›ins‹ (›uns‹), weiterhin die Stimmhaftigkeit von b, d, g sowie von s im An- und Inlaut. Die mittleren Langvokale werden in Extremstellung gesprochen: ›Schnee‹ als [ʃni:] und ›rot‹ als [ru:t]. In zentraler Lage wurde das Niederländische gesprochen (im südlichen Warthebogen bis fast nach Breslau), dessen zahlreiche Diphthongierungen ihm einen eigenen Klang

gaben. Das Schlesische reichte auch nach Nordböhmen und Nordmähren hinein sowie nördlich über Guben, Züllichau und Posen hinaus; hinzu kamen Sprachinseln in Mähren und in der Slowakei (die Zips), ferner die von schlesischen Siedlern gegründeten mitteldeutschen Sprachinseln in Ost- und Westpreußen (mit dem **Hochpreußischen**).

Oberdeutsche Mundarten. Das Oberdeutsche umfaßt das Südfränkische (Südrheinfränkische), das Ostfränkische, das Bairische und das Alemannische. Das Südfränkische (im Raum Karlsruhe/Heilbronn gesprochen) hat (im Unterschied zum mitteldeutschen Rheinfränkischen) die hochdeutsche Lautverschiebung vollständig durchgeführt (also z. B. ›pfund‹ und ›apfel‹). Das Ostfränkische (Mainfränkische; gesprochen im Raum Würzburg, Bamberg und Bayreuth) hat lautlich Anteil am Mitteldeutschen (im Vokalismus, z. B. Diphthongierung der mittelhochdeutschen Langvokale) und am Oberdeutschen (im Konsonantismus). Kennzeichnend für diesen Dialektraum ist die Einebnung alter Diphthonge, z. B. das lange a, das sich aus mittelhochdeutsch ei und ou entwickelte; z. B. ›baan‹ für ›Bein‹ und ›baam‹ für ›Baum‹.

Der Sprachraum des **Bairischen** reicht vom Lech bis an die Ostgrenze Österreichs. Die Nordgrenze zieht sich östlich von Nürnberg am Fichtelgebirge und schloß auch das Egerland bis über Karlsbad hinaus ein. Die Südgrenze verläuft vom Ortler nach Osten südlich der Etsch und südlich des Pustertals nach Kärnten, wo die Sprachgrenze südlich von Villach und Klagenfurt das deutsche Sprachgebiet vom slowenischen trennt. Ein (nur am äußersten Südrand vorhandenes) Kennzeichen des Bairischen sind die alten, nun als Pluralform verwendeten Dualformen ›es‹ (›ihr‹) und ›enk‹ (›euch‹). Bairische Kennwörter (das heißt für das Bairische kennzeichnende Ausdrücke) sind z. B. ›Pfinztag‹ (›Donnerstag‹), ›Ergetag‹ (›Dienstag‹), ›tengg‹ (›links‹), ›Kirchtag‹ (›Kirchweihfest‹). Charakteristisch für das Bairische ist ferner die Aussprache von mittelhochdeutsch ›ei‹ als [oa], z. B. ›broad‹ (für ›breit‹). Das bairische Dialektgebiet wird in Süd-, Mittel- und Nordbairisch untergliedert.

Das **Südbairische** umfaßt die Mundarten von Tirol, die aussterbenden Ortsmundarten der Sieben Gemeinden (um den Hauptort Asiago, Provinz Vicenza) und der Dreizehn Gemeinden (bei Verona) in Italien, das Steirische, die Mundart im Burgenland, das Kärntische (Kärntnerische) und bis 1941 die Sprachinsel Gottschee. Das Südbairische hat die neuhochdeutsche Lautverschiebung vollständig durchgeführt (k wird zur Affrikata ›kch‹ [kx], z. B. ›kchnecht‹ für ›Knecht‹, ›denkchen‹ für ›denken‹). Die binnendeutsche Konsonantenschwächung wurde nur im Südbairischen nicht wirksam.

Die Mundarten von Ober- und Niederösterreich (auch von Südböhmen und Südmähren bis 1945) gehören einem Übergangsgebiet zum **Mittelbairischen** an: dieses wird im Südosten Bayerns bis südlich des Donauknies bei Regensburg und – weiter westlich und östlich – auch nördlich der Donau gesprochen. Besonderes Kennzeichen des Mittelbairischen ist die Vokalisierung des -l- nach Vokal (z. B. ›schpü‹ für ›Spiel‹). Mit dem Nordbairischen hat das Mittelbairische die Form der binnendeutschen Konsonantenschwächung gemein-

sam: geschwächt werden nur diejenigen stimmlosen Verschlußlaute, die nicht auf einen althochdeutschen Doppelkonsonanten zurückgehen (so bleibt z. B. das ›t‹, anders als im Mitteldeutschen, in ›Winter‹ erhalten).

Das **Nordbairische** – wozu auch das Westböhmische gehörte – umfaßt das Gebiet nördlich von Regensburg einschließlich Nürnberg, wo sich der Übergang zum Ostfränkischen zeigt. Um Regensburg–Straubing liegt ein nordbairisch-mittelbairisches Gebiet, zwischen München und Augsburg und im Westen von Tirol ein bairisches Gebiet mit deutlich alemannischem Einfluß. Ein sprachliches Merkmal des Nordbairischen (daneben auch des Hessischen) sind die ›gestürzten Diphthonge‹ ›ei‹ und ›ou‹ (für mittelhochdeutsch ›ie‹ und ›uo‹, z. B. ›leib‹ für ›lieb‹ und ›gout‹ für ›gut‹).

In der deutschen Schweiz, im Elsaß, in Liechtenstein und Vorarlberg, im südlichen Baden, in Württemberg (ohne den Nordrand) und in Bayerisch-Schwaben werden **Alemannisch** und **Schwäbisch** gesprochen. Die Ostgrenze zum Bairischen verläuft östlich des Lech. Gemeinsame Merkmale der alemannischen Dialekte sind die Formen ›gan‹ und ›stan‹ (im Unterschied zu ›gen‹ und ›sten‹ im Mitteldeutschen sowie in den übrigen oberdeutschen Mundarten) sowie die Erhaltung der mittelhochdeutschen Langvokale ī, ū, iu [ü:]; z. B. ›huus‹ für ›Haus‹, ›miin‹ für ›mein‹, ›hüüser‹ für ›Häuser‹.

Lediglich das **Schwäbische** zeigt eine halbe Diphthongierung ([həʊs,], [məɪn], [həɪser]). Ferner weist es im Anlaut ›kh‹ ([khɪndər] für ›Kinder‹) sowie generell starke Nasalierung auf. Das Schwäbische gliederte sich im 13. Jahrhundert aus dem Alemannischen aus und erstreckte sich östlich des Schwarzwalds bis zum Lech. Schwäbische Siedlungen befanden sich unter anderem in Ungarn. Den Einheitsplural auf -et und den Anlaut kh- hat das Schwäbische mit dem **Niederalemannischen** gemeinsam. Dieses wird im nördlichen Elsaß und in Baden zwischen Rastatt und dem Feldberg gesprochen.

Als **Hochalemannisch** werden die Mundarten der deutschen Schweiz, des südlichen Elsaß, Vorarlbergs und am Südhang des Schwarzwaldes zusammengefaßt. Vom Niederalemannischen und Schwäbischen ist es durch die Aussprache von k(h) als [x] unterschieden (z. B. [xint] für ›Kind‹). In der Ostschweiz endet der Einheitsplural des Verbs für alle drei Personen im Präsens auf -et, während in der Süd- und Zentralschweiz differenziert wird (-en, -et, -en).

Die deutschen Dialekte der Südschweiz werden als **Höchstalemannisch** zusammengefaßt. Diese Mundart der Walser im oberen Rhônegebiet (östliches Wallis), die durch deren Auswanderung auch ins Große und Kleine Walsertal gelangte, ist durch besonders altertümliche Züge gekennzeichnet, darunter die Erhaltung der althochdeutschen Nebensilbenvokale und damit der althochdeutschen Flexionsendungen. Weitere Charakteristika der Mundart der Walser stellen die Aussprache des urgermanischen ›s‹ als [ʃ] (›schii‹ für ›sie‹), Entrundung zahlreicher Vokale (›hiischer‹ für ›Häuser‹) und die Flexion des Adjektivs, und zwar auch in prädikativer Stellung, dar. Die Bewahrung alter Sprachzustände (das heißt früherer Sprach- und Lautformen) im Höchstalemannischen läßt sich auf die isolierte Lage dieses Sprachgebiets zurückführen.

393

VÖLKER UND SPRACHEN DER ERDE

OZEANIEN UND MALAIISCHE INSELWELT

A, B

Abelam, Bevölkerungsgruppe mit Papuasprache im Maprikhügelland am Sepik, Papua-Neuguinea (etwa 30 000). ◻ Die Abelam gehören zu den Melanesiern. Sie wohnen in kleinen Dörfern und bauen Knollenfrüchte, besonders Jams, an. Mittelpunkt ihres zeremoniellen Lebens ist der Jamskult, für den geschnitzte und bemalte, in großen Kulthäusern aufbewahrte Geisterfiguren hergestellt werden.
Aeta, Sammelbezeichnung für Negritostämme auf den Philippinen, auf Luzon, Panay und Negros, sprechen eine austronesische Sprache. ◻ Die Aeta leben vom Sammeln (Wurzeln, Knollen), von Brandrodungsfeldbau (Maniok, Taro, Süßkartoffeln), Bienenzucht, Fischfang und Jagd. Die Aeta sind exogam. Sie leben in Pfahldörfern.
Aluridja → PITJANDJARA.
Ami oder **Amia,** Volk an der Ostküste von Taiwan (1983: 80 000) spricht eine austronesische Sprache. ◻ Früher zogen die Ami viel auf der Insel umher. Sie wurden unter der japanischen Besatzung dezimiert. Heute stehen sie unter taiwanesischem Akkulturationsdruck, und auch christliche Missionare bemühen sich um sie. Traditionell lebten sie in einer streng hierarchischen Gesellschaft.
Aranda oder **Arunta,** Aborigines mit australischer Sprache in Zentralaustralien. ◻ Die Aranda waren Sammler. Ihre Zahl ist seit ihrer Begegnung mit den Weißen im 19. Jh. gesunken. Sie praktizieren Initiationsriten, bei denen Pantomime, Tanz und Malerei eine maßgebliche Rolle spielen. Durch diese Bräuche treten sie in Kontakt mit den Geistern der Toten, die ewig auf Wanderschaft sind.
Asmat, Stammesgruppen mit Papuasprache in der Region des Sentanisees in W-Neuguinea (Indonesien), an den Flußufern des südlichen Küstenlandes (1983: 25 000). ◻ Die Asmat betreiben eine Subsistenzwirtschaft, die auf Sammeln, Viehhaltung, Fischfang, Jagd und (in kleinem Rahmen) Ackerbau basiert. Sie fertigen außergewöhnliche Holzskulpturen, z. B. die menschliche Figur in Hockstellung (in Anlehnung an die Gestalt der Gottesanbeterin).
Australier oder **Aborigines** oder **Aboriginals,** die Ureinwohner Australiens (1981: 28 000 Reinblütige und 100 000 Mischlinge); ihre Sprachen werden als eigene Sprachgruppe zusammengefaßt. ◻ Früher lebten sie als Jäger und Sammler; als Behausungen dienten Windschirme und einfache Hütten aus Zweigen oder Rindenstücken. Die politische Einheit war die lokale Verwandtschaftsgruppe (Klan), der ein bestimmtes Stück Land gehörte. Nur wenige Aborigines leben heute noch in dieser Weise. Viele sind heute als Viehtreiber oder Hilfsarbeiter tätig.
Im Mittelpunkt der religiösen Vorstellungen stehen mythische Ahnen, die Schöpfer der Naturerscheinungen. Alle Lebensbereiche sind mit künstlerischem Tun verbunden.
Mit der Ansiedlung der Europäer (seit 1788) wurden die Aborigines aus den landwirtschaftlich nutzbaren Gebieten zurückgedrängt; seit Mitte des 20. Jh. werden durch den Bergbau (Uran) ihre Wohngebiete noch stärker eingeengt und viele ihrer Kultstätten zerstört. Heute besitzen sie theoretisch alle Bürgerrechte und auch gewisse Landrechte.
Baining, Volksstamm in Melanesien, im Innern der Gazellehalbinsel von New Britain; spricht eine nichtaustronesische Sprache. ◻ Die Baining leben als Bauern mit einfacher Gesellschaftsform und archaischer (vormelanesischer) Kultur. Für ihre Tänze stellen sie kunstvolle hohe Maskenaufsätze aus Baumbaststoff her.
Balinesen, Volk auf der Insel Bali, spricht *Balinesisch,* eine austronesische Sprache. ◻ Die soziale, politische und religiöse Kultur der Balinesen ist vom Hinduismus geprägt. Die ›Religion des Wassers‹ spielt eine große Rolle. Es gibt ein Kastensystem.
Bisaya → VISAYA.
Bugi, Volk in S-Celebes (Sulawesi), spricht *Buginesisch,* eine austronesische Sprache (1983: 3 Millionen). ◻ Die Bugi, ursprünglich Buddhisten, wurden ab dem 17. Jh. zum Islam bekehrt. Sie sind Händler und Fischer (früher auch Piraten). Sie gründeten mehrere Königreiche und widersetzten sich lange der niederländischen Kolonialisierung.

C, D

Chimbu, Volk mit Papuasprache in W-Neuguinea (1983: 60 000). ◻ Die Chimbu leben in Streusiedlungen inmitten von Gärten und bauen Süßkartoffeln, Gemüse und Kaffee an. Ihre Gesellschaft ist patrilinear und in Stämmen organisiert, die aus Klanen und Unterklanen bestehen. Der Stamm ist die politische und territoriale Grundeinheit.
Dani, Volk mit Papuasprache im mittleren Teil von W-Neuguinea, Indonesien (1983: 50 000). ◻ Die Subsistenzwirtschaft der Dani basiert auf Feldbau (Taro, Jamswurzel, Bananen), Sammeln, Jagd und Fischfang. Sie züchten Schweine (Aufgabe der Frauen): Damit stehen die großen Feste in Zusammenhang, die alle 4 bis 6 Jahre gefeiert werden und bei denen Initiationsriten und Heiraten stattfinden. Die Dani sind eine kriegerische Gesellschaft, die sich aus nichtterritorialen, miteinander verbündeten Patriklanen zusammensetzt.
Dayak oder **Dajak,** Sammelname für Völker und Stämme im Innern von Borneo (1983: 270 000), mit austronesischer Sprache. ◻ Die Dayak gehören zu den Altindonesiern. Sie leben in der Regel in Dörfern längs der Flüsse, den Hauptverkehrswegen der Insel. Ihre meist auf Pfählen errichteten Familien- und Gemeinschaftshäuser sind bis über 100 m lang (›Langhäuser‹). Sie haben einen Häuptling und einen Ältestenrat. Sie betreiben Brandrodungsfeldbau, Jagd und Fischfang.
Dusun, Volk der Dayak in N-Sarawak, spricht eine austronesische Sprache. ◻ Die Dusun betreiben Feldbau (Reis, Mais, Maniok) und Viehhaltung. Sie glauben an eine Götterwelt und eine Vielzahl von Geistern. Ihre Vorfahren waren Kopfjäger.

B · Die Besiedlung von Ozeanien.

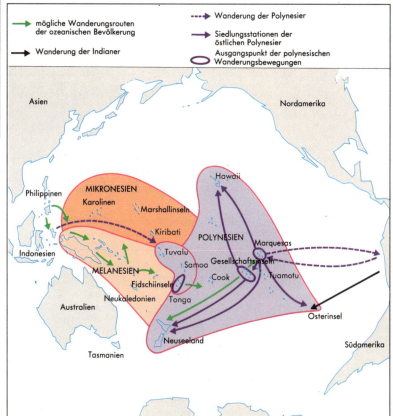

A · Die Sprachen in Ozeanien.

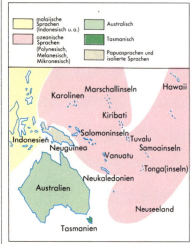

VÖLKER UND SPRACHEN DER ERDE

I, K

Iatmül oder **Iatmul**, Stammesgruppe mit Papuasprache am mittleren Sepik, Papua-Neuguinea. Ihre Dörfer haben ein Kulthaus, wo die Initiationen (verbunden mit Narbentatauierungen) stattfinden; bedeutende Schnitzkunst.

Iban oder **See-Dayak**, altindonesisches Volk im hügeligen Westen Borneos (1983: 240 000), mit austronesischer Sprache. □ Die Iban wohnen in Gemeinschaftslanghäusern, in denen jede Familie eine eigene Wirtschaftseinheit bildet. Sie betreiben Brandrodungsfeldbau (Reis), Fischfang und Viehhaltung.

Ifugao, Volk im Norden der Insel Luzon, Philippinen (1983: 120 000), gehört zur Gruppe der Altindonesier und spricht eine austronesische Sprache. □ Sie waren bis zur Besetzung durch die Amerikaner (Zweiter Weltkrieg) Kopfjäger. Sie leben in verstreuten kleinen Dörfern. Sie betreiben Anbau auf bewässerten Terrassen (Reis, Knollenfrüchte) sowie Jagd und Fischfang.

Igoroten, Völkergruppe auf der Insel Luzon, Philippinen (1983: 500 000). Zu den Igoroten zählen etwa 10 Völker, darunter die Ifugao und die Kalinga. Sie sprechen *Igorotisch*, eine austronesische Sprache. □ Die Igoroten lassen sich in zwei Gruppen teilen, je nachdem ob sie Reis auf wechselnden Anbauflächen oder auf Terrassen anbauen und ob sie am Waldrand oder in den Bergen leben.

Ilokano, Volk mit austronesischer Sprache auf der Insel Luzon (Philippinen), heute fast vollständig akkulturiert.

Indonesier oder (früher) **Malaien**, Völkergruppe in Malaysia, Indonesien, Australasien und auf den Sunda-Inseln, mit austronesischer Sprache. Man unterscheidet in der Regel zwischen Altindonesiern (Altmalaien) und Jungindonesiern (Jungmalaien) oder eigentlichen Malaien. Zusammen bilden sie eine der ältesten Völkergruppen Asiens: Ihre Vorfahren sollen aus Yunnan stammen und von dort aus mit der Eroberung der Inseln in Südasien und im Indischen Ozean (einschließlich Madagaskar) begonnen haben.
• Die Altindonesier sind die älteste Bevölkerungsgruppe dieser Inseln. Sie gerieten weder unter den Einfluß des Islam noch unter den Indiens oder Europas.
• Die *Jungindonesier* sind sunnitische oder schafiitische Muslime.
□ Die Indonesier betreiben Fischfang (in Fluß und Meer) und Feldbau in Verbindung mit Viehhaltung (Ziegen, Büffel, Hunde). Sie sind auch Sammler und, in geringem Maße, Jäger. Sie bauen insbesondere Reis an. Verstärkt werden Pflanzungen angelegt (Kautschukbäume, Tabak) und der Wald genutzt. Die wichtigsten Handwerkszweige sind Korbflechterei, Töpferei und Weberei. Patrilineare und matrilineare Klanverbände sowie eine Klasseneinteilung (Adlige, Gemeine) prägen das soziale Zusammenleben; zusammen mit dem islamischen Gesetz bestimmen diese Strukturen die Landverteilung, den Austausch von Frauen und die politische Machtausübung.

Kalinga, Volk auf Luzon, Philippinen (1983: 75 000), spricht eine austronesische Sprache. □ Die Kalinga leben in kleinen Dörfern in Familienverbänden. Sie betreiben Brandrodungs- und Terrassenfeldbau (Reis), Viehhaltung, sind Sammler und Jäger.

Kanaken, die einheimische Bevölkerung von Neukaledonien (1986 fast 70 000; 43 % der Gesamtbevölkerung), mit austronesischer Sprache. Die Kanaken haben sich in verschiedenen politischen Organisationen zusammengeschlossen, von denen die FLNKS (Nationale sozialistische Befreiungsfront der Kanaken) die größte ist. Diese Parteien fordern in ihren Programmen die Anerkennung ihrer Kultur, die Rückgabe ihres Grundbesitzes und die Aufteilung der Hauptinsel (Grande Terre); bezüglich der anderen Inseln, insbesondere der Loyalty-Inseln, haben sie verschiedene, oft radikalere Forderungen. □ Sie mußten ihr Land im 19. Jh. an Frankreich bzw. an die französischen Protektorate Tahiti und Wallis abtreten. □ Sie betreiben Feldbau (Knollenfrüchte), Viehhaltung, Fischfang, Jagd und arbeiten auf Plantagen und in Bergwerken.

Kariera, Gruppe der Aborigines in W-Australien; spricht eine australische Sprache. □ Die Kariera sind in exogamen und patrilinearen Klanen organisiert, deren Struktur von Ethnologen gründlich untersucht wurde (in der Literatur als *Kariera-System* bezeichnet). Dieses System erfaßt die Dualität der Gesamtgesellschaft: Die Gesellschaft zerfällt in zwei Hälften oder Phratrien (Blutsverwandte der väterlichen bzw. der mütterlichen Linie), die sich wiederum in kleinere Klassen unterteilen können. Wenn beide Hälften exogam sind, sind auch die Klassen exogam; sind beide Hälften endogam, verbinden sich je zwei exogame Klassen durch gleichzeitigen Austausch von Frauen und durch einander erwiesene Dienstleistungen. Die Kariera sind Sammler, Jäger und Fischer.

M, N

Magindanao oder **Magindanau**, Volk an der Küste der Provinz Cotabato auf der Insel Mindanao, Philippinen (1983: 700 000), gehört zur Gruppe der Altindonesier und spricht eine austronesische Sprache. □ Die Magindanao wurden im 15. Jh. Muslime. Sie betreiben Fischfang, Feldbau, Handel und Handwerk (Weberei und Metallbearbeitung).

Makasaren, Volk in SW-Celebes (Sulawesi) im Gebiet von Ujung Pandang (1983: 2 Millionen), spricht *Makasarisch*, eine austronesische Sprache. □ Die Makasaren stehen kulturell den Bugi und Toraja nahe. Sie sind seit dem 17. Jh. Muslime, praktizieren jedoch Rituale, die um den Feldbau und um Bestattungen kreisen, und verehren ihre Ahnen. Sie lebten vom Gewürzhandel und von der Piraterie, bis die Niederländer im 17. Jh. ihr Reich eroberten. Ein strenges Gesetz sah für jeden Verstoß gegen das Gewohnheitsrecht die Strafe des Ertränkens oder Erhängens vor.

A · **Salomoninseln.** Verzierung eines Männerhauses (Zeichnung von Bougainville nach einheimischer Vorlage). Im Männerhaus werden Entscheidungen über Gruppeninteressen gefällt; auch Initiationen können dort stattfinden.

Malaien → INDONESIER.

Maori, polynesische Bevölkerung Neuseelands (1986: 294 200), spricht *Maori*, eine polynesische Sprache. □ Die Maori, eines der ersten polynesischen Wandervölker, kamen in zwei Schüben nach Neuseeland: um 800 und um 1300. Zunächst jagten sie insbesondere die ›Moa‹ genannten großen Laufvögel, später besiedelten sie das bergige Binnenland der neuseeländischen Inseln. Sie betreiben Feldbau und waren in Stämmen organisiert. Die Kolonisierung durch die Briten führte 1840 zu Gewalttaten. Die Maori widersetzten sich entschlossen der Landnahme durch die Siedler, organisierten sich dann in einem Reich mit Armee und befestigten Dörfern an strategischen Stellen (auf Hügeln). Sie bewahrten die Köpfe ihrer Feinde als Trophäen auf und machten ihre Gefangenen zu Sklaven. Die Maori waren sicherlich das kriegerischste polynesische Volk. Allerdings wurden die Maori nicht nur durch Kriege, sondern auch durch die von den Europäern eingeschleppten Krankheiten dezimiert. Nach dem Friedensschluß änderten die Briten ihre Politik. Die Maori erhielten 1876 das Wahlrecht; ihre Oberhäupter bekamen Finanzhilfen zur Förderung von Landwirtschaft, Gesundheit und Erziehung. Ihre Geburtenrate liegt heute erheblich höher als die der nichtpolynesischen Neuseeländer. □ Die Maori, die etwa 10 % der Gesamtbevölkerung der beiden Inseln ausmachen, haben ein starkes Bewußtsein ihrer kulturellen Identität bewahrt. Traditionell hatten die Maori keine Sakralbauten, sondern nur einfache Opferplätze, einen Stein oder Felsen, an dem sie Früchte und Fleisch für ihre Götter *(Tuahu)* niederlegten.

Marind-anim, Volksstamm in Neuguinea, im Sumpfland des östlichen Westirian (Indonesien). Die Marind-anim leben von Feldbau, Jagd und Fischfang; ihre Hauptnahrung ist Sago. Ihre überlieferten Glaubensvorstellungen (eindrucksvolle Schöpfungsmythen) sind vom Katholizismus und vom Cargo-Kult überlagert.

Melanesier, die melanesische Sprachen sprechenden Bewohner von Neuguinea, des Bismarckarchipels, der Salomoninseln, von Neukaledonien, Vanuatu und der Fidschi-Inseln.

Mikronesier, die mikronesische Sprachen sprechenden Bewohner der Marianen, der Karolinen, der Marschallinseln und von Kiribati.

Minangkabau, Bevölkerung in den hochgelegenen Gebieten im mittleren Sumatra und im gesamten indonesischen und malaiischen Archipel. Die Minangkabau sprechen eine austronesische Sprache. □ Sie sind matrilinear.

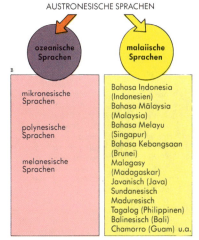

B · **Die austronesische Sprachfamilie.**

VÖLKER UND SPRACHEN DER ERDE

OZEANIEN UND MALAIISCHE INSELWELT

Die Anfänge der Besiedlung Ozeaniens gehen mehrere hunderttausend Jahre zurück. Zu jener Zeit lebten die Frühmenschen (Archanthropinen), Menschen des mittleren Pleistozän wie der Pithecanthropus. Dank des niedrigen Meerwasserspiegels der letzten Eiszeit (Würm-Kaltzeit) konnten die Hominiden Neuguinea erreichen. Diese ersten Menschen waren Fischer, Jäger und Sammler. Ihre Werkzeuge waren noch grob. Eine entscheidende Erfindung war das Auslegerboot, mit dessen Hilfe eine Ausweitung der Besiedlung möglich wurde: Nur Tasmanien blieb bis zur Ankunft der Europäer ohne Kontakt zur übrigen Welt.

DIE VÖLKER OZEANIENS

Die Anfänge der Besiedlung. Weder die Körpermerkmale noch die Verteilung der Sprachgruppen boten präzise Hinweise auf die Herkunft der Siedler. Zwar gibt es Ozeanier des mongoliden Typs oder mit weißem Einschlag (Mikronesier, Polynesier) wie auch negroide Ozeanier (Melanesier), möglicherweise eine Mischung von Papua und später eingewanderten Stämmen. Die Rassen haben sich jedoch so vermischt, daß keine eindeutigen Rückschlüsse auf die Herkunft möglich sind. Es gibt sogar Hinweise auf Einflüsse aus Südamerika. Die ozeanischen Sprachen sind in Westmelanesien sehr unterschiedlich, werden aber einfacher und homogener, je weiter man nach Osten gelangt. Die mikronesischen Sprachen im Norden könnten sehr wohl mit den taiwanischen Idiomen und mit dem klassischen Khmer, aber genauso gut mit den westpolynesischen Sprachen verwandt sein. Mit Ausnahme der Papuasprachen und der australischen Sprachen gehören alle Sprachen zur austronesischen Gruppe, deren Seitenzweige sich von Südasien aus nach Westen bis Madagaskar und nach Osten bis zur Osterinsel erstrecken. Bemerkenswert ist, daß auch das Japanische austronesische Elemente aufweist.

Die Kontinuität der Entwicklung der Kulturen und der Wirtschaftsformen läßt sich an den Funden ablesen: Mit Werkzeugen, die Klingen mit polierten Schneiden hatten, konnten die Menschen sich als Sammler ernähren. Dann wurden Taro und Jams angebaut. Es folgten die Getreide Hirse und Reis. Während in Südostasien der Brandrodungsfeldbau große Fortschritte machte, blieb die ozeanische Welt beim Gartenbau. Als in Südasien Reis zum Hauptanbauprodukt wurde, bestand kein Kontakt mehr zwischen Ozeanien und jenen Regionen. Das Archipel der Salomoninseln wurde schon 2000 Jahre vor unserer Zeitrechnung besiedelt. Polynesier und Melanesier hatten zu dieser Zeit einen mehr oder weniger engen Kontakt zueinander: Die Europäer fanden eine polynesische Kultur vor, die sich im Tonga-Archipel und auf den Samoa-Inseln erst im 1. Jahrtausend unserer Zeitrechnung aus der alten melanopolynesischen Welt entwickelt hatte. Gegen Ende des 4. Jh. gelangten die Ozeanier nach Zentralpolynesien und besiedelten von dort aus den östlichen Pazifikraum. Dies erklärt die relative Homogenität der Ostpolynesier im Hinblick auf Sprache, Kultur und auch Körpermerkmale.

Die natürliche Umwelt und die Anpassung des Menschen.
Arbeitsmethoden und Religion. Die geographischen Bedingungen der von ihnen entdeckten Gebiete zwangen die Ozeanier zu immer neuer Anpassung: So ist der Boden der Korallenatolle z. B. nicht so fruchtbar wie andere Böden, und die Wasserdurchlässigkeit dieser Atolle erschwert die Trinkwasserversorgung. Auf den meisten Inseln herrschen tropische Bedingungen, aber auf einigen können aufgrund ihrer Höhe oder ihrer Lage außerhalb der Tropen (Neuseeland, Osterinsel, Hawaii-Inseln) nicht alle traditionellen Pflanzen angebaut werden. Auf manchen Inseln erfordert das Klima warme Kleidung. Aber insgesamt ähneln sich die Lebensweisen der Pazifikbewohner weitgehend.

Glaubensvorstellungen und Arbeitsmethoden lassen sich nicht voneinander trennen: Für den Feldbau u. ä. braucht man sowohl religiöse als auch praktische Kenntnisse. Bei allem, was der Mensch tut, kommen unsichtbare Wesen und Kräfte ins Spiel, die auf den Menschen, sein Werkzeug, das zu bearbeitende Material und das fertige Erzeugnis einwirken. Daher werden Spezialisten für Rituale und magische Handlungen gebraucht. Denn wenn die Menschen die unsichtbaren Naturkräfte nicht erkennen oder sie verachten und vielleicht auch nur versehentlich gegen Verbote (Tabus) verstoßen, wäre das Gleichgewicht bedroht. Dieses Wissen war Tausch- und Kaufobjekt, wie auch die Menschen, die darüber verfügten – dies trug zur kulturellen Einheit bei.

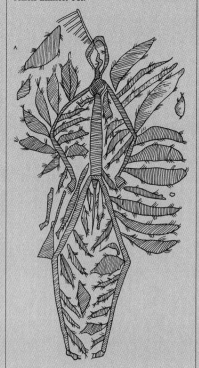

A · **Der Fischgott**
(Neukaledonien). Die Neukaledonier hatten bei der Ankunft der Europäer eine sehr reiche Götterwelt. Einer der Hauptgötter war der Fischgott. Hier wurde der Gott auf einem Stück Bambus abgebildet. Er ist gefiedert. Er hat nur ein Auge, vielleicht weil der Künstler ihn im Profil zeigen wollte. Der Körper ist als Gerippe, als ›Skelett‹, dargestellt. In der Mythologie haben die Götter keinen Körper. (Nach Jean Poirier, *Encyclopédie de la Pléiade*)

Die Materialien des Handwerks. Den Ozeaniern war der Gebrauch von Metall nicht bekannt. Sie verwendeten nur Steine, Muschelschalen und einige tierische oder pflanzliche Stoffe zur Herstellung der benötigten Gegenstände. Das häufigste Werkzeug war die an einen gebogenen Stiel gebundene Dechsel. In Ostpolynesien entwickelten sich jedoch komplexere Formen. Das Fehlen solcher Dechseln in Mikronesien, Melanesien und Westpolynesien wirft Fragen im Zusammenhang mit der kulturellen Verbreitung auf, die noch nicht gelöst sind. In Mikronesien wurden die Dechseln aus Muschelschalen gefertigt. In Westmelanesien wurde das Beil häufiger benutzt. Die Töpferei ist ein besonderes Problem: Sie findet sich in Ostpolynesien fast gar nicht. Es gibt eine Hypothese, derzufolge nur wenige Klane diese Handwerkstechnik kannten und sie als eine Art Privileg eifersüchtig für sich behielten. Es entstanden drei Töpfertraditionen: die sog. ›Lapita‹-Töpferei mit geometrischem Dekor; sie ist in Melanesien und auf den Tonga-Inseln zu finden. Die zweite Technik ist an Einritzungen und Reliefs zu erkennen; die dritte an mit Schlegeln aufgebrachten Mustern.

Die Pflanzenwelt. Die Menschen im Pazifikraum machten sich fast die gesamte Pflanzenwelt nutzbar. Die biegsamen Materialien (Blätter, Rinde, Pflanzenfasern) wurden zur Herstellung von Kleidung, Matten, Körben, Schmuck, Netzen, Reusen für den Fischfang und als Auskleidung der Hüttenwände verwendet. Holz diente zum Bau von Häusern und Pirogen, zur Fertigung von Geräten und Waffen. Einige Pflanzen empfahlen sich als natürliche Behälter zur Aufbewahrung von Lebensmitteln und für den Fischfang. Andere wurden für magische und rituelle Handlungen verwendet: Kawa ist ein berauschender Trank, der aus der Wurzel des Kawapfeffers gewonnen wird (Marquesas- und Hawaii-Inseln). Frühere Wildpflanzen, die für die Ernährung genutzt werden, sind cordyline (Zucker), Arrowroot (Stärke), die Luftwurzel der Schraubenpalme, Algen und Kresse. Die wichtigsten Nahrungsmittel des Menschen stammen jedoch traditionell aus dem

B · **Maorihäuptling.**
Bei Zeremonien trägt er einen Umhang aus Hundefell und hält eine große Keule in der rechten Hand; er hat zudem noch eine kurze Keule bei sich. (Nach einer Zeichnung von Parkinson, *Encyclopédie de la Pléiade*)

396

VÖLKER UND SPRACHEN DER ERDE

Gartenbau: die Früchte des Brotbaums, der Kokospalme und der Bananenstaude. Die Knollenpflanzen (Jams, Taro, Süßkartoffel) wurden in Polynesien traditionell im Brandrodungsfeldbau mit einem Grabstock bzw. in Trocken- oder Bewässerungsfeldbau kultiviert. Die Europäer führten neue Pflanzen ein, die die Ernährungsgewohnheiten der Ozeanier veränderten und die in vielen Fällen nachteilig wirkten (Mangel an Spurenelementen, die in den traditionellen Nahrungsmitteln vorkamen).

Die Tiere und die Menschen. Der Mensch brachte das Schwein, den Hund, das Huhn und die Katze mit. Das Schwein spielt im sozialen Zusammenleben der Melanesier eine sehr große Rolle. Außer in Neukaledonien, Neuseeland und auf der Osterinsel wird es überall gehalten. Es lebt mehr oder weniger frei in den Siedlungen. Der Hund dient nicht zur Jagd (Vögel sind das einzige Wild), sondern ist Spielgefährte für die Kinder und kann in Hungerzeiten Nahrungsreserve sein – wie auch die Ratten. Vögel werden in Fallen oder mit Netzen gefangen oder mit Pfeil und Bogen geschossen. Ziel der Vogeljagd ist, sich Federn für den Schmuck der Häuptlingsgewänder oder für Götterfigürchen zu verschaffen. Die Vogeljagd (und die Suche nach ihren Eiern) wurde so intensiv betrieben, daß auf den meisten Pazifikinseln die Zahl der Vögel enorm zurückgegangen ist.

Besonders viele Fischarten gibt es im Pazifik östlich der melanesischen Inseln. Ursache sind die unterschiedlichen Strömungen, Salzgehalt und Wassertemperaturen. Die Mikronesier und Polynesier leben hauptsächlich vom Fischfang. Traditionell verwendeten die Fischer Angelhaken aus Holz, Knochen und v.a. aus Perlmutt. Insbesondere auf den Marquesasinseln und auf Neuseeland nahm man auch Harpunen. Gefischt wird in Flüssen, Lagunen und im Meer. Muscheln wurden in Strandnähe, auf Riffen und in größeren Meerestiefen gesammelt; die Pazifikvölker sind exzellente Taucher. Schildkröten wurden mit Netzen gefangen, geangelt oder harpuniert. Allerdings durften sie nur Göttern geopfert sowie von Priestern und Häuptlingen gegessen werden; Frauen war ihr Verzehr verboten.

Das soziale Zusammenleben. Die Siedlungsform, die Waffen und Kriege, die Fortbewegung und die Reisen sind in mancher Hinsicht einzigartig.

Siedlungsform. Der häusliche Lebensraum ist nach Bereichen aufgeteilt. Die Kochhütte steht neben der Schlafhütte. In Zentralpolynesien liegt manchmal eine Veranda zwischen den beiden Hütten, die Schutz vor Sonne und Regen bietet. Die Hütten sind in Ostpolynesien meist rechteckig. In Melanesien findet man auch runde Hütten. Die Behausung des Häuptlings ist in der Regel sehr groß und gut instandgehalten. In Meeresnähe stehen große Unterstände für die Pirogen; Schuppen für die Aufbewahrung der Lebensmittel und insbesondere der Gartenerzeugnisse sind ebenfalls vorhanden. In Neuseeland wird die Hütte für Nahrungsmittel sowie die Männerhütte aus Holz gebaut; sie werden bemalt und ihre Giebel mit feingearbeiteten Skulpturen geschmückt. In Mikronesien, Neuguinea (Mitte und Norden) und Neukaledonien wird besonders darauf geachtet, daß die Versammlungshäuser in gutem Zustand sind.

An Einrichtungsgegenständen gibt es Kochutensilien, Haken zum Aufhängen, die oft wegen ihrer Verzierungen interessant sind, Körbe, Kleidertruhen, Schmuck, Matten zum Ausruhen und Teppiche aus Tapa, einem Stoff aus dem Bast des Brotfrucht- oder des Feigenbaums, der mit Schlegeln breitgeschlagen, an- und übereinander geklebt und bemalt wird. Die Beleuchtung übernimmt auf den Gesellschafts- und Hawaii-Inseln eine kleine Steinlampe, die Nußöl und einen Docht enthält. Muschelschalen werden für die Fertigung von Küchengerät verwendet. Einige Nahrungsmittel, wie z.B. Fisch, werden roh verzehrt. Die anderen werden traditionell geschmort (in Gebieten mit Töpferwaren) oder auf Vulkansteinen erhitzt.

Waffen und Kriege. Die Keule ist die am weitesten verbreitete Waffe. Sie ist entweder aus geschnitztem Holz oder aus Stein; in einigen Gebieten wird sie mit Tierzähnen geschmückt. Die Maori fertigten ihre Keulen aus Elfenbein. Pfeil und Bogen kamen nur in Melanesien und auf den Tonga-Inseln zum Einsatz. Die Lager wurden befestigt.

Fortbewegung und Reisen. Das Leben spielt sich in Ozeanien größtenteils auf dem Wasser ab, und die Transportmittel für die Fortbewegung auf dem Meer erreichten einen selten übertroffenen Entwicklungsstand. Dazu zählt v.a. die immer weiter perfektionierte Piroge mit einem oder zwei Auslegern. Die ruderlose Piroge wird mit Segeln oder Paddeln fortbewegt. Die größten Pirogen, die für lange Fahrten oder Kriege benutzt werden, können über 200 Personen samt Waffen und Gepäck fassen. Sie werden von Archipel zu Archipel anders gebaut. Bug, Heck und Anker wurden unterschiedlich verziert. Die Navigationskunst hatte einen hohen Entwicklungsstand erreicht: Es gab Stabkarten, in denen Muscheln Inseln darstellten und die miteinander verbundenen Stäbe Strömungen und Kurse anzeigten (Zeugnis davon findet sich auf den Marschallinseln). Man schätzt heute, daß die Ozeanier gelegentlich mehrere Wochen lang unterwegs waren.

Die Sozialstruktur. Die Verwandtschaftssysteme waren relativ komplex. Im Westpazifik war Bigamie häufig, in Polynesien selten; Polyandrie war auf den Marquesasinseln die Regel. In Melanesien bestand ein gerontokratisches System. In Polynesien waren Machtpositionen oft erblich. Das Mana war ebenfalls erblich, wurde aber strengstens überwacht: daher kam es zu Konflikten.

Die Institutionen, Ahnenreihen und Regeln des sozialen Zusammenlebens wurden mündlich, oft in Form von Mythen, weitergegeben. Der Ahnenkult spielt eine maßgebliche Rolle: der Ahn legt fest, welchen Platz und welche Rechte ein Individuum oder eine Gruppe in der Gesellschaft hat; daraus erklärt sich die Bedeutung der Ahnenreihen. Höhepunkte des religiösen Lebens sind Feste, die als Gesamtkunstwerk gestaltet werden: Tänze und Körperschmuck der Teilnehmer, Gesänge mit esoterischen Inhalts sowie Instrumentalmusik als Stimmen übermenschlicher spiritueller Wesen.

In Ostpolynesien existiert eine ganz besondere Institution, die durch die *Marae* symbolisiert wird. Die Marae ist ein freier Platz oder besteht aus Steinterrassen, worauf die Oberhäupter der großen Familien und die religiösen Würdenträger sich versammeln, um feierliche Riten zur Stärkung ihrer Autorität abzuhalten. Die Götter und Ahnen der Marae, die Klanggötter also, werden bei diesen Festen herbeigerufen, um das Schicksal der Gruppe kundzutun.

organisiert. Sie bauen Reis im Brandrodungsfeldbau und auf bewässerten Flächen sowie Kaffee an (von den Niederländern eingeführt). Ferner betreiben sie Viehhaltung, Jagd und Fischfang. Ihre Religion ist der Islam; er hat ihre traditionelle matriarchalische Struktur jedoch nicht beeinflußt.

Moro, die muslimische Bevölkerung im Süden der Philippinen, v.a. auf Mindanao, S-Palawan und den Sulu-Inseln (1987: 2,5 Millionen). □ Die Moro zählen zu den Jungindonesiern. Sie waren bis Ende des 19. Jh. gefürchtete Seeräuber, die sich in Sultanaten organisiert hatten. Seit der 2. Hälfte des 16. Jh. bis zum Ende des 19. Jh. versuchten die Spanier, die Moro zu unterwerfen (Moro-Kriege) und zu missionieren. Bis heute bestehen erhebliche Spannungen mit den christlichen Filipinos.

Murngin oder **Wulamba,** Aborigines im Arnhemland, N-Australien. □ Die Sozialstruktur der Murngin basiert auf patrilinearer Abstammung und exogamer Heirat innerhalb von vier möglichen Abstammungsklassen, die in einem dualen System jeweils einer Seite zugeordnet sind. Dieses System wurde von Ethnologen als *Murngin-System* beschrieben. Jede Gruppe führt ihre Abstammung auf einen mythischen Ahnen zurück, der die Funktion eines Totems hat und nach dem die Initiationsphasen jedes Individuums ausgerichtet werden.

Murut, altindonesisches Volk mit vielen über ganz Borneo (Sarawak, Brunei, Sabah und Kalimantan) verteilten Ethnien. Die Murut sprechen eine austronesische Sprache. □ Sie leben in großen, auf Pfählen errichteten Gemeinschaftshäusern. Sie bauen Reis, Mais und Maniok an und sind zudem Jäger, Fischer, Sammler und Viehzüchter. Sie hängen animistischen Glaubensvorstellungen an.

Neukaledonier → Kanaken.

▲ · **Melanesische Maske.** Diese aus Holz geschnitzte Maske stammt von der Insel Umboi im Bismarckarchipel. Sie stellt ›Sissum‹ dar, den Geist, der bei der Beschneidung anwesend ist.

397

VÖLKER UND SPRACHEN DER ERDE

OZEANIEN UND MALAIISCHE INSELWELT

P

Papua, die Papuasprachen sprechende Bevölkerung von Neuguinea und den umliegenden Inseln. Diese Völkergruppe zerfällt in mindestens zwei Gruppen unterschiedlicher Herkunft: Melanesier und Malaiopolynesier. Jeweils einige hundert Papua leben in oft abgelegenen Dörfern. An den Küsten leben sie vom Fischfang und betreiben im übrigen auch Schweinehaltung, Jagd und einen ausgeklügelten Gartenbau. Da sie lange Zeit isoliert lebten, gibt es eine große Vielfalt religiöser Kulte. Der rituelle Kannibalismus wird nicht mehr praktiziert; zahlreiche Initiationsbräuche bestehen fort. Besonders verbreitet sind die Cargo-Kulte.
Paumotu, polynesisches Volk auf den Atollen der Tuamotu-Inseln, Polynesien (1984: 6000). Die Paumotu sprechen eine austronesische Sprache. □ 1845 zerstörten christliche Siedler ihre traditionelle Organisationsstruktur. Das Sammeln von Kokosnüssen, das sie zu einer nichtseßhaften Lebensweise zwang, prägte ihre Gesellschaftsform. Die Paumotu verehrten weiterhin ihre beiden Götter (Gott und Göttin) und ihre Ahnen mit Zeremonien und Opfergaben an einem den wichtigen Familien vorbehaltenen Ort, der *Marae*.
Pitjandjara oder **Aluridja,** Aborigines in der Großen Victoriawüste, S-Australien. □ Die Pitjandjara leben von der Jagd und vom Sammeln. Ihre Gesellschaft kennt keine sozialen Unterteilungen. Ihr Verwandtschaftssystem, das sich an vier Abstammungsklassen ausrichtet, ist außerordentlich komplex. Es verbietet insbesondere Ehen zwischen Kreuz-Vettern und -Kusinen. Die großartigen Felsmalereien der Pitjandjara spiegeln ihre Glaubensvorstellungen und Bräuche wider.
Polynesier, die polynesische Sprachen sprechenden Bewohner von Französisch-Polynesien (Gesellschaftsinseln mit Tahiti, Marquesas-, Tuamotu-, Gambier- und Australinseln), Neuseeland, Samoa- und Hawaii-Inseln.
Punan, Bergvolk in Borneo, an Flußquellen in Sarawak und Kalimantan (1983: 3000), spricht eine austronesische Sprache. □ Die Punan leben vom Jagen, Sammeln und vom Feldbau (Reis, Maniok). Die größte soziale und politische Einheit ist das Dorf. Sie sind Christen, haben aber einige ihrer traditionellen religiösen Bräuche (Schamanismus) bewahrt.

R, S

Rejang, Volk in SW-Sumatra (1983: 180000), spricht eine austronesische Sprache. □ Die Rejang betreiben traditionell Brandrodungsfeldbau, gehen aber heute zu Bewässerungsfeldbau über, treiben Fischfang und Viehhaltung. Animismus und Islam existieren nebeneinander.
Sama, altindonesisches Volk auf den Philippinen, in Zamboanga (Mindanao), auf den Sulu-Inseln, in N-Borneo und Celebes (1975: 20200), spricht eine austronesische Sprache. □ Die Sama leben hauptsächlich vom Fischfang. Sie wohnten traditionell in Dorfgemeinschaften auf dem Wasser und wurden erst im 20. Jh. seßhaft. Ihr Glaube an zahlreiche Geister ließ sich mit dem Islam verbinden, besser als mit dem von den Spaniern im 16. Jh. eingeführten Katholizismus.
See-Dayak → IBAN.
Semang, Negritobevölkerung auf der Malaiischen Halbinsel (1983: einige Tausend), spricht *Semang,* eine austroasiatische Sprache. □ Die Semang leben vom Tauschhandel, vom Sammeln und vom Jagen. Ihre Gesellschaft ist patrilinear in exogame polygame Klanen organisiert. Ihre Religion gründet sich auf den Schamanismus; der Schamane hat auch eine politische Funktion.
Sundaer, Volk in W-Java (1987: 26353000), spricht *Sundanesisch,* eine austronesische Sprache.

T, V, W

Tagalen, größte Volksgruppe auf der Insel Luzon, Philippinen (1988: über 10 Millionen), spricht *Tagalog,* eine austronesische Sprache, die auf den Philippinen als *Tagalog* oder *Filipino (Pilipino)* Staatssprache ist, obwohl *Cebuano* (s. Visaya) mehr Sprecher umfaßt. □ Die Tagalen leben vom Handel mit China, Japan und Indien. Sie betreiben ferner Fischfang (Meer und Süßwasser) und Viehhaltung. Die politische Macht liegt in den Händen einiger Familien, die unabhängige Einheiten bilden. Die Sozialstruktur ist in drei Hauptklassen unterteilt: Adel, freie Bürger und ehemalige Sklaven. Die beiden letztgenannten Klassen leben in Abhängigkeit vom Adel. Die Glaubensvorstellungen enthalten Elemente ihres ursprünglichen Animismus, des Islam und des Christentums.
Tausug oder **Tau Suluk,** altindonesisches Volk auf den Sulu-Inseln, Philippinen (1983: 500000), insbesondere auf Jolo und N-Borneo. Sie sprechen eine austronesische Sprache. □ Als sich die Islamisierungsbewegung zu einem offenen Krieg gegen die Regierung entwickelte, zogen sie in großer Zahl im Gebiet von Zamboanga und zwischen den Inseln des Archipels umher. Ihre Gesellschaft war traditionell hierarchisch gegliedert und wurde von (durch das Sultanat legitimierten) Adelsfamilien regiert; darunter standen die gemeinen Familien und die Sklaven. Die Grundeinheit der Tausug-Gesellschaft ist die in der Regel monogame und endogame Großfamilie. Sie leben vom Sammeln, Feldbau, Fischfang und Schmuggel. Bis zur Ankunft der Spanier trieben sie einen regen Handel mit China. Das letzte Sultanat der Tausug wurde 1915 von den Amerikanern ausgelöscht; die Tausug gehen heute in den andern Filipinos auf.
Tongaer, Bevölkerung der Tongainseln (1988: über 100000), spricht *Tonganisch,* eine polynesische Sprache. □ Die soziale Grundeinheit ist die ›Hausgemeinschaft‹, die die Großfamilie umfaßt. Patrilineares Abstammungssystem. Ihre Gesellschaft ist durch eine ausgeprägte Schichtung gekennzeichnet: Der Adel (die Häuptlinge) verfügt über das gesamte Vermögen; darunter stehen die Helfer der Häuptlinge und das Volk. Polytheistische Religion.
Toraja, Volk in Zentralcelebes, spricht eine austronesische Sprache. □ Die Sozialordnung der Toraja basiert auf der Großfamilie, die in auf Pfählen gebauten Langhäusern lebt und jeweils eine eigene Wirtschafts- und Zeremonieneinheit bildet. Sie betreiben Brandrodungs- und Bewässerungsfeldbau, Fischfang, Jagd und Büffelzucht. Ihre traditionelle Religion kreiste um den Schamanismus; die Toraja verehrten ihre Ahnen sowie eine hierarchisch aufgebaute Geisterwelt mit einem durch die Sonne symbolisierten Schöpfergott. Zu diesen Bräuchen sind Regeln aus dem Koran (durch das Eindringen des Islam) und protestantische Sitten (durch die niederländische Besatzung) gekommen, so daß eine synkretistische Religion entstand.
Visaya oder **Bisaya,** Volk auf den Philippinen (1983: 10 Millionen), spricht *Visaya,* eine Gruppe von austronesischen Sprachen und Dialekten, von denen *Cebuano* am weitesten verbreitet ist. Die Visaya unterteilen sich in vier politisch und sprachlich unterschiedliche Gruppen: die Ilongo, die Antiqueno, die **Aklanon** und die **Capiceno.** Die Bewohner der Insel Cebu gehören zu einer eigenständigen Visayagruppe. □ Ihre Sozialstruktur wurzelt in der Großfamilie. Grundpfeiler des patriarchalischen Systems sind der Familienvorstand und der Ältestenrat.
Wulamba → MURNGIN.

A, B · Ozeanische Boote.
Das Boot in Abb. A ist ein typisch mikronesisches Hochseeboot. Es ist ein Auslegerboot mit einem Segel aus Fasern der Schraubenpalme. Durch ein zusätzliches Gestell auf der Leeseite gewinnt das Boot an Fläche. Der Mast ist nach vorne geneigt: Je nach Ziel- und Windrichtung wird das Segel am einen oder andern Ende der Piroge befestigt. Das Boot in Abb. B ist ein großes Transportfahrzeug, das in Polynesien benutzt wird. Es ist eine Zweideckpiroge. Diese Boote konnten Tausende von Kilometern zurücklegen. Der Rumpf wird wie überall im Pazifik ohne Nägel zusammengefügt. Die Rundhölzer werden zunächst an den Enden erhitzt. Dann werden sie auf ganzer Länge mit Keilen aufgespalten. Die Bretter müssen erst mit Korallenstein gehobelt und geschliffen werden, bevor man sie mit Faserseilen befestigt. *(Nach einem Modell im Bishop Museum von Honolulu)*

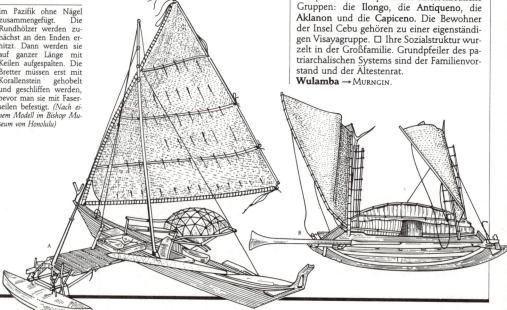

VÖLKER UND SPRACHEN DER ERDE

SCHRIFTEN UND ALPHABETE

A

Zeichen 1	2	3	4	Name	gängige Wiedergaben
				Alif	–
				Ba	b
				Ta	t
				Tha	th
				Djim (Dschim)	dj, dsch, g, i
				Ha	h, ch
				Cha	ch, kh
				Dal	d
				Dhal	dh, ds, s
				Ra	r
				Saj	s, z
				Sin	s, ß
				Schin	sch, sh
				Sad	s, ß
				Dad	d
				Ta	t
				Tha	s, z
				Ain	–
				Ghain	gh, g
				Fa	f
				Kaf	k, q
				Kaf	k
				Lam	l
				Mim	m
				Nun	n
				Ha	h
				Waw	w, v
				Ja	i, y

1: nicht verbunden 2: mit vorhergehendem Zeichen verbunden 3: beiderseitig verbunden 4: mit folgendem Zeichen verbunden

B

Zeichen	Umschrift	Zeichen	Umschrift	Zeichen	Umschrift	Zeichen	Umschrift	Zeichen	Umschrift	Zeichen	Umschrift
	a		r̥, ri		ka		ña, nja		da		ya
	ā		l̥, li		kha		ṭa, ta		dha		ra
	i		l̥, li		ga		ṭha, tha		na		la
	ī		e		gha		ḍa, da		pa		va, wa
	u		ai		ṅa, nga		ḍha, dha		pha		śa, scha
	ū		o		ca, tscha		ṇa, na		ba		ṣa, scha
	r̥, ri		au		cha, tschha		ta		bha		sa
					ja, dscha		tha		ma		ha
					jha, dschha						

C

Zeichen	Name	gängige Wiedergaben
	Aleph	–
	Bet	v (w), b
	Gimel	g
	Dalet	d
	He	h
	Waw	w (v)
	Zajin	z, s
	Chet	ch, h
	Tet	t
	Jod	i, y
	Kaf [1]	ch, kh, k
	Lamed	l
	Mem [1]	m
	Nun [1]	n
	Samech	s
	Ajin	–
	Pe [1]	f, p
	Zade [1]	z, tz, s
	Kof	k, q
	Resch	r
	Sin	s
	Schin	sch, sh
	Taw	th, t

[1] Buchstabenvariante am Wortende

A · Arabische Schrift.
Die arabische Schrift wird von rechts nach links geschrieben und besteht nur aus Zeichen für Konsonanten. Vokale bleiben in der Regel unbezeichnet. Die in Spalte 1 abgebildeten Formen haben die Zeichen nur, wenn sie isoliert stehen; im Wortzusammenhang verändern sie meist ihre Gestalt, je nachdem, ob sie von rechts oder nach beiden Seiten verbunden werden. Die arabische Schrift wird heute unter anderem auch zum Schreiben des Persischen, des Paschto und des Urdu verwendet.

B · Devanagarischrift.
Die Devanagarischrift wird in Indien zur Umschrift des Sanskrit, des Hindi und einiger anderer indoarischer Sprachen (z.B. Marathi, Nepali) verwendet. Neben Devanagari ist auch die Bezeichnung Nagari gebräuchlich.

C · Hebräische Schrift.
Die hebräische Schrift wird von rechts nach links geschrieben und besteht nur aus Konsonantenzeichen. Vokale bleiben in der Regel unbezeichnet. Im Unterschied zum Arabischen werden die Zeichen nicht miteinander verbunden. In der Druckschrift wird in der Regel die Quadratschrift verwendet; daneben bestehen mehrere Schreibschriften. Jeder Konsonant hat auch einen bestimmten Zahlenwert (z.B. Aleph 1, Bet 2 usw.).

D · Japanische Schrift.
Die japanische Schrift ist eine Silbenschrift. Sie stellt eine Mischschrift aus chinesischen Wortschriftzeichen (kanji) und den aus chinesischen Zeichen entwickelten Silbenschriftzeichen (kana) in zwei Formen (katakana und hiragana) dar. Die Silbenzeichen werden generell in Form einer 50-Laute-Tafel angeordnet.

D

ワ わ wa	ラ ら ra	ヤ や ya	マ ま ma	ハ は ha	ナ な na	タ た ta	サ さ sa	カ か ka	ア あ a
ヰ ゐ (w)i	リ り ri		ミ み mi	ヒ ひ hi	ニ に ni	チ ち chi	シ し shi	キ き ki	イ い i
	ル る ru	ユ ゆ yu	ム む mu	フ ふ fu	ヌ ぬ nu	ツ つ tsu	ス す su	ク く ku	ウ う u
ヱ ゑ (w)e	レ れ re		メ め me	ヘ へ he	ネ ね ne	テ て te	セ せ se	ケ け ke	エ え e
ン ん n / ヲ を (w)o	ロ ろ ro	ヨ よ yo	モ も mo	ホ ほ ho	ノ の no	ト と to	ソ そ so	コ こ ko	オ お o

VÖLKER UND SPRACHEN DER ERDE

SCHRIFTEN UND ALPHABETE

A

Vokale

ㅏ a	ㅑ ya	ㅓ ŏ	ㅕ yŏ	ㅗ o	ㅛ yo	ㅜ u
ㅠ yu	ㅡ ü	ㅣ i				
ㅐ ae	ㅒ yae	ㅔ e	ㅖ ye	ㅚ oe	ㅟ wi	ㅢ üi
ㅘ wa	ㅝ wŏ	ㅙ wae	ㅞ we			

Konsonanten

ㄱ k	ㄴ n	ㄷ t	ㄹ r oder l	ㅁ m	ㅂ p
ㅅ s	ㅇ ng	ㅈ ch	ㅊ ch'	ㅋ k'	ㅌ t'
ㅍ p'	ㅎ h				' Aspirierte Laute

B · Griechische Schrift

Großbuchst.	Kleinbuchst.	Name	Alt-griech.	Neu-griech.	Großbuchst.	Kleinbuchst.	Name	Alt-griech.	Neu-griech.
A	α	Alpha	a	a	N	ν	Ny	n	n
B	б,β	Beta	b	v(w)	Ξ	ξ	Xi	x	x
Γ	γ	Gamma	g	g(i)	O	o	Omikron	o	o
Δ	δ	Delta	d	d	Π	π	Pi	p	p
E	ε	Epsilon	e	e	P	ρ	Rho	r(rh)	r
Z	ζ	Zeta	z	z, s	Σ	σ,ς	Sigma	s	s, ss
H	η	Eta	ē	i	T	τ	Tau	t	t
Θ	θ	Theta	th	th	Υ	υ	Ypsilon	y	y(i)
I	ι	Iota	i	i	Φ	φ	Phi	ph	ph(f)
K	κ	Kappa	k	k	X	χ	Chi	ch	ch(h)
Λ	λ	Lambda	l	l	Ψ	ψ	Psi	ps	ps
M	μ	My	m	m	Ω	ω	Omega	ō	o

C · Kyrillische Schrift

	russisches u. bulgarisches Alphabet					besondere Zeichen		
Großbuchst.	Kleinbuchst.	volkstüml. Umschrift	Großbuchst.	Kleinbuchst.	volkstüml. Umschrift	Großbuchst.	Kleinbuchst.	volkstüml. Umschrift
А	а	a	Р	р	r	I	i	i
Б	б	b	С	с	s, ss	Ѣ	ѣ	e, je
В	в	w	Т	т	t	Ѳ	ѳ	f
Г	г	g	У	у	u	Ѵ	ѵ	i
Д	д	d	Ф	ф	f			bis 1918 verwendete Zeichen
Е	е	e, je	Х	х	ch			
Ж	ж	sch	Ц	ц	z			
З	з	s	Ч	ч	tsch	Ђ	ђ	dj
И	и	i	Ш	ш	sch	Ј	ј	j
Й	й	i	Щ	щ	schtsch	Љ	љ	lj
К	к	k	Ъ	ъ	–	Њ	њ	nj
Л	л	l	Ы	ы	y	Ћ	ћ	tsj
М	м	m	Ь	ь	–	Џ	џ	dz
Н	н	n	Э	э	e			besondere Zeichen des serbischen Alphabets
О	о	o	Ю	ю	ju			
П	п	p	Я	я	ja			

D · Chinesische Schrift

	Schriftart / Bedeutung	Normalschrift	Moderne Abkürzung	Kursivschriftformen: ›Lauf‹	›Gras‹	Altertüml. Schriften: ›Siegel‹	›Kanzlei‹	Älteste Schriften auf: Knochen	Bronze
1. Einfache Bilder	a. ›Pferd‹	馬	马	馬	馬	馬	馬	馬	馬
	b. ›Mund‹	口	—	口	口	口	口	口	口
	c. ›Feuer‹	火		火	火	火	火	火	火
2. Zusammengesetzte Bilder	a. ›hochheben‹ (›Hände‹ u. ›Gefäß‹)	登		登	登	登	登	登	登
	b. ›anzünden‹ (›Hund‹, ›Fleisch‹ und ›Feuer‹)	然		然	然	然	然	然	然
	c. ›sich zuwenden‹ (›kniende Personen‹ und ›Sakralgefäß‹)	鄉		鄉	鄉	鄉	鄉	鄉	鄉
3. Lautlich entlehnte Zeichen	a. ran: ›aber‹ entlehnt von ran ›anzünden‹ (2.b.)	然	—						
	b. xiang: ›Dorf‹ entlehnt von xiang: ›sich zuwenden‹ (2.c.)	鄉							
4. Zeichen mit laut- und sinnangebendem Teil	a. ma: ›Fragepartikel‹ (›Mund‹ und ›Pferd‹) (1.a. und 1.b.)	嗎	吗						
	b. deng: ›Kerze‹ (›Feuer‹ und ›hochheben‹) (1.c. und 2.a.)	燈	灯						
	c. xiang: ›Echo‹ (›Ton‹ und ›sich zuwenden‹) (2.c.)	響	响						

A · Koreanische Schrift.
Die koreanische Schrift ist eine Buchstabenschrift. Das Alphabet umfaßt 24 Grundzeichen, die zu 40 Lautzeichen kombiniert sind.

B · Griechische Schrift.
Das griechische Alphabet besteht aus 17 Konsonanten und 7 Vokalen; es enthält graphische Varianten für Groß- und Kleinbuchstaben. Es wurde aus einem phönikischen Alphabet abgeleitet. In der modernen Aussprache fallen einige Vokale und Diphthonge zusammen (Itazismus).

C · Kyrillische Schrift.
Die kyrillische Schrift wurde von Kyrillos und Methodios im 9. Jh. geschaffen. Sie besteht in der russisch-kyrillischen Schrift aus 32 Buchstaben (davon 20 Konsonanten). In Rußland waren 1917/18 vier Zeichen abgeschafft worden. Die kyrillische Schrift wird – mit entsprechenden Veränderungen und Zusätzen – auch für das Bulgarische, Weißrussische, Ukrainische, Serbische und Makedonische verwendet, ferner für die nichtslawischen Sprachen der UdSSR.

D · Chinesische Schrift.
Die Mehrzahl der chinesischen Bildzeichen besteht aus einem phonetischen und einem Klassenzeichen; nach diesen Klassenzeichen sind die Wörterbücher angeordnet.

7

LÄNDER DER ERDE

Länder, Nationen, Staaten ... Die Welt ist von Grenzen durchzogen, die die
politischen und/oder kulturellen Einheiten begrenzen, in denen
Menschen mehr oder minder freiwillig leben. Man sollte sie kennen. Dieses Werk stellt sie vor.
Das Kapitel *Länder der Erde* liefert die wesentlichen Informationen über
jeden Staat: Angaben über Landesnatur, Bevölkerung und Wirtschaft, über Institutionen und Geschichte. Es werden
auch ausgefallenere Informationen angeführt, wie zum Beispiel die Bedeutung der Flaggen und die ersten
Zeilen der Nationalhymne. Die Länder sind nach Kontinenten oder Subkontinenten
angeordnet, nach politischen, kulturellen und/oder religiösen
Zugehörigkeiten. Eine Skizze im oberen Rand zeigt die Lage des Landes
innerhalb der Kontinente oder Subkontinente.

INHALT

EUROPA
GROSSBRITANNIEN 402
IRLAND 404
NORWEGEN 405
FINNLAND 406, SCHWEDEN 407
ISLAND, DÄNEMARK 409
BUNDESREPUBLIK DEUTSCHLAND 411
NIEDERLANDE 414, BELGIEN 416
LUXEMBURG 417
LIECHTENSTEIN, FRANKREICH 418
ÖSTERREICH 422
SCHWEIZ 424, ITALIEN 426
SAN MARINO 428
VATIKAN, GRIECHENLAND 429
MALTA 431
ANDORRA, MONACO 432
PORTUGAL 433
SPANIEN 434
SOWJETUNION 436
ESTLAND, LETTLAND, LITAUEN 439
POLEN 439
TSCHECHOSLOWAKEI 441
RUMÄNIEN 442
UNGARN 444
JUGOSLAWIEN 445
ALBANIEN, BULGARIEN 447

NORDAFRIKA
MAROKKO 449
ALGERIEN 450
TUNESIEN 451
LIBYEN, ÄGYPTEN 453

OSTAFRIKA
ÄTHIOPIEN 455
SOMALIA, DJIBOUTI 456

SAHELZONE
MAURETANIEN, MALI 457
BURKINA FASO 458
NIGER, TSCHAD 459
SUDAN 460

WESTAFRIKA
SENEGAL 461
KAP VERDE, GAMBIA 462
GUINEA 463
GUINEA-BISSAU, SIERRA LEONE 464
ELFENBEINKÜSTE 465
LIBERIA, GHANA 466
TOGO 467
BENIN, NIGERIA 468

ZENTRAL- UND OSTAFRIKA
KAMERUN, ÄQUATORIALGUINEA 470
GABUN, KONGO 471
SÃO TOMÉ UND PRÍNCIPE 472
ZENTRALAFRIKANISCHE REPUBLIK, ZAIRE 473
UGANDA, RUANDA 475
BURUNDI, KENIA 476
TANSANIA 477, MALAWI 478

SÜDLICHES AFRIKA
SÜDAFRIKA 479
MOÇAMBIQUE 480
LESOTHO, SWASILAND 481
NAMIBIA, BOTSWANA 482
ANGOLA 483
SAMBIA, SIMBABWE 484
MADAGASKAR 485
MAURITIUS 486
KOMOREN, SEYCHELLEN 487

ARABISCHE HALBINSEL
SAUDI-ARABIEN 488
BAHREIN, KATAR 489
VEREINIGTE ARABISCHE EMIRATE, KUWAIT 490
OMAN, JEMEN 491

MITTLERER OSTEN
TÜRKEI 493
ZYPERN 494, LIBANON 495
ISRAEL 496
SYRIEN 497
IRAK 498
JORDANIEN, IRAN 499
AFGHANISTAN 501

VORDERINDIEN
PAKISTAN 502
INDIEN 503
NEPAL 505
BHUTAN, BANGLADESH 506
SRI LANKA 507
MALEDIVEN 508

SÜDOSTASIEN
BIRMA 509
THAILAND 510
VIETNAM 511
LAOS 512
KAMBODSCHA, SINGAPUR 513
MALAYSIA 514
INDONESIEN 515
BRUNEI, PHILIPPINEN 516

FERNER OSTEN
CHINA 518
TAIWAN 521
MONGOLEI 522
JAPAN 523
NORDKOREA 525
SÜDKOREA 526

OZEANIEN UND MALAIISCHE INSELWELT
AUSTRALIEN 527
PAPUA-NEUGUINEA 528
NEUSEELAND 529
NAURU, SALOMONEN, KIRIBATI 530
TUVALU, VANUATU, FIDSCHI 532
TONGA, WESTSAMOA 532

NORDAMERIKA
KANADA 533
VEREINIGTE STAATEN 535

MITTELAMERIKA
MEXIKO 538
BELIZE 539
GUATEMALA, EL SALVADOR 540
HONDURAS 541
NICARAGUA, COSTA RICA 542
PANAMA 543

ANTILLEN
KUBA 544
HAITI, DOMINIKANISCHE REPUBLIK 545
JAMAIKA, BAHAMAS 546
SAINT CHRISTOPHER AND NEVIS,
ANTIGUA UND BARBUDA 547
DOMINICA, SAINT LUCIA,
SANKT VINCENT UND DIE GRENADINEN,
GRENADA 548
BARBADOS, TRINIDAD UND TOBAGO 549

SÜDAMERIKA
KOLUMBIEN 550
VENEZUELA 551
GUYANA, SURINAM 552
BRASILIEN 553
ECUADOR, PERU 555
BOLIVIEN 556
PARAGUAY 557
URUGUAY, ARGENTINIEN 558
CHILE 560

Siehe auch
Völker und Sprachen der Erde, S. 353 ff.;
Weltwirtschaft, S. 561 ff. zu den allgemeinen Wirtschaftsdaten;
Internationale Organisationen, S. 641 ff. zu den von den Staaten gebildeten Organisationen.

Redaktion und Texte
Jean-Noël Charniot, Anne Charrier, Philippe Faverjon, Edith Ybert-Chabrier, Sekretäre der Redaktion;
René Oizon, Generalsekretär der Redaktion (Geographie, Kartographie);
Philippe Lamarque, Chefredakteur von *Gazette des armes,* Dozent an der E.S.I.A.G.

LÄNDER DER ERDE

EUROPA

GROSSBRITANNIEN
GREAT BRITAIN

Offizieller Name: Vereinigtes Königreich von Großbritannien und Nordirland *(United Kingdom of Great Britain and Northern Ireland).*

Hauptstadt: London. □ **Währung:** Pfund Sterling (Pound sterling) = 100 Pence. □ **Amtssprache:** Englisch □ **Überwiegende Religion:** anglikanischer Protestantismus (etwa 5 Millionen Katholiken) □ **Gewichte und Maße:** britisches System (das metrische System wird allmählich übernommen). **Staatsoberhaupt:** Königin Elisabeth II. (seit 1952). □ **Premierminister:** John Major (seit 1990). **Flagge:** ›Union Jack‹ (Flagge der Union). In der heutigen Form am 1. Mai 1801 festgelegt: übereinander das Kreuz des Heiligen Georg (rot auf weißem Grund), des Heiligen Andreas (weißes Kreuz auf blauem Grund) und des Heiligen Patrick (rotes Kreuz auf weißem Grund). □ **Nationalhymne:** ›God save our gracious Queen, / Long live our noble Queen, / God save the Queen! Send her victorious, / Happy and glorious, / Long to reign over us, / God save the Queen!‹ (Gott schütze unsere holde Königin, es lebe unsere edle Königin, Gott schütze die Königin! Möge sie siegreich, glücklich und glorreich lang über uns regieren lassen, Gott schütze die Königin!); Text und Musik von unbekannten Verfassern. □ **Nationalfeiertage:** England: 23. April (Sankt Georg); Wales: 1. März (Sankt David); Schottland: 30. November (Sankt Andreas). **Fläche:** 244 000 km² □ **Höchste Erhebung:** Ben Nevis mit 1 343 m (Schottland).

Die größten Städte

London	6 678 000	Bradford	295 000
Birmingham	1 024 000	Birkenhead	280 000
Glasgow	765 000	Wolverhampton	252 000
Liverpool	753 000	Stoke-on-Trent	252 000
Nottingham	599 000	Plymouth	244 000
Sheffield	536 000	Aberdeen	216 000
Bristol	524 000	Derby	216 000
Leeds	450 000	Warrington	205 000
Manchester	449 000	Southampton	204 000
Edinburgh	420 000	Newcastle upon Tyne od. Newcastle	204 000
Leicester	409 000	Reading	198 000
Coventry	352 000	Sunderland	196 000
Belfast	325 000	Aberdeen	190 000
Kingston-upon-Hull od. Hull	325 000	Dudley	187 000
Cardiff	302 000		

Das Thermometer sinkt nur in Ausnahmefällen unter −10 °C, es erreicht genauso selten 35 °C (in Edinburgh 30 °C). Die Wärmeschwankungen (Unterschiede zwischen den Monatsdurchschnittstemperaturen) bleiben unter 15 °C. Es gibt häufig Niederschläge (durchschnittlich fast alle zwei Tage), die ziemlich regelmäßig über das Jahr verteilt sind: In London übersteigt das Verhältnis zwischen dem feuchtesten Monat (November) und dem trockensten Monat (März) nicht einmal den Faktor 2.

Bevölkerung (1989): 57 300 000 Ew. *(Briten).* □ Durchschnittliche Bevölkerungsdichte: 235 Ew. pro km² □ Jährliches Bevölkerungswachstum: 0,2 % □ Geburtenrate: 14‰ □ Sterbeziffer: 11‰ □ Kindersterblichkeit: 9‰. □ Lebenserwartung: 75 Jahre □ Anteil unter 15 Jahren: 19 %. □ Anteil 65 Jahre und älter: 15 %. □ Stadtbevölkerung: 92 %. **Bruttoinlandsprodukt gesamt** (1988): 802 Milliarden Dollar. **Bruttoinlandsprodukt/Kopf:** 14 000 Dollar. □ Produktionsstruktur: Landwirtschaft 2,6 %, Industrie 32,4 %; Dienstleistungen 65 %. □ Arbeitslosenquote (1988): 9,4 %. **Verkehr:** Straßen 346 739 km (davon 2 951 km Autobahn); Eisenbahn 17 141 km (davon 3 798 km elektrifiziert). **Exporte:** 19,7 % des BIP (131 Milliarden Dollar). □ Importe: 23,2 % des BIP (154 Milliarden Dollar). **Auslandsschulden:** nicht bekannt. **Inflationsrate** (1988): 4,9 %. **Militärausgaben** (1988): 23 Milliarden Dollar. □ Streitkräfte: 323 800, davon 16 000 Frauen und 9 840 außerhalb des Vereinigten Königreichs. □ Wehrdienst: freiwillig.

Staatliche Institutionen

Parlamentarische Monarchie. □ Verfassung: Charta von 1215 *(Magna Carta)* und Grundgesetze. □ Staatsoberhaupt: symbolische Autorität. □ Premierminister: dem Unterhaus verantwortlich. □ Zweikammerparlament: Unterhaus, auf 5 Jahre gewählt, und Oberhaus (Peers, auf Lebenszeit ernannt).

Geschichte

Von den Anfängen bis zu den Angelsachsen. Seit dem 3. Jahrtausend besiedelt, dringen vom 8. Jh. v. Chr. an die Kelten in das Land ein. Von den Römern erobert und besetzt (1. Jh. v. Chr. bis um 410 n. Chr.), wird Britannien zu einer römischen Provinz. Ab Mitte des 5. Jh. siedeln sich Sachsen, Jüten und Angeln auf der Insel an und gründen kleine, rivalisierende Königreiche, die eine Heptarchie bilden. In dieser Zeit beginnt die Christianisierung der Insel. Im 9. Jh. von den Skandinaviern überfallen, ist England unter der Herrschaft von Knut dem Großen (1016/1017−1035) Teil eines großen dänischen Königreiches, nach dessen Zerfall mit Eduard dem Bekenner (1042−1066) eine angelsächsische Dynastie folgt. Ihm folgt Harold II.

Das normannische England. 1066 bricht der Herzog der Normandie, Wilhelm, nach England auf und gewinnt die Schlacht bei Hastings, in der König Harald fällt. Wilhelm der Eroberer formt das Königreich nach dem normannischen Feudalmodell um. Die Dynastie der Plantagenets (1154−1485), gegründet von Heinrich II., führt zur Bildung eines großen französisch-englischen Königreiches, das England, die Normandie, Anjou und Maine sowie Aquitanien und die Gascogne umfaßt.

Klimadaten

Stadt	Mittlere Temperatur des kältesten Monats (in °C)	Mittlere Temperatur des wärmsten Monats (in °C)	Jährliche Niederschläge (in mm)	Anzahl der Tage mit Niederschlägen pro Jahr
Plymouth	6	16	950	178
London	4	18	600	178
Birmingham	3,5	16	749	184
Edinburgh	3,5	14,5	708	190

Französisch-englischer Zweikampf. Der Besitz dieser Ländereien auf dem Kontinent, wo die Plantagenets die Vasallen der Kapetinger sind, löst eine französisch-englische Gegnerschaft aus, die vom 12. bis zum 15. Jh. dauern sollte. Ab dem 13. Jh. erobert Philipp August die Normandie, die Touraine, Anjou, Saintonge und Poitou. Zur gleichen Zeit leitet der Aufstand der englischen Barone den Aufschwung des Parlaments ein (Magna Charta, 1215; Oxforder Provisionen, 1258). 1284 wird Wales von Eduard I. erobert. Die Ansprüche Eduards III. (1327−1377) auf die französische Krone und die französisch-englische Rivalität in Flandern führen zum Hundertjährigen Krieg (1337−1453). Der Konflikt endet mit der Niederlage Englands, das außer Calais alle seine Besitztümer auf dem Festland verliert. Daraufhin wird das Land durch den Rosenkrieg (1450−1485) gespalten, aus dem Heinrich Tudor (1485−1509) siegreich hervorgeht. Er wird als Heinrich VII. König.

Von den Tudor bis zum Vereinigten Königreich. Unter Heinrich VIII. (1509−1547) und Elisabeth I. (1558−1603) wird die königliche Macht wiederhergestellt, und die englische Nation entwickelt sich. Heinrich VIII. gründet die anglikanische Kirche und erklärt sich 1541 zum König von Irland. Unter Elisabeth I. erlebt das Land eine Ausweitung zur See und in den Kolonien. 1603 folgt ihr Jakob VI. Stuart, der König von Schottland, als Jakob I. König von England, der in Personal-

Großgliederung

	Fläche (in km²)	Bevölkerung
England	130 400	47 360 000
Wales	20 800	2 790 000
Schottland	78 800	5 130 000
Großbritannien	230 000	55 280 000
Nordirland (Ulster)	13 500	1 455 000

Außenbesitzungen: 1. Unmittelbar mit der Krone verbunden: Kanalinseln Jersey, Guernesey, Aurigny, Sercq (195 km²; 120 000 Ew.), Insel Man (570 km²; 64 000 Ew.).
2. Abhängige Gebiete: Anguilla (155 km²; 6 500 Ew.). Bermudainseln (53,5 km²; 70 000 Ew.), Cayman Islands (260 km²; 17 000 Ew.). Falklandinseln (12 000 km²; 2 000 Ew.). Gibraltar (6 km²; 29 000 Ew.). Hongkong (1 034 km²; 5,3 Mio. Ew.; Rückgabe an China für 1997 vorgesehen). Insel Man (570 km²; 64 000 Ew.). Montserrat (106 km²; 12 000 Ew.). Pitcairn (4,6 km²; 65 Ew.). Sankt Helena (122 km²; 5 300 Ew.). Turks- und Caicosinseln (430 km²; 7 000 Ew.). British Virgin Islands (Tortola, Anegada, Virgin Gorda u. a.; 153 km²; 11 000 Ew.).

Erzeugung ausgewählter Güter u. a. wichtige Erwerbsquellen

Weizen	11,7 Millionen Tonnen
Rinderbestand	12,4 Millionen Tiere
Schafbestand	26,4 Millionen Tiere
Fleisch	3,3 Millionen Tonnen
Fischfang	937 000 Tonnen
Steinkohle	101 Millionen Tonnen
Erdöl	114 Millionen Tonnen
Erdgas	44 Milliarden m³
Strom	308 Milliarden kWh
– davon aus Kernkraft	63 Milliarden kWh
Stahl	19 Millionen Tonnen
Aluminium	300 Millionen Tonnen
Pkw	1 226 000 Einheiten
Schiffsbau	91 000 Bruttoregistertonnen
Kunstkautschuk	312 800 Tonnen
Kunststoffe	2 Millionen Tonnen
Bier	59,1 Millionen Hektoliter
Fernsehgeräte	2 900 000

402

LÄNDER DER ERDE

Großbritannien

union König beider Königreiche wird. Das 17. Jh. ist von politischen und religiösen Krisen geprägt, wobei sich der Stuartsche Despotismus als Gegner des Parlaments erweist. Nach der Hinrichtung Karls I. (1649) regiert Cromwell als Lord Protector mit persönlicher Macht, die jedoch mit seinem Tod erlischt. Die Herrschaft von Karl II. (1660–1685) und Jakob II. (1685–1688) ist von Auseinandersetzungen mit dem Parlament geprägt, die mit der Revolution von 1688 enden. Das Parlament bietet Wilhelm III. von Oranien und Maria II. Stuart die Königskrone an; beide garantieren 1689 die ›Bill of Rights‹ und regieren 1688–1701 gemeinsam. In die Regierungszeit von Anne (1702–1714) fällt die offizielle Vereinigung von Schottland und England (1707), und das Land, von nun an Vereinigtes Königreich, kommt 1714 unter die Herrschaft des Hauses Hannover (Act of Settlement, 1701).

Die Zeit der Whigs. Die Herrschaft der ersten Könige aus der Hannover-Dynastie, Georgs I. (1714–1727) und Georgs II. (1727–1760), die eher deutsch als englisch waren, begünstigt das Aufkommen des parlamentarischen Systems. Die Regierung wird fortan von einem ersten Minister und einem Kabinett, dessen Mitglieder aus dem Unterhaus gewählt werden, getragen. Diese Versammlung, die mehr Gewicht erhält als das Oberhaus und auf sieben Jahre gewählt wird (1716), besteht im wesentlichen aus Großgrundbesitzern, da das Wahlsystem einen erhöhten Zensus begünstigt und die Städte zugunsten der ländlichen Orte benachteiligt, obwohl manche davon nur wenige Häuser zählen (›Rotten boroughs‹). Die Partei der Whigs bleibt von 1714 bis 1762 vorherrschend. Ihre Regierungen sehen sich mit den Aufständen der Stuart-Anhänger 1716 und 1746 in Schottland konfrontiert (Sieg von Culloden nach der Landung des Thronanwärters Karl Eduard). In der Außenpolitik sprechen sie sich für eine Annäherung an Frankreich, die Niederlande und an das Kaiserreich aus (Quadrupelallianz 1718) und helfen Frankreich im Konflikt gegen Spanien (Zerstörung der spanischen Flotte bei Kap Passero, 1718).

Aber die zu versöhnliche Diplomatie des Ministers Walpole (1721–1742), der sich unter anderem auf die Korruption des Parlaments stützt, führt trotz Wohlstand im Innern zu einer moralischen Gegenreaktion im Volk (Gründung der Methodistenkirche durch den Prediger John Wesley). Unter den Regierungen von Pelham (1743–1754) und Newcastle (1754–1762) gewinnt William Pitt an Bedeutung, der Führer der ›Jungen Whigs‹, der die Rolle Englands im Österreichischen Erbfolgekrieg (1740–1748) stärkt, die Kolonialmacht festigt und den Kriegseintritt gegen Frankreich (Siebenjähriger Krieg, 1756–1763) bewirkt.

Die Herrschaft von Georg III. Als Georg III. (1760–1820) im Jahr 1760 an die Macht kommt, gibt es eine Verfassungskrise. Dieser autoritäre König versucht, die Whigs zu vernichten und erreicht einen Frieden mit Frankreich (Vertrag von Paris, 1763, durch den Großbritannien Senegal, einen Teil von Louisiana und andere französische Besitzungen in Amerika erhält). Trotz der Unbeliebtheit dieses gleichwohl vorteilhaften Friedens und trotz der Hetze des Parlaments über die Affäre Wilkes (Abgeordneter, der ins Exil geschickt wird) und der vorläufigen Rückkehr der Whigs gelingt es Georg III., seine persönliche Herrschaft mit Unterstützung des Tory-Ministers Lord North (1770–1782) durchzusetzen. Das folgenschwere Scheitern seiner Politik gegenüber den amerikanischen Kolonien (Unabhängigkeitserklärung, 1776; Niederlage von Saratoga, 1771), die vom restlichen Europa unterstützt werden, setzt seinen Plänen ein Ende. Nach dem Versailler Vertrag (1783) ist die außenpolitische Macht Großbritanniens geschwächt (Anerkennung der amerikanischen Unabhängigkeit, Gebietsabtretungen an Frankreich und Spanien), und sein Parlament gespalten. Der zweite William Pitt, Sohn des ersten und Erneuerer der Tory-Partei, der von einer Fraktion der Whigs gestützt wird, gewinnt bei den Wahlen 1784 und stellt die normalen Bedingungen einer parlamentarischen Regierung wieder her. Unter seiner Regierung (1784–1801 und von 1804 bis zu seinem Tod 1806) zeichnen sich die wesentlichen Veränderungen des 18. Jh. in England immer stärker ab: landwirtschaftliche Umformung unter dem Druck der Großgrundbesitzer, industrielle Revolution (Verbreitung von Maschinen in der Textilindustrie, Hochöfen, Dampfmaschine). Pitt erlangt die Union Irlands mit Großbritannien (1800), indem er die irische Vertretung im Londoner Parlament garantiert; sein Versuch einer Gleichberechtigung der Katholiken scheitert jedoch. Der 1793 gegen Frankreich begonnene Krieg, worin Nelson sich gegen Napoleon bei Aboukir (1798) auszeichnet, wird kurz unterbrochen (Vertrag von Amiens, 1802) und geht 1803 weiter. Nachdem Nelson die französisch-spanische Flotte bei Trafalgar geschlagen hat (1805), besitzt England die Herrschaft über die Meere. Jetzt kann es sich der von Napoleon (1806) erlassenen Kontinentalblockade stellen, die schwere Wirtschaftseinbußen zur Folge hatte, indem es sich der feindlichen Kolonien bemächtigt; allerdings stößt es hierbei auf den Widerstand der Vereinigten Staaten (Krieg von 1812–1814). Die Truppen von Wellington, der in Portugal (1808) und in Spanien (Talavera, 1809; Vitoria, 1813) siegreich war, führen zur ersten Kapitulation Napoleons (1814), und durch den Sieg bei Waterloo (1815) wird die Zeit der ›hundert Tage‹ beendet. Der Wiener Vertrag (1815) beläßt den Engländern einige ihrer Eroberungen. Nach den napoleonischen Kriegen, die die Wirtschaft erschüttert haben, durchlebt England eine schwere Krise, auf die die Tory-regierung mit Protektionismus (New Corn Law, 1815) sowie mit Unterdrückung sozialer Unruhen (Massaker von Peterloo bei Manchester, 1819) reagiert. Das Ansehen der Monarchie wird durch den Wahnsinn von Georg III. und die Unbeliebtheit von Georg IV. (1820–1830) geschwächt. Darüber hinaus hat die industrielle Revolution neue gesellschaftliche Schichten hervorgebracht (Arbeiterschaft, Handelsbourgeoisie), denen das Wahlsystem jedoch politischen Einfluß verwehrt.

Die englische Hegemonie. Eine neue, progressivere Tory-Welle (Minister Peel und Canning, 1822–1830), dann, nach der Thronbesteigung von Wilhelm IV. (1830–1837), die Rückkehr der Whigs, die jetzt ›Liberale‹ genannt werden (Grey, Melbourne, Palmerston), ermöglichen eine Wahlreform (1832) und die Durchsetzung sozialer Maßnahmen (Abschaffung des Gesetzes von 1799 gegen die Arbeitergewerkschaften; Gleichberechtigung der Katholiken, 1829; Abschaffung der Sklaverei, 1833; Beschränkung der Frauenarbeit, 1833; Armengesetz, 1834). Die Arbeiter halten diese Politik jedoch nicht für ausreichend; sie begeistern sich für die sozialistischen Ideen von R. Owen und versuchen, die Gewerkschaften zu vereinen (The Grand National Consolidated Trades Union, 1834). Nach der Thronbesteigung der Königin Viktoria (1837), die 1840 Albert von Sachsen-Coburg-Gotha heiratet, stabilisiert sich die politische Lage. Die Liberalen (Palmerston, Russell, Gladstone) und die Konservativen (ehemalige Tories: Peel, Derby, Disraeli) wechseln sich ab oder bilden Koalitionen.

Großbritannien festigt seine Hegemonie durch eine Einschüchterungspolitik gegenüber den mächtigen Rivalen (Frankreich, Rußland) und durch militärische Operationen (Krimkrieg, 1854–1856 und Chinakrieg, 1857–1860). Minister Disraeli (1874–1880) läßt die Kolonialpläne wieder aufleben. Viktoria wird zur Kaiserin von Indien erklärt (1876), und neue Ländereien werden im Orient erschlossen. Konfrontiert mit den europäischen Problemen wählt Großbritannien jedoch die Nichteinmischung in Form der ›splendid isolation‹. Innenpolitisch gibt es seit 1838 Forderungen nach einem allgemeinen Wahlrecht (›Charta des Volkes‹ von F. E. O'Connor). Die Reform von 1867 erweitert die Wählerschaft um eine Million Bürger, jene von 1882 richtet praktisch ein allgemeines Wahlrecht sowie die anteilmäßige Vertretung ein (das von den ›Sufragetten‹ geforderte Frauenwahlrecht wird erst 1918 gewährt). In der ›ersten Industriemacht der Welt‹ organisiert sich die Gewerkschaftsbewegung (Amalgamated Society of Engineers, 1851; London Trade Council, 1860; Trade Union Council, 1868) und wird offiziell 1871 anerkannt (Trade Union Act). Die Lage der Arbeiter bessert sich allmählich (Factory Act, 1844; Gesetz über das Verhältnis Arbeitgeber-Arbeiter, 1875), und die Politik des freien Handels (Abschaffung des Weizengesetzes, 1846) senkt den Brotpreis. Die Verarmung Irlands (Hungersnot 1845–1847; Auswanderung der Bevölkerung) läßt sich jedoch nicht durch die Landgesetze (1870) eindämmen und verstärkt den Drang zur Unabhängigkeit (Aufkommen der Revolutionsbewegung, 1861; Irlandpartei von Parnell).

Die umstrittene Hegemonie. 1886 bis 1914 sind die politischen Kräfte über die Irlandfrage tief gespalten. Die liberale Partei bricht auseinander: Die Fraktion der ›unionisten‹, die gegen die Unabhängigkeit votiert, unterstützt unter der Führung von Joseph Chamberlain die konservativen Regierungen (Salisbury, Balfour); die anderen mit Gladstone, Lloyd George und Asquith versuchen, eben diese

LÄNDER DER ERDE

EUROPA

Unabhängigkeit durchzusetzen (Home Rule), sie scheitern jedoch trotz ihrer Rückkehr an die Macht 1906. Das Aufkommen der Arbeiterpartei (Independant Labour Party, 1893), die 1906 ins Unterhaus einzieht, schwächt die Liberalen noch mehr und läßt sie eine eigene Sozialpolitik entwickeln. So gelingt es Lloyd George, der 1909 die Feindseligkeit des Oberhauses gegenüber seinem Plan zur Besteuerung der hohen Einkünfte erfahren hatte, diesem Haus sein Vetorecht zu entziehen (Parliament Bill, 1911). Der verstärkte Kolonialimperialismus führt zu großen Spannungen mit Rußland, der Türkei und Frankreich (Faschoda, 1898) sowie in Afrika (Burenkrieg, 1899–1902). Doch nach dem Tode von Viktoria (1901) unter der Herrschaft von Eduard VII. (1901–1910) gibt Großbritannien seine Isolation in Europa auf und unterzeichnet mit Frankreich die ›Entente Cordiale‹ (1904). Es tritt am 4. August 1914 in den Krieg gegen Deutschland ein.

Vom Ersten bis zum Zweiten Weltkrieg. Unter den Regierungen von Asquith (1915–1916) und Lloyd George (1916–1922) wird Großbritannien durch Kriegsopfer stark geschwächt. Allerdings festigen die Verhandlungen von 1918 sein Reich im Osten (Mesopotamien, Palästina, Transjordanien). Die Wirtschaftskrise läßt die Arbeitslosenzahl im Jahr 1921 auf 2 700 000 ansteigen. Irland, wo der 1902 gegründete Sinn Féin 1916 die Revolte auslöst, wird in zwei Teile gespalten, und der südliche Teil erlangt schließlich 1921 seine Unabhängigkeit. Die liberale Partei geht unter. Die Macht gehört jetzt der Labour-Partei (MacDonald 1924 und 1929 bis 1931) und den Konservativen (Baldwin, 1924 bis 1929 und 1935 bis 1937; Neville Chamberlain, 1937 bis 1940). Großbritannien fällt nach der Nachkriegskrise unmittelbar in die Weltwirtschaftskrise 1930. Das Land verfolgt eine Politik des Sparens und des Protektionismus. Das Statut von Westminster reformiert die Organisation des Imperiums und bildet 1931 den Commonwealth. Nach dem Tod von Georg V. (1936), dem Thronverzicht von Eduard VIII. und der Thronübernahme von Georg VI. (1936) versucht Großbritannien auf diplomatischem Wege den Frieden zu erhalten (Treffen zwischen Chamberlain und Mussolini und Münchner Abkommen von 1938). Am 3. September 1939 tritt es nach dem deutschen Überfall auf Polen in den Krieg gegen Deutschland ein. Die im Mai 1940 gebildete Regierung der nationalen Union von Winston Churchill übernimmt nach der Kapitulation Frankreichs alleine die Bürde der Kriegsführung. Sie organisiert die Luftverteidigung und verhindert die Landung deutscher Truppen an der englischen Küste (Englandschlacht, Herbst 1940). Die britischen Truppen erleiden große Rückschläge im Mittelmeer (Griechenland, Libyen, 1941) und im Pazifik (1942). Aber die mit den Vereinigten Staaten ausgehandelten Erleichterungen (März 1941) sowie deren Kriegseintritt (1942) und der Sieg von Montgomery über die Truppen von Rommel (El-Alamein, 23. Oktober 1942) bewirken eine Wende. Nach der Landung brit. Truppen auf Sizilien (1943) und in der Normandie (1944) kapituliert Deutschland (Mai 1945); britische Soldaten kämpfen jedoch noch bis August 1945 im Fernen Osten weiter.

Großbritannien seit 1945. Churchill verliert die Wahlen 1945. Die Labour-Regierung von Attlee erzielt bedeutende soziale Fortschritte (›Welfare State‹); Verstaatlichungen führen zur Umstrukturierung der Wirtschaft (Bank von England, Kohle, Stahl), aber auch zu einer größeren Steuerlast und der Abwertung des Pfundes (1949). Großbritannien tritt der NATO bei und gewährt Indien, Pakistan und Ceylon die Unabhängigkeit (1947). 1952 folgt Elisabeth II. ihrem Vater Georg VI. auf den Thron. Von 1951 bis 1964 kommen die Konservativen wieder an die Macht (Regierungen Churchill, Eden, Macmillan und Douglas-Home), sie führen weitere Privatisierungen durch (Stahl) und organisieren den Schutz der Währung. 1964 bis 1970 werden sie von Labour abgelöst (Harold Wilson), der die Industrie modernisieren und die Stahlerzeugung erneut verstaatlichen möchte. Vermehrte Arbeitslosigkeit läßt die sozialen Konflikte wieder aufflammen, und Großbritannien erlebt schwere Angriffe auf seine außenpolitische Autorität (Unabhängigkeit Rhodesiens, 1965). Die konservative Regierung von Edward Heath erreicht schließlich 1971 den Beitritt zur Europäischen Gemeinschaft und sieht sich gewalttätigen Entwicklungen in Nordirland gegenüber (Aufstände der Autonomieanhänger in Belfast und Londonderry). Die Armee greift ein, und die Provinz wird direkt unter Londoner Verwaltung gestellt (1974). Wirtschaftliche Schwierigkeiten und schwere Streiks (1970–1974) legen die Industrie lahm. Die Labourpartei mit Wilson und Callaghan (1974–1979) kann die Arbeitslosigkeit und die Inflation zuerst nicht eindämmen. Allerdings bessert sich die Lage ab 1977 dank der Erdölvorkommen in der Nordsee und der Verstaatlichung kritischer Branchen (Automobilindustrie, Luftfahrt). Seit 1979 verfolgt die Regierung unter Margaret Thatcher eine Politik des strikten Liberalismus, der Unnachgiebigkeit gegenüber den Gewerkschaften, der Privatisierung und der Währungsstärkung. Die Eindämmung der Inflation geht jedoch mit einem starken Anstieg der Arbeitslosigkeit einher. Außenpolitisch gewinnt M. Thatcher 1982 durch militärische Intervention die Falklandinseln zurück. Bei den Wahlen von 1983 erreichen die Konservativen die absolute Mehrheit, und Labour erleidet eine klare Niederlage. Aber schwere soziale Krisen (Mai 1984 Streik der Bergarbeiter und der Hafenarbeiter) erschüttern das Land. Im November 1985 wird von den Regierungen Großbritanniens und Irlands ein Abkommen unterzeichnet, das Irland die Verwaltung über Nordirland zubilligt. Auch bei den Wahlen im Juni 1987 erreichen die Konservativen die absolute Mehrheit, und Margaret Thatcher wird zum dritten Mal Premierministerin. Sie tritt 1990 zurück. Ihr Nachfolger wird John Major.

IRLAND ÉIRE

Offizieller Name: Republik Irland

Hauptstadt: Dublin *(Baile Átha Cliath).* □ **Währung:** Irisches Pfund = 100 Pence. □ **Amtssprachen:** Englisch und Gälisch. □ **Überwiegende Religion:** Katholizismus. □ **Maße und Gewichte:** britisches System (metrisches System wird allmählich übernommen).

Staatspräsident: Mary Robinson (seit 1990). □ **Premierminister:** Charles Haughey (seit 1987).

Flagge: Sie wurde während der Revolution von 1848 in Anlehnung an die französische Flagge festgelegt. Grün steht für den gälischen und anglo-normannischen Teil der Bevölkerung; Orange für den protestantischen Teil der Siedler, die Stütze von Wilhelm III. von Oranien-Nassau. Das Weiß in der Mitte bedeutet den dauerhaften Frieden zwischen den Anhängern von Grün und Orange. Die Flagge wurde offiziell erst 1916 in Dublin gehißt. □ **Nationalhymne:** genannt *Ambrán na bhFiann (der Gesang der Soldaten):* ›Sinne Fianna Fáil atá faoi gheall ag Éirinn/ Buíon dár slua thar toinn do ráinig chughain ...‹ (Der Gesang unserer Krieger gilt Dir, keltische Insel. Viele von uns kamen zu Schiff aus dem Osten ...); gälische Version von Liam O'Rinn; Musik von Patrick Heeney (1881–1911). Offiziell seit 1926. □ **Nationalfeiertag:** 17. März, Tag von Sankt Patrick.

Fläche: 70 000 km² □ **Höchste Erhebung:** der Carrantuohill mit 1 041 m.

Bevölkerung (1989): 3 500 000 Ew. *(Iren).* □ **Durchschnittliche Bevölkerungsdichte:** 50 Ew. pro km² □ **Jährliches Bevölkerungswachstum:** 0,8 % □ **Geburtenrate:** 17 ‰. □ **Sterbeziffer:** 9 ‰. □ **Kindersterblichkeit:** 7 ‰. □ **Lebenserwartung:** 73 Jahre. □ **Anteil unter 15 Jahren:** 29 %. □ **Anteil 65 Jahre und älter:** 11 %. □ **Stadtbevölkerung:** 57 %.

Bruttoinlandsprodukt gesamt (1988): 31,3 Milliarden Dollar. □ **Bruttoinlandsprodukt/Kopf:** 8 840 Dollar. □ **Produktionsstruktur:** Landwirtschaft 16 %; Industrie 27 %; Dienstleistungen 55 %.

Arbeitslosenquote (1989): 16,3 %.

Verkehr: Straßen 92 303 km; Eisenbahn 1 944 km.

Exporte (1987): 54,8 % des Bruttoinlandsprodukts (15,9 Milliarden Dollar). □ **Importe** (1987): 46,8 % des Bruttoinlandsprodukts (13,6 Milliarden Dollar). □ **Auslandsschulden:** nicht bekannt. □ **Inflationsrate** (1988): 2,1 %.

Militärausgaben (1987): 344 Millionen Dollar. □ **Streitkräfte:** 14 115 Mann. □ **Wehrdienst:** freiwillig.

Staatliche Institutionen

Freier Staat seit 1921, Republik seit 1949. □ Verfassung von 1937. □ Der Staatspräsident wird auf 7 Jahre gewählt. □ Das Parlament *(Oireachtas)* besteht aus Abgeordnetenkammer *(Dáil Éireann),* auf 5 Jahre gewählt, und Senat *(Seanad Éireann).*

Geschichte

Zum Hoheitsgebiet der Republik Irland zählen nur die 26 Grafschaften im Süden, die sechs Grafschaften im Norden (Ulster) gehören zu Großbritannien. Die Geschichte der Insel, die lange eine historische Einheit bildete, soll dennoch in ihrer Gesamtheit geschildert werden.

Die Ursprünge. Im 4. Jh. v. Chr. siedelt sich ein keltisches Volk, die Gälen, auf irischem Boden an. Die zahlreichen kleinen Königreiche organisieren sich in fünf großen politischen Einheiten: Ulster, Connacht, Leinster des Nordens (oder Meath), Leinster des Südens und Munster. Im 5. Jh. bekehrt Patrick Irland zum Christentum. Das Land erlebt daraufhin eine bedeutende kulturelle und religiöse Entwicklung. Irische Mönche wie der Heilige Columban (615) lassen auf dem Festland große Abteien bauen. Ab dem Ende des 6. Jh. wandern Skandinavier nach Irland ein. Ihre Ausbreitung wird von Brian Boru gestoppt (Sieg von Clontarf, 1014).

LÄNDER DER ERDE

Die englische Herrschaft. 1171 begünstigt die politische Teilung der Insel die Einwanderung der Anglo-Normannen, und König Heinrich II. stellt Irland unter seine Herrschaft (1175). 1541 nimmt Heinrich VIII. den Titel des Königs von Irland an. Seine Religionsreform führt zum Aufstand der katholischen Iren. Er antwortet mit der Verteilung der irischen Ländereien an Engländer. Eduard VI. und Elisabeth I. führen diese Politik der ›Landvergabe‹ weiter. Auf gewaltsame Aufstände (1641) folgen Massaker (Drogheda und Wexford, 1649) und neue Landvergaben. Nach der Niederlage Jakobs II. bei Boyne (1690) wird das Land fortan völlig von der englischen Aristokratie beherrscht. 1782–83 erhält Irland gesetzgebende Autonomie. Unter dem Einfluß der amerikanischen und französischen Revolution erheben sich die Iren (1796–1798).

Die Union zwischen Irland und England. Die britische Regierung entscheidet sich für die Integration, und die Unionsakte (1800) ermöglicht es Irland, Abgeordnete in das Parlament von London zu entsenden. 1829 erreicht Daniel O'Connell die Gleichberechtigung der Katholiken. Eine Lebensmittelknappheit (Große Hungersnot, 1846–1848) bewirkt eine große Abwanderungswelle. Dies begünstigt das Aufkommen der irischen republikanischen Brüderschaft (1858), deren Mitglieder den Namen Fenians annehmen. 1870 wird die Vereinigung für Home Rule (Autonomie) gegründet, deren beliebter Anführer Parnell wird. Trotz der Bemühungen von Gladstone wird die Annahme der Home Rule mehrmals verweigert. 1912 wird darüber abgestimmt, und 1914 tritt die Home Rule in Kraft, wird jedoch wegen des Krieges aufgehoben. 1902 wird die Sinn Féin Partei gegründet; sie nimmt an der nationalistischen Erhebung von 1916 teil, die hart niedergeschlagen wird.

Die Republik Irland. Nach zwei Jahren Guerillakrieg (1919–1921) erkennt Lloyd George die Unabhängigkeit Irlands an, das jedoch die sechs Grafschaften von Ulster einbüßt, wo die Protestanten in der Mehrheit sind. Der freie Staat Irland wird Mitglied des Commonwealth. Während eines regelrechten Bürgerkriegs 1922 opponiert die provisorische Regierung gegen diejenigen, die die Teilung Irlands ablehnen. Von 1922 bis 1932 stellt die Regierung von W. T. Cosgrave die Ruhe wieder her und fördert bestimmte Verbesserungen auf dem landwirtschaftlichen Sektor. 1932 gewinnt Fianna Fáil die Wahlen und bringt E. De Valera an die Macht. Dieser bricht mit Großbritannien, gegen das er einen Wirtschaftskrieg beginnt. Eine neue Verfassung wird angenommen (1937) und Irland nimmt den Namen Éire an. Ab 1951 versuchen die verschiedenen Regierungen aus Fianna Fáil und Fine Gael, die Industrie des Landes zu stärken und erreichen seinen Beitritt zur Europäischen Gemeinschaft (1972–73). 1985 wird zwischen London und Dublin ein Abkommen über Ulster unterzeichnet.

Nordirland. 1921 verbleiben die sechs nördlichen Grafschaften von Ulster bei Großbritannien und erhalten eine interne Autonomieregelung. Die katholische Minderheit wird gegenüber den Protestanten benachteiligt. Katholiken und Protestanten geraten 1968 über die Bürgerrechte in Streit, was zum Eingreifen der britischen Armee führt (1969). Angesichts der Zunahme der Gewalt übernimmt die Regierung in London die Verwaltung der Provinz (1972). Die IRA (Irish Republican Army) verübt immer mehr Attentate. Sie erkennt jedoch die Unbeliebtheit ihrer Aktionen, und es gelingt ihr, vor der internationalen Öffentlichkeit die Übergriffe der Regierung Thatcher in Frage zu stellen. 1985 zieht der Sinn Féin in die lokalen Institutionen ein.

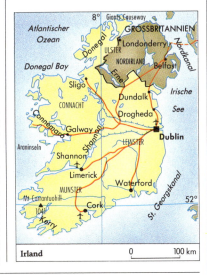

Irland

NORWEGEN NORGE

Offizieller Name: Königreich Norwegen.

Hauptstadt: Oslo. □ **Währung:** norwegische Krone = 100 Øre. □ **Amtssprache:** Norwegisch. □ **Überwiegende Religion:** protestantisch.

Staatsoberhaupt: König Harald V. (seit 1991). □ **Premierminister:** Gro Harlem Brundtland (wieder seit 1990).

Flagge: Vom Storting (Parlament) 1821 angenommen; sie zeigt das schwedische und dänische Kreuz, jedoch in den ›Farben der Freiheit‹, angelehnt an die Flaggen der beiden liberalen Länder der damaligen Zeit, die Vereinigten Staaten und Großbritannien, und zu Ehren Frankreichs, das unter der Restauration von Ludwig XVIII. auf diese drei Farben verzichtet hatte. □ **Nationalhymne:** ›Ja, vi elsker dette landet, / som det stiger frem / furet, vaerbitt over vannet, / med de tusen hjem. / Elsker, elsker det og tenker / paa vaar far og mor / og den saganatt som senker / dromme pa vaar jord‹ (Ja, wir lieben dieses Land, durchzogen und gepackt vom Wind, wie er sich über dem Wasser mit seinen Tausenden von Herden erhebt. Lieben wir, lieben wir es und denken wir an unseren Vater und unsere Mutter und an die Nacht der Saga, die die Träume auf die Erde niederkommen läßt); Text von Bjørnsterne Bjørnson (1832–1910); Musik von Rikard Nordraak (1842–1866). □ **Nationalfeiertag:** 17. Mai (Jahrestag der Verkündung der Verfassung von 1814).

Fläche: 324 000 km². □ **Höchste Erhebung:** der Glittertind (Massiv Jotunheim) mit 2 470 m.

Bevölkerung (1989): 4 200 000 Ew. *(Norweger).* □ Durchschnittliche Bevölkerungsdichte: 13 Ew. pro km². □ Jährliches Bevölkerungswachstum: 0,2 %. □ Geburtenrate: 13 ‰. □ Sterbeziffer: 11 ‰. □ Kindersterblichkeit: 7 ‰. □ Lebenserwartung: 76 Jahre. □ Anteil unter 15 Jahren: 19 % □ Anteil 65 Jahre und älter: 15 % □ Stadtbevölkerung: 80,3 %.

Verwaltungsgliederung: 19 Bezirke (fylker).
Außenbesitzungen: Insel Jan Mayen (372 km², 30 Ew.); Svalbard (62 700 km², 3 500 Ew.) mit der Hauptinsel Spitzbergen.
Bruttoinlandsprodukt gesamt (1988): 90 Milliarden Dollar.
Bruttoinlandsprodukt/Kopf: 21 600 Dollar. □ Produktionsstruktur: Landwirtschaft 7 %; Industrie 28 %; Dienstleistungen 65 %. □ Arbeitslosenquote (1988): 3,1 %.
Verkehr: Straßen (davon 294 km Autobahn) 53 965 km; Eisenbahn 4 242 km (davon 2 443 km elektrifiziert).
Exporte (1987): 26,2 % des Bruttoinlandsprodukts (21,8 Milliarden Dollar). □ **Importe** (1987): 27 % des Bruttoinlandsprodukts (22,4 Milliarden Dollar).
Auslandsschulden: nicht bekannt.
Inflationsrate (1988): 6,7 %.
Militärausgaben (1988): 1,78 Milliarden Dollar. □ Streitkräfte: 35 800 Mann. □ Wehrdienst: 12 Monate bei den Landstreitkräften; 15 Monate bei Marine und Luftwaffe.

Erzeugung wichtiger Güter

Weizen	375 000 Tonnen
Gerste	1 440 000 Tonnen
Kartoffeln	619 000 Tonnen
Rinderbestand	5,6 Millionen Tiere
Schafbestand	2,9 Millionen Tiere
Schweinebestand	980 000 Tiere
Strom	12,8 Milliarden kWh

Die größten Städte

Dublin	526 000
Cork	136 000
Limerick	61 000
Dun Laoghaire	54 000
Galway	47 000
Waterford	38 000
Dundalk	26 000

Klimadaten

Stadt	Mittlere Temperatur des kältesten Monats (in °C)	Mittlere Temperatur des wärmsten Monats (in °C)	Jährliche Niederschläge (in mm)	Anzahl der Tage mit Niederschlägen pro Jahr
Valentia	7	15,5	1 394	190
Dublin	4,5	15,5	762	140

In Dublin und in Valentia ist das Thermometer noch nie über 30 °C gestiegen. Minusstemperaturen können in Valentia von Oktober bis April und in Dublin von September bis Mai verzeichnet werden (das Thermometer fiel schon unter − 12 °C).

Verwaltungsgliederung

Provinz	Fläche (in km²)	Bevölkerung	Hauptstadt
Leinster	19 630	1 791 000	Dublin
Munster	24 125	1 020 000	Cork
Ulster	8 010	236 000	Monaghan
Connaught	1 795	431 000	Galway

Die größten Städte

Oslo	447 000	Stavanger	93 000
Bergen	207 000	Kristiansand	61 000
Trondheim	135 000	Drammen	51 000

405

LÄNDER DER ERDE

EUROPA

Staatliche Institutionen

Konstitutionelle Monarchie. ☐ Verfassung von 1814. ☐ Staatsoberhaupt: symbolische Autorität. ☐ Der Premierminister ist dem Parlament *(Storting)* verantwortlich, bestehend aus Unterhaus *(Odelsting)* und Oberhaus *(Lagting)*, jeweils gewählt auf 4 Jahre.

Geschichte

Die Ursprünge. Zu Beginn des christlichen Zeitalters gibt es in Norwegen eine soziale Organisation, die auf der Vorherrschaft der Landherren gründet, die wiederum eine Gruppe von Leibeigenen und Freigelassenen regieren. In einer Versammlung wählen sie den König ihres Tals. Im Norden des Landes leben die Lappen, mit denen die Skandinavier der südlicheren Gebiete Handel treiben. Vom 8. bis zum 9. Jh. wagen sich Wikinger oder Normannen zu den britischen Inseln, nach Gallien sowie nach Island und Grönland. Diese Züge sind für die Entwicklung Norwegens von großer Bedeutung, da viele Wikinger nach ihrer Rückkehr die westliche Kultur im Land einführen. Zur gleichen Zeit erlebt Norwegen die ersten Versuche einer staatlichen Organisation. Nach der Überlieferung soll Harald I. Harfragri (Schönhaar) [um 850–933] die Gebietseinheit des Landes erreicht haben. Olaf Tryggvesson (995–1000) gründet die Hauptstadt Nidaros (997) und beginnt die Bekehrung seiner Untertanen, was von Olaf II. Haraldsson (1016–1030) [Heiliger Olaf] fortgesetzt wird. Er fällt im Kampf gegen die Invasion der Dänen von Knut dem Großen. Aber sein Sohn Magnus I., der Gute (1035–1047), wird auf den Thron von Norwegen zurückgerufen.

Das Mittelalter. Seine Nachfolger bemühen sich im 12. Jh., eine staatliche Organisation zu errichten, die den Monarchien des christlichen Westens gleicht. Die starke und organisierte Kirche verleiht der norwegischen Monarchie geistige Autorität, indem sie 1163 König Magnus V. Erlingsson krönt. Unter Haakon IV. Haakonsson (1217–1263) und seinem Sohn Magnus VI. Lagaböte (1263–1280) ist Norwegen ein bedeutender Staat. Haakon IV. stellt seine Autorität über die Inseln im Atlantik (Färöer, Orkneyinseln, Shetland) und Island sowie Grönland wieder her, sein Sohn organisiert Gesetzgebung und Verwaltung und fördert die Städtebildung. Unter den Nachfolgern von Magnus muß die Monarchie mit den Interessen der Aristokratie und der Hanse rechnen, wobei letztere aus Norwegen ein regelrechtes Protektorat macht (Gründung der Handelsniederlassung Bergen, 1343). 1349 wird das Land von der Schwarzen Pest heimgesucht, die die Bevölkerung dezimiert, den Zustrom schwedischer, dänischer und deutscher Einwanderer begünstigt und von einer Zurücksetzung Norwegens gegenüber Dänemark und Schweden begleitet wird.

Von der Union zur Unabhängigkeit. Magnus VII. Eriksson, der Sohn von Haakon V. Magnusson (1299–1319), wird nacheinander König von Norwegen (1319–1343) und Schweden (1319–1363); sein Sohn Haakon VI. Magnusson erhält seinerseits die norwegische Krone (1343–1380). Er heiratet Margarete, die Tochter des dänischen Königs, und ihr Erbe Olaf V. regiert über Dänemark (1375) und Norwegen (1380). Bei seinem Tod 1387 setzt seine Mutter Margarete von Dänemark die Rechte ihres Mannes in Schweden wieder ein (1389). Sie läßt ihren Großneffen Erich von Pommern zum Herrscher der drei Königreiche erklären (1396), deren Union 1397 in Kalmar beschlossen wird. Norwegen wird bis 1814 von den dänischen Königen regiert. Das Luthertum (1547) und die dänische Sprache werden ihm aufgezwungen. Die wirtschaftliche Entwicklung begünstigt im 17. Jh. die Bourgeoisie und erlebt im 18. Jh. einen regelrechten Aufschwung. Durch den Kieler Vertrag (1814) zwingt Schweden Dänemark zur Übergabe Norwegens. Aber der dänische Regent, Prinz Christian-Friedrich, beruft eine Nationalversammlung ein, die ihm die Krone anbietet und die Verfassung von Eidsvoll wählt (1814). Die schwedische Invasion zwingt Norwegen zur Annahme der Unionsakte (1815). Allerdings wird seine Verfassung durch eine Versammlung, Storting genannt, anerkannt: Jeder Staat bildet ein unabhängiges Königreich unter der Herrschaft desselben Königs. 1884 erreicht der Führer des nationalen Widerstandes, Johan Sverdrup, die Einrichtung einer Parlamentsregierung.

Das unabhängige Norwegen. 1905 kommt es zum Bruch mit Schweden: Nach einer Volksabstimmung wählt Norwegen einen dänischen Prinzen, der zu König Haakon VII. wird (Nov. 1905). Schnell wird Norwegen zu einer fortschrittlichen Demokratie. 1935 gelangt die Arbeiterpartei an die Macht. 1940 besetzen die Deutschen Norwegen. Der König und seine Regierung gehen nach England, während ein Anhänger der Nazis, Quisling, in Oslo die Macht übernimmt. Nach der Befreiung (1945) kommt die Arbeiterpartei wieder an die Macht. 1949 tritt Norwegen in die NATO ein. 1957 wird Olaf V. Nachfolger seines Vaters Haakon VII. Die Arbeiterpartei verliert 1965 zugunsten einer Koalition aus Konservativen, Liberalen und Anhängern der Bauernpartei die Macht. 1972 lehnt eine Volksabstimmung den Beitritt Norwegens zur Europäischen Gemeinschaft ab, und die Arbeiterpartei regiert wieder von 1973 bis 1981. Eine konservative Koalitionsregierung folgt ihr 1981, weicht aber 1986 erneut einer Minderheitsregierung der Arbeiterpartei. 1991 wird Harald V. König.

FINNLAND
SUOMI FINLAND

Offizieller Name: Republik Finnland.

Hauptstadt: Helsinki *(Helsingfors).* ☐ **Währung:** Finnmark = 100 Penniä. ☐ **Amtssprachen:** Finnisch und Schwedisch. ☐ **Überwiegende Religion:** protestantisch.

Staatspräsident: Mauno Koivisto (seit 1982). ☐ **Premierminister:** Harri Holkeri (seit 1987).

Flagge: 1870 von dem Dichter Zacharias Topelius (1818–1898) geschaffen, nach dem Blau der Seen und dem Weiß des Schnees, seit 1918 offiziell.

Erzeugung ausgewählter Güter u. a. wichtige Erwerbsquellen

Fischfang	1,8 Millionen Tonnen
Erdöl	56,6 Millionen Tonnen
Erdgas	30,5 Milliarden m³
Strom	110 Milliarden kWh
– davon aus Wasserkraft	92 Milliarden kWh
Aluminium	864 Millionen Tonnen
Stahl	907 000 Tonnen
Flotte	9,3 Millionen Bruttoregistertonnen

In Oslo weist das Klima große Amplituden auf: Tiefsttemperaturen bis unter −20 °C von Dezember bis Februar und Höchsttemperaturen über 30 °C von Juni bis August. Weiter im Norden, aber näher am Atlantik, mißt man in Narvik nie weniger als −20 °C, aber auch nie über 30 °C.

Klimadaten

Stadt	Mittlere Temperatur des kältesten Monats (in °C)	Mittlere Temperatur des wärmsten Monats (in °C)	Jährliche Niederschläge (in mm)	Anzahl der Tage mit Niederschlägen pro Jahr
Oslo	−6	17,5	740	160
Narvik	−4,5	14,5	760	202

LÄNDER DER ERDE

Nationalhymne: ›Oi Maamme, Suomi, synnyinmaa! Soi sana kultainen! Ei laaksoa, ei kukulaa, Ei vettä, rantaa rakaampaa, Kuin kotimaa tää pohjoinen, Maa kallis isien!‹ (Oh Heimat, oh Finnland, unser Vaterland. Ertöne laut, werter Name. Kein Gipfel, kein tiefes Tal, kein Ufer im Meer ist geliebter als unser Land im Norden, das Land unserer Väter); Text von Johan Ludwig Runeberg (1804 bis 1877); Musik von Fredrik Pacius (1809 bis 1891).

Nationalfeiertag: 6. Dezember, Jahrestag der Unabhängigkeitserklärung (1917).

Fläche: 338 000 km². □ **Höchste Erhebung:** Haliatunturi mit 1 328 m.

Bevölkerung (1987): 4 900 000 Ew. *(Finnen).* □ Durchschnittliche Bevölkerungsdichte: 14,5 Ew. pro km². □ Jährliches Bevölkerungswachstum: 0,3 %. □ Geburtenrate: 13 ‰. □ Sterbeziffer: 10 ‰. □ Kindersterblichkeit: 7 ‰. □ Lebenserwartung: 75 Jahre. Anteil unter 15 Jahren: 19 %. □ Anteil 65 Jahre und älter: 13 %. □ Stadtbevölkerung: 66,9 %.

Bruttoinlandsprodukt gesamt (1988): 89,5 Milliarden Dollar.

Bruttoinlandsprodukt/Kopf: 18 151 Dollar. □ Produktionsstruktur: Landwirtschaft 10,4 %; Industrie 31,2 %; Dienstleistungen 58,4 %. □ Arbeitslosenquote (1986): 5,5 %.

Verkehr: Straßen 75 848 km (davon 33 410 km geteert und 205 km Autobahn); Eisenbahn 5 998 km (davon 1 445 km elektrifiziert).

Exporte (1987): 22,1 % des Bruttoinlandsprodukts (19,4 Milliarden Dollar). □ **Importe** (1987): 21,4 % des Bruttoinlandsprodukts (18,8 Milliarden Dollar).

Auslandsschulden (1985): 22 Milliarden Dollar. □ Inflationsrate (1987): 5 %.

Militärausgaben (1988): 909 Millionen Dollar. □ Streitkräfte: 35 200 Mann □ Wehrdienst: 8 bis 11 Monate.

Die größten Städte

Helsinki	484 000	Pori	79 000
(mit Vororten)	932 000	Kuopio	75 000
Tampere	167 000	Jyväskylä	64 000
Turku	163 000	Kotka	61 000
Espoo	149 000	Vaasa	54 000
Vantaa	139 000	Lappeenranta	54 000
Oulu	96 000	Joensuu	46 000
Lahti	95 000	Hämeenlinna	42 000

Erzeugung wichtiger Güter

Holzeinschlag	41,8 Millionen m³
Rinderbestand	1,5 Millionen Tiere
Strom	50 Milliarden kWh
– davon aus Kernkraft	19 Milliarden kWh
Chrom	161 000 Tonnen
Stahl	2,6 Millionen Tonnen
Schiffsbau	127 500 Bruttoregistertonnen
Zeitungspapier	1,3 Millionen Tonnen

Staatliche Institutionen

Seit 1917 Republik. □ Verfassung von 1919. □ Staatspräsident auf 6 Jahre gewählt. □ Nationalversammlung auf 4 Jahre gewählt.

Geschichte

Die schwedische Zeit. Die ersten Einwohner Finnlands scheinen die Lappen gewesen zu sein, die von den Finnen zunehmend in den Norden zurückgedrängt wurden. 1157 organisiert der König von Schweden Erik IX., genannt der Heilige, einen Kreuzzug gegen Finnland und errichtet an den Küsten des Bottnischen Meerbusens schwedische Kolonien. Im 12. und 13. Jh. ist Finnland Gegenstand von Rivalitäten zwischen Schweden, Dänen und Russen aus Nowgorod. 1249 verankert Birger Jarl die schwedische Herrschaft in Finnland durch ein Festungssystem, wodurch Alexander Newskis Russen zurückgedrängt werden können. 1323 erkennt Rußland die Herrschaft Schwedens über Finnland an. Schweden erklärt Finnland zum Herzogtum und führt seine Gesetzgebung und Institutionen ein. Ab 1362 nehmen die Vertreter Finnlands an den Wahlen des Königs von Schweden teil. Im 16. Jh. erreicht Luthers Reformation das Land. 1550 gründet Gustaf Wasa Helsinki und übergibt das Herzogtum seinem Sohn Johann, der daraus ein Großherzogtum macht (1581). 1595 legt der Friede von Täyssinä die Ostgrenzen Finnlands fest. Im 17. Jh. wird das Großherzogtum aufgehoben (1599), und der Adel verliert seine Privilegien. Aber Finnland profitiert von der Zentralisierung unter Gustaf Adolf II. (1611–1632) und Christine (1632–1654). Der Niedergang beginnt im 18. Jh.: 1710 bis 1721 von den Heeren Peters des Großen besetzt, verliert Finnland beim Frieden von Nystad (1721) Karelien, und ein Teil des Adels wendet sich Rußland zu.

Die russische Zeit. 1809 erobert Zar Alexander I. Finnland, beläßt ihm aber eine gewisse Selbständigkeit und zwei Landessprachen, nämlich Finnisch und Schwedisch. 1812 wird Hauptstadt von Turku nach Helsinki verlegt. Unter Alexander III. und Nikolaus II. verstärkt sich der russische Einfluß, während sich eine nationale Widerstandsbewegung formiert (Attentat auf Gouverneur Bobrikow im Jahr 1904).

Die Unabhängigkeit. Nach der russischen Revolution von 1917 erklärt Finnland seine Unabhängigkeit. Allerdings spaltet sich das Land in Sozialisten, die Anhänger des sowjetischen Regimes, und in Konservative, die die bürgerlichen Garden bilden. Letztere gewinnen unter der Führung von Mannerheim. 1920 erkennen die Sowjets die unabhängige Republik Finnland an. Zwischen den Kriegen wird Finnland zu einem der wichtigsten Exporteure von Holzerzeugnissen. Zu Beginn des Zweiten Weltkriegs müssen die Finnen nach einem erbitterten Kampf gegen die Sowjets die Bedingungen Stalins akzeptieren, der Karelien annektiert. 1941 wendet Finnland sich an der Seite Deutschlands gegen die UdSSR. Nach der Unterzeichnung des Friedens mit den Alliierten (1947) verfolgt Finnland eine Politik der Zusammenarbeit mit den nordischen Ländern sowie der Freundschaft mit der UdSSR (Vertrag der gegenseitigen Hilfe von 1948, erneut unterzeichnet 1970 und 1983). Das Neutralitätsbestreben Finnlands zeigt sich in den Konferenzen über die Begrenzung der strategischen Waffen (SALT) und über die Sicherheit in Europa (Konferenz über Sicherheit und Zusammenarbeit in Europa, 1973–1975), die in Helsinki stattfinden. 1982 wird Mauno Koivisto Nachfolger von Kekkonen.

Klimadaten

Stadt	Mittlere Temperatur des kältesten Monats (in °C)	Mittlere Temperatur des wärmsten Monats (in °C)	Jährliche Niederschläge (in mm)	Anzahl der Tage mit Niederschlägen pro Jahr
Inari	−13,5	13	405	162
Tampere	−8	17	573	162
Helsinki	−6	17	618	181

Das Thermometer ist in Inari schon unter −40 °C, in Tampere unter −35 °C und in Helsinki unter −30 °C gefallen. Dafür kann es in den drei Städten auch über 30 °C (nie über 35 °C) klettern.

SCHWEDEN

Offizieller Name: Königreich Schweden.

Hauptstadt: Stockholm. □ **Währung:** Schwedische Krone (krona) = 100 Öre.

Amtssprache: Schwedisch. □ **Überwiegende Religion:** protestantisch.

Staatsoberhaupt: König Karl XVI. Gustav (seit 1973). □ **Ministerpräsident:** Ingvar Carlsson (seit 1986).

Flagge: Nachgewiesen seit König Johann III. Wasa 1569, sicher aber älter. Das Goldkreuz auf azurblauem Feld symbolisiert das Kreuz Christi auf dem Blau des Himmels. Die heutige Form stammt von 1906. □ **Nationalhymne:** ›Du gamla, du fria, du fjällhöga Nord ...‹ (Oh Du altes nordisches Land, freies und bergiges Land ...); altes Volkslied, das um 1880 zur Nationalhymne wurde.

Nationalfeiertag: 6. Juni, Jahrestag der Thronbesteigung (1523) von Gustav I. Wasa.

Fläche: 450 000 km². □ **Höchste Erhebung:** Kebnekaise mit 2 117 m.

407

LÄNDER DER ERDE

EUROPA

Bevölkerung (1989): 8 500 000 Ew. *(Schweden).* □ Durchschnittliche Bevölkerungsdichte: 19 Ew. pro km². □ Jährliches Bevölkerungswachstum: 0,2 %. □ Geburtenrate: 13 ‰. □ Kindersterblichkeit: 3 ‰. □ Lebenserwartung: 77 Jahre. □ Anteil unter 15 Jahren: 17 %. □ Anteil 65 Jahre und älter: 18 %. □ Stadtbevölkerung: 85 %

Bruttoinlandsprodukt gesamt (1988): 158,5 Milliarden Dollar.

Bruttoinlandsprodukt/Kopf: 18 900 Dollar. □ Produktionsstruktur: Landwirtschaft 5 %; Industrie 30 %; Dienstleistungen 65 %. □ Arbeitslosenquote (1987): 2 %.

Verkehr: Straßen 200 000 km (davon 1 382 km Autobahn); Eisenbahn 11 745 km (davon 7 464 km elektrifiziert).

Exporte (1987): 27,9 % des Bruttoinlandsprodukts (44,3 Milliarden Dollar). □ Importe (1987): 25,5 % des Bruttoinlandsprodukts (40,5 Milliarden Dollar).

Auslandsschulden (1985): 40 Milliarden Dollar.

Inflationsrate (1989): 6 %.

Militärausgaben (1988): 3,052 Milliarden Dollar. □ Streitkräfte: 67 000 Mann. □ Wehrdienst: 7,5 bis 15 Monate in den Landstreitkräften und der Marine; 8 bis 12 Monate bei der Luftwaffe.

Staatliche Institutionen

Parlamentarische Monarchie. □ Verfassung von 1975. □ Staatsoberhaupt: symbolische Autorität. □ Ministerpräsident dem Reichstag (gewählt auf 3 Jahre) verantwortlich.

Erzeugung wichtiger Güter

Weizen	1,3 Millionen Tonnen
Rinderbestand	1,6 Millionen Tiere
Schweinebestand	2,2 Millionen Tiere
Fischfang	250 000 Tonnen
Strom	141 Milliarden kWh
– davon aus Kernkraft	67 Milliarden kWh
– davon aus Wasserkraft	69 Milliarden kWh
Eisen	12,2 Millionen Tonnen
Zink	193 000 Tonnen
Stahl	4,7 Millionen Tonnen
Pkw	407 800 Einheiten
Schiffsbau	20 000 Bruttoregistertonnen
Holzeinschlag	54,5 Millionen m³
Papier	6 Millionen Tonnen

Die größten Städte

Stockholm	651 000[1]	Örebro	117 000
Göteborg	424 000	Linköping	114 000
Malmö	229 000	Jönköping	107 000
Uppsala	153 000	Hälsingborg	105 000
Norrköping	120 000	Borås	101 000
Västerås	118 000	Sundsvall	94 000

[1] 1 409 000 mit Vororten

Tiefsttemperaturen unter −35 °C werden im Januar und im Februar in Piteå gemessen, unter −25 °C in Göteborg und Stockholm im Januar. Höchsttemperaturen von 35 °C sind in Stockholm und auch in Piteå verzeichnet worden, was in Göteborg nie erreicht wurde (wegen des mäßigenden marinen Einflusses).

Klimadaten

Stadt	Mittlere Temperatur des kältesten Monats (in °C)	Mittlere Temperatur des wärmsten Monats (in °C)	Jährliche Niederschläge (in mm)	Anzahl der Tage mit Niederschlägen pro Jahr
Göteborg	−1	17,5	670	165
Stockholm	−3	18	555	164
Piteå	−9,5	16,5	520	130

Geschichte

Die Ursprünge. Bevölkert seit dem Neolithikum (4000 v. Chr.), treibt Schweden mit den Mittelmeerländern Handel. Im 9. Jh. verlagern die Schweden ihre Aktivitäten nach Osten, wo man sie unter dem Namen Waräger kennt. Sie gründen die Fürstentümer von Kiew und Nowgorod und haben teil am großen Handel, der das Baltikum mit Konstantinopel verbindet. Das Christentum wird um 830 von Ansgar gepredigt, verbreitet sich aber erst nach der Taufe von König Olaf Skötkonung (1008).

Bildung der schwedischen Nation. Nach dem Untergang der Familie von Stenkil, die von 1060 bis 1130 regiert, ist der schwedische Thron ein Jahrhundert lang von den Sverkern und den Eriks umkämpft. Erik der Heilige (1156–1160) unternimmt einen Kreuzzug gegen die Finnen (1157). Seine Ermordung macht ihn zum Schutzpatron Schwedens. Die schwedische Kirche stellt das einzige einende Element im Königreich dar. 1164 wird das Erzbistum von Uppsala gegründet, das zur religiösen Hauptstadt des Landes wird. 1250 gründet Birger Jarl die Dynastie der Folkunger. Er macht Stockholm zu seiner Hauptstadt, vereinheitlicht die Gesetzgebung, fördert den Handel und gliedert Finnland Schweden an. 1319 wird Norwegen mit Schweden vereint. Albert von Mecklenburg (1363 bis 1389), der von den Schweden zum König gewählt wird, verschafft sich riesige Lehnsgebiete auf Kosten der Adligen; diese wenden sich daraufhin an die Regentin von Dänemark und Norwegen, Margarete, die Herrscherin über die drei skandinavischen Königreiche wird.

Kalmarer Union und Reformationszeit. Margarete läßt ihren Großneffen Erich von Pommern zum König von Schweden, Dänemark und Norwegen erklären. Die unitaristische Politik Margaretes begünstigt die dänische Vorherrschaft in Schweden, das zu einem wichtigen Sektor des hanseatischen Handels wird. Eine Wirtschaftskrise verstärkt jedoch den schwedischen Widerstand gegen eine Union mit Dänemark. Im 15. Jh. wird die schwedische Opposition von den Sturen angeführt, die sich zu Regenten von Schweden ernennen. 1520 siegt Christian II. von Dänemark über Sten Sture den Jüngeren und tötet seine Gegner. Gustav Wasa verjagt den dänischen König aus Schweden und beendet so die Kalmarer Union (1523). Gustav I. Wasa wird zum König von Schweden gewählt (1523–1560) und gibt dem Land seine Unabhängigkeit. Er fördert den nationalen Handel, indem er das Monopol der Hanse abschafft, und er läßt die Erblichkeit der Krone anerkennen (1544). Seit 1524 gepredigt, wird die Reformation nun auf Geheiß des Königs in Schweden eingeführt, der die Güter der Kirche konfisziert (1527). Ab 1568 bemüht sich Johann III. um die Errichtung eines schwedischen Imperiums im Baltikum. Aber sein Sohn, Sigismund Wasa (1592–1599), der König von Polen, möchte den Katholizismus wieder einführen und wird zugunsten von Karl von Sudermanien, einem Lutheraner, abgesetzt, der unter dem Namen Karl IX. (1607–1611) regiert.

Die Zeit der Größe. Gustav II. Adolf (1611–1632) verleiht Schweden eine königliche Charta, während der Riksdag zu einer Art Parlament wird. Er greift 1630 siegreich in den Dreißigjährigen Krieg ein. Christine von Schweden folgt ihm (1632–1654) unter der Regentschaft von Oxenstierna. Schweden profitiert vom Frieden von Brömsebro (1645) und den Westfälischen Verträgen (1648), wodurch es über das Baltikum herrscht. Karl X. Gustav schlägt die Dänen, die den Frieden von Roskilde (1658) unterzeichnen müssen und Schonen sowie Holland verlieren. Karl XI. (1660–1697) errichtet in Schweden eine absolute Monarchie. Durch Karl XII., der in den Nordischen Krieg verwickelt wird (1700–1721), verliert das Land die Herrschaft über das Baltikum (Verträge von Friedrichsburg [1720] und Nystad [1721]).

Die Zeit der Freiheit. Im 18. Jh. entwickeln sich Schwedens Wirtschaft und Kultur. Die Herrschaft von Friedrich I. von Hessen (1720–1751) und Adolf Friedrich (1751 bis 1771) ist jedoch durch den Streit zwischen den Parteien der Mützen (pazifistisch) und der Hüte (militärisch und profranzösisch) gekennzeichnet. Diese Rivalität endet mit dem Staatsstreich von Gustav III. (1771). Unterstützt von Volk und Armee regiert Gustav III. (1771–1792). Die Ablehnung seitens des Adels veranlaßt ihn zur Wiedereinführung des Absolutismus (1789). Unter der Herrschaft von Gustav IV. erobern die Russen Finnland (1808). Der König wird zugunsten seines Onkels Karl XIII. gestürzt, der mit

408

LÄNDER DER ERDE

Rußland, Dänemark und Frankreich Frieden schließen und eine Verfassung annehmen muß (1809). 1810 wird der französische Marschall Bernadotte sein Nachfolger. Dieser verbündet sich mit England und Rußland gegen Napoleon I. (1812).

Die Union mit Norwegen. Im Vertrag von Kiel (1814) tritt Dänemark Norwegen an Schweden ab. Als König unter dem Namen Karl XIV. (1818–1844) praktiziert Bernadotte entschlossen eine pazifistische Politik. Oskar I. (1844–1859), Karl XV. (1859–1872) und Oskar II. (1872–1907) führen die Politik der Neutralität weiter, während sich die liberale Entwicklung mehr und mehr beschleunigt. Schweden erlebt einen wirtschaftlichen Aufschwung, der zur Annahme des Freihandels führt (1888). 1865 setzt eine neue Reform der Verfassung zwei durch das Zensuswahlrecht gewählte Kammern ein. 1905 trennt sich Norwegen von Schweden.

Die moderne Demokratie. Unter den Sozialdemokraten wird eine fortschrittliche Gesetzgebung eingerichtet (allgemeines Wahlrecht, 1907 und 1909; 8-Stunden-Tag, 1919; Wahlrecht für Frauen, 1921). 1920 bildet Hjalmar Branting die erste sozialistische Regierung in Schweden. Unter der Herrschaft von Gustav V. (1907–1950), dann unter Gustav VI. Adolf (1950–1973) erfährt Schweden bisher nie gekannten Wohlstand. Seit 1932 an der Regierung, gebieten die Sozialdemokraten praktisch über die zweite Kammer des Riksdag und fördern soziale Reformen sowie die Modernisierung des Landes. Schweden behält während beider Weltkriege seine Neutralität, und dies trotz der schwierigen Nachbarschaft mit Hitlerdeutschland und der UdSSR. Es tritt in die UNO ein (1946), dann in die OECD (1948) und in den Europarat (1949), wird jedoch nicht Mitglied der NATO und verweigert (1971) den Beitritt zur Europäischen Gemeinschaft. 1972 wird Karl XVI. Gustav König von Schweden. Durch die Verfassung von 1975 bleiben dem Königshaus lediglich repräsentative Funktionen. Der Sozialdemokrat Olof Palme, Ministerpräsident von 1969 bis 1976, sieht sich einer schweren wirtschaftlichen und sozialen Krise gegenüber, die die Oppositionsparteien begünstigt, die 1976 bis 1982 an der Macht sind. Erneut Ministerpräsident, setzt O. Palme ein Sparprogramm durch. 1986 wird O. Palme von einem Unbekannten ermordet. Sein Nachfolger wird Ingvar Carlsson.

ISLAND

Offizieller Name: Republik Island.

Hauptstadt: Reykjavík. □ **Währung:** isländische Krone (iKr = 100 aurar). □ **Amtssprache:** Isländisch. □ **Überwiegende Religion:** protestantisch.
Staatspräsident: Vigdís Finnbogadóttir (seit 1980). □ **Ministerpräsident:** Steingrimur Hermannsson (seit 1988).

Flagge: Das skandinavische Kreuz, rot mit weißem Rand, trennt vier blaue Felder. König Christian X. hat sie 1919 zur offiziellen Flagge erklärt. □ **Nationalhymne:** ›O Gud vors land! O land vors Gud, ver lofum thitt heilaga, jeilaga nafn.‹ (Oh Gott von Island, oh Gott von Island, wir singen deinen Namen, deinen Namen tausendfach ...); Text von Matthias Jochumsson (1835–1927); Musik von Sveinbjörn Sveinbjörnsson (1847–1927). Offiziell seit 1847. □ **Nationalfeiertag:** 17. Juni, Jahrestag der Ausrufung der Republik (1944).

Fläche: 103 000 km². □ **Höchste Erhebung:** Öraefajökull mit 2 119 m.

Bevölkerung (1988): 245 000 Ew. *(Isländer)* □ Durchschnittliche Bevölkerungsdichte: 2 Ew. pro km². □ Jährliches Bevölkerungswachstum: 0,9 %. □ Geburtenrate: 16 ‰. □ Sterbeziffer: 7 ‰. □ Kindersterblichkeit: 6 ‰. □ Lebenserwartung: 77 Jahre. □ Anteil unter 15 Jahren: 26 %. □ Anteil 65 Jahre und älter: 10 %. □ Stadtbevölkerung: 89,6 %. Verwaltungsgliederung: 7 Bezirke.

Bruttoinlandsprodukt gesamt (1987): 5,3 Milliarden Dollar.

Bruttoinlandsprodukt/Kopf: 21 813 Dollar. □ Produktionsstruktur: Landwirtschaft 10,3 %; Industrie 36,8 %; Dienstleistungen 52,9 %. □ Arbeitslosenquote (1985): 1 %.

Verkehr: Straßen 12 671 km.

Exporte: 28,8 % des Bruttoinlandsprodukts (1,4 Milliarden Dollar). □ **Importe:** 29,9 % des Bruttoinlandsprodukts (1,6 Milliarden Dollar).

Auslandsschulden: nicht verfügbar.

Inflationsrate (1987): 25,7 %.

Staatliche Institutionen

Republik seit 1944. □ Verfassung von 1944. □ Staatspräsident, direkt vom Volk auf 4 Jahre gewählt. □ Ein Zweikammerparlament *(Althing)* mit einem Oberhaus *(efri deild)* und einem Unterhaus *(nedri deild)*, jeweils auf 4 Jahre gewählt.

Geschichte

Die Ursprünge. Nach den irischen Mönchen (8. Jh.) kommen Ende des 9. Jh. die Wikinger nach Island, das sie ›Land des Eises‹ nennen. Die Einwanderung von Skandinaviern wird von dem norwegischen König Harald I. Harfagri gefördert. Zwischen 930 und 1262, einer Zeit der Unabhängigkeit, wird die Regierung von einer Versammlung freier Männer gelei-

Die größten Städte

Reykjavík	240 000	Akureyri	13 800
Kópavogur	14 300	Hafnardfjördur	12 500

Erzeugung wichtiger Güter

Schafbestand	770 000 Tiere
Fischfang	1,6 Millionen Tonnen
Strom	4,1 Milliarden kWh
Aluminium	84 600 Tonnen

Klimadaten

Stadt	Mittlere Temperatur des kältesten Monats (in °C)	Mittlere Temperatur des wärmsten Monats (in °C)	Jährliche Niederschläge (in mm)	Anzahl der Tage mit Niederschlägen pro Jahr
Reykjavík	0	11,5	860	221
Akureyri	–1	11	472	132

tet, dem Althing. Die sozialen Strukturen beruhen auf der Vorherrschaft der Großgrundbesitzer, die die eigentliche Macht innehaben. Ab dem 10. Jh. ist das Christentum offiziell, und das erste selbständige Bistum wird 1056 gegründet. 1262 unterwirft der norwegische König Haakon IV. Island, und der Handelsverkehr liegt nun in den Händen norwegischer Kaufleute.

Das dänische Island. Mit der Anbindung Norwegens an Dänemark (1380) verschlimmert sich die Lage: König Christian III. zwingt die lutherische Reformation auf (1550), und das Handelsmonopol geht an die Dänen. Im 18. Jh. verringern die Pocken (1707–1709), Vulkanausbrüche (1765, 1783) und eine fürchterliche Hungersnot (1785) die Bevölkerung. Der Vertrag von Kiel (1814) überläßt das Land Dänemark, das Zugeständnisse macht: zwei Abgeordnete im dänischen Parlament, die Wiedereinrichtung des Althings (1843), dann die Einsetzung der beiden Kammern, die 1875 mit gesetzgebender Befugnis ausgestattet werden.

Das unabhängige Island. 1903 erteilt eine Verfassung der Insel volle Autonomie, und 1918 wird Island in Personalunion mit Dänemark zu einem unabhängigen Königreich. Seine strategische Bedeutung führt dazu, daß es im Zweiten Weltkrieg von den Alliierten besetzt wird. Am 17. Juni 1944 wird in Island die Republik ausgerufen, und S. Bjørnsson wird der erste Präsident. 1949 tritt Island dem Nordatlantikpakt bei. Unter den Präsidenten Á. Ásgeirsson (1952–1968) und K. Eldjárn (1968–1980) profitiert die isländische Wirtschaft von den Verträgen mit den skandinavischen Staaten. Aber seit 1958 führen die Konflikte um die Fischfanggrenzen zu Problemen mit Großbritannien. Seit 1980 ist Frau Vigdís Finnbogadóttir Präsidentin der Republik Island (1984 und 1988 wiedergewählt).

DÄNEMARK

DANMARK

Offizieller Name: Königreich Dänemark.

Hauptstadt: Kopenhagen *(Kobenhavn)*. □ **Währung:** dänische Krone (= 100 Øre). □ **Amtssprache:** Dänisch. □ **Überwiegende Religion:** protestantisch.

Staatsoberhaupt: Königin Margarete II. (Margrethe II.) [seit 1972]. □ **Ministerpräsident:** Poul Schlüter (seit 1982).

Flagge: Sie ist bekannt unter dem Namen ›Dannebrog‹ (aus dem Alt-Friesischen ›dan‹ rot und ›broge‹ Stoff) und besteht aus einem Silberkreuz auf einem Klappenfeld. Sie ist unverändert seit König Waldemar II. (1219).

Nationalhymne: ›Der er et yndigt land, / Det staør med brede bøge / Naer salten østerstrand ...‹ (Es ist ein liebliches Land mit großen Buchen am Ufer der azurblauen Wasser ...); Text von Adam Gottlob Oehlenschläger (1799–1850); Musik von Hans Ernst Krøyer (1798–1879).

Nationalfeiertag: 5. Juni, Jahrestag der Annahme der Verfassung von 1953.

Fläche: 43 000 km² (Halbinsel Jütland und 480 Inseln). □ **Höchste Erhebung:** 173 m.

409

LÄNDER DER ERDE

EUROPA

Bevölkerung (1989): 5 100 000 Ew. (Dänen)
□ Durchschnittliche Bevölkerungsdichte: 119 Ew. pro km². □ Jährliches Bevölkerungswachstum: 0,2 %. □ Geburtenrate: 13 ‰. □ Sterbeziffer: 11 ‰. □ Kindersterblichkeit: 8 ‰. □ Lebenserwartung: 75 Jahre. □ Anteil unter 15 Jahren: 19 %. □ Anteil 65 Jahre und älter: 15 %. □ Stadtbevölkerung: 85,9 %.

Bruttoinlandsprodukt gesamt (1987): 101 Milliarden Dollar. □ Bruttoinlandsprodukt/Kopf: 19 800 Dollar. □ Produktionsstruktur: Landwirtschaft 6,7 %; Industrie 28,1 %; Dienstleistungen 65,2 %. □ Arbeitslosenquote (1988): 8,5 %.

Verkehr: Straßen 70 170 km (davon 550 km Autobahn); Eisenbahn 2 448 km (davon 142 km elektrifiziert).

Exporte: 25,3 % des Bruttoinlandsprodukts (25,6 Milliarden Dollar). □ Importe: 25,1 % des Bruttoinlandsprodukts (25,4 Milliarden Dollar).

Auslandsschulden (1985): 59 Milliarden Dollar. □ Inflationsrate (1988): 4,6 %. □ Militärausgaben (1988): 1,328 Milliarden Dollar. □ Streitkräfte: 29 300 Mann. □ Wehrdienst: 9 bis 12 Monate.

Staatliche Institutionen

Parlamentarische Monarchie seit 1901. □ Verfassung: Charta von 1953. □ Das Staatsoberhaupt ernennt den Ministerpräsidenten, der dem Parlament (Folketing) verantwortlich ist, das auf 4 Jahre gewählt wird.

Geschichte

Die Bildung des Königreichs. Bevölkert seit dem Neolithikum, kennt Dänemark in der Bronzezeit eine hochentwickelte Kultur und regen Handel mit dem Ausland (Pelze und Ambra werden mit den Mittelmeerländern gegen Bronze und Gold getauscht). Die Eroberung Galliens und der germanischen Länder durch die Römer übt auf Dänemark großen Einfluß aus; es bilden sich Handelsverbindungen mit dem byzantinischen Reich. Die Wikinger, bestehend aus Dänen und Norwegern, plündern im 9. Jh. die Küsten von Westeuropa und gründen in Ostengland ein Königreich (Danelaw). Die Vereinigung Dänemarks und die Christianisierung finden im 10. Jh. statt. Eine starke Militärorganisation erlaubt es König Svend I., ganz England zu erobern (1013), und sein Sohn Knut der Große regiert ein Reich, das England, Dänemark und einen Teil Skandinaviens umfaßt. Aber ab 1042 befreit sich England von Dänemark.

Das Mittelalter. Im 12. Jh. festigt sich das Feudalsystem, während der Einfluß der römischen Kirche zunimmt. Waldemar I., der Große (1157–1182), betreibt eine Expansionspolitik im Baltischen Meer. Die mittelalterliche dänische Zivilisation erlebt ihre Blütezeit mit Waldemar II. (1202–1241), der die Landesgesetze niederschreiben und eine Steueraufstellung im Königreich erarbeiten läßt. Hierauf folgt eine Zeit wirtschaftlicher und politischer Schwäche, da die Hansestädte jedem Versuch, ihre Privilegien zu schmälern, erfolgreich begegnen. Der Aufschwung beginnt mit Waldemar IV. und setzt sich unter seiner Tochter Margarete fort, die 1387 Norwegen und Dänemark erbt. Die Kalmarer Union (1397), die Schweden mit Norwegen und Dänemark vereint, bricht endgültig mit der Wahl von Gustav Wasa auf den schwedischen Thron (1523) auseinander.

Der Kampf mit Schweden. Luthers Lehre, 1536 zur Staatsreligion erhoben, kennzeichnet das 16. Jh., das auch vom Erstarken des bürgerlichen Standes in den Hafenstädten geprägt ist. Unter Friedrich II. kämpft Dänemark im nordischen Siebenjährigen Krieg (1563–1570) gegen Schweden. Der Friede von Stettin (1570) bedeutet das Ende von Dänemarks Stellung als Wächter des Baltikums und das Ende der hanseatischen Vorherrschaft. Unter Christian IV. schlagen die mit den Holländern verbündeten Schweden die Dänen, die den Frieden von Brömsebro unterzeichnen müssen (1645), der die Vorherrschaft in Schweden kostet. 1658 geht durch den Frieden von Roskilde Skanien an Schweden. 1660 wird das absolute Königtum eingerichtet, und der Thron wird erblich (1665). Unter Friedrich IV. (1699–1730) erhält Dänemark beim ›Großen Nordischen Krieg‹ den Süden von Schleswig (1720). Im 18. Jh. erlebt Dänemark eine Zeit der wirtschaftlichen Expansion, die durch eine neutrale Politik begünstigt wird. Christian VII. (1766–1808)

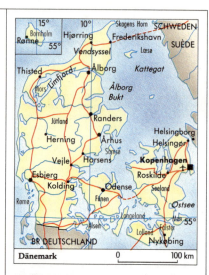

Dänemark

überläßt die Macht Struensee, der als aufgeklärter Despot regiert und sich für Reformen entscheidet.

Das 19. Jh. Im Verlauf der napoleonischen Kriege tritt Dänemark in den Bund der Neutralen (1800) gegen England ein, aber der englische Druck (Beschießung von Kopenhagen 1801, Eroberung der dänischen Flotte 1807) läßt das Königreich zum Bündnis mit Frankreich überwechseln. Beim Frieden von Kiel (1814) verliert Dänemark Norwegen, wogegen Schleswig und Holstein persönlicher Besitz der Krone werden. Friedrich VII. erläßt eine gemeinsame demokratische Verfassung (1849) für Dänemark und Schleswig-Holstein, was in den Herzogtümern zu einer separatistischen, von Preußen unterstützten Bewegung führt. Unter Christian IX. entbrennt der Krieg der Herzogtümer, den Preußen und Österreich Dänemark aufzwingen. Beim Vertrag von Wien (1864) verliert das besiegte Dänemark Schleswig, Holstein, Lauenburg und Kiel.

Dänemark, ein parlamentarisches Königreich. Die Opposition zwischen der Rechten und der Linken zeigt sich durch die Bildung von zwei Kammern, dem Landsting und dem Folketing. Die Bildung einer gewerkschaftlich organisierten Arbeiterschicht führt 1901 dazu, daß eine sozialistische Mehrheit an die Macht gelangt. 1915 erhalten die Frauen das Wahlrecht, und fortan wird durch allgemeine Wahl das Landsting gewählt. Während des Ersten Weltkriegs bleibt das Land neutral; der Vertrag von Versailles gibt Dänemark nach einer Volksbefragung den Norden von Schleswig zurück (1920). 1918 wird Island unabhängig, bleibt jedoch bis 1944 durch die Person des Königs mit Dänemark verbunden. Von 1924 bis 1940 haben die Sozialdemokraten praktisch unablässig die Macht; sie führen bedeutende soziale Reformen ein. 1940 wird Dänemark von den Deutschen besetzt und im Mai 1945 befreit. König Christian X. setzt dem Besatzer eine beispielhafte Widerstandsbewegung entgegen.

Die Nachkriegszeit. Nach der Befreiung gelangt das Land unter dem Sozialdemokraten J. O. Karg wieder zu Wohlstand. 1973 erfolgt der Beitritt Dänemarks zur Europäischen Gemeinschaft. 1972 folgt Margarete II. ihrem Vater Friedrich IX. auf den Thron. Die Konservativen kommen 1982 mit Poul Schlüter an die Macht; bei den Wahlen von 1984, 1987 und 1990 (Minderheitsregierung) werden sie wiedergewählt.

Räumliche Gliederung

	Fläche (in km²)	Bevölkerung
Seeland	7 440	2 142 000
Bornholm	590	47 000
Lolland	1 800	120 000
Fünen	3 490	454 000
Jütland	29 770	2 142 000

Außenbesitzungen: Färöer (1 400 km²; 45 000 Ew.). Grönland (2 186 000 km²; 51 000 Ew.).

Die größten Städte

Kopenhagen (mit Vororten)	1 366 000	Ålborg	154 000
Århus	247 000	Esbjerg	81 000
Odense	171 000	Randers	62 000

Erzeugung wichtiger Güter

Weizen	2,2 Millionen Tonnen
Gerste	5,5 Millionen Tonnen
Rinderbestand	2,2 Millionen Tiere
Schweinebestand	9,2 Millionen Tiere
Milch	4,8 Millionen Tonnen
Käse	275 000 Tonnen
Fleisch	14,6 Millionen Tonnen
Fisch	1,9 Millionen Tonnen
Strom	28 Milliarden kWh
Erdöl	4,7 Millionen Tonnen
Schiffsbau	315 400 Bruttoregistertonnen

Klimadaten

Stadt	Mittlere Temperatur des kältesten Monats (in °C)	Mittlere Temperatur des wärmsten Monats (in °C)	Jährliche Niederschläge (in mm)	Anzahl der Tage mit Niederschlägen pro Jahr
Kopenhagen	0	18	571	171
Fanø	0,5	17	730	180

Tiefsttemperaturen unter −20 °C wurden in den beiden Stationen gemessen; nie ist das Thermometer über 35 °C geklettert.

LÄNDER DER ERDE

BUNDESREPUBLIK DEUTSCHLAND

GERMANY, ALLEMAGNE

Offizieller Name: Bundesrepublik Deutschland.

Hauptstadt: Berlin; Regierungssitz: Bonn.

Währung: Deutsche Mark (= 100 Pfennige). □ **Amtssprache:** Deutsch.

Überwiegende Religionen: katholisch und protestantisch.

Bundespräsident: Richard von Weizsäcker (seit 1984). □ **Bundeskanzler:** Helmut Kohl (seit 1982).

Flagge: offiziell seit 1949, zeigt die Farben der Weimarer Republik, die aus der Revolution von 1848 hervorgegangen sind und sich an das Freikorps von Lützow 1813 anlehnen. Die Ursprünge gehen auf das kaiserliche Wappen zurück, von dem das Schwarz des Adlers, das Rot der Klauen und der Zunge und das Goldgelb des Feldes stammen.

Nationalhymne: ›Einigkeit und Recht und Freiheit/ Für das deutsche Vaterland/ Danach laßt uns alle streben / Brüderlich mit Herz und Hand! / Einigkeit und Recht und Freiheit/ Sind des Glückes Unterpfand./ Blüh' im Glanze dieses Glückes, / Blühe deutsches Vaterland ...‹; Text von A. H. Hoffmann von Fallersleben (1798–1874); Musik von Joseph Haydn (1732–1809). Auszug aus dem *Deutschlandlied,* diese dritte Strophe wurde 1952 zur Nationalhymne erklärt.

Die Tiefsttemperaturen können in allen Stationen unter −20 °C (München bis −30 °C) sinken. Höchsttemperaturen von 35 °C und mehr (37 °C in Berlin, 38 °C in Frankfurt am Main und Leipzig) wurden gemessen. Die Jahresamplitude (Unterschied zwischen den Durchschnittstemperaturen des kältesten und des heißesten Monats) beträgt 17 °C und 20 °C. Die Niederschläge sind ziemlich gleichmäßig über das Jahr verteilt, weisen im Sommer jedoch einen leichten Höchststand auf.

Nationalfeiertag: 3. Oktober.

Fläche: 356 945 km². □ **Höchste Erhebung:** Zugspitze mit 2 963 m.

Bevölkerung (1990): 79 Millionen Ew. *(Deutsche).* □ **Durchschnittliche Bevölkerungsdichte:** 222 Ew. pro km². □ **Jährliches Bevölkerungswachstum:** Null %. □ **Geburtenrate:** 11‰ (westliche Bundesländer = West), 14‰ (östliche Bundesländer = Ost). □ **Sterbeziffer:** 11‰ (West), 13‰ (Ost). □ **Kindersterblichkeit:** 8‰. □ **Lebenserwartung:** 75 Jahre (West), 73 Jahre (Ost). □ **Anteil unter 15 Jahren:** 15 % (West), 19 % (Ost). □ **Anteil 65 Jahre und älter:** 15 % (West), 14 % (Ost). □ **Stadtbevölkerung:** 86 % (West), 77 % (Ost).

Bruttoinlandsprodukt gesamt: (1987) 1 117,8 Milliarden Dollar (West) und (1985) 106,6 Milliarden Dollar (Ost).

Bruttoinlandsprodukt/Kopf: 18 880 Dollar (West), 6 384 Dollar (Ost). □ **Produktionsstruktur:** Landwirtschaft 5,5 % (West), 12 % (Ost); Industrie 41 % (West), 48 % (Ost); Dienstleistungen 53,5 % (West), 40 % (Ost). □ **Arbeitslosenquote** (Okt./Nov. 1990): 5,8 % (West), 6,4 % (Ost).

Verkehr: Straßen 220 260 km (davon 10 050 km Autobahn); Eisenbahn 42 100 km (davon 13 730 km elektrifiziert).

Exporte: 26,2 % des Bruttoinlandsprodukts = 293 Milliarden Dollar (West); 35 % = 37,5 Milliarden Dollar (Ost). □ **Importe:** 20,4 % des Bruttoinlandsprodukts = 227 Milliarden Dollar (West); 42,4 % = 91 Milliarden Dollar (Ost).

Auslandsschulden: Keine (West); (1985) 7,5 Milliarden Dollar (Ost).

Inflationsrate (1987): −0,2 % (West).

Militärausgaben (1988): 20,87 Milliarden Dollar (West), 12,75 Milliarden Dollar (Ost). □ **Streitkräfte:** (Ende 1991): 480 000 Mann (wird bis Ende 1994 auf 370 000 Mann reduziert). □ **Wehrdienst:** 12 Monate.

Die größten Städte

Stadt	Einw.	Stadt	Einw.
Berlin	3 410 000	Mannheim	295 000
Hamburg	1 593 000	Bonn	293 000
München	1 267 000	Magdeburg	289 000
Köln	953 000	Gelsenkirchen	288 000
Bremen	692 000	Münster	273 000
Essen	642 000	Karlsruhe	270 000
Frankfurt a. M.	600 000	Wiesbaden	267 000
Dortmund	580 000	Braunschweig	257 000
Düsseldorf	566 000	Mönchengladbach	255 000
Leipzig	564 000	Augsburg	247 000
Stuttgart	562 000	Kiel	246 000
Duisburg	523 000	Rostock	241 000
Dresden	520 000	Aachen	240 000
Hannover	514 000	Halle	237 000
Nürnberg	474 000	Oberhausen	232 000
Bochum	391 000	Krefeld	217 000
Wuppertal	379 000	Erfurt	215 000
Chemnitz	317 000	Lübeck	212 000
Bielefeld	308 000	Hagen	208 000

Erzeugung wichtiger Güter

Westliche Bundesländer
(Stand 1988/89)

Weizen	12 Millionen Tonnen
Gerste	9,6 Millionen Tonnen
Zucker	3,2 Millionen Tonnen
Wein	9,6 Millionen Hektoliter
Kartoffeln	6,9 Millionen Tonnen
Rinderbestand	14,8 Millionen Tiere
Schweinebestand	23,6 Millionen Tiere
Steinkohle	79 Millionen Tonnen
Braunkohle	108 Millionen Tonnen
Erdgas	16,3 Milliarden m³
Strom	430 Milliarden kWh
– davon aus Kernkraft	145 Milliarden kWh
Stahl	41 Millionen Tonnen
Aluminium	744 000 Tonnen
Pkw	4 346 000 Einheiten
Schiffsbau	525 000 Bruttoregistertonnen
Kunststoffe	8,4 Millionen Tonnen
Gummi	496 000 Tonnen
Synthetikfasern	826 000 Tonnen
Baumwollfasern	204 000 Tonnen
Bier	94,1 Millionen Hektoliter
Fernsehgeräte	3 700 000

Erzeugung wichtiger Güter

Östliche Bundesländer (ehem. DDR)
(Stand 1988/89)

Weizen	3,9 Millionen Tonnen
Kartoffeln	11,3 Millionen Tonnen
Rinderbestand	5,7 Millionen Tiere
Schweinebestand	12,5 Millionen Tiere
Braunkohle	310 Millionen Tonnen
Kalisalze	3,5 Millionen Tonnen
Strom	118 Milliarden kWh
Stahl	8,3 Millionen Tonnen
Schiffsbau	282 700 Bruttoregistertonnen
Bier	24,3 Millionen Hektoliter

Verwaltungsgliederung

Land	Fläche (in km²)	Bevölkerung	Hauptstadt
Baden-Württemberg	35 751	9 619 000	Stuttgart
Bayern	70 553	11 221 000	München
Berlin	882	3 410 000	Berlin
Brandenburg	29 059	2 641 000	Potsdam
Bremen	404	674 000	Bremen
Hamburg	755	1 626 000	Hamburg
Hessen	21 114	5 661 000	Wiesbaden
Mecklenburg-Vorpommern	23 838	1 964 000	Schwerin
Niedersachsen	47 344	7 238 000	Hannover
Nordrhein-Westfalen	34 070	17 104 000	Düsseldorf
Rheinland-Pfalz	19 847	3 702 000	Mainz
Saarland	2 568	1 065 000	Saarbrücken
Sachsen	18 337	4 901 000	Dresden
Sachsen-Anhalt	20 445	2 965 000	Magdeburg
Schleswig-Holstein	15 727	2 595 000	Kiel
Thüringen	16 251	2 684 000	Erfurt

Klimadaten

Stadt	Höhe (m ü. M.)	Mittlere Temperatur des kältesten Monats (in °C)	Mittlere Temperatur des wärmsten Monats (in °C)	Jährliche Niederschläge (in mm)	Anzahl der Tage mit Niederschlägen pro Jahr
Hamburg	22	0	17,5	715	190
Rostock	20	0	17,5	630	175
Berlin	55	−0,5	19	591	167
Leipzig	131	−0,5	19	595	171
Frankfurt a. M.	103	1,5	20	676	173
München	524	−2	18	957	180

LÄNDER DER ERDE

EUROPA

Die Geschichte Deutschlands

Frühzeit. Im 1. Jahrtausend v.Chr. siedeln sich die Germanen zwischen Rhein und Weichsel an und verdrängen die Kelten nach Gallien. 55 v.Chr. überqueren sie den Rhein und werden von Cäsar zurückgedrängt. Doch trotz des Sieges von Germanicus über Arminius (16 n.Chr.) können sich die Römer nur auf dem linken Rheinufer niederlassen. Zwischen dem Limes, der das römische Germanien seit Trajan schützt, und den Barbaren liegt das Dekumatland. Nach dem Untergang des weströmischen Reiches (476) werden mehrere germanische Königreiche gebildet. Das bedeutendste, das der Franken, bildet im Jahre 800 das Karolingerreich. Das Königreich Germanien entsteht aus der Teilung dieses Imperiums beim Vertrag von Verdun (843).

Das Heilige Reich und das Papsttum. Der Sachse Otto I., der Große, König von Germanien, zieht nach Italien und gründet 962 das Heilige Römische Reich Deutscher Nation. Otto und seine Nachfolger greifen in die Angelegenheiten der Kirche ein. Die Dynastie der Salier, die 1024 auf die Ottonen folgt, gerät mit dem Investiturstreit in Konflikt mit dem Papsttum, der politisch durch die Erniedrigung von Kaiser Heinrich IV. in Canossa (1077) gekennzeichnet ist. Danach steigt unter den Hohenstaufen mit Friedrich I. Barbarossa (1152–1190) und Friedrich II. (1220–1250) der Kampf zwischen Papst und Reich auf den Höhepunkt, ein Streit, der ebenfalls zugunsten Roms endet. Dieser Triumph des Papsttums führt in Deutschland zur Anarchie. Nach einem langen Interregnum (1250–1273), das den Hansestädten zugute kommt (Lübeck, Bremen, Hamburg ...) kommen die Habsburger mit Rudolf (1273–1291) auf den Kaiserthron (1273). Sie haben mit Gegenkönigen zu kämpfen, die teilweise gleichzeitig bestehen; so wird Karl IV. von Luxemburg (1346–1378), der König von Böhmen, 1355 zum deutschen Kaiser gekrönt. Er befreit Deutschland endgültig von der päpstlichen Herrschaft, indem er die Wahl des Kaisers in der Goldenen Bulle festlegt (1356).

Die Blütezeit des Reiches und die protestantische Reformation. Ab 1440 besitzen allein die Habsburger den Kaisertitel. Das Reich erlebt unter Maximilian I. (1493–1519) und Karl V. (1519–1556) seine Blütezeit. Als Karl V. 1556 abdankt, hat sich mit dem Augsburger Religionsfrieden (1555) die Reformation in den nördlichen deutschen Staaten durchgesetzt (u.a. Anerkennung der Säkularisierungen und des Grundsatzes cuius regio, eius religio). Ferdinand I., der Bruder Karls V., der von 1558 bis 1564 deutscher Kaiser ist, fördert in Deutschland die katholische Reform. Seine Nachfolger vertreten zum einen eher eine tolerante Haltung gegenüber der Religion, zum anderen treiben sie, wie Ferdinand II. (1619–1637), durch katholische Intoleranz einige ihrer Untertanen zum Aufstand. Der Prager Fenstersturz (23. Mai 1618) geht dem Aufstand der Tschechen voraus, und es beginnt ein neuer Religionskrieg, nämlich der Dreißigjährige Krieg (1618–1648). Das Land wird verwüstet, und es werden 35 Prozent der Bevölkerung getötet. Der Westfälische Frieden (1648) beendet diesen Krieg und macht jede Hoffnung auf eine Einigung Deutschlands zunichte. Deutschland zerfällt in 350 Staaten, eine Folge des Scheiterns der Politik der Habsburger und der Gegenreformation in Deutschland. Nach dem Niedergang von Wissen und Bildung entsteht im Verlauf des 17. und 18.Jh. dank der guten Universitäten ein neues deutsches Bürgertum.

Der Aufstieg Preußens. Die letzten habsburgischen Kaiser, Leopold I. (1658–1705), Josef I. (1705–1711), Karl VI. (1711–1740), Franz I. (1745–1765) (dessen Politik völlig von seiner Gattin Maria Theresia, Kaiserin von 1740 bis 1780, geprägt wird), Josef II. (1765–1790), Leopold II. (1790–1792) und Franz I. (1792–1806) verlieren das Interesse an Deutschland und wenden sich Italien und den europäischen Balkan- und Donaugebieten zu; der Reichstag (Gesandtenkongreß der Reichsstände) kann als ›immerwährender Reichstag‹ in Regensburg (seit 1664) keine gemeinsame deutsche Politik fördern. Neben den Habsburgern wächst der Ehrgeiz der Hohenzollern, der Kurfürsten von Brandenburg, dann ab 1701 Könige in Preußen; dieser Ehrgeiz zeigt sich bei König Friedrich II. (1740–1786), der nach der Art der ›aufgeklärten Fürsten‹ regiert und seinen Staat zum mächtigsten in Deutschland macht. Die französische Revolution von 1789, wenn sie auch in Deutschland (vor allem im Westen und im Süden) auf ein positives Echo stößt und Hoffnungen weckt, beunruhigt die deutschen Herrscher und besonders die Habsburger, die nach ihren Niederlagen gegen Bonaparte 1797 und 1800 nicht nur die französische Herrschaft auf dem linken Rheinufer zulassen, sondern auch auf die deutsche Kaiserkrone verzichten müssen. Mit der Niederlegung der Kaiserkrone ist auch das Heilige Römische Reich Deutscher Nation untergegangen. Napoleon I. bildet den Rheinbund, dessen Schutzherr er ist, aber diese Staatenverbindung erweist sich als ein instabiles Gebilde, das die französische Niederlage (1813–14) nicht überdauert, eine Niederlage, an der der preußisch-deutsche Nationalismus, der durch die militärische Niederlage von Jena und Auerstedt (1806) sowie den Frieden von Tilsit (1807) wieder aufgeflammt ist, großen Anteil hat. Der Wiener Kongreß (1814–1815) gesteht Preußen das Rheinland zu.

Der Deutsche Bund. Im neuen Deutschen Bund kommt es zwischen dem mächtigsten Staat Preußen und Österreich zu Spannungen. Der Kaiser von Österreich hat den Ehrenvorsitz des Bundes, dessen wichtigstes Organ der Bundestag von Frankfurt ist. Von 1818 bis 1833 bildet Preußen um sich ein Gebiet eine Zollunion oder einen Zollverein, dem ab 1834 mehrere Staaten des Südens beitreten: Bayern, Hessen-Darmstadt und Württemberg. Aber die politische Einheit Deutschlands ist nur schwer zu verwirklichen. Die Hohenzollern versuchen nun, die Habsburger aus Deutschland zu verdrängen. Nach der Revolution von 1848, die zugleich liberal und national war, bietet die Nationalversammlung in Frankfurt die Kaiserkrone dem Preußenkönig Friedrich Wilhelm IV. an, die dieser aus legitimistischen Gründen und außenpolitischen Rücksichten (Druck Österreichs) ablehnt.

Die deutsche Einheit. Die deutsche Geschichte erfährt eine Wende, als 1861 Wilhelm I. auf den preußischen Thron kommt, Fürst Bismarck (1862) zum Ministerpräsidenten macht und die Umbildung seines Heeres Moltke überläßt. Schwerpunkt ist nun Berlin. Nachdem Preußen die Österreicher bei Sadowa (Königgrätz) besiegt hat (1866), bildet es den Norddeutschen Bund (1866–1870), der die Staaten nördlich des Mains umfaßt. Der Krieg zwischen Frankreich und Deutschland 1870–71, der mit einem Sieg der Armee von Moltke endet, besiegelt die politische Einheit Nord- und Süddeutschlands; am 18. Januar 1871 wird Wilhelm zum deutschen Kaiser ausgerufen; Bismarck wird erster Kanzler eines Deutschlands mit 25 Staaten, das von Preußen regiert wird. Der Friedensvertrag von Frankfurt teilt dem Reich das Elsaß und einen Teil Lothringens zu, sowie eine Entschädigung in Höhe von 5 Milliarden Francs, die zur wirtschaftlichen Entwicklung beitragen.

Deutschland unter Bismarck (1870 bis 1890). Deutschland wird zu einer dicht besiedelten, stark industrialisierten, führenden Wirtschaftsmacht. Diese Entwicklung führt zu sozialen Spannungen; die sozialistisch bestimmte und die konfessionell ausgerichtete Arbeiterbewegung nimmt sich der Lösung der sozialen Frage an. Gleichzeitig gewinnt Bismarck eine Schiedsrichterstellung in Europa; seine Politik zielt darauf ab, Frankreich in der Isolierung zu halten, von dem er ›Vergeltung‹ befürchtet. Im Innern beginnt Bismarck den Kampf gegen die Katholiken (*Kulturkampf*, 1871–1878), muß sich dann aber mit ihnen einigen. Er versucht, die starke Sozialdemokratie politisch zu überwinden, indem er eine fortschrittliche soziale Gesetzgebung schafft. Nach dem Tode von Wilhelm I. (1888) kann sich Bismarck nicht mit Friedrich III. einigen, der nur einige Wochen regiert; noch weniger versteht er sich mit dessen Sohn Wilhelm II. (1888–1918) und muß 1890 zurücktreten.

Das wilhelminische Deutschland. Deutschland verfolgt eine Wirtschaftspolitik, die es 1914 zur führenden Macht in Europa mit 67 Millionen Einwohnern (gegenüber 41 im Jahr 1871) macht. In Konkurrenz mit der Kolonialpolitik z.B. Großbritanniens und Frankreichs nimmt der deutsche Imperialismus, besonders gefördert von den Alldeutschen (Pangermanismus), sehr dynamische Formen an. Aus vielen Krisen heraus bricht schließlich der Erste Weltkrieg aus (August 1914), dessen tiefere Ursache der zweifache Antagonismus Frankreich-Deutschland und Österreich-Rußland ist. Deutschland wird schließlich durch die Armeen der Entente besiegt, denen die Vereinigten Staaten zu Hilfe kommen. Am 9. November 1918, zwei Tage vor dem Waffenstillstand von Compiègne, dankt Wilhelm II. ab; alle Herrscher des Reiches folgen seinem Beispiel.

Die Weimarer Republik. Sogleich wird die deutsche Republik ausgerufen, deren erster Präsident Ebert wird. Das Parlament, das in Weimar tagt, arbeitet die Verfassung aus (1919). Die Weimarer Republik behauptet sich zunächst trotz schlimmster wirtschaftlicher, sozialer, diplomatischer und ideologischer Schwierigkeiten. Verzögerungen bei den deutschen Reparationsleistungen führen zur Besetzung des Ruhrgebietes durch französische Truppen (1923–1925). Der Aufschwung des Kommunismus, der durch die galoppierende Inflation begünstigt wird, die Weltwirtschaftskrise von 1929 und die Arbeitslosigkeit (6 Millionen Arbeitslose 1932) führen im Gegenzug zum Aufkommen des Nationalsozialismus, der sich gegen die Bedingungen des Versailler Vertrags von 1919 und – bestimmt von einem aggressiven Antisemitismus – gegen das demokratisch-parlamentarische System stellt. Die Versuche des Außenministers (1923–1929) Gustav Stresemann, sich Frankreich und den Alliierten anzunähern (Abkommen von Locarno, 1925) blieb ohne nachhaltiges Echo. Mit der Wahl Hindenburgs zum Präsidenten gewann der Nationalismus an Stärke. Im Zeichen der Weltwirtschaftskrise gewann Adolf Hitler, der ›Führer‹ der Nationalsozialistischen Arbeiterpartei (NSDAP), eine Schlüsselstellung unter den nationalistisch-rassistischen Kräften.

Das ›Dritte Reich‹. Nach seiner Ernennung zum Kanzler (30. Januar 1933) und der Übertragung weitgehender Regierungsvollmachten

LÄNDER DER ERDE

Bundesrepublik Deutschland

errichtete Hitler als ›Führer und Reichskanzler‹ ein diktatorisches Regierungssystem. Anläßlich des Reichstagsbrandes (27. 2. 1933) erwirkte er Notverordnungen des Reichspräsidenten Hindenburg, besonders die ›Verordnung zum Schutz von Volk und Staat‹ vom 28. 2. 1933, die die Grundrechte der Weimarer Verfassung außer Kraft setzte. Mit Hilfe der SS und der von ihm gelenkten Geheimen Staatspolizei (Gestapo) ließ er Andersdenkende und ideologisch mißliebige Personengruppen, bes. die Juden, verfolgen (Errichtung von Konzentrationslagern). Mit dem Ermächtigungsgesetz (24. 3. 1933) übergab der Reichstag mit den Stimmen der NSDAP und der bürgerlichen Parteien gegen den Widerstand der SPD die gesamte Staatsgewalt an die Regierung Hitler. Im Zuge einer expansionistischen (›pangermanistischen‹) Außenpolitik annektierte er Österreich (März 1938) und das Sudetenland (Münchener Abkommen, Sept. 1938); mit Waffengewalt zerschlug er im März 1939 die Tschechoslowakei. Mit dem Angriff auf Polen löst Hitler den Zweiten Weltkrieg aus (1939–1945), in dem Deutschland zuerst über alle Gegner außer den Briten siegt und es zur herrschenden Macht in Europa wird (1939–1943). Aber die Niederlagen der Armeen Hitlers in der UdSSR (Stalingrad) und die massiven Kriegsbemühungen der Vereinigten Staaten und ihrer Alliierten gehen dem Untergang des Dritten Reichs voraus (Mai 1945). Das gesamte verwüstete und erschöpfte Deutschland (5 Millionen Tote) wird von den Armeen der UdSSR, der USA, Großbritanniens und Frankreichs besetzt. Deutschland wird auf seine Grenzen von 1937 ohne Pommern, Ostpreußen und Schlesien reduziert. Das Land bleibt vier Jahre ohne Regierung, die Autorität wird gemäß den ›Verträgen von Jalta (Februar) und Potsdam (2. August 1945)‹ vom Kontrollrat ausgeübt, in dem die Befehlshaber der vier Besatzungsmächte sitzen, denen jeweils eine Zone zugewiesen wird. In Nürnberg richtet ein internationales Gericht über die großen Kriegsverbrechen der Nazis. Das politische Leben beginnt schon 1945 wieder; die Sowjets errichten in ihrer Zone eine von einer sozialistischen Einheitspartei (SED), die Kommunisten und Sozialdemokraten vereint, gelenktes Regierungssystem; Amerikaner, Briten und Franzosen bilden für ihre Besatzungszonen eine gemeinsame Verwaltung.

Geschichte der Bundesrepublik

Von der Besetzung wieder zur Selbstbestimmung. 1949, als die Blockade Berlins beendet wird, verkündet die Hohe Kommission der Alliierten das vom Parlamentarischen Rat ausgearbeitete Grundgesetz, das aus der zukünftigen Bundesrepublik Deutschland (BRD) einen föderalistischen Staat macht, der zwar unabhängig, jedoch immer noch von den Alliierten besetzt ist. Im August finden die Wahlen zum ersten Bundestag statt. Es bilden sich vier große Parteien heraus: CDU, CSU, SPD und FDP. Der zum Bundespräsidenten gewählte Theodor Heuss (Sept. 1949) beruft den Vorsitzenden der CDU, Konrad Adenauer, zum Kanzler (1949–1963). Die Bundesrepublik, die 1955 ein souveräner Staat wird, umfaßt zwei Drittel der deutschen Bevölkerung, da sie mehr als 10 Millionen Flüchtlinge aus dem Osten aufnehmen muß; danach nimmt sie zahlreiche Deutsche auf, die die DDR und die sowjetische Zone Berlins verlassen; 1957 wird das Saarland endgültig an die Bundesrepublik angegliedert.

Das deutsche Wirtschaftswunder. Als entschlossener Anhänger des wirtschaftlichen Liberalismus setzt Wirtschaftsminister Ludwig Erhard, gestützt von Kanzler Adenauer, das Prinzip der ›sozialen Martkwirtschaft‹ durch. Auf dieser Basis verdreifacht sich zwischen 1950 und 1967 das Bruttosozialprodukt.

Europäische Gemeinschaft und Ostpolitik. Die BRD wird Mitglied der Europäischen Gemeinschaft. Die deutsch-französische Versöhnung, die stark von dem Treffen Adenauers mit de Gaulle 1958 gefördert wird, wird zu einem Pfeiler eines neuen Europas. Diese Politik wird unter den Kanzlern Ludwig Erhard (1963–1966) und Kurt Georg Kiesinger (1966–1969) weitergeführt; letzterer bildet eine Regierung der ›großen Koalition‹ mit der SPD, deren Vorsitzender Willy Brandt Außenminister wird. An der Spitze einer Koalition aus SPD und FDP (›sozialliberale Koalition‹) wurde 1969 Brandt Bundeskanzler (bis 1974). Dieser richtet seine Außenpolitik stark auf die Öffnung nach Osten (Ostpolitik) sowie auf die Normalisierung der Beziehungen zwischen beiden deutschen Staaten aus, die 1973 der UNO beitreten dürfen. Diese Politik stößt auf die Ablehnung der CDU. 1974 wird Brandt von Helmut Schmidt (SPD) als Bundeskanzler abgelöst. Er festigt das Einvernehmen zwischen Paris und Bonn, behält jedoch die Ostpolitik bei; durch die Teilnahme an einer Entspannungspolitik (Vertrag von Helsinki) erhält er entschlossen die Bindungen mit den USA und der NATO. 1976 und 1980 gewinnt die sozial-liberale Koalition bei den Wahlen, aber die christdemokratische Opposition wird stärker, das Aufkommen der Grünen (Pazifisten und Umweltschützer) und wachsende Spannungen besonders mit der UdSSR (sowjetische Rüstung) schmälern allmählich die Autorität der Regierung. 1982 bricht die Regierung auseinander, und Helmut Kohl wird zum Kanzler gewählt. Die neue christlich-liberale Koalition gewinnt die Wahlen von 1983, 1987 und 1990. Angesichts der Staatskrise der DDR (seit Oktober 1989) legt Kohl im November 1989 einen Stufenplan zur Wiederherstellung der deutschen Einheit vor.

Geschichte der Deutschen Demokratischen Republik

Bis 1949. S. S. 412.
Von der sowjetischen Besetzung bis zur Krise von 1953. In der sowjetischen Besatzungszone bildet sich im Oktober 1949 die Deutsche Demokratische Republik, deren erster Präsident Wilhelm Pieck ist. Unter dem Schutz der sowjetischen Besatzungsmacht setzt die SED, marxistisch-leninistisch orientiert und nach sowjetischem Vorbild aufgebaut, im Rahmen eines von ihr geführten Parteienblocks ihren alleinigen Führungsanspruch durch und unterwirft das Land rasch einer Planwirtschaft. Maßgeblicher Politiker

413

LÄNDER DER ERDE

EUROPA

ist Walter Ulbricht, der Erste Sekretär der SED, der 1960 auch die Funktion des Staatsratsvorsitzenden (Staatsoberhaupt) übernimmt. Die Regierung (u. a. unter Otto Grotewohl, 1949–1964 und Willi Stoph 1964–1973 und 1973–1989) folgt – im Sinne des stalinistischen Systems – den politischen Grundlinien der kommunistischen Staatspartei. Das Land erholt sich nur schwer von den Kriegsfolgen. Die Alltagssorgen (besonders jedoch die Erhöhung der Arbeitsnormen) lösen am 16./17. Juni 1953 einen Arbeiteraufstand aus, der von sowjetischen Truppen niedergeschlagen wird.

Verbesserung der Beziehungen zur Bundesrepublik Deutschland. Die ›Berliner Mauer‹ wird 1961 gebaut, um der Abwanderung der Ostdeutschen in die BRD Einhalt zu gebieten. Doch im Rahmen der Politik der friedlichen Koexistenz und der Entspannung zwischen Ost und West normalisieren sich die Beziehungen zwischen beiden Teilen Deutschlands. Seit 1971 ist Erich Honecker Erster Sekretär (später Generalsekretär) der SED, seit 1976 auch Staatsratsvorsitzender. 1972 schließen die beiden deutschen Staaten den Grundvertrag. Im Sinne der (seit 1955 von der UdSSR und der DDR vertretenen) Zweistaatentheorie und einer Politik der Abgrenzung (Gesellschaftliche Unvereinbarkeit einer sozialistischen und kapitalistischen Nation) schafft die Partei- und Staatsführung der DDR mit der Verfassungsrevision von 1974 alle in ihr erhaltenen Hinweise auf eine Wiedervereinigung ab. Unter streng außenpolitischen Gesichtspunkten sucht Honecker eine gewisse Annäherung an die BRD, die er gerne aus der NATO lösen möchte, und besucht als erster ostdeutscher Staatschef die BRD 1987.

Das vereinte Deutschland

Unter dem Eindruck der von Michail Gorbatschow in der UdSSR eingeleiteten Reformen (›Perestroika‹), der Entspannung im Ost-West-Konflikt, eines über Ungarn (via Österreich), Polen und die ČSFR sich in die Bundesrepublik ergießenden Flüchtlingsstromes sowie einer von Hunderttausenden getragenen Protestbewegung im Innern bricht in der DDR das kommunistische Regierungssystem nach Öffnung der Berliner Mauer (9. November 1989) zusammen. Im Zuge einer in der Bevölkerung der DDR sich ständig steigernden Forderung nach Bildung eines einheitlichen deutschen Staates tritt seit Anfang 1990 immer mehr die Notwendigkeit einer Wirtschaftsreform in der DDR (Übernahme marktwirtschaftlicher Grundsätze, z. B. Gewerbefreiheit) und der Einführung der DM dort in den Vordergrund der polit. Diskussion. In enger Verknüpfung mit den Problemen der Neuorganisation von Wirtschaft und Währung steht die Notwendigkeit einer sozialen Absicherung der Menschen gegenüber den Folgen der gesellschaftlichen Umwandlung auf dem Gebiet der DDR (z. B. Sicherung der Renten). Am 18. März 1990 fanden freie Wahlen zur Volkskammer statt, aus denen die von der CDU geführte ›Allianz für Deutschland‹ (AfD) als Gewinner hervorgeht. Am 1. Juli 1990 vereinbarte die Regierung unter Ministerpräsident Lothar de Maizière (gewählt am 12. April 1990) mit der Regierung der Bundesrepublik Deutschland unter Bundeskanzler Helmut Kohl eine Wirtschafts-, Währungs- und Sozialunion. Mit dem Vertrag vom 12. September 1990 zwischen der Bundesrepublik Deutschland und der DDR einerseits sowie den vier Siegermächten des Zweiten Weltkriegs andererseits (›Zwei-Plus-Vier-Gespräche‹) werden die äußeren Aspekte der deutschen Einheit auf eine völkerrechtliche Grundlage gestellt. Am 3. Oktober tritt die DDR dem Grundgesetz der Bundesrepublik Deutschland bei. Am 14. Oktober 1990 finden in den neugebildeten Ländern im Bereich der früheren DDR (Mecklenburg-Vorpommern, Brandenburg, Sachsen-Anhalt, Thüringen und Sachsen) Landtagswahlen statt. In einem Grenzvertrag mit Polen (14. November 1990) erkennt die Bundesrepublik Deutschland die Oder-Neiße-Linie als deutsche Ostgrenze an. Am 2. Dezember finden freie Wahlen – zum ersten Male seit 1932 – in ganz Deutschland statt: CDU: 268, CSU: 51, SPD: 239, FDP: 79, PDS (›Partei des Demokratischen Sozialismus‹, Nachfolgeorganisation der SED): 17, Bündnis '90/Grüne (Verbindung der Bürgerrechtsbewegungen in der früheren DDR mit den dortigen Grünen): 8 Mandate. Am 17. Januar 1991 wählt der Bundestag H. Kohl zum Bundeskanzler der Bundesrepublik Deutschland. – Mit dem Ausbruch des Krieges am Persischen Golf (17. 1. 1991) sieht sich das vereinigte Deutschland mit innenpolitischen Problemen (u. a. illegale Lieferung von militärtechnisch nutzbarem Material, bes. für die Produktion chem. Waffen) und außenpolitischen Belastungen (bes. ihr Verhältnis zu Israel) konfrontiert.

Staatliche Institutionen

Bundesrepublik mit 16 Bundesländern. ☐ Verfassung von 1949. ☐ Bundeskanzler: leitet die Bundesregierung (wird vom Bundespräsidenten vorgeschlagen und ist normalerweise der Chef der parlamentarischen Mehrheit). ☐ Bundespräsident: auf 5 Jahre von der *Bundesversammlung* (Bundestag und Vertreter der Landtage) gewählt. ☐ Zwei Kammern: *Bundestag,* gewählt auf 4 Jahre; *Bundesrat,* von den Landesregierungen ernannt.

NIEDERLANDE
NEDERLAND

Offizieller Name: Königreich der Niederlande.

Hauptstädte: Amsterdam und Den Haag ('s-Gravenhage). ☐ **Währung:** Gulden (= 100 Cent). ☐ **Amtssprache:** Niederländisch. ☐ **Überwiegende Religionen:** katholisch und protestantisch.

Staatsoberhaupt: Königin Beatrix (Beatrix Wilhelmina Armgard) [seit 1980]. ☐ **Ministerpräsident:** Ruud Lubbers (seit 1982).

Flagge: Die ›Prinsenvlag‹ oder Flagge des Prinzen wurde von den Anhängern des Prinzen von Oranien mitgeführt, als sich die Niederländer gegen Philipp II. von Spanien erhoben. Das orangefarbene Band wurde durch ein rotes ersetzt, als das Banner zur Fahne der Republik Batavia und dann des Königreiches Holland (später der Niederlande) wurde. ☐ **Nationalhymne:** ›Wilhelmus van Nassouwe / Ben ick van Duytschen Bloet, / Het Vaterland getrouwe / Blijf ick tot's Lats behoet; / Een Prince van Orangien / Ben ick vry onverveert, / Den Coninck van Hispanien / hebb' ick altijd geeert ...‹ (Ich heiße Wilhelm / Nassau von den Niederlanden, / Ich bin von deutschem Blut, dem Vaterland treu / immer bis zum Ende; / Ich bin Prinz von Oranien, und bleibe furchtlos frei; / Ich habe den Herrscher Spaniens immer geehrt ...); Text von Philipp von Marnix, Baron von Sainte-Aldegonde (1540–1598); Musik von einem unbekannten Komponisten. Seit 1932 offiziell. ☐ **Nationalfeiertag:** 30. April (Geburtstag der Königin) und 5. Mai (Jahrestag der Kapitulation der deutschen Truppen 1945).

Fläche: 34 000 km². ☐ **Höchste Erhebung:** 321 m.

Bevölkerung (1989): 14 900 000 Ew. *(Niederländer)* ☐ Durchschnittliche Bevölkerungsdichte: 363 Ew. pro km². ☐ Jährliches Bevölkerungswachstum: 0,5 ‰. ☐ Geburtenrate: 13 ‰. ☐ Sterbeziffer: 8 ‰. ☐ Kindersterblichkeit: 7 ‰. ☐ Lebenserwartung: 77 Jahre. ☐ Anteil unter 15 Jahren: 19 %. ☐ Anteil 65 Jahre und älter: 12 %. ☐ Stadtbevölkerung: 88 %.

Verwaltungsgliederung: 12 Provinzen. **Außenbesitzungen:** Aruba (75 km², 60 000 Ew.), Niederländische Antillen (Curaçao, Bonaire u. a., etwa 800 km², 200 000 Ew.).

Bruttoinlandsprodukt gesamt (1987): 212 Milliarden Dollar. ☐ Bruttoinlandsprodukt/Kopf: 14 500 Dollar. ☐ Produktionsstruktur: Landwirtschaft 5 %; Industrie 28 %; Dienstleistungen 67 %. ☐ Arbeitslosenquote (1988): 9,5 %.

Verkehr: Straßen 97 189 km (davon 1 872 km Autobahn); Eisenbahn 2 867 km (davon 1 810 km elektrifiziert).

Exporte (1987): 43,1 % des Bruttoinlandsprodukts (92,5 Milliarden Dollar). ☐ Importe (1987): 42,4 % des Bruttoinlandsprodukts (91 Milliarden Dollar). ☐ Auslandsschulden: nicht bekannt. ☐ Inflationsrate (1987): 1,3 %.

Militärausgaben (1988): 4,014 Milliarden Dollar. ☐ Streitkräfte: 103 600, davon 1 700 Frauen. ☐ Wehrdienst: 14 bis 16 Monate bei den Landstreitkräften; 14 bis 17 Monate in Marine und Luftwaffe.

Geschichte

Die historische Region im Nordwesten Europas erstreckt sich ungefähr von der Emsmündung im Nordosten bis zu den Artoishügeln im Südwesten und von der Nordsee im Nordwesten bis zur Limburger Ebene und den Höhen der Ardennen im Südosten. Bis 1830 haben Belgien und das Königreich der Niederlande eine gemeinsame Geschichte.

Von den Ursprüngen bis zum Karolingerreich. Die frühe Präsenz des Menschen in dieser Region wird von den Megalithen (Dolmen) und den Grabhügeln aus der Bronzezeit sowie durch die Urnengräber aus der Eisenzeit bestätigt. Im 1. Jh. v. Chr. wird das Land von keltischen (Menapier, Nerwer) und germanischen (Eburonen, Bataver, Friesen) Volksstämmen besiedelt. 57 v. Chr. dringt Cä-

Die größten Ballungsgebiete

Rotterdam	1 030 000	Utrecht	516 000
Amsterdam	1 016 000	Eindhoven	378 000
Den Haag	678 000		

Stadtgemeinden

Amsterdam	676 000	Apeldoorn	144 000
Rotterdam	554 000	Zaanstad	128 000
Eindhoven	192 000	Breda	113 000
Tilburg	154 000	Dordrecht	107 000
Nimwegen	147 000	Leiden	105 000
Enschede	145 000		

LÄNDER DER ERDE

sar in Belgien ein, die Römer besetzen das Land und machen es zur Provinz Gallia Belgica (15 v. Chr.). Die römische Vorherrschaft wird erst im 4. Jh. zurückgedrängt, als mit der Einwanderung der Germanen die ersten christlichen Gemeinden gegründet werden (Bistum von Tongern). Die Sachsen siedeln sich im Osten der späteren Niederlande an, und die Franken besetzen die mittleren Gebiete. Die Christianisierung wird erst im 8. Jh. vollendet, als Karl der Große diese Völker unterwirft. Die karolingische Verwaltung ermöglicht eine wirtschaftliche Entwicklung sowie die Gründung von Textilmanufakturen.

Von Karl dem Großen bis zur burgundischen Zeit. Normanneninvasionen im 9. Jh. und Gebietsaufteilungen (Vertrag von Verdun, 843; Vertrag von Meerssen, 870) schwächen das Land. Es bilden sich zahlreiche Feudalfürstentümer (Herzogtümer von Geldern und Brabant; Grafschaften von Holland, Flandern und Hainaut, Bistümer von Utrecht und Lüttich). Während auf dem Seeweg neue Gebiete erschlossen werden (12. bis 13. Jh.), erleben die Städte einen bemerkenswerten

Erzeugung wichtiger Güter

Weizen	785 000 Tonnen
Kartoffeln	7,5 Millionen Tonnen
Zucker	1 Million Tonnen
Fischfang	435 000 Tonnen
Rinderbestand	4,5 Millionen Tiere
Milch	11,9 Millionen Tonnen
Käse	559 000 Tonnen
Schweinebestand	14 Millionen Tiere
Fleisch	2,6 Millionen Tonnen
Erdöl	4,2 Millionen Tonnen
Erdgas	66 Milliarden m³
Aluminium	271 000 Tonnen
Stahl	5,5 Millionen Tonnen
Kunststoffe	2,9 Millionen Tonnen

Aufschwung. Am Knotenpunkt der Land-, Fluß- und Seewege gelegen, bereichern sich am Tuchhandel (Gent, Ypern, Brügge), an der Nahrungsmittelindustrie (Delft, Gouda, Hoorn) und an der Metallverarbeitung (Dinant, Lüttich, Huy). Zur gleichen Zeit ringen die Städte den Fürsten Freibriefe ab, die ihnen die Selbstverwaltung erlauben. Aber bald kommt es zu sozialen Spaltungen, wodurch das städtische Patriziertum und das Volk (Textilarbeiter besonders in Flandern) in Konflikt geraten. Diese Unruhen führen zum Bund der Patrizier mit dem König von Frankreich. Der Sieg Karls VI. über die Gemeindeheere in Rozebeke (1382) markiert den Rückzug der städtischen Emanzipationsbewegung. 1369 gibt der Graf von Flandern, Ludwig, seine Tochter dem Herzog von Burgund, Philipp dem Kühnen, zur Frau.

Die burgundische und die spanische Zeit. Diese Heirat macht Flandern zum ersten Fürstentum der Niederlande, das in die burgundischen Staaten eingegliedert wird. Durch Käufe, Heiraten und Erbschaften gelingt den Nachfolgern Philipps des Kühnen die allmähliche Eroberung der Niederlande. Unter Philipp dem Guten (1419–1467) wird die Verwaltung durch die Schaffung eines Großen Rates, zweier Rechnungskammern und eines Gerichtshofs in Holland zentralisiert. Die Tochter und Erbin Karls des Kühnen, Maria von Burgund, heiratet 1477 Maximilian von Österreich. Die Niederlande sind daraufhin Teil des Besitzes der Habsburger, und die Heirat (1496) Philipps des Schönen, des Sohnes Maximilians, mit Johanna, der Tochter Ferdinands von Aragon, vereint das Schicksal beider Länder mit dem Spaniens. Der Sohn Philipps des Schönen, Karl V., bringt es auf 17 Provinzen, indem er Friesland (1524), Groningen (1536) und Geldern (1543) erobert. 1548 vereinigt er die burgundischen Länder zu einem Reichskreis, der, souverän in Gericht und Hoheitsrechten, unter dem Schutz des Kaisers stehen soll. Zur gleichen Zeit erlebt das Land eine starke wirtschaftliche Expansion. Erweiterte Handelswege und die geistigen Strömungen der Zeit bewirken eine starke Verbreitung der Reformationsidee; diese wird zudem durch die Toleranz der Regentin der Niederlande, Margarete von Österreich (1519 bis 1530), gefördert. Das Problem der Religionsfreiheit, vereint mit nationalistischem Gedankengut, findet sich als zentrales Thema beim Aufbegehren gegen den Absolutismus Philipps II. wieder.

Der Aufstand und der Achtzigjährige Krieg. 1555 folgt Philipp II. seinem Vater als Fürst der Niederlande. Als Regentin setzt er seine Halbschwester Margarete von Parma (1559–1567) ein und beginnt eine autoritäre und gegenüber den Protestanten feindselige Politik, was das Volk und den Adel gegen ihn aufbringt. Drei Großherren übernehmen die Führung der Opposition: Wilhelm von Oranien und die Grafen von Egmont und Hornes. Der kleine Adel vereinigt sich (Kompromiß von Breda) und verlangt von Margarete von Parma die Abschaffung der Inquisition (1566). Die Ehrenmänner werden als ›Geu-

sen‹ behandelt. Eine gewaltige antikatholische Bewegung erhebt sich danach in Flandern, im Hainaut und danach in den nördlichen Provinzen (August–September 1566). Herzog Alba betreibt eine erbarmungslose Unterdrückungsherrschaft (Gouverneur von 1567 bis 1573), die zum allgemeinen Aufstand in Holland und Seeland führt. Diesem Aufruhr, der von Wilhelm von Oranien angeführt wird, werden bald weitere Rebellionen in Brabant, Hainaut und Artois folgen. Die Genter Pazifikation (1576) leitet die Vertreibung der spanischen Truppen und die Rückkehr zu religiöser Toleranz ein. Dennoch entzweien sich die Aufständischen. Die mehrheitlich katholischen Südprovinzen Artois und Hainaut unterwerfen sich 1579 Spanien in der Union von Arras, wohingegen die calvinistischen Provinzen Geldern, Holland, Seeland, Utrecht, Friesland, Oberissel und Groningen 1579 die Union von Utrecht ausrufen, die zur Grundlage der künftigen ›Generalstaaten‹ wird. 1581 erklären die Nordprovinzen feierlich ihre Unabhängigkeit von Philipp II. Der neue Generalstatthalter der Niederlande, Alexander von Farnese (1578–1592) stellt die endgültige Rückeroberung der mittleren Niederlande zugunsten Spaniens und der Kirche sicher. Noch mehr als 60 Kriegsjahre lang sollten die nordischen Provinzen um ihre Unabhängigkeit kämpfen. Die Auseinandersetzungen sind in einer ersten Phase von der Allianz mit England und der Bestätigung der Nordprovinzen als Seemacht geprägt, später, nach dem Ende des 12jährigen Waffenstillstandes, von der französischen Unterstützung im Dreißigjährigen Krieg, bis Spanien schließlich im Vertrag von Münster (1648) die Unabhängigkeit der niederländischen Provinzen anerkennt.

Die Niederlande im 17. und 18. Jh. Nach dem Tode der Infantin Isabelle (1633) gehen die mittleren Niederlande an Spanien zurück. Am Ende des spanischen Erbfolgekrieges (1701–1714) werden sie an Österreich zurückgegeben. Im 18. Jh. versuchen die österreichischen Herrscher, den Wohlstand in den südlichen Niederlanden zu fördern. Die ungeschickten Reformen Josefs II. und sein Versuch, die Autonomie der Provinzen zurückzudrängen (1787), führen zu Aufständen (1787–1789). Ein bewaffneter Aufstand vertreibt die Österreicher aus dem Land (1789). In den Vereinigten Provinzen führen das Aufkommen demokratischer Ideen (Bewegung der Patrioten) und der vernichtende Ausgang des vierten englischen Krieges (1780–1784) zu den Revolutionsunruhen von 1786. Der zur Flucht gezwungene Wilhelm V. wird dank ausländischer Hilfe wieder eingesetzt. Viele Patrioten fliehen nach Frankreich. Das Eingreifen Österreichs zugunsten Ludwigs XVI. zieht die Niederlande in den Krieg gegen den Konvent hinein. Der Sieg von Fleurus (1794) öffnet den Weg zu allen Niederlanden. 1795 werden die Vereinigten Provinzen zur Batavischen Republik, während die mittleren Niederlande in französischen Départements organisiert werden (1797). Napoleon I. erläßt 1805 eine Verfassung und wandelt dann die

Staatliche Institutionen

Parlamentarische Monarchie. ☐ Verfassung von 1815. ☐ Das Staatsoberhaupt hat gewisse Befugnisse, besonders bei der Regierungsbildung. ☐ Der Ministerpräsident ist dem Parlament verantwortlich, das eine Erste Kammer, die auf 6 Jahre gewählt ist, und eine Zweite Kammer, die auf 4 Jahre gewählt ist, umfaßt.

Klimadaten

Stadt	Mittlere Temperatur des kältesten Monats (in °C)	Mittlere Temperatur des wärmsten Monats (in °C)	Jährliche Niederschläge (in mm)	Anzahl der Tage mit Niederschlägen pro Jahr
Vlissingen	3	17,5	697	198
De Bilt (bei Utrecht)	1,5	17,5	764	217

Tiefsttemperaturen von unter −25 °C und −20 °C wurden in De Bilt und Vlissingen verzeichnet. In De Bilt hat das Thermometer nie 37 °C erreicht und nie mehr als 35 °C in Vlissingen (De Bilt liegt weiter vom Meer entfernt und weist daher etwas höhere Temperaturunterschiede auf).

LÄNDER DER ERDE

EUROPA

Batavische Republik zugunsten seines Bruders Ludwig (1806) in das Königreich Holland um. 1810 verliert Ludwig, der die Interessen seiner Untertanen über die seines Bruders stellt, sein Königreich, das nun Frankreich direkt unterstellt wird. 1815 beschließt der Wiener Kongreß, Belgien und Holland wieder zu einem einzigen Königreich der Niederlande zu vereinen.

Das Königreich der Niederlande bis 1830. 1815 wird das Königreich aus den ehemaligen Vereinigten Provinzen, der ehemaligen österreichischen Niederlande und aus dem Großherzogtum Luxemburg gebildet. Wilhelm I., König der Niederlande, billigt seinen Untertanen eine Verfassung zu. Aber die belgisch-holländische Union scheitert an vielen Widersprüchen, und 1830 erklärt Belgien seine Unabhängigkeit.

1830 bis 1945. Diese Unabhängigkeit reduziert die Niederlande praktisch auf die Gebiete der Vereinigten Provinzen. König Wilhelm I. fördert die Industrie und leitet die erneute Niederlassung der Niederländer in Indonesien. 1848 billigt Wilhelm II. eine Verfassung, die ein Zensuswahlrecht für die zwei Kammern erstellt. 1849 kommt Wilhelm III. an die Macht. Die Wiedereinsetzung der Hierarchie ihrer Kirche (1851) erlaubt es den Katholiken, sich in das politische Leben des Landes zu integrieren. Ende des 19. Jh. sind die Niederlande wieder eine führende Handelsmacht. Der wirtschaftliche Aufschwung wird durch den Freihandel begünstigt, der 1862 eingerichtet wird. Unter dem Einfluß der Liberalen entwickelt sich von 1867 bis 1901 eine bedeutende Sozialgesetzgebung sowie ein mächtiges Gewerkschaftswesen. 1894 gründet Troelstra die sozialistische Partei. 1890 folgt die zehnjährige Wilhelmine ihrem Vater Wilhelm II. und herrscht unter der Regentschaft ihrer Mutter Emma bis zu ihrer Krönung (1898). Die übermäßige Zersplitterung der Parteien veranlaßt die Königin, eine außerparlamentarische Regierung zu bilden (1913–1918), die im Ersten Weltkrieg an der niederländischen Neutralität festhält. Die politischen Institutionen werden demokratisiert: allgemeines Wahlrecht (1917), Wahlrecht für Frauen (1918). Das Prinzip der Gleichheit zwischen staatlichem und privatem Unterricht wird ebenfalls durchgesetzt. Die christliche Koalition bleibt bis zum Bruch der diplomatischen Beziehungen mit dem Vatikan (1925) an der Macht. Von 1926 bis 1939 ist das politische Leben in den Niederlanden von der Weltwirtschaftskrise sowie dem fortschreitenden Nationalismus in Indonesien gezeichnet. 1940 wird das Königreich von den Deutschen besetzt. Die Königin und die Regierung fliehen nach England, von wo aus sie den Krieg fortsetzen. Die Niederlande leiden bis 1945 unter der deutschen Besatzung.

Die Niederlande seit 1945. Nach der Befreiung beteiligt sich das Land an der Bildung der Benelux-Staaten. 1948 dankt Königin Wilhelmine zugunsten ihrer Tochter Juliana ab. Das Kolonialreich zerfällt (Unabhängigkeit Indonesiens 1949 und Selbständigkeit Surinams 1954), und die Niederlande suchen mit ihren Nachbarn wirtschaftliche (Eintritt in die Europäische Gemeinschaft für Kohle und Stahl 1951–1953; Europäische Gemeinschaft 1957) und militärische Zusammenarbeit (NATO 1949). Von 1973 bis 1977 kämpft eine Regierung unter dem Sozialisten Joop Den Uyl mit den Auswirkungen des Ölembargos. 1980 dankt Königin Juliana zugunsten ihrer Tochter Beatrix ab. 1982 bildet Ruud Lubbers eine Koalition der rechten Mitte, die 1986 wiedergewählt wird.

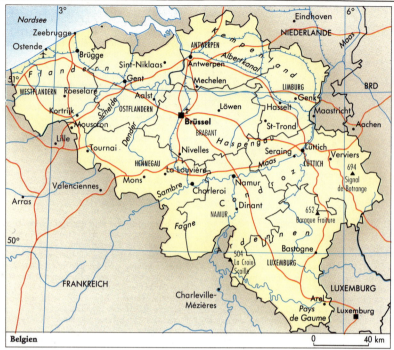

Belgien

BELGIEN
BELGIË, BELGIQUE

Offizieller Name: Königreich Belgien.

Hauptstadt: Brüssel *(Bruxelles)*. □ **Währung:** belgischer Franc (= 100 Centimes). □ **Amtssprachen:** Französisch und Niederländisch (Flämisch). □ **Überwiegende Religion:** katholisch.

Staatsoberhaupt: König Baudouin I. (seit 1951). □ **Ministerpräsident:** Wilfried Martens (seit 1979).

Flagge: Entstand in der Revolution von 1789 und wurde offiziell 1830 anerkannt. Die Farben greifen die des Herzogtums von Brabant auf. □ **Nationalhymne** (›La Brabançonne‹): ›Après des siècles d'esclavage, / Le Belge, sortant du tombeau, / A reconquis par son courage / Son nom, ses droits et son drapeau …‹ (Nach Jahrhunderten der Sklaverei steigt der Belgier aus seinem Grab hervor, durch seinen Mut hat er seinen Namen, seine Rechte und seine Flagge zurückerobert …). Der Urtext von Hyppolite Jenneval-Dechet (1801–1830), der für die Flamen nicht annehmbar war, wurde 1860 durch diesen heutigen Text von Charles Rogier (1800–1885) ersetzt. Musik von Franz van Campenhout (1779–1848). □ **Nationalfeiertag:** 21. Juli zum Gedenken der Unabhängigkeit, gleichzeitig Jahrestag des Eides auf die Verfassung von Leopold I. (1831).

Fläche: 30 500 km². □ **Höchste Erhebung:** 694 m beim Signal von Botrange.

Bevölkerung (1989): 9 900 000 Ew. *(Belgier).* □ **Durchschnittliche Bevölkerungsdichte:** 325 Ew. pro km². □ **Jährliches Bevölkerungswachstum:** 0,1 ‰. □ **Geburtenrate:** 12 ‰. □ **Sterbeziffer:** 11 ‰. □ **Kindersterblichkeit:** 9 ‰. □ **Lebenserwartung:** 73 Jahre. □ **Anteil unter 15 Jahren:** 19 %. □ **Anteil 65 Jahre und älter:** 14 %. □ **Stadtbevölkerung:** 96 %.

Bruttoinlandsprodukt gesamt (1987): 139 Milliarden Dollar.
Bruttoinlandsprodukt/Kopf (1987): 14 040 Dollar. □ **Produktionsstruktur:** Landwirtschaft 3 %; Industrie 30 %; Dienstleistungen 56,2 %. □ **Arbeitslosenquote** (1988): 10 %.
Verkehr: 126 359 km Straßen (davon 1 534 km Autobahn); Eisenbahn 3 741 km (davon 1 907 km elektrifiziert).
Exporte (1987): 82,8 Milliarden Dollar. □ **Importe** (1987): 83 Milliarden Dollar (beides zusammen mit Luxemburg).
Auslandsschulden: nicht bekannt.
Inflationsrate (1988): 1,1 %.
Militärausgaben (1987): 2,405 Milliarden Dollar. □ **Streitkräfte:** 91 248, davon 3 600 Frauen. □ **Wehrdienst:** 10 Monate oder 8 Monate in Deutschland.

Staatliche Institutionen

Konstitutionelle, vererbbare Monarchie seit der Verfassung von 1831 (Verfassungsreform geplant). □ 3 Regionen (Flandern und Wallonien, die jeweils eine Versammlung der Legislative und der Exekutive besitzen, und Brüssel). 3 Sprachgebiete: französisch, niederländisch (flämisch) und deutsch. □ Der Ministerpräsident ist dem Parlament verantwortlich. □ 2 Kammern mit gleichen Befugnissen, auf 4 Jahre gewählt: Abgeordnetenkammer und Senat (der Erbe der Krone ist automatisch Senator).

Geschichte

Die römische Vorherrschaft. Das belgische, von Kelten bevölkerte Gallien wird von Cäsar (57–51 v. Chr.) erobert und von Augustus als Provinz organisiert. Später wird es in drei Provinzen unterteilt. Wenn das römische Belgien auch wenig Städte besitzt, so ist es doch strategisch und wirtschaftlich für das Imperium von Bedeutung. Germanische Übergriffe (Franken) beeinflussen vor allem in sprach-

416

LÄNDER DER ERDE

licher Hinsicht mehr die nördlichen Gebiete (Flandern, Brabant, Kampen) als die südlichen (Wallonien), die eher romanisch geprägt sind.

Das Mittelalter. Beim Vertrag von Verdun (843) wird Belgien zwischen Frankreich (im Westen der Schelde) und Lothringen (das 925 an das Königreich Germanien angebunden wird) aufgeteilt; vom 9. bis zum 14. Jh. bilden sich Fürstentümer, während die Städte zu wichtigen Handels- und Produktionszentren werden (flämisches Tuch). Im 14. und im 15. Jh. wird Belgien Teil der sich bildenden Niederlande, die unter den Herzögen von Burgund ständig erweitert werden.

Die Herrschaft der Habsburger. 1477 läßt die Heirat Marias von Burgund mit Maximilian von Österreich die Niederlande an die Habsburger übergehen. Der Absolutismus Philipps II. von Spanien und die Exzesse des Herzogs von Alba führen zum Aufstand der Niederlande. 1579 werden die sieben nördlichen Provinzen unabhängig und bilden die Vereinigten Provinzen; die südlichen stellen sich unter spanische Herrschaft. Der Vertrag von Utrecht gibt die spanischen Niederlande an das Haus von Österreich zurück.

Die größten Städte und Gemeinden

Brüssel (Bruxelles)	1 000 000[1]	La Louvière	76 000
Antwerpen	497 000	Courtrai	76 000
Gent	235 000	Ostende	69 000
Charleroi	212 000	Saint-Nicolas (Sint-Niklaas)	68 000
Lüttich	202 000	Tournai	67 000
Brügge	118 000	Hasselt	65 000
Namur	102 000	Seraing	63 000
Mons	91 000	Genk	62 000
Louvain	85 000	Mouscron	54 000
Alost	78 000	Verviers	54 000
Mechelen (Malines)	76 000	Roeselare (Roulers)	52 000

[1] Einschließlich der Vorortgemeinden (die größten sind Schaerbeek mit 106 000 Ew. und Anderlecht mit 95 000 Ew.); sie gehören zum Arrondissement Brüssel-Hauptstadt.

Erzeugung wichtiger Güter

Weizen	1,2 Millionen Tonnen
Rinderbestand	3 Millionen Tiere
Schweinebestand	5,7 Millionen Tiere
Kohle	2,4 Millionen Tonnen
Strom	65,3 Milliarden kWh
– davon aus Kernkraft	43 Milliarden kWh
Zucker	935 000 Tonnen
Stahl	11,2 Millionen Tonnen
Wolle	86 300 Tonnen
Pkw	1 123 000 Einheiten
Kunststoffe	2,6 Millionen Tonnen
Bier	13,7 Millionen Hektoliter

Der Weg in die Unabhängigkeit. Nach einem vorübergehenden Versuch der Unabhängigkeit (Vereinigte Belgische Staaten, 1790) werden die belgischen Provinzen französisch (1795–1815), dann holländisch im Rahmen des Königreiches der Niederlande, das für die holländische Dynastie Oranien gebildet wird (1815–1830). Die ungeschickte Politik der Holländer führt zum Aufstand von Brüssel und zum Abfallen der belgischen Provinzen, die ihre Unabhängigkeit erklären.

Das Königreich Belgien. Die Konferenz von London erkennt die belgische Unabhängigkeit an, Leopold I. wird der erste Herrscher. Die Herrschaft Leopolds II. (1865–1909) ist erfolgreich, der industrielle Aufschwung wird durch eine Niederlassung in Afrika verstärkt. 1908 verbindet der König den Kongo mit Belgien. Unter Albert I. (1909–1934) und unter Leopold III. (1934–1951) wird Belgien, ein neutraler Staat, in beiden Weltkriegen von den Deutschen besetzt.

Die Nachkriegszeit. 1945 tritt Belgien der UNO bei, dann den Benelux-Staaten (1949). Leopold III., dessen Verhalten während des Krieges umstritten ist, dankt 1951 zugunsten seines Sohnes, Baudouin I., ab. Das Schulproblem, das die Kirche gegen die Liberalen und die Sozialisten aufbringt, findet seine Lösung im Schulpakt (1958). 1960 wird Belgisch Kongo unabhängig (Zaire). Zur gleichen Zeit kommt es zum Konflikt der frankophonen (Wallonen) mit der niederländisch sprechenden Bevölkerung (Flamen). 1977 teilt der Pakt von Egmont Belgien in drei Regionen auf: Flandern, Wallonien und Brüssel, die jeweils relativ selbständig sind. Diese Regionalisierung wird 1980 vom Parlament angenommen. Seit 1979 versucht Wilfried Martens als Regierungschef das schwierige politische und wirtschaftliche Gleichgewicht zu wahren, ohne verhindern zu können, daß die Krise mehr und mehr das Land belastet.

LUXEMBURG

Offizieller Name: Großherzogtum Luxemburg.

Hauptstadt: Luxemburg (*Luxembourg*). □ **Währung:** luxemburgischer Franc (= 100 Centimes). □ **Amtssprache:** Französisch. □ **Überwiegende Religion:** katholisch.

Staatsoberhaupt: Großherzog Jean (seit 1964). □ **Ministerpräsident:** Jacques Santer (seit 1984).

Flagge: Ihre Farben finden sich schon seit

1288 auf dem herzoglichen Wappen und wurden 1972 bestätigt.

Nationalhymne (›Ons hemecht‹): ›Où par l'Alzette tout baignés / De ravissants vallons, / Où par la Sûre tout mirés / Les flancs boisés des monts, / Où la Moselle dans son cours / Produit du vin doré: / C'est ma patrie, mon Luxembourg, / C'est là mon doux foyer ...‹ (Wo liebliche Täler die Alzette begleiten, wo die bewaldeten Hügel sich in der Sûre spiegeln, wo das Moseltal goldenen Wein hervorbringt, da ist meine Heimat, mein Luxemburg, mein Vaterland ...); Text von Michel Lentz (1820–1893); Musik von Jean-Antoine Zinnen (1827–1898). □ **Nationalfeiertag:** 23. Juni, Geburtstag des Großherzogs.

Fläche: 2 586 km². □ **Höchste Erhebung:** 559 m.

Klima (Stadt Luxemburg): Durchschnittstemperatur im Januar: 1 °C; Durchschnittstemperatur im Juli: 18 °C; durchschnittliche jährliche Niederschläge: 760 mm.

Bevölkerung (1989): 400 000 Ew. (*Luxemburger*). □ Durchschnittliche Bevölkerungsdichte: 154 Ew. pro km². □ Jährliches Bevölkerungswachstum: Null. □ Geburtenrate: 11‰. □ Sterbeziffer: 11‰. □ Kindersterblichkeit: 9‰. □ Lebenserwartung: 74 Jahre. □ Anteil unter 15 Jahren: 17 %. □ Anteil 65 Jahre und älter: 13 %. □ Stadtbevölkerung: 82 %.

Bruttoinlandsprodukt gesamt (1987): 61 Milliarden Dollar.

Bruttoinlandsprodukt/Kopf: 16 700 Dollar. □ Produktionsstruktur: Landwirtschaft 4,2 %; Industrie 33,4 %; Dienstleistungen 62,4 %.

Arbeitslosenquote (1986): 1,5 %.

Verkehr: Straßen 5 164 km (davon 58 km Autobahn); Eisenbahn 270 km (davon 162 km elektrifiziert).

Klimadaten

Stadt	Mittlere Temperatur des kältesten Monats (in °C)	Mittlere Temperatur des wärmsten Monats (in °C)	Jährliche Niederschläge (in mm)	Anzahl der Tage mit Niederschlägen pro Jahr
Brüssel	1,5	17,5	860	208
Ostende	3	16,5	598	148
Virton	0,5	16,6	888	197

Tiefsttemperaturen unter –10 °C sind in Ostende (–13 °C), Brüssel (–17 °C) und in Virton (–18 °C) gemessen worden. Höchsttemperaturen über 35 °C gab es in Brüssel (32 °C in Ostende). Die Temperaturunterschiede nehmen natürlich mit der Entfernung von der Nordsee zu. Die Niederschläge spiegeln das ozeanische Klima wider, was ihre Häufigkeit und die fast einheitliche Verteilung über das Jahr erklärt (fast immer zwischen 50 und 100 mm im Monat in Brüssel und Virton).

Verwaltungsgliederung

Provinz	Fläche (in km²)	Bevölkerung	Hauptstadt
Antwerpen	2 867	1 581 000	Antwerpen
Brabant	3 358	2 217 000	Brüssel
Westflandern	3 134	1 089 000	Brügge
Ostflandern	2 982	1 330 000	Gent
Hennegau	3 787	1 282 000	Mons
Lüttich	3 862	992 000	Lüttich
Limburg	2 422	750 000	Hasselt
Luxemburg	4 441	224 000	Arlon
Namur	3 365	411 000	Namur

LÄNDER DER ERDE

EUROPA

Außenhandel: siehe *Belgien*. □ Auslandsschulden: nicht bekannt. □ Inflationsrate (1987): Null. □ Militärausgaben (1988): 50 Millionen Dollar.
Streitkräfte: 800 Mann (und 470 für die Polizei). □ Wehrdienst: freiwillig. Luxemburg besitzt keine eigene Luftwaffe; aus rechtlichen Gründen haben jedoch alle Geräte der NATO luxemburgische Kennzeichen.

Die größten Städte

Luxemburg	79 000	Sanem	11 000
Esch-sur-Alzette	25 000	Esperange	9 300
Differdange	17 000	Bettemburg	7 600
Dudelange	14 000	Ettelbrück	6 600
Pétange	12 000	Schiffingen	6 400

Erzeugung wichtiger Güter

Wein	142 000 Hektoliter
Getreide	131 000 Tonnen
Milch	285 000 Tonnen
Rinderbestand	214 000 Tiere
Strom	1,3 Milliarden kWh
Gas	13 300 Terajoule
Strom	1,3 Milliarden kWh
Stahl	3,66 Millionen Tonnen
Eisen	2,51 Millionen Tonnen

Staatliche Institutionen

Konstitutionelle Monarchie (Großherzogtum). □ Verfassung von 1868. □ Staatsoberhaupt: der Großherzog, der den Vorsitzenden der Regierung auf 5 Jahre ernennt. □ Abgeordnetenkammer auf 5 Jahre gewählt.

Geschichte

Luxemburg, das aus der Zerstückelung Lothringens hervorgeht, wird im 10. Jh. von Graf Siegfried gegründet. 1308 wird Graf Heinrich VII. zum Kaiser gewählt, und unter seinem Enkel Karl IV. wird aus der Grafschaft ein Herzogtum (1354). 1441 geht das Herzogtum an Philipp den Guten, Herzog von Burgund über und teilt von nun an das Schicksal der Niederlande. Luxemburg wird 1506 spanisch, dann österreichisch (Vertrag von Rastatt, 1714). Es wird 1795 von Frankreich annektiert. Der Wiener Kongreß (1815) macht es zu einem Großherzogtum, das in Personalunion mit dem König der Niederlande verbunden und Mitglied der germanische Konföderation ist. 1830 beteiligt sich Luxemburg am belgischen Aufstand. Auf der Konferenz von London (1831) wird es zwischen Belgien und den Niederlanden aufgeteilt. Der Vertrag von London (1867) macht es zu einem neutralen Staat unter der Garantie der Großmächte. 1868 wird eine Verfassung ausgearbeitet, die 1919 revidiert wird (Einführung des allgemeinen Wahlrechts), 1948 kommt es zu einer neuen Überarbeitung. 1890 wird das Haus Nassau zur herrschenden Familie. In beiden Weltkriegen von den Deutschen besetzt, wird das Großherzogtum 1947 Mitglied der Benelux-Staaten. Es gibt seine Neutralität auf (1948), tritt der NATO bei (1949) und beteiligt sich an der Bildung des Europa der Sechs. 1964 dankt die Großherzogin Charlotte ab und läßt ihren Sohn Jean nachrücken. Das politische Leben wird von den christlich-sozialen Parteien beherrscht, und dies trotz einer Regierung der linken Mitte (1974–1979). 1984 bildet der christlich-soziale J. Santer eine Koalitionsregierung mit den Sozialisten.

LIECHTENSTEIN

Offizieller Name: Fürstentum Liechtenstein.

Hauptstadt: Vaduz. □ Währung: Schweizer Franken (= 100 Rappen). □ Amtssprache: Deutsch. □ Überwiegende Religion: katholisch.

Oberhaupt: Hans Adam II. (seit 1989). □ Regierungschef: Hans Brunhart (seit 1978).

Flagge: Wurde 1037 angenommen. Ihre Farben sind blau für den Himmel und rot für das Feuer; darüber sieht man die herzogliche Krone.

Nationalhymne: ›Oben am deutschen Rhein / Lehnet sich Liechtenstein / An Alpenhöhen ...‹; Text von Jakob Joseph Jauch; Musik von einem unbekannten Komponisten.

Nationalfeiertag 15. August, Geburtstag des Fürsten.

Fläche: 160 km². □ Höchste Erhebung: 2 599 m auf der Vorderen Grauspitz.

Klima: ähnlich wie in Innsbruck (s. Österreich) oder Zürich (s. Schweiz).

Bevölkerung (1989): 28 000 Ew. □ Durchschnittliche Bevölkerungsdichte: 157 Ew. pro km². □ Jährliches Bevölkerungswachstum: 0,8 %. □ Geburtenrate: 14,1‰. □ Anteil unter 15 Jahren: 6,5 %.

Größte Stadt: Vaduz (5 000 Ew.).

Verkehr: Straßen 325 km; Eisenbahn 18,5 km.

Staatliche Institutionen

Erbfürstentum. □ Verfassung von 1021. □ Abgeordnetenkammer mit 15 Mitgliedern, die durch allgemeine Wahl auf 4 Jahre gewählt werden.

Geschichte

Liechtenstein wird von den Herrenhäusern von Vaduz und Schellenberg gebildet, die bis 1806 die direkten Lehnsgüter des Heiligen Reichs sind. Von der Grafenfamilie Liechtenstein erworben (1699) und von Kaiser Karl VI. zum Fürstentum erhoben, tritt Liechtenstein der Rheinischen Konföderation bei (1806 bis 1814), dann der germanischen Konföderation (1815–1866). Durch Zollunion (1851) und Währungsunion (1856) bindet es sich an die österreichische Wirtschaft an.
Nach dem Ersten Weltkrieg erhält Liechtenstein eine neue Verfassung (1921) und gliedert sich wirtschaftlich an die Schweiz an (Währungsunion [1921] und Zollunion [1924]), die seine diplomatische Leitung übernimmt. 1970 siegt bei den gesetzgebenden Wahlen zum ersten Mal seit 1928 die ›rote‹ Partei (Heimatunion) über die ›schwarze‹ Partei (Partei der fortschrittlichen Bürger). 1974 erhält die Partei der fortschrittlichen Bürger die Mehrheit. Seit 1978 ist die Mehrheitspartei die der Heimatunion, die Partei des Ministerpräsidenten.
1984 erhalten die Frauen das allgemeine Wahlrecht. Franz Joseph II. (1906–1989), 1938 Staatsoberhaupt, übergibt die Regierungsgeschäfte 1984 seinem Sohn Hans Adam II., der nach seines Vaters Tod 1989 den Thron besteigt.

FRANKREICH

Offizieller Name: Französische Republik.

Hauptstadt: Paris. □ Währung: Französischer Franc (= 100 Centimes). □ Amtssprache: Französisch. □ Überwiegende Religion: katholisch (islamische, protestantische und jüdische Minderheiten).

Staatspräsident: François Mitterrand (seit 1981). Ministerpräsident: Michel Rocard (seit 1988).

Flagge: La Fayette hat am 4. 10. 1789 das Königsweiß, nach der Robe der Heiligen Jungfrau in Chartres, zwischen die beiden Farben der Stadt Paris eingefügt: das Blau der ›capâ‹ des Hl. Martin und das Rot des Lilienbanners des Hl. Denis. □ Nationalhymne (›Marseillaise‹): ›Allons, enfants de la patrie, / Le jour de gloire est arrivé! / Contre nous de la tyrannie / L'étendard sanglant est levé! *(zweimal)* / Entendez-vous dans les campagnes / Mugir ces féroces soldats? / Ils viennent jusque dans nos bras / Egorger nos fils, nos compagnes ...‹ (Kommt, Kinder der Heimat, der Tag des Ruhmes ist gekommen! Gegen uns ist die blutige Fahne der Tyrannei gehißt! Hört ihr auf dem Land die wilden Soldaten brüllen? Sie kommen bis in unsere Arme, unseren Söhnen, unseren Frauen die Kehle durchzuschneiden ...) Text von C. J. Rouget de Lisle (1760–1836); Musik schwer zuzuordnen. Zunächst mit dem Titel *Kriegslied für die Rheinarmee,* war es das Lied des nach Paris gerufenen Bataillons von Marseille bei den Unruhen am 10. 8. 1792, als das Königtum gestürzt wurde. Seit dem 14. 2. 1879 Nationallied.

Nationalfeiertag: 14. Juli, Jahrestag des Sturms auf die Bastille (1789).

Fläche: 549 000 km². □ Höchste Erhebung: Montblanc mit 4 807 m.

Bevölkerung (1989): 56 000 000 Ew. *(Franzosen).* □ Durchschnittliche Bevölkerungsdichte: 102 Ew. pro km². □ Jährliches Bevölkerungswachstum: 0,4 %. □ Geburtenrate: 14‰. □ Sterbeziffer: 10‰. □ Kindersterblichkeit: 7‰. □ Lebenserwartung: 76 Jahre. □ Anteil unter 15 Jahren: 20 % □ Anteil 65 Jahre und älter: 14 %. □ Stadtbevölkerung: 77,2 %.

Ballungsgebiete mit mehr als 300 000 Einwohnern

Paris	8 706 963	Toulon	410 393
Lyon	1 220 844	Grenoble	392 021
Marseille	1 110 511	Rouen	379 879
Lille	936 295	Straßburg	373 470
Bordeaux	640 012	Valenciennes	349 505
Toulouse	541 271	Lens	327 383
Nantes	464 857	Saint-Étienne	317 228
Nizza	449 496	Nancy	306 982

Stadtgemeinden mit mehr als 200 000 Einwohnern

Paris	2 188 918	Nantes	247 227
Marseille	878 689	Bordeaux	211 197
Lyon	418 476	Saint-Étienne	206 688
Toulouse	354 289	Montpellier	201 067
Nizza	338 486	Le Havre	200 411
Straßburg	252 264	Rennes	200 390

418

LÄNDER DER ERDE

Bruttoinlandsprodukt gesamt (1987): 865 Milliarden Dollar. □ Bruttoinlandsprodukt/Kopf: 15 450 Dollar. □ Produktionsstruktur: Landwirtschaft 7,6 %; Industrie 32 %; Dienstleistungen 60,4 %. □ Arbeitslosenquote (1989): 10,5 %. □ Verkehr: Straßen 806 500 km (davon 6 290 km Autobahn); Eisenbahn 34 676 km (davon 11 488 km elektrifiziert). □ Exporte (1987): 16,8 % des BIP (148 Milliarden Dollar). □ Importe (1987): 17,4 % des BIP (128,8 Milliarden Dollar). Auslandsschulden (1988): 63,4 Milliarden Dollar. □ Inflationsrate (1988): 2,7 %. □ Militärausgaben (1988): 21,9 Milliarden Dollar. □ Streitkräfte: 466 300, davon 13 300 Frauen und 240 100 Einberufene. □ Wehrdienst: 12 Monate; 18 Monate in Übersee.

Staatliche Institutionen

Seit 1958 V. Republik. □ Verfassung von 1958, modifiziert 1962. □ Der Staatspräsident wird auf 7 Jahre in direkter und allgemeiner Wahl gewählt. □ Das Parlament umfaßt zwei Kammern: die Nationalversammlung (direkt auf 5 Jahre gewählt) und der Senat (in indirekter Wahl auf 9 Jahre gewählt, mit Austausch eines Drittels alle 3 Jahre).

Geschichte

Die Vorgeschichte Galliens. Seit dem frühen Paläolithikum (1 Million Jahre – 90 000) besiedeln die ersten Bewohner das heutige Frankreich. Im späten Paläolithikum (40 000 bis 8 000) tritt der *Homo sapiens* auf. Im Neolithikum (5. Jahrtausend bis zu Beginn des 3. Jahrtausends) betreiben Dorfgemeinden Ackerbau, Jagd und Fischfang. Im 3. Jahrtausend beginnt die Metallbearbeitung mit der Verwendung von Kupfer. In der Bronzezeit bildet sich die Kultur aus, die die Funktion des Kriegers und den Beruf des Händlers (Kupfer- und Zinnhandel) kennt. Zu Beginn des 1. Jahrtausends lassen sich die Kelten auf gallischem Boden nieder. Gallien gliedert sich in etwa 90 Völkerschaften (›civitates‹). 125–121 v. Chr. gründen die Römer im Süden Galliens eine Provinz (Hauptstadt: Narbonne).

Das römische Gallien. 58 v. Chr. beginnt Julius Cäsar mit der Eroberung des Landes, die mit der Niederlage des Vercingetorix bei Alesia (52 v. Chr.) endet. Unter Augustus wird Gallien in vier Provinzen unterteilt: die Provinz von Narbonne, die von Aquitanien, die keltische oder Lyoner Provinz und Belgien (27 v. Chr.). Nach den anfänglichen Widerständen gegen die römische Herrschaft entwickelt sich eine gallisch-römische Kunst.

Franken und Merowinger. Im 5. Jh. beenden große Wanderbewegungen die römische Vorherrschaft. Wandalen und Westgoten ziehen durch das Land. 451 werden die Hunnen bei den Katalaunischen Feldern geschlagen. Die Franken machen sich zu den Herren über die meisten Gebiete Galliens. Beim Tode Chlodwigs (511) bilden sich die drei merowingischen Königreiche Austrasien, Neustrien und Burgund. Von der Mitte des 7. bis zur Mitte des 8. Jh. verlieren die ›letzten Merowinger‹ Aquitanien und Armorika; die eigentliche Macht gehört den Hausmeiern. Der bedeutendste von ihnen, Pippin von Herstal, macht sich zum Herrn der drei Königreiche (687); sein Sohn, Karl Martell, besiegt die Sarazenen in der Schlacht bei Tours und Poitiers (732). 751 setzt Pippin der Kleine den letzten Merowinger ab, läßt sich zum König krönen und gründet die karolingische Dynastie.

Die Blüte unter den Karolingern. Karl der Große, der Beschützer des Papsttums, wird von Papst Leo II. in Rom zum Kaiser gekrönt (800) und gründet ein Reich, das von der Elbe bis zum Ebro reicht (kulturelle Blütezeit). Mit dem Vertrag von Verdun (843) wird das Reich in drei Königreiche geteilt. Karl der Kahle, der erste König von Frankreich, und seine Nachfolger können die Landnahme der Wikinger in der Normandie nicht verhindern.

Die Macht der Kapetinger. Hugo Capet, der zum König gewählt wird (987), gründet die Dynastie der Kapetinger. Noch zu Lebzeiten läßt er seinen Sohn zum König krönen, um den Fortbestand der Dynastie zu sichern. Hugo und seine drei Nachfolger (Robert II., Heinrich I. und Philipp I.) regieren tatsächlich nur über ein kleines Gebiet um Paris. Im 12. Jh. vergrößern Ludwig VI., der Dicke, und Ludwig VII., der Junge, dieses Gebiet und behaupten ihre Macht gegenüber den Feudalherren. Eine Belebung des religiösen Lebens und der Wirtschaft, das Aufblühen der Städte und die Entstehung eines Bürgertums, die Entwicklung von Kultur und Kunst (Übergang von der romanischen zur gotischen Kunst)

Regionen

Regionen (Nr. der dazugehörigen Départements)	Fläche (in km²)	Bevölkerung	Hauptstadt
Elsaß (67, 68)	8 280	1 566 048	Straßburg
Aquitanien (24, 33, 40, 47, 64)	41 308	2 656 544	Bordeaux
Auvergne (03, 15, 43, 63)	26 021	1 332 678	Clermont-Ferrand
Burgund (21, 58, 71, 89)	31 582	1 569 054	Dijon
Bretagne (22, 29, 35, 56)	27 208	2 707 886	Rennes
Centre (18, 28, 36, 37, 41, 45)	39 151	2 264 164	Orléans
Champagne-Ardenne (08, 10, 51, 52)	25 606	1 345 935	Châlons-sur-Marne
Korsika (2 A, 2 B)	8 680	240 178	Ajaccio
Franche-Comté (25, 39, 70, 90)	16 202	1 084 049	Besançon
Île-de-France (75, 77, 78, 91, 92, 93, 94, 95)	12 120	10 073 059	Paris
Languedoc-Roussillon (11, 30, 34, 48, 66)	27 376	1 926 514	Montpellier
Limousin (19, 23, 87)	16 942	737 153	Limoges
Loire [Pays de la] (44, 49, 53, 72, 85)	32 082	2 930 398	Nantes
Lothringen (54, 55, 57, 88)	23 547	2 319 905	Metz
Midi-Pyrénées (09, 12, 31, 32, 46, 65, 81, 82)	45 348	2 325 319	Toulouse
Nord-Pas-de-Calais (59, 62)	12 414	3 932 939	Lille
Normandie [Basse-] (14, 50, 61)	17 590	1 350 979	Caen
Normandie [Haute-] (27, 76)	12 317	1 655 362	Rouen
Picardie (02, 60, 80)	19 399	1 740 321	Amiens
Poitou-Charentes (16, 17, 79, 86)	25 810	1 568 230	Poitiers
Provence-Alpes-Côte d'Azur (04, 05, 06, 13, 83, 84)	31 400	3 965 209	Marseille
Rhône-Alpes (01, 07, 26, 38, 42, 69, 73, 74)	43 698	5 015 947	Lyon

Klimadaten

Stadt	Mittlere Temperatur des kältesten Monats (in °C)	Mittlere Temperatur des wärmsten Monats (in °C)	Jährliche Niederschläge (in mm)	Anzahl der Tage mit Niederschlägen pro Jahr
Lille	2,5	17	637	171
Brest	6	16	1 129	201
Bordeaux	5	19,5	900	161
Toulouse	4,5	21	659	138
Paris	3,5	19	619	162
Straßburg	1	19,5	750	158
Clermont-Ferrand (1)	2,5	19	563	132
Lyon	2	20,5	813	145
Marseille	5,5	23,5	546	76
Nizza	7,5	22,5	862	86

Das Thermometer kann überall und beträchtlich unter 0 °C sinken. Minuswerte um −15 °C wurden in Paris, Marseille und Bordeaux verzeichnet, unter −20 °C in Lyon, Straßburg und Clermont-Ferrand. Im Sommer hat man Höchstwerte über 38 °C in Paris, Straßburg, Lyon, Marseille und Bordeaux gemessen, über 40 °C sogar in Clermont-Ferrand und Toulouse.
(1) 401 m ü. M.

Erzeugung ausgewählter Güter u. a. wichtige Erwerbsquellen

Weizen	30 Millionen Tonnen
Mais	13 Millionen Tonnen
Zucker	3,7 Millionen Tonnen
Wein	64,7 Millionen Hektoliter
Rinderbestand	22 Millionen Tiere
Milch	34,2 Millionen Tonnen
Schafbestand	10,3 Millionen Tiere
Schweinebestand	12 Millionen Tiere
Fleisch	5,4 Millionen Tonnen
Fischfang	850 000 Tonnen
Steinkohle	12,1 Millionen Tonnen
Erdöl	3,7 Millionen Tonnen
Erdgas	3,2 Milliarden m³
Uran	3 300 Tonnen
Strom	391 Milliarden kWh
– davon aus Wasserkraft	77 Milliarden kWh
– davon aus Kernkraft	275 Milliarden kWh
Bauxit	877 000 Tonnen
Aluminium	328 000 Tonnen
Eisen	2,9 Millionen Tonnen
Stahl	19,1 Millionen Tonnen
Pkw	3 224 000 Einheiten
Kunstkautschuk	558 000 Tonnen
Kunststoffe	2,8 Millionen Tonnen
Fernsehgeräte	2 Millionen
Auslandsgäste	31,9 Millionen

LÄNDER DER ERDE

EUROPA

kennzeichnen diese Zeit trotz der Bedrohung Frankreichs durch das ›Reich von Anjou‹ unter den Königen von England (aus dem Hause Plantagenet). Philipp August gibt der Monarchie durch seinen Kampf gegen die Koalition aus England und dem Reich (Sieg von Bouvines, 1214) ihren nationalen Charakter. Ludwig IX., der Heilige (1226–1270), festigt das Ansehen des Königtums. Gestützt auf das römische Recht, kann Philipp IV., der Schöne (1285–1314), die Verwaltung des Königreiches stärken und seine Unabhängigkeit gegenüber der Macht der Kirche festigen. 1328 geht die Krone an einen Fürsten von Valois, Philipp VI.

Die unruhige Zeit der Valois. Der Hundertjährige Krieg bricht aus (1337). Unter Philipp VI. und Johann II. häufen sich die Niederlagen (Crécy, 1346; Poitiers, 1356); England setzt sich im Südwesten fest. Währenddessen wütet die schwarze Pest (1347–1349). Karl V. (1364–1380) stabilisiert die Lage des Königreiches. Nach der Niederlage von Azincourt gegen die Engländer (1415) macht der Vertrag von Troyes (1420) die Engländer zu den Herren des Landes. Karl VII. hat mehr Erfolg, zuerst dank Jeanne d'Arc (Übergabe von Orléans 1429). Das französische Königtum setzt sich gegenüber England militärisch durch; die Finanzen werden geordnet, und ein ständiges Heer wird eingerichtet; die königliche Autorität dehnt sich auch auf die Kirche in Frankreich aus (pragmatische Sanktion von Bourges, 1438). Die Stärkung der königlichen Macht setzt sich noch unter Ludwig XI. (1461–1483) fort, der sich gegenüber den Feudalherren durchsetzt, das Erbe des Hauses Anjou an sich nimmt und durch seinen Sieg über Karl den Kühnen das Herzogtum Burgund erobert (1482). Franz I. (1515–1547) führt Krieg in Italien, besiegt die Mailänder (Marignan, 1515), verbündet sich mit dem Papst und sogar mit den Osmanen gegen die Habsburger, kann jedoch deren Bund mit England nicht verhindern. Er stärkt die Monarchie im Innern und fördert die Renaissance in Kunst und Schrifttum. Unter Heinrich II. (1547–1559) geht der Kampf gegen die Habsburger und England weiter. Zur Zeit Karls IX. brechen die Religionskriege aus (1562). Blutige Auseinandersetzungen (Massaker von Sankt Bartholomäus, 1572) verwüsten das Land und schwächen die königliche Macht.

Die Zeit der Bourbonen. Beim Tode Heinrichs III. (1589) erbt Heinrich von Navarra (Heinrich IV.) die Krone. Er befriedet Frankreich, sichert den Protestanten Religionsfreiheit zu (Edikt von Nantes, 1598), festigt mit Sully die Finanzen und die Wirtschaft. Ludwig XIII. (1610–1643), gestützt von Richelieu, nimmt den Protestanten im Interesse der staatl. Einheit ihre politisch-militärische Sonderstellung (Einnahme von La Rochelle, 1628), unterdrückt die Opposition des Hochadels, entwickelt den Absolutismus als Herrschaftsprinzip, zentralisiert die Staatsverwaltung und beteiligt Frankreich am Dreißigjährigen Krieg in Deutschland. Die Anfänge der Herrschaft Ludwigs XIV. sind von der Revolte der Fronde geprägt (1648–1652), die von den Adligen und den Mitgliedern des Parlaments angeführt wird. Sie scheitert jedoch dank der Autorität von Mazarin. Im Pyrenäen-Vertrag mit Spanien gewinnt Frankreich Artois und Roussillon. Nach 1661 verkörpert der Monarch (der Sonnenkönig) den königlichen Absolutismus und setzt ihn sogar gegenüber der Kirche durch (Kampf gegen die Jansenisten, Verteidigung des Gallikanismus) sowie gegenüber den Protestanten (Widerrufung des Edikts von Nantes, 1685). In den äußeren Beziehungen folgen auf die anfänglichen Siege

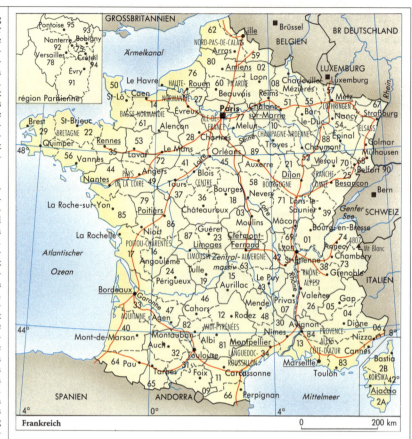

Frankreich

(Flandern, Franche-Comté, Elsaß, Devolutionskriege 1667–1668, und Holland 1672 bis 1678) Rückschläge (Augsburger Liga, 1668–1697; Erbfolgekrieg in Spanien, 1701 bis 1714), die von Hungeraufständen der Armen begleitet werden. Ludwig XV. (1715 bis 1774) nimmt erst nach 1743 die Regierungsgeschäfte selbst in die Hand. Die demographische und handelspolitische Ausweitung Frankreichs behebt die wachsenden finanziellen Schwierigkeiten nicht, während der neue philosophische Geist der Aufklärung die Autorität von König und Kirche in Frage stellt. Auf die Siege Österreichs im Erbfolgekrieg (Fontenoy, 1745) folgen die Niederlagen im Siebenjährigen Krieg und der Verlust des größten Teils des Kolonialreiches zugunsten Englands (Vertrag von Paris, 1763). Ludwig XVI. kann das Finanzproblem und die Wirtschaftskrise von 1780 nicht lösen; die Reformer (Turgot, Necker) scheitern mit ihren Plänen am Widerstand der Aristokratie.

Die Revolution. Im Juni 1789 erklären sich die im Mai einberufenen Generalstände zur Nationalversammlung. Privilegien und Feudalrechte werden abgeschafft, eine Menschenrechtserklärung wird veröffentlicht; die Güter des Klerus werden nationalisiert und verkauft. Der Klerus erhält 1790 eine zivile Ordnung. Frankreich wird in Departements aufgeteilt. Die Verfassung von 1790 errichtet eine konstitutionelle Monarchie mit einer einzigen Versammlung (Zensuswahlrecht). Die gesetzgebende Versammlung (Okt. 1791 bis Sept. 1792) kann den Krieg mit den europäischen Fürstenhäusern, die sich mit der französischen Monarchie solidarisieren, nicht verhindern. 1792 übernimmt der Nationalkonvent die gesetzgebende Gewalt. Die Siege der französischen Revolutionsarmeen über die Heere der europäischen Fürstenhöfe nehmen an Zahl zu (Valmy, Jemmapes). Savoyen und Belgien werden annektiert. Die Republik wird ausgerufen (22. Sept. 1792). Der König wird hingerichtet (21. Jan. 1793). Es wird eine Revolutionsregierung eingesetzt (Juni 1793–Juli 1794); sie verbreitet im Innern Terror und schlägt nach außen – die feindlichen Koalitionsarmeen zurück. Nach der Hinrichtung Robespierres, des Leiters der Revolutionsregierung, am 9. Thermidor II (27. Juli 1794) folgt die Herrschaft der ›Thermidorianer‹ (Juli 1794–Okt. 1795). Ein neues Regierungssystem, das Direktorium (Okt. 1795–Sept. 1799) ist schwach und korrupt, ist der Situation innerhalb (Staatsstreich, Anarchie, Not) und außerhalb trotz der siegreichen Feldzüge Bonapartes in Italien (1796–1797) und dann in Ägypten nicht gewachsen. 1799 stürzt Bonaparte das Direktorium (Staatsstreich des 18. Brumaire).

Konsulat und Kaiserreich. Als erster Konsul und absoluter Herrscher befriedet Bonaparte das Land (Konkordat, 1801; Friede von Amiens, 1802) und legt die Grundlagen für einen mächtigen und zentralisierten Staat (Präfekten, Berufungsgerichte, Bank von Frankreich, Zivilgesetzbuch, usw.). 1804 folgt auf das Konsulat das Kaiserreich. Bonaparte, mittlerweile als Napoleon I. Kaiser der Franzosen, richtet ein immer autoritäreres Regime ein. Die Siege von 1805 (Austerlitz), 1806 (Jena), 1807 (Eylau) und 1809 (Wagram) ermöglichen ihm die Schaffung eines großen Reiches. Aber die britische Seemacht, die nach ihrem Sieg bei Trafalgar (1805) über Frankreich intakt bleibt, der Krieg in Spanien und die Niederlagen in Rußland (1812) und Deutschland (1813) führen zum Sturz Napoleons I. Er dankt 1814 ab, und die Bourbonen kommen wieder an die Macht (Ludwig XVIII.). Der Versuch Napoleons, die Macht zurückzugewinnen (›Episode der Hundert Tage‹), scheitert (Niederlage von Waterloo (1815).

420

LÄNDER DER ERDE

Verwaltungsgliederung

Département (Nr.)	Fläche (in km²)	Bevölkerung	Hauptstadt
Ain (01)	5 762	418 516	Bourg-en-Bresse
Aisne (02)	7 369	533 970	Laon
Allier (03)	7 340	369 580	Moulins
Alpes-de-Haute-Provence (04)	6 925	119 068	Digne
Alpes [Hautes-] (05)	5 549	105 070	Gap
Alpes-Maritimes (06)	4 299	881 198	Nizza
Ardèche (07)	5 529	267 970	Privas
Ardennes (08)	5 229	302 338	Charleville-Mézières
Ariège (09)	4 890	135 725	Foix
Aube (10)	6 004	289 300	Troyes
Aude (11)	6 139	280 686	Carcassonne
Aveyron (12)	8 735	278 654	Rodez
Belfort [Territoire de] (90)	609	131 999	Belfort
Bouches-du-Rhône (13)	5 087	1 724 199	Marseille
Calvados (14)	5 548	560 967	Caen
Cantal (15)	5 726	162 838	Aurillac
Charente (16)	5 956	340 770	Angoulême
Charente-Maritime (17)	6 864	513 220	La Rochelle
Cher (18)	7 235	320 174	Bourges
Corrèze (19)	5 857	241 448	Tulle
Corse-du-Sud (2 A)	4 014	108 604	Ajaccio
Corse [Haute-] (2 B)	4 666	131 574	Bastia
Côte-d'Or (21)	8 763	473 548	Dijon
Côtes-du-Nord (22)	6 878	538 869	Saint-Brieuc
Creuse (23)	5 565	139 969	Guéret
Dordogne (24)	9 060	377 356	Périgueux
Doubs (25)	5 324	477 163	Besançon
Drôme (26)	6 530	389 781	Valence
Essonne (91)	1 804	988 000	Évry
Eure (27)	6 040	462 323	Évreux
Eure-et-Loir (28)	5 880	362 813	Chartres
Finistère (29)	6 733	828 364	Quimper
Gard (30)	5 853	530 478	Nîmes
Garonne [Haute-] (31)	6 309	824 501	Toulouse
Gers (32)	6 257	174 154	Auch
Gironde (33)	10 000	1 127 546	Bordeaux
Hauts-de-Seine (92)	176	1 389 039	Nanterre
Hérault (34)	6 101	706 409	Montpellier
Ille-et-Vilaine (35)	6 775	749 764	Rennes
Indre (36)	6 791	243 191	Châteauroux
Indre-et-Loire (37)	6 127	506 097	Tours
Isère (38)	7 431	936 771	Grenoble
Jura (39)	4 999	242 925	Lons-le-Saunier
Landes (40)	9 243	297 424	Mont-de-Marsan
Loir-et-Cher (41)	6 343	296 225	Blois
Loire (42)	4 781	739 421	Saint-Étienne
Loire [Haute-] (43)	4 977	206 895	Le Puy
Loire-Atlantique (44)	6 815	995 498	Nantes
Loiret	6 775	535 669	Orléans
Lot (46)	5 217	154 533	Cahors
Lot-et-Garonne (47)	5 361	298 522	Agen
Lozère (48)	5 167	74 294	Mende
Maine-et-Loire (49)	7 166	675 321	Angers
Manche (50)	5 938	465 948	Saint-Lô
Marne (51)	8 162	543 627	Châlons-sur-Marne

Verwaltungsgliederung

Département (Nr.)	Fläche (in km²)	Bevölkerung	Hauptstadt
Marne [Haute-] (52)	6 211	210 670	Chaumont
Mayenne (53)	5 175	271 784	Laval
Meurthe-et-Moselle (54)	5 241	716 486	Nancy
Meuse (55)	6 216	200 101	Bar-le-Duc
Morbihan (56)	6 823	590 889	Vannes
Moselle (57)	6 216	1 007 189	Metz
Nièvre (58)	6 817	239 635	Nevers
Nord (59)	5 742	2 520 526	Lille
Oise (60)	5 860	661 781	Beauvais
Orne (61)	6 103	295 472	Alençon
Paris (75)	105	2 188 918	Paris
Pas-de-Calais (62)	6 672	1 412 413	Arras
Puy-de-Dôme (63)	7 970	594 365	Clermont-Ferrand
Pyrénées-Atlantiques (64)	7 645	555 670	Pau
Pyrénées [Hautes-] (65)	4 464	227 922	Tarbes
Pyrénées-Orientales (66)	4 116	334 557	Perpignan
Rhin [Bas-] (67)	4 755	915 676	Straßburg
Rhin [Haut-] (68)	3 525	650 372	Colmar
Rhône (69)	3 249	1 445 208	Lyon
Saône [Haute-] (70)	5 360	231 962	Vesoul
Saône-et-Loire (71)	8 627	571 852	Mâcon
Sarthe (72)	6 206	504 768	Le Mans
Savoie (73)	6 028	323 675	Chambéry
Savoie [Haute-] (74)	4 388	494 505	Annecy
Seine-Maritime (76)	6 278	1 193 039	Rouen
Seine-et-Marne (77)	5 915	887 112	Melun
Seine-Saint-Denis (93)	236	1 323 974	Bobigny
Sèvres [Deux-] (79)	5 999	342 812	Niort
Somme (80)	6 170	544 570	Amiens
Tarn (81)	5 758	339 345	Albi
Tarn-et-Garonne (82)	3 718	190 485	Montauban
Val-de-Marne (94)	245	1 193 655	Créteil
Val-d'Oise (95)	1 246	920 589	Pontoise
Var (83)	5 973	708 331	Toulon
Vaucluse (84)	3 567	427 343	Avignon
Vendée (85)	6 720	483 027	La Roche-sur-Yon
Vienne (86)	6 990	371 428	Poitiers
Vienne [Haute-] (87)	5 520	355 737	Limoges
Vosges (88)	5 875	395 769	Épinal
Yonne (88)	7 427	311 019	Auxerre
Yvelines (78)	2 284	1 082 355	Versailles

ÜBERSEE

	Fläche (in km²)	Bevölkerung	Hauptstadt
Département			
Guadeloupe	1 705	329 000	Basse-Terre
Martinique	1 102	330 000	Fort-de-France
Guayana	91 000	73 000	Cayenne
Réunion	2 512	520 000	Saint-Denis
Territorium			
Neukaledonien	19 103	145 000	Nouméa
Frz. Polynesien	4 000	167 000	Papeete
Wallis-et-Futuna	255	12 000	Mata Utu
Terres australes et antarctiques françaises	400 000		
Gebietskörperschaft			
Mayotte	370	55 000	Dzaoudzi
Saint-Pierre-et-Miquelon	242	6 000	Saint-Pierre

LÄNDER DER ERDE

EUROPA

Die Restauration und die II. Republik. Ludwig XVIII. versucht die Errungenschaften der Revolution mit der Rückkehr zur Monarchie zu vereinen (die Charta); sein Nachfolger, Karl X. (1824–30), provoziert mit seinem extrem royalist. Kurs seinen Sturz. Außenpolitisch beginnt Frankreich mit der Einnahme von Algier erneut eine Kolonialpolitik (Juli 1830). 1830 wird Ludwig Philipp I. ›König der Franzosen‹. Eine starke Macht (Guizot) begünstigt den Aufschwung der Besitzbourgeoisie, während die industrielle Revolution zur Bildung eines Arbeiterproletariats führt. Die wirtschaftliche und moralische Krise der Jahre 1846–48 endet mit dem Sturz des Regimes und der Ausrufung der II. Republik (Feb. 1848). Zunächst demokratisch fortschrittlich orientiert (allgemeines Wahlrecht, Presse- und Versammlungsfreiheit), entwickelt sie sich nach dem Arbeiteraufstand im Juni eher rückschrittlich. Am 10. Dezember 1848 wird Louis Napoleon Bonaparte zum Präsidenten gewählt, der nach einer Volksbefragung (2. Dezember 1851) ein autoritäres Präsidialregime errichtet.

Das zweite Kaiserreich. Das Ansehen Napoleons III. wird durch den französisch-britischen Sieg auf der Krim gefestigt (1856). Großbauten (Eisenbahn, Häfen, Rodungen) ändern das Aussehen des Landes und der Hauptstadt (Haussmann). Unklarheiten der Italienpolitik Napoleons III. (Feldzug 1858 bis 1859) und die Opposition gegenüber seiner Politik des Freihandels (1860) führen dazu, daß er politische und soziale Konzessionen machen muß. Im Innern nimmt das Regime eine liberale Grundhaltung ein; außenpolitisch führt der schlecht vorbereitete deutsch-französische Krieg zum Untergang Napoleons III. (Sedan, 2. Sept. 1870).

Die III. Republik. Am 4. Sept. 1870 wird die Republik ausgerufen. Die Regierung der nationalen Verteidigung kann jedoch die Kapitulation von Paris gegenüber den deutschen Armeen nicht verhindern (Jan. 1871). Mit Deutschland wird ein Waffenstillstand vereinbart. Eine neugewählte Nationalversammlung gibt die Regierungsgewalt an Thiers, während sich in Paris die Kommune erhebt (18. März bis 28. Mai), die blutig niedergeschlagen wird. Der Vertrag von Frankfurt (10. Mai) billigt die Abtretung des Elsaß und eines Teils von Lothringen an Deutschland. Im Aug. 1871 zum Staatspräs. gewählt, bemüht sich Thiers um ein Wiedererstarken Frankreichs und um einen vorzeitigen Abzug der deutschen Besatzungstruppen. 1873 wird er von der monarchistischen Mehrheit der Versammlung gestürzt, die den Legitimisten Mac-Mahon als Regierungschef an seine Stelle setzt. Ein erneutes Scheitern der monarchistischen Restauration ermöglicht (1875) die Abstimmung über die republikanischen Verfassungsgesetze. 1877 endet der Machtkampf zwischen dem Präsidenten und den Republikanern mit dem Sieg letzterer bei den Wahlen. 1879 tritt Mac-Mahon zurück; ihm folgt Jules Grévy. Die Republikaner haben bis 1885 die Macht (Gambetta, Ferry). Sie reformieren das Unterrichtswesen und lassen jene Grundgesetze verfassen, die die öffentlichen Freiheiten institutionalisieren (Presse, Versammlung). Die Kolonialpolitik in Afrika und Asien wird wieder aufgenommen, während im Innern eine wirtschaftliche Depression wütet. Nach 1885 bedroht eine Reihe von Krisen und Skandalen die Republik (Boulangismus, 1885–1889; Panama, 1888–1893; Attentate der Anarchisten, 1894). Innenpolitisch stehen sich radikale und gemäßigte Republikaner gegenüber; die Nationalisten sind erfüllt vom Gedanken der Revanche gegenüber Deutschland. Sozialer Katholizismus und revolutionäres Gewerkschaftswesen werden die politisch führenden Kräfte der III. Republik. Der Block der Linken, hervorgegangen aus der Dreyfusaffäre (1894–1899), führt 1899–1905 eine entschlossene Politik gegen den Einfluß des katholischen Klerus (Trennung von Kirche und Staat, 1905). Bestärkt durch die zwei Marokkokrisen (1905 und 1911), sieht sich Frankreich konkreter als zuvor durch das Deutsche Reich bedroht. 1913 wird Poincaré zum Präsidenten der Republik gewählt.

Von Krieg zu Krieg. Frankreich ist im Ersten Weltkrieg ein Schlachtfeld (1914–1918) und geht siegreich, jedoch geschwächt aus dem Konflikt hervor (Verlust von 10 % der arbeitsfähigen Bevölkerung und 1/6 des nationalen Einkommens). Beim Vertrag von Versailles (1919) erhält Frankreich Elsaß-Lothringen zurück. Gegenüber dem verschuldeten Deutschland beginnt Frankreich eine Politik der Stärke. Die wirtschaftliche Erholung Frankreichs wird von der Inflation (bis zur Stabilisierung des Franc 1928) und der Zunahme der öffentlichen Verschuldung behindert. Der Sozialismus wird stärker. Es bildet sich ein Kartell der Linken (1924–1926), dem eine Regierung der nationalen Union unter Poincaré folgt (1926–1929), die den Franc abwerten muß (1928). Frankreich wird schwer von der Weltwirtschaftskrise von 1929 getroffen; schnell wechselnde Regierungen und Skandale (Affäre Stavisky) schmälern das Ansehen des parlamentarischen Regierungssystems. Aufstände (6. Feb. 1934) und Streiks folgen. Eine Koalition der Linken (Sozialisten, Radikale, Kommunisten) bildet sich gegen die Rechten und bereitet den Wahlsieg der Volksfront (1936) vor. Der Regierungschef L. Blum verwirklicht bedeutende soziale Reformen. In Deutschland wird die Macht Hitlers immer stärker. Die französische Regierung Daladier und die britische Regierung Chamberlain versuchen vergeblich, die Gefahr eines Krieges abzuwenden (Münchner Abkommen, 1938). Nach Ausbruch des Zweiten Weltkriegs (deutscher Angriff auf Polen 1. Sept. 1939) verfolgt Frankreich als Bündnispartner Polens eine Defensivstrategie; nach Niederlagen gegen die angreifende deutsche Wehrmacht (Mai/Juni 1940) sieht sich die französische Regierung zum Waffenstillstand (22. Juni) gezwungen, während General de Gaulle von London aus zum Widerstand aufruft (18. Juni). Die ›Vichy-Regierung‹, die die gesamte Macht an Pétain gibt, wird im nichtbesetzten Frankreich eingerichtet (freie Zone). Es bildet sich in Frankreich eine Widerstandsbewegung, während die Truppen des freien Frankreichs an der Seite der Alliierten gegen Deutschland kämpfen. Am 25. 8. 1944 zieht die provisor. Reg. de Gaulle in Paris ein.

Die IV. Republik. 1946 wird eine parlamentarische Verfassung angenommen; im Januar 1947 wird der Sozialist Vincent Auriol zum Präsidenten der Republik gewählt. Die Regierungen der IV. Republik bemühen sich um eine Gesundung der Wirtschaft und erlassen bedeutende Sozialgesetze. Sie versuchen, sich an die neuen Gegebenheiten durch die Europäische Wirtschaftsgemeinschaft anzupassen, bei deren Gründung Frankreich mitwirkt. Aber die Schwierigkeiten beim Abbau der Kolonien (Indochina, Algerien) und die Instabilität der Regierungen stellen das Regierungssystem der IV. Republik in Frage.

Die V. Republik. 1958 bringt die Algerienkrise de Gaulle wieder an die Macht. Er gründet die V. Republik, deren Verfassung die Macht der Exekutive verstärkt. Zum Präsidenten der Republik gewählt, gibt er dem Land wieder Selbstvertrauen, das nunmehr von einer starken wirtschaftlichen Umwandlung erfaßt wird. Präsident de Gaulle beendet den Algerienkrieg (1962). Die Opposition wird stärker, aber de Gaulle siegt bei den Präsidentschaftswahlen von 1965 über F. Mitterrand. In der Staatskrise von Mai 1968 kann sich de Gaulle behaupten. 1969 dankt er jedoch ab, nachdem das Referendum über die Regionalisierung und den Senat gescheitert ist. Georges Pompidou wird sein Nachfolger (1969–74); sein vorderstes Ziel ist der Aufschwung von Industrie und Handel. 1974 wird Giscard d'Éstaing zum Präsidenten gewählt und verfolgt – stärker als seine Vorgänger – eine mehr nach Europa geöffnete Politik. Er scheitert an den Vorbehalten der strengen Gaullisten (R.P.R.) und an einer immer stärkeren linken Opposition. Die Wahl von F. Mitterrand zum Präsidenten (1981) kennzeichnet eine Wende in der Geschichte der V. Republik. Nach einem Vierteljahrhundert kommt die Linke wieder an die Macht. Ein Reformprogramm wird verkündet (Abschaffung der Todesstrafe, Regionalisierung, Verstaatlichungen). 1983 zwingen wirtschaftliche Schwierigkeiten (Inflation, Handelsdefizit) die Regierung dazu, einen Sparplan aufzustellen. Der Sieg der Opposition bei den Legislativ- und Regionalwahlen (März 1986) führt zu einer in der Geschichte der V. Republik noch nie dagewesenen Situation, zur ›Kohabitation‹ eines Präsidenten der Linken und eines rechten Premierministers (J. Chirac). Die neue Regierung privatisiert die Banken, große Industrie- und Medienkonzerne. 1988 wird Mitterrand erneut zum Präsidenten gewählt und ernennt Michel Rocard zum Premierminister. Im Zuge der Entspannung im Ost-West-Konflikt (gesellschaftliche Reformen in der UdSSR; Sturz kommunistischer Regime in Ungarn, Polen, Tschechoslowakei, DDR; Wiedervereinigung Deutschlands) bemühte sich die Nachfolgekonferenz der KSZE in Paris (1990), unter der Präsidentschaft Frankreichs eine neue Linie europäischer Zusammenarbeit einzuleiten.

ÖSTERREICH

Offizieller Name: Republik Österreich.

Hauptstadt: Wien. ◻ **Währung:** Schilling (= 100 Groschen). ◻ **Amtssprache:** Deutsch.

Überwiegende Religion: katholisch.

Bundespräsident: Kurt Waldheim (seit 1986). ◻ **Kanzler:** Franz Vranitzky (seit 1986).

Flagge: Von der Republik 1945 angenommen. Die Farben erinnern daran, daß Herzog Leopold 1191 beim Kampf verletzt wurde; er war blutüberströmt, nur das Lederzeug der Koppel war weiß geblieben.

Nationalhymne: ›Land der Berge, Land am Strome, / Land der Äcker, Land der Dome, / Land der Hämmer, zukunftsreich! / Heimat bist du großer Söhne, / Volk, begnadet für das Schöne, / Vielgerühmtes Österreich ...‹; Text von Paula von Preradović (1887–1951), Musik wird Wolfgang Amadeus Mozart zugeschrieben. Wurde 1946 (Musik) und 1947 (Text) für offiziell erklärt.

Nationalfeiertag: 26. Oktober, Jahrestag des Verfassungsgesetzes von 1955, das die Souveränität wiederbrachte.

LÄNDER DER ERDE

Fläche: 84 000 km². □ Höchste Erhebung: Großglockner mit 3 796 m.
Bevölkerung (1989): 7 600 000 Ew. *(Österreicher)*. □ Durchschnittliche Bevölkerungsdichte: 90 Ew. pro km². □ Jährliches Bevölkerungswachstum: Null. □ Geburtenrate: 12‰. □ Sterbeziffer: 11‰. □ Kindersterblichkeit: 8‰. □ Lebenserwartung: 75 Jahre. □ Anteil unter 15 Jahren: 18 %. □ Anteil 65 Jahre und älter: 14 %. □ Stadtbevölkerung: 56 %.
Bruttoinlandsprodukt gesamt (1987): 117 Milliarden Dollar.
Bruttoinlandsprodukt/Kopf: 15 400 Dollar. □ Produktionsstruktur: Landwirtschaft 9 %; Industrie 38 %; Dienstleistungen 53 %. □ Arbeitslosenquote (1986): 3,4 %.
Verkehr: Straßen 36 103 km (davon 1 234 km Autobahn), Eisenbahn 6 345 km (davon 3 313 km elektrifiziert).
Exporte: 23 % des Bruttoinlandsprodukts (27,7 Milliarden Dollar). □ Importe: 27 % des Bruttoinlandsprodukts (31,3 Milliarden Dollar).
Auslandsschulden: nicht bekannt. □ Inflationsrate (1988): 1,43 %.
Militärausgaben (1988): 1,43 Milliarden Dollar. □ Streitkräfte: 54 700, mit mehr als 70 000 Reservisten, die jedes Jahr zu Übungen einberufen werden. □ Wehrdienst: 6 Monate, gefolgt von einer Reservezeit von 60 Tagen (30 bis 90 Tage für die Spezialeinheiten) während 15 Jahren.

Erzeugung ausgewählter Güter u. a. wichtige Erwerbsquellen

Weizen	1,4 Millionen Tonnen
Gerste	1,2 Millionen Tonnen
Körnermais	1,7 Millionen Tonnen
Zuckerrüben	2,1 Millionen Tonnen
Wein	2,2 Millionen Hektoliter
Rinderbestand	2,6 Millionen Tiere
Schweinebestand	3,9 Millionen Tiere
Eisenerz	3,1 Millionen Tonnen
Braunkohle	3,0 Millionen Tonnen
Strom	50 Milliarden kWh
– davon aus Wasserkraft	30 Milliarden kWh
Stahl	4,8 Millionen Tonnen
Schnittholz	5,8 Millionen Kubikmeter
Auslandstouristen	15 Millionen pro Jahr

Klimadaten

Stadt	Höhe (m ü. M.)	Mittlere Temperatur des kältesten Monats (in °C)	Mittlere Temperatur des wärmsten Monats (in °C)	Jährliche Niederschläge (in mm)	Anzahl der Tage mit Niederschlägen pro Jahr
Wien	203	−1,5	20	658	160
Innsbruck	580	−3	19	848	170
Klagenfurt	450	−5	19	940	135

In den drei Städten wurden im Januar und Februar Minusgrade unter −20 °C gemessen. Dagegen wurden Höchstwerte von 35 °C und darüber schon im Juni und Juli verzeichnet.

Verwaltungsgliederung

Land	Fläche (in km²)	Bevölkerung	Hauptstadt
Wien	415	1 525 000	Wien
Niederösterreich	19 172	1 431 000	Sankt Pölten
Oberösterreich	11 980	1 277 000	Linz
Burgenland	3 966	270 000	Eisenstadt
Kärnten	9 533	537 000	Klagenfurt
Salzburg	7 154	447 000	Salzburg
Steiermark	16 387	1 184 000	Graz
Tirol	12 647	594 000	Innsbruck
Vorarlberg	2 601	307 000	Bregenz

Die größten Städte

Wien	1 512 000
Graz	243 000
Linz	200 000
Salzburg	139 000
Innsbruck	117 000
Klagenfurt	87 000
Villach	53 000
Wels	51 000
Sankt Pölten	51 000
Steyr	40 000

Staatliche Institutionen

Bundesrepublik aus neun Bundesländern. □ Verfassung von 1920, in der Form von 1929, 1945 wieder in Kraft gesetzt. □ Der Bundeskanzler ist Vorsitzender der Bundesregierung und Chef der parlamentarischen Mehrheit. □ Der Bundespräsident wird auf 6 Jahre in direkter Wahl gewählt. □ Zwei Kammern: der Nationalrat, direkt auf 4 Jahre gewählt, und der Bundesrat, von den Parlamenten der Länder bestimmt.

Geschichte

Die Ursprünge. Die bedeutenden österreichischen Städte entstehen aus den Lagern der römischen Legionen. Seit dem 4. Jh. wandern Germanen, darunter auch Bayern, ein. Im 6. Jh. erobern die Awaren zum Teil das Land. Karl der Große zerstört ihr Reich und bildet 803 die Ostmark, um weitere Einwanderungen zu verhindern: Hierbei handelt es sich um den eigentlichen Gründungsakt Österreichs, dessen Name, *Ostarrichi,* Österreich, erst 996 auftaucht. Die Babenberger, die schon seit 20 Jahren Herrscher des Landes sind, werden dann mehr als drei Jahrhunderte lang erst Markgrafen, dann Herzöge von Österreich. Als erbliches Lehen (1156) mit Wien als Hauptstadt, bald um Krain und Teile der Steiermark erweitert, gelangt Österreich 1278 unter die Herrschaft der Habsburger.

Das Österreich der Habsburger im 13. und 14. Jh. Die Habsburger erlangen Kärnten (1335) und Tirol (1363). 1379 werden die österreichischen Gebiete zwischen dem leopoldinischen und dem albertinischen Zweig aufgeteilt: Letzterer stirbt 1457 aus, wodurch Friedrich V. von der Steiermark, Oberhaupt des leopoldinischen Zweiges und germanischer Kaiser (Friedrich III.), den größten Teil der habsburgischen Gebiete vereinen kann. Die Habsburger haben fortan den Kaisertitel inne und bleiben gleichzeitig die Herrscher von Österreich, dem Herzstück ihrer Erblande. Maximilian treibt die Entwicklung der Erblande voran und gesteht ihnen politische Sonderrechte wie Reichsregiment und Reichskammergericht zu. Gleichzeitig erobert er Artois, Franche-Comté und Charolais (1493). Karl V., der Enkel Maximilians, tritt, als er Kaiser geworden ist (1519), seinem Bruder Ferdinand die österreichischen Gebiete ab, der sie 1526 um Böhmen und Ungarn erweitert.

Das Aufkommen einer großen europäischen Macht. Die Nachfolger Ferdinands I. stoppen die Türken, die Wien erreichen (1683), ohne es jedoch einnehmen zu können; dann gehen sie zum Angriff über und erobern Transsylvanien (1699) und das Banat (1718). Darüber hinaus erhalten die Habsburger für ihr verschiedentliches Eingreifen gegen Frankreich die Niederlande, Mailand und Neapel (1714). Gleichzeitig versuchen die Habsburger, den protestantischen Einfluß in ihren Staaten mit der Gegenreformation zurückzudrängen, da die Westfälischen Verträge (1648) alle Hoffnungen auf eine religiöse Einheit des Reiches zunichte gemacht haben. Die Unteilbarkeit der österreichischen Staaten, 1713 von Karl VI. verkündet (pragmatische Sanktion), wird von Maria Theresia verteidigt, die am Ende des österreichischen Erbfolgekrieges (1740–1748) Parma und Schlesien verliert, aber Galizien (1772) und die Bukovina (1774) erhält. Gleichzeitig treibt die Kaiserin die Zentralisierung ihrer Staaten im Sinne eines ›aufgeklärten Despotismus‹ voran; diese Politik wird von ihrem Sohn Josef II. weitergeführt (1780–1790); seine Politik verbindet die sozialen (Abschaffung der Leibeigenschaft) und wirtschaftlichen Reformen mit der Zentralisierung der Verwaltung und der Germanisierung. Er versucht, die katholische Kirche dem Staat unterzuordnen (Josefismus). Von 1791 bis 1814 ist die österreichische Geschichte ein langer Kampf gegen

423

LÄNDER DER ERDE

das revolutionäre und kaiserliche Frankreich, wobei es viele Gebiete einbüßt.

Das österreichische Kaiserreich. 1804 nimmt Franz II., der seit 1792 deutscher Kaiser ist, den Titel des Kaisers von Österreich an (Franz I.). Auf Befehl Napoleons muß er auf die Krone des Heiligen Reiches verzichten, das 1806 aufhört zu bestehen. Das österreichische Kaiserreich, mit Metternich als Kanzler an vorderster Stelle der Koalition, die über Napoleon triumphiert (1814), gehört zu den Mächten, die den Wiener Kongreß organisieren (1814–15). Es hat die Mehrzahl seiner ehemaligen Gebiete wiedererlangt und erhält eine Vormachtstellung in Italien. Bis 1848 beherrscht es die europäische Politik, indem es die Ideale der Heiligen Allianz gegen die Liberalen und die europäischen Patrioten verteidigt. Österreich steht dem Deutschen Bund vor, der 1814 gegründet wird; es stützt sich auf die lokalen Dynastien, um die Einheit Deutschlands zu verhindern. Ab 1848 sieht Österreich sich nach und nach durch Preußen aus Deutschland verdrängt, dessen Armeen bei Sadowa (1866) siegen; daneben hat es mit dem Widerstand der zahlreichen ethnischen Minderheiten des Reiches zu kämpfen, besonders den Tschechen und den Ungarn. Kaiser Franz Josef I. (1848–1916), der zuerst den Absolutismus und den Verwaltungszentralismus vertritt (›System‹ von Bach), schließt nach der Schlacht von Königgrätz mit Österreich-Ungarn einen Kompromiß (1867).

Die österreichisch-ungarische Monarchie. Gemäß dem Kompromiß von 1867 bilden Österreich und Ungarn zwei gleichberechtigte Staaten, die jeweils eine eigene Politik verfolgen, ihre gemeinsamen Elemente sind der Kaiser und König, zuerst Franz Josef, dann sein Enkel Karl I. (1916–1918), und die Außen-, Kriegs- und Finanzminister. Ungarn wird mit der Verwaltung des östlichen Teils des Reiches betraut (Transleithanien). Cisleithanien bleibt unter österreichischer Verwaltung. Cisleithanien (Galizien, Böhmen, Mähren, die österreichischen Staaten, Trentino, Istrien, Dalmatien ...) ist reicher und stellt die Bevölkerungsmehrheit. Dennoch erheben sich bis 1918 die Minderheiten, vor allem die Tschechen, immer wieder, obwohl die föderalistische Politik von Eduard Taaffe (1879–1893) eine gewisse Entspannung bewirkt. Industrialisierung und Modernisierung des Landes führen zur Bildung neuer, sehr aktiver Parteien, vor allem der Christlich-Sozialen von Karl Lueger (1887), die stark antisemitisch eingestellt sind und sich auf das Kleinbürgertum stützen sowie der Sozialdemokraten (1888), marxistisch ausgerichtet, unter Victor Adler. Außenpolitisch stützt sich die österreichisch-ungarische Politik auf die Allianz mit Deutschland und verfolgt seine Ziele auf dem Balkan. Das führt zur Gegnerschaft Rußlands und schließlich zum Ersten Weltkrieg (Attentat auf Erzherzog Franz Ferdinand in Sarajewo am 28. Juni 1914). 1918, im Anschluß an die Niederlage der Mittelmächte, wird Österreich-Ungarn aufgelöst. Die Verträge von Saint-Germain (10. Sept. 1919) und Trianon (4. Juni 1920) erkennen die Existenz der daraus hervorgegangenen Staaten an.

Die Republik Österreich. Österreich, das nun nur noch die germanischen Gebiete der Habsburger besitzt, wird am 20. Okt. 1920 Bundesrepublik. Die Inflation, die eine Zeitlang von Markgraf Ignaz Seipel, der von 1922 bis 1924 und von 1926 bis 1929 Kanzler ist, eingedämmt werden kann, gewinnt 1930 erneut die Oberhand. Die österreichische Regierung, die sich auf die Christlich-Sozialen stützt, kämpft gleichzeitig gegen Sozialisten und Nazis. Das Attentat auf Kanzler Dollfuss durch die Nazis im Jahre 1934 geht dem *Anschluß* (Vereinigung Österreichs mit Deutschland) am 11. März 1938 voraus, wobei Kanzler Schuschnigg verhaftet wird. Österreich ist nur noch eine Provinz des Reiches (Ostmark); als solche nimmt es an den Kämpfen und dann an den Niederlagen des Zweiten Weltkrieges teil.

Die Zweite Republik. Die 2. Republik Österreich wird von den Alliierten am 27. April 1945 anerkannt. Österreich bleibt dennoch besetzt. Es erhält seine Souveränität erst im Mai 1955. Dennoch gelingt 1945–1955 unter Bundespräsident Renner (Sozialistische Partei Österreichs) und Bundeskanzler Figl (Österreichische Volkspartei) die ›Wiederbelebung‹ Österreichs. Sozialisten und Vertreter der Volkspartei regieren gemeinsam in einem Zweiparteiensystem, das bis 1966 erhalten bleibt. Die Gründung einer demokratischen Fortschrittspartei hebt diese Koalition auf, und Österreich orientiert sich in der Folge an einem Mehrheitssystem, das vom Wechsel in der Regierungsverantwortung (1966–1970 Josef Klaus, ÖVP, 1970–1983 Bruno Kreisky, SPÖ) geprägt ist. In dieser Zeit erlebt das Land einen wirtschaftlichen Aufschwung, die Südtirolfrage wird endgültig gelöst. Dann bildet sich eine sozial-liberale Koalitionsregierung unter Fred Sinowatz. Dieser dankt 1986 ab, als seine Partei bei den Präsidentschaftswahlen unterliegt, die Kurt Waldheim gewinnt. Der Sozialist Franz Vranitzky wird sein Nachfolger. Im Sept. 1986 lösen die Sozialisten die Regierungskoalition auf. Die vorgezogenen Parlamentswahlen finden im November statt. Die sozialistische Partei kann die relative Mehrheit im Parlament halten, und im Januar 1987 wird eine Regierungskoalition aus Sozialisten und Populisten gebildet. 1988 und 1989 verbucht die FPÖ (Freiheitliche Partei Österreichs), eine nationalistische, dem äußersten rechten Spektrum zugehörige Partei unter J. Haider, bedeutende Stimmengewinne bei den Regionalwahlen.

SCHWEIZ
SUISSE, SVIZZERA

Offizieller Name: Schweizerische Eidgenossenschaft.

Hauptstadt: Bern. □ **Währung:** Schweizer Franken (= 100 Rappen). □ **Amtssprachen:** Deutsch, Französisch und Italienisch; Rätoromanisch als Landessprache anerkannt.

Überwiegende Religionen: katholisch und protestantisch.

Bundespräsident: Arnold Koller, seit 1990.

Flagge: Die heutige Form wurde durch einen Erlaß der Bundesversammlung von 1899 festgelegt, der durch eine Verordnung des Bundesrates 1913 ergänzt wurde. Der Ursprung geht auf die rote Fahne der Bergbewohner von Schwyz zurück, das Zeichen ihrer Freiheit, verziert mit einem weißen Kreuz.

Nationalhymne: ›Trittst im Morgenrot daher, / Seh ich dich im Strahlenmeer, / Dich, du Hocherhabener, Herrlicher! ...‹; Text von Leonhard Widmer (1808–1868), Musik von Alberik Zwyssig (1808–1854). Seit 1961 offiziell.

Nationalfeiertag: 1. August, Jahrestag des Ewigen Paktes von 1291.

Fläche: 41 293 km². □ **Höchste Erhebung:** Monte Rosa (Dufourspitze) mit 4 638 m.

Bevölkerung (1989): 6 600 000 Ew. *(Schweizer).* □ Durchschnittliche Bevölkerungsdichte: 160 Ew. pro km². □ Jährliches Bevölkerungswachstum: 0,3 %. □ Geburtenrate: 12‰. □ Sterbeziffer: 9‰. □ Kindersterblichkeit: 7‰. □ Lebenserwartung: 76 Jahre. □ Anteil unter 15 Jahren: 17 %. □ Anteil 65 Jahre und älter: 15 %. □ Stadtbevölkerung: 60,4 %.

Bruttoinlandsprodukt gesamt (1987): 170 Milliarden Dollar.

Bruttoinlandsprodukt/Kopf: 25 750 Dollar. □ **Produktionsstruktur:** Landwirtschaft 6,6 %; Industrie 37,7 %; Dienstleistungen 55,7 %.

□ **Arbeitslosenquote (1985):** 0,7 %.

Verkehr: Straßen 69 830 km (davon 1 384 km Autobahn), Eisenbahn 5 096 km (insgesamt elektrifiziert).

Exporte (1987): 26,6 % des Bruttoinlandsprodukts (45,3 Milliarden Dollar). □ **Importe** (1987): 29,6 % des Bruttoinlandsprodukts (50,4 Milliarden Dollar).

Auslandsschulden (1985): 3 Milliarden Dollar. □ **Inflationsrate** (1989): 1,8 %.

Militärausgaben (1988): 1,869 Milliarden Dollar. □ **Streitkräfte:** 18 500 ausgebildete Rekruten (mobilisierbare Stärke innerhalb von 48 Stunden: 625 000 Mann). □ **Wehrdienst:** 17 Wochen Ausbildung, danach 8 Übungen von 3 Wochen für den ›Auszug‹ (20–23 Jahre); 3 Übungen von 2 Wochen für die ›Landwehr‹ (33–42 Jahre); zweimal 1 Woche für den ›Landsturm‹ (43–50 Jahre); insgesamt 364 Tage Militärdienst für einen normalen Dienstgrad, 1 203 Tage für einen Hauptmann und 2 000 Tage für einen Oberst.

Erzeugung ausgewählter Güter u. a. wichtige Erwerbsquellen

Rinderbestand	1,8 Millionen Tiere
Milch	3,7 Millionen Tonnen
Käse	131 000 Tonnen
Schweinebestand	1,9 Millionen Tiere
Fleisch	501 000 Tonnen
Salz	348 000 Tonnen
Strom	61 Milliarden kWh
– davon aus Kernkraft	22,7 Milliarden kWh
– davon aus Wasserkraft	32,8 Milliarden kWh
Aluminium	73 000 Tonnen
Auslandstouristen	31,9 Millionen

Staatliche Institutionen

Republik. □ Verfassung von 1874. □ Bundesstaat. Jeder Kanton hat interne Autonomie und eine kantonale Verfassung. Die Bundesversammlung (Parlament) wird gebildet vom Nationalrat (gewählt auf 4 Jahre) und vom Ständerat (gewählt von den Kantonen); sie ist die oberste Autorität und wählt die Exekutive, den Bundesrat.

Geschichte

Die Ursprünge der Schweizer Eidgenossenschaft. In der Eisenzeit entwickeln sich die keltischen Kulturen von Hallstatt und Latène. Im 1. Jh. von Rom annektiert, wird die künftige Schweiz im Westen von Völkern aus

424

LÄNDER DER ERDE

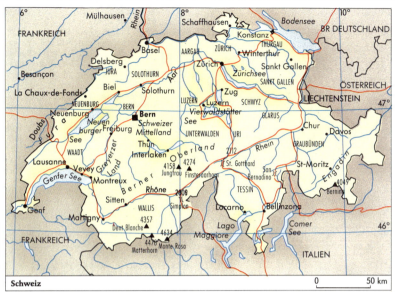

Schweiz

Verwaltungsgliederung

Kanton	Fläche (in km²)	Bevölkerung	Hauptort	Bevölkerung
Appenzell[1]	415	61 000		
Aargau	1 404	462 000	Aarau	17 000
Basel[1]	465	419 000		
Bern	6 050	921 000	Bern	145 000
Freiburg	1 670	188 000	Freiburg	36 000
Genf	282	356 000	Genf	156 000
Glarus	684	36 000	Glarus	6 000
Graubünden	7 106	171 000	Chur	32 000
Jura	838	65 000	Delsberg	12 000
Luzern	1 492	397 000	Luzern	62 000
Neuenburg	797	155 000	Neuenburg	33 000
Sankt Gallen	2 014	397 000	Sankt Gallen	74 000
Schaffhausen	298	70 000	Schaffhausen	34 000
Schwyz	908	100 000	Schwyz	12 000
Solothurn	791	218 000	Solothurn	15 000
Tessin	2 810	272 000	Bellinzona	18 000
Thurgau	1 013	188 000	Frauenfeld	19 000
Unterwalden[1]	767	57 000		
Uri	1 076	34 000	Altdorf	8 000
Wallis	5 226	227 000	Sion	23 000
Waadt	3 219	536 000	Lausanne	127 000
Zug	239	78 000	Zug	21 000
Zürich	1 729	1 125 000	Zürich	357 000

[1] Die Kantone Appenzell, Basel und Unterwalden werden jeweils von 2 Halbkantonen gebildet: Außerrhoden (243 km², 49 000 Ew., Herisau) und Innerrhoden (172 km², 13 000 Ew., Appenzell); Basel-Stadt (37 km², 199 000 Ew., Basel) und Basel-Land (428 km², 220 000 Ew., Liestal); Obwalden (491 km², 27 000 Ew., Sarnen) und Nidwalden (276 km², 30 000 Ew., Stans).

Die größten Ballungsgebiete

Zürich	840 000	Basel	365 000	Lausanne	250 000	Sankt Gallen	124 000
Genf	372 000	Bern	301 000	Luzern	158 000	Winterthur	108 000

Klimadaten

Stadt	Höhe (m ü. M.)	Mittlere Temperatur des kältesten Monats (in °C)	Mittlere Temperatur des wärmsten Monats (in °C)	Jährliche Niederschläge (in mm)	Anzahl der Tage mit Niederschlägen pro Jahr
Genf	400	1	20	750	120
Zürich	493	−0,5	19,5	1 090	158
Lugano	275	2	21,5	1 745	125

In Lugano ist das Thermometer nur in Ausnahmefällen unter −10 °C gesunken, dagegen kann die Temperatur in Genf und Zürich von Dezember bis März durchaus unter diesen Wert sinken. In allen drei Stationen lagen die verzeichneten Höchsttemperaturen zwischen 35 und 40 °C.

Burgund besiedelt und im Osten von Alemannen. Die einen verschmelzen schnell zu einer romanischen Bevölkerung (Romanische Schweiz), während die anderen ihre Sprache beibehalten (Deutsche Schweiz). Unter den Franken ab dem 6. Jh. wird die Region nach und nach vom 7. bis zum 9. Jh. christianisiert. Nach dem Austritt aus dem karolingischen Reich gehört sie dem Königreich Burgund an (888) und geht mit diesem in das Heilige Römische Reich ein (1032). Mitte des 13. Jh. haben die Habsburger die Kontrolle über die Zentral- und die Ostschweiz, wogegen die Bauern vom Kaiser Freibriefe erbitten. Aber die Wahl Rudolfs von Habsburg (1273) macht diese Hoffnungen zunichte. Beim Tod Rudolfs schließen sich die drei Waldstädte Schwyz, Uri und Unterwalden 1291 im ›Ewigen Bund‹ zur Wahrung ihrer Freiheiten zusammen (Rütlischwur und Apfelschuß in ›Wilhelm Tell‹ gehören der Sage an). Das ist der Beginn der Schweizer Eidgenossenschaft.

Festigung und Gleichberechtigung der Eidgenossenschaft (1291–1513). Die Kantone bringen dem Herzog von Österreich, Leopold, bei Morgarten eine schlimme Niederlage bei (15. Nov. 1315) und erneuern ihren Pakt bei Brunnen am 9. Dez. 1315. Luzern (1332), Zürich (1351), Glarus und Zug (1352) und schließlich Bern (1353) schließen sich den drei Kantonen an und bilden den Bund der acht Kantone. Dieser erringt bei Sempach (1386) und Näfels (1388) weitere Siege gegen die Habsburger und läßt 1389 seine Unabhängigkeit anerkennen. Neue Mitglieder (Wallis, Neuenburg, Appenzell, Sankt Gallen, Schaffhausen, Biel, Mühlhausen und Solothurn) nehmen mit unterschiedlichen Statuten am Bund teil. Es kommt zwischen den Kantonen zu Rivalitäten, aber Bern kann sie geschlossen in den Kampf gegen Karl den Kühnen führen, was zu den Schweizer Siegen bei Grandson und Murten (1476) führt. Aber die Streitigkeiten flammen wieder auf, und erst 1481 wird der innere Friede durch das Eingreifen von Nikolaus von Flüe in der Versammlung von Stans wieder hergestellt. Solothurn und Freiburg treten der Eidgenossenschaft bei, die von Kaiser Maximilian durch den Vertrag von Basel (1499) ihre Unabhängigkeit erlangt. Nachdem Basel und Schaffhausen (1501) und dann Appenzell (1513) der Eidgenossenschaft beigetreten sind, zählt diese 13 Kantone. Nach ihrer Niederlage gegen die Franzosen in Italien bei Marignan (1515) beschließen die Kantone, nicht mehr in ausländische Angelegenheiten einzugreifen. Franz I. gibt ihnen den vorteilhaften Frieden von Freiburg (1516).

Von der Reformation bis zu den Westfälischen Verträgen (1513–1648). Die Reformation bedroht ernstlich die Einheit der Eidgenossenschaft: von Ulrich Zwingli wird sie 1519 in Zürich eingeführt und führt zum Bürgerkrieg zwischen den Bergkantonen (Uri, Schwyz, Unterwalden, Luzern, Zug) und Freiburg und Solothurn, die katholisch bleiben, und dem Rest der Kantone, die protestantisch werden. Die Katholiken schlagen die Protestanten 1531 bei Kappel, wobei Zwingli fällt. Es kommt zu einer Beruhigung zwischen den Konfessionen: 7 katholische Kantone, 4 reformierte und zwei gemischte. Unter dem Einfluß von Calvin (seit 1536) wird Genf das ›Rom des Protestantismus‹. Trotz der inneren Spannungen bewahrt die Eidgenossenschaft ihre politische Einheit. Die Westfälischen Verträge erkennen die vollständige Unabhängigkeit an.

Der wirtschaftliche Aufschwung und das oligarchische Patriarchat (1648–1792). Während der zweiten Hälfte des 17. Jh. erlebt

LÄNDER DER ERDE

EUROPA

die Schweiz eine Zeit des Wohlstands und des Friedens. Die Stadtkantone werden oligarchisch, und die ehemaligen Strukturen der Landkantone geraten in Vergessenheit. Neue Widersprüche treten auf und verstärken sich mit der Verbreitung aufklärerischen Gedankenguts.

Die Eidgenossenschaft, die Revolution und das Reich (1793–1814). Die französische Revolution hat auf die politische Entwicklung in der Schweiz großen Einfluß. 1792 wird in Genf die Oligarchie gestürzt, und Frankreich besetzt das Bistum Basel. Gestützt durch den helvetischen Club, angeregt von La Harpe, und auf die demokratische Propaganda von Pierre Ochs interveniert das Direktorium in Waadt (1798). Eine helvetische Republik mit einer einheitlichen Verfassung wird von Paris aufgezwungen, erweist sich jedoch sehr bald als unregierbar. 1803 unterschreibt Bonaparte die Mediationsakte, die die Eidgenossenstruktur wieder herstellt.

Von der Restauration zum Liberalismus (1815–1848). Der Untergang Napoleons führt zur Abwahl der Mediationsakte durch die Bundesversammlung (Dez. 1813). Unter der Schirmherrschaft des Wiener Kongresses, der die andauernde Neutralität der Schweiz anerkennt, schließen 22 Kantone einen neuen Bund (August 1815). Zu den ursprünglichen 13 Kantonen haben sich Sankt Gallen, Graubünden, Aargau, Thurgau, Tessin, Waadt, Wallis, Neuenburg und Genf gesellt. Nach 1830 bauen 12 Kantone ihre Verfassungen nach demokratischen Gesichtspunkten aus. Die anderen Kantone (hauptsächlich katholisch), bilden einen separaten Bund, den Sonderbund, der 1847 militärisch niedergeschlagen wird.

1848 bis heute. Im Sept. 1848 macht eine neue Verfassung die Schweiz zu einem Bundesstaat mit einer Zentralregierung in Bern, dem Bundesrat. Das Land nimmt schließlich die Rechte von ›Referendum‹ (1874) und ›Initiative‹ (1891) an. Die Neutralität und die humanitäre Gesinnung der Schweiz werden in den Kriegen von 1870, 1914 und 1939 respektiert. Nach 1945 erlebt die Eidgenossenschaft drei Jahrzehnte beachtlichen Wohlstands. Politisch teilen sich die Sozialisten, die radikalen Demokraten und die konservativen Christlich-Sozialen die Macht im Bundesrat. Das Wahlrecht für Frauen wird erst 1971 angenommen. Das wichtigste Problem der Nachkriegszeit ist die Autonomie des Jura. Im Juni 1974 ermöglicht eine Volksbefragung die Bildung eines 23. Kantons, des Jura (1. Januar 1979).

ITALIEN ITALIA

Offizieller Name: Republik Italien.

Hauptstadt: Rom *(Roma).* ◻ **Währung:** Lire (= 100 Centesimi) ◻ **Amtssprache:** Italienisch (daneben Deutsch in Südtirol, Französisch im Aostatal). ◻ **Überwiegende Religion:** katholisch.

Staatspräsident: Francesco Cossiga (seit 1985). ◻ **Ministerpräsident:** Giulio Andreotti (seit 1989).

Flagge: Von den Freiwilligen der mailändischen Miliz geschaffen, die 1776 dem Freimaurertum anhingen. Sie nimmt die von Dante beschriebenen Farben wieder auf. Die heutige Form wurde 1946 festgelegt.

Nationalhymne: ›Fratelli d'Italia, L'Italia s'e desta; dell'elmo di Scipio s'e cinta la testa ...‹ (Brüder Italiens, Italien ist erwacht; es hat sich das Haupt mit Scipios Helm geschmückt ...); Text von Goffredo Mamelli (1827–1849), Musik von Michel Novaro (1822–1885). Wurde 1946 offiziell.

Nationalfeiertag: erster Sonntag im Juni, an dem der Wahlen (2. Juni 1946) der ersten republikanischen Legislatur gedacht wird.

Erzeugung ausgewählter Güter u. a. wichtige Erwerbsquellen

Weizen	8,1 Millionen Tonnen
Mais	6,4 Millionen Tonnen
Wein	74 Millionen Hektoliter
Zitrusfrüchte	3,1 Millionen Tonnen
Tabak	166 000 Tonnen
Rinderbestand	8,7 Millionen Tiere
Schafbestand	11,4 Millionen Tiere
Fischfang	525 000 Tonnen
Erdgas	16,6 Milliarden m³
Strom	203 Milliarden kWh
– davon aus Wasserkraft	42,7 Milliarden kWh
Aluminium	226 000 Tonnen
Stahl	23,6 Millionen Tonnen
Pkw	1 884 000 Einheiten
Kunstkautschuk	245 000 Tonnen
Synthetikfasern	659 000 Tonnen
Kunststoffe	2,7 Millionen Tonnen
Auslandstouristen	52,7 Millionen

Klimadaten

Stadt	Mittlere Temperatur des kältesten Monats (in °C)	Mittlere Temperatur des wärmsten Monats (in °C)	Jährliche Niederschläge (in mm)	Anzahl der Tage mit Niederschlägen pro Jahr
Mailand	2,5	24,5	1015	88
Venedig	3,5	23	780	87
Rom	8	25	744	77
Neapel	8	23,5	915	91
Palermo	12	25,5	510	71

Verwaltungsgliederung

Region	Fläche (in km²)	Bevölkerung	Hauptstadt
Abruzzen	10 794	1 218 000	L'Aquila
Aostatal	3 262	112 000	Aosta
Apulien	19 347	4 005 000	Bari
Basilicata	9 992	610 000	Potenza
Emilia-Romagna	22 124	3 939 000	Bologna
Friaul-Julisch-Venetien	7 846	1 220 000	Triest
Kalabrien	15 080	2 061 000	Catanzaro
Kampanien	13 595	5 463 000	Neapel
Latium	17 203	5 002 000	Rom
Ligurien	5 416	1 771 000	Genua
Lombardei	23 856	8 882 000	Mailand
Marche	9 693	1 426 000	Ancona
Molise	4 438	334 000	Campobasso
Umbrien	8 456	817 000	Perugia
Piemont	25 399	4 394 000	Turin
Sardinien	24 090	1 638 000	Cagliari
Sizilien	25 708	5 084 000	Palermo
Toskana	22 992	3 577 000	Florenz
Trentino-Südtirol	13 613	877 000	Trient
Venetien	18 364	4 370 000	Venedig

Fläche: 301 000 km². ◻ **Höchste Erhebung:** 4 638 m im Monte Rosa.
Bevölkerung (1989): 57 600 000 Ew. *(Italiener).* ◻ Durchschnittliche Bevölkerungsdichte: 191 Ew. pro km². ◻ Jährliches Bevölkerungswachstum: Null. ◻ Geburtenrate: 10 ‰. ◻ Sterbeziffer: 9 ‰. ◻ Kindersterblichkeit: 10 ‰. ◻ Lebenserwartung: 75 Jahre. ◻ Anteil unter 15 Jahren: 19 %. ◻ Anteil 65 Jahre und älter: 13 %. ◻ Stadtbevölkerung: 71,7 %.
Bruttoinlandsprodukt gesamt (1987): 758 Milliarden Dollar. ◻ Bruttoinlandsprodukt/Kopf: 13 200 Dollar. ◻ Produktionsstruktur: Landwirtschaft 11,2 %; Industrie 33,6 %; Dienstleistungen 55,2 %. ◻ Arbeitslosenquote (1989): 11,3 %.
Verkehr: 292 948 km Straßen (davon 6 762 km Autobahn); Eisenbahn 19 726 km (davon 3 541 km elektrifiziert).
Exporte (1987): 15,4 % des Bruttoinlandsprodukts (116 Milliarden Dollar). ◻ **Importe** (1987): 16,6 % des Bruttoinlandsprodukts (124,5 Milliarden Dollar).
Auslandsschulden: nicht bekannt.
Inflationsrate (1989): 4,2 %.
Militärausgaben (1989): 12 Milliarden Dollar. ◻ Streitkräfte: 386 000 Mann. ◻ **Wehrdienst:** 12 Monate für die Land- und Luftstreitkräfte, 18 Monate für die Marine.

Staatliche Institutionen

Republik. ◻ Verfassung von 1947. ◻ Staatspräsident, auf 7 Jahre vom Parlament gewählt. ◻ Ministerpräsident, dem Parlament verantwortlich (Abgeordnetenkammer und Senat, jeweils auf 5 Jahre gewählt).

In Rom und in Palermo hat das Thermometer schon 40 °C erreicht oder überschritten. In Palermo ist es nie unter 0 °C gefallen, in Rom und in Venedig nie unter –5 °C, nie unter –10 °C in Mailand. Die Niederschläge sind im Norden ziemlich regelmäßig über das Jahr verteilt. Dagegen wird nach Süden zu das mediterrane Klima mit zunehmender Trockenzeit im Sommer immer deutlicher, es zeigt sich schon in Rom und Neapel (von Juni bis August nur etwa zehn Regentage); auf den Inseln ist dieses Klima besonders ausgeprägt.

Die größten Städte

Rom	2 826 000
Mailand	1 515 000
Neapel	1 206 000
Turin	1 035 000
Genua	736 000
Palermo	720 000
Bologna	442 000
Florenz	431 000
Catania	378 000
Bari	368 000
Venedig	334 000
Verona	260 000
Messina	267 000
Tarent	245 000
Triest	241 000
Padua	228 000
Cagliari	224 000
Brescia	202 000

LÄNDER DER ERDE

Italien

Geschichte

Die Antike. Im 3. Jahrtausend war Italien von Völkern besiedelt, die in Italien unter dem Namen Ligurer und in Sizilien als Sikuler überlebt haben. Ab dem 2. Jahrtausend kommt es zu Wanderungen der indoeuropäischen Völker, die letzten davon, die Villanovier, wissen das Eisen zu nutzen. Zu Beginn des 1. Jahrtausends bilden die Völker in Italien zwei Gruppen, die Italiker oder Italioter genannt werden. Daneben besiedeln eine Vielzahl illyrischer Einwanderer die Küsten der Adria. Die Etrusker bewohnen seit dem 7. Jh. das Gebiet vom Po bis Kampanien, während die Griechen die mittleren Küstengebiete von Tarent bis Cuma besiedeln. Im 4. Jh. siedeln sich die Kelten in der Poebene an. Ab dem 4. Jh. stehen die Griechen mit den Hirtenvölkern des Appenin auf Kriegsfuß. Rom profitiert davon und erobert die Halbinsel (4.–2. Jh. v. Chr.). Das Lateinische wird Bildungssprache. Die Unzufriedenheit der Italiker mit Rom führt zum Bundesgenossenkrieg 91–89 v. Chr., wonach den italischen Verbündeten das vollständige Bürgerrecht eingeräumt werden muß. Die Ausweitung des Reiches führt zu einer Verlagerung der Wirtschaft und des Handels hin zum *Limes,* und Italien, das von den Erzeugnissen der Provinzen lebt, ist nicht länger Zentrum. Unter Konstantin I. triumphiert das zuvor lange Zeit verfolgte Christentum im 4. Jh. in Rom, dem Sitz des Papstes.

Ende der römischen Epoche und frühes Mittelalter. Beim Tode von Theodosius (395) geht das Westreich an seinen Sohn Honorius über. Das Reich, das im 5. Jh. von Barbaren angegriffen wird, reduziert sich bald auf Italien. Rom wird von den Goten Alarichs geplündert (410), dann von den Vandalen unter Geiserich (455). Schließlich läßt einer der Heeresführer, Odoaker, den jungen Kaiser Romulus Augustulus absetzen, bevor er selbst von seinem Rivalen Theoderich abgelöst wird (493–526). Die Halbinsel wird im Namen Justinians durch die byzantinischen Generäle Belisarius und Narses erobert (535–555). Aber die Wiedereinsetzung des Kaisertums sollte Justinian nicht überdauern. Italien entwickelt sich fortan um drei Pole: Mailand, Zentrum des Königreichs der Langobarden, Ravenna und einige Gebiete in Mittelitalien, die den Byzantinern bleiben, und Rom, wo sich die Macht des Papsttums organisiert. Konfrontiert mit dem Expansionismus der Langobarden in Norditalien (Einnahme von Ravenna, 751) beschließt das Papsttum, die Karolinger zu Hilfe zu rufen; zuerst Pippin den Kurzen (753), dann Karl den Großen (774). Dank ihres Eingreifens werden die Grundlagen des zukünftigen Kirchenstaates gelegt. Die Krönung Karls des Großen durch Leo III. (800) läßt im Westen wieder ein theokratisches Reich entstehen ... Aber nach dem Tod Ludwigs des Frommen (843) bricht das Reich auseinander, und Italien wird Teil der Staaten von Lothar I., dann von Ludwig II.

(855). Die Normannen verwüsten Italien, während die Sarazenen in Sizilien einfallen (827), Bari besetzen (840) und Rom plündern (846). Nach einem Jahrhundert der Instabilität und der Anarchie macht der König von Germanien, Otto I., seine Rechte über Italien geltend und läßt sich von Papst Johannes XII. in Rom zum Kaiser krönen (962). So entsteht das Heilige Römische Reich Deutscher Nation.

Das kaiserliche Italien. Das ottonische Reichskirchensystem, das dem Kaiser die Kontrolle über den Papst zugesteht, führt zu einer Bewegung innerhalb der Kirche, die Kirche von der weltlichen Vorherrschaft befreien will. Papst Nikolaus II. beendet diese weltliche Vorherrschaft (1052) und beginnt damit den Investiturstreit. Kaiser Heinrich IV. muß sich in Canossa demütig zeigen (1077), und sein Nachfolger akzeptiert das Konkordat von Worms (1122). Der Streit flammt jedoch wieder auf, als Friedrich Barbarossa auf den Kaiserthron kommt (1152). Um ein Gegengewicht zum Kaiser zu bilden, begünstigt das Papsttum die Ausweitung der Normannen, die unter Robert Guiscard ihr Königreich bis Süditalien ausdehnen (1061–1091). Schließlich bildet sich eine neue Macht: die der Städte, die in der Mitte und im Norden das Joch der Feudalherrschaft abschütteln und sich kommunale Institutionen geben (Mailand, 1081; Florenz, 1138). Die Gemeinden, die noch wenig Macht besitzen, müssen sich in den Konflikt zwischen Papsttum und Reich einschalten. Nachdem Friedrich II. an die Macht gekommen ist (1220–1250), teilen sich die Gemeinden zwischen den rivalisierenden Welfen (Anhänger des Papstes) und den Ghibellinen (Anhänger des Kaisers) auf. Papst Clemens VII. gibt die Krone von Neapel an Karl von Anjou ab, der den letzten Hohenstaufer Konradin in Benevent (1268) besiegt. Von einigen vereinzelten Versuchen abgesehen, kennzeichnet diese Niederlage das Ende des Strebens der germanischen Kaiser, eine wirtschaftliche und religiöse Hegemonie in Italien zu errichten.

Republiken und Fürstentümer bis zu den Kriegen des 16. Jh. Die Halbinsel wird zwischen den Regionalstaaten aufgeteilt, deren bedeutendster das Königreich Neapel ist. Dieses fällt nach vielen Wechselfällen vollständig an das Haus Aragon (1442). Im 14. Jh. verliert das Papsttum in Italien an Bedeutung, da die Päpste nach Avignon ›ins Exil‹ gehen (1309–1376), und das große Schisma stellt bis zur Wahl Martins V. mehrere Bischöfe gegeneinander (1378–1417). Die Gemeinden erleben eine hervorragende industrielle (vor allem Tuch) und kommerzielle (Genua und Venedig) Entwicklung, auch im Bankenwesen (Florenz). Diese Städte entwickeln im gesamten östlichen Mittelmeerraum weitverzweigte Handelszentren, was sich als günstig für das Aufkommen einer weltlichen Kultur in den ersten Universitäten (Bologna seit 1088), Padua seit 1222) erweist. Nach den Krisen des 14. Jh. (Pest, Unruhen) geht die Macht an die großen Familien (Visconti, dann Sforza in Mailand, die Medici in Florenz), und nur Genua und Venedig bleiben aristokratische Republiken. Die Kunst in den Städten erfährt eine außerordentliche Entwicklung, das beste Beispiel hierfür ist Florenz, das unter Lorenz von Medici (1469–1492) zu einer der bedeutendsten Stätten der italienischen Renaissance wird. Das kulturell verfeinerte, reiche Italien, gleichwohl durch seine Teilungen geschwächt, wird zur Beute seiner mächtigen Nachbarn, der Könige von Frankreich und der Habsburger von Spanien und Österreich.

427

LÄNDER DER ERDE

EUROPA

Die Fremdherrschaft. Die Italienkriege (1494–1559) tragen die bewaffnete Auseinandersetzung ins Land, und der Friede von Cateau-Cambrésis, der das Ende dieser Kriege markiert, verankert die spanische Herrschaft über einen großen Teil der italienischen Halbinsel (1559–1713). Das Land erlebt in dieser Zeit eine wirtschaftliche und kulturelle Regression aufgrund der allmählichen Verlagerung (v. a. im 17. Jh.) des Handelsschwerpunktes zum Atlantik hin und der Durchsetzung der Lehre der katholischen Reform nach dem Konzil von Trient (1545–1563), die das kulturelle Leben teilweise zum Erliegen bringt. Nach dem Vertrag von Utrecht geht Italien an die Habsburger von Österreich (1713) und erlebt eine gewisse Erneuerung. In der Toskana praktiziert Großherzog Peter Leopold eine reformistische und aufgeklärte Politik, die auch von den Königen von Neapel übernommen wird (besonders Karl von Bourbon [1734–1759]). Schließlich behaupten sich neue Staaten wie Piemont.

Das Risorgimento und die Einheit. Die französische Revolution von 1789 wird zwar von den Herrschern feindselig aufgenommen, vom Bürgertum jedoch eher begrüßt. Das Heer von General Bonaparte, vom Direktorium nach Italien entsandt, wird zu Beginn von der Bevölkerung gefeiert (1796–97). Nach seinen Siegen zwingt Bonaparte Österreich die Verträge von Campoformio auf (1787), die das Ende des Alten Regimes auf der Halbinsel und die Bildung vorübergehender Bruderrepubliken (Cisalpina, Ligurien, parthenopische und römische Republik) kennzeichnen. Diese Politik wird auch nach Napoleons Sieg bei Marengo (1800) fortgeführt und endet mit der Eroberung Italiens. Als Napoleon Kaiser geworden ist (1804), wird er selbst König von Italien (Poebene und Adriaküste 1805), während sein Bruder Josef (1806) und dann Murat (1808) das Königreich Neapel erhalten. Nach dem Niedergang des Reiches setzt der Wiener Kongreß (1815) die gestürzten Herrscher in Italien wieder ein, Österreich übernimmt den Norden (Lombardei und Venetien). Doch während der Rückkehr des Absolutismus entwickeln sich Geheimbündnisse (carbonari). Nach 1830 organisieren sich diese Bewegungen um den Republikaner Mazzini, den Gründer Jung-Italiens, und um die Neo-Guelfen und Katholiken Gioberti sowie um C. Balbo, den Verfechter der Vereinigung und des Risorgimento (Renaissance, Auferstehung) Italiens unter dem Schutz des Hauses von Savoyen. Nach den Erhebungen von 1848 und während die Forderungen nach einer Verfassung in Neapel, Florenz, Turin und Rom (Januar–März) erfüllt werden, weisen die Lombardei und Venetien die Österreicher aus. Der König von Piemont, Karl Albert, versucht, sich an die Spitze der Befreiungsbewegung zu setzen, aber er wird in Custoza geschlagen (Juli 1848), danach in Novare (März 1849). Der neue Herrscher von Piemont, Viktor Emmanuel II., und sein Minister Cavour sehen die Notwendigkeit einer Unterstützung von außen, um die Einheit Italiens zu verwirklichen. Sie erreichen das Eingreifen Frankreichs unter Napoleon III. (Italienfeldzug, 1859). Andererseits führen revolutionäre Bewegungen zur Einigung von Mittelitalien, dann vom Königreich Neapel, das von Garibaldi erobert wird, bis nach Piemont (1860).

Das Königreich Italien und die mussolinische Epoche. Das Königreich Italien, das 1861 ausgerufen wird, erhält kurz danach Venetien (1866) und Rom (1870). Pius IX., der sich als Gefangener sieht, untersagt den Katholiken die Beteiligung am politischen Leben. Die aufeinanderfolgenden Regierungen, zuerst der Rechten (bis 1876), dann der Linken (bis 1914), verfolgen die Vereinigung weiter. König Umberto I. schließt den Dreibund mit Deutschland und Österreich (1882). Unter der Regierung von Crispi (1887–1896, fast ununterbrochen), versucht sich Italien an einer Kolonialpolitik in Tunesien und Äthiopien. Die gesamte Bevölkerung bleibt vom politischen Leben ausgeschlossen und erleidet große Not, die oft nur durch Auswanderung zu lösen ist (130 000 im Jahre 1880, 1913 sind es 872 000), oder durch Gewalt (Aufstand von Mailand, 1898, Ermordung von Umberto, 1900). Italien findet jedoch unter der Regierung von Giolitti (1900–1914) zu einer gewissen Stabilität zurück. Giolitti fördert die Industrialisierung und betreibt eine reformistische Politik, um die Sozialisten zu beruhigen (Ausweitung des Wahlrechts, 1912), er stellt die nationalistische Rechte unter G. D'Annunzio und E. Corradini zufrieden, indem er die koloniale Ausbreitung in Libyen weiterführt (1911–12). Die Macht der Bewegung der Nationalisten, die die abgetrennten Gebiete von Österreich fordern, führt zum Eingreifen in den Ersten Weltkrieg, das heimlich mit den Alliierten ausgehandelt wurde (1915). Die Verträge von Saint-Germain-en-Laye (1919) und von Rapallo (1920) enttäuschen zum Teil die italienischen Hoffnungen (Annektierung des Gebietes um Trient und Triest). Andererseits führt eine schwere Wirtschaftsdepression zu gewalttätigen Unruhen auf der ganzen Halbinsel (Landbesetzungen, revolutionäre Streiks, 1920–22). B. Mussolini gelingt es, sich und seine Faschisten als einzigen Ausweg aus der Misere darzustellen. Nach dem Einmarsch seiner Schwarzhemden in Rom wird er von Viktor Emmanuel III. an die Macht berufen (Okt. 1922). Nach und nach bildet das neue Regime um den *duce* eine diktatorische (faschistische Gesetze, 1925) und korporatistische (Arbeits-Charta, 1926) Ordnung. Seine Aktivitäten im Innern (Großbauten, Auffangen der Arbeitslosigkeit, Lösung der römischen Frage durch die Verträge von Lateran [1926]) und in der Außenpolitik (besonders der Krieg in Äthiopien, 1935–36) lassen ihn beim Volk sehr beliebt werden. Diese nationalistische Begeisterung führt zur Annäherung an Nazi-Deutschland (Stahlpakt, 1939) und zum Krieg (1940). Mussolini wird nach den ersten Niederlagen abgesetzt (britisch-amerikanische Landung in Sizilien, 1943) und flieht nach Norditalien (soziale italienische Republik, in Salo ausgerufen), bevor er in den letzten Kriegstagen verhaftet und erschossen wird (1945).

Das heutige Italien. Im Juni 1946 wird die italienische Republik durch Volksbefragung gegründet. Nach der Unterzeichnung des Friedens (Vertrag von Paris, 1947) gibt sich Italien eine Verfassung, die eine Parlamentsregierung einrichtet. Der Wiederaufbau wird von dem Christdemokraten A. De Gasperi betrieben, der von 1948 bis 1953 an der Macht ist und mit Hilfe der USA den industriellen Aufbau und die Entwicklung des Südens fördert (Landreform, 1951). Ab 1953 lösen sich verschiedene Formationen an der Regierung ab. Die Industrialisierung von Italien ist erfolgreich, aber es bleiben noch viele Probleme, besonders das Ungleichgewicht zwischen Nord und Süd; 1962–63 kommt es zu einer Regression. Die Regionalisierung wird 1970 vollendet. Die konstanten Fortschritte der PCI (1953 22 % der Stimmen; 1968 27 % der Stimmen) zwingen die Christdemokraten, mit A. Fanfani und dann mit A. Moro von 1958–1968 an der Macht sind, zu einer vorsichtigen Öffnung gegenüber den Sozialisten. Die Unzufriedenheit der italienischen Gesellschaft nimmt zwischen 1969 und 1981 Formen eines blinden Terrorismus von Links und Rechts an; die schlimmsten Ereignisse dieser Zeit sind die Ermordung Aldo Moros (1978) und das Massaker im Bahnhof von Bologna (1980). Die vorübergehende Eintracht der politischen Kräfte von 1978–79, die die Ausrichtung hin zum ›historischen Kompromiß‹ zwischen der kommunistischen Partei unter E. Berlinguer und den Christdemokraten charakterisiert hat, ermöglicht eine Wiederherstellung der Ordnung. Aber nach 1981 bröckelt der Konsens. Der Sozialist B. Craxi, Präsident des Rats von 1983 bis 1987, betreibt eine Sparpolitik. Die vorgezogenen Wahlen vom Juni 1987 sind von Verlusten der Kommunisten und Gewinnen der Sozialisten gekennzeichnet. Die Christdemokraten stellen erneut den Ministerpräsidenten mit G. Goria (1987–88), C. De Mita (1988–89) und seither mit G. Andreotti. Die kommunistische Partei beschließt 1990 die Abkehr von der kommunistischen Ideologie. Obwohl die private Wirtschaft Italiens enormes Wachstum verzeichnet, gelingt es der Regierung nicht, die Staatsverschuldung einzuschränken.

SAN MARINO

SAN MARINO

Offizieller Name: Republik San Marino.

Hauptstadt: San Marino. □ **Währung:** Lire (= 100 Centesimi). □ **Amtssprache:** Italienisch. □ **Überwiegende Religion:** katholisch.

Staatschef: zwei ›Capitani reggenti‹, die alle sechs Monate gewählt werden.

Flagge: Wurde 1797–98 gebildet. Das Blau verkörpert die Weite des Himmels und des Meeres am Fuße des Berges Titano, das Weiß die Reinheit des Schnees und die schneebedeckten Gipfel. □ **Nationalhymne:** ohne Worte, eine Komposition aus dem 10. Jh. Wurde 1894 angenommen. □ **Nationalfeiertag:** 3. September.

Fläche: 61 km². □ **Höchste Erhebung:** Monte Titano mit 738 m.

Klima: siehe Italien.

Bevölkerung (1987): 25 000 Ew. □ **Durchschnittliche Bevölkerungsdichte:** 409 Ew. pro km². □ **Jährliches Bevölkerungswachstum:** 0,08 %. □ **Geburtenrate:** 9,2‰. □ **Sterbeziffer:** 8,4‰.

Wichtigste Stadt: San Marino (4 600 Ew.).

Bruttoinlandsprodukt gesamt (1987): 168 Millionen Dollar.

Bruttoinlandsprodukt/Kopf: 14 000 Dollar. □ **Produktionsstruktur:** Landwirtschaft 3 %; Industrie 44 %; Dienstleistungen 53 %. □ **Arbeitslosenquote:** 6 %.

Wichtigste Erwerbsquellen: Landwirtschaft und Tourismus (3 000 000 Besucher im Jahr).

Verkehr: 220 km Straßen.

Staatliche Institutionen

Republik. □ Der Große Rat besteht aus 60 Mitgliedern, die in allgemeiner Wahl auf 5 Jahre gewählt werden. □ Zwei ›Capitani reggenti‹ werden vom Großen Rat auf 6 Monate gewählt. □ Staatskongreß aus 10 Mitgliedern, die aus dem Großen Rat ernannt werden.

Geschichte

Nach der Überlieferung wurde San Marino im 4. Jh. von Marin, einem Steinmetz von der dalmatischen Insel Rab, gegründet, der sich auf den Monte Titano nahe bei Rimini zurückgezogen hat. Sein Ruf als Heiliger zieht eine kleine Gemeinschaft an, die sich bald zu einer weltlichen Gemeinde vergrößert. San Marino, das gegen die Übergriffe der Normannen und der Sarazenen befestigt wird, besitzt ab Ende des 9. Jh. eine gewisse Selbständigkeit und erweitert sein Gebiet im 11. Jh. Nachdem es im 13. Jh. den Namen ›Republik‹ angenommen hat, verbündet sich San Marino im 15. Jh. mit dem Papst und den Herzögen von Urbino. Im 17. und 18. Jh. kommt es zu einem relativen Niedergang. Von Napoleon 1797 respektiert, wird der Staat San Marino beim Wiener Kongreß (1815) anerkannt. Zur Zeit des Risorgimento fliehen viele Patrioten nach San Marino, darunter auch 1849 Garibaldi. San Marino unterzeichnet 1862 einen Freundschaftsvertrag mit Italien, der 1897, 1939, 1953 und 1971 erneuert wird.

VATIKAN

Offizieller Name: Staat der Vatikanstadt.

□ **Währung:** Lira der Vatikanstadt (= 100 Centesimi). □ **Amtssprache:** Italienisch.

Überwiegende Religion: katholisch.

Staats- und Regierungschef: Papst Johannes Paul II. (seit 1978).

Flagge: Die Tiara symbolisiert die Herrschaft über die drei Welten: die irdische Welt, das Zwischenreich und das Reich der Fülle. Die beiden Schlüssel zeigen den Zugang zu diesen Welten, der kleine Schlüssel eröffnet die kleinen exoterischen Wunder, der Goldschlüssel die großen esoterischen Wunder. Der Hintergrund nimmt die Farben der beiden Metalle wieder auf. Die Flagge, die seit dem 13. Jh. erwähnt wird, wurde 1919 bei den Lateran-Verträgen bestätigt.

Päpstliche Hymne: ›Roma immortale, di martiri et di santi, Roma immortale, accogli i nostri canti; Gloria nei cieli, a Dio nostro Signore; Pace al fideli di Cristo nell'amore.‹ (Unsterbliches Rom der Märtyrer und der Heiligen, unsterbliches Rom, höre unsere Gesänge; Ruhm dem Himmel, Gott unserem Herrn, Friede den Getreuen in Christi Liebe.) Text von Monsignore Salvatore Allegra (1905–1969), geschrieben 1950, Musik von Charles Gounod (1818–1893), komponiert für die Thronbesteigung von Pius IX. 1846. Offiziell seit 1949.

Nationalfeiertag: 22. Oktober (Jahrestag der Thronbesteigung von Johannes Paul II.).

Fläche: 0,44 km². □ **Klima:** vergleiche Rom (Italien). □ **Bevölkerung** (1987): 737 Ew. □ **Bevölkerungsdichte:** 1675 Ew. pro km². □ **Stadtbevölkerung:** 100 %.

Staatliche Institutionen

Der Papst übt die exekutive und legislative Gewalt mittels der Römischen Kurie aus, deren Vorsitzende der Kardinalstaatssekretär ist.

Geschichte

Jahrhundertelang war der Vatikan die Hauptstadt eines weltlichen Staates: des Kirchenstaates.

Kirchenstaat. Er wurde vom mittleren Teil Italiens unter der Regierung der Päpste von 756 bis 1870 gebildet. Der Kirchenstaat hat seinen Ursprung in den Ländereien, den sogenannten ›Gütern des Heiligen Petrus‹, die von Gregor I. dem Großen (590–604) gebildet wurden, den die Schwäche Byzanz' dazu bewogen hat, sich der Verwaltung der Stadt und des Herzogtums von Rom zu bemächtigen. Danach vergrößert sich dieser Besitz. Lange von den germanischen Königen begehrt, wird der Kirchenstaat im 14. Jh. von den Franzosen bedroht (Anagni, 1308), während sich Rom in ständigem Aufruhr befindet, der von den demokratischen Bewegungen ausgelöst wird. Dies geht so weit, daß sich die Päpste, die alle französischer Herkunft sind, von 1309 bis 1376 nach Avignon zurückziehen. Erst 1443 wird Rom wieder Sitz des Papsttums. Die Päpste Ende des 15. Jh. und des 16. Jh., die vor allem italienische Fürsten und Mäzene sind, vergrößern ihren Staat beträchtlich. Die Französische Revolution und dann Napoleon zerstören den Kirchenstaat. 1815 wieder eingesetzt, erweist sich der Kirchenstaat als sehr verwundbar: Nationalistische und liberale Strömungen lassen den Staat schrumpfen. 1870 haben die Italiener keine Mühe, in die Ewige Stadt einzuziehen und sie zur Hauptstadt des jungen Königreichs Italien zu machen (20. Sept. 1870): das Ende des Kirchenstaates.

Der Vatikanstaat. Die Päpste betrachten sich fortan als Gefangene in Rom. Das Problem wird erst im Februar 1929 geregelt, als die Lateran-Abkommen zwischen Pius XI. und Mussolini den Vatikan als einen souveränen Staat anerkennen, um ›dem Heiligen Stuhl eine absolute und sichtbare Unabhängigkeit mit einer unbestreitbaren, selbst international garantierten Souveränität zu sichern‹. Sein Gebiet umfaßt Petersplatz und Petersdom sowie Palast und Gärten auf dem Hügel.

GRIECHENLAND

Offizieller Name: Hellenische Republik.

Hauptstadt: Athen *(Athínai)*. □ **Währung:** Drachme (= 100 Lepta). □ **Amtssprache:** Griechisch. □ **Überwiegende Religion:** Christentum (griechisch-orthodox).

Staatspräsident: Konstantin Karamanlis (seit 1990). □ **Ministerpräsident:** Konstantin Mitsotákis (seit 1990).

Flagge: Wurde 1822 angenommen. Das Blau steht für das Meer und die Hilfe der Inseln bei der Revolution für die Unabhängigkeit 1821; das Weiß steht für die Erde und die Hilfe des griechischen Festlands bei dieser Revolution; das Kreuz steht für den Glauben an Gott und die Rolle der Kirche. Eine andere Version schreibt das bayrische Weiß und Blau dem ersten König Otto zu. □ **Nationalhymne:** ›Sé ghnorísō apó tín kópsi toú spathíoú tín tromerí / Sé ghnorísō apó tín ópsi poú mé viá metráei tín sý ...‹ (Ich erkenne dich an deinem mächtigen Schwert, ich erkenne dich an deinem raschen Blick, mit dem du die Erde mißt ...); Text von Dhionýssios Solomós (1798–1857), Musik von Nikólaos Mándzaros (1795–1873). Offiziell seit 1864. □ **Nationalfeiertag:** 25. März, Jahrestag des Aufrufs zum Aufstand gegen die Türken 1821, 21. Oktober (Tag des Neins), Jahrestag des Widerstandes von Metaxas gegen den Einmarsch der italienischen Truppen 1940.

Fläche: 132 000 km². □ **Höchste Erhebung:** Olymp mit 2 917 m.

Bevölkerung: 10 000 000 Ew. *(Griechen)*. □ **Durchschnittliche Bevölkerungsdichte:** 76 Ew. pro km². □ **Jährliches Bevölkerungswachstum:** 0,1 %. □ **Geburtenrate:** 11 ‰. □ **Sterbeziffer:** 10 ‰. □ **Kindersterblichkeit:** 12 ‰. □ **Lebenserwartung:** 74 Jahre. □ **Anteil unter 15 Jahren:** 21 %. □ **Anteil 65 Jahre und älter:** 13 %. □ **Stadtbevölkerung:** 66 %.

Bruttoinlandsprodukt gesamt (1987): 47 Milliarden Dollar.

Bruttoinlandsprodukt/Kopf: 4 700 Dollar. □ **Produktionsstruktur:** Landwirtschaft 28,9 %; Industrie 27,3 %; Dienstleistungen 43,8 %. □ **Arbeitslosenquote:** 7,7 %.

Verkehr: Straßen 106 300 km (davon 90 km Autobahn); Eisenbahn 2 479 km.

Exporte (1987): 13,9 % des Bruttoinlandsprodukts (6,5 Milliarden Dollar). □ **Importe** (1987): 27,9 % des Bruttoinlandsprodukts (13,1 Milliarden Dollar).

Auslandsschulden (1987): 32 Milliarden Dollar.

Inflationsrate (1988): 13,5 %.

Die größten Städte

Athen	3 027 000	Heraklion	102 000
Thessaloniki	406 000	Volos	71 000
Patras	142 000	Chania	62 000
Larissa	102 000	Kavala	56 000

Erzeugung ausgewählter Güter u. a. wichtige Erwerbsquellen

Weizen	2,6 Millionen Tonnen
Rohbaumwolle	153 000 Tonnen
Olivenöl	350 000 Tonnen
Zitrusfrüchte	799 000 Tonnen
Tabak	1 Million Tonnen
Wein	4,7 Millionen Hektoliter
Schafbestand	10,5 Millionen Tiere
Braunkohle	46,2 Millionen Tonnen
Strom	33,2 Milliarden kWh
Bauxit	2,5 Millionen Tonnen
Aluminium	126 000 Tonnen
Handelsflotte	21,9 Millionen Bruttoregistertonnen
Tourismus	7 Millionen Auslandsgäste

Klimadaten

Stadt	Mittlere Temperatur des kältesten Monats (in °C)	Mittlere Temperatur des wärmsten Monats (in °C)	Jährliche Niederschläge (in mm)	Anzahl der Tage mit Niederschlägen pro Jahr
Athen	9,5	28	402	102
Thessaloniki	4,5	26,5	474	96
Naxos	12,5	25	475	60

LÄNDER DER ERDE

EUROPA

Militärausgaben (1988): 2 Milliarden Dollar. ☐ Streitkräfte: 214 000 Mann, davon 1 800 Frauen. ☐ Wehrdienst: 20 Monate bei den Landstreitkräften; 24 Monate in der Marine und 22 Monate bei der Luftwaffe.

Staatliche Institutionen

Verfassung von 1975. ☐ Staatspräsident auf 5 Jahre von der Abgeordnetenkammer gewählt; er ernennt den Ministerpräsidenten. ☐ Eine auf 4 Jahre gewählte Abgeordnetenkammer.

Das antike Griechenland

Die hellenische Kultur hat sich nur auf der Hälfte des Gebietes des heutigen Griechenlands ausgebreitet, und Thessalien, Epirus und Makedonien haben sich schrittweise eingegliedert. Dagegen sind alle von den Wanderbewegungen und Kolonisierungen eroberten Gebiete (Kleinasien, Thrakien, Großgriechenland) immer als Erweiterungen von Griechenland selbst betrachtet worden.

Die prähellenischen Zeiten. Im Neolithikum erfuhr Griechenland mehrere Besiedlungswellen. Die frühe Bronzezeit von 2600 bis 1900 v. Chr. wird als alte helladische Epoche bezeichnet; das gesamte griechische Gebiet bevölkert sich allmählich, und die Seeverbindungen mit den Inseln der Ägäis, die seit langem bestehen, werden verstärkt.

Die mykenische Zivilisation. Zu Beginn des 2. Jahrtausends wird die ägäische Welt von den minoischen Kreta beherrscht. Von 1900 bis 1600 (mittlere Bronzezeit) kommen aus Mitteleuropa und dem Balkan die ersten Hellenen nach Griechenland. Sie entwickeln die mykenische Kultur. Mitte des 15. Jh. v. Chr. besetzen die Mykener Kreta und bilden in Griechenland selbst mächtige Königreiche (auf dem Peloponnes Mykene, Tyrins, Pylos; in Böotien Gla). Von 1200 bis 900 geht diese Zivilisation unter, woran die neuen Griechen, die Dorer, großen Anteil haben.

Das hellenische Mittelalter (vom 11. bis 8. Jh. v. Chr.). Auf diese Zeit beziehen sich die Texte von Homer und Hesiod. Eine neue Keramik mit geometrischen Mustern taucht auf, die Feuerbestattung wird eingeführt. Eine Wander- und Eroberungsbewegung treibt die Griechen an die Küsten von Kleinasien. Dort bilden sich allmählich die Züge der klassischen griechischen Kultur heraus, die bald in der ganzen hellenischen Welt aufgenommen und entwickelt werden; dazu gehört besonders die politische und soziale Organisation der Stadt (oder *polis*), die dem wohlhabendsten Bürger den Königstitel *(basileus)* verleiht. Eine einheitliche Kultur (Sprache, Schrift, Religion, gemeinsame ethische Normen) gleicht die Gebietszerstückelung aus.

Die archaischen Zeiten (8. bis 6. Jh. v. Chr.). Ihren Namen verdanken sie den Archäologen, die die Anfänge der griechischen Kunst auf diese Zeit datieren. In allen griechischen Städten entwickelt sich ein aristokratisches System. Das homerische Königtum verschwindet, und eine durch Geburt und Vermögen privilegierte Minderheit (die Eupatriden) verfügt über Land und Macht. Vom 8. bis zum 6. Jh. v. Chr. führt eine große Kolonisierungsbewegung zur Gründung griechischer Städte um das Mittelmeer und am Pontus Euxinus. Langfristig führt die Kolonisierung in den oligarchischen Städten zu einer zweifachen Bewegung: die, die durch Handel und Gewerbe reich geworden sind, fordern politische Rechte, während die Kleinbauern und die städtische Arbeiterschaft eine soziale Revolution wollen. Gesetzgeber wie Solon in Athen (Anfang 6. Jh. v. Chr.) erlassen geschriebene Gesetze, die für alle gelten *(nomoi)*. Die Unzulänglichkeit dieser Reformen führt zu einer neuen Entwicklung: In vielen Städten wird einem Tyrannen die gesamte Macht zugesprochen, um die sozialen Institutionen wieder ins Gleichgewicht zu bringen. Aber die Regierungen der Tyrannen, selbst die des Peisistratos in Athen, können dem Willen der Bürger, selbst politische Verantwortung zu übernehmen, nicht standhalten. Der Wert der in der archaischen Zeit entwickelten Institutionen und der Zusammenhalt der Stadt zeigen sich in den medischen Kriegen (490–479). Bei Marathon erzwingt der Hoplit von Athen den Sieg (490), bei Salamis werden die Perser 480 von einer Flotte besiegt, in der die Ärmsten der Städte als Ruderer dienen und somit neue Würden erlangen.

Die Vormachtstellung Athens (479–431 v. Chr.). Mit den meisten Städten der Ägäis bildet Athen einen Seebund, dessen Sitz in Delos liegt. Dieser Bund wird jedoch bald ein Instrument der Hegemonie Athens, der sich andere griechische Städte, vor allem Sparta, widersetzen; 446 erkennt der sog. Dreißigjährige Friede die Teilung Griechenlands in zwei Einflußbereiche an; dies ist nur ein Waffenstillstand, aber es ermöglicht die Verbreitung der klassischen Zivilisation in Athen zur Zeit des Perikles. Während der kurzen Zeit (446–431) erreicht die griechische Zivilisation ihre Blüte; Athen übertrifft alle anderen Städte an prächtigen Bauten und intellektuellem Reichtum; politische Reformen schaffen grundlegend demokratische Verhältnisse in Athen.

Die Kämpfe um die Hegemonie (431–359 v. Chr.). Der attische Bund steht dem Peloponnesischen Bund von Sparta gegenüber, der sich ebenfalls nach Mittelgriechenland ausbreitet (431–404). Durch den peloponnesischen Krieg entstehen ein demokratischer Seestaat und ein aristokratischer Festlandstaat. Nach dem Scheitern des Sizilien-Feldzugs (415–413) löst sich der delische Bund auf, und Athen wird definitiv bei Aigospotamoi besiegt (405). Sparta läßt seine eigene Hegemonie folgen, wird jedoch zum Kompromiß zwischen der persischen Allianz und dem Schutz der Griechen in Asien gezwungen und gibt die Städte in Kleinasien auf (386). Währenddessen nähern sich Athen und Theben einander an (379), und der Sieg des Epaminondas bei Leuktra (371) beendet die Vormacht Spartas. Theben errichtet eine Hegemonie auf dem Festland. Athen bildet wieder einen Seebund. Der Bund zwischen Sparta und Athen (369) zwingt Theben, das bei Mantineia siegt (362), seine Pläne auf Mittelgriechenland zu beschränken.

Die Krise der Stadt im 4. Jh. v. Chr. Alle Philosophen haben die Notwendigkeit einer Reform der Städte erkannt (Xenophon, Plato). Der Einzelne fordert seine Rechte und seine Freiheit gegenüber den Gesetzen; der Prozeß des Sokrates (399) ist symptomatisch für die Unruhe in der Bevölkerung. Die meisten griechischen Städte erleben ebenfalls einen politischen Fehlschlag; die Redner, besonders Isokrates, predigen die Notwendigkeit der Einheit, und das Scheitern der alten Bünde fördert die Ansicht, daß nur ein König die lebendigen Kräfte des Hellenismus vereinen kann.

Das Eingreifen Makedoniens (359–323 v. Chr.). Philipp II. von Makedonien hat aus seinem Königreich eine zentralisierte Monarchie mit einer großen Armee gemacht. Er nützt die Uneinigkeit der Städte zu einem Eingreifen in Griechenland und verlegt das athenische Imperium in den Norden der Ägäis. Nach dem Frieden von Philokrates (346) nimmt der Konflikt das Aussehen eines Kampfes zwischen dem König und dem Redner Demosthenes an, der die Verteidigung Athens organisiert und sich mit Theben verbündet. Aber Philipp siegt bei Chaironeia (338). Das ist das Ende der Unabhängigkeit der griechischen Städte. Der Frieden von 338 trifft Theben hart, und Athen verliert seinen

430

Bund. Die Städte müssen in Frieden leben und dem Bund von Korinth mit Philipp als Generalissimo *(hegemon)* beitreten. Beim Tode Philipps (336) wird Theben nach einem Aufstandsversuch niedergemacht. Die Griechen nehmen halbherzig am Zug Alexanders teil, der die griechischen Städte Kleinasiens befreit; er gründet die hellenistische Welt, deren Fundament die griechische Zivilisation ist.

Vom Tode Alexanders bis zur römischen Eroberung. Nach dem Tode Alexanders (323) erhebt sich Griechenland und wird erneut von Makedonien besiegt (322). Es wird in die Kämpfe, die nach dem Ableben des Eroberers ausbrechen, verwickelt, um schließlich 277 mit Makedonien bei Antigonos Gonatas zu unterliegen. Es erlebt die Auswirkungen vieler sozialer Krisen und einer großen Entvölkerung. Athen bleibt ein intellektuelles Zentrum, die Stoiker und Epikureer gründen dort ihre Schulen. Nur die Städte von Ätolien und Achäa können sich vereinen und bilden zwei mächtige Bündnisse.

Das Ende der griechischen Unabhängigkeit und die römische Herrschaft. Ende des 3. Jh. v. Chr. greift Rom im Balkan ein und verjagt den König von Makedonien aus Griechenland. Nach dem Sieg bei Kynoskephalai (197) verhängt Flamininus über Griechenland ein strenges Protektorat. Die Achäer erheben sich; Korinth wird zerstört, und die Unabhängigkeit Griechenlands ist zu Ende, es untersteht fortan dem Gouverneur der Provinz von Makedonien (146). Nach und nach kommt die hellenistische Welt unter römische Herrschaft, und der Versuch des Mithridates, Kleinasien und das eigentliche Griechenland zu befreien (88–84 v. Chr.), scheitert. Als Augustus das Reich neu organisiert, wird Thessalien an Makedonien angeschlossen, Epirus wird einem Prokurator anvertraut, und der Rest Griechenlands bildet die Provinz von Achäa unter der Verwaltung eines Prokonsuls. Griechenland wird zu einem Bewahrer der klassischen Kultur. Im 3. Jh. n. Chr. wird es von den Barbaren bedroht, aber die Neuorganisierung des Imperiums durch Konstantin wendet diese Gefahr von ihm ab. Der Sieg des Christentums führt zum Verbot des Heidentums durch Theodosius (381).

Das mittelalterliche Griechenland

Das byzantinische Griechenland. Nach 395 wird Griechenland, das zum Ostreich gehört, vielfach durch Invasionen verwüstet. Ab 547 siedeln sich die Slaven an, während sich die alten Einwohner an die Küsten und auf die Inseln zurückziehen. Das kulturelle Erbe Griechenlands triumphiert im Ostreich, das zum byzantinischen Reich wird. Theodosius II. gründet in Konstantinopel eine griechische Universität (425). Auch wenn Justinian 529 die Philosophenschulen von Athen schließt, benutzt er doch die griechische Sprache bei öffentlichen Auftritten. Um 630 nimmt Heraklius den Titel *basileus* an, und Griechisch wird Amtssprache; die christliche Kirche trägt zur Verbreitung des Griechischen bei. Griechenland, wie auch der übrige Orient, sind vom Schisma von 1054 betroffen und verbinden sich mit dem Patriarchen von Konstantinopel.

Die Herrschaft der Franken. Der vierte Kreuzzug (1204) führt zur Gründung des lateinischen Imperiums, dem der Grafen von Flandern, Balduin, anvertraut wird, der seine Autorität auf Thrakien und auf die neugebildeten fränkischen Fürstentümer ausdehnt. Hierbei handelt es sich um das Königreich von Thessaloniki, das 1222 von den Byzantinern zurückerobert wird, um den Peloponnes, der zum Fürstentum von Achäa oder Moräus wird, und um das Herzogtum Athen. Im 14. und 15. Jh. machen sich Venetianer, Katalanen und Genueser Griechenland streitig.

Das moderne Griechenland

Das osmanische Griechenland. 1456 nehmen die Türken Athen ein, ohne daß dieser Sieg zur Eroberung der griechischen Gebiete führt. 1463, 1522 und 1571 kommt es zu Konflikten mit den Osmanen. Doch die Kapitulationen, die der Sultan ab 1569 unterzeichnet, erlauben es den Handel treibenden Griechen, eine einflußreiche Bürgerschaft zu entwickeln. Im 18. Jh. bekennen sich die ausgewanderten Griechen im Westen zum Philhellenismus, der auf dem Ansehen des antiken Griechenland gründet.

Die Unabhängigkeit. Im März 1821 bricht der griechische Aufstand aus, und nach der Einnahme von Tripolis (1821) erklärt der Kongreß von Epidaurus die Unabhängigkeit (Jan. 1822). Die Türken reagieren jedoch mit Massakern (Chios, April 1822). Die Griechen werden besiegt und verlieren ihr Gebiet nach dem Fall von Missolonghi (1826) und der Akropolis (1827). Russen, Briten und Franzosen unterstützen Griechenlands Forderung nach Autonomie und zwingen den besiegten Sultan mit Waffengewalt zur Unterzeichnung des Vertrages von Adrianopel (1829). Die Konvention von London (1832) macht aus dem Land de jure ein Königreich unter dem Schutz dieser drei Mächte.

Das Königreich Griechenland. Otto von Bayern erklärt Athen zur Hauptstadt (1834). Er nähert sich Rußland an, was zur Blockade von Piräus durch die Briten führt (1859). 1862 tritt Georg I., von England eingesetzt, an seine Stelle (1863–1913) und tritt die ionischen Inseln an Griechenland ab (1864). Nach der Gründung des Königreiches ist die beherrschende Idee der Außenpolitik die Wiedergewinnung der von Griechen besiedelten Gebiete (Thessalien, Epirus, Makedonien, Thrakien, Kreta), die außerhalb des Landes liegen. Die Griechen stoßen jedoch auf die Osmanen (die im griechisch-türkischen Krieg von 1897 besiegt werden) und auf das Machtstreben der anderen Balkanvölker. Am Ende des Balkanfeldzuges (1912–13), der die Balkanverbündeten gegen das osmanische Reich stellt, danach Griechenland, Serbien und Rumänien gegen Bulgarien, werden der Süden von Epirus, das mittlere Makedonien, Kreta und die Inseln Samos, Chios, Mytilene und Lemnos Griechenland angegliedert. Im Ersten Weltkrieg ist die griechische Regierung zwischen Anhängern Deutschlands um Konstantin I. (1913–1917; 1920–22) und Anhängern der Alliierten unter Venizelos geteilt, der in Thessaloniki eine republikanische Regierung bildet (1916). Nach der Abdankung des Königs tritt Griechenland an der Seite der Alliierten in den Krieg ein (1917). Ende des Krieges erhält Griechenland durch den Vertrag von Neuilly (1919) und den von Sèvres (1920) Thrakien und die Region von Smyrna. Doch die griechisch-türkischen Kämpfe flammen 1921 wieder auf. Nach der Niederlage gegen Mustafa Kemal müssen die Griechen durch den Vertrag von Lausanne (1923) Smyrna und Ostthrakien wieder abgeben.

Die griechische Republik und die Wiedereinsetzung der Monarchie. König Georg II. tritt im Dezember 1923 zurück. Am 25. März 1924 wird die Republik ausgerufen. Nach dem militärischen Staatsstreich vom März 1935 kommt Georg II. zurück (Nov. 1935) und Venizelos geht ins Exil. Der König läßt General Metaxas eine Diktatur errichten (1936), die bis zu seinem Tode besteht (1941). Als Mitglied der Balkan-Entente seit 1934 wird Griechenland von Italien besetzt (Okt. 1940), dann von Deutschland (April 1941). Eine mächtige Widerstandsbewegung unter der kommunistischen ELEAS und der EDES entwickelt sich. 1944 bildet Georg II. eine Exilregierung und verpflichtet sich, erst nach einer Volksbefragung nach Griechenland zurückzukehren, die 1946 von den Populisten (Royalisten) durchgeführt wird, während die Kommunisten rebellieren. Der in Paris unterzeichnete Friedensvertrag (1947) mit Italien gibt Griechenland Rhodos und die anderen Inseln der Dodekanes zurück. Georg II. stirbt und überläßt den Thron seinem Bruder Paul I. (1947–1964). Der Bürgerkrieg endet im Oktober 1949 durch die Niederlage der Aufständischen. Griechenland erhält beträchtliche Hilfe aus den USA und tritt der NATO bei (1952). Unter Konstantin II. (1964–1973) kommt es 1965 zur Zypernkrise. Der Rücktritt des Ministerpräsidenten Panadreou (Juli 1965) führt zur Auflösung des Parlaments (April 1967).

Die Zeit der Obristen. Im April 1967 ergreift Oberst Papadopoulos die Macht. Konstantin II. flieht nach dem Scheitern eines ›Gegenstaatsstreichs‹ nach Rom (Dez.), und Papadopoulos leitet die Regierung. 1973 wird die Republik ausgerufen. Doch angesichts der Studentenunruhen in Athen (Nov. 1973) stürzen die extremistischen Elemente der Junta Papadopoulos (25. Nov.) und verkünden das Kriegsrecht.

Die Rückkehr zur Demokratie. Im Juli 1974 verschlimmert sich der schwelende Konflikt mit Zypern, und die Junta stürzt Präsident Makarios. Die Militärs geben die Macht an die Zivilisten zurück (23. Juli). Konstantin Karamanlis stellt nach der Rückkehr aus dem Exil die Demokratie wieder her. Eine neue Verfassung wird im Juni 1975 angnommen. Im Mai 1980 wird Karamanlis zum Präsidenten der Republik gewählt. Er fördert den Beitritt Griechenlands zur EG im Januar 1981. Die von ihm gegründete Partei der Neuen Demokratie verliert die Wahlen von 1981 zugunsten der sozialistischen panhellenischen Bewegung (PASOK) unter Papandreou. 1985 wird der Sozialist Sardzetakis Staatspräsident. Die ›Neue Demokratie‹ gewinnt die Wahl 1989 und bildet mit den Kommunisten eine Regierungskoalition. Die Regierung erweist sich als unfähig, die politische, wirtschaftliche und soziale Krise des Landes zu meistern. Finanzskandale kommen hinzu, und die Regierung tritt im September 1989 zurück. Im April 1990 bildet K. Mitsotakis, der Vorsitzende der Neuen Demokratie, eine Koalitionsregierung.

MALTA

Offizieller Name: Republik Malta.

Hauptstadt: Valletta. ☐ **Währung:** maltesische Lira (= 100 Cent). ☐ **Amtssprachen:** Maltesisch und Englisch. ☐ **Überwiegende Religion:** katholisch. ☐ **Gewichte und Maße:** britisches System (das metrische System wird nach und nach eingeführt).

LÄNDER DER ERDE

EUROPA

Staatspräsident: Vincent Tabone (seit 1989). □ **Ministerpräsident:** Eddie Fenech Adami (seit 1987).

Flagge: Wurde 1964 angenommen. Der Ursprung geht auf das Banner des normannischen Grafen Roger I. von Sizilien zurück: Für den mutigen Widerstand von 1943 wurde sie mit dem Sankt-Georg-Kreuz versehen. □ **Nationalhymne:** ›Lil din l-art helwa, l-Omm li tatna isimha, Hares, Mulej kif dejjem Int harist! Ftakar li lilha bil-ohla dawl libbist!‹, maltesische Version, Text von Dun Karm Psaila (1871–1961): ›This sweet land, the mother who has given us her name, Protect, o Lord, as you have always protected; Remember that you have always clothed her with the widest radiance‹. (Diese gute Erde, die Mutter, die uns ihren Namen gegeben hat, schütze sie, Herr, wie du sie immer geschützt hast; erinnere dich, du hast sie immer mit hellstem Glanz versehen.) Musik von Robert Samut (1870–1934). Wurde 1941 und 1964 für offiziell erklärt. □ **Nationalfeiertag:** 31. März, Jahrestag des Abzugs der letzten britischen Truppen im Jahre 1979.

Fläche: (mit Gozo und Comino) 316 km². **Höchste Erhebung:** 258 m.

Klima: In Valletta beträgt die Durchschnittstemperatur im Januar 12 °C, im August 26 °C; mittlere jährliche Niederschläge 520 mm.

Bevölkerung (1989): 400 000 Ew. *(Malteser)*. □ Durchschnittliche Bevölkerungsdichte: 1 266 Ew. pro km². □ Jährliches Bevölkerungswachstum: 0,7 %. □ Geburtenrate: 15‰. □ Sterbeziffer: 8‰. □ Kindersterblichkeit: 7‰. □ Lebenserwartung: 73 Jahre. □ Anteil unter 15 Jahren: 24 %. □ Anteil 65 Jahre und älter: 10 %. □ Stadtbevölkerung: 85 %.

Bruttoinlandsprodukt gesamt (1988): 1,3 Milliarden Dollar.

Bruttoinlandsprodukt/Kopf: 3 250 Dollar. □ **Produktionsstruktur:** Landwirtschaft 6 %; Industrie 36 %; Dienstleistungen 58 %.

Verkehr: 1 324 km Straßen.

Exporte (1985): 30,6 % des Bruttoinlandsprodukts (0,49 Milliarden Dollar). □ **Importe** (1985): 55 % des Bruttoinlandsprodukts (880 Millionen Dollar).

Auslandsschulden (1985): 30 Millionen Dollar. □ **Inflationsrate** (1988): 0,4 %.

Militärausgaben (1988): 15 Millionen Dollar. □ **Streitkräfte:** 800 Mann bei den regulären Streitkräften; 800 Reservisten paramilitärischer Einheiten; 500 Freiwillige des allgemeinen Dienstes; 280 Personen aus den weiblichen Streitkräften. □ **Wehrdienst:** freiwillig.

Erzeugung ausgewählter Güter u. a. wichtige Erwerbsquellen

Getreide	3 000 Tonnen
Rinderbestand	14 000 Tiere
Fischfang	1 000 Tonnen
Tourismus	574 000 Auslandsgäste

Staatliche Institutionen

Republik, Mitglied des Commonwealth. □ Verfassung von 1974. □ Staatspräsident, auf 5 Jahre von der Abgeordnetenkammer gewählt, ernennt den Ministerpräsidenten. □ Abgeordnetenkammer auf 5 Jahre gewählt.

Die größten Städte

Birkirkara	20 000	Sliema	14 000
Qormi	18 000	Valletta	9 300
Hamrun	14 000		

Geschichte

Die Antike und das Mittelalter. Seit dem 3. Jahrtausend bevölkert, war Malta Vorposten der Phöniker (9.–8. Jh. v. Chr.) und wurde dann von Griechen (8. Jh.), Karthagern (6. Jh.) und Römern (218 v. Chr.) besetzt. 870 wird es von den Arabern besetzt und islamisiert. Unter Roger von Sizilien wurde Malta 1090 der christlichen Welt eingegliedert.

Die Insel der Ritter. Karl V. gibt Malta an die Ritter von Sankt Johannes von Jerusalem ab (1530), die sich Malteserritter nennen. Der Herr von Valetta befestigt die Insel (1557–1568) als Pfeiler gegen die Barbaresken. 1798 setzt Napoleon die Regierung des Ordens ab.

Eine britische Kolonie. Seit 1800 lassen sich die Briten nieder und gründen eine Kolonie. Als wichtige strategische Basis ist es in die Operationen in Libyen verwickelt (Juli 1940), und Malta wird ab Herbst 1941 der Blockade von Kesselring ausgesetzt. Erst nach der Evakuierung Libyens durch die Achsenmächte nimmt Malta seine strategisch wichtige Stellung wieder ein.

Die Unabhängigkeit. Ab 1962 ist Malta Mitglied des Commonwealth und erhält in diesem Rahmen im September 1964 die Unabhängigkeit. Im Dezember 1974 wird es Republik. Von 1971 bis 1984 ist die Arbeiterpartei mit Dominique Mintoff (Ministerpräsident 1971–1984) an der Macht, danach mit Carmelo Mifsud Bonnici (1984–1987). 1987 wird E. Fenech Adami von der Volkspartei Premierminister.

ANDORRA

Offizieller Name: Fürstentum Andorra.

Hauptstadt: Andorra la Vella. □ **Währung:** Französischer Franc und spanische Peseta.

Amtssprache: Katalanisch.

Überwiegende Religion: katholisch.

Staatsoberhäupter: Der französische Staatspräsident und der Bischof von Urgel.

Regierungschef: Oscar Ribas Reig (seit 1990).

Flagge: Wurde 1866 geschaffen, nimmt die Farben Rot und Gold des Grafen von Foix wieder auf, der sich als erster die Macht mit dem Bischof von Urgel teilte.

Nationalhymne: ›El gran Carlemany, mon Pare, Dels alarbs me deslliura, I del cel vida em dona De Meritxell la gran Mare ...‹ (Karl der Große, mein Vater, befreite uns von den Arabern, und gab mir vom Himmel das Leben von Meritxell, der großen Mutter). Text von Jean Benlock y Vivo (1864–1926); Musik von Enric Marfany (1871–1942). Seit 1914 offiziell.

Nationalfeiertag: 8. September, Fest der Jungfrau von Meritxell.

Fläche: 465 km². **Höchste Erhebung:** Pic Alt der Coma Pedrosa mit 2 946 m.

Klima: In Andorra la Vella beträgt die Durchschnittstemperatur im Januar −2,5 °C, im Juli 19 °C; jährliche Niederschläge im Durchschnitt 820 mm (in 98 Tagen).

Bevölkerung (1987): 48 800 Ew. □ Durchschnittliche Bevölkerungsdichte: 89 Ew. pro km². □ Jährliches Bevölkerungswachstum: 1,1 %. □ Geburtenrate: 14,9‰. □ Sterbeziffer: 4,1‰.

Größte Stadt: Andorra la Vella (15 700 Ew.).

Wichtigste Erwerbsquelle: Tourismus (13 Millionen Besucher im Jahr).

Staatliche Institutionen

Andorra ist ein Fürstentum ohne eigene Souveränität. Es untersteht dem Bischof von Urgel und dem französischen Staatspräsident. □ Beide ›Co-Fürsten‹ werden in Andorra von je einem Statthalter vertreten. Die auswärtigen Interessen werden, manchmal unter Protest des spanischen ›Co-Fürsten‹, de facto von Frankreich wahrgenommen. □ In jährlichem Wechsel wird an die Herrscher ein symbolischer Tribut gezahlt. □ Seit der Verfassungsreform von 1981 gibt es den gewählten Generalrat (Parlament mit 28 Sitzen) und den Exekutivrat (Regierung).

Geschichte

Die Täler, die heute das Fürstentum von Andorra bilden, gehörten im 9. Jh. den Grafen von Urgel, die sie danach an den Bischof von Urgel abtraten. Die Verfassung des Fürstentums Andorra geht auf den Paréage-Vertrag von 1278 zurück, wonach Andorra zur Rechts- und Besitzgemeinschaft des Grafen von Foix und des Bischofs von Urgel in Form eines Kondominums gehört. Der Herrschaftstitel der Grafen von Foix fällt zunächst an die Krone von Navarra, dann, über Heinrich IV., an die französische Krone und gebührt heute dem französischen Staatspräsidenten. Der spanische Bischof wahrt seine Rechte bis heute. Diese ›Co-Fürsten‹ werden in Andorra von je einem Statthalter vertreten; die auswärtigen Interessen des Fürstentums nimmt Frankreich wahr. Andorra gilt nicht als souveräner Staat. Es zahlt im jährlichen Wechsel einen symbolischen Tribut an seine beiden Herrscher.

MONACO

Offizieller Name: Fürstentum von Monaco.

Hauptstadt: Monaco. □ **Währung:** französischer Franc (= 100 Centimes). □ **Amtssprache:** Französisch. □ **Überwiegende Religion:** katholisch.

Staatsoberhaupt: Fürst Rainier III. (seit 1949).

Flagge: Durch Verordnung des Fürsten Karl III. 1881 angenommen. Der Ursprung geht auf die Devolution des Herzogtums an die Grimaldi 1297 zurück. Die Farben entsprechen den vorherrschenden Farben im Wappen der Fürstenfamilie. □ National-

LÄNDER DER ERDE

hymne: ›Fiers compagnons de la garde civique, respectons tous la voix du Commandant ...‹ (Stolze Kameraden der Bürgerwacht, laßt uns der Stimme des Kommandanten gehorchen ...); Text von Théophile Bellando (1820–1903), Musik komponiert von Prinz Albert I. (1848–1922) nach einem Volkslied.

Nationalfeiertage: 27. Januar, Fest der heiligen Devota, Schutzpatronin von Monaco; 19. November, von Fürst Rainier III. als sein Festtag ausgewählt.

Fläche: 2 km².

Klima: Durchschnittstemperatur im Januar 10 °C, im Juli 24 °C; durchschnittliche Niederschlagsmenge im Jahr 760 mm (davon nur 76 mm von Juni bis August).

Bevölkerung (1989): 28 000 Ew. *(Monegassen).* □ Durchschnittliche Bevölkerungsdichte: 14 000 Ew. pro km². □ Jährliche Bevölkerungszunahme: 0,3 %. □ Geburtenrate: 19,6 ‰. □ Sterbeziffer: 16,6 ‰. □ Stadtbevölkerung: 100 %.

Produktionsstruktur: Landwirtschaft 0,2 %; Industrie 20,8 %; Dienstleistungen 79 %.

Arbeitslosenquote: nicht verfügbar.

Wichtigste Erwerbsquelle: Tourismus (242 000 Auslandsgäste jährlich).

Staatliche Institutionen

Konstitutionelle Erbmonarchie. □ Verfassung von 1962. □ Der Fürst übt mit dem Nationalrat (für 5 Jahre gewählt) die Legislative aus. □ Exekutive: der Fürst, der Staatsminister (auf Vorschlag der französischen Regierung ernannt), der Kabinettschef und 3 Regierungsräte.

Geschichte

Antike und Mittelalter. Zunächst Kolonie der Phöniker, wird Monaco griechisch (Monoikos), dann Lehnsgut und gelangt 1297 erstmals an die Familie Grimaldi. Danach wird es zum Streitobjekt zwischen Guelfen, Genuesern und Ghibellinen, bevor es 1419 endgültig an die Familie Grimaldi geht.

Die Familie Grimaldi und der Schutz Frankreichs. Das Land behält seine Unabhängigkeit dank des Protektorats Spaniens (1512–1605) und Frankreichs (ab 1641). Frankreich anerkennt formell die Souveränität der Grimaldi über Menton und Roquebrune, annektiert jedoch das Fürstentum 1793. Der Pariser Vertrag von 1814 setzt die Dynastie wieder ein. Das französische Protektorat wird durch das sardische abgelöst (1815–1817). Menton und Roquebrune gehen 1861 an Frankreich. Mit der Zollunion von 1865 stellt sich Monaco wieder unter den Schutz Frankreichs. Prinz Albert I. erläßt 1911 eine Verfassung, die 1917 und 1930 in liberalem Sinne geändert wird. Bei einem Aussterben der Dynastie wäre Frankreich der Erbe. Da Ludwig II. (1922–1949) keine rechtmäßigen Kinder hatte, wird seine uneheliche Tochter Charlotte als Erbin anerkannt; nach ihrer Heirat mit dem Grafen Pierre von Polignac, der 1920 den Namen Grimaldi erhält, sichert sie durch ihren Sohn Rainier III. den Fortbestand der Dynastie (1949); Rainier hat mit seiner Frau Grace Kelly (verstorben 1982) drei Kinder. 1962 liberalisiert Rainier nicht einmal der Verfassung; 1963 werden im Steuerabkommen die in Monaco geltenden Steuervorteile, durch die Frankreich Gelder entzogen wurden, teilweise aufgehoben.

PORTUGAL

Offizieller Name: Republik Portugal.

Hauptstadt: Lissabon *(Lisboa)* □ **Währung:** Escudo (= 100 Centavos). □ **Amtssprache:** Portugiesisch. □ **Überwiegende Religion:** katholisch.

Staatspräsident: Mario Soares (seit 1986). □ **Ministerpräsident:** Aníbal Cavaco Silva (seit 1985).

Flagge: Die fünf Silberlinge auf jedem Wappen symbolisieren die 25 Silberlinge des Judas, zu denen die fünf Goldstücke unter dem Ehrenwappen hinzukommen. Die fünf sichtbaren Wappen zeigen die fünf Wunden Christi und erinnern an den Sieg von Ourique über die drei maurischen Könige im Jahre 1139. Die sieben Schlösser sind die von Alfons Heinrich eroberten. Die Ringkugel befindet sich seit 1815 auf der Flagge zur Erinnerung an das Wappen von Manuel I. Das Grün und das Rot stammen erst aus dem Jahre 1911 und sollen die Hoffnung und die Revolution symbolisieren. □ **Nationalhymne:** ›Herois do mar, nobre povo/ Naçao valente, imortal/ Levantai hoje de novo/ O esplendor de Portugal ...‹ (Helden des Meeres, edles Volk, mutige, unsterbliche Nation, erhebe dich von neuem); Text von Henrique Lopes de Mendoça (1856–1931), Musik von Alfredo Keil (1850–1907). Seit 1910 offiziell.

Nationalfeiertag: 10. Juni, Todestag des Dichters Camões von 1580. □ **Fläche:** 92 000 km². □ **Höchste Erhebung:** 1 991 m in der Serra da Estrêla.

Die größten Städte

Lissabon	807 000	Barreiro	54 000
Porto	335 000	Braga	50 000
Amadora[1]	94 000	Almada	41 000
Setúbal	77 000	Évora	34 000
Coimbra	72 000	Faro	28 000
Vila Nova de Gaia	61 000	Matosinhos	27 000
		Aveiro	20 000

[1] Vorort von Lissabon

Erzeugung wichtiger Güter

Weizen	550 000 Tonnen
Wein	10 Millionen Hektoliter
Olivenöl	45 000 Tonnen
Kork	103 000 Tonnen
Rinderbestand	1 Million Tiere
Schafbestand	5,2 Millionen Tiere
Fischfang	352 000 Tonnen
Strom	22,6 Milliarden kWh
Stahl	800 000 Tonnen
Baumwollfasern	125 000 Tonnen

Bevölkerung (1989): 10 400 000 Ew. *(Portugiesen).* □ Durchschnittliche Bevölkerungsdichte: 113 Ew. pro km². □ Jährliche Bevölkerungszunahme: 0,3 %. □ Geburtenrate: 12 ‰. □ Sterbeziffer: 9 ‰. □ Rate der Kindersterblichkeit: 14 ‰. □ Lebenserwartung: 74 Jahre. □ Anteil unter 15 Jahren: 23 %. □ Anteil 65 Jahre und älter: 12 %. □ Stadtbevölkerung: 31 %.

Verwaltungsgliederung: 18 Distrikte und 2 autonome Regionen (Azoren und Madeira). **Außenbesitzung:** Macao (16 km², 285 000 Ew.; soll 1999 an China zurückgegeben werden).

Bruttoinlandsprodukt gesamt (1987): 36,7 Milliarden Dollar. □ **Bruttoinlandsprodukt/Kopf:** 3 563 Dollar.

Produktionsstruktur: Landwirtschaft 23,2 %; Industrie 35,3 %; Dienstleistungen 41,5 %.

Arbeitslosenquote: 11,5 %.

Verkehr: 51 929 km Straße (davon 158 km Autobahn); Eisenbahn 3 614 km (davon 458 km elektrifiziert).

Exporte (1987): 25,3 % des BIP (9,1 Milliarden Dollar).

Importe (1987): 36,7 % des BIP (13 Milliarden Dollar).

Auslandsschulden (1985): 15,5 Milliarden Dollar.

Inflationsrate (1987): 9,4 %.

Militärbudget (1987): 797 Millionen Dollar. □ **Streitkräfte:** 73 900 Mann. □ **Wehrpflicht:** 16 Monate für die Landstreitkräfte, 24 Monate in der Marine, 21 bis 24 Monate in der Luftwaffe.

Staatliche Institutionen

Republik. □ Verfassung von 1976. □ Der Staatspräsident wird für 5 Jahre gewählt. □ Das Parlament wird auf 4 Jahre gewählt.

Klimadaten

Stadt	Mittlere Temperatur des kältesten Monats (in °C)	Mittlere Temperatur des wärmsten Monats (in °C)	Jährliche Niederschläge (in mm)	Anzahl der Tage mit Niederschlägen pro Jahr
Porto	9	20	1 150	155
Lissabon	11	22	685	114
Faro	12	24	450	62

Überall, jedoch besonders häufig in Porto, werden Minustemperaturen verzeichnet, die jedoch nie unter −5 °C liegen. Die Höchsttemperaturen liegen überall bei etwa 40 °C.

433

EUROPA

Geschichte

Die Bildung der Nation. Die im 2. Jh. v. Chr. gegründete römische Provinz Lusitanien wird von Sueben und Alanen besetzt (5. Jh.), dann von Westgoten, die sich dauerhaft niederlassen. 711 erobern die Mohammedaner das Land. Die christliche Rückeroberung beginnt im 9. Jh. 1064 befreit Ferdinand I. von Kastilien die Gebiete zwischen Duro und Mondego. Ende des 11. Jh. vertraut Alfons VI., König von Kastilien und Leon, die Grafschaft Portugal seinem Schwiegersohn Heinrich von Burgund an. Alfons Heinrich, der Sohn Heinrichs von Burgund, nimmt nach seinem Sieg von Urique über die Mauren (1139) den Titel des Königs von Portugal an und läßt die Unabhängigkeit des Landes anerkennen. 1249 vollendet Alfons III. (1248 bis 1279) die Rückeroberung mit der Besetzung der Algarve. Denis I. (1279–1325) gründet die Universität von Lissabon, die 1308 nach Coimbra verlegt wird. Mit Ferdinand I. (1367–1383) stirbt die Dynastie der Burgunder aus. 1385 gründet Johannes I. (1385–1433), Großmeister des Ordens von Aviz, eine neue Dynastie und erringt den Sieg von Aljubarrota über die Kastilier.

Das goldene Zeitalter. Im 15. und im 16. Jh. weitet Portugal seine Seemacht aus und spielt bei den Entdeckungsreisen eine bedeutende Rolle, die von Heinrich dem Seefahrer (1394–1460) angeregt werden. 1494 zieht der Vertrag von Tordesillas eine Trennlinie zwischen den außereuropäischen Besitzungen Spaniens und Portugals. 1497 erreicht Vasco da Gama Indien, Cabral nimmt Brasilien in Besitz (1500), in Ceylon (1505) und Macao (1513) werden Niederlassungen gegründet. Der Reichtum fördert Kultur und Kunst (Emanuelkunst, Universität Evora). Bei dem Versuch, ein großes Reich im Maghreb zu bilden, wird Sebastian I. (1557–1578) bei der Schlacht von Alkazar-Quivir getötet.

Krise und Niedergang. Mit dem Aussterben der Dynastie von Aviz (1580) wird Philipp II. von Spanien König von Portugal und vereint somit die beiden Kronen. 1640 erheben sich die Portugiesen gegen Spanien und erklären Johann IV., Herzog von Bragança, zum König (1640–1656). Spanien erkennt die Unabhängigkeit Portugals an (Vertrag von Lissabon, 1668). Ende des 17. Jh. widmet sich Portugal der Erschließung Brasiliens, um seine Verluste in Asien und Afrika wettzumachen, und bindet sich wirtschaftlich an Großbritannien (Vertrag von Methuen, 1703). Das Gold aus Brasilien kann jedoch die Wirtschaft der Metropole nicht beleben, und Josef I. (1750–1777) wendet sich an Pombal, der ein Regime des aufgeklärten Despotismus errichtet und Lissabon nach dem Erdbeben von 1755 wieder aufbaut. 1792 überläßt Maria I. (1777–1816) ihrem Sohn, dem künftigen Johann VI., die Macht. Das Land wird von französischen Truppen unter Junot besetzt (1807), und die Königsfamilie flieht nach Brasilien. 1808 landet Wellington in Portugal und befreit das Land von den Franzosen. Johann VI. (1816–1826) bleibt in Brasilien. 1821 verlangen die Cortes seine Rückkehr. Er gibt ihrer Forderung nach und nimmt eine liberale Verfassung an (1822). Sein ältester Sohn Peter I. erklärt sich zum Kaiser von Brasilien, dessen Unabhängigkeit 1825 anerkannt wird. Beim Tode Johanns VI. wird Peter I. unter dem Namen Peter IV. König von Portugal. Er dankt zugunsten seiner Tochter Maria II. ab und vertraut die Regentschaft seinem Bruder Michael an, der Maria absetzt (1828) und sich im Michael I. zum König erklärt. 1832 landet Peter I. in Portugal und setzt Maria II. (1826–1853) wieder ein. Nach der Einführung des Zensuswahlrechts (1852) erlebt Portugal unter den Königen Peter V. (1853–1861), Ludwig I. (1861–1889) und Karl I. (1889–1908) eine liberale Entwicklung. Das Land versucht erneut die Errichtung eines Kolonialreiches um Angola und Moçambique. 1907 wird João Franco vom König gerufen und errichtet eine Diktatur. 1908 werden Karl I. und sein ältester Sohn ermordet. Emanuel II. wird durch die Revolution (1910) vertrieben.

Die Republik. 1910 wird die Republik ausgerufen. Die provisorische Regierung ergreift rasch eine Reihe grundlegender Maßnahmen und erläßt eine neue Verfassung (1911). Während der I. Republik herrscht große politische Instabilität; auch die Teilnahme Portugals am Ersten Weltkrieg an der Seite der Alliierten bringt dem Land keine Vorteile. 1926 stürzt der Staatsstreich des Generals Gomes da Costa die Regierung. Carmona, der 1928 zum Präsidenten der Republik gewählt wird, beruft Salazar als Finanzminister, der 1932 zum Präsidenten des Rates gewählt wird. Als Oberhaupt des Landes regiert Salazar nach der Verfassung von 1933, die einen ›Neuen Staat‹ einrichtet, der korporatistisch und nationalistisch ist. 1968 folgt ihm Caetano, der die Rebellionen in Guinea, Moçambique und Angola bekämpft.

Rückkehr zur Demokratie. 1974 ergreift eine Junta unter General Spinola die Macht und führt die ›Nelkenrevolution‹ durch. 1975 nimmt der nationale Revolutionsrat ein sozialistisches Programm an, während die ehemaligen Kolonien Portugals die Unabhängigkeit erlangen. Ab 1976 ist A. Eanes Präsident der Republik, während die Regierungen von Soares (sozialistisch, 1976–1978), von Sà Carneiro (rechtes Zentrum, 1979–80), Pinto Balsemão (sozialdemokratisch, 1981–1983), Soares (1983–1985) und von A. Cavaco Silva aufeinander folgen. Letzterer wird bei den Wahlen 1987 in seinen Ämtern bestätigt. Die Verfassung von 1982 schafft die Vorherrschaft des Militärs ab. 1986 wird M. Soares Staatspräsident, und Portugal tritt der Europäischen Gemeinschaft bei. Im Januar 1991 wird Soares als Staatspräsident wiedergewählt.

SPANIEN ESPAÑA

Offizieller Name: Königreich Spanien.

Hauptstadt: Madrid. □ **Währung:** Peseta (= 100 Céntimos). □ **Amtssprache:** Spanisch.
Überwiegende Religion: katholisch.
Staatsoberhaupt: König Juan Carlos I. (seit 1975). □ **Ministerpräsident:** Felipe González (seit 1982).
Flagge: Das ›Blut und Gold‹ geht auf die Katholischen Könige zurück und erhielt sein Wappen in der Mitte im Dez. 1981. □ **Nationalhymne** (›Marcha Real‹): als Marsch 1770 von Karl III. angenommen; ohne Worte; Musik von einem nicht bekannten Komponisten, wird einerseits König Friedrich II. von Preußen, andererseits dem Komponisten Manuel Espinosa de los Monteros zugeschrieben (1730–1810). □ **Nationalfeiertag:** 24. Juni (Tag des Heiligen Johannes, Schutzheiliger des Königs) und 12. Oktober, Jahrestag der Entdeckung Amerikas durch Christoph Kolumbus im Jahre 1492.
Fläche: 505 000 km² (mit den Kanaren). □
Höchste Erhebung: Mulhacén mit 3 478 m.
Bevölkerung (1989): 39 200 000 Ew. (Spanier). □ **Durchschnittliche Bevölkerungsdichte:** 77,6 Ew. pro km². □ **Jährliche Bevölkerungszunahme:** 0,3 %. □ **Geburtenrate:** 11 ‰. □ **Sterbeziffer:** 8 ‰. □ **Rate der Kindersterblichkeit:** 8 ‰. □ **Lebenserwartung:** 76 Jahre. □ **Anteil unter 15 Jahren:** 22 %. □ **Anteil 65 Jahre und älter:** 12 %. □ **Stadtbevölkerung:** 77,4 %.
Bruttoinlandsprodukt gesamt (1987): 289 Milliarden Dollar.
Bruttoinlandsprodukt/Kopf: 7 449 Dollar.
Produktionsstruktur: Landwirtschaft 17,6 %; Industrie 31,8 %; Dienstleistungen 50,6 %.
Arbeitslosenquote (1986): 22,4 %.
Verkehr: 169 300 km Straßen (davon 2 069 km Autobahn); Eisenbahn 14 218 km (davon 6 414 km elektrifiziert).
Exporte: 11,9 % des BIP (27,1 Milliarden Dollar). □ **Importe:** 15,3 % des BIP (34,9 Milliarden Dollar). □ **Auslandsschulden:** nicht bekannt.
Inflationsrate (1986): 8,8 %.
Militärbudget (1988): 4,2 Milliarden Dollar. □ **Streitkräfte:** 309 500 Mann. □ **Wehrpflicht:** 12 Monate.

Erzeugung ausgewählter Güter u. a. wichtige Erwerbsquellen

Weizen	6,9 Millionen Tonnen
Gerste	12,4 Millionen Tonnen
Zitrusfrüchte	3,6 Millionen Tonnen
Wein	25 Millionen Hektoliter
Olivenöl	350 000 Tonnen
Schafbestand	17,8 Millionen Tiere
Schweinebestand	10,5 Millionen Tiere
Fischfang	1,4 Millionen Tonnen
Steinkohle	18,9 Millionen Tonnen
Strom	138 Milliarden kWh
– davon aus Kernkraft	50,4 Milliarden kWh
Stahl	11,6 Millionen Tonnen
Pkw	1 402 000 Einheiten
Zink	265 000 Tonnen
Aluminium	294 000 Tonnen
Kunststoffe	1,1 Millionen Tonnen
Tourismus	50,5 Millionen Auslandsgäste

Staatliche Institutionen

Parlamentarische Monarchie. □ Verfassung von 1978. □ Zwei Kammern (die Cortes): Abgeordnetenkongreß und Senat, gewählt auf 4 Jahre. □ Der Ministerpräsident ist beiden Kammern verantwortlich.

Geschichte

Die ersten Kolonien. Die Halbinsel ist seit dem Paläolithikum besiedelt. Die ersten bekannten Bewohner sind die Iberer, die nach der Überlieferung im Neolithikum aus Nordafrika kamen. Ende des 2. Jahrtausends nimmt die Ostküste am Handel im Mittelmeer teil. Phöniker (ab 1100), Karthager und Griechen (7.–6. Jh. v. Chr.) gründen an den Mittelmeerküsten mehrere Kolonien. Zur gleichen Zeit siedeln sich Kelten aus Mitteleuropa auf der

LÄNDER DER ERDE

Hochebene von Kastilien an (6. Jh.), wo sie sich mit den Iberern zu einer neuen Bevölkerung, den Keltiberern, vermischen.

Das römische Spanien. In den Kampf zwischen Rom und Karthago verwickelt, kommt die Halbinsel unter punische Herrschaft und wird dann (218–206) von den Römern erobert (Zweiter Punischer Krieg), die 19 v. Chr. das ganze Land unterwerfen. Grundlegend romanisiert wird die Insel in drei Provinzen gegliedert (tarragonische, lusitanische und betische Provinz) und erlebt vier Jahrhunderte lang Wohlstand. Die Römer bauen Straßen, Brücken und Bewässerungsanlagen, erschließen die Minen und entwickeln die städtische Kultur (Tarragona, Sevilla, Córdoba). Mit seinen Reichtümern schickt das Land auch wichtige Persönlichkeiten nach Rom: die Schriftsteller Quintilius, Martial, Seneca, die Kaiser Hadrian, Trajan, Theodosius I. Nach der Überlieferung von Jakob dem Älteren christianisiert, zeichnet sich das Land durch seine Kirche aus (ab 3. Jh.).

Spanien unter den Westgoten. Wandalen, Sueben und Alanen bevölkern das Land (409), und die Westgoten entziehen es der römischen Herrschaft (412), vereinen das Land und machen es zum Königreich mit der Hauptstadt Toledo. Die Bekehrung des Königs Rekhared I. (587) zum Christentum fördert die Verschmelzung der Westgoten mit den Hispano-Römern. Aber durch seine Wahlmonarchie geschwächt, geht das westgotische Spanien zu Beginn des 8. Jh. unter. Nach dem Sieg von Tarik bei Guadaleta (711) unterwerfen die Araber praktisch die gesamte Halbinsel (714).

Das islamische Spanien und die Reconquista. Abhängig vom Kalifat von Damaskus, wird das islamische Spanien (al-Andalus) 756 zum unabhängigen Emirat, dann zum Kalifat (929). Seine omajjadischen Herrscher lassen eine prachtvolle Kultur entstehen, und die Hauptstadt, Córdoba, wird zu einem Zentrum intellektuellen Lebens. Der Wohlstand ist bemerkenswert und gründet auf dem Ausbau der Bewässerung und der Einführung neuer Kulturen (Baumwolle, Oliven, Maulbeerbaum) sowie einem regen Handwerk (Leder aus Córdoba, Seide aus Sevilla, Waffen aus Toledo ...). Doch durch innere Streitigkeiten geht das Kalifat 1031 unter und wird in etwa zwanzig Königreiche zerstückelt, was eine Wiedereroberung der Halbinsel durch die Christen begünstigt. Diese Reconquista wird von den christlichen Gemeinden betrieben, die, in Königreiche oder Grafschaften unterteilt (Asturien, Navarra, Leon, Kastilien, Katalonien, Aragon, Portugal), von der Idee einer religiösen Einheit durchdrungen sind. Im 11. Jh. verlegen diese christlichen Königreiche ihre Grenze vom Duero zum Tajo (Eroberung von Toledo, 1085). Sie vereinen unter Alfons VIII. von Kastilien ihre Kräfte und erringen den Sieg bei Las Navas de Tolosa (1212), der zum Untergang der islamischen Macht führt. Ende des 13. Jh. bleibt den Mohammedanern nur noch das Königreich Granada. 1492 nimmt Isabella I., Königin von Kastilien, die mit Ferdinand II., König von Aragon, verheiratet ist, Granada ein und vollendet so die Reconquista. Dieser ›Kreuzzug‹ hat die politischen und sozialen Strukturen der christlichen Königreiche geprägt und eine vom Klerus beherrschte Gesellschaft eingerichtet, der in diesem heiligen Krieg eine beachtliche materielle und geistige Macht erlangt hat; neben dem Klerus herrscht der Adel, der von den Königen für seine Kriegsdienste große Gebiete erhält. Um den Wiederaufbau der verwüsteten Städte und Ländereien zu sichern, müssen die Herrscher den Landgemeinden und den Städten Privilegien (fueros) einräumen, deren neue Macht sich durch den Zugang ihrer Vertreter zur Cortes (geschaffen im 12.–13. Jh.) zeigt. Trotz der Aufstände des Adels und der Krisen der Dynastie festigt sich die königliche Macht (13.–14. Jh.).

Die katholischen Könige. Der erste Schritt hin zu einer nationalen Einheit wird gemacht, als sich unter den katholischen Königen Isabella I. (1474–1504) und Ferdinand II. (1479–1516) Aragon und Kastilien vereinen und unter anderem Granada Kastilien einverleiben (1492). Navarra geht an Aragon über (1512). Die beiden Herrscher arbeiten an der religiösen Einheit (Inquisition, 1478) und an der Stärkung der königlichen Autorität, indem sie ihre Vertreter in die Stadtverwaltungen schicken und die politische Macht des Adels einschränken. Die Beamten stellen von nun an die neuen Räte in Kastilien, was den Beginn einer zentralisierten Verwaltung markiert. Unter dem Schutz der katholischen Könige legt Spanien die Grundlagen zu seinem

Klimadaten

Stadt	Mittlere Temperatur des kältesten Monats (in °C)	Mittlere Temperatur des wärmsten Monats (in °C)	Jährliche Niederschläge (in mm)	Anzahl der Tage mit Niederschlägen pro Jahr
La Coruña	10	19	935	161
Madrid	5,5	24	444	87
Barcelona	9,5	24,5	586	78
Palma de Mallorca	10	24,5	449	71
Sevilla	10,5	28	564	60

In Sevilla übersteigt das Thermometer im Juli und August 45 °C, fällt jedoch andrerseits von Dezember bis Februar unter 0 °C. In Madrid können von Juni bis September 35 °C erreicht werden, –10 °C sind dort im Januar möglich. In Palma de Mallorca können von Dezember bis März leichte Minuswerte erreicht werden, hier können im Juni, Juli und August 35 °C übersteigen werden.

Verwaltungsgliederung

autonome Region	Fläche (in km²)	Bevölkerung	Hauptstadt
Andalusien	87 300	6 442 000	Sevilla
Aragonien	47 700	1 213 000	Saragossa
Asturien	10 600	1 127 000	Oviedo
Balearen	5 000	685 000	Palma de Mallorca
Baskenland	7 200	2 135 000	Vitoria
Kanaren	7 300	1 445 000	Las Palmas
Kantabrien	5 300	511 000	Santander
Castilia-La Mancha	79 200	1 628 000	Toledo
Castilia-León	94 000	2 577 000	Valladolid
Katalonien	31 900	5 958 000	Barcelona
Extremadura	41 600	1 050 000	Mérida
Galicien	29 400	2 754 000	Santiago de Compostela
Madrid	8 000	4 277 000	Madrid
Murcia	11 300	958 000	Murcia
Navarra	10 400	507 000	Pamplona
La Rioja	5 000	253 000	Logroño
Valencia	23 300	3 647 000	Valencia
Ceuta[1]	18	71 000	
Mellila[1]	14	58 000	

[1] Spanische Gebiete an der Nordküste Marokkos

Die größten Städte

Madrid	3 200 000
Barcelona	1 755 000
Valencia	785 000
Sevilla	654 000
Sarragossa	601 000
Malaga	538 000
Bilbao	433 000
Valladolid	331 000
Palma de Mallorca	311 000
Murcia	305 000
Hospitalet de Llobregat	295 000
Vigo	277 000
Córdoba	262 000
Granada	256 000
Gijón	256 000
Alicante	251 000
La Coruña	232 000
Badalona	228 000
Vitoria	199 000
Sabadell	190 000

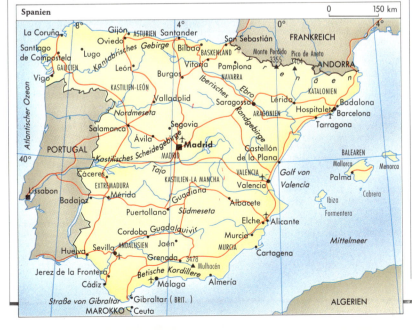

LÄNDER DER ERDE

EUROPA

Kolonialreich nach der Entdeckung Amerikas durch Christoph Kolumbus (1492) und erobert dank der mächtigen Infanterie der Tercios das Königreich von Neapel (1504); diese Infanterie, von den Königen organisiert, ist Grundlage der Größe Spaniens im 16. Jh.

Das goldene Zeitalter. Im 16. Jh. erlangt Spanien die Vorherrschaft in Europa. Karl I. (1516–1556), ab 1519 als Karl V. Kaiser, gründet das Königreich Spanien, indem er Aragon, Kastilien und Navarra vereint (1516). Philipp II. (1556–1598) verwirklicht die Einheit der Halbinsel und vereint die beiden Kolonialreiche Spaniens und Portugals, indem er 1580 die Krone Portugals annimmt. Spanien erlebt daraufhin seine Blütezeit: Zu seinen europäischen Besitzungen (Neapel, Sizilien, Sardinien, Mailand, Franche-Comté, Niederlande) kommen Gebiete in Amerika (Mexiko, Peru, Chile, erobert zwischen 1519 und 1543), die Niederlassungen Portugals in Afrika und Asien sowie Brasilien hinzu. Diese Blütezeit fällt mit dem Triumph des politischen und religiösen Absolutismus zusammen. Der Wohlstand unter Karl V. steht in enger Verbindung mit dem Aufkommen des Seehandels, dessen Zentrum Sevilla ist, Sitz der Casa (Handelskammer, 1503), die den gesamten Handel mit Amerika leitet, und wohin die ›indische Flotte‹ alles Gold und Silber bringt. Gold und Silber aus Amerika ermöglichen es Spanien, auf Schlachtfeldern Europas präsent zu sein, um den Katholizismus zu verteidigen. Spanien kämpft gegen die Reformation in Deutschland, den Niederlanden, in Frankreich, es wendet die Gefahr durch die Türken im Mittelmeer durch seinen Sieg bei Lepanto (1571) ab. Sein Eingreifen führt jedoch in den Niederlanden zu einem Aufstand (1556), wodurch es die reichen Vereinigten Provinzen verliert, und seine ›unbesiegbare‹ Armada wird von den Engländern zerstört (1588), die somit Spaniens Seeherrschaft beenden. Darüber hinaus verursachen die Kriegsausgaben finanzielle und wirtschaftliche Probleme, die um 1590 beginnen.

Der Niedergang. Im 17. Jh. nimmt die Bevölkerung Spaniens ab. Dieser demographische Rückgang ist auf die Abwanderung nach Amerika, auf die Pest und vor allem auf den Niedergang der Wirtschaft zurückzuführen. Unter schwachen Königen wie Philipp III. (1598–1621), Philipp IV. (1621–1665) und Karl II. (1665–1700) sieht sich Spanien der separatistischen Bewegung in Portugal gegenüber (1640), dem es 1668 die Unabhängigkeit zugestehen muß. Durch seine Niederlagen gegen Frankreich unter Ludwig XIII. und Ludwig XIV. (Dreißigjähriger Krieg, Devolutionskrieg 1667/68 und holländischer Krieg) büßt es die Vorherrschaft in Europa ein. Es muß auch auf Roussillon, die obere Cerdagne und Artois (Pyrenäen-Vertrag, 1659) sowie einen Teil Flanderns (Vertrag von Aachen, 1668) und Franche-Comté (Vertrag von Nimwegen, 1678) Verzicht leisten. 1700 wird der Enkel Ludwigs XIV. durch das Testament Karls II., des letzten Vertreters des Hauses Österreich, König in Spanien. Dieses Erbe löst den Erbfolgekrieg aus, durch den Spanien all seine Besitztümer in Europa verliert (Verträge von Utrecht und Rastatt, 1713–1715).

Spanien zur Zeit der Aufklärung. Unter den drei ersten Königen der Dynastie der Bourbonen (Philipp V. [1700–1746], Ferdinand VI. [1746–1759] und Karl III. [1759–1788]) erlebt Spanien eine Zeit des Wohlstands und der Stabilität, was den aufgeklärten Despoten zuzuschreiben ist: Verringerung der Privilegien der Körperschaften, Gründung von Wirtschafts-, Handels- und Manufakturgesellschaften, freier Handel mit Amerika (1765), Schaffung einer Staatsbank (1782), Kolonisierung der Sierra Morena, Reform des Bildungswesens nach Ausweisung der Jesuiten (1767), Gründung der königlichen Akademien für Spanisch (1713), für Geschichte (1738) usw. Außenpolitisch stellt Spanien seine Herrschaft in Neapel und Sizilien wieder her (1734) und bewahrt als Verbündeter Frankreichs trotz der Feindseligkeiten Großbritanniens sein Kolonialreich (Vertrag von Versailles, 1783). Aber diese Erholung wird durch die Mittelmäßigkeit Karls IV. zunichte gemacht (1788–1808), der Spanien in einen Krieg gegen Großbritannien verwickelt. Es erlebt das Desaster von Trafalgar (1805), das seine Flotte zerstört und es somit von seinen Kolonien in Amerika abschneidet.

Die Zeit der Wirren. 1808 setzt Napoleon I. seinen Bruder Josef auf den spanischen Thron. Irritiert durch diese Einmischung von außen, erhebt sich das Volk, und die Bourbonen werden 1814 nach einem heldenhaften Unabhängigkeitskrieg wieder eingesetzt. Während das Land nach und nach seine Kolonien verliert, deren Unabhängigkeitsbewegungen beginnen, als Napoleon auf die Halbinsel kommt, wird es auch Opfer eines harten politischen Krieges. In mehreren Bürgerkriegen stehen sich die Anhänger Isabellas und die ihres Onkels Carlos, die Carlisten, gegenüber. 1868 bricht eine noch nie dagewesene politische Krise mit dem ›pronunciamento‹ des Generals Prim und der Absetzung von Königin Isabella II. aus. Diese Krise führt zu einer parlamentarischen Monarchie, dann zur Ausrufung der Republik (1873). 1874 setzt ein Staatsstreich die Monarchie wieder ein.

Die Restauration. Die Herrschaft von Alfons XII. (1874–1885) ist von einer relativen Stabilität (die Verfassung von 1876 für eine parlamentarische Monarchie ist bis 1923 in Kraft) und von dem Wechsel der beiden großen Parteien der Konservativen und der Liberalen an der Macht gekennzeichnet. Unter Alfons XIII. (1886–1931) kündet der Vertrag von Paris (1898) vom Ende des Kolonialreiches. Geschlagen von den USA, muß Spanien Kuba, Puerto Rico, Guam und die Philippinen abgeben. Gemäß den Verträgen von Algésiras (1906) errichtet es in Marokko in der Gegend von Rif ein Protektorat, das erst 1927 mit Hilfe der Franzosen befriedet werden kann. Während des Ersten Weltkrieges bleibt Spanien neutral. Im Inneren hat es mit den nationalistischen Bewegungen (Basken, Katalanen) und der Anarchie zu kämpfen. Nach einem Putsch errichtet General Primo de Rivera eine Militärdiktatur (1923), die dann zivil wird (1925–1930). Als die Republikaner 1931 bei den Städtewahlen gewinnen, beschließt Alfons XIII., Spanien zu verlassen. Die Republik wird ausgerufen.

Bürgerkrieg und Franco-Ära. Im Februar 1936 kommen die in einer Volksfront zusammengeschlossenen Parteien der Linken bei den Wahlen an die Macht. Die Ermordung des Führers der Opposition Calvo Soleto führt zum Militäraufstand (Juli). In Spanien bricht der Bürgerkrieg zwischen den Nationalisten unter Franco und den Republikanern aus, die durch die Streitigkeiten zwischen Anarchisten und Kommunisten geschwächt sind. Franco, der sich zuerst für die Zeit des Krieges (1936) und dann auf Lebenszeit (1939) zum Staatschef (Caudillo) ernennt, regiert Spanien mit Hilfe der Armee, deren Führer in die höchsten Positionen gelangen, und mit Unterstützung der Kirche sowie, ab 1957, mit Hilfe der mit der Wirtschaft betrauten Technokraten. Er richtet das Einparteiensystem ein, bildet 1942 eine korporative Versammlung, die er Cortes nennt. Im Zweiten Weltkrieg bleibt Spanien trotz des von Deutschland ausgeübten Drucks neutral. Als 1946 das Franco-Regime international geächtet wird und die Botschafter aus Madrid abberufen werden, ist es international isoliert. Die Modernisierung der Wirtschaft geht seit Ende der 50er Jahre schnell vonstatten, und der Lebensstandard verbessert sich. Seit 1947 sieht das Gesetz der Erbfolge die Wiedereinsetzung der Monarchie vor, und 1969 wählt Franco Juan Carlos von Bourbon zum Nachfolger, den Enkel von Alfons XIII.

Rückkehr zur Demokratie. Nach dem Tode Francos (1975) besteigt Juan Carlos den Thron. Mit Hilfe von A. Suárez, der eine Zentrumsregierung von 1976 bis 1981 leitet, dann mit Hilfe von F. González (seit 1982) betreibt der König die Demokratisierung des Regimes. 1978 setzt eine Verfassung die repräsentativen Institutionen wieder ein und schafft autonome Regierungen in den 17 Regionen des Landes. Die Entwicklung des ETA-Terrorismus in den 80er Jahren verleitet die Militärs zu einem Putschversuch (1981), der jedoch vom König vereitelt wird. 1986 bekräftigt Spanien durch ein Referendum die Zugehörigkeit zur NATO (wirksam seit 1982) und tritt 1989 der Europäischen Gemeinschaft bei.

SOWJETUNION
SOWJETSKICH SOJUS

Offizieller Name: Union Souveräner Republiken.

Hauptstadt: Moskau *(Moskva).* ◻ **Währung:** Rubel (= 100 Kopeken).

Amtssprache: Russisch.

Staatsrat: Präsident der Sowjetunion (seit 1990): Michail Gorbatschow und die Präsidenten der Republiken.

Flagge: Der fünfzackige Stern ruft die Proletarier der fünf Kontinente zur Einheit auf, die durch die Werkzeuge der Landwirtschaft und der Industrie symbolisiert werden. Die Fahne wurde in dieser Form 1955 festgelegt.

Nationalhymne: ›Soiouz nerouchimiyi respoublik svobodnikh / splotila naveki velikaia Rous. / Da zdravstvouiete sozdanni volei narodov, edini, mgoutchi Sovietski Soiouz! ...‹ (Unzerstörbare Union von freien Republiken, das Große Rußland hat dich versammelt. Es lebe die Sowjetunion, einig, mächtig, gebildet durch den Willen des Volkes! ...). Text von Sergej Wladimirowitsch Michalkow (geb. 1913); Musik von Alexander Wassiliewitsch Alexandrow (1883–1946).

Fläche: 22 400 000 km². ◻ **Höchste Erhebung:** Pic Kommunismus mit 7 495 m.

Bevölkerung (1989): 289 000 000 Ew. *(Sowjets).* ◻ **Durchschnittliche Bevölkerungsdichte:** 13 Ew. pro km². ◻ **Jährliche Bevölkerungszunahme:** 1 %. ◻ **Geburtenrate:** 20 ‰. ◻ **Sterbeziffer:** 10 ‰. ◻ **Rate der Kindersterblichkeit:** 25 ‰. ◻ **Lebenserwartung:** 69 Jahre. ◻ **Anteil unter 15 Jahren:** 25 %. ◻ **Anteil 65 Jahre und älter:** 9 %. ◻ **Stadtbevölkerung:** 66 %.

LÄNDER DER ERDE

Bruttoinlandsprodukt gesamt (1988): 1 790 Milliarden Dollar. ☐ Bruttoinlandsprodukt/Kopf: 6 270 Dollar. ☐ Produktionsstruktur: Landwirtschaft 19,4 %; Industrie 38,3 %; Dienstleistungen 42,3 %.

Verkehr: 1 132 800 km Straßen; Eisenbahn 144 900 km (davon 48 400 km elektrifiziert).

Exporte (1984): 5,3 % des BIP (91,65 Milliarden Dollar). ☐ Importe (1984): 4,6 % des BIP (80,1 Milliarden Dollar).

Auslandsschulden (1986): 27 Milliarden Dollar.

Militärbudget (1989): Nach sowjetischen Angaben soll es 120 Milliarden Dollar betragen, also 12 % des BIP, etwa doppelt soviel wie in den Vereinigten Staaten, umfassen. ☐ Streitkräfte: 4 258 000 Mann und 2 700 000 Reservisten. ☐ Wehrpflicht: 24 Monate für die Nuklearstreitkräfte, die Landstreitkräfte, die Luftverteidigung und die Luftwaffe; 36 Monate in der Marine und der Küstenwache.

Staatliche Institutionen

Staatenbund: 12 Republiken. ☐ Verfassung der UdSSR von 1975 (1988, 1989, 1990 abgeändert; für die Union Souveräner Staaten am 5. 9. 1991 abgeändert). ☐ Oberster Sowjet (2 Kammern): *Rat der Republiken* (Rußland 52 Abgeordnete, andere Republiken je 20 Abgeordnete), *Rat der Union* (Repräsentanten der Republiken). ☐ Dem *Staatsrat* gehören die Präs. der UdSSR und der Republiken an.

Geschichte

Die Ursprünge. Die Wanderung von Slawen in die Gebiete, die heute Zentralrußland bilden, geht auf das 1. Jahrtausend v. Chr. zurück. Sie ziehen nach Südosten in Richtung Schwarzes Meer. Dort nehmen sie die Überreste weiter entwickelter Kulturen auf, die von Nomaden aus Asien, den Skythen (8. bis 1. Jh. v. Chr.) und den Sarmaten (vom 3.–2. Jh. v. Chr. bis zur Einwanderung der Goten im 3. Jh. n. Chr.) eingebracht worden waren. Beziehungen zu den Chasaren (7.–8. Jh. in den Steppen zwischen Don und Dnjepr und auf der Krim angesiedelt) und den Bulgaren von der Wolga und der Kama entwickeln sich. Ebenso haben sie Kontakte zu den Bulgaren im Balkan und den Byzantinern. Im 8.–9. Jh. beherrschen die Waräger den Handel zwischen dem Baltikum und dem Schwarzen Meer. Sie errichten unter den Ostslawen die erste Dynastie der Rurikiden.

Der Staat Kiew (9.–13. Jh.). Oleg, der Fürst von Nowgorod, soll sich 882 in Kiew niedergelassen haben. Seine Nachfolger, die Großfürsten von Kiew, dehnen im 11. Jh. ihre Herrschaft über alle slawischen Völker des Ostens aus. In seinen Anfängen stellt der Staat Kiew eine strenge Militärmacht dar, die Beziehungen zu Byzanz unterhält. Wladimir (um 980–1015) zwingt seinen Untertanen um 988 die ›Taufe Rußlands‹ auf. Unter Jaroslaw dem Weisen (1019–1064) erlebt das Reich von Kiew eine Blütezeit. Aber die Einwanderung von Nomaden führt zu einer Unsicherheit in den Mittelgebieten, so daß ein Teil der Bevölkerung nach Westen (Galizien und Wolhynien) und nach Nordosten abwandert, wo sich das Fürstentum von Rostow-Susdal entwickelt. Die Zersplitterung des Reiches von Kiew führt im 12. Jh. zur Bildung unabhängiger Fürstentümer.

Das Rußland von Wladimir-Susdal und das mongolische Joch. 1169 wird Wladimir zur Hauptstadt des zweiten russischen Staates, des Fürstentums Wladimir-Susdal, gewählt. Dieses wird von den Mongolen eingenommen, die das ganze Land mit Ausnahme der Fürstentümer Pskow und Nowgorod erobern (1238–1240). Mehr als zwei Jahrhunderte lang wird Zentralrußland von der Goldenen Horde beherrscht. Im Westen wird es von den Rittern des Dt. Ordens bedrängt, die von Alexander Newskij am Peipus-See aufgehalten werden (1242). Im 13./14. Jh. breitet sich jedoch das Großherzogtum Litauen vom Baltikum bis zum Schwarzen Meer aus.

Die größten Städte

Moskau	8 406 000	Jerewan	1 133 000
Sankt Petersburg	4 867 000	Odessa	1 226 000
Kiew	2 448 000	Omsk	1 108 000
Taschkent	2 030 000	Tscheljabinsk	1 096 000
Baku	1 661 000	Donezk	1 073 000
Kharkow	1 554 000	Ufa	1 064 000
Minsk	1 472 000	Perm	1 056 000
Gorki	1 399 000	Kazan	1 047 000
Novosibirsk	1 393 000	Alma-Ata	1 046 000
Swerdlowsk	1 300 000	Rostow am Don	986 000
Samara	1 257 000	Wolgograd	974 000
Tiflis	1 158 000	Saratow	899 000
Dnjepropetrowsk	1 153 000	Krasnojarsk	872 000

Das Moskowiter-Reich (14.–16. Jh.). Im 14. Jh. erlangt das Fürstentum Moskau die Vormachtstellung über die anderen russischen Fürstentümer, und Moskau wird 1326 Metropole. Fürst Dimitrij Donskoj (1362–1389) siegt bei Kulikowo über die Mongolen (1380). Die Herrschaft der Tataren isoliert Rußland vom Abendland und vom Mittelmeerraum und wird als ein Grund für den wirtschaftlichen und sozialen Rückstand Rußlands im Vergleich zu Westeuropa angesehen. Iwan III. (1462–1505) beendet die Herrschaft der Mongolen (1480). Er nimmt den Titel eines Selbstherrschers (Zar) an, organisiert einen mächtigen, zentralisierten Staat und fordert das Erbe von Byzanz. Moskau, das die Vereinigung der orthodoxen Kirche mit der römischen verweigert (wie 1439 von den Byzantinern in Florenz vereinbart), gibt vor, das ›dritte Rom‹ zu werden, da Konstantinopel in

Erzeugung wichtiger Güter

Weizen	88 Millionen Tonnen
Mais	15 Millionen Tonnen
Hafer	18 Millionen Tonnen
Gerste	49 Millionen Tonnen
Kartoffeln	82 Millionen Tonnen
Zucker	9,6 Millionen Tonnen
Baumwolle	2,7 Millionen Tonnen
Rinderbestand	120,5 Millionen Tiere
Schafbestand	140 Millionen Tiere
Wolle	450 000 Tonnen
Schweinebestand	77,3 Millionen Tiere
Fischfang	11,3 Millionen Tonnen
Steinkohle	602 Millionen Tonnen
Braunkohle	170 Millionen Tonnen
Erdöl	624 Millionen Tonnen
Erdgas	770 Milliarden m³
Strom	1 705 Milliarden kWh
Eisen	151 Millionen Tonnen
Stahl	163 Millionen Tonnen
Bauxit	4,8 Millionen Tonnen
Aluminium	2,4 Millionen Tonnen
Kupfer	1,2 Millionen Tonnen
Mangan	3,4 Millionen Tonnen
Zink	1 050 000 Tonnen
Gold	275 Tonnen
Nickel	200 000 Tonnen
Phosphate	36,3 Millionen Tonnen

Souveräne Republiken

Republik	Fläche (in km²)	Bevölkerung	Hauptstadt
Rußland	17 075 000	145 300 000	Moskau
Ukraine	604 000	51 200 000	Kiew
Weißrußland	208 010	10 100 000	Minsk
Moldau	34 000	4 200 000	Kischinew
Armenien	30 000	3 400 000	Jerewan
Georgien	70 000	5 300 000	Tiflis
Aserbaidschan	87 000	6 800 000	Baku
Kasachstan	2 717 000	16 200 000	Alma-Ata
Kirgisien	199 000	4 100 000	Frunse
Usbekistan	447 000	19 000 000	Taschkent
Tadschikistan	143 000	4 800 000	Duschanbe
Turkmenien	488 000	3 400 000	Aschchabad

Klimadaten

Stadt	Mittlere Temperatur des kältesten Monats (in °C)	Mittlere Temperatur des wärmsten Monats (in °C)	Jährliche Niederschläge (in mm)	Anzahl der Tage mit Niederschlägen pro Jahr
Moskau	−12,5	18	550	181
Sankt Petersburg	−10	17	605	190
Kiew	−7	20	687	166
Sotschi	6,5	23	1 442	143
Jerewan	−5,5	25,5	318	80
Taschkent	−1,5	25,5	365	75
Swerdlowsk	−17,5	16,5	426	146
Irkutsk	−21	15,5	376	69
Wercholansk	−50,5	13,5	136	81
Wladiwostok	−14,5	21	460	69

Temperaturen unter −10 °C sind in Sotschi beobachtet worden, −20 °C in Kiew, Taschkent und Jerewan, −30 °C in Moskau, Sankt Petersburg und Wladiwostok, −40 °C in Swerdlowsk, −50 °C in Irkutsk und −65 °C in Wercholansk. Die Sommer können dafür (vorübergehend) heiß sein: Überall ist das Thermometer schon über 30 °C gestiegen (bis zu 37 °C in Wercholansk und Irkutsk) und erreicht manchmal bis zu 40 °C oder darüber (Jerewan, trotz der Höhenlage, Taschkent).

LÄNDER DER ERDE

EUROPA

die Hände der Türken gefallen ist. Iwan der Schreckliche (1533–1584) läßt sich 1547 zum Zaren erklären. Er erobert von den Tataren die Khanate Kasan und Astrachan zurück (1552–1556) und beginnt mit der Ausweitung nach Sibirien (Zug von Jermak). Mit seinem Sohn Feodor I. stirbt 1598 die Dynastie der Rurikiden aus.

Unruhen und Krisen des 17. Jh. Nach der Herrschaft von Boris Godunow (1598–1605) erlebt Rußland eine Zeit der Unruhen und der Krisen in Politik und Gesellschaft und wird von Schweden und Polen eingenommen. Der russische Staat wird von Michail Fedorowitsch (1613–1645) wiederhergestellt, der die Dynastie der Romanow gründet. Unter seinem Sohn Alexej Michailowitsch (1645 bis 1676) führt die Annektierung der östlichen Ukraine zum Krieg mit Polen (1654 bis 1667), an dessen Ende die Ukraine zwischen Rußland und Polen aufgeteilt wird. Das 17. Jh. zeigt eine größere Öffnung nach Westen. Doch die wirtschaftlichen und sozialen Strukturen bleiben. Die Leibeigenschaft wird zu einer Institution (Gesetz von 1649). Auf religiösem Gebiet stoßen die Reformen des Patriarchen Nikon (1652–1667) auf den Widerstand der Traditionalisten und ihres Anführers Awwakum. Mit ihrer Verurteilung als Ketzer (1666–67) beginnt die Abspaltung der Altgläubigen oder Raskolniki.

Das russische Reich der aufgeklärten Despoten des 18. Jh. Peter der Große (1682 bis 1725) öffnet sein Land westlichen Einflüssen. Als er am Ende des Nordischen Krieges (1700–1721) einen Zugang zum Baltikum erringt, läßt er die neue Hauptstadt St. Petersburg bauen. 1721 gründet er das russische Reich. Unter seinen Nachfolgern Katharina I. (1725–1727), Peter II. (1727–1730) und Anna Iwanowna (1730–1740) wird sein Werk nicht in Frage gestellt. Unter Elisabeth Petrowna (1741–1762) fördert der mit Frankreich in der Zeit des Siebenjährigen Krieges (1756–1763) geschlossene Bund den französischen Einfluß. Ihr Nachfolger, Peter III. (1762), ein großer Bewunderer Preußens, gibt die von der russischen Armee eroberten Gebiete an Friedrich II. zurück; er wird ermordet. Seine Gattin, Katharina II. (1762–1796), betreibt eine autokratische Politik der Expansion. Beim Vertrag von Kutschuk-Kaijnardij (1774) erhält Rußland einen Zugang zum Schwarzen Meer; bei der dreifachen Teilung Polens erhält es Weißrußland, die westliche Ukraine und Litauen. Aber die Ausbeutung der Leibeigenen führt zum Aufstand von Pugatschow (1773–74).

Das russische Imperium und Europa. Während der Herrschaft Pauls I. (1796–1801) gehört Rußland den beiden ersten Koalitionen gegen Frankreich an. Alexander I. (1801 bis 1825) schließt mit Napoleon den Vertrag von Tilsit (1807) und annektiert Finnland (1809). 1812 beginnt der ›patriotische Krieg‹ gegen Frankreich. Alexander nimmt am Wiener Kongreß teil (1815) und tritt der Heiligen Allianz bei. Nikolaus I. (1825–1855), unterstützt von Nesselrod, widmet sich dem Erhalt von Ordnung und Gleichgewicht in Europa: er unterdrückt den Aufstand der Dekabristen (1825), wirft die polnische Revolution nieder (1831) und bekämpft die Erhebung der Ungarn (1849). Rußland wird jedoch von Frankreich und Großbritannien geschlagen, die im Krimkrieg Verbündete des osmanischen Reiches sind (1854–1856).

Modernisierung und Beibehaltung der Autokratie. 1855 besitzt der russische Staat eine leistungsfähige Bürokratie, aber ein Drittel der bäuerlichen Bevölkerung unterliegt noch immer der Leibeigenschaft. Liberales Denken erhebt sich gegen die Autokratie und die Leibeigenschaft. Alexander II. (1855 bis 1881) befreit die Leibeigenen (1861) und setzt gewählte Gebietsvertretungen ein, die Semstwo (1864). Diese Reformen stellen die revolutionäre Intelligenz nicht zufrieden, die sich in den 60er und 70er Jahren dem Nihilismus und Anarchismus verschrieben hat. Der Terrorismus kommt auf: Alexander II. wird 1882 ermordet. Die Ausweitung des Imperiums geht weiter: Befriedung des Kaukasus (1859), Annektierung des Gebietes zwischen Amur, Ussuri und Pazifik (1860), Eroberung von Mittelasien (1865–1897). Aber der Berliner Kongreß (1878) wirkt dem Einfluß Rußlands im Balkan entgegen. Alexander III. (1881–1894) begrenzt die Reformen der vorherigen Herrscher. Das Land erfährt eine rasche Industrialisierung. Diese wird durch ausländisches Kapital begünstigt, das zum Teil aus Staatsanleihen aus dem Handel mit Frankreich nach Abschluß der französisch-russischen Allianz stammt (1891–1894).

Die Widersprüche der Autokratie und ihr Untergang. Nikolaus II. kommt 1894 an die Macht. Er steht an der Spitze eines riesigen Reiches, in dem die Russen nur 44,3 % der Bevölkerung ausmachen. In Polen, Litauen, der Ukraine und im Kaukasus kommen verschiedene fremdstämmige liberale oder sozialistische Bewegungen auf. In Rußland werden revolutionäre Parteien gegründet: die sozialdemokratische Arbeiterpartei Rußlands 1898, die sozialrevolutionäre Partei 1901. Vor dem Hintergrund der russischen Niederlagen im Krieg gegen Japan (1904–1905) kommt es zu Unruhen im Streit um eine Verfassung. Eine sich ausweitende Streikbewegung zwingt den Zaren, im Oktober 1905 eine Duma (Volksvertretung) in Aussicht zu stellen. Nikolaus II. weigert sich jedoch, Rußland in eine konstitutionelle Monarchie zu verwandeln. Die Gesetze von April/Mai 1906 leiten daher lediglich die Ära des Scheinkonstitutionalismus ein. Nikolaus II. nähert sich Großbritannien an (1907) und bildet mit ihm und Frankreich die Tripelentente. So wird Rußland in den Ersten Weltkrieg verwickelt. Bei den österreichisch-deutschen Angriffen erleidet es schwere Verluste in Polen, Galizien und Litauen. Die Arbeiterdemonstrationen in Petro-

LÄNDER DER ERDE

grad (23.–28. Februar 1917), die von verwundeten Soldaten unterstützt werden, führen im März zur Abdankung Nikolaus II.

Das sowjetische Rußland. Die Bolschewisten, seit April 1917 von Lenin angeführt, stürzen die provisorische Regierung (Oktoberrevolution) und errichten die Macht der Sowjets. Der II. Kongreß der Sowjets (25.–27. Okt.) wählt den Rat der Kommissare des Volkes unter dem Vorsitz von Lenin. Der III. Kongreß der Sowjets ruft im Januar 1918 die russische sozialistische föderative Sowjetrepublik aus (RSFSR). Die Bolschewisten kontrollieren nur Zentralrußland. Die innere Opposition wird von den Alliierten unterstützt, umso mehr, als die sowjetische Regierung den Vertrag von Brest-Litowsk (3. März 1918) mit Deutschland unterzeichnet hat. Der Bürgerkrieg zwischen den ›Roten‹ und den ›Weißen Armeen‹ bricht aus. Die kommunistische Internationale wird 1919 in Moskau gegründet. Die letzte Weiße Armee verläßt die Krim (Ende 1920), danach besetzt die Rote Armee Armenien und Georgien. 1921 wird der Frieden mit Polen unterzeichnet. Im gleichen Jahr beginnt die ›Neue Ökonomische Politik‹ (NEP).

Die UdSSR und die NEP. 1922 wird die UdSSR gegründet. Stalin wird Generalsekretär der kommunistischen Partei. Nach dem Tod Lenins (1924) entfernt er Trotzkij (1925 bis 1927) und die Anhänger der NEP Bucharin und Tomskij aus der Parteiführung.

Die Stalin-Ära. 1929 wird die NEP abgeschafft und der erste Fünfjahresplan begonnen. Sein Hauptgewicht liegt auf der Schwerindustrie und der Landkollektivierung. Die Liquidierung der Kulaken (reiche Bauern) wird 1930 beschlossen. Von 1936 bis 1938 läßt die Polizei die alte Parteigarde, die Kampfgefährten Lenins, verschwinden.

In der Außenpolitik bricht die UdSSR, die dem Völkerbund 1934 beigetreten ist, nach dem Münchener Abkommen mit dem Westen. 1939 schließt sie den Hitler-Stalin-Pakt mit Deutschland. Gemäß dessen geheimen Klauseln annektiert sie Ostpolen, die baltischen Staaten, Karelien, Bessarabien und die nördliche Bukowina (1939–40). 1941 wird sie von den deutschen Truppen angegriffen, die bis Moskau vorrücken. Nach der Niederlage von Stalingrad (1943) dringen die sowjetischen Truppen bis nach Westeuropa vor. Nach dem Abkommen von Jalta (Febr. 1945) besetzen sie den Ostteil Deutschlands. Von 1947 bis 1949 werden in ganz Osteuropa Regime nach dem Muster der UdSSR errichtet. Die Sowjets errichten die ›Berliner Blockade‹ (1948–49) und beginnen den Kalten Krieg. Sie unterstützen die Volksrepublik China, mit der 1950 ein Freundschaftsvertrag unterzeichnet wird.

Die Neuerungen von Chruschtschow. Nach dem Tode Stalins (1953) wird Chruschtschow zum Ersten Sekretär der Partei gewählt. In der Außenpolitik zeichnet sich eine gewisse Entspannung ab. Doch als Antwort auf den Beitritt der BRD zur NATO unterzeichnet die UdSSR ihrerseits mit sieben Volksdemokratien den Warschauer Pakt (1955). Die Beziehungen zu China verschlechtern sich. 1956 enthüllt Chruschtschow in einem geheimen Bericht die Verbrechen Stalins. Das sozialistische Lager wird von diesen Eröffnungen erschüttert; am nachhaltigsten ist dies in Polen und Ungarn der Fall. Doch die Sowjets schlagen den Aufstand in Ungarn (Nov. 1956) nieder. Chruschtschow läßt die Berliner Mauer bauen (1961) und beschließt die Stationierung sowjetischer Raketen auf Kuba (1962). Dies führt zu einer schweren Krise.

Danach sucht man nach einer dauerhaften Entspannung mit den USA. Chruschtschow wird 1964 abgesetzt.

Die Stagnation. Breschnew kommt an die Parteispitze. Seine Führung (1964–1982) erteilt den Spitzen in Partei und Verwaltung mehr materielle Vorteile durch Entwicklung illegaler Wirtschaftstätigkeiten. Trotz militärischen Eingreifens in der Tschechoslowakei (1968) verfolgt die UdSSR in der Außenpolitik eine Politik der Entspannung. Sie unterzeichnet die Verträge SALT I (1972) und SALT II (1979), die den Rüstungswettlauf bei den Atomwaffen einschränken sollen. Doch die Besetzung von Afghanistan durch sowjetische Truppen (1979) führt wieder zu einer Zeit der Spannungen.

Die Perestroika. 1985–91 leitete Gorbatschow die Partei und versuchte eine Erneuerung. Er begann die Umgestaltung (Perestroika) und bekämpfte die Mißbräuche der Vergangenheit, indem er Transparenz (Glasnost) befürwortete und Reformen vorantrieb, die eine bessere Effizienz der Wirtschaft und eine Demokratisierung der Institutionen bewirken sollten. Mit den USA unterzeichnete er 1987 einen Vertrag über die Abschaffung der Mittelstreckenraketen in Europa. 1989 erreicht er den vollständigen Rückzug der sowjetischen Truppen aus Afghanistan. Gleichzeitig sieht er sich Autonomie- und Unabhängigkeitsbestrebungen gegenüber, insbesondere im Baltikum und Kaukasus. 1989 finden zum ersten Mal Wahlen zum Volksdeputiertenkongreß mit mehreren Kandidaten statt. Der verfassungsmäßige Führungsanspruch der kommunistischen Partei (KPdSU) wird gestrichen (Februar 1990); ebenso stimmt das Zentralkomitee der Schaffung eines Präsidentenamtes mit weitreichenden exekutiven Vollmachten zu. Im März 1990 wird Gorbatschow zum ersten Präsidenten der UdSSR gewählt.

Der Putsch vom 19. August 1991. Der gegen Gorbatschow, seine Politik und seine Person gerichtete Putsch orthodox kommunist. Kreise (19.–21. 8. 1991) wurde von reformwilligen Kräften um den russ. Präs. B. Jelzin niedergeschlagen. Die Unabhängigkeitsbestrebungen der Republiken führten zur Auflösung der bisherigen Sowjetunion: Estland, Lettland und Litauen wurden in die Unabhängigkeit entlassen; weitere Republiken wollen diesem Schritt folgen. Die staatlichen Institutionen wurden verändert; die politische Macht verlagerte sich von der Union auf die Russische Republik mit deren Präsident B. Jelzin.

Unabhängige baltische Staaten

Estland. Republik im Osten Europas am Finnischen Meerbusen; Hauptstadt: Reval (estnisch Tallinn); Fläche: 45 215 km², Bevölkerung: 1,57 Mio. – Estland wurde im 13. Jh. vom deutschen Schwertbrüderorden unterworfen und christianisiert. 1346 kam Estland an den Deutschen Orden, 1561 an Schweden, 1721 an Rußland; 1918 unabhängig, seit 1940 sowjetische Unionsrepublik. Erreichte 1991 die Unabhängigkeit.

Lettland. Republik im Osten Europas an der Ostsee, Hauptstadt: Riga, Fläche 64 500 km², Bevölkerung: 2,68 Mio. – Lettland war seit dem 13. Jh. Teil des Deutschen Ordensstaates, seit dem 16. Jh. bei Polen, seit dem 17. Jh. bei Schweden, seit 1710 im Russischen Reich; 1918 unabhängig, seit 1940 sowjetische Unionsrepublik. Erreichte 1991 die Unabhängigkeit.

Litauen. Republik im Osten Europas an der Ostsee, Hauptstadt: Wilna (litauisch Vilnius), Fläche 65 200 km², Bevölkerung: 3,69 Mio. – Im 13./14. Jh. kämpften die Litauer gegen den Deutschen Orden; Großfürst Jagiello schloß 1386 eine Union mit Polen. Durch die polnischen Teilungen 1772, 1793 und 1795 kam Litauen an Rußland; 1918 unabhängig, seit 1940 sowjetische Unionsrepublik. Erreichte 1991 die Unabhängigkeit.

POLEN POLSKA

Offizieller Name: Republik Polen.

Hauptstadt: Warschau *(Warszawa).* ◻ **Währung:** Złoty (= 100 Groszy). ◻ **Amtssprache:** Polnisch. ◻ **Überwiegende Religion:** katholisch.

Staatspräsident: Lech Wałęsa (seit 1990).

Ministerpräsident: Jan Krystof Bielecki (seit 1991).

Flagge: Die Farben erinnern an die des Wappens aus dem 13. Jh., das einen Silberadler auf rotem Grund zeigte. 1831 vom Parlament angenommen, 1919 bestätigt und von der Versammlung 1952 wieder aufgenommen.

Nationalhymne (›Mazurka von Dabrowski‹): ›Jeszcze Polska nie zginęła / Kiedy my zyjemi / Co nam obca przemoc wzięta / Sza bla od bierzemy.‹ (Solange wir leben, ist Polen nicht tot. Was uns die ausländische Gewalt genommen hat, holen wir uns mit dem Säbel zurück.); Text von Józef Wybicki (1747 bis 1822) mit der Melodie einer beliebten Mazurka. 1926 offiziell angenommen.

Nationalfeiertag: 3. Mai, Jahrestag der ersten Verfassung Polens (1791), der ersten geschriebenen Verfassung Europas.

Fläche: 313 000 km². ◻ **Höchste Erhebung:** Rysy mit 2 499 m.
Bevölkerung (1989): 38 200 000 Ew. *(Polen).* ◻ **Durchschnittliche Bevölkerungsdichte:** 122 Ew. pro km². ◻ **Jährliches Bevölkerungswachstum:** 0,6 ‰. ◻ **Geburtenrate:** 16 ‰. ◻ **Sterbeziffer:** 10 ‰. ◻ **Kindersterblichkeit:** 17 ‰. ◻ **Lebenserwartung:** 71 Jahre. ◻ **Anteil unter 15 Jahren:** 26 %. ◻ **Anteil 65 Jahre und älter:** 9 %. ◻ **Stadtbevölkerung:** 60 %.
Verwaltungsbezirke: 49 Woiwodschaften.
Bruttoinlandsprodukt gesamt (1985): 164,7 Milliarden Dollar. ◻ **Bruttoinlandsprodukt/Kopf:** 4 358 Dollar.

Produktionsstruktur: Landwirtschaft 29,1 %; Industrie 37,7 %; Dienstleistungen 33,2 %.

Verkehr: 153 000 km Straßen (davon 170 km Autobahn); Eisenbahn 23 707 km (davon 8 902 km elektrifiziert).

Die größten Städte

Warschau	1 649 000	Lublin	324 000
Lodz	849 000	Sosnowiec	255 000
Krakau	740 000	Tschenstochau	247 000
Breslau	636 000	Gdingen	243 000
Posen	574 000	Bialystok	240 000
Danzig	467 000	Beuthen	238 000
Stettin	391 000	Radom	213 000
Bromberg	358 000	Gleiwitz	211 000
Kattowitz	353 000		

LÄNDER DER ERDE

EUROPA

In Warschau kann das Thermometer von Dezember bis Februar unter −25 °C fallen. In Krakau ist es schon unter −27 °C gesunken. Doch aufgrund des kontinentalen Klimas wurden in diesen Stationen auch schon Temperaturen um 35 °C verzeichnet.

Klimadaten

Stadt	Mittlere Temperatur des kältesten Monats (in °C)	Mittlere Temperatur des wärmsten Monats (in °C)	Jährliche Niederschläge (in mm)	Anzahl der Tage mit Niederschlägen pro Jahr
Gdingen	−1	17,5	595	158
Warschau	−3	19,5	555	160
Krakau	−2,5	19,5	667	173

Erzeugung wichtiger Güter

Weizen	7,3 Millionen Tonnen
Kartoffeln	36,2 Millionen Tonnen
Rinderbestand	10,5 Millionen Tiere
Schweinebestand	19,1 Millionen Tiere
Fischfang	650 000 Tonnen
Steinkohle	193 Millionen Tonnen
Braunkohle	73,5 Millionen Tonnen
Strom	145 Milliarden kWh
Stahl	17 Millionen Tonnen
Kupfer	440 000 Tonnen
Pkw	294 000 Einheiten
Schiffsbau	179 000 Bruttoregistertonnen

Exporte: 7,4 % des BIP (12,2 Milliarden Dollar). □ **Importe:** 7,1 % des BIP (11,7 Milliarden Dollar).

Auslandsschulden (1986): 33,5 Milliarden Dollar.

Inflationsrate (1988): 57,7 %.

Militärausgaben (1989): 1,68 Milliarden Dollar. □ **Streitkräfte** 412 000 Mann.

Wehrdienst: 24 Monate für Landstreitkräfte und Luftwaffe; 36 Monate in der Marine.

Staatliche Institutionen

Republik. □ Verfassung von 1952, geändert im Jahre 1989. □ Parlament besteht aus der Volksversammlung und dem Senat (Mitglieder für 4 Jahre gewählt). □ Der Staatspräsident, für 6 Jahre direkt gewählt, ernennt den Ministerpräsidenten.

Geschichte

Von der Vorgeschichte bis zu den Piasten. Seit dem 3. Jahrtausend besiedelt, prägt die Kultur der Lusaker (13–4. Jh. v. Chr.) und der Pommern (4.–2. Jh. v. Chr.) das Land. Im 1. und 2. Jh. n. Chr. kommt das polnische Gebiet, durch das die Ambrastraße verläuft, mit der römischen Welt in Kontakt. Dann siedeln sich vom 5. bis 6. Jh. die Slawen zwischen Oder und Elbe an. Die polnische Bevölkerung entwickelt ihre Besonderheiten zwischen dem 7. und dem 10. Jh. Die Fürsten des polnischen Volksstammes vereinen das Land.

Die Piasten. Der Herzog Mieszko (um 960–992), der Gründer der Piasten-Dynastie, bewirkt 966 den Beitritt Polens zum römischen Christentum. Boleslaw I. (992–1025) wird 1025 zum König gekrönt. Kasimir I. (1034–1058) macht Krakau zu seiner Hauptstadt. Doch im 12. Jh. nutzen die Germanen die Zersplitterung des Landes sowie die politische und soziale Anarchie, um in den Norden und Osten vorzudringen. Konrad von Masowien gibt dem Teutonischen Orden die Gebiete von Cholm (1226) zu Lehen. Dieser erobert Preußen (1230–1283) und Ostpommern (1308–1309). Die deutschen, flämischen, wallonischen und jüdischen Kolonien regen den technischen Fortschritt an und sind für das Wachstum der Städte verantwortlich. Władisław I. (1320–1333) stellt die Einheit des Landes wieder her, das jedoch auf Schlesien und Pommern verzichten muß. Schließlich beginnt Kasimir der Große (1333–1370) die große Ausweitung nach Osten (Ruthenia, Wolhynien) und gründet die Universität von Krakau (1364). 1370 geht die Krone an Ludwig von Anjou, den König von Ungarn.

Die Jagellonen und die Republik des Adels. Durch die Akte von Krewo (1385–86) wird die Personalunion zwischen Litauen und Polen hergestellt. Jagiello, der Großherzog von Litauen, wird unter dem Namen Władisław II. (1386–1434) König von Polen und gründet die Dynastie der Jagellonen. Er siegt über den Deutschorden bei der Schlacht von Tannenberg (1410). Dann erobert Kasimir IV. Pommern um Danzig und Warmien (1466). Die Herrschaft von Sigismund I. dem Älteren (1506–1548) und Sigismund II. Augustus (1548–1572) bedeutet Blütezeit des Landes, die sich durch die Verbreitung des Humanismus und der Religionsfreiheit sowie wirtschaftlichen Aufschwung auszeichnet. Das Herzogtum von Masowien wird 1526 in das Königreich eingegliedert. 1569 verschmelzen Litauen und Polen durch die Union von Lublin zu einer ›Republik‹, die von einer einzigen Versammlung und einem gemeinsam gewählten Herrscher regiert wird.

Bedrohung von außen und Anarchie im Innern. Nach dem Tod von Sigismund II., dem letzten der Jagellonen, errichtet der Adel eine strenge Kontrolle der königlichen Autorität. Sigismund III. Wasa (1587–1632) führt ruinöse Kriege gegen Rußland, die Osmanen und Schweden. Unter der Herrschaft von Władisław IV. Wasa (1632–1648) erheben sich die Kosaken (1648). Dann erobert Rußland Weißrußland und Litauen, während die Schweden fast das gesamte Land besetzen. Dies sind die Jahre der Sintflut (potop), 1648–1660, aus denen das befreite Polen ruiniert hervorgeht. 1683 siegt unter König Johann III. Sobieski ein europäisches, vor allem deutsch-polnisches Entsatzheer am Kahlenberg bei Wien über die Türken. Nach seiner Herrschaft (1696) führt die Praxis des *liberum veto* zur großen Anarchie; ausländische Mächte greifen in die inneren Angelegenheiten des Landes ein. Der von Rußland gestützte sächsische Kurfürst August II. (1697 bis 1733) wird von Stanislaus I., der von Schweden unterstützt wird, verjagt (1704), dann geht er mit Hilfe Peters des Großen nach Warschau (1709). Der polnische Erbfolgekrieg (1733–1738) endet mit der Niederlage von Stanislaus I. (unterstützt von Frankreich) gegen August III. (1733–1763); danach beginnt das Land, sich wirtschaftlich zu erholen.

Die drei Teilungen. Rußland, Österreich und Preußen beschließen 1772 die erste Teilung Polens, wodurch es 201 000 km² einbüßt. Doch die wirtschaftliche Aufschwung geht weiter, und der ›Vierjährige Reichstag‹ (1788–1792) reformiert Steuern und Heer. In Übereinstimmung mit dem König erlassen die Patrioten die Verfassung vom 3. Mai 1791 nach französischen Beispiel. Rußland greift militärisch ein. Dann unternimmt es mit Preußen die zweite Teilung Polens (1793). Die Empörung der Patrioten zeigt sich im Aufstand von Kościuszko (24. März 1794). Das von den Preußen belagerte Warschau ergibt sich am 5. Nov. dem russischen General Suworow. Die dritte Teilung Polens (1795) unterwirft das Land.

Polen unter dem Joch. Napoleon gründet das Großherzogtum Warschau (1807–1813). Der Wiener Kongreß von 1815 gibt Posen an Preußen, macht aus Krakau eine freie Republik und bildet das mit Preußen vereinte Königreich Polen. 1830–31 bricht der Aufstand von Warschau aus, der blutig niedergeschlagen wird. Die ›große Auswanderung‹ erreicht nun den Westen. Neue Unruhen brechen 1863–64 aus, die auch blutig niedergeschlagen werden. Während im russischen und

LÄNDER DER ERDE

preußischen Teil des Landes eine Politik der Angleichung herrscht, dient das österreichische Galizien-Ruthenien der polnischen Kultur als Zuflucht.

Das unabhängige Polen. 1918 ruft Piłsudski in Warschau die unabhängige Republik Polen aus. Danzig wird zu einer freien Stadt, und Schlesien wird zwischen Polen und der Tschechoslowakei aufgeteilt. Am Ende des polnisch-sowjetischen Krieges (1920–21) wird die Grenze 200 km östlich der Curzon-Linie gezogen. Das restaurierte Polen zählt 27 Millionen Einwohner. Die katholischen Minderheiten (Ukrainer, Weißrussen, Deutsche) stellen mit den 8 % Juden fast ein Drittel der Bevölkerung. Piłsudski dankt 1922 ab und reißt die Macht durch einen Putsch 1926 wieder an sich. Er behält sie bis 1935. Polen unterzeichnet die Nichtangriffs-Pakte mit der UdSSR (1932) und Deutschland (1934). Von der Tschechoslowakei erhält es Schlesien um Teschen (1938). Als es sich weigert, Danzig und seinen Korridor abzugeben, wird es von den deutschen Truppen angegriffen, die am 1. Sept. 1939 die Grenze überqueren.

Der Zweite Weltkrieg. Deutschland und die UdSSR teilen sich Polen gemäß dem Hitler-Stalin-Pakt. Die Gebiete, die vor 1918 zu Deutschland gehörten, werden dem Reich angegliedert und einer radikalen Germanisierung unterworfen. Der Rest bildet eine Generalregierung (Hauptstadt Krakau). Die Polen werden als Minderwertige behandelt; 5 850 000 von ihnen, davon 3 Millionen Juden, sterben in Konzentrationslagern. Die Exilregierung unter Sikorski richtet sich 1940 in London ein, während sich der Widerstand der AK formiert (Armia Krajowa: innere Armee). Das Warschauer Ghetto, in dem es 1943 zu einem Aufstand kommt, wird zerstört. Ein Befreiungskomitee, das von Stalin unterstützt wird, bildet sich 1944 in Lublin. Im darauffolgenden Jahr zieht es nach Warschau und erweitert sich zu einer Regierung der nationalen Union, die von den Alliierten anerkannt wird. In Jalta und Potsdam werden die Grenzen des Landes festgelegt.

Kursgleichheit mit der UdSSR. Die Organisation des Landes ist mit großen Bevölkerungsverschiebungen verbunden (die Polen aus den sowjetisch besetzten Gebieten werden in die ehemaligen deutschen Gebiete umgesiedelt). Gomułka, der Verfechter eines sozialistischen Polens, wird 1948 zugunsten von Bierut ausgeschlossen, der erster Sekretär der Polnischen Vereinigten Arbeiterpartei wird. Diese paßt sich dem sowjetischen Modell an (Kollektivierung der Ländereien, 1950–55). Der Kampf des Staates gegen die katholische Kirche gipfelt in der Verhaftung des Kardinals Wyszyński (1953–1956).

Chronische Schwierigkeiten. Nach dem XX. Parteitag der KPdSU (1956) und den Arbeiteraufständen in Posen ruft die Partei Gomułka zu Hilfe, um einen antikommunistischen und antisowjetischen Aufstand zu verhindern. Es kommt zum ›polnischen Oktober‹. Gomułka erreicht den Rücktritt einiger sowjetischer Ratgeber. Er schafft den Kollektivierungszwang ab. Trotz der Demokratisierung des Regimes kommt es zu Krisen durch die Protestbewegungen der Intelligentsia (1968) und der Hafenarbeiter im Baltikum (1970). Gomułka wird abgesetzt und durch Gierek ersetzt. Dieser möchte durch eine Modernisierung der Wirtschaft mit westlicher Hilfe der Probleme Herr werden.

Der Kampf der Solidarität. Nach den Streiks von 1980 wird in Danzig ein Abkommen über die Forderungen der Arbeiter unterzeichnet, und es bildet sich eine freie und selbständige Gewerkschaft: Die ›Solidarität‹ wird gegründet (Sept.). Unter Lech Walesa handelt sie mit der Regierung ein Abkommen über die 5-Tage-Woche aus (Jan. 1981). Doch die Sowjets drohen mit militärischem Eingreifen. General Jaruzelski, der seit Febr. 1981 Vorsitzender des Rates ist und seit Oktober erster Sekretär der Arbeiterpartei, verhängt im Dez. 1981 das Kriegsrecht. Die Gewerkschaften werden abgeschafft, und die Streiks verboten; Tausende werden verhaftet. Im Dez. 1982 wird das Kriegsrecht aufgehoben. Die Amnestie politischer Gefangener (1984) führt zur Aufhebung der Wirtschaftssanktionen des Westens. Doch die Polen verweigern 1987 das Reformprogramm, über das Jaruzelski ein Referendum abhält.

Die demokratische Entwicklung. Anfang 1989 werden die freien Gewerkschaften wieder zugelassen; ein parlamentarisches Zweikammersystem wird eingerichtet. Bei den Juniwahlen erringt die Solidarność fast alle Sitze im Senat sowie die Sitze im Abgeordnetenhaus, die nicht der Arbeiterpartei vorbehalten sind. Jaruzelski wird poln. Staatspräsident, T. Mazowiecki, einer der Führer der ›Solidarität‹, bildet eine Regierung. Die führende Rolle der Arbeiterpartei wird abgeschafft, und Polen nimmt wieder den Namen ›Republik Polen‹ an. 1990 wird Wałęsa zum neuen Staatspräsidenten gewählt.

TSCHECHO-SLOWAKEI

Offizieller Name: Tschechische und Slowakische Föderative Republik.

Hauptstadt: Prag *(Praha).* □ **Währung:** Tschechoslowakische Krone (= 100 Haléçvrů). □ **Amtssprachen:** Tschechisch und Slowakisch.

Staatspräsident: Václav Havel (seit 1989).

Ministerpräsident: Marian Calfa (seit 1989).

Flagge: Weiß und Rot finden sich seit dem 12. Jh. auf dem Wappen von Böhmen; das Blau stellt Mähren und die Slowakei dar.

Nationalhymne: tschechische Version: ›Kde domov muj, kde domov muj‹ (Wo ist meine Heimat, wo ist meine Heimat?), Text von Josef Kajétan Tyl (1808–1856), Musik von František Jan Škroup (1801–1862), amtlich seit 1918; slowakische Version: ›Nad Tatrou sa blyska‹ (In der Tatra donnert es mit Macht), Text von Janko Matúška (1821–1877), Musik nach einem Volkslied. □ **Nationalfeiertag:** 9. Mai, Jahrestag der Befreiung von 1945, 28. Oktober, Jahrestag der Gründung des tschechoslowakischen Staates von 1918.

Fläche: 127 900 km². □ **Höchste Erhebung:** Gerlsdorfer Spitze in der Hohen Tatra mit 2 655 m.

Bevölkerung (1989): 15 600 000 Ew. *(Tschechoslowaken).* □ Durchschnittliche Bevölkerungsdichte: 122 Ew. pro km². □ Jährliches Bevölkerungswachstum: 0,2 ‰. □ Geburtenrate: 14 ‰. □ Sterbeziffer: 12 ‰. □ Kindersterblichkeit: 13 ‰. □ Lebenserwartung: 71 Jahre. □ Anteil unter 15 Jahren: 24 %. □ Anteil 65 Jahre und älter: 11 %. □ Stadtbevölkerung: 74 %.

Bruttoinlandsprodukt gesamt (1985): 90,7 Milliarden Dollar.

Bruttoinlandsprodukt/Kopf: 5 812 Dollar. □ Produktionsstruktur: Landwirtschaft 13 %; Industrie 48 %; Dienstleistungen 39 %. □ Arbeitslosenquote: nicht verfügbar.

Verkehr: 74 891 km (davon 375 km Autobahn); Eisenbahn 13 114 km (davon 3 307 km elektrifiziert).

Exporte: 22,4 % des BIP (20,3 Milliarden Dollar). □ **Importe:** 23,4 % des BIP (21,2 Milliarden Dollar).

Auslandsschulden (1988): 5,4 Milliarden Dollar.

Inflationsrate (1988): 0,5 %.

Militärausgaben (1989): 2,94 Milliarden Dollar. □ Streitkräfte: 199 700 Mann. □ Wehrdienst: 24 Monate bei den Landstreitkräften, 36 Monate in der Luftwaffe.

Staatliche Institutionen

Republik. □ Verfassung von 1960, geändert 1989 und 1990. □ Bundesstaat (seit 1969) aus zwei Staaten, der tschechischen Republik (Böhmen, Mähren) und der slowakischen Republik (Slowakei), die jeweils einen Nationalrat haben. □ Staatspräsident wird (auf 6 Jahre) von der Bundesversammlung gewählt, die aus der Volkskammer (gewählt auf 5 Jahre) und der Nationenkammer (von den Nationalräten auf 5 Jahre gewählt) besteht.

Verwaltungsgliederung

Staatsgebiet	Fläche (in km²)	Bevölkerung
Böhmen-Mähren	78 863	10 347 000
Slowakei	49 025	5 389 000

Die größten Städte

Prag	1 200 000	Kaschau	218 000
Preßburg	401 000	Pilsen	175 000
Brünn	381 000	Olmütz	106 000
Ostrau	325 000	Reichenberg	100 000

Erzeugung wichtiger Güter

Weizen	5,7 Millionen Tonnen
Kartoffeln	3 Millionen Tonnen
Steinkohle	25,5 Millionen Tonnen
Braunkohle	98 Millionen Tonnen
Strom	87,4 Milliarden kWh
Stahl	15,4 Millionen Tonnen
Pkw	159 100 Einheiten
Bier	22,8 Millionen Hektoliter

Klimadaten

In diesen drei Stationen wurden schon Tiefsttemperaturen um −25 °C gemessen. Die Höchsttemperaturen überstiegen schon 35 °C, haben jedoch nie 40 °C erreicht.

Stadt	Mittlere Temperatur des kältesten Monats (in °C)	Mittlere Temperatur des wärmsten Monats (in °C)	Jährliche Niederschläge (in mm)	Anzahl der Tage mit Niederschlägen pro Jahr
Prag	−1,5	21	411	145
Brünn	−2	19,5	585	140
Kaschau	−3,5	19,5	605	150

441

LÄNDER DER ERDE

EUROPA

Geschichte

Die Tschechoslowakei geht 1918 aus der Vereinigung von Böhmen und der Slowakei hervor.

BÖHMEN. Das mittelalterliche Böhmen. Die Slawen, die seit dem 5. Jh. in dem Gebiet ansässig sind, bilden das Reich von Großmähren (Ende des 8. bis Beginn des 10. Jh.), das von den Ungarn zerstört wird. Dann vereinen tschechische Fürsten die verschiedenen slawischen Volksstämme der Region. Als Vasallen des Heiligen Reiches erhalten sie 1212 den Königstitel, der Ottokar I. Přemysl (1197 bis 1230) verliehen wird. Ottokar II. Přemysl (1253–1278), der bis 1251 Herr von Österreich und Gegenspieler von Rudolf von Habsburg ist, wird von diesem 1278 geschlagen. Die Dynastie der Přemysliden stirbt 1306 aus; ihr folgt die luxemburgische (1310–1437). Sie erreicht den Anschluß von Mähren und Schlesien sowie Lusakien an die Krone von Böhmen. Unter Karl IV. (1346–1378), der Prag zur Hauptstadt des Heiligen Römischen Reiches macht, erlebt das mittelalterliche Böhmen seine Blütezeit. Sein Reichtum hängt mit der Erschließung der Silberminen zusammen. Deutsche Siedler lassen sich ab dem 13. Jh. nieder und profitieren von der wirtschaftlichen Prosperität. Der Protest von Jan Hus gegen den Reichtum des Klerus und die Macht der Deutschen führt zum Bürgerkrieg (1420–1436), in dem seine Anhänger, die Hussiten, gegen die Kreuzritter von Sigismund IV. stehen. Georg von Podiebrad wird zum König gewählt (1458–1471), dem der Jagellone Wladislaw II. (1471–1516) und Ludwig II. (1516–1526) folgen, der dann Ferdinand I. von Habsburg ernennt (1526).

Die Herrschaft der Habsburger. Der Bund mit Österreich wird noch durch die Verfassung von 1627 bekräftigt, die die böhmische Krone zur Erbkrone der Habsburger macht. Die Reformation findet im Land zahlreiche Anhänger, und ein Teil des protestantischen Adels erhebt sich gegen Ferdinand II. von Habsburg (Prager Fenstersturz, 1618). Die Aufständischen werden am Weißen Berg (1620) besiegt. Im Dreißigjährigen Krieg wird das Land ruiniert (1618–1648). Die Tschechen nehmen an der Revolution von 1848 teil und verlangen die Gleichstellung mit den Deutschen, dann, nach dem Kompromiß zwischen Ungarn und Österreich, ein Regime nach dem Modell Ungarns. Dank der Industrialisierung erlebt das Land einen wirtschaftlichen Aufschwung.

SLOWAKEI. Im 10. Jh. zerstören die Ungarn Groß-Mähren und annektieren die Slowakei, die fortan Ober-Ungarn bildet. Mit dem übrigen Ungarn fällt es 1526 an die Habsburger. Nach 1540 bildet sich eine ungarische Regierung in Preßburg und bleibt bis 1848 dort. Die nationale slowakische Bewegung beginnt im 19. Jh.

TSCHECHOSLOWAKEI. Die I. Republik. Die Republik der Tschechoslowakei, die Tschechen und Slowaken des ehemaligen Österreich-Ungarn vereint, wird 1918 gegründet. 1919–20 kommt Ruthenia dazu. Die Verträge von Saint-Germain und Trianon legen die Grenzen des neuen Staates fest. Dieser wird 1918 bis 1935 von T. Masaryk geleitet. Ihm folgt E. Beneš (1935–1938).

Zerstückelung und Besatzungszeit. 1938 muß das Land die Beschlüsse der Konferenz von München akzeptieren und die Sudeten an Deutschland abtreten. 1939 besetzt Deutschland Böhmen und Mähren und errichtet dort ein Protektorat. Ein separater slowakischer Staat unter deutschem Protektorat wird von Markgraf Tiso geleitet. 1940 errichtet Beneš in London eine Exilregierung, die 1943 einen Freundschaftsvertrag mit der UdSSR unterzeichnet. Prag wird von sowjetischen Truppen 1945 befreit, und die UdSSR läßt sich wieder das subkarpatische Ruthenia zuteilen.

Der Staatsstreich von Prag. 1945 wird Beneš erneut Präsident, während der Vorsitz des Rates dem Sozialdemokraten Z. Fierlinger (1945–46), dann dem Kommunisten K. Gottwald anvertraut wird. Die UdSSR zwingt die Tschechoslowakei, auf den Marshall-Plan zu verzichten. Im Februar 1948 legen 12 Minister ihre Ämter nieder, um gegen die Durchdringung des Staatsapparates und der Polizei durch die Kommunisten zu protestieren. Diese ergreifen die Macht nach einem gut organisierten Plan, dem Prager Staatsstreich.

Die Volksdemokratie. Von 1948 bis 1953 vertritt Gottwald den Schulterschluß mit der UdSSR. Prozesse (1952–54) verurteilen Slánský und die ›slowakischen Nationalisten‹. 1953 bis 1957 übernimmt A. Novotný die Parteiführung, A. Zápotocký die des Staates. Novotný betreibt an der Staats- und Parteispitze Ämterhäufung. Er verweigert 1956 die von Chruschtschow verlangte Entstalinisierung. In einem wirtschaftlich maroden Land (1961 bis 1962) verstärkt die Unzufriedenheit der Slowaken die Front der Intellektuellen, die sich ab 1962–63 formiert und 1967–68 ihren Höhepunkt erreicht. Novotný tritt im Januar 1968 zurück. A. Dubček übernimmt die Parteiführung, Svoboda wird Staatspräsident.

Der Prager Frühling und die Normalisierung. Die Hoffnung auf einen menschlichen Sozialismus, die zum Prager Frühling führt, wird durch militärisches Eingreifen der UdSSR zunichte gemacht (20–21. August 1968). Die Sowjets müssen mit der tschechoslowakischen Führung verhandeln und Dubček im Amt lassen. Die Liberalisierungsbewegung wird erst gestoppt, als Husák erster Sekretär der Partei wird (April 1969). Dann beginnt die ›Normalisierung‹. Die Partei erfährt 1970–71 strenge Säuberungsaktionen. Andererseits wird die 1968 beschlossene Föderalisierung von einem wirtschaftlichen und sozialen Aufschwung in der Slowakei begleitet, die nun die vorherrschende Rolle in der Politik spielt. Trotz Wiedereinführung der Zensur und strenger ideologischer Normen bildet sich die Opposition 1977 mit der ›Charta 77‹, die die Beachtung der Menschenrechte fordert. Auch die Religion lebt wieder auf. 1987 wird Miloš Jakeš Nachfolger von Husák und behält eine konservative Linie bei.

Die demokratische Entwicklung. Im Zuge der revolutionären Veränderungen in ganz Osteuropa erreicht das Bürgerforum, das mehrere Oppositionsbewegungen vereint, im November 1989 Verhandlungen mit der Regierung und den Rücktritt des Politbüros der P. C. T. Der Führungsanspruch der Partei wird abgeschafft, und M. Calfa bildet eine Regierung, in der die Nichtkommunisten über die Mehrheit verfügen. Der Schriftsteller und Dissident V. Havel, Mitbegründer und einflußreiches Mitglied der ›Charta 77‹, wird zum Staatspräsidenten gewählt. Der Eiserne Vorhang zwischen der Tschechoslowakei und Österreich wird entfernt. Im Juni 1990 gewinnt das Bürgerforum die ersten freien Wahlen in der Tschechoslowakei, deren amtlicher Name jetzt ČSFR, Tschechische und Slowakische Föderative Republik, lautet.

RUMÄNIEN

Offizieller Name: Republik Rumänien.

Hauptstadt: Bukarest (București).

Währung: Leu (= 100 Bani). □ **Amtssprache:** Rumänisch.

Staatspräsident: Ion Iliescu (seit 1990). □ **Ministerpräsident:** Petre Roman (seit 1989).

Flagge: Die Revolution von 1848 gibt ihr die drei Farben blau, gelb, rot.

Nationalhymne: ›Deșteaptla-te române / Din somnul cel de moarte, / In care te-adincirla barbarii de tirani.‹ (Wach auf, Rumänien, vom Todesschlaf, in den Dich die barbarischen Tyrannen warfen.) Text von Andrei Mureșanu (1816–1863); Musik von Anton Pann (1796–1854). Offiziell seit 1990.

Nationalfeiertag: 23. August, Jahrestag der Befreiung durch die sowjetischen Truppen 1944. Man feiert auch den 24. Januar, die Einigung von Walachei und Moldau unter Fürst Alexander Cuza (1859), den 9. Mai, Verkündung der Unabhängigkeit (1877), und den 1. Dezember, Vereinigung von Siebenbürgen mit Rumänien (1918).

Fläche: 237 000 km². □ **Höchste Erhebung:** Moldoveanu mit 2 543 m.

Bevölkerung (1989): 23 200 000 Ew. (Rumänen). □ Durchschnittliche Bevölkerungsdichte: 98 Ew. pro km². □ Jährliches Bevölkerungswachstum: 0,5 %. □ Geburtenrate: 16 ‰. □ Sterbeziffer: 11 ‰. □ Kindersterblichkeit: 25 ‰. □ Lebenserwartung: 70 Jahre. □ Anteil unter 15 Jahren: 25 %. □ Anteil 65 Jahre und älter: 10 %. □ Stadtbevölkerung: 51 %.

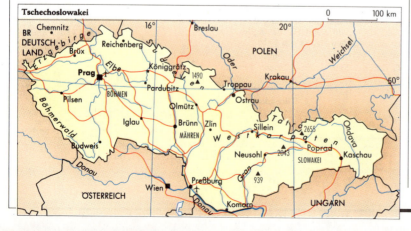

LÄNDER DER ERDE

Bruttoinlandsprodukt gesamt (1985): 95,1 Milliarden Dollar. □ **Bruttoinlandsprodukt/Kopf**: 4 156 Dollar. □ **Produktionsstruktur**: Landwirtschaft 23 %; Industrie 42 %; Dienstleistungen 35 %. □ **Arbeitslosenquote**: nicht verfügbar.

Verkehr: 72 900 km Straßen (davon 96 km Autobahn); Eisenbahn 11 269 km (davon 3 427 km elektrifiziert).

Exporte: 12,8 % des BIP (12,2 Milliarden Dollar). □ **Importe**: 12 % des BIP (11,4 Milliarden Dollar).

Auslandsschulden (1986): 6,7 Milliarden Dollar.

Militärausgaben (1987): 7,97 Milliarden Dollar. □ **Streitkräfte**: 171 000 Mann. □ **Wehrdienst**: 16 Monate für Heer und Luftwaffe, 24 Monate in der Marine.

Staatliche Institutionen

Republik. □ Das Wahlgesetz von 1990 sieht einen Staatspräsidenten vor, der in direkter Wahl gewählt werden wird, und ein Zweikammerparlament; dieses wird eine neue Verfassung ausarbeiten.

Geschichte

Daker, Römer und Slawen. Die Daker sind die ersten Bewohner im Gebiet des heutigen Rumäniens. Im 1. Jh. v. Chr. legt Burebista die Grundlagen für den dakischen Staat. Dakien wird 106 n. Chr. von Trajan erobert und romanisiert. Römische Siedler und Soldaten vermischen sich mit der dakischen Bevölkerung und bilden so das dakisch-römische Volk, das Lateinisch spricht. 271 verläßt Aurelius Dakien; der Verbleib der Daker-Römer gilt jedoch als sicher. Die Slawen, seit dem 6. Jh. im Land, vermischen sich mit ihnen. So entsteht das rumänische Volk, dessen Sprache slawischen Einflüssen unterliegt. Das Christentum wird ab dem 9. Jh. verbreitet, und die Kirche nimmt die slawische Liturgie an. Doch die kulturellen Fortschritte werden durch Türken- und Mongoleneinfälle gebremst (10.–13. Jh.).

Die Fürstentümer der Walachei, der Moldau und Siebenbürgens. Im 11. Jh. beginnen die Ungarn mit der Eroberung von Siebenbürgen, aus dem sie die rumänische Bevölkerung vertreiben. Im 13. Jh. treiben zurückströmende Türken und Mongolen sowie ungarischer Druck einen Teil der rumänischen Bevölkerung nach Süden und Osten. So bilden sich die Fürstentümer der Walachei und der Moldau, die sich gegenüber der ungarischen Herrschaft unter Basarab I. (um 1330) und Bogdan I. (um 1359) behaupten.

Die Herrschaft der Osmanen. Die Fürsten der Moldau und der Walachei leisten den Osmanen erbitterten Widerstand. Doch trotz des Kampfes von Mircea dem Großen (1386 bis 1418) unterliegt die Walachei ab 1394 der Tributpflicht; die Moldau erlebt dies ab 1455, und Stefan der Große (1457–1504) befreit sie nur für kurze Zeit. Die weitgehende Autonomie dieser Fürstentümer ermöglicht eine kulturelle Blüte im 16. und 17. Jh. Siebenbürgen wird nach der Niederlage von Mohács (1526) ebenfalls zu einem den Osmanen unterstellten Fürstentum. Doch nach der Niederlage von D. Cantemir (1693; 1710–11), der sich mit Peter dem Großen gegen die Osmanen verbündet hatte (1711), regieren die Türken die Fürstentümer Moldau und Walachei strenger. Von jetzt ab bis 1821 setzen sie die Phanarioten, Mitglieder der großen griechischen Familien des osmanischen Reiches, an ihre Spitze. Siebenbürgen, das 1691 von den Habsburgern annektiert wird, untersteht nun Wien direkt. Das Fürstentum Moldau verliert die Bukowina, die 1775 von Österreich annektiert wird, und Bessarabien, das 1812 an Rußland geht.

Der Schutz der Großmächte. Beim Eingreifen Rußlands an der Seite der sich erhebenden Griechen (1828–29) besetzen russische Truppen die Walachei und Moldau. Mit einer ›Organischen Regelung‹ (1831) werden die Fürstentümer unter russisches und osmanisches Protektorat gestellt. Die fortschrittlichen Kreise, die sich der landwirtschaftlichen Probleme bewußt sind und mit diesem Protektorat unzufrieden sind, beteiligen sich an der Revolte von 1848. Im Krim-Krieg besetzt Österreich die Moldau und die Walachei, der Vertrag von Paris (1856) stellt die Fürstentümer unter osmanische Herrschaft und den Schutz der Großmächte. Napoleon III. greift 1859 ein, um von Europa die Wahl eines einzigen Fürsten für die Fürstentümer zu erreichen: Alexander Johann Cuza (1859–1866).

Die rumänische Einheit. Die Einheit der Fürstentümer wird 1862 feierlich verkündet, und Bukarest wird zur Hauptstadt des Landes, das offiziell 1866 den Namen Rumänien annimmt. Nach der Abdankung von Cuza fällt die Macht an Karl von Hohenzollern-Sigmaringen, der zuerst Prinz Karl I. (1866–1881), dann König (1881–1914) von Rumänien wird. Trotz seiner Teilnahme am russisch-türkischen Krieg 1876 muß Rumänien 1878 Bessarabien an Rußland abtreten. Dafür erhält es die Nord-Dobrudscha. Die Unabhängigkeit des Landes wird 1877 verkündet und 1878 anerkannt.

Groß-Rumänien. Obwohl Karl I. der Tripelentente heimlich beitritt (1883), entscheidet sich Rumänien 1916 für die Alliierten, die ihm Siebenbürgen versprechen. Es wird jedoch von Deutschland besiegt, das im Dez. 1916 Bukarest besetzt. Im Herbst 1918, nach dem Angriff von Franchet d'Éperey, dringen die rumänischen Truppen in Siebenbürgen ein. Bei den Verträgen von Neuilly, Saint-Germain und Trianon (1919–20) erhält Rumänien die gesamte Dobrudscha, die Bukowina, Siebenbürgen und den Banat; 1920 erkennen die Alliierten den Anschluß von Bessarabien an, das Rumänien im Januar 1918 besetzt hatte. Um diese Gebiete zu erhalten, tritt Rumänien der Kleinen Entente (1921) und

Die größten Städte

Bukarest	(1) 1 961 000	Klausenburg	301 000
Kronstadt	334 000	Galatz	285 000
Konstanza	307 000	Craiova	260 000
Jassy	306 000	Ploiesti	230 000
Temesvar	303 000	Braila	225 000

(1) 2 211 000 mit Vororten

Erzeugung wichtiger Güter

Weizen	9 Millionen Tonnen
Mais	19,5 Millionen Tonnen
Kartoffeln	8 Millionen Tonnen
Wein	10 Millionen Hektoliter
Schafbestand	18,9 Millionen Tiere
Schweinebestand	14,7 Millionen Tiere
Steinkohle	8,7 Millionen Tonnen
Braunkohle	38 Millionen Tonnen
Erdöl	10 Millionen Tonnen
Erdgas	35,9 Milliarden m³
Strom	71,5 Milliarden kWh
Stahl	15 Millionen Tonnen

Klimadaten

Stadt	Mittlere Temperatur des kältesten Monats (in °C)	Mittlere Temperatur des wärmsten Monats (in °C)	Jährliche Niederschläge (in mm)	Anzahl der Tage mit Niederschlägen pro Jahr
Arad	−1,5	21,5	560	125
Bukarest	−3	23	590	115
Konstanza	−0,5	22,5	370	86

Im Landesinnern, in Arad und in Bukarest, ist das Thermometer schon unter −30 °C gefallen. In Konstanza sinkt es nur in Ausnahmefällen unter −25 °C. In Arad und Bukarest hat es schon 40 °C erreicht oder überschritten, in Konstanza waren es nur 36 °C.

443

LÄNDER DER ERDE

EUROPA

der Balkanentente (1934) unter Frankreich bei. Das parlamentarische System, das unter Ferdinand I. (1914–1927) in Kraft war, zerfällt unter Karl II. (1930–1940).

Das faschistische Rumänien. Die faschistische Bewegung wird von der Eisernen Garde von Codreanu geprägt. Diese spielt 1940–41 im ›National- und Soldatenstaat‹ von Antonescu eine wichtige Rolle. Groß-Rumänien wird zugunsten der anderen Verbündeten Deutschlands geteilt, die 1940 Bessarabien und die Nord-Bukowina (UdSSR) besetzen, einen Teil von Siebenbürgen (Ungarn) und Mittel-Dobrudscha (Bulgarien). Rumänien, das 1941 gegen die UdSSR in den Krieg eintritt, unterzeichnet mit ihr im Sept. 1944 den Waffenstillstand. Der Staatsstreich vom August 1944 stürzt Antonescu.

Das sozialistische Rumänien. In den Koalitionsregierungen, darunter die von Groza, die im März 1945 von den Sowjets aufgezwungen wird, haben die Kommunisten immer wichtigere Positionen inne. König Michael (1927–1930; 1940–1947) muß abdanken (30. Dez. 1947); am gleichen Tag wird die Volksrepublik ausgerufen. Ab 1948 übernimmt die Arbeiterpartei die Einrichtung des Sozialismus nach sowjetischem Vorbild. Georghiu-Dej, Generalsekretär der Partei seit 1945, erreicht 1958 bei Chruschtschow den Rückzug der sowjetischen Truppen aus Rumänien. Aber der Sozialismus in Rumänien bleibt dem Stalinismus treu.

Das Regime von Ceauşescu. Ceauşescu steht seit 1965 an der Spitze der kommunistischen Partei Rumäniens, seit 1967 ist er Staatschef. Er weigert sich, an der Besetzung der Tschechoslowakei teilzunehmen (1968), verstärkt die Beziehungen zu China und führt 1971 eine ›kleine kulturelle Revolution‹ durch, die die Rolle der KPR stärkt. Doch er übt mehr und mehr persönliche Macht aus und besetzt wichtige Ämter mit Verwandten und Verbündeten. Die wirtschaftlichen Schwierigkeiten führen zu einem immer düstereren sozialen Klima, während die Regierung immer zentralistischer und repressiver wird. 1970 aufkommende Unruhen verstärken sich seit 1986 besonders in Siebenbürgen (Aufstand von Braşov, 1987). Proteste und Streiks wenden sich gegen Lohnkürzungen und Rationalisierungen. Viele Demonstranten in Rumänien und im Ausland erheben sich gegen die Diskriminierung der ungarischen Minderheit, gegen die Prachtbauten in Bukarest auf Kosten des künstlerischen Erbes des Landes (Abriß von Kirchen) und gegen den Plan der ›Systematisierung‹ von Grund und Boden. Dieser Plan sieht die Zerstörung der Dörfer und ihre Ersetzung durch einige hundert agroindustrielle Zentren vor.

Die rumänische Revolution. Im Dezember 1989 gelingt es einer Volkserhebung nach blutigen Kämpfen mit der Geheimpolizei Securitate das Ceauşescu-Regime zu stürzen. Ein Rat der Front zur nationalen Rettung wird gebildet. Ceauşescu und seine Ehefrau werden gefangengenommen und exekutiert. Ein Mehrparteiensystem wird eingeführt. Unter dem Vorsitz von I. Iliescu wird die Front zur nationalen Rettung, die sich aus ehemaligen kommunistischen Führungskräften, Militärs und Dissidenten zusammensetzt, in ihrer Verantwortung bestätigt. Im Februar 1990 willigt sie in eine Teilung der Macht mit der Opposition ein. Die ersten freien Wahlen im Mai 1990 kann die Front zur nationalen Rettung für sich entscheiden. Schwierigkeiten beim Übergang zur Marktwirtschaft stellen die rumänische Wirtschaft vor große Probleme.

UNGARN
MAGYARORSZÁG

Offizieller Name: Ungarische Republik.

Hauptstadt: Budapest. □ **Währung:** Forint (= 100 Filler). □ **Amtssprache:** Ungarisch.

Staatspräsident: Árpád Gőncz (vertretungsweise seit 1990). □ **Ratspräsident:** Joszef Antall (seit 1990).

Flagge: Das Rot stammt aus dem Wappen des Herzogs Árpád (9. Jh.); das Weiß vom Kreuz des Heiligen Stefan aus dem Jahre 1000; das Grün aus dem ungarischen Wappen des 15. Jh. Die dreifarbige Form entstand in der Zeit der Revolution von 1848 nach französischem Beispiel. Amtlich seit 1957.

Nationalhymne: ›Isten, áldd meg a magyart / Jó kedvvel bőséggel / Nyújts feléje védő kart, / Ha küzd ellenséggel‹. (Segne Ungarn, o Herr, mach es glücklich und reich, schütze es, wenn es gegen den Feind zieht); Text von Ferenc Kölcsey (1790–1838); Musik von Ferenz Erkel (1810–1893). □ **Nationalfeiertag:** 15. März, Tag der Revolution von 1848 gegen Österreich (seit 1989 wieder eingeführt). Man feiert auch den 20. August, Tag des Hl. Stefan und Tag der Verfassung.

Fläche: 93 000 km². □ **Höchste Erhebung:** Kékes mit 1 015 m.

Bevölkerung (1989): 10 600 000 Ew. (Ungarn). □ **Durchschnittliche Bevölkerungsdichte:** 114 Ew. pro km² □ **Jährliches Bevölkerungswachstum:** −0,1 %. □ **Geburtenrate:** 12 ‰. □ **Sterbeziffer:** 13 ‰. □ **Kindersterblichkeit:** 17 ‰. □ **Lebenserwartung:** 70 Jahre. □ **Anteil unter 15 Jahren:** 21 %. □ **Anteil 65 Jahre und älter:** 13 %. □ **Stadtbevölkerung:** 57 %.

Bruttoinlandsprodukt gesamt (1985): 55,4 Milliarden Dollar. □ **Bruttoinlandsprodukt/Kopf:** 5 231 Dollar.

Die größten Städte

Budapest	2 067 000	Raab (Győr)	129 000
Miskolc	212 000	Nyíregyháza	113 000
Debrecen	210 000	Székesfehérvár	110 000
Szeged	181 000	Kecskemét	102 000
Fünfkirchen (Pécs)	175 000		

Erzeugung wichtiger Güter

Weizen	6,9 Millionen Tonnen
Mais	6,4 Millionen Tonnen
Wein	3,1 Millionen Hektoliter
Braunkohle	18,6 Millionen Tonnen
Erdgas	6,3 Milliarden m³
Strom	29,16 Milliarden kWh
Bauxit	3,1 Millionen Tonnen
Stahl	3,5 Millionen Tonnen

Produktionsstruktur: Landwirtschaft 23 %; Industrie 38 %; Dienstleistungen 39 %. □ **Arbeitslosenquote:** nicht verfügbar.

Verkehr: 30 100 km Straßen (davon 324 km Autobahn); Eisenbahn 13 100 km (davon 1 801 km elektrifiziert).

Exporte: 16,4 % des BIP (9,1 Milliarden Dollar).

Importe: 17,3 % des BIP (9,6 Milliarden Dollar).

Auslandsschulden (1986): 7,8 Milliarden Dollar.

Inflationsrate (1988): 15,6 %.

Militärausgaben (1989): 827 Millionen Dollar. □ **Streitkräfte:** 91 000 Mann. □ **Wehrdienst:** 18 Monate in Heer und Küstenwache, 24 Monate bei der Luftwaffe.

Staatliche Institutionen

Republik. □ Verfassung von 1949 (in der Form von 1972), geändert 1989 und 1990. □ Die Nationalversammlung wird auf 5 Jahre gewählt. □ Der Staatspräsident wird vom Parlament gewählt.

Geschichte

Anfänge. Zuerst von Illyrern und Thrakern (500 v. Chr.), dann von Kelten besiedelt, wird das Gebiet, von den Römern erobert (35 v. Chr.–9 n. Chr.), zur Provinz Pannonien. Vom 4.–6. Jh. besetzen Hunnen, Ostgoten, Langobarden und Avaren das Land. 896 kommen die Ungarn (oder Magyaren) unter der Führung von Árpád in die Donauebene. Die Dynastie der Árpáden regiert Ungarn, die Slowakei (oder Oberungarn) von 904 bis etwa 1301. Die Ungarneinfälle im Westen können erst von Otto I. mit der Schlacht auf dem Lechfeld (955) dauerhaft beendet werden. Unter Geisa (972–997) öffnet sich das Land dem Christentum.

Die Árpáden. Im Jahre 1000 wird Stefan I. (997–1038) König. Er zwingt seinen Untertanen das Christentum auf, erklärt sich zum Vasallen des Heiligen Stuhls und beläßt sein Reich außerhalb des Heiligen Römischen Reiches. Dieses annektiert zu Beginn des 11. Jh. das subkarpatische Ruthenia. Dann erreicht Coloman den Anschluß von Kroatien und Slawien an das ungarische Königreich (1102). Unter Béla III. (1172–1196) erlebt das mittelalterliche Ungarn seine Blütezeit. Béla IV. (1235–1270) baut das Land nach der Zerstörung durch die Mongolen wieder auf und führt innere Reformen durch.

Ein mächtiges Königreich. Karl I. Robert (1308–1342) aus dem Hause Anjou organisiert die Erschließung der Silber-, Kupfer- und Goldminen in der Slowakei und Siebenbürgen. Ludwig I. von Anjou (1342–1382) folgt als sein Nachfolger seinem Beispiel. Die Krone geht danach an Sigismund von Luxemburg (1387–1437), der von den Türken bei Nikopolis (1396) geschlagen wird. Diese gewinnen auch die Schlacht von Varna (1444). Doch 1456 werden sie vor Belgrad von Jo-

Klimadaten

Stadt	Mittlere Temperatur des kältesten Monats (in °C)	Mittlere Temperatur des wärmsten Monats (in °C)	Jährliche Niederschläge (in mm)	Anzahl der Tage mit Niederschlägen pro Jahr
Budapest	−1,5	22	615	136
Debrecen	−3	21	580	135

Die Jahresamplitude (Unterschied zwischen Durchschnittstemperatur des kältesten und heißesten Monats) ist mit fast 25 °C beträchtlich. Die Niederschläge sind größtenteils im Sommer (noch ein Merkmal des kontinentalen Klimas), aber es gibt keine eigentliche Trockenheit.

444

LÄNDER DER ERDE

Ungarn

JUGOSLAWIEN
JUGOSLAVIJA

Offizieller Name: Sozialistische Föderative Republik Jugoslawien.

Hauptstadt: Belgrad (Beograd). □ **Währung:** jugoslawischer Dinar (= 100 Para) □ **Amtssprachen:** Makedonisch, Serbokroatisch, Slowenisch.

Vorsitzender des Präsidiums der Republik: Borisav Jovic (seit 1990, für 1 Jahr). □ **Ministerpräsident:** Ante Marković (seit 1989).

Flagge: Wurde 1943 vom Rat der Nationalen Befreiung angenommen und nimmt die ehemaligen Farben des Königreiches von Serbien wieder auf, fügt ihnen einen gelben Stern hinzu. □ **Nationalhymne:** ›Hej Sloveni, jôste zivi Vecnih dedova / Dok za narod srce bije Njihovih sinora‹. (Slawische Vorfahren, eure Worte leben und hallen, solange die heilige Liebe zum Volk unsere Herzen erfüllt.) Text von Samo Tomasik (1813–1887); Musik von einem unbekannten Verfasser. □ **Nationalfeiertag:** 29. Nov., Jahrestag der Ausrufung der Republik (1945).

Fläche: 255 800 km². □ **Höchste Erhebung:** Triglav in den Slowenischen Alpen mit 2 863 m.

Bevölkerung (1989): 23 700 000 Ew. (Jugoslawen). □ Durchschnittliche Bevölkerungsdichte: 92,6 Ew. pro km². □ Jährliches Bevölkerungswachstum: 0,6 %. □ Geburtenrate: 15 ‰. □ Sterbeziffer: 9 ‰. □ Kindersterblichkeit: 25 ‰. □ Lebenserwartung: 71 Jahre. □ Anteil unter 15 Jahren: 25 %. □ Anteil 65 Jahre und älter: 9 %. □ Stadtbevölkerung: 46 %.

Bruttoinlandsprodukt gesamt (1986): 61,7 Milliarden Dollar.

Bruttoinlandsprodukt/Kopf: 2 652 Dollar.

Produktionsstruktur: Landwirtschaft 29 %; Industrie 31 %; Dienstleistungen 40 %.

Arbeitslosenquote (1986): 13,8 %.

Verkehr: 138 090 km Straßen (davon 721 km Autobahn); Eisenbahn 9 283 km (davon 3 534 km elektrifiziert).

Exporte: 16,3 % des BIP (11,4 Milliarden Dollar). □ **Importe:** 18,5 % des BIP (12,6 Milliarden Dollar).

Auslandsschulden (1987): 18,6 Milliarden Dollar.

Inflationsrate (1988): 180 %.

Militärausgaben (1989): 4,41 Milliarden Dollar. □ **Streitkräfte:** 188 000 Mann. □ **Wehrdienst:** 12 Monate.

Staatliche Institutionen

Bundesrepublik. □ Verfassung von 1974. □ Das Parlament, bestehend aus der Bundeskammer und aus der Kammer der Republiken und Provinzen, wird auf 4 Jahre gewählt. □ Kollegialer Staatsvorsitz: 9 Mitglieder (8 Mitglieder auf 9 Jahre gewählt und der Vorsitzende des Vorsitzes der jugoslawischen kommunistischen Liga), unter denen jedes Jahr der Präsident gewählt wird.

---

hann Hunyadi, dem Regenten von Ungarn (1446–1453), aufgehalten. Sein Sohn Matthias Corvinus, König von 1458 bis 1490, erobert Mähren und Schlesien zurück und läßt sich in Wien nieder (1485). Dann geht die Krone an Wladislaw II. Jagiello (1490–1516), danach an Ludwig II. Jagiello (1516–1526), über den die Türken bei Mohács siegen (1526).

Habsburg und türkische Besetzung. Ferdinand I. von Habsburg (1526–1564) wird zum König von Ungarn gewählt. Sein Gegenspieler Johann Zápolya wird von den Osmanen unterstützt. Die Türken besetzen 1540 Buda und die große Ebene, und bis 1699 ist Ungarn dreigeteilt: das königliche Ungarn (Hauptstadt Preßburg) unter dem Hause Österreich; das türkische Ungarn und Siebenbürgen, Vasallen der Osmanen seit 1568. Der Reichstag von Ungarn nimmt die Erbmonarchie den Habsburgern zuerkennen (1687), und Siebenbürgen wird von dem Hause Österreich annektiert (1691). Die Habsburger erobern von den Türken die ungarische Ebene zurück (Friede von Karlowitz, 1699).

Habsburg und ungarische Freiheiten. Ferenc (Franz II.) Rákóczi leitet die Erhebung gegen die Habsburger (1703 bis 1711); der Friede von Szatmár erkennt die Autonomie des ungarischen Staates in der österreichischen Monarchie an. Von 1740 bis 1780 führt Maria Theresia die Wiederansiedelung weiter. Ihr Sohn Josef II. (1780–1790) versucht vergeblich die Errichtung eines zentralisierten Regimes. Nach dem Aufstand im März 1848 bricht die ungarische Nationalversammlung mit Österreich. 1849 verkündet Kossuth sogar die Thronentsetzung der Habsburger. Aber die Aufständischen werden im August von den Russen bei Világos niedergeschlagen, die Franz Josef zu Hilfe gerufen hatte. Es folgt eine Zeit wirtschaftlichen Aufschwungs; Österreich regiert bis 1867 autoritär.

Österreich-Ungarn. Nach der Niederlage Österreichs gegen Preußen (Königgrätz, 1866) leitet der ungarisch-österreichische Kompromiß den Dualismus ein. In Österreich-Ungarn ist Ungarn wieder ein autonomer Staat; er erhält Kroatien, Slawonien und Siebenbürgen zurück. Die liberale Partei regiert das Land von 1875 bis 1905, besonders unter Kálmán Tisza, der von 1875 bis 1890 Präsident des Rates ist, und seinem Sohn Stefan (1903 bis 1905 und 1913 bis 1917), die beide eine hochkonservative Politik betrieben. 1914 erklärt Ungarn Serbien den Krieg.

Zwischen den Kriegen. Die Niederlage der Mittelmächte führt zur Auflösung von Österreich-Ungarn. Károlyi erklärt 1918 die Unabhängigkeit Ungarns, während die Rumänen Siebenbürgen und die Tschechen die Slowakei besetzen. 1919 errichten die Kommunisten unter B. Kuhn die ›Räterepublik‹, die von General Horthy gestürzt wird. Dieser unterzeichnet als Regent den Vertrag von Trianon (1920), der Ungarn die Slowakei, Ruthenia, Siebenbürgen, den Banat und Kroatien nimmt. Doch 1938 erhält es einen Teil der Slowakei zurück.

Das faschistische Ungarn. 1939 tritt Ungarn dem Antikomintern-Pakt bei. Im darauffolgenden Jahr besetzt es den Norden von Siebenbürgen und unterschreibt den Dreimächtepakt. Danach tritt es in den Krieg gegen Rußland ein (1941). Hitler läßt das Land besetzen (1944), und die faschistische Partei ergreift die Macht und setzt Horthy ab. 1944–45 besetzt die sowjetische Armee das Land. Der Vertrag von Paris (1947) erneuert die Grenzen aus dem Trianon-Vertrag.

Das sozialistische Ungarn. 1949 siegt die kommunistische Partei über die der Kleinlandwirte. M. Rákosi ruft die Volksrepublik aus und errichtet ein stalinistisches Regime. I. Nagy, der Regierungschef (1953–1955), beginnt mit der Entstalinisierung. Doch im Okt./Nov. 1956 kommt es zu Aufständen, die die Liberalisierung des Regimes und ein Überdenken der Beziehungen zur UdSSR fordern. I. Nagy erklärt die Neutralität Ungarns. Die sowjetischen Truppen setzen eine Regierung unter J. Kádár ein und brechen den Widerstand der Bevölkerung. Seit 1962 verbessert die Regierung das Wirtschaftssystem. Sie wird von Kádár, J. Fock (1968–1975), G. Lázár (1975–1987), K. Grosz (1988) und dann von M. Németh geleitet. Die Führung leitet umfassende Reformen ein.

Die demokratische Entwicklung. Kádár tritt 1988 von seinem Amt als Führer der Kommunistischen Partei zurück, die, unter dem Einfluß der Reformer (Rezső Nyers, Imre Pozsgay) im Oktober 1989 jegliche Anlehnung an den Marxismus-Leninismus aufgibt.

Das Parlament beschließt ein Mehrparteiensystem. Im April/Mai 1990 gewinnt das demokratische Forum die ersten freien Wahlen. Ungarn ist das erste Land, das 1989 den Eisernen Vorhang abschafft. 1990 verhandelt es mit der Sowjetunion über einen schnellen Rückzug der sowjetischen Truppen von ungarischem Gebiet.

LÄNDER DER ERDE

EUROPA

Geschichte

Jugoslawien bildet eine Föderation von Staaten, die bis zur Gründung des Königreichs der Serben, Kroaten und Slowenen im Jahre 1918 eine eigene Geschichte hatten.

MAKEDONIEN. Die Republik Makedonien erstreckt sich nur auf einen Teil des historischen Gebietes gleichen Namens. Dieses ist heute zwischen Griechenland, Bulgarien und Jugoslawien geteilt. Makedonien, das im 7.–6. Jh. v. Chr. schon nachweislich bevölkert war, erlebt seine Blütezeit unter Philipp II. (359–336), der Griechenland seine Hegemonie aufzwingt. Sein Sohn Alexander der Große (336–323) erobert Ägypten und den Orient. Nach seinem Tod streiten sich die Diadochen um Makedonien. Dann regieren von 276 bis 168 die Antigoniden. Der Sieg der Römer bei Pydna beendet die Unabhängigkeit Makedoniens. Makedonien wird römische Provinz (148 v. Chr.). Bei der Teilung des Reiches (4. Jh. n. Chr.) wird es dem römischen Ostreich angegliedert. Im 7. Jh. besetzen die Slawen das Gebiet, und vom 9.–14. Jh. wird es von Byzantinern, Serben und Bulgaren umkämpft. 1371 wird Makedonien von den Türken erobert und ist bis 1912/13 Teil des osmanischen Reiches. Der erste Balkankrieg befreit es von den Türken. Aber in der Frage der Teilung Makedoniens stehen sich im zweiten Balkankrieg (1913) Serbien, Griechenland und Bulgarien gegenüber. Das Land ist Schauplatz des Feldzugs der Alliierten (1915 bis 1918) gegen die deutsch-österreichisch-bulgarischen Truppen. Das makedonische Gebiet wird 1913 Serbien angeschlossen und wird 1945 zur Föderativen Republik Makedonien.

SERBIEN. Das Gebiet, das erst von Illyrern, Thrakern und Kelten bevölkert ist, wird im 2. Jh. v. Chr. dem römischen Reich angeschlossen. Die Slawen siedeln sich in 6.–7. Jh. an. Unter dem Einfluß von Byzanz werden die Slawen christianisiert (2. Hälfte des 9. Jh.). Stefan Nemanjic (um 1170–1196) befreit Serbien von der byzantinischen Bevormundung. Sein Sohn Stefan I. Nemanjić (um 1196–1227) wird 1217 König und gründet eine unabhängige serbische Kirche. Stefan VIII. (1321–1331) sichert die serbische Hegemonie im Balkan. Stefan IX. Dušan (1331–1355) herrscht über Makedonien und Thessalien, er nimmt den Titel eines Zaren (1346) an. Aber die Serben werden von den Türken bei Kosovo besiegt (1389).

1459 wird Serbien dem osmanischen Reich angeschlossen. Aus Protest gegen das osmanische Joch schließen sich einige Serben den ›Gesetzlosen‹ an, andere fliehen.

Unter der Führung von Karageorges (1804–1813) erheben sich die Serben, und 1815 wird Miloš Obrenović (1815–1839; 1858–1860) von den Osmanen als Fürst von Serbien anerkannt. 1830 erreicht er die vollständige Autonomie. Nach Abzug der letzten türkischen Truppen (1867) erhält Serbien auf dem Berliner Kongreß (1878) die Unabhängigkeit. Blutige Kämpfe brechen zwischen den Karadjordjević und den Obrenović aus, die sich an der Macht abwechseln (Alexander Karadjordjević, 1842–1858; Michael Obrenović, 1860–1868; Milan Obrenović, 1868–1889, 1882 zum König erklärt). 1889 dankt dieser zugunsten seines Sohnes Alexander ab, der 1903 ermordet wird. Peter Karadjordjević (1903–1921) wird sein Nachfolger. Er nähert sich Rußland an, muß jedoch die Annektierung von Bosnien-Herzegowina durch Österreich zulassen (1908). Serbien nimmt an den Balkankriegen teil (1912–13) und erhält den Großteil Makedoniens. Nach dem Attentat von Sarajewo (1914) weist Serbien das österreichische Ultimatum zurück und löst so den Ersten Weltkrieg aus. Es wird von den Truppen der Mittelmächte und Bulgariens von 1915 bis 1918 besetzt.

KROATIEN. Von den Illyrern bewohnt, gehört das Land seit 35 v. Chr. dem römischen Reich an und wird im 6. Jh. von den Slawen besiedelt. Im 9. Jh. entsteht ein Fürstentum Kroatien, dessen bedeutendster Fürst Tomislaw (910–928) den Königstitel annimmt (925). Ab 1102 wird der Herrscher von Ungarn als König von Kroatien anerkannt, wo er durch einen Heerbann vertreten ist. 1526–27 fällt ein Teil des Landes unter die Herrschaft der Osmanen, der Rest an das Haus Österreich. 1848 unterstützen sie die Habsburger gegen die ungarischen Revolutionäre. Der österreichisch-ungarische Kompromiß gliedert Serbien Ungarn an, mit dem der ungarisch-kroatische Kompromiß (1868) geschlossen wird. 1918 wird Österreich-Ungarn aufgelöst.

Die größten Städte

Belgrad	1 445 000	Ljubljana	305 200
Zagreb	763 000	Novi Sad	257 700
Skopje	507 000	Split	235 900
Sarajewo	448 000	Niš	230 700

Erzeugung wichtiger Güter

Weizen	5,6 Millionen Tonnen
Mais	7,4 Millionen Tonnen
Schafbestand	7,8 Millionen Tiere
Schweinebestand	8,3 Millionen Tiere
Braunkohle	58,8 Millionen Tonnen
Strom	82,9 Milliarden kWh
Bauxit	3 Millionen Tonnen
Aluminium	313 000 Tonnen
Blei	82 000 Tonnen
Kupfer	120 000 Tonnen
Stahl	4,7 Millionen Tonnen
Schiffbau	330 400 Bruttoregistertonnen

Verwaltungsgliederung

Republik	Fläche (in km²)	Bevölkerung	Hauptstadt	Bevölkerung
Serbien[1]	55 970	5 744 000	Belgrad	1 445 000
Kroatien	56 450	4 632 000	Zagreb	763 000
Slowenien	20 250	1 914 000	Ljubljana	303 000
Bosnien-Herzegowina	51 130	4 223 000	Sarajewo	448 000
Makedonien	25 700	1 909 000	Skopje	507 000
Montenegro	13 810	600 000	Titograd	96 000

[1] Abhängig von der Republik Serbien sind die autonomen Provinzen Wojwodina (21 505 km², 2 043 000 Ew., Hauptstadt Novi Sad) und Kosovo (10 885 km², 1 677 000 Ew., Hauptstadt Priština).

Klimadaten

Mindesttemperaturen von –25 °C oder darunter wurden in Belgrad und Ljubljana gemessen, –20 °C in Skopje, aber nie unter –10 °C in Dubrovnik. In Belgrad und Skopje stieg das Thermometer im Sommer schon über 40 °C (37 °C in Dubrovnik). Die Niederschläge verteilen sich ziemlich regelmäßig über das Jahr.

Stadt	Mittlere Temperatur des kältesten Monats (in °C)	Mittlere Temperatur des wärmsten Monats (in °C)	Jährliche Niederschläge (in mm)	Anzahl der Tage mit Niederschlägen pro Jahr
Belgrad	0	22,5	695	144
Ljubljana	–1	20,5	1 205	160
Dubrovnik	9	25	1 200	119
Skopje	1	23	515	104

Jugoslawien

LÄNDER DER ERDE

SLOWENIEN. Die slawischen Stämme (Slowenen) lassen sich im 6. Jh. nieder. Die Region wird dem Reich von Karl dem Großen 788 angeschlossen. 1287 kommt sie unter die Herrschaft der Habsburger. 1809 bis 1813 wird sie den von Frankreich abhängigen illyrischen Provinzen angeschlossen. 1814–1918 gehört Slowenien zu Österreich.

MONTENEGRO. Im 9. Jh. Staatszentrum, gehört das Gebiet im 13. und 14. Jh. zu Serbien und wird 1360 unabhängig. Montenegro ist dann Teil des osmanischen Reiches (1528 bis 1878). Unter den Fürsten Peter I. (1782 bis 1830), Peter II. (1830–1851), Danilo I. (1851–1860) und Nikolaus I. (1860–1918) entsteht ein moderner Staat, der 1918 Serbien angeschlossen wird.

BOSNIEN-HERZEGOWINA. Mit seiner serbischen und kroatischen Bevölkerung wird es von den Osmanen erobert (Bosnien 1463 und Herzegowina 1482) und islamisiert. Seit 1878 unter österreichisch-ungarischer Verwaltung wird es 1908 bis 1918 Österreich-Ungarn angegliedert.

JUGOSLAWIEN.
Das Königreich der Serben, Kroaten und Slowenen. 1918 unter der Dynastie Karadjordjewić mit Alexander I. an der Spitze gegründet, werden die Grenzen des Königreiches 1919/1920 in den Pariser Vorortverträgen festgelegt. Alexander I. (1921–1934) errichtet in dem Land, das seit 1929 Jugoslawien heißt, ein autoritäres Regime. Die Kroaten widersetzen sich dem serbischen Zentralismus und gründen 1929 die rechtsradikale Unabhängigkeitsbewegung Ustascha. Alexander I. wird 1934 in Marseille von einem kroatischen Extremisten ermordet. Prinz Paul übernimmt die Regentschaft für Peter II.

Der zweite Weltkrieg. Jugoslawien unterzeichnet 1941 den Dreimächtepakt. Serbien wird von Deutschland besetzt, Slowenien zwischen Deutschland, Italien und Ungarn aufgeteilt. In Kroatien wird Ante Pavelić Chef eines unabhängigen Staates unter der Kontrolle Italiens und Deutschlands. D. Mihailović (Königshänger und Nationalist) und J. Broz Tito (Kommunist) organisieren den Widerstand. Letzterer gründet das Nationale Befreiungskomitee, das mit Hilfe der Sowjets Belgrad (1944) und Zagreb (1945) befreit.

Die Sozialistische Föderative Republik Jugoslawien. Die Kommunisten rufen in Serbien, Kroatien, Slowenien, Bosnien-Herzegowina, Montenegro und Makedonien die Republik aus. Diese Staaten bilden die föderative Republik Jugoslawien (Verfassung von 1946) unter Führung Titos. Er gerät mit Stalin in Konflikt, der Jugoslawien aus der sozialistischen Welt ausschließt. Jugoslawien schließt sich den blockfreien Staaten an. Eine neue Verfassung (1974) verstärkt die Rechte der Republiken und erweitert die Selbstverwaltung, die seit 1950 besteht. Seit dem Tode von Tito (1980) werden die Präsidentenämter kollegial ausgeübt. Vor dem Hintergrund der Wirtschaftskrise verschärfen sich die Nationalitätenkonflikte (Aufstände in Kosovo 1981, 1989/90). Im Dez. 1990 sprechen sich die Slowenen für einen unabhängigen Staat aus; Slowenien und Kroatien streben die Unabhängigkeit an, wenn der von Serben beherrschte Zentralstaat die Dominanz über beide Staaten beibehält. Im Sommer 1991 brach trotz der Vermittlungsbemühungen der EG ein Bürgerkrieg zwischen die die Unabhängigkeit Kroatiens bekämpfenden Serben, der serbisch dominierten Armee einerseits und den Kroaten anderseits aus.

ALBANIEN SHQIPËRIA

Offizieller Name: Sozialistische Volksrepublik Albanien.

Hauptstadt: Tirana. ☐ **Währung:** Lek (= 100 Qindarka). ☐ **Amtssprache:** Albanisch.

Staatschef (seit 1982) und erster Sekretär der kommunistischen Partei (seit 1985): Ramiz Alia. ☐ **Vorsitzender des Ministerrates:** Adil Çarçani (seit 1982).

Flagge: Der schwarze Adler erinnert an das Reich Österreich-Ungarn, der rote Grund an das Reich von Skanderbeg, der rote Stern des Kommunismus wurde 1945 hinzugefügt.

Nationalhymne: ›Rreth Fla mu të për bashkuar, Menjë dë shir e uje peuim; Të gjith atje ziç duk ju betuar, Të lidhim besën për shepëtim ...‹ (Versammelt um unsere Fahne haben wir einem Wunsch und ein Ziel, wir schwören alle, uns zu unserem Heil zu vereinen); Text und Musik von Aleksandër Stavre Drenova (1882–1947); ☐ **Nationalfeiertag:** 11. Januar (Jahrestag der Ausrufung der Republik 1946), 28. November (Erklärung der Unabhängigkeit 1912) und 29. November (Jahrestag der Befreiung 1944).

Fläche: 29 000 km². ☐ **Höchste Erhebung:** Korab mit 2 764 m.

Klima: Albanien besitzt an der Küste ein mediterranes Klima, das im Innern in ein kontinentales Klima übergeht. Tirana hat im Januar eine durchschnittliche Temperatur von 7 °C (10 °C in Durrës, unter 5 °C in Korë in 900 m Höhe), im Juli 24 °C und mittlere jährliche Niederschläge von 1 350 mm (im Sommer nur selten Niederschläge).

Bevölkerung (1989): 3 200 000 Ew. *(Albaner).* ☐ **Durchschnittliche Bevölkerungsdichte:** 110 Ew. pro km². ☐ **Jährliches Bevölkerungswachstum:** 1,9 %. ☐ **Geburtenrate:** 25‰. ☐ **Sterbeziffer:** 6‰. ☐ **Kindersterblichkeit:** 42‰. ☐ **Lebenserwartung:** 70 Jahre. ☐ **Anteil unter 15 Jahren:** 35 %. ☐ **Anteil 65 Jahre und älter:** 5 %. ☐ **Stadtbevölkerung:** 34 %.

Bruttoinlandsprodukt gesamt (1984): 2,6 Milliarden Dollar.

Bruttoinlandsprodukt/Kopf: 840 Dollar.

Produktionsstruktur: Landwirtschaft 60 %; Industrie 25 %; Dienstleistungen 15 %. ☐ **Arbeitslosenquote:** nicht verfügbar.

Verkehr: 4 827 km Straßen; Eisenbahn 436 km.

Exporte: 11,7 % des BIP (305 Millionen Dollar). ☐ **Importe:** 12 % des BIP (312 Millionen Dollar).

Auslandsschulden (1984): 14 Millionen Dollar.

Militärausgaben (1988): 196 Millionen Dollar. ☐ **Streitkräfte:** 40 700 Mann. ☐ **Wehrdienst:** 24 Monate in Heer, 36 Monate in der Marine, der Luftwaffe und in Spezialeinheiten.

Staatliche Institutionen

Sozialistische Volksrepublik. ☐ Verfassung von 1976. ☐ Volksversammlung auf 4 Jahre gewählt. ☐ Präsidium mit 15 vom Parlament gewählten Mitgliedern.

Geschichte

Antike und Mittelalter. Mit den Illyrern, von denen die Albaner wahrscheinlich abstammen, gelangen sie im 2. Jh. v. Chr. unter römische Herrschaft und werden dann dem Ostreich angeschlossen. 1272 besetzt Karl I. von Anjou das Land.

Die Herrschaft der Osmanen. Albanien wird 1415–1417 Venedig angegliedert. Georg Castriota, genannt Skanderbeg, leitet von 1443 bis 1468 den Aufstand gegen die Türken, wird jedoch besiegt. Vom 16. bis 19. Jh. erfolgt die Islamisierung.

Die Unabhängigkeit. Die 1912 erklärte Unabhängigkeit Albaniens wird vom Völkerbund bestätigt (1920–21). Ahmed Zogu (1925 bis 1928 Präsident, 1928–1939 König) beherrscht das Land. Zuerst von den Italienern (1939–1943), dann von den Deutschen (1943–44) besetzt, wird Albanien mit kommunistischer Hilfe befreit.

Die sozialistische Volksrepublik. Unter Enver Hoxha und Mehmet Shehu erlebt Albanien, seit 1946 eine Volksrepublik, die sozialistische Revolution. Enver Hoxha beherrscht die Politik mit persönlicher Macht. Ramiz Alia wird 1985 sein Nachfolger.

Die demokratische Entwicklung. Als letzte der kommunistischen Volksdemokratien Osteuropas leitet Albanien 1990 politische und wirtschaftliche Reformen ein. Nach der Wiederaufnahme diplomatischer Beziehungen zur Sowjetunion und den USA bemüht sich Albanien um Aufnahme in die KSZE.

BULGARIEN

Offizieller Name: Republik Bulgarien.

Hauptstadt: Sofia *(Sofija).* ☐ **Währung:** Lew (= 100 Stótinki). ☐ **Amtssprache:** Bulgarisch.

Staatspräsident: Schelju Schelew (seit 1990). ☐ **Ministerpräsident:** Dimitar Popow (seit 1990).

Flagge: 1878 nach dem Modell der russischen Reichsfahne geschaffen, wechselte jedoch 1944 die Farben, indem das Weiß dem Frieden, das Grün der Vegetation und das Rot dem Kommunismus zugeordnet wurden. **Nationalhymne:** ›... Mila Rodina, ti si zemen rai / Tvoita houbost, tvoita prelest, / Ah, te niamat krai ...‹ (Teures Heimatland, du bist ein irdisches Paradies, deine Schönheit, dein Zauber sind unbeschreiblich). Seit 1964 amtlich. ☐ **Nationalfeiertag:** 3. März, Jahrestag der Befreiung von der osmanischen Herrschaft (1878).

Erzeugung wichtiger Güter

Weizen	589 000 Tonnen
Mais	306 000 Tonnen
Rinderbestand	672 000 Tiere
Schafbestand	1 410 000 Tiere
Erdöl	3 000 000 Tonnen
Strom	3 Milliarden kWh
Chrom	397 000 Tonnen

LÄNDER DER ERDE

EUROPA

Fläche: 111 000 km². □ Höchste Erhebung: Musala mit 2 925 m.
Bevölkerung (1989): 9 000 000 Ew. *(Bulgaren).* □ Durchschnittliche Bevölkerungsdichte: 81 Ew. pro km². □ Jährliches Bevölkerungswachstum: 0,1 %. □ Geburtenrate: 13 ‰. □ Sterbeziffer: 12 ‰. □ Kindersterblichkeit: 15 ‰. □ Lebenserwartung: 72 Jahre. □ Anteil unter 15 Jahren: 21 %. □ Anteil 65 Jahre und älter: 11 %. □ Stadtbevölkerung: 68 %.
Bruttoinlandsprodukt gesamt (1987): 51 Milliarden Dollar.
Bruttoinlandsprodukt/Kopf: 5 600 Dollar. □
Produktionsstruktur: Landwirtschaft 17 %; Industrie 45 %; Dienstleistungen 38 %. □
Arbeitslosenquote: nicht verfügbar.
Verkehr: 33 253 km Straßen (davon 211 km Autobahn); Eisenbahn 4 279 km (davon 2 050 km elektrifiziert).
Exporte (1985): 33,3 % des BIP (14,2 Milliarden Dollar).
Importe (1985): 35,1 % des BIP (15 Milliarden Dollar).
Auslandsschulden (1988): 6,7 Milliarden Dollar.
Inflationsrate (1986): 3,5 %.
Militärausgaben (1988): 2,465 Milliarden Dollar. □ Streitkräfte: 117 500 Mann. □
Wehrdienst: 24 Monate in Heer und Luftwaffe, 36 Monate in der Marine.

Staatliche Institutionen

Republik. □ Verfassung von 1971, geändert 1990 (weitere Änderung vorgesehen). □ Eine verfassunggebende Versammlung wurde 1990 für 18 Monate gewählt. □ Staatspräsident, vom Parlament gewählt.

Geschichte

Anfänge. Die Thraker sind die ersten Bewohner des heutigen Bulgarien. Ab dem 8. Jh. v. Chr. siedeln die Griechen an der Küste. Die Region wird von den Römern erobert, welche die Provinzen Mesien (um 15 n. Chr.) und Thrakien (46 n. Chr.) gründen. Das Gebiet geht bei der Teilung 395 an das römische Ost-

Die größten Städte

Sofia	1 083 000	Stara Sagora	142 000
Plowdiw	367 000	Plewen	136 000
Warna	295 000	Sliwen	101 000
Russe	179 000	Schumen	100 000
Burgas	178 000		

Erzeugung wichtiger Güter

Weizen	4,5 Millionen Tonnen
Wein	3,7 Millionen Hektoliter
Tabak	138 000 Tonnen
Schafbestand	8,9 Millionen Tiere
Braunkohle	36,5 Millionen Tonnen
Strom – davon aus Kernkraft	45 Milliarden kWh 12,4 Milliarden kWh
Stahl	2,7 Millionen Tonnen

Bulgarien

reich. Zu Beginn des 6. Jh. dringen zahlreiche slawische Volksstämme in das byzantinische Reich ein.

Die bulgarischen Reiche. Die Proto-Bulgaren türkischen Ursprungs lassen sich unter der Führung des Khan Asparuh um 680 an der unteren Donau nieder, nachdem sie die Byzantiner besiegt haben. Im Kampf gegen Byzanz erweitert Bulgarien seine Herrschaft über die Slawen in Thrakien und Makedonien. Boris I. (852–889) gründet eine nationale, slawische Kirche. Sein Nachfolger Simeon der Große (893–927) errichtet 919 ein unabhängiges bulgarisches Patriarchat. Unter der Herrschaft seines Sohnes, Peter I. (927–969), verbreitet sich die bogomilische Ketzerlehre. Ende des 10. Jh. bleibt nur der westliche Teil des bulgarischen Reiches unabhängig. Nach dem Sieg Basileios' II. über Samuel (997–1014) wird Bulgarien byzantinische Provinz (1018).

Die Bojaren Johann und Peter Asen gründen das zweite bulgarische Reich (1187). Die mongolische Bedrohung (seit 1241) ist für Bulgarien eine Zeit des Niedergangs. Seit Mitte des 14. Jh. geteilt, kann es den Angriffen der Türken nicht widerstehen, die das gesamte Land von 1382 bis 1400 erobern.

Die osmanische Herrschaft. Ostbulgarien ist im 15. Jh. mehrheitlich islamisch. So bildet sich vom 16. bis 18. Jh. eine islamische Gemeinde mit bulgarischer Sprache, die Pomaken. Seit dem Untergang von Tărnovo (1393) ist die bulgarische Kirche dem Patriarchat von Konstantinopel angeschlossen.

Nationale Renaissance und Unabhängigkeit. Die nationale Renaissance beginnt Mitte des 17. Jh. Der Kampf der bulgarischen Kirche führt zu einem unabhängigen bulgarischen Exarchat (1870). Schließlich entscheiden der Sieg Rußlands im russisch-türkischen Krieg von 1877/78 und die europäischen Mächte auf dem Berliner Kongreß (Juli 1878) über das Schicksal des Landes: es wird ein autonomes Bulgarien gegründet, während die osmanische

Verwaltung in Ost-Rumelien und Makedonien bestehen bleibt. Alexander von Battenberg wird Fürst von Bulgarien (1879–1886). Er akzeptiert die Vereinigung mit Ost-Rumelien, das sich gegen die Osmanen erhoben hat (1885). Ferdinand von Sachsen-Coburg (1887–1918), sein Nachfolger, erklärt die Unabhängigkeit Bulgariens und nimmt 1908 den Titel eines Zaren an.

Kriege und Krisen (1912–1945). Als Bulgarien 1912 mit Serbien, Griechenland und Montenegro den Balkanbund gründet, nimmt es am Krieg gegen das osmanische Reich teil. Aber im zweiten Balkankrieg erleiden die Bulgaren eine Niederlage (Juli 1913). Im Ersten Weltkrieg steht Bulgarien an der Seite der Mittelmächte (Okt. 1915). Der Angriff von Franchet d'Esperey (Sept. 1918) zwingt es zum Waffenstillstand. Ferdinand überläßt seinem Sohn Boris III. (1918–1943) den Thron. Der Vertrag von Neuilly (1919) nimmt Bulgarien jeden Zugang zur Ägäis und gibt die Süd-Dobrudscha an Rumänien und den größten Teil Makedoniens an Serbien. Zu Beginn des Zweiten Weltkriegs erklärt Boris III. die Neutralität des Landes, tritt jedoch 1941 dem Dreimächtepakt bei. Von der Roten Armee besetzt (1944), stellt sich die Regierung im Krieg an die Seite der UdSSR.

Die Volksdemokratie. Die Monarchie wird abgeschafft und die Republik ausgerufen (Sept. 1946); der Kommunist Kolarow wird Präsident. Mehrere Koalitionsregierungen werden gebildet, denen ab November 1946 der Kommunist G. Dimitrow vorsteht; die Opposition wird allmählich verdrängt (Petkow aus der Bauernpartei wird 1947 hingerichtet). 1948 beginnt die neue Ära des ›Aufbaus der Grundlagen des Sozialismus‹ unter der kommunistischen Partei. Nach 1950 wird die Politik von W. Tscherwenkow beherrscht, einem treuen Schüler Stalins. 1956 gelangt Todor Schiwkow an die Parteispitze.

Die demokratische Entwicklung. An der Spitze der bulgarischen KP und des bulgarischen Staates wird im November 1989 Schiwkow durch Petar Mladenow ersetzt. Die KP verzichtet auf ihren Führungsanspruch. Mladenow entläßt das Führungsgremium der KP, die sich jetzt Sozialistische Partei Bulgariens nennt, und läßt sich zum bulgarischen Staatspräsidenten wählen. Sieger der ersten freien Wahlen 1990 sind die Sozialisten; Präsident wird Schelju Schelew.

Klimadaten

Höchsttemperaturen von etwa 40 °C wurden in den drei Stationen gemessen. Doch das Thermometer ist nie unter −20 °C in Sofia und Plowdiw und nie unter −15 °C in Warna gefallen. Die Jahresamplitude liegt zwischen 20 und 25 °C.

Stadt	Höhe (m ü. M.)	Mittlere Temperatur des kältesten Monats (in °C)	Mittlere Temperatur des wärmsten Monats (in °C)	Jährliche Niederschläge (in mm)
Sofia	550	−1	21,5	641
Plowdiw	160	1	23,5	492
Warna	35	2,5	24,5	476

LÄNDER DER ERDE

NORDAFRIKA

MAROKKO

Offizieller Name: Königreich Marokko.

Hauptstadt: Rabat *(Ribat).* □ **Währung:** Dirham (= 100 Centimes). □ **Amtssprache:** Arabisch. □ **Überwiegende Religion:** Islam.

Staatsoberhaupt: Hasan II. (seit 1961). □ **Ministerpräsident:** Azeddine Laraki (seit 1986).

Flagge: Der grüne scherifische Stern wurde 1915 auf den roten Grund gebracht, der seit drei Jahrhunderten das Symbol der Dynastie ist.

Nationalhymne: ›Manbita l-ahwar / machriqa l-ahwar / muntada as-sudadi wa himah / dumta muntadah wa himah / ichta fi l-awtan / li l-ula unwan / mil'a kulli dijnan / dhikr kulli lisan / bi l-ruhi / bi l-kasadi / habba fataak / labba nidaak ...‹ (Fruchtbare Erde freier Menschen, wo das Licht leuchtet; Ort der Begegnung und Bastion aller Größen, mögest du der Ort solcher Begegnungen und dieser Bastion bleiben. Heimat aller geliebten Heimatländer, Symbol allen Ruhms, dessen alle Herzen gedenken); Text aus der Zeit des Sultans Muley Jusuf (1912–1927), seitdem mehrmals verändert.

Nationalfeiertag: 3. März (Jahrestag der Thronbesteigung von Hasan II.).

Fläche: 712 000 km². □ **Höchste Erhebung:** Toubkal mit 4 165 m.

Bevölkerung (1989): 25 600 000 Ew. *(Marokkaner).* □ Durchschnittliche Bevölkerungsdichte: 36 Ew. pro km². □ Jährliches Bevölkerungswachstum: 2,6 %. □ Geburtenrate: 36 ‰. □ Sterbeziffer: 10 ‰. □ Kindersterblichkeit: 90 ‰. □ Lebenserwartung: 61 Jahre. □ Anteil unter 15 Jahren: 42 %. □ Anteil 65 Jahre und älter: 4 %. □ Stadtbevölkerung: 44 %.

Bruttoinlandsprodukt gesamt (1987): 14,2 Milliarden Dollar.

Bruttoinlandsprodukt/Kopf: 620 Dollar.

Produktionsstruktur: Landwirtschaft 40 %; Industrie 29 %; Dienstleistungen 31 %.

Arbeitslosenquote: nicht verfügbar.

Erzeugung ausgewählter Güter u. a. wichtige Erwerbsquellen

Weizen	3,6 Millionen Tonnen
Zitrusfrüchte	1 102 000 Tonnen
Wein	380 000 Hektoliter
Zucker	475 000 Tonnen
Schafbestand	15,2 Millionen Tiere
Fischfang	550 000 Tonnen
Phosphate	24,8 Millionen Tonnen
Kohle	774 000 Tonnen
Strom	7,1 Milliarden kWh
Tourismus	1,6 Millionen Auslandsgäste

Die größten Städte

Casablanca	2 500 000	Meknès	320 000
Fès	563 000	Tanger	312 000
Marrakesch	549 000	Salé	290 000
Rabat	520 000	Oujda	260 000
Tétouan	365 000		

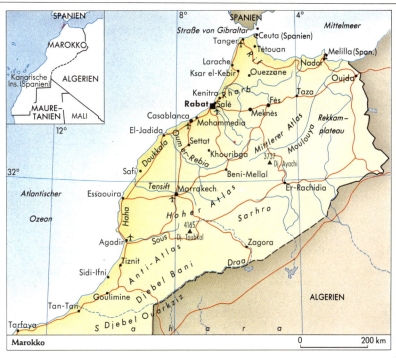

Marokko

Verkehr: 57 530 km Straßen (davon 26 337 km asphaltiert); Eisenbahn 1 779 km (davon 792 km elektrifiziert).

Exporte: 29,6 % des BIP (4,2 Milliarden Dollar). □ **Importe:** 19,7 % des BIP (2,8 Milliarden Dollar).

Auslandsschulden (1989): 21,2 Millionen Dollar.

Inflationsrate (1988): 2,4 %.

Militärausgaben (1988): 811 Millionen Dollar. □ **Streitkräfte:** 192 500 Mann. □ **Wehrdienst:** 18 Monate.

Staatliche Institutionen

Konstitutionelle Monarchie. □ Verfassung von 1972. □ Repräsentantenkammer auf 6 Jahre gewählt (zwei Drittel durch allgemeine Wahl und ein Drittel durch das Wahlkollegium, das aus den örtlichen Verwaltungsräten und den Vertretern von Arbeitnehmern und Arbeitgebern gebildet wird).

Geschichte

Marokko im Altertum. Die Phöniker gründen an der N-Küste des heutigen Marokko Handelsstützpunkte, die ab dem 8. Jh. v. Chr. von Karthago übernommen werden. Nach dessen Zerstörung (146 v. Chr.) wächst der Einfluß des Königreichs Mauretanien. Als Vasall Roms wird Mauretanien 40 n. Chr. von dem römischen Kaiser Claudius annektiert und in zwei Provinzen gegliedert: die Cäsarprovinz und Tingitanien mit den Hauptstädten Volubilis und Tingis. 429–477 werden die lokalen Berberreiche von den Wandalen unterworfen. Ab 533 gehört N-Marokko formal zum Byzantinischen Reich; die Byzantiner können sich jedoch nur in Ceuta und Tanger halten.

Die Islamisierung. 683–710 wird Marokko von den Arabern erobert und dem Omaijadenreich einverleibt; die Islamisierung des Landes beginnt. 740–742 erheben sich die Berber; das Land wird unabhängig, bis es 772 in das Abbasidenreich eingegliedert wird. Idris I. aus dem Orient gründet die Dynastie der Idrisiden (789–985), die von Fès aus die islamische Kultur verbreitet. Die Idrisiden werden ab 921 von den Fatimiden und ihren Verbündeten verdrängt, denen sich die Omaijaden von Córdoba widersetzen. Marokko wird in viele Fürstentümer aufgeteilt, die größtenteils unter dem Einfluß Córdobas stehen.

Die Entfaltung der maurisch-andalusischen Kultur. Die Almoraviden (1061 bis 1147) vereinen den Maghreb und Andalusien zu einem großen Reich, das an die Almohaden fällt (1147–1269). Der Handel zwischen Schwarzafrika und Europa sowie im Mittelmeer nimmt zu. Eine prächtige maurisch-andalusische Kultur entfaltet sich vor allem in Fès, Marrakesch und Sevilla. Die Meriniden (1248–1548) müssen nach einer ersten Zeit der Größe auf Spanien verzichten (1340).

Der Niedergang. Die Wattasiden (1472 bis 1554) können das Vordringen der Portugiesen nicht stoppen, die seit 1415 Herren von Ceuta

Klimadaten

Stadt	Höhe (m ü. M.)	Mittlere Temperatur des kältesten Monats (in °C)	Mittlere Temperatur des wärmsten Monats (in °C)	Jährliche Niederschläge (in mm)	Anzahl der Tage mit Niederschlägen pro Jahr
Rabat	65	12,5	23	505	70
Marrakesch	460	11	29	240	46

Gemäßigte Durchschnittstemperaturen durch den maritimen Einfluß in Rabat, wo das Thermometer allerdings schon 45 °C überstiegen hat. Zwischen Juni und August übersteigt es diese Temperatur in Marrakesch (49 °C), wo zwischen Dezember und Februar jedoch auch Minusgrade auftreten können.

449

LÄNDER DER ERDE

NORDAFRIKA

sind. Nomadentum und Stammeseigenheiten entwickeln sich. Das scherifische Marokko der Sadier (1548–1667), dann der Alawiten ist stark genug, um den letzten Versuch der Portugiesen bei der Schlacht von Alcazarquivir (1578; heute Ksar el-Kebir) abzuwehren und um die Enklaven der Spanier in Ceuta und Mellila und in Mazagan (portugiesisch seit 1769; heute El-Jadida) zu verkleinern. Gleichzeitig widerstehen sie der Expansion der Osmanen. Doch trotz der Eroberung von Timbuktu (1591) durch die Sadier und trotz der Entwicklung im 17. Jh. gerät Marokko in wirtschaftliche Schwierigkeiten. Die europäischen Mächte (Großbritannien, Spanien, Frankreich) zwingen den Sultan von Marokko, das Land für ihren Export zu öffnen und ihren Bürgern das Schutzrecht zu gewähren (2. Hälfte des 19. Jh.). Dank der Rivalität zwischen den Großmächten behält Marokko unter Hasan I (1873–94), Moulay Abd al-Asis (1900–08) und Moulay Abd al-Hafis (1908 bis 1912) seine Unabhängigkeit.

Spanisches und französisches Protektorat. Nach den Abkommen von Algeciras (1906) beginnt Frankreich mit der Eroberung Marokkos: Besetzung von Oujda (1907), Fès, Meknès und Rabat (1911), Marrakesch (1912). Mit dem Vertrag von Fès (1912) entsteht das französische Protektorat. Spanien erhält 1912 den Rif, wo es sein Protektorat einrichtet; es stößt auf einen starken Widerstand unter Abd el-Krim (1921–1926). Auch Frankreich sieht sich 1933/34 einem großen Widerstand der Berber aus dem Hohen Atlas gegenüber und verliert die Kontrolle über Gesamt-Marokko. Die Kolonialregierung läßt dem Sultan nur die religiöse Macht und teilt den Europäern 1 Million Hektar (1/15 der Nutzfläche) zu. Der nationale Widerstand wird in den Städten durch den Salafismus geschürt (puritanischer Reformismus aus Ägypten). Allal al-Fasi gründet die Istiklal-Partei (1943). Nach dem Ende des Zweiten Weltkrieges verlangt der Sultan Mohammed V. (1927–1961) mit Hilfe der Istiklal die Unabhängigkeit. Er wird von den französischen Behörden abgesetzt und ins Exil geschickt (1953), jedoch 1955 unter dem Druck von Aufständen in Casablanca und im Rif wieder eingesetzt.

Die Unabhängigkeit wird 1956 von Frankreich und Spanien anerkannt. Hasan II. kommt 1961 auf den Thron, und 1962 wird eine Verfassung erlassen. 1965–1970 herrscht Ausnahmezustand; 1971/72 werden drei Komplotte gegen den König organisiert. Doch das Nationalgefühl wird 1975–76 neu belebt, als die Westsahara annektiert wird und die Polisario bekämpft wird. Doch die Politik der Wirtschaftsentwicklung sichert kein dauerhaftes Produktionswachstum, denn die Bevölkerung nimmt stetig zu. Besonders 1965, 1983 und 1984 kommt es zu Aufständen. Eine fundamentalistisch-islamische Bewegung entwickelt sich seit 1980 in den Städten.

Außenpolitik: Mit Algerien führt Marokko 1963 Krieg wegen ihrer Grenzstreitigkeiten. Die Beziehungen zu Frankreich bleiben eng, trotz der Affäre Ben Barka (1965), Hasan II. verzichtet erst 1969 auf seine Gebietsansprüche in Mauretanien. Zur Zeit Nassers führt er eine gemäßigte panarabische Politik, dann eine Politik der Kompromisse mit Israel seit 1973. Die Demokratische Arabische Republik Sahara, die 1982 zur OAU zugelassen wird, erkennt Marokko nicht an. Aus Protest gegen diese Aufnahme verläßt es die OAU 1984. Doch danach beginnt eine Zeit der Entspannung, die Beziehungen zu Algerien werden 1988 wieder aufgenommen, der Krieg gegen die Polisario de facto beendet, und der gesamte Maghreb rückt stärker zusammen.

ALGERIEN
BARR AL-DJAZAIR

Offizieller Name: Demokratische Volksrepublik Algerien.

Hauptstadt: Algier *(Al-Djazair)*. □ **Währung:** Algerischer Dinar (= 100 Centimes). □ **Amtssprache:** Arabisch. □ **Überwiegende Religion:** Islam.

Staatspräsident: Chadli Ben Djedid (seit 1979). □ **Ministerpräsident:** Mouloud Hamrouche (seit 1989).

Flagge: Sie kam während einer antifranzösischen Demonstration 1925 auf und wurde 1962 amtlich; sie trägt das Grün der Sterne des Islam, das Rot des Sozialismus und das Weiß der Reinheit und Ehrenhaftigkeit. □ **Nationalhymne:** ›Qasaman bi n-nazilat al-mahiqat / wa d-dima az-zakiyati at-tahirat / wa i-bunud al-lamiat al-khafiqat / fi l-djibal ach-chami-khati ch-chahiqat nahnu thurna fa hayat aw mamat, wa aqadna al-azm an tahya al-djazair fa achhadu‹ (Durch die Blitze, die zerstören, durch die Ströme von reinem, fleckenlosem Blut, durch die leuchtenden Fahnen über den hohen stolzen Bergen schwören wir, uns für die Freiheit und den Tod zu erheben, und wir haben geschworen, für das Leben Algeriens zu sterben! Schwört! Schwört! Schwört!); Text von Mufdi Zakarijja (1912 bis 1977), Musik von Mohammed Fawzi (1918–1966). Amtlich seit 1986. □ **Nationalfeiertag:** 1. November, Jahrestag der Revolution von 1954.

Fläche: 2 380 000 km². □ **Höchste Erhebung:** Tahat mit 2 918 m.

Bevölkerung (1989): 24 900 000 Ew. *(Algerier)*. □ **Durchschnittliche Bevölkerungsdichte:** 10,5 Ew. pro km². □ **Jährliches Bevölkerungswachstum:** 3,2 %. □ **Geburtenrate:** 42‰. □ **Sterbeziffer:** 10‰. □ **Kindersterblichkeit:** 81‰. □ **Lebenserwartung:** 60 Jahre. □ **Anteil unter 15 Jahren:** 46 %. □ **Anteil 65 Jahre und älter:** 4 %. □ **Stadtbevölkerung:** 67 %.

Bruttoinlandsprodukt gesamt (1987): 63,6 Milliarden Dollar. □ **Bruttoinlandsprodukt/Kopf:** 2 550 Dollar.

Produktionsstruktur: Landwirtschaft 27 %; Industrie 30 %; Dienstleistungen 43 %. □ **Arbeitslosenquote:** nicht verfügbar.
Verkehr: 78 410 km Straßen; Eisenbahn 3 761 km (davon 2 649 km mit Normalspur, 298 km elektrifiziert).
Exporte: 13 % des BIP (8,1 Milliarden Dollar). □ **Importe:** 11 % des BIP (7,2 Milliarden Dollar).

Die größten Städte

Algier	2 600 000	Annaba	256 000
Oran	663 000	Hussein Dey	211 000
Constantine	438 000	Blida	191 000

Auslandsschulden (1988): 22 Milliarden Dollar.

Inflationsrate (1988): 5,9 %.

Militärausgaben (1989): 949 Millionen Dollar. □ Streitkräfte: 138 500 Mann. □ Wehrdienst: 24 Monate.

Staatliche Institutionen

Demokratische Volksrepublik mit Mehrparteiensystem. □ Verfassung von 1989. □ Der Staatspräsident wird in allgemeiner Wahl auf 5 Jahre gewählt. Er ist Oberkommandierender der Armee. □ Der Ministerpräsident ist der Nationalversammlung verantwortlich. □ Die Nationalversammlung (Exekutive) wird in allgemeiner Wahl auf 5 Jahre gewählt.

Geschichte

Algerien im Altertum. Das von Berbern bewohnte Gebiet wird von Phönikern und Karthagern beeinflußt. Masinissa gründet dort das Königreich der Numider, das nach der Niederlage von Jugurtha (105 v. Chr.) unter römische Herrschaft kommt. Das Land bildet eine wohlhabende und mit Städten durchsetzte Provinz (Timgad, Lambaesis u. a.), die jedoch von Aufständen erschüttert wird. Im 2.–3. Jh. wird es christianisiert, 429–534 von den Wandalen besetzt und 534 von Belisarius, General des byzantinischen Kaisers Justinian, zurückerobert. Aber die Herrschaft von Byzanz beschränkt sich auf das Küstengebiet und bleibt von geringem Einfluß.

Araber und Berber. Die ersten arabischen Überfälle erfolgen 647 und 665, 681–682 dringt Uqba ibn Nafi in das Gebiet ein. Die Araber besiegen die Byzantiner schnell und bilden eine herrschende aristokratische Schicht, stoßen jedoch auf den Widerstand der Berber. Dieser kommt im 8. Jh. durch den Charidjismus zum Ausdruck, eine puritanische und egalitäre islamische Doktrin. Das Königreich von Tahert (776–911) hält sich bis zur Zerstörung durch die Fatimiden. Diese dehnen ihre Herrschaft im 10. Jh. über den zentralen Maghreb aus und geben die Macht an ihre ziridischen Vasallen. Die Hammamiden (1015–1152) machen sich unabhängig, müssen jedoch unter dem Druck der Beni Hilal an die Küste weichen. Die Gebiete von

Erzeugung wichtiger Güter

Weizen	900 000 Tonnen
Datteln	200 000 Tonnen
Zitrusfrüchte	315 000 Tonnen
Wein	1 820 000 Hektoliter
Schafbestand	14 800 000 Tiere
Erdöl	50,5 Millionen Tonnen
Erdgas	45 Milliarden m³
Strom	13 Milliarden kWh
Eisen	1,6 Millionen Tonnen
Stahl	700 000 Tonnen

Klimadaten

Stadt	Mittlere Temperatur des kältesten Monats (in °C)	Mittlere Temperatur des wärmsten Monats (in °C)	Jährliche Niederschläge (in mm)	Anzahl der Tage mit Niederschlägen pro Jahr
Algier	12	26,5	764	76
Biskra	11,5	34,5	161	34
In-Salah	13,5	36,5	17	8

Höchstwerte von 42, 49 und 50 °C sind in Algier, Biskra und In-Salah verzeichnet worden (in In-Salah können von Mai bis September mehr als 45 °C erreicht werden). In allen drei Stationen wurden auch schon leichte Minusgrade verzeichnet.

LÄNDER DER ERDE

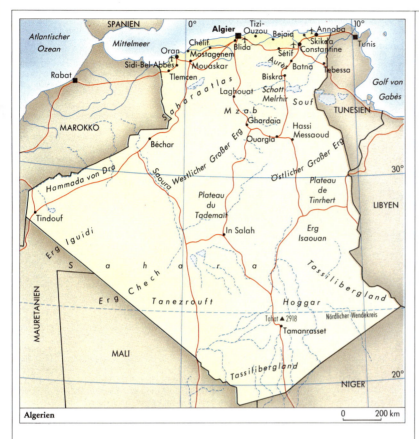

Algerien

Oran und Algier werden um 1080 von den Almoraviden erobert, dann, ab 1147, von den Almohaden, die dann die Hammamiden aus Bejaïa verdrängen. Danach öffnen sich die Küstenstädte der andalusischen Kultur und treiben einen regen Handel mit dem christlichen Osten. Im 13. Jh. ergibt sich in Nordafrika eine neue Machtverteilung. Das algerische Gebiet mit Tlemcen als Hauptstadt erliegt den Abdalwadiden (1235–1550). Ende des 15. Jh. besitzen die Abdalwadiden nur noch Westalgerien, der Rest des Landes wird in zahlreiche Fürstentümer, Stammesbesitzungen, Ländereien der Marabuts oder freie Häfen aufgeteilt. Von 1505–1511 besetzen die Spanier Mers el-Kebir, Oran und Bejaïa.

Die Herrschaft der Osmanen. Angesichts der Bedrohung durch Spanien rufen die Algerier türkische Piraten zu Hilfe. Der Seeräuber Cheireddin ›Barbarossa‹ stellt Algier unter den Schutz des osmanischen Sultans (1518), 1587 wird die Vorherrschaft von Algier festgelegt. Es zieht großen Nutzen aus dem Handel und wird im 16./17. Jh. als türkischer Vasallenstaat unter der Herrschaft eines Deis sehr wohlhabend. Steuern werden in den drei Provinzen des Gebiets erhoben. 1710 erklärt der Dei von Algerien die Unabhängigkeit des Landes. 1791 verzichtet Spanien auf seine Stützpunkte in Algerien.

Die Eroberung Algeriens. Nach drei Jahren erfolgloser Blockademaßnahmen beginnen die Franzosen mit der Eroberung. Algier wird 1830 eingenommen. Bis 1839 kann Frankreich jedoch nur Blida, Annaba, Bejaïa und Oran besetzen, denn es stößt 1832 im Westen auf Abd el-Kader. Die Franzosen versuchen, mit ihm zu verhandeln, zunächst 1834, dann auch 1837 (Vertrag von La Tafna). Aber mit Unterstützung von Marokko erklärt Abd el-Kader 1839 Frankreich den Krieg. General Bugeaud unternimmt dann die Eroberung des Landes. Abd el-Kader wird bei Isly (1847) besiegt und muß sich ergeben.

Die französische Kolonisierung. Das Land wird befriedet. Die französische Herrschaft dehnt sich über die Kleine Kabylei (1857) und bis an die Grenzen der Sahara aus. Paris schwankt zwischen einer Zivil- und einer Militärregierung (erstere wird eingeführt), einem Verbund (im Sinne eines ›Arabischen Reichs‹) und der Assimilierung (die kaum in Frage kommt). Viele Siedler lassen sich nieder, vor allem nach 1870 (1954 sind es dann 984 000 ›Pieds-noirs‹). Ab 1930 entwickelt sich die nationalistische islamische Bewegung und wird während des Krieges radikaler (Aufstand in Constantine, 1945).

Der Algerienkrieg. Am 1. November 1945 bricht im Aurès und in der Großen Kabylei ein Aufstand aus, der niedergeschlagen wird. 1954 löst eine radikale Gruppe um Ben Bella, die Nationale Befreiungsfront (FLN) eine weitere Erhebung aus, die Frankreich mit einem Heer von zeitweilig 500 000 Mann zu unterdrücken sucht. Auf beiden Seiten kommt es zu schweren Ausschreitungen auch gegen die Zivilbevölkerung. Die Staaten der Arabischen Liga erkennen die 1958 gebildete, von der FLN getragene Exilregierung an, die 1958–61 von Ferhat Abbas, 1961–62 von Y. Ben Khedda geleitet wird. Zugeständnisse der französischen Regierung an die Aufstandsbewegung lösen 1958 einen Putsch der Armee gegen die 4. Französische Republik aus, der zur Gründung der 5. Republik führt. Gegen den Aufstand aus den Reihen der Generalität und der Algerien-Franzosen (Aufstand 1961; Organisation de l'Armée Secrète [OAS] 1961–63) schließt Präsident Charles de Gaulle mit der ›Provisorischen Regierung der algerischen Republik‹ 1962 das Abkommen von Evian, das Algerien die Unabhängigkeit bringt.

Das unabhängige Algerien. Ben Bella kann sich durchsetzen und errichtet 1963 ein Präsidialregime mit einer Einheitspartei, der FLN. Er wird 1965 von den Militärs gestürzt, die unter der Führung von Boumedienne den Revolutionsrat einsetzen. Dieser unternimmt die Verstaatlichung des größten Teils der Erdöl- und Erdgasproduktion (1967–1971) und beginnt mit einer Agrarreform (1971). Die Außenpolitik, zunächst anti-imperialistisch, wird dann blockfrei ausgerichtet. 1976 wird eine neue Charta unter Betonung des Sozialismus ausgearbeitet, und eine neue Verfassung wird erlassen. Beim Tod von Boumedienne 1979 wird Chadli sein Nachfolger. Er versucht, Reformen im Hinblick auf eine größere Effizienz der Wirtschaft zu fördern und bekämpft den Dogmatismus der FLN. Doch der Bevölkerungszuwachs (1985 sind 60 % der Algerier jünger als 20 Jahre) behindert die wirtschaftliche Entwicklung. Eine erste Kampagne zur Geburtenkontrolle wird 1983 begonnen. Aber die hohen Lebenshaltungskosten, wiederholt auftretende Notstände und das Einparteiensystem bergen sozialen Sprengstoff. Die seit Beginn der 80er Jahre agitierenden militanten muslimischen Gruppen haben Erfolg; 1986 billigt die Bevölkerung eine erweiterte Fassung der Nationalcharta, die sich stärker auf den Islam beruft. 1988 brechen Aufstände aus, die die Armee niederschlägt. Chadli verspricht politische und wirtschaftliche Reformen und wird im Dezember wiedergewählt. Er wendet sich von der Ausrichtung auf den Sozialismus ab und führt 1989 ein Mehrparteiensystem ein. Alsbald konstituieren sich viele Parteien. Die Partei der islamischen Fundamentalisten ›Front Islamique du Salut‹ (FIS) gewinnt 1990 die Kommunalwahlen, und auf ihren Druck kündigt Präsident Chadli für 1991 vorgezogene Parlamentswahlen an.

TUNESIEN TUNISIJJA

Offizieller Name: Tunesische Republik.

Hauptstadt: Tunis. □ **Währung:** Tunes. Dinar (= 1 000 Millimes). □ **Amtssprache:** Arabisch. □ **Überwiegende Religion:** Islam.

Staatspräsident: Zine el-Abidine Ben Ali (seit 1987). □ **Ministerpräsident:** Hamed Karaoui (seit 1989).

Flagge: Besteht seit 1835. Das Rot der Beikalflagge verbreitet das Licht über die gesamte islamische Welt.

Nationalhymne: ›Humat al-hima ya humat al-hima / halummu halummu li madjdi l-zaman / laqad sarakhat fi uruqina l-dima / namut namut wa yahya al-watan.‹ (Verteidiger der Heimat, antwortet, antwortet dem Ruf des Ruhms und dem Ruf des Blutes in den Adern. Bringt das höchste Opfer, damit die Heimat lebe.) Text von Mustafa al-Saqid al Rafii (1880–1937) und von Abd al-Qasim al-Chabbi (1909–1934); Musik von einem unbekannten Komponisten. Amtlich.

Nationalfeiertag: 20. März (Unabhängigkeitstag).

Fläche: 164 000 km². □ **Höchste Erhebung:** Chambi mit 1 544 m.

Bevölkerung (1989): 7 900 000 Ew. *(Tunesier)*. □ **Durchschnittliche Bevölkerungsdichte:** 48

451

LÄNDER DER ERDE

NORDAFRIKA

Tunesien

Ew. pro km². □ Jährliches Bevölkerungswachstum: 2,5 %. □ Geburtenrate: 32 ‰. □ Sterbeziffer: 7 ‰. □ Kindersterblichkeit: 77 ‰. □ Lebenserwartung: 64 Jahre. □ Anteil unter 15 Jahren: 40 %. □ Anteil 65 Jahre und älter: 4 %. □ Stadtbevölkerung: 57 %. Wichtigste Städte und Ballungsräume: Tunis 597 000 Einwohner (774 000 mit Vororten), Sfax 231 000.
Bruttoinlandsprodukt gesamt (1987): 9 Milliarden Dollar. □ Bruttoinlandsprodukt/Kopf: 1 210 Dollar.
Produktionsstruktur: Landwirtschaft 32 %; Industrie 32 %; Dienstleistungen 36 %. □ Arbeitslosenquote (1985): 20 %.

Erzeugung ausgewählter Güter u. a. wichtige Erwerbsquellen

Weizen	211 000 Tonnen
Olivenöl	100 000 Tonnen
Zitrusfrüchte	166 000 Tonnen
Wein	490 000 Hektoliter
Schafbestand	5,3 Millionen Tiere
Fischfang	104 000 Tonnen
Erdöl	4,9 Millionen Tonnen
Phosphate	6 Millionen Tonnen
Strom	4,2 Milliarden kWh
Tourismus	1,9 Millionen Auslandstouristen

Verkehr: 26 200 km Straßen; Eisenbahn 2 136 km (davon 21 km elektrifiziert).
Exporte: 25,5 % des BIP (2,3 Milliarden Dollar). □ Importe: 40 % des BIP (3,6 Milliarden Dollar).
Auslandsschulden (1988): 8 Milliarden Dollar.
Inflationsrate (1987): 7,2 %.
Militärausgaben (1988): 545 Millionen Dollar. □ Streitkräfte: 38 000 Mann. □ Wehrdienst: 12 Monate.

Staatliche Institutionen

Seit 1957 Republik. □ Verfassung von 1959, 1988 geändert. □ Der Staatspräsident und die Nationalversammlung werden gleichzeitig auf 5 Jahre gewählt.

Geschichte

Das antike Tunesien. Vor Ende des 9. Jh. v. Chr. gründen die Phöniker in dem von Berbern bewohnten Gebiet Utika und Karthago. Letzteres beherrscht im 7. Jh. die phönikischen Handelsniederlassungen im westlichen Mittelmeer. Die Karthager begründen somit den Wohlstand der späteren römischen Provinz Africa, die nach der Zerstörung Karthagos im Jahre 146 v. Chr. gegründet wird. Die einheimischen Numider werden weiter nach W abgedrängt. Gegen Ende des Wandalenreichs (429–534) entwickelt sich das berberische Nomadentum, und das Christentum, das im 3. und 4. Jh. blühte, geht zurück. Die Eroberung durch Byzanz (534–698) beschränkt sich auf die Küstenzonen und kann diese Entwicklung nicht aufhalten.

Das arabische Ifriqiya. Nach einem ersten Angriff (647) erobern die Araber Ifriqiya von 669–705. Das 670 gegründete Kairuan wird Sitz der omaijadischen und abbasidischen Herrscher. Die alten Städte entwickeln ihre Aktivitäten, befestigte Klöster (Sousse, Monastir, Sfax) werden an der Küste gebaut. Die Aghlabiden (800–909), die Sizilien erobert haben, werden von den Fatimiden vertrieben, die nach der Eroberung Ägyptens (969) Ifriqiya an ihre ziridischen Vasallen abgeben. In der zweiten Hälfte des 11. Jh. ruinieren die Überfälle der Beni Hilal das Land. Die Ziriden, die seit 1051 unabhängig sind, fliehen nach Mahdia. Nachdem die Almohaden die Normannen verjagt haben (1160), die fast die gesamte Küste von Sfax bis Gabès besetzten, regieren sie das Land, bis die Hafsiden (1229–1574) die Autorität von Marrakesch zurückweisen. Tunis entwickelt sich dank des Handels, der damals von den Venezianern, den Genuesern, den Aragoniern und den Sizilianern betrieben wird. Ab 1391 nimmt das Land viele Juden aus Spanien auf.

Die Herrschaft der Osmanen. Nach einem langen Kampf zwischen Spaniern und Osmanen (Besetzung 1534 durch Cheireddin Barbarossa und durch Karl V., der von den türkischen Piraten 1556–58 wieder verjagt wird) wird Tunis, das von Johann von Österreich besetzt war (1573), Teil des osmanischen Reiches (1574). Ab 1590 wird Tunesien von einem Dei regiert, der von den Janitscharen gewählt wird; dieser wird im 18. Jh. von einem Bei ersetzt (beilikalische Dynastie der Husainiden [1705–1957]). Eigentlich ist Tunis autonom, hat jedoch keine Kontrolle über das Innere des Landes und dessen feindliche Stämme. Der Kapereikrieg bricht vom 16.–17. Jh. wieder aus, und die Franzosen können in den Häfen zahlreiche neue Handelskantore einrichten. Im 19. Jh. gründen Briten, Italiener und Franzosen Niederlassungen im Land. Die Verschuldung führt zum Bankrott und zur Schaffung einer englisch-französisch-italienischen Finanzkommission (1869). Der Berliner Kongreß (1878) erkennt die besonderen Interessen Frankreichs in Tunesien an. Dann wird durch den Vertrag von Bardo (1881) und die Konvention von La Marsa (1883) das französische Protektorat eingerichtet.

Das französische Protektorat (1881/83 bis 1956). Das französische Verwaltungs- und Bildungssystem wird eingeführt. Das politische Leben ist vom Aufkommen der Städtepartei der ›jungen Tunesier‹ (1907), durch die Aufstände von 1911 und der langen Unterdrückung von 1911–21 gekennzeichnet. 1920 wird die Destur gegründet, 1933 die Neo-Destur von Habib Bourguiba, eine weltliche und nationalistische Partei. Diese bricht 1934 mit der alten Destur. Die Führer der Neo-Destur werden deportiert, und nach dem Scheitern der Verhandlungen mit der Regierung Blum kommt es zu blutigen Aufständen (1937); 1938 wird der Belagerungszustand ausgerufen. Der Tunesien-Feldzug befreit das von den Italienern und Deutschen besetzte Land (Nov. 1942–Mai 1943). Nach dem Krieg führt die Einmischung Frankreichs zu einer Verhärtung der Neo-Destur (1952–1954) und zum Ausbruch des Terrorismus. 1955 wird dem Land die interne Autonomie gewährt, 1956 wird die völlige Unabhängigkeit erklärt.

Das unabhängige Tunesien. Der Regierungschef Bourguiba bricht die Opposition von Salah Ben Yussef (1956/57), erläßt das Gesetz des persönlichen Status (1956) mit weltlicher Tendenz, verdrängt den Bei und ruft die Republik aus (1957). Im Verlauf des Algerienkrieges verschlechtern sich die Beziehungen zu Frankreich (Affäre von Biserta, 1961), dann verschlechtert sich die wirtschaftliche Lage durch die Verstaatlichung der Ländereien der Siedler (1964). Das politische Leben ist von den Spannungen zwischen der Generalunion der tunesischen Arbeiter (UGTT, gegründet 1947) und der Partei des Präsidenten (Destur) geprägt, die ab 1964 Sozialistische Destur-Partei und seit 1988 Demokratische Konstitutionelle Vereinigung heißt. Trotz der Unruhen in Universitäten und Gewerkschaften richtet Bourguiba erst 1983 offiziell das Mehrparteiensystem ein. Die Regierung sieht sich einer verstärkten islamischen Bewegung gegenüber. Im November 1987 wird Bourguiba von General Ben Ali abgesetzt (der im Oktober zum Staatspräsidenten ernannt wird).

Außenpolitik: Die gemäßigte Haltung Tunesiens gegenüber Israel führt zu Spannungen mit der Arabischen Liga unter Nasser und zu einem Abbruch der Beziehungen zu Ägypten (1966–67). Die Grenzprobleme mit Algerien werden 1968 und 1983 geregelt. 1974 wird ein Plan der Vereinigung mit Libyen aufgegeben. Tunesien wird 1979 Sitz der Arabischen Liga und der führenden Organe der PLO 1982. 1988/89 schließt es sich stärker an die anderen Maghrebstaaten an.

Klimadaten

Stadt	Höhe (m ü.M.)	Mittlere Temperatur des kältesten Monats (in °C)	Mittlere Temperatur des wärmsten Monats (in °C)	Jährliche Niederschläge (in mm)	Anzahl der Tage mit Niederschlägen pro Jahr
Tunis	65	10,5	26	420	102
Gabès	5	11	27,5	175	34
Gafsa	314	9	29,5	150	30

Im Juli hat das Thermometer in Tunis schon 48 °C, in Gabès 50 °C und in Gafsa 53 °C erreicht. In allen drei Stationen ist es auch schon unter 0 °C gesunken.

LÄNDER DER ERDE

LIBYEN LYBIJJA

Offizieller Name: Sozialistische Libysche Arabische Volksrepublik.

Hauptstadt: Tripolis *(Tarabulus)*. □ **Währung:** Libyscher Dinar (= 1 000 Dirhams). □ **Amtssprache:** Arabisch. □ **Überwiegende Religion:** Islam.

Staatsoberhaupt: Moamar al-Gaddhafi (seit 1969).

Flagge: 1977 angenommen, erinnert an die ›Grüne Revolution‹ von 1969.

Nationalhymne: amtlich seit 1969; Text von A. Chams ad-Din; Musik von Mahmud al-Charif.

Nationalfeiertag: 1. September (Jahrestag der Revolution von 1969).

Fläche: 1 760 000 km². □ **Höchste Erhebung:** 2 285 m im Tibesti.

Bevölkerung (1989): 4 100 000 Ew. *(Libyer).* □ Durchschnittliche Bevölkerungsdichte: 2,3 Ew. pro km². □ Jährliches Bevölkerungswachstum: 3,1 %. □ Geburtenrate: 39 ‰. □ Sterbeziffer: 8 ‰. □ Kindersterblichkeit: 74 ‰. □ Lebenserwartung: 65 Jahre. □ Anteil unter 15 Jahren: 46 %. □ Anteil 65 Jahre und älter: 2 %. □ Stadtbevölkerung: 64,5 %.

Bruttoinlandsprodukt gesamt (1987): 23,2 Milliarden Dollar. □ **Bruttoinlandsprodukt/Kopf:** 4 057 Dollar.

Produktionsstruktur: Landwirtschaft 14 %; Industrie 26 %; Dienstleistungen 60 %. □ **Arbeitslosenquote:** nicht verfügbar.

Verkehr: 25 675 km Straßen.

Exporte: 46,5 % des BIP (10,8 Milliarden Dollar). □ **Importe:** nicht verfügbar.

Auslandsschulden (1988): 2,7 Milliarden Dollar.

Inflationsrate: nicht verfügbar.

Militärausgaben (1988): 1,42 Milliarden Dollar. □ **Streitkräfte:** 85 000 Mann. □ **Wehrdienst:** 36 bis 48 Monate.

Die größten Städte

Tripolis	980 000	Misurata	285 000
Bengasi	450 000	Zawija	247 000

Erzeugung wichtiger Güter

Schafbestand	5,5 Millionen Tiere
Erdöl	50,4 Millionen Tonnen
Erdgas	5,4 Milliarden m³
Strom	9 Milliarden kWh

Klimadaten

Stadt	Mittlere Temperatur des kältesten Monats (in °C)	Mittlere Temperatur des wärmsten Monats (in °C)	Jährliche Niederschläge (in mm)
Tripolis	13,5	25,5	268
Bengasi	12	26	385

Minuswerte treten nie auf. In beiden Stationen kann das Thermometer von April bis September 40 °C übersteigen (im Juli 46 °C in Tripolis).

Staatliche Institutionen

Volksdemokratie auf der Basis von Volkskongressen, Volkskomitees und Gewerkschaften. □ Verfassung von 1977. □ Höchstes Vertretungsorgan ist der Allgemeine Volkskongreß. □ Staatsoberhaupt ist der Revolutionsführer, der vom Allgemeinen Volkskongreß gewählt wird.

Geschichte

Altertum. Die Griechen nennen die Nordküste Afrikas Libye, deren Einwohner sie als Libyer bezeichnen. Die Seevölker lassen sich dort nieder und dringen dann ins Nildelta vor (13.–12. Jh. v. Chr.). In der Antike bildet Libyen keine Einheit. Die Geschichte Tripolitaniens ist mit der der weiter westlich gelegenen Gebiete (heute Tunesien) verknüpft: Beherrschung der Küste durch Karthago (6. Jh. v. Chr.); Eroberung durch die Römer im Jahre 106 v. Chr. Die Cyrenaica, wo die Griechen Kolonien, darunter Kyrene um 631, gründen, wird eine reiche landwirtschaftliche Provinz. Sie wird bis zur Eroberung durch die Römer (96 v. Chr.) im 3. Jh. Ägypten angeschlossen (4. Jh. v. Chr.). Im 3. Jh. n. Chr. erreicht die Christianisierung ihren Höhepunkt. Der Zerfall der hellenisch-römischen Welt ruiniert die libyschen Provinzen, die 642–43 den Arabern in die Hände fallen.

Das islamische Libyen. Wie im übrigen Nordafrika beherrschen zuerst die zentrale Macht (Omaijaden, Abbasiden), dann die Dynastien des Maghreb und Ägyptens die mehr oder weniger ruhigen Berbervölker, die nach und nach islamisiert werden. Die Osmanen machen sich 1517 zu den Herren von Ägypten und der Cyrenaica, von Tripolitanien (1551) und des Fezzan (1577–78).

Die italienische Kolonisierung. 1911 werden die Küstenstriche von den Italienern erobert und ihnen beim Frieden von Ouchy (1912) von den Osmanen abgetreten. Der bewaffnete Widerstand der Senussi-Bruderschaft widersetzt sich bis 1931 der italienischen Eroberung. 1934 wird die italienische Kolonie von Libyen gegründet. Nach dem Libyenfeldzug (1940–43) verwalten Großbritannien und Frankreich das Land.

Die Unabhängigkeit. Unter dem Vorsitz der UNO wird eine Nationalversammlung gebildet (1950), die dann Idris I. (1951–1969) anvertraut wird. Die Erdölförderung ab 1961 führt zu großen sozialen Veränderungen. Nach der Absetzung von Idris I. (1969) durch die ›Freien Offiziere‹ wird Gaddhafi Herrscher des Landes. Er verstaatlicht die Erdölgesellschaften (1971) und führt eine kulturelle, islamische und antibürokratische Revolution durch (1973), deren Theorie in einem ›Grünen Buch‹ niedergeschrieben ist (1976–82). Nach dem Wortlaut der Charta der Macht des Volkes (1977) wird der ›Staat des Volkes‹ gegründet, dessen Führer Gaddhafi ist. Er schließt vorübergehende panarabische Bündnisse mit Ägypten, Syrien und der Republik Sudan (1972), Tunesien (1974), Syrien (1980) und mit Marokko (1984). Libyen interveniert in anderen Staaten Afrikas (vor allem im Tschad seit 1973) und des Vorderen Orient (Libanon und Ägypten). Es wird beschuldigt, separatistische und terroristische Bewegungen in Europa zu unterstützen. Als Vergeltungsschlag bombardieren die USA Tripolis und Bengasi (1986). 1988/89 schließt sich Libyen stärker an die Maghrebstaaten an.

ÄGYPTEN MISR

Offizieller Name: Arabische Republik Ägypten.

Hauptstadt: Kairo *(Al-Qahira)*. □ **Währung:** Ägyptisches Pfund (= 100 Piaster). □ **Amtssprache:** Arabisch. □ **Überwiegende Religion:** Islam.

Staatspräsident: Hosni Mubarak (seit 1981).

Ministerpräsident: Atef Sedki (seit 1986).

Flagge: Das Rot steht für das Blut der Märtyrer; das Weiß für die weiße Revolution von 1952; das Schwarz für die Epoche der Monarchie; der Adler für scharfes Sehvermögen (er soll aus der Zeit der Kreuzzüge und Saladins stammen).

Nationalhymne: ›Biladi, biladi, biladi laki hubbi wa fuadi / Biladi, biladi, biladi laki hubbi wa fuadi / Misr ya umm al-bilad inti ghayati wa l-murad / waala kull al-ibad kam linilik min ayadi biladi ...‹ (Heimat, Heimat, mein Herz schlägt für Dich. Ägypten, Mutter aller Völker, Gegenstand meiner Hoffnung, meiner Erwartung. Wer könnte die Wohltaten des Nils für die Menschheit beschreiben. Heimat ...). Text und Musik von Sajjid Darwisch (1892–1932).

Nationalfeiertag: 23. Juli (Jahrestag der Revolution von 1953).

Fläche: 1 000 000 km². □ **Höchste Erhebung:** Djebel Katherin (Sinai) mit 2 641 m.

Bevölkerung (1989): 54 800 000 Ew. *(Ägypter).* □ Durchschnittliche Bevölkerungsdichte: 55 Ew. pro km². □ Jährliches Bevölkerungswachstum: 2,9 %. □ Geburtenrate: 38 ‰. □ Sterbeziffer: 9 ‰. □ Kindersterblichkeit: 93 ‰. □ Lebenserwartung: 59 Jahre. □ Anteil unter 15 Jahren: 40 %. □ Anteil 65 Jahre und älter: 4 %. □ Stadtbevölkerung: 46,5 %.

Bruttoinlandsprodukt gesamt (1987): 36 Milliarden Dollar. □ **Bruttoinlandsprodukt/Kopf:** 710 Dollar. □ **Produktionsstruktur:** Landwirtschaft 38 %; Industrie 20 %; Dienstleistungen 42 %.

Arbeitslosenquote: nicht verfügbar.

Die größten Städte

Kairo	13 000 000	Suez	264 000
Alexandria	2 719 000	El-Mansura	259 000
Giseh	1 247 000	Mahalla al-Kubra	239 000
Imbaba	341 000	Assiut	214 000
Port-Said	320 000	Heluan	204 000
Tanta	285 000	Zagazig	203 000

Erzeugung wichtiger Güter

Weizen	2,5 Millionen Tonnen
Mais	3,7 Millionen Tonnen
Reis	2,2 Millionen Tonnen
Zucker	1 Million Tonnen
Rohbaumwolle	356 000 Tonnen
Zitrusfrüchte	1,4 Millionen Tonnen
Erdöl	44 Millionen Tonnen
Strom	33 Milliarden kWh
Aluminium	179 000 Tonnen
Baumwollfasern	239 000 Tonnen

LÄNDER DER ERDE

NORDAFRIKA

Verkehr: 30 576 km Straßen; Eisenbahn 4 321 km.

Exporte: 11,9 % des BIP (4,3 Milliarden Dollar). □ Importe: 45 % des BIP (16,2 Milliarden Dollar).

Auslandsschulden (1987): 38,3 Milliarden Dollar.

Inflationsrate (1987): 19,7 %.

Militärausgaben (1989): 6,8 Milliarden Dollar. □ Streitkräfte: 448 000 Mann. □ Wehrdienst: 36 Monate.

Staatliche Institutionen

Seit 1953 Republik. □ Verfassung von 1971. □ Der Staatspräsident wird von der Nationalversammlung nominiert und durch Volksentscheid für 6 Jahre bestätigt. □ Der Ministerpräsident ist der Volksversammlung verantwortlich (10 ihrer Mitglieder werden vom Präsidenten der Republik ernannt), die für 5 Jahre gewählt wird.

Geschichte

Das alte Ägypten. Ägypten, das seit ältester Zeit besiedelt ist, tritt 3200 v. Chr. in die Geschichte ein. Nach den Chronologieverzeichnissen von Manetho beherrschten dreißig Dynastien 3000 Jahre lang das Ägypten der Pharaonen. Das Alte Reich (2778 bis um 2260) erlebt das Aufkommen der ägyptischen Kultur; dies ist die Zeit der großen Pyramiden, die Zeit der Namen wie Djoser und Imhotep, Snefru, Cheops, Chephren und Mykerinos. Nach einer Zeit der Wirren (2260–2160) ist das Mittlere Reich (2160–1785) oder Erstes Thebenreich durch eine weniger zentralisierte Monarchie gekennzeichnet; Montuhotep, Amenemhet und Sesostris weiten ihre Macht bis nach Nubien und Syrien aus. Die Schwächung ihrer Nachfolger ermöglicht es den Hyksos, Eindringlingen aus Vorderasien, die Macht zu ergreifen. Diese zweite dunkle Zeit (1785–1580) wird von dem zweiten Thebenreich beendet (1580–1085), das fünf Jahrhunderte lang das prächtigste Reich des Orients darstellt. Die ägyptische Macht dehnt sich bis in den Sudan und an den Euphrat aus. Die Pharaonen des Neuen Reiches, Ahmosis, Amenophis, Thutmosis und Ramses, sind die letzten großen Könige des Nilkönigreiches. Eine lange Zeit des Niedergangs folgt, die Niedere Epoche (1085–333) bedeutet das Ende des ruhmreichen pharaonischen Ägypten, das 525 unter persische Herrschaft kommt, bevor es Alexander dem Großen in die Hände fällt.

Mit dem makedonischen Eroberer tritt Ägypten in die griechische Welt ein. Das hellenistische Ägypten (332–30 v. Chr.) wird von den Lagiden beherrscht, die eine Kolonialherrschaft zugunsten der Griechen einrichten. Die Hauptstadt der Lagiden, Alexandria, wird zum intellektuellen und wirtschaftlichen Mittelpunkt des östlichen Mittelmeers. Das römische Ägypten (30 v. Chr.–395 n. Chr.) nach Aktium (31 v. Chr.), das lange Zeit Kornkammer des Reiches ist, geht 395, beim Tode des Theodosius, an Byzanz. Seit dem 3. Jh. breitet sich das Christentum, auch in der Form des Mönchtums, rasch aus und macht schließlich der altägyptischen Kultur ein Ende.

Das islamische Ägypten bis Mehmed-Ali. Zwischen 639 und 642 erobern die Araber Ägypten. Die Ägypter nehmen diese neue Herrschaft an, die sich auch durch Steuern für das Kalifat und die Zahlung einer Getreideabgabe zeigt. Unter muslimischer Herrschaft (Omaijaden, Abbasiden) entwickeln sich Landwirtschaft und Handwerk. Die Araber zwingen dem Land den Islam und ihre Sprache auf. Selbst der koptische Klerus verwendet ab dem 10. Jh. die arabische Sprache. Mit den Tuluniden (868–905) befreit sich Ägypten von der abbasidischen Herrschaft. Dann, von 969–1171, sind die Fatimiden die Herren Ägyptens. Sie gründen Kairo, das Zentrum des schiitischen ismaelischen Kalifats. Der Wesir Saladin ergreift 1171 die Macht und führt den Sunnismus wieder in Ägypten ein. Er gründet die Dynastie der Aijubiden, die Ägypten (von 1171–1250) und Syrien regiert und sich zur Beschützerin des Islam macht, der von den Kreuzzügen bedroht wird. Die Aijubiden werden von ihren ehemaligen Sklaven, die mehrheitlich türkisch sind, gestürzt. So werden die Mamelucken (1250–1517) zur beherrschenden militärischen Kaste, die dem Land seine Sultane gibt. Sie erobern Kairo vom abbasidischen Kalifen, halten die Mongolen bei Ayn Djalut (1260) auf, befreien Syrien und Palästina von den Franken. Die Aijubiden und danach die Mamelucken entwickeln den Handel mit dem Westen. Ägypten wird zum Zwischenlager für die Waren aus Arabien und dem Fernen Osten. Die Entdeckung des Seewegs nach Indien Ende des 15. Jh. führt zu einer Abnahme der Handelstätigkeit. 1517 wird Ägypten zu einer Provinz des osmanischen Reiches. Es wird von einem Pascha und den Beis verwaltet, die aus den Reihen der Mamelucken kommen und die Herren des Landes bleiben. Der Ägyptenfeldzug Napoleons (1798–1801) eröffnet diesem Land die westlichen Techniken.

Das moderne Ägypten. Mehmed-Ali, ab 1805 Pascha von Ägypten, beginnt mit einer großangelegten Modernisierungspolitik; hierbei unterstützen ihn Christen und Fremde, die er zu Beis oder Ministern macht. Er erobert den Sudan (1820–1823) und nimmt zusammen mit seinem Sohn Ibrahim Pascha den Osmanen Syrien ab. Nach dem Eingreifen der Westmächte (1840) zugunsten der Osmanen bleiben ihm nur der Sudan und Ägypten, er wird aber 1841 als erblicher Statthalter des Niltals, mit dem Titel eines Khediven (Vize-König), anerkannt. Said Pascha (1854–1863) und Ismail Pascha (1867–1879) geben Ägypten eine moderne Infrastruktur. 1869 wird der Suezkanal eingeweiht. Das Land hat verschiedene Anleihen gemacht und muß die Kontrolle seiner Finanzen durch Frankreich und Großbritannien akzeptieren. Unter dem Khediven Tawfiq schlägt Großbritannien die nationalistische Bewegung Urabi nieder und besetzt das Land (1882). Die Konvention von 1899 errichtet ein britisch-ägyptisches Kondominium über den Sudan. Ägypten behält jedoch seine Vorstellung von der Unabhängig-

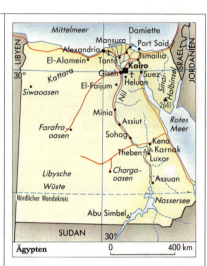

Ägypten

keit, bis 1914 offiziell das britische Protektorat eingerichtet wird, das die Herrschaft der Osmanen beendet. Die ägyptischen Nationasten sammeln sich um Sad Zaghlul, der 1919 eine Abordnung, die Wafd, zu Verhandlungen mit den Briten schickt. 1922 wird Ägypten unabhängig, und König Fuad I. (1922–1936) gibt dem Land eine parlamentarische Verfassung. Der Vertrag von 1936 befreit das Land nicht von den britischen Truppen und regelt die Sudanfrage nicht. Unter Faruk I. (1936–1952) verschlechtert sich die Lage (soziale Unruhen, Aufstände der Studenten und der Arbeiter gegen die Briten), vor allem nach der Niederlage der ägyptischen Armee in Palästina (1948).

Das republikanische Ägypten. 1952 ergreift die Armee die Macht. 1953 werden die Parteien aufgelöst und die Republik wird ausgerufen. General Mohammed Nagib, der bis 1954 Staatspräsident ist, wird von Gamal Abd el-Nasser abgelöst. Dieser verstaatlicht 1956 den Suezkanal, betreibt Landreformen (1952, 1961, 1969) und richtet Ägypten auf die Sozialismus aus. Die UdSSR schickt Waffen und Ratgeber. Nasser wird zum Vorkämpfer des arabischen Nationalismus (1958–1961 Vereinigung mit Syrien zu einer Vereinigten Arabischen Republik). Die Niederlage im arabisch-israelischen Krieg von 1967 stürzt das Land in Unordnung, die sich durch Nassers Tod 1970 noch verstärkt. Unter der Präsidentschaft von Anwar as-Sadat findet der vierte arabisch-israelische Krieg (1973) statt; Ägypten muß, nach anfänglichen Erfolgen, in einen Waffenstillstand einwilligen. Sadat bricht mit der UdSSR (1974) und besucht Jerusalem (Nov. 1977). Nach dem Abkommen von Camp David (1978) unterzeichnet er mit Israel den Washingtoner Friedensvertrag (1979). Ägypten, das nach diesem Vertrag 1982 den Sinai zurückerhält, wird einige Zeit von der arabischen Welt geschnitten. Im Land selbst werden auf Betreiben Sadats, der 1971 die politischen Gefangenen freisetzt, ab 1978 die Parteien wieder zugelassen. Aber extreme islamische Gruppierungen aus der Muslimbruderschaft führen 1974, 1977 und 1981 (Attentat auf Sadat) gewalttätige Aktionen durch und bleiben auch unter Hosni Mubarak aktiv. Dieser führt die Politik Sadats weiter und ergreift Maßnahmen hinsichtlich einer gewissen Islamisierung der Gesetze, der Verfassung und des Bildungswesens. Er bemüht sich erfolgreich, die Isolierung Ägyptens im arabischen Raum aufzulockern. Gleichzeitig baut er die guten Beziehungen zur westlichen Staatenwelt aus und versucht, das Verhältnis zur Sowjetunion zu bessern.

Klimadaten

Stadt	Mittlere Temperatur des kältesten Monats (in °C)	Mittlere Temperatur des wärmsten Monats (in °C)	Jährliche Niederschläge (in mm)	Anzahl der Tage mit Niederschlägen pro Jahr
Assuan	16,5	34	0	0
Kairo	13,5	28,5	25	6
Alexandria	14,5	27	175	27

In den drei Stationen ist die Temperatur nie unter den Gefrierpunkt gesunken. Dagegen sind in Alexandria schon 40 °C, in Kairo 45 °C und in Assuan 50 °C gemessen worden.

LÄNDER DER ERDE

OSTAFRIKA

ÄTHIOPIEN

Offizieller Name: Demokratische Volksrepublik Äthiopien.

Hauptstadt: Addis Abeba. ◻ **Währung:** Birr (= 100 Cents). ◻ **Amtssprache:** Amharisch. ◻ **Überwiegende Religionen:** Christentum, Islam.

Staatspräsident: Mengistu Haile Mariam (seit 1977). ◻ **Vize-Ministerpräsident:** Hailu Yimenu (seit 1989).

Flagge: Sie wurde 1941 neu entworfen und trägt die panafrikanischen Farben Grün-Gelb-Rot, die die Fruchtbarkeit des Bodens, die Heimatliebe und das für die Unabhängigkeit vergossene Blut symbolisieren.

Nationalhymne: ›Yatyopya, qidä mi bähibräsäbawinnät, abbibi, lämlimi!‹ (Vorwärts zum Ruhm, Äthiopien, auf dem Höhepunkt des Sozialismus blühst und gedeihst du.) Text von Assefa Gabre Mariam (geb. 1936), Musik von Daniel Johannis (geb. 1950). Amtlich seit 1975.

Nationalfeiertag: 12. September (Jahrestag der Revolution von 1974).

Fläche: 1 220 000 km². ◻ **Höchste Erhebung:** Ras Daschan mit 4 550 m.

Bevölkerung (1989): 49 800 000 Ew. *(Äthiopier)*. ◻ **Durchschnittliche Bevölkerungsdichte:** 41 Ew. pro km². ◻ **Jährliches Bevölkerungswachstum:** 2,3 ‰. ◻ **Geburtenrate:** 46 ‰. ◻ **Sterbeziffer:** 23 ‰. ◻ **Kindersterblichkeit:** 152 ‰. ◻ **Lebenserwartung:** 41 Jahre. ◻ **Anteil unter 15 Jahren:** 46 %. ◻ **Anteil 65 Jahre und älter:** 4 %. ◻ **Stadtbevölkerung:** 18 %.

Bruttoinlandsprodukt gesamt (1987): 8,6 Milliarden Dollar.

Bruttoinlandsprodukt/Kopf: 120 Dollar.

Produktionsstruktur: Landwirtschaft 80 %; Industrie 7 %; Dienstleistungen 13 %. ◻ **Arbeitslosenquote:** nicht verfügbar.

Verkehr: 36 391 km Straßen; Eisenbahn 1 000 km.

Exporte (1985): 5,3 % des BIP (457 Millionen Dollar). ◻ **Importe** (1985): 12,8 % des BIP (1,1 Milliarden Dollar). ◻ **Auslandsschulden** (1987): 2,66 Milliarden Dollar.

Militärausgaben (1988): 471,59 Millionen Dollar. ◻ **Streitkräfte:** 315 000 Mann. ◻ **Wehrdienst:** 30 Monate.

Staatliche Institutionen

Demokratische Volksrepublik. ◻ Verfassung von 1987. ◻ Gewählte Nationalversammlung (*shengo*, 835 Abgeordnete) benennt den Staatsrat und den Staatspräsidenten.

Geschichte

Saba, das Königreich Aksum und Zagoué. Archäologische Forschungen haben im Tigre-Gebiet Bauwerke und Schriften der sabischen Kultur aus dem 5.–3. Jh. v. Chr. gefunden. Ab dem 2. Jh. v. Chr. kommt eine Schrift auf, die sich zu der Geez-Schrift entwickelt. In derselben Gegend entsteht das Königreich Aksum (etwa vom 1. bis 9. Jh.). Mitte des 4. Jh. bekehrt sich der Kaiser Ezana zum Christentum, das die offizielle Religion des Königreiches wird. Die äthiopische Kirche, die zum Patriarchat von Alexandria gehört, nimmt im 5. Jh. den Monophysismus an. Die Blütezeit des Königreichs dauert etwa von 520 bis 572, als es Südarabien beherrscht. Doch die Ausbreitung des Islam im 7. Jh. isoliert es nach und nach. Im 8. Jh. besetzen die Araber die Küste und die Dahlak-Inseln. Nach zerstörerischen Überfällen der Agaou-Stämme (10. Jh.) kommt Ende des 11. oder Anfang des 12. Jh. die Zagoué-Dynastie auf, die Roha (heute Lalibela) im Lasta zu ihrer Hauptstadt macht.

Die Blüte im Mittelalter und der Kampf gegen den Islam. Jekuno Amlak (1270 bis 1285) stellt (nach der Überlieferung) das alte Königreich Aksum wieder her. Er stürzt die Dynastie der Zagoué und das Land lebt wieder auf. Die äthiopische Kultur entwickelt sich: die Kirche bleibt dem Monophysismus sowie einer stark von afrikanischen und jüdisch-christlichen Elementen beeinflußten Liturgie mit der Geez-Sprache treu, während im täglichen Leben die amharische Sprache gesprochen wird. Im 14. und 15. Jh. zeichnen sich die äthiopischen Könige im Kampf gegen die Muslime des Sultanats Ifat (im Osten des Gebiets Schoa) und Adal aus. Der Ruf des Landes ist derart, daß man es im Westen mit dem Land des sagenhaften ›Priester Johannes‹ gleichsetzt. Als unter der Herrschaft von Lebna Dengel (1508–1540) und Kaiser Claudius (Galudeos) (1540–1559) das Land von den Muslimen des Imam Gran (1527–1543) mit Hilfe der Osmanen besetzt

Erzeugung wichtiger Güter

Mais	1,4 Millionen Tonnen
Sorghum	1 Million Tonnen
Kaffee	69 000 Tonnen
Rinderbestand	30 Millionen Tiere
Schafbestand	23,2 Millionen Tiere
Strom	722 Milliarden kWh

Die größten Städte

Addis Abeba	1 250 000	Djimma	64 000
Asmara	374 000	Harar	63 000
Diredaua	82 000	Debre Zeit	50 000
Gondar	77 000	Makale	47 000
Dessie	76 000	Debre Markos	41 000
Adama (Nazareth)	70 000		

Klimadaten

Stadt	Mittlere Temperatur des kältesten Monats (in °C)	Mittlere Temperatur des wärmsten Monats (in °C)	Jährliche Niederschläge (in mm)
Addis Abeba (2 450 m ü. M.)	14	17,5	1 230
Harar (1 850 m ü. M.)	19	20	895
Asmara (2 370 m ü. M.)	15	17	542
Massaua	25,5	35,5	180

In Addis Abeba, der höchstgelegenen Hauptstadt Afrikas, sinkt die Temperatur nie unter 0 °C, erreicht aber auch nie 35 °C im Sommer. Dagegen ist sie jedoch in Massaua schon über 45 °C gestiegen. Die geringe Jahresamplitude ist durch die tropischen Breiten bedingt. Diese bestimmen auch die Verteilung der Niederschläge über das Jahr. Die für diese Regionen typische Häufung der Niederschläge im Sommer ist in Addis Abeba besonders ausgeprägt, wo die Hälfte der Niederschläge innerhalb von 2 Monaten niedergeht (Juli bis August), wogegen der Winter fast trocken ist (weniger als 20 mm für Dezember bis Januar).

wird, wird es von den Portugiesen, die 1541 in Massaua landen, gerettet. Die Oromo (Galla), ein nichtchristliches Volk aus dem Süden, nutzen die Schwäche der Christen und der Muslime und dringen in die Mitte der äthiopischen Hochebene vor. Das Königreich, dessen Hauptstadt nach Gondar verlegt wird (1636), geht im 18. Jh. durch die Kämpfe der Provinzherren unter.

Modernisierung und Rivalitäten zwischen den europäischen Mächten. Mit der Herrschaft des Kaisers Theodorus II. (1855 bis 1868) beginnt die Zeit der Reformen; er bricht die Herrschaft der Feudalherren und läßt sich zum Kaiser ausrufen. Er richtet eine Staatskasse und ein Berufsheer ein. Aber genau wie sein Nachfolger Johannes IV. (1872 bis 1889) muß er sich gegen Übergriffe der europäischen Mächte wehren, die sich bei der Öffnung des Suezkanals (1869) die Häfen des Roten Meeres teilen, und er muß die Expansionsversuche Ägyptens und der Mahdisten unterbinden. Der König von Schoa seit 1865, Menelik II., gründet 1887 Addis Abeba und wird 1889 zum Kaiser gekrönt. Er muß den doppeldeutigen Vertrag von Uccialli (1889) unterzeichnen, den die Italiener nutzen, um sich Eritrea anzueignen und über Äthiopien ein Protektorat zu errichten. Doch er behauptet seine Unabhängigkeit und widerruft den Vertrag 1893. Obwohl Italien bei Coatit und Addigrat (Jan.–März 1895) siegt, muß es dem Frieden von Addis Abeba (26. Okt. 1896) nach der Niederlage von Amba Alagi (7. Dez. 1885) und Adua (1. März 1896) unterzeichnen. Dieser Sieg erlaubt es Menelik, der seine Macht im übrigen bis zum Turkanasee und über Ogaden ausdehnt, drei Verträge über die Grenzen der Kolonisierung von Somalia, Eritrea und Djibouti zu unterzeichnen. Er ruft Techniker aus Europa, um das Land zu modernisieren, er muß jedoch die Teilung unter dem Einfluß von Frankreich, Italien und Großbritannien 1906 akzeptieren.

Die Herrschaft von Haile Selassie. Zunächst ist der Ras Tafari Regent (1916–1930), unter dem Namen Haile Selassie wird er dann Kaiser (1930–1974). 1923 tritt Äthiopien dem Völkerbund bei. Der italienische Angriff auf Äthiopien im Oktober 1935 unterbricht die Ansätze zu einer politischen und wirtschaftlichen Modernisierung. Mit der Eroberung von Addis Abeba (Mai 1936) durch italienische Truppen endet der Krieg. Der Negus flieht nach Djibouti. Die faschistische Regierung in Rom faßt im Sinne ihrer Expansionspolitik Äthiopien, Eritrea und Italienisch-Somaliland zur Kolonie ›Italienisch-Ostafrika‹ zusammen. Der König von Italien führt nun

455

LÄNDER DER ERDE

OSTAFRIKA

auch den Titel Kaiser von Äthiopien. Im Zweiten Weltkrieg erobern britische Truppen das Gebiet von Äthiopien, und Haile Selassie zieht 1941 wieder in Addis Abeba ein.

Im Januar 1942 erkennen die Briten die Unabhängigkeit Äthiopiens an. Eritrea wird ihm 1952 in einem föderativen Rahmen angegliedert. 1955 wird die Verfassung erlassen, ein Parlament eingerichtet, und in Addis Abeba wird eine Universität gegründet. Diese Stadt erhält dann internationales Ansehen, als sie 1963 Sitz der OAU (Organisation für Afrikanische Einheit) wird.

Die äthiopische Republik. Der Kaiser, der seit 1962 mit der Rebellion in Eritrea zu kämpfen hat, wird 1974 von reformistischen Offizieren abgesetzt. Ihr ›Koordinierungsausschuß‹, der Derg, dem seit 1977 der Oberst Haile Mariam Mengistu vorsitzt, setzt ein autoritäres Regime ein, das sich zum Marxismus-Leninismus bekennt. Mit Hilfe der Sowjets und der Kubaner drängt Äthiopien die Somalier zurück, die in Ogaden einfallen (1977–78, 1982–83) und erobert 1978 die Städte Eritreas zurück. Doch es kann nicht die gesamten Gebiete von Eritrea, Ogaden und Tigre kontrollieren. Die neue Regierung hat auch mit der Hungersnot zu kämpfen, die durch eine Dürreperiode entstanden ist (seit 1983). Das Land erhält internationale Hilfe. Die Machthaber versuchen indessen, der Hungersnot durch Umsiedlungsaktionen zu begegnen, indem sie die Menschen aus dem Norden zwangsweise in fruchtbarere Gebiete umsiedeln. Eine umstrittene Lösung. Mehrere tausend Falascha, schwarze äthiopische Juden, können nach jahrelangen Bemühungen nach Israel auswandern. Im Sept. 1984 wird eine Einheitspartei gegründet (die Arbeiterpartei). 1987 macht eine neue Verfassung aus dem Land eine demokratische Volksrepublik. Der Militärrat (Derg) wird aufgelöst. Mengistu wird von dem neuen Parlament zum Präsidenten gewählt. Fünf autonome Regionen, darunter Eritrea, Ogaden und Tigre, werden geschaffen. 1988 beendet ein Vertrag zwischen Somalia und Äthiopien den Ogadenkonflikt; die letzten Soldaten der kubanischen Truppen, die seit 1977 zur Hilfe im Ogaden-Konflikt im Lande waren, ziehen sich 1989 zurück.

SOMALIA SOOMAALIYA

Offizieller Name: Demokratische Republik Somalia.

Hauptstadt: Mogadischu. □ **Währung:** Somalischer Schilling (= 100 Cents). □ **Amtssprache:** Somali. □ **Überwiegende Religion:** Islam.

Staatschef: Ali Mahdi Mohamed (seit Jan. 1991).

Flagge: Die 1954 gewählten Farben nehmen das Blau der Flagge der Vereinten Nationen auf, die das Land nach dem Abzug der Italiener kontrollieren; der Stern mit den fünf Zacken symbolisiert die heute getrennten fünf somalischen Regionen (italienisches, britisches, französisches Somalia, die somalischen Gebiete in Äthiopien und Kenia). □ **Nationalhymne:** Musik von Giuseppe Blanc (1886 bis 1969). Amtlich seit 1960, ohne Text. □ **Nationalfeiertag:** 21. Oktober (Jahrestag der Revolution von 1969).

Fläche: 638 000 km². □ **Höchste Erhebung:** Midjourtin-Berge mit 2 408 m.

Bevölkerung (1989): 8 200 000 Ew. *(Somalier).* □ **Durchschnittliche Bevölkerungsdichte:** 12,8 Ew. pro km². □ **Jährliches Bevölkerungswachstum:** 2,7 %. □ **Geburtenrate:** 48 ‰. □ **Sterbeziffer:** 21 ‰. □ **Kindersterblichkeit:** 137 ‰. □ **Lebenserwartung:** 41 Jahre. □ **Anteil unter 15 Jahren:** 45 %. □ **Anteil 65 Jahre und älter:** 3 %. □ **Stadtbevölkerung:** 34 %.

Bruttoinlandsprodukt gesamt (1987): 1,7 Milliarden Dollar. □ **Bruttoinlandsprodukt/Kopf:** 290 Dollar.

Produktionsstruktur: Landwirtschaft 65 %; Industrie 8 %; Dienstleistungen 27 %.

Arbeitslosenquote: nicht verfügbar.

Verkehr: 21 244 km Straßen (davon 2 310 km asphaltiert).

Exporte (1985): 2,5 % des BIP (91 Millionen Dollar). □ **Importe** (1985): 3,1 % des BIP (112 Millionen Dollar).

Auslandsschulden (1987: 2,2 Milliarden Dollar.

Inflationsrate (1988): 100 %.

Militärausgaben (1986): 33 Millionen Dollar. □ **Streitkräfte:** 65 000 Mann. □ **Wehrdienst:** 18 Monate.

Staatliche Institutionen

Demokratische Republik. □ Verfassung von 1979. □ Volksversammlung auf 5 Jahre gewählt. □ Staatspräsident in allgemeiner Wahl gewählt (Kandidatur wird von der Revolutionären Sozialistischen Partei vorgeschlagen).

Geschichte

Frühzeit. Somalia wurde von den alten Ägyptern ›Land Punt‹ oder auch ›Land der Zendj‹ (›der Schwarzen‹) genannt. Die Küste wird früh von Persern und arabischen Seeleuten angefahren, die sich mit der örtlichen Bevölkerung mischen; daraus entstehen die Suaheli. Ab dem 10. Jh. siedeln sich Somali, die in

Erzeugung wichtiger Güter

Mais	282 000 Tonnen
Sorghum	135 000 Tonnen
Zuckerrohr	550 000 Tonnen
Bananen	70 000 Tonnen
Schaf- und Ziegenbestand	30 Millionen Tiere
Dromedare	6,3 Millionen Tiere
Rinderbestand	3,6 Millionen Tiere
Strom	145 Milliarden kWh

Schüben aus dem Jemen und Arabien kommen, an der Küste an, ihre heutige Verbreitung erreichen sie Ende des 18. Jh. Der Islam verbreitet sich sehr schnell. Das Sultanat von Ifat bekämpft das christliche Äthiopien, besonders im 14. und 16. Jh.

Kolonialzeit. Die Briten kommen in den Golf von Aden und errichten das Protektorat von Somaliland (1887); sie begrenzen ihr Einflußgebiet durch Verträge: 1888 mit den Franzosen in Djibouti, 1894 mit den Italienern, die Eritrea und das Gebiet um Mogadischu beherrschen. 1905 wird das italienische Somalia zu einer Kolonie. Nach dem Äthiopien-Feldzug (1935–36) wird ihm Ogaden angegliedert. Die italienischen Somalier werden 1940–41 in die Kriegshandlungen des Zweiten Weltkriegs verwickelt (s. Äthiopien).

Unabhängigkeit. Italienisch-Somaliland (ohne Ogaden, das an Äthiopien zurückgeht) steht seit 1950 unter dem Schutz der UNO, wird 1960 wie das ehemalige britische Protektorat für unabhängig erklärt. Die beiden Teile vereinen sich sofort. Die neue Republik fordert die ›rechtmäßige‹ Gebiete: Ogaden, den Nordosten von Kenia und einen Teil der heutigen Republik Djibouti. 1963 bricht es die Beziehungen zu Großbritannien ab und verlangt von der UNO die Unabhängigkeit von Französisch-Somaliland, die 1977 erklärt wird. Ein Militärputsch bringt den Oberen Revolutionsrat unter Siyad Barre an die Macht, der einen sozialistischen Einparteienstaat einführt. Nach der Niederlage gegen Äthiopien (von der UdSSR unterstützt) im Krieg von Ogaden (1977–78), bricht Somalia mit der Sowjetunion und nähert sich 1980 an die USA an. Ein stiller Krieg gegen Äthiopien geht weiter, das seit dem Angriff von 1982 die Guerilla gegen die Regierung unterstützt. 1988 wird in einem zweiten Friedensvertrag zwischen Somalia und Äthiopien eine entmilitarisierte Zone eingerichtet. Der Bürgerkrieg erreicht an der Jahreswende 1990/91 eine entscheidende Phase; das Mehrparteiensystem wird eingerichtet, S. Barre gestürzt.

DJIBOUTI

Offizieller Name: Republik Djibouti.

Hauptstadt: Djibouti. □ **Währung:** Djibouti-Franc (= 100 Centimes). □ **Amtssprache:** Französisch.

Überwiegende Religion: Islam.

Staatspräsident: Hasan Guled Aptidon (seit 1977). □ **Ministerpräsident:** Barkat Gurat Hamadu (seit 1978).

Flagge: Sie besteht seit 1977, trägt das Blau des Himmels und des Meeres, Farben der Issa. Das Grün steht für die Afar und ihren Islam. Das Weiß des Friedens hinter dem roten Stern für die Einheit und die Unabhängigkeit.

Nationalhymne: ›Hinginee u sarakaa, Aalankad harrd iyo, Haydar u moudateen.‹ (Steht auf! Wir haben die Flagge gehißt, für die ihr Durst und Schmerz erlitten habt.) Text von Qoryareh (geb. 1946); Musik von Kharchileh (geb. 1947). Amtlich seit 1977. □ **Nationalfeiertag:** 27. Juni (Unabhängigkeitstag).

Fläche: 23 000 km². □ **Höchste Erhebung:** Musa Ali mit 2 010 m.

Klimadaten

Stadt	Mittlere Temperatur des kältesten Monats (in °C)	Mittlere Temperatur des wärmsten Monats (in °C)	Jährliche Niederschläge (in mm)	Anzahl der Tage mit Niederschlägen pro Jahr
Mogadischu	25,5	29	427	78
Berbera	24,5	36,5	53	7

Die größten Städte

Mogadischu	400 000
Hargeisa	150 000
Marka	100 000

LÄNDER DER ERDE

SAHELZONE

Klima: mittlere Temperatur in Djibouti im Januar bei 26 °C, im Juli bei 36 °C, jährliche Niederschläge bei 131 mm.

Bevölkerung (1989): 405 000 Ew. *(Djibouter).* □ Durchschnittliche Bevölkerungsdichte: 18 Ew. pro km². □ Jährliches Bevölkerungswachstum: 3 %. □ Geburtenrate: 48 ‰. □ Sterbeziffer: 18 ‰. □ Kindersterblichkeit: 127 ‰. □ Lebenserwartung: 47 Jahre. □ Anteil unter 15 Jahren: 46 %. □ Anteil 65 Jahre und älter: 3 %. □ Stadtbevölkerung: 75 %.
Wichtigste Stadtregion: Djibouti (200 000 Ew.).

Bruttoinlandsprodukt gesamt (1985): 341 Millionen Dollar. □ Bruttoinlandsprodukt/Kopf: 842 Dollar. □ Produktionsstruktur: Landwirtschaft 25 %; Industrie 15 %; Dienstleistungen 60 %. □ Arbeitslosenquote: nicht verfügbar.

Verkehr: 2 905 km Straßen (davon 281 ausgebaut); Eisenbahn 90 km.

Exporte: 9,3 % des BIP (40,2 Millionen Dollar). □ Importe: 73,8 % des BIP (319,6 Millionen Dollar).

Auslandsschulden (1985): 244 Millionen Dollar.

Militärausgaben (1988): 19 Millionen Dollar. □ Streitkräfte: 3 000 Mann. □ Wehrdienst: freiwillig.

Staatliche Institutionen

Republik mit Einparteienregime. □ Der Staatspräsident wird in allgemeiner Wahl auf 6 Jahre gewählt. □ Die Abgeordnetenkammer besteht aus 65 Mitgliedern.

Geschichte

Das Gebiet, das von den Stämmen der Afar (Danakil) und der Issa (Somal) besetzt ist, wird von den Franzosen erobert. Sie lassen sich von Sultan Tadjura (1862) Obok abtreten und schließen mit den Führern der Afar und Issa mehrere Protektoratsabkommen. 1888 wird die Stadt Djibouti gegründet. Die Kolonie Französisch-Somaliland wird 1896 gebildet, und ihre Hauptstadt wird Djibouti. Lagarde knüpft freundschaftliche Beziehungen zu Kaiser Menelik an, läßt die Grenze zu Abessinien festlegen und beginnt mit dem Bau der französisch-äthiopischen Eisenbahn. 1940 kann sich die Kolonie gegen die italienische Besetzung wehren, sie wird jedoch von den Briten bis zum Bündnis des freien Frankreichs 1942 blockiert. 1946 wird sie französisches Überseegebiet und erlebt zahlreiche Spannungen, die 1947 zu einem Referendum führen. Dieses bestätigt den Verbleib innerhalb der französischen Republik, und das Land nimmt den Namen Französisches Afar-und-Issa-Territorium an. Doch die Anhänger der Unabhängigkeit formieren sich zur afrikanischen Volksliga für die Unabhängigkeit, und 1977 entscheidet sich die Bevölkerung in einem Referendum für die Unabhängigkeit, die von Paris anerkannt wird. Das Gebiet heißt nun Republik Djibouti. Es schließt sich der Arabischen Liga an. Hasan Guled Aptidon wird Präsident. Er wird 1981 (und 1987) wiedergewählt und richtet ein Einparteiensystem ein. In der Außenpolitik unterhält Djibouti Beziehungen zu Frankreich, das dort aus strategischen Gründen eine Garnison beläßt. Die diplomatischen Beziehungen richten sich immer mehr auf die arabischen Staaten aus, die Wirtschaftshilfe leisten.

MAURETANIEN
MURITANIJJA

Offizieller Name: Islamische Republik Mauretanien.

Hauptstadt: Nouakchott. □ Währung: Ouguiya (= 5 Khoums). □ Amtssprache: Arabisch.

Überwiegende Religion: Islam.

Staats- und Regierungschef: A. Ould Taya (seit 1984).

Flagge: Der Stern, die Sichel und das Grün wurden von der islamischen Republik 1959 angenommen.

Nationalhymne: Hymne ohne Text, Musik von Tolia Nikiprowetzky. Amtlich seit 1960.

Nationalfeiertag: 28. November (Unabhängigkeitstag).

Fläche: 1 080 000 km². □ Höchste Erhebung: Kedia Idjil mit 915 m.

Klima: In Nouakchott liegt die mittlere Temperatur im Januar bei 19,5 °C, im Juli bei 28 °C; jährliche Niederschläge 160 mm (fast ausschließlich von Juli bis August).

Bevölkerung (1989): 2 000 000 Ew. *(Mauretanier).* □ Durchschnittliche Bevölkerungsdichte: 2 Ew. pro km². □ Jährliches Bevölkerungswachstum: 2,6 %. □ Geburtenrate: 46 ‰. □ Sterbeziffer: 20 ‰. □ Kindersterblichkeit: 132 ‰. □ Lebenserwartung: 45 Jahre. □ Anteil unter 15 Jahren: 46 %. □ Anteil 65 Jahre und älter: 3 %. □ Stadtbevölkerung: 35 %.

Wichtigster Ort: Nouakchott (135 000 Ew.).

Bruttoinlandsprodukt gesamt (1987): 816 Millionen Dollar. □ Bruttoinlandsprodukt/Kopf: 440 Dollar.

Produktionsstruktur: Landwirtschaft 67 %; Industrie 10 %; Dienstleistungen 23 %. □ Arbeitslosenquote: nicht verfügbar.

Verkehr: 9 098 km; Eisenbahn 652 km.

Exporte (1985): 53,4 % des BIP (374 Millionen Dollar).

Importe (1985): 33,4 % des BIP (234 Millionen Dollar).

Auslandsschulden (1986): 1,7 Milliarden Dollar.

Militärausgaben (1983): 48,146 Millionen Dollar. □ Streitkräfte: 11 000 Mann. □ Wehrdienst: 24 Monate.

Staatliche Institutionen

Islamische Republik. □ Verfassung von 1979. □ Legislative und exekutive Befugnisse hat ein Militärausschuß, dessen Vorsitzender Staats- und Regierungschef ist; er ernennt die Mitglieder des Ministerrats.

Erzeugung wichtiger Güter

Rinderbestand	1 000 000 Tiere
Schafbestand	3 000 000 Tiere
Fischfang	99 300 Tonnen
Eisen	6,5 Millionen Tonnen

Geschichte

Die traditionelle mauretanische Gesellschaft. Bis etwa 1300 regieren die Senata-Berber in der westlichen Sahara, sie kontrollieren den Handel durch die Sahara. In der zweiten Hälfte des 11. Jh. gründen diese Nomaden das Reich der Almorawiden, das einen strengen Islam verbreitet. Ab Ende des 13. Jh. bis zu Beginn des 18. Jh. kommen arabische Stämme hinzu und vermischen sich mit den örtlichen Völkern oder unterwerfen sie. Aus dieser Mischbevölkerung ist die heutige maurische Bevölkerung hervorgegangen. Die ›freien‹ Stämme, Krieger (hauptsächlich arabisch) und Marabuts (hauptsächlich Berber) herrschen über die Berber und die befreiten Sklaven (die hauptsächlich für die Produktion zuständig sind), die schwarzen Sklaven und die Handwerker (auf dem untersten gesellschaftlichen Rang). Die so gebildete Gesellschaft verwendet eine berberisch-arabische Sprache und praktiziert den Islam.

Der europäische Einfluß. Ab 1434 kommen Europäer, die sich vor allem für Gummi interessieren. Zu Beginn des 20. Jh. erobert Frankreich das Gebiet und vereint Nordafrika mit seinen Gebieten in Schwarzafrika. Hierbei werden die Mauren zurückgedrängt, die schwere Überfälle erleben. Nach den Eroberungsfeldzügen von 1908/09 und 1912 wird Mauretanien Kolonie und 1920 Französisch-Westafrika angeschlossen. Frankreich führt keine Politik der Nutzung des Landes, sondern destabilisiert die Gesellschaft unter Hervorhebung der Rolle der Schwarzen, die zu Verwaltungsbeamten herangezogen werden. 1946 wird das Land zu einem französischen Überseeterritorium.

Die Unabhängigkeit. Die islamische Republik Mauretanien, die 1958 ausgerufen wird, erhält 1960 ihre Unabhängigkeit. Das Regime von Präsident Ould Daddah (1961–1978) der die 1961 gegründete Volkspartei zu einer Einheitspartei macht, ist trotz ethnischer Zwischenfälle stabil. Ab 1973 wird Mauretanien durch die Entkolonialisierung von Spanisch-Sahara in Komplikationen verwickelt. Ould Daddah nähert sich Marokko an, er wird 1978 durch einen Staatsstreich gestürzt und von einem Militärausschuß ersetzt. Die Schwierigkeiten innerhalb dieses Ausschusses führen zu häufigen Palastrevolutionen. Die von 1984, ausgelöst durch die Anerkennung der Demokrat. Arabischen Republik Sahara durch Präsident Ould Haidalla, bringt Oberst Sid Achmed Ould Taya an die Macht. 1989 brechen schwere ethnische Konflikte aus, wodurch sich die Beziehungen zu Senegal verschlechtern.

MALI

Offizieller Name: Republik Mali.

Hauptstadt: Bamako. □ Währung: Mali-Franc (= 100 Centimes). □ Amtssprache: Französisch. □ Überwiegende Religion: Islam.

Staatspräsident und Regierungschef: Mussa Traoré (seit 1968).

Flagge: 1961 wurden die panafrikanischen Farben nach dem Modell der französischen Trikolore angeordnet.

457

LÄNDER DER ERDE

SAHELZONE

Nationalhymne: ›À ton appel, Mali, Pour ta prosperité, Fidèles à ton destin, nous serons tous unis ...‹ (Auf Deinen Ruf, Mali, für Deinen Wohlstand, Deinem Schicksal treu, werden wir vereint sein ...); Text von M'pe Bengaly (geb. 1928); Musik von B. Sissoko oder M. Gambetta. Amtlich seit 1959 und 1962.

Nationalfeiertag: 22. Sept. (Unabhängigkeitstag).

Fläche: 1 240 000 km². □ Höchste Erhebung: Hombori mit 1 155 m.

Bevölkerung (1989): 8 900 000 Ew. *(Malier)*. □ Durchschnittliche Bevölkerungsdichte: 7,2 Ew. pro km². □ Jährliches Bevölkerungswachstum: 2,8 %. □ Geburtenrate: 50 ‰. □ Sterbeziffer: 22 ‰. □ Kindersterblichkeit: 175 ‰. □ Lebenserwartung: 43 Jahre. □ Anteil unter 15 Jahren: 46 %. □ Anteil 65 Jahre und älter: 3 %. □ Stadtbevölkerung: 21 %

Bruttoinlandsprodukt gesamt (1987): 1,95 Milliarden Dollar. □ Bruttoinlandsprodukt/Kopf: 250 Dollar.

Produktionsstruktur: Landwirtschaft 73 %; Industrie 7 %; Dienstleistungen 20 %. □ Arbeitslosenquote: nicht verfügbar.

Verkehr: 18 000 km Straßen; Eisenbahn 646 km.

Exporte: 13,3 % des BIP (260 Millionen Dollar).

Importe: 22,2 % des BIP (433 Millionen Dollar).

Auslandsschulden (1988): 1,5 Milliarden Dollar.

Inflationsrate (1985): 7,7 %.

Militärausgaben (1988): 60,94 Millionen Dollar. □ Streitkräfte: 7 300 Mann. □ Wehrdienst: 24 Monate.

Staatliche Institutionen

Republik. □ Verfassung von 1974. □ Die Volksversammlung wird auf 3 Jahre und der Staatspräsident auf 6 Jahre gewählt.

Geschichte

Das Reich Gana. Als Treffpunkt der Völker von Nordafrika und Schwarzafrika ist Mali die Wiege der großen mittelalterlichen Reiche am Niger. Das Reich Gana entwickelt sich im 7. Jh. an der Sahelgrenze. Seine Hauptstadt ist ein Handelsort, der häufig von den nordafrikanischen Händlern besucht wird, die den Islam verbreiten, bevor dieser in Gana von den almorawidischen Eroberern (1076–77) aufge-

Erzeugung wichtiger Güter

Baumwolle	70 000 Tonnen
Erdnüsse	120 000 Tonnen
Rinderbestand	4 800 000 Tiere
Schaf- und Ziegenbestand	11 000 000 Tiere
Fischfang	100 000 Tonnen
Strom	175 Millionen kWh

zwungen wird. Dann wird das Gebiet 1235–1240 von Sundiata Keita dem Mali-Reich angeschlossen.

Das Reich Mali, auf das der Name des heutigen Staates zurückgeht, ist das Reich der Malinke; sein Mittelpunkt war wahrscheinlich Bamako im Nigertal. Seine Ursprünge gehen auf das 10.–11. Jh. zurück. Unter Sundiata Keita (1230–1255) wird es ein großes Reich. Auf seinem Höhepunkt unter Mansa Mussa (um 1312–1337) erstreckt es sich von Dakar bis Gao und vom Sahel bis zum Regenwald, ohne jedoch das Voltabecken zu umfassen. Seine Macht beruht auf den Goldminen und dem Handel durch die Sahara. Dieses Reich wird im 17. Jh. auf sein ursprüngliches Gebiet reduziert.

Die Reiche Gao und Ségou. Die Songhai, die dem Mali-Reich unterworfen waren, emanzipieren sich nach und nach, und ihr Oberhaupt Sonni Ali (1464–1492) legt die Grundsteine für das Reich Gao. Er erobert Timbuktu und Djenné. Sein Nachfolger Aksia Mohammed (1493–1528) weitet die Grenzen des Mali-Reichs bis in den Aïr aus. Der Einfall der Marokkaner führt zum Untergang des Reiches (1591). Die Marokkaner müssen ihrerseits vor den Tuareg fliehen, die sich 1737 in Timbuktu niederlassen. Im 17. Jh. festigt sich die Macht der Bambara in Ségou, deren Königreich im 19. Jh. untergeht.

Die muslimischen Staaten des 19. Jh. Zu Beginn des 19. Jh. gründet Cheikhou Amadou (1818–1844) das Fulbe-Reich von Masina, das von El Hadj Omar 1862 erobert wird. Die Grenzen zwischen Guinea und Mali sind ab 1874 Ausgangspunkt für einen neuen Staat, und zwar unter der Einwirkung von Samory Touré, der sich in Dakabala an der Elfenbeinküste niederläßt. Die Franzosen nehmen ihn 1898 gefangen.

Die französische Kolonialzeit. Das militärische Eingreifen Frankreichs vom Senegal-Tal aus begann mit dem Bau der Festung Medina (1857). Die Besetzung unter Oberst Archinard ist 1893 quasi abgeschlossen. Die besetzten Gebiete bilden das Gebiet von Oberer-Senegal-Niger (1904), dann das von Französisch-Sudan (1920) und gehören bis 1959 zu Französisch-Westafrika.

Die Unabhängigkeit. Die Republik Französisch-Sudan, die 1958 ausgerufen wird, wird zuerst dem Senegal angeschlossen, dann auch einige Wochen lang Dahomey und Obervolta in der Föderation von Mali. Im Juni 1960 wird die Unabhängigkeit erlangt und Senegal zieht sich im August zurück. Das ehemalige Französisch-Sudan wird zur Republik Mali. Der Präsident Modibo Keite (1960–1968) richtet das Land sozialistisch aus, ohne dafür jedoch mit dem Westen zu brechen. Mussa Traoré nimmt bei einem Staatsstreich 1968 die Macht an sich. Die Einheitspartei, die Demokratische Union, wird offiziell 1979 gebildet. Die wirtschaftlichen Schwierigkeiten bleiben jedoch, und Frankreich setzt 1980 seine Hilfe aus. 1981 wird die Wirtschaft liberalisiert, ohne daß die inneren Streitigkeiten aufhören. Seit 1974 liegt Mali mit Burkina Faso in einem Grenzstreit (Kämpfe 1985).

Klimadaten

In beiden Stationen fallen die heftigsten Niederschläge von Juli bis August nach den heißesten Perioden (in Timbuktu kann die Temperatur von April bis Juli 48 °C erreichen).

Stadt	Mittlere Temperatur des kältesten Monats (in °C)	Mittlere Temperatur des wärmsten Monats (in °C)	Jährliche Niederschläge (in mm)	Anzahl der Tage mit Niederschlägen pro Jahr
Bamako	24,5	31,5	1 120	69
Timbuktu	22	35	230	31

BURKINA FASO

Offizieller Name: Burkina Faso.

Hauptstadt: Ouagadougou. □ Währung: CFA-Franc (= 100 Centimes). □ Amtssprache: Französisch. □ Überwiegende Religionen: Islam, traditionelle Religionen.

Präsident des Nationalen Revolutionsrats: Blaise Compaoré (seit 1987).

Flagge: Sie wurde 1984 angenommen und zeigt die panafrikanischen Farben, die in Äthiopien eingeführt wurden; ihnen ist ein Stern hinzugefügt, der für die revolutionären Grundsätze des neuen Regimes steht. □ Nationalhymne: ›Sous la férule humiliante, il y a déjà mille ans, / Beaucoup succombèrent et certains résistèrent ...‹ (Unter der erniedrigenden Rute sind schon vor tausend Jahren viele gefallen und mache haben widerstanden ...). Amtlich seit 1984. □ Nationalfeiertag: 4. August, Jahrestag der demokratischen Volksrevolution von 1983.

Fläche: 275 000 km². □ Höchste Erhebung: Tenakourou mit 747 m.

Klima: Durchschnittstemperatur in Ouagadougou im Januar bei 24,5 °C, im April (heißester Monat vor der Regenzeit) 32,5 °C; jährliche Niederschläge 895 mm, davon mehr als die Häfte von Juli bis August, von November bis April fast kein Regen).

Bevölkerung (1989): 8 700 000 Ew. □ Durchschnittliche Bevölkerungsdichte: 31,6 Ew. pro km². □ Jährliches Bevölkerungswachstum: 2,8 %. □ Geburtenrate: 47 ‰. □ Sterbeziffer: 19 ‰. □ Kindersterblichkeit: 144 ‰. □ Lebenserwartung: 46 Jahre. □ Anteil unter 15 Jahren: 45 %. □ Anteil 65 Jahre und älter: 3 %. □ Stadtbevölkerung: 8 %.

Wichtigste Städte: Ouagadougou 248 000 Ew.; Bobo-Dioulasso 149 000 Ew.; Koudougou 42 000 Ew.

Bruttoinlandsprodukt gesamt (1988): 2,1 Milliarden Dollar. □ Bruttoinlandsprodukt/Kopf: 247 Dollar.

Produktionsstruktur: Landwirtschaft 79 %; Industrie 11 %; Dienstleistungen 10 %. □ Arbeitslosenquote: nicht verfügbar.

Verkehr: 16 474 km Straßen; Eisenbahn 517 km.

Exporte (1985): 6,1 % des BIP (66 Millionen Dollar). □ Importe (1985): 25,2 % des BIP (272 Millionen Dollar).

Auslandsschulden (1986): 0,6 Milliarden Dollar.

Inflationsrate (1985): 6,9 %.

Militärausgaben (1987): 51,03 Millionen Dollar. □ Streitkräfte: 8 700 Mann. □ Wehrdienst: freiwillig.

Erzeugung wichtiger Güter

Sorghum	1 Million Tonnen
Hirse	687 000 Tonnen
Erdnüsse	152 000 Tonnen
Baumwolle	80 000 Tonnen
Rinderbestand	3,1 Millionen Tiere
Schaf- und Ziegenbestand	5,6 Millionen Tiere
Strom	159 Millionen kWh

LÄNDER DER ERDE

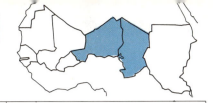

Staatliche Institutionen

Republik. ☐ Verfassung von 1977 wurde 1980 außer Kraft gesetzt. ☐ Staatspräsident: Präsident der Volksfront.

Geschichte

Die Königreiche der Mosi und Gurma. Im Ostteil wird das Land Ende des 11. Jh. von den Mosi und den Gurma aus Dagomba besetzt. Vom 13. bis zum 16. Jh. dehnen diese Völker ihre Herrschaft über die oberen Voltagebiete aus, wo sie vier Mosi-Königreiche gründen. Die Mosi, die heute die größte Bevölkerungsgruppe des Landes ausmachen, widersetzen sich der Islamisierung. Der Westen des Landes wird später von vielen Völkern besetzt (Dioula, Samo, Marka, Ga, Lobi, etc), die bis zum 19. Jh. in Schüben aus Djenné und dem heutigen Ghana kamen. Im Westen gab es nur einen größeren Versuch der Staatsbildung: die Dioula von Kong.

Die französische Kolonialisierung. 1890 kommen die Franzosen zum ersten Mal in das Gebiet der Mosi. 1896 kommt das Gebiet der Gurunsi unter französ. Protektorat, 1899 hat Fränkreich die Besetzung des Landes abgeschlossen. Eingegliedert in Oberer-Senegal-Niger (1904) wird Obervolta 1919 zu einem Territorium gemacht. 1932 wird es unter Französisch-Sudan, der Elfenbeinküste und dem Niger aufgeteilt, 1947 wird es wiederhergestellt. Die afrikanische demokratische Vereinigung (RDA) begünstigt das politische Erwachen im Voltagebiet: 1946 wird sein Kandidat Ouezzin Coulibaly zum Abgeordneten gewählt.

Die Unabhängigkeit. 1958 wird Obervolta zu einer Republik und Mitglied der Communauté Française. Im August 1960 wird die Unabhängigkeit ausgerufen, M. Yaméogo wird Präsident. 1966 ergreift die Armee die Macht. General Sangoulé Lamizana, der Staatschef, stellt 1977 wieder die Zivilregierung her, er wird jedoch 1980 von Oberst Saye Zerbo gestürzt. Es beginnt eine Zeit der Instabilität. Zwei Militärputschs bringen zuerst J.-B. Ouedrago (Nov. 1982), dann T. Sankara (Aug. 1983) an die Macht. Letzterer führt an der Spitze des Nationalen Revolutionsrates eine ›demokratische Volksrevolution‹ durch und schafft nach dem Vorbild Libyens ein neues Regierungssystem. Er achtet auf eine Balance guter Beziehungen zu Frankreich, Libyen und Algerien. 1987 wird er bei einem Putsch unter Blaise Compaoré getötet. Obervolta, das den Namen Burkina Faso angenommen hat, bezeichnet seine Diplomatie als unabhängig und blockfrei.

NIGER

Offizieller Name: Republik Niger.

Hauptstadt: Niamey. ☐ Währung: CFA-Franc (= 100 Centimes). ☐ Amtssprache: Französisch. ☐ Überwiegende Religion: Islam.

Staatspräsident und Präsident des Obersten Militärrates: Ali Seibou (seit 1987).

Ministerpräsident: Aliou Mahamidou (seit 1990).

Flagge: Die Farben Orange-Weiß-Grün stellen die Sahara, die Reinheit und die Vegetation im Tal des Niger dar. Die Scheibe in der Mitte steht für die Sonne.

Nationalhymne: ›Debout, Niger, Debout! Que notre œuvre féconde, rajeunisse le cœur de ce vieux continent ...‹ (Erhebe Dich, Niger, erhebe Dich! Auf daß unser Werk Früchte trage und das Herz dieses alten Kontinents verjünge ...); Text von Maurice Thiriet (1906–1969); Musik von Robert Jacquet (1896–1976) und Nick Frionnet. Amtlich seit 1961.

Nationalfeiertag: 3. August (Jahrestag der Erklärung der Unabhängigkeit 1960).

Fläche: 1 267 000 km². ☐ Höchste Erhebung: Bagzane mit 2 020 m.

Klima: tropisch mit relativ wenig Niederschlägen (550 mm im Jahr), einer kurzen Regenzeit (Juni bis September) und eine fast völlige Trockenzeit von November bis März. Die monatlichen Durchschnittstemperaturen liegen zwischen 24 °C (Januar) und 34 °C (Mai, vor Beginn der Regenzeit).

Bevölkerung (1989): 7 400 000 Ew. *(Niger).* ☐ Durchschnittliche Bevölkerungsdichte: 6 Ew. pro km². ☐ Jährliches Bevölkerungswachstum: 2,9 %. ☐ Geburtenrate: 51 ‰. ☐ Sterbeziffer: 22 ‰. ☐ Kindersterblichkeit: 140 ‰. ☐ Lebenserwartung: 44 Jahre. ☐ Anteil unter 15 Jahren: 47 %. ☐ Anteil 65 Jahre und älter: 3 %. ☐ Stadtbevölkerung: 16 %.

Wichtigste Städte: Niamey 300 000 Ew.; Zinder 58 000 Ew.

Bruttoinlandsprodukt gesamt (1988): 1,9 Milliarden Dollar. ☐ Bruttoinlandsprodukt/Kopf: 280 Dollar.

Produktionsstruktur: Landwirtschaft 70 %; Industrie 10 %; Dienstleistungen 20 %. ☐ Arbeitslosenquote: nicht verfügbar.

Verkehr: 39 173 km Straßen; Eisenbahn 3 843 km.

Exporte (1985): 17,8 % des BIP (223 Millionen Dollar).

Importe (1985): 28,3 % des BIP (354 Millionen Dollar).

Auslandsschulden (1988): 1,7 Milliarden Dollar.

Militärausgaben (1989): 17,37 Millionen Dollar.

Streitkräfte: 3 300 Mann. ☐ Wehrdienst: 24 Monate.

Staatliche Institutionen

Verfassung von 1989. ☐ Der Staatspräsident wird in allgemeiner Wahl gewählt. ☐ Die Abgeordnetenkammer wird für 5 Jahre gewählt.

Erzeugung wichtiger Güter

Hirse	1 Million Tonnen
Sorghum	360 000 Tonnen
Erdnüsse	42 000 Tonnen
Rinderbestand	3,3 Millionen Tiere
Schafbestand	3,5 Millionen Tiere
Strom	265 Millionen kWh
Uran	3 000 Tonnen

Geschichte

Frühzeit. Im Ténéré wurde das älteste Skelett eines Schwarzen in Westafrika gefunden (oberes Paläolithikum). Im 5. Jahrtausend wandert die schwarze Urbevölkerung, Vorfahren der Songhai, der Kanuri und der Hausa, als Folge der Ausbreitung der Wüste nach Süden, wo sie auf nilotische Hirtenvölker treffen, während die Berber gegen Norden ziehen. Endlose Konflikte entstehen zwischen den Tuareg-Nomaden und den seßhaften Schwarzen. Eine Transsaharastraße führte schon im 1. Jahrtausend v. Chr. von Tripolis bis Gao, sie hatte auch einen Anschluß zum Tibesti und nach Djado im heutigen Niger.

Die Epoche der großen Reiche. Während der Zeit des europäischen Mittelalters entwickeln sich drei große Kulturen: das erste Reich der Songhai (um Koukia), das der Kanem um 800 und im 10. Jh. die Reiche der Hausa an der Grenze der heutigen Staaten Niger und Nigeria. Im Westen gründet Sonni Ali Ber im 15. Jh. das Songhai-Reich, das unter seinem Nachfolger Mohammed Askia die Blütezeit erlebt und die Straßen durch die Sahara, auf denen Gold und Salz transportiert werden, kontrolliert. Dieses Reich geht durch den Angriff Marokkos 1591 unter. Die Staaten der Hausa entwickeln sich im 17. und 18. Jh. Beim Heiligen Krieg von Osman Dan Fodio zu Beginn des 19. Jh. kommt das Land unter die Herrschaft der Fulbe.

Die französische Kolonialisierung. Ganz zu Ende des 19. Jh. beginnt das Vorrücken des französischen Militärs (Kolonne Voulet-Chanoine, 1899–1900). Die Tuareg widersetzen sich lange der Unterwerfung. Der heutige Niger wird 1922 Kolonie.

Die Unabhängigkeit. 1958 wird Niger eine autonome Republik in der Communauté Française, 1960 wird das Land unabhängig. Der Präsident Hamani Diori wird 1974 durch einen Staatsstreich gestürzt, den Seyni Kountché an die Macht bringt. Innerhalb von 13 Jahren entwickelt er die Landwirtschaft, was dem Land ermöglicht, die Baisse der Uranpreise 1983 zu verkraften. Er unterhält gute Beziehungen zu Frankreich und widersetzt sich erfolgreich den Destabilisierungsversuchen von Oberst Gaddhafi. Bei seinem Tod 1987 folgt ihm Oberst Ali Seibou, der seiner Politik nahesteht.

TSCHAD

Offizieller Name: Republik Tschad.

Hauptstadt: N'Djamena. ☐ Währung: CFA-Franc (= 100 Centimes). ☐ Amtssprache: Französisch. ☐ Überwiegende Religionen: Islam, traditionelle Religionen.

Staats- und Regierungschef: Hissène Habré (seit 1982).

Flagge: Die 1959 angenommenen Farben sind nach dem Muster der französischen Trikolore angeordnet und stellen dar: Blau für den Himmel und die südliche Region des Landes; Gelb für die Sonne und den Norden; Rot für Fortschritt und Einheit. ☐ **Nationalhymne:** ›Peuple tchadien, debout et à l'ouvrage. Tu as conquit ta terre et ton droit ...‹ (Volk des

459

LÄNDER DER ERDE

SAHELZONE

Tschad, erhebe dich und mache dich ans Werk. Du hast dein Land und deine Rechte erobert ...); Text von Louis Gidrol, Musik von Paul Villard. Amtlich seit 1960. □ Nationalfeiertag: 11. August (Unabhängigkeitstag) und 7. Juni (Tag der nationalen Befreiung, der Einheit und der Opfer zum Gedenken an den Einmarsch der Truppen von Hissen Habré in N'Djamena 1982).

Fläche: 1 284 000 km². □ Höchste Erhebung: Emi Koussi mit 3 415 m.

Bevölkerung (1989): 4 900 000 Ew. *(Tschader)*. □ Durchschnittliche Bevölkerungsdichte: 3,8 Ew. pro km². □ Jährliches Bevölkerungswachstum: 2 %. □ Geburtenrate: 43 ‰. □ Sterbeziffer: 23 ‰. □ Kindersterblichkeit: 143 ‰. □ Lebenserwartung: 43 Jahre. □ Anteil unter 15 Jahren: 44 % □ Anteil 65 Jahre und älter: 2 %. □ Stadtbevölkerung: 22 %.

Wichtigste Stadt: N'Djamena (303 000 Ew.).

Bruttoinlandsprodukt gesamt (1988): 1,1 Milliarden Dollar. □ Bruttoinlandsprodukt/Kopf: 204 Dollar. □ Produktionsstruktur: Landwirtschaft 85 %; Industrie 7 %; Dienstleistungen 8 %. □ Arbeitslosenquote: nicht verfügbar.

Verkehr: 31 793 km Straßen.

Exporte (1985): 29,2 % des BIP (117 Millionen Dollar). □ Importe (1985): 36,8 % des BIP (147 Millionen Dollar).

Auslandsschulden (1985): 160 Millionen Dollar.

Inflationsrate (1986): 9,5 %.

Militärausgaben (1988): 77,89 Millionen Dollar. □ Streitkräfte: 14 200 Mann. □ Wehrdienst: 36 Monate.

Staatliche Institutionen

Republik. □ Verfassung von 1989. □ Der Staatspräsident wird in allgemeiner Wahl für 7 Jahre gewählt. □ Die Nationalversammlung wird für 5 Jahre gewählt.

Geschichte

Frühzeit. Auf den Felsmalereien aus dem Neolithikum sind Jäger und Hirten dargestellt. Um den Tschadsee, der am Schnittpunkt der Wege von Tripolis, Khartum und dem Westsudan liegt, finden seit Beginn unserer Zeitrechnung Völkerbegegnungen statt. Die Tubu aus dem Tibesti besetzen das Land bis zum Tschadsee und gründen dort im 9. Jh. das Königreich Kanem.

Die Königreiche des Sudan. Die Bevölkerung von Kanem, die die Karawanen durch die Sahara kontrolliert, wird schnell islamisiert. Seine größte Ausweitung erfährt das Reich im 13. Jh. Unter dem Druck von Aufständen und Angriffen verlagern die Herrscher um 1390 ihren Sitz nach Bornu (westlich des Tschadsees). Im Osten des Tschadsees bildet sich das Königreich Bagirmi im 16. Jh. und im 19. Jh. das mächtige Sultanat von Wadai. Diese Reiche werden schwächer, als Rabeh Ende des 19. Jh. von Khartum aus versucht, ein großes Reich um den Tschadsee zu gründen. Er stößt auf die Franzosen, die ihn in Kusseri (1900) besiegen. Doch der Tschad unterwirft sich nicht, vor allem nicht die Tubu im Norden und die Wadai im Osten.

Die französische Kolonialisierung. Zunächst bildet der Tschad ein militärisches Territorium (1900), das erst Oubangi-Chari, dann Französisch-Äquatorialafrika (1910) eingegliedert wird. Erst 1920 wird das Land französische Kolonie. Der Norden bleibt einem konservativen Islam treu, während sich im Süden (Baumwollanbau) das Schulwesen und das Christentum entwickeln.

Die Unabhängigkeit. 1958 wird die Republik Tschad Mitglied des Communauté Française, 1960 wird das Land unabhängig. Die Macht wird von F. Tombalbaye ausgeübt. 1967 kommt es im Norden zum Aufstand: die meisten Aufständischen gruppieren sich im Frolinat, das im Sudan zum Zeitpunkt des Staatsstreichs von Gaddhafi in Libyen gegründet wird (1969). Tombalbaye wird 1975 durch einen Militärputsch gestürzt, General Malloum tritt an seine Stelle. Doch 1977 bricht die Rebellion wieder aus; 1978 kommt es zu einem Waffenstillstand, der sofort von Frolinat und Oueddei gebrochen wird, dessen Truppen gegen N'Djamena ziehen. Die Rivalitäten im Frolinat ermöglichen 1978 ein Abkommen mit dem Anführer der Rebellen, Hissène Habré, der Ministerpräsident wird. Malloum dankt ab und geht 1979 ins Exil. Doch der Versuch der nationalen Einheit von Oueddei und Habré scheitert, und Oueddei nähert sich Gaddhafi an (1981). Nach Mai 1981 stellt sich Frankreich auf die Seite von Oueddei, während Habré wieder in die Offensive geht und Präsident der Republik wird (Okt. 1982). Im darauffolgenden Jahr greift Libyen erneut militärisch für Oueddei ein. Die französische Armee greift bis Okt. 1984 ein. Die politische Situation bleibt blockiert. Erneut muß Frankreich im Februar 1986 eingreifen. Im November bricht Oueddei mit Libyen, und ein Teil der Opposition des Tschad stellt sich auf die Seite von Habré. Dessen Truppen erringen 1987 wichtige Siege über Libyen. Im September 1987 wird ein Waffenstillstand geschlossen, und man beginnt Verhandlungen über den Aozou-Streifen (Grenzstreifen zu Libyen). In der neuen Verfassung von 1989 wird das Einparteiensystem aufrechterhalten, und Hissène Habré wird wieder Präsident der Republik.

SUDAN AL-SUDAN

Offizieller Name: Demokratische Republik Sudan.

Hauptstadt: Khartum *(Al-Khurtum)*. □ **Währung:** Sudanesisches Pfund (= 100 Piaster). □ **Amtssprache:** Arabisch. □ **Überwiegende Religion:** Islam.

Staatsoberhaupt, Regierungschef und Oberbefehlshaber: Omar Hasan al-Bashir (seit 1989).

Flagge: Die 1971 gewählten Farben stellen dar: Rot, das Blut der Patrioten für die Unabhängigkeit; Weiß, die Liebe zum Frieden; Schwarz, die Farbe des Sudan; Grün für den Islam. □ **Nationalhymne:** ›Nahnu djundu Allah djundu l-watan / indaa da l-fida lam nahun / natahadda l-mawta inda l-mihan nachtaril-madjda bi aghla thaman ...‹ (Wir sind die Soldaten Gottes und des Vaterlands. Wenn das Vaterland es fordert, sind wir bereit, uns zu opfern ...). Text von Sayid Ahmad Mahammad Salih (1896–1971); Musik von Ahmad Murdjan (1905–1974). Amtlich seit 1956.

Nationalfeiertag: 1. Januar (Jahrestag der Unabhängigkeit).

Fläche: 2 506 000 km². □ **Höchste Erhebung:** Kinyeti mit 3 187 m.

Klima: Im ganzen Land herrscht tropisches Klima mit gleichmäßig hohen Temperaturen (mittlere Jahrestemperatur bis 30 °C). Die Niederschläge fallen überwiegend im Sommer; sie nehmen von Norden (Khartum 161 mm) nach Süden (Juba 971 mm) zu.

Bevölkerung (1989): 24 500 000 Ew. *(Sudanesen)*. □ Durchschnittliche Bevölkerungsdichte: 9,7 Ew. pro km². □ Jährliches Bevölkerungswachstum: 2,8 %. □ Geburtenrate: 45 ‰. □ Sterbeziffer: 17 ‰. □ Kindersterblichkeit: 113 ‰. □ Lebenserwartung: 49 Jahre. □ Anteil unter 15 Jahren: 45 %. □ Anteil 65 Jahre und älter: 3 %. □ Stadtbevölkerung: 29 %. □ Wichtigste Städte: Karthum, 557 000 Ew.; Omdurman, 526 000 Ew.; Khartum-Nord, 341 000 Ew.

Bruttoinlandsprodukt gesamt (1988): 8,1 Milliarden Dollar. □ Bruttoinlandsprodukt/Kopf: 349 Dollar.

Produktionsstruktur: Landwirtschaft 72 %; Industrie 10 %; Dienstleistungen 18 %.

Verkehr: 73 577 km Straßen, Eisenbahn 5 503 km.

Exporte (1986): 5 % des BIP (330 Millionen Dollar). □ **Importe** (1986): 9 % des BIP (0,63 Milliarden Dollar).

Auslandsschulden (1988): 12 Milliarden Dollar. □ **Inflationsrate** (1985): 45,4 %.

Militärausgaben (1988): 478,2 Millionen Dollar.

Erzeugung wichtiger Güter

Baumwolle	165 000 Tonnen
Erdnüsse	360 000 Tonnen
Sorghum	3,6 Millionen Tonnen
Rinderbestand	22 Millionen Tiere
Schafbestand	18,5 Millionen Tiere
Salz	80 000 Tonnen
Strom	1,05 Milliarden kWh

Erzeugung wichtiger Güter

Baumwolle	43 000 Tonnen
Erdnüsse	90 000 Tonnen
Fischfang	110 000 Tonnen
Rinderbestand	5,15 Millionen Tiere
Schafbestand	2,7 Millionen Tiere
Strom	66 Millionen kWh

Klimadaten

Stadt	Höhe (m ü. M.)	Mittlere Temperatur des kältesten Monats (in °C)	Mittlere Temperatur des wärmsten Monats (in °C)	Jährliche Niederschläge (in mm)	Anzahl der Tage mit Niederschlägen pro Jahr
N'Djamena	295	23,5	32,5	745	71
Faya-Largeau	225	20,5	34	18	5

In Faya-Largeau wurden von April bis Juni schon Höchstwerte von 49 °C gemessen (in N'Djamena stieg das Thermometer nur selten über 45 °C).

LÄNDER DER ERDE

WESTAFRIKA

Streitkräfte: 72 800 Mann.

Wehrdienst: freiwillig.

Staatliche Institutionen

Republik. □ Provisorische Verfassung von 1986, außer Kraft gesetzt seit dem Militärputsch von 1989.

Geschichte

Nubien. Vom alten Ägypten, das zu Beginn des 2. Jahrtausends weite Teile von Nubien erobert hat, wird es das Land Kusch genannt. Die XXV. Dynastie der Pharaonen kam aus diesem Gebiet. Meroë, das ab dem 6. Jh. v. Chr. die Hauptstadt von Nubien war, wird 350 v. Chr. von den Äthiopiern zerstört. Obwohl das Land christianisiert ist, zahlt es ab Mitte des 7. Jh. den in Ägypten ansässigen Arabern Abgaben.

Die Sultanate. Ab dem 14. Jh. kommen die Araber in zwei Schüben in den Sudan. Das erste sudanesische Sultanat der Fung (16. bis 19. Jh.) entsteht aus einem Bündnis der Araber mit einem schwarzen islamisierten Volk ungeklärter Herkunft. Sennar wird zur Hauptstadt. Das Sultanat geht unter, als sich ab 1640 der neue muslimische Staat Darfur bildet. Mehmed-Ali erobert den Sudan von Ägypten aus (Einnahme von Sennar 1821). Khartum wird zur neuen Hauptstadt. Die Wirtschaft entwickelt sich, und der Sklavenhandel greift immer mehr um sich. Die Briten, die seit 1881 Ägypten beherrschen, greifen ein, um die Aufstände niederzuschlagen.

Der Aufstand des Mahdi. Muhammad Ahmad ibn Abd Allah aus Gongola erklärt sich 1881 zum Mahdi. Er erklärt den Heiligen Krieg. Seine Krieger, die Derwische, erringen einen ersten Sieg über die Ägypter (August 1881). 1885 nehmen sie Khartum ein und gründen einen unabhängigen islamischen Staat. Der Mahdi stirbt einige Monate später, doch der Krieg geht weiter.

Das anglo-ägyptische Kondominium. 1898 setzt Lord Kitchener die englisch-ägyptische Macht in Form eines Kondominiums wieder ein, das von den Briten bis 1956 geleitet wird. Der Gegensatz zwischen dem trockenen, von Arabern und Muslimen bevölkerten Norden und dem sumpfigen, von Christen und Anhängern von Naturreligionen beherrschten Süden bleibt bestehen. Von 1924 bis 1936 ziehen sich die Ägypter unter dem Druck der Briten zurück und akzeptieren von da an die Eigenständigkeit des Landes.

Die Unabhängigkeit. 1956 wird die unabhängige Republik Sudan ausgerufen. Der separatistische Aufstand des Südens eröffnet eine Zeit politischer Instabilität, an deren Ende General Numeiri die Macht ergreift (1969). Nach einigen Putschversuchen einer uneinigen Opposition stürzt der Putsch im April 1985 Präsident Numeiri. 1986 kommt wieder eine Zivilregierung: Ahmad Ali al-Mirghani wird Staatschef, Sadiq al-Mahdi Ministerpräsident. Blockfrei orientiert erlebt das schwer verschuldete Land eine große Hungersnot, die sich noch durch den Zustrom von Flüchtlingen aus Äthiopien und dem Tschad verschärft und durch die Rebellion im Süden verschlimmert. Nach dem Versuch einer Befriedung des Südens 1985–86 gibt die Regierung erneut den fundamentalistisch-islamischen Forderungen nach (1988). Im Juni 1989 bringt ein Staatsstreich eine Militärjunta an die Macht.

SENEGAL

Offizieller Name: Republik Senegal.

Hauptstadt: Dakar. □ **Währung:** CFA-Franc (= 100 Centimes). □ **Amtssprache:** Französisch.

Überwiegende Religion: Islam.

Staats- und Regierungschef: Abdou Diouf (seit 1981).

Flagge: Die 1960 gewählten Farben entsprechen den panafrikanischen Farben, ordnen sie nach dem Vorbild der Trikolore an und fügen ihnen den fünfzackigen Stern der Freiheit und des Fortschrittes hinzu.

Nationalhymne: ›Pincez, tous vos koras, frappez les balafons, /Le lion rouge a rugi ...‹ (Nehmt eure Koras, schlagt die Marimbas, der rote Löwe hat gebrüllt ....); Text von Léopold Sédar Senghor (geb. 1906); Musik von Herbert Peppert (geb. 1912). Amtlich seit 1960.

Nationalfeiertag: 4. April (Jahrestag der Übertragung der Macht von der Republik Frankreich an die Mali-Föderation 1959).

Fläche: 197 000 km. □ **Höchste Erhebung:** im Fouta-Djalon, an der Grenze zu Guinea, 581 m.

Bevölkerung (1989): 7,2 Millionen Ew. *(Senegalesen).* □ Durchschnittliche Bevölkerungsdichte: 36 Ew. pro km². □ Jährliches Bevölkerungswachstum: 2,6 %. □ Geburtenrate: 46‰. □ Sterbeziffer: 20‰. □ Kindersterblichkeit: 135‰. □ Lebenserwartung: 45 Jahre. □ Anteil unter 15 Jahren: 44 %. □ Anteil 65 Jahre und älter: 3 %. □ Stadtbevölkerung: 42 %.

Bruttoinlandsprodukt gesamt (1988): 4,6 Milliarden Dollar. □ Bruttoinlandsprodukt/Kopf: 660 Dollar.

Produktionsstruktur: Landwirtschaft 70 %; Industrie 15 %; Dienstleistungen 15 %.

Arbeitslosenquote: nicht verfügbar.

Die größten Städte

Dakar	1 211 000	Ziguinchor	105 000
Kaolack	117 000	Saint-Louis	88 000
Thiès	150 000		

Klimadaten

Stadt	Mittlere Temperatur des kältesten Monats (in °C)	Mittlere Temperatur des wärmsten Monats (in °C)	Jährliche Niederschläge (in mm)
Dakar	22	28	542
Ziguinchor	23	26	1 555
Tambacounda	25	26,5	879

Erzeugung wichtiger Güter

Erdnüsse	700 000 Tonnen
Erdnußöl	160 000 Tonnen
Rinderbestand	2,6 Millionen Tiere
Schafbestand	3,7 Millionen Tiere
Fischfang	299 000 Tonnen
Phosphate	2,4 Millionen Tonnen
Strom	758 Millionen kWh

Senegal

Verkehr: 13 968 km Straßen (davon 4 066 km ausgebaut); Eisenbahn 1 186 km.

Exporte (1987): 13,2 % des BIP (606 Millionen Dollar).

Importe (1987): 21,7 % des BIP (1 Milliarde Dollar).

Auslandsschulden (1988): 3,5 Milliarden Dollar.

Inflationsrate (1985): 13 %.

Militärausgaben (1989): 96,94 Millionen Dollar. □ Streitkräfte: 9 700 Mann.

Wehrdienst: 24 Monate.

Staatliche Institutionen

Republik. □ Verfassung von 1963. □ Nationalversammlung, auf 5 Jahre in allgemeiner Wahl gewählt. □ Staatspräsident ebenfalls in allgemeiner Wahl gewählt.

Geschichte

Frühzeit. Megalithbauten zeugen von alten Ansiedlungen in der Gegend von Sine-Saloum. Die Königreiche Gana, Tekrur und Mali haben in das Gebiet des heutigen Senegal hineingereicht. Die Bevölkerung der Region ist sehr gemischt. Seit Entstehen des Königreichs Djolof hat sich jedoch eine gewisse Homogenität ergeben.

Das Königreich Djolof. Es soll von Ndiadiane Ndiaye wahrscheinlich zu Beginn des 14. Jh. gegründet worden sein. Auf das Ende des 15. Jh. läßt sich das Epos des Koli Tenguela datieren. Von den Fulbe und Mandingo abstammen läßt sich dieser, wahrscheinlich aus Masina kommend, gewaltsam in der Ebene des Senegal nieder. Er nimmt Fouta-Toro ein und danach einen Teil des Djolof-Reiches. Dieses hat ein gestaffeltes Gesellschaftsgefüge mit einer breiten Basis an Sklaven, die von den Adligen und dem König beherrscht werden. Mitte des 16. Jh. teilt es sich in vier Königreiche: Djolof, Walo, Cayor und Baol. Die Serer aus dem Senegal-Tal gehen weiter nach Südwesten, um der Vorherrschaft der Wolof zu entgehen. Ende des 18. Jh. verbreitet sich der Islam dank der Bruderschaften (vor allem der Qadirijja).

Der europäische Einfluß. Mitte des 15. Jh. siedeln sich die Portugiesen in Gambia und in der Casamanca an. Die Holländer bauen zwei Festungen in Gorée, während die Franzosen und die Briten vor allem an der Mündung des Senegal zu finden sind. 1659 wird Saint-Louis gegründet, eine französische Handelsniederlassung. Die britische Konkurrenz verliert erst 1815–16 an Einfluß.

461

LÄNDER DER ERDE

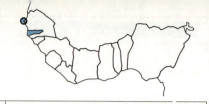

WESTAFRIKA

Die französische Kolonialisierung. Seit 1833 besitzen die Einwohner von Saint-Louis, Dakar, Rufisque und der Insel Gorée das französische Bürgerrecht. Der französische Gouverneur Faidherbe (1854 bis 1865) erobert das Hinterland und stößt auf die Führer der islamischen Revolution Schwarzafrikas, El-Hadj Omar in Medina (1857) und Lat-Dior (1886) in Cayor. Um 1890 hat Senegal in etwa die heutigen Grenzen. Die Casamanca wird erst zu Beginn des 20. Jh. befriedet. 1895 wird eine allgemeine Regierung in Französisch-Westafrika mit Sitz in Dakar eingesetzt. Die Zerstörung oder Schwächung der alten Strukturen ist von einer Entwicklung der muslimischen Bruderschaften begleitet, die in der Wolof-Gesellschaft eine große Rolle spielen. Im französischen Kolonialreich genießt der Senegal eine Vorrangstellung. 1945 werden L. S. Senghor und A. L. Gueye (1891–1968) in die Versammlung der französischen Union gewählt.

Die Unabhängigkeit. Seit 1958 ist der Senegal Republik in der Communauté Française, 1960 wird er unter der Präsidentschaft von Senghor unabhängig. Seine Partei, die UPS (Fortschrittliche Senegalesische Union), beherrscht die Politik. Nach dem gescheiterten Putschversuch von M. Dia (Ende 1962) entwickelt sich 1963 ein Präsidialregime mit einer Einheitspartei. Nach 1976 wird allmählich das Mehrparteiensystem eingeführt. Neben der UPS, die den Namen Sozialistische Partei annimmt, werden zwei Parteien gebildet: die Demokratische Senegalesische Partei unter Abdoulaye Wade (PDA) und die marxistisch-leninistische Afrikanische Unabhängigkeitspartei (PAI) unter Mahjemout Diop. Nach der Abdankung des Präsidenten Senghor am 1. Jan. 1981 wird Abdou Diouf, der Generalsekretär der Sozialistischen Partei, Präsident. Außenpolitisch arbeitet der Senegal eng mit Frankreich zusammen. Mit Gambia ist er 1982–89 in der Konföderation Senegambia eng verbunden. 1989 brechen ethnische Konflikte aus, und das Verhältnis zu Mauretanien wird gespannt.

KAP VERDE
CABO VERDE

Offizieller Name: Republik Kap Verde.

Hauptstadt: Praia. □ **Währung:** Kap-Verde-Escudo (= 100 Centavos). □ **Amtssprache:** Portugiesisch.

Überwiegende Religion: katholisch.

Staatspräsident: Aristidès Pereira (seit 1975).

Ministerpräsident: Pedro Varona Rodrigues Pires (seit 1975).

Flagge: 1976 angenommen; sie führt die panafrikanischen Farben (Rot, Gelb, Grün) und trägt das Wahrzeichen des Landes, einen schwarzen, fünfzackigen Stern (Symbol der Unabhängigkeit), umgeben von einer Muschel (die an den Inselcharakter des Landes erinnert) sowie einen Maiskolben (bedeutender Anbau). □ **Nationalhymne:** unbekannt. □ **Nationalfeiertag:** 5. Juli (Unabhängigkeitstag).

Fläche: 4 000 km². □ **Höchste Erhebung:** Pico Canon mit 2 829 m (Insel Fogo).

Klima: in Praia schwanken die monatlichen Durchschnittstemperaturen zwischen 22 und 27 °C. Die geringen Niederschläge um 250 mm pro Jahr fallen vor allem im August und im September.

Bevölkerung (1989): 400 000 Ew. *(Kapverdier).* □ Durchschnittliche Bevölkerungsdichte: 100 Ew. pro km². □ Jährliches Bevölkerungswachstum: 2,5 %. □ Geburtenrate: 36 ‰. □ Sterbeziffer: 11 ‰. □ Kindersterblichkeit: 71 ‰. □ Lebenserwartung: 60 Jahre. □ Anteil unter 15 Jahren: 46 %. □ Anteil 65 Jahre und älter: 5 %. □ Stadtbevölkerung: 6,1 %.

Wichtigste Orte und Städte: Praia (Insel São Tiago): 37 500 Ew.; Mindelo (Insel São Vicente): 28 800 Ew.

Bruttoinlandsprodukt gesamt (1987): 175 Millionen Dollar. □ **Bruttoinlandsprodukt/Kopf:** 582 Dollar.

Produktionsstruktur: Landwirtschaft 54 %; Industrie 2 %; Dienstleistungen 44 %.

Wichtigste Erwerbsquellen: Fischfang, Bananenanbau. □ **Verkehr:** 2 250 km Straßen.

Exporte (1985): 3 % des BIP (4 Millionen Dollar). □ **Importe** (1985): 80,7 % des BIP (113 Millionen Dollar). □ **Auslandsschulden** (1986): 107 Millionen Dollar.

Militärausgaben (1989): nicht bekannt. □ **Streitkräfte:** 1 185 Mann. □ **Wehrdienst:** Einschreibung.

Staatliche Institutionen

Republik. □ Verfassung von 1981. □ Nationalversammlung des Volkes in allgemeiner Wahl auf 5 Jahre gewählt. □ Staatspräsident von der Nationalversammlung gewählt.

Geschichte

Die portugiesische Kolonialisierung. 1460 kommen der portugiesische Seefahrer Diogo Gomes und der Genuese Antonio da Noli (im Dienst Heinrichs des Seefahrers) auf die Inseln Maio und São Tiago. Ihre Entdeckung ist umstritten, da anscheinend 1456 der Venezianer Alvise Cadamosto schon São Tiago erreicht hat. Die damals unbewohnten Inseln werden dann von den Portugiesen und von Sklaven aus Afrika bevölkert. Alle Sklavenschiffe müssen in Ribeira Grande vor Anker gehen, um die königlichen Abgaben zu zahlen. Nach Versiegen dieser Einnahmequelle ergibt sich ein wirtschaftlicher Niedergang.

Die Unabhängigkeit. Unter dem Einfluß von Amilcar Cabral, dem Gründer der Afrikanischen Unabhängigkeitspartei von Guinea und Kap Verde (PAIGC), entwickelt sich eine Separatistenbewegung, die am 5. Juli 1975 die Unabhängigkeit erreicht. Aristidès Pereira ist seit 1975 Präsident (1981 und 1985 wiedergewählt), und es wird ein Gesetz über die ›politische Organisation des Staates‹ erlassen. 1980 wird das Gesetz abgeschafft und die nationale Volksversammlung nimmt die erste Verfassung (1981) an. Die Beziehungen zwischen Kap Verde und Guinea-Bissau sind von der Existenz einer gemeinsamen Einheitspartei gekennzeichnet. Doch der Staatsstreich, der 1980 in Guinea-Bissau zur Beseitigung vieler Funktionäre aus Kap Verde führt, hat eine Verschlechterung der Beziehungen zur Folge. Im Januar 1981 wird die Afrikanische Unabhängigkeitspartei von Kap Verde gegründet (PAICV), die an die Stelle der PAIGC treten soll. Die Einheitspartei erfreut sich großer Beliebtheit, was sich in der geringen Anzahl der Enthaltungen bei den Wahlen von 1985 zeigt. Trotz der marxistischen Parolen der Führer unterhält Kap Verde gute Beziehungen zum Westen, besonders zu den Vereinigten Staaten (wo die Mehrzahl der Auswanderer aus Kap Verde lebt) und zu Frankreich, das im Land einen Stützpunkt für seine Überseestreitkräfte unterhält.

GAMBIA THE GAMBIA

Offizieller Name: Republik Gambia.

Hauptstadt: Banjul. □ **Währung:** Dalasi (= 100 Bututs). □ **Amtssprache:** Englisch. □ **Überwiegende Religion:** Islam. □ **Gewichte und Maße:** britisches System, wird ins metrische System überführt.

Staats- und Regierungschef: Dawda Kairaba Jawara (seit 1970).

Flagge: 1965 angenommen. Das Rot steht für die Sonne, Weiß für den Frieden, Blau für das Wasser und Grün für die Landwirtschaft.

Nationalhymne: ›For the Gambia, our homeland, we strike and work and pray, / That all may live in unity, freedom and peace each day. / Let justice guide our actions towards the common good, / and join our diverse people to prove man's brotherhood.‹ (Für Gambia, unsere Heimat, arbeiten und beten wir, damit alle tagtäglich in Einheit, Frieden und Freiheit leben. Die Gerechtigkeit leite unser Streben nach Gemeinwohl, sie vereine unsere Völker, um die Brüderlichkeit der Menschen zu beweisen.). Text von Virginia Julia Howe (geb. 1927); Musik von Jeremy Frederic Howe (geb. 1929). Amtlich seit 1965.

Nationalfeiertag: 18. Februar (Jahrestag der Unabhängigkeit).

Fläche: 11 300 km².

Klima: Durchschnittstemperatur im Januar in Banjul bei 23 °C; im Juni (heißester Monat) bei 27,5 °C. Mittel der jährlichen Niederschläge: 1 296 mm (davon 500 mm im August und fast kein Regen von November bis Mai).

Bevölkerung (1989): 800 000 Ew. *(Gambier).* □ Durchschnittliche Bevölkerungsdichte: 73 Ew. pro km². □ Jährliches Bevölkerungswachstum: 2,5 %. □ Geburtenrate: 47 ‰. □ Sterbeziffer: 22 ‰. □ Kindersterblichkeit: 148 ‰. □ Lebenserwartung: 36 Jahre. □ Anteil unter 15 Jahren: 44 %. □ Anteil 65 Jahre und älter: 4 %. □ Stadtbevölkerung: 21 %.

Größter Ort: Banjul (45 000 Ew.).

Bruttoinlandsprodukt gesamt (1987): 210 Millionen Dollar. □ **Bruttoinlandsprodukt/Kopf:** 260 Dollar.

Produktionsstruktur: Landwirtschaft 70 %; Industrie 5 %; Dienstleistungen 25 %.

Arbeitslosenquote: nicht verfügbar.

Verkehr: 3 083 km Straßen.

Exporte (1985): 22,9 % des BIP (39 Millionen Dollar). □ **Importe** (1985): 75 % des BIP (127 Millionen Dollar).

Auslandsschulden (1985): 250 Millionen Dollar.

Inflationsrate (1987): 30 %.

LÄNDER DER ERDE

Militärausgaben (1987): 2,210 Millionen Dollar. □ Streitkräfte: 900 Mann. □ Wehrdienst: freiwillig.

Staatliche Institutionen

Republik. □ Verfassung von 1970. □ Abgeordnetenkammer mit 49 Mitgliedern. □ Der Staatspräsident, der gleichzeitig oberster Befehlshaber der Streitkräfte ist, wird in allgemeiner Wahl auf 5 Jahre gewählt. Senegambia: Konföderation seit 1982, 1989 ausgesetzt. □ Staatspräsident, Vizepräsident, Bundesparlament (1/3 der Abgeordneten aus Gambia, 2/3 aus Senegal).

Geschichte

Frühzeit. Im Einflußbereich des Reiches Mali (vom 13. bis zu Beginn des 17. Jh.) bestehen im Gebiet des heutigen Gambia mehrere kleine Königreiche. Sie nehmen eine ganze Reihe von Volksgruppen auf, die sich mit den Fulbe und den Tukulor vermischen. 1455–56 wird das Gebiet von den Portugiesen (im Zuge der Entdeckungsfahrten unter Heinrich dem Seefahrer) entdeckt. Europäische Sklavenhändler gründen im 17. Jh. Handelsniederlassungen.

Britische Kolonialzeit. Ab Ende des Jahrhunderts haben die Briten die Oberhand und gründen 1815 Bathurst. Gambia, das 1857 ausschließlich britisches Einflußgebiet geworden ist, bildet zuerst einen Teil der West African Settlements (1866) und wird dann zu einer eigenen Kolonie (1888). Durch ein britisch-französisches Abkommen werden 1889 seine Grenzen festgelegt.

Unabhängigkeit. 1965 erhält Gambia die Unabhängigkeit, bleibt jedoch Mitglied des Commonwealth. Bei dem Besuch von Präsident Senghor 1967 wird ein Abkommen über intensive Zusammenarbeit zwischen Banjul und Dakar geschlossen. 1970 wird die Republik ausgerufen, und D. K. Jawara, der seit 1962 Ministerpräsident ist, wird Präsident. Um den Aufstand 1980 und den Putschversuch im Juli 1981 niederzuschlagen, ruft Gambia die senegalesischen Truppen zu Hilfe. Die beiden Länder beschließen eine Konföderation: Senegambia. Sie wird 1982 geschaffen und 1989 wieder aufgehoben, nach dem einseitig von Senegal getroffenen Entschluß, seine Truppen aus Gambia abzuziehen.

GUINEA GUINÉE

Offizieller Name: Republik Guinea.

Hauptstadt: Conakry. □ **Währung:** Guineischer Franc.

Amtssprache: Französisch. □ **Überwiegende Religion:** Islam.

Staatschef und Vorsitzender des Militärkomitees für die nationale Erneuerung: Lansana Conté (seit 1984).

Flagge: 1958 geschaffen. Die Farben zeigen Rot für das Blut der Freiheitskämpfe, Gelb für die Sonne und die Minen, Grün für den Reichtum der Natur.

Nationalhymne: ›Lagine den nu / Ben de ka / La gine horoya / La gine ye / Afriki ben koumben / Kogne fasso lo‹ (Guineer, die Einheit hat uns befreit. Guinea ruft alle seine Brüder aus dem großen Afrika, sich zu versammeln); Text von Kanfory Bangoura (1925–1985); Musik von Keita Fodeba (1923–1969) nach einem Volkslied. Amtlich seit 1958.

Nationalfeiertag: 2. Oktober (Jahrestag der Unabhängigkeit).

Fläche: 250 000 km². □ **Höchste Erhebung:** Nimba mit 1752 m.

Bevölkerung (1989): 7 100 000 Ew. *(Guineer).* □ Durchschnittliche Bevölkerungsdichte: 28 Ew. pro km². □ Jährliches Bevölkerungswachstum: 2,4 ‰. □ Geburtenrate: 47 ‰. □ Sterbeziffer: 23 ‰. □ Kindersterblichkeit: 153 ‰. □ Lebenserwartung: 41 Jahre. □ Anteil unter 15 Jahren: 43 %. □ Anteil 65 Jahre und älter: 3 %. □ Stadtbevölkerung: 22 %.

Bruttoinlandsprodukt gesamt (1987): 2,07 Milliarden Dollar.

Bruttoinlandsprodukt/Kopf: 318 Dollar.

Produktionsstruktur: Landwirtschaft 70 %; Industrie 10 %; Dienstleistungen 20 %. □ **Arbeitslosenquote:** nicht verfügbar.

Verkehr: 28 400 km Straßen (davon 1 300 km ausgebaut); Eisenbahn 940 km.

Exporte (1985): 27,9 % des BIP (544 Millionen Dollar). □ **Importe** (1985): 21,8 % des BIP (425 Millionen Dollar).

Auslandsschulden (1988): 1,7 Milliarden Dollar.

Inflationsrate (1986): 71,8 %.

Militärausgaben (1982): 83,251 Millionen Dollar. □ **Streitkräfte:** 9 900 Mann. □ **Wehrdienst:** 24 Monate.

Staatliche Institutionen

Republik. □ Verfassung von 1982, seit dem Militärputsch von 1984 außer Kraft gesetzt. □ Die Macht wird vom Militärkomitee für nationale Erneuerung ausgeübt.

Die größten Städte

Conakry	763 000	Kindia	85 000
Kankan	85 000	Labé	80 000

Erzeugung wichtiger Güter

Maniok	500 000 Tonnen
Erdnüsse	75 000 Tonnen
Bananen	108 000 Tonnen
Ananas	20 000 Tonnen
Kaffee	15 000 Tonnen
Zuckerrohr	200 000 Tonnen
Rinderbestand	1 838 000 Tiere
Bauxit	16,5 Millionen Tonnen
Strom	500 Millionen kWh

Klimadaten

Stadt	Mittlere Temperatur des kältesten Monats (in °C)	Mittlere Temperatur des wärmsten Monats (in °C)	Jährliche Niederschläge (in mm)
Conakry	25	28	4 350
Siguiri	24	31	1 335

Geschichte

Frühzeit. Das von Malinke bevölkerte Oberguinea gehört teilweise vom 13. bis Ende des 16. Jh. zum Reich Mali. Der Fernhandel ist ein Monopol der muslimischen Dyula. Nach der Ankunft der Portugiesen (1461–62) an der Küste verändert sich die Struktur. Die Handelswege richten sich ab dem 16. Jh. zur Küste aus, wo der Sklavenhandel stattfindet. Im Hochland von Fouta-Djalon setzen sich zunächst kleine Gruppen von Fulbe fest, die traditionelle Religionen ausüben. Vom 16. bis zum 18. Jh. kommen zahlreiche muslimische Fulbe und Mandingo aus Fouta-Toro im Senegal oder aus Masina in Mali. Sie verbreiten den Islam. An der Küste scheinen die Landouman, Baga und Nalou von den Susu beherrscht zu werden, die von den Fulbe des Fouta-Djalon zurückgedrängt worden waren. Der Sklavenhandel hört erst 1861 mit dem Sezessionskrieg auf.

Das Reich von Samory Touré. Um 1840 als Sproß einer fest angesiedelten Dyula-Linie geboren, eint Samory Touré die Stämme der Malinke, indem er von 1861 bis 1881 am oberen Niger im Gebiet von Kankan ein großes Reich mit einer entwickelten Verwaltung und einem permanenten Heer errichtet. Erst 1885 versucht er, seine Herrschaft auf den Islam zu gründen, indem er sich *almani* (geistiges Oberhaupt) nennt. Die forcierte Politik der Islamisierung und die Intrigen von Gallieni führen in einem großen Teil seines Reiches 1888–90 zu Aufständen. 1891 zwingen ihn die Franzosen, Guinea zu verlassen. Er stirbt 1900 in Gabun.

Französische Kolonialzeit. Ab 1866/67 gründet Frankreich Handelsniederlassungen. Nachdem der Südufer dem Senegal angeschlossen worden sind, organisiert Frankreich 1889–1893 die Kolonie von Französisch-Guinea, die 1895 Teil von Französisch-Westafrika wird. 1897 werden Fouta-Djalon und 1900 der obere Niger Französisch-Guinea angeschlossen. Das koloniale Guinea erlebt bis zur Erschließung der Bodenschätze (Eisenerz und Bauxit) in den Jahren 1953–1958 nur eine langsame Entwicklung. Der Gewerkschaftler Sékou Touré (geboren 1922), Enkel von Samory Touré, beginnt den Kampf für die Entkolonialisierung und wird 1952 Generalsekretär der Demokratischen Partei von Guinea, die zum Rassemblement Démocratique Africain gehört.

Unabhängigkeit und Revolution. 1958 ist Guinea der einzige Staat im frankophonen Afrika, der sofort die Unabhängigkeit möchte. Die Demokratische Partei wird zur Einheitspartei. Frankreich stoppt seine finanzielle und technische Hilfe, und der Regierungschef Sékou Touré (1958–1984) erhält zuerst Hilfe aus der UdSSR und dann, ab 1961, aus China und den USA. Die ›Revolutionäre Volksrepublik‹ wird ausgerufen. Sékou Touré radikalisiert das Regime weiter, läßt die amtliche französische Sprache durch Landessprachen ersetzen, verbietet den Handel mit dem Ausland und vereitelt mehrere angebliche oder tatsächliche Komplotte. Doch 1975 normalisiert er die Beziehungen zu Frankreich, 1978 die zum Senegal und zur Elfenbeinküste. Vor allem Ende 1980 und Beginn 1981, nachdem dem Regime feindlich gesinnte Guineer mit Hilfe der Portugiesen in Conakry gelandet sind, führt er eine repressive Politik durch.

Wiederaufbau. Nach dem Tode von Sékou Touré (1984) setzt die Armee ein Militärkomitee für die nationale Erneuerung unter der Führung von Oberst Lansana Conté ein. Das

463

LÄNDER DER ERDE

WESTAFRIKA

neue Regime versucht, die schweren wirtschaftlichen Probleme des Landes zu lösen. Mit diesem Ziel wird eine Währungs- und Bankenreform durchgeführt, die Landwirtschaft und der Bergbau werden angekurbelt, und die Schaffung klein- und mittelständischer Betriebe wird begünstigt.

GUINEA-BISSAU
GUINÉ-BISSAU

Offizieller Name: Republik Guinea-Bissau.

Hauptstadt: Bissau. □ **Währung:** Peso (= 100 Centavos). □ **Amtssprache:** Portugiesisch. □ **Überwiegende Religion:** traditionelle Religionen.

Staats- und Regierungschef: João Bernardo Vieira (seit 1980).

Flagge: 1973 angenommen. Sie zeigt die in Äthiopien geschaffenen panafrikanischen Farben. Der schwarze Stern auf dem roten Feld steht für Afrika und die Afrikanische Unabhängigkeitspartei (PAIGC), die Amilcar Cabral 1956 gegründet hat.

Nationalhymne: ›Sol, seu or e o verde mar, séculos de dor e esperança / Esta é a terra dos nossos avos! Fruto das nossas maos, da flor do nosso sangue: Esta é a nossa patria amada.‹ (Sonne mit goldenem Schein, Meer mit grünem Schimmer, Jahrhunderte voll Schmerz und Hoffnung. Hier ist das Land unserer Vorfahren, Frucht aus unserer Hand, Blume mit unserem Blut begossen. Hier ist unser geliebtes Vaterland.) Text von Amilcar Cabral (1925–1973); Musik von einer aus Kap Verdern und Chinesen bestehenden Gruppe. Amtlich seit 1976. □ **Nationalfeiertag:** 24. September (Unabhängigkeitstag).

Fläche: 36 125 km².

Klima: Ähnlich wie in Gambia und Senegal.

Bevölkerung (1989): 1 000 000 Ew. □ Durchschnittliche Bevölkerungsdichte: 27,6 Ew. pro km². □ Jährliches Bevölkerungswachstum: 1,9 %. □ Geburtenrate: 41‰. □ Sterbeziffer: 22‰. □ Kindersterblichkeit: 138‰. □ Lebenserwartung: 44 Jahre. □ Anteil unter 15 Jahren: 41 %. □ Anteil 65 Jahre und älter: 4 %. □ Stadtbevölkerung: 24 %.

Wichtigste Stadt: Bissau (109 000 Ew.).

Bruttoinlandsprodukt gesamt (1987): 122 Millionen Dollar. □ Bruttoinlandsprodukt/Kopf: 135 Dollar. □ Produktionsstruktur: Landwirtschaft 80 %; Industrie 5 %; Dienstleistungen 15 %. □ Arbeitslosenquote: nicht verfügbar.

Verkehr: 5 058 km Straßen.

Exporte (1985): 9,2 % des BIP (13,8 Millionen Dollar). □ Importe (1985): 40,3 % des BIP (60,5 Millionen Dollar).

Auslandsschulden (1985): 255 Millionen Dollar.

Erzeugung wichtiger Güter

Reis	155 000 Tonnen
Rinderbestand	330 000 Tiere
Holzeinschlag	530 000 m³
Strom	28 Millionen kWh

Inflationsrate: nicht verfügbar.

Militärausgaben (1988): 12 Millionen Dollar.

Streitkräfte: 9 200 Mann. □ **Wehrdienst:** allgemeine Wehrpflicht.

Staatliche Institutionen

Republik. □ Verfassung von 1984. □ Staatsrat mit 15 Mitgliedern, die von der Nationalversammlung gewählt werden. □ Diese Versammlung geht aus den Regionalräten hervor, die in allgemeiner Wahl gewählt werden.

Geschichte

Die Herrschaft der Mende. Die muslimischen Mende können, obwohl viele Stämme auf den Inseln (Bissago) und an der Küste (Felupe, Mandjak) traditionellen Religionen anhängen, die Herrschaft über das Gebiet des heutigen Guinea-Bissau aufrechterhalten, bis die Fulbe im Jahre 1860 die Macht an sich reißen.

Portugiesische Kolonialzeit. 1446 haben die Portugiesen im Auftrag Heinrichs des Seefahrers das Gebiet entdeckt (Nuno Tristão erreicht die Mündung des Rio Geba). Ende des 16. Jh. gründen sie Handelsniederlassungen. 1879 gründen sie das portugiesische Guinea, das gegenüber Kap Verde autonom ist; die Hauptstadt wird Bolama (bis 1941), dann Bissau. Die PAIGC, die 1956 von Amilcar Cabral gegründet wird (der ihr bis zu seiner Ermordung 1973 vorsteht), beteiligt sich ab 1962 an der anti-portugiesischen Guerilla. Sékou Touré aus Guinea unterstützt ihn diplomatisch und finanziell. Dakar seinerseits unterstützt die nationale Befreiungsfront von Guinea, die rivalisierende Partei der PAIGC, wodurch es zwischen dieser Partei und den senegalesischen Truppen zu diversen Grenzzwischenfällen kommt.

Unabhängigkeit. Die 1973 ausgerufene Republik Guinea-Bissau wird 1974 von Portugal als unabhängig anerkannt. Die ehemaligen Führer der Guerilla, L. Cabral, F. Mendès, J. Vieira, regieren das Land mit der PAIGC als Einheitspartei. Diese ist marxistisch-leninistisch ausgerichtet und beginnt mit dem Aufbau der ›Revolutionären Nationalen Republik‹. Cabral bleibt bis zum Putsch von 1980 Präsident der Republik, dann folgt ihm Vieira. Dieser wird Vorsitzender des Revolutionsrates. Nach dem Militärputsch von 1984 werden neue Institutionen eingerichtet: Das ›Militärkommitee für den nationalen Aufbau‹ ist das oberste Machtorgan.

SIERRA LEONE

Offizieller Name: Republik Sierra Leone.

Hauptstadt: Freetown. □ **Währung:** Leone (= 100 Cent). □ **Amtssprache:** Englisch. □ **Überwiegende Religionen:** Islam, traditionelle Religionen.

Staatspräsident und Regierungschef: Joseph Saidu Momoh (seit 1985).

Flagge: Die 1961 gewählten Farben zeigen: Grün für den Reichtum der Natur, Weiß für Einheit und Gerechtigkeit, Blau für Meer und Hoffnung.

Nationalhymne: ›High we exalt thee, realm of the free, / Great is the love we have for thee; Firmly united, ever we stand / Singing thy praise, o native land.‹ (Wir rühmen dich, Königreich der Freien, groß ist unsere Liebe zu Dir. Vereint wollen wir sein, um deinen Ruhm zu singen, oh Vaterland.) Text von Clifford Nelson Fyle (geb. 1933); Musik von John Joseph Akar (1927–1975). Amtlich seit 1961. □ **Nationalfeiertag:** 27. April (Unabhängigkeitstag).

Fläche: 72 000 km². □ Höchste Erhebung: Bintimane mit 1 948 m.

Klima: In Freetown beträgt die durchschnittliche Temperatur im Juli 25,5 °C, im April 28 °C; jährliche Niederschläge bei 3 436 mm (davon mehr als die Hälfte Juli–August).

Bevölkerung (1989): 4 100 000 Ew. □ Durchschnittliche Bevölkerungsdichte: 57 Ew. pro km². □ Jährliches Bevölkerungswachstum: 2,4 %. □ Geburtenrate: 48‰. □ Sterbeziffer: 24‰. □ Kindersterblichkeit: 160‰. □ Lebenserwartung: 35 Jahre. □ Anteil unter 15 Jahren: 41 %. □ Anteil 65 Jahre und älter: 3 %. □ Stadtbevölkerung: 28 %.

Größte Stadt: Freetown (316 000 Ew.).

Bruttoinlandsprodukt gesamt (1987): 900 Millionen Dollar.

Bruttoinlandsprodukt/Kopf: 238 Dollar. □ Produktionsstruktur: Landwirtschaft 65 %; Industrie 15 %; Dienstleistungen 20 %. □ Arbeitslosenquote: nicht verfügbar.

Verkehr: 7 459 km Straßen; Eisenbahn 597 km.

Exporte (1985): 9,3 % des BIP (130 Millionen Dollar). □ Importe (1985): 10,8 % des BIP (151 Millionen Dollar).

Auslandsschulden (1985): 880 Millionen Dollar. □ Inflationsrate (1986): 30 %.

Militärausgaben (1988): 5,13 Millionen Dollar. □ Streitkräfte: 3 100 Mann. □ Wehrdienst: freiwillig.

Erzeugung ausgewählter Güter u. a. wichtige Erwerbsquellen

Reis	565 000 Tonnen
Fischfang	65 000 Tonnen
Eisen	200 000 Tonnen
Diamanten	243 500 Karat
Bauxit	1 000 000 Tonnen
Strom	85 Millionen kWh

Staatliche Institutionen

Republik. □ Verfassung von 1978. □ Staatspräsident wird in allgemeiner Wahl auf 7 Jahre gewählt. □ Abgeordnetenkammer mit 104 Mitgliedern (85 werden in allgemeiner Wahl auf 5 Jahre gewählt, 7 werden vom Präsidenten ernannt, und 12 sind Stammeshäuptlinge).

Geschichte

Portugiesische Seefahrer und Wanderungen der Mende. Die Entdeckung der Halbinsel Sierra Leone, wo sich damals das Königreich Sapes befand, durch die Portugiesen (Pedro de Sintra, 1462) im Auftrag Heinrichs des Seefahrers geht der Invasion von Mende-

LÄNDER DER ERDE

Kriegern im Hinterland einhundert Jahre voraus.

Die Mende mischen sich um die Mitte des 16. Jh. mit der einheimischen Bevölkerung: Liko, Bulom, Temne. Sehr schnell erkennen sie den Vorteil, der ihnen aus dem Verkauf ihrer Kriegsbeuten an die Europäer erwächst. Vom 16. bis 18. Jh. ist das Land ein Piratenstützpunkt und ein Zentrum des Sklavenhandels.

Britische Herrschaft. 1787 kauft die britische Gesellschaft gegen die Sklaverei die Küstenzone und siedelt in der Kolonie Freetown befreite Schwarze aus Amerika und der Karibik an. Die Nachkommen der wiedereingebürgerten Sklaven (›Kreolen‹) sind meist reiche Händler geworden, die von der politischen Entwicklung des Landes zu einer britischen Kolonie profitieren (1808). 1885 wird ein Grenzvertrag mit Liberia unterzeichnet, 1895 ein Vertrag mit Frankreich, in dem dieses die britische Herrschaft im Hinterland der Kolonie, wo 1896 das Protektorat entsteht, anerkennt. Die Verwaltung dieser beiden Gebiete ist unter der gesamten britischen Herrschaft sehr unterschiedlich. Die Verfassung von 1947 verstärkt die Vorherrschaft der Vertreter des Protektorats, dessen Oberhaupt Milton Margai das Land in die Unabhängigkeit führt (1961).

Unabhängigkeit. Das politische Leben wird bestimmt von Militärputschen und sich abwechselnden Militärregierungen, was 1971 bis 1973 zum militärischen Eingreifen Guineas führt. 1971 wird die Republik mit Siaka Stevens als Präsident ausgerufen. 1978 setzt eine neue Verfassung der APC (All People's Congress) als Einheitspartei ein. 1985 wird der General Joseph Momoh gewählt; er wird Nachfolger von Stevens.

ELFENBEINKÜSTE

Offizieller Name: Republik Elfenbeinküste.

Hauptstadt: Yamoussoukro. □ **Währung:** CFA-Franc (= 100 Centimes). □ **Amtssprache:** Französisch. □ **Überwiegende Religionen:** Islam, Katholizismus, traditionelle Religionen.

Staatspräsident und Regierungschef: Félix Houphouët-Boigny (seit 1960).

Flagge: 1959 angenommen. Die Farben sind nach denen der Trikolore angeordnet: Orange für die Savanne im Norden, Grün für den Wald im Süden, Weiß für die Einheit von Norden und Süden.

Nationalhymne: ›Salut, ô terre d'espérance, Pays de l'hospitalité ...‹ (Heil dir, Land der Hoffnung, Land der Gastfreundschaft ...); Text von M. Ekra, J. Bony, P. Coty und P. M. Pango; Musik von P. M. Pango und P. Coty.

Nationalfeiertag: 7. Dezember (Jahrestag der Ausrufung der Republik).

Fläche: 322 000 km². □ **Höchste Erhebung:** Nimba mit 1 752 m.

Bevölkerung (1989): 12 100 000 Ew. □ **Durchschnittliche Bevölkerungsdichte:** 37,5 Ew. pro km². □ **Jährliches Bevölkerungswachstum:** 3,6 %. □ **Geburtenrate:** 51 ‰.

□ **Sterbeziffer:** 15 ‰. □ **Kindersterblichkeit:** 101 ‰. □ **Lebenserwartung:** 60 Jahre. □ **Anteil unter 15 Jahren:** 46 %. □ **Anteil 65 Jahre und älter:** 3 %. □ **Stadtbevölkerung:** 42 %.

Größte Städte: Abidjan (1 850 000 Ew.), Bouaké (173 000 Ew.), Yamoussoukro (70 000 Ew.).

Bruttoinlandsprodukt gesamt (1987): 10,6 Milliarden Dollar. □ **Bruttoinlandsprodukt/Kopf:** 980 Dollar. □ **Produktionsstruktur:** Landwirtschaft 59 %; Industrie 10 %; Dienstleistungen 31 %. □ **Arbeitslosenquote:** nicht verfügbar.

Verkehr: 53 736 km Straßen; Eisenbahn 1 333 km.

Exporte (1987): 29,2 % des BIP (3,1 Milliarden Dollar). □ **Importe** (1987): 21,7 % des BIP (2,3 Milliarden Dollar).

Auslandsschulden (1988): 12,3 Milliarden Dollar.

Inflationsrate (1987): 5,7 %.

Militärausgaben (1987): 93,62 Millionen Dollar. □ **Streitkräfte:** 7 100 Mann. □ **Wehrdienst:** 6 Monate.

Staatliche Institutionen

Republik. □ Verfassung von 1960. □ Nationalversammlung wird in allgemeiner Wahl auf 5 Jahre gewählt. □ Staatspräsident wird in allgemeiner Wahl auf 5 Jahre gewählt.

Erzeugung wichtiger Güter

Kaffee	270 000 Tonnen
Kakao	700 000 Tonnen
Bananen	130 000 Tonnen
Palmöl	235 000 Tonnen
Erdöl	646 Millionen Tonnen
Strom	2,19 Milliarden kWh

Klimadaten

Stadt	Mittlere Temperatur des kältesten Monats (in °C)	Mittlere Temperatur des wärmsten Monats (in °C)	Jährliche Niederschläge (in mm)
Abidjan	25	28	1960
Bouaké	25	27	1200

In Abidjan ist die Temperatur nie unter 15 °C gesunken und hat nur in Ausnahmefällen 35 °C überstiegen.

Geschichte

Wanderungen und erste Königreiche. Ab dem 16. Jh. wandern im Norden islamisierte Mende-Völker ein zu den niedergelassenen Völkern wie den Senufo.

Sekou Ouattara, ein Dyula-Mende, gründet zu Beginn des 18. Jh. das Kong-Reich, das am Handel im Golf von Guinea und an der Verbreitung der Feuerwaffen teilnimmt. Die Macht der Dyula erstreckt sich auf den gesamten Schwarzen Volta, über alle Senufo bis zum rechten Ufer des Bani und dem Wald am Comoé. Nach dem Tode von Ouattara im Jahre 1740 zerfällt das Reich sehr rasch. Im 17. Jh. hat sich im Westen des Schwarzen Volta das Reich Abron gebildet, dessen Anführer der Gruppe der Akan angehören, die sich im 18. Jh. gegen die Herrschaft der Ashanti wehrt. Eine Ashanti-Gruppe, die Baule, haben zwischen den Flüssen Comoé und Bandama ein Königreich gegründet, und sie haben die Senufo und die Guro entweder verdrängt oder sich mit ihnen vermischt. Dagegen haben die Völker im Südwesten, darunter die Kru, nie Staaten gegründet. An der von den Portugiesen 1471–72 erschlossenen Küste gründen die Franzosen die Niederlassung Assinie (1687–1705).

Französische Kolonialzeit. Nach den Operationen des Generals Bouet-Willaumez (1842), dann von Treich-Laplène, von Assinie ausgehend, und Bingers von Bamako nehmen die Franzosen zuerst das Gebiet um die Lagunen ein; sie gelangen zum Reich Kong, dessen Führer das französische Protektorat akzeptieren (1889). 1893 wird die Kolonie Elfenbeinküste gegründet, und Binger wird der erste Gouverneur. 1895–96 wird sie Französisch-Westafrika angeschlossen. Die Eroberung des Landesinnern stößt auf den heftigen Widerstand der Stämme, besonders der Guro und der Baule (Oberst Monteil 1894–95, Mission Braulot 1896), während der Norden in den Krieg mit Samory verwickelt wird. Die eigentliche militärische Eroberung des Landes wird von Gouverneur Angoulvant (1908–15) unternommen. Unter der Kolonialherrschaft entwickelt sich die Wirtschaft der Elfenbeinküste dank der Ausbeutung des Waldes und des Anbaus von Kaffee und Kakao sehr schnell, welche ab 1920–25 sehr gefragt sind. Der Süden des Landes wird erschlossen. Zwischen den beiden Weltkriegen und kurz danach werden große Bauvorhaben begonnen: Bau eines Kanals, der die Lagune von Abidjan mit dem Meer verbindet (1950 abgeschlossen), Einrichtung des Hafens und Bau der Eisenbahn Abidjan–Niger, die vor dem Krieg bis Bobo-Dioulasso und 1954 bis Ouagadougou fertiggestellt wird.

Unabhängigkeit. 1946 wird das Gebiet Überseeterritorium, 1958 Mitglied der Communauté Française, 1960 als Republik unabhängig. Der Präsident Houphouët-Boigny erhält die Zusammenarbeit mit Frankreich aufrecht. 1961, nach der Konferenz von Yaoundé, tritt das Land der Afrikanischen und Madagassischen Organisation für wirtschaftliche Zusammenarbeit (OAMCE), der heutigen OCAM bei, einer Organisation, in der sich Houphouët-Boigny bemüht, die dem Sozialismus ablehnend gegenüberstehenden Staaten zusammenzufassen. Das Einparteiensystem der Demokratischen Partei der Elfenbeinküste (PDCI) wird beibehalten, und die Politik ist von dem Bemühen, das ethnische und soziale Gleichgewicht zu erhalten, gekennzeichnet. Doch der Verfall der internationalen Preise für Agrarprodukte seit 1978 hat das Land in eine wirtschaftliche und finanzielle Krise geführt, die seit 1983 anhält.

465

LÄNDER DER ERDE

WESTAFRIKA

LIBERIA

Offizieller Name: Republik Liberia.

Hauptstadt: Monrovia. □ **Währung:** Liberianischer Dollar (= 100 Cents).

Amtssprache: Englisch.

Überwiegende Religion: traditionelle Religionen.

Gewichte und Maße: britisches System, das metrische System wird eingeführt.

Staatspräsident: Samuel K. Doe (seit 1986, an der Macht seit 1980).

Flagge: seit 1847. Es ist die erste Flagge einer unabhängigen Nation in Afrika; sie lehnt sich an die Flagge der USA, die ›Stars and Stripes‹ an.

Nationalhymne: ›All hail Liberia, hail! This glorious land of liberty / Shall long be ours, Tho' new her name / Green be her fame / and mighty be her powers. / In joy and gladness / With our hearts united / We will shut the freedom / Of a race benighted. Long live Liberia, happy land, / A home of glorious liberty / By God's command.‹ (Heil dir, Liberia. Dieses an Freiheit ruhmreiche Land sei lange unser. Auch wenn dein Name neu ist, sein Ruf sei immer jung und seine Kräfte mächtig. Freude und Heiterkeit, die Herzen einig, so singen wir von der Freiheit einer lange unterdrückten Rasse. Es lebe Liberia, glückliches Land, Heimat der Freiheit durch den Willen Gottes). Text von Daniel Bashiel Warner (1815 bis 1880); Musik von Olmstead Luca.

Nationalfeiertag: 26. Juli (Unabhängigkeitstag).

Fläche: 110 000 km². □ **Höchste Erhebung:** 1 384 m in den Nimbabergen.

Klima: In Monrovia liegt die mittlere Temperatur im Juli bei 24,5 °C, Dezember bis Januar bei 26,5 °C; jährliche Niederschläge 5 131 mm (regenreichste Hauptstadt).

Bevölkerung (1989): 2 500 000 Ew. (Liberianer). □ **Durchschnittliche Bevölkerungsdichte:** 22 Ew. pro km². □ **Jährliches Bevölkerungswachstum:** 3,2 %. □ **Geburtenrate:** 45‰. □ **Sterbeziffer:** 13‰. □ **Kindersterblichkeit:** 87‰. □ **Lebenserwartung:** 54 Jahre. □ **Anteil unter 15 Jahren:** 47 %. □ **Anteil 65 Jahre und älter:** 3 %. □ **Stadtbevölkerung:** 39 %.

Größte Stadt: Monrovia (307 000 Ew.).

Bruttoinlandsprodukt gesamt (1987): 1,06 Milliarden Dollar.

Bruttoinlandsprodukt/Kopf: 462 Dollar.

Produktionsstruktur: Landwirtschaft 55 %; Industrie 25 %; Dienstleistungen 20 %.

Arbeitslosenquote: nicht verfügbar.

Verkehr: 10 305 km Straßen; Eisenbahn 490 km.

Erzeugung ausgewählter Güter u. a. wichtige Erwerbsquellen

Kautschuk	89 000 Tonnen
Eisen	8,6 Millionen Tonnen
Strom	897 Millionen kWh
Handelsflotte	51,4 Millionen Bruttoregistertonnen

Exporte (1985): 38,8 % des BIP (404 Millionen Dollar). □ **Importe** (1985): 22,6 % des BIP (235 Millionen Dollar).

Auslandsschulden (1985): 1,38 Milliarden Dollar.

Inflationsrate (1985): −1 %.

Militärausgaben (1988): 28 Millionen Dollar. □ **Streitkräfte:** 5 800 Mann. □ **Wehrdienst:** freiwillig.

Staatliche Institutionen

Republik. □ Verfassung von 1986. □ Senat mit 26 Mitgliedern und Abgeordnetenkammer mit 64 Mitgliedern. □ Staatspräsident wird in allgemeiner Wahl auf 6 Jahre gewählt.

Geschichte

Frühzeit. Seit dem 15.–17. Jh. sind die Wälder Liberias von verschiedenen Stämmen bevölkert, besonders den Mende und den Kwa. Die Küste von Malaguette, die im 15. Jh. von den Portugiesen entdeckt wurde und auch Kornküste genannt wird, wird von englischen, holländischen und französischen Händlern angelaufen.

Die Ansiedlung der amerikanischen Schwarzen. Ab 1822 siedelt die amerikanische Kolonialgesellschaft befreite schwarze Sklaven aus Amerika an, obwohl sich die Einheimischen dagegen wehren. Die Niederlassung an der Mündung des Mesurado wird für unabhängig erklärt und erhält 1847 eine Verfassung nach nordamerikanischem Modell; 1848 wird sie von fast allen Großmächten unter den Namen Liberia anerkannt (USA erst 1862). Die Hauptstadt Monrovia wird zu Ehren von Präsident Monroe gegründet. Doch erst nach der Fusion mit Maryland (1857), eine Niederlassung desselben Typs aus dem Jahre 1833, erhält Liberia seine heutige Form; die Grenzen werden endgültig durch die Abkommen mit Großbritannien (1885) und Frankreich (1892 und 1910) festgelegt. 1926 beginnt mit Firestone der bestimmende Einfluß amerikanischer Großfirmen; Firestone erhält auf 99 Jahre 400 000 ha für Kautschukplantagen. Dann beginnen die Liberia Mining Company (1945), die Liberia Company von E. R. Stettinius (1947) und die Liberia Products Company (1948) mit der Erschließung der Bodenschätze und anderer Reichtümer.

Das heutige Liberia. Das Land ist schwer verschuldet und hat viele Finanzkrisen durchgemacht. W. Tubman, unterstützt von der True Whig Party, ist von 1944 bis 1971 an der Macht. Er führt eine Politik der Integration zur Versöhnung mit den Stämmen im Landesinnern. W. Tolbert (1971–1980) führt diese Politik weiter. Die marxistisch orientierte Opposition unter Gabriel B. Matthews zettelt Aufstände an, die 1979 mit Hilfe von Guinea unterdrückt werden. Präsident Tolbert wird ermordet und ein Volkserlösungsrat unter S. K. Doe kommt an die Macht. 1984 kommt eine Zivilregierung. Doe gründet die Demokratische Nationalpartei von Liberia. Auch drei Oppositionsparteien werden zugelassen. Der Volkserlösungsrat wird aufgelöst und durch eine ›Interims-Nationalversammlung‹ ersetzt. 1985 werden Parlaments- und Präsidentschaftswahlen durchgeführt, die Doe gewinnt. Seine Regierung wird von politischen Gegnern unter Führung von C. Taylor bedroht. Der von beiden Seiten mit großer Grausamkeit geführte Bürgerkrieg (besonders 1990) löste eine starke Flüchtlingsbewegung aus.

GHANA

Offizieller Name: Republik Ghana.

Hauptstadt: Accra. □ **Währung:** Cedi (= 100 Pesewas). □ **Amtssprache:** Englisch.

Überwiegende Religion: Protestantismus, bedeutende katholische und muslimische Minderheiten.

Staatschef und Chef des provisorischen nationalen Verteidigungsrates: Jerry Rawlings (seit 1981).

Flagge: besteht seit 1957, wurde 1966 verändert. Das Rot gedenkt des für die Freiheit vergossenen Blutes, Gelb steht für die Minen, durch die das Land seinen alten Namen erhielt, Grün für die Vegetation. Dazu der schwarze ›Stern für die Freiheit Afrikas‹.

Nationalhymne: ›God bless our homeland Ghana and make our nation great and strong, / Bold to defend forever the cause of freedom and right‹. (Gott segne unser Vaterland Ghana, er mache es zu einer großen und starken Nation, die immer furchtlos Freiheit und Recht verteidigen möge). Musik von Philip Gbeho (1904–1976). Amtlich seit 1957.

Nationalfeiertag: 6. März (Jahrestag der Unabhängigkeit).

Fläche: 240 000 km². □ **Höchste Erhebung:** Afadjoto mit 885 m.

Bevölkerung (1989): 14 600 000 Ew. (Ghanaer). □ **Durchschnittliche Bevölkerungsdichte:** 60,8 Ew. pro km². □ **Jährliches Bevölkerungswachstum:** 3,1 %. □ **Geburtenrate:** 44‰. □ **Sterbeziffer:** 13‰. □ **Kindersterblichkeit:** 90‰. □ **Lebenserwartung:** 54 Jahre. □ **Anteil unter 15 Jahren:** 47 %. □ **Anteil 65 Jahre und älter:** 3 %. □ **Stadtbevölkerung:** 40 %.

Bruttoinlandsprodukt gesamt (1987): 4,34 Milliarden Dollar.

Bruttoinlandsprodukt/Kopf: 297 Dollar.

Produktionsstruktur: Landwirtschaft 45 %; Industrie 8 %; Dienstleistungen 47 %.

Arbeitslosenquote: nicht verfügbar.

Die größten Städte

Accra	800 000	Tamale	168 000
Kumasi	352 000	Tema	100 000
Sekondi-Takoradi	255 000		

Erzeugung wichtiger Güter

Kakao	225 000 Tonnen
Strom	4,6 Milliarden kWh
Bauxit	300 000 Tonnen
Aluminium	150 300 Tonnen

Klimadaten

Stadt	Mittlere Temperatur des kältesten Monats (in °C)	Mittlere Temperatur des wärmsten Monats (in °C)	Jährliche Niederschläge (in mm)
Accra	24	27,5	724
Tamale	25,5	30	1 025

LÄNDER DER ERDE

Verkehr: 33 000 km Straßen; Eisenbahn 953 km.

Exporte (1985): 15,8 % des BIP (630 Millionen Dollar).

Importe (1985): 16,8 % des BIP (670 Millionen Dollar).

Auslandsschulden (1988): 3,2 Milliarden Dollar. □ Inflationsrate (1987): 40 %.

Militärausgaben (1989): 42,28 Millionen Dollar. □ Streitkräfte: 11 200 Mann. □ Wehrdienst: freiwillig.

Staatliche Institutionen

Republik. □ Seit 1982 übt ein provisorischer nationaler Militärrat die Macht aus.

Geschichte

Frühzeit. Seit etwa 1200 wandern Völker der Akan-Sprachgruppe in das Gebiet des heutigen Ghana ein. Im Norden, in der Savanne, gab es seit Ende des 14. Jh. die Königreiche der Mosi, und seit dem 16. Jh. das Königreich Gondja. Die Regenwälder des Südens bewohnten die Akan, zu denen die Ashanti aus der Landesmitte und die Fanti an der Küste gehören.

Die Europäer und die Goldküste. 1471 landen die Portugiesen an der Küste, die danach als Goldküste bezeichnet wird. 1482 gründen sie die Niederlassung São Jorge da Mina, aber sie werden von den Niederländern vertrieben, die auch durch den Sklavenhandel angezogen werden (1687). Die Engländer bauen Festungen, die 1664–65 von dem niederländischen General Ruyter zerstört werden. Schwedische, dänische, brandenburgische und französische Händler kommen so zahlreich an diese Küste, daß sie um 1700 schon 35 befestigte Handelsniederlassungen zählt.

Die Kämpfe gegen die Ashanti und die Fanti. Das Ashanti-Königreich, das sich Ende des 17. Jh. um Kumasi entwickelt, dehnt sich im 19. Jh. bis über die Stämme der von den Briten besetzten Küstenregionen aus.
Die Fanti-Staaten, die den Ashanti den Zugang zum Meer verweigern, werden von diesen 1807 besiegt, die dann ihren politischen Einfluß nach Norden vergrößern, indem sie den Handel mit der Savanne und das Vordringen des Islam nach Süden fördern. 1824 erleiden die Ashanti eine blutige Niederlage gegen die Briten bei Isamankro. Nach 1863 spitzen sich die Feindseligkeiten zu. Sir Garnet Wolseley nimmt Kumasi 1874 ein und steckt es in Brand.

Britische Kolonialzeit. Die Briten kaufen die letzten dänischen (1850) und niederländischen (1872) Niederlassungen auf und machen 1874 aus dem Land eine Kronkolonie, deren Grenzen mit der französischen Elfenbeinküste und dem deutschen Togo 1889 festgelegt werden. 1892 errichten sie ihr Protektorat im Norden und besiegen die Ashanti (1896). Die Grenzen des heutigen Ghana werden (außer im Osten) 1899 festgelegt. Die Kolonie erlebt dank der Förderung von Gold, Mangan, Diamanten und Bauxit und des Anbaus von Kakao einen raschen wirtschaftlichen Aufschwung. Nach dem Zweiten Weltkrieg gründet K. Nkrumah 1949 die Convention People's Party (CPP), die die sofortige Autonomie fordert. Seine Partei gewinnt bei den Wahlen von 1951 und er wird Ministerpräsident (1952).

Unabhängigkeit. 1957 wird die Goldküste unabhängig. Die Republik wird 1960 mit Nkrumah als erstem Präsidenten ausgerufen. Er knüpft enge Beziehungen zum Ostblock. Sein Regime entwickelt sich dann zu einer Diktatur, und er versucht, in der Wirtschaft (ausgenommen der Kakaoanbau) sozialistische Vorstellungen zu verwirklichen. 1966 wird Nkrumah gestürzt; der Nationale Befreiungsrat läßt die Beziehungen zum Westen wieder aufleben. Seitdem wechseln sich Militär- und Zivilregierungen ab. Dr. Busia (1969 bis 1972) wird von den Militärs verdrängt, die befürchten, daß politische Unruhen entstehen und Nkrumah zurückkehrt. Die Militärs unter General Acheampong (1972 bis 1978) können jedoch die katastrophale Wirtschaftslage nicht beheben (Hungersnöte 1975–76, 1977–78). Nach der Regierung des Präsidenten H. Limann (1979–1981) kommen die Militärs erneut mit J. Rawlings an die Macht. Seit 1981 kämpft der nationale Rat mit einer schweren Wirtschaftskrise.

TOGO

Offizieller Name: Togoische Republik.

Hauptstadt: Lome (Lomé). □ **Währung:** CFA-Franc (= 100 Centimes). □ **Amtssprache:** Französisch.

Überwiegende Religionen: katholisch, traditionelle Religionen.

Staatspräsident und Regierungschef: Gnassingbe Eyadéma (seit 1967).

Flagge: Die 1960 angenommenen Farben nehmen die panafrikanischen Farben nach dem liberianischen Modell auf.

Nationalhymne (›Nationale Einheit‹): ›Écartons tous mauvais esprit qui gêne l'unité nationale. / Combattons-le tout comme l'impérialisme ...‹ (Wenden wir jeden schlechten Einfluß ab und bekämpfen wir ihn wie den Imperialismus ...).

Nationalfeiertag: 13. Januar (Unabhängigkeitstag).

Fläche: 56 600 km². □ **Höchste Erhebung:** Agou (Baumann-Berg) mit 986 m.

Klima: siehe Benin (Cotonou) und Ghana (Accra) für den Küstenbereich, Ghana (Tamal) für das Landesinnere.

Bevölkerung (1989): 3 400 000 Ew. *(Togoer).* □ Durchschnittliche Bevölkerungsdichte: 60 Ew. pro km². □ Jährliches Bevölkerungswachstum: 3,4 %. □ Geburtenrate: 47‰. □ Sterbeziffer: 13‰. □ Kindersterblichkeit: 113‰. □ Lebenserwartung: 53 Jahre. □ Anteil unter 15 Jahren: 45 %. □ Anteil 65 Jahre und älter: 3 %. □ Stadtbevölkerung: 20 %.

Größte Stadt: Lome (235 000 Ew.).

Bruttoinlandsprodukt gesamt (1987): 1,25 Milliarden Dollar.

Erzeugung wichtiger Güter

Baumwolle	23 000 Tonnen
Schafbestand	850 000 Tiere
Phosphate	3,1 Millionen Tonnen
Strom	234 Millionen kWh

Bruttoinlandsprodukt/Kopf: 390 Dollar.

Produktionsstruktur: Landwirtschaft 67 %; Industrie 15 %; Dienstleistungen 18 %.

Arbeitslosenquote: nicht verfügbar.

Verkehr: 8 057 km Straßen (davon 1 500 km ausgebaut); Eisenbahn 516 km.

Exporte (1985): 29,4 % des BIP (200 Millionen Dollar).

Importe (1985): 38,8 % des BIP (264 Millionen Dollar).

Auslandsschulden (1985): 1,04 Milliarden Dollar. □ Inflationsrate (1987): 0,1 %.

Militärausgaben (1987): 24,035 Millionen Dollar. □ Streitkräfte: 5 900 Mann. □ Wehrdienst: 24 Monate.

Staatliche Institutionen

Republik. □ Verfassung von 1980. □ Staatspräsident wird in allgemeiner Wahl auf 7 Jahre gewählt. □ Nationalversammlung wird in allgemeiner Wahl auf 5 Jahre gewählt.

Geschichte

Frühzeit. Die Geschichte Togos ist eng mit der seiner Nachbarn Ghana, Burkina Faso, Benin und Nigeria verbunden. Einwanderer haben sich mit der einheimischen Bevölkerung vermischt: Ewe und Yoruba aus dem Süden von Benin, Bariba und Kuande, Tyokossi aus dem Gebiet Elfenbeinküste, Fanti und Guin aus Ghana, Kotokoli aus Burkina Faso.

Die Europäer und die Kolonialzeit. Vom 16.–19. Jh. lassen die Portugiesen, Dänen, Franzosen und Briten den Sklavenhandel blühen, der zu Gewalttätigkeiten und Bewegungen in der Bevölkerung führt, vor allem bei den Ewe. In der zweiten Hälfte des 19. Jh. kommt der Handel mit Palmöl auf, und es werden europäische Handelsniederlassungen an der Küste gegründet. Abkommen grenzen die Einflußbereiche von Deutschland, Großbritannien und Frankreich gegeneinander ab (1885–86).
1894 unterzeichnet der deutsche Forscher Gustav Nachtigal Protektoratsverträge mit einigen Häuptlingen und gibt dem Land den Namen ›Togo‹. Deutschland baut systematisch eine Infrastruktur auf.
Nach der Niederlage der Deutschen wird Togo 1919–1922 geteilt; die Mandate des Völkerbundes werden Großbritannien (Westen) und Frankreich (2/3 des Landes mit der gesamten Küste) zugesprochen. 1946 kommt das französische Togo unter die Schutzherrschaft der UNO. 1956 stimmt der Norden des britischen Togo für die Anbindung an Ghana.

Unabhängigkeit. 1960 wird Togo unter der Führung von Sylvanus Olympio, der von Süden unterstützt wird, unabhängig. Dieser isoliert das Land vom übrigen Afrika. 1963 wird er ermordet. 1967 bringt ein Putsch Oberstleutnant Eyadéma, der aus dem Norden stammt, an die Macht. 1979 läßt er durch ein Referendum eine neue Verfassung beschließen, die sich auf ein Einparteiensystem stützt und dem Präsidenten die Vorherrschaft einräumt. 1986 greift ein wahrscheinlich in Ghana ausgebildetes Kommando Eyadémas Militärlager an. Mit der Hilfe französischer Fallschirmspringer, die auf Ersuchen des Präsidenten nach Lome kommen, wird die Ordnung wieder hergestellt.

467

LÄNDER DER ERDE

WESTAFRIKA

BENIN

Offizieller Name: Volksrepublik Benin.

Hauptstadt: Porto-Novo. □ **Währung:** CFA-Franc (= 100 Centimes). □ **Amtssprache:** Französisch. □ **Überwiegende Religionen:** katholisch, traditionelle Religionen.

Staatspräsident: Mathieu Kérékou (seit 1972). □ **Ministerpräsident:** Nicéphore Soglo (seit 1990).

Flagge: Das Grün der 1975 angenommenen Flagge erinnert an die vorwiegend bäuerliche Bevölkerung; der rote Stern steht für die ›nationale Einheit der revolutionären Kräfte ... und die Gründung einer neuen revolutionären und demokratischen Nation‹.

Nationalhymne: ›Enfants du Bénin, debout! La liberté d'un cri sonore ...‹ (Erhebt euch, Kinder des Benin, die Freiheit in einem lauten Ruf ...); Text und Musik von Gilbert Dagnon (geb. 1926). Amtlich seit 1960.

Nationalfeiertage: 30. November (Jahrestag der ›Drei Glorreichen‹: Veröffentlichung des Diskurses über die neue Politik der nationalen Unabhängigkeit [1972], Ausrufung der marxistisch-leninistischen Volksrepublik [1974] und Gründung der Volksrepublik [1975]).

Fläche: 113 000 km². □ **Höchste Erhebung:** 640 m in den Atakorabergen.

Klima: Durchschnittsteperatur in Cotonou im August bei 24 °C; im März und April 27 °C; jährliche Niederschläge: 1 247 mm (davon die Hälfte Mai-Juni).

Bevölkerung (1989): 4 700 000 Ew. *(Beniner).* □ **Durchschnittliche Bevölkerungsdichte:** 41 Ew. pro km². □ **Jährliches Bevölkerungswachstum:** 3,1 %. □ **Geburtenrate:** 51 ‰. □ **Sterbeziffer:** 20 ‰. □ **Kindersterblichkeit:** 115 ‰. □ **Lebenserwartung:** 45 Jahre. □ **Anteil unter 15 Jahren:** 47 %. □ **Anteil 65 Jahre und älter:** 3 %. □ **Stadtbevölkerung:** 38,5 %.

Größte Städte: Cotonou (487 000 Ew.), Porto-Novo (208 000 Ew.).

Bruttoinlandsprodukt gesamt (1988): 1,78 Milliarden Dollar.

Bruttoinlandsprodukt/Kopf: 405 Dollar. □ **Produktionsstruktur:** Landwirtschaft 44 %; Industrie 13 %; Dienstleistungen 43 %. □ **Arbeitslosenquote:** nicht verfügbar.

Verkehr: 8 400 km Straßen; Eisenbahn 579 km.

Exporte (1986): 10,6 % des BIP (114 Millionen Dollar). □ **Importe** (1986): 36,8 % des BIP (397 Millionen Dollar).

Auslandsschulden (1988): 5,8 Milliarden Dollar. □ **Inflationsrate:** nicht verfügbar.

Militärausgaben (1988): 38,36 Millionen Dollar. □ **Streitkräfte:** 3 510 Mann. □ **Wehrdienst:** 18 Monate.

Erzeugung wichtiger Güter

Palmöl	40 000 Tonnen
Baumwolle	44 000 Tonnen
Rinderbestand	930 000 Tiere
Schafbestand	1 100 000 Tiere
Strom	5 Millionen kWh

Staatliche Institutionen

Volksrepublik. □ Das Grundgesetz von 1977 wurde 1990 aufgehoben. □ Eine neue, liberalere Verfassung wird erarbeitet.

Geschichte

Die drei Königreiche. Die Stämme des mittleren und des südlichen Benin werden von zwei großen Einwanderungswellen der Yoruba und der Adja überrollt. Letztere gründen ihr erstes Königreich in Todo, später, um 1575, das von Allada. Das Königreich Dahome der Fon (um Abomey) wurde 1625 von einem Fürsten der Königsfamilie der Allada gegründet; gleiches gilt für das Reich Adjatsche, das später von den Portugiesen Porto-Novo genannt wurde. Dahome, das fest um seinen König organisiert ist, mit dem jeder Untertan persönlich verbunden ist, richtet sich bald nach Süden und gewinnt das Monopol im Sklavenhandel: Menschen fremder Stämme werden europäischen Händlern geliefert.

Französische Kolonialzeit. 1883 unterzeichnet Frankreich einen Protektoratsvertrag mit dem König von Porto-Novo, Toffa. Dieser hatte mit der Expansionslust der Fon zu kämpfen. Die ersten Handelsverträge Frankreichs mit dem Herrscher von Abomey werden 1851 (Ouidah) und 1868 (Cotonou) abgeschlossen. Nachdem der König Gle-Gle (1858–1889) und sein Sohn Behanzin (1889–1893) ausgeschaltet sind, gliedert die französische Regierung das Gebiet unter dem Namen ›Dahomey‹ in die koloniale Gebietsgruppe Französisch-Westafrika ein. 1946 wird es Mitglied der Französischen Union und wird von der Fortschrittspartei (PPD) unter Sourou Migan Apithy gelenkt, der 1958 Ministerpräsident der Republik Dahomey wird. 1959 folgt ihm Hubert Maga.

Unabhängigkeit. Sie wird 1960 ausgerufen. H. Maga wird der erste Präsident (1960–1963). Apithy wird sein Nachfolger (1964–65). Die immer schärfere Rivalität zwischen dem Präsidenten und dem Ministerpräsidenten wird von der Armee geschlichtet, was zu einer chronischen politischen Instabilität führt. 1972 nimmt der Kommandant Mathieu Kérékou die Macht an sich und wird gleichzeitig Staats- und Regierungschef. 1975 nimmt Dahomey den Namen Volksrepublik Benin an; die Orientierung ist marxistisch-leninistisch, wie auch die Verfassung von 1977. Angesichts großer wirtschaftlicher Schwierigkeiten leitet der Präsident Kérékou, seit 1980 einziger und regelmäßig wiedergewählter Kandidat, einen Demokratisierungsprozeß ein.

NIGERIA

Offizieller Name: Bundesrepublik Nigeria.

Hauptstadt: Abuja. □ **Währung:** Naira (= 100 Kobo). □ **Amtssprache:** Englisch. □ **Überwiegende Religion:** Islam.

Staatspräsident: Ibrahim Babangida (seit 1985).

Flagge: Die bei Erlangung der Unabhängigkeit 1960 zusammengestellten Farben bedeuten: Weiß, die Liebe zum Frieden, Grün, die Suche nach Fortschritt durch Ackerbau und Erdölförderung.

Nationalhymne: ›Arise, o compatroits, Nigeria's call obey / To serve our fatherland with love and strength and faith.‹ (Erhebt euch, Landsleute, gehorcht dem Ruf von Nigeria, dient dem Land mit Liebe, Kraft und Glauben); Text von einem unbekannten Autor, Musik von Benedict Elide Odiase (geb. 1934). □ **Nationalfeiertag:** 1. Oktober (Unabhängigkeitstag).

Fläche: 924 000 km². □ **Höchste Erhebung:** Vogel Peak mit 2 042 m.

Bevölkerung (1989): 115 300 000 Ew. *(Nigerianer).* □ **Durchschnittliche Bevölkerungsdichte:** 124 Ew. pro km². □ **Jährliches Bevölkerungswachstum:** 2,9 %. □ **Geburtenrate:** 46 ‰. □ **Sterbeziffer:** 17 ‰. □ **Kindersterblichkeit:** 122 ‰. □ **Lebenserwartung:** 49 Jahre. □ **Anteil unter 15 Jahren:** 45 %. **Anteil 65 Jahre und älter:** 2 %. □ **Stadtbevölkerung:** 23 %.

Bruttoinlandsprodukt gesamt (1987): 39,5 Milliarden Dollar. □ **Bruttoinlandsprodukt/Kopf:** 340 Dollar.

Produktionsstruktur: Landwirtschaft 50 %; Industrie 19 %; Dienstleistungen 31 %. □ **Arbeitslosenquote:** nicht verfügbar.

Verkehr: 107 990 km Straßen (davon 30 021 km asphaltiert); Eisenbahn 3 524 km.

Exporte (1988): 18,4 % des BIP (7,3 Milliarden Dollar). □ **Importe** (1988): 10 % des BIP (3,9 Milliarden Dollar).

Auslandsschulden (1988): 30,6 Milliarden Dollar.

Inflationsrate (1988): 10 %.

Militärausgaben (1989): 283,34 Millionen Dollar. □ **Streitkräfte:** 94 500 Mann. □ **Wehrdienst:** freiwillig.

Staatliche Institutionen

Bundesrepublik. □ Verfassung von 1977–78, seit 1983 außer Kraft gesetzt, 1989 überarbeitet. □ Das Land wird vom obersten Rat der Streitkräfte kontrolliert.

Erzeugung wichtiger Güter

Maniok	14,7 Millionen Tonnen
Hirse	3 Millionen Tonnen
Sorghum	4,3 Millionen Tonnen
Erdnüsse	720 000 Tonnen
Kakao	160 000 Tonnen
Palmöl	720 000 Tonnen
Rinderbestand	12,2 Millionen Tiere
Schafbestand	13,2 Millionen Tiere
Fischfang	249 000 Tonnen
Erdöl	69 Millionen Tonnen
Erdgas	2,7 Milliarden m³
Strom	10 Milliarden kWh

Die größten Städte

Lagos	1 061 000	Port Harcourt	242 000
Ibadan	847 000	Zaria	224 000
Ogbomosho	432 000	Ilesha	224 000
Kano	399 000	Onitsha	220 000
Oshogbo	282 000	Iwo	214 000
Ilorin	282 000	Ado-Ekiti	213 000
Abeokuta	253 000	Kaduna	202 000

LÄNDER DER ERDE

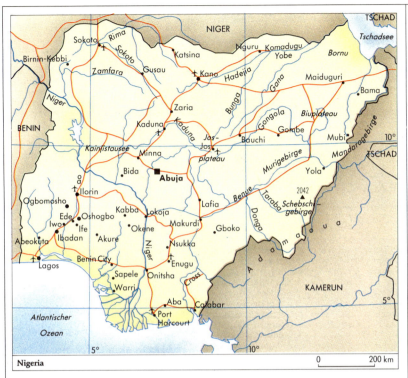

Nigeria

Geschichte

Vorgeschichte. Das Gebiet ist seit dem Neolithikum besiedelt. Die älteste Kultur ist die von Nok am Zusammenfluß von Benue und Niger, wo sich eines der ersten Zentren der Eisenbearbeitung in Afrika bildet (um 1000 v. Chr.), sowie die Kunst der Töpferei, aus der die der Yoruba hervorgeht. In der ganzen Region gibt es aufeinanderfolgende Wanderungen und Verschmelzungen.

Kanem und die anderen Königreiche. Ab dem 9. Jh. wird das Königreich Kanem gegründet, danach, im 11./12. Jh., die ersten Reiche der Hausa. Die Yoruba sollen sich Ende des 1. Jahrtausends oder zu Beginn des zweiten niedergelassen haben. Unter diesen Völkern hat es über das Land der Nupe immer zumindest Handelsbeziehungen gegeben. Die Blütezeit des Reiches Kanem ist im 13. Jh., es beherrscht zu dieser Zeit Bornu, den Fessan und Wadai und reicht bis zum Nil. Dann werden die Hausastaaten Zaria und Kano stärker, die wiederum unter Idris Alaoma (um 1571 bis um 1603) von Bornu beherrscht werden. Im Land der Yoruba bilden sich im 12./13. Jh. Königreiche: Ojo, das sich im 17. Jh. bis nach Togo erstreckt, und Benin, das im 16. Jh. fast die gesamte Küste beherrscht. Kulturelles und religiöses Zentrum ist Ife. Die 1472 gelandeten Portugiesen widmen sich dem Sklavenhandel und nebenbei, ausgehend von São Tomé, dem Handel mit Pfeffer und Elfenbein. Die Stadt Benin wird zu einem Zentrum des Sklavenhandels. Doch die Kontrolle über das Gebiet wird immer schwieriger; gleichzeitig entziehen sich verschiedene Häuptlingstümer der Herrschaft von Ojo.

Das Fulbereich. Als das Reich untergeht, organisiert Osman dan Fodio ab 1802 ein großes Fulbereich, das sich auf den Islam stützt und unter der Bauernbevölkerung, die traditionelle Religionen ausübt, viele Anhänger findet (davon die Hälfte Sklaven). Durch innere Streitigkeiten geschwächt kommen die Hausastaaten unter die Macht von dan Fodio und seines Sohnes Bello (1817–1837), der sich in Sokoto niederläßt. Mit Ausnahme von Bornu wird der ganze Norden um 1830 vom Fulbereich beherrscht.

Britische Kolonialzeit. Ab 1630 tragen britische Händler den Hauptteil am Sklavengeschäft bis zu dessen Verbot in Großbritannien (1807). 1861 besetzen die Briten Lagos, um den Sklavenexport zu unterdrücken. Von Lagos aus dehnt die britische Regierung seit den 80er Jahren des 19. Jh. ihren Machtbereich ins Nigerdelta und nach Benin aus und errichtet 1906 das Protektorat Südnigeria. In Nordnigeria wird Lord Lugard im Auftrag der ›Royal Niger Company‹ aktiv und errichtet dort 1897–1903 die britische Herrschaft (Indirect Rule). Nationalistische Parteien kommen ab 1944 auf.

Von der Unabhängigkeit bis zum Biafra-Krieg. Die Unabhängigkeit wird 1960 erlangt, die Republik wird 1963 ausgerufen. Der Bundesstaat Nigeria hat einen schweren Stand aufgrund der ungleichmäßigen Verteilung der Bevölkerung und der Güter. Nach den Wahlen von 1959 werden die Yoruba von der Macht ausgeschlossen. Die Volkszählung von 1963 zeigt eine muslimische Mehrheit im Norden. Als die Ibo, mehrheitlich christlich, die Föderation regieren wollen, vereinen sich alle ethnischen Gruppen gegen sie. Die Ibo erklären daraufhin ihre Unabhängigkeit und gründen Biafra (Mai 1967). Der fürchterliche Krieg (mehr als 1,5 Millionen Tote) führt zu ihrer Niederlage (1970).

Die Militärs an der Macht. General Gowon, der die Föderation anscheinend gerettet hat, nimmt mit dem Obersten Militärrat die gesamte Macht an sich. Nach seiner Absetzung (1975) dauert es bis 1979, bis eine Zivilregierung an die Macht kommt. 1983 ergreifen die Militärs erneut die Macht, als General Mohammed Buhari einen Staatsstreich verübt. Er wiederum wird 1985 von General Babangida gestürzt. 1987 stellt dieser ein Übergangsprogramm für 5 Jahre vor, bei dessen Ende die Demokratie im Land wieder eingesetzt sein soll. Die Einheit des Landes ist jedoch noch nicht gefestigt, wie dies 1987 die Zwischenfälle zwischen Christen und Muslimen im Staat Kaduna zeigen. Seit 1983 leidet die Wirtschaft unter dem Rückgang der Erdölerträge, umso mehr, als während der Zeit des Wohlstands Großprojekte begonnen wurden, die nun nicht mehr finanziert werden können. 1986 muß das Land ein Abkommen über strukturelle Anpassung mit der Weltbank unterzeichnen. Präsident Babangida und der oberste Militärrat akzeptieren 1987 einen Plan zur Wiedereinführung einer Zivilregierung.

Klimadaten

Weniger unterschiedliches Klima in Lagos am Atlantik (nie unter 15 °C und nie über 40 °C). In Kano ist die Temperatur schon auf 6 °C gesunken und auf 46 °C gestiegen.

Stadt	Mittlere Temperatur des kältesten Monats (in °C)	Mittlere Temperatur des wärmsten Monats (in °C)	Jährliche Niederschläge (in mm)	Anzahl der Tage mit Niederschlägen pro Jahr
Lagos	20,5	29	1 830	123
Kano	21,5	31	790	63

Verwaltungsgliederung

Staat	Fläche (in km²)	Bevölkerung	Hauptstadt
Sokoto	102 500	6 885 000	Sokoto
Kaduna	70 200	6 219 000	Kaduna
Kano	43 300	8 760 000	Kano
Bornu	116 400	4 541 000	Maiduguri
Plateau	58 000	3 076 000	Jos
Kwara	66 900	2 599 000	Ilorin
Lagos	3 300	2 476 000	Ikeja
Cross River	27 200	5 281 000	Calabar
Rivers	21 900	2 608 000	Port Harcourt
Anambra	17 700	5 454 000	Enugu

Verwaltungsgliederung

Staat	Fläche (in km²)	Bevölkerung	Hauptstadt
Bendel	35 500	3 734 000	Benin City
Oyo	37 700	7 905 000	Ibadan
Bauchi	64 600	3 693 000	Bauchi
Benuë	45 200	3 685 000	Makurdi
Gongola	91 400	3 948 000	Yola
Imo	11 900	5 577 000	Owerri
Niger	65 000	1 818 000	Minna
Ogun	16 800	2 353 000	Abeokuta
Ondo	21 000	4 137 000	Akure
Gebiet der Bundeshauptstadt	7 300	100 000	Abuja

469

ZENTRAL- UND OSTAFRIKA

KAMERUN
CAMEROON, CAMEROUN

Offizieller Name: Republik Kamerun.

Hauptstadt: Yaoundé. □ **Währung:** CFA-Franc (= 100 Centimes). □ **Amtssprachen:** Englisch und Französisch. □ **Überwiegende Religionen:** Christentum, Naturreligionen.

Staatspräsident und Regierungschef: Paul Biya (seit 1982).

Flagge: 1975 angenommen. Die panafrikanischen Farben sind wie in der französischen Trikolore angeordnet. Das Grün symbolisiert die Reichtümer des Waldes, die Hoffnung und das Vertrauen in die Zukunft; Gelb steht für die Savanne, Rot für die Unabhängigkeit. Der Stern in der Mitte erinnert an die nationale Einheit. □ **Nationalhymne:** ›O Cameroun, berceau de nos ancêtres, / Va, debout et jaloux de ta liberté. / Comme un soleil ton drapeau fier doit être / Un symbole ardent de foi et d'unité ...‹ (O Kamerun, Wiege unserer Vorfahren, gehe aufrecht und auf Deine Freiheit bedacht. Wie eine Sonne muß Deine stolze Flagge ein leuchtendes Symbol für Glauben und Einheit sein ...). Text von René Jam Afame; Musik von Samuel Minkio Bamba und Moïse Nyatte Nko'o. Seit 1957 amtlich. □ **Nationalfeiertag:** 20. Mai.

Fläche: 475 000 km². □ **Höchste Erhebung:** Kamerunberg mit 4 070 m.

Klima: Das Klima ist ständig warm (zwischen 20 und 25 °C), in der Höhe manchmal kühler (Yaoundé ist kühler als Douala); im Süden in Äquatornähe ist es feucht (mehr als 3 500 mm jährliche Niederschläge in Douala, kein Monat ist trocken); dagegen gibt es eine Trockenzeit im Norden.

Bevölkerung (1989): 10 800 000 Ew. *(Kameruner).* □ **Durchschnittliche Bevölkerungsdichte:** 22,7 Ew. pro km². □ **Jährliches Bevölkerungswachstum:** 2,7 %. □ **Geburtenrate:** 43 ‰. □ **Sterbeziffer:** 16 ‰. □ **Kindersterblichkeit:** 128 ‰. □ **Lebenserwartung:** 50 Jahre. □ **Anteil unter 15 Jahren:** 44 %. □ **Anteil 65 Jahre und älter:** 3 %. □ **Stadtbevölkerung:** 42 %.

Wichtigste Städte: Douala (486 000 Ew.), Yaoundé (436 000).

Bruttoinlandsprodukt gesamt (1988): 11,05 Milliarden Dollar. □ **Bruttoinlandsprodukt/Kopf:** 1 000 Dollar.

Produktionsstruktur: Landwirtschaft 75 %; Industrie 12 %; Dienstleistungen 13 %. □ **Arbeitslosenquote:** nicht verfügbar.

Verkehr: 64 900 km Straßen; 1 168 km Eisenbahn.

Exporte (1988): 7,5 % des BIP (829 Millionen Dollar).

Importe (1988): 15,4 % des BIP (1,7 Milliarden Dollar).

Auslandsschulden (1988): 5,8 Milliarden Dollar.

Inflationsrate (1988): 8,6 %.

Militärausgaben (1989): 147,67 Millionen Dollar. □ **Streitkräfte:** 11 600 Mann. □ **Wehrdienst:** freiwillig.

Staatliche Institutionen

Republik. □ Verfassung von 1972. □ Der Staatspräsident wird in allgemeiner Wahl für 5 Jahre gewählt. □ Er ist auch Regierungschef und Befehlshaber der Streitkräfte. □ Die Nationalversammlung wird in allgemeiner Wahl für 5 Jahre gewählt.

Geschichte

Frühzeit und Vordringen der Europäer. Die frühesten Einwohner Kameruns sollen die Sao sein, die ihre Blütezeit um das 10. Jh. erlebt haben sollen. Die Kotoko bilden in den Tälern von Logone und Benue kleine Fürstentümer, die der Herrschaft von Bornu untergeordnet werden (16. Jh.). Im Nordwesten wird das Königreich Mandara gegründet, das sich im 18. Jh. von der Vorherrschaft Bornus befreit. Dieser Landesteil kommt unter die Herrschaft der Fulbe. Diese sind ab dem 17. Jh. in die Graslander N-Kameruns eingedrungen.

Im Westen des Landes gründen die Bamum, die oberflächlich islamisiert sind, ein Königreich um Foumban, und die Bamileke gründen mächtige Häuptlingstümer im Mungo-Gebiet (17. Jh.). Das Küstengebiet, wo der Portugiese Fernando Póo Ende des 15. Jh. die Mündung des Wouri entdeckt hat, wird um 1600 von aus dem Süden (Gabun, Kongo) stammenden Völkern, wie z.B. den Douala, besetzt. Diese übernehmen die Kontrolle über den Handel mit Sklaven, Elfenbein und Palmöl mit den Portugiesen und den Holländern (18. Jh.) und dann mit den Briten, die Faktoreien an der Küste einrichten (um 1860), in die sie die ersten Missionare entsenden.

Deutsches Schutzgebiet. Die Deutschen, die die Stelle der Briten einnehmen, gründen 1868 in Douala ein Handelshaus und 1884 unterzeichnet G. Nachtigal im Auftrag von Bismarck mit den einheimischen Häuptlingen einen Vertrag, der Kamerun unter deutschen Schutz stellt. Das wie eine Kolonie verwaltete Land dehnt sich infolge des Vertrages von 1911, mit dem Frankreich ein Gebiet von 275 000 km² an Deutschland abtritt, seine südliche Grenze bis zu den Ufern des Kongo aus.

Französisch-britische Treuhandschaft. 1916 wird die Kolonie provisorisch zwischen Großbritannien, das einen schmalen nördlichen Streifen erhält, und Frankreich aufgeteilt, das neun Zehntel des Landes besitzt. Diese Teilung wird im Vertrag von Versailles anerkannt, der die 1911 von Frankreich abgetretenen Gebiete nach Französisch-Äquatorialafrika eingliedert. Der Völkerbund stellt wie vorgesehen die beiden Territorien Kameruns unter britisches bzw. französisches Mandat. Nach dem Zweiten Weltkrieg wird das System des Mandats durch die von Frankreich und Großbritannien im Namen der UNO ausgeübte Treuhandschaft ersetzt.

Unabhängigkeit. Französisch-Kamerun erhält 1959 die innere Autonomie und wird im Januar 1960 unabhängig. 1961 findet in Britisch-Kamerun ein Referendum statt: die Völker im nördlichen Teil verlangen ihre Anbindung an Nigeria, während die im Süden innerhalb der Bundesrepublik Kamerun West-Kamerun bildeten. Der 1960 zum Präsidenten gewählte Ahmadou Ahidjo, Führer der Einheitspartei U.N.C. (Union nationale camerounaise), schafft das föderative System ab, indem er beide Teile Kameruns vereint (1972), und versucht in der neuen Einheitsrepublik Zusammenstöße zwischen den islamischen und animistischen Kulturen im Norden und den christianisierten im Süden zu verhindern. Nach Ende seiner Amtszeit wird 1982 sein Ministerpräsident Paul Biya sein Nachfolger; dieser löst ihn 1983 auch an der Spitze der U.N.C. ab, die 1985 zum Rassemblement démocratique du peuple camerounais (Demokratische Vereinigung des kamerunesischen Volkes) wird. Sein Amtsantritt fällt mit einem ersten Rückgang der Wirtschaft Kameruns zusammen. Dann führt der Verfall der Preise für landwirtschaftliche Produkte und für das 1973 und seit 1978 exportierte Erdöl zu einer Wirtschaftskrise, die sich verstärkt. Nach einer ersten Ablehnung der Zuhilfenahme des IWF hat Staatspräsident Biya 1988 einen Sparplan angenommen, den ihm der IWF auferlegt hat.

ÄQUATORIAL-GUINEA
GUINEA ECUATORIAL

Offizieller Name: Republik Äquatorialguinea.

Hauptstadt: Malabo. □ **Währung:** CFA-Franc. □ **Amtssprache:** Spanisch. □ **Überwiegende Religion:** Katholizismus.

Staatspräsident und Regierungschef: Teodoro Obiang Nguema Mbasogo (seit 1979). □ **Ministerpräsident:** Cristino Seriche Bioke Malabo (seit 1982).

Flagge: 1968 eingeführt, zehn Jahre später offiziell verwendet. Sie enthält: Blau für das Meer, Grün für die Vegetation und Weiß für die Freiheitsliebe. In der Mitte umfaßt das Staatswappen einen Baum unter sechs Sternen, die die fünf Inseln und das Festland des Landes darstellen.

Nationalhymne: ›Caminamos pisando la senda de nuestra inmensa felicidad, sin separación, en fraternidad, hacia la libertad. / Viva Guinea independiente y debemos salvaguardarla‹. (Gehen wir mit Freude ohne Diskriminierung, ohne Trennung und brüderlich unseren Weg in Richtung Freiheit. Erhalten wir die errungene Freiheit). Text von Atanasio Ndong (1970 gest.) 1968 angenommen. □ **Nationalfeiertag:** 12. Oktober (Jahrestag der Unabhängigkeit). □ **Fläche:** 28 100 km². □ **Höchste Erhebung:** Pico de Santa Isabel mit 3 007 m.

Klima: In Malabo liegen die Monatstemperaturen immer bei 25 °C. Die Jahresniederschläge erreichen fast 2 000 mm; von Dezember bis Februar gibt es eine kurze Trockenzeit.

Erzeugung wichtiger Güter

Maniok	55 000 Tonnen
Bananen	19 000 Tonnen
Kakao	10 000 Tonnen
Kaffee	7 000 Tonnen
Holzeinschlag	465 000 m³

Erzeugung wichtiger Güter (Kamerun)

Kaffee	125 000 Tonnen
Kakao	125 000 Tonnen
Baumwolle	47 000 Tonnen
Holzeinschlag	9,9 Millionen m³
Kautschuk	26 000 Tonnen
Rinderbestand	4,4 Millionen Tiere
Erdöl	8,3 Millionen Tonnen
Strom	2,4 Milliarden kWh
Aluminium	71 500 Tonnen

LÄNDER DER ERDE

Verwaltungsgliederung		
Region	Fläche (in km²)	Bevölkerung
MBINI	26 017	4 241 000
BIOKO[(1)]	2 034	80 000

[(1)] einschließlich der Insel Pagalu (17 km²)

Bevölkerung (1989): 400 000 Ew. □ Durchschnittliche Bevölkerungsdichte: 14 Ew. pro km². □ Jährliches Bevölkerungswachstum: 1,8 %. □ Geburtenrate: 38 ‰. □ Sterbeziffer: 20 ‰. □ Kindersterblichkeit: 130 ‰. □ Lebenserwartung: 45 Jahre. □ Anteil unter 15 Jahren: 40 %. □ Anteil 65 Jahre und älter: 5 %. □ Stadtbevölkerung: 60 %.

Wichtigste Städte: Malabo (37 000 Ew.), Bata (27 000).

Bruttoinlandsprodukt gesamt (1987): 72 Millionen Dollar. □ **Bruttoinlandsprodukt/ Kopf:** 180 Dollar.

Produktionsstruktur: Landwirtschaft 75 %; Industrie 5 %; Dienstleistungen 20 %.

Arbeitslosenquote: nicht verfügbar.

Verkehr: 2 760 km Straßen.

Exporte (1984): 45,5 % des BIP (27,3 Millionen Dollar). □ **Importe** (1984): 39,3 % des BIP (23,6 Millionen Dollar).

Auslandsschulden (1985): 133 Millionen Dollar.

Inflationsrate: nicht verfügbar.

Militärausgaben (1982): 5,998 Millionen Dollar. □ **Streitkräfte:** 1 400 Mann.

Wehrdienst: freiwillig.

Staatliche Institutionen

Republik. □ Verfassung von 1982. □ Der Staatspräsident wird für 7 Jahre in allgemeiner Wahl gewählt. □ Die Nationalversammlung wird für 5 Jahre in allgemeiner Wahl gewählt.

Geschichte

Kolonialzeit. Äquatorialguinea besteht aus dem Festlandgebiet und den Inseln Annobón (heute Pagalu) und Fernando Póo (heute Bioko), die die Portugiesen 1471–72 entdeckt und 1777–1778 an Spanien abgetreten haben. Das Festlandgebiet, damals Río Muni genannt, wird ab 1840 von Frankreich und Spanien begehrt. Der Pariser Vertrag (1900) legt die Grenzen Spanisch-Guineas fest und reduziert auf den spanischen Einfluß auf den Kontinent. Río Muni wird erst 1926 tatsächlich besetzt. Die Kolonie wird 1959 eine spanische Provinz.

Unabhängigkeit. Das Land wird 1964 autonom und 1968 unabhängig. Das erste Staatsoberhaupt, F. Macías Nguema (1968–1979), aus dem Stamm Esangui des Volkes der Fang, errichtet ein diktatorisches Einparteiensystem (Nationale Einheitspartei der Arbeiter) und führt ein Schreckensregime. Er wird 1979 durch den Staatsstreich des Obersten T. O. Nguema Mbasogo gestürzt, der Staatspräsident und Regierungschef wird. Mit Hilfe von Soldaten aus Kuba und Osteuropa versucht M. Nguema, die Macht zurückzuerlangen, wird jedoch verhaftet und hingerichtet. Das Land wird von einem Obersten Militärrat regiert, bis T. O. Nguema Mbasogo durch die Wahlen im Jahr 1982 seine Ämter zurückerhält.

GABUN

Offizieller Name: Republik Gabun.

Hauptstadt: Libreville. □ **Währung:** CFA-Franc (= 100 Centimes). □ **Amtssprache:** Französisch. □ **Überwiegende Religion:** Katholizismus.

Staatspräsident: Omar Bongo (seit 1967). □ **Ministerpräsident:** Casimir Oyé-Mba (seit 1990).

Flagge: 1960 angenommen. Sie enthält das Grün des Waldes, der das Land bedeckt, das Gelb der Sonne und das Blau des Meeres, das im Westen das Land abschließt. □ **Nationalhymne** (›La Concorde‹): ›Uni dans la concorde et la fraternité, / Éveille-toi Gabon! Une aurore se lève, / Encourage l'ardeur qui vibre et nous soulève, / C'est enfin notre essor vers la félicité ...‹ (Wach auf, Gabun, vereint in Eintracht und Brüderlichkeit! Ermutige die Begeisterung, die uns erhebt, dies ist endlich unser Aufstieg zum Glück ...). □ **Nationalfeiertag:** 17. August (Jahrestag der Unabhängigkeit).

Fläche: 268 000 km². □ **Höchste Erhebung:** Mont Iboundji mit 1 580 m.

Klima: In Libreville liegt der Monatsdurchschnitt zwischen 24 und 28 °C (die Temperaturen sinken nie unter 15 °C); die Niederschlagsmenge liegt bei 2,5 m mit einer kurzen Trockenzeit (Juni–August).

Bevölkerung (1989): 1 100 000 Ew. *(Gabunesen).* □ Durchschnittliche Bevölkerungsdichte: 4 Ew. pro km². □ Jährliches Bevölkerungswachstum: 1,9 %. □ Geburtenrate: 36 ‰. □ Sterbeziffer: 17 ‰. □ Kindersterblichkeit: 108 ‰. □ Lebenserwartung: 50 Jahre. □ Anteil unter 15 Jahren: 35 %. □ Anteil 65 Jahre und älter: 6 %. □ Stadtbevölkerung: 41 %.

Wichtigste Städte: Libreville (350 000 Ew.), Port-Gentil (85 000).

Bruttoinlandsprodukt gesamt (1987): 3,4 Milliarden Dollar. □ **Bruttoinlandsprodukt/ Kopf:** 2 830 Dollar. □ **Produktionsstruktur:** Landwirtschaft 55 %; Industrie 20 %; Dienstleistungen 25 %. □ **Arbeitslosenquote:** nicht verfügbar.

Verkehr: 7 276 km Straßen; 1 033 km Eisenbahnnetz.

Exporte (1987): 35,2 % des BIP (1,2 Milliarden Dollar). □ **Importe** (1987): 26,1 % des BIP (886 Millionen Dollar).

Staatliche Institutionen

Republik. □ Verfassung von 1967. □ Staatspräsident, für 7 Jahre in allgemeiner Wahl gewählt. □ Nationalversammlung: 111 Mitglieder werden in allgemeiner Wahl für 5 Jahre gewählt, und 9 Mitglieder werden vom Präsidenten benannt.

Erzeugung wichtiger Güter

Holzeinschlag	1,5 Millionen m³
Erdöl	9,5 Millionen Tonnen
Uran	900 Tonnen
Mangan	1 Million Tonnen
Strom	867 Millionen kWh

Auslandsschulden (1987): 2,2 Milliarden Dollar.

Inflationsrate (1986): 12 %.

Militärausgaben (1985): 73,232 Millionen Dollar. □ **Streitkräfte:** 1 400 Mann. □ **Wehrdienst:** freiwillig.

Geschichte

Vordringen der Europäer. Als die Portugiesen kommen (1471 oder 1473), wohnen die Urungu und die Mpongwe am Gabunästuar und am Cap Lopez; der Süden gehört zum Einflußbereich des Königreichs Loango. Ab dem 17. Jh. landen holländische, britische und französische Schiffe in Gabun, um sich mit Ebenholz, Kautschuk, Elfenbein und Holz zu versorgen. Der Handel entwickelt sich in der zweiten Hälfte des 18. Jh. und erreicht im 19. Jh. seinen Höhepunkt.

Französische Kolonie. Frankreich läßt sich 1843 dauerhaft in Gabun nieder. Libreville wird 1849 für freigelassene Sklaven gegründet, und der König der Urungu unterzeichnet 1862 einen Schutzvertrag. Die Stadt wird mit Brazza (Erforschung des Ogowe 1875–78) zum Brückenkopf der französischen Expansion in Mittelafrika. Gleichzeitig drängt das Vordringen der Fang, im 1890–1900 das Meer erreichen, zahlreiche Mpongwé-Gruppen zur Küste. Gabun wird zur Kolonie (1886) und dann den französischen Gebieten rechts des Kongo angeschlossen (1888 bis 1904). 1904 wird die Verwaltungseinheit Gabuns wiederhergestellt und 1910 Französisch-Äquatorialguinea eingegliedert.

Unabhängigkeit. Die 1958 ausgerufene Republik Gabun wird 1960 unabhängig. An ihrer Spitze steht bis 1967 Léon M'Ba, der die Macht nach dem Militärputsch im Februar 1964 durch das Eingreifen französischer Fallschirmjäger zurückerhält. Albert Bernard Bongo regiert seit 1967 und hält das Einparteiensystem (Parti démocratique gabonais, 1968 gegründet) aufrecht. 1973 kündigt er seinen Übertritt zum Islam an und gibt sich den Vornamen Omar. Er unterhält enge Beziehungen der Zusammenarbeit mit Frankreich, die 1983 kurzzeitig gestört waren. 1990 führt er, nach schweren sozialen Unruhen, das Mehrparteiensystem ein.

KONGO

Offizieller Name: Volksrepublik Kongo.

Hauptstadt: Brazzaville. □ **Währung:** CFA-Franc (= 100 Centimes). □ **Amtssprache:** Französisch.

Überwiegende Religion: Katholizismus.

Staatspräsident: Denis Sassou-Nguesso (seit 1979). □ **Ministerpräsident:** Louis Sylvain Goma (seit 1991).

Flagge: 1969 angenommen. Sie zeigt das Rot des Volkskampfes und des Sozialismus, den gelben Stern der Hoffnung auf eine bessere Zukunft, Hammer und Sichel von Industrie und Landwirtschaft und die grünen Zweige des Friedens. □ **Nationalhymne** (›Die drei Ruhmreichen‹): ›Lève-toi, Patrie courageuse, / toi qui en trois journées glorieuses / Saisis et

471

LÄNDER DER ERDE

ZENTRAL- UND OSTAFRIKA

portes le drapeau /pour un Congo libre et nouveau, Qui jamais plus ne faillira, / Que personne n'effrayera. / Nous avons brisé nos chaînes, / Nous travaillerons sans peine, / Nous sommes une Nation souveraine.‹ (Erhebe dich, mutiges Vaterland, das in drei ruhmreichen Tagen die Flagge genommen und getragen hat, für ein freies und neues Kongo, das niemals mehr wanken wird, das niemand erschrecken wird. Wir haben unsere Ketten zerbrochen, wir werden ohne Mühsal arbeiten, wir sind eine souveräne Nation). Text von Henri Lopes (geb. 1937); Musik von Philippe Mockouamy (geb.1938). 1959 für offiziell erklärt. ☐ **Nationalfeiertag:** 15. August (Jahrestag der Unabhängigkeit).

Fläche: 342 000 km². ☐ **Höchste Erhebung:** 600 m.
Klima: In Brazzaville liegt das Monatsmittel um 25 °C. Die jährliche Niederschlagsmenge beträgt etwa 1 500 mm (mit einer kurzen Trockenzeit von Juni bis August).
Bevölkerung (1989): 2 200 000 Ew. *(Kongolesen).* ☐ Durchschnittliche Bevölkerungsdichte: 6,4 Ew. pro km². ☐ Jährliches Bevölkerungswachstum: 3,4 %. ☐ Geburtenrate: 47 ‰. ☐ Sterbeziffer: 13 ‰. ☐ Kindersterblichkeit: 112 ‰. ☐ Lebenserwartung: 56 Jahre. ☐ Anteil unter 15 Jahren: 45 %. ☐ Anteil 65 Jahre und älter: 3 %. ☐ Stadtbevölkerung: 39 %.
Wichtigste Städte: Brazzaville (481 000 Ew.), Pointe-Noire (237 000).
Bruttoinlandsprodukt gesamt (1988): 1,8 Milliarden Dollar. ☐ **Bruttoinlandsprodukt/Kopf:** 905 Dollar.
Produktionsstruktur: Landwirtschaft 34 %; Industrie 25 %; Dienstleistungen 41 %. ☐
Arbeitslosenquote: nicht verfügbar.
Verkehr: 8 246 km Straßen; 798 km Eisenbahn.
Exporte (1986): 46,4 % des BIP (650 Millionen Dollar). ☐ **Importe** (1986): 45 % des BIP (630 Millionen Dollar).
Auslandsschulden (1988): 4 Milliarden Dollar.
Inflationsrate (1988): 2,7 %
Militärausgaben (1985): 56 Millionen Dollar. ☐ **Streitkräfte:** 8 800 Mann. ☐ **Wehrdienst:** freiwillig.

Erzeugung wichtiger Güter

Maniok	620 000 Tonnen
Holzeinschlag	2,2 Millionen m³
Fischfang	31 000 Tonnen
Erdöl	7,3 Millionen Tonnen
Strom	166 Millionen kWh

Staatliche Institutionen

Volksrepublik. ☐ Verfassung von 1979. ☐ Der Staatspräsident wird vom Nationalkongreß der kongolesischen Arbeiterpartei (P.C.T.) für 5 Jahre gewählt. ☐ Die Nationalversammlung mit 153 Mitgliedern wird in allgemeiner Wahl gewählt.

Geschichte

Frühzeit. Vor der Gründung des Königreichs Loango und des Königreichs Tyo, mit Teke bevölkert, im 15. Jh., das häufig nach dem Namen seines Königs Makoko genannt wird, gab es wahrscheinlich kleine Staaten am rechten Ufer des Kongo. Bis zum 19. Jh. sichern diese Königreiche wie ihr Nachbar, Kongo, dann Angola, den Tausch von Sklaven, später Holz und Elfenbein gegen europäische Waren. Im übrigen vom Regenwald bedeckten Land leben die Pygmäen (Binga).

Französische Kolonialzeit. Die Erforschung und dann die Kolonisierung dieser Gebiete ist das Werk von Savorgnan de Brazza, der im Jahr 1880 einen Schutzvertrag mit dem König der Teke abschließt und 1886–97 die Kolonie Französisch-Kongo gründet. Diese nimmt 1903 den Namen Mittel-Kongo an und wird 1910 eine der vier Kolonien der Generalregierung von Französisch-Äquatorialafrika, deren Sitz sich in Brazzaville befindet. Das Land wird von Konzessionsgesellschaften mittels Zwangsarbeit brutal ausgebeutet. Nach dem Zweiten Weltkrieg wird Kongo ein Überseeisches Gebiet der 1946 geschaffenen Französischen Union. Vor diesem Hintergrund entwickeln sich die 1926 von A. Matswa gegründete Unabhängigkeitsbewegung und der kongolesische Nationalismus.

Unabhängigkeit. Bis zur Gründung der Republik Kongo (1958) und ihrer Unabhängigkeit (1960) wird das politische Leben von J.-F. Tchikaya beherrscht, dem Führer des Vili-Landes, von J. Opangault, den die Völker des Nordens unterstützen, und von dem Abt Fulbert Youlou, der sich auf das Volk der Kongo stützt. Dieser wurde 1959 zum Präsidenten der Republik gewählt und 1963 gestürzt. Unter der Präsidentschaft von A. Massamba-Débat (1963–1968) betreibt Kongo-Brazzaville 1964 eine Politik, die sich auf den wissenschaftlichen Sozialismus beruft. Nachdem er von den Militärs als Geisel genommen worden war, gründet Massamba-Débat 1968 den Nationalen Revolutionsrat (C.N.R.) unter der Führung des Kommandeurs Marien Ngouabi, dann legt er sein Amt nieder. Ngouabi wird dann am 1. Januar 1969 Staatschef. Die Beziehungen mit Kongo-Kinshasa, die aufgrund der langjährigen Hilfe Brazzavilles für die kongolesischen Rebellen gespannt waren, werden abgebrochen.

Die am 31. Dez. 1969 ausgerufene Volksrepublik Kongo wird von dem Führer der Einheitspartei, der kongolesischen Arbeiterpartei (P.C.T.) regiert. Nach der Ermordung von Ngouabi (1977) wird Oberst Joachim Yhombi-Opango Staatschef, 1979 gefolgt von D. Sassou-Nguesso. Obwohl er das Bündnis mit der UdSSR aufrechterhält, verbessert er die Beziehungen zu Frankreich. Die Verfassungsänderungen von 1984 machen den Staatspräsidenten gleichzeitig zum Regierungschef und reduzieren das Amt des Ministerpräsidenten auf das eines Koordinators.

SÃO TOMÉ E PRÍNCIPE
SÃO TOMÉ UND PRÍNCIPE

Offizieller Name: Demokratische Republik São Tomé e Príncipe.
Hauptstadt: São Tomé. ☐ **Währung:** Dobra (= 100 Centavos). ☐ **Amtssprache:** Portugiesisch. ☐ **Überwiegende Religion:** Katholizismus.
Staatspräsident und Regierungschef: Manuel Pinto da Costa (seit 1975).
Fläche: 960 km². ☐ **Höchste Erhebung:** Pico de São Tomé mit 2 024 m.
Klima: Auf São Tomé weichen die Monatsmittel kaum von 25 °C ab. Die jährliche Niederschlagsmenge beträgt etwa 1 000 mm, mit einer ausgeprägten Trockenzeit von Juni bis September.
Bevölkerung (1989): 100 000 Ew. ☐ Durchschnittliche Bevölkerungsdichte: 104 Ew. pro km². ☐ Jährliches Bevölkerungswachstum: 2,7 %. ☐ Geburtenrate: 36 ‰. ☐ Sterbeziffer: 9 ‰. ☐ Kindersterblichkeit: 61 ‰. ☐ Lebenserwartung: 65 Jahre. ☐ Anteil unter 15 Jahren: 46 %. ☐ Anteil 65 Jahre und älter: 5 %. ☐ Stadtbevölkerung: 33 %.
Wichtigste Stadt: São Tomé ist die einzige größere Stadt (35 000 Ew.).
Bruttoinlandsprodukt gesamt (1987): 25 Millionen Dollar.
Bruttoinlandsprodukt/Kopf: 249 Dollar.
Produktionsstruktur: Landwirtschaft 80 %; Industrie 5 %; Dienstleistungen 15 %.
Arbeitslosenquote: nicht verfügbar.
Verkehr: 287 km Straßen.
Exporte (1985): 33,3 % des BIP (10 Millionen Dollar). ☐ **Importe** (1985): 86,7 % des BIP (26 Millionen Dollar).
Auslandsschulden (1985): 72 Millionen Dollar.

Staatliche Institutionen

Demokratische Republik. ☐ Verfassung von 1975. ☐ Die Volksversammlung wird für 5 Jahre in allgemeiner Wahl gewählt. ☐ Der Staatspräsident wird für 5 Jahre von dieser Versammlung gewählt.

Geschichte

Kolonialzeit. Die beiden Inseln werden 1471 von João de Santárem und Pêdro Escobar entdeckt. Die ersten 1493 aus Madeira gekommenen Kolonialherren führen das Zuckerrohr und die Sklaverei ein, um große Pflanzungen betreiben zu können. 1800 wird der Kaffeebaum und Ende des Jahrhunderts der Kakaobaum eingeführt. Durch die Geschichte der Inseln ziehen sich die Sklavenaufstände (v.a. Mitte des 16. Jh.) und lange Kämpfe zwischen Mischlingen, portugiesischen Gouverneuren und kirchlichen Würdenträgern. Die Sklaverei wird erst 1876 abgeschafft. 1953 unterdrückt der Staat brutal die Bewegung der Plantagenarbeiter.

Unabhängigkeit. Die Befreiungsbewegung von São Tomé und Príncipe (M.L.S.T.P.) kommt mit der Unabhängigkeit 1975 an die Macht. Als Einheitspartei benennt sie die Kandidaten für das Parlament. Die Verstaatlichung der Plantagen machen den Staat zum Besitzer von 90 % des Bodens. Die demokratische Republik von São Tomé und Príncipe, zunächst blockfrei und vom Westen finanziell unterstützt, hat sich ab 1977 an die progressistischen Länder angenähert, ohne mit Portugal zu brechen, zu einem Zeitpunkt, als sich die Macht immer mehr auf den Präsidenten Pinto da Costa konzentrierte. Ende 1981 hatte jedoch die Verschlechterung der wirtschaftlichen Lage Unruhen zur Folge. Präsident da Costa nähert sich den Blockfreien an (1984). 1985 werden der Außenminister und der Minister für den Wirtschaftsplan, die beide eine enge Zusammenarbeit mit der UdSSR befürworten, abgesetzt. Zahlreiche technische und militärische Berater aus Angola, Kuba und der UdSSR verlassen das Land.

LÄNDER DER ERDE

ZENTRALAFRIKANISCHE REPUBLIK

Offizieller Name: Zentralafrikanische Republik.

Hauptstadt: Bangui. □ **Währung:** CFA-Franc (= 100 Centimes). □ **Amtssprache:** Französisch. □ **Überwiegende Religionen:** Katholizismus, Naturreligionen.

Staatspräsident und Regierungschef: André Kolingba (seit 1981).

Flagge: 1958 angenommen, mit fünf Farben: drei stellen die natürlichen Schätze des Landes dar (Baumwolle, Wälder, Diamanten), Rot steht für die Einheit der Volksgruppen und Weiß für den Frieden. □ **Nationalhymne:** ›Ô Centrafrique, ô berceau des Bantous! / Reprends ton droit au respect, à la vie! / Longtemps soumis, longtemps brimé par tous, / Mais de ce jour brisant la tyrannie. / Dans le travail, l'ordre et la dignité / Tu reconquiers ton droit, ton unité‹ (Ô Zentralafrika, o Wiege der Bantu! Nimm dir wieder dein Recht auf Achtung, auf das Leben! Lange warst du unterworfen, lange von allen drangsaliert, heute jedoch brichst du die Tyrannei. In der Arbeit, der Ordnung und der Würde nimmst du dir dein Recht, deine Einheit zurück). Text von Barthélemy Boganda (1910–1959); Musik von Herbert Peppert (geb. 1912). 1960 für amtlich erklärt. □ **Nationalfeiertag:** 13. August (Jahrestag der Unabhängigkeit).

Fläche: 620 000 km². □ **Höchste Erhebung:** Kayagangiri mit 1 420 m.

Bevölkerung (1989): 2 800 000 Ew. *(Zentralafrikaner).* □ **Durchschnittliche Bevölkerungsdichte:** 4,5 Ew. pro km². □ **Jährliches Bevölkerungswachstum:** 2,5 %. □ **Geburtenrate:** 44 ‰. □ **Sterbeziffer:** 19 ‰. □ **Kindersterblichkeit:** 146 ‰. □ **Lebenserwartung:** 46 Jahre. □ **Anteil unter 15 Jahren:** 42 %. □ **Anteil 65 Jahre und älter:** 3 %. □ **Stadtbevölkerung:** 46 %.

Wichtigste Städte: Bangui (474 000 Ew.), Berberati (95 000 Ew.), Bouar (51 000 Ew.).

Bruttoinlandsprodukt gesamt (1987): 2 Milliarden Dollar. □ **Bruttoinlandsprodukt/Kopf:** 740 Dollar. □ **Produktionsstruktur:** Landwirtschaft 66 %; Industrie 12 %; Dienstleistungen 22 %.

Verkehr: 20 278 km Straßen.

Exporte (1985): 16,7 % des BIP (110 Millionen Dollar). □ **Importe** (1985): 21,2 % des BIP (140 Millionen Dollar).

Auslandsschulden (1985): 347 Mio. Dollar.

Inflationsrate (1987): 8 %.

Erzeugung wichtiger Güter

Maniok	708 000 Tonnen
Rinderbestand	2,1 Millionen Tiere
Holzeinschlag	3,1 Millionen m³
Diamanten	400 000 Karat
Strom	75 Millionen kWh

Militärausgaben (1987): 18,67 Millionen Dollar. □ **Streitkräfte:** 6 500 Mann. □ **Wehrdienst:** 36 Monate.

Staatliche Institutionen

Republik. □ Verfassung von 1986. □ Nationalversammlung, in allgemeiner Wahl gewählt. □ Staatspräsident, in allgemeiner Wahl gewählt.

Geschichte

Frühzeit. Die Urbevölkerung besteht aus Pygmäen (Binga) und Bantustämmen. Ab dem 16. Jh. gibt es Einwanderungswellen aus dem Sudan, dem Kongo und dem Tschad. Später hat die Bevölkerung unter dem Sklavenhandel, der sich im 19. Jh. intensiviert, zu leiden.

Zubayr und Rabah in den zentralafrikanischen Savannen. Handelsherren vom oberen Nil, wie Zubayr, lassen sich im Land nieder. Um 1875 kommt das Obere Ubangi unter die Verwaltungskontrolle Ägyptens. Der Vertreter von Zubayr, Rabah, setzt seine Sklavenzüge fort und rekrutiert gleichzeitig Soldaten, v.a. bei den Banda, die nach Südosten wandern. Nachdem er 1885 von den Mandja besiegt wurde, wendet er sich gegen die Sara und läßt sich dann im Tschad nieder.

Französische Kolonialzeit. Nach der Reise von P. Savorgnan de Brazza (1883–1885) in den Kongo, dringen die Franzosen, die sich die Straßen zum Tschad und zum Nil sichern möchten, nach Norden vor und gliedern Ubangi allmählich in ihren Einflußbereich ein: 1889 gründen sie Bangui. Die Reise von Marchand (1896–1898) beschleunigt diesen Siedlungsprozeß. 1905 wird Ubangi-Schari zu einer Kolonie und 1910 wird es in Französisch-Äquatorialafrika eingegliedert. Ab 1900 wird das Land den Konzessionsgesellschaften überlassen (Wald, Baumwolle, Kautschuk, Gold), deren Ausschreitungen Aufstände verursachen. Mit der Verfassung von 1946, die die französische Union festlegt, wird Ubangi-Schari ein Überseeisches Gebiet und entsendet seinen ersten Abgeordneten, B. Boganda, in die Nationalversammlung. Dieser, ein Befürworter der Autonomie, gründet 1950 die erste politische Partei, die Bewegung für die soziale Entwicklung Schwarzafrikas (M.E.S.A.N.). Nach dem Rahmengesetz von 1956, das die innere Autonomie gewährt, wird er Präsident der 1958 ausgerufenen Zentralafrikanischen Republik und tritt der Französischen Gemeinschaft bei.

Unabhängigkeit. Nach dem Tod Bogandas (1959) folgt ihm sein Cousin D. Dacko als Präsident des Landes, das 1960 vollständig unabhängig wird. Bei dem Versuch, Sparmaßnahmen durchzusetzen, wird Dacko durch einen Militärputsch von J. Bedel Bokassa gestürzt (1965). Dieser verknüpft die Regierung völlig mit seiner Person; er ernennt sich 1972 zum Präsidenten auf Lebenszeit und läßt sich 1976 zum Kaiser krönen. Aber diese Willkürherrschaft, zusätzlich zu einer schwierigen Wirtschaftslage, endet 1979, als Bokassa von dem ehemaligen Präsidenten Dacko gestürzt wird. Die Republik wird nun wieder hergestellt.

Infolge eines Militärputsches (1981) muß Dacko die Macht an A. Kolingba abtreten. Dieser regiert mit einem Militärkomitee für den nationalen Wiederaufbau. 1986 läßt er durch ein Referendum eine Reform billigen, die die Schaffung einer Einheitspartei beinhaltet. Im darauffolgenden Jahr gründet er die Zentralafrikanische Demokratische Vereinigung und wird deren Vorsitzender. 1987 wird der Ex-Kaiser Bokassa zum Tode verurteilt, dann begnadigt und zu lebenslanger Zwangsarbeit verurteilt.

ZAIRE

Offizieller Name: Republik Zaire.

Hauptstadt: Kinshasa. □ **Währung:** Zaire (= 100 Makuta). □ **Amtssprache:** Französisch. □ **Überwiegende Religion:** Katholizismus.

Staatspräsident: Sese Seko Mobutu (seit 1984). □ **Ministerpräsident:** Lunda Bululu (seit 1990).

Flagge: Der Arm mit einer Fackel stellt den revolutionären Geist der Nation und die Flamme der Martyrien der Unabhängigkeit dar. Das Grün erinnert an den Glauben in die Zukunft. □ **Nationalhymne:** ›Zairois, dans la paix retrouvée, / Peuple uni, nous sommes Zairois. / En avant, fier et plein de dignité, / Peuple grand, peuple libre à jamais. / Tricolore, enflamme-nous tous du feu sacré ...‹ (Zairer, in dem wiedergefundenen Frieden, vereintes Volk, wir sind Zairer. Vorwärts, stolz und voller Würde, großes Volk, für immer freies Volk. Entzünde uns, Tricolore, alle mit dem geheiligten Feuer). Text von Simon-Pierre Boka (geb. 1929); Musik von Joseph Lutumba. 1972 für amtlich erklärt. □ **Nationalfeiertage:** 30. Juni (Jahrestag der Unabhängigkeit) und 24. November (Einrichtung eines neuen Regimes im Jahr 1965).

Fläche: 2 345 000 km². □ **Höchste Erhebung:** Pic Marguerite mit 5 119 m.

Bevölkerung (1989): 34 900 000 Ew. *(Zairer).* □ **Durchschnittliche Bevölkerungsdichte:** 14,8 Ew. pro km². □ **Jährliches Bevölkerungswachstum:** 3 %. □ **Geburtenrate:** 45 ‰. □ **Sterbeziffer:** 15 ‰. □ **Kindersterblichkeit:** 103 ‰. □ **Lebenserwartung:** 51 Jahre. □ **Anteil unter 15 Jahren:** 47 %. □

Die größten Städte

Kinshasa	2 654 000	Kisangani	339 000
Kananga	704 000	Bukavu	209 000
Lubumbashi	451 000	Matadi	162 000
Mbuji-Mayi	383 000	Mbandaka	149 000

Erzeugung wichtiger Güter

Maniok	15,5 Millionen Tonnen
Kaffee	106 000 Tonnen
Erdnüsse	422 000 Tonnen
Erdöl	1,5 Millionen Tonnen
Strom	5 Milliarden kWh
Kupfer	471 000 Tonnen
Kobalt	10 000 Tonnen
Diamanten	19,4 Millionen Karat
Zink	84 000 Tonnen

Klimadaten

Stadt	Höhe m ü. M.	Mittlere Temperatur des kältesten Monats (in °C)	Mittlere Temperatur des wärmsten Monats (in °C)	Jährliche Niederschläge (in mm)
Bangui	386	25	27,5	1 554
N'Délé	510	27	27,5	1 356

In Bangui, wo der ›Winter‹ ziemlich trocken ist, fällt die Temperatur nur ausnahmsweise und nur leicht unter 15 °C; sie erreicht nie 40 °C.

LÄNDER DER ERDE

ZENTRAL- UND OSTAFRIKA

Anteil 65 Jahre und älter: 3 %. ☐ Stadtbevölkerung: 44 %.

Bruttoinlandsprodukt gesamt (1987): 5,2 Milliarden Dollar. ☐ Bruttoinlandsprodukt/Kopf: 161 Dollar. ☐ Produktionsstruktur: Landwirtschaft 67 %; Industrie 15 %; Dienstleistungen 18 %.

Verkehr: 45 760 km Straßen; 5 169 km Eisenbahnnetz (davon 858 km elektrifiziert).

Exporte (1984): 76,5 % des BIP (1,99 Milliarden Dollar). ☐ Importe (1984): 40,4 % des BIP (1,05 Milliarden Dollar). ☐ Auslandsschulden (1988): 8 Milliarden Dollar.

Inflationsrate (1988): mehr als 100 %.

Militärausgaben (1987): 46,56 Millionen Dollar. ☐ Streitkräfte: 51 000 Mann. ☐ Wehrdienst: freiwillig.

Staatliche Institutionen

Republik. ☐ Verfassung von 1978, ergänzt 1988. ☐ Der Staatspräsident, Vorsitzender der Einheitspartei, wird in allgemeiner Wahl für 7 Jahre gewählt. ☐ Die Nationalversammlung wird in allgemeiner Wahl gewählt.

Geschichte

Frühzeit. Das Kongobecken ist seit vorgeschichtlicher Zeit besiedelt. Die meisten Stämme gehören zur Sprachgruppe der Bantu (Benue-Kongo-Gruppe); sie besiedeln v. a. das Mündungsgebiet des Kongo und die Hochebenen von Shaba (Katanga). Der tropische Regenwald ist der Lebensraum der Pygmäen.

Staaten und Imperien. Um 1500 bildeten sich drei Staaten im N und im S des Unterlaufs des Kongo: Loango, das Königreich Tyo (Teke) mit dem König Makoko und das Reich der Kongo. Vor 1490 entsteht in dem Gebiet Shaba das Luba-Reich; es besteht aus Häuptlingstümern, die die Herrschaft eines Gottkönigs anerkennen. Das Königreich Lunda, das sich über Angola und Shaba erstreckt, erlebt seine Blütezeit im 17./18. Jh. Es beherrscht das Salzgebiet von Kolwezi und dann die Kupfer- und Salzminen von Shaba. Davon spaltet sich um 1750 das Königreich Lunda von Kazembé ab, das sich im Tal des Luapula befindet und durch bewaffnete Sklavenhändler gegründet wurde. Im 17. Jh. finden Wanderbewegungen in das Tal des Sankuru statt. Anfang des 17. Jh gründet dort eine Gruppe das Königreich Kuba, das den Handel mit Kupfer und Salz nach Süden sowie den mit Kaurischnecken kontrolliert. Diese Staaten geraten ab 1840 unter den Einfluß arabischer Händler. 1870–1890 besteht der Staat Msiri in Shaba. Die Staaten halten dem Einsatz von Feuerwaffen nicht stand. Selbst das Königreich Kuba, das zur Verteidigung am besten in der Lage ist, kann nicht viel gegen die Machenschaften des belgischen Königs Leopold II. ausrichten.

Belgisch-Kongo. Leopold II. gründet mit Stanley das Studienkomitee des Oberen Kongo (1878). Er läßt bei der Konferenz von Berlin (1884–85) den Staat Kongo anerkennen, dessen Staatsoberhaupt er ist und das er Belgien 1908 abtritt. Den Kongolesen wird eine paternalistische Politik aufgezwungen, die von der belgischen Verwaltung, den kirchlichen Missionen und der Staatsgewalt unterstützt wird, die ab 1886 geschaffen wurde und aus eingeborenen Truppen besteht. Die Plantagen und Minen entwickeln sich besonders während des Zweiten Weltkriegs mit Hilfe großer Gesellschaften, darunter die Union minière du Haut-Katanga. Der wirtschaftliche Aufschwung führt zur Städtebildung und zur Entstehung eines großen Proletariats. Die Universität Lovanium in Leopoldville wird erst 1954 gegründet.

Unabhängigkeit. Durch die Auflösung der französischen Kolonien ermutigt kommen die ersten politischen Forderungen aus dem Abako von J. Kasavubu, einer 1950 gegründeten Stammesorganisation von Kongo. Die einzige nationale Partei ist die von P. Lumumba, die 1958 gegründete Kongolesische Nationalbewegung (M.N.C.). Infolge von Unruhen, die im Jan. 1959 in Leopoldville und dann im ganzen Land ausbrechen, wird Anfang 1960 eine Konferenz in Brüssel veranstaltet. Die Unabhängigkeit wird am 30. Juni 1960 mit Kasavubu als Staatspräsident und Lumumba als Ministerpräsident ausgerufen.

Die Sezession der Provinz Katanga. Fünf Jahre lang wird gestritten, ob ein Einheitssystem oder ein föderatives System eingeführt wird. Im Juli 1960 ruft der Präsident der Provinz Katanga, Moise Tshombé, die Unabhängigkeit dieses reichen Minengebietes aus, während belgische Truppen die Kontrolle übernehmen. Die von Lumumba gerufenen UNO-Truppen greifen nicht in Katanga ein, und Lumumba droht, die UdSSR einzuschalten. Kasavubu trennt sich nun von seinem Ministerpräsidenten, der allerdings die Unterstützung des Parlaments hat. Die Zentralgewalt wird von Adoula (1961–64) unter der Schirmherrschaft der UNO ausgeübt. Dagegen festigt Tshombé seine Macht über Katanga trotz dem Abzug der belgischen Truppen; mit der Unterstützung der Union minière bildet er eine mächtige, von Weißen geführte Truppe. Nach dem Mißlingen der Verhandlungen mit Tshombé versuchen die UNO-Truppen 1961 und 1962 mehrfach, die Loslösung Katangas einzugrenzen. Die von den USA unterstützten Truppen erobern 1963 Katanga zurück. Das Land erlebt einen schweren wirtschaftlichen Rückschlag. Adoula überläßt die Macht Tshombé, der 1964 aus dem Exil zurückgerufen wird. Rebellion breitet sich im Land aus, und M. Tshombé beruft General Mobutu, den Befehlshaber der kongolesischen nationalen Armee, dem es 1965 gelingt, das Land zu befrieden. Die Rivalitäten zwischen den Ministerpräsidenten Tshombé und dem Staatspräsidenten Kasavubu gipfeln in der Absetzung Tshombés im Oktober 1965.

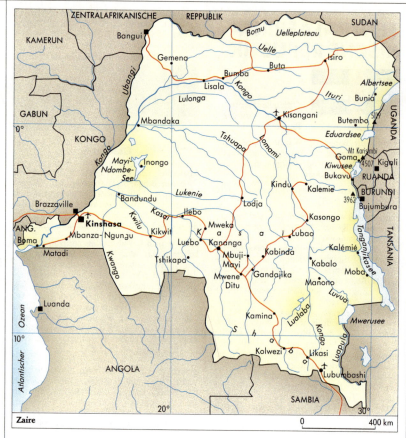

Zaire

Klimadaten

Stadt	Höhe (m ü. M.)	Mittlere Temperatur des kältesten Monats (in °C)	Mittlere Temperatur des wärmsten Monats (in °C)	Jährliche Niederschläge (in mm)	Anzahl der Tage mit Niederschlägen pro Jahr
Kinshasa	320	16,5	27	1 360	110
Kisangani	420	24	26	1 570	128
Lubumbashi	1 230	16	23,5	1 230	135

In Kisangani, unter dem Äquator, fällt das Thermometer nie unter 15 °C, ebenso sehr selten in Kinshasa, es ist jedoch bereits von Juni bis August in Lubumbashi auf 1 °C gefallen (größere Höhenlage und höherer Breitengrad). In den drei Stationen steigt es nur in Ausnahmen leicht über 35 °C.

474

LÄNDER DER ERDE

Präsidentschaft Mobutus. Kasavubu wird von Mobutu abgesetzt (Nov. 1965), der sich zum Staatspräsidenten ausrufen läßt. Er löst das Parlament auf, setzt die Verfassung außer Kraft und richtet nach einem Referendum 1967 ein Präsidialsystem ein. Nachdem er in allgemeiner Wahl 1970 gewählt wurde, stützt er sich auf eine Einheitspartei, die Volksbewegung der Revolution (M.P.R., 1967 gegründet). Diese Partei kämpft für die nationale Einheit, den afrikanischen Sozialismus und gegen den Tribalismus. 1971 startet sie die Politik der ›Authentizität‹ und führt den neuen Namen Republik Zaire ein. Die 1978 verabschiedete Verfassung festigt noch die Rolle der M.P.R., der alle Zairer von Geburt an automatisch angehören. 1977 und 1978 muß Mobutu Frankreich um Hilfe bitten, um die Aufstände der Katanga-Gendarmen niederzuschlagen. 1990 setzen sich Tendenzen zu einem Mehrparteiensystem durch.

UGANDA

Offizieller Name: Republik Uganda.

Hauptstadt: Kampala. ◻ **Währung:** Neuer Uganda-Shilling (= 100 Cents). ◻ **Amtssprache:** Englisch.

Überwiegende Religion: Katholizismus.

Staatschef: Yoweri Museveni (seit 1986). ◻ **Ministerpräsident:** Samson Kisekka (seit 1986).

Flagge: 1962 angenommen. Das Emblem des gekrönten Kranichs stammt aus der britischen Herrschaft. Die streifenförmig angeordneten Farben schwarz, gelb und rot sind die Farben der Unabhängigkeitspartei. ◻ **Nationalhymne:** ›Oh Uganda! may God uphold thee! / We lay our future in thy hand. / United, free, for liberty / Together we'll always stand.‹ (O Uganda! Gott helfe Dir! Wir vertrauen dir unsere Zukunft an. Vereint und frei, unbeirrbar werden wir für die Freiheit kämpfen). Text und Musik von George Wilberforce Kakoma (geb. 1923) und Peter G. Wingard. 1962 für amtlich erklärt. ◻ **Nationalfeiertag:** 9. Oktober (Jahrestag der Unabhängigkeit).

Fläche: 237 000 km². ◻ **Höchste Erhebung:** Ruwenzori mit 5 119 m.

Bevölkerung (1989): 17 000 000 Ew. *(Ugander).* ◻ **Durchschnittliche Bevölkerungsdichte:** 71,7 Ew. pro km². ◻ **Jährliches Bevölkerungswachstum:** 3,4 %. ◻ **Geburtenrate:** 50 ‰. ◻ **Sterbeziffer:** 16 ‰. ◻ **Kindersterblichkeit:** 108 ‰. ◻ **Lebenserwartung:** 50

Erzeugung wichtiger Güter	
Kaffee	195 000 Tonnen
Rinderbestand	5,1 Millionen Tiere
Fischfang	212 000 Tonnen
Strom	655 Millionen kWh

Jahre. ◻ **Anteil unter 15 Jahren:** 48 %. ◻ **Anteil 65 Jahre und älter:** 3 %. ◻ **Stadtbevölkerung:** 9,5 %.

Wichtigste Städte: Kampala (550 000 Ew.), Jinja (53 000), Bugembe (47 000), Entebbe (40 000).

Bruttoinlandsprodukt gesamt (1986): 3 Milliarden Dollar. ◻ **Bruttoinlandsprodukt/Kopf:** 200 Dollar. ◻ **Produktionsstruktur:** Landwirtschaft 78 %; Industrie: Zahl nicht verfügbar; Dienstleistungen: Zahl nicht verfügbar. ◻ **Arbeitslosenquote:** Zahl nicht verfügbar.

Verkehr: 28 332 km Straßen; 1 286 km Eisenbahn.

Exporte: 13,1 % des BIP (394 Millionen Dollar). ◻ **Importe:** 10,3 % des BIP (309 Milliarden Dollar).

Auslandsschulden (1988): 1,47 Milliarden Dollar.

Inflationsrate (1988): 180 %.

Militärausgaben (1985): 37,859 Millionen Dollar. ◻ **Streitkräfte:** ca. 6 000 Mann. ◻ **Wehrdienst:** freiwillig.

Staatliche Institutionen

Republik. ◻ Verfassung von 1967, 1971 außer Kraft gesetzt, 1980–85 wieder gültig. ◻ Militärregierung.

Geschichte

Frühzeit. Über die Königreiche, die die Akkerbau treibenden Bantustämme beherrscht haben sollen, darunter das Königreich Kitara, ist nichts Genaues bekannt. Die in Wellen im 16. Jh. einwandernden Niloten, die Luo, wurden assimiliert. Im 19. Jh. entstand nach zahlreichen Kämpfen zwischen den Klans das Königreich Buganda. Das sehr fruchtbare Land wird von dem König *(Kabaka)* Mutesa I. (1856–1884) gut verwaltet. Dieser und sein Nachfolger öffnen das Land den Missionaren.

Britisches Protektorat. Uganda, das 1894 britisches Protektorat wird, wird nach dem System des *Indirect Rule* regiert, wobei die gesamte Macht und der Besitz der Ländereien den Bugandern anvertraut wird. Die ersten afrikanischen Initiativen stützen sich auf die Kirchen und die Stammesoberhäupter nach dem Zweiten Weltkrieg. Die Unruhe unter den Bauern und die Frustration junger gebildeter Afrikaner sind die Ursache für die Unruhen von 1945. Es werden Parteien mit völlig entgegengesetzten Zielen gegründet.

Unabhängigkeit. Nach der Ausrufung der Unabhängigkeit (1962) wird Milton Obote, ein Mann aus dem Norden und Führer der Partei Ugandas, Ministerpräsident, und Mutesa II., Kabaka von Buganda, wird zum Präsidenten gewählt (1963). 1967 setzt eine neue Verfassung den Königreichen ein Ende, und Obote übt die Macht allein aus. General Idi Amin Dada stürzt ihn 1971 und zwingt dem Land ein Terror-Regime auf. Auf internationaler Ebene bricht Amin Dada, der sich zunächst

dem Westen zuneigt, 1972 mit Israel und nähert sich Libyen an, während die Beziehungen mit Großbritannien und Tansania sehr schlecht werden. Obote kommt 1980 wieder an die Macht, ohne daß es ihm gelingt, die zivile Sicherheit wiederherzustellen und einen wirtschaftlichen Aufschwung herbeizuführen. Der Staatsstreich von Juli 1985 bringt General Tito Okello an die Macht. Er wird nach einem mörderischen Bürgerkrieg im Januar 1986 von Yoweri Museveni, dem Befehlshaber der nationalen Streitkräfte des Widerstands, gestürzt. Dieser entsendet die Armee, um die im Norden ausbrechende Rebellion einzudämmen, in dem vorwiegend Acholi leben. 1988 ernennt er drei Vize-Ministerpräsidenten, die aus dem Norden und dem Osten stammen, wodurch das Ungleichgewicht zugunsten des Südens und des Westens reduziert wird.

RUANDA RWANDA

Offizieller Name: Republik Ruanda.

Hauptstadt: Kigali. ◻ **Währung:** Ruanda-Franc (= 100 Centimes). ◻ **Amtssprache:** Französisch und Ruanda.

Überwiegende Religion: Katholizismus.

Staatspräsident und Regierungschef: Juvénal Habyarimana (seit 1973).

Flagge: Die panafrikanischen Farben, ebenso angeordnet wie auf der Flagge Guineas, wurden durch das Hinzufügung eines ›R‹ 1961 abgeändert und 1962 angenommen.

Nationalhymne: ›Rwanda rwacu, Rwanda gihugu cyambyaye …‹ (Ruanda, mein Vaterland, Ruhm und Sieg für Dich). Text und Musik von der Gruppe Abanyuramatwi nach einem Volkslied. 1962 für amtlich erklärt.

Nationalfeiertag: 1. Juli (Jahrestag der Unabhängigkeit).

Fläche: 26 338 km². ◻ **Höchste Erhebung:** Karisimbi mit 4 507 m.

Klima: Die Höhenlage mäßigt die äquatorialen Temperaturen (Monatsmittel bei 20 °C). Die jährliche Niederschlagsmenge liegt bei 1 m (Trockenzeit von Juni bis August).

Bevölkerung (1989): 7 000 000 Ew. *(Ruander).* ◻ **Durchschnittliche Bevölkerungsdichte:** 265 Ew. pro km². ◻ **Jährliches Bevölkerungswachstum:** 3,4 %. ◻ **Geburtenrate:** 52 ‰. ◻ **Sterbeziffer:** 18 ‰. ◻ **Kindersterblichkeit:** 127 ‰. ◻ **Lebenserwartung:** 48 Jahre. ◻ **Anteil unter 15 Jahren:** 49 %. ◻ **Anteil 65 Jahre und älter:** 3 %. ◻ **Stadtbevölkerung:** 5 %.

Wichtigste Städte: Kigali (157 000 Ew.) ist die einzige richtige Stadt.

Bruttoinlandsprodukt gesamt (1988): 2,31 Milliarden Dollar. ◻ **Bruttoinlandsprodukt/Kopf:** 328 Dollar. ◻ **Produktionsstruktur:** Landwirtschaft 82 %; Industrie 7 %; Dienstleistungen 11 %. ◻ **Arbeitslosenquote:** nicht verfügbar.

Erzeugung wichtiger Güter	
Kaffee	33 000 Tonnen
Tee	8 000 Tonnen
Strom	135 Millionen kWh

Klimadaten

Stadt	Höhe (m ü.M.)	Mittlere Temperatur des kältesten Monats (in °C)	Mittlere Temperatur des wärmsten Monats (in °C)	Jährliche Niederschläge (in mm)	Anzahl der Tage mit Niederschlägen pro Jahr
Kampala	1 310	20,5	23	1 065	160
Kabale	1 870	15,5	17,5	1 000	162

In Kabale ist das Thermometer schon unter 5 °C gefallen, hat jedoch niemals 30 °C erreicht. Dagegen war es in Kampala bereits nahe bei 35 °C und sinkt nie unter 10 °C gefallen.

475

LÄNDER DER ERDE

ZENTRAL- UND OSTAFRIKA

Verkehr: 6 280 km Straßen.

Exporte (1985): 9 % des BIP (15,3 Millionen Dollar). □ **Importe** (1985): 14 % des BIP (23,6 Millionen Dollar).

Auslandsschulden (1985): 378 Millionen Dollar.

Inflationsrate (1988): 3 %.

Militärausgaben (1988): 26 Millionen Dollar. □ **Streitkräfte:** 5 200 Mann. □ **Wehrdienst:** freiwillig.

Staatliche Institutionen

Republik. □ Verfassung von 1978. □ Der Staatspräsident, der in allgemeiner Wahl für 5 Jahre gewählt wird, übt die Exekutive aus. □ Die Legislative ist der Nationale Rat für Entwicklung, für fünf Jahre in allgemeiner Wahl gewählt.

Geschichte

Vorherrschaft der Tutsi. Die Macht über die drei Kulturgemeinschaften (die Tutsi, Hirten, die Hutu, Bauern, und die Twa pygmäischer Herkunft) wurde von einem Tutsi-König ausgeübt, der immer aus dem Stamm Nyiginya kam und seinen Nachfolger benannte. Wahrscheinlich war das Land ab dem 14. Jh. in Provinzen, Distrikte und Häuptlingstümer aufgeteilt, die von einer Hierarchie von Häuptlingen, die der König benannte, regiert wurden. Nur die Tutsi durften Krieger sein.

Belgisches Mandat. Im Helgoland-Sansibar-Vertrag (1890) erkannte Großbritannien Ruanda als Teil Deutsch-Ostafrikas an. Nach dem Ersten Weltkrieg fällt es mit Burundi an Belgien, das beide unter dem Namen Ruanda-Urundi verwaltet, 1920–46 als Völkerbundmandat, 1946–62 als UNO-Treuhandgebiet. Zusammenstöße mit dem König (*Mwami*) sind häufig. Seit den ersten Wahlen von Volksvertretern (1952) bis zur Ausrufung der Republik (1961) versuchen die Hutu, die in der Mehrheit sind und von der Kolonialmacht unterstützt werden, die Vorherrschaft der Tutsi zu brechen. 1959 kommt es zum Aufstand der Hutu, und der König Kigeli V. verliert 1960 die Wahlen. Mit dem Referendum von 1961 fällt die Monarchie.

Unabhängigkeit. Grégoire Kayibanda, ein Hutu, wird Präsident der Republik Ruanda, das 1962 für unabhängig erklärt wird. Der Staatsstreich von 1973 bringt General Habyarimana an die Macht. Die Nationale Revolutionsbewegung für die Entwicklung (M.R.N.D.), 1975 gegründet, wird 1978 als Einheitspartei eingesetzt.

BURUNDI

Offizieller Name: Republik Burundi.

Hauptstadt: Bujumbura. □ **Währung:** Burundi-Franc (= 100 Centimes).

Amtssprachen: Französisch und Kirundi.

Überwiegende Religion: Katholizismus.

Staatspräsident: Pierre Buyoya (seit 1987).

Ministerpräsident: Adrien Sibomana (seit 1988).

Flagge: 1967 angenommen. Ihre Farben symbolisieren: Grün die Hoffnung, Rot die Kämpfe für die Unabhängigkeit, Weiß die Friedensliebe. Die roten Sterne stehen für ›Einheit, Arbeit, Fortschritt‹ sowie für die drei Volksgemeinschaften des Landes.

Nationalhymne: ›Burundi bwâcu ragi rya basokuru ...‹ (Burundi, unser Vaterland, Erbe unserer Vorfahren ...). Text und Musik von Marc Barengayabo (geb. um 1932). 1962 für amtlich erklärt.

Nationalfeiertag: 1. Juli (Jahrestag der Unabhängigkeit).

Fläche: 28 000 km². □ **Höchste Erhebung:** Mont Heha mit 2 670 m.

Klima: Die Temperaturen sind durch die Höhenlage gemäßigt (Jahresmittel in Bujumbura bei 25 °C). Die Gesamtmenge der Niederschläge liegt bei 800 mm, mit einer Trockenzeit von Juni bis August.

Bevölkerung (1989): 5 500 000 Ew. (Burundier). □ Durchschnittliche Bevölkerungsdichte: 196 Ew. pro km². □ Jährliches Bevölkerungswachstum: 3,3 %. □ Geburtenrate: 48 ‰. □ Sterbeziffer: 15 ‰. □ Kindersterblichkeit: 114 ‰. □ Lebenserwartung: 48 Jahre. □ Anteil unter 15 Jahren: 45 %. □ Anteil 65 Jahre und älter: 3 %. □ Stadtbevölkerung: 2,5 %.

Wichtigste Stadt: Bujumbura (141 000 Ew.) ist die einzige größere Stadt.

Bruttoinlandsprodukt gesamt (1988): 1,2 Milliarden Dollar. □ **Bruttoinlandsprodukt/Kopf:** 240 Dollar.

Produktionsstruktur: Landwirtschaft 80 %; Industrie 8 %; Dienstleistungen 12 %. □ **Arbeitslosenquote:** nicht verfügbar. □ **Verkehr:** 10 476 km Straßen.

Exporte (1987): 13,7 % des BIP (145 Millionen Dollar). □ **Importe** (1987): 15,7 % des BIP (166 Millionen Dollar).

Auslandsschulden (1985): 480 Millionen Dollar.

Inflationsrate (1988): 4,4 %.

Militärausgaben (1986): 41,87 Millionen Dollar. □ **Streitkräfte:** 7 200 Mann. □ **Wehrdienst:** freiwillig.

Erzeugung wichtiger Güter

Bananen	1 260 000 Tonnen
Kaffee	36 000 Tonnen
Rinderbestand	415 000 Tiere
Ziegenbestand	798 000 Tiere
Strom	2 Millionen kWh

Staatliche Institutionen

Republik. □ Verfassung von 1981, 1987 außer Kraft gesetzt. □ Der Staatspräsident regiert mit dem Militärkomitee für Nationales Heil.

Geschichte

Königreich Burundi. Burundi hat als Staat schon vor der Kolonialzeit existiert. Dieses Königreich, dessen Dynastie wohl zumindest aus dem 17. Jh. stammt, stellt sogar eine sprachliche Einheit dar. Das Kirundi, eine Bantusprache, hat eine hochstehende mündliche Literatur hervorgebracht. Im 19. Jh. war der bemerkenswerteste Herrscher Mwezi Gisabo (gest. 1908).

Kolonialzeit. Das Land ist ab 1890 (Helgoland-Sansibar-Vertrag) Teil Deutsch-Ostafrikas. Nach dem Ersten Weltkrieg fiel es zusammen mit Ruanda an Belgien, das diese Gebiete ab 1919 unter dem Namen *Ruanda-Urundi* verwaltet, 1920–46 als Mandat des Völkerbundes, 1946–62 als Treuhandgebiet der UNO.

Unabhängigkeit und Vorherrschaft der Tutsi. 1959 erhält Burundi die innere Autonomie und wird am 1. Juli 1962 unabhängig. Trotz der Bemühungen des Königs (*Mwami*), Mwambutsa IV., die nationale Einheit zu erhalten, beherrschen die Stammesgegensätze zwischen den Hutu und den Tutsi das politische Leben. 1966 setzt der von den Tutsi abstammende Michel Micombero den König Ntare V. ab, der gerade seinen Vater verdrängt hatte. Das Königtum wird nun zugunsten einer Republik abgeschafft (28. Nov.). 1972 erheben sich die unterdrückten Hutu und ermorden viele Tutsi in Bujumbura und im Süden. Diese Massaker und anschließenden Repressalien kosteten 300 000 Menschen das Leben. Tausende von Burundiern jedes Volksstammes fliehen ins Ausland, um den Mordkommandos zu entgehen.

1976 ist durch einen Militärputsch Jean-Baptiste Bagaza Staatspräsident geworden. Dieser wird 1987 von Major Pierre Buyoya gestürzt, der ebenfalls der Minderheit der Tutsi angehört. Er richtet ein Militärkomitee des Nationalen Heils ein. Die Hutu, die 80 bis 85 % der Gesamtbevölkerung ausmachen, widersetzen sich der Hegemonie der Tutsi in den leitenden Gremien, und 1988 finden neue Massaker statt. Im Oktober 1988 ernennt Präsident Buyoya eine Regierung mit den Hutu in der Mehrheit.

KENIA KENYA

Offizieller Name: Republik Kenia.

Hauptstadt: Nairobi. □ **Währung:** Kenia-Shilling (= 100 Cents). □ **Amtssprachen:** Englisch und Suaheli. □ **Überwiegende Religionen:** Katholizismus (sehr kleine Minderheit Protestanten); Naturreligionen.

Staatspräsident und Regierungschef: Daniel Arap Moi (seit 1978).

Flagge: 1963 angenommen. Das Rot steht für den Preis des für die Unabhängigkeit vergossenen Blutes, Schwarz bezeichnet die afrikanische Bevölkerung und Grün unterstreicht den landwirtschaftlichen Einfluß, Weiß steht für den Frieden. In der Mitte ein traditioneller Masai-Schild.

Nationalhymne: ›Ee Mungu nguvu yetu / Ilete baraka kwetu, udugu / Amani na uhuru / Rah tuptate na ustawi.‹ (Segne, o Herr, o Erschaffer des Universums, unser Volk und unser Vaterland. Das Recht sei unser Führer. Mögen wir in Harmonie, Frieden und Freiheit leben. Und schütte Deine Wohltaten über uns aus.) Text und Musik von einer Komponistengruppe basierend auf einem kenianischen Volkslied. 1963 für amtlich erklärt.

Nationalfeiertage: 20. Oktober (Geburtstag von Jomo Kenyatta) und 12. Dezember (Jahrestag der Unabhängigkeit).

Fläche: 583 000 km². □ **Höchste Erhebung:** Mount Kenya mit 5 199 m.

LÄNDER DER ERDE

Klimadaten

Stadt	Höhe (m ü. M.)	Mittlere Temperatur des kältesten Monats (in °C)	Mittlere Temperatur des wärmsten Monats (in °C)	Jährliche Niederschläge (in mm)	Anzahl der Tage mit Niederschlägen pro Jahr
Nairobi	1820	16	19,5	959	117
Kisumu	1150	22	24	1135	113
Mombasa	55	24,5	28	1203	139

In Nairobi hat die Temperatur nur sehr selten 30 °C überschritten (über 35 °C in Mombasa auf Meereshöhe und sogar in Kisumu). Sie konnte auf 5 °C absinken (niemals unter 10 °C in Kisumu und unter 15 °C in Mombasa).

Erzeugung ausgewählter Güter u. a. wichtige Erwerbsquellen

Mais	2 650 000 Tonnen
Kaffee	115 000 Tonnen
Tee	147 000 Tonnen
Sisal	50 000 Tonnen
Rinderbestand	9,5 Millionen Tiere
Schafbestand	7,1 Millionen Tiere
Fischfang	100 000 Tonnen
Strom	1,9 Milliarden kWh
Tourismus	600 000 Auslandsgäste

Bevölkerung (1989): 24 100 000 Ew. *(Kenianer).* □ Durchschnittliche Bevölkerungsdichte: 40 Ew. pro km². □ Jährliches Bevölkerungswachstum: 4,1 %. □ Geburtenrate: 54 ‰. □ Sterbeziffer: 13 ‰. □ Kindersterblichkeit: 76 ‰. □ Lebenserwartung: 57 Jahre. □ Anteil unter 15 Jahren: 51 %. □ Anteil 65 Jahre und älter: 2 %. □ Stadtbevölkerung: 17 %.
Wichtigste Städte: Nairobi (1 104 000 Ew.), Mombasa (341 000), Kisumu (153 000), Nakuru (93 000).
Bruttoinlandsprodukt gesamt (1988): 8,1 Milliarden Dollar. □ **Bruttoinlandsprodukt/Kopf:** 350 Dollar.
Produktionsstruktur: Landwirtschaft 76 %; Industrie 10 %; Dienstleistungen 10 %.
Verkehr: 54 584 km Straßen (davon 6 721 km asphaltiert); 2 654 km Eisenbahn.
Exporte (1985): 26,8 % des BIP (1,6 Milliarden Dollar). □ **Importe** (1985): 20,1 % des BIP (1,2 Milliarden Dollar).
Auslandsschulden (1988): 6,1 Milliarden Dollar.
Inflationsrate (1986): 4 %.
Militärausgaben (1986): 256 Millionen Dollar. □ **Streitkräfte:** 23 600 Mann. □ **Wehrdienst:** freiwillig.

Staatliche Institutionen

Republik. □ Verfassung von 1963 mit Änderung von 1964, die das republikanische System einführte. □ Die Nationalversammlung wird in allgemeiner Wahl für 5 Jahre gewählt.

Geschichte

Frühzeit. Kenia, das Land, in dem die ältesten Reste von Hominiden gefunden wurden, war von Völkern besetzt, die mit den Buschmännern verwandt sind und als Jäger und Sammler lebten. Um 500 v. Chr. wurden sie von Hirten aus dem Norden überrollt, die den Ackerbau und die Eisenbearbeitung einführen. Kuschiten mischen sich um 200 v. Chr. mit diesen Völkern, die ihrerseits in den Bantu und den Niloten, darunter die Kalenjin, aufgehen.

Hirten, Krieger und Händler. Im 16. Jh. kommen weitere Niloten, die Luo, an das Ostufer des Victoriasees, dann ab dem 17. Jh. die Masai, Hirten und Krieger. An der Küste, wo sich im 1. Jahrtausend die Bantu niedergelassen hatten, haben die Araber zahlreiche Niederlassungen eingerichtet (Sofala, Mombasa, Lamu u. a.), in denen der Handel mit Gold, Kupfer und Sklaven stattfand. Dort entwickelte sich die Suahelikultur und die Suahelisprache als Sprache der Mischbevölkerung. Die Portugiesen kontrollieren nach ihrer Ankunft 1497 vom 16. bis zum 18. Jh. die Küste, bis sie von den Arabern aus Oman abgelöst werden. Die Masai, die durch innere Kriege gespalten sind, machen das ganze Gebiet des Hochlands unsicher. Von 1830 bis 1880 kontrollieren die Kamba, ausgezeichnete Händler, die Straße zum Victoriasee zwischen den Kikuyu und der Küste.

Britische Kolonialzeit. Bei der Aufteilung Afrikas erkennt Deutschland die britischen Ansprüche auf Kenia an (1886). 1888 erhält die British East Company vom Sultan von Sansibar die Konzession für den Großteil des Landes. Das gesamte Land wird britisches Protektorat (1895) und dann Kronkolonie (1920). Nach dem Aufstand der Kikuyu, der unter dem Namen Mau-Mau bekannt ist (1952–1956), organisieren sich regionale Parteien.

Unabhängigkeit. 1963 wurde Kenia unabhängig, zunächst als Monarchie, und 1964 wird die Republik ausgerufen. Die Regierung wird von J. Kenyatta geführt, der dem wirtschaftlichen Niedergang und den Schwierigkeiten der Koexistenz zwischen den Minderheiten und der schwarzen, aus Kikuyu und Luo bestehenden Mehrheit die Stirn bieten muß. Das Gleichgewicht zwischen den Luo und den Kikuyu wird im Juli 1969 bei der Ermordung von Luo Tom Mboya, dem Nachfolger von Kenyatta, gestört. Nach dem Tod von Kenyatta (1978) wird Daniel Arap Moi von dem kleinen Volksstamm Tugen (Kalenjin) sein Nachfolger. Dieser wird 1988 für eine dritte Amtsperiode gewählt. Das Einparteiensystem wurde 1982 eingeführt.

TANSANIA TANZANIA

Offizieller Name: Vereinigte Republik Tansania.

Hauptstadt: Daressalam. □ **Währung:** Tansania-Schilling (= 100 Cents). □ **Amtssprachen:** Englisch und Suaheli. □ **Überwiegende Religionen:** Islam, Katholizismus und Protestantismus.

Staatspräsident: Ali Hasan Mwinyi (seit 1985). □ **Ministerpräsident:** Joseph Warioba (seit 1985).

Flagge: 1961 angenommen. Sie symbolisiert das Volk in Schwarz, die Landwirtschaft in Grün, die Bodenschätze in Gelb und die Vereinigung mit Sansibar im Jahr 1964 mit Himmelblau. □ **Nationalhymne:** ›Mungu ibariki Afrika / Wabariki Viongizi wake / Hekima Umoja na Amani / Hizi ni ngao zetu Afrika na watu wake.‹ (O Gott, segne Afrika, seine Oberhäupter, seine Weisheit, die Einheit und den Frieden. Sei unser Beschützer, der Beschützer Afrikas und seiner Völker). Text von einer Autorengruppe; Musik nach einer Bantu-Hymne, die von Mankayi Enoch Sontonga (1870–1904) komponiert wurde. □ **Nationalfeiertage:** 26. April (Jahrestag der Vereinigung von Tanganjika und Sansibar) und 9. Dezember (Jahrestag der Unabhängigkeit).

Fläche: 940 000 km². □ **Höchste Erhebung:** Kilimandscharo mit 5 895 m.

Bevölkerung (1989): 26 300 000 Ew. *(Tansanier).* □ Durchschnittliche Bevölkerungsdichte: 28 Ew. pro km². □ Jährliches Bevölkerungswachstum: 3,5 %. □ Geburtenrate: 50 ‰. □ Sterbeziffer: 15 ‰. □ Kindersterblichkeit: 111 ‰. □ Lebenserwartung: 52 Jahre. □ Anteil unter 15 Jahren: 48 %. □ Anteil 65 Jahre und älter: 3 %. □ Stadtbevölkerung: 15 %.

Bruttoinlandsprodukt gesamt (1986): 44 Milliarden Dollar. □ **Bruttoinlandsprodukt/Kopf:** 190 Dollar.
Produktionsstruktur: Landwirtschaft 83 %; Industrie 6 %; Dienstleistungen 11 %. □ **Arbeitslosenquote:** nicht verfügbar.

Verkehr: 45 202 km Straßen; 3 569 km Eisenbahn.

Exporte (1985): 6 % des BIP (348 Millionen Dollar). □ **Importe** (1985): 18 % des BIP (1,05 Milliarden Dollar).

Auslandsschulden (1986): 3,6 Milliarden Dollar.

Inflationsrate (1987): 22,2 %.

Militärausgaben (1985): 280 Millionen Dollar. □ **Streitkräfte:** 46 700 Mann. □ **Wehrdienst:** 24 Monate.

Staatliche Institutionen

Republik. □ Verfassung von 1977 (mit einer besonderen Verfassung für Sansibar, die 1985 in Kraft trat). □ Der Staatspräsident, der auch der Vorsitzende der Einheitspartei und Oberster Befehlshaber der Streitkräfte ist, wird in allgemeiner Wahl für fünf Jahre gewählt. □ Nationalversammlung.

Erzeugung wichtiger Güter

Kaffee	56 000 Tonnen
Baumwolle	46 000 Tonnen
Mais	2 Millionen Tonnen
Cashewnüsse	45 000 Tonnen
Holzeinschlag	22 Millionen m³
Rinderbestand	14,5 Millionen Tiere
Fischfang	222 000 Tonnen
Strom	950 Millionen kWh

Die größten Städte

Daressalam	757 000	Mwanza	111 000
Sansibar	125 000	Tanga	103

477

LÄNDER DER ERDE

ZENTRAL- UND OSTAFRIKA

Klimadaten

Stadt	Höhe (m ü. M.)	Mittlere Temperatur des kältesten Monats (in °C)	Mittlere Temperatur des wärmsten Monats (in °C)	Jährliche Niederschläge (in mm)	Anzahl der Tage mit Niederschlägen pro Jahr
Daressalam	60	23,5	28	770	113
Kigoma	1 190	22,5	25	925	118

In den beiden Stationen überschreiten die Höchstwerte nur selten leicht 35 °C. Die verzeichneten Tiefstwerte sind in Kigoma niedriger (Auswirkung der Höhenlage), bleiben aber immer über 10 °C.

Geschichte

Die Suahelikultur. Im 1. Jahrtausend besiedeln Bantuvölker das Land, später wandern nilotische Völker ein. Etwa vom 9. bis 11. Jh. lassen sich Araber aus Oman und vom Persischen Golf sowie Perser an der Küste nieder, die sich mit den Bantu vermischen; die Bevölkerung der Suaheli entsteht. Vom 12. bis 14. Jh. ist Kilwa ein wichtiges Handelszentrum und Zwischenlager, wo Gold aus dem Binnenland, Elfenbein und Sklaven gegen Textilien aus dem Nahen und dem Fernen Osten eingetauscht werden. Die Suaheli-Städte stellen keine Einheit dar, kämpfen jedoch mit Erfolg gegen die Portugiesen (Ende 15. Jh.–Ende 17. Jh.). Ab 1652 vertreiben die Araber die Portugiesen aus Sansibar; sie beherrschen die Küste während des ganzen 18. Jh. Ein Handel ins Binnenland wird in Zusammenarbeit mit Sansibar betrieben. Stützpunkte werden an den Karawanenstraßen (Kisaki) gegründet. Die Nyamwezi, die im Zentrum Tansanias leben, versorgen die Araber mit Lastenträgern. Die Araber profitieren von den Unstimmigkeiten zwischen den rivalisierenden Häuptlingstümern und können ihre Macht festigen; sie besitzen auch eigene Karawanen.

Der Staat Mirambo. Ab Mitte des 19. Jh. gibt es einen wirtschaftlichen Aufschwung, der auf der Handelstätigkeit der Sklavenhändler beruht, die Feuerwaffen und Pulver gegen Sklaven und Elfenbein aus dem Binnenland eintauschen. Zu dieser Zeit verbreiten sich die Ngoni, die aus dem Süden von den Zulu vertrieben wurden, nach Westen und in Süd-Tansania aus und bilden Häuptlingstümer, wie das von Mirambo, das um 1870 mit den Arabern konkurriert. Es beherrscht nun den Handel zwischen Tabora, wo sich die Araber niedergelassen hatten, und Ujiji am Tanganjikasee, indem es sich auf ein ständiges Heer junger Krieger stützt, das nach Zulu-Tradition organisiert ist.

Europäische Kolonialzeit. Um 1880 legen Briten und Deutsche ihre Einflußbereiche fest: 1886 diesseits und jenseits des Kilimandscharo; 1890 zwischen Uganda und Deutsch-Ostafrika, das 1891 zum Protektorat mit Daressalam als Hauptstadt wird. Dieses Gebiet wird vom Völkerbund den Briten 1920 anvertraut und bildet nun Tanganjika. Die von den Deutschen begünstigten muslimischen Sultane werden von den bei den Bantu üblichen Häuptlingen ersetzt. Eine Hochkommission Ostafrika wird für Kenia, Uganda und Tanganjika eingesetzt. Aber Tanganjika entwickelt sich in Richtung Autonomie dank eines 1926 geschaffenen Gesetzgebungsrates, der sich 1945 für Afrikaner öffnet und dessen Mitglieder 1955 gewählt werden. Julius Nyerere wird 1960 sein Vorsitzender.

Unabhängigkeit. Sie wird 1961 ausgerufen. 1964 vereinigt sich Sansibar mit Tanganjika und bildet nun Tansania. Der neue Staat orientiert sich hin zu einem Sozialismus mit afrikanischer Tradition (Arusha-Erklärung 1967, auf deren Bezugnahme jedoch 1984 verzichtet wird). 1977 wird das Einparteiensystem der Revolutionspartei Tansanias eingeführt, die aus der Fusion der Nationalen Afrikanischen Union Tansanias und der Partei Afro-Shirazi Sansibars entstanden ist. J. Nyerere gibt die Macht 1985 ab, und Ali Hassan Mwinyi wird sein Nachfolger. Tansania hat die Frontstaaten gegen Südafrika und gegen die Macht der Weißen in Rhodesien unterstützt.

MALAWI

Offizieller Name: Republik Malawi.

Hauptstadt: Lilongwe. □ **Währung:** Kwacha (= 100 Tambala). □ **Amtssprache:** Englisch. □ **Überwiegende Religionen:** Katholizismus (sehr kleine protestantische Minderheit); Naturreligionen.

Staatspräsident und Regierungschef: Hastings Kamuzu Banda (seit 1966).

Flagge: Die 1964 angenommenen Farben erinnern mit dem Schwarz an den afrikanischen Kontinent, mit Rot an das für die Unabhängigkeit vergossene Blut und mit Grün an die Vegetation. Die aufgehende Sonne symbolisiert die Zuversicht in die Entwicklung Afrikas. □

Nationalhymne: ›Mlungu dalitsani Malawi, / Mumsunge m'mtendere. / Khonjetsani adani onse, / Njala, Nthenda, nsanje, / Lunzitsani mitima yathu, / Kuti Tisa(-)ope. / Mdalitse mtosgoleri, nafe, / Ndi mai Malawi.‹ (O Gott, segne unsere Erde von Malawi, daß sie immer eine Erde des Friedens bleibe. Vernichte jeden unserer Feinde, den Hunger, die Krankheit und den Neid. Unsere Herzen mögen immer im Gleichklang schlagen, damit wir keine Angst kennen. Segne unser Oberhaupt und jeden von uns, und unser Vaterland, Malawi.) Text und Musik von Michael-Fredrick Paul Sauka (geb. 1934). 1964 für amtlich erklärt. □

Nationalfeiertag: 6. Juli (Jahrestag der Ausrufung der Republik).

Fläche: 118 000 km². □ **Höchste Erhebung:** Mlanje mit 3 000 m.

Klima: In Lilongwe (in 1 100 m Höhe) schwanken die Monatsmittel zwischen 15 und 23 °C. Die Niederschläge liegen bei 700 mm (Trockenzeit von April bis Oktober).

Bevölkerung (1989): 8 700 000 Ew. □ **Durchschnittliche Bevölkerungsdichte:** 73,7 Ew. pro km². □ **Jährliches Bevölkerungswachstum:** 3,3 %. □ **Geburtenrate:** 51 ‰. □ **Sterbeziffer:** 18 ‰. □ **Kindersterblichkeit:** 134 ‰. □ **Lebenserwartung:** 48 Jahre. □ **Anteil unter 15 Jahren:** 46 %. □ **Anteil 65 Jahre und älter:** 4 %. □ **Stadtbevölkerung:** 12 %.

Wichtigste Städte: Blantyre (355 000 Ew.), Lilongwe (187 000), Mzuzu (83 000), Zomba (53 000).

Bruttoinlandsprodukt gesamt (1989): 1,4 Milliarden Dollar. □ **Bruttoinlandsprodukt/Kopf:** 175 Dollar.
Produktionsstruktur: Landwirtschaft 75 %; Industrie 10 %; Dienstleistungen 15 %. □ **Arbeitslosenquote:** nicht verfügbar.

Verkehr: 2 671 km Straßen (davon 1 776 asphaltiert); 789 km Eisenbahn.

Exporte (1985): 26,4 % des BIP (290 Millionen Dollar). □ **Importe** (1985): 29,6 % des BIP (330 Millionen Dollar).

Auslandsschulden (1985): 994 Millionen Dollar. □ **Inflationsrate** (1987): 25,2 %.

Militärausgaben (1987): 26,47 Millionen Dollar. □ **Streitkräfte:** 7 250 Mann. □ **Wehrdienst:** freiwillig.

Erzeugung wichtiger Güter

Tabak	71 000 Tonnen
Tee	42 000 Tonnen
Mais	1,4 Millionen Tonnen
Zucker	164 000 Tonnen
Holzeinschlag	14 Millionen m³
Rinderbestand	930 000 Tiere
Fischfang	65 000 Tonnen
Strom	580 Millionen kWh

Staatliche Institutionen

Republik. □ Der Staatspräsident ist auch der Regierungschef und der Vorsitzende der Einheitspartei. □ Parlament mit 101 gewählten Mitgliedern und einer bestimmten Zahl von benannten Mitgliedern.

Geschichte

Frühzeit. Die Gebiete um den Malawisee werden seit Jahrhunderten von Bantu besiedelt, die ab 1840 Überfällen von Sklavenhändlern aus Sansibar ausgesetzt sind und zu gleicher Zeit von den Ngoni (aus dem Zululand) unterworfen werden. Die Yao, Bantu im Sold der Suaheli, die sich im Grenzgebiet Malawi/Moçambique niedergelassen haben, werden Zwischenhändler der Sklavenhändler der Küste.

Britisches Protektorat. Livingstone entdeckt den Malawisee 1859, und Schotten, Missionare und Kaufleute, lassen sich bald darauf in dem Gebiet nieder. Die mit den lokalen Häuptlingen ab 1889 abgeschlossenen Verträge ermöglichen die Einrichtung des britischen Protektorats Zentralafrikas, das 1907 den Namen Njassaland annimmt. 1953 beschließt Großbritannien die Schaffung eines Bundes zwischen Rhodesien und Njassaland, der auf heftigen Widerstand der Afrikaner unter der Führung von Dr. Hastings Banda stößt.

Unabhängigkeit. Das Njassaland trennt sich von Rhodesien (1962) und wird 1964 unter dem Namen Malawi unabhängig. Die Republik wird 1966 ausgerufen. Das Land wird seitdem von Banda, Präsident auf Lebenszeit seit 1971, regiert, der das Einparteiensystem einführt. Malawi war der erste afrikanische Staat, der offiziell die Republik Südafrika anerkannt hat (1967), und er baut seitdem seine wirtschaftlichen Bindungen mit Südafrika aus. Der antikommunistische Aufstand des Nationalen Widerstands von Moçambique (RENAMO), der von Südafrika logistisch unterstützt wird, verfügte bis Ende 1988 über mehrere Stützpunkte in Malawi.

LÄNDER DER ERDE

SÜDLICHES AFRIKA

SÜDAFRIKA
SUID-AFRIKA, SOUTH AFRICA

Offizieller Name: Republik Südafrika.

Hauptstädte: Pretoria und Kapstadt *(Kaapstad, Cape Town)*. □ **Währung:** Rand (= 100 Cents). □ **Amtssprachen:** Afrikaans und Englisch. □ **Überwiegende Religion:** Protestantismus.

Staatspräsident und Regierungschef: Frederik W. de Klerk (seit 1989).

Flagge: Ihre drei Farben bedeuten: Orange für Mut und Ehre, Weiß für die Reinheit des Herzens und des Geistes, Blau für den Frieden. Die drei Flaggen in der Mitte sind: der Union Jack, der für die Kapprovinzen und Natal steht, die Flagge des Oranje-Freistaats und schließlich die von Transvaal.

Nationalhymne (›Die stem van Suid-Africa‹, ›The call of South Africa‹): Ons sal antwoord op jou roepstem, ons sal offer wat jy vra: / Ons sal lewe, ons sal sterwe – ons vir jou, Suid-Afrika‹ (Version in Afrikaans); ›At thy call we shall not falter, firm and steadfast we shall stand, / At thy will to live or perish, O South Africa, dear land‹ (englische Version) (Deinem Ruf entziehen wir uns nicht, fest und loyal sind wir dir zu Willen, zu leben oder unterzugehen, o Südafrika, geliebtes Land); Text in Afrikaans von Cornelis Jacob Langenhoven (1873–1932), Musik von M. Laurens de Villiers (1885–1977). 1959 angenommen. □ **Nationalfeiertag:** 31. Mai (Jahrestag der Defacto-Unabhängigkeit 1910 und der Ausrufung der Republik 1961).

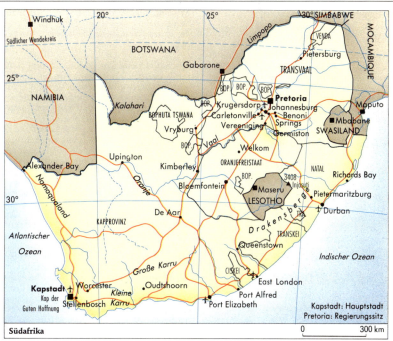

Südafrika   0   300 km
Kapstadt: Hauptstadt
Pretoria: Regierungssitz

Fläche: 1 221 000 km². □ **Höchste Erhebung:** Champagne Castle mit 3 376 m.

Bevölkerung (1989): 38 500 000 Ew. *(Südafrikaner)*. □ Durchschnittliche Bevölkerungsdichte: 31,5 Ew. pro km². □ Jährliches Bevölkerungswachstum: 2,6 %. □ Geburtenrate: 35‰. □ Sterbeziffer: 9‰. □ Kindersterblichkeit: 65‰. □ Lebenserwartung: 63 Jahre. □ Anteil unter 15 Jahren: 35 %. □ Anteil 65 Jahre und älter: 5 %. □ Stadtbevölkerung: 56 %.

Die wichtigsten Städte

Johannesburg	1 726 000	Pretoria	739 000
Kapstadt	1 491 000	Port Elizabeth	585 000
Durban	961 000	Bloemfontein	231 000

Bruttoinlandsprodukt gesamt (1987): 80 Milliarden Dollar.

Bruttoinlandsprodukt/Kopf: 1 890 Dollar.

Produktionsstruktur: Landwirtschaft 28 %; Industrie 31 %; Dienstleistungen 41 %. □ **Arbeitslosenquote** (1985): 20 %.

Verkehr: 183 651 km Straßen (ohne Transkei, Bophuthatswana, Venda), davon 48 000 km asphaltiert. 1 484 km Autobahn; 24 000 km Eisenbahn (davon 15 427 km elektrifiziert).

Exporte: 15,9 % des BIP (12,7 Milliarden Dollar).

Importe: 18,4 % des BIP (14,1 Milliarden Dollar).

Auslandsschulden (1988): 22 Milliarden Dollar.

Erzeugung wichtiger Güter

Mais	7 Millionen Tonnen
Wein	8,2 Millionen Hektoliter
Zucker	2,1 Millionen Tonnen
Rinderbestand	11,8 Millionen Tiere
Schafbestand	29,8 Millionen Tiere
Steinkohle	174,2 Millionen Tonnen
Strom	144,6 Milliarden kWh
Uran	4 500 Tonnen
Phosphate	2,5 Millionen Tonnen
Chrom	1,2 Millionen Tonnen
Gold	617 Tonnen
Diamanten	10,1 Millionen Karat
Mangan	1,2 Millionen Tonnen
Eisen	15,6 Millionen Tonnen
Stahl	9,1 Millionen Tonnen

Klimadaten

Stadt	Höhe (m ü. M.)	Mittlere Temperatur des kältesten Monats (in °C)	Mittlere Temperatur des wärmsten Monats (in °C)	Jährliche Niederschläge (in mm)	Anzahl der Tage mit Niederschlägen pro Jahr
Johannesburg	1 660	10,5	20	710	70
Durban	5	11,5	24	1 008	84
Kapstadt	15	12	21	509	69
Bloemfontein	1 420	8,5	24	565	60

In Kapstadt wurden Maxima von 39 °C im März und April gemessen. In Johannesburg wurden die Minima von −7 °C von Juni bis August gemessen, −9 °C in Bloemfontein in denselben Monaten. In Kapstadt fallen die Niederschläge vor allem von Mai bis August (südlicher Winter). In den drei anderen Stationen dagegen, eine tropische und kontinentale Variante der Höhe, sind die meisten Niederschläge im Sommer (d. h. von November bis März) zu verzeichnen.

Verwaltungsgliederung

Provinz	Fläche (in km²)	Einwohner	Hauptstadt
Kapprovinz	641 000	5 091 000	Kapstadt
Natal	91 000	6 256 000	Pietermaritzburg
Transvaal	262 000	10 928 000	Pretoria
Oranje-Freistaat	127 000	1 932 000	Bloemfontein

›Unabhängige‹ Bantu-Homelands

Bophuthatswana	40 000	1 288 000	Mmabatho
Ciskei	12 000	683 000	Bisho
Transkei	42 000	1 751 000	Umtata
Venda	7 000	514 000	Thohoyandou

Noch nicht unabhängige Bantu Homelands

Gazankulu	7 500	496 000
Kangwane	4 000	390 000
Kwandebele	2 300	233 000
Kwazulu	30 000	3 744 000
Lebowa	23 000	1 844 000
Owaqwa	620	183 000

Bevölkerung nach Rassen in den vier Provinzen[1]

Weiße	4 530 000	Asiaten (Inder)	810 000
Schwarze	14 260 000	Coloured (Mischlinge)	2 610 000

[1] Die Bantu Homelands, ›unabhängig‹ oder nicht, (etwa 10 400 000 Einwohner) sind fast ausschließlich von Schwarzen besiedelt

LÄNDER DER ERDE

SÜDLICHES AFRIKA

Inflationsrate (1987): 16%.

Militärausgaben (1988): 2,376 Milliarden Dollar. □ Streitkräfte: 103 000 Mann.

Wehrdienst: 12 Monate. □ Wehrpflicht: bisher nur für Weiße; Nichtweiße können freiwillig dienen.

Staatliche Institutionen

Republik. □ Verfassung von 1983 (1984 in Kraft getreten). □ Der Staatspräsident (Staatschef und Regierungschef) wird von einem Wahlgremium des Parlaments für 5 Jahre gewählt. □ Das Parlament wird für 5 Jahre gewählt: Abgeordnetenhaus (weiße Abgeordnete), Repräsentantenhaus (Mischlinge), Deputiertenhaus (indische Abgeordnete). □ Die Einbeziehung der Schwarzen ins parlamentarische System wird vorbereitet.

Geschichte

Frühzeit. Die Buschmänner gelten als die Ureinwohner Südafrikas. Dann wandern Hottentotten (11. Jh.) und Bantu (15. Jh.) ein: Xhosa, Sotho, Zulu, Tswana ...; sie verdrängen ihre Vorläufer. Die Küsten des Landes werden mehrfach im 15. Jh. von den Portugiesen angelaufen, die sich dort jedoch nicht niederlassen.

Holländische Kolonialzeit. Die Niederländisch-Ostindische Kompanie, 1602 gegründet, steht am Beginn der Kolonisierung. In ihrem Auftrag gründet Jan van Riebeeck in der Tafelbucht 1652 die erste ständige Niederlassung in Südafrika (Kapstadt). Die Widerrufung des Ediktes von Nantes (1685) hat eine starke Zuwanderung von französischen Hugenotten zur Folge.

Briten und Buren. 1814 kommt das Land unter britische Verwaltung. Die Beziehungen der neuen Herren zu den Buren werden schnell gespannt. 1834 ziehen die Buren im ›Großen Treck‹ nach Norden, wo sie die Zulu unterwerfen. Als Reaktion auf die Ermordung einer ihrer Führer, Piet Retief, durch den Zuluherrscher Dingane vernichten die Buren das Heer der Zulu (1838). Natal entzieht sich den Buren (es kommt 1844 in britischen Besitz); Transvaal und Oranje-Freistaat jedoch werden als unabhängige Republiken anerkannt (1852–1854). 1880 nach der Annektierung von Transvaal (1877) erheben sich die Buren auf den Aufruf von Pretorius, Joubert und Krüger hin und schlagen die Briten in Majuba Hill (1881). Der Frieden von Pretoria (August 1881) erkennt die Unabhängigkeit der Burenrepubliken an. Diese werden jedoch allmählich eingekreist durch die Annektierung von Betschuanaland durch die Briten und die Abtretung der Gebiete nördlich des Sambesi an die British South Africa Company (›Chartered‹), die von Cecil Rhodes geleitet wird.

Der Burenkrieg. Der Konflikt ist unvermeidlich und führt zu dem zermürbenden Burenkrieg (1899–1902). Am 11. Okt. 1899 dringen die Buren im nördlichen Natal ein. Im Febr. 1900 werden sie von den britischen Truppen bei Paardeberg geschlagen. Der Kampf wird zwei Jahre lang als Partisanenkrieg fortgesetzt. Er endet mit dem britischen Sieg und der Abschaffung der Buren-Staaten. Die Führer der Buren (Botha, De Wet, Reitz, Smuts) nehmen den Friedensvertrag von Vereeniging an, der in Pretoria am 31. Mai 1902 unterzeichnet wird. In einem föderativen Rahmen kehren die Buren schnell wieder in das politische und kulturelle Leben zurück.

Die Südafrikanische Union. Sie wird 1910 mit Inkrafttreten des ›South African Act‹ geschaffen, einer gemeinsamen Verfassung für die vier Kolonien. Die Legislative für die gesamte Union wird einem Zweikammerparlament anvertraut, dessen Abgeordnetenhaus nur von den Europäern gewählt wird, während die Mitglieder des Senats ernannt werden. Mit der Exekutive wird ein von London ernannter Generalgouverneur beauftragt; darüber hinaus muß sich ein Kabinett, darunter der Ministerpräsident, im allgemeinen der Führer der Mehrheit, vor dem Parlament verantworten. Der erste Ministerpräsident ist ein Afrikaaner, Louis Botha (1910–1919). Die Schwarzen versuchen, sich der Segregationspolitik durch die Schaffung des Afrikanischen Nationalkongresses (1912) zu widersetzen. Aber Botha und die Afrikaanerpartei werden von der 1913 von J. Herzog gegründeten National Party überrundet, die sich für die *Apartheid* (Rassentrennung) stark macht. In demselben Jahr wird eine Gebietsgesetzgebung erlassen, nach der die Schwarzen, die 67% der Bevölkerung stellen, nur noch über 7,3% der Landesfläche verfügen dürfen (1936 auf 13,8% erhöht). Durch den Ersten Weltkrieg erhält die Südafrikanische Union vom Völkerbund das Mandat über die ehemalige deutsche Kolonie Südwestafrika.

J. B. M. Hertzog, 1924–39 Ministerpräsident, erhält 1926 die Anerkennung der Souveränität seines Landes (1931 im Rahmen des Statuts von Westminster in Kraft getreten). D. F. Malan, Führer einer ›Vereinten Nationalistischen Partei‹ *(United Nationalist Party),* fördert 1933–39 die rassistische und extremistische Minderheit im Parlament. Als Malan die Wahlen von 1948 gewinnt, wird die Politik der *Apartheid* zur Doktrin und auch auf die Inder, die vorwiegend in Natal leben, angewandt (1948–1954). Malans Nachfolger, J. C. Strijdom (1954–1958) und H. F. Verwoerd (1966 ermordet), verschärfen diese Politik. 1952 starten der Afrikanische Nationalkongreß und seinen Anführer, Albert John Luthuli, eine ›Bewegung der Herausforderung‹, die sich durch bürgerlichen Ungehorsam auszeichnet und hart bekämpft wird (Sharpeville, 1960; Transkei, 1963).

Die Südafrikanische Republik. Erbittert über die Kritik der UNO und des Commonwealth ruft sich das Land nach einer Volksabstimmung am 31. Mai 1961 zur unabhängigen Republik von Südafrika aus: Charles Swart wird ihr erster Präsident. Die Nationale Partei, seit 1948 an der Macht, hat freie Hand, die *Apartheid* zu verschärfen und die Politik der Bantu Homelands trotz der weltweiten Ablehnung fortzuführen. Die Unabhängigkeit Angolas und Moçambiques 1975 ändert die Lage Südafrikas, das immer mehr isoliert wird. Ministerpräsident B. J. Vorster (1966 bis 1978) stößt im Inland auf den wachsenden Widerstand der schwarzen Bevölkerung (blutige Unruhen in Soweto, 1976). P. W. Botha, der 1978 das Amt übernimmt, beginnt Verhandlungen mit Angola und Moçambique (Abkommen von 1984), setzt jedoch seine Unterstützung der nationalistischen Guerilleros fort. Eine neue Verfassung, die 1984 in Kraft tritt, schreibt die *Apartheid* fort. Botha wird Staatspräsident (Sept. 1984), behält dabei jedoch sein Amt als Ministerpräsident, während eine neue Welle von Unruhen das Land spaltet. Die heftige Reaktion des Staates, der im Juli 1985 den Notstand ausruft, veranlaßt mehrere westliche Länder, wirtschaftliche Sanktionen gegen Südafrika zu ergreifen. Im August 1988 unterzeichnet Südafrika mit Angola und Kuba ein Abkommen, das zum Waffenstillstand und zum Rückzug der südafrikanischen Truppen aus Angola führt. Dieses Abkommen sieht ebenfalls die Unabhängigkeit Namibias für den 1. April 1990 vor, die mit dem Abzug der kubanischen Truppen aus Angola verbunden ist. 1989 folgt F. W. de Klerk im Amt des Staatspräsidenten auf Botha. Im Februar 1990 erklärt er öffentlich seine Ziele: allgemeines Wahlrecht und Schutz von Minderheiten. Er legalisiert den ANC und andere bisher verbotene Parteien und beendet die Gefangenschaft des schwarzen Bürgerrechtlers Nelson Mandela. Die schwarzen Völker sind allerdings untereinander zerstritten: In Natal stehen sich die United Democratic Front (UDF) und der Zulubewegung Inkatha gegenüber.

MOÇAMBIQUE
MOZAMBIQUE, MOSAMBIK

Offizieller Name: Volksrepublik Moçambique.

Hauptstadt: Maputo. □ **Währung:** Metical (= 100 Centavos). □ **Amtssprache:** Portugiesisch. □ **Überwiegende Religionen:** Katholizismus, Naturreligionen.

Staatspräsident: Joaquim Chissano (seit 1986). □ **Ministerpräsident:** Mario da Graça Machungo (seit 1986).

Flagge: Durch Hammer und Sichel auf einem goldenen Stern werden die Kräfte des Landes dargestellt. Die Farben Grün, Rot, Schwarz, Gold stehen für Fruchtbarkeit, die Befreiungskämpfe, den afrikanischen Kontinent und die Bodenschätze.

Nationalhymne: ›Viva, viva a FRELIMO, guia do povo Moçambicano! / Povo heróico qu'arma em pinho o colonialismo derrubou. / Todo o povo unido desde o Rovuma atéo Maputo, / Luta contra imperialismo continua e sempre vencera. / Viva Moçambique!‹ (Es lebe, es lebe FRELIMO, der Führer des Volkes von Moçambique! Das heldenhafte Volk, das mit der Waffe in der Hand den Kolonialismus vernichtet hat. Das ganze Volk, vereint von Rovuma bis Maputo, kämpft weiter gegen den Imperialismus und wird immer siegen). Text und Musik von Justino Sigaulane Chemane (geb. 1923). 1975 für amtlich erklärt.

Nationalfeiertag: 25. Juni (Jahrestag der Unabhängigkeit).

Fläche: 785 000 km². □ **Höchste Erhebung:** Binga mit 2 436 m.

Bevölkerung (1989): 15 200 000 Ew. *(Moçambiquaner).* □ Durchschnittliche Bevölkerungsdichte: 19,36 Ew. pro km². □ Jährliches Bevölkerungswachstum: 2,6%. □ Geburtenrate: 45‰. □ Sterbeziffer: 19‰. □ Kindersterblichkeit: 147‰. □ Lebenserwartung: 46 Jahre. □ Anteil unter 15 Jahren: 47%. □ Anteil 65 Jahre und älter: 3%. □ Stadtbevölkerung: 19%.

Bruttoinlandsprodukt gesamt (1987): 1,37 Milliarden Dollar. □ **Bruttoinlandsprodukt/Kopf:** 85 Dollar.
Produktionsstruktur: Landwirtschaft 70%, Industrie 14%, Dienstleistungen 16%. □
Arbeitslosenquote: nicht verfügbar.

LÄNDER DER ERDE

Die wichtigsten Städte

Maputo	755 000
Nampula	126 000
Beira	114 000
Kilimane	72 000
Xai-Xai	64 000
Tete	53 000

Klimadaten

Stadt	Mittlere Temperatur des kältesten Monats (in °C)	Mittlere Temperatur des wärmsten Monats (in °C)	Jährliche Niederschläge (in mm)	Anzahl der Tage mit Niederschlägen pro Jahr
Maputo	18,5	26,5	730	64
Beira	21	28	1 520	85

Erzeugung wichtiger Güter

Zucker	26 000 Tonnen
Maniok	3,2 Millionen Tonnen
Mais	350 000 Tonnen
Kopra	65 000 Tonnen
Erdnüsse	65 000 Tonnen
Rinderbestand	1,3 Millionen Tiere
Fischfang	42 000 Tonnen
Strom	1,6 Milliarden kWh

Verkehr: 39 173 km Straßen; 3 843 km Eisenbahn.

Exporte (1985): 2,5 % des BIP (90 Millionen Dollar). □ **Importe** (1985): 12,5 % des BIP (450 Millionen Dollar).

Auslandsschulden (1986): 3,2 Milliarden Dollar.

Militärausgaben (1989): 115,74 Millionen Dollar. □ **Streitkräfte:** 71 000 Mann.

Wehrdienst: 24 Monate.

Staatliche Institutionen

Republik. □ Verfassung von 1990. □ Die Volksversammlung übt die Legislative aus. □ Der Staatspräsident wird in allgemeiner Wahl gewählt.

Geschichte

Frühzeit. Ab dem 10. Jh. existierten ein bedeutender Handel mit Elfenbein, vielleicht auch mit Gold, mit dem Gebiet südlich der Sambesi-Mündung, wo die Araber später den Hafen von Sofala einrichten werden. Die Maravi-Königreiche zwischen dem Malawisee und dem Sambesi scheinen ein Verbund kleiner erblicher Häuptlingstümer gewesen zu sein. Das Land ist bereits wohlhabend, als die Portugiesen (Covilha 1490 und Vasco da Gama 1498) landen, die sich in den Häfen festsetzen, den Sambesi bis Tete (1632) hinauffahren und die Araber ausschalten. Der Handel ist im 16./17. Jh. infolge der Wanderung der Nguni Richtung Süden unorganisiert. Ende des 19. Jh. bedroht die Ausbreitung anderer Kolonialmächte, vor allem der Briten, die Präsenz der Portugiesen.

Portugiesische Kolonialzeit. Portugal unternimmt dann die Eroberung Moçambiques (1895–1913). Zahlreiche Schwarze arbeiten in den Minen Südafrikas und Rhodesiens. Es entstehen nationalistische Bewegungen mit Unterstützung der Länder des Ostblocks und der kommunistischen Partei Portugals. Der Frente de Libertação Moçambique (FRELIMO), 1962 von Eduardo Mondlane gegründet, löst 1964 den bewaffneten Kampf aus. Die harte marxistische Linie siegt, und nach der Ermordung Mondlanes (1969) wird 1970 Samora Machel als Führer des FRELIMO ernannt, der die im gleichen Jahr von den Portugiesen vorgeschlagene Autonomie ablehnt.

Unabhängigkeit. Nach dem Putsch im April 1974 in Lissabon wird 1975 die Unabhängigkeit proklamiert. Das Gebiet wird eine Volksrepublik unter der Präsidentschaft von Samora Machel. 1977 erklärt sich der FRELIMO zu einer marxistisch-leninistischen Partei des Fortschritts. Angesichts der langanhaltenden Trockenheit und den wirtschaftlichen Schwierigkeiten und dem Kampf der Guerilla gegen die Regierung muß der FRELIMO einen Nicht-Angriffspakt mit Südafrika unterzeichnen (März 1984). Joaquim Chissano, 1986 Nachfolger des tödlich verunglückten Machel wird, liberalisiert die Wirtschaft. Der FRELIMO sagt sich 1989 vom Marxismus-Leninismus los.

LESOTHO

Offizieller Name: Königreich Lesotho.

Hauptstadt: Maseru. □ **Währung:** Loti (= 100 Lisente). □ **Amtssprache:** Englisch. □ **Überwiegende Religion:** Katholizismus (kleine protestantische Minderheit).

Herrscher: König Moshoeshoe (seit 1966). □ **Regierungschef:** Justin Lekhanya (seit 1986).

Flagge: 1987 angenommen. Sie besteht aus einem weißen Dreieck (Symbol der Reinheit), in dem das Emblem der Monarchie abgebildet ist, und einem grünen Dreieck (Symbol für Landwirtschaft), die durch einen blauen diagonalen Streifen (Symbol für Regen und Wasser) getrennt sind.

Nationalhymne: ›Lesotho, Land unserer Väter, du bist das schönste Land der Welt. Deine Erde trug uns, auf ihr sind wir groß geworden. Du bist uns lieb für immer‹. Text von François Coillard (1834–1904), Musik von Ferdinand-Samuel Laur (1791–1854). 1967 für amtlich erklärt. □ **Nationalfeiertag:** 4. Oktober (Jahrestag der Unabhängigkeit).

Fläche: 30 355 km². □ **Höchste Erhebung:** Thabana-Ntlenyana (in den Drakensbergen) mit 3 482 m.

Klima: Das tropische Klima wird durch die Höhenlage gemäßigt (mit einer trockeneren Zeit von Mai bis September).

Bevölkerung (1989): 1 700 000 Ew. □ Durchschnittliche Bevölkerungsdichte: 56 Ew. pro km². □ Jährliches Bevölkerungswachstum: 2,8 %. □ Geburtenrate: 41‰. □ Sterbeziffer: 13‰. □ Kindersterblichkeit: 106‰. □ Lebenserwartung: 55 Jahre. □ Anteil unter 15 Jahren: 42 %. □ Anteil 65 Jahre und älter: 4 %. □ Stadtbevölkerung: 19 %.

Wichtigste Stadt: Maseru (110 000 Ew.) ist die einzige Großstadt.

Bruttoinlandsprodukt gesamt (1985): 0,73 Milliarden Dollar.

Bruttoinlandsprodukt/Kopf (1985): 478 Dollar. □ **Produktionsstruktur:** Landwirtschaft 30 %; Industrie 35 %; Dienstleistungen 35 %. □ Arbeitslosenquote: nicht verfügbar.

Verkehr: 2 800 km Straßen.

Exporte (1985): 2,9 % des BIP (21 Millionen Dollar). □ **Importe:** 51,6 % des BIP (377 Millionen Dollar).

Auslandsschulden (1985): 176 Millionen Dollar.

Inflationsrate (1986): 15,8 %.

Staatliche Institutionen

Konstitutionelle Monarchie. □ Aufgrund des Putsches von 1986 wurde die Verfassung außer Kraft gesetzt. □ Exekutive und Legislative sind seitdem dem König und einem Militärrat mit 6 Mitgliedern anvertraut.

Geschichte

Entstehung von Basutoland. Die Sotho (oder Basuto) des Südens, ein Hirtenvolk, lassen sich unter der Führung von Moshoeshoe I. in den Drakensbergen nieder, um einer Zulu-Gruppe zu entgehen (um 1822). Sie besiegen die Engländer 1852 und widerstehen den Buren aus dem Oranje-Freistaat. Ihr Oberhaupt fordert dann britischen Schutz an (1868), weigert sich aber, seinem Volk die Waffen abzunehmen (1878). Der daraus entstehende Konflikt, der ›Gun War‹ (1880–1881), endet in einem Kompromiß, nach dem die Weißen keine Ländereien in dem Gebiet erwerben dürfen. Das Land, das von Kapstadt 1871 annektiert worden war, kommt 1884 wieder unter die unmittelbare Kontrolle der britischen Regierung.

Unabhängigkeit. Das Basutoland wird 1966 unabhängig und nimmt den Namen Lesotho an. Das Oberhaupt der Sotho wird König unter dem Namen Moshoeshoe II. Der Konflikt mit seinem Ministerpräsidenten, Leabua Jonathan, führt zur Krise von 1970, bei deren Ende dieser alle Vollmachten für sich beansprucht. Trotz der wirtschaftlichen Abhängigkeit von Südafrika hält er zu seinem Nachbarn Distanz. Dieser verhängt eine Wirtschaftsblockade, und Jonathan wird im Jan. 1986 von General J. Lekhanya gestürzt, der ein Militärregime einrichtet und gegenüber Pretoria Nachgiebigkeit zeigt.

SWASILAND

Offizieller Name: Königreich Swasiland.

Hauptstadt: Mbabane. □ **Währung:** Lilangeni (= 100 Cents). □ **Amtssprache:** Englisch. □ **Überwiegende Religion:** Protestantismus.

Herrscher: Mswati III. (seit 1986). □ **Regierungschef:** Obed Dlamini (seit 1989).

Flagge: 1940 angenommen. Das Rot erinnert an die Kämpfe der Vergangenheit, Blau an den Frieden. Das Wappen mit dem Swasi-Schild war ein Abzeichen des Pionierbataillons der Swasi.

Nationalhymne: ›Nkulunkulu, Mnikati wetbusiso tema-Swati; / Siyatibonga to nkhe tinhlanhla, / Sibonga iNgwenyama yetfu, /

481

LÄNDER DER ERDE

SÜDLICHES AFRIKA

Live netintsaba Nemifula; / Busisa tiphatsimandla taka-Ngwane ...‹ (O Gott, der Du Deine Wohltaten über die Swasi ausgießt, wir danken Dir für das Glück, das Du uns gibst, wir loben Dich und danken Dir für unseren König und für unser Vaterland, seine Berge und Flüsse). Text von Andrease Enoke Fanyana Simelane (1934 gest.), Musik von David Kenneth Rycroft (1934 gest.). 1968 für amtlich erklärt.

Nationalfeiertag: 6. September (Jahrestag der Unabhängigkeit).

Fläche: 17 363 km². □ **Höchste Erhebung:** Emlembe mit 1 862 m.

Klima: In Mbabane (in etwa 1 200 m Höhe) liegt der Durchschnitt pro Monat zwischen 12 und 20 °C mit etwa 1 400 mm Niederschlägen pro Jahr (Trockenzeit von Mai bis August).

Bevölkerung (1989): 800 000 Ew. □ **Durchschnittliche Bevölkerungsdichte:** 46 Ew. pro km². □ **Jährliches Bevölkerungswachstum:** 3,4 %. □ **Geburtenrate:** 47 ‰. □ **Sterbeziffer:** 13 ‰. □ **Kindersterblichkeit:** 124 ‰. □ **Lebenserwartung:** 54 Jahre. □ **Anteil unter 15 Jahren:** 49 %. □ **Anteil 65 Jahre und älter:** 2 %. □ **Stadtbevölkerung:** 26 %.
Wichtigste Städte: Mbabane (30 000 Ew.) und Manzini (16 000 Ew.).

Bruttoinlandsprodukt gesamt (1988): 0,71 Milliarden Dollar. □ **Bruttoinlandsprodukt/Kopf:** 980 Dollar.

Produktionsstruktur: Landwirtschaft 70 %; Industrie 21 %; Dienstleistungen 19 %.

Verkehr: Straßen 2 719 km; Eisenbahn 316 km.

Exporte (1985): 40,5 % des BIP (162 Millionen Dollar). □ **Importe** (1985): 81 % des BIP (324 Millionen Dollar).

Auslandsschulden (1985): 276 Millionen Dollar. □ **Inflationsrate** (1985): 19,7 %.

Erzeugung wichtiger Güter

Zitrusfrüchte	107 000 Tonnen
Baumwolle	11 000 Tonnen
Zuckerrohr	350 000 Tonnen
Asbest	25 000 Tonnen
Strom	120 Millionen kWh

Staatliche Institutionen

Konstitutionelle Monarchie. □ Das Parlament hat zwei Kammern. □ Der König übt die Exekutive aus.

Geschichte

Frühzeit. Die mit den Zulu verwandten Amangwane, die sich zwischen Natal und Moçambique niedergelassen haben, nehmen im 16. Jh. den Namen ihres Königs Mswati (oder Mswazi) an. Der König Mswati I. (1815–1836), der ab 1820 unter der Kontrolle der Zulu steht, wird durch Mwsati II. ersetzt, der den Weißen große Zugeständnisse macht. Das Land, das zunächst unter dem Protektorat von Transvaal steht, wird nach dem Burenkrieg Protektorat Großbritanniens, und ein Hochkommissar in Südafrika wird mit seiner Verwaltung beauftragt (1906). Die interne Autonomie wird 1967 verliehen.

Unabhängigkeit. König Sobhuza II. ruft 1968 die Unabhängigkeit seines Landes aus. 1978 ersetzt er das Parlament durch ein Netz von Stammesversammlungen *(tinkhundla)*. Nach dem Streit zweier seiner Witwen um die Regentschaft regiert Königin Ntombi von 1983 bis 1986. Ihr Nachfolger Mswati III. behält die Politik der guten Nachbarschaft mit Südafrika bei.

NAMIBIA
NAMIBIË, NAMIBIE

Offizieller Name: Republik Namibia.

Hauptstadt: Windhuk. □ **Währung:** Südafrikanischer Rand (= 100 Cents). □ **Amtssprache:** Englisch. □ **Überwiegende Religionen:** Protestantismus (synkretistische Kirchen); katholische Minderheit.

Staatschef: Sam Nujoma (seit 1990). □ **Ministerpräsident:** Hage Geingob (seit 1989). □ **Fläche:** 825 000 km². □ **Höchste Erhebung:** Königstein im Brandberg mit 2 573 m. □ **Bevölkerung** (1989): 1 800 000 Ew. *(Namibier).* □ **Durchschnittliche Bevölkerungsdichte:** 2,18 Ew. pro km². □ **Jährliches Bevölkerungswachstum:** 3,1 %. □ **Geburtenrate:** 44 ‰. □ **Sterbeziffer:** 13 ‰. □ **Kindersterblichkeit:** 113 ‰. □ **Lebenserwartung:** 49 Jahre. □ **Anteil unter 15 Jahren:** 44 %. □ **Anteil 65 Jahre und älter:** 5 %. □ **Stadtbevölkerung:** 51 %. □ **Wichtigste Stadt:** Windhuk (100 000 Ew.).

Klimadaten

Stadt	Mittlere Temperatur des kältesten Monats (in °C)	Mittlere Temperatur des wärmsten Monats (in °C)	Jährliche Niederschläge (in mm)	Anzahl der Tage mit Niederschlägen pro Jahr
Windhuk (1 728 m ü. M.)	13	23,5	360	39
Walfischbai[1]	14	19,5	22	15

In beiden Orten ist das Thermometer nie über 40 °C gestiegen. In Walfischbai liegt sie nur selten unter dem Gefrierpunkt; dies ist allerdings in Windhuk zwischen Mai und September der Fall.
[1] Enklave Südafrikas an der Küste Namibias.

Bruttoinlandsprodukt gesamt (1987): 1,95 Milliarden Dollar. □ **Bruttoinlandsprodukt/Kopf:** 1 625 Dollar. □ **Produktionsstruktur:** Landwirtschaft 47 %; Industrie 28 %; Dienstleistungen 25 %. □ **Verkehr:** 41 860 km Straßen; 2 354 km Eisenbahn.

Erzeugung wichtiger Güter

Rinderbestand	2 Millionen Tiere
Schaf- und Ziegenbestand	6,3 Millionen Tiere
Fischfang	479 000 Tonnen
Diamanten	910 000 Karat
Kupfer	48 000 Tonnen
Blei	36 000 Tonnen
Uran	4 000 Tonnen

Staatliche Institutionen

Republik. □ Verfassung von 1990. □ Der Staatspräsident wird für fünf Jahre gewählt. □ Das Parlament wird für fünf Jahre, der Nationalrat für sechs Jahre gewählt.

Geschichte

Frühzeit. Älteste Bewohner sind Buschmänner und Damara. Seit dem 16. Jh. wandern Bantu ein; Ambo und Kavango werden im Norden seßhaft, Herero nehmen den mittleren Landesteil in Besitz. Im Süden werden Nama ansässig, zu denen um 1760 akkulturierte Orlam (Hottentotten-Mischlinge) stoßen. Unter ihnen erlangt während des 19. Jh. unter Jonker Afrikaner zeitweise die Vorherrschaft in Südwestafrika; zeitweise haben die Herero unter Maharero die Oberhand.

Kolonialzeit. Deutsche Missionare und Kaufleute wirken ab 1830 in dem Gebiet. 1884 erklärt das Deutsche Reich seine Schutzherrschaft. Aufstände der Herero und Nama (1904–07) werden niedergeschlagen. 1914 Besetzung durch Südafrika.

Unter südafrikanischer Verwaltung. 1920 überträgt der Völkerbund das Gebiet als C-Mandat der Südafrikanischen Union, die es fortan als integrierten Bestandteil ihres Staatsgebietes verwaltet. Sie lehnt 1945 die Treuhandschaft der UNO ab. Die UNO entzieht 1966 der Republik Südafrika das Mandat. In demselben Jahr beginnt die SWAPO (South West Africa People's Organization) den bewaffneten Kampf. Die UNO erkennt sie als Vertreterin des namibischen Volkes an. Angesichts des wachsenden weltweiten Drucks organisiert Südafrika 1978 die Wahl einer provisorischen Regierung. Ab 1979 verstärkt die südafrikanische Armee ihren Kampf gegen die SWAPO bis nach Angola hinein.

Unabhängigkeit. 1988 vereinbaren Angola, Kuba und Südafrika die Unabhängigkeit Namibias und den Abzug der kubanischen Truppen. 1989 geht aus den Wahlen die SWAPO als Siegerin hervor. Namibia wird im März 1990 unabhängig; der SWAPO-Chef Sam Nujoma wird erster Staatspräsident.

BOTSWANA

Offizieller Name: Republik Botswana.

Hauptstadt: Gaborone. □ **Währung:** Pula (= 100 Thebe). □ **Amtssprache:** Englisch. □ **Überwiegende Religionen:** Protestantismus, Naturreligionen.

Staatspräsident und Regierungschef: Quett Ketumile Joni Masire (seit 1980).

Flagge: Blau-weiß-schwarze Trikolore: Blau steht für das in diesem Land knappe Wasser, die schwarzen und weißen Streifen für die verschiedenen Volksgemeinschaften. □ **Nationalhymne:** ›Fatshe leno la rona / ke mpho ya modimo, / Keboswa jwa borraetsho; a le nne ka Kagiso‹ (Gesegnet sei dies edle Land, uns von der Hand Gottes übergeben, ein Erbe unserer Vorfahren, möge es immer im Frieden gedeihen). Text und Musik von K. T. Motsete. 1966 für amtlich erklärt. □ **Nationalfeiertag:** 30. September (Jahrestag der Unabhängigkeit).

Fläche: 570 000 km². □ **Höchste Erhebung:** Otse mit 1 489 m.

Klima: In Gaborone liegen die durchschnittlichen Temperaturen pro Monat zwischen

LÄNDER DER ERDE

13 °C (Juli) und 26 °C (Januar). Die jährliche Niederschlagsmenge beträgt 500 mm.

Bevölkerung (1989): 1 200 000 Ew. ☐ Durchschnittliche Bevölkerungsdichte: 2 Ew. pro km². ☐ Jährliches Bevölkerungswachstum: 3,4 %. ☐ Geburtenrate: 47 ‰. ☐ Sterbeziffer: 13 ‰. ☐ Kindersterblichkeit: 72 ‰. ☐ Lebenserwartung: 57 Jahre. ☐ Anteil unter 15 Jahren: 48 %. ☐ Anteil 65 Jahre und älter: 4 %. ☐ Stadtbevölkerung: 19 %.
Wichtigste Stadt: Gaborone (79 000 Ew.)

Bruttoinlandsprodukt gesamt (1988): 1,25 Milliarden Dollar. ☐ **Bruttoinlandsprodukt/Kopf:** 1 070 Dollar.

Produktionsstruktur: Landwirtschaft 60 %; Industrie 17 %; Dienstleistungen 23 %.

Verkehr: 10 512 km Straßen; 716 km Eisenbahn.

Exporte (1985): 90 % des BIP (720 Millionen Dollar). ☐ **Importe** (1985): 62,2 % des BIP (500 Millionen Dollar).

Auslandsschulden (1987): 745 Millionen Dollar.

Inflationsrate (1988): 8,4 %.

Militärausgaben (1988): 30 Millionen Dollar. ☐ **Streitkräfte:** 4 500 Mann. ☐ **Wehrdienst:** freiwillig.

Erzeugung wichtiger Güter

Rinderbestand	2,7 Millionen Tiere
Nickel	19 000 Tonnen

Staatliche Institutionen

Republik seit 1966, Mitglied des Commonwealth. ☐ Verfassung von 1965. ☐ Ein Staatspräsident wird vom Parlament, dessen Mitglied er ist, für eine Legislaturperiode gewählt. ☐ Eine Nationalversammlung wird für 5 Jahre benannt.

Geschichte

Zur Zeit der Bantu-Wanderungen wird das Land von den Tswana oder Betschuanen besiedelt. 1885 wird das britische Protektorat über den Nordteil des Betschuanalandes errichtet. 1960 schafft sich der Staat einen Gesetzgebungsrat, der sein Amt im darauffolgenden Jahr aufnimmt. 1966 wird die Unabhängigkeit des Betschuanalandes im Rahmen des Commonwealth ausgerufen. Das Land wird nun zur Republik Botswana, dessen erster Präsident Sir Seretse Khama wird. Bei den Wahlen von 1969 behält die demokratische Partei (BDP) von Seretse Khama trotz der starken Opposition, v. a. der Südafrika feindlich gesinnten Volkspartei (BPP), die Mehrheit. Nun bleiben aber die wirtschaftlichen Beziehungen zu Südafrika eng: Botswana verkauft ihm seine Rohstoffe und kauft dafür dessen industrielle Erzeugnisse, viele Tswana arbeiten dort, und die Eisenbahn von Pretoria ist die einzige Verbindung zum Ausland. 1977 beschließt die Regierung, den südafrikanischen Rand durch eine nationale Währung, den Pula, zu ersetzen. Nach dem Tod von Seretse Khama 1980 wird der Vizepräsident Quett Masire zum Staatspräsidenten gewählt. Botswana lehnt die Apartheidpolitik seines mächtigen Nachbarn ab und wird damit zu einem der ›Frontstaaten‹. Aber es muß aufgrund seiner eingeschlossenen Lage realistisch sein. So weigert es sich, zu einem militärischen Stützpunkt der schwarzen Widerstandsbewegungen Südafrikas zu werden.

ANGOLA

Offizieller Name: Volksrepublik Angola.

Hauptstadt: Luanda. ☐ **Währung:** Kwanza (= 100 Lwei). ☐ **Amtssprache:** Portugiesisch. ☐ **Überwiegende Religion:** Katholizismus.

Präsident des Revolutionsrates und Regierungschef: José Eduardo Dos Santos (seit 1979).

Flagge: 1975 angenommen. Ihre Farben stellen dar: Rot das für die Freiheit vergossene Blut und Gelb die Schätze der Natur; die Machete die Bauern und die Kämpfe für die Freiheit; das gezähnte Rad die Arbeiter; der Stern den Fortschritt und die Freiheit. ☐ **Nationalhymne:** ›O Patria, nunca mais esqueceremos os herois do quatro de Fevereio. / O Patria, nos saudamos os teus filhos tombados pela nossa Independéncia. ☐ Honramos o passado e a nossa Historia construindo no Trabalho o homem novo ...‹ (O Vaterland, nie werden wir die Helden der 4. Februar vergessen. O Vaterland, wir grüßen deine für die Unabhängigkeit gefallenen Söhne. Wir ehren die Vergangenheit und unsere Geschichte und schaffen durch Arbeit einen neuen Menschen ...). Text von Manuel Rui Alves Monteiro (geb. 1941); Musik von Rui Alberto Vieira Dias Mingas (geb. 1939). 1975 für amtlich erklärt. ☐ **Nationalfeiertag:** 11. November (Jahrestag der Unabhängigkeit).

Fläche: 1 246 700 km². ☐ **Höchste Erhebung:** Mocco mit 2 620 m.

Bevölkerung (1989): 8 500 000 Ew. *(Angolaner).* ☐ Durchschnittliche Bevölkerungsdichte: 6,8 Ew. pro km². ☐ Jährliches Bevölkerungswachstum: 2,6 %. ☐ Geburtenrate: 47 ‰. ☐ Sterbeziffer: 21 ‰. ☐ Kindersterblichkeit: 143 ‰. ☐ Lebenserwartung: 43 Jahre. ☐ Anteil unter 15 Jahren: 45 %. ☐ Anteil 65 Jahre und älter: 3 %. ☐ Stadtbevölkerung: 24 %.
Wichtigste Stadt: Luanda (700 000 Ew.).

Bruttoinlandsprodukt gesamt (1985): 2,54 Milliarden Dollar. ☐ **Bruttoinlandsprodukt/Kopf:** 291 Dollar.

Produktionsstruktur: Landwirtschaft 58 %; Industrie 16 %; Dienstleistungen 26 %. ☐ **Arbeitslosenquote:** nicht verfügbar.

Erzeugung wichtiger Güter

Maniok	1,9 Millionen Tonnen
Kaffee	35 000 Tonnen
Rinderbestand	3,3 Millionen Tiere
Fischfang	110 000 Tonnen
Erdöl	16,5 Millionen Tonnen
Diamanten	1 Million Karat
Strom	1,8 Milliarden kWh

Verkehr: 72 323 km Straßen; 2 952 km Eisenbahn.

Exporte: 55 % des BIP (1,4 Milliarden Dollar). ☐ **Importe:** 47,2 % des BIP (1,2 Milliarden Dollar).

Auslandsschulden (1988): 5 Milliarden Dollar.

Militärausgaben (1988): 819 Millionen Dollar. ☐ **Streitkräfte:** 100 000 Mann. ☐ **Wehrdienst:** 24 Monate.

Staatliche Institutionen

Republik seit 1975. ☐ Verfassung von 1975, 1976 und 1980 geändert. ☐ Ein Staatspräsident wird für 5 Jahre gewählt. ☐ Einkammerparlament: Nationalversammlung, die alle 3 Jahre neu gewählt wird.

Geschichte

Entdeckung und Kolonialisierung. 1482 entdeckt der Portugiese Diogo Cão die Kongomündung und fährt den Kongo hinauf; es entwickeln sich Beziehungen mit dem Königreich Kongo, dessen Einfluß sich auf einen Großteil Angolas erstreckt und dessen Herrscher den christlichen Glauben annehmen und die Europäisierung ihres Landes einleiten. Portugal errichtet Handelsniederlassungen (Sklavenhandel) und Missionsstationen. 1583 erhebt sich der König der Kimbundu (Ngola), was einen langen Krieg herbeiführt, der 1625 durch die Anwendung des spanischen Systems (Portugal hängt in dieser Zeit von Spanien ab) der Encomiendas oder Protektorate endet. Die portugiesische Kolonialherrschaft beschränkt sich weitgehend auf den Sklavenhandel (nach Brasilien). Ende des 19. Jh. machen es eine Reihe internationaler Verträge möglich, allmählich das portugiesische Einflußgebiet auszudehnen, nachdem die Erkundungen von Silva Porto (1845) und von Serpa Pinto (1877–1879) das Terrain vorbereitet haben. 1920 beherrschen die Portugiesen das gesamte, damals kaum ausgebeutete Land. Aber bald darauf verstärkt das Regime Salazar die Befugnisse der Verwaltung und das System der Zwangsarbeit; es macht aus Angola eine ›Provinz‹ Portugals (1955). Sofort organisieren sich die ersten einheimischen Unabhängigkeitsbewegungen. 1961 bricht in N-Angola ein Aufstand aus. Er wird getragen von drei untereinander zerstrittenen Befreiungsbewegungen, der Frente Nacional de Libertação de Angola (FNLA), dem Movimento Popular de Libertação de Angola (MPLA) und der União Nacional para Independência Total de Angola (UNITA). Mit Hilfe eines enormen militärischen Aufgebots kann Portugal seine Präsenz in Angola erhalten. Der Putsch in Lissabon im April 1974 beschleunigt den Entkolonialisierungsprozeß, der am 14. Januar 1975 zur Unterzeichnung eines Unabhängigkeitsabkommens zwischen Portugal und den Befreiungsbewegungen führt. Die Unabhängigkeit wird am 11. November desselben Jahres ausgerufen.

Klimadaten

Stadt	Höhe (m ü. M.)	Mittlere Temperatur des kältesten Monats (in °C)	Mittlere Temperatur des wärmsten Monats (in °C)	Jährliche Niederschläge (in mm)	Anzahl der Tage mit Niederschlägen pro Jahr
Luanda	45	20,5	26,5	315	32
Huambo	1 705	16	21	1 448	109
Namibe	–	17,5	25	55	7

Höchstwerte nahe 40 °C wurden in Luanda (37 °C) und in Namibe (39 °C) gemessen; Mindestwerte nahe dem Gefrierpunkt (2 °C) wurden in Huambo registriert.

483

LÄNDER DER ERDE

SÜDLICHES AFRIKA

Die Unabhängigkeit. Die miteinander konkurrierenden Befreiungsbewegungen können sich nicht zu einer gemeinsamen Regierung entschließen. Schließlich überträgt Portugal die Regierungsbildung einseitig dem MPLA; ihr Führer, Agostinho Neto, wird Präsident von Angola. UNITA und FNLA verbünden sich. Neto besiegt seine Rivalen (Feb. 1976) mit der Militärhilfe der Kubaner, während die Guerilla, von der UNITA organisiert und von Südafrika unterstützt, weitergeführt wird. 1979 stirbt Neto; Nachfolger wird José Eduardo Dos Santos. 1988 wird in Brazzaville zwischen Kubanern, Südafrikanern und Angolanern ein Abkommen über den Rückzug der kubanischen Truppen aus Angola (innerhalb von 27 Monaten) getroffen. Ende 1990 wird die Einführung des Mehrparteiensystems für 1992 beschlossen.

SAMBIA ZAMBIA

Offizieller Name: Republik Sambia.

Hauptstadt: Lusaka. □ **Währung:** Kwacha (= 100 Ngwee). □ **Amtssprache:** Englisch. □ **Überwiegende Religionen:** Protestantismus (starke katholische Minderheit), Naturreligionen.

Staatspräsident: Kenneth David Kaunda (seit 1964). □ **Regierungschef:** Malimba Masheke (seit 1989).

Flagge: 1964 angenommen. Sie nimmt die Farben der United National Independence Party (UNIP) auf, die die Kämpfe für die Unabhängigkeit, auch durch den Adler dargestellt, koordinierte.

Nationalhymne: ›Praise be to God, / Praise be. / Bless our great nation, / Zambia. / Free men we stand / Under the flag of our land. / Zambia, praise to thee! All one, strong and free.‹ (Ehre sei Gott. Segne unsere große Nation, als freie Menschen grüßen wir die Fahne unseres Landes. Ehre sei Dir, Sambia! Alle vereint, stark und frei). Text von J. M. S. Lichilana (1935 geb.) und anderen; Musik aus einer alten südafrikanischen Melodie entstanden. □
Nationalfeiertag: 24. Oktober (Jahrestag der Unabhängigkeit).

Fläche: 746 000 km². □ **Höchste Erhebung:** 2 164 m im Nordosten des Landes.

Klima: semihumides tropisches Klima; die Temperaturen werden durch die Höhenlage gemäßigt (die monatlichen Höchstwerte bleiben unter 29 °C). Die Niederschläge nehmen von Süden nach Norden (Richtung Äquator) zu.

Bevölkerung (1989): 8 100 000 Ew. *(Sambier).* □ Durchschnittliche Bevölkerungsdichte: 10 Ew. pro km². □ **Jährliches Bevölkerungswachstum:** 3,7 %. □ **Geburtenrate:** 51 ‰. □ **Sterbeziffer:** 14 ‰. □ **Kindersterblichkeit:** 84 ‰. □ **Lebenserwartung:** 52 Jahre. □ **Anteil unter 15 Jahren:** 50 %. □ **Anteil 65 Jahre und älter:** 3 %. □ **Stadtbevölkerung:** 48 %. □

Bruttoinlandsprodukt gesamt (1987): 1,7 Milliarden Dollar.

Bruttoinlandsprodukt/Kopf: 210 Dollar.

Produktionsstruktur: Landwirtschaft 71 %; Industrie 13 %; Dienstleistungen 16 %. □ **Arbeitslosenquote:** nicht verfügbar.

Verkehr: 37 068 km Straßen (davon 5 583 km asphaltiert); 2 187 km Eisenbahn.

Exporte (1985): 35,1 % des BIP (790 Millionen Dollar). □ **Importe** (1985): 22,7 % des BIP (510 Millionen Dollar).

Auslandsschulden (1988): 7,4 Milliarden Dollar.

Inflationsrate (1988): 47 %.

Militärausgaben (1987): 126,8 Millionen Dollar. □ **Streitkräfte:** 16 200 Mann. □ **Wehrdienst:** freiwillig.

Staatliche Institutionen

Seit 1964 unabhängige Republik, Mitglied des Commonwealth. □ Verfassung von 1973, 1978 geändert. □ Der Staatspräsident wird in allgemeiner Wahl für 5 Jahre gewählt; er ist gleichzeitig Vorsitzender der Einheitspartei. □ Nationalversammlung mit 135 Mitgliedern (10 vom Präsidenten ausgewählt, 125 für 5 Jahre gewählt). □ Eine Kammer mit 27 Häuptlingen aus allen Provinzen (›House of Chiefs‹) hat beratende Funktion.

Geschichte

Frühzeit und Kolonialisierung. Das heutige Sambia, das wahrscheinlich anfangs von Pygmäen bewohnt war, wurde in der Eisenzeit von bantusprechenden Bauern besiedelt. Dann lassen sich aus Norden kommende Hirten im Landesinneren nieder. Im Bereich des Copperbelt (Kupfergürtel) entwickelt sich eine ziemlich intensive Kupferproduktion. Im 10. Jh. knüpfen die Araber Handelsbeziehungen zu dem Kupfergebiet an. Um 1500 dringen Portugiesen in das Gebiet ein. Dann wird es allmählich in die Handelsnetze des Lubareiches (16. Jh.) und dann des Lundareiches (17./18. Jh.) einbezogen, die sich in Richtung Sambesi und Indischem Ozean entwickeln. Innerhalb dieser Zeit (um 1650) entsteht im oberen Sambesital (W-Sambia) das Reich der Rotse. Der Nordosten des Landes wird dagegen von arabischen Sklavenhändlern (von der Küste her) heimgesucht. Ab 1840 ergeben sich durch die Kriege der Zulu neue Wanderbewegungen (der Ngoni und der Kololo). Europäische Missionare lassen sich nach den Reisen des britischen Forschers David Livingstone (1853–54, 1858–1860) in dem Gebiet nieder. Der Vertrag von 1885, der die Grenze auf der Wasserscheide zwischen Kongo und Sambesi festlegt, überläßt Großbritannien einen großen Anteil an den Kupfervorkommen. Cecil Rhodes und seine Agenten unterzeichnen Verträge mit den lokalen Häuptlingen. Das Land wird 1899 völlig besetzt. Es wird von der British South Africa Chartered Company ausgebeutet und nimmt 1911 den Namen Nord-Rhodesien an. Für Süd-Rhodesien und Südafrika dient es als Reservoir an Arbeitskräften. Es erhält 1924 den Status eines Protektorats der britischen Krone und tritt 1953 dem Bund von Rhodesien und Njassaland bei.

Unabhängigkeit. Nach dem Zerfall dieses Bundes (1963) wird 1964 die Unabhängigkeit ausgerufen. Aus den Wahlen geht der ehemalige Außenminister, Kenneth Kaunda, ein Schüler Gandhis, als Staatspräsident hervor. 1972 führt er das Einparteiensystem ein. Mit seiner Unterstützung der nationalistischen Bewegungen Rhodesiens, Moçambiques und Südafrikas hat Kaunda 1973 den Bruch mit Süd-Rhodesien herbeigeführt und ernsthafte wirtschaftliche Probleme geschaffen. 1978 verpflichtet eine Verfassungsänderung den/die Präsidentschaftskandidaten, mindestens fünf Jahre vor den Wahlen Mitglied der Einheitspartei zu sein. Seit 1982 haben sich die Beziehungen mit Zaire infolge schwerer Grenzzusammenstöße verschlechtert. 1988 wird Kaunda mit großer Mehrheit wiedergewählt und tritt seine 6. Amtsperiode an.

SIMBABWE

Offizieller Name: Republik Simbabwe.

Hauptstadt: Harare. □ **Währung:** Simbabwe-Dollar (= 100 Cents). □ **Amtssprache:** Englisch. □ **Überwiegende Religionen:** Protestantismus, Naturreligionen.

Staatspräsident und Regierungschef: Robert Gabriel Mugabe (seit 1987).

Flagge: Die 1980 angenommenen Farben stehen für: Schwarz für die Volksgemeinschaften des Landes, zweifach umgeben von den panafrikanischen Farben (Gelb, Grün, Rot) neben einem weißen Dreieck, Symbol für den Frieden, mit dem roten Stern der Revolution und dem goldenen Vogel Simbabwe.

Nationalhymne: Keine amtliche Nationalhymne (1990).

Nationalfeiertag: 18. April, Jahrestag der Unabhängigkeit.

Fläche: 390 000 km².

Höchste Erhebung: Inyangani mit 2 593 m.

Klima: Die Temperaturen sind durch die Höhenlage gemäßigt (Durchschnitt pro Monat zwischen 14 und 22 °C).

Bevölkerung (1989): 10 000 000 Ew. *(Simbabwer).* □ Durchschnittliche Bevölkerungsdichte: 26 Ew. pro km². □ **Jährliches Bevölkerungswachstum:** 3,6 %. □ **Geburtenrate:** 47 ‰. □ **Sterbeziffer:** 11 ‰. □ **Kindersterblichkeit:** 76 ‰. □ **Lebenserwartung:** 57 Jahre. □ **Anteil unter 15 Jahren:** 48 %. □ **Anteil 65 Jahre und älter:** 3 %. □ **Stadtbevölkerung:** 25 %.

Die wichtigsten Städte

Lusaka	691 000	Mufulira	150 000
Kitwe	315 000	Chingola	146 000
Ndola	282 000	Kabwe	144 000

Erzeugung wichtiger Güter (Sambia)

Rinderbestand	2,8 Millionen Tiere
Kupfer	527 000 Tonnen
Kobalt	4 400 Tonnen
Strom	11 Milliarden kWh

Erzeugung wichtiger Güter (Simbabwe)

Rinderbestand	4,8 Millionen Tiere
Tabak	112 000 Tonnen
Baumwolle	120 000 Tonnen
Asbest	163 000 Tonnen
Chrom	240 000 Tonnen
Steinkohle	4,5 Millionen Tonnen
Strom	8 Milliarden kWh
Stahl	850 000 Tonnen

LÄNDER DER ERDE

Bruttoinlandsprodukt gesamt (1988): 6,2 Milliarden Dollar. □ Bruttoinlandsprodukt/Kopf: 640 Dollar.

Produktionsstruktur: Landwirtschaft 45 %; Industrie 25 %; Dienstleistungen 30 %. □ Arbeitslosenquote: nicht verfügbar.

Verkehr: 45 856 km Straßen (davon 9 654 km asphaltiert); 3 394 km Eisenbahn.

Exporte (1985): 26,3 % des BIP (1,17 Milliarden Dollar).

Importe (1985): 22,2 % des BIP (0,99 Milliarden Dollar).

Auslandsschulden (1988): 0,5 Milliarden Dollar.

Inflationsrate (1988): 6 %.

Militärausgaben (1988): 345 Millionen Dollar. □ Streitkräfte: 49 500 Mann. □ Wehrdienst: Aushebung.

Staatliche Institutionen

Seit 1980 unabhängige Republik, Mitglied des Commonwealth. □ Verfassung von 1979, 1987 geändert. □ Der Staatspräsident wird in allgemeiner Wahl für 6 Jahre gewählt; er ist gleichzeitig Regierungschef. □ Der Senat wurde 1987 abgeschafft. □ Die Nationalversammlung hat 100 Abgeordnete, jeweils für 5 Jahre gewählt (Weiße und Schwarze auf derselben allgemeinen Liste); 30 Abgeordnete werden vom Präsidenten und von Stammeshäuptlingen ernannt.

Geschichte

Frühzeit und Kolonialzeit. Die ersten Bewohner des Hochlands waren die Buschmänner. Sie kamen wahrscheinlich um das 8. Jh. mit ackerbautreibenden Shona-Gruppen der Bantuvölker zusammen, die Gold- und Kupferabbau betrieben. Im 8. Jh. beginnt eine andere (uns unbekannte) Volksgruppe mit dem Bau von Steingebäuden, von denen etwa 150 erhalten sind, darunter die von Simbabwe, Khami, Dhlo Dhlo und Naletale. Um das 15./16. Jh. hat das Reich Monomotapa seine Blüte; es übernimmt den Verkauf von Gold an die an der Küste lebenden Portugiesen (was vorher die Araber taten). Während des 16. Jh. zerfällt das Monomotapareich in vier Gebiete, die weiterhin Handel treiben und Gold und Elfenbein gegen Baumwollgewebe tauschen. Die Portugiesen, die die Macht von Monomotapa unterstützen, werden in lokale Konflikte hineingezogen, die ihre Privilegien, v. a. die Ausbeutung der Minen, während des ganzen 17. Jh. gefährden. Ab 1684 unternimmt der Häuptling der Rotse, der Changamira, die Eroberung des Hochlands. Die portugiesische Ausdehnung wird dadurch gebremst und nimmt im 18. Jh. ab. Um 1830 unterliegt Monomotapa dem Druck von Ngoni-Kriegern, die aus Natal durch die Krieger des Zulu Chaka vertrieben wurden. Sie zerstören die Rotsegemeinschaft und nehmen viele Gefangene der Shona mit sich nach Norden. Die letzten Eindringlinge sind die Ndebele, die 1837 von den Buren aus Transvaal vertrieben werden. Ihr Häuptling ist Msilikasi, der einen Staat nach Zuluart gründet, die Minen aufgibt und den Ackerbau fördert, wobei er jedoch gelegentlich Beutezüge unternimmt. Die Ndebele nehmen 1896–97 an der Seite der Shona an einem Aufstand gegen die British South Africa Company teil und werden seitdem in Reservate verdrängt. Süd-Rhodesien wird 1911 gegründet und 1923 zu einer britischen Kronkolonie. Die weißen Kolonialherren haben es 1912 abgelehnt, der südafrikanischen Union beizutreten. Der Wirtschaftsboom des Zweiten Weltkriegs hat eine verstärkte Einwanderung von Weißen zur Folge. Süd-Rhodesien gehört von 1953 bis 1963 zum Bund von Rhodesien und Njassaland. Nach dessen Auflösung ruft Ministerpräsident Ian Smith die Unabhängigkeit Süd-Rhodesiens aus (1965), das den Namen Rhodesien annimmt. Nach der Veröffentlichung der republikanischen Verfassung 1970 ist der Bruch mit Großbritannien vollzogen. Die UNO verurteilt die Rassenpolitik des neuen Staates. I. Smith nähert sich an Südafrika an, um seine Isolierung zu überwinden. Die Schwarzen organisieren sich nach dem Vorbild der südafrikanischen Bewegungen. Die Wirtschaftssanktionen der Großmächte zwingen I. Smith zu einem Kompromiß, zumal die Aktivität der Guerilla zunimmt. 1979 wird Muzorewa Ministerpräsident, die Bürgerkriege hören jedoch nicht auf. Das Land nimmt zunächst den Namen Simbabwe-Rhodesien an.

Unabhängigkeit. Die Londoner Rhodesien-Konferenz (1979) bereitet die Unabhängigkeit Rhodesiens vor. Nach den Wahlen im Febr. 1980 wird der Führer der sozialistischen Partei, R. Mugabe, Ministerpräsident. Die Unabhängigkeit wird am 18. April ausgerufen. Reverend Canaan Banana wird zum Präsidenten des neuen Staates Simbabwe gewählt. Seit 1984 hat Simbabwe den Weg einer ›sozialistischen Revolution‹ und eines 1987 eingeführten Einparteiensystems eingeschlagen. Nach einer Verfassungsreform wird ein Präsidialsystem eingerichtet, und Mugabe wird Staatschef.

MADAGASKAR
MADAGASIKARA

Offizieller Name: Demokratische Republik Madagaskar.

Hauptstadt: Antananarivo. □ **Währung:** Madagaskar-Franc. □ **Amtssprache:** Malagasy. □ **Überwiegende Religionen:** Katholizismus (starke protestantische Minderheit); Naturreligionen.

Staatspräsident: Didier Ratsiraka (seit 1975). □ **Ministerpräsident:** Victor Ramahatra (seit 1988).

Flagge: 1958 angenommen. Sie nimmt die Farben weiß und rot der Hova-Monarchie auf. Das Grün wurde auf Wunsch der Küstenbewohner als Symbol der Hoffnung in eine bessere Zukunft eingefügt. □ **Nationalhymne:** ›Ry Tanindrazanay malala o / Ry Madagasikara soa / Ny fitiavanay anao tsy miala / Fa ho anao doria tokoa‹ (O Madagaskar, geliebtes Vaterland. Unsere Liebe zu dir wird nie vergehen, sie wird ewig leben.) Text von Rahajason; Musik von Norbert Raharisoa. 1960 für amtlich erklärt. □ **Nationalfeiertag:** 26. Juni (Jahrestag der Unabhängigkeit).

Fläche: 587 000 km². □ **Höchste Erhebung:** 2 876 m im Tsaratanana-Massiv.

Bevölkerung (1989): 11 600 000 Ew. (*Madagassen*). □ Durchschnittliche Bevölkerungsdichte: 19,7 Ew. pro km². □ Jährliches Bevölkerungswachstum: 3,1 %. □ Geburtenrate: 46 ‰. □ Sterbeziffer: 15 ‰. □ Kindersterblichkeit: 110 ‰. □ Lebenserwartung: 53 Jahre. □ Anteil unter 15 Jahren: 44 %. □ Anteil 65 Jahre und älter: 3 %. □ Stadtbevölkerung: 22 %.

Bruttoinlandsprodukt gesamt (1987): 1,85 Milliarden Dollar. □ Bruttoinlandsprodukt/Kopf: 170 Dollar.

Produktionsstruktur: Landwirtschaft 75 %; Industrie 10 %; Dienstleistungen 15 %.

Verkehr: 8 636 km Straßen (davon 4 774 km asphaltiert); 1 036 km Eisenbahn.

Exporte (1985): 14,3 % des BIP (360 Millionen Dollar). □ **Importe** (1985): 13,5 % des BIP (340 Millionen Dollar).

Auslandsschulden (1988): 3,1 Milliarden Dollar.

Inflationsrate (1987): 14 %.

Militärausgaben (1987): 45 Millionen Dollar. □ Streitkräfte: 21 000 Mann. □ Wehrdienst: 18 Monate.

Staatliche Institutionen

Demokratische Republik. □ Verfassung von 1975. □ Der Staatspräsident wird für 7 Jahre in allgemeiner Wahl gewählt. □ Ein Oberster Revolutionsrat, in dem zwei Drittel der Mitglieder vom Präsidenten bestimmt und ein Drittel auf Vorschlag des Parlaments gewählt werden. □ Eine Nationalversammlung (137 Abgeordnete) wird für 5 Jahre gewählt. □ Die Leitung der Dörfer obliegt den traditionellen Fokonolona.

Die wichtigsten Städte

Antananarivo	550 000	Mahajanga	71 000
Toamasina	83 000	Toleara (oder Toliary)	49 000
Fianarantsoa	73 000	Antseranana	45 000

Erzeugung wichtiger Güter

Reis	2,1 Millionen Tonnen
Kaffee	82 000 Tonnen
Vanille	1 800 Tonnen
Rinderbestand	10,6 Millionen Tiere
Fischfang	63 600 Tonnen
Graphit	5 574 Tonnen
Glimmer	1 000 Tonnen
Strom	500 Millionen kWh

Klimadaten

Stadt	Höhe (m ü. M.)	Mittlere Temperatur des kältesten Monats (in °C)	Mittlere Temperatur des wärmsten Monats (in °C)	Jährliche Niederschläge (in mm)	Anzahl der Tage mit Niederschlägen pro Jahr
Antananarivo	1 370	14,5	21,5	1 355	155
Toamasina	5	21	26,5	3 250	210

Antananarivo hat durch seine Höhenlage gemäßigte Temperaturen (aber nie unter dem Gefrierpunkt). Toamasina, das niederschlagsreichen Winden ausgesetzt ist, ist sehr feucht und immer warm (praktisch nie unter 15 °C) mit Höchstwerten von etwas über 35 °C.

LÄNDER DER ERDE

SÜDLICHES AFRIKA

Geschichte

Frühzeit und Kolonialzeit. Die heutige Bevölkerung der Insel ist aus einer Mischung von Schwarzafrikanern und Malaio-Polynesiern, die wahrscheinlich aus Indonesien kamen, entstanden. Vom 12. bis zum 17. Jh. gründen die Antaloten, islamisierte, Suaheli sprechende Kaufleute von der afrikanischen Küste, an der Westküste Niederlassungen. An der Ostküste lassen sich weitere islamisierte indonesische und schwarze Einwanderer nieder. 1500 landet der portugiesische Seefahrer Diogo Dias auf der Insel. Ab Ende des 16. Jh. laufen Portugiesen, Holländer und Engländer auf ihren Fahrten nach Indien die Insel an, um dort Proviant an Bord zu nehmen. Es gelingt ihnen jedoch nicht, dort dauerhafte Niederlassungen zu gründen. 1643 wird Fort Dauphin im Südosten der Insel von den Franzosen gegründet. 1674 wird Madagaskar von den Franzosen zugunsten der Insel Réunion aufgegeben, die ebenfalls als Etappe auf der Indienroute dient. Die Insel wird nun zu einem Unterschlupf von Piraten. Die Stämme haben sich zu Königreichen im Osten (Menabe, Boina), Westen (Betsimisaraka) und im Süden (Betsileo) formiert. Im Zentrum des Hochlands gründen die Hova die Festung Antananarivo. Sie nennen das Land Imerina und seine Bewohner Merina. Imerina wird von Andrianampoinimerina (um 1787–1810) und dann von seinem Sohn Radama I. (1810 bis 1828) regiert, dem die Briten den Titel eines Königs von Madagaskar verleihen (1817) und ihre Unterstützung zur Modernisierung des Landes geben. Bei seinem Tod schließt seine Gattin Ranavalona I. (1828–1861) die Schulen und weist die Europäer aus. Nach der Regierung von Radama II. (1861–1863) geht die Macht auf den Ministerpräsidenten Rainilaiarivony (1865–1895) über, der nacheinander die Königinnen Rasoherina, Ranavalona II. und Ranavalona III. heiratet. Um die Vereinnahmung seines Landes durch die Europäer zu verhindern, modernisiert er es und tritt wie auch ein Großteil seines Volkes zum Protestantismus über (1869). Aber nach dem Vertrag von 1885, der von Großbritannien 1890 anerkannt wird, übernimmt Frankreich das Protektorat über die Insel. Eine französische Expedition landet in Mahajanga und erreicht Antananarivo (1895) trotz schwerer Verluste (6 000 Mann). Nach dem Aufstand von Imerina wird die Insel eine französische Kolonie (1896). Gallieni, der Gouverneur von 1896 bis 1905, befriedet Imerina und schickt die Königin ins Exil. Das Kolonialsystem (1896–1946) kann die Autorität der Merina-Oligarchie vernichten, indem es lokale Häuptlinge einsetzt und die Merina-Gouverneure durch französische Administratoren ersetzt. Es richtet ein Unterrichtswesen und eine medizinische Infrastruktur ein und leitet die wirtschaftliche Entwicklung der Insel ein. Das mit der Vichy-Regierung verbundene Madagaskar wird 1942 von den Briten besetzt und dem nicht besetzten Frankreich 1943 zurückgegeben.

Unabhängigkeit. Die Insel wird ein Überseegebiet Frankreichs (1946–1958), dann eine autonome Republik (1958–1960), die 1960 unabhängig wird. Aber ab 1967 wendet sich die Opposition vor allem gegen die Vorteile, die den Küstenstämmen zu Lasten der Merina gewährt werden. Nach den Streiks von Studenten und Arbeitern von 1972 übergibt Tsiranana alle Vollmachten General Ramanantsoa und zieht sich zurück. 1973 beginnen in Paris Verhandlungen, die neue Abkommen über die Zusammenarbeit zwischen Frankreich und Madagaskar einleiten. Nach mehreren bewegten Jahren wird Fregattenkapitän

Madagaskar

D. Ratsiraka 1975 zum Vorsitzenden des Obersten Revolutionsrates benannt. Die Demokratische Republik Madagaskar wird am 31. Dezember ausgerufen, und Ratsiraka wird ihr Präsident. Verstaatlichungen werden allmählich durchgeführt und neue Institutionen eingerichtet, während Präsident Ratsiraka außenpolitisch die Entmilitarisierung des Indischen Ozeans fordert. Aber die Unfähigkeit des Staates, die Bevölkerung zu motivieren, und die Personalisierung der Macht kommen zum wirtschaftlichen Niedergang und der wachsenden Unsicherheit hinzu. 1982 finden im gesamten Land Unruhen und Plünderungen statt. Ab 1985 verbessern sich, wegen der wirtschaftlichen Probleme, die Beziehungen zu Frankreich. 1989 wird Ratsiraka erneut zum Präsidenten gewählt.

MAURITIUS
MAURITIUS

Offizieller Name: Mauritius.

Hauptstadt: Port-Louis. □ **Währung:** Mauritius-Rupie (= 100 Cents). □ **Amtssprache:** Englisch. □ **Überwiegende Religionen:** Hinduismus und christliche Religionen.

Generalgouverneur: Sir Veerasamy Ringadoo (seit 1986). □ **Ministerpräsident:** Aneerood Jugnauth (seit 1982).

Flagge: 1968 angenommen. Das Rot steht für das während des Unabhängigkeitskampfes vergossene Blut, Blau für das Meer, das diesen Inselstaat umgibt, Gelb für die Sonne und das goldene Licht der Unabhängigkeit und Grün für die Fruchtbarkeit der Vegetation. □ **Nationalhymne:** ›Glory to thee, motherland, o motherland of mine. / Sweet is thy beauty, sweet is thy fragrance, / Around thee we gather as one people, as one nation, in peace, justice and liberty‹. (Ehre sei dir, Vaterland, o mein Vaterland. Mild ist deine Schönheit, süß dein Duft. Wir sammeln uns um dich, ein vereintes Volk, eine Nation, in Frieden, Gerechtigkeit und Freiheit). Text von Jean-Georges Prosper (1933 geb.), Musik von Philippe Gentil (1928 geb.). 1968 für amtlich erklärt. □ **Nationalfeiertag:** 12. März (Jahrestag der Unabhängigkeit).

Fläche: 2 040 km². □ **Höchste Erhebung:** Piton de la Petite Rivière Noire mit 828 m.

Klima: In Port-Louis liegen die monatlichen Mittelwerte zwischen 20 °C und 27 °C. Die gesamte Niederschlagsmenge liegt über 1 200 mm, die vor allem von Januar bis März fallen.

Bevölkerung (1989): 1 100 000 Ew. *(Mauritier)*. □ **Durchschnittliche Bevölkerungsdichte:** 539 Ew. pro km². □ **Jährliches Bevölkerungswachstum:** 1,2 % □ **Geburtenrate:** 19‰. □ **Sterbeziffer:** 7‰. □ **Kindersterblichkeit:** 25‰. □ **Lebenserwartung:** 68 Jahre. □ **Anteil unter 15 Jahren:** 31 %. □ **Anteil 65 Jahre und älter:** 5 %. □ **Stadtbevölkerung:** 57 %. **Wichtigste Städte:** Port-Louis (148 000 Ew.), Beau Bassin/Rose Hill (89 000).

Bruttoinlandsprodukt gesamt (1988): 1,95 Milliarden Dollar. □ **Bruttoinlandsprodukt/Kopf:** 1 860 Dollar.

Produktionsstruktur: Landwirtschaft 25 %; Industrie 22 %; Dienstleistungen 53 %.

Verkehr: 1 787 km Straßen.

Exporte (1985): 46,7 % des BIP (430 Millionen Dollar). □ **Importe** (1985): 50 % des BIP (460 Millionen Dollar).

Auslandsschulden (1985): 392 Millionen Dollar.

Inflationsrate (1985): 6,7 %.

Erzeugung ausgewählter Güter u. a. wichtige Erwerbsquellen

Zucker	684 000 Tonnen
Tee	18 000 Tonnen
Strom	455 Millionen kWh
Tourismus	240 000 Auslandsgäste

Staatliche Institutionen

Seit 1968 unabhängiger Staat, Mitglied des Commonwealth. □ Ein Generalgouverneur vertritt das britische Staatsoberhaupt. □ Ein Einkammerparlament: Legislative Versammlung mit 71 Mitgliedern, die für 5 Jahre im Amt sind (62 werden in allgemeiner Wahl gewählt, 8 werden unter den Kandidaten mit den meisten Stimmen in jeder Gemeinschaft ernannt). □ Ein unter den Parlamentsmitgliedern gewählter Sprecher.

Geschichte

Die Insel, Anfang des 16. Jh. von Portugiesen entdeckt, wird von den Niederländern, die sie Mauritius nennen, kolonialisiert (1598 bis 1710). Die Franzosen bemächtigen sich ihrer (1715) und nennen sie Île de France. Die Insel spielt eine wichtige Rolle in den Kriegen zwischen Frankreich und Großbritannien um die Kontrolle Indiens und fällt 1814 an Großbritannien. Ihr Wohlstand beruht auf dem

486

LÄNDER DER ERDE

Zuckerrohranbau, für den man indische Arbeitkräfte herangeholt hat. Der Bau des Suezkanals wirkt sich verheerend auf die Wirtschaft des Versorgungsstützpunkts aus; gleichzeitig bekommt das Zuckerrohr Konkurrenz durch die Zuckerrübe. Nach dem Zweiten Weltkrieg erhält die Insel eine gewisse Autonomie, 1968 wird sie unabhängig. Der Führer der Arbeiterpartei Sir Seewoosagur Ramgoolam, seit 1961 Ministerpräsident, bildet 1969 eine Koalitionsregierung mit der sozialdemokratischen Partei. Die mauritianische militante Bewegung (M.M.M.), die sich auf indische und kreolische Besitzlose stützt, gewinnt unter der Führung von Paul Bérenger 1976 die Wahlen, bildet jedoch nicht die Regierung. Erst bei den Wahlen von 1982 kann durch das Bündnis mit der mauritianischen sozialistischen Partei ihr Vorsitzender, Aneerood Jugnauth, Ministerpräsident werden. Dieser trennt sich von der M.M.M. und bildet 1983 eine Koalitionsregierung, die er nach den Wahlen von 1987 fortsetzt.

KOMOREN

Offizieller Name: Islamische Bundesrepublik der Komoren.

Hauptstadt: Moroni. □ **Währung:** Komoren-Franc (= 100 Centimes). □ **Amtssprachen:** Arabisch und Französisch. □ **Überwiegende Religion:** Islam.

Staatspräsident und Regierungschef: Said Mohamed Djohar (seit 1990).

Flagge: 1978 angenommen. Sie trägt die Mondsichel und die grüne Farbe des Islam. Die vier Sterne stellen die Hauptinseln des Archipels dar: Ngazidja (das ehemalige Grande Comore), Mwali (Mohéli), Ndzouani (Anjouan) und Mayotte (das weiterhin zu Frankreich gehört). □ **Nationalhymne:** ›Le drapeau flotte, qui annonce la liberté; le peuple se lève, car nous avons foi en les Comores. Toujours nous aimerons ardemment nos grandes îles. Nous, Comoriens, sommes du même sang, nous, Comoriens, sommes d'une même fois ...‹ (Die Fahne weht, die die Freiheit ankündigt; das Volk erhebt sich, denn wir glauben an die Komoren. Wir werden unsere Inseln immer heiß lieben. Wir, Komorer, sind von gleichem Blut, wir, Komorer, haben den gleichen Glauben ...); Text von Said Hachim Sidi Abderamane (1942 geb.), Musik von Kamildine Abdallah (1943–1982) und Said Hachim Sidi Abderamane. 1978 für amtlich erklärt. □ **Nationalfeiertag:** 6. Juli (Jahrestag der Unabhängigkeit).

Fläche: 1 900 km². □ **Höchste Erhebung:** Kartala (Njazidja) mit 2 361 m.

Erzeugung wichtiger Güter

Kokosnüsse	47 000 Tonnen
Reis	16 000 Tonnen
Fischfang	4 000 Tonnen

Verwaltungsgliederung

Insel	Fläche (in km²)	Einwohner	Wichtigste Stadt	Einwohner
Njazidja (Grande Comore)	1 148	189 000	Moroni	20 000
Nzwani (Anjouan)	424	148 000	Mutsamudu	10 000
Mwali (Mohélie)	290	19 000	Fomboni	4 500

Klima: An den den feuchten Winden ausgesetzten Hängen beträgt die Niederschlagsmenge mehr als 3 000 m.
Bevölkerung (1989): 400 000 Ew. *(Komorer).* □ Durchschnittliche Bevölkerungsdichte: 211 Ew. pro km². □ Jährliches Bevölkerungswachstum: 3,3 %. □ Geburtenrate: 47 ‰. □ Sterbeziffer: 14 ‰. □ Kindersterblichkeit: 96 ‰. □ Lebenserwartung: 55 Jahre. □ Anteil unter 15 Jahren: 47 %. □ Anteil 65 Jahre und älter: 3 %.
Bruttoinlandsprodukt gesamt (1988): 0,18 Milliarden Dollar. □ **Bruttoinlandsprodukt/Kopf:** 440 Dollar.
Produktionsstruktur: Landwirtschaft 56 %; Industrie 5 %; Dienstleistungen 30 %.
Verkehr: 765 km Straßen.
Exporte (1985): 6,4 % des BIP (7 Millionen Dollar). □ **Importe** (1985): 39,1 % des BIP (43 Millionen Dollar).
Auslandsschulden (1988): 201 Mio. Dollar.

Staatliche Institutionen

Islamische Bundesrepublik. □ Der Staatspräsident (gleichzeitig Regierungschef) wird in allgemeiner Wahl für 6 Jahre gewählt. □ Die 38 Mitglieder der Bundesversammlung werden in allgemeiner Wahl für 5 Jahre gewählt. □ Jede der drei Inseln wird von einem vom Staatspräsidenten ernannten Gouverneur verwaltet.

Geschichte

Auf der Inselgruppe lebt eine gemischte Bevölkerung; Bantu aus Ostafrika, die vor dem 14. Jh. ausgewandert sind, haben sich mit malaio-polynesischen Einwanderern aus Madagaskar gemischt. Islamische Kaufleute aus dem Süden Arabiens oder von den arabischen Niederlassungen Ostafrikas landeten auf dem im 16. Jh. islamisierten Archipel. Die Komoren kommen 1886 unter französisches Protektorat (Mayotte war schon seit 1841 französisch) und sind von dem Generalgouvernement von Madagaskar abhängig (1912 bis 1946). Der Archipel, der ab 1958 französisches Überseegebiet ist, wird mit Ausnahme von Mayotte 1975 unabhängig. 1978 wird die Islamische Bundesrepublik proklamiert.

SEYCHELLEN

Offizieller Name: Republik der Seychellen.

Hauptstadt: Victoria. □ **Währung:** Seychellen-Rupie (= 100 Cents). □ **Amtssprachen:** Englisch, Kreolisch, Französisch. □ **Überwiegende Religion:** Katholizismus. □ **Maße und Gewichte:** britisches System.

Staatspräsident und Regierungschef: France Albert René (seit 1977).

Flagge: 1977 angenommen. Das Rot steht für die Revolution, weiß für die Strände des Indischen Ozeans und Grün für die Vegetation des Archipels.

Nationalhymne: 1978 für amtlich erklärt. ›Avez couraz e disiplin nou ti briz tou bayer. / Gouvernay dan nou lanmen, nou pou resté touzour fyer. / Zanmen, zanmen nou pou aret lité, / Légalité pou tou! La liberté pou touzour!‹; Musik von Pierre Dastro-Geze. 1978 für amtlich erklärt.

Nationalfeiertag: 5. Juni

Fläche: 410 km². □ **Höchste Erhebung:** Morne Sychellois mit 905 m.

Klima: Das Klima ist warm und feucht. Die monatlichen Durchschnittstemperaturen schwanken nur zwischen 25 und 27 °C. Die Niederschläge verteilen sich über das ganze Jahr, sind allerdings von Juli bis August häufiger.

Bevölkerung (1989): 100 000 Ew. *(Seycheller).* □ Durchschnittliche Bevölkerungsdichte: 243 Ew. pro km². □ Jährliches Bevölkerungswachstum: 1,7 %. □ Geburtenrate: 25 ‰. □ Sterbeziffer: 8 ‰. □ Kindersterblichkeit: 18 ‰. □ Lebenserwartung: 70 Jahre. □ Anteil unter 15 Jahren: 36 %. □ Anteil 65 Jahre und älter: 6 %. □ Stadtbevölkerung: 37 %.

Wichtigster Ort: Victoria (2 300 Ew.)

Bruttoinlandsprodukt gesamt (1987): 0,21 Milliarden Dollar.

Bruttoinlandsprodukt/Kopf: 3 340 Dollar.

Wichtigste Erwerbsquelle: Der Tourismus (66 600 Auslandsgäste 1986).

Verkehr: 259 km Straßen.

Exporte (1984): 17,8 % des BIP (27 Millionen Dollar).

Importe (1984): 66,4 % des BIP (101 Millionen Dollar).

Auslandsschulden (1985): 78 Millionen Dollar.

Inflationsrate (1986): 10 %.

Militärausgaben (1989): 12 Millionen Dollar.

Streitkräfte: 1 300 Mann. □ **Wehrdienst:** 24 Monate.

Staatliche Institutionen

Republik mit Einparteiensystem. □ Der Staatspräsident wird in allgemeiner Wahl für 5 Jahre gewählt; er übt die Exekutive aus und ernennt einen Ministerrat. Die Volksversammlung (23 Mitglieder) wird für 5 Jahre gewählt.

Geschichte

Die 1502 von Portugiesen entdeckte Inselgruppe wurde 1756 von den Franzosen besetzt, bevor sie ab 1814 unter britische Kontrolle kam. Zunächst gehörten die Seychellen zu Mauritius, ab 1903 waren sie Kronkolonie, 1970 erhielten sie ihre Autonomie und sind im Rahmen des Commonwealth 1976 unabhängig geworden. Der erste Staatspräsident J. Mancham wurde durch einen Putsch gestürzt. Das von France Albert René ab 1977 eingeführte sozialistische System hielt mehreren Putschversuchen stand. Außenpolitisch unterstützt das Regime die progressiven Bewegungen Afrikas und fordert die Entmilitarisierung des Indischen Ozeans.

LÄNDER DER ERDE

DIE ARABISCHE HALBINSEL

SAUDI-ARABIEN
AL-ARABIJJA AS-SAUDIJJA

Offizieller Name: Königreich Saudi-Arabien.

Hauptstadt: Er-Riad. ◻ **Währung:** Saudi-Riyal (= 100 Halala). ◻ **Amtssprache:** Arabisch. ◻ **Überwiegende Religion:** Islam.

Staatsoberhaupt: König Fahd ibn Abd al-Asis (seit 1982). ◻ **Regierungschef:** Emir Abdallah ibn Abd al-Asis (seit 1982).

Flagge: 1973 angenommen. Sie enthält das Schwert der Gerechtigkeit und die Schahada (›Es gibt nur einen Gott, und Mohammed ist sein Prophet‹). Das Grün ist die Farbe des Islam.

Nationalhymne: ›Sarii li-l-madjdi wal-alia / madjdjadi li khaliqi as-sama / wa irfai al-khaffaq adhdar / yahmilu al-nur al-musta / raddadi Allah akbar ya mawtini ...‹ (Strebe nach Ehre und nach Höhe, Ehre den Erschaffer des Himmels, Hisse die grüne Flagge im ganzen Glanz ihres Lichtes, Wiederhole, o mein Vaterland, Allah akbar [Gott ist groß] ...). 1950 für amtlich erklärt.

Nationalfeiertag: 23. September, Gedenktag der Vereinigung Saudi-Arabiens.

Fläche: 2 150 000 km². ◻ **Höchste Erhebung:** im Hidjas (in der Nähe der jemenitischen Grenze) mit 3 133 m.

Bevölkerung (1989): 14 700 000 Ew. (Saudis). ◻ Durchschnittliche Bevölkerungsdichte: 6,8 Ew. pro km². ◻ Jährliches Bevölkerungswachstum: 3,4 %. ◻ Geburtenrate: 42 ‰. ◻ Sterbeziffer: 8 ‰. ◻ Kindersterblichkeit: 71 ‰. ◻ Lebenserwartung: 63 Jahre. ◻ Anteil unter 15 Jahren: 45 %. ◻ Anteil 65 Jahre und älter: 3 %. ◻ Stadtbevölkerung: 73 %.

Wichtigste Städte: Djidda (561 000 Ew.), Taif (205 000), Medina (198 000), Al-Hufuf (101 000).

Bruttoinlandsprodukt gesamt (1987): 84 Milliarden Dollar.

Bruttoinlandsprodukt/Kopf (1987): 5 680 Dollar.

Produktionsstruktur: Landwirtschaft 40 %; Industrie 22 %; Dienstleistungen 38 %. ◻ Arbeitslosenquote: unbedeutend.

Verkehr: 22 501 km Straßen; 1 248 km Eisenbahn.

Exporte (1987): 23,8 des BIP (20 Milliarden Dollar). ◻ **Importe** (1987): 22,6 % des BIP (18,9 Milliarden Dollar).

Auslandsschulden (1987): 16,7 Milliarden Dollar.

Inflationsrate (1988): 1,1 %.

Militärausgaben (1989): 14,69 Milliarden Dollar. ◻ Streitkräfte: 67 500 Mann. ◻ Wehrdienst: Aushebung.

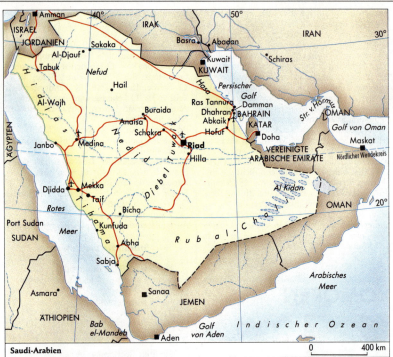

Saudi-Arabien

Staatliche Institutionen

Königreich. ◻ Keine formelle Verfassung. ◻ Der König regiert nach der *Scharia*, dem islamischen Gesetz.

Geschichte

Altertum. In der zweiten Hälfte des 1. Jahrtausends, während im südarabischen Raum organisierte Staaten entstehen, betreiben in Nordarabien beduinische Stammesgesellschaften Nomadenwirtschaft. Die Oasen des Hidjas sind aktive Handelszentren. Die Präsenz der Römer im Orient (2. Jh. v. Chr. bis 4. Jh. n. Chr.) führt zur Entstehung von Stadtstaaten am Endpunkt der Karawanenstraßen. Der Rückgang des Handels im 4. und 5. Jh. fällt darüber hinaus mit dem Niedergang der Römer und dem Zerfall der südarabischen Staaten zusammen. Christentum und Judentum breiten sich aus. Es entstehen zwei christliche arabische Staaten: Ghassan, von Byzanz abhängig, und Hira, von den Sassaniden ab-

Die Verwaltungsgliederung

Provinz	Hauptort	Einwohner des Hauptortes
Westen (Hidjas)	Mekka	367 000
Mitte (Nedjd)	Er-Riad	667 000
Süden (Asir)	Abha	30 000
Osten (Al-Hasa)	Damman	128 000
Norden	Tabuk	75 000

hängig und an den Grenzen zu Syrien und Mesopotamien gelegen. Mekka, das Pilgerzentrum um die Kaaba mit dem Schwarzen Stein, entwickelt sich als Kreuzungspunkt alter Karawanenstraßen zu einer blühenden Handelsstadt des Stammes der Koraisch.

Entstehung des Islam. Um 572 wird Mohammed in Mekka geboren. Anfang des 7. Jh. beginnt er zu predigen. Yathrib (Medina) wird der Mittelpunkt des entstehenden Islam. Um 630 treten Stämme der ganzen Halbinsel zum Islam über. Nach dem Tod von Mohammed 632 stellt sich das Problem seiner Nachfolge (s. Religionen und Mythen, S. 333 ff.). Die vier ersten Kalifen, Abu Bakr, Omar I., Othman ibn Affan und Ali werden die ›Erleuchteten‹ genannt. Abu Bakr (632–634) unterwirft ganz Arabien und startet die ersten Feldzüge gegen das persische und das byzantinische Reich. Omar I. (634–644) trägt die entscheidenden Siege davon, die den Arabern die Kontrolle über Syrien und Palästina verschaffen (Jarmuk, 636), sowie über Mesopotamien und Persien (Kadisija, 637, Nehawend, 642), und dann über Ägypten (640–642). Omar legt die Grundlage für einen organisierten Staat, für den er einen Teil der Kriegsbeute nimmt, die nach Beduinenart völlig unter den Siegern aufgeteilt wird. Unter dem Kalifat von Othman ibn Affan (644–656) brechen Rivalitäten zwischen den großen Familien aus. Nach dessen Ermordung steht Ali (656–661) den gleichen Problemen gegenüber und erleidet dasselbe Schicksal. Der Gouverneur Syriens, Muawija, reißt die Macht an sich und gründet die Dynastie der Omaijaden.

Erzeugung ausgewählter Güter u. a. wichtige Erwerbsquellen

Schafbestand	7,2 Millionen Tiere
Erdöl	260 Millionen Tonnen
Nachgewiesene Reserven	23 100 Millionen Tonnen
Raffineriekapazität	73,2 Millionen Tonnen
Erdgas	28 Milliarden m³
Nachgewiesene Reserven	4 100 Milliarden m³

Klimadaten

Stadt	Höhe (m ü. M.)	Mittlere Temperatur des kältesten Monats (in °C)	Mittlere Temperatur des wärmsten Monats (in °C)	Jährliche Niederschläge (in mm)	Anzahl der Tage mit Niederschlägen pro Jahr
Er-Riad	590	14,5	34	81	10
Djidda	11	24	32	61	4

Höchstwerte von 45 und 47 °C wurden in Er-Riad bzw. in Djidda registriert; es wurden aber auch schon Temperaturen unter dem Gefrierpunkt in Er-Riad gemessen.

LÄNDER DER ERDE

Niedergang. Das Zentrum des Imperiums verlegt sich Richtung Syrien, dann nach Mesopotamien, wo die klassische arabisch-islamische Kultur entsteht. Arabien und insbesondere die Heiligen Städte, die von den Omaijaden regiert werden, profitieren vom Wohlstand des Reiches. Die Abbasiden können ihre Macht nach 860 nicht halten. Die Ismailier oder Karmaten werden im 10. Jh. die Herren des Hasa und vereinnahmen 930 den Schwarzen Stein. Um 960 übernehmen Hasaniden-Scherife in Mekka die Macht, wo bis 1924 mehrere Zweige ihrer Familie herrschen. Arabien, das in zahlreiche Fürstentümer und Stadtstaaten aufgeteilt ist, lebt in Anarchie und Isolierung. Ab dem 15. Jh. sichern sich die Portugiesen Stützpunkte am Persischen Golf. Sie stoßen auf die Ansprüche der Osmanen (16. Jh.), dann der Holländer und der Engländer (17. Jh.).

Aufstieg der Wahhabiten. Einem religiösen Reformator des Nedjd, Mohammed ibn Abd al-Wahhab (1703–1792), gelingt es, die Araber um eine puritanische Bewegung (innerhalb des sunnitischen Islam), das Wahhabitentum, zu vereinen. Saud der Große (1803–1814) vollendet die Eroberung Arabiens. Die Osmanen entsenden Mohammed Ali zur Vernichtung seines Königreiches (1811–1819) und stellen ihre Autorität wieder her. Aber das Wahhabitentum hat den Nationalismus der Araber erweckt: Abd al-Asis III. ibn Saud erobert von den Osmanen und den Haschemiten die Gebiete des zukünftigen Saudi-Arabien.

Saudi-Arabien. Ibn Saud erobert Er-Riad 1902, festigt seine Macht im Nedjd, erobert Hasa 1913, Hail 1921, Hidjas (1924–1926) und dann Asir (die Grenze zum Jemen wird 1934 festgelegt). Während seiner Regierungszeit (1932–1953) beginnt er, die Nomaden seßhaft zu machen. Das 1930 entdeckte Erdöl ermöglicht ihm, das Land zu modernisieren. Die Amerikaner erhalten 1945 das Monopol zum Erdölabbau. Als Mitglied der Arabischen Liga nähert sich Saudi-Arabien, das den Haschemiten aus Tradition ablehnend gegenübersteht, Ägypten an. Während der Regierung von Saud ibn Abd al-Asis (1953–1964) verschlechtern sich die Beziehungen zu Ägypten. Saudi-Arabien nähert sich Jordanien, den Briten und den Amerikanern an. Faisal I. Ibn Abd al-Asis stellt sich bei der jemenitischen Revolution (1962) direkt gegen Ägypten. Als König von (1964–75) wird er der Hauptvertreter des Panislamismus und der Beschützer des konservativen Regimes. Er muß sich allerdings mit Nasser über die Beendigung ihres Eingreifens im Jemen einigen (1967). Nach der Ermordung von Faisal I. wird Chalid ibn Abd al-Asis (1975–82) Staatsoberhaupt. 1982 wird Fahd König.

BAHRAIN

Offizieller Name: Scheichtum Bahrain.

Hauptstadt: Menama. □ **Währung:** Bahrain-Dinar (= 1000 Fils). □ **Amtssprache:** Arabisch. □ **Überwiegende Religion:** Islam.

Staatsoberhaupt: Scheich Isa ibn Sulman al-Chalifa (Staatsoberhaupt seit 1961, Scheich seit 1971). □ **Ministerpräsident:** Chalifa ibn Sulman al-Chalifa (seit 1970).

Flagge: Das gezackte Rot und Weiß stammt vom Wappenschild von Sir Charles Belgrave und wurde 1933 zur Flagge umgewandelt. Diese wurde 1972 angenommen. Rot und Weiß stehen nun für den charidjitischen Islam und für den Frieden.

Nationalhymne: Hymne ohne Text. Musikalisches Arrangement von Muhammad Sudki Aijach (geb. 1925). □ **Nationalfeiertag:** 16. Dezember.

Fläche: 660 km².

Klima: Die monatlichen Durchschnittstemperaturen schwanken zwischen 17 (Januar) und 29°C (August); das Klima ist trocken (weniger als 100 mm Niederschläge pro Jahr).

Bevölkerung (1989): 500 000 Ew. □ Durchschnittliche Bevölkerungsdichte: 757 Ew. pro km². □ Jährliches Bevölkerungswachstum: 2,7 %. □ Geburtenrate: 31‰. □ Sterbeziffer: 4‰. □ Kindersterblichkeit: 26‰. □ Lebenserwartung: 67 Jahre. □ Anteil unter 15 Jahren: 32 %. □ Anteil 65 Jahre und älter: 3 %. □ Stadtbevölkerung: 82 %.

Wichtigste Städte: Menama (122 000 Ew.), Muharrak (62 000 Ew.).

Bruttoinlandsprodukt gesamt (1988): 3,9 Milliarden Dollar. □ **Bruttoinlandsprodukt/Kopf:** 9 400 Dollar.

Produktionsstruktur: Landwirtschaft 5 %; Industrie 35 %; Dienstleistungen 60 %.
Wichtigste Einnahmequellen: Erdöl 2 100 000 t; Aluminium 140 000 t.

Verkehr: 450 km Straßen.

Exporte (1985): 56,4 % des BIP (2,34 Milliarden Dollar). □ **Importe** (1985): 58,3 % des BIP (2,42 Milliarden Dollar).

Auslandsschulden (1987): 1,19 Milliarden Dollar.

Inflationsrate (1988): 0,3 %.

Militärausgaben (1989): 184,574 Millionen Dollar. □ **Streitkräfte:** 3 350 Mann. □ **Wehrdienst:** freiwillig.

Staatliche Institutionen

Monarchie (Emirat). Verfassung von 1973, 1975 außer Kraft gesetzt.

Geschichte

Vorgeschichte. Archäologische Ausgrabungen haben zur Entdeckung von zwölf paläolithischen und neolithischen Stätten, von zwei Tempeln aus dem 3. Jahrtausend v. Chr. sowie einer Stadt geführt, die die prähistorische Hauptstadt dieser Gegend gewesen sein soll. Bahrain diente als Zwischenstation auf der Seeroute zwischen Sumer und dem Industal.

Ein strategischer Punkt. Die Inseln von Bahrain, die seit der Zeit der Assyrer bekannt sind, als sie zum Staat Tilmun gehörten, waren in jeder Epoche ein Zentrum für das Perlenfischen, Handelsstützpunkt und ein strategischer Ort im Persischen Golf. Sie wurden von den Portugiesen im 16. Jh. besetzt, dann von den Persern von 1602 bis 1783 regiert, bis die regierende Dynastie Al-Chalifa aus dem Nedjd sich von Katar ausgehend den Archipel erobert. 1820 wird mit der britischen Regierung das erste einer Reihe von Abkommen geschlossen, die 1914 zum Status des Protektorats führen.

Unabhängigkeit. Lange Zeit beansprucht der Iran den Archipel, verzichtet jedoch schließlich 1970 auf seine Ansprüche. Bahrain, das es abgelehnt hat, dem Bund der Vereinigten Arabischen Emirate beizutreten, wird 1971 ein unabhängiger Staat, der von der Dynastie Al-Chalifa regiert wird. Im gleichen Jahr werden Freundschaftsverträge mit Großbritannien und den Vereinigten Staaten unterzeichnet, deren Marine ständige Stützpunkte in der Flottenbasis von Al-Djufayr wird. Die 1973 verabschiedete Verfassung ist seit 1975 außer Kraft gesetzt, und Scheich Isa ibn Sulman übt seitdem die gesamte Macht aus. 1981 beteiligt sich Bahrain an der Gründung des Golfrats.

KATAR

Offizieller Name: Scheichtum Katar.

Hauptstadt: Doha. □ **Währung:** Katar-Riyal (= 100 Dirhams). □ **Amtssprache:** Arabisch. □ **Überwiegende Religion:** Islam.

Staatsoberhaupt: Chalifa ibn Ahmed al-Thani (seit 1972). □ **Kronprinz:** Ahmed ibn Chalifa al-Thani (seit 1977).

Flagge: Das typische Braun erhält man durch die Wirkung der Sonne auf die natürlichen Pigmente der lokalen Gewebe. Diese Fahne mit ungewöhnlichen Proportionen existiert seit 1949. □ **Nationalhymne:** Hymne ohne Text; Musik von unbekanntem Komponisten. □ **Nationalfeiertag:** 3. September (Jahrestag der Ausrufung der Unabhängigkeit).

Fläche: 11 400 km².

Klima: Das Klima ist mit dem von Bahrain vergleichbar, trocken und im Sommer sehr warm.

Bevölkerung (1989): 400 000 Ew. (Katarer). □ Durchschnittliche Bevölkerungsdichte: 35 Ew. pro km². □ Jährliches Bevölkerungswachstum: 2,8 %. □ Geburtenrate: 30‰. □ Sterbeziffer: 2‰. □ Kindersterblichkeit: 31‰. □ Lebenserwartung: 69 Jahre. □ Anteil unter 15 Jahren: 28 %. □ Anteil 65 Jahre und älter: 1 %. □ Stadtbevölkerung: 88 %.
Wichtigster Ort: Doha (190 000 Ew.).

Bruttoinlandsprodukt gesamt (1987): 5,5 Milliarden Dollar. □ **Bruttoinlandsprodukt/Kopf:** 18 300 Dollar.

Produktionsstruktur: Landwirtschaft 12 %; Industrie 20 %; Dienstleistungen 68 %. □ **Arbeitslosenquote:** nicht verfügbar.

Wichtigste Erwerbsquellen: Erdöl 19 000 000 t; Erdgas 6 Milliarden m³ (über 4 000 Milliarden m³ Reserven).

Verkehr: 1 287 km Straßen.

Exporte (1985): 69,3 % des BIP (3,54 Milliarden Dollar).
Importe (1985): 21,5 % des BIP (1,1 Milliarden Dollar).

Auslandsschulden (1987): 0,7 Milliarden Dollar.

Inflationsrate: nicht veröffentlicht.

Militärausgaben (1987): 154,2 Millionen Dollar. □ **Streitkräfte:** 6 000 Mann. □ **Wehrdienst:** freiwillig.

Staatliche Institutionen

Monarchie (Emirat). Verfassung von 1973, 1975 außer Kraft gesetzt.

489

LÄNDER DER ERDE

ARABISCHE HALBINSEL

Geschichte

Die Ursprünge. Die Halbinsel war bereits in vorgeschichtlicher Zeit bewohnt (vermutlich schon vor 50 000 Jahren), wurde aber wohl später wieder verlassen. Erwähnt wird sie zum ersten Mal in arabischen Werken des 9. Jh. Sie wurde seit etwa 1750 von der Dynastie Al-Chalifa beherrscht, die 1783 Bahrain eroberte, und löste sich aus dieser Schirmherrschaft in der zweiten Hälfte des 19. Jh. Mit Hilfe der Briten regiert die Dynastie der At-Thani seit 1868 über Katar und vereint unter ihrer Herrschaft die verschiedenen Zentren der Halbinsel. Sie unterzeichnete mit den Briten ein Abkommen, das 1916 erneuert wurde, während die Osmanen ihren Einfluß in dem Gebiet aufgeben mußten.

Die Unabhängigkeit. 1970 bildet Scheich Chalifa ibn Ahmed at-Thani die erste Regierung des Staates, dessen Ministerpräsident er wird. 1971 ruft das Emirat seine Unabhängigkeit aus und verzichtet auf den Beitritt zum Bund der Vereinigten Arabischen Emirate. Der Ministerpräsident setzt mit Hilfe der Königsfamilie den regierenden Herrscher ab und besteigt den Thron (1972). Seither ist die innenpolitische Lage stabil. 1974 übernimmt Katar die völlige Kontrolle über die Erdölgesellschaften im Land. Scheich Chalifa beginnt ein begrenztes ›parlamentarisches‹ Experiment (1972 Schaffung eines Konsultativrates). 1977 wird Ahmed ibn Chalifa at-Thani, der älteste Sohn des Scheichs, als Kronprinz benannt und zum Verteidigungsminister gemacht. 1981 nimmt Katar an der Gründung des Golfrates teil, bevor es 1982 ein Sicherheitsabkommen mit Saudi-Arabien schließt.

VEREINIGTE ARABISCHE EMIRATE

Offizieller Name: Vereinigte Arabische Emirate.

Hauptstadt: Abu Dhabi. □ **Währung:** Dirham (= 100 Fils). □ **Amtssprache:** Arabisch. □ **Überwiegende Religion:** Islam.

Maße und Gewichte: metrisches und britisches System.

Präsident des Obersten Rates der Herrscher: Zayid ibn Sultan al-Nahyan (seit 1971). □ **Ministerpräsident:** Rachid ibn Said al-Maktum (seit 1979).

Flagge: Sie wurde 1971 angenommen. Das Rot dient als Bindeglied zwischen den panarabischen Farben Grün, Weiß, Schwarz, die die traditionellen Farben der Dynastien der Fatimiden, der Omaijaden und der Abbasiden sind. □ **Nationalhymne:** Hymne ohne Text;

Musik von Mohammed Abd al-Wahhab (1915 geb.). 1971 für amtlich erklärt. □ **Nationalfeiertag:** 2. Dezember (Jahrestag der Unabhängigkeit).

Fläche: 80 000 km². □ **Höchste Erhebung:** Djebel Hafit (nahe der Grenze zum Sultanat Oman) mit 1 189 m.

Klima: Das Klima ist trocken und heiß im Sommer (Durchschnittstemperaturen über 30 °C von Juni bis September). Die jährliche Niederschlagsmenge liegt bei nur 100 mm.

Bevölkerung (1989): 1 700 000 Ew. □ **Durchschnittliche Bevölkerungsdichte:** 21,2 Ew. pro km². □ **Jährliches Bevölkerungswachstum:** 2,3 %. □ **Geburtenrate:** 27 ‰. □ **Sterbeziffer:** 4 ‰. □ **Kindersterblichkeit:** 32 ‰. □ **Lebenserwartung:** 69 Jahre. □ **Anteil unter 15 Jahren:** 30 %. □ **Anteil 65 Jahre und älter:** 1 %. □ **Stadtbevölkerung:** 78 %.

Bruttoinlandsprodukt gesamt (1988): 26,5 Milliarden Dollar. □ **Bruttoinlandsprodukt/Kopf:** 17 320 Dollar.

Produktionsstruktur: Landwirtschaft 6 %; Industrie 19 %; Dienstleistungen 75 %.

Wichtigste Einnahmequellen: Erdöl 69 000 000 t (davon 49 100 000 t in Abu Dhabi).

Verkehr: 1 300 km Straßen.

Exporte (1985): 63,3 % des BIP (14,25 Milliarden Dollar). □ **Importe** (1987): 36,7 % des BIP (9 Milliarden Dollar).

Auslandsschulden (1987): 8,8 Milliarden Dollar.

Militärausgaben (1987): 1,880 Milliarden Dollar. □ **Streitkräfte:** 43 000 Mann. □ **Wehrdienst:** freiwillig.

Staatliche Institutionen

Föderation von Emiraten. Verfassung von 1971. □ Der Oberste Rat, von den Staatsoberhäuptern der 7 Emirate gebildet, wählt den Präsidenten.

Geschichte

Die Vertragsstaaten. Der gemeinsame Name ›Vertragsstaaten‹ (Trucial States) stammt aus dem Vertrag ewigen Friedens, 1853 zusammen mit Großbritannien unterzeichnet. Dieser will das Piratentum und den Sklavenhandel im Persischen Golf unterbinden. 1892 übernimmt das britische Protektorat die außenpolitischen Angelegenheiten aller Emirate.

Die Unabhängigkeit. 1971 vereinen sich sechs Emirate in einer unabhängigen Föderation, der 1972 Ras al-Khaimah beitritt. Die Föderation wird von einer Bundesregierung mit Sitz in Abu Dhabi regiert und von Zayid ibn Sultan al-Nahyan geleitet, der 1976 wiedergewählt wird. Saudi-Arabien erkennt die Föde-

ration an, nachdem es durch das Abkommen von 1974 eine Veränderung der Grenzlinien zu seinen Gunsten erreicht hat (in der Oase Buraimi). Nachdem sie den Handstreich Teherans (1971) gegen drei ihrer Inseln (Abu Musa und die beiden Inseln Tumb) hinnehmen mußte, die in der Straße von Hormus liegen, nimmt die Föderation diplomatische Beziehungen zu Iran auf (1975). Nach der Ernennung eines der Söhne von Zayid, Scheich Sultan, zum Oberbefehlshaber der Streitkräfte und nach der Veröffentlichung eines zentralistisch ausgerichteten Verfassungsentwurfes durch Abu Dhabi bricht eine Krise in der Föderation aus (März 1979). Der Entwurf wird vom Emir Raschid al-Maktum, Herrscher von Dubai und Ministerpräsident der Föderation seit 1979, blockiert. 1981 beteiligen sich die Vereinigten Arabischen Emirate an der Gründung des Golfrates.

KUWAIT AL-KUWAIT

Offizieller Name: Scheichtum Kuwait.

Hauptstadt: Kuwait (Al-Kuwait).
Währung: Kuwait-Dinar (= 1 000 Fils).
Amtssprache: Arabisch.
Überwiegende Religion: Islam.

Staatsoberhaupt: Emir Djabir al-Ahmad al-Djabir al-Sabbah (seit 1978). □ **Ministerpräsident und Kronprinz:** Sad al-Abdallah al-Salim al-Sabbah (seit 1978).

Flagge: Sie wurde 1963 angenommen. Das Grün steht für die Natur, Weiß für die Tugend, Rot für die Tapferkeit und Schwarz für die kuwaitischen Reiter, die auf den Schlachtfeldern Sandwolken aufwirbeln.

Nationalhymne: ›Watani al-kuwayt salimta lil-madjdi / wa ala djabinika taliu al-sadi ya mahda abai al-ula katabu / sifra l-khuludi fa nadat ach-chuhubu‹ (Kuwait, du mein Vaterland, du gibst dein Wohl für die Ehre und dein Gesicht leuchtet vor Glück; O Land meiner berühmten Vorfahren, die die Seiten der Ewigkeit füllten; die Sterne haben ausgerufen, daß Gott größer ist); Text von Ahmad Machari al-Adwani (1923 geb.); Musik von Ibrahim Nasir al-Sula (1935 geb.) 1978 angenommen.

Nationalfeiertag: 25. Februar (gleichzeitig zum Gedenken an die Thronbesteigung des Scheichs Abd Allah 1950 und an die Unabhängigkeit 1961).

Fläche: 17 800 km². □ **Höchste Erhebung:** Al-Chaqaya mit 290 m.
Klima: Wüstenklima mit sehr heißen Sommern: durchschnittlich 35 °C im Juli; von Juli bis September kann das Thermometer 45 °C überschreiten.

Bevölkerung (1989): 2 100 000 Ew. (Kuwaiter). □ **Durchschnittliche Bevölkerungsdichte:** 117 Ew. pro km². □ **Jährliches Bevölkerungswachstum:** 2,7 %. □ **Geburtenrate:** 30 ‰. □ **Sterbeziffer:** 3 ‰. □ **Kindersterblichkeit:** 15 ‰. □ **Lebenserwartung:** 73 Jahre. □ **Anteil unter 15 Jahren:** 40 %. □ **Anteil 65 Jahre und älter:** 1 %. □ **Stadtbevölkerung:** 94 %. □ **Wichtigste Stadt:** Kuwait (295 000 Ew. im Ballungsgebiet).

Bruttoinlandsprodukt gesamt (1987): 18,5 Milliarden Dollar.
Bruttoinlandsprodukt/Kopf: 9 700 Dollar.

Verwaltungsgliederung

Emirate	Fläche (in km²)	Einwohner	Hauptort	Einwohner
Abu Dhabi	74 000	449 000	Abu Dhabi	243 000
Dubai	4 000	300 000	Dubai	266 000
Adjman	250	42 000	Adjman	4 000
Fudjaira	1 150	38 000	Fudjaira	1 000
Ras al-Khaimah	1 625	74 000	Ras al-Khaimah	10 000
Schardja	2 500	184 000	Schardja	21 000
Umm al-Kaiwain	800	14 000	Umm al-Kaiwain	3 000

LÄNDER DER ERDE

Produktionsstruktur: Landwirtschaft 2 %; Industrie 29 %; Dienstleistungen 69 %.

Wichtigste Einnahmequelle: Erdöl 74 100 000 Tonnen (12,6 Milliarden Tonnen Reserve).

Verkehr: 2 154 km Straßen.

Exporte (1985): 45,6 % des BIP (10,99 Milliarden Dollar). ☐ Importe (1985): 22,9 % des BIP (5,52 Milliarden Dollar).

Auslandsschulden (1988): 7,96 Milliarden Dollar.

Inflationsrate (1988): 0,8 %.

Militärausgaben (1989): 1,55 Milliarden Dollar. ☐ Streitkräfte: 20 300 Mann. ☐ Wehrdienst: 24 Monate.

Staatliche Institutionen

Emirat. ☐ Verfassung von 1962. ☐ Der Emir übt die Exekutive aus. ☐ Legislative ist die Nationalversammlung, die in allgemeiner Wahl für 4 Jahre gewählt wird.

Geschichte

Bildung des Emirats und britisches Protektorat. Im 16. Jh. errichteten die Portugiesen bei Kuwait ein Fort. Anfang des 18. Jh. ziehen Beduinen unter dem Druck der Wahhabiten aus dem Westen der Arabischen Halbinsel in das menschenleere, wüstenhafte Gebiet im Osten und lassen sich um 1716 im Gebiet des späteren Kuwait nieder. Unter ihnen spielt bald die Familie al-Sabbah eine beherrschende Rolle. Als Scheichtum ist Kuwait seit 1756 bezeugt. Seit den 20er Jahren des 19. Jh. steht Kuwait unter osmanischer Oberherrschaft. Von ihr sucht es sich durch einen Schutzvertrag mit Großbritannien (23. Jan. 1899) zu lösen, doch durch die britisch-türkische Konvention vom 29. Juli 1913 (nicht ratifiziert) wird Kuwait als autonomes Gebiet innerhalb des Osmanischen Reiches bestätigt. Nach dem Ausbruch des Ersten Weltkrieges kommt Kuwait unter britisches Protektorat. Die planmäßige Erdölförderung (seit 1946 Erdölexport, seit 1960 auch Erdgasexport) führt zu einer Modernisierung der Wirtschaft und zu Veränderungen in der sozialen Struktur des Landes und zu allgemeinem Wohlstand.

Die Unabhängigkeit. 1961 wird Kuwait unabhängig und Mitglied der Arabischen Liga. 1963 verzichtet Irak auf seine Ansprüche auf Kuwait und erkennt dessen Unabhängigkeit an. 1974/75 werden die in ausländischem Besitz befindlichen Erdölfördergesellschaften verstaatlicht. Unter dem Eindruck der islamischen Revolution in Iran (1979) und der Möglichkeit ihres Übergreifens auf die Nachbarländer wachsen die Spannungen mit Iran. Kuwait beteiligt sich 1981 an der Gründung des Golfrates und unterstützt im Golfkrieg die irakische Seite (politisch und wirtschaftlich). Am 2. Aug. 1990 wird Kuwait von Irak (Präsident: Saddam Husain) besetzt und am 8. 8. 1990 annektiert. Nach einem ergebnislosen, vom UN-Sicherheitsrat am 6. 8. 1990 beschlossenen Wirtschaftsembargo gegen Irak und dem Ablauf eines Ultimatums des UN-Sicherheitsrats (vom 29. 11. 1990) erobert vom 17. 1. bis 27. 2. 1991 mit Billigung der UNO eine von den USA geführte Staatenkoalition (westliche und arabische Staaten) unter dem Oberbefehl des amerikanischen Generals N. Schwarzkopf das Gebiet zurück (Golfkrieg). Es erfolgt nun der Wiederaufbau der kuwaitischen Wirtschaft. Über die politische Opposition in Kuwait hinaus wird v. a. in der arabischen Welt eine Demokratisierung des Staatswesens gefordert.

OMAN UMAN

Offizieller Name: Sultanat Oman.

Hauptstadt: Maskat (Musqat). ☐ **Währung:** Oman-Riyal (= 1 000 Baiza). ☐ **Amtssprache:** Arabisch. ☐ **Überwiegende Religion:** Islam. ☐ **Maße und Gewichte:** Metrisches und britisches System.

Staatsoberhaupt: Sultan Qabus ibn Said (seit 1970).

Flagge: Sie wurde 1970 angenommen. Zur roten Farbe der Charidjiten kommen das Weiß des Imamats, das Grün des Dhofar und des Islam. ☐ **Nationalhymne:** ›Ya Rabbana ihfiz lana djalalat as-sultan / wa ch-charbi fi l-awtan / bi l-izzi wa l-aman ...‹ (O Herr, schütze seine Majestät den Sultan und das Volk unserer Erde, mit Ehre und Friede ...). 1970 für amtlich erklärt. ☐ **Nationalfeiertag:** 18. November zum Gedenken an die Wiedererstehung 1970 und an den Geburtstag von Sultan Qabus.

Fläche: 212 000 km². ☐ **Höchste Erhebung:** Djebel Achdar mit 2 980 m.

Bevölkerung (1989): 1 400 000 Ew. (Omaner). ☐ **Durchschnittliche Bevölkerungsdichte:** 6,6 Ew. pro km². ☐ **Jährliches Bevölkerungswachstum:** 3,3 %. ☐ **Geburtenrate:** 46‰. ☐ **Sterbeziffer:** 13‰. ☐ **Kindersterblichkeit:** 100‰. ☐ **Lebenserwartung:** 55 Jahre. ☐ **Anteil unter 15 Jahren:** 44 %. ☐ **Anteil 65 Jahre und älter:** 3 %. ☐ **Stadtbevölkerung:** 9 %. ☐ **Wichtigste Städte:** Maskat (50 000 Ew.), Salala (20 000 Ew.).

Bruttoinlandsprodukt gesamt (1988): 7,89 Milliarden Dollar.
Bruttoinlandsprodukt/Kopf: 5 600 Dollar. ☐ **Produktionsstruktur:** Landwirtschaft 58 %; Industrie 10 %; Dienstleistungen 32 %.
Wichtigste Einnahmequellen: Erdöl 27 700 000 t; Datteln 75 000 t; Bestand an Schafen und Ziegen 400 000 Tiere.
Verkehr: Straßen 3 830 km.
Exporte (1985): 52,6 % des BIP (4,40 Milliarden Dollar). ☐ **Importe** (1985): 36,1 % des BIP (3,02 Milliarden Dollar).

Auslandsschulden (1987): 3,81 Milliarden Dollar.
Militärausgaben (1989): 1,326 Milliarden Dollar. ☐ **Streitkräfte:** 25 500 Mann. ☐ **Wehrdienst:** freiwillig.

Staatliche Institutionen

Monarchie (Sultanat). ☐ Eine Ratsversammlung mit 55 Mitgliedern wird vom Sultan ernannt.

Geschichte

Vom Weihrauch zum Erdöl. Die Halbinsel Oman, die Weihrauch produziert, ist in der Antike im Handel besonders aktiv. Sie dient den Charidjiten der Ibaditen-Sekte als Zuflucht, die ihren ersten Imam um 750 wählen. Die Portugiesen bemächtigen sich der Häfen von Maskat und Sohar 1508; 1649–50 vertreiben die Omaner sie jedoch und erobern auf Kosten der Portugiesen die Ostküste Afrikas: Mombasa, Kilwa, Sansibar und Pemba. 1861 verlieren sie das Sultanat Sansibar, das unabhängig wird. Ende des 19. Jh. unterstützen die Briten die Dynastie der Bu Said (die seit 1750 über das Sultanat Maskat und Oman herrscht). Ab 1949 kommt es nach den ersten Erdölfunden zu Auseinandersetzungen mit Saudi-Arabiens. Nach 1967 ermöglicht der Erdölexport den Beginn der Modernisierung. Der Staat kontrolliert die *Petroleum Development (Oman) Limited,* die fast die gesamte Menge an Erdöl fördert.

Das Sultanat Oman. Der Sultan Qabus ibn Said übernimmt die Macht im Jahr 1970 und gibt seinem Sultanat den Namen Oman. Der Ostteil des Hadramaut, der Dhofar, ist 1964 Schauplatz eines schweren Aufstandes. Ende 1971 schließen sich die aufständischen Bewegungen in der Volksfront zur Befreiung Omans und der Arabischen Golfs (F.P.L.O.G.A.) zusammen, der vor allem die Militärhilfe Süd-Jemens zugute kommt. Von 1973 bis 1975 beteiligen sich iranische und jordanische Truppen an der großen erfolgreichen Offensive gegen die Rebellen. Trotz des Waffenstillstands von 1976 bleibt die Lage gespannt. Oman ist neben dem Sudan der einzige arabische Staat, der die Abkommen von Camp David (1978) und den Friedensvertrag zwischen Ägypten und Israel begrüßt hat. 1980 genehmigt er einen amerikanischen Stützpunkt auf der Insel Masira. Der Sultan läßt 1981 sein Land dem Golfrat beitreten und normalisiert 1982–83 die Beziehungen zur Demokratischen Republik Jemen.

JEMEN

AL-YAMAN

Offizieller Name: Jemenitische Republik.

Hauptstadt: Sanaa ☐ **Währung:** Jemen-Rial (= 100 Fils) und Jemen-Dinar (= 1 000 Fils). Beide Währungen sind im gesamten Land gültig (26 Jemen-Rial = 1 Jemen-Dinar). ☐ **Amtssprache:** Arabisch. ☐ **Überwiegende Religion:** Islam.

Staatspräsident: Ali Abdallah al-Salih (seit 1978). ☐ **Vize-Präsident:** Abu Bakr al-Attas.

Klimadaten

Stadt	Höhe (m ü. M.)	Mittlere Temperatur des kältesten Monats (in °C)	Mittlere Temperatur des wärmsten Monats (in °C)	Jährliche Niederschläge (in mm)	Anzahl der Tage mit Niederschlägen pro Jahr
Maskat	14	22	34	106	8
Salalah	17	23	29	94	27
Insel Masirah	16	22	31	81	26

Das Wüstenklima ist auch im Winter relativ warm. Von Mai bis Oktober herrscht große Hitze, besonders im trockenen Norden.

491

LÄNDER DER ERDE

ARABISCHE HALBINSEL

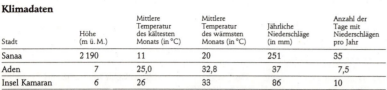

Klimadaten

Stadt	Höhe (m ü. M.)	Mittlere Temperatur des kältesten Monats (in °C)	Mittlere Temperatur des wärmsten Monats (in °C)	Jährliche Niederschläge (in mm)	Anzahl der Tage mit Niederschlägen pro Jahr
Sanaa	2 190	11	20	251	35
Aden	7	25,0	32,8	37	7,5
Insel Kamaran	6	26	33	86	10

Das Klima ist allgemein trocken und an der Küste im Sommer sehr heiß. Im bergigen Hinterland und im Hochland gemäßigtere Temperaturen und höhere Niederschläge.

□ Ministerpräsident: Abd al-Asis Abd al-Ghani (seit 1983).

Flagge: In dieser Form seit 1990. Sie enthält das Rot der Revolution, das Weiß des Fortschritts und das Schwarz der dunklen Tage der Vergangenheit. □ Nationalhymne: ›Fi zilli rayati thawrati / a lantu djumhuriyyati / Yamaji s-saidatu muniyati / inni waha btuka mudjati ...‹ (Unter der Fackel meiner Revolution habe ich meine Republik ausgerufen / Glücklicher Jemen, du bist mein Wunsch, dir ist mein Leben geweiht ...). 1981 für amtlich erklärt (Nord-Jemen). □ Nationalfeiertag: 22. Mai, Jahrestag der Vereinigung von 1990. Fläche: 530 000 km². □ Höchste Erhebung: Djebel Kahir im Nabi Schuaib mit 3 760 m.

Bevölkerung (1989): 11,4 Millionen Ew. (Jemeniten). □ Durchschnittliche Bevölkerungsdichte: 24 Ew. pro km². □ Jährliches Bevölkerungswachstum: 3,4 % (Nord-Jemen), 3 % (Süd-Jemen). □ Geburtenrate: 52 ‰ (Nord), 47 ‰ (Süd). □ Sterbeziffer: 18 ‰ (Nord), 17 ‰ (Süd). □ Kindersterblichkeit: 132 ‰ (Nord), 135 ‰ (Süd). □ Lebenserwartung: 48 Jahre. □ Anteil unter 15 Jahren: 49 % (Nord), 48 % (Süd). □ Anteil 65 Jahre und älter: 3 %. □ Stadtbevölkerung: 20 % (Nord), 40 % (Süd).

Bruttoinlandsprodukt gesamt (1987): 5,20 Milliarden Dollar (Nord), 940 Millionen Dollar (Süd). □ Bruttoinlandsprodukt/Kopf: 800 Dollar (Nord), 409 Dollar (Süd).

Produktionsstruktur: Landwirtschaft 64 % (Nord), 36 % (Süd); Industrie 12 % (Nord), 25 % (Süd); Dienstleistungen 24 % (Nord), 39 % (Süd).

Verkehr: 3 740 km Straßen.

Exporte (1986, Nord): 0,3 % des BIP (= 10 Millionen Dollar); (1985, Süd), 2,8 % des BIP (= 30 Millionen Dollar). □ Importe (1986, Nord): 30 % (= 1,24 Milliarden Dollar); (1985, Süd), 75,2 % des BIP (= 820 Millionen Dollar).

Auslandsschulden (1987): 2,64 Milliarden Dollar (Nord), 1,78 Milliarden Dollar (Süd).

Militärausgaben (1984): 597 Millionen Dollar (Nord), 193 Millionen Dollar (Süd). □ Streitkräfte: 60 000 Mann. □ Wehrdienst: 24 Monate.

Die wichtigsten Städte

Aden	285 000	Taiz	120 000
Sanaa	278 000	Mukalla	50 000
Hodeida	126 000		

Erzeugung wichtiger Güter (Nord-Jemen)

Sorghum	391 000 Tonnen
Tabak	7 000 Tonnen
Baumwolle	2 000 Tonnen
Kaffee	3 000 Tonnen
Schaf- und Ziegenbestand	4,1 Millionen Tiere
Fischfang	18 300 Tonnen
Salz	72 000 Tonnen
Strom	350 Millionen kWh

Staatliche Institutionen

Republik. □ Verfassung von 1990 (1981 entworfen). □ Der Staatspräsident wird auf 5 Jahre gewählt. Das Parlament hat 301 Abgeordnete und wird für 4 Jahre gewählt.

Geschichte

Altertum. Der Südwesten der Arabischen Halbinsel, ein im Rahmen der vorderasiatischen Trockengebiete begünstigtes (weil beregnetes) Gebiet, ist im Altertum wegen seiner fruchtbaren Täler als ›Glückliches Arabien‹ (›Arabia felix‹) bekannt. Am Ostrand des Gebirges entwickeln sich im 1. Jahrtausend die Reiche Main (im Norden), Saba (im Zentrum; wahrscheinlich im 11. Jh. v. Chr. gegründet), Kataban (im Südwesten) und Hadramaut (im Süden). Sie sind dank der Gewinnung von Weihrauch, der über die Weihrauchstraße in den östlichen Mittelmeerraum gelangt, und dank ihrer Lage im Zentrum der Handelswege zwischen Indien, Ostafrika und dem Mittelmeerraum wohlhabend und werden wahrscheinlich ab dem 1. Jh. n. Chr. von den Himjariten beherrscht. Das Land wird dann von den Äthiopiern (521–575) und anschließend von den sassanidischen Persern besetzt.

In der islamischen Welt. Nach 628 wird der Jemen eine Provinz des Kalifats von Bagdad, aus dessen Hoheitssphäre er sich mit dem Auftreten der Saiditen (seit 897 im Jemen, seit 901 in Sanaa, Gründung des Imamats) zu lösen beginnt. Er zerfällt dann in kurzlebige Stammesherrschaften, die 1173–1229 unter den in Ägypten und Syrien herrschenden Ajubiden zusammengefaßt werden. Von diesen lösen sich die Rasuliden und führen das Land zu hoher Blüte (1228–1454). Die Osmanen bemächtigen sich der Küste des Jemen (1517) und Adens (1538), nach der Eroberung von Sanaa 1871 richten sie ein Verwaltungsgebiet Jemen ein. Die Briten erobern Aden (1839) und errichten ihr Protektorat über den gesamten Süden des Jemen.

Geschichte des Nord-Jemen

Der Untergang des Saiditen-Imamats. Mit dem Zusammenbruch des Osmanischen Reiches (1918) entsteht ein selbständiges Königreich; der Saiditen-Imam nimmt den Königstitel an. 1934 muß er in einem Vertrag von Taif die Annektierung des Asir durch Saudi-Arabien anerkennen. Seit Gründung (1945) der Arabischen Liga ist der Jemen fest in sie eingebunden. Ein Militärputsch stürzt im Sept. 1962 den Imam Muhammed al-Badr, und in Sanaa wird die Republik ausgerufen.

Der Bürgerkrieg. Von 1962 an kämpfen die Royalisten, die Imam Muhammad al-Badr treu ergeben sind, der in Saudi-Arabien eine Exilregierung gegründet hat, gegen die Republikaner unter der Führung des Oberst Sallal bis 1967. Trotz eines Ende 1967 getroffenen Abkommens unter der Schirmherrschaft Saudi-Arabiens und Ägyptens wird der Frieden im Land erst in der Zeit nach 1970 wiederhergestellt.

Jüngere Entwicklung. Oberst Ibrahim al-Hamdi, der 1974 die Macht übernimmt und die Autorität der Zentralregierung über den gesamten südlichen Jemen herstellen kann, wird 1977 ermordet. Der seit 1978 amtierende Präsident der Republik Ali Abdallah al-Saleh bekämpft die Opposition der nationalistischen Linken. Es gelingt ihm, die großen Stämme für sich zu gewinnen oder sich zumindest ihre Neutralität zu sichern.

Erzeugung wichtiger Güter (Süd-Jemen)

Schaf- und Ziegenbestand	2 600 000 Tiere
Fischfang	130 000 Tonnen
Salz	76 000 Tonnen
Strom	280 Millionen kWh

Geschichte des Süd-Jemen

Das Protektorat von Aden. 1839 erobert die britische Ostindische Kompanie die Halbinsel Aden und unterstellt sie ihrer Verwaltung. 1937 löst die britische Regierung das Gebiet aus der Verwaltung von Britisch-Indien und erklärt es zur Kronkolonie, 1963 zum Staat ›Aden‹, der sich mit der ›Föderation der arabischen Emirate des Südens‹ zur ›Südarabischen Föderation‹ zusammenschließt. Nach Abzug der britischen Truppen 1967 setzen sich revolutionäre Kräfte durch. Sie wandeln das monarchisch-föderative System der Emirate in einen kommunistischen Einheitsstaat um.

Die demokratische Volksrepublik. Die F.N.L. (Nationale Befreiungsfront) übernimmt die Macht, die von der FLOSY (Front zur Befreiung des besetzten Süd-Jemen) angefochten wird. Die F.N.L. wird nach dem Putsch von Ali Rubaiji (1969) radikaler, verabschiedet eine Agrarreform und gibt dem Land eine marxistisch-leninistisch orientierte Verfassung. Sie unterstützt die palästinensischen Organisationen, die Guerilla des Dhofar in Oman und die Eritreas in Äthiopien. Allerdings normalisiert sie 1976 ihre Beziehungen mit Saudi-Arabien. Das Regime wird noch radikaler unter der Leitung von Ali Nasir Muhammad, Ministerpräsident (1978) und ab 1980 Parteivorsitzender und Staatschef. Anfang 1979 brechen Feindseligkeiten zwischen den beiden Jemen aus. 1986 wird Ali Nasir Muhammad bei einem Staatsstreich von Abu Bakr al-Attas gestürzt.

Das Vereinigte Jemen

1988 wird zwischen den Regierungen von Nord- und Süd-Jemen ein Abkommen über gemeinsame Nutzung von neu entdeckten Erdölvorkommen im Grenzgebiet geschlossen. Am 22. Mai 1990 vereinen sich die Jemenitische Arabische Republik (Nord-Jemen) und die Demokratische Volksrepublik Jemen (Süd-Jemen); die Neue Republik Jemen wird proklamiert. 1992 soll der Vertrag in Kraft treten und sollen Parlamentswahlen stattfinden. Der Präsident von Nord-Jemen wird zum Staatspräsidenten, der Generalsekretär der sozialistischen Einheitspartei von Süd-Jemen zum Vizepräsidenten bestimmt. Sanaa soll die Hauptstadt, Aden die Wirtschaftsmetropole werden.

LÄNDER DER ERDE

MITTLERER OSTEN

TÜRKEI TÜRKIYE

Offizieller Name: Türkische Republik.

Hauptstadt: Ankara. □ **Währung:** Türkische Lira (= 100 Kuruş). □ **Amtssprache:** Türkisch. □ **Überwiegende Religion:** Islam. **Staatspräsident:** Turgut Özal (seit 1989). □ **Ministerpräsident:** Yildirim Akbulut (seit 1989).

Flagge: Der Stern wurde 1844 unter Sultan Selim III. zu der 1793 geschaffenen Flagge hinzugefügt. Sie wurde 1936 offiziell angenommen. Ab dem 8. Jh. v. Chr. stellt die Mondsichel die Schutzgöttin von Byzanz dar. Eine spätere Legende schreibt die Vision eines riesigen Mondes dem Sultan Osman I. (1299–1326) zu, als Zeichen, daß Gott ihm aufgetragen habe, die heidnische Welt zu erobern.

Nationalhymne: ›Korkma sönmez bu afaklarda yüzen alsancak / Sönmeden yurdumun üstünde tüten en son ocak / o benim milletimin yildizidir parlayacak / O benim-dir, o benim milletimindir ancak.‹ (Habe keine Angst. Diese Purpurfahne wird nie untergehen. Sie ist das letzte Feuer, das für mein Volk brennt, und wird nie ausgelöscht werden, dies ist der Stern meiner Nation, der für immer leuchten wird, dies ist der Stern meiner Nation, und er gehört mir). Text von Mehmed Akif Ersoy (1873–1936); Musik von Osman Zeki Üngör (1880–1958). Am 12. März 1921 für amtlich erklärt.

Nationalfeiertag: 29. Oktober, Jahrestag der Ausrufung der Republik.

Fläche: 780 000 km². □ **Höchste Erhebung:** Ararat mit 5 165 m.
Bevölkerung (1989): 55 400 000 Ew. (Türken). □ **Durchschnittliche Bevölkerungsdichte:** 71 Ew. pro km². □ **Jährliches Bevölkerungswachstum:** 3,2 %. □ **Geburtenrate:** 30 ‰. □ **Sterbeziffer:** 8 ‰. □ **Kindersterblichkeit:** 81 ‰. □ **Lebenserwartung:** 62 Jahre. □ **Anteil unter 15 Jahren:** 37 %. □ **Anteil 65 Jahre und älter:** 4 %. □ **Stadtbevölkerung:** 48 %.

Die wichtigsten Städte

Istanbul	2 853 000	Eskişehir	367 000
Ankara	2 204 000	Kirikkale	321 000
Izmir	946 000	Mersin	314 000
Adana	575 000	Samsun	280 000
Bursa	445 000	Diyarbakir	236 000
Konya	439 000	Ismit	236 000
Kayseri	378 000	Kahramanmaraş	212 000
Gaziantep	374 000	Urfa	206 000

Klimadaten

Stadt	Höhe (m ü. M.)	Mittlere Temperatur des kältesten Monats (in °C)	Mittlere Temperatur des wärmsten Monats (in °C)	Jährliche Niederschläge (in mm)
Istanbul	40	5,5	23,5	815
Ankara	880	0	23	370
Erzurum	1 870	−8,5	19	450
Adana	25	9,5	27,5	640
Izmir	28	8,5	27	650
Samsun	40	6,5	22,5	740

In Adana, Istanbul und Izmir haben die Temperaturen schon 40 °C überschritten. Sie sind auch schon auf −25 °C in Ankara und unter −30 °C in Erzurum gesunken.

Bruttoinlandsprodukt gesamt (1988): 67,1 Milliarden Dollar.
Bruttoinlandsprodukt/Kopf: 1 240 Dollar.
Produktionsstruktur: Landwirtschaft 58 %; Industrie 17 %; Dienstleistungen 25 %. □ **Arbeitslosenquote** (1986): 14 %.
Verkehr: 319 133 km Straßen (davon 41 120 km asphaltiert); 8 400 km Eisenbahnnetz.
Exporte (1987): 15,7 % des BIP (10,3 Milliarden Dollar). □ **Importe** (1987): 21,9 % des BIP (7 Milliarden Dollar).
Auslandsschulden (1987): 33,6 Milliarden Dollar. □ **Inflationsrate** (1988): 75,4 %.
Militärausgaben (1988): 2,158 Milliarden Dollar. □ **Streitkräfte:** 650 900 Mann. □ **Wehrdienst:** 18 Monate.

Staatliche Institutionen

Republik. □ Verfassung von 1982. □ Der Staatspräsident wird in allgemeiner Wahl für 7 Jahre gewählt und ernennt den Ministerpräsidenten. □ Die Nationalversammlung wird für 5 Jahre in allgemeiner Wahl gewählt.

Geschichte

Das antike Anatolien. Anatolien ist seit der Vorgeschichte bevölkert (Kulturstufe von Çatal Hüyük). Um 3000 v. Chr. entstehen Stadtstaaten, mit denen die Mesopotamier und die Syrer Handel treiben. Um 1900 v. Chr. richten Assyrer und Amoriter in Kappadokien Handelskolonien ein; vom 18. bis zum 12. Jh. v. Chr. teilen sich verschiedene Königreiche (Hethiter, Hurriter, Luwier) und griechische Kolonien (Troja, Milet) Anatolien. Mit der Invasion der ›Barbaren aus dem Norden‹ beginnt die Zeit der dunklen Jahrhunderte (um 1200–900 v. Chr.). Im 9. Jh. v. Chr. gewinnt Anatolien neue Bedeutung mit den Königrei-

Erzeugung ausgewählter Güter u. a. wichtige Erwerbsquellen

Weizen	20,5 Millionen Tonnen
Tabak	180 000 Tonnen
Tee	152 000 Tonnen
Baumwolle	566 000 Tonnen
Zitrusfrüchte	1,12 Millionen Tonnen
Rinderbestand	12 Millionen Tiere
Wolle	62 000 Tonnen
Fischfang	625 700 Tonnen
Braunkohle	37,8 Millionen Tonnen
Chrom	355 000 Tonnen
Strom	44 Milliarden kWh
Baumwollfasern	468 000 Tonnen
Tourismus	2,39 Millionen Auslandsgäste

chen Urartu (9.–6. Jh. v. Chr.), Phrygien und Lydien (8.–6. Jh. v. Chr.).

Das griechische Kleinasien. Die Kolonisation der Griechen in Kleinasien beginnt ab der zweiten Hälfte des 2. Jahrtausends. Nach den medischen Kriegen kommen die Griechen in Asien unter den Einfluß Athens. Der Zusammenschluß der Festlandsgriechen mit denen Kleinasiens erfolgt bei ihrer Unterwerfung unter das Königreich Makedonien. Der Wohlstand der griechischen Städte in Kleinasien stabilisiert sich in der hellenistischen Zeit. Kleinasien kommt schließlich unter den Einfluß der Attaliden von Pergamon (um 283–133 v. Chr.).

Von den Römern zu den Byzantinern. 133 v. Chr. tritt Attalos seine Besitzungen an Rom ab, das sie zur Provinz Asia macht (129). Ab der Regierungszeit Diokletians (284–305) erfordert die Regierung des römischen Reiches zwei Kaiser zur gleichen Zeit, einen für den Westen und einen für den Osten. 395, nach der Ermordung des Theodosius, wird der Osten seinem Sohn Arkadius und der Westen seinem anderen Sohn Honorius übergeben; so entsteht das byzantinische Reich mit der Hauptstadt Konstantinopel. Es besitzt eine starke staatliche Einheit aufgrund der gemeinsamen griechischen Sprache und des christlichen Glaubens. In seiner Blütezeit unter der makedonischen Dynastie (867–1057) wird es Ende des 11. Jh. von den Türken angegriffen. 1204 nehmen die Kreuzfahrer Konstantinopel. Danach überdauert das byzantinische Reich bis 1453 (Fall Konstantinopels) und als Königreich Trapezunt bis 1461.

Das Sultanat Rum. Die Seldschuken, aus einem Stamm der Ogusen hervorgegangen, verlassen Ende des 10. Jh. den unteren Lauf des Syrdaria. Unter der Führung von Alp Arslan (1063–1073) schlagen sie die byzantinische Armee bei Manzikert (1071). Die türkischen Nomaden breiten sich in Kleinasien aus. Sulaiman ibn Kutlumusch (1077–1086) gründet dort das Sultanat Rum (1077–1307/1308) und macht Nikäa zu seiner Hauptstadt (1081). Aber Kilidsch Arslan (oder Kiliç Arslan) I. (1092–1107), der von den Kreuzfahrern bei Doryläa besiegt wird, muß sich nach Konya zurückziehen. Die Rum-Seldschuken können sich nach der Eroberung durch die Mongolen nur noch in der Funktion von Vasallen halten.

Die Osmanen. Um 1299 macht sich Osman von den Seldschuken unabhängig. Sein Sohn Orchan erobert Bursa und macht es zu seiner Hauptstadt, faßt dann in Gallipoli (1354) Fuß in Europa. Murad I. (1359–1389) erobert Adrianopel, Thrakien, Makedonien und Bulgarien. Aber das von den Osmanen gegründete Reich wird vom Angriff Timur-Lengs (Tamerlan) erschüttert, der Bajasid I. 1402 besiegt. Mehmed I. (1413–1421) errichtet das anatolische Reich wieder neu, und Murad II. (1421–1451) dringt erneut nach Europa vor. Schließlich erobert Mehmed II. (1451–1481) Konstantinopel (1453), das zu einer der Metropolen des Islam wird. Nach den Eroberungen von Selim I. (1512–1520), der sich Ostanatoliens, Syriens und Ägyptens bemächtigt, ergibt sich der letzte Abbasiden-Kalif Konstantinopel. Ab dem 18. Jh. tragen die osmanischen Sultane unter Berufung auf ihr religiöses Erbe den Titel eines Kalifen. Mit Sulaiman dem Prächtigen (1520–1566), der seine Herrschaft über Ungarn, Algerien, Tunesien und Tripolitanien ausdehnt, erlebt das Reich seine Blütezeit. Auf die Eroberung Zyperns folgt die Katastrophe von Lepanto (1571). Die Niederlage vor Wien (1683) führt zur Bildung einer

493

LÄNDER DER ERDE

MITTLERER OSTEN

Türkei   0   300 km

Liga gegen die Türken (Österreich, Venedig, Polen, Rußland).

Der Vertrag von Karlowitz (1699) markiert den ersten Rückzug der Osmanen. Der Vertrag von Passarowitz (1718) bestätigt den Sieg der Österreicher, der von Küçük Kaynarcı (1774) signalisiert den Aufstieg des russischen Reiches. Mahmud II. (1808–1839) muß die Unabhängigkeit Griechenlands anerkennen (1830) und die Eroberung Algeriens durch Frankreich hinnehmen. Sein Nachfolger Abdülmedjid (1839–1876) veröffentlicht den Tanzimat, ein Edikt, das Reformen einleitet. Der Pariser Kongreß (1856) stellt das Reich unter den Schutz der Großmächte. Unter Abdülasis (1861–1876) und Abdülhamid II. (1876 bis 1909) verliert das Reich Serbien, Rumänien, Tunesien und Bulgarien. Die Jungtürken übernehmen 1909 die Macht. Nach den Balkankriegen (1912–13) behalten die Osmanen in Europa nur noch Ostthrakien. Dann engagiert sich das Reich im Ersten Weltkrieg an der Seite Deutschlands. Nach dem Waffenstillstand von Mudros (1918) wird es von den Alliierten besetzt und aufgeteilt.

Die Türkei der Neuzeit. Ab 1919 organisiert Mustafa Kemal den nationalen Widerstand in Anatolien. Die nationale Große Versammlung in Ankara wählt ihn zum Präsidenten (April 1920). Die von den Briten unterstützten Griechen landen in Kleinasien (Juni), und Sultan Mehmed VI. unterzeichnet den Vertrag von Sèvres (August). Mustafa Kemal schlägt die Griechen, die den Waffenstillstand von Mudanya unterzeichnen (1922). Er schafft das Sultanat ab. Die Republik wird 1923 eingerichtet. Mustafa Kemal, später Atatürk genannt, wird ihr Präsident und regiert mit der republikanischen Volkspartei, die er gerade gegründet hat. In demselben Jahr legt der Vertrag von Lausanne die Grenzen der Türkei fest. Armenier und Kurden werden von den Alliierten, die sie unterstützten, aufgegeben. Das Kalifat wird abgeschafft (1924). Mustafa Kemal beginnt die nationale Revolution, um aus der Türkei einen weltlichen, modernen und westlich orientierten Staat zu machen. Bei seinem Tod (1938) wird İsmet İnönü Präsident der Republik. Die Türkei, die während des Zweiten Weltkrieges neutral geblieben ist, profitiert vom Marshallplan (1947). 1950 kommt Menderes, der Führer der demokratischen Partei, an die Macht. Unter ihm tritt die Türkei der NATO bei (1952). 1960 übernimmt General Gürsel die Macht und ist von 1961 bis 1966 Präsident der Republik. Koalitionsregierungen, die von İ. İnönü (1961–1965) und dann von S. Demirel (1965–1971) gebildet werden, regieren das Land. Aber die Unruhen von 1970–1972 führen zum Eingreifen der Armee.

Die Landung der türkischen Truppen auf Zypern jedoch (1974) sichert die Popularität des Ministerpräsidenten B. Ecevit. Demirel und Ecevit regieren abwechselnd, während sich die wirtschaftliche Lage katastrophal verschlechtert und sich bürgerkriegsähnliche Zustände entwickeln. Die Militärchefs unter der Führung von Kenan Evren übernehmen 1980 die Macht. 1983 werden die politischen Parteien wieder neu zugelassen, und Turgut Özal bildet eine Zivilregierung. Er wird 1989 Staatspräsident.

ZYPERN KYPROS, KIBRIS

Offizieller Name: Republik Zypern.

Hauptstadt: Nikosia (Lefkosia, Lefkoşa). □
Währung: Zypern-Pfund (= 100 Cents). □
Amtssprachen: Griechisch und Türkisch. □
Überwiegende Religion: Christentum.

Staats- und Regierungschef: Georgios Vassiliu (seit 1988).

Flagge: Sie wurde im griechischen Teil der Insel eingeführt. Der weiße Grund und die Ölzweige geben dem Wunsch nach Frieden Ausdruck. □ **Nationalhymne:** Griechische Nationalhymne; der ›unabhängige zypriotische türkische Staat‹ hat die türkische Nationalhymne

Klimadaten

Stadt	Mittlere Temperatur des kältesten Monats (in °C)	Mittlere Temperatur des wärmsten Monats (in °C)	Jährliche Niederschläge (in mm)
Nikosia	10	29	360
Kerynia	12,5	28	575
Larnaka	12	28	450

In Nikosia ist das Thermometer schon über 40 °C zwischen Mai und Oktober gestiegen, aber auch schon von November bis März unter den Gefrierpunkt gesunken.

Erzeugung ausgewählter Güter u. a. wichtige Erwerbsquellen

Wein	600 000 Hektoliter
Zitrusfrüchte	310 000 Tonnen
Kartoffeln	260 000 Tonnen
Schafbestand	500 000 Tiere
Kupfer	1 140 Tonnen
Asbest	11 700 Tonnen
Strom	1,4 Milliarden kWh
Tourismus	900 700 Auslandsgäste

angenommen. Bei der Ausrufung der Republik ist eine zypriotische Hymne (nicht amtlich) gespielt worden. □ **Nationalfeiertag:** 1. Oktober.

Fläche: 9 251 km². □ **Höchste Erhebung:** Olympus mit 1 953 m.

Bevölkerung (1989): 700 000 Ew. (Zyprioten). □ **Durchschnittliche Bevölkerungsdichte:** 78 Ew. pro km². □ **Jährliches Bevölkerungswachstum:** 1 %. □ **Geburtenrate:** 19 ‰. □ **Sterbeziffer:** 9 ‰. □ **Kindersterblichkeit:** 11 ‰. □ **Lebenserwartung:** 76 Jahre. □ **Anteil unter 15 Jahren:** 25 %. □ **Anteil 65 Jahre und älter:** 10 %. □ **Stadtbevölkerung:** 49,5 %.
Wichtigste Orte und Städte: Nikosia (164 000 Ew.), Limassol (81 000 Ew.), Famagusta (39 000 Ew.), Larnaka (20 000 Ew.).

Bruttoinlandsprodukt gesamt (1988): 4,10 Milliarden Dollar. □ **Bruttoinlandsprodukt/Kopf:** 5 960 Dollar.

Produktionsstruktur: Landwirtschaft 21 %; Industrie 21 %; Dienstleistungen 58 %. □ **Arbeitslosenquote:** nicht verfügbar.

Verkehr: 5 448 km Straßen.

Exporte (1985): 18,9 % des BIP (0,5 Milliarden Dollar). □ **Importe** (1985): 50,6 % des BIP (1,34 Milliarden Dollar).

Auslandsschulden (1987): 2,46 Mio. Dollar.

Inflationsrate (1988): 3,4 %.

Militärausgaben (1987): 92 Millionen Dollar. □ **Streitkräfte:** 13 000 Mann. □ **Wehrdienst:** 26 Monate.

Staatliche Institutionen

Republik. Mitglied des Commonwealth. □ Verfassung von 1960. □ Abgeordnetenhaus, in das die Türken seit 1963 keine Vertreter mehr entsenden. □ Der Staatspräsident wird in allgemeiner Wahl für 5 Jahre gewählt. Seit 1975 hat sich die türkische Bevölkerung eigene Institutionen eingerichtet.

Geschichte

Die Antike. Die im 7. Jahrtausend bevölkerte Insel exportiert ab 2500 v. Chr. Kupfer und Holz. Sie ist eine Drehscheibe des Handels mit der Ägäis, Ägypten und Phönizien. Zypern ist bis zur Herrschaft der Ptolemäer (3. bis 2. Jh. v. Chr.) in etwa zehn Königreiche aufgeteilt und wird 58 v. Chr. römische Provinz. Anschließend ist sie Teil des oströmischen und des byzantinischen Reiches.

Ein strategisches Objekt. Die Insel, die während des 3. Kreuzzuges (1191) von Richard Löwenherz erobert wird, fällt unter die Herrschaft des Hauses Lusignan (1192 bis 1489). Sie wird zu einem Königreich erhoben (1197) und nach dem Fall von Akko (1291) das wichtigste Zentrum der römischen Kirche im Osten. Zypern, das von den Türken (1570–71) erobert wird, wird zu einem osmanischen Verwaltungsgebiet. Die orthodoxe Kirche wird wieder eingeführt mit einem Erzbischof an der Spitze, der die griechische Gemeinschaft der Insel vertritt.

1878 wird die Insel an die Briten abgetreten, die sie 1925 zu einer Kronkolonie machen. In den 50er Jahren unterstützen die Griechen, die für die Vereinigung mit Griechenland sind, den Kampf des Erzbischofs Makarios.

LÄNDER DER ERDE

Die Unabhängigkeit. Zypern wird 1960 unabhängig. Eine von einem griechischen Präsidenten (Erzbischof Makarios) und einem türkischen Vize-Präsidenten (F. Küçük) geführte Republik wird eingerichtet. Makarios wird 1974 durch einen Staatsstreich, der von der griechischen Militärjunta geführt wird, gestürzt. Türkische Truppen besetzen den Norden der Insel. Nach der Rückkehr von Makarios (Dez. 1974) rufen die türkischen Zyprioten ihr Gebiet einseitig zum ›autonomen Staat‹ aus. S. Kiprianu, Staatschef seit dem Tod von Makarios 1977, lehnt die Anerkennung des türkischen Teils der Insel ab. 1988 übernimmt Georgios Vassiliu das Amt des Staatspräsidenten.

LIBANON LUBNAN

Offizieller Name: Libanesische Republik.

Hauptstadt: Beirut. ◻ **Währung:** Libanesisches Pfund (= 100 Piastres). ◻ **Amtssprache:** Arabisch. ◻ **Überwiegende Religionen:** Islam, Christentum.

Staatspräsident: Elias Hrawi (seit 1989). ◻ **Ministerpräsident:** Selim Hoss (seit 1987).

Flagge: Sie wurde 1943 angenommen. Das Rot des Opfers und das Weiß des Friedens tragen die Zeder der Heiligkeit, Ewigkeit und des Friedens. ◻ **Nationalhymne:** ›Kulluna li l-watan / li lúla ni l-alam ...‹ (Alle für das Vaterland/für die Größe und für die Flagge ...); Text von Raschid Nakhla (1873–1939); Musik von Wadi Sabra (1876–1952). 1927 für amtlich erklärt. ◻ **Nationalfeiertag:** 22. November, Jahrestag der Unabhängigkeit (1944).

Fläche: 10 400 km². ◻ **Höchste Erhebung:** Kurnet es-Sanda mit 3 083 m.

Bevölkerung (1989): 3 300 000 Ew. (Libanesen). ◻ **Durchschnittliche Bevölkerungsdichte:** 317 Ew. pro km². ◻ **Jährliches Bevölkerungswachstum:** 2,1 %. ◻ **Geburtenrate:** 28‰. ◻ **Sterbeziffer:** 7‰. ◻ **Kindersterblichkeit:** 40‰. ◻ **Lebenserwartung:** 65 Jahre. ◻ **Anteil unter 15 Jahre:** 40 %. ◻ **Anteil 65 Jahre und älter:** 5 %. ◻ **Stadtbevölkerung:** 80 %.

Bruttoinlandsprodukt gesamt (1987): 3 Milliarden Dollar.

Bruttoinlandsprodukt/Kopf: 1 000 Dollar.

Produktionsstruktur: Landwirtschaft 11 %; Industrie 20 %; Dienstleistungen 69 %.

Arbeitslosenquote: nicht veröffentlicht.

Erzeugung wichtiger Güter

Zitrusfrüchte	270 000 Tonnen
Schafbestand	135 000 Tiere
Strom	1,35 Milliarden kWh

Klimadaten

Stadt	Mittlere Temperatur des kältesten Monats (in °C)	Mittlere Temperatur des wärmsten Monats (in °C)	Jährliche Niederschläge (in mm)	Anzahl der Tage mit Niederschlägen pro Jahr
Beirut	13	27,5	895	68
Zahle (930 m ü. M.)	6	24	585	67

In Beirut kann die Temperatur von Dezember bis Februar (leicht) unter den Gefrierpunkt sinken, hat jedoch im Mai schon 42 °C erreicht.

Verkehr: 6 520 km Straßen; 415 km Eisenbahnnetz.

Exporte (1986): 19,3 % des Bruttoinlandsprodukts (580 Millionen Dollar). ◻ **Importe** (1986): 9,6 % des Bruttoinlandsprodukts (287 Millionen Dollar). ◻ **Auslandsschulden** (1987): 982 Millionen Dollar.

Staatliche Institutionen

Republik. ◻ Verfassung von 1926 und ›Nationalpakt‹ von 1943. ◻ Die Abgeordnetenkammer wird in allgemeiner Wahl gewählt. ◻ Staatspräsident (aus der Maronitengemeinschaft), Ministerpräsident (aus der sunnitischen Gemeinschaft), Vorsitzender des Parlaments (aus der schiitischen Gemeinschaft).

Geschichte

Die Antike. Die libanesische Küste ist ab dem 3. Jahrtausend von den Kanaanitern, dann von den Phönikern besetzt, die die Stadtstaaten Byblos, Berytos (heute Beirut), Sidon und Tyros gründen. Ab dem 7. Jh. v. Chr. befindet sich Phönikien unter der Herrschaft der Assyrer, Ägypter, Perser, Babylonier und der Griechen. Es ist Teil der römischen Provinz Syria, die 64–63 v. Chr. eingerichtet und 636 von den Arabern erobert wird.

Von der islamischen Herrschaft zum französischen Mandat. Nach der arabischen Eroberung sind die Küste und das Gebirge Zufluchtsorte für verschiedene christliche Kirchen und die Zwölfer-Schiiten (Imamiten) und ab dem 11. Jh. für die Drusen. Die Kreuzfahrer errichten Staaten (Grafschaft Tripolis und Königreich Jerusalem) bis zur Wiedereroberung durch die Mamelucken von Ägypten. 1516 wird der Libanon von den Osmanen erobert. Die Drusenführer Fakhr al-Din (1593–1633), dann Chihab Bachir II. (1788–1840) können das libanesische Bergland vereinen und versuchen, sich von den Osmanen unabhängig zu machen. Aufgrund der Zusammenstöße (1858–1860) zwischen Drusen und christlichen Maroniten greifen die europäischen Großmächte, vor allem Frankreich, ein und errichten einen autonomen Sandjak Libanon.

Die Unabhängigkeit. Der 1918 von den Osmanen befreite Libanon wird 1920 vom Völkerbund unter französisches Mandat gestellt. Die Unabhängigkeit wird auf der Grundlage des ›Nationalpakts‹ (1944) gewährt, der ein konfessionelles politisches System einrichtet, das die Macht zwischen Maroniten, Sunniten, Schiiten, orthodoxen Griechen, Drusen, Melkiten und Armeniern aufteilt. Die prowestliche Politik von Chamoun (1952–1958) verbittert die arabischen Nationalisten und führt zum Bürgerkrieg von 1958, dem das amerikanische Eingreifen und die Wahl von Chehab (1958–1964) ein Ende machen. Unter dessen Präsidentschaft und der von C. Hélou

(1964–1970) stabilisiert sich der Staat. Aber die Präsenz der seit 1948 geflüchteten Palästinenser ist die Ursache von Zusammenstößen in Beirut erstmals 1969, dann im Mai 1973 und April 1975. Letztere lösen den Bürgerkrieg aus, der im Okt. 1976 zu den Abkommen führt, die die syrische Besetzung unter dem Schutz der Arabischen Friedenstruppe legalisieren. Der Krieg bricht 1978 erneut aus. Die wichtigsten Kontrahenten sind: einerseits die pro-palästinensische Koalition der ›Linken‹, überwiegend Sunniten, Drusen und Schiiten; sie fördert die Bewegungen, die insbesondere vom Drusen Kamal Djumblat, dann von seinem Sohn Walid und dem Schiiten Nabih Berri angeführt werden; andererseits die den palästinensischen Fedajin feindlich gesinnte Koalition der ›Rechten‹, überwiegend Maroniten; sie unterstützt die libanesische Front, die von Pierre Gemayel und seinen Söhnen Bachir und Amin sowie von Camille Chamoun geführt wird. Sich bekämpfende Gruppen sind auf der ›linken‹ Seite die Fedajin, die Murabitun (Nasser-Anhänger), die Drusenmilizen und die Schiitenmilizen der Amal- und der Hizbollah-Bewegung; auf der anderen Seite die libanesischen Streitkräfte, die sich vor allem aus den christlichen Milizen der Kataib-Partei (Phalange) rekrutieren. Ganz rechts stehen die Armee Süd-Libanons (A.L.S.), die mit den israelischen Streitkräften verbündet ist, und die prosyrischen Maroniten von Frangié. Die wichtigsten ausländischen Streitkräfte sind die syrischen Truppen, die israelischen Truppen (Besetzung des Süd-Libanon 1982–1986 und Blockade von Beirut [1982]) und schließlich (ab 1978) die internationalen Truppen der Vereinten Nationen im Libanon (UNIFIL). Der Krieg hat zu einer tiefen Erschütterung des bisherigen Gleichgewichts geführt: Die bewaffneten Palästinenser wurden erheblich geschwächt, die wichtigsten Gemeinschaften verstärken ihre Gruppenbildungsprozesse; Syrien nimmt die Rolle der verbündeten Schutzmacht seit dem Mißlingen des getrennten Friedensvertrages mit Israel (Mai 1983) ein. Die bis dahin benachteiligte Schiitengemeinschaft gewinnt an Stärke. 1988, am Ende der Amtszeit von Amin Gemayel, werden zwei Regierungen gebildet, eine christliche unter General Aoun, eine islamische unter Selim Hoss. Vorschläge zur Befriedung des Landes sowie die Wahl eines neuen Staatspräsidenten werden von Aoun abgelehnt, worauf es erneut zu blutigen Kämpfen kommt. Erst im Oktober 1990 gibt Aoun nach langer Belagerung auf.

Die wichtigsten Städte

Beirut	1 100 000
Tripoli	240 000
Saida	70 000
Sour (Tyr)	60 000
Zahle	60 000
Baalbek	18 000

LÄNDER DER ERDE

MITTLERER OSTEN

ISRAEL JISRAEL

Offizieller Name: Staat Israel.

Hauptstadt: Jerusalem (Jerushalajim, El-Kuds).

Währung: Neuer Schekel (= 100 Agorot).

Amtssprache: Hebräisch.

Überwiegende Religion: Judentum.

Staatspräsident: Chaim Herzog (seit 1983). □ **Ministerpräsident:** Jitzhak Schamir (1983–1984 und seit 1986).

Flagge: Sie wurde 1948 angenommen, aber schon beim Zionisten-Kongreß in Boston 1891 eingeführt. Der Davidsstern befindet sich auf einer Fahne, die sich vom Taleth oder Gebetstuch ableiten läßt.

Nationalhymne, ›Hatikvah‹ (›die Hoffnung‹) genannt: ›Kol od ba-levav penimah / Nefesh Yehudi homiyya. / U-le-faátei mizrah kadimah / Ayin le-Ziyyon zofiyyah. / Od lo avedah tikvatenu / Ha-tikvah bat shenot alpayim. Lihyot am hofshi be-arzenu / Erez Ziyyon vi Yrushalayim.‹ (Solange im Grunde der Seele das Herz des Juden schlägt und zu den Grenzen des Ostens ein Auge auf Zion richtet, haben wir noch nicht die zweitausendjährige Hoffnung verloren, frei in unserem Land zu leben, in Zion und Jerusalem.) Text von Naphtali Herz Imer (1856–1909); Musik von unbekannt, sie wird Samuel Cohen oder dem Kantor Nissan Belzer zugeschrieben.

Nationalfeiertag: 5. des Monats Ijär (im gregorianischen Kalender variables Datum, etwa Ende April/Anfang Mai, an dem der Ausrufung der Unabhängigkeit gedacht wird).

Fläche: 21 000 km². □ **Höchste Erhebung:** Hare Meron mit 1 208 m.

Bevölkerung (1989): 4 500 000 Ew. (Israeli). □ **Durchschnittliche Bevölkerungsdichte:** 214 Ew. pro km². □ **Jährliches Bevölkerungswachstum:** 1,6 ‰. □ **Geburtenrate:** 23 ‰. □ **Sterbeziffer:** 7 ‰. □ **Kindersterblichkeit:** 10 ‰. □ **Lebenserwartung:** 75 Jahre. □ **Anteil unter 15 Jahren:** 32 %. □ **Anteil 65 Jahre und älter:** 9 %. □ **Stadtbevölkerung:** 91 %.

Bruttoinlandsprodukt gesamt (1988): 33,7 Milliarden Dollar.

Bruttoinlandsprodukt/Kopf: 7 660 Dollar.

Produktionsstruktur: Landwirtschaft 5 %; Industrie 36 %; Dienstleistungen 59 %.

Arbeitslosenquote (1986): 7,2 %.

Die größten Ballungsräume[1] und Städte

Tel-Aviv-Jaffa[1]	1 200 000	Holon[1]	125 000
Jerusalem[2]	424 000	Ramat Gan[1]	120 000
Haifa	229 000	Beerscheba	114 000

[1] Ballungsraum von Tel-Aviv-Jaffa.
[2] einschließlich Ost-Jerusalem.

Klimadaten

Stadt	Mittlere Temperatur des kältesten Monats (in °C)	Mittlere Temperatur des wärmsten Monats (in °C)	Jährliche Niederschläge (in mm)	Anzahl der Tage mit Niederschlägen pro Jahr
Haifa	13,5	27,5	660	56
Jerusalem	9	24	530	39
Elat	15,5	33	28	7

In den 3 Stationen kann das Thermometer auf über 40 °C ansteigen (von April bis September in Elat, wo im Juli bis August Höchstwerte von über 45 °C gemessen wurden). Aber es gibt in Jerusalem von Dezember bis März auch Temperaturen unter dem Gefrierpunkt.

Verkehr: 12 482 km Straßen; Eisenbahnnetz 827 km.

Exporte (1986): 26,2 % des Bruttoinlandsprodukts (7,1 Milliarden Dollar). □ **Importe** (1986): 38,7 % des Bruttoinlandsprodukts (10,5 Milliarden Dollar).

Auslandsschulden (1987): 34,05 Milliarden Dollar.

Inflationsrate (1988): 10,3 %.

Militärausgaben (1989): 6,37 Milliarden Dollar. □ **Streitkräfte:** 141 000 Mann. □ **Wehrdienst:** Offiziere: 48 Monate; einfache Soldaten: 36 Monate; Frauen: 24 Monate.

Staatliche Institutionen

Republik. □ Grundgesetze: 1949. □ Der Staatspräsident wird für 5 Jahre von der *Knesset* gewählt. □ Der Ministerpräsident muß vor der Knesset Rechenschaft ablegen, die für 5 Jahre als Nationalversammlung gewählt wird.

Geschichte

Die Israeliten. Um 2000–1770 v. Chr. lassen sich die Israeliten im Land Kanaan nieder. Sie wandern zur Zeit der Herrschaft der Hyksos (1770–1560) ins Nildelta. Dann findet um 1259 der Exodus der Bibel statt, der Auszug aus dem feindlich gewordenen Ägypten unter der Führung von Moses. Die Israeliten lassen sich in Palästina nieder (1220–1200). Während der Zeit der ›Richter‹ (um 1200 bis um 1030) bilden sie einen Stammesverband. Die Zeit der Könige (um 1030–931) ist von den Regierungen Sauls, Davids und Salomons geprägt. Dieses goldene Jahrhundert endet mit der Spaltung in zwei Königreiche (931): das Königreich Israel im Norden geht unter den Angriffen der Assyrer im Jahr 721 unter; das südliche Königreich Juda wird durch die Babylonier 587 zerstört. Diese deportieren einen großen Teil der Bevölkerung. Das Exil von Babylon endet mit der Herrschaft der Perser (538–332), die einem Teil der Deportierten die Rückkehr nach Palästina und den Wiederaufbau Jerusalems ermöglichen.

Die griechisch-römische Herrschaft. Nach dem Tod Alexanders (323) kommt Palästina unter die Herrschaft der Ptolemäer und dann der Seleukiden. Der Aufstand der Makkabäer (142) gibt den Juden eine Unabhängigkeit, die von der Dynastie der Asmonäer aufrechterhalten wird (134–37). Diese muß schließlich die Herrschaft Roms 63 v. Chr. hinnehmen. 70 n. Chr. zerstört Titus den Tempel von Jerusalem. Palästina wird später in das byzantinische Reich eingegliedert, bei dem es sechs Jahrhunderte verbleibt.

Erzeugung wichtiger Güter

Zitrusfrüchte	1,2 Millionen Tonnen
Baumwolle	74 000 Tonnen
Phosphate	2,5 Millionen Tonnen
Kalisalze	1,5 Millionen Tonnen
Strom	17,5 Milliarden kWh

Die islamische Herrschaft. 634 bis 640 erobern die Araber das byzantinische Gebiet und fügen es in das islamische Reich ein. Die Kreuzritter gründen 1099 das christliche Königreich von Jerusalem. Die letzten byzantinischen Besitzungen fallen 1291 in die Hände der ägyptischen Mamelucken, die das Land bis zur osmanischen Eroberung beherrschen. 1516 errichtet das osmanische Reich für vier Jahrhunderte eine tolerante Herrschaft über das Gebiet. Ab 1882 nimmt die Einwanderung von Juden, die durch die zionistische Bewegung ermutigt werden, zu. Der Aufstand der palästinensischen Araber gegen die osmanischen Herrscher (1916) wird von Großbritannien massiv unterstützt, das das Gebiet ab 1917 besetzt.

Die Gründung des Staates Israel und die israelisch-arabischen Kriege. Am 29. November 1947 verabschiedet die Generalversammlung der UNO eine Resolution über einen ›Teilungsplan‹ Palästinas, der von den angrenzenden arabischen Staaten abgelehnt wird. Der Staat Israel wird am 14. Mai 1948 gegründet. Im ersten israelisch-arabischen Krieg (1948–49) vergrößert Israel sein Territorium. Die Palästinenser fliehen in großer Zahl in die Nachbarstaaten. Der zweite israelisch-arabische Krieg (1956) wird durch die Verstaatlichung des Suezkanals durch Ägypten und die Blockade des Golfes von Eilat ausgelöst. Im Verlauf des dritten israelisch-arabi-

LÄNDER DER ERDE

schen Krieges (Sechs-Tage-Krieg, 1967) besetzt Israel die Halbinsel Sinai, den Gazastreifen, Westjordanien und die Golanhöhen. Der vierte israelisch-arabische Krieg (Jom-Kippur-Krieg, 1973) endet unentschieden für alle Beteiligten. Nach dem Vertrag von Washington (1979) erkennt Ägypten eine endgültige Grenze zu Israel an, das ihm (1982) die Sinai-Halbinsel zurückgibt. Die Golanhöhen werden 1981 annektiert. Israel besetzt vorübergehend den südlichen Libanon bis Beirut und zieht sich 1982–83 in den äußersten Süden des Landes zurück.

Das politische Leben. 1948–49 ermöglicht die Verfassung die Einrichtung eines republikanischen Systems, in dem die Führung der Exekutive dem Ministerpräsidenten zukommt. Bis 1977 werden von der sozialdemokratischen Partei Mapai Koalitionsregierungen gebildet, dann, nach 1968, von der neuen Arbeiterpartei, die sich aus Mapai und Mapam zusammensetzt. Auf den Regierungschef Ben Gurion (1948–1953; 1955–1961; 1961–1963) folgen Levi Eschkol (1963–1969), dann Golda Meir (1969–1974), die den annexionistischen Thesen des damaligen Verteidigungsministers Moshe Dayan zustimmt. Die wichtigste Oppositionskraft ist nun die Cherut, die Partei der Rechten unter Menachem Begin, der sich für die Bildung eines großen Israel bis zum Jordan und darüber hinaus einsetzt. Der Cherut vereint sich 1973 mit verschiedenen Gruppen der Mitte und der Rechten und bildet den Likudblock, der von 1977 bis 1984 die Macht ausübt (Regierung Begin). 1984 wird eine Regierung der nationalen Union gebildet. Shimon Peres übt für zwei Jahre das Amt des Ministerpräsidenten aus. Nach dem geplanten Wechsel folgt ihm Jitzhak Schamir 1986. Es bestehen jedoch noch grundlegende Uneinigkeiten über die Zukunft von Westjordanien und des Gazastreifens. Diese Gebiete sind seit 1987 der Schauplatz eines Aufstandes des palästinensischen Volkes *(Intifada)*. 1988 bricht der König von Jordanien, Husain, seine administrativen Beziehungen zu Westjordanien ab. Die neue Regierung unter J. Schamir verfolgt einen harten Kurs gegenüber den Arabern in den besetzten Gebieten. Es kommt wiederholt zu Unruhen. 1991 wird Israel von Irak bombardiert.

SYRIEN SURIYA

Offizieller Name: Syrische arabische Republik.

Hauptstadt: Damaskus *(Dimaschk)*. □ **Währung:** Syrisches Pfund (= 100 Piastres). □ **Amtssprache:** Arabisch. □ **Überwiegende Religion:** Islam.

Staatspräsident: Hafis al-Assad (seit 1971). □ **Ministerpräsident:** Mahmud al-Zuhbi (seit 1987).

Flagge: Sie wurde für die Vereinte Arabische Republik geschaffen, die Syrien und Ägypten von 1958–1961 vereint. Die zwei grünen Sterne erinnern an dieses Ereignis. □ **Nationalhymne:** ›Humata d-diyari alaykum salam / abat an tudalla n-nufusu l-kiram / arinu l-urubati baytun / haram / wa l-archu ch-chumusi himan la yudam‹. (Seid gegrüßt, Beschützer des Vaterlands, edle Seelen, die sich nicht unterwerfen lassen. Die Wiege der arabischen Welt ist ein heiliger Ort, der Thron der Sonnen bleibt unverwundbar); Text von Khalil Murdham Bay (1895–1959); Musik von Ahmad und Muhammad Salim Falayfil. □ **Nationalfeiertag:** 17. April.

Fläche: 185 000 km². □ **Höchste Erhebung:** Hermon mit 2 184 m.

Bevölkerung (1989): 12 100 000 Ew. *(Syrer)* □ **Durchschnittliche Bevölkerungsdichte:** 65,4 Ew. pro km². □ **Jährliches Bevölkerungswachstum:** 3,8 %. □ **Geburtenrate:** 44‰. □ **Sterbeziffer:** 6‰. □ **Kindersterblichkeit:** 48‰. □ **Lebenserwartung:** 63 Jahre. □ **Anteil unter 15 Jahren:** 49 %. □ **Anteil 65 Jahre und älter:** 4 %. □ **Stadtbevölkerung:** 49,5 %.

Bruttoinlandsprodukt gesamt (1987): 21,04 Milliarden Dollar.

Bruttoinlandsprodukt/Kopf: 1 879 Dollar. □ **Produktionsstruktur:** Landwirtschaft 33 %; Industrie 31 %; Dienstleistungen 36 %. □ **Arbeitslosenquote:** nicht verfügbar.

Verkehr: 28 960 km Straßen (davon 21 926 km asphaltiert); Eisenbahnnetz 2 086 km.

Exporte (1985): 8,3 % des Bruttoinlandsprodukts (1,64 Milliarden Dollar). □ **Importe** (1985): 18,1 % des Bruttoinlandsprodukts (3,59 Milliarden Dollar).

Auslandsschulden (1987): 4,67 Milliarden Dollar. □ **Inflationsrate** (1987): 60 %.

Militärausgaben (1989): 2,49 Milliarden Dollar. □ **Streitkräfte:** 404 000 Mann. □ **Wehrdienst:** 30 Monate.

Staatliche Institutionen

Republik. □ Verfassung von 1973. □ Ein für 4 Jahre in allgemeiner Wahl gewählter Volksrat.

Geschichte

Das antike Syrien. Im 2. Jahrtausend dringen in aufeinanderfolgenden Wellen die Kanaaniter (zu denen auch die Phöniker gehören), die Amoriter, die Hurriter, die Aramäer (zu denen die Israeliten gehören) und verschiedene Seevölker ein. Die Herrscher der Hethiter und der Ägypter teilen sich Syrien im 12. Jh. v. Chr. nach mehreren Jahrhunderten des Konfliktes (Schlacht von Kadesch, 1275). Trotz dieser Kriege erleben die syrischen Küstenstädte ihr goldenes Zeitalter; von Ugarit im Norden (wo sich eine kosmopolitische Kultur entwickelt und das erste Keilschriftalphabet erarbeitet wird) bis zu den kanaanitischen Städten Palästinas im Süden. Die mykenische, mesopotamische und ägyptische Kultur tragen ebenfalls dazu bei. Die großen Reiche der Assyrer und Babylonier vernichten nacheinander die unabhängigen Königreiche von Damaskus (732) und von Tyrus (573). Die Einnahme Babylons durch Kyros II. (539) beendet die assyrisch-babylonische Herrschaft und macht aus Syrien eine persische Satrapie. Diese wird von Alexander erobert (332) und gehört danach zum Seleukidenreich, dessen Hauptstadt Antiochia 301 gegründet wird. Nach der Eroberung durch die Römer (64–63 v. Chr.) wird die Provinz Syria geschaffen. Syrien ist ein Spielball zwischen den Römern und den Parthern und später zwischen dem byzantinischen und dem sassanidischen Reich. Das Gebiet leidet unter den Kriegen des Sassaniden Chosrau I. 540 wird Antiochia eingenommen und die Bevölkerung deportiert. Kaiser Heraklios erobert nach 622 Syrien zurück, das wieder byzantinisch wird.

Das islamische Syrien. Die Araber, die Byzanz am Jarmuk (636) besiegt haben, erobern das Land. Die Omaijaden (661–750) machen Syrien und Damaskus zum Zentrum des islamischen Reiches. Unter den Abbasidenkalifen wird Bagdad anstelle von Damaskus die Hauptstadt des Reiches. Schiitische Gruppen bilden sich im 10., 11. und 12. Jh. in Syrien: die Karmaten, die Drusen (aus den fatimidischen Ismailiten hervorgegangen), die ›Assassinen‹ (Haschischraucher; nizaritische Ismailiten) und die Alauiten, auch Nusairier genannt, deren Gemeinschaften noch heute bestehen. Im 10. Jh. können die Hamdaniden von Aleppo die byzantinische Rückeroberung nicht mehr verhindern. Dann nehmen die türkischen Seldschuken Damaskus und Jerusalem ein (1076–77). Die zur Befreiung des Heiligen Landes gekommenen Kreuzritter richten das Fürstentum Antiochia (1098 bis 1268), das Königreich Jerusalem (1099–1291) und die Grafschaft Tripolis (1109–1289) ein. Saladin (1171–1193) und seine aiju-

Erzeugung wichtiger Güter

Weizen	1,9 Millionen Tonnen
Rohbaumwolle	95 000 Tonnen
Phosphate	1,3 Millionen Tonnen
Schafbestand	12,8 Millionen Tiere
Erdöl	14,2 Millionen Tonnen
Strom	7 Milliarden kWh
Baumwollfasern	42 700 Tonnen

Die wichtigsten Städte

Damaskus	1 251 000	Hama	253 000
Aleppo	977 000	Latakia	197 000
Homs	355 000	Kamischli	93 400

Klimadaten

Stadt	Höhe (m ü. M.)	Mittlere Temperatur des kältesten Monats (in °C)	Mittlere Temperatur des wärmsten Monats (in °C)	Jährliche Niederschläge (in mm)	Anzahl der Tage mit Niederschlägen pro Jahr
Damaskus	720	7	27	180	33
Aleppo	390	5,5	28,5	385	55

In beiden Stationen können die Temperaturen von November bis April unter Null sinken.
In Damaskus hat das Thermometer im völlig trockenen Sommer bereits 45 °C erreicht (47 °C in Aleppo).

LÄNDER DER ERDE

MITTLERER OSTEN

bidischen Nachfolger unterhalten friedliche Beziehungen zu den Franken. Die Mamelucken verhindern den Einfall der Mongolen (1260) und erobern schließlich die letzten fränkischen Besitzungen in Palästina und Syrien (1291). Sie regieren über das Gebiet bis zur osmanischen Eroberung (1516). Timur-Leng (Tamerlan) verwüstet das Land (1400 bis 1401). Die Osmanen behalten das eroberte Syrien bis 1918. Zeitweilig werden sie von Mehemet Ali und Ibrahim Pascha wieder vertrieben.

Der Aufstand der Araber und das französische Mandat. Um das Jahr 1910 bildet sich ein arabisches Nationalgefühl in Damaskus, Beirut und in Palästina, das zu einem Aufstand der nationalistischen Araber gegen die Türken 1916–1918 führt (mit britischer Hilfe) sowie zu den arabischen Nationalkongressen von Damaskus (1919–1920). Durch Abkommen von 1916 sind die Einflußbereiche Frankreichs und Großbritanniens im Mittleren Osten begrenzt. 1920 wird der erste gewählte König von Syrien, Faisal I., von den Franzosen vertrieben. Frankreich übt von 1920 bis 1943 ein Völkerbundmandat aus. Ab 1928 etabliert es dort eine syrische und eine alauitische Republik und einen Drusenstaat.

Die Unabhängigkeit. General Catroux ruft im Namen des unbesetzten Frankreichs 1941 die Unabhängigkeit des Landes aus. Das französische Mandat über Syrien endet 1943–44. Die letzten britischen und französischen Truppen verlassen 1946 das Land. Syrien beteiligt sich am ersten israelisch-arabischen Krieg (1948). Die Regierungen sind instabil: Durch Putsche kommen den Haschemiten freundlich oder feindlich gesonnene Staatschefs an die Macht. 1958 vereinen sich Ägypten und Syrien zu einer Vereinigen Arabischen Republik, die 1961 wieder aufgelöst wird. Zwei Jahre später übernimmt die Baath-Partei die Macht, die sie unter Amin al-Hafez (1963–1966), Nur al-Din al Atassi (1966 bis 1970) und Hafez al-Assad, der seit 1970 Präsident ist, bis heute ausübt. Das syrische Regime der Baath ist ein autoritäres, hegemoniales Einparteiensystem. 1967 führt der Sechs-Tage-Krieg zur Besetzung der Golanhöhen durch Israel. Syrien beteiligt sich auch am vierten israelisch-arabischen Krieg (1973). Es interveniert ab 1976 im Libanon und verstärkt seine Kontrolle seit 1985.

IRAK AL-IRAQ

Offizieller Name: Republik Irak.
Hauptstadt: Bagdad *(Baghdad).* ▫ **Währung:** Irakischer Dinar. ▫ **Amtssprache:** Arabisch.
Überwiegende Religion: Islam.
Staatspräsident: Saddam Husain (seit 1979).
Ministerpräsident: Saadoun Hammadi (seit 1991).
Flagge: 1963 angenommen. Sie hat die gleichen Farben wie Ägypten und Syrien, mit denen der Irak eine Föderation bilden sollte.
Nationalhymne: ›Wata-nun madda ala l-ifqo djanaha / wartada madjd al-hadarati wichah / burikat ardu al-furatayni watan abqariya al-madjd azman wa samaha ...‹ (Vaterland, das in seiner Entfaltung den Horizont erreichte, das mit dem Ruhm der Zivilisation bekleidet war, gesegnet sei das Land der zwei Flüsse, ruhmreicher Hafen der Stärke und der Toleranz ...); Text von Chafiq Abd al-Djabar al-Kamali (geb. 1930), Musik von Walid Georges Ghalmiya (geb. 1938). 1981 offiziell angenommen.

Nationalfeiertage: 14. Juli (Gedenktag der Ausrufung der Republik 1958) und 17. Juli (Jahrestag der Machtübernahme der Baath-Partei).

Fläche: 434 000 km². ▫ **Höchste Erhebung:** 3 607 m bei Rawanduz im Zagrosgebirge.
Bevölkerung (1988): 18 100 000 Ew. *(Iraker).* ▫ **Durchschnittliche Bevölkerungsdichte:** 41,7 Ew. pro km². ▫ **Jährliches Bevölkerungswachstum:** 3,7%. ▫ **Geburtenrate:** 45‰. ▫ **Sterbeziffer:** 8‰. ▫ **Kindersterblichkeit:** 69‰. ▫ **Lebenserwartung:** 62 Jahre. ▫ **Anteil unter 15 Jahren:** 45%. ▫ **Anteil 65 Jahre und älter:** 3%. ▫ **Stadtbevölkerung:** 71%.

Bruttoinlandsprodukt gesamt (1987): 63,5 Milliarden Dollar.
Bruttoinlandsprodukt/Kopf: 3 854 Dollar.
Produktionsstruktur: Landwirtschaft 40%; Industrie 26%; Dienstleistungen 34%.
Arbeitslosenquote: nicht verfügbar.
Verkehr: 25 265 km Straßen; 2 035 km Eisenbahnnetz.
Exporte (1986): 20,8% des Bruttoinlandsprodukts (13,18 Milliarden Dollar). ▫ **Importe** (1986): 17,6% des Bruttoinlandsprodukts (11,17 Milliarden Dollar).
Auslandsschulden (1986): 75 Milliarden Dollar.
Inflationsrate (1987): 15%.
Militärausgaben (1988): 12,87 Milliarden Dollar. ▫ **Streitkräfte:** 1 000 000 Mann. ▫ **Wehrdienst:** 21 bis 24 Monate.

Staatliche Institutionen

Republik. ▫ Vorläufige Verfassung von 1968 (1970 verabschiedet). ▫ Revolutionsrat mit 9 Mitgliedern; er wählt den Staatspräsidenten. ▫ Für 4 Jahre in allgemeiner Wahl gewählte Nationalversammlung.

Geschichte

Das antike Mesopotamien. Zwischen dem 6. und dem 1. Jahrtausend v. Chr. war Mesopotamien eines der glanzvollsten Zentren der Zivilisation. Zwischen dem 9. und dem 7. Jahrtausend entstehen dort die ersten festen Siedlungen (Mureybat im 7. Jahrtausend), Bewässerungssysteme und die Keramik. Im 5. Jahrtausend entfalten sich dort die Kulturen von Samarra, Halaf und Obeid. Zwischen 2950 und 2350 tritt das Gebiet dann in die Geschichte ein: Im Land der Sumerer entstehen Stadtstaaten, die ein Schriftsystem, die

Klimadaten

Stadt	Mittlere Temperatur des kältesten Monats (in °C)	Mittlere Temperatur des wärmsten Monats (in °C)	Jährliche Niederschläge (in mm)
Bagdad	10	33,5	140
Basra	12,5	33,5	201

Das Thermometer ist in Basra bereits unter 0 °C und unter –5 °C in Bagdad gesunken, es wurden jedoch im Juli schon Höchstwerte um 50 °C (49 °C in Bagdad oder 51 °C in Basra) gemessen.

Irak 0 300 km

Keilschrift, entwickeln. Im 23. Jh. erlangen Sargon und dann Naram-Sin die Herrschaft über Akkad. Ende des 3. Jahrtausends herrscht die III. Dynastie von Ur über Mesopotamien, während Gudea über Lagasch herrscht. Im 2. Jahrtausend festigt sich die Vorherrschaft von Babylon, im 1. Jahrtausend die von Assyrien. Mesopotamien, das von den Persern (539) und dann von Alexander dem Großen (331) erobert wurde, ist danach der Spielball der Kämpfe zwischen Römern und Parthern, später auch den Sassaniden (224 n. Chr.). Deren Hauptstadt ist Ktesiphon.

Blütezeit und Untergang der Abbasiden. Nach der Eroberung durch die Araber (633–642) wird Mesopotamien durch die Islamisierung und Arabisierung eine der wichtigsten Provinzen des islamischen Reiches. Zwischen Aliden und Omaijaden kommt es in dieser Zeit zu ersten politisch-religiösen Zusammenstößen. 750 stürzen die Abbasiden mit Hilfe der Schiiten die Omaijaden. Sie gründen Bagdad und machen es 762 zu ihrer Hauptstadt. Die türkischen Seldschuken erobern Bagdad (1055) und werden die Hüter des Kalifats. 1258 dringen die Mongolen in Bagdad ein und zerstören das Stadtgefüge und die Bewässerungskanäle. Über drei Jahrhunderte wird das Land von Dynastien mongolischen oder turkmenischen Ursprungs beherrscht. 1401 wird Bagdad von Timur-Leng (Tamerlan) geplündert. Die Osmanen erobern das Land von 1515 bis 1546, wobei diese Eroberung mehrfach von den persischen Safawiden unterbrochen wird. Die Osmanen fördern die westliche Orientierung des Landes.

Das Königreich der Haschemiten. Der Erste Weltkrieg führt zur militärischen Besetzung durch britische Truppen. Großbritannien läßt sich 1920 ein Völkerbundsmandat übertragen. Der Haschemitenemir Feisal ibn Husain, der Held des arabischen Aufstandes im Hedjaz und in Syrien (1916–1918), wird König von Irak (1921–1933) unter briti-

Die wichtigsten Städte

Bagdad	3 205 000	Mosul	600 000
Basra	600 000	Kirkuk	207 000

Erzeugung wichtiger Güter

Datteln	350 000 Tonnen
Rinderbestand	1,6 Millionen Tiere
Schafbestand	9 Millionen Tiere
Erdöl	127 Millionen Tonnen
Strom	10 Milliarden kWh

498

LÄNDER DER ERDE

scher Schirmherrschaft. Das von den Türken beanspruchte Gebiet um Mosul wird 1925 Irak zugeteilt. 1927 wird die Erdölförderung der Iraq Petroleum Company (IPC) übertragen. 1930 gewährt ein Vertrag Irak die Unabhängigkeit und legt sein politisches und militärisches Bündnis mit Großbritannien fest. Der Zweite Weltkrieg ermöglicht der nationalistischen arabischen Bewegung von Raschid Al-Gai, der auf der Seite der Deutschen steht, 1941 die Macht zu ergreifen. Großbritannien besetzt daraufhin das Land und setzt den König wieder ein, der an der Seite der Alliierten in den Krieg eintritt. Die Nachkriegszeit wird von dem unpopulären Nuri As-Said beherrscht.

Die irakische Republik. Der Staatsstreich vom Juli 1958 bringt General Kassem an die Macht, der die Republik ausruft. Die Rebellion der Kurden (1961) schwächt das Regime. Durch einen Putsch der panarabisch-nasseristischen Bewegung und der Baath-Partei kommt Abdul Salam Aref 1963 an die Macht. Sein Bruder, Marschall Abdul Rahman Aref, wird 1966 sein Nachfolger und 1968 von einer Gruppe Offizieren gestürzt. Seitdem übt die Baath-Partei die Macht aus. Sie verstaatlicht 1972 die IPC. Sie schließt einen Waffenstillstand mit den Kurden und gewährt ihnen einen autonomen Status (1970). Da die Kämpfe 1974 jedoch erneut ausbrechen, wird ein Abkommen mit Iran geschlossen (1975), das die Unterstützung der Kurden gegen die Festlegung der Grenze im Schatt al-Arab aufgibt. Saddam Husain reißt 1979 die Macht an sich. Er startet im Sept. 1980 eine Blitzoffensive gegen Iran. Frankreich und die UdSSR liefern ihm Waffen. Das Bündnis mit Saudi-Arabien und den arabischen Golfstaaten ist gefährdet. Die iranische Gegenoffensive veranlaßt Irak, einen Waffenstillstand zu verlangen (1982), was Iran ablehnt. Darauf tritt der Krieg in seine heiße Phase. 1988 wird ein Waffenstillstand geschlossen. 1990 fällt Irak in Kuwait ein und annektiert das Scheichtum. S. Husain sieht sich einer weltweiten Ächtung ausgesetzt. Nach Ablauf eines von der UNO gestellten Ultimatums wird Irak von alliierten Streitkräften im Januar 1991 angegriffen und in 34 Tagen besiegt. Irak muß Kuwait räumen.

JORDANIEN

Offizieller Name: Haschemitisches Königreich von Jordanien.

Hauptstadt: Amman. □ **Währung:** Jordanischer Dinar (= 1 000 Fils). □ **Amtssprache:** Arabisch. □ **Überwiegende Religion:** Islam.

Staatsoberhaupt: König Husain (seit 1952). □ **Ministerpräsident:** Mudar Badran (seit 1989).

Flagge: Der siebenzackige Stern auf rotem Grund stellt die 7 grundlegenden Suren des islamischen Gesetzes dar. Diese Flagge war das Emblem der Revolte gegen die Türken 1921.

Nationalhymne: ›Acha l-malik / acha l-malik / samiyun maqamuhu / hafiqatun fi-lma ali a lamuhu ...‹ (Es lebe der König, es lebe der König, erhaben ist sein Amt, daß seine Standarte sich weit entfalte ...); Text von Abd al-Minim al-Rifai (1917 geb.); Musik von Abd al-Qadir al-Tannir (1901–1957). 1946 angenommen. □ **Nationalfeiertag:** 25. Mai.

Fläche: 97 700 km². □ **Höchste Erhebung:** 1 745 m am Dschabal Ram.

Klima: In Amman ist das Klima sehr trocken (wenige Niederschläge im Winter), der Winter ist relativ kühl (im Durchschnitt 8 °C im Januar); der Sommer ist sehr heiß (25 °C mittlere Temperatur im Juli–August, das Thermometer erreichte schon 40 °C von Mai bis August).

Bevölkerung (1989): 4 000 000 Ew. *(Jordanier)*. □ Durchschnittliche Bevölkerungsdichte: 41 Ew. pro km². □ Jährliches Bevölkerungswachstum: 3,5‰. □ Geburtenrate: 54‰. □ Sterbeziffer: 6‰. □ Kindersterblichkeit: 54‰. □ Lebenserwartung: 67 Jahre. □ Anteil unter 15 Jahren: 46%. □ Anteil 65 Jahre und älter: 2%. □ Stadtbevölkerung: 64%.

Wichtigste Städte: Amman (750 000 Ew.), Zerka (270 000 Ew.), Irbid (140 000 Ew.), Al-Salt (33 000 Ew.).

Bruttoinlandsprodukt gesamt (1988): 4,67 Milliarden Dollar.

Bruttoinlandsprodukt/Kopf: 1 228 Dollar. □ **Produktionsstruktur:** Landwirtschaft 20%; Industrie 20%; Dienstleistungen 60%. □ **Arbeitslosenquote:** nicht verfügbar.

Verkehr: 5 227 km Straßen; 618 km Eisenbahnnetz.

Exporte (1985): 19,6% des Bruttoinlandsprodukts (790 Millionen Dollar). □ **Importe** (1985): 60% des Bruttoinlandsprodukts (2,42 Milliarden Dollar).

Auslandsschulden (1987): 6,30 Milliarden Dollar. □ **Inflationsrate** (1987): 0%.

Militärausgaben (1989): 631 Millionen Dollar. □ **Streitkräfte:** 82 250 Mann. □ **Wehrdienst:** freiwillig.

Staatliche Institutionen

Konstitutionelle Monarchie. □ Nationalversammlung mit zwei Kammern: Senat, dessen Mitglieder vom König ernannt werden; Abgeordnetenhaus, das in allgemeiner Wahl für 4 Jahre gewählt wird.

Geschichte

Vor 1949. Siehe Syrien und Israel.

Haschemitisches Königreich Jordanien. Es wurde 1949 gegründet und vereint Transjordanien (Gebiet unter britischer Schirmherrschaft von 1922 bis 1946) und Westjordanien (das zu dem von der UNO 1947 vorgesehenen arabischen Staat gehörte). König Abdullah wird 1951 von einem Palästinenser ermordet, und Husain folgt ihm 1952 auf den Thron. Er muß sich mit Problemen befassen, die durch die Zuwanderung palästinensischer Flüchtlinge entstehen. Einige Tage vor Ausbruch des Sechs-Tage-Krieges (Juni 1967) schließt Jordanien mit Ägypten ein militärisches Bündnis. Ost-Jerusalem und Westjordanien werden von Israel erobert und besetzt. Seitdem stellt in Transjordanien eine bewaffnete palästinensische Macht die Autorität des Königs in Frage. 1970 werden palästinensische Freiheitskämpfer aus dem Land gewiesen. Husain schlägt als Grundlage für Verhandlungen mit Israel ein vereinigtes arabisches Königreich Jordanien-Palästina mit Westjordanien und dem Gazastreifen vor (1972). Aber die arabische Liga veranlaßt ihn 1974, die PLO als einzige legitime Vertreterin aller Palästinenser anzuerkennen. Husain verzichtet 1988 auf administrative Ansprüche auf Westjordanien. Bei den Wahlen 1989 verzeichnen die islamischen Fundamentalisten Gewinne.

Erzeugung wichtiger Güter

Weizen	100 000 Tonnen
Zitrusfrüchte	60 000 Tonnen
Schafbestand	1 100 000 Tiere
Phosphate	6,2 Millionen Tonnen
Strom	2,9 Milliarden kWh

IRAN IRAN

Offizieller Name: Islamische Republik Iran.

Hauptstadt: Teheran *(Tehran)*. □ **Währung:** Rial (= 100 Dinars). □ **Amtssprache:** Persisch. □ **Staatsreligion:** Islam.

Geistlicher Führer: Ali Khamenei (seit 1989). □ **Staatspräsident:** Hashemi Rafsandjani (seit 1989).

Flagge: 1980 angenommen; sie enthält das Grün des Islam, Weiß für den Frieden, Rot für den Mut und ein Zeichen mit der Devise: ›Allah ist groß‹ (Allah akbar).

Nationalhymne: ›Chod djomhuriyye eslami beha / Ke ham din dahad ham donya bema / Az enqelabe Iran dekar Kakhe / Sekam kachte Ziruzeber ...‹ (Die islamische Republik ist gegründet; sie bietet uns das Leben auf der Erde und im Himmel. Von der Revolution im Iran wird nunmehr die Festung der Unterdrückung zerstört ...); Text von Abul qasem Halat, Musik von Mohammad Beyklati Pur. 1980 anstelle der Hymne des Schahs angenommen.

Nationalfeiertag: 11. Februar (Jahrestag der islamischen Revolution 1979).

Fläche: 1 650 000 km². □ **Höchste Erhebung:** Demawend mit 5 604 m.

Bevölkerung (1989): 53 900 000 Ew. *(Iraner)*. □ Durchschnittliche Bevölkerungsdichte: 32,6 Ew. pro km². □ Jährliches Bevölkerungswachstum: 3,4‰. □ Geburtenrate: 44‰. □ Sterbeziffer: 10‰. □ Kindersterblichkeit: 93‰. □ Lebenserwartung: 62 Jahre. □ Anteil unter 15 Jahren: 45%. □ Anteil 65 Jahre und älter: 3%. □ Stadtbevölkerung: 55%.

Die wichtigsten Städte

Teheran	5 734 000	Ahwas	329 000
Meschhed	1 120 000	Abadan	296 000
Isfahan	672 000	Bachtaran	291 000
Täbris	600 000	Kum	247 000
Schiras	426 000		

Erzeugung wichtiger Güter

Weizen	7,5 Millionen Tonnen
Baumwolle	115 000 Tonnen
Rinderbestand	8,4 Millionen Tiere
Schafbestand	34,6 Millionen Tiere
Erdöl	112 Millionen Tonnen
Erdgas	17 Milliarden m³
Strom	17 Milliarden kWh
Stahl	1,3 Millionen Tonnen

499

LÄNDER DER ERDE

MITTLERER OSTEN

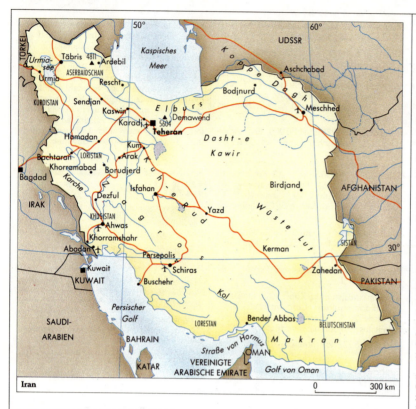
Iran

Klimadaten

Stadt	Höhe (m ü. M.)	Mittlere Temperatur des kältesten Monats (in °C)	Mittlere Temperatur des wärmsten Monats (in °C)	Jährliche Niederschläge (in mm)	Anzahl der Tage mit Niederschlägen pro Jahr
Teheran	1 220	2	29,5	250	28
Abadan	2	12	36	195	25
Isfahan	1 770	1	28	116	15
Meschhed	990	0,5	25,5	235	¿

In den vier Stationen wurden relativ häufig Höchstwerte über 40 °C gemessen (sogar 51 °C in Abadan). Aber Tiefstwerte von etwa –20 °C wurden ebenfalls registriert (außer in Abadan, wo die Temperaturen nur sehr selten unter den Gefrierpunkt fallen).

Bruttoinlandsprodukt gesamt (1987): 162 Milliarden Dollar.

Bruttoinlandsprodukt/Kopf: 3 430 Dollar. □ Produktionsstruktur: Landwirtschaft 39 %; Industrie 34 %; Dienstleistungen 27 %. □ Arbeitslosenquote: nicht verfügbar.

Auslandsschulden (1987): 4,70 Milliarden Dollar.

Inflationsrate (1987): 30 %.

Verkehr: 86 900 km Straßen (davon 16 500 km asphaltiert); 4 567 km Eisenbahnnetz.

Exporte (1986): 6 % des Bruttoinlandsprodukts (7,5 Milliarden Dollar). □ Importe (1986): 7,9 % des Bruttoinlandsprodukts (10 Milliarden Dollar).

Militärausgaben (1988): 2,736 Milliarden Dollar. □ Streitkräfte: 604 500 Mann. □ Wehrdienst: 24 bis 30 Monate.

Staatliche Institutionen

Islamische Republik. □ Verfassung von 1979 (1989 geändert). □ Der Imam: geistlicher Führer. □ Ein für 4 Jahre gewählter Staatspräsident. □ Für 4 Jahre gewähltes Abgeordnetenhaus (*Madjlis*).

Geschichte

Von der Ankunft der Iranier bis zu den Achaimeniden. Während des 2. Jahrtausends breiten sich die Iranier von NO nach W in Iran aus. Im 9. Jh. erreichen die Nachkommen dieser Eroberer, Perser und Meder, den Westabhang des Zagrosgebirges. Aufgeteilt in kleine Königreiche, unterliegen sie der Herrschaft Assyriens, Elams oder der im Zagros lebenden Skythen. Assyrien, das Elam zerstört hat (um 646), wird seinerseits von den verbündeten Babyloniern und Medern vernichtet (612). Das Reich der Meder (um 612–550 v. Chr.) fällt um 550 v. Chr. ganz in die Hände des persischen Achaimenidenkönigs Kyros II.

Von den Seleukiden zu den Sassaniden. Nach dem Tod von Dareios III. (330) wird das riesige Reich der Achaimeniden von Alexander dem Großen besiegt. Seine Nachfolger, die Seleukiden, verlieren das Reich aber wieder im 3. Jh. an verschiedene persische Dynastien, die sich abwechseln. Zur gleichen Zeit läßt sich ein Volk der Skythen, die Parther, in Parthien nieder (heute Khorasan) und bildet unter der Dynastie der Arsakiden ein unabhängiges Königreich. Mitte des 2. Jh. v. Chr. nimmt der Arsakide Mithridates einen Großteil Irans in Besitz. Dann werden die persischen Sassaniden (221–651) die Herrscher in Iran. Das Sassanidenreich reicht von den Grenzen Indiens bis zu denen Arabiens. Die Sassaniden widersetzen sich Rom (4. Jh.) und dann Byzanz (6.–7. Jh.) erfolgreich.

Die Eroberung der Araber und das erneute Entstehen Irans. Die Angriffe der Araber seit 634 und ihr Sieg bei Nehawend (642) leiten den Untergang des Sassanidenreiches ein. Es finden mehrere Aufstände gegen die Omaijaden statt. Das Zentrum des Reichs verlagert sich nach Irak. Aber die ›nationalen‹ Gefühle werden stärker, vor allem in Khorasan, wo lokale Dynastien die Macht ergreifen: Tahiriden (820–873), Samaniden (874–999). Iran befreit sich vom Arabismus.

Die türkisch-mongolischen Invasionen. Sehr bald ergreifen türkische Dynastien die Macht: Ghasnawiden (999–um 1035) in Khorasan und in Afghanistan, Seldschuken, die durch Iran bis nach Bagdad vordringen (von 1035 bis 1055). Diese Türken werden assimiliert und verbreiten die iranische Kultur sogar in Kleinasien und Indien. Unter den Seldschuken erlebt Iran seine Blütezeit unter Melik Schah (1073–1092). Nach einem ersten Feldzug von Dschingis Khan durch Iran 1220–21 setzen die Mongolen die systematische Eroberung Irans unter der Führung von Hülagü, dem Gründer der Dynastie der Ilchane (1256–1335), fort. Die verheerenden Feldzüge von Timur-Leng (Tamerlan) zwischen 1381 und 1404 führen zur weiteren Zerstörung des Landes. Unter den Timuriden (15. Jh.) werden turkmenische Bündnisse zwischen Aserbaidschan und Anatolien übermächtig. In dieser Zeit entwickelt sich die von der Zwölferschia geprägte Safawidendynastie.

Die Safawiden und die Neuzeit. Der Safawide Ismail (1501–1524) ernennt sich zum König und kann 1510 fast das ganze Land erobern. Er macht den Zwölferschiismus zur Religion des persischen Staates, der dem osmanischen Reich, das den Sunnismus verteidigt, feindlich gesinnt ist. Die Dynastie der Safawiden erlebt ihre Blütezeit unter Abbas I., dem Großen (1587–1629). Isfahan wird eine wohlhabende Hauptstadt. 1722 erobern die Afghanen Isfahan, das von der schiitischen Hierarchie, die sich in den heiligen Städten Iraks (Kerbela, Nadjaf) niederläßt, verlassen wird. Die Afghanen werden von dem zukünftigen Schah Nadir (1736–1747) vertrieben.

Die Kadjaren und die Pahlewi. Die Kadjaren-Dynastie (1796–1925) muß sich mit dem europäischen Imperialismus auseinandersetzen. Das russische Reich annektiert die kaspischen Provinzen (Verträge von 1813 und 1828) und dringt in Mittelasien vor. Die Briten zwingen Iran, die Unabhängigkeit Afghanistans anzuerkennen (1856) und auf Herat zu verzichten. Das russisch-britische Abkommen von 1907 legt die jeweiligen Einflußbereiche im Land fest. Die nationalistische, liberale und religiöse Opposition, die 1906 eine Verfassung erhalten hat, wird bei dem Aufstand von 1908–09 vernichtet. Der Staatsstreich von 1921 bringt Resa Khan an die Macht, der 1925 die Pahlewi-Dynastie begründet. Schah Resa (1925–1941) beginnt mit der Modernisierung und einer gegen den Widerstand der Geistlichkeit erzwungenen Verwestlichung des Landes. Während des Zweiten Weltkriegs dankt er zugunsten seines Sohnes Mohammed Resa (1941–1979) ab. 1949 bildet sich unter Mossadegh die Nationale Front Irans. Er läßt Gesetze zur Verstaatlichung des Erdöls 1951 verabschieden und wird Ministerpräsident. Mossadegh widersetzt sich dem Schah, der ihn 1953 absetzt. Der Schah richtet daraufhin ein autoritäres System ein, das die nationalistische, religiöse

LÄNDER DER ERDE

oder marxistische Opposition unterdrückt. Er profitiert von der Hilfe der Vereinigten Staaten, die großen Einfluß gewinnen. Die Opposition konzentriert sich um die Mullahs. 1978 finden regelmäßig Demonstrationen statt. Der Schah muß Iran am 16. Jan. 1979 verlassen.

Die islamische Republik. Ayatollah Khomeini kehrt in einem Triumphzug am 1. Februar 1979 aus dem Exil nach Teheran zurück. Eine ›islamische Republik‹ wird am 1. April 1979 eingerichtet. Die Islamische republikanische Partei (P.R.I.) setzt sich mit Hilfe der ›Wächter der Revolution‹ (Pasdaran) durch. Ein schwerer Konflikt mit den Vereinigten Staaten bricht nach der Geiselnahme von 52 Angehörigen der amerikanischen Botschaft in Teheran aus (1979–1980). Iran wird 1980 von Irak angegriffen, startet 1981 eine Gegenoffensive und führt einen langen blutigen Stellungskrieg, den es zur Verteidigung der islamischen Weltrevolution für erforderlich hält. Die iranische Armee erweist sich als schlagkräftig und ermöglicht dem international isolierten Land, bis zum Waffenstillstandsabkommen 1988, jede Verhandlung mit Irak abzulehnen. Khomeini stirbt im Juni 1989. Rafsandjani wird Staatspräsident.

AFGHANISTAN

AFGHĀNISTĀN

Offizieller Name: Republik Afghanistan.

Hauptstadt: Kabul. □ **Währung:** Afghani (= 100 Puls). □ **Amtssprachen:** Dari und Paschto. □ **Überwiegende Religion:** Islam.

Staatspräsident: Mohammad Najibollah (seit 1986). **Präsident des Ministerrates:** Fazal Haq Khaliqyar (seit 1990).

Flagge: Sie wurde 1980 angenommen. Ihre Farben sind das Schwarz der Tradition, das Rot des Blutes der Helden und das Grün des Islam. Sie sind Hintergrund für das Staatswappen.

Nationalhymne: Nicht transskribierter Originaltext. (Deutsch: ›Wärme, wärme, Sonne der Freiheit, Sonne des Glücks ...‹); Text von Soleiman Layaq, Musik von Salim Sarmast. 1978 für amtlich erklärt. □ **Nationalfeiertag:** 27. April, Jahrestag des Putsches von 1978.

Fläche: 650 000 km².

Höchste Erhebung: 7 485 m im Pamir.

Bevölkerung (1989): 14 800 000 Ew. □ Durchschnittliche Bevölkerungsdichte: 23 Ew. pro km². □ Jährliches Bevölkerungswachstum: 2,6 %. □ Geburtenrate: 49 ‰.

Die wichtigsten Städte

Kabul	1 036 000	Herat	150 000
Kandahar	209 000	Mazar-e Sharif	103 000

□ **Sterbeziffer:** 23 ‰. □ **Kindersterblichkeit:** 171 ‰. □ **Lebenserwartung:** 42 Jahre. □ **Anteil unter 15 Jahren:** 42 %. □ **Anteil 65 Jahre und älter:** 4 %. □ **Stadtbevölkerung:** 18,5 %.

Bruttoinlandsprodukt gesamt (1987): 4,69 Milliarden Dollar.

BIP/Kopf: 260 Dollar. □ **Produktionsstruktur:** Landwirtschaft 58 %; Industrie 10 %; Dienstleistungen 32 %.

Verkehr: 18 852 km Straßen (davon 2 846 asphaltiert)

Exporte (1985): 2 % des Bruttoinlandsprodukts (0,60 Milliarden Dollar). □ **Importe** (1985): 33,3 % des Bruttoinlandsprodukts (1,01 Milliarden Dollar).

Auslandsschulden (1987): 1,5 Milliarden Dollar.

Inflationsrate: unbekannt.

Militärausgaben (1985): 286,996 Millionen Dollar. □ **Streitkräfte:** 50 000 Mann. □ **Wehrdienst:** 36 Monate.

Staatliche Institutionen

Republik. □ Verfassung von 1987. □ Revolutionsrat. □ Der Staatspräsident wird von einer traditionellen Versammlung gewählt. □ Nationalversammlung aus zwei Kammern.

Geschichte

Die Antike. Afghanistan, eine Provinz des iranischen Reiches der Achaimeniden (6. bis 4. Jh. v. Chr.), wird von Alexander dem Großen erobert (329 v. Chr.). Seine Nachfolger, die Seleukiden, halten sich in Baktrien bis 250 v. Chr. Im 1. Jh. v. Chr. lassen sich die Kushana aus China im Süden des Amudarja nieder und gründen ein Reich, in dem sich der Buddhismus ausbreitet. Sie können sich in dem Gebiet um Kabul bis zur Invasion der Hunnen (5. Jh.) halten. Diese beherrschen Westafghanistan vom 3. Jh. bis zur arabischen Eroberung, die Herat 651 erreicht.

Im islamischen Reich. Die Islamisierung des Landes geht langsam vonstatten: Sie beginnt in der Provinz Kabul im 9.–10. Jh. und wird in Ghur von den Ghasnawiden vollendet (10.–12. Jh.). Die Mongolen von Dschingis Khan verwüsten das Land 1221–22 und vernichten die afghanische Kultur. Timur-Leng (Tamerlan) verwüstet um 1380 erneut das Land. Seine Nachfolger, die Timuriden, richten sich in Herat ein und machen es zu ihrem Zentrum im 15. Jh. Während des 16. und des 17. Jh. wird der Ostteil des Landes von den

Erzeugung wichtiger Güter

Weizen	2,5 Millionen Tonnen
Schafbestand	20 Millionen Tiere
Rinderbestand	3,7 Millionen Tiere
Erdgas	2,4 Milliarden m³
Strom	1,3 Milliarden kWh

Klimadaten

Stadt	Höhe m ü. M.	Mittlere Temperatur des kältesten Monats (in °C)	Mittlere Temperatur des wärmsten Monats (in °C)	Jährliche Niederschläge (in mm)
Kabul	1 800	−3	24,5	339
Kandahar	1 050	6	29	178
Herat	920	3	29	190

In Kandahar wurde ein Höchstwert von 44 °C im Juni registriert. In Kabul wurden im Januar und Februar Tiefstwerte von −21 °C gemessen.

Großmoguln Indiens und der Westen von den Safawiden Irans beherrscht.

Die Unabhängigkeit. Afghanistan wird 1747 unabhängig, als Ahmed Schah die Dynastie der Durrani gründet. Danach wird das Land von 1838 bis 1973 von Dost Mohammed (1834–1863) und seinen Nachkommen regiert, die einem anderen Paschtu-Klan entstammen, den Barakzay oder Muhammadzay. Trotz des Widerstandes im Land gegen die Briten (Kriege von 1839–1842 und 1878 bis 1880) muß es eine gewisse Kontrolle seiner Außenpolitik (Vertrag von Gandamak, 1879) sowie die Festlegung seiner Grenzen durch eine englisch-russische Kommission (1888 bis 1893) hinnehmen. Aman Ullah Chan (1919 bis 1929) ruft die Unabhängigkeit des Landes aus, die 1921 von den Briten und der Sowjetunion anerkannt wird. Er muß 1929 abdanken. Sahir Schah kommt 1933 an die Macht. Seit der Teilung Indiens und der Gründung von Pakistan beansprucht das von den Paschtu (oder Pathanen) beherrschte Afghanistan ›Paschtunistan‹, eine Region Pakistans, die von Paschtu bewohnt ist. Das sehr arme Afghanistan versucht, unter der Leitung von Prinz Daud, 1953 zum Ministerpräsidenten ernannt, eine moderne Wirtschaft aufzubauen. Dieser bemüht sich, das Gleichgewicht zwischen der Sowjetunion und den Vereinigten Staaten zu wahren.

Die Republik. 1973 wird Sahir Schah von Daud gestürzt, der die Republik ausruft. Er wird beim Staatsstreich von 1978 ermordet, bei dem die DVA, die Demokratische Volkspartei Afghanistans, an die Macht kommt. Die nacheinander regierenden Nur Mohammad Taraki, Hafisollah Amin und schließlich Babrak Karmal, der sich die Macht unter Duldung der Intervention der sowjetischen Armee von Dez. 1979 aneignet, stoßen auf den heftigen Widerstand der nationalistischen Mudschaheddin. 4 Millionen Afghanen sind aus dem Land geflüchtet. Pakistan spürt unmittelbar die Auswirkungen der sowjetischen Invasion: Die Belastung durch die Flüchtlinge und die Aktivitäten der Widerstandsparteien, die zu einem großen Teil von Peshawar aus geleitet werden. Diese Parteien vertreten die verschiedenen Strömungen traditionalistischer oder revolutionären Strömungen des afghanischen sunnitischen oder schiitischen Islam. 1986 gibt B. Karmal seine Ämter als Generalsekretär der afghanischen kommunistischen Partei und Staatschef ab. Mohammad Najibollah übernimmt diese beiden Ämter. In dem Versuch, den afghanischen Konflikt zu beenden, finden seit 1987 in Genf indirekte pakistanisch-afghanische Gespräche statt. Sie führen zum Abkommen von April 1988, das den vollständigen Rückzug der sowjetischen Truppen vorsieht, der am 15. Februar 1989 vollendet war. Dieses Abkommen wird von der afghanischen Widerstandsbewegung aufgekündigt, die einen Großteil des Landes kontrolliert.

LÄNDER DER ERDE

VORDERINDIEN

PAKISTAN PĀKISTĀN

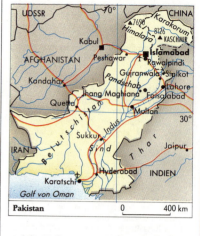

Pakistan

Offizieller Name: Islamische Republik Pakistan.

Hauptstadt: Islamabad. □ **Währung:** Pakistanische Rupie (= 100 Paisa). □ **Amtssprache:** Urdu. □ **Überwiegende Religion:** Islam.

Staatspräsident: Ghulam Ishaq Khan (seit 1988). □ **Ministerpräsident:** Nawaz Sharif (seit 1990).

Flagge: Sie wurde 1947 angenommen. Der Stern, die Mondsichel und die grüne Farbe symbolisieren den Islam, der senkrechte weiße Balken steht für die religiösen Minderheiten.

Nationalhymne: ›Pak sarzamin shad bad / Kishwar-i-haseen shad bad / Tu nishan i azm-i-aali shan / Arz-i-Pakistan / Markaz-i-yaqeen shad bad ...‹ (Gesegnet sei deine heilige Erde, dein großes Königreich möge das Glück erleben. Symbol edlen Feuers, Erde Pakistans, gesegnet sei deine Zuflucht des Glaubens ...); Text von Hafiz Jullandri (1903–1978); Musik von Ahmed Ghulamali Chagla (1902–1953). 1947 für amtlich erklärt.

Nationalfeiertag: 23. März (Gedenktag der 1940 von der Muslimliga verabschiedeten Resolution für die Gründung eines Landes für die indischen Muslime).

Fläche: 803 000 km². □ **Höchste Erhebung:** K 2 mit 8 607 m.

Bevölkerung (1989): 110 400 000 Ew. (Pakistani). □ Durchschnittliche Bevölkerungsdichte: 137 Ew. pro km². □ Jährliches Bevölkerungswachstum: 2,9 %. □ Geburtenrate: 43 ‰. □ Sterbeziffer: 14 ‰. □ Kindersterblichkeit: 120 ‰. □ Lebenserwartung: 54 Jahre. □ Anteil unter 15 Jahren: 43 %. □ Anteil 65 Jahre und älter: 4 %. □ Stadtbevölkerung: 30 %.

Bruttoinlandsprodukt gesamt (1988): 38,7 Milliarden Dollar. □ Bruttoinlandsprodukt/Kopf: 360 Dollar. □ Produktionsstruktur: Landwirtschaft 57 %; Industrie 19 %; Dienstleistungen 24 %. □ Arbeitslosenquote: nicht verfügbar.

Verkehr: 95 519 km Straßen (davon 39 372 km asphaltiert); 8 823 km Eisenbahn.

Exporte (1985): 7,9 % des BIP (2,65 Milliarden Dollar). □ **Importe** (1985): 17,7 % des BIP (5,92 Milliarden Dollar).

Auslandsschulden (1985): 12 Milliarden Dollar.

Inflationsrate (1988): 8,8 %.

Militärausgaben (1989): 2,63 Milliarden Dollar. □ Streitkräfte: 520 000 Mann. □ Wehrdienst: freiwillig.

Staatliche Institutionen

Islamische Bundesrepublik, Mitglied des Commonwealth. □ Verfassung von 1973. □ Für 5 Jahre in allgemeiner Wahl gewählte Nationalversammlung. □ Für 6 Jahre von den Provinzversammlungen gewählter Senat.

Geschichte

Urgeschichte und Antike. Die sich im Neolithikum entwickelnde produzierende Wirtschaftsweise tritt sehr früh im Indusbecken auf, wahrscheinlich zwischen dem 9. und dem 7. Jahrtausend. Hier bildet sich auch die Harappakultur (Induskultur), eine städtische Zivilisation mit bildender Kunst und einer Schrift. Sie erlebt zwischen 2400 und 1800 v. Chr. ihre Blütezeit. Zur Zeit der Griechen und der Römer unterliegt der Pandschab vor allem dem künstlerischen Einfluß der Griechen. Er wird, wie auch Bengalen, Teil des Maurya-Reiches (um 320–232 v. Chr.; [siehe Geschichte Indien]).

Die islamische Vorherrschaft. Der Islam, beherrschende Religion des Mittleren Ostens seit dem 7.–8. Jh., bleibt auf dem indischen Subkontinent lange Zeit unbedeutend trotz der arabischen Handelskolonien an der Küste

Erzeugung wichtiger Güter

Weizen	12,2 Millionen Tonnen
Reis	4,6 Millionen Tonnen
Rohbaumwolle	1,4 Millionen Tonnen
Zucker	1,7 Millionen Tonnen
Fischfang	419 000 Tonnen
Rinderbestand	16,9 Millionen Tiere
Schafbestand	26 Millionen Tiere
Wolle	51 000 Tonnen
Erdgas	11,1 Milliarden m³
Strom	27,7 Milliarden kWh
Baumwollfasern	643 000 Tonnen

und der Eroberung von Sind durch die Araber im 8. Jh. und der des Indusbeckens durch die Ghasnawiden im 11. Jh. Ende des 12. Jh. tritt eine wesentliche Änderung ein. Die Sultane von Delhi (1206–1526) und die Moguln (1526–1858) erobern systematisch den indischen Subkontinent und errichten dort die islamische Vorherrschaft.

Die britische Herrschaft. Beim Untergang der Mogulherrschaft kommt es in Bengalen durch den Aufschwung der 1674 gegründeten französischen Handelsniederlassung Chandernagor zu Rivalitäten zwischen Großbritannien und Frankreich. Nach dem Sieg von Clive bei Plassey 1757 gewinnt die britische Ostindische Handelskompanie die Kontrolle über Bengalen (1765). Im Pandschab festigt Ranjit Singh, der oberste Sikh-Führer, der sich in Lahore niedergelassen hat, seine Macht durch ein Bündnis mit den Briten (1809). Nach seinem Tod (1839) fällt der Pandschab in die Hände der Ostindischen Handelskompanie (Sikh-Kriege, 1846 und 1849).

Die Muslimliga. Im indischen Reich bilden die Muslime eine große Minderheit (1941: 24 %); sie befürchten ihren Untergang unter den den Kongreß beherrschenden Hindus. 1906 gründen sie die Muslimliga zur Verteidigung ihrer Interessen. Die Kluft zwischen Hindus und Muslimen wird immer tiefer, blutige Unruhen häufen sich. Ab 1930 beabsichtigen die Muslime auf Anregung von Mohammed Iqbal die Schaffung eines gesonderten Staates, der Pakistan genannt wird. Die Muslimliga unter der Leitung von M. A. Jinnah zwingt den Kongreß und die Briten, die Teilung des Subkontinents hinzunehmen.

Das Pakistan der Gegenwart. Pakistan umfaßt die vorwiegend islamischen Gebiete, die bis zur Unabhängigkeit (15. August 1947) die Provinzen Ostbengalen, Sind, Belutschistan, West- und Nordwestpandschab bildeten. Der neue Staat, dessen Generalgouverneur Jinnah wird, ist in zwei 1700 km voneinander entfernte Teile geteilt, in West- und in Ostpakistan. Die Gründung Pakistans kostet etwa eine Million Menschen das Leben. Sie fallen grausamen Massakern zum Opfer oder sterben bei der Umsiedlung von Muslimen aus Indien nach Pakistan oder von Hindus aus Pakistan nach Indien. Sie führt zu zwei Kriegen mit Indien wegen Kaschmir (1947–1949; 1965). Iskander Mirza wird zum vorläufigen Präsidenten der islamischen Republik Pakistan ernannt. General Ayub Khan setzt ihn ab und wird 1958 Präsident der Republik. In Ostpakistan fordert Mujibur Rahman, seit 1966 Führer der Awami-Liga, die regionale Autonomie. In beiden Landesteilen wächst

Die wichtigsten Städte

Karatschi	5 208 000	Hyderabad	795 000
Lahore	3 150 000	Multan	730 000
Faisalabad	1 092 000	Gujranwala	597 000
Rawalpindi	928 000	Islamabad	201 000

Klimadaten

Stadt	Mittlere Temperatur des kältesten Monats (in °C)	Mittlere Temperatur des wärmsten Monats (in °C)	Jährliche Niederschläge (in mm)	Anzahl der Tage mit Niederschlägen pro Jahr
Karatschi	20,5	31	198	10
Peshawar	10,5	33	345	29
Islamabad	9	32,5	960	70

In den drei Stationen hat das Thermometer bereits 48 °C erreicht oder überschritten (50 °C in Peshawar). Negative Temperaturen wurden schon von Dezember bis Februar in Peshawar und in Islamabad gemessen; in Karatschi ist allerdings das Thermometer noch nie auf 0 °C gefallen.

Verwaltungsgliederung

Provinz	Fläche (in km²)	Einwohner	Hauptstadt	Einwohner
Belutschistan	347 000	4 332 000	Quetta	285 000
North West Frontier	74 500	11 000 000	Peshawar	555 000
Pandschab	205 000	19 292 000	Lahore	2 922 000
Sind	141 000	19 000 000	Karatschi	5 103 000

LÄNDER DER ERDE

die Unzufriedenheit, und General Ayub Khan (zum Marschall ernannt) muß General Yahya Chan weichen (1969). Er und andere Politiker Westpakistans weigern sich, Ostpakistan die geforderte politische und wirtschaftliche Autonomie zu geben. Der Bruch tritt im Jan. 1971 ein: Die Awami-Liga ruft die Trennung von Westpakistan aus, das sich von nun an Bangladesh nennt. Es wird im Dez. 1971 unabhängig. Nach der Trennung von Bangladesh tritt Ali Bhutto an die Stelle von Yahya Khan. Als Ministerpräsident praktiziert er bis 1977 einen ›islamischen Sozialismus‹, muß sich dann aber vor den konservativen Parteien, die sich unter dem Banner religiöser Führer vereint haben, zurückziehen. Er wird von General Zia ul-Haq, der 1978 Staatspräsident wird, abgesetzt und 1979 hingerichtet. Zia besänftigt die religiösen Parteien, indem er die islamische Gesetzgebung zur Landesgesetzgebung macht, ihre Anwendung jedoch sorgfältig einschränkt. Sein autoritäres Regime stößt auf den Widerstand der Bewegung für die Wiedereinführung der Demokratie (M.R.D.), einer Koalition ehemaliger Parteien unter der Führung von Benazir Bhutto (bis 1990), der Tochter des hingerichteten Ministerpräsidenten. Pakistan genießt durch die Aufnahme mehrerer Millionen afghanischer Flüchtlinge und die Unterstützung der islamischen Länder und der Westmächte. 1988 stirbt Zia ul-Haq bei einem Flugzeugunglück. Ghulam Ishaq Khan übernimmt sein Amt als Staatspräsident. Bei Neuwahlen gewinnen 1990 die islamischen Parteien die Mehrheit.

INDIEN INDIA

Offizieller Name: Republik Indien.

Hauptstadt: Neu Delhi. □ **Währung:** Indische Rupie (= 100 Paisa). □ **Amtssprachen:** Englisch und Hindi. □ **Überwiegende Religion:** Hinduismus.

Staatspräsident: Ramaswami Venkataraman (seit 1987). □ **Ministerpräsident:** Chandra Shekhar (1990–1991).

Flagge: Offiziell 1949 angenommen. Sie zeigt das Ashoka-Rad. Die Farben könnten für Mut, Frieden und Wahrheit stehen, wahrscheinlich symbolisieren sie Hindus und Mohammedaner, im Weiß des Friedens vereint. □ **Nationalhymne:** ›Jana-gana-mana-adhinayaka, jaya he Bharata-bhngya-vidh-ata. / Panjaba-Sindhu-Gujrata-Maratha-Dravida-Utkala-Vanga / Vindhya-Himachala-Yamuna-ganga uchchhala-jaladhi-taranga / Tava śubha ashisa mage, gahe tava jaya-gatha ...‹ (Du bist der Herrscher der Seelen des Volkes, der das Schicksal Indiens leitet. Dein Name weckt die Herzen des Pandschab, des Sind, des Gujarat, des Maharashtra, des Dravid, von Orissa und Bengalen ...), Text und Musik von Rabindranath Tagore (1861–1941). 1950 für amtlich erklärt. □ **Nationalfeiertage:** 26. Januar (Jahrestag der Ausrufung der Republik 1950) und 15. August (Jahrestag der Unabhängigkeit).

Fläche: 3 268 000 km². □ **Höchste Erhebung:** Kängchendzönga mit 8 586 m.

Bevölkerung (1989): 835 000 000 Ew. (Inder). □ **Durchschnittliche Bevölkerungsdichte:** 255 Ew. pro km². □ **Jährliches Bevölkerungswachstum:** 2,2 %. □ **Geburtenrate:** 33 ‰. □ **Sterbeziffer:** 11 ‰. □ **Kindersterblichkeit:** 96 ‰. □ **Lebenserwartung:** 58 Jahre. □ **Anteil unter 15 Jahren:** 37 %. □ **Anteil 65 Jahre und älter:** 4 %. □ **Stadtbevölkerung:** 25,5 %.

Bruttoinlandprodukt gesamt (1988): 254 Milliarden Dollar. □ **Bruttoinlandprodukt/Kopf:** 320 Dollar. □ **Produktionsstruktur:** Landwirtschaft 63 %; Industrie 15 %; Dienstleistungen 22 %. □ **Arbeitslosenquote:** nicht verfügbar.

Verkehr: 1 675 000 km Straßen (davon 794 000 km befestigt); 61 460 km Eisenbahn (davon 5 815 km elektrifiziert).

Exporte (1985): 5,9 % des Bruttoinlandsprodukts (9,46 Milliarden Dollar). □ **Importe** (1985): 9,4 % des Bruttoinlandsprodukts (15,08 Milliarden Dollar). □ **Auslandsschulden** (1987): 50 Milliarden Dollar. □ **Inflationsrate** (1987): 8,5 %.

Militärausgaben (1989): 9,12 Milliarden Dollar. □ **Streitkräfte:** 1 260 000 Mann. □ **Wehrdienst:** freiwillig.

Staatliche Institutionen

Bundesrepublik, Mitglied des Commonwealth. □ 25 Bundesstaaten, 7 Bundesgebiete. □ Verfassung von 1950. □ Für 5 Jahre vom Parlament gewählter Staatspräsident. Ein dem Parlament verantwortlicher Ministerpräsident. □ Eine für 5 Jahre gewählte Volkskammer und ein Staatsrat, der von den Parlamenten der Staaten für 6 Jahre gewählt wird.

Die wichtigsten Städte

Kalkutta	9 169 000	Howrah	741 000
Bombay	8 202 000	Dhanbad	677 000
Delhi	5 715 000	Bhopal	672 000
Madras	4 276 000	Jamshedpur	670 000
Bangalore	2 914 000	Ulhasnagar	648 000
Hyderabad	2 528 000	Allahabad	642 000
Ahmadabad	2 515 000	Cochin	636 000
Kanpur	1 688 000	Ludhiana	606 000
Pune	1 685 000	Pondichery	216 000
Nagpur	1 298 000	Visakhapatnam	594 000
Lucknow	1 006 000	Amritsar	589 000
Jaipur	1 005 000	Srinagar	588 000
Koimbatore	917 000	Gwalior	560 000
Patna	916 000	Kalikut	546 000
Surat	913 000	Vijayavada	545 000
Madurai	904 000	Meerut	538 000
Indore	827 000	Hubli	526 000
Varanasi	794 000	Trivandrum	520 000
Agra	770 000	Salem	515 000
Jabalpur	758 000	Sholapur	514 000
Vadodara	744 000	Ranchi	501 000

Klimadaten

Stadt	Höhe m ü. M.	Mittlere Temperatur des kältesten Monats (in °C)	Mittlere Temperatur des wärmsten Monats (in °C)	Jährliche Niederschläge (in mm)
Bombay	10	23,5	30	1810
Kalkutta	5	19,5	29,5	1610
Hyderabad	545	21,5	29,5	770
Madras	15	24	31	1285
Delhi	220	14	28,5	660
Srinagar	1590	1,5	24,5	720
Cherrapunji	1310	12	20,5	10 800

Geschichte

Ur- und Vorgeschichte. Der indische Subkontinent ist seit der Vorgeschichte von verschiedenen negroiden, austro-asiatischen und dravidischen Völkern bewohnt. Die Umwälzungen im Neolithikum mit einer Produktionswirtschaft treten sehr früh im Indusbecken auf, wahrscheinlich zwischen dem 9. und dem 7. Jahrtausend. In diesem Gebiet beginnt in der Bronzezeit um das 4. Jahrtausend die Vorgeschichte Indiens mit der Harappakultur. Im 2. Jahrtausend wandern die Arier ein, ein indogermanisches Volk aus Zentralasien. Sie sind Nomaden und kolonisieren den Norden. Sie bringen ihre Sprache, das Sanskrit, und ihre vedische Religion mit Veda und Upanisad ein, die die Basis des Hinduismus sein werden. Sie führen ein Konzept der gesellschaftlichen Hierarchie ein, die die Grundlage für das Kastensystem ist. Sie beherrschen und assimilieren einen Großteil der älteren Völker.

Das alte Indien. Gegen Ende des 6. Jh. v. Chr. treten in Indien erstmals in der Geschichte Sekten des Hinduismus, Buddhismus und Jainismus auf. Nordindien ist in zahlreiche hinduistische Königreiche unterteilt, darunter das der Shakya, wo Buddha geboren ist (der von 560 bis etwa 480 v. Chr. gelebt hat). Um 320 entsteht das Großreich der Maurya (bis 185), deren herausragendster Herrscher, Ashoka (um 269–232), der erste historisch datierte indische König ist. Er nimmt den buddhistischen Glauben an und dehnt sein Herrschaftsgebiet von Afghanistan bis zum Dekhan aus. Buddhistische Missionen wer-

Erzeugung wichtiger Güter

Reis	94,5 Millionen Tonnen
Weizen	44,6 Millionen Tonnen
Erdnüsse	6,2 Millionen Tonnen
Zucker	9,1 Millionen Tonnen
Rohbaumwolle	1,5 Millionen Tonnen
Tabak	530 000 Tonnen
Jute	1 Million Tonnen
Tee	690 000 Tonnen
Fischfang	3 Millionen Tonnen
Rinderbestand	201 Millionen Tiere
Schafbestand	56,9 Millionen Tiere
Kohle	195 Millionen Tonnen
Erdöl	31,5 Millionen Tonnen
Strom	214,6 Milliarden kWh
– davon aus Wasserkraft	53,7 Milliarden kWh
Chrom	180 000 Tonnen
Mangan	516 000 Tonnen
Bauxit	2,7 Millionen Tonnen
Aluminium	335 000 Tonnen
Eisen	34,3 Millionen Tonnen
Stahl	14,1 Millionen Tonnen
Baumwollfasern	1,3 Millionen Tonnen

In Delhi ist die Temperatur schon über 45 °C von April bis Juni gestiegen, desgleichen in Madras, und Höchstwerte von 48 °C wurden in Kalkutta und Hyderabad gemessen. Die heißesten Temperaturen werden im ›Frühjahr‹ kurz vor dem Monsunregen festgestellt, der starke Niederschläge bringen kann: In der berühmten Wetterstation von Cherrapunji (bei Shilong) fallen mehr als 5 m Regen in den beiden Monaten Juni und Juli. Die Temperatur kann in Ausnahmefällen in Delhi unter den Gefrierpunkt sinken, sie lag in Kalkutta oder Hyderabad nie unter 5 °C und unter 12 °C in Madras.

LÄNDER DER ERDE

VORDERINDIEN

den nach Südindien und nach Ceylon entsandt. Nach dem Untergang der Maurya ist Indien mehr als fünf Jahrhunderte lang geteilt und erlebt Invasionen fremder Völker, v. a. der Kushana zu Beginn des christlichen Zeitalters. Zweimal wird es in Teilen wieder vereint. Das erste Mal unter den Gupta (320–550 n. Chr.), die den Hinduismus wieder fördern. Unter den Regierungen der Shunga und der Konya erlebt es erneut Invasionen barbarischer Stämme. Die zweite Einigung erfolgt unter dem Harsha (606–647), die dem Buddhismus anhängen. Für fünfeinhalb Jahrhunderte lang ist es erneut aufgeteilt. Die bekanntesten Dynastien entwickeln sich in Südindien, insbesondere die Pallava im 7. bis 8. Jh. und die Cola im 9.–12. Jh., die die indische Zivilisation in Südostasien verbreiten. Der Hinduismus ist um diese Zeit die vorherrschende Religion, aber buddhistische und jainistische Minderheiten gedeihen im ganzen Land. Die Ebene zwischen Indus und Ganges wird von den Gurjara (um 778–1027) und den Pala (um 765–1086) regiert. Im Dekhan kann nach dem Niedergang der Calukya im 8. Jh. die Dynastie der Rashtrakuta entstehen, die dort bis zum 10. Jh. regieren.

Das islamische Indien. Der Islam, der seit dem 7.–8. Jh. den Mittleren Osten beherrscht, bleibt trotz der Kolonien arabischer Kaufleute an den Küsten, der Eroberung von Sind im 8. Jh. durch die Araber und die des Indusbeckens durch die Ghasneviden im 11. Jh. noch unbedeutend. Ende des 12. Jh. ändert sich die Lage vollkommen. Türkische Dynastien unternehmen von Afghanistan aus die systematische Eroberung des Subkontinents und errichten dort für sechs Jahrhunderte die islamische Vorherrschaft. Indien ist nach der Eroberung der zentral gelegenen Reiche durch die Mongolen eine der Bastionen der islamischen Kultur. Die islamische Hegemonie kann in vier Phasen unterteilt werden:
• **Eine erste Einigung** unter den drei Dynastien des Sultanats Delhi (1206–1414): der Sklaven (1206–1290), der Khilji (1290 bis 1320) und der Tughluq (1320–1414). Das islamische Reich dehnt sich vom Gangestal bis zu den Hochebenen des Dekhan aus und führt Feldzüge bis nach Südindien.
• **Die Aufteilung des Reiches** zugunsten von autonomen regionalen Sultanaten (Mitte 14.–16. Jh.). Das durch die Invasion von Timur-Leng (Tamerlan) 1398–99 verwüstete Sultanat Delhi ist nur noch ein lokales Fürstentum. In Bengalen bilden sich ab 1338, im Dekhan ab 1347 wohlhabende regionale Sul-

tanate; Kaschmir wird islamisiert; Malwa und Gujarat rufen 1401 bzw. 1403 ihre Unabhängigkeit aus. Der Süden Indiens mit dem Reich Vijayanagar (1336–1565) rüstet sich zur politischen Verteidigung des Hinduismus.
• **Die Vereinigung unter der Mogulherrschaft** (1526–1707). Die Europäer bemächtigen sich im 16.–17. Jh. des Handels im Indischen Ozean: die Portugiesen eröffnen die Indienroute (1498); dann gründen die Engländer 1600, die Holländer 1602 und die Franzosen 1670 ihre Ostindiengesellschaften. Die politische Vorherrschaft erlangt eine neue Dynastie türkischer Herkunft, die Moguln (1526–1857). Ihr Gründer, Babur, ersetzt die afghanische Dynastie Lodi in Delhi (1526). Akbar (1556–1605), Jahangir (1605–1627), Schah Jahan (1628–1658) und Aurangseb (1658–1707) vereinigen den Subkontinent von Kabul bis Südindien. Mit einer starken Armee und einer effizienten Verwaltung bauen sie eine unbestrittene Herrschaft auf, die neben ihrer Stärke auf einer toleranten Politik gegenüber der Hindumehrheit in der Bevölkerung beruht.
• **Der Niedergang** (1707–1772). Das Reich, das durch die ständigen Kriege von Aurangseb im Dekhan ruiniert ist, fällt nach seinem Tod auseinander. Die Mogulherrscher sind nur noch die nominalen Herrscher über Indien. Die Gouverneure der Provinzen, die Nawab, betreiben die Sezession. Perser und Afghanen dringen einer nach dem anderen ein und plündern Delhi. Die Hindus organisieren sich unter der Führung der Marathen, die 1674 ein Reich gründen. Ihnen steht die eigentliche politische Vorherrschaft zu, aber sie stoßen auf den Widerstand der Briten.

Die Regierung der britischen Ostindischen Handelskompanie. Die Briten widersetzen sich den Ansprüchen der Portugiesen, Holländer und besonders der Franzosen. Während sich die Briten in Bombay, Madras und Bengalen niederlassen, bleiben nur noch den Franzosen Niederlassungen an der Küste. Die britische Vorherrschaft im Binnenland des Subkontinents wird in einer ersten Phase, von 1772 bis 1857, formell vom Großmogul geduldet. Die britische Ostindische Handelskompanie betreibt die Eroberung und Verwaltung von neuen Gebieten, um ihre Handelsinteressen zu wahren. Der Generalgouverneur Warren Hastings (1772–1785) ist der eigentliche Begründer des britischen Indiens. Er und seine Nachfolger setzen die Ausdehnung fort: Eroberung Südindiens und des Gangestals, dann von Delhi (1803), Sieg über die Mara-

then (1819), Annektierung des Sikh-Königreiches Pandschab (1849). Obwohl der größere Teil der Gebiete direkt verwaltet wird, bestehen etwa 600 Staaten weiter, die unter indirekter Verwaltung von Residenten stehen. Die technischen Neuerungen (Telegraphie, Eisenbahn) und die Abschaffung des Handelsmonopols der Ostindischen Kompanie (1833) ermöglichen die Einführung des kapitalistischen britischen Wirtschaftssystems in Indien. Die neuen Führer glauben, den Indern ihre ›Zivilisation‹ aufzwingen zu müssen: Sie führen Englisch als Amtssprache anstelle von Persisch ein, verbreiten westliche Erziehung und Werte, fördern den Bekehrungseifer der Missionare. Sie schaffen autoritär in ihren Augen skandalöse Praktiken ab (Sklaverei, Kindertötung, Witwenverbrennung...). Diese zahlreichen Einmischungen führen 1857 schließlich zu einem bewaffneten Aufstand. Die Aufständischen sind unter dem Mogulherrscher Bahadur II., um die Briten zu vertreiben, und erobern das Gangestal. 1858 ist die schlecht organisierte Revolte zerschlagen und der Mogul abgesetzt.

Das Vizekönigreich Indien und der indische Nationalismus. Die zweite Phase der britischen Herrschaft beginnt mit der Auflösung der Ostindischen Handelskompanie (1858). Königin Victoria wird Kaiserin von Indien. Ihr Vertreter, der frühere Generalgouverneur, nimmt den Titel eines Vizekönigs an; 1912 wird Delhi nach Kalkutta neue Hauptstadt. Der politische Führungsstil wird konservativer; man versucht, Fürsten, Großgrundbesitzer und religiöse Führer zu vereinen und greift nicht mehr in die Gebräuche und Religionen ein. Die Bevölkerung wächst nach 1921 rasch und bleibt überwiegend ländlich (1941: 87 %).

Allerdings bilden sich in den Städten neue Eliten. Ihre im Westen erzogenen Mitglieder fordern ihren Teil an den Gewinnen und eine Beteiligung an der Führung des Landes. Die nationale Bewegung wird von der 1885 gegründeten Kongreßpartei beherrscht. In ihr finden sich vorwiegend Hindus; einige herausragende islamische Führer schließen sich an. Unter dem Einfluß von Tilak wird die zunächst liberale Kongreßpartei nach 1900 radikaler. Der Auftritt von Mohandas Karamchand Gandhi (1917) gibt der Kongreßpartei einen religiösen Anstrich und läßt sie zu einer Partei der Masse werden. 1920–1922 organisiert Gandhi eine erste Kampagne zivilen Ungehorsams, 1930–1933 eine zweite. Er fordert auf Anregung von J. Nehru die Auto-

Verwaltungsgliederung

Staat	Fläche (in km²)	Einwohner	Hauptstadt	Staat	Fläche (in km²)	Einwohner	Hauptstadt
Andhra Pradesh	277 000	53 404 000	Hyderabad	Nagaland	16 500	773 000	Kohima
Arunachal Pradesh	84 000	628 000	Itanagar	Orissa	156 000	26 272 000	Bhubaneswar
Assam	78 500	19 903 000	Dispur	Pandschab	50 400	16 670 000	Chandigarh
West-Bengalen	88 000	54 485 000	Kalkutta	Rajasthan	343 000	34 103 000	Jaipur
Bihar	174 000	69 823 000	Patna	Sikkim	7 300	316 000	Gangtok
Goa	3 700	1 008 000	Panaji	Tamil Nadu	130 000	48 297 000	Madras
Gujarat	196 000	33 961 000	Ahmadabad	Tripura	10 500	2 060 000	Agartala
Haryana	44 000	12 851 000	Chandigarh	Uttar Pradesh	294 400	110 858 000	Lucknow
Himachal Pradesh	55 700	4 238 000	Simla	Gebiet			Hauptort
Jammu und Kaschmir	222 000	5 982 000	Srinagar	Andamanen und Nicobaren	8 300	188 000	Port Blair
Karnataka	192 000	37 043 000	Bangalore	Chandigarh	114	450 000	Chandigarh
Kerala	39 000	25 403 000	Trivandrum	Dadra und Nagar Haveli	500	104 000	Silvassa
Madhya Pradesh	443 000	52 132 000	Bhopal	Daman und Diu	110	79 000	Daman
Maharashtra	308 000	62 694 000	Bombay	Delhi	1 485	6 196 000	Delhi
Manipur	22 400	1 434 000	Imphal	Lakshadweep	30	40 000	Kavaratti
Meghalaya	22 500	1 328 000	Shillong	Pondichery	480	604 000	Pondichery
Mizoram	21 000	488 000	Aijal				

504

LÄNDER DER ERDE

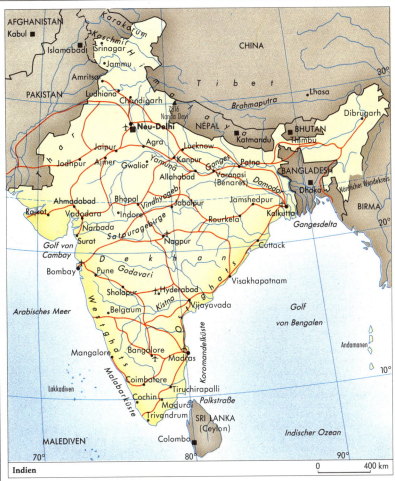

tem Maße angewandt. Große Banken werden verstaatlicht, Handels- und Industriekonzerne jedoch nicht. In der Landwirtschaft wurden nur die größten Großgrundbesitzer enteignet. Die Politik der Kongreßpartei wird sowohl von der Rechten angefochten, die die staatliche Intervention und eine weitergehende Modernisierung einschränken will, als auch von der Linken und großen Teilen der Landbevölkerung, deren Forderungen durch die kommunistische Partei und die Gewerkschaften zu Gehör gebracht werden. Die Einheit Indiens ist durch die ethnische und sprachliche Vielfalt, v. a. in Assam und in anderen Staaten im Nordosten, gefährdet. Unruhen kommen auch im Pandschab und bei den Sikhs auf, die für die Ermordung von Indira Gandhi 1984 verantwortlich sind. Die islamische Minderheit wird häufiger durch Terror bedroht.

Blockfreiheit und Konflikte. Die Außenpolitik beruht auf der Doktrin der Blockfreiheit. Diese Doktrin hatte zur Zeit J. Nehrus eine beachtliche Wirkung in der Dritten Welt. Indien ist es jedoch nicht gelungen, die Beziehungen zu seinen Nachbarn zu normalisieren. Die Konflikte mit Pakistan haben zu drei Kriegen geführt: 1947–1948 und 1965 über die Kontrolle Kaschmirs und 1971 wegen der Loslösung von Bangladesh. Die guten Beziehungen zu China haben der verschlechterten Lage in Tibet (Exil des Dalai-Lama 1959) nicht standgehalten, und seit den Auseinandersetzungen in Ladakh (1962) bestehen Spannungen. Diese Konflikte haben Indien dazu veranlaßt, seine Beziehungen zur UdSSR zu pflegen. 1987 greift Indien nach der Unterzeichnung eines Abkommens mit Sri Lanka auf der vorwiegend von Tamilen bewohnten Halbinsel Jaffna ein, um den ethnischen Konflikt zwischen der singhalesischen Mehrheit und der tamilischen Minderheit zu beenden.

---

nomie für Indien. Der Government of India Act (1935) gewährt den Provinzen Autonomie und erlaubt die Bildung von Provinzregierungen, die aus den Wahlen von 1937 hervorgehen und von der Kongreßpartei beherrscht werden. Die Vorherrschaft dieser Partei, die ein einheitliches unabhängiges Indien erreichen will, stößt auf den Widerstand der Muslime, die eine starke Minderheit (1941: 24 %) bilden. Sie gründen 1906 die Muslimliga zur Verteidigung ihrer Interessen. Der Erste Weltkrieg bringt zeitweise die Liga mit der Kongreßpartei zusammen (Pakt von Lucknow, 1916). Aber ab 1930 fordern die Muslime auf Anregung von Muhammad Iqbal die Schaffung eines getrennten Staates, der Pakistan heißen soll. Die Trennung zwischen der Kongreßpartei und der Liga ist vollzogen, nachdem letztere die Wahlen von 1937 verloren hat. Die indische Politik ist nunmehr dreigeteilt. Die Briten brauchen Indien für ihre Kriegskosten; sie unterdrücken jede Agitation, bereiten sich jedoch darauf vor, Indien nach Beendigung der Feindseligkeiten die Unabhängigkeit zu gewähren. Die Kongreßpartei verlangt die unverzügliche Unabhängigkeit (Rücktritt der Provinzregierungen; *Quit India-Bewegung* von 1942). Die von M. A. Jinnah geführte Muslimliga fordert vor allem den Staat Pakistan. Sie zwingt die Kongreßpartei und die Briten, die Teilung Indiens zu akzeptieren.

Die Unabhängigkeit und die Teilung. Bei der Ausrufung der Unabhängigkeit am 15. August 1947 wird Indien in zwei Dominions aufgeteilt: Pakistan, das aus zwei Randgebieten mit islamischer Mehrheit gebildet wird, mit einem westlichen und einem östlichen Teil (das heutige Bangladesh); der restliche Teil mit überwiegender Hindubevölkerung verbleibt als Indien. Die Teilung wird von Massakern begleitet; ihnen, sowie der Umsiedlung von mehr als acht Millionen Indern, fallen über 1 Million Menschen zum Opfer. 1948 wird Gandhi ermordet.

Die Innenpolitik. Das Land entwickelt sich unter der Führung der Kongreßpartei, die von J. Nehru (1947–1964), L. B. Shastri (1964 bis 1966), I. Gandhi (1966–1984) und ihrem Sohn R. Gandhi (ab 1984) geführt wird. Die Partei erlebt nur eine kleine Unterbrechung ihrer Regierungsführung (1977–1980) zugunsten der Janata-Partei, einer Koalition aus verschiedenen konservativen und progressiven Parteien sowie 1989 durch eine neue Regierungskoalition. November 1990–März 1991 führte Chandra Shekhar, der 1989 die Janata-Dal-Partei gegründet hat, eine Minderheitsregierung. Die Verfassung von 1950 macht Indien zu einem weltlichen und parlamentarischen Bundesstaat. Die Regierungsgewalt nimmt der Ministerpräsident wahr, der in der Regel der Führer der Mehrheitspartei ist. Durch die Eingliederung der ehemaligen Fürstentümer und die Veränderung der alten britischen Provinzgrenzen werden neue Staaten nach ethnischen und sprachlichen Gesichtspunkten geschaffen. Die Kongreßpartei hat Gandhis utopische Vorstellungen einer Rückkehr in die Dörfer und Förderung des Handwerks aufgegeben und setzt statt dessen auf Modernisierung und den Sozialismus. Indien wird zu einer Wirtschaftsmacht mit Weltrang, es bleiben jedoch große soziale Gegensätze. Der Sozialismus wird in begrenz-

NEPAL NEPĀL

Offizieller Name: Königreich Nepal.

Hauptstadt: Kathmandu. □ **Währung:** Nepal-Rupie (= 100 Paisa). □ **Amtssprache:** Nepalesisch. □ **Überwiegende Religion:** Hinduismus.

Staatsoberhaupt: König Birendra Bir Bikram (seit 1972). □ **Ministerpräsident:** Krishna Prasad Bhattarai (seit 1990).

Flagge: Sie wurde 1961 angenommen und hat als einzige auf der Welt diese Form. Das traditionelle Rot des Landes ist vom Blau des Universums umgeben und trägt Sonne und Mond als Zeichen für Hoffnung und die Einfügung des Landes in das kosmische Schicksal. □ **Nationalhymne:** ›Sriman gambhira nepali pracanda pratapa bhupati, / Sri panc sarkar maharajadhiraj ko sada rah unnati; / Rakhun cirayu isale, praje phaliyos, pukaraum jaya premale / Hami nepali bhai sarale ...‹ (Der Ruhm sei mit dir, mächtiger Prinz, mutiger Maharadscha Nepals, unser allmächtiger Herr. Dein Leben möge nicht lange dauern und die Zahl deiner Untertanen nehme zu. Jeder Nepalese möge dies in Freude singen ...), Text von Sri Chakrapani Chalise (1884–1959), Musik von Bakhatbir Budhapirithi (1857–1920). □ **Nationalfeiertage:** 18. Februar (Geburtstag des Königs Tribhuvana, 1955 gestorben) und 28. Dezember (Geburtstag des derzeitigen Königs Birendra).

LÄNDER DER ERDE

VORDERINDIEN

Fläche: 140 000 km². □ Höchste Erhebung: Mount Everest mit 8 872 m.

Klima: In Kathmandu (in etwa 1 350 m Höhe) liegen die mittleren monatlichen Temperaturen zwischen 10 °C (es friert nur selten) im Januar und 25 °C im Juli. Die gesamte jährliche Niederschlagsmenge (vor allem von Mai bis September in der Monsunzeit) beträgt etwa 1 400 mm.

Bevölkerung (1989): 18 700 000 Ew. (Nepalesen). □ Durchschnittliche Bevölkerungsdichte: 133,5 Ew. pro km². □ Jährliches Bevölkerungswachstum: 2,5 %. □ Geburtenrate: 42 ‰. □ Sterbeziffer: 17 ‰. □ Kindersterblichkeit: 112 ‰. □ Lebenserwartung: 52 Jahre. □ Anteil unter 15 Jahren: 42 %. □ Anteil 65 Jahre und älter: 3 %. □ Stadtbevölkerung: 6 %.

Bruttoinlandsprodukt gesamt (1988): 3,0 Milliarden Dollar. □ Bruttoinlandsprodukt/Kopf: 170 Dollar. □ Produktionsstruktur: Landwirtschaft 76 %; Industrie 3 %; Dienstleistungen 21 %.

Verkehr: 5 836 km Straßen (davon 2 670 km asphaltiert); 63 km Eisenbahn.

Exporte (1985): 7 % des Bruttoinlandsprodukts (160 Millionen Dollar). □ Importe (1985): 19,7 % des Bruttoinlandsprodukts (450 Millionen Dollar). □ Auslandsschulden (1987): 0,79 Milliarden Dollar. □ Inflationsrate (1987): 9 %.

Militärausgaben (1988): 36 Millionen Dollar. □ Streitkräfte: 35 000 Mann. □ Wehrdienst: freiwillig.

Die wichtigsten Städte

Kathmandu	393 000	Patan	80 000
Biratnagar	94 000	Bhadgaon	48 500

Erzeugung ausgewählter Güter u. a. wichtige Erwerbsquellen

Reis	2,9 Millionen Tonnen
Tabak	7 000 Tonnen
Jute	40 000 Tonnen
Rinderbestand	9,6 Millionen Tiere
Schafbestand	2,5 Millionen Tiere
Strom	395 Millionen kWh
Tourismus	223 000 Auslandsgäste

Staatliche Institutionen

Konstitutionelle Monarchie. □ Verfassung von 1962. □ Der König hat die Exekutive. □ Das nationale Panchayat wird für 5 Jahre von den Bezirks-Panchayaten gewählt, die ihrerseits aus den Stadt- oder Dorf-Panchayaten in allgemeiner Wahl hervorgehen.

Geschichte

Die Ursprünge. Die Terai-Ebene im Süden wird zum ersten Mal bei der Geburt Buddhas im 6. Jh. v. Chr. erwähnt. Sie wird danach von hinduistischen oder buddhistischen, später von islamischen Dynastien, die sich in Nordindien abwechseln, beherrscht. Das Tal von Kathmandu, das zuerst den Namen Nepal trug, hat eine seit dem 4. Jh. n. Chr. bekannte Geschichte. Unter dem Einfluß der Gupta wird die einheimische Bevölkerung, die Newar, immer wieder von der indischen Zivilisation geprägt. Die Hochtäler im Norden werden von den Tibetern kolonisiert. Das übrige Gebirgsland, das zunächst nicht kontrolliertes Stammesgebiet war, wird ab dem 12. Jh. von aus dem Westen kommenden Hindus, den Koha, und von Indo-Nepalesen allmählich besiedelt und dem großen Malla-Reich eingegliedert (12.–14. Jh.). Im 14. bis 18. Jh. zerfällt Nepal in drei Einzelstaaten mit mehr als 20 kleinen Fürstentümern.

Das Königreich Nepal. Die indo-nepalesische Dynastie der Gurkha vereint zwischen 1744 und 1780 das Land. Nach dem Tod von Prithvi Narayan (1775) greift das von langen Erbfolgestreitigkeiten gespaltene Nepal Tibet an (1790), wird jedoch 1791 geschlagen und von dem chinesischen Kaiser Qianlong erobert, der ihm seine Lehnsherrschaft aufzwingt. Daraufhin unterzeichnet Nepal Handelsverträge mit Großbritannien (1791 und 1792) und akzeptiert die Präsenz eines britischen Residenten (1801), der aber schon 1803 ausgewiesen wird. Nach einem kurzen Krieg (1814–1816) wird ein neuer Resident nach Kathmandu gesandt (Vertrag von Segowlie = Sagauli, 1816), und die Bindung an Großbritannien wird endgültig unter der Regierung von Jung Bahadur Rana (1846–1877) gefestigt. Großbritannien erkennt 1923 die völlige Unabhängigkeit des Landes an. Zwischen dem Herrscher und seinem Ministerpräsidenten, der seit 1946 in der Familie Rana dieses Amt erbt, schwelt ein Zwist. König Tribhuvana Bir Bikram organisiert von Neu Delhi aus einen Staatsstreich, durch den er die Familie Rana 1951 entmachten kann.

Die gegenwärtige Entwicklung. Sein Sohn Mahendra Bir Bikram, der ihm 1955 auf den Thron folgt, erreicht die Aufnahme seines Landes in die UNO. Er verabschiedet 1959 eine Verfassung im Sinne eines parlamentarischen Systems. Nach einem Staatsstreich (1960) wird 1962 eine neue Verfassung verabschiedet, die ein System lokaler Räte (Panchayat) einführt. Birendra Bir Bikram, der seit dem Tod seines Vaters Mahendra 1972 an der Macht ist, leitet 1980 einen Demokratisierungsprozeß ein. Nepal bemüht sich um eine Politik des Gleichgewichts zwischen seinen mächtigen Nachbarn, China und Indien.

BHUTAN DRUK YUL

Offizieller Name: Königreich Bhutan.

Hauptstadt: Thimphu. □ Währung: Ngultrum (= 100 Chetrum). □ Amtssprache: Dzongkha (tibetanischer Dialekt). □ Überwiegende Religion: Buddhismus.

Staatsoberhaupt: König Jigme Singye Wangchuk (seit 1972).

Flagge: Auf tibetanisch bedeutet Druk Yul ›Reich des Drachen‹. Gelb symbolisiert die Monarchie, Orange den Buddhismus. Die Flagge ist seit zwei Jahrhunderten nachgewiesen. □ Nationalhymne: ›Lho tsenden koepé jong Drouk gyelkhab de / Choe dang gyelsi lou nyi gyi golé / Kyong mi Ngadak Drouk Gyelpo / Ku gyurwa mépar kutshé yunrinpo ten ti shoug ni dang ...‹ (Im Land des Sandelstrauches im Süden, dem Königreich des Drachen, möge der König, der die weltlichen und religiösen Angelegenheiten leitet, lange leben!), Text von Dasho Gedoen, Musik von Dasho Aku Tomé. 1966 für amtlich erklärt.

Nationalfeiertag: 17. Dezember, Jahrestag der Thronbesteigung (1907) von Ugyen Wangchuk, dem ersten König von Bhutan.

Fläche: 47 000 km². □ Höchste Erhebung: Kula Kangri mit 7 554 m.

Klima: ähnlich dem des benachbarten Nepals.

Bevölkerung (1989): 1 500 000 Ew. (Bhutanesen). □ Durchschnittliche Bevölkerungsdichte: 32 Ew. pro km². □ Jährliches Bevölkerungswachstum: 2,1 %. □ Geburtenrate: 38 ‰. □ Sterbeziffer: 17 ‰. □ Kindersterblichkeit: 128 ‰. □ Lebenserwartung: 48 Jahre. □ Anteil unter 15 Jahren: 39 %. □ Anteil 65 Jahre und älter: 4 %. □ Stadtbevölkerung: 4,5 %. □ Wichtigste Stadt: Thimphu (20 000 Ew.).

Bruttoinlandsprodukt gesamt (1988): 270 Millionen Dollar.

Bruttoinlandsprodukt/Kopf: 190 Dollar. □ Produktionsstruktur: Landwirtschaft 70 %; Industrie 5 %; Dienstleistungen 25 %. □ Arbeitslosenquote: nicht verfügbar. □ Wichtigste Produkte: Reis, 60 000 t; Mais, 85 000 t; Rinderbestand: 320 000 Tiere.

Verkehr: 2 050 km Straßen.

Auslandsschulden (1987): 40 Millionen Dollar.

Geschichte

Bhutan, das lange Zeit von Tibet abhängig war, wurde zunächst einem britischen Halbprotektorat (1910), danach einem indischen (1949) unterstellt. Es ist seit 1971 unabhängig.

BANGLADESH

Offizieller Name: Volksrepublik Bangladesh.

Hauptstadt: Dhaka. □ Währung: Taka (= 100 Poisha). □ Amtssprache: Bengali. □ Überwiegende Religion: Islam.

Staatspräsident: Husain Mohammed Ershad (1983–1990). □ Ministerpräsident: Mudud Ahmed (seit 1988).

Flagge: Sie wurde 1972 angenommen. Grün steht für die Natur, Rot für das für die Freiheit vergossene Blut.

Nationalhymne: ›Amar shonar Bangla, Ami tomai bhalobachi, Tchirodine tomar akach, tomar batash amar prane bakjai banchi ...‹ (Mein goldenes Bengalen, ich liebe dich. Deinen Himmel, Deine Luft lassen mein Herz immer singen ...), Text und Musik von Rabindranath Tagore (1861–1951). 1972 für amtlich erklärt.

Nationalfeiertag: 21. Februar (Tag der Märtyrer), 26. März (Jahrestag der Unabhängigkeit), 16. Dezember (Jahrestag des Sieges).

Fläche: 143 000 km². □ Höchste Erhebung: 1 961 m in den Bergen von Khasi und Jaintia.

Bevölkerung (1989): 114 700 000 Ew. (Bengalesen). □ Durchschnittliche Bevölkerungsdichte: 802 Ew. pro km². □ Jährliches Bevölkerungswachstum: 2,8 %. □ Geburtenrate: 43 ‰. □ Sterbeziffer: 15 ‰. □ Kindersterblichkeit: 138 ‰. □ Lebenserwartung: 52 Jahre. □ Anteil unter 15 Jahren: 43 %. □ Anteil 65 Jahre und älter: 4 %. □ Stadtbevölkerung: 12 %.

LÄNDER DER ERDE

Bruttoinlandsprodukt gesamt (1988): 19 Milliarden Dollar.
Bruttoinlandsprodukt/Kopf: 175 Dollar. ☐
Produktionsstruktur: Landwirtschaft 74 %; Industrie 11 %; Dienstleistungen 15 %. ☐
Arbeitslosenquote: nicht verfügbar.
Verkehr: 7 996 km Straßen (davon 5 130 km asphaltiert); 2 892 km Eisenbahn.
Exporte (1985): 2,8 % des Bruttoinlandsprodukts (880 Millionen Dollar). ☐ **Importe** (1985): 14,8 % des Bruttoinlandsprodukts (2,25 Milliarden Dollar).
Auslandsschulden (1987): 10,05 Milliarden Dollar.
Inflationsrate (1987): 9,3 %.
Militärausgaben (1987): 183 Millionen Dollar. ☐ **Streitkräfte:** 103 000 Mann. ☐ **Wehrdienst:** freiwillig.

Die wichtigsten Städte

Dhaka	3 460 000	Narayanganj	271 000
Chittagong	1 388 000	Rajshahi	254 000
Khulna	623 000	Barisal	142 000

Verwaltungsgliederung

Bezirk[1]	Fläche (in km²)	Einwohner
Rajshahi	34 000	21 100 000
Khulna	34 000	17 150 000
Dhaka	31 000	26 250 000
Chittagong	44 000	22 600 000

[1] Die Bezirke sind nach ihren Hauptorten benannt.

Erzeugung wichtiger Güter

Reis	21,9 Millionen Tonnen
Jute	808 000 Tonnen
Tee	36 000 Tonnen
Rinderbestand	23,5 Millionen Tiere
Fischfang	827 000 Tonnen
Strom	5,9 Milliarden kWh

Klimadaten

Stadt	Mittlere Temperatur des kältesten Monats (in °C)	Mittlere Temperatur des wärmsten Monats (in °C)	Jährliche Niederschläge (in mm)	Anzahl der Tage mit Niederschlägen pro Jahr
Dhaka	18,5	29	1 910	88
Chittagong	19,5	28	2 750	98

Staatliche Institutionen

Volksrepublik, Mitglied des Commonwealth. ☐ Verfassung von 1972. ☐ Der Staatspräsident wird für 5 Jahre gewählt. ☐ Für 5 Jahre in allgemeiner Wahl gewähltes Parlament.

Geschichte

Die hinduistische Zeit. Im 5. und 4. Jh. v. Chr. wurde Bengalen in großen Teilen wohl vom Königreich Magadha kontrolliert. Im 3. Jh. ist es dann ein Teil des Maurya-Reiches. Das Gebiet wird danach an das Reich von Samudragupta (4. Jh.), später an das von Harsa (7. Jh.) angeschlossen. Vom 8. bis zum 12. Jh. steht es unter der Herrschaft der buddhistischen Paladynastie.

Die islamische Zeit. In den Jahren 1199–1202 geht das buddhistische Bengalen unter und wird unter Mohammed von Ghur von den Muslimen erobert. Seit dem Beginn des 13. bis zum 18. Jh. (seit dem Sultanat Delhi bis zum Reich der Moguln) ist Bengalen ein Teil des islamischen Indiens, entweder als regionale Verwaltungseinheit oder als relativ unabhängiges Fürstentum (v. a. von 1338 bis 1576). Die europäischen Kaufleute, zunächst Portugiesen, lassen sich ab Ende des 16. Jh. in der Region nieder. Anfang des 18. Jh. erhält die britische Ostindische Handelskompanie die Handelsrechte in Bengalen.

Die britische Herrschaft. Nach dem Sieg von Clive bei Plassey (1757) kommt Bengalen unter britische Vorherrschaft. Die indischen Probleme treten hier besonders scharf hervor: die Gegensätzlichkeit zwischen Hindus und Muslimen (die Gemeinden verwalten sich daher selbst), zahlreiche Hungersnöte (3 Millionen Tote 1942–43). 1947 wird Bengalen, wie es der Führer der 1906 in Dakha gegründeten Muslimliga, Jinnah, wünschte, nach religiösen Kriterien geteilt: aus Ostbengalen (Hauptstadt Dakha) wird Ostpakistan.

Das Bangladesh der Gegenwart. Unter dem Druck der Autonomiebewegung, die von der Awami-Liga geführt wird, beginnt in Ostpakistan ab März 1971 ein gegen die Zentralregierung Pakistans gerichteter Bürgerkrieg. Mit der militärischen Unterstützung Indiens erreicht die Bewegung die Schaffung eines unabhängigen Staates Bangladesh (freies Bengalen) (Dez. 1971). Angesichts einer sich entwickelnden politischen Anarchie führt Scheich Mujibur Rahman, Führer der Awami-Liga und Regierungschef, ein Präsidialsystem mit einer Einheitspartei ein (Jan. 1975). Nachdem er Präsident der Republik geworden ist, wird er im August gestürzt und getötet. General Zia ur-Rahman, der 1975 das Kriegsrecht einführt, wird 1978 Präsident der Republik und 1981 bei einem gescheiterten Putschversuch ebenfalls ermordet. Seitdem liegt die Macht in den Händen der Streitkräfte, die 1983 General Husain Mohammed Ershad zum Staatsoberhaupt ernennen (Rücktritt 1990). 1986 wird das Kriegsrecht aufgehoben und die Verfassung wieder eingesetzt.

Die Temperaturen sind nie unter 5 °C gesunken. Dagegen wurden Höchstwerte um 40 °C (39 °C) in Chittagong und in Dakha (42 °C) zu Beginn der Regenzeit (April) gemessen (im Juli etwa 600 mm Niederschläge in Chittagong). Dezember und Januar sind niederschlagsarm: 20 mm nur weisen die beiden Stationen in beiden Monaten auf.

SRI LANKA
SRI LANKĀ

Offizieller Name: Sozialistische und demokratische Republik Sri Lanka.

Hauptstadt: Colombo *(Kolamba)*. ☐ **Währung:** Sri Lanka-Rupie (= 100 Cents). ☐ **Amtssprache:** Singhalesisch. ☐ **Überwiegende Religion:** Buddhismus.

Staatspräsident: Ranasinghe Premadasa (seit 1989). ☐ **Ministerpräsident:** Dingiri Banda Wijetunga (seit 1989)

Flagge: Sie wurde 1978 angenommen. Grün und Orange stehen für die islamischen und die hinduistischen Minderheiten. Der waffentragende Löwe zwischen vier Pipulblättern war das Emblem der ehemaligen Könige von Kandy. ☐ **Nationalhymne:** ›Sri Lanka Matha, apa Sri Lanka, / Namo Namo Namo Matha. / Sundara siri barini, Surandi athi Sobamana lanka / Dhanya dhanaya neka mal pala thuru piri, jaya bhoomiya ramya. / Apa hata sapa siri setha sadana, jeevanaye Matha! / Piliganu mana apa bhakti pooja, Namo Mamo Matha. / Apa Sri Lanka. Namo Namo Namo Namo Matha, ap Sri Lanka Namo Namo Namo Matha.‹ (Sri Lanka, unsere Mutter, Sri Lanka, Dank, Dank, Dank dir. Land des Überflusses, voller Gnade und Liebe, reich an schmackhaftem Getreide und Früchten, stark duftenden Blumen, Spenderin von Leben und Wohltaten, o Land der Freude und der Siege, nimm diesen Gesang mit Gnade an, Sri Lanka, unsere Mutter, Sri Lanka, Dank, Dank, Dank dir); Text und Musik von Ananda Samarakone (1911–1962). 1952 für amtlich erklärt.

Nationalfeiertag: 4. Februar (Jahrestag der Unabhängigkeit).

Fläche: 66 000 km². ☐ **Höchste Erhebung:** Pidurutalagala mit 2 524 m.

Bevölkerung (1989): 16 900 000 Ew. *(Srilanker).* ☐ **Durchschnittliche Bevölkerungsdichte:** 256 Ew. pro km². ☐ **Jährliches Bevölkerungswachstum:** 1,6 %. ☐ **Geburtenrate:** 22‰. ☐ **Sterbeziffer:** 6‰. ☐ **Kindersterblichkeit:** 22‰. ☐ **Lebenserwartung:** 70 Jahre. ☐ **Anteil unter 15 Jahren:** 35 %. ☐ **Anteil 65 Jahre und älter:** 4 %. ☐ **Stadtbevölkerung:** 21 %.

Bruttoinlandsprodukt gesamt (1987): 7,10 Milliarden Dollar.

Bruttoinlandsprodukt/Kopf: 428 Dollar. ☐ **Produktionsstruktur:** Landwirtschaft 54 %; Industrie 15 %; Dienstleistungen 31 %. ☐ **Arbeitslosenquote:** 25 %.

Erzeugung wichtiger Güter

Reis	2,3 Millionen Tonnen
Tee	225 000 Tonnen
Kautschuk	139 000 Tonnen
Fischfang	190 000 Tonnen
Strom	2,6 Milliarden kWh

Die wichtigsten Städte

Colombo (Kolamba)	623 000	Moratuwa	136 000
Dehiwala-Mount Lavinia	174 000	Jaffna	118 000
		Kotte	102 000
		Kandy	101 000

LÄNDER DER ERDE

VORDERINDIEN

Verkehr: 31 130 km Straßen; 1 453 km Eisenbahn.

Exporte (1986): 23,8 % des Bruttoinlandsprodukts (1,30 Milliarden Dollar).

Importe (1986): 35,9 % des Bruttoinlandsprodukts (1,96 Milliarden Dollar).

Auslandsschulden (1987): 5,16 Milliarden Dollar. ▫ **Inflationsrate** (1988): 14 %.

Militärausgaben (1988): 500 Millionen Dollar. ▫ **Streitkräfte:** 47 000 Mann. ▫ **Wehrdienst:** freiwillig.

Staatliche Institutionen

Demokratische und sozialistische Republik, Mitglied des Commonwealth. ▫ Verfassung von 1978. ▫ Für 6 Jahre in allgemeiner Wahl gewählter Staatspräsident. ▫ Für 6 Jahre in allgemeiner Wahl gewähltes Parlament.

Sri Lanka

Geschichte

Die Ursprünge. Die ersten Spuren menschlichen Lebens stammen etwa aus dem 10. Jt. v. Chr. Im 3. Jh. wird Ceylon in der Geschichte erstmals unter dem König Tissa erwähnt (250–210), der in seiner Hauptstadt Anuradhpura den Buddhismus einführt. In seiner Regierungszeit wird eines der perfektesten Bewässerungssysteme der antiken Welt geschaffen. Die Dynastie von Anuradhpura, die durch starke Tamilenreiche der Cola in Südindien bedroht ist (7.–13. Jh.), wird vom Colakönig Rajaraja gestürzt (Ende des 10. Jh.). 1070 erobert der singhalesische Fürst Vijayabahu die Insel zurück und macht Polonnaruwa zur Hauptstadt. Parakramabahu I. (1153–1186) stellt den Wohlstand des Reiches wieder her. Nach dem 13. Jh. verfallen die Bewässerungssysteme, der Druck der Tamilen wird stärker, so daß sich die singhalesische Bevölkerung in die feuchteren Gegenden im Süden zurückzieht. Die Bevölkerungsgruppen der Tamilen und Singhalesen sind seitdem getrennt. Die Tamilen lassen sich auf Jaffna nieder, wo vom 14. bis zum 16. Jh. ein unabhängiges Tamilenreich besteht.

Die Expeditionen von Portugiesen und Niederländern und die Ansiedlung der Briten. Die Portugiesen richten ab 1505 an den Küsten, die bereits von islamischen Seefahrern angelaufen wurden, Handelsniederlassungen ein. Die Singhalesen bilden ein unabhängiges Königreich mit der Hauptstadt Kandy. Ihr König ermöglicht die Ansiedlung von Niederländern, die die Portugiesen vertreiben (1658) und aus Ceylon eine Wirtschaftskolonie machen. Großbritannien annektiert die Insel (1796) und erobert das Königreich Kandy (1815). Die Briten lassen aus Südindien tamilische Arbeitskräfte kommen und entwickeln die Plantagen (Kaffee, später Tee). Ab 1931 gewährt London Ceylon die interne Autonomie. Im Februar 1948 wird Ceylon als Mitglied des Commonwealth unabhängig.

Die Unabhängigkeit. Von 1948 bis 1956 ist die konservative United National Party (UNP) mit D. S. Senanayake, mit seinem Sohn Dudley Senanayake und mit J. Kotelawala an der Macht. Eine Bewegung gegen die englischsprachige Elite, die von buddhistischen Aktivisten gefördert wird, entwickelt sich gleichzeitig mit der Feindseligkeit gegen tamilische Beamte und Händler. Von 1956 bis 1965 regiert die Sri Lanka Freedom Party (SLFP). Die Rassenunruhen (1956, 1958) blockieren die Umsetzung der Reformen, die S. W. R. D. Bandaranaike versprochen hatte. Nach seiner Ermordung 1959 wird seine Witwe Sirimavo Bandaranaike Ministerpräsidentin (1960). D. Senanayake, von 1965 bis 1970 erneut an der Macht, betreibt wieder eine liberale Wirtschaftspolitik, kann jedoch die Arbeitslosigkeit und die Inflation nicht eindämmen. S. Bandaranaike, die 1970 wieder an die Macht kommt, wird 1971 mit einem Aufstand junger Extremisten konfrontiert, die sie mit Gewalt unterdrücken läßt. 1972 gibt sich Ceylon eine neue Verfassung und nennt sich nun Republik Sri Lanka. S. Bandaranaike kann vor allem in der Außenpolitik Erfolge verbuchen, insbesondere in der Konferenz der blockfreien Länder (August 1976), deren Vereinigung sie erreicht und deren Vorsitzende sie wird. Die UNP übernimmt 1977 erneut die Macht. Ihr neuer Führer, J. R. Jayawardene, setzt auf die ausländischen Wirtschaftsinvestitionen. Die 1978 verabschiedete neue Verfassung führt ein Präsidialsystem ein. Das größte Problem bleibt die Bedrohung der nationalen Einheit durch die Konflikte zwischen der singhalesischen Mehrheit und der tamilischen Minderheit. Seit 1974 kämpfen die Tamil United Liberation Front (TULF) und bewaffnete Organisationen im Untergrund für die Gründung eines unabhängigen Tamilenstaates. Die Kämpfe nehmen 1983 einen bürgerkriegsähnlichen Charakter an. 1987 unterzeichnet Sri Lanka ein Beihilfeabkommen mit Indien, um den Konflikt zu beenden. Nach dem Mißlingen von Verhandlungen greift der indische Staat militärisch auf der Halbinsel Jaffna ein, die überwiegend von Tamilen bewohnt ist. In der Außenpolitik verfolgt Sri Lanka seinen Kurs der Blockfreiheit, bleibt aber trotzdem weiterhin der Einflußnahme Indiens und auch der Vereinigten Staaten ausgesetzt.

MALEDIVEN
DIVEHI JUMHURIYYA

Offizieller Name: Republik der Malediven.

Hauptstadt: Male. ▫ **Währung:** Rufigaa (= 100 Laari). ▫ **Amtssprache:** Divehi (Maledivisch). ▫ **Staatsreligion:** Islam.

Staatspräsident und Ministerpräsident: Maumoon Gayoom (seit 1978).

Flagge: Sie wurde 1965 angenommen. Rot findet sich auf den Flaggen vieler Länder des Indischen Ozeans, die Mondsichel auf grünem Grund symbolisiert den Islam. ▫ **Nationalhymne:** ›Gavmii mi ekuverikan matii tibegen kuriime salaam ...‹ (Wir grüßen euch in der nationalen Einheit ...), Text von Mohamed Jameel Didi (geb. 1915), Musik von Wannakuwattawaduge Don Amaradeva (geb.1927). 1972 für amtlich erklärt. ▫ **Nationalfeiertag:** 26. Juli (Jahrestag der 1968 ausgerufenen Unabhängigkeit nach 78 Jahren britischen Protektorats).

Fläche: 300 km².

Klima: Die durchschnittlichen monatlichen Temperaturen sinken nie unter 25 °C, die Niederschläge sind v. a. von September bis Dezember reichlich, trockene Monate gibt es jedoch keine.

Bevölkerung (1989): 200 000 Ew. ▫ **Durchschnittliche Bevölkerungsdichte:** 666 Ew. pro km². ▫ **Jährliches Bevölkerungswachstum:** 3,7 %. ▫ **Geburtenrate:** 47 ‰. ▫ **Sterbeziffer:** 10 ‰. ▫ **Kindersterblichkeit:** 80 ‰. ▫ **Lebenserwartung:** 60 Jahre. ▫ **Anteil unter 15 Jahren:** 45 %. ▫ **Anteil 65 Jahre und älter:** 2 %. ▫ **Stadtbevölkerung:** 22 %. **Wichtigste Siedlungen:** Male (die Hauptstadt umfaßt ein Atoll mit ungefähr 55 000 Ew.).

Bruttoinlandsprodukt gesamt (1985): 110 Millionen Dollar.

Bruttoinlandsprodukt/Kopf: 610 Dollar.

Produktionsstruktur: Landwirtschaft 40 %; Industrie 15 %; Dienstleistungen 45 %.

Wichtigste Einnahmequellen: Kopra, 2 000 t; Fische, 48 000 t; Tourismus (85 000 Besucher pro Jahr).

Verkehr: 100 km Straßen.

Exporte: 20,9 % des Bruttoinlandsprodukts (23 Millionen Dollar). ▫ **Importe:** 48,2 % des Bruttoinlandsprodukts (53 Millionen Dollar).

Auslandsschulden (1987): 70 Millionen Dollar.

Staatliche Institutionen

Republik (seit 1968), Mitglied des Commonwealth. ▫ Für 5 Jahre in allgemeiner Wahl gewählter Staatspräsident. ▫ Parlament (*madjlis*) mit 48 Mitgliedern, davon werden 40 in allgemeiner Wahl für 5 Jahre gewählt.

Klimadaten

Stadt	Höhe (m ü. M.)	Mittlere Temperatur des kältesten Monats (in °C)	Mittlere Temperatur des wärmsten Monats (in °C)	Jährliche Niederschläge (in mm)	Anzahl der Tage mit Niederschlägen pro Jahr
Colombo	10	25,5	28,5	2 435	153
Nuwara Eliya	1 880	13,5	16,5	2 328	216
Trincomalee	5	25,5	29,5	1 651	91

LÄNDER DER ERDE

SÜDOSTASIEN

BIRMA
MYANMA PYI

Offizieller Name: Sozialistische Republik der Union von Myanma.

Hauptstadt: Rangun *(Yangon).* □ **Währung:** Kyat (= 100 Pyas). □ **Amtssprache:** Birmanisch. □ **Überwiegende Religion:** Buddhismus. □ **Maße und Gewichte:** Metrisches und britisches System.

Staatspräsident: Saw Maung (seit 1988), auch Ministerpräsident (seit 1988).

Flagge: Der Reis und das Zahnrad stehen für Landwirtschaft und Industrie. Die 14 Zähne des Rades und die 14 Sterne stehen für die gleiche Anzahl an Regionen. □ **Nationalhymne:** ›Ga ba ma kyae, Bama Pye, / Do bo bwa a mway a sit mo chit myat no bi. / Pye daung su go a thet pay lo / Do ka kware malay; / Da do pye, da do mye, / Do pine de pye. Do pye, do mye ...‹ (Wachen wir darüber, daß Birma lebe, ein wahres Geschenk unserer Vorfahren, die wir lieben und in Ehren halten, weihen wir unser Leben seiner Einheit, seien wir bereit, unser Vaterland, unser Land zu verteidigen, wir gehören zu unserem Vaterland ...), Text und Musik von Saya Tin (1914–1947). 1948 angenommen.

Nationalfeiertag: 4. Januar (Jahrestag der Unabhängigkeit); man feiert auch den 12. Februar (Tag der nationalen Union).

Fläche: 678 000 km². □ **Höchste Erhebung:** Hkakabo Razi mit 5 581 im Kachin-Staat.

Bevölkerung (1989): 40 000 000 Ew. *(Birmanen).* □ **Durchschnittliche Bevölkerungsdichte:** 60 Ew. pro km². □ **Jährliches Bevölkerungswachstum:** 2,3 %. □ **Geburtenrate:** 34‰. □ **Sterbeziffer:** 11‰. □ **Kindersterblichkeit:** 80 ‰. □ **Lebenserwartung:** 58 Jahre. □ **Anteil unter 15 Jahren:** 39 %. □ **Anteil 65 Jahre und älter:** 4 %. □ **Stadtbevölkerung:** 30 %.

Bruttoinlandsprodukt gesamt (1988): 11,04 Milliarden Dollar. □ **Bruttoinlandsprodukt/Kopf:** 280 Dollar. □ **Produktionsstruktur:** Landwirtschaft 65 %; Industrie 12 %; Dienstleistungen 23 %. □ **Arbeitslosenquote:** nicht verfügbar.

Verkehr: 22 471 km Straßen; 4 473 km Eisenbahn.

Exporte (1985): 4,9 % des Bruttoinlandsprodukts (310 Millionen Dollar.) □ **Importe** (1985): 8 % des Bruttoinlandsprodukts (510 Millionen Dollar.)

Die wichtigsten Städte

Rangun	2 459 000	Pegu	255 000
Mandalay	533 000	Myingyan	220 000
Bassein	356 000	Moulmein	203 000
Henzada	284 000		

Klimadaten

Stadt	Höhe (m ü.M.)	Mittlere Temperatur des kältesten Monats (in °C)	Mittlere Temperatur des wärmsten Monats (in °C)	Jährliche Niederschläge (in mm)	Anzahl der Tage mit Niederschlägen pro Jahr
Rangun	25	25	27	2 435	153
Mandalay	77	21	30	828	125
Lashio	850	15,5	25	1 574	111

In Rangun und Mandalay wurden Höchstwerte über 40 °C im Frühjahr gemessen. In Rangun ist die Temperatur nie unter 12 °C gefallen.

Auslandsschulden (1988): 4,90 Milliarden Dollar.

Inflationsrate (1988): 19,6 %.

Militärausgaben (1988): 171 Millionen Dollar. □ **Streitkräfte:** 200 000 Mann. □ **Wehrdienst:** freiwillig.

Staatliche Institutionen

Sozialistische Republik. □ Verfassung von 1974. □ Für 4 Jahre in allgemeiner Wahl gewählte Volksversammlung. □ Staatsrat, der sich aus den Vertretern der 14 Staaten und dem Ministerpräsidenten zusammensetzt.

Geschichte

Mon, Tai und Birmanen. Zu Beginn unserer Zeitrechnung kommt ein tibeto-birmanischer Volksstamm, die Pyu, ins heutige Birma. Sie siedeln sich allmählich im Tal des Irawadi an und knüpfen im Süden Kontakte mit den Mon. Durch die Pyu dringen die indische Kultur und der Buddhismus nach Birma vor. Die aus Nordosten kommenden Birmanen und die Mon bekämpfen sich ein Jahrtausend lang bis zur Vernichtung der Monreiche im 18. Jh. Im 7. Jh. kommen Tai-Völker, die Shan, auf die östliche Hochebene und bilden nun die größte Minderheit im Land.

Das im 9. Jh. gegründete birmanische Königreich Pagan erlebt seine Blütezeit mit der Bildung des ersten Reiches durch Anoratha (1044–1077), der das Reich der Mon unterwirft und ihre Hauptstadt Thaton erobert (1057). 1287 wird Pagan von den Mongolen unter Khubilai eingenommen. 1299 wird es von den Shan verwüstet. Das Land zerfällt (Mon-Reich von Pegu, 1387–1539; Shan-Dynastie von Ava, 1364–1555), und erst im 16. Jh. stellen die Könige von Toungoo, Tabinshweti und später Bayinnaung die Einheit des Landes wieder her. Diese ist nur von kurzer Dauer; erst Mitte des 18. Jh. gründet Alaungpaya das dritte birmanische Reich (Dynastie Konbaung, 1752–1885) und erobert Ayuthia (1767), Arakan (1785), Manipur (1759 und 1817) und Assam (1817). In dieser Zeit wird die Hauptstadt nach Rangun verlegt.

Die britische Herrschaft. Die bereits in Indien angesiedelten Briten erobern in drei aufeinanderfolgenden Kriegen (1824–1826, 1852, 1885) das Land und vernichten die Monarchie. Birma wird eine Provinz des Indischen Reiches (1. Jan. 1886). 1937 wird Birma

Erzeugung wichtiger Güter

Reis	15 Millionen Tonnen
Holzeinschlag	18 Millionen m³
Erdnüsse	667 000 Tonnen
Baumwolle	92 000 Tonnen
Rinderbestand	9,8 Millionen Tiere
Fischfang	600 000 Tonnen
Erdöl	750 000 Tonnen

Birma

vom britischen Indien abgetrennt und nähert sich der Autonomie, als der Zweite Weltkrieg ausbricht. Es wird von den Japanern besetzt (1942–1945) und ist Schauplatz von blutigen Kämpfen, in denen die Truppen von Mountbatten siegen.

Die Unabhängigkeit. Am 4. Januar 1948 wird die birmanische Union unabhängig. U Nu wird Regierungschef. Trotz des Abkommens von Panglang (1947) zwischen den Birmanen und den anderen Volksstämmen greifen die Karen (1947) und dann die Kachin (1949) zu den Waffen, um die Autonomie zu erhalten. Zur gleichen Zeit startet die kommunistische Partei Birmas einen bewaffneten Kampf. Seitdem erschöpft sich die Zentralregierung in einem Bürgerkrieg gegen die nationalistischen und revolutionären Bewegungen. U Nu beginnt ein Reformprogramm im Namen eines buddhistischen Sozialismus. 1958 übernehmen die Militärs die Kontrolle, und General Ne Win wird Ministerpräsident. Nach den Wahlen von 1960 kommt U Nu erneut an die Macht. Er verstaatlicht einige Wirtschaftsbereiche (1961). Im darauffolgenden Jahr wird General Ne Win Chef einer neuen Militärregierung und eines Revolutionsrates. Er läßt U Nu verhaften, setzt die Verfassung außer Kraft und löst das Parlament auf. Die Abschaffung der traditionellen Strukturen führt 1962 zum Aufstand der Shan. Im Namen des ›Birmanischen Wegs zum Sozialismus‹ beschließt Ne Win, die wichtigsten Bereiche der Wirtschaft zu verstaatlichen. Aber Inkompetenz und Korruption behindern die Entwicklung Birmas stark. Die Aufstände flakkern wieder auf und werden von einem Großteil der Streitkräfte bekämpft. U Nu, der 1966 entlassen wurde, flieht nach Thailand und versucht vergeblich, den Widerstand gegen

LÄNDER DER ERDE

SÜDOSTASIEN

Ne Win zu organisieren. Dieser setzt die Politik der Blockfreiheit fort und muß 1967 heftige, gegen China gerichtete Demonstrationen bekämpfen, die in Rangun zahlreiche Opfer fordern. Bis 1970 werden die Beziehungen zwischen Birma und China abgebrochen.

1974 tritt eine neue Verfassung in Kraft, und Birma wird eine sozialistische Republik. Ende 1974 wird jedoch das Kriegsrecht eingesetzt. Während 1967 die Demonstrationen in Rangun wieder zunehmen, gründen mehrere nationalistische Bewegungen die Vereinigte Front zum Kampf gegen die Zentralgewalt. 1978 führen die Ausschreitungen der Armee zur Flucht von 200 000 muslimischen Birmanen, den Rohingya, unter dramatischen Umständen nach Bangladesh. Diese werden unter der Schirmherrschaft der Vereinten Nationen 1979 ins Land zurückgebracht. 1979 beschließt Birma, aus der Bewegung der blockfreien Länder auszutreten. 1981 gibt Ne Win seine Ämter auf, bleibt jedoch Parteivorsitzender. San Yu wird zum Staatspräsidenten gewählt, nachdem er sein Amt als Generalsekretär der Partei aufgegeben hatte. 1988 folgen einander nach dem Rücktritt von Ne Win und San Yu verschiedene Militär- und Zivilregierungen. Unruhen fordern mehr als dreitausend Tote. Die Armee übernimmt schließlich wieder die Macht, und General Saw Maung wird Ministerpräsident. Die ersten Wahlen von 1990 gewinnt die demokratische Opposition.

THAILAND

MUANG THAI

Offizieller Name: Königreich Thailand.

Hauptstadt: Bangkok *(Krung Thep)*. □ **Währung:** Baht (= 100 Satangs). □ **Amtssprache:** Thai. □ **Staatsreligion:** Buddhismus.

Staatsoberhaupt: König Rama IX. (Bhumibol Abjuljadeh, seit 1946). □ **Ministerpräsident:** Chatichai Choonhavan (1988–1991).

Flagge: Sie wurde 1917 geschaffen. Das Rot für das Blut der Helden, Weiß für die Einheit des Volkes und Blau für die Monarchie dienten thailändischen Truppenkontingenten, die am Ersten Weltkrieg teilnahmen, als Emblem. □ **Nationalhymne:** ›Prades Tha ruam lued nua chat chua Thai. / Pen pracha rat phatkai kong Thai took suan. / Yu thamrong kong wai dai tang muan. / Duey Thai luan mai rak samaggi. / Thai ni rak sangob, tae tung rob mai klard. / Ekkarat cha mai hai krai kom kee. / Sla lued took yard pen chat pli. / Talerng prades chat thai tawee mee chai chayo ...‹ (Thailand ist die Verkörperung aller Wesen aus Fleisch und Blut der thailändischen Rasse. Thailand den Thai. Dies ist so, weil Thailand vereint ist. Wir Thai sind ein friedliches Volk, beim Kampf kennen wir jedoch keine Furcht. Wir ertragen keine Verletzung unserer Souveränität. Wir geben jeden Blutstropfen unserem Land und werden das Schicksal Thailands weiterhin verbessern ...), Text von unbekannt, Musik von Pra Chen Duriyanga (1883–1968). □ **Nationalfeiertag:** 5. Dezember (Geburtstag des Königs).

Fläche: 514 000 km². □ **Höchste Erhebung:** Ithanon (im Nordwesten) mit 2 576 m.

Bevölkerung (1989): 55 600 000 Ew. *(Thai).* □ Durchschnittliche Bevölkerungsdichte: 108 Ew. pro km². □ Jährliches Bevölkerungswachstum: 1,7 %. □ Geburtenrate: 24‰. □ Sterbeziffer: 8‰. □ Kindersterblichkeit: 50‰. □ Lebenserwartung: 65 Jahre. □ Anteil unter 15 Jahren: 34 %. □ Anteil 65 Jahre und älter: 4 %. □ Stadtbevölkerung: 16 %.

Bruttoinlandsprodukt gesamt (1989): 53,4 Milliarden Dollar.

Bruttoinlandsprodukt/Kopf: 980 Dollar.

Produktionsstruktur: Landwirtschaft 66 %; Industrie 13 %; Dienstleistungen 21 %.

Arbeitslosenquote: nicht verfügbar.

Verkehr: 33 148 km Straßen; 3 735 km Eisenbahn.

Exporte (1985): 18,9 % des Bruttoinlandsprodukts (7,06 Milliarden Dollar). □ **Importe** (1985): 22,5 % des Bruttoinlandsprodukts (8,39 Milliarden Dollar).

Auslandsschulden (1987): 23,85 Milliarden Dollar.

Inflationsrate (1988): 3,9 %.

Militärausgaben (1988): 1,573 Milliarden Dollar. □ **Streitkräfte:** 283 000 Mann. □ **Wehrdienst:** 24 Monate.

Staatliche Institutionen

Konstitutionelle Monarchie. □ Verfassung von 1978. □ Die Nationalversammlung besteht aus einem Senat, dessen Mitglieder vom König ernannt werden, und einem Abgeordnetenhaus, dessen Vertreter in allgemeiner Wahl für 4 Jahre gewählt werden.

Geschichte

Von den Ursprüngen bis zu den Fürstentümern der Mon und der Khmer. Die wichtigsten vor- und frühgeschichtlichen Fundorte befinden sich im Becken des Menam Chao Phraya. Zu Beginn des christlichen Zeitalters stehen indisch beeinflußte Königreiche mit den Funan und China in Verbindung. Im 7. Jh. entwickelt sich um Nakhon Pathom das von den Mon gegründete Königreich Dvaravati mit buddhistischer Kultur. Im 8. Jh. dehnt das Königreich Srivijaya seinen Einfluß bis nach Nakhon Si Thammarat aus. Die seit dem 9. Jh. dort lebenden Khmer erobern von Anfang des 11. bis Anfang des 13. Jh. das heutige Gebiet Thailands mit Ausnahme des Nor-

Erzeugung ausgewählter Güter u. a. wichtige Erwerbsquellen

Reis	20,4 Millionen Tonnen
Kautschuk	835 000 Tonnen
Zucker	2,9 Millionen Tonnen
Rinderbestand	11 Millionen Tiere
Fischfang	2,3 Millionen Tonnen
Holzeinschlag	40 Millionen m³
Zinnkonzentrat	15 400 Tonnen
Strom	28,5 Milliarden kWh
Tourismus	2,8 Millionen Auslandsgäste

Klimadaten

Stadt	Mittlere Temperatur des kältesten Monats (in °C)	Mittlere Temperatur des wärmsten Monats (in °C)	Jährliche Niederschläge (in mm)	Anzahl der Tage mit Niederschlägen pro Jahr
Bangkok	25,5	30	1 400	88
Chiangmai (314 m ü. M.)	21	29	980	107

dens, dem von den Mon gegründeten Königreich Haripunjaya.

Die Taikönigreiche. Die aus Südchina kommenden Tai (oder Siamesen) hatten sich in dem Gebiet niedergelassen. Sie gründen um 1220 nach der Vertreibung des Regenten der Khmer das Königreich Sukhothai. Ihr berühmtester König, Rama Kamheng (Rama der Starke, um 1279–um 1316) unternimmt zahlreiche Eroberungszüge vom Mekong und nach Malaysia. Seine Nachfolger, glühende Anhänger des singhalesischen Buddhismus, können den Angriffen des Königreichs Ayuthia, das um 1350 gegründet worden war und Sukhothai um 1438 annektierte, nicht standhalten. Mangrai (1261–1317), ein Zeitgenosse von Rama Kamheng, zerstört das Königreich Haripunjaya (1292) und gründet das Königreich Lan Na mit der Hauptstadt Chiangmai (1296). Nach seiner Herrschaft häufen sich die Kriege zwischen Ayuthia, Birma und Laos. Lan Na verliert 1775 seine Unabhängigkeit. Das von Ramadhipathi gegründete Königreich Ayuthia dringt in Kambodscha ein und übernimmt dessen Kultur und Zivilisation. Eine Folge von Feldzügen gegen Birma führt zum Untergang von Ayuthia und zur Gefangennahme des Königs (1569). Das Land wird befreit und gewinnt unter Neresuen (1590–1605) wieder an Macht. Es öffnet sich den Portugiesen (1516) und den Spaniern (1598). Im 17. Jh. entwickeln sich auch Beziehungen zu den Niederlanden, England, Frankreich und Japan. Aber Fremdenhaß führt dazu, daß sich das Land wieder abschottet. Die erste Hälfte des 18. Jh. wird eine Blütezeit. Ein erneuter Angriff Birmas führt jedoch

510

LÄNDER DER ERDE

zur Zerstörung von Ayuthia (1767). General Paya Tak (oder Taksin) ernennt sich zum König von Thonburi, befreit das Königreich von den Birmanen (1770), erobert Lan Na (1775), Vientiane (1778) und beherrscht Laos. Des Wahnsinns beschuldigt, wird er getötet. General Paya Chakri wird unter dem Namen Rama I. in der neuen Hauptstadt Bangkok gekrönt (1782).

Die Chakridynastie. Die Könige Rama I. (1782–1809), Rama II. (1809–1824) und Rama III. (1824–1851) stellen die Macht des Reiches wieder her und beherrschen teilweise Kambodscha, Laos und Malaysia. Rama IV. oder Mongkut (1851–1868), ein Reformator der buddhistischen Religion, fördert die Ausdehnung westlicher Einflüsse, wahrt dabei jedoch die Unabhängigkeit Siams. Sein Sohn Rama V. oder Chulalongkorn (1868–1910) schafft die Sklaverei ab und fördert eine moderne Infrastruktur, muß jedoch das Staatsgebiet zugunsten des französischen Indochina (1893, 1907) und der Föderation Malaysia verkleinern (1909). Rama VI. oder Vajiravudh (1910–1925) stellt sich mit seinem Land im Ersten Weltkrieg auf die Seite der Alliierten. Sein Bruder Rama VII. oder Prajadhipok (1925–1935) wird sein Nachfolger.

Das Thailand der Gegenwart. Der Staatsstreich von 1932 führt zur Schaffung eines repräsentativen, aber nicht demokratischen Systems. Rama VII. muß 1935 abdanken. Unter seinem Nachfolger, Ananda Mahidol (1935–1946) ergreift Marschall Pibul Songgram 1938 mit Hilfe der Armee die Macht. Als Nationalist (Siam wird zu Thailand) stellt er sich im Krieg auf die Seite Japans (Dez. 1941), muß sich jedoch im Juli 1944 zurückziehen. Pridi Phanomyong, der die Alliierten unterstützt hatte, ergreift erneut die Macht. Aber nach der Ermordung des Königs (Juni 1946) geht er nach China ins Exil. Pibul kommt 1948 erneut an die Macht und läßt Bhumibol Adulyadej zum König krönen (1950). Er nähert sich den Vereinigten Staaten an. Thailand wird Mitglied der SEATO. General Sarit Thanarat stürzt Pibul (1957), führt jedoch seine Politik fort. Ab 1962 breitet sich die kommunistische Revolution aus, was zum Eingreifen der Vereinigten Staaten führt (Lieferung von Kriegsgerät, Errichtung militärischer Stützpunkte). Die Militärregierung, die das Parlament auflöst (1971), wird 1973 gestürzt. Die wirtschaftliche, soziale und politische Krise besteht aber weiterhin. Nach den Regierungen von Seni Pramoj und seinem Bruder Kukrit ergreift die Armee erneut die Macht (1976). General Kriangsak Chamanand muß sich mit der Invasion Kambodschas durch Vietnam und der Flüchtlingswelle auseinandersetzen. General Prem Tinsulanond übernimmt sein Amt (1980) und wehrt die Staatsstreiche 1981 und 1985 erfolgreich ab. Chatichai Choonhavan, seit 1988 Ministerpräsident, wird 1991 gestürzt.

VIETNAM

Offizieller Name: Sozialistische Republik Vietnam.

Hauptstadt: Hanoi. □ **Währung:** Dong (= 10 Hao). □ **Amtssprache:** Vietnamesisch. **Vorsitzender des Staatsrates:** Vo Chi Cong (seit 1987). □ **Ministerpräsident:** Do Muoi (seit 1988).

Flagge: Der goldene Stern versammelt die Arbeiter, Bauern, Intellektuellen, Jugendlichen und Soldaten auf dem roten Grund der Revolution. Diese Fahne, die aus den Kämpfen gegen die japanischen Besatzer 1940 stammt, wurde von dem vereinten Land 1976 angenommen.

Nationalhymne: ›Doan quan Vietnam di Chung long cuu quoc, / Buoc chan don vang tren duong gap gheng xa. / Co in mau chien thang mang hon nuoc ...‹ (Vietnamesische Soldaten, wir gehen vorwärts. Vereint in dem Willen, das Vaterland zu retten, tönen unsere Schritte auf der langen und rauhen Straße. Unsere Flagge, rot vom Blut des Sieges, enthält die Seele der Nation ...), Text und Musik von Van Cao (1923 geb.). 1946 von der demokratischen Republik Vietnam, 1976 vom wiedervereinten Vietnam angenommen.

Nationalfeiertag: 2. September (Jahrestag der Ausrufung der Unabhängigkeit 1945).

Fläche: 335 000 km².

Höchste Erhebung: Fan Si Pan (nördliches Vietnam) mit 3 142 m.

Bevölkerung (1989): 66 800 000 Ew. *(Vietnamesen).* □ Durchschnittliche Bevölkerungsdichte: 199 Ew. pro km². □ Jährliches Bevölkerungswachstum: 2,6 %. □ Geburtenrate: 34 ‰. □ Sterbeziffer: 8 ‰. □ Kindersterblichkeit: 53 ‰. □ Lebenserwartung: 64 Jahre. □ Anteil unter 15 Jahren: 40 %. □ Anteil 65 Jahre und älter: 4 %. □ Stadtbevölkerung: 19 %.

Bruttoinlandsprodukt gesamt (1987): 12 Milliarden Dollar.

Bruttoinlandsprodukt/Kopf: 190 Dollar.

Produktionsstruktur: Landwirtschaft 62 %; Industrie 18 %; Dienstleistungen 20 %.

Arbeitslosenquote: nicht verfügbar.

Verkehr: 36 000 km Straßen; 2 523 km Eisenbahn.

Exporte (1985): 5,9 % des Bruttoinlandsprodukts (650 Millionen Dollar).

Importe (1985): 13,4 % des Bruttoinlandsprodukts (1,47 Milliarden Dollar).

Auslandsschulden (1988): 8,2 Milliarden Dollar.

Inflationsrate (1988): 1 000 %.

Die wichtigsten Städte

Ho-Chi-Minh-Stadt (Saigon)	3 500 000	Da Nang	492 000
		Nha Trang	216 000
Hanoi	2 591 000	Qui Nhon	214 000
Haiphong	1 279 000	Hue	209 000

Erzeugung wichtiger Güter

Reis	15,4 Millionen Tonnen
Kautschuk	61 000 Tonnen
Fischfang	871 000 Tonnen
Kohle	6,1 Millionen Tonnen
Strom	4 Milliarden kWh

Klimadaten

Stadt	Mittlere Temperatur des kältesten Monats (in °C)	Mittlere Temperatur des wärmsten Monats (in °C)	Jährliche Niederschläge (in mm)	Anzahl der Tage mit Niederschlägen pro Jahr
Hanoi	16,5	29,5	1 680	146
Da Nang	21,5	29,5	1 875	147
Ho-Chi-Minh-Stadt (Saigon)	26,5	29,5	1 695	149

Militärausgaben (1989): nicht mitgeteilt. □ **Streitkräfte:** 1 249 000 Mann. □ **Wehrdienst:** 36 bis 48 Monate.

Staatliche Institutionen

Sozialistische Republik. □ Verfassung von 1980. □ Für 5 Jahre in allgemeiner Wahl gewählte Nationalversammlung. □ Staatsrat, der die kollegiale Führung des Staates gewährleistet.

Geschichte

Von den Ursprüngen bis zum Reich Vietnam. Das heutige Vietnam wurde zunächst von Australoiden, Melanesiern und Altmalaien bevölkert. Im Neolithikum entsteht durch die Vermischung von Muong mit Viet und chinesischen Elementen im Becken des Roten Flusses das heutige vietnamesische Volk. Das Gebiet ist tiefgreifenden chinesischen Einflüssen ausgesetzt. Ab dem 2. Jh. verbreitet sich der Buddhismus. Revolten, wie die der Trung-Schwestern (40 n. Chr.), mißlingen. Die Dynastie von Champa greift häufig an, und Nanzhao (Yunnan) erobert das Delta (863). Ngo Quyen begründet die erste nationale Dynastie (939). Dann herrscht die Dynastie der Dinh (968–980) über das Land. Unter den Kaiserdynastien der früheren Le (980–1009), dann der Ly (1010–1225) schafft sich das Land, das nun Dai Viet heißt, eine Organisation und nimmt die Feudalstrukturen der Mandarine an. Es breitet sich im Süden zuungunsten von Champa aus. Unter der Dynastie der Tran (1225–1413) werden die Mongolen abgewehrt (1257, 1287), aber China stellt seine Herrschaftsansprüche wieder her (1406). Dann erhält 1428 Le Loi seine Unabhängigkeit zurück und begründet die Dynastie der späteren Ly (1428–1789). Ihr bekanntester Vertreter, Le Thanh Tong (1460–1497) trägt 1471 einen entscheidenden Sieg über Champa davon. Aber unter seinen Nachfolgern stehen sich im 16.–17. Jh. rivalisierende Herrscherfamilien, die Mac, Nguyen (die den Süden regieren) und die Trinh (im Norden herrschen) gegenüber. Durch die Missionierungstätigkeit Frankreichs und der Jesuiten breitet sich der Katholizismus aus. Einer der Missionare, Alexander de Rhodes, entwickelt die lateinische Umschreibung der vietnamesischen Sprache (Quocngu-Schrift), bevor er 1646 ausgewiesen wird. Im 18. Jh. führen Korruption, Mißbrauch der Macht durch die Mandarine und hohe Steuern zu einem Aufstand der Bauern. Von 1773 bis 1792 führen die drei Brüder Tay Son den Aufstand gegen die Nguyen und die Trinh. Nguyen Anh, der Überlebende der Familie Nguyen, kann sie mit Hilfe des apostolischen Vikars von Cochinchina, Bischof Pigneau de Béhaine, vertreiben. Nguyen Anh besetzt Cochinchina (1788), Hue (1801) und Hanoi (1802). Als Kaiser Gia Long (1802–1820) ist er der Begründer der Nguyen-Dynastie und des Reiches Vietnam. Gia Long setzt eine absolute und zentralisierte Monarchie ein, respektiert jedoch die Ansprüche von Tonking, Annam und Cochinchina.

In Hanoi wurden nie Temperaturen unter 10 °C und über 40 °C gemessen. Die Jahresamplitude der Temperaturen nimmt mit dem Breitengrad ab.

511

LÄNDER DER ERDE

SÜDOSTASIEN

Vietnam

Die französische Herrschaft.
Nach der Einnahme Saigons (1859) erobert Frankreich Cochinchina, macht es zu seiner Kolonie und errichtet ein Protektorat über Annam und Tonking. China erkennt diese Eroberungen im Vertrag von Tianjin an (1885). Kaiser Ham Nghi (1884–1888) ruft einen nationalistischen Aufstand aus, der das Land bis 1896 erschüttert. Nach der Gründung der indochinesischen Union (1887) führt der Generalgouverneur P. Doumer (1897–1902) die direkte Verwaltung ein. Ho chi Minh gründet 1930 die indochinesische kommunistische Partei. Bao Dai wird 1932 Kaiser, und die Autorität Frankreichs bleibt bis zum Einmarsch Japans 1945 gewahrt. Die 1941 gegründete Front für die Unabhängigkeit Vietnams (Vietminh) zwingt Bao Dai zur Abdankung und gründet eine unabhängige Republik (Sept. 1945). Frankreich erkennt den neuen Staat an, weigert sich jedoch, Cochinchina darin einzubeziehen. Die Bombardierung von Haiphong durch Frankreich (Nov. 1946) und der Gewaltstreich der Vietminh in Hanoi (Dez.) lösen den Indochinakrieg aus (1946–1954). In ihm stehen sich die Vietminh und Frankreich gegenüber, das Bao Dai zurückgerufen und die Unabhängigkeit Vietnams innerhalb der französischen Union anerkannt hat. Der Verlust von Dien Bien Phu (1954) führt zu den Genfer Abkommen, die das Land entlang dem 17. Breitengrad in zwei Teile teilen.

Nord- und Südvietnam.
Im Norden wird die demokratische Republik Vietnam (Hauptstadt Hanoi) von Ho Chi Minh geleitet. Nach seinem Tod (1969) wird Phan Van Dong Ministerpräsident. Im Süden wird Bao Dai von Ngo Dinh Diem abgesetzt, und in Saigon wird die Republik Vietnam ausgerufen (1955). Sie erhält amerikanische Unterstützung. Die Kommunisten vereinen die Gegner des Systems zu den Vietkong (1956); 1960 wird die Nationale Front zur Befreiung Südvietnams gegründet. Die Ermordung von Ngo Dinh Diem (1963) leitet eine Zeit politischer Anarchie ein. Zahlreiche, von Militärs geleitete Regierungen folgen. Der Vietkong und die Nationale Befreiungsfront weiten die Guerillakriege mit Hilfe des Nordens aus. Ab 1965 greifen die Vereinigten Staaten direkt in den Vietnamkrieg an der Seite der Südvietnamesen ein. Nguyen Van Thieu, der 1967 zum Staatspräsidenten gewählt und 1971 in seinem Amt bestätigt wurde, wird von Präsident Nixon unterstützt. Er muß die Pariser Abkommen (Febr. 1973) annehmen, verhindert jedoch ihre Umsetzung. Der niemals beendete Krieg führt zu einem Angriff der Truppen aus dem Norden (März 1975). Saigon fällt im April.

Das vereinte Vietnam.
1976 wird Vietnam eine sozialistische Republik. Tausende von Gegnern versuchen zu fliehen *(boat people)*, während Umerziehungslager im ganzen Land eingerichtet werden. Vietnam unterzeichnet einen Freundschaftsvertrag mit der UdSSR (1978) und dringt Ende 1978 in Kambodscha ein. China nimmt das imperialistische Vorgehen Vietnams, das mit Hilfe der UdSSR Kambodscha und Laos kontrolliert, nicht hin. An der chinesisch-vietnamesischen Grenze bricht 1979 ein bewaffneter Konflikt aus. Nguyen Van Lin löst 1986 Le Duan an der Parteispitze ab, während Pham Hung (1987), dann Do Muoi (1988) das Amt des Ministerpräsidenten ausüben. Die vietnamesischen Truppen verlassen im September 1989 Kambodscha.

LAOS LAO

Offizieller Name: Demokratische Volksrepublik Laos.

Hauptstadt: Vientiane. □ **Währung:** Kip (= 100 At). □ **Amtssprache:** Laotisch. □ **Überwiegende Religion:** Buddhismus.
Interimspräsident der Republik: Phoumi Vongvichit (seit 1986). □ **Ministerpräsident:** Kaysone Phomvihan (seit 1975).
Flagge: Sie wurde 1975 angenommen. Die Farbe Weiß steht für den Glauben an die Zukunft, Blau für den Fortschritt, Rot für das Blut der Märtyrer der Unabhängigkeit. □ **Nationalhymne:** ›Depuis toujours, le peuple lao a illustré avec éclat la patrie. Toutes les énergies, tous les esprits, tous les coeurs comme une seule force, il es résolu à lutter et à vaincre pour mener la nation à la prosperité‹ (Seit je her hat das laotische Volk mit Glanz das Vaterland verkörpert. Alle Energien, alle Gedanken, alle Herzen wie eine einzige Kraft, es ist entschlossen zu kämpfen und zu siegen, um die Nation zum Wohlstand zu führen), laotischer Text von Sisana Sisane (1923 geb.), Musik von Thongdi Sounthonevichitch (1920 bis 1974). □ **Nationalfeiertag:** 2. Dezember (Jahrestag der Gründung der demokratischen Volksrepublik).
Fläche: 236 800 km². □ **Höchste Erhebung:** Phou Bia (Tranninhplateau) mit 2 817 m.
Klima: In Vientiane liegen die Temperaturen im Schnitt zwischen 21 (Januar) und 29 °C

Erzeugung wichtiger Güter

Reis	1,4 Millionen Tonnen
Holzeinschlag	4,2 Millionen m³
Rinderbestand	1,6 Millionen Tiere
Strom	900 Millionen kWh

(April), die größte Hitze geht dem Monsunregen voraus (Ende April bis Anfang Oktober).
Bevölkerung (1989): 3 900 000 Ew. *(Laoten)*. □ **Durchschnittliche Bevölkerungsdichte:** 16,4 Ew. pro km². □ **Jährliches Bevölkerungswachstum:** 2,5 %. □ **Geburtenrate:** 41‰. □ **Sterbeziffer:** 16‰. □ **Kindersterblichkeit:** 110‰. □ **Lebenserwartung:** 49 Jahre. □ **Anteil unter 15 Jahren:** 43 %. □ **Anteil 65 Jahre und älter:** 3 %. □ **Stadtbevölkerung:** 16 %.
Bruttoinlandsprodukt gesamt (1987): 620 Millionen Dollar.
Bruttoinlandsprodukt/Kopf: 167 Dollar. □ **Produktionsstruktur:** Landwirtschaft 75 %; Industrie 6 %; Dienstleistungen 19 %.
Verkehr: 12 980 km Straßen.
Exporte (1984): 2,3 % des Bruttoinlandsprodukts (40 Millionen Dollar) □ **Importe** (1984): 9,2 % des Bruttoinlandsprodukts (160 Millionen Dollar).
Auslandsschulden (1987): 565 Mio. Dollar.
Militärausgaben (1989): nicht veröffentlicht. □ **Streitkräfte:** 55 500 Mann. □ **Wehrdienst:** 18 Monate.

Staatliche Institutionen

Demokratische Volksrepublik. □ Der Oberste Volksrat wird 1975 zur Ausarbeitung einer neuen Verfassung eingesetzt, die jedoch noch nicht verabschiedet wurde.

Geschichte

Vom Königreich Lan Chang bis zum Ende des französischen Protektorats. Über die Geschichte des an beiden Seiten des Mekong liegenden Landes Laos ist bis zum 13. Jh. wenig bekannt. Mit Unterstützung des Khmerreiches erobert Prinz Fa Ngum große Gebiete und gründet 1353 das Königreich Lan Chang (›Millionen Elefanten‹). Luang Prabang wird zur Hauptstadt. Pothisarat (1520–1548) annektiert das Königreich Lan Na. Sein Sohn macht Vientiane zu seiner Hauptstadt (1563). Nach den Jahren birmanischer Vorherrschaft (1574–1591) und einer Zeit der Anarchie folgt die Regierung von Souligna Vongsa (1637–1694). Im 18. Jh. zerfällt das Reich in die Königreiche Campassak, Luang Prabang und Vientiane. 1778 unterwirft Siam das Königreich Luang Prabang und dringt nach Vientiane vor. Der König von Luang Prabang, Oun Kham (1869–1895) ersucht 1887 Frankreich um Schutz, und Siam unterzeichnet Verträge (1893, 1902, 1904), die das französische Protektorat über Laos anerkennen. Sisavang Vong besteigt 1904 den Thron und bleibt bis 1959 König. Unter dem Druck Japans wird 1945 die Unabhängigkeit ausgerufen. Im darauffolgenden Jahr vertreibt Frankreich die Nationalisten, setzt den König wieder ein und räumt Autonomierechte ein.

Die Unabhängigkeit. 1949 wird Laos innerhalb der Französischen Union unabhängig. Prinz Souvanna Vong gründet die Pathet Lao, die mit den Vietminh verbunden ist (1959). Diese erhalten bei den Genfer Abkommen (1954) die Kontrolle über mehrere Provinzen, während Souvanna Phouma Ministerpräsident bleibt (1951–1954, 1956–1958). Regierungen der nationalen Vereinigung bilden Bündnisse zwischen Neutralisten (Souvanna Phouma), Kommunisten (Souvanna Vong) und Königstreuen (Boun Oum). Der Putsch von 1964 setzt dem Neutralismus ein Ende. Laos, das immer mehr in den Vietnamkrieg hineingezogen wird, wird von den Amerika-

512

LÄNDER DER ERDE

nern bombardiert und muß Invasionen Nordvietnams und Thailands erdulden. 1973 sehen die Pariser Abkommen ein Ende der Kämpfe vor. 1974 wird eine Regierung der nationalen Union eingesetzt. 1975 wird die Demokratische Volksrepublik Laos ausgerufen. Unter der Führung von Souvanna Vong unterzeichnet sie einen Freundschaftsvertrag mit Vietnam (1977). Eine von China unterstützte nationale Front zur Befreiung von Laos wird 1980 gebildet. Souvanna Vong tritt von seinem Amt als Staatspräsident zurück (1986), beherrscht aber das Land weiterhin. Die ersten Parlamentswahlen werden 1989 abgehalten.

KAMBODSCHA

Offizieller Name: Republik Kambodscha.

Hauptstadt: Phnom Penh. □ **Währung:** Riel (= 100 Sen). □ **Amtssprache:** Khmer. □ **Überwiegende Religion:** Buddhismus.

Vorsitzender des Staatsrats: Heng Samrin (seit 1979). □ **Ministerpräsident:** Hun Sen (seit 1985).

Flagge: Das Regime von Pol Pot hatte 1976 beschlossen, den Tempel von Angkor auf dem Rot der Revolution darzustellen. Nach seinem Sturz 1979 wurde die Zahl der Türme von drei auf fünf erhöht. Aufgrund der Verfassungsänderung von 1979 wurde diese Flagge verändert. □ **Nationalfeiertag:** 7. Januar (Befreiungstag).

Fläche: 180 000 km². □ **Höchste Erhebung:** Im Kardamomgebirge bis 1 744 m.

Klima: In Phnom Penh schwanken die Temperaturen im Schnitt zwischen 26 °C (Januar) und 30 °C (April), die größte Hitze wird vor der Regenzeit festgestellt (Monsunregen von Mai bis Oktober).

Bevölkerung (1989): 6 800 000 Ew. *(Kambodschaner).* □ Durchschnittliche Bevölkerungsdichte: 38 Ew. pro km². □ Jährliches Bevölkerungswachstum: 2,3 %. □ Geburtenrate: 40 ‰. □ Sterbeziffer: 17 ‰. □ Kindersterblichkeit: 134 ‰. □ Lebenserwartung: 48 Jahre. □ Anteil unter 15 Jahren: 35 %. □ Anteil 65 Jahre und älter: 3 %. □ Stadtbevölkerung: 16 %.

Wichtigste Stadt: Phnom Penh ist die einzige Großstadt mit jetzt wieder 700 000 Ew.

Bruttoinlandsprodukt gesamt (1984): 1,13 Milliarden Dollar. □ **Bruttoinlandsprodukt/Kopf:** 160 Dollar. □ **Produktionsstruktur:** Landwirtschaft 80 %; Industrie 3 %; Dienstleistungen 17 %. □ **Arbeitslosenquote:** nicht verfügbar.

Verkehr: 15 029 km Straßen (davon 2 662 km asphaltiert); 272 km Eisenbahn.

Exporte: 0,9 % des Bruttoinlandsprodukts (10 Millionen Dollar). □ **Importe:** 17,7 % des Bruttoinlandsprodukts (200 Millionen Dollar).

Erzeugung wichtiger Güter

Reis	2 000 000 Tonnen
Rinderbestand	1 570 000 Tiere
Schweinebestand	1 299 000 Tiere
Fischfang	84 700 Tonnen
Strom	136 Millionen kWh

Auslandsschulden (1984): 491 Millionen Dollar.

Militärausgaben (1989): nicht veröffentlicht.

Streitkräfte: 99 300 Mann. □ **Wehrdienst:** 18 Monate.

Staatliche Institutionen

Volksrepublik. □ Verfassung von 1981, 1989 geändert. □ Für 5 Jahre gewählte Nationalversammlung. □ Ein Staatsrat (7 Mitglieder) und ein Ministerrat (16 Mitglieder).

Geschichte

Das Königreich Angkor. Das indisch beeinflußte Königreich Funan (1.–6. Jh.) entsteht am Unterlauf des Mekong. Es wird Mitte des 6. Jh. von den Kambuja, den ersten Khmer, erobert. Jayavarman II. (802–850) führt den Kult des Gottkönigs (Devaraja) ein. Seine Nachfolger, darunter Yashovarman I. (889 bis 910), der Angkor gründet, betreiben eine Eroberungspolitik. Nach einer Blütezeit unter Suryavarman II. (1113–1150) verliert Kambodscha im 13. Jh. seine eroberten Gebiete. Seine glänzende Kultur geht unter, während sich der Buddhismus ausbreitet. Angkor wird 1434 zugunsten von Phnom Penh aufgegeben.

Zwischen Siam und Vietnam. Die ›moderne‹ Geschichte Kambodschas ist von einem ständigen Kampf um seine territoriale Integrität geprägt. Ang Chan (1516–1566) baut die neue Hauptstadt Lovek, die 1594 von den Siamesen geplündert wird. Das Land verliert das Mekongdelta, das im 18. Jh. von den Vietnamesen kolonialisiert wird und Mitte des 19. Jh. zum Kampfgebiet zwischen Siam und Vietnam wird. Ang Duong (1845–1859) versucht, das Land wieder aufzubauen.

Das französische Protektorat. Norodom I. (1859–1904) nimmt das französische Protektorat an (1863). Um von Thailand den Verzicht auf seine Rechte zu erhalten, übergibt ihm Frankreich die Provinzen Battambang und Siem Reap, die 1907 zurückerobert werden. Nach dem Eingreifen Japans 1945 entsteht eine Nationalbewegung gegen die Kolonialherrschaft. Norodom Sihanouk, König seit 1941, wird nach der Wiederherstellung der französischen Autorität eine begrenzte (1949), dann die völlige Unabhängigkeit (1954) gewährt.

Die Unabhängigkeit. Norodom Sihanouk, Staatsoberhaupt seit 1960, erhält die Unterstützung der sozialistischen Länder und Frankreichs und beabsichtigt, eine Politik der Neutralität zu betreiben. Er wird durch eine von den USA unterstützte Gruppe gestürzt (1970). In seinem Exil in Peking verbündet er sich mit den Kommunisten zur Nationalen Befreiung Kambodschas (Rote Khmer). Das proamerikanische Regime von Lon Nol hält sich bis zur Einnahme Phnom Penhs durch die Roten Khmer (1975). Die Roten Khmer, die von Pol Pot und Khieu Samphan (Sihanouk hat sich von ihnen losgesagt) geführt werden, errichten eine Schreckensherrschaft, der etwa 1 Million Menschen zum Opfer fallen. Sie werden von der vietnamesischen Armee gestürzt, die Kambodscha besetzt (Dez. 1978 bis Jan. 1979). Seitdem kämpft die danach ausgerufene Volksrepublik Kampuchea gegen die Roten Khmer und die Anhänger von Sihanouk, die 1982 eine Koalition bilden. Die vietnamesische Armee zerstört 1984–85 ihre wichtigsten Stützpunkte. 1988 beginnen Verhandlungen um eine politische Beilegung des Konfliktes; die vietnamesischen Truppen ziehen sich bis September 1989 ganz aus Kambodscha zurück. 1989 wird aus Kampuchea wieder die Republik Kambodscha.

SINGAPUR

SINGAPORE, XINJIAPO, SINGAPURA

Offizieller Name: Republik Singapur.

Hauptstadt: Singapur. □ **Währung:** Singapur-Dollar (= 100 Cents). □ **Amtssprachen:** Englisch, Chinesisch, Malaiisch, Tamilisch. □ **Überwiegende Religionen:** Taoismus und Buddhismus.

Staatspräsident: Wee Kim Wee (seit 1985). □ **Ministerpräsident:** Goh Choke Tong (seit 1990).

Flagge: Sie wurde 1959 angenommen. Sie stellt die Mondsichel und die fünf Sterne des Wachstums, der Demokratie, des Friedens, des Fortschritts, der Gerechtigkeit und der Gleichheit dar.

Nationalhymne: ›Mari kita rakyat Singapura / Sama-sama měnuju bahagia. / Cita-cita kita yang mulia / Berjaya Singapura! / Marilah kita bersatu, Dengan sěmangat yang baru. / Sěmua kita berseru / Majulah Singapura, Majulah Singapura!‹ (Auf, Volk von Singapur, gehen wir gemeinsam zum Glück. Unser großes Ziel ist, Singapur zum Erfolg zu bringen. Vereinen wir uns in einem neuen Geist. Beten wir gemeinsam: Singapur möge fortschreiten, Singapur möge fortschreiten, Text und Musik von Zubir Said (1907–1987). 1959 für amtlich erklärt. □ **Nationalfeiertag:** 9. August (Jahrestag der Unabhängigkeit).

Fläche: 618 km².

Klima: Im fast am Äquator gelegenen Singapur ist es ständig warm (durchschnittliche Temperatur bei 27 °C) und feucht (2 400 mm jährliche Niederschläge).

Bevölkerung (1989): 2 700 000 Ew. *(Singapurer).* □ Durchschnittliche Bevölkerungsdichte: 4 207 Ew. pro km². □ Jährliches Bevölkerungswachstum: 1,2 %. □ Geburtenrate: 17 ‰. □ Sterbeziffer: 5 ‰. □ Kindersterblichkeit: 7 ‰. □ Lebenserwartung: 73 Jahre. □ Anteil unter 15 Jahren: 34 %. □ Anteil 65 Jahre und älter: 4 %. □ Stadtbevölkerung: 74 %.

Wichtigste Stadt: Die Stadt bildet bildet fast den ganzen Staat.

Bruttoinlandsprodukt gesamt (1988): 22,6 Milliarden Dollar. □ **Bruttoinlandsprodukt/Kopf:** 8 580 Dollar.

Produktionsstruktur: Landwirtschaft 1 %; Industrie 35 %; Dienstleistungen 64 %.

Arbeitslosenquote: 3,8 %.

Wichtigste Wirtschaftsbranchen

Handelsflotte	7,09 Millionen BRT
Kapazität der Erdölraffinerien	43 Millionen Tonnen
Stromerzeugung	11 Milliarden kWh
Hafenumschlag	121 Millionen Tonnen

LÄNDER DER ERDE

SÜDOSTASIEN

Verkehr: 2 338 km Straßen (davon 2 030 km asphaltiert).

Exporte (1985): 121,5 % des Bruttoinlandsprodukts (21,50 Milliarden Dollar).

Importe (1985): 138,6 % des Bruttoinlandsprodukts (24,54 Milliarden Dollar). Diese außergewöhnlichen Zahlen erklären sich durch die Transitgeschäfte.

Auslandsschulden (1988): 5,10 Milliarden Dollar.

Inflationsrate (1988): 1,5 %.

Militärausgaben (1988): 1,184 Milliarden Dollar. ◻ Streitkräfte: 55 500 Mann. ◻ Wehrdienst: 24 bis 30 Monate.

Staatliche Institutionen

Republik, Mitglied des Commonwealth. ◻ Verfassung von 1965. ◻ Für 5 Jahre in allgemeiner Wahl gewähltes Parlament. ◻ Vom Parlament für 4 Jahre gewählter Präsident.

Geschichte

Die Stadt der Löwen. Singapur (die ›Stadt der Löwen‹) wird von den Königreichen der Srivijaya (9. Jh.) und später der Majapahit (14. Jh.) kontrolliert. Die Stadt, im Besitz des Sultanats Johore, wird für die britische Ostindische Kompanie besetzt (1819) und 1832 die Hauptstadt der Straits Settlements. Sie kapituliert im Feb. 1942 vor den Japanern und wird von diesen bis Sept. 1945 besetzt. Als eigene Kolonie (1946) wird ihr die interne Autnomie und das allgemeine Wahlrecht gewährt. Der Anwalt Lee Kuan Yew wird Ministerpräsident (1961). In der 1963 gegründeten Föderation Malaysia behält Singapur seine wirtschaftliche und politische Autonomie.

Die Unabhängigkeit. Der Zwist zwischen Chinesen und Malaien führt zur Unabhängigkeit von Singapur, die am 9. August 1965 ausgerufen wird. Lee Kuan Yew führt ein autoritäres System ein. Singapur, das zu einem neuen Industriestaat im Fernen Osten und ein wichtiger Finanzplatz geworden ist, hat dennoch seit 1985 wirtschaftliche Probleme. Nach der Unabhängigkeit normalisiert Singapur seine Beziehungen zu Malaysia und Indonesien. Es beteiligt sich an der Gründung der ASEAN und an einem Verteidigungsabkommen mit Großbritannien, Australien, Neuseeland und Malaysia nach der Schließung des britischen Stützpunktes (1971). 1990 übernimmt der Vizepremierminister Goh Choke Tong die Regierungsgeschäfte.

MALAYSIA

Offizieller Name: Föderation Malaysia.

Hauptstadt: Kuala Lumpur. ◻ **Währung:** Malays. Ringgit oder Dollar (= 100 Sen). ◻ **Amtssprache:** Malaiisch. ◻ Überwiegende Religion: Islam.

Staatsoberhaupt: Azlan Muhibuddin Cah (seit 1989).

Ministerpräsident: Mahathir bin Mohamad (seit 1981).

Flagge: Sie wurde 1963 angenommen. Die dunkelblaue Fläche im oberen Teil stellt die Einheit der Völker Malaysias dar. Die Sichel erinnert an den Islam, der Stern mit 14 Zacken an die 13 Staaten der Föderation und das Bundesgebiet. Das Gelb ist die Farbe des Königs.

Nationalhymne, ›Negaraku‹ genannt: ›Negaraku, tanah tumpahnya darahku / Rakyat hidup bersatu dan maju / Rahmat bahagia, Tuhan kurniakan / Raja kita selamat bertakhta ...‹ (Mein Land, mein Geburtsland, dessen Volk in Einheit und Fortschritt lebt, Gott möge dich segnen und dir Glück gewähren, die Regierung deines Herrschers sei glücklich ...); Text und Musik nach der Hymne des Staates Perak. 1963 für amtlich erklärt. ◻ Nationalfeiertag: 31. August (Jahrestag der Unabhängigkeit).

Fläche: 330 000 km². ◻ Höchste Erhebung: Kinabalu mit 4 101 m.

Bevölkerung (1988): 17 400 000 Ew. *(Malaysier).* ◻ Durchschnittliche Bevölkerungsdichte: 52,7 Ew. pro km². ◻ Jährliches Bevölkerungswachstum: 2,5 %. ◻ Geburtenrate: 31‰. ◻ Sterbeziffer: 6‰. ◻ Kindersterblichkeit: 31‰. ◻ Lebenserwartung: 67 Jahre. ◻ Anteil unter 15 Jahren: 37 %. ◻ Anteil 65 Jahre und älter: 4 %. ◻ Stadtbevölkerung: 31,5 %.

Verwaltung: Malaysia besteht aus 12 Bundesstaaten in Malaysia (Westmalaysia) und zwei Bundesstaaten (Sarawak und Sabah) in der Nordhälfte Borneos.

Bruttoinlandsprodukt gesamt (1988): 29,8 Milliarden Dollar. ◻ Bruttoinlandsprodukt/Kopf: 1 800 Dollar. ◻ Produktionsstruktur: Landwirtschaft 48 %; Industrie 18 %; Dienstleistungen 34 %. ◻ Arbeitslosenquote: nicht verfügbar.

Verkehr: 30 330 km Straßen (davon 24 141 km asphaltiert); 2 230 km Eisenbahn.

Exporte (1986): 59,6 % des Bruttoinlandsprodukts (15,14 Milliarden Dollar). ◻ Importe (1986): 45,5 % des Bruttoinlandsprodukts (11,56 Milliarden Dollar).

Auslandsschulden (1987): 22,77 Milliarden Dollar.

Inflationsrate (1988): 2,0 %.

Militärausgaben (1989): 1,29 Milliarden Dollar. ◻ Streitkräfte: 114 500 Mann. ◻ Wehrdienst: freiwillig.

Staatliche Institutionen

Konstitutionelle Monarchie, Mitglied des Commonwealth. ◻ Geänderte Verfassung von 1957. ◻ Das Staatsoberhaupt wird vom Rat der Herrscher der Föderation gewählt. ◻ Bundesparlament mit zwei Kammern.

Die wichtigsten Städte

Kuala Lumpur	938 000	George Town	251 000
Ipoh	301 000	Johore Baharu	250 000

Klimadaten

Stadt	Mittlere Temperatur des kältesten Monats (in °C)	Mittlere Temperatur des wärmsten Monats (in °C)	Jährliche Niederschläge (in mm)	Anzahl der Tage mit Niederschlägen pro Jahr
Kuala Lumpur	27	28	2 340	195
Labuan	27	28	3 550	191

Die Temperaturen sind nie unter 17 °C gesunken und haben nie 37 °C überstiegen. Die Niederschläge sind auf das ganze Jahr verteilt (immer zumindest 100 mm pro Monat).

Geschichte

Die Ursprünge. Die Malaiische Halbinsel wurde bereits vor dem christlichen Zeitalter von Händlern, die aus Indien kamen und in die chinesischen Gewässer fuhren, angelaufen und durchquert. So entstanden kleine, indisch beeinflußte Königreiche, die ab dem 8. Jh. von dem Reich Srivijaya (Sumatra) beherrscht und dann im 13. und 14. Jh. von dem javanischen Königreich Majapahit und den Königen von Siam umkämpft wurden. Seit dem Beginn des 14. Jh. breitet sich der Islam in Malaysia aus. Malakka wird 1403 gegründet.

Das Vordringen der Europäer. Malaysia, das von den Portugiesen (1511), den Niederländern (1641) und den Briten (1795) erobert wurde, bleibt durch den Londoner Vertrag (1824) im Besitz Großbritanniens. Die kleinen Sultanate Johore, Selangor, Perak, Kedah, Pahang, Trengganu und Kelantan bleiben unabhängig und leben vom Handel. Die britische Ostindische Kompanie läßt sich die Insel Penang (1786) und die Provinz Wellesley in Kedah (1800) übertragen. 1819 gründet Raffles den Hafen von Singapur, der nach der Vereinigung mit Malakka und Penang ab 1830 die Straits Settlements bildet.

Die britische Herrschaft. Der größte Teil der Halbinsel wird ab 1867 von Großbritannien kontrolliert. Um seine Reichtümer auszubeuten (Zinn, Kautschukbäume), greifen die Briten auf die eingewanderten indischen und chinesischen Arbeitskräfte zurück. Nach und nach werden britische Residenten neben den Sultanen eingesetzt, und 1895 bilden Negri Sembilan, Pahang, Perak und Selangor malaiische Bundesstaaten mit einem britischen Generalresidenten. Kedah, Kelantan und Trengganu bleiben bis 1909 unter der Oberhoheit von Siam. Sie kommen von 1909 bis 1914 unter eine lockere britische Verwaltung. Japan erobert Malaysia (Dez. 1941–Feb. 1942). Der Widerstand gegen die Besatzung organisiert sich, und viele Chinesen, die von der geheimen kommunistischen Partei kontrolliert werden, schließen sich an. Die im Sept. 1945 zurückgekommenen Briten gründen die Malaiische Union (1946), die von den Sultanen und vielen Malaien kritisiert wird, dann die Föderation Malaysia (1948), die den chinesischen Bewohnern weniger freundlich gesinnt ist und Singapur nicht einschließt. Die kommunistische Partei löst einen bewaffneten Aufstand aus, der von britischen und malaiischen Soldaten bis 1960 bekämpft wird.

Erzeugung wichtiger Güter

Reis	1,8 Millionen Tonnen
Kautschuk	1,6 Millionen Tonnen
Palmöl	4,7 Millionen Tonnen
Kakao	225 000 Tonnen
Fischfang	607 500 Tonnen
Holzeinschlag	40 Millionen m³
Erdöl	26,7 Millionen Tonnen
Bauxit	360 800 Tonnen
Zinn	44 000 Tonnen
Strom	17,3 Milliarden kWh

514

LÄNDER DER ERDE

Die Unabhängigkeit. 1957 wird die Unabhängigkeit ausgerufen. Die neue Verfassung bestätigt die Sultanate, sichert die Vorzugsstellung der Malaien und erklärt den Islam zur Staatsreligion. Singapur, wo vor allem Chinesen wohnen, wird die interne Autonomie gewährt. Die neue Föderation Malaysia, die Malaysia, Singapur, Sarawak und Sabah vereint, wird am 16. Sept. 1963 gegründet. Brunei lehnt eine Mitgliedschaft ab. Die Föderation hat gegen die Ansprüche der Philippinen auf Sabah zu kämpfen und muß sich mit dem feindlich gesinnten Indonesien auseinandersetzen, das einen Krieg beginnt und sich aus der UNO zurückzieht. Der Sturz von Sukarno beendet diesen Konflikt nach dem Abkommen vom August 1966. Zwischenzeitlich wird der Zwist zwischen Singapur, dessen Wirtschaft sich durch die Industrialisierung und den freien Handel entwickelt, und der Regierung von Kuala Lumpur, die für protektionistische Maßnahmen eintritt, zu einem politischen Konflikt. Singapur wird 1965 nach einem Abkommen zwischen seinem Ministerpräsidenten Lee Kuan Yew und Abd ar-Rahman Putra, dem Chef der Bundesregierung, unabhängig. Diese Trennung führt in den Bundesstaaten zu einer Reihe politischer Krisen, die durch ethnische Spannungen verstärkt werden. Nach den Wahlen von 1969 wird ein Nationalrat (National Operations Council) unter der Leitung von Abd ar-Razak gegründet, der das Amt von Abd ar-Rahman übernimmt. Eine neue Ideologie, der ›Rukunegara‹, die auf dem Glauben an Gott, Loyalität gegenüber den Institutionen und einer moralischen Haltung beruht, wird eingeführt; eine Neue Wirtschaftspolitik (NEP) wird eingesetzt, um die kleine Rolle der Malaien in der staatlichen Wirtschaft zu verstärken. Darüber hinaus nähert sich Malaysia an die ASEAN an und unterzeichnet mit vier Ländern ein Verteidigungsabkommen (Malaysia, Singapur, Großbritannien, Australien und Neuseeland), das die britische Militärpräsenz in der Region ersetzen soll. Das parlamentarische System wird im Feb. 1971 wieder eingesetzt. Die UMNO (United Malays National Organization), die das politische Leben seit der Unabhängigkeit beherrscht, bleibt an der Macht. Zahlreiche Konflikte entstehen: mit den Minderheitsparteien, mit den kommunistischen Aufständischen und den politisch unterdrückten Chinesen. Die Invasion Vietnams in Kambodscha (1979) und der Strom von unerwünschten Flüchtlingen führen zu Spannungen mit Vietnam und einer Annäherung an Indonesien. Die UMNO, die seit 1981 von Mahathir bin Mohamad geführt wird, siegt bei den Wahlen von 1982 und 1986. Die UMNO wird 1988 durch die UMNO-BARU ersetzt.

INDONESIEN
INDONESIA

Offizieller Name: Republik Indonesien.

Hauptstadt: Jakarta. □ **Währung:** Rupiah (= 100 Sen). □ **Amtssprache:** Indonesisch. □ **Überwiegende Religion:** Islam.

Staatspräsident und Ministerpräsident: Suharto (seit 1968).

Flagge: 1945 angenommen. Sie nimmt die Farben des Prinzen Raden Vijaya, des Gründers von Majapahit 1293, auf. □ **Nationalhymne:** ›Indonesia raya merdeka merdeka. / Tanahku negriku yang ku cinta. / Indonesia raya merdeka merdeka. / Hiduplah Indonesia raya‹ (Indonesien, großes Land, freies Land, frei, o mein geliebtes Vaterland. Indonesien, großes Land, freies Land, frei, es lebe das große Indonesien), Text und Musik von Rudolf Supratman (1903–1938). 1929 für amtlich erklärt. □ **Nationalfeiertag:** 17. August (Jahrestag der Unabhängigkeit).

Fläche: 1 900 000 km². □ **Höchste Erhebung:** Puncak Jaya (im indonesischen Neuguinea) mit 5 029 m.

Bevölkerung (1989): 184 600 000 Ew. (Indonesier). □ **Durchschnittliche Bevölkerungsdichte:** 97 Ew. pro km². □ **Jährliches Bevölkerungswachstum:** 2 %. □ **Geburtenrate:** 29 ‰. □ **Sterbeziffer:** 9 ‰. □ **Kindersterblichkeit:** 83 ‰. □ **Lebenserwartung:** 58 Jahre. □ **Anteil unter 15 Jahren:** 39 %. □ **Anteil 65 Jahre und älter:** 3 %. □ **Stadtbevölkerung:** 25 %.

Bruttoinlandsprodukt gesamt (1988): 60 Milliarden Dollar.

Bruttoinlandsprodukt/Kopf: 400 Dollar. □ **Produktionsstruktur:** Landwirtschaft 52 %; Industrie 18 %; Dienstleistungen 30 %. □ **Arbeitslosenquote:** nicht verfügbar.

Verkehr: 165 140 km Straßen (davon 66 320 km asphaltiert); 6 444 km Eisenbahn.

Exporte (1986): 15 % des Bruttoinlandsprodukts (14,79 Milliarden Dollar). □ **Importe** (1986): 10,5 % des Bruttoinlandsprodukts (10,3 Milliarden Dollar).

Auslandsschulden (1987): 53,06 Milliarden Dollar.

Inflationsrate (1988): 8 %.

Militärausgaben (1987): 1,704 Milliarden Dollar. □ **Streitkräfte:** 285 000 Mann.

Wehrdienst: 24 Monate.

Staatliche Institutionen

Republik. □ Verfassung von 1945. □ Beratende Volksversammlung, die den Staatspräsidenten wählt. □ Repräsentantenhaus des Volkes (400 gewählte Mitglieder, 100 vom Präsidenten ernannte mit einer Amtszeit von 5 Jahren).

Geschichte

Die indisch beeinflußten Staaten und die Islamisierung des Archipels. Indonesien, das um die Zeitenwende in kleine, von indischer Kultur geprägte Königreiche geteilt ist, wird seit dem 7. Jh. von dem buddhistischen Reich Srivijaya beherrscht, einer auf Südsumatra angesiedelten Seemacht, die Java und die Malaiische Halbinsel kontrolliert. Die buddhistische Dynastie der Shailendra, die seit dem 9. Jh. auf Java sitzt, übernimmt im 11. Jh. die Macht. Im 13. Jh. wehrt das Königreich Singhasari die von Khubilai ausgeschickte Mongolenexpedition ab (1292). Der Sieger, Prinz Raden Vijaya, begründet eine Dynastie, die das Reich Majapahit regiert. Diese beherrscht zwei Jahrhunderte lang den Archipel. Sie wird Ende des 15. oder Anfang des 16. Jh. ausge-

Erzeugung wichtiger Güter

Reis	41,4 Millionen Tonnen
Erdnüsse	780 000 Tonnen
Kaffee	348 000 Tonnen
Tee	137 000 Tonnen
Kautschuk	1,2 Millionen Tonnen
Fischfang	2,8 Millionen Tonnen
Erdöl	64 Millionen Tonnen
Erdgas	38 Milliarden m³
Strom	30 Milliarden kWh
Zinn	30 600 Tonnen
Nickel	76 100 Tonnen
Bauxit	520 100 Tonnen
Stahl	1,5 Millionen Tonnen

Die wichtigsten Städte

Jakarta	7 636 000
Surabaya	2 028 000
Medan	1 380 000
Bandung	1 202 000
Semarang	1 027 000
Palembang	787 000
Ujung Pandang	709 000
Malang	560 000
Padang	481 000
Surakarta	470 000
Yogyakarta	428 000
Banjarmasin	381 000
Pontianak	305 000
Tanjung Karang Teluk Betung	284 000
Balikpapan	281 000
Samarinda	265 000
Bogor	247 000
Cirebon	224 000
Kediri	222 000
Amboine	209 000

Verwaltungsgliederung

Inseln	Fläche (in km²)	Einwohner	Einwohner (pro km²)
Java (und Madura)	135 290	100 000 000	276
Sumatra	437 600	28 000 000	59
Kalimantan[1]	539 500	6 720 000	12
Celebes (oder Sulawesi)	189 200	10 400 000	55
Sundainseln (Bali, Flores, Timor u. a.)	73 600	7 930 000	107
Molukken (Seram, Halmahera u. a.)	74 500	1 400 000	19
Irian Jaya[2]	422 000	1 200 000	3

[1] Indonesischer Teil von Borneo.
[2] Westhälfte von Neuguinea.

Klimadaten

Stadt	Mittlere Temperatur des kältesten Monats (in °C)	Mittlere Temperatur des wärmsten Monats (in °C)	Jährliche Niederschläge (in mm)	Anzahl der Tage mit Niederschlägen pro Jahr
Medan (SUMATRA)	25,5	27,5	2 030	88
Jakarta (JAVA)	26	27,5	1 900	134
Balikpapan (BORNEO)	26	26,5	2 220	145
Ambon (SERAM)	25,5	27	3 560	84

In keiner dieser Stationen lagen die Temperaturen jemals unter 15 °C. In keiner wurden Temperaturen über 38 °C gemessen. Die relative Luftfeuchtigkeit ist sehr hoch, praktisch immer über 80 %.

LÄNDER DER ERDE

SÜDOSTASIEN

Indonesien

löscht. Ab dem 13. Jh. breitet sich der von arabischen, persischen und indischen Händlern eingeführte Islam in Sumatra und Java aus. Der Prinz von Malakka tritt 1419 zum Islam über. Der Hinduismus hält sich in Bali. Die Portugiesen, die Malakka 1511 einnehmen, und die Spanier, die 1521–22 auf den Molukken landen, können Handelsniederlassungen auf den Molukken und den Philippinen einrichten. Das mächtige Sultanat Aceh (Sumatra) bietet ihnen Widerstand. Der Islam breitet sich im 15./16. Jh. auf Borneo und Celebes aus.

Das niederländische Kolonialreich. Die 1602 gegründete niederländische Vereinigte Ostindische Kompanie, die den Gewürzmarkt für sich erobern will, bemächtigt sich der portugiesischen Stützpunkte: Seram (1605), Malakka (1641) und Tidore (1657). Ihre politischen Vorrechte gehen 1799 auf die batavische Republik über. Nach 1816 ruft die Einsetzung einer direkten Verwaltung über das gesamte Niederländisch-Indien lokale Kriege in Java, Sumatra, Celebes und Bali hervor. Besetzung und Befriedung der Gebiete enden erst Anfang des 20. Jh. 1830–1860 setzt Gouverneur van den Bosch insbesondere auf Java das auf Zwangsarbeit beruhende ›Kultursystem‹ durch. Eine einheimische Elite, die von europäischen Ideen überzeugt, von den Siegen Japans (1904–1905) und der russischen Revolution von 1917 beeindruckt ist, fördert die nationalistische Bewegung. Im Zweiten Weltkrieg erobert Japan Niederländisch-Indien.

Indonesien. Nach der Kapitulation Japans werden die Unabhängigkeit und die Republik ausgerufen (17. und 18. August 1945). Die indonesische Republik mit Sukarno als Präsident wird 1949 von den Niederlanden anerkannt. Die Konferenz von Bandung (April 1955) bestätigt die Rolle Indonesiens in der Dritten Welt. Es entstehen separatistische Bewegungen, und 1957 brechen Aufstände der Muslime aus. Sukarno predigt einen ›indonesischen Sozialismus‹ und verstaatlicht den niederländischen Besitz. Er gerät in Konflikte mit den Niederlanden (1960–1963), die Indonesien West-Neuguinea (heute Irian Jaya) abtreten. Er wendet sich gegen die Bildung Malaysias und tritt 1965 aus der UNO aus. Die immer bedeutendere Rolle der indonesischen kommunistischen Partei PKI unter der Führung von Aidit führt zu einem Militärputsch (30. Sept. 1965), der von General Suharto niedergeschlagen wird. Sukarno kann sich nicht mehr halten und verliert sein Amt im Februar 1967. Suharto, seit 1968 Präsident der Republik, lehnt jede Annäherung an den Sozialismus ab und fordert internationale Unterstützung. Trotz des Wirtschaftsaufschwungs führen die vorwiegend chinesischen Geschäftskreisen zufließende Gewinne, die Inflation, die Auslandsverschuldung, die Arbeitslosigkeit und die Landflucht zu sozialen Spannungen. Linke Kreise bekämpfen die Korruption und das Wiederentstehen des fundamentalistischen Islam. Außenpolitisch lehnt sich Indonesien an den Westen an und tritt 1966 der UNO wieder bei. Es beteiligt sich an der Gründung der Vereinigung südostasiatischen Staaten (ASEAN, 1967). Die Papua von Irian Jaya schließen sich 1969 Indonesien an. Die gewaltsame Angliederung West-Timors nach der portugiesischen Revolution (1975) führt aber zu einem Guerillakrieg.

BRUNEI

Offizieller Name: Brunei.

Hauptstadt: Bandar Seri Begawan. ◻ **Währung:** Brunei-Dollar (= 100 Cents). ◻ **Amtssprache:** Malaiisch. ◻ **Überwiegende Religion:** Islam. ◻ **Maße und Gewichte:** Britisches und metrisches System.

Staats- und Regierungschef: Sultan Hassanal Bolkiah (seit 1968).

Flagge: Sie wurde 1906 bei der Einrichtung des Protektorats geschaffen und 1959 bei Erhalt der internen Unabhängigkeit geändert. Die Mondsichel des Wappens und seine Inschrift erinnern an die Zugehörigkeit Bruneis zum Islam.

Nationalhymne: ›Ya Allah lanjutkan lah usia / Duli tuanku yang maha mulia / Abdil berdaulat menaungi nosa / Memimpin raáyat kekal bahagia; / Ilahi selamatkan Brunei Darus salam‹ (O Allah, seine Majestät der Sultan möge leben. Gerechtigkeit und Souveränität zum Schutz unseres Landes und die Führung unseres Volkes. Wohlstand für unsere Nation und unseren Sultan. Gott beschütze Brunei, Hafen des Friedens‹, Text von Pengiran Hadj Abdul Rahim (1923 geb.), Musik von Awang Hadj Besar ibn Sagap (1914 geb.).

Nationalfeiertag: 1. Januar (Jahrestag der Unabhängigkeit) und 15. Juli (Geburtstag des Sultans).

Fläche: 5765 km². ◻ **Höchste Erhebung:** 396 m.

Klima: Es ist mit dem von Labuan (Malaysia, Sabah) vergleichbar.

Bevölkerung (1989): 300 000 Ew. ◻ **Durchschnittliche Bevölkerungsdichte:** 52 Ew. pro km². ◻ **Jährliches Bevölkerungswachstum:** 2,6 %. ◻ **Geburtenrate:** 31 ‰. ◻ **Sterbeziffer:** 3 ‰. ◻ **Kindersterblichkeit:** 11 ‰. ◻ **Lebenserwartung:** 64 Jahre. ◻ **Anteil unter 15 Jahren:** 38 %. ◻ **Anteil 65 Jahre und älter:** 3 %. ◻ **Stadtbevölkerung:** 64 %.

Wichtigste Orte und Städte: Bandar Seri Begawan (58 000 Ew.), Seria (24 000 Ew.).

Bruttoinlandsprodukt gesamt (1987): 3,75 Milliarden Dollar. ◻ **Bruttoinlandsprodukt/Kopf:** 17 850 Dollar. ◻ **Produktionsstruktur:** Landwirtschaft 3 %; Industrie 25 %; Dienstleistungen 72 %. ◻ **Arbeitslosenquote:** nicht verfügbar.

Wichtigste Einnahmequellen: Erdöl: 7 500 000 Tonnen; Erdgas: 12,6 Milliarden m³.

Verkehr: 1631 km Straßen.

Exporte (1985): 85,7 % des Bruttoinlandsprodukts (2,93 Milliarden Dollar). ◻ **Importe** (1985): 17,7 % des Bruttoinlandsprodukts (606 Millionen Dollar). ◻ **Auslandsschulden:** nicht bekannt.

Inflationsrate (1987): 0,6 %.

Militärausgaben (1987): 179 Millionen Dollar. ◻ **Streitkräfte:** 4200 Mann. ◻ **Wehrdienst:** nicht bekannt.

Staatliche Institutionen

Monarchie (Sultanat). ◻ Mitglied des Commonwealth. ◻ Der Sultan übt die alleinige oberste politische Gewalt aus.

Geschichte

Das im 16. Jh. islamisierte und in ein Sultanat umgewandelte Königreich Brunei umfaßt die gesamte Insel Borneo, die Suluinseln und einige weitere Besitzungen (Palawan) auf den Philippinen. Ende des Jahrhunderts verliert es an Macht, während die Aktivitäten der Portugiesen und der Niederländer in dem Gebiet zunehmen. 1847 unterzeichnet der Sultan von Brunei einen Bündnisvertrag mit Großbritannien und nimmt dessen Protektorat an (1888). Ab 1906 wird ein britischer Resident beim Sultan eingesetzt. 1959 erhält das Sultanat die interne Autonomie und eine Verfassung, die 1962 zum größten Teil außer Kraft gesetzt wird. 1963 weigert sich Brunei, der neuen Föderation Malaysia beizutreten. 1984 wird es unabhängig.

PHILIPPINEN

Offizieller Name: Republik der Philippinen.

Hauptstadt: Manila. ◻ **Währung:** Philippin. Peso (= 100 Centavos). ◻ **Amtssprache:** Tagalog. ◻ **Überwiegende Religion:** Katholizismus.

Staatspräsident und Ministerpräsident: Corazón Cojuangco Aquino (seit 1986).

Flagge: Sie wurde 1898 geschaffen. Die drei Sterne stellen die drei großen Gebiete und die acht Strahlen der Sonne die Provinzen dar. Rot symbolisiert Mut, Blau Idealismus und Weiß die Friedensliebe.

516

LÄNDER DER ERDE

Nationalhymne: ›Bayang magiliw / Perlas ng Silanganan, / Alab ng puso / Sa dibdid moý buhay ...‹ (O geliebtes Land, Tochter der Sonne des Orients, unsere Seelen preisen dich hoch ...), an ein spanisches Gedicht von José Palma (1876–1903) angepaßte Tagalog-Version, Musik von Julian Felipe (1861–1944). 1898 angenommen.

Nationalfeiertag: 12. Juni (Jahrestag der Unabhängigkeitserklärung an Spanien im Jahr 1898).

Fläche: 300 000 km². □ **Höchste Erhebung:** Apo (auf Mindanao) mit 2 954 mm.

Bevölkerung (1989): 64 900 000 Ew. *(Filipinos).* □ Durchschnittliche Bevölkerungsdichte: 216 Ew. pro km². □ Jährliches Bevölkerungswachstum: 2,8 %. □ Geburtenrate: 35 ‰. □ Sterbeziffer: 7 ‰. □ Kindersterblichkeit: 48 ‰. □ Lebenserwartung: 66 Jahre. □ Anteil unter 15 Jahren: 41 %. □ Anteil 65 Jahre und älter: 3 %. □ Stadtbevölkerung: 40 %.

Bruttoinlandsprodukt gesamt (1988): 38,6 Milliarden Dollar. □ Bruttoinlandsprodukt/Kopf: 650 Dollar. □ Produktionsstruktur: Landwirtschaft 46 %; Industrie 17 %; Dienstleistungen 37 %. □ Arbeitslosenquote: 20 %.

Verkehr: 157 100 km Straßen; 857 km Eisenbahn.

Exporte (1985): 14,5 % des Bruttoinlandsprodukts (4,63 Milliarden Dollar). □ **Importe** (1985): 16 % des Bruttoinlandsprodukts (5,11 Milliarden Dollar). □ **Auslandsschulden** (1988): 31 Milliarden Dollar. □ **Inflationsrate** (1988): 8,8 %.

Militärausgaben (1988): 857 Millionen Dollar. □ Streitkräfte: 112 000 Mann. □ Wehrdienst: freiwillig.

Staatliche Institutionen

Republik. □ Verfassung von 1987. □ Senat und Abgeordnetenhaus.

Geschichte

Die Ursprünge. Der Archipel wurde in aufeinanderfolgenden Einwanderungswellen von Negritos, Altindonesiern und Malaien be-

Klimadaten

Stadt	Mittlere Temperatur des kältesten Monats (in °C)	Mittlere Temperatur des wärmsten Monats (in °C)	Jährliche Niederschläge (in mm)
Manila	25,5	29	2 090
Iloilo	26	29	2 360
Zamboanga	27	27,5	1 075

In Iloilo und Zamboanga sinken die Temperaturen nur sehr selten unter 20 °C und in Manila unter 15 °C. Die gemessenen Höchstwerte sind jedoch relativ gemäßigt (mäßigender Meereseinfluß) und liegen in den drei Stationen zwischen 36 und 38 °C.

Die wichtigsten Städte

Manila[1]	1 650 000	Passay	288 500
Quezon City	1 166 000	Bacolod	262 000
Davao	610 000	Iloilo	244 000
Cebu	490 000	Angeles	189 000
Caloocan	471 000	Olongapo	156 000
Zamboanga	344 000	Baguio	120 000

[1] Mit den Vororten (darunter Quezon City, Caloocan und Passay) hat Manila etwa 5 Millionen Einwohner.

siedelt. Die heutige Bevölkerung ist seit Beginn des christlichen Zeitalters ansässig. Ab dem 9. Jh. begünstigt der Handel mit China die Zuwanderung von Chinesen. Der Archipel treibt mit Japan, Kambodscha, Champa, Annam, Siam und Indonesien Handel. Ende des 14. Jh. führen muslimische Händler vom Indischen Ozean und Indonesien her den Islam ein; vor allem auf den Suluinseln, wo um 1450 ein Sultanat gegründet wird, und auf Mindanao.

Die spanische Kolonialisierung. 1521 entdeckt Magalhães den Archipel und wird von den Bewohnern der Insel Mactan getötet. 1543 nennt Villalobos die Inseln Filipinas (Philippinen, nach dem Namen des Infanten, des künftigen Königs Philipp II.). Ab 1565 errichtet Legazpi, aus Mexiko kommend, die spanische Oberherrschaft. 1571 wird Manila die Hauptstadt der Kolonie. Die Nachfolger von Legazpi weiten die Eroberung mühelos aus, außer im Süden, wo die muslimischen Moro standhalten und bis Ende der spanischen Herrschaft unabhängig bleiben. Die Spanier missionieren das Land mit Hilfe von Augustinermönchen. Große Gebiete *(encomiendas)* werden den Konquistadoren und dem Klerus überlassen. Bis 1813 wird der Schiffshandel mit Acapulco fortgesetzt. Waren aus China oder Japan werden gegen Silber aus Mexiko eingetauscht. Die spanische Herrschaft wird durch die Portugiesen, dann durch Chinesen und die Niederländer gefährdet. Die Engländer besetzten 1762 und 1763 Manila. Innerhalb der spanisch beeinflußten Elite (den *ilustrados*) und im unteren Klerus entwickelt sich ein Nationalgefühl.

Von der nationalistischen Revolution bis zur amerikanischen Herrschaft. 1896 löst

Erzeugung wichtiger Güter

Reis	9 Millionen Tonnen
Kopra	1,8 Millionen Tonnen
Kaffee	115 000 Tonnen
Zucker	1,3 Millionen Tonnen
Fischfang	2 Millionen Tonnen
Kupfer	127 000 Tonnen
Chrom	90 000 Tonnen
Strom	24,5 Milliarden kWh

die Katipunan, eine nationalistische Organisation, einen Aufstand aus. José Riza, der keine Gewalt anwenden will, wird jedoch erschossen (1896). E. Aguinaldo, der sich nach Hongkong geflüchtet hat, bittet die Amerikaner um Hilfe, die Spanien den Krieg erklären (April 1898) und Manila einnehmen (1. Mai). Der Pariser Vertrag (10. Dez.), durch den der Archipel den USA übergeben wird, führt zu einem allgemeinen Aufstand. Aguinaldo, nun zum Führer der antiamerikanischen Guerilla geworden, wird enthauptet (1901). Die Vereinigten Staaten setzen ein ziviles Regime ein. Der Philippine Autonomy Act (1916) führt ein Zweikammersystem nach amerikanischem Muster ein. Das Land wird erschlossen, die agrarischen und sozialen Strukturen ändern sich jedoch kaum. 1935 wird in einer neuen Verfassung der ›Philippine Commonwealth‹ ausgerufen, dessen Präsident Manuel Quezón wird. Japan erobert von Dez. 1941 bis Mai 1942 das Land. Die Widerstandsbewegung organisiert sich vor allem um die mit der kommunistischen Partei verbundenen Huks. Eine projapanische Republik wird ausgerufen (Okt. 1943), aber der durch den Krieg stark in Mitleidenschaft gezogene Archipel wird von General Mac Arthur zurückerobert (Okt. 1944–Juli 1945).

Die Unabhängigkeit. Sie wird ausgerufen (4. Juli 1946), während die Huks einen Teil des Landes kontrollieren. Die Vereinigten Staaten erhalten von Präsident Roxas (1946–1948) für die Dauer von 99 Jahren 23 Militärstützpunkte. Ramón Magsaysay, Präsident von 1953 bis 1957 und Bezwinger der Huk-Guerilla, leitet die Manila-Konferenz zur Gründung der SEATO (1954). Carlos García wird 1957 Präsident. Ihm folgt 1961 Macapagal. Mit Malaysia brechen Unstimmigkeiten wegen der von den Philippinen erhobenen Ansprüche auf Nordborneo (Sabah) aus, das 1963 der Föderation Malaysia beigetreten ist. 1965 wird der konservative und nationalistisch eingestellte Ferdinand Marcos zum Präsidenten der Republik gewählt. Er ist sehr populär, wird von den Vereinigten Staaten unterstützt und 1969 erneut gewählt. Aber die Linke und die Studenten werfen ihm vor, sich in Vietnam zu engagieren. Die nun China freundlich gesinnte kommunistische Partei gründet die NPA (New Peoples Army), während die prosowjetischen Huks ihren Einfluß verlieren. 1972 ruft Marcos den Kriegsrecht aus, läßt die Gegner verhaften, darunter Benigno Aquino, den Führer der Liberalen. Nachdem er sowohl Staatspräsident als auch Ministerpräsident geworden ist, regiert er durch Referenden und Verordnungen. Er wird 1981 mit Unterstützung korrupter Politiker und Geschäftemacher wiedergewählt und reagiert auf die Wirtschaftskrise, auf die Unzufriedenheit der Landbevölkerung, der Mittelschicht und der Guerilla der NPA und der Moros, indem er Morde verüben und Verhaftungen vornehmen läßt. Nach der Ermordung von B. Aquino (1983) wächst der Widerstand. Die Witwe Aquinos, Corazón Aquino, läßt sich bei den Präsidentschaftswahlen vom Februar 1986 als Gegenkandidatin zu Marcos aufstellen. Nach den von Unruhen und Manipulationen begleiteten Wahlen wird Marcos, dem die Vereinigten Staaten, die Kirche und ein Teil der Armee ihre Unterstützung entzogen haben, ins Exil geschickt. Cory Aquino wird zum Staatsoberhaupt gewählt. Eine neue, 1987 durch Referendum verabschiedete Verfassung soll ihre Macht verstärken; sie wird jedoch schnell mit nachhaltigen Schwierigkeiten konfrontiert (wirtschaftliche Probleme, Erstarkung der kommunistischen Guerilla, separatistische Bestrebungen der Moros, Putschversuche). 1989 wird der Ausnahmezustand verhängt.

LÄNDER DER ERDE

FERNER OSTEN

CHINA ZHONGGUO

Offizieller Name: Volksrepublik China.

Hauptstadt: Peking *(Beijing)*. □ **Währung:** Yuan (= 10 Jiao). □ **Amtssprache:** Chinesisch.

Staatsoberhaupt: General Yang Shangkun (seit 1988). □ **Ministerpräsident:** Li Peng (seit 1988).

Flagge: Sie wurde 1949 angenommen. Die Sterne sind Symbol für die Vereinigung der chinesischen, mandschurischen, tibetanischen, mongolischen und uigurischen Nationalitäten unter der Partei.

Nationalhymne: ›Qi lai, bu yuan zuo nu li de ren men, ba wo men / De yue rou, zhu cheng wo men xin de chang cheng, / Zhong hua min zu dao le zui wei xian de shi hou ...‹ (Auf! Wir weigern uns, Sklaven zu sein! Mit unserem Fleisch, unserem Blut bauen wir unsere neue Große Mauer. Die Nation muß den größten Gefahren standhalten ...), Musik von Nie Er (1912–1935), 1949 angenommen, Text von Tian Huan.

Nationalfeiertag: 1. Oktober (Jahrestag der Gründung der Volksrepublik).

Fläche: 9 600 000 km². □ **Höchste Erhebung:** Mount Everest mit 8 872 m.

Bevölkerung (1989): 1 103 900 000 Ew. *(Chinesen).* □ **Durchschnittliche Bevölkerungsdichte:** 115 Ew. pro km². □ **Jährliches Bevölkerungswachstum:** 1,4 %. □ **Geburtenrate:** 21 ‰. □ **Sterbeziffer:** 7 ‰. □ **Kindersterblichkeit:** 44 ‰. □ **Lebenserwartung:** 66 Jahre. □ **Anteil unter 15 Jahren:** 29 %. □ **Anteil 65 Jahre und älter:** 5 %. □ **Stadtbevölkerung:** 26 %.

Bruttoinlandsprodukt gesamt (1986): 270 Milliarden Dollar.

Bruttoinlandsprodukt/Kopf: 255 Dollar. □ **Produktionsstruktur:** Landwirtschaft 64 %; Industrie 21 %; Dienstleistungen 15 %.

Verkehr: 940 600 km Straßen; 52 100 km Eisenbahn (davon 4 200 km elektrifiziert).

Exporte (1986): 9,3 % des Bruttoinlandsprodukts (25,1 Milliarden Dollar). □ **Importe** (1986): 14,2 % des Bruttoinlandsprodukts (38,23 Milliarden Dollar). **Auslandsschulden** (1987): 37,35 Milliarden Dollar.

Inflationsrate (1988): 20,7 %. **Militärausgaben** (1988): 5,283 Milliarden Dollar. □ **Streitkräfte:** 3 030 000 Mann. □ **Wehrdienst:** 36 Monate in der Armee, 60 Monate in der Marine, 48 Monate in der Luftwaffe.

Staatliche Institutionen

Volksdemokratie. □ Verfassung von 1982 (1988 erweitert). □ Vom Nationalen Volkskongreß für 5 Jahre gewähltes Staatsoberhaupt. □ Vom Nationalen Volkskongreß ernannter Ministerpräsident. □ Nationaler Volkskongreß als oberstes Organ (etwa 3 000 Abgeordnete, die für 5 Jahre von den Vertretern der Provinzen, der Regionen, der Städte und der Volksarmee gewählt werden).

Geschichte

Von den Ursprüngen bis zur Dynastie der Zhou. Mit dem Pekingmenschen am Fundort Zhoukoudian betritt Nordchina die Bühne menschlicher Zivilisation. Ab 500 000 Jahre vor der christlichen Zeitrechnung beginnen Horden prähistorischer Menschen eines der Gebiete der Erde zu besiedeln, in der der menschliche Einfluß am kontinuierlichsten und dauerhaftesten war. Dennoch zeigen sich erst im Neolithikum vermehrt Spuren unterschiedlicher Kulturen. Zu Beginn der Shangdynastie (etwa 16. Jh. v. Chr. bis um 1050 v. Chr.) wird in der großen Ebene Nordchinas jedoch eine wesentliche Neuerung nachgewiesen: Die Techniken der Bronzeherstellung werden beherrscht. Mit der Bronze entwickelt sich eine Gesellschaft, in der sich das kulturelle Leben vor allem in den Palaststädten abspielt. Es gibt eine Adelsschicht, die in wallgeschützten Städten lebt und den König, den Sohn des Himmels, bei seinen religiösen Aktivitäten unterstützt. Die Magier stellen den

Die wichtigsten Städte

Schanghai	11 860 000	Zhengzhou	1 400 000
Peking	9 830 000	Jinan	1 320 000
Tientsin	5 130 000	Dalian	1 300 000
Shenyang	4 500 000	Guiyang	1 300 000
Kanton	4 000 000	Anshan	1 210 000
Wuhan	3 200 000	Qiqihar	1 200 000
Chongqing	2 800 000	Zibo	1 200 000
Harbin	2 550 000	Hangzhou	1 180 000
Chengdu	2 470 000	Shijiazhuang	1 070 000
Xi'an	2 180 000	Nanchang	1 061 000
Nanking	2 170 000	Taiyuan	1 053 000
Changchun	2 000 000	Changsha	1 050 000
Qingdao	1 500 000	Fushun	1 020 000
Kunming	1 430 000	Ürümqi	947 000
Lanzhou	1 430 000		

Erzeugung wichtiger Güter

Reis	173,3 Millionen Tonnen
Weizen	87,5 Millionen Tonnen
Mais	74,1 Millionen Tonnen
Soja	12,3 Millionen Tonnen
Rohbaumwolle	4,5 Millionen Tonnen
Jute	600 000 Tonnen
Zucker	6,2 Millionen Tonnen
Tabak	2 Millionen Tonnen
Erdnüsse	6,5 Millionen Tonnen
Zitrusfrüchte	4 Millionen Tonnen
Tee	550 000 Tonnen
Kartoffeln	29,5 Millionen Tonnen
Rinderbestand	74 Millionen Tiere
Schafbestand	102,6 Millionen Tiere
Wolle	223 000 Tonnen
Schweinebestand	335 Millionen Tiere
Fischfang	10,3 Millionen Tonnen
Phosphate	12,5 Millionen Tonnen
Steinkohle	885 Millionen Tonnen
Erdöl	135 Millionen Tonnen
Strom	538 Milliarden kWh
Eisen	79,1 Millionen Tonnen
Mangan	500 000 Tonnen
Gold	71 Tonnen
Stahl	55,3 Millionen Tonnen
Aluminium	540 000 Tonnen
Fernsehgeräte	16,2 Millionen
Schiffsbau	286 000 Bruttoregistertonnen
Baumwollfasern	4,5 Millionen Tonnen
Synthetische Textilien	968 000 Tonnen

Verwaltungsgliederung

Provinz	Fläche (in km²)	Einwohner	Hauptstadt
Hebei	180 000	53 000 000	Shijiazhuang
Shanxi	156 000	25 300 000	Taiyuan
Liaoning	140 000	36 290 000	Shenyang
Jilin	180 000	22 600 000	Changchun
Heilongjiang	460 000	33 060 000	Harbin
Jiangsu	100 000	60 521 000	Nanking
Zhejiang	101 000	38 900 000	Hangzhou
Anhui	140 000	49 700 000	Hefei
Fujian	120 000	25 900 000	Fuzhou
Jiangxi	160 000	33 200 000	Nanchang
Shandong	150 000	74 840 000	Jinan
Henan	167 000	75 910 000	Zhengzhou
Hubei	180 000	47 800 000	Wuhan
Hunan	210 000	55 090 000	Changsha
Guangdong	176 000	56 930 000	Kanton
Sichuan	569 000	99 800 000	Chengdu
Guizhou	170 000	29 020 000	Guiyang
Yunnan	436 200	32 600 000	Kunming
Shaanxi	200 000	28 900 000	Xi'an
Gansu	530 000	19 600 000	Lanzhou
Qinghai	720 000	3 900 000	Xining
Hainan	34 000	56 000 000	Haikou
Autonomes Gebiet			
Innere Mongolei	1 565 000	19 300 000	Houhehot
Guangxi	230 000	37 330 000	Nanning
Tibet	1 221 000	1 900 000	Lhasa
Ningxia	170 000	3 900 000	Yinchuan
Xinjiang	1 646 000	13 100 000	Ürümqi
Autonome Stadt			
Peking (Beijing)	17 000	9 200 000	
Schanghai	6 200	11 900 000	
Tianjin	11 300	7 800 000	

LÄNDER DER ERDE

Ahnen der Könige Fragen über die nahe Zukunft und halten ihre Orakeldeutungen auf Schulterblättern von Rindern und Schildkrötenpanzern fest. Diese Traditionen werden ohne Bruch zu Beginn der folgenden Dynastie, des Geschlechts der Zhou (um 1025–256 v. Chr.) fortgesetzt. Ab dem 8. Jh. breitet sich ein Krieg aus. Die Ära vom 5. bis zum 3. Jh. ist unter der Bezeichnung Zeit der Streitenden Reiche bekannt. Trotz der Zwistigkeiten überlebt das Gefühl einer kulturellen Einheit; in dieser Zeit treten die großen Denker der Antike auf, insbesondere Konfuzius, Zhuangzi und Han Fei, die die Kultur des Landes unauslöschlich prägen.

Die Gründung des Kaiserreiches. Die Qin (221–206 v. Chr.). Die Heere des Königs Qin vereinen 221 v. Chr. alle chinesischen Königreiche. Dieser König verleiht sich den Titel ›Göttlicher Erhabener‹, Gottkaiser von Qin, Qin Shi Huangdi (221–210 v. Chr.). Er regiert mit brutalen Maßnahmen. Nachdem er die von der Regierung auf den Index gesetzten Bücher 213 öffentlich verboten und dann verbrannt hat, läßt er im darauffolgenden Jahr Hunderte von Gelehrten töten. China vergrößert sein Gebiet: es endet nicht mehr am Lauf des Hwangho, sondern dehnt sich bis in die Mandschurei im Norden des heutigen Vietnam aus.

Die Han (202 v. Chr.–220 n. Chr.). Das erste Reich zerfällt sehr schnell nach dem Tod seines Gründers im Jahr 210, die Dynastie der Han (202 v. Chr.–220 n. Chr.) bewahrt jedoch die von Qin Shi Huangdi geschaffenen Einrichtungen. Die ersten Hankaiser setzen den Kampf gegen die ›barbarischen‹ Nachbarn fort und verlängern die Große Mauer nach Westen. Sie verstärken die Zentralmacht des Staates und gründen zu diesem Zweck das Mandarinat, d. h. die Aushebung von Beamten, die unter Berücksichtigung ihrer Verdienste und nicht wegen ihrer gesellschaftlichen Beziehungen gewählt werden. Sie leiten damit eine Praxis ein, die erst 1905 endet. Aber diese Dynastie distanziert sich auch von dem ersten Reich. Der Konfuzianismus und die alten Gelehrten werden rehabilitiert. Die zu dieser Zeit eröffnete Seidenstraße ermöglicht den Handel auf dem gesamten eurasiatischen Kontinent; das Land öffnet sich ausländischen Einflüssen, und der aus Indien kommende Buddhismus wird in China eingeführt. Der Untergang der Han im 3. Jh. ist zugleich das Ende einer schweren Agrar- und Finanzkrise. Die Befehlshaber der Armee, die zur Niederschlagung des Aufstands entsandt wurden, verheeren das Land und beenden die Dynastie.

Die Teilung: 220–581. Nun folgt eine Zeit (bis zum Auftreten der Sui 581), die bisweilen wegen der Schwächung und sogar des Verschwindens des Zentralstaates, des Niedergangs der Städte und großer religiöser Machtkämpfe als ›Mittelalter‹ bezeichnet wird. Von 220 bis 280 ist China in drei etwa gleichstarke Königreiche unterteilt (Wei, Shu-Han und Wu). Ab dem 4. Jh. stellen auch andere Machtansprüche: die nichtchinesischen, halbnomadischen Völker an den nördlichen Grenzen. Nach unklaren Vorfällen (Zeit der Dynastien des Nordens und des Südens, 317–589), vereinen die Toba ganz Nordchina und begründen die nördliche Wei (386–535). Zu dieser Zeit hat der Buddhismus großen Einfluß. Im Süden, in Nanking, folgen sechs Dynastien aufeinander (Wu, östliche Jin, Song, Qi, Liang und Chen).

Die wiedergefundene Einheit: die Sui (581–618) und die Tang (618–907). Die Wiedervereinigung geht vom Norden aus. Sie wird 581 durch einen General betrieben, der die Dynastie der Sui begründet (581–618). Unter ihnen wird der Kaiserkanal ausgehoben, der den unteren Jangtsekiang mit dem Hwangho verband und dadurch den Getreidetransport aus dem produzierenden Süden in den Norden ermöglichte. Ein weiterer aufständischer General gründet die Dynastie der Tang (618–907). China hat zu dieser Zeit eine bemerkenswerte Verwaltungsstruktur. Die gesamte Verwaltung wird von Magistraten geleitet, die Steuern erheben, Gerechtigkeit walten lassen und die Aufrechterhaltung der Ordnung gewährleisten müssen. Nachdem China nun wiedervereinigt ist, betreiben die Tang wieder eine Politik der militärischen Ausdehnung in Asien: Chinesische Armeen sind von Iran bis Korea, von der Mongolei bis nach Vietnam präsent. Die riesige Ausdehnung des eroberten Territoriums macht jedoch die Verwaltung des Landes problematisch. Der Kaiser gewährt den Befehlshabern der Streitkräfte an den Randgebieten eine wachsende Souveränität. Einer unter ihnen, An Lushan, meutert 755. Das erschütterte Reich festigt sich wieder, die Dynastie erholt sich jedoch nicht mehr von diesen Kämpfen. Von 907 bis 960 folgen in der Zeit der fünf Dynastien die Liang, Tang, Jin, Han und die späteren Zhou.

Die Song (960–1279) und die fremden Reiche. General Zaho Kuangyin, der Begründer der Songdynastie (960–1279) wählt erneut Kaifeng als Hauptstadt. Er vereint das gesamte Land, muß sich jedoch wegen des Drucks der ›Barbaren‹ im Norden auf ein schmales Territorium beschränken. Diese haben bei ihrem Eindringen in China eigene Reiche gegründet: Liao (947–1124), die westlichen Xia (1038–1227) und Jin (1115–1234). Nach Versuchen, sie gewaltsam zu unterwerfen, ziehen die Song es vor, mit ihnen Friedensverträge abzuschließen, die die Lieferung beachtlicher Mengen an Geld, Tee und Seidenrollen vorsehen. Sie vernachlässigen militärische Angelegenheiten vollkommen. Die Einstellungsprüfungen für Beamte sind nun sehr ausgeklügelt. Die aus den Staatsschulen hervorgegangenen Kandidaten können zwischen mehreren Prüfungsarten wählen, die bedeutendsten sind jedoch die in Poesie. Zur Zeit der Song übernehmen die Beamten eine entscheidende politische Rolle. Sie organisieren die Staatsgewalt nach dem Vorbild des großen Reformators des 11. Jh., Wang Anshi. Die Städte erleben eine beispiellose Aktivität. Im gesamten Land wird das sogenannte ›fliegende Geld‹ verwendet, ein echter Vorgänger der Banknote, mit dem 1024 erstmals der Staatshaushalt bestritten wird. Darüber hinaus können durch die Entwicklung der Xylographie ab dem 9./10. Jh. zahlreiche offizielle, religiöse oder private Texte vervielfältigt werden. Ihre Gleichgültigkeit gegenüber militärischen Fragen führt jedoch zum Untergang der Song, der in zwei Phasen abläuft: Unter den Angriffen der Dschurdschen (Jin) fällt Kaifeng 1127, und die Song ziehen sich nach Hangzhou zurück. 1276 wird diese provisorische Hauptstadt ihrerseits von den Mongolen eingenommen, die 1279 unter dem Namen Yuan die Song vom Thron des Sohnes des Himmels vertreiben.

Die Yuan (1279–1368). Nach der ersten Überlegung der Mongolen, das ländliche China in riesige Weidegebiete umzuwandeln, beginnen sie unter dem Einfluß beratender chinesischer Intellektueller mit der traditionelleren Bewirtschaftung. Obwohl einige Anstrengungen unternommen werden, die Gelehrten auf ihre Seite zu ziehen (etwa durch die Zulassung des Konfuzianismus), leidet die chinesische Bevölkerung unter der gesellschaftlichen Diskriminierung und der wirtschaftlichen Ausbeutung (hohe Steuern) durch die Besatzer: So werden alle führenden Posten an Mongolen vergeben. Nach einer Folge von schwachen Kaisern führt ein Aufleben des Nationalismus zu Aufständen. Einer von ihnen, der vom Süden ausgeht, ergreift allmählich das gesamte Land. Er wird von Zhu Yuanzhang geleitet, der die Mingdynastie begründet (1368).

Die Ming (1368–1644). Diese Dynastie greift die chinesischen Traditionen wieder auf, aber sie ist seit ihren Anfängen von einer Tendenz zum kaiserlichen Absolutismus und zu einer Intoleranz äußeren Einflüssen gegenüber geprägt. Die Bevölkerung wird streng kontrolliert und in Einheiten von 110 Familien unterteilt, die von den reichsten mit Hilfe eines Systems der kollektiven Verantwortung geführt werden. Anfang des 15. Jh. scheint sich China zu öffnen: von 1405 bis 1433 begleitet der Eunuch Zheng He siebenmal nacheinander zahlreiche Vasallen, die bis nach Aden und Mogadischu kommen. Aber diese Schiffsexpeditionen bleiben ohne Folgen. China kapselt sich wieder ab und untersagt seinen Untertanen jeden nicht offiziellen Kontakt mit den Ausländern. Vor diesem Hintergrund haben die ersten Europäer, portugiesische Abenteurer und Jesuiten, große Probleme, anerkannt zu werden. Ende des 16. Jh. scheint das Reich sehr mächtig zu sein: Durch technische Fortschritte können die landwirtschaftliche Produktion und das Handwerk ausgeweitet und differenziert werden. Es

Klimadaten

Stadt	Höhe (m ü. M.)	Mittlere Temperatur des kältesten Monats (in °C)	Mittlere Temperatur des wärmsten Monats (in °C)	Jährliche Niederschläge (in mm)	Anzahl der Tage mit Niederschlägen pro Jahr
Shenyang	45	−13	24	714	65
Peking	30	−4,5	26	620	62
Ürümqi	900	−16,5	21	282	?
Lhasa	3700	−1,5	16	420	?
Schanghai	5	4,5	27,5	1135	103
Wuzhou	–	12	29	1286	140
Chongqing	230	7	35	1090	99

In Shenyang und Ürümqi wurden Tiefstwerte unter −30 °C, in Peking unter −20 °C, in Lhasa unter −15 °C und in Schanghai unter −10 °C gemessen. Die Temperatur ist in Chongqing nur selten negativ und nie in Wuzhou (am Wendekreis). Höchstwerte von 40 °C oder mehr wurden in Peking, Ürümqi, Chongqing und in Schanghai und nahe 40 °C in Shenyang gemessen. Die Temperaturen sind in Lhasa praktisch nie über 30 °C gestiegen. Die Jahresamplituden (Unterschiede zwischen den Mitteltemperaturen des kältesten und heißesten Monats) sind häufig sehr ausgeprägt (mehr als 30 °C in Shenyang, Ürümqi und sogar Peking). Nach Süden hin werden sie geringer, wie es die Beispiele Schanghai und Wuzhou zeigen, bleiben jedoch hoch, wenn man die hier relativ niedrigen Breitengrade berücksichtigt. Die Niederschläge fallen vor allem im Sommer, ein dem kontinentalen Klima im Norden und Nordosten sowie in Tibet gemeinsames Merkmal (die Hälfte der jährlichen Niederschläge im Juli–August in Shenyang und Lhasa, fast 60 % in Peking); dies ist auch typisch für das subtropische Klima im Süden und Südosten (in Schanghai, Wuzhou und Chongqing mit einer weniger starken Ausprägung).

LÄNDER DER ERDE

FERNER OSTEN

China

droht jedoch eine finanzielle und politische Krise, da sich die unbestechlichen Beamten eindeutig gegen die korrupten Eunuchen stellen.

Die Qing (1644–1941). Die Mandschu dringen 1644 in ein Land ein, das kaum noch seine Regierung respektiert, und gründen dort mühelos die letzte Kaiserdynastie der Qing (1644–1911). Die militärische Eroberung, die durch den Widerstand der Minganhänger erschwert wird, ist brutal und demütigend. Die Mandschu zwingen die Chinesen zum Beispiel dazu, einen Zopf zu tragen. Ende des 17. Jh. ist China befriedet und der Staat stabilisiert. Drei große Kaiser folgen an der Spitze des nun konfuzianischen Reiches, Kangxi (1662–1722), Yongzheng (1723–1736) und Qianlong (1736–1796). Das von den Mandschu beherrschte Gebiet (11 Mio. km²) ist größer als je zuvor und umfaßt auch nichtchinesische Völker. Bevor die Mandschu das chinesische Reich erobert hatten, beherrschten sie die Mongolei. Anfang des 18. Jh. dehnen sie ihre Macht in Zentralasien bis zu den Gebieten südlich des Balchasch-Sees aus, die 1884 zur Provinz Xinjiang wird (das ›Neue Gebiet‹). Darüber hinaus verstärken sie ihren Einfluß auf Tibet, das ab 1751 ein chinesisches Protektorat wird. Sie regieren auch die Gebiete am Amur (chin. Heilong Jiang) und am Ussuri, die 1858 und 1860 unter russische Herrschaft kommen.

Das Vordringen der Europäer und der Zerfall des Reiches. Die Lage beginnt sich Anfang des 19. Jh. zu verschlechtern. Das Anwachsen der Bevölkerung, die Steuererhöhung und die Pflichtvergessenheit der Beamten schaffen den Nährboden für die große soziale Umwälzung, die die zweite Hälfte des 19. Jh. prägt. Diese Schwierigkeiten fallen mit dem Eindringen der westlichen Großmächte zusammen, die das Reich nicht abwehren kann. Nach langen Überlegungen beschließt die Regierung, den von den Europäern kontrollierten Opiumschmuggel zu untersagen. Aber das militärisch besiegte China ist gezwungen, nach jedem westlichen Eingreifen ›ungleiche Verträge‹ zu unterzeichnen (1842, 1844, 1858, 1860), wodurch es die Kontrolle der als ›offen‹ erklärten Häfen verliert. Die Mandschu müssen auch große Volksbewegungen abwehren, insbesondere den Aufstand der Taiping (1851–1864), sowie Erhebungen der muslimischen Bevölkerungsteile (1861–1878). Schließlich wird China in Interessengebiete aufgeteilt: der Norden für die Russen, Shandong für die Deutschen, das Tal des Jangtsekiang für die Briten, der an Indonesien angrenzende Südosten für die Franzosen. Der militärische Sieg Japans (1894–95), das seitdem Taiwan und Liaodong kontrolliert, verbittert die einheimische Bevölkerung und fördert den Nationalismus der Chinesen, der sich im vom Fremdenhaß geprägten Boxeraufstand äußert.

Die Gründung der Republik. Der Widerstand wächst, und der Aufstand der Doppelten Zehn (10. Tag des 10. Monats) von 1911 entmachtet schließlich die Qingdynastie und setzt eine Republik ein. In den Provinzen, die oft den willkürlichen Ausschreitungen der ›Warlords‹ ausgesetzt sind, entwickelt sich der Militarismus. In Peking führen Intrigen der Großmächte allmählich zu einer Regierung verschiedenster politischer und militärischer Gruppierungen. Die Wende kommt aus dem Süden, wo die vereinten Kommunisten (die kommunistische Partei Chinas, KPCh, wurde 1921 gegründet) und die Nationalisten der Kuo-min-tang versuchen, das gesamte Land zu erobern und zu vereinen. Nach dem Tod von Sun Yatsen (1925) wird Chiang Kai-shek (Jiang Jieshi) militärischer Befehlshaber der Kuo-min-tang und bricht mit den Kommunisten (1927). Die für ungesetzlich erklärte KPCh zieht sich unter dem Druck der Kuomin-tang-Truppen aufs Land zurück. Sie müssen sich nach dem von Mao Zedong geführten Langen Marsch in den Stützpunkten im Norden niederlassen (1934–35). Die Mobilmachung gegen Japan, das sich seit 1937 um die systematische Eroberung des Landes bemüht, bringt die beiden verfeindeten Parteien zeitweise in einer Einheitsfront einander näher. Aber diese wiedergefundene Einheit hält den Unstimmigkeiten nach dem Sieg von 1945 nicht stand. Nach 3 Jahren Bürgerkrieg gründen die siegreichen Kommunisten die Volks-

LÄNDER DER ERDE

republik China (1949), während sich die Nationalisten nach Taiwan (auf die Insel Formosa) zurückziehen.

Die Volksrepublik China. Im Agrarbereich kommt die Regierung dem Wunsch der Landbevölkerung nach Neuverteilung des Landes nach. Die Agrarreform wird durchgeführt, ohne daß man zu diesem Zeitpunkt von Kollektivierung spricht. Die Hilfe und der Einfluß der UdSSR sind in den übrigen Wirtschaftsbereichen viel spürbarer. Der verabschiedete Fünfjahrplan begünstigt vor allem die großen Komplexe der Schwerindustrie. Aber bereits hier ist der Einfluß der Ideologisierung spürbar: die Partei bemüht sich, die Bevölkerung zur Teilnahme an Propagandatreffen und an Sitzungen zur Anzeige von ›Konterrevolutionären‹ zu veranlassen. 1958 verstärkt der ›Große Sprung nach vorn‹ diesen ideologischen Druck. Es werden Volkskommunen errichtet: Auf dem Land greift die völlige Kollektivierung um sich. Aber dieser übermäßige Voluntarismus bringt nicht die erhofften Ergebnisse, und bis 1966 wird wieder eine weniger ehrgeizige Politik betrieben. Bis zum Ende der 50er Jahre wird die internationale Isolierung der Volksrepublik China durch die Freundschaft mit der UdSSR aufgewogen. Darüber hinaus bemüht sich Peking, in den Augen der Länder der Dritten Welt eine besondere Rolle zu spielen: So nehmen die Chinesen an der Genfer Konferenz (1954) teil und beeinflussen die Bandung-Konferenz (1955) in großem Maße. Ab 1959 sind die ersten Anzeichen eines chinesisch-russischen Konfliktes zu erkennen, der sich so verschärft, daß 1969 militärische Aktionen am Grenzfluß Ussuri die beiden Staaten entzweien.

Von der Kulturrevolution bis zu den Reformen von Deng Xiaoping. 1966 beginnt eine sehr unruhige Zeit, die erst mit dem Tod von Mao Zedong beendet ist. Seit dem Mißlingen des Großen Sprungs nach vorn wird Mao von Vertretern einer größeren wirtschaftlichen Liberalisierung zugunsten Liu Shaoqis, des Präsidenten der Republik seit 1959 zurückgedrängt. Mao, der entschlossen ist, seinen Einfluß in der Partei zurückzuerobern, startet im Frühjahr 1966 die Große Kulturrevolution des Proletariats, die den ›Revisionismus‹ bekämpfen soll. Weil sich die Bewegung vor allem auf die Armee unter ihrem Befehlshaber Lin Biao sowie auf die Jugend stützt (die ›Roten Garden‹), gewinnt sie schnell an Bedeutung und ermöglicht es Mao, über den Parteiapparat zu triumphieren. Aber die Ausschreitungen und die Unruhen, die damit einhergehen, sowie die Streitigkeiten zwischen den einzelnen Gruppierungen zerrütten das Land. Nach dem ungeklärten Tod von Lin Biao (Flugzeugunglück oder Putschversuch, 1971) nimmt der Einfluß des Militärs allmählich ab, während zwei Strömungen vorherrschen: die Pragmatiker um Zhou Enlai und den Vize-Ministerpräsidenten Deng Xiaoping und die Radikalen um Jiang Qing (Maos Frau) und die Shanghaier Gruppe. Der Tod von Zhou Enlai (Jan. 1976) leitet eine neue politische Krise ein. Nach den Demonstrationen vom 5. April in Peking für Deng Xiaoping wird dieser abgesetzt, und Hua Guofeng wird Ministerpräsident. Nach dem Tod von Mao (9. Sept. 1976) wird Hua Vorsitzender der Partei und beginnt eine Kampagne gegen die Radikalen und die ›Viererbande‹, die verhaftet wird. Die neuen Führer stellen nun die Kulturrevolution in Frage und fördern die wirtschaftliche Entwicklung. Deng Xiaoping wird rehabilitiert (1977) und verstärkt allmählich seinen Einfluß auf das politische Leben, während Hua Guofeng nach und nach zurückgedrängt wird. 1980 übernimmt Zhao Ziyang sein Amt als Regierungschef und 1981 Hu Yaobang das des Parteivorsitzenden. Diese Wechsel gehen mit der Modernisierung der Wirtschaft, der Dekollektivierung (Aufgabe der Volkskommunen), einer Öffnung nach außen, der Suche nach ausländischem Kapital und einer Verjüngung der Kader einher. 1982 wird eine neue Verfassung verabschiedet, und Li Xiannian wird 1983 zum Staatsoberhaupt gewählt. In der Partei stoßen verschiedene Strömungen aufeinander, einerseits die Befürworter von politischen Reformen, die zwangsläufig mit einer wirtschaftlichen Liberalisierung einhergehen müssen, und andererseits die Konservativen, die eine zu starke Verwestlichung fürchten. Hu Yaobang, der 1987 kaltgestellt wird, wird von Zhao Ziyang ersetzt. Nach dem XIII. Kongreß der KPCh wird letzterer Parteivorsitzender, und Li Peng nimmt sein Amt als Ministerpräsident ein. 1988 löst Yang Shangkun Li Xiannian in seinem Amt als Staatsoberhaupt ab. Seit dem Ende der Kulturrevolution hat eine Normalisierung der Beziehungen Chinas zu den Westmächten begonnen. Die Beziehungen zu den Vereinigten Staaten verbessern sich seit 1969: Besuche von H. Kissinger und R. Nixon 1977. Taiwan wird aus der UNO ausgeschlossen, und die Volksrepublik nimmt den Platz für China ein. Trotz des kurzen chinesisch-vietnamesischen Konflikts 1979 werden die Beziehungen zu der UdSSR besser. Der Liberalisierungsprozeß wird im Juni 1989 jäh unterbrochen, als eine Protestbewegung von Studenten durch die Armee blutig niedergeschlagen wird. Zhao Ziyang wird abgesetzt und von Jiang Zemin ersetzt.

TAIWAN TÁI-WAN

Offizieller Name: Republik China.

Hauptstadt: Taipeh oder Tái-pei. ◻ **Währung:** Taiwan-Dollar (= 100 Cents). ◻ **Amtssprache:** Chinesisch. ◻ **Überwiegende Religion:** Buddhismus.

Staatspräsident: Lee Teng-hui (seit 1988). ◻ **Ministerpräsident:** Han Pei-tsu (seit 1990).

Flagge: Sie wurde 1928 angenommen. Ihr Emblem stellt die zwölf Zeiten der beiden Stunden dar, die den Tag bilden und für den Geist des Fortschritts stehen. Ihre Farben sind Symbol für die drei Grundsätze des Volkes: Blau für die Demokratie, Weiß für die Vitalität des Volkes und Rot für den Nationalismus. ◻
Nationalhymne: ›San min-chu-i / Wu tang so tsung. / I chien min-kuo / I chin ta tung ...‹

Die wichtigsten Städte

Taipei	2 445 000	Keelung	351 000
Kaohsiung	1 253 000	Hsinchu	290 000
Taichung	626 000	Chiayi	252 000
Tainan	614 000	Pingtung	250 000

Klimadaten

Stadt	Mittlere Temperatur des kältesten Monats (in °C)	Mittlere Temperatur des wärmsten Monats (in °C)	Jährliche Niederschläge (in mm)
Taipei	15	28	2 120
Tainan	17	27	1 810

(Unser Ziel ist, ein freies Land zu gründen. Der allgemeine Friede sei unser Ziel ...), Text nach einer Rede von Sun Yatsen 1924, die 1928 zum Kampflied der Kuo-min-tang und 1949 zur Nationalhymne wurde, Musik von Cheng Mao-yun (1900 geb.).

Nationalfeiertag: 10. Oktober (Jahrestag des Aufstandes der Doppelten Zehn im Jahr 1911).

Fläche: 36 000 km². ◻ **Höchste Erhebung:** Mount Morrison mit 3 997 m.

Bevölkerung (1989): 20 000 000 Ew. ◻ **Durchschnittliche Bevölkerungsdichte:** 555 Ew. pro km². ◻ **Jährliches Bevölkerungswachstum:** 1,1 %. ◻ **Geburtenrate:** 16 ‰. ◻ **Sterbeziffer:** 5 ‰. ◻ **Kindersterblichkeit:** 6 ‰. ◻ **Lebenserwartung:** 73 Jahre. ◻ **Anteil unter 15 Jahren:** 29 %. ◻ **Anteil 65 Jahre und älter:** 5 %. ◻ **Stadtbevölkerung:** 67 %.

Bruttoinlandprodukt gesamt (1987): 94 Milliarden Dollar.

Bruttoinlandprodukt/Kopf: 4 800 Dollar. ◻ **Produktionsstruktur:** Landwirtschaft 18 %; Industrie 41 %; Dienstleistungen 41 %. ◻ **Arbeitslosenquote** (1987): 1,7 %.

Verkehr: 19 680 km Straßen; 3 403 km Eisenbahn.

Exporte (1985): 50,7 % des Bruttoinlandsprodukts (30,47 Milliarden Dollar). ◻ **Importe** (1985): 33,4 % des Bruttoinlandsprodukts (20,1 Milliarden Dollar).

Auslandsschulden (1987): 19,85 Milliarden Dollar.

Inflationsrate (1988): 3,6 %.

Militärausgaben (1988): 3,961 Milliarden Dollar. ◻ **Streitkräfte:** 405 000 Mann. ◻ **Wehrdienst:** 24 Monate.

Staatliche Institutionen

Republik. ◻ Verfassung von 1947. ◻ Für 6 Jahre gewählte Nationalversammlung. ◻ Staatspräsident wird von dieser Versammlung gewählt.

Geschichte

Die chinesische Kolonialisierung und die japanische Besetzung. Die seit Jahrhunderten von Piraten und chinesischen Händlern besuchte Insel wird im 17. Jh. verstärkt von chinesischen Zuwanderern bevölkert. Die Spanier lassen sich im Norden der Insel (1626 bis 1642), die Niederländer im Süden nieder (1624). Koxinga vertreibt letztere 1661 und macht aus der Insel ein autonomes Fürstentum, dem die Qing 1683 ihre Herrschaft aufzwingen. Die Insel wird durch den Vertrag von Shimonoseki (1895) den Japanern überlassen.

Erzeugung wichtiger Güter

Reis	1,9 Millionen Tonnen
Zucker	580 000 Tonnen
Schweinebestand	7 Millionen Tiere
Fischfang	1,2 Millionen Tonnen
Strom	70 Milliarden kWh
– davon aus Kernkraft	33,1 Milliarden kWh
Stahl	5,5 Millionen Tonnen
Pkw	258 000 Einheiten
Schiffsbau	309 000 Bruttoregistertonnen
Fernsehgeräte	5,9 Millionen Einheiten
Synthetische Textilien	1,4 Millionen Tonnen

LÄNDER DER ERDE

FERNER OSTEN

Die Nationale Republik China. Nach den internationalen Abkommen von 1943 und 1945 wird Taiwan China im Sommer 1945 zurückgegeben. Nach dem Sieg der Kommunisten in China (1949) dient die Insel der Regierung des Kuo-min-tang als Zufluchtsort. Allerdings macht Chiang Kai-shek die Eroberung des kontinentalen Chinas weiterhin zum theoretischen Ziel seiner Politik, und zwanzig Jahre lang vertritt die Republik Nationalchina (Taiwan und drei benachbarte Inseln) das ganze Land (also auch Festlandchina) in den internationalen Organisationen. Von 1950 bis 1971 nimmt Taiwan den Platz Chinas im Sicherheitsrat der UNO ein. Chiang Kai-shek bleibt bis zu seinem Tod an der Macht (1975). Mit Unterstützung der Vereinigten Staaten unterhält er eine Armee von 600 000 Mann, für die mehr als 80 % des Haushalts aufgewendet werden. Sein Sohn Chiang Ching-kuo wird nach ihm Vorsitzender der Kuo-mintang (1975–1988). Nach seinem Tod kommt Lee Teng-hui an die Macht. Das seit 1949 geltende Kriegsrecht wird 1987 aufgehoben, und das Regime wird weiter liberalisiert. 1989 wird eine oppositionelle Partei zugelassen. Der Bruch der diplomatischen Beziehungen mit den Vereinigten Staaten erfolgte 1979. Taiwan lehnt weiterhin die wiederholten Angebote der ›friedlichen Integration‹ der Volksrepublik China ab.

MONGOLEI

Offizieller Name: Mongolische Volksrepublik.

Hauptstadt: Ulan-Bator (Ulaanbaatar). □ **Währung:** Tugrig (= 100 Mongo). □ **Amtssprache:** Mongolisch (Khalkha). □ **Vorsitzender des Präsidiums der Volksversammlung:** Punsalmaagiyn Ochirbat (seit 1990).
Flagge: 1949 wurden das Rot des Sozialismus, das Blau des Himmels und der Stern des Kommunismus zu dem traditionellen Emblem Soyombo hinzugefügt. □ **Nationalhymne:** ›Urdyn berkh darlalyg usgazh, / Ar dyn erkh zhargalyg togtoozh. / Bukh niitiin zorigiig iltgesen. / Bugd nairamdakh ulsaa baiguulsan. / Saikhan Mongolyn tselger oron. / Saruul khegzhliin delger guren. / Uriin urd enghzhin badartugai. / Uriin urd bekhzhin mandtugai ...‹ (Durch die Abschaffung von Ungerechtigkeit und vergangenen Leiden, durch die Wahrung der Rechte und des Glückes des Volkes, durch die Gründung einer Volksrepublik, die aus dem Willen aller hervorgegangen ist, das schöne, das prächtige Land der Mongolen, die große blühende Nation wird mit jeder Generation stärker werden, möge es mit jeder Generation wachsen ...), Text von Zewegmiddiin Gaitaw (1929–1979) und Tschuilyn Tschimid (geb.1927), Musik von L. Murdosh. 1950 angenommen, aktueller Text von 1961.
Nationalfeiertag: 11. Juli (Jahrestag der Ausrufung der Volksrepublik).
Fläche: 1 565 000 km². □ **Höchste Erhebung:** im Altaigebirge mit 4 374 m.
Klima: In Ulan-Bator sind die Unterschiede zwischen den mittleren Temperaturen im Januar (−25 °C) und Juli (17 °C) sehr groß; die vorwiegend im Sommer fallenden Niederschläge sind gering (etwa 200 mm).
Bevölkerung (1980): 2 100 000 Ew. (Mongolen). □ Durchschnittliche Bevölkerungsdichte: 1,3 Ew. pro km². □ Jährliches Bevölkerungswachstum: 2,8 %. □ Geburtenrate: 37‰. □ Sterbeziffer: 9‰. □ Kindersterblichkeit: 49‰. □ Lebenserwartung: 65 Jahre. □ Anteil unter 15 Jahren: 42 %. □ Anteil 65 Jahre und älter: 4 %. □ Stadtbevölkerung: 52 %.
Wichtigste Orte und Städte: Ulan-Bator (471 000 Ew.) ist die einzige Großstadt, danach folgt Tchoibalsan.
Bruttoinlandsprodukt gesamt (1984): 1,45 Milliarden Dollar.
Bruttoinlandsprodukt/Kopf: 782 Dollar. □ **Produktionsstruktur:** Landwirtschaft 36 %; Industrie 30 %; Dienstleistungen 34 %.
Verkehr: 29 018 km Straßen; 1 748 km Eisenbahn.
Exporte (1984): 38,2 % des Bruttoinlandsprodukts (554 Millionen Dollar). □ **Importe** (1984): 60,8 % des Bruttoinlandsprodukts (881 Millionen Dollar). □ **Auslandsschulden** (1987): 6,50 Milliarden Dollar.
Militärausgaben (1988): 257 Millionen Dollar. □ **Streitkräfte:** 21 500 Mann. □ **Wehrdienst:** 24 bis 36 Monate.

Staatliche Institutionen

Volksrepublik. □ Verfassung von 1960. □ Große Volksversammlung *(Chural)*, die in allgemeiner Wahl für 5 Jahre gewählt wird.

Geschichte

Die Mongolen der Frühgeschichte. Als ›frühe‹ Mongolen werden die Völker mit mongolischer Sprache genannt, die vor dem 13. Jh. aufgetreten sind. Einige von ihnen haben mächtige Königreiche geschaffen: die Xianbi (2.–3. Jh., im Süden der Mandschurei und im Nordosten Chinas), die Ruanruan (5.–6. Jh.), die Kitan (10.–11. Jh.). Anfang des 12. Jh. teilen sich fünf große Stammesbünde die mongolischen Steppen: die eigentlichen Mongolen, die Merkit, Keraït, Tataren und Naïman.

Das Mongolenreich. 1206 wird Dschingis Khan zum Herrscher aller Nomadenstämme der Mongolei ausgerufen und damit die Grundlage des Reiches gelegt: Gründung einer herrschaftlichen Kanzlei, eines Obersten Gerichtshofes, eines Militärpostensystems *(Yam)* und die Organisation einer großen Armee. Die zunächst ungeordnete, auf Zerstörung ausgerichtete Eroberung seßhafter Völker durch die Nomadenstämme wird allmählich organisiert und nimmt die Form einer ständigen Beherrschung der unterworfenen Völker an. Folgende Phasen sind bedeutend: die Eroberung Nordchinas (1211–1216), des Charism und Transoxaniens (1219–1221), von Chorasan und Afghanistan (1221–22) durch Dschingis Khan; der Feldzug von Subutay durch Transkaukasien und der Sieg der Chalcha über die Russen und die Couman (1222–23); die Feldzüge von Batu Khan in Rußland, der Ukraine und in Ungarn (1236–1242); der Sieg über die Seldschuken Anatoliens (1243); die Unterwerfung von Iran, Irak und Syrien durch Hülagü (1256–1260), dessen Vordringen die Mamelucken aus Ägypten 1260 stoppen; die Eroberung Südchinas (1236–1279), die von Kubilai Khan beendet wurde. Das Reich wird vom Goldenen Clan, dem Clan Dschingis Khans, geführt, dessen Mitglieder die Provinzen als Zugabe erhalten. Auf Dschingis Khan folgen Ogoday (1229–1241), Güyük (1246 bis 1248), Möngke (1251–1259) und Kubilai (1260–1294). Unter diesen wird das Reich in einen Staatenbund umgewandelt: die Goldene Horde (1236, 1240–1502), ein Staat mit überwiegend türkischer Bevölkerung, dem die russischen Fürstentümer, die Krim, ein Teil des Kaukasus und Sibiriens unterworfen sind; die Ilchane Irans (1256–1335); Dschagatai in Turkestan (1227–1365); Yuan in China (1279–1368). Das mongolische Großreich, dessen Herrscher Kultur und Zivilisation der unterworfenen Völker annehmen, ist wegen seines kosmopolitischen Charakters und seiner religiösen Toleranz bemerkenswert. Dank eines florierenden Handels, der durch die Sicherheit der Grenzen und den freien Verkehr von Waren und Menschen in seinem riesigen Gebiet gefördert wird, ist es wirtschaftlich wohlhabend. Im 14. Jh. beginnt es langsam auseinanderzufallen: Die Ilchane werden durch die Perser ausgelöscht, in China wird die natürliche Ming-Dynastie begründet, und in Rußland beginnt 1480 die nationale Gegenbewegung der Russen und ihrer Verbündeten, der Krimtataren (1502).

Die dunklen Jahrhunderte. In der Mongolei fallen die Stämme in ein Stadium der Anarchie zurück, aus der sie erst unter der Regierung von einigen großen Khans herausfinden (Dayan Khan, 1481–1543, Altan Khan, 1543–1583). Die mongolische Aristokratie nimmt Ende des 16. Jh. den tibetanischen Lamaismus an. In der Mongolei entstehen mächtige lamaistische Klöster. Die Westmongolen (Chalcha) unterwerfen sich zwischen 1627 und 1691 den Mandschu. Der Südosten der Mongolei (Innere Mongolei) bleibt nach der Gründung der chinesischen Republik (1911) bei China. Die Äußere Mongolei, die zukünftige mongolische Volksrepublik, wird im gleichen Jahr autonom.

Die Äußere Mongolei. Sie wird von ihrem religiösen Oberhaupt, dem Bogdo Gegen (der lebende Buddha von Urga) regiert. Die Chinesen, die ihre Autonomie 1915 zwar anerkannt haben, besetzen zeitweilig das Land. Daraufhin bilden sich zwei revolutionäre Kreise; der eine wird von D. Sükhe-Bator und der andere von K. Tschoibalsan geführt, die beide bolschewistischen Gedankengut befürworten. Im März 1921 wird die mongolische Volkspartei gegründet. Sie organisiert mit Hilfe von Sowjetrußland eine Revolutionsarmee, um die

Erzeugung wichtiger Güter

Rinderbestand	2,1 Millionen Tiere
Schafbestand	13,8 Millionen Tiere
Pferdebestand	1,9 Millionen Tiere
Weizen	664 000 Tonnen
Braunkohle	5,4 Millionen Tonnen
Strom	2,8 Milliarden kWh

Klimadaten

In Ulan-Bator ist die Jahresamplitude zwischen der mittleren Januar- und Julitemperatur erheblich; die Niederschläge fallen vor allem im Sommer.

Stadt	Höhe m ü. M.	Mittlere Temperatur des kältesten Monats (in °C)	Mittlere Temperatur des wärmsten Monats (in °C)	Jährliche Niederschläge (in mm)
Ulan-Bator	1 325	−25,5	16,5	210
Tchoibalsan	750	−23	21	270

LÄNDER DER ERDE

Mongolei von der chinesischen Besetzung und dem von Ungern-Sternberg geführten antibolschewistischen Terrorregime zu befreien. Im Juli 1921 wird die Äußere Mongolei mit Hilfe der Roten Armee befreit. Eine provisorische Regierung wird unter der Leitung von Bogdo Gegen gebildet.

Die Mongolische Volksrepublik. Nach dem Tod von Bogdo Gegen (1924) wird die Mongolische Volksrepublik ausgerufen, deren Oberhaupt Tschoibalsan wird. Es wird eine Organisation nach sowjetischem Muster mit dem *Großen Chural* (Oberster Rat) als oberstes Organ eingesetzt. Ab 1921 werden die Ansprüche der Fürsten auf Ländereien und Leibeigene abgeschafft. Der 1930 gestartete Versuch der Vergesellschaftung der Güter muß allerdings aufgegeben werden. Ab 1935 wird die Innere Mongolei von den Japanern besetzt. Die Republik muß einerseits der japanischen Aggression standhalten, die sie mit Hilfe der UdSSR bremsen kann; andererseits muß sie den Oberen Klerus und die weltliche Aristokratie bekämpfen, die der Sympathie mit den Japanern beschuldigt werden. Die letzten lamaistischen Klöster werden 1937 bis 1938 geschlossen. Tschoibalsan wird Ministerpräsident (1939).

Nach den in Jalta getroffenen Entscheidungen wird eine Volksbefragung veranstaltet, und die Mongolische Volksrepublik wird unabhängig (1945). Nach dem Tod von Tschoibalsan (1952) übernimmt Tsedenbal sein Amt als Parteiführer und Ministerpräsident (1952–1954 und seit 1958), während Z. Sambu zum Vorsitzenden des *Großen Chural* gewählt wird (1954). Die wirtschaftliche Entwicklung des Landes beruht seit 1948 auf Fünfjahresplänen und auf der Kollektivierung der landwirtschaftlichen Betriebe. Die Mongolische Volksrepublik, seit 1961 in der UNO zugelassen, nimmt Kontakte zu anderen Nationen auf: Großbritannien (1963), dann Frankreich und die Vereinigten Staaten (1965) nehmen diplomatische Beziehungen auf. Im chinesisch-sowjetischen Konflikt steht sie auf der Seite der UdSSR; sie tritt dem COMECON bei (1962) und unterzeichnet mit der UdSSR einen Freundschafts- und Friedensvertrag. Darüber hinaus nimmt sie 1972 diplomatische Beziehungen zu Japan auf. 1974 wird Tsedenbal zum Präsidenten des *Großen Chural* als Nachfolger von Z. Sambu gewählt und vereinigt so die Ämter des Staatsoberhaupts und Parteivorsitzenden. Jambyn wird 1984–1990 sein Nachfolger. Ihm folgt 1990 Ochirbat nach einer kurzen Phase der Liberalisierung.

JAPAN NIPPON

Offizieller Name: Japan.

Hauptstadt: Tokio. □ Währung: Yen (= 100 Sen). □ Amtssprache: Japanisch. □ Überwiegende Religionen: Shintoismus, Buddhismus.
Staatsoberhaupt: Kaiser Akihito (seit 1989). □ Ministerpräsident: Toshiki Kaifu (seit 1990).
Flagge: 1854 eingeführt, sie stellt die aufgehende Sonne dar. □ Nationalhymne, ›Kimagayo‹ (›Die Regierung unseres Kaisers‹) genannt: ›Kumi ga yo wa / Chiyo ni yachiyo ni / Sazareishi no / Iwao to narite / Koke no musu made ...‹ (Deine Regierung – zehntausend Jahre Glückseligkeit – möge lange währen. Herrsche, Herr, bis die Steine der Gegenwart durch die Zeit zu großen Felsen zusammenschmelzen, an deren ehrwürdigen Seiten überall Moos wächst ...), Text nach einem alten Gedicht, Musik von Hiromori Hayashi. 1988 zur Nationalhymne erklärt. □ Nationalfeiertag: 29. April (Geburtstag des Kaisers Hirohito); man feiert auch die Tage der Tag- und Nachtgleiche im Frühjahr (21. März) und im Herbst (23. oder 24. September).
Fläche: 373 000 km². □ Höchste Erhebung: Fujiyama mit 3 776 m.
Bevölkerung (1989): 123 200 000 Ew. *(Japaner).* □ Durchschnittliche Bevölkerungsdichte: 330 Ew. pro km². □ Jährliches Bevölkerungswachstum: 0,5 %. □ Geburtenrate: 11 ‰. □ Sterbeziffer: 6 ‰. □ Kindersterblichkeit: 5 ‰. □ Lebenserwartung: 78 Jahre. □ Anteil unter 15 Jahren: 20 %. □ Anteil 65 Jahre und älter: 11 %. □ Stadtbevölkerung: 76,5 %.
Bruttoinlandsprodukt gesamt (1987): 2 330 Milliarden Dollar.
Bruttoinlandsprodukt/Kopf: 19 100 Dollar. □ Produktionsstruktur: Landwirtschaft 8,9 %; Industrie 34,9 %; Dienstleistungen 56,2 %.
Arbeitslosenquote (1986): 2,9 %.
Verkehr: 1 125 200 km Straßen (davon 626 700 km asphaltiert); 26 908 km Eisenbahn (davon 8 032 km elektrifiziert).
Exporte (1987): 9,7 % des Bruttoinlandsprodukts (210,8 Milliarden Dollar). □ Importe (1987): 6,3 % des Bruttoinlandsprodukts (127,6 Milliarden Dollar).
Auslandsschulden (1988): 6,30 Milliarden Dollar.
Inflationsrate (1988): 0 %.
Militärausgaben (1988): 15,928 Milliarden Dollar. □ Streitkräfte: 247 000 Mann. □ Wehrdienst: freiwillig.

Staatliche Institutionen

Konstitutionelle Erbmonarchie. □ Verfassung von 1946. □ Kaiser: symbolische Autorität. □ Der Ministerpräsident wird vom Parlament ernannt, das aus dem für vier Jahre gewählten Unterhaus und dem für sechs Jahre gewählten Oberhaus besteht.

Die wichtigsten Städte

Tokio	8 354 000	Sendai	700 000
Yokohama	2 993 000	Okayama	572 000
Ōsaka	2 636 000	Kumamoto	556 000
Nagoya	2 116 000	Kagoshima	530 000
Sapporo	1 543 000	Amagasaki	524 000
Kyōto	1 479 000	Higashiōsaka	523 000
Kōbe	1 411 000	Hamamatsu	514 000
Fukuoka	1 089 000	Sagamihara	483 000
Kawasaki	1 088 000	Funabashi	480 000
Kita-Kyūshū	1 056 000	Niigata	476 000
Hiroshima	1 044 000	Shizuoka	468 000
Sakai	818 000	Himeji	453 000
Chiba	746 000	Nagasaki	450 000

Klimadaten

Stadt	Mittlere Temperatur des kältesten Monats (in °C)	Mittlere Temperatur des wärmsten Monats (in °C)	Jährliche Niederschläge (in mm)	Anzahl der Tage mit Niederschlägen pro Jahr
Hakodate	−3,5	22	1 190	132
Tokio	3	26	1 565	107
Nagasaki	5,5	27	1 915	120

Geschichte

Vor- und Frühgeschichte. Die Bevölkerung Japans aus der Zeit vor dem 8. Jahrtausend vor der Zeitenwende entstammt wahrscheinlich nordasiatischen Volksstämmen, die im oberen Paläolithikum (und auch noch im Mesolithikum) einwanderten. Man unterscheidet die vorjōmonische oder vorkeramische, die Jōmon- (etwa 7500–300 v. Chr.) und die Yayoizeit (300 v. Chr. – 300 n. Chr.). In dieser letzten Periode kommen die Ainus auf die nördlichen Inseln und mischen sich mit den letzten Jōmon-Völkern. Mitte des 3. Jh. n. Chr. dringen Gruppen von kriegerischen Reitervölkern altaischer Herkunft aus Korea in Südjapan ein und machen sich zu Herrschern. Sie lassen sich in sehr großen Hügelgräbern *(kofun)* begraben, die von *haniwa* (Tonzylindern) umgeben sind.

Der antike Staat. Der herrschende Clan Yamato (bei Kyōto) gewinnt allmählich an Stärke, und sein König nimmt den chinesischen Titel eines Kaisers *(tenno)* an. Die beiden Werke *Kojiki* und *Nihon Shoki* sind wohl die einzigen Quellen, mit deren Hilfe eine Geschichte Japans vor der Verbreitung des Buddhismus, der um 538 von Korea aus eingeführt wurde, möglich ist; dieses Datum wird allgemein als der Beginn der historischen Zeit Japans angesehen. Während der Asukazeit (Mitte des 6. Jh. bis Anfang des 8. Jh.) werden von 628 bis 701, nach dem Tod des Prinzen Shōtuku (622), der ein glühender Anhänger des Buddhismus war, mehrere Gesetzestexte veröffentlicht. Sie legen ein Regierungssystem nach dem Vorbild der Tang in China fest. In der Narazeit (710–794) beeinflussen sechs buddhistische Sekten den Hof, der sich endgültig in Nara niederläßt. Um sich von der Beeinflussung durch die Mönche zu befreien, gründet Kaiser Kammu eine neue

Erzeugung ausgewählter Güter u. a. wichtige Erwerbsquellen

Reis	12,5 Millionen Tonnen
Tee	96 000 Tonnen
Tabak	140 000 Tonnen
Zitrusfrüchte	2,7 Millionen Tonnen
Fischfang	11,9 Millionen Tonnen
Steinkohle	11,2 Millionen Tonnen
Strom	626 Milliarden kWh
– davon aus Kernkraft	189 Milliarden kWh
Zink	147 200 Tonnen
Stahl	106,6 Millionen Tonnen
Pkw	8,1 Millionen Einheiten
Nutzfahrzeuge	4,5 Millionen Einheiten
Motorräder	2,9 Millionen Einheiten
Schiffsbau	4,5 Millionen Bruttoregistertonnen
Fernsehgeräte	13,3 Millionen
Tonbandgeräte	28 Millionen
Gummi	1,3 Millionen Tonnen
Kunststoffe	7,8 Millionen Tonnen
Synthetische Textilien	1,4 Millionen Tonnen
Flotte	32 Millionen Bruttoregistertonnen
Baumwollfasern	463 000 Tonnen

In Hakodate wurden im Januar und Februar Tiefstwerte von −20 °C gemessen und von −8 °C in den gleichen Monaten in Tokio. In Nagasaki kann die Temperatur von Dezember bis März leicht unter Null sinken. Die gemessenen Höchstwerte (im August) liegen zwischen 33 °C (Hakodate) und 38 °C (Tokio).

523

LÄNDER DER ERDE

FERNER OSTEN

Japan

Hauptstadt in Nagaoka (784), zehn Jahre später eine weitere in Heian-kyō (Kyōto). Die Heianzeit (794–1185/1192) ist durch die territoriale Ausdehnung in den Norden von Honshū und das Auftauchen neuer buddhistischer Lehren, der Gründung großer Klöster und der Schaffung einer Silbenschrift gekennzeichnet, mit der die rein japanischen Endungen transkribiert werden können. Ab 858 hält die Familie Fujiwara die Macht, die sie bis Mitte des 12. Jh. behält. Sie leitet eine Zeit des Friedens und der kulturellen Entwicklung ein, die später die ›klassische‹ Zeit in Japan genannt wird. Im 10. Jh. versuchen zwei rivalisierende Familien, die Taira und die Minamoto, die Fujiwara zu vertreiben. Der lange Kampf zwischen ihnen endet 1185 mit der Zerstörung der Tairaflotte bei Shimonoseki in Dannoura.

Die Zeit der Shogune. Das Oberhaupt der Familie Minamoto, Yoritomo, und sein Bruder Yoshitsune vernichten die Taira. Sie wenden sich anschließend gegen die Fujiwara. Minamoto no Yoritomo bildet eine Gegenregierung zu der des Kaisers. 1192 läßt er sich vom Kaiser, der keine Autorität mehr besitzt, zum Shogun (Militärdiktator) ernennen. Er richtet sein Bakufu (Militärregierung) in Kamakura ein und leitet somit die Kamakurazeit ein (1185/1192–1333).

Nach dem Tod von Yoritomo (1199) übernimmt Hōjō Tokimasa die Führung der Regierung (Shikken). Japan wehrt zwei Eroberungsversuche der Mongolen ab (1274–1281), aber der Bakufu ist geschwächt. Godaigo stellt mit Hilfe von Ashikaga Takauji 1333 die Macht des Kaisers wieder her. Er wendet sich anschließend jedoch gegen den Kaiser und bildet seinerseits in Kyōto ein Bakufu. Dies ist der Beginn der Ashikaga- oder Muromachizeit (1336–1573). 1338 läßt er sich vom Kaiser, den er auf den Thron gesetzt hat, zum Shogun ernennen. Der rechtmäßige Kaiser flüchtet in das Gebirge von Yamato und leitet somit die Zeit ›der zwei Höfe‹ ein. Der Bürgerkrieg verwüstet das Land bis 1392. Von 1467–1477 bricht dann ein neuer Krieg, der elfjährige Ōninkrieg, zwischen den Herrschern aus. Die Konflikte zwischen den Herrschern (daimyo) dauern noch ein Jahrhundert an. In dieser Zeit nimmt Japan erste Kontakte mit den Europäern auf. Die 1542 gelandeten portugiesischen Kaufleute importieren die ersten Musketen. Franz Xaver beginnt 1549 mit der jesuitischen Missionierung des Landes.

Die Zeit der Diktatoren (1573–1603). 1568 gelingt es einem kleinen Herrscher aus dem Norden, Oda Nobunaga, alle seine Gegner zu besiegen und die sinkende Macht der Ashikaga-Kaiserdynastie zu vernichten (1573). Nach einem Angriff von einem seiner Generäle begeht er Selbstmord (1582). Toyotomi Hideyoshi wird Nachfolger seines Herrn. 1586 sammelt Hideyoshi eine riesige Armee um sich, um die großen noch unabhängigken Daimyo zu unterwerfen, außer Tokugawa Ieyasu, mit dem er sich verbündet hat. Dann macht er sich an die Eroberung Koreas (1592). Aber die Chinesen und Koreaner schlagen ihn ab 1595 ständig zurück, und nach dem Tod von Hideyoshi (1598) gibt Japan Korea auf.

Die Edo- oder Tokugawazeit (1603 bis 1868). Tokugawa Ieyasu schlägt die Truppen der übrigen Daimyo bei der Schlacht bei Sekigahara (1600). Er bildet einen neuen Bakufu (1603) in Edo (heute Tokio). 1616 stirbt er an einer bei der Belagerung von Osaka erlittenen Verletzung, wo sich die aufständischen Herrscher gesammelt hatten. Sein politisches Werk ist allerdings von bleibendem Einfluß: Er hat das Land vereint und ihm eine stabile Regierung gegeben, er hat freundschaftliche Beziehungen mit dem China der Qing wiederaufgenommen, seine Handelsflotte verbessert und ertragreiche Beziehungen zu den Ländern Südostasiens und sogar Europas aufgenommen. Tokugawa Hidetada, Shogun seit 1616, überläßt diese Aufgabe seinem Sohn Iemitsu (1623–1624). Dieser verschärft die hinsichtlich der Ausländer erlassenen Verbote, die sein Vater schon 1616 verabschiedet hatte. Auf den großen Aufstand der Christen und Bauern, der 1637 in Shimabara ausbricht, reagiert der Bakufu mit Gewalt, läßt die Christen töten und verbietet portugiesischen und spanischen Schiffen die Landung in Japan. Im 18. Jh. flackern die Bauernaufstände nach Hungersnöten wieder auf. Die erste Hälfte des 19. Jh. ist von der Konfrontation mit den westlichen Ländern geprägt, die die Öffnung Japans für den internationalen Handel verlangen. Der Bakufu sieht sich gezwungen, mit dem amerikanischen Admiral Perry (1854) ein Abkommen und anschließend ähnliche mit Großbritannien, Rußland und den Niederlanden zu schließen, was zum Aufstand eines Teils der Bevölkerung führt. 1864 erheben sich die Anhänger des Kaisers in Kyōto und schlagen die Truppen des Bakufu. Der Shogun Yoshinobu bietet 1867 dem Kaiser seinen Rücktritt an. Mutsuhito (1867–1912) besteigt den Thron und verlegt seinen Regierungssitz nach Edo, das nun Tokio genannt wird (1868). Die Meijizeit (1868–1912) oder ›Zeit der erleuchteten Regierung‹ beginnt.

Die Meijizeit (1868 bis 1926). In dem Bestreben, die Techniken der industriellen Revolution einzusetzen, nehmen der Kaiser und seine Regierung tiefgreifende Veränderungen vor: Schaffung eines ›parlamentarischen Kabinetts‹ (1885), Verabschiedung einer Verfassung (1889), Neuordnung des Rechtswesens, der Sitten und Gebräuche nach westlichem Muster. Aber die Anhänger des alten Regimes sind noch zahlreich, und von 1874–1877 brechen Aufstände aus. Aufgrund eines Streits über Korea landen japanische Truppen in China (1894) und erobern Formosa (1895). Der Vertrag von Shimonoseki (1895) setzt den Sieg Japans und die Unabhängigkeit Koreas fest, die Westmächte zwingen Japan jedoch, China die Halbinsel Liaodong zurückzugeben. 1902 schließt Japan ein Militärbündnis mit Großbritannien, um die russischen Absichten auf Korea einzudämmen. 1904 greift es die in Port Arthur stationierte russische Marine an und zerstört in der Meerenge von Tsushima die russische Flotte, die zur Verstärkung entsandt worden war (Mai 1905). Rußland ist gezwungen, Japan das Recht zu gewähren, sich in der Mandschurei und in Korea niederzulassen, und tritt ihm die Hälfte der Insel Sachalin ab. Nach dem Tod von Mutsuhito (1912), der nun Meiji Tennō heißt, leitet sein Sohn und Nachfolger Yoshihito die Taishōzeit ein. Japan tritt an der Seite der Alliierten in den Ersten Weltkrieg ein (1914). Es greift mit ihnen in Sibirien ein (1918) und bekämpft dort die Bolschewisten bis 1922. Nach der Pariser Friedenskonferenz (1919–1920) erhält es alle Inseln im Pazifik nördlich des Äquators, die Deutschland gehört hatten. Hirohito wird 1926 Nachfolger seines Vaters.

LÄNDER DER ERDE

Das imperialistische Japan und der Krieg (1927–1945). Die an die Macht gekommenen Ultranationalisten befürworten eine expansionistische Politik zuungunsten Chinas. 1931 erobern die Japaner die Mandschurei und gründeten dort den Marionettenstaat Mandschukuo. 1937–38 besetzen sie den Nordosten Chinas und setzen in Nanking eine ihnen ergebene Regierung ein. Sie unterzeichnen ein Dreimächteabkommen mit Deutschland und Italien (27. Sept. 1940) und einen Nichtangriffspakt mit der UdSSR (13. April 1941). Am 7. Dez. 1941 starten sie einen Überraschungsangriff auf Pearl Harbor. Die Vereinigten Staaten erklären daraufhin den Krieg. 1942 erobern die japanischen Truppen fast ganz Südostasien und den Pazifik. Die amerikanische Rückeroberung beginnt Ende 1942. 1943 werden den Japanern Guadalcanal, Neuguinea, die Salomoninseln und die Philippinen wieder abgenommen. Am 1. April 1945 landen die amerikanischen Truppen in Okinawa. Nach dem Abwurf der Atombomben auf Hiroshima (6. August) und Nagasaki (9. August) erklärt der Kaiser am 14. August seine bedingungslose Kapitulation.

Die Nachkriegszeit. Unter der Kontrolle von MacArthur wird eine neue Verfassung verabschiedet. Sie tritt 1947 in Kraft und setzt eine konstitutionelle Monarchie nach britischem Muster ein. Der mit den Alliierten (außer der Sowjetunion) unterzeichnete Vertrag von San Francisco (8. Sept. 1951) tritt am 28. April 1952 in Kraft und gibt Japan seine Unabhängigkeit zurück und erlaubt ihm, eine Polizeimacht, nicht jedoch eine Armee aufzustellen. Dieser Vertrag wird regelmäßig verlängert. In den 50er und 60er Jahren erstarken der Sozialismus und eine antiamerikanische Haltung. 1969 beschließen die Vereinigten Staaten, etwa fünfzig Militärstützpunkte aufzugeben und Okinawa innerhalb von drei Jahren zurückzugeben. Japan steigt zu einer führenden politischen und wirtschaftlichen Weltmacht auf. In den 70er Jahren muß sich die liberaldemokratische Partei mit den Auswirkungen einer Rezession auseinandersetzen. Die Regierung von Fukuda Takeo (1976–1978) zeigt Erfolge bei der Inflationsbekämpfung. 1972 normalisiert Japan seine Beziehungen zu der VR China und schließt mit ihr 1978 einen Freundschaftsvertrag. Nakasone Yasuhiro, seit 1982 Ministerpräsident, verfolgt den 1979 verabschiedeten Sanierungsplan weiter. Takeshita Noboru übernimmt 1987 sein Amt. Hirohito stirbt 1989, und sein Sohn Akihito wird sein Nachfolger (1990 feierliche Inthronisation). Wegen eines Finanzskandals muß Takeshita 1989 zurücktreten, ihm folgt Kaifu Toshiki.

NORDKOREA
CHOSŎN

Offizieller Name: Demokratische Volksrepublik Korea.

Hauptstadt: P'yŏngyang. □ **Währung:** Won (= 100 Chon). □ **Amtssprache:** Koreanisch.

Staatspräsident: Kim Il Sung (seit 1972). □ **Ministerpräsident:** Yon Hyong Muk (seit 1988).

Flagge: Sie wurde 1948 angenommen. Der Stern und die rote Farbe stehen für den Kommunismus, Weiß für die Reinheit, die Kraft und die Würde und Blau für die Hoffnung und die Friedensliebe. □ **Nationalhymne:** ›Achím-un pin-nara i kangsan / Ungum-e cha-won-do kaduk-han / Samchól-li arumdaun nae choguk / Pan-man-nyon oraen ryoksa / Chállanhan munhawa-ro charanan sulgiron ...‹ (Morgensonne, leuchte über diese Flüsse und Berge, über unser schönes dreitausend Meilen langes Vaterland mit großen Bodenschätzen, über sein fröhliches Volk voller Weisheit, das in einer glänzenden Kultur gewachsen ist ...), Text von Pak Se-jen (1902 geb.), Musik von Kim Won-gün (1912 geb.). 1948 eingeführt. □ **Nationalfeiertag:** 9. September (Proklamation der Demokratischen Volksrepublik 1948).

Fläche: 120 500 km². □ **Höchste Erhebung:** Paektusan mit 2 744 m.

Bevölkerung (1989): 22 500 000 Ew. *(Koreaner).* □ **Durchschnittliche Bevölkerungsdichte:** 186 Ew. pro km². □ **Jährliches Bevölkerungswachstum:** 2,4 %. □ **Geburtenrate:** 29‰. □ **Sterbeziffer:** 5‰. □ **Kindersterblichkeit:** 33‰. □ **Lebenserwartung:** 70 Jahre. □ **Anteil unter 15 Jahren:** 38 %. □ **Anteil 65 Jahre und älter:** 4 %. □ **Stadtbevölkerung:** 64 %.

Bruttoinlandsprodukt gesamt (1988): 19 Milliarden Dollar.

Bruttoinlandsprodukt/Kopf: 966 Dollar.

Produktionsstruktur: Landwirtschaft 40 %; Industrie 30 %; Dienstleistungen 30 %.

Verkehr: 20 000 km Straßen; 4 500 km Eisenbahn.

Exporte (1984): 3,7 % des Bruttoinlandsprodukts (1,25 Milliarden Dollar). □ **Importe** (1984): 6 % des Bruttoinlandsprodukts (2,03 Milliarden Dollar). □ **Auslandsschulden** (1988): 3 Milliarden Dollar.

Militärausgaben (1988): 6,309 Milliarden Dollar. □ **Streitkräfte:** 1 040 000 Mann. □ **Wehrdienst:** Armee 60 Monate, Marine 60 Monate, Luftwaffe 36 bis 48 Monate.

Geschichte

Bis zum Ende des Zweiten Weltkriegs haben beide koreanische Staaten die gleiche Geschichte.

Die wichtigsten Städte

P'yŏngyang	1 700 000	Wŏnsan	215 000
Hamhŭng	420 000	Kimch'aek	180 000
Ch'ŏngjin	265 000	Shinŭjiu	165 000
Kaesŏng	265 000	Kanggye	130 000

Erzeugung wichtiger Güter

Reis	6,3 Millionen Tonnen
Fischfang	1,7 Millionen Tonnen
Steinkohle	70 Millionen Tonnen
Strom	40 Milliarden kWh
Eisen	3,2 Millionen Tonnen
Stahl	9,5 Millionen Tonnen

Klimadaten

Stadt	Mittlere Temperatur des kältesten Monats (in °C)	Mittlere Temperatur des wärmsten Monats (in °C)	Jährliche Niederschläge (in mm)
P'yŏngyang	−8	24	920
Wŏnsan	−3,5	23,5	1 360

Tiefstwerte unter −25 °C wurden in P'yŏngyang und unter −20 °C in Wŏnsan gemessen.

Die ersten Staaten. Die Halbinsel Korea ist seit dem Paläolithikum von Völkern besiedelt, die wohl aus dem nordöstlichen Asien kamen. Ein Jahrhundert vor unserer Zeitrechnung richten die Chinesen dort vier Komtureien ein, dann werden drei unabhängige Königreiche geschaffen: Silla (57 v. Chr.–935) im Südosten, Paekche (18 v. Chr.–660) im Südwesten und Koguryŏ (37 v. Chr.–668) im Norden. Das letztgenannte nimmt das, was von den chinesischen Komtureien übrigblieb, 384 unter seine Kontrolle. Silla, das mit den Tang in China verbündet ist, verdrängt die Königreiche Paekche (660) und Koguryŏ (668). 735 gelingt es ihm, die gesamte Halbinsel zu vereinen. Daraufhin verstärkt sich der chinesische Einfluß: der Konfuzianismus wird zur Grundlage der Studien, während gleichzeitig der in Koguryŏ im 4. Jh. eingeführte Buddhismus immer mehr gefördert wird.

Die Koryŏdynastie. 935 wird Wang Kŏn, der 918 den Staat Koryŏ gegründet hat, Nachfolger des letzten Sillakönigs. Unter der Koryŏdynastie (935–1392) hält Korea die Eroberer der Kitan auf, muß ihnen dann aber die Gebiete im Nordosten abtreten (1019) und sich den Dschurdschen unterwerfen (1126). Schließlich wird es 1231 von den Mongolen erobert und bleibt nun bis Mitte des 14. Jh. unter der Herrschaft der Yuan.

Die Chosŏndynastie. Yi Sŏnggye (1355 bis 1408), der zum Befehlshaber einer starken Streitmacht gegen die Ming aus China gemacht worden war, reißt die Macht in Korea an sich und gründet die Dynastie Chosŏn oder Yi (1392–1910). Diese führt den Konfuzianismus als Staatsdoktrin ein und verbietet den Buddhismus. Sie wehrt die Japaner ab, die 1592 und 1597 nach Korea eindringen. Sie muß jedoch 1637 die Oberherrschaft der Mandschus anerkennen, die auch China beherrschen, wo sie die Dynastie der Qing gründen (1644–1911). Im 17. und 18. Jh. führen Gelehrte der Sirhak-Bewegung die westliche Wissenschaft und den Katholizismus ein, dessen Ausübung die Regierung 1801 verbietet. Trotz der Entschlossenheit des Staates, das Land nicht den Ausländern zu öffnen, muß Korea Verträge mit Japan (1876) und den größten europäischen Staaten schließen (1882–1886).

Die japanische Herrschaft. Nachdem Japan durch seinen Sieg von 1895 China gezwungen hat, seine Oberhoheit über Korea aufzugeben, geht es als Sieger aus dem russisch-japanischen Krieg hervor (1905) und kann daraufhin Korea, das es seinem Reich 1910 angliedert, beherrschen. Unter der starken japanischen Besatzung (1910–1945) erhält das brutal unterdrückte Land eine moderne wirtschaftliche Infrastruktur, wodurch die Bewirtschaftung von Reisfeldern und der Abbau der zahlreichen Bodenschätze möglich wird. Nach dem mißglückten Aufstand für die Unabhängigkeit vom März 1919 flüchten die nationalistischen Führer nach China, in die Mandschurei, nach Sibirien und in die Vereinigten Staaten.

Die Befreiung. Ende des Zweiten Weltkriegs dringen sowjetische Truppen in Korea ein (August 1945) und dringen mit dem Einverständnis der Amerikaner, die nach der Kapitulation Japans vom 2. Sept. im Süden landen, bis zum 38. Breitengrad vor. Korea wird in zwei Teile gespalten. Unter der Aufsicht der UNO werden im Süden Wahlen abgehalten, aus denen im August 1948 die Regierung der Republik Korea mit Sitz in Seoul hervorgeht. In P'yŏngyang wird im Sept. 1948 die Demokratische Volksrepublik Korea ausgerufen.

525

LÄNDER DER ERDE

FERNER OSTEN

Staatliche Institutionen

Demokratische Volksrepublik. □ Verfassung von 1972. □ Für vier Jahre in allgemeiner Wahl gewählte Oberste Volksversammlung. □ Von dieser Versammlung gewählter Staatspräsident.

Geschichte Nordkoreas

Nach der Befreiung Nordkoreas (1945) wird eine Organisation nach sowjetischem Vorbild eingesetzt: Agrarreform, Verstaatlichung der Industrie, des Verkehrswesens und der Banken. Kim Il Sung wird 1946 zum Vorsitzenden des provisorischen Volkskomitees Nordkoreas und zum Generalsekretär der Arbeiterpartei gewählt. Im Sept. 1948 wird die Demokratische Volksrepublik Korea ausgerufen, und die sowjetischen Truppen verlassen das Land. Im Sommer 1950 läßt Nordkorea mit Unterstützung der UdSSR und Chinas seine Truppen über den 38. Breitengrad marschieren, was zum Ausbruch des Koreakrieges führt (1950–1953), nach dessen Beendigung der *status quo ante* wiederhergestellt wird. Ein Abkommen vom Juli 1972 beendet den Kriegszustand zwischen beiden koreanischen Staaten. Die beiden Länder vereinbaren, daß die Wiedervereinigung, die ihr letztes Ziel bleibt, mit friedlichen Mitteln erreicht werden muß. Das politische Leben Nordkoreas wird von der Persönlichkeit Kim Il Sungs beherrscht. Die Arbeiterpartei spielt eine hegemoniale Rolle, die von der Verfassung von 1972 festgeschrieben wird. Diese setzt ein Amt des Staatspräsidenten ein, das ebenfalls von Kim Il Sung besetzt wird. Seit den 80er Jahren ist sein Sohn, Kim Chong Il, der mehrere Schlüsselpositionen in der Parteiführung hat, offiziell als Nachfolger seines Vaters benannt. 1983 werden bei einem Attentat in Rangun mehrere südkoreanische Minister ermordet. Nordkorea wird beschuldigt, diesen Mord angestiftet zu haben. Dennoch werden die Verhandlungen zwischen Nord- und Südkorea 1984 wiederaufgenommen. Sie betreffen die wirtschaftliche Zusammenarbeit und die Zusammenführung getrennter Familien.

SÜDKOREA
TAEHAN MINGUK

Offizieller Name: Republik Korea.

Hauptstadt: Seoul. □ **Währung:** Won (= 100 Chon). □ **Amtssprache:** Koreanisch. □ **Überwiegende Religion:** Buddhismus.

Staatspräsident: Roh Tae Woo (seit 1988). □ **Ministerpräsident:** Ro Jai-Bong (seit 1989).

Flagge: Das Symbol und die Flagge selbst werden ›Taeguk‹ genannt. Sie wurde offiziell 1883 eingeführt. Der weiße Hintergrund stellt die Erde, der Kreis das Volk und die vier schwarzen Motive die Regierung dar. Yin und Yang werden ûm und yang genannt und in Rot bzw. Blau dargestellt. Die schwarzen Striche sind Symbol für die vier Elemente: drei durchgezogene für die Luft, drei unterbrochene für die Erde, ein durchbrochener zwischen zwei durchzogenen für das Feuer und ein durchgezogener Strich zwischen zwei durchbrochenen das Wasser. □ **Nationalhymne:** ›Tong Hae Mool Gwa Bek Too San – i Maruku Taltorok / Hananim-i Boho Hasa Uoo ri Nara Mansae. / Moo Koong Hwa Sam chul-i / Hwa Ryu Kang San ...‹ (Solange das östliche Meer nicht ausgetrocknet ist, solange der Berg Paek Tu nicht zusammenfällt, wird Gott unser Land mit den prächtigen Flüssen und Bergen beschützen ...), Text von einem anonymen Verfasser, Musik von An Ik-táie (1906–1965). 1948 für amtlich erklärt. □ **Nationalfeiertag:** 15. August zum Gedenken an die Befreiung Koreas von der japanischen Besetzung 1945 und an die Gründung der Republik Korea 1948.

Fläche: 99 000 km². □ **Höchste Erhebung:** Halla auf der Insel Cheju mit 1 950 m.

Bevölkerung (1989): 43 100 000 Ew. *(Südkoreaner)*. □ **Durchschnittliche Bevölkerungsdichte:** 435 Ew. pro km². □ **Jährliches Bevölkerungswachstum:** 1,3 %. □ **Geburtenrate:** 19 ‰. □ **Sterbeziffer:** 6 ‰. □ **Kindersterblichkeit:** 30 ‰. □ **Lebenserwartung:** 68 Jahre. □ **Anteil unter 15 Jahren:** 30 %. □ **Anteil 65 Jahre und älter:** 4 %. □ **Stadtbevölkerung:** 65 %.

Bruttoinlandsprodukt gesamt (1988): 156,1 Milliarden Dollar.

Bruttoinlandsprodukt/Kopf: 3 720 Dollar. □ **Produktionsstruktur:** Landwirtschaft 32 %; Industrie 27 %; Dienstleistungen 41 %. □ **Arbeitslosenquote** (1985): 4 %.

Verkehr: 50 336 km Straßen (davon 17 179 km asphaltiert); 3 121 km Eisenbahn.

Exporte (1986): 38,8 % des Bruttoinlandsprodukts (33,9 Milliarden Dollar). □ **Importe** (1986): 33,8 % des Bruttoinlandsprodukts (29,7 Milliarden Dollar).

Die wichtigsten Städte

Seoul	8 400 000	Anyang	254 000
Pusan	3 200 000	Chŏnju	253 000
Taegu	1 607 000	Mokp'o	222 000
Inch'ŏn	1 085 000	Chinju	203 000
Kwangju	728 000	P'ohang	201 000
Taejŏn	652 000	Cheju	167 000
Ulsan	418 000	Yŏsu	161 000
Masan	387 000	Iri	145 000
Ch'ŏngju	367 000	Wŏnju	137 000
Suwŏn	311 000	Kyŏngju	122 000

Erzeugung wichtiger Güter

Reis	7,8 Millionen Tonnen
Fischfang	2,7 Millionen Tonnen
Steinkohle	24,3 Millionen Tonnen
Strom	73 Milliarden kWh
– davon aus Kernkraft	40 Milliarden kWh
Stahl	19,1 Millionen Tonnen
Schiffsbau	3,4 Millionen Bruttoregistertonnen
Pkw	872 000 Einheiten
Fernsehgeräte	7,6 Millionen Einheiten
Synthetische Textilien	1,1 Millionen Tonnen

Klimadaten

Stadt	Mittlere Temperatur des kältesten Monats (in °C)	Mittlere Temperatur des wärmsten Monats (in °C)	Jährliche Niederschläge (in mm)
Seoul	−4,5	26,5	1 250
Pusan	2	26	1 365

Tiefstwerte unter −20 °C wurden im Dezember und Januar in Seoul gemessen, in Pusan jedoch nie Temperaturen unter −15 °C.

Süd-Korea

Auslandsschulden (1988): 32,4 Milliarden Dollar.

Inflationsrate (1988): 7,1 %.

Militärausgaben (1988): 3,943 Milliarden Dollar. □ **Streitkräfte:** 650 000 Mann. □ **Wehrdienst:** 30 bis 36 Monate.

Staatliche Institutionen

Republik. □ Verfassung von 1987 (1988 in Kraft getreten). □ In allgemeiner Wahl gewählter Präsident. □ Nationalversammlung.

Geschichte Südkoreas

Die Vereinigten Staaten unterstützen Syngman Rhee, der nach den Wahlen vom Mai 1948 der erste Präsident der Republik Korea wird; ihre Truppen verlassen im Juni 1949 das Land. Nach dem Koreakrieg (1950–1953) hält sich Syngman Rhee bis 1960 an der Macht. Nach dem Staatsstreich von 1961 und der Machtübernahme durch General Park Chung Hee wird das 1962 eingeführte Präsidialregime immer autoritärer, und die Verfassung von 1972 verleiht dem Staatspräsidenten die Macht eines Diktators. Ein 1965 unterzeichneter Vertrag normalisiert die Beziehungen zwischen Südkorea und Japan und ein Abkommen von 1972 beendet den Kriegszustand zwischen Nord- und Südkorea. Nach der Ermordung von Park Chung Hee im Okt. 1979 reißt General Chun Doo Hwan 1980 die Macht an sich und stellt das autoritäre System wieder her. Studentenrevolten mit blutigen Straßenkämpfen sind die Folge. Angesichts des wachsenden Widerstandes beginnt 1987 ein Demokratisierungsprozeß. Nach der Verabschiedung einer neuen Verfassung wird Roh Tae Woo, der Kandidat der Regierungspartei (demokratische Gerechtigkeitspartei) in allgemeiner Wahl zum Präsidenten der Republik gewählt. Der wirtschaftliche Aufschwung des Landes verstärkt sich, und sein Außenhandel verzeichnet 1987 einen neuen Höhepunkt. Die Europäische Gemeinschaft und die Vereinigten Staaten beschließen, Korea die Präferenzen und Zollbefreiungen zu entziehen, die ihm als Entwicklungsland gewährt wurden. 1988 legt Roh Tae Woo einen neuen Wiedervereinigungsplan vor.

LÄNDER DER ERDE

OZEANIEN

AUSTRALIEN

Offizieller Name: Commonwealth of Australia.

Hauptstadt: Canberra. □ **Währung:** Australischer Dollar (= 100 Cents).

Amtssprache: Englisch.

Überwiegende Religion: Protestantismus (starke katholische Minderheit).

Generalgouverneur: William George Hayden (seit 1989). □ **Premierminister:** Robert Hawke (seit 1983).

Flagge: 1935 wurde der Union Jack durch den Stern des Commonwealth und das Kreuz des Südens ergänzt. Die Flagge stellt auch die 6 Bundesstaaten und -gebiete dar. Sie wurde 1953 offiziell angenommen.

Nationalhymne: ›Australians all let us rejoice, / For we are young and free. / We've golden soil and wealth for toil, / our home is girt by sea ...‹ (Australier, seien wir glücklich, denn wir sind jung und frei. Wir haben goldenen Boden und den Reichtum, um uns an die Arbeit zu machen, unser Land ist von Meer umgeben ...). Text und Musik von Peter Dodds McCormick (1834–1916). 1984 angenommen.

Nationalfeiertag: 26. Januar (Tag Australiens).

Fläche: 7 682 300 km². □ **Höchste Erhebung:** Mount Kosciusko mit 2 228 m.

Bevölkerung (1988): 16 800 000 Ew. (Australier). □ Durchschnittliche Bevölkerungsdichte: 2,1 Ew. pro km². □ Jährliches Bevölkerungswachstum: 0,9 %. □ Geburtenrate: 15 ‰. □ Sterbeziffer: 7 ‰. □ Kindersterblichkeit: 8 ‰. □ Lebenserwartung: 76 Jahre. □ Anteil unter 15 Jahren: 23 %. □ Anteil 65 Jahre und älter: 10 %. □ Stadtbevölkerung: 87 %.

Bruttoinlandsprodukt gesamt (1987): 194 Milliarden Dollar. □ **Bruttoinlandsprodukt/Kopf:** 12 000 Dollar.

Produktionsstruktur: Landwirtschaft 6,2 %; Industrie 28,1 %; Dienstleistungen 65,7 %.

Verkehr: 811 000 km Straßen (davon 244 000 km asphaltiert); 40 702 km Eisenbahn.

Exporte (1987): 13,6 % des BIP (26,4 Milliarden Dollar).

Importe (1987): 13,9 % des BIP (26,9 Milliarden Dollar).

Auslandsschulden: Nicht bekannt.

Inflationsrate (1988): 7,2 %.

Militärausgaben (1988): 4,221 Milliarden Dollar. □ Streitkräfte: 69 600 Mann. □ Wehrdienst: freiwillig.

Staatliche Institutionen

Verfassung von 1901. □ Bundesstaat (6 Staaten mit jeweils einer Regierung und einem Parlament; 2 Bundesgebiete), Mitglied des Commonwealth. □ Generalgouverneur, Vertreter der britischen Krone. □ Premierminister, der dem Abgeordnetenhaus, das die Minister ernennt, verantwortlich ist. □ Für 3 Jahre gewähltes Abgeordnetenhaus. □ Für 6 Jahre gewählter Senat.

Geschichte

Entdeckung und britische Kolonialzeit. Spuren menschlichen Daseins lassen sich 40 000 Jahre zurückverfolgen. Werkzeuge sind bis um 8000 v. Chr. unabhängig vom

Erzeugung wichtiger Güter

Weizen	12,2 Millionen Tonnen	Bauxit	34,2 Millionen Tonnen
Wein	3,7 Millionen Hektoliter	Stahl	6,1 Millionen Tonnen
Zucker	3,5 Millionen Tonnen	Blei	486 Millionen Tonnen
Rinderbestand	23,6 Millionen Tiere	Zink	753 Millionen Tonnen
Schafbestand	158 Millionen Tiere	Wolle	917 000 Tonnen
Steinkohle	176,4 Millionen Tonnen	Kupfer	237 000 Tonnen
Erdöl	25,4 Millionen Tonnen	Mangan	830 000 Tonnen
Erdgas	13,8 Milliarden m³	Gold	108 Tonnen
Uran	4 000 Tonnen	Aluminium	1 Million Tonnen
Strom	133,7 Milliarden kWh	Pkw	310 000 Einheiten
Eisen	68 Millionen Tonnen		

Klimadaten

Stadt	Mittlere Temperatur des kältesten Monats (in °C)	Mittlere Temperatur des wärmsten Monats (in °C)	Jährliche Niederschläge (in mm)	Anzahl der Tage mit Niederschlägen pro Jahr
Alice Springs	11,5	28,5	256	31
Darwin	25	30	1 492	95
Brisbane	14,5	25	1 133	126
Melbourne	9,5	20	650	156
Perth	13	23	881	128

In allen Stationen wurden Höchstwerte über 40 °C gemessen (46 °C in Melbourne im Januar [Südsommer]). In Brisbane, Darwin (nie unter 10 °C) und Perth ist die Temperatur nie unter den Gefrierpunkt gesunken. Negative Temperaturen wurden in Alice Springs (580 m ü. M.) von Mai bis September verzeichnet.

Verwaltungsgliederung

Bundesstaat oder Bundesgebiet	Fläche (in km²)	Einwohner	Hauptstadt
Queensland	1 727 000	2 505 000	Brisbane
New South Wales	801 600	5 405 000	Sydney
Victoria	227 600	4 076 000	Melbourne
South Australia	984 000	1 353 000	Adelaide
Western Australia	2 525 000	1 383 000	Perth
Tasmania	67 800	437 000	Hobart
Australian Capital Territory	2 400	2 460 000	Canberra
Northern Territory	1 346 200	139 000	Darwin

527

LÄNDER DER ERDE

OZEANIEN

Fundort ähnlich: keilförmige Schaber, grobe Splitter und um 2000 v. Chr. Klingen mit polierter Schneide. Der australische Kontinent, der teilweise von australoid genannten Völkern bewohnt wird, zieht die holländischen (Tasman, 1642) und englischen Seefahrer (Damphier, 1688 und 1699) im 17. Jh. an. Die Rivalität zwischen Engländern und Franzosen entsteht im 18. Jh. mit den Reisen von Bougainville (1768) und Cook (1770). In diesem Wettstreit siegen die Briten, die in Australien einen Ersatz für den Verlust Amerikas sehen und eine Möglichkeit zur Deportation ihrer Sträflinge (convicts). 1788 errichtet die erste Gruppe von Convicts in Port Jackson (Sydney) die erste englische Kolonie in Australien. Dies ist das Zentrum von Neu-Südwales. Bald nehmen die Gouverneure an der despotischen Oligarchie des britischen Regiments des New South Wales Corps Anstoß. 1808 kommt beginnt die Zeit des neuen Gouverneurs Macquarie. Mit dem Bau von Straßen und öffentlichen Gebäuden, dem Heimischwerden des Merinoschafes und der weiteren Erforschung des Kontinents schafft Macquarie die Voraussetzungen für Fortschritt und Wohlstand in Australien.

Bestätigung und Ausdehnung. Nach Macquarie ist die Zeit Australiens als Strafanstalt vorbei: Neu-Südwales wird 1823 zur Kronkolonie erklärt. Tasmanien erhält einen Gouverneur (1825), Western (1829) und South Australia (1837) werden gegründet. 1840 endet die Zwangsverschleppung der Convicts. Seitdem entwickelt sich Australien, dessen gesamtes Territorium nach und nach erforscht wird, in Richtung Autonomie, die mit dem Australian Colonies Government Act (1850) Gestalt annimmt. Die Goldfunde in dem Gebiet von Bathurst und Victoria verstärken ab 1851 die Einwanderung von Briten. Eine neue Kolonie, Queensland, wird gegründet (1859). 1880 hat Australien 2 300 000 Einwohner. Es entsteht ein gut strukturiertes Gewerkschaftssystem, während die französischen und deutschen Ansprüche in Ozeanien die Tendenz zur Einheit verstärken, die 1899 in einer bundesstaatlichen Organisation ihren Ausdruck findet.

Der Commonwealth. Am 1. Jan. 1901 wird der Commonwealth of Australia ausgerufen. Mehrere Krisen führen dazu, daß 1910 die Labour Party die Liberalen besiegt. Das im Ersten Weltkrieg stark engagierte Australien (330 000 Freiwillige, 60 000 Gefallene) wird von 1920 bis 1930 von der nationalistischen Partei regiert, die bei der Weltwirtschaftskrise von 1929 der Labour Party weichen muß. Diese kann das Wirtschaftschaos nicht verhindern, während dem Erstarken der Japaner die Regierung veranlaßt, einen nationalen Verteidigungsplan zu erarbeiten (1939). Australien ist am Zweiten Weltkrieg beteiligt, aus dem es gestärkt hervorgeht: wirtschaftlich durch die Entwicklung einer modernen Industrie; diplomatisch dadurch, daß es in Südostasien zu einem bevorzugten Partner der Vereinigten Staaten wird.

Australien nach 1945. Die Nachkriegszeit ist jedoch von großen Schwierigkeiten geprägt. Der Führer der Liberalen, Robert Gordon Menzies, der 1949 bis 1966 regiert, wird von einer Gruppe unterstützt, die ein strenges Wirtschaftsprogramm einsetzt, durch das die Inflation und die Rezession eingedämmt und ab 1963 der Aufschwung des Landes gesichert werden kann. Nach dem Rücktritt von Menzies (1966) und unter dem Parteivorsitz der Liberalen von Harold Holt (1966–67), John Grey Gorton (1967–1971) und William McMahon (1971–72), die sich auf die Vereinigung von Liberalen und der Landpartei stützen, führt eine neue Partei, die reformistische liberale Partei, das Land auf einen politischen Sonderweg. Denn Australien unterhält zwar weiterhin besondere Beziehungen zur britischen Krone und lockert seine Einwanderungsbestimmungen (1966), wendet sich aber auch dem japanischen Markt zu und unterstützt den Einfluß der Vereinigten Staaten in Südostasien (1954 ist Australien der SEATO beigetreten). Diese Politik wird von der Arbeiterpartei (Labour) bekämpft, die mit E. G. Whitlam 1972 wieder die Regierung stellt, allerdings 1975 von den Konservativen (Malcolm Fraser) abgelöst wird. Diese sehen sich der Weltwirtschaftskrise und den Forderungen der Aborigines gegenüber. Diese Probleme erklären den großen Wahlsieg der Labour Party im März 1983: Ihr Führer, Bob Hawke, wird Premierminister. 1986 schafft der Australia Act die letzten Vollmachten für ein direktes Eingreifen Großbritanniens in die australischen Angelegenheiten ab. 1989 wird den Aborigines erstmals die Selbstverwaltung zugebilligt. Die Märzwahlen 1990 bestätigen R. Hawke als Premierminister.

PAPUA-NEUGUINEA
PAPUA NEW GUINEA, PAPUANIUGINI

Offizieller Name: Papua-Neuguinea.

Hauptstadt: Port Moresby *(Konedobu).* □ **Währung:** Kina (= 100 Toea). □ **Amtssprache:** Englisch. □ **Überwiegende Religionen:** Naturreligionen.

Gouverneur: Kingsford Dibela (seit 1983). □ **Premierminister:** Rabbie Namaliu (seit 1988).

Flagge: 1971 angenommen. Sie stellt den Paradiesvogel und das Kreuz des Südens dar. Die rote und die schwarze Farbe tauchen häufig in der Kunst der einheimischen Stämme auf.

Verwaltungsgliederung

Gebiet	Fläche (in km²)	Einwohner
Östliches Neuguinea (und zugehörige Inseln)	405 500	2 885 000
New Britain	35 000	223 000
New Ireland	9 600	660 000
Nord-Salomon (Bougainville)	9 300	145 000
Manus	2 100	30 000

Erzeugung wichtiger Güter

Kopra	145 000 Tonnen
Kaffee	54 000 Tonnen
Fischfang	25 000 Tonnen
Kupfer	178 000 Tonnen
Gold	18 Tonnen

Die wichtigsten Städte

Port Moresby	144 000	Madang	21 000
Lae	62 000	Wewak	20 000

Nationalhymne: ›O arise all you sons of this land, / Let us sing our joy to be free, / Praising God and rejoicing to be / Papua New Guinea ...‹ (Erhebt euch, Söhne dieses Landes. Singen wir unsere Freude, frei zu sein, und preisen wir Gott und freuen uns, Papua-Neuguinea zu sein. Text und Musik von Thomas Shacklady (1917 geb.). Amtlich seit 1975. □ **Nationalfeiertag:** 16. September (Jahrestag der Unabhängigkeit).

Fläche: 463 000 km². □ **Höchste Erhebung:** Mount Wilhelm mit 4 600 m.

Klima: Ständig warmes Klima mit monatlichen Mittelwerten zwischen 25 und 28 °C in Port Moresby, wo die jährliche Niederschlagsmenge bei 1 200 mm liegt (reichliche Niederschläge von Dezember bis April).

Bevölkerung (1989): 3 900 000 Ew. □ **Durchschnittliche Bevölkerungsdichte:** 8,4 Ew. pro km². □ **Jährliches Bevölkerungswachstum:** 2,7 %. □ **Geburtenrate:** 39 ‰. □ **Sterbeziffer:** 12 ‰. □ **Kindersterblichkeit:** 59 ‰. □ **Lebenserwartung:** 54 Jahre. □ **Anteil unter 15 Jahren:** 41 %. □ **Anteil 65 Jahre und älter:** 2 %. □ **Stadtbevölkerung:** 14 %.

Bruttoinlandsprodukt gesamt (1988): 3,1 Milliarden Dollar. □ **Bruttoinlandsprodukt/Kopf:** 874 Dollar.

Produktionsstruktur: Landwirtschaft 80 %; Industrie 10 %; Dienstleistungen 10 %. □ **Arbeitslosenquote:** nicht verfügbar.

Verkehr: 19 538 km Straßen.

Exporte (1985): 33,9 % des BIP (814 Millionen Dollar). □ **Importe** (1985): 38,4 % des BIP (922 Millionen Dollar).

Auslandsschulden (1987): 2,9 Milliarden Dollar.

Inflationsrate (1987): 2 %.

Militärausgaben (1988): 37 Millionen Dollar. □ **Streitkräfte:** 3 232 Mann. □ **Wehrdienst:** freiwillig.

Staatliche Institutionen

Seit 1975 unabhängiger Staat, parlamentarische Monarchie, Mitglied des Commonwealth. □ Generalgouverneur als Vertreter der britischen Krone. □ Dem Parlament verantwortlicher Premierminister. □ Für 5 Jahre gewähltes Nationales Einkammerparlament. □ 1976–1978 hat die Regierung in jeder der 19 Provinzen und im National Capital District eine lokale Regierung eingesetzt.

Geschichte

Entdeckung und Kolonialzeit. Die erste Besiedlung Neuguineas durch ›Australoide‹ findet wahrscheinlich vor über 60 000 v. Chr. statt. Die im 16. Jh. von den Spaniern und den Portugiesen entdeckte Insel wird von Cook im 18. Jh. bereist, der ihren Inselcharakter erkennt. Die Teilung zwischen den Kolonialmächten wird Ende des 19. Jh. bestätigt. Seit 1828 holländisch besetzt, wird der Westteil der Insel 1885 offiziell den Niederländern zuerkannt. Mit Gründung der Neuguinea Gesellschaft lassen sich die Deutschen 1883 nieder, bevor sie im Nordosten ein Protektorat errichten (1884). Zur gleichen Zeit annektiert Großbritannien den Südosten (1884), der dann von Australien verwaltet wird (1906). Ab 1914 besetzen die Australier das deutsche Gebiet, das sie 1921 vom Völkerbund als Man-

528

LÄNDER DER ERDE

datsgebiet erhalten. Im Zweiten Weltkrieg ist Neuguinea japanischer Stützpunkt, bevor es allmählich von den amerikanischen und australischen Truppen zurückerobert wird (1943–44).

Die Unabhängigkeit. Indonesien, das Anspruch auf das westliche Neuguinea erhebt, erhält dieses Gebiet endgültig 1969. Australien erhält 1946 ein UNO-Mandat für den Ostteil, der 1973 seine innere Autonomie, 1975 vollständige Unabhängigkeit erlangt. Unter dem Namen Papua-Neuguinea ist das Land seither ein Mitgliedsstaat des Commonwealth. Seit 1980 verstärkt Papua-Neuguinea die Öffnung seiner Wirtschaft gegenüber dem Ausland, insbesondere in Richtung Asien. Es fördert den Handel mit der EG. Allerdings bleiben seine Beziehungen zu Indonesien nicht unproblematisch. 1989 eskaliert der Streit um das Kupferbergwerk auf der Insel Bougainville; nach dessen Schließung kommt es zu gewalttätigen Auseinandersetzungen zwischen einzelnen Stämmen.

NEUSEELAND
NEW ZEALAND

Offizieller Name: Neuseeland.

Hauptstadt: Wellington. ◻ **Währung:** Neuseeländ. Dollar (= 100 Cents). ◻ **Amtssprache:** Englisch. ◻ **Überwiegende Religion:** Protestantismus (starke katholische Minderheit).

Generalgouverneur: Paul Reeves (seit 1985). ◻ **Premierminister:** Geoffrey Palmer (seit 1989).

Flagge: 1926 eingeführt. Sie vereint das Kreuz des Südens und den Union Jack. ◻ **Nationalhymne:** ›God save the Queen‹ und ›God defend New Zealand‹. Text von Thomas Brakken (1843–1898), Musik von John Joseph Woods (1849–1934). Beide 1977 angenommen. ◻ **Nationalfeiertag:** 6. Februar (Jahrestag des Vertrages von Waitangi 1840).

Fläche: 270 000 km².
Höchste Erhebung: Mount Cook auf der Südinsel mit 3 764 m.
Bevölkerung (1989): 3 400 000 Ew. *(Neuseeländer).* ◻ Durchschnittliche Bevölkerungsdichte: 12,5 Ew. pro km². ◻ Jährliches Bevölkerungswachstum: 0,9 %. ◻ Geburtenrate: 17‰. ◻ Sterbeziffer: 8‰. ◻ Kindersterblichkeit: 10‰. ◻ Lebenserwartung: 74 Jahre. ◻ Anteil unter 15 Jahren: 24 %. ◻ Anteil 65 Jahre und älter: 10 %. ◻ Stadtbevölkerung: 84 %.

Bruttoinlandsprodukt gesamt (1988): 42 Milliarden Dollar. ◻ **Bruttoinlandsprodukt/Kopf:** 12 600 Dollar.

Produktionsstruktur: Landwirtschaft 11,2 %; Industrie 32 %; Dienstleistungen 56 %. ◻ **Arbeitslosenquote** (1985): 4 %.

Verkehr: 92 648 km Straßen (davon 49 546 km asphaltiert); 4 273 km Eisenbahn.

Exporte (1987): 20,1 % des BIP (5,1 Milliarden Dollar). ◻ **Importe** (1987): 20,2 % des BIP (7,2 Milliarden Dollar).

Auslandsschulden: nicht bekannt.

Inflationsrate (1988): 10,5 %.

Militärausgaben (1988): 497 Millionen Dollar. ◻ **Streitkräfte:** 12 400 Mann. ◻ **Wehrdienst:** freiwillig.

Staatliche Institutionen

Nach dem Statut von Westminster (1931), das 1947 von Neuseeland akzeptiert wurde, unabhängiger Staat, Mitglied des Commonwealth. ◻ Der Generalgouverneur, Vertreter der britischen Krone, benennt den Premierminister. ◻ Das Einkammerparlament (Abgeordnetenhaus) besteht aus 95 Mitgliedern (davon 4 Maori), die für 3 Jahre gewählt werden.

Geschichte

Die Anfänge der Kolonialisierung. Die Maoris polynesischen Ursprungs besiedeln den Archipel ab dem 14. Jh. 1642 erreicht Tasman die Westküste dieser Inseln, die er ›Neuseeland‹ nennt. 1769–70 bereist Cook die beiden größten Inseln. Anfang des 19. Jh. beginnen katholische Missionare und englische Protestanten mit der Christianisierung. 1838 beschließt Großbritannien, die Kolonialisierung Neuseelands zu organisieren.

Konflikt und Entwicklung. Großbritannien zwingt den Maori-Häuptlingen seine Oberhoheit auf (Vertrag von Waitangi, 1840); W. Hobson wird Gouverneur (1841). Die systematisch von E. G. Wakefield zu Lasten der Einheimischen organisierte Kolonialisierung

Verwaltungsgliederung

Nordinsel	114 600 km²	2 414 000
Südinsel(1)	154 000 km²	900 000

(1) Mit den dazugehörigen Inseln Stewart und Chatham.

Die wichtigsten Ballungsräume* und Städte

Auckland*	840 000(1)	Hamilton*	162 000
Wellington*	343 000	Dunedin	113 000
Christchurch*	322 000		

(1) Einschließlich der Satellitenstadt Manukau (164 000)

Erzeugung wichtiger Güter

Weizen	235 000 Tonnen
Schafbestand	64,8 Millionen Tiere
Wolle	355 000 Tonnen
Strom	28 Milliarden kWh
– davon aus Wasserkraft	18 Milliarden kWh
Aluminium	260 000 Tonnen
Stahl	300 000 Tonnen

Klimadaten

Stadt	Mittlere Temperatur des kältesten Monats (in °C)	Mittlere Temperatur des wärmsten Monats (in °C)	Jährliche Niederschläge (in mm)	Anzahl der Tage mit Niederschlägen pro Jahr
Auckland	10,5	19,5	1 240	185
Christchurch	6	16,5	640	126
Dunedin	6	14,5	936	160

In Dunedin und in Christchurch wurden von April bis Oktober negative Temperaturen gemessen, nicht jedoch in Auckland. In allen drei Stationen lagen die absoluten Höchstwerte zwischen 30 und 35 °C.

löst die Maori-Kriege aus (1843–1847, 1860–1870). Die Verfassung von 1852, die 1870 ergänzt wird, gewährt der Kolonie weitreichende Autonomie. Nach dem Friedensschluß (1870) und der Entdeckung von Goldvorkommen (1861) wird Neuseeland wohlhabend. Die Wirtschaft ist auf Viehzucht und den Export von Fleisch, Wolle und Milchprodukten nach Europa ausgerichtet. Die Rezession um 1880 und die Einführung des allgemeinen Wahlrechts (1889) begünstigen die Regierungsbildung durch die liberale Partei. Die Regierungszeit der Liberalen (1891 bis 1912) ist durch eine deutliche Demokratisierung der Politik gekennzeichnet. Die Entwicklung von Gewerkschaften und die Einführung einer fortschrittlichen Sozialpolitik prägen ebenfalls das Bild dieser Regierung. 1907 wird Neuseeland zum britischen Dominion.

Die Zeit zwischen den Kriegen. Das Land beteiligt sich an den Kämpfen des Ersten Weltkriegs, und die Zahl der Gefallenen ist sowohl demographisch als auch ökonomisch für Neuseeland schwer zu verkraften. Die Neuseeländer erhalten gemeinsam mit Australien und Großbritannien vom Völkerbund das Mandat über Samoa und Nauru. Neuseeland ist von der Weltwirtschaftskrise 1929 schwer betroffen. Auf die Nationale Partei (eine Koalition aus Reformpartei und Liberalen) folgt 1935 die Labour Party. Premierminister M. J. Savage gelingt es, in den ländlichen Gebieten wieder für Wohlstand zu sorgen. Er erteilt vermehrt öffentliche Aufträge und treibt die Entwicklung der Industrie voran. Die Neuseeländer nehmen am Zweiten Weltkrieg in Europa und im Pazifik teil.

Seit 1945. Nach der Niederlage Japans (1945) will Neuseeland vollwertiger Partner in Südostasien und im Pazifik sein. 1951 unterzeichnet es mit den Vereinigten Staaten und Australien den ANZUS-Pakt. 1949–1957 und 1960–1972 löst die Nationale Partei die Arbeiterpartei bei der Regierungsbildung ab. Nach ihrem Wahlsieg stellt die Arbeiterpartei diplomatische Beziehungen zur VR China her (1972) und protestiert gegen Atomversuche Frankreichs im Pazifik (Muraroa-Atoll). Die Nationalpartei, die 1975 unter Führung von R. Muldoon die Regierung stellt, treibt ihre Pläne vor allem in der Industrie und im energiepolitischen Bereich voran. Aus den Wahlen

529

LÄNDER DER ERDE

OZEANIEN

von 1984 und 1987 geht die Arbeiterpartei als Sieger hervor. Ihr Führer, David Lange, wird Premierminister. 1989 folgt ihm Geoffrey Palmer, der ebenfalls der Labour Party angehört.

NAURU NAOERO

Offizieller Name: Republik Nauru.
Hauptstadt: Yaren. □ **Währung:** Australischer Dollar (= 100 Cents). □ **Amtssprachen:** Nauruisch und Englisch. □ **Überwiegende Religion:** Protestantismus.
Staatspräsident und Regierungschef: Bernard Dowiyogo (seit 1989).
Flagge: 1968 angenommen. Sie enthält das Blau des Ozeans, die Linie des Äquators und einen Stern, der die Insel Nauru (westlich des Längenkreises der Datumsgrenze) darstellt; seine 12 Strahlen erinnern an die 12 Stämme von Nauru, von denen 2 ausgestorben sind.
Nationalhymne: ›Nauru bwiema, ngabena ma auwe. / Ma dedaro bwe dogum, mo otata bet edgom...‹ (Nauru, unser Vaterland, unsere geliebte Erde, wir beten für dich und preisen deinen Namen). Text von Margaret Hendrie, Musik von Laurence Henry Hicks (1912 geb.). 1968 eingeführt.
Nationalfeiertag: 31. Januar (Jahrestag der Unabhängigkeit).
Fläche: 21 km².
Klima: Die monatlichen Mittelwerte liegen um 27°C. Die Niederschlagsmenge beträgt etwa 2 m (von April bis Juni geringer), kein Monat ist jedoch ohne Niederschlag).
Bevölkerung (1989): 9 000 Ew. *(Naurer)*. □ **Durchschnittliche Bevölkerungsdichte:** 428 Ew. pro km². □ **Jährliches Bevölkerungswachstum:** 1,7 %. □ **Geburtenrate:** 22,6‰. □ **Sterbeziffer:** 5,1‰.
Bruttoinlandsprodukt gesamt (1987): 60 Millionen Dollar.
Bruttoinlandsprodukt/Kopf: 8 200 Dollar.
Wichtigste Einnahmequelle: Phosphate, 1,5 Millionen Tonnen jährlich.
Verkehr: 20 km Straßen; 5 km Eisenbahn.

Staatliche Institutionen

Seit 1968 unabhängige Republik mit besonderen Beziehungen zum Commonwealth. □ Verfassung von 1968. □ Der Staatspräsident wird vom Parlament aus diesem gewählt. □ Die Regierung insgesamt ist vor dem für 3 Jahre gewählten Parlament verantwortlich.

Geschichte

Die Inseln und ihre Bewohner polynesischen Ursprungs werden 1798 erstmals erforscht. 1888 annektiert Deutschland diesen Stützpunkt der Walfischfänger, der Teil seines Protektorats über die Marshallinseln ist. Nach dem Ersten Weltkrieg wird die Insel Mandatsgebiet des Völkerbundes. Nauru, 1942–1945 von den Japanern besetzt, wird 1947 unter die Schirmherrschaft der UNO gestellt. Die Insel wird 1968 unabhängig und behält bevorzugte Bindungen an den Commonwealth bei.

SALOMONEN
SOLOMON ISLANDS

Offizieller Name: Salomonen.
Hauptstadt: Honiara. □ **Währung:** Salomonen-Dollar (= 100 Cents). □ **Amtssprache:** Englisch. □ **Überwiegende Religion:** Protestantismus.
Generalgouverneur: George Lepping (seit 1988). □ **Premierminister:** Ezekial Alebua (seit 1986).
Flagge: 1977 angenommen. Gelb symbolisiert die Sonne, Blau das Meer, Grün die Erde und die fünf Sterne die Distrikte (einer in jeder Hauptrichtung und einer in der Mitte). □ **Nationalhymne:** ›God save our Solomon Islands from shore to shore. / Bless all her people and her lands / With Your protecting hands‹ (O Gott, beschütze unsere Salomoninseln von Küste zu Küste. Segne ihre Bewohner und Ländereien mit Deiner schützenden Hand). Text und Musik von Panapasa Balekana. 1978 eingeführt. □ **Nationalfeiertag:** 7. Juli (Jahrestag der Unabhängigkeit).
Fläche: 30 000 km². □ **Höchste Erhebung:** 2 439 m auf der Insel Guadalcanal.
Klima: Ständig warmes und feuchtes Klima (mittlere Temperaturen immer über 25°C; jährliche Niederschläge von etwa 3 m, im Monat nie unter 200 mm und nie mehr als 300 mm).
Bevölkerung (1988): 300 000 Ew. □ **Durchschnittliche Bevölkerungsdichte:** 100 Ew. pro km². □ **Jährliches Bevölkerungswachstum:** 3,6 %. □ **Geburtenrate:** 41‰. □ **Sterbeziffer:** 5‰. □ **Kindersterblichkeit:** 43‰. □ **Lebenserwartung:** 69 Jahre. □ **Anteil unter 15 Jahren:** 48 %. □ **Anteil 65 Jahre und älter:** 3 %.
Wichtigste Stadt: Honiara (23 500 Ew.).
Bruttoinlandsprodukt gesamt (1988): 112 Millionen Dollar. □ **Bruttoinlandsprodukt/Kopf:** 365 Dollar.
Produktionsstruktur: Landwirtschaft 75 %; Industrie 5 %; Dienstleistungen 20 %.
Wichtigste Einnahmequelle: Kopra, 45 000 t.
Verkehr: 2 100 km Straßen.
Exporte: 46,4 % des BIP (65 Millionen Dollar). □ **Importe:** 42,9 % des BIP (60 Millionen Dollar).
Auslandsschulden (1985): 72 Millionen Dollar.
Inflationsrate (1987): 17,3 %.

Staatliche Institutionen

Seit 1978 unabhängiger Staat, Mitglied des Commonwealth. □ Verfassung von 1978. Generalgouverneur (für 5 Jahre ernannt), Vertreter der britischen Krone. □ Für 4 Jahre gewähltes Einkammerparlament. □ Die Mitglieder des Parlaments wählen eines von ihnen zum Premierminister.

Geschichte

Der Spanier Álvaro de Mendaña entdeckt den Archipel 1568. Bougainville bereist ihn zwei Jahrhunderte später.

1899 grenzen Deutschland und Großbritannien ihren Herrschaftsbereich im Samoa-Vertrag ab: Bougainville und Buka stehen unter deutschem, die übrigen Salomonen unter britischem Protektorat. 1942 besetzen die Japaner die Salomoninseln, die bis 1945 zum blutigen Kriegsschauplatz werden. 1978 wird der Archipel unabhängig.

KIRIBATI

Offizieller Name: Republik Kiribati.
Hauptstadt: Bairik. □ **Währung:** Australischer Dollar (= 100 Cents). □ **Amtssprache:** Englisch. □ **Überwiegende Religionen:** Protestantismus und Katholizismus.
Staatspräsident: Ieremia Tabai (seit 1979).
Flagge: 1979 eingeführt. Sie enthält den Fregattvogel als Symbol für Kraft und Freiheit, die aufgehende Sonne und die Wellen des Pazifik. □ **Nationalhymne:** ›Teirake kaini Kiribati, Anene ma te kakatonga, / Tauraoi nakon te nwioko, Ma ni buokia aomata‹ (Auf, Kiribatier, beginnt ein fröhliches Lied, bereitet euch darauf vor, Verantwortung zu übernehmen, euch gegenseitig zu helfen). Text und Musik von Ioteba Tamuera Uriam (1910 geb.). □ **Nationalfeiertag:** 12. Juli (Jahrestag der Unabhängigkeit).
Fläche: 900 km².
Klima: Mit dem von Nauru vergleichbar.
Bevölkerung (1989): 70 000 Ew. □ **Durchschnittliche Bevölkerungsdichte:** 77,7 Ew. pro km². □ **Jährliches Bevölkerungswachstum:** 1,7 %. □ **Kindersterblichkeit:** 49‰. □ **Stadtbevölkerung:** 30 %.
Bruttoinlandsprodukt gesamt (1987): 30 Millionen Dollar.
Bruttoinlandsprodukt/Kopf: 500 Dollar.
Wichtigste Einnahmequellen: Kopra 12 000 t; Fischfang 26 000 t.
Verkehr: 640 km Straßen.
Exporte: 51,8 % des BIP (11,4 Millionen Dollar). □ **Importe:** 93,6 % des BIP (20,6 Millionen Dollar).

Die Inseln mit der höchsten Einwohnerzahl

Tarawa	25 000	Nonouti	2 900
Tabiteuea	4 500	Marakei	2 700
Abaiang	4 400	Beru	2 700
Butaritari	3 600	Onotoa	1 900

Staatliche Institutionen

Seit 1979 unabhängige Republik, Mitglied des Commonwealth. □ Legislative ist das für 4 Jahre gewählte Einkammerparlament. □ Der Staatspräsident ist gleichzeitig Regierungschef und Außenminister.

Geschichte

1892 errichtet Großbritannien sein Protektorat über die Gilbert- und Ellice-Inseln. 1915 werden diese Inseln Kronkolonien. Im darauffolgenden Jahr werden die Linieninseln und die Ozeaninseln an diese Kolonie angeschlos-

LÄNDER DER ERDE

sen. Später kommen die Christmas-Insel (heute Kiritimati) [1919] und die Phönix-Inseln (1937) hinzu. Im Zweiten Weltkrieg werden diese Inseln teilweise von japanischen Truppen besetzt (1942), dann nach heftigen Kämpfen von den Amerikanern zurückerobert (Schlacht bei Makin und Tarawa, 1943). 1975 brechen die Ellice-Inseln ihre Beziehungen zur Kolonie ab und bilden den kleinen Staat Tuvalu. Am 12. Juli 1979 werden die Gilbert-Inseln im Rahmen des Commonwealth unabhängig und heißen von nun an Kiribati.

TUVALU

Offizieller Name: Tuvalu.

Hauptstadt: Funafuti. □ Währung: Tuvalu-Dollar (= 100 Cents). □ Amtssprache: Englisch. □ Überwiegende Religion: Protestantismus.
Generalgouverneur: Tupa Leupena (seit 1986). □ Premierminister: Tomasi Puapua (seit 1981).
Flagge: Sie ist blau (Farbe des Ozeans) mit dem Union Jack in der linken oberen Ecke und mit acht goldenen fünfzackigen Sternen, die in ihrer Anordnung die Inselgruppe symbolisieren. 1978 angenommen. □ Nationalhymne: unbekannt. □ Nationalfeiertag: 1.–2. Oktober (Jahrestag der Unabhängigkeit).
Fläche: 24 km².
Klima: Ständig warmes und sehr feuchtes Klima (3 500 mm jährliche Niederschläge).
Bevölkerung (1987): 7 500 Ew. *(Tuvaluaner).* □ Durchschnittliche Bevölkerungsdichte: 313 Ew. pro km². □ Jährliches Bevölkerungswachstum: 2,2 %. □ Geburtenrate: 33,2 ‰. □ Sterbeziffer: 11,3 ‰.
Bruttoinlandsprodukt gesamt (1987): 7 Millionen Dollar.
Bruttoinlandsprodukt/Kopf: 736 Dollar.
Wichtigste Einnahmequellen: Kopra, Fischfang.
Exporte: 1,4 % des BIP (0,07 Millionen Dollar). □ Importe: 53,4 % des BIP (2,67 Millionen Dollar).

Staatliche Institutionen

Konstitutionelle Monarchie, Mitglied des Commonwealth, dessen Staatsoberhaupt die britische Königin ist. □ Ein Generalgouverneur, Vertreter der Krone. □ Für 4 Jahre gewähltes Einkammerparlament. □ Unter den Mitgliedern des Parlaments wird von diesen der Ministerpräsident gewählt.

Geschichte

1892 werden die Ellice-Inseln britisches Protektorat. 1915 annektiert Großbritannien das Protektorat und macht es zur Kolonie. Nach dem Zweiten Weltkrieg werden strukturelle Maßnahmen ergriffen, um die Autonomie der Inseln vorzubereiten. 1975 brechen die Ellice-Inseln ihre Beziehungen zur Kolonie ab und werden unter dem Namen Tuvalu ein eigenständiges, von der britischen Krone abhängiges Gebiet. Am 1. Oktober 1978 werden sie unabhängig.

VANUATU

Offizieller Name: Republik Vanuatu.

Hauptstadt: Port-Vila. □ Währung: Vatu (= 100 Centimes). □ Amtssprachen: Englisch, Französisch und Bichlamar. □ Überwiegende Religion: Protestantismus. □ Maße und Gewichte: Metrisches und britisches System.
Staatspräsident: Fred Timakata (seit 1989). □ Ministerpräsident: Walter Lini (seit 1980).
Flagge: 1980 angenommen. Das schwarze Dreieck und Ornament stellen das Volk, die Farben die Fruchtbarkeit des Bodens dar. Das Y steht für die geographische Anordnung der Inselgruppe. □ Nationalhymne: ›Yumi, Yumi, Yumi i glat blong talem se, / Yumi, Yumi, Yumi i man blong Vanatu!‹ (Hurra, hurra, hurra, wir dürfen es sagen, hurra, hurra, hurra, wir sind das Volk von Vanuatu). Text und Musik von François Vincent (1955 geb.). 1980 angenommen. □ Nationalfeiertag: 30. Juli (Jahrestag der Unabhängigkeit).
Fläche: 14 740 km². □ Höchste Erhebung: Tabewemassama auf Espiritu Santo mit 1 880 m.
Klima: Ständig warmes und feuchtes Klima (je nach Insel und Lage schwanken die Niederschläge zwischen 2 m und 4 m im Jahr).
Bevölkerung (1987): 125 000 Ew. □ Durchschnittliche Bevölkerungsdichte: 8 Ew. pro km². □ Jährliches Bevölkerungswachstum: 3,4 %. □ Geburtenrate: 43 ‰. □ Sterbeziffer: 9 ‰. □ Stadtbevölkerung: 18 %.
Wichtigste Stadt: Port-Vila (15 000 Ew.).
Bruttoinlandsprodukt gesamt (1987): 0,16 Milliarden Dollar. □ Bruttoinlandsprodukt/Kopf: 1 280 Dollar.
Produktionsstruktur: Landwirtschaft 80 %; Industrie 0 %; Dienstleistungen 20 %.
Wichtigste Einnahmequellen: Kopra 50 000 t; Fischfang 3 000 t.
Verkehr: 1 261 km Straßen.
Exporte: 12,2 % des BIP (14 Millionen Dollar). □ Importe: 50,4 % des BIP (58 Millionen Dollar).
Auslandsschulden (1985): 128 Millionen Dollar.
Inflationsrate: 4,8 %.

Staatliche Institutionen

Seit 1980 unabhängige Republik, Mitglied des Commonwealth. □ Verfassung von 1980. □ Der Staatspräsident wird für 5 Jahre von den Mitgliedern des Parlaments und den Präsidenten der Regionalräte gewählt. □ Für 4 Jahre gewähltes Einkammerparlament. □ Unter den Mitgliedern des Parlaments wird von diesen der Ministerpräsident gewählt.

Geschichte

Der Archipel, der zuerst 1606 von den Portugiesen und dann erneut von Bougainville (1768) entdeckt wurde, wird von Cook 1774 Neue Hebriden getauft. Ende des 19. Jh. eine Kolonie Frankreichs und Großbritanniens,

führt die Rivalität zwischen diesen beiden Ländern 1887 zur Schaffung einer französisch-britischen Seekommission, dann zur Einrichtung eines Kondominiums (1906). Die Militärverwaltung wird durch zwei Hochkommissare ersetzt. Im Zweiten Weltkrieg sind die Neuen Hebriden ein wichtiger Stützpunkt der Alliierten. 1980 wird der Archipel als Vanuatu unter schwierigen Umständen unabhängig. Forderungen der Autonomisten führen von Mai bis Sept. 1980 zur Abtrennung der Insel Espiritu Santo. Das Eingreifen von Soldaten aus Papua-Neuguinea beendet den Aufstand. 1988 beschließen Vanuatu, die Salomonen und Papua-Neuguinea eine enge Zusammenarbeit.

FIDSCHI FIJI, VITI

Offizieller Name: Fidschi.

Hauptstadt: Suva. □ Währung: Fidschi-Dollar (= 100 Cents). □ Amtssprache: Englisch. □ Überwiegende Religion: Protestantismus.
Staatspräsident: Penaia Ganilau (seit 1987). □ Ministerpräsident: Kamisese Mara (seit 1987).
Flagge: Sie enthält den Union Jack und ein 1908 geschaffenes Wappen mit dem Georgskreuz, einem britischen Leoparden, einer Friedenstaube und den Produkten des Landes: Zuckerrohr, Kokospalme und Bananenstaude. □ Nationalhymne: ›Blessing grant, oh God of nations, on the isles of Fidji, / As we stand united under noble banner blue ...‹ (Gib, Gott der Nationen, den Fidschi-Inseln Deinen Segen, während wir alle vereint unter dem edlen blauen Banner stehen ...). Text von M. F. A. Prescott (1928 geb.), Musik von unbekanntem Komponisten. 1970 angenommen. □ Nationalfeiertag: 10. Oktober (Jahrestag der Unabhängigkeit).
Fläche: 18 300 km². □ Höchste Erhebung: Mount Victoria auf Viti Levu mit 1 323 m.
Klima: Das Klima ist warm und feucht. In Suva liegen die Mittelwerte im Monat zwischen 23 und 26 °C. Die jährliche Gesamtmenge der Niederschläge liegt über 3 m (von Juni bis Oktober etwas weniger reichlich).
Bevölkerung (1989): 720 000 Ew. *(Fidschianer).* □ Durchschnittliche Bevölkerungsdichte: 39,3 Ew. pro km². □ Jährliches Bevölkerungswachstum: 2,3 %. □ Geburtenrate: 28 ‰. □ Sterbeziffer: 5 ‰. □ Kindersterblichkeit: 21 ‰. □ Lebenserwartung: 67 Jahre. □ Anteil unter 15 Jahren: 38 %. □ Anteil 65 Jahre und älter: 3 %. □ Stadtbevölkerung: 41 %.
Wichtigste Stadt: Suva (74 000 Ew.).
Bruttoinlandsprodukt gesamt (1988): 1,06 Milliarden Dollar. □ Bruttoinlandsprodukt/Kopf: 1 470 Dollar.
Produktionsstruktur: Landwirtschaft 40 %; Industrie 10 %; Dienstleistungen 50 %. □ Arbeitslosenquote: nicht verfügbar.
Wichtigste Erwerbsquellen: Zucker 350 000 t; Fischfang 31 000 t; Gold 1 500 kg; Tourismus (250 000 Auslandsgäste im Jahr).
Verkehr: 4 288 km Straßen; 708 km Eisenbahn.
Exporte (1985): 23 % des BIP (274 Millionen Dollar). □ Importe (1985): 39,7 % des BIP (473 Millionen Dollar).

LÄNDER DER ERDE

OZEANIEN

Auslandsschulden (1988): 468 Millionen Dollar.

Inflationsrate (1988): 11,8 %.

Militärausgaben (1987): 14,360 Millionen Dollar. ☐ Streitkräfte: 2 670 Mann.

Wehrdienst: freiwillig.

Staatliche Institutionen

Seit 1970 unabhängiger Staat. ☐ Verfassung von 1970, bei Ausrufung der Republik 1987 geändert; Interimsverfassung 1988. ☐ Die Fidschi-Inseln gehören seit 1987 nicht mehr zum Commonwealth.

Geschichte

Diese Inselgruppe wurde 1643 von dem Holländer A. J. Tasman entdeckt und dann von Cook (1774) und Bligh (1789) bereist. Vor ihrer Annektierung durch die Briten (1874) werden die Fidschi-Inseln von Dumont d'Urville (1827) erforscht. Der Archipel, der zur Hälfte von einheimischen Fidschianern (Melanesier) und zur Hälfte von indischen Einwanderern bevölkert und politisch und wirtschaftlich in zwei Volksgemeinschaften geteilt ist, erlebt 1959 und vor der Unabhängigkeit 1970 Rassenunruhen. Er bleibt Mitglied des Commonwealth. 1987 treten die Fidschi-Inseln nach der Ausrufung der Republik aus dem Commonwealth aus.

TONGA

Offizieller Name: Königreich Tonga.

Hauptstadt: Nukulaofa. ☐ **Währung:** Pa'anga (= 100 Seniti). ☐ **Amtssprachen:** Englisch, Tonga. ☐ **Überwiegende Religion:** Protestantismus.

Staatsoberhaupt: König Taufa'ahau Tupou IV. (seit 1965). ☐ **Ministerpräsident:** Prinz Fatafehi Tu'ipelehake.

Flagge: 1875 angenommen. Sie stellt das Kreuz und Blut Christi dar. ☐ **Nationalhymne:** ›É Otua Mafimafi, / Ko ho mau Eiki Koe, / Ko Koe Koe fa lala anga, / Mo e ofa ki Tonga‹ (O allmächtiger Gott, Du bist unser Herr und unser Beschützer und in Dich setzen wir unser Vertrauen: Du liebst unsere Tonga-Inseln). Text aus dem 19. Jh. von einem der Prinzen der herrschenden Dynastie, Musik von Karl Gustavus Schmiti (1834–1900). 1874 angenommen. ☐ **Nationalfeiertag:** 4. Juli (Geburtstag des Staatsoberhaupts).

Fläche: 700 km². ☐ **Höchste Erhebung:** Mount Kao mit 1 033 m.
Klima: ähnlich dem Samoas.
Bevölkerung (1987): 110 000 Ew. ☐ Durchschnittliche Bevölkerungsdichte: 157 Ew. pro km². ☐ Jährliches Bevölkerungswachstum: 2,5 %. ☐ Geburtenrate: 28,9‰. ☐ Sterbeziffer: 3,5‰.

Bruttoinlandsprodukt gesamt (1985): 115 Millionen Dollar.
Bruttoinlandsprodukt/Kopf: 1 080 Dollar.
Produktionsstruktur: Landwirtschaft 58 %; Industrie 5 %; Dienstleistungen 37 %.
Wichtigste Erzeugnisse: Kopra 7 000 t; Bananen 3 000 t.

Verkehr: 433 km Straßen.

Exporte: 6 % des BIP (6,9 Millionen Dollar).

Importe: 34 % des BIP (39,1 Millionen Dollar).

Auslandsschulden (1987): 53 Millionen Dollar.

Inflationsrate (1987): 15 %.

Staatliche Institutionen

Seit 1970 unabhängiger Staat, Mitglied des Commonwealth. ☐ Erbmonarchie. ☐ Der König ist Staatsoberhaupt. ☐ Verfassung von 1875. ☐ Privater Rat, der vom König benannt und geleitet wird. ☐ Nationalversammlung mit 29 Mitgliedern, von denen 9 in allgemeiner Wahl für 3 Jahre gewählt werden.

Geschichte

Als die Holländer J. Le Maire (1616) und dann A. J. Tasman (1643) auf diesem Archipel landen, herrscht dort seit dem 10. Jh. eine sehr alte Dynastie. 1773 und 1777 werden die Inseln von Cook bereist. Der London Missionary Society gelingt es nicht, die Insel zum Christentum zu bekehren (1797). 1826 können die Methodisten den König Georg Tupou I. bekehren, der über alle Inseln herrscht und eine konstitutionelle Monarchie einrichtet (1862). Aufgrund finanzieller Probleme wird 1900 ein britisches Protektorat errichtet, das 1959 erweitert wird. Die Königin Salote Tupou III. regiert von 1918 bis 1965. Ihr Nachfolger ist ihr Sohn Taufa'ahau Tupou IV., der seit 1949 Ministerpräsident war. Ihm steht Prinz Fatafehi Tu'ipelehake zur Seite, der nun seinerseits Ministerpräsident wird. Die Tongainseln werden 1970 im Rahmen des Commonwealth ein unabhängiges Königreich. Die Wahlen von 1981 kennzeichnet ein Erstarken des Konservatismus. 1982 wird der Archipel durch zwei Wirbelstürme, die den Großteil der Ernte vernichten, verwüstet. 1985 unterstützt der König zwar das französische Programm der Atomversuche im Pazifik, sofern diese den Interessen des Westlichen Bündnisses dienen. Er lehnt es jedoch weiterhin ab, diese Versuche auf dem Mururoa-Atoll stattfinden zu lassen.

SAMOA ODER WESTSAMOA

Offizieller Name: Unabhängiger Staat Westsamoa.

Hauptstadt: Apia. ☐ **Währung:** Tala (Westsamoa-Dollar) = 100 Sene. ☐ **Amtssprachen:** Englisch und Samoanisch. ☐ **Überwiegende Religion:** Protestantismus. ☐ **Maße und Gewichte:** britisches System, das gerade in das metrische System umgeändert wird.
Staatsoberhaupt: König Malietoa Tanumafili II. (seit 1962). ☐ **Ministerpräsident:** Tofilau Eti Alesana (seit 1988).

Flagge: 1949 eingeführt. Sie enthält das Kreuz des Südens. Rot steht für den Mut, Weiß für die Reinheit und Blau für die Freiheit. ☐ **Nationalhymne:** ›Samoa, tula'i ma sisi ia lau fu'a, lou pale lea ...‹ (Samoa, erhebe dich und stelle dein Banner auf, das deine Krone ist ...). Text und Musik von Sauni Ilga Kuresi (1900–1978). 1962 angenommen. ☐ **Nationalfeiertag:** 1. Januar (Jahrestag der Unabhängigkeit).

Fläche: 2 842 km². ☐ **Höchste Erhebung:** Mount Mauga auf Savaii mit 2 000 m.

Klima: In Apia liegen die mittleren Monatstemperaturen bei 26 und 27 °C. Die Niederschläge sind reichlich (etwa 2 500 mm im Jahr), aber von Juni bis September weniger häufig.

Bevölkerung (1989): 160 000 Ew. *(Samoaner)*. ☐ Durchschnittliche Bevölkerungsdichte: 56,3 Ew. pro km². ☐ Jährliches Bevölkerungswachstum: 2,7 %. ☐ Geburtenrate: 34‰. ☐ Sterbeziffer: 7‰. ☐ Kindersterblichkeit: 48‰. ☐ Lebenserwartung: 66 Jahre. ☐ Anteil unter 15 Jahren: 44 %. ☐ Anteil 65 Jahre und älter: 3 %. ☐ Stadtbevölkerung: 22 %.
Wichtigste Stadt: Apia (31 000 Ew.).

Bruttoinlandsprodukt gesamt (1988): 79 Millionen Dollar.
Bruttoinlandsprodukt/Kopf: 791 Dollar.
Produktionsstruktur: Landwirtschaft 58 %; Industrie 10 %; Dienstleistungen 32 %. ☐ **Arbeitslosenquote:** nicht verfügbar.
Wichtigste Erzeugnisse: Bananen 20 000 t; Kopra 18 000 t; Kakao 2 000 t.

Verkehr: 2 085 km Straßen.

Exporte (1985): 9,1 % des BIP (10 Millionen Dollar). ☐ **Importe** (1985): 42,7 % des BIP (47 Millionen Dollar).

Auslandsschulden (1986): 75 Millionen Dollar. ☐ **Inflationsrate** (1988): 8,5 %.

Staatliche Institutionen

Seit 1962 unabhängiger Staat. ☐ Verfassung von 1962. ☐ Staatschef: für 5 Jahre vom Parlament gewählt. ☐ Einkammerparlament: Die Gesetzgebende Versammlung (47 Mitglieder) ist 3 Jahre im Amt; 45 Mitglieder werden von den Dorfoberhäuptern gestellt, die beiden anderen gehen aus allgemeiner Wahl hervor.

Geschichte

Diese von Polynesiern bewohnten Inseln wurden 1722 von dem Holländer Roggeveen entdeckt und von Bougainville (1768) und La Pérouse (1787) erkundet. Die London Missionary Society christianisiert die Bevölkerung Anfang des 19. Jh. Als Anlaufpunkt auf der Chinaroute ziehen sie die Aufmerksamkeit der Vereinigten Staaten, von Großbritannien und Deutschland auf sich. Schließlich verständigen sich die drei Mächte 1889 auf ein Kondominium. 1899 zieht sich Großbritannien zurück, und der Archipel wird zwischen Deutschland und den Vereinigten Staaten aufgeteilt. 1914 besetzen die Neuseeländer die deutschen Inseln, die sie nach einem Mandat des Völkerbunds (1920) und dann unter der Schirmherrschaft der UNO verwalten. Westsamoa wird am 1. Jan. 1962 unabhängig. Seit 1970 gehört es zum Commonwealth und ist seit 1976 Mitglied der UNO. Von den beiden am Tag der Unabhängigkeit auf Lebenszeit gewählten Staatsoberhäuptern lebt nur noch Malietoa Tanumafili II. Nach seinem Tod wird ein neues Oberhaupt vom Parlament für 5 Jahre gewählt.

LÄNDER DER ERDE

NORDAMERIKA

KANADA

Offizieller Name: Canada.

Hauptstadt: Ottawa. □ **Währung:** Kanad. Dollar (= 100 Cents). □ **Amtssprachen:** Englisch und Französisch. □ **Überwiegende Religionen:** Katholizismus, Protestantismus. **Generalgouverneur:** Ramon Hnatyshyn (seit 1989). □ **Premierminister:** Brian Mulroney (seit 1984).

Flagge: Die kanadische Flagge soll erstmalig 1870 entfaltet worden sein. König Georg V. erklärte 1921 das Rot und das Weiß, mit dem 11-zackigen Ahornblatt, als amtliche Farben. Die Flagge wurde jedoch erst 1965 für amtlich erklärt. □ **Nationalhymne:** ›O Canada! Our home and native land! True patriot love in all thy sons command. / With glowing Hearts we see thee rise, / The True North strong and free; / From far and wide, / O Canada, we stand on guard for thee‹; ›Ô Canada! Terre de nos aïeux, / Ton front est ceint de fleurons glorieux! / Car ton bras sait porter l'épée / Il sait porter la croix. / Ton histoire est une épopée / Des plus brillants exploits / Et ta valeur, de foi trempée / Protègera nos foyers et nos droits ...‹ (O Kanada! Land unserer Väter! Deine Stirn umgeben glorreiche Blüten! Denn dein Arm kann das Schwert tragen, er kann das Kreuz tragen. Deine Geschichte ist ein Epos der glänzendsten Abenteuer und dein mit Glauben durchdrungener Mut wird unsere Familien und unsere Rechte schützen ...). Französische Version von Adolphe-Basile Routhier (1839–1920); englische Version von Robert Stanley Weir (1856–1926); Musik von Calixa Lavallée (1842–1891). 1932 angenommen und 1980 für amtlich erklärt. □ **Nationalfeiertag:** 1. Juli (›Tag Kanadas‹ genannt, zum Gedenken an die Gründung des Bundesstaates Kanada 1867).

Fläche: 9 975 000 km². □ **Höchste Erhebung:** Mount Logan mit 6 050 m.

Bevölkerung (1989): 26 300 000 Ew. *(Kanadier).* □ **Durchschnittliche Bevölkerungs**dichte: 2,6 Ew. pro km². □ **Jährliches Bevölkerungswachstum:** 0,8 %. □ **Geburtenrate:** 15 ‰. □ **Sterbeziffer:** 7 ‰. □ **Kindersterblichkeit:** 7 ‰. □ **Lebenserwartung:** 76 Jahre. □ **Anteil unter 15 Jahren:** 21 %. □ **Anteil 65 Jahre und älter:** 11 %. □ **Stadtbevölkerung:** 75 %.

Bruttoinlandsprodukt gesamt (1987): 414 Milliarden Dollar. □ **Bruttoinlandsprodukt/Kopf:** 16 000 Dollar. **Produktionsstruktur:** Landwirtschaft 5,5 %; Industrie 25,5 %; Dienstleistungen 69 %. □ **Arbeitslosenquote** (1986): 9,6 %

Verkehr: 834 152 km Straßen; 72 677 km Eisenbahn.

Exporte (1987): 22,8 % des BIP (94,3 Milliarden Dollar). □ **Importe** (1987): 21,1 % des BIP (87,52 Milliarden Dollar).

Auslandsschulden: Nicht veröffentlicht. **Inflationsrate** (1988): 4 %.

Militärausgaben (1989): 8,83 Milliarden Dollar. □ **Streitkräfte:** 89 000 Personen, davon 7 700 Frauen. □ **Wehrdienst:** freiwillig.

Ballungsräume
(Städte und Vorstädte)

Toronto	2 999 000	Hamilton	542 000
Montreal	2 828 000	Saint Catharines	304 000
Vancouver	1 268 000	Kitchener	288 000
Ottawa[1]	718 000	London	284 000
Edmonton	657 000	Halifax	278 000
Calgary	592 000	Windsor	246 000
Winnipeg	564 000	Victoria	233 000
Quebec	576 000		

[1] 295 000 im Stadtgebiet.

In Quebec wurden Tiefstwerte unter −35 °C gemessen. Aber in Quebec sind die Temperaturen auch über 35 °C und in Toronto über 40 °C gestiegen. Die Unterschiede zwischen den Mittelwerten des kältesten und wärmsten Monats sind also erheblich (über 30 °C in Winnipeg und Quebec), an den Küsten jedoch geringer (20 °C in Saint John's und Vancouver) mit milderen Wintern. Bei der Verteilung der Niederschläge ist ein jahreszeitlich bedingter Unterschied festzustellen.

Erzeugung wichtiger Güter

Weizen	15,5 Millionen Tonnen
Rinderbestand	12 Millionen Tiere
Fischfang	1,6 Millionen Tonnen
Steinkohle	38,5 Millionen Tonnen
Erdöl	93 Millionen Tonnen
Erdgas	100 Milliarden m³
Uran	11 900 Tonnen
Strom	503 Milliarden kWh
– davon aus Wasserkraft	316 Milliarden kWh
– davon aus Kernkraft	80,7 Milliarden kWh
Eisen	23,5 Millionen Tonnen
Blei	368 000 Tonnen
Kupfer	762 000 Tonnen
Nickel	220 000 Tonnen
Zink	1,3 Millionen Tonnen
Gold	130 Tonnen
Stahl	15,1 Millionen Tonnen
Aluminium	1,5 Millionen Tonnen
Pkw	1 200 000 Einheiten
Zeitungspapier	9,2 Millionen Tonnen
Bier	23 Millionen Hektoliter

Klimadaten

Stadt	Mittlere Temperatur des kältesten Monats (in °C)	Mittlere Temperatur des wärmsten Monats (in °C)	Jährliche Niederschläge (in mm)	Anzahl der Tage mit Niederschlägen pro Jahr
Churchill	−28,5	12	407	101
Vancouver	−2,5	17,5	1 070	172
Winnipeg	−18,5	19,5	535	118
Toronto	−4,5	22	790	145
Quebec	−12,5	19	1 008	163
Saint John's	−4	16	1 510	178

Verwaltungsgliederung

Provinz und Territorium*	Fläche (in km²)	Einwohner	Hauptstadt	Einwohner
Newfoundland	406 000	580 000	Saint-John's	84 000
Prince Edward Island	5 657	125 000	Charlottetown	15 300
Nova Scotia	55 490	870 000	Halifax	115 000
New Brunswick	73 437	713 000	Fredericton	44 000
Quebec	1 540 680	6 549 000	Quebec	166 000
Ontario	1 068 582	8 558 000	Toronto	599 000
Manitoba	650 000	1 056 000	Winnipeg	564 000
Saskatchewan	652 000	1 006 000	Regina	163 000
Alberta	661 000	2 237 000	Edmonton	532 000
British Columbia	950 000	2 871 000	Victoria	64 000
Yukon*	482 515	22 000	Whitehorse	15 000
Northwest Territories	3 380 000	49 000	Yellowknife	9 500

Staatliche Institutionen

Bundesstaat, Mitglied des Commonwealth: 10 Provinzen (mit eigenem Parlament und Regierung) und 2 Territorien. □ Verfassung: British North America Act von 1867, der mehrfach, insbesondere durch den ›Constitution Act‹ von 1982 nach der Heimführung der Verfassung geändert wurde. □ Generalgouverneur, Vertreter der Krone. □ Premierminister, Führer der Mehrheit im Parlament, dem Parlament verantwortlich. □ Für 5 Jahre gewähltes Unterhaus und Senat (Mitglieder werden bis zum Alter von 75 Jahren ernannt).

Geschichte

Neufrankreich. Die ersten Einwohner Kanadas waren indianische Stämme. Im 9. Jh. sollen sich Iren am Nordufer des Sankt-Lorenz-Golfes niedergelassen haben. 1497 erreicht J. Cabot die Insel am Cap Breton. Im 16. Jh. entdeckt J. Cartier auf seinen Fahrten auf dem St.-Lorenz-Strom weitere Gebiete. S. de Champlain setzt die Kolonialisierung mit der Gründung von Quebec (1608) fort. Zur Besiedlung der neuen Kolonie bildet Richelieu 1627 die ›Compagnie des Cent-Associés‹, der er Neufrankreich und Akadien überläßt. Quebec wird zum Mittelpunkt der Kolonie. Die Kolonialisierung stagniert jedoch. Ludwig XIV. gründet auf Anregung von Colbert die ›Compagnie des Indes occidentales‹ (1664), entsendet das Regiment von Carignan-Salières (1665) gegen die Irokesen und gibt der Kolonie eine neue Verwaltung. Neufrankreich erlebt daraufhin einen großen Aufschwung. J. Talon (1665–1672) fördert die Besiedlung entlang des St.-Lorenz-Stroms und aktiviert Landwirtschaft, Fischfang und Handwerk. Unter Frontenac, der 1672 zum Generalgouverneur ernannt wird, fahren L. Jolliet und der Priester Marquette den Mississippi abwärts (1673), D. Duluth erforscht den oberen Mississippi (1680) und Cavelier de La Salle nimmt Lousiana in Besitz (1682). Ende des 17. Jh. wird Neufrankreich zum Streitobjekt zwischen England und Frankreich. Im Krieg der Augsburger Liga schlägt Frontenac die Engländer vor Quebec (1690), und Le Moyne d'Iberville erobert die Hudsonbai. Im Vertrag von Utrecht (1713) werden Frank-

533

LÄNDER DER ERDE

NORDAMERIKA

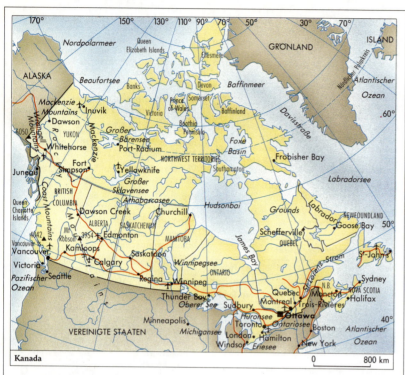

Kanada

reich die Hudsonbai, Akadien und Neufundland aberkannt. Nach dem Friedensschluß erlebt Neufrankreich erneut einen Aufschwung. Die Erkundungen von La Vérendrye und seinen Söhnen dehnen das Gebiet bis zu den Rocky Mountains aus (1743). Die Wirtschaft entwickelt sich: Zu Fischfang und Pelzhandel kommen nun Forstwirtschaft und Abbau von Eisenerzen (Hüttenwerke von Saint-Maurice) sowie Schiffsbau hinzu. Aber verglichen mit den 13 britischen Kolonien mit mehr als einer Million Einwohnern ist Neufrankreich mit seinen nur 54 000 Einwohnern schwach. Während des Siebenjährigen Krieges erobern die Engländer Quebec, nachdem sie Montcalm auf den Abrahamebenen geschlagen haben (1759), und nehmen dann Montreal ein (1760). Ihr Sieg wird durch den Friedensvertrag von Paris (1763) besiegelt, der ihnen Neufrankreich zuspricht.

Das britische Kanada. Das von Franzosen besiedelte Gebiet, nun britische Kolonie, wird auf die Provinz Quebec reduziert. Der Rest des Landes wird an Neufundland oder Nova Scotia angeschlossen. Die katholischen Frankokanadier erhalten das Recht, ihre Sprache und Religion auszuüben und erreichen durch den ›Quebec Act‹ (22. Juni 1774) die Verlegung der Grenze ihrer Provinz bis Labrador und zum Mississippi sowie die Wiedereinsetzung der französischen Zivilgesetzgebung. So sind sie im amerikanischen Unabhängigkeitskrieg gegenüber Georg III. loyal und weigern sich, die Aufständischen zu unterstützen, die Kanada nach ihrer Niederlage vor Quebec (1775) verlassen müssen. Der Zustrom amerikanischer ›Loyalisten‹, die der brit. Herrschaft treu geblieben sind (1783), wirft das Problem der Koexistenz zweier Sprachgemeinschaften im Land auf. Durch den ›Constitutional Act‹ (1791) teilt die britische Regierung die Provinz Quebec in Ober-Kanada (heute Ontario) mit vorwiegend englischen Bewohnern und in Unter-Kanada (heute Quebec) auf, wo fast ausschließlich Franzosen leben, und setzt in beiden Provinzen eigene Verwaltungen ein. In den Seeprovinzen gibt London dem Wunsch der Loyalisten nach und gründet 1784 zwei neue Provinzen, New Brunswick und die Insel Cap Breton, die von Nova Scotia getrennt werden. Kanada wird im Krieg zwischen Großbritannien und den Vereinigten Staaten erneut von Amerikanern besetzt; aber Franzosen und Engländer schließen sich zusammen, um die Eindringlinge zu vertreiben (1812 bis 1813). In den darauffolgenden Jahren wächst unter der Führung von Louis Joseph Papineau in Unter-Kanada und von William L. Mackenzie in Ober-Kanada der Widerstand gegen das Gesetz von 1791. Sie fordern, daß die Exekutive sich vor dem Parlament verantworten und ein Gesetzgebungsrat gewählt werden muß. Die Weigerung Londons führt 1837 zu ›Rebellionen‹ in beiden Provinzen: während Papineau einen Boykott von britischen Waren organisiert, schart Mackenzie in Toronto etwa eintausend Anhänger um sich. Lord Durham, der mit der Untersuchung dieser hart unterdrückten ›Rebellion‹ beauftragt ist, empfiehlt die Vereinigung von Ober- und Unter-Kanada, um eine Assimilierung zwischen französischen und britischen Elementen herbeizuführen. Nach seinen Vorschlägen schafft die britische Regierung durch den ›Canada Union Act‹ von 1840 ein Vereintes Kanada mit einem Gouverneur, einem Exekutiv- und einem Legislativrat, die vom König ernannt werden und dem Parlament nicht verantwortlich sind, und in dem die Frankokanadier die gleiche Anzahl Sitze haben wie die Anglokanadier, obwohl sie zahlenmäßig überlegen sind. Lord Elgin (1847–1854) führt 1848 das Prinzip der Verantwortung der Minister ein. Seitdem häufen sich die politischen Reformen und tragen zum Wirtschaftswachstum bei, das durch den Abschluß eines gegenseitigen Handelsvertrages mit den Vereinigten Staaten gefördert wird (1854). Im Vereinten Kanada beginnt nun eine Zeit des Wohlstands, die durch die Entwicklung des Eisenbahnnetzes und den Bau von Straßen und Kanälen gekennzeichnet ist. Die Seeprovinzen gelangen durch ihre Fischfabriken, ihre Wälder und Schiffswerften (Halifax) ebenfalls zu Wohlstand. Die Bevölkerung Kanadas nimmt daraufhin stark zu. Aber die Kündigung des Vertrages auf gegenseitigen Handel (1866) beeinträchtigt die Wirtschaftsentwicklung. Angesichts des völlig darniederliegenden Handels und eines drohenden Konfliktes mit den Vereinigten Staaten einigen sich die Seeprovinzen, eine Föderation zu bilden.

Die Kanadische Föderation. Der am 20. März 1867 verabschiedete ›British North America Act‹, auf dem die kanadische Verfassung beruht, besiegelt die Existenz Kanadas als Bundesstaat mit dem Status eines Dominions und vier Provinzen: Ontario (früher Ober-Kanada), Quebec (früher Unter-Kanada), Nova Scotia und New Brunswick. Das Gesetz gewährt der Föderation die innere Autonomie und erlaubt die Benutzung der englischen und der französischen Sprache. Die Exekutive verbleibt bei der brit. Königin, die von einem Generalgouverneur vertreten wird, der seinerseits von einem Kabinett unter der Leitung eines Premierministers unterstützt wird, das sich vor dem Unterhaus verantworten muß. Dieses teilt sich mit dem Senat die Legislative. Das Gesetz teilt die Befugnisse unter den Provinzen und dem Bundesgouverneur auf, der die wesentlichen Vollmachten erhält und seinen Sitz in Ottawa hat. Seitdem gibt es im politischen Leben Kanadas zwei große Parteien: die liberale und die konservative Partei. Letztere bildet unter der Führung von John A. Macdonald die erste Regierung des Dominions und bleibt bis 1896 an der Macht (mit einem liberalen Zwischenspiel von 1874–1878). In diesen Jahren vergrößert die Föderation ihr Territorium: Sie kauft von der Hudson's Bay Company die nordwestlichen Gebiete (1869), annektiert die Provinz Manitoba (1870) nach dem Aufstand der Mestizen unter der Führung von Louis Ries (1869); British Columbia und die Prince Edward Insel schließen sich 1871 bzw. 1873 an. Der Bau der transkontinentalen Eisenbahn (1882–1885) zwischen Vancouver und Montreal fördert die Besiedlung des Westens und sichert den Zusammenhalt Kanadas unter der Autorität der Bundesregierung, die 1896 auf die Liberalen und ihren Führer Wilfrid Laurier übergeht. Er regiert bis 1911 und knüpft wieder engere Handelsbeziehungen zu Großbritannien, verstärkt dabei aber auch die Autonomie des Dominions. Tausende von europäischen Einwanderern kommen in den Westen, wo die Provinzen Saskatchewan und Alberta gegründet werden. Diese Politik führt zu einem Anwachsen der Bevölkerung (von 5 731 000 Ew. 1901 auf 7 201 000 Ew. 1911), zur Entwicklung des Getreideanbaus (Weizen) in den großen Ebenen im Westen und zu einem starken Aufschwung der Bergbau- (Gold, Nickel) und Holzindustrien. Als starke Wirtschaftsmacht hat Kanada durch seinen Beitrag zum Ersten Weltkrieg und seine Beteiligung am Versailler Vertrag und am Völkerbund (1919) die Stellung einer internationalen Macht erreicht. Unter der Regierung von William L. Mackenzie King, Führer der liberalen Partei und von 1921 bis 1948 ununterbrochen Premierminister, wird das Dominion ein unabhängiger Staat. 1926 erkennt die Empire-Konferenz, die offiziell von dem Statut von Westminster (1931) bestätigt wurde, Kanada als innen- und außenpolitisch unabhängig an. Nach seiner Teilnahme am Zweiten Weltkrieg betreibt Kanada eine Politik der Annäherung an die Vereinigten Staaten. Unter der Führung der Liberalen, die von 1948 bis 1984 das politische Leben mit den Premierministern Luis Saint-Laurent (1948–1957), Lester Pearson (1963–1968), Pierre Elliott Trudeau (1968 bis 1979 und 1980 bis 1984) und John Turner (1984) bestimmen, erhält Kanada 1982 mit dem ›Verfassungsgesetz‹ seine volle Souveränität, die es ermöglicht, Grundgesetze ohne die Zustimmung des britischen

LÄNDER DER ERDE

Parlaments zu ändern. In diesen Jahren muß sich der Bund, 1949 um Neufundland vergrößert, ständig mit dem Problem der frankophonen Provinz Quebec auseinandersetzen, deren Führer eine größere Autonomie fordern. 1980 lehnen die Einwohner Quebecs jedoch durch Referendum den Plan der Regierung Lévesque ab, die Provinz politisch aus dem Staatsverband Kanadas bei Aufrechterhaltung der wirtschaftlichen Bindungen zu lösen. 1984 wird der Konservative Brian Mulroney gewählt und 1988 in seinem Amt bestätigt. 1990 weigern sich einige Staaten, den sog. ›Meech Lake‹-Verfassungskompromiß zu unterzeichnen, der Quebec den Status einer ›distinct society‹ zuerkannt hätte.

VEREINIGTE STAATEN VON AMERIKA

Offizieller Name: Vereinigte Staaten von Amerika.

Hauptstadt: Washington.

Währung: Dollar (= 100 Cents). ☐ **Amtssprache:** Englisch.

Überwiegende Religion: Protestantismus.

Präsident: George Bush (seit 1989).

Flagge: Die horizontalen Streifen stellen die 13 aufständischen Kolonien von 1775 dar, die auf dem blauen Feld in kreisförmig angeordneten Sternen wieder aufgenommen werden. 1950 wurde die heutige Flagge mit den 50 Sternen für die Bundesstaaten eingeführt. Sie heißt *stars and stripes* (›Sterne und Streifen‹).

Nationalhymne: ›The Star-Spangled Banner‹ (›das Sternenbanner‹) genannt: ›O say! can you see, by the dawns early light, / What so proudly we hail'd at the twilight's last gleaming, / Whose broad stripes and bright stars, thro' the perilous fight, / O'er the ramparts we watch'd were so gallantly streaming‹ ...‹ (O!, Seht im klaren Licht des Morgens die Fahne, durch euren Gesang gepriesen in ihrem Ruhm, deren Sterne in einem azurblauen Himmel leuchten, auf unseren Festungen schwebend und uns den Sieg ankündigend ...); Text von Francis Scott Key (1779–1843), Musik von Unbekannt. 1931 offiziell angenommen. ☐ **Nationalfeiertag:** 4. Juli (Jahrestag der Unabhängigkeit).

Fläche: 9 364 000 km².
Höchste Erhebung: Mount McKinley (Alaska) mit 6 194 m.

Bevölkerung (1989): 248 800 000 Ew. *(Amerikaner).* ☐ Durchschnittliche Bevölkerungsdichte: 26,5 Ew. pro km². ☐ Jährliches Bevölkerungswachstum: 0,7 %. ☐ Geburtenrate: 16‰. ☐ Sterbeziffer: 9‰. ☐ Kindersterblichkeit: 9‰. ☐ Lebenserwartung: 75 Jahre. ☐ Anteil unter 15 Jahren: 21 %. ☐ Anteil 65 Jahre und älter: 12 %. ☐ Stadtbevölkerung: 74 %.

Bruttoinlandsprodukt gesamt (1987): 4 430 Milliarden Dollar. ☐ **Bruttoinlandsprodukt/Kopf:** 18 200 Dollar.

Produktionsstruktur: Landwirtschaft 3,3 %; Industrie 28,5 %; Dienstleistungen 68,2 %.

Arbeitslosenquote (1986): 6,9 %.

Verkehr: 6 222 200 km Straßen; 265 542 km Eisenbahn.

Exporte (1987): 5,7 % des BIP (254 Milliarden Dollar).
Importe (1987): 8,8 % des BIP (424 Milliarden Dollar).

Auslandsschulden (1986): 200 Milliarden Dollar.

Inflationsrate (1988): 4,1 %.

Militärausgaben (1988): 260,268 Milliarden Dollar. ☐ **Streitkräfte:** 2 163 200 Personen, davon 202 700 Frauen. ☐ **Wehrdienst:** freiwillig.

Die größten Städte

New York	7 072 000	San Francisco	679 000
Chicago	3 005 000	Memphis	646 000
Los Angeles	2 969 000	Washington	638 000
Philadelphia	1 688 000	Milwaukee	636 000
Houston	1 595 000	San Jose	630 000
Detroit	1 203 000	Cleveland	574 000
Dallas	904 000	Columbus	565 000
San Diego	876 000	Boston	563 000
Phoenix	790 000	New Orleans	558 000
Baltimore	787 000	Jacksonville	541 000
San Antonio	786 000	Seattle	494 000
Indianapolis	701 000		

Ballungsräume mit mehr als 2 Millionen Einwohnern

New York	16 120 000	Houston	2 905 000
Los Angeles	7 478 000	Boston	2 764 000
Chicago	7 104 000	Nassau-Suffolk	2 606 000
Philadelphia	4 717 000	Saint Louis	2 356 000
Detroit	4 353 000	Pittsburgh	2 264 000
San Francisco	3 251 000	Baltimore	2 174 000
Washington	3 061 000	Minneapolis	2 114 000
Dallas	2 975 000	Atlanta	2 030 000

Klimadaten

Ort	Mittlere Temperatur des kältesten Monats (in °C)	Mittlere Temperatur des wärmsten Monats (in °C)	Jährliche Niederschläge (in mm)	Anzahl der Tage mit Niederschlägen pro Jahr
Seattle	5,5	18,5	866	150
Los Angeles	13	22,5	373	37
Death Valley	11	39	41	10
Kansas City	0	27	865	106
New Orleans	13	28	1 607	122
Chicago	−3,5	24	843	124
New York	0	24,5	1 076	123
Miami	19	27,5	1 518	135

In Chicago wurden bereits Temperaturen von −30 °C, in Kansas City und New York von −25 °C gemessen. In Miami sind sie von Dezember bis Februar selten unter 0 °C gesunken. Dagegen haben sie in Chicago 40 °C, in Kansas City 45 °C und im Death Valley 55 °C erreicht. Die Jahresamplituden zwischen kältestem und wärmstem Monat sind relativ gering (unter 15 °C) an der Pazifikküste und am Golf von Mexiko. Dagegen sind sie im Binnenland und an der nordostatlantischen Küste ausgeprägter (etwa 25 °C bis 30 °C).

Staatliche Institutionen

Verfassung von 1787. ☐ Zwei Kammern (Kongreß): Repräsentantenhaus (435 für 2 Jahre gewählte Mitglieder); Senat (100 Mitglieder, 2 pro Bundesstaat, die für 6 Jahre gewählt werden). ☐ Ein Präsident, der Staatsoberhaupt und Regierungschef ist und von einem Wahlgremium, dessen Mitglieder vom Volk gewählt werden, für 4 Jahre gewählt wird; höchstens 2 Amtsperioden. ☐ Ein Vizepräsident versieht das Amt des Präsidenten bei dessen Tod, Rücktritt oder Verhinderung.

Geschichte

Die Kolonialzeit und die Unabhängigkeit. Im 16. Jh. interessiert das Gebiet vom Atlantik bis zu den Appalachen, wo keine Edelmetalle zu finden sind, die Europäer kaum. Dort leben verstreut zahlreiche Indianerstämme. Die englische Kolonialisierung beginnt im 17. Jh. (Sir W. Raleigh gründet 1607 Jamestown in Virginia). 1682 gründet Cavelier de La Salle Lousiana. Puritaner in New Hampshire (1623) und Massachusetts (1630), Katholiken in Maryland (1632), Anglikaner der beiden Carolinas (1663) verdrängen die Schweden (die sich seit 1637 an den Ufern des Delaware niedergelassen haben) und gründen New Jersey (1664). Nach der Einnahme der holländischen Besitzungen 1664 werden weitere Kolonien gegründet. 1681 bietet Charles II. W. Penn Pennsylvania an, der sich dort mit den Quäkern ansiedelt. Die Autorität der engl. Krone, durch Gouverneure gesichert, hat in je-

Erzeugung wichtiger Güter

Weizen	49,3 Millionen Tonnen
Mais	115,6 Millionen Tonnen
Soja	40,8 Millionen Tonnen
Tabak	560 000 Tonnen
Zucker	6,3 Millionen Tonnen
Wein	16,9 Millionen Hektoliter
Zitrusfrüchte	11,4 Millionen Tonnen
Erdnüsse	1,9 Millionen Tonnen
Kartoffeln	14 Millionen Tonnen
Rinderbestand	99 Millionen Tiere
Schweinebestand	56 Millionen Tiere
Fischfang	5,7 Millionen Tonnen
Steinkohle	760 Millionen Tonnen
Erdöl	453 Millionen Tonnen
Erdgas	471,9 Milliarden m³
Uran	4 800 Tonnen
Strom	2 700 Milliarden kWh
Eisen	35,1 Millionen Tonnen
Stahl	90 Millionen Tonnen
Aluminium	3,9 Millionen Tonnen
Kupfer	1,4 Millionen Tonnen
Blei	390 000 Tonnen
Zink	250 000 Tonnen
Phosphate	51 Millionen Tonnen
Rohbaumwolle	3,2 Millionen Tonnen
Synthetische Textilien	3,5 Millionen Tonnen
Baumwollfasern	1 274 000 Tonnen
Gold	140,5 Tonnen
Gummi	2,3 Millionen Tonnen
Kunststoffe	16,8 Millionen Tonnen
Pkw	7,1 Millionen Einheiten
Fernsehgeräte	20,5 Millionen Geräte
Bier	226 Millionen Hektoliter

LÄNDER DER ERDE

NORDAMERIKA

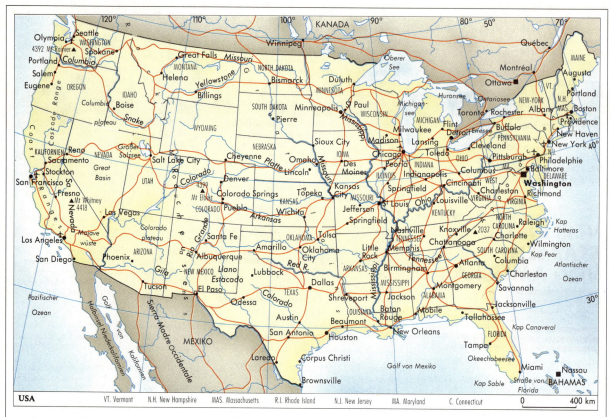

der der dreizehn Provinzen ein Gegengewicht in Form von gewählten lokalen Parlamenten, die den Haushalt verabschieden. Im Kampf gegen Indianer und Franzosen in Kanada stehen England und die Kolonien auf einer Seite. Nach dem Siebenjährigen Krieg endet auch die französische Bedrohung der Kolonien. Im Frieden von Paris (1763) bestätigt Frankreich den Verlust seiner Territorien und tritt die Gebiete am linken Ufer des Mississippi an die Kolonien ab. Der französischen Bedrohung entronnen, ertragen sie nun die englische Oberherrschaft nur widerwillig. Die Kolonisten protestieren gegen die Stempelsteuer (1765), gegen die Erhebung von Zöllen (Massaker von Boston, 1770) und gegen die Handelsmonopole Englands (Boston tea party, 1773). Die Unterdrückung dieser Proteste durch England (Intolerable Act) führt zur Vereinigung der Kolonien, und auf Anregung von B. Franklin tritt der erste Kontinentalkongreß zusammen (Philadelphia, 1774). In den Kolonien werden Milizen bewaffnet, und die Blokkade von Boston führt zum Krieg gegen England (1775–1782), der durch die Unabhängigkeitserklärung (4. Juli 1776) und das Bündnis der Aufständischen mit Frankreich gekennzeichnet ist. Der Pariser Friede (3. Sept. 1783) erkennt die Unabhängigkeit der Vereinigten Staaten an.

Von der Unabhängigkeit bis zum Sezessionskrieg. Die Delegierten der Staaten, die zu einem Konvent in Philadelphia zusammengetreten sind, erarbeiten die Bundesverfassung der Vereinigten Staaten (1787), die von den Staaten zwischen 1787 und 1789 ratifiziert wird, wonach G. Washington zum Präsidenten der Vereinigten Staaten gewählt wird. Den ›Republikanern‹, Anhängern lokaler Eigenständigkeit, stehen die ›Föderalisten‹ gegenüber. Diese sprechen sich für die Stärkung der Zentralregierung aus; sie sind durch den Finanzminister vertreten und bleiben mit Präsident J. Adams (1797–1801) an der Macht. Dann verwirklichen der Republikaner Jeffer-

son (1801–1809) und sein Nachfolger Madison (1809–1817) das Programm der Föderalisten, wodurch die politischen Spannungen abklingen. Nach dem Krieg mit Großbritannien (1812–1815) beginnt die ›Zeit der Gefühle‹, die von den ›Virginiern‹ beherrscht wird (Monroe 1817–1825, J. Q. Adams 1825 bis 1829). Die Vereinigten Staaten kaufen Frankreich Louisiana (1803) und Spanien Florida ab (1819); sie erhalten Oregon von England (1846), nehmen Mexiko Texas (1845), Neu-Mexiko und Kalifornien weg (Vertrag von Guadelupe Hidalgo, 1848) Vertrag von Gadsden, 1853). Die Einwanderung von Engländern und Holländern, dann von Iren und Deutschen nach 1848 ermöglicht die Kolonialisierung neuer Gebiete. Die neuen Staaten im Westen ändern das traditionelle politische Gleichgewicht. 1828 und 1832 wird ihr Kandidat, A. Jackson, zum Präsidenten gewählt, der das politische Leben demokratisiert und den ›Virginiern‹ ihren Einfluß nimmt. Die Staaten im Westen müssen bei den Wahlen im Konflikt zwischen Norden und Süden entscheiden. Der Norden, in dem die Industrialisierung zunimmt, braucht einen gewissen Protektionismus, während der Süden als Baumwollexporteur für den freien Handel ist. Zu diesem wirtschaftlichen Konflikt kommt das Problem der Sklavenhaltung, die im Süden betrieben wird. Der Norden lehnt die Sklaverei ab und versucht auch, diese Praxis in den neuen Bundesstaaten einzuschränken (Kompromisse von 1820 und 1850). Die 1854 gegründete republikanische Partei läßt angesichts der Teilung der Demokraten in Gegner und Befürworter der Sklaverei A. Lincoln mit den Stimmen der westlichen Staaten wählen (1860). Die Südstaaten bilden daraufhin die konföderierten Staaten von Amerika (1861). Die überlegenen und besser ausgestatteten Nordstaaten siegen im Sezessionskrieg (1861 bis 1865) und schaffen die Sklaverei ab.

Die Zeit der Prosperität. Die Ermordung Lincolns kennzeichnet den Beginn des Wie-

deraufbaus (1865–1877), der von den Präsidenten A. Johnson (1865–1869) und General Grant (1869–1877) durch den Reconstruction Act (1867) repressiv gehandhabt wird. Dieser löst die politischen Institutionen der Südstaaten auf und zwingt sie, die rechtliche Gleichstellung von Schwarzen und Weißen anzuerkennen. Als Reaktion darauf entstehen in den Südstaaten terroristische Organisationen wie der Ku Klux Klan (1866), und nachdem sie 1874 ihre politischen Rechte zurückerhalten haben, eine strenge Rassentrennung. Die vom Homestead Act (1862) geförderte Einwanderung (29 Millionen Ankömmlinge von 1870 bis 1914) führt zu einem Wirtschaftswachstum, das auf dem Aufschwung der Schwer- und Konsumgüterindustrie sowie auf der Entwicklung des Eisenbahnnetzes beruht (erstes transkontinentales Netz 1869). Die wachsende Bedeutung des Großkapitalismus führt zur Organisation der Arbeiterklasse in Gewerkschaften (Knights of Labor, 1869, American Federation of Labor, 1886). Nur zweimal gelingt es einem demokratischen Kandidaten, zum Präsidenten gewählt zu werden (Cleveland 1885–1889 und 1893–1897), während die Republikaner die Politik bis 1913 beherrschen. Sie setzten Schutzzölle (McKinley Act, 1890) sowie ein einheitliches Währungssystem durch, machen der Opposition jedoch kleine Zugeständnisse mit dem Antitrust-Gesetz (Sherman Act, 1890). Th. Roosevelt (1901–1909) will Reformen durchsetzen, betreibt eine härtere Regierungspolitik gegen die Trusts und bemüht sich, die Politik zu demokratisieren, wodurch er die Rückkehr der Demokraten an die Macht begünstigt, deren Kandidat W. Wilson 1913 gewählt wird. Ab 1823 hatte die ›Monroe-Doktrin‹ die Außenpolitik der Vereinigten Staaten beeinflußt: Desinteresse an europäischen Angelegenheiten und Ablehnung jeder Einmischung Europas auf dem amerikanischen Kontinent. Mit ihrer antikolonialen Haltung verhelfen sie Kuba zur Unabhängigkeit (1898), zwingen ihm jedoch ihre Schirmherrschaft auf (Platt-

536

LÄNDER DER ERDE

Amendment, 1901) und annektieren Guam, die Philippinen und Puerto Rico. Zur Wahrung ihrer wirtschaftlichen Interessen betreiben sie die Politik des ›big stick‹, die von Roosevelt 1904 festgelegt worden war, und kontrollieren Santo Domingo (1905), greifen in Mexiko (1914), in Haiti (1915) und Panama ein, wo der Kanal 1914 eröffnet wird. Sie intervenieren auch in Santo Domingo (1916–1924) und Nicaragua (1912–1925, 1926–1933). Diese Politik schließt gleichzeitig eine Abschottung gegenüber Europa ein, die durch das Eingreifen im Ersten Weltkrieg (1917–18) nicht durchbrochen werden kann.

Von der Abschottung bis zum Zweiten Weltkrieg. Präsident Wilson gelingt es nicht, die Friedensverträge und den Beitritt der Vereinigten Staaten in den Völkerbund ratifizieren zu lassen (1919). Die 1921–1933 regierenden Republikaner schränken die Einwanderung ein (Gesetze von 1921, Quoten 1924) und verstärken den Protektionismus, so daß die Bauern zu den Benachteiligten der ›Prosperität‹ werden. Während sich mit der Prohibition (Gesetz gegen Alkohol, 1919) das Gangstertum entwickelt, führt das völlige Fehlen einer Steuerung der Wirtschaft zu Überproduktion und Spekulation. Der Börsenkrach (›Schwarzer Freitag‹ am 24. Okt. 1929 in der Wall Street) leitet eine noch nie erlebte Weltwirtschaftskrise ein. An der Talsohle angelangt (13 Millionen Arbeitslose), kommen die Demokraten mit F. D. Roosevelt wieder an die Macht, der 1932 einen triumphalen Sieg erringt. Seine Politik des ›New Deal‹ bemüht sich, die Übel in der Landwirtschaft zu beseitigen (Agricultural Adjustment Act, 1933). Er strukturiert die Banken und das Kreditwesen neu und diszipliniert die Industriellen (Industrial Recovery Act, 1933). Der Oberste Gerichtshof erklärt diese Maßnahmen für verfassungswidrig, aber die öffentliche Meinung gibt Roosevelt recht, indem sie ihn 1936 erneut wählt. Der Isolationismus wird wieder bestätigt (Neutrality Act, 1935), ab 1937 akzeptieren es die Vereinigten Staaten jedoch, Waffen unter Bedingungen zu verkaufen, die die Demokratien fördern *(cash and carry)*.

Die Vereinigten Staaten seit 1945. Nach dem japanischen Angriff auf Pearl Harbor (Dez. 1941) treten die Vereinigten Staaten mit dem 1940 wiedergewählten Roosevelt in den Zweiten Weltkrieg ein. Sie werden zum Waffenlieferanten der Alliierten und nehmen an den Landungen in Afrika (1942), Italien (1943) und in der Normandie (1944) teil und erreichen die Kapitulation Deutschlands (Mai 1945) und Japans (Sept. 1945). Nach ihrer Teilnahme an den Konferenzen von Teheran (1943) und Jalta (1945) müssen sich die Vereinigten Staaten nach der Wiederwahl und dem Tod von Roosevelt (1945) weltpolitisch engagieren. Der Demokrat H. Truman (1945 bis 1953) startet einen Wiederaufbauplan (Marshallplan, 1947). Angesichts der sowjetischen Ausdehnung in Osteuropa organisiert er die Verteidigung der nichtkommunistischen Welt durch die Gründung der NATO (Nordatlantikpakt, 1949). Gegen China, wo 1949 eine Revolution stattgefunden hat, richtet sich der ›Pazifikpakt‹ (ANZUS, 1951). Nach dem Koreakrieg (1950–1953) verschärfen Präsident Eisenhower (1953–1961) und sein Außenminister J. F. Dulles die Politik des Kalten Krieges (Südostasien-Pakt, 1954), können die Teilung Koreas nicht verhindern. Innenpolitisch endet die Furcht vor dem Kommunismus im McCarthyismus. Mit den Projekten ›New Frontiers‹ und ›Great Society‹ versuchen die Demokraten J. F. Kennedy (1960 gewählt, 1963 ermordet) und L. B. Johnson (1963–1969) die Armut mittels einer Politik des wirtschaftlichen Aufschwungs und die Rassentrennung in Schulen und bei Wahlen zu bekämpfen, ohne jedoch den Aufstand der schwarzen Bevölkerung verhindern zu können (Unruhen von Watts in Los Angeles, 1965). Außenpolitisch startet Kennedy die ›Allianz für den Fortschritt‹ gegen die Unterentwicklung und zeigt trotz des mißlungenen Versuches, das Regime von Fidel Castro zu stürzen (Schweinebucht-Affäre, 1961) gegenüber der UdSSR seine Entschlossenheit, insbesondere als er Chruschtschow zwingt, die gegen die Vereinigten Staaten gerichteten Atomraketen aus Kuba abzuziehen (1962). Aber Kennedy führt die Vereinigten Staaten in den Vietnamkrieg, dem sich auch Johnson nicht entziehen kann. Der Republikaner R. Nixon (1968 und 1972 gewählt) befiehlt 1973 den Rückzug der amerikanischen Truppen. Er nähert sich China an und verbessert seine Beziehungen zur UdSSR (SALT-Abkommen von 1972). Innenpolitisch ist R. Nixon in den Watergate-Skandal verwickelt und muß zurücktreten. Nach der Präsidentschaft von Gerald Ford (1974–1977) kommen die Demokraten mit Jimmy Carter (1977–1981) an die Regierung, der diplomatische Erfolge mit den Abkommen von Camp David (1978) verbuchen kann, aber außenpolitisch (Geiselnahme in der Botschaft von Teheran, 1979–80) und innenpolitisch (Inflation, Arbeitslosigkeit) Rückschläge erlebt. Unter dem 1980 und 1984 gewählten Republikaner Ronald Reagan gelingt ein Aufschwung der amerikanischen Wirtschaft. Außenpolitisch betreibt Reagan eine Politik der Entschlossenheit (Hilfe für die Contras von Nicaragua, Intervention in Grenada 1983, Start der Initiative der Strategischen Verteidigung (SDI), Überfall auf Libyen 1986), und beginnt den Dialog mit der UdSSR (Treffen Reagan–Gorbatschow in Genf 1985), der 1987 in der Unterzeichnung eines Abkommens zwischen beiden Weltmächten, das den Abbau der Mittelstreckenraketen in Europa vorsieht, zum Erfolg führt. Im Nov. 1989 wird der Republikaner George Bush zum Präsidenten gewählt. Die Annexion Kuwaits durch den Irak im August 1990 wurde von der UNO verurteilt; nach Ablauf des Ultimatums zur Räumung Kuwaits am 15. Januar 1991 haben 24 westliche und arabische Staaten unter der Führung der USA Kuwait bis 27. 2. 1991 militärisch befreit.

Verwaltungsgliederung

Staat	Fläche (in km²)	Einwohner	Hauptstadt	Staat	Fläche (in km²)	Einwohner	Hauptstadt
Alabama	133 915	3 894 000	Montgomery	Michigan	150 780	9 258 000	Lansing
Alaska	1 530 000	407 000	Juneau	Minnesota	217 735	4 077 000	Saint Paul
Arizona	295 000	2 718 000	Phoenix	Mississippi	123 500	25 210 000	Jackson
Arkansas	138 000	2 286 000	Little Rock	Missouri	180 500	4 917 000	Jefferson
California	411 000	23 668 000	Sacramento	Montana	381 000	787 000	Helena
North Carolina	136 413	5 882 000	Raleigh	Nebraska	200 000	1 597 000	Lincoln
South Carolina	80 582	3 122 000	Columbia	Nevada	295 000	891 000	Carson
Columbia (District of)	175	623 000	Washington	New Hampshire	24 000	959 000	Concord
Colorado	270 000	3 139 000	Denver	New Jersey	20 169	7 468 000	Trenton
Connecticut	13 000	3 138 000	Hartford	New York	128 400	17 667 000	Albany
North Dakota	183 119	653 000	Bismarck	New Mexico	315 000	1 399 000	Santa Fe
South Dakota	199 730	691 000	Pierre	Ohio	107 000	10 797 000	Columbus
Delaware	5 295	595 000	Dover	Oklahoma	181 000	3 298 000	Oklahoma City
Florida	151 670	9 740 000	Tallahassee	Oregon	251 000	2 662 000	Salem
Georgia	152 488	5 463 000	Atlanta	Pennsylvania	117 400	11 895 000	Harrisburg
Hawaii	16 600	965 000	Honolulu	Rhode Island	3 144	955 000	Providence
Idaho	216 412	944 000	Boise	Tennessee	109 152	4 685 000	Nashville-Davidson
Illinois	146 075	11 419 000	Springfield				
Indiana	94 000	5 498 000	Indianapolis	Texas	690 000	15 724 000	Austin
Iowa	146 000	2 913 000	Des Moines	Utah	220 000	1 619 000	Salt Lake City
Kansas	213 063	2 364 000	Topeka	Vermont	24 887	525 000	Montpelier
Kentucky	104 623	3 661 000	Frankfort	Virginia	105 586	5 550 000	Richmond
Louisiana	125 674	4 204 000	Baton Rouge	West Virginia	62 759	1 965 000	Charleston
Maine	86 156	1 125 000	Augusta	Washington	1 765 000	4 132 000	Olympia
Maryland	27 092	4 216 000	Annapolis	Wisconsin	145 348	4 751 000	Madison
Massachusetts	21 500	5 737 000	Boston	Wyoming	253 500	514 000	Cheyenne

DIE LÄNDER DER ERDE

MITTELAMERIKA

MEXIKO MÉXICO

Offizieller Name: Vereinigte Staaten von Mexiko.

Hauptstadt: Mexiko *(Ciudad de México)*.
Währung: Mexikanischer Peso (= 100 Centavos).
Amtssprache: Spanisch.
Überwiegende Religion: Katholizismus.

Staatspräsident: Carlos Salinas de Gortari (seit 1988).

Flagge: Sie entstand 1821 nach französischem Vorbild und wurde 1968 zur offiziellen Flagge. Das Grün steht für die Unabhängigkeit, das Weiß für die Reinheit des Glaubens und das Rot (eine der spanischen Nationalfarben) für die Einheit. Das Wappen erinnert an die Legende von der Gründung der Hauptstadt: Die einwandernden Azteken sollen sich dort niedergelassen haben, wo ein auf einem Kaktus sitzender Adler eine Schlange verschlang.

Nationalhymne: ›Mexicanos al grito de guerra / El acero aprestad y el bridón / Y retiembe en sus centros la tierra / Al sonoro rugir del cañón ...‹ (Mexikaner, haltet beim Schlachtruf Stahl und Zaumzeug bereit, auf daß die Erde in ihrem Innersten erzittere, wenn das laute Gebrüll der Kanone erklingt ...); Text von Francisco González Bocanegra (1824–1861), Musik von Jaime Nunó (1824–1908). 1854 für amtlich erklärt.

Nationalfeiertag: 15. September (Jahrestag des ›Aufrufs‹ zum Aufstand gegen Spanien durch den Priester Hidalgo 1810).

Fläche: 1 970 000 km².
Höchste Erhebung: Citlaltépetl oder Pico de Orizaba, 5 700 m.

Mexiko

Die wichtigsten Städte

Stadt	Einwohner	Stadt	Einwohner
Mexiko	9 191 000	Tampico	268 000
Puebla	3 285 000	Villahermosa	251 000
Netzahualcóyotl	3 000 000	Mazatlán	250 000
Guadalajara	2 245 000	Irapuato	246 000
Monterrey	1 916 000	Matamoros	239 000
León	656 000	Cuernavaca	232 000
Ciudad Juárez	625 000	Celaya	219 000
Culiacán	560 000	Nuevo Laredo	214 000
Mexicali	511 000	Jalapa	213 000
Tijuana	461 000	Reynosa	206 000
Mérida	425 000	Coatzacoalcos	186 000
Acapulco	409 000	Ciudad Obregón	182 000
Chihuahua	407 000	Tepic	177 000
San Luis Potosí	407 000	Ensenada	175 000
Torreón	364 000	Poza Rica	170 000
Aguascalientes	359 000	Tuxtla Gutiérrez	166 000
Toluca	357 000	Oaxaca	157 000
Morelia	353 000	Ciudad Victoria	153 000
Hermosillo	341 000	Campeche	152 000
Saltillo	322 000	Minatitlán	145 000
Durango	321 000	Pachuca de Soto	135 000
Veracruz	305 000	Orizaba	115 000
Querétaro	294 000		

Erzeugung wichtiger Güter

Mais	12 Millionen Tonnen
Zitrusfrüchte	1,6 Millionen Tonnen
Zucker	3,8 Millionen Tonnen
Baumwolle	261 000 Tonnen
Kakao	40 000 Tonnen
Kaffee	330 000 Tonnen
Rinderbestand	31,2 Millionen Tiere
Schweinebestand	18,8 Millionen Tiere
Erdöl	145,2 Millionen Tonnen
Erdgas	26,3 Milliarden m³
Silber	2 300 Tonnen
Kupfer	272 000 Tonnen
Blei	190 000 Tonnen
Zink	300 000 Tonnen
Stahl	7,7 Millionen Tonnen
Pkw	228 000 Einheiten
Synthetische Textilien	344 900 Tonnen

Bevölkerung (1989): 86 700 000 Ew. (Mexikaner). □ Durchschnittliche Bevölkerungsdichte: 44 Ew. pro km². □ Jährliches Bevölkerungswachstum: 2,4 %. □ Geburtenrate: 30‰. □ Sterbeziffer: 6‰. □ Kindersterblichkeit: 50‰. □ Lebenserwartung: 68 Jahre. □ Anteil unter 15 Jahren: 42 %. □ Anteil 65 Jahre und älter: 4 %. □ Stadtbevölkerung: 70 %.

Bruttoinlandsprodukt gesamt (1987): 139,2 Milliarden Dollar.
Bruttoinlandsprodukt/Kopf: 1 698 Dollar.

Produktionsstruktur: Landwirtschaft 36 %; Industrie 26 %; Dienstleistungen 38 %.

Arbeitslosenquote: nicht verfügbar.

Verkehr: Straßen 214 073 km (davon 10 283 km Carretera Panamericana); Eisenbahn 25 902 km.

Exporte (1985): 13 % des BIP (21,8 Milliarden Dollar).

Importe (1985): 8 % des BIP (13,4 Milliarden Dollar).

Auslandsschulden (1988): 108 Milliarden Dollar.

Inflationsrate (1988): 114,2 %.

Militärausgaben (1988): 619 Millionen Dollar.
Streitkräfte: 261 500 Mann. □ Wehrdienst: freiwillig.

Staatliche Institutionen

Bundesrepublik (31 Bundesstaaten und ein Bundesdistrikt). □ Verfassung von 1917. □ Der Staatspräsident wird für 6 Jahre gewählt. □ Kongreß: Das Abgeordnetenhaus wird für 3, der Senat für 6 Jahre gewählt.

Geschichte

Das präkolumbische Mexiko. Die ersten Bewohner Mexikos sind um 10 000 v. Chr. die Jäger und Sammler von Tepexpan. Im 2. Jahrtausend entstehen die ersten Ackerbauerndörfer. In der mittleren Vorklassik (1500–300 v. Chr.) entwickelt sich die Kultur der Olmeken, denen die Erfindung des Kalenders, der Hieroglyphenschrift und der Bau der ersten

Klimadaten

Stadt	Höhe (m ü. M.)	Mittlere Temperatur des kältesten Monats (in °C)	Mittlere Temperatur des wärmsten Monats (in °C)	Jährliche Niederschläge (in mm)	Anzahl der Tage mit Niederschlägen pro Jahr
Guaymas	4	18	29	285	30
Mexico	2 300	12,5	19	749	170
Acapulco	5	26,5	29	1 377	55
Mérida	20	22,5	31	930	150

An der Wetterstation Acapulco, wo die meisten Niederschläge niedergehen, fällt zwischen November und Mai fast kein Regen. Von Juni bis September werden dagegen monatlich über 200 mm gemessen. Diese extreme Verteilung des Regens findet sich (weniger ausgeprägt) auch in Mexiko und in Mérida (in Mexiko fallen 75 % zwischen Juni und September, in Mérida in Yucatán, wo kein Monat ganz trocken ist, ist der Prozentsatz etwas geringer). Außer in Mexiko (aufgrund der Höhe nie über 33 °C) werden Höchsttemperaturen über 40 °C gemessen (47 °C in Guaymas im NW, Halbwüste).

DIE LÄNDER DER ERDE

Tempelanlagen zugeschrieben wird. In der klassischen Periode (250–950 n. Chr.) entfalten sich die eindrucksvollsten Kulturen: Teotihuacán (Zentralmexiko) und El Tajín (der heutige Staat Veracruz). Die Mayakultur erfährt eine bemerkenswerte Ausdehnung; Grundlage sind die Stadtstaaten. In der nachklassischen Periode (950–1500 n. Chr.) beginnen die Einfälle der nomadischen Chichimeken in das Toltekenreich, das sich über Zentralmexiko erstreckt. Ihre Hauptstadt Tollan (heute Tula) wird von den Chichimeken 1168 zerstört. Im 13. Jh. dringen die Mixteken in zapotekisches Gebiet ein. An der Golfküste wird Cempoala zum Zentrum der Totonaken, während die Huaxteken in nachklassischer Zeit zur Blüte gelangen. Der letzte Chichimekenvorstoß verschafft den Azteken Einfluß über den größten Teil des mexikanischen Gebiets. Ihre Kultur überlebt die spanische Eroberung jedoch nicht.

Die Eroberung und die Kolonialzeit. 1519 geht Cortés an der Spitze einer spanischen Expedition in Tabasco an Land. Er verbündet sich mit den Feinden der Azteken und erobert die Hauptstadt ihres Reiches, Tenochtitlán (1521), aber die Maya werden erst 1546 unterworfen. An die Stelle der Eroberer treten in der Kolonie Neuspanien bald königliche Beamte (1528 Audiencia de Mexico, 1535 Vizekönigreich). Die Franziskaner christianisieren die Indianer, die Zwangsarbeit (encomienda) verrichten müssen. Die Entdeckung der Silberminen von Zacatecas beschleunigt die wirtschaftliche Entwicklung der Kolonie. Anfang des 17. Jh. werden Grundbesitzstrukturen geschaffen: Neben den Indianergemeinden entstehen die großen, von Leibeigenen bearbeiteten Landgüter (Haciendas). Im 18. Jh. beginnt ein glanzvoller Aufschwung: Die Bevölkerung wächst, und der Bergbau erlebt seine Blütezeit. Die Bourbonen setzen eine ›aufgeklärte‹ Verwaltung ein, die für eine Liberalisierung des Handels (1778) sorgt, schaffen aber auch Verwaltungsstrukturen, die der Korruption und den partikularistischen Bestrebungen der Kreolen entgegenwirken sollen (1786).

Die Unabhängigkeit und das 19. Jh. Nach 1800 wecken Wirtschaftsprobleme und die Unzufriedenheit der Kreolen, denen hohe Verwaltungsposten nicht zugänglich sind, den Wunsch nach Unabhängigkeit. Als Napoleon nach Spanien vordringt, scheint die Zeit dafür gekommen. Aber schon bald kommt es zu Spaltungen. Während die Kreolen eine konservative Unabhängigkeit wollen, entwickelt sich der Aufstand des Priesters Hidalgo (1810) zu einer sozialen Revolution. Hidalgo wird 1811 von Angehörigen der regierungstreuen Armee erschossen. Sein Nachfolger Morelos wird 1815 getötet. Später jedoch ziehen die konservativen Kreolen die Unabhängigkeit dem Liberalismus vor, der sich in Spanien durchsetzt, verbünden sich mit den letzten Aufständischen und erlangen unter General Itúrbide die Unabhängigkeit (1821). Itúrbide ruft sich als Augustín I. zum Kaiser aus (1822), muß aber angesichts der republikanischen Opposition abdanken (1823). In dieser Zeit ist die politische Lage sehr instabil, sowohl unter den Föderalisten (1824–1835) als auch unter den Zentralisten (1835–1846). Liberale und Konservative sind politische Gegner, aber von 1823 bis 1855 beherrscht in Wirklichkeit die Armee unter General Santa Anna das Spiel. Mexiko erlebt den finanziellen Bankrott, verliert Texas (1836), dann, nach dem Krieg mit den Vereinigten Staaten, Kalifornien, Neumexiko und Arizona (Frieden von Guadalupe Hidalgo, 1848). Durch die Revolution von Ayutla, die den Diktator Santa Anna stürzt (1855), kommt eine neue Generation von Liberalen an die Macht, die ihr antiklerikales Programm durchsetzt. Die Verfassung von 1857 ist Anlaß für einen Putsch der Konservativen und löst den ›Dreijährigen Krieg‹ (1858–1862) aus. Die Liberalen gewinnen unter der Führung von Juárez. Daraufhin müssen sie gegen eine ausländische Intervention (aufgrund der Außenverschuldung; 1861/62) und gegen Kaiser Maximilian (1864–1867) vorgehen, den Napoleon III. mit Unterstützung der mexikanischen Konservativen eingesetzt hatte. Erst 1867 sind die Liberalen wirklich an der Macht. Nach dem Staatsstreich des Generals Porfirio Díaz beginnt 1876 eine Zeit der Stabilität. Nach 1890 fließen die ausländischen Investitionen, 19 000 km Eisenbahnstrecke werden gebaut, so daß sich ein nationaler Markt entwickeln kann. Die Industrialisierung beginnt.

Die mexikanische Revolution und das 20. Jh. Präsident Díaz bleibt bis 1911 an der Macht. Er bringt die Armee unter Kontrolle und modernisiert die Wirtschaft, indem er ausländisches Kapital nach Mexiko zieht. Nach 1900 wächst jedoch die Opposition gegen die Regierung, der die soziale Ungleichheit gleichgültig ist und die sich als unfähig erweist, die Demokratisierung einzuleiten. Nach seiner Wiederwahl (1910) wird Díaz von Madero gestürzt (1911). Dieser wird zum Präsidenten gewählt und 1913 von Huerta, einem Porfiria-Anhänger aus Armeekreisen, ermordet. Nach dem Staatsstreich erheben sich die Konstitutionalisten Carranza, Obregón und Pancho Villa im Norden; im Süden breitet sich die Bauernrevolution unter Zapata aus. Als sich Pancho Villa nach seiner Niederlage zurückzieht (1915), setzen die Konstitutionalisten die heute noch gültige Verfassung von Querétaro durch (1917), die das Prinzip der Landreform und der Verstaatlichung beinhaltet. Präsident Carranza wird von Obregón ermordet, der als gewählter Präsident (1920–1924) ein ehrgeiziges Volkserziehungsprogramm in die Wege leitet. Calles (1924–1928), der das politische Leben bis 1935 prägt, entwickelt eine antiklerikale Politik, die den Aufstand der ›Cristeros‹ auslöst (1926–1929). Cárdenas verkörpert den Geist der Revolution besser: er führt die Landreform weiter und verstaatlicht die Erdölproduktion (1938). In seiner Amtszeit erhält die Staatspartei Partido de la Revolución Mexicana den neuen Namen Partido Revolucionario Institucional (PRI) [1946] und wird zum Machtmittel über die Erben der Revolution. Unter Alemán (1946–1952) verschreibt sich Mexiko der Industrialisierung, aber das Wachstum wird auf Kosten des sozialen Wohlstands erzielt. Der Nachfolger von López Mateos (1958–1964), Díaz Ordoz, beginnt mit einer neuen Landreform, wird aber dennoch 1968 mit studentischen Demonstrationen und der Forderung nach Demokratisierung konfrontiert, die er mit Gewalt unterdrückt (Schießerei von Tlatelolco). Seine Nachfolger Echeverría (1970–1976) und López Portillo (1976–1982) machen Zugeständnisse und fördern die Gründung von Oppositionsparteien und die freie Meinungsäußerung. Die schon Ende der sechziger Jahre spürbaren wirtschaftlichen Ungleichgewichte verschieben sich nach 1970 noch weiter. Die Entdeckung riesiger Erdölreserven aber schafft Mexiko einen kurzlebigen Wirtschaftsaufschwung (1978–1981), auf den eine beispiellose Krise folgt. Der 1982 gewählte Präsident Miguel De la Madrid steht vor dem Problem der Rückzahlung der Auslandsschulden. 1988 übernimmt Carlos Salinas de Gortari das Präsidentenamt. 1990 erreicht Mexiko eine Umschuldung von 48,5 Milliarden Dollar.

BELIZE

Offizieller Name: Belize.

Hauptstadt: Belmopan. □ Währung: Belize-Dollar (= 100 Cents). □ Amtssprache: Englisch. □ Überwiegende Religion: Katholizismus. □ Maße und Gewichte: britisches System, wird z. Z. auf metrische Maßeinheiten umgestellt.

Generalgouverneur: Elmira Minita Gordon (seit 1981). □ Premierminister: George Price (seit 1989).

Flagge: Seit 1981 zeigt die Flagge das Staatswappen auf einer weißen Scheibe in einem Pflanzenkranz, ein Hinweis auf die Bedeutung der Wälder für dieses Land. □ Nationalhymne: ›O Land of the Free of the Carib Sea, / Our manhood we pledge to thy liberty: / No tyrants here linger, despots must flee / This tranquil haven of democracy ...‹ (O Land der Freien im Karibischen Meer, mit unserer Mannhaftigkeit geloben wir deiner Freiheit die Treue: Kein Tyrann soll hier weilen, Despoten sollen diesen ruhigen Hafen der Demokratie meiden ...); Text von Samuel Haynes (1898–1971); Musik von Walford Young (1899–1977). 1981 für amtlich erklärt. □ Nationalfeiertag: 21. September (Jahrestag der Unabhängigkeit).

Fläche: 23 000 km². □ Höchste Erhebung: Victoria Peak mit 1 122 m.

Klima: In Belize liegen die Lufttemperaturen im Jahresdurchschnitt nie unter 23 °C und nie über 27,5 °C. Die Niederschläge sind reichlich (über 2 000 mm), nur zwischen Februar und Mai ist es relativ trocken.

Bevölkerung (1989): 200 000 Ew. □ Durchschnittliche Bevölkerungsdichte: 8 Ew. pro km². □ Jährliches Bevölkerungswachstum: 3 ‰. □ Geburtenrate: 36 ‰. □ Sterbeziffer: 6 ‰. □ Kindersterblichkeit: 36 ‰. □ Lebenserwartung: 69 Jahre. □ Anteil unter 15 Jahren: 45 %. □ Anteil 65 Jahre und älter: 5 %. □ Stadtbevölkerung: 52 %.
Wichtigste Orte und Städte: Die frühere Hauptstadt Belize ist mit über 40 000 Einwohnern die einzige größere Stadt. Die neue Hauptstadt Belmopan hat weniger als 5 000 Einwohner. Sie liegt geschützter als die frühere Hauptstadt, die sich in einem von tropischen Wirbelstürmen heimgesuchten Gebiet befindet.

Bruttoinlandsprodukt gesamt (1988): 280 Millionen Dollar. □ Bruttoinlandsprodukt/Kopf: 1 270 Dollar.

Produktionsstruktur: Landwirtschaft 50 %; Industrie 15 %; Dienstleistungen 35 %. □ Arbeitslosenquote: nicht verfügbar.

Wichtigste Erzeugnisse: Zucker (11 000 Tonnen), Zitrusfrüchte (6 000 Tonnen), Mais (20 000 Tonnen).

Verkehr: Straßen 827 km.

Exporte (1985): 50,6 % des BIP (91 Millionen Dollar). □ Importe (1985): 68,3 % des BIP (123 Millionen Dollar).

Auslandsschulden (1986): 94,3 Millionen Dollar.

Inflationsrate (1987): 2,3 %.

Militärausgaben (1988): 8 Millionen Dollar. □ Streitkräfte: 700 Mann. □ Wehrdienst: freiwillig.

DIE LÄNDER DER ERDE

MITTELAMERIKA

Staatliche Institutionen

Unabhängiger Staat, Mitglied des Commonwealth. □ Verfassung von 1981. □ Ein Generalgouverneur vertritt die britische Krone. □ Parlament mit zwei Kammern: Nationalversammlung (für 5 Jahre gewählt) und Senat (8 Mitglieder, vom Generalgouverneur ernannt).

Geschichte

Nach langen Auseinandersetzungen zwischen Großbritannien und Spanien im 18. Jh. wird das Gebiet 1862 britische Kronkolonie. Guatemala erhebt Gebietsansprüche. Seit 1964 verfügt das Land über autonome Institutionen, 1973 nennt es sich Belize. Nach einer Vereinbarung zwischen Großbritannien und Guatemala im März 1981 wird Belize im September 1981 unabhängig.

GUATEMALA

Offizieller Name: Republik Guatemala.

Hauptstadt: Guatemala *(Guatemala Ciudad)*. □ Währung: Quetzal (= 100 Centavos). □ Amtssprache: Spanisch. □ Überwiegende Religion: Katholizismus.

Staatspräsident und Regierungschef: Vinicio Cerezo Arévalo (seit 1986).

Flagge: 1871 entworfen und 1968 offiziell eingeführt. Die drei Streifen symbolisieren das Karibische Meer und den Pazifik, die das Land umschließen. Das Blau steht für Glauben und Gerechtigkeit, das Weiß für die Vernunft. □ Nationalhymne: ›Guatemala feliz: que tus aras /No profane jamás el verdugo / Ni hay esclavos que lamen el yugo / Ni tiranos que escupan ti faz. / Si mañana tu sueclo sagrado / Lo amenaza invasión extranjera./libre al viento tu hermosa bandera, / A vencer o morir llamará‹ (Glückliches Guatemala, möge nie der Henker deine Altäre entweihen, mögen nie Sklaven nach dem Joch rufen oder Tyrannen in dein Gesicht speien. Wenn morgen deine heilige Erde von ausländischen Eindringlingen bedroht wird, weht deine schöne Flagge und ruft auf zu Kampf oder Tod); Text von José Joaquín Palma (1844–1911); Musik von Rafael Ovalle (1860–1948). 1934 für amtlich erklärt. □ Nationalfeiertag: 15. September (Jahrestag der Unabhängigkeit von Spanien 1821).

Fläche: 109 000 km². □ Höchste Erhebung: Tajumulco mit 4 211 m.

Klima: In der Hauptstadt (etwa 1500 m ü. M.) liegen die mittleren Jahrestemperaturen zwischen 17 und 23 °C. Die Niederschläge fallen fast ausschließlich und reichlich (etwa 1 300 mm) zwischen Mai und Oktober.

Bevölkerung (1989): 8 900 000 Ew. *(Guatemalteken)*. □ Durchschnittliche Bevölkerungsdichte: 81,6 Ew. pro km². □ Jährliches Bevölkerungswachstum: 3,2 %. □ Geburtenrate: 40 ‰. □ Sterbeziffer: 8 ‰. □ Kindersterblichkeit: 71 ‰. □ Lebenserwartung: 60 Jahre. □ Anteil unter 15 Jahren: 46 %. □ Anteil 65 Jahre und älter: 3 %. □ Stadtbevölkerung: 41 %.

Wichtigste Städte: Guatemala Ciudad (1 300 000 Ew.), Escuintla (117 000), Quezaltenango (96 000).

Bruttoinlandsprodukt gesamt (1988): 7,4 Milliarden Dollar. □ Bruttoinlandsprodukt/ Kopf: 820 Dollar.

Produktionsstruktur: Landwirtschaft 55 %; Industrie 18 %; Dienstleistungen 27 %.

Arbeitslosenquote (1986): 46 %.

Verkehr: Straßen 17 315 km (davon 830 km Carretera Panamericana); Eisenbahn 922 km.

Exporte (1985): 13,2 % des BIP (1,25 Milliarden Dollar). □ Importe (1985): 10,1 % des BIP (0,96 Milliarden Dollar).

Auslandsschulden (1988): 3,8 Milliarden Dollar.

Inflationsrate (1987): 12 %.

Militärausgaben (1987): 173 Millionen Dollar. □ Streitkräfte: 42 200 Mann. □ Wehrdienst: 24 bis 30 Monate.

Staatliche Institutionen

Republik. □ Verfassung von 1985, seit 1986 in Kraft. □ Der Staatspräsident wird für 5 Jahre gewählt und von einem Vizepräsidenten unterstützt. □ Einkammerparlament: Nationalkongreß, für 5 Jahre gewählt.

Geschichte

Die Kolonisierung. Guatemala, 1524 von Pedro de Alvarado erobert, ist von den Quiché-Maya besiedelt. 1542 wird das Gebiet zum Generalkapitanat erklärt. In der Kolonialzeit entstehen große Haciendas. Guatemala schließt sich erst Mexiko (1821–1823) und dann den Vereinigten Staaten von Mittelamerika an (Nov. 1824).

Der souveräne Staat. 1839 wird Guatemala wieder souverän und lange von Diktatoren regiert. Der erste Diktator ist Rafael Carrera, der Architekt der Unabhängigkeit, der bis 1865 regiert. Justo Rufino Barrios (1873–1885) führt dessen Werk noch radikaler weiter und modernisiert das Land, indem er gegen Kirchenbesitz und Indianergemeinschaften vorgeht. Diese Politik verstärkt jedoch die Ungleichheit in der Verteilung des Grundbesitzes; Latifundien beherrschen das Bild.

Das 20. Jh. Unter Manuel Estrada Cabrera (1898–1920) ermöglicht der Anbau von Exportprodukten (Kaffee) eine weitere Expansion der Wirtschaft. In dieser Zeit entsteht auch das Bananenreich der United Fruit Company. Der Diktator General Jorge Ubico (1931–1944) stärkt insbesondere die ausländischen Interessen und die Interessen der lokalen Grundbesitzeroligarchie. 1944 bringt eine Revolution einen Mann der Linken, Juan José Arévalo, an die Macht, dem 1951 Colonel Jacobo Arbenz Guzmán folgt, der von den Kommunisten unterstützt wird. Anläßlich eines Landreformvorhabens, das den Interessen der United Fruit Company abträglich wäre, wird Arbenz mit Hilfe des CIA von Colonel Castillo Armas (1954) gestürzt. Da dieser Staatsstreich die nötigen Reformen verhindert, entsteht schon bald eine ländliche Guerilla. 1960 scheitert ein Aufstand fortschrittlicher Offiziere. Seit 1963 bestimmt die konservative Fraktion der Streitkräfte die Politik des Landes. Sie ist mit einem aus dem Untergrund geführten Bürgerkrieg konfrontiert, der seine Ursache in der extremen Armut auf dem Lande hat und der von Guerilleros nach dem Vorbild Castros oder Sandinos geführt wird. Während der Amtszeiten der Präsidenten Kjell Laugerud García (1974–1978) und Romeo Lucas García (1978–1982) tauchen extrem rechtsgerichtete paramilitärische Gruppen auf, und es kommt zu Eskalationen der Gewalt. Auch die Generäle Ríos Montt (1982–1983), Anhänger einer protestantischen amerikanischen Sekte, und Oscar Mejía Victores, Präsident ab 1983, bekommen diese Probleme nicht in den Griff. 1985 geht die Macht nach der Wahl des Christdemokraten Vinicio Cerezo Arévalo zum Präsidenten wieder an einen Zivilisten über. 1987 unterzeichnen Guatemala, Costa Rica, Honduras, Nicaragua und El Salvador in Guatemala Ciudad, ausgehend von Costa Ricas Präsident Arias, einen Friedensplan für Zentralamerika.

EL SALVADOR

Offizieller Name: Republik El Salvador.

Hauptstadt: San Salvador. □ Währung: Colón (= 100 Centavos). □ Amtssprache: Spanisch. □ Überwiegende Religion: Katholizismus.

Staatspräsident: Alfredo Cristiani (seit 1989).

Flagge: 1823 angenommen. Sie stellt das Blau des Himmels und die Wolken dar. □ Nationalhymne: ›Saludemos la Patria, orgullosos / De hijos suyos podemos llamar; / Y juremos la vida animosos, / Sin descanso a su bien consagrar.‹ (Stolz, seine Kinder sein zu dürfen, grüßen wir das Vaterland; voller Inbrunst geben wir ihm unser Leben hin, und unermüdlich arbeiten wir zu seinem Heil); Text von Juan José Cañas (1826–1918); Musik von Juan Aberle (1846–1930). 1953 für amtlich erklärt. □ Nationalfeiertag: 15. September (Jahrestag der Unabhängigkeit von Spanien 1821).

Fläche: 21 000 km². □ Höchste Erhebung: Vulkan Santa Ana mit 2 836 m.

Klima: In San Salvador liegen die mittleren Jahrestemperaturen immer um 25 °C. Regen fällt fast ausschließlich zwischen Mai und Oktober reichlich (um 1 800 mm jährlich).

Bevölkerung (1989): 5 100 000 Ew. *(Salvadorianer)*. □ Durchschnittliche Bevölkerungsdichte: 242 Ew. pro km². □ Jährliches Bevöl-

Erzeugung wichtiger Güter

Mais	1,2 Millionen Tonnen
Kaffee	160 000 Tonnen
Baumwolle	41 000 Tonnen
Bananen	690 000 Tonnen
Zucker	600 000 Tonnen
Rinderbestand	2,2 Millionen Tiere
Strom	2,2 Milliarden kWh

Erzeugung wichtiger Güter

Mais	536 000 Tonnen
Kaffee	133 000 Tonnen
Zucker	235 000 Tonnen
Rinderbestand	929 000 Tiere
Strom	4,65 Milliarden kWh

DIE LÄNDER DER ERDE

kerungswachstum: 2,6 %. ☐ **Geburtenrate:** 35‰. ☐ **Sterbeziffer:** 9‰. ☐ **Kindersterblichkeit:** 62‰. ☐ **Lebenserwartung:** 66 Jahre. ☐ **Anteil unter 15 Jahren:** 46 %. ☐ **Anteil 65 Jahre und älter:** 4 %. ☐ **Stadtbevölkerung:** 43 %.
Wichtigste Städte: San Salvador (1 000 000 Ew.); Santa Ana (208 000).

Bruttoinlandsprodukt gesamt (1988): 5,78 Milliarden Dollar. ☐ **Bruttoinlandsprodukt/ Kopf:** 1 130 Dollar.

Produktionsstruktur: Landwirtschaft 50 %; Industrie 18 %; Dienstleistungen 32 %. ☐ **Arbeitslosenquote:** nicht verfügbar.

Verkehr: Straßen 12 235 km (davon 1 586 asphaltiert); Eisenbahn 602 km.

Exporte (1985): 21 % des BIP (820 Millionen Dollar). ☐ **Importe** (1985): 23,2 % des BIP (930 Millionen Dollar).

Auslandsschulden (1988): 1,88 Milliarden Dollar.

Inflationsrate (1988): 20 %.

Militärausgaben (1988): 208,18 Millionen Dollar. ☐ **Streitkräfte:** 56 000 Mann. ☐ **Wehrdienst:** 24 Monate.

Staatliche Institutionen

Republik. ☐ Verfassung von 1983. ☐ Der Staatspräsident wird für 5 Jahre gewählt. ☐ Parlament: Nationalversammlung, für 3 Jahre gewählt.

Geschichte

Kolonisierung und Unabhängigkeit. Von Indianern besiedelt, wird das Gebiet nach 1523 von Pedro de Alvarado erobert und dem Generalkapitanat Guatemala angegliedert. Nachdem sich Guatemala für unabhängig erklärt und Mexiko angeschlossen hat, wird das Land dem Kaiserreich von General Itúrbide angegliedert (1822) und wird Teil der Vereinigten Staaten von Zentralamerika (1823 bis 1839). Die Republik El Salvador (seit 1841) erlebt eine lange Folge von Diktaturen und Konflikten zwischen Liberalen und Konservativen.

Das 20. Jh. Nach dem mit Härte niedergeschlagenen Bauernaufstand beginnt die Diktatur des Generals M. Hernández (1931–1944). Sein Nachfolger wird 1948 von einer jungen reformorientierten Militärjunta gestürzt, die dem Land eine neue Verfassung (1950) gibt. Colonel Osorio (1948–1956) setzt Sozialreformen durch. Sein Nachfolger Lemus wird während der Kaffeekrise 1960 vom Militär gestürzt. Die 1960 von José Napoleón Duarte gegründete Christlich-Demokratische Partei und die linken Parteien werden stärker. 1969 bricht der Krieg mit Honduras aus (›Fußballkrieg‹). 1972 verhilft die Militärregierung ihrem Kandidaten zum Sieg gegen den Oppositionskandidaten Napoleón Duarte. Seitdem kämpfen Guerilleros und Terroristen der extremen Rechten gegeneinander. Der 1977 von der Armee eingesetzte Regierungschef General Romero Mena wird 1979 von einer Junta reformorientierter Offiziere gestürzt. 1980 beseitigt ein Staatsstreich die als zu radikal angesehene Regierung; Duarte kommt an die Macht. 1982 wählen die Salvadorianer eine verfassunggebende Versammlung und geben den Parteien der extremen Rechten die Mehrheit. Präsident Alvaro Magaño versucht zwischen 1984 und 1989, eine Verhandlungslösung im Bürgerkrieg zu finden, der durch amerikanische Hilfe für die Armee weiter angefacht wird. 1987 unterzeichnet El Salvador mit Costa Rica, Guatemala, Honduras und Nicaragua einen Friedensplan für Mittelamerika. Ende 1989 wird als Reaktion auf die Offensive der Guerilla der Belagerungszustand ausgerufen. Seit 1990 gibt es Friedensgespräche zwischen der FLMN (Nationale Befreiungsfront Farabundo Marti) und der Regierung. Verhandlungsthemen sind die Demokratisierung des Heeres sowie die Vorbereitung freier Wahlen für das Frühjahr 1991.

HONDURAS

Offizieller Name: Republik Honduras.

Hauptstadt: Tegucigalpa. ☐ **Währung:** Lempira (= 100 Centavos). ☐ **Amtssprache:** Spanisch. ☐ **Überwiegende Religion:** Katholizismus.

Staatspräsident: Rafael Callejas (seit 1989).

Flagge: Der weiße Streifen symbolisiert Reinheit und Frieden, die fünf Sterne stehen für Zentralamerika (der mittlere für Honduras) und die blauen Streifen für den Himmel und die Meere.

Nationalhymne: ›Tu bandera es un lampo de cielo / Por un bloque de nieve cruzado / Y se ven en tu fondo sagrado / Cinco estrellas de pálido azul; / En tu emblema que un mar rumoroso / Con sus ondas bravías escuda, / De un volcán tras la cima desnuda / Hay un astro de nítida luz.‹ (Deine Flagge ist ein Himmelsleuchten um einen schneebedeckten Fels, und in ihrem heiligen Feld kann man fünf blaue Sterne sehen; auf deinem Wappen, das ein rauschendes Meer mit seinen entfesselten Wogen umspült, erscheint hinter dem kahlen Gipfel eines Vulkans ein strahlend heller Stern). Text von Augusto Coello (1883 bis 1941); Musik von (Carlos Hartling (1869 bis 1920). 1915 für amtlich erklärt.

Nationalfeiertag: 15. September (Jahrestag der Unabhängigkeitserklärung).

Fläche: 112 000 km². ☐ **Höchste Erhebung:** Cerro Las Minas mit 2 865 m.

Klima: In Tegucigalpa (1 000 m ü. M.) liegen die mittleren Jahrestemperaturen zwischen 19 °C (Januar) und 24 °C (Mai); die größte Hitze herrscht vor der Regenzeit (Mai bis Oktober).

Bevölkerung (1989): 5 000 000 Ew. ☐ **Durchschnittliche Bevölkerungsdichte:** 44 Ew. pro km². ☐ **Jährliches Bevölkerungswachstum:** 3,2 %. ☐ **Geburtenrate:** 40‰. ☐ **Sterbeziffer:** 8‰. ☐ **Kindersterblichkeit:** 69‰. ☐ **Lebenserwartung:** 64 Jahre. ☐ **Anteil unter 15 Jahren:** 47 %. ☐ **Anteil 65 Jahre und älter:** 3 %. ☐ **Stadtbevölkerung:** 40 %.
Wichtigste Städte: Tegucigalpa (533 000 Ew.); San Pedro Sula (373 000).

Bruttoinlandsprodukt gesamt (1988): 3,95 Milliarden Dollar. ☐ **Bruttoinlandsprodukt/ Kopf:** 815 Dollar.

Produktionsstruktur: Landwirtschaft 58 %; Industrie 15 %; Dienstleistungen 27 %.

Arbeitslosenquote: nicht verfügbar.

Verkehr: Straßen 18 523 km (davon 1 828 km asphaltiert und 243 km Carretera Panamericana); Eisenbahn 970 km.

Exporte (1985): 26,8 % des BIP (830 Millionen Dollar). ☐ **Importe** (1985): 30,6 % des BIP (950 Millionen Dollar).

Auslandsschulden (1987): 3,5 Milliarden Dollar.

Inflationsrate (1987): 4 %.

Militärausgaben (1988): 67 Millionen Dollar. ☐ **Streitkräfte:** 19 200 Mann. ☐ **Wehrdienst:** 24 Monate.

Erzeugung wichtiger Güter

Mais	470 000 Tonnen
Bananen	1,3 Millionen Tonnen
Kaffee	84 000 Tonnen
Holzeinschlag	4,9 Millionen m³
Rinderbestand	2,8 Millionen Tiere
Strom	1,1 Milliarden kWh

Staatliche Institutionen

Republik. ☐ Verfassung von 1965, 1982 zuletzt geändert. ☐ Der Staatspräsident wird für 4 Jahre gewählt. ☐ Parlament mit einer Kammer: Der Kongreß wird für 4 Jahre gewählt.

Geschichte

Entdeckung und Kolonisierung. 1502 von Kolumbus entdeckt, wird Honduras 1523 von Pedro de Alvarado erobert und dem Generalkapitanat von Guatemala angegliedert (1544). Nach der Unabhängigkeit von Spanien im Jahre 1821 schließt sich Honduras wie Guatemala Mexiko (bis 1823), dann den Vereinigten Staaten von Zentralamerika (1824–1838) an, einer Konföderation, die der Honduriner Morazán bis 1842–1844 leitet. Das kleine Land, dessen Integrität durch die britische Präsenz in Honduras und durch die Misquitos bedroht wird, ist im 19. Jh. von Auseinandersetzungen zwischen ›Liberalen‹ und ›Konservativen‹ geprägt, hinter denen Konflikte zwischen rivalisierenden lokalen Oligarchien stecken. Die Liberalen nehmen 1876 Reformen in Angriff und verlegen den Regierungssitz von Comayagua nach Tegucigalpa (1880).

Das 20. Jh. Nach 1900 steht Honduras aufgrund seiner Abhängigkeit vom Export der auf den großen Ländereien der United Fruit Company angebauten Bananen unter dem Einfluß der Amerikaner, die den Diktator Tiburcio Carías Andino (1932–1948) unterstützen. Der 1957 gewählte Präsident Ramón Villeda Morales versucht, eine Landreform durchzuführen, wird aber 1963 von Colonel Osvaldo López Arellano gestürzt. Dieser wird 1965 zum Präsidenten gewählt und kündigt eine präsidiale Verfassung an. Innenpolitische Unruhen (Streiks von 1968) und der ›Fußballkrieg‹ mit El Salvador (1969–70) leiten über zur politischen Aufruhrstimmung der siebziger Jahre. 1978 übernimmt eine Militärjunta die Regierung. 1980 beendet die Wahl einer verfassunggebenden Versammlung die siebzehnjährige Militärherrschaft, die nur 1971 bis 1972 unterbrochen wird. Die Zivilregierung (Roberto Suazo Córdoba) hat jedoch keinen festen Stand. 1986 wird José Simón Azcona nach dem Erfolg der Liberalen bei den Wahlen (1985) Regierungschef. 1987 unterzeichnet Honduras gemeinsam mit Costa Rica, Guatemala, Nicaragua und El Salvador einen Friedensplan für Mittelamerika. 1989 wird der Konservative Rafael Callejas neuer Staatschef.

DIE LÄNDER DER ERDE

MITTELAMERIKA

NICARAGUA

Offizieller Name: Republik Nicaragua.

Hauptstadt: Managua. □ Währung: Córdoba (= 100 Centavos). □ Amtssprache: Spanisch. □ Überwiegende Religion: Katholizismus.

Staatspräsidentin: Violeta Barrios de Chamorro (seit 1990).

Flagge: 1821 entworfen und 1971 offiziell eingeführt. Die Farben symbolisieren die von den beiden Ozeanen umrahmte Gebirgskette. □ Nationalhymne: ›Salve a tí Nicaragua en tu suelo / Y no ruge la voz del cañón, / Ni se tiñe con sangre de hermanos / Tu glorioso pendón bicolor.‹ (Gegrüßt seist du, Nicaragua, denn deine Erde erzittert nicht mehr von der Stimme der Kanone, und dein ruhmreiches Banner ist nicht mehr mit dem Blut deiner Brüder befleckt.); Text von Salomón Ibarra Mayorga; Komponist unbekannt. 1918 für amtlich erklärt. □ Nationalfeiertag: 19. Juli (Jahrestag des Sieges der sandinistischen Revolution von 1979); auch der 15. September (Jahrestag der Unabhängigkeit) wird gefeiert.

Fläche: 148 000 km². □ Höchste Erhebung: Cerro Mogotón mit 2 107 m.

Klima: In Managua schwanken die monatlichen Durchschnittstemperaturen zwischen 25 °C (Januar) und 28 °C (April/Mai, vor der Regenzeit, von Juli bis Oktober).

Bevölkerung (1989): 3 500 000 Ew. (Nicaraguaner). □ Durchschnittliche Bevölkerungsdichte: 24 Ew. pro km². □ Jährliches Bevölkerungswachstum: 3,5 %. □ Geburtenrate: 43‰. □ Sterbeziffer: 8‰. □ Kindersterblichkeit: 69‰. □ Lebenserwartung: 61 Jahre. □ Anteil unter 15 Jahren: 47 %. □ Anteil 65 Jahre und älter: 3 %. □ Stadtbevölkerung: 52 %.
Wichtigste Städte: Managua (623 000 Ew.); Chinandega (144 000); León (101 000).

Bruttoinlandsprodukt gesamt (1988): 2,88 Milliarden Dollar. □ Bruttoinlandsprodukt/Kopf: 800 Dollar.
Produktionsstruktur: Landwirtschaft 40 %; Industrie 22 %; Dienstleistungen 38 %. □ Arbeitslosenquote: nicht verfügbar.
Verkehr: Straßen 25 131 km (davon 4 400 km asphaltiert und 383 km Carretera Panamericana); Eisenbahn 344 km.
Exporte (1985): 10,8 % des BIP (298 Millionen Dollar). □ Importe (1985): 29,5 % des BIP (813 Millionen Dollar).
Auslandsschulden (1988): 7,41 Milliarden Dollar.
Inflationsrate (1988): mehr als 1 000 %.
Militärausgaben (1988): 1,42 Milliarden Dollar. □ Streitkräfte: 80 000 Mann. □ Wehrdienst: 24 Monate.

Erzeugung wichtiger Güter

Kaffee	41 000 Tonnen
Baumwolle	46 000 Tonnen
Mais	234 000 Tonnen
Reis	156 000 Tonnen
Rinderbestand	1,8 Millionen Tiere
Zucker	280 000 Tonnen
Strom	1,2 Milliarden kWh

Staatliche Institutionen

Republik. □ Die Verfassung von 1987 setzt die 1979 ausgesetzte Verfassung von 1974 wieder ein. □ Staatspräsident und Vizepräsident werden für 6 Jahre gewählt. □ Nationalversammlung, nach dem System des Verhältniswahlrechts gewählt.

Geschichte

Die Unabhängigkeit. Nicaragua wurde 1521 von den Spaniern entdeckt und dem Generalkapitanat von Guatemala angegliedert. Das Land wird 1821 unabhängig. Es schließt sich Mexiko (1822–23) und später der Konföderation der Vereinigten Staaten von Zentralamerika (1826–1838) an. 1841–1848 kontrollieren die Briten die Misquitoküste. Dann erobert W. Walker, ein amerikanischer Abenteurer, das Land. 1893 kommt jedoch der antiklerikal, autoritär und antiamerikanisch eingestellte José Santos Zelaya durch eine Revolution an die Macht.

Das 20. Jh. J. Santos Zelaya wird durch einen konservativen Staatsstreich gestürzt, nach dem Adolfo Díaz an die Macht gelangt. Dieser bittet die Amerikaner, militärisch zu intervenieren (1912–1926). Eine weitere amerikanische Intervention (1929–1933) ermöglicht die Wahl des Liberalen Sacasa (1932). César Augusto Sandino, der Anführer der antiamerikanischen Guerillabewegung, wird 1934 ermordet. 1936 übernimmt der Kommandant der von den Vereinigten Staaten gegründeten Nationalgarde, Anastasio Somoza, die Macht. Nach seiner Ermordung 1956 folgt ihm sein Sohn Luis nach, dessen Amt Anastasio Somoza Debayle 1967 übernimmt.

Die sandinistische Republik. Zu dieser Zeit sammelt sich die radikale Opposition in der Sandinistischen Nationalen Befreiungsfront, der sich auch die Gemäßigten anschließen (1977). Sie organisieren einen Aufstand (1978) und stürzen die Regierung (1979). 1980 scheiden die Gemäßigten aus. Nicaragua nähert sich Kuba und der UdSSR an. Die sandinistische Regierung unter der Führung von Daniel Ortega (1984 zum Staatsoberhaupt gewählt) kämpft gegen die von den Vereinigten Staaten unterstützte konterrevolutionäre Guerilla (›Contras‹). 1987 unterzeichnet Nicaragua mit vier anderen mittelamerikanischen Staaten (Costa Rica, Guatemala, Honduras und El Salvador) einen Friedensplan für Mittelamerika. Im selben Jahr unterzeichnet Präsident Ortega die neue Verfassung. 1990 gewinnt die oppositionelle ›Unión Nacional Opositora‹ (Uno) die Präsidentschaftswahlen. Violeta Barrios de Chamorro folgt Ortega im Amt des Staatschefs.

COSTA RICA

Offizieller Name: Republik Costa Rica.

Hauptstadt: San José. □ Währung: Colón (= 100 Centimos). □ Amtssprache: Spanisch. □ Überwiegende Religion: Katholizismus.

Staatspräsident: Rafael Angel Calderon (seit 1990).

Flagge: 1848 entworfen und mehrmals umgestaltet. In ihren Farben hat sie die französische Flagge zum Vorbild. Das Weiß steht für den seit 1821 herrschenden Frieden, das Blau ist die Farbe des Himmels, und das Rot symbolisiert das Blut, das Costaricaner bei der Verteidigung der nationalen Souveränität vergossen haben. □ Nationalhymne: ›Noble patria, tu hermosa bandera / Expresión de tu vida nos da: / Bajo el limpido azul de tu cielo / Blanca y pura descanza la paz.‹ (Edles Vaterland, deine schöne Flagge ist für uns der Inbegriff des Lebens: unter dem klaren Blau deines Himmels herrscht weiß und rein der Frieden.); Text von José María Zeledón Brenes (1877–1949); Musik von Manuel María Gutiérrez (1829 bis 1887). 1903 für amtlich erklärt. □ Nationalfeiertag: 15. September (Jahrestag der Verkündung der Unabhängigkeit von Spanien 1821).

Fläche: 51 000 km². □ Höchste Erhebung: Chirripo Grande mit 3 820 m.

Bevölkerung (1989): 3 000 000 Ew. (Costaricaner). □ Durchschnittliche Bevölkerungsdichte: 59 Ew. pro km². □ Jährliches Bevölkerungswachstum: 2,5 %. □ Geburtenrate: 29‰. □ Sterbeziffer: 4‰. □ Kindersterblichkeit: 17‰. □ Lebenserwartung: 76 Jahre. □ Anteil unter 15 Jahren: 37 %. □ Anteil 65 Jahre und älter: 5 %. □ Stadtbevölkerung: 46 %.
Wichtigste Stadt: San José (500 000 Ew.).

Bruttoinlandsprodukt gesamt (1988): 4,2 Milliarden Dollar. □ Bruttoinlandsprodukt/Kopf: 1 550 Dollar.
Produktionsstruktur: Landwirtschaft 26 %; Industrie 22 %; Dienstleistungen 52 %. □ Arbeitslosenquote: nicht verfügbar.
Verkehr: Straßen 29 180 km (davon 2 398 km asphaltiert und 660 km Carretera Panamericana); Eisenbahn 1 286 km.
Exporte (1986): 25,1 % des BIP (930 Millionen Dollar). □ Importe (1986): 27 % des BIP (1 Milliarde Dollar).
Auslandsschulden (1988): 4,8 Milliarden Dollar.
Inflationsrate (1988): 20,8 %.

Staatliche Institutionen

Republik. □ Verfassung von 1949. □ Der Staatspräsident und zwei Vizepräsidenten werden für 4 Jahre gewählt. □ Parlament mit einer Kammer: Die gesetzgebende Versammlung wird für 4 Jahre gewählt.

Erzeugung wichtiger Güter

Kaffee	150 000 Tonnen
Bananen	1 Million Tonnen
Reis	186 000 Tonnen
Rinderbestand	2,5 Millionen Tiere
Strom	3 Milliarden kWh

Klimadaten

Stadt	Mittlere Temperatur des kältesten Monats (in °C)	Mittlere Temperatur des wärmsten Monats (in °C)	Jährliche Niederschläge (in mm)
San José (1 150 m ü. M.)	19	22	1 800
Puerto Limón	24,5	25,5	4 230
Puntarenas	28,5	29	1 080

DIE LÄNDER DER ERDE

Militärausgaben (1989): 33 Millionen Dollar. ☐ Streitkräfte: 7 700 Mann. ☐ Wehrpflicht: keine.

Geschichte

Kolonie und Unabhängigkeit. Costa Rica, das 1502 von Kolumbus entdeckt und 1522 von González Dávila erforscht wird, ist seit der Zeit der Kolonialisierung durch die Spanier ein Land mit überwiegend weißer Kleinbauernbevölkerung. Es gehört zum Generalkapitanat von Guatemala. Costa Rica wird 1821 unabhängig und schließt sich den fünf Republiken der Vereinigten Staaten von Zentralamerika (1824–1828) an, bevor es 1839 ein souveräner Staat wird.

Wandel der Wirtschaft. Ab 1840 führt die Ausweitung des Kaffeeanbaus, der von Kleinbauern betrieben wird, zu wirtschaftlichem Wohlstand und ermöglicht eine beständige Demokratie, die nur einmal durch die Intervention einer internationalen Armee unter Führung des amerikanischen Abenteurers William Walker gestört wird. Dieser wird in der Schlacht von Santa Marta 1857 geschlagen. Nach 1871 wird Costa Rica von der United Fruit Company zum Anbau von Bananen gezwungen und gerät dadurch in wirtschaftliche Abhängigkeit von den Vereinigten Staaten.

20. Jh. 1913 ist González Flores, der erste Präsident, der aus allgemeinen Wahlen hervorgegangen ist, auch der erste Regierungschef, der in die Wirtschaft eingreift. Fast fünfzig Jahre lang ist Costa Rica ein demokratischer Staat; das einzige Zwischenspiel ist die Diktatur des Generals Tinoco (1917–1919). 1948 löst der Sieg des Liberalen Otilio Ulate einen Bürgerkrieg aus, der von José Figueres Ferrer beendet wird. José Figueres Ferrer, der sich auf die Partei der Nationalen Befreiung stützen kann, wird 1953 Präsident. Seine Amtszeit (1953 bis 1958) ist außenpolitisch von vielen Grenzzwischenfällen mit Nicaragua gekennzeichnet. Im Bereich der Innenpolitik betreibt er eine Reformpolitik und erreicht, daß die United Fruit Company 45 % ihres Gewinnes an den Staat abgibt und ihr Eisenbahnmonopol aufgibt. Nach 1958 kommen nacheinander Kandidaten der konservativen Partei bzw. der Partei der Nationalen Befreiung (seit 1986, Oscar Arias Sánchez) an die Macht. In der Außenpolitik bemüht sich die Regierung, die Verhandlungen mit Nicaragua über Grenzprobleme nicht abzubrechen, spricht aber auch mit den Gegnern der sandinistischen Regierung. 1987 wird auf Initiative von Präsident Arias ein Friedensplan für Mittelamerika von Costa Rica, Guatemala, Honduras, Nicaragua und El Salvador unterzeichnet. 1990 gehen die Konservativen als Sieger aus den Parlamentswahlen hervor. Rafael Angel Calderon löst Präsident Arias ab.

PANAMA

Offizieller Name: Republik Panama.

Hauptstadt: Panama *(Ciudad de Panamá)*. ☐ **Währung:** Balboa (= 100 Centésimos). ☐ **Amtssprache:** Spanisch. ☐ **Überwiegende Religion:** Katholizismus.

Staatspräsident: Guillermo Endara Gallimany (seit 1989).

Flagge: 1903 angenommen. Das Blau erinnert an die Rolle Panamas in der Seefahrt, das Rot an die Bruderkriege, die zum Wohl des Landes der Einheit Platz machen müssen, das Weiß bestätigt die erreichte Eintracht. ☐ **Nationalhymne:** ›Alcanzamos por fin la victoria / En el campo feliz de la unión, / Con ardientes fulgores de gloria / Se ilumina la nueva nación ...‹ (Erkämpfen wir endlich den Sieg auf dem glücklichen Feld der Einheit! Mögen die lodernden Feuer des Ruhmes für die neue Nation leuchten). Text von Jerónimo de la Ossa (1847–1907); Musik von Santos Jorge (1870–1941). 1925 für amtlich erklärt. ☐ **Nationalfeiertag:** 3. November (Jahrestag der Unabhängigkeit von Kolumbien 1903).

Fläche: 77 000 km². ☐ **Höchste Erhebung:** Chririquí mit 3 478 m.

Bevölkerung (1989): 2 400 000 Ew. *(Panamaer).* ☐ **Durchschnittliche Bevölkerungsdichte:** 31 Ew. pro km². ☐ **Jährliches Bevölkerungswachstum:** 2,2 %. ☐ **Geburtenrate:** 27‰. ☐ **Sterbeziffer:** 5‰. ☐ **Kindersterblichkeit:** 25‰. ☐ **Lebenserwartung:** 72 Jahre. ☐ **Anteil unter 15 Jahren:** 37 %. ☐ **Anteil 65 Jahre und älter:** 5 %. ☐ **Stadtbevölkerung:** 52 %.

Wichtigste Stadt: Panama (589 000 Ew.).

Bruttoinlandsprodukt gesamt (1988): 4 Milliarden Dollar.

Bruttoinlandsprodukt/Kopf: 1 750 Dollar.

Produktionsstruktur: Landwirtschaft 26 %; Industrie 18 %; Dienstleistungen 56 %.

Arbeitslosenquote: nicht verfügbar.

Verkehr: Straßen 9 712 km (davon 850 km Carretera Panamericana; Eisenbahn 185 km.

Exporte (1986): 39,5 % des BIP (1,95 Milliarden Dollar). ☐ **Importe (1986):** 52,6 % des BIP (2,6 Milliarden Dollar).

Auslandsschulden (1985): 5,41 Milliarden Dollar.

Staatliche Institutionen

Republik. ☐ Verfassung von 1972, 1978 und 1983 geändert. ☐ Der Staatspräsident und zwei Vizepräsidenten werden für 6 Jahre gewählt. ☐ Parlament mit einer Kammer: Die Nationalversammlung wird alle 5 Jahre neu gewählt.

Erzeugung ausgewählter Güter u. a. wichtige Erwerbsquellen

Bananen	1,1 Millionen Tonnen
Zucker	210 000 Tonnen
Reis	199 000 Tonnen
Kaffee	16 000 Tonnen
Rinderbestand	1,4 Millionen Tiere
Fischfang	138 000 Tonnen
Strom	2,9 Milliarden kWh
Handelsflotte	43,2 Millionen Bruttoregistertonnen

Klimadaten

Stadt	Mittlere Temperatur des kältesten Monats (in °C)	Mittlere Temperatur des wärmsten Monats (in °C)	Jährliche Niederschläge (in mm)
Panama	26	27	1 770
Colón	26,5	26,5	3 175

Reichliche Niederschläge durch feuchte Passatwinde an der Atlantikküste, dagegen relativ trocken auf der geschützt gelegenen Pazifikseite.

Inflationsrate (1988): 0,3 %.
Militärausgaben (1987): 104 Millionen Dollar.
Streitkräfte: 4 400 Mann. ☐ Wehrdienst: freiwillig.

Geschichte

Kolonisierung und 19. Jh. Die Spanier erkunden das Gebiet Anfang des 16. Jh. und überlassen es Pedrarias Dávila (1514–1530), der Panama (1519) gründet und die Erkundung der Pazifikküste Mittel- und Südamerikas organisiert. Panama wird zum Ausgangspunkt für die Eroberung des Inkareiches und zu einer Zwischenstation auf den Handelswegen zwischen Asien, Südamerika und Spanien. 1671 wird Panama von Henry Morgan zerstört, 1673 wieder aufgebaut und dem Vizekönigreich Neugranada zugeschlagen (1739). Nach der Unabhängigkeit und der Gründung Großkolumbiens (1819) bleibt Panama weiterhin von Bogotá abhängig, verfolgt jedoch oft eine eigene Politik. Ein erneuter Aufschwung erfolgt mit dem kalifornischen Goldrausch (1848), dem Bau der Eisenbahnlinie Colón-Panama (1855 eröffnet) und dem versuchten Kanaldurchstich von Lesseps (1880 bis 1889). Die Idee, einen Kanal zwischen den beiden Ozeanen zu graben, stammt aus dem 16. Jh., aber erst 1881 beginnt Lesseps, der Gründer der Compagnie universelle du canal interocéanique, mit kolumbianischer Billigung mit den Arbeiten, die aus privaten Geldern bezahlt werden. Er hat mit dem mörderischen Klima und Erdrutschen zu kämpfen. Die Arbeiten müssen wegen Geldmangels eingestellt werden. Die Amerikaner unternehmen 1902 einen neuen Versuch. Kolumbien, das durch den ›tausendtägigen‹ Bürgerkrieg (1899–1903) geschwächt ist, läßt die Verhandlungen mit Washington schleifen.

Unabhängigkeit. 1903 erklärt Panama nach einer von den Vereinigten Staaten unterstützten Revolte seine Unabhängigkeit. Die Vereinigten Staaten handeln einen Vertrag mit dem neuen Staat aus. Sie pachten die Kanalzone gegen eine einmalige Zahlung und einen jährlichen Betrag (1903). Die Arbeiten werden 1904 begonnen und nach gigantischen Entwässerungs- und Erdbewegungsarbeiten 1914 mit der Eröffnung des Kanals abgeschlossen. In regelmäßigen Abständen werden Verhandlungen zur Aktualisierung der Klauseln des Vertrags von 1903 geführt. Aber die Anwesenheit der Amerikaner ist den Panamaern immer unerträglicher, und der Nationalismus erhält Auftrieb. Die Unruhen von 1959, 1964 und 1966 sind Anlaß für den Staatsstreich Colonel Pinillas, dem bald Colonel Torrijos nachfolgt (1968). Dieser verfolgt eine nationalistische Politik und erreicht, daß Carter 1977 einen Vertrag unterzeichnet, der die Rückgabe von Kanal und Kanalzone an Panama für das Jahr 1999 vorsieht. Bis zu seinem Tod 1981 bestimmt Torrijos die Politik. Die eigentlichen Machthaber sind jedoch in der Führungsspitze der Streitkräfte (Nationalgarde) zu finden, die General Rubén Darío Paredes und später General Noriega unterstehen. 1988 beschuldigen die amerikanischen Justizbehörden General Manuel Noriega des Drogenhandels. Präsident Devalle (seit 1985), der angekündigt hat, den General absetzen zu wollen, wird unter dem Druck der Armee und Noriegas von der Nationalversammlung seines Amtes enthoben. Neuer Präsident wird Erziehungsminister M. Palma. Im Dezember 1989 intervenieren die USA militärisch in Panama und stürzen Noriega, der sich in den USA wegen Rauschgiftdelikten vor Gericht verantworten muß. Neuer Staatspräsident wird Guillermo Endara Gallimany.

543

DIE LÄNDER DER ERDE

ANTILLEN

KUBA

Offizieller Name: Republik Kuba.

Hauptstadt: Havanna *(La Habana)*. □ **Währung:** Kubanischer Peso (= 100 Centavos). □ **Amtssprache:** Spanisch.

Staatspräsident: Fidel Castro (seit 1976).

Flagge: 1902 angenommen. Die drei Streifen stellen die drei Provinzen dar, das rote Dreieck das für die Freiheit vergossene Blut und der Stern die Gleichheit und die Freiheit.

Nationalhymne: ›Al combate corred Bayameses, / Que la patria os contempla orgullosa, / No temáis una muerte gloriosa / Que morir por la patria es vivir.‹ (Auf zum Kampf, Bayamesen, das Vaterland blickt stolz auf euch. habt keine Angst vor dem ruhmreichen Tod, denn für das Vaterland zu sterben, das ist leben.); Text von Pedro Figueredo (1819–1870) 1868 nach der Schlacht gegen die Spanier bei Bayamo angenommen, 1940 für amtlich erklärt.

Nationalfeiertag: 1. Januar (Gedenktag für die Revolution von 1959).

Fläche: 111 000 km². □ **Höchste Erhebung:** Pik Turquino mit 1 994 m.

Bevölkerung (1989): 10 500 000 Ew. (Kubaner). □ **Durchschnittliche Bevölkerungsdichte:** 94,5 Ew. pro km². □ **Jährliches Bevölkerungswachstum:** 1,1 %. □ **Geburtenrate:** 17‰. □ **Sterbeziffer:** 6‰. □ **Kindersterblichkeit:** 13‰. □ **Lebenserwartung:** 74 Jahre. □ **Anteil unter 15 Jahren:** 25 %. □ **Anteil 65 Jahre und älter:** 8 %. □ **Stadtbevölkerung:** 71 %.

Bruttoinlandsprodukt gesamt (1988): 12 Milliarden Dollar. □ **Bruttoinlandsprodukt/Kopf:** 1 190 Dollar.

Produktionsstruktur: Landwirtschaft 23 %; Industrie 27 %; Dienstleistungen 50 %. □ **Arbeitslosenquote** (1988): 10 %.

Klimadaten

Stadt	Mittlere Temperatur des kältesten Monats (in °C)	Mittlere Temperatur des wärmsten Monats (in °C)	Jährliche Niederschläge (in mm)
Havanna	22	28	1 225
Cienfuegos	21	25	970
Camagüey	22	28	1 420

In Havanna wurden noch nie Temperaturen unter 10 °C und nur in Ausnahmefällen über 35 °C gemessen.

Die wichtigsten Städte

Havanna	1 972 000	Santa Clara	176 000
Santiago	354 000	Guantánamo	171 000
Camagüey	254 000	Cienfuegos	156 000
Holguín	192 000	Bayamo	103 000

Erzeugung wichtiger Güter

Zitrusfrüchte	750 000 Tonnen
Tabak	44 000 Tonnen
Zucker	7,2 Millionen Tonnen
Rinderbestand	4,9 Millionen Tiere
Strom	14,5 Milliarden kWh
Nickel	40 000 Tonnen

Verkehr: Straßen 31 296 km; Eisenbahn 14 730 km.

Exporte (1985): 68,4 % des BIP (6,46 Milliarden Dollar).

Importe (1985): 91,2 % des BIP (8,62 Milliarden Dollar).

Auslandsschulden (1988): 10,7 Milliarden Dollar.

Inflationsrate (1985): 15 %.

Militärausgaben (1988): 1,677 Milliarden Dollar. □ **Streitkräfte:** 180 500 Mann.

Wehrdienst: 36 Monate.

Staatliche Institutionen

Republik. □ Verfassung von 1976. □ Die Nationalversammlung wird von den Municipalversammlungen für 5 Jahre gewählt. □ Der Staatsrat wird von der Nationalversammlung gewählt. □ Der Präsident des Staatsrats ist Staatsoberhaupt und Regierungschef. □ Er ernennt und leitet den Ministerrat, der von der Nationalversammlung bestätigt wird.

Geschichte

Kolonialzeit. Nach der Entdeckung durch Kolumbus 1492 wird Kuba von Diego Velázquez erobert. Als Tor zum Karibischen Meer hat Kuba für Spanien strategische Bedeutung. Im 18. Jh. wird Kuba zum Großerzeuger von Zuckerrohr. Aus Angst vor einem Aufstand der schwarzen Sklavenbevölkerung widersetzt sich die kreolische Elite allen Unabhängigkeitsbestrebungen und verhält sich Spanien gegenüber loyal, das ab 1820 eine Repressionspolitik gegen die Liberalen verfolgt. Die Mißstände in der Kolonialverwaltung sind Anlaß für Carlos Manuel de Céspedes, eine Armee aus Aufrührern um sich zu sammeln. Der ›Zehnjährige Krieg‹ (1868–1878) bringt Kuba eine eingeschränkte Autonomie und führt zur Abschaffung der Sklaverei (1880). Zur gleichen Zeit wird der wirtschaftliche Einfluß der Vereinigten Staaten, die 95 % des kubanischen Zuckers abnehmen, immer größer. Der Unabhängigkeitskrieg, zu dem der Dichter und Patriot José Marti und die Rebellengeneräle Máximo Gómez und Antonio Maceo aufgerufen haben, dauert von 1895 bis 1898. Nach der Zerstörung des Schlachtschiffs *Maine* im Hafen von Havanna erklären die Amerikaner Spanien den Krieg und vernichten die spanische Flotte. Sie handeln die Unabhängigkeit Kubas aus (Frieden von Paris, 10. Dezember 1898) und setzen eine amerikanische Militärregierung auf der Insel ein (1989–1901).

Unabhängigkeit. Die Republik Kuba erhält 1901 eine Präsidialverfassung. 1906, 1912 und 1917 intervenieren die Vereinigten Staaten, die Kuba als Protektorat betrachten, und stärken ihre Vorherrschaft. Der 1925 gewählte Präsident Gerardo Machado wandelt sich zum Diktator; er wird 1933 gestürzt. Batista wird General und diktiert mit Rückendeckung der Vereinigten Staaten mittels Marionettenpräsidenten die kubanische Politik, bevor er 1940 selbst die Macht übernimmt. Nach einem Staatsstreich gelangt er 1952 noch einmal an die Spitze des Staates. Nach dem Scheitern des Angriffs Fidel Castros auf die Moncada-Kaserne in Santiago (26. Juli 1953) und seiner Verurteilung und Inhaftierung wird Batista 1954 zum Präsidenten gewählt. In Kuba herrscht eine beispiellose Korruption, und die Amerikaner nehmen immer stärkeren Einfluß auf das Land. 1955 wird Castro amnestiert und ins Exil geschickt. Mit dem argentinischen Revolutionär Che Guevara landet er in der Provinz Oriente (2. Dezember 1956) und geht in der Sierra Maestra in den Widerstand. Als die Regierung keine amerikanischen Waffen mehr bekommt, kann sie der Generaloffensive der Guerilleros nicht mehr standhalten. Am 1. Januar 1959 flieht Batista.

Die Politik Castros. Die Enteignungspolitik Fidel Castros veranlaßt die Vereinigten Staaten zu einem Handelsembargo gegen Kuba. Die Insel erlebt einen Landungsversuch von Exilkubanern (Schweinebucht 1961) und wird aus der Organisation der Amerikanischen Staaten ausgeschlossen (1962): Nach 1960 kann das isolierte Kuba nur mit wirtschaftlicher Unterstützung aus der Sowjetunion überleben und löst dadurch Spannungen zwischen den beiden Großmächten aus. 1962 bewirkt die Aufstellung sowjetischer Raketen auf Kuba eine internationale Krise. Kuba, inzwischen ›Sozialistische Republik‹, bewegt sich mit der Gründung der Partei der sozialistischen Revolution, die 1965 in die Kommunistische Partei umgewandelt wird, auf ein Einparteiensystem zu. Den Regierungserfolgen in den Bereichen Schulpflicht und Gesundheit steht eine gescheiterte Wirtschaftspolitik gegenüber. Viele Kubaner emigrieren angesichts der immer härteren Regierungspolitik F. Castros. Der Erste Sekretär der Kommunistischen Partei und seit Inkrafttreten der Verfassung von 1976 Präsident der Republik, hat seit 1980 alle Macht in Händen. Außenpolitisch ist Kuba in Lateinamerika isoliert und orientiert sich an der UdSSR, spielt aber in Afrika (Angola, Äthiopien) und in der Bewegung der Blockfreien eine Rolle. Die Beziehungen zu den Vereinigten Staaten verschlechterten sich aufgrund der kubanischen Unterstützung für die Revolutionäre der Frente Sandinista de Liberación National (FSLN) in Nicaragua jedoch erneut. 1989 geht

DIE LÄNDER DER ERDE

Castro auf Distanz zu den politischen Umwälzungen in der UdSSR und den Staaten Osteuropas. Diese Länder ziehen ihre Unterstützung zurück, wodurch sich die wirtschaftliche Situation in Kuba drastisch verschlechtert.

HAITI

Offizieller Name: Republik von Haiti.

Hauptstadt: Port-au-Prince. □ **Währung:** Gourde (= 100 Centimes). □ **Amtssprache:** Französisch. □ **Überwiegende Religion:** Katholizismus.

Staatspräsident: Ertha Pascal-Trouillot (seit 1990).

Flagge: Der Befreier Dessalines eroberte eine französische Flagge im Mai 1803 und schnitt den weißen Streifen heraus. Das Blau steht jetzt für die Schwarzen und das Rot für die Mischlinge. □ **Nationalhymne** ›Dessalinienne‹: ›Pour le Pays / Pour les ancêtres. / Marchons unis / Pour le Pays, pour les ancêtres‹ (Für das Land, für die Vorväter. Marschieren wir zusammen für das Land, für die Vorväter). Text von Justin de Lhérisson (1873–1907); Musik von Nicolas Geffrard (1871–1930). 1946 für amtlich erklärt. □ **Nationalfeiertag:** 1. Januar (Jahrestag der Unabhängigkeit von 1804).

Fläche: 27 750 km². □ **Höchste Erhebung:** Massif de la Selle mit 2 680 m.

Klima: In Port-au-Prince schwanken die monatlichen Mittel zwischen 25 und 29 °C. Die Niederschläge fallen reichlich v. a. zwischen April und Oktober.

Bevölkerung (1989): 6 400 000 Ew. *(Haitianer).* □ Durchschnittliche Bevölkerungsdichte: 230 Ew. pro km². □ Jährliches Bevölkerungswachstum: 2,2 %. □ Geburtenrate: 35‰. □ Sterbeziffer: 13‰. □ Kindersterblichkeit: 107‰. □ Lebenserwartung: 55 Jahre. □ Anteil unter 15 Jahren: 40 %. □ Anteil 65 Jahre und älter: 5 %. □ Stadtbevölkerung: 28 %.

Wichtigste Städte: Port-au-Prince (685 000 Ew.) ist die einzige Großstadt. Einzige weitere Stadt über 40 000 Ew. ist Kap Haïtien (64 000 Ew.).

Bruttoinlandsprodukt gesamt (1987): 2,23 Milliarden Dollar. □ **Bruttoinlandsprodukt/ Kopf:** 360 Dollar.

Produktionsstruktur: Landwirtschaft 74 %; Industrie 7 %; Dienstleistungen 19 %. □ **Arbeitslosenquote:** nicht verfügbar.

Verkehr: Straßen 3 700 km (davon 616 km asphaltiert); Eisenbahn 354 km.

Exporte (1985): 11,5 % des BIP (220 Millionen Dollar). □ **Importe** (1985): 18,3 % des BIP (350 Millionen Dollar).

Erzeugung wichtiger Güter

Kaffee	38 000 Tonnen
Bananen	275 000 Tonnen
Maniok	270 000 Tonnen
Mais	160 000 Tonnen
Reis	180 000 Tonnen
Rinderbestand	1,4 Millionen Tiere
Bauxit	380 000 Tonnen
Strom	420 Millionen kWh

Auslandsschulden (1988): 861 Millionen Dollar.

Inflationsrate (1988): −11 %.

Militärausgaben (1985): 31 Millionen Dollar. □ **Streitkräfte:** 7 400 Mann.

Wehrdienst: freiwillig.

Staatliche Institutionen

Republik. □ Verfassung von 1987. □ Ein Staatspräsident. □ Die Nationalversammlung wird für 6 Jahre gewählt.

Geschichte

Kolonialzeit. Die von Kolumbus entdeckte Insel Hispaniola ist die erste spanische Besitzung in Amerika. Zur Zwangsarbeit herangezogene Aruak-Indianer werden rasch dezimiert, und Anfang des 16. Jh. kommen die ersten schwarzen Sklaven nach Santo Domingo. Im 17. Jh. besetzen die Franzosen den Westteil der Insel. Dies wird im Frieden von Rijswijk (1697) anerkannt. 1791 führt Toussaint Louverture einen Sklavenaufstand an, der durch die Abschaffung der Sklaverei beendet wird (1794). Im Frieden von Basel (1795) erhält Frankreich den spanischen Teil von Haiti. Zu dieser Zeit herrscht Louverture als Diktator über die Insel. Ein Leutnant Louvertures, Dessalines, verkündet 1804 die Unabhängigkeit des Westteils (Haiti) und regiert bis 1806 als Kaiser.

Unabhängigkeit. Die Spanier erobern den Osten der Insel zurück, während im Westen die Gegensätze zwischen Schwarzen und Mulatten zur Spaltung führen. Im Norden regiert König Henri Christophe (1811–1820), im Süden der Mulatte Pétion (1807–1818). Der Nachfolger Pétions, Jean-Pierre Boyer, eint Haiti wieder (1820) und erobert 1822 den spanischen Osten. 1844 macht sich der Ostteil als Dominikanische Republik selbständig.

1849 übernimmt Faustin Soulouque als Kaiser die Macht und regiert bis 1859. Danach beherrschen die Mulatten bis 1910 die Politik. Die Auslandsverschuldung und eine politische Krise führen 1915 zur Intervention der Vereinigten Staaten. Die amerikanischen Streitkräfte verlassen die Insel erst 1934.

Die Ära Duvalier. Die Innenpolitik ist gekennzeichnet von einer Zunahme der Forderungen der Schwarzen, die schließlich 1957 mit einem Vertreter der schwarzen Elite, dem Arzt François Duvalier, die Macht übernehmen. Dessen Diktatur wird von den ›Tontons Macoutes‹ gestützt. ›Papa Doc‹ wird 1964 zum Präsidenten auf Lebenszeit gewählt und vererbt 1971 das Amt an seinen Sohn Jean-Claude, ›Baby Doc‹ (1971). Dieser erweist sich unter dem Druck von Machtkämpfen und einer erstarkenden Opposition als unfähig, die Regierung umzugestalten. 1985 führt die Verschlechterung der wirtschaftlichen und politischen Lage in eine Regierungskrise, die für J.-C. Duvalier im Exil endet (Februar 1986).

Eine schwierige Nachfolge. General Namphy übernimmt die Führung, und eine neue Verfassung wird 1987 durch ein Referendum angenommen. General Namphy wird 1988 von General Prosper Avril abgelöst, der eine gemäßigte Zivilregierung einsetzt. Als sich die Wirtschaftskrise 1990 ausweitet, verläßt Avril das Land. Ertha Pascal-Trouillot wird zum Präsidenten ernannt.

DOMINIKANISCHE REPUBLIK

REPÚBLICA DOMINICANA

Offizieller Name: Dominikanische Republik.

Hauptstadt: Santo Domingo. □ **Währung:** Dominikanischer Peso (= 100 Centavos). □ **Amtssprache:** Spanisch. □ **Überwiegende Religion:** Katholizismus.

Staatspräsident: Joaquín Balaguer (seit 1986).

Flagge: 1844 angenommen. Das Blau ist das Symbol der Freiheit, das Rot steht für das im Revolutionskrieg vergossene Blut.

Nationalhymne: ›Quisqueyanos valientes, alcemos / Nuestro canto con viva emoción, / Y del munda à la faz ostentemos / Nuestro invicto, glorioso pendón. / Salve! el pueblo que, intrépido y fuerte, / A la guerra a morir se lanzó, / Cuando en bélico reto de muerte / Sus cadenas de esclavo rompió.‹ (Tapfere Bürger von Quisqueya, singen wir mit vollem Gefühl und zeigen wir der Welt unser unbezwingbares und ruhmreiches Banner. Gruß dem Volk, das unerschrocken und stark im Kampf dem Tod ins Auge sah, als es in tödlichem Kampf seine Sklavenketten zerbrach). Text von Emilio Prud'homme (1856–1932); Musik von José Reyés (1835–1905). 1934 für amtlich erklärt.

Nationalfeiertag: 27. Februar (Jahrestag der Unabhängigkeitserklärung von 1844).

Fläche: 48 400 km². □ **Höchste Erhebung:** Pico Duarte in der Cordillera Central mit 3 175 m.

Bevölkerung (1989): 7 000 000 Ew. *(Dominikaner).* □ Durchschnittliche Bevölkerungsdichte: 144 Ew. pro km². □ Jährliches Bevölkerungswachstum: 2,4 %. □ Geburtenrate: 31‰. □ Sterbeziffer: 7‰. □ Kindersterblichkeit: 65‰. □ Lebenserwartung: 63 Jahre. □ Anteil unter 15 Jahren: 39 %. □ Anteil 65 Jahre und älter: 3 %. □ Stadtbevölkerung: 56 %.

Wichtigste Ballungsräume und Städte: Santo Domingo (1 318 000 Ew.) und Santiago

Klimadaten

Stadt	Mittlere Temperatur des kältesten Monats (in °C)	Mittlere Temperatur des wärmsten Monats (in °C)	Jährliche Niederschläge (in mm)
Santo Domingo	24	27	1 460
Puerto Plata	22	26	1 670
Azua	26	29	670

Erzeugung wichtiger Güter

Zucker	850 000 Tonnen
Reis	298 000 Tonnen
Kaffee	30 000 Tonnen
Kakao	37 000 Tonnen
Tabak	18 000 Tonnen
Rinderbestand	2 Millionen Tiere
Strom	4,8 Milliarden kWh
Bauxit	150 000 Tonnen

545

DIE LÄNDER DER ERDE

ANTILLEN

(279 000 Ew.) sind die einzigen Städte mit über 100 000 Ew.

Bruttoinlandsprodukt gesamt (1988): 4,4 Milliarden Dollar.

Bruttoinlandsprodukt/Kopf: 638 Dollar.

Produktionsstruktur: Landwirtschaft 49 %; Industrie 18 %; Dienstleistungen 33 %.

Arbeitslosenquote: nicht verfügbar.

Verkehr: Straßen 17 362 km; Eisenbahn 630 km.

Exporte (1986): 13,9 % des BIP (770 Millionen Dollar). ◻ **Importe** (1986): 22,2 % des BIP (1,23 Milliarden Dollar).

Auslandsschulden (1988): 3,95 Milliarden Dollar.

Inflationsrate (1988): 30 %.

Militärausgaben (1987): 76,6 Millionen Dollar. ◻ **Streitkräfte:** 20 800 Mann.

Wehrdienst: freiwillig.

Staatliche Institutionen

Republik. ◻ Verfassung von 1966. ◻ Der Präsident wird für 4 Jahre gewählt. ◻ Parlamentarisches System mit zwei Kammern: Senat und Abgeordnetenhaus werden ebenfalls für 4 Jahre gewählt. ◻ Im Falle der Vakanz des Präsidentenamtes übernimmt der Vorsitzende des Obersten Gerichtshofs das Amt des Vizepräsidenten.

Geschichte

Kolonisierung. Die spanische Besitzung wird im Frieden von Rijswijk zwischen Frankreich (Haiti) und Spanien aufgeteilt (1697) und im Frieden von Basel (1795) an Frankreich abgetreten. Sie wird schließlich von Exildominikanern erobert, die sie 1814 an Spanien zurückgeben. Von 1822 bis zum Aufstand von 1844 steht das Land unter haitianischer Herrschaft. Dann wird die Unabhängigkeit erklärt. 1861 vereinigt Präsident Pedro Santana die Republik wieder mit Spanien, das 1865 endgültig alle Ansprüche aufgibt.

Unabhängigkeit. Auf die autoritäre Regierung von Báez (1865–1874) folgt eine unruhige Zeit, die mit der Diktatur von Ullises Heureaux (1887–1899) endet. Nach dessen Ermordung verfällt das Land in Anarchie und wird aufgrund seiner Verschuldung von den Vereinigten Staaten besetzt (1916–1924). Zur Wiederherstellung der Ordnung stellen die Vereinigten Staaten eine Nationalgarde auf, deren Kommandant R. L. Trujillo 1930 die Macht übernimmt. 31 Jahre lang regiert dieser streng diktatorisch. Er fördert die Entwicklung der Landwirtschaft, die sich v. a. auf den Zuckerrohranbau stützt. Trujillo, der im Land in Verruf geraten ist und in der Organisation der Amerikanischen Staaten keinen Rückhalt mehr hat, wird 1961 ermordet. Sein Nachfolger J. Balaguer wird vertrieben. Eine liberale Verfassung wird angenommen (1962) und der Führer der Linken, Juan Bosch, zum Präsidenten gewählt (Dez.). Er kehrt jedoch das Militär gegen sich und wird seinerseits gestürzt (Sept. 1963). Aus Angst vor einer Ausbreitung des Castrismus intervenieren die Vereinigten Staaten 1965. J. Balaguer wird 1966 gewählt und 1970 und 1974 im Amt bestätigt. Die Streitkräfte unterstützen ihn gegen die Linken. 1978 kehrt das Land jedoch mit dem Wahlsieg der Kandidaten der Revolutionären Dominikanischen Partei (PRD), Antonio Guzmán Fernández (1978–1982) und Jorge Blanco (1982) zur repräsentativen Demokratie zurück. Im Mai 1986 gewinnt der Konservative J. Balaguer (Christlichsoziale Reformpartei) erneut die Präsidentschaftswahlen.

JAMAIKA

Offizieller Name: Jamaica.

Hauptstadt: Kingston. ◻ **Währung:** Jamaica-Dollar (= 100 Cents). ◻ **Amtssprache:** Englisch. ◻ **Überwiegende Religion:** Christentum. ◻ **Maße und Gewichte:** Britisches System, z. Zt. Umstellung auf metrische Maßeinheiten.

Generalgouverneur: Florizel Glasspole (seit 1973). ◻ **Ministerpräsident:** Michael Norman Manley (seit 1989).

Flagge: 1962 angenommen. Das Grün steht für die Hoffnung, das Gelb für das Sonnenlicht und die Schätze der Natur, das Schwarz für die Trauer und die Not in Vergangenheit und Gegenwart.

Nationalhymne: ›Eternal father, bless our land, / Guard us with Thy mighty hand. / Keep us free from evil powers, / Be our light through countless hours ...‹ (Ewiger Vater, segne unser Land, beschütze uns mit Deiner mächtigen Hand. Bewahre uns vor bösen Mächten, sei unser Licht in unzähligen Stunden). Text von Hugh Sherlock; Musik von Robert Lightburne. 1962 für amtlich erklärt.

Nationalfeiertag: erster Montag im August (Gedenktag der Unabhängigkeit).

Fläche: 11 425 km². ◻ **Höchste Erhebung:** in den Blue Mountains, mit 2 467 m.

Klima: In Kingston betragen die monatlichen Temperaturmittel 24 bis 28 °C. Die Gesamtregenmenge liegt bei 900 mm (hauptsächlich zwischen Mai und Oktober).

Bevölkerung (1989): 2 500 000 Ew. *(Jamaikaner).* ◻ **Durchschnittliche Bevölkerungsdichte:** 219 Ew. pro km². ◻ **Jährliches Bevölkerungswachstum:** 1,7 %. ◻ **Geburtenrate:** 22 ‰. ◻ **Sterbeziffer:** 5 ‰. ◻ **Kindersterblichkeit:** 20 ‰. ◻ **Lebenserwartung:** 74 Jahre. ◻ **Anteil unter 15 Jahren:** 37 %. ◻ **Anteil 65 Jahre und älter:** 6 %. ◻ **Stadtbevölkerung:** 54 %.

Bruttoinlandsprodukt gesamt (1988): 2,78 Milliarden Dollar.

Bruttoinlandsprodukt/Kopf: 1 140 Dollar. ◻ **Produktionsstruktur:** Landwirtschaft 21 %;

Die wichtigsten Städte

Kingston (mit Vororten)	663 000	May Pen	41 000
		Mandeville	35 000
Spanish Town	89 000	Savanna la Mar	12 000
Montego Bay	70 000	Port Antonio	10 400

Erzeugung wichtiger Güter

Zucker	203 000 Tonnen
Bananen	160 000 Tonnen
Zitrusfrüchte	85 000 Tonnen
Bauxit	7,6 Millionen Tonnen
Tonerde	1,5 Millionen Tonnen
Strom	1,5 Milliarden kWh

Industrie 26 %; Dienstleistungen 53 %. ◻ **Arbeitslosenquote:** nicht verfügbar.

Verkehr: Straßen 16 425 km; Eisenbahn 293 km.

Exporte (1985): 33,6 % des BIP (570 Millionen Dollar). ◻ **Importe** (1985): 58,8 % des BIP (1 Milliarde Dollar).

Auslandsschulden: (1987): 4,72 Milliarden Dollar.

Inflationsrate (1988): 8,3 %.

Militärausgaben (1987): 20 Millionen Dollar. ◻ **Streitkräfte:** 2 800 Mann. ◻ **Wehrdienst:** freiwillig.

Staatliche Institutionen

Unabhängiger Staat im Commonwealth. ◻ Verfassung von 1962. ◻ Der Generalgouverneur vertritt die britische Krone. ◻ Parlamentarisches System mit zwei Kammern: Senat mit 21 vom Generalgouverneur ernannten Mitgliedern (13 vom Premierminister, 8 vom Oppositionsführer vorgeschlagen) und für 5 Jahre gewähltem Repräsentantenhaus.

Geschichte

Die britische Kolonie. Die von Aruak-Indianern bewohnte Insel wird 1494 von Kolumbus entdeckt. Jamaika wird 1655 von den Engländern erobert (im Frieden von Madrid 1670 bestätigt), die den Zuckerrohranbau einführen und sie nach dem Frieden von Utrecht (1713) zum Großumschlagplatz für den Sklavenhandel mit Südamerika machen. Die Abschaffung der Sklaverei (1833) und die Aufhebung der jamaikanischen Zollprivilegien (1846) setzen dem Wohlstand ein Ende und führen zu schweren sozialen Unruhen. Nach dem Aufstand von 1865 wird die Insel direkt der Verwaltung der Krone (1866–1884) unterstellt. Anfang des 20. Jh. lassen sich große ausländische Gesellschaften nieder (United Fruit Company). Aber die Krise der dreißiger Jahre löst 1938 Unruhen aus, die die Keimzelle von politischen und gewerkschaftlichen Unabhängigkeitsbewegungen unter der Führung von Norman Washington Manley und Alexander Bustamante sind. Die Verfassung von 1953 gibt der Insel eine autonome Regierung. 1962 wird Jamaika unabhängig, bleibt aber Mitglied des Commonwealth.

Unabhängigkeit. Nach zehn Jahren Labourregierung (Bustamante 1962–1967, Hugh L. Shearer 1967–1972) gewinnt die People's National Party die Wahlen. Ihr Führer Michael Norman Manley verfolgt als Premierminister eine Reformpolitik. Aber die Verschlechterung der Wirtschaftslage bringt 1980 die Labour Party wieder an die Regierung (E. Seaga, Ministerpräsident). M. N. Manley wird 1989 erneut Regierungschef.

BAHAMAS

Offizieller Name: The Commonwealth of the Bahamas.

Hauptstadt: Nassau. ◻ **Währung:** Bahama-Dollar (= 100 Cents). ◻ **Amtssprache:** Englisch. ◻ **Überwiegende Religion:** Protestan-

546

DIE LÄNDER DER ERDE

tismus. □ **Maße und Gewichte:** britisches System.

Generalgouverneur: Henry Taylor (seit 1988). **Ministerpräsident:** Lynden Oscar Pindling (seit 1969).

Flagge: 1973 angenommen. Das Gelb erinnert an den Sand der Insel, die blauen Streifen symbolisieren das Meer. Das schwarze Dreieck steht für die Einheit des Volkes. □ **Nationalhymne:** ›Lift up your head to the rising sun, Bahamaland; / March on to glory, your bright banners waving high, / See how the world marks the manner of your bearing ...‹ (Hebe Deinen Kopf zur aufgehenden Sonne, Land der Bahamas. Marschiere zum Ruhm mit Deinen strahlend wehenden Bannern, siehe, wie die Welt auf deine Haltung schaut). Text und Musik von Timothy Gibson (1903 bis 1978). 1973 für amtlich erklärt. □ **Nationalfeiertag:** 10. Juli (Jahrestag der Unabhängigkeit).

Fläche: 13 900 km².

Klima: In Nassau schwanken die Mittelwerte zwischen 21 und 28 °C. Das Klima ist zwischen Dezember und März (relativ) trocken; häufige Regenfälle zwischen Mai und Oktober.

Bevölkerung (1989): 250 000 Ew. □ **Durchschnittliche Bevölkerungsdichte:** 18 Ew. pro km². □ **Jährliches Bevölkerungswachstum:** 1,2 %. □ **Geburtenrate:** 17 ‰. □ **Sterbeziffer:** 5 ‰. □ **Kindersterblichkeit:** 26 ‰. □ **Lebenserwartung:** 71 Jahre. □ **Anteil unter 15 Jahren:** 34 %. □ **Anteil 65 Jahre und älter:** 5 %. □ **Stadtbevölkerung:** 54 %.
Wichtigste Stadt: Über die Hälfte der Gesamtbevölkerung wohnt in Nassau (133 000 Ew.).

Bruttoinlandsprodukt gesamt (1987): 2,55 Milliarden Dollar. □ **Bruttoinlandsprodukt/Kopf:** 12 760 Dollar.

Produktionsstruktur: Landwirtschaft 12 %; Industrie 11 %; Dienstleistungen 77 %.

Wichtigste Einnahmequelle: Tourismus (2,5 Millionen Auslandsgäste pro Jahr).

Verkehr: Straßen 1 100 km.

Exporte (1985): 28 % des BIP (470 Millionen Dollar). □ **Importe** (1985): 88 % des BIP (1,47 Milliarden Dollar).

Auslandsschulden (1987): 1,31 Milliarden Dollar.

Inflationsrate (1988): 4,1 %.

Militärausgaben (1988): 77 Millionen Dollar (einschließlich britischer Hilfe). □ **Streitkräfte:** 2 750 Mann. □ **Wehrdienst:** freiwillig.

Staatliche Institutionen

Unabhängiger Staat im Commonwealth. □ Verfassung von 1973. □ Der Generalgouverneur vertritt die britische Krone. □ Ein parlamentarisches System mit zwei Kammern. Die Mitglieder des Senats werden vom Generalgouverneur ernannt (9 werden vom Premierminister, 4 vom Oppositionsführer und 3 vom Premierminister nach Beratung mit dem Oppositionsführer vorgeschlagen). Das Abgeordnetenhaus wird für 5 Jahre gewählt.

Geschichte

Die Insel San Salvador (Watling) ist vielleicht die erste Insel der Neuen Welt, die Kolumbus 1492 entdeckt hat. (Eine neuere Hypothese verweist auf die Insel Samana Cay, weiter südöstlich.) Die einheimischen Indianer werden bald nach der Entdeckung als Sklaven nach Santo Domingo gebracht. Auf den Inseln lassen sich nach 1648 allmählich Freibeuter und Seeräuber nieder. Nach 1718 erhält die Inselgruppe eine erste Charta und einen britischen Gouverneur. Nach der amerikanischen Unabhängigkeit kommen englische Loyalisten auf die Bahamas und bauen dort bis zur Abschaffung der Sklaverei 1834 auf Plantagen Baumwolle an. 1964 erhalten die Inseln eine autonome Regierung. Die Schwarzen (72 % der Bevölkerung) übernehmen mit der PLP (Progressive Liberal Party) unter Lynden O. Pindling die Regierung, nachdem das Wahlsystem, das der weißen Minderheit die Macht sicherte, abgeschafft wurde. Nach den Parlamentswahlen von 1972 gewährt Großbritannien der Inselgruppe die Unabhängigkeit (1973). Die PLP gewinnt 1982 zum vierten Mal die Wahlen, als die Verwicklung von hohen Amtsträgern in den Kokainhandel das Land 1983 in eine schwere Krise stürzt. 1984 müssen fünf Minister (das halbe Kabinett) zurücktreten. Dennoch wird Lynden O. Pindling 1987 zum fünften Mal Premierminister.

SAINT CHRISTOPHER AND NEVIS

Offizieller Name: Federation of Saint Christopher and Nevis.

Hauptstadt: Basseterre. □ **Währung:** Ostkaribischer Dollar (= 100 Cents). □ **Amtssprache:** Englisch. □ **Überwiegende Religion:** Protestantismus. □ **Maße und Gewichte:** britisches System.

Generalgouverneur: Clement Athelston Arrindell (seit 1983). □ **Ministerpräsident:** Kennedy Alphonse Simmonds (seit 1983).

Flagge: Sie besteht aus einem grünen und einem roten Dreieck, zwischen denen ein gelbgeranderter breiter schwarzer Streifen diagonal verläuft.

Nationalhymne: ›O land of beauty! / Our country where peace abounds. / Thy children stand free / On the strength of will and love. / With God in all our struggles, / Saint Kitts and Nevis be / A Nation bound together / With a common destiny.‹ (O Land der Schönheit, Vaterland, in dem Frieden herrscht. Deine Kinder sind frei durch die Kraft des Willens und der Liebe. Mit Gott in allen Kämpfen sollen Saint Christopher und Nevis eine Nation sein, die ein gemeinsames Schicksal verbindet.); Text und Musik von Kenrick Anderson Georges (geb. 1955).
Nationalfeiertag: 19. September (Jahrestag der Unabhängigkeit).

Fläche: 261 km².
Klima: ähnlich wie auf Dominica.
Bevölkerung (1987): 50 000 Ew. □ **Durchschnittliche Bevölkerungsdichte:** 192 Ew. pro km². □ **Jährliches Bevölkerungswachstum:** 1,3 %. □ **Geburtenrate:** 24 ‰. □ **Sterbeziffer:** 11 ‰.

Wichtigste Stadt: Basseterre (16 000 Ew.) ist die einzige Stadt.

Bruttoinlandsprodukt gesamt (1984): 62 Millionen Dollar.

Bruttoinlandsprodukt/Kopf: 1 420 Dollar.

Wichtigstes Erzeugnis: Zucker (32 000 t).
Verkehr: Straßen 305 km; Eisenbahn 58 km.

Staatliche Institutionen

Seit 1983 unabhängiger Staat im Commonwealth, konstitionelle Monarchie. □ Verfassung von 1983. □ Der Generalgouverneur vertritt die britische Krone. □ Parlament mit einer Kammer: Die Nationalversammlung hat 14 Mitglieder, von denen 3 vom Gouverneur ernannt und 11 für 5 Jahre gewählt werden.

ANTIGUA UND BARBUDA
ANTIGUA AND BARBUDA

Offizieller Name: Antigua und Barbuda.

Hauptstadt: Saint John's. □ **Währung:** Ostkaribischer Dollar (= 100 Cents). □ **Amtssprache:** Englisch. □ **Überwiegende Religion:** Protestantismus. □ **Maße und Gewichte:** britisches System.

Generalgouverneur: Wilfred Ebenezer Jacobs (seit 1981). □ **Ministerpräsident:** Vere Cornwall Bird (seit 1981).

Flagge: 1967 angenommen. Ihre Farben sind das Schwarz des afrikanischen Volkes, das Blau des Meeres und der Hoffnung und das Weiß des Strandes. Die aufgehende Sonne symbolisiert die Freiheit, das rote Feld die Lebensenergie des Volkes.

Nationalhymne: ›Fair Antigua, we salute thee! Proudly we this anthem raise / To thy Glory and thy beauty, joyfully we sing the praise / of the virtues, all bestowed on thy sons and daughters free; / Ever striving, ever seeking, dwell in love and unity.‹ (Schönes Antigua, wir grüßen Dich! Stolz stimmen wir diese Hymne auf Deinen Ruhm und Deine Schönheit an, freudig singen wir das Lob der Tugenden, mit denen Deine freien Söhne und Töchter ausgestattet sind; lebe immer eifrig, immer bemüht in Liebe und Einheit). Text von Novelle Hamilton Richards (geb. 1917); Musik von Walter Garnet Picart Chambers (geb. 1908). 1967 angenommen, 1981 bestätigt. □ **Nationalfeiertag:** 1. November (Jahrestag der Unabhängigkeit).

Fläche: 442 km². □ **Höchste Erhebung:** Boggy Peak mit 403 m.
Klima: ähnlich wie auf Dominica.

Bevölkerung (1987): 81 000 Ew. □ **Durchschnittliche Bevölkerungsdichte:** 183 Ew. pro km². □ **Jährliches Bevölkerungswachstum:** 1 %. □ **Geburtenrate:** 15 ‰. □ **Sterbeziffer:** 5 ‰.

Wichtigste Stadt: die Hauptstadt (30 000 Ew.) ist die einzige nennenswerte Stadt.

Bruttoinlandsprodukt gesamt (1987): 200 Millionen Dollar.

Bruttoinlandsprodukt/Kopf: 2 450 Dollar.

Wichtigste Einnahmequelle: Tourismus (185 000 Auslandsgäste pro Jahr).

Verkehr: Straßen 1 000 km.

547

DIE LÄNDER DER ERDE

ANTILLEN

Auslandsschulden (1985): 63 Millionen Dollar.

Staatliche Institutionen

Seit 1981 unabhängiger Staat, Mitglied des Commonwealth. □ Verfassung von 1981. □ Der Generalgouverneur vertritt die britische Krone. □ Zweikammerparlament: Der Senat (17 ernannte Mitglieder) wird vom Generalgouverneur ernannt, das Repräsentantenhaus (17 gewählte Mitglieder) für 5 Jahre gewählt.

DOMINICA

Offizieller Name: Commonwealth of Dominica.

Hauptstadt: Roseau. □ **Währung:** Ostkaribischer Dollar (= 100 Cents). □ **Amtssprache:** Englisch. □ **Überwiegende Religion:** Katholizismus. **Maße und Gewichte:** britisches System, z. Zt. Umstellung auf metrische Maßeinheiten.

Staatspräsident: Clarence Seignoret (seit 1983). □ **Ministerpräsident:** Eugenia Charles (seit 1980).

Flagge: In ihrer Mitte ein Papagei, um den herum zehn Sterne die Bezirke der Insel darstellen.

Nationalhymne: nicht bekannt.

Nationalfeiertag: 2./3. November (Jahrestag der Unabhängigkeit).

Fläche: 751 km². □ **Höchste Erhebung:** Morne Diablotin mit 1 447 m.

Klima: In Roseau schwanken die monatlichen Mittel zwischen 24 und 28 °C; Niederschläge fallen reichlich (fast 2 000 mm pro Jahr), etwas weniger zwischen Februar und Mai.

Bevölkerung (1989): 100 000 Ew. □ Durchschnittliche Bevölkerungsdichte: 133 Ew. pro km². □ Jährliches Bevölkerungswachstum: 2,1 %. □ Geburtenrate: 26 ‰. □ Sterbeziffer: 5 ‰. □ Kindersterblichkeit: 14 ‰. □ Lebenserwartung: 76 Jahre. □ Anteil unter 15 Jahren: 34 %. □ Anteil 65 Jahre und älter: 7 %.

Wichtigste Stadt: Roseau (20 000 Ew.).

Bruttoinlandsprodukt gesamt (1987): 110 Millionen Dollar.
Bruttoinlandsprodukt/Kopf: 814 Dollar.
Wichtigstes Erzeugnis: Bananen (40 000 t).

Exporte (1985): 30 % des BIP (27 Millionen Dollar). □ **Importe** (1985): 65,6 % des BIP (59 Millionen Dollar).

Inflationsrate (1986): 3 %.

Staatliche Institutionen

Seit 1978 unabhängige Republik, Mitglied des Commonwealth. □ Die Verfassung ist von 1978. □ Der Staatspräsident wird für 5 Jahre vom Parlament gewählt. □ Ein Einkammerparlament (House of Assembly) mit 9 ernannten (Senatoren) und 21 für 5 Jahre gewählten Mitgliedern (Abgeordnete).

SAINT LUCIA
SANKT LUCIA

Offizieller Name: Saint Lucia.

Hauptstadt: Castries. □ **Währung:** Ostkaribischer Dollar (= 100 Cents). □ **Amtssprache:** Englisch. □ **Überwiegende Religion:** Katholizismus. □ **Maße und Gewichte:** britisches System.

Generalgouverneur: Vincent Floissac (seit 1988). □ **Ministerpräsident:** John Compton (seit 1982).

Flagge: 1979 angenommen. Die Farben symbolisieren: blau das Meer, gelb die Sonne und den Sand der Strände, schwarz die Vulkane. Das Dreieck steht für die Insel.

Nationalhymne: ›Sons and Daughters of Saint Lucia, love the land that gave us birth, / Land of beaches, hills and valleys, fairest isle of all the earth. / Wheresoever you may roam, love, oh love your island home!‹ (Söhne und Töchter von Saint Lucia, liebt das Land, das uns geboren, Land der Strände, Hügel und Täler, die schönste Insel der ganzen Welt. Wo immer Ihr auch sein mögt, liebt, ja liebt Eure Inselheimat.); Text von Charles Jesse (geb. 1897); Musik von Leton Felix Thomas (geb. 1926). 1967 angenommen, 1979 bestätigt.

Nationalfeiertag: 22. Februar (Jahrestag der Unabhängigkeit).

Fläche: 616 km². □ **Höchste Erhebung:** 950 m.

Klima: Die monatlichen Mittel betragen zwischen 24 und 27 °C. Die Niederschläge sind reichlich (rd. 2 m pro Jahr); die recht kurze Trockenzeit liegt zwischen Februar und März.

Bevölkerung (1988): 142 000 Ew. □ Durchschnittliche Bevölkerungsdichte: 230 Ew. pro km². □ Jährliches Bevölkerungswachstum: 2,5 %. □ Geburtenrate: 30 ‰. □ Sterbeziffer: 5 ‰.

Wichtigste Stadt: Castries (18 000 Ew.).

Bruttoinlandsprodukt gesamt (1988): 210 Millionen Dollar. □ **Bruttoinlandsprodukt/Kopf:** 1 470 Dollar.
Produktionsstruktur: Landwirtschaft 30 %; Industrie 20 %; Dienstleistungen 50 %.
Wichtigstes Erzeugnis: Bananen (80 000 t).

Verkehr: Straßen 1 275 km.

Exporte (1986): 31 % des BIP (49,7 Millionen Dollar). □ **Importe** (1986): 66,2 % des BIP (106 Millionen Dollar).

Inflationsrate (1988): 0 %.

SANKT VINCENT UND DIE GRENADINEN

Offizieller Name: Saint Vincent and the Grenadines.

Hauptstadt: Kingstown. □ **Währung:** Ostkaribischer Dollar (= 100 Cents). □ **Amtssprache:** Englisch. □ **Überwiegende Religion:** Protestantismus. □ **Maße und Gewichte:** britisches System.

Generalgouverneur: David Jack (seit 1989). □ **Ministerpräsident:** James Mitchell (seit 1984).

Flagge: Die Flagge der Opposition von 1979 wurde 1985 Staatsflagge. Sie stellt den Buchstaben V mit drei Diamanten auf goldenem Feld dar. □ **Nationalhymne:** ›Saint Vincent! Land so beautiful, with joyful hearts we pledge to thee / Our loyalty and love, and vow to keep you ever free …‹ (Saint Vincent! Land so wunderschön, mit freudigen Herzen geloben wird Dir unsere Treue und Liebe und versprechen, daß Du immer frei sein sollst.); Text von Phyllis Joyce McClean Punnett (geb. 1927); Musik von Joel Bertram Miguel (geb. 1938). 1969 angenommen, 1979 bestätigt. □ **Nationalfeiertag:** 27. Oktober (Jahrestag der Unabhängigkeit).

Fläche: 388 km². □ **Höchste Erhebung:** der Vulkan Soufrière mit 1 234 m.

Klima: ähnlich wie auf Barbados.

Bevölkerung (1989): 128 000 Ew. □ Durchschnittliche Bevölkerungsdichte: 340 Ew. pro km². □ Jährliches Bevölkerungswachstum: 2,5 %. □ Geburtenrate: 32,3 ‰. □ Sterbeziffer: 7,6 ‰.

Wichtigste Stadt: Kingstown (25 000 Ew.) ist die einzige nennenswerte Stadt.

Bruttoinlandsprodukt gesamt (1988): 127 Millionen Dollar.
Bruttoinlandsprodukt/Kopf: 1 000 Dollar. □ **Produktionsstruktur:** Landwirtschaft 50 %; Industrie und Dienstleistungen: Zahlen nicht verfügbar. □ **Arbeitslosenquote:** nicht verfügbar.
Wichtigste Erwerbsquellen: Tourismus (33 000 Auslandsgäste pro Jahr); Bananen (33 000 t).

Verkehr: Straßen 724 km.

Exporte (1985): 31 % des BIP (30,8 Millionen Dollar). □ **Importe** (1985): 31 % des BIP (30,7 Millionen Dollar). □ **Auslandsschulden** (1988): 40 Millionen Dollar.

Inflationsrate (1988): 1,1 %.

Staatliche Institutionen

Seit 1979 unabhängiger Staat, konstitutionelle Monarchie, Mitglied des Commonwealth. □ Verfassung von 1979. □ Der Generalgouverneur vertritt die britische Krone. □ Einkammerparlament (House of Assembly) mit 6 ernannten (Senatoren) und 13 für 5 Jahre gewählten Mitgliedern (Abgeordnete).

GRENADA

Offizieller Name: Grenada.

Hauptstadt: Saint George's. □ **Währung:** Ostkaribischer Dollar (= 100 Cents). □ **Amtssprache:** Englisch. □ **Überwiegende Religion:** Katholizismus.

Generalgouverneur: Paul Scoon (seit 1978). □ **Ministerpräsident:** Herbert Blaize (seit 1984).

DIE LÄNDER DER ERDE

Flagge: Im grünen Dreieck an der Fahnenstangenseite befindet sich eine Muskatnuß, wichtiges Anbauprodukt der Insel. □ **Nationalhymne:** ›Hail! Grenada, land of ours. / We pledge ourselves to thee, / Heads, hearts and hands in unity / To reach our destiny / Ever conscious of God.‹ (Heil Dir, Grenada, unser Land. Wir geloben Dir, vereint mit Geist, Herz und Hand, unser Schicksal zu erfüllen, immer Gottes eingedenk). Text von Irva Baptiste; Musik von Louis Masanto. □ **Nationalfeiertag:** 7. Februar (Jahrestag der Unabhängigkeit).

Fläche: 344 km². □ **Höchste Erhebung:** Mount Saint Catherine mit 840 m.

Klima: ähnlich wie auf Barbados.

Bevölkerung (1989): 100 000 Ew. □ Durchschnittliche Bevölkerungsdichte: 290 Ew. pro km². □ Jährliches Bevölkerungswachstum: 3 %. □ Geburtenrate: 37 ‰. □ Sterbeziffer: 7 ‰. □ Kindersterblichkeit: 30 ‰. □ Lebenserwartung: 72 Jahre. □ Anteil unter 15 Jahren: 39 %. □ Anteil 65 Jahre und älter: 7 %.

Wichtigste Stadt: Saint George's (27 000 Ew.).

Bruttoinlandsprodukt gesamt (1987): 135 Millionen Dollar. □ **Bruttoinlandsprodukt/Kopf:** 1 346 Dollar.

Produktionsstruktur: Landwirtschaft 30 %; Industrie 15 %; Dienstleistungen 55 %.

Wichtigste Erzeugnisse: Kakao (2 000 t); Bananen (8 000 t).

Verkehr: Straßen 860 km.

Exporte (1985): 32,5 % des BIP (26 Millionen Dollar). □ **Importe** (1985): 66 % des BIP (83 Millionen Dollar).

Auslandsschulden (1987): 101 Millionen Dollar.

Inflationsrate (1988): 0,9 %.

Staatliche Institutionen

Seit 1974 unabhängiger Staat, Mitglied des Commonwealth. □ Verfassung von 1974, 1979 ausgesetzt, seit 1983 wieder in Kraft. □ Der Generalgouverneur vertritt die britische Krone. □ Zweikammerparlament mit einem vom Generalgouverneur ernannten Senat und einem gewählten Repräsentantenhaus.

BARBADOS

Offizieller Name: Barbados.

Hauptstadt: Bridgetown. □ **Währung:** Barbados-Dollar (= 100 Cents). □ **Amtssprache:** Englisch. □ **Überwiegende Religion:** Protestantismus.

Generalgouverneur: Hugh Worrel Springer (seit 1984). □ **Ministerpräsident:** Erskine Sandiford (seit 1987).

Flagge: 1966 angenommen. Das Gelb und die beiden blauen Streifen stehen für den Sand der Strände zwischen Himmel und Meer. Der Dreizack ist Ausdruck des Bundes des Volkes mit dem Meer. □ **Nationalhymne:** ›In plenty and in time of need, When this fair land was young, / Our brave forefathers sowed the seed / From which our pride is sprung ...‹ (In Zeiten der Fülle und der Not, als dieses schöne Land noch jung war, säten unsere mutigen Vorväter die Saat, aus der unser Stolz erwuchs ...). Text von Irving Louis Burgie (geb. 1934); Musik von Van Roland Edwards (geb. 1913). 1966 für amtlich erklärt. □ **Nationalfeiertag:** 30. November (Jahrestag der Unabhängigkeit).

Fläche: 431 km². □ **Höchste Erhebung:** Mount Hillaby mit 337 m.

Klima: In Bridgetown liegen die mittleren Jahrestemperaturen zwischen 24 und 27 °C. Die jährlichen Niederschläge erreichen fast 1 300 mm und fallen reichlich und häufig zwischen Juni und November.

Bevölkerung (1989): 260.000 Ew. □ Durchschnittliche Bevölkerungsdichte: 603 Ew. pro km². □ Jährliches Bevölkerungswachstum: 0,7 %. □ Geburtenrate: 16 ‰. □ Sterbeziffer: 9 ‰. □ Kindersterblichkeit: 12 ‰. □ Lebenserwartung: 75 Jahre. □ Anteil unter 15 Jahren: 30 %. □ Anteil 65 Jahre und älter: 11 %. □ Stadtbevölkerung: 42 %.

Wichtigste Stadt: Bridgetown (10 000 Ew.).

Bruttoinlandsprodukt gesamt (1988): 1,45 Milliarden Dollar.

Bruttoinlandsprodukt/Kopf: 5 000 Dollar. □ **Produktionsstruktur:** Landwirtschaft 13 %; Industrie 26 %; Dienstleistungen 61 %.

Wichtigste Einnahmequellen: Tourismus (2 Millionen Auslandsgäste pro Jahr); Fischfang: 5 000 t.

Verkehr: Straßen 1 400 km.

Exporte (1985): 23,3 % des BIP (275 Millionen Dollar). □ **Importe** (1985): 49,7 % des BIP (587 Millionen Dollar).

Auslandsschulden (1987): 572 Millionen Dollar. □ **Inflationsrate** (1988): 4,7 %.

Staatliche Institutionen

Seit 1966 unabhängiger Staat, konstitutionelle Monarchie, Mitglied des Commonwealth. □ Verfassung von 1966. □ Der Generalgouverneur vertritt die britische Krone. □ Zweikammerparlament mit einem vom Generalgouverneur ernannten Senat und einem für 5 Jahre gewählten Abgeordnetenhaus (House of Assembly).

TRINIDAD UND TOBAGO

Offizieller Name: Republic of Trinidad and Tobago.

Hauptstadt: Port of Spain. □ **Währung:** Trinidad-und-Tobago-Dollar (= 100 Cents). □ **Amtssprache:** Englisch. □ **Überwiegende Religionen:** Katholizismus, Protestantismus.

Staatspräsident: Noor Hassanali (seit 1987). □ **Ministerpräsident:** Arthur Robinson (seit 1986).

Flagge: 1962 angenommen. Das Schwarz symbolisiert das in seinen Anstrengungen geeinte Volk, das Rot die Vitalität des Landes und den Mut des Volkes und das Weiß die Lauterkeit der Bestrebungen und die Gleichheit aller Menschen. □ **Nationalhymne:** ›Forged from the love of liberty, / In the fires of hope and prayer; / With boundless faith in our destiny, / ...‹ (Zusammengeschmiedet durch die Liebe zur Freiheit im Feuer von Hoffnung und Gebet; mit grenzenlosem Glauben an unser Schicksal ...). 1962 für amtlich erklärt. □ **Nationalfeiertag:** 31. August (Jahrestag der Unabhängigkeit).

Fläche: 5 128 km². □ **Höchste Erhebung:** Cerro del Aripo mit 940 m.

Klima: Es herrscht ständig eine feuchte Hitze. Die mittleren Monatstemperaturen bewegen sich um 25 °C. Regen fällt reichlich (weniger häufig von Februar bis Mai.).

Bevölkerung (1989): 1 200 000 Ew. □ Durchschnittliche Bevölkerungsdichte: 234 Ew. pro km². □ Jährliches Bevölkerungswachstum: 2 %. □ Geburtenrate: 27 ‰. □ Sterbeziffer: 7 ‰. □ Kindersterblichkeit: 13 ‰. □ Lebenserwartung: 70 Jahre. □ Anteil unter 15 Jahren: 34 %. □ Anteil 65 Jahre und älter: 6 %. □ Stadtbevölkerung: 23 %.

Bruttoinlandsprodukt gesamt (1987): 5,13 Milliarden Dollar. □ **Bruttoinlandsprodukt/Kopf:** 4 275 Dollar.

Produktionsstruktur: Landwirtschaft 10 %; Industrie 39 %; Dienstleistungen 51 %.

Verkehr: Straßen 6 435 km.

Exporte (1985): 15,4 % des BIP (1,37 Milliarden Dollar). □ **Importe** (1985): 14,9 % des BIP (1,33 Milliarden Dollar).

Auslandsschulden (1988): 1,5 Milliarden Dollar.

Inflationsrate (1987): 10,1 %.

Staatliche Institutionen

Seit 1962 unabhängiger Staat, Mitglied im Commonwealth. □ Seit 1976 präsidiale Republik. □ Der Staatspräsident wird von einem Wahlkollegium aus Mitgliedern des Senats und des Repräsentantenhauses gewählt. □ Das Parlament besteht aus zwei Kammern: Die 31 Mitglieder des Senats werden vom Staatspräsidenten ernannt. Das Repräsentantenhaus (mit 36 Abgeordneten) wird für fünf Jahre gewählt. □ Seit 1980 hat die Insel Tobago ein eigenes Parlament.

Geschichte

Trinidad wird von Kolumbus 1498 entdeckt und von den Spaniern 1532 besetzt. Im 17. Jh. wird die Insel erst von den Holländern, dann von den Franzosen angegriffen und wird im Frieden von Amiens (1802) den Briten zugesprochen. 1889 erfolgt die Angliederung der Nachbarinsel Tobago. Trinidad ist 1958 bis 1962 Mitglied der kurzlebigen Westindischen Föderation. Danach werden die Inseln Trinidad und Tobago als Mitglieder des Commonwealth unabhängig.

Die wichtigsten Städte

Port of Spain	56 000	Arima	24 000
San Fernando	33 000	Point Fortin	17 000

Erzeugung wichtiger Güter

Zucker	92 000 Tonnen
Reis	4 000 Tonnen
Kakao	2 000 Tonnen
Erdöl[1]	8,3 Millionen Tonnen

[1] Raffinierungskapazität etwa 15 Millionen Tonnen.

DIE LÄNDER DER ERDE

SÜDAMERIKA

KOLUMBIEN

Offizieller Name: República de Colombia.

Hauptstadt: Bogotá. □ **Währung:** Kolumbianischer Peso (= 100 Centavos). □ **Amtssprache:** Spanisch.

Überwiegende Religion: Katholizismus.

Staatspräsident und Regierungschef: César Gaviria (seit 1990).

Flagge: 1861 angenommen als Erinnerung an das Kriegsbanner von 1807 bei einem Feldzug gegen Venezuela. Das Gelb steht für das Gold, das Blau für die Landenge von Panama (das damals zu Kolumbien gehörte). □ **Nationalhymne:** ›Oh gloria inmarcesible! / Oh júbilo immortal! / En surcos de dolores / El bien germina ya ...‹ (O unvergänglicher Ruhm! O unsterbliche Freude! In der Furche des Schmerzes reift schon das Heil heran.); Text von Rafael Nuñez (1825–1894); Musik von Oreste Sindici (1837–1904). 1920 für amtlich erklärt. □ **Nationalfeiertag:** 20. Juli (Jahrestag der Unabhängigkeit).

Fläche: 1 140 000 km². □ **Höchste Erhebung:** Pico Cristóbal Colón in der Sierra Marta (N-Kolumbien) mit 5 778 m.

Bevölkerung (1989): 31 200 000 Ew. (Kolumbier): □ Durchschnittliche Bevölkerungsdichte: 27,3 Ew. pro km². □ Jährliches Bevölkerungswachstum: 2,1 %. □ Geburtenrate: 28‰. □ Sterbeziffer: 7‰. □ Kindersterblichkeit: 46‰. □ Lebenserwartung: 64 Jahre. □ Anteil unter 15 Jahren: 36 %. □ Anteil 65 Jahre und älter: 4 %. □ Stadtbevölkerung: 67 %.

Bruttoinlandsprodukt gesamt (1988): 34 Milliarden Dollar.

Bruttoinlandsprodukt/Kopf: 1 150 Dollar.

Produktionsstruktur: Landwirtschaft 32 %; Industrie 17 %; Dienstleistungen 51 %.

Arbeitslosenquote (1985): 14,2 %.

Verkehr: Straßen 58 837 km (davon 4 985 km Carretera Panamericana); Eisenbahn 3 403 km.

Exporte (1985): 10,8 % des BIP (3,71 Milliarden Dollar).

Importe (1985): 10,9 % des BIP (3,73 Milliarden Dollar).

Die wichtigsten Städte

Bogotá	4 486 000	Pereira	309 000
Medellín	1 812 000	Manizales	302 000
Cali	1 232 000	Cucutá	272 000
Barranquilla	900 000	Ibagué	238 000
Bucaramanga	459 000	Palmira	214 000
Cartagena	368 000		

Die Nähe des Äquators bewirkt, daß die Temperaturen in Bogotá niemals unter 0 °C fallen, obwohl es so hoch liegt; andererseits übersteigen die Temperaturen aufgrund der Höhenlage nie 25 °C. Es handelt sich um ein äquatoriales Höhenklima.

Auslandsschulden (1988): 17,5 Milliarden Dollar.

Inflationsrate (1988): 28,1 %.

Militärausgaben (1988): 269 Millionen Dollar. □ **Streitkräfte:** 130 400 Mann. □ **Wehrdienst:** 12–24 Monate.

Staatliche Institutionen

Republik. □ Verfassung von 1886. □ Der Staatspräsident wird für 4 Jahre gewählt. □ Der Vizepräsident wird alle 2 Jahre vom Kongreß gewählt. □ Legislative: Der Kongreß besteht aus Senat (112 Mitglieder) und Abgeordnetenhaus (199 Mitglieder), für 4 Jahre gewählt. □ Der Kongreß tritt im Juli jeden Jahres zusammen.

Geschichte

Kolonisierung. Die Hochtäler des präkolumbischen Kolumbiens sind von verschiedenen Völkern besiedelt, darunter auch die Muisca (oder Chibcha). Die Eroberung des Landes durch die Spanier beginnt unter R. de Bastidas (1500–1502) und wird von G. J. de Quesada fortgeführt, der 1538 Santa Fe (Bogotá) gründet. Die Audiencia de Santa Fe wird 1549 eingerichtet, und 1717 entsteht das Vizekönigreich Neugranada. Aus Cartagena und Nombre de Dios kommen Edelmetalle in die Metropole, die der Kolonie einen bescheidenen Wohlstand sichern.

Unabhängigkeit. Der 1810 begonnene Aufstand für die Unabhängigkeit wird von den Spaniern mit Gewalt niedergeworfen. Bogotá wird 1815 zurückerobert. 1817 nimmt Bolívar den Kampf wieder auf und gewinnt in Boayacá (1819); dadurch kann er auf dem Kongreß von Angostura die Republik Großkolumbien (Neugranada und Venezuela) ausrufen, der Panama (1821) und Ecuador (1822) angeschlossen werden. Nach dem Tod Präsident Bolívars (1830) machen sich Venezuela und Ecuador selbständig.

Liberale und Konservative an der Macht. Kennzeichen der Politik dieser Zeit sind die Gegnerschaft von zentralistischen Konservativen, die von der Kirche unterstützt werden, und antiklerikal und föderalistisch eingestellten Liberalen sowie die Kämpfe zwischen den örtlichen Oligarchien. Nach 1849 führen die Liberalen einige Reformen wie die Aufhebung

Erzeugung wichtiger Güter

Kaffee	708 000 Tonnen
Zucker	1,3 Millionen Tonnen
Baumwolle	132 000 Tonnen
Rinderbestand	24,1 Millionen Tiere
Erdöl	18,2 Millionen Tonnen
Gold	33,4 Tonnen
Strom	35,3 Milliarden kWh
Kakao	52 000 Tonnen

Klimadaten

Stadt	Höhe m ü. M.	Mittlere Temperatur des kältesten Monats (in °C)	Mittlere Temperatur des wärmsten Monats (in °C)	Jährliche Niederschläge (in mm)
Bogotá	2 650	14	15	1 061
Cali	960	24	24	915
Medellín	1 525	21,5	22	1 606
Barranquilla	–	26,5	28	799

Kolumbien

der kirchlichen Privilegien und die Sklavenbefreiung durch. In der zweiten Amtszeit von T. C. Mosquera (1861–1864) wird eine föderalistische Verfassung verabschiedet (1863). R. Núñez, ab 1880 Präsident der Republik, erneuert die Beziehungen zur Kirche (Konkordat von 1883) und gibt dem Land die einheitsstaatliche Verfassung (1886), die heute noch in Kraft ist. Die liberalen Befürworter des Föderalismus erheben sich mehrfach, insbesondere während des ›tausendtägigen Krieges‹ (1899–1903).

Das 20. Jh. Mit dem Amtsantritt von General Reyes (1904–1909) beginnt für Kolumbien eine Zeit der politischen Stabilität und der Modernisierung. Panama wird auf Drängen der Vereinigten Staaten, die immer größeren wirtschaftlichen Einfluß gewinnen (Kaffee- und Bananenplantagen, Ölförderung), 1903 selbständig. Die Krise von 1929 trifft das Land schwer und bringt die Liberalen wieder an die Macht (1930), die eine Reformpolitik in Angriff nehmen. 1946 stellt sich Jorge Eliecer Gaitán zur Wahl. Seine Ermordung hat 1948 Unruhen zur Folge. Der Staatsstreich General Rojas Pinillas (1953) sorgt wenigstens teilweise für Frieden. Aber seine autoritäre Amtsführung vereint Konservative und Liberale zu einer nationalen Front. Sie schließen den Pakt von Sitges (1957), der vorsieht, daß sich konservative und liberale Präsidenten über eine Zeit von sechzehn Jahren im Amt abwechseln und sich die Regierungsposten teilen. Zwar funktioniert dieses System, aber die immer größere Zahl von Wahlenthaltungen zeugt von der Schwäche der kolumbianischen Demokratie. Zudem entsteht eine Guerilla, die sich an Castro orientiert (1961–1964). In den siebziger Jahren verschlechtert sich die Lage aufgrund der Stadtguerillabewegungen, die 1978 Anlaß für die Verabschiedung von Ausnahmegesetzen sind. Der 1982 gewählte konservative Präsident Belisario Betancur versucht, statt einer militärischen eine politische Lösung für das Guerillaproblem zu finden. Als Nationalist bemüht er sich, Kolumbien weniger abhängig von den Vereinigten Staaten zu machen. Aber die Wirtschaftskrise und das Drogenproblem bringen ihn in Schwierigkeiten. Der Liberale Virgilio Barco (1986 bis 1990) verstärkt den Kampf gegen die Drogenkartelle (Drogengipfel in Cartagena 1990), die vergeblich versuchen, die Wahl seines liberalen Nachfolgers César Gaviria zu verhindern.

DIE LÄNDER DER ERDE

VENEZUELA

Offizieller Name: República de Venezuela.

Hauptstadt: Caracas. ☐ **Währung:** Bolívar (= 100 Céntimos). ☐ **Amtssprache:** Spanisch. ☐ **Überwiegende Religion:** Katholizismus.

Staatspräsident und Regierungschef: Carlos Andrés Pérez Rodríguez (seit 1989).

Flagge: 1811 angenommen. Das Rot steht für die Einheit, das Gelb für die soldatischen Tugenden und das Blau für die Freiheit. Die 7 Sterne, die zusätzlich auf die Flagge von 1817 aufgebracht wurden, symbolisieren die Landesteile. ☐ **Nationalhymne:** ›Gloria al bravo pueblo / Que el yugo lanzó / La Ley respetando / La virtud y honor ...‹ (Ruhm dem tapferen Volk, das sich vom Joch befreit hat unter Achtung von Gesetz, Tugend und Ehre.); Text von Vicente Salias (1786–1816); Musik von Juan José Landaeta (1780–1814). 1881 für amtlich erklärt. ☐ **Nationalfeiertag:** 5. Juli (Jahrestag der Unterzeichnung der Unabhängigkeitsurkunde im Jahre 1811).

Fläche: 912 050 km². ☐ **Höchste Erhebung:** Pico Bolívar in der Kordillere von Mérida mit 5 007 m.

Bevölkerung (1989): 19 100 000 Ew. *(Venezolaner).* ☐ Durchschnittliche Bevölkerungsdichte: 21 Ew. pro km². ☐ Jährliches Bevölkerungswachstum: 2,4 %. ☐ Geburtenrate: 28 ‰. ☐ Sterbeziffer: 4 ‰. ☐ Kindersterblichkeit: 36 ‰. ☐ Lebenserwartung: 70 Jahre. ☐ Anteil unter 15 Jahren: 39 %. ☐ Anteil 65 Jahre und älter: 4 %. ☐ Stadtbevölkerung: 86 %.

Bruttoinlandsprodukt gesamt (1987): 38,6 Milliarden Dollar. ☐ Bruttoinlandsprodukt/Kopf: 2 111 Dollar. ☐ **Produktionsstruktur:** Landwirtschaft 12 %; Industrie 27 %; Dienstleistungen 61 %. ☐ **Arbeitslosenquote (1985):** 13,3 %.

Verkehr: Straßen 63 871 km (davon 1 422 km Carretera Panamericana); Eisenbahn 268 km.

Exporte (1985): 28,4 % des BIP (14,18 Milliarden Dollar).

Erzeugung wichtiger Güter

Mais	1,4 Millionen Tonnen
Rinderbestand	13,1 Millionen Tiere
Erdöl	96,6 Millionen Tonnen
Erdgas	19,5 Milliarden m³
Strom	51 Milliarden kWh
Eisen	12,9 Millionen Tonnen
Aluminium	445 000 Tonnen
Stahl	3,6 Millionen Tonnen

Importe (1985): 14,8 % des BIP (7,39 Milliarden Dollar).

Auslandsschulden (1988): 30,5 Milliarden Dollar.

Inflationsrate (1988): 20 %.

Militärausgaben (1988): 933 Millionen Dollar. ☐ **Streitkräfte:** 70 500 Mann.

Wehrdienst: 24 Monate.

Die größten Städte

Caracas	2 914 000	Barquisimeto	334 000
Maracaibo	901 000	Maracay	255 000
Valencia	568 000		

Staatliche Institutionen

Bundesrepublik. ☐ Verfassung von 1961. ☐ Der Staatspräsident wird für 5 Jahre gewählt. ☐ Der Nationalkongreß besteht aus Senat und der für 5 Jahre gewählten Abgeordnetenkammer. ☐ Die ehemaligen Präsidenten sind Mitglieder des Senats.

Geschichte

Die spanische Kolonie. Der von karibischen Indianern besiedelte Landstrich wird von Kolumbus entdeckt (1498) und von Vespucci ›Kleinvenedig‹ (Venezuela) getauft (1499). Er wird 1556 Teil des spanischen Reiches. Im 18. Jh. wird das Land durch Kaffee- und Kakaoexport wohlhabend; es wird dem Vizekönigreich Neugranada angeschlossen (1739) und 1777 zum Generalkapitanat erklärt.

Der Kampf für die Unabhängigkeit. Die konservativen Kreolen setzen 1810 den Generalkapitän ab, schlagen sich aber aus Furcht vor Mirandas Radikalität, der die Unabhängigkeit verkündet (1811), auf die Seite der Spanier. Miranda wird besiegt (1812), aber an seine Stelle tritt Bolívar, der mit Hilfe von Reitern (Llaneros) unter der Führung von José Antonio Páez in Carabobo (1821) den Sieg davonträgt. Bolívar ist der erste Präsident des auf dem Kongreß von Angostura (1819) gegründeten ›Großkolumbien‹ (Kolumbien, Venezuela), muß aber 1830 sein Amt niederlegen.

Das 19. Jh. Unter Páez, der mittels einer Oligarchie regiert, wird Venezuela unabhängig. Er wird von der Familie Monagas vertrieben, die zwischen 1848 und 1858 die konservative Partei konsolidiert, aber auch für die Sklavenbefreiung sorgt. 1858 beginnt mit der Revolution von J. Castro eine Bürgerkriegszeit, die mit der Machtübernahme Guzmán Blancos endet. Dieser ist ein autoritärer Caudillo, der Staat und Kirche trennt und die Wirtschaft modernisiert (1870–1887).

Die Generäle an der Macht. Die Diktatoren lösen einander ab: Joaquín Crespo (1892–1898), auf den Cipriano Castro (1899–1908) folgt, der von seinem Stellvertreter Vicente Gómez gestürzt wird. Letzterer profitiert vom seit 1920 sprudelnden Erdöl und hält sich bis 1935 an der Macht. Unter der Präsidentschaft von López Contreras (1935–1941) beginnt ein Demokratisierungsprozeß, der 1945 in einen von jungen Offizieren angeführten Staatsstreich mündet. Diese stehen dem populistischen Führer der Acción Democrática (AD), Rómulo Betancourt, nahe. Die AD findet breite Unterstützung beim

Klimadaten

Stadt	Höhe (m ü.M.)	Mittlere Temperatur des kältesten Monats (in °C)	Mittlere Temperatur des wärmsten Monats (in °C)	Jährliche Niederschläge (in mm)	Anzahl der Tage mit Niederschlägen pro Jahr
Caracas	1 040	18,5	22	825	116
Maracaibo	5	27,5	29,5	570	175
Santa Elena de Uairen	860	22,5	24,5	1 630	235

In Caracas wurden schon unter 10 °C gemessen, in Santa Elena (im Hochland von Guayana) jedoch noch nie unter 12 °C oder in Maracaibo noch nie unter 18 °C. Dort liegen die Höchsttemperaturen zwischen April und September um 40 °C, während sie weder in Caracas noch in Santa Elena je 35 °C überschreiten.

DIE LÄNDER DER ERDE

SÜDAMERIKA

Volk. Ihr Kandidat R. Gallegos wird zum Staatspräsidenten gewählt und führt radikale Reformen durch. Ein Putsch konservativer Offiziere setzt dem 1948 ein Ende, und General Pérez Jiménez herrscht als Diktator. Die Unzufriedenheit der Armee und die Verständigung zwischen den Parteien AD und COPEI (Comitado Organización Politica Electoral Independiente, christdemokratisch) ermöglicht die Rückkehr zur Demokratie (1958).

Venezuela unter den Zivilisten. Präsident Betancourt überlebt konservative Putschversuche und eine castristische Guerilla (1959–1964). Er stärkt die demokratischen Institutionen und versichert sich der Treue der Armee. Typisch für das politische Leben ist der Wechsel von AD und COPEI an der Spitze der Regierung: Raúl Leoni, AD (1964–1969), Rafael Caldera, Christdemokrat (1969–1974). Die Verstaatlichung der Erdölgesellschaften wird 1975 unter Präsident Carlos Andrés Pérez Rodríguez (1974–1979, AD) durchgeführt. Nach Präsident Herrera Campins (COPEI, 1979–1984) führt ab 1984 Jaime Lusinchi (AD) die Amtsgeschäfte. 1988 wird Carlos Andrés Pérez Rodríguez erneut Präsident der Republik.

GUYANA

Offizieller Name: Cooperative Republic of Guyana.

Hauptstadt: Georgetown. □ **Währung:** Guyana-Dollar (= 100 Cents). □ **Amtssprache:** Englisch. □ **Überwiegende Religionen:** Protestantismus, Hinduismus.
Staatspräsident: Hugh Desmond Hoyte (seit 1985). □ **Ministerpräsident:** Hamilton Green (seit 1985).

Flagge: 1966 angenommen. Das Grün symbolisiert die Pflanzenwelt, das Weiß das Wasser, das Gelb die Bodenschätze, das Schwarz die Ausdauer, das Rot die Begeisterung des aufopferungsbereiten Volkes. □ **Nationalhymne:** ›Dear Land of Guyana, of rivers and plains, / Made noble by the sunshine and lush by the rains, / Set gemlike and fair between mountains and sea, / Your children salute you, dear land of the free ...‹ (Teures Land von Guyana, Land der Flüsse und Ebenen, das die Sonne reich und der Regen üppig macht, das schön wie ein Juwel zwischen den Bergen und dem Meer liegt, Deine Kinder grüßen Dich, teures Land der Freien.); Text von Archibald Leonard Luker (1899–1971); Musik von Robert Cyril Gladstone Potter (1899–1981). 1966 für amtlich erklärt. □ **Nationalfeiertag:** 23. Februar (Tag der Republik) und 4. August (Tag der Freiheit).

Fläche: 215 000 km². □ **Höchste Erhebung:** Roraima, auf der Grenze zu Venezuela, mit 2 810 m.
Klima: Ständig feuchtwarm. In Georgetown fallen jährlich über 2 m Regen (kein trockener Monat), und die monatlichen Durchschnittstemperaturen liegen immer über 25 °C.

Bevölkerung (1989): 800 000 Ew. □ Durchschnittliche Bevölkerungsdichte: 3,7 Ew. pro km². □ Jährliches Bevölkerungswachstum: 1,9 %. □ Geburtenrate: 26 ‰. □ Sterbeziffer: 7 ‰. □ Kindersterblichkeit: 44 ‰. □ Lebenserwartung: 66 Jahre. □ Anteil unter 15 Jahren: 38 %. □ Anteil 65 Jahre und älter: 4 %. □ Stadtbevölkerung: 32 %.

Wichtigste Stadt: Georgetown (188 000 Ew.) ist die einzige Großstadt.
Bruttoinlandsprodukt gesamt (1985): 360 Millionen Dollar.
Bruttoinlandsprodukt/Kopf: 370 Dollar.
Produktionsstruktur: Landwirtschaft 36 %; Industrie 24 %; Dienstleistungen 40 %. □
Arbeitslosenquote: nicht verfügbar.
Wichtigste Erwerbsquellen: Bauxit (2,5 Millionen t); Zucker (250 000 t).

Verkehr: Straßen 3 619 km (davon 882 km asphaltiert); Eisenbahn 127 km.

Exporte: 63,9 % des BIP (230 Millionen Dollar). □ **Importe:** 75 % des BIP (270 Millionen Dollar).
Auslandsschulden (1988): 1 Milliarde Dollar.
Inflationsrate (1988): 28,7 %.
Militärausgaben (1985): 45 Millionen Dollar. □ **Streitkräfte:** 5 500 Mann. □ **Wehrdienst:** freiwillig.

Staatliche Institutionen

Seit 1966 unabhängiger Staat, Mitglied des Commonwealth. □ Seit 1970 Republik. □ Verfassung von 1980. □ Der Staatspräsident wird für 5 Jahre gewählt. □ Es wird der Kandidat der Partei gewählt, die bei den Parlamentswahlen die meisten Stimmen erhält. □ Die Nationalversammlung wird für 5 Jahre gewählt.

Geschichte

Die britische Kolonie. Das Gebiet wird erst von den Holländern kolonisiert, dann 1796 von den Briten besetzt. Die Verträge von 1814 sehen vor, daß die Holländer das heutige Surinam und die Briten den Westteil von Guyana erhalten, der seit 1831 Britisch-Guayana heißt. In der Region, in der tropische Nutzpflanzen wachsen, siedeln sich Schwarze, Hindus und Weiße an. Der Kolonie wird eine bedingte Autonomie gewährt (1953), aber die eigentliche Unabhängigkeit kann erst 1966 verkündet werden, da die politischen und ethnischen Spannungen zwischen der People's Progressive Party (PPP) unter dem Kommunisten Cheddi Jagan, der die Hindus vertritt, der United Force der Weißen, der Partei der Schwarzen und dem People National Congress (PNC) unter Forbes Burnham die Entwicklung verzögern.

Die Unabhängigkeit. Burnham übernimmt 1969 die Regierung. Guyana wird eine ›Cooperative Republic‹ (1970). Die autoritäre und prokubanische Regierung Burnhams wird 1973 und 1980 im Amt bestätigt, muß sich jedoch einer aktiven Opposition unter Jagan stellen. Im März 1983 findet Burnham eine Lösung für den seit langem schwelenden Grenzkonflikt mit Venezuela um die Region von Essequibo. Nach Burnhams Tod folgt ihm 1985 der bisherige Ministerpräsident Hugh Desmond Hoyte im Amt nach.

SURINAM SURINAME

Offizieller Name: Republiek van Suriname.

Hauptstadt: Paramaribo. □ **Währung:** Surinam-Gulden (= 100 Cents). □ **Amtssprache:** Niederländisch. □ **Überwiegende Religionen:** Hinduismus, Katholizismus.
Staatspräsident: Ramsewak Shankar (seit 1988). □ **Vizepräsident:** Henck Arron (seit 1988).

Flagge: 1975 angenommen. Das Grün steht für die Fruchtbarkeit der Erde und die Hoffnung auf Fortschritt, das Weiß für die Rechtschaffenheit und die Freiheit und das Rot für die Liebe und den Glauben an den Fortschritt.
Nationalhymne: ›God zij met ons Suriname! / Hij verheff' ons heerlijk land ...‹ (Gott sei mit unserem Surinam, er erhebe unser herrliches Land ...); Text von Cornelis A. Hoekstra (1852–1924); Musik von Johannes Corstianus de Puy (1835–1924). 1975 für amtlich erklärt.
Nationalfeiertag: 25. November (Jahrestag der Unabhängigkeit).

Fläche: 163 265 km². □ **Höchste Erhebung:** Julianatop im Wilhelminagebirge mit 1 280 m.
Klima: Ständig feuchtwarmes Klima. In Paramaribo, wo die monatlichen Durchschnittstemperaturen immer über 25 °C liegen, fallen jährlich über 2 m Niederschläge; keine richtige Trockenzeit.

Bevölkerung (1989): 400 000 Ew. □ Durchschnittliche Bevölkerungsdichte: 2 Ew. pro km². □ Jährliches Bevölkerungswachstum: 2 %. □ Geburtenrate: 27 ‰. □ Sterbeziffer: 7 ‰. □ Kindersterblichkeit: 33 ‰. □ Lebenserwartung: 69 Jahre. □ Anteil unter 15 Jahren: 37 %. □ Anteil 65 Jahre und älter: 4 %. □ Stadtbevölkerung: 46 %.
Wichtigste Stadt: Paramaribo (152 000 Ew.) ist die einzige Großstadt.

Bruttoinlandsprodukt gesamt (1988): 1,09 Milliarden Dollar.

Bruttoinlandsprodukt/Kopf: 2 714 Dollar.

Produktionsstruktur: Landwirtschaft 20 %; Industrie 40 %; Dienstleistungen 40 %.

Arbeitslosenquote: nicht verfügbar.

Verkehr: Straßen 2 500 km; Eisenbahn 849 km.

Exporte (1985): 28,6 % des BIP (294,3 Millionen Dollar). □ **Importe** (1985): 29,7 % des BIP (305,6 Millionen Dollar).

Auslandsschulden (1988): 66 Millionen Dollar.

Inflationsrate (1988): 3,7 %.

Militärausgaben (1988): 32 Millionen Dollar. □ **Streitkräfte:** 3 000 Mann. □ **Wehrdienst:** freiwillig.

Staatliche Institutionen

Seit 1975 unabhängiger Staat. □ Verfassung von 1987. □ Der Staatspräsident wird für 5 Jahre gewählt. □ Nationalversammlung.

Geschichte

Eine holländische Kolonie. Dieses Gebiet, das die Engländer im Tausch gegen Neu-

Erzeugung wichtiger Güter

Reis	300 000 Tonnen
Bauxit	2,5 Millionen Tonnen
Tonerde	1 Million Tonnen
Aluminium	34,5 Millionen Tonnen
Strom	1,6 Milliarden kWh

DIE LÄNDER DER ERDE

Amsterdam (New York) den Niederländern zuerkennen (1667), verdankt seine Entwicklung im 18. Jh. den Zuckerrohrplantagen. Es wird von den Briten besetzt (1796–1802 und 1804–1816) und 1816 an die Niederlande zurückgegeben. Nach der Abschaffung der Sklaverei (1863) lassen sich Indianer und Indonesier in Niederländisch-Guayana nieder. Nach dem Niedergang der Plantagenwirtschaft erlebt das Land durch den Bauxitabbau 1938 einen Aufschwung. Surinam, das 1948 seinen heutigen Namen annimmt, erhält 1954 eine Verfassung mit weitgehender Autonomie. 1975 wird Surinam in die Unabhängigkeit entlassen. Im Land bestehen starke ethnische Spannungen (Inder, Kreolen, Javaner, Schwarze).

Die Unabhängigkeit. Bis 1980 wird das Land von Henck Arron regiert. Der durch einen Staatsstreich an die Macht gekommene Hendrik R. Chin A. Sen wird 1982 von Desi Bouterse abgelöst. Durch unklare politische Verhältnisse und schwere soziale Unruhen wird die Stabilität ebenso gefährdet wie durch die Guerillabewegung. Dennoch beginnt 1985 ein Demokratisierungsprozeß. 1987 finden nach dem Inkrafttreten einer neuen Verfassung allgemeine Wahlen statt. Der Oppositionskandidat M. Shankar wird von der neuen Nationalversammlung zum Staatspräsidenten gewählt, 1991 aber wieder durch einen Militärputsch entmachtet.

BRASILIEN

Offizieller Name: República federativa do Brasil.

Hauptstadt: Brasília. □ **Währung:** Cruzado (= 100 Centavos). □ **Amtssprache:** Portugiesisch. □ **Überwiegende Religion:** Katholizismus.
Staatspräsident und Regierungschef: Fernando Collor de Mello (seit 1990).
Flagge: Das Grün erinnert an die Tabak- und Kaffeeblätter, die runde blaue Scheibe an die Farbe des Himmels. Die 23 Sterne stehen zugleich für das Sternbild Kreuz des Südens und für die 23 Staaten der Föderation, wobei der Stern über dem Wahlspruch die unteilbare Einheit bekräftigt. Diese Flagge wurde 1889 entworfen und 1968 offiziell angenommen. □ **Nationalhymne:** ›Ouviram do Ipiranga as margens plácidas / De um povo heróico e brado retumbante / E o sol da liberdade, em raios fúlgidos, / Brilhou no céu da Pátria nesse instante ...‹ (Die friedlichen Ufer des Ipiranga hörten die Rufe eines heldenhaften Volkes widerhallen, und die Sonne der Freiheit schien mit hellen Strahlen in diesem Augenblick über dem Himmel des Vaterlandes ...); Text von Joachim Osório Duque Estrada (1878 bis 1927); Musik von Francisco Manuel da Silva (1795–1865). 1890 für amtlich erklärt. □ **Nationalfeiertag:** 7. September (Jahrestag der Unabhängigkeit).
Fläche: 8 512 000 km². □ **Höchste Erhebung:** Pico da Neblina an der Grenze zu Venezuela mit 3 014 m.
Bevölkerung (1989): 147 400 000 Ew. *(Brasilianer)*. □ **Durchschnittliche Bevölkerungsdichte:** 17 Ew. pro km². □ **Jährliches Bevölkerungswachstum:** 2 %. □ **Geburtenrate:** 28 ‰. □ **Sterbeziffer:** 8 ‰. □ **Kindersterblichkeit:** 63 ‰. □ **Lebenserwartung:** 65 Jahre. □ **Anteil unter 15 Jahren:** 36 %. □ **Anteil 65 Jahre und älter:** 4 %. □ **Stadtbevölkerung:** 74 %.
Bruttoinlandsprodukt gesamt (1988): 314 Milliarden Dollar.
Bruttoinlandsprodukt/Kopf: 2 228 Dollar. □ **Produktionsstruktur:** Landwirtschaft 30 %; Industrie 24 %; Dienstleistungen 46 %. □ **Arbeitslosenquote** (1985): 7,1 %.
Verkehr: Straßen 1 411 900 km; Eisenbahn 29 207 km (davon 1 971 km elektrifiziert).
Exporte (1986): 12,4 % des BIP (25,6 Milliarden Dollar). □ **Importe** (1986): 6,3 % des BIP (13,1 Milliarden Dollar).
Auslandsschulden (1988): 123,4 Milliarden Dollar.
Inflationsrate (1988): 682,3 %.
Militärausgaben (1988): 809 Millionen Dollar. □ **Streitkräfte:** 324 000 Mann. □ **Wehrdienst:** 12 Monate.

Staatliche Institutionen

Bundesrepublik: 23 Staaten (jeweils mit eigener Regierung und Parlament), 3 Bundesterritorien und 1 Bundesdistrikt. □ Verfassung von 1988. □ Der Staatspräsident wird in allgemeiner Wahl für 5 Jahre gewählt. □ Nationalkongreß: Die Abgeordnetenkammer wird für 4 Jahre und der Senat für 8 Jahre gewählt.

Geschichte

Entdeckung und Kolonisierung durch die Portugiesen. Die Entdeckung Brasiliens wird dem Portugiesen Pedro Álvarez Cabral (1500) zugeschrieben, aber erst 1522 erscheint das Land in den portugiesischen Lehensverzeichnissen. Anfang des 17. Jh. sind erst die Küstenebenen kolonisiert. Um den Angriffen der Franzosen vorzubeugen, bauen die Brasilianer Festungen an der Küste (zum Beispiel Rio de Janeiro, 1565). Das Land ist im 17. Jh. ein großer Zuckerproduzent. Im 18. Jh. wird Brasilien nach der Entdeckung von Goldvorkommen in Ouro Preto (1694), Mato Grosso (1718) und Goiás (1725) zum größten Goldlieferanten der Welt. Die Suche nach Gold führt zur Gründung eines Inneren Brasiliens, einem Gebiet, in dem Mameluckenmischlinge leben, die die Küste den Weißen überlassen. Das Ende der Besetzung und die Erschließung der brasilianischen Territorien löst diplomatische Zwischenfälle aus, und mit der portugiesischen Unterschrift unter den Frieden von Methuen (1703) wird England das Handelsmonopol für Brasilien eingeräumt, Grund genug für Frankreich, in den spanischen Erbfolgekrieg einzugreifen. 1777 muß Portugal Uruguay nach einem Krieg mit Spanien an den Sieger abtreten. Unter der Herrschaft Josephs I. (1750–1777) betreibt Pombal in Brasilien wie in Portugal eine Erneuerungspolitik mit dem Ziel, die Macht der Großgrundbesitzer einzuschränken und zugleich mit der Beamtenkorruption aufzuräumen und die Produktion in Landwirtschaft und Bergbau zu erhöhen. Die Indianerversklavung wird 1775 beendet, gleichzeitig werden jedoch verstärkt Sklavenarbeiter aus Angola herangezogen. In den lateinamerikanischen Unabhängigkeitskriegen steht Brasilien auf der Seite der Braganza-Dynastie, die dort auch von 1808 bis 1821 residiert, und hält zum britischen Bündnis. Auf dem Wiener Kongreß (1815) erhebt Johann VI. Brasilien zum Königreich und stellt es damit Portugal gleich. Daher können die Verbindungen zur Hauptstadt ohne Probleme gelöst werden; als Johann VI. nach Lissabon zurückkehren muß (1821), bleibt sein Sohn Peter (Dom Pedro) als Regent in Brasilien. Dieser verkündet die brasilianische Unabhängigkeit und ruft sich am 12. Oktober 1822 als Peter I. zum Kaiser von Brasilien aus.

Die wichtigsten Städte

São Paulo	8 494 000	Nova Iguaçu	1 095 000
Rio de Janeiro	5 093 000	Curitiba	1 026 000
Belo Horizonte	2 542 000	Belém	950 000
		Goiânia	718 000
Salvador, früher Bahia	1 507 000	Campinas	664 000
Fortaleza	1 309 000	Manaus	635 000
Recife, früher Pernambuco	1 205 000	São Gonçalo	621 000
		Duque de Caxias	581 000
Brasília	1 200 000	Santo André	557 000
Pôrto Alegre	1 126 000	Guarulhos	553 000

Erzeugung wichtiger Güter

Mais	24,6 Millionen Tonnen
Reis	11,9 Millionen Tonnen
Zitrusfrüchte	16,8 Millionen Tonnen
Soja	18,1 Millionen Tonnen
Kaffee	1,2 Millionen Tonnen
Kakao	400 000 Tonnen
Baumwolle	718 000 Tonnen
Tabak	420 000 Tonnen
Rinderbestand	134 Millionen Tiere
Schweinebestand	33 Millionen Tiere
Erdöl	28,7 Millionen Tonnen
Strom	202 Milliarden kWh
– davon aus Wasserkraft	182 Milliarden kWh
Bauxit	7 Millionen Tonnen
Eisen	100,4 Millionen Tonnen
Gold	56,4 Tonnen
Mangan	950 000 Tonnen
Chrom	138 000 Tonnen
Stahl	24,6 Millionen Tonnen
Aluminium	873 000 Tonnen
Pkw	658 000 Einheiten
Zucker	8,1 Millionen Tonnen
Synthetischer Kautschuk	283 000 Tonnen
Fernsehgeräte	1,8 Millionen

Klimadaten

Stadt	Mittlere Temperatur des kältesten Monats (in °C)	Mittlere Temperatur des wärmsten Monats (in °C)	Jährliche Niederschläge (in mm)	Anzahl der Tage mit Niederschlägen pro Jahr
Manaus	27,5	28,5	1 810	167
Recife	24,5	27,5	1 610	168
Goiás	22,5	26	1 427	92
Rio de Janeiro	20,5	26	1 082	128
Pôrto Alegre	14	25,5	1 244	108

Pôrto Alegre hat das extremste Klima der fünf Wetterstationen; nur hier wurden Temperaturen unter 0 °C (von Mai bis August) und Höchsttemperaturen über 40 °C gemessen. In Manaus und Recife fallen die Temperaturen nie unter 15 °C, in Rio nie unter 10 °C, in Goiás nie unter 5 °C (in ca. 500 m ü. M.).

DIE LÄNDER DER ERDE

SÜDAMERIKA

Das Kaiserreich. Nach der Abdankung von Peter I. wird (1831–1840) ein parlamentarisches System eingeführt, in dem die liberalen und konservativen Parteien abwechselnd regieren. Peter II. wird 1840 Kaiser. Er verfolgt eine Politik der wirtschaftlichen Expansion, die die Interessen der Großgrundbesitzer vertritt. Brasilien verzeichnet einen enormen Bevölkerungszuwachs, der auf europäische Einwanderer zurückzuführen ist. Nach 1869 kommt die Hälfte der Weltkaffeeproduktion aus dem Land, dessen Geschichte mit der des Staates São Paulo verschmilzt. Der Krieg gegen Paraguay (1865–1870) ermöglicht es Brasilien, seine Grenzen neu zu ziehen und damit die gefährliche Isolation von Rio Grande do Sul zu beenden. Ab 1888 ist die Versklavung von Schwarzen verboten. Ein Jahr später wird Peter II. gestürzt: Die neue Republik ist konservativ ausgerichtet.

Die Republik der ›Coronels‹. Die 1891 verkündete republikanische Verfassung legt den Grundstein für einen laizistischen (Trennung von Kirche und Staat) und föderalistischen Staat. Aber in Wirklichkeit liegt die Macht in den Händen der Oligarchien, die über Land und Menschen bestimmen: den ›Coronels‹. Präsident Manuel Ferraz de Campos Sales (1898–1902) stützt sich auf die Großgrundbesitzer und auf die einzige Partei, die zu dieser Zeit existiert: die der Republikaner. Bis in die dreißiger Jahre hinein ist Brasilien ein Kaffeeland, d. h. von den Preisschwankungen für Agrarerzeugnisse auf den Weltmärkten abhängig. 1914 wird es zum mächtigsten Land in Lateinamerika. Der Erste Weltkrieg, an dem Brasilien auf seiten der Alliierten teilnimmt (1917), belebt seine Wirtschaft weiter. Weizen und Kautschuk werden für den Export produziert. Die Weltwirtschaftskrise führt in den wirtschaftlichen Ruin, beendet die Herrschaft der ›Coronels‹ und stärkt die Armee, die den aufstrebenden Mittelstand repräsentiert. 1930 kommt mit Unterstützung der Streitkräfte Getúlio Vargas an die Macht.

Die Vargas-Ära. Der populistische, reformorientierte und nationalistische Parteichef Vargas bildet eine diktatorische Übergangsregierung. Er setzt die Verfassung von 1891 außer Kraft, läßt sich für vier Jahre zum Präsidenten wählen und über eine neue Verfassung abstimmen (1934). 1937 löst er den Kongreß sowie die alten Parteien auf und

Brasilien

wird durch Volksentscheid sechs Jahre lang Diktator von Brasilien. Er fördert die industrielle Entwicklung, den Aufstieg des Mittelstandes und das aufstrebende Proletariat. 1945 von einer Gruppe von Generälen abgesetzt, wird er 1951 erneut Präsident. Vom Militär zum Rücktritt gezwungen, begeht er 1954 Selbstmord. Juscelino Kubitschek (1956 bis 1961), Jânio Quadros (1961) und João Goulart (1961–1964) unternehmen Reformversuche in dem Land, dessen landwirtschaftliche Struktur von den Latifundien geprägt ist und in dem große internationale Konzerne, insbesondere aus den Vereinigten Staaten, den Ton angeben. Die Industrialisierung Brasiliens schreitet fort, während gleichzeitig die Dezentralisierung der politischen Organisation und der Wirtschaft des Landes in Angriff genommen wird. 1960 wird Brasília, im Herzen Goiás, neue Hauptstadt. Quadros scheidet 1961 aus dem Amt, als die Armee ihm zu große Nachsicht gegenüber den Kommunisten vorwirft. Sein Nachfolger, der frühere Vizepräsident Goulart, wird von den Offizieren 1964 abgesetzt.

Die Militärregierung. Dies ist der Beginn einer strengen Militärherrschaft. Die traditio-

Verwaltungsgliederung

Staat oder Territorium*	Fläche (in km²)	Einwohner	Hauptstadt
NORDEN	3 580 000	6 450 000	
Acre	153 000	302 000	Rio Branco
Amazonas	1 564 000	1 432 000	Manaus
Pará	1 250 000	4 058 000	Belém
Rondônia	243 000	493 000	Pôrto Velho
Amapá*	140 000	176 000	Macapá
Roraima*	230 000	79 000	Boa Vista
NORDOSTEN	1 549 026	35 621 000	
Alagoas	28 000	1 988 000	Maceió
Bahia	561 000	9 594 000	Salvador
Ceará	148 000	5 379 000	Fortaleza
Maranhão	329 000	4 002 000	São Luis
Paraíba	56 000	2 971 000	João Pessoa
Pernambuco	98 000	6 662 000	Recife
Piauí	251 000	2 140 000	Teresina
Rio Grande do Norte	53 000	2 085 000	Natal
Sergipe	22 000	1 142 000	Aracaju
Fernando de Noronha*	26	1 000	Remédios

Staat oder Territorium*	Fläche (in km²)	Einwohner	Hauptstadt
SÜDOSTEN	925 172	53 025 000	
Espírito Santo	46 000	2 192 000	Vitória
Minas Gerais	587 172	13 390 000	Belo Horizonte
Rio de Janeiro	44 000	12 502 000	Rio de Janeiro
São Paulo	248 000	25 041 000	São Paulo
SÜDEN	578 000	19 981 000	
Paraná	200 000	7 994 000	Curitiba
Rio Grande do Sul	282 000	8 358 000	Pôrto Alegre
Santa Catarina	96 000	3 629 000	Florianópolis
MITTELWESTEN	1 877 814	7 679 000	
Goiás	642 000	3 967 000	Goiânia
Mato Grosso	880 000	1 142 000	Cuiabá
Mato Grosso do Sul	350 000	1 370 000	Campo Grande
Bundesdistrikt	5 814	1 200 000	Brasília

DIE LÄNDER DER ERDE

nellen politischen Parteien werden verboten, der Präsident wird mit Sondervollmachten ausgestattet, die den Kongreß und die Bundesstaaten schwächen. Die Präsidenten treiben die wirtschaftliche Entwicklung voran, unterdrücken aber die Opposition. 1979 bringt der neu gewählte Präsident Figueiredo jedoch einen Prozeß der Liberalisierung und der allmählichen Rückkehr zur Demokratie in Gang, der angesichts einer galoppierenden Inflation und immer krasser werdender sozialer Ungleichheit notwendig geworden ist.

Die Rückkehr zur Demokratie. 1985 übernehmen die Zivilisten wieder die Regierung. Präsident Tancredo Neves stirbt kurz nach seiner Wahl. Sein Nachfolger, der frühere Vizepräsident José Sarney, der auch in den Militärregierungen Ämter bekleidet hat, führt die von seinem Vorgänger versprochenen Reformen durch. 1986 setzt er eine Sparpolitik durch (*Cruzado-Plan*), aber die wirtschaftliche und soziale Lage bleibt gespannt. 1989 gewinnt Collor de Mello, ein Angehöriger der Rechtspartei, die Präsidentschaftswahlen.

ECUADOR

Offizieller Name: República del Ecuador.

Hauptstadt: Quito. □ Währung: Sucre (= 100 Centavos). □ Amtssprache: Spanisch. □ Überwiegende Religion: Katholizismus.

Staatspräsident und Regierungschef: Rodrigo Borja (seit 1988).

Flagge: 1900 angenommen. Sie zeigt das Rot des vergossenen Blutes, das Blau des Himmels und des Meeres und das Gelb der Sonne. □ Nationalhymne: ›Los primeros los hijos del suelo / Que soberbio el Pichincha decora / Te aclamaron por siempre Señora / Y vertieron su sangre por ti.‹ (Als Erste bejubeln Dich, Herrin, für immer die Söhne des Bodens, den der prächtige Pinchincha beherrscht, und haben ihr Blut für Dich vergossen ...); Text von Juan León Mera (1832–1894); Musik von Antonio Neumane (1814–1871). 1861 für amtlich erklärt. □ Nationalfeiertag: 10. August (Jahrestag der Unabhängigkeit).

Fläche: 270 670 km². □ Höchste Erhebung: Chimborazo mit 6 272 m.

Klima: Die örtlichen Temperaturen schwanken im Laufe des Jahres wenig. Die Werte von Quito und Guayaquil belegen, daß die Höhenlage der entscheidende Faktor ist.

Bevölkerung (1989): 10 500 000 Ew. (*Ecuadorianer*). □ Durchschnittliche Bevölkerungsdichte: 38,7 Ew. pro km². □ Jährliches Bevölkerungswachstum: 2,5 %. □ Geburtenrate: 33 ‰. □ Sterbeziffer: 8 ‰. □ Kindersterblichkeit: 63 ‰. □ Lebenserwartung: 65 Jahre. □ Anteil unter 15 Jahren: 42 %. □ Anteil 65 Jahre und älter: 4 %. □ Stadtbevölkerung: 48 %.

Bruttoinlandsprodukt gesamt (1988): 12,1 Milliarden Dollar.

Bruttoinlandsprodukt/Kopf: 1 180 Dollar.

Produktionsstruktur: Landwirtschaft 48 %; Industrie 17 %; Dienstleistungen 35 %.

Arbeitslosenquote: nicht verfügbar.

Verkehr: Straßen 35 700 km; Eisenbahn 1 121 km.

Exporte (1985): 29,6 % des BIP (2,87 Milliarden Dollar). □ Importe (1985): 17,7 % des BIP (1,72 Milliarden Dollar).

Auslandsschulden (1988): keine.

Inflationsrate (1988): 58,2 %.

Militärausgaben (1987): 289 Millionen Dollar. □ Streitkräfte: 42 000 Mann.

Wehrdienst: 12 Monate.

Staatliche Institutionen

Seit 1830 Republik. □ Verfassung von 1979. □ Der Staatspräsident wird für 4 Jahre gewählt. □ Einkammerparlament: Die Abgeordnetenkammer wird für 4 Jahre gewählt.

Geschichte

Kolonisierung und Unabhängigkeit. Das von den Inkas Ende des 15. Jh. annektierte Ecuador wird von Belalcázar, einem Leutnant Pizarros, 1534 erobert. Als Audiencia (Quito, 1563) gehört es zum Vizekönigreich Peru, später zu Neugranada (1739). Die kreolische Elite von Quito ruft 1809 die Unabhängigkeit aus. Aber erst als die Truppen Bolívars eingreifen und der Sieg de Sucres am Pichincha (1822) errungen ist, gelingt den ›Patrioten‹ die Vertreibung der Spanier. Ecuador schließt sich Großkolumbien an, wird 1830 aber wieder selbständig.

19. Jh. General Juan Flores, der erste Präsident (1830–1834) stürzt den Liberalen Rocafuerte 1839 und herrscht bis 1845 autoritär. Nachdem eine Zeitlang die Liberalen regiert haben, kommt Gabriel García Moreno, ein katholischer Konservativer aus Quito, an die Macht (1861–1865 und 1869–1875). Unter Einbeziehung der Kirche bemüht er sich um die Modernisierung des Landes und um die

Erzeugung wichtiger Güter

Bananen	2 100 000 Tonnen
Kaffee	118 000 Tonnen
Kakao	80 000 Tonnen
Zucker	178 000 Tonnen
Rinderbestand	3,7 Millionen Tiere
Fischfang	901 000 Tonnen
Erdöl	8,5 Millionen Tonnen
Strom	4,8 Milliarden kWh

Stärkung der Zentralregierung. Nach seiner Ermordung (1875) bestimmen die Konservativen das politische Geschehen bis 1895, als eine Revolution die Liberalen erneut an die Regierung bringt.

20. Jh. Die Liberalen führen unter der Präsidentschaft von Eloy Alfaro die Trennung von Kirche und Staat durch. Bei seinem Tod (1912) ist die politische Lage sehr ungewiß. Die anhaltende Kakaokrise schwächt das liberale Bürgertum. Nach 1924 wird das auf der Opposition von Liberalen und Konservativen basierende System in Frage gestellt. 1934 wird J. M. Velasco Ibarra, der Hoffnungsträger des einfachen Volkes, zum Präsidenten gewählt. Er wird 1935 gestürzt, bestimmt aber die Politik bis 1972. Von 1944 bis 1947 übernimmt er erneut die Staatsführung, nachdem Ecuador im Krieg mit Peru seine Amazonasprovinz verloren hat. 1972 bringt ein Staatsstreich General G. Rodríguez Lara an die Macht, der 1976 von einer Junta abgelöst wird. Die Armee verstaatlicht 80 % der Erdölproduktion und leitet eine Landreform in die Wege (1973), gibt die Macht aber angesichts wachsender wirtschaftlicher Probleme an die Zivilisten zurück. Der Kandidat der gemäßigten Linken, Jaime Roldós, gewinnt 1979 die Wahlen. Sein Nachfolger Hurtado, der mit den Stimmen der unteren Volksschichten gewählt wird (1981), verfolgt eine Sparpolitik. 1984 übernimmt der Konservative León Febres Cordero das Amt des Präsidenten. Bei den Wahlen von 1988 siegt Rodrigo Borja.

PERU

Offizieller Name: República del Perú.

Hauptstadt: Lima. □ Währung: Inti (= 100 Centavos). □ Amtssprachen: Spanisch, Ketschua. □ Überwiegende Religion: Katholizismus.

Staatspräsident: Alan García (seit 1985). □ Ministerpräsident: Alberto Fujimori (seit 1990).

Flagge: Auf einem Feldzug gegen die Spanier sah der argentinische General José de San Martín 1820 einen Schwarm Flamingos. Dies betrachtete er als gutes Omen, weshalb die Farben dieses Vogels 1825 zu Nationalfarben erklärt wurden.

Nationalhymne: ›Somos libres, seámoslo siempre ...‹ (Wir sind frei, mögen wir es immer bleiben ...). Text von José de la Torre Ugarte (1786–1831); Musik von José Bernardo Alcedo (1788–1878). 1913 für amtlich erklärt. □ Nationalfeiertag: 28./29. Juli (Jahrestag der Unabhängigkeitserklärung).

Fläche: 1 285 000 km². □ Höchste Erhebung: Huascarán in der Westkordillere mit 6 768 m.

Bevölkerung (1989): 21 400 000 Ew. (*Peruaner*). □ Durchschnittliche Bevölkerungsdichte: 16,6 Ew. pro km². □ Jährliches Bevölkerungswachstum: 2,1 %. □ Geburtenrate: 29 ‰. □ Sterbeziffer: 8 ‰. □ Kindersterblichkeit: 69 ‰. □ Lebenserwartung: 61 Jahre. □ Anteil unter 15 Jahren: 41 %. □ Anteil 65 Jahre und älter: 4 %. □ Stadtbevölkerung: 67 %.

Bruttoinlandsprodukt gesamt (1987): 44,58 Milliarden Dollar.

Die wichtigsten Städte

Guayaquil	1 301 000	Cuenca	272 000
Quito	1 110 000	Ambato	221 000

Klimadaten

Stadt	Höhe (m ü. M.)	Mittlere Temperatur des kältesten Monats (in °C)	Mittlere Temperatur des wärmsten Monats (in °C)	Jährliche Niederschläge (in mm)	Anzahl der Tage mit Niederschlägen pro Jahr
Quito	2 880	14,5	15	1 115	185
Guayaquil	5	24	27	986	117

555

DIE LÄNDER DER ERDE

SÜDAMERIKA

Bruttoinlandsprodukt/Kopf: 2 154 Dollar.

Produktionsstruktur: Landwirtschaft 34 %; Industrie 18 %; Dienstleistungen 48 %.

Arbeitslosenquote: nicht verfügbar.

Verkehr: Straßen 68 943 km (davon 3 337 km Carretera Panamericana); Eisenbahn 2 740 km.

Exporte (1985): 16,7 % des BIP (2,97 Milliarden Dollar). □ **Importe** (1985): 10,5 % des BIP (1,87 Milliarden Dollar).

Auslandsschulden (1987): 20,15 Milliarden Dollar.

Inflationsrate (1987): 160 %.

Militärausgaben (1988): 702 Millionen Dollar. □ **Streitkräfte:** 120 000 Mann.

Wehrdienst: 24 Monate.

Staatliche Institutionen

Republik. □ Verfassung von 1979. □ Der Staatspräsident wird für 5 Jahre gewählt. □ Nationalkongreß mit zwei Kammern: Senat und für 5 Jahre gewähltes Abgeordnetenhaus. □ Vom Präsidenten ernannter Staatsrat.

Geschichte

Frühzeit. Schon sehr früh besiedelt (um 22 000 v. Chr.), ist Peru Zentrum vieler Indianerkulturen (Chavín, Moche, Chimú, Nazca, Paracas). Die Ausweitung des Inkareichs beginnt 1438 unter Pachacútec (1430–1440). 1490 reicht das Reich von der Grenze zwischen Ecuador und Kolumbien bis zum Rio Maule in Chile. Der Herrschaftsbereich der Inkas reicht bis in die Hochebenen der Anden, wo sich eine Hochkultur entwickelt.

Spanische Eroberung und Kolonialzeit. Das Inkareich ist seit 1525 zwischen den Königen Atahualpa (Quito) und Huáscar (Cuzco) aufgeteilt und von Bürgerkriegen verwüstet, als 1531 eine Expedition unter Leitung der Spanier Francisco Pizarro und Diego de Almagro landet. Pizarro setzt Atahualpa in Cajamarca gefangen (Nov. 1532) und nimmt Cuzco ein. Nach der Hinrichtung Atahualpas rebellieren die Indianer (1533) unter Führung Manco Cápacs, später unter Túpac Amaru I., der 1572 endgültig geschlagen wird. Nach der Gründung von Lima (1535) verzögert sich der Ausbau der Kolonie durch den Krieg zwischen Pizarro und Almagro (1537–1544) und durch den Aufstand der Siedler (1544–1554) gegen die ›Neuen Gesetze‹ von 1542. Unter den Vizekönigen Andrés Hurtado de Mendoza (1555–1561) und Francisco Toledo (1569 bis 1581) beginnt für die Kolonie eine Zeit des Friedens. Die Indianer werden allmählich christianisiert und zur Encomienda oder, wie

Die wichtigsten Städte

Lima	3 969 000	Trujillo	355 000
Arequipa	448 000	Chiclayo	280 000
Callao	441 000	Chimbote	216 000

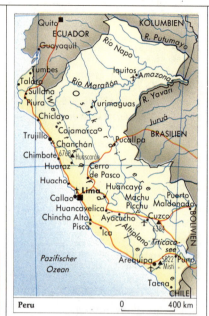

Peru

unter dem Inka, zur Mita (Zwangsarbeit) gezwungen. In der Silbermine von Potosí wird seit 1585 gearbeitet; sie mehrt den Reichtum des Vizekönigreiches rasch. Als die Silbervorräte erschöpft sind (1630), leitet der Bevölkerungsrückgang den Beginn einer langanhaltenden Wirtschaftskrise ein: Neugranada (1718), Río de la Plata (1776) und Chile (1778) gehen verloren. 1780/81 erschüttert ein großer Indianeraufstand unter Führung von Túpac Amaru II. das Land.

Das unabhängige Peru und das 19. Jh. Peru wird vom Argentinier San Martín befreit, der die Unabhängigkeit 1821 in Lima durchsetzt, sowie von Bolívar, der die spanische Armee vernichtend schlägt (Schlachten von Junín und Ayacucho, 1814). Für den Staat mit seinen geographischen (abgelegene Sierras und Küstenebenen) und sozialen (kreolische Großgrundbesitzer und ausgebeutete Indianer) Gegensätzen beginnt die Zeit der Militärputsche und der Diktatoren, in der die Armee die Politik bestimmt. Nach der erzwungenen Konföderation mit Bolivien (1836–1839) erlebt das Land unter der Diktatur des Präsiden-

Erzeugung wichtiger Güter

Reis	1 Million Tonnen
Kaffee	105 000 Tonnen
Baumwolle	98 000 Tonnen
Zucker	580 000 Tonnen
Schafbestand	13,3 Millionen Tiere
Fischfang	5,7 Millionen Tonnen
Erdöl	7 Millionen Tonnen
Strom	12,8 Milliarden kWh
Kupfer	278 000 Tonnen
Zink	480 000 Tonnen
Blei	149 000 Tonnen
Silber	1 551 Tonnen
Eisen	3,3 Millionen Tonnen

Klimadaten

Stadt	Mittlere Temperatur des kältesten Monats (in °C)	Mittlere Temperatur des wärmsten Monats (in °C)	Jährliche Niederschläge (in mm)	Anzahl der Tage mit Niederschlägen pro Jahr
Lima	16	23,5	43	6
Cuzco (3 200 m ü.M.)	10	14,5	812	102

Im hochgelegenen Cuzco können die Temperaturen zwischen April und Oktober unter 0 °C fallen, steigen aber nie auf 30 °C. In Lima wurden zwischen Dezember und April schon über 30 °C gemessen, dagegen nur selten Temperaturen unter 10 °C.

ten Ramón Castilla (1845–1851, 1855–1862) dank des Salpeter- und Guanoabbaus einen bescheidenen Wirtschaftsaufschwung. Aber das verschuldete Land muß sich gegen die spanische Invasion (1864–1866) und gegen chilenische Machtansprüche zur Wehr setzen; es verliert nach dem Salpeterkrieg (1879 bis 1883) die Provinz Tarapacá an Chile. Präsident Nicolás de Piérola (1879–1881, 1895 bis 1899) beendet mit Unterstützung der Händleroligarchie die Herrschaft der militärischen Machthaber und ermöglicht so die Modernisierung des Landes.

20. Jh. Präsident A. B. Leguía regiert von 1908 bis 1912 und von 1919 bis 1930 als Diktator und führt die Modernisierung mit Unterstützung der neuen städtischen Bevölkerung fort. Diese wird bald zur Hauptanhängerschaft der APRA (*Alianza Popular Revolucionaria Americana*), die 1924 von Haya de la Torre gegründet wird. Die Oligarchie, seitdem mit dem Militär gegen die APRA verbündet, bringt General Luis Sánchez Cerro an die Macht (1931). Der der APRA gegenüber zunächst positiv eingestellte Präsident Luis Bustamente Rivero (1945–1948) wird von dem General Odría (1948–1956) gestürzt. Als Haya de la Torre die Wahlen von 1962 gewinnt, erklärt das Militär die Wahlergebnisse für ungültig und setzt bei Neuwahlen Belaúnde Terry, den Führer der gegnerischen Partei, der *Volksaktion*, durch (1963). Belaúnde Terry, der einer wachsenden revolutionären Opposition gegenübersteht, wird von der Armee gestürzt (1968). Die Militärjunta unter General Velasco Alvarado befürwortet eine ›Revolution von oben‹ und verfolgt eine nationalistische Reformpolitik: Bergwerke und Banken werden verstaatlicht, die Landreform wird eingeleitet. Aufgrund von sozialen Unruhen wird der Prozeß 1975 jedoch unterbrochen. General Francisco Morales Bermúdez löst Velasco Alvarado ab und bereitet vor dem Hintergrund der zunehmenden Unbeliebtheit der Politik der Militärs die Rückkehr zu einer Zivilregierung vor. Belaúnde Terry gewinnt die Wahlen von 1980. Dann aber ist er zu einer Sparpolitik und zu einem härteren Vorgehen gegen die maoistische Guerillabewegung ›Leuchtender Pfad‹ gezwungen, so daß ihn der junge Kandidat Alan García bei den Präsidentschaftswahlen von 1985 mit weitem Abstand schlägt: Erstmals kommt die APRA an die Macht, ohne vom Veto der Armee aufgehalten zu werden. 1990 wird der unabhängige Kandidat Alberto Fujimori in das Präsidentenamt gewählt, der die Sanierung der Wirtschaft zum Hauptziel erklärt.

BOLIVIEN

Offizieller Name: República de Bolivia.

Hauptstadt: La Paz. □ **Währung:** Boliviano (= 100 Centavos). □ **Amtssprache:** Spanisch. □ **Überwiegende Religion:** Katholizismus.

Staatspräsident und Regierungschef: Jaime Paz Zamora (seit 1989).

Flagge: 1888 angenommen. Die Farben wurden 1851 vom ersten Präsidenten ausgewählt. Das Rot symbolisiert die Tapferkeit der Armee, das Gelb die Bodenschätze und das Grün die Fruchtbarkeit des Bodens. Nach einer anderen, legendenhaften Erklärung wuchs die

556

DIE LÄNDER DER ERDE

In La Paz hat die Temperatur noch nie 30 °C erreicht; zwischen April und November sind Minustemperaturen möglich. In Concepción wird ein Maximum von 38 °C erreicht.

Klimadaten

Stadt	Mittlere Temperatur des kältesten Monats (in °C)	Mittlere Temperatur des wärmsten Monats (in °C)	Jährliche Niederschläge (in mm)	Anzahl der Tage mit Niederschlägen pro Jahr
La Paz	3 658	9	12	572
Concepción	490	20	25	1 141

Die wichtigsten Städte

La Paz	881 000	Oruro	132 000
Santa Cruz	377 000	Potosí	103 000
Cochabamba	282 000	Sucre	80 000

Erzeugung wichtiger Güter

Schafbestand	9,5 Millionen Tiere
Zinn	8 000 Tonnen
Strom	2 Milliarden kWh

Blume *Cantuta* auf dem Grab zweier junger Brüder, die einander getötet hatten. □ **Nationalhymne:** ›Bolivianos: el hado propicio / Coronó nuestros votos y anhelo; / Es ya libre ya libre, este suelo, / Y cesó su servil condición ...‹ (Bolivianer: ein gnädiges Schicksal hat unsere Wünsche und unser brennendes Verlangen gekrönt. Sie ist frei, sie ist frei, diese Erde, deren Knechtschaft nun ein Ende hat ...); Text von Genaro Sanjinés (1786 bis 1864); Musik von Leopoldo Benedetto Vincenti. 1845 für amtlich erklärt.

Nationalfeiertag: 6. August (Jahrestag der Unabhängigkeit).

Fläche: 1 100 000 km². □ **Höchste Erhebung:** Illampu mit 6 550 m.

Bevölkerung (1989): 7 100 000 Ew. *(Bolivianer).* □ Durchschnittliche Bevölkerungsdichte: 6,4 Ew. pro km². □ Jährliches Bevölkerungswachstum: 2,6 %. □ Geburtenrate: 40 ‰. □ Sterbeziffer: 14 ‰. □ Kindersterblichkeit: 110 ‰. □ Lebenserwartung: 53 Jahre. □ Anteil unter 15 Jahren: 43 %. □ Anteil 65 Jahre und älter: 3 %. □ Stadtbevölkerung: 48 %.

Bruttoinlandsprodukt gesamt (1988): 4,35 Milliarden Dollar.

Bruttoinlandsprodukt/Kopf: 630 Dollar. □ **Produktionsstruktur:** Landwirtschaft 50 %; Industrie 24 %; Dienstleistungen 26 %. □ **Arbeitslosenquote:** nicht verfügbar. □ **Verkehr:** Straßen 43 817 km (2 848 km Carretera Panamericana); Eisenbahn 3 774 km.

Exporte (1985): 20 % des BIP (620 Millionen Dollar). □ **Importe** (1985): 14,8 % des BIP (460 Millionen Dollar).

Auslandsschulden (1988): 5,2 Milliarden Dollar.

Inflationsrate (1988): 16 %.

Militärausgaben (1984): 216 Millionen Dollar. □ **Streitkräfte:** 28 000 Mann. □ **Wehrdienst:** 12 Monate.

Staatliche Institutionen

Seit 1825 Republik. □ Verfassung von 1947. □ Der Staatspräsident und der Vizepräsident werden für 4 Jahre gewählt. □ Der Nationalkongreß besteht aus dem Senat und dem für 4 Jahre gewählten Abgeordnetenhaus.

Geschichte

Die spanische Kolonie. Das Land ist während der spanischen Kolonialzeit vom Vizekönigreich Peru und der Audiencia Charcas (kommt im 18. Jh. zum Vizekönigreich La Plata) abhängig: die Bevölkerung besteht größtenteils aus Indianern, die unter härtesten Bedingungen in den Silberminen arbeiten.

19. Jh. Durch die am 6. August 1825 verkündete Unabhängigkeit wird aus Oberperu die Republik Bolivien (mit Bolívar als Präsidenten). Vor allem die Haciendas ziehen daraus Vorteile; die Indianer leben in einer Art Leibeigenschaft. Aus dieser Situation erklärt sich die große Zahl von Bauernaufständen und Militärputschen in der bolivianischen Geschichte. Nach dem Salpeterkrieg (1879 bis 1884) verliert Bolivien seine Küstenprovinz an Chile.

20. Jh. Nachdem Bolivien 1935 im Chacokrieg von Paraguay geschlagen wird, gerät das Land in eine Dauerkrise. Die Militärregierungen zwischen 1936 und 1952 stehen in ständiger Konfrontation mit der Bergwerksbesitzeroligarchie. Víctor Paz Estenssoro, Präsident von 1952 bis 1956 und von 1960 bis 1964, verstaatlicht die Bergwerke und leitet eine Landreform ein, aber die bankrotte bolivianische Wirtschaft braucht dennoch amerikanische Hilfe. Paz Estenssoro wird 1964 gestürzt, und das Militär gelangt erneut an die Macht. Es wird von der Guerilla bedroht, deren angesehenster Führer Che Guevara ist (gest. 1967). 1971–1978 ist Hugo Banzer Suárez Präsident, der sich auf die konservativsten Kreise der Armee stützt. Die Wahlen von 1978 werden wegen Unstimmigkeiten annulliert. Ein Putsch folgt auf den andern, bis Hernán Siles Zuazo im Oktober 1982 zum Präsidenten gewählt wird, der sich einer katastrophalen Wirtschaftslage gegenübersieht, die er mit Sparmaßnahmen in den Griff bekommen will. Er stößt jedoch auf zunehmenden Widerstand seitens der Gewerkschaften. Die sozialen Konflikte verschärfen sich. 1989 wird Jaime Paz Zamora, der Kandidat der *Bewegung der revolutionären Linken* (MIR), Staatspräsident.

PARAGUAY

Offizieller Name: República del Paraguay.

Hauptstadt: Asunción. □ **Währung:** Guaraní (= 100 Céntimos). □ **Amtssprache:** Spanisch. □ **Überwiegende Religion:** Katholizismus.

Staatspräsident und Regierungschef: Andrés Rodríguez (seit 1989).

Flagge: Die ›Maisonne‹ erinnert an die Unabhängigkeit am 14. Mai 1811 und die Farben an den Aufstand der Guaraní-Indianer (1753 bis 1756).

Nationalhymne: ›Paraguayos, República, o Muerte! / Nuestro brio nos dió libertad; / Ni opresores, ni siervos alientan / Donde reinan unión, e igualdad ...‹ (Paraguayer, die Republik oder der Tod! Unser Mut hat uns die Freiheit geschenkt. Es gibt keinen Platz für Unterdrücker und für Sklaven, wo Einheit und Gleichheit regieren ...). Text von Francisco Esteban Acuña de Figueroa (1791–1862); Musik Francisco José Debali (1791–1859) zugeschrieben. 1934 für amtlich erklärt.

Nationalfeiertag: 14. Mai (Jahrestag der Unabhängigkeit).

Fläche: 407 000 km². □ **Höchste Erhebung:** auf dem Paranáplateau in der Cordillera de Caaguazú, mit 850 m.

Bevölkerung (1989): 4 200 000 Ew. *(Paraguayer).* □ Durchschnittliche Bevölkerungsdichte: 10 Ew. pro km². □ Jährliches Bevölkerungswachstum: 2,9 %. □ Geburtenrate: 36 ‰. □ Sterbeziffer: 7 ‰. □ Kindersterblichkeit: 45 ‰. □ Lebenserwartung: 67 Jahre. □ Anteil unter 15 Jahren: 41 %. □ Anteil 65 Jahre und älter: 4 %. □ Stadtbevölkerung: 41 %.

Wichtigste Städte: Asunción (600 000 Ew.), Presidente Stroessner (110 000), Pedro Juan Caballero (80 000), Encarnación (31 500), Pilar (26 300), Concepción (25 600).

Bruttoinlandsprodukt gesamt (1988): 5,2 Milliarden Dollar.

Bruttoinlandsprodukt/Kopf: 1 450 Dollar. □ **Produktionsstruktur:** Landwirtschaft 50 %; Industrie 15 %; Dienstleistungen 35 %. □ **Arbeitslosenquote:** nicht verfügbar.

Verkehr: Straßen 15 487 km (davon 705 km Carretera Panamericana); Eisenbahn 441 km.

Exporte (1985): 4 % des BIP (230 Millionen Dollar). □ **Importe** (1985): 9,5 % des BIP (550 Millionen Dollar).

Auslandsschulden (1987): 2,33 Milliarden Dollar.

Inflationsrate (1988): 24,5 %.

Militärausgaben (1988): 76 Millionen Dollar. □ **Streitkräfte:** 16 000 Mann.

Wehrdienst: 18 Monate bei den Landstreitkräften und bei der Luftwaffe, 24 Monate in der Marine.

Erzeugung wichtiger Güter

Soja	1,1 Millionen Tonnen
Baumwolle	150 000 Tonnen
Zitrusfrüchte	554 000 Tonnen
Zucker	69 000 Tonnen
Rinderbestand	7,1 Millionen Tiere
Strom	1,1 Milliarden kWh

Klimadaten

Stadt	Mittlere Temperatur des kältesten Monats (in °C)	Mittlere Temperatur des wärmsten Monats (in °C)	Jährliche Niederschläge (in mm)	Anzahl der Tage mit Niederschlägen pro Jahr
Asunción	17	27,5	1 210	76
Encarnación	14,5	26	1 485	75
Concepción	17	27	935	72

557

DIE LÄNDER DER ERDE

SÜDAMERIKA

Staatliche Institutionen

Seit 1813 Republik. □ Verfassung von 1967. □ Der Präsident wird für 5 Jahre und zugleich mit dem Kongreß gewählt. □ Der Nationalkongreß besteht aus einem Senat und einem für 5 Jahre gewählten Abgeordnetenhaus. □ Zwei Drittel der Sitze in beiden Kammern stehen der Regierungspartei zu, das dritte Drittel teilen sich die Oppositionsparteien.

Geschichte

Jesuitenherrschaft. Im von Guaraní-Indianern bewohnten Paraguaybecken beginnt die Kolonisierung mit der Gründung von Asunción (1537). Die Jesuiten, die den Auftrag haben, die Indianer in diesem Gebiet zu christianisieren, führen die Kolonisierung ab 1585 fort. Sie gründen eine eigene Provinz (1604) und 1609 die erste Reduktion (für Siedler verbotenes Indianerdorf), die die nomadischen Guaraní anlockt. Nach mehreren Überfällen von Sklavenjägern (1628–1640), die mit Einverständnis der Kolonialbehörden angreifen, erhalten die Jesuiten 1640 die Erlaubnis, den Indianern Gewehre zu geben. Die Reduktionen blühen und gedeihen, bis die Jesuiten 1767 aus ganz Spanisch-Amerika vertrieben werden. Die Guaraní werden ihres Landes beraubt und in kleine Gruppen zerstreut.

Unabhängigkeit und 19. Jh. 1811 verkündet Paraguay seine Unabhängigkeit (vom Kongreß 1813 ratifiziert). Die folgende Zeit ist von langen Diktaturen und Konflikten geprägt. Rodríguez de Francia (1814–1840) verschließt Ausländern das Land. Unter seinem Neffen Carlos A. Lopez (1844–1862) öffnet sich Paraguay wieder nach außen und erhält eine schlagkräftige Armee. López' Sohn Francisco Solano López (1862–1870) verwickelt das Land in Auseinandersetzungen mit Argentinien, Uruguay und Brasilien (1865–1870). Paraguay wird völlig verwüstet. Zudem bietet die Verfassung von 1870 keine Handhabe zur Vermeidung von Konflikten zwischen den politischen Fraktionen, den Azules (›Blaue‹, Liberale) und Colorados (›Rote‹, Konservative).

Das 20. Jh. Nachdem Paraguay den Chacokrieg gegen Bolivien (1928–29 und 1932–35) gewonnen hat, übernehmen nationalistische Offiziere die Macht (Rafael Franco, 1936-37, dann José Estigarribia, 1939–40). Auf den zunehmenden Einfluß der liberalen und kommunistischen Linken reagiert das von den Colorados unterstützte Militär mit einer Reihe von Staatsstreichen, bis General Alfredo Stroessner die Macht ergreift (1954). Seitdem regiert Stroessner als Diktator das Land, in dem einige führende Politiker vom Schmuggel leben. 1989 gelangt General Andrés Rodríguez an die Macht, Stroessner geht ins Exil.

URUGUAY

Offizieller Name: República Oriental del Uruguay.

Hauptstadt: Montevideo. □ **Währung:** Uruguaischer Peso (= 100 Centésimos). □ **Amtssprache:** Spanisch. □ **Überwiegende Religion:** Katholizismus.

Staatspräsident und Regierungschef: Luis Lacalle (seit 1990).

Flagge: 1830 angenommen. Die fünf weißen und 4 blauen Streifen stehen für die neun Provinzen des Landes. Die strahlende Sonne der Freiheit scheint über den unabhängigen lateinamerikanischen Nationen.

Nationalhymne: ›Orientales, la patria o la tumba! / Libertad, o con gloria morir!‹ (Uruguayer, das Vaterland oder das Grab! Freiheit oder glorreicher Tod!). Text von Francisco Acuña de Figueroa (1791–1862); Musik von Fernando Quijano (1805–¿). 1845 für amtlich erklärt.

Nationalfeiertag: 25. August (Jahrestag der Ausrufung der Republik 1825).

Fläche: 177 500 km².

Klima: Montevideo hat ein gemäßigt mildes und relativ feuchtes Klima: Durchschnittstemperatur 10 °C im Juli, 22,5 °C im Januar; Niederschläge 950 mm gleichmäßig über das Jahr verteilt.

Bevölkerung (1989): 3 000 000 Ew. *(Uruguayer).* □ Durchschnittliche Bevölkerungsdichte: 16,9 Ew. pro km². □ Jährliches Bevölkerungswachstum: 0,8 %. □ Geburtenrate: 18‰. □ Sterbeziffer: 10‰. □ Kindersterblichkeit: 27‰. □ Lebenserwartung: 71 Jahre. □ Anteil unter 15 Jahren: 26 %. □ Anteil 65 Jahre und älter: 11 %. □ Stadtbevölkerung: 85 %.

Wichtigste Städte: Montevideo (1 346 000 Ew.); Salto und Paysandú (je 80 000).

Bruttoinlandsprodukt gesamt (1988): 7,36 Milliarden Dollar.

Bruttoinlandsprodukt/Kopf: 2 380 Dollar.

Produktionsstruktur: Landwirtschaft 11 %; Industrie 32 %; Dienstleistungen 57 %. □ **Arbeitslosenquote** (1985): 15 %.

Verkehr: Straßen 52 297 km (davon 2 484 km Carretera Panamericana); Eisenbahn 3 005 km.

Exporte (1985): 23 % des BIP (1,08 Milliarden Dollar).

Importe (1985): 16,8 % des BIP (0,79 Milliarden Dollar).

Auslandsschulden (1988): 5,8 Milliarden Dollar.

Inflationsrate (1988): 62,2 %.

Militärausgaben (1985): 128 Milliarden Dollar. □ **Streitkräfte:** 24 400 Mann. □ **Wehrdienst:** freiwillig.

Staatliche Institutionen

Seit 1828 Republik. □ Verfassung von 1966. □ Der Staatspräsident und der Vizepräsident werden für 5 Jahre gewählt. □ Der Nationalkongreß besteht aus einem Senat und dem für 5 Jahre gewählten Abgeordnetenhaus.

Erzeugung wichtiger Güter

Weizen	234 000 Tonnen
Reis	421 000 Tonnen
Wein	950 000 Hektoliter
Rinderbestand	10,3 Millionen Tiere
Schafbestand	24,8 Millionen Tiere
Wolle	90 000 Tonnen
Fischfang	134 000 Tonnen
Strom	3,6 Milliarden kWh

Geschichte

Ein umstrittenes Territorium. Díaz de Solís landet 1516 an der Küste des Landes. Die Portugiesen gründen Sacramento (1680), später kolonisieren die Spanier das Ostufer des Uruguay-Flusses. José Artigas kämpft zunächst mit den Argentiniern gegen Spanien (1810), bildet dann aber eine nationale Regierung (1814). Uruguay wird von den Portugiesen erobert, dann Brasilien angegliedert (1821). Es rebelliert und erlangt die Unabhängigkeit (1828).

19. und 20. Jh. 1838 beginnen die Bürgerkriege zwischen den Colorados (Liberalen), deren Führer Rivera Montevideo zeitweise mit englischer Unterstützung operiert; die Blancos (Konservative), die unter Führung von Oribe mit dem argentinischen Diktator Rosas verbündet sind, werden 1851 beim Eingreifen der Brasilianer geschlagen. Mit Rückendeckung von Brasilien und Argentinien, die ihre Hilfe im Krieg gegen Paraguay zusagen, ergreifen die Colorados 1865 die Macht; sie halten sie bis 1958.
Die massive Einwanderung fördert die städtische Entwicklung und den Aufschwung der Viehwirtschaft. Die Schaffung eines stabilen und leistungsfähigen Staates ist das Werk von José Batlle y Ordóñez, der 1903–1907 und 1911–1915 Präsident der Republik ist. Nach der Weltwirtschaftskrise, die Uruguay schwer trifft, wird das Land von Diktator Terra (1933–1942) regiert. Als die progressiven Liberalen an die Macht kommen (1946), führen sie ein kollegiales System ein (Verfassung von 1951). Bei den Wahlen von 1966 gewinnen die Liberalen. Eine Verfassungsreform stärkt den Präsidenten. Seit 1963 fordert die Stadtguerillabewegung der Tupamaros den Staat heraus.
1973 löst der liberale Präsident Bordaberry den Kongreß auf und läßt die Armee Repressionsmaßnahmen durchführen, bevor er selbst durch einen Militärputsch (1976) gestürzt wird, in dessen Folge die Bürgerrechte aufgehoben werden und zahlreiche Menschen aus politischen Gründen verhaftet werden. Der Verfassungsentwurf der Armee wird 1980 jedoch per Referendum verworfen, und ihre ultraliberale Wirtschaftspolitik stößt zunehmend auf Ablehnung. Die Armee gibt die Macht an die Zivilisten zurück, nachdem der Colorados-Kandidat Julio María Sanguinetti 1984 zum Präsidenten gewählt wurde. Ihm folgt 1989 der konservative Luis Lacalle im Amt.

ARGENTINIEN

ARGENTINA

Offizieller Name: República Argentina.

Hauptstadt: Buenos Aires. □ **Währung:** Austral (= 100 Centavos). □ **Amtssprache:** Spanisch. □ **Überwiegende Religion:** Katholizismus.

Staatspräsident: Carlos Menem (seit 1989).

Flagge: Die 1816 entworfene Flagge nimmt die Farben der Kokarde auf, die zu Beginn des Aufstands vom 25. Mai 1810 getragen wurde. In ihrer Mitte steht die ›Maisonne‹. □ **Nationalhymne:** ›Oid mortales! el grido sagrado: / Libertad, libertad, libertad! ...‹ (Höret, Sterb-

558

DIE LÄNDER DER ERDE

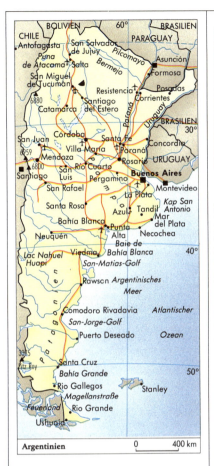

Staatliche Institutionen

Bundesrepublik mit 22 Provinzen (jeweils mit eigener Regierung und Verfassung), dem Bundesdistrikt Buenos Aires und dem Territorium Feuerland. □ Verfassung von 1853. □ Der Staatspräsident und der Vizepräsident werden von einem Wahlgremium für 6 Jahre gewählt. □ Der Kongreß besteht aus einem für 9 Jahre ernannten Senat und einem für 4 Jahre gewählten Abgeordnetenhaus.

Geschichte

Die Herrschaft der Spanier. Das Gebiet wird in das 1776 neu gegründete, reiche Vizekönigreich La Plata eingegliedert. Als bekannt wird, daß die Franzosen Sevilla eingenommen haben, wird der Vizekönig abgesetzt (1810). In Buenos Aires bildet sich eine Revolutionsjunta, und auf dem Kongreß von Tucumán wird 1816 die Unabhängigkeit erklärt. San Martín erringt den Sieg über Spanien.

Föderalisten und Unitarier. Eine zentralistische Einigungsbewegung versucht, sich gegen die föderalistischen Provinzmachthaber durchzusetzen. Das Durcheinander, das zwischen 1820 und 1829 herrscht, erleichtert dem ›Restaurator‹ und Diktator Juan Manuel de Rosas die Machtübernahme, der zwischen 1828 und 1852 das moderne Argentinien zusammenschmiedet. Dabei kommt es überall zu Exzessen, aber es entsteht auch ein föderalistisches System, das mit der Verfassung von 1853 einen rechtlichen Rahmen erhält.

Zerbrechlicher Wohlstand. In die Amtszeit der Staatschefs, die bis zur Jahrhundertwende regieren, fällt die wirtschaftliche Revolution in Argentinien. Die Wirtschaft ist jedoch zu einseitig ausgerichtet (Fleisch) und von ausländischem Kapital abhängig. Der Wirtschaftsaufschwung geht einher mit der Dezimierung der Indianer, der Ermutigung zur Einwanderung (v. a. Italiener und Spanier) und dem Zufluß ausländischen Kapitals. Die Krise und der Despotismus der herrschenden Oligarchie stärken zu Beginn des 20. Jh. die Opposition im einfachen Volk (Radikalismus). Der radikale Präsident Hipólito Yrigoyen (1916–1922 und 1928–1930) führt eine Sozialgesetzgebung ein, rührt aber nicht an die Agrarstrukturen.

Die Militärherrschaft. Die Weltwirtschaftskrise von 1929 leistet der Machtübernahme von Militärregierungen Vorschub. 1943 setzt eine Junta von nationalistischen Offizieren Präsident Ramón Castillo ab. Aus dieser Junta löst sich sehr bald Colonel Juan Domingo Perón, der 1946 Präsident wird und zusammen mit seiner Frau Eva Duarte Perón einen ›Justizialismus‹ vertritt, in dem sich Nationalismus, Neutralismus, Sozialreformen, Demagogie und Patriarchentum verbinden. Als Perón 1955 von einer Militärjunta gestürzt wird, beginnt für Argentinien eine Zeit ständiger Krisen. Nach seiner Rückkehr aus dem Exil 1973, wird Perón mit 61 % der Stimmen erneut zum Präsidenten gewählt. Nach seinem Tod im Juli 1974 folgt ihm die Vizepräsidentin, seine dritte Frau Isabel, im Amt nach, wird aber im März 1976 von einer Militärjunta unter General Videla gestürzt, der den Ausnahmezustand verhängt. Auch unter den Generalen Viola (1981) und Galtieri ändert sich die Lage nicht, bis letzterer im Falklandkrieg (1982) von Großbritannien geschlagen wird und die Rückkehr zur Demokratie billigen muß.

Die Rückkehr zur Demokratie. Raúl Alfonsín, der Führer der Radikalen Bürgerunion, wird im Dez. 1983 zum Präsidenten gewählt. Er steht vor wirtschaftlichen und sozialen Schwierigkeiten. 1987 gewinnt die peronistische Partei die Parlamentswahlen. Ihr Kandidat Carlos Menem wird 1989 zum Präsidenten gewählt.

---

liche, den heiligen Ruf: Freiheit, Freiheit, Freiheit ...). Text von Vicente López y Planes (1785–1856); Musik von José Blas Parera (um 1775–1830). 1813 für amtlich erklärt. □ **Nationalfeiertage:** 25. Mai (Jahrestag der Revolution von 1810) und 9. Juli (Jahrestag der Unabhängigkeit).

Fläche: 2 780 000 km². □ **Höchste Erhebung:** Aconcagua mit 6 959 m.

Bevölkerung (1989): 31 900 000 Ew. *(Argentinier)*. □ Durchschnittliche Bevölkerungsdichte: 11,4 Ew. pro km². □ Jährliches Bevölkerungswachstum: 1,3 %. □ Geburtenrate: 22 ‰. □ Sterbeziffer: 9 ‰. □ Kindersterblichkeit: 29 ‰. □ Lebenserwartung: 70 Jahre. □ Anteil unter 15 Jahren: 31 %. □ Anteil 65 Jahre und älter: 9 %. □ Stadtbevölkerung: 84 %.

Bruttoinlandsprodukt gesamt (1988): 74,49 Milliarden Dollar. □ Bruttoinlandsprodukt/Kopf: 2 330 Dollar. □ Produktionsstruktur: Landwirtschaft 13 %; Industrie 28 %; Dienstleistungen 59 %. □ Arbeitslosenquote: nicht verfügbar.

Verkehr: Straßen 225 835 km (davon 4 835 km Carretera Panamericana); Eisenbahn 36 185 km.

Exporte (1985): 13,8 % des BIP (8,39 Milliarden Dollar). □ **Importe** (1985): 5,8 % des BIP (3,52 Milliarden Dollar).

Auslandsschulden (1987): 56 Milliarden Dollar. □ Inflationsrate (1988): 343 %.

Militärausgaben (1988): 1,6 Milliarden Dollar. □ **Streitkräfte:** 95 000 Mann. □ **Wehrdienst:** 6 bis 12 Monate bei den Landstreitkräften, 12 Monate bei der Luftwaffe, 14 Monate bei der Marine.

Die wichtigsten Städte

Buenos Aires	10 000 000	Mar del Plata	415 000
Córdoba	969 000	Santa Fe	292 000
Rosario	957 000	Bahía Blanca	233 000
Matanza	905 000	Resistencia	220 000
Morón	598 000	Corrientes	180 000
Mendoza	597 000	Salta	176 000
Lomas de Zamora	510 000	San Salvador de Jujuy	167 000
		Paraná	162 000
San Miguel de Tucumán	497 000	Santiago del Estero	149 000
Lanús	466 000	Posadas	144 000
La Plata	455 000	San Juan	118 000
Quilmes	447 000	Viedma	24 000

Erzeugung wichtiger Güter

Weizen	9,5 Millionen Tonnen
Mais	9,2 Millionen Tonnen
Soja	9,8 Millionen Tonnen
Erdnüsse	450 000 Tonnen
Zitrusfrüchte	1,3 Millionen Tonnen
Wein	19 000 Hektoliter
Rinderbestand	54,8 Millionen Tiere
Schafbestand	29,2 Millionen Tiere
Wolle	138 Millionen Tonnen
Erdöl	24,3 Millionen Tonnen
Erdgas	19,3 Milliarden m³
Strom	54 Milliarden kWh
Stahl	3,6 Millionen Tonnen
Fleisch	3,4 Millionen Tonnen

Klimadaten

Stadt	Höhe (m ü. M.)	Mittlere Temperatur des kältesten Monats (in °C)	Mittlere Temperatur des wärmsten Monats (in °C)	Jährliche Niederschläge (in mm)	Anzahl der Tage mit Niederschlägen pro Jahr
Buenos Aires	25	9,5	23	810	93
Santiago del Estero	200	14	27	521	44
Mendoza	800	8,5	24	193	41
Sarmiento	270	2,5	18,5	130	30

In Buenos Aires, Santiago del Estero und Mendoza wurden Temperaturen von 40 °C und höher gemessen. In Mendoza wurden zwischen Juni und September (Südwinter) Werte unter 0 °C registriert. In Buenos Aires verteilen sich die Niederschläge recht gleichmäßig über das Jahr. Die sommerlichen Höchstwerte sind nicht extrem. Anders ist es in Mendoza und Santiago del Estero, wo der Winter (zwischen Juni und September) fast trocken ist. In Sarmiento in Patagonien fallen die Niederschläge v. a. im Winter (Mai bis August), die Temperaturen können dann niedrig sein (bis unter −10 °C).

DIE LÄNDER DER ERDE

SÜDAMERIKA

CHILE

Offizieller Name: República de Chile.

Hauptstadt: Santiago. □ **Währung:** Chilenischer Peso (= 100 Centavos). □ **Amtssprache:** Spanisch. □ **Überwiegende Religion:** Katholizismus.

Staatspräsident und Regierungschef: Patricio Aylwin Azocar (seit 1990).

Flagge: 1817 angenommen. Das Weiß erinnert an den Schnee der Anden, das Blau an den Himmel und das Rot an das für das Vaterland vergossene Blut. Der Stern steht für den Fortschritt und die Ehre des Landes.

Nationalhymne: ›Puro, Chile, es tu cielo azulado;/ Puras brisas te cruzan también...‹ (Klar, Chile, ist Dein azurblauer Himmel; rein sind die Winde, die über Dich hinwegstreichen ...). Text von Eusebio Lillo (1826–1910); Musik von Ramón Carnicer (1789–1855). 1847 für amtlich erklärt. □ **Nationalfeiertag:** 18. September (Jahrestag der faktischen Unabhängigkeit 1810).

Fläche: 757 000 km². □ **Höchste Erhebung:** Ojos del Salado mit 6 880 m.

Bevölkerung (1989): 13 000 000 Ew. (Chilenen). □ Durchschnittliche Bevölkerungsdichte: 17 Ew. pro km². □ Jährliches Bevölkerungswachstum: 1,6 %. □ Geburtenrate: 22 ‰. □ Sterbeziffer: 6 ‰. □ Kindersterblichkeit: 19 ‰. □ Lebenserwartung: 71 Jahre. □ Anteil unter 15 Jahren: 31 %. □ Anteil 65 Jahre und älter: 6 %. □ Stadtbevölkerung: 84 %.

Bruttoinlandsprodukt gesamt (1988): 18,5 Milliarden Dollar. □ Bruttoinlandsprodukt/Kopf: 1 490 Dollar. □ Produktionsstruktur: Landwirtschaft 19 %; Industrie 21 %; Dienstleistungen 60 %. □ Arbeitslosenquote (1985): 12,8 %.

Verkehr: Straßen 88 129 km (davon 3 369 km Carretera Panamericana); Eisenbahn 9 167 km.

Exporte (1985): 26,3 % des BIP (3,74 Milliarden Dollar). □ **Importe** (1985): 20,7 % des BIP (2,95 Milliarden Dollar).

Auslandsschulden (1988): 22 Milliarden Dollar.

Inflationsrate (1988): 14,7 %.

Militärausgaben (1988): 670 Millionen Dollar. □ **Streitkräfte:** 101 000 Mann. □ **Wehrdienst:** 12 Monate bei den Landstreitkräften und der Luftwaffe, 24 Monate bei der Marine.

Staatliche Institutionen

Republik. □ Verfassung von 1980, ergänzt 1989. □ Der Staatspräsident wird für 4 Jahre gewählt. □ Nationalkongreß: Senat aus 47 Mitgliedern (davon 38 gewählt), Abgeordnetenkammer aus 120 Mitgliedern, in allgemeiner Wahl für 4 Jahre gewählt.

Geschichte

Die Kolonialzeit. Das präkolumbische Chile wird von Araucan-Indianern besiedelt, die erst den Überfällen der Inkas (Mitte des 15. Jh.), dann der spanischen Eroberung zum Opfer fallen. Pedro de Valdivia gründet

Santiago (1541) und Concepción (1550). 1553 wird Valdivia von Araucanern geschlagen und getötet, die bis Ende des 19. Jh. gegen die Spanier kämpfen. 1778 wird Chile Generalkapitanat. 1810 bildet sich in Santiago eine patriotische Junta. 1814 werden die aufständischen Chilenen unter B. O'Higgins und J. M. Carrera jedoch von den Spaniern in Rancagua besiegt. Mit Hilfe von San Martín erringt O'Higgins bei Chacabuco (1817) und Maipú den Sieg. Die Republik wird ausgerufen.

Die wichtigsten Städte

Santiago	4 225 000	Viña del Mar	263 000
Valparaíso	271 000	Talcahuano	205 000
Concepción	268 000	Antofagasta	185 000

Klimadaten

Stadt	Mittlere Temperatur des kältesten Monats (in °C)	Mittlere Temperatur des wärmsten Monats (in °C)	Jährliche Niederschläge (in mm)	Anzahl der Tage mit Niederschlägen pro Jahr
Antofagasta	14	22	14	3
Santiago (520 m ü. M.)	8,5	20,5	365	31
Valdivia	8	17	2 703	163
Punta Arenas	1,5	10,5	368	75

Das 19. Jh. Auf die Diktatur von O'Higgins (1817–1823) folgen für die chilenische Republik zehn Jahre der Auseinandersetzung zwischen Liberalen und Konservativen. 1833 verkünden letztere eine Verfassung und regieren bis 1871. Bis 1891 bestimmt eine Koalition von Liberalen und Radikalen die Politik des Landes, das von 1879 bis 1884 den Salpeterkrieg gegen Peru und Bolivien führt. Als Sieger erhält Chile die Provinz Tarapacá. 1891 kommt es zu einem schweren Konflikt zwischen Präsident José Manuel Balmaceda und dem Kongreß, in dem sich das parlamentarische System gegenüber dem Präsidialsystem durchsetzt.

Das 20. Jh. Im Ersten Weltkrieg erlebt Chile durch den Abbau seiner mineralischen Bodenschätze (Kupfer, Nitrate) eine Zeit des Wohlstands. 1925 führt Präsident A. Alessandri das Präsidialsystem durch eine Verfassungsänderung wieder ein. Die Einflußnahme des Mittelstands und der Arbeiterklasse auf das politische Geschehen bringt Volksfrontregierungen (1938–1952) und später Parteien der linken Mitte (bis 1958) an die Macht. Auf die Opposition der Oligarchien unter dem konservativen Präsidenten Jorge Alessandri (1958 bis 1964) folgt die Regierung des Christdemokraten Eduardo Frei (1964–1970). Der Kandidat der Linken, Salvador Allende, gewinnt die Präsidentenwahlen von 1970. Bergwerke und Banken werden verstaatlicht, die Landreform radikaler fortgeführt. Aber die wirtschaftliche Lage verschlechtert sich rapide.

Die Militärjunta. Am 11. September 1973 findet ein Militärputsch statt, in dessen Verlauf Allende ums Leben kommt. Der Oberbefehlshaber der Streitkräfte, General Augusto Pinochet Ugarte, übernimmt die Macht. Er privatisiert die Banken, öffnet das Land für ausländisches Kapital und verfolgt eine streng deflationäre Haushaltspolitik. 1980 wird General Pinochet durch eine neue Verfassung für eine ›Übergangszeit‹ von acht Jahren zum konstitutionellen Präsidenten Chiles. 1988 organisiert die Militärjunta einen Volksentscheid über die Fortführung der Militärherrschaft und eine weitere achtjährige Amtszeit Pinochets. 54,71 % stimmten mit ›nein‹.

1989 wird Patricio Aylwin Azocar, der einzige Kandidat des Oppositionsbündnisses Concertación por la Democracía mit 55,2 % der Stimmen zum neuen Staatsoberhaupt gewählt.

Erzeugung wichtiger Güter

Weizen	1,7 Millionen Tonnen
Wein	4,2 Millionen Hektoliter
Rinderbestand	3,3 Millionen Tiere
Schafbestand	5,2 Millionen Tiere
Fischfang	5,2 Millionen Tonnen
Strom	16,9 Milliarden kWh
Nitrate	870 000 Tonnen
Kupfer	1,4 Millionen Tonnen
Eisen	4,8 Millionen Tonnen
Stahl	895 000 Tonnen

In Antofagasta und Punta Arenas steigen die Temperaturen nie auf über 30 °C. Dagegen mißt man in Punta Arenas Werte unter −10 °C, in Antofagasta (unterhalb des südl. Wendekreises) unter 5 °C. Höchstwerte von 35 °C weisen Santiago und Valdivia auf, wo die Temperaturen zwischen Mai und September (Südwinter) auch unter 0 °C fallen.

8

WELTWIRTSCHAFT

Die wirtschaftliche Tätigkeit beinhaltet die Aneignung und Umwandlung der Welt durch den Menschen.
Unser Buch widmet aus diesem Grunde die ersten Seiten dieses Kapitels (S. 562–572) dem Menschen.
Die Wirtschaftsbeziehungen, die zunächst unter dem Blickwinkel der wirtschaftlichen Entwicklung
untersucht werden (S. 573–577), werden anschließend national unter Einbeziehung
grundlegender volkswirtschaftlicher Erkenntnisse (S. 578–587)
und dann unter dem Gesichtspunkt der internationalen Wirtschaftsbeziehungen (S. 588–591) betrachtet.
Dabei werden die wirtschaftlichen Veränderungen seit den 70er Jahren einbezogen,
die auch die traditionelle Gruppeneinteilung der Länder in Frage stellen (S. 592–599).
Schließlich untersuchen wir die ›Weltwirtschaft‹, in deren Rahmen die Wirtschaftsakteure
die Grenzen der Nationalstaaten überschreiten (S. 600–605).
In einem letzten Abschnitt werden die Bereiche Produktion und Dienstleistungen (von der Landwirtschaft
bis zum Tourismus) sowie einige soziale Indikatoren abgehandelt (S. 606–640).

INHALT

DEMOGRAPHIE
ALLGEMEINES,
DIE WICHTIGSTEN INDIKATOREN,
DIE FRUCHTBARKEIT 562

WELTBEVÖLKERUNG
BEVÖLKERUNGSVERTEILUNG,
BEVÖLKERUNGSDICHTE 564

ENTWICKLUNG DER WELTBEVÖLKERUNG
WICHTIGE PHASEN 566
NATÜRLICHES
BEVÖLKERUNGSWACHSTUM 567

ALTERSSTRUKTUR 568
ÜBERGÄNGE, LEBENSERWARTUNG 569

VERSTÄDTERUNG 570

GROSSE BALLUNGSRÄUME 571

WANDERUNGEN
DIE GROSSEN HISTORISCHEN
WANDERUNGEN,
VÖLKERBEWEGUNGEN DER GEGENWART 572

WIRTSCHAFTLICHE ENTWICKLUNG
DER MENSCH UND DIE WIRTSCHAFT,
PRODUKTIVITÄTSZUWÄCHSE,
LEBENSSTANDARD 573
WIRTSCHAFTEN, ARBEITSTEILUNG 574
WIRTSCHAFTLICHES WACHSTUM,
WEITERE MERKMALE DER
WIRTSCHAFTLICHEN ENTWICKLUNG,
ANSTIEG DER KOMPLEXITÄT
DER WIRTSCHAFT,
WOHLSTAND FÜR ALLE? 575

DIE WENDE DER 70ER JAHRE
VORZEICHEN EINER WIRTSCHAFTSKRISE,
ANSTIEG DER INFLATION,
SINKENDE RENTABILITÄT
DER UNTERNEHMEN,
NEUE TECHNOLOGISCHE REVOLUTIONEN,
KONZENTRATION 576
AUFSTIEG DER MULTINATIONALEN,
ÄNDERUNG DER WELTNACHFRAGE,
ANSTIEG DER ARBEITSLOSIGKEIT 577

DIE MAKROÖKONOMIE
WIRTSCHAFTSKREISLAUF 578

PRODUKTION
PRODUKTIONSSTRUKTUREN,
MESSEN DER PRODUKTION 579

VERTEILUNG
VERTEILUNGSSTRUKTUREN,
EINKOMMENSQUOTEN,
POLITIK DER UMVERTEILUNG 580

PRIVATER VERBRAUCH
STRUKTUREN DES VERBRAUCHS,
ENTWICKLUNG DES VERBRAUCHS 581

SPAREN UND INVESTITION
SPAREN, INVESTITION 582

BANK UND GELD
GELDMENGE, GELDSCHÖPFUNG 583

DIE BÖRSE
KENNZEICHEN DER BÖRSE,
WIRTSCHAFTLICHE BEDEUTUNG
UND AKTEURE, BÖRSENMÄRKTE 584
ÜBERNAHMEN, AKTIENINDEX,
COMPUTERBÖRSE, KURSZETTEL 585

**DIE ROLLE DES STAATES
IN DER WIRTSCHAFT**
WIRTSCHAFTSPOLITIK,
ZIELE UND MASSNAHMEN,
GELDPOLITIK 586
FINANZPOLITIK,
DIE WIRTSCHAFTLICHE BEDEUTUNG
DES STAATES,
VERSTAATLICHUNGEN UND
PRIVATISIERUNGEN 587

WELTHANDEL
INTERNATIONALE WIRTSCHAFT,
STRUKTUR DES WELTHANDELS 588
ENTWICKLUNG DES
INTERNATIONALEN HANDELS,
ROHSTOFFPREISE, DAS PROBLEM
DES AMERIKANISCHEN DEFIZITS 589

WÄHRUNGSPOLITISCHE BEZIEHUNGEN
GRUNDLAGEN EINES WELTWÄHRUNGSSYSTEMS,
DAS SYSTEM VON BRETTON WOODS 590

DIE LÄNDERGRUPPEN
WIRTSCHAFTSSYSTEME 592
ENTWICKLUNGSSTAND,
EINE NEUE DARSTELLUNG DER WELT 593

DIE INDUSTRIELÄNDER
GEMEINSAME MERKMALE
DER INDUSTRIENATIONEN,
GROSSE WIRTSCHAFTSMÄCHTE 594

DIE SOZIALISTISCHE WIRTSCHAFT
SOZIALISTISCHE PLANWIRTSCHAFT,
VERLANGSAMTES WACHSTUM IN EUROPA,
DIE SOZIALISTISCHEN LÄNDER ASIENS 595

DIE DRITTE WELT
MERKMALE DER DRITTEN WELT,
NEUE HIERARCHIE DER DRITTEN WELT,
INDUSTRIALISIERUNG DER DRITTEN WELT,
VERARMUNG 596

DIE WIRTSCHAFTSKRISE
ERSCHÜTTERUNGEN DER WIRTSCHAFT 597
INDIKATOREN DER KRISE 598
ERKLÄRUNGEN FÜR DIE KRISE 599

DIE MULTINATIONALEN UNTERNEHMEN
IN RICHTUNG AUF EINE
WELTWIRTSCHAFT 600
URSPRUNG UND NIEDERLASSUNG DER
MULTINATIONALEN UNTERNEHMEN,
EIN RAUM MIT VIELEN ZENTREN 601
MULTIS AUS DER DRITTEN WELT 602
AUSWIRKUNGEN,
MULTINATIONALE BANKEN 603

DIE SUPRANATIONALITÄT
SUPRANATIONALE INSTITUTIONEN,
NEUORGANISIERUNG DER WELTWIRTSCHAFT 604

DIE NEUE WELTORDNUNG
DIE MULTIPOLARE HERRSCHAFT,
NEUE REGIONALE STRUKTUREN, AUSEINANDER-
BRECHEN DER DRITTEN WELT 605

LANDWIRTSCHAFTLICHE PRODUKTION
WEIZEN 606
REIS, MAIS, ANDERE GETREIDEARTEN 607
KARTOFFEL, ÖLPFLANZEN 608
ZUCKER, TABAK, ZITRUSFRÜCHTE 609
KAFFEE, TEE, KAKAO 610
WEIN, BIER 611
VIEHWIRTSCHAFT 612
FISCHFANG 613
FISCHFANGARTEN, AQUAKULTUR,
FORSTWIRTSCHAFT 614

ENERGIEERZEUGUNG
ENERGIE 615, ERDÖL 616, ERDGAS 617
KERNENERGIE 618
WASSERKRAFT, KOHLE:
STEINKOHLE UND BRAUNKOHLE 619

EISEN, STAHL UND ALUMINIUM
EISENERZ, STAHL 620
BAUXIT UND ALUMINIUM 621

BERGBAU
ZINK, KUPFER, BLEI, PHOSPHATE,
CHROM, KOBALT 622
NICKEL, MANGAN, ZINN 623
GOLD, SILBER, DIAMANTEN 624

TEXTILPRODUKTION
SYNTHETIKFASERN, KUNSTFASERN 625
BAUMWOLLE 626
WOLLE, SEIDE, FLACHS, JUTE, VERGANGENHEIT
UND ZUKUNFT DER TEXTILIEN 627

ANDERE GRUNDERZEUGNISSE
HOLZ, ZEMENT 628
KAUTSCHUK, KUNSTSTOFFE 629

**EINIGE WEITERVERARBEITENDE
INDUSTRIEN**
FAHRZEUGBAU, EISENBAHNBAU 630
SCHIFFBAU, LUFTFAHRT UND RAUMFAHRT 631

VERKEHR
STRASSENVERKEHR 632
SCHIENENVERKEHR 633
SEEVERKEHR 634
LUFTVERKEHR 635

TOURISMUS
ALLGEMEINES 636
TOURISMUS IN UND NACH EUROPA,
DEUTSCHLAND 637

ERNÄHRUNG UND GESUNDHEIT 638

ERZIEHUNG UND BILDUNG
SCHULBILDUNG 639

AUSSTATTUNGSGRAD 640

Siehe auch
Länder der Welt, S. 401 ff. für die statistischen Angaben zu einzelnen Ländern;
Internationale Organisationen, S. 641 ff. zu den Wirtschaftsorganisationen; *Nahrungsmittel*, S. 1009 ff.

Redaktion und Texte
René Oizon, Redaktionsleiter (Geographie, Kartographie); Pierre Grou,
Dozent an der Universität Paris-X; Anne Charrier, Herausgeberin bei Larousse.

WELTWIRTSCHAFT

DEMOGRAPHIE

ALLGEMEINES

Die Demographie, die den Zustand der Bevölkerung und deren Entwicklung untersucht, ordnet die von ihr gesammelten Daten, sucht nach Erklärungen für die festgestellten Phänomene, stellt Vergleiche an und zeigt die zukünftige Entwicklung auf.

Das Streben nach einer Volkszählung ist schon alt: So sind beispielsweise Zählungen aus dem alten China und dem Römischen Reich bekannt. Die gewonnenen Informationen blieben jedoch lange Zeit sehr bruchstückhaft. Ab dem 19. Jh. liefern die Angaben der Standesämter und regelmäßige Zählungen in den Industrieländern kontinuierliche Datenreihen. Das China der Neuzeit hat jedoch seine erste wirkliche Zählung erst 1953 durchgeführt; die meisten Länder Afrikas zählten erstmals zwischen 1975 und 1985. Einige Zählungen sind nur extrapolierte Schätzungen, also mit Vorsicht zu genießen. Der quantitative Aspekt der Demographie beruht auf der Verwendung von Statistiken. Die Informatik machte in jüngster Zeit eine bessere Verarbeitung der gesammelten Daten möglich.

Offizielle Institutionen. Heute gibt es in vielen Staaten Forschungseinrichtungen für die Bevölkerungswissenschaft. So wurde in der Bundesrepublik Deutschland 1973 das Bundesinstitut für Bevölkerungsforschung mit Sitz in Wiesbaden gegründet. Darüber hinaus sammelt und studiert der Bevölkerungsfonds der Vereinten Nationen (UNFPA) die Daten weltweit. So konnten mit Hilfe langer Datenreihen für die europäischen Länder einige Konstanten festgestellt werden (zum Beispiel in bezug auf die ungleiche Lebenserwartung der Geschlechter bei der Geburt und in jedem Alter). Darüber hinaus finden regelmäßig internationale Bevölkerungskonferenzen statt; die beiden letzten wurden 1974 in Bukarest und 1984 in Mexiko abgehalten.

Im Jahr 1871 wurde in allen Ländern des Deutschen Reiches die erste Volkszählung durchgeführt. In der Bundesrepublik Deutschland fanden 1959, 1961, 1970 und 1987 Zählungen statt. Im Volkszählungsgesetz von 1983 sah das Bundesverfassungsgericht das Recht auf informationelle Selbstbestimmung verletzt.

DIE WICHTIGSTEN INDIKATOREN

Geburtenrate. Die allgemeine Geburtenrate oder Geburtenziffer in einem bestimmten Jahr gibt das Verhältnis zwischen der Anzahl der Lebendgeborenen und der gesamten Bevölkerungszahl an. Sie wird in Promille (‰) ausgewiesen und schwankt zur Zeit zwischen 10‰ (Deutschland und Italien) und 53‰ (Ruanda und Malawi).

Sterberate. Die allgemeine Sterberate oder Sterbeziffer in einem bestimmten Jahr gibt das Verhältnis zwischen der Anzahl der Gestorbenen und der gesamten Bevölkerungszahl an. Sie wird in Promille (‰) ausgewiesen und schwankt zwischen 4‰ (Costa Rica) und 29‰ (Sierra Leone).

Säuglingssterblichkeit. Die Rate der Säuglingssterblichkeit in einem bestimmten Jahr gibt das Verhältnis zwischen der Anzahl der im ersten Lebensjahr verstorbenen Kinder und der Gesamtzahl der Lebendgeborenen an. Sie wird in Promille (‰) ausgewiesen und liegt zwischen 7‰ (Finnland, Schweden, Schweiz) und 182‰ (Afghanistan). Davon zu unterscheiden ist die Kindersterblichkeit. Die Kindersterbeziffer mißt für ein bestimmtes Jahr die Anzahl der Sterbefälle bei Kindern im Alter von ein bis vier Jahren je 1 000 Kinder derselben Altersgruppe.

Die allgemeinen Geburten- und Sterberaten sind als solche wenig aussagekräftig, denn sie hängen von der Altersstruktur der Bevölkerung ab. Um Effekte der Altersstruktur auszuschalten, werden allgemeine Fruchtbarkeitsziffern und spezifische Geburtenraten berechnet. Die allgemeine Fruchtbarkeitsziffer oder Fertilitätsrate gibt die Zahl der Lebendgeborenen je 1 000 Frauen im gebärfähigen Alter an. Die altersspezifische Geburtenrate wird errechnet, indem die Anzahl der Geburten von Müttern eines bestimmten Alters zu 1 000 Frauen desselben Alters in Beziehung gesetzt wird. Aus der Summe aller altersspezifischen Geburtenraten ergibt sich die bereinigte Geburtenrate, die als durchschnittliche Geburtenzahl je Frau interpretiert wird. Diese liegt zwischen 1,3 Kindern pro Frau (Bundesrepublik Deutschland) und 8,5 Kindern pro Frau (Ruanda).

Alterspyramide. Dies ist die Darstellung einer bestimmten Bevölkerung zu einem bestimmten Zeitpunkt nach Geschlecht und Alter. Jede Altersgruppe wird durch ein Rechteck dargestellt, dessen Fläche ihrem Anteil an der Gesamtbevölkerung entspricht. Dieses Bild liefert zahlreiche Informationen über die jüngste Vergangenheit und ermöglicht Prognosen. Mit ihm kann zunächst die relative Bedeutung der großen Altersgruppen eingeschätzt werden. Im allgemeinen sind dies: die Personen, die jünger als 15 Jahre sind, die Gruppe der 15- bis 65jährigen und die Personen über 65 Jahre.

DIE FRUCHTBARKEIT

Aufgrund der biologischen Fruchtbarkeit kann eine Frau theoretisch mehr als 20 Kinder bekommen. In der Praxis gibt es kein Beispiel einer Bevölkerung, wo diese Zahl erreicht wurde. Abgesehen von einigen Sonderfällen (vor allem religiöse Sekten) ist die einzige Bevölkerung mit großer und dauerhafter Fruchtbarkeit die von Quebec (wo im 17. Jh. 10 Kinder auf eine Frau kamen). In weniger entwickelten Ländern werden vier bis acht Kinder von einer Frau geboren.

Westeuropa ist seit dem letzten Viertel des 19. Jh. das erste Gebiet in der Geschichte, in dem die Geburtenhäufigkeit dauerhaft niedrig blieb. Diese Tendenz hat das nachrevolutionäre Frankreich vorweggenommen: Mitte des 19. Jh. betrug hier die bereinigte Geburtenrate 3,5 Kinder pro Frau, während die Anzahl der Geburten in Rußland zu Beginn des 20. Jh. viel höher lag (durchschnittlich 7 Kinder für die Frauen, die etwa vierzig Jahre alt wurden).

Durch bevölkerungspolitische Maßnahmen wie Familienplanung, Geburtenkontrolle und Festlegung des heiratsfähigen Alters wird in jeder Gesellschaft versucht, auf das generative Verhalten (das sind die auf kulturellen Normen beruhenden Handlungsmuster, die für eine Bevölkerung oder Bevölkerungsgruppe typische Kinderzahl bewirken) Einfluß zu nehmen.

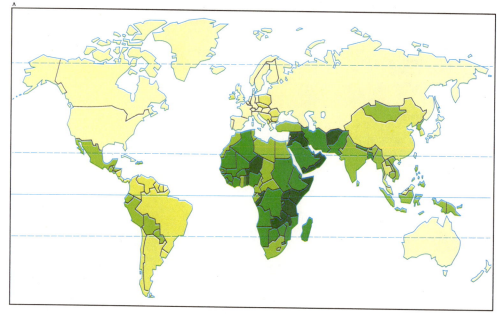

▲ · **Jüngste Entwicklung der Fruchtbarkeit.** Seit den 60er Jahren hat in vielen Entwicklungsländern ein Rückgang der Geburtenrate eingesetzt, vor allem in China, Indien und Brasilien, wo politische Maßnahmen der Geburtenkontrolle getroffen wurden. Anfang der 80er Jahre waren nur noch einige Gebirgsländer Asiens, ein Teil des arabischen Mittleren Ostens und Afrika südlich der Sahara von dieser Tendenz nicht betroffen.

Anzahl der Kinder pro Frau
- 0–2
- 2–4
- 4–6
- 6–7
- mehr als 7

WELTWIRTSCHAFT

Die selbständigen Staaten nach Bevölkerungszahl (1988)

	Bevölkerung in Millionen	Fläche in km²		Bevölkerung in Millionen	Fläche in km²		Bevölkerung in Millionen	Fläche in km²
China	1 084,310	9 560 980	Ecuador	10,204	283 561	Bhutan	1,451	47 000
Indien	796,596	3 287 590	Jemen	10,048	527 968	Oman	1,377	212 457
UdSSR	283,682	22 402 200	Griechenland	10,013	131 990	Trinidad und Tobago	1,243	5 130
USA	246,329	9 372 614	Belgien	9,925	30 519	Botswana	1,212	582 730
Indonesien	174,951	1 904 669	Angola	9,481	1 246 700	Gabun	1,094	267 667
Brasilien	144,428	8 511 965	Bulgarien	8,995	110 912	Mauritius	1,007	2 040
Japan	123,098	377 801	Mali	8,918	1 240 192	Guyana	1,007	214 969
Pakistan	105,409	796 095	Simbabwe	8,876	390 580	Guinea-Bissau	0,945	36 125
Nigeria	104,957	923 768	Burkina Faso	8,798	274 200	Gambia	0,812	11 295
Bangladesh	104,532	143 998	Guatemala	8,681	108 889	Swasiland	0,737	17 364
Mexiko	82,734	1 958 201	Schweden	8,498	440 945	Fidschi	0,727	18 274
Bundesrepublik Deutschland	78,424	356 954	Kambodscha	7,869	181 035	Zypern	0,687	9 251
Vietnam	64,412	331 689	Tunesien	7,809	163 610	Komoren	0,487	2 235
Philippinen	58,721	300 000	Malawi	7,755	118 484	Bahrain	0,481	678
Italien	57,525	301 268	Österreich	7,618	83 853	Äquatorialguinea	0,420	28 051
Großbritannien	57,065	244 100	Sambia	7,531	752 618	Surinam	0,392	163 265
Frankreich	56,160	551 500	Senegal	7,113	196 722	Dschibuti	0,380	23 200
Thailand	54,536	513 115	Somalia	7,106	637 657	Luxemburg	0,375	2 586
Iran	52,522	1 648 000	Bolivien	6,993	1 098 581	Kap Verde	0,358	4 033
Türkei	52,422	779 452	Dominikanische Republik	6,867	48 734	Malta	0,348	316
Ägypten	51,897	1 001 449	Ruanda	6,755	26 338	Katar	0,341	11 000
Äthiopien	47,822	1 221 900	Niger	6,688	1 267 000	Salomoninseln	0,299	28 896
Korea (Süd)	42,380	99 016	Schweiz	6,509	41 293	Barbados	0,254	430
Birma	39,966	676 552	Haiti	5,523	27 750	Island	0,249	103 000
Spanien	39,053	504 782	Tschad	5,401	1 284 000	Bahamas	0,244	13 878
Polen	37,862	312 677	Burundi	5,149	27 834	Brunei	0,241	5 765
Südafrika	33,747	1 221 037	Dänemark	5,129	43 077	Malediven	0,202	298
Zaire	33,458	2 345 095	El Salvador	5,107	21 041	Belize	0,175	22 965
Argentinien	32,246	2 766 889	Guinea	5,071	245 857	Samoa	0,167	2 831
Kolumbien	30,246	1 138 914	Finnland	4,951	338 145	Vanuatu	0,150	12 189
Kanada	25,950	9 976 139	Honduras	4,802	112 088	Saint Lucia	0,133	622
Tansania	23,997	945 087	Israel	4,509	20 770	Tonga	0,116	750
Marokko	23,910	446 550	Benin	4,446	112 622	Saint Vincent and the Grenadines	0,108	388
Kenia	23,883	580 367	Libyen	4,232	1 759 540	São Tomé und Príncipe	0,106	964
Algerien	23,841	2 381 741	Norwegen	4,221	323 895	Grenada	0,100	344
Sudan	23,797	2 505 813	Paraguay	4,039	406 752	Antigua und Barbuda	0,085	440
Jugoslawien	23,559	255 804	Sierra Leone	3,946	71 720	Dominica	0,079	751
Rumänien	23,048	237 500	Jordanien	3,943	97 740	Seychellen	0,067	280
Korea (Nord)	21,902	120 538	Laos	3,875	236 800	Kiribati	0,066	728
Peru	21,256	1 285 216	Nicaragua	3,622	130 000	Grönland	0,055	2 175 600
Taiwan	19,673	35 981	Papua-Neuguinea	3,561	462 840	Andorra	0,049	453
Venezuela	18,751	912 050	Irland	3,538	70 284	Saint Christopher and Nevis	0,049	261
Nepal	18,234	140 797	Neuseeland	3,292	270 986	Monaco	0,030	1
Irak	17,250	438 317	Togo	3,247	56 785	Liechtenstein	0,028	160
Uganda	17,189	235 880	Albanien	3,143	29 748	San Marino	0,023	61
Malaysia	16,921	329 749	Uruguay	3,060	177 414	Tuvalu	0,009	26
Sri Lanka	16,587	65 610	Costa Rica	2,851	51 100	Nauru	0,009	21
Australien	16,532	7 686 848	Libanon	2,828	10 400	Vatikanstadt	0,001	0,4
Tschechoslowakei	15,620	127 876	Zentralafrikanische Republik	2,771	622 984			
Afghanistan	15,513	652 090	Singapur	2,647	618			
Moçambique	14,932	799 379	Liberia	2,508	111 369			
Niederlande	14,835	40 844	Jamaika	2,447	10 990			
Ghana	14,130	238 537	Panama	2,322	77 082			
Saudi-Arabien	14,016	2 149 690	Mongolei	2,092	1 566 500			
Chile	12,746	756 945	Kuwait	1,958	17 818			
Elfenbeinküste	11,612	322 463	Mauretanien	1,916	1 025 520			
Syrien	11,338	185 180	Kongo	1,888	342 000			
Madagaskar	11,238	587 041	Namibia	1,761	824 292			
Kamerun	10,674	475 442	Lesotho	1,679	30 355			
Ungarn	10,568	93 032	Vereinigte Arabische Emirate	1,501	83 600			
Portugal	10,408	92 389						
Kuba	10,402	110 861						

Die Weltbevölkerung.

Sechs der zehn meistbevölkerten Länder der Erde liegen in Asien. Der Spitzenreiter China umfaßt ein Fünftel der Weltbevölkerung. Ansonsten stellen die vier meistbevölkerten Länder der Erde (China, Indien, Sowjetunion und USA) fast die Hälfte der gesamten Bevölkerung.

Unter den ersten zehn Staaten finden sich Vertreter fast aller Kontinente: Brasilien für Südamerika und Nigeria für Afrika. Zählt man die Einwohnerzahlen der Staaten der Europäischen Gemeinschaft zusammen, so ergibt sich eine Einwohnerzahl von 342 Millionen, was weltweit den dritten Platz bedeuten würde.

Rund zehn Länder haben mehr als 100 Millionen Einwohner. Dann folgen elf Länder, deren Bevölkerung zwischen 50 und 100 Millionen liegt. Diese 21 bevölkerungsreichsten Länder umfassen 75 % der Weltbevölkerung.

Schließlich gibt es 105 Staaten, die weniger als 10 Millionen Einwohner zählen; davon haben 41 weniger als 1 Million Einwohner. .

WELTBEVÖLKERUNG

BEVÖLKERUNGSVERTEILUNG

Die Verteilung der Weltbevölkerung ist räumlich und politisch (nach den Staatsgrenzen) ungleichmäßig. Vor allem das Klima (viel mehr als die Topographie) bedingt in hohem Maße diese Aufteilung, wie die Karte Seite 565 dies eindeutig zeigt. Die Liste der Staaten auf der vorhergehenden Seite, die nach ihrer Bevölkerungszahl geordnet sind, beweist die außerordentlichen Unterschiede in ihrer Bevölkerungszahl und auch in ihrer politischen Bedeutung. Dennoch gibt es keinen geographischen Bestimmungsfaktor, der beide zwangsläufig miteinander in Beziehung setzen würde.

Die Darstellungen (Graphik und Karte) auf dieser Seite sind Momentaufnahmen des derzeitigen Standes. Sie zeigen das Übergewicht des asiatischen Kontinents, was natürlich mit China und Indien zusammenhängt. Beide Länder werden vor dem Jahr 2000 zusammen mehr als zwei Milliarden Einwohner haben. Indien hat ungefähr ebenso viele Einwohner wie die Einheit USA–EG–UdSSR, China noch mehr. Jedes dieser beiden Länder hat eine größere Bevölkerungszahl als jedes Land eines anderen Kontinents.

Von Asien einmal abgesehen, ist die Größe der Bevölkerung Brasiliens hervorzuheben, das ungefähr ebenso viele Einwohner hat wie das übrige Südamerika, während in Mexiko die Einwohnerzahl bei weitem die anderer Länder Mittelamerikas übersteigt; dies gilt auch für das Übergewicht Nigerias mit der höchsten Bevölkerungszahl Afrikas. In Westeuropa gibt es eine Gruppe von Staaten mit annähernd vergleichbarer Bevölkerungszahl, die im übrigen alle zur Europäischen Gemeinschaft gehören: Großbritannien, Frankreich, Italien und Spanien. Lediglich Deutschland ragt nach der Vereinigung 1990 hervor.

Bedingt durch den Maßstab der Karte, können nicht alle Staaten dargestellt werden, insbesondere fehlen die Kleinen Antillen sowie die Inseln und Archipele Ozeaniens. Man kann jedoch eine ›demographische Zersplitterung‹ in Westafrika (außer Nigeria) und an der Ostküste des Mittelmeers (Libanon, Israel, Jordanien, Syrien) sowie die, gemessen an der UdSSR, geringe Bevölkerungsdichte Osteuropas und den winzigen Anteil Skandinaviens bei geringer Bevölkerungsdichte (ausgenommen Dänemark) feststellen.

BEVÖLKERUNGSDICHTE

Durch die kartographische Darstellung der durchschnittlichen Bevölkerungsdichte kann eine Reihe von Phänomenen gezeigt werden.

Unter den Ländern mit mehr als 50 Millionen Einwohnern sind die UdSSR, die USA, Brasilien und Mexiko die Länder mit der geringsten Bevölkerungsdichte. Darüber hinaus hat von den sechs größten Ländern der Erde, die mehr als die Hälfte des Festlandes ausmachen (das sind die UdSSR, Kanada, China, die Vereinigten Staaten, Brasilien und Australien), nur China eine relativ hohe Bevölkerungsdichte (113 Ew. pro km²).

Die Stadtstaaten bilden die am dichtesten besiedelten Gebiete der Erde. Die Zahlen sind beeindruckend: So erreicht Macao 19 375 Ew./km², Monaco 18 000, Hongkong 5 600, Singapur 4 475 und der Vatikan 2 500. Andere Ballungsgebiete, die einen Teil eines Staates bilden, haben vergleichbare Bevölkerungsdichten; die Gepflogenheit, die durchschnittliche Dichte pro Land darzustellen, läßt dieses Phänomen jedoch verschwinden.

Europa. Bei der Betrachtung der durchschnittlichen Dichte stellt man fest, daß die Länder Nordeuropas eine geringe Bevölkerungsdichte haben, was sich teilweise aus ihrem strengen Klima erklären läßt. Dabei weist Island mit 2 Ew./km² den niedrigsten Wert auf. Eine große Gruppe von Ländern weist eine gewisse Homogenität mit einer Dichte zwischen 80 und 150 Ew./km² auf; eine andere ist etwas dichter besiedelt und reicht von den Britischen Inseln über Deutschland, die Niederlande und Belgien bis nach Italien.

Die Sowjetunion. Die Sowjetunion muß für sich allein betrachtet werden. Sie ist der größte Staat der Erde, der größte Teil ihres Gebietes ist jedoch aufgrund des strengen Klimas nicht oder nur punktuell besiedelt, was die durchschnittliche Bevölkerungsdichte von 12,5 Ew./km² und insbesondere die Bevölkerungsdichte der Russischen Föderation, die ganz Sibirien umfaßt, von 8,5 Ew./km² erklärt.

Die Ukraine (84,5 Ew./km²), Armenien (113,8 Ew./km²) und die Moldaurepublik

A · Aufteilung nach Kontinenten.

Auf dem asiatischen Kontinent (mit Ozeanien) sind etwa 60 % der Weltbevölkerung zu Hause (schon im 16. Jh. lebten dort 53 % der Gesamtbevölkerung). Europa (einschließlich der UdSSR) nimmt mit großem Abstand den zweiten Platz mit 15,6 % der Weltbevölkerung ein. Dann folgt der afrikanische Kontinent mit 12,0 %, dessen Anteil mit der explosionsartigen Bevölkerungszunahme ansteigen dürfte. Schließlich kommt Lateinamerika mit 8,4 % vor Nordamerika mit 5,3 %.
In Afrika sticht Nigeria und in Lateinamerika Brasilien (und in geringerem Maße Mexiko) hervor.

Nordamerika 5,3 · Südamerika 8,4 · Europa und UdSSR 15,6 · Afrika 12,0 · Asien und Ozeanien 58,7

B · Relativer Anteil der Bevölkerung.

Die Karte wurde so eingerichtet, daß die Fläche für jeden Staat seiner Bevölkerungszahl entspricht. Das große Übergewicht zweier Staaten, Chinas und Indiens, ist eindeutig, desgleichen der Unterschied zwischen ihnen und den anderen Staaten mit der größten Bevölkerung, der UdSSR und den USA. Dann folgen Indonesien, Brasilien und Japan. Um diese beiden Staaten herum sind Staaten mit durchschnittlicher Bevölkerungszahl wie Pakistan und Bangladesh, abgesehen vom bereits genannten Japan, anzutreffen.

Die Staaten der Erde entsprechend ihrer Bevölkerungszahl in Mio. Ew. 50

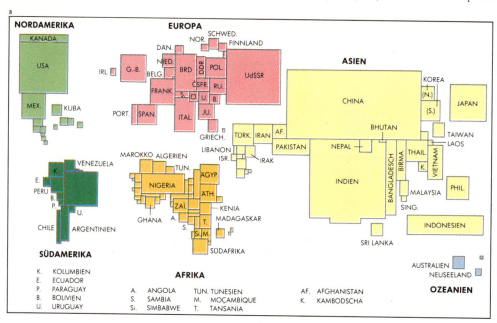

SÜDAMERIKA
K. KOLUMBIEN
E. ECUADOR
P. PARAGUAY
B. BOLIVIEN
U. URUGUAY

AFRIKA
A. ANGOLA   TUN. TUNESIEN
S. SAMBIA   M. MOÇAMBIQUE
Si. SIMBABWE T. TANSANIA

AF. AFGHANISTAN
K. KAMBODSCHA

OZEANIEN

WELTWIRTSCHAFT

(123 Ew./km²) sind am dichtesten besiedelt, der europäische Teil Rußlands (also bis zum Ural) hat eine Bevölkerungsdichte von 36 Ew./km², eine relativ geringe Zahl für ein wirtschaftlich entwickeltes Gebiet.

Südeuropa. Mehrere Länder Südeuropas, insbesondere Spanien und Griechenland, sind aufgrund einer ständigen Auswanderung und einer bisher geringeren wirtschaftlichen Entwicklung weniger dicht besiedelt.

Afrika. Der afrikanische Kontinent hat ganz allgemein eine geringe Bevölkerungsdichte. In den Wüstengebieten der Sahara und in der Sahelzone sowie in einigen Gebieten um den Äquator (Waldgebiete in Zaire zum Beispiel) sind die Zahlen besonders niedrig (10 Ew./km²). Die Küstenländer haben die höchste Dichte, unter denen sich Nigeria mit mehr als 100 Ew./km² deutlich abhebt. Es wird nur noch von Burundi (169 Ew./km²) und Ruanda (230 Ew./km²) übertroffen, wo das durch die Höhe gemäßigte Klima die Ansiedlung von Menschen begünstigt. Die zum afrikanischen Kontinent gehörenden Inseln (außer Madagaskar) haben vergleichbare oder höhere Bevölkerungsdichten: 260 Ew./km² auf den Komoren, 300 Ew./km² auf Madeira und 499 Ew./km² auf Mauritius.

Schließlich muß darauf hingewiesen werden, daß die durchschnittliche Bevölkerungsdichte einiger Länder, z.B. Algerien und vor allem Ägypten, sehr große Unterschiede verdeckt. Im nutzbaren Ägypten, das sind ungefähr 40 000 km², liegt die Bevölkerungsdichte über 1 000 Ew./km².

Asien. Das Asien der heißen (Arabische Halbinsel) oder der kalten Wüsten (sowjetischer Teil Sibiriens, Mongolei) ist sehr schwach besiedelt, der übrige Kontinent hat jedoch eine im allgemeinen hohe Bevölkerungsdichte, sogar eine sehr hohe in den bereits genannten Stadtstaaten. Im Nahen Osten ist außer im Libanon und in Israel, wo die Dichte bei 200 Ew./km² liegt und in manchen Gegenden darüber (mehr als 1 000 Ew./km² im Gaza-Streifen), kaum eine hohe Bevölkerungsdichte festzustellen.

China ist keineswegs gleichmäßig besiedelt. Tibet hat eine Dichte von 2 Ew./km² (auf 1 214 000 km²), Qinghai (721 500 km²) und Sinkiang (1 643 000 km²) haben eine Dichte von 5 bzw. 8 Ew./km². Im Gegensatz zu dieser minimalen Bevölkerungsdichte weist das nördliche Gebiet eine Dichte von über 260 Ew./km² auf, die im Osten 440 Ew./km² erreicht, während das Gebiet um Schanghai (über 6 000 km²) eine Dichte von annähernd 2 000 Ew./km² hat.

Eine Gruppe asiatischer Länder weist eine hohe Bevölkerungsdichte auf. Sie umfaßt einerseits Nordkorea, Vietnam und die Philippinen, bei denen die Bevölkerungsdichte bei 180 Ew./km² liegt, und andererseits Indien und Sri Lanka mit ungefähr 230 Ew./km² und Japan mit 320 Ew./km².

Schließlich haben vier asiatische Staaten eine sehr hohe durchschnittliche Bevölkerungsdichte: Südkorea (über 400 Ew./km²), Taiwan (über 500 Ew./km²), die Malediven (über 600 Ew./km²) und Bangladesh (etwa 700 Ew./km²).

Die beiden erstgenannten industrialisierten Länder können dabei mit den Niederlanden oder Belgien verglichen werden. Die Malediven sind für die Inseln unter den Entwicklungsländern repräsentativ; ihre Lage ist mit der der afrikanischen Inseln vergleichbar. Ihre aufgrund des Rückgangs der Sterbeziffer und der weiterhin hohen Geburtenrate rasch wachsende Bevölkerung steht einem kleinen Staatsgebiet gegenüber. In Bangladesh stellt man die gleiche demographische Situation fest; dieses Land ist ein Beispiel für eines der ärmsten Entwicklungsländer, in denen die demographischen Probleme das Einsetzen einer sozialen und wirtschaftlichen Entwicklung noch erschweren, die als einzige unter annehmbaren Bedingungen Änderungen im Bevölkerungswachstum ermöglichen könnte.

Nordamerika. Die besonders niedrige durchschnittliche Bevölkerungsdichte Kanadas kann durch die Größe der Gebiete erklärt werden, in denen das zu strenge Klima das Leben der Menschen sehr erschwert. Nur der Südstreifen Kanadas und die Stadtgebiete haben eine relativ hohe Bevölkerungsdichte mit über 100 Ew./km².

Auf einem kaum kleineren Territorium haben die Vereinigten Staaten eine etwa zehnmal größere Bevölkerung als Kanada. Die Lebensbedingungen begünstigen häufig die Ansiedlung der Menschen. Allerdings verdeckt die durchschnittliche Bevölkerungsdichte von 25 Ew./km² große Unterschiede, die historisch bedingt sind. Etwa zehn Bundesstaaten im Mittleren Westen haben eine durchschnittliche Dichte von weniger als 10 Ew./km². Dagegen sind die Nordostküste und vor allem die Städtezusammenballung von Boston bis Washington, das Südufer der Großen Seen und einige Gebiete an der Westküste sehr dicht besiedelt.

Mittelamerika. Die Situation Mexikos ist mit der der Vereinigten Staaten vergleichbar: Auch hier sind große Gebiete unterbevölkert. Andererseits umfaßt das Gebiet von Mexico-City mehr als 20 % der Gesamtbevölkerung Mexikos. Die Karibischen Inseln weisen durchweg hohe Bevölkerungsdichten auf: etwa 100 Ew./km² in Kuba, über 100 Ew./km² in der Dominikanischen Republik, etwa 200 Ew./km² auf Haiti, über 250 Ew./km² auf Saint-Vincent, über 360 Ew./km² in Puerto Rico und etwa 600 Ew./km² auf Barbados.

Südamerika. Wenn man die Inseln ausschließt, so ist die durchschnittliche Bevölkerungsdichte gering und kaum höher als 30 Ew./km². Hier spielen Umweltbedingungen eine große Rolle: Der tropische Regenwald bedeckt große Flächen in Brasilien, Guyana, Venezuela, Kolumbien, Ecuador, Peru und Bolivien. An der Pazifikküste sind die Anden nicht immer geeignet für eine menschliche Besiedlung. Darüber hinaus herrscht im Süden des Kontinents ein strenges Klima. Und ein großer Anteil der Bevölkerung stammt von europäischen Einwanderern ab, deren generatives Verhalten sich weitgehend nach ihrem Ursprungsland richtet. Die Geschichte erklärt auch die Konzentration der Bevölkerung an der Küste und in küstennahen Gebieten sowie die Lage der Millionenstädte.

Bevölkerungsdichte auf den einzelnen Kontinenten
(Einwohner je km²)

Europa	67
Afrika	20
Amerika	17
Asien	69
Australien und Ozeanien	3
Erde	38

▲ · **Räumliche Verteilung der Bevölkerung.**
Die nebenstehende Karte zeigt den weltweiten Einfluß des Klimas auf die Bevölkerung: In den subtropischen Breiten (wenn man die asiatischen Länder mit Sommermonsunregen sowie das Niltal ausschließt) und jenseits des 60. Breitengrads (Sibirien, Kanada) findet man häufig eine geringe oder gar keine Bevölkerung mehr.

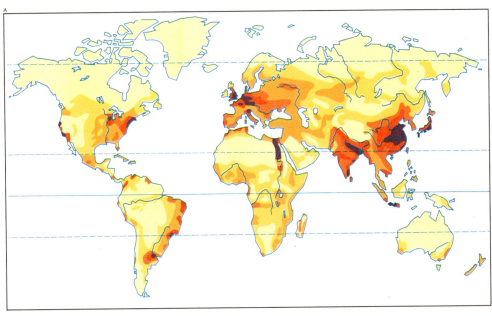

Bevölkerungsdichte: Anzahl der Ew./km²
- 0–1
- 1–10
- 10–50
- 50–100
- 100–200
- mehr als 200

565

WELTWIRTSCHAFT

ENTWICKLUNG DER WELTBEVÖLKERUNG

WICHTIGE PHASEN

Die wichtigen Phasen in der Geschichte der Bevölkerung der Kontinente sind heute bekannt. Weiter kann man nun das Ausmaß einiger großer ›demographischer Einschnitte‹ einschätzen. In Europa starb beispielsweise im 14. Jh. etwa ein Viertel der Bevölkerung direkt an der ›Schwarzen Pest‹; indirekt starben noch einmal 15 % durch die darauf folgenden Hungersnöte. In Mexiko führte im 16. Jh. die Vernichtung der präkolumbischen Zivilisationen zum Tod von Millionen Menschen, auch durch die fehlende natürliche Immunabwehr der Indianer gegen fremde Krankheitserreger. In Afrika hat im 17. und 18. Jh. der Sklavenhandel zur Verschleppung von etwa 10 Millionen Menschen geführt.

Bis zum 18. Jh. hatten alle Bevölkerungen der Erde eine hohe Geburtenrate bei gleichzeitig hoher Sterbeziffer, was nur ein sehr geringes Bevölkerungswachstum ergab, das in regelmäßigen Abständen durch Hungersnöte, Kriege oder Epidemien gefährdet war. Unter diesen Umständen wuchs die Weltbevölkerung von 250 Millionen Menschen zu Beginn der christlichen Zeitrechnung auf 500 Millionen fünfzehn Jahrhunderte später und auf 830 Millionen im Jahr 1750 an.

Europa. Ab der zweiten Hälfte des 18. Jh. beginnt in Europa eine neue Phase, durch die die Bevölkerung in zwei Jahrhunderten von 146 Millionen Einwohnern (1750) auf 575 Millionen (1950) zunimmt. Der Fortschritt in Ernährung und Hygiene, die bessere Kenntnis von Epidemien und die Fortschritte in der Medizin führen zu einem allmählichen Rückgang der Sterbeziffer, während die Geburtenrate hoch bleibt, so daß sich die Altersstruktur der Bevölkerung günstig entwickelt; das Bevölkerungswachstum nimmt zu und liegt zwischen 1 und 1,5 %. Unter diesen Umständen steigt die Lebenserwartung bei der Geburt von (1750) 25 Jahren auf (1850) 35 Jahre. Mitte des 19. Jh. tritt ein neues Phänomen auf: Der Rückgang der Geburten als Folge einer tiefgreifenden Änderung der Mentalität angesichts der Verbesserung der Lebensbedingungen und des Rückgangs der Kindersterblichkeit.

Ab Mitte des 19. Jh. steigt die durchschnittliche Lebenserwartung weiter und beträgt heute etwa 70 Jahre bei Männern und 77 Jahre bei Frauen, während die Geburtenhäufigkeit gering bleibt (zwei Kinder pro Frau), abgesehen von der Zeit der Geburtenzunahme direkt nach dem Zweiten Weltkrieg. Die Altersstruktur der Bevölkerung in Europa verschlechtert sich (›Vergreisung‹).

Asien. Ende des 17. Jh. lebten in Asien 64 % der Weltbevölkerung. Die Bevölkerung Asiens ist relativ langsam ohne größere Zwischenfälle gewachsen und stieg von (1750) 500 Millionen auf (1950) 1 406 Millionen an, wobei ihr relativer Anteil auf 55 % der Weltbevölkerung zurückgegangen ist.

Afrika und Amerika. Für Afrika und Amerika war der Schock der Kolonialisierung groß. Afrika hat erst Anfang des 20. Jh. zu einem beständigen Wachstumsrhythmus gefunden. Die Sterbeziffer ging langsam zurück, während die Geburtenrate hoch blieb. Afrikas Anteil an der Weltbevölkerung steigt.

Nord- und Südamerika waren im 18. Jh. dünn besiedelt. Sie haben einen starken Zustrom von Einwanderern aus Europa und Sklaven aus Afrika aufgenommen. Ab Anfang des 20. Jh. verlief die Entwicklung unterschiedlich. In Nordamerika zeigte sich ein ähnliches Verhalten wie in Europa (niedrige Sterbeziffer, niedrige Geburtenrate), während in Südamerika die Geburtenrate höher blieb.

Entwicklungsländer. Die demographische Geschichte zahlreicher Entwicklungsländer ist ähnlich. Mit modernen, aus den Industrieländern importierten Mitteln konnte die Sterblichkeit aufgrund von Infektionskrankheiten und parasitären Krankheiten sehr rasch verringert werden. Deswegen stieg die Lebenserwartung außerordentlich schnell an: Was in Industrieländern ein halbes Jahrhundert dauerte, wurde in wenigen Jahren erreicht. Gleichzeitig blieb die Geburtenrate hoch. In den 60er Jahren liegt die durchschnittliche Anzahl der Kinder pro Frau in fast allen Entwicklungsländern bei sechs. Und die Bevölkerungszunahme hat nie zuvor registrierte Werte erreicht, nämlich um 2,5 %.

Ab den 60er Jahren beginnt die Zahl der Geburten sporadisch zurückzugehen, was sich in den 70er und 80er Jahren überall feststellen läßt, außer im tropischen und südlichen Afrika. Die Gründe für diese Entwicklung sind vielfältig. Oft sind das gestiegene Ausbildungsniveau der Frauen, ihre Berufstätigkeit und das höhere Heiratsalter die wesentlichen Faktoren, die einen Geburtenrückgang einleiten.

Demographische Prognosen. Bei den Extrapolationen für die Zukunft sollte man sehr vorsichtig sein. Der minimale, nicht zu unterschreitende Satz der Säuglings- und Kindersterblichkeit, die eine Bevölkerung erreichen kann, ist bekannt; bei der durchschnittlichen Lebenserwartung weiß man ebenfalls, daß sie langsam steigt.

Hinsichtlich der Geburtenrate kann durch die Untersuchung der Altersstruktur jeder Bevölkerung der jeweilige Umfang der Generationen geschätzt werden, die in den kommenden Jahrzehnten in das gebärfähige Alter kommen werden. Man kann die Vermutung aufstellen, daß diese Generationen eine ähnliche Geburtenrate haben werden wie die heutigen, aber eine solche Hypothese, ebenso wie ihre Umkehrung, ist unzuverlässig, da die Geburtenhäufigkeit auch eine Folge komplexer psychosozialer Faktoren ist, deren Änderungen nicht leicht vorherzusagen sind. Fest steht dennoch, daß wegen der großen Zahl junger

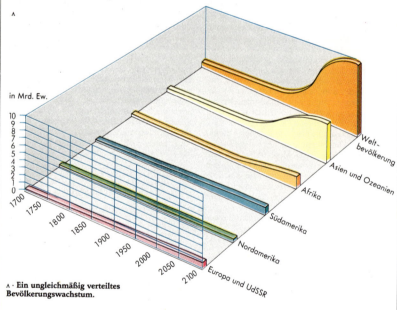

▲ Ein ungleichmäßig verteiltes Bevölkerungswachstum.

Entwicklung der Weltbevölkerung nach Kontinenten von 1700 bis 1985 und Prognosen 1985–2025 (in Millionen)

Jahr	Afrika	Lateinamerika	Nordamerika	Asien und Ozeanien	Europa und UdSSR	Welt gesamt
1700	107	10	2	436	125	680
1800	102	19	5	633	195	954
1900	138	75	90	909	422	1 634
1950	219	164	166	1 406	575	2 530
1985	555	405	264	2 843	771	4 837
2000	872	546	297	3 579	827	6 122
2010	1 158	642	317	4 016	857	6 989
2025	1 617	779	345	4 573	892	8 206

Anteil an der Weltbevölkerung in Prozent						
1700	15,7	1,5	0,3	64,1	18,4	100,0
1800	10,7	2,0	0,5	66,4	20,4	100,0
1900	8,4	4,6	5,5	55,6	25,8	100,0
1950	8,7	6,5	6,6	55,6	22,7	100,0
1985	11,5	8,4	5,5	58,7	15,9	100,0
2000	14,2	8,9	4,9	58,5	13,5	100,0
2010	16,6	9,2	4,5	57,5	12,3	100,0
2025	19,7	9,5	4,2	55,7	10,9	100,0

Quellen: J. N. Biraben, *Populations*, n° 1, 1979 und Vereinte Nationen.

WELTWIRTSCHAFT

Menschen (40 % der Bevölkerung in Entwicklungsländern sind heute höchstens 15 Jahre alt) die absolute jährliche Bevölkerungszunahme auch zukünftig noch lange Zeit sehr hoch bleiben wird. Das bedeutet, daß eine solcherart strukturierte Bevölkerung auch dann noch über mehrere Jahrzehnte hinweg mit relativ hohen Raten wächst, wenn die durchschnittliche Kinderzahl je Familie sinkt.

NATÜRLICHES BEVÖLKERUNGSWACHSTUM

Das natürliche Wachstum einer Bevölkerung ist die Differenz zwischen Geburtenrate und Sterbeziffer.

Der Rückgang der Sterbeziffer war in Europa im 19. Jh. und in den Entwicklungsländern im 20. Jh. der Grund für die Beschleunigung des Bevölkerungswachstums. Das beträchtliche Anwachsen der jungen Generationen zeigte sich in einer leichten Verjüngung der Alterspyramide; diese Strukturänderung hat die Bevölkerungszahl bleibend geprägt. In der zweiten Hälfte des 20. Jh. ist die Entwicklung unterschiedlicher, denn obwohl die Weltbevölkerung prozentual langsamer wächst (die Wachstumsrate ist von 2,1 % im Zeitraum 1965–1970 auf 1,7 % zwischen 1980 und 1985 zurückgegangen; in Europa lag der Rückgang nie unter 1,5 %), sind die absoluten Zahlen, die diesem Wachstum entsprechen, von einem Rückgang weit entfernt, vor allem aufgrund der Altersstruktur der Bevölkerung mit einem deutlichen Übergewicht der jungen Generationen.

Die Bevölkerung Asiens hat sich im Zeitraum 1950–1985 verdoppelt. Der wachsende Umfang der gebärfähigen Generationen wird zu einem weiteren Bevölkerungswachstum beitragen. In dem gleichen Zeitraum hat sich die Bevölkerung Afrikas und Lateinamerikas um das 2,5fache vermehrt.

Industrieländer. Die Karte des natürlichen Bevölkerungswachstums zeigt, daß die Industrieländer die geringsten Zuwachsraten (die durchschnittliche jährliche Wachstumsrate liegt 1980–85 bei 0,6 %) verzeichnen. Diese Gruppe umfaßt Kanada und die Vereinigten Staaten in Nordamerika, Australien und Neuseeland in Ozeanien, Japan und die Stadtstaaten in Asien und praktisch ganz Europa. Bei den europäischen Staaten müssen einige Besonderheiten beachtet werden. Zunächst einmal heben sich mehrere Länder durch einen deutlich höheren Zuwachs vom Durchschnitt ab: Dies ist bei Island, Irland, Polen und Albanien der Fall (das auch die höchste Geburtenrate in Europa hat). Das Gewicht der katholischen Religion in Irland und Polen ist einer der Gründe für diese hohen Raten, während in Albanien möglicherweise ein ideologischer Einfluß und ein gewisser sozialer und wirtschaftlicher Rückstand zusammenwirken.

Die Sowjetunion ist ein besonderer Fall: Das Bevölkerungswachstum der mohammedanischen Bevölkerung des sowjetischen Teils Asiens ist nämlich wesentlich höher als das der slawischen Bevölkerung.

Insgesamt erreichten zu Beginn der 80er Jahre nur wenige Industrieländer das Geburtenniveau von mindestens 2,1 Kinder je Frau, das eine Bestandserhaltung der Bevölkerung (›Nullwachstum‹) gewährleistet. Wachstumsraten über Null resultieren aus einer zeitweise noch günstigen Altersstruktur oder aus der Zuwanderung von Ausländern. Die niedrigsten jährlichen Wachstumsraten werden für den Zeitraum 1980–85 für Nord- und Westeuropa angegeben. In der Bundesrepublik Deutschland nimmt seit 1974 die einheimische Bevölkerung ab. Gründe für diese Entwicklung sind unter anderem höheres Bildungsniveau, Frauenerwerbstätigkeit, Konsum- und Freizeitstreben, Trachten nach Selbstverwirklichung und Individualisierung, die Empfängnisverhütung sowie die Zurückdrängung traditioneller Werte.

Afrika. Der afrikanische Kontinent zeigt ein völlig anderes Bild. Hier findet man die höchsten Wachstumsraten der Bevölkerung: 16 (der 53) Staaten haben Raten von über 3 %, 21 haben Raten zwischen 2,5 und 3 %. Sieht man von Mauritius ab, so hat kein einziges Land ein Wachstum von unter 1,8 %.

Diese Lage kann direkt auf die Kolonialisierung zurückgeführt werden: Die Impfkampagnen haben die Sterbeziffer beträchtlich gesenkt. Allerdings bleibt die Kindersterblichkeit hoch (meistens über 100 ‰) bei einer sehr hohen Geburtenrate. Afrika unterscheidet sich erheblich von Europa. Im gleichen demographischen Zeitraum lag in Europa das Heiratsalter höher, und die Zahl der Ledigen war größer. Außerdem erschweren in Afrika ungünstige wirtschaftliche Situationen eine Erhöhung des Ausbildungsniveaus der Frauen, eines der wichtigsten Faktoren für einen Rückgang der Geburtenhäufigkeit.

Asien. In Asien gibt es nur im arabischen Mittleren Osten sehr hohe Wachstumsraten der Bevölkerung (über 3 %).

Den beiden großen Staaten China und Indien ist gemeinsam, daß sie eine Politik der Geburtenbeschränkung betrieben haben, die zu beeindruckenden Ergebnissen in China geführt hat, wo in etwa zwanzig Jahren durch starke Einschränkungen die durchschnittliche Kinderzahl pro Frau von 6,1 auf 2,4 zurückgegangen ist, was eine Wachstumsrate von 1,3 % ergibt, die mit der Südkoreas (1,4 %) oder Singapurs (1,2 %) vergleichbar ist. In Indien war der Erfolg nicht so durchschlagend; die Wachstumsrate der Bevölkerung liegt hier bei 2 %. In absoluten Zahlen nimmt Indien weltweit den ersten Platz mit einem Zuwachs von etwa 17 Millionen Menschen pro Jahr ein.

Von den südasiatischen Ländern haben einerseits Pakistan (2,9 %) und Bangladesh (2,7 %), wo unter anderem der Einfluß des Islam von Bedeutung ist, und andererseits Vietnam (2,9 %) und die Philippinen (2,7 %) die höchsten Wachstumsraten.

Amerika. In Mittelamerika haben mehrere Länder eine besonders hohe Zuwachsrate, die Wachstumsrate liegt in Nicaragua, Guatemala und Honduras sogar über 3 %.

Die Wachstumsraten für Südamerika sind etwas niedriger, sie übersteigen in Venezuela, Bolivien, Ecuador und Paraguay 2,5 % und liegen in anderen Staaten darunter: 1,6 % in Argentinien und Chile, 0,8 % in Uruguay und 2,1 % in Brasilien.

Bei allen diesen Ländern sind die Geburtenraten die entscheidenden Faktoren für das Bevölkerungswachstum, da hier die Sterbeziffer überall zurückgegangen ist.

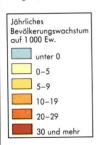

A · **Ein ungleichmäßiger Bevölkerungszuwachs.**
Der Gegensatz zwischen der Dritten Welt, vor allem dem in tropischen Gegenden gelegenen Teil, und der Gruppe der Industrieländer, die fast alle (außer Australien) in den gemäßigten Zonen der nördlichen Hemisphäre liegen, ist frappierend. Unter den letzteren gibt es sogar eine Gruppe, wo die Einwohnerzahl nicht mehr wächst, sondern zurückgeht.

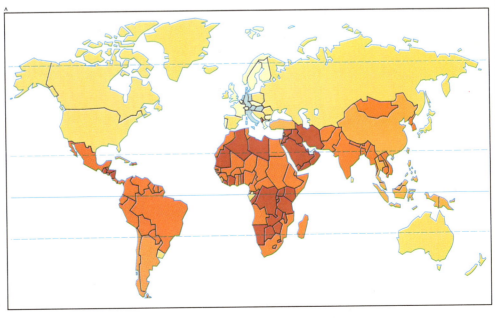

Jährliches Bevölkerungswachstum auf 1 000 Ew.
- unter 0
- 0–5
- 5–9
- 10–19
- 20–29
- 30 und mehr

WELTWIRTSCHAFT

ALTERSSTRUKTUR

Die Karte, die den Anteil der Jugendlichen unter 15 Jahre an der Bevölkerung der Länder der Erde darstellt, zeigt das demographische Potential der einzelnen Länder oder Ländergruppen. Dieses Potential ist in Afrika am stärksten. Abgesehen von den Inseln, macht der Anteil der unter 15jährigen in praktisch allen afrikanischen Ländern (außer Gabun und der Republik Südafrika) mehr als 40 % der Gesamtbevölkerung und manchmal, wie in Kenia und Sambia, mehr als 50 % aus. Eine ähnliche Dynamik stellt man im gesamten Mittleren Osten außer im Libanon und in Israel, sowie auf den Philippinen und in Indonesien fest; fast ganz Mittelamerika und ein Teil Südamerikas sind in der gleichen Lage. Geringer ist der Anteil der Jugendlichen in Brasilien und Kolumbien für Südamerika und für Asien in Indien, Birma, Thailand, Kambodscha, Vietnam, Malaysia und Nordkorea. In diesen Ländern geht die Geburtenrate mittlerweile zurück.

In mehr oder weniger ausgeprägter Form zeigt diese demographische Dynamik einen Rückgang der Sterbeziffer von Jugendlichen und Kindern in den Ländern, in denen die ›traditionelle‹ Geburtenhäufigkeit sehr hoch bleibt. Diese Länder werden wahrscheinlich in den kommenden Jahrzehnten ein starkes Anwachsen der Bevölkerung zu verzeichnen haben, weil man festgestellt hat, daß ohne Zwang oder ohne einen Fortschritt in der Ausbildung der Mädchen (weil sie dann später heiraten oder weil die Ausbildung höhere Anforderungen an die Kindererziehung stellt) der Rückgang der Geburtenrate ein sehr langwieriger Prozeß ist.

Neben allen diesen Ländern mit einem hohen Anteil an Jugendlichen findet man eine heterogene Ländergruppe, in der die Jugendlichen einen wesentlich geringeren Anteil ausmachen. Hierzu zählen Argentinien, Chile und Uruguay, wie bereits erwähnt, aus historischen Gründen in ihrem generativen Verhalten relativ stark europäisierte Länder; dann auch China, dessen Anteil an Jugendlichen an der Gesamtbevölkerung 26 % ausmacht, eine Folge der Geburtenkontrolle und Familienplanung seit mehr als einem Vierteljahrhundert. Die Sowjetunion hat denselben Anteil Jugendlicher, jedoch aus anderen Gründen. Dieses Phänomen ist hier das Ergebnis zweier entgegengesetzter Entwicklungen: Einem geringen Anteil an Jugendlichen in der slawischen Bevölkerung steht ein sehr hoher Anteil der unter 15jährigen in den mohammedanischen Völkern Zentralasiens gegenüber.

Schließlich bilden die entwickelten Länder Europas (einschließlich Osteuropas), Kanada, die Vereinigten Staaten, Japan, Australien und Neuseeland eine relativ homogene Gruppe, in der die Jugendlichen durchschnittlich ein Fünftel der Bevölkerung ausmachen. Die extremsten Werte verzeichnen einerseits Albanien und Irland mit mehr als 30 % und andererseits die Bundesrepublik Deutschland und Luxemburg mit etwa 15 %. Einige Länder haben einen Anteil von 18 %, wie Dänemark, Schweden und Österreich; in Osteuropa beträgt der Anteil etwa 25 %.

A · Die Jugendlichen in der Welt.
Diese Karte zeigt das explosionsartige Bevölkerungswachstum in fast ganz Afrika mit einem zwei- bis dreimal höheren Anteil von Jugendlichen an der Bevölkerung als in Westeuropa. Algerien hat zum Beispiel eine Gesamtbevölkerung, die noch nicht einmal halb so groß ist wie die Frankreichs, besitzt jedoch mehr Jugendliche unter 15 Jahren.

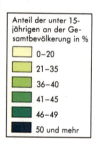

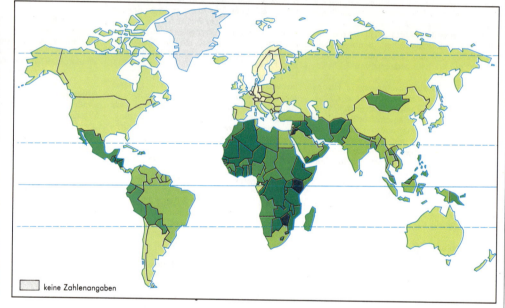

B · Die ältere Bevölkerung.
Natürlich stellt diese Karte ungefähr das Gegenteil der oberen dar. Der Anteil der über 65jährigen an der Gesamtbevölkerung liegt in den Industriestaaten sehr viel höher als in den meisten Entwicklungsländern. Geburtenrückgang und steigende Lebenserwartung führen zu einer ›Überalterung‹ der Bevölkerung.

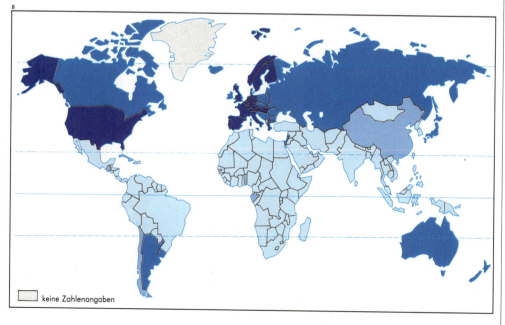

WELTWIRTSCHAFT

ÜBERGÄNGE

Als *demographischen Übergang* bezeichnet man einen auf der Untersuchung der demographischen Geschichte Europas beruhenden theoretischen Ansatz. Danach ist in traditionellen Gesellschaften sowohl die Geburten- als auch die Sterbeziffer hoch, so daß die Wachstumsrate der Bevölkerung gering bleibt. Durch medizinischen Fortschritt beginnt zunächst die Sterblichkeitsrate, mit zunehmender allgemeiner Bildung und einsetzender Industrialisierung auch die Geburtenziffer zu sinken. In dieser Übergangsphase kommt es zu einem starken Bevölkerungswachstum. Erst wenn sich Geburten- und Sterbeziffer auf niedrigem Niveau stabilisieren, stellt sich ein ›Nullwachstum‹ ein.

Die Frage, ob diese Theorie auf die Bevölkerungsentwicklung in der Dritten Welt angewandt werden kann, war in den 60er Jahren Gegenstand hitziger Debatten. Denn die Situation der Länder der Dritten Welt war nicht mit derjenigen der europäischen Länder des 18., 19. und 20. Jh. zu vergleichen. Der Rückgang der Sterblichkeit beruhte auf äußeren Eingriffen ohne deutliche Wirtschaftsentwicklung, und auch die Voraussetzungen für einen Rückgang der Geburtenhäufigkeit waren nicht gegeben. Durch Familienplanungsprogramme und Wirtschaftshilfen wurde versucht, die Übergangsphase zu beschleunigen.

In den 60er Jahren hat man in einigen kleinen Ländern (Puerto Rico, Singapur, Sri Lanka) einen Rückgang und in Indien, Brasilien, Thailand und Venezuela einen beginnenden Rückgang der Geburtenhäufigkeit festgestellt. Diese Tendenz verstärkte sich in den 70er Jahren, allerdings mehr durch die Wirkung des Fortschritts im Leben der Frauen als durch importierte Programme. Die Ausbildung, die Erwerbstätigkeit und das Heiratsalter sind die wichtigsten Faktoren für den Rückgang der Geburtenzahl. Das Sinken der Säuglings- und Kindersterblichkeit hängt direkt vom Bildungsniveau der Mütter ab und ist ein Faktor, der zum Rückgang der Geburtenzahlen führt. Die armen Länder, die eine umfangreiche Politik im sanitären Bereich betreiben, wie Costa Rica oder Kuba, haben eine sehr niedrige Sterblichkeit erreicht; die Geburten sind hier stark zurückgegangen.

LEBENSERWARTUNG

Die Lebenserwartung bei der Geburt gibt die Anzahl der Jahre an, die ein neugeborenes Kind leben würde, wenn es während seines ganzen Lebens den gleichen altersspezifischen Sterblichkeitsrisiken ausgesetzt wäre, die zum Zeitpunkt seiner Geburt in der gesamten Bevölkerung vorherrschen.

Der Unterschied zwischen entwickelten und unterentwickelten Ländern ist dabei sehr deutlich. Auch gibt es geschlechtsspezifische Unterschiede. Die Lebenserwartung von Frauen ist im Durchschnitt höher als die von Männern. In den westlichen Industrieländern liegt sie Ende der 80er Jahre bei Männern um die 70 Jahre, bei Frauen zwischen 75 und 80 Jahren.

Industrieländer. Für die entwickelten Länder Nord- und Westeuropas, Nordamerikas (Vereinigte Staaten und Kanada) und Ozeaniens (Australien und Neuseeland) liegt die Lebenserwartung über 74 Jahre. In Schweden und Japan liegt sie sogar bei 77 Jahren.

Die osteuropäischen Länder weisen deutlich niedrigere Zahlen auf, was in direktem Zusammenhang mit einer ungünstigeren sozialen und wirtschaftlichen Situation steht.

Afrika. Afrikaner haben ganz allgemein die geringste Lebenserwartung. In West-, Ost- und Zentralafrika liegt die Lebenserwartung unter 50 Jahren; hier registriert man auch die weltweit geringsten Werte (in Sierra Leone 35 Jahre und in Gambia 36 Jahre).

Dagegen liegt die mittlere Lebenserwartung der nordafrikanischen Länder ähnlich wie in der Republik Südafrika bei 58, in den anderen Ländern des südlichen Afrika bei 49 Jahren.

Mittlerer Osten, Asien. Im Mittleren Osten liegt der Durchschnitt bei 62 Jahren. Allerdings gibt es Unterschiede: Im Jemen ist die Lebenserwartung sehr gering (47–48 Jahre), erreicht aber 74 Jahre in Zypern und 75 Jahre in Israel.

Von ganz Asien hat Afghanistan die geringste Lebenserwartung mit 39 Jahren; in mehreren anderen Ländern erreicht sie nicht (oder gerade) 50 Jahre: Kambodscha (43), Bhutan (46), Bangladesh, Laos und Pakistan (50). Die Lebenserwartung liegt in Indien bei 55 Jahren und in Sri Lanka bei 70 Jahren. Im Fernen Osten beträgt sie durchschnittlich 67 Jahre.

Amerika. In Mittel- und Südamerika sind die Zahlen ähnlich; sie liegen im Schnitt auf einigen Inseln der Antillen höher als in den Tropenländern Südamerikas. Brasilianer haben bei der Geburt eine Lebenserwartung von 65 Jahren, Peruaner dagegen nur von 53 Jahren.

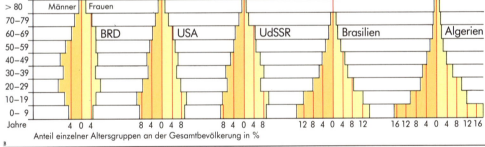

A · Alterspyramiden.
Der Vergleich der Alterspyramiden zeigt die Unterschiede im generativen Verhalten: verjüngte Basis in den Ländern, wo die Geburtenrate seit kurzem zurückgeht (Frankreich, UdSSR, USA und Bundesrepublik Deutschland), konstantes (Brasilien) oder explosionsartiges (Algerien) Bevölkerungswachstum.

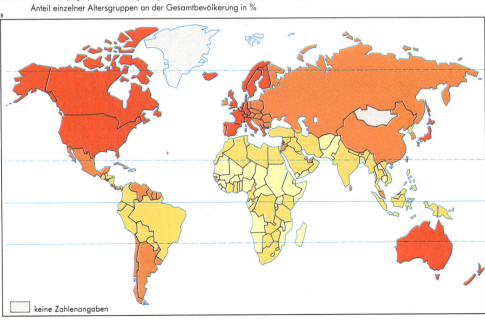

B · Lebenserwartung bei der Geburt.
Der Zusammenhang mit der Karte der Anteile an Jugendlichen und älteren Personen (S. 568) ist eindeutig. Die Langlebigkeit ist ein Merkmal der Industrieländer. Die Frage, ob der Lebensstandard (hohes Pro-Kopf-Einkommen) bei gestiegener Lebenserwartung und sich abzeichnender ›Überalterung‹ der Bevölkerung in den Industrieländern auch in Zukunft aufrechterhalten werden kann, ist ein weiteres Problem, das sich kartographisch kaum darstellen läßt.

Lebenserwartung pro Staat
- 35–50 Jahre
- 51–65 Jahre
- 66–73 Jahre
- 74 und mehr J.

keine Zahlenangaben

WELTWIRTSCHAFT

VERSTÄDTERUNG

Die Städtebildung, ein historisches Phänomen, das die ökonomische Entwicklung von der Landwirtschaft zur Industrie und zu Dienstleistungen kennzeichnet, betrifft je nach Land sehr unterschiedliche Anteile der Bevölkerung. In den beiden bevölkerungsreichsten Ländern der Erde, China und Indien, leben drei Viertel der Bevölkerung in Gemeinden mit weniger als 3 000 Einwohnern. In Asien wohnen insgesamt nur 30 % der Bevölkerung in Städten, obwohl die Tradition der Stadt hier sehr alt ist. Dagegen lebt die Bevölkerung der Industrieländer zu 70 bis 80 % in Städten.

Der Anteil der Stadtbevölkerung 1950. Die kartographische Darstellung des Anteils der Stadtbevölkerung von 1950 erlaubt einige Aufschlüsse.

Großbritannien und die Bundesrepublik Deutschland sind von den großen Ländern der Erde die einzigen, bei denen der Anteil der Stadtbevölkerung über 75 % liegt. In beiden Ländern haben vier Ballungsräume mehr als 1 Million Einwohner und einer in Großbritannien, London, sogar mehr als 5 Millionen Einwohner. Erinnern wir daran, daß London bis 1920 die größte Stadt der Erde war.

Bei den Ländern, in denen zwischen 50 und 75 % der Bevölkerung in Orten mit mehr als 3 000 Einwohnern leben, findet man im wesentlichen zwei Konfigurationen. Einerseits die Länder des ›alten Europas‹ mit zwei Großstädten von mehr als 5 Millionen Einwohnern, Paris und London, und etwa zehn Städten mit mehr als 1 Million Einwohnern. Aber nur 20 bis 40 % der Bevölkerung leben in Städten mit mehr als 100 000 Einwohnern, was auf das Alter der menschlichen Siedlungen und auf ein großes Netz von mittelgroßen Städten hinweist. Andererseits die ›Pionierländer‹, deren Städtenetz völlig anders ist: Mehr als 40 % der Stadtbevölkerung leben in Städten mit mehr als 100 000 Einwohnern (außer Kanada, wo viele Städte weniger als 100 000 Einwohner haben). Dies sind Länder, die von Einwanderern besiedelt wurden: die USA und Kanada, Argentinien und Australien. Die USA haben die meisten Großstädte (mit mehr als 1 Million Einwohnern). Nur zwei amerikanische Ballungsgebiete, New York und Buenos Aires, haben über 5 Millionen Einwohner; Argentinien ist eigentlich das Standardbeispiel für diese Kategorie, da Buenos Aires 1950 etwa 30 % der Gesamtbevölkerung umfaßte.

Der Fall der UdSSR ist gesondert zu sehen: Weniger als 50 % der Bevölkerung leben in Gemeinden über 3 000 Einwohner, in den meisten Fällen haben die Städte jedoch keine 100 000 Einwohner (die Städte über 100 000 Einwohner umfassen weniger als 40 % der Bevölkerung). Nur Moskau (altes Gefüge des europäischen Rußlands) hat über 5 Millionen Einwohner und Leningrad über 1 Million.

Japan, mit einem vergleichbaren Anteil der Stadtbevölkerung, hat nicht nur eine Metropole mit mehr als 5 Millionen Einwohnern, sondern auch vier Städte mit über 1 Million Einwohnern.

A, B · Verstädterung und Ballungsräume.
Nach dem Zweiten Weltkrieg hat sich in Europa und Nordamerika die Verstädterung fortgesetzt. Sie beschleunigte sich in der Dritten Welt unter der doppelten Wirkung eines hohen Geburtenüberschusses und der Landflucht (auch in starkem Maße durch den Geburtenüberschuß gefördert). In fast ganz Lateinamerika stellt inzwischen die Stadtbevölkerung den größten Anteil an der Gesamtbevölkerung. Die zunehmende Verstädterung wird besonders deutlich an dem Wuchern großer Metropolen in der Dritten Welt. Dies ist vor allem in Ost- und Südasien, in China und in Indien festzustellen, den beiden bei weitem bevölkerungsreichsten Ländern der Erde, aber auch in Indonesien und Thailand. Das gleiche Phänomen tritt auch in Lateinamerika (Mexico City, São Paulo und Rio de Janeiro) auf. Bei fast allen angeführten Beispielen ging der Bevölkerungszuwachs leider nicht mit einer parallelen Entwicklung der wirtschaftlichen Funktionen dieser Städte einher. Arbeitslosigkeit und Unterbeschäftigung sind hoch, und Elendsviertel finden sich am Rand aller Städte.

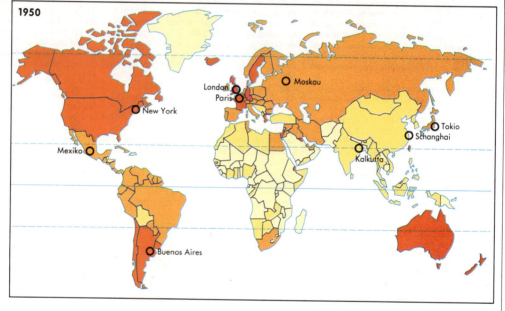

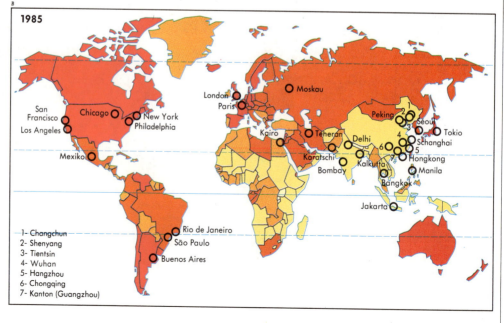

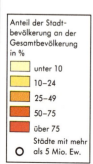

Anteil der Stadtbevölkerung an der Gesamtbevölkerung in %
- unter 10
- 10–24
- 25–49
- 50–75
- über 75
- ○ Städte mit mehr als 5 Mio. Ew.

1- Changchun
2- Shenyang
3- Tientsin
4- Wuhan
5- Hangzhou
6- Chongqing
7- Kanton (Guangzhou)

WELTWIRTSCHAFT

GROSSE BALLUNGSRÄUME

Schließlich lebt praktisch in ganz Afrika weniger als ein Viertel der Bevölkerung in Orten mit mehr als 3 000 Einwohnern. Es gibt auf dem ganzen Kontinent nur zwei Großstädte in Ägypten, Kairo und Alexandria. Der Kontinent ist also vorwiegend ländlich.

China und Indien sind 1950 ebenfalls sehr ländliche Länder, da weniger als ein Viertel ihrer Bevölkerung in Gemeinden mit mehr als 3 000 Einwohnern lebt; sie haben jedoch beide mehrere Städte mit mehr als 1 Million Einwohnern (fünf in Indien, etwa zehn in China) und jeweils eine mit über 5 Millionen Einwohnern, Kalkutta bzw. Schanghai.

Der Anteil der Stadtbevölkerung 1985.
Die Karte der Stadtbevölkerung im Jahr 1985 zeigt insbesondere, daß überall auf der Welt die Stadtbevölkerung zugenommen hat und daß, bis auf einige Ausnahmen (Malawi, Burkina Faso, Uganda, Ruanda und Burundi in Afrika, Oman, Nepal und Bhutan in Asien) alle Länder auf der Erde einen Anteil der Stadtbevölkerung von mehr als 10 % haben.

In Afrika zeigt sich dies besonders deutlich: Etwa ein Dutzend Länder haben mehr als 25 % Stadtbevölkerung, und in fünf Ländern (Tunesien, Libyen, Gabun, Kongo und Republik Südafrika) überschreitet der Anteil 50 %. Bevölkerungswachstum und Landflucht haben dazu geführt, daß die Städte überproportional angewachsen sind. Zwölf Städte haben mehr als eine Million Einwohner.

Die Stadtbevölkerung erreicht rund drei Viertel der Gesamtbevölkerung in praktisch allen ›entwickelten‹ Ländern. Gleichzeitig ist die Anzahl der Städte mit mehr als 1 Million Einwohnern erheblich angestiegen. Darüber hinaus ist die Landbevölkerung in Nordamerika relativ konstant geblieben, während sie in Europa beträchtlich abgenommen hat.

Im Falle Asiens, wo die Bevölkerung auch stark angewachsen ist, muß darauf hingewiesen werden, daß Land- und Stadtbevölkerung in gleichem Maße zugenommen haben, so daß sich ihr jeweiliger Anteil nicht wesentlich verändert hat. Allerdings hat sich die Zahl der Großstädte erhöht.

Die Bevölkerungszahlen der großen Metropolen regen zu Recht die Phantasie an. Paris (mit seinen Satellitenstädten) hat fast ebenso viele Einwohner wie Belgien und mehr als die Schweiz oder Österreich.
Vergleiche und Einordnungen sind nicht ohne weiteres möglich. Die Einwohnerzahl wird manchmal mit oder ohne einen Großraum gezählt, dessen Definition je nach Land unterschiedlich ist, der sich in jedem Fall aber sehr rasch entwickelt. Die Zählungen finden nicht in allen Ländern im gleichen Jahr statt, und ihre Zuverlässigkeit ist unterschiedlich.

Auch unter Berücksichtigung dieser Vorbehalte lassen sich folgende allgemeine Tendenzen feststellen: Die Zunahme der Millionenstädte, das maßlose Wachstum einiger Metropolen der Dritten Welt (in keinem Verhältnis zur Wirtschaftsentwicklung stehend), schließlich die weltweite Verbreitung der Millionenstädte und der Großstädte unter unterschiedlichen Umständen.

Allerdings wurden Ende der 40er und Anfang der 50er Jahre mehrere Versuche zur Eindämmung der Ausbreitung der Großstädte unternommen. So wurden Satellitenstädte geschaffen oder gefördert, die sich in gewisser Entfernung von den Großstädten befanden. Dies geschah vor allem in Großbritannien, Frankreich und in der Sowjetunion im Großraum Moskau. Darüber hinaus haben einige Länder ihre Hauptstadt verlegt: Brasilia (Brasilien), Yamoussoukro (Elfenbeinküste).

Bis etwa Ende des Zweiten Weltkrieges sind die Städte nur sehr langsam gewachsen, während sich der Handel verstärkte und sich Industrien entwickelten. 1950 gab es weltweit weniger als zehn Städte mit mehr als 5 Millionen Einwohnern. 1960 gab es weltweit etwa einhundert Millionen- oder Multimillionenstädte. Ende der 80er Jahre verteilen sich die städtischen Agglomerationen wie folgt.

Europa. In Europa überschreiten London, Paris, Moskau, Istanbul und Birmingham die 5 Millionen. Etwa 30 Städte (ohne Sowjetunion) haben zwischen 1 und 5 Millionen Einwohner, darunter in Großbritannien Liverpool und Manchester, in Frankreich Lyon und Marseille sowie in den Niederlanden Amsterdam und Rotterdam. In Nordeuropa überschreiten Stockholm und Kopenhagen die Millionengrenze ebenso wie in Osteuropa Warschau, Prag, Budapest, Belgrad, Sofia und Bukarest. In Deutschland haben Hamburg, München und Berlin und in Österreich Wien mehr als 1 Million Einwohner. In Südeuropa überschreiten in Spanien Madrid und Barcelona, in Portugal Lissabon die Millionengrenze, mehr als 3 Millionen Einwohner haben Rom, Mailand und Neapel in Italien und Athen in Griechenland.

In der Sowjetunion zählt Moskau knapp 9 Millionen und Leningrad knapp 5 Millionen Einwohner, im europäischen Teil der Sowjetunion gibt es weitere 12, im asiatischen Teil weitere 9 Millionenstädte, die größten sind Kiew, Taschkent, Baku, Charkow und Minsk.

Afrika. Mit Abstand größte Stadt Afrikas ist Kairo mit fast 9 Millionen Einwohnern. Über 2 Millionen Einwohner haben Lagos in Nigeria, Giseh und Alexandria in Ägypten, Kinshasa in Zaire, Abidjan in der Republik Elfenbeinküste, Casablanca in Marokko, Algier in Algerien und Kapstadt (Republik Südafrika).

Amerika. In Nordamerika überschreiten Montreal, Toronto und Vancouver in Kanada die Millionengrenze, während in den Vereinigten Staaten 30 Ballungsgebiete unter diese Kategorie fallen. Die größten Metropolen sind New York mit 18 Millionen Einwohnern, gefolgt von Los Angeles mit 13 Millionen, Chicago mit 8 Millionen sowie San Francisco und Philadelphia mit knapp 6 Millionen Einwohnern. Mehr als 3 Millionen Einwohner haben Detroit, Boston, Dallas, Houston und Washington.

In Mittel- und Südamerika sind mit Abstand die größten städtischen Agglomerationen Mexiko City mit über 19 Millionen Einwohnern, São Paulo mit fast 16 Millionen, Buenos Aires und Rio de Janeiro mit knapp 11 Millionen Einwohnern. Mehr als 4 Millionen Menschen wohnen in Santiago de Chile, Bogotá, Caracas und Lima.

Asien. Auf dem asiatischen Kontinent sind etwa fünfzig Städte in China und sechs in Indien Millionenstädte, wobei die Hälfte von ihnen in jedem der beiden Staaten mehrere Millionen Einwohner hat. Die größten chinesischen Agglomerationen sind Schanghai mit über 7 Millionen Einwohnern, Peking mit knapp 7 Millionen, Tientsin mit 5,5 Millionen, Schengjang mit 4,4 Millionen sowie Wuhan, Pusan und Kanton mit mehr als 3 Millionen Einwohnern. Die größten indischen Agglomerationen sind Kalkutta mit 9,2, Bombay mit 8,2, Delhi mit 6,2 und Madras mit über 5 Millionen Einwohnern. Zu den großen Metropolen zählen weiterhin Seoul (Südkorea, 9,6 Millionen), Tokio (Japan, 8,3 Millionen), Jakarta (Indonesien, 7,8 Millionen), Teheran (Iran, 6 Millionen), Hongkong (5,6 Millionen), Bangkok (Thailand, 5,4 Millionen) und Karachi (Pakistan, 5,1 Millionen).

Australien. Sydney und Melbourne haben mehr als 3 Millionen Einwohner.

Die Ballungsgebiete dehnen sich weiterhin aus, ihr Wachstumsrhythmus ist in den Entwicklungsländern viel schneller als in den entwickelten und industrialisierten Ländern. Die großen Weltmetropolen befinden sich nicht mehr nur in den Industrieländern.

Bereits heute gibt es weltweit etwa 225 Millionenstädte. Von den 63 Städten mit mehr als 3 Millionen Einwohnern befinden sich 25 in Asien, 11 in Nordamerika (darunter eine in Kanada), 11 in Mittel- und Südamerika, 9 in Europa, 3 in Afrika und je 2 in der Sowjetunion und in Australien.

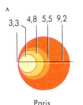
3,3 4,8 5,5 9,2
Paris

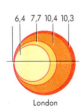
6,4 7,7 10,4 10,3
London

1,1 1,7 4,8 7,4
Moskau

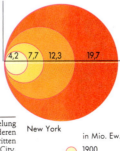
4,2 7,7 12,3 19,7
New York

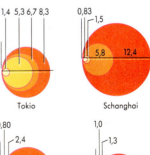
1,4 5,3 6,7 8,3
Tokio

0,83
1,5
5,8 12,4
Schanghai

A · Einige städtische Agglomerationen.

Die Entwicklung der Bevölkerung der großen Städte seit 1900 zeigt unterschiedliche Wachstumsrhythmen. London, 1900 die bevölkerungsreichste Stadt der Erde, ist zum Beispiel in der ersten Hälfte des Jahrhunderts weiter gewachsen, seine Bevölkerung hat sich jedoch seit 1950 stabilisiert (sogar etwas abgenommen). Der Pariser Großraum ist bis etwa 1970 stark angewachsen, die Bevölkerungszahl ist seit 1980 praktisch konstant. Dagegen hat sich seit 1950 die Bevölkerungszahl von Buenos Aires und Kalkutta fast verdoppelt. Diese Verdoppelung erfolgte auch in anderen Metropolen der Dritten Welt, wie Mexico City, São Paulo, Rio de Janeiro, Bombay und Jakarta.

in Mio. Ew.
○ 1900
● 1925
● 1950
● 1985

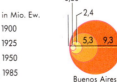
0,80
2,4
5,3 9,3
Buenos Aires

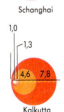
1,0
1,3
4,6 7,8
Kalkutta

571

WELTWIRTSCHAFT

WANDERUNGEN

Der Begriff Wanderung oder Migration bezeichnet jede kollektive zeitweilige oder endgültige Völkerbewegung. Je nach Entfernung und Dauer der Verlagerung kann man tägliche Wanderungen (darunter insbesondere die der Grenzgänger und Berufspendler), zeitweilige (z. B. saisonale Wanderarbeit) und definitive Wanderungen unterscheiden. Der Begriff Wanderung wird normalerweise nur für die beiden letztgenannten Kategorien verwendet. Unabhängig davon, ob sie zeitweilig oder definitiv sind, können sie auf nationaler Ebene erfolgen (Binnenwanderungen) oder grenzüberschreitend sein (internationale Wanderungen). Je nach Richtung unterscheidet man Emigration (Auswanderung) und Immigration (Einwanderung).

DIE GROSSEN HISTORISCHEN WANDERUNGEN

Die Wanderbewegungen waren seit Anbeginn der Geschichte zahlreich: Man rufe sich z. B. den Auszug der Hebräer, die großen Völkerwanderungen (4. und 5. Jh.) oder die Kreuzzüge in Erinnerung. Nach der Entdeckung Amerikas war eine bedeutende Wanderbewegung über mehrere Jahrhunderte hinweg zwischen Europa und Nord- und Südamerika festzustellen. Parallel hierzu gab es die erzwungenen ›Wanderungen‹ aufgrund des Sklavenhandels aus Afrika nach Amerika. Vom 16. bis zum 18. Jh. haben Spanier, Portugiesen, Franzosen, Briten, Deutsche, Holländer und Schweden den Atlantik als Auswanderer überquert; diese Bewegung wuchs in der zweiten Hälfte des 19. Jh. und Anfang des 20. Jh. bis zur Krise der 30er Jahre stetig an. In dieser Zeit nahm die Auswanderung von Südeuropäern, Russen und Angehörigen des österreichisch-ungarischen Reiches stark zu.

Darüber hinaus führten in der ersten Hälfte des 20. Jh. die russische Revolution, der Erste und der Zweite Weltkrieg in Europa und im Fernen Osten zu großen Völkerbewegungen.

VÖLKERBEWEGUNGEN DER GEGENWART

Die internationale Migration wird Ende der 80er Jahre netto, d. h. als Differenz zwischen Einwanderern und Auswanderern jedes Landes, auf jährlich rund 1,1 Millionen Menschen geschätzt. Mit Abstand wichtigstes Zielland von Emigranten ist die USA mit jährlich etwa 740 000 Immigranten (abzüglich 160 000 Emigranten ergibt sich eine Netto-Immigration von 580 000 Personen). Weitere ›beliebte‹ Einwanderungsländer sind Kanada und Australien.

Unabhängig von den ursprünglichen Zielen der Wanderer wird die Migratin oft erst nach einer gewissen Zeit endgültig. Die Motive sind unterschiedlicher Art, beruhen jedoch oft auf besseren Arbeitsmöglichkeiten und höherem Lebensstandard im gewählten Zielland. Eine wichtige Rolle spielt dabei die Tatsache, daß seit etwa dreißig Jahren in vielen Ländern der Bevölkerungszuwachs sehr groß geworden ist. Daneben gibt es politische oder religiöse Gründe, weswegen Migranten nicht mehr in ihrem Ursprungsland leben wollen oder gar können.

Die heutige Zeit ist durch die Einführung von Einwanderungsquoten geprägt. Manche Industrieländer weigern sich heutzutage sogar, Flüchtlinge oder Zuwanderer aufzunehmen. Zuvor gab es eine relativ lange Zeit der Politik der ›offenen Grenze‹; dies trifft sowohl auf die USA als auch auf die europäischen Länder zu. In den letzteren hat die Zuwanderung seit den 50er Jahren stark zugenommen (Frankreich, England, Schweiz, Belgien, Bundesrepublik Deutschland, Schweden und die Niederlande). Gelegentlich geschieht die Einwanderung in die gewählten Länder auch illegal; manchmal ist der illegale Zustrom auch sehr stark, wie der der Mexikaner in die Vereinigten Staaten.

Afrika. Hier müssen mehrere Ströme unterschieden werden. Die Bewegung des Brain-Drain ist nicht scharf abgegrenzt: Intellektuelle verlassen aus politischen Gründen oder auch, weil ihre Berufsausbildung nicht mehr dem Bedarf des Arbeitsmarktes in ihrem Land entspricht, ihre Heimat endgültig. Dann finden Wanderbewegungen wegen Arbeitssuche zwischen verschiedenen Ländern, insbesondere in Westafrika (nach Nigeria und zur Elfenbeinküste) statt. Weiter sind hier die sehr umfangreichen internen Bewegungen in der Republik Südafrika und die erzwungenen Verschiebungen der äthiopischen Bauern ins Landesinnere sowie diejenigen in Richtung Sudan und Somalia zu nennen.

Mittlerer Osten. Aus der Türkei sind seit Anfang der 50er Jahre zahlreiche Einwohner nach Westeuropa abgewandert (vor allem nach der Bundesrepublik Deutschland), während in den Golfstaaten die Einheimischen zu einer Minderheit in praktisch allen Wirtschaftsbereichen und auf allen Ausbildungsebenen geworden sind: ein äußerst seltenes Phänomen. Die ausländischen Arbeiter kamen zuerst aus den arabischen Ländern (vor allem Ägypten und Jemen), dann aus dem asiatischen Raum (Pakistan, Indien, Bangladesh, Thailand, Philippinen, Südkorea). Die Zahl der Afghanen, die sich während der Besetzung durch die Sowjetunion ›zeitweilig‹ in Pakistan angesiedelt haben, wird auf über 3 Millionen geschätzt.

Asien. Auf Sri Lanka verursachen seit einigen Jahren Unruhen die Auswanderung zahlreicher Menschen nach Europa. In Vietnam setzt sich die Bewegung der Boat people fort, die seit 1975 versuchen, ihre Heimat heimlich auf dem Seeweg zu verlassen und dabei große Gefahren auf sich nehmen. Viele Emigranten stammen auch aus China, Indien und Pakistan. Auf den Philippinen und in Indonesien ergreifen die Regierungen Maßnahmen, um die Bevölkerung zur Ansiedlung auf weniger bevölkerten Inseln anzuregen und damit der Überbevölkerung anderswo zu begegnen.

Amerika. In Lateinamerika hat vor allem in Chile nach dem Sturz Allendes eine starke Auswanderung aus politischen Gründen eingesetzt. Die Ströme aus Mexiko, anderen Staaten Mittelamerikas und der Karibik sowie aus Kolumbien richten sich auf die USA.

Europa. Die Sowjetunion hat den Anstoß zu Völkerwanderungen in Richtung Sibirien gegeben, während eine kleinere Anzahl von Sowjetbürgern nach Israel oder in die Vereinigten Staaten auswandern durfte; ansonsten konnte man aus den Volksdemokratien bis 1989 weitgehend nur illegal auswandern. Wichtige Zielländer sind in Westeuropa Frankreich, die Niederlande und die Bundesrepublik Deutschland.

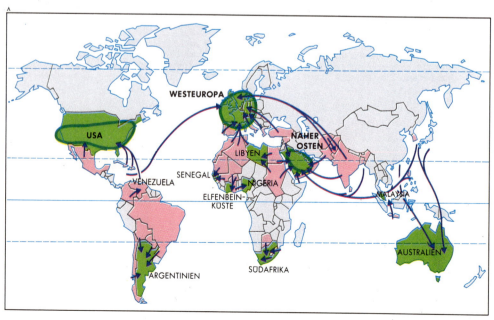

▲ · **Die großen Wanderungsströme der Gegenwart.** Westeuropa, Nordamerika und Australien sind Sammelbecken, die Emigranten aus allen anderen Kontinenten aufnehmen. Saudi-Arabien und die Erdölstaaten am Arabischen Golf waren auch Aufnahmezentren. Gegenwärtig werden die Emigrationsmöglichkeiten für Arbeitsemigranten und Flüchtlinge in den Industrieländern immer stärker eingeschränkt, eine auf lange Sicht schwierige Entwicklung.

- Abwanderungsländer
- Aufnahmeländer
- Hauptfluktuationsrichtung
- Hauptaufnahmezonen

572

WIRTSCHAFTLICHE ENTWICKLUNG

DER MENSCH UND DIE WIRTSCHAFT

Die Zukunft des Menschen hängt wesentlich von seinen wirtschaftlichen Handlungen ab. Das erste menschliche Wesen, der Australopithecus, fabrizierte einige behauene Steinwerkzeuge. Der Astronaut des 20. Jahrhunderts benutzt Raumschiffe und landet auf dem Mond.

Dieses Abenteuer stützt sich auf die Aneignung und die Gestaltung der Umwelt durch den Menschen; dies beinhaltet auch wirtschaftliche Aktivitäten. Letztere bilden den Untersuchungsgegenstand der Volkswirtschaftslehre. Der Mensch produziert Güter wie Nahrung und Kleidung, verteilt und verbraucht sie. Er produziert Werkzeuge, um die Produktion zu verbessern, damit die hergestellten Erzeugnisse erneut verteilt und verbraucht werden können.

Die Produktion von immer perfekteren Werkzeugen und ihr Einsatz ab der Frühgeschichte bis zur vollautomatisierten Fabrik der Zukunft, die Arbeit in einem Handwerksbetrieb in einer mittelalterlichen Stadt bis zum Management eines multinationalen Unternehmens lassen den Gedanken einer wirtschaftlichen Entwicklung aufkommen.

PRODUKTIVITÄTSZUWÄCHSE

Das erste wichtige Merkmal der Wirtschaftsentwicklung ist das bewußte oder unbewußte Streben der menschlichen Gesellschaft nach Produktivitätszuwächsen. Produktivitätssteigerung bedeutet, daß gleich viele Güter in kürzerer Zeit hergestellt werden, oder in weiterem Sinne, daß der gleiche Bedarf unter Einsparung menschlicher Arbeitskraft gedeckt wird.

Produktivität mißt die Ergiebigkeit der Produktion als Verhältnis von Produktionsmenge (›Output‹) und Einsatz von Produktionsfaktoren (›Input‹).

Man kann Arbeits- und Kapitalproduktivität unterscheiden. Entweder wird der Beitrag des Menschen oder derjenige der Maschinen zur Produktivität gemessen; auf jeden Fall ist die Einheit Mensch-Werkzeug eine untrennbare Größe, weshalb die Messung der Produktivität global erfolgen muß.

Die Produktivitätsmessung soll Aufschluß über das Ausmaß des technischen Fortschritts geben, der sich etwa in Verbesserungen der Produktionsmethoden äußert oder auf eine verbesserte Auslastung der Kapazitäten zurückgeht.

LEBENSSTANDARD

Durch die Produktivitätszuwächse können menschliche Gemeinschaften ihre Lebensstandards heben; die Vermehrung der materiellen Güter, wie z. B. Nahrung oder Kleidung, oder der immateriellen Güter, wie ärztliche Versorgung, ermöglicht eine Verbesserung der Lebensbedingungen.

Die Bemühungen, den Lebensstandard zu erhöhen, gehen zurück bis in die Vorgeschichte. Sie beginnen mit der langsamen Entwicklung der Menschen, die das Feuer entdecken und die ›neolithische Revolution‹ vollenden, indem sie die Viehhaltung und den Ackerbau erfinden. In den Anfängen der Schrift und der Geschichte können die großen mesopotamischen, ägyptischen, chinesischen und indischen Reiche durch Regulierung der Flüsse den landwirtschaftlichen Ertrag steigern. In China, Griechenland und Rom werden die Techniken ausgeklügelter. Später treten die präkolumbischen, afrikanischen und asiatischen Zivilisationen auf; vor der industriellen Revolution in Europa im 18. Jh. ist Indien durch seine Textilproduktion die erste Industriemacht der Erde; China war im 16. Jahrhundert technologisch führend.

WIRTSCHAFTSWISSENSCHAFT

Die Gesamtheit von Forschung und Lehre, deren Aufgabe die Erkenntnis und Darstellung wirtschaftlicher Zusammenhänge, Vorgänge und Erscheinungen ist, besonders der Erzeugung, Verteilung und des Verbrauchs von Gütern und Leistungen zur menschlichen Bedürfnisbefriedigung, wird als Wirtschaftswissenschaft bezeichnet. Ihre wichtigsten Teildisziplinen sind die Betriebswirtschaftslehre, die Volkswirtschaftslehre und die Finanzwissenschaft. Die moderne Wirtschaftswissenschaft wird als eine Einheit begriffen. Man versucht, die anfänglich strenge Trennung der volkswirtschaftlichen und betriebswirtschaftlichen, gesamt- und einzelwirtschaftlichen Betrachtungsweise zu überwinden und eine Wirtschaftstheorie zu entwickeln, in der volks- und betriebswirtschaftliche sowie auch finanzwissenschaftliche und soziologische Fragestellungen zusammenhängend erörtert werden. Dadurch sollen eine größere Leistungsfähigkeit und eine engere Beziehung zur Wirklichkeit gewonnen werden. Die Wirtschaftswissenschaften sind eines der beliebtesten Studienfächer.

DER HOMO OECONOMICUS

In der Wirtschaftstheorie wird der Mensch, soweit er ausschließlich wirtschaftlich handelt, als Homo oeconomicus bezeichnet. Der Homo oeconomicus ist ein idealtypisches Modell vom Menschen für Zwecke wirtschaftswissenschaftlicher Erkenntnis (zum Beispiel in der Mikroökonomie und betriebswirtschaftlichen Entscheidungstheorie). Er verfügt über ein vollständiges, widerspruchsfreies Zielsystem, handelt rational, wobei das Eigeninteresse im Sinne des Strebens nach größtmöglichem Nutzen (privater Haushalt) oder größtmöglichem Gewinn (privates Unternehmen) handlungsbestimmend ist. Weiter kennt der Homo oeconomicus bei seinen Entscheidungen alle Alternativen und deren Konsequenzen. Er handelt nach dem ökonomischen Prinzip (Wirtschaftlichkeitsprinzip), mit einem gegebenen Aufwand den größtmöglichen Ertrag (Bedürfnisbefriedigung) oder einen bestimmten Ertrag mit möglichst geringem Aufwand zu erzielen.

A · **Der Australopithecus.**
Die in Afrika gefundenen Australopithecinen, die ersten Menschen (oder auch noch keine Menschen, da ihr Gehirn klein war), waren die ersten Wesen, die behauene Stein- und Knochenwerkzeuge herstellten. Dies geschah vor 1 bis 4 Millionen Jahren. Seitdem fand eine langsame wirtschaftliche Umwandlung auf der Erde statt. Denn im Gegensatz zu einigen Tiergattungen, die ebenfalls Werkzeuge herstellen (Affen, die sich Nußknacker bauen, Termiten mit ihrem fortschrittlichen Städtebau), machte der Mensch seine Werkzeuge immer perfekter.

B · **Die Werkzeuge des Australopithecus.**
Die ältesten Werkzeuge der Erde, kleine Steinstücke, wurden unter anderem im Omo-Tal in Äthiopien entdeckt. Sie waren die ersten wirtschaftlichen Hilfsmittel, mit denen sich der Mensch seine Umwelt nutzbar machte.

C · **Der Astronaut.**
Der Raumanzug der Astronauten hat eine doppelte Hülle, deren durchsichtiger Teil mit einem Goldfilm bedeckt ist, durch den die Sonnenstrahlen gefiltert werden sollen. In einer Flasche befindet sich der Luftvorrat. Die weiteren Teile sind ein Funkgerät, ein Kontrollcomputer, ein Verbindungsseil zum Raumschiff und eine aufsaugende Minitoilette.

WELTWIRTSCHAFT

WIRTSCHAFTLICHE ENTWICKLUNG

WIRTSCHAFTEN

Wirtschaften bezieht sich auf alle Pläne und Entscheidungen (Dispositionen), die die Verwendung knapper Mittel zur Befriedigung der vielfältigen, wandelbaren, bisher nach Anzahl und Umfang stets steigerungsfähigen menschlichen Bedürfnisse betreffen. Knappheit besteht, wenn die Bedürfnisse größer als ihre Befriedigungsmöglichkeiten sind; Überfluß im gegenteiligen Fall. Jede Form der Bedürfnisbefriedigung erfordert letztlich Aufwand von Produktionsmitteln (Produktionsfaktoren). Knappheit bedeutet deshalb, daß die Verwendung von Mitteln an einer Stelle den Verzicht auf Bedürfnisbefriedigung an einer anderen erfordert; so ist Boden, der landwirtschaftlich genutzt wird, nicht zugleich für Wohnzwecke verwendbar, und die Zeit, in der produziert wird, ist für Muße verloren. Welche Bedürfnisse befriedigt werden, richtet sich nach dem Nutzen, den Individuen, Gruppen oder Gesellschaften den alternativen Verwendungszwecken der Produktionsmittel beimessen (wobei Nutzen im volkswirtschaftlichen Sinn die auf der subjektiven Wertschätzung beruhende Eigenschaft eines Gutes ist, zur Bedürfnisbefriedigung eines Wirtschaftssubjekts beizutragen). So gesehen entsprechen die ›Kosten‹, die bei der Befriedigung eines Bedürfnisses entstehen, dem Nutzen, der entgeht, weil die aufgewendeten Produktionsmittel alternativen Verwendungszwecken entzogen sind (Alternativ- oder Opportunitätskosten). In welchem Umfang die Bedürfnisse befriedigt werden können, hängt davon ab, wie mit den Produktionsmitteln gewirtschaftet wird. Größte Wirtschaftlichkeit ist erreicht, wenn es nicht mehr möglich ist, durch Umdispositionen Produktionsmittel einzusparen, ohne wenigstens bei der Befriedigung eines Bedürfnisses zurückstecken zu müssen. Das so geforderte Abwägen von Aufwand und Ertrag (Nutzen) ist vernunftgemäß (rational), da jedes andere Verhalten die Knappheit unnötig vergrößert. Anders ausgedrückt ist das Wirtschaftlichkeitsprinzip das Streben, mit einem gegebenen Aufwand den größtmöglichen Ertrag zu erwirtschaften, oder für einen angestrebten Ertrag den geringstmöglichen Aufwand einzusetzen.

KONJUNKTURFORSCHUNG

Die Konjunkturforschung hat die Aufgabe, die gegenwärtige Konjunkturlage zu identifizieren (Diagnose) und ihre weitere Entwicklung darzustellen (Prognose).

Dazu werden aussagefähige Konjunkturindikatoren benötigt. Zwar stellt die Statistik eine Fülle von Einzelinformationen zur Verfügung (zum Beispiel Preise, Löhne, Produktion, Auftragseingänge, Zinsen, Umsätze); doch bedarf es einer Vorstellung von ›der‹ Konjunktur, weil solche Einzelindikatoren der Konjunktur vorauseilen, mit ihr gleichgerichtet verlaufen oder ihr verspätet folgen können. Die Konjunkturforschung erkannte schon früh die Existenz von Konjunkturzyklen mit unterschiedlicher Wellenlänge. J. A. Schumpeter hat drei Zyklusarten unterschieden und sie nach ihren jeweiligen ›Entdeckern‹ benannt: 1) die Kitchin-Wellen sind relativ kurze Zyklen (rund 40 Monate), die vor allem den Charakter von Lagerzyklen haben (Lageraufbau, Lagerabbau). 2) Die Juglar-Wellen haben einen mittelfristigen Charakter (8–10 Jahre) und sind dadurch gekennzeichnet, daß sich die Lagerschwankungen über Produktionsschwankungen auf Investitionsschwankungen auswirken. 3) Die Kondratieff-Wellen sind lange Wellen (50–60 Jahre) und werden durch ein schubweises Auftreten (bzw. Auslaufen) technischer Entwicklungen (zum Beispiel Eisenbahnbau, Elektrotechnik, Chemie, Elektronik) ausgelöst. Ein Interpretationsproblem entsteht, weil diese unterschiedlichen Wellen in einem realen Zyklusbild zusammenwirken und sich überlagern, weshalb sich dann die Frage stellt, ob etwa ein registrierbarer Abschwung Kitchin-, Juglar- oder Kondratieff-Charakter hat.

ARBEITSTEILUNG

Arbeitsteilung ist eine Möglichkeit, die Produktivität der Produktionsmittel zu erhöhen und damit ihre Knappheit zu verringern. Arbeitsteilung ist zweckmäßig, weil die Menschen unterschiedliche Fähigkeiten haben oder erwerben können; ähnlich sind die verschiedenen Regionen je nach Lage und Ausstattung mit Produktionsmitteln zur Produktion der verschiedenen Güter unterschiedlich geeignet. Deshalb wirkt eine Spezialisierung nach der Eignung leistungssteigernd, verglichen mit einem Wirtschaften, bei dem jeder versuchen würde, sich selbst zu versorgen (autark zu sein). Durch intensive Nutzung besonderer Fähigkeiten können sich diese noch weiter leistungssteigernd ausprägen; allerdings bedeutet Spezialisierung auch größere Einseitigkeit. So kann z. B. Spezialisierung Vorteile der Massenproduktion erschließen. Gemeint ist die Möglichkeit, Produktionsvorgänge in leicht wiederholbare Handgriffe zu zerlegen, die keine besondere Eignung verlangen. Die Fließbandfertigung ist ein Beispiel für diese Form der Spezialisierung; daß Fließbandarbeit wegen ihrer Monotonie auch leistungshemmend wirken kann, wird inzwischen erkannt. Die Vorteile einer Arbeitsteilung zwischen Menschen, Betrieben, Regionen und Nationen können nur mit größerer gegenseitiger Abhängigkeit erkauft werden. In einer modernen Wirtschaft produziert der einzelne bestenfalls noch einen verschwindenden Bruchteil der Güter, die er selbst nachfragt. Ebenso sind größere Wirtschaftseinheiten wie Unternehmen, Regionen und Nationen Teile eines Netzes von Lieferverflechtungen. Das Netz ist zwar besonders leistungsfähig, aber auch störanfällig. Denn es funktioniert nur, wenn der dann erforderliche Tausch von Leistungen möglichst reibungslos abläuft. Das erfordert neben einem Tauschmittel, wie beispielsweise Geld, auch eine Koordination von Wirtschaftsplänen. Da die Pläne wegen der Arbeitsteilung alle miteinander verknüpft sind, ist ihre Abstimmung (Koordination) nötig, um Verschwendung zu vermeiden. Ob die Wirtschaftspläne zueinander passen, stellt sich erst dann heraus, wenn versucht wird, sie durchzuführen. Als ›Sammelstelle‹ kann der Markt dienen.

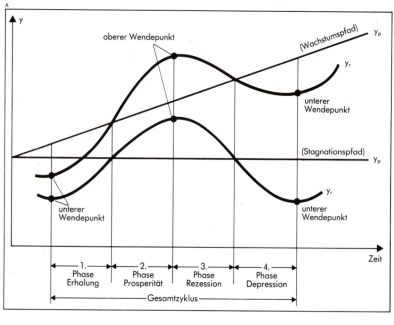

▲ · Die Konjunktur.

In der Volkswirtschaftslehre spricht man von Konjunktur, wenn Nachfrage- und Produktionsschwankungen zu Veränderungen des Auslastungsgrades der Produktionskapazitäten führen (in Abgrenzung von der Entwicklung der Kapazitäten selbst), wenn sie eine gewisse Periodizität aufweisen und wenn sie gesamtwirtschaftlich durchwirken (in Abgrenzung von Saison- und Branchenentwicklungen). Die bekannteste Systematik für den Konjunkturverlauf ist das Vier-Phasen-Schema von J. A. Schumpeter: 1) Erholung (heute Aufschwung, Wiederbelebung, Expansion): In dieser Phase steigt nach einem Tiefpunkt die Produktion wieder an; der Auslastungsgrad der Kapazitäten (des Produktionspotentials) erhöht sich. 2) Prosperität (heute Boom, Hochkonjunktur): Der Grad der Normalauslastung ist erreicht; weitere Produktionsanstieg führt zunehmend zu einer Überbeanspruchung der Kapazitäten mit Inflationsgefahren. 3) Rezession (heute Abschwung, Entspannung): Die Produktion hat den Höhepunkt überschritten und geht wieder zurück; der Auslastungsgrad der Kapazitäten sinkt. 4) Depression (heute Kontraktion, Rezession): Ist die Normalauslastung der Kapazitäten wieder erreicht, führt ein weiterer Produktionsrückgang zu Unterauslastung der Kapazitäten (Arbeitslosigkeit). Steigt die Produktion wieder an, setzt ein neuer Konjunkturzyklus ein. Die Interpretation dieser Phasen verliert ihre Eindeutigkeit, wenn im Zeitablauf kein konstantes Produktionspotential (Stagnationspfad), sondern ein steigendes Produktionspotential (Wachstumspfad) vorliegt.

WELTWIRTSCHAFT

WIRTSCHAFTLICHES WACHSTUM

Wirtschaftliche Entwicklung bedeutet in der Sprache der Volkswirtschaftslehre auch wirtschaftliches Wachstum, das anhand der Zunahme des realen Bruttosozialprodukts (des Wertes aller während einer Periode erwirtschafteten Güter und Dienstleistungen, bereinigt um inflationäre Preissteigerungen) gemessen wird. Als Maßstab für das Wirtschaftswachstum verwendet man die prozentuale Veränderung (Wachstumsrate); man unterscheidet zwischen extensivem Wachstum (prozentual gleich große Zunahme von Sozialprodukt und Bevölkerung) und intensivem Wachstum (Zunahme des Sozialprodukts je Kopf). Wichtige Faktoren, die das wirtschaftliche Wachstum beeinflussen, sind die Vergrößerung der Erwerbsbevölkerung, die Zunahme des Kapitaleinsatzes (Kapitalakkumulation) und der technische Fortschritt. Nach W. W. Rostow durchläuft jedes Land vier Wachstumsphasen oder -stadien. Das wirtschaftliche Wachstum ist in den ›traditionellen Gesellschaften‹ (Vorherrschen der Landwirtschaft) nahezu null (stationäre Volkswirtschaft). In der ›Übergangsgesellschaft‹ kommt es besonders in der Landwirtschaft zu starken Produktivitätserhöhungen, wodurch Arbeitskräfte für andere Produktionszwecke – die Industrialisierung – frei werden. Die ›Startgesellschaft‹ bringt ein rasches wirtschaftliches Wachstum, das von wenigen Wirtschaftssektoren ausgeht, und leitet zur ›wirtschaftlichen Reife‹ und zur ›Massenkonsumgesellschaft‹ über.

Im Zuge des Wachstumsprozesses treten Strukturwandlungen auf, die zu grundlegenden Veränderungen der Produktionsverhältnisse, der Nachfrage und anderer wirtschaftlicher Größen führen, so daß sich wirtschaftliche Entwicklung nicht kontinuierlich verläuft. Diese Strukturwandlungen stellen hohe Anforderungen an Anpassungsfähigkeit und -willen des wirtschaftenden Menschen; sie erfordern seitens der Unternehmen und seitens des Staates Maßnahmen, die eine reibungslose Umstellung auf die sich grundlegend ändernden Wirtschaftsbedingungen ermöglichen oder zumindest erleichtern.

WEITERE MERKMALE DER WIRTSCHAFTLICHEN ENTWICKLUNG

Neben der Sprunghaftigkeit der wirtschaftlichen Entwicklung spielt auch die Tatsache eine Rolle, daß der Grad der Produktivität nicht überall identisch ist. Daraus entwickeln sich wirschaftliche Merkmale in einem Land (florierende und krisenhafte Wirtschaftszweige) oder auch weltweit (›armer Süden‹, ›reicher Norden‹). Diese Strukturen sind jedoch veränderlich. Die historische Entwicklung zeigt, daß sich weltweit die wirtschaftlichen Zentren immer wieder verlagert haben (zum Beispiel Großbritannien als Zentrum der industriellen Revolution, ab den 30er Jahren die Vorherrschaft der USA, Aufstieg Japans).

Auch scheint sich in der historischen Perspektive die wirtschaftliche Entwicklung zu beschleunigen in dem Sinne, daß auch mittel- und langfristige Konjunkturzyklen immer kürzer werden, was mit der Geschwindigkeit des technischen Fortschritts zusammenhängt. Ein weiteres Merkmal der wirtschaftlichen Entwicklung ist die Ausdehnung des Wirtschaftsraums.

Der prähistorische Mensch benötigte nur einige Werkzeuge und einen Teil der Savanne (wenn er Afrikaner war). In der neolithischen Revolution wurde er seßhaft; sein Einfluß erstreckte sich nun auf Ländereien, wo er Viehhaltung und Ackerbau betrieb. Die großen Reiche der Antike brauchten regionale Räume, die durch die Entwicklung des Handels ausgedehnt wurden. Auf den regionalen Raum folgte dann der Kontinent mit den chinesischen, indischen, präkolumbischen und arabischen Reichen.

Ab dem 16. Jh. machte sich Europa an die Eroberung des erdumfassenden Raumes, dessen Vereinheitlichung es durch die Kolonialisierung Amerikas, Afrikas und Asiens förderte. Anfang des 20. Jh. dehnte Europa unter britischer Führung seinen Einfluß auf fast alle außereuropäischen Länder, mit Ausnahme Japans, aus. Im britischen Empire ging die Sonne wirklich nie unter; europäische Waren wurden auf der ganzen Welt gehandelt.

ANSTIEG DER KOMPLEXITÄT DER WIRTSCHAFT

Die erste Folge der wirtschaftlichen Entwicklung ist die zunehmende Komplexität der Wirtschaft. Die Komplexität steigt, wenn die Zahl von Elementen einer Einheit und der Beziehungen zwischen diesen größer wird. Seit den großen Reichen der Antike sind die Wirtschaftseinheiten ständig komplexer geworden. Die industrielle Revolution des 18. Jh. und die Welt der multinationalen Unternehmen im 20. Jh. zeigen, daß diese Entwicklung weitergeht. Daneben wird deutlich, daß die gegenseitige Abhängigkeit zunimmt.

WOHLSTAND FÜR ALLE?

Eine weitere Folge der wirtschaftlichen Entwicklung ist ein hohes Wohlstandsniveau für die meisten Bewohner der Industrieländer. Neben sehr reichen westlichen Industrieländern gibt es aber weiterhin in der Dritten Welt eine große Anzahl sehr armer Entwicklungsländer.

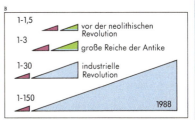

B · **Die Unterschiede zwischen Arm und Reich.** Nach Paul Bairoch lag vor der neolithischen Revolution der Einkommensunterschied zwischen dem Ärmsten und dem Reichsten bei 1 zu 1,5. In der Antike konnte er sich auf 1 zu 3 ausdehnen. Mit der industriellen Revolution kommt er auf 1 zu 10. 1988 beträgt das durchschnittliche Pro-Kopf-Einkommen des Amerikaners das 200fache eines Äthiopiers.

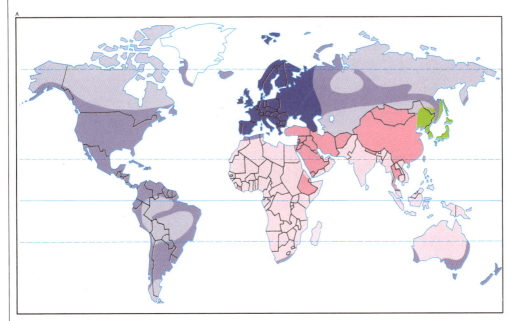

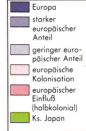

A · **Die Europäisierung der Welt zu Beginn des 20. Jahrhunderts.** Ab dem 16. Jh., der Zeit des Handelskapitalismus, bis zum 20. Jh. wurde die Welt unter europäischer Herrschaft vereint. Nur das japanische Kaiserreich blieb von der europäischen Durchdringung ausgenommen.

- Europa
- starker europäischer Anteil
- geringer europäischer Anteil
- europäische Kolonisation
- europäischer Einfluß (halbkolonial)
- Ks. Japan

WELTWIRTSCHAFT

DIE WENDE DER 70ER JAHRE

VORZEICHEN EINER WIRTSCHAFTSKRISE

Die Wirtschaftsentwicklung der Gegenwart ist durch die Wirtschaftskrise der 70er Jahre geprägt. Um diese analysieren zu können, sollten zunächst alle Vorzeichen der Krise, die sich bei der Wende am Ende der 60er zum Anfang der 70er Jahre in den Industrieländern gezeigt haben, festgehalten werden:
– Anstieg der Inflationsrate;
– sinkende Rentabilität der Unternehmen;
– Anfänge technologischer Revolutionen;
– beschleunigte Unternehmenskonzentration;
– beschleunigte Multinationalisierung;
– Veränderung der weltweiten Nachfragestruktur nach Industrieerzeugnissen;
– Anstieg der Arbeitslosigkeit.

Zusammen mit zwei kräftigen Erhöhungen der Erdölpreise kam es weltweit zu einer Rezession, die in den meisten Industrieländern erst in den 80er Jahren langsam überwunden werden konnte.

Inflation sowie Arbeitslosigkeit sind die augenfälligsten Anzeichen krisenhafter Wirtschaftsentwicklung. Gesamtwirtschaftlich bedeutet Arbeitslosigkeit Vergeudung knapper Ressourcen (Arbeitskraft liegt brach, wird nicht produktiv eingesetzt), entgangene Konsumnachfrage, entgangene Beiträge zur Arbeitslosen-, Kranken- und Rentenversicherung sowie Ausfälle bei den direkten und indirekten Steuern. Über Einnahmeausfälle und Ausgabensteigerungen stellt die Arbeitslosigkeit also eine latente Gefahr für das System der sozialen Sicherung dar. Selbst bei einer gut ausgebauten Arbeitslosenversicherung führt Arbeitslosigkeit für die Betroffenen zu einer spürbaren Senkung des Konsumstandards.

Den möglichen positiven Seiten des Arbeitsplatzverlustes (mehr Zeit für die Familie, Chance für eine berufliche Neuorientierung) stehen viele negative Faktoren entgegen. Einkommenseinbußen sowie der Verlust einer geregelten Tätigkeit und die damit einhergehende Aufgabe eines festen Lebensrhythmus können bei den Betroffenen zu einem Sichwertlos-Fühlen, zu Perspektivlosigkeit und sozialer Isolation führen.

Die Auswirkungen der Inflation hängen wesentlich davon ab, inwieweit die Inflation von den Wirtschaftssubjekten vorausgesehen und in den Marktpreisen im voraus berücksichtigt werden kann. Allgemein werden bei einer Inflation Gläubiger (z. B. Sparer) durch den inflationsbedingt sinkenden Realwert ihrer Forderungen belastet. Schuldner wurden dagegen durch den sinkenden Realwert ihrer Verbindlichkeiten entlastet, es sei denn, die Inflationsrate wird durch entsprechend höhere Zinsen kompensiert.

Soweit inflationäre Preissteigerungen nicht durch entsprechende Nominallohnanhebungen ausgeglichen werden, kommt es zu Einkommensumverteilungen von Lohnbeziehern zu Gewinnbeziehern. Auch die Bezieher von Transfereinkommen werden belastet, wenn deren Einkommen (Renten, Sozialleistungen) nur verzögert an die Inflation angepaßt werden. Insofern kommt es auch zu einer Umverteilung zu Lasten derjenigen, deren Ansprüche nicht durch mächtige Verbände vertreten werden. Inflation kann bis zur völligen Zerrüttung des Geldwesens und zu dessen Neuordnung (Währungsreform) führen.

Hinter einer Inflation stehen häufig ungelöste Konflikte in einer Gesellschaft über die Erfüllung von Ansprüchen an das Sozialprodukt.

ANSTIEG DER INFLATION

Zwischen 1945 und 1970 hat der durchschnittliche Anstieg des allgemeinen Preisniveaus in den Industrieländern nie 3 % überschritten. 1965 lag er noch bei 2,7 %. In den 70er Jahren hat dann – nicht zuletzt verursacht durch die beiden starken Erhöhungen der Erdölpreise – der Verbraucherpreisanstieg stark zugenommen. Aus der ›schleichenden‹ Inflation mit Geldentwertungsraten unter 5 % wurde eine beschleunigte Inflation: Die Inflationsrate in den Industrieländern betrug 1970 5,8 %, 1974 13,4 %, 1980 13 %. Dieser Anstieg der Inflation forderte von den Regierungen eine restriktive Geld- und Finanzpolitik sowie von den Tarifparteien eine zurückhaltende Lohnpolitik.

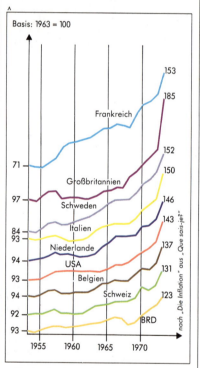

▲ · Der Anstieg der Großhandelspreise in den Jahren 1953 bis 1973.

Der Anstieg der Großhandelspreise in den wichtigsten westlichen Industrieländern ist ein Zeichen für eine Zunahme der Inflation, die irgendwann zwischen 1966 und 1969 einsetzte. Die durchschnittliche Inflationsrate überschritt damals die Schwelle von 3 %, die man als die Grenzlinie zwischen schleichender, praktisch normaler Inflation und einer beunruhigenden Inflation ansieht.

SINKENDE RENTABILITÄT DER UNTERNEHMEN

Zwischen 1965 und 1970 sanken die Unternehmergewinne in den Industrieländern. Diese Entwicklung setzte 1965 in Großbritannien ein, 1966 in den USA sowie der Bundesrepublik Deutschland und 1969 in Frankreich sowie Japan.

So zeichnete sich in den großen Industrieländern ein Bruch im Vergleich zu den hohen Zuwachsraten bei den Gewinnen und Umsatzrenditen in der Zeit des großen Wachstums nach dem Zweiten Weltkrieg ab.

Zwei Arten von Faktoren können als Erklärung hierfür herangezogen werden. Zur ersten Art gehören konjunkturbezogene Faktoren: Aufgrund von Lohnforderungen oder aufgrund einer Preissteigerung für Rohstoffe oder Energie sinken die Unternehmergewinne. Wenn keine konjunkturellen Ursachen vorhanden sind, so müssen strukturelle Ursachen in Betracht gezogen werden. Geht der Rückgang der Rentabilität mit einem globalen Absinken der Produktivität einher, so wäre der Grund für die sinkende Rentabilität hier zu suchen. Sinkende Gewinne können auch Folge der internationalen Konkurrenz sein.

NEUE TECHNOLOGISCHE REVOLUTIONEN

Technologische Revolutionen sind immer Reaktionen auf Situationen, in denen das Streben nach Produktivitätszuwachs an eine Grenze gestoßen ist. In solchen Zeiten beobachtet man Wellen größerer Innovationen. Mit ihrer Hilfe hofft man, den Stillstand in der Steigerung der Produktivität überwinden zu können.

Anfang der 70er Jahre entwickelt sich eine technologische Revolution mit dem Aufschwung der Elektronik (Computer, Informations- und Kommunikationstechnik), den neuen, in der Weltraumforschung getesteten Materialien (›neue Werkstoffe‹), der Entwicklung der Raketen und künstlichen Satelliten, dem steigenden Einsatz von Atomenergie und der Sonnenenergie.

Das Jahr 1969 ist durch den, wenn auch beschränkten Einsatz dieser neuen Technologien geprägt. In diesem Jahr wird das amerikanische Weltraumprogramm ›Apollo‹ zur Eroberung des Mondes durch den Menschen durchgeführt.

KONZENTRATION

Die Konzentration der Unternehmen führt dazu, daß eine immer kleinere Anzahl von Banken und Firmen, die jedoch immer größer werden, übrigbleibt.

Um auf die Zwänge infolge der wachsenden Komplexität der Bedürfnisse und der Ausweitung der Wirtschaftsräume zu reagieren, ging die Wirtschaftsentwicklung stets mit einer Vergrößerung der Firmen einher. Wenn das Gewicht der multinationalen Unternehmen immer größer wird, so besteht die Gefahr, daß kleinere Unternehmen im Wettbewerb unterliegen. Doch sind in den Industrieländern immer noch sehr viele kleinere und mittlere Unternehmen vorhanden.

Ende der 60er und Anfang der 70er Jahre zeigte sich eine erneute Beschleunigung der Unternehmenskonzentration in den Industrieländern. Bis zum Ende der 60er Jahre stammten die meisten multinationalen Unternehmen aus den USA. Technologischer Vorsprung und kapitalmäßige Überlegenheit waren die wichtigsten Ursachen für die weltweite Expansion der US-Konzerne. Das rasche Wirtschaftswachstum in Europa und die wirtschaftliche Integration in der EG lockten zahlreiche Unternehmen aus den USA an. Die Expansion in die Entwicklungsländer und umfangreiche Ankäufe europäischer Unternehmen durch US-Konzerne lösten in der Öffentlichkeit eine kritische Diskussion um die

WELTWIRTSCHAFT

›Multis‹ aus. Seit Mitte der 70er Jahre hat sich das Bild gewandelt. Das Wachstum der multinationalen Unternehmen geht nicht mehr allein von den USA aus. Heute expandieren besonders europäische und japanische ›Multis‹.

ÄNDERUNG DER WELTNACHFRAGE

Die technologische Entwicklung (der technische Fortschritt, die neue industrielle Revolution) führt unter anderem zu einer Änderung der Weltnachfrage nach Industrieerzeugnissen. So sinkt ab 1965 die Nachfrage in der Bauwirtschaft, ab 1969 sind die Stahlindustrie und metallverarbeitende Industrie betroffen; desgleichen sinkt die Wachstumsrate ab 1969 in der elektrotechnischen Industrie. Dagegen halten sich die Wachstumsraten im Maschinenbau und der Elektronikindustrie auf hohem Niveau.

Während sich die Nachfrage nach Industrieerzeugnissen ändert, steigt der Anteil der Dienstleistungen: Die Industrieerzeugnisse beinhalten immer mehr ›intellektuelle Leistung‹; neue Produkte entstehen.

Diese Daten veranschaulichen ab Ende der 60er und Anfang der 70er Jahre den grundlegenden wirtschaftlichen Strukturwandel: Ein Bereich der Wirtschaft, der früher der Motor des Wachstums gewesen ist, sinkt in seiner relativen Bedeutung zugunsten des rasch wachsenden Dienstleistungssektors, zu dem neben Handel, Verkehr, Banken, Versicherungen auch kulturelle und soziale Einrichtungen sowie die öffentliche Verwaltung zählen. Aus der Industriegesellschaft wird die Dienstleistungsgesellschaft.

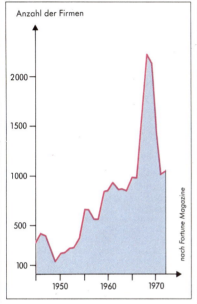

A · **Unternehmensfusionen in den USA (1945–1970)**

Das Verschwinden von Unternehmen in den Vereinigten Staaten infolge von Fusionen hat sich zwischen 1965 und 1970 mehr als verdoppelt. Diesem ersten Konzentrationsschwung folgten in den Jahren 1970–1980 weitere Fusionswellen.

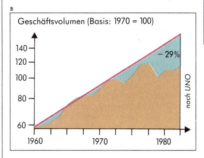

B · **Die Weltnachfrage nach Stahl- und Metallerzeugnissen (1960–1978).**

Wenn man die Gerade, die die Weltnachfrage nach Stahl- und Metallerzeugnissen in den 60er Jahren darstellt, einfach verlängert, wird Anfang der 70er Jahre ein Einbruch deutlich. Diese Branche hat auch zu Beginn der 80er Jahre mit großen Problemen zu kämpfen.

AUFSTIEG DER MULTINATIONALEN

Ein multinationales Unternehmen ist ein Unternehmen, das mindestens eine Niederlassung außerhalb seines Ursprungslandes besitzt. Nach dieser Definition gibt es seit der Antike multinationale Firmen. Ihre Zahl lag jedoch nie deutlich über einhundert. Nach 1970 erreichte die Multinationalisierung einen neuen Umfang: 1973 gibt es über 10 000 multinationale Unternehmen. Die multinationalen Unternehmen sind eines der wichtigsten Kennzeichen für die zunehmende internationale Verflechtung der Wirtschaft.

ANSTIEG DER ARBEITSLOSIGKEIT

Die Zeit des Wachstums zwischen 1945 und 1970 war durch Vollbeschäftigung in fast allen Industrieländern geprägt. Das Wirtschaftswachstum spiegelte sich sogar in dem Bedarf ausländischer Arbeitskräfte wider: In den Vereinigten Staaten waren dies meist Puertoricaner oder Mexikaner, in Europa Südeuropäer, Afrikaner oder Asiaten, in Japan Koreaner. Die Bundesrepublik Deutschland konnte Millionen Deutsche aus der ehemaligen DDR aufnehmen und Frankreich vermochte noch 1962, etwa eine Million Menschen aus seiner ehemaligen Provinz Algerien zu integrieren, ohne daß sich dies auf die Arbeitslosenquote ausgewirkt hat.

1969 kehrte sich diese Tendenz um. Nacheinander stieg in den verschiedenen Industrieländern bis in die 80er Jahre die Arbeitslosigkeit an und wurde zu einer besonderen Herausforderung für die Wirtschaftspolitik.

Der Anstieg der Arbeitslosigkeit in den 70er Jahren
(Zahl der registrierten Arbeitslosen)

	1969	1971	1973	1975
Kanada	362 000	535 000	515 000	690 000
USA	2 831 000	5 016 000	4 365 000	7 928 000
Japan	576 000	639 000	671 000	998 000
Großbritannien	567 000	699 000	545 000	861 000
BR Deutschland	179 000	185 000	273 000	1 074 000
Italien	1 160 000	1 110 000	1 303 000	1 226 000
Frankreich	223 000	337 000	394 000	840 000

Der Anstieg der Arbeitslosigkeit (1967–1973).

Anfang der 70er Jahre nimmt die Arbeitslosigkeit in den sieben größten Industrieländern stark zu: Zwischen 1967 und 1975 hat sich die Zahl der registrierten Arbeitslosen in Frankreich, den USA, Kanada und der Bundesrepublik Deutschland mehr als verdoppelt.

Unternehmen mit einer oder mehreren Tochtergesellschaften im Ausland 1973

Anzahl der Gastländer	Zahl der Unternehmen mit Sitz in der Europäischen Gemeinschaft	in den USA	in anderen Ländern	insgesamt	Anteil aus der Gesamtzahl
1	1 807	1 136	1 312	4 255	44,9 %
zwischen 2 und 5	1 762	775	773	3 310	34,8 %
zwischen 6 und 10	496	308	160	964	10,2 %
zwischen 11 und 15	192	147	71	410	4,4 %
zwischen 16 und 20	102	88	28	218	2,3 %
über 20	173	113	38	324	3,4 %
insgesamt	4 532	2 567	2 382	9 481	100 %
Anteil an der Gesamtzahl	47,8 %	27,1 %	25,1 %	100 %	

Quelle: Zentrum für transnationale Unternehmen der Vereinten Nationen.

Die multinationalen Unternehmen 1973.

Eine der ersten Einschätzungen des Phänomens der Multinationalisierung der Unternehmen wurde 1973 vom Zentrum für transnationale Unternehmen (dieser Begriff ist gleichbedeutend mit multinational) der Vereinten Nationen durchgeführt. In der Untersuchung wurden etwa 10 000 Firmen erfaßt. Anfang der 70er Jahre ist der Anteil der Unternehmen mit nur einer ausländischen Tochtergesellschaft hoch: etwa die Hälfte aller Firmen. Dagegen sind es nur 3 % der Firmen, die sich mit mehr als 20 Tochtergesellschaften im Ausland niedergelassen haben. Wenn man die Ursprungsländer betrachtet, so gehören etwa die Hälfte der multinationalen Firmen zur EG und mehr als ein Viertel zu den USA. Aus historischen Gründen haben einige europäische (z.B. niederländische) Unternehmen sehr viele Tochtergesellschaften im Ausland. Darüber hinaus ist die gegenseitige Durchdringung der europäischen Wirtschaft ein wesentlicher Faktor der Multinationalisierung. Beim Gesamtanteil der Investitionen im Ausland nehmen 1973 jedoch die Vereinigten Staaten den ersten Platz ein.

WELTWIRTSCHAFT

DIE MAKROÖKONOMIE

WIRTSCHAFTSKREISLAUF

Um das Handeln von Wirtschaftseinheiten zufriedenstellend zu erfassen, muß ein geeigneter Rahmen vorgegeben sein. Seit dem Entstehen der Nationalstaaten in Europa ist das Staatsgebiet (die Volkswirtschaft) die Bezugsgröße. Heute gewinnen allerdings die internationalen Wirtschaftsbeziehungen zunehmend gegenüber den Volkswirtschaften an Bedeutung.

Die *Makroökonomie* ist das Teilgebiet der Volkswirtschaftslehre, das auf gesamtwirtschaftlicher Ebene die Wirtschaftsbeziehungen in einem Staatsgebiet untersucht. Der *Wirtschaftskreislauf* ist ein vereinfachtes Darstellungsschema der makroökonomischen Beziehungen (Geld- und Güterströme), die zwischen den einzelnen Sektoren einer Volkswirtschaft entstehen und mit deren Hilfe die Vielzahl der Tauschbeziehungen in einer Volkswirtschaft überschaubar gemacht werden soll. Gleichartige Wirtschaftssubjekte wie private Haushalte, Unternehmen, öffentliche Haushalte (Staat) und Auslandsbeziehungen werden zu Sektoren zusammengefaßt. Dazu kommt noch der Sektor Vermögensveränderungen, in dem alle Investitionen und Ersparnisse erscheinen. Da die Vielzahl der Güter-, Geld- und Leistungsströme in einer Volkswirtschaft nicht mehr anschaulich dargestellt werden kann, werden die Zusammenhänge zwischen Produktion, Einkommensentstehung, Einkommensverteilung und Einkommensverwendung sowie die Finanzierungsvorgänge mit der Methode der Buchführung in Kontenform analysiert. Diese kontenmäßige Erfassung wird auch als volkswirtschaftliche Gesamtrechnung bezeichnet.

Die *volkswirtschaftliche Gesamtrechnung* des Statistischen Bundesamtes der Bundesrepublik definiert die Sektoren wie folgt:
– Unternehmen, wozu auch landwirtschaftliche Betriebe, Handwerksbetriebe, Kreditinstitute, Versicherungsunternehmen, freie Berufe, öffentliche Unternehmen zählen;
– private Haushalte und private Organisationen ohne Erwerbszweck (Kirchen, religiöse und weltanschauliche Vereinigungen, karitative, kulturelle, wissenschaftliche Organisationen, politische Parteien, Gewerkschaften, Vereine);
– Staat, wozu die Gebietskörperschaften Bund, Länder und Gemeinden sowie die Träger der Sozialversicherung zählen;
– übrige Welt oder Ausland, womit alle Wirtschaftseinheiten gemeint sind, die ihren ständigen Sitz außerhalb der Bundesrepublik Deutschland haben.

Für die Sektoren Unternehmen, private Haushalte und Staat werden jeweils sieben Sektorkonten für die folgenden wirtschaftlichen Tätigkeiten und Vorgänge geführt:
Konto 1: Produktionskonto (Produktion von Waren und Dienstleistungen);
Konto 2: Einkommensentstehungskonto (Entstehung von Erwerbs- und Vermögenseinkommen);
Konto 3: Einkommensverteilungskonto (Verteilung der Erwerbs- und Vermögenseinkommen);
Konto 4: Einkommensverteilungskonto (Umverteilung der Einkommen durch staatliche Maßnahmen);
Konto 5: Einkommenverwendungskonto (Verwendung der Einkommen zu Konsum und Sparen);
Konto 6: Vermögensänderungskonto (Vermögensbildung zum Beispiel durch Investitionen);
Konto 7: Finanzierungskonto (Veränderung der Forderungen und Verbindlichkeiten).

Hinzu kommen ein zusammengefaßtes Güterkonto, das einen umfassenden Überblick über die Herkunft und Verwendung der Güter in einer Volkswirtschaft gibt, und ein zusammengefaßtes Konto für die übrige Welt, das alle wirtschaftlichen Vorgänge zwischen inländischen und ausländischen Wirtschaftseinheiten erfaßt.

MAKROÖKONOMIE UND MIKROÖKONOMIE

Die Makroökonomie ist der Teil der Wirtschaftstheorie, der gesamtwirtschaftliche Zusammenhänge analysiert, indem Wirtschaftssubjekte und Wirtschaftsbeziehungen zu gesamtwirtschaftlichen Größen zusammengefaßt werden. Solche Größen sind zum Beispiel die Unternehmen, die privaten Haushalte, das Sozialprodukt.

Im Gegensatz dazu beschäftigt sich die Mikroökonomie mit einzelwirtschaftlichen Fragestellungen. Typische Annahmen sind die Gewinnmaximierung als Hauptziel der Unternehmen und die Nutzenmaximierung als Hauptziel der privaten Haushalte. Typische Fragestellungen sind der kostengünstigste Produktionsplan eines Unternehmens und der optimale Verbrauchsplan eines privaten Haushalts.

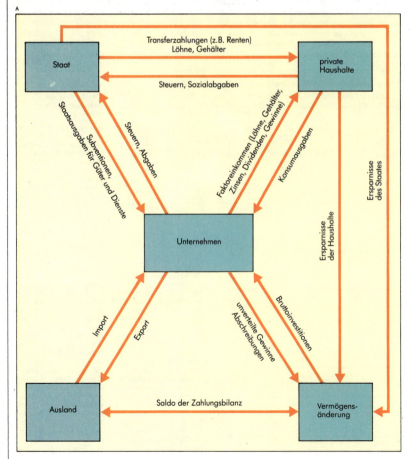

▲ · **Der Wirtschaftskreislauf.** Ausgangspunkt der Kreislaufbetrachtungen sind die Beziehungen zwischen den Sektoren private Haushalte und Unternehmen. Die privaten Haushalte stellen den Unternehmen ihre Produktionsfaktoren (Arbeit, Boden, Kapital) zur Verfügung und erhalten dafür von den Unternehmen Einkommen (Erwerbseinkommen für die Arbeitsleistungen, Vermögenseinkommen für die Bereitstellung von Boden und Kapital). Diese Faktoreinkommen werden wiederum für den Kauf von Sachgütern und Dienstleistungen vom Unternehmenssektor ausgegeben. Diese Sachgüter und Dienstleistungen produzieren die Unternehmen mit den bereitgestellten Produktionsfaktoren. Ständig fließt ein Strom von Arbeitsleistungen und anderen Faktorleistungen von den Haushalten zu den Unternehmen und ein ständiger Strom von Konsumgütern von den Unternehmen zu den Haushalten. Diesen beiden realen Strömen (Güterströme) stehen entsprechende monetäre Ströme (Geldströme) gegenüber: der Einkommensstrom, der alle Einkommen umfaßt, die die privaten Haushalte für ihre Leistungen von den Unternehmen beziehen, und der Ausgabenstrom, der von den Haushalten zum Kauf von Konsumgütern aufgewendeten Geldbeträge umfaßt. Aus dem auf zwei Sektoren beschränkten Schema folgt, daß jedem Güterstrom ein gleich großer Geldstrom in entgegengesetzter Richtung gegenübersteht.

Umfangreichere Kreislaufschemata sind erforderlich, wenn Wirtschaftsbeziehungen mit dem Ausland bestehen und ein staatlicher Sektor einbezogen wird (offene Volkswirtschaft mit staatlicher Aktivität). Ein Teil der Produktion wird exportiert, Sachgüter und Dienstleistungen werden aber auch aus dem Ausland importiert. Nur selten sind diese Güterströme gleich groß (ausgeglichene Außenhandelsbilanz). Der Staat interveniert bei der Produktion (z. B. durch Subventionen), bei der Verteilung (zum Beispiel durch direkte Steuern, Transferzahlungen), beim Verbrauch (durch indirekte Besteuerung), beim Ausland durch Zollsätze und durch die Bereitstellung öffentlicher Güter. Wird in einer Volkswirtschaft zusätzlich auch gespart und investiert, so werden diese Ströme in einem Vermögensänderungskonto erfaßt.

WELTWIRTSCHAFT

PRODUKTION

PRODUKTIONS-STRUKTUREN

Unter Produktion wird die Herstellung von wirtschaftlichen Gütern (Waren und Dienstleistungen) durch die Kombination von Produktionsfaktoren in Unternehmen verstanden.

Produktionsfaktoren sind in der Volkswirtschaftslehre Arbeit, Boden und Kapital, die Betriebswirtschaftslehre unterscheidet Betriebsmittel, Werkstoffe, objektbezogene und anordnende Arbeit. Zentrale Fragen sind:

– Was und wieviel wird produziert? Das ist die Frage nach der wirtschaftlichen Verwendung der Produktionsfaktoren und nach der Wirtschaftsstruktur (landwirtschaftliche Produktion, Bergbau, industrielle Produktion, Produktion von Dienstleistungen).

– Was wird von wem produziert? Das ist die Frage nach der optimalen Arbeitsteilung, zum Beispiel auch der beruflichen Spezialisierung.

– Wie wird produziert? Das ist die Frage nach der wirtschaftlichen Produktionstechnik, wobei diejenige Kombination von Produktionsfaktoren zu realisieren ist, die für eine geplante Produktionsmenge den geringsten Aufwand erfordert.

– Wo wird produziert? Das ist die Frage nach dem Standort, da Produktion, Absatz, Verbrauch und Informationsaustausch Transportleistungen erfordern.

– Wann wird produziert? Das ist die Frage nach Investitionen. Dabei geht es darum, ob mehr Investitionsgüter oder mehr Güter für den unmittelbaren Verbrauch (Konsumgüter) hergestellt werden.

– Für wen wird produziert? Das ist die Frage nach der Verteilung des Erwirtschafteten auf die einzelnen Wirtschaftssubjekte. Das Ergebnis der Produktion wird vor allem mit zwei Größen gemessen, dem Bruttoinlandsprodukt und dem Bruttosozialprodukt.

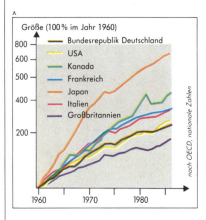

▲ · **Wachstum des BIP der Industrieländer.**
Das Ende der 60er Jahre rasche Wachstum in den wichtigsten Industrieländern gemessen an der Zuwachsrate des BIP hat sich ab Anfang der 70er Jahre verlangsamt. Negative Wachstumsraten oder ›Nullwachstum‹ tritt jedoch nur in einigen Jahren auf (1975 und 1982). Die Verlangsamung trifft nicht alle Länder in gleichem Maße. Japan ist das am wenigsten betroffene Land; zwischen 1970 und 1985 verdoppelte sich das japanische BIP.

BSP pro Einwohner und Wachstumsraten der meisten Staaten.
Die Statistiken der Weltbank teilen die Länder in Gruppen ein (siehe S. 593). In jeder Gruppe (bei der ein gewogenes Mittel gefolgt von dem Buchstaben w angegeben wird) werden die Länder in aufsteigender Folge nach ihrem BSP pro Einwohner eingeordnet. Es gibt auch Länder, für die die Weltbank kein BSP berechnen konnte (dazu zählen die Staaten des Rates für gegenseitige Wirtschaftshilfe [RGW]).

MESSEN DER PRODUKTION

Das *Bruttoinlandsprodukt* (BIP) ist das Produktionsergebnis eines Landes innerhalb einer Periode; es umfaßt alle von In- und Ausländern in den einzelnen Wirtschaftsbereichen innerhalb der Landesgrenzen erstellten und zu Marktpreisen bewerteten Waren und Dienstleistungen. Zieht man vom BIP die Faktoreinkommen, die ans Ausland fließen, ab und fügt die Inländern vom Ausland zufließenden Faktoreinkommen hinzu, so erhält man das *Bruttosozialprodukt* (BSP), die Summe der wirtschaftlichen Leistung der Bewohner eines Landes. Das BSP und das BSP pro Einwohner sind die international üblichen Gradmesser für die wirtschaftliche Leistungsfähigkeit eines Landes.

Bruttosozialprodukt (BSP) je Einwohner 1988 in US-Dollar und durchschnittlicher jährlicher Zuwachs 1965–88 in Prozent in Staaten mit über 1 Million Einwohnern

	BSP 1988	Zuwachs 1965–88		BSP 1988	Zuwachs 1965–88
Länder mit niedrigem Einkommen	320 w	3,1 w	Syrien	1 680	2,9
China und Indien	340 w	4,0 w	Costa Rica	1 690	1,4
Übrige Länder	280 w	1,5 w	Mexiko	1 760	2,3
Moçambique	100	..	Mauritius	1 800	2,9
Äthiopien	120	–0,1	Polen	1 860	..
Tschad	160	–0,2	Malaysia	1 940	4,0
Tansania	160	–0,5	Panama	2 120	2,2
Bangladesh	170	0,4	Brasilien	2 160	3,6
Malawi	170	1,1	*Nicaragua*	..	–2,5
Somalia	170	0,5	**Obere Einkommenskategorie**	3 240 w	2,3 w
Zaïre	170	–2,1	Republik Südafrika	2 290	0,8
Bhutan	180	..	Algerien	2 360	2,7
Laos	180	..	Ungarn	2 460	5,1
Nepal	180	..	Uruguay	2 470	1,3
Madagaskar	190	–1,8	Argentinien	2 520	0,0
Burkina Faso	210	1,2	Jugoslawien	2 520	3,4
Mali	230	1,6	Gabun	2 970	0,9
Burundi	240	3,0	Venezuela	3 250	–0,9
Uganda	280	–3,1	Trinidad und Tobago	3 350	0,9
Nigeria	290	0,9	Südkorea	3 600	6,8
Sambia	290	–2,1	Portugal	3 650	3,1
Niger	300	–2,3	Griechenland	4 800	2,9
Ruanda	320	1,5	Oman	5 000	6,4
China	330	5,4	Libyen	5 420	–2,7
Indien	340	1,8	**Länder mit niedrigem und mittlerem Einkommen**	750 w	2,7 w
Pakistan	350	2,5	Afrika südlich der Sahara	330 w	0,2 w
Kenia	370	1,9	Ostasien	540 w	5,2 w
Togo	370	0,0	Südasien	320 w	1,8 w
Zentralafrikanische Republik	380	–0,5	Europa, Naher Osten und Nordafrika	2 000 w	2,4 w
Haiti	380	0,4	Lateinamerika und Karibik	1 840 w	1,9 w
Benin	390	0,1	**Länder mit hohem Einkommen**	17 080 w	2,3 w
Ghana	400	–1,6	OECD-Mitglieder	17 470 w	2,3 w
Lesotho	420	5,2	Übrige	8 380 w	3,1 w
Sri Lanka	420	3,0	Saudi-Arabien	6 200	3,8
Guinea	430	..	Spanien	7 740	2,3
Jemen, Volksrepublik	430	..	Irland	7 750	2,0
Indonesien	440	4,3	Israel	8 650	2,7
Mauretanien	480	–0,4	Singapur	9 070	7,2
Sudan	480	0,0	Hongkong	9 220	6,3
Länder mit mittlerem Einkommen	1 930 w	2,3 w	Neuseeland	10 000	0,8
Untere Einkommenskategorie	1 380 w	2,6 w	Australien	12 340	1,7
Bolivien	570	–0,6	Großbritannien	12 810	1,8
Philippinen	630	1,6	Italien	13 330	2,3
Jemen, Arabische Republik	640	..	Kuwait	13 400	–4,3
Senegal	650	–0,8	Belgien	14 490	2,5
Simbabwe	650	1,0	Niederlande	14 520	1,9
Ägypten	660	3,6	Österreich	15 470	2,9
Dominikanische Republik	720	2,7	Vereinigte Arabische Emirate	15 770	..
Elfenbeinküste	770	0,9	Frankreich	16 090	2,5
Papua-Neuguinea	810	0,5	Kanada	16 960	2,7
Marokko	830	2,3	Dänemark	18 450	1,8
Honduras	860	0,6	Bundesrepublik Deutschland	18 480	2,5
Guatemala	900	1,0	Finnland	18 590	3,2
Kongo	910	3,5	Schweden	19 300	1,8
El Salvador	940	–0,5	USA	19 840	1,6
Thailand	1 000	4,0	Norwegen	19 990	3,5
Botswana	1 010	8,6	Japan	21 020	4,3
Kamerun	1 010	3,7	Schweiz	27 500	1,5
Jamaika	1 070	–1,5	**Gesamte berichtende Länder**	3 470 w	1,5 w
Ecuador	1 120	3,1	Ölexporteure	1 500 w	2,0 w
Kolumbien	1 180	2,4			
Paraguay	1 180	3,1			
Tunesien	1 230	3,4			
Türkei	1 280	2,6			
Peru	1 300	0,1			
Jordanien	1 500	..			
Chile	1 510	0,1	Quelle: Weltbank		

WELTWIRTSCHAFT

VERTEILUNG

VERTEILUNGS-STRUKTUREN

In den Industriegesellschaften wird die Aufteilung des Volkseinkommens entweder auf die Produktionsfaktoren Arbeit, Boden und Kapital bezogen *(funktionelle Einkommensverteilung)* oder auf die Personen oder Personengruppen (Haushalte), die Eigentümer der Produktionsfaktoren sind, ohne Rücksicht auf die Einkommensquelle *(personelle Einkommensverteilung)*. Für seine Arbeitsleistungen erhält ein Wirtschaftssubjekt Lohn, Gehalt oder Dienstbezüge (Einkommen aus unselbständiger Tätigkeit, Arbeitseinkommen), für die Ausübung einer selbständigen Tätigkeit Gewinneinkommen oder Einkommen aus Unternehmertätigkeit. Arbeits- und Gewinneinkommen werden auch als Erwerbseinkommen bezeichnet und dem Besitzeinkommen oder Einkommen aus Vermögen (Sparguthaben, Wertpapiere) gegenübergestellt.

EINKOMMENS-QUOTEN

Vernachlässigt man Ungenauigkeiten, die sich aus dem Auftreten gemischter Einkommen ergeben, so kann man sagen, die funktionelle Einkommensverteilung komme in der *Lohn- und Gewinnquote* zum Ausdruck, dem Anteil der Einkommen aus unselbständiger Arbeit sowie dem Anteil der Einkommen aus Unternehmertätigkeit und Vermögen am Volkseinkommen. Diese Einkommensquoten können weiter differenziert werden. So wird der Anteil der Einkommen aus unselbständiger Tätigkeit sowie der Anteil des kalkulatorischen Unternehmerlohns (Arbeitsentgelt der Selbständigen und ihrer mithelfenden Familienangehörigen) am Volkseinkommen als *Arbeitseinkommensquote* bezeichnet. Weiterhin können der Anteil der Vermögenseinkommen der privaten Haushalte und des Staates am Volkseinkommen und der Anteil der Gewinne der Unternehmen am Volkseinkommen (ohne kalkulatorische Unternehmerlöhne) berechnet werden. Weitere Kriterien für die Verteilung des Volkseinkommens sind zum Beispiel Wirtschaftsbereiche, Regionen und Generationen.

Die Lohnquote hat in der Bundesrepublik Deutschland von (1950) 58,2 %, über (1960) 60,1 % und (1970) 68,0 % bis zu Beginn der 80er Jahre beständig zugenommen (bisheriger Höchstwert 1981: 74,4 %) und ist seitdem rückläufig (1989: 67,1 %). Die Lohnquote spielt in der verteilungspolitischen Debatte eine große Rolle, berücksicht jedoch nicht, daß der Anteil der abhängig Beschäftigten an den Erwerbstätigen ebenfalls zugenommen hat, während die Zahl der Selbständigen zurückgegangen ist. Aus diesem Grund wird eine bereinigte Lohnquote berechnet, der Anteil der Einkommen aus unselbständiger Arbeit am Volkseinkommen, wie er sich bei konstanter Beschäftigtenstruktur ergeben hätte. Diese Lohnquote ist relativ konstant; sie schwankte in den Jahren 1950 bis 1988, bezogen auf die Beschäftigtenstruktur von 1960, zwischen 59,9 % und 66,1 %. Da die Einkommensquoten die Umverteilung der Einkommen durch den Staat nicht berücksichtigen, informieren sie nicht über die Verteilung der verfügbaren Einkommen.

POLITIK DER UMVERTEILUNG

Die ungleiche personelle Einkommensverteilung hat in den Industrieländern im Zuge der Entwicklung des Wohlfahrtsstaates dazu geführt, daß der Staat die sich unmittelbar aus dem volkswirtschaftlichen Produktionsprozeß ergebende Primärverteilung zur Sekundärverteilung korrigiert. Ziel dabei ist es, eine als gerecht empfundene und allgemein akzeptierte Einkommensverteilung zu realisieren.

Im Mittelpunkt der Verteilungspolitik stehen Maßnahmen, die auf die personelle Einkommensverteilung gerichtet sind. Der Staat schmälert persönliche Einkommen durch die Erhebung von Steuern (direkte Steuern gehen nach dem Leistungsfähigkeitsprinzip eher zu Lasten relativ hoher Einkommen, unterliegen aber wie indirekte Steuern der Fortwälzung im Wirtschaftsprozeß). Staat und Sozialversicherung erhöhen zum Beispiel niedrigere persönliche Einkommen durch Transferzahlungen (Sozialhilfe, Kindergeld, Wohngeld, Ausbildungsbeihilfen, Leistungen der Renten-, Arbeitslosen- und Krankenversicherung). Zur Verteilungspolitik können auch Subventionen und Steuervergünstigungen an private Haushalte (steuerliche Sonderausgaben, Sozialmieten, Sondertarife öffentlicher Verkehrsunternehmen) und an Unternehmen (z. B. Zinszuschüsse) gezählt werden.

Weiterhin erwachsen der Bevölkerung durch die öffentlichen Ausgaben in unterschiedlichem Maße indirekte Vorteile (kulturelle Einrichtungen, Bildungswesen, Straßen, Sicherheit durch Polizei und Militär).

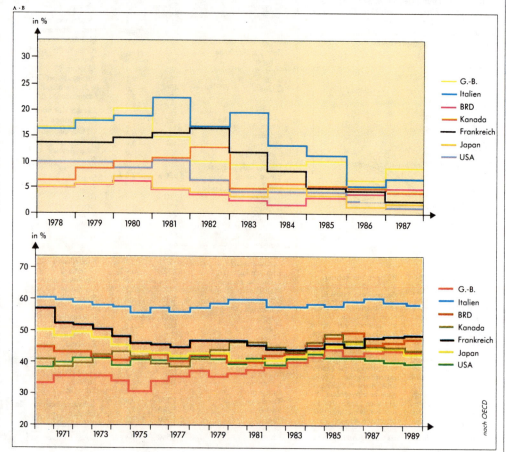

A · Die Lohnkosten in den Industrieländern.
Löhne und Gehälter sind nicht nur Einkommensquellen, sondern auch Kostenfaktoren in der Produktion. Eine Maßzahl, die neben diesen Arbeitskosten auch die Produktivität der Beschäftigten berücksichtigt, sind die Lohnstückkosten, das sind die Lohnkosten (Bruttoeinkommen aus unselbständiger Arbeit je beschäftigten Arbeitnehmer) je Produkteinheit (Bruttoinlandsprodukt je Erwerbstätigen). Im Schaubild sind die Entwicklung der Lohnstückkosten und der Bruttostundenverdienste in der Industrie dargestellt.

B · Die Gewinne in den Industrieländern.
Der Anteil der Bruttoeinkommen aus Unternehmertätigkeit und Vermögen am Volkseinkommen zeigt ab Beginn der 70er Jahre in den wichtigsten Industrieländern eine sinkende Tendenz. Parallel zum konjunkturellen Aufschwung in den 80er Jahren sind die Unternehmensgewinne vergleichsweise stärker gestiegen als die Arbeitnehmereinkommen, was sich in steigenden Gewinnquoten und leicht sinkenden Lohnquoten niederschlägt.

WELTWIRTSCHAFT

PRIVATER VERBRAUCH

STRUKTUREN DES VERBRAUCHS

Der private Verbrauch oder Konsum ist die unmittelbare Verwendung der verteilten Einkommen durch die Wirtschaftssubjekte. Der Kauf von Nahrungsmitteln und Kleidung aber auch Reisen sind Verbrauchshandlungen. Der nicht verbrauchte Einkommensanteil wird gespart.

So wie das Begriffspaar Löhne–Gewinne die Verteilungsstrukturen darstellt, so faßt die Einheit Konsum–Sparen den Einsatz des verteilten Einkommens der Wirtschaftssubjekte zusammen. Der Anteil der Konsumausgaben am Volkseinkommen wird als durchschnittliche Konsumquote, der Anteil der Ersparnisse als durchschnittliche Sparquote bezeichnet.

Verbrauch und Einkommen. Der Anteil des für den Verbrauch bestimmten Einkommens ist keine unveränderliche Größe. Der Arbeiter im 19. Jahrhundert wendete sein gesamtes Einkommen zur Befriedigung seiner Grundbedürfnisse auf. Wenn dagegen das Einkommen steigt, nimmt der für den Lebensunterhalt bestimmte Anteil ab. So hängen in einer Volkswirtschaft die unterschiedlichen Verbrauchsstrukturen mit der jeweiligen Einkommenshöhe zusammen.

Verbrauch und Preise. Die Verbrauchsstrukturen können sich auch ändern, wenn die jeweiligen Preise für Konsumgüter schwanken. Wenn der Benzinpreis ansteigt und der des öffentlichen Personentransports sinkt, kann dies bei Verbrauchern dazu führen, das Verkehrsmittel zu wechseln.

ENTWICKLUNG DES VERBRAUCHS

Während die Bedeutung des privaten Verbrauchs relativ konstant ist (Anteil am Gesamteinkommen), ändern sich die Verbrauchsgewohnheiten.

Quantitative Entwicklung. Zwischen 1965 und 1987 macht der Anteil des privaten Verbrauchs am Einkommen der Industrieländer im Durchschnitt etwas über 60 % aus. Er ist leicht sinkend, wobei der Anteil vor 1970 in manchen Ländern 70 % erreichte. Entgegen der allgemeinen Tendenz hat sich dieser Anteil in Frankreich, Belgien und den USA erhöht. Der Verbrauch ist, in absoluten Zahlen ausgedrückt, angestiegen und hält sich in dieser Höhe trotz geringerer Lohn- und Gehaltssteigerungen in den 80er Jahren. In den Vereinigten Staaten ist der Anteil mit 66 % am höchsten.

Qualitative Entwicklung. Die Verbrauchsstrukturen, gemessen an der Verteilung der Konsumausgaben auf bestimmte Gütergruppen, verändern sich. In den größten Industrieländern sind allgemein für die privaten Haushalte zu nennen:
– eine sinkende Tendenz des Anteils der Ausgaben für Nahrungsmittel;
– eine steigende Tendenz der Ausgaben für Wohnung;
– eine steigende Tendenz der Ausgaben für Ausbildung, Freizeit und Verkehr.

Diese Strukturänderungen zeigen, daß der Bedarf an Nahrungsmitteln gedeckt ist. Dagegen ist der Wohnungsbedarf schwerer zu befriedigen: Der Preis für Immobilien steigt. Die Erhöhung des Lebensstandards schafft schließlich neuen Bedarf in Bereichen wie Gesundheit, Kultur, Freizeit und Ausbildung.

Konsumgesellschaft. Die Käufe der Verbraucher bestimmen in der Marktwirtschaft über die Zusammensetzung der Produktion: Was nicht gekauft wird, wird auf Dauer nicht produziert. Allerdings werden die Kaufentscheidungen durch das Marketing, besonders durch die Werbung, beeinflußt. Umstritten ist, wieweit Werbung tatsächlich Bedürfnisse zu steuern vermag. Schlagworte, die das Spannungsfeld kennzeichnen, sind ›Manipulation durch Werbung‹ und ›König Kunde‹. Auch werden Konsumentscheidungen durch die Vielzahl der Produkte, Qualitäten und Angebotsbedingungen beeinflußt. Schließlich lenkt der Staat zum Beispiel durch Lebensmittel- oder Ladenschlußgesetze und durch Bereitstellung von öffentlichen Gütern die Nachfrage der Haushalte. Dem Leitbild der Marktwirtschaft entspricht, daß die Produktion auf die Bedürfnisse ausgerichtet ist (›Souveränität der Konsumenten‹).

Unter anderen Gesichtspunkten analysiert die Soziologie die Konsumgesellschaft, in der wesentliche soziale Beziehungsformen durch den Konsum bestimmt werden. Die Konsumgesellschaft ist gekennzeichnet durch relativ hohe Massenkaufkraft und materiellen Wohlstand breiter Bevölkerungskreise, Massenproduktion relativ preisgünstiger und leicht beschaffbarer Verbrauchs- und Gebrauchsgüter, auf den Erwerb von Kaufkraft und Konsumchancen ausgerichtete ökonomische Orientierung der Bürger, vorrangige Beurteilung und Bemessung der (gegenwärtigen wie angestrebten) Lebensstile nach Konsummöglichkeiten.

Entwicklung des Verbrauchs der Haushalte zwischen 1973 und 1985.

Zwischen 1973 und 1985 steigt der Verbrauch (in Wert ausgedrückt) in den wichtigsten Industrieländern kontinuierlich an. In Kanada ist das Wachstum am stärksten (48,9 %), dann folgen Japan (46,4 %), Frankreich (40,3 %), die USA (37,4 %), die Bundesrepublik Deutschland (27,7 %), Italien (26,7 %) und Großbritannien (18,4 %). Die Struktur des Verbrauchs (durch den Anteil jeder Gütergruppe am Budget der Haushalte ausgedrückt) verändert sich. Insgesamt entwickeln sich die Verbrauchsstrukturen in den größten Industrieländern in dieselbe Richtung: Sinken des Anteils für Ernährung, Anstieg desjenigen für Wohnung, Verkehr, Freizeit und Ausbildung. (Die Berechnungen wurden mit den Preisen von 1970 durchgeführt).

Ausgaben privater Haushalte (1973–1985) in Prozent des Gesamteinkommens und als Geldbetrag

	Nahrungsmittel Getränke Tabak	Kleidung Schuhe	Miete Heizung Elektrizität	Möbel Haushaltausstattung	Körper- und Gesundheitspflege	Verkehr Telekommunikation	Unterhaltung Bildung Kultur	Verschiedenes	gesamt	Gesamtwert (Betrag)
Bundesrepublik Deutschland										in Millionen DM
1973	26,2 %	10,1 %	18,4 %	10,2 %	2,7 %	14,7 %	10,4 %	6,9 %	100 %	663 030
1985	23,8 %	9,0 %	21,0 %	9,2 %	3,1 %	15,2 %	10,3 %	8,0 %	100 %	846 710 (+ 27,7 %)
Kanada										in Millionen kanandische $
1973	23,0 %	6,2 %	19,4 %	9,8 %	3,5 %	15,6 %	8,6 %	14,5 %	100 %	142 713
1985	17,7 %	6,8 %	21,8 %	9,2 %	3,6 %	15,6 %	11,2 %	13,9 %	100 %	212 552 (+ 48,9 %)
USA										in Millionen US-$
1973	16,6 %	6,2 %	19,3 %	7,0 %	10,3 %	18,1 %	7,8 %	14,3 %	100 %	1 448 779
1985	14,8 %	7,8 %	18,3 %	6,1 %	11,9 %	16,8 %	9,7 %	14,8 %	100 %	1 991 857 (+ 37,4 %)
Frankreich										in Millionen Francs
1973	24,4 %	8,1 %	14,7 %	10,8 %	10,7 %	12,4 %	6,4 %	12,1 %	100 %	558 377
1985	20,6 %	6,2 %	16,9 %	8,8 %	16,4 %	12,4 %	7,8 %	10,5 %	100 %	783 822 (+ 40,3 %)
Großbritannien										in Millionen Pfund
1973	22,8 %	6,6 %	18,6 %	8,1 %	0,9 %	15,9 %	8,2 %	18,8 %	100 %	125 548
1985	19,7 %	8,3 %	18,2 %	7,5 %	1,2 %	16,9 %	10,1 %	17,7 %	100 %	148 754 (+ 18,4 %)
Italien										in Milliarden Lira
1973	36,5 %	9,4 %	12,7 %	7 %	4,2 %	10,6 %	7,5 %	11,7 %	100 %	44 848
1985	34,4 %	7,7 %	13,2 %	6 %	5,6 %	11,9 %	8,7 %	12,2 %	100 %	56 835 (+ 26,7 %)
Japan										in Milliarden Yen
1973	27,9 %	8 %	15,3 %	7,2 %	7,4 %	9,3 %	9,3 %	15,3 %	100 %	108 744
1985	22,2 %	6,5 %	18,1 %	6 %	10,1 %	9,6 %	9,7 %	17,4 %	100 %	159 228 (+ 46,4 %)

WELTWIRTSCHAFT

SPAREN UND INVESTITION

SPAREN

Die Ersparnisse bilden den nicht verbrauchten Teil des Einkommens; der Verbraucher stellt lieber seinen Konsum zurück und spart das Einkommen, um es später besser einsetzen zu können (temporärer Konsumverzicht). Er spart zum Beispiel einen Teil des Einkommens, um später mit Hilfe eines Bausparvertrages eine Wohnung oder ein Haus kaufen zu können.

Die Verbraucher sind jedoch nicht die einzigen, die ihre Einkommen sparen. Zum Sparen zählen auch die Ersparnisse des Staates bei einem Überschuß der öffentlichen Einnahmen über die öffentlichen Ausgaben sowie die Einbehaltung von Unternehmensgewinnen, zum Beispiel für Investitionen. Die Sparmittel der Unternehmen reichen jedoch zur Abdeckung der gesamten Investitionen nicht aus. Den Fehlbetrag müssen die Unternehmen auffüllen, indem sie auf andere Sparer zurückgreifen: Die Ersparnisse der Haushalte werden durch die Einschaltung von Banken in Investitionen umgewandelt. Sowohl für den einzelnen wie für die Volkswirtschaft bedeutet Sparen immer zweierlei: Zum einen sind Teile des Einkommens nicht ausgegeben und damit nicht nachfragewirksam geworden, zum anderen ist zusätzliches Geldvermögen entstanden, das zur Finanzierung von Aktivitäten anderer Wirtschaftseinheiten verwendet werden kann. Sparen bedeutet somit nicht nur Vermögensbildung und mehr wirtschaftliche Unabhängigkeit für den einzelnen, sondern ist auch über die Finanzierung von Investitionen eine wichtige Voraussetzung für wirtschaftliches Wachstum. Die Spartätigkeit privater Haushalte beeinflußt auch den Konjunkturverlauf, da steigende Ersparnisse gleichzeitig eine sinkende Konsumgüternachfrage bedeuten. Motive für das Sparen der privaten Haushalte sind zum Beispiel das Bedürfnis, für Notfälle vorzusorgen, Beiträge für Anschaffungen zurückzulegen oder Zinserträge zu erzielen.

Entwicklung des Sparens. In dem Zeitraum 1945–1970 ist mit der wachsenden Industrialisierung und den Einkommenserhöhungen die absolute Höhe der Ersparnisse wie auch der Verbrauch beträchtlich angestiegen. Der Anteil der Ersparnisse am Volkseinkommen hatte noch höhere durchschnittliche Zuwachsraten als der Einkommensanstieg. Seit den 70er Jahren nimmt in den Industrieländern (durchschnittlich) diese Sparquote leicht ab. Der Wille, die normale Steigerung beim Verbrauch beizubehalten, führt zu einer Verringerung des Sparens.

Im Laufe der Zeit haben sich die Sparformen verändert. Dominierte früher die Anlage der Ersparnisse auf Sparkonten (Sparbücher), so ist heute eine Umschichtung der Ersparnisse in höher verzinsliche Anlageformen wie Termineinlagen und festverzinsliche Wertpapiere festzustellen. Auch die Geldanlage bei Versicherungen (vor allem Kapitallebensversicherungen) hat zugenommen, während die risikoreichere Geldanlage in Aktien kaum eine Rolle spielt.

INVESTITION

Unter Investition versteht man allgemein die langfristige Anlage von Kapital in Sachgütern; speziell in der Volkswirtschaftslehre bedeutet Investition den Einsatz von Produktionsfaktoren zur Erhaltung, Erweiterung oder Verbesserung eines Produktionsmittelbestandes außerhalb des Bereiches der privaten Haushalte. Die Investition wird also als Veränderung des Kapitalstocks (des volkswirtschaftlichen Produktionspotentials) aufgefaßt. Die Gesamtheit der Investitionen einer Periode wird Bruttoinvestition genannt. Der Teil der Bruttoinvestitionen, der zur Erhaltung oder zum Ersatz der verbrauchten Teile des Produktionsapparates dient, wird als Erhaltungs-, Ersatz- oder Reinvestitionen bezeichnet; wenn er den Wert der Abschreibungen erreicht, bleibt der Wert des Produktionsmittelbestandes volkswirtschaftlich konstant. Erweiterungs- oder Nettoinvestitionen bewirken einen Zuwachs der Produktionskapazitäten. Durch Rationalisierungsinvestitionen können Arbeitsplätze vernichtet werden. Arbeitslosigkeit braucht dann nicht aufzutreten, wenn durch Erweiterungsinvestitionen genügend neue Arbeitsplätze geschaffen werden. Investitionen in dauerhafte, sachliche und reproduzierbare Produktionsmittel sind Anlageinvestitionen. Investitionen in Bestände sind Lager- oder Vorratsinvestitionen. Bei den Anlageinvestitionen wird unterschieden zwischen Ausrüstungsinvestitionen (Maschinen, Fahrzeuge) und Bauinvestitionen. Als Investitionsquote wird der Anteil der Bruttoinvestitionen (Nettoinvestitionen) am Brutto-(Netto-)Sozialprodukt zu Marktpreisen bezeichnet.

Entwicklung der Investitionen. Nachdem bis Ende der 60er Jahre die Investitionsquote recht hoch war, setzt sich ab den 70er bis Mitte der 80er Jahre ein Rückgang der Investitionsquote durch. Erst Ende der 80er Jahre scheint sich eine Besserung abzuzeichnen.

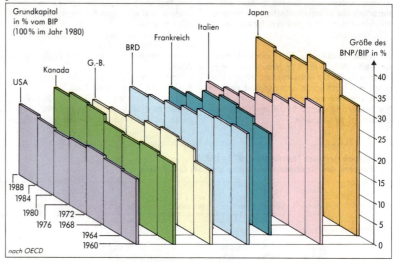

B · Die Investitionen in den Industrieländern.

Die Angaben zu den Investitionen, die nach dem Anteil der Bruttoinlandsinvestitionen (Ausgaben für die Aufstockung des Anlagevermögens, zuzüglich der Lagerbestandsveränderungen) am Bruttoinlandsprodukt (BIP) gemessen wird, sind zu denen über die Sparleistung analog. In Japan hat diese Investitionsquote einen Wert von etwa 30 %. In Großbritannien ist die Quote stabil (20 % im Durchschnitt), desgleichen in den USA (aber mit nur 15 %). In der Bundesrepublik Deutschland sinkt die Investitionsquote tendenziell seit den 70er Jahren; das gleiche gilt für Frankreich.

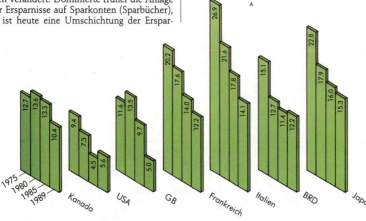

A · Das Geldvolumen in den Industrieländern.

Es gibt verschiedene Geldmengenbegriffe. Im Schaubild ist die Entwicklung der Zuwachsraten der Geldmenge M3 dargestellt. Diese Geldmenge umfaßt das Geldvolumen M1 und das ›Quasigeld‹. Zu M1 zählen der Bargeldumlauf (Umlauf an Banknoten und Münzen ohne die Kassenbestände der Banken), und die Sichteinlagen der inländischen Nichtbanken bei Kreditinstituten (Buchgeld). Diese Summe M1 bildet den *Geldumlauf*. Zu dem Geldumlauf müssen die Termingelder (mit einer Befristung von unter 4 Jahren) und die Spareinlagen inländischer Nichtbanken hinzugerechnet werden, die als ebenso liquide wie die Geldmenge M1 angesehen werden, weswegen sie ›Quasigeld‹ heißen. Die Kurven zur Entwicklung des Geldvolumens in Europa, den Vereinigten Staaten und in Japan zeigen eine tendenziell leichte Abnahme der Zuwachsraten der Geldmenge M3.

WELTWIRTSCHAFT

BANK UND GELD

GELDMENGE

Geld ist ein allgemeines Tauschmittel, das durch seine Funktion, gegen alle Waren austauschbar zu sein, in einer arbeitsteiligen Wirtschaft unentbehrlich für die Vermittlung der Tauschakte ist. Diese Funktion setzt voraus, daß das jeweilige Geld auch allgemein als *Zahlungsmittel* anerkannt wird. Diese Anerkennung wird durch die Festlegung gesetzlicher Zahlungsmittel gesichert. Geld fungiert auch als *Recheneinheit,* indem die Geldeinheit das gemeinsame Maß ist, in dem alle anderen Güter gemessen und miteinander verglichen werden können, sowie als *Wertspeicherungsmittel,* da seine allgemeine Anerkennung als Tauschmittel ermöglicht, mit ihm potentielle Werte aufzubewahren.

Geldarten sind *Hart-* oder *Münzgeld,* das aus Metall geprägt ist, *Zeichen-* oder *Papiergeld,* das aus von der Zentralnotenbank ausgegebenen Scheinen (Banknoten) besteht, und *Buch-* oder *Giralgeld,* das durch Guthaben bei Banken durch Geldschöpfung gebildet wird. Dabei ist die Buchgeldmenge wesentlich höher als die von der Summe des Münzgeldes und des Zeichengeldes gebildete Bargeldmenge.

Als Geldmenge oder Geldvolumen wird der Bestand der in einer Volkswirtschaft zum Geld zählenden Aktiva bezeichnet, vor allem die in Umlauf befindl. Banknoten und Münzen (Bargeld) sowie die Sichteinlagen bei Banken (Buchgeld) ohne die Kassenbestände der Kreditinstitute und deren Guthaben bei der Notenbank (Barreserve). Die Geldmenge spielt eine zentrale Rolle in der Geldtheorie, da Änderungen der Zinsen, des Wechselkurses, des Preisniveaus und der Produktion mit Änderungen der Geldmenge in Zusammenhang gebracht werden.

GELDSCHÖPFUNG

Der zu einer Ausweitung der Geldmenge führende Prozeß der Gewährung von Krediten und der Bildung von Einlagen wird als Geldschöpfung bezeichnet. Die Geldschöpfung der Notenbank ist mit geldpolitischen Zielen verknüpft und geschieht durch den Ankauf von Aktiva der Geschäftsbanken (zum Beispiel Ankauf von Devisen, Diskontierung von Wechseln) und der Einräumung von Sichtguthaben, die im Verrechnungsverkehr zwischen Banken genutzt oder als Bargeld abgehoben werden können. Geschäftsbanken schaffen Geld, indem sie Geldsubstitute, zum Beispiel Termin- oder Spareinlagen, in Sichteinlagen umwandeln, von Nichtbanken Gold, Devisen, Wechsel, Wertpapiere erwerben und den Nichtbanken den Gegenwert als Einlage gutschreiben sowie Nichtbanken Kredite gewähren und in deren Höhe Einlagen einräumen *(Kreditschöpfung).* Den Nichtbanken fließen dadurch Finanzmittel zu, die von ihnen grundsätzlich auf Bankkonten gehalten werden, vor allem als zur Geldmenge zählende Sichteinlagen (Buchgeld) auf Girokonten.

Im Zuge des Geldschöpfungsprozesses entsteht ein Bedarf an Zentralbankgeld: Bankkunden fordern ihre Kredite teilweise in Form von Bargeld ab; auf ihre Einlage müssen die Kreditinstitute Mindestreserven bei der Notenbank halten. Bargeld plus Mindestreserven ergeben die Zentralbankgeldmenge. Da nur die Notenbank Zentralbankgeld bereitstellen kann, läßt sich der Prozeß der Geldschöpfung begrenzen.

Auf das Ausmaß der Geldschöpfung wirken neben der verfügbaren Zentralbankgeldmenge auch Zinsen sowie Rentabilitäts- und Risikoüberlegungen bei den Banken ein. Steigende Kreditzinsen und sinkendes Kreditausfallrisiko erhöhen die Bereitschaft der Banken zur Kreditvergabe. Steigende Zinsen auf die nicht zur Geldmenge zählenden Bankeinlagen werden innerhalb der Einlagen Umschichtungen zu Lasten der Geldmenge hervorrufen, beschränken also die Geldschöpfung.

DIE BILANZEN DER BANKEN

Die Zentralbank regelt den Geldumlauf und die Kreditversorgung der Wirtschaft mit dem Ziel, die Stabilität des inneren und äußeren Wertes der Währung zu sichern. Daneben sorgt sie für die bankenmäßige Abwicklung des Zahlungsverkehrs im Inland und mit dem Ausland. Die Geldversorgung der Wirtschaft geschieht durch die Ausgabe von Banknoten und Münzen sowie, unter bestimmten Bedingungen, durch Einräumung von Sichtguthaben an Geschäftsbanken sowie deren daraufhin erfolgende Geldschöpfung. Die Zentralbank steuert die Geld- und Kreditschöpfung, indem sie die Refinanzierungsmöglichkeiten der Geschäftsbanken bei ihr beeinflußt. Sie übernimmt auch die Abwicklung des Giroverkehrs für den Staat, gewährt ihm kurzfristige Kassenkredite und ist die einzige Stelle, die offizielle Währungsreserven hält. Hinzu kommt, daß die Zentralbank oft auch das entsprechende Land bei internationalen Institutionen und Konferenzen vertritt.

Die Geschäftsbanken erfüllen als Kapitalsammelstellen und Finanzierungsinstitute wichtige gesamtwirtschaftliche Aufgaben. Bei den Bankbilanzen stehen deshalb auch die Annahme von Einlagen und die Kreditvergabe im Mittelpunkt. Die Bankbilanzen sollen unter anderem die Liquiditätsverhältnisse darstellen.

In den Bilanzen der privaten Banken werden aufgeführt: auf der *Habenseite* unter anderem Kassenbestände, Guthaben bei der Zentralbank, Schecks, Wechsel, Satzwechsel und Schatzanweisungen, Forderungen gegenüber Kunden und anderen Kreditinstituten, Anleihen, Schuldverschreibungen und andere Wertpapiere, Beteiligungen, Grundstücke, Gebäude, Betriebs- und Geschäftsausstattung sowie der Bilanzverlust. Auf der *Passivseite* erscheinen die Einlagen der Kunden und die von der Bank ausgegebenen Wertpapiere, Verbindlichkeiten gegenüber anderen Kreditinstituten, Rückstellungen, Rücklagen, Grund- oder Stammkapital sowie der Bilanzgewinn.

Die Bilanz der Zentralbank enthält auf der *Habenseite* die ausländischen Devisen (Währungsreserven, Kredite und sonstige Auslandsforderungen), die Forderungen an den Staat (Kredite an öffentliche Haushalte in Form von Kassenkrediten, Schatzwechseln, unverzinsliche Schatzanweisungen und Ausgleichsforderungen), die Forderungen gegenüber den inländischen Banken (Wechseldiskontkredite, Lombardforderungen, angekaufte Wertpapiere im Rahmen des Offenmarktgeschäfts) sowie Wertpapiere. Auf der *Passivseite* finden sich der Banknotenumlauf (nachrichtlich der Bargeldumlauf: Banknoten und Scheidemünzen), die Einlagen der öffentlichen Haushalte, Verbindlichkeiten aus abgegebenen Wertpapieren im Rahmen des Offenmarktgeschäfts (Mobilisierungs- und Liquiditätspapiere) sowie Einlagen der Kreditinstitute (Mindestreserven, Überschußreserven).

In den einzelnen Bilanzpositionen spiegelt sich auch die wirtschaftspolitische Aktivität der Zentralbank wider. Um ihrer Verantwortung für das Geld-, Kredit- und Währungswesen gerecht zu werden, setzt die Zentralbank Instrumente der Geld-, Kredit- und Währungspolitik ein.

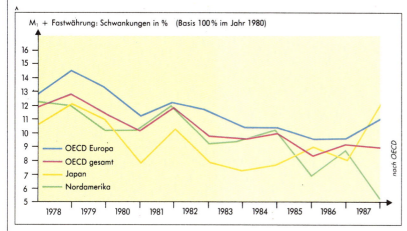

▲ · **Die Spartätigkeit in den Industrieländern.**

In den Industrieländern hat sich die Spartätigkeit gemessen am Anteil der gesamtwirtschaftlichen Ersparnisse am Bruttoinlandsprodukt kaum verändert. Diese gesamtwirtschaftliche Sparquote ist besonders hoch in Japan und vergleichsweise gering in Großbritannien und den USA. Eine etwas andere, weniger stabile Entwicklung verdeutlicht die Sparquote der Haushalte gemessen am Anteil der Ersparnisse am verfügbaren Haushaltseinkommen. Auffallend ist der tendenzielle Rückgang dieser Sparquote, besonders stark in Italien, den USA und Großbritannien. Die Sparquote der privaten Haushalte in der Bundesrepublik Deutschland ist dagegen vergleichsweise stabil.

583

WELTWIRTSCHAFT

DIE BÖRSE

KENNZEICHEN DER BÖRSE

Als Börsen werden die regelmäßigen Zusammenkünfte von Käufern, Verkäufern (Bankvertretern) und Vermittlern (Maklern) zum Handel mit Wertpapieren, Devisen (ausländischen Zahlungsmitteln) und Waren bezeichnet, weshalb auch Wertpapier- und Effekten-, Devisen- und Warenbörsen unterschieden werden. Die bedeutendsten Börsen sind heute die Wertpapierbörsen mit den international wichtigsten Börsenplätzen Tokio, New York, London, Frankfurt am Main, Paris und Zürich. Wie alle Märkte haben auch Börsen die Aufgabe, Angebot und Nachfrage zusammenzuführen und durch die Festsetzung von Preisen (Kursen) planmäßig auszugleichen. Besonderheiten der Börse sind die räumliche (meist in einem Börsengebäude) und zeitliche (die Handelszeiten sind genau festgesetzt) Zusammenfassung von Angebot und Nachfrage, die Vereinheitlichung der Transaktionen (die Wertpapiere können schnell und kostengünstig gehandelt werden), die hohe Markttransparenz und die schnelle Informationsverarbeitung (Börsen als ›Barometer‹ für die Einschätzung der wirtschaftlichen Entwicklung) sowie die Börsensprache, eine stark verkürzte Ausdrucksweise (auch Zeichensprache).

WIRTSCHAFTLICHE BEDEUTUNG UND AKTEURE

Wertpapierbörsen erleichtern die Kapitalbeschaffung für Unternehmen und öffentliche Haushalte, obwohl nur ein geringer Teil der Kapitalgesellschaften börsennotiert sind. Unternehmen finanzieren sich überwiegend durch einbehaltene Gewinne (interne Finanzierung, Eigenfinanzierung) und durch Aufnahme von Krediten bei Banken, weniger durch die Ausgabe von Aktien (das sind Anteile am Grundkapital von Aktiengesellschaften; der Aktionär hat unter anderem das Recht, am ausgeschütteten Gewinn in Form der Dividende prozentual beteiligt zu werden) oder von Schuldverschreibungen beziehungsweise Anleihen (das sind Wertpapiere, die neben der Rückzahlungsverpflichtung einen für die gesamte Laufzeit festgelegten Zinsertrag verbriefen). Die Kreditaufnahme und die Kapitalbeschaffung über die Börse zählen zur externen Finanzierung oder Fremdfinanzierung. Dem Anleger von Geldkapital als Gläubiger ermöglichen die Wertpapierbörsen eine jederzeit verwertbare Anlage, während die Unternehmen als Schuldner langfristig über das durch die Ausgabe von Aktien oder Schuldverschreibungen erlöste Geldkapital verfügen.

Akteure an der Wertpapierbörse sind die Börsenmakler, die Börsengeschäfte vermitteln, und die Vertreter von Banken, die im Auftrag ihrer Kunden oder auf eigene Rechnung Börsengeschäfte abschließen. Auftraggeber von Banken sind private Haushalte (›Kleinanleger‹, Anleger von größeren Privatvermögen) und Finanzintermediäre (Kapitalsammelstellen, ›institutionelle Anleger‹). Zu den Finanzintermediären zählen Versicherungsunternehmen, Pensionskassen, Träger der Sozialversicherung, Bausparkassen, Investment- und Kapitalbeteiligungsgesellschaften.

BÖRSENMÄRKTE

Wollen Unternehmen zur Mittelbeschaffung Wertpapiere ausgeben, sind sie verpflichtet, an die Börse zu gehen, da die Ausgabe von Wertpapieren oder Schuldverschreibungen gesetzlich geregelt ist. Die Wertpapierbörsen werden deshalb auch als Teil des Kapitalmarkts (Markt für mittel- und längerfristige Finanzierungsmittel) betrachtet und als organisierter Kapitalmarkt bezeichnet (auf dem nicht organisierten Kapitalmarkt werden längerfristige Darlehen, Beteiligungen und Hypotheken direkt zwischen Anbietern und Nachfragern oder unter Einschaltung einer Bank gehandelt).

Die Anleger können die Aktien und Schuldverschreibungen bei ihrer Ausgabe (Emission) kaufen; man sagt, daß sie sich auf dem Primärmarkt verschaffen. Wenn die Wertpapiere ausgegeben sind, können die Anleger sie verkaufen und auf dem Sekundärmarkt andere kaufen. Die Gliederung in Primär- und Sekundärmarkt ist eine mögliche Unterscheidung der Börsenmärkte. In vertikaler Richtung können die Börsensegmente (Teilmärkte) amtlicher Markt (amtlicher Handel), geregelter Markt und Freiverkehr unterschieden werden. Der amtliche Handel ist der Markt für große umsatzstarke Aktiengesellschaften. Die Kurse werden von einem amtlichen Kursmakler festgestellt. Die Aktien müssen ausdrücklich zum amtlichen Handel zugelassen sein. Über die börsengesetzlich geregelte Zulassung entscheidet eine Kommission der Börse (Zulassungsstelle). Dabei muß der Gesamtwert der Emission 0,5 Millionen DM betragen; alle betriebswirtschaftlichen Daten des Unternehmens müssen in einem Börsenprospekt veröffentlicht werden, für dessen Richtigkeit die Emission begleitende Bank mithaftet. Unterhalb des amtlichen Handels ist der geregelte Markt mit weniger strengen Zulassungsbedingungen angesiedelt. Dadurch soll jungen und kleineren Aktiengesellschaften der Gang an die Börse erleichtert werden. Die geringsten formalen Anforderungen werden an Aktiengesellschaften gestellt, deren Aktien auf dem Freiverkehrsmarkt gehandelt werden. Zum außerbörslichen Handel (Vor- und Nachbörse) mit Kursbildung nach freier Vereinbarung zwischen den Geschäftspartnern zählt auch der ›Telefonhandel‹ mit Wertpapieren, die nicht an der Börse notiert werden.

Eine Gliederung in horizontaler Richtung hängt mit der Art der Börsengeschäfte zusammen. Kassageschäfte sind sofort (dies bedeutet Lieferung und Zahlung am zweiten Tag nach Geschäftsabschluß) abzuwickelnde Börsengeschäfte (Kassamarkt). Beim Termingeschäft wird die Vertragserfüllung zu einem späteren Zeitpunkt mit bereits feststehenden Bedingungen vereinbart (Terminmarkt).

Kursbildung. Der Börsenkurs ist der Preis für die an der Börse gehandelten Wertpapiere, Devisen und Waren. Er ergibt sich aus dem zum Zeitpunkt der Kursbildung vorhandenen Verhältnis von Angebot und Nachfrage, wobei die Kursbewegung von verschiedenen Einflüssen abhängig sein kann, zum Beispiel von wirtschaftlichen, konjunkturellen und Branchenerwartungen, von politischen und militärischen Vorgängen, Interessenkonflikten, Gerüchten, von geld- oder wirtschaftspolitischen Maßnahmen. Bei der Kursbildung am Kassamarkt werden zwei Verfahren unterschieden. Der Einheitskurs (Kassakurs, Einheitsnotierung) jeweils für einen ganzen Börsentag ist der Preis, bei dem anhand der vorliegenden Aufträge der größte Umsatz erzielt werden kann. Der variable oder fortlaufende Kurs (fortlaufende Notierung) gilt meist für umsatzstarke Wertpapiere (zum Beispiel müssen mindestens 50 Aktien je Auftrag gehandelt werden) und wird zu Beginn (Eröffnungskurs), im Verlauf und zum Schluß (Schlußkurs) der Börsensitzung ermittelt, so daß die Kursbewegung während der Börsennutzung ersichtlich wird. Auch für variabel notierte Werte wird ein Kassakurs bestimmt. Aktien werden in DM je Stück (Stücknotierung), festverzinsliche Wertpapiere in Prozent des Nennwerts (Prozentnotierung) notiert.

Unter Kursregulierung versteht man die Einflußnahme auf die Kursbildung durch Kauf- oder Verkaufaufträge, um entweder überhaupt erst eine Notierung zu erreichen oder größere Kursschwankungen zu verhindern. Letzteres wird auch als Kursstützung bezeichnet. Die andauernde Kursregulierung heißt Kurspflege.

Die wichtigsten Börsenplätze

Stadt	Name des Index	Stand 1986	Stand 1988
Tokio	Nikkei	1 562	2 357
New York	Dow Jones	1 895	2 169
London	Financial Times	1 313	1 455
Frankfurt	DAX	1 432	1 328
Toronto	Kombinierter Index	3 066	3 390
Paris	CAC-Index	397	416
Zürich	SBV-Index	677	560
Mailand	Banca Com. Italiana	722	590
Sydney	Globaler Index	1 473	1 486

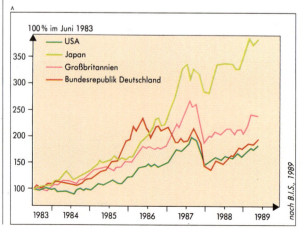

∧ · **Der Aktienkurs.**
In den 80er Jahren haben die Liberalisierung des internationalen Geld- und Kapitalverkehrs, die Finanzierung der großen Leistungsbilanzungleichgewichte in den USA, Japan und der Bundesrepublik Deutschland, Zins- und Wechselkursschwankungen sowie verbesserte Informations- und Kommunikationstechniken die nationalen Börsenmärkte weltweit vernetzt. Aufgrund dieser ›Globalisierung‹ entwickeln sich auch die Aktienkurse tendenziell immer stärker in die gleiche Richtung.

584

WELTWIRTSCHAFT

ÜBERNAHMEN

Ein öffentliches Übernahmeangebot ist die Verpflichtung eines Unternehmens oder einer einzelnen Person, Aktien einer Gesellschaft zu einem höheren Kurs als dem Börsenkurs innerhalb einer bestimmten Frist zu kaufen. Dies ist eine Möglichkeit, Eigentümer der fraglichen Gesellschaft zu werden, wenn die Aktien im Publikum gestreut sind (keine Großaktionäre) oder wenn die Firmenleitung einen Besitzerwechsel ablehnt. Ein Übernahmeangebot kann *feindselig* oder *wohlmeinend* sein, je nachdem, ob die betreffende Firmenleitung einem Eigentümerwechsel ablehnend oder zustimmend gegenübersteht; wenn die Firmenleitung ein feindseliges Angebot ablehnt, kann sie externe Hilfe heranziehen.

1987–88 standen sich durch ein großangelegtes Übernahmeangebot das italienische Konglomerat De Benedetti (dessen Aktivitäten vom Nahrungsmittelbereich bis zur Elektronik reichen) und die Société Générale de Belgique (S.G.B.), eine Geschäftsbank, die ein Drittel der belgischen Wirtschaft kontrolliert, im Streit gegenüber. Durch ein feindseliges Aktienkaufangebot wollte der italienische Industrielle die S.G.B. kaufen. Diese zog jedoch die französische Suez-Bank hinzu, die schließlich die Kontrolle der S.G.B. übernahm.

Solche Unternehmensübernahmen sind Formen der wirtschaftlichen Konzentration. Da die meisten größeren Unternehmen Aktiengesellschaften sind, greift die Unternehmenskonzentration häufig durch die an der Börse notierten Aktien in Form eines Übernahmeangebots oder eines Tauschangebots für Aktien zweier Firmen, von Fusionen oder Rückkauf auf gütlichem Wege. Die Unternehmenskonzentration nimmt dabei immer mehr internationalen Charakter an. Amerikanische Firmen werden von japanischen oder europäischen Firmen kontrolliert, europäische Firmen und Banken von amerikanischen oder japanischen Firmen oder Banken. 1988 zum Beispiel standen sich die italienische Firma Pirelli (mit Unterstützung der französischen Firma Michelin) und die japanische Firma Bridgestone im Streit um den Rückkauf der zweitgrößten amerikanischen Reifenfirma, Firestone, gegenüber. Die Japaner trugen schließlich den Sieg davon.

DIE RAIDER

Die Raider (englisch ›Räuber‹) sind auf feindselige öffentliche Übernahmeangebote spezialisierte Unternehmen. Ihre Ziele sind rein spekulativ. Sie starten ein öffentliches Kaufangebot über eine Firma, häufig ein Konglomerat, das an der Börse unterbewertet und verletzlich ist (weil es sich beispielsweise in einer wirtschaftlich schwierigen Lage befindet). Wenn das Kaufangebot Erfolg hat, profitiert der Räuber vom Kursanstieg, den er ausgelöst hat, oder er ›zerschlägt‹ das Unternehmen und verkauft die noch gewinnbringenden Unternehmensbereiche. Die Tätigkeit der Raider ist auch deshalb hochspekulativ, weil sie die Übernahme in der Regel mit sehr wenig Eigenkapital über Bankkredite oder hochverzinsliche, weil sehr risikoreiche Anleihen (›junk bonds‹) finanzieren.

AKTIENINDEX, COMPUTERBÖRSE, KURSZETTEL

Aktienindex. Er ist der zusammenfassende numerische Ausdruck für die Kursentwicklung am Aktienmarkt insgesamt oder für einzelne Aktiengruppen, zum Beispiel für bestimmte Branchen (Branchenindex). Ein Aktienindex soll den Anlegern die Orientierung über die Tendenz am Aktienmarkt erleichtern und wird meistens auf einen bestimmten zurückliegenden Zeitpunkt bezogen, dessen Wert gleich 100 gesetzt wird (Basisjahr). Der Indexberechung liegen entweder alle an der Börse oder einem Teilmarkt notierten Aktien zugrunde oder eine Auswahl besonders wichtiger Aktien. So gibt der Dow-Jones-Aktienindex den Durchschnitt der Aktienkurse von ausgewählten, umsatzstarken Unternehmen (30 Industrie-, 20 Transport- und 15 Versorgungsunternehmen) an der New Yorker Börse an. Der 1988 eingeführte Deutsche Aktienindex (DAX) spiegelt die Kursentwicklung der Aktien von 30 Gesellschaften wider, die gemäß ihrem an der Börse zugelassenen Aktienkapital gewichtet sind. Der DAX repräsentiert rund 60 % des Grundkapitals inländischer börsennotierter Aktiengesellschaften, über 75 % des in Streubesitz befindlichen Kapitals und rund 80 % der Börsenumsätze. Der Index wird jede Minute während der Börsenzeit neu berechnet und über das Kurs-Informations-Service-System der Frankfurter Börse angezeigt.

Computerbörse. Besonders wichtig für den Börsenhandel sind die stark verbesserten technischen Informations- und Kommunikationsnetze, zum Beispiel die Zusammenführung von Abrechnungs-, Liefer- und Verwahrsystemen zu einem integrierten EDV-System, die Informationsverbreitung nicht nur über den täglichen Börsenbericht über Presse und Rundfunk, sondern auch über Bildschirmtext und Datenfernübertragung sowie der internationale Wertpapierhandel ›rund um die Uhr‹ unter den Banken. Die künftige Organisation der Börsenmärkte kann sich an der computerunterstützten Präsenzbörse oder der vollautomatisierten Computerbörse orientieren. Bei letzterer findet die Kursbildung über EDV-Systeme ohne die Einschaltung von Maklern statt; die traditionellen Börsensäle werden überflüssig, die beschränkten Handelszeiten an den Börsen sind überholt. Der vollautomatisierten Computerbörse mit ihren elektronischen Handelssystemen wird die Zukunft gehören.

Kurszettel. Bis dahin wird der Börsenteil von Tageszeitungen für den Kleinanleger eine wichtige Informationsquelle bleiben. In diesem Börsenteil wird der amtliche Kurszettel veröffentlicht, in dem die Wertpapiere nach ihren Börsennamen aufgeführt sind. Die den einzelnen Aktien vorgeordneten Spalten geben Aufschluß über die Höhe des Aktienkapitals in Millionen DM, über Kapitalberichtigungen, über die zuletzt gezahlte Dividende, über den Tag der Hauptversammlung. Am wichtigsten sind jedoch die Angaben über die am Tag und am Vortag festgestellten Kurse mit Zusätzen und Hinweisen in abgekürzter Form, die z.B. über das Angebots- und Nachfrageverhältnis Auskunft geben (vergleiche Kapitel Formeln und Fakten, Abschnitt Wirtschaft).

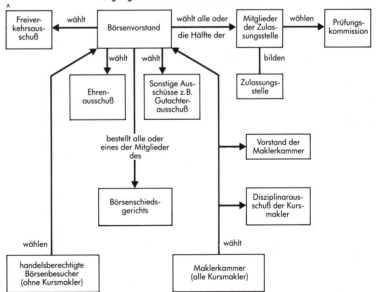

▲ · **Die Börsenorganisation.**

In Deutschland gibt es acht Wertpapierbörsen (Berlin, Bremen, Düsseldorf, Frankfurt am Main, Hamburg, Hannover, München, Stuttgart), die in überregionalen Fragen in der Arbeitsgemeinschaft der deutschen Wertpapierbörsen zusammenarbeiten. Die Rechtsgrundlage für die Börsen bildet das Börsengesetz. Oberste Instanz in allgemeinen Börsenangelegenheiten ist der Bundesfinanzminister. Die Errichtung einer Börse muß die jeweilige Landesregierung genehmigen, die auch über die Bestellung von Staatskommissaren die Börsenaufsicht ausübt. Seit 1968 besteht eine beratende Börsensachverständigenkommission. Die Leitung der Börse wird vom Börsenvorstand (mit Präsidium und Geschäftsführer) ausgeübt; ihm obliegt die Überwachung des Börsenverkehrs nach der Börsenordnung sowie die Zulassung zum Börsenbesuch. Der Ehrenausschuß kann mit Ausnahme der Kursmakler alle Börsenbesucher zur Verantwortung ziehen, die sich in Zusammenhang mit ihrer Tätigkeit an der Börse eine mit der Ehre oder dem kaufmännischen Vertrauen nicht zu vereinbarende Handlung zuschulden kommen lassen. Streitigkeiten werden von einem eigenen Börsenschiedsgericht oder einem Gutachterausschuß entschieden.

WELTWIRTSCHAFT

DIE ROLLE DES STAATES IN DER WIRTSCHAFT

WIRTSCHAFTSPOLITIK

Die Wirtschaftspolitik als Teil der allgemeinen Politik ist der Sammelbegriff für die Maßnahmen des Staates zur Beeinflussung des Wirtschaftsablaufs (Ablaufpolitik), der Wirtschaftsstruktur und der Wirtschaftsordnung (Ordnungspolitik). Die Maßnahmen umfassen entweder die Steuerung der Gesamtheit einer Volkswirtschaft (allgemeine Wirtschaftspolitik) oder von Teilbereichen derselben (spezielle Wirtschaftspolitik). Träger der Maßnahmen sind der Staat (Parlament, Regierung, Verwaltung) oder die von ihm betrauten nationalen, inter- oder supranationalen Institutionen (Körperschaften, freie Verbände, soziale Gruppen). Letztere können auch eigene Interessen einbringen.

ETWAS GESCHICHTE

Die Wirtschaftspolitik im Merkantilismus strebte die weitgehende wirtschaftliche Selbständigkeit der sich entwickelnden Nationalstaaten an. Im Wirtschaftsliberalismus des 19. Jahrhunderts wurde den Selbststeuerungskräften der freien Marktwirtschaft vertraut. Die moderne Wirtschaftspolitik fußte bis zur Entwicklung des Monetarismus auf den Gedanken von John Maynard Keynes (Keynesianismus).

ZIELE UND MASSNAHMEN

Die Ziele der Wirtschaftspolitik leiten sich aus dem System der gesellschaftspolitischen Werte ab. Die wirtschaftspolitischen Ziele stellen somit nur Zwischenziele dar. Allgemeines Ziel der Wirtschaftspolitik ist die Steigerung der wirtschaftspolitischen Leistungsfähigkeit und Ergiebigkeit (Produktivität) und damit die Verbesserung der menschlichen Wohlfahrt. Aus den allgemeinpolitischen Zielsetzungen werden praxisorientierte Zielsysteme entwickelt. Die Zielkataloge enthalten kurzfristige Ziele (Preisniveaustabilität, Vollbeschäftigung, außenwirtschaftliches Gleichgewicht) sowie mittel- und langfristige Ziele (befriedigendes Wirtschaftswachstum, gerechte Einkommensverteilung, soziale Sicherheit). In der Bundesrepublik Deutschland ist der Zielkatalog in § 1 des Stabilitäts- und Wachstumsgesetzes niedergelegt. Bei Vollzug und Kontrolle der Ziele können Zielkonflikte auftreten. Zur Lösung der Abwägungsprobleme wurden zahlreiche Institutionen zur Politikberatung geschaffen (zum Beispiel der Sachverständigenrat zur Begutachtung der gesamtwirtschaftlichen Entwicklung).

Zur Realisierung kurzfristiger Ziele werden Maßnahmen der Ablaufs- oder Prozeßpolitik eingesetzt; zum Beispiel Maßnahmen der Konjunkturpolitik, der Geldpolitik oder der Finanzpolitik. Zur Verwirklichung langfristiger Ziele werden ordnungspolitische Maßnahmen ergriffen (Wirtschaftsverfassung, Rechts- und Sozialordnung).

GELDPOLITIK

Unter Geldpolitik versteht man die Einflußnahme des Staates oder der Zentralbank (Notenbank) auf den Umfang des Geldvolumens. Die Kontrolle dieser Größe ist notwendig, um Inflation zu verhindern und das Preisniveau zu stabilisieren.

Die Instrumente der Geldpolitik. Die Notenbank hat verschiedene Möglichkeiten, Geldumlauf und Kreditversorgung zu beeinflussen. Im Mittelpunkt steht die Festlegung derjenigen Zinssätze, zu denen die Notenbank den Banken Zentralbankgeld bereitstellt. Diese Refinanzierung geschieht durch Rediskontierung von Handelswechseln (Zinssatz: Diskontsatz), durch Ankauf von Wertpapieren (Wertpapierpensionsgeschäft) sowie durch Verpfändung von Wertpapieren bei der Notenbank (Lombardgeschäft; Zinssatz: Lombardsatz). Diese Möglichkeiten zur Refinanzierung können mengenmäßig begrenzt werden (Kontingentierung). Eine Erhöhung der Refinanzierungszinsen und eine Senkung der Kontingente verteuern Zentralbankgeld, erhöhen indirekt die Kreditzinsen der Banken gegenüber ihren Kunden und wirken restriktiv. Weitere Instrumente sind die Offenmarktpolitik (Ankauf oder Verkauf von Wertpapieren an der Börse durch die Notenbank gegen Zentralbankgeld), Devisenmarktgeschäfte (Ankauf oder Verkauf von Beständen an ausländischen Währungen gegen Zentralbankgeld) und die Mindestreservepolitik (Guthaben, die die Banken bei der Zentralbank halten müssen in Höhe eines bestimmten Prozentsatzes ihrer kurzfristigen Verbindlichkeiten).

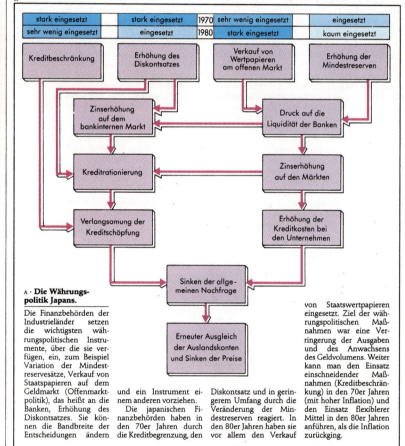

A · Die Währungspolitik Japans.

Die Finanzbehörden der Industrieländer setzen die wichtigsten währungspolitischen Instrumente, über die sie verfügen, ein, zum Beispiel Variation der Mindestreservesätze, Verkauf von Staatspapieren auf dem Geldmarkt (Offenmarktpolitik), das heißt an die Banken, Erhöhung des Diskontsatzes. Sie können die Bandbreite der Entscheidungen ändern und ein Instrument einem anderen vorziehen.

Die japanischen Finanzbehörden haben in den 70er Jahren durch die Kreditbegrenzung, den Diskontsatz und in geringerem Umfang durch die Veränderung der Mindestreserven reagiert. In den 80er Jahren haben sie vor allem den Verkauf von Staatswertpapieren eingesetzt. Ziel der währungspolitischen Maßnahmen war eine Verringerung der Ausgaben und des Anwachsens des Geldvolumens. Weiter kann man den Einsatz einschneidender Maßnahmen (Kreditbeschränkung) in den 70er Jahren (mit hoher Inflation) und den Einsatz flexiblerer Mittel in den 80er Jahren anführen, als die Inflation zurückging.

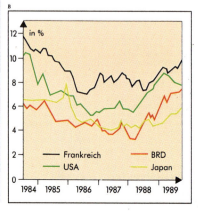

B · Die Zinssätze in den Industrieländern.

Der Zins ist der Preis für Geld oder Kapital. Es gibt verschiedene Kreditmärkte mit je nach Marktteilnehmern, Fristigkeit und Sicherung der Kredite unterschiedlichen Zinssätzen (zum Beispiel Zins für Kredite der Notenbank an Geschäftsbanken, Zins für Kredite der Banken untereinander, Rendite von Wertpapieren, Sollzinsen der Banken für Kredite an Nichtbanken, Habenzinsen der Banken für Sicht-, Termin- und Spargutgaben). Im internationalen Vergleich bewegen sich die Zinssätze (hier gemessen an der Umlaufrendite festverzinslicher Wertpapiere) tendenziell in dieselbe Richtung, wobei die unterschiedlich hohen Nominalzinsen auch mit den unterschiedlich hohen Inflationsraten zusammenhängen.

WELTWIRTSCHAFT

FINANZPOLITIK

Die Finanzpolitik beschreibt den Einsatz der öffentlichen Finanzwirtschaft, also der Ausgaben und Einnahmen der Gebietskörperschaften (Bund, Länder, Gemeinden) und der Träger der Sozialversicherung, für die Ziele der Wirtschaftspolitik (daher auch Budgetpolitik oder Haushaltspolitik genannt, da die für eine Periode vorgesehenen Einnahmen und Ausgaben im Haushaltsplan gegenübergestellt werden). Im Unterschied zur üblichen Charakterisierung der einzelnen Teilbereiche der Wirtschaftspolitik durch die Ziele (z. B. Stabilitätspolitik, Wachstumspolitik) oder die Eingriffsbereiche (z. B. Agrarpolitik, Verkehrspolitik) ist der Begriff Finanzpolitik von den eingesetzten Instrumenten her abgegrenzt. Die Finanzpolitik stellt neben der Geldpolitik und neben der direkten wirtschaftspolitischen Einwirkung durch Ge- und Verbote (Regulierung) die dritte große Gruppe wirtschaftspolitischer Instrumente dar. Im Vergleich zur Wirtschaftspolitik über Gesetze, Verordnungen, Verwaltungsakte u. a., deren Anwendung sich im öffentlichen Haushalt nur in den Ausgaben für die Verwaltung niederschlägt, ist die Finanzpolitik durch eine vergleichsweise hohe ›Ausgabenintensität‹ gekennzeichnet.

Aufgabe der Finanzpolitik sind grundsätzlich alle für die Wirtschaftspolitik maßgeblichen Ziele. Finanzpolitik kann daher ebenso im Dienste der (sektoralen, regionalen und betriebsgrößenbezogenen) Strukturpolitik, der Forschungs- und Technologiepolitik und der Wachstumspolitik stehen wie Instrument der Wettbewerbspolitik oder der Sozialpolitik sein. In ökonomischer Hinsicht besteht die fiskalische Aufgabe darin, die für die öffentliche Aufgabenerfüllung erforderlichen volkswirtschaftlichen Kapazitäten sicherzustellen. Dies geschieht vor allem dadurch, daß über Steuern eine entsprechende Einschränkung der privaten Nachfrage bewirkt wird und dementsprechend Ressourcen freigesetzt werden, die mit der anschließenden Verausgabung der Einnahmen von der privaten in die öffentliche Nutzung überführt werden.

Finanzpolitik als Distributionspolitik strebt Veränderungen der aus den Marktprozessen resultierenden Primärverteilung der Einkommen (und Vermögen) an (›Umverteilungspolitik‹). Instrumente sind besonders (progressive) Steuern und Transferzahlungen, aber auch die kostenlose oder zu nicht die Kosten deckenden Preisen erfolgende Bereitstellung öffentlicher Einrichtungen (Realtransfers). Jede Aktivität des öffentlichen Sektors übt Wirkungen auch auf die Primärverteilung aus, indem der Staat als Nachfrager von Gütern, Arbeitskräften und Krediten auftritt sowie durch seine Infrastrukturinvestitionen (Bildungswesen, Verkehrssystem) die Einkommensentstehung beeinflußt.

Finanzpolitik als Stabilitätspolitik zielt ab auf eine gleichmäßige und hohe Ausnutzung der vorhandenen Produktionsmöglichkeiten. Durch gezielte Beeinflussung des Umfangs der gesamtwirtschaftlichen Nachfrage sollen konjunkturelle Schwankungen im Auslastungsgrad des (kurzfristig gegebenen) gesamtwirtschaftlichen Produktionspotentials verringert werden (antizyklische Finanzpolitik, Fiskalpolitik), um auf diese Weise vor allem einen hohen Beschäftigungsstand und Geldwertstabilität sicherzustellen. Für den öffentlichen Haushalt bedeutet dies bewußte, besonders über Kreditaufnahme finanzierte Mehrausgaben in Konjunkturkrisen (Defizitfinanzierung) und Bildung und Stillegung von Haushaltsüberschüssen im Boom.

DIE WIRTSCHAFTLICHE BEDEUTUNG DES STAATES

Über Steuern und Abgaben entzieht der Staat dem privaten Sektor einen Teil des Sozialprodukts. Mit Hilfe der volkswirtschaftlichen Abgabenquote, dem Verhältnis von Steuern (Steuerquote) und Sozialabgaben (Sozialabgabenquote) zum BSP und der Staatsquote, dem Verhältnis der öffentlichen Ausgaben zum BSP, wird versucht, die wirtschaftliche Bedeutung des Staates zahlenmäßig zu erfassen. Die Staatsquote liegt in der Bundesrepublik Deutschland in den 80er Jahren zwischen 31 und 34 %, die Steuerquote bei 22 % und die Abgabenquote bei knapp unter 40 %.

VERSTAATLICHUNGEN UND PRIVATISIERUNGEN

Verstaatlichungen und Privatisierungen waren in den 70er und 80er Jahren zwei entgegengesetzte Aspekte der staatlichen Industrie- und Bankpolitik.

So hat sich der staatliche Sektor in der britischen Industrie unter den Labourregierungen Wilson in den 70er Jahren stark ausgeweitet. Ähnliches geschah in Frankreich unter den sozialistischen Regierungen um Mauroy 1982 im Industrie- und Bankenwesen. Sowohl im ›liberalen‹ Teil der Dritten Welt, wie Kuwait oder Taiwan, als auch im ›sozialistisch‹ geprägten Teil, wie Indien, ist ein großer staatlicher Sektor festzustellen.

Die Politik der Privatisierung wird in den 80er Jahren vor allem in Großbritannien (liberale Politik von M. Thatcher), in der Bundesrepublik Deutschland (durch die konservativ-liberale Regierung unter H. Kohl) und auch in Frankreich 1986–87 verfolgt (Reprivatisierung durch die Regierung Chirac). Desgleichen laufen in der Dritten Welt von Brasilien bis Bangladesh Privatisierungsprogramme.

Das Problem wurde häufig falsch beurteilt, und zwar nach politischen und nicht nach wirtschaftlichen Gesichtspunkten. Die Präsenz des Staates ist im Industriebereich nur erforderlich, wenn kein anderes Kapital *verfügbar* ist. Ansonsten muß er seine wirtschaftspolitischen Ziele nicht durch direkte Beteiligung an Unternehmen verfolgen; er kann vielmehr durch Maßnahmen der Investitionsförderung oder durch die Schaffung verläßlicher Rahmenbedingungen für die Unternehmen, unter anderem in der Steuer-, Geld- und Umweltpolitik, lenkend eingreifen.

Die Haushaltssalden in den wichtigsten Industrieländern.

Von 1970 bis 1988 geht die Tendenz allgemein in Richtung eines wachsenden Defizits. Die öffentlichen Einnahmen steigen langsamer als die Ausgaben und machen Haushaltsdefizite zur allgemeinen Regel, die durch Kreditaufnahme (öffentliche Schulden) ausgeglichen werden. Japan ist am wenigsten betroffen, Italien am stärksten.

Die Haushaltssalden
(Überschuß oder Defizit als Anteil am Bruttosozialprodukt in %)

Land	1970	1980	1985	1986	1987	1988
USA	− 1,1	− 1,3	− 3,3	− 3,5	− 2,4	− 2,0
Japan	+ 1,7	− 4,4	− 0,8	− 1,1	− 0,3	+ 2,1
BR Deutschland	+ 0,2	− 2,9	− 1,1	− 1,2	− 1,7	− 2,1
Frankreich	+ 1,1	0,0	− 2,9	− 2,9	− 2,3	− 1,8
Großbritannien	+ 2,9	− 3,4	− 2,8	− 2,6	− 1,4	+ 1,1
Italien	− 4,0	− 8,6	− 12,5	− 11,4	− 10,5	− 10,9
Kanada	+ 0,8	− 2,8	− 7,2	− 5,7	− 4,8	− 2,6
alle sieben Länder	0,0	− 2,7	− 3,2	− 3,2	− 2,2	− 1,5

Quelle: OEDC Economie Outlook

Laufende Einnahmen der Zentralregierung

	Anteil an den laufenden Gesamteinnahmen												Laufende Gesamteinnahmen (in % des BSP)	
	Steuern auf Einkommen, Gewinne und Kapitalgewinne		Sozialversicherungsbeiträge		Inlandssteuern auf Güter und Dienstleistungen		Steuern auf Außenhandel und internationale Transaktionen		Sonstige Steuern		Nichtsteuerliche Einnahmen			
	1972	1988	1972	1988	1972	1988	1972	1988	1972	1988	1972	1988	1972	1988
Italien	16,6	37,1	39,2	37,3	31,7	24,2	0,4	0,0	4,3	− 1,0	7,7	2,3	26,9	36,9
Großbritannien	39,4	38,0	15,1	18,5	27,1	30,6	1,7	0,1	5,5	2,5	11,2	10,2	33,5	36,4
Frankreich	16,9	17,4	37,1	42,4	37,9	29,4	0,3	0,0	2,9	3,1	4,9	7,6	33,5	41,4
BR Deutschland	19,7	17,7	46,6	54,9	28,1	22,6	0,8	0,0	0,8	0,1	4,0	4,6	25,2	28,5
Japan	· ·	· ·	· ·	· ·	· ·	· ·	· ·	· ·	· ·	· ·	· ·	· ·	11,2	13,6
Kanada	41,2	51,8	6,2	14,9	14,5	18,9	5,2	3,8	− 0,6	0,0	10,9	10,7	21,1	20,5
USA	59,4	51,5	23,6	34,2	7,1	3,6	1,6	1,7	2,5	0,8	5,7	8,1	18,0	19,7

Das Zeichen · · bedeutet, daß keine Zahlen bekannt sind.
Quelle: Weltbank

Die Einnahmen des Staates in den wichtigsten Industrieländern.

Die Staatseinnahmen (ausgedrückt in Prozent am BSP), also die Höhe der Steuereinnahmen und der sonstigen Abgaben, zeigen zwischen 1972 und 1988 in allen Ländern eine steigende Tendenz. Dabei ist der Anstieg in Italien am stärksten und in Japan und den USA am geringsten. Bezogen auf das BSP haben die öffentlichen Einnahmen ein sehr unterschiedliches Gewicht, mit dem niedrigsten Wert in Japan und dem höchsten Wert in Frankreich.

587

WELTWIRTSCHAFT

WELTHANDEL

INTERNATIONALE WIRTSCHAFT

Die Ausführungen zum Wirtschaftsablauf innerhalb der Volkswirtschaften müssen durch die Untersuchung der Beziehungen zwischen den Volkswirtschaften erweitert werden. Die Gesamtheit der wirtschaftlichen Beziehungen zwischen den am internationalen Waren-, Geld- und Kapitalverkehr beteiligten Volkswirtschaften wird als internationale Wirtschaft oder Weltwirtschaft bezeichnet. Die Werte aller Transaktionen zwischen Inländern und Ausländern werden in der Zahlungsbilanz einer Volkswirtschaft gegenübergestellt. Die Zahlungsbilanz besteht aus verschiedenen Teilbilanzen: der Handelsbilanz (Gegenüberstellung von Warenexporten und Warenimporten), der Dienstleistungsbilanz (Gegenüberstellung der Exporte und Importe von Dienstleistungen wie Reiseverkehr und Transportleistungen), der Übertragungsbilanz oder Bilanz der unentgeltlichen Leistungen (Gegenüberstellung der empfangenen und geleisteten Übertragungen wie Entwicklungshilfe, Geldüberweisungen ausländischer Arbeitnehmer), der Kapitalverkehrsbilanz, wozu die Gegenüberstellung der kurz- und langfristigen Forderungen sowie der Devisenzuflüsse und Devisenabgänge zählen. Handels- und Dienstleistungsbilanz werden zur Leistungsbilanz zusammengefaßt. Der Untersuchungsgegenstand der Weltwirtschaft ist zunächst der Welthandel und dann die internationalen finanz- und währungspolitischen Beziehungen und Verbindlichkeiten. Weitere Aufgaben der Weltwirtschaftsanalyse sind die Darstellung der Arbeitsweise der wichtigsten internationalen Wirtschaftsorganisationen und der wichtigsten Ländergruppen.

STRUKTUR DES WELTHANDELS

Von 1945 bis 1970, einer Zeit starken Wachstums, expandierte der internationale Handel ebenso kräftig wie die Wirtschaft. Ab 1970 sank das Handelsniveau trotz der um sich greifenden Wirtschaftskrise nicht, im Gegensatz zu den 30er Jahren. Im Gegenteil: Der Handel verzeichnete in den Industrieländern Wachstumsraten, die über denjenigen des BSP lagen. Nach einer Abschwächung 1982–83 ist die Tendenz heute wieder steigend. Das Wachstum zwischen 1970 und 1989 kann verschieden erklärt werden:
– durch die wachsende gegenseitige Durchdringung der Volkswirtschaften (die sehr starke Entwicklung des innereuropäischen Handels ist hierfür ein Beispiel);
– durch das Auftreten eines internationalen Handels zwischen Tochtergesellschaften von multinationalen Unternehmen;
– durch die stärkere Einbeziehung der Entwicklungsländer (die wachsende Bedeutung der Schwellenländer besonders in Südostasien und die besondere Rolle der erdölexportierenden Länder sind hierfür Beispiele).
Der Anteil des internationalen Handels an der Gesamtproduktion der Welt ist von 12 % 1967 auf 21 % 1985 gestiegen.

Die Struktur nach Produkten. Der Welthandel umfaßt zwei große Kategorien:
– die in internationalen Verzeichnissen zu Gruppen zusammengefaßten Waren: Nahrungsmittel, Metalle, Chemie, Textilien, Elektrotechnik, Elektronik, Energie;
– die immateriellen Güter: Dienstleistungen, Übertragungen, Kapitalerträge.

Die Struktur nach Zonen. Die Akteure des Welthandels können in sieben große Zonen eingeordnet werden: Nordamerika, Lateinamerika, Westeuropa, Osteuropa, Afrika, Mittlerer Osten und Asien. Die Vorrangstellung Westeuropas ist nur scheinbar, da die europäischen Länder einen Großteil des Handels untereinander abwickeln. Tatsächlich ist die Führung dreigeteilt zwischen: Westeuropa, Nordamerika sowie Japan und den asiatischen Schwellenländern. Bei der Bedeutung des Handels muß darauf hingewiesen werden, daß bis in die 80er Jahre der Strom von Nordamerika nach Europa am stärksten war. Seit Mitte der 80er Jahre jedoch ist der Strom von Nordamerika nach Asien größer.

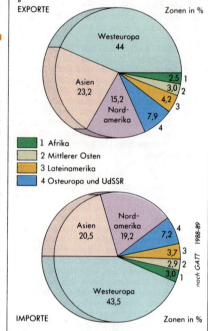

B · Exporte und Importe in der Welt.

Bei den Weltexporten ist der Anteil Europas überbewertet, da ein Großteil der Exporte in Europa selbst verbleibt. Asien ist dank der industriellen Macht Japans und der neuen Industrieländer Südkorea, Taiwan, Hongkong und Singapur der zweite große Exporteur der Welt. Im Vergleich mit den Importen stellt man fest, daß der Handel Europas einen leichten Überschuß aufweist, da der Betrag für Importe 42,3 % gegen 44,3 % für Exporte beträgt. Der Handel in Asien weist ebenfalls Überschüsse auf, und es ist ersichtlich, daß das Defizit Nordamerikas praktisch dem Überschuß Asiens entspricht.

FREIHANDEL UND PROTEKTIONISMUS

In der Weltwirtschaftstheorie gibt es zwei Grundpositionen: Die einen befürworten einen freien Austausch von Waren und Dienstleistungen zwischen den Nationen, die anderen predigen den Protektionismus.

Die Theorie des Freihandels nimmt an, daß nur ein völlig unbehinderter und freier Wettbewerb zu einer optimalen Arbeitsteilung zwischen den Volkswirtschaften und zum größtmöglichen Wohlstand für alle beteiligten Länder führen könne. Jeder Staat müsse sich dann auf die Produktion derjenigen Güter spezialisieren, für die er am besten ausgerüstet ist (komparative Kostenvorteile).

Der Protektionismus lehnt dies ab und behauptet, daß die führenden Länder von der Schwäche der dominierten (kaum industrialisierten) Länder profitierten; deshalb seien Maßnahmen zum Schutz der Binnenwirtschaft vor ausländischer Konkurrenz erforderlich.

A · **Die Entwicklung des internationalen Handels.**

Das ununterbrochene Wachstum des internationalen Handels seit dem Zweiten Weltkrieg ist eine der wichtigen Größen der industrialisierten Wirtschaften des 20. Jahrhunderts. Selbst krisenhafte Entwicklungen haben keinen Zusammenbruch des Handels wie in den 30er Jahren bewirkt. 1982–83 stellt man nur einen leichten Rückgang fest; ab 1984 wächst der Außenhandel schneller als die inländischen Produktionen.

Exporte und Importe der wichtigsten Länder (in Milliarden US-Dollar)

	Exporte 1970	Exporte 1980	Exporte 1985	Exporte 1988	Importe 1970	Importe 1980	Importe 1985	Importe 1988
BR Deutschland	34,2	192,9	183,9	323,3	29,9	188,0	158,5	250,5
USA	43,2	220,8	218,8	322,4	42,7	257,0	352,5	459,5
Japan	19,3	130,4	177,2	264,9	18,9	141,3	130,5	187,4
Frankreich	18,1	116,0	101,7	167,8	19,1	134,9	108,3	178,9
Großbritannien	19,4	110,2	101,2	145,2	21,9	115,5	109,0	189,3
Italien	13,2	77,9	76,7	128,5	15,0	100,7	87,7	138,6
Kanada	16,2	64,3	85,6	111,9	13,4	58,5	75,9	106,8
UdSSR	12,8	76,4	87,2	110,6	11,7	68,5	82,6	107,2
Niederlande	11,8	73,9	68,4	130,1	13,4	76,9	65,3	99,3
Belgien/Luxemburg	11,6	64,1	53,3	92,3	11,4	71,2	55,6	91,9

Quelle: Weltbank

WELTWIRTSCHAFT

ENTWICKLUNG DES INTERNATIONALEN HANDELS

Zwischen den Jahren 1967 und 1987 hat die Entwicklung des Welthandels sowohl die Art der im internationalen Handel ausgetauschten Güter als auch den Platz, den die Import- und Exportländer dabei einnehmen, betroffen. Die Struktur des internationalen Handels hat sich verändert.

Die Produktgruppen. Man stellt folgendes fest:
– die Erhöhung des Anteils der Elektronik, der Energie und der Kapitalerträge;
– die Stabilität des Anteils der Elektrotechnik, der Textilien, Chemie, Dienstleistungen und des Transportwesens;
– eine Verringerung des Anteils der Metalle und der Nahrungsmittel.

Die Akteure. Bezüglich der Hauptimport- und Hauptexportländer in den verschiedenen Produktgruppen ergeben sich folgende Veränderungen:
Im *Textilbereich* übernehmen die neuen Industrieländer Asiens einen wachsenden Anteil an den Exporten zu Lasten Japans und Europas. In der *Stahlindustrie* hat Japan Europa in den 70er Jahren bei den Exporten überholt, während Lateinamerika vor allem durch Brasilien zum Stahlexporteur wurde. In der *Elektrotechnik* setzt ebenfalls die Vorherrschaft Japans mit Fahrzeugen und elektrischen Geräten zu Lasten Europas und vor allem der Vereinigten Staaten ein. In der *Elektronik* hat Japan unbestritten den ersten Platz: Amerika und Europa sind abgeschlagen.
Im *Energiebereich* sind der Mittlere Osten, Afrika und Osteuropa die Hauptexporteure von Erdölprodukten. Europa, Japan und die Vereinigten Staaten bleiben die Hauptimporteure. Im Bereich der *Nichteisenerze und -metalle* exportieren Osteuropa, Lateinamerika und Afrika den größten Teil, während Europa, Japan und die Vereinigten Staaten die ›Triade‹ der Importeure bilden. Auf dem *Chemiesektor* ist die ›Triade‹ dagegen größter Exporteur mit einem überwiegenden Anteil Europas. Im Bereich der *Dienstleistungen* nimmt Europa konkurrenzlos den ersten Platz ein.
Im *Nahrungsmittelbereich* importiert Europa immer weniger, was die Absatzmärkte für Lateinamerika oder Afrika schädigt, zumal die Vereinigten Staaten ihre Exporte steigern. Bei den *Übertragungen* weisen die Vereinigten Staaten ein immer geringeres Defizit aufgrund eines geringeren militärischen Engagements im Ausland auf, während dagegen die Länder des Mittleren Ostens immer umfangreichere Übertragungen ausweisen. Im Bereich der *Kapitalerträge* verringert sich die Vorrangstellung der Vereinigten Staaten; der Mittlere Osten hat dank der Einnahmen aus dem Erdölexport und deren Wiederanlage den zweiten Platz eingenommen.
Insgesamt haben die wirtschaftliche Entwicklung und der technische Fortschritt nicht nur die Handelsstruktur, sondern auch die Rangordnung der Handelsströme verändert. Die Ströme zwischen Europa und Nordamerika geben den ersten Platz zugunsten der Beziehungen zwischen Asien und Nordamerika auf. Die amerikanische Wirtschaft, die ihre Wettbewerbsfähigkeit zunehmend zu verlieren scheint, weist ein permanentes Leistungsbilanzdefizit auf. Dies führt zur Bildung von drei vergleichbaren Schwerpunkten im Welthandel.

ROHSTOFFPREISE

Zu Beginn und am Ende der 70er Jahre zeigten die Preise für Rohstoffe und für Erdöl eine steigende Tendenz. 1980 kehrte sich die Tendenz jedoch um. Während der 80er Jahre sind die Preise für Rohstoffe weiterhin gefallen. Das gleiche gilt etwas später für die Erdölpreise. Dafür gibt es verschiedene Erklärungsmöglichkeiten:
– eine Verlangsamung der Wirtschaftsaktivität mit geringeren Wachstumsraten der Produktion;
– eine Änderung des Bedarfs der Industriestaaten an Rohstoffen und Energie;
– eine steigende Rohstoffgewinnung und gute Ernteerträge bei zum Teil rückläufiger Nachfrage.

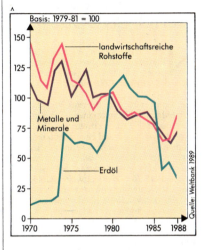

A · Die Rohstoffpreise.
Nach einer allgemein steigenden Tendenz in den 70er Jahren trat bei allen Rohstoffen 1980 eine Umkehr ein. Die sinkende Nachfrage nach einigen landwirtschaftlichen Erzeugnissen sowie nach Kupfer und Zinn verdeutlichen die globale Tendenz. Die festgestellten Spannbreiten zwischen den Höchst- und den Tiefstkursen innerhalb eines Jahres für bestimmte Rohstoffe (sowohl bei steigenden Preisen [1974 und 1980] als auch 1984 beim Preisverfall) sind darauf zurückzuführen, daß Spekulationen die Erhöhung und das Absinken der Preise beschleunigen: Kapital, das rentabel eingesetzt werden soll, konzentriert sich auf die Märkte, auf denen ein schneller Gewinn möglich erscheint.

DAS PROBLEM DES AMERIKANISCHEN DEFIZITS

Das Defizit einer Leistungsbilanz ergibt sich aus der Differenz (oder dem Saldo) zwischen den Exporten und den Importen von Waren und Dienstleistungen: Die Importe übersteigen im Falle des Leistungsbilanzdefizits die Exporte. Wenn jedoch dieser Saldo durch eine entgegengerichtete Bewegung des Kapitals kompensiert wird, ist die Zahlungsbilanz ausgeglichen.
Das amerikanische Defizit hat eine doppelte Ursache:
– Der Saldo der Kapitalbewegungen war aufgrund der Ausgaben der Vereinigten Staaten in der Welt und vor allem aufgrund ihrer Auslandsinvestitionen immer negativ;
– seit 1971 spiegelt das Leistungsbilanzdefizit den Verlust der Wettbewerbsfähigkeit der amerikanischen Wirtschaft wider.
Die amerikanische Wirtschaft lebt über ihre Verhältnisse, und das Anwachsen des Leistungsbilanzdefizits bis 1987 ist der Indikator dafür. Diese Defizite werden durch eine höhere Verschuldung bei den anderen Staaten der Welt finanziert. Vor allem durch eine starke Ausweitung der Exporte konnten die USA ihr Defizit 1988 und 1989 verringern.

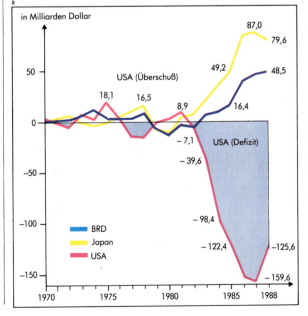

B · Das amerikanische Defizit.
Zu Beginn der 70er Jahre wird die Tendenz eines Defizits in der Leistungsbilanz der Vereinigten Staaten spürbar; dessen Umfang stieg jedoch erst nach 1980 immer mehr an. Die amerikanische Wirtschaft ist mächtig; sie dominiert auch heute noch, selbst wenn sie angeschlagen ist. Die Situation der 80er Jahre spiegelt die Tatsache wider, daß die Vereinigten Staaten bis 1987 ein sehr stark ansteigendes Leistungsbilanzdefizit hatten und daß dieses durch keine Kapitalbewegungen außer Verschuldung ausgeglichen wurde. So scheint es, als ob die Überschüsse in Japan und in geringerem Umfang die der Bundesrepublik Deutschland das amerikanische Defizit finanzieren; Japan ist der größte Gläubiger der Vereinigten Staaten.

589

WELTWIRTSCHAFT

WÄHRUNGSPOLITISCHE BEZIEHUNGEN

GRUNDLAGEN EINES WELTWÄHRUNGS-SYSTEMS

Unter ›Internationalem Währungssystem‹ versteht man eine Gesamtheit währungspolitischer Regeln, die das einwandfreie Funktionieren der internationalen Wirtschaftsbeziehungen ermöglichen.

Die Regeln. Die *Notwendigkeit einer internationalen Währung* (1. Regel) drängte sich auf, seitdem sich Volkswirtschaften gebildet und untereinander Waren ausgetauscht haben. Andernfalls kann der Schritt weg vom Tauschhandel weder von Einzelpersonen noch von Gemeinschaften vollzogen werden.

Die *Konvertibilität* (2. Regel), das heißt die Möglichkeit, eine Währung in eine andere umzutauschen. In den Reichen der Antike und des Mittelalters waren die Gold- oder Silberwährungen jedes Landes gleichzeitig eine internationale Währung: Das Metallgewicht bestimmte den Wert der Gold- und Silbermünzen. Diese waren unmittelbar konvertibel; der Bankier stellte dies sicher, indem er auf seinem Tisch, der *Bank*, das Gewicht der verschiedenen verwendeten Münzen abwog. Solange Metallwährungen vorherrschten, verfügte man also über eine internationale Währung, Gold oder Silber oder beides, die von allen Ländern akzeptiert wurde (erster Aspekt der Konvertibilität). Die im Umlauf befindlichen Münzen konnten getauscht werden (zweiter Aspekt der Konvertibilität).

Die *Stabilität der Wechselkurse der Währungen* ist die dritte zu beachtende Regel. Geschieht dies nicht, wird der internationale Handel gestört.

Die Entwicklung des Systems. Mit dem Auftreten von Kreditgeldern seit der industriellen Revolution haben sich die Regeln des internationalen Währungssystems geändert. Banknoten ersetzten allmählich das Metallgeld. Mit ihrer fortschreitenden Verbreitung änderte sich ihr Charakter: Der Geldwert hängt nun vom Verhältnis zwischen Geldangebot und Geldnachfrage in einer Volkswirtschaft ab und nicht mehr wie früher vom Gold- oder Silbergehalt der Münzen.

Bis zum Ersten Weltkrieg herrschte eine Goldwährung im Sinne einer Goldkernwährung vor. Papiergeld bestand neben dem Währungsmetall. Das Papiergeld konnte aber jederzeit in Gold zur festgesetzten Goldparität, dem Verhältnis des Währungsgeldes zu einer Gewichtseinheit Gold, eingelöst werden. Die Zentralbank mußte eine bestimmte Goldmenge, die abhängig von der umlaufenden Geldmenge war, halten (Golddeckung). Bis zum Zweiten Weltkrieg galt dann die Golddevisenwährung, bei der die Notendeckung durch Gold und Golddevisen (Forderungen in einer anderen Währung, die bei ausländischen Notenbanken in Gold eingelöst werden kann) erfolgte.

DAS SYSTEM VON BRETTON WOODS

Nach dem Zweiten Weltkrieg hat die Konferenz von Bretton Woods ein neues Weltwährungssystem eingeführt, das aber seit 1971 gestört ist.

Die Konferenz von Bretton Woods und ihre Folgen. 1944 versammelten sich in Bretton Woods (USA) die Vertreter von 45 Staaten zu einer Währungs- und Finanzkonferenz. Sie nahmen die Tatsache zur Kenntnis, daß die Vereinigten Staaten die wirtschaftliche Vormachtstellung eingenommen hatten: Diese hielten 1945 70 % der weltweiten Goldreserven. Die Konferenz erneuerte die Prinzipien für das einwandfreie Funktionieren eines Weltwährungssystems: Konvertibilität der Währungen untereinander, Regel der festen Paritäten. Der amerikanische Dollar setzte sich aufgrund der Bedeutung der amerikanischen Wirtschaft als Leitwährung gegenüber dem Pfund Sterling durch: Er ist zu einem festen Satz (35 US-Dollar pro Unze) in Gold umtauschbar.

Im Jahr 1958 ist das in Bretton Woods eingerichtete System auf seinem Höhepunkt. Die meisten Industrieländer haben die letzten Hindernisse für die Konvertibilität ihrer Währungen beseitigt; die Währungen haben feste Paritäten zum Gold oder zum US-Dollar, und der Vorrang des Dollars ist unbestreitbar. Um ihre Wechselkurse innerhalb der vorgesehenen Bandbreiten (±1 %) zu halten, intervenieren Notenbanken durch Käufe oder Verkäufe von US-Dollar an den Devisenmärkten.

Die ersten Störungen zeigen sich 1960, dann 1967: Als Folge steigender Wettbewerbsfähigkeit besonders der westeuropäischen Länder und Japans sowie erhöhter Auslandsverpflichtungen der USA (wirtschaftliche und militärische Hilfe) verlor der US-Dollar im Lauf der 60er Jahre an Stärke. Um eine weitere Schwächung zu verhindern, wurde im März 1968 die Pflicht, den US-Dollar in Gold einzulösen, auf Notenbanken eingeschränkt, was eine Spaltung des Goldpreises zur Folge hatte.

Die Wende von 1971. Am 15. August 1971 hebt der Präsident der Vereinigten Staaten, Richard Nixon, die Goldkonvertibilität des Dollars auf, da die Goldabflüsse ungebremst anhielten. Die Zentralbanken der Industrieländer, die bis dahin die Begleichung der amerikanischen Schulden in Gold fordern konnten, müssen nun hierauf verzichten. Gegen die amerikanische Währung wird spekuliert, und am 18. Dezember 1971 wird der Dollar um 8 % gegenüber dem Gold abgewertet, während die Deutsche Mark und der Yen um 5 % aufgewertet werden. Die Schwankungsbreiten zwischen den wichtigsten Währungen steigen auf 2,5 %: Eine teilweise Flexibilität wird eingeführt.

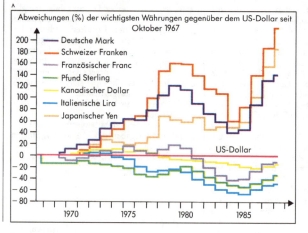

A · Die Schwankungen des Dollarkurses.

Zwischen 1967 und dem Ende der 80er Jahre hat der amerikanische Dollar gegenüber dem Schweizer Franken, der Deutschen Mark, dem Yen und dem Gold an Wert verloren. Sein Wert ist leicht angestiegen gegenüber dem kanadischen Dollar, dem französischen Franc, dem Pfund Sterling und der italienischen Lira. Die Regierungen und Notenbanken haben mit Vereinbarungen reagiert: Abkommen zur Unterstützung 1978, *Plaza-Abkommen* vom September 1985, *Louvre-Abkommen* vom Februar 1987

B · Dollar und internationale Liquidität.

Als internationale Liquidität (oder als Devisenreserven) bezeichnet man die von den Nationen verwendeten Zahlungsmittel für ihre Zahlungen. 1967 machte der amerikanische Dollar mehr als 80 % der internationalen Devisenguthaben aus, die restlichen 20 % waren Pfund Sterling, das damals noch eine Rolle als Leitwährung spielte. Ab 1971 wird der Dollar aufgrund der Aufgabe der festen Parität zu den anderen Währungen nicht mehr als ›gute Währung‹ angesehen; seine Stellung wird jedoch noch von keiner Währung angefochten. 1976 schlägt der Internationale Währungsfonds (IWF) eine neue Bezugswährung, die Einheit SZR (für Sonderziehungsrechte), vor, die aus einem Pool der wichtigsten nationalen Währungen besteht. Aber diese neue internationale Währung ist in den 80er Jahren noch immer nicht voll anerkannt. 1987 erscheint die Stellung des Dollars bedroht, da sein Gewicht nur noch 67 % ausmacht. Der US-Dollar bleibt internationale Leitwährung, neben der die anderen Währungen wie die Deutsche Mark oder der Yen einen immer breiteren Raum einnehmen.

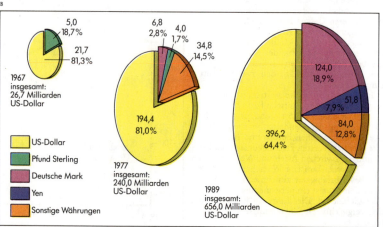

590

WELTWIRTSCHAFT

Das Ende des Systems. Der erste Schock der Wirtschaftskrise in den Jahren 1970–1980 betraf die Währungspolitik und zeigte sich in der Aufgabe der Regel der festen Paritäten. Am 13. Februar 1973 wird der Dollar gegenüber dem Gold erneut abgewertet: Die Parität sinkt von 38 US-Dollar pro Unze auf 42 US-Dollar pro Unze. Am 19. März wird die teilweise feste Parität mit den anderen Währungen abgeschafft: Der Dollar ›floatet‹; sein Kurs bildet sich nach Angebot und Nachfrage.

Ende Januar 1976 bestätigt die Konferenz auf Jamaika zwischen den Industrieländern die geschilderte Tatsache: Die *floatenden* oder *flexiblen Wechselkurse* werden zur Regel. Der US-Dollar wurde 1953 erstmals an der Frankfurter Devisenbörse notiert mit einem durchschnittlichen jährlichen Mittelkurs von 4,2000 DM je Dollar. Bis 1971 sank der Dollarkurs auf 3,4795 DM, bis 1973 auf 2,6590 DM und bis 1980 auf 1,8158 DM. Bis 1985 erholte sich der US-Dollar und erreichte einen Wert von 2,9424 DM. 1986 sank der Kurs wiederum, und zwar auf 2,1708 DM. Schließlich sank er Ende 1990 unter 1,50 DM.

Seit den 70er Jahren gibt es kein einheit-liches internationales Währungssystem mehr, obwohl die Institutionen des Bretton-Woods-Systems wie Internationaler Währungsfonds und Weltbank weiter bestehen. Die Gestaltung der Wechselkurse folgt keinen einheitlichen Grundsätzen. Statt dessen existieren mehrere Währungsblöcke wie das Europäische Währungssystem der EG-Staaten und eine internationale währungspolitische Zusammenarbeit im Rahmen von Währungskonferenzen und Weltwirtschaftsgipfeln (Tagungen der Staats- und Regierungschefs der wichtigsten westlichen Industriestaaten).

Währungen der Welt (Auswahl)

Staat	Währungseinheit und Untereinheiten		
Afghanistan	Afghani	Af	100 Puls (Pl)
Ägypten	Ägyptisches Pfund	ägypt£	100 Piasters (PT)
Albanien	Lek		100 Quindarka
Algerien	Algerischer Dinar	DA	100 Centimes (CT)
Angola	Kwanza	Kz	100 Lwei (Lw)
Argentinien	Austral	A	100 Centavos (c)
Äthiopien	Birr	Br	100 Cents (ct.)
Australien	Australischer Dollar	$A	100 Cents (c)
Bangladesh	Taka	Tk.	100 Poisha (ps.)
Belgien	Belgischer Franc	bfr	100 Centimes (c)
Belize	Belize-Dollar	Bz$	100 Cents (c)
Benin	CFA-Franc		
Birma	Kyat	K	100 Pyas (P)
Bolivien	Boliviano	Bs	100 Centavos (c)
Botswana	Pula	P	100 Thebe (t)
Brasilien	Cruzeiro	NCz$	100 Centavos
Bulgarien	Lew	Lw	100 Stótinki (St)
Bundesrepublik Deutschland	Deutsche Mark	DM	100 Deutsche Pfennig (Pf)
Burkina Faso	CFA-Franc		
Burundi	Burundi-Franc	F. Bu.	100 Centimes
Chile	Chilenischer Peso	chil$	100 Centavos
China	Renminbi Yuan	RMB. ¥	10 Jiao = 100 Fen
Costa Rica	Costa-Rica-Colón	₡	100 Céntimos (c)
Dänemark	Dänische Krone	dkr	100 Øre
Dominikanische Republik	Dominikanischer Peso	dom$	100 Centavos (cts)
Ecuador	Sucre	S/.	100 Centavos (Ctvs)
Elfenbeinküste	CFA-Franc		
Finnland	Finnmark	Fmk	100 Penniä (p)
Frankreich	Französischer Franc	FF	100 Centimes (c)
Gabun	CFA-Franc		
Gambia	Dalasi	D	100 Bututs (b)
Ghana	Cedi	₡	100 Pesewas (p)
Griechenland	Drachme	Dr.	100 Lepta
Großbritannien	Pfund Sterling	£	100 New pence/Pence (p)
Guatemala	Quetzal	Q	100 Centavos (cts)
Guinea	Guinea-Franc	F. G.	
Guinea-Bissau	Guinea-Peso	PG	100 Centavos
Haiti	Gourde	Gde.	100 Centimes (cts.)
Honduras	Lempira	L	100 Centavos (cts.)
Indien	Indische Rupie	iR	100 Paise (P.)
Indonesien	Rupiah	Rp.	100 Sen (S)
Irak	Irak-Dinar	ID	1 000 Fils
Iran	Rial	RI.	100 Dinars (D.)
Irland	Irisches Pfund	Irf£	100 New Pence/Pence (p)
Island	Isländische Krone	ikr	100 Aurar
Israel	Neuer Schekel	NIS	100 Agorot
Italien	Italienische Lira	Lit	100 Centesimi (Cent.)
Japan	Yen	¥	100 Sen
Jordanien	Jordan-Dinar	JD.	1 000 Fils (FLS)
Jugoslawien	Jugoslawischer Dinar	Din	100 Para (p)
Kambodscha	Riel	î	10 Kak = 100 Sen
Kamerun	CFA-Franc		
Kanada	Kanadischer Dollar	kan$	100 Cents (c)
Kenia	Kenia-Schilling	K. Sh.	100 Cents (cts)
Kolumbien	Kolumbianischer Peso	kol$	100 Centavos (c, cvs)
Kongo	CFA-Franc		
Kuba	Kubanischer Peso	kub$	100 Centavos (c)
Kuwait	Kuwait-Dinar	KD.	1 000 Fils
Laos	Kip		
Libanon	Libanesisches Pfund	L£	100 Piastres (P.L.)
Liberia	Liberianischer Dollar	Lib$	100 Cents (c)
Libyen	Libyscher Dinar	LD.	1 000 Dirhams
Luxemburg	Luxemburgischer Franc	lfr	100 Centimes (c)
Madagaskar	Madagaskar-Franc	FMG	100 Centimes (c)
Malawi	Malawi-Kwacha	MK	100 Tambala (t)
Malaysia	Malaysischer Ringgit	M$	100 Sen (c)
Mali	CFA-Franc		
Marokko	Dirham	DH	100 Centimes (C)

Staat	Währungseinheit und Untereinheiten		
Mauretanien	Ouguiya	UM	5 Khoums (KH)
Mexiko	Mexikanischer Peso	mex$	100 Centavos (C, cts)
Moçambique	Metical	MT	100 Centavos (CT)
Mongolische VR	Tugrik	Tug.	100 Mongo
Nepal	Nepalesische Rupie	NR	100 Paisa (P.)
Neuseeland	Neuseeland-Dollar	NZ$	100 Cents (c)
Nicaragua	Córdoba	C$	100 Centavos (c, cts)
Niederlande	Holländischer Gulden	hfl	100 Cent (c, ct)
Niger	CFA-Franc		
Nigeria	Naira	₦	100 Kobo (k)
Norwegen	Norwegische Krone	nkr	100 Øre (Ø)
Nordkorea	Won	₩	100 Chon
Oman	Rial Omani	R. O.	1 000 Baizas (Bz.)
Österreich	Schilling	S	100 Groschen (Gr, g)
Pakistan	Pakistanische Rupie	pR	100 Paisa (Ps)
Panama	Balboa	B/.	100 Centésimos (c, cts)
Papua-Neuguinea	Kina	K	100 Toea (t)
Paraguay	Guaraní	₲.	100 Céntimos (cts)
Peru	Inti	I/.	100 Céntimos
Philippinen	Philippinischer Peso	₱	100 Centavos (c)
Polen	Zloty	Zl	100 Groszy (Gr, gr)
Portugal	Escudo	Esc	100 Centavos (c, ctvs)
Rumänien	Leu	l	100 Bani
Ruanda	Ruanda-Franc	F.Rw	100 Centimes
El Salvador	El-Salvador-Colón	₡	100 Centavos
Sambia	Kwacha	K	100 Ngwee (N)
Saudi-Arabien	Saudi Riyal	S.RI.	20 Qirshes = 100 Hallalas
Schweden	Schwedische Krone	skr	100 Öre
Schweiz	Schweizer Franken	sfr	100 Rappen (Rp)/Centimes (c)
Senegal	CFA-Franc		
Sierra Leone	Leone	Le	100 Cents (c)
Simbabwe	Simbabwe-Dollar	Z.$	100 Cents (c)
Singapur	Singapur-Dollar	S$	100 Cents (c)
Somalia	Somalia-Schilling	So.Sh.	100 Centesimi (Cnt.)
Sowjetunion	Rubel	Rbl	100 Kopeken
Spanien	Peseta	Pta	
Sri Lanka	Sri-Lanka-Rupie	S.L.Re.	100 Sri Lanka Cents (S.L.Cts.)
Südafrika	Rand	R	100 Cents (c)
Sudan	Sudanesisches Pfund	sud£	100 Piastres (PT.)
Südkorea	Won	₩	100 Chon
Swasiland	Lilangeni	E [Plural: Emalangeni]	100 Cents (c)
Syrien	Syrisches Pfund	syr£	100 Piastres (PS)
Taiwan	Neuer Taiwan-Dollar	NT$	100 Cents (c)
Tansania	Tansania-Schilling	T.Sh.	100 Cents (Ct.)
Thailand	Bath	฿	100 Stangs (St., Stg.)
Tschad	CFA-Franc		
Tschechoslowakei	Tschechoslowakische Krone	Kčs	100 Haleru (h)
Tunesien	Tunesischer Dinar	tD	1 000 Millimes (M)
Türkei	Türkisches Pfund/Türkische Lira	TL.	100 Kuruş (krş.)
Uganda	Uganda-Schilling	U.Sh.	100 Cents (Ct.)
Ungarn	Forint	Ft	100 Filler (f)
Uruguay	Uruguayischer Neuer Peso	urugN$	100 Centésimos (cts)
USA	US-Dollar	US-$	100 Cents (c, ¢)
Venezuela	Bolívar	Bs.	100 Céntimos (c, cts)
Vereinigte Arabische Emirate	Dirham	DH	100 Fils
Vietnam	Dong	D	10 Hào = 100 Xu
Zaïre	Zaïre	Z	100 Makuta [Singular: Likuta (K)]
Zypern	Zypern-Pfund	Z£	100 Cents (c)

WELTWIRTSCHAFT

DIE LÄNDERGRUPPEN

WIRTSCHAFTSSYSTEME

Ein Wirtschaftssystem oder eine Wirtschaftsordnung ist die Gesamtheit der Rahmenbedingungen, innerhalb derer der Wirtschaftsprozeß abläuft, insbesondere die Art des Zusammenwirkens der einzelnen Wirtschaftssubjekte. Unterschieden werden die Wirtschaftssysteme vor allem nach der Art und Weise, wie die in einer arbeitsteiligen Wirtschaft notwendige Aufgabe, die Wirtschaftspläne der Haushalte und Unternehmen in Übereinstimmung zu bringen, gelöst wird. Idealtypische Formen sind die freie Marktwirtschaft und die Zentralverwaltungswirtschaft oder Planwirtschaft.

Seit dem Zweiten Weltkrieg treten drei große Kategorien von Wirtschaftssystemen hervor: marktwirtschaftlich orientierte Industrieländer (das kapitalistische Lager, ›Erste Welt‹), planwirtschaftlich orientierte Industrieländer (das sozialistische oder kommunistische Lager, ›Zweite Welt‹); die Entwicklungsländer oder ›Dritte Welt‹, die sich zum größten Teil blockfrei nennt und eine Eingliederung in das kapitalistische oder in das sozialistische Lager verweigert.

Die kapitalistischen Länder. Die Marktwirtschaft ist eine Wirtschaftsordnung, in der Art und Umfang der Produktion sowie die Verteilung der Produktionsergebnisse primär über den Markt und die dort erfolgende Preisbildung gesteuert werden. Voraussetzungen bzw. Bestandteile einer Marktwirtschaft sind Gewerbe- und Vertragsfreiheit, freie Wahl des Berufs- und Arbeitsplatzes (Bestehen eines Arbeitsmarktes) sowie freier Wettbewerb; dies setzt auch das Privateigentum an Produktionsmitteln mit voraus. Historisch gesehen waren damit u. a. die Beseitigung von Leibeigenschaft und Zunftordnungen Voraussetzung für die Durchsetzung einer Marktwirtschaft als Wirtschaftsordnung. Im Idealmodell einer freien Marktwirtschaft führt das auf persönlichen Vorteil gerichtete ökonomische Verhalten der einzelnen (Gewinn- und Nutzenmaximierung) über freie Konkurrenz zugleich zum höchsten Wohlstand für die Gesellschaft. Eine freie Marktwirtschaft in diesem idealtypischen Sinne existiert freilich ebensowenig wie das gegensätzliche Modell einer Planwirtschaft. Die Funktionsmechanismen einer solchen freien Marktwirtschaft führen selbst zur Beseitigung ihrer Grundlagen, zum Beispiel durch das Entstehen wirtschaftlicher Machtgruppen, die die Wettbewerbsordnung zumindest partiell in ihrer Wirkungsweise zu beeinträchtigen imstande sind. Dies war zugleich einer der ausschlaggebenden Hintergründe für das Modell einer sozialen Marktwirtschaft, das dem ökonomischen Wiederaufbau in der Bundesrepublik Deutschland als Ordnungsprinzip zugrunde lag. In diesem Modell kommt dem Staat die Aufgabe zu, sozial unerwünschte Ergebnisse der Marktwirtschaft zu korrigieren. Insbesondere hat der Staat den freien Wettbewerb gegen seine Gefährdungen zu sichern, die Einkommens- und Vermögensverteilung im Interesse der nicht am Wirtschaftsprozeß beteiligten Gruppen zu korrigieren, die Privatinitiative übersteigende Aufgaben zu übernehmen (z. B. Strukturpolitik, Bildungspolitik) sowie Konjunkturschwankungen durch seine Konjunkturpolitik zu dämpfen.

Von Kritikern dieser sozialen Marktwirtschaft wird – unter Hinweis auf ökonomische Ineffizienz, wie sie in Arbeitslosigkeit zu Tage trete – ein weitergehendes Eingreifen des Staates in das Wirtschaftsgeschehen für erforderlich gehalten, insbesondere eine stärkere staatliche Beeinflussung von Art, Richtung und Umfang der Investitionen.

Das sozialistische Lager. Die Geschwindigkeit, mit der sich der Kapitalismus entwickelte, die dadurch bewirkte Beschleunigung der Wirtschaftsentwicklung und die Ungleichheit, ja sogar das Elend, das er hervorrief, führten nach der industriellen Revolution zur Vision des Kommunismus und zum Konzept einer Planwirtschaft.

Die Planwirtschaft ist eine Wirtschaftsordnung, bei der das gesamte Wirtschaftsgeschehen von zentralen Organisationen aus nach einem einheitlichen Plan (Zeitplan) geleitet und gelenkt wird (deshalb auch Zentralverwaltungswirtschaft).

In einer Planwirtschaft ist der Staat der alleinige Planträger, während in der Verkehrs- oder Marktwirtschaft alle Haushalte und Unternehmungen eigene Pläne aufstellen, die durch den Marktmechanismus zu einem Gesamtplan koordiniert werden. Aufgabe der Planung im Rahmen der Planwirtschaft ist es, den künftigen Verlauf der Einzelprozesse in der Gesamtwirtschaft zu bestimmen. Der der Planung zugrunde liegende (Jahres-)Plan ist Teil mehrjähriger Wirtschaftspläne (›Perspektivpläne‹), die wiederum in Mehrjahresplänen (sehr oft Fünfjahresplänen) verwirklicht werden sollen. Der Gesamtplan enthält Teilpläne (Investitions-, Produktions-, Konsumtionsplan), die koordiniert sein müssen. Die Schwierigkeiten bestehen in der Informationsbeschaffung, in der Zielauswahl und in der Detaillierung der Planziele auf die Betriebe. Die Effizienz ist u. a. wegen der Bürokratisierung, des Fehlens eines Preissystems und geringer Leistungsanreize mangelhaft. Die Preise werden vom Staat festgesetzt und sollen indirekt die Betriebe steuern. Zur Planwirtschaft gehört daher ein Lenkungs- und Kontrollapparat, um alle an der Planverwirklichung Beteiligten mit Zwangsmaßnahmen den zentralen Planabsichten zu unterwerfen (Kommandowirtschaft).

Die Planwirtschaft wurde in der UdSSR in den 30er Jahren realisiert, dehnte sich auf deren Einflußbereich in Osteuropa, aber auch auf Asien (Nordkorea, Vietnam, Volksrepublik China) aus. Ende der 80er Jahre ist jedoch das sozialistische Lager in Osteuropa in Auflösung begriffen.

Die Dritte Welt. Die Anwendung des Begriffs ›Wirtschaftssystem‹ auf die Dritte Welt ist problematisch, da hier die Systeme äußerst heterogen sind. Diese Länder sind zum größten Teil aus der Entkolonialisierung hervorgegangen und werden als ›Dritte Welt‹ oder Entwicklungsländer bezeichnet. Ein Teil der ehemals kolonialisierten Länder nähert sich jedoch dem Westen an, vor allem die Länder Lateinamerikas und ein Teil Afrikas und Asiens. Ein Großteil der ehemaligen Kolonien nennt sich blockfrei und will sich weder in den Kapitalismus noch in den Sozialismus einordnen.

Das Wirtschaftssystem von Entwicklungsländern ist oft gekennzeichnet durch einen starken staatlichen Sektor, durch eine Entwicklungs- oder Wirtschaftsplanung und durch die Einbeziehung in das Weltwirtschaftssystem.

Allerdings gibt es keine ›Wirtschaftsdoktrin‹ der Blockfreiheit, die Führer sprechen vom eigenen Weg, von Selbstbestimmung trotz wirtschaftlicher Abhängigkeiten von den Industrieländern.

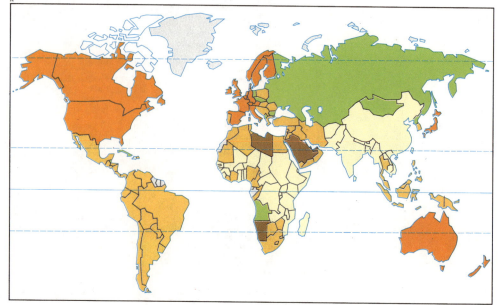

A · Die Ländergruppen nach BSP pro Kopf (1988).
Die Statistiken der Weltbank ordnen die Länder mit mehr als einer Million Einwohnern in Gruppen nach ihrem BSP pro Kopf ein, das als der wichtigste Indikator für den wirtschaftlichen Entwicklungsstand angesehen wird.

Ertrag pro Staat
- gering
- mittel
- hoch (Industriestaaten)
- hoch (erdölexportierende Staaten)
- sozialistische Staaten (nicht deklariert)
- keine Zahlenangaben

WELTWIRTSCHAFT

ENTWICKLUNGSSTAND

Die Einordnung der Länder in Gruppen nach ihrem Entwicklungsstand ist eine übliche Vorgehensweise, um neben den westlichen Industrieländern und den östlichen Industrieländern (›Staatshandelsländern‹) die Vielzahl der zum Großteil erst nach dem Zweiten Weltkrieg entstandenen Staaten wirtschaftlich zu charakterisieren.

Entwicklungsländer ist der zu Beginn der 50er Jahre geprägte Begriff für Länder, deren Entwicklungsstand im Vergleich zu dem der westlichen Industrieländer niedrig ist. Als Norm gilt dabei vor allem der wirtschaftliche Wohlstand der Industrieländer, der sich im Pro-Kopf-Einkommen (BSP je Einwohner) ausdrückt. Zur genaueren Abgrenzung von Entwicklungsländern und ›entwickelten‹ Ländern können Entwicklungsindikatoren herangezogen werden. Solche Indikatoren sind neben dem BSP pro Kopf die Lebenserwartung bei der Geburt, die Kindersterblichkeit, das Bevölkerungswachstum, die Produktionsstruktur, der Energieverbrauch, das tägliche Kalorienangebot und die Analphabetenquote. Durch unterschiedliche Gewichtung von Entwicklungsindikatoren oder Kriterien von ›Unterentwicklung‹ gelangen Vereinte Nationen, Weltbank und Development Assistance Committee (DAC) zu unterschiedlich gegliederten Länderlisten. Das DAC zählt zu den Entwicklungsländern alle Länder Afrikas (außer der Republik Südafrika), alle Länder Amerikas (außer USA und Kanada), alle Länder Asiens und Ozeaniens (außer Japan, Australien und Neuseeland) sowie in Europa Gibraltar, Griechenland, Jugoslawien, Malta, Portugal, die Türkei und Zypern. Die Weltbank unterscheidet nach dem Hauptkriterium BSP pro Kopf folgende Ländergruppen: Low income countries (Länder mit niedrigem Einkommen), Middle income countries (Länder mit mittlerem Einkommen), erdölexportierende Länder mit hohem Einkommen sowie marktwirtschaftliche Industrieländer und sonstige Länder (vor allem das bis 1989 bestehende sozialistische Lager). Die UNO führte (1970) für Entwicklungsländer die Bezeichnung Less developed countries (wenig entwickelte Länder) ein. Schwellenländer (Newly industrializing countries) sind jene Entwicklungsländer, von denen angenommen wird, daß ihr Entwicklungsstand so weit fortgeschritten ist, daß sie aufgrund ihrer wirtschaftlichen Eigendynamik und des exportorientierten Wachstums bei zunehmender Industrialisierung die Merkmale eines Entwicklungslandes selbst überwinden können (zum Beispiel Brasilien, Mexiko, Malaysia, Singapur). Kriterien für die Eingruppierung in die Gruppe der Least developed countries (am wenigsten entwickelten Länder) sind: ein BIP pro Kopf von höchstens 250 US-Dollar, ein Anteil von höchstens 10 % bei BIP an der industriellen Produktion und mehr als 80 % Analphabeten in der über 15 Jahre alten Bevölkerung. Die Gruppe der Most seriously affected countries (am schwerwiegendsten betroffene Länder) wurde nach der Preiserhöhung für Erdöl 1973 gebildet. Kriterien sind niedriges Pro-Kopf-Einkommen, scharfer Preisanstieg bei wichtigen Importen, geringe Exporterlöse, hoher Schuldendienst. Weitere Ländergruppen unter geographischen Gesichtspunkten bilden die Entwicklungsländer ohne Zugang zum Meer (Landlocked countries), durch ihre geographische Lage benachteiligte Inselstaaten sowie die afrikanischen Staaten in der Sahelzone.

EINE NEUE DARSTELLUNG DER WELT

Die durch die Krise der Jahre 1970–1980 eingeleitete Dynamik müßte zu einer Änderung der traditionellen Einteilung der Länder in Gruppen führen, sei es auf der Basis von Wirtschaftssystemen oder auf derjenigen der Geographie.

Das Ende der sozialistischen Systeme? In den 80er Jahren wurden die wichtigsten Kriterien des sozialistischen Systems in Frage gestellt. Konzepte der dezentralen Planung, des Marktes, des Gewinns und die Beziehungen zum kapitalistischen Lager sind in der Diskussion. Die Volkswirtschaften werden zum Teil radikal umstrukturiert.

Wirtschaftlich bleibt formal nur der staatliche Besitz der Produktionsmittel, was für sich allein kein sozialistisches System ausmacht: Ein kapitalistisches Land mit großem staatlichem Sektor ist noch kein sozialistisches Land. Desgleichen haben alle Länder der Dritten Welt unabhängig davon, ob sie wie Indien dem Sozialismus zuneigen oder liberal wie Kuwait und Taiwan sind, einen staatlichen Sektor entwickelt.

Einige marxistische Wirtschaftswissenschaftler haben eine neue Interpretation der Entwicklung des ›sozialistischen Systems‹ vorgeschlagen. Da der Industrialisierungsprozeß nicht von der privaten bürgerlichen Klasse vollzogen wurde, soll eine neue Klasse, die Bourgeoisie des Staates, der Motor gewesen sein. Der staatliche Besitz der Produktionsmittel soll ein Faktor eines späten Kapitalismus sein, wenn nur der Staat die für die Industrialisierung erforderliche Finanzierung aufbringen kann. Im sogenannten ›sozialistischen Wirtschaftssystem‹ sollte die proletarische Revolution mit der wirtschaftlichen Dynamik einhergehen.

Insgesamt zeigte die Krise in den 70er Jahren, die auch die sozialistischen Länder traf, eindeutig die Produktivitätsgrenzen dieser Länder am Ende ihrer ersten Industrialisierungsphase. Die wirtschaftlichen Umstrukturierungen in diesen Ländern machen die spezifischen Faktoren eines sozialistischen Wirtschaftssystems zunichte.

Das Ende des Nord-Süd-Gefälles? Ein weiteres Element ist das Aufkommen der neuen Industrieländer. Die vier südostasiatischen Länder (Südkorea, Taiwan, Hongkong und Singapur), Brasilien, Mexiko und Indien sind im Hinblick auf den Stand der Industrialisierung Länder, die nicht mehr zum ›armen Süden‹ gehören. Darüber hinaus nähern sie sich teilweise den ›ärmeren‹ westlichen Industrieländern. Eine weitere Ländergruppe Asiens hat ihren Aufstieg begonnen: die Philippinen, Thailand, Indonesien und Malaysia.

Anderseits verschärfen sich Armut und Hunger in vielen Staaten Schwarzafrikas und Asiens. Auch viele Staaten Lateinamerikas befinden sich in tiefgreifenden politischen und wirtschaftlichen Krisen. Selbst einige erdölexportierende Länder mußten nach dem Preisverfall für Rohöl Ende der 80er Jahre empfindliche Einkommenseinbußen hinnehmen. Die Entschärfung des Nord-Süd-Konflikts bleibt weiterhin eine politische Aufgabe und Herausforderung für die Zukunft.

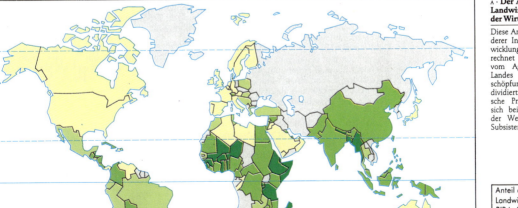

A · **Der Anteil der Landwirtschaft an der Wirtschaft (1988).** Diese Angabe, die ein anderer Indikator des Entwicklungsstandes ist, errechnet sich, indem die vom Agrarsektor eines Landes erbrachte Wertschöpfung durch das BIP dividiert wird. Methodische Probleme ergeben sich bei der Ermittlung der Wertschöpfung der Subsistenzwirtschaft.

Anteil der Landwirtschaft am BIP in %
- 0–9
- 10–19
- 20–30
- 40– und mehr
- keine Zahlenangaben

WELTWIRTSCHAFT

DIE INDUSTRIELÄNDER

GEMEINSAME MERKMALE DER INDUSTRIENATIONEN

Unabhängig von der gewählten Gruppeneinteilung der Länder wird die Spitze der Weltrangordnung von den Industrieländern eingenommen.

In diesen Ländern verringert sich der Anteil der Industrie an der Produktion kontinuierlich. Im Gegenzug hierzu expandiert der Dienstleistungssektor. Auf alle Fälle wird eine materielle Grundlage, selbst wenn sie mit einem hohen Niveau nicht materieller Qualifikation einhergeht, immer nötig sein. So überschwemmen Industriegüter (zum Beispiel Geräte der Bürotechnik) den Dienstleistungssektor, und weitere langlebige Gebrauchsgüter setzen sich im Privatsektor durch (Haushaltstechnik).

Der Begriff Industriemacht muß sich ändern, die Spitzentechnologien sind immer mehr an Dienstleistungsaktivitäten gebunden; aber das industrielle Potential bleibt grundlegend. Deswegen wird automatisch eine Verbindung zwischen einer großen Wirtschaftsmacht und einer großen Industriemacht hergestellt.

GROSSE WIRTSCHAFTSMÄCHTE

Ende der 80er Jahre sieht die Einordnung der Weltwirtschaftsmächte nach ihrem BIP wie folgt aus: Die Vereinigten Staaten, deren Vorrangstellung seit den 70er Jahren nicht mehr absolut ist, bleiben an der Spitze; ihnen folgen auf dem zweiten Platz Japan, die UdSSR (der Wert ist geschätzt), die Bundesrepublik Deutschland, Frankreich, Italien, Großbritannien, Kanada, die Volksrepublik China, Spanien, Brasilien, Australien, Indien, die Niederlande, die Schweiz, Mexiko und Südkorea.

Diese Aufzählung sagt noch wenig über regionale Faktoren aus, die Ende des 20. Jahrhunderts die Szenerie an der Spitze der Wirtschaftsmächte bestimmen: relativer Rückgang der amerikanischen Vormacht, Aufkommen eines großen asiatischen Industriezentrums, dessen Binnenmeer der Pazifik ist, Schaffung eines einheitlichen europäischen Wirtschaftsraumes.

Die Vereinigten Staaten. Ende der 80er Jahre erzeugen die USA noch etwa 40 % des BSP der Welt. Ihr Potential hat noch viele Ressourcen: Ihre Wirtschaft, bei der die Dienstleistungen bereits zwei Drittel ausmachen, macht sie noch immer zur ersten Industriemacht und zur größten Landwirtschaftsmacht in der Welt.

Die Jahre 1950–1960, die Jahre des ›American way of life‹, kennzeichneten die Blütezeit dieses Landes; das Produktions- und Konsummodell Amerikas setzte sich in der Welt durch. Ab Ende der 60er Jahre erschöpfte sich die Dynamik der amerikanischen Wirtschaft, und es traten Probleme auf.

Die Binnenwirtschaft teilt sich in mehrere Zonen auf: der Norden, der Anfang der 80er Jahre an Bedeutung verlor und Ende der 80er Jahre wieder wichtiger wird; der dynamischere Süden, der allerdings auch von der Entwicklung des Erdölpreises abhängig ist; der Westen, insbesonders Kalifornien mit seinem Wohlstand, hat sich in Richtung Pazifikküste orientiert.

Japan. Zwischen 1950 und 1985 verzeichnet Japan ein außergewöhnliches Wachstum mit einer Wachstumsrate des BSP von durchschnittlich etwa 8 %. Das vom Krieg stark geschädigte Japan hat, gemessen am BIP, Italien in den 50er Jahren, Großbritannien, Frankreich und die Bundesrepublik Deutschland in den 60er Jahren eingeholt.

Ende der 80er Jahre überholt Japan die UdSSR und wird zur zweiten Weltwirtschaftsmacht und zum dritten Weltexporteur nach den Vereinigten Staaten und der Bundesrepublik Deutschland. Sein BIP ist höher als die Hälfte des BIP der EG-Staaten und des BIP der Vereinigten Staaten.

Die Produktion hat sich in Japan auf einige spezielle Sektoren spezialisiert, woraus sich seine starke Position ergibt: Elektronik, Stahlindustrie, Fahrzeugbau. Der Prozeß der Multinationalisierung seiner Großunternehmen und Banken ist auch vorangekommen: zunächst in Asien, dann in den Vereinigten Staaten und schließlich in Europa in den 80er Jahren. Mit den neuen Industrieländern Südostasiens bildet es einen sich ergänzenden Block mit dem dynamischsten Wachstum der Welt.

Die ›zweigeteilte Wirtschaft‹ ist in Japan bereits eine Tatsache, da neben dem Spitzensektor der großen Industrieunternehmen und der Banken ein rückständiger Sektor fortbesteht. Allerdings vergrößert sich der Abstand nicht; es ist vielmehr eine gewisse Komplementarität entstanden. Insgesamt ist der allgemeine Lebensstandard der japanischen Bevölkerung rasch angestiegen.

Die UdSSR. Natürlich wird die Sowjetunion, gemessen am wirtschaftlichen Potential, bei den großen Wirtschaftsmächten eingeordnet. Die Funktionsweise ihrer Wirtschaft erfordert jedoch einige Kommentare. Die sie betreffenden Statistiken sind nicht vergleichbar: Man setzt das BSP aufgrund von Schätzungen auf den dritten Weltrang. Quantitative Gesichtspunkte der industriellen und landwirtschaftlichen Produktion haben Vorrang vor qualitativen Aspekten. Der Sektor der Konsumgüter wird vernachlässigt. Dagegen sind die Erfolge in den Bereichen Militär und Raumfahrt unbestreitbar. Die Zugehörigkeit der UdSSR zu einem System, das lange Zeit autark sein wollte, hat zu einem wachsenden globalen Rückstand im Vergleich mit den Industrieländern geführt. In den 80er Jahren ist die wirtschaftliche Öffnung eine unumgängliche Notwendigkeit.

Die Bundesrepublik Deutschland. Die Bundesrepublik Deutschland, eine Industrie- und Bankmacht, die ständig Ausrüstungsgüter exportiert, ist der dritte große Wirtschaftspol der westlichen Welt neben den Vereinigten Staaten und Japan.

Die Bundesrepublik Deutschland ist vierte Weltwirtschaftsmacht, zweiter Exporteur der Welt und erste europäische Macht; sie hat eine starke Stellung in der Stahlindustrie, der Elektrotechnik, dem Fahrzeugbau, der Elektronik und der Chemie. Sie weist bereits viele multinationale Unternehmen auf und ist das Land Europas, das sich als besonders dynamisch (›Wirtschaftswunder‹) und anpassungsfähig erwiesen hat. Nach der Vereinigung Deutschlands kommen neue Herausforderungen auf das Land zu.

Frankreich. Frankreich, die fünfte Weltwirtschaftsmacht, hat in den Jahren 1950–1960 von hohen Produktivitätsgewinnen profitiert, die auf Investitionen im Bereich der Ausrüstungsgüter beruhen.

Ab den 70er Jahren jedoch haben die Krise und der gleichbleibend hohe Verbrauch nach und nach Hemmnisse entstehen lassen. Ende der 80er Jahre liegt die Arbeitslosenquote bei etwa 10 % der erwerbstätigen Bevölkerung. Zur Senkung der Arbeitslosigkeit sind neue Investitionen und eine höhere Qualifizierung der Arbeitnehmer erforderlich.

Großbritannien. Die frühere Großmacht Großbritannien, die im 19. Jahrhundert die Welt beherrschte, hatte mit schwerwiegenden Strukturkrisen in Bergbau und Industrie zu kämpfen. Die Krise der Jahre 1970–1980 hat den Anpassungsdruck weiter erhöht.

Allerdings sind Ende der 80er Jahre mehrere Elemente als Trümpfe der britischen Wirtschaft anzusehen: weltweit starke multinationale Industrieunternehmen in der Chemie und der Nahrungsmittelproduktion; das finanzielle Potential des Finanzplatzes London, neue Industrien sowie Einnahmen durch die Erdölförderung aus den Feldern der Nordsee.

Durchschnittliche jährliche Wachstumsrate in der Industrie in %

	1965–80	1980–88
westliche Industriestaaten	3,1	2,2
BR Deutschland	2,8	0,4
Belgien	4,4	1,1
Dänemark	1,9	3,4
Frankreich	4,3	0,1
Griechenland	7,1	0,4
Großbritannien	−0,5	1,9
Irland		1,7
Italien	4,0	1,1
Niederlande	4,0	0,8
Portugal		1,0
Spanien	5,1	0,4
Österreich	4,3	1,1
Schweiz	−	−
Kanada	3,5	3,0
USA	1,7	2,9
Japan	8,5	4,9
Australien	3,0	2,2
erdölexportierende Staaten	6,3	− 0,1
Afrika südlich der Sahara	9,4	− 0,8
Ostasien	10,8	10,3
Südasien	4,4	7,3
Lateinamerika und Karibik	6,0	1,1
Entwicklungsländer mit niedrigem Einkommen	8,8	8,7
Entwicklungsländer mit mittlerem Einkommen	5,9	3,2
Entwicklungsländer mit gravierenden Schuldenproblemen	6,2	1,0
China	10,0	12,4
Indien	4,2	7,6

Bruttoinlandsprodukt ausgewählter Staaten in Millionen US-$ und Anteil am Bruttoinlandsprodukt aller Staaten* in %

	BIP	%
USA	4 847 310	28,5
Japan	2 843 710	16,7
BR Deutschland	1 201 820	7,1
Frankreich	949 440	5,6
Italien	828 850	4,9
Großbritannien	702 370	4,1
Kanada	435 860	2,6
Spanien	340 320	2,0
Australien	245 950	1,4
Niederlande	228 280	1,3
Schweiz	184 830	1,1
EG-Staaten	4 614 240	27,1
China	372 320	2,2
Indien	237 930	1,4
Brasilien	323 610	1,9
Mexiko	176 700	1,0
Südkorea	171 310	1,0

* Mitglieder der Weltbank.
Quelle: Weltbank.

WELTWIRTSCHAFT

DIE SOZIALISTISCHE WIRTSCHAFT

SOZIALISTISCHE PLANWIRTSCHAFT

Vor allem der kollektive Besitz der Produktionsmittel definiert ein sozialistisches Land. Die zentrale Planung ist erst aufgetreten, als der sowjetische Staat 1920 ein Programm der Elektrifizierung beschloß. Das Beispiel der sowjetischen Pläne zeigt die Mechanismen der sozialistischen Planwirtschaft.

Auf der Grundlage einer Reihe von Prioritäten wie Elektrifizierung oder Entwicklung eines industriellen Sektors bereiten die Organe der Planung den Plan vor. Es handelt sich dabei um das zentrale Planungsbüro (oder Gosplan), das Industrieministerium, die Unternehmen und die kommunistische Partei, die die Aufgabe der Kontrolle hat.

Die Pläne werden langfristig, mittelfristig (5 Jahre) oder kurzfristig (1 Jahr) erstellt. Der verbindlichste Plan ist der Jahresplan, der in Dreimonatsabschnitte eingeteilt ist. Die Pläne werden mit Hilfe der Methode der ›Bilanzen‹ erarbeitet. Eine Materialbilanz ist eine exakte Schätzung der Gütermenge, die produziert werden muß, sowie ihrer Verwendung. So umfaßt die Materialbilanz für Stahl (nach Mengen berechnet) die festgesetzten Produktionsziele und ihre Bestimmung in den einzelnen Ministerien oder Unternehmen.

Ausgehend von den vom Gosplan festgelegten Zielen beginnt dann eine Absprache mit den Ministerien und den Unternehmen, um die Ziele allmählich an den Bedarf und die Möglichkeiten der Wirtschaft anzugleichen. Es gibt weitere Bilanzen, die in Arbeit oder Einkommen berechnet werden.

Der Plan besteht aus einer Summe von Bilanzen, das heißt der großen, vom Staatskomitee festgelegten und von anderen Organen korrigierten Zielen. Die Fünfjahrespläne der 30er Jahre führten vorrangige Ziele auf: Der Plan 1928–1932 konzentrierte sich auf die Entwicklung des Energiesektors; der Plan 1933–1937 war der Stahlindustrie gewidmet. Die Pläne der 70er Jahre sind allgemeiner: Plan der technologischen Modernisierung (1971–1973); Plan der Qualitätsentwicklung (1976–1980).

Die Reformen der Planung bestanden eher darin, ihren zentralen Charakter zu vertiefen, um gegen Verschwendung anzugehen, als ihn zu lockern. Diese Interventionsmöglichkeiten des Staates und der Partei in die Wirtschaftsstrukturen hat sich eher als ein Hindernis denn als ein wirksames Mittel zur Koordination des Wirtschaftsablaufs erwiesen.

VERLANGSAMTES WACHSTUM IN EUROPA

Die Jahre 1970–1980 sind durch einen Rückgang der Wirtschaftsaktivität in den sozialistischen Ländern Osteuropas und der UdSSR gekennzeichnet. Ende der 70er Jahre sinken Einkommen, Investitionen und Produktivität.

Die sozialistischen Länder sind der Weltkrise nicht entgangen. Ab Ende der 60er Jahre wies die europäische sozialistische Modell erhebliche Strukturmängel auf, die mit den damaligen Reformen nicht beseitigt werden konnten. Die Wirtschaftskrise erfordert Umstrukturierungen nach Art Gorbatschows, die umso umfassender sein müssen, als sie die Kriterien der Definition des ›sozialistischen Systems‹ selbst berühren. Das wichtigste Kriterium, der kollektive Besitz der Produktionsmittel, ist national durch die Entwicklung der ›Genossenschaften‹, die kleine versteckte Unternehmen sind, und international durch die Heranziehung ausländischen Privatkapitals in Frage gestellt.

DIE SOZIALISTISCHEN LÄNDER ASIENS

In der sozialistischen Welt Asiens, die auch die Mongolei, Nordkorea, Vietnam, Laos und Kambodscha umfaßt, hat China eine Vorrangstellung.

In den 50er Jahren verfolgte China das Ziel, ein anderes Entwicklungsmodell als das der Sowjetunion einzurichten, das auf einer ausgewogenen Struktur zwischen Industrie und Landwirtschaft, einem vergleichbaren Aufschwung der Schwer- und Leichtindustrie und einem betonten wirtschaftlichen Voluntarismus beruhte (Schaffung von ›Volkskommunen‹, dörflichen Stahlwerken usw.).

Die Blockierung dieses Modells und der Tod Mao Zedongs 1976 haben zu tiefgreifenden Reformen in den 80er Jahren geführt, durch die die freien Märkte und die Privatunternehmen einen Aufschwung erlebten und besondere Industriezonen für ausländische Investitionen entstanden. So ist Ende der 80er Jahre in China, dem größten sozialistischen Land Asiens, wie in der UdSSR eine ›Umstrukturierung‹ zu beobachten, allerdings unter Betonung der kommunistischen Ideale.

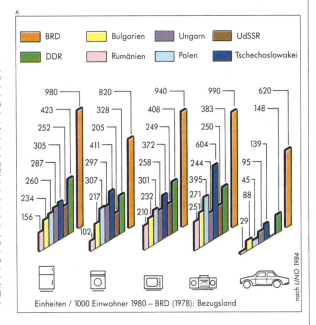

△ **Die Ausstattung der Haushalte mit dauerhaften Konsumgütern.**

In den 70er Jahren ist die Verbesserung des Ausstattungsgrads der Haushalte eindeutig, allerdings schwächer in der Tschechoslowakei und Polen. Ein Vergleich mit der Bundesrepublik Deutschland zeigt einen deutlichen Abstand. Die Qualität der Produkte, die Wartezeiten beim Kauf und der Anteil des Einkommens, der zum Erwerb eines Gutes aufgebracht werden muß, müssen in einen aussagekräftigen Vergleich einfließen. Geschieht das, so nimmt die Krise in den sozialistischen Ländern eigene Formen an: Knappheit, Parallelmärkte, negative Produktivität entsprechen hier der Arbeitslosigkeit und der Inflation in den kapitalistischen Ländern.

Einheiten / 1000 Einwohner 1980 – BRD (1978): Bezugsland

nach UNO 1984

UdSSR und Osteuropa: Basisdaten nach westlichen Schätzungen

Grundstatistiken über die UdSSR und die Länder Osteuropas.

In der UdSSR und den anderen Ländern Osteuropas überwiegt die Industrie in den Wirtschaftsstrukturen. (Nur Albanien macht hier eine Ausnahme mit einem geringen Industrialisierungsgrad und großem landwirtschaftlichem Sektor.)

		UdSSR	Bulgarien	Ungarn	Polen	DDR	Rumänien	CSSR	Albanien	Jugoslawien
Verteilung der Erwerbstätigen auf die Wirtschaftssektoren 1980 (in %)										
– Landwirtschaft		20	18	18	29	11	29	13	56	32
– Industrie		39	45	44	39	50	44	49	26	33
– Dienstleistungssektor		41	37	38	33	39	27	37	18	34
BSP pro Einwohner (in US-Dollar)	(1980)	4 550	4 150	4 180	3 900	7 180	2 340	5 820	840	2 620
	(1985)	–	–	1 950	2 050	–	–	–	–	2 070
Durchschnittliches Wachstum des BIP pro Jahr (in %)	(1970–1980)	–	7,1	5,4	8,9	4,8	8,6	5,1	–	5,8
	(1980–1985)	–	–	1,8	0,5	–	–	–	–	0,8

Nun ist ein Merkmal der fortgeschrittenen Industrieländer der große Anteil des Dienstleistungssektors. Weil der Dienstleistungssektor hier unterentwickelt ist, können die Länder Osteuropas auf einem mittleren Niveau in der Weltwirtschaft angesiedelt werden. In den 60er Jahren schien das ›sozialistische System‹ den amerikanischen Lebensstandard einzuholen. Die Erklärungen der sowjetischen Führer sagten ein bevorstehendes Aufholen voraus, die Tatsachen widersprachen ihnen allerdings. Im Sinne des Wachstums sind die 70er Jahre noch gute Jahre, aber das von der Planung geschaffene Bild (die Realität wird global alle 5 Jahre erfaßt) hat für einen Augenblick die Auswirkungen der weltweiten Krise verdeckt. In den 80er Jahren zeigen die verfügbaren Zahlen ausnahmslos eine schwere Krise: Rückgang der Produktion, Rückgang der Investitionen, Sinken der Produktivität. Das Problem liegt nicht im Einholen, sondern im Kampf gegen einen katastrophalen Niedergang. Die Anfänge der ›internen Umstrukturierung‹, die Suche nach ausländischen Investitionen und erste Ansätze zur Multinationalisierung in Richtung Westen sind Anzeichen einer tiefgreifenden Änderung, einer Umgestaltung der sozialistischen Planwirtschaft in eine Marktwirtschaft.

595

WELTWIRTSCHAFT

DIE DRITTE WELT

MERKMALE DER DRITTEN WELT

Die Dritte Welt ist das Ergebnis der Aufgabe der europäischen Kolonien. Diese Entwicklung begann in Lateinamerika und verstärkte sich Ende der 1940er Jahre. 1970 bestand nur noch das portugiesische Imperium, das sich fünf Jahre später auflöste. In der Dritten Welt leben 75 % der Weltbevölkerung und 90 % der Jugendlichen unter 15 Jahren. Diese Länder produzieren jedoch nur ein Sechstel der Weltproduktion.

Zwischen dem Ende des Zweiten Weltkriegs und den 70er Jahren wurde durch das allgemeine Wachstum ein gemäßigtes reales Wachstum in den nichtindustrialisierten Ländern, gemessen an der durchschnittlichen jährlichen Veränderung des BIP, möglich.

Die durchschnittlichen jährlichen Wachstumsraten der Entwicklungsländer sinken von 5,8 % zwischen 1965 und 1980 auf 4,3 % zwischen 1980 und 1988. Die Einteilung der Entwicklungsländer in Gruppen zeigt:
- Die Länder mit geringem Einkommen verzeichnen eine ansteigende Wachstumsrate (von 5,4 % auf 6,4 %);
- das Wachstum der stark verschuldeten Länder und der Länder Lateinamerikas geht massiv zurück (von 6,0 % auf 1,5 %);
- das Afrika südlich der Sahara stagniert in der wirtschaftlichen Entwicklung (von 4,8 % auf 0,8 %);
- hohe und steigende Wachtumsraten weisen die Staaten Ost- und Südasiens aus (7,2 % und 8,5 % bzw. 3,7 % und 5,1 %).

NEUE HIERARCHIE DER DRITTEN WELT

Während der Krise der Jahre 1970–1980 ergab sich eine gewisse Rangordnung zwischen den neuen Industrieländern, den erdölproduzierenden Ländern und den weniger fortgeschrittenen Ländern.
- Die neuen Industrieländer. Hierzu rechnet man im allgemeinen sieben Länder, die drei Viertel der Industrieexporte der Dritten Welt realisieren. Dies sind Brasilien, Indien, Mexiko, Südkorea, Singapur, Hongkong und Taiwan. Man kann Argentinien und die Türkei hinzuzählen.
- Die erdölproduzierenden Länder. Die Einnahmen aus dem Erdöl ermöglichten diesen Ländern, in den 70er Jahren ein hohes Pro-Kopf-Einkommen zu erzielen, das jedoch in den 80er Jahren wieder abnahm. Es handelt sich um die Produzentenländer des Mittleren Ostens: Saudi-Arabien, Kuwait, Oman, Vereinigte Arabische Emirate, Irak, Iran sowie Libyen, Algerien, Venezuela, Nigeria und Indonesien. Der Entwicklungsstand dieser Länder wird sich je nach der Verwendung der Erdöleinnahmen verbessern oder nicht.
- Die weniger fortgeschrittenen Länder. Dies sind die ärmsten Länder, die die untersten Positionen der Weltrangliste bezüglich des Pro-Kopf-Einkommens einnehmen: Moçambique, Äthiopien, Tschad, Tansania, Bangladesh, Malawi, Somalia, Zaire, Bhutan und Laos sowie alle anderen Länder, deren Pro-Kopf-Einkommen 1988 noch unter 545 US-Dollar lag.

INDUSTRIALISIERUNG DER DRITTEN WELT

Die steigende Zahl der industrialisierten Länder in der Dritten Welt ist ein wichtiges Merkmal für die Bildung einer neuen Rangordnung. Das Bruttosozialprodukt pro Kopf stellt Länder wie Singapur, Hongkong, Israel, Südkorea und Venezuela auf die gleiche Ebene wie manche Industrieländer, zum Beispiel Portugal, Griechenland, Spanien und Irland.

VERARMUNG

Die Vertiefung der Unterschiede zwischen den Ländergruppen ist ein Merkmal der Wirtschaftsentwicklung. Die Abstände bei der Weltrangliste könnten jedoch größer werden, ohne eine absolute Verarmung zur Folge zu haben. Das Gegenteil ist jedoch wahr: Wenn die Nahrungsmittelration als Indikator herangezogen wird, so stellt man fest, daß die Kalorienzufuhr pro Tag und Kopf zwischen 1965 und 1985 in 25 Ländern abgenommen hat (Mali, Togo, Guinea, Kambodscha, usw).

Das Problem nimmt weltweit an Bedeutung zu, denn der Gegensatz zwischen der Konzentration des Einkommens in den reichen Ländern einerseits sowie Elend, Hunger und Armut in den sehr armen Ländern andererseits führt zu sehr heiklen Situationen.

Ungleiche Entwicklung (1965–1988).
Die Dritte Welt ist von der Krise nicht überall gleich stark betroffen. Während das Afrika südlich der Sahara und die hoch verschuldeten Länder wie Argentinien eine Verschlechterung der Situation feststellen, verbessert sich die wirtschaftliche Situation für die asiatischen Schwellenländer sowie für Indien und die Volksrepublik China.

∧ · **Entwicklung der Nahrungsmittelmengen (1965–1985).**
Die Tatsache, daß viele Einwohner sich auf dem Niveau von Selbstversorgern befinden, führt zu einer absoluten Abnahme des Lebensstandards. Die Versteppung der Sahelzone liefert auch eine Erklärung für das Schicksal einiger afrikanischer Länder wie Äthiopien, Burkina Faso, Mali und Senegal.

Bevölkerung, Bruttosozialprodukt (BSP) je Einwohner, Wachstum und Inflation

	Bevölkerung in Mio	BSP je Einwohner in US-Dollar	Zuwachs des BSP in % 1965–1988	jährliche Inflationsrate in % 1965–1980	1980–1988
Länder mit niedrigem Einkommen	2 884,0	320	3,1	8,8	8,9
Länder mit mittlerem Einkommen	1 068,0	1 930	2,3	20,4	66,7
Länder mit niedrigem und mittlerem Einkommen	3 952,0	750	2,7	16,5	46,8
erdölexportierende Länder	593,3	1 500	2,0	15,1	21,4
Entwicklungsländer mit hohem Einkommen	33,1	8 380	3,1	15,9	10,8
Afrika südlich der Sahara	463,9	330	0,2	12,5	15,5
Länder mit gravierenden Schuldenproblemen	495,5	1 730	2,0	28,3	107,9
westliche Industrieländer (OECD)	751,1	17 470	2,3	7,7	4,7

Quelle: Weltbank

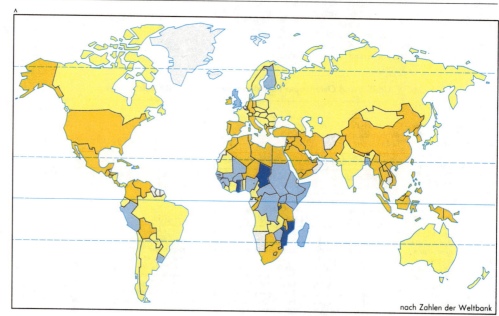

täglicher Kalorienverbrauch pro Ew.
Zunahme
- mehr als 10%
- weniger als 10%

Abnahme
- mehr als 10%
- weniger als 10%
- keine Zahlenangaben

nach Zahlen der Weltbank

WELTWIRTSCHAFT

DIE WIRTSCHAFTSKRISE

ERSCHÜTTERUNGEN DER WIRTSCHAFT

Anfang der 70er Jahre zeigten Vorboten der Krise, daß das starke Wachstum der Nachkriegszeit seine Grenzen erreicht hatte. Die gesamte, seit 1970 instabiler gewordene Wirtschaft erlebte Erschütterungen, die sie schwächten: Währungsschock mit dem Ende des Weltwährungssystems (1971 bzw. 1973), finanzieller Schock mit der Zahlungsunfähigkeit eines Teils der Dritten Welt ab 1982, Börsenschock von 1987.

Diese Ereignisse sind lediglich besonders markante Einschnitte in der weltwirtschaftlichen Entwicklung; sie sind nicht die Ursache einer globalen Wirtschaftskrise.

Die Währungsschocks. Im August 1971 heben die Vereinigten Staaten die Goldkonvertibilität des Dollars auf. Der Dollar, der soviel wert war wie Gold (*good as gold*), kann von nun an nicht mehr gegen diese Metallwährung von den ausländischen Zentralbanken eingetauscht werden.

Im Dezember 1971 wird der Dollar erstmalig abgewertet. Dies geschieht erneut 1973. Seit diesem Zeitpunkt ist sein Wert nicht mehr fest: Er ›floatet‹.

Durch diesen doppelten Währungsschock zerfällt das Weltwährungssystem, das 27 Jahre lang funktioniert hatte (siehe Seite 590–591).

Diese Schocks sind keineswegs die Ursachen der Krise. Sie spiegeln nur ihre währungspolitische Seite wider: zunächst das Ende der absoluten Vormachtstellung des Dollars, dann den Beginn einer Zeit instabiler Wechselkurse.

Die Erdölkrisen. Die Volkswirtschaften der westlichen Industrieländer, der Länder im Osten und der Dritten Welt haben von 1945 bis in die 70er Jahre auf der Grundlage von Energiestrukturen funktioniert, die völlig vom Erdöl beherrscht wurden. Fabriken, Transportwesen, Heizung hingen vorwiegend von Erdölprodukten ab.

Bis 1970 ist die Tendenz der Erdölpreise aufgrund der sinkenden Produktionskosten fallend, da die multinationalen Firmen, allen voran die angelsächsischen ›Majors‹, noch die Erdölproduktion samt Preisfestsetzung kontrollieren.

Zwischen 1970 und 1973 schließen sich die Exportländer vor allem in der Organisation erdölexportierender Staaten OPEC zusammen, um ihre Macht gegenüber den ›Majors‹ durchzusetzen. Sie können dadurch Ende 1973 eine Vervierfachung der Preise erzwingen. 1979 überschreitet der Preis pro Barrel, der 1973 bereits von 3 auf 12 US-Dollar gestiegen war, 15 US-Dollar und erreicht 1981 etwa 35 US-Dollar.

Für die gesamte Weltwirtschaft ergibt sich daraus ein Anstieg der Produktionskosten. Dieser Schock ist um so stärker, als er eine instabile Weltwirtschaft trifft.

Die Verschuldung der Dritten Welt. 1982 kann Mexiko, ein Land der Dritten Welt mit etwa 100 Milliarden Dollar Schulden, bei den internationalen Währungsinstitutionen und den multinationalen Banken seine Schulden nicht mehr begleichen. Sofort erwartet die internationale Finanzwelt Konkurse von Kreditinstituten. Erinnerungen an die Weltwirtschaftskrise von 1929 werden wach.

Aber 1982 ist nicht 1929, und die Finanzwelt unterliegt nicht mehr dem Zwang der Konvertibilität des Papiergeldes in Gold. Die Zentralbanken verfügen über einen größeren Handlungsspielraum und können intervenieren, um Katastrophen zu vermeiden. Dies ist der Fall, als die amerikanische Bank Continental Illinois de facto verstaatlicht wird, um ihren Konkurs zu verhindern. Mexiko wird geholfen, indem seine Schulden unter neuen Bedingungen neu gestaffelt werden.

Fast alle lateinamerikanischen Länder, einige afrikanische und einige asiatische Länder, deren Auslandsschulden sich insgesamt auf Hunderte von Milliarden Dollar belaufen und die drohen, rückzahlungsunfähig zu werden, befinden sich in der gleichen Lage.

Diese beunruhigende Verschuldung legt die Idee nahe, die Dritte Welt sei für die weltweite Instabilität der Währungen verantwortlich. Tatsächlich ist jedoch die Situation der 80er Jahre zum größten Teil Produkt der seit den 70er Jahren schwelenden Krise.

Aufgrund der Abnahme der Rentabilität in den Industrieländern haben die großen multinationalen Banken in den 70er Jahren einigen Staaten der Dritten Welt wie Mitgliedern der OPEC, darunter Mexiko, und anderen sehr dynamischen Staaten wie Brasilien und den Philippinen großzügig Kredite gewährt.

Erst zu Beginn der 80er Jahre wird die Dritte Welt von der Krise erfaßt: Nun beginnt ihre Verschuldung, Probleme aufzuwerfen. Der Schock wird in den 80er Jahren jedoch langsam durch einige Umschuldungsmaßnahmen gemildert. Ein Teil der Schuld der ärmsten Länder wird diesen sogar erlassen.

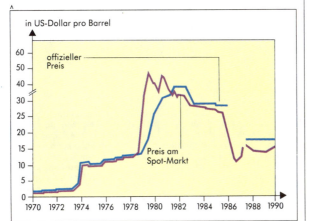

A · Der Preis für Arabian Light.
Der Preis des Arabian Light ist der Bezugspreis für Rohöl aus Saudi-Arabien. Er dient zur Festsetzung des offiziellen Preises der OPEC. Der Spotpreis wird auf dem freien Markt in Rotterdam gebildet. Der Spotpreis verstärkt die Schwankungen des offiziellen Preises. 1973 wurde der offizielle Preis vervierfacht und 1979 noch einmal verdreifacht. Ab 1984 jedoch stabilisiert sich der offizielle Preis; der Spotpreis sinkt 1986 auf 12 US-Dollar pro Barrel.

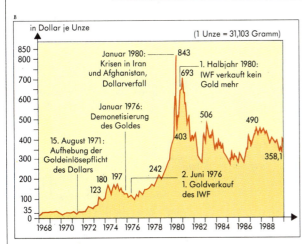

B · Der Preis für die Unze Gold.
Die Funktion des Goldes als Währung wurde in zwei Phasen aufgegeben:
– am 15. August 1971 hebt Präsident Nixon die Goldkonvertibilität des Dollars auf;
– im Januar 1976 wird bei dem Jamaika-Abkommen die Demonetisierung des Goldes im Rahmen des Internationalen Währungsfonds offiziell. Die damit vollzogene Aufgabe der Goldwährung ist wahrscheinlich endgültig. Seit 1976 schwanken die Goldpreise ebenso wie die jedes anderen, der Spekulation ausgesetzten Gutes.

C · Die Verschuldung der Dritten Welt.
Die großen multinationalen Banken haben erhebliche Kapitalbeträge vor allem an die Länder der Dritten Welt verliehen, die sie nicht nur für zahlungsfähig hielten, sondern die auch eine lebhaftere Wirtschaftsdynamik als die größten Industrienationen in den 70er Jahren aufwiesen. Es handelt sich dabei um lateinamerikanische Schwellenländer wie Mexiko und Brasilien, asiatische und einige afrikanische Länder. Diese und andere Entwicklungsländer haben ähnliche Zahlungsschwierigkeiten wie Mexiko 1982. Diese Schwierigkeiten führten zu einer internationalen Schuldenkrise. Pläne zur Umschuldung, zur Umwandlung in Direktinvestitionen oder sogar zum Schuldenerlaß sind Ende der 80er Jahre an der Tagesordnung.

Der Börsenschock. Seit 1982 konzentriert sich die Spekulation auf die großen Finanzplätze, zu denen das Kapital strömt. Die Börsenkurse der Aktien steigen weltweit stark bis zum Oktober 1987, als spekulative Übertreibungen zu einem weltweiten Kurssturz führen.

Das Ereignis tritt zuerst in New York ein, denn die amerikanische Wirtschaft weist Schwächen auf: Das Leistungsbilanzdefizit und die Höhe der staatlichen Verschuldung zeigen, daß das Land über seine Verhältnisse lebt.

WELTWIRTSCHAFT

DIE WIRTSCHAFTSKRISE

Der Verbund der internationalen Finanzmärkte, der auf Tag und Nacht gesendeten Satellitennachrichten beruht, überträgt den Schock sofort auf die anderen Finanzplätze: Die schlechten Nachrichten für die Märkte nehmen zu. Der Börsenschock von 1987 zeigte, daß Börsen und Banken für eine Krise noch nicht ausreichend organisiert waren, wenngleich auch eine Weltwirtschaftskrise wie 1929 verhindert werden konnte. Mittlerweile sind an den Börsen zum Teil durch Gesetze besondere Sicherungsmaßnahmen bei Börsenkrisen geschaffen worden.

INDIKATOREN DER KRISE

Die Anfang der 70er Jahre aufgetauchten Vorboten (s. Seiten 576–577) üben weiterhin ihre Funktion als Krisenindikatoren aus. Es handelt sich dabei um die Inflation, die Stagnation der Unternehmensgewinne, die Ausbreitung des technischen Fortschritts mit neuen Produkten und Verfahren, die fortschreitende Konzentration und Multinationalisierung der Unternehmen und Banken sowie den Anstieg der Arbeitslosigkeit.

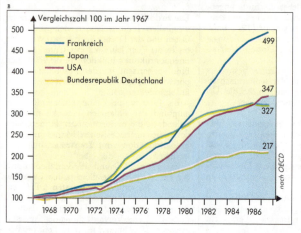

B · **Die Verbraucherpreise.** Die allgemeine Tendenz in der Entwicklung der Verbraucherpreise ist vom Ende der 60er Jahre bis zum Anfang der 80er Jahre gleichmäßig steigend. 1982–83 kann man eine durchschnittliche Verlangsamung der Inflationsbewegung feststellen. Lag der durchschnittliche jährliche Anstieg 1960–1970 in den EG-Ländern bei 3,5 %, so erhöhte er sich 1970 bis 1980 auf 9,4 % und betrug 1980–1987 8,2 %; 1989 lag der Wert bei 5,1 %.

WARUM DER BÖRSENKRACH?

Am 19. Oktober 1987 kam es weltweit zu einem überraschenden, sehr starken Rückgang der Aktienkurse an den internationalen Börsen, der einen bis November anhaltenden Kursverfall einleitete. Der Wert des Dow-Jones-Aktienindex an der New York Stock Exchange fiel am 19. Oktober 1987 von 2 246 auf 1 738 Punkte (das sind −22,6 %).

Unmittelbarer Anlaß für den Kurssturz waren Äußerungen des damaligen amerikanischen Finanzministers J. Baker, der die deutsche Wirtschaftspolitik kritisierte. Bakers Äußerungen wurden auch als mangelnde Entschlossenheit der USA interpretiert, international bei der Lösung der außenwirtschaftlichen Ungleichgewichte (hohes Leistungsbilanzdefizit der USA, hohe Überschüsse Japans und der Bundesrepublik Deutschland) zusammenzuarbeiten. Die aufkommende Panik wurde verstärkt durch den sehr kurzfristig orientierten, spekulativen ›Programmhandel‹ mit Hilfe von Computern, die automatisch Verkaufsorders gaben. Die Aktienkurse galten zudem als spekulativ überhöht. Der Börsenkrach von 1987 war in erster Linie eine Finanzkrise.

Die Inflation. Sie ist ein anhaltender Prozeß der Geldentwertung, der seinen Ausdruck in einem Anstieg des allgemeinen Preisniveaus findet. Nicht als Inflation gelten einmalige, vorübergehende, durch ungewöhnliche Vorkommnisse (z. B. Mißernten, Streiks) verursachte Preisniveauerhöhungen sowie Preissteigerungen für bestimmte Güter oder Produktionsfaktoren. Die Inflation wird gemessen an einem Anstieg des die allgemeine Preisniveau am besten widerspiegelnden Preisindex (z. B. Preisindex für die Lebenshaltung, Preisindex des Sozialprodukts). Der prozentuale Anstieg des Preisindex in einem bestimmten Zeitraum wird als Inflationsrate bezeichnet. Bei Metallwährungen zeigen sich inflationäre Prozesse in einem schrumpfenden Gold- und Silbergehalt der Münzen; bei dem heutigen vorwiegend stoffwertlosen Geld (Banknoten) kommen sie darin zum Ausdruck, daß die Kaufkraft der Banknoten wegen steigender Güterpreise rückläufig ist.

Nach dem Zweiten Weltkrieg blieben die Preissteigerungen in den meisten Industrieländern auf vergleichsweise niedrigem Niveau. Nachdem in den 70er Jahren – nicht zuletzt verursacht durch die beiden starken Erhöhungen der Erdölpreise – der Verbraucherpreisanstieg weltweit stark zugenommen hatte (in den Industrieländern 1970: 5,8 %; 1974: 13,4 %), setzte in den 1980er Jahren in den Industrieländern ein Disinflationsprozeß ein: Vor allem durch eine restriktive Geldpolitik wurde die Inflationsrate von (1980) 13,0 % auf (1988) 3,8 % zurückgeführt. Damit ist aber das Inflationsproblem weltweit keineswegs gebannt. Besonders in den Entwicklungsländern signalisieren steigende Inflationsraten ungelöste wirtschaftliche Anpassungsprobleme. Die durchschnittliche Inflationsrate in den Entwicklungsländern, die 1980 bei 27,4 % gelegen hatte, erreichte 1988 einen Wert von 90,0 %.

Die Stagnation der Gewinne. Die Verlangsamung der Produktivitätszuwächse ist der Grund, weswegen eine Wirtschaft auf Schwierigkeiten stößt, die zum Sinken der Wachstumsraten bei Produktion und Einkommen führen. Auch die Rentabilität der Unternehmen nimmt ab.

Die Stagnation der Gewinne zeigte sich ab Ende der 60er Jahre in den wichtigsten Industrieländern. Das Sinken der Produktivitätszuwächse hätte jedoch gleichzeitig zu geringeren Lohn- und Gehaltzuwächsen führen müssen. Dies wurde in den meisten Ländern bis Anfang der 80er Jahre nicht beobachtet. Dieser Faktor verschlechterte die Gewinnsituation. Die Gewinnsituation der Unternehmen verbessert sich aber grundlegend in den 80er Jahren in Zusammenhang mit dem dauerhaften wirtschaftlichen Aufschwung in den westlichen Industrieländern.

Der technische Fortschritt. Technologische Revolutionen sind die notwendigen Voraussetzungen, um die von einer Wirtschaft erreichten Grenzen der Produktivität zu überschreiten. Sie ändern den Hintergrund der Produktion sowie anderer Wirtschaftsfunktionen.

In den Jahren 1970–1980 breiteten sich die neuen Technologien, die Ende der 60er Jahre aufgetaucht waren, weiter aus: Elektronik und Informatik, neue Werkstoffe, neue Energiefor-

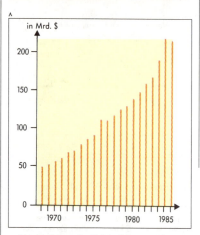

A · **Das Guthaben des Fed in Schatzanweisungen.** Ausländische Zentralbanken und die amerikanische Zentralbank (Federal Reserve Board, genannt Fed) halten Guthaben an Schatzanweisungen, die jeweils 10 % der Schuld ausmachen. Diese zweifache Unterstützung erlaubt es der amerikanischen Staatskasse, eine wachsende Anzahl von Wertpapieren auszugeben, um die Defizite zu finanzieren.

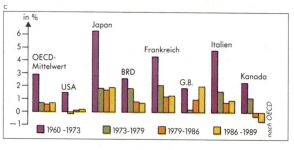

C · **Die Produktivität.** In den 60er Jahren der Expansion liegt das Wachstum der gesamtwirtschaftlichen Produktivität (Arbeit, Kapital) in den Industrieländern im Durchschnitt nahe bei 3 %. Ab den 70er Jahren liegen die Produktivitätszuwächse im Durchschnitt unter 1 %.

WELTWIRTSCHAFT

men, Raumfahrttechnologien und Biotechnologien. Sie erzeugen ein explosionsartiges Angebot neuer Produkte, ihr Einsatz verändert jedoch die Industrien. Zum Beispiel engagiert sich ein Chemieunternehmen durch die Produktion von Magnetbändern im Elektronikbereich; ein Chemiker, der Impfstoffe mittels Biotechnologien herstellt, dringt in die Sektoren Pharmazie und Nahrungsmittel ein.

Konzentration und Multinationalisierung. Die durch die Finanzierung der neuen Technologien notwendig gewordene Konzentration setzt sich in den 70er Jahren fort und erreicht in den 80er Jahren ein außergewöhnliches Ausmaß. Ihre finanzielle Form ist besonders beeindruckend, und Wellen von Fusionen und Unternehmenskäufen über die Börse folgen an den amerikanischen und europäischen Börsenplätzen aufeinander. Japan ist am wenigsten betroffen, weil seine großen Unternehmen bereits in hohem Maße konzentriert sind und seine industrielle Umstrukturierung eher durch das inländische Wachstum erfolgt.

Die Arbeitslosigkeit. Arbeitslosigkeit beschreibt ein Ungleichgewicht am Arbeitsmarkt, bei dem die angebotene Art und Menge von Arbeitsleistungen die nachgefragte Art und Menge von Arbeitsleistungen übersteigt, so daß ein Teil der Erwerbspersonen zeitweise ohne Beschäftigung ist. Produktionstheoretisch bedeutet Arbeitslosigkeit eine Unterauslastung des Produktionsfaktors Arbeit: Das vorhandene Arbeitskräftepotential wird nicht vollständig zur Produktion von Gütern und Diensten genutzt (Unterbeschäftigung). Aus wirtschaftspolitischen, aber auch aus sozial- und gesellschaftspolitischen Gründen (materielle Not, Verlust an Selbstvertrauen als mögliche Auswirkungen) ist die Verfolgung des Ziels Vermeidung von Arbeitslosigkeit und Gewährleistung eines hohen Beschäftigungsstandes (Vollbeschäftigung) eine politische Notwendigkeit.

Seit Mitte der 1970er Jahre ist die Arbeitslosigkeit in fast allen Industrieländern ständig gestiegen. In der EG waren (1985) 12,7 Millionen oder 11,2 % der Erwerbspersonen arbeitslos. In den OECD-Ländern betrug die Arbeitslosenquote im Jahr 1985 durchschnittlich 8,1 %. Die Werte streuen allerdings von 1,2 % in der Schweiz bis 21,4 % in Spanien. Kennzeichnend für die Arbeitslosigkeit in Industrieländern ist das Verharren auf hohem Niveau bis Mitte der 80er Jahre trotz wirtschaftlichen Aufschwungs und die starke Zunahme zu Beginn der 80er Jahre. Erst gegen Ende der 80er Jahre entspannt sich die Lage auf den Arbeitsmärkten (Arbeitslosenquote in der EG 1989: 9,7 %). In den OECD-Ländern streuen die Quoten von 0,5 % in der Schweiz bis 17,0 % in Spanien.

ERKLÄRUNGEN FÜR DIE KRISE

Die krisenhaften Entwicklungen stehen in Zusammenhang mit tendenziell sinkender Produktivität, zunehmender weltwirtschaftlicher Vernetzung und Problemen bei der Anpassung an wirtschaftliche Strukturveränderungen. Die verschiedenen *Erschütterungen* der Wirtschaft in den Jahren 1970–1980 sind Auswirkungen der Krise wie die Komplikationen einer Krankheit. Die *Indikatoren* sind ihre Symptome.

Es wurden allerdings auch andere Erklärungen für die Krise gefunden. Diese heben das schlechte Funktionieren der Märkte und die Starrheit beispielsweise der Löhne und Gehälter hervor; das ist die Erklärung der Liberalen. Dagegen sieht die marxistische Meinung im Sinken der Gewinnraten die Anzeichen für das Ende des Kapitalismus. Die Erklärungen im Sinne von ›Zufall‹ oder ›Verantwortliche‹ sind zahlreich. Sie führen die Krise auf ein mangelhaftes Weltwährungssystem seit 1971, auf die Erdölkrisen, auf die Lohnforderungen, auf die Konkurrenz durch Produkte aus der Dritten Welt, auf die multinationalen Unternehmen oder auf die Allgegenwärtigkeit des Staates zurück.

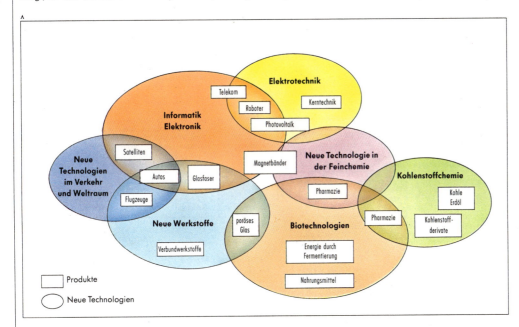

A · Eine neue Industrielandschaft.

Die früher üblichen Sektoren (Elektrotechnik, Chemie, Energie und Nahrungsmittel) werden aufgrund der Strategieänderung der Unternehmen, die auf der technologischen Revolution beruht, neu definiert. Es tauchen neue Sektoren auf, die nicht den alten gleichen, wie die der Elektronik-Informatik, der Biotechnologien oder der Kohlenstoffchemie. Ihr gemeinsamer Nenner ist die Entwicklung einer neuen Technologie. Ein Unternehmen zum Beispiel, das seine Tätigkeiten in der Elektronik ausbaut, kann künstliche Satelliten, Roboter oder Telekommunikationsanlagen herstellen; ein anderes in der Biotechnologie kann Impfstoffe, Getränke oder Energie aus Gärung produzieren. Es handelt sich um Strategien, die die Wettbewerbsfähigkeit erhalten.

B · Die Arbeitslosigkeit.

Der Anstieg der Arbeitslosigkeit in den Ländern der OECD erreicht 1982–83 seinen Höhepunkt. Das Schaubild verdeutlicht einen langsamen Rückgang nach 1983, macht aber auch unterschiedliche Situationen deutlich. Die europäischen Daten verschlechtern sich im Durchschnitt bis 1986/87. Erst 1989 geht die Arbeitslosenquote der EG-Staaten deutlicher zurück. Die Situation Japans ist dagegen mit einer der geringsten Arbeitslosenquoten günstig. Die niedrigsten Arbeitslosenquoten verzeichnet die Schweiz; hohe Quoten haben Spanien und Irland.

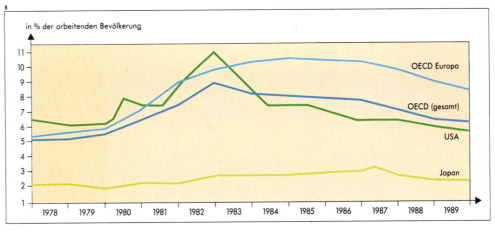

599

WELTWIRTSCHAFT

DIE MULTINATIONALEN UNTERNEHMEN

IN RICHTUNG AUF EINE WELTWIRTSCHAFT

Der Prozeß der internationalen Verflechtung der Unternehmen und Banken (›Multinationalisierung‹ oder ›Globalisierung‹) verändert stark die Weltwirtschaft.

Ein multinationales Unternehmen ist ein Industrie- oder Dienstleistungsunternehmen, das über Produktionsstätten und Niederlassungen in mehreren Staaten verfügt, einen großen Teil seiner Umsätze im Ausland tätigt und das seine Unternehmensinteressen (Beschaffung, Investition, Produktion, Finanzierung, Absatz) weltweit (zumindest in mehreren Kontinenten) plant. Diese Definition ist enger als die der UNO. Danach gilt als multinationales Unternehmen jedes Unternehmen, das in zwei oder mehr Ländern einen Betrieb kontrolliert. Für 1980 kommt die UNO auf rund 10 000 multinationale Unternehmen mit insgesamt fast 100 000 Tochtergesellschaften (davon 34 000 im Besitz von US-Unternehmen). Die UNO-Definition erfaßt auch die rasch zunehmende Zahl grenzüberschreitender Unternehmensaktivitäten im Gemeinsamen Markt der EG, bei denen jedoch mit der Verwirklichung des Binnenmarkts wichtige Merkmale der Multinationalität an Bedeutung verlieren. Die hier vorgeschlagene Definition grenzt Unternehmen aus, die lediglich ein globales Vertriebsnetz zum Absatz ihrer in einem Lande konzentrierten Produktion unterhalten, macht die Kennzeichnung als multinationales Unternehmen jedoch nicht von einer Mindestbetriebsgröße (wichtigste Kriterien sind Umsatz, Beschäftigte) abhängig. Gleichwohl wird mit der Bezeichnung ›Multi‹ eher an Großunternehmen mit einem gewissen Bekanntheitsgrad gedacht. Multinationale Unternehmen entstehen durch internationale Kapitaltransaktionen (Direktinvestitionen) bei der Neugründung oder beim Kauf bestehender Betriebe, im Gefolge auch durch den Transfer von Personal und technisch-organisatorischem Wissen. Die Auslandsniederlassungen sind oft als Tochtergesellschaften rechtlich verselbständigt, d. h. es handelt sich fast immer um einen multinationalen Konzern. Der Prozeß der Multinationalisierung läuft meist in mehreren Phasen ab.

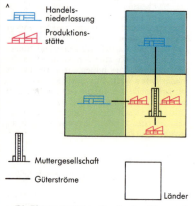 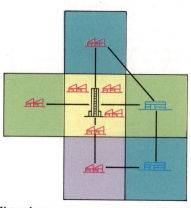 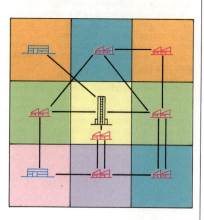

Legende: Handelsniederlassung — Produktionsstätte — Muttergesellschaft — Güterströme — Länder

A · Die Phasen der internationalen Ausdehnung eines Unternehmens.

In einer ersten Phase bauen viele Unternehmen der Industrieländer in den Ländern, in die sie exportieren, ein Handelsnetz auf.

In einer zweiten Phase dehnt sich das Mutterunternehmen durch die Errichtung von Produktionsstätten oder die Übernahme bestehender Unternehmen außerhalb seines angestammten Staatsgebietes international aus; diese Tochterfirmen sind in Bereichen tätig, die bereits vom Stammhaus oder seinen inländischen Tochtergesellschaften ausgefüllt werden. Wenn man das Beispiel der Fahrzeugindustrie heranzieht, so können die ausländischen Tochterunternehmen quasi Montagebänder sein, die die vor Ort gefertigten oder vom Stammhaus gelieferten Teile zusammenbauen.

Die dritte Phase der Multinationalisierung der Unternehmen ist die weltweite Integration der Herstellung eines Produktes. Dies kann bedeuten, daß beim Beispiel Fahrzeug jedes Teil in einem anderen Land in Abhängigkeit von den niedrigsten Kosten pro Land gefertigt wird und daß das Fahrzeug in einem oder mehreren anderen Ländern montiert wird (siehe das Beispiel des Ford Escort).

B · Die bei der Herstellung des Ford Escort beteiligen Länder.

Großbritannien
Vergaser, Kipphebel, Kupplung, Zündung, Dichtungen, Auspuff, Ölpumpe, Verteiler, Zylinderbolzen, Zylinderkopf, Schwungradzahnkranz, Ansaugkrümmer, Heizung, Tachometer, Batterie, Hinterachse, Kraftstofftank, Unterbrecher, Scheinwerfer, vordere Bremsscheiben, Lenkrad, Lenksäule, Fensterscheiben, Schlösser

Dänemark
Ventilatorriemen

Niederlande
Reifen, Lack, Regler

Schweiz
Unterbodenschutz, Tachoanschluß

Norwegen
Auspuffmanschetten, Reifen

Bundesrepublik Deutschland
Kolben, Auspuff, Kipphebel, Zylinderbolzen, Zündung, Kupplung, Lenksäule, Unterbrecher, vordere Bremsscheiben, Verteiler, Dichtungen, Tachometer, Kraftstofftank, Zylinderkopfdichtung, vordere Radgelenke, Hinterachsen, Getriebegehäuse, Kupplungsgehäuse, Batterie, Fensterscheiben

Kanada
Scheiben, Autoradio

Frankreich
Lichtmaschine, Zylinderkopf, Hauptzylinder, Unterbodenschutz, Dichtungen, Kupplungsanschlag, Getriebegehäuse, Lenkwelle und Dichtungen, Sitzpolster und -gestelle, Reifen, Tragringe, Belüftungseinheiten, Heizung, Rohrschellen, Dichtungsmittel, Regler

Spanien
Kabelbäume, Kühler- und Heizungsschläuche, Kupplungshebel, Luftfilter, Batterie, Rückscheinwerfer

Italien
Zylinderkopf, Vergaser, Fensterscheiben, Lampen, Entfrostergitter

Schweden
Rohrschellen, Zylinderbolzen, Auspuffkopfkrümmer, Blechteile, Regler

Belgien
Reifen, Rohre, Sitzpolster, Bremsen, Beläge

Österreich
Reifen, Kühler- und Heizungsschläuche

Japan
Starter, Lichtmaschine, Kegellager und Kugellager, Pumpe für Scheibenwaschanlage

USA
Abgasrückführungsventil, hydraulische Stößel, Radmuttern, Fensterscheiben

WELTWIRTSCHAFT

URSPRUNG UND NIEDERLASSUNG DER MULTINATIONALEN UNTERNEHMEN

Die Untersuchung der 500 größten multinationalen Unternehmen gibt Aufschlüsse über den Prozeß der weltweiten Konzentration.

Aus dem Blickwinkel des Ursprungslandes kann für 1989 festgestellt werden, daß von den gemessen am Jahresumsatz 500 größten Unternehmen 167 amerikanische, 13 kanadische, 163 europäische und 111 japanische Firmen sind. Somit haben 444 der 500 größten Unternehmen ihren Hauptsitz in den Industrieländern Nordamerikas, Europas und in Japan. Hinzu kommen noch 10 australische und ein neuseeländisches Unternehmen. Einige Firmen haben ihren Sitz auch in der Dritten Welt, vor allem in Südkorea, Brasilien und Indien. Die meisten Großunternehmen in Europa haben ihren Sitz in Großbritannien (45) vor der Bundesrepublik Deutschland (32), Frankreich (29), Schweden (15) und der Schweiz (10). In Osteuropa sind vor allem transnationale Transport- und Handelsunternehmen tätig.

Aus dem Blickwinkel der Niederlassungen kann festgestellt werden, daß die Gastländer in erster Linie die Industrieländer sind. Die Auslandsinvestitionen (Direktinvestitionen) der Industrieländer werden zu drei Vierteln in den Industrieländern getätigt. Das übrige Viertel teilen sich vor allem die Dritte Welt (besonders die neuen Industrieländer in Südostasien) und die ehemaligen Ostblockstaaten.

EIN RAUM MIT VIELEN ZENTREN

So erhält man einen multinationalen Raum mit zahlreichen Schwerpunkten, der die wirtschaftliche Vorherrschaft der Industrieländer in der Welt unterstreicht.

Die Einteilung der Unternehmen nach Wirtschaftsbereichen bestätigt diese Multipolarität. In Luft- und Raumfahrt dominieren die USA, in der Nahrungsmittel- und Getränkeindustrie, der chemischen und petrochemischen Industrie sind die USA und Europa führend, in der Computerbranche die USA und Japan. In der Automobilindustrie, der elektrotechnischen Industrie und im Maschinenbau verteilen sich die größten Unternehmen auf alle drei Schwerpunkte.

Aus der Beschreibung der Phasen der Multinationalisierung eines Unternehmens ergibt sich, daß ein Netz von Verbindungen zwischen Mutter- und Tochtergesellschaften und unter den Tochterunternehmen existiert. In den 80er Jahren gehen eine große Anzahl von Mutterunternehmen untereinander Kooperationen in unternehmerischen Teilbereichen ein (zum Beispiel die japanische Firma Fujitsu und die deutsche Firma Siemens). Die aus solchen strategischen Allianzen resultierende Überlagerung der Strukturen, die durch das Netzwerk jedes Unternehmens gebildet werden, ermöglicht die Strukturierung der Weltwirtschaft.

Bis ins 19. Jh. beschränkten Unternehmen ihre Auslandsaktivitäten auf direkte Importe oder Exporte. Gelegentlich unterhielt ein Unternehmen Handelsniederlassungen im Ausland. Ab Mitte des 19. Jh. begannen einige Unternehmen mit der Errichtung oder dem Erwerb von Betrieben im Ausland. Zu den ersten multinationalen Unternehmen gehörten die Mineralölkonzerne. Die Internationalisierung der Produktion setzte sich nach dem Ersten Weltkrieg fort (zum Beispiel in Deutschland 1925 Gründung der Ford-Werke, 1929 Übernahme von Opel durch General Motors). Ihre heutige Bedeutung gewannen die multinationalen Unternehmen jedoch erst nach dem Zweiten Weltkrieg. Bis zum Ende der 60er Jahre stammten die meisten multinationalen Unternehmen aus den USA. Technologischer Vorsprung und kapitalmäßige Überlegenheit waren die wichtigsten Ursachen für die weltweite Expansion der US-Konzerne.

Seit Mitte der 70er Jahre hat sich das Bild gewandelt. Das Wachstum der multinationalen Unternehmen geht nicht mehr allein von den USA aus. Besonders europäische und japanische multinationale Unternehmen expandieren, nicht zuletzt auch auf den amerikanischen Markt. Neben die multinationalen Unternehmen aus den Industrieländern treten – wenn auch noch mit geringerer Bedeutung – solche aus ›Schwellenländern‹. Im Vergleich zu vorherigen Phasen sind multinationale Unternehmen weniger rohstoff- und noch mehr technologie- und marktorientiert. Dies führt zu wachsender Diversifizierung und zur Entstehung von Mischkonzernen. Neben die eigentliche Produktion und die Verarbeitung tritt zunehmend der Dienstleistungssektor.

A · Die multinationalen Unternehmen in Europa.

In Europa findet man die größte Konzentration von Tochtergesellschaften der 500 größten Unternehmen. Die Mutterunternehmen sind amerikanische oder japanische, vor allem jedoch europäische Firmen. Die europäischen Niederlassungen verstärken die Bedeutung des europäischen Wirtschaftsraums. Großbritannien und die Bundesrepublik Deutschland sind die Länder, in denen die Aufnahme von ausländischen Tochtergesellschaften am weitesten vorangekommen ist. Frankreich, die Schweiz, Italien, Spanien, Portugal nehmen eine mittlere Stellung ein. Schließlich scheinen die skandinavischen Länder wie Norwegen oder Finnland und die osteuropäischen Länder am Rande dieses multinationalen Raumes zu liegen. Auch diese Verteilung entspricht dem hohen Stand der wirtschaftlichen Integration der EG- und EFTA-Staaten.

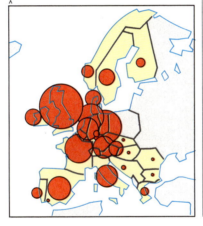

B · Die multinationalen Unternehmen in der Welt.

Die Stammhäuser der 500 größten multinationalen Unternehmen befinden sich hauptsächlich in Nordamerika, Europa und Japan. Diese Verteilung gilt auch bei den Tochtergesellschaften mit einem Übergewicht in Europa, gefolgt von den Vereinigten Staaten und Kanada. Japan ist ein weniger günstiger Standort für die Gründung von Tochterunternehmen.

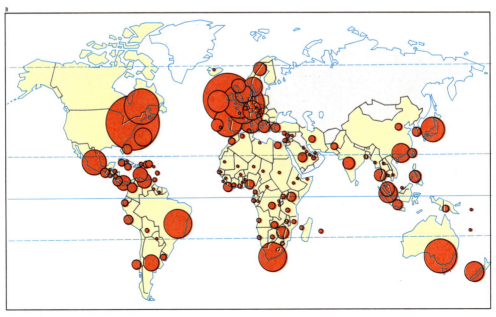

601

WELTWIRTSCHAFT

DIE MULTINATIONALEN UNTERNEHMEN

Bedeutende Industrieunternehmen 1989 gemessen am Umsatz (in Millionen US-Dollar)

1. General Motors (USA)	126 974,3	
2. Ford Motor (USA)	96 932,6	
3. Exxon (USA)	86 656,0	
4. Royal Dutch/Shell Group (Großbritannien/Niederlande)	85 527,9	
5. IBM (USA)	63 438,0	
6. Toyota Motors (Japan)	60 443,6	
7. General Electric (USA)	55 264,0	
8. Mobil (USA)	50 976,0	
9. Hitachi (Japan)	50 894,0	
10. British Petroleum (Großbritannien)	49 484,4	
11. IRI (Italien)	49 077,2	
12. Matsushita Electric Industrial (Japan)	43 086,0	
13. Daimler-Benz (BR Deutschland)	40 616,0	
14. Philip Morris (USA)	39 069,0	
15. Fiat (Italien)	36 740,8	
16. Chrysler (USA)	36 156,0	
17. Nissan Motors (Japan)	36 078,4	
18. Unilever (Großbritannien/Niederlande)	35 284,4	
19. E. I. Du Pont de Nemours (USA)	35 209,0	
20. Samsung (Südkorea)	35 189,1	
21. Volkswagen (BR Deutschland)	34 746,4	
22. Siemens (BR Deutschland)	32 659,6	
23. Texaco (USA)	32 416,0	
24. Toshiba (Japan)	29 469,3	
25. Chevron (USA)	29 443,0	
26. Nestlé (Schweiz)	29 364,8	
27. Renault (Frankreich)	27 456,9	
28. ENI (Italien)	27 119,3	
29. Philips' Gloeilampenfabrieken (Niederlande)	26 992,5	
30. Honda Motor (Japan)	26 484,3	
31. Veba (BR Deutschland)	25 643,2	
32. BASF (BR Deutschland)	25 317,0	
33. NEC (Japan)	24 594,8	
34. Hoechst (BR Deutschland)	24 403,0	
35. Amoco (USA)	24,214,0	
36. Peugeot (Frankreich)	24 090,5	
37. BAT Industries (Großbritannien)	23 528,9	
38. ELF Aquitaine (Frankreich)	23 501,4	
39. Bayer (BR Deutschland)	23 021,2	
40. CGE [Cie Générale d'Électricité] (Frankreich)	22 575,0	
41. Imperial Chemical Industries (Großbritannien)	21 889,4	
42. Procter & Gamble (USA)	21 689,0	
43. Mitsubishi Electric (Japan)	21 213,3	
44. Asea Brown Boveri (Schweiz)	21 209,0	
45. Nippon Steel (Japan)	20 767,0	
46. Boeing (USA)	20 276,0	
47. Occidental Petroleum (USA)	20 068,0	
48. Daewoo (Südkorea)	19 981,4	
49. United Technologies (USA)	19 765,5	
50. RWE (BR Deutschland)	18 974,3	
51. Fujitsu (Japan)	18 734,1	
52. Eastman Kodak (USA)	18 546,0	
53. Thyssen (BR Deutschland)	18 298,9	
54. USX (USA)	17 755,0	
55. Dow Chemical (USA)	17 730,0	
56. Xerox (USA)	17 635,0	
57. Total (Frankreich)	16 926,8	
58. Mitsubishi Motors (Japan)	16 839,9	
59. Sony (Japan)	16 680,2	
60. Petrobras (Brasilien)	16 359,9	
61. Robert Bosch (BR Deutschland)	16 263,0	
62. Atlantic Richfield (USA)	15 905,0	
63. Usinor (Frankreich)	15 630,1	
64. Mazda Motor (Japan)	15 572,5	
65. Pepsico (USA)	15 419,6	
66. INI (Spanien)	15 277,4	
67. Pemex [Petróleos Mexicanos] (Mexiko)	15 257,8	
68. RJR Nabisco Holdings (USA)	15 224,0	
69. Mitsubishi Heavy Industries (Japan)	15 007,1	
70. McDonnell Douglas (USA)	14 995,0	
71. British Aerospace (Großbritannien)	14 895,2	
72. Volvo (Schweden)	14 637,7	
73. Nippon Oil (Japan)	14 562,7	
74. Tenneco (USA)	14 439,0	
75. Grand Metropolitan (Großbritannien)	14 274,6	
76. BMW [Bayerische Motoren Werke] (BR Deutschland)	14 097,7	
77. Pechiney (Frankreich)	13 986,8	
78. Petróleos de Venezuela (Venezuela)	13 677,3	
79. Electrolux (Schweden)	13 299,8	
80. Digital Equipment (USA)	12 866,0	
81. Westinghouse Electric (USA)	12 844,0	
82. Rockwell International (USA)	12 633,1	
83. Ciba-Geigy (Schweiz)	12 597,9	
84. Phillips Petroleum (USA)	12 492,0	
85. Ruhrkohle (BR Deutschland)	12 422,1	
86. Bridgestone (Japan)	12 379,1	
87. Ferruzzi Finanziaria (Italien)	12 046,9	
88. Thomson (Frankreich)	12 027,1	
89. Allied-Signal (USA)	12 021,0	
90. Minnesota Mining & MFG. (USA)	11 990,0	
91. Hewlett-Packard (USA)	11 899,0	
92. Mannesmann (BR Deutschland)	11 872,5	
93. Hanson (Großbritannien)	11 833,0	
94. Kuwait Petroleum (Kuwait)	11 796,5	
95. Sara Lee (USA)	11 738,3	
96. BTR (Großbritannien)	11 544,0	
97. Rhône-Poulenc (Frankreich)	11 463,1	
98. International Paper (USA)	11 378,0	
99. Conagra (USA)	11 340,4	
100. Petrofina (Belgien)	11 269,7	
101. Idemitsu Kosan (Japan)	11 249,3	
102. Enimont (Italien)	11 191,5	
103. Aluminium Co. of America (USA)	11 161,5	
104. Caterpillar (USA)	11 126,0	
105. Goodyear Tire & Rubber (USA)	11 044,7	
106. NKK (Japan)	10 925,8	
107. Metallgesellschaft (BR Deutschland)	10 753,2	
108. Indian Oil (Indien)	10 609,7	
109. Sanyo Electric (Japan)	10 486,9	
110. Barlow Rand (Südafrika)	10 417,7	
111. Unocal (USA)	10 417,0	
112. Saint-Gobain (Frankreich)	10 403,1	
113. GEC [General Electric Co.] (Großbritannien)	10 396,0	
114. Elders IXL (Australien)	10 338,7	
115. Georgia-Pacific (USA)	10 171,0	
116. Weyerhaeuser (USA)	10 105,6	
117. Unisys (USA)	10 096,9	
118. RTZ (Großbritannien)	10 093,0	
119. General Dynamics (USA)	10 053,2	
120. Canon (Japan)	10 023,6	
121. Repsol (Spanien)	9 998,3	
122. Lockheed (USA)	9 932,0	
123. Sharp (Japan)	9 927,5	
124. SUN (USA)	9 927,0	
125. Kobe Steel (Japan)	9 886,3	
126. Isuzu Motors (Japan)	9 867,7	
127. Johnson & Johnson (USA)	9 844,0	
128. Nippondenso (Japan)	9 663,2	
129. Sumitomo Metal Industries (Japan)	9 643,0	
130. Motorola (USA)	9 620,0	
131. Norsk Hydro (Norwegen)	9 599,0	
132. Cosmo Oil (Japan)	9 488,4	
133. Anheuser-Busch (USA)	9 481,3	
134. Bristol-Myers Squibb (USA)	9 422,0	
135. Friedrich Krupp (BR Deutschland)	9 402,1	
136. Canadian Pacific (Kanada)	9 306,3	
137. MAN (BR Deutschland)	9 176,9	
138. Coca-Cola (USA)	9 170,8	
139. Broken Hill Proprietary (Australien)	9 127,2	
140. Kawasaki Steel (Japan)	9 081,2	
141. Sunkyong (Südkorea)	9 014,0	
142. Preussag (BR Deutschland)	8 987,3	
143. Alcan Aluminium (Kanada)	8 839,0	
144. Akzo (Niederlande)	8 837,8	
145. Raytheon (USA)	8 796,1	
146. Union Carbide (USA)	8 744,0	
147. Hoesch (BR Deutschland)	8 741,0	
148. Statoil (Norwegen)	8 734,6	
149. Monsanto (USA)	8 681,0	
150. British Steel (Großbritannien)	8 676,9	
151. Michelin (Frankreich)	8 668,7	
152. Mitsubishi Kasei (Japan)	8 649,5	
153. Coastal (USA)	8 607,1	
154. Taiyo Fishery (Japan)	8 326,1	
155. Showa Shell Sekiyu (Japan)	8 229,9	
156. Dalgety (Großbritannien)	8 159,7	
157. Neste (Finnland)	8 123,9	
158. Asahi Glass (Japan)	8 088,4	
159. Archer-Daniels-Midland (USA)	8 056,5	
160. Smithkline Beecham (Großbritannien)	8 028,8	
161. Ashland Oil (USA)	8 016,6	
162. Chinese Petroleum (Taiwan)	8 008,2	
163. Asahi Chemical Industry (Japan)	7 991,6	
164. Dai Nippon Printing (Japan)	7 891,8	
165. Degussa (BR Deutschland)	7 864,3	
166. Noranda (Kanada)	7 802,1	
167. Japan Tobacco (Japan)	7 769,1	
168. Sandoz (Schweiz)	7 766,1	
169. BSN (Frankreich)	7 738,9	
170. Time Warner (USA)	7 642,0	
171. British Coal (Großbritannien)	7 596,3	

Quelle: Fortune

MULTIS AUS DER DRITTEN WELT

Der multinationale Raum bezieht auch die Entwicklungsländer ein. Die multinationalen Unternehmen der Industrieländer tätigen etwas weniger als ein Viertel ihrer Direktinvestitionen in diesen Ländern. Umgekehrt gründen Firmen und Banken der neuen Industrieländer Niederlassungen in den Industrieländern.

Diese neuen ›Riesen‹ aus der Dritten Welt haben ihr Mutterhaus vor allem in Südkorea, wie die Konzerne Daewoo und Samsung, aber auch in Brasilien, wie Petrobras, in Taiwan, wie die Firma Tatung, in Hongkong, wie die Hongkong and Shanghai Bank, oder in Indien, wo es große staatliche Konzerne gibt.

Ihre Ansiedlungsstrategie ist in den meisten Fällen nicht von vornherein weltweit ausgerichtet. Die meisten lassen sich zunächst in ihrem Ursprungsgebiet nieder. Besonders die koreanischen Unternehmen haben sich in der Vergangenheit nach Europa und in die Vereinigten Staaten gewagt.

Die Trümpfe, die diese ›Riesen der Dritten Welt‹ in Händen halten, liegen in niedrig entlohnten Arbeitskräften, in einer hohen staatlichen Finanzierung, häufig in Form von öffentlichen Aufträgen, und in einem geschützten Inlandsmarkt.

Die größten Industrieunternehmen der Bundesrepublik Deutschland 1989 gemessen am Umsatz (in Mio. DM)

Rang	Unternehmen	Branche	Umsatz
1.	Daimler-Benz	Auto/Elektronik	76 392
2.	VW	Auto	65 352
3.	Siemens	Elektro	61 128
4.	Veba	Energie/Öl/Chemie	46 927
5.	BASF	Chemie	46 385
6.	Hoechst	Chemie	45 898
7.	Bayer	Chemie	43 299
8.	RWE	Energie	34 723
9.	Thyssen	Stahl/Maschinen/Handel	34 249
10.	Bosch	Elektro	30 588
11.	BMW	Auto	26 515
12.	Ruhrkohle	Bergbau	23 364
13.	Mannesmann	Maschinen	22 330
14.	Opel	Auto	20 806
15.	Metallgesellschaft	Metall/Anlagen	20 126
16.	Ford	Auto	19 806
17.	Krupp	Stahl/Maschinen	17 684
18.	M.A.N.	Maschinen	17 054
19.	Preussag[1]	Energie/Öl	16 357
20.	Hoesch	Stahl	15 909
21.	Degussa	Chemie/Edelmetalle	14 357
22.	Bertelsmann	Verlag	12 483
23.	IBM Deutschland	Elektronik	12 391
24.	Henkel	Chemie	11 639
25.	Deutsche Shell	Mineralöl	10 782
26.	Salzgitter[1]	Stahl/Werft	10 757
27.	VIAG	Holding	10 434
28.	Ruhrgas	Energie	10 059
29.	Esso	Mineralöl	9 545
30.	Feldmühle Nobel	Chemie/Papier/Metall	9 508
31.	Deutsche BP	Mineralöl	8 835
32.	Continental	Reifen	8 392
33.	Philipp Holzmann	Bau	7 872
34.	Deutsche Philips	Elektro	7 640
35.	Deutsche Unilever	Lebensmittel	7 640
36.	Klöckner	Stahl/Maschinen	7 202
37.	VEW	Energie	6 159
38.	ZF-Friedrichshafen	Maschinen	6 121
39.	Asea Brown Boveri	Elektro	6 099
40.	Schering	Pharma/Chemie	5 845

[1] Preussag hat im Oktober 1989 Salzgitter übernommen.

WELTWIRTSCHAFT

AUSWIRKUNGEN

Die Diskussion um die multinationalen Unternehmen ist kontrovers. Am wenigsten umstritten ist ihr Beitrag zur internationalen Arbeitsteilung, zur Ausweitung des Welthandels und zum wirtschaftlichen Wachstum. Multinationale Unternehmen spielen eine wichtige Rolle bei der Verbreitung von technischem und betriebswirtschaftlichem Wissen.

Für die Wirkungen von Direktinvestitionen auf die Leistungsbilanz des Stammlandes kommt es darauf an, ob die Produktion im Ausland bisherige Exporte ersetzt oder – was überwiegend anzunehmen ist – netto zu zusätzlichem Handel führt. Diente die Direktinvestition dazu, Handelshemmnisse zu überspringen, entfällt kein Export. Aus der Sicht des Gastlandes ist nur im Einzelfall festzustellen, wie sich die Handelsbilanz verändert.

Ähnlich komplex sind die Wirkungen auf die Beschäftigung und die Position von Arbeitnehmern und Gewerkschaften. Im Stammland wird vielfach ein Verlust von Arbeitsplätzen befürchtet, die in ›Niedriglohnländer‹ verlagert werden. Dem steht die Sicherung von Arbeitsplätzen durch Erschließung oder Erhaltung von Absatzmärkten gegenüber. Im Gastland führt die Errichtung neuer Betriebe zu zusätzlichen Arbeitsplätzen. Dies ist nicht der Fall, wenn bestehende Betriebe aufgekauft werden. Allerdings kann in einem Entwicklungsland ein großes multinationales Unternehmen eine dominierende Position am Arbeitsmarkt und eine starke Verhandlungsmacht gegenüber Arbeitnehmern und Gewerkschaften innehaben.

Grundsätzlich belebt das Auftreten ausländ. Konkurrenten den Wettbewerb auf nationalen Märkten. Neue Produkte und Produktionsverfahren zwingen die inländischen Produzenten zu verstärkten innovativen Anstrengungen, nationale Kartelle und verkrustete Oligopolmärkte werden aufgebrochen. Ihre Finanzmacht, ihre Möglichkeiten zu internen ›Gewichtsverlagerungen‹ zwischen Konzernunternehmen und die Tatsache, daß den globalen Aktionsmöglichkeiten von multinationalen Unternehmen eine auf nationale Märkte beschränkte Wettbewerbskontrolle gegenübersteht, macht große Multis zu einem besonderen wettbewerbspolitischen Problem.

Die globale Ausrichtung von multinationalen Unternehmen kann zu Konflikten mit Zielen nationaler Politik führen. Dies gilt vor allem in Ländern mit planwirtschaftlicher Orientierung. Aber auch in Marktwirtschaften können die aufgezeigten Möglichkeiten von multinationalen Unternehmen, sich nationaler Wirtschaftspolitik zu entziehen, zu Spannungen führen. Multinationale Unternehmen versuchen, auf Regierungen und Parlamente Einfluß zu nehmen. Besonders in Entwicklungsländern gibt es Beispiele von Verbindungen, die weit über legitimen Lobbyismus hinausgehen. Auch wird befürchtet, daß multinationale Unternehmen durch Drohung mit Produktionsverlagerung Druck auf die politische Führung des Gastlandes ausüben oder politische Unterstützung durch ihren Heimatstaat mobilisieren können. Durch die beschriebenen Möglichkeiten, die eigenen globalen Unternehmensziele gegenüber Staaten durchzusetzen, können zwischenstaatliche Verteilungskonflikte entstehen oder verstärkt und die nationale Souveränität eingeschränkt werden. Solange eine vergleichbare Gegenmacht auf internationaler Ebene fehlt, besitzen multinationale Unternehmen schon durch ihre Existenz einen Handlungsspielraum, der zu Machtmißbräuchen führen kann.

MULTINATIONALE BANKEN

Eine multinationale Bank ist eine Bank, die mindestens eine Vertretung, eine Zweigstelle oder eine Filiale im Ausland besitzt. Die Vertretung ist die elementarste Form der internationalen Niederlassung einer Bank. Sie hat eine Informationsfunktion gegenüber möglichen Bankkunden und dem Mutterhaus, ist jedoch nicht befugt, direkt Bankgeschäfte abzuwickeln. Eine Zweigstelle kann dagegen alle Bankgeschäfte durchführen, hat jedoch keine Rechtspersönlichkeit (was die Aufnahmeländer nur unwillig akzeptieren): Die Zweigstelle ist eine Enklave der Muttergesellschaft. Die Filiale schließlich verfügt über eine Rechtspersönlichkeit und unterliegt dem Recht des Aufnahmelandes.

Ausbreitung und Ansiedlungen der multinationalen Banken. Die Zahl der multinationalen Banken, die vor 1970 bei einigen Dutzend lag, stieg in den 70er Jahren auf mehrere hundert und in den 80er Jahren auf etwa eintausend.

Die besonderen Aktivitäten der multinationalen Banken. Neben das traditionelle Auslandsgeschäft (Exportfinanzierung) ist zunehmend das internationale Wertpapiergeschäft und das internationale Kreditgeschäft (Kredite an Entwicklungs- und Staatshandelsländer) getreten. Die großen, international tätigen Banken haben inzwischen ein weltumspannendes Netz von Niederlassungen, Repräsentanzen, Tochtergesellschaften und Korrespondenzbankverbindungen aufgebaut, und zwar nicht nur in Industrieländern, sondern zum Beispiel auch in erdölexportierenden Staaten und Offshore-Finanzplätzen wie Hongkong, Singapur oder den Bahamas. Das internationale Geschäft der Banken umfaßt die Kreditgewährung an und die Mittelaufnahme von Gebietsfremden in heimischer und fremder Währung sowie von Gebietsansässigen in fremder Währung. Es überwiegen Geschäfte in fremder Währung (›Euromarktgeschäfte‹). Etwa zwei Drittel des internationalen Bankgeschäfts machen Interbankforderungen aus. Durch Aufnahme vorwiegend kurzfristiger Mittel von und Weitergabe der Mittel an Banken nutzen die international tätigen Geschäftsbanken kleinste Zins- und Wechselkursdifferenzen gewinnbringend aus. Ihre eigentliche Rolle als Finanzintermediäre spielen die Banken durch Kreditvergabe an und Mittelaufnahme von Nichtbanken (wie multinationale Unternehmen) im internationalen Geschäft. Verbreitet sind Bankkredite mit einer mittel- bis langfristigen Laufzeit, wobei der Zins periodisch, z. B. halbjährlich, an die Entwicklung der Geldmarktzinsen der betreffenden Währung angepaßt wird.

Der internationale Wertpapiermarkt umfaßt den langfristigen Sektor der internationalen Anleihen und den kurz- und mittelfristigen Sektor der Euronotes. Bei den Anleihen sind die Auslandsanleihen, die in dem Land begeben werden, auf dessen Währung sie lauten, von den Euroanleihen (Eurobonds) zu unterscheiden, die in mehreren Ländern zugleich begeben werden. Bei den internationalen Anleihen dominieren Schuldner aus den Industrieländern, aber auch internationale Institutionen, während die Entwicklungsländer nur eine unbedeutende Emissionstätigkeit aufweisen. Die wichtigste Ausgabewährung ist der US-Dollar. Die Entwicklung an den internationalen Wertpapiermärkten seit Anfang der 80er Jahre war vor allem durch die beträchtliche Zunahme der Wertpapieremissionen im Vergleich zum Bankkredit (Tendenz zur Verbriefung) sowie durch zahlreiche Finanzinnovationen gekennzeichnet.

Die größten multinationalen Banken. Die Dynamik der japanischen Wirtschaft, die Höhe des nationalen Sparwesens und seine Finanzüberschüsse aufgrund einer positiven Handelsbilanz zeigen sich in der wachsenden Bedeutung Japans im finanziellen Bereich. Dieses Land ist weltweit der größte Kreditgeber, insbesondere ist Japan der größte Gläubiger der Vereinigten Staaten. Tokio ist der wichtigste Börsenplatz der Welt. Schließlich sind in der Rangordnung der multinationalen Banken die ersten sieben Banken japanisch; 22 japanische Banken finden sich unter den ersten 50, außerdem 7 deutsche, 6 französische, 3 amerikanische, 2 britische, 2 schweizerische, 1 niederländische, 2 italienische, 1 chinesische und 1 kanadische.

Die 40 größten Banken 1989 gemessen an der Bilanzsumme (in Millionen US-Dollar)

1.	Dai-Ichi Kangyo Bank (Japan)	413 214,4
2.	Sumitomo Bank (Japan)	407 227,3
3.	Fuji Bank (Japan)	397 629,5
4.	Mitsubishi Bank (Japan)	380 857,5
5.	Sanwa Bank (Japan)	373 404,5
6.	Industrial Bank of Japan (Japan)	292 154,9
7.	Norinchukin Bank (Japan)	244 902,7
8.	Crédit Agricole (Frankreich)	242 578,3
9.	Tokai Bank (Japan)	238 783,4
10.	Banque Nationale de Paris (Frankreich)	232 024,2
11.	Citicorp (USA)	230 643,0
12.	Bank of Tokyo (Japan)	222 382,7
13.	Mitsubishi Trust & Banking (Japan)	221 727,5
14.	Mitsui Bank (Japan)	220 363,2
15.	Crédit Lyonnais (Frankreich)	211 237,4
16.	Sumitomo Trust & Banking (Japan)	207 582,6
17.	Barclays Bank (Großbritannien)	206 036,0
18.	Deutsche Bank (BR Deutschland)	203 601,1
19.	Long-Term Credit Bank of Japan (Japan)	196 628,1
20.	Mitsui Trust & Banking (Japan)	191 573,4
21.	National Westminster Bank (Großbritannien)	187 587,1
22.	Taiyo Kobe Bank (Japan)	181 773,9
23.	Bank of China (China)	181 543,0
24.	Société Générale (Frankreich)	176 213,2
25.	Daiwa Bank (Japan)	162 031,9
26.	Yasuda Trust & Banking (Japan)	160 171,3
27.	Groupe des Caisses d'Épargne (Frankreich)	151 021,8
28.	Dresdner Bank (BR Deutschland)	147 723,5
29.	Cie Financière de Paribas (Frankreich)	139 003,8
30.	Hongkong & Shanghai Banking (Hongkong)	132 928,7
31.	Toyo Trust & Banking (Japan)	124 616,5
32.	Nippon Credit Bank (Japan)	123 645,9
33.	Union Bank of Switzerland (Schweiz)	114 260,0
34.	Commerzbank (BR Deutschland)	113 379,2
35.	Deutsche Genossenschaftsbank (BR Deutschland)	110 639,1
36.	Kyowa Bank (Japan)	110 168,2
37.	Istituto Bancario San Paolo di Torino (Italien)	107 700,0
38.	Chase Manhattan Corp. (USA)	107 369,0
39.	Swiss Bank Corp. (Schweiz)	105 465,3
40.	Westdeutsche Landesbank (BR Deutschland)	105 021,6

Quelle: Fortune

603

WELTWIRTSCHAFT

DIE SUPRANATIONALITÄT

SUPRANATIONALE INSTITUTIONEN

Zusammen mit der zunehmenden internationalen Verflechtung in der Wirtschaft haben sich verschiedene supranationale Institutionen entwickelt. Es handelt sich dabei entweder um internationale Organisationen, deren ursprüngliche Rolle sich inzwischen geändert hat (Beispiele: der Internationale Währungsfonds und die Weltbank), oder um Gipfelkonferenzen der Staats- und Regierungschefs der wichtigsten westlichen Industrieländer.

Der internationale Währungsfonds. Der bei der Konferenz von Bretton Woods im Jahr 1944 geschaffene Fonds hatte ursprünglich die Aufgabe, zum einwandfreien Funktionieren des damals eingerichteten internationalen Währungssystems mit festen Wechselkursen beizutragen sowie ein multilaterales Zahlungssystem zu errichten, mit den Mitteln aus den Beiträgen der Mitgliedsstaaten den Ländern mit Zahlungsbilanzproblemen Kredite zu gewähren und beim Abbau von Ungleichgewichten in den Zahlungsbilanzen mitzuwirken.

Nach dem Ende des Systems von Bretton Woods wurde der Fonds als eine supranationale Währungsinstitution beibehalten. In Form der Sonderziehungsrechte (SZR) hat der Fonds eine neue internationale Währung geschaffen. Er hat vor allem seine Rolle als supranationaler Kreditgeber behalten und ausgeweitet, besonders in Bezug auf die Entwicklungsländer: Befindet sich ein hoch verschuldetes Land in Schwierigkeiten, sendet der Fonds eine Expertengruppe mit dem Auftrag, die Lage des Landes genau zu untersuchen. Die vorgeschlagenen Sanierungsprogramme sind mit Bedingungen für die Vergabe neuer Kredite an dieses Land verknüpft, die oft politischen und sozialen Zustände vernachlässigen sowie politische und soziale Krisen eher noch verschärfen.

Die Weltbank und das GATT. Die internationale Bank für Wiederaufbau und Entwicklung (Weltbank) mit ihren Tochtergesellschaften wurde parallel zum IWF gegründet. Sie soll vor allem den Entwicklungsländern Mittel zur Finanzierung von Projekten zu günstigen Konditionen ausleihen.

Das GATT (›Allgemeines Zoll- und Handelsabkommen‹) entstand 1947. Es hat die Aufgabe, den freien Welthandel und den systematischen Abbau von Zöllen und nichttarifären Handelshemmnissen zu fördern.

Die regionalen und weltweiten Gipfeltreffen. Diese Konferenzen erhalten insofern den Charakter von supranationalen Institutionen, als sie regelmäßig stattfinden. So sind unter dem Namen ›Gruppe der 5‹ oder ›G 5‹ die regelmäßigen Treffen der Wirtschafts- und/oder Finanzminister (oder der Notenbankpräsidenten) der fünf größten Industrieländer bekannt (Vereinigte Staaten, Japan, Bundesrepublik Deutschland, Großbritannien und Frankreich) sowie unter dem Namen ›Gruppe der 7‹ oder ›G 7‹ die Treffen von Vertretern derselben Länder zuzüglich Vertretern von Kanada und Italien.

Ebenso beginnen die Gipfeltreffen der Staats- und Regierungschefs der G 7-Länder (das erste fand 1976 in Rambouillet statt), zu einer Institution zu werden.

NEUORGANISIERUNG DER WELTWIRTSCHAFT

Die wachsende weltwirtschaftliche Dynamik erfordert neue wirtschaftspolitische Konzeptionen sowie Organisationen auf supranationaler Ebene.

Die Notwendigkeit einer Regulierung der voneinander abhängig gewordenen Märkte. Die gegenseitige Abhängigkeit der Märkte ist heute eine Tatsache. Ob es sich nun um den Bereich Telekommunikation, Automobil oder nichtalkoholische Getränke handelt, für die meisten Produkte besteht ein Weltmarkt. Die Finanzmärkte haben ebenfalls rasch eine weltweite Dimension erreicht. Der Börseneinbruch von 1987 wurde zum Beispiel sehr schnell auf alle Börsenplätze übertragen. Es drängt sich die Notwendigkeit von Regulierungsstrukturen auf, die die Grundlage für den supranationalen Einsatz stabilisierenden Maßnahmen bilden würden. So sollen zu starke Schwankungen verhindert werden.

In Richtung einer Abstimmung. Die wachsende Verbindung der Wirtschaftsräume sowie das technologische Ungleichgewicht schaffen weltweit eine Situation, die explosiv werden könnte. Deswegen muß Schritt für Schritt eine effizientere Organisation der Weltwirtschaft entwickelt werden. Eine Institution wie die Generalversammlung der Vereinten Nationen ist ein Ort der Meinungsäußerung, nicht jedoch der Entscheidung. Der Gedanke einer ›Weltregierung‹, die aus Vertretern der acht bis zehn großen regionalen Wirtschaftsgebiete besteht, wurde vorgebracht. Diese supranationale Organisation der Absprache würde eine begrenzte Aufgabe der Souveränität der Staaten bedingen. Es könnte so global nach Lösungen für die Probleme gesucht werden, die weltweit auftreten.

Die gegenwärtige Situation ist allerdings eher dadurch gekennzeichnet, daß sehr ungern auf nationale Souveränität verzichtet wird, weshalb auf internationalen Konferenzen und innerhalb internationaler Organisationen eher gegeneinander gearbeitet wird. Dies betrifft zum Beispiel die Auseinandersetzungen zwischen den USA, der EG und Japan im Rahmen des GATT oder zwischen den westlichen Industrieländern und den Entwicklungsländern über eine neue Weltwirtschaftsordnung, weniger die Bemühungen der europäischen Staaten zur Schaffung eines europäischen Wirtschaftsraums.

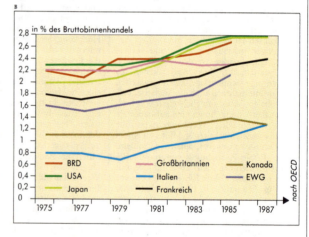

B · **Ausgaben der Unternehmen für Forschung und Entwicklung.** Die Forschung und die Entwicklung neuer Produkte und Produktionsverfahren sind eine entscheidende Größe in einer sich immer schneller verändernden Weltwirtschaft, die auch eine immer schnellere Anpassung an neue Entwicklungen und Wandlungen in der Wirtschaftsstruktur erfordert. Die Unternehmen, vor allem die multinationalen, messen den Bereichen Forschung und Entwicklung immer höhere Bedeutung bei. Der Anteil dieser Ausgaben am Bruttoinlandsprodukt steigt.

A · **Das Netzwerk der Finanzplätze.**

Die Verbindung durch Telekommunikationssysteme, die über Satelliten kommunizieren können, ermöglicht es den großen Finanzplätzen, Tag und Nacht zu funktionieren. Man kann seit Anfang der 70er Jahre die Entwicklung zu einem großen weltweiten Finanzmarkt feststellen. Ebenso wie die nationalen Märkten eines Minimums an Organisationsstrukturen bedürfen, erfordert der weltweite Finanzmarkt Regeln. Diese sind Anfang der 90er Jahre noch nicht weit genug entwickelt, so daß auch kleinere Störungen ausgebreitet und durch computergesteuerte Kauf- und Verkaufsprogramme verstärkt werden. Hier findet sich eine zweite Erklärung für den Börseneinbruch Ende 1987.

Ebenso wie die multinationalen Unternehmen und Banken weltweit ein Netzwerk entwickeln, spinnen die Finanzplätze ein Netz über die gesamte Welt. Der Aufstieg Japans zur größten Finanzmacht und zum größten Kreditgeber der Welt zeigt sich darin, daß Tokio, gemessen an der Kapitalausstattung seiner Börsen, den ersten Rang einnimmt und diesen Platz der Wall Street in New York abgenommen hat.

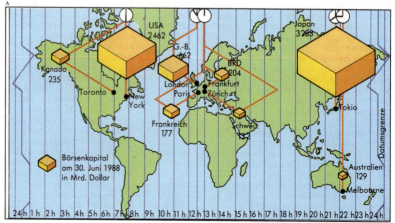

WELTWIRTSCHAFT

DIE NEUE WELTORDNUNG

DIE MULTIPOLARE HERRSCHAFT

Trotz der Dynamik des ›Pazifischen Pols‹ mit Japan und den vier neuen Industrieländern Asiens (Südkorea, Taiwan, Singapur und Hongkong) stehen die Länder des Pazifik nicht an der Spitze der Weltwirtschaftshierarchie. Obwohl die wirtschaftliche Vorherrschaft der Vereinigten Staaten nicht mehr absolut ist, sondern nur relativ ist, haben die USA eine beeindruckende Bedeutung behalten. Europa schließlich gewinnt durch Schaffung des Binnenmarktes innerhalb der EG, durch Vereinbarungen zur Bildung eines europäischen Wirtschaftsraums zwischen EG und EFTA und aufgrund der marktwirtschaftlichen Umorientierung in den osteuropäischen Staaten an wirtschaftlichem und politischem Gewicht.

Der Rahmen des Nationalstaates kann nicht mehr allein als Bezugsgröße dienen, da die Weltwirtschaft heute unter dem Einfluß der multinationalen Unternehmen und Banken, die ihre grenzüberschreitenden Strukturen ausbauen, sowie angesichts der wachsenden Bedeutung internationaler Organisationen immer dynamischer entwickelt. Dabei wird aber auch die gegenseitige Abhängigkeit verstärkt.

NEUE REGIONALE STRUKTUREN

Diese Entwicklung der Wirtschaft schafft unterschiedlich dynamische Wirtschaftsräume. Die regionalen Strukturen innerhalb der einzelnen Länder werden immer ausgeprägter. Dies betrifft sowohl Industrie- als auch Entwicklungsländer. So gibt es auch in den ›reichen‹ westlichen Industriestaaten Regionen, in denen der Lebensstandard niedriger liegt als im Durchschnitt, was unter anderem mit der Lage der Regionen, häufiger jedoch mit den Folgen des wirtschaftlichen Strukturwandels (Bergbau, Textil- und Werftindustrie in Westeuropa) zusammenhängt. Durch regional- und strukturpolitische Maßnahmen können diese Unterschiede in den westlichen Industrieländern besser ausgeglichen werden als in den sich in einem grundlegenden Umbruch befindlichen Ländern Osteuropas oder den Entwicklungsländern. Bei letzteren führt die Industrialisierung auch zu negativen Folgen wie Landflucht und Armut in städtischen Slums. Wirtschaftliche Gefälle gibt es nicht nur innerhalb einzelner Staaten, sondern auch zwischen den drei Welten (kapitalistische Industrieländer, sozialistische Länder, Entwicklungsländer), wobei sich die sozialistische ›Zweite Welt‹ Ende der 80er Jahre zum Großteil in Auflösung befindet und sich innerhalb der ›Dritten Welt‹ verschiedene Untergruppen bildeten.

AUSEINANDERBRECHEN DER DRITTEN WELT

Die drei wichtigsten Gruppen innerhalb der Entwicklungsländer sind die neuen Industrieländer (Schwellenländer), die erdölexportierenden Länder und die Länder mit niedrigem Einkommen.

Die *neuen Industrieländer* wie Brasilien, Mexiko und die vier ›Drachen‹ Südostasiens (Südkorea, Taiwan, Singapur und Hongkong) sind jene Entwicklungsländer, von denen angenommen wird, daß ihr Entwicklungsstand so weit fortgeschritten ist, daß sie aufgrund ihrer wirtschaftlichen Eigendynamik und des exportorientierten Wachstums bei zunehmender Industrialisierung die typischen Merkmale eines Entwicklungslandes aus eigener Kraft überwinden können.

Die *erdölexportierenden Länder* der Dritten Welt haben ungefähr zehn Jahre lang, von 1973 bis 1984, Einnahmen erzielt, die ihnen einen allgemeinen Wohlstand hätte ermöglichen können. Der Einsatz des Kapitals hat jedoch in diesen Ländern nicht immer zu produktiven Investitionen und zur raschen Industrialisierung geführt.

Schließlich besteht weiterhin ein großer Bereich der Armut, für den die wirtschaftlichen und sozialen Indikatoren äußerst alarmierend sind. Zu diesem Bereich zählen die Gebiete, in denen sich die *ärmsten Länder* oder *Länder mit niedrigem Einkommen* befinden, die armen Länder Mittelamerikas wie Haiti, Afrikas mit seinen Hungersnöten wie Mali oder Äthiopien und Asiens wie Bangladesh oder Birma. Armut herrscht aber auch trotz aller Fortschritte in Teilen der neuen Industrieländer und in bevölkerungsreichen erdölexportierenden Ländern.

Die wachsende Kluft zwischen ›reichen‹ erdölexportierenden Ländern und den ärmsten Ländern in Schwarzafrika und Asien bildet eine große Herausforderung für die Politik. Der wachsende Einkommensunterschied unter den Entwicklungsländern selbst und zwischen den westlichen Industrieländern, osteuropäischen Ländern im Umbruch und der Dritten Welt darf nicht mehr als die logische Folge einer marktwirtschaftlich bestimmten Weltwirtschaftsordnung betrachtet werden.

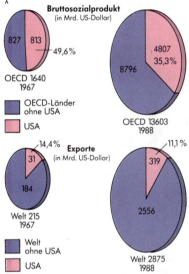

A · Die Bedeutung der amerikanischen Wirtschaft.

Zwischen 1967 und 1987 ist die wirtschaftliche Vorherrschaft der USA aus den Jahren 1945 bis 1970 von einem *absoluten* auf ein *relatives* Niveau abgesunken. Das amerikanische Bruttosozialprodukt (BSP), das 1967 die Hälfte des BSP der westlichen Industrieländer ausmachte, hat 1987 nur noch einen Anteil von 39 %. Der Anteil der amerikanischen Exporte an den Exporten weltweit hat von 14,5 % im Jahr 1967 auf 9,5 % im Jahr 1987 abgenommen.

B · Eine Multipolarität mit neuen Dimensionen.

Eine nur noch relative Übermacht der Vereinigten Staaten, das Aufkommen des asiatischen Pols unter der Führung Japans und die voranschreitende Vereinigung Europas lassen den Gedanken an eine multipolare Welt aufkommen. Die Multipolarität des ausklingenden 20. Jahrhunderts unterscheidet sich jedoch von der der griechischen Städte des 5. Jahrhunderts v. Chr. oder der der italienischen Städte des 14. Jahrhunderts. Zur geographischen Dimension kommt heute eine weitere hinzu: die multinationalen Unternehmen und Banken. Die Untersuchung der 500 größten Unternehmen und der 100 größten Banken (gemessen am Umsatz bzw. der Bilanzsumme) zeigt, daß diese überwiegend in Nordamerika, Europa und Japan beheimatet sind. Ihr Niederlassungsgebiet ist jedoch wesentlich größer: Sie entwickeln weitere Pole in Brasilien und Mexiko, den neuen Industrieländern Südostasiens und in Australien; sie bilden nicht nur einen wirtschaftlichen, sondern auch einen politischen Machtfaktor, besonders im Verhältnis zu den Entwicklungsländern.

Die von den Multis geschaffenen Imperien sind auch keine Imperien im geographischen Sinne. Der Raum des multinationalen Unternehmens besteht aus einem Netz von Verbindungen zwischen Mutter- und Tochtergesellschaften, zwischen den Töchtern, zwischen Zulieferern usw. Diese neue Dimension ist ein weltweit aufgebautes Netzwerk. In der Gesamtheit der Vernetzungen finden sich ebensoviele Spielarten, wie es Netzwerke von Konzernen und multinationalen Banken gibt.

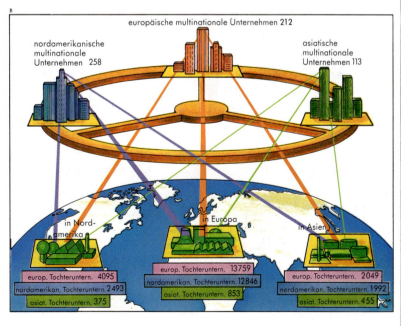

605

WELTWIRTSCHAFT

LANDWIRTSCHAFTLICHE PRODUKTION

WEIZEN

Das am längsten angebaute Getreide, der Weizen, tauchte im Mittleren Osten um 7000–6000 v. Chr. auf. Unter den drei großen Getreidearten Weizen, Reis und Mais, die in vergleichbaren Mengen produziert werden, nimmt der Weizen mit einem Ertrag von über 500 Millionen Tonnen den ersten Platz ein. Die Produktion an Weizen ist beträchtlich angewachsen: Sie lag 1935 bei 167 Millionen Tonnen und hat sich innerhalb von fünfzig Jahren um das 3,5fache gesteigert. Die zehn größten Weizenproduzenten liefern etwa 80 % der Gesamtproduktion.

Der sehr umfangreiche Welthandel umfaßt etwa ein Drittel der Gesamtmenge. Der überwiegende Anteil stammt aus den Industrieländern, die große Überschüsse produzieren. Das größte Exportland, die Vereinigten Staaten, exportiert mehr als ein Viertel seiner Produktion, und die UdSSR, der größte Importeur, ist dennoch der weltweit zweitgrößte Produzent. Etwa 20 % der Weltproduktion werden zu Futterzwecken verwendet.

Die Existenz eines großen Überschusses führte zu Exporten in die Entwicklungsländer, zunächst im Rahmen der internationalen Nahrungsmittelhilfe für diese Länder. Dies hatte allerdings auch zur Folge, daß sich dort die Ernährungsgewohnheiten änderten, so daß oft der Weizen zu Lasten der lokalen Getreidearten verzehrt wird.

Die Karte zeigt die geographische Ausbreitung des Weizens: Diese reicht im Norden fast bis zum Polarkreis und im Süden bis zu subtropischen Breiten (Nordsahara). Der Weizen wird auch noch weiter südlich angebaut, dann allerdings ausschließlich in hohen Lagen, wie beispielsweise auf den Hochebenen der Andenstaaten oder Ostafrikas.

Der Weizenanbau nimmt in den Großen Ebenen Nordamerikas einen breiten Raum ein. In der UdSSR erstreckt sich das Anbaugebiet vor allem von Westen nach Osten, von der rumänischen Grenze bis zum Balchaschsee quer durch die Ukraine und die dunklen Böden Südrußlands. In China überwiegt Weizen im Norden des Jangtsekiang und vor allem im Norden des Hwangho. In Indien wird der Weizen in der relativ trockenen Hochebene des Ganges angebaut. Frankreich liefert etwa 40 % der Gesamtproduktion der EG, gefolgt von der Bundesrepublik Deutschland (16 %) vor Großbritannien (knapp 16 %), Italien (knapp 11 %), Spanien (9 %) und Griechenland (3 %).

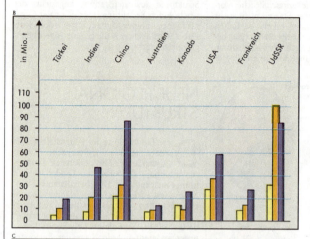

B · **Die größten Weizenproduzenten.**
Der Anstieg der Produktion bis Mitte der 80er Jahre beruhte hauptsächlich auf höheren Erträgen. Fast die Hälfte der Welternte entfällt auf Europa, ein Drittel auf Asien.

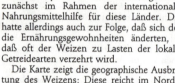

Weizenerträge 1988 (in dz je ha)	
Weltdurchschnitt	23,2
Bundesrepublik Deutschland	68,4
Großbritannien	61,7
Frankreich	61,5
China	30,0
Italien	27,4
USA	22,9
Indien	19,7
UdSSR	17,6
Australien	15,8

C · **Die wichtigsten Reisproduzenten.**
Das bemerkenswerteste Phänomen beim Reisanbau in den letzten dreißig Jahren war die sogenannte ›grüne Revolution‹. Neues Saatgut, das widerstandsfähiger und viel ertragreicher ist und vor allem von Indien eingesetzt wird, wurde gezüchtet.

* keine Zahlenangaben

A · **Der Weizen in der Welt.**
Die Weizenanbaugebiete bedecken zur Zeit weltweit eine Fläche von etwa 220 Millionen Hektar. Seit Anfang der 80er Jahre haben mehrere große Produzentenländer ihre Anbaufläche erheblich reduziert. Auch die Erntemenge ist seit 1985 etwas zurückgegangen.

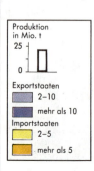

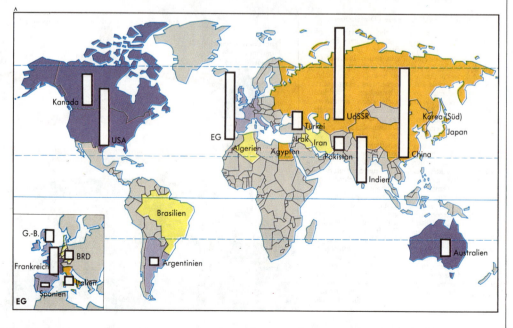

606

WELTWIRTSCHAFT

REIS

Die Weltreisproduktion hat sich in den letzten fünfzig Jahren mehr als verdreifacht (von 150 Millionen t 1935 auf 490 Millionen t 1988). Reis ist die wichtigste Getreideart in Asien, wo häufig zwei, manchmal sogar drei Ernten pro Jahr möglich sind. Die Reispflanze benötigt ein Höchstmaß an Wärme, Wasser und Arbeit. 90 % der Reisanbaugebiete befinden sich in den asiatischen Ländern mit Monsunregen.

Der Reisanbau ist jedoch auch in Lateinamerika und in Afrika verbreitet; die weltweiten Anbauflächen haben insgesamt einen Umfang von etwa 150 Millionen Hektar.

Nur 3 % der Produktion werden exportiert: Der Reis wird überwiegend in dem Land, in dem er produziert wird, verzehrt. Die Erträge sind sehr unterschiedlich: 20 dz/ha in Indien, 42 dz/ha in China, 52 dz/ha in Japan, 60 dz/ha in Nordkorea, 63 dz/ha in Spanien.

Etwa 90 % der Reisanbauflächen und ein entsprechender Produktionsanteil finden sich in den asiatischen Monsunländern, von Pakistan bis Korea, sowie in Japan. Weitere wichtige Produzenten sind Brasilien und die USA.

Die natürlichen (Wärme und Feuchtigkeit) und die menschlichen Voraussetzungen (zahlreiche Arbeitskräfte verfügbar) erklären den bevorzugten Anbau in den Deltas, den Gebieten mit ausreichend Niederschlag (im Sommer) und denen, die überschwemmt oder bewässert werden können. Die großen Produktionsgebiete sind das untere Tal des Ganges in Indien (auch in Bangladesh), das Delta des Mekong und vor allem das des Roten Flusses in Vietnam sowie das Delta des Jangtsekiang in China. Der Reisanbau wurde ebenfalls um den Indischen Subkontinent herum entwickelt, in Java, an der Ostküste Chinas (südlich der Mündung des Jangtsekiang) sowie in Südkorea.

Alle diese Gebiete mit intensivem Reisanbau haben eine extrem hohe Bevölkerungsdichte (immer über 200 und manchmal über 1 000 Einwohner pro km^2). Dank zweier Ernten pro Jahr sowie aufgrund seines hohen Energiewertes (der höher liegt als bei allen tropischen Knollengewächsen) ermöglicht Reis eine Grundversorgung in den Ländern mit hoher Bevölkerungsdichte.

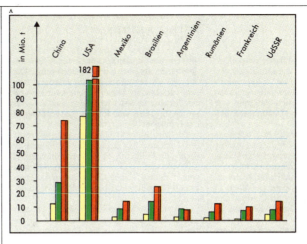

A · **Die größten Maisproduzenten.**

Die Graphik zeigt das Ausmaß des Übergewichts der Vereinigten Staaten. Allerdings muß der rasche Anstieg in China, Brasilien, der Sowjetunion und Frankreich im Auge behalten werden.

MAIS

Der Maisanbau war in den peruanischen Anden ab 4000 v. Chr. bekannt. Die Produktion ist von 115 Millionen t 1935 auf über 400 Millionen t 1988 angestiegen.

Mais wird in Lateinamerika und in Afrika zur Ernährung eingesetzt, während die Produktion der Vereinigten Staaten (die etwa die Hälfte der Weltproduktion ausmacht) vorwiegend als Futtermittel für die Viehzucht und erst in zweiter Linie als Nahrungsmittel für Menschen verwendet wird. Die höchsten Erträge werden ebenfalls in den Vereinigten Staaten erzielt: etwa 75 dz/ha. Der Anteil des Welthandels macht zwischen 15 % und 20 % der Gesamtproduktion aus.

In den Vereinigten Staaten wird Mais überwiegend im Landesinnern und im Norden der Großen Ebenen angebaut. In Lateinamerika bedeckt der Mais große Flächen an der Atlantikküste Brasiliens und in der argentinischen Pampa (neben dem Weizen, aufgrund der stark verbreiteten Viehzucht). In Europa wird Mais in der Donauebene angebaut. In Frankreich findet er sich vorwiegend im Südwesten, in Deutschland ist er neuerdings weit verbreitet.

ANDERE GETREIDEARTEN

Von den anderen Getreiden erreichen Hafer und Roggen nur geringe Produktionsmengen, die in den letzten Jahrzehnten auf 38 Millionen t bzw. 32 Millionen t im Jahr 1988 gesunken sind. Die UdSSR ist hier mit ungefähr der Hälfte der Gesamtproduktion der größte Erzeuger.

Hirse und Sorghum sind Getreide, die für die menschliche Ernährung in Afrika, Indien und Nordchina Verwendung finden. Allerdings konnten mit Hilfe der Agrarforschung auch sehr gut als Futtergetreide einsetzbare Arten gezüchtet werden. Die Hälfte der Erntemenge an Hirse (1988: 30 Millionen t) entfällt auf Asien. Sorghum (insgesamt 65 Millionen t) wird vor allem in Amerika (26 Millionen t) und Asien (20 Millionen t) geerntet.

Die Produktion an Gerste hat sich in den letzten fünfzig Jahren vor allem aufgrund der Ausbreitung von Bierbrauereien verdreifacht. Sie liegt heute bei über 160 Millionen t pro Jahr. Haupterzeuger sind die Sowjetunion (rund 45 Millionen t), Deutschland (13 Millionen t), Spanien (12 Millionen t), Kanada und Frankreich (jeweils 10 Millionen t).

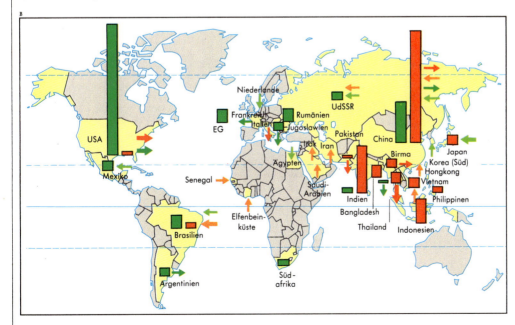
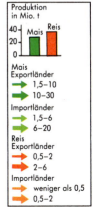

B · **Reis und Mais in der Welt.**

Bei den Flächen liegt der Reis vor dem Mais mit 147 Millionen ha Anbaufläche gegenüber 127 Millionen ha für den Mais.

WELTWIRTSCHAFT

LANDWIRTSCHAFTLICHE PRODUKTION

KARTOFFEL

Die Kartoffel ist eine Pflanze der kühlen gemäßigten Zonen, die Frost nicht verträgt. Kartoffeln werden heute jedoch auf der ganzen Welt auf etwa 18 Millionen Hektar Fläche angebaut, was pro Jahr eine durchschnittliche Ernte von knapp unter 300 Millionen t ermöglicht.

Kartoffeln werden überwiegend in Europa kultiviert (Erntemenge 174 Millionen t), aber auch in Asien und einigen afrikanischen Staaten. In Europa dominieren osteuropäische Staaten wie die Sowjetunion und Polen. In Westeuropa werden Kartoffeln vor allem in der Bundesrepublik Deutschland und den Niederlanden sowie in Frankreich und in Großbritannien angebaut.

Bei Süßkartoffeln (Bataten) entfallen über 90 % der Erntemenge von rund 130 Millionen t auf China.

In der Sowjetunion und in Irland ist der Kartoffelverbrauch pro Kopf am höchsten: 110 bzw. 130 kg pro Kopf und Jahr; 60 bis 80 kg sind im Durchschnitt für die anderen europäischen Länder, außer Italien mit etwas weniger als 40 kg, normal. In den Vereinigten Staaten und Japan liegt der jährliche Verzehr pro Kopf bei ungefähr 20 kg.

ÖLPFLANZEN

Fette aus Ölpflanzen sind heute weiter verbreitet als Fette tierischen Ursprungs. Die das Öl hervorbringenden Pflanzen sind sehr verschieden. Die Öle dienen vorwiegend der Ernährung des Menschen, aber auch als Futter für Tiere und für die Verwendung in der Industrie.

Die wichtigsten Ölpflanzen sind 1988: Soja (93 Millionen t), Erdnuß (24 Millionen t), Raps (22 Millionen t), Sonnenblumenkerne (22 Millionen t), Oliven (9 Millionen t), und weit dahinter Kopra (5 Millionen t), Leinsamen (3 Millionen t) und Palmöl (3 Millionen t).

Seit den 50er Jahren haben sich die Produktion und der weltweite Handel mit Ölpflanzen erheblich ausgeweitet. Forschungen im Bereich der Chemie der Fette befaßten sich vor allem mit den Ölpflanzen der gemäßigten Zonen; sie führten häufig zur Austauschbarkeit der Fette in zahlreichen Einsatzbereichen.

Soja. Es werden hauptsächlich zwei Arten von Soja angebaut. Die eine, die grüne Soja, wird – auch in Form von Keimen – für die Ernährung des Menschen verwendet. Die andere, die auch als Gründünger und als Futter dient, wird vor allem wegen ihrer ölhaltigen Samen angebaut und macht die Hälfte der Weltproduktion von Soja aus. Nach der Ölextraktion, die mehr als 80 % des Rohstoffes liefert, und zur Herstellung von Margarine und Fetten verwendet wird, dient Soja in Form von Preßscheiben als Tierfutter. Soja benötigt etwa die gleichen Verhältnisse wie Mais und kann in gemäßigten und in tropischen Klimaten angebaut werden.

Anfang des 20. Jahrhunderts wurde Soja in die USA eingeführt und wird dort heute auf einer größeren Fläche angebaut als Mais. Die USA liefern annähernd die Hälfte der Weltproduktion, die heute über 90 Millionen t liegt, und sind auch der größte Exporteur der Welt. Mit weitem Abstand folgen Brasilien (etwa 18 Millionen t), China (12 Millionen t) und Argentinien (etwa 10 Millionen t). Die EG ist der größte Importeur von Sojafutter.

Erdnuß. Dies ist eine der bekanntesten Ölpflanzen der tropischen Zone in Europa. Die Produktion Westafrikas wird nämlich vor allem nach Europa exportiert. Die Haupterzeuger China und Indien konsumieren ihre Erntemengen von 6 bzw. 8 Millionen t weitgehend selbst. Drittwichtigster Produzent sind die Vereinigten Staaten. Erdnußöl gerät heute in immer stärkeren Wettbewerb mit anderen Ölen, vor allem mit Sojaöl.

Sonnenblumen- und Olivenöl. Die Sowjetunion ist der größte Produzent von Sonnenblumenöl vor Argentinien und Frankreich, während sich die Produktion von Olivenöl auf den Mittelmeerraum beschränkt. Bei diesem Öl steht Italien (430 000 t) an der Spitze, vor Spanien (377 000 t), Griechenland (270 000 t), Tunesien (115 000 t) und der Türkei (110 000 t).

Raps. Er ist in Kanada, Mittel- und Osteuropa die wichtigste Ölpflanze. Als Kulturformen werden Winterraps (zur Ölgewinnung) und Sommerraps (als Futter, Gründüngung, wenig zur Ölgewinnung) angebaut. Aus den Samen wird das Rüböl gewonnen; aus den Rückständen erhält man den Rapskuchen. Hauptproduzenten von Rapssaat sind China (5,0 Millionen t), Kanada (4,2 Millionen t), Indien (3,4 Millionen t), Frankreich (2,5 Millionen t) und die Bundesrepublik Deutschland (1,2 Millionen t).

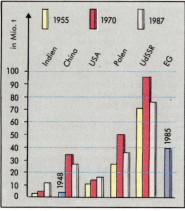

A · Die großen Kartoffelproduzenten.

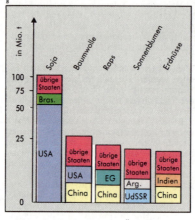

B · Die großen Produzenten von Ölpflanzen.

C · Geographie der Ölpflanzen.

Die Karte zeigt die Bedeutung Chinas und der Vereinigten Staaten sowie den Einfluß der Klimazonen. So kann man die ausschließliche Verbreitung der Erdnuß in den Tropen feststellen, während umgekehrt der Raps eine Pflanze der gemäßigten, sogar kalten Zonen ist und auch in Kanada und Polen angebaut wird.

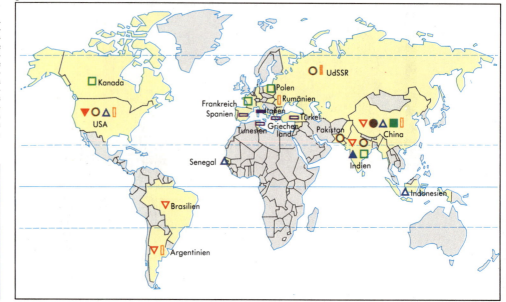

WELTWIRTSCHAFT

ZUCKER

Zucker wird aus der Zuckerrübe und dem Zuckerrohr gewonnen. Etwa zehn Länder produzieren Zuckerrüben und Zuckerrohr, wobei von den mehr als 100 Produzenten 72 nur Zuckerrohr und 32 nur Zuckerrüben verarbeiten. Das Zuckerrohr liefert heute mehr als 60 % der Weltproduktion an Zucker.

Während Zuckerrüben zu 80 % in Europa angebaut werden (Erntemenge weltweit 1988: 300 Millionen t), liegt der Schwerpunkt des Zuckerrohranbaus in Amerika mit über der Hälfte der Erntemenge von knapp 1 Milliarde t.

Hauptproduzent bei Zuckerrüben ist mit großem Abstand die Sowjetunion vor Frankreich, der Bundesrepublik Deutschland und den Vereinigten Staaten; bei Zuckerrohr liegen Brasilien und Indien weit an der Spitze vor Kuba, China, Mexiko und Pakistan.

Der Verbrauch ist je nach Land sehr unterschiedlich. Bei einem weltweiten Durchschnitt von 20 kg pro Jahr und Person liegt der Verbrauch in zahlreichen Entwicklungsländern unter 5 kg pro Jahr und Person, dagegen übersteigt er in mehreren europäischen Ländern 40 kg pro Kopf und Jahr.

TABAK

Der in den warmen Ländern beheimatete Tabak wurde seit dem 16. Jahrhundert in Europa akklimatisiert, wo er sich rasch in Spanien, Portugal, England und Frankreich ausbreitete. Die Tabakpflanze kann unter sehr unterschiedlichen klimatischen Bedingungen, vor allem aufgrund einer relativ kurzen Wachstumsphase, gedeihen.

Heute produzieren ungefähr zwölf Länder jährlich über 100 000 t Tabak. Der Großteil der Produktion (etwa 80 %) wird selbst verbraucht. Allerdings ist auch der Handel infolge der Vielzahl der Tabaksorten und der notwendigen Mischungen zur Zigarettenherstellung relativ rege.

China ist bei weitem der größte Produzent der Erde, handelt jedoch kaum mit Tabak, im Gegensatz zu den Vereinigten Staaten, dem zweitgrößten Produzenten und größten Exporteur. Weitere Ausfuhrländer sind Brasilien, Griechenland und Italien. Auf China entfiel fast die Hälfte der Weltproduktion von knapp 7 Millionen t im Jahr 1988, in den Vereinigten Staaten liegt die Erntemenge bei rund 600 000 t. Je nach Land werden zwischen 70 % und 95 % des Tabaks in Form von Zigaretten verkauft.

ZITRUSFRÜCHTE

Unter der Bezeichnung Zitrusfrüchte faßt man alle Früchte von Bäumen der Gattung *citrus* zusammen. Das sind Orangen (süße und bittere), Mandarinen, Klementinen, Zitronen, Grapefruits und Pampelmusen. Heute sind die Hauptanbaugebiete (Brasilien, Kalifornien, Mittelmeerraum) niederschlagsarme Gebiete, verglichen mit der natürlichen Umgebung dieser Früchte (Indien): Dieser Mangel muß durch Bewässerung der Anlagen ausgeglichen werden.

Der Verzehr der frischen Früchte verbraucht einen Großteil der Produktion; die Herstellung von Fruchtsäften steigert die Produktion von Zitrusfrüchten immer mehr. Die Verwendung von Zitrusfrüchten in der Parfumerzeugung und der Herstellung von Konfitüren und Süßwaren muß auch erwähnt werden.

Brasilien ist zum größten Lieferanten von Zitrusfrüchten geworden, in weitem Abstand gefolgt von den USA. Die Produktion der EG stammt vor allem aus drei Ländern: Spanien und Italien treten deutlich hervor, dann folgt Griechenland. Israel, die Türkei und Ägypten sind weitere Länder des Mittelmeerraums mit einem beachtlichen Anteil.

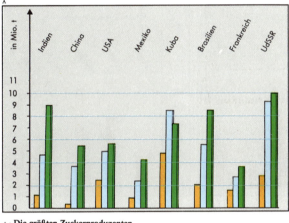

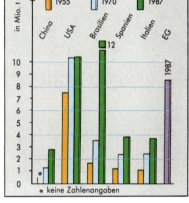

A · **Die größten Zuckerproduzenten.**

B · **Die größten Produzenten von Zitrusfrüchten.**

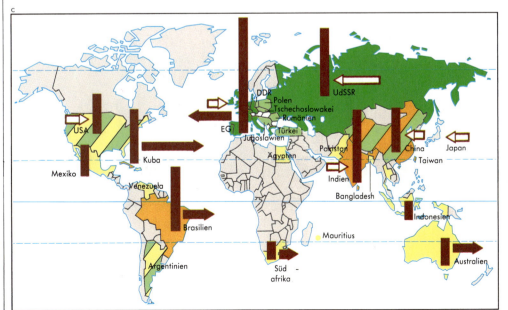
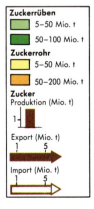

C · **Die Zuckerproduktion.**

Die Karte zeigt den Einfluß des Klimas auf die Herkunft der Zuckerproduktion: Zuckerrohr in den tropischen Breiten und Zuckerrüben in den gemäßigten Zonen.

WELTWIRTSCHAFT

LANDWIRTSCHAFTLICHE PRODUKTION

KAFFEE

Die beiden wichtigsten Kaffeesorten sind: Arabica, in Äthiopien beheimatet, jedoch vor allem in Mittel- und Südamerika angebaut, und Robusta, der in Afrika (die Elfenbeinküste ist der größte Produzent) und im Fernen Osten angebaut wird. Die Kaffeepflanze stellt hohe Anforderungen an den Anbau: tiefe und gut entwässerte Böden, viel Wärme und Feuchtigkeit, Schutz gegen direkte Sonnenbestrahlung und Wind. Sie gedeiht in den tropischen und äquatorialen Zonen. Arabica verträgt die Höhenklimata gut, während Robusta eher in den niedrigen äquatorialen Gebieten wächst.

Der Handel mit Kaffee, der etwa 2/3 der Produktion ausmacht, ist durch ein internationales Abkommen geregelt. Kaffee wird nach einer ersten Verarbeitung exportiert, das Rösten geschieht meist in den Verbraucherländern.

Zwei Drittel des Rohkaffees werden in Südamerika erzeugt (1988: 3,5 Millionen t). Der mit Abstand wichtigste Produzent ist Brasilien (24 % der Welternte) vor Kolumbien (14 %) und Indonesien (6,5 %).

TEE

Der Teestrauch ist in seiner Wildform ein Strauch, sogar ein Baum, der regelmäßige Niederschläge (1 500 mm pro Jahr) benötigt. Tee kann auch auf armen Böden, wo der Kaffee keinen Ertrag mehr bringt, wachsen. In Höhenlagen ist die Ausbeute an Tee am höchsten (Sri Lanka, Assam).

Als traditionelles asiatisches Getränk wurde der Tee im 17. Jahrhundert in Europa eingeführt und von der Ostindien-Gesellschaft in England und in Nordamerika vermarktet. Die Aufhebung des Teezolls 1773 war die Ursache der ersten Zwischenfälle, die zur amerikanischen Unabhängigkeit führten.

Der Tee kommt in drei Formen auf den Markt: grüner Tee (nicht fermentiert), Oolong-Tee (halbfermentiert) und schwarzer Tee (fermentiert). Asien produziert und konsumiert den Großteil der Produktion, Großbritannien ist der größte Importeur. Die Regelung des Handels ist Gegenstand eines internationalen Abkommens.

Die beiden größten Produzenten, Indien (710 000 t) und China (570 000 t), liefern 50 % der Weltproduktion.

KAKAO

Die fünf größten Kakaoerzeuger produzieren 3/4 der Welternte, von denen die beiden größten (Elfenbeinküste mit 31 % und Brasilien mit 16 % der Welternte) knapp die Hälfte der Gesamtproduktion von 2,3 Millionen t im Jahr 1988 liefern. Für Ghana macht der Kakao dem Wert nach etwa die Hälfte der Exporte aus, während er für Kamerun und die Elfenbeinküste bei 30 % (wie der Kaffee) liegt.

Der internationale Handel umfaßt praktisch die gesamte Produktion. Diese kommt ausschließlich aus den Tropen (Afrika und Lateinamerika), während die Hauptverbraucher die Industrieländer, vor allem die Vereinigten Staaten, die EG-Länder und die UdSSR, sind.

Heute wird mehr als ein Viertel der Exporte bereits im Ursprungsland verarbeitet (Butter, Pulver usw.) und nicht mehr als Bohnen exportiert, weil sich die Industrie zur ersten Verarbeitung in den Produzentenländern angesiedelt hat. Seit Ende der 70er Jahre existiert auf dem Weltmarkt infolge einer starken Ausweitung der Produktion ein erhebliches Überangebot an Kakao.

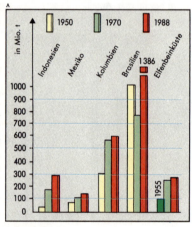

A · **Der Kaffee.**
Jüngste Entwicklung in großen Produzentenländern.

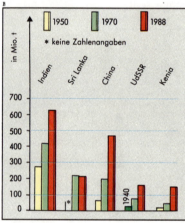

B · **Der Tee.**
Jüngste Entwicklung in großen Produzentenländern.

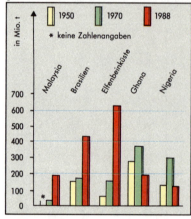

C · **Der Kakao.**
Jüngste Entwicklung in großen Produzentenländern.

D · **Die Produktionen von Kaffee, Tee und Kakao.**

Diese drei Produkte kommen ausschließlich aus den tropischen Gebieten, Kaffee und Kakao vor allem aus Lateinamerika und Afrika, Tee aus Asien (Indien und Südchina).

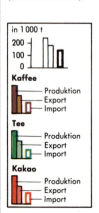
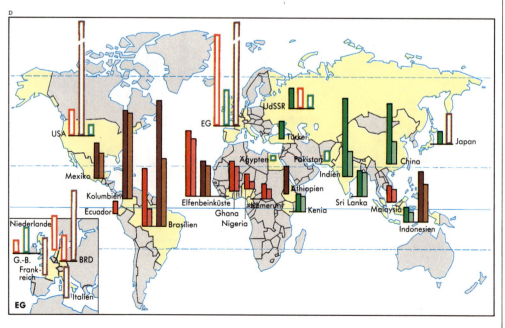

610

WELTWIRTSCHAFT

WEIN

Der Weinstock (die Weinrebe), eine Pflanze des gemäßigten Klimas, kann auf sehr unterschiedlichen Böden wachsen. Hinsichtlich der Anbaugrenzen sind die Sonneneinstrahlung der Anbaugebiete und ihre Höhe entscheidend (in der Wachstumsperiode sind 1 200 Stunden Sonneneinstrahlung notwendig). So wächst mexikanischer Wein noch in 2 000 m Höhe.

Darüber hinaus können selbst unter schwierigen Bedingungen Qualitätsweine produziert werden, jedoch in geringer Menge. Der Weinstock trägt etwa fünfzehn Jahre Trauben; die erste Ernte ist allerdings erst vier Jahre nach dem Pflanzen möglich.

Der Weinanbau erfordert sehr viel Pflege. Diese wird je nach Weingegend anders erbracht. Die Weinberge, die Weine für den täglichen Verzehr hervorbringen und hohe Erträge erzielen sollen (von 80 bis 200 hl/ha), werden so angelegt, daß sie maschinell bewirtschaftet werden können. Die Weinberge für die besten Weine werden von Hand bearbeitet, wobei die Düngung mit Mist möglichst vermieden wird (Erträge bei 20 hl/ha).

Weltweit werden Weingebiete zur Produktion von Trauben angelegt, die frisch oder getrocknet verzehrt werden. Diese machen nur etwa 5 % der europäischen Produktion, jedoch etwa 70 % der Produktion Südafrikas, der Vereinigten Staaten und Australiens aus.

Die größten Weinanbaugebiete befinden sich immer noch im Mittelmeerraum. In der Bundesrepublik Deutschland, der Schweiz, Österreich, Ungarn, Rumänien, Georgien und auf der Krim befinden sich weitere europäische Anbaugebiete. Der Weinanbau in Nord- und Südafrika wurde in der Kolonialzeit eingeführt. In Nordamerika wird Weinbau hauptsächlich in Kalifornien, in Südamerika vor allem in Argentinien und Chile betrieben.

Frankreich und Italien sind die größten Produzenten, in großem Abstand gefolgt von Spanien; die europäische Gesamtproduktion liegt bei ungefähr 300 Millionen Hektolitern.

Deutsche Weine sind in Tafel- und Qualitätsweine unterteilt, letztere in einfache Qualitätsweine bestimmter Anbaugebiete (Q. b. A.) sowie in Prädikatsweine.

Qualitätsweine bestimmter Anbaugebiete erhalten ihre Bezeichnung erst in Verbindung mit einer amtlichen Prüfung. Die Prüfungsnummer wird zugeteilt, wenn unter anderem die verwendeten Trauben ausschließlich von geeigneten Rebsorten stammen und in einem einzigen bestimmten Anbaugebiet (Qualitätsweine mit Prädikat in einem Bereich) geerntet worden sind. Die Moste müssen eine nach Qualitätsstufe, Rebsorte und Herkunft unterschiedliche Mindestreife (›natürlicher Alkoholgehalt‹) aufgewiesen haben, der Gesamtalkohol muß mindestens neun Volumprozent betragen. Zulässige Prädikate für nicht angereicherte Qualitätsweine, die zusätzlichen Anforderungen an Mindestreife und Erzeugungstechnik entsprechen, sind Kabinett, Spätlese, Auslese, Beerenauslese, Trockenbeerenauslese und Eiswein.

Die Weinbaugebiete in Westdeutschland liegen vorwiegend am Rhein (Rheingauer Weine, Rheinhessische Weine), an der Ahr (Ahrweine), an Mosel, Ruwer und Saar (Moselweine) sowie in der Pfalz (Rheinpfälzer Weine), in Franken (Frankenweine) und in Baden-Württemberg (Badischer Wein, Württembergische Weine). In Ostdeutschland sind die Weinbaugebiete an der Elbe (in der Lößnitz, bei Meißen), an Saale, Unstrut, um Naumburg und Freyburg zu nennen.

BIER

Das Bier, ein vergorenes Getränk aus gekeimter Gerste und Hopfen, ist schon sehr früh in verschiedenen Formen bekannt gewesen. In Frankreich stammt das keltische Bier aus dem Mittelalter. In Afrika stellte man Bier aus Hirse, Gerste oder Mais her, und in Asien kamen zu den vergorenen Getränken auf Hirsebasis weitere hinzu, die mit Reis oder Weizen hergestellt wurden. Die Kolonialzeit brachte die Herstellung von Bieren des europäischen Typs hierher.

Ende des 19., Anfang des 20. Jahrhunderts wurde die Bierherstellung industrialisiert (Arbeiten von Pasteur, Erfindung der Dosenverpackung). Bei dieser Herstellungsart wird viel Wasser benötigt: 10 bis 12 hl Wasser für 1 hl Bier.

Die Weltproduktion an Bier hat steigende Tendenz: 1960 420 Millionen hl, 1968 570 Millionen hl, über 1 Milliarde hl 1986, wobei die Vereinigten Staaten mit etwa 20 % der Weltproduktion den ersten Platz einnehmen. Nach Verzehr pro Kopf und Jahr sind die zehn führenden Länder europäisch (hier liegt der Verbrauch bei über 100 l/Jahr).

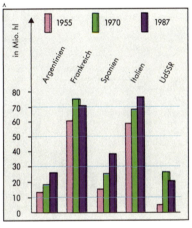

A · Der Wein.

Jüngste Entwicklung in großen Produzentenländern.

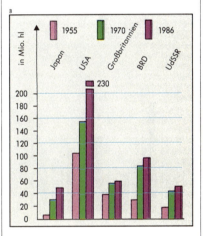

B · Das Bier.

Jüngste Entwicklung in großen Produzentenländern.

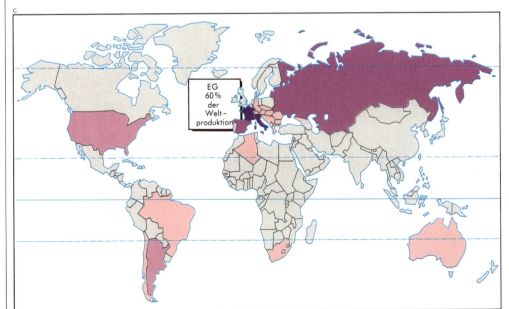

C · Der Wein in der Welt.

Wein wird in der warmen gemäßigten Zone angebaut, wobei sich die Produktion in den europäischen Mittelmeerländern (Südhälfte Frankreichs, Italien und Spanien) deutlich konzentriert. Die Weinanbaugebiete in der UdSSR und in den Vereinigten Staaten sind praktisch auf Zonen mit dem Mittelmeerraum vergleichbarem Klima beschränkt (Kalifornien und der Süden der UdSSR, insbesondere im Kaukasus).

WELTWIRTSCHAFT

LANDWIRTSCHAFTLICHE PRODUKTION

VIEHWIRTSCHAFT

Viehwirtschaft nennt man die Gesamtheit der Tätigkeiten der Zucht, der Nutzung, des Einsatzes, der Pflege und der wirtschaftlichen Verwertung von Nutztieren. Die wichtigsten gezüchteten Arten sind Rinder, Schafe, Ziegen, Schweine, Geflügel und Kaninchen. Dazu kommen die Einhufer (Pferde, Esel und Maultiere) und die Pelztiere. Zu erwähnen sind auch einige für sehr kleine Volksgruppen wichtige Arten: Rentiere, Yaks, Kamele und Dromedare, sogar Elefanten.

Je nach Land und Art ist die Viehzucht unterschiedlich; ihre soziale Bedeutung variiert. Ein Beispiel ist Indien, das die größte Rinderherde der Welt besitzt, deren Bewirtschaftung jedoch erheblich durch religiöse Gebote eingeschränkt wird. Umgekehrt ist die Viehzucht in den ›denaturierten‹ Ställen Westeuropas nur noch ein Glied in der Nahrungskette.

Von den beiden wichtigsten Verwendungsarten der Nutztiere (Ernährung des Menschen und Transport) ist die zweite allgemein zurückgegangen. In den Entwicklungsländern fängt dieser Rückgang an, in den Industrieländern ist er dagegen bereits abgeschlossen. Die Pferdezucht umfaßt zum Beispiel fast nur noch Reitpferde für sportliche Zwecke oder zum Freizeitvergnügen. Die Viehwirtschaften, die vor allem zur menschlichen Ernährung bestimmt sind, hängen insbesondere von dem sozioökonomischen Standard des Landes ab, in dem sie betrieben werden.

Seit Ende des Zweiten Weltkrieges wurden große Fortschritte bei der Zucht erzielt. Es werden weltweit Register geführt, die die genetischen Eigenschaften der besten Tiere festhalten: das *Herd-book* für Rinder, das *Stud-book* für Pferde und das *Flock-book* für Schafe. Die allgemeine Verbreitung der künstlichen Besamung hat eine größere Vereinheitlichung der Qualität ermöglicht. Durch die Fortschritte in der Genetik ist heute insbesondere die Produktion von Klonen sowie die Schaffung neuer Rassen (wie ›Mini-Kühe‹) möglich, die für die Entwicklungsländer bestimmt sind, weniger Futter benötigen und im Vergleich zu den herkömmlichen Rassen mehr Milch produzieren.

Allerdings müssen die Statistiken, die uns lediglich über die Bruttozahlen informieren, genauer betrachtet werden. Was sind neue Rassen wirklich wert für die Viehzucht, wenn es beispielsweise um Geflügel, Schweine oder (mit Einschränkungen) um Schafe geht, deren Lebensdauer gering ist? Wie soll die Leistung der Herden in wenig entwickelten Gebieten mit der in entwickelten Gebieten verglichen werden? In den letzteren gibt eine Kuh häufig mehr als achttausend Liter Milch pro Jahr (eine Leistung, die im übrigen nicht problemlos ist) und in den ersteren nur einige hundert Liter.

Die räumliche Verteilung der verschiedenen Zuchttypen ist das Ergebnis mehrerer Faktoren. Zu nennen sind hier vor allem der verfügbare Raum, die klimatischen Bedingungen, die Geschichte und die Zivilisation, manchmal auch die Religion (Beispiel: In den mohammedanisch beeinflußten Gebieten werden keine Schweine gezüchtet.) sowie der wirtschaftliche Entwicklungsstand.

Geographisch, mehr noch als statistisch, hat die Viehzucht in der südlichen Hemisphäre eine große Bedeutung. Die Schafzucht ist vor allem in Australien und Neuseeland entwickelt, aber auch in der Republik Südafrika, im Süden Argentiniens (Patagonien) und in Uruguay, wo häufig schwierige Klimabedingungen wie Semiaridität (was auch die Größe der Schafbestände in der arabischen Welt erklärt)

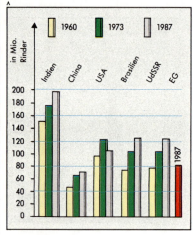

A · **Die Rinderzucht.**
Jüngste Entwicklung in großen Produzentenländern.

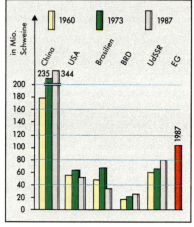

B · **Die Schweinezucht.**
Jüngste Entwicklung in großen Produzentenländern.

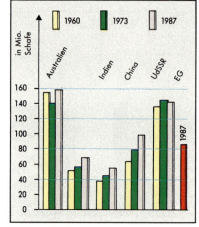

C · **Die Schafzucht.**
Jüngste Entwicklung in großen Produzentenländern.

D · **Die Viehzucht in der Welt.**

Die Karte zeigt das Übergewicht der Schafzucht in den subtropischen Gebieten, die im allgemeinen trocken, manchmal auch semiarid sind, insbesondere in der Südhälfte des Mittelmeerraumes und in einigen Regionen der südlichen Hemisphäre. Die Rinderzucht herrscht dagegen in höheren Breitengraden vor.

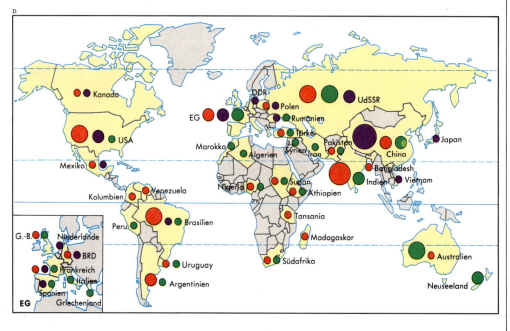

612

WELTWIRTSCHAFT

oder große Kälte (Patagonien, ebenfalls niederschlagsarm) herrschen. Diese Länder dominieren vor allem den Markt für Wolle; die Fleischproduktion ist in Westeuropa (die größten Schafbestände haben hier Großbritannien und Spanien) und den Vereinigten Staaten größer. Diese geographische Differenzierung nach den beiden Produktionstypen entspricht einer Tendenz der modernen Zucht, nämlich sich in der Nähe der Verbrauchermärkte niederzulassen. Sehr große Schafbestände haben die Sowjetunion, China, Indien, die Türkei, Iran und Pakistan.

Die Rinderzucht ist anspruchsvoll: Der Wasserbedarf ist groß und extreme Temperaturen (vor allem große Hitze) sind unerwünscht. Rinderzucht ist relativ selten im tropischen Afrika anzutreffen; eine Ausnahme ist der Osten (Äthiopien, Sudan, Tansania, Kenia). Sehr große Rinderbestände finden sich auf dem indischen Subkontinent und in China, in einigen lateinamerikanischen Ländern (Brasilien, Argentinien, Mexiko, Kolumbien) sowie in der Sowjetunion und in den Vereinigten Staaten. Die größten Bestände in Westeuropa haben Frankreich und die Bundesrepublik Deutschland.

Die Schweinezucht kommt in den meisten Fällen zu den anderen Zuchtarten hinzu; ihr Raumbedarf ist kleiner als der der oben beschriebenen Zuchten. Den mit Abstand größten Schweinebestand hat China (rund 40 % des Weltbestandes), danach folgen die Sowjetunion und die Vereinigten Staaten. Die größten Bestände in Westeuropa finden sich in der Bundesrepublik Deutschland, in Spanien und in Frankreich.

Fleischerzeugung 1988 (in 1 000 t)	
USA	27 869
China	24 996
UdSSR	19 203
Frankreich	5 572
BR Deutschland	5 443
Brasilien	5 425
Italien	3 822
Japan	3 654
Argentinien	3 474
Quelle: FAO	

GEFLÜGEL

Die relativ kurze Aufzuchtzeit und der hohe Anteil an eßbarem Fleisch im Vergleich zum Gewicht haben wesentlich dazu beigetragen, daß sich die Geflügelzucht immer weiter ausdehnt. So hat sich der Bestand an Hühnern in den 80er Jahren von rund 6 auf über 10 Millionen erhöht. In den Industriestaaten überwiegt die Massentierhaltung.

Knapp ein Viertel der Weltproduktion an Fleisch entfällt inzwischen auf Geflügelfleisch (1988: 36,9 Millionen Tonnen). Die wichtigsten Produzenten sind die USA (26 % der Weltproduktion), die UdSSR (8,5 %), China (7,2 %) sowie Brasilien, Japan und Frankreich. Die Weltproduktion an Hühnereiern erreichte 1988 knapp 35 Millionen Tonnen. Haupterzeuger sind hier China (19 % der Weltproduktion), die UdSSR (13,3 %), die USA (11,8 %) und Japan (6,8 %).

FISCHFANG

Der Fischfang hat sich in den letzten Jahren stark verändert. Da der Bedarf an Nahrungsmitteln mit dem Bevölkerungswachstum steigt, wurde der Fischfang in den letzten 50 Jahren erheblich erweitert; das Fangvolumen hat sich von 21 Millionen t 1938 auf 92 Millionen t 1987 mehr als vervierfacht.

Fischfang wird im Meer oder in Binnengewässern betrieben. Letztere liefern ungefähr ein Sechstel des im Meer gefangenen Volumens; dennoch ist dieser Nahrungsbeitrag für die Länder der Dritten Welt äußerst wichtig. Dazu muß allerdings bemerkt werden, daß der Ertrag aus dem Süßwasser viel höher ist als der aus dem Meerwasser: Letzterer liegt bei etwa 2 kg pro ha Meer, während ein 1 000 kg und mehr pro ha in den Seen erreichen kann. Etwa ein Drittel des Fangs an Salzwasserfischen dient zur Herstellung von Tierfutter, zwei Drittel dem menschlichen Verzehr.

Die Lage der Fangzonen hängt von biologischen Bedingungen sowie technischen und wirtschaftlichen Notwendigkeiten ab (es ist nicht möglich, kommerziell in einer Tiefe von mehr als 1 500 m zu fischen), so daß rund 90 % der Fänge vom Kontinentalsockel stammen, der nur 7,5 % der Meeresflächen ausmacht.

Die Lage der Fangzonen erklärt die häufig auftretenden Probleme bei der Festlegung von Hoheitsgebieten im küstennahen Bereich (im Unterschied zu internationalen Gewässer). Die meisten Staaten haben ihre Fischfanggrenzen auf 12 bis 200 Seemeilen ausgedehnt (eine Seemeile sind 1 852 m) und behalten sich somit die ergiebigsten Ressourcen selbst vor. Eine ›Wirtschaftszone‹ von 200 Seemeilen wurde auch von fast allen Ländern der Europäischen Gemeinschaft geschaffen. Die EG-Staaten unterzeichneten 1983 ein Abkommen, mit dem das *blaue Europa* geschaffen wurde. Dieses Abkommen regelt den Zugang zu den Fischgebieten, die Verwaltung der Fischvorräte und der Fangquoten, die Marktorganisation, die Flottenmodernisierung und die Beziehungen zu Drittländern.

Entwicklung des Fischfangs. Seit etwa zehn Jahren nimmt der Anteil der gemäßigten und kühlen borealen Zone, der früher überwog, zugunsten der warmen, der gemäßigten und der kühlen südlichen Zonen ab. Der Pazifische Ozean ist der größte Fischlieferant mit etwa 60 % der Fangmenge. Das Volumen der Fischmengen wächst nur sehr langsam; dessen Wachstumsrhythmus liegt weit unter dem des Bevölkerungswachstums, so daß die Nachfrage schneller steigt als das Angebot. 1984 wurde eine Weltkonferenz über die Gestaltung und die Entwicklung des Fischfangs abgehalten, deren Ziel darin bestand zu überprüfen, wie man einer wachsenden Nachfrage begegnen könne.

In Island verzehrt man pro Kopf und Jahr etwa 40 kg Fisch, in Japan etwa 35 kg, in Portugal ungefähr 25 kg, in Dänemark ungefähr 20 kg und in Frankreich etwa 15 kg. Die wichtigsten Fischarten nach Anteil am Gesamtfischfang sind: Kabeljau aus dem Westpazifik (über 5 Millionen t), der japanische Pilchard (4,2 Millionen t), die chilenische Sardine (3,8 Millionen t), der Dorsch (2,5 Millionen t), der Schellfisch aus dem Atlantik (2 Millionen t), die spanische Makrele (1,6 Millionen t) und der Hering aus dem Atlantik (1,1 Millionen t).

Die großen Fischgebiete sind die Festlandsockel rund um den Nordpazifik (von Japan bis Alaska) und den Nordatlantik (vor Kanada, Island und Norwegen). Ebenfalls zu nennen sind die südamerikanische Pazifikküste und im Atlantik die Kontinentalplatte vor dem größten Teil des afrikanischen Kontinents. Standorte in den mittleren und manchmal hohen Breitengraden werden bevorzugt.

Größte Fischereination (1987) ist Japan mit einem Ertrag von 11,8 Millionen t, gefolgt von der UdSSR (11,2 Millionen t), China (9,3 Millionen t), den USA (5,7 Millionen t), Chile (4,8 Millionen t), und Peru (4,6 Millionen t); die EG erwirtschaftete 6,9 Millionen t (Dänemark 1,7 Millionen t, Spanien 1,4 Millionen t, Großbritannien 955 000 t, Frankreich 844 000 t). Pro Kopf der Bevölkerung erzielte Island mit 6 915 kg den höchsten Ertrag vor Norwegen mit 510 kg, Dänemark mit 330 kg, Japan mit 90 kg, der UdSSR mit 38 kg, den USA mit 20 kg, Frankreich mit 15 kg, Großbritannien mit 14 kg und der Bundesrepublik Deutschland mit 3,7 kg. Die Fischwirtschaft der Industrienationen zusammen produziert im Mittel jährlich 35 kg Fisch pro Kopf der Bevölkerung, die der Entwicklungsländer 12 kg. Gründe hierfür sind die höher entwickelte Fischfangtechnik sowie die intensivere Nutzung der Ressourcen.

Eine drastische Steigerung im Fischfang ist mittelfristig nicht zu erwarten. Fast alle wirtschaftlich befischbaren Bestände werden voll genutzt. Gewisse Reserven bieten noch der Indische Ozean und der argentinischen, australischen und neuseeländischen Schelfgebiete. Ein großer Unsicherheitsfaktor für die Fischwirtschaft sind die unvorhersehbaren Schwankungen in der Größe und Ergiebigkeit natürlicher Bestände. Beeinträchtigungen erfährt die Fischwirtschaft durch die maritime Erdöl- und Kiesgewinnung sowie durch die Meeres- und Gewässerverschmutzung.

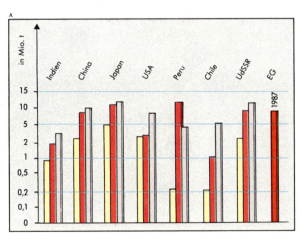

A · **Fischfang: die großen Produzenten.**

Heute überschreitet das Gesamtvolumen der Fänge 90 Mio. t, von denen etwa 25 % von den beiden wichtigsten Ländern (Japan und der UdSSR) geliefert werden. Die Fangmenge Deutschlands ist leicht rückläufig und liegt heute bei rund 400 000 t.

WELTWIRTSCHAFT

LANDWIRTSCHAFTLICHE PRODUKTION

FISCHFANGARTEN

Man unterscheidet bei der Seefischerei im allgemeinen den kleingewerblichen und den industriellen Fischfang. In der ersten Kategorie werden alle küstennahen Fänge mit einem Aufenthalt auf See von nicht länger als einer Woche gezählt. Dagegen betreiben Reedereien vorwiegend größere Schiffe, die weit von ihrem Heimathafen mehrere Wochen lang auf hoher See arbeiten können. Der Fisch muß dann an Bord in Eis frisch gehalten oder eingefroren, manchmal sogar konserviert oder zu Zwischenprodukten verarbeitet werden.

Bei den Fangmethoden wird technisch gesehen die sogenannte Oberflächenfischerei von der Tiefseefischerei (oder pelagische Fischerei) unterschieden. Erstere ist praktisch auf allen Meeren mit Oberflächengeräten möglich. Die Oberflächenfischerei ist flexibel und folgt der Saison, das heißt den Wanderungen der Hochseefische. Die Tiefseefischerei, die im nicht sichtbaren Bereich arbeitet und keine ausgesprochene Saison kennt, hängt eher von den Kontinental- und Inselrändern ab.

AQUAKULTUR

Die Aufzucht von Fischen, Weichtieren und Krebstieren nennt man extensive Aquakultur. Dabei wird die Geburt von Jungtieren gefördert oder es werden (manchmal in natürlicher Umgebung) sehr junge Tiere gesammelt, die dann bis zu einem gewissen Wachstumsstadium in Becken zur Zucht und zur Ernährung gehalten werden, um dann wieder in ihrer natürlichen Umgebung ausgesetzt zu werden. Japan, Kanada und die Vereinigten Staaten setzen so 1,5 Milliarden Lachse pro Jahr aus, von denen 1 % bis 5 % als erwachsene Tiere von den Fischern gefangen werden. So ist die Wiederbesetzung in hohem Maße gewährleistet. Ebenso wird bei den Brassen, Seeohren und den Krabben in Japan, beim Stör in Europa und in geringerem Maße beim Hummer und Katfisch in Frankreich verfahren. Hier muß auch die Karpfenzucht in Osteuropa und in Asien, die Produktion von pflanzenfressenden Fischen in Lagunengebieten und von Junggarnelen im Pazifischen Ozean genannt werden. Die extensive Aquakultur hat einen fünfzigmal höheren Ertrag als die Seefischerei.

Ein anderer Typ der Aquakultur, die *Verarbeitungsaquakultur*, verwendet Produkte mit geringem Handelswert zur Produktion von ›Nahrungsmitteln‹ höheren Handelswertes. So werden Fische gezüchtet, die in den reichen Ländern teuer sind und bei deren Aufzucht gefangene Fische geringeren Wertes verfüttert werden.

FORSTWIRTSCHAFT

Die Forstwirtschaft beschäftigt sich mit der wirtschaftlichen Nutzung und Pflege sowie dem Anbau des Waldes. Sie hat vor allem wirtschaftliche, aber auch soziale (Erholungs-, Schutzwald) sowie angesichts zunehmender Umweltverschmutzung auch wachsende Bedeutung für die Erhaltung des ökologischen Gleichgewichts. Für die Erfüllung vielfältiger Aufgaben wird moderne Forstwirtschaft verstärkt nach ökologischen Grundsätzen und Erkenntnissen betrieben. Seit etwa 1980 haben Maßnahmen der Walderhaltung und des Forstschutzes in Mittel- und Nordeuropa und in Nordamerika besondere Bedeutung erlangt.

Kennzeichen der Forstwirtschaft sind die im Vergleich zu Landwirtschaft und Gartenbau sehr langfristigen Planungen, Maßnahmen und Auswirkungen. Zwischen Saat, Pflanzung und Ernte liegen oft mehr als 100 Jahre, so daß ein Nutzen erst kommenden Generationen möglich ist. Charakteristisch ist ferner die Doppelfunktion des stehenden, wachsenden Holzes: 1) als sich verzinsendes Produktionskapital, 2) als Produkt nach dem Holzeinschlag. Diese Gleichartigkeit von Produkt und Kapital erfordert auf die Zukunft gerichtete Bewirtschaftung von Wäldern.

Forstnutzung nennt man alle forstwirtschaftlichen Tätigkeiten, deren Ziel die wirtschaftlich und arbeitstechnisch zweckmäßige rohstoff- und marktgerechte Bereitstellung von Waldprodukten, insbesondere von Holz, sowie deren volks- und betriebswirtschaftlich beste Verwertung ist. Als Nebennutzungen werden die Gewinnung von Waldfrüchten, Harzen, Baumsaft, Streu, Gerbrinde, Samen und anderer gelegentlich anfallender Produkte des Waldes – sowie oft auch die Produkte selbst – bezeichnet. Für Verwertung und marktgerechtes Angebot des Holzes ist eine gute Kenntnis der Verwendungseigenschaften der Holzprodukte erforderlich. Die Holznutzung als wichtigster Bereich der Forstnutzung umfaßt die Holzernte (Fällung, Einschnitt des Rundholzes in verwertbare, verwendungsbezogene Abschnitte), den Holztransport, die Lagerung und den Verkauf selbst.

Die Waldbestände (weltweit über 4000 Millionen ha) sind in Entwicklungsländern vor allem gefährdet durch die Ausdehnung der landwirtschaftlichen Nutzfläche (Abholzen und Abbrennen tropischer Wälder) und die Energiegewinnung (80 % des geschlagenen Holzes) sowie in Industrieländern vor allem durch die Luftverschmutzung.

ENTWICKLUNG DER FISCHZUCHT

Es gibt mehrere Gründe für den Aufschwung der Fischzucht: Einmal stößt man beim Seefischfang an Grenzen sowohl in bezug auf die Menge wie auch in bezug auf die Kosten. Außerdem erlauben Forschungen den Schluß, daß im Wasser lebende Tiere ihre Nahrungsmittel besser verwerten als auf dem Land lebende Tiere. Die Gewichtszunahme von Fischen ist bei der Verabreichung von Trockenfutter eineinhalbmal größer als bei Geflügel und zweieinhalbmal größer als bei Rindern und Schafen. Weiterhin ist bei den meisten Fischen und Weichtieren die Fortpflanzungsrate sehr hoch. Der Anteil der überlebenden Tiere liegt bei der Fischzucht bei 20 bis 60 %, während er in freier Natur nur 5 % beträgt. Schließlich ist die Rentabilität bei der Fischzucht in bezug auf die notwendige Fläche sehr hoch. Man kann beispielsweise auf einem Hektar pro Jahr 250 Tonnen Muscheln züchten.

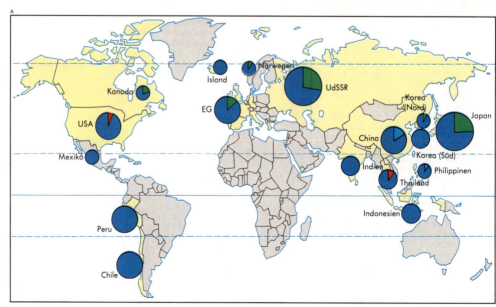

A · **Geographie des Fischfangs.**
Die größten Produzenten sind die Industrieländer, die im Besitz moderner Flotten sind, die auf allen Weltmeeren arbeiten. Dies trifft insbesondere auf Japan und die UdSSR zu. Weitere große Fischfangnationen sind China, die USA, Chile und Peru.

Fangmenge in Mio. t

verarbeitete Tonnage in %
- Konserven
- gesalzener, geräucherter, getrockneter Fisch
- gefrorener Fisch

614

WELTWIRTSCHAFT

ENERGIEERZEUGUNG

ENERGIE

Die physikalisch meßbare Größe Energie ist einer der Grundbegriffe der Physik. Ihre wichtigste Eigenschaft ist, daß sie bei allen physikalischen Vorgängen erhalten bleibt: Es kann deswegen weder Energie geschaffen noch vernichtet werden. Was stattfindet ist vielmehr einfach eine Umwandlung von einer Energieform in eine andere oder eine Energieübertragung von einem System zum nächsten. Die von der Sonne kommende im Licht enthaltene Energie ist die (direkte oder indirekte) Grundlage fast aller heute verfügbaren Energieträger.

Historisch war zunächst das Holz die am meisten verwendete Energiequelle, dann die Kohle (52 % der Versorgung 1960), schließlich die Kohlenwasserstoffe (Erdöl und Erdgas, 59 % der Versorgung 1973).

Maßeinheiten. Da die Energiequellen verschiedenartig sind und unterschiedliche Leistungen erbringen, hat man, um Vergleiche zu ermöglichen, übertragbare Einheiten ausgearbeitet. Aufgrund der früheren Vorrangstellung der Kohle wählte man zunächst als Vergleichseinheit die Steinkohleeinheit (SKE), bevor man wegen der starken Zunahme der Kohlenwasserstoffe auf die Erdöleinheit überging. Die Maßeinheiten entsprechen dem Wärmeäquivalent von einem Kilogramm Steinkohle bzw. Erdöl. Ein Kilogramm Erdöl liefert 10 000 Kilokalorien (kcal), die gleiche Menge an Erdgas 8 000 kcal, an Steinkohle 7 000 kcal und an Braunkohle 2 300 kcal.

Bedarf und Verfügbarkeit. Der Energiebedarf blieb bis Anfang des 20. Jahrhunderts gering. Er hat sich zwischen 1900 und 1914 mehr als verdoppelt und lag dann bei etwa 1 800 Millionen t SKE. Bis Ende des Zweiten Weltkriegs stieg er nur langsam, um dann schneller zuzunehmen. 1975 überstieg der Energiebedarf 10 000 Millionen t SKE, das sind 6 500 Millionen t Erdöleinheiten; 1986 lag er bei 7 722 Millionen t Erdöleinheiten.

In der heutigen Situation, wo rund 90 % des weltweiten Primärenergieverbrauchs von nicht erneuerbaren Energien geliefert werden, ist Erdöl mit einem Anteil von (1985) 38,7 % weiterhin wichtigster Energieträger vor Kohle (25,3 %) und Erdgas (21,3 %). Wasserkraft (6,6 %) und Kernenergie (5,6 %) spielen im Weltdurchschnitt eine untergeordnete Rolle.

Internationale Organisationen. Im Jahr 1924 wurde die Weltenergiekonferenz gegründet, als ständige internationale Einrichtung, in der die Fachvertreter der Mitgliedstaaten alle drei Jahre Fragen der Energiereserven, deren sparsamste Nutzung sowie die Entwicklung alternativer Energien erörtern, wobei auch die besonderen Bedingungen in den Entwicklungsländern beachtet werden sollen.

Darüber hinaus wurde im Rahmen der OECD 1974 die Internationale Energieagentur (IEA) gegründet. Sie hat das Ziel, dazu beizutragen, die übermäßige Abhängigkeit ihrer Mitglieder vom Erdöl zu verringern (durch Energieeinsparungen, durch die Förderung von Ersatzenergien und durch Forschungsprojekte). Die IEA arbeitet mit den Produzenten- und Verbraucherstaaten im Sinne einer sicheren und gleichmäßigen Energieversorgung zusammen und erarbeitet Pläne zur Versorgungssicherheit bei eventuell auftretenden Krisen (›Notstandsreserven‹).

A · **Die großen Produzentenländer.**

Die UdSSR und die Vereinigten Staaten heben sich deutlich ab, weil sie zusammen mehr als 40 % der weltweiten Energieproduktion liefern. Westeuropa stellt etwa 10 % bereit (bei über 15 % des Verbrauchs).

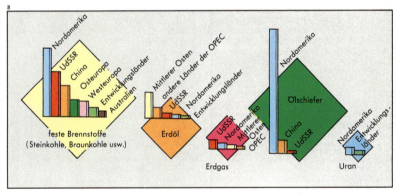

B · Vergleich der Vorräte an verschiedenen Energiequellen.

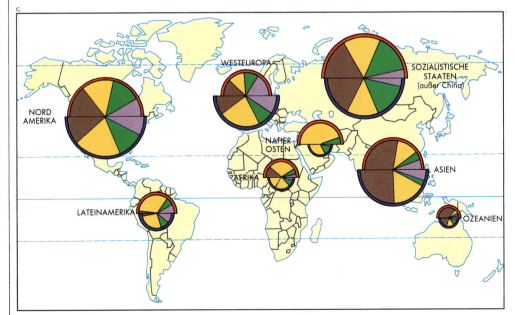

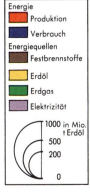

C · **Produktion und Verbrauch.**

Die Karte zeigt in der Energiebilanz in den Entwicklungsländern einen Überschuß und ein Defizit in den Industrieländern. Dieses Defizit zeigt sich besonders in Westeuropa.

615

WELTWIRTSCHAFT

ENERGIEERZEUGUNG

ERDÖL

Die Erdölförderung hat eigentlich erst Mitte des 19. Jahrhunderts in den Vereinigten Staaten begonnen. Ab 1900 förderte die Weiterentwicklung des Autos die Suche und den Abbau neuer Vorkommen; die Produktion stieg bis 1974 kontinuierlich an: von 20 Millionen t 1900 über 284 Millionen t 1939 auf 2 336 Millionen t 1970. In den 80er Jahren schwankte die Förderung (wie auch die Preise) zwischen 2 700 und 3 100 Millionen t (1989: 3 073 Millionen t). Die Ursachen für diese Schwankungen sind unter anderem Rückgänge (zum Beispiel aufgrund von Energieeinsparungen) und Strukturverschiebungen bei der Nachfrage (mehr Erdgas und Kernenergie) sowie Uneinigkeiten innerhalb der Organisation erdölexportierender Staaten (OPEC).

Die Zahl der Erzeugerstaaten (heute etwa 70) ist gewachsen, die drei größten jedoch, die UdSSR (608 Millionen t, 20 % der Weltproduktion), die Vereinigten Staaten (427 Millionen t, 14 %) und Saudi-Arabien (225 Millionen t, 8 %) liefern immer noch fast die Hälfte der gesamten Weltproduktion. Die wichtigsten europäischen Förderländer sind Großbritannien (89 Millionen t) und Norwegen (75 Millionen t). Von den 15 größten Förderländern gehören die UdSSR, die USA, Mexiko, China, Kanada, Großbritannien und Norwegen nicht der OPEC an.

Lange Zeit hindurch wurde das Erdöl als eine billige und praktisch unerschöpfliche Energiequelle angesehen. Heute wird die Suche nach neuen Feldern immer schwieriger (und kostspieliger).

Vorräte. Die nachgewiesenen Vorräte liegen bei 136 Milliarden Tonnen; sie sind bei den derzeitigen Verbrauchsgewohnheiten in rund 45 Jahren erschöpft. Fast zwei Drittel aller Vorräte (etwa 80 Milliarden Tonnen) befinden sich im Mittleren Osten (allein 35 Milliarden t in Saudi-Arabien), jeweils um die 8 Milliarden t in Afrika, in Mexiko, Venezuela und in der Sowjetunion, weniger als 3,5 Milliarden Tonnen in den Vereinigten Staaten und knapp 2,5 Milliarden Tonnen in Westeuropa.

Handel. Die Karte auf dieser Seite zeigt eindeutig, daß sich Produktion und Verbrauch nicht decken. Der internationale Handel mit Erdöl ist sehr wichtig; er umfaßte 1986 und 1987 etwa eine Milliarde Tonnen Rohöl sowie rund 300 Millionen Tonnen Raffinerieprodukte.

Transport. Erdöl wird überwiegend durch Rohrleitungen (Pipelines) und Schiffe (Tanker) transportiert. Die Pipelines für Rohöl mit einer Länge von Hunderten von Kilometern (manchmal mehr) haben eine jährliche Transportkapazität von (selten) über 100 Millionen t. Die Tankerflotte hat mehr als 100 Millionen t Tankraum und transportiert jährlich etwa eine Milliarde Tonnen Rohöl.

Verarbeitung. Die weltweite Raffineriekapazität ging mit der Stagnation des Verbrauchs zurück. Sie sank 1981 auf 4,1 Milliarden Tonnen, 1987 auf 3,7 Milliarden.

Die Raffinerien befanden sich zunächst in den entwickelten Ländern. Das gilt auch heute noch weitgehend; allerdings ist der genannte Rückgang der Weltkapazität in den Industrieländern, besonders in Westeuropa, stärker ausgeprägt als anderswo. Hier überstieg die Raffineriekapazität 1980 noch 1 Milliarde Tonnen und lag 1987 bei nur noch 700 Millionen t. Die größten Raffineriekapazitäten haben 1989 die USA (812 Millionen t), die UdSSR (615 Millionen t) und Japan (210 Millionen t). Führend in Westeuropa sind Italien (140 Millionen t) vor Großbritannien (92 Millionen t), Frankreich (91 Millionen t) und der Bundesrepublik Deutschland (78 Millionen t).

DIE OPEC

Die Organisation der erdölexportierenden Staaten (OPEC) wurde im September 1960 auf Initiative von Venezuela hin mit Iran, Irak, Saudi-Arabien und Kuwait gegründet. Dann schlossen sich nacheinander die Vereinigten Arabischen Emirate, Katar, Libyen, Indonesien, Algerien, Nigeria, Ecuador und Gabun an. Ab 1973 erreichten die OPEC-Mitglieder beträchtliche Preissteigerungen. Die unterschiedlichen Interessen führten jedoch in den 80er Jahren zu einem Preisverfall. Der Anteil der OPEC an der Welterdölförderung sank von (1973) 54 % auf (1987) 32 % und betrug (1989) 37 %. Die Erdöleinnahmen sanken zwischen 1980 und 1987 von 287 auf 90 Mrd. US-Dollar (1989: 120 Mrd. US-Dollar).

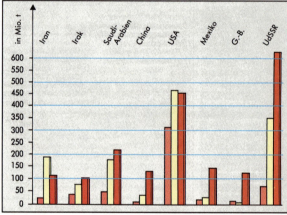

A · **Die großen Erdölproduzenten.**

Die UdSSR, die lange Zeit weniger als die Vereinigten Staaten produzierte, wird immer eindeutiger zum weltweit größten Erdölproduzenten (sie liefert etwas mehr als ein Fünftel des gesamten Erdöls).

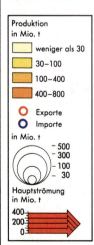

B · **Erdölproduktion und -handel.**

Die Schlüsselrolle der Länder um den Persischen Golf ist auf dieser Karte klar ersichtlich.

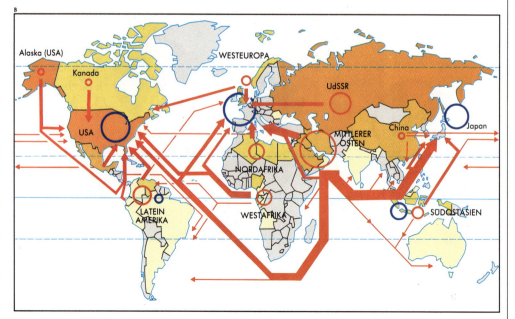

WELTWIRTSCHAFT

ERDGAS

Die Erdgasproduktion hat Ende des 19. Jahrhunderts in den Vereinigten Staaten begonnen; sie blieb bis zum Zweiten Weltkrieg sehr gering (sie lag damals bei ungefähr 75 Milliarden m³). Danach nahm die Produktion sehr rasch zu: 300 Milliarden m³ 1955, 1 088 Milliarden m³ 1970 und 2 012 Milliarden m³ 1989. Parallel hierzu stieg die Anzahl der Erzeugerstaaten. Zwischen 1960 und 1989 hat sich die auf den Markt gebrachte Erdgasproduktion mehr als vervierfacht, wobei das Erdgas 21 % der Weltnachfrage nach Primärenergie deckt (etwa 2 000 Milliarden m³).

Die globale Steigerung der Produktion sollte jedoch nicht die unterschiedliche, manchmal divergierende Entwicklung je nach Region oder Land verbergen. So hat sich die Produktion in der UdSSR zwischen 1978 und 1989 praktisch verdoppelt (1989 rund 796 Milliarden m³, 40 % der Weltförderung). Dagegen ist die amerikanische Produktion in dem gleichen Zeitraum spürbar zurückgegangen (von etwa 1 000 Milliarden m³ auf ungefähr 470 Milliarden m³, knapp ein Viertel der Weltproduktion). Mit weitem Abstand zu diesen beiden führenden Produzenten folgt Kanada mit 104 Milliarden m³ vor den Niederlanden (72 Milliarden m³) und Großbritannien (46 Milliarden m³).

Vorräte. Die nachgewiesenen Vorräte betragen etwa 113 000 Milliarden m³, das entspricht 52 Jahren der weltweiten Produktion. Sie wachsen regelmäßig: Jedes Jahr wird mehr Erdgas gefunden als gefördert. In der UdSSR finden sich mehr als 40 % dieser Reserven (im Mittleren Osten 25 %). Westeuropa hat größere Erdgasvorkommen als Erdöllager, die Erdgasreserven liegen hier unter 6 000 Milliarden m³ (davon 43 % im norwegischen Gebiet der Nordsee und 11 % im britischen Gebiet sowie 32 % in den Niederlanden). Größer als die westeuropäischen Vorkommen sind die Reserven in Venezuela, Kanada und Mexiko sowie in Algerien, Nigeria und Indonesien.

Transport. Erdgas wird auf zwei Arten transportiert. Auf dem Landweg oder unterseeisch transportieren die Erdgasleitungen in großen Mengen das Erdgas in gasförmigem Zustand. Die Kapazität der großen Erdgaspipelines Westeuropas liegen zwischen 10 und 30 Milliarden m³ pro Jahr; die Strecken können sehr lang sein (Tausende von Kilometern). Stark abgekühlt wird das Erdgas flüssig (und nimmt ein um das 600fache geringeres Volumen als in natürlichem Zustand ein) und kann dann durch speziell ausgerüstete Erdgastanker transportiert werden. Diese Technik wurde 1965 von Frankreich und Großbritannien für das algerische Erdgas erarbeitet. 1986 wurden 22 % des vermarkteten Erdgases so transportiert.

Handel. Der Handel mit Erdgas ist durch die relativ geringe Kapazität des Seetransports (selbst bei Verflüssigung des Gases) begrenzt. Ein Erdgastanker mit 125 000 m³ Flüssiggas transportiert nur einen Energiewert, der 75 000 Tonnen Erdöl entspricht. Seine Kapazität liegt also unter dem Durchschnitt der Erdöltanker. Darüber hinaus erfordern die Verflüssigung und die Lagerung teure Anlagen. Der internationale Handel hat jedoch regelmäßig und deutlich zugenommen. Heute umfaßt er ungefähr 250 Milliarden m³, dies entspricht etwa 13 % der Produktion. Die großen Handelsströme benutzen überwiegend den Landweg. Der erste führt von den niederländischen und norwegischen Vorkommen nach Westdeutschland (dem weltweit größten Importeur), Frankreich und Italien. Der zweite Strom entspricht den Exporten Kanadas in die Vereinigten Staaten. Der dritte Handelsstrom verbindet Südostasien (Indonesien, Brunei und Malaysia) mit Japan (zweitgrößter Importeur der Welt). Ein vierter führt von Algerien nach Westeuropa (Frankreich und Spanien).

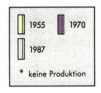

A · **Die großen Erdgasproduzenten.**

Zwei Länder, die UdSSR (etwa 40 % der Weltproduktion) und die Vereinigten Staaten (ungefähr 25 %), treten deutlich hervor. Andere Produzenten folgen mit weitem Abstand; Kanadas Anteil an der Weltproduktion liegt bei 5 %.

Vorräte an Erdöl (in Mio. t)

Saudi-Arabien	34,8	Venezuela	8,2
Irak	13,4	Mexiko	7,9
Kuwait	13,1	UdSSR	7,9
Vereinigte Arabische Emirate	12,9	USA	3,5
Iran	12,7	China	3,2

Vorräte an Erdgas (in Mrd. m³)

UdSSR	42 450	Katar	4 616
Iran	14 150	Algerien	3 226
Vereinigte Arabische Emirate	5 683	Venezuela	2 854
Saudi-Arabien	5 132	Kanada	2 669
USA	4 670	Nigeria	2 473
		Indonesien	2 463

B · **Geographie des Erdgases.**

Die herausragende Position der UdSSR und der Vereinigten Staaten ist eindeutig zu erkennen. Die Stellung der EG hängt mit den Vorkommen in der Nordsee und an ihren Küsten zusammen.

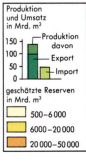

WELTWIRTSCHAFT

ENERGIEERZEUGUNG

KERNENERGIE

Die Produktion von Strom mit Hilfe der Kernenergie, die ›zivile‹ oder ›friedliche‹ Nutzung der Kernenergie im Gegensatz zur militärischen Nutzung (Kernwaffen), begann in den 50er Jahren: 1951 in den Vereinigten Staaten und 1954 in der UdSSR. 1955 wurde im britischen Calder Hall (Cumberland) das erste Kernkraftwerk in Betrieb genommen. Seitdem hat die Produktion zunächst langsam, dann ab Beginn der 70er Jahre infolge der Senkung des Gestehungspreises der Kernenergie und des Anstiegs der Erdölpreise stark zugenommen.

Die beiden Hauptanforderungen, die der Bau eines Kernkraftwerks stellt, sind reichliche Wasservorräte und Nähe zu den Verbraucherzentren.

Uranreserven. Der Bedarf an Uran, dem Rohstoff für die Kernkraftwerke, liegt heute um über 50 % unter den vor etwa fünfzehn Jahren aufgestellten Prognosen. Allerdings sind in den Statistiken nicht die Daten der Staaten des Warschauer Pakts berücksichtigt. Die größten Erzeugerstaaten sind auch diejenigen, die den größten Anteil an Reserven haben. Diese werden in natürlichen Urankonzentraten geschätzt. Australien (heute viertgrößter Produzent) hat mit 465 000 t die größten Reserven, gefolgt von Südafrika (heute zweitgrößter Produzent) mit 256 000 t, Niger (sechstgrößter Produzent) mit 180 000 t, Brasilien mit 163 000 t und Kanada (größter Produzent: 11 700 t) mit 160 000 t sowie den Vereinigten Staaten mit 133 000 t.

Produktion. Heute werden weltweit etwa 18 % der Elektrizitätserzeugung durch Kernkraftwerke gewährleistet. Dieser Anteil ist jedoch je nach Land unterschiedlich.

In 26 Ländern wird 1988 in 429 Kernkraftwerken (KKW) Kernenergie erzeugt. Gemessen an der installierten Leistung in den KKW sind die wichtigsten Kernenergieproduzenten die USA, Frankreich, die UdSSR, Japan und die Bundesrepublik Deutschland. Der Anteil des Atomstroms an der Elektrizitätserzeugung ist in Frankreich (70 %), Belgien (66 %), Ungarn (49 %), Schweden und Südkorea (47 %) und Taiwan (41 %) besonders hoch, in der UdSSR (13 %) und den USA (20 %) vergleichsweise niedrig. 324 der 429 KKW stehen im westlichen, 78 in östlichen Industrieländern, 27 in Entwicklungsländern.

Probleme. Die Industrieländer nehmen zur friedlichen Nutzung der Kernenergie heute unterschiedliche Positionen ein: Abwarten in den Vereinigten Staaten, neue, im Bau befindliche Kernkraftwerke in Großbritannien, Weiterverfolgung des geplanten Programms in der Sowjetunion, völliger Verzicht auf Projekte in Österreich und den Niederlanden. Der Einsatz der Kernenergie wirft zahlreiche Probleme auf, von denen viele noch ungelöst sind: Lagerung, Transport und Aufarbeitung des radioaktiven Abfalls, Gefahren für die Umwelt, Vorkehrungen zum Schutz der Bevölkerung bei Zwischenfällen und Katastrophen wie in Tschernobyl.

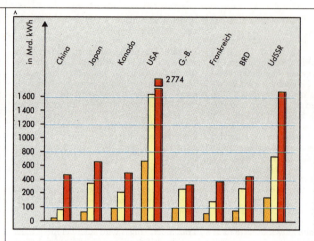

A · Elektrizitätserzeugung. Die Elektrizitätserzeugung hat 1987 weltweit 10 000 Milliarden kWh überschritten. Die beiden Großmächte, die Vereinigten Staaten und die UdSSR, sowie die Europäische Gemeinschaft (EG) stellen etwa 60 % der Gesamtproduktion.

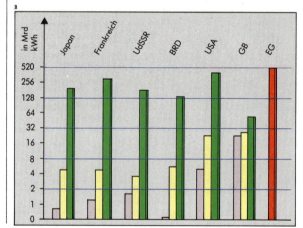

B · Der Beitrag der Kernenergie. Der Anteil der Kernenergie liegt etwa bei 15 % der Elektrizitätserzeugung und damit etwas unter dem der Wasserkraft. Vier Länder (die Vereinigten Staaten, Frankreich, Japan und die UdSSR) liefern 60 % der Weltproduktion an Kernenergie.

C · Geographie der Kernenergie. Etwa dreißig Länder gewinnen Energie in Kernkraftwerken, fast die gesamte Produktion beschränkt sich jedoch auf einige wenige Länder.

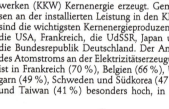
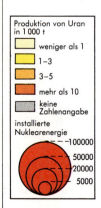
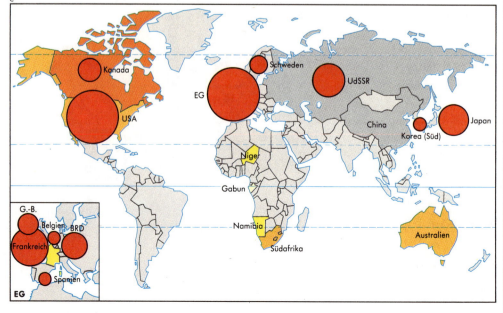

WELTWIRTSCHAFT

WASSERKRAFT

Die Wasserkraft ist eine der vier wichtigsten Energiequellen; sie hebt sich insofern ab, als sie erneuerbar ist.

Angesichts der hohen Kosten für den Bau von Staudämmen wird die durch Wasserkraft gewonnene Energie vorwiegend in den Industrieländern eingesetzt: die Vereinigten Staaten produzieren etwa 40 % der weltweit verfügbaren Wasserkraft, Westeuropa 27 %, die osteuropäischen Länder 13 % und Ostasien (vor allem Japan) 9 %.

Produktionsanteil. Der Anteil der Wasserkraft an der Elektrizitätserzeugung ist je nach Land sehr unterschiedlich. In mehreren großen Industrieländern ist er auch heute noch sehr gering: in Großbritannien 2 %, in der Bundesrepublik Deutschland 5 %, in den Vereinigten Staaten 10 %; etwas mehr in der UdSSR, in Australien und Japan.

In den Alpenländern Österreich und Schweiz haben die Wasserkraftwerke eine vorrangige Stellung mit 60 bzw. 45 % der Stromerzeugung. Dies gilt auch für die Länder der hohen Breitengrade (95 % des norwegischen Stroms werden durch Wasserkraft erzeugt, in Kanada sind es 65 %) und für viele Entwicklungsländer (in Südamerika insgesamt 70 %).

Zukunft. Es können noch viele Wasserkraftwerke in der Welt gebaut werden, da man allgemein der Ansicht ist, daß sich in den Entwicklungsländern 50 % des technisch nutzbaren Wasserkraftpotentials befinden, das allerdings in Asien und Südamerika nur zu 10 % und in Afrika zu 5 % genutzt wird.

Eine Nutzbarmachung des Potentials erfordert allerdings hohe Investitionen, die häufig von den betreffenden Ländern nicht aufgebracht werden können. Die Unmöglichkeit, diese Energieform zu lagern, stellt ein anderes zu überwindendes Hindernis dar.

Die Wasserkraft zählt zu den sich erneuernden Energiequellen (›Alternativenergie‹) im Unterschied zu den nicht erneuerbaren fossilen Brennstoffen und der Kernenergie. Weitere Alternativenergien sind die geothermische Energie (Erdwärme), die Sonnenenergie, die Windenergie sowie die Bioenergie.

KOHLE: STEINKOHLE UND BRAUNKOHLE

Unter dem Namen Kohle werden vor allem zwei Brennstoffarten zusammengefaßt: Steinkohle und Braunkohle. Alle mineralischen Kohlesorten, außer Anthrazit, werden Steinkohle genannt; der starke Wärme erzeugende Anthrazit ist eine Kohle mit einem äußerst geringen Gehalt an flüchtigen Stoffen (weniger als 6 bis 8 %). Die Braunkohle ist ein Brennstoff, der zwischen Torf und Steinkohle einzuordnen ist und dessen Heizwert etwa ein Drittel desjenigen der Steinkohle beträgt. Sie wird überwiegend in der Bundesrepublik Deutschland (vor allem in Ostdeutschland), in der UdSSR und der Tschechoslowakei gefördert und fast ausnahmslos vor Ort in Wärmekraftwerken oder zu Heizzwecken in Haushalten verbrannt.

Produktion. Braun- und Steinkohle waren im 19. Jahrhundert in Europa die wichtigsten Energiequellen. Seitdem hat sich die Situation in der Welt geändert: Die Kohle folgte dem Auf und Ab des Erdöls, vor allem bei den Preisen. Ihr Anteil am weltweiten Energieverbrauch, der 1960 bei 62 % lag, ging zwischen 1965 und 1973 von 41 % auf 28 % zurück.

Seit 1973 ist die Kohle wieder neben dem Erdgas zu einer wichtigen Alternative zum Erdöl geworden. 1987 ist der Anteil der Kohle am Weltenergieverbrauch über 30 % gestiegen, lag 1989 bei rund 29 % und dürfte bis zum Jahr 2000 relativ stabil bei um die 30 % bleiben. Die Kohle bestreitet in den EG-Staaten knapp 36 % der Stromerzeugung; besonders hohe Anteile erreicht die Kohle in Dänemark (93 %), Großbritannien (68 %), der Bundesrepublik Deutschland (48 %), besonders niedrige in Frankreich (6 %).

Vorräte und Handel. Die nachgewiesenen Steinkohlereserven liegen bei ungefähr 780 Milliarden SKE, dies reicht beim heutigen Verbrauch für etwa 200 Jahre. Ein Drittel kann über Tage abgebaut werden; zwei Drittel der Vorräte werden von den Vereinigten Staaten, China und der UdSSR kontrolliert.

Der internationale Handel mit Kohle hat sich stark ausgeweitet und erreicht heute jährlich knapp 400 Millionen t; er macht gut 30 % des internationalen Massengütertransports auf See aus. Die größten Steinkohleexporteure sind 1988 Australien, die USA, die Republik Südafrika, die UdSSR, Polen und Kanada. Die Weltkohleförderung nahm zwischen 1975 und 1989 von 2,4 auf 3,5 Milliarden t zu, vor allem in der Republik Südafrika, Australien, Kanada, China und Indien. In Europa geht die Förderung zurück.

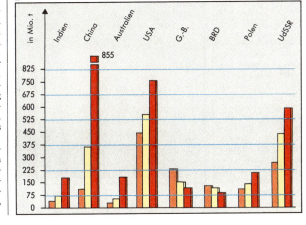

A · **Die großen Produzentenländer.**

Mit großem Abstand auf China, die Vereinigten Staaten und die UdSSR folgt eine Gruppe größerer Produzenten (jeweils zwischen 160 und 200 Millionen t): Indien, Polen, Südafrika und Australien. Für Westeuropa ist ein Rückgang festzustellen.

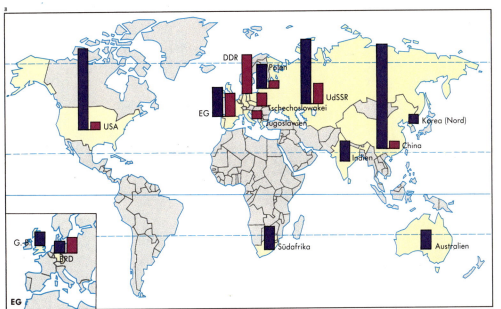

B · **Geographie der Steinkohle.**

Die Karte zeigt die drei großen Steinkohlenproduzenten. Bei der Braunkohle muß berücksichtigt werden, daß sie nur ein Drittel des Heizwertes der Steinkohle besitzt.

WELTWIRTSCHAFT

EISEN, STAHL UND ALUMINIUM

EISENERZ

Nach einer sehr schnellen Entwicklung in den 30 Jahren nach dem Zweiten Weltkrieg befindet sich die Eisenproduktion heute in einer Stagnationsphase. Ab den 1950er Jahren änderte sich die Geographie der Eisenerzeugung beträchtlich; die Ausweitung der Eisenerzimporte in die Industrieländer hat diese aus Kostengründen dazu veranlaßt, ihre Eisen- und Stahlindustrie ›am Wasser‹ anzusiedeln, also in der unmittelbaren Nähe der Häfen, in denen das Eisenerz ankommt.

Die weltweite Gewinnung von Eisenerz (bezogen auf den Eisengehalt, denn Erz weist einen sehr unterschiedlichen Gehalt auf, der von 30 bis 70 % schwanken kann) hat sich heute bei etwas über 500 Millionen Tonnen stabilisiert. Es gibt relativ viele Erzeugerländer. Die vier führenden Länder sind die UdSSR, Brasilien, China und Australien; sie liefern etwa 70 % der weltweiten Produktion.

Der führende Erzeuger, die UdSSR mit (1988) 138 Millionen t Eisen, verfügt auch über die umfangreichsten Vorräte. Gleiches gilt für Brasilien: zweitgrößter Erzeuger (99 Millionen t) und Land mit den zweitgrößten Vorräten. Brasilien ist auch der weltweit führende Exporteur von Eisenerzen. Australien (61 Millionen t) ist der zweitwichtigste Exporteur, was die Lieferungen nach Japan und China angeht, wobei China (52 Millionen t) einen gleichmäßigen Anstieg in seiner Produktion verzeichnet.

Weit hinter diesen vier Ländern folgen die mittelgroßen Erzeuger: die USA (36 Millionen t), Indien (32 Millionen t), Kanada (24 Millionen t) und die Republik Südafrika (16 Millionen t). In Westeuropa ist die Förderung mit Ausnahme von Schweden (13 Millionen t) quasi eingestellt worden. In Luxemburg (wo die Eisenerzförderung Grundlage für eine leistungsfähige Eisenindustrie war) ist die Produktion völlig verschwunden, fast eingestellt ist sie in Großbritannien und in der Bundesrepublik Deutschland. In Frankreich (vor allem in Lothringen) ist die Produktion auf rund 3 Millionen t gefallen; Mitte der 70er Jahre lag sie noch bei 15 Millionen t. In Norwegen, Spanien und Jugoslawien liegt die Förderung jeweils bei knapp 2 Millionen t.

STAHL

Die weltweite Erzeugung hat sich heute bei über 700 Millionen t eingependelt. Die drei führenden Erzeuger sind (seit langem) die UdSSR (mehr als 160 Millionen t), Japan (etwa 100 Millionen t) und die USA (etwa 80 Millionen t); sie liefern etwa die Hälfte der weltweiten Produktion an Rohstahl. Chinas Beitrag hat stetig zugenommen (schon über 50 Millionen t), in Westeuropa, aber auch in Japan und den USA ging die Entwicklung bis 1987 genau in entgegengesetzter Richtung. Hier ist die Produktion seit den 70er Jahren fast überall gesunken, vor allem in der Bundesrepublik Deutschland, Frankreich und Italien. Zwei neue Produzenten im Fernen Osten haben den Rückgang in Westeuropa ausgeglichen: Die Produktion in Südkorea hat 1988 den Stand in Frankreich und Großbritannien übertroffen; auch in Taiwan hat sich die Stahlindustrie stark entwickelt. In anderen asiatischen Ländern erlebt die Stahlindustrie ebenfalls einen kräftigen Aufschwung, so zum Beispiel in Indien (wo sie jedoch im Verhältnis zur Bevölkerungszahl noch relativ unbedeutend ist), in der Türkei und Nordkorea. Fast keine Stahlerzeugung findet sich auf dem gesamten afrikanischen Kontinent (mit Ausnahme der Republik Südafrika) und in den arabischen Ländern. In Lateinamerika ist Brasilien zu einem weltweit bedeutenden Stahlerzeuger aufgestiegen. Die Stahlbetriebe haben sich in Richtung des Wassers verlagert (Importhäfen für die Erze aus Übersee). Die größten Stahlexporteure sind weiterhin Japan, die Bundesrepublik Deutschland, Belgien, Luxemburg und Frankreich.

Bei der Stahlindustrie handelt es sich oft um staatliche Unternehmen (und dies im übrigen nicht nur in den vormals kommunistischen Ländern) oder um sehr große Unternehmen. Außerhalb der USA, der Bundesrepublik Deutschland und Japans ist meist pro Land nur für ein sehr großes Unternehmen Platz. Dies hat sich in Frankreich gezeigt (Fusion von Usinor und Sacilor), in Italien (Finsider), in Großbritannien (British Steel) und in Brasilien (Siderbras). Die in den westlichen Industriestaaten in den 70er Jahren entstandene Stahlkrise mit Überkapazitäten und Ertragseinbußen aufgrund des verlangsamten Wirtschaftswachstums und des Auftretens neuer Anbieter, vor allem aus Schwellenländern, konnte in den 80er Jahren überwunden werden.

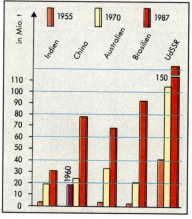

A · **Eisenerz.**
Jüngste Entwicklung der großen Förderländer.

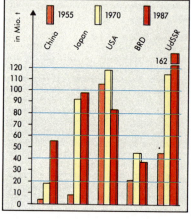

B · **Stahl.**
Jüngste Entwicklung der großen Erzeugerländer.

C · **Geographie der Eisen- und Stahlindustrie.**

Die Karte zeigt die räumliche Trennung zwischen der Gewinnung des Eisenerzes und der Stahlproduktion; erstere herrscht in Lateinamerika und in Australien vor, letztere in Westeuropa und natürlich in Japan, aber auch in den USA. In der UdSSR und in China ist die Situation ausgeglichener.

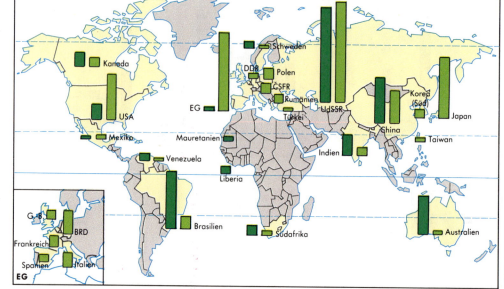

620

WELTWIRTSCHAFT

BAUXIT UND ALUMINIUM

Bauxit, der Anfang des 19. Jahrhunderts in Proben aus Baux-de-Provence und Guinea beschrieben wurde, ist ein Gestein, das sich in feuchtheißem Klima bildet. Deshalb kommt es auch in großen Mengen in den Tropen vor.

Die weltweite Bauxiterzeugung liegt bei rund 100 Millionen t. Zwei Erzeuger, nämlich Australien (führend mit 36 Millionen t 1988) und Guinea (17 Millionen t) liefern etwas mehr als die Hälfte davon. Andere bedeutende Produzenten sind Jamaika, Surinam, Guyana in der Karibik, Brasilien in Südamerika, China und Indien in Asien und die UdSSR. Die Produktion in Europa stagniert, insbesondere in Jugoslawien und Ungarn, oder geht, wie in Griechenland und deutlicher in Frankreich, zurück. Bauxit wird entweder im Rohzustand oder nach einer ersten Umwandlung in Tonerde transportiert.

Aluminium. Dieses wird durch elektrolytische Reduktion der Tonerde gewonnen, ein Verfahren, das sehr viel elektrische Energie erfordert. Somit finden sich die entsprechenden Anlagen oft in der Nähe von Wasserkraftwerken, die billige Elektrizität liefern (Alpen, Norwegen, Quebec), oder auch in der Nähe von Wärmekraftwerken (Texas und Louisiana).

Die Geographie der Aluminiumherstellung unterscheidet sich somit stark von der des Bauxits. Aufgrund der Kosten ist die Aluminiumindustrie eine Industrie der hoch entwickelten Länder. Somit ist es nicht erstaunlich, daß die USA (1988 knapp 4 Millionen t) und die UdSSR (fast 2,5 Millionen t) die führenden Produzenten von Hüttenaluminium sind. Zusammen liefern sie mehr als 40 % der weltweiten Produktion von etwas mehr als 17 Millionen t, deren Zuwachs sich jedoch verlangsamt hat. Kanada und Norwegen gehören dank der großen Energiemengen aus Wasserkraft auch zu den wichtigen Erzeugern, sowie auch Australien (das über enorme Bauxitvorkommen verfügt). Nach Norwegen sind die Bundesrepublik Deutschland, Frankreich und Großbritannien weitere wichtige europäische Aluminiumproduzenten.

Man muß hier den beträchtlichen Beitrag der Wiedergewinnung aus Schrott und Abfällen beachten. Dieser erklärt zum Teil die Verlangsamung der Primärproduktion: Mehr als 2 Millionen t in den USA, mehr als eine Million t in Japan und 500 000 t in der Bundesrepublik Deutschland.

Vor allem in der Leichtmetallindustrie ist Aluminium sehr gefragt. Es findet beim Flugzeugbau wegen seines geringen Gewichts und seiner guten Wärmeleitfähigkeit Verwendung. Auch in der Elektrotechnik wird Aluminium wegen seiner guten Leitfähigkeit geschätzt, die im Vergleich zu Kupfer 62 % erreicht, wobei die Dichte nur ein Drittel beträgt.

Aluminium ist zudem ein hervorragendes Verpackungsmaterial aufgrund seiner Unschädlichkeit, seiner Wasserundurchlässigkeit und seiner Undurchlässigkeit gegenüber ultravioletten Strahlen: dünne Folien zur Verpackung von Lebensmitteln, Tuben, Verschlußkapseln. Die Bauindustrie verwendet Aluminium bei Bedachung und Fassadenverkleidung, bei Metallarbeiten etc. Aluminium wird auch bei der Herstellung von Küchen- und Haushaltsgeräten, bei der Eisenbahn und in der Textilindustrie verwendet. Schließlich finden die Aluminiumsalze in der Medizin Verwendung (vor allem bei der Behandlung von Magen-Darm-Infektionen). Wegen der energieintensiven Herstellung ist die Verwendung von Aluminium als Verpackungsmaterial in privaten Haushalten umstritten.

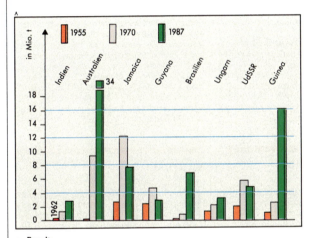

A · **Bauxit.**
Jüngste Entwicklung der großen Erzeugerländer.

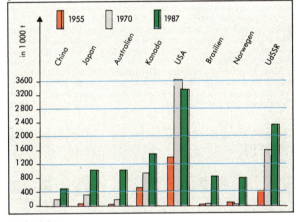

B · **Aluminium.**
Jüngste Entwicklung der großen Erzeugerländer.

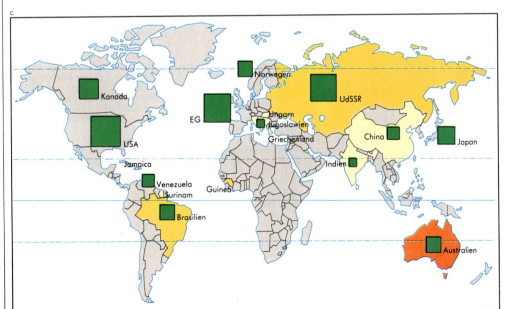

C · **Geographie der Aluminiumherstellung.**
Die räumliche Trennung zwischen den Bauxitvorkommen und der Aluminiumherstellung ist frappierend. Bauxit ist (im wesentlichen) ein Erzeugnis aus tropischen Regionen. Die Aluminiumherstellung geschieht fast ausschließlich in den Industrieländern in gemäßigtem Klima, die Erz oder Tonerde importieren.

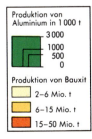

621

WELTWIRTSCHAFT

BERGBAU

ZINK

Zink war schon in der Antike bekannt, wo es zusammen mit Kupfer und Zinn bei der Herstellung von Bronze verwendet wurde. Es gelang jedoch erst dem belgischen Chemiker J. D. Dony, 1807 ein industrielles Verfahren zur Reduktion und Destillation zu entwickeln.

Die weltweite Bergwerksproduktion von Erzen und Konzentraten, gemessen am Zinkinhalt, ist von 1,6 Millionen t im Jahre 1930 auf 3 Millionen t im Jahre 1960, dann auf 6 Millionen t in den 70er Jahren bis zu etwa 7 Millionen t im Jahre 1988 gestiegen.

Heute stagniert die Erzeugung mehr oder weniger. Es gibt etwa 20 Erzeugerländer. Kanada (1,3 Millionen t), die UdSSR (fast 1 Million t), Australien (760 000 t), China (530 000 t) und Peru (490 000 t) liefern mehr als die Hälfte der Weltproduktion.

Die Geographie der Zinkgußproduktion ist sehr differenziert, was mit den alten Standorten in den Ländern zusammenhängt, die kaum oder gar keine Erze lieferten. Führend ist hier die UdSSR (rund 1 Million t), gefolgt von Japan und Kanada (jeweils rund 700 000 t). In Westeuropa wurden die traditionellen erzfördernden Länder wie Spanien und Irland von den höher industrialisierten Ländern wie der Bundesrepublik Deutschland, Frankreich und auch Belgien überholt (wo dieser Industriezweig eng mit der Kolonialvergangenheit zusammenhängt, vor allem mit dem ehemaligen Besitz Belgisch-Kongo).

Zink ist vielseitig verwendbar: Korrosionsschutz für Stahl, Gießerei, Legierungen, Teile für den Bau (in Form von gewalzten Teilen), Photogravur und Elektroindustrie.

KUPFER

Kupfer wird seit der frühesten Antike gewonnen und bearbeitet, aber erst zu Beginn des 20. Jahrhunderts ist die Produktion angestiegen: 500 000 t 1900, 1 Million t 1914, 2 Millionen t 1939, fast 9 Millionen t 1988. Im Rahmen des allgemeinen Niederganges der Rohstoffpreise sind auch die Kupferpreise gefallen, wofür auch die Entwicklung neuer Technologien gerade in den Sektoren verantwortlich ist, in denen Kupfer häufig verwendet wurde (zum Beispiel in der elektrischen und elektrotechnischen Industrie).

Kupfererz wird in etwa zwanzig Ländern gewonnen. Drei dieser Länder (die jeweils mehr als 1 Million t Kupfer erzeugen), nämlich Chile (1,5 Millionen t), die USA (1,4 Millionen t) und die UdSSR (1,0 Millionen t), liefern zusammen mehr als 40 % der Weltproduktion. Hinter ihnen folgt eine Mittelgruppe (zwischen 300 000 t und 750 000 t) mit Kanada, den afrikanischen Nachbarstaaten Sambia und Zaire, Polen (der einzige bedeutende Produzent in Europa), China und Peru. Die wichtigsten Kupferexporteure sind Chile, Peru, Australien, Indonesien, Sambia und Zaire.

Die kupferverarbeitende Industrie findet sich vor allem in der Nähe der Abbauorte, da das Erz einen geringen durchschnittlichen Gehalt aufweist (Metallgehalt im allgemeinen unter 4 %). Chile, die USA und die UdSSR sind immer noch führend, dahinter kommt Japan (wo die Erzgewinnung fast eingestellt wurde), das einen Teil des geschmolzenen Metalls wiedergewinnt (eine Praxis, die, wenn auch in geringerem Maße, ebenfalls in Westeuropa angewendet wird).

BLEI

Die weltweite Gewinnung von Blei liegt bei etwa 3,5 Millionen t, die Gießereierzeugung bei knapp 6 Millionen t. Blei läßt sich leicht rück- oder wiedergewinnen.

Die Erzgewinnung ist geographisch weit verstreut. Fünf Erzeuger liefern zusammen rund zwei Drittel der Weltproduktion: UdSSR (520 000 t), Australien (465 000 t), USA (395 000 t), Kanada (370 000 t) und China (315 000 t); dann folgen mit einigem Abstand Mexiko (170 000 t) und Peru (150 000 t). In Europa ist der Abbau gering. Obwohl dieses Erz in zahlreichen Ländern zu finden ist (Jugoslawien, Bulgarien, Schweden, Spanien), sind viele dieser Länder gleichzeitig Importländer.

Die Raffination des Erzes geschieht zum Teil in den Erzeugerregionen, zum Teil auch in den wichtigsten Abnehmerländern (den Industrieländern). In den Statistiken der Metallerzeugung ist es nicht immer leicht, Blei aus der ersten und der zweiten Schmelze zu unterscheiden. Hinsichtlich des gesamten Gießereiwesens stehen die UdSSR und die USA an der Spitze, gefolgt von Japan und einem ziemlich geschlossenen Block der westeuropäischen Industrieländer, darunter die Bundesrepublik Deutschland, Frankreich und Großbritannien.

Blei wird vor allem zur Herstellung von Akkumulatoren verwendet, daneben auch von Kabelmänteln, Abdeckungen, Rohren und Farben. Von wachsender Bedeutung ist Blei für den Strahlenschutz (Abschirmung von Röntgen- und Gammastrahlen). Allerdings ist Blei stark toxisch und führt zu verschiedenartigen Vergiftungserscheinungen.

PHOSPHATE

Als Varietät der Sedimentgesteine sind die Phosphate unentbehrliche Grundbestandteile für jegliches Tier- und Pflanzenleben. Ihre Eigenschaften haben in den wichtigsten Sektoren von Industrie und Landwirtschaft breite Verwendung gefunden. Heute werden jedoch 90 % der gesamten Erzeugung an Phosphaten für die Düngerherstellung verwendet (die sogenannten natürlichen Phosphate oder Superphosphate). Der Rest geht in die Industrie (bei den Waschmitteln werden die dispersierenden und komplexbildenden Eigenschaften von Phosphationen verwendet). Phosphate werden auch in Nahrungsmitteln für Tiere verwendet.

Die weltweite Produktion ist im 20. Jahrhundert deutlich angestiegen: Sie nahm von 3,5 Millionen t im Jahre 1900 auf 70 Millionen t 1965 und auf mehr als 160 Millionen t 1988 zu. Die Anzahl der (größeren) Erzeuger ist sehr begrenzt. Drei davon, nämlich die USA (45 Millionen t), die UdSSR (knapp 40 Millionen t) und Marokko (25 Millionen t), liefern mehr als zwei Drittel der Weltproduktion. Die anderen wichtigen Produzenten (allerdings weit abgeschlagen) sind China (15 Millionen t), die Länder des Nahen Ostens (Jordanien, Israel und Syrien), afrikanische Länder (Marokko, Tunesien, Togo, Senegal und die Republik Südafrika) und Brasilien.

Die USA und die UdSSR verbrauchen fast ihre gesamte Produktion im eigenen Land. Dagegen exportiert Marokko den größten Teil seiner Produktion (mehr als die Hälfte) nach Westeuropa, womit die Phosphate bei weitem die Haupterträge aus dem Exportgeschäft dieses Landes ausmachen.

CHROM

Chrom wurde im Jahr 1797 entdeckt und 1854 durch den deutschen Chemiker R. W. Bunsen erstmals mit Hilfe der Elektrolyse rein dargestellt.

Das Schwermetall Chrom wird heute hauptsächlich als Beschichtung für den Schutz von Stahl (Ferrochrom, Chromstahl) und anderen Metallen verwendet (›Verchromen‹). Chrom weist nämlich eine große Korrosionsbeständigkeit gegenüber Luft und anderen chemischen Stoffen auf. Es ist sehr hart und verwittert nur sehr langsam. Chrom wird auch als Zusatz vor allem bei Eisenlegierungen eingesetzt. Es gibt Stähle mit geringem Chromgehalt (zum Beispiel in der Besteckherstellung), Stähle mit hohem Chromgehalt (etwa 10 % bei den Lager- oder Werkzeugstählen) sowie hitzebeständige Stähle, Güsse oder Legierungen (Chromanteil: 30 %).

Die Weltproduktion liegt etwas über 5 Millionen t. Zwei deutlich führende Erzeuger, die UdSSR und die Republik Südafrika, liefern jeweils etwas über 1 Millionen t, das heißt, daß sie zusammen etwa die Hälfte der Weltproduktion sichern. Weit dahinter folgt eine Gruppe mittlerer Erzeuger mit jeweils zwischen 200 000 t und 400 000 t: Simbabwe, Indien, die Türkei, Brasilien. Ganz ›überraschend‹ findet sich in dieser Gruppe auch Albanien, das etwa 400 000 t Chrom produziert. Finnland ist der einzige andere nennenswerte Produzent in Europa (weit unter 200 000 t). Die Reserven an Chromerz liegen zu 75 % in der Republik Südafrika, zu 15 % in Simbabwe und zu 5 % in der UdSSR. Sie garantieren derzeit eine Versorgung von mehr als 400 Jahren.

KOBALT

Kobalt, das seit der Antike zur Blaufärbung von Glas verwendet wird, ist seltener als Nickel. Seine häufigsten Erze, die Arsenide und Sulfoarsenide, finden sich bei Kupfer-, Nickel- und Silbererzen. Kobalt wird hauptsächlich in Legierungen für ganz bestimmte Zwecke verwendet, vor allem in der Luftfahrt (Turbinen und Brennkammern), aber auch für Zahnprothesen und Knochenersatz sowie als Katalysator. Als Spurenelement findet sich Kobalt in den meisten Böden und in stark unterschiedlichem Maß in Pflanzen. Es wird auch bei der Strahlentherapie und der Materialprüfung eingesetzt, da das Kobaltisotop ein energiereicher Gammastrahler ist, was die UdSSR militärisch interessant macht.

Die weltweite Produktion von Kobalt ist nur schwer genau zu beziffern. Die Produktionen der USA und der UdSSR werden weitgehend geheimgehalten: Dies liegt daran, daß das Metall hier vorwiegend für strategische Zwecke genutzt wird.

Man schätzt die weltweite Erzeugung auf etwa 30 000 t (Metallgehalt). Zaire ist der führende Produzent mit einer jährlichen Produktion zwischen 10 000 und 15 000 t (Schwankungen sind durch die Nachfrage bedingt). Sambia (mehr als 4 000 t), Belgien, Kanada und die UdSSR gehören auch zu den bedeutenden Produzenten. In Nordeuropa erzeugen Finnland und Norwegen jährlich mehr als 1 000 t Kobalt. Die Bundesrepublik Deutschland, Kuba, Japan und Frankreich (Neukaledonien) liefern jährlich einige Dutzend Tonnen. Mit Ausnahme Japans wird auf dem asiatischen Kontinent fast kein Kobalt gefördert.

WELTWIRTSCHAFT

NICKEL

Das im 18. Jahrhundert von dem schwedischen Chemiker A. F. von Cronstedt isolierte Nickel wurde erst im 19. Jahrhundert abgebaut; die Produktion gewann erst im 20. Jahrhundert nach der Entdeckung der rostfreien und hitzebeständigen Stähle an Bedeutung. Nickel ist das in den modernen Legierungen am häufigsten verwendete Element.

Die Weltproduktion an Nickel (Metallgehalt) liegt 1988 bei etwa 850 000 t. Zwei große Produzenten, Kanada und die UdSSR, liefern jeweils etwa 200 000 t und decken somit die Hälfte des weltweiten Bedarfs. In Neukaledonien ist die Produktion auf 67 000 t (1980 87 000 t) zurückgegangen (wo dieses Metall dennoch der wichtigste Rohstoff bleibt). Bei den wichtigsten Erzeugern folgen Australien (62 000 t) und Indonesien (60 000 t). In Lateinamerika ist Kuba der wichtigste Produzent (44 000 t) vor der Dominikanischen Republik (29 000 t).

MANGAN

Wie Nickel wird Mangan hauptsächlich für Legierungen verwendet. Die polymetallischen Gebilde auf dem Meeresgrund stellen die bei weitem größte Reserve dar; ihr Abbau ist jedoch technisch schwierig. Die hiermit verbundenen geopolitischen Fragen sind noch ungelöst.

Die Weltproduktion, die seit mehr als zehn Jahren relativ stabil ist, liegt über 20 Millionen t. Allein die UdSSR liefern davon gut ein Drittel (1987: 9,3 Millionen t). Sie führt mit großem Abstand vor einer Gruppe von Produzenten, die man als ›mittelgroße‹ Erzeuger bezeichnen kann (jeweils zwischen 1,2 und 3,0 Millionen t), zu denen Gabun, die Republik Südafrika, Brasilien, Indien, Australien und China zählen.

Neben der UdSSR sind Ungarn, Österreich, Jugoslawien und Bulgarien weitere europäische Produzenten, die allerdings auch einen vergleichsweise geringen Beitrag in Höhe von jährlich 40 000 t bis 65 000 t liefern.

ZINN

Luftbeständig, korrosionsbeständig, widerstandsfähig gegenüber zahlreichen chemischen Stoffen: Diese Eigenschaften lassen Zinn zu einem Schutzmetall für Kupfer und Eisen werden. Da es ungiftig ist, wird es auch in der Lebensmittelproduktion verwendet sowie in der elektrischen Industrie (Verzinnen von Leitungen), der Chemie, beim Maschinenbau und in der Glasindustrie.

Die Bergwerksproduktion stagniert bei etwas mehr als 200 000 t pro Jahr. Asien ist der Hauptlieferant. Indonesien (31 000 t), China (30 000 t), Malaysia (29 000 t) und Thailand (14 000 t) stellen zusammen etwa die Hälfte der weltweiten Produktion. Brasilien (mit 43 000 t weltweit führend) und Bolivien (11 000 t) in Lateinamerika, Australien (7 000 t) und die UdSSR (15 000 t) sind die anderen wichtigen Erzeuger. Erwähnenswert sind auch noch Großbritannien in Europa und Zaire in Afrika. Eine Gießereiproduktion findet sich auch in den Niederlanden.

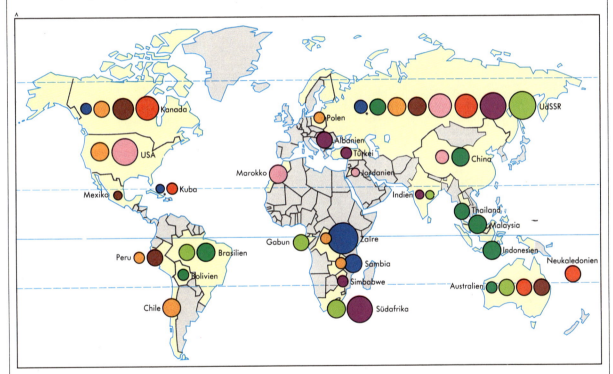

▲ · **Die großen Erzproduzenten.**
Diese Karte zeigt nur die wichtigsten Erzeuger: Das sind die, die mindestens 4 % der dargestellten Rohstoffe liefern. Dieser Vorbehalt erklärt die geringe Anzahl von Staaten. Hierdurch können auch gewisse Konzentrationen gezeigt werden, deren Bedeutung in den nebenstehenden Anmerkungen zur Geopolitik erklärt wird.

Bodenschätze und Geopolitik. Auf der Karte sind nur die auf den vorherigen Seiten erwähnten Bodenschätze abgebildet ohne die Energieträger und auch ohne die vorher behandelten Rohstoffe Eisen und Bauxit.

Die Karte verdeutlicht, daß eine kleine Anzahl von Ländern einen großen Anteil an vielen dieser Rohstoffe besitzt. Der Reichtum der UdSSR auf diesem Gebiet ist bemerkenswert, aber auch Australien und Kanada besitzen große Vorkommen. Dies liegt natürlich auch an der Größe dieser sogenannten Kontinentalstaaten. Vielleicht sollte man hier auch China erwähnen, dessen Potential sicherlich noch nicht völlig erforscht ist.

Deutlich ist auch der Kontrast zwischen dem nördlichen Afrika (das außer den Phosphaten kaum etwas besitzt) und dem südlichen Afrika, das viel reicher ist (Gabun, Zaire, Sambia, Simbabwe und die Republik Südafrika). Westeuropa und der Mittlere Osten sind wie weite Teile Afrikas relativ arm an mineralischen Rohstoffen im Unterschied zu Südamerika (Brasilien, Bolivien, Chile und Peru).

Schließlich stellt man gewisse Konzentrationen einiger Stoffe fest: Kupfer und Kobalt treten zusammen in Zentralafrika auf, Kupfer gibt es auch (zum Teil) in Amerika. Zinn kommt vor allem in Ostasien (mit Verlängerung nach Australien) vor. Der Reichtum der UdSSR ist auch dadurch bedingt, daß es sich hier um das größte Land der Erde handelt, dessen Fläche zehnmal so groß ist wie die der Europäischen Gemeinschaft.

Geopolitisch wichtig ist auch die Verteilung der fossilen Brennstoffe Erdöl und Erdgas sowie die Verteilung der Uranvorkommen (für militärische und zivile Zwecke). Besonders bei dem strategisch wichtigen Erdöl konzentrieren sich die Vorräte auf die politische Krisenregion Naher Osten.

WELTWIRTSCHAFT

BERGBAU

GOLD

Das Gold, das schon im Neolithikum bei der Schmuckherstellung verwendet wurde, als Zahlungsmittel diente und ein Symbol für Schönheit und Reichtum war, wurde lange Zeit nur in geringem Umfang gewonnen. Zwischen 1850 und 1933, so schätzt man, lag die Goldgewinnung bei insgesamt etwa 30 000 t.

Erst nach dem Zweiten Weltkrieg ist die Produktion, angeführt von der Republik Südafrika und der UdSSR, wirklich angestiegen und erreichte 1 270 t im Jahr 1970 und 1 577 t im Jahr 1987. Wichtigster Goldlieferant unter den osteuropäischen Ländern ist die UdSSR, bedeutendster der westlichen Welt die Republik Südafrika. Die Gewinnung stieg in den USA und in Kanada kräftig an. Auf beide zusammen entfällt heute rund ein Fünftel der westlichen Gewinnung; Anfang der 1980er Jahre waren es weniger als ein Zehntel. Der weltweite Goldmarkt besteht aus 15 bedeutenden Einzelmärkten, die sich in Europa (London, Zürich, Frankfurt am Main, Paris), Nordamerika (New York, Chicago, Los Angeles, Winnipeg), Südamerika (Panama, Caracas) und Asien (Singapur, Hongkong, Abu Dhabi, Kuwait, Tokio) befinden.

Größter Nachfrager ist die Schmuckindustrie, die mehr als die Hälfte des gesamten Angebotes kauft. Der Bedarf der übrigen Industriebereiche ist seit Jahren konstant. Diese brauchen Gold vor allem in der Elektronik und Zahntechnik, des weiteren für die Herstellung spezieller Legierungen sowie pharmazeutischer Präparate. Die Nachfrage der Zentralbanken war in den 1980er Jahren relativ gering; teilweise gaben sie sogar Bestände an den Markt ab. Für private Anlagen (Münzen und Barrengold) steht (1987) gut ein Drittel des gesamten Angebots zur Verfügung. Wichtigster Grund für den Erwerb von Gold als Wertanlage ist die Furcht vor inflationärem Verfall des Geldes. Die private Anlage ist entscheidend für den Goldpreis. Am 21. 1. 1980 erreichte das Gold seinen absoluten Höchstwert mit 850 US-Dollar pro Unze.

SILBER

Das Edelmetall Silber war bis ins 14. Jahrhundert das einzige vermünzte Zahlungsmittel in Deutschland. Die Produktion an Silber beträgt heute etwa das Zehnfache derjenigen an Gold und liegt weltweit bei knapp 155 000 t. Die größten Silberlieferanten sind Mexiko (2 400 t), die USA (1 660 t), die UdSSR (1 580 t), Peru (1 550 t), Kanada (1 400 t), Australien und Polen (jeweils etwas mehr als 1 000 t).

Silber wird vor allem in der Photographie, der Elektro- und Elektronikindustrie (Legierungen), der Schmuck- und Besteckherstellung sowie für die Münz- und Medaillenprägung verwendet. Unter allen Metallen leitet Silber Strom und Wärme am besten. Die Wiedergewinnungsrate beträgt fast 50 %.

DIAMANTEN

Der Diamant ist das härteste Mineral; es handelt sich um reinen Kohlenstoff, der in verschiedenen Farben vorkommt. Bis ins 18. Jh. kamen die Diamanten nur aus Indien, die Vorkommen in Brasilien wurden erst 1725 und die in Südafrika erst 1866 entdeckt. Die Gewichtseinheit für den Diamanten ist das Karat (Kt), was 200 Milligramm entspricht (1 Gramm = 5 Karat).

Nur 20–25 % aller Diamanten eignen sich als Schmuckdiamanten, machen aber rund 70 % des Wertes der Weltdiamantenproduktion aus. 80 % der verwendeten Industriediamanten werden synthetisch hergestellt. Die Reserven wurden 1985 auf rund 1,4 Mrd. Kt geschätzt. Allein Australien verfügt über 51 % aller Industriediamanten und 12 % aller Schmuckdiamanten. Australien, das seit 1983 Diamanten abbaut, nahm 1986 mit einem Anteil von 33 % die Spitzenposition unter den Produzenten ein. 1985 waren rund die Hälfte aller gewonnenen natürlichen Diamanten Industriediamanten. Wichtigste Produzenten für Schmuckdiamanten sind Südafrika, Botswana, die Sowjetunion, Namibia und Angola. Gut 80 % des Weltumsatzes an Rohdiamanten werden von De Beers Consolidated Mines über die 1930 gegründete Central Selling Organization (CSO) abgewickelt. Seit Beginn der Verwendung von Diamanten bis Mitte der 1970er Jahre wurden weltweit schätzungsweise 250 t (1,25 Milliarden Karat) Diamanten gewonnen, davon seit 1960 mehr als die Hälfte (140 t).

Weltproduktion an Gold in kg

Land	1929	1938	1946	1960	1980	1987
Weltproduktion	581 000	993 000	668 000	1 044 000	1 201 595	1 577 000
Republik Südafrika	323 860	378 262	370 976	665 105	672 786	594 165
UdSSR				540 000	270 000	275 000
USA	63 970	132 046	45 484	52 248	30 164	140 000
Kanada	59 978	146 968	88 102	143 151	50 620	117 000
Australien	13 286	49 518	25 644	33 598	17 320	108 000
China	2 433	8 411	3 345	3 100	7 000	71 500
Brasilien	3 663	4 447	4 370	3 819	18 200	35 000
Papua-Neuguinea	1 129	7 353	21	1 451	14 050	34 110
Philippinen	4 996	28 715	311	12 772	20 020	34 000
Kolumbien	4 248	16 196	13 598	13 497	15 877	26 546
Chile	1 027	9 145	7 181	3 392	6 836	17 032
Simbabwe (Südrhodesien bis 1980)	15 444	16 939	17 502	11 415	14 710	15 084
Ghana	6 465	20 993	18 236	27 340	10 938	10 254
Japan	10 422	24 067	1 245	10 452	37 800	8 598

STRATEGISCH WICHTIGE ERZE

Unter den ›strategisch wichtigen Erzen‹ versteht man nicht eisenhaltige Erze, die für Hochleistungslegierungen in solchen Industriezweigen verwendet werden, die mit der militärischen Macht der Länder verbunden sind, vor allem Luft- und Raumfahrt, Elektronik, Rüstung (›Wehrtechnik‹). Parallel zum technischen Fortschritt kann das eine oder andere Erz somit an Bedeutung verlieren oder gewinnen. Aber die Sicherheit einer regelmäßigen Versorgung ist für ein Land um so wichtiger, je mehr es hierin vom Ausland abhängig ist. Zu Beginn der 80er Jahre zum Beispiel hingen die USA bei Bauxit, Chrom, Kobalt, Mangan und Tantal zu mehr als 90 % vom Ausland ab. Die ›Verwundbarkeit‹ jedes Käuferlandes ist somit sowohl mit dem Verwendungszweck dieser Stoffe als auch mit der Verfügbarkeit von Ersatzgütern verbunden.

Was die Vorräte angeht, so verfügt die UdSSR über eine Vielzahl von Nichteisenmetallen; bei Chrom, Gold, Mangan, Platin und Vanadium besitzt Südafrika die größten Vorräte. Dies unterstreicht die Bedeutung der sozioökonomischen und politischen Entwicklung dieses Landes.

Heute interessiert sich die Länder mit Spitzentechnologien auch für die Perspektiven, die sich aus dem Abbau der Erze am Meeresgrund ergeben. Dort liegen die Erze in polymetallischen Gebilden vor. Diese enthalten Nickel, Kobalt, Titan, Vanadium, Kupfer und Mangan. Die von den Vereinten Nationen anerkannte Grenze für den Abbau dieser Erze durch einen Staat verläuft bis zu 200 Seemeilen vor dessen Küsten. Damit sind die betroffenen Nationen nur zum Teil einverstanden, da die wohl wichtigsten Vorkommen jenseits dieser Grenze liegen. Aber hier geht es vorerst um potentielle Vorkommen. Neben den geopolitischen Problemen belasten auch technische Schwierigkeiten selbst den Abbau der bekannten Vorkommen. Nicht zu vergessen ist bei den strategisch wichtigen Erzen Uranerz. Hier verfügen westliche Industriestaaten (Australien, Kanada, USA, Frankreich) über wesentliche Vorräte. Auch beim Uranerz sind die Republik Südafrika und Namibia wichtige Produzenten.

Diamantengewinnung im Jahr 1984 (in Millionen Karat)

Weltproduktion	57 000
Zaire	18 459 (23 300 für 1986)
Botswana	12 914
UdSSR	10 900
Republik Südafrika	10 119
Namibia	930
Angola	714
Brasilien	550
Ghana	346
Sierra Leone	345
Zentralafrikanische Republik	337
Venezuela	273
Tansania	266
Liberia	240

WELTWIRTSCHAFT

TEXTILPRODUKTION

SYNTHETIKFASERN

Bei den Textilfasern unterscheidet man Naturfasern (pflanzliche und tierische Fasern) von den Chemiefasern aus natürlichen (Kunstfasern) oder synthetischen (Synthetikfasern) Polymeren bzw. Makromolekülen. Die Bezeichnung Synthetikfaser rührt daher, daß der Grundstoff für diese Materialien nicht aus Makromolekülen von natürlichen Produkten besteht, wie dies bei den *Kunstfasern* der Fall ist. Er wird vielmehr durch eine chemische Synthese von Makromolekülen auf der Grundlage einfacher Elemente (Kohlenstoff, Sauerstoff, Wasserstoff, Stickstoff usw.) hergestellt. Zwar ist die Herstellung komplizierter, sie ermöglicht jedoch eine breitere Auswahl bei der Ausarbeitung der Moleküle und bietet mehr Möglichkeiten, der Nachfrage nach besonderen Eigenschaften zu entsprechen. Daher haben die Synthetikfasern in jüngster Zeit einen stärkeren Aufschwung erfahren als die Kunstfasern, ihre Produktion lag Mitte der 50er Jahre unter 300 000 t. Zu Beginn der 70er Jahre waren es schon mehr als 5 Millionen t, heute werden etwa 15 Millionen t erreicht.

Produktion. Die wichtigsten Produzenten sind die Vereinigten Staaten und Japan. Die auf Erdölbasis arbeitenden chemischen Industrien dieser Länder sind am weitesten fortgeschritten. Doch auch die UdSSR und andere osteuropäische Staaten sind wichtige Erzeuger. Darüber hinaus ist eine Reihe von Entwicklungsländern zu Produzenten geworden. Die Europäische Gemeinschaft steht in der Produktion an zweiter Stelle; sie hat sich auf leistungsfähige und innovative Textilien spezialisiert. Die Anzahl der Produzenten ist gestiegen; manche Produktionszunahmen sind geradezu spektakulär. So hat zum Beispiel das südostasiatische Schwellenland Taiwan zwischen 1974 und 1987 seine Produktion verzehnfacht, während die Produktion im traditionellen Textilland Frankreich im gleichen Zeitraum zurückgegangen ist.

Produkte. Sie sind zahlreich und werden unter mehreren Tausend Bezeichnungen vermarktet. Die gängigsten Synthetikfasern werden auf der Grundlage von Polyamid, Polyester, Polyacrylnitril, Polypropylen, Polyvinylchlorid, Modacryl, Polyurethan und Elasthan hergestellt.

Die sehr unterschiedlichen Eigenschaften der Synthetikfasern haben ihr Verwendungsspektrum stark erweitert. Sie werden heute nicht mehr nur bei der Bekleidung und im Möbelsektor verwendet, sondern auch im Hoch- und Tiefbau, in der Landwirtschaft und in der Luftfahrt.

KUNSTFASERN

Die Kunstfasern gehören zu den chemischen Textilien. Die beiden gängigsten Grundstoffe für ihre Herstellung sind Zellstoff und Casein. Man kann Kunstfasern jedoch auch aus Proteinen gewinnen, die aus den Rückständen von Mais, Erdnüssen und Soja extrahiert werden.

Die ersten Kunstfasern dieser Art wurden um 1884 von Hilaire de Chardonnet hergestellt, der sein Produkt als ›Kunstseide‹ bezeichnete. Man kam jedoch von diesem Produkt ab, da es sehr leicht entzündlich war. Nach 1925 begann man, die Kunstfasern herzustellen, die auch heute noch verwendet werden: Viskosereyon, das durchgängige Filamente besitzt, und die Chemiestapelfaser aus durchbrochenen (geschnittenen) Fasern.

Produktion. Die Herstellung der Endlosfasern ist von etwa 450 000 t zu Beginn der 40er Jahre auf 1,3 Millionen t im Jahre 1974 gestiegen. Danach fiel sie wieder auf etwa 1 Million t. Die Entwicklung der Spinnfasern war dynamischer: Von 430 000 t im Jahre 1938 stieg die Produktion auf mehr als 2 Millionen t im Jahre 1970, ein Wert, der auch heute noch in etwa zutrifft. Weltweit gesehen stagniert die Kunstfaserherstellung.

A · Produktion von Synthetikfasern.
Die USA liefern noch mehr als 20 % der weltweiten Produktion, aber vier asiatische Länder (Taiwan, Japan, Südkorea und China) sind ihnen auf den Fersen. Die führenden Hersteller in Europa sind die Bundesrepublik Deutschland und Italien.

B · Produktion von Kunstfasern.
In diesem Bereich, der weniger ausgeklügelt ist als der der Synthetikfasern, haben die noch in den 70er Jahren führenden Länder USA und Japan starke Produktionsrückgänge zu verzeichnen. Die UdSSR ist mittlerweile der weltweit führende Erzeuger.

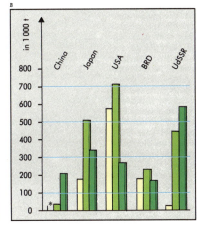

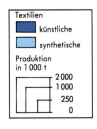

C · Textilien aus Kunst- und Synthetikfasern.
Man erkennt deutlich, daß die Synthetikfasern überwiegen. Dies relativiert sich allerdings in den technisch weniger leistungsstarken Ländern wie der UdSSR, China oder Indien. Auf der Karte zeigt sich auch deutlich die Bedeutung der Länder in Ostasien bei der Herstellung der Synthetikfasern.

WELTWIRTSCHAFT

TEXTILPRODUKTION

BAUMWOLLE

Wahrscheinlich ist Baumwolle eine aus Indien stammende Strauchpflanze, die seit der frühesten Antike wegen ihrer ölhaltigen Körner und dem Flaum ihrer Früchte gezielt angebaut wird. Die Baumwollpflanze wurde in Sizilien von den Phöniziern und in Spanien von den Arabern eingeführt. Doch erst Ende des 18. Jahrhunderts begann der eigentliche Aufschwung, als (1793) Maschinen zum Entkörnen der Baumwolle und Spinnmaschinen erfunden wurden.

Zwar liebt die Baumwollpflanze das heiße Klima, sie verträgt jedoch auch ein gemäßigtes Klima ohne Frost. Sie braucht Feucht- und Trockenzeiten für das Reifen der Früchte. Deshalb ist die Baumwollpflanze auch recht weit verbreitet.

Die Faser, die als kurz (unter 22 mm), mittel (22–29 mm) und lang (mehr als 29 mm) bezeichnet wird, besteht chemisch gesehen aus reinem Zellstoff mit Spuren von Wachs und Fett. Ihr Durchmesser schwankt zwischen 0,012 und 0,030 mm und ihre Zugfestigkeit ist relativ gering (5 bis 12 %).

Produktion. Die Produktion an Rohbaumwolle ist von 9,8 Millionen t im Jahre 1955 auf 17,5 Millionen t im Jahre 1987 gestiegen, wobei der Produktionsdurchschnitt derzeit bei 15–18 Millionen t liegt. Baumwolle stellt heute etwas mehr als die Hälfte der weltweit erzeugten Textilfasern. Seit dem Ende des Zweiten Weltkrieges ist die Zahl der Erzeugerländer angestiegen. Seit Mitte der 60er Jahre hat der Verbrauch um etwa 40 % zugenommen. Das Volumen der gehandelten Baumwolle ist jedoch im Verhältnis dazu weniger angestiegen, da der Verbrauch (und die Verarbeitung) am stärksten in den Erzeugerländern zugenommen hat.

Die drei führenden Erzeugerländer USA, UdSSR und China liefern mehr als die Hälfte der Weltproduktion. Während diese Länder in den 70er Jahren noch gleichauf lagen (jeweils um 2,5 Millionen t), ist mittlerweile China der mit weitem Abstand führende Baumwollerzeuger.

Zwei weitere Länder liefern jeweils gut über eine Million Tonnen pro Jahr (Indien und Pakistan). Andere wichtige Lieferanten sind Brasilien, die Türkei und Ägypten. Ungefähr ein Drittel der Produktion ist weltweit im Handel. Die USA führen die Liste der Exportländer an und New York bleibt für die Baumwolle der wichtigste Umschlags- und Finanzplatz der Welt.

Die Industrieländer (mit der wichtigen Ausnahme der USA) sind die größten Importländer, allerdings sind ihre Käufe stark zurückgegangen. Die baumwollverarbeitende Industrie in Westeuropa befindet sich seit langem in einer Krise.

Baumwolle: einige Durchschnittserträge in kg je ha 1988

Mexiko	1 230
Australien	1 224
Türkei	1 034
Ägypten	842
UdSSR	787
China	764
USA	697
Argentinien	573
Pakistan	472
Brasilien	279
Indien	198

Baumwollgarn
Erzeugung 1988 (in 1 000 t)

UdSSR	1 685
Indien	1 322
USA	1 228
Pakistan	641
Südkorea	561
Japan	464
Taiwan	252
Ägypten	234
Italien	213
Hongkong	211
Polen	205
Griechenland	143
CSFR	137
Jugoslawien	136
Spanien	128
BR Deutschland	126
Frankreich	125
Portugal	124
Argentinien	100
Bulgarien	84
Ungarn	62
Schweiz	52
Großbritannien	51

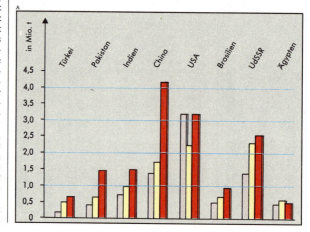

A · Die Baumwollproduktion. Man sieht die Übermacht der drei großen Erzeugerländer, obwohl sich seit 1955 einiges verändert hat: beschleunigtes Wachstum in China, verlangsamter Produktionsanstieg in der UdSSR, gleichbleibender Beitrag der USA.

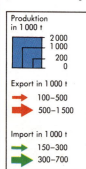

B · Geographie der Baumwollproduktion. Trotz einer zunehmenden Verarbeitung vor Ort bleibt die Baumwolle eines der großen Handelsprodukte. Die USA exportieren ungefähr die Hälfte ihrer Produktion, in Pakistan und der UdSSR gilt dies für mehr als ein Zehntel. Für Ägypten und den Sudan sind diese Exporte lebensnotwendig.

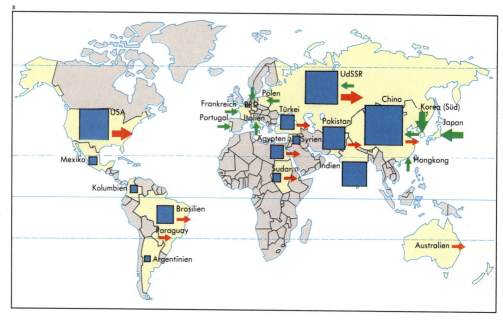

626

WELTWIRTSCHAFT

WOLLE

Wolle ist die in Europa am längsten bekannte und verwendete Textilfaser. Die ältesten Wollgewebe wurden in Mesopotamien gefunden.

Wolle wird als tierische Faser hauptsächlich aus dem Fell von Schafen gewonnen; doch auch andere Tiere, vor allem Alpakas, Kamele, die Kaschmirziege, das Guanako, die Mohairziege, das Vikunja und der Yak, liefern wenig, aber sehr geschätzte Wolle.

Chemisch gesehen ist Wolle eine keratinhaltige Proteinfaser, deren wichtigste Eigenschaften die Feinheit (0,015 bis 0,060 mm), die Länge (40 bis 550 mm), die Elastizität (Dehnbarkeit bis zu 50 %) und die Verarbeitbarkeit zu Filz ist. Je nach Verwendungszweck stellt die letztgenannte Eigenschaft einen Vorteil oder einen Nachteil dar.

Die Fellwolle wird mit einem Wollfett überzogen, das zwischen 15 % und 75 % des Gesamtgewichtes ausmacht. Man verwendet vor allem die Schurwolle von Schafen und Lämmern (weichste Wolle), die feinste Qualität wird von den Merinoschafen geliefert.

Produktion. Es gibt derzeit mehr als eine Milliarde Schafe auf der Erde.

Australien ist mit der größten Anzahl an Schafen auch der weltgrößte Erzeuger (und das wichtigste Exportland) von Wolle (1988: 910 000 t). Weitere wichtige Wollproduzenten sind die UdSSR (476 000 t), Neuseeland (355 000 t) und China (224 000 t), das innerhalb von 10 Jahren seine Produktion verdreifacht hat. Führender europäischer Produzent ist Großbritannien (65 000 t).

Seit 1920 wird der Markt von der *Wool Commission* gesteuert, der Handel umfaßt etwa die Hälfte der Weltproduktion und richtet sich hauptsächlich nach China, den USA und der UdSSR, nach Japan, der EG, Taiwan und Korea.

Bei der Produktion von Wollgewebe (gemessen in Millionen m²) hat (1988) allein die UdSSR unter den größten Produzenten eine bedeutende Stellung mit 708,5 Millionen m², gefolgt von Japan (353,0), Jugoslawien (104,4) und Großbritannien. Wird das Wollgewebe in 1 000 t gemessen, sind wichtige Erzeuger Frankreich (65,8) vor Belgien (35,9) und der Bundesrepublik Deutschland (33,0). Die Textilindustrie wird von den Importländern beherrscht: Hier führen die USA und Italien, gefolgt von Großbritannien und Japan. Die Europäische Gemeinschaft stellt fast ein Drittel der weltweiten Produktion an Wollgewebe. Außer Italien und Großbritannien verfügen Frankreich, Spanien und Belgien, die alteingesessene Textilindustrien besitzen, über eine beachtliche Produktion.

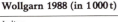

Wollgarn 1988 (in 1 000 t)	
Italien	528
UdSSR	439
Großbritannien	147
Japan	120
Belgien	90
Polen	84
Spanien	82
Frankreich	76
USA	69
Südkorea	68
CSFR	59
Jugoslawien	50
BR Deutschland	38

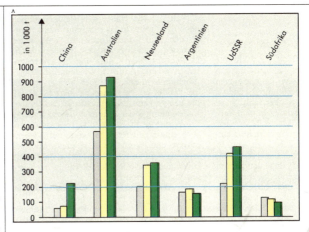

▲ · **Die großen Wollproduzenten.** Auf der südlichen Halbkugel wird mehr als die Hälfte der Weltproduktion erzielt: In Australien und Neuseeland, Argentinien und Uruguay sowie in der Republik Südafrika.

SEIDE

Die Bearbeitung von Seide ist orientalischen Ursprungs. In China, das lange das Monopol auf diesem Gebiet innehatte, findet sich die Seidenverarbeitung seit dem 17. Jahrhundert v. Chr. Ab dem 6. Jahrhundert hat sich diese Produktion im Mittleren Osten und in Griechenland entwickelt, danach im 12. Jahrhundert in Sizilien, von wo aus sie sich auf Italien und Spanien ausdehnte. In Frankreich waren im 14. Jahrhundert Avignon, im 15. Jahrhundert Tours, dann Lyon, Montpellier und Paris Zentren der Seidenverarbeitung.

Seit Ende des 19. Jahrhunderts hat die Produktion in Europa ständig abgenommen. Derzeit liegt die Weltproduktion bei jährlich 72 000 t, wovon China allein 42 000 t produziert und somit an erster Stelle steht. Danach folgen Japan (10 000 t), Indien (7 000 t), die UdSSR und Nordkorea mit 4 000 t.

FLACHS

Flachs wird sowohl wegen seiner Fasern (Leinen) als auch wegen seines Samens (Leinöl) angebaut. Leinen wird seit langem benutzt. Der Gebrauch hat sich weiterentwickelt. Leinen spielt immer noch eine große Rolle bei der Bekleidung und in der Möbelbranche. Der ölhaltige Flachs liefert Samen für die Farben- und Lackindustrie und Leinkuchen für die Tiernahrung.

Die USA, Kanada, Argentinien und Indien sind die führenden Lieferanten bei ölhaltigem Flachs, während in Europa hauptsächlich Leinen hergestellt wird, wobei hier die UdSSR weltweit an erster Stelle steht.

JUTE

Jute wird aus einer tropischen Pflanze gewonnen und dient zur Herstellung von Schnüren und Stoffen (Verpackung und Möbel). Indien (1,17 Millionen t), Bangladesh (0,9 Millionen t) und China (0,7 Millionen t) sind bei den Fasern die drei führenden Hersteller auf der Welt (weltweite Produktion bei 2,9 Millionen t).

Bei den Schnüren rangiert Bangladesh (509 000 t) weit vor Pakistan (60 000 t), Ägypten liegt bei etwa 25 000 t und Polen sowie Großbritannien bei jeweils rund 15 000 t.

VERGANGENHEIT UND ZUKUNFT DER TEXTILIEN

Man spricht sowohl von der Textilindustrie als auch von den Textilindustrien. Die vorangegangenen Beiträge haben gezeigt, daß es eine Vielzahl von Textilfasern gibt. Darüber hinaus fällt heute ein Teil (der mehr oder weniger zunimmt) der Produktion eher unter die Zuständigkeit der chemischen Industrie als in die der Textilindustrie. Das Problem der Zuordnung wird dadurch noch komplizierter, daß in den Stoffen oft Fasern unterschiedlicher Herkunft vermischt werden. Technisch wird dieses Mischen meist dadurch ermöglicht, daß man den chemischen Fasern Längeneigenschaften gibt, durch die sie auf den Anlagen der Baumwoll- oder Wollindustrie bearbeitet werden können.

Die Entwicklung der Produktion hat eine Verlagerung der Textilindustrien mit sich gebracht, was an den Besonderheiten dieser Branchen und an der technischen Entwicklung liegt (die die chemischen Fasern, vielleicht mit Ausnahme der Baumwolle, den Naturfasern vorzieht).

Der Textilsektor ist teilweise eine arbeitsintensive Branche: Die Arbeits- bzw. Personalkosten machen einen Großteil der Herstellungskosten aus. So erklärt sich eine umfassende Verlagerung der Produktion aus Westeuropa nach Südostasien, da dort die Arbeitskosten vergleichsweise niedrig sind (›Niedriglohnländer‹).

Da die Textilindustrie nicht völlig aus den Industrieländern verschwunden ist, gehört diese Branche zu den weitverbreitetsten der Erde. Dabei sind in den Industrieländern aufgrund von Veränderungen in der Produktionstechnik kapitalintensivere Zweige der Textilindustrie vorherrschend.

Textilartikel sind leicht zu transportieren. Die Lohnkosten und der Kenntnisstand der Arbeitskräfte sind von Land zu Land sehr unterschiedlich. Der internationale Textilhandel ist beträchtlich und hat in den letzten Jahren beachtlich zugenommen. Die größten Handelsströme richten sich von Südostasien (und Ostasien) nach Westeuropa und Nordamerika. Der internationale Warenverkehr auf dem Textil- und Bekleidungssektor wird in gewissem Maße seit 1973 durch inzwischen drei Welttextilabkommen reguliert, dem 54 Länder angehören. Unter anderem begrenzt das Abkommen Textil- und Bekleidungsexporte aus Entwicklungsländern durch Quotenregelungen, die die europäische Textilindustrie schützen sollen.

WELTWIRTSCHAFT

ANDERE GRUNDERZEUGNISSE

HOLZ

Jahrtausendelang war Holz die wichtigste Energiequelle. In den Industrieländern wurde Holz von anderen Energiequellen überholt, obwohl es in bestimmten Ländern immer noch eine wichtige, aber schlecht zu beziffernde Bedeutung behält. In den Entwicklungsländern wird Holz nach wie vor stark bei der Nahrungsmittelzubereitung eingesetzt, was jährlich zur Zerstörung von 15 Millionen Hektar Wald führt, ein Problem, das die Zukunft belastet, da diese Länder sich einer Holzknappheit gegenübersehen werden. Daneben werden durch Brandrodung landwirtschaftliche Nutzflächen gewonnen.

Die in der Welt von Wald bedeckte Fläche wird auf 4 320 Millionen Hektar geschätzt. Hier führt die UdSSR mit 605 Millionen Hektar, gefolgt von den USA mit 214 Millionen, Kanada mit 70 Millionen, der EG mit 53,8 Millionen und der Türkei mit 35,6 Millionen Hektar. Innerhalb der Europäischen Gemeinschaft besitzt Frankreich die größte Waldfläche (14,8 Millionen ha, etwa die Hälfte der Fläche des Landes); es folgt Spanien (12,5 Millionen ha) weit vor der Bundesrepublik Deutschland (7,2 Millionen ha) und Italien (6 Millionen ha).

Mehr als die Hälfte der Wälder werden noch nicht genutzt. Da Holz eine erneuerbare Energie- und Rohstoffquelle ist, wird seine Nutzung immer rationeller gestaltet. Viele Länder, vor allem China und die westeuropäischen Länder, führen Wiederaufforstungsprogramme durch. Darüber hinaus spielen die Wälder eine wichtige ökologische Rolle; die Bäume verwandeln nicht nur das bei der Verbrennung fossiler Brennstoffe abgegebene Kohlendioxid in Sauerstoff, sondern üben auch eine regulierende Funktion auf Niederschläge und Wind aus. Die starke Luftverschmutzung (›saurer Regen‹) hat in den Industrieländern viele Wälder allerdings auch geschädigt (›Waldsterben‹).

Die Weltproduktion an Rundholz für die Holzverarbeitung lag 1988 bei 1 632 Millionen m³. Die USA (414 Millionen m³) führen vor der UdSSR (292 Millionen m³), Kanada (170 Millionen m³) und der EG (101 Millionen m³).

Zur Holzindustrie zählen die Holzbearbeitung, zu der die Sägewerke und die Furnierwerke mit ihren Erzeugnissen (Furniere, Sperrholz, Holzfaser- und Holzspanplatten) gehören; die Holzverarbeitung, u. a. mit Holzschliff- und Möbelindustrie; das Holzhandwerk mit Zimmereien, Tischlereien und Ingenieurholzbau; der Holzhandel; die Zellstoff-, Holzstoff-, Papier- und Pappeerzeugung.

ZEMENT

Die Herstellungsweise für Zement wurde im 19. Jh. entwickelt. Der künstliche Portland-Zement ist die gebräuchlichste Zementart. Er besteht aus einer Mischung von Kalk und Ton, die auf 1 450 °C erhitzt wird. Das daraus entstehende Produkt, der *Klinker*, wird mit einer kleinen Menge Gips solange gemahlen, bis man ein Pulver erhält. Da man etwa drei Anteile Kalk zu einem Anteil Ton benötigt, wurden die Zementfabriken oft in der Nähe von Kalksteinbrüchen errichtet. Darüber hinaus sollten bei dem billigen Massengut Zement keine hohen Transportkosten entstehen: Deshalb sind die Zementfabriken weit verbreitet. Seit etwa zwanzig Jahren hat die Automatisierung der Herstellung die durchschnittliche Qualität der Erzeugnisse verbessert.

Die Weltproduktion liegt bei etwa 1 Milliarde t. Sie hat seit Beginn der 70er Jahre erheblich zugenommen (+ 60 %). China, das heute weltweit an führender Stelle steht, hat seine Produktion mehr als verfünffacht (analog Indien und Südkorea). Italien ist vor der Bundesrepublik Deutschland, Frankreich und Spanien wichtigster westeuropäischer Zementhersteller.

Holz und Papier in der EG

Land	Gesamt- produktion an Holz (1 000 m³)	Schnitt- holz (1 000 m³)	Papier und Pappe (1 000 t)
Belgien/ Luxemburg	2 990	1 009	1 228
BR Deutschland	30 083	10 395	10 700
Dänemark	1 797	861	240
Frankreich	30 471	10 334	6 506
Griechenland	931	410	280
Großbritannien	5 057	1 919	4 343
Irland	1 199	300	–
Italien	4 616	2 095	5 512
Niederlande	1 040	445	2 462
Portugal	8 822	1 688	681
Spanien	14 149	2 427	3 408

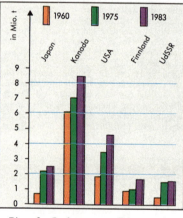

A · Die großen Produzenten von Zeitungspapier.

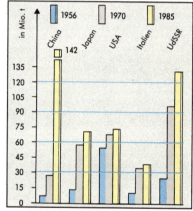

B · Die großen Zementhersteller.

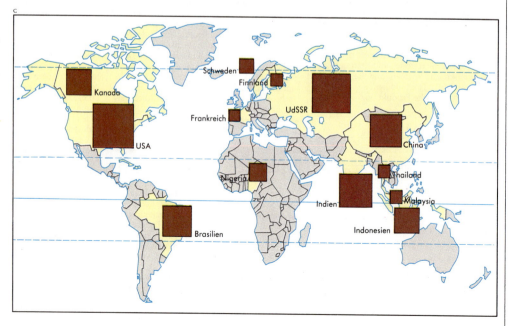

C · Geographie der Holzerzeugung.

Diese Karte verbindet deutlich Fläche und Produktion, ein Verhältnis, das durch Klima und auch Art der genutzten Wälder bestimmt wird. Man kann hier die vergleichsweise geringe Produktion Afrikas, das in einer doch sehr bewaldeten Region, den feuchten Tropen, liegt, feststellen.

WELTWIRTSCHAFT

KAUTSCHUK

Kautschuk ist ein elastisches Produkt, das aus dem Saft einiger Pflanzen (Naturkautschuk) oder durch chemische Synthesereaktionen (synthetischer Kautschuk) gewonnen wird. Der letztere macht etwa 70 % der Weltproduktion aus, die wichtigsten Lieferanten sind die Industrieländer. 1948 besaß der Naturkautschuk noch einen Anteil von 70 %. Die Produktion von Naturkautschuk liegt zwischen 4 und 5 Millionen t, die Produktion von Synthetikkautschuk zwischen 9 und 10 Millionen t.

Zum Zapfen der Latex wird die Rinde der Bäume bogenförmig angeschnitten. Der größte Teil des Naturkautschuks wird gehandelt, wobei der Handel den Bestimmungen des internationalen Naturkautschuk-Abkommens unterliegt. In einigen Entwicklungsländern, vor allem in Indien und China, nimmt die Inlandsnachfrage rasch zu. Die EG und die USA sind die größten Importländer für Naturkautschuk (jeweils etwas mehr als 15 % der Weltproduktion), danach folgen Japan (etwas über 10 %) und China (leicht unter 10 %).

Der Naturkautschuk wird meist in Gummi übergeführt. Die Reifenherstellung verbraucht etwa die Hälfte der Kautschukproduktion, die andere Hälfte wird bei der Herstellung von hochentwickelten Produkten in Werken der Industrieländer verwendet sowie für die Herstellung von Gebrauchsgegenständen, die mehr und mehr in den Entwicklungsländern produziert werden. Die geographische Verteilung der Produktion zeigt gleichermaßen die Bedeutung der natürlichen Bedingungen und des industriellen Entwicklungsstandes. Fast die gesamte Menge an natürlichem Kautschuk kommt aus einem räumlich klar begrenzten Gebiet, nämlich aus Südostasien, wo sich drei große Erzeuger befinden: Malaysia (mit etwa einem Drittel der Weltproduktion), Indonesien (ein Fünftel) und Thailand (mehr als 15 %). Weit abgeschlagen folgen China, Indien, Sri Lanka und die Philippinen. Liberia und Nigeria sind die wichtigsten Produzenten in Afrika, sie liefern jedoch beide weniger als 100 000 Tonnen.

Die Produktion des Synthetikkautschuks erfolgt im wesentlichen in den Industrieländern. An der Spitze stehen die USA und die UdSSR mit jeweils mehr als einem Fünftel der Weltproduktion; es folgt Japan (etwas mehr als ein Zehntel). Dann kommt der geschlossene Block der westeuropäischen Länder, angeführt von Frankreich vor der Bundesrepublik Deutschland, Großbritannien, Italien und Spanien.

KUNSTSTOFFE

Ab Ende des 19. Jh. war man in der Lage, das zu produzieren, was später als ›Plastik‹ bezeichnet wurde. Plastik ist ein Sammelbegriff für viele Produkte, die alle mehrere Substanzen, darunter ein Makromolekül, miteinander verbinden. Grundstoff für die meisten Kunststoffe sind Kohlenwasserstoffe; mindestens 10 % der Erdöl- und Erdgasproduktion werden für ihre Herstellung verwendet.

Die gebräuchlichsten Kunststoffe sind das Polyvinylchlorid, das Polyäthylen, Polypropylen und Polystyrol. Die Kunststoffe weisen sehr unterschiedliche Eigenschaften und Verwendungszwecke auf; zum Beispiel Fenster, Rohre, Kanister, Flaschen, Isolierungen, chemische Apparate, Injektionsspritzen, Möbel, Büroartikel, Haushaltsgeräte, Unterhaltungselektronik, Armaturenbretter in Autos.

Der Aufschwung der Produktion läßt sich nicht verkennen. Die USA, die Bundesrepublik Deutschland und Frankreich haben ihre Produktion seit Beginn der 70er Jahre verdoppelt, die UdSSR hat sie sogar verdreifacht. Insgesamt führt die EG weltweit. Problematisch ist allerdings die Entsorgung und Wiederverwertung von Kunststoffen.

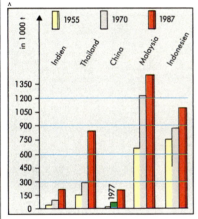

A · Produktion von Naturkautschuk.

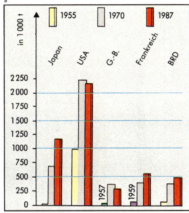

B · Produktion von Synthetikkautschuk.

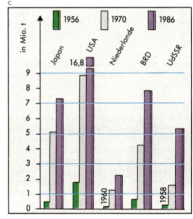

C · Produktion von Kunststoffen.

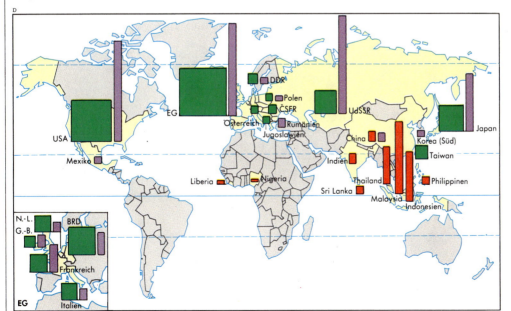

D · **Kautschuk und Kunststoffe.**

Man erkennt, daß Asien quasi das Monopol bei der Produktion von Naturkautschuk hat. Weiter sieht man die klare Übermacht der Industrieländer bei Synthetikkautschuk und Kunststoffen.

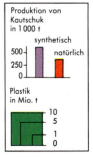

WELTWIRTSCHAFT

EINIGE WEITERVERARBEITENDE INDUSTRIEN

FAHRZEUGBAU

Die ersten Versuche im Automobilbau wurden mit Dampfmotoren unternommen. Man mußte jedoch bis zur Entwicklung der Verbrennungsmotoren (›Ottomotor‹) im letzten Drittel des vorigen Jahrhunderts warten, bis die Fahrzeuge, wie wir sie heute kennen, konstruiert werden konnten: 1885/86 bauten unabhängig voneinander C. Benz und G. Daimler die ersten dreirädrigen bzw. vierrädrigen Kraftwagen. 1900/1901 schufen G. Daimler und sein Konstrukteur W. Maybach das erste moderne Automobil, mit dem sich der Kraftwagen in Form und Technik zunehmend von der Kutsche entfernte (›Mercedes‹).

Um 1910 siedelt sich die Automobilindustrie unter dem Einfluß von H. Ford in den USA an, in Europa vor allem in Frankreich und Deutschland. 1913 begann H. Ford mit der Fließbandfertigung (›Modell T‹); das Auto wird in den USA zur Massenware. Seit Anfang der 60er Jahre konzentriert sich die Produktion immer mehr auf eine kleine Anzahl von Herstellern: General Motors, Ford und Chrysler in den USA, Mitsubishi, Toyota, Nissan-Datsun und Honda in Japan, Fiat, Volkswagen, Mercedes-Benz, BMW, Volvo, Renault und Peugeot in Europa.

Die derzeit wichtigsten Verbesserungen bei den Personen- und Nutzfahrzeugen betreffen die Sicherheit, die Treibstoffeinsparung und die Verringerung der Schädlichkeit der Abgase (Katalysator, Rußfilter).

Produktion. In der Industrie hat sich die automatische Produktion seit etwa 20 Jahren durchgesetzt. Die Automobilindustrie wurde in ihren Anfängen von den USA beherrscht (Anteil an der Weltproduktion 1950: 75%; 1988: 23%), die heute hinter Japan (26%) an zweiter Stelle stehen, dessen Produktion die der USA 1986 überholte. Japan steht bei den Nutzfahrzeugen seit langem an führender Stelle. Die zehn größten Hersteller der Welt (an zehnter Stelle steht Belgien, wo lediglich Autos aus importierten Teilen montiert werden) liefern mehr als 90% der gesamten Weltproduktion. Bei den kleinen Herstellern hat Südkorea seine Produktion von Personenkraftwagen seit 1980 vervierfacht, während Brasilien, Argentinien und, in geringerem Maße, auch Polen und Mexiko deutliche Produktionsrückgänge hinnehmen mußten.

Westeuropa (das man hier mit Ausnahme von Schweden praktisch mit der Europäischen Gemeinschaft gleichsetzen kann) ist der führende Automobilhersteller der Welt. Hinter der Bundesrepublik Deutschland (Anteil an der Weltproduktion 9,2%) und Frankreich (7,5%) kommen drei mittelgroße Hersteller: Italien, Spanien und Großbritannien, die zwischen 1,5 und 2 Millionen Fahrzeuge liefern und unterschiedliche Entwicklungen verzeichnen. Die spanische Produktion ist deutlich gestiegen, während Großbritannien (wo dies erst langsam gemeistert wird) deutlich weniger als zu Beginn der 70er Jahre produziert. In Westeuropa ist die Produktion von Personenkraftwagen vorherrschend (mehr als 90% der Produktion in der Bundesrepublik Deutschland, mehr als 80% in Frankreich).

Die Kraftfahrzeugindustrie ist Anfang der 90er Jahre durch starke internationale Konzentration und Konkurrenz, aber auch durch Kooperation in Teilbereichen und Diversifikation gekennzeichnet. Die Strategien richten sich zum Beispiel in andere Produktionsbereiche (vor allem Spitzentechnologien wie die Luft- und Raumfahrtindustrie) und Dienstleistungsbereiche (zum Beispiel Absatzfinanzierung, Leasingunternehmen), im wesentlichen durch Übernahme anderer Unternehmen.

EISENBAHNBAU

Die erste Fabrik zur Herstellung von Dampflokomotiven wurde 1823 in Newcastle eröffnet. Es waren auch britische Lokomotiven, die zuerst nach Deutschland importiert und dort verbessert wurden. Die wichtigsten Modelle der Dampflokomotive kamen aus Großbritannien (zuerst mit Kohle, dann mit Anthrazit geheizt), Frankreich, Deutschland und Amerika (wo bis 1880 Holz verwendet wurde). Ihre zu hohen Herstellungskosten haben dazu geführt, daß sie, von einigen Ausnahmen wie China abgesehen, durch Diesel- oder elektrische Lokomotiven ersetzt wurden. Vor dem Zweiten Weltkrieg waren nur wenige Lokomotiven mit Dieselmotoren ausgerüstet. Der große Aufschwung der Dieseltechnologie kam erst später: Heute ist die Diesellokomotive in den USA und den Entwicklungsländern am meisten verwendete Zugmaschine. Die elektrischen Lokomotiven unterschieden sich anfangs nicht von den Straßenbahnen; ihre Weiterentwicklungen und die Forschung im Bereich der Turbomotoren haben Entwicklungen wie den französischen Hochgeschwindigkeitszug (TGV) erlaubt, der seit 1980 in Betrieb ist. In Westeuropa werden vor allem elektrische Lokomotiven verwendet.

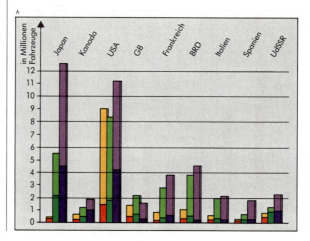

A · **Die großen Automobilhersteller.** Japan und die Vereinigten Staaten sind hier führend und praktisch gleichauf, die Entwicklung ihrer Produktionen war jedoch sehr unterschiedlich.

B · **Geographie der Automobilherstellung.** Drei Einheiten lassen sich erkennen: die Europäische Gemeinschaft, Japan und die USA (klare Dominanz der Personenkraftwagen in der EG, Anteil der Nutzfahrzeuge in Japan und den USA zwischen 30 und 40%).

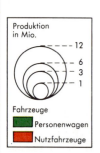

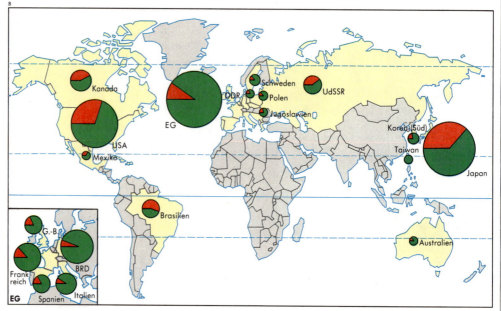

WELTWIRTSCHAFT

SCHIFFBAU

Nach dem Ende des Zweiten Weltkrieges erlebte der Schiffbau bis zum bisherigen Höchststand 1974 mit 34,6 Millionen Bruttoregistertonnen (BRT) ein stetiges Wachstum, vor allem auch mit dem Bau von Großtankern für den Erdöltransport. Dann kam ein kontinuierlicher Rückgang (der Tiefststand wurde 1979 mit 11,5 Millionen BRT erreicht); die derzeitigen Zahlen liegen bei knapp 13 Millionen BRT pro Jahr. Gleichzeitig veränderte sich die Geographie der großen Werften zum Nachteil der europäischen Schiffbauer (Norwegen, Schweden, Großbritannien, Bundesrepublik Deutschland, Niederlande und Frankreich). Die Länder der Europäischen Gemeinschaft, die 1960 noch 55 % des Schiffbaus stellten, lieferten 1974 27 % und 1988 nur noch knapp 10 %. Umgekehrt stieg der Anteil Japans im gleichen Zeitraum von 21 % auf 47 %. Doch auch Japan beherrscht diese Industrie heute nicht mehr so klar wie in den 70er Jahren. Das südostasiatische Schwellenland Südkorea erstellte in den vergangenen Jahren zwischen 20 und 30 % der weltweit produzierten Tonnage. Führend in der Europäischen Gemeinschaft ist 1989 die Bundesrepublik Deutschland vor Dänemark, Spanien und Italien.

LUFTFAHRT UND RAUMFAHRT

Unter diesen Bereich fallen die Planungen und der Bau in der zivilen Luftfahrt (Verkehrs- und Privatflugzeuge), von Militärmaschinen sowie von Helikoptern, Raketen und Satelliten. Diese Spitzenindustrie, die für die politische und wirtschaftliche Unabhängigkeit eines Staates als unabdingbar angesehen wird, verlangt hochqualifizierte Arbeitskräfte und die Wahrung eines hohen Forschungsstandes, dessen Auswirkungen sich auf vielen Gebieten bemerkbar machen. Die Investitionen sind sehr hoch und haben zu Zusammenschlüssen von Staaten geführt (z. B. *Airbus Industries* in Europa).

Entwicklung. Bis zum Zweiten Weltkrieg war der Flugzeugbau nur von zweitrangiger Bedeutung, wobei um 1920 das Metall den Platz von Tuch und Holz eingenommen hatte. Zwischen den Weltkriegen haben Wettflüge die aerodynamische Forschung angeregt. Doch erst die Verwendung von Strahltriebwerken ermöglichte, vor allem bei der Geschwindigkeit, eine beachtliche Entwicklung. Heute konzentriert sich die Forschung auf die Bereiche Geschwindigkeit (bis zu Mach 5), Verbesserung des Innenkomforts sowie Verringerung von Lärm und Treibstoffverbrauch. Die Helikopter werden immer schneller und leistungsfähiger und finden immer stärker Verwendung.

Große Hersteller. Hier führen die USA mit drei großen Unternehmen: Boeing, McDonnell Douglas und Lockheed; die wichtigsten Niederlassungen dieser Firmen befinden sich in Seattle (Staat Washington), Kalifornien (Los Angeles, San Diego), Texas und Midwest (Wichita, Saint Louis). Die sowjetische Industrie kommt an zweiter Stelle: Umgebung von Moskau, Städte an der Wolga, im Ural und in der Ukraine.

In Europa haben einige Länder wie Frankreich, die Bundesrepublik Deutschland und Italien eine bedeutende Luftfahrttradition. An derem vorläufigen Ende stand in der Bundesrepublik Deutschland 1989 die Gründung der Deutschen Aerospace AG als Unternehmensbereich der Daimler Benz AG (nachdem Daimler Benz zuvor schon unter anderem die Messerschmidt-Bölkow-Blohm GmbH (MBB) übernommen hatte). Um gegen Mitbewerber konkurrenzfähig zu bleiben, arbeiten manche Länder zusammen, zum Beispiel im Bereich der Verkehrsflugzeuge: Der *Airbus* ist das Werk von fünf EG-Ländern (Frankreich, Bundesrepublik Deutschland, Großbritannien, Spanien und die Niederlande).

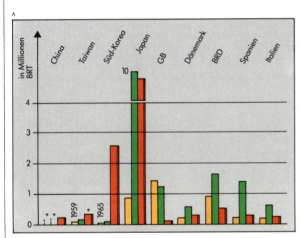

A · **Die großen Produzenten.**

Der Aufschwung der asiatischen Länder und der Rückgang in Europa werden deutlich.

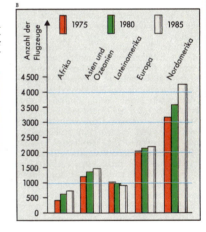

B · **Weltweite Entwicklung des Flugzeugparks.**

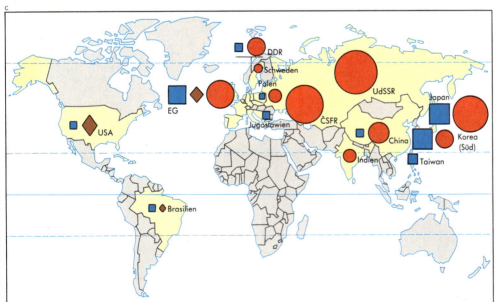

C · **Transportmittel.**

Ostasien (China, Japan und Südkorea) erscheint wie ein Block, der gewissermaßen das Gegengewicht zur Europäischen Gemeinschaft bildet.

631

WELTWIRTSCHAFT

VERKEHR

STRASSENVERKEHR

Dichte und Qualität des Straßennetzes sind in den einzelnen Ländern sehr unterschiedlich. In den Industrienationen bestehen dichte Straßennetze mit zahlreichen Autobahnverbindungen. In den Entwicklungsländern ist ein Großteil der Straßen nicht ausgebaut.

Autobahnen wurden in den Industrienationen in manchen Fällen (Italien, Deutschland) schon vor dem Zweiten Weltkrieg gebaut. Diese kreuzungsfreie Straßenform mit je zwei Spuren in einer Richtung sowie mit Auf- und Abfahrtsstellen ermöglicht einen dichten Verkehrsfluß (3 000 bis 6 000 Fahrzeuge pro Stunde) mit größerer Sicherheit als auf normalen Straßen, wobei die gefahrenen Geschwindigkeiten hoch und gleichmäßig sind. Der letztgenannte Faktor erlaubt Zeit- und Kraftstoffeinsparungen von 10 bis 15 %.

In Europa beträgt die Länge des Autobahnnetzes etwa 29 000 km (in den USA etwa 80 000 km), die Bundesrepublik Deutschland führt mit 8 620 km, gefolgt von Frankreich (6 265 km) und Italien (6 005 km). Japan verfügt über 3 640 km Autobahnen.

Fahrzeuge. Die Anzahl der Personen- und Nutzfahrzeuge hat seit 30 Jahren erheblich zugenommen: Die Zahl der Personenkraftwagen stieg von 88 Millionen im Jahre 1960 auf schätzungsweise 415 Millionen Ende 1989; die Zahl der Nutzfahrzeuge hat von knapp 20 Millionen auf 125 Millionen zugenommen.

In der Europäischen Gemeinschaft sind rund 116 Millionen Personenkraftwagen und rund 15 Millionen Nutzfahrzeuge im Verkehr. Der Bestand an Personenkraftwagen liegt in der Bundesrepublik Deutschland (26,2 Millionen), Italien (24,3 Millionen) und Frankreich (22,5 Millionen) jeweils über 20 Millionen; es folgen Großbritannien (18,4 Millionen) und Spanien (10,8 Millionen). In den USA wurden 135,3 Millionen, in Japan 30,8 Millionen Personenkraftwagen gezählt. In den hochindustrialisierten Ländern wie den USA, der Bundesrepublik Deutschland, der Schweiz und Australien entfällt ein Personenkraftwagen auf zwei bis drei Einwohner. Einige Länder Europas sind jedoch hiervon noch weit entfernt: In Portugal und Jugoslawien kommt ein Fahrzeug auf acht Einwohner; manche Länder sind noch viel schlechter ausgestattet: in Brasilien entfällt ein Personenkraftwagen auf zehn Bewohner, einer auf 20 Einwohner in der UdSSR, einer auf 65 in Ägypten, einer auf 500 in Indien und einer auf 9 550 Personen in China.

Länge des Straßennetzes in den EG-Ländern 1988 (in 1 000 km)

Land	Autobahnen	Haupt- oder Nationalstraßen	andere Straßen	gesamt
BR Deutschland	9	31	455	495
Belgien	2	13	114	129
Dänemark	1	4	66	71
Frankreich	7	29	770	806
Griechenland	0	9	98	107
Großbritannien	3	12	337	352
Irland	0	5	87	92
Italien	6	46	250	302
Luxemburg	0	1	4	5
Niederlande	2	2	112	116
Portugal	0	19	33	52
Spanien	2	18	297	317
insgesamt	32	189	2 623	2 844

Straßennetz, nach Verwaltungskategorien aufgeschlüsselt.

Das Autobahnnetz in Europa. Westeuropa ist, weltweit gesehen, außergewöhnlich gut mit Autobahnen und mit autobahnähnlichen Fernstraßen ausgestattet. Allein in der Europäischen Gemeinschaft macht das reine Autobahnnetz mehr als 30 000 km aus. Seine Verteilung zeigt gleichermaßen den Entwicklungsstand und die deutlichen Ungleichmäßigkeiten zwischen den einzelnen Ländern, die unter anderem mit Bevölkerungsdichte und Urbanisierung zusammenhängen.

Eine extreme Dichte an Autobahnen und Fernstraßen findet sich in den Beneluxländern. Italien und die Bundesrepublik Deutschland besitzen ein relativ ausgeglichenes Netz (was auch mit der Verteilung der Großstädte zusammenhängt). Die Geographie der autobahnähnlichen Straßen zeigt in Frankreich klar die zentrale Stellung von Paris (im europäischen Vergleich ist jedoch auch das Netz der Verbindungsstraßen gut entwickelt).

Westlich der Linie London-Paris-Marseille läßt sich ein auf diesem Gebiet unterentwickeltes Europa erkennen: Hierunter fallen Irland, Wales, der Westteil von Frankreich sowie die gesamte iberische Halbinsel. Östlich dieser Linie erkennt man in Mitteleuropa und Italien ein relativ dichtes Autobahnnetz.

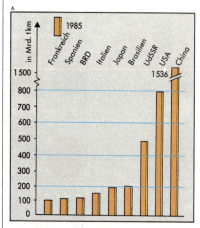

A · **Frachtverkehr per Straße.**

B · **Autobahnen und Fernstraßen.**

WELTWIRTSCHAFT

SCHIENENVERKEHR

Die Entwicklung der Eisenbahn begann anfangs des 19. Jahrhunderts mit der Erfindung der Dampfmaschine.

Die von G. Stephenson gebaute Lokomotive ›Locomotive No. 1‹ wurde 1825 bei der ersten öffentlichen Dampfeisenbahnverbindung (zunächst nur für Güter) zwischen Stockton und Darlington eingesetzt. Mit der ersten Personendampfeisenbahn, die seit 1830 zwischen Liverpool und Manchester verkehrte, begann das Zeitalter des Eisenbahnverkehrs. Die erste Dampfeisenbahn Deutschlands (mit der Stephenson-Lokomotive ›Adler‹) befuhr die am 7. Dezember 1835 eröffnete Strecke von Nürnberg nach Fürth. Der Höhepunkt des Eisenbahnbaus lag in Deutschland im Zeitraum 1870 bis 1910.

Streckennetz. 1850 gab es auf der Erde schon 38 055 km Eisenbahnstrecke, davon 23 060 km in Europa. 1876 waren es schon 312 581 km, wovon etwa 12 000 km auf Asien (im wesentlichen Indien) und etwa 150 000 km auf Europa und Amerika entfielen. Derzeit mißt das Schienennetz nach Schätzungen rund 1,2 Millionen km. Die Spurweite beträgt meist 1,435 m. In der UdSSR liegt sie bei 1,524 m, in Spanien und Portugal bei 1,676 m.

Das Netz der schon lange industrialisierten Länder ist dicht und strukturiert; manchmal wurde seine Länge, wie in Frankreich und in der Bundesrepublik Deutschland, aufgrund mangelnder Rentabilität durch Streckenstillegungen verkürzt. Im Wettstreit mit dem Straßenverkehr besitzt die Eisenbahn einen Vorteil bei bestimmten Transporten, so vor allem für die Beförderung von schweren Gütern über lange Strecken. Das spielt in der UdSSR und in Kanada eine Rolle. Für Hochgeschwindigkeitszüge werden in den letzten Jahren allerdings auch vorhandene Strecken ausgebaut bzw. Strecken neu gebaut.

Güterverkehr. Zu den hauptsächlich per Eisenbahn beförderten Gütern zählen geringwertige Wirtschaftsgüter (Massengüter) wie Eisen- und Stahlerzeugnisse, Baumaterialien, Dünger, chemische Erzeugnisse, Erdölprodukte, feste mineralische Brennstoffe und Eisenschrott. Der Güterverkehr ist stark modernisiert worden. Man befördert zunehmend Container oder Lastanhänger auf Waggons, um das Umladen zu erleichtern (kombinierter Verkehr, ›Huckepackverkehr‹). Trotzdem ist in der Bundesrepublik Deutschland der Anteil der Eisenbahn am Güterverkehr seit 1965 von 35 % auf unter 25 % gesunken, während der Anteil des Straßengüterverkehrs von rund 35 % auf über 50 % angestiegen ist.

Personenverkehr. Bis 1925 war die Personenbeförderung quasi ein Monopol der Eisenbahn. Dann verlagerte sich der Personenverkehr zunehmend auf Personenkraftwagen und nach dem Zweiten Weltkrieg auch auf das Flugzeug. Verbesserungen beim Personentransport werden heute im Bereich der Schnelligkeit erzielt, wobei es die Eisenbahn bei mittleren Strecken mit dem Flugzeug aufnehmen kann. Der Hochgeschwindigkeitszug ›Train à grande vitesse‹ (TGV) in Frankreich, der Intercity Experimental (ICE) in der Bundesrepublik Deutschland, der Shinkansen in Japan und die Züge zwischen New York und Washington fahren schneller als 200 km/h.

Streckenlänge der Eisenbahn in den EG-Ländern 1988 (in km)

Belgien	3 554
BR Deutschland	27 284
Dänemark	2 476
Frankreich	34 563
Griechenland	2 479
Großbritannien	16 599
Irland	1 944
Italien	16 015
Luxemburg	272
Niederlande	2 828
Portugal	3 608
Spanien	12 550
insgesamt	124 172

Die großen Eisenbahnnetze der Welt (in km)

Welt	etwa 1 300 000
USA	250 863
UdSSR	246 400
Kanada	72 546
Indien	61 230
China	51 600
Australien	38 943
Argentinien	36 185
Brasilien	29 207
Japan	27 012

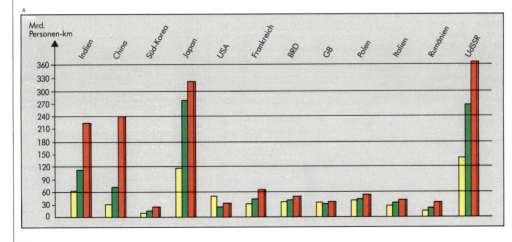

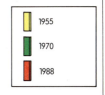

A · Entwicklung des Personenverkehrs.

Der Eisenbahnverkehr zur Personenbeförderung (die Verkehrsleistung wird in Passagierkilometern gemessen) ist seit 1980 um fast 4 % gestiegen. China verzeichnet hier die spektakulärste Entwicklung.

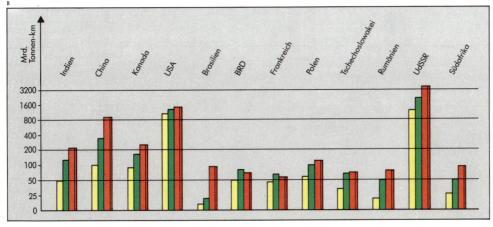

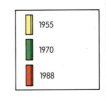

B · Entwicklung des Güterverkehrs.

Die Zunahme des Güterverkehrs gemessen in Tonnenkilometern wurde in den USA und Japan seit Beginn der 80er Jahre gebremst. Im Gegensatz dazu verzeichnen China und Brasilien einen starken Anstieg.

WELTWIRTSCHAFT

VERKEHR

SEEVERKEHR

Der Seeverkehr betrifft im wesentlichen den Transport von Gütern; die Personenbeförderung fällt zum Großteil in den Bereich des Tourismus.

Im internationalen Handel steht der Schiffstransport an erster Stelle. Es handelt sich hierbei um eine relativ billige und energiesparende Beförderungsart, da ein Schiff für den Transport einer Tonne über einen Kilometer nur ein Hundertstel der Energie eines Flugzeuges benötigt. Der Umfang des Seegüterverkehrs hängt eng mit der Entwicklung des Welthandels zusammen. So kam es in den 70er Jahren zu Überkapazitäten in der Welthandelsflotte: Zahl und Transportkapazität der Schiffe waren weitaus höher als der stagnierende und zum Teil zurückgehende Transportbedarf (vor allem sinkender Erdöltransport). Durch Abwrackungen, Ausweitung des Welthandels und Kostensenkungen durch ›Ausflaggen‹ (europäische Reeder lassen Schiffe unter der ›Billigflagge‹ von Entwicklungsländern zu weitaus geringeren Personalkosten fahren) werden in den 80er Jahren die Überkapazitäten abgebaut.

Volumen und Art der verschifften Güter. Die auf dem Meer beförderten Mengen haben nach 1950 konstant zugenommen, wobei sie von etwa 500 Millionen auf 1 Milliarde Tonnen im Jahre 1973 und auf 3,7 Milliarden Tonnen 1979 gestiegen sind. Seitdem ist die beförderte Menge bis 1983 auf 3,1 Milliarden Tonnen gesunken, um dann wieder bis auf 3,9 Milliarden Tonnen 1989 anzusteigen.

Von der Verkehrsleistung in der Hochseeschiffahrt gemessen in Tonnenkilometer entfielen 1989 auf Rohöl 34,6 %, auf Mineralölprodukte 9,2 %, auf Erze und Metalle 12,1 %, auf Kohle 11,0 %, auf Getreide und Futtermittel 6,8 % sowie auf andere Güter 26,3 %. Hohe Wachstumsraten verzeichneten in den vergangenen Jahren vor allem Erze, Kohle und Rohöl. Bei den anderen Gütern ist besonders der Containerverkehr hervorzuheben. Gerade im Transport von Industriegütern, die zunehmend dadurch gekennzeichnet sind, daß die verschiedenen Teile eines Erzeugnisses in weit voneinander entfernten Ländern hergestellt werden, liegt eine neue Ausrichtung der Seeschiffahrt. Bei Getreide hängt die Entwicklung stark von der Nachfrage der Hauptimporteure UdSSR und China ab.

Neben Spezialschiffen (Erdöltanker, Erdgastanker, UBC-Schiffe) werden Schiffe für zwei oder drei spezielle Zwecke immer zahlreicher. Gleiches gilt auch für die Containerschiffe. Bei den Abmessungen dieser Schiffe scheint man jedoch heute an einer Grenze angekommen zu sein.

Neue Möglichkeiten. Der Schiffsverkehr befindet sich gegenwärtig in einer Umstrukturierungs- und Integrationsphase. Die weltumspannenden Strecken, die 1984 eingerichtet wurden, erlauben es, kontinuierlich Containerschiffe verkehren zu lassen, die durch kleinere Schiffe mit den großen Häfen verbunden werden. Der ständig wachsende Lagerungsbedarf wird zunehmend durch Computer gesteuert.

Güterumschlag ausgewählter Länder 1988 (gelöschte Güter in Mio. t)

Japan	666,9
USA	461,4
Italien	199,2
Frankreich	177,0
Großbritannien	159,7
Südkorea	144,2
BR Deutschland	94,2
Brasilien	58,1
Indonesien	40,6
Australien	29,2

Güterumschlag ausgewählter Länder 1988 (geladene Güter in Mio. t)

USA	363,7
Australien	264,1
Brasilien	169,4
Indonesien	147,6
Großbritannien	129,1
Japan	80,7
Frankreich	55,6
Südkorea	54,3
BR Deutschland	44,0
Italien	36,9

Seetransport: gelöschte und geladene Güter.

Die großen Seehäfen der Welt
Güterumschlag 1988 in Millionen Tonnen

Rotterdam	272,8
Kobe	157,9
Chiba	153,4
New Orleans	142,9
Singapur	129,5
Nagoya	109,6
Yokohama	108,6
Houston	99,8
Antwerpen	96,9
Marseille	95,8
Kawasaki	90,4
Tubaruo	82,0
Hongkong	70,5
Hamburg	55,9

Die großen Handelsflotten (1990)

Land	Kapazität in Millionen BRT	Anteil in %
Liberia*	53,5	13,9
Panama*	38,3	9,9
Japan	25,3	6,6
Griechenland	20,6	5,3
UdSSR	19,5	5,1
Norwegen*	19,3	5,0
Zypern*	17,3	4,5
USA	14,0	3,6
China	13,0	3,4
Bahamas*	12,2	3,2
Philippinen	8,4	2,2
Singapur*	7,4	1,9
Welt	385,6	

* überwiegend Billigflaggen.

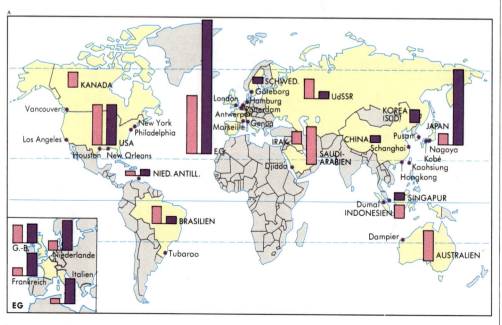

A · **Seetransport und große Häfen.**
Der Großteil des Güterverkehrs zur See wird zwischen einer kleinen Anzahl von Ländern und Regionen abgewickelt. Nur die USA haben gegenüber den großen Exporteuren (Australien, Mittlerer Osten) und den großen Importeuren (Japan, EG) einen ausgeglichenen Handel.

634

WELTWIRTSCHAFT

LUFTVERKEHR

Der Luftverkehr hat sich seit Ende des Zweiten Weltkriegs beträchtlich entwickelt. Die Anzahl der beförderten Personen überstieg im Jahr 1987 erstmals die Milliardengrenze. Dabei entfielen 45 % des Passagieraufkommens auf die amerikanischen Gesellschaften, 32 % auf die europäischen und 14 % auf die asiatischen.

Weltweit gesehen besitzen die Amerikaner eine Vormachtstellung. Sieben der elf Fluggesellschaften, die jährlich mehr als 20 Millionen Passagiere befördern, sind amerikanisch (United Airlines, Delta Air Lines, American Airlines, Eastern Airlines, Northwest Airlines, TWA, US Air). Der Gigant in der internationalen Luftfahrt ist allerdings die sowjetische Gesellschaft Aeroflot, die im Jahr rund 116 Millionen Passagiere befördert und 400 000 Angestellte beschäftigt (sechsmal mehr als die größte amerikanische Gesellschaft). Die größten Gesellschaften in Europa, British Airways und Lufthansa, beschäftigen beide rund 44 000 Angestellte und befördern jährlich 24,6 bzw. 20,4 Millionen Passagiere. Der Inlandsverkehr macht in der Regel etwa 60 % der Tätigkeit der Gesellschaften aus.

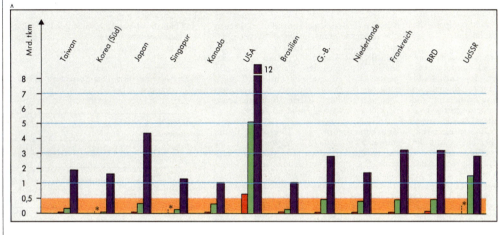

A · Entwicklung der Güterbeförderung.

Seit 1980 läßt sich bei den Lufttransporten ein gewaltiger Anstieg erkennen. Seit 1970 ist in einigen Ländern eine spektakuläre Entwicklung festzustellen, besonders in Taiwan, Südkorea und Singapur.

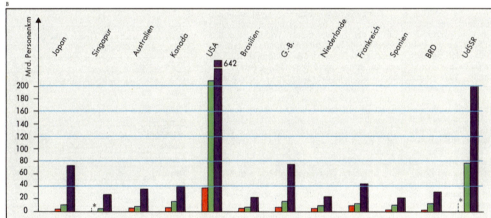

B · Entwicklung der Personenbeförderung.

Die Personenbeförderung per Flugzeug nahm in den 80er Jahren nicht so rasch zu wie im vorangegangenen Jahrzehnt, in dem sich in den USA und der UdSSR die Zahlen verdoppelt sowie in Japan und Großbritannien verdreifacht hatten.

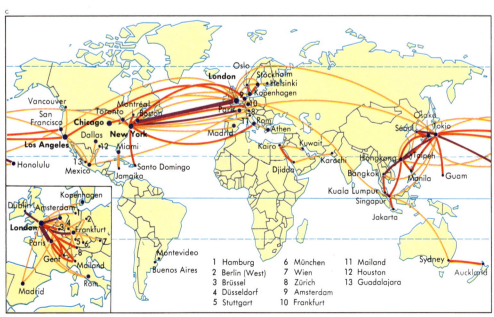

C · Flughäfen und Fluglinien.

Es gibt ungefähr 100 Flughäfen, in denen jährlich mehr als 2 Millionen Passagiere starten und landen (darunter die Flughäfen der EG). Acht der zehn größten Flughäfen der Welt befinden sich in den USA, London steht an fünfter und Tokio-Haneda an sechster Stelle. Bei den Flügen machen die nordatlantischen Fluglinien fast ein Viertel aus.

WELTWIRTSCHAFT

TOURISMUS

ALLGEMEINES

Die Anfänge des Tourismus hängen mit einem veränderten Naturbewußtsein zusammen, das sich im 19. Jahrhundert gebildet hat und sich zuerst in Literatur und Bildern zeigte. In Westeuropa und vor allem in Großbritannien haben sich zu Beginn des 19. Jahrhunderts die ersten touristischen Aktivitäten im heutigen Sinne entwickelt, also Reisen einer großen Anzahl von Personen zu den Seebädern, ins Ausland, in die Alpen, die Mittelgebirge und ans Mittelmeer.

Aufschwung des Tourismus. Die wirtschaftliche Entwicklung und die damit verbundenen Veränderungen des Lebensstils, insbesondere die verbesserten finanziellen Möglichkeiten, das Leben in Städten und die allmähliche Herausbildung des Begriffes ›Freizeit‹, haben immer breitere Bevölkerungsschichten in den Industrieländern dem Tourismus erschlossen. Darüber hinaus trug die Entwicklung der Transportmittel, zuerst der Eisenbahn und des Automobils und dann auch des Flugzeugs, entscheidend zum Massentourismus bei. Dies in einem Maße, daß sich nicht nur die verschiedenen Arten des Tourismus entwickelt und diversifiziert haben. Der Tourismus ist auch ein beachtlicher Wirtschaftssektor: Der Anteil des Tourismus am Weltsozialprodukt wird auf rund 10 bis 15 % geschätzt.

Im Jahr 1905 fand in Frankreich zum ersten Mal eine Tourismusmesse statt. Unter der Schirmherrschaft der UNESCO wurde 1946 in London die internationale Union der offiziellen Tourismusorganisationen zur Förderung des Tourismus gegründet. 1974 wurde sie zur Weltorganisation des Tourismus (WTO) umbenannt.

Von 25 Millionen im Jahre 1950 ist die Anzahl der Touristen, die ins Ausland reisen, auf 285 Millionen 1980 und etwa 400 Millionen im Jahr 1989 angestiegen. Dieser spektakuläre Anstieg darf jedoch die Tatsache nicht verschleiern, daß je nach Entwicklungsstand des Landes größere oder kleinere Teile der Bevölkerung niemals internationale Reisen unternehmen können. Nach Schätzungen der WTO reisen 1989 insgesamt 5 Milliarden Menschen (einschließlich Mehrfachzählungen). Die Ausgaben im innerstaatlichen Tourismus werden auf 1 700 Milliarden US-Dollar geschätzt, die Ausgaben aus dem internationalen Tourismus auf rund 175 Milliarden US-Dollar.

Die ›Tourismusprodukte‹ werden von Privatunternehmen oder, in manchen Ländern, von staatlichen Stellen angeboten. Sie stützen sich auf unterschiedliche Aspekte: Schönheit der Landschaft, Kunstschätze, religiöse Aktivitäten, Therapien, Sport, Sprachen, Kunsthandwerk. Hierbei werden entweder bestehende Infrastrukturen genutzt oder neue geschaffen (zum Beispiel Feriendörfer). In manche Länder kommen so viele Touristen, daß ihre Zahl der der einheimischen Bevölkerung gleichkommt. Das gilt vor allem für gewisse Inseln (die Seychellen, die Malediven oder Santa Lucia). Andererseits wird die Entwicklung des Tourismus in manchen Ländern immer wieder durch innere Unruhen, Kriege oder Naturkatastrophen beeinträchtigt.

Tourismusströme. Die 15 größten Tourismusländer machen 70 % des weltweiten Tourismus aus. Unter den zehn größten Tourismusnationen fehlt von den hochentwickelten Staaten nur Japan. Dieses rangiert erst an 31. Stelle als Reiseland, zugleich reisen jedoch jährlich etwa 1,5 Millionen Japaner in die USA. Unter den zehn führenden Reiseländern befinden sich Österreich (5.) und die Schweiz (10.), die neben dem Sommertourismus auch im Winter sehr gefragt sind.

Die größten Tourismusbewegungen finden zwischen den Industrieländern statt. Über 80 % der Auslandsreisen werden von den westlichen Industrieländern aus unternommen; zwei Drittel der Ausgaben für den Tourismus entfallen auf Westeuropa. Mit weitem Abstand folgen die asiatischen Länder. Malaysia, Singapur, Hongkong, Thailand und Japan empfangen 2 bis 3 Millionen Besucher pro Jahr, Taiwan und Südkorea etwas mehr als 1,4 Millionen und China sowie Indien 1,3 bzw. 1,2 Millionen. Dahinter kommen die Philippinen und Indonesien mit etwa 700 000 Besuchern. 1986 haben die ASEAN-Staaten erstmals die Zehnmillionengrenze überschritten. Im Mittleren Osten nimmt Mekka in Saudi-Arabien jährlich etwa 1 Million Pilger auf.

Lateinamerika steht an zweiter Stelle: Argentinien (1 800 000 Besucher) führt vor Brasilien (1 700 000) und Kolumbien (800 000).

Afrika schließlich folgt an dritter Stelle: Nordafrika ist schon ein beachtliches Tourismusziel (etwa 2 Millionen Touristen in Marokko und Tunesien, 1,5 Millionen in Algerien), gleiches gilt auch für Ägypten (1,5 Millionen Besucher). Kenia zählt etwa 500 000 Touristen.

In Europa wurden 1989 234,5 Millionen Gästeankünfte gezählt und 90 Milliarden US-Dollar eingenommen. Es folgen Amerika mit 66 Millionen Gästeankünften und 31,5 Milliarden US-Dollar und die Region Ostasien und Ozeanien mit 34 Millionen Ankünften und Einnahmen von 18,5 Milliarden US-Dollar. Vergleichsweise wenig entwickelt sind Afrika, der Vordere Orient und Südasien.

Einnahmen* aus dem Tourismus 1988
(in Milliarden US-Dollar)

USA	18,4
Spanien	16,7
Frankreich	13,8
Italien	12,4
Großbritannien	11,0
Österreich	9,9
BR Deutschland	8,4
Schweiz	5,6
Kanada	4,6
Australien	3,5

* Angaben für die OECD-Mitgliedsländer.

Ausgaben* für den Tourismus 1988
(in Milliarden US-Dollar)

BR Deutschland	24,9
USA	23,1
Japan	18,7
Großbritannien	14,6
Frankreich	9,7
Niederlande	6,8
Kanada	6,3
Italien	6,1
Österreich	6,0
Schweiz	5,0
Belgien und Luxemburg	4,4

* Angaben für die OECD-Mitgliedsländer.

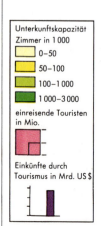

▲ · **Der Tourismus in der Welt.**
Man sieht hier die Vorherrschaft Westeuropas vor den anderen Kontinenten oder Regionen.

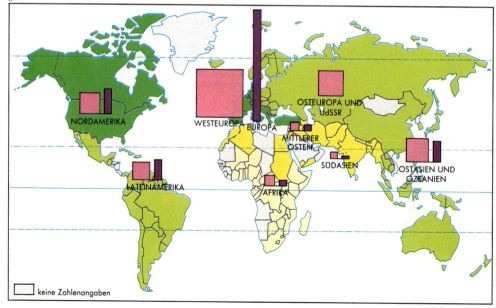

WELTWIRTSCHAFT

TOURISMUS IN UND NACH EUROPA

Europa ist die Wiege des modernen Tourismus und bleibt weltweit die wichtigste Tourismusregion. Die drei meistbesuchten Länder sind Spanien, Frankreich und Italien, in die mehr als ein Drittel der jährlich reisenden Touristen kommen. Spanien und Frankreich werden vor allem von Touristen aus den Nachbarländern besucht: In Spanien kommen die Touristen überwiegend aus Frankreich und Portugal, in Frankreich stammen die Besucher vor allem aus der Bundesrepublik Deutschland und aus Großbritannien. In Italien ist die Situation etwas anders, da neben Deutschen vor allem Amerikaner das Land besuchen. Die Touristen in Österreich und in der Schweiz kommen überwiegend aus der Bundesrepublik Deutschland.

Mit Ausnahme der Vereinigten Staaten (Platz 1) und Kanadas (Platz 9) sind es auch die europäischen Länder, die bei den Erträgen aus dem Tourismus die 15 vorderen Plätze besetzen. Bei den Ausgaben für den Tourismus sind jedoch nur sieben der zehn führenden Länder europäisch, daneben stehen die Vereinigten Staaten auf Platz 1, Japan auf Rang 4 und Kanada an 6. Stelle.

DEUTSCHLAND

Hier betrug 1989 die Zahl der Gästeankünfte in Beherbergungsbetrieben mit mindestens neun Betten 69,6 Millionen. Insgesamt wurden 243,4 Millionen Übernachtungen gezählt, davon 33,6 Millionen von Auslandsgästen, vor allem aus den Niederlanden, den USA, Großbritannien, Italien, Frankreich und der Schweiz. Hinzu kommen noch rund 17,5 Millionen Übernachtungen auf Campingplätzen und 9 Millionen in Jugendherbergen. Die Deviseneinnahmen aus dem Auslandsreiseverkehr beliefen sich 1989 auf 16,3 Milliarden DM. Beliebtestes Fremdenverkehrsland ist Bayern (28,9 % der Übernachtungen) vor Baden-Württemberg (15,7 %) und Nordrhein-Westfalen (13,4 %).

Ankünfte und Übernachtungen im Reiseverkehr nach Gemeindegruppen und Betriebsarten (in 1 000)

	Winterhalbjahr 1988/89 Ankünfte	Winterhalbjahr 1988/89 Übernachtungen	Sommerhalbjahr 1989 Ankünfte	Sommerhalbjahr 1989 Übernachtungen
Insgesamt	26 351,0	86 368,9	42 425,2	155 249,0
Heilbäder	3 605,0	27 295,9	5 848,5	43 853,2
Seebäder	543,4	3 475,6	1 799,2	15 605,2
Luftkurorte	1 904,7	8 952,1	3 629,5	18 735,3
Erholungsorte	1 813,6	6 886,6	3 666,2	15 991,5
Sonstige Gemeinden	18 484,3	39 758,8	27 481,8	61 063,9
Betriebe des Beherbergungsgewerbes	21 699,2	51 088,4	34 552,6	94 387,6
Hotels	13 946,9	29 357,3	21 105,7	47 734,0
Gasthöfe	2 945,2	6 940,2	5 470,3	13 966,3
Pensionen	898,9	4 344,4	1 851,4	11 855,5
Hotels garnis	3 908,2	10 446,5	6 125,2	20 831,8
Erholungsheime, Ferienzentren usw.	4 011,0	17 503,1	7 139,0	40 408,3
Sanatorien, Kurkrankenhäuser	640,8	17 777,4	733,7	20 453,2

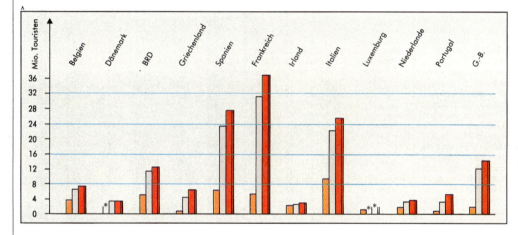

A · **Entwicklung des Tourismus in der EG.**

Die stärkste Entwicklung in diesem Bereich fand zwischen 1950 und 1970 statt. Seit Beginn der 80er Jahre hat nur noch Portugal einen nennenswerten Anstieg der Besucherzahlen zu verzeichnen.

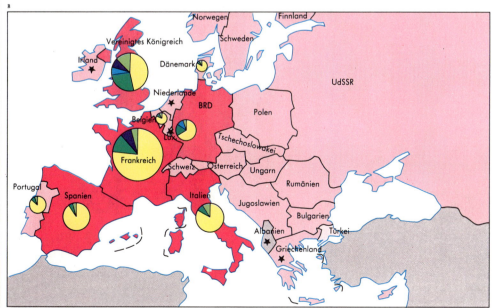

B · **Der Tourismus in den europäischen Ländern.**

WELTWIRTSCHAFT

ERNÄHRUNG UND GESUNDHEIT

Tägliche Nahrungsmittelration. Unter den Kriterien, die den Lebensstandard messen sollen, bleibt die Ernährung ein wichtiger Punkt – vor allem angesichts der Ungleichgewichte auf der Welt. Die Statistiken, die das tägliche Kalorienangebot je Einwohner wiedergeben, werden von der FAO (Organisation für Ernährung und Landwirtschaft) ausgearbeitet. Es handelt sich dabei um Schätzungen und Durchschnittswerte, die nicht die Unterschiede widerspiegeln, die zwischen den verschiedenen Bevölkerungsschichten eines Landes bestehen. Dennoch ist das tägliche Kalorienangebot je Einwohner ein wichtiger Hinweis auf den sozio-ökonomischen Stand eines Landes. Die armen Länder mit wenig entwickelten Wirtschaftsstrukturen weisen eine Ernährung auf, bei der Getreide, Kartoffeln und Maniok vorherrschen (zwischen 50 und 80 %), während ein Merkmal der Industrieländer eine größere Ausgeglichenheit zwischen verschiedenen Nahrungsmitteln ist; ein Großteil des Nahrungsbedarfs wird hier durch Proteine tierischen Ursprungs abgedeckt (Fleisch, Milchprodukte).

Öffentliche Gesundheitsausgaben pro Einwohner. Auch hier ergeben sich bedeutende Ungleichgewichte. Etwa 40 Staaten geben weniger als 5 US-Dollar pro Jahr und Kopf für das öffentliche Gesundheitswesen aus; manche Länder sogar weniger als 1 US-Dollar: Bangladesh (0,9), Indien (0,9), Pakistan (0,6), Moçambique (0,5). Die höchsten Ausgaben finden sich in den Industrieländern: 410 US-Dollar in den USA, 548 in den Niederlanden, 618 in der Bundesrepublik Deutschland, 634 in Frankreich und 757 in Island.

Anzahl der Einwohner pro Arzt. Diese Zahl liegt in den Industrieländern bei 450 (Japan 660, USA 470, Bundesrepublik Deutschland 380, Frankreich 320, Italien 230), übersteigt jedoch 30 000 in manchen der ärmsten Länder (Äthiopien 78 970, Burkina Faso 57 220, Niger 39 730, Tschad 38 360, Moçambique 37 960). Dies zeigt die Kluft, die häufig noch durch die unterschiedliche Pflegeintensität verschärft wird, zum Beispiel aufgrund der Ausbildung der Ärzte und der verfügbaren medizinischen Ausrüstung. Weitere Indikatoren sind die Lebenserwartung, die Säuglingssterbeziffer und die Zahl der in der Krankenpflege Beschäftigten.

Tägliches Kalorienangebot je Einwohner und Anteile einzelner Lebensmittel (in %) in den EG-Ländern

Land	Kalorien	Getreide	Kartoffeln, Maniok	Fleisch, Geflügel	Fisch	Eier, Milch	Obst, Gemüse	Fette, Öle	Sonstiges
Belgien	3 639	19,2	5,5	19,6	0,8	9,9	5,2	20,7	19,1
BR Deutschland	3 351	20,8	4,7	15,2	0,7	10,2	5,6	18,7	24,1
Dänemark	3 548	18,5	4,3	19,5	2,9	11,3	3,4	18,9	21,2
Frankreich	3 529	22,2	4,4	17,7	1,0	11,0	4,8	18,3	20,6
Griechenland	3 668	31,8	3,5	10,8	0,8	9,4	9,5	17,6	16,6
Großbritannien	3 249	21,1	6,3	15,8	0,7	12,0	4,5	18,1	21,5
Irland	3 699	26,0	6,2	15,7	0,7	12,1	5,3	13,8	20,2
Italien	3 688	34,8	2,3	12,0	0,7	8,6	7,3	16,9	17,4
Luxemburg	3 639	19,2	5,5	19,6	0,8	9,9	5,2	20,7	19,1
Niederlande	3 617	17,4	4,6	16,9	0,5	13,5	4,4	21,6	21,1
Portugal	3 204	39,3	6,1	10,5	1,5	4,3	6,8	15,5	16,0
Spanien	3 294	25,9	6,8	13,6	1,6	8,9	8,8	16,3	18,1

Tägliches Kalorienangebot je Einwohner und Anteile einzelner Lebensmittel (in %) in anderen Ländern

Land	Kalorien	Getreide	Kartoffeln, Maniok	Fleisch, Geflügel	Fisch	Eier, Milch	Obst, Gemüse	Fette, Öle	Sonstiges
Ghana	1 769	32,8	36,7	2,2	2,8	0,5	9,8	6,8	8,4
Bangladesh	1 837	85,4	2,0	0,9	0,8	1,4	2,6	2,8	4,1
Moçambique	1 881	34,0	39,5	1,9	0,3	0,9	4,3	10,2	8,9
Mali	1 893	73,5	2,5	4,2	0,8	2,4	2,9	5,5	8,2
Haiti	1 905	40,2	11,4	3,5	0,3	1,5	16,4	3,7	23,0
Laos	1 929	83,4	1,4	5,5	0,6	1,3	4,3	1,1	2,4
Kenia	2 011	52,6	9,1	4,7	0,3	5,3	8,3	5,8	14,4
Indien	2 056	66,5	2,0	0,2	0,2	3,4	9,2	7,4	11,1
Bolivien	2 082	42,1	11,6	8,3	0,3	2,9	8,2	7,8	18,8
Indonesien	2 118	68,4	8,3	0,8	1,0	0,4	2,2	6,2	12,7
Zaire	2 130	14,5	58,4	1,8	0,6	0,2	9,4	7,7	7,4
Honduras	2 135	54,1	0,6	2,3	0,1	4,8	13,0	8,4	16,7
Pakistan	2 180	63,1	0,6	1,8	0,1	5,8	4,6	10,5	13,5
Nigeria	2 378	42,2	25,4	1,9	1,2	1,1	6,3	11,7	10,2
Philippinen	2 405	59,5	7,2	4,5	2,7	1,6	7,6	4,2	12,7
China	2 426	66,4	12,1	7,6	0,4	1,1	4,1	3,6	4,7
Madagaskar	2 491	60,3	17,2	5,6	0,4	0,5	5,9	3,2	6,9
Kolumbien	2 494	33,2	9,6	7,4	0,4	5,3	11,9	7,1	25,1
Malaysia	2 518	51,2	2,7	4,0	3,1	5,2	4,0	10,4	19,4
Brasilien	2 578	38,0	8,4	6,9	0,5	5,2	10,4	8,2	22,4
Marokko	2 606	63,0	1,3	2,6	0,5	2,1	5,0	11,0	14,5
Japan	2 852	43,4	2,5	6,3	6,8	5,6	5,3	11,5	18,6
Iran	2 896	64,1	1,2	3,8	–	2,8	6,4	8,4	13,3
Syrien	3 005	50,4	1,6	4,0	0,1	5,5	11,8	13,1	13,5
Schweden	3 146	20,1	4,7	17,0	2,2	14,8	4,1	16,7	20,4
Ägypten	3 175	64,0	1,5	2,3	0,3	1,7	7,6	11,5	11,1
Argentinien	3 308	29,8	4,5	22,6	0,3	8,3	5,2	9,7	19,6
Kanada	3 340	19,8	4,0	19,7	0,9	11,4	6,3	17,2	20,7
UdSSR	3 360	38,4	6,3	9,3	1,8	9,9	4,3	10,9	19,1
Schweiz	3 449	20,9	2,7	18,6	0,5	13,5	6,0	15,8	22,0
Polen	3 479	35,2	6,8	10,4	1,0	12,6	3,8	13,9	16,3
Neuseeland	3 573	21,3	3,3	19,9	0,4	15,8	5,4	16,0	17,9
USA	3 641	18,2	2,9	20,6	0,6	11,7	5,5	16,6	24,1
Libyen	3 812	40,3	1,5	6,0	0,5	6,6	10,3	20,3	14,5

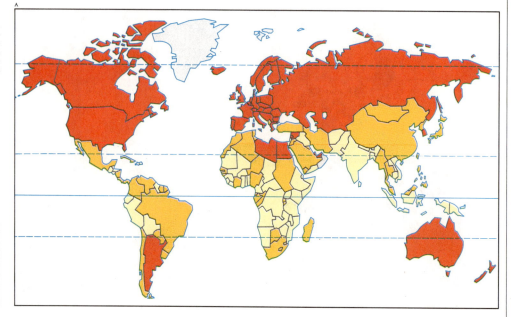

▲ **Geographie der Ernährung.**
Die Karte zeigt die unterernährten Regionen. Ein Großteil dieser Regionen liegt in Afrika und Mittelasien (von Afghanistan bis Indonesien).

cal./Tag/Ew.
- weniger als 2 300
- 2 300–3 000
- mehr als 3 000
- keine Zahlenangaben

WELTWIRTSCHAFT

ERZIEHUNG UND BILDUNG

SCHULBILDUNG

Obwohl ein Vergleich der Schulsysteme nicht einfach ist, ermöglichen es die Statistiken über Schüler- und Lehrerzahlen in Grund- und weiterführenden Schulen, zwischen der schulischen Ausbildung in den einzelnen Ländern Parallelen zu ziehen. Bei beiden Schularten geht es in erster Linie um den prozentualen Anteil der Kinder, die nicht die Schule besuchen. In den Industrieländern, wo die Schulen seit langer Zeit bestehen, kennt man diese Zahlen im allgemeinen; gleiches gilt auch für Länder, die ihr Schulsystem zwar erst kürzlich, jedoch systematisch eingeführt haben. In diesen beiden Fällen ist der Anteil der Schüler relativ hoch: 95 % in Kanada, 97 % in Bulgarien und Kuba, 98 % auf Mauritius und 100 % in Korea und Japan. Für viele Entwicklungsländer gibt es jedoch noch keine oder nur stark veraltete Statistiken. Gibt es Statistiken, so liegen die Zahlen zwischen 40 und 50 % (Senegal, Moçambique, Saudi-Arabien und Haiti), manchmal auch weit darunter: 25 % in Guinea, 16 % in Mali und Somalia.

Die großen Unterschiede in der Auslastung von Grund- und weiterführenden Schulen hängen damit zusammen, daß viele Kinder spätestens nach der Grundschule den Schulbesuch abbrechen, da zum Beispiel die Eltern das Schulgeld nicht (mehr) bezahlen können und die Kinder durch Erwerbsarbeit zum Lebensunterhalt der Familie beitragen müssen. Dieses Phänomen wird in manchen Ländern noch durch ein sehr rasches Bevölkerungswachstum verstärkt, das dazu führt, daß sehr viel mehr Kinder zwischen 6–15 Jahren als zwischen 15–20 Jahren leben.

Die Schulstatistiken sollten keine Illusionen aufkommen lassen. Vor allem dürfen, auch in den Industrieländern, Werte um 100 % nicht verschleiern, daß es auch dort noch etwa 10 % Analphabeten in der Bevölkerung gibt. Analphabetentum trifft auch auf die Personen zu, die zwar die Schule besucht haben, jedoch ihre dort erworbenen Lese-, Schreib- und Rechenfertigkeiten wieder verlernt haben. Diese funktionalen Analphabeten sind nicht in der Lage, angemessen am kulturellen, gesellschaftlichen und politischen Leben teilzunehmen.

Schüler und Lehrer in Grund- und weiterführenden Schulen in den Ländern der EG

	Grundschule			weiterführende Schule		
Land	Anzahl der Schüler	Anzahl der Lehrer	Anzahl der Schüler je Lehrkraft	Anzahl der Schüler	Anzahl der Lehrer	Anzahl der Schüler je Lehrkraft
Belgien	768 207	45 261	17,0	858 625	56 719	15,1
BR Deutschland	4 316 760	304 702	14,2	2 840 000	189 561	15,0
Dänemark	415 148	34 541	12,0	339 835	36 105	9,4
Frankreich	6 652 059	300 575	22,1	5 310 295	321 128	16,5
Griechenland	904 426	36 093	25,1	701 711	36 851	19,0
Großbritannien	4 513 600	205 000	22,0	4 243 600	267 700	15,9
Irland	566 289	20 933	27,0	249 253	14 078	17,7
Italien	3 715 597	230 698	16,1	2 764 635	129 980	21,3
Luxemburg	24 183	1 713	14,1	8 587	3 482	2,5
Niederlande	1 568 265	102 388	15,3	803 782	53 361	15,1
Portugal	1 288 163	74 320	17,3	568 839	36 628	15,5
Spanien	5 640 938	221 071	25,5	1 182 154	73 388	16,1

Schüler und Lehrer in Grund- und weiterführenden Schulen in anderen Ländern

	Grundschule			weiterführende Schule		
Land	Anzahl der Schüler	Anzahl der Lehrer	Anzahl der Schüler je Lehrkraft	Anzahl der Schüler	Anzahl der Lehrer	Anzahl der Schüler je Lehrkraft
China	135 571 000	5 370 000	25,2	45 542 000	2 557 000	17,8
Indien	81 100 000	1 392 000	58,3	40 260 000	1 911 000	21,1
UdSSR	35 800 000	2 430 000*	14,7	4 512 000	–	–
USA	31 220 000	1 436 000	21,7	13 830 000	1 057 000	13,1
Indonesien	25 804 000	926 000	27,9	6 447 000	384 200	16,8
Brasilien	24 821 000	1 022 000	24,3	2 947 000	215 000	13,7
Mexiko	15 219 000	437 400	34,8	4 936 000	230 650	19,1
Nigeria	14 022 000	384 200	36,5	2 024 000	69 000	29,3
Vietnam	11 799 000*	427 000*	27,6*	–	–	–
Japan	11 096 000	461 000	24,1	11 168 000	552 000	20,2
Bangladesh	10 082 000	184 500	54,6	3 154 000	113 600	27,8
Philippinen	8 717 000	272 500	31,8	3 205 000	89 000	33,2
Thailand	7 449 000	333 350	22,3	1 573 000	76 300**	20,6
Pakistan	6 645 000	214 500	31,0	2 303 000	144 000	16,0
Türkei	6 527 000	210 000	31,1	2 101 000	88 100	23,8
Iran	6 343 000	268 600	23,6	2 923 000	168 000	17,4
Ägypten	5 350 000	158 600	33,7	2 437 000	101 100	24,1
Kanada	4 944 000*	270 000*	18,3*	–	–	–
Polen	4 879 000	267 600	18,2	338 000	21 300	15,9
Südkorea	4 857 000	126 800	36,9	4 049 000	109 600	35,5
Birma	4 856 000	104 750	46,4	1 251 000	41 700	30,0
Südafrika	4 723 000	200 000*	23,6	1 539 000	–	–
Argentinien	4 430 000	218 500	20,3	656 500	88 900	7,6
Kenia	4 324 000	117 500	36,8	494 000	19 000	26,0
Kolumbien	4 055 000	132 700	30,6	1 432 000	67 800	21,1
Zaire	3 919 000	–	–	–	–	–

* Die angegebenen Zahlen umfassen Grund- und weiterführende Schulen.
** Bezieht sich nur auf die öffentlichen Schulen.

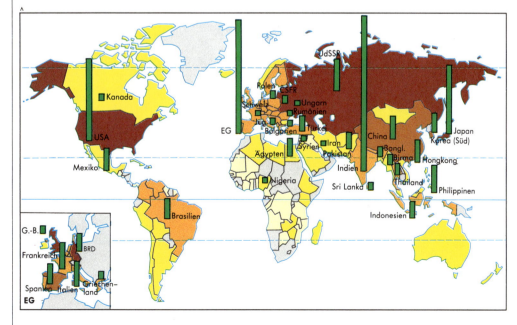

▲ · **Geographie der Bildung.**
Hier kommen mehrere Faktoren zusammen: die Bevölkerungszahl, der wirtschaftliche Entwicklungsstand, die Traditionen. Die Karte beruht auf quantitativen Schätzungen der angegebenen Erzeugnisse.

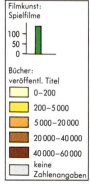

639

WELTWIRTSCHAFT

AUSSTATTUNGSGRAD

Auto, Telefon, Radio und Fernsehen sind seit den 50er Jahren in den meisten Industrieländern zu Massenkonsumartikeln geworden. Die Ungleichheiten in der Ausstattung mit diesen Kommunikationsmitteln sind jedoch spürbar, auch in den Industrieländern, vor allem aber zwischen Industrieländern und Entwicklungsländern. Die Ausstattungsgrade mit Telekommunikationsmitteln, Fahrzeugen, Haushaltsgeräten und Geräten der Unterhaltungselektronik werden oft als Indikatoren für den (quantitativen) Lebensstandard herangezogen.

Man sieht hier die herausragende Stellung, die die Länder der Europäischen Gemeinschaft einnehmen. Allerdings finden sich auch Unterschiede innerhalb dieser Einheit, die in etwa den Unterschieden des Bruttoinlandproduktes pro Kopf entsprechen. In der EG gibt es auch häufig ein Nord-Süd-Gefälle. Auf Portugal trifft das in allen Fällen, auf Spanien und Griechenland in manchen, auf Italien in wenigen Fällen zu; diese Länder haben den geringsten Ausrüstungsgrad. Weltweit betrachtet, ist die Lage der Vereinigten Staaten nicht erstaunlich. Bei Radiogeräten sind manche Zahlenangaben vielleicht überraschend: Dabei ist aber zu bedenken, daß das Radio oft ein nicht vorhandenes Fernsehgerät ersetzt (wie das bei vielen isolierten Inselstaaten der Fall ist).

Anzahl der Fernsehgeräte auf 1000 Einwohner in den EG-Ländern 1983

Belgien	303	Irland	249
BR Deutschland	360	Italien	404
Dänemark	369	Luxemburg	256
Frankreich	375	Niederlande	450
Griechenland	178	Portugal	153
Großbritannien	479	Spanien	258

Anzahl der Fernsehgeräte auf 1000 Einwohner in anderen Ländern der Erde 1983

Europa		Südafrika	75
Bulgarien	189	Sudan	49
ČSFR	280	Tunesien	54
Finnland	432	**Amerika**	
Jugoslawien	211	Argentinien	199
Norwegen	319	Brasilien	127
Österreich	311	Guatemala	26
Polen	234	Kanada	481
Rumänien	173	Kuba	168
Schweden	390	Mexiko	108
Schweiz	378	Nicaragua	67
Sowjetunion	308	Peru	51
Ungarn	371	Venezuela	128
		USA	790
Afrika		**Asien und Australien**	
Ägypten	44	Birma	0,2
Algerien	65	Indien	4
Äthiopien	1	Israel	256
Gabun	18	Japan	258
Ghana	6	Südkorea	175
Kenia	4	Pakistan	12
Libyen	66	Taiwan	275
Marokko	39	Thailand	17
Nigeria	5	Australien	429
Senegal	1	Neuseeland	283
Simbabwe	12		

Anzahl der Telefonanschlüsse auf 1000 Einwohner in den EG-Ländern 1987

Belgien	327	Irland	252
BR Deutschland	438	Italien	319
Dänemark	513	Luxemburg	430
Frankreich	426	Niederlande	414
Griechenland	330	Portugal	147
Großbritannien	393	Spanien	253

Anzahl der Telefonanschlüsse auf 1000 Einwohner in anderen Ländern 1987

Monaco	1285	Singapur	399
Liechtenstein	820	Österreich	373
Schweden	642	Neuseeland	337
Japan	533	Malta	303
Schweiz	520	UdSSR	94
Kanada	512	Ungarn	73
USA	506	Polen	70
Finnland	462	Birma	1,4
Norwegen	439	Mali	1,2
Australien	427	Somalia	1,1
Hongkong	422	Bhutan	0,9

Ausstattung privater Haushalte in der BR Deutschland mit technischen Gebrauchsgütern 1989 (in %)

Pkw	96,4	Fotoapparat	98,7
Fahrrad	95,7	Videokamera	4,6
Telefon	98,7	Schreibmaschine	70,7
Fernsehgerät	98,5	Kühlschrank	80,6
Videorecorder	49,0	Geschirrspüler	52,6
Radiogerät	76,3	Mikrowellenherd	27,0
Plattenspieler	40,1	Waschmaschine	96,9
CD-Player	7,9	Wäschetrockner	33,4
Stereoanlage	67,1	Staubsauger	98,5
Heimcomputer	25,8	Nähmaschine	77,3

Anzahl der Radiogeräte auf 1000 Einwohner in den EG-Ländern 1983

Belgien	468	Irland	456
BR Deutschland	401	Italien	250
Dänemark	392	Luxemburg	644
Frankreich	860	Niederlande	793
Griechenland	406	Portugal	171
Großbritannien	993	Spanien	285

Anzahl der Radiogeräte auf 1000 Einwohner in anderen Ländern der Erde 1983

Europa		Simbabwe	45
Bulgarien	230	Sudan	246
Finnland	987	Südafrika	286
Island	586	Tunesien	163
Jugoslawien	238	**Amerika**	
Norwegen	775	Argentinien	540
Österreich	530	Brasilien	386
Polen	247	Guatemala	43
Rumänien	143	Kanada	821
Schweden	858	Mexiko	173
Schweiz	364	Nicaragua	278
Sowjetunion	514	Peru	166
Ungarn	540	Venezuela	415
		USA	2045
Afrika		**Asien und Australien**	
Ägypten	174	China	68
Äthiopien	89	Indien	55
Algerien	215	Israel	270
Djibouti	58	Japan	713
Gabun	90	Südkorea	451
Ghana	173	Pakistan	78
Kenia	34	Papua-Neuguinea	67
Libyen	223	Thailand	149
Marokko	163	Australien	1301
Nigeria	79	Neuseeland	890
Ruanda	53		

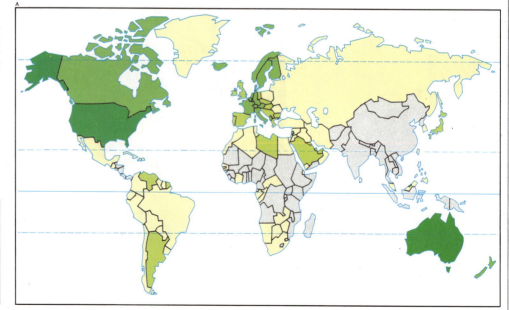

▲ · **Geographie der Kraftfahrzeugdichte.**
Die Kraftfahrzeugdichte, gemessen in Personenkraftwagen je 100 Einwohner, zeigt deutlich die Vorherrschaft der Industriestaaten.

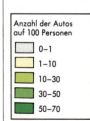

Anzahl der Autos auf 100 Personen
- 0–1
- 1–10
- 10–30
- 30–50
- 50–70

9

INTERNATIONALE ORGANISATIONEN

Obwohl die Idee, internationale Organisationen zu gründen, schon sehr alt ist, haben sich diese erst
im 20. Jahrhundert so richtig entfaltet und entwickelt. Wenn man die nichtstaatlichen Organisationen hinzunimmt,
ist ihre Zahl heute so groß, daß die Schätzungen weit auseinandergehen:
Je nach Quelle zählt man zwischen 10 000 und 30 000 Organisationen.
Das vorliegende Kapitel stellt einige von ihnen vor. Die eigentlichen internationalen Organisationen,
die sich zu gemeinsamem Handeln und zur Stärkung ihrer Solidarität zusammenschließen,
sind in zwei Kategorien unterteilt: zum einen die *weltweiten* Organisationen,
denen im allgemeinen alle Staaten beitreten können, wenn sie gewisse Grundbedingungen erfüllen
(Paradebeispiel hierfür ist die UNO);
zum anderen die *begrenzten* Organisationen, die für den Beitritt geographische Kriterien anführen
und deshalb auch ›regionale Organisationen‹ genannt werden (die wichtigtse Vertreterin
einer solchen Organisation in Europa ist die EG). Neben diesen von Staaten gegründeten Institutionen
gibt es immer mehr neue Organisationen, die durch Privatinitiative entstehen:
Es handelt sich hier um die internationalen *privaten* oder *nichtstaatlichen* Organisationen.
In der Öffentlichkeit spielen sie je nach Zielsetzung und Umfeld sehr unterschiedliche Rollen.

INHALT

UNO
GESCHICHTE *642*
ZIELE, GRUNDSÄTZE,
HAUPTORGANE *644*
DIE GENERALSEKRETÄRE
DER UNO *646*
HAUSHALT, MENSCHENRECHTE *647*
SONDERORGANE *649*
HILFSORGANE *651*

**ANDERE WELTWEITE
ORGANISATIONEN**
ORGANISATIONEN MIT
BESCHRÄNKTER ZUSTÄNDIGKEIT,
INTERNATIONALE GERICHTE *653*

DIE EUROPÄISCHE GEMEINSCHAFT
GESCHICHTE *654*
WICHTIGSTE ORGANE *656*
ANDERE ORGANE, HAUSHALT *658*
DIE GEMEINSAME AGRARPOLITIK,
DAS EUROPÄISCHE
WÄHRUNGSSYSTEM *659*

**ANDERE EUROPÄISCHE
ORGANISATIONEN**
POLITIK UND WIRTSCHAFT,
WISSENSCHAFT *660*
MILITÄRISCHER BEREICH *661*

**WEITERE REGIONALE
ORGANISATIONEN**
AMERIKA, AFRIKA *663*
ARABISCHE LÄNDER *664*
ASIEN UND PAZIFIK *665*
INTERKONTINENTALE
ORGANISATIONEN *666*

PRIVATE ORGANISATIONEN
HUMANITÄRE ORGANISATIONEN *667*
PAZIFISTISCHE ORGANISATIONEN *669*
ORGANISATIONEN FÜR
NATURSCHUTZ, RELIGIÖSE
ORGANISATIONEN *670*
VERSCHIEDENE ORGANISATIONEN *671*

Redaktion und Texte
Danielle Saffar-Nakache, Redaktionssekretärin (Recht und Information);
Nadeije Laneyrie-Dagen, Redaktionssekretärin (Geschichte);
Michèle Beaucourt, Herausgeberin bei Larousse;
Philippe Faverjon, Redaktionssekretär (Militär);
Philippe de la Cotardière, Generalsekretär der Redaktion (Wissenschaft und Technik);
Dominique Saffar, Dozent für Wirtschaftswissenschaften.

INTERNATIONALE ORGANISATIONEN

UNO

GESCHICHTE

Die UNO ist die größte weltumspannende Organisation und steht allen Staaten aus allen Teilen der Welt offen. Sie ist jedoch nicht die erste ihrer Art: Ende des Ersten Weltkrieges wurde der Völkerbund in der Hoffnung gegründet, daß man die internationalen Beziehungen unter den Schutz des Rechts stellen könnte und daß somit Kontrollmechanismen entwickelt und gewaltsame Streitigkeiten zwischen den Staaten abgeschafft werden könnten.

Das Scheitern des Völkerbundes bei der Friedenssicherung und der Austritt zahlreicher Staaten haben nicht verhindert, daß die Staaten, die im Zweiten Weltkrieg gegen Deutschland kämpften, die Idee einer weltweiten internationalen Organisation wieder aufnahmen. Diese sollte über allgemeine Kompetenz verfügen und gewalttätige Auseinandersetzungen vermeiden helfen. So wurden 1945 die Vereinten Nationen (englisch: United Nations Organization, abgekürzt UNO oder UN) gegründet, die (1990) 158 Mitgliedsstaaten zählen und ihren Sitz in New York haben.

Daten zur Geschichte der UNO:

14. August 1941: *Atlantik-Charta*. F. D. Roosevelt und W. Churchill proklamieren die Grundsätze ihrer Sicherheitspolitik.

1. Januar 1942: *Erklärung der Vereinten Nationen*. In Washington gebraucht der Präsident der USA, Roosevelt, zum ersten Mal den Begriff der ›Vereinten Nationen‹ in einer Erklärung, der sich 26 Staaten anschließen, um gegen die Achsenmächte Krieg zu führen.

30. Oktober 1943: *Moskauer Erklärung*. Diese Erklärung, die von britischen, amerikanischen, sowjetischen und chinesischen Vertretern unterzeichnet wurde, bringt die Notwendigkeit zur Schaffung einer ›internationalen Organisation auf der Grundlage der souveränen Gleichstellung aller friedliebenden Staaten‹ mit dem Ziel der Wahrung des Friedens und der internationalen Sicherheit zum Ausdruck.

21. Aug.–7. Okt. 1944: *Vorschlag von Dumbarton Oaks* (in der Nähe von Washington). Eine Kommission von Juristen (aus den USA, Großbritannien, China und der UdSSR) erarbeitet eine Satzung für die geplante Weltorganisation.

4.–11. Februar 1945: *Konferenz von Jalta*. Roosevelt, Stalin und Churchill klären strittige Fragen (Abstimmungsmodus, Vetorecht) und beschließen die Einberufung einer internationalen Gründungskonferenz.

25. April–26. Juni 1945: *Konferenz von San Francisco*. Bei der ›Konferenz der Vereinten Nationen über die internationale Organisation‹, die von den USA, Großbritannien, der UdSSR und China einberufen wird und an der 50 Staaten teilnehmen, wird ein multilaterales Abkommen beschlossen, das am 26. Juni 1945 unterzeichnet wird: *die Charta der Organisation der Vereinten Nationen*.

24. Okt. 1945: Die Charta der *Organisation der Vereinten Nationen* tritt in Kraft. Ratifizierung der Urkunde durch China, die USA, Frankreich, Großbritannien, die UdSSR und die Mehrheit der anderen Unterzeichnerstaaten. Jedes Jahr wird am 24. Oktober der ›*Tag der Vereinten Nationen*‹ begangen.

Januar 1946: Erste Sitzungsperiode der Generalversammlung und erstes Zusammentreffen des Sicherheitsrates.

1. Februar 1946: Wahl des ersten Generalsekretärs.

3. April 1946: Einrichtung des Internationalen Gerichtshofes in Den Haag.

1951: New York wird zum Sitz der UNO.

DER BEITRITT ZUR UNO

Die UNO ist eine mit internationaler Rechtspersönlichkeit ausgestattete, organisierte Staatenverbindung. Nur unabhängige und souveräne Staaten können der UNO beitreten. Aufgrund der weltweiten Ausrichtung der UNO steht sie den Staaten, die ihr beitreten möchten, weitgehend offen. Die Charta legt jedoch fest, daß der Beitritt den Staaten vorbehalten ist, die ›friedliebend sind, die Verpflichtungen aus der vorliegenden Charta eingehen und nach Meinung der Organisation fähig und dazu bereit sind, sie zu erfüllen‹. Auf Empfehlung des Sicherheitsrates beschließt die Generalversammlung über die Zulassung neuer Staaten. Ein Staat, der gegen die Charta verstößt, kann ausgeschlossen werden; die Mitgliedschaft kann auch zeitweilig aufgehoben werden. (Seit der Gründung der Organisation wurde diese Klausel noch nie angewendet.) Die Charta sieht nicht den freiwilligen Austritt eines Staates vor (allerdings wurde 1971 die Volksrepublik China als einziger rechtmäßiger Vertreter Chinas anerkannt; Taiwan also faktisch ausgeschlossen). Kein Staat ist verpflichtet, der UNO anzugehören: So sind die Schweiz, Nordkorea, Südkorea, Nauru, Tonga, San Marino, Monaco und Liechtenstein keine Mitglieder der UNO. Sie genießen jedoch einen Beobachterstatus, durch den sie ohne Abstimmungsrecht an den Arbeiten der Organisation teilnehmen können. Neben der Vollmitgliedschaft gibt es auch die Mitgliedschaft in einzelnen UNO-Sonderorganisationen und Hilfsorganen.

Die Mitgliedsstaaten der Vereinten Nationen*

Jahr	Gründungsmitglieder	Jahr	Später aufgenommene Mitglieder
1945	Ägypten, Äthiopien, Argentinien, Australien, Belgien, Bolivien, Brasilien, Chile, China, Costa Rica, Dänemark, Dominikanische Republik, Ecuador, El Salvador, Frankreich, Griechenland, Großbritannien, Guatemala, Haiti, Honduras, Indien, Irak, Iran, Jugoslawien, Kanada, Kolumbien, Kuba, Libanon, Liberia, Luxemburg, Mexiko, Neuseeland, Nicaragua, Niederlande, Norwegen, Panama, Paraguay, Peru, Philippinen, Polen, Republik Südafrika, Saudi-Arabien, Sowjetunion, Syrien, Tschechoslowakei, Türkei, Ukrainische SSR, Uruguay, Venezuela, Vereinigte Staaten von Amerika, Weißrussische SSR	1960	Benin, Elfenbeinküste, Gabun, Kamerun, Kongo, Zaire, Madagaskar, Niger, Burkina Faso, Somalia, Togo, Tschad, Zentralafrikanische Republik, Zypern, Mali, Senegal, Nigeria
		1961	Sierra Leone, Mauretanien, Mongolische Volksrepublik, Tansania
		1962	Ruanda, Burundi, Trinidad und Tobago, Jamaika, Algerien, Uganda
		1963	Kuwait, Kenia
		1964	Malawi, Malta, Sambia
	Später aufgenommene Mitglieder	1965	Gambia, Singapur, Malediven
1946	Afghanistan, Island, Schweden, Thailand	1966	Guyana, Botswana, Lesotho, Barbados
1947	Jemen, Pakistan	1967	Jemen (Demokratische Volksrepublik)
1948	Birma	1968	Mauritius, Swasiland, Äquatorial-Guinea
1949	Israel	1970	Fidschi
1950	Indonesien	1971	Bhutan, Katar, Bahrain, Oman, Vereinigte Arabische Emirate
1955	Albanien, Bulgarien, Sri Lanka, Finnland, Irland, Italien, Jordanien, Kambodscha, Laos, Libyen, Nepal, Österreich, Portugal, Rumänien, Spanien, Ungarn	1973	Deutsche Demokratische Republik, Bundesrepublik Deutschland, Bahamas
		1974	Bangladesh, Grenada, Guinea-Bissau
		1975	Kap Verde, São Tomé und Príncipe, Moçambique, Papua-Neuguinea, Komoren, Surinam
1956	Marokko, Sudan, Tunesien, Japan	1976	Seychellen, Angola, Samoa
1957	Ghana, Malaysia	1977	Dschibuti, Vietnam
1958	Guinea	1978	Salomonen, Dominica
		1979	St. Lucia
		1980	Simbabwe, St. Vincent und die Grenadinen
		1981	Vanuatu, Belize, Antigua und Barbuda
		1983	St. Christopher und Nevis
		1984	Brunei

* Durch die Vereinigung der beiden Jemen sowie durch den Beitritt der Deutschen Demokratischen Republik zur Bundesrepublik Deutschland 1990 ist die Mitgliederzahl wieder gesunken.

INTERNATIONALE ORGANISATIONEN

A · Sitzung des Völkerbundes im Jahre 1931.

Der Völkerbund, der aus dem Versailler Vertrag hervorging (1919) und dessen Sitz sich in Genf befand, ist die erste weltweite internationale und ständige Organisation zur Erhaltung des Friedens gewesen. Die Siegermächte des Ersten Weltkriegs spielten im Völkerbund eine führende Rolle, besonders Frankreich und Großbritannien. Die USA traten ihm nicht bei. Das Unvermögen, der Expansionspolitik Japans, Deutschlands und Italiens entgegenzutreten, minderte sein Ansehen. Japan und Deutschland traten 1933, Italien 1937 aus dem Völkerbund aus.

B · Unterzeichnung der Charta der Vereinten Nationen.

Die Charta von San Francisco, die am 26. Juni 1945 von 52 Staaten unterzeichnet wurde, ist die Gründungsurkunde der Vereinten Nationen. An der Konferenz von San Francisco durften nach Maßgabe der Initiatoren der Weltorganisation (USA, Großbritannien, UdSSR, China) alle Staaten teilnehmen, die Deutschland vor dem 1. 3. 1945 den Krieg erklärt hatten.

C · Das Symbol der Vereinten Nationen.

Es zeigt eine Weltkarte in äquidistanter azimutaler Darstellung, wobei der Nordpol als Mittelpunkt dient. Der stilisierte Lorbeerkranz um die Karte symbolisiert das Friedensstreben aller Mitgliedsstaaten.

D · Sitzungssaal der Generalversammlung der UNO in New York.

Dieser riesige Saal verfügt über Sitze für 626 Vertreter der Staaten, 270 Beobachter, 234 Pressereferenten und 800 Besucher. Bei der Generalversammlung hat jedes Mitgliedsland nur eine Stimme, wobei die Größe der Delegation nicht maßgebend ist. Diese Verfahrensart gründet auf dem Prinzip der Gleichberechtigung der Staaten. Somit hat die Stimme eines Kleinstaates dasselbe Gewicht wie die einer Großmacht. Im Sicherheitsrat allerdings haben die fünf ständigen Mitglieder (USA, UdSSR, Frankreich, Großbritannien, China) ein Vetorecht, können also eine Mehrheitsentscheidung blockieren.

INTERNATIONALE ORGANISATIONEN

UNO

ZIELE, GRUNDSÄTZE

Sie sind in den Artikeln 1 und 2 des ersten Kapitels der Charta aufgeführt, die am 26. Juni 1945 in San Francisco unterzeichnet wurde.

Ziele:
- Erhaltung des Weltfriedens und der internationalen Sicherheit;
- Entwicklung freundschaftlicher Beziehungen zwischen den Nationen;
- Herbeiführung einer internationalen Zusammenarbeit, um die internationalen Probleme wirtschaftlicher, sozialer, kultureller und humanitärer Art zu lösen; Förderung und Festigung der Menschenrechte und Grundfreiheiten.
- Ein Mittelpunkt für die Verwirklichung dieser gemeinsamen Ziele zu sein.

Grundsätze:
- Die Organisation beruht auf dem Prinzip der souveränen Gleichheit aller Mitglieder.
- Alle Mitglieder erfüllen nach Treu und Glauben die ihnen in der Charta auferlegten Verpflichtungen.
- Sie regeln ihre internationalen Streitigkeiten mit friedlichen Mitteln, damit Frieden und internationale Sicherheit sowie Gerechtigkeit nicht gefährdet werden.
- Sie verzichten in ihren internationalen Beziehungen auf Androhung oder Anwendung von Gewalt.
- Sie unterstützen die Organisation bei jeder Maßnahme, die diese im Einklang mit der Charta ergreift; andererseits leisten sie den Staaten, gegen die seitens der Organisation Vorbeugungs- oder Zwangsmaßnahmen verhängt werden, keinen Beistand.
- Die UNO trägt dafür Sorge, daß auch Nichtmitglieder nach diesen Grundsätzen handeln, soweit dies zur Wahrung des Weltfriedens und der internationalen Sicherheit erforderlich ist.
- Nach der Charta haben die Vereinten Nationen grundsätzlich nicht das Recht zum Eingreifen in Angelegenheiten, die ihrem Wesen nach zur inneren Zuständigkeit eines Staates gehören.

HAUPTORGANE

Die Vereinten Nationen besitzen sechs Hauptorgane: die Generalversammlung, den Sicherheitsrat, den Wirtschafts- und Sozialrat, den Treuhandrat, den Internationalen Gerichtshof und das Sekretariat.

Die Generalversammlung (General Assembly).

Zusammensetzung. Als wichtigstes Beratungsorgan setzt sich die Generalversammlung aus allen Mitgliedern der Vereinten Nationen zusammen, die jeweils über eine Stimme verfügen. Bei wichtigen Fragen beschließt sie mit einer Zweidrittelmehrheit der anwesenden und abstimmenden Länder. Zu diesen Fragen gehören die Wahrung des Friedens und der internationalen Sicherheit, Wahl der nicht ständigen Mitglieder des Sicherheitsrates, der Mitglieder des Wirtschafts- und Sozialrates und des Treuhandrates, Beitritt neuer Mitglieder sowie Sperrung und Ausschluß von Mitgliedern, Fragen des Treuhandwesens und des Haushaltes.

Befugnisse. Auf Empfehlung des Sicherheitsrates ernennt die Generalversammlung den Generalsekretär. Die Generalversammlung kann jede Frage oder Angelegenheit, die in den Rahmen der Charta fällt oder die Befugnisse und Aufgaben eines in dieser Charta vorgesehenen Organs betrifft, erörtern. Sie darf in diesen Angelegenheiten oder Sachfragen den Staaten gegenüber Empfehlungen aussprechen.

Die Empfehlungen der Generalversammlung sind für die Staaten rechtlich nicht bindend, können aber eine große moralische Wirkung haben, da sie die Meinung der internationalen Gemeinschaft widerspiegeln.

Dafür muß die Generalversammlung:
- davon Abstand nehmen, in die inneren Angelegenheiten von Staaten einzugreifen;
- davon Abstand nehmen, eine Empfehlung in einem Streitfall oder einer Frage auszusprechen, mit dem oder der der Sicherheitsrat befaßt ist;

- jede Frage, die die Wahrung des Friedens und der internationalen Sicherheit betrifft und die ein Handeln erfordert, an den Sicherheitsrat weiterleiten.

Seit 1950, nach dem Wortlaut der Resolution ›Einig für den Frieden ...‹ (auch *Resolution 377* oder *Acheson-Resolution* genannt), hat die Generalversammlung die Möglichkeit, Maßnahmen zu ergreifen, falls der Sicherheitsrat mangels Einstimmigkeit seiner ständigen Mitglieder keine Entscheidung trifft. Dies gilt in allen Fällen einer offenbaren Bedrohung des Friedens, eines Friedensbruchs oder einer Angriffshandlung. Sie kann dann zum Erhalt oder zur Wiederherstellung des Friedens und der internationalen Sicherheit auch den Gebrauch bewaffneter Kräfte empfehlen.

Sitzungsperioden. Die Generalversammlung beginnt jedes Jahr am dritten Dienstag im September mit ihrer ordentlichen Sitzungsperiode, die sich im allgemeinen bis Mitte Dezember erstreckt. Zu Beginn der Sitzungsperiode wählt die Versammlung ihren Präsidenten und 21 Vizepräsidenten sowie die Vorsitzenden der ständigen Ausschüsse der Generalversammlung. Der Präsident ernennt einen Mandatsprüfungsausschuß, der die Beglaubigungsschreiben der Vertreter der einzelnen Mitgliedstaaten überprüft. Der Vorsitz in der Generalversammlung wechselt jährlich unter folgenden Staatengruppen: Staaten Afrikas, Asiens, Osteuropas, Lateinamerikas, Westeuropas und andere Staaten. Auf Verlangen des Sicherheitsrates, der Mehrheit der Mitgliedsländer oder auch auf Ersuchen eines einzelnen Landes (wenn dessen Antrag von der Mehrheit der Mitglieder unterstützt wird) kann die Generalversammlung Sondersitzungen abhalten. Notstandssitzungen können sich mit einem ganz bestimmten Problem befassen.

Ausschüsse. Die Generalversammlung hat sieben ständige Hauptausschüsse zu den folgenden Themen eingerichtet:
- Ausschuß für politische Fragen und Sicherheitsfragen einschließlich Rüstungsregulierung;
- Politischer Sonderausschuß;
- Wirtschafts- und Finanzausschuß;
- Ausschuß für soziale, humanitäre und kulturelle Fragen;
- Entkolonialisierungsausschuß;
- Verwaltungs- und Haushaltsausschuß;
- Rechtsausschuß.

Zu Beginn jeder Sitzungsperiode gibt die Versammlung die meisten aufgeworfenen Fragen an diese Ausschüsse weiter. Einige Fragen werden nur in der Vollversammlung und nicht in einem der Ausschüsse behandelt. Alle Fragen sind Gegenstand einer Abstimmung in der Vollversammlung, wenn sie von den Ausschüssen untersucht worden sind und diese dazu Empfehlungen formuliert haben.

Die Arbeiten der Hauptversammlung erstrecken sich über das ganze Jahr:
- in den Hauptausschüssen, in den ständigen und Verfahrensausschüssen sowie in den anderen Hilfsorganen, die zum Beispiel zur Behandlung von Rüstungsfragen, Weltraumangelegenheiten, Friedenssicherung, Entkolonialisierung, Menschenrechten und Apartheid eingerichtet wurden;
- in internationalen Konferenzen;
- im Sekretariat der UNO.

Der Sicherheitsrat (Security Council). Seine Hauptaufgabe ist die Erhaltung des Weltfriedens und der internationalen Sicherheit. Er handelt entweder in Eigeninitiative oder auf Ersuchen eines Staates, der Generalversammlung oder des Generalsekretärs.

Befugnisse. Im Falle einer Streitigkeit oder einer Situation, die zu Uneinigkeiten unter Staaten führen könnte, soll er Möglichkeiten untersuchen und empfehlen (zum Beispiel Ver-

---

PRÄAMBEL DER CHARTA DER VEREINTEN NATIONEN

WIR, DIE VÖLKER DER VEREINTEN NATIONEN, FEST ENTSCHLOSSEN,

künftige Geschlechter vor der Geißel des Krieges zu bewahren, die zweimal zu unseren Lebzeiten unsagbares Leid über die Menschheit gebracht hat,

unseren Glauben an die Grundrechte des Menschen, an Würde und Wert der menschlichen Persönlichkeit, an die Gleichberechtigung von Mann und Frau sowie von allen Nationen, ob groß oder klein, erneut zu bekräftigen,

Bedingungen zu schaffen, unter denen Gerechtigkeit und die Achtung vor den Verpflichtungen aus Verträgen und anderen Quellen des Völkerrechts gewahrt werden können,

den sozialen Fortschritt und einen besseren Lebensstandard in größerer Freiheit zu fördern,

UND FÜR DIESE ZWECKE

Duldsamkeit zu üben und als gute Nachbarn in Frieden miteinander zu leben,

unsere Kräfte zu vereinen, um den Weltfrieden und die internationale Sicherheit zu wahren,

Grundsätze anzunehmen und Verfahren einzuführen, die gewährleisten, daß Waffengewalt nur noch im gemeinsamen Interesse angewendet wird, und

internationale Einrichtungen in Anspruch zu nehmen, um den wirtschaftlichen und sozialen Fortschritt aller Völker zu fördern,

HABEN BESCHLOSSEN, IN UNSEREM BEMÜHEN UM DIE ERREICHUNG DIESER ZIELE ZUSAMMENZUWIRKEN.

Dementsprechend haben unsere Regierungen durch ihre in der Stadt San Francisco versammelten Vertreter, deren Vollmachten vorgelegt und in guter und gehöriger Form befunden wurden, diese Charta der Vereinten Nationen angenommen und errichten hiermit eine internationale Organisation, die den Namen ›Vereinte Nationen‹ führen soll.

644

INTERNATIONALE ORGANISATIONEN

handlung, Vermittlung, Aussöhnung, Schiedsspruch, Anrufung des Internationalen Gerichtshofes), um den Streitfall beizulegen.

Stellt der Sicherheitsrat eine Bedrohung des Friedens, einen Friedensbruch oder gar eine Angriffshandlung fest, so hat er nicht nur die Befugnis, Empfehlungen zu geben, sondern kann auch direkt eingreifen:
– Er kann wirtschaftliche oder diplomatische Sanktionen verhängen.
– Er kann eventuell militärisch gegen den Angreifer vorgehen, indem er die Luft-, Land- und Seestreitkräfte der Mitgliedsländer einsetzt; durch die Unterzeichnung der Charta haben sich die Mitglieder verpflichtet, dem Sicherheitsrat diese militärischen Kräfte zur Erhaltung des Friedens zur Verfügung zu stellen. Allerdings muß hier angemerkt werden, daß dieser in der Charta vorgesehene Mechanismus des offensiven militärischen Eingreifens weitestgehend durch den Einsatz der UNO-Friedenstruppen abgelöst wurde; der Unterschied liegt darin, daß letzterer auf einem Abkommen der miteinander in Konflikt liegenden Staaten beruht (siehe S. 652).

Zusammensetzung. Der Sicherheitsrat besteht aus 15 Mitgliedern (11 bis 1965): davon fünf ständige Mitglieder (China, USA, Frankreich, Großbritannien und UdSSR) und zehn Mitglieder, die von der Generalversammlung auf der Grundlage der geographischen Verteilung und der politischen Gewichtung auf zwei Jahre gewählt werden. Der Vorsitz wechselt monatlich.

Jedes Mitglied verfügt über eine Stimme. Bei Verfahrensfragen werden die Beschlüsse mit einer Mehrheit von neun Stimmen gefaßt. In grundsätzlichen Fragen werden die Beschlüsse auch mit einer Mehrheit von neun Stimmen gefaßt; hierin müssen jedoch die Stimmen der fünf ständigen Mitglieder enthalten sein. So verhindert die Gegenstimme eines ständigen Mitgliedes die Annahme des Beschlusses; dieses Vorgehen wird ›Einstimmigkeit der Großmächte‹ oder auch ihr ›Vetorecht‹ genannt. Stimmenthaltung gilt nicht als Gegenstimme. Jedes der ständigen Mitglieder hat schon von seinem Vetorecht Gebrauch gemacht: die UdSSR 116mal, die USA 42mal, Großbritannien 23mal, Frankreich 15mal und China 4mal.

Jeder Staat der UNO, der nicht Mitglied des Sicherheitsrates ist, kann allerdings ohne Stimmrecht an den Diskussionen teilnehmen, wenn der Sicherheitsrat der Auffassung ist, daß die Interessen dieses Staates besonders betroffen sind.

Während die anderen Organe der UNO Empfehlungen an die Regierungen aussprechen, kann allein der Sicherheitsrat Entscheidungen treffen (Resolutionen), die die Mitgliedsstaaten in Übereinstimmung mit der Charta durchführen müssen.

Sitzungsperioden. Der Sicherheitsrat hat keine zeitlich festgelegten Sitzungsperioden; er tritt unverzüglich zusammen, wenn die Umstände dies erfordern. Der Rat kann darüber hinaus auch an anderen Orten als an seinem Sitz zusammentreffen (in Paris 1948 und 1951; in Addis Abeba 1972; in Panama 1973). Er ist so organisiert, daß er seine Befugnisse ständig ausüben sowie rasch und wirksam handeln kann.

Anrufung. Der Sicherheitsrat kann entweder von einem Mitgliedsland, einem Nichtmitgliedsstaat, von der Generalversammlung oder vom Generalsekretär angerufen werden.

Der Wirtschafts- und Sozialrat (Economic and Social Council, ECOSOC). Dieses Hauptorgan soll die wirtschaftlichen, sozialen, humanitären und kulturellen Arbeiten der UNO, ihrer Sonderorganisationen sowie ihrer anderen Organe koordinieren.

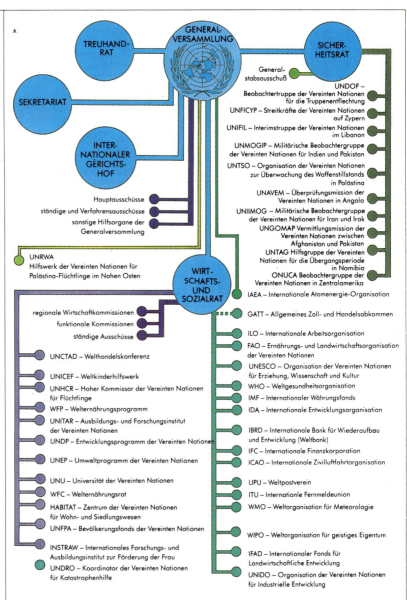

Zusammensetzung und Befugnisse. Der Wirtschafts- und Sozialrat besteht aus 54 Mitgliedern (ursprünglich 18), die von der Generalversammlung auf drei Jahre gewählt werden, wobei turnusmäßig jedes Jahr jeweils ein Drittel neu gewählt wird. Jedes Mitglied verfügt über eine Stimme.

Die Entscheidungen des Rates sind einfache Mehrheitsbeschlüsse. Ist ein Staat von einer im Rat behandelten Frage besonders betroffen, so kann er, auch wenn er nicht Mitglied ist, an den Beratungen ohne Stimmrecht teilnehmen.

Der Rat ist ein Lenkungs- und Koordinierungsorgan. Er untersteht der Generalversammlung, der er einen Bericht vorlegt und deren Entscheidungen er durchführt; für einige seiner Arbeiten ist die Zustimmung der Generalversammlung erforderlich.

Sitzungsperioden. Grundsätzlich hält der Rat jährlich zwei Sitzungsperioden von einem Monat ab: einmal in Genf und einmal in New York.

Hilfsorgane. Die Arbeiten des Rates werden das Jahr über in Hilfsorganen weitergeführt (Ausschüsse und Kommissionen), die regelmäßig tagen und Berichte vorlegen:

A · Das System der UNO.

Die UNO hat eine bedeutende Aufgabe: Sie soll nicht nur Weltfrieden und internationale Sicherheit wahren, sondern auch durch Lösung der internationalen Probleme in Wirtschaft, Gesellschaft sowie der intellektuellen und humanitären Fragen eine internationale Zusammenarbeit ermöglichen. Um dies zu erreichen, wurden vor allem in den 60er und 70er Jahren von der Generalversammlung zahlreiche Nebenorgane und Sonderorganisationen eingesetzt. Diese dokumentieren in erster Linie die ständig wachsenden Aufgaben der UNO und die immer stärker vorgetragenen Forderungen der Entwicklungsländer nach gerechteren Strukturen in der Welt.

• *sechs funktionale Kommissionen:*
Statistische Kommission, Bevölkerungskommission (beide New York), Menschenrechtskommission (Genf), Kommission für die Rechtsstellung der Frau, für soziale Entwicklung, Drogenkommission (alle Wien).
• *fünf regionale Wirtschaftskommissionen:*
Wirtschaftskommission für Afrika (Addis Abeba); Wirtschafts- und Sozialkommission für Asien und den Pazifik (Bangkok); Wirtschaftskommission für Europa (Genf); Wirtschaftskommission für Lateinamerika und die Karibik (Santiago de Chile); Wirtschafts- und Sozialkommission für Westasien (Bagdad).

INTERNATIONALE ORGANISATIONEN

UNO

• **sechs ständige Ausschüsse:**
Programm- und Koordinationsausschuß; Ausschuß für natürliche Ressourcen; Ausschuß für transnationale Unternehmen; Ausschuß für Wohn- und Siedlungswesen; Ausschuß für Nichtregierungsorganisationen.

Der Treuhandrat (Trusteeship Council). Seine Aufgabe liegt in der Verwaltung und Beaufsichtigung der Treuhandgebiete (Mandatsgebiete).

Dieses System (ein Nachfolger des durch den Völkerbund eingerichteten Mandats) hat zum Ziel, eine Schutzbehörde unter der Kontrolle der Organisation mit der Verwaltung von nichtautonomen Gebieten zu betrauen, die die Entwicklung dieser Gebiete bis zur Unabhängigkeit beaufsichtigt. Von den elf ursprünglich dem Treuhandrat anvertrauten Gebieten haben zehn entweder als Staaten oder durch Anschluß an unabhängige Nachbarn die Unabhängigkeit erlangt. Das elfte Gebiet, das aus den Archipelen Mikronesiens besteht und früher unter japanischem Mandat stand, war im System der ›strategischen Treuhänderschaft‹ von den USA verwaltet worden; mittlerweile hat es sich für eine freie Verbindung mit den USA entschieden (Nordmarianen seit 1977, die Marshallinseln und die Palauinseln sowie die föderativen Staaten von Mikronesien 1985–86). Somit ist kein Gebiet mehr unter Treuhänderschaft der UN.

Die Anzahl der Mitglieder des Treuhandrates (normalerweise Gleichgewicht zwischen Treuhandstaaten und Nichttreuhandstaaten) ist in dem Maße gesunken, wie die Treuhandgebiete abgenommen haben. 1986 waren es nur noch fünf: die USA (Verwaltungsmacht) und die anderen vier ständigen Mitglieder des Sicherheitsrates.

Der Internationale Gerichtshof (International Court of Justice). Das wichtigste Rechtsprechungsorgan der Vereinten Nationen ist Nachfolger des Ständigen Internationalen Gerichtshofes, der 1922 vom Völkerbund gegründet worden ist. Sein Sitz ist Den Haag. Das Statut des Gerichtshofes ist integraler Bestandteil der UN-Charta.

Zusammensetzung und Arbeitsweise. Der Gerichtshof besteht aus 15 unabhängigen Richtern, die von der Generalversammlung und dem Sicherheitsrat gewählt werden.

– Sie werden so bestimmt, daß die wichtigsten Rechtssysteme und Gesellschaftsformen der Welt vertreten sind. Aus einem Staat kann immer nur ein Richter gewählt werden.
– Die Amtszeit der Richter beträgt neun Jahre. Alle drei Jahre wird jeweils ein Drittel der Richterschaft neu gewählt.
– Es handelt sich um einen ständigen öffentlichen Gerichtshof. Auf Ersuchen der Parteien können auch kleinere Organe (Kammern) gebildet werden.
– Zur Beilegung von Streitigkeiten wendet der Gerichtshof die internationalen Rechtsregeln, die von den Streitparteien unterzeichneten internationalen Abkommen, die von den Nationen anerkannten Rechtsgrundsätze, Gerichtsurteile und die Doktrin der qualifiziertesten Verfasser aus allen Nationen an. Er erläßt Urteile, die für die Parteien verbindlich sind.

Befugnisse. Der Gerichtshof hat eine doppelte Zuständigkeit. Er regelt Streitfälle zwischen den Staaten, die ihn anrufen (Streitfallkompetenz). Weiterhin berät er die internationalen Organisationen (Gutachten). Die Staaten sind nicht verpflichtet, ihre Streitigkeiten durch den IGH entscheiden zu lassen; seine Anrufung kann nur durch Übereinstimmung der Parteien geschehen. Die Unterwerfung unter die Gerichtsbarkeit des Gerichtshofs setzt eine besondere Vereinbarung oder einseitige Unterwerfungserklärung voraus, die allgemein oder für einzelne Streitsachen erfolgen und auch durch einen Vorbehalt eingeschränkt werden kann.

Das Sekretariat. Das Sekretariat als Hauptverwaltungsorgan führt die Programme und die Politik der Vereinten Nationen durch. Die Regierungen verpflichten sich, den ausschließlich internationalen Charakter des Sekretariats zu beachten und die Bewältigung seiner Aufgaben nicht zu beeinflussen.

Die Arbeiten des Sekretariats erstrecken sich auf die in der UNO behandelten Probleme: Verwaltung der Operationen zur Erhaltung des Friedens; Organisation von internationalen Konferenzen über Themen von internationalem Interesse; Analyse der internationalen wirtschaftlichen Tendenzen und Probleme; Untersuchungen über die Menschenrechte, die Abrüstung und die Entwicklung; Übersetzung von Dokumenten.

DIE EHEMALIGEN TREUHANDGEBIETE

Togo unter britischer Verwaltung. Wurde 1957 der ebenfalls von Großbritannien verwalteten Goldküste angeschlossen, um Ghana zu bilden.
Somalia unter italienischer Verwaltung. Wurde 1960 mit dem britischen Protektorat Somalias zu Somalia zusammengeschlossen.
Togo unter französischer Verwaltung. Seit 1960 unabhängig.
Kamerun unter französischer Verwaltung. Erhielt 1960 unter dem Namen Kamerun die Unabhängigkeit.
Kamerun unter britischer Verwaltung. Der nördliche Teil des Landes hat sich am 1. Juni 1961 Nigeria angeschlossen, der südliche Teil ging am 1. Oktober 1961 mit Kamerun zusammen.
Tanganjika unter britischer Verwaltung. Erhielt 1961 die Unabhängigkeit; 1964 haben sich Tanganjika und das ehemalige Protektorat Sansibar zu Tansania vereinigt.
Ruanda-Urundi unter belgischer Verwaltung. Wurde durch Abstimmung 1962 in zwei souveräne Staaten geteilt: Ruanda und Burundi.
Westsamoa unter neuseeländischer Verwaltung. Erhielt 1962 die Unabhängigkeit.
Nauru, das von Australien im Namen von Australien, Neuseeland und Großbritannien verwaltet wurde. Seit 1962 unabhängig.
Neuguinea unter australischer Verwaltung. Wurde 1975 mit dem nicht autonomen Gebiet von Papua vereint, das auch von Australien verwaltet wurde, und bildet seitdem Papua-Neuguinea.
Die Pazifikinseln (Mikronesien) unter der Verwaltung der USA. Schlossen sich zwischen 1977 und 1986 freiwillig den USA an.

DIE GENERALSEKRETÄRE DER UNO

Der Generalsekretär der UNO, der von der Generalversammlung auf Empfehlung des Sicherheitsrates auf fünf Jahre gewählt wird und einmal wiedergewählt werden kann, hat in der Organisation eine Schlüsselstellung. Er ist als höchster Verwaltungsbeamter der UNO Leiter des Sekretariats. Weiter ist er Sekretär der vier Hauptorgane. Jedes Jahr legt er der Generalversammlung einen Tätigkeitsbericht vor. Doch zeichnet sich die Position des Generalsekretärs vor allem durch ihre politische Verantwortung aus: Der Generalsekretär lenkt die Aufmerksamkeit des Sicherheitsrates auf Fragen, die den Erhalt des Friedens und die internationale Sicherheit gefährden können, und übt wichtige diplomatische Funktionen aus (›Friedensmissionen‹).

A · Trygve Lie.
Der Norweger bekleidete von 1946 bis 1952 das Amt des UNO-Generalsekretärs. Mit ihm bürgerte sich die Gewohnheit ein, daß der Generalsekretär niemals einer Großmacht angehört. Die Wahl des Generalsekretärs ist in der Tat ein politischer Balanceakt. Lie trat 1952 aufgrund von Angriffen der UdSSR auf seine Amtsführung zurück. Er war 1963–65 Minister im norwegischen Kabinett.

B · Dag Hammarskjöld.
Der Schwede war von 1953 bis zu seinem Tode (Flugzeugabsturz) 1961 UNO-Generalsekretär. Er verstand sein Amt als internationale politische Aufgabe und nutzte gewisse unklar formulierte Stellen aus der Charta, um den Verantwortungsbereich des Generalsekretärs auszuweiten, geriet darüber aber 1960–61 in Konflikt mit der UdSSR. 1961 erhielt er posthum den Friedensnobelpreis.

C · Sithu U Thant.
Die Wahl des Birmanen zum Generalsekretär im Jahre 1961 zeigte die zunehmende Bedeutung der Stimmen neuer Staaten, vor allem der blockfreien Entwicklungsländer in der UNO. Er wurde 1966 wiedergewählt und spielte eine wichtigere Rolle als sein Vorgänger, wobei er sich bemühte, jegliche die Großmächte verletzende Haltung zu vermeiden.

D · Kurt Waldheim.
Er kam aus dem neutralen Österreich und hatte zwei Amtsperioden lang (1972 bis 1981) diese Position inne. Vor allem bei der Schlichtung der Konflikte im Nahen Osten hat er bedeutende Arbeit geleistet. Er wurde 1986 österreichischer Bundespräsident, obwohl gegen ihn im Wahlkampf Vorwürfe wegen Beteiligung an Kriegsverbrechen im Zweiten Weltkrieg erhoben wurden.

E · Javier Pérez de Cuéllar.
Er wurde 1982 gewählt (1986 wiedergewählt) und ist der erste lateinamerikanische Generalsekretär (er ist Peruaner). Ein Schwerpunkt seiner Arbeit ist die Reform der Verwaltung und des Finanzwesens der UNO. Er vermittelte unter anderem 1988 die Gespräche zwischen dem Irak und dem Iran (›Golfkrieg‹).

646

INTERNATIONALE ORGANISATIONEN

HAUSHALT

Das Haushaltsvolumen wächst ständig; die Probleme der Ausgabenfinanzierung haben die UNO gegen Ende der 80er Jahre in eine schwierige Lage gebracht.

Pflichtbeiträge. Der ordentliche Haushalt (für Ausgaben des Betriebs der Organisation an ihrem Sitz und in anderen Teilen der Welt) wird grundsätzlich durch die Pflichtbeiträge der Mitgliedsstaaten finanziert.

Der ordentliche Haushalt wird der Generalversammlung alle zwei Jahre zur Abstimmung vorgelegt, nachdem er von Generalsekretär erstellt und an den *Programm- und Koordinationsausschuß* (21 Mitglieder), der mit der Planung der Arbeiten befaßt ist, weitergeleitet wurde; dann geht er an den *Beratenden Ausschuß für Verwaltungs- und Haushaltsfragen* (16 Mitglieder), der den Arbeiten Beträge zuordnet und für die Generalversammlung eine Stellungnahme vorbereitet.

Die Beiträge der Staaten werden von der Generalversammlung gemäß einem Schlüssel nach Stellungnahme des *Beitragsausschusses* (18 Mitglieder) für drei Jahre berechnet. Der Beitragsanteil jedes Staates wird nach den Faktoren Volkseinkommen und Bevölkerungszahl ermittelt. Die Generalversammlung hat jedoch beschlossen, daß ein Staat maximal 25 % des Budgets der Organisation bestreiten soll (hier kommt nicht nur der Aspekt der maximalen Belastbarkeit in Betracht, sondern auch die Tatsache, daß ein Staat durch einen zu hohen Beitrag auch einen beträchtlichen Einfluß auf die Organisation nehmen könnte); im Gegensatz dazu darf ein Staat auch nicht weniger als 0,01 % des Budgets beisteuern (77 Staaten zahlen diesen Mindestsatz). Weitere Einnahmen von geringerem Umfang resultieren aus der Besteuerung der Gehälter der Beamten und Angestellten und aus Anleihen.

Freiwillige Beitragsleistungen. In den Hilfsorganen mit speziellen Aufgaben hat sich das System der freiwilligen Beitragsleistungen stark entwickelt. Ein Großteil der freiwilligen Leistungen fließt in das UNPD, das Entwicklungsprogramm, das Hohe Kommissariat für Flüchtlinge, die UNICEF, das Hilfswerk der Vereinten Nationen für Palästina-Flüchtlinge (UNWRA) und den Bevölkerungsfonds der Vereinten Nationen (UNFPA).

Der Beitragseingang. Er erfolgt mehr oder weniger regelmäßig, allerdings haben die immer größeren Beitragsrückstände Ende der 80er Jahre zu einer ernsten Finanzkrise geführt. Aus Unzufriedenheit mit dem antiwestlichen Tenor in den Debatten der Generalversammlung einerseits und andererseits in dem Bestreben, die Ausgaben herabzusetzen, hat der Kongreß der Vereinigten Staaten die gesamte Beitragszahlung der USA für das Jahr 1986 an die Bedingung einer Strukturreform der Organisation geknüpft. Die Beitragsrückstände der USA zusammen mit denen der osteuropäischen Staaten und der UdSSR haben die laufenden Geschäfte der UNO stark beeinträchtigt, obwohl der Generalsekretär Sparmaßnahmen vorgeschlagen hatte. Eine Resolution der Generalversammlung vom 19. Dezember 1986 schaffte die Notwendigkeit einer Mehrheitsabstimmung zur Annahme des Budgets ab und führte die Praxis des Konsens ein. So wurde das zahlenmäßige Gewicht der nichtwestlichen Länder, das in keinem Verhältnis zu ihren Beiträgen stand (die westlichen Industrieländer stellen 75 % der Mittel der UNO), verringert.

MENSCHENRECHTE

Die Vereinten Nationen widmen besondere Aufmerksamkeit dem Schutz der Menschenrechte und dem Selbstbestimmungsrecht der Völker. Dieses Ziel ist selbst in der Charta verankert und wird als Mittel zur Erhaltung des Friedens unter den Nationen angesehen.

Die in diesem Zusammenhang geleistete Arbeit ist beachtlich. Schon am 10. Dezember 1948 (seitdem wird am 10. Dezember der Tag der Menschenrechte begangen) beschloß die Generalversammlung mit 48 zu null Stimmen bei acht Enthaltungen die *Allgemeine Erklärung der Menschenrechte* (siehe nächste Seite). Dieser Text proklamiert die zivilen, politischen, wirtschaftlichen, sozialen und kulturellen Rechte aller ›Mitglieder der Völkerfamilie‹, ist jedoch nur als Ausdruck einer Idealvorstellung und enthält keine rechtliche Verpflichtung. Der Text wurde 1966 durch zwei internationale Menschenrechtspakte ergänzt, die den Staaten zur Ratifizierung vorgelegt wurden:
– der Internationale Pakt über bürgerliche und politische Rechte;
– der Internationale Pakt über wirtschaftliche, soziale und kulturelle Rechte.

Diese Pakte, die 1976 in Kraft traten, sind nicht von allen Mitgliedsstaaten ratifiziert worden. Derzeit wird ein dritter Pakt diskutiert, der sich mit Solidarrechten befaßt.

Von den anderen Konventionen im Bereich der Menschenrechte, die den Staaten zur Ratifizierung unterbreitet wurden, seien hier genannt:
– Konvention für die Verhütung und Bestrafung des Völkermordes (1948);
– Konvention über die Abschaffung jedweder Form der Rassendiskriminierung (1969);
– Konvention über die Abschaffung und die Bestrafung der Apartheid (1973);
– Konvention über die Abschaffung der Diskriminierung der Frau (1979);
– Konvention gegen die Folter (1984).

GLOSSAR

Beobachter: ständiger oder zeitweiliger Vertreter eines Staates, eines Volkes oder einer internationalen Organisation bei der UNO. Der betreffende Staat will nicht bzw. das betreffende Volk kann nicht der UNO angehören (Beispiel für einen Staat wäre hier die Schweiz, für eine Organisation die PLO).

Empfehlung: von der Generalversammlung oder dem Sicherheitsrat beschlossener Text, der für die Mitgliedsstaaten jedoch rechtlich nicht bindend ist. Beschlüsse mit bindender Wirkung für einen Mitgliedsstaat kann nur der Sicherheitsrat fassen.

Hauptorgan: Organ mit wesentlicher Rolle innerhalb der UNO. In der Charta sind in Artikel 7, Absatz 1 sechs solcher Organe vorgesehen: die Generalversammlung (in der alle Mitgliedsstaaten vertreten sind) als zentrales Organ, der Sicherheitsrat (der die Hauptverantwortung für die Wahrung des Weltfriedens und der internationalen Sicherheit trägt), der Wirtschafts- und Sozialrat als wirtschafts- und sozialpolitisches Hauptorgan, der Treuhandrat, der Internationale Gerichtshof und das Sekretariat.

Hilfsorgane: Organe, die aus den Hauptorganen hervorgehen und die zur Erfüllung des besonderen Aufgabe des Hauptorgans eingerichtet werden. (Im Gegensatz zu den Sonderorganen besitzen die Hilfsorgane keine eigene juristische Person, sie sind entweder der Generalversammlung oder dem Sicherheitsrat zugeordnet).

Internationaler Beamter: Verwaltungsangehöriger, der ständig und ausschließlich Aufgaben für eine internationale Organisation übernimmt und somit einen Sonderstatus hat.

Sonderorgane: staatenübergreifende autonome Organisationen in Verbindung mit der UNO, die dem Wirtschafts- und Sozialrat einen Jahresbericht vorlegen.

Ständiges Mitglied des Sicherheitsrates: Staat, der satzungsmäßig dem Sicherheitsrat angehört. Die Charta ernennt hierzu ausdrücklich China (die Volksrepublik wurde 1971 Nachfolgerin von Nationalchina), die Vereinigten Staaten, Frankreich, Großbritannien und die UdSSR.

System der UNO: Verbund mit Hauptorganen, Sonderorganen (Sonderorganisationen) und allen Hilfsorganen der UNO, der weite Bereiche der internationalen Zusammenarbeit abdeckt.

Vetorecht: Recht der fünf ständigen Mitgliedsstaaten des Sicherheitsrates, das ihnen die Möglichkeit gibt, durch eine Gegenstimme die Entscheidungen des Sicherheitsrates zu blockieren, sofern es sich nicht um Verfahrensfragen handelt.

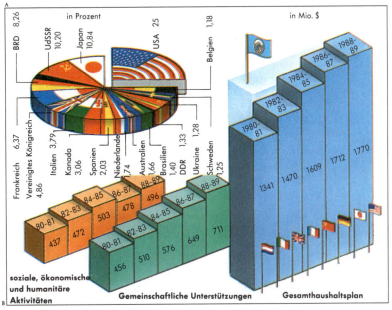

A · Die Beiträge zum Haushalt der UNO (1987).

Die Pflichtbeiträge der Mitgliedsstaaten werden auf der Grundlage ihres Volkseinkommens und der Bevölkerungszahl berechnet. 1990 leisteten 17 Staaten einen Beitrag von mehr als 1 % des Gesamtbudgets. 75 % der Mittel werden von westlichen Industrieländern beigesteuert.

B · Die Ausgaben der UNO (1980–1989).

Die Ausgaben für die gemeinsamen Stellen (vor allem Verwaltung, Geschäftsführung, Konferenzen, Bibliotheken) und für die wirtschaftlichen und sozialen Aufgaben (regionale Wirtschaftsausschüsse, UNCTAD, UNHCR, UNEP) sind die wichtigsten Etatposten.

UNO

ALLGEMEINE ERKLÄRUNG DER MENSCHENRECHTE

Da die Anerkennung der allen Mitgliedern der menschlichen Familie innewohnenden Würde und ihrer gleichen und unveräußerlichen Rechte die Grundlage der Freiheit, der Gerechtigkeit und des Friedens in der Welt bildet,
da Verkennung und Mißachtung der Menschenrechte zu Akten der Barbarei führten, die das Gewissen der Menschheit tief verletzt haben, und da die Schaffung einer Welt, in der den Menschen, frei von Furcht und Not, Rede- und Glaubensfreiheit zuteil wird, als höchstes Bestreben der Menschheit verkündet worden ist,
da es wesentlich ist, die Menschenrechte durch die Herrschaft des Rechtes zu schützen, damit der Mensch nicht zum Aufstand gegen Tyrannei und Unterdrückung als letztem Mittel gezwungen wird,
da es wesentlich ist, die Entwicklung freundschaftlicher Beziehungen zwischen Nationen zu fördern,
da die Völker der Vereinten Nationen in der Satzung ihren Glauben an die grundlegenden Menschenrechte, an die Würde und den Wert der menschlichen Person und an die Gleichberechtigung von Mann und Frau erneut bekräftigt und beschlossen haben, den sozialen Fortschritt und bessere Lebensbedingungen bei größerer Freiheit zu fördern,
da die Mitgliedstaaten sich verpflichtet haben, in Zusammenarbeit mit den Vereinten Nationen die allgemeine Achtung und Verwirklichung der Menschenrechte und Grundfreiheiten durchzusetzen,
da eine gemeinsame Auffassung über diese Rechte und Freiheiten von größter Wichtigkeit für die volle Erfüllung dieser Verpflichtung ist, *verkündet die Generalversammlung* die vorliegende Allgemeine Erklärung der Menschenrechte als das von allen Völkern und Nationen zu erreichende gemeinsame Ideal, damit jeder einzelne und alle Organe der Gesellschaft sich diese Erklärung stets gegenwärtig halten und sich bemühen, durch Unterricht und Erziehung die Achtung dieser Rechte und Freiheiten zu fördern und durch fortschreitende Maßnahmen im nationalen und internationalen Bereiche ihre allgemeine und tatsächliche Anerkennung und Verwirklichung bei der Bevölkerung sowohl der Mitgliedstaaten wie der ihrer Oberhoheit unterstehenden Gebiete zu gewährleisten.

Art. I Alle Menschen sind frei und gleich an Würde und Rechten geboren. Sie sind mit Vernunft und Gewissen begabt und sollen einander im Geiste der Brüderlichkeit begegnen.

Art. II 1. Jeder Mensch hat Anspruch auf die in dieser Erklärung verkündeten Rechte und Freiheiten, ohne irgendeine Unterscheidung, wie etwa nach Rasse, Farbe, Geschlecht, Sprache, Religion, politischer und sonstiger Überzeugung, nationaler oder sozialer Herkunft, nach Eigentum, Geburt oder sonstigen Umständen.
2. Weiter darf keine Unterscheidung gemacht werden auf Grund der politischen, rechtlichen oder internationalen Stellung des Landes oder Gebietes, dem eine Person angehört, ohne Rücksicht darauf, ob es unabhängig ist, unter Treuhandschaft steht, keine Selbstregierung besitzt oder irgendeiner anderen Beschränkung seiner Souveränität unterworfen ist.

Art. III Jeder Mensch hat das Recht auf Leben, Freiheit und Sicherheit der Person.

Art. IV Niemand darf in Sklaverei oder Leibeigenschaft gehalten werden; Sklaverei und Sklavenhandel sind in allen Formen verboten.

Art. V Niemand darf der Folter oder grausamer, unmenschlicher oder erniedrigender Behandlung oder Strafe unterworfen werden.

Art. VI Jeder Mensch hat überall Anspruch auf Ankennung als Rechtsperson.

Art. VII Alle Menschen sind vor dem Gesetze gleich und haben ohne Unterschied Anspruch auf gleichen Schutz durch das Gesetz. Alle haben Anspruch auf den gleichen Schutz gegen jede unterschiedliche Behandlung, welche die vorliegende Erklärung verletzten würde, und gegen jede Aufreizung zu einer derartigen unterschiedlichen Behandlung.

Art. VIII Jeder Mensch hat Anspruch auf wirksamen Rechtsschutz vor den zuständigen innerstaatlichen Gerichten gegen alle Handlungen, die seine ihm nach der Verfassung oder nach dem Gesetz zustehenden Grundrechte verletzen.

Art. IX Niemand darf willkürlich festgenommen, in Haft gehalten oder des Landes verwiesen werden.

Art. X Jeder Mensch hat in voller Gleichberechtigung Anspruch auf ein der Billigkeit entsprechendes und öffentliches Verfahren vor einem unabhängigen und unparteiischen Gericht, das über seine Rechte und Verpflichtungen oder aber über irgendeine gegen ihn erhobene strafrechtliche Beschuldigung zu entscheiden hat.

Art. XI 1. Jeder Mensch, der einer strafbaren Handlung beschuldigt wird, ist so lange als unschuldig anzusehen, bis seine Schuld in einem öffentlichen Verfahren, in dem alle für seine Verteidigung nötigen Voraussetzungen gewährleistet waren, gemäß dem Gesetz nachgewiesen ist.
2. Niemand kann wegen einer Handlung oder Unterlassung verurteilt werden, die im Zeitpunkt, da sie erfolgte, auf Grund des nationalen oder internationalen Rechts nicht strafbar war. Desgleichen kann keine schwerere Strafe verhängt werden als die, welche im Zeitpunkt der Begehung der strafbaren Handlung anwendbar war.

Art. XII Niemand darf willkürlichen Eingriffen in sein Privatleben, seine Familie, sein Heim oder seinen Briefwechsel noch Angriffen auf seine Ehre und seinen Beruf ausgesetzt werden. Jeder Mensch hat Anspruch auf rechtlichen Schutz gegen derartige Eingriffe oder Anschläge.

Art. XIII 1. Jeder Mensch hat das Recht auf Freizügigkeit und freie Wahl seines Wohnsitzes innerhalb eines Staates.
2. Jeder Mensch hat das Recht, jedes Land, einschließlich seines eigenen, zu verlassen sowie in sein Land zurückzukehren.

Art. XIV 1. Jeder Mensch hat das Recht, in anderen Ländern vor Verfolgungen Asyl zu suchen und zu genießen.
2. Dieses Recht kann jedoch im Falle seiner Verfolgung wegen nichtpolitischer Verbrechen oder wegen Handlungen, die gegen die Ziele und Grundsätze der Vereinten Nationen verstoßen, nicht in Anspruch genommen werden.

Art. XV 1. Jeder Mensch hat Anspruch auf Staatsangehörigkeit.
2. Niemand darf seine Staatsangehörigkeit willkürlich entzogen noch ihm das Recht versagt werden, seine Staatsangehörigkeit zu wechseln.

Art. XVI 1. Heiratsfähige Männer und Frauen haben ohne Beschränkung durch Rasse, Staatsbürgerschaft oder Religion das Recht, eine Ehe zu schließen und eine Familie zu gründen. Sie haben bei der Eheschließung, während der Ehe und bei deren Auflösung gleiche Rechte.
2. Die Ehe darf nur auf Grund der freien und vollen Willenseinigung der zukünftigen Ehegatten geschlossen werden.
3. Die Familie ist die natürliche und grundlegende Einheit der Gesellschaft und hat Anspruch auf Schutz durch Gesellschaft und Staat.

Art. XVII 1. Jeder Mensch hat allein oder in der Gemeinschaft mit anderen Recht auf Eigentum.
2. Niemand darf willkürlich seines Eigentums beraubt werden.

Art. XVIII Jeder Mensch hat Anspruch auf Gedanken-, Gewissens- und Religionsfreiheit; dieses Recht umfaßt die Freiheit, seine Religion oder seine Überzeugung zu wechseln, sowie die Freiheit, seine Religion oder seine Überzeugung allein oder in Gemeinschaft mit anderen, in der Öffentlichkeit oder privat, durch Lehre, Ausübung, Gottesdienst und Vollziehung von Riten zu bekunden.

Art. XIX Jeder Mensch hat das Recht auf freie Meinungsäußerung; dieses Recht umfaßt die Freiheit, Meinungen unangefochten anzuhängen und Informationen und Ideen mit allen Verständigungsmitteln ohne Rücksicht auf Grenzen zu suchen, zu empfangen und zu verbreiten.

Art. XX 1. Jeder Mensch hat das Recht auf Versammlungs- und Vereinigungsfreiheit zu friedlichen Zwecken.
2. Niemand darf gezwungen werden, einer Vereinigung anzugehören.

Art. XXI 1. Jeder Mensch hat das Recht, an der Leitung öffentlicher Angelegenheiten seines Landes unmittelbar oder durch frei gewählte Vertreter teilzunehmen.
2. Jeder Mensch hat unter gleichen Bedingungen das Recht auf Zulassung zu öffentlichen Ämtern in seinem Lande.
3. Der Wille des Volkes bildet die Grundlage für die Autorität der öffentlichen Gewalt; dieser Wille muß durch periodische und unverfälschte Wahlen mit allgemeinem und gleichem Wahlrecht bei geheimer Stimmabgabe oder in einem gleichwertigen freien Wahlverfahren zum Ausdruck kommen.

Art. XXII Jeder Mensch hat als Mitglied der Gesellschaft Recht auf soziale Sicherheit; er hat Anspruch darauf, durch innerstaatliche Maßnahmen und internationale Zusammenarbeit unter Berücksichtigung der Organisation und der Hilfsmittel jedes Staates in den Genuß der für seine Würde und die freie Entwicklung seiner Persönlichkeit unentbehrlichen wirtschaftlichen, sozialen und kulturellen Rechte zu gelangen.

Art. XXIII 1. Jeder Mensch hat das Recht auf Arbeit, auf freie Berufswahl, auf angemessene und befriedigende Arbeitsbedingungen sowie auf Schutz gegen Arbeitslosigkeit.
2. Alle Menschen haben ohne jede unterschiedliche Behandlung das Recht auf gleichen Lohn für gleiche Arbeit.
3. Jeder Mensch, der arbeitet, hat das Recht auf angemessene und befriedigende Entlohnung, die ihm und seiner Familie eine der menschlichen Würde entsprechende Existenz sichert und die, wenn nötig, durch andere soziale Schutzmaßnahmen zu ergänzen ist.
4. Jeder Mensch hat das Recht, zum Schutze seiner Interessen Berufsvereinigungen zu bilden und solchen beizutreten.

Art. XXIV Jeder Mensch hat Anspruch auf Erholung und Freizeit sowie auf eine vernünftige Begrenzung der Arbeitszeit und auf periodischen, bezahlten Urlaub.

Art. XXV 1. Jeder Mensch hat Anspruch auf eine Lebenshaltung, die seine und seiner Familie Gesundheit und Wohlbefinden einschließlich Nahrung, Kleidung, Wohnung, ärztlicher Betreuung und der notwendigen Leistungen der sozialen Fürsorge gewährleistet; er hat das Recht auf Sicherheit im Falle von Arbeitslosigkeit, Krankheit, Invalidität, Verwitwung, Alter oder von andererweitigem Verlust seiner Unterhaltsmittel durch unverschuldete Umstände.
2. Mutter und Kind haben Anspruch auf besondere Hilfe und Unterstützung. Alle Kinder, eheliche und uneheliche, genießen den gleichen sozialen Schutz.

Art. XXVI 1. Jeder Mensch hat Recht auf Bildung. Der Unterricht muß wenigstens in den Elementar- und Grundschulen unentgeltlich sein. Der Elementarunterricht ist obligatorisch. Fachlicher und beruflicher Unterricht soll allgemein zugänglich sein; die höheren Studien sollen allen nach Maßgabe ihrer Fähigkeiten und Leistungen in gleicher Weise offenstehen.
2. Die Ausbildung soll die volle Entfaltung der menschlichen Persönlichkeit und die Stärkung der Achtung der Menschenrechte und Grundfreiheiten zum Ziele haben. Sie soll Verständnis, Duldsamkeit und Freundschaft zwischen allen Nationen und allen rassischen oder religiösen Gruppen fördern und die Tätigkeit der Vereinten Nationen zur Aufrechterhaltung des Friedens begünstigen.
3. In erster Linie haben die Eltern das Recht, die Art der ihren Kindern zuteil werdenden Bildung zu bestimmen.

Art. XXVII 1. Jeder Mensch hat das Recht, am kulturellen Leben der Gemeinschaft frei teilzunehmen, sich der Künste zu erfreuen und am wissenschaftlichen Fortschritt und dessen Wohltaten teilzuhaben.
2. Jeder Mensch hat das Recht auf Schutz der moralischen und materiellen Interessen, die sich aus jeder wissenschaftlichen, literarischen oder künstlerischen Produktion ergeben, deren Urheber er ist.

Art. XXVIII Jeder Mensch hat Anspruch auf eine soziale und internationale Ordnung, in welcher die in der vorliegenden Erklärung angeführten Rechte und Freiheiten voll verwirklicht werden können.

Art. XXIX 1. Jeder Mensch hat Pflichten gegenüber der Gemeinschaft, in der allein die freie und volle Entwicklung seiner Persönlichkeit möglich ist.
2. Jeder Mensch ist in Ausübung seiner Rechte und Freiheiten nur den Beschränkungen unterworfen, die das Gesetz ausschließlich zu dem Zwecke vorsieht, um die Anerkennung und Achtung der Rechte und Freiheiten der anderen zu gewährleisten und den gerechten Anforderungen der Moral, der öffentlichen Ordnung und der allgemeinen Wohlfahrt in einer demokratischen Gesellschaft zu genügen.
3. Rechte und Freiheiten dürfen in keinem Fall im Widerspruch zu den Zielen und Grundsätzen der Vereinten Nationen ausgeübt werden.

Art. XXX Keine Bestimmung der vorliegenden Erklärung darf so ausgelegt werden, daß sich daraus für einen Staat, eine Gruppe oder eine Person irgendein Recht ergibt, eine Tätigkeit auszuüben oder eine Handlung vorzunehmen, welche auf die Vernichtung der in dieser Erklärung angeführten Rechte und Freiheiten abzielen.

INTERNATIONALE ORGANISATIONEN

SONDERORGANE

Eine bestimmte Anzahl von zwischenstaatlichen Organisationen, die weltweite Aufgaben erfüllen, sind durch Sonderabkommen mit der UNO verbunden. Sie sind nicht Teil der UNO (manche wurden sogar früher als die UNO gegründet), arbeiten aber mit der UNO und untereinander über den Wirtschafts- und Sozialrat zusammen. Dreizehn von ihnen werden als *Sonderorgane* oder *Sonderorganisationen* der UNO bezeichnet, ein Begriff, der auch in der Charta verankert ist. Die Internationale Atomenergie-Organisation und das GATT haben einen Sonderstatus und gelten als autonome Organisationen innerhalb des UNO-Systems.

Mitglieder eines Sonderorgans sind alle an seiner Gründung beteiligten Staaten sowie alle Mitgliedsstaaten der UNO, die auf einfaches Gesuch hin automatisch zugelassen werden. Die Nichtmitglieder der UNO können mit Zustimmung der Organe der Institution zugelassen werden. Jedes Organ besitzt ein Budget, das sich aus den Beiträgen der Staaten gemäß den Bestimmungen der Gründungsurkunde zusammensetzt.

IAEO (Internationale Atomenergie-Organisation), **IAEA** (International Atomic Energy Agency)
Gründung: 1957 (die Verbindungen zur UNO wurden durch ein Sonderabkommen geregelt). ☐ Mitgliedsstaaten: 113. ☐ Sitz: Wien.
Ziele: Zu Frieden, Gesundheit und Wohlstand in der Welt beitragen, indem die Entwicklung der friedlichen Nutzung der Kernenergie gesichert wird; im Rahmen des Möglichen darüber wachen, daß die Anlagen und die Materialien zur friedlichen Nutzung der Kernenergie nicht für militärische Zwecke verwendet werden.

Weltbank / World Bank, eigentlich **IBRD** (International Bank for Reconstruction and Development / Internationale Bank für Wiederaufbau und Entwicklung)
Gründung: 1945 (Konferenz in *Bretton Woods*, 1944). ☐ Mitgliedsstaaten: 151 (ein Staat muß Mitglied des IWF sein, um auch der Weltbank angehören zu können). ☐ Sitz: Washington.
Ziele: Förderung der wirtschaftlichen Entwicklung und des Lebensstandards der Völker, insbesondere Gewährung von Hilfe für die Entwicklungsländer, damit Projekte zur Verbesserung ihrer Produktionskapazität und ihrer Produktivität finanziert werden können. Die IBRD gewährt diesen Ländern oder autonomen Institutionen, für die sich ihre Regierungen verbürgen, Anleihen mit einer Frist von allgemein 15 bis 20 Jahren, deren Zinssätze etwa denen der Finanzmärkte entsprechen (im Unterschied zu den kurz- bis mittelfristigen Zahlungsbilanzhilfen des IWF). Mit Anleihen in Höhe von rund 15 Milliarden Dollar pro Jahr für rund 350 Entwicklungsprojekte in ungefähr 80 Ländern der Welt ist die IBRD die wichtigste internationale Entwicklungsbank. Das Stimmrecht in den Entscheidungsgremien entspricht dem gezeichneten Kapital. So halten die westlichen Industrieländer 70 % des Kapitals und haben 64 % der Stimmen, daneben sind aber auch einige osteuropäische Länder (Ungarn, Polen, Jugoslawien) Mitglieder der IBRD.

IFC (International Finance Corporation / Internationale Finanzkorporation)
Gründung: 1956. ☐ Mitgliedsstaaten: 133. ☐ Sitz: Washington.
Ziele: Förderung des privaten Sektors in Entwicklungsländern durch Anleihen an Unternehmen oder durch Kapitalbeteiligungen. Die Anleihen der IFC haben im allgemeinen eine Frist von unter 15 Jahren.

IDA (International Development Association / Internationale Entwicklungsorganisation)
Gründung: 1960. ☐ Mitgliedsstaaten: 136. ☐ Sitz: Washington.
Ziele: Förderung der wirtschaftlich weniger entwickelten Länder. Die IDA gewährt Kredite zu sehr günstigen Konditionen: minimale Zinssätze (0,75 %), lange Rückzahlungsfristen (50 Jahre).

FAO (Food and Agricultural Organization of the United Nations / Ernährungs- und Landwirtschaftsorganisation der UNO)
Gründung: 1945 als Sonderorganisation der UNO. ☐ Mitgliedsstaaten: 157. ☐ Sitz: Rom (bis 1951 Washington).
Ziele: Verbesserung der Ernährungs- und Lebensbedingungen der Völker; Steigerung der Produktion, Verbesserung der Konservierung, der Vermarktung und des Vertriebs der land-, forst- und fischereiwirtschaftlichen Nahrungsmittel; Verbesserung der Lebensbedingungen der Landbevölkerung. Daneben ist die FAO für die Nahrungsmittel-Notstandshilfe im Rahmen des WFP zuständig.

IFAD (International Fund for Agricultural Development / Internationaler Fonds für landwirtschaftliche Entwicklung)
Gründung: 1976. ☐ Mitgliedsstaaten: 146. ☐ Sitz: Rom.
Ziele: Mobilisierung zusätzlicher Mittel, um den Entwicklungsländern dabei zu helfen, ihre Lebensmittelproduktion und ihre Ernährungssituation zu verbessern. Der IFAD arbeitet eng mit der Ernährungs- und Landwirtschaftsorganisation der UNO (FAO) zusammen. Seine Darlehen sind für Projekte bestimmt, die der Landbevölkerung in den ärmsten Ländern Afrikas, Asiens und Lateinamerikas zugute kommen sollen.

IWF (Internationaler Währungsfonds) / **IMF** (International Monetary Fund)
Gründung: 1945 (Konferenz in *Bretton Woods*, 1944). ☐ Mitgliedsstaaten: 151. ☐ Sitz: Washington.
Ziele: Förderung der internationalen Zusammenarbeit auf dem Gebiet der Währungspolitik, besonders durch Förderung der internationalen Absprache in Währungsfragen, durch Errichtung eines multilateralen Zahlungssystems und durch befristete Gewährung von Mitteln an Mitgliedsstaaten mit Problemen in der Zahlungsbilanz.

Der IWF, der seit der Einführung der freien Wechselkurse (1976) nicht mehr eingreift, um die Parität der Währungen zu wahren, und im Zusammenhang mit den beiden Erdölpreisschüben 1973/74 und 1979/80 Zahlungsbilanzungleichgewichte in Industrie- und Entwicklungsländern finanzierte, konzentriert sich nun auf kurzfristige Überbrückungskredite für Staaten, die Probleme vor allem aufgrund hoher Auslandsschulden haben. Dem betreffenden Staat werden dabei wirtschaftspolitische Anpassungsmaßnahmen auferlegt, zum Beispiel zur Beseitigung seines Zahlungsbilanz- und Haushaltsdefizites eine Sparpolitik durchzuführen (Einschränkung der öffentlichen Ausgaben, Steuererhebung und ähnliches).

Im Verwaltungsrat des IWF (ständige Exekutive, der der Gouverneursrat seine wesentlichen Befugnisse überträgt) hängt die Stimmenanzahl eines Staates von seinem Anteil am Kapital ab. Die größten Unterzeichnerstaaten (USA, Großbritannien, Bundesrepublik Deutschland, Japan, Frankreich, Italien) haben hier einen ständigen Sitz inne. Daher wird die Politik des IWF von den Industrieländern bestimmt.

1969 hat der IWF zum Zwecke größerer Interventionsmöglichkeiten die *Sonderziehungsrechte* eingeführt, die zu einer wichtigen internationalen Währungsreserve geworden sind.

GATT (General Agreement on Tariffs and Trade / Allgemeines Zoll- und Handelsabkommen)
Gründung: 1948. ☐ Mitgliedsstaaten: 100. ☐ Sitz: Genf.
Ziele: Durch Abbau von Handelshemmnissen und Beseitigung von Diskriminierung zur Erhöhung des Lebensstandards, Vollbeschäftigung sowie zur Steigerung von Produktion und Warenaustausch beitragen.

Das GATT ist keine internationale Organisation, sondern lediglich ein Abkommen (Teil der Charta von Havanna über den internationalen Handel). Die Mitgliedsstaaten (Ver-

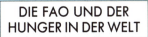
DIE FAO UND DER HUNGER IN DER WELT

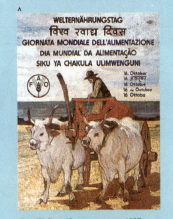

Der Welternährungstag von 1987.

Mit der Gründung der FAO im Jahre 1945 wurde ein Fünfjahresprogramm begonnen, von dem man annahm, daß es ausreichen würde, um die Welt von der Geißel des Hungers zu befreien. 1965 jedoch mußte erneut ein Programm über fünf Jahre ins Leben gerufen werden, die ›Welthungerkampagne‹, dem 1970 das ›Jahrzehnt der Entwicklung‹ folgte. Doch auch heute noch ist der Hunger direkte oder indirekte Todesursache für jährlich etwa 15 Millionen Menschen. Rund 700 Millionen Menschen gelten als ›ernstlich unterernährt‹. Im Kampf gegen den Hunger setzt die FAO unterschiedliche Mittel ein: Sie erstellt zum Beispiel Berichte und Statistiken über die Bedürfnisse der verschiedenen Länder; sie fördert den Unterricht im Agrarbereich; sie leistet technische Hilfe durch die Entsendung von Experten und durch Ausbildung; sie organisiert jedes Jahr am 16. Oktober den Welthungertag.

INTERNATIONALE ORGANISATIONEN

UNO

tragsparteien), die es befolgen, müssen (grundsätzlich) darauf achten, daß jeder Vorteil, der von einer Vertragspartei einer anderen eingeräumt wird (im Zollwesen oder im Bereich der nichttarifären Handelshemmnisse, wie zum Beispiel Normen, die die Einfuhr eines Produktes verhindern), auch allen anderen zugute kommt (Meistbegünstigung). Es sind Ausnahmen für die Bildung regionaler Zollunionen vorgesehen, weiterhin tragen spezielle Maßnahmen zum Schutz der Industrien der Entwicklungsländer bei. Durch multilaterale Verhandlungen (›Zollrunden‹) wie die Kennedy-Runde 1964–67 und die Tokio-Runde 1973 wurden erhebliche Zollsenkungen erreicht. Die 1986 begonnene ›Uruguay-Runde‹ ist trotz langwieriger Verhandlungen bisher noch nicht abgeschlossen.

ICAO (International Civil Aviation Organization / Internationale Zivilluftfahrtorganisation)
Gründung: 1947 nach der Ratifizierung der Chicago-Konvention über die internationale Zivilluftfahrt (1944) durch 26 Staaten. □ **Mitgliedsstaaten:** 156. □ **Sitz:** Montreal.
Ziele: Entwicklung von Grundsätzen und Techniken der internationalen Luftfahrt, Förderung der Planung und Entwicklung des internationalen Flugverkehrs.

Die ICAO besitzt eine internationale gesetzgebende Befugnis im Bereich der technischen Vorschriften bei den Regelungen, der Sicherheit und der Vereinheitlichung des Luftverkehrs. Sie handelt in Zusammenarbeit mit der International Air Transport Association (IATA).

IAO (Internationale Arbeitsorganisation) / **ILO** (International Labour Organization)
Gründung: 1919 (Versailler Vertrag); 1946 (als Sonderorgan). □ **Mitgliedsstaaten:** 150. □ **Sitz:** Genf.
Ziele: Förderung von Maßnahmen zur Erreichung der Vollbeschäftigung der Arbeitnehmer und Verbesserung ihrer Arbeits-, Ernährungs-, Unterkunfts- und Freizeitbedingungen; Förderung der Berufsausbildung, Ausarbeitung eines freien Systems von Tarifverträgen und Entwicklung einer Schutzgesetzgebung für Arbeitnehmer und deren Familien.

Die Hauptaufgabe der IAO (die von ihrem ständigen Sekretariat, dem *Internationalen Arbeitsamt, IAA*, übernommen wird) besteht in der Ausarbeitung von internationalen Übereinkommen und Empfehlungen, die jeder Mitgliedsstaat nach Annahme den internen befugten Organen zur Ratifizierung vorlegen muß. Der *Ausschuß für die Anwendung der Konventionen* veröffentlicht Berichte über die Versäumnisse der Mitgliedsstaaten gegenüber ihren Verpflichtungen.

IMO (International Maritime Organization / Internationale Seeschiffahrts-Organisation)
Gründung: 1948 (unter dem Namen *Zwischenstaatliche Beratende Seeschiffahrtsorganisation*); 1959 (als Sonderorgan). □ **Mitgliedsstaaten:** 133. □ **Sitz:** London.
Ziele: Gewährleistung schiffstechnischer und navigatorischer Sicherheit auf See, Erhöhung der Leistungsfähigkeit der Schiffahrt, Verhütung und Bekämpfung der Meeresverschmutzung durch Schiffe, Beseitigung von Diskriminierungen in der Schiffahrt.

WMO (World Meteorological Organization / Weltorganisation für Meteorologie)
Gründung: 1873 (unter dem Namen *Internationale Meteorologische Organisation*); 1951 (als Sonderorganisation der UNO). □ **Mitgliedsstaaten:** 154 + 5 Territorien. □ **Sitz:** Genf.
Ziele: zur Entwicklung meteorologischer Beobachtungsstationen beitragen, die schnelle Weitergabe von meteorologischen Informationen erleichtern, Standardisierung der Beobachtungen und der Statistiken, Austausch der Informationen, die für den Luftraum, den Weltraum und die Landwirtschaft erforderlich sind.

WIPO (World Intellectual Property Organization / Weltorganisation für geistiges Eigentum)
Gründung: 1967; 1974 (als Sonderorgan). □ **Ursprünge:** *Pariser Verbandsübereinkunft* zum Schutze des gewerblichen Eigentums, 1883; *Berner Übereinkunft* zum Schutz von Werken der Literatur und Kunst, 1886. □ **Mitgliedsstaaten:** 126. □ **Sitz:** Genf.
Ziele: Achtung des geistigen Eigentums in der ganzen Welt, damit die gewerbliche und kulturelle Entwicklung durch Anreiz zur Kreativität und durch Erleichterung des Technologietransfers sowie der Verbreitung von Werken der Literatur und der Kunst gefördert wird. Als geistiges Eigentum bezeichnet man *das gewerbliche Eigentum* (Patente, Handelsmarken, Muster, Pläne) und *Urheberrechte* (an Werken der Literatur, Musik, Kunst, Fotografie und des Films).

WHO (World Health Organization / Weltgesundheitsorganisation)
Gründung: 1948. □ **Mitgliedsstaaten:** 166. □ **Sitz:** Genf.
Ziele: allen Völkern den bestmöglichen Stand an Gesundheit und physischem sowie psychischem Wohlergehen bringen; Kampf gegen große Endemien und Epidemien sowie Förderung der Hygiene; internationale Maßnahmen im Gesundheitswesen fördern; Beiträge zum Fortschritt in der wissenschaftlichen Zusammenarbeit im medizinischen Bereich leisten.

Die WHO hat spezielle Forschungsprogramme eingerichtet, darunter die über Tropenkrankheiten (in Zusammenarbeit mit der UNEP und der Weltbank), gegen Malaria und über Lebensmittelnormen (mit der FAO). Letzteres soll die ungefährlichen und nahrhaften Lebensmittel sowie akzeptable Lebensmittelzusätze definieren und Rückstände von Schädlingsbekämpfungsmitteln erkennen und klassifizieren. Die WHO organisiert Informationsveranstaltungen für die Beschäftigten im Gesundheitswesen. Sie organisiert auch Impf- und Pflegekampagnen (einer der größten Erfolge der FAO ist wohl die Ausmerzung der Pocken als endemische Krankheit).

UNIDO (United Nations Industrial Development Organization / Organisation der Vereinten Nationen für industrielle Entwicklung)
Gründung: 1967; 1986 (als Sonderorgan). □ **Mitgliedsstaaten:** 151. □ **Sitz:** Wien.
Ziele: Förderung und Vorantreiben der Industrialisierung in den Entwicklungsländern und Koordinierung aller Maßnahmen der Organe der Vereinten Nationen im Bereich der industriellen Entwicklung; Hilfe bei der Ausarbeitung einer neuen internationalen Wirtschaftsordnung.

ITU (International Telecommunication Union / Internationale Fernmeldeunion)
Gründung: 1947. □ **Ursprünge:** *Internationale Telegraphen-Union* (1865), die 1934 zur *Internationalen Fernmelde-Union* wurde. □ **Mitgliedsstaaten:** 165. □ **Sitz:** Genf.
Ziele: Gewährleistung der Ausarbeitung und der Überprüfung der internationalen Bestimmungen im Bereich des Telefon- und Telegraphenwesens, in Rundfunk und Fernsehen, sowie die Standardisierung der Verwendungstechniken; Aufteilung der Frequenzen auf verschiedene Fernmeldedienste, Registrierung und Koordination der Zuteilung von Frequenzen; Koordinierung der Bemühungen zur Harmonisierung der Entwicklung der Telekommunikationsdienste, vor allem im Bereich der Weltraumtechnik.

UNESCO (United Nations Educational, Scientific and Cultural Organization / Organisation der Vereinten Nationen für Erziehung, Wissenschaft und Kultur)
Gründung: 1946. □ **Mitgliedsstaaten:** 158. □ **Sitz:** Paris.
Ziele: Beitrag zum Erhalt des Weltfriedens und der internationalen Sicherheit durch die Intensivierung der Zusammenarbeit zwischen den Nationen mit Hilfe von Erziehung, Wissenschaft, Kultur und Kommunikation, damit die weltweite Achtung von Recht und Gesetz sowie der Menschen- und Grundrechte gewährleistet wird, die in der Charta allen Völ-

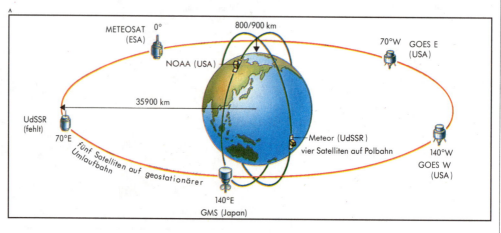

▲ · **Die Weltwetterwarte.**
So lautet der Name des weltweiten Systems zur Beobachtung der Atmosphäre und für Wettervorhersage, das die WMO Ende der 70er Jahre eingerichtet hat. Das Beobachtungssystem über Satellit besteht aus vier Satelliten in Umlaufbahnen über den Polen (zwei amerikanische und zwei sowjetische Satelliten) und aus fünf geostationären Satelliten. Der geostationäre Satellit Meteosat ist der europäische Beitrag zu diesem Programm: Er wurde von den acht Mitgliedern der europäischen Weltraumorganisation ESA finanziert.

650

INTERNATIONALE ORGANISATIONEN

kern ohne Unterschied in Bezug auf Rasse, Geschlecht, Sprache und Religion zuerkannt werden.

Die UNESCO bemüht sich um die Förderung der internationalen intellektuellen Zusammenarbeit und um die Entwicklung sozialer oder kultureller Tätigkeiten. Im Bereich der Erziehung konzentriert sich ihre Arbeit auf Alphabetisierungsprogramme, die weltweite Einführung des Grundschulwesens und die Beseitigung der wichtigsten Ursachen des Analphabetentums. Sie fördert auch die Ausbildung von Lehrkräften und den Bau von Schulen. Gleichfalls arbeitet sie an der Intensivierung der zwischenstaatlichen Zusammenarbeit in Projekten zur Erhaltung des kulturellen Erbes der Menschheit. Beim Bau des Assuan-Staudamms setzte sie sich für den Erhalt der nubischen Tempel ein. Die UNESCO kämpft für den Erhalt von Orten wie Barabudur, Venedig, Cuzco, Fes, Machu Picchu usw.

Trotz zahlreicher Erfolge und eines bescheidenen Budgets hat man ihr eine zu starke Politisierung, einen Personalüberschuß, zu viele Kolloquien und allgemein fehlende Effizienz vorgeworfen. Aufgrund dieser Vorwürfe sind die USA (Dez. 1984), dann Großbritannien und Singapur (Dez. 1985) aus der Organisation ausgetreten. Die beiden Erstgenannten haben jedoch noch Beobachterstatus.

UPU (Universal Postal Union / Weltpostverein)
Gründung: 1874 (*Berner Vertrag*); 1948 (als Sonderorgan). □ Mitgliedsstaaten: 169. □ Sitz: Bern.
Ziele: Organisation und Verbesserung der weltweiten Postdienste nach dem Grundsatz des freien Postverkehrs. Die Mitgliedsstaaten bilden einen einzigen Postraum für den Austausch der Korrespondenz und unterliegen den Bestimmungen, die von der UPU erlassen und von den nationalen Gesetzgebungen umgesetzt wurden. Dem Berner Vertrag (Allgemeiner Postvereinsvertrag) folgte 1878 der Weltpostvertrag von Paris, der später ständig erweitert wurde. Oberstes Organ der UPU ist der alle fünf Jahre zusammentretende Weltpostkongreß. Das internationale Büro wird von einem Generaldirektor geleitet.

HILFSORGANE

Die Charta erkennt den Hauptorganen der UNO (vor allem der Generalversammlung, dem Sicherheitsrat und dem Wirtschafts- und Sozialrat) die Möglichkeit zu, Hilfsorgane zu bilden, die zur Bewältigung ihrer Aufgaben erforderlich sind. Diese Hilfsorgane sind unterschiedlicher Natur: Es handelt sich um Expertenausschüsse, Institute, Universitäten, aber auch um zwischenstaatliche Organisationen. Sie verfügen weder über eine juristische Person noch über ein eigenes Budget; grundsätzlich sind sie integraler Bestandteil der Organisation, die sie bildet. In der Praxis jedoch haben einige von ihnen (besonders UNDP, UNEP, UNCTAD) weitgehende Autonomie erlangt und nehmen sogar neben den von der Organisation gestellten Mitteln eigene Mittel ein.

UNCTAD (United Nations Conference on Trade and Development / Handels- und Entwicklungskonferenz der Vereinten Nationen [Welthandelskonferenz])
Gründung: 1964. □ Mitgliedsstaaten: 168. □ Sitz: Genf.
Ziele: Ausweitung des Handels der Entwicklungsländer sowohl mit den Industrieländern als auch untereinander, Ergreifung von Maßnahmen zur Stabilisierung der Exporterlöse, Abschaffung von Zöllen und anderen Handelshemmnissen der Industrieländer. Bisher fanden sieben Welthandelskonferenzen statt.

Im Rahmen der UNCTAD haben die Entwicklungsländer 1974 die Schaffung einer ›Neuen Weltwirtschaftsordnung‹ gefordert. Dabei geht es um eine neue Grundlage für die Handelsbeziehungen zwischen Industrieländern und den Ländern der Dritten Welt unter anderem durch Einrichtung eines allgemeinen Präferenzsystems (durch das die Industrieländer den Entwicklungsländern einseitige Zollvorteile gewähren können), durch Reform des internationalen Währungssystems, durch eine neue Staffelung der Schulden der armen Länder und durch die Kontrolle der multinationalen Unternehmen.

Der Gedanke einer neuen Weltwirtschaftsordnung wurde vor allem von der ›Gruppe der 77‹ entwickelt, die anläßlich der ersten UNCTAD-Konferenz 1961 aus 77 Ländern der Dritten Welt gebildet wurde, um eine gemeinsame Haltung gegenüber den Industrieländern einzunehmen. Wenn auch die utopische Idee einer neuen, die Interessen der Entwicklungsländer viel stärker berücksichtigenden Weltwirtschaftsordnung teilweise aufgegeben wurde, besteht die Gruppe der 77 dennoch weiter. Sie ist zur Interessenvertretung der Entwicklungsländer in den UNO-Organisationen geworden und zählte Ende der 80er Jahre 130 Mitglieder.

WFC (World Food Council / Welternährungsrat)
Gründung: 1974. □ Sitz: Rom.
Ziele: Leitung und Koordinierung aller Aktivitäten der UNO-Organisationen im Bereich Ernährung und Landwirtschaft; Entwicklung von Strategieplänen.

UNFPA (United Nations Fund for Population Activities / Bevölkerungsfonds der Vereinten Nationen)
Gründung: 1967. □ Sitz: New York.
Ziele: Koordinierung von Projekten auf den Gebieten Bevölkerungsstatistik, -wissenschaft, -entwicklung und -politik, insbesondere Familienplanung.

B · **Ruhende Silhouette von Henry Moore.**
Diese Skulptur vor der größten Fassade des Sekretariats wurde aus einem Travertinblock gehauen und wiegt mit Sockel mehr als 60 Tonnen.

A · **Der Sitz der UNESCO in Paris.**

C · **Der Fall des Ikarus von Pablo Picasso.**
Dieses Werk, das Pablo Picasso in seinem Haus in Cannes auf 40 kleinen Holzplatten schuf, befindet sich auf einer trapezförmigen Wand im Konferenzgebäude und bedeckt eine Fläche von 80 m².

Die Unesco hat ihren Sitz in Paris; einer der Hauptgründe hierfür ist, daß die UNESCO aus einer Initiative Frankreichs und Großbritanniens hervorgegangen ist. Bei der Konferenz von San Francisco (1945) haben Frankreich und Großbritannien den Vorschlag eingebracht, das System der UNO durch eine Institution für Wissenschaft und Kultur zu vervollständigen. Die Gebäude stehen auf einem drei Hektar großen Gelände, das der Organisation von der französischen Regierung zur Verfügung gestellt wurde. Die Pläne für die Gebäude wurden von den Architekten Marcel Breuer (USA), Pier Luigi Nervi (Italien) und Bernhard Zerfuß (Frankreich) entworfen. Das Sekretariat überragt die Konferenz- und Delegationsgebäude. Die Bauten wurden 1958 fertiggestellt. Viele Werke der abstrakten Kunst waren in Auftrag gegeben worden (zum Beispiel Jean Bazaine, Jean Arp, Joan Miró, Karel Appel, Pablo Picasso, Henry Moore, Roberto Matta).

INTERNATIONALE ORGANISATIONEN

UNO

HABITAT (United Nations Centre for Human Settlements / Zentrum der Vereinten Nationen für Wohn- und Siedlungswesen)
Gründung: 1978. ☐ Sitz: Nairobi.
Ziele: Koordinierung der Tätigkeiten der UNO im Bereich des Siedlungswesens.

UNHCR (United Nations High Commissioner for Refugees / Hoher Kommissar der Vereinten Nationen für Flüchtlinge)
Gründung: 1950. ☐ Sitz: Genf.
Ziele: Sicherung des internationalen Schutzes der Flüchtlinge, insbesondere Überwachung der Einhaltung der Konvention über die Rechtsstellung der Flüchtlinge (Genfer Flüchtlingskonvention) und Erleichterung ihrer freiwilligen Wiedereinbürgerung. 1954 und 1981 erhielt die UNHCR den Friedensnobelpreis.

INSTRAW (International Research and Training Institute for the Advancement of Women / Internationales Forschungs- und Ausbildungsinstitut zur Förderung der Frau)
Gründung: 1979. ☐ Sitz: Santo Domingo.
Ziele: durch Forschung, Ausbildung und Informationsaustausch die Bemühungen der Organisationen fördern und erleichtern, die sich mit der Gleichstellung der Frau und ihrer Integration in den Entwicklungsprozeß befassen.

WFP (World Food Programme / Welternährungsprogramm)
Gründung: 1961. ☐ Sitz: Rom.
Ziele: Nahrungsmittelhilfe (Food-for-Work-Projekte, Sonderspeisungsprogramme) und Notstandshilfe für Länder leisten, die sich aufgrund von Naturkatastrophen oder chronischem Hunger bei ihrer Bevölkerung in Schwierigkeiten befinden.

UNDP (United Nations Development Programme / Entwicklungsprogramm der Vereinten Nationen)
Gründung: 1965. ☐ Sitz: New York.
Ziele: Hilfe für die Entwicklungsländer bei der besseren Nutzung ihrer Ressourcen, um ihre wirtschaftliche Produktivität zu steigern und den Lebensstandard der Bevölkerung zu verbessern. Das UNDP ist die zentrale Stelle für Finanzierung und Koordinierung der Arbeiten im Bereich der technischen Entwicklungszusammenarbeit der UNO.

UNEP (United Nations Environment Programme / Umweltprogramm der Vereinten Nationen)
Gründung: 1972. ☐ Sitz: Nairobi.
Ziele: Anregung der internationalen Zusammenarbeit staatlicher und nichtstaatlicher Stellen im Umweltschutz, Erstellung einer Datensammlung internationaler Umweltprobleme (zum Beispiel Meeresverschmutzung, Desertifikation), Förderung und Koordinierung umweltpolitischer Maßnahmen.

UNDRO (United Nations Disaster Relief Coordinator / Koordinator der Vereinten Nationen für Katastrophenhilfe)
Gründung: 1972. ☐ Sitz: Genf.
Ziele: Mobilisierung der Hilfsorganisationen der UNO und Koordinierung ihrer Hilfsmaßnahmen mit denen anderer Stellen.

UNICEF (United Nations Children's Fund / Kinderhilfswerk der Vereinten Nationen [Weltkinderhilfswerk])
Gründung: 1946. ☐ Sitz: New York.
Ziele: Hilfe für notleidende Kinder besonders in den Entwicklungsländern in den Bereichen Gesundheit, Ernährung und Ausbildung sowie Sonderhilfsprogramme. 1965 erhielt UNICEF den Friedensnobelpreis.

UNITAR (United Nations Institute for Training and Research / Ausbildungs- und Forschungsinstitut der Vereinten Nationen)
Gründung: 1965. ☐ Sitz: New York.
Ziele: Verbesserung der Wirksamkeit der Vereinten Nationen bei der Verwirklichung ihrer Ziele durch Aus- und Fortbildungsveranstaltungen sowie durch wissenschaftliche Studien.

UNU (United Nations University / Universität der Vereinten Nationen)
Gründung: 1973. ☐ Sitz: Tokio.
Ziele: Durchführung von Forschungsprojekten zu Weltproblemen wie Frieden, Sicherheit, Konfliktlösung, Weltwirtschaft, Hunger und Armut, Umwelt, technische und soziale Entwicklung, politische, kulturelle und soziale Koexistenz; Weiterbildung junger Akademiker.

UNRWA (United Nations Relief and Works Agency for Palestine Refugees in the Near East / Hilfswerk der Vereinten Nationen für Palästinaflüchtlinge im Nahen Osten)
Gründung: 1949. ☐ Sitz: Wien.
Ziele: Hilfe für die arabischen Palästina-Flüchtlinge in Jordanien, im Libanon, in Syrien und in den von Israel besetzten Gebieten (Westjordanland, Gazastreifen) vor allem durch Erziehungs- und Ausbildungsprogramme.

A · Die Finanzierung der UNICEF.
Die Finanzierung der Arbeiten der UNICEF hängt von den freiwilligen Beiträgen der Mitgliedsstaaten und von Spenden ab. Die UNICEF organisiert unter anderem Kampagnen und verkauft Grußkarten. Einer ihrer großen Erfolge war das Internationale Jahr des Kindes 1979. Die UNICEF bemüht sich darum, daß jedes Kind die Grundrechte und Vorteile genießen kann, wie sie in der Erklärung der Rechte des Kindes festgesetzt sind. Diese Erklärung wurde von der Generalversammlung am 20. November 1959 angenommen.

DIE BLAUHELME

Die erste ›friedenssichernde Operation‹ der Friedenstruppen (United Nations Emergency Force, UNEF) war ihr Einsatz im Suez-Konflikt 1956/57.
Die UNO-Friedenstruppen sind bewaffnete Truppen (›Blauhelme‹), die von den Mitgliedsstaaten gestellt werden. Ihr Eingreifen, das vom Sicherheitsrat oder in Ausnahmefällen von der Generalversammlung beschlossen wird, ist nicht offensiver Art und kann nur geschehen (oder beantragt werden), wenn die sich im Konflikt befindlichen Staaten ihre Zustimmung geben. Die Blauhelme dienen als ›Puffer‹ zwischen den kämpfenden Parteien und dürfen ihre Waffen nur zur notwendigen Selbstverteidigung gebrauchen.
Bei einigen Einsätzen, wie bei der 1948 gegründeten UNTSO zur Sicherung des Waffenstillstands zwischen den arabischen Staaten und Israel, werden keine Waffen getragen. Die Blauhelme sind militärische Beobachter, die dem Generalsekretär Bericht erstatten müssen. Die wichtigsten Einsätze der Blauhelme:
- 1956/57, 1967 in Ägypten (UNEF 1);
- 1960–64 im Kongo (ONUC, um das Auseinanderbrechen des neues Staates zu verhindern);
- seit 1964 auf Zypern (UNFICYP);
- seit 1974 in Kaschmir (UNMOGIP, zur Beobachtung des Waffenstillstands zwischen Indien und Pakistan);
- 1973 im Sinai (UNEF 2);
- seit 1974 auf den Golanhöhen (UNDOF, zur Überwachung der Truppenentflechtung zwischen Israel und Syrien);
- seit 1978 im Libanon (UNIFIL);
- seit 1988 in Golfkrieg (UNIIMOG, zur Überwachung des Waffenstillstands zwischen Irak und Iran);
- seit 1989 in Zentralamerika (ONUCA, zur Beobachtung der teilweise militärischen Auseinandersetzungen in Mittelamerika).

1988 erhielten die ›Soldaten des Friedens‹ den Friedensnobelpreis.

INTERNATIONALE ORGANISATIONEN

ANDERE WELTWEITE ORGANISATIONEN

ORGANISATIONEN MIT BESCHRÄNKTER ZUSTÄNDIGKEIT

Manche zwischenstaatlichen Organisationen haben trotz ihres weltweiten Charakters (das heißt, daß der Beitritt zur Organisation keiner geographischen Beschränkung unterliegt) eine beschränkte Zuständigkeit, die sich auf einen festgelegten Tätigkeitsbereich erstreckt. Die meisten von ihnen sind dem System der UNO beigetreten, wo sie als Sonderorgane fungieren. Manche jedoch, die bei der internationalen Zusammenarbeit eine wichtige Rolle spielen (Interpol, WTO) oder die weniger weltumfassend sind (OPEC), bilden keinen Teil des UNO-Systems.

BIZ (Bank für Internationalen Zahlungsausgleich / Bank for International Settlements, BIS)
Gründung: 27. Februar 1930 (Konvention von Den Haag). Die BIZ hat einen Sonderstatus und eine Sondercharta, die ihr von der Schweizer Eidgenossenschaft zuerkannt wurden. □ **Mitglieder**: Zentralbanken aus 29 Ländern (Republik Südafrika, Kanada, USA, Japan, Australien, Österreich, Belgien, Bulgarien, Dänemark, Spanien, Finnland, Frankreich, Griechenland, Ungarn, Irland, Island, Italien, Norwegen, Niederlande, Polen, Portugal, Bundesrepublik Deutschland, Rumänien, Großbritannien, Schweden, Schweiz, Tschechoslowakei, Türkei, Jugoslawien). □ **Sitz**: Basel.
Ziele: Förderung der Zusammenarbeit der Zentralbanken und internationalen Organisationen, Gewährung von Finanzhilfen an Zentralbanken, Abwicklung von internationalen Zahlungsgeschäften. Alle Geschäfte der BIZ müssen mit der Politik der Zentralbanken der beteiligten Länder abgestimmt sein. Die BIZ ist die wichtigste Institution für die Zusammenarbeit der Zentralbanken und spielt eine bedeutende Rolle in der internationalen Währungspolitik, zum Beispiel als Sekretariat des Ausschusses der EG-Zentralbankpräsidenten, als Informationszentrum für die internationalen Finanzmärkte (besonders der Euromärkte) und bei der Bewältigung von Schuldenkrisen.

Interpol (International Criminal Police Organization / Internationale Organisation der Kriminalpolizei)
Gründung: 1923 in Wien. □ **Mitgliedsstaaten**: 147. □ **Sitz**: Saint-Cloud (Frankreich) seit 1946.
Ziele: Staatenübergreifende Verbrechensbekämpfung durch Gewährung gegenseitiger Unterstützung durch alle kriminalpolizeilichen Einrichtungen nach nationalem Recht unter Beachtung des Geistes der allgemeinen Erklärung der Menschenrechte. Mit politischen Delikten oder religiösen, rassischen und militärischen Angelegenheiten hat sich Interpol nicht zu befassen. Schwerpunkt der Tätigkeit ist der Informationsaustausch über tatsächliche oder mögliche Straftaten mit internationalem Bezug. Interpol besitzt keine eigenen Hoheitsbefugnisse, so daß die Strafverfolgung den nationalen Strafverfolgungsbehörden obliegt.

WTO (World Tourism Organization / Welttourismus-Organisation)
Gründung: 1975; Vorläufer war die Internationale Union der öffentlichen Tourismusstellen, die 1925 in Den Haag gegründet wurde. □ **Mitgliedsstaaten**: 109. □ **Sitz**: Madrid.
Ziele: Förderung und Entwicklung des Tourismus unter Beachtung des Wirtschaftswachstums, der internationalen Verständigung, des Friedens und des Wohlstandes sowie unter Achtung der Rechte und der Grundfreiheiten des Menschen.

OPEC (Organization of the Petroleum Exporting Countries / Organisation erdölexportierender Länder)
Gründung: 1960. □ **Mitgliedsstaaten**: 13; Saudi-Arabien, Iran, Irak, Kuwait, Venezuela (Gründungsmitglieder), Katar (1961), Libyen (1962), Indonesien (1962), Vereinigte Arabische Emirate (1967), Algerien (1969), Nigeria (1971), Ecuador (1973), Gabun (1975). □ **Sitz**: Wien (bis 1965 Genf).
Geschichte: Ursprünglich wurde die OPEC 1960 gegründet, um das Sinken des Rohölpreises zu stoppen. Durch Marktaufteilung und Verkaufsquoten konnten die OPEC-Mitglieder als Rohstoffkartell bei ihren Käufern beträchtliche Preisanhebungen durchsetzen. Ungefähr 20 Jahre lang verhielten sich die OPEC-Staaten sehr solidarisch. Dann kamen jedoch Interessenunterschiede und die Abwehrreaktionen der Käuferländer stärker zur Geltung (Verbrauchseinschränkung, Diversifizierung der Energiequellen unter Miteinbeziehung der Kernenergie, Erschließung von Erdölquellen außerhalb der OPEC), was zur Destabilisierung des Kartells führte.
Ziele: Einheitlichkeit der Erdölpolitik der Mitglieder und Festsetzung der besten Mittel zur Wahrung ihrer jeweiligen und kollektiven Interessen; Stabilisierung der Preise und der Einnahmen für das exportierte Rohöl; Kontrolle der Erdölindustrie durch Beteiligungen und Verstaatlichungen im Rahmen einer wirtschaftlichen Entwicklungsstrategie.

INTERNATIONALE GERICHTE

Ein Teil der internationalen Gerichte wurde für die friedliche Beilegung von Streitigkeiten zwischen den Staaten eingerichtet (zum Beispiel der Internationale Gerichtshof der UNO), andere bieten Privatpersonen die Möglichkeit, gegen Staaten vorzugehen (zum Beispiel der Europäische Gerichtshof für Menschenrechte, der vom Europarat eingerichtet worden ist).

Unter den Gerichten zur Beilegung von zwischenstaatlichen Streitfällen ist das älteste der Ständige Schiedsgerichtshof in Den Haag. Von Beginn seiner Arbeit im Jahre 1902 bis 1970 hat er in 25 Fällen eingegriffen; heute hat seine Tätigkeit abgenommen.

Ständiger Schiedsgerichtshof (Permanent Court of Arbitration)
Gründung: 1899 (Konvention von Den Haag). □ **Mitgliedsstaaten**: 75. □ **Sitz**: Den Haag, im Palast des Friedens, in dem sich auch der Internationale Gerichtshof befindet.
Ziele: die sofortige Inanspruchnahme eines Schiedsspruches bei internationalen Streitigkeiten zu erleichtern, die nicht auf diplomatischem Wege beigelegt werden konnten.

Der Schiedsgerichtshof ist kein ständiges Gericht: es handelt sich um eine Liste von Juristen, die von den Mitgliedsstaaten ernannt werden (vier pro Staat) und als Schiedsrichter von den streitenden Parteien gewählt werden können. Nur das Internationale Sekretariat, das als Gerichtsgeschäftsstelle dient, ist ohne Unterbrechung besetzt.

▲ · **Die Mitgliedsstaaten der OPEC.**
Die Macht der OPEC hängt von der Bedeutung der Erdölquellen ihrer Mitglieder ab. In den 70er Jahren lieferten diese die Hälfte der weltweiten Produktion. Die Intensivierung der Erdölproduktion in der Nordsee und in Alaska haben dazu geführt, daß der Anteil der OPEC an der Weltförderung sinkt (1989 betrug er 35,8 %). Andererseits verfügt sie noch über zwei Drittel der weltweiten Erdölreserven.

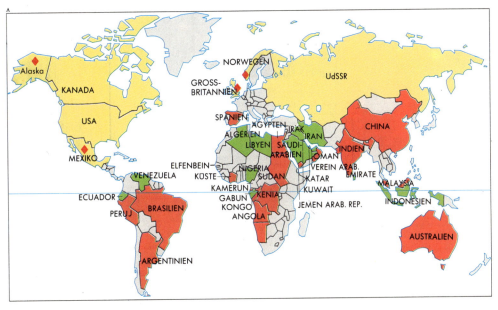

INTERNATIONALE ORGANISATIONEN

DIE EUROPÄISCHE GEMEINSCHAFT

GESCHICHTE

Die Europäische Gemeinschaft (EG), englisch European Community (EC), französisch Communauté Européenne (CE), entstand 1965 aus der Verschmelzung von drei Organisationen, die ab 1951 von Ländern Westeuropas und des Mittelmeerraumes mit der Absicht, ihre Wirtschaften allmählich zu integrieren, gegründet worden waren: die Europäische Gemeinschaft für Kohle und Stahl (EGKS), die Europäische Atomgemeinschaft (EAG), bekannter unter dem Namen *Euratom,* und die Europäische Wirtschaftsgemeinschaft (EWG), die lange *Gemeinsamer Markt* genannt wurde. Die drei Europäischen Gemeinschaften bestehen allerdings formalrechtlich selbständig nebeneinander weiter, sind aber durch gemeinsame Organe und gemeinsame vertragliche Bestimmungen miteinander verbunden. Die EG hat 1990 zwölf Mitglieder: Belgien, Bundesrepublik Deutschland, Frankreich, Italien, Luxemburg und die Niederlande (Unterzeichnerstaaten bei der Gründung der drei ursprünglichen Organisationen), Großbritannien, Dänemark, Irland (Beitritt 1973), Griechenland (1981), Spanien und Portugal (1986). Sitz: Brüssel.

Es folgen die wichtigsten Daten zur Geschichte der EWG:
1943–1944: Abkommen über die Gründung des Benelux, unterzeichnet in London.
1946: In einer Rede in Zürich schlägt Winston Churchill die ›Schaffung der Vereinigten Staaten von Europa‹ vor.
1947: Frankreich und Italien beschließen eine Zollunion; der Vertrag wird am 26. März 1949 unterzeichnet.
1950: Am 9. Mai schlägt der französische Außenminister Robert Schuman vor, eine gemeinsame Vermarktung von Kohle und Stahl zu organisieren und zu diesem Zweck eine europäische Organisation zwischen Frankreich und Deutschland zu schaffen. Diese Organisation soll allen europäischen Staaten offenstehen und von einem Organ unter der Aufsicht der Mitgliedsstaaten gelenkt werden, der *Obersten Behörde.*
1951–1952: Gründung der EGKS.
1957: Am 25. März werden die Römischen Verträge unterzeichnet, die zwei neue Organisationen schaffen: Euratom und die EWG. Die EGKS wird in dieses Gebilde der ›Europäischen Gemeinschaften‹ eingegliedert. Jede Organisation besitzt eigene Organe. Nur der Europäische Gerichtshof und das Europäische Parlament sind allen drei Organisationen gemeinsam.
1958: Am 1. Januar treten die Römischen Verträge in Kraft.
1965: Am 8. April wird in Brüssel der Vertrag unterzeichnet, der eine *Europäische Kommission* und einen *Ministerrat* einrichtet, die allen drei Organisationen gemeinsam sind.
1967: Am 1. Juli treten die Verträge von 1965 in Kraft. Die Gemeinschaften werden vereint.

EGKS (Europäische Gemeinschaft für Kohle und Stahl / Montanunion / European Coal and Steel Community, ECSC / Communauté Européenne du Charbon et de l'Acier, ECA)
Gründung: 18. April 1951 durch den Vertrag von Paris. **Gründungsmitglieder:** Belgien, Bundesrepublik Deutschland, Frankreich, Italien, Luxemburg und die Niederlande.
Ziele: In Übereinstimmung mit der allgemeinen Wirtschaftslage der Mitgliedsstaaten und mit Hilfe eines gemeinsamen Marktes für Kohle und Stahl zur wirtschaftlichen Entwicklung, zur Entwicklung der Beschäftigung und zur Anhebung des Lebensstandards in den Mitgliedsländern beitragen. Die EGKS muß schrittweise Bedingungen schaffen, die selbständig die rationellste Verteilung der Produktion auf höchstmöglicher Produktionsebene garantieren, wobei der Erhalt der Arbeitsplätze und eine Vermeidung großer und bleibender wirtschaftlicher Schwierigkeiten in den Mitgliedsländern im Vordergrund stehen. Die Regierungen verpflichteten sich auf 50 Jahre; die Verwirklichung der Ziele war nach Zeiträumen gestaffelt. Am 21. Dezember 1954 wurde ein Beitrittsabkommen mit Großbritannien unterzeichnet, das am 23. September 1955 in Kraft trat.
Struktur: *Besonderer Ministerrat* mit oberster beratender Funktion, *Hohe Behörde,* gleichzeitig dem Rat unterstehende Legislative und Exekutive, *Gerichtshof* und *Gemeinsame Versammlung.* Die Organe der EGKS dienten als Beispiel für die der anderen Gemeinschaften und verschmolzen durch den Brüsseler Vertrag vom 8. April 1965 mit den anderen Räten und Kommissionen.

Euratom (Europäische Atomgemeinschaft, EAG / European Community for Atomic Energy, ECAE / Communauté Européenne de l'Énergie Atomique, CEEA)
Gründung: 25. März 1957 durch die Römischen Verträge, die am 1. Januar 1958 in Kraft traten. □ **Gründungsmitglieder:** Wie bei der EGKS und der EWG.
Ziele: Förderung der Forschung auf dem Gebiet der Kernenergienutzung und Kerntechnik in den Mitgliedsländern unter Verbreitung des einschlägigen Wissens, Sicherstellung der Versorgung der Gemeinschaft mit Kernbrennstoffen, Gewährleistung der Sicherheit der

A · **Jean Monnet und Robert Schuman, die ›Gründungsväter Europas‹.**

Der Franzose Jean Monnet (1888–1979) nahm während beider Weltkriege an zahlreichen internationalen Versammlungen teil und war 1919–23 stellvertretender Generalsekretär des Völkerbundes. Ab 1940 stand er für Großbritannien im diplomatischen Dienst. Bei der Befreiung kehrte er nach Frankreich zurück und wurde 1944 Handelsminister der provisorischen Regierung. 1945 schlug er einen ›Plan zur Modernisierung und Ausrüstung‹ für die französische Wirtschaft vor und wurde Leiter des Planungsamtes (1946 bis 1950). Nach 1950 widmete er sich vor allem europäischen Aufgaben: Präsident der Hohen Behörde der EGKS, Vorsitzender des von ihm 1955 gegründeten Aktionskomitees für die Vereinigten Staaten von Europa. Monnet wurde 1976 erster ›Ehrenbürger von Europa‹.
Der Franzose Robert Schuman (1886–1963) wirkte nach dem Zweiten Weltkrieg an der Gründung der Republikanischen Volksbewegung mit, in der er eine führende Rolle übernahm. Als Finanzminister (Juni 1946 bis Nov. 1947), als Präsident des Rates (Nov. 1947 bis Juli 1948) und als Außenminister (Juli 1948 bis Jan. 1953) spielte er eine wichtige politische Rolle bei der europäischen Einigung. Angeregt von den Gedanken Monnets legte der Schuman-Plan, der 1949 veröffentlicht wurde, die Grundzüge einer solchen Politik fest. Er schlug die Gründung der EGKS vor. Mit dem Plan zur Bildung einer europäischen Verteidigungsgemeinschaft scheiterte er jedoch und dankte ab. Er war Justizminister (Feb. 1955 bis Jan. 1956) sowie Vorsitzender der Europäischen Bewegung (1956–62) und des Europäischen Parlaments (1958–1960).

BENELUX

Die Bildung des Benelux (Belgisch-Niederländisch-Luxemburgische Wirtschaftsunion) ist die erste Willensbekundung für eine Annäherung zwischen europäischen Staaten nach dem Zweiten Weltkrieg. Die Organisation geht auf die 1921 gegründete Belgisch-Luxemburgische Wirtschaftsunion sowie auf die Unterzeichnung von Verträgen in den Jahren 1943 und 1944 in London zurück (damals waren die drei Unterzeichnerstaaten noch besetzt) sowie auf den Abschluß von Währungs- und Zollvereinbarungen.
Diese Abkommen wurden nach dem Krieg von den Regierungen bestätigt und führten in mehreren Schritten 1958 zur Schaffung einer Wirtschafts- und Zollunion, die die Entwicklung des Handelsaustausches innerhalb und außerhalb dieses Raumes verbesserte und zu einem Anstieg bei Produktion und Lebensstandard sowie zu einer Anhebung der Löhne und Gehälter führte. Die Beneluxstaaten, die ein wichtiger Teil der EGKS waren, bilden heute eine Untergruppe der Europäischen Gemeinschaft, wobei die Beneluxabkommen weiterhin gültig sind. Die Organisation besitzt verschiedene Organe: ein Ministerkomitee als oberstes Organ, einen Rat der Wirtschaftsunion als Exekutive, einen Konsultativen Interparlamentarischen Rat als beratendes Organ und einen Gerichtshof. Der Sitz ist in Brüssel.

INTERNATIONALE ORGANISATIONEN

entsprechenden Anlagen, vor allem hinsichtlich der Gesundheit der Bevölkerung, die Verwendung des Kernbrennstoffmaterials ausschließlich für friedliche Zwecke. Zur Überwachung der Sicherheit darf die Kommission Inspektoren in die Mitgliedsstaaten entsenden. Zur Förderung von Forschungsprogrammen kann die Kommission im Rahmen von Forschungsverträgen finanzielle Hilfen gewähren (jedoch keine Subventionen) oder die Mitgliedsstaaten zu gemeinsamen Finanzierungen veranlassen. Auf der Grundlage des Vertrags fördern die EAG stellt die Gemeinschaft ein eigenes Forschungs- und Ausbildungsprogramm auf, zu dessen Durchführung auch eine Gemeinsame Kernforschungsstelle (GFS) mit den fünf Kernforschungszentren in Ispra (Italien), Geel (Belgien), Petten (Niederlande), Culham (Großbritannien) und Karlsruhe besteht; die GFS ist überdies Trägerin aller Kernforschungsvorhaben der Gemeinschaft. Der EURATOM-Vertrag bestimmt ferner, daß bestimmte spaltbare Stoffe, die von einem Mitgliedstaat, einer Person oder einem Unternehmen erzeugt oder eingeführt werden und der Sicherheitsüberwachung unterliegen, Eigentum der Gemeinschaft sind.
Struktur: Rat, Kommission, Wissenschaftlicher und Technischer Ausschuß.

EWG (Europäische Wirtschaftsgemeinschaft / Gemeinsamer Markt / European Economic Community, EEC / Communauté Économique Européenne, CEE)
Gründung: 25. März 1957 durch die Römischen Verträge, die am 1. Januar 1958 in Kraft traten. □ **Gründungsmitglieder:** wie bei EGKS und EAG.
Ziel: Durch Schaffung eines gemeinsamen Marktes und Annäherung zwischen den Mitgliedsländern eine harmonische Entwicklung des Wirtschaftslebens in der gesamten Gemeinschaft fördern, ein stetiges und ausgewogenes Wachstum, eine größere Stabilität, eine schnellere Anhebung des Lebensstandards und engere zwischenstaatliche Beziehungen.

Der Vertrag von Rom präzisiert: 1) die Grundlagen der Gemeinschaft (freier Warenverkehr zwischen den Staaten durch Abschaffung der Zölle und der Kontingente sowie durch die Ausarbeitung eines gemeinsamen Zolltarifs gegenüber den Nichtmitgliedsländern; Schaffung einer gemeinsamen Agrarpolitik; freier Personenverkehr, also Abschaffung der Diskriminierung der Arbeitnehmer durch Nationalität und Freiheit der Wohnortwahl, freier Verkehr für Dienstleistungen und Kapital; Einrichtung einer gemeinsamen Verkehrspolitik); 2) die Wirtschaftspolitik der Gemeinschaft und insbesondere ihre Wettbewerbspolitik (Anerkennung der Abkommen zwischen Unternehmen, die zur Verbesserung der Produktion und der Verteilung der Güter beitragen sowie den wirtschaftlichen oder technischen Fortschritt fördern; Verbot von Abkommen zwischen Unternehmen zur Begrenzung der Produktion, der technischen Weiterentwicklung oder der Investitionen; Verbot von Abkommen, die auf eine Zuteilung der Märkte oder Versorgungsquellen abzielen oder ungleiche Bedingungen zwischen den Handelspartnern schaffen; Verbot von Dumping oder steuerlichen Diskriminierungen; Annäherung der Gesetzgebungen in Wirtschaft und Gesellschaft); 3) Annäherung der Wirtschaftspolitik, Koordinierung der Konjunktur- und Währungspolitik, gemeinsame Außenhandels- und Entwicklungspolitik.

Der Vertrag wurde auf unbegrenzte Zeit geschlossen und kann geändert werden; jeder europäische Staat darf die Mitgliedschaft in der Gemeinschaft beantragen, doch müssen alle Mitgliedsländer dem Beitritt zustimmen; die Gemeinschaft kann Sondervereinbarungen (z. B. mit einem dritten Staat) treffen.

Die EWG versucht, eine wirkliche wirtschaftliche Integration zu erreichen, wobei Befugnisse der Staaten an die Organe der Gemeinschaft übertragen werden sollen. Auf der Grundlage einer Zollunion mit Abschaffung der Binnenzölle und Einrichtung eines gemeinsamen Außenzolles soll ein großer gemeinsamer Markt geschaffen werden, in dem Personen und Güter frei auf dem Gebiet der Mitgliedsstaaten verkehren können.

Trotz der Fusion der Organe der drei Gemeinschaften (1967), die die Effizienz der europäischen Organisationen verbessert hat, und trotz der Erweiterung der Gemeinschaft (1973, 1981 und 1986) ist die Bilanz stellenweise enttäuschend: Wenn es auch keine Zollgrenzen mehr gibt, so bleiben doch die Steuergrenzen aufgrund der unterschiedlichen Steuersätze bestehen. Das Erkennen dieser und ähnlicher Unzulänglichkeiten führte zur Einheitlichen Europäischen Akte aus dem Jahre 1985, die am 1. Juli 1987 in Kraft trat und die durch institutionelle und materielle Maßnahmen die vollständige Realisierung des großen europäischen Binnenmarktes bis zum 31. Dezember 1992 ermöglichen soll.

A · Der europäische Reisepaß (Europapaß).
Er gilt seit dem 1. Januar 1985, wird schrittweise in allen Mitgliedsländern der Gemeinschaft eingeführt (in der Bundesrepublik Deutschland seit 1. Januar 1988) und ersetzt die alten Pässe der jeweiligen Länder.

B · Der Beitritt zur Europäischen Gemeinschaft.
Die Europäische Gemeinschaft ist heute die wichtigste regionale Organisation in Europa. Ein Beitritt ist den europäischen Staaten vorbehalten, die sich am Modell einer Marktwirtschaft orientieren, einen fairen sowie geregelten Wettbewerb ermöglichen und eine gemeinsame Politik in verschiedenen Bereichen akzeptieren. Der Beitritt neuer Mitglieder ist ein langwieriges und schwieriges Verfahren. Die Entscheidung muß einstimmig vom Ministerrat getroffen werden; der Abschluß eines Vertrages zwischen dem kandidierenden Staat und jedem Mitglied muß folgen. Trotz dieser Schwierigkeiten ist Europa stetig gewachsen: Aus dem ›Europa der Sechs‹ (›Kleines Europa‹) wurde durch den Beitritt Großbritanniens, Irlands und Dänemarks im Jahre 1973 das ›Europa der Neun‹, danach mit Griechenland 1981 das ›Europa der Zehn‹, schließlich durch den Beitritt von Spanien und Portugal im Jahre 1986 das ›Europa der Zwölf‹.

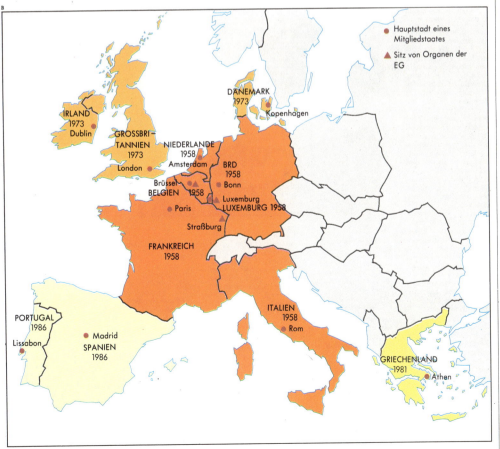

INTERNATIONALE ORGANISATIONEN

EUROPÄISCHE GEMEINSCHAFT

WICHTIGSTE ORGANE

Seit dem Brüsseler Vertrag vom 8. April 1965, der 1967 in Kraft trat, sind die Exekutivorgane der drei Gemeinschaften (EGKS, EAG, EWG), die zusammen die Europäische Gemeinschaft bilden, vereint. Die Organisationen bleiben jedoch eigenständig und unterliegen den Bestimmungen ihrer konstituierenden Verträge.

Neben den fünf Hauptorganen – *Kommission, Rat, Europäisches Parlament, Gerichtshof* und *Rechnungshof* – hat sich in der Praxis eine Institution als sehr einflußreich erwiesen, die in den Verträgen der verschiedenen Gemeinschaften nicht vorgesehen ist: die Konferenz, die regelmäßig die Staats- und Regierungschefs zusammenruft und die als ›Europäischer Rat‹ bezeichnet wird. Das Gefüge wird von zwei beratenden Versammlungen und einer Reihe von Unterorganen vervollständigt (s. S. 658).

Die Kommission. Die EG wird gelenkt von einer ›staatenübergreifenden‹ Exekutive mit zwei Spitzen (Kommission und Rat). *Zusammensetzung:* Die Kommission besteht aus 17 Kommissaren (zwei für die Bundesrepublik Deutschland, Frankreich, Großbritannien, Italien und Spanien, einer für die anderen Mitgliedsstaaten). Sie werden von den Regierungen der Mitgliedsländer in gegenseitigem Einvernehmen für vier Jahre ernannt (Präsident und Vizepräsidenten für zwei Jahre). Die Kommissare erfüllen ihre Aufgaben in völliger Unabhängigkeit. Jedem Kommissar sind spezielle Aufgabenbereiche zugewiesen. Die Kommission hat ihren ständigen Sitz in Brüssel. *Aufgaben:* Die Kommission besitzt Initiativrecht: Sie legt dem Rat Vorschläge und Entwürfe für Gemeinschaftsregelungen vor und soll im Interesse der Gemeinschaft handeln. Zwar kann sie selbst Rechtsbeschlüsse fassen; diese bedürfen aber der Zustimmung des Rates, was ihm die Möglichkeit zur Aufhebung der Beschlüsse gibt. Die Kommission kontrolliert, ob die Staaten ihren Verpflichtungen aus den Verträgen und den Beschlüssen der Institutionen nachkommen. Bei Vertragsverletzungen muß sie einschreiten und unter Umständen den Gerichtshof anrufen.

Der Ministerrat. Als ein weiterer Zweig der Exekutive ist der Ministerrat, zumindest seiner Zusammensetzung nach, ein politisches Organ. Er ist deutlich mächtiger als die Kommission. *Zusammensetzung:* ein oder mehrere Vertreter aus den Mitgliedsstaaten. Im Prinzip ein Mitglied aus jeder Regierung: ein Minister oder Staatssekretär (Außenministerium, Wirtschaft, Finanzen, Arbeit, Landwirtschaft, Verkehr oder Wissenschaft), je nach behandeltem Thema. Der Rat versammelt sich unregelmäßig abwechselnd in Brüssel und in Luxemburg. *Aufgaben:* Der Rat gewährleistet die Koordinierung der Politik der Mitgliedsstaaten im wirtschaftlichen Bereich und ist oberstes Entscheidungs- und Rechtsetzungsorgan. Gegenüber der Kommission übt er gewisse Kontrollfunktionen aus. Von der Kommission ausgehandelte völkerrechtliche Verträge werden vom Rat geschlossen. Seit 1965 steht dem Rat ein mit Diplomaten besetzter *Ausschuß der Ständigen Vertreter* zur Seite, der die laufenden Angelegenheiten behandelt. Nach dem ›Luxemburger Kompromiß‹ vom 29. Januar 1966 wurden die Entscheidungen des Rates einstimmig getroffen. Nach der Einheitlichen Europäischen Akte vom Dezember 1985, die am 1. Juli 1987 in Kraft trat, ersetzen in vielen Bereichen Mehrheitsentscheidungen das Prinzip der Einstimmigkeit. Bei Beschlüssen mit qualifizierter Mehrheit haben die EG-Staaten je nach ihrer Größe unterschiedlich viele Stimmen (es sind 54 von 76 Stimmen erforderlich), bei Beschlüssen mit einfacher Mehrheit müssen mindestens sieben Staaten zustimmen.

Das Europäische Parlament (Europäische Versammlung). Trotz des Namens, den es sich selbst 1958 gegeben hat (obwohl die Vertragstexte nur von einer *Europäischen Versammlung* sprachen) ist das ›Europäische Parlament‹ eigentlich keine Legislative, sondern ein Kontrollorgan. *Zusammensetzung:* 518 Abgeordnete, die nicht die Regierungen, sondern die Völker der Mitgliedsländer vertreten. Gemäß der Reform vom 20. September 1976 werden die Abgeordneten direkt in allgemeiner Wahl gewählt, wobei die Anzahl der Sitze jedes Staates von seiner Bevölkerungszahl und seiner wirtschaftlichen Bedeutung abhängt. Die Parlamentarier gruppieren sich nicht nach Nationalität, sondern nach ihrer politischen Ausrichtung (Christdemokraten, Sozialisten, Konservative, Liberale usw.). Ihre Amtszeit beträgt fünf Jahre. *Sitz:* Straßburg (der Sitz des Sekretariats des Parlaments befindet sich allerdings in Luxemburg). *Aufgaben:* Das Parlament ist in allererster Linie das Kontrollorgan für die Aktivitäten der Kommission. Die Kommission muß vom Parlament angehört werden, dem sie einen Jahresbericht vorzulegen hat, und dem gegenüber sie ihre Positionen in den öffentlichen Vollversammlungen rechtfertigen muß. Die Kommission kann durch einen Mißtrauensantrag abgesetzt werden.

Das Parlament hat eine begrenzte normative Befugnis: Es wird vom Rat bei allen wichtigen Angelegenheiten befragt, doch ist die-

---

A, B · Die Kommission und der Ministerrat.
Gemeinsam erarbeiten sie den Haushalt und setzen die Politik der Gemeinschaft in den Bereichen Landwirtschaft, Energie, Industrie, Forschung, Umwelt, Außenhandel, Währung usw. fest. Die Kommission schlägt die entsprechenden Maßnahmen vor, und der Rat beschließt sie. Die beschlossenen Maßnahmen zeigen sich in Form von *Verordnungen*, die grundsätzlich unmittelbar in allen EG-Staaten gelten, *Entscheidungen*, die gegenüber Staaten, Unternehmen oder Einzelnen ergehen und sich auf Einzelfälle beziehen sowie *Richtlinien*, die verbindliche Ziele setzen, die die Staaten in ihren Gesetzgebungen aufgreifen müssen.
Die Kommission hat auch noch besondere Aufgaben:
• Sie verfolgt und ahndet Verstöße nationaler Unternehmen gegen den freien Wettbewerb;
• sie kontrolliert die staatlichen Subventionen;
• sie verhandelt mit Drittländern über Handelsabkommen;
• sie überwacht die Befolgung der Verträge und klagt die Staaten, die ihren Verpflichtungen nicht nachkommen, vor dem Gerichtshof an;
• sie überwacht die Befolgung der vom Rat beschlossenen Maßnahmen.

Europäische Kommission: 17 Kommissare

Ministerrat: Fachminister aus den 12 Mitgliedsstaaten

Europäischer Rat: Staats- und Regierungschefs der 12 Mitgliedsstaaten und der Vorsitzende der Kommission

Europäisches Parlament: 518 Abgeordnete

Europäischer Gerichtshof: 13 Richter und 6 Generalanwälte

C · Der Europäische Rat.
Er besitzt eine Antriebs- und Ausrichtungsfunktion für die gemeinschaftliche Politik.

D · Das Parlament kontrolliert die Kommission und den Rat. Es hat die Befugnis,
• die Kommission aufzulösen;
• zu diskutieren, Stellungnahmen zu den Vorschlägen der Kommission abzugeben (Parlamentsaussprachen, mündliche und schriftliche Anfragen, Anhörungen usw.);
• in bestimmten Bereichen Änderungen an den Entwürfen des Rates und der Kommission zu beantragen (Zusammenarbeit nach der Einheitlichen Europäischen Akte);
• die nicht obligatorischen Ausgaben zu bestimmen;
• den Haushalt allgemein abzulehnen.

E · Die politischen Gruppen im Parlament.
Da sich die Gruppen aus Parlamentariern aus den verschiedenen Ländern gebildet haben (zehn länderübergreifende Fraktionen und elf fraktionslose Parlamentarier), befassen sie sich weniger mit nationalen Problemen, obwohl auch 13 Regionalisten und EG-Gegner vertreten sind.
Die Ergebnisse der Wahlen von 1989 führten fast zu einem Gleichstand zwischen den ›Linken‹ und den ›Rechten‹, auch wenn die Ökologen (Regenbogenpartei) und die extreme Rechte eine Rolle spielen werden.

F · Der Gerichtshof.
Seine Aufgaben:
• Urteile bei Verstößen der Staaten gegenüber ihren Verpflichtungen (nach Anrufung durch die Kommission oder durch Mitgliedsstaaten).
• Die Gültigkeit der Beschlüsse der Organe der Gemeinschaft überprüfen (nach Anrufung durch die Kommission, den Rat, die Mitgliedsstaaten, die nationalen Gerichte oder durch Betroffene).

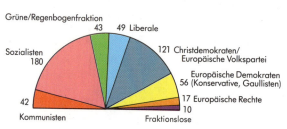

Grüne/Regenbogenfraktion 43
49 Liberale
121 Christdemokraten/ Europäische Volkspartei
Sozialisten 180
Europäische Demokraten 56 (Konservative, Gaullisten)
17 Europäische Rechte
42 Kommunisten
10 Fraktionslose

INTERNATIONALE ORGANISATIONEN

ser durch die Stellungnahme des Parlaments nicht gebunden. Die Einheitliche Europäische Akte hat jedoch ein *Verfahren der Zusammenarbeit* zwischen dem Parlament und dem Ministerrat für alle wichtigen Fragen im Zusammenhang mit der Schaffung des Europäischen Binnenmarktes eingerichtet (das Parlament kann binnen drei Monaten mit absoluter Mehrheit Entscheidungen des Rates ablehnen oder ändern). Größer sind die Befugnisse im Haushaltsbereich. Zusammen mit dem Rat beschließt das Parlament den Haushalt und kann in einem gewissen Rahmen Änderungen einbringen. Der Beitritt neuer Staaten und der Abschluß von Assoziierungsabkommen bedürfen der Zustimmung des Parlaments.

Der Gerichtshof der Europäischen Gemeinschaften (Europäischer Gerichtshof). Als rechtsprechendes Organ der Gemeinschaften spielt er eine wichtige Rolle bei der Ausarbeitung des Gemeinschaftsrechtes, bei der Beseitigung von Lücken in den Gesetzestexten und bei der Präzisierung der darin enthaltenen Bestimmungen. **Zusammensetzung:** Das Gericht setzt sich aus 13 Richtern zusammen (ein Richter pro Staat, wobei die ›großen Staaten‹ abwechselnd zwei Richter stellen). **Sitz:** Luxemburg. **Aufgaben:** Der Gerichtshof urteilt über die Versäumnisse der Staaten im Hinblick auf die Verpflichtungen, die ihnen aus den Verträgen erwachsen. Er muß sich somit zu verschiedenen Themen äußern: Stahl, landwirtschaftliche und soziale Fragen, Zölle, Steuern, Handel, Patente usw. Der Europäische Gerichtshof nimmt auch die Rolle eines Verfassungsgerichtes ein, indem er die Konformität der Beschlüsse der Gemeinschaften mit den Gründungsverträgen kontrolliert. Als Verwaltungsgericht agiert er bei Streitigkeiten zwischen den Gemeinschaften und ihrem Personal.

Der Gerichtshof kann von einem Mitgliedsstaat, von den Organen der Gemeinschaft, von den nationalen Gerichten (wenn die Rechtsprechung in einer Angelegenheit, mit der sie befaßt sind, auf ein Problem führt, das die Interpretation oder die Gültigkeit eines Gemeinschaftstextes in Frage stellt) und manchmal von Einzelpersonen angerufen werden. Seine Urteile sind auf dem Territorium der Mitgliedsstaaten rechtlich bindend.

Der Rechnungshof. Als die Gemeinschaft seit 1971 ein System eigener Finanzmittel entwickelte, beschlossen die Mitgliedsstaaten eine Ausweitung der Befugnis des Parlaments im Haushaltsbereich und gründeten 1975 den Europäischen Rechnungshof. **Zusammensetzung:** Er besteht aus zwölf Mitgliedern, die vom Rat nach Befragung des Parlaments auf sechs Jahre ernannt werden; 1977 nahm er seine Arbeit auf. **Sitz:** Luxemburg. **Aufgaben:** Überwachung der Ordnungsmäßigkeit der Einnahmen und Ausgaben der Gemeinschaft sowie der wirtschaftlichen Verwendung der Mittel. Der Rechnungshof besitzt weitreichende Untersuchungsbefugnisse bei den Finanzoperationen der Mitgliedsstaaten für die Gemeinschaft (Ausgaben in der Landwirtschaft oder Erhebung von Zöllen). Zur Stärkung seiner eigenen Haushaltskontrolle stützt sich das Parlament auf die Untersuchungen, die Stellungnahmen und den Bericht des Rechnungshofes.

Der Europäische Rat. Unter diesem Namen wurde ein Organ zu einer Institution, das in den Gründungsverträgen der Europäischen Gemeinschaften nicht vorgesehen ist. Trotz des föderalistischen Willens der Gründerväter, in dessen Zeichen sie sich eine staatenübergreifende Zusammenarbeit der Gemeinschaftsinstitutionen erhofften, funktionierten die Organe der Gemeinschaft nicht immer ganz in diesem Sinne. Durch Verzicht auf die Mehrheitsabstimmung und durch Annahme der Einstimmigkeitspflicht bei den Entscheidungen im Ministerrat gab der ›Luxemburger Kompromiß‹ (1966) jedem Staat die Möglichkeit, im eigenen Interesse eine Entscheidung zu verhindern, die dem Aufbau Europas dienen sollte. Die so entstandene Handlungsunfähigkeit und die Notwendigkeit, die Außenpolitik aufeinander abzustimmen (Europäische Politische Zusammenarbeit), haben zu regelmäßigen Treffen der Staats- und Regierungschefs der Länder der Gemeinschaft geführt. Der Gipfel oder Europäische Rat, der eher von der traditionellen Diplomatie als vom europäischen Einigungswerk geprägt ist, wurde 1975 institutionalisiert. Die Einheitliche Europäische Akte vom Dezember 1985 präzisiert die Zusammensetzung des Gipfels (die Staats- und Regierungschefs der EG-Staaten sowie der Vorsitzende der Kommission) und sieht mindestens zwei Treffen pro Jahr vor (in der Regel gemeinsam mit den Außenministern). Doch auch in der Einheitlichen Europäischen Akte ist die Frage der Befugnisse des Europäischen Rates in Zusammenhang mit denen des EG-Ministerrates nicht völlig geklärt.

c · **Eine ECU-Münze.**
Dieses Geldstück, 1987 von der Belgischen Zentralbank herausgegeben, ist nur ein Sammlerstück. Der ECU wird erst dann als Währungseinheit umlaufen, wenn die Europäische Währungsunion verwirklicht ist.

A · **Der Europäische Rat in Hannover (Juni 1988).**
Er befaßte sich vor allem mit der Einheitlichen Europäischen Akte, deren Ziel die Verwirklichung des Großen Binnenmarktes bis zum 31. Dezember 1992 ist. Der Rat stellte mit Zufriedenheit fest, daß in den strategisch wichtigen Bereichen wie dem Kapitalverkehr, der jeweiligen Anerkennung von Diplomen und im Bereich des öffentlichen Auftrages Maßnahmen getroffen wurden oder werden sollten. Diese Erfolge wurden unter anderem den institutionellen Reformen zugeschrieben, die die Abstimmungsverfahren im Rat verändert haben und es möglich machten, das Parlament direkter an den Entscheidungen des Rates zu beteiligen.

B · **Sitzungssaal des Europäischen Parlaments in Straßburg.**
Im allgemeinen tagt das Parlament einmal im Monat eine Woche lang im Europapalast in Straßburg. Die Ausschüsse versammeln sich jedoch in Brüssel, und das Sekretariat befindet sich im Europäischen Zentrum in Luxemburg. Der endgültige Sitz wurde noch nicht festgelegt. Das Parlament hat sich immer bemüht (vor allem seit der ersten allgemeinen Direktwahl der Abgeordneten im Jahre 1979), in Richtung einer Europäischen Union voranzukommen, die weit über die wirtschaftliche Zusammenarbeit hinausgehen und eine politische Vereinigung sein soll. Es setzt sich besonders für den Schutz der Menschenrechte ein.

INTERNATIONALE ORGANISATIONEN

EUROPÄISCHE GEMEINSCHAFT

ANDERE ORGANE

Zwei beratende Versammlungen und sechs Finanzinstitutionen vervollständigen das Gefüge der Europäischen Gemeinschaft.

Wirtschafts- und Sozialausschuß
Gründung: 1958. □ Sitz: Brüssel.
Er besteht aus 156 Mitgliedern, die die verschiedenen wirtschaftlichen und sozialen Gruppen vertreten sollen: Unternehmer, Landwirte, Handwerker, freie Berufe, Arbeitnehmer. Bei jeder wichtigen Entscheidung über den Gemeinsamen Markt oder über Euratom muß dieses Organ von der Kommission oder vom Rat befragt werden.

Der Beratende Ausschuß der EGKS
Gründung: 1951. □ Sitz: Luxemburg.
Er besteht aus 96 Mitgliedern, den Vertretern der Erzeuger, der Verbraucher, der Arbeitnehmer sowie der Kohle- und Stahlindustrie und muß bei jeder wichtigen Entscheidung in diesen Sektoren befragt werden.

Europäische Investitionsbank (EIB)
Gründung: 1958. □ Sitz: Luxemburg.
Ziele: Beitrag zu einer ausgeglichenen Entwicklung der EG-Länder. Zu diesem Zweck finanziert die EIB durch langfristige Darlehen oder Garantien für Unternehmen oder Gebietskörperschaften Investitionen, die zur Aufwertung weniger entwickelter Regionen dienen, oder auch Investitionen, die von gemeinsamem europäischem Interesse sind. Die EIB vergibt auch Darlehen an assoziierte Länder und an die AKP-Staaten im Rahmen der Lomé-Abkommen. Den größten Teil der erforderlichen Mittel beschafft sich die EIB auf den nationalen und internationalen Kapitalmärkten durch Ausgabe von Anleihen.

Europäischer Fonds für währungspolitische Zusammenarbeit (EFWZ)
Gründung: 1973. □ Sitz: Basel.
Der EFWZ diente ursprünglich der Verwaltung des 1972 in Kraft gesetzten Europäischen Wechselkursverbundes. Nach Einführung des Europäischen Währungssystems widmet er sich heute der Buchung und Abrechnung von im Rahmen des EWS entstandenen Forderungen und Verbindlichkeiten der EG-Zentralbanken. Die Geschäftsführung liegt bei der Bank für internationalen Zahlungsausgleich.

Europäischer Entwicklungsfonds (EEF)
Gründung: 1957. □ Sitz: Luxemburg.
Ziele: Förderung der sozialen und wirtschaftlichen Entwicklung der Länder, die durch Entwicklungsabkommen mit der Gemeinschaft verbunden sind, vor allem die AKP-Staaten.

Europäischer Fonds für regionale Entwicklung (EFRE)
Gründung: 1975. □ Sitz: Brüssel.
Ziele: Beitrag zur Beseitigung der größten regionalen Ungleichgewichte in der Gemeinschaft (Unterbeschäftigung, Bereiche Landwirtschaft und Industrie).
Die Mittel des Regionalfonds werden überwiegend nach festen Länderquoten für die nationalen Fördergebiete vergeben.

Europäischer Sozialfonds (ESF)
Gründung: 1958. □ Sitz: Brüssel.
Ziele: Verbesserung der Beschäftigungsmöglichkeit und Förderung der beruflichen und räumlichen Mobilität der Arbeitnehmer; Hilfe für Regionen mit strukturbedingter Arbeitslosigkeit; Umschulung und Neubeschäftigung der Arbeitnehmer aus Problemsektoren; Hilfe für behinderte und junge Arbeitnehmer sowie Frauen.

Europäischer Ausrichtungs- und Garantiefonds für die Landwirtschaft (EAGFL)
Gründung: 1962. □ Sitz: Brüssel.
Ziele: ›Garantie‹: Stabilisierung der landwirtschaftlichen Märkte mit Hilfe von Preisstützung durch Abschöpfungen und Rückzahlungen; zufriedenstellender Lebensstandard für die Landwirte; Versorgung und angemessene Preise für die Verbraucher; ›Ausrichtung‹: harmonische Wirtschaftsentwicklung in den Mitgliedsstaaten durch Verringerung der Kluft zwischen verschiedenen Regionen; Verbesserung der Produktions- und Vertriebsstruktur (Zusammenlegung, Aufwertung und Urbarmachung des Landes; Verbesserungen der Lagerung und Haltbarkeit von Produkten); Erhöhung der landwirtschaftlichen Produktivität. Der EAGFL dient zur Finanzierung der Gemeinsamen Agrarpolitik. Agrarfonds (EAGFL), Regionalfonds (EFRE) und Sozialfonds (ESF) werden als Strukturfonds der EG bezeichnet.

HAUSHALT

Verglichen mit dem wirtschaftlichen Reichtum Europas ist der Gesamthaushalt der Gemeinschaft bescheiden: Er macht kaum 1 % des BIP der Mitgliedsstaaten aus.

Die Mittel der Gemeinschaft. Seit 1970 verfügt die EG über eigene Mittel, die die Beiträge der Staaten ersetzt haben. Diese Mittel, die von den Mitgliedsstaaten abgeschöpft und der Gemeinschaft zur Verfügung gestellt werden, bestehen aus:
– den Agrarabschöpfungen bei den Warenimporten, deren Preis unter dem der Gemeinschaft liegt;
– sonstige Abgaben im Rahmen der gemeinsamen Agrarpolitik (z. B. die Zuckerabgabe);
– den Zöllen usw., die auf den Wert der eingeführten Waren erhoben werden;
– einem Prozentsatz der Mehrwertsteuereinnahmen der Mitgliedsstaaten, der auf maximal 1,4 % festgelegt ist; der Anteil aus der Mehrwertsteuer allein finanziert etwa zwei Drittel des Haushalts.

Die Ausgaben der Gemeinschaft. Hier werden unterschieden:
– obligatorische Ausgaben: Sie gehen aus den Verpflichtungen der Gemeinschaften hervor (Verträge und Rechtsakte aus den Verträgen). So sind die Ausgaben in Zusammenhang mit der gemeinsamen Agrarpolitik Teil der obligatorischen Ausgaben. Nur der Ministerrat kann sie beschließen (sie stellen etwa 70 % der Gemeinschaftsausgaben und führen wegen ihrer Dominanz zu Konflikten);
– die nicht-obligatorischen Ausgaben: Hierunter fallen zum Beispiel die Personalkosten. In letzter Instanz entscheidet das Parlament über die nicht-obligatorischen Ausgaben. Die Kommission setzt jährlich eine Obergrenze der Zunahme für diese Ausgaben fest.

Das Haushaltsverfahren. Die Kommission legt dem Rat einen Haushaltsentwurf vor, den dieser dem Parlament unterbreitet. Das Parlament, vorbehaltlich der ›Ablehnung aus wichtigen Gründen‹ beschließt den Haushalt (1979, 1982 und 1984 hat es vom Ablehnungsrecht Gebrauch gemacht).

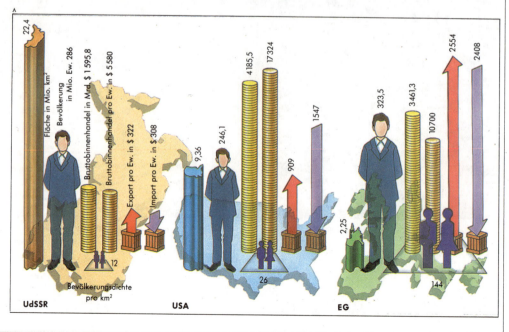

A · Europa und die Großen. Auf einer bedeutend kleineren Fläche als der der USA oder der UdSSR hat die Gemeinschaft mehr Einwohner, also eine hohe Bevölkerungsdichte. Darüber hinaus ist der europäische Raum relativ gleichmäßig besiedelt, wenn man ihn mit den Gebieten der USA oder der UdSSR vergleicht, wo manche Regionen kaum oder gar nicht bewohnt werden. Wirtschaftlich gesehen stehen die USA mit weitem Abstand an führender Stelle. Doch in der EG ist der Handel viel stärker entwickelt (wenn auch hauptsächlich unter den Mitgliedsstaaten), das Exportvolumen (oder Importvolumen) ist oft höher als 20 % des BIP (unter 10 % in den USA und der UdSSR).

658

INTERNATIONALE ORGANISATIONEN

DIE GEMEINSAME AGRARPOLITIK

Auf dem Sektor der gemeinsamen Agrarpolitik ist die Integration der Gemeinschaft am weitesten vorangekommen. Ziele sind: Steigerung der Produktivität in der Landwirtschaft (besonders durch Förderung des technischen Fortschritts). Sicherung und Steigerung der Einkommen der Landwirte, Ausgleich von Angebot und Nachfrage auf den Agrarmärkten (Marktstabilisierung), Sicherstellung der Nahrungsmittelversorgung, Belieferung der Verbraucher zu angemessenen Preisen. Um diese Ziele zu erreichen, wurde der Agrarsektor dem marktwirtschaftlichen Prinzip entzogen und den Regelungen von 21 EG-Agrarmarktordnungen unterstellt, die 95 % der in der EG erzeugten landwirtschaftlichen Produkte erfassen und durch die die Behörden der Gemeinschaft die Regeln zur Erzeugung und Vermarktung dieser Produkte festsetzen.

So gibt es für Getreide, Milch und Milchprodukte, Zucker und Rindfleisch gemeinsame Preise, die im Großhandel in der gesamten Gemeinschaft identisch sind. Diese Preise, die als *Richtpreise* bezeichnet werden, werden jedes Jahr vom Rat der EG-Agrarminister (meist nach langwierigen Verhandlungen) festgelegt und geben die ›angestrebten Marktpreise‹ an. Unter den gleichen Bedingungen werden auch die *Interventionspreise* festgesetzt. Fällt der tatsächliche Marktpreis unter den Richtpreis bis zum Interventionspreis, können die Produzenten, die auf dem Markt keinen Käufer finden, ihre Produkte bei den Interventionsstellen zum Interventionspreis absetzen. Die von der EG aufgekauften Produkte werden gelagert, in Sonderaktionen verkauft, im Rahmen der Nahrungsmittelhilfe eingesetzt oder auch wegen leichter Verderblichkeit vernichtet.

Um zu vermeiden, daß die EG von fremden, meist preisgünstigeren Produkten überschwemmt wird, wurde ein System zum Schutz der Landwirtschaft eingerichtet.
– Einfuhrabschöpfungen: Der ausländische Produzent, der seine Waren in der EG verkaufen möchte, zahlt in den EAGFL die Differenz zwischen Weltmarktpreis und EG-Richtpreis;
– Exportbeihilfen (Ausfuhrerstattungen): Der EG-Produzent, der außerhalb der EG verkaufen möchte, erhält vom EAGFL eine Subvention, die die Differenz zwischen Weltmarktpreis und Richtpreis deckt.

Die gemeinsame Agrarpolitik hat zu Überschüssen und zu hohen Kosten der Agrarmarktordnungen geführt. Seit 1984 werden Reformen verwirklicht (Quotenregelung für Milch, Flächenstillegungen).

DAS EUROPÄISCHE WÄHRUNGSSYSTEM

Die Einrichtung einer engen Währungszusammenarbeit zwischen den Staaten der Gemeinschaft wurde von den Staats- und Regierungschefs auf dem Bremer Gipfel im Juli 1978 beschlossen. Man erhofft sich, daß damit Europa zu einer stabilen Währungszone wird. Das System, das als *Europäisches Währungssystem (EWS)* bezeichnet wird, trat am 13. März 1979 in Kraft. Es besteht aus drei Hauptelementen:
– der neuen künstlichen Währungseinheit, dem ECU *(European Currency Unit),* ein gemäß der wirtschaftlichen Bedeutung der Mitgliedsländer berechneter Währungskorb als Bezugsgröße für die Festsetzung der Wechselkurse;
– einem Wechselkurs- und Interventionsmechanismus (an dem sich Griechenland und Portugal nicht beteiligen), der auf einer begrenzten Schwankung der Währungen um die ›Leitkurse‹ beruht;

– verschiedenen Kredit- sowie Beistandsmechanismen zugunsten von Mitgliedsstaaten, die von Zahlungsbilanzschwierigkeiten ernsthaft bedroht sind oder kurzfristige Zahlungsbilanzprobleme überbrücken müssen.

Verglichen mit dem US-Dollar verlief die Wechselkursentwicklung im EWS in den 80er Jahren trotz einiger Leitkursänderungen wesentlich ruhiger.

Europäische Währungseinheit ECU
Zusammensetzung des Währungskorbs (Stand 21. 9. 1989)

Währung	Gewicht im ECU-Korb (in %)
Deutsche Mark	30,10
Französischer Franc	19,00
Holländischer Gulden	9,40
Italienische Lira	10,15
Belgischer Franc	7,60
Luxemburgischer Franc	0,30
Dänische Krone	2,45
Irisches Pfund	1,10
Pfund Sterling	13,00
Griechische Drachme	0,80
Spanische Peseta	5,30
Portugiesischer Escudo	0,80

B · **Europäisches Währungssystem und Europäische Währungseinheit.**

Das EWS versucht, möglichst stabile Wechselkurse unter den Währungen der Länder mit Hilfe von Abkommen zu erreichen. Jede Währung hat eine festgelegte Parität im Vergleich zum ECU, die ›Leitkurs‹ genannt wird. Jeder Leitkurs gibt die Parität einer Währung zu den anderen Währungen an. Diese Paritäten sind im Prinzip fest, allerdings ist eine Schwankungsbreite von 2,25 % (6 % für Spanien und Großbritannien) vorgesehen; die Zentralbanken der betreffenden Länder müssen darauf achten, daß dieser Wert nicht überschritten wird. Manchmal werden die Paritäten und damit die Gewichtung im Währungskorb neu geordnet (Realignment).

EG UND ENTWICKLUNGSLÄNDER

Die EWG als Zollunion hat einen gemeinsamen Zolltarif für alle Waren, die aus Drittländern eingeführt werden, festgesetzt. Der Zollschutz an den Außengrenzen der Gemeinschaft, der regelmäßig unter Berücksichtigung der GATT-Vereinbarungen revidiert wird, ist der niedrigste unter den Industrieländern. Doch nicht für alle Drittländer gelten die gleichen Zölle, da die EWG im Rahmen der Entwicklungspolitik den Entwicklungsländern besondere Vorteile eingeräumt hat. So läßt sie die Entwicklungsländer von einem allgemeinen Präferenzsystem profitieren und bietet den Unterzeichnerstaaten der

Lomé-Abkommen besondere Vorteile. Hierbei sind zu nennen:
● Das allgemeine Präferenzsystem. Die EWG gewährt Zollvergünstigungen für Produkte, die von Entwicklungsländern in die EWG exportiert werden. Dieses System, das 1971 von der EWG angenommen wurde, war in den Industrieländern das erste seiner Art. Es kommt allen Mitgliedern der Gruppe der 77 sowie anderen Ländern, die dies beantragen, zugute.
● Die Lomé-Abkommen. Das Abkommen Lomé IV wurde am 15. Dezember 1989 unterzeichnet und hat eine Laufzeit von 10 Jahren. Es folgte den Abkommen Lomé I (Unterzeichnung am 28. Februar 1975), Lomé II (31. Oktober 1979) und Lomé III (8. Dezember 1984). Das Abkommen Lomé I ersetzte die Assoziierungsabkommen von Jaoundé (20. Juli 1963 und 29. Juli 1969) und von Arusha (24. September 1969).

Das Abkommen Lomé IV gilt für 69 Staaten Afrikas (das gesamte unabhängige Schwarzafrika fällt darunter), der Karibik und des Pazifik (AKP-Staaten); es richtet ein System der Zusammenarbeit zwischen diesen Ländern und der EG für Handel und Finanzhilfe ein. Die Handelsvergünstigungen sind beträchtlich, da 95,5 % der Exporte der AKP-Staaten ohne Verpflichtung auf Gegenseitigkeit in die Europäische Gemeinschaft fließen.

Ein wesentliches Element ist das STABEX-System (Stabilisierung der Exporterlöse), das diesen Ländern möglichst stabile Einnahmen aus dem Export von 47 Agrarprodukten sichern soll. Wenn die Verkäufe eines Produktes einen gewissen Prozentsatz des Handels eines Staates ausmachen (*Abhängigkeitsschwelle*) und wenn durch Preisschwankungen auf den Weltmärkten der Erlös aus den Verkäufen für einen Staat einen gewissen Prozentsatz unterschreitet (*Auslöseschwelle*), dann stimmt die EG einem Finanztransfer an diesen Staat zu (der Staat muß die Rückzahlung jetzt nicht mehr leisten, wenn sich die Situation umkehrt).

Im Bergbaubereich gibt es das System SYSMIN, mit dem Ausfuhrerlöse bei bestimmten Bodenschätzen stabilisiert und Investitionen gefördert werden sollen. Schließlich fließen durch den von der Europäischen Gemeinschaft eingerichteten Europäischen Entwicklungsfonds (EEF) bedeutende finanzielle und technische Hilfen in die Entwicklungsländer. Dazu kommen noch Darlehen zu Sonderkonditionen von der Europäischen Investitionsbank (EIB).

659

INTERNATIONALE ORGANISATIONEN

ANDERE EUROPÄISCHE ORGANISATIONEN

POLITIK UND WIRTSCHAFT

Wie die Europäische Gemeinschaft teilten auch oft die anderen europäischen politischen oder wirtschaftlichen Organisationen, die aus der Zeit des Kalten Krieges hervorgegangen sind, den Kontinent in zwei Teile: in das westliche Europa und in den ehemaligen ›Ostblock‹. Sie wenden sich teilweise auch an nichteuropäische Staaten.

Europarat (Council of Europe / Conseil de l'Europe)
Gründung: 5. Mai 1949 (Londoner Vertrag). □ Mitgliedsstaaten: alle 21 europäischen nichtkommunistischen Staaten (außer Andorra, Monaco, San Marino und Vatikan). □ Sitz: Straßburg.
Ziele: Herstellung einer engeren Verbindung zwischen den Mitgliedern zum Schutz und zur Förderung der Ideale und Grundsätze, die ihr gemeinsames Erbe bilden, und Förderung des wirtschaftlichen und sozialen Fortschritts.
Der Europarat ist rein beratendes Organ: Die ›Entschließungen‹ des Ministerkomitees sind Empfehlungen an die Regierungen. Große Bedeutung hat seine Arbeit allerdings auf dem Gebiet der Gesetzgebung durch die ›Konventionen‹; diese haben für die Staaten, die sie ratifizieren, bindenden Charakter. 124 Konventionen (1987) sind verabschiedet worden, die die Gesetzgebungen der Unterzeichnerstaaten in so verschiedenen Bereichen wie Menschenrechte (1950), soziale Sicherheit (1961), Schutz des architektonischen Erbes (1969 und 1985), Status des Wanderarbeitnehmers (1977), die Erhaltung der Natur (1979) sowie Gewalt und Ausschreitungen der Zuschauer bei Sportveranstaltungen (1985) aneinander angleichen.
Auf dem Gebiet der Menschenrechte übt die ›Europäische Menschenrechtskonvention‹, die 1953 in Kraft trat und die die wichtigsten Bestimmungen der ›Menschenrechtserklärung‹ der UNO (1948) aufgreift, eine Kontrollfunktion für die Beachtung dieser Rechte aus. Diese Funktion wird von einer *Europäischen Menschenrechtskommission,* die nicht nur von Staaten, sondern auch von Einzelpersonen angerufen werden kann, und von einem *Europäischen Gerichtshof für Menschenrechte* ausgeübt.
Aufbau: ein *Ministerkomitee* mit den Außenministern als Exekutivkomitee und Entscheidungsorgan; eine *parlamentarische Versammlung* aus 170 Abgeordneten, die von den nationalen Parlamenten ernannt werden.

EFTA (European Free Trade Association / Europäische Freihandelsassoziation)
Gründung: 4. Januar 1960 (Stockholmer Abkommen, unterzeichnet von Österreich, Dänemark, Norwegen, Portugal, Großbritannien, Schweden und der Schweiz). □ Mitgliedsstaaten: sechs; Österreich, Island (1970), Finnland (assoziiertes Mitglied seit 1961, Vollmitglied seit 1986), Norwegen, Schweden, Schweiz; Großbritannien (1972), Dänemark (1972) und Portugal (1985) haben die EFTA nach ihrem Beitritt zur EG verlassen. □ Sitz: Genf.
Ziele: Förderung der Wirtschaftstätigkeit, der Vollbeschäftigung, des Produktionsanstiegs und der rationalen Nutzung der Ressourcen, finanzielle Stabilität und Anhebung des Lebensstandards, Sicherung eines fairen Wettbewerbs im Handel zwischen den Mitgliedsstaaten. Bildung einer Freihandelszone (ohne gemeinsamen Außenzoll und ohne wirtschaft-

liche Integration). Durch verschiedene Abkommen hat sich die EFTA der EG angenähert.
Aufbau: ein *Rat,* der sich auf Ministerebene trifft (etwa zweimal jährlich) und ständige Vertreter (tagen etwa alle 2 Wochen).

RGW (Rat für gegenseitige Wirtschaftshilfe / Council for Mutual Economic Assistance, CMEA; westliche Kurzbezeichnung: Comecon, Communist Economics)
Gründung: 1949, Moskau. □ Mitgliedsstaaten: acht; Bulgarien, Ungarn, Polen, Rumänien, Tschechoslowakei, UdSSR (Gründungsmitglieder); DDR (1950–1990), Mongolei (1962), Kuba (1972), Vietnam (1978). Albanien, eines der Gründungsmitglieder, ist 1961 ausgetreten. □ Sitz: Moskau.
Ziele: durch Zusammenarbeit den wirtschaftlichen Aufschwung in den Mitgliedsstaaten, den Fortschritt der sozialistischen Wirtschaftsintegration und die internationale sozialistische Arbeitsteilung fördern; zum wirtschaftlichen und technischen Fortschritt in den weniger entwickelten Ländern beitragen.
Der RGW ist von Stalin als Gegengewicht zum Marshallplan ins Leben gerufen worden und wurde 1958 von Chruschtschow umorganisiert, um der UdSSR eine bessere wirtschaftliche Kontrolle über Osteuropa zu gewährleisten. Im Zuge der 1989 einsetzenden marktwirtschaftlichen Umorientierung in den Mitgliedsländern ist die Zukunft des RGW ungewiß.
Aufbau: Der *Rat,* das oberste Organ, versammelt (mindestens einmal pro Jahr) die Delegationen der Mitgliedsländer. Das *Ständige Exekutivkomitee* aus Vertretern der Regierungschefs tagt alle drei Monate.

Nordischer Rat (Nordic Council)
Gründung: 1952 (Charta: der 1962 in Helsinki unterzeichnete Vertrag über nordische Zusammenarbeit). □ Mitgliedsstaaten: Dänemark, Norwegen, Schweden, Island (Gründungsmitglieder) und Finnland (1955). □ Sitz: Stockholm.
Ziele: Ausbau der Zusammenarbeit der skandinavischen Länder auf wirtschaftlichem, kulturellem, sozialem und rechtlichem Gebiet.
Aufbau: ein *Interparlamentarischer Rat* aus 78 Mitgliedern, die von den nationalen Parlamenten gewählt werden; ein *Ministerrat der nordischen Länder* mit den von der Zusammenarbeit betroffenen Ministern.

OECD (Organization for Economic Cooperation and Development / Organisation für wirtschaftliche Zusammenarbeit und Entwicklung)
Gründung: 30. September 1961 in Paris. Die OECD ist Nachfolgerin der OEEC (Organisation für europäische wirtschaftliche Zusammenarbeit), die 1948 in Paris gegründet wurde. □ Mitgliedsstaaten: 25; die 20 europäischen Staaten Bundesrepublik Deutschland, Österreich, Belgien, Dänemark, Spanien, Finnland, Frankreich, Griechenland, Irland, Island, Italien, Luxemburg, Norwegen, Niederlande, Portugal, Großbritannien, Schweden, Schweiz, Türkei, Jugoslawien (mit Sonderstatus), sowie die USA, Japan, Australien und Neuseeland. □ Sitz: Paris.
Ziele: Förderung des gesunden Wirtschaftswachstums in den Mitgliedsstaaten sowie in den Nichtmitgliedsländern, besonders auch die Verbesserung der Lage der Entwicklungsländer sowie die Ausweitung des Welthandels im Sinne des Freihandels.
Aufbau: Der *Rat* besteht aus jeweils einem Vertreter pro Land; seine einstimmigen Entscheidungen sind für die Mitglieder bindend.
Ein Großteil der Arbeit der OECD wird in speziellen *Ausschüssen* und *Arbeitsgruppen* (mehr als 200) erledigt, die sich mit allen

Aspekten der Wirtschafts- und Sozialpolitik befassen (zum Beispiel der *Ausschuß für Entwicklungshilfe* oder *Development Assistance Committee*). Darüber hinaus wurden innerhalb der Organisation mehrere autonome oder halbautonome Stellen geschaffen wie das *Center for Educational Research and Innovation* (1968).

EBRD (European Bank for Reconstruction and Development / Europäische Bank für Wiederaufbau und Entwicklung / Osteuropabank)
Gründung: 1990. □ Mitgliedsstaaten: 40; die Mitglieder der OECD und des Warschauer Pakts sowie Jugoslawien, Südkorea, Israel, Liechtenstein, Malta, Marokko, Mexiko, Zypern; die EG-Kommission und die Europäische Investitionsbank. □ Sitz: London.
Ziel: Unterstützung der osteuropäischen Staaten auf ihrem Weg von der Plan- zur Marktwirtschaft durch Kreditgewährung.

WISSENSCHAFT

ESA (European Space Agency / Europäische Weltraumorganisation)
Gründung: 1975. □ Mitgliedsstaaten: 13 (Bundesrepublik Deutschland, Österreich, Belgien, Dänemark, Spanien, Frankreich, Irland, Italien, Norwegen, Niederlande, Großbritannien). □ Sitz: Paris.
Ziele: zu ausschließlich friedlichen Zwecken die Zusammenarbeit zwischen den europäischen Staaten in den Bereichen der Weltraumforschung und -technik sichern und ausbauen.
Die ESA verfügt über drei große Arbeitseinrichtungen: Europäisches Zentrum für Weltraumforschung und -technologie (ESTEC) in Noordwijk (Niederlande), das Europäische Operationszentrum für Weltraumforschung (ESOC) in Darmstadt (Bundesrepublik Deutschland) und das Europäische Institut für Weltraumforschung (ESRIN) in Frascati (Italien). Arbeitsschwerpunkte sind unter anderem die Entwicklung der Raumfähre Hermes und die Weiterentwicklung der Trägerrakete Ariane.

EUREKA (European Research Coordination Agency / Europäische Agentur zur Koordination der Forschung)
Gründung: 1985. □ Mitgliedsstaaten: 20; die EG- und EFTA-Staaten sowie die Türkei; weiterhin die EG-Kommission. □ Sitz: Brüssel.
Ziel: Förderung von Forschung und Technologie in Europa.

CERN (Centre Européen pour la Recherche Nucléaire / Europäisches Kernforschungszentrum)
Gründung: 1952 unter dem Namen *Europäischer Rat für Nuklearforschung.* □ Mitgliedsstaaten: 14 (Bundesrepublik Deutschland, Österreich, Belgien, Dänemark, Spanien, Frankreich, Griechenland, Italien, Norwegen, Niederlande, Portugal, Großbritannien, Schweden, Schweiz). □ Sitz: Meyrin (französisch-schweizerische Grenze).
Ziele: Förderung der Zusammenarbeit zwischen den Mitgliedsstaaten auf dem Gebiet der rein wissenschaftlichen, friedlichen Kernforschung.
CERN besitzt ein Protonensynchrotron, das seit 1959 mit Energien von bis zu 28 GeV arbeitet, eines mit 450 GeV, das seit 1976 arbeitet, und den größten Teilchenbeschleuniger, den LEP (Large Electron-Positron Storage Ring) mit einem 27 km langen Beschleunigungsring.

660

INTERNATIONALE ORGANISATIONEN

MILITÄRISCHER BEREICH

Der Konflikt zwischen Ost und West zeigte sich besonders in den militärischen Bündnissen NATO und Warschauer Pakt, doch scheint dieser Konflikt Anfang der 90er Jahre überwunden zu sein.

NATO (North Atlantic Treaty Organization / Nordatlantikpakt / Atlantische Gemeinschaft)
Gründung: 1949 in Washington. ☐ Mitgliedsstaaten: Belgien, Kanada, Dänemark, Frankreich, Großbritannien, Island, Italien, Luxemburg, Niederlande, Norwegen, Portugal, USA (Gründungsmitglieder); Griechenland und Türkei (1952); Bundesrepublik Deutschland (1955); Spanien (1982). 1966 hat sich Frankreich aus der militärischen Struktur der NATO zurückgezogen, blieb jedoch Mitglied der politischen Allianz. ☐ Sitz: Brüssel.
Ziele: Bewahrung von Frieden und Sicherheit, Entwicklung von Stabilität und Wohlstand in der nordatlantischen Region. Der Vertrag von 1949, der im Rahmen der Charta der Vereinten Nationen abgefaßt wurde, betont den ausschließlich defensiven militärischen Charakter der NATO und nennt als Ziel auch die politische und wirtschaftliche Zusammenarbeit. Die NATO errichtet ein kollektives System der Sicherheit, ohne die Souveränität der Staaten zu schmälern.
Aufbau: Das leitende Organ ist der *Nordatlantikrat*. Seit 1966 werden die Verteidigungsprobleme im *Ausschuß für Verteidigungsplanung* behandelt. Höchstes militärisches NATO-Gremium ist der dem Rat unterstehende *Militärausschuß* aus den Stabschefs der Mitgliedsstaaten. Die Verteidigungszone der NATO ist in drei Bereiche unterteilt: Es gibt je einen Alliierten Oberbefehlshaber Atlantik (SACLANT, Norfolk/USA), Europa (SACEUR mit dem Hauptquartier SHAPE, Casteau/Belgien) und Ärmelkanal (CINCHAN, Northwood/Großbritannien), denen die Alliierten Kommandobereiche Atlantik (ACLANT), Europa (ACE) und Ärmelkanal (ACCHAN) entsprechen.

Warschauer Pakt
Gründung: 1955 von den mit der UdSSR verbündeten osteuropäischen Staaten durch eine Reihe bilateraler Verteidigungsabkommen. ☐ Mitgliedsstaaten: Albanien (bis 1968), Bulgarien, Ungarn, Polen, DDR (bis 1990), Rumänien, Tschechoslowakei, UdSSR. ☐ Sitz: Moskau.
Ziele: Als Vertrag über Freundschaft, Zusammenarbeit und gegenseitige Hilfe versteht sich der Warschauer Pakt als Antwort auf die Westeuropäische Union (WEU) und auf die Eingliederung der Bundesrepublik Deutschland in die NATO. Er bezieht sich ausdrücklich auf Artikel 51 der Charta der Vereinten Nationen, in dem das Recht auf legitime Verteidigung verankert ist, da jede Veränderung in der Regierung einer Volksdemokratie Auswirkungen auf die Stabilität der militärischen Einrichtungen haben kann. Er ist das Instrument der ›begrenzten Souveränität der sozialistischen Staaten‹, wie sie von Leonid Breschnew 1968 definiert wurde, um das sowjetische Eingreifen in der Tschechoslowakei zu rechtfertigen. Allein die Sowjetunion besitzt Atomwaffen. Der Warschauer Pakt beendete 1991 seine militärischen Aktivitäten.
Aufbau: Der *Politische Beratende Ausschuß*, das wichtigste Gremium, versammelte sich alle zwei Jahre; das *Vereinigte Sekretariat* wurde vom stellvertretenden sowjetischen Außenminister geleitet; das *Vereinigte Oberkommando der Streitkräfte* mit Sitz in Moskau wurde immer mit einem sowjetischen General besetzt.

WEU (Western European Union / Westeuropäische Union)
Gründung: 1954. ☐ Mitgliedsstaaten: Großbritannien, Frankreich, Belgien, Luxemburg, Niederlande, Bundesrepublik Deutschland, Italien. ☐ Sitz: London.
Ziele: Stärkung des Friedens und der Sicherheit unter den Mitgliedern. Wenn die WEU bis jetzt auch nur eine bescheidene Rolle gespielt hat, so stellt sie doch einen möglichen Rahmen für Überlegungen zu einem europäischen Verteidigungssystem dar.

DIE SICHERHEIT IN EUROPA

Außerhalb der internationalen Organisationen ist die Sicherheit in Europa Thema zahlreicher multilateraler Verhandlungen. An der ›Konferenz über Sicherheit und Zusammenarbeit in Europa‹ (KSZE) nehmen 35 Staaten teil (33 europäische Staaten sowie Kanada und die USA). Sie fand bisher in Helsinki (1973–1975), Belgrad (1977–78), Madrid (1980–83) und Wien (1986 bis 1987) statt. Die Schlußakte von Helsinki (1. August 1975) sieht vertrauensbildende Maßnahmen in den Bereichen Militär und Menschenrechte sowie bei der wirtschaftlichen und technischen Zusammenarbeit vor. Die Konferenz für Abrüstung in Europa befaßt sich seit 1989 mit dem Abbau der konventionellen Rüstung.

▲ · **Die Streitkräfte der NATO und des Warschauer Paktes.**

Nach Angaben der NATO verfügte der Warschauer Pakt 1990 über 3,1 Millionen Soldaten gegenüber 2,2 Millionen Soldaten der NATO. Der Warschauer Pakt geht demgegenüber von einer fast gleichen Truppenstärke von 3,6 bzw. 3,7 Millionen Soldaten aus, die auf jeweils 1,35 Millionen Soldaten reduziert werden soll. Die UdSSR allein verfügt über dreimal so viele Reservisten wie die USA. Bei einem Konflikt wäre somit die rasche Mobilisierung ein wesentlicher Faktor. Im Rahmen der NATO sind 354 000 amerikanische Soldaten in Europa stationiert.

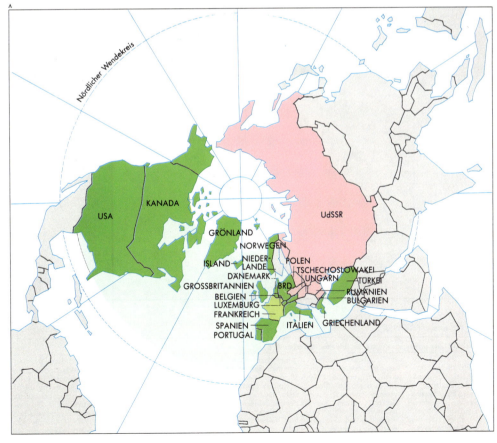

- Mitgliedstaaten der NATO
- Mitgliedstaaten der NATO (keine Vollmitglieder oder nur eingeschränkt in die militärische Organisation integriert)
- durch den Nordatlantikpakt geschützte Zone
- Warschauer Paktstaaten

661

INTERNATIONALE ORGANISATIONEN

WEITERE REGIONALE ORGANISATIONEN

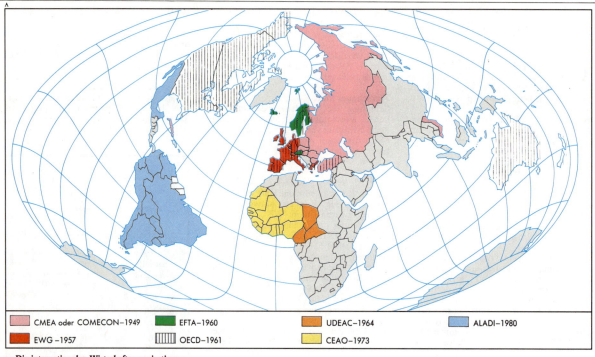

- CMEA oder COMECON – 1949
- EWG – 1957
- EFTA – 1960
- OECD – 1961
- UDEAC – 1964
- CEAO – 1973
- ALADI – 1980

A · Die internationalen Wirtschaftsorganisationen.

Die verschiedenen wirtschaftlichen Gruppierungen, die von den Staaten gebildet werden, haben eine Intensivierung des Handels zwischen den Mitgliedsstaaten und eine gemeinsame oder aufeinander abgestimmte Wirtschaftspolitik zum Ziel. Unter den Gruppierungen gibt es gemeinsame Märkte (wie in der EWG oder in Afrika und Amerika) und Freihandelszonen (in Europa die EFTA). In den Freihandelszonen behält jeder Mitgliedsstaat gegenüber den Nichtmitgliedern seine eigenen Zollsätze; in den Zollunionen wie dem gemeinsamen Markt kommt zur Aufhebung aller Handelsbeschränkungen zwischen den Mitgliedsländern auch die Einrichtung eines gemeinsamen Außenzolls hinzu. Unter den Zollunionen nimmt die EWG eine Sonderstellung ein: Trotz der Bezeichnung Europäische ›Wirtschaftsgemeinschaft‹ gehen ihre Ziele weit über die Wirtschaft hinaus und verfolgen eine allmähliche politische Einigung Europas. Das war das Ziel der Gründerväter, auf das heute die einzelnen Institutionen der EG (Kommission, Ministerrat, Europäisches Parlament sowie der Europäische Rat der Staats- und Regierungschefs) hinarbeiten.

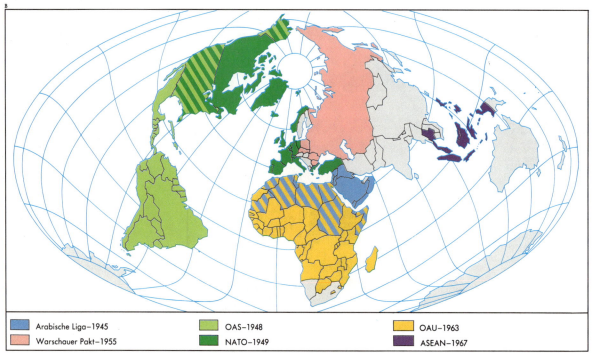

- Arabische Liga – 1945
- Warschauer Pakt – 1955
- OAS – 1948
- NATO – 1949
- OAU – 1963
- ASEAN – 1967

B · Regionale Gruppierungen politischer oder militärischer Art.

Allgemein besteht das Ziel von politischen Gruppierungen darin, freundschaftliche Beziehungen unter den Mitgliedstaaten zu schaffen und deren Konflikte friedlich beizulegen. Wenn die Staaten auch den Wunsch verspüren zusammenzuarbeiten, so akzeptieren sie doch schwer die Einschränkungen ihrer Souveränität, die mit dem Beitritt zu einer internationalen Organisation verbunden sind. Deshalb gewähren sie diesen Organisationen nur beschränkte Befugnisse: Im allgemeinen handelt es sich um ein Empfehlungsrecht, das für die Mitglieder nicht bindend ist. Bei einem tatsächlichen Konflikt führen wirtschaftliche und ideologische Gegensätze oft dazu, daß die Staaten die Befugnisse der Organisation in Frage stellen. Doch neben ihrer politischen Aktivität mit manchmal zweifelhafter Wirkung haben die großen Organisationen (Arabische Liga, OAS, OAU, ASEAN) durch ihre Sondereinrichtungen und ihre Entwicklungsbanken eine große Bedeutung vor allem im Hinblick auf die wirtschaftliche und technische Zusammenarbeit. Die NATO und der Warschauer Pakt gründen auf Verteidigungsbündnissen, die bei einem Angriff auf das vom Vertrag abgedeckte Gebiet gegenseitige Hilfe vorsehen, stehen aber nach den politischen Umwälzungen in den Staaten Osteuropas vor neuen Aufgaben.

INTERNATIONALE ORGANISATIONEN

AMERIKA

Neben der Organisation amerikanischer Staaten (OAS) und dem Freihandelsabkommen zwischen den USA und Kanada gibt es verschiedene regionale Organisationen in Lateinamerika und der Karibik.

OAS (Organization of American States / Organisation Amerikanischer Staaten / Organización de los Estados Americanos, OEA)
Gründung: 1948. ☐ Mitgliedsstaaten: 32, alle Länder des amerikanischen Kontinents (mit Ausnahme von Kanada) einschließlich der Staaten der Karibik. 1962 wurde die kubanische Regierung ausgeschlossen, Kuba als Staat blieb jedoch Mitglied. ☐ Sitz: Washington.
Ziele: Erhaltung des Friedens und der Sicherheit auf dem amerikanischen Kontinent, friedliche Lösung für Konflikte, gemeinsames Vorgehen bei einem Angriff auf einen Mitgliedstaat, enge wirtschaftliche, soziale und kulturelle Zusammenarbeit.

Die OAS geht auf die *Internationale Union der amerikanischen Republiken* zurück, die 1890 gegründet wurde. Diese war von der Monroe-Doktrin beeinflußt, wobei alle Mitglieder insbesondere die Idee vertraten, daß ein Angriff auf einen amerikanischen Staat einem Angriff auf alle amerikanischen Staaten gleichkäme. Die Rolle der USA, die in der Union von 1890 vorherrschten, ist auch in der OAS unverändert. Dies geht so weit, daß die Organisation oft als Instrument der amerikanischen Vorherrschaft in Lateinamerika betrachtet wurde. Heute ist die OAS vorwiegend ein Forum für politische Diskussionen (mit Schwerpunkt auf der Krise in Mittelamerika und der Verschuldung Lateinamerikas); sie widmet sich vor allem der wirtschaftlichen Entwicklung.
Aufbau: Die *Generalversammlung* tritt einmal jährlich oder auf Einberufung durch die Außenminister zusammen; *Außenministerrat* in einem Dringlichkeitsfall; ein *Ständiger Rat*; ein *Wirtschafts- und Sozialrat*; ein *Rat für Erziehung, Wissenschaft und Kultur*; ein *Generalsekretariat*. Ein *Gerichtshof für Menschenrechte* wurde 1978 eingerichtet.

ALADI (Asociación Latinoamericano de Integración / Lateinamerikanische Integrationsvereinigung)
Gründung: 1980. ALADI ist die Nachfolgeorganisation der lateinamerikanischen Freihandelsvereinigung (ALALC), die 1960 gegründet wurde. ☐ Mitgliedsstaaten: elf (Argentinien, Bolivien, Brasilien, Chile, Kolumbien, Ecuador, Mexiko, Paraguay, Peru, Uruguay, Venezuela). ☐ Sitz: Montevideo (Uruguay).
Ziele: Schaffung eines gemeinsamen Marktes in Lateinamerika.

IDB (Inter-American Development Bank / Interamerikanische Entwicklungsbank / Banco Interamericano de Desarollo)
Gründung: 1959. ☐ Mitgliedsstaaten: 44, darunter 27 Länder des amerikanischen Kontinents (einschließlich Kanadas), 15 europäische Länder (darunter die Bundesrepublik Deutschland, Großbritannien und Frankreich), Israel und Japan. ☐ Sitz: Washington.
Ziele: Vergabe von Darlehen und Garantien für Mitgliedsstaaten oder für Privatunternehmen zur Förderung von Projekten, die die wirtschaftliche Entwicklung im jeweiligen Land beschleunigen.

CARICOM (Caribbean Community / Karibische Gemeinschaft / auch Carribbean Common Market / Karibischer Gemeinsamer Markt)

Gründung: 1973. Caricom ist Nachfolger einer Karibischen Freihandelsassoziation (CARIFTA, gegründet 1965). ☐ Mitgliedsstaaten: 13; Barbados, Guyana, Jamaika, Bahamas, Trinidad und Tobago (Gründungsmitglieder), Antigua und Barbuda, Belize, Dominica, Montserrat, Grenada, St. Christopher und Nevis, St. Lucia, St. Vincent und die Grenadinen (seit 1974). ☐ Sitz: Georgetown (Guyana).
Ziele: Errichtung eines Gemeinsamen Marktes, Koordinierung der Außenpolitik, Kooperation in nichtwirtschaftlichen Bereichen.

ODECA (Organización de Estados Centroamericanos / Organisation der zentralamerikanischen Staaten)
Gründung: 1951. ☐ Mitgliedsstaaten: fünf (Costa Rica, El Salvador, Guatemala, Honduras, Nicaragua). ☐ Sitz: San Salvador.
Ziele: Stärkung der wirtschaftlichen, politischen und kulturellen Entwicklung der Region und friedliche Beilegung von Konflikten. Für die wirtschaftliche Entwicklung haben die Mitglieder 1960 den *Mercado Común Centroamericano (MCCA / Zentralamerikanischer Gemeinsamer Markt)* gegründet, dessen Sitz sich in Guatemala-City befindet.

SELA (Sistema Económico Latinoamericano / Lateinamerikanisches Wirtschaftssystem)
Gründung: 1975. ☐ Mitgliedsstaaten: alle 26 unabhängigen lateinamerikanischen und karibischen Staaten. ☐ Sitz: Caracas (Venezuela).
Ziele: Förderung der regionalen Zusammenarbeit, Koordinierung bestehender Integrationsprozesse, Förderung der wirtschaftlichen und sozialen Entwicklung, Formulierung gemeinsamer Positionen Lateinamerikas gegenüber Industrieländern.

Andenpakt (Pacto Andino)
Gründung: 1969. ☐ Mitgliedsstaaten: fünf; Bolivien, Kolumbien, Ecuador, Peru (Gründungsmitglieder), Venezuela (1974). Chile, das Gründungsmitglied war, ist 1976 aus dem Andenpakt ausgetreten. ☐ Sitz: Lima (Peru).
Ziele: Organisation einer besseren Wirtschaftsintegration der Andenstaaten und somit eine Förderung der Entwicklung der Region unter Beseitigung des unterschiedlichen Lebensstandards.

Durch die allmähliche Abschaffung der Zölle versucht der Andenpakt im Rahmen der ALADI, dem alle seine Mitgliedsstaaten angehören, einen gemeinsamen Markt der Andenstaaten zu schaffen.

La-Plata-Gruppe (Grupo de la Cuenca de la Plata)
Gründung: 1969. ☐ Mitgliedsstaaten: fünf; Argentinien, Bolivien, Brasilien, Paraguay, Uruguay. ☐ Sitz: Buenos Aires.
Ziele: Wirtschaftliche Entwicklung und ›physische Integration‹ der La-Plata-Beckenregion, besonders durch meist in zweiseitigen Kooperationsverträgen vereinbarte Infrastrukturprojekte (Wasserkraftwerke, Verkehrswege) und Zusammenarbeit in den Bereichen Binnenschiffahrt und Umweltschutz.

AFRIKA

Neben der Organisation der Afrikanischen Einheit (OAU), die zum Ziel hat, Afrika mit einer einzigen Stimme sprechen zu lassen, gibt es noch regionale Wirtschaftsorganisationen.

OAU (Organization of African Unity / Organisation der Afrikanischen Einheit / Organisation de l'Unité Africaine, OUA)

Gründung: 1963 anläßlich der Konferenz von Addis Abeba (22.–25. Mai) nach einem Plan des äthiopischen Kaisers Haile Selassie. ☐ Mitgliedsstaaten: alle 51 unabhängigen afrikanischen Staaten außer der Republik Südafrika und seinen Homelands. ☐ Sitz: Addis Abeba (Äthiopien).
Ziele: Förderung der Einheit und der Solidarität der afrikanischen Staaten; Verteidigung ihrer Souveränität, ihrer territorialen Unverletzlichkeit und ihrer Unabhängigkeit; Abschaffung jeglicher Form des Kolonialismus.
Aufbau: Die *Versammlung der Staats- und Regierungschefs* als oberstes Organ, in dem jeder Staat eine Stimme hat und das jährlich tagt; ein *Ministerrat* (normalerweise die Außenminister), der zweimal im Jahr zusammentritt und sich sonst bei Bedarf versammelt; ein *Generalsekretariat*. Keines dieser Organe hat Entscheidungsgewalt. Allgemein gesehen, ist die Handlungsfreiheit der OAU sehr eingeschränkt, ihr Ausschuß für Versöhnung und Schlichtung hat in den zahlreichen Grenzkonflikten und den Abspaltungsbewegungen niemals eine Wirkung gezeigt. Die Übereinstimmung bezog sich nur auf die Entkolonialisierung, nicht jedoch auf ihre Modalitäten: Daher rührten auch die mehr oder weniger ernsten Krisen der OAU bei den Angelegenheiten Katanga und Biafra sowie bei der Frage der westlichen Sahara (1982 hat die OAU die Arabische Republik der Sahara zugelassen, was zum Austritt Marokkos führte) und des Tschad. Trotz ihrer Instabilität hat die OAU doch manches erreicht, beispielsweise die Anerkennung der Befreiungsbewegungen durch die UNO und die Betonung der Notwendigkeit einer neuen Weltwirtschaftsordnung.
Versammlungen der Staats- und Regierungschefs der OAU: 1964 in Kairo, 1965 Accra, 1966 Addis Abeba, 1967 Kinshasa, 1968 Algier, 1969, 1970, 1971 Addis Abeba, 1972 Rabat, 1973 Addis Abeba, 1974 Mogadischu, 1975 Kampala, 1976 Port-Louis, 1977 Kairo, 1978 Tripolis, 1979 Monrovia, 1980 Freetown, 1981 Nairobi, 1983, 1986 Addis Abeba.
Außerordentliche Versammlungen: 1976 Addis Abeba, 1980 Lagos.

AfDB (African Development Bank / Afrikanische Entwicklungsbank)
Gründung: 1963. ☐ Mitgliedsstaaten: 75 Staaten aus Afrika, Amerika, Asien und Europa. ☐ Sitz: Abidjan (Elfenbeinküste)
Ziele: zur wirtschaftlichen Entwicklung und zum sozialen Fortschritt der Mitglieder beitragen; Förderung der wirtschaftlichen Zusammenarbeit zwischen den Ländern Afrikas.

Die AfDB hat verschiedene Tochtergesellschaften, zum Beispiel den afrikanischen Entwicklungsfonds, der 1972 in Abidjan gegründet wurde, um nichtafrikanische Staaten einzubeziehen und Kredite zu Vorzugsbedingungen zu vergeben.

Rat der Entente (Conseil de l'Entente)
Gründung: 29. Mai 1959 in Abidjan. ☐ Mitgliedsstaaten: fünf; Benin, Burkina Faso, Elfenbeinküste, Niger (Gründungsmitglieder), Togo (1966). ☐ Sitz: Abidjan.
Ziele: Förderung der wirtschaftlichen Entwicklung der Region.

CEAO (Communauté Économique de l'Afrique de l'Ouest / Westafrikanische Wirtschaftsgemeinschaft)
Gründung: 1973 als Nachfolgeorganisation der ›Wirtschaftlichen Zollunion der westafrikanischen Staaten‹ (gegründet 1959). ☐ Mitgliedsstaaten: sechs französischsprachige Länder (Burkina Faso, Elfenbeinküste, Mali, Mauretanien, Niger, Senegal). ☐ Sitz: Ouagadougou.

663

INTERNATIONALE ORGANISATIONEN

WEITERE REGIONALE ORGANISATIONEN

Ziele: Förderung des wirtschaftlichen Aufschwungs der Mitgliedsstaaten und Verbesserung der Lebensstandards.

ECOWAS (Economic Community of West African States / Wirtschaftsgemeinschaft westafrikanischer Staaten / Communauté Économique des États de l'Afrique de l'Ouest, CEDEAO)
Gründung: 1975. □ **Mitgliedsstaaten:** 16 Länder mit den Sprachen Englisch, Französisch und Portugiesisch (Benin, Burkina Faso, Kap Verde, Elfenbeinküste, Gambia, Ghana, Guinea, Guinea-Bissau, Liberia, Mali, Mauretanien, Niger, Nigeria, Senegal, Sierra Leone, Togo. □ **Sitz:** Lagos (Nigeria).
Ziele: Zusammenarbeit und Entwicklung in Wirtschaft und Gesellschaft.

UDEAC (Union Douanière et Économique de l'Afrique Centrale / Zentralafrikanische Zoll- und Wirtschaftsunion)
Gründung: 1964. □ **Mitgliedsstaaten:** fünf (Kamerun, Zentralafrikanische Republik, Kongo, Gabun und seit 1983 Äquatorial-Guinea). Der Tschad, der eines der Gründungsmitglieder war, trat 1968 aus.
Ziele: Förderung der wirtschaftlichen Integration durch eine Zollunion und die allmähliche Einrichtung eines gemeinsamen Marktes; Bildung einer ›Wirtschaftsgemeinschaft der zentralafrikanischen Staaten‹.

Franc-Zone
Gründung: 1964 in Paris. □ **Mitgliedsstaaten:** 14; Frankreich und 13 afrikanische Staaten (Benin, Burkina Faso, Kamerun, Komoren, Kongo, Elfenbeinküste, Gabun, Mali, Niger, Zentralafrikanische Republik, Senegal, Togo, Tschad). □ **Sitz:** Paris.
Die Franc-Zone umfaßt alle Länder und Ländergruppen (Westafrikanische Währungsunion), deren Währungen durch einen festen Wechselkurs an den Französischen Franc gebunden sind. Die Währungseinheit ist der ›CFA-Franc‹ (CFA steht für Communauté Financière Africaine / Afrikanische Finanzgemeinschaft).

SACU (Southern African Customs Union / Südafrikanische Zollunion)
Gründung: 1969. □ **Mitgliedsstaaten:** acht (Südafrika, Botswana, Lesotho, Swasiland als Gründungsmitglieder sowie die südafrikanischen Homelands Transkei, Venda, Bophuthatswana, Ciskei). □ **Sitz:** Pretoria (Südafrika).
Ziel: Aufrechterhaltung einer Freihandelszone für Waren der Mitgliedsländer.

SADCC (Southern African Development Coordination Conference / Südafrikanische Konferenz zur Entwicklungskoordination)
Gründung: 1980. □ **Mitgliedsstaaten:** neun (Angola, Botswana, Lesotho, Malawi, Moçambique, Swasiland, Tansania, Sambia, Simbabwe). □ **Sitz:** Gaborone (Botswana).
Ziel: Stärkung der wirtschaftlichen Unabhängigkeit der Mitglieder vor allem gegenüber der Republik Südafrika.

ARABISCHE LÄNDER

Während sich die Arabische Liga an alle arabischen Staaten wendet (deren Völker zu derselben ethnischen Gruppe gehören und die gleiche Sprache sprechen), umfaßt die islamische Konferenz alle muslimischen Länder, da der Islam viel weiter verbreitet ist als die arabische Sprache: Während letztere 44 Staaten umfaßt, besitzt erstere nur 22 Mitglieder.

Arabische Liga (Arab League / League of Arab States)
Gründung: 1945 (Kairo). □ **Mitgliedsstaaten:** 22; Saudi-Arabien, Ägypten, Irak, Jordanien, Libanon, Syrien, Nordjemen (Gründungsmitglieder 1945), Libyen (1953), Sudan (1956), Marokko, Tunesien (1958), Kuwait (1961), Algerien (1962), Südjemen (1967), Bahrein, Vereinigte Arabische Emirate, Oman, Katar (1971), Mauretanien (1973), Somalia (1974), Djibouti (1977). Die Organisation zur Befreiung Palästinas (PLO) wurde 1976 als vollwertiges Mitglied zugelassen. Die Konferenz von Bagdad im Jahre 1979 hat die Mitgliedschaft Ägyptens nach der Unterzeichnung der Abkommen von Camp David mit Israel ausgesetzt; 1989 wurde Ägypten wieder als Vollmitglied aufgenommen. □ **Sitz:** Tunis (vorläufig, da das Statut Kairo als Sitz festlegt).
Ziele: Förderung der politischen, militärischen, wirtschaftlichen und kulturellen Zusammenarbeit sowie Koordinierung der Politik und der Aktionen zwischen den arabischen Staaten. Die Arabische Liga stellt die Konkretisierung der nationalistischen arabischen Doktrin dar, die Ende des 19. Jahrhunderts aufkam (Realisierung der Einheit der ›arabischen Nation‹). Doch die Krisen, die seit ihrer Gründung die arabische Welt erschütterten, beeinträchtigen ihre Wirksamkeit. Nur wenige Abkommen wurden vom Rat angenommen und von allen Mitgliedern ratifiziert. Einige bestehen nur auf dem Papier, wie zum Beispiel das Abkommen über die kollektive Sicherheit, das bei den israelisch-arabischen Kriegen von 1956, 1967 und 1973 nicht in die Praxis umgesetzt wurde. Mit wenigen Ausnahmen konnten die Streitigkeiten zwischen arabischen Staaten nicht so beigelegt werden, wie es die Charta vorsieht. Andere Ziele, vor allem die wirtschaftliche und technische Zusammenarbeit, werden durch zahlreiche spezielle Institutionen verfolgt.
Aufbau: der *Ligarat* als oberstes Gremium, dessen Mehrheitsbeschlüsse nur die Staaten verpflichten, die unterschrieben haben; das *Generalsekretariat* und einige Sonderinstitutionen (siehe unten). Außerordentliche Konferenzen (›Gipfel‹) rufen die Staats- und Regierungschefs zusammen und versuchen, eine gemeinsame Politik festzulegen.

CAEU (Council of Arab Economic Unity / Rat für Arabische Wirtschaftseinheit)
Gründung: 1957 in Kairo. □ **Mitgliedsstaaten:** elf (Ägypten, Mauretanien, Somalia, Sudan, Vereinigte Arabische Emirate, Irak, Jordanien, Kuwait, Syrien, Jemen, die PLO). □ **Sitz:** seit 1979 Amman (zuvor Kairo).
Ziele: Bildung eines flexiblen Rahmens zur schrittweisen Integration der Mitglieder auf dem Wirtschaftssektor.
Der CAEU bildet die Grundlage des 1964 gegründeten Arabischen Gemeinsamen Marktes (AGM), dessen Ziel es ist, seinen Mitgliedern (1987: Irak, Jordanien, Syrien, Jemen, Libyen, Mauretanien, Sudan, Ägypten) den freien Verkehr von Waren, Personen und Kapital zu gewähren.

OAPEC (Organization of Arab Petroleum Exporting Countries / Organisation Arabischer Erdölexportierender Staaten)
Gründung: 1968 (Beirut). □ **Mitgliedsstaaten:** zehn (Ägypten [ausgeschlossen], Saudi-Arabien, Bahrein, Vereinigte Arabische Emirate, Irak, Kuwait, Katar, Syrien, Algerien, Libyen, Tunesien). □ **Sitz:** Kuwait.
Ziele: Stärkung der Zusammenarbeit der Mitglieder in den verschiedenen Zweigen der Erdölindustrie durch engere Beziehungen in diesem Bereich, durch gemeinsame Bemühungen im Hinblick auf eine Vermarktung der Erdölprodukte zu gleichen und ›vernünftigen‹

Bedingungen. Mehrmals hat die OAPEC die Tätigkeit der OPEC unterstützt, der ebenfalls sieben ihrer Mitglieder angehören. Rechte und Pflichten gegenüber der OPEC sollen durch die OAPEC nicht tangiert werden.

ABEDA (Arab Bank for Economic Development in Africa / Arabische Bank für wirtschaftliche Entwicklung in Afrika)
Gründung: 1974 (Kairo). □ **Mitgliedsstaaten:** alle arabische Staaten (Ausnahmen: Djibouti, Somalia, Jemen) sowie die PLO. **Sitz:** Khartoum (Sudan).
Ziele: Förderung der Entwicklung der nichtarabischen afrikanischen Staaten; durch Beteiligung des staatlichen und privaten arabischen Kapitals und durch technische Hilfe Freundschaft und Solidarität zwischen Arabern und Afrikanern stärken.
Die Darlehen der ABEDA finanzieren im wesentlichen die Entwicklung der Infrastruktur und der Landwirtschaft, was für die Wirtschaft der schwarzafrikanischen Staaten von vorrangiger Bedeutung ist.

Weitere Organisationen: Arabischer Währungsfonds (AMF) □ Arabischer Fonds für wirtschaftliche und soziale Entwicklung (FADES) □ Arabische Organisation für landwirtschaftliche Entwicklung □ Arabische Organisation für industrielle Entwicklung □ Organisation für Erziehung, Kultur und Wissenschaft der Arabischen Liga (ALESCO) □ Arabische Organisation für Standardisierung und Meteorologie.

OIC (Organization of the Islamic Conference / Organisation der Islamischen Konferenz)
Gründung: 1971. □ **Mitgliedsstaaten:** 44 und die PLO. □ **Sitz:** Dschidda (Saudi-Arabien).
Ziele: Förderung der islamischen Solidarität; Festigung der Zusammenarbeit auf wirtschaftlichem, sozialem, kulturellem und wissenschaftlichem Gebiet; Kampf gegen Rassismus und Kolonialismus; Bewahrung von Frieden und Sicherheit; Schutz der heiligen Stätten des Islam; Unterstützung des palästinensischen Volkes; Unterstützung des Kampfes aller muslimischen Völker für den Erhalt ihrer Würde, ihrer Unabhängigkeit und ihrer nationalen Rechte.
Gegründet auf Anregung von Saudi-Arabien mit der Unterstützung der monarchischen Regierungen der Golfstaaten und Jordaniens, versammelt die Islamische Konferenz die muslimischen und nicht nur die arabischen Staaten. Ihre politischen Tätigkeiten sind nicht so umfangreich wie die der Arabischen Liga.
Aufbau: Oberstes Gremium ist die *Konferenz der Staatschefs,* die alle drei Jahre stattfindet; die *Konferenz der Außenminister,* die jährlich zusammentrifft und sich auch zu außerordentlichen Sitzungen versammelt; der *Jerusalem-Ausschuß* zur Befreiung der Stadt.

IDB (Islamic Development Bank / Islamische Entwicklungsbank)
Gründung: 1974. □ **Mitgliedsstaaten:** 44. □ **Sitz:** Dschidda (Saudi-Arabien).
Ziele: Förderung der wirtschaftlichen und sozialen Entwicklung der Mitgliedsstaaten und der islamischen Bevölkerungsgruppen in anderen Staaten; Gewährung von Darlehen im öffentlichen und privaten Sektor zur Finanzierung von Infrastrukturprojekten (vor allem Verkehr und Ausbildung) und von Einfuhren ›entwicklungsrelevanter‹ Waren.
Neben der IDB sind weitere Sonderorganisationen der Islamischen Konferenz zu nennen: Islamischer Solidaritätsfonds. □ Al-Kuds-Fonds. □ Zentrum für Forschung und

INTERNATIONALE ORGANISATIONEN

wirtschaftliche und soziale Ausbildung der islamischen Länder. □ Internationale islamische Presseagentur.

GCC (Gulf Cooperation Council / Golf-Kooperationsrat)
Gründung: 1981 (Abu Dhabi). □ **Mitgliedsstaaten:** sechs (Saudi-Arabien, Bahrein, Vereinigte Arabische Emirate, Kuwait, Oman, Katar). □ **Sitz:** Riad (Saudi-Arabien).
Ziele: Stärkung der Zusammenarbeit auf den Gebieten Wirtschaft, Kultur, Soziales, Justiz und Information; Gewährleistung der Sicherheit gegenüber Bedrohungen von außen sowie wirtschaftliche und soziale Integration der Mitgliedsstaaten.

Der Rat, der stark unter dem Einfluß von Saudi-Arabien steht, fördert aktiv die Zusammenarbeit der Streitkräfte, die Errichtung eines einheitlichen Luftverteidigungssystems und die Schaffung einer gemeinsamen Rüstungsindustrie.

ASIEN UND PAZIFIK

In den großen und heterogenen Zonen Asiens und des pazifischen Ozeans kommen immer mehr regionale Organisationen auf. Während einige dieser Gebilde wieder verschwinden oder in Vergessenheit geraten (SEATO, ANZUS), sind andere (wie ASEAN mit 250 Millionen Einwohnern) von großer Bedeutung.

SEATO (South-East Asia Treaty Organization / Südostasiatischer Sicherheitsvertrag)
Gründung: 1954 (Manila). □ **Mitgliedsstaaten:** acht (Australien, USA, Frankreich, Großbritannien, Neuseeland, Pakistan, Philippinen, Thailand). □ **Sitz:** Bangkok (Thailand).
Geschichte: Der Vertrag von Manila gründete ein Verteidigungsbündnis, das gemeinsame Aktionen für den Fall eines Angriffes auf eines der ostasiatischen Länder vorsah, die (ab Pakistan) südlich eines Breitengrades (21° 30′) liegen (mit Ausnahme von Hongkong und Taiwan). Die Tätigkeiten der SEATO waren auf militärischer Ebene auf die Teilnahme einiger Mitglieder an den Kampfhandlungen in Südvietnam zwischen 1967 und 1973 beschränkt. Frankreich stellte 1967 seine Mitarbeit an den militärischen Planungen ein, Pakistan trat 1972 aus. Als nach dem Abzug der Amerikaner aus Vietnam im Jahre 1973 jede Existenzberechtigung fehlte, wurde die SEATO offiziell am 30. Juni 1977 aufgelöst.

Colombo-Plan
Gründung: Der ›Colombo-Plan zur Zusammenarbeit bei der wirtschaftlichen Entwicklung der Länder Süd- und Südostasiens‹ wurde im Januar 1950 von den Außenministern der Commonwealth-Staaten in Colombo (damals Ceylon, heute Sri Lanka) gefaßt und 1951 begonnen. □ **Mitgliedsstaaten:** 23 Länder Süd- und Südostasiens (mit Ausnahme von China und Vietnam alle Länder östlich von Pakistan, Großbritannien, die USA und Kanada). □ **Sitz:** Colombo.
Ziele: Hebung des Lebensstandards durch wirtschaftliche Entwicklung in Frieden in den süd- und südöstlichen Staaten Asiens; Förderung der technischen und finanziellen Zusammenarbeit in Angelegenheiten der Entwicklung, besonders hinsichtlich einer Steigerung der Lebensmittelerzeugung in stark bevölkerten Asien. Indien, Pakistan und Ceylon profitierten als erste von den Programmen.

ADB (Asian Development Bank / Asiatische Entwicklungsbank)

Gründung: 1966 (Manila) unter der Schirmherrschaft des Wirtschaftsausschusses der Vereinten Nationen für Asien und den Fernen Osten. □ **Mitgliedsstaaten:** 32 Länder und Territorien in Asien, Australien, Nordamerika und Europa. □ **Sitz:** Manila (Philippinen).
Ziele: Darlehen und technische Hilfe für die Mitglieder in der Entwicklungsphase; Förderung ihrer Industrialisierung und allgemeine Unterstützung des wirtschaftlichen Wachstums und der regionalen Zusammenarbeit. 1974 hat die Asiatische Entwicklungsbank einen Asiatischen Entwicklungsfonds gegründet, der Mitgliedsstaaten mit geringem Pro-Kopf-Einkommen Darlehen zu Sonderkonditionen gewährt.

ANZUS-Pakt (Pazifikpakt)
Gründung: 1951 (San Francisco). □ **Mitgliedsstaaten:** Australien, Neuseeland, USA. □ **Sitz:** Canberra (Australien).
Ziele: Sicherung des Friedens und der äußeren Sicherheit der Mitgliedsstaaten ohne automatische militärische Beistandspflicht im Verteidigungsfall.

Die jährlichen Versammlungen haben seit 1985 nicht mehr stattgefunden.

ASEAN (Association of Southern Asean Nations / Verband Südostasiatischer Staaten)
Gründung: 1967 (Bangkok). □ **Mitgliedsstaaten:** Malaysia, Philippinen, Thailand, Indonesien, Singapur, seit 1984 auch Brunei.
Ziele: Förderung von wirtschaftlichem Wachstum, sozialem Fortschritt, kultureller Entwicklung und politischer Stabilität in Südostasien. Die ASEAN gewann vor allem auf wirtschaftlichem Gebiet erhöhte Bedeutung in Südostasien. Sie bemüht sich aber auch verstärkt um eine gemeinsame außenpolitische Linie, zum Beispiel im Nord-Süd-Konflikt,

und strebt eine wirtschaftliche Kooperation mit der EG, mit Japan und auch mit Vietnam, Laos und Kambodscha an. Ziel ist es, in Südostasien ›eine Zone des Friedens, der Freiheit und der Neutralität‹ zu schaffen.

Die ASEAN-Staaten verzeichnen ein überdurchschnittliches wirtschaftliches Wachstum. Gegenseitige Handelsschranken wurden abgebaut. Die ASEAN-Staaten zählen meist zu den Entwicklungsländern mit mittlerem Einkommen; Malaysia und Singapur gehören zur Gruppe der neuen Industrieländer (Schwellenländer).

APEC (Asia-Pacific Economic Cooperation / Asiatisch-Pazifische Wirtschaftliche Zusammenarbeit)
Gründung: 1989. □ **Mitgliedsstaaten:** zwölf (USA, Kanada, Japan, Australien, Südkorea, Indonesien, Thailand, Philippinen, Neuseeland, Malaysia, Singapur, Brunei). □ **Sitz:** noch offen.
Ziele: Abbau von Handelshemmnissen; Förderung von Industrialisierung, Forschung und Technologie; Schaffung eines asiatisch-pazifischen Wirtschaftsraumes.

SPF (South Pacific Forum / Südpazifisches Forum)
Gründung: 1971. □ **Mitglieder:** 13 Länder (Australien, Neuseeland, Papua-Neuguinea, Fidschi, Vanuatu, Samoa, Salomonen, Nauru, Tonga, Tuvalu, Kiribati, Cookinseln, Niue).
Ziele: Förderung der Zusammenarbeit besonders auf politischem und wirtschaftlichem Gebiet. Das SPF diente als Rahmen für Verhandlungen über die Schaffung eines kernwaffenfreien Südpazifiks; 1973 wurde das *South Pacific Bureau for Economic Cooperation (SPEC)* als Exekutivorgan des Südpazifischen Forums gegründet.

DIE BEWEGUNG DER BLOCKFREIEN

Der Wunsch der Länder der Dritten Welt, die meist gerade die Unabhängigkeit erlangt hatten, sich zu einer einflußreicheren Gruppe zusammenzuschließen, hat in den 50er Jahren in der Form des ›Neutralismus‹ Gestalt angenommen. Diese Länder bekundeten damit ihren Willen, unabhängig von den Machtblöcken NATO und Warschauer Pakt zu bleiben. Schon Nehru in Indien, Nasser in Ägypten und Tito in Jugoslawien hatten sich der Logik der Konfrontation zwischen den beiden Blöcken widersetzt, indem sie sich weigerten, Kernwaffen zu stationieren oder fremde Streitkräfte auf ihrem Territorium zu dulden. Für die militärisch schwachen Länder Asiens und Afrikas bot die ›Neutralität‹ drei entscheidende Vorteile: 1.) Wahrung einer Unabhängigkeit, die durch eine militärische Abhängigkeit von den ›Großen‹ gestört würde; 2.) durch geschickte Diplomatie konnte Hilfe aus beiden Blöcken erlangt werden; 3.) konnten diese Länder als Garant einer gewissen moralischen Autorität im Falle extremer Positionen der Machtblöcke (Kalter Krieg) gelten.

Im April 1955 traten die neutralen Staaten bei der Konferenz von Bandung in Indonesien erstmals als Gruppierung auf. Der Begriff der Neutralität wurde vor allem in den Debatten der UNO zunehmend durch den der Blockfreiheit ersetzt; offiziell wurde die ›Bewegung der blockfreien Staaten‹ allerdings erst auf der Kon-

ferenz von Belgrad (1961) gegründet, wo die Kriterien der Blockfreiheit festgelegt wurden.

Die Unterschiedlichkeit der Mitglieder erklärt, warum die Bewegung kein festes Gefüge mit Statuten oder Bestimmungen besitzt. Die Konferenzen in Kairo (1964), Lusaka (1970), Algier (1973), Colombo (1976), Havanna (1979), Neu Delhi (1983), Harare (1986) und Belgrad (1989) zählten immer mehr Teilnehmerstaaten: 25 Länder bei der ersten und 101 bei der zweiten Konferenz in Belgrad. Doch die immer größere Zahl von Teilnehmern hat allmählich auch dazu geführt, daß kein gemeinsamer Nenner mehr gefunden werden kann. Der Begriff der Blockfreiheit wird immer verschwommener und unverbindlicher. Auf dem sechsten Gipfel in Havanna wurde die Einheit von den ›Radikalen‹ gefährdet, die eine stärkere Annäherung an die UdSSR forderten; der siebte Gipfel, der für 1982 in Bagdad vorgesehen war, mußte aufgrund des Konflikts zwischen Iran und Irak verschoben werden. Die Entscheidungen werden durch Konsens getroffen, wobei jedes Land seine Vorbehalte einbringen kann. Sie erstrecken sich auf die Verteidigung des Friedens, die militärische Abrüstung, die friedliche Koexistenz, das nationale Selbstbestimmungsrecht, die Unterstützung für Befreiungsbewegungen, Hilfe für die Entwicklungsländer und die Reform der Weltwirtschaftsordnung.

665

INTERNATIONALE ORGANISATIONEN

WEITERE REGIONALE ORGANISATIONEN

INTERKONTINENTALE ORGANISATIONEN

Einige Organisationen, die für den Beitritt ihrer Mitglieder geographische Kriterien festsetzen und deshalb regionale Organisationen sind, gehen über einen einzigen Kontinent hinaus: so die AAPSO und die OSPAALA. Der Commonwealth, dessen Kriterium die ehemalige Zugehörigkeit zum britischen Imperium ist, vereinigt 48 Staaten in allen Kontinenten. Diese Organisationen werden allgemein als interkontinentale oder multiregionale Organisationen bezeichnet.

Commonwealth of Nations
Gründung: 1931 (Vertrag von Westminster). □ Mitgliedsstaaten: 49 (In Afrika: Botswana, Ghana, Gambia, Kenia, Lesotho, Malawi, Mauritius, Nigeria, Uganda, Seychellen, Sierra Leone, Swasiland, Tansania, Sambia, Simbabwe; in Amerika: Antigua und Barbuda, Bahamas, Barbados, Belize, Dominica, Grenada, Guyana, Jamaika, Kanada, St. Christopher und Nevis, St. Lucia, St. Vincent und die Grenadinen, Trinidad und Tobago; in Asien: Bangladesh, Brunei, Indien, Malaysia, Malediven, Pakistan, Singapur, Sri Lanka; in Australien und Ozeanien: Australien, Kiribati, Nauru, Neuseeland, Papua-Neuguinea, Salomonen, Samoa, Tonga, Tuvalu, Vanuatu; in Europa: Zypern, Malta, Großbritannien). □ Sitz: London.
Geschichte: Der Vertrag von Westminster, der allgemein als die Gründungsakte des Commonwealth angesehen wird, ist keine Charta. Dieses Dokument begründete eine ›Gemeinde von Nationen‹ (*British Commonwealth of Nations*) mit dem Vereinigten Königreich, seinen Dominions (ehemalige Kolonien, die praktisch die Unabhängigkeit erlangt hatten), seinen Kolonien und Protektoraten, die juristisch dem britischen Imperium folgte (*British Empire*). Der Beitritt war freiwillig; die Mitglieder sind nur durch einen gemeinsamen Treueschwur an die britische Krone gebunden.

Als die britischen Kolonien in die Unabhängigkeit entlassen wurden, entschieden sie sich für den Verbleib im Commonwealth: so Indien und Pakistan 1947. Dies ist dadurch zu erklären, daß die ehemaligen Kolonien der Meinung waren, daß ihnen eine Zugehörigkeit zum British Commonwealth wirtschaftliche und diplomatische Vorteile bringen und ihren internationalen Einfluß stärken würde. Seit 1950 ist die Treue gegenüber der britischen Krone keine Beitrittsbedingung mehr für neue Mitglieder, und 1951 wurde das Adjektiv ›britisch‹ in der offiziellen Bezeichnung des Commonwealth gestrichen. Von Rechts wegen bleibt jedoch das Staatsoberhaupt des Vereinigten Königreiches das Oberhaupt des Commonwealth. Mehrere Staaten haben von ihrem Rücktrittsrecht Gebrauch gemacht: Irland 1949, die Republik Südafrika 1961, Pakistan 1972 (wurde 1989 wieder aufgenommen). Die Organisation hat auch von ihrem Recht, Mitglieder auszuschließen, Gebrauch gemacht. Das geschah 1987 im Fall der Fidschiinseln.

Auch wenn heute die Verbindungen im Commonwealth nicht mehr so eng sind wie früher, so funktioniert es doch noch als ein flexibles System der Zusammenarbeit zwischen Staaten, in denen Völker verschiedener Kulturen leben.
Ziele: Auch wenn kein Statut besteht, so erkennen die Mitglieder des Commonwealth dennoch einige gemeinsame Ziele an: Brücken zwischen Rassen, Religionen, Reichen und Armen schlagen, Beitrag zum Frieden in der Welt, Förderung der Gleichberechtigung der Menschen und Verhinderung jeder Art von Kolonialismus und Rassendiskriminierung. Sie verpflichten sich den Prinzipien aus den gemeinsamen Erklärungen, die am Ende von Konferenzen der Regierungschefs angenommen wurden. Die wichtigsten sind:
• die ›Erklärung der Grundsätze des Commonwealth‹ (Singapur 1971): Dieser Text erinnert an den freiwilligen Beitritt der Staaten zum Commonwealth und sieht das Ziel der Organisation im Beitrag zur Abschaffung der Ungleichheiten zwischen reichen und armen Ländern;
• die ›Erklärung von Lusaka über Rassismus und Rassenvorurteile‹ (1979); sie bekräftigt die Unterstützung des Commonwealth für die Gleichheit bei den Beziehungen zwischen den Rassen;
• die ›Erklärung von Melbourne‹ (1981): Unterstützung des Commonwealth für wirtschaftliche Gerechtigkeit;
• die ›Erklärung von Goa über die Sicherheit in der Welt‹ und die ›Erklärung von Neu Delhi über die Wirtschaftstätigkeit‹ (1983): Erstere beruft sich auf die Charta der Vereinten Nationen und ruft zur Abrüstung auf, letztere bringt den Wunsch nach einer Reform der internationalen Währungsordnung zum Ausdruck;
• die ›Erklärung zu Südafrika‹ (Nassau, 1985), die die Republik Südafrika zur Abschaffung des Apartheidsystems auffordert.
Aufbau: Die *Konferenzen der Staats- und Regierungschefs* (Commonwealth-Konferenzen) finden jeweils in der Hauptstadt eines der Mitglieder ohne Tagesordnung statt, die Entscheidungen sind informell; das *Commonwealth-Sekretariat* (seit 1965) ist mit der Vorbereitung der Konferenzen und mit dem Austausch von Informationen betraut. Seit 1971 besteht ein Commonwealth-Fonds für technische Zusammenarbeit.

AAPSO (Afro-Asian Peoples' Solidarity Organization / Organisation der Solidarität der afrikanischen und asiatischen Völker)
Gründung: 1957 in Kairo, angeregt durch den Wunsch der Teilnehmer an der Konferenz von Bandung (1955) nach einer stärkeren Zusammenarbeit unter den Staaten Asiens und Afrikas. □ Mitgliedsstaaten: 78 Länder Afrikas und Asiens. □ Sitz: Kairo.
Ziele: Einigung und Stärkung des Kampfes der Völker Asiens und Afrikas gegen den Imperialismus und den Neokolonialismus, Befreiung der Völker und Beitrag zu ihrer Entwicklung. Die AAPSO spielt derzeit international keine Rolle.

OSPAALA (Organization of Solidarity of the Peoples of Africa, Asia and Latin America / Organisation der Solidarität der afrikanischen, asiatischen und lateinamerikanischen Völker)
Gründung: 1966 auf Anregung von Fidel Castro. □ Mitgliedsstaaten: neun (Angola, Kongo, Guinea, Chile [vertreten durch ein Mitglied der Opposition], Kuba, Puerto Rico [vertreten durch ein Mitglied der Opposition], Nordkorea, Syrien, Vietnam). □ Sitz: Havanna.
Ziele: Unterstützung der Völker Afrikas, Asiens und Lateinamerikas im Kampf gegen Imperialismus, Kolonialismus und Neokolonialismus.

Nach den Auseinandersetzungen um Einflußgebiete zwischen der Volksrepublik China und der UdSSR Ende der 60er Jahre erschien diese Organisation als Instrument der kubanischen und sowjetischen Aktionen. Ihr Einfluß hat seit 1972 stark abgenommen.

A · **Die englische Königin in Jamaika.**
Regelmäßig besucht die englische Königin die Länder des Commonwealth, die ehemaligen Territorien oder Kronkolonien. Bei Erlangung der Unabhängigkeit haben sich manche Staaten dafür entschieden, eine konstitutionelle Monarchie zu bleiben, deren Herrscher das britische Staatsoberhaupt ist (vertreten von einem Gouverneur): Dies gilt für Jamaika und für 17 weitere Staaten, darunter Kanada und Australien. Andere Staaten haben sich bei der Unabhängigkeit oder später für die Form einer Republik entschieden.

B · **Die Mitglieder des Commonwealth.**
Sie umfassen weltweit etwa ein Viertel des Festlandes und zählen insgesamt ungefähr eine Milliarde Einwohner. Ihre einzige Verbindung besteht in ihrer früheren Zugehörigkeit zum britischen Imperium.

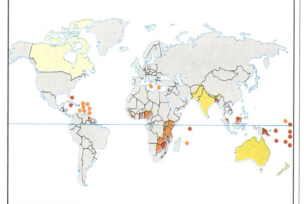

unabhängige Mitglieder
- vor 1900
- 1900–1950
- 1950–1970
- nach 1970

INTERNATIONALE ORGANISATIONEN

PRIVATE ORGANISATIONEN

HUMANITÄRE ORGANISATIONEN

Die privaten internationalen Organisationen oder die nichtstaatlichen Organisationen lassen sich durch drei Kriterien definieren: die Internationalität ihrer Mitglieder oder ihrer Arbeit, ihre Bildung auf privater Ebene (sie gehen aus einer Privatinitiative hervor und werden nicht auf Anregung von Staaten hin gebildet) sowie die Freiwilligkeit ihrer Arbeit. Sie haben heute durch den Umfang ihrer Mittel und durch ihre zahlreichen Mitglieder, durch ihren Einfluß auf die öffentliche Meinung, die Regierungen und die internationalen Organisationen, bei denen sie schon oft eine beratende Stellung einnehmen, eine beachtliche Bedeutung.

Das Rote Kreuz (Internationales Rotes Kreuz, IRK)
Gründung: 1859 von Henri Dunant, um den Kriegsopfern zu helfen. Nach 1863 tauchten die ersten Verbände auf, an deren Spitze das *Komitee der Fünf* steht (neben Dunant seine Landsleute Moynier, Appia, Manoir und General Dufour), das die Genfer Konvention ausarbeitete und annahm (22. August 1864). Dieses Abkommen legte die Rolle des Roten Kreuzes sowie die Verpflichtungen für die Kriegführenden fest, die Kriegsverletzten zu schützen und für ihre medizinische Pflege zu sorgen. Die Grundsätze von 1864 fanden sich auch in den Vereinbarungen über die Seekriegsopfer (1899 und 1907), über die Kriegsgefangenen (1929) und über die Zivilbevölkerung (1949) wieder. In Friedenszeiten nimmt das Rote Kreuz an vielen humanitären Aktionen, an Hilfsaktionen und Rettungsaktionen im Katastrophenfall oder bei Unfällen, an medizinisch-sozialen Interventionen usw. teil.
□ Sitz: Genf (Schweiz).
Ziele: Hilfe für Kriegs- und Katastrophenopfer unter strenger Einhaltung von Neutralität, Universalität und Freiwilligkeit.
Aufbau: *Internationales Komitee vom Roten Kreuz* (IKRK), das 1880 das Komitee der Fünf ersetzte und wie dieses nur aus Schweizer Bürgern besteht, deren Zahl erst auf achtzehn, dann auf fünfundzwanzig heraufgesetzt wurde; *Liga der Rot-Kreuz-Gesellschaften,* in der seit 1919 die nationalen Verbände, einschließlich der der islamischen Länder (mit dem Zeichen des roten Halbmondes), zusammengeschlossen sind und die 1990 145 Länder zählte. Die Liga, die von einem Exekutivkomitee verwaltet wird, das von den Delegierten der nationalen Verbände gewählt wird, erledigt die internationale Koordinierung und arbeitet vor allem an der Rettungshilfe im Katastrophenfall. Die Liga und das internationale Komitee sowie alle repräsentativen Instanzen des Roten Kreuzes versammeln sich regelmäßig (etwa alle vier Jahre) zur *Internationalen Rot-Kreuz-Konferenz,* die die Leitlinien der Arbeit des Roten Kreuzes in der Welt festsetzt.
Die ›Internationale Bewegung der Rot-Kreuz-Gesellschaften und der Rote-Halbmond-Gesellschaften‹ (neue Bezeichnung) hat das traditionelle Zeichen des roten Kreuzes auf weißem Grund durch ein neues Zeichen ersetzt, auf dem sowohl Kreuz als auch Halbmond zu sehen sind.
Das *Deutsche Rote Kreuz* entstand 1863–66 und hat heute über 4 Millionen Mitglieder und rund 500 000 Aktive. Sitz des Generalsekretariats ist Bonn. Das Deutsche Rote Kreuz ist ein föderativer Verband, der sich in Landesverbände, Ortsvereine sowie Bereitschaften und Schwesternschaften gliedert. Es arbeitet hauptsächlich in den Bereichen der medizinischen oder paramedizinischen Ausbildung, der Vorbeugung und der Hilfe im Notfall (Rettungsdienst, Krankentransport, Blutspendedienst, Kastastrophenschutz) sowie in allen Bereiche der Sozialarbeit (Alten-, Jugend-, Familien-, Behindertenhilfe, ambulante soziale Dienste).

Heilsarmee (Salvation Army)
Gründung: 1865 in London durch den Methodistenprediger William Booth (1829 bis 1912). □ Mitglieder: etwa 3 Millionen in 86 Ländern. □ Sitz: London.
Geschichte: Die von Booth gegründete Organisation, die sich zuerst ›Christliche Mission‹ nannte, bemühte sich um die materielle und geistige Erziehung der Armen in den östlichen Stadtteilen von London. 1878 nahm sie den Namen ›Heilsarmee‹ an, da sie sich zum Ziele machte, ›das Blut Christi und das Feuer des Heiligen Geistes in die ganze Welt zu bringen‹. Nach Anfangsschwierigkeiten, die vor allem durch die Verfolgung (besonders um 1890) bedingt waren, erlebte die Heilsarmee einen beachtlichen Aufschwung, der vor allem der Tochter von William Booth, Evangeline, zu verdanken war, die von 1934 bis 1939 als General fungierte.
Ziele: Verbreitung des Christentums in Verbindung mit karitativer Tätigkeit (›Rettung Verwahrloster‹, ›Sorge für Arbeitslose‹, ›Kampf gegen das Laster‹, besonders gegen den Alkoholmißbrauch). Die Heilsarmee vertritt die wesentlichen Dogmen der protestantischen Kirche, praktiziert aber kein besonderes Sakrament.
Die Heilsarmee besteht aus Soldaten und Offizieren, die eine charakteristische Uniform tragen; ihr Oberbefehlshaber ist ein General, der vom großen Rat gewählt wird. Die Heilsarmee sieht sich ständig ›im Einsatz‹ gegen Ungläubigkeit und Sünde und wendet sich auch an diejenigen, die der christlichen Bot-

HENRI DUNANT

Der Genfer Schriftsteller und Philanthrop Henri Dunant (1828–1910) ging zur Unterstützung Napoleons nach Italien. Dort nahm er an der Schlacht von Solferino (24. Juni 1859) teil. Die Art und Weise, wie die französischen und österreichischen Verletzten selbst von ihren eigenen Armeen vernachlässigt wurden, entsetzte ihn. Auf seine Initiative wurde auf der ersten Genfer Konferenz (1863) das Rote Kreuz gegründet. Dunant veranlaßte auch die internationale diplomatische Konferenz, aus der die Genfer Konvention hervorging. Er erhielt 1901 den Friedensnobelpreis.

A · **Das Rote Kreuz (IRK).**
Eine der Aufgaben des Internationalen Komitees des Roten Kreuzes ist es, die Hilfe für die Opfer von Konflikten zu organisieren. Daneben gewährleistet es unter anderem die medizinische Versorgung für Verletzte und verfügt über eine umfangreiche Logistik. Auf diesem Bild werden Nahrungsmittel mit Lastwagen transportiert. Die Rationen werden direkt an die Opfer verteilt, wobei Frauen und Kinder vorrangig versorgt werden. Das IRK bemüht sich auch, Verschollene wieder zu finden. Es kümmert sich um die Haftbedingungen von Kriegsgefangenen und anderen Häftlingen, um deren Schicksal zu erleichtern.

B · **Die Heilsarmee.**
Sie hat eine militärisch anmutende Organisation. Die Salutisten bilden ›Korps‹, die einem Offizier unterstellt sind. Ihre Uniform betrachten sie als ein ›äußeres und sichtbares Zeichen der inneren und geistigen Gnade‹. Die Musik, die in ihren Gottesdiensten und auf der Straße ein große Rolle spielt, dient der Untermalung ihrer Botschaft. An Weihnachten ziehen sie die Aufmerksamkeit der Passanten durch Glockenläuten auf sich.

667

INTERNATIONALE ORGANISATIONEN

PRIVATE ORGANISATIONEN

schaft gleichgültig gegenüberstehen. Sie predigt im Freien und auf den Straßen. Ihre Mitglieder müssen ein enthaltsames Leben führen und karitativ tätig sein.

Caritas Internationalis (Internationaler Verband katholischer Organisationen mit karitativer oder sozialer Tätigkeit / International Confederation of Catholic Organizations for Charitable and Social Action)
Gründung: 1951 in Rom. Führt die Arbeit der *Caritas Catholica,* gegründet 1924 in Amsterdam, weiter. Die derzeitige Bezeichnung wurde 1954 angenommen. ☐ Mitglieder: 118 nationale Organisationen in 115 Ländern und Territorien einschließlich Jerusalems und der Pazifikinseln. ☐ Sitz: Vatikan.
Ziele: Unterstützung der nationalen Organisationen (z. B. *Deutscher Caritasverband,* gegründet 1897, Sitz: Freiburg im Breisgau) bei mildtätigen Aktionen und bei der Verbreitung der sozialen Gerechtigkeit (vor allem Hilfe für die Ärmsten) sowie bei der apostolischen Arbeit.

Amnesty International (AI, ai)
Gründung: 1961 durch den britischen Anwalt Peter Benenson. ☐ Mitglieder: nationale Gruppen in über 60 Ländern; mehr als 4 000 ›lokale Gruppen‹ sowie einzelne Mitglieder, insgesamt mehr als 500 000 Mitglieder und Förderer in 150 Ländern. ☐ Sitz: London.
Ziele: Freilassung von Häftlingen, die aus politischen, weltanschaulichen, rassischen, religiösen oder ethnischen Gründen gefangengehalten werden; Forderung nach gerechten und raschen Urteilen für alle politischen Gefangenen; Kampf für die Abschaffung der Folter und der Todesstrafe. Dem Internationalen Sekretariat von AI sind nationale Sektionen zugeordnet, die wiederum von kleinen Adoptionsgruppen gebildet werden. Jede dieser Gruppen (15–20 Mitglieder) betreut (›adoptiert‹) in der Regel zwei Gefangene aus verschiedenen geographischen Regionen und politischen Systemen. Nicht betreut werden solche Personen, die in einem fairen öffentlichen ordentlichen Gerichtsverfahren der Gewaltanwendung überführt wurden. Es bestehen im Bereich der nationalen Sektion der Bundesrepublik Deutschland (Sitz: Bonn) über 600 Gruppen (etwa 20 000 Mitglieder und Förderer). AI führt auch öffentliche Kampagnen gegen Folter, Todesstrafe, Verschwindenlassen von Personen, Hinrichtungen und grausame Behandlung von Gefangenen durch. Ein wichtiges Instrument der Aufklärungsarbeit ist der Jahresbericht, der die Menschenrechtsverletzungen weltweit dokumentiert.

Amnesty International sieht sich als eine internationale humanitäre Organisation, die politisch, religiös und ideologisch völlig unabhängig ist. Ihre Tätigkeit gründet auf der internationalen Menschenrechtserklärung; sie hat in der UNO, in der UNESCO und im Europarat eine beratende Stimme. 1977 erhielt AI den Friedensnobelpreis.

IFHR (International Federation of Human Rights / Internationale Föderation für Menschenrechte)
Gründung: 1922. ☐ Mitglieder: nationale Ligen in 36 Ländern. ☐ Sitz: Paris.
Ziele: Verbreitung der Grundsätze der Gerechtigkeit, der Freiheit, Gleichheit und Souveränität aller Völker in der ganzen Welt. Diese Föderation schickt Untersuchungs- und Beobachtungsgruppen an die Gerichte (seit 1960 129 Gruppen in 52 Ländern), formuliert Beschwerden an die Regierungen, die die Menschenrechte verletzen, und untersucht (durch die nationalen Ligen) die Situation jedes Landes auf dem Gebiet der Menschenrechte. In der UNO, der UNESCO und im Europarat hat die Föderation einen Beraterstatus.

Internationale Gesellschaft für Menschenrechte (IGFM)
Gründung: 1972. ☐ Mitglieder: acht nationale Sektionen mit rund 50 000 Mitgliedern, Förderern und Helfern. ☐ Sitz des ›Internationalen Sekretariats‹: Frankfurt am Main.
Ziele: Die IGFM unterstützt Einzelpersonen und Gruppen, die sich gewaltlos für die Verwirklichung von Grundrechten in ihren Ländern einsetzen oder die dort selbst verfolgt und in der Wahrnehmung ihrer Grundrechte beeinträchtigt werden.

Internationale Liga für Menschenrechte (International League for Human Rights)
Gründung: 1941. ☐ Mitglieder: 41 Verbände in 26 Ländern. ☐ Sitz: New York.
Ziele: Kontrolle der Beachtung der bürgerlichen, wirtschaftlichen und sozialen Rechte, die in der internationalen Menschenrechtserklärung verankert sind, die die UNO 1948 angenommen hat. Die Liga, die in den verschiedenen Komitees und Kommissionen der UNO für Menschenrechte vertreten ist, arbeitet eng mit dieser Organisation zusammen. Sie interveniert direkt bei den Regierungen, um gegen die Verletzung der Menschenrechte zu protestieren, führt Untersuchungen durch und veröffentlicht Berichte.

Gesellschaft für bedrohte Völker (Survival International)
Gründung: 1970. ☐ Mitglieder: nationale Sektionen mit regionalen Gruppen. ☐ Sitz: Göttingen.
Ziele: der existentiellen Bedrohung ethnischer, rassischer und religiöser Minderheiten in aller Welt entgegenwirken, einerseits mit publizistischen Mitteln, zum anderen mit der finanziellen Unterstützung von Selbsthilfeprojekten, die der Bewahrung von Sprache und Kultur dienen. Die Gesellschaft für bedrohte Völker setzt sich in der Bundesrepublik Deutschland auch für Asylbewerber ein.

Terre des Hommes
Gründung: 1959. Mitglieder: nationale Verbände mit örtlichen Initiativkreisen und Arbeitsgruppen. ☐ Sitz: Lausanne (Terre des Hommes Deutschland: Osnabrück).
Ziele: Hilfe zugunsten notleidender Kinder in Entwicklungsländern und ausländischer Kinder in Industrieländern in den Bereichen Gesundheit, Erziehung, Bildung, Rehabilitation (zum Beispiel bei Krankheit, Verletzungen), wobei die Kinder möglichst in ihrem kulturellen und sozialen Umfeld bleiben sollen.

Anfangs war die Arbeit von Terre des Hommes eher am Einzelfall orientiert. So wurden Kinderpatenschaften (der ›Pate‹ finanziert mit einem monatlich Festbetrag den Lebensunterhalt eines Kindes in der Dritten Welt und erhält per Briefkontakt Informationen über den Werdegang des Kindes) und auch die Adoption von Kindern aus Entwicklungsländern vermittelt.

▲ · **Notärzte-Komitee.**
Das Komitee Cap Anamour-Deutsche Notärzte e.V. gehört zu den Organisationen, die sich in den reichen Ländern gebildet haben, meist mit dem Ziel, die skandalöse Not in der Dritten Welt zu lindern. Kleine Teams, Ärzte oder Mitglieder des Gesundheitswesens sowie Techniker, arbeiten freiwillig einige Monate in den Gebieten, in denen die Kranken sonst keine Pflege bekommen (zum Beispiel Dürregebiete Äthiopiens und Somalias). Die Organisation geht auf die Tätigkeit des Rettungsschiffes Cap Anamour für vietnamesische Bootsflüchtlinge (›Boat people‹) zurück.

KIRCHLICHE ENTWICKLUNGSHILFE

Der Beitrag der christlichen Kirchen in der Bundesrepublik Deutschland zur Entwicklungshilfe geht zurück auf die Gründung verschiedener Einrichtungen Ende der 1950er Jahre: in der katholischen Kirche das bischöfliche Hilfswerk Misereor (1958) und die Arbeitsgemeinschaft für Entwicklungshilfe (1959), in der evangelischen Kirche Brot für die Welt (1959) und Dienste in Übersee (1960). Für die Zusammenarbeit mit der Bundesregierung, die die kirchliche Entwicklungshilfe fördert, gründeten beide Kirchen 1962 je eine Zentralstelle für Entwicklungshilfe. Entwicklungspolitische Bedeutung kommt außerdem der Not- und Katastrophenhilfe des Deutschen Caritasverbandes sowie den katholischen Hilfswerken Adveniat (1961, für Lateinamerika) und Missio (1972, für Afrika und Asien) zu, die jedoch vor allem auf die Förderung pastoraler Projekte ausgerichtet sind. Die katholische kirchliche Entwicklungshilfe wird gesamtkirchlich koordiniert von dem päpstlichen Rat ›Cor unum‹ (1971); internationale Absprachen über Projektplanung leistet die ›Coopération Internationale pour le Développement Socio-Économique‹. Die kirchliche Entwicklungshilfe der evangelischen Ökumene wird seit 1977 von der ›Ecumenical Development Cooperative Society‹, einer vom Ökumenischen Rat der Kirchen gegründeten Genossenschaftsbank, die günstige Kredite vergibt, gefördert.

INTERNATIONALE ORGANISATIONEN

Permanent Peoples' Tribunal (Ständiges Völkergericht, PPT)
Gründung: 1979 als ständige Nachfolgestelle des ›Tribunal Russell I‹ über die Kriegsverbrechen in Vietnam (1966–67) und des ›Tribunal Russell II‹ über die Unterdrückung in Lateinamerika. Die Idee dieser Tribunale geht auf den britischen Philosophen und Mathematiker Bertrand Russell zurück (1872–1970). Sie werden von Intellektuellen und Personen durchgeführt, die höchstes moralisches Ansehen genießen (Jean-Paul Sartre war Vorsitzender des ersten Tribunals) und kämpfen für die Völker, deren Rechte gefährdet sind. Russells Werk wurde von dem Italiener Lelio Basso (1903–1978) weitergeführt. ☐ Mitglieder: 35 bis 75 Personen aus etwa 30 Ländern.
Ziele: Förderung der allgemeinen und tatsächlichen Achtung der Grundrechte der Völker durch ein Urteil darüber, ob diese Rechte verletzt werden, durch Untersuchung der Gründe für die Verletzung und Anklage der Urheber der Verletzung vor der internationalen Öffentlichkeit.

Eine ›Weltweite Erklärung der Rechte der Völker‹ wurde 1976 von der Stiftung Lelio Basso ausgearbeitet und bemühte sich um einen einheitlichen Text für die verschiedenen Rechte der Völker: Daseinsrecht, Recht auf politische Selbstbestimmung, Rechte in den Bereichen Wirtschaft und Kultur, Rechte der Minderheiten usw. Diese Erklärung ist die Grundlage des Tribunals.

PAZIFISTISCHE ORGANISATIONEN

Die Friedensbewegung, die im 19. Jahrhundert in den USA und in einigen europäischen Ländern aufkam, erlangte (trotz der Gründung des Internationalen Friedensbüros im Jahre 1892) erst in den 20er Jahren unseres Jahrhunderts als Antwort auf die internationalen Konflikte eine weltweite Bedeutung.

Internationales Friedensbüro (International Peace Bureau)
Gründung: 1892. ☐ Mitglieder: 38 nationale Verbände in 18 Ländern. ☐ Sitz: Genf.
Ziele: Förderung der Kommunikation zwischen den nationalen und internationalen Friedensverbänden.

Weltfriedensrat (World Peace Council)
Gründung: 1950. ☐ Mitglieder: nationale Komitees aus 39 Ländern. ☐ Sitz: Helsinki.
Ziele: Verbot der Kernwaffen, Beendigung des Wettrüstens, Erreichung einer allgemeinen Abrüstung.

Internationale Ärzte zur Verhinderung des Atomkriegs (International Physicians for the Prevention of Nuclear War, IPPNW)
Gründung: 1981. ☐ Mitglieder: 145 000 Ärzte aus 51 Ländern, die jede Form der medizinischen Vorbereitung auf die Folgen eines Atomkriegs mit ihren ethischen Vorstellungen als Arzt für unvereinbar halten. ☐ Sitz: Genf.
Ziele: (atomare) Abrüstung und Verbot von Kernwaffentests. 1985 erhielten die Initiatoren, der amerikanische Herzspezialist B. Lown und der sowjetische Kardiologe J. Tschasow, den Friedensnobelpreis.

Pax Christi
Gründung: 1945 in Frankreich (1951 organisiert in einem Internationalen Sekretariat). ☐ Mitglieder: nationale Sektionen in zahlreichen Ländern. ☐ Sitz: Antwerpen (Sitz der deutschen Sektion: Frankfurt am Main).
Ziel: Förderung des Friedens durch theoretische Vorbereitung und praktische Aktionen.

Pugwash-Bewegung (Pugwash Conferences on Science and World Affairs)
Gründung: 1957 in Pugwash (Neuschottland, Kanada) infolge eines Appells von Bertrand Russell, Albert Einstein und anderen Wissenschaftlern. ☐ Mitglieder: nationale Bewegungen in etwa 30 Ländern. ☐ Sitz: Genf.
Ziele: Abhaltung internationaler Konferenzen von Wissenschaftlern über die Probleme, die sich aus dem Fortschritt der Wissenschaft ergeben, insbesondere über die Gefahren, die von der Entwicklung von Massenvernichtungswaffen für die Menschheit ausgehen.

A, B · **Amnesty International.**
Amnesty International appelliert an die Medien, die es als eine Abschreckungswaffe gegen Unterdrückung und unmenschliche Behandlung ansieht. Plakate und Zeichnungen von bekannten Künstlern unterstützen die Arbeit für die Häftlinge, die aus politischen oder weltanschaulichen Gründen inhaftiert sind. Die kleine unauslöschliche Flamme symbolisiert die Hoffnung, die trotz der Gefangenschaft, dargestellt durch den Stacheldraht, weiter besteht.

C · **Greenpeace.**
Greenpeace ist sowohl eine Umweltschutz- als auch eine pazifistische Organisation. Sie geht gegen die Ausrottung der Pelztiere vor, wie das nebenstehende Plakat zeigt. Es wurde kurz vor der Affäre um ihr Schiff *Rainbow Warrior* veröffentlicht und besagt: ›Etwa 40 dumme Tiere sind nötig, um einen Pelzmantel herzustellen, aber nur eines, um ihn zu tragen‹.

INTERNATIONALE ORGANISATIONEN

PRIVATE ORGANISATIONEN

ORGANISATIONEN FÜR NATURSCHUTZ

Das starke Bewußtsein für Natur und Umwelt sowie für ökologische Fragestellungen hat nach dem zweiten Weltkrieg zur Gründung vieler Umweltschutzorganisationen geführt. Die international bekanntesten sind Greenpeace und WWF.

Greenpeace
Gründung: 1971 in Vancouver (Kanada). □ Mitglieder: rund 2 Millionen; nationale Büros in 22 Staaten. □ Sitz: Amsterdam (deutsches Büro: Hamburg).
Ziele: Beendigung aller Kernwaffentests, Einstellung der Versenkung von Chemie- und Atommüll in den Meeren, Erhaltung der Robben, Wale und Meeresschildkröten, Bekämpfung des sauren Regens und der Verseuchung der Umwelt, Schutz der Antarktis.
Greenpeace ist eine internationale, unabhängige und überparteiliche Umweltschutzorganisation, die mit gewaltfreien, direkten, oft unkonventionellen Aktionen weltweit auf Umweltverschmutzung und -zerstörung aufmerksam machen und zur Beseitigung ihrer Ursachen beitragen will. Art und Durchführung aller Aktionen und Kampagnen werden von einem internationalen Greenpeace-Council, dem Vertreter der einzelnen Mitgliedsländer angehören, beschlossen. Greenpeace hat Beobachterstatus bei der UNO. Die Aktivitäten von Greenpeace werden durch Spenden finanziert.

WWF (World Wildlife Fund for Nature / Weltfonds zugunsten der natürlichen Umwelt)
Gründung: 1961. □ Mitglieder: angeschlossene Organisationen in 25 Ländern, Einzelpersonen in der ganzen Welt. □ Sitz: Gland (Schweiz).

△ · **Das Emblem des WWF.**

Der Panda ist zum Wahrzeichen des WWF geworden, weil die Aktion, die die Organisation seit den 70er Jahren für die Erhaltung dieser Art in China durchführt, große Wirkung erzielt hat. Während sich die ersten Kampagnen des WWF auf die Rettung einzelner Arten beschränkten (Riesenschildkröte auf den Galápagosinseln, Orang-Utan von Sarawak, Aye-Aye in Madagaskar, asiatischer Tiger usw.), richtet sich die derzeitige Haupttätigkeit des WWF auf die Erhaltung der natürlichen Umwelt (Kampagnen zum Schutz des tropischen Regenwaldes 1975 und 1982), auf die Verwaltung von geschützten Gebieten und auf die Ausbildung von Naturschützern. Der WWF hat viele Spenden bei Privatleuten, Unternehmen und Institutionen gesammelt und trug in den 80er Jahren zur Finanzierung von 3800 Programmen des Naturschutzes in 130 Ländern und zur Pflege von 260 Reservaten bei.

Ziele: Bewahrung der natürlichen Lebensgrundlagen (Flora, Fauna, Wälder, Landschaften, Wasser, Boden und andere natürliche Ressourcen), Förderung grenzüberschreitender Umweltschutzprojekte, Schutz natürlicher Lebensräume und ihrer Tier- und Pflanzenarten (Artenschutz).
Der Weltfonds zugunsten der natürlichen Umwelt arbeitet eng mit der Internationalen Union für Naturschutz (IUCN) zusammen und handelt mit Hilfe der angeschlossenen Verbände direkt vor Ort.
Ziel der IUCN ist die Förderung wissenschaftlicher Arbeiten über die dauerhafte Nutzung natürlicher Ressourcen und ihre Erhaltung, so daß das Potential der erneuerbaren natürlichen Ressourcen für die Zukunft gewahrt wird.

RELIGIÖSE ORGANISATIONEN

Alle Kirchen und alle religiösen Orden können insofern als private Organisationen angesehen werden, als sie internationale Gruppierungen aus Einzelpersonen darstellen, die ein nichtgewerbliches Ziel verfolgen. Hier sollen jedoch nur die religiösen Organisationen aufgeführt werden, die ökumenischen oder föderativen Charakter haben, sowie die Organisationen, die zwar eine Konfession vertreten, die aber andere Ziele als die Glaubensverkündigung verfolgen.

Israelischer Weltverband
Gründung: 1860 in Paris, unterstützt von dem Anwalt und Politiker Adolphe Crémieux (1796–1880). □ Mitglieder: Komitees und Gruppen (insgesamt 12000 Mitglieder in 25 Ländern). □ Sitz: Paris.
Ziele: Verteidigung und Lehre der jüdischen Kultur in der Welt, vor allem in den Ländern des Mittelmeerraumes und des Ostens mit Hilfe von Schulen.

Jewish Agency for Israel (Jüdische Vertretung für Israel)
Gründung: 1897 in Basel vom ersten zionistischen Kongreß unter dem Namen *Zionistische Weltorganisation* mit dem Ziel, in Palästina eine Heimat für die Juden aus der ganzen Welt zu schaffen. 1922–48 als *Jewish Agency for Palestine* Vertretung der Zionistischen Weltorganisation in Palästina nach dem Mandatsvertrag zwischen Großbritannien und dem Völkerbund; seit 1948 jetziger Name. □ Mitglieder: nationale zionistische Verbände in 45 Ländern. □ Sitz: Jerusalem.
Ziele: Erleichterung der Einwanderung des jüdischen Volkes in den Staat Israel, Schutz der Rechte der Juden in der ganzen Welt und Erhaltung ihrer kulturellen Identität, besonders durch Erziehung.
Seit der Gründung des Staates Israel ist die Agentur das ausführende Organ der *Zionistischen Weltorganisation*, wobei sie eng mit der israelischen Regierung zusammenarbeitet.

Jüdischer Weltkongreß (World Jewish Congress)
Gründung: 1936 in Genf. Nachfolger des 1918 gegründeten *Komitees der jüdischen Delegationen*. □ Mitglieder: jüdische Gemeinden, nationale Verbände und repräsentative Organisationen in 69 Ländern. □ Sitz: New York.
Ziele: Stärkung der Einheit des jüdischen Volkes in der ganzen Welt und engere Verbindungen der verschiedenen nationalen Gemeinden mit Israel; Beitrag zur Erfüllung der Hoffnungen des jüdischen Volkes und die Erhaltung seines Erbes.

Ökumenischer Rat der Kirchen, Weltkirchenrat (World Council of Churches, WCC)
Gründung: 1948 in Amsterdam. Ging aus zwei Verbänden (*Bewegung Leben und Arbeit* und *Faith and Order Movement*) hervor, die sich im Zweiten Weltkrieg um die Schaffung eines *Weltkirchenrates* bemüht hatten. □ Sitz: Genf (weitere Niederlassung in New York). □ Mitglieder: mehr als 300 protestantische, anglikanische, orthodoxe, altkatholische Kirchen in mehr als 115 Ländern. Die nicht dem WCC angehörende Katholische Kirche unterhält zu ihm enge Arbeitsbeziehungen und entsendet zu wichtigen Veranstaltungen Beobachter.
Ziele: Im Namen der Einheit der Kirche Jesu Christi den engeren Zusammenschluß zwischen den Kirchen fördern.
Aufbau: Die *Vollversammlung* tritt im Prinzip alle sieben Jahre zusammen (frühere Versammlungen: Amsterdam 1948, Evanston 1954, New Delhi 1961, Uppsala 1968, Nairobi 1975, Vancouver 1983, Canberra 1991); die Vollversammlung wählt einen *Zentralausschuß,* dem 150 Mitglieder angehören, die alle 18 Monate zusammentreffen. Dieser ernennt einen *Exekutivausschuß* mit 19 Mitgliedern, der jährlich zweimal tagt; *Präsidium* mit 7 Mitgliedern und ein *Generalsekretariat.* Die inhaltliche Arbeit übt der Rat auch durch eine Vielzahl von Fachkommissionen aus (zum Beispiel für zwischenkirchliche Hilfe, internationale Angelegenheiten, für Glauben und Kirchenverfassung, für Weltmission und Evangelisation). Die Geschäftsstelle des Rates umfaßt neben dem Generalsekretariat die ständigen Büros der einzelnen Kommissionen (gegliedert in drei Programmeinheiten für Glauben und Zeugnis, Gerechtigkeit und Dienst, Bildung und Erneuerung). Außerdem unterhält der Rat das Ökumenisches Institut in Bossey bei Genf für Aus- und Fortbildung.

Gemeinschaft von Taizé (Communauté de Taizé)
Gründung: 1940 in Taizé durch Pater Roger Schutz. □ Mitglieder: 80 Patres, die sich lebenslang der evangelischen ökumenischen Klostergemeinschaft verpflichtet haben und aus verschiedenen christlichen Kirchen (katholisch und protestantisch) in etwa 20 Ländern kommen. □ Sitz: Taizé (Frankreich).
Ziele: Bemühen um die Einheit der Christen und die Erhaltung des Friedens in der Welt, vor allem mit Unterstützung der Jugend (regelmäßige Treffen von Jugendlichen aus der ganzen Welt als ›Konzil der Jugend‹).

Lutherischer Weltbund (LWB) / Lutheran World Federation (LWF)
Gründung: 1947 in Lund, Schweden. Nachfolger des *Lutherischen Weltkonvents,* der 1923 in Eisenach gegründet wurde. □ Mitglieder: 105 lutherische Kirchen und 15 anerkannte Glaubensgemeinschaften in 88 Ländern. □ Sitz: Genf.
Ziele: Förderung des Austauschs zwischen den verschiedenen lutherischen Kirchen und Stärkung ihrer Solidarität, ohne ihre Autonomie zu schmälern.

Islamische Weltliga (Liga der islamischen Welt / Muslim World League)
Gründung: 1962 in Mekka in Saudi-Arabien durch eine islamische Konferenz. Die Verfassung wurde 1963 angenommen. □ Mitglieder: Büros der einzelnen Richtungen, persönliche Zugehörigkeit, Vertreter von Organisationen. □ Sitz: Mekka.
Ziele: die Grundsätze der islamischen Kultur und des Glaubens darlegen und verbreiten, Stärkung der Einheit und der Solidarität im Islam, Verteidigung der Rechte und Interessen der Moslems in der ganzen Welt.
Die islamische Weltliga ist die wichtigste nichtstaatliche islamische Organisation.

INTERNATIONALE ORGANISATIONEN

Malteserorden oder **Johanniterorden**
Gründung: 1099 in Jerusalem nach dessen Eroberung durch die Kreuzfahrer. Der Malteserorden war zuerst eine Gemeinde, die den Pilgern half. Eine Bulle des Papstes Paschalis II. machte sie am 15. Februar 1113 zu einem religiösen Orden, dem *Souveränen Ritterorden vom Hospital des heiligen Johannes zu Jerusalem, genannt zu Rhodos, genannt von Malta.* 1961 erhielt der Orden eine neue Verfassung, 1966 einen Kodex. ☐ Mitglieder: nationale Rittervereinigungen. ☐ Sitz: Rom (Jerusalem bis zum 13. Jahrhundert, Rhodos bis 1522, daher auch die Bezeichnung Rhodiserritter, Malta bis zu den napoleonischen Kriegen).
Ziele: Hilfe für Arme und Kranke, besonders durch Schaffung und Führung von Krankenhäusern.
Aufbau: Der Orden untersteht einem *Großmeister,* der auf Lebenszeit gewählt wird; ihm steht der Konvent der acht *Großwürdenträger* beratend zur Seite. Der Malteserorden kennt drei Klassen: die 1. Klasse bildet den eigentlichen Orden (Klostergelübde), die 2. Klasse verlangt das Versprechen standesgemäßer Vollkommenheit, die 3. Klasse die Verpflichtung zur gewissenhaften christlichen Lebensführung. Der Orden ist ein souveränes Völkerrechtssubjekt.

Zeugen Jehovas (Watchtower, Bible and Tract Society of Pennsylvania / Jehovah's Witnesses)
Gründung: um 1875 in den USA. Erster gesetzlicher Name war *Zion's Watchtower Tract Society* (1884). Die heutige Bezeichnung wurde 1955 angenommen. ☐ Mitglieder: 97 Abteilungen, die in mehr als 100 Ländern etwa 2 800 000 Verkündiger haben. ☐ Sitz: New York.
Ziele: Die Zeugen Jehovas verstehen sich als ursprüngliche Christen, die die Lehren der Bibel verteidigen, leben und verkünden sowie die Aufrichtung einer Theokratie erwarten. Gottes Wort ist die einzige Quelle ihres moralischen und religiösen Denkens; sie lehnen weite Teile der christlichen Glaubenslehre und jede politische Tätigkeit ab.

Evangelische Allianz (World Evangelical Fellowship, WEF)
Gründung: 1951 durch den Zusammenschluß der 1846 in London gegründeten Organisation mit der im Zweiten Weltkrieg in den USA gegründeten ›National Association of Evangelicals‹. ☐ Mitglieder: nationale evangelische Verbände in 54 Ländern. ☐ Sitz: Wheaton (USA).
Ziele: Verteidigung und Verkündigung des Evangeliums; internationale Zusammenarbeit entschiedener evangelischer Christen.

VERSCHIEDENE ORGANISATIONEN

Die Anzahl der privaten internationalen Organisationen stieg zwischen 1909 und 1989 (als man mehr als 23 000 zählte) um das 105fache; ihre Betätigungsfel-

---

DIE FREIMAUREREI

Die Freimaurerei ist eine international verbreitete Bewegung von humanitärer Geisteshaltung. In Achtung vor der Menschenwürde treten Freimaurer für Toleranz, freie Entfaltung der Persönlichkeit, Hilfsbereitschaft, Brüderlichkeit und allgemeine Menschenliebe ein.

Grundlage der Freimaurerei ist die Überzeugung, daß alle Konflikte ohne zerstörerische Auswirkungen ausgetragen werden können, wenn ein ausreichendes Vertrauensverhältnis zwischen den Menschen geschaffen werden kann. Die in der Gemeinschaft gewonnene Selbsterkenntnis soll zugleich Gewissen und Verantwortungsgefühl gegenüber Staat und Gesellschaft schärfen. Das Ritual der Freimaurer, das in seinen wesentlichen Bestandteilen überall auf der Erde gleich ist, kann als ein Symbol des kosmischen Geschehens gedeutet werden. Das teilnehmende Logenmitglied ordnet sich mit Hilfe der Symbolik der rituellen Handlungen in die Gesetzmäßigkeit des Universums ein und soll dadurch lernen, sein Leben in ständig zunehmendem Maße aus einem übergeordneten Bewußtsein heraus zu gestalten. Die Freimaurerei stellt eine sinnbildliche Baukunst dar; Gegenstand dieses Bauens ist der einzelne Mensch und über ihn hinaus die gesamte Menschheit.

Die Freimaurerei besitzt keine weltweite, zusammenhängende Organisation. Die regulären **Logen** sind innerhalb des Staates, in dem sie arbeiten, in mindestens einer Großloge zusammengeschlossen. Die Mitglieder einer Loge wählen in freier Wahl ihren Vorsitzenden, den Meister vom Stuhl oder Logenmeister. Die Logenmeister wählen auf dem Großlogentag den Großmeister und dessen Mitarbeiter in der Führung der Großloge.

Geschichte: Die Bezeichnung ›freemason‹ erscheint erstmals 1376 in einer Londoner Urkunde und entspricht der Berufsbezeichnung ›Steinmetz‹. Das Wort ›lodge‹ (Loge), urkundlich zuerst 1278 erwähnt, bezeichnete ursprünglich ein Holzgebäude, das den Bauhandwerkern als Werkstatt und wohl auch als Versammlungsraum diente. 1717 entstand durch den Zusammenschluß von vier Londoner Logen die erste Großloge. Von 1725 an begann die Freimaurerei von England aus auf das europäische Festland überzugreifen, zuerst nach Frankreich (1736). In *Deutschland* wurde 1737 die erste Loge in Hamburg gegründet. Insgesamt arbeiteten vor 1933 (Schließung der Logen, Einzug ihrer Vermögen, Verfolgung) in Deutschland etwa 76 000 Freimaurer. Die nach dem Zweiten Weltkrieg in der Bundesrepublik Deutschland neugegründeten Logen schlossen sich 1958 zu den ›Vereinigten Großlogen von Deutschland‹ zusammen (heute etwa 20 500 Freimaurer).

In allen autoritär regierten Staaten ist die Freimaurerei verboten. Sie erregte von Anfang an auch das Mißfallen der katholischen Kirche, die sie zwischen 1738 und 1918 in zwölf päpstlichen Stellungnahmen verurteilte und die Freimaurer wegen antiklerikaler Ziele und humanistisch-deistischer Weltanschauung exkommunizierte.

A · Die Maurerschürze des Meisters.
Diese Schürze, die an die der Steinmetze aus dem Mittelalter erinnert, ist das eigentliche Wahrzeichen des Freimaurers, gleich welchen Grades. Der Lehrling trägt sie mit erhobenem Latz, der Geselle mit gesenktem Latz. Die Schürze des Meisters aus Lammhaut oder weißer Seide ist beim schottischen Ritual mit roter Stickerei verziert, blau bei den anderen Ritualen; sie ist zudem mit Symbolen versehen. Das Dreieck (oder Delta), das hier sowohl auf dem Latz als auch in der goldenen Stickerei zu sehen ist, steht für das philosophische Gedankengut. Die Zweige der Akazie, des Baumes der Unbestechlichen, sind vor allem den Meistern vorbehalten. Die Freimaurer tragen die Schürze nie außerhalb ihrer Gruppe.

B · Das glänzende Schwert.
Dieses Schwert mit gewellter Klinge erinnert an eine in einem schwachen Luftzug flackernde Flamme und symbolisiert das lebendige Denken. Der Großmeister benützt es bei der Einführung in einem Ritual, das an den Ritterschlag erinnert. Für alle Mitglieder ist die Freimaurerei in erster Linie eine Erziehung, ein Weg der geistigen Entwicklung. Der Laie, der vorher im Dunkel lebte, ›erhält das Licht‹, wenn er Freimaurer wird.

C · Lineal und Zirkel.
Manchen Instrumenten oder ›Werkzeugen‹, die im Bauwesen verwendet wurden, wird von den Freimaurern ein symbolischer Wert zugeschrieben. Darunter befinden sich auch Lineal und Zirkel, die immer gemeinsam dargestellt werden. Das Lineal ist das Symbol der Richtigkeit, des Rechts und der Bauwissenschaft, der Zirkel das des Maßes. Hier sind sie gestickt auf einem ›Vorschlagsbeutel‹ dargestellt, den der Zeremonienmeister vor Abschluß der Arbeiten in der Loge herumgehen läßt und in den jeder ›Bruder‹ (Bezeichnung der Freimaurer untereinander) Bitten, Vorschläge, Fragen usw. legen kann, die er der Loge als Arbeitsgruppe vorlegen möchte.

INTERNATIONALE ORGANISATIONEN

PRIVATE ORGANISATIONEN

der sind sehr unterschiedlich. (Der Verband der internationalen Organisationen führt 99 Kategorien auf.) Die unten angegebenen Organisationen sind einige Beispiele für die ganze Bandbreite der Tätigkeit privater internationaler Organisationen.

Rosenkreuzer (Rosencreutzer / Rose-Croix / Rosicrucian)
Gründung: Die Rosenkreuzertradition geht bis ins alte Ägypten um 1550 v. Chr. zurück. In Europa fand die Existenz der Rosenkreuzer zum ersten Mal um 1150 n. Chr. Erwähnung. Der Orden wurde offiziell im Jahre 1915 in den USA von Spencer Lewis gegründet (1883–1936). ☐ Mitglieder: Logen, Gruppen und *pronaoi* mit Anhängern in 55 Ländern. ☐ Sitz: San Jose (USA).
Ziele: Studium der Philosophie, der Metaphysik und der Physik, damit der Mensch die wundervollen Gaben seiner Natur begreift.
Aufbau: *Imperator* oder Weltoberhaupt des Ordens; *neun Große Logen* (je eine pro Weltsprache); *lokale Logen; Gruppen; pronaoi* (griech. = Vortempel); *internationale Konvente* und *nationale Gruppen*.

Anthroposophengesellschaft (General Anthroposophical Society)
Gründung: 1923 in Dornach (Schweiz). Nachfolgerin der 1913 in Österreich von Rudolf Steiner gegründeten *Anthroposophischen Gesellschaft*, Steiner war zuvor Mitglied der *theosophischen Gesellschaft*. ☐ Sitz: das *Goetheanum* in Dornach bei Basel (Schweiz).
Ziele: Förderung der geistigen Entwicklung des einzelnen, besonders durch eine Pädagogik mit Schwerpunkt auf künstlerischer Tätigkeit im Sinne der Anthroposophie.

Die *anthroposophische Gesellschaft* räumt, anders als die *theosophische Gesellschaft*, den östlichen Lehren weniger Platz ein und vertritt stärker die christlichen Lehren.

Theosophische Gesellschaft (Theosophical Society)
Gründung: 1875 in New York durch Helena Petrowna Blavatsky und Oberst Henry Steel Olcott. In den ersten Jahren wurde das Werk der Gründer von Annie Besant (gest. 1933) fortgeführt. ☐ Mitglieder: 1 227 Logen mit mehr als 35 000 Personen in 62 Ländern. ☐ Sitz: Adyar bei Madras (Indien).
Ziele: Schaffung einer wirklichen Brüderlichkeit zwischen den Menschen ohne Unterscheidung in bezug auf Rasse, Geschlecht oder Glauben; Förderung des Studiums der verschiedenen Religionen und der Kenntnis der östlichen Philosophen sowie der Wissenschaft; Erforschung der geheimnisvollen Gesetze der Natur und der dem Menschen innewohnenden Kräfte.

Freimaurer
Siehe Seite 671.

PEN (Poets, Essayists, Novelists / Internationale Schriftstellervereinigung P.E.N.-Club).
Siehe Seite 750.

Rotary International
Gründung: 1905 in Chicago auf Initiative von Paul P. Harris. ☐ Mitglieder: etwa 22 000 Clubs mit insgesamt ungefähr 1 000 000 Mitgliedern. (Der Name ›Rotary‹ ergab sich aus der Gepflogenheit, daß die Versammlungen nach einem Rotationssystem in den Büros der Mitglieder stattfanden. Die Rotarier tragen als Abzeichen ein goldenes Rad im Knopfloch.) ☐ Sitz: Evanston (Illinois).
Ziele: Das Ideal des Dienens fördern und pflegen, das als Grundlage jedes ehrenwerten Unternehmens gilt; Förderung der freundschaftlichen Beziehungen zwischen den Mitgliedern, um ihnen die Möglichkeit zu geben, dem Allgemeinwohl zu dienen.

Die Clubs wählen ihre Mitglieder aus den freien Berufen, wobei jeder Club nur einen Vertreter einer Berufssparte haben darf. Sie vergeben Stipendien für Auslandsstudien, tätigen Spenden für humanitäre Zwecke (Opfer von Katastrophen, Impfaktionen für Kinder in der Dritten Welt, Wiedereingliederung von Behinderten in die Gesellschaft usw.).

Lions International (International Association of Lions Clubs)
Gründung: 1916 in Dallas (Texas). Der Name entstand aus den Anfangsbuchstaben von ›Liberty, Intelligence, Our Nations' Savety‹ (Freiheit und Intelligenz, die Rettung unserer Nationen). ☐ Mitglieder: etwa 39 000 Clubs mit knapp 1,4 Millionen Mitgliedern in 160 Ländern. ☐ Sitz: Oak Brook (Illinois).
Ziele: Förderung der Verständigung zwischen den Menschen und Völkern der Erde durch Vereinigung der Mitglieder aus verschiedenen Berufen für kulturelle, humanitäre und freundschaftliche Zwecke zum Wohle der Völker. Die Clubs organisieren Versammlungen und Konferenzen; durch soziale Tätigkeiten und Aktionen für die Umwelt und die Jugend bemühen sie sich um das Gemeinwohl.

IOK (Internationales Olympisches Komitee / International Olympic Committee, IOC).
Siehe Seite 1074–1075.

FIFA (Fédération Internationale de Football Association / Weltfußballverband).
Siehe Seite 1100.

Weltorganisation der Pfadfinderbewegung (World Organization of the Scout Movement)
Gründung: 1920 unter dem Namen *Internationales Pfadfinderbüro*. Nachfolgeorganisation des *Boy Scout Movement*, das 1907 auf Initiative von Lord Baden-Powell in England gegründet wurde. Heutige Bezeichnung seit 1961. ☐ Mitglieder: nationale Pfadfindergruppen mit mehr als 16 Millionen Mitgliedern in 119 Ländern. ☐ Sitz: Genf.
Ziele: Zusammenschluß der nationalen Pfadfinderverbände; Förderung der Zusammenarbeit der verschiedenen Verbände und Organisation von internationalen Treffen; Erziehung zu Gemeinschaftsgeist und naturgemäßer Lebensführung.
Aufbau: Weltpfadfinderkonferenz, die alle sechs Jahre ein *Weltpfadfinderkomitee* mit zwölf Mitgliedern wählt. Dieses ernennt ein *Generalsekretariat* und *Komitees* in fünf Regionen (Afrika, Arabien, Asien und Pazifik, Europa und Amerika).

Die wichtigsten Pfadfinderbünde in der Bundesrepublik Deutschland sind der interkonfessionelle ›Bund der Pfadfinderinnen und Pfadfinder‹, die katholische ›Deutsche Pfadfinderschaft St. Georg‹ und der evangelische ›Verband christlicher Pfadfinderinnen und Pfadfinder‹.

Weltverband der Pfadfinderinnen (World Association of Girl Guides and Girl Scouts)
Gründung: 1928 in Budapest. Nachfolgeorganisation des *Internationalen Rates der Pfadfinderinnen*, der seit 1919 bestand. ☐ Mitglieder: 108 nationale Organisationen mit 8 Millionen Mädchen. ☐ Sitz: London.
Ziele: Harmonisierung der Tätigkeitsgrundsätze der verschiedenen nationalen Pfadfinderinnenverbände; Förderung von Treffen zwischen den Verbänden.

Mensa international
Gründung: 1946 in Oxford; internationaler Verband seit 1976. ☐ Mitglieder: 70 000 aus 105 Ländern; es handelt sich um Personen, die durch ihre Intelligenz (im Sinne bestimmter Intelligenztests) zu den intelligentesten Menschen gehören (2 % der Bevölkerung).
Ziele: Förderung von weltweiten Kontakten zwischen den Mitgliedern; Anhörung von Forschern aus der Psychologie und aus den Gesellschaftswissenschaften; Entwicklung der Intelligenz zum Wohle der Menschheit.

Anonyme Alkoholiker (AA)
Gründung: 1935 in Akron (Ohio). ☐ Mitglieder: über 67 000 Gruppen mit etwa 1,5 Millionen Mitgliedern aus 129 Ländern. ☐ Sitz: New York.
Ziele: Verbindungen zwischen den Gruppen der *Anonymen Alkoholiker* in den verschiedenen Ländern schaffen, die sich als Selbsthilfegruppen alkoholkranker Menschen verstehen. Voraussetzung für die Mitgliedschaft ist das ernste Bestreben, vom Alkoholismus freizukommen. Die Anonymität des einzelnen wird streng gewahrt.

Universala Esperanto Asocio
Gründung: 1908. ☐ Mitglieder: rund 1 Million. ☐ Sitz: Rotterdam.
Ziele: Förderung der Verbreitung der 1887 von dem polnischen Arzt L. Zamenhof geschaffenen Welthilfssprache Esperanto.

△ · **Pfadfinderlager.**
Die meisten Aktivitäten der Pfadfinder finden im Freien statt. Wie der Kontakt mit der freien Natur, so ist auch das Leben in kleinen Gruppen ein ständiges Element der koedukativen Programme. Gegliedert sind die Pfadfinder nach Altersgruppen: Wichtel und Wölflinge (8–12 Jahre), Pfadfinder und Pfadfinderinnen (12 bis 16 Jahre), Junioren (16–18 Jahre), Rangers und Rover (über 18 Jahre).

10

MEISTERWERKE

Zivilisationen entstehen nicht auf Befehl, sondern sie bilden und formen sich über Jahrhunderte hinweg.
Diese empfindlichen Gebilde definieren sich weniger durch Grenzen oder Rassen
als durch Empfindung und Gedankengut. Das sicherste Zeugnis, das wir von ihnen bewahren, sind ihre *Werke:*
Bauten, Fresken, Gravuren, Bilder, Skulpturen, Romane, Essays, Abhandlungen, Theaterstücke, Sinfonien, Filme, Ballette, Jazzmusik.
Man sagt, daß die größten und bedeutendsten von ihnen, die *Meisterwerke,* nie aufhören zu existieren.
Denn sie werden, ob nun gefeiert oder umstritten, immer wieder erwähnt.
Sie sind das ›genetische Erbe‹ unserer Ideen, unserer Geschmäcker und unserer Lebensweise.
Das vorliegende Werk stellt nicht nur die Meisterwerke jeder Epoche und jedes Landes vor,
sondern aus jedem Bereich (Archäologie, plastische Kunst ...) auch die *Gattungen* und die *Schulen,*
zu denen diese Werke gehören; darüber hinaus werden gegebenenfalls
die entsprechenden Festspiele (und Auszeichnungen) aufgeführt. Wo zusätzliche Informationen notwendig
oder angebracht sind (Glossare, Nomenklaturen ...), werden sie angegeben.
Bei den Kunstwerken haben wir der direkten Darstellung den Vorzug vor einer Beschreibung gegeben.
Innerhalb eines Bereiches sind die Werke nach der alphabetischen Reihenfolge ihrer Schöpfer geordnet.
Entsprechend wird in anderen Teilen, wo dies erforderlich ist (Schöne Künste, Geschichte), chronologisch vorgegangen.
Bei der Philosophie und den Humanwissenschaften schließlich, wo sich das Werk eines Denkers oft von Buch zu Buch weiter aufbaut,
haben wir nicht so sehr die einzelnen Titel, sondern das Gesamtwerk behandelt.

INHALT

ARCHÄOLOGIE IN 50 DATEN *674*

VORGESCHICHTE *676*

DIE KUNST DES ALTEN ORIENT *680*
DIE KUNST DES ALTEN ÄGYPTEN *682*
DIE GRIECHISCHE ANTIKE *684*
RÖMISCHE KUNST *686*
KELTISCHE KUNST *687*
BYZANTINISCHE KUNST *688*
ISLAMISCHE KUNST *689*
KUNST DES ALTEN CHINA *690*
KUNST DES ALTEN JAPAN *691*
INDISCHE KUNST *692*
KUNST IN SÜDOSTASIEN *693*
KUNST DES PRÄKOLUMBISCHEN AMERIKA *694*
AFRIKANISCHE KUNST *696*
OZEANISCHE KUNST *697*
DAS EUROPÄISCHE HOCHMITTELALTER *698*
DIE ROMANISCHE ARCHITEKTUR
(10.–11. JH.) *699*
DIE ROMANISCHE ARCHITEKTUR
(11.–12. JH.) *700*
ROMANISCHE KUNST *701*
GOTISCHE ARCHITEKTUR *702*
GOTISCHE MALEREI *704*
BILDHAUERKUNST IN DER GOTIK *706*
BILDHAUERKUNST IN DER RENAISSANCE *707*
ARCHITEKTUR DER RENAISSANCE *708*
MALEREI DER RENAISSANCE *710*

ARCHITEKTUR DES 17. JH. *712*
MALEREI DES 17. JH. *714*
BILDHAUERKUNST IM 17. UND 18. JH. *716*
ARCHITEKTUR DES 18. JH. *718*
MALEREI DES 18. JH. *720*
ARCHITEKTUR DES 19. JH. *722*
BILDHAUEREI DES 19. JH. *723*
MALEREI DES 19. JH. *724*
ARCHITEKTUR DES 20. JH. *726*
MALEREI DES 20. JH. *728*
BILDHAUEREI DES 20. JH. *730*
NEUE AUSDRUCKSFORMEN *731*
DAS KULTUR- UND NATURERBE
DER WELT *732*
DIE GROSSEN MUSEEN DER WELT *736*

MEISTERWERKE DER LITERATUR *738*
BIBLIOTHEKEN/LITERATURARCHIVE *750*
LITERATURPREISE *751*
BESTSELLER *753*
KLASSIK IN DER LITERATUR *754*
ROMANTIK IN DER LITERATUR *755*
NATURALISMUS IN DER LITERATUR *756*
SYMBOLISMUS IN DER LITERATUR *757*
EXPRESSIONISMUS *758*
FUTURISMUS *758*
SURREALISMUS IN DER LITERATUR *759*
COMICS *760*
ABENDLÄNDISCHES THEATER *762*
ÖSTLICHES THEATER *770*
SCHATTEN- UND PUPPENSPIELE *771*

MEISTERWERKE DER MUSIK *772*
MUSIKGATTUNGEN *780*
WEITERE MUSIKARTEN *782*
MUSIKTECHNIK *783*
ORCHESTER UND KONZERT *784*
INTERPRETEN *785*
MUSIKINSTRUMENTE *786*
OPER *787*
JAZZMUSIK *788*
ROCKMUSIK *793*

MEISTERWERKE DES TANZES *796*
ENSEMBLES, INTERPRETEN *801*
GESCHICHTE DES BALLETTS *802*

MEISTERWERKE DES FILMS *804*
SCHLÜSSELDATEN DES FILMS *812*
FILMGATTUNGEN *813*
DIE SPRACHE DES FILMS *816*
TRICKFILM *817*
FILMFESTSPIELE UND FILMPREISE *818*

WERKE DER HUMANWISSENSCHAFTEN *820*
PHILOSOPHISCHE SCHULEN UND
RICHTUNGEN *830*
GLOSSAR DES MARXISMUS UND DER
PSYCHOANALYSE *838*
NACHSCHLAGEWERKE *840*
NOBELPREISTRÄGER *840*

GESCHICHTSWERKE *841*

Siehe auch
Entdeckungen und Erfindungen, S. 849 ff. für wissenschaftliche und technische Werke.

Redaktion und Texte
Astrid Bonifacj, Redaktionssekretärin (Archäologie, Vorgeschichte, nichtwestliche Künste),
Gilbert Gatellier, Redaktionsleiter (Architektur, Malerei, Bildhauerei);
Jacqueline Demion, Sylvie Compagnon, Redaktionssekretärinnen (Meisterwerke der Literatur)
Sylvie Compagnon (Theater), Jean Gribenski, Dozent an der Universität Paris-IV (Meisterwerke
der Musik); Claude Poizot, Schriftsteller und Journalist für Jazz (Jazzmusik und Rockmusik); Nathalie
Lecomte, Dr. für Ästhetik in den musikalischen Künsten, Historikerin für Tanz (Meisterwerke des Tanzes);
Nathalie Kristy, Redaktionssekretärin (Meisterwerke des Films);
Didier Casalis, Redaktionsleiter (Philosophie und Humanwissenschaften);
Edith Ybert-Chabrier, Redaktionssekretärin (Meisterwerke der Geschichte).

MEISTERWERKE

ARCHÄOLOGIE IN 50 DATEN

Seit uralten Zeiten interessiert sich der Mensch für das ihm ›Unbekannte‹ und für seine Vergangenheit. Wahrscheinlich sammelte schon der Neandertaler. Jahrhundertelang waren Archäologie und Sammelleidenschaft aufs engste verknüpft; erst im 19. Jh. entstand eine Archäologie, die nicht nur sammeln, sondern auch erhalten wollte.

Die heutige Archäologie, unterstützt von ausgefeilten Techniken, versucht nicht nur, den zeitlichen Rahmen der uns verbliebenen Reste der Vergangenheit zu ordnen und zu erhalten, sondern darüber hinaus, den Menschen in der Gesamtheit seiner Handlungen und seiner Umwelt zu erfassen.

1506. Entdeckung der marmornen *Laokoon*gruppe aus dem 2. Jh. v. Chr. in Rom; sie wurde der Sammlung des Papstes, dem späteren Vatikanmuseum, eingegliedert.

1520. Karl V. organisierte die erste Wanderausstellung und präsentierte die vom Aztekenkönig Montezuma II. gesandten Schätze in seinem ganzen Reich. Dürer, der diese Ausstellung in Brüssel sah, war von der ›genialen und subtilen Kunstfertigkeit dieses fremden Volkes‹ begeistert. Ein Überbleibsel dieser Ausstellung, der große federne Helmschmuck (Wien, Völkerkundemuseum), vermittelt uns heute noch eine Ahnung vom Glanz des Aztekenreiches.

1674. Gemeinsame Reise des Grafen von Nointel mit dem Zeichner Jacques Carrey nach Athen, der den Parthenon, in dem die Türken ihre Waffen und das Schießpulver lagerten, vor der Explosion (1687) noch im Bild festhielt.

1720. Der Papst entschließt sich endlich zu Schutzmaßnahmen für den Palatin und ordnet eine Bestandsaufnahme an.

1738. Erstmals werden die Grundrisse der Villen in Herculaneum, wo seit 1709 Raubgrabungen durchgeführt werden, aufgezeichnet. Jedoch werden die ersten systematischen Grabungen erst ab 1927 durchgeführt, und 1979 findet man noch über 100 Skelette in der Körperhaltung eines überraschenden Todes.

1748. Probegrabungen in Pompeji. Dank Herkulaneum und Pompeji kann man sich erstmals das Alltagsleben in der Antike vorstellen. Die Funde in den beiden Städten hatten Einfluß auf die Entstehung des Neoklassizismus und begründeten die Vorliebe für antikes Dekor.

1751. Der englische Architekt Robert Wood besucht Palmyra und Baalbek. Seine sehr schönen Stiche, die 1753 in London veröffentlicht werden, sind die Ursache für den Antikenkult, der das England des 18. Jh. beherrscht.

1757–1785. Mario Guarnacci führt Ausgrabungen in Volterra durch und gründet dort ein Museum (man weiß, daß der Kardinal Farnese 1546 dort 6 000 Pfund Metall aus der Nekropole von Tarquinia eingeschmolzen hatte).

1764. Johann Joachim Winckelmann veröffentlicht seine *Geschichte der Kunst des Altertums* und 1767 sein Werk *Unbekannte antike Monumente*. Hiermit beeinflußt er zutiefst seine Zeitgenossen und bewirkt eine Hinwendung zur Antike.

1798. Napoleons Ägyptenexpedition. Der *Stein von Rosette,* durch den Champollion später die ägyptischen Hieroglyphen entziffert, wird 1799 entdeckt. 1802 veröffentlicht Vivant Denon seinen Reisebericht *Reisen durch Unter- und Oberägypten während des Feldzuges von General Bonaparte.*

1820. Auf der Kykladeninsel Milos entdeckt ein Bauer eine Statue der Venus. Viele möchten in ihren Besitz gelangen; schließlich gelingt es dem französischen Botschafter in Konstantinopel, sie nach Frankreich zu bringen und König Ludwig XVIII. zu schenken.

1822. Schreiben von Jean-François Champollion an Herrn Dacier. Auf diese Weise erfährt die gebildete Welt, daß es ihm mit Hilfe der dreisprachigen Inschrift auf dem *Stein von Rosette* (Britisches Museum) gelungen ist, die Hieroglyphen zu entziffern. Er ist auch der Organisator der ersten rein wissenschaftlichen Reise nach Ägypten (1828–29).

1829. In Olympia beginnt eine französische Gruppe mit der Freilegung der Anlage, deren Wichtigkeit bereits 1723 von Bernard de Montfaucon erkannt wurde und deren Zeustempel 1766 von dem Engländer Richard Chandler identifiziert wurde. Die eigentliche Ausgrabung von Olympia wird allerdings von deutschen Archäologen durchgeführt, vor allem, ab 1877, von Wilhelm Dörpfeld.

1837. Henry Rawlinson entziffert dank der Entdeckung einer dreisprachigen Inschrift in Behistan (Iran, Zagrosgebirge), die er selbst an einem 120 m hohen Felsen kopierte, die Keilschrift.

1840–1845. Die Franzosen erforschen Algerien und veröffentlichen 1850 ein Werk, versehen mit sehr schönen Stichen, über die *wissenschaftliche Erforschung Algeriens.*

1841. Bekanntwerden der Mayakultur dank des Reiseberichtes *(Ereignisse der Reise durch Zentralamerika, Chiapas und Yucatán)* des amerikanischen Diplomaten John Lloyd Stephens und seines Zeichners Frederick Catherwood. Als erster erkannte er, daß es sich um eine eigenständige einheimische Kultur handelte.

1843–44. Paul Émile Botta erforscht in Chorsabad/Irak einen Palast von Sargon von Assyrien. Victor Place setzt seine Arbeit fort. Franzosen und Briten liefern sich dort einen erbit-

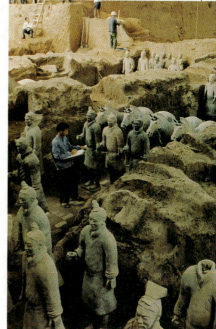

Archäologische Überraschungen.
Die Archäologie muß zuweilen ihre Ergebnisse neu überdenken. Nach vier Jahrhunderten wird die Wiederherstellung einer der berühmtesten Statuengruppen der Antike berichtigt. In China entdeckt man die Totenstadt des Kaisers Quin Shi Huangdi; das erste Grab, das 500 Krieger aus Ton enthält, wird Museum.

A · 1506. Laokoon.
Die Laokoongruppe wurde von Michelangelo restauriert; man sah in ihrer dramatischen Intensität die Perfektion der antiken Kunst. 1960 stellte eine erneute Restaurierung den Originalzustand her.

B · 1974. Das Grab des Quin Shi Huangdi.
Etwa 7 000 solcher Soldaten sollen in den sternförmig angelegten Gräbern rund um das Grabmal des Quin Shi Huangdi angeordnet sein.

674

MEISTERWERKE

terten Kampf, um den Louvre sowie das Britische Museum zu bereichern. Aber diese Raubgrabungen reizen die Neugier und öffnen den Weg für spätere wissenschaftliche Ausgrabungen.

1845. Nimrud wird von dem Briten Austen Henry Layard, der eigentlich Ninive sucht, ausgegraben. Erst später (1852) findet Max Mallowan dort die berühmten elfenbeinernen Möbelornamente.

1846. Gründung der französischen Archäologenschule in Athen, deren Arbeiten auf Delos und in Delphi (1892) beispielhaft bleiben.

1847. Jacques Boucher de Crèvecœur de Perthes beginnt seine Veröffentlichung der *urzeitlichen und keltischen Altertümer;* er führt darin aus, daß der vorzeitliche Mensch gleichzeitig mit schon ausgestorbenen Großtierarten lebte.

1850. Angkor, von dem schon portugiesische Missionare des 16. Jh. Kenntnis hatten, zu einer Zeit, als es noch Hauptstadt war, das jedoch seitdem in Vergessenheit geraten war und von dem man annahm, daß es zerstört worden sei, wurde von dem Missionar Charles Bouillevaux wiederentdeckt. 1907 wird eine Vereinigung zum Schutze Angkors gegründet.

1851. A. H. Layard legt in Ninive den Palast des Sanherib frei, und 1854 schickt der Assyrologe Ormuzd Rassan dem Britischen Museum die Bibliothek (24 000 Tafeln) des Assurbanipal sowie die berühmten Reliefs (›verletzte Löwin‹ u. a.), die seinen Palast schmücken. □ Auguste Mariette legt das Serapeum in Sakkara frei und kennzeichnet hiermit den Beginn systematischer Grabungen in Ägypten, aber auch den Schutz archäologischer Stätten.

DIE SIEBEN WELTWUNDER

Bau- und Kunstwerke, die in der Antike als die bedeutendsten der damaligen Welt galten:
- Die Pyramiden von Giseh,
- Die hängenden Gärten der Semiramis in Babylon,
- Die Zeusstatue des Phidias in Olympia,
- Der Tempel der Artemis in Ephesus,
- Das Mausoleum in Halikarnassos,
- Der Koloß von Rhodos,
- Der Leuchtturm von Alexandria.

1870. Der italienische Staat erwirbt die *Hadriansvilla* in Tivoli, um dem Wandalismus ein Ende zu machen; alle großen Sammler hatten sich hier bereichert.

1871. In Kleinasien wird Homers Troja von Heinrich Schliemann, einem glühenden Verehrer des alten Homer, entdeckt. Obwohl er durch seine Grabungen einiges zerstörte, hat er das Verdienst, die homerischen Verse, die die gebildete Welt bislang für eine Legende hielt, zum Leben erweckt zu haben.

1876. Treu seinem Homer folgend, bringt H. Schliemann die reichen Königsgräber von Mykene ans Tageslicht. Das Vorhandensein von Objekten aus der Zeit Amenophis III. ermöglicht es, 1890 eine erste Chronologie zu erstellen. 1952 werden neben einem zweiten Gräberkreis auch aufschlußreiche Schrifttafeln entdeckt.

1877. Mit den Ausgrabungen von Tello im Irak bringt der französische Konsul in Basra, Ernest de Sarzec, die sumerische Welt wieder ans Tageslicht. Annähernd 100 Jahre später wird man wissen, daß Tello nicht das alte Lagasch, sondern die antike Stadt Girsu ist. Die dort gefundenen Statuen des Gouverneurs Gudea befinden sich im Louvre.

1879. Altamira (Spanien): Die Welt reagiert ungläubig auf die neue Kenntnis von der Existenz prähistorischer Felsmalereien. Ihrem Entdecker, dem Grafen von Santuola, gelingt es nicht, die Fachleute von ihrer Echtheit zu überzeugen.

1883. G. Maspero beginnt mit der Freilegung des Tempels von Luxor und setzt vor allem die Schutzmaßnahmen für Mariette fort.

1891. Delphi wird langsam von der französischen Archäologenschule in Athen freigelegt. Um das darüberliegende neuzeitliche Dorf Kastri zu verlegen und wieder aufzubauen (1892), stellt das französische Parlament 750 000 Goldfranc bereit! Bereits beim zweiten Grabungsdurchgang wird *der Wagenlenker* aus Bronze freigelegt.

1895. La Mouthe (Dordogne, Frankreich): Wandmalereien und dann 1899 die mit einem Steinbock bemalte Lampe führen zur Anerkennung der Existenz einer prähistorischen Kunst, die dann 1901 durch die Erforschung der Höhlen von Combarelles und Font-de-Gaume bestätigt wird. Damit werden nun auch die Aussagen des Entdeckers von Altamira anerkannt.

1899. Endlich wird in Babylon unter der Leitung von Robert Koldewey eine systematische Grabungskampagne durchgeführt.

1900. Mit der Entdeckung von Knossos lüftet Arthur Evans den Schleier von der bisher unbekannten Welt der minoischen Kultur. Dank eines pharaonischen Fundstückes gelingt es im Jahre 1905, eine erste Datierung an diesem seit 1878 bekannten Grabungsort vorzunehmen.

1911. Die Welt horcht auf, als durch den Entdecker von Machu Picchu, den Amerikaner Hiram Bingham, bekannt wird, daß eine Inkastadt, der die Entdeckung durch die Spanier entgangen und nie willentlich zerstört worden war, die Zeiten überdauert hat.

1922. Im Tal der Könige in Ägypten sucht der britische Archäologe Howard Carter seit mehreren Jahren das Grab des jungen Tut-ench-amun. Eine freigelegte Treppe führt zu einer unversehrten Tür. 1923 öffnet er in Gegenwart seines Mäzens das Grab, das Staunen ist groß: Das Grab ist unversehrt und birgt einen märchenhaften Schatz.

1927–28. Leonard Wooley, der seit 1922 in Ur arbeitet, findet die königlichen Gräber. Eines davon ist unberührt, und die Grabbeigaben (Harfe, Widder aus Gold und Lapislazuli, das berühmte Banner; Britisches Museum) bezeugen den Sinn der Sumerer für verfeinerten Luxus.

1929. Claude Schaeffer beginnt mit den Grabungen (die bis 1971 dauern werden) in Ras Schamra in Syrien, das er 1931 als das antike Ugarit identifiziert.

1932. In Monte Albán (Mexiko, Oaxaca) gibt das Grab Nr. 7 einen mixtekischen Goldschatz frei. Alfonso Caso kann seine Forschungen in dieser Hauptstadt der Zapoteken, die zur Nekropole der Mixteken wurde, fortsetzen.

1933. Start der Grabungen in Syrien am Tell Hariri, das sich 1934 dank der Entdeckung einer Inschrift als Mari, Hauptstadt eines mächtigen Königreichs im Alten Orient, erwies. Die Ausgrabungen sind das Lebenswerk des Archäologen André Parrot. 1975–77 wird der Grabungsort gesichert.

1940. Lascaux, die zufällige Entdeckung zweier Kinder, zieht zahlreiche Besucher an. Dadurch werden die paläolithischen Fresken sehr bald gefährdet. Die Höhle wird für das Publikum gesperrt und eine genaue Kopie *(Lascaux-bis)* eines Höhlenteils angefertigt.

1944. Mortimer Wheeler, Erfinder moderner Grabungsmethoden, wird zum Generaldirektor der Archäologie Indiens ernannt und fördert entscheidend das Wissen über die Induskultur in Harappa.

1948. Die Arbeit von Robert J. Braidwood in Kalat Jarmo (Irak) kennzeichnet den Beginn einer neuen Archäologie, die sich auch mit der Ökologie der Umgebung, der wirtschaftlichen und sozialen Entwicklung sowie mit archäologischen Funden befaßt.

1952. In Zhengzhou (China, Henan) fördern die Ausgrabungen in einem der Vororte eine Hauptstadt der Shang mit den ältesten bekannten Ritualvasen aus Bronze zutage. □ In Palenque, das bereits seit 1773 bekannt ist, findet Alberto Ruz Lhuillier im Innern der Pyramide der Inschriften das reiche Grab des Pacal, Mayaherrscher im 7. Jh.

1953. In Vix, in der Nähe von Châtillon-sur-Seine, auf der Zinnstraße, wird von René Joffroy in einem Wagengrab der Grabschatz einer keltischen Prinzessin gefunden.

1958. In Çatal Hüyük (Anatolien) wird ein neolithisches Dorf aus dem 6. Jh. v. Chr. gefunden. Die Häuser und das Heiligtum waren mit außergewöhnlichen Wandmalereien und Stuckarbeiten geschmückt.

1963. Rettung des Tempels von Abu Simbel unter der Ägide der UNESCO.

1974. In Lintong, in der Nähe von Shansi, wird auf einem riesigen Areal damit begonnen, die Umgebung des Grabhügels des ersten Kaisers von China, Quin Shi Huangdi, umgeben von seiner gewaltigen, bunt bemalten Armee aus Tonkriegern, auszugraben.

1978. In Mexiko beginnt die Rettung des Templo Mayor, Hauptheiligtum der Aztekenhauptstadt, bislang nur aus Texten bekannt.

1986. In der Cheopspyramide stoßen Architekten und Ingenieure aufgrund von architektonischen Studien, Schwerkraftmessungen und Bohrungen auf einen neuen Hohlraum.

1989. Im Tempel von Luxor, im Hof von Amenophis III., werden etwa 20 Statuen ausgegraben.

DIE RADIOKARBON-METHODE

Radioaktive Kohlenstoff-Isotope (^{14}C) sind in allen lebenden Organismen enthalten. Nach dem Absterben des Lebewesens zerfallen diese, und aus dem heute noch vorhandenen Anteil an ^{14}C in dem Objekt kann auf dessen Alter geschlossen werden.

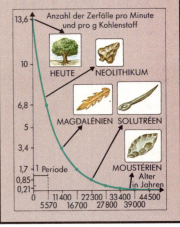

675

MEISTERWERKE

VORGESCHICHTE

Die Vorgeschichtler haben als erste Anstoß an der biblischen Überlieferung genommen: Adam war nicht mehr der erste Mensch. Zu Beginn des 19. Jh. gelangte Boucher de Crèvecœur de Perthes (1788 bis 1868) zu der Überzeugung, daß der vorzeitliche Mensch gleichzeitig mit schon ausgestorbenen Großtierarten lebte. Unzählige Fortschritte wurden gemacht seit Erstellung der ersten Chronologie der Werkzeugentwicklung (Gabriel de Mortillet, 1821–1898; Denis Peyrony, 1869–1954; Henri Breuil, 1877 bis 1961) bis hin zur Entwicklung von Datierungsmethoden, die auf dem Zerfall von radioaktiven Stoffen beruhen. Es wurden aber noch weitere neue Wege eingeschlagen; so befaßte sich André Leroi-Gourhan (1911–1986) mit dem täglichen Leben und der geistigen Welt des ersten Menschen.

heitsgeschichte. Es wird in drei Stufen eingeteilt:
– *Altpaläolithikum* (3 000 000 bis 90 000 v. Chr.): Zunächst Handwerkzeuge aus Geröll mit einflächig behauener Arbeitskante (chopper und chopping tools). Diese Geröllgeräte verschwinden langsam zugunsten der Faustkeile oder *biface* (beidseitig mit Schneiden versehen), die bald nach einem bestimmten Schema bearbeitet wurden;
– *Mittelpaläolithikum* (90 000 bis 35 000 v. Chr.): Entwicklung der Technik der Steinbearbeitung, vielfältige lokale Abarten, u.a. bemerkenswert die Levallois-Technik im Moustérien (nach dem Fundort Le Moustier, Dordogne).
– *Jungpaläolithikum* (35 000 bis 10 000/5 000 v. Chr., je nach Region): Höhepunkt der Knochenbearbeitung, Herstellung von beinernen Klingen in vielen lokalen Varianten, formschöne und kunstvolle Gestaltung. Der moderne Mensch, *Homo sapiens sapiens*, tritt auf.

DAS WERKZEUG

Australopithecus und *Homo habilis* gehen bereits aufrecht und entwickeln kreative Fähigkeiten. Die Zeit der Steinbearbeitung nimmt ihren Anfang. Sobald es sich um die systematische Herstellung einer Form, die über Generationen tradiert wird, handelt, spricht man von einer ›industriellen‹ Fertigung. Der technische Fortschritt braucht seine Zeit; es dauert etwa 3 Mio. Jahre, bis die Perfektion eines Faustkeils vom Acheuléen-Typ erreicht ist. Gegen Ende des mittleren Paläolithikums vervielfacht sich die Anzahl der unterschiedlichen Formen (s. Schautafel). Ein Faustkeil oder *biface* ist ein beidseitig bearbeitetes Werkzeug. Ein *Nukleus* oder Kernstück ist der Steinblock, von dem man – zur Anfertigung feinerer Werkzeugtypen – Steinsplisse (›Abschläge‹) abgeschlagen hat.

PALÄOLITHIKUM

Es ist das Zeitalter der behauenen Steine im Gegensatz zum *Neolithikum*, dem Zeitalter der geschliffenen Steine. Das Paläolithikum umfaßt das gesamte Pleistozän (Eiszeit), also den größten Teil der Mensch-

A · **Faustkeil (*biface*) aus dem Acheuléen.**
Es ist ein recht grobes Werkzeug, das aus einem Stein (*nucleus*) geschlagen wird und vom *Homo erectus* mit etwa 60 Schlägen erstellt wurde.

B · **Handspitze aus dem Moustérien.**
Wird vom Neandertaler mit annähernd hundert Schlägen hergestellt und nachgearbeitet. Bereits beim systematischen Bearbeiten des Steines bestimmte er im vorhinein die Art seiner Abschläge.

676

MEISTERWERKE

A · **Lucy.**

Das (1974) im Rift Valley in Äthiopien (Ostafrika) entdeckte Skelett ist das einer 20 Jahre alten Frau. Die aufrechtgehende Lucy (*Australopithecus afarensis*) gehört zu den Hominiden, sie war Vegetarierin. Es war das erste Skelett eines Australopithecus, das rekonstruiert werden konnte.

B · **Fußabdruck.**

Unter den Hinterlassenschaften des Frühmenschen findet man, neben pflanzlichen und tierischen Fossilien, Spuren von Wohnstätten und Werkzeugen, aber auch leichter lesbare und bewegendere Spuren, wie den für die Ewigkeit in den Boden gepreßten Fußabdruck eines Neandertalers in Toirano, Ligurien (Italien).

WOHNSTÄTTEN DER ERSTEN MENSCHEN

Die Vorgeschichte definiert den Urmenschen derzeit über seinen Lebensraum und seine Umwelt. Seine ältesten Behausungen (Abris und Freilandlagerplätze) haben Spuren hinterlassen. Die vom Australopithecinen in Olduvai (Tansania) vor 1,8 Mio. Jahren angehäuften Steine und Knochen dienten dem Halt der dornigen Äste des Lagerplatzes oder Windschirms; aus Steinen gesetzte Kreise in Torralba und Ambrona (Spanien) zeigen den Durchmesser der aus Ästen errichteten Hütten des *Homo erectus* an; die Vertiefungen, die die Pfosten am Eingang einer Höhle aus dem Moustérien (Combe-Grenal bei Domme, Frankreich) hinterlassen haben, hielten einen daran befestigten Wetterschutz aus Tierhäuten aufrecht; Knochen und Stoßzähne des Mammut dienten in Molodova I in der Ukraine bei Tschernovtsy vor etwa 37 000 Jahren sowie in Mezine, gleichfalls in der Ukraine, am Ufer der Desna gelegen (Museum in Kiew), vor etwa 20 000 Jahren als Gerüst für ihre Hütten. Der Boden des Lagers weist schon sehr früh eine Aufteilung der Fläche nach Bereichen auf: zum Zerlegen der Jagdbeute, zur Bearbeitung der Feuersteine und der Knochen. Ab 400 000 v. Chr. verlegte der *Homo erectus* die Feuerstelle in die Behausung selbst (Terra Amata, Nizza; Zhoukoudian, Peking).

C, D, E · **Der Gebrauch des Feuers.**

Die Archanthropinen verstanden es als erste, das Feuer zu hüten, es zu entzünden und dann, etwa vor 400 000 Jahren, es in den Wohnbereich zu integrieren. Der Mensch des Paläolithikums entdeckt die technischen Anwendungsmöglichkeiten: die Behandlung des Feuersteins durch Erwärmen, die Verarbeitung des Ockers und die Nutzung des Feuers als Lampe. In den ausgemalten Höhlen haben die Fackeln entlang der Wände lange schwarze Bahnen hinterlassen, und man findet auch vielfach Brandspuren. Lampen wurden aus ausgehöhlten Steinen mit Zweigen oder Dochten, die in Tierfett getaucht wurden, gefertigt. Die Menschen des Magdalénien schmückten sie mit Gravuren: oben die Lampe von La Mouthe (Frankreich), an der Außenseite ein Steinbock mit langen Hörnern im Profil. (*Musée des Antiquités nationales, Saint-Germain-en-Laye*)

F, G · **Die Knochen.**

Gegen 17 000 v. Chr. erfindet der Mensch die Nadel mit Öhr und gegen 13 000 v. Chr. die Harpune aus Rentierknochen. Vor 1,9 Mio. Jahren machte er sich in Olduvai und im Tal des Omo (Ostafrika) Knochen nutzbar. Aber eine ›Knochenindustrie‹ mittels Standardisierung der Formen gab es erst im Jungpaläolithikum in der Kultur des Aurignacien. Mittels Bohrer und Stichel wurden die Häute durchlöchert und mit Lederriemen zusammengefügt. Das älteste bekannte Kleidungsstück ist eine 25 000 Jahre alte Hose aus Fell, deren Abdruck und Schmuck (durchbohrte Plättchen aus Mammutknochen) im gefrorenen Boden erhalten blieben (Grab in Soungir, bei Wladimir, Rußland).

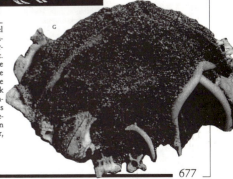

Lebensweise		
Behausung	Techniken	Wirtschaft
Häuser – Dörfer	Keramik / geschliffene Steine / Mühlsteine	produktive Wirtschaftsweise	Beginn des Ackerbaus / Beginn der Viehzucht
Seßhaftwerdung	Erfindung der Nadel mit Öse / Erfindung der Harpune		intensives Sammeln von Muscheln
Freilandlagerplätze	allgemein verbreitete Herstellung von Steinklingen / Höhepunkt der Steinbearbeitung		
Behausungen in Höhlen und unter Abris	in den Behausungen Färbung der Böden mit rotem Ocker / Auftreten von Knochengeräten / erste Verwendung von Schmuck		erste Seefahrer / letzte Kulturen der großen Jägervölker
		Wildbeutertum Jagd, Fischfang, Sammelwirtschaft	Entwicklung des Fischfangs

nach Henri de Lumley

MEISTERWERKE

KUNST DER ALTSTEINZEIT...

RITUALE UND KUNSTWERKE

Totenlager aus Pflanzen, Opfergaben, durch Steinplatten geschützte Körper, vielfältig sind die Hinweise auf die Bestattungsriten der Frühmenschen. Im Jungpaläolithikum kommt Ockerstaub sehr häufig vor und wird oft, ebenso wie Schmuck aus Muscheln oder durchbohrten Zähnen, mit dem Begräbniskult in Verbindung gebracht. Diese Grabriten lassen auf eine geistige Grundhaltung schließen, die uns sowohl durch Wandmalereien wie auch durch künstlerisch gestaltete Objekte verdeutlicht wird.

A · Sich leckender Wisent.
Kraft und Lebendigkeit des Tieres sind hier mittels der natürlichen Wölbungen des Rentierknochens wiedergegeben; Maler und Steinmetze machten sich die Unregelmäßigkeiten des Gesteins zunutze, um den Ausdruck ihres Werkes zu beleben. *(Fragment einer Speerschleuder aus der ›Cella‹ der Wohnstätte von Madeleine [Musée des Antiquités nationales, Saint-Germain-en-Laye])*

B, C, D · Kunst des Gravettien.
Diese Periode (27 000 bis 19 000 v. Chr.) war von den Pyrenäen bis nach Osteuropa von einem Lebensstil und einer Kunstrichtung geprägt, in der weibliche Statuetten, die wir heute als ›Venus‹ bezeichnen, gefertigt wurden. Ziel der Darstellung war nicht die Schönheit, sondern die Fruchtbarkeit, die der Künstler durch Überzeichnung der Geschlechtsmerkmale sichtbar machte. Hier die drei bekanntesten Beispiele: B: Die *Venus von Willendorf* (Österreich), Kalkstein mit roten Ockerspuren *(Wien, Naturkundemuseum)*; D: Die *Venus von Lespugue* (Frankreich), Mammutknochen *(Paris, Musée de l'Homme)*; C: Die *Venus mit dem Wisenthorn von Laussel* (Frankreich), Kalkstein mit roten Ockerspuren. *(Musée des Antiquités nationales, Saint-Germain-en-Laye)*

E · Pech Merle.
Hinsichtlich Qualität und Anzahl der dargestellten Figuren ist Pech Merle eine der großartigsten Felsbildhöhlen Frankreichs. Sie liegt in der Nähe des Ortes Cabrerets im Département Lot. Ihre Malereien können der Kulturstufe des Magdalénien zugeordnet werden. Die beiden nebeneinanderliegenden Kulträume wurden vor 15 000 bis 20 000 Jahren ausgeschmückt. Bei dem Punktornament des Pferdefells und der Darstellung von Handnegativen wurde folgende Technik angewendet: Die Farbe wurde durch Schilfrohr aufgeblasen und dann mit dem Finger etwas verrieben.

F · Bestattung.
Grab im Abri von Saint-Germain-de-la-Rivière (Frankreich); der Leichnam einer jungen Frau aus dem Magdalénien, mit Muscheln geschmückt, wurde von zwei Steinplatten geschützt.

G · Die Höhle von Lascaux.
Ausschnitt aus dem Wandbild vom *Saal der Stiere* in Lascaux (Frankreich). Die Malereien sind den architektonischen Gegebenheiten der Höhle angepaßt und setzen sich in die geheimnisvollen Tiefen des Höhlensystems fort. Der *Schacht* birgt eine unter Felsbildern eher seltene Darstellung: eine menschliche Gestalt, die einen durch einen Speer verletzten Wisent auf den Schultern trägt.
Nach A. Leroi-Gourhan sind die steinzeitlichen Felsbilder Teil einer religiösen Sprache, deren Sinn uns noch nicht erschlossen ist.

PARADIES?

Vom 9. bis zum 5. Jahrtausend lebten Gruppen von Jägern und Sammlern zwischen Barcelona und Almería entlang der Mittelmeerküste. Sie schmückten die Kalksteinwände der ihnen Schutz bietenden Felsüberhänge (Abris) mit Malereien. Diese Kunst der spanischen Levante ist anfänglich von einem starken Realismus geprägt, der sich dann zu einem immer ausgeprägteren Schematismus entwickelt, jedoch immer gepaart mit einer starken Dynamik. Neu ist der Mensch als Hauptdarsteller: Der Mann trägt lange Hosen, die Frauen lange Röcke aus Fasern, geschmückt mit Federn und Verzierungen; Hauptfiguren sind die Bogenschützen in voller Aktion.
Kannte der Mensch der Mittelsteinzeit in diesem gemäßigten Klima, das Pflanzen und Wild im Überfluß gedeihen ließ, das Paradies, das Jahrtausende später in der Bibel beschrieben wurde?

H · Hirschjagd.
Wandmalerei in der Höhle von Los Cabellos (Provinz Castellón, Spanien).

678

MEISTERWERKE

... DER JUNGSTEINZEIT

HIRTEN UND BAUERN

Das *Neolithikum* (Zeitalter der geschliffenen Steine) folgte – je nach Region unterschiedlich schnell – auf das Epipaläolithikum. Der Mensch wird vom Jäger zum Bauern. Er poliert den Stein und fertigt Werkzeuge von großer Effizienz. In Palästina werden ab dem 9. Jahrtausend einige Gruppen seßhaft und leben in Dorfgemeinschaften zusammen. Tierhaltung beginnt im 8. Jahrtausend, und gegen dessen Ende kommt der Weizenanbau auf, die ersten Töpfe werden Anfang des 7. Jahrtausends gefertigt, dann werden der Webstuhl, die Navigation und das Rad entwickelt. Schließlich erfolgen dann die ersten Schritte in der Metallbearbeitung.

Erste Umrisse einer neuen Gesellschaftsform, Dorfgemeinschaften, aus denen sich die großen Städte, die Geburtsstätten späterer Agrarkulturen und der Erfinder der Schrift, entwickeln werden, nehmen Form an.

B · **Sichel aus Feuerstein mit Griff aus Hirschknochen.**
Sie stammt aus Egolzwil (Kanton Luzern). Die im entgegengesetzten Sinn gebogene Sichel, die es gestattet, mit einer Geste den Stengel zu halten und zu schneiden, tritt erst in der Bronzezeit auf. *(Schweizer Nationalmuseum, Zürich)*

C, D · **Die Keramik.**
Die Keramik ist eine Erfindung der seßhaften Bauernvölker. Das Studium der lokalen Formen und Verzierungen geben Aufschluß über die Entwicklung der Kulturen und der Handelswege, so im 5. Jahrtausend. D: Bandkeramik aus Ostfrankreich *(Musée des Antiquités nationales, Saint-Germain-en-Laye)*; C: Geometrisches Muster aus Sesklo in Thessalien, im 5. Jahrtausend bemalt. *(Nationalmuseum, Athen)*

A · **Die Mauern von Jericho.**
Herden und Getreidevorräte stellten Reichtümer dar, und schon sehr früh dachte der Mensch daran, sich gegen Habsucht und Kriege hinter hohen Mauern zu verschanzen. Die berühmten Mauern von Jericho waren 8000 v. Chr. errichtet worden.

E · **Felsmalerei.**
Sefar im Tassili N'Ajjer bietet ein schönes Beispiel der afrikanischen naturalistischen Kunst des 5. Jahrtausends: Rinderhirten und Rinder mit großen Hörnern, Vorläufer der heutigen afrikanischen Rinder.

F · **Bauerndorf.**
Das Dorf Chirokitía (Zypern) aus dem 5. Jahrtausend besteht aus Rundhütten aus ungebrannten Ziegeln, die auf einem Fundament aus Steinen errichtet wurden. Im Innern die Feuerstelle, im Dach ein Loch, das als Rauchabzug diente.

MEGALITHKULTUR

Die Megalithkultur hatte mehrere Zentren, die zu unterschiedlichen Zeiten ihre Blüte hatten. Die ältesten Megalithbauten sind die von Westeuropa, die von Bauern des 5. Jahrtausends errichtet wurden.

Dolmen und Steingänge in Erdhügeln dienten dem Grabkult, hatten aber zweifellos auch eine Kultfunktion. Die Menhire (Steinsäulen), Steinalleen oder Cromlechs hüten ihr Geheimnis besser: Kultstätte der Sonne oder des Mondes? Diese Bauwerke sind technische Großtaten von Menschen, die weder Metall noch das Rad kannten und trotzdem Steine aus dem Felsen schlugen, manchmal in einer Entfernung von bis zu Hunderten von Kilometern: 210 km für einige Monolithe in Stonehenge (Großbritannien). Ein kürzlich durchgeführter Versuch hat bewiesen, daß es möglich ist, mittels einfacher Hilfsmittel mit 200 Personen einen 32 Tonnen schweren Stein zu ziehen und zu heben.

Dieser Grabkult steht in Zusammenhang mit einem weiblichen Fruchtbarkeitskult, wie er in den Tempeln auf Malta, Hochburg der Megalithkultur vom 4. bis zum 3. Jahrtausend, ausgeübt wurde. Auf diese Art und Weise verehrten die Menschen des Neolithikums, deren Überleben von der Natur abhing, ihre Toten und übertrugen gleichzeitig ihre Hoffnung auf Weiterleben und Erneuerung auf den Stein.

G · **Der Tempel von Mnaidra** (Malta, Mitte des 3. Jahrtausends).

MEISTERWERKE

DIE KUNST DES ALTEN ORIENT

MESOPOTAMIEN

Die Vielzahl der neolithischen Kulturen (Hassuna, Samarra, Halaf, Obed) bilden den Nährboden für die Mannigfaltigkeit der Kulturen, die vom 6. Jahrtausend an bis in die ersten Jahrhunderte vor der Zeitenwende aufeinanderfolgen oder sich miteinander verflechten. Zu den wichtigsten gehören Eridu, Uruk, Ur, Nippur, Larsa, Lagasch und Babylon. Im Zentrum liegen Kisch und Akkad, weiter nördlich das Königreich von Mari, das assyrische Königreich und das von Ebla (Syrien). Die Kulturen der randlichen Gebiete, die Hethiter in Anatolien sowie Phönikien, Palästina, Ägypten und Persien stehen in ständigem Kontakt mit dem Zweistromland.

In Form von Stadtstaaten, deren Rivalitäten die Vorherrschaft großer Reiche begünstigen, entwickelt sich hier eine städtische Kultur mit einer hierarchischen Gesellschaft. Die Kontrolle des Güterumschlages, aber auch der Priesterschaft und des Tempelwesens, machen eine Schrift notwendig; deren älteste Zeugnisse gehen zurück auf die Sumerer in Uruk und auf Susa, Elam, vor 3300 v. Chr. Gegen Ende des 4. Jahrtausends wird die Bilderschrift entwickelt, gefolgt von der Keilschrift, die immer auf Tontafeln geschrieben wurde.

Diese werden bis in die ersten Jahrhunderte nach der Zeitenwende in Gebrauch bleiben. Hymnen an die Götter, königliche Inschriften, Mythen und Epen, ferner Traktate über Medizin, Astrologie u. a., werden schriftlich festgehalten. Diese Tausende von Tontäfelchen werden in Bibliotheken aufbewahrt; die wohl berühmteste ist die Bibliothek Assurbanipals von Assyrien, von der uns 25 000 Fragmente erhalten blieben.

Diese Welt, die im 17. Jh. n. Chr. wiederentdeckt und deren Schrift erst Mitte des 19. Jahrhunderts entziffert wurde, bildet die Grundlage unserer abendländischen Kultur, dank ihrer Entwicklung von städtischen Gemeinwesen, einer religiösen Architektur, aber auch einer Mythologie und Literatur, von denen die biblischen Berichte inspiriert wurden.

A · **Rollsiegel.**

Das Rollsiegel ist so alt wie die Schrift. Es wird auf Ton abgerollt und bestätigt die Gültigkeit eines Vertrages oder eines Kaufs. Die Darstellungen beziehen sich häufig auf die Mythologie. Hier tränkt Gilgamesch ein Tier, darüber in Keilschrift der Name von Scharkalisharri, um 2880 v. Chr. König von Akkad. *(Serpentinstein; Louvre, Paris)*

B · **Votivtafel des Urnansche.**

Urnansche war 2494–65 v. Chr. König von Lagasch. In der deftigen Ausdrucksweise der Sumerer ist er dargestellt als Bauherr mit einem Korb voll Ziegeln auf dem Kopf, ihm gegenüber seine Frau, seine sieben Söhne und ein Diener; auf ihren Gewändern sind ihre Namen eingeritzt. Unten ein Kultmahl zur Feier des Anlasses. Die Inschrift nennt die fernen Gestade (Bahrain), von denen die Materialien für den Tempelbau stammen. *(Kalkstein; Louvre, Paris)*

D · **Stele des Naramsin.**

Diese Stele aus rötlichem Sandstein zeigt Naramsin an der Spitze seiner Truppen, vergöttlicht und als Triumphator dargestellt. Diese Tatsache läßt uns auf eine Änderung der Denkweise schließen. Die künstlerische Inspiration entspringt nicht mehr der religiösen Inbrunst, sondern dient der Glorifizierung des Herrschers. An die Stelle von Spontaneität und Schwung ist jetzt die Darstellung der kaiserlichen Macht, die durch die Komposition und die Qualität der Darstellung betont wird, getreten. *(Louvre, Paris)*

E · **Steinskulptur aus Uruk.**

Die Herkunft des Königs Gilgamesch, auch die der Schrift, der Monumentalarchitektur und der Steinmetzkunst werden in Uruk angesiedelt. So auch dieses heitere und geheimnisvolle Frauengesicht aus Alabaster um 3000 v. Chr. *(Museum in Bagdad)*

C · **Der Tempel zu Ur.**

Ur, die Geburtsstadt Abrahams, vier Jahrtausende lang Stadt des Mondgottes, wurde durch ein Hochwasser des Euphrat, das in sumerischen Texten und in der Schöpfungsgeschichte der Bibel beschrieben wird, begraben. Ur hatte mehrfach eine Vormachtstellung inne. Im Herzen der Stadt, geschützt von einer Befestigungsanlage, der Tempel des Schutzgottes und seine Nebengebäude (Wohnbereiche der Priester und Schreiber, Magazine, Werkstätten); sie wurden zu Beginn des 3. Jahrtausends aus ungebrannten Ziegeln wiedererrichtet. Die Tempelanlage wird von einem stufenförmigen Turmbau (Zikkurat) beherrscht, der von einem kleinen Heiligtum, der Wohnstatt des Gottes, gekrönt ist.

DAS REICH AKKAD

Akkad, das erste semitische Reich Mesopotamiens (2300–2215 v. Chr.), gleichzeitig die erste Militärmacht, geht auf Sargon den Semiten zurück, der Akkad zur Hauptstadt machte. Sie ist bislang nur aus Texten bekannt und noch nicht entdeckt. Im 12. Jh. v. Chr. wurde sie von den Elamiten erobert und zerstört. Deshalb fand man Mitte des 19. Jh. n. Chr. akkadische Kunst in den Ruinen des elamitischen Susa: Die Stele des Naramsin, des 4. Königs von Akkad.

DAS KÖNIGREICH VON MARI

Am mittleren Euphrat wurde Mitte des 3. Jahrtausends der riesige Palast von Mari errichtet. Mitte des 18. Jh. v. Chr. wurde er durch Hammurapi, König von Babylon, zerstört. Die 20 000 Keilschrifttafeln aus dem Archiv geben Einblick in die blühende sumerische Kultur.

F · **Gudea mit wasserspendendem Gefäß.**

19 Statuen, die den König im Tempel bei seinem Gott vertraten, bezeugen den religiösen Eifer von Gudea, Priesterkönig von Lagasch um 2160 v. Chr.; er hält das wasserspendende, fischreiche Gefäß, Kennzeichen des Stadtgottes, aber auch Symbol der Fruchtbarkeit, in Händen. Der mesopotamische Bildhauer hat der Gestalt, die mit Schrift bedeckt ist, wenig Beachtung geschenkt, sondern konzentriert sich auf das Gesicht und die Hände. *(Basalt; Louvre, Paris)*

G · **Die Göttin des Wassers.**

Diese Statue, vier Jahrhunderte nach der Statue des Gudea von Lagasch (s. nebenstehende Abbildung) gefertigt, diente als Brunnenfigur. Themen aus der Mythologie, aber auch der Fruchtbarkeit und des fischreichen Wassers, bleiben bestehen. *(Museum in Aleppo)*

MEISTERWERKE

ANATOLIEN

Anatolien gilt als eine Wiege der städtischen Kulturen (Çatal Hüyük, 7./6. Jahrtausend). Reiche Fürstengräber entstanden am Ende des 3. Jahrtausends in Alaca Hüyük. Dieser Ort ist wahrscheinlich Vorbote der Hethiterkultur, deren Eroberungsmacht ihren Höhepunkt im 14./13. Jh. v. Chr. erreichte. Die Hauptstadt Hattuscha (heute Bogazköy) war von mächtigen Wällen umgeben, die von hochkant stehenden, mit Reliefs geschmückten Steinquadern (Orthostaten) geschützt wurden. In 2 km Entfernung das Freilichtheiligtum Yazilikaya mit Felsreliefs (s. Abb. F), um 1250 v. Chr. entstanden.

ASSYRIEN

Nachdem die Assyrer sich im 14. Jh. v. Chr. von der Macht der Mitanni befreit hatten, bauten sie ihre heilige Stadt Assur wieder auf und wurden selbst zu einem gefürchteten Militärstaat (9. bis 7. Jh. v. Chr.). In den Hauptstädten Assur, Nimrud, Chorsabad und Ninive erheben sich Tempel und wehrhafte Paläste, deren Innenwände mit reliefgeschmückten Steinplatten (Orthostaten) geschmückt sind; ihr lebendig schildernder Stil setzt die Tradition der ältesten Vorbilder aus der sumerischen Welt fort.

PHÖNIKIEN

Die Phöniker mit ihren Hauptstädten Ugarit, Tyros und Byblos assimilierten Traditionen verschiedener Nachbarn und schufen so eine eigene Kultur, der die erste alphabetische Schrift entsprang, wie sie auf dem Sarkophag des Königs Ahiram aus dem 10. Jh. v. Chr. (s. Abb. C) zu sehen ist.

PERSIEN

Nach Ende der Keramikkulturen des Neolithikums und nach dem Niedergang der Nachfolgekultur Sumers, die im Laufe des 3. Jahrtausends in Susa ihren Höhepunkt erreichte, zeigt sich mit der Blüte des Elamiterreiches, des Mederreiches und der metallverarbeitenden Kulturen in Luristan eine Synthese von architektonischen Traditionen, die die großen Werke der Achaimeniden ankündigen (s. Abb. A, D, G).

BABYLONIEN

Aus Sumerern und Akkadern, zu denen sich die Amoriter gesellten, entwickelten sich die Babylonier. Als Erben der Sumerer hielten sie ihre semitische Sprache in Keilschrift fest. Unter Hammurapi beherrschten sie anfangs des 2. Jahrtausends die ganze Region. Zu Beginn des 6. Jh. v. Chr. erlebten sie nach gnadenlosen Kämpfen und der Zerstörung des assyrischen Reiches erneut eine Blütezeit, verbunden mit dem Wiederaufbau Babylons durch Nebukadnezar II. Davon zeugt das große, der Göttin Ischtar gewidmete Tor an der Nordseite der Stadtbefestigung, errichtet in Palastnähe und geschmückt mit Götterdarstellungen in Tiergestalt (originalgetreu im Pergamonmuseum, Berlin, nachgebaut). Die weitflächig ausgedehnte Stadt wurde von einem Zikkurat, dem Turm von Babel, Tempel des Gottes Baal Marduk, beherrscht; er wurde 479 vom Achaimeniden Xerxes zerstört.

E · Der Codex Hammurapi.
Ganz oben eine Reliefdarstellung des babylonischen Königs Hammurapi in Anbetung seines Gottes. Darunter seine Gesetzessammlung (etwa 3 500 Inschriftenstreifen in Keilschrift); sie befaßt sich mit der Ehe, der Familie, Erbschaften u. a., und zeigt, welche Ordnung sich dieser Herrscher in seinem Reich, das damals seine Blütezeit hatte, wünschte. Der Codex wurde im 12. Jh. v. Chr. vom elamitischen König als Beute nach Susa verschleppt. *(Basalt, um 1760 v. Chr.; Louvre, Paris)*

B · Yazilikaya.
Seit 1600 v. Chr. wurde dieses Heiligtum, dessen Reliefs die hethitischen Gottheiten darstellen, mehrfach umgestaltet.

F · Das Bankett unterm Rebspalier.
Der König Assurbanipal erzählt der Königin von seinem Sieg über Elam; charakteristisches Werk aus der Zeit der Herrschaft dieses Eroberkönigs, der eine der reichsten Bibliotheken seiner Zeit besaß. *(Alabaster, Herkunft Ninive, 6. Jh. v. Chr., Britisches Museum, London)*

C · Erste alphabetische Schrift.
(Steinsarkophag mit dem Namen von König Ahiram, 10. Jh. v. Chr., Museum in Beirut)

A · Die Kunst der Sassaniden.
Die den Herrscher glorifizierende Reliefkunst setzt sich mit den Sassaniden fort. Nebenstehend: Thronweihe des Königs Narses durch die Göttin Anahita in Naksch-e Rostam (3. Jh. n. Chr.).

D · Persepolis.
Der Achaimenide Dareios I. begann 513 v. Chr. mit dem Bau des Palastes. Oben der Hundertsäulensaal, auf dessen Wand- und Treppensockeln Relieffriese den Vorbeimarsch der Tributpflichtigen darstellen.

G · Die Kunst Luristans.
Tausend Jahre nach dem Rollsiegel von Akkad (linke Seite) sind die Luristanbronzen wie diese Kandara noch immer vom Thema ›der Mensch als Herr der Tiere‹ inspiriert *(8. Jh. v. Chr.)*.

681

MEISTERWERKE

DIE KUNST DES ALTEN ÄGYPTEN

DIE MORGENDÄMMERUNG DER GESCHICHTE

Aus den ersten faßbaren Kulturen von Nagada und Badari entstand in der Zeit der Thiniten die erste Dynastie. Seit dem Alten Reich, mit der Gründung von Memphis durch Narmer, entwickelt sich eine Kultur, die sich von der Mesopotamiens abhebt, in ihrer politischen Form, ihrer Religion, ihrer Schrift sowie in ihren künstlerischen Vorstellungen. Die Verschmelzung von Königswürde und göttlichem Wesen ermöglicht eine Kontinuität über vier Jahrtausende.

BLÜTEZEIT

Von Beginn an gibt es die religiöse und die Grabarchitektur, und mit der letzteren ist die Frage nach der Beständigkeit und der Verwendungsart kostbarer Materialien verbunden, am augenfälligsten bei der *Mastaba*: eine Grabanlage, bestehend aus mehreren Kammern, geschmückt mit Reliefs und Statuen des Verstorbenen (s. S. 683, Seneb). Dank des Genies des ersten namentlich bekannten Architekten, Imhotep, wurde die königliche Grabstätte Djosers in Sakkara zu einer Stufenpyramide, die schon die Vollkommenheit der Pyramiden von Giseh ankündigt. Der Zikkurat Mesopotamiens, eine gigantische Treppe mit einem kleinen Heiligtum auf der Spitze, verband Menschen und Götter. In Ägypten symbolisiert die *Pyramide* als Grabmonument gleichzeitig die Steinwerdung der wohltuenden Sonnenstrahlen sowie das Emporsteigen des Pharaos zu Re, dem Sonnengott, und auf diese Weise das Trachten nach Wiedergeburt im Jenseits. Beherrscht von der Überzeugung einer Existenz nach dem Tode, ist die ägyptische Grabkunst eine wunderbare Hymne an das Leben.

B · **Grabstele.**
Der Name des 4. Königs der I. Dynastie ist durch eine Schlangenhieroglyphe dargestellt. Mit ausgestreckten Krallen sitzend, beherrscht Horus, der Gott der Dynastie, gleichzeitig den Pharao – seine Inkarnation – und den Königspalast, dessen Fassade zwei Türen (nach Norden und Süden) einrahmt. (Kalkstein; Louvre, Paris)

C · **Der hockende Schreiber.**
Die strenge Haltung, die Kraft der Gesichtszüge und die Intensität des Blickes (Bergkristall für die Iris und Ebenholz für die Pupille) kennzeichnen dieses Meisterwerk des Alten Reiches und geben Aufschluß über Wichtigkeit und Funktion der Schrift und des Schreibers. (Mehrfarbiger Kalkstein, V. Dynastie, um 2500 v. Chr.; Louvre, Paris)

D · **Sakkara.**
Seit den ersten Dynastien werden die Königspaläste auf Reliefs dargestellt (siehe obige Stele), aber tatsächlich in Kalkstein verwirklicht wurde ›die Wohnstatt für die Ewigkeit‹ erstmals beim Grabmal Djosers: hier die Stufenpyramide und die gleichmäßig durch Nischen gegliederte Mauer des Grabbezirks, die um 2770 v. Chr. errichtet wurde.

A · **Die Schminkpalette von König Narmer.**
Dieses Werk der ägyptischen Urzeit erinnert an den Sieg Narmers (Gründer der ersten Dynastie), der die beiden Landesteile vereinte. Dies ist der erste Bericht in Kunstform mit dazugehörigem Text. In idealer Verbindung wird hier das Band zwischen Pharaonen und Göttern dargestellt: Hathor, in Gestalt einer Kuh, beherrscht die Szene und umrahmt den in der Mitte stehenden Namen des Pharao, und Horus, in Falkengestalt, hält einen Gefangenen aus dem ›Land des Papyrus‹, dem Nildelta. (Schiefer, um 3200 v. Chr.; Ägyptisches Museum, Kairo)

E · **Der Sphinx, die Pyramide des Cheops.**
Zwei Jahrhunderte Entwicklung (von Medum bis Dahschur) haben zur perfekten Vollendung der Pyramiden des Cheops, des Chephren und Mykerinos in Giseh geführt. Zusammen mit Grabkammern und Galerien bilden Tempel, Aufweg und Pyramide (genauer genommen das eigentliche Grab) einen großen, am Rande des fruchtbaren Niltales gelegenen königlichen Grabkomplex.

40 Jahrhunderte königlicher Bildnisse.
Sie beleuchten die geistige und politische Entwicklung des pharaonischen Ägypten: von der majestätischen Größe eines Chephren, Inkarnation des Gottes Horus, und der gütigen Gestalt des Mykerinos, umgeben von Göttinnen, über Sesostris III., in dessen gemeißeltem Gesicht das Wissen um die Probleme der Welt zu stehen scheint, gelangt man zur Blüte der XVIII. Dynastie und der Kunst der Ramessiden, deren technische Meisterschaft und Detailfreude von dem Ausdruck milder Gelassenheit begleitet ist.

F · **Chephren.**
(Diorit, IV. Dynastie, um 2600 v. Chr.; Ägyptisches Museum, Kairo)

G · **Mykerinos.**
(Schiefer, IV. Dynastie, um 2600 v. Chr.; Ägyptisches Museum, Kairo)

H · **Ramses II.**
(XIX. Dynastie, 13. Jh. v. Chr.; Ägyptisches Museum, Turin)

I · **Sesostris III.**
(Granit, XII. Dynastie, um 1860 v. Chr.; Ägyptisches Museum, Kairo)

682

MEISTERWERKE

Nur für die kurze Zeit von etwa 20 Jahren war Amarna die Hauptstadt von Echnaton (›der dem Aton Wohlgefällige‹) und Nofretete; dann wurde es verlassen und geplündert.

Vom Sand bedeckt wurden die Grundmauern wiedergefunden. Seine Tempel, Paläste, Verwaltungsbezirke und Arbeitersiedlungen, einzige Überreste einer städtischen Siedlung aus

AMARNA

pharaonischer Zeit, wurden in ihrem Grundriß rekonstruiert. Unmengen von Schätzen wurden in den Ruinen entdeckt: die diplomatischen Archive von Amenophis III. und Echnaton (in Akkadisch, der Diplomatensprache des 2. Jahrtausends v. Chr., abgefaßt und in Keilschrift geschrieben), Stelen und im Atelier des Bildhauers Thutmosis eine Porträtserie der königlichen Familie.

Im Gegensatz zu der heiteren Ruhe, die die klassische Kunst Thebens ausstrahlt, zeugt hier jedes Werk, manchmal unter Inkaufnahme von Übertreibungen, von den geistigen Erschütterungen der Amarnazeit. Die Suche nach dem Absoluten, den inneren Werten und einem tieferen Lebenssinn hat die Meisterwerke dieser Epoche befruchtet.

B · **Die Königin Nofretete.**
(Ägyptisches Museum, Kairo)

D · **Seneb und seine Familie.**
Diese Kalksteingruppe stammt aus der Mastaba des Seneb in Giseh, eines Beamten gegen Ende der VI. Dynastie, um etwa 2400 v. Chr. Realistische Darstellung und Porträttreue offenbaren sowohl die Zwergennatur Senebs wie auch die zärtliche Geste seiner Gattin. *(Ägyptisches Museum, Kairo)*

E · **In einem thebanischen Grab.**
Menna, ein bedeutender Schreiber (1500 Jahre nach Ti) jagt in Begleitung seiner Frau und seiner Kinder im Papyrus- und Lotusdickicht. Die Natur ist genauso üppig wie zur Zeit des Ti (siehe unten), hier sind jedoch die Geschmeidigkeit und Transparenz der Kleidung sowie die Verfeinerung des Schmucks charakteristisch für die Kunst Mitte der XVIII. Dynastie. *(Britisches Museum, London)*

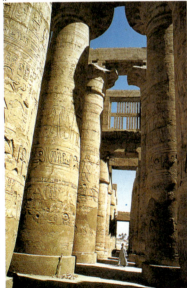

C · **Das Grab des Ramose in Theben.**
Ramose war Wesir unter Amenophis III. um etwa 1400 v. Chr.; hier ein junges Paar aus seinem Familienkreis. Feinheit der Gravur, Ausgeglichenheit und Eleganz der Linie, Raffinesse im Detail, aber auch eine intensive Vergeistigung herrschen während der Blütezeit der thebanischen Klassik kurz vor den Erschütterungen der Amarnazeit vor.

A · **Karnak: Der große Amuntempel.**
Hier der von Seti I. und Ramses II. errichtete Große Säulensaal; ein Wald von Säulen (134 Kapitelle als geöffnete und 122 als geschlossene Papyrusdolden gearbeitet) trug die Decke; unterhalb davon waren steinerne Gitterfenster angebracht. Dieser Tempel trägt die Spuren jeden Herrschers seit dem Mittleren Reich.

F · **Die Mastaba des Ti in Sakkara.**
In den persönlichen Grabstätten wurden die Anbetungs- und Opferszenen mit den alltäglichen Tätigkeiten verknüpft; hier rechts, in der Mastaba des Ti in Sakkara, gegen Mitte des 3. Jahrtausends, eine Flußpferdjagd. Schilf und Papyrus, dargestellt durch senkrechte Rillen, sind wie der Fluß selbst mit vielen Tieren bevölkert.

683

MEISTERWERKE

DIE GRIECHISCHE ANTIKE

SKULPTUR UND MALEREI

Von der Magie bis zum Realismus. Fruchtbarkeitsgöttin und Beschützerin der Toten auf den Kykladen des 3. Jahrtausends und Schlangengöttin auf Kreta im 2. Jahrtausend stehen noch in der Tradition der magischen Kulte aus dem Paläolithikum und Neolithikum.

Das Entstehen der griechischen Plastik entspringt geistigen Bedürfnissen ihrer Zeit und bringt Götterdarstellungen, die, wenn auch idealisiert, den Sterblichen ähneln. Nachdem sich der griechische Künstler vom Einfluß des Orients (Frontansicht, wenig ausgearbeiteter Körper, langes Gewand) befreit hatte, entdeckte er die Nacktheit, die Körperproportionen (Polyklet) und steigert seine Kunst vom glückseligen, archaischen Lächeln zur großartigen Heiterkeit der ersten Klassik (Phidias), wird empfänglicher für die Freuden der Welt im 4. Jh. v. Chr., bevor er ihre Unruhe entdeckt, um schließlich die Angst mit expressionistischer Gewalt darzustellen.

D · Der Apoll von Piräus.
Diese große Bronzestatue (1,92 m) aus Piräus zeigt Apoll in der Pose des Verehrten. Im Streben um naturgetreue Darstellung schufen die Künstler nun keine Figuren mehr in übermenschlicher Größe, und nach und nach wurde die strenge Frontdarstellung aufgegeben. *(Um 520 v. Chr.; Nationalmuseum, Athen)*

E · Die Aphrodite von Knidos.
Charme und Empfindsamkeit sowie – entsprechend der klassischen Tradition – distanzierte Anmut kennzeichnen diesen Kopf der Aphrodite von Knidos; stammt aus hellenistischer Zeit, ist aber noch vom Geist des Praxiteles geprägt. *(Kopf Kaufmann, Marmor; Louvre, Paris)*

G · Innenseite einer attischen Schale.
Duris malte 490 v. Chr. diese Schale, die Eos und Memnon darstellt. Unter den letzten Künstlern des sogenannten »ernsten Stiles« bevorzugt Duris als bemerkenswerter Zeichner und Maler des Überganges zur Klassik eine edle Komposition und die Eleganz der Linie. *(Louvre, Paris)*

A · Die Kunst der Kykladen.
Die Marmorfigur, obwohl schematisiert und bloß, ermöglicht subtile Licht- und Schattenspiele. 2. Jahrtausend v. Chr. *(Nationalmuseum, Athen)*

C · Phidias: Drei Schicksalsgöttinnen.
Bei Phidias ergänzen sich klassische Harmonie, Ruhe der Haltung, Reichtum des Faltenwurfs und Adel der Gesichtszüge; Idealisierung und naturalistische Darstellung überlagern das Menschliche und betonen die göttliche Majestät. *(Parthenon, Ostfront, drittes Viertel des 5. Jh. v. Chr.; Britisches Museum, London)*

B · Die Schlangengöttin.
Noch geprägt vom Vorderen Orient, drückt diese im Palast von Knossos gefundene Statuette das ganze Mysterium der Götterwelt des minoischen Kreta des 15. Jh. v. Chr. aus. *(Fayence, Museum in Heraklion)*

F · Metope vom Zeustempel in Olympia.
Nachdenkliche Anmut der Göttin, kraftvolle Modellierung und Klarheit der Komposition – ein Werk der hohen Klassik. *(Athena empfängt von Herakles die Vögel vom Stymphalus-See, Detail, Marmor, um 460; Louvre)*

H · Praxiteles.
Lediglich Kopien (hier römischer Torso der *Aphrodite von Knidos*, Louvre) bezeugen die Feinheit der Modellierung des Praxiteles und seiner sinnlichen Darstellung des weiblichen Körpers, um 350 v. Chr. Die Legende von der Schönheit der Hetäre Phryne inspirierte Praxiteles, und er stellte als erster die Göttin Aphrodite ganz unbekleidet dar.

I · Lysippos: Agias.
Während Praxiteles eine Welt jugendlicher und sanfter Grazie darstellte, geht Lysippos in der Tradition des Realismus weiter und individualisiert den Ausdruck (er war der offizielle Porträtist Alexanders). Aber vor allem bezieht dieser große Neuerer das räumliche Element mit ein und macht, durch den Rhythmus der Haltungen, verschiedene Aspekte seines Werkes möglich. *(Römische Kopie des Werkes von Lysippos, um 320 v. Chr.)*

MEISTERWERKE

ARCHITEKTUR

Von den Königsburgen zu den bürgerlichen Stadtstaaten. Die Kreter waren die Erfinder der Säulengänge und Lichthöfe; sie wußten das Tageslicht in ihre Baukunst einzuplanen. Für Symmetrie waren sie unempfänglich, und ihre Städte entfalteten sich rund um ihren nicht befestigten Königspalast. Ab dem 16. Jh. v. Chr. birgt dann in Mykene die von mächtigen Wällen geschützte Zitadelle, das Symbol der Macht, die königliche Residenz. Die axiale Ausrichtung beschränkt sich auf ein Minimum, und allein das Megaron (gleichzeitig Mittelpunkt und Thronsaal) ist rechteckig wie die zukünftigen griechischen Tempel. Ab dem Ende des 7. Jh. entwickeln sich die wichtigsten architektonischen Stile: der dorische, ionische und später der korinthische. Im 5. Jh. entwickelt man erstmals einen Plan, der eine geschlossene Anlage im Zentrum für den Magistrat vorsieht: die Agora. Der funktionale Städtebau ist vielleicht beim Wiederaufbau von Milet (Hippodamos von Milet gilt als Erfinder des Schachbrettgrundrisses), das von den Persern vollständig zerstört worden war, entstanden. Das erste Milet war nach funktionalen Bereichen (öffentlicher Bereich, Wohnbezirke, Hafenanlagen) aufgeteilt. Unter Alexander dem Großen verbanden sich dann funktionaler und monumentaler Städtebau, und bald wurde er immer mehr zum Symbol prunkvoller Macht der orientalisch-hellenistischen Herrscher.

A · Die Gigantomachie des Pergamonaltars.

Ein großartiger architektonischer Aufbau, durch Stufen, Säulen und dominierende Relieffriese gegliedert, aber auch Dynamik und Dichtheit des Ausdruckes bilden die Komponenten der Schule von Pergamon. *(Detail des Ostfrieses: Athene und Alkyone, 180–160 v. Chr.; Berlin, Staatliche Museen)*

C · Das Löwentor in Mykene.

Dieses Thema mit den beiden Raubtieren rechts und links der Säule, Symbol des Palastes, verrät noch den orientalischen Einfluß, aber die riesenhafte Ummauerung (300 m) zeigt die Verteidigungsmacht des Königreiches der Atriden im 14. Jh. v. Chr.

D · Südtor der Agora von Milet.

Die Römer restaurieren und verschönern die Stadt; der prunkvolle Bau hat von da an keine architektonische Funktion mehr (1. Jh. n. Chr.).

E · Erechtheion.

Die strengen Linien des Parthenon stehen im Gegensatz zur brillianten Komplexität des Erechtheion (421 bis 406), dessen Bau dazu geschaffen worden war, die ältesten Kultobjekte von Athen (Poseidons Quelle, Athenas Olivenbaum, Kekropsgrab ...) zu beherbergen. Zwar bleiben die Karyatiden des Südportals, die Alkamene zugeschrieben werden, dem Stil von Phidias treu, ein neuer Geist jedoch bestimmt diese Architektur, die auf Eleganz, Leichtigkeit der Proportionen und auf dem Effekt der Verzierung gründet, die die Reichhaltigkeit des ionischen Stils ausmachen.

B · Der Parthenon in Athen.

Es war die Entscheidung von Perikles, die Akropolis von Athen wiederzubeleben. Die Architekten Iktinos und Kallikrates arbeiten gemeinsam mit Phidias und schaffen mit dem Parthenon (447 bis 432 v. Chr.) ein Meisterwerk der Maße und Harmonie, wo dorische Säulenordnung die äußeren und ionische die inneren Räume beherrscht. Im Vordergrund eine der Säulen der Propyläen (437 bis 432), die von Mnesikles geschaffen wurden und vollkommen in die Akropolis integriert sind. Der Parthenon war dem Ruhm von Athena Polias gewidmet. Er beherbergte ein Bildwerk der Göttin von Phidias; es ist verlorengegangen, ist uns jedoch durch zeitgenössische Texte bekannt.

F · Delos.

In Delos entfaltet sich in großartiger Weise die heimische hellenistische Architektur. Die vor der Hitze schützende Säulenvorhalle und die Zisterne bürgern sich ein, ebenfalls das Haus mit Peristyl und Zisterne unter einem Hof mit Platten oder Mosaiken. Der Architekt kümmert sich nicht mehr nur um das religiöse und politische Leben, sondern auch um den Alltag.

MEISTERWERKE

RÖMISCHE KUNST

BAUMEISTER UND EROBERER

Rom hat eine eigenständige Kultur entwickelt. Besonders die Architektur zeugt vom kreativen Geist der Römer. Nicht nur, daß sie neue Bautypen schufen (Foren, Thermen, Amphitheater, Basiliken und Triumphbögen), sie erfanden auch die Maurertechnik: Die Bauelemente, die aus den verschiedensten Materialien bestehen können, werden mit Mörtel verbunden und anschließend mit einer Außenschicht auf jeder Seite verkleidet. Dank dieser wesentlich kostengünstigeren Maurertechnik (im Vergleich zu der Herstellung genau aufeinanderpassender Hausteine) konnten Kuppeln und Bögen überall ohne Schwierigkeiten gebaut werden, und die Eroberer und Baumeister konnten, unterstützt von der römischen Infrastruktur, nach dem Vorbild einer funktionalen Stadtarchitektur, die Romanisierung vorantreiben.

DIE ETRUSKER

Die Etrusker, rätselhaftes Volk und Wegbereiter der Römer, sind dank ihrer Totenstädte für uns wieder lebendig geworden.

Tarquinia, Cerveteri, Chiusi und Veji sind riesige Nekropolen, wo Tumuli, die ein oder mehrere unterirdische Grabkammern bergen, entlang einer Gräberstraße liegen. Die Grabkammern sind Nachbildungen von den Wohnstätten der Toten; die Decke soll ein Giebeldach mit einem offenliegenden Firstbalken darstellen, die simulierten Türen und Fenster sind bemalt, und die Fensterbänke sind in den Felsen geschlagen. Wandgemälde in lebhaften Farben stellen Spiele, Tänze und Feste, die man den Verstorbenen wünscht, dar, wie an diesem Flötenspieler aus der Grabkammer des Gastmahles (um 470 v. Chr., Museum in Tarquinia) ersichtlich.

Vielfältig sind die Grabbeigaben: Nahrung, Geschirr, Bronzebetten, reicher Goldschmuck; die Sarkophage stellen die Gesichtszüge des Verstorbenen dar. Sie zeigen uns ein wohlhabendes Volk, dessen Handelsbeziehungen so weitreichend waren.

E · **Flötenspieler, Grabkammer des Gastmahls.**

A · **Das Haus der Vettier.**
Es ist ein schönes Beispiel für ein Haus (*domus*) des Pompeji der letzten Periode (um 60 n. Chr.), das sich um Atrium und Peristyl mit Garten aufbaut. Dieses Haus ist bekannt für seine Wandmalereien des 4. Stils, abwechselnd dekorative Elemente und architektonische Illusionsmalereien.

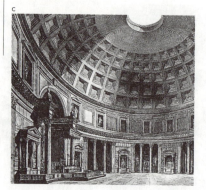

B · **Das Reiterstandbild des Marc Aurel.**
Wirklichkeitstreue des Portraits gemäß römischer Kunstauffassung sowie Ausdruck göttlicher Majestät im orientalischen Sinn machen aus dem Standbild, zu Lebzeiten Marc Aurels (161 bis 180) im Lateran aufgestellt, ein Musterbeispiel an Ausgeglichenheit, Harmonie und Kraft. Im Mittelalter schützte ihn die Verwechslung mit Konstantin (dem ersten christlichen Kaiser) vor der Zerstörung; Reiterstatuen der Renaissance wurden von dieser inspiriert. Michelangelo restauriert sie 1538 und stellt sie wieder auf.

C · **Das Innere des Pantheon.**
Dieser römische Tempel, errichtet unter Agrippa, war den Gottheiten der sieben Planeten geweiht. Die Restaurierung durch Hadrian (117–138) ist eines der Meisterwerke seiner Regierungszeit. Sämtliche Gebäudeteile, Bögen und Pilaster, die dem Rhythmus der Kassettendecke und der Musterung der Marmorverkleidung der Kuppel folgen, wurden im Gegensatz zum griechischen Tempel auf Innenwirkung angelegt.

D · **Timgad.**
Diese Militärkolonie des Trajan in Algerien wurde um 100 n. Chr. gegründet. Sie wurde auf unbesiedeltem Boden, entsprechend dem rechtwinkligen Idealplan einer Militäranlage, gebaut und wird von zwei senkrecht aufeinanderstehenden Achsen mit einem Portal an jedem Ende beherrscht: die Nord-Süd-Achse (*cardo maximus*) und die West-Ost-Achse (*decumanus maximus*), hier im Vordergrund mit dem Trajansbogen. Elf Straßen in jede Richtung unterteilen die Stadt in regelmäßige *insulae*. Das Forum befand sich am Schnittpunkt der beiden Hauptachsen. Es ist die römische Stadt in ihrer klassischen Form.

F · **Das Kolosseum in Rom.**
Das Kolosseum wurde im 1. Jh. n. Chr. von den Flaviern errichtet. Das Amphitheater ist eine typische Schöpfung dieser römischen Gesellschaft, die auf volksnahe Zerstreuungen bedacht war (hier war Platz für etwa 50 000 Zuschauer). Seine Fassade ist nach den drei klassischen Stilen (dorisch im Erdgeschoß, ionisch und korinthisch) gegliedert. Die griechischen Bauelemente haben jedoch nur noch eine dekorative Funktion.

G · **Die Trajanssäule.**
Prototyp der späteren Triumphsäulen, geschaffen von Apollodoros aus Damaskus, dem Architekten Trajans. Sie wurde zur Erinnerung an Trajans Siege (101, 107) über die Daker auf dem Trajansforum errichtet. Das Reliefband mit Szenen aus den Kriegszügen (2 500 Personen auf etwa 200 m Länge) umzieht spiralartig die 40 m hohe Säule.

MEISTERWERKE

KELTISCHE KUNST

KRIEGERARISTOKRATIE

Nur wenige schriftliche Quellen, aber zahlreiche archäologische Funde vermitteln uns ein Bild von der europäischen Eisenzeit. Sie umfaßt zwei Perioden: von 900 bis 500 v. Chr. die *Hallstattzeit* und danach, bis zur römischen Eroberung, die *Latènezeit*.

Auf der Iberischen Halbinsel führte das fruchtbare Nebeneinander von Kelten und Iberern zur iberisch-keltischen Kultur. In Gallien, im Donauraum, auf den Britischen Inseln und in Dänemark entstand eine Vielfalt an ethnisch sehr unterschiedlichen keltischen Bevölkerungsgruppen. Alle beherrschten sie die Kunst der Metallbearbeitung in hohem Maße, teilten den gleichen Glauben und akzeptierten die Autorität einer Kriegeraristokratie; ihre Mitglieder wurden eingeäschert oder erdbestattet und auf üppig geschmückten Wagen beigesetzt.

Die künstlerische Ausdrucksweise ist äußerst eigenständig; kennzeichnend sind die Schematisierung, das Spiel der Kurvenlinien sowie die Auflösung des Motivs bis zu seiner Verwandlung, etwa vom Pflanzlichen hin zum Monströsen, welches bereits die Fabelwelt der Tiere des Mittelalters ankündigt.

C, D · Die Dame von Elche und eine Statue in Gebetshaltung.

Die Figur in Gebetshaltung (D), in ein langes Gewand gehüllt, verkörpert eine archaische Würde (Ex-voto in Bronze, 6. Jh. v. Chr. aus dem Felsenheiligtum von Despeñaperros; Archäologisches Museum in Madrid). Im Gegensatz dazu zeigen die feinen, gleichmäßigen Züge der Dame von Elche (C) zwischen dem 5. und 3. Jh. v. Chr. in Kalkstein gearbeitet, den griechischen Einfluß (Archäologisches Museum in Madrid). Die Figuren bezeugen die Mannigfaltigkeit der iberischen Kultur.

E · Der Kessel von Gundestrup.

Er ist mit versilberten Kupferplatten belegt; ihre Reliefs, eingraviert oder gepunzt, zeigen Szenen mit der keltischen Götterwelt (hier Cernunnos, der Gott mit dem Hirschgeweih). Gefunden in N-Jütland. (Um das 1. Jh. v. Chr., Museum in Kopenhagen)

A · Der Krater von Vix.

Die Höhensiedlung Mont Lassois bei Châtillon-sur-Seine (Frankreich) hatte eine strategisch beherrschende Lage und war schon seit der frühen Eisenzeit befestigt. Am Fuße des Oppidum fand man das reiche Tumulusgrab einer Prinzessin, das auch diesen riesigen Bronzekrater (Höhe 1,54 m) enthielt, angefertigt in einer griechischen Werkstatt (wohl in Süditalien) um 530 v. Chr. Solche Krater, die mehr als 1000 l faßten, dienten zum Mischen von Wasser und Wein oder der Menschenopferung durch Ertränken, wie auf einer Reliefplatte des Kessels von Gundestrup zu sehen ist. (Museum in Châtillon-sur-Seine)

F · Doppelköpfige Statue aus Roquepertuse.

Das auf einer Felsnase errichtete Oppidum von Roquepertuse schützte ein keltisch-ligurisches Heiligtum. Als Archäologen hier einen Säulengang entdeckten, in dessen Nischen Schädel zur Schau gestellt waren, wurden die schreckenerregenden Berichte römischer Historiker, die diese keltischen Riten beschrieben hatten, glaubhaft. Diese Skulptur aus dem 3. Jh. v. Chr. (ein Doppelkopf) war perfekt in das Ganze eingefügt. Die Anlage wurde durch römische Wurfgeschosse zwischen 125 und 123 v. Chr. zerstört.

B · Der Kultwagen von Strettweg.

Er gehört zu einer Prozession nackter Reiter, die der Opferung des Hirsches vorausgeht. Er wurde in der Nähe von Graz (Österreich), umgeben von reichem Grabmobiliar, im Tumulusgrab eines eingeäscherten Hallstätter Prinzen aus dem 6. Jh. v. Chr., gefunden. (Bronze, 7. Jh. v. Chr. Landesmuseum Joanneum, Graz)

G · Rückseite des Spiegels von Desborough.

Abwechslungsreiches Spiel der gravierten Formen zeigt sich in der Blüte der dekorativen keltischen Kunst, deren würdige Nachfolger die irischen Buchmaler des Hochmittelalters sind. (Northamptonshire, Bronze, 1. Jh. n. Chr.; Britisches Museum, London)

MEISTERWERKE

BYZANTINISCHE KUNST

AUSDRUCK DES GLAUBENS

Hellenistische, orientalische und römische Grundlagen hat diese Kultur, deren Kunst hauptsächlich religiöser Art war. Ausgehend vom Bauschema der römischen Basilika erwächst bald die Konzeption eines Heiligtums, in dem sich Riten und Prozessionen besser durchführen lassen. Seitdem bedienen sich Architektur und Ikonographie des religiösen Symbolismus: Die Kuppel als Verkörperung des Himmels ist Christus vorbehalten, die Apsis der Muttergottes und der Menschwerdung Christi und das irdische Reich des Kirchenschiffes den Heiligen oder Szenen aus dem Leben Christi.

In einer starken Spiritualität sowie in der vollkommenen Kenntnis des Naturalismus der Antike bewahrte das byzantinische Reich Traditionen, die zur Triebfeder der Renaissance im Abendland werden sollten.

A · **Ikonen.**
Als Mittler zwischen Gott und der Welt gehört die Ikone zur orthodoxen Liturgie, und die diesem Abbild erwiesene Verehrung gilt Gott selbst. Diese berühmte Ikone, die *Gottesmutter von Wladimir*, war von einem Prinzen aus Kiew in Konstantinopel bestellt und dann der Kathedrale von Wladimir geschenkt worden. Sie war das Vorbild für spätere Madonnendarstellungen. (Tretjakow-Galerie, Moskau)

C · **Die Kirche zum Heiligen Kreuz in Aghtamar.**
Sie wurde 921 auf einer Insel im Vansee erbaut. Wenn auch diese Architektur weiterhin von Byzanz beeinflußt ist, unterscheidet sich die Gesamtanlage von jener doch zutiefst durch die Verwendung von bearbeiteten Steinen. Diese beherrschen sowohl die konische Form der Kuppeln als auch die durch Steinreliefs belebte Fassade.

D · **Die Pantanassa-Klosterkirche.**
Diese Klosterkirche von Mistra wird 1420 errichtet. Istanbul inspiriert die abgeschrägte Chorhaube, die Apsiden und die Emporen für den Gottesdienstbesuch des Prinzen. Die Ausschmückung der Außenwände entspringt der griechischen Schule, wohingegen der Kirchturm mit seinen durchbrochenen Arkaden und kleinen Ecktürmen durch die romanische Architektur gekennzeichnet ist.

OSTEUROPA, BEWAHRER DER ORTHODOXIE

Am äußersten Rand im Nordwesten der russischen Steppen liegt das stattliche Nowgorod, das seit dem 11. Jh. jedes Jahr eine Karawane nach Konstantinopel schickt. Händler und Pilger auf dem Weg ins Heilige Land oder Künstler, wie im 14. Jh. Theophanes der Grieche, Lehrer von A. Rubljow, folgen dem langen Weg des Dnjepr. So zeigt die Sophienkathedrale von Nowgorod, beeinflußt durch die gleichnamigen Kathedralen in Kiew und Byzanz, typische Züge: Betonung der Vertikalen, durch schmale Fenster und zwiebelförmige Kuppeln betont; Bronzeportale, denen in Byzanz nachempfunden (von einem Magdeburger Meister ausgeführt), sowie eine weißgekalkte Fassade.

E · **Die Sophienkathedrale in Nowgorod.**

B · **Die Hagia Sophia in Istanbul.**
532–537 schufen Anthemios von Tralleis und Isidor von Milet, Architekten des Kaisers Justinian, mit dieser Kirche (der göttlichen Weisheit gewidmet), ein einzigartiges Meisterwerk. Ihre riesige Kuppel (31 m Durchmesser in 55 m Höhe vom Boden) mit ihren 40 Fensteröffnungen bildet den Zentralbereich des Gebäudes. Äußerste Strenge und Schwere der Außenkonstruktion kontrastieren mit der inneren Eleganz, wo Halbkuppeln, Bögen und Pfeiler durch den Lichteinfall, das Schimmern der Mosaiken und das Farbenspiel der Marmorverkleidung harmonieren.

F · **Sant'Apollinare Nuovo in Ravenna.**
Die Basilika mit zwei Säulenreihen und Holzdach wurde vom Gotenkönig Theoderich errichtet und gehört noch in die römische Epoche. Antike Tradition und byzantinischer Einfluß verbinden sich in den Wandmosaiken (hier: die Südwand mit dem Palast Theoderichs und der Prozession der Märtyrer), bemerkenswert durch die Vielfalt der Farben und den Effekt der Goldgrundierung (erzielt durch das Aufkleben von Goldblättern auf den Hintergrund jedes Mosaikglassteinchens).

G · **Die Kirche Sveti Panteleimon in Nerezi.**
Sie wurde 1164 in der Nähe von Skopje in Jugoslawien von Alexios I. Komnenos, dem Cousin des Kaisers Manuel I., erbaut. Die Fresken, wahrscheinlich von Künstlern aus Konstantinopel gemalt, spiegeln einen neuen Geist wider, in dem sich der Rhythmus der Komposition, die Geschmeidigkeit der Linienführung und die Tendenz zum Realismus mit einer dramatischen Spannung, Ausdruck existenzieller Angst, verbinden.

MEISTERWERKE

ISLAMISCHE KUNST

RELIGIÖSER EIFER UND REGIONALE AUSBREITUNG

Im Zuge seiner Eroberungen kam der Islam in Jerusalem und Byzanz mit künstlerischen Traditionen des Christentums, mit denen der hellenistischen Antike in Syrien und denen der Sassaniden auf persischem Boden in Berührung. Diese Mannigfaltigkeit schafft eine Kunst, die ihre Originalität aus dem unverbrüchlichen Glauben an den Islam schöpft. Durch ihre Verbreitung, die Vielfältigkeit und die Vitalität der lokalen Formen entgeht sie einer sterilen Einheitlichkeit.

A · Medrese der Sultan-Hasan-Moschee in Kairo.
(Innenhof und Kuppelbrunnen mit umlaufendem Schriftband). Diese Koranschule (1356 bis 1363) wurde aus bearbeiteten Steinen errichtet, entsprechend dem persischen Vorbild mit 4 Iwanen, das für den Unterricht in den vier Riten des sunnitischen Islam besonders geeignet war. Strenge Größe der Architektur, Nüchternheit des Dekors und Originalität des Bauplanes ließen sie zu einer Hymne aus Stein zum Lobe des Islams werden.

D · Die Moschee von Córdoba.
Sie ist ein wichtiges Zeugnis des klassischen Islam aus der Zeit der Omaijadenkalifen; oben die Kuppel des Mihrab (10. Jh.), die ein außerordentliches Ineinanderwirken der polyloben Bögen und der Gewölberippen zeigt.

E · Die große Moschee in Isfahan.
Kuppel des Nordsaales (11. Jh.). In der Zeit der Seldschuken in Persien (1038–1186) wurde die Idealkonzeption der Moschee mit 4 Iwanen entwickelt. Die Nüchternheit des Dekors wird durch die bewußte Nutzung von Ziegeln erreicht; sich durchkreuzende Bögen und Gewölbekappen, unterteilt in kleine Nischen *(mukarnas* oder *Stalaktiten)*, machen das Besondere der persischen Kuppel aus.

B · Das Mausoleum des Timur Leng.
Außerhalb von Samarkand, der Hauptstadt Timurs, liegt die Gräberstraße Schah-e Sindah, ›der lebende Schah‹, die großartige Nekropole der Timuriden. Hier das Gur-e Mir (1405), Mausoleum des Timur. Rhythmische Fassadengestaltung durch Bögen, Eingangsportale und üppiges Dekor aus Fayencen und glasierten Ziegeln sind Zeichen für die Reife der persischen Architektur.

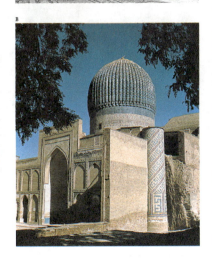

F · Die Alhambra in Granada.
Sie wurde im 13./14. Jh. von Nasridenherrschern erbaut und liegt auf einem Bergrücken inmitten von Gärten. Die Paläste sind um Höfe mit Wasserbecken und -kanälen angeordnet (oben der Löwenhof). Obwohl in der Spätzeit der maurischen Kunst erbaut, ist die Alhambra eines der bedeutendsten Denkmäler islamischen Schloßbaus. Ihr Dekor legt Zeugnis ab von der Pracht des höfischen Lebens.

G · Die große Moschee Sidi Okba.
Sie wurde 670 in Kairouan (Tunesien) errichtet, ihr heutiger Zustand geht jedoch auf das Jahr 836 zurück. Sie wurde richtungsweisend für die islamische Baukunst in Nordafrika, besonders der in syrisch-omaijadischer Tradition stehende Betsaal. Sie besitzt einen der größten Innenhöfe, und ihr dreistöckiges Minarett (724–727) ist das älteste Nordafrikas.

C · Die Moschee Selims II. in Edirne.
Sie ist eines der Meisterwerke des Baumeisters Sinan; seine Bauweise der Kuppeln verband persische und seldschukische Elemente miteinander, berücksichtigte aber auch die der Hagia Sophia in Byzanz.

H · Das Taj Mahal in Agra, Indien.
Das Taj Mahal (1631–41) ist die Grabanlage für Mumtaz Mahal, Lieblingsfrau des Mogulherrschers Shah Jahan. Es ist von zwei Moscheen eingerahmt (eine als Attrappe, wegen der Symmetrie). Die Anlage ist eine perfekte Verbindung von Grabmoschee, Mausoleum und Garten.

689

MEISTERWERKE

KUNST DES ALTEN CHINA

ENTWICKLUNG UND FORTDAUER

Im Verlaufe von vier Jahrtausenden entwickelte sich die chinesische Kunst, bewahrte jedoch von Beginn an einige Traditionen unverändert, z. B. die rituellen, durch neolithische Vorgänger inspirierten Bronzevasen, die dem Ahnenkult dienten und deren Form seit der Shang-Dynastie im 17. Jh. v. Chr. vorgegeben war. Die Art der kaiserlichen Bauten der Epoche der Zhou war bereits durch die Art der vom Kaiser durchzuführenden Zeremonien festgelegt. Gleiches gilt für Konstruktionen, die zwanzig Jahrhunderte später durch die Ming-Dynastie in der verbotenen Stadt in Peking errichtet wurden. Schriftliche Zeugnisse berichten uns von Kalligraphen und Malern auf dem Höhepunkt ihrer Kunst im 7. und 6. Jh. v. Chr. oder auch von Wang Wei, der im 7. Jh. n. Chr. feste Vorgaben für die Darstellung der Landschaftselemente entwickelte. Auf ihn geht die Kunstform der monochromen Tuschezeichnung zurück. So kann sich Tradition in eine unerschöpfliche Quelle an Inspirationen entwickeln.

D · **Der Bodhisattva von Yungang.**
Er stammt aus einem Felsheiligtum im Norden der Provinz Shansi. Wenn auch der Einfluß des indischen Ghandara noch spürbar ist, gehört doch der Stil, besonders die Kantigkeit der Figur mit dem Faltenwurf eines Priestergewandes, nach China und kündigt den sehr schönen Lungmen-Stil an. (Stein, Museum Cernuschi, Paris)

A · **Fliegendes Pferd, dessen Huf auf einer Schwalbe mit ausgebreiteten Flügeln ruht.**
Dieses Werk zeigt eine außergewöhnliche Dynamik. Es gehört zu einem vollständigen Kavallerieregiment in militärischer Formation, das unter diesen 220 Objekten im Grab (in Gansu) eines Generals der östlichen Han (23–220 n. Chr.) entdeckt wurde.

DREI ANSICHTEN

Himmel, Erde und Wasser sind die wesentlichen Bestandteile der einfarbigen chinesischen Landschaftsmalerei, deren Aufgabe es ist, die Harmonie der Natur darzustellen aber auch einen Seelenzustand zu übermitteln:
– großartige Darstellung im kräftigen, kontrastreichen Stil von Fan Kuán, einem Vertreter der großen klassischen Kunst Ende des 10., Anfang des 11. Jh., Höhepunkt der Sung-Zeit;
– Ni Zan (1301–1374), ein hochgebildeter Maler der Yüan-Zeit, erreichte eine sehr starke Beschränkung auf die Darstellung des Wesentlichen;
– Exzentrischer, kräftiger Stil bestimmte die Malerei von Bada Shanren, Pseudonym von Zhu Da (1625–1705); er zog sich beim Sturz der Ming zurück, um nicht mit den Mandschu-Eroberern zusammenarbeiten zu müssen, trat einem Mönchsorden bei und stellte sich stumm.

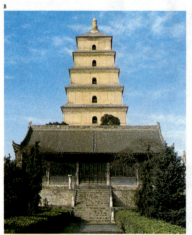

B · **Die Pagode von Xi'an.**
Die derzeitige Hauptstadt von Shensi, Xi'an (oder Sian), war mehrfach kaiserliche Residenz unter den Tang mit dem Namen Changan; 652 wurde eine Klosteranlage erbaut: der Tempel der Wohlgefälligkeit mit dieser Pagode, Dayanta (die Pagode der Wildgänse), mehrfach restauriert. Die Pagode hat in China die gleiche Bedeutung wie die Stupa in Indien.

E · **Ni Zan.** Herbstlandschaft. (Nationalmuseum, Tokio)

F · **Bada Shanren.** Landschaft. (Museum Guimet, Paris)

G · **Fan Kuan.** Reisende in der Schlucht eines Gebirgsbaches. (Museum Taipei, Taiwan)

C · **Die verbotene Stadt in Peking: der Taihedian.**
Taihedian bedeutet: Halle der ›Höchsten Harmonie‹. Sie wurde 1627 gegründet und auf einem dreifach gestuften Unterbau mit weißen Marmorbalustraden und dem typischen zweifach gestuften Dach, das von 24 Säulen aus Kampferholz getragen wird, errichtet. Es ist das beeindruckendste Gebäude des offiziellen Teiles der verbotenen Stadt. Hier wurde der Kaiser inthronisiert, hier wurden die Feierlichkeiten im Jahresverlauf zelebriert.

H · **Ritualgefäß in Bronze.**
Seine Form (›jue‹) ist eine der ältesten und entstammt dem Neolithikum. Dieses Gefäß diente zum Erhitzen von Flüssigkeit. Stark stilisiert, stellte das Muster eine Taotie-Maske (Monster mit Kugelaugen) dar. [Shang-Dynastie, Phase von Zhengzhou, 16.–15. Jh. v. Chr.].

690

MEISTERWERKE

KUNST DES ALTEN JAPAN

Die Verehrung des Ortes, wo sich nach den Regeln des Shintoismus das Göttliche in der Natur offenbart, der indische Buddhismus, der über China kam, aber auch der starke Einfluß des Zen-Buddhismus haben Kultur und Kunst des alten Japan geprägt.

Andererseits verleihen ihm seine Kunst der Transposition und somit der Erneuerung eine Kraft und Originalität, die bis heute den Westen und insbesondere die Ästhetik der heutigen Zeit beeindrucken.

C · **Der Tempel von Ise.**
Eines der höchsten Heiligtümer des Shintoismus. Seine Holzarchitektur ist verewigt worden dank des alle zwanzig Jahre sich wiederholenden Rituals des Wiederaufbaus. Im Jahre 693 wurde dieser Ritus zum ersten Mal durchgeführt.

D · **Der Horyuji in Nara.**
Es ist das älteste buddhistische Kloster Japans (7. Jh.). Chinesische Stilelemente sind offensichtlich, aber die subtile asymmetrische Anlage der Gebäude inmitten eines umfriedeten Areals entspricht dem japanischen Geschmack.

A · **Jocho: Amida Nyorai.**
Diese Holzlackarbeit (1053) wurde von Fujiwara Yorimicho für den Byodo-in-Tempel in Uji, seinem Wohnort, bestellt, wo sie aufbewahrt wird. Dieses kolossale (3 m) Meisterwerk hat über 100 Jahre die Formensprache der Amidakunst (Darstellung des barmherzigen Buddha) geprägt.

E · **Sotatsu Nonomura.**
Rechte Seite des Wandschirmes der *Legende von Sekija* (die Begegnung zwischen Genji und der Hofdame Utsusemi, eine Episode aus dem Roman *Genji Monogatari*) in Gold und Farben auf Papier. Stilisierung bis zur Geometrisierung (hier die grünen Hügel), Sinn für Komposition und Raumaufteilung sowie Reichtum der Farben machen Sotatsu zum originellsten Vertreter der dekorativen Malerei (erste Hälfte des 17. Jh.). Er steht ganz in der Tradition der altjapanischen Bildkunst des Yamato-e. *(Um 1630, Seika-Do-Stiftung, Tokio)*

F · **Sesshu (1420–1506): Landschaft von Amano-Hashidate** *(Himmelsbrücke)*
Klarheit und Freiheit der Züge, Realismus der Konzeption (der Name jedes kleinen Dorfes ist angegeben) sowie geistige Tiefe verbinden sich hier in diesem letzten und wichtigsten Werk des Schöpfers der Habuko-Technik, der sich vom chinesischen Einfluß losgesagt hatte. *(Kommission zum Schutz der Kulturgüter, Tokio)*

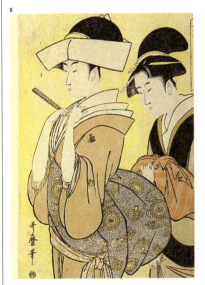

B · **Utamaro Kitagawa.**
Die japanischen Stiche heißen *ukiyo-e* (›Malerei der fließenden, vergänglichen Welt‹), nach den Vergnügungsstätten von Edo (heute Tokio), wo sich die Künstler inspirieren ließen. Utamaro (1753–1806) ist berühmt für seine anmutigen Frauengestalten in fein abgestufter Farbgebung.

G · **Katsushika Hokusai.**
Farbholzschnitt aus der Serie 36 *Ansichten des Berges Fuji*. Der Mann mit den dreißig Unterschriften kennzeichnete auf diese Weise jedes Stadium seiner Darstellungen. Sein Lieblingsthema, der Fuji, hat Hokusai (1760–1849) zu zwei Serien von Holzschnitten inspiriert: *die 36 Ansichten* (1831–1833) und *die Hundert Ansichten des Berg Fuji* (1834). Jedes dieser Blätter zeugt von seiner genialen Beherrschung der Zeichentechnik und der Komposition in der Darstellung.

MEISTERWERKE

INDISCHE KUNST

EINE RELIGIÖSE KUNST

Die nichtislamische indische Kunst steht ganz im Dienst der Religion. Der Buddhismus mit seinen Geschichten über Buddhas Leben (*Jataka* u. a.), der Jainismus und der Hinduismus mit der Vielzahl seiner Götter und seinen Heldenepen *Ramayana* und *Mahabharata* liefern eine Unmenge an Themen. Trotz der strikten Vorgaben konnte die künstlerische Gestaltung über mehrere Jahrhunderte hinweg das Stereotype vermeiden; wie der Gläubige bei der Meditation fand auch der Künstler in der Ausführung seines Werkes eine Vermittlung zwischen dem Menschen und dem Göttlichen.

D · Induskultur: Männerbüste.
Sie stellt wohl einen Priesterkönig der Induskultur (4. Jahrtausend bis etwa 1000 v. Chr.) aus Mohenjo Daro dar. (*Steatit, 3. Jahrtausend, Pakistanisches Nationalmuseum, Karachi*)

A · Der Buddha von Sarnath
Qualität der Arbeit und Klarheit der Linienführung, Erhabenheit und die würdevolle Gelassenheit kennzeichnen die buddhistische Kunst auf ihrem Höhepunkt unter der Herrschaft der Guptadynastie. (*Rosa Sandstein, 5. Jh., Archäologisches Museum, Sarnath*)

G · Shiva Vinadhara Dakshinamurti,
Herr der Künste und der Schrift. Shiva ist neben Brahma und Vishnu einer der drei großen Götter des Hinduismus. Er symbolisiert die gegensätzlichen Kräfte der Schöpfung und Zerstörung. Diese Bronze ist charakteristisch für die strikte Einhaltung der Formensprache, aber auch für die Rhythmik der hinduistischen Kunst dieser Epoche in Südindien. (*11. Jh.; Museum Guimet, Paris*)

H · Balustrade der Stupa von Amaravati (Andhra Pradesh).
Dieses Medaillon des 2. Jh. n. Chr. stellt Buddha beim Beruhigen des wütenden Elefanten Nalagiri dar. Personen, die sich aus dem Fenster neigen, überfüllte Straßen, die Menge in Panik; der Bildhauer hat sich ein Vergnügen daraus gemacht, diesen städtischen Umtrieb darzustellen, der im Gegensatz zur Ruhe Buddhas steht.

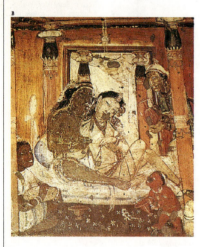

B · Ajanta.
Diese Höhlenanlage birgt buddhistische Höhlentempel und -klöster aus dem 1. Jh. v. Chr. und dem 5.–7. Jh. n. Chr. Die ursprüngliche Holzarchitektur ist auf dem Felsen dargestellt. Trotz des religiösen Anliegens stellen die Fresken das Raffinement des höfischen Lebens dar.

E · Bhubanesvar.
Diese heilige sivaitische Stadt aus dem 5. Jh. besitzt mit dem Lingaraja-Tempel (um 1000) das perfekte Beispiel eines kurvilinearen hohen Turmes, der die Cella überragt und mit anderen, weniger hohen Türmen verbunden ist. Typisch für die Heiligtümer der Provinz Orissa.

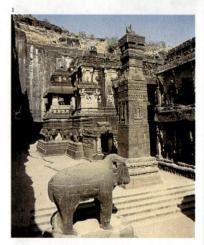

C · Die Hauptstupa von Sanchi.
Die Stupa, deren Form auf den Grabhügel zurückgeht, ist Gedenkstätte oder Schrein für Buddhareliquien. Die Umschreitung wurde am Fuß der Kuppel durchgeführt, in einem durch eine Balustrade (vedika) abgeschlossenen Umgang. Man betrat diesen Umgang durch vier mit Skulpturen geschmückte Portale (torana). Die Umschreitung ist eine magisch-religiöse und meditative Praktik, die darin bestand, zu Fuß ein Objekt, eine Örtlichkeit oder eine Person zu umschreiten. (*Madhya Pradesh, 2.–1. Jh. v. Chr.*)

I · Kailasanatha in Elura.
Symbol der Gegenwart von Shiva im Berg Kailas im Himalaya. Das Heiligtum und die Nebengebäude (fast 100 m lang) sind völlig aus dem Vulkangestein herausgeschlagen.

F · Madurai.
Während der Islam den Norden Indiens beherrscht, entwickelt sich im Süden der Tempel zu einer heiligen Stadt, wie dieser Tempel der Minakshi (17. Jh.) in Madurai. Im Vordergrund das heilige Becken, umgeben von einer Säulenhalle; im Hintergrund die hohen Außenportale.

MEISTERWERKE

KUNST IN SÜDOSTASIEN

EINE EIGENSTÄNDIGE BAUKUNST

Der lange Seeweg des Handels zwischen Indien und China war gleichzeitig der Weg, über den sich die Kultur und die Religionen Indiens, insbesondere der Buddhismus, ausbreiteten. Mönche und Gelehrte, die den Kaufleuten folgten, ließen sich an den Etappenorten im Bannkreis der herrschenden Elite nieder, lehrten das Sanskrit als Sprache der Wissenschaft und gründeten fromme Stiftungen: Borobudur wurde zu einem berühmten Pilgerort, dessen Anziehungskraft bis Indien und China reichte.

D · **Giebel des Banteay-Srei-Tempels.**
Als schönes Beispiel für die Feinheit der Relief- und Ornamentdekorationen der Bergtempel der Khmer zeigt dieser Giebel die Legende der schönen Apsara (Nymphe des Himmels) Tilottama, die zwei Dämonenbrüder dazu brachte, sich zu töten. Die Flamboyant-Bordüre stellt Naga, den vielköpfigen Schlangengott, eines der Lieblingsthemen der Khmer-Bildhauer, dar. Die Kunst von Banteay Srey (Tempel eines Würdenträgers) erscheint durch ihre Feinheit und ihre Raffinesse als Gegenreaktion zur Hauptstadt Angkor. *(Rosa Sandstein, 967; Museum Guimet, Paris)*

A · **Borobudur.**
Detail eines der Reliefs auf der Umgangsgalerie, die die vier ersten Etagen der Stufenpyramide umlaufen. Die Pilger können hier den Episoden aus dem Leben Buddhas folgen. Sie stellen für uns eine unerschöpfliche Informationsquelle über das tägliche Leben im 9. Jh. dar.

E · **Tänzer mit Schärpe.**
Das Königreich der Champa (im heutigen Vietnam) hatte seine Blütezeit zwischen dem 3. und 16. Jh. Einen Höhepunkt stellt in der ersten Hälfte des 10. Jh. der sogenannte ›Mi Son E 1‹-Stil (nach dem Namen der heiligen, Shiva gewidmeten Stadt benannt) mit seinen hohen Turmheiligtümern und einer kraftvoll-dynamischen Bildhauerkunst dar. *(Rosa Sandstein aus Tra Kieu, Beginn 10. Jh.; Museum Guimet, Paris)*

B · **Angkor Vat.**
Im Süden der Stadt Angkor (Kambodscha) von König Suryavarman II. (1113 bis etwa 1144) errichtet, ist dieses Bauwerk dem Totenkult für den vergöttlichten König (Inkarnation von Vishnu) gewidmet. Auf fast 200 ha ist dieses Ensemble im Schachbrettmuster angelegt. Seine fünf Schreine und fünf Tortürme sind durch mit bewundernswerten Reliefs geschmückten Galerien (fast 800 m lang ist die Galerie der 3. Etage) verbunden. Dieser Tempelberg verkörpert hier wie in der indischen Kosmographie den zentralen Weltenberg, der Erde und Himmel verbindet.

F · **Stupa in der Tempelanlage von Wat Rajaburana in Ayutthaya.**
Mehrere hundert Monumente bezeugen das Gepränge und die verfeinerte Kunst, die in dieser Hauptstadt von Siam (1350–1767) blühten. Die Kunst, die sich in diesem Land entwickelte, ist eine echte Synthese zwischen lokalem Stil und dem der Khmer, der diesem vorausging. *(Thailand, 1424)*

C · **Pagan.**
Pagan war 1044–1287 Hauptstadt des Reiches Pagan. Hier 2 der etwa 1 000 erhaltenen Tempel und Pagoden (Stupas); links der Tempel Ananda (um 1090), rechts der Thatbyinnyu-Tempel (12. Jh.): lange Zugangswege, Stufenpyramide, sich nach oben verjüngende Terrassen und Dächer einerseits und andererseits die Pyramide mit überhöhten Stufen auf einem massiven Plateau, die oberen Ebenen mit Fenstern und Flamboyant-Arkaden geschmückt, all dies von einer turmförmigen Stupa gekrönt.

G · **Borobudur.**
Als Ausdruck der Gläubigkeit der Dynastie Sailendra, aber auch der Machtdarstellung, ist diese riesige, steinerne Mandala (123 m Seitenlänge), um 800 errichtet, durch den Mahayana-Buddhismus geprägt. *(Indonesien, Zentraljava, bei Yogyakarta)*

693

MEISTERWERKE

KUNST DES PRÄKOLUMBISCHEN AMERIKA

MESOAMERIKA

Die Ausdehnung und Differenziertheit des mittelamerikanischen Raums sowie das Nebeneinander von unterschiedlichen Völkern und Kulturen erklären die Vielgestaltigkeit der mesoamerikanischen Kunst. Sie kann, mit regionalen Varianten, in folgende Perioden eingeteilt werden: *präklassisch* 2000 v. Chr. bis 200 n. Chr.; *klassisch* 250 bis 950; *postklassisch* 950–1500. Diese Perioden sind wiederum in Phasen unterteilt: *alt, mittel* und *neu*. Trotz der offensichtlichen Unterschiede sind kulturelle Gemeinsamkeiten erkennbar: die Erstellung eines Kalenders, die Entwicklung einer Hieroglyphenschrift, der Bau von Opferstätten in Form von Pyramiden, Mosaikarbeiten aus Federn oder Fellen, die Verarbeitung von Obsidian zu Pfeilspitzen, Messern u. a. sowie die Domestikation des Maises, dessen Anbau und Wachstum unter dem Schutz übernatürlicher Kräfte, die durch schreckliche Götter verkörpert werden, stehen. Die Kunst ist in ihrem ganzen Wesen religiös, sie dient der Darstellung und der Auslegung der Mythen.

C · **Mixtekischer Brustschmuck.** (Postklassische Periode) Dies ist eine Beschwörung des obersten Gottes des Totenreiches. Die Mixteken waren bekannt für die Schönheit und die feine Ausführung ihrer Schmuckstücke. Die Azteken entführten sogar mixtekische Goldschmiede nach Tenochtitlán. *(Gold; Regionalmuseum, Oaxaca)*

D · **Olmekenkopf.** (Vorklassische Periode) Der 2,15 m hohe Basaltkopf liegt *in situ* im archäologischen Park von La Venta (bei Villahermosa, Provinz Tabasco), das vom 12.–5. Jh. v. Chr. Hauptstadt war. Es handelt sich wahrscheinlich um königliche Porträts; alle diese Köpfe wurden mit Werkzeugen aus Obsidian gefertigt.

E · **Graburne der Zapoteken.** Die Urne aus bemaltem Ton stellt den jungen Maisgott dar. Mit einer sehr betonten Frisur, die noch mit einer Jaguarmaske geschmückt ist, ist sie charakteristisch für den Stil der Zapoteken (um 500 v. Chr.), deren Hauptstadt Monte Albán war. *(Anthropologisches Nationalmuseum, Mexiko)*

A · **Quetzalcóatl.** Ursprünglich Gott der Vegetation und durch seine Wiedergeburt in das Pantheon des Weltanfangs zurückgekehrt, wurde er für die Azteken zum Gott der Priester, des religiösen Denkens und der Kunst. Dieser Gott wird in seiner menschlichen Form oder als gefiederte Schlange dargestellt. Er wurde von allen mesoamerikanischen Völkern von der vorklassischen Zeit bis zur Eroberung durch die Spanier verehrt. Dieser aztekische Künstler hat das Thema des Mythos Schlange-Vogel-Mensch mit sehr viel Kühnheit dargestellt. *(Porphyr, Musée de l'Homme; Paris)*

F · **Türsturz der Maya in Yaxchilán (Chiapas).** Diese Bildreliefs, die die Tempel und Pyramidenbasen schmückten, bezeugen die hohe Blüte der Mayakunst während der klassischen Zeit in den Ebenen; die Hieroglyphen geben das Baudatum an. Yaxchilán erlebte seine Blüte zwischen 692 und 726, beherrscht von Prinzen einer Kriegerkaste. *(Kalkstein, um 720; Anthropologisches Nationalmuseum, Mexiko)*

B · **Tikal (Guatemala)** war eine der wichtigsten unter den Mayastädten (50 000–80 000 Einwohner zwischen 480 und 830). Sie umfaßt in ihrer Zentralzone (16 km²) mehr als 3 000 Bauwerke; die nördliche Akropolis ist der zeremonielle Mittelpunkt. Die Pyramiden im heiligen Bezirk sind bei den Maya oben mit einem Sockel versehen, auf dem ein Heiligtum errichtet ist. Die Mayapyramide ist in dichten Wäldern errichtet und ist stärker zur Vertikalen hin orientiert als die Pyramide in den offenen Landschaften Mexikos (Teotihuacán).

G · **Der Tempel von Tula.** Tula (Provinz Hidalgo, früher Tollan) war die Hauptstadt der Tolteken. Das Heiligtum ist Quetzalcoatl in seiner Erscheinungsform als Morgenstern gewidmet. Der Gott wird durch riesige Atlanten (4,50 m) auf dem obersten Plateau der Pyramide verkörpert. Vor dem Tempel die große Säulenhalle, die den Kriegern, die die toltekische Herrschaft (9.–12. Jh.) aufrechterhielten, vorbehalten war.

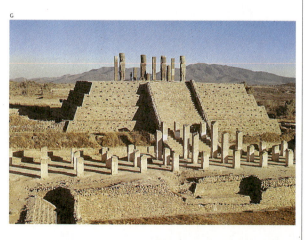

694

MEISTERWERKE

ANDENRAUM

Mannigfaltigkeit und Tradition. Der Andenraum läßt sich in drei Regionen (Norden, Mitte, Süden) einteilen. Die Bergvölker der Anden und die Küstenvölker des Pazifik haben eine Vielzahl von Kulturen von unterschiedlichster Form hervorgebracht; ihr chronologischer Rahmen ist von Region zu Region verschieden; er ist gekennzeichnet durch den Wechsel von Perioden zentraler (mehr oder weniger weitreichender) kultureller Überlegenheit und Zeiten ausgeprägter regionaler Entwicklungen. Trotz der Vielfalt des künstlerischen Ausdrucks gibt es gewisse gemeinsame kulturelle Züge (wie der zähnefletschende Katzengott, die Schlange als Fruchtbarkeitssymbol, der Jaguargott, das Thema des Opfernden), die sich alle diese Völker in ihrer langen Tradition zu eigen gemacht haben.

D · **San Agustín**

(Kolumbien). Zähnefletschender Jaguargott aus Vulkangestein. Die Kultur von San Agustín, die ab etwa 200 v. Chr. bis ins 16. Jh. besteht, ist berühmt für ihre großen Monolithe, Halterungen für die Verschlußsteine der Grabkammern und Wächter im Reich der Toten.

E · **Die Mochekultur.**

Die Küstenkultur im Norden Perus (um 100 bis 800 n. Chr.) erreicht ihre Blütezeit in der klassischen Periode (3.–5. Jh.) und ist bekannt für die künstlerische Qualität und den Realismus ihrer Porträtkrüge. (Nationalmuseum, Lima)

A · **Grabtuch** (manto) **aus Paracas Necropolis (Peru).**

Paracas und Nazca sind zwei Kulturen, die ohne Unterbrechung vom 5. Jh. v. Chr. bis zum 7. Jh. n. Chr. aufeinanderfolgen. Diese wunderschönen Stickereiarbeiten für den Grabkult gehörten zu den *fardos* (Tücher, die die in einem Korb bestatteten Mumien umhüllten), die in den Grabkammern der riesigen Grabanlagen deponiert wurden. (1. Jh. n. Chr.; Völkerkundemuseum, München)

F · **Chavín de Huántar**

(Peru). Schmuckstein des alten Tempels mit dem zähnefletschenden Jaguargott. Die Chavín-Kultur (1300–500 v. Chr.) hatte sich auf friedliche Weise über große Teile der pazifischen Küstenregionen ausgebreitet (bezeugt im *Chavín-Horizont,* 800–500 v. Chr.).

B · **Tiahuanaco**

(Bolivien, auf 4000 m Höhe, am Südufer des Titicacasees gelegen). Hier das Kalasasaya-Plateau (130 m Seitenlänge) mit dem sogenannten ›Sonnentor‹ aus Andesit und der riesenhaften, mit Gravuren versehenen Skulptur eines Idols (5. Jh.). Der Aufschwung dieser Kultur führte, nach der Chavínzeit, zu einer zweiten kulturellen Vorherrschaft im größten Teil der Anden.

G · **Chan Chan**

(Peru). Die Hauptstadt des Militärbundes der Chimú (1200 bis Mitte des 15. Jh., Eroberung durch die Inka) wurde auf über 20 km² Fläche aus Lehm errichtet. Hier abgebildet die *Huaca des Drachen,* im Außenbereich liegender Zeremonialkomplex, der mit einem Basrelief in Ton, eine riesige, ungewöhnliche Figuren umschlingende Schlange darstellend, geschmückt ist. Das Stadtzentrum besteht aus zehn rechteckigen Komplexen aus Lehmmauern von 9 m Höhe und 4 m Dicke, die den Palast, die Tempel, Wohnbezirke der Würdenträger, Zisternen, Gärten und Friedhöfe schützte.

C · **Scharrbilder in der Ebene von Nazca.**

In der peruanischen Küstenwüste finden sich riesige Scharrbilder. Erklärungsversuche sahen in ihnen Pisten, Figuren für rituelle Zeremonien und astronomische Kalender. Zwischen 350 v. Chr. und 650 n. Chr. hatte sich die Kultur von Nazca entwickelt, die auch fein gearbeitete, vielfarbige Keramik hervorbrachte.

H · **Machu Picchu**

(Peru). Von dieser sagenhaften Stadt in 2045 m Höhe hatten die Spanier keine Kenntnis. Sie ist relativ gut erhalten und bezeugt die Baukunst des Inkareichs, des letzten vorkolumbischen Reichs in der Andenregion. Wahrscheinlich war die Stadt um 1450 erbaut worden und war von landwirtschaftlich genutzten Terrassen umgeben.

MEISTERWERKE

AFRIKANISCHE KUNST

TRADITIONELLE KUNST

Bevorzugtes Produkt des schwarzafrikanischen Künstlers ist die Skulptur, vor allem aus Holz. Die Stile schwanken zwischen Expressionismus und Realismus. Meist spielt das Kunstobjekt eine religiöse oder politische Rolle. Als Mittler zwischen der menschlichen Realität und der unsichtbaren Welt überträgt das Kunstwerk lebenswichtige Kräfte. Für den Künstler selbst hat der schöpferische Akt an sich mindestens soviel Bedeutung wie das fertige Werk, das sich, mit magischer Kraft erfüllt, gleichsam verselbständigt.

C, D, E · Die Faszination der menschlichen Person.

Ob als Behältnis für den Geist der Verstorbenen oder als Gedenkbild, ob als Darstellung der Gottheit oder als Fetisch, die menschliche Person hat die afrikanische Kunst schon immer fasziniert. Oben: C. – Kopf aus gebranntem Ton der Kultur von Nok (Nigeria, 500 v.Chr.–200 n.Chr., Nationalmuseum, Lagos); E. – Kopf eines Oni aus einer Messing-Zink-Legierung (Ife, Nigeria, 12.–15. Jh., Museum der Ife-Altertümer, Ife); D. – Elfenbeinmaske der Benin-Kultur in SW-Nigeria. (Ende 16. Jh., Britisches Museum, London)

A · Maske der Dogon: ›Der schwarze Affe‹.

Sie beschwört die Verbindung zwischen Tieren und den Urahnen. Charakteristisch für die Kunst der Dogon ist die vereinfachte, quasi architektonische Form, die dadurch eine extrem suggestive Kraft enthält und gleichzeitig zum Wesentlichen der Darstellung hinführt. (Holz, Mali; Museum für afrikanische und ozeanische Kunst, Paris)

F, G · Übernatürliches sichtbar machen.

Die Kraft des Imaginären bei den Baga oder die Stilisierung bei den Bambara, dies sind zwei Darstellungsweisen, mit denen man sich dem Übernatürlichen zu nähern versucht. Verbunden mit dem Kult der Fruchtbarkeit verkörpern die Masken, die Statuen und die Trägerfiguren im Moment der höchsten Intensität der rituellen Zeremonie die Reinkarnation des Göttlichen und verfügen auch über seine Macht. F. – Fruchtbarkeits-Maskenstatue aus Holz und Pflanzenfasern; Kunst der Baga, Guinea. (Museum für afrikanische und ozeanische Kunst, Paris) G. – Holzstatue einer mythischen Urahne, Gattin des Vegetationsgottes oder Verkörperung des Nigers, des großen lebensspendenden Flusses; Kunst der Bambara, Mali. (Museum für afrikanische und ozeanische Kunst, Paris)

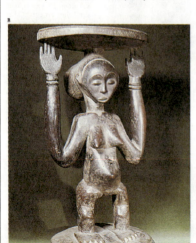

B · Karyatidensitz eines Häuptlings der Luba.

Die Kunst der Luba in Zaire zeigt Realismus und Naturalismus; durch gewisse stilistische Akzente weist sie ins Übernatürliche. (Museum für afrikanische und ozeanische Kunst, Paris)

H · Tür mit Reiter vom Volk der Baule.

Erzählende Reliefdarstellung: Das Krokodil, Fluß- und Stammesgottheit der Baule, erinnert an die Opferung der Gründerkönigin des Baulereiches. Der Stelzvogel über dem Pferd symbolisiert ebenfalls die Fruchtbarkeit, und der Reiter ähnelt wahrscheinlich denen von Samory. Diese Türen sind in der Mitte durchbohrt, um einen Querbalken zum Verschließen mit dem Seil befestigen zu können. (Mit Ocker gefärbtes Holz, Elfenbeinküste; Museum für afrikanische und ozeanische Kunst, Paris)

I · Reliquienfigur der Koto.

Viele Rituale gelten den Ahnen des Klans. Bei den Koto (Gabun) werden die Ahnen durch diese Art von Reliquienfiguren mit ovalem Gesicht und Flügelfrisuren beschworen; sie sind von einem geflochtenen Korb gekrönt, der die Reliquien der Vornehmen des Klans enthält. (Holzkern, Messing und Kupfer; Museum im Petit Palais, Paris)

696

MEISTERWERKE

OZEANISCHE KUNST

DAS MENSCHLICHE GESICHT

In Melanesien, Mikronesien und Polynesien wird die plastische Kunst von der Faszination des menschlichen Gesichts beherrscht. Mythen, Magie und Ereignisse des traditionellen sozialen Lebens stellen die Themen. Die Bedeutung der Symbole geriet in vielen Gegenden in Vergessenheit.

D · **Ku, der Gott des Krieges auf Hawaii.**
Die Kunst steht hier im Dienste einer Feudalkaste. Solche Statuen waren den Tempeln (marae) vorbehalten, und lediglich die aus Flechtwaren und aus Federn geschaffenen Götterbilder durften den geheiligten Ort für rituelle Zeremonien verlassen. *(Holz, Oahu; Britisches Museum, London)*

E · **Tangaroa der Weltenschöpfer, Polynesien.**
Sein nackter Körper ist mit kleinen Relieffiguren (von ihm geschaffene Menschen und Götter) bedeckt. *(Holz, Rurutu, Tubuai-Inseln, Französisch-Polynesien; Britisches Museum, London)*

DIE OSTERINSEL

Seit ihrer Entdeckung am Ostertag 1722 (daher ihr Name) hat sie die Phantasie angeregt. Schematisierte Riesenstatuen aus vulkanischem Gestein *(moai)*, mit in weißer Koralle ausgelegten Augen und der Iris in rotem Tuff, 300 Heiligtümer *(ahu)*, auf Steinterrassen angelegt, Steinzeichnungen, die Vogelmenschen darstellen, Ahnenstatuetten aus Holz, in Tafeln gegrabene Zeichen ... was war ihre Bedeutung?
Die Insel wurde im 5. Jh. unserer Zeitrechnung durch Zentralpolynesier besiedelt und war bald übervölkert. Schwierige Lebensumstände und soziale Unruhen waren wahrscheinlich der Grund für das willkürliche Umstürzen der letzten *moai*.

G · **Die Moai auf der Osterinsel.**

A · **Melanesische Maske.**
Vollplastische und durchbrochene Teile, flächiger Farbauftrag, feine gemalte Strichelungen und Gravuren; diese kontrastreiche und extrem komplexe Arbeit ist typisch für Melanesien. Solche ›malanggan‹-Masken wurden während eines Rituals benutzt und dann vernichtet. *(Holz und Naturfasern, New Ireland; Museum von Sydney)*

C · **Geschnitzter Türsturz der Maori.**
Netzwerk, Spiralen und Tätowierungen, ganz ineinander verflochten, verzieren die Darstellung der mythischen Ahnen der Maori, deren künstlerische Produktion sehr reich war. *(Holz, Neuseeland; Brooklyn Museum, New York)*

F · **Ritual-Tapa aus Melanesien.**
Es ist den Frauen vorbehalten, aus Rinde, die durch Rösten, Schlagen und Walken ihre Fasern freigibt, Tapas herzustellen. Sie dienen als Decken, Kleidung oder zu rituellen Zwecken (Bedecken der Kultstatuen). Heuschrecken, Schlangen, Eidechsen, schematisierte Vögel und Ranken schaffen dieses Muster aus der Region am Sentani-See. *(Neuguinea; Königliches Tropeninstitut, Amsterdam)*

H · **Pflanzliche Tafel aus der Gegend des mittleren Sepik.**
Dieses seltsame menschliche Gesicht mit den dominierenden Nasenflügeln, umgeben und eingerahmt von einem Vogel mit großem gebogenen Schnabel, dessen Frisur sich mit den fliegenden Wesen vermischt, ist charakteristisch für Qualität und Reichtum der ausdrucksstarken Kunst am Sepik. *(Neuguinea, Kambrambo; Museum für Völkerkunde, Basel)*

B · **Skulptur einer Rangstufe, Vanuatu.**
Erreicht ein Mann eine Rangstufe innerhalb der sehr differenzierten sozialen Gemeinschaft, so wird dies gefeiert durch eine Vielzahl von Riten, darunter auch die Aufstellung eines Denkmales, das an dieses Ereignis erinnert. Die bemalten Skulpturen sind mehr oder weniger ausgearbeitet, je nach Rangstufe, und werden durch ein Dach geschützt. *(Holz aus einem Baumfarn, Vanuatu, Malekula; Musée de l'Homme, Paris)*

I · **Bugverzierung einer Piroge der Asmat.**
Die eindrucksvolle Kunst der Asmat bereichert sowohl die Ritualobjekte wie auch die des täglichen Lebens. Dieses elegante, durchbrochen gearbeitete Werk betont die Schönheit der Linien des Bootes. *(Bemaltes Holz, melanesische Kunst, Neuguinea; Königliches Tropeninstitut, Amsterdam)*

697

MEISTERWERKE

DAS EUROPÄISCHE HOCHMITTELALTER

Der Zusammenbruch des Weströmischen Reiches im 5. Jh. hatte nicht den Untergang der antiken Kulturen zur Folge. Wenn auch die ›Barbaren‹ (Franken, Burgunder, Westgoten, Angelsachsen) die starke Stilisierung ihrer Metallkunst orientalischer Herkunft in der Herstellung unzähliger Schmuckstücke (Fibeln, Gürtelschnallen, usw.) pflegten, verschmolzen sie nicht weniger mit den eingeborenen Völkern, wie z.B. in Gallien die Franken des Merowingerreiches mit der gallisch-römischen Mehrheit. Ein merowingisches Bauwerk wie das Baptisterium von Poitiers zeugt von einer Kontinuität der religiösen Architektur, wohingegen sich das westgotische Spanien mit neuen Tendenzen zeigt (Kirchenpläne, Steinmetzarbeiten, Skulpturen). Wenn man den fortgesetzten Einfluß von Byzanz und vom byzantinischen Italien hinzufügt (Ravenna usw.), erkennt man, daß die karolingische ›Renaissance‹ (Pfalzkapelle in Aachen, Buchmalerei ...) sich Ende des 8. Jh. bereits auf eine starke Grundlage stützen konnte.

A · Die alte Kapelle
der Pfalz Karls des Großen in Aachen wurde Ende des 8. Jh. errichtet und ist das bedeutendste heute noch existierende Denkmal der karolingischen Baukunst. Mit ihrem achteckigen Zentralbau und ihrer Rundkuppel leitet sie sich teilweise von der Basilika San Vitale in Ravenna ab und kündigt zugleich die romanische Architektur an.

B · Die Kirche Santa Maria de Naranco
liegt auf dem Monte Naranco nahe der Stadt Oviedo (Asturien, Spanien), Ansicht der Seitenfassade. Erbaut als Palast für König Ramiro I. Mitte des 9. Jh., dann in eine Kapelle umgewandelt, belegt das Bauwerk die Qualität der Steinmetzarbeiten im Königreich Asturien.

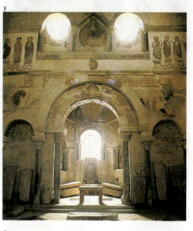

C · Die Reise nach Bethlehem
ist eine der Fresken in der hellenistischen und byzantinischen Tradition in der Kirche von Castelseprio (bei Varese, Lombardei, Italien), zweifelsfrei zu Beginn des 8. Jh. ausgeführt.

H · Schmuckseite in Gold und Emailmosaikarbeit
einer im Grab eines sächsischen Prinzen in Sutton Hoo (Suffolk, Großbritannien) gefundenen Börse, angelsächsische Kunst, 7. Jh. (Britisches Museum, London). Eine kühne Schematisierung der Metallkunst der germanischen Völker, die Motive der alten mesopotamischen Kunst (stehender Mensch zwischen zwei Tieren) aufgreift oder aus dem Mittelmeerraum stammende Tierornamente miteinander kombiniert.

D · Kapitell der Kirche
von San Pedro de la Nave bei Zamora (León, Spanien): *Daniel in der Löwengrube*, Zeit der Westgoten, 7. Jh.

E · Der Löwe
ist das Symbol des Heiligen Markus, ›Evangeliar von Echternach‹ (Nationalbibliothek in Paris), irische Kunst um 700.

I · Heiliger Johannes,
eine der ganzseitigen Miniaturen des ›Ebo-Evangeliars‹ (Erzbischof von Reims, 1. Drittel des 9. Jh.), ein karolingisches Manuskript mit erstaunlich lebhaften Zeichnungen, das in der Abtei von Hautevilliers, zwischen Reims und Épernay, geschaffen wurde. Es wird in der Bibliothek von Épernay aufbewahrt.

F · Das Baptisterium von Poitiers
(Vienne, Frankreich), wurde zur Zeit der Merowinger (6.–7. Jh.) auf den Mauern eines frühchristlichen Gebäudes (4. Jh.) errichtet. Es handelt sich hier um romanische Wandmalereien aus dem 12. Jh. (s. S. 701).

WEITERE WERKE

Italien. Fresken (6.–8. Jh.) aus S. Maria Antiqua in Rom. □ Stuckverzierungen und Gemälde (8.–9. Jh.) des Rundtempels von S. Maria in Valle de Cividale (Friaul). □ Altar in Goldschmiedearbeit in der Kirche S. Ambrogio in Mailand, mit verschiedenen erzählenden Bildfolgen (um 850).

Frankreich. Merowingerzeit. Krypta und Sarkophag von Jouarre (Seine-et-Marne), 7. und 8. Jh.

Irland. Book of Kells (Trinity College, Dublin), Ende des 8. Jh. □ Serie von steinernen Radkreuzen wie jenes von Muiredach in Monasterboice (Beginn des 10. Jh.).

Westgotisches Spanien. Der Schatz von Guarrazar (bei Toledo, im archäologischen Museum Madrid aufbewahrt): Votivkronen, die von König Receswinthe (7. Jh.) geopfert wurden.

Karolingerreich. Torhalle (Ende des 8. Jh.) des Klosters Lorsch (Hessen). □ Kirche von Germigny-des-Prés (Loiret), Anfang des 9. Jh. (im 19. Jh. wiederaufgebaut). □ ›Krönungsevangelium‹ (Beginn 9. Jh.), Kunsthistorisches Museum in Wien. □ Fresken (Beginn des 9. Jh.) aus Saint-Jean-Baptiste de Müstair (Graubünden, Schweiz). □ Abgestufter Türsturz (9. Jh.) der Abtei von Corvey. □ Kirchen auf der Insel Reichenau (Bodensee).

G · Große goldene Nadel
mit stilisierten Tierdarstellungen, gefunden in Douvrend (Seine-Maritime, Frankreich). Kunst der Merowinger, 6. Jh. (Musée départemental des Antiquités, Rouen).

MEISTERWERKE

DIE ROMANISCHE ARCHITEKTUR (10.–11. Jh.)

Vor und nach dem Jahre 1000 schuf sich der Westen aus den unterschiedlichsten Einflüssen eine neue architektonische Sprache. In Deutschland entstehen zur Zeit der ottonischen Kaiser majestätische Kirchen (Gernrode, Hildesheim), deren zentrale Schiffe verputzt sind. Das Meisterwerk, der Dom zu Speyer, gehört zur Epoche der Salier, genauer zur romanischen Epoche (1. Bauphase um 1030–1060; Kreuzgewölbe im hinteren Teil des Kirchenschiffes). Die Gliederung des Mittelschiffes durch Blendarkaden, Apsis mit Zwerggalerie und die Außenbauplastik, ausgeführt von lombardischen Steinmetzen, charakterisieren eine ›erste romanische Kunst südlichen Charakters‹, die den Norden Italiens, das Rhônetal und Katalonien (Saint-Michel-de-Cuxa im Roussillon, Cardona) beeinflußt. Diese interessanten, zukunftsträchtigen Vorbilder werden dann ab dem 2. Drittel des 11. Jh. im Loiretal (Saint-Benoît), in der Champagne, in Burgund, im Poitou, in der Normandie (Jumièges) usw. weiterentwickelt.

A · Die alte Abtei von Saint-Michel-de-Cuxa
(östliche Pyrenäen) wurde im 9. Jh. gegründet und Mitte des 11. Jh. im wesentlichen rekonstruiert.

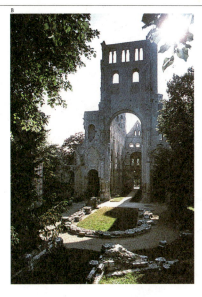

B · Die Ruinen der Abteikirche von Jumièges
(Seine-Maritime, Frankreich). Das Mittelschiff war nicht überwölbt, Mitte des 11. Jh.

C · Die Kirche Sankt Vincent von Cardona
(Katalonien, Spanien): mit Blick zur Chorhaube und zum südlichen Kreuztür, mit typischen ›lombardischen Bandverzierungen‹ geschmückt (die leicht vorspringenden Basen sind oben durch Bögen verbunden), um 1020–1040.

D · Die St.-Gertrud-Kirche von Nivelles
(Brabant, Belgien) ist ein Meisterwerk der Maas-Architektur, zwischen 1000 und 1050. Der Ostteil (mit seinen Türmchen, links) wurde im 12. Jh. wiederaufgebaut. Unter der Krypta wurden merowingische und karolingische Überreste freigelegt.

E · Das Münster von Essen
ehemalige Abtei (Nordrhein-Westfalen): östliche Fundamente vom Atrium aus gesehen; um 1045; der nach dem Vorbild der achteckigen Pfalzkapelle von Aachen errichtete *Westbau* spielt die Rolle des Westchores. Das Kirchenschiff des Münsters wurde in der Gotik wieder aufgebaut.

F · Abteikirche in Tournus
(Saône-et-Loire, Frankreich): Das Erdgeschoß der Vorkirche (oder Vorschiff, Beginn des 11. Jh.) ist aus kleinen Steinen entsprechend dem frühromanischen Stil errichtet. System von Kreuz- und Tonnengewölben.

I · Die Krypta des Domes zu Speyer
Der Dom ist durch seine Kühnheit und die Reinheit des romanisch-germanischen Stiles eines seiner großartigsten Bauwerke. Die Krypta, die um 1030–1040 entstand, ist der am besten erhaltene Teil.

G · Die Kirche des Heiligen Cyriak
in Gernrode (Sachsen-Anhalt) wurde um 960 bis 980 als Frauenstiftskirche errichtet. Als eines der ältesten ottonischen Bauwerke befreit sich diese Kirche von ihrer zweifelsohne karolingischen und byzantinischen Herkunft und kündigt die romanische Kunst durch die klare Darstellung der Seitenteile, der Rhythmik im Stützenwechsel (große Arkaden und Tribünen) an, hier sind abwechselnd Säulen und Pfeiler durch Bögen verbunden. Bewunderswert die Skulpturen der Kapitelle.

H · Die Benediktinerabtei von Saint-Benoît-sur-Loire
(Loiret, Frankreich): Erdgeschoß des Glockenturmes. Neun Kreuzgewölbe, schöne Steinmetzarbeit, mit Vignetten oder Ornamenten geschmückte Kapitelle in reicher Ausführung, um 1030.

WEITERE WESTEUROPÄISCHE KIRCHENBAUTEN

Deutschland. Ottonische Epoche (vorromanisch): St. Michael in Hildesheim, St. Pantaleon in Köln, die Bartholomäus-Kapelle in Paderborn, Wandmalereien in St. Georg in Oberzell (Insel Reichenau, Bodensee). □ Epoche der Salier (romanisch): Ruine der Benediktinerabtei von Limburg (bei Bad Dürkheim), Westteil des Trierer Domes.

Frankreich: St-Étienne in Vignory, St-Rémi in Reims, Krypta des Heiligen Bénigne von Dijon, Notre-Dame von Bernay, nördlicher Glockenturm von St-Hilaire in Poitiers, Abtei von Saint-Martin-du-Canigou.

Italien: Umgestaltung der Abtei von Pomposa (bei Ferrara); S. Maria de Portonovo (bei Ancona), S. Maria Maggiore in Lomello (bei Padua), S. Paragorio in Noli (bei Savone).

Schweiz. Abteikirchen von Romain môtier und Peterlingen (›Töchter‹ der Abtei von Cluny in Burgund).

Spanien: Abtei von S. Pedro in Roda (Katalonien).

MEISTERWERKE

DIE ROMANISCHE ARCHITEKTUR (11.–12. Jh.)

Die französische Architektur der Jahre 1060–1150 zeugt von kreativer Dynamik. Das Spanien der Reconquista erlebt eine parallel laufende Blütezeit (Santiago de Compostela, León usw.), dagegen entwickelt England nach der normannischen Eroberung von 1066 die Charakteristiken der normannischen Schule (Durham). Deutschland bleibt seinen eigenen Traditionen (Maria Laach, neuer Chor und neues Querschiff in Speyer) treu, wie auch Italien, wo die Erinnerung an die altchristlichen Basiliken (Dom zu Pisa, marmorausgelegtes Hauptkirchenschiff) mit dem byzantinischen Einfluß im Wettstreit liegen. Die französische Architektur der Zisterzienser beginnt nach der Zeit der Benediktiner von Cluny (gegen die sie sich mit ihrer Forderung nach Nüchternheit stellen), sich über Europa zu verbreiten.

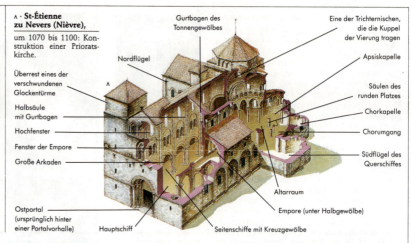

A · St-Étienne zu Nevers (Nièvre), um 1070 bis 1100: Konstruktion einer Prioratskirche.

B · Der Dom zu Pisa (Toskana, Italien), 1063 begonnen, rechts der Campanile (›der schiefe Turm‹) und links ein Teil des Baptisteriums. Dieser Komplex mit seinen für den pisanischen Stil typischen Bögen wurde erst im 14. Jh. fertiggestellt.

C · Notre-Dame-la-Grande in Poitiers (Vienne, Frankreich), Mitte 12. Jh.: Westfassade. Die Vielfalt des Dekors, eher figurativ als ornamental, ist ein Charakteristikum der Romanik im Poitou und in der Saintonge.

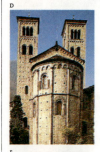

D · Sant' Abbondio zu Como (Lombardei, Italien): Chorhaube und Türme. Das Bauwerk ist trotz des Zeitpunktes seiner Errichtung (um 1065–1095) noch dem zur Frühromanik gehörenden ›südlichen Stil‹ zuzurechnen.

E · Dom zu Speyer: Kirchenschiff, Galerie und Türme, die unter Kaiser Heinrich IV. Ende des 11. Jh. erneuert wurden; spätere Ergänzungen (s. S. 699).

F · Kirchenschiff der Kathedrale zu Durham (England) Meisterwerk der anglonormannischen Kunst, bereits mit Spitzbögen, die die gotische Bauweise ankündigen. Um 1090–1140.

H · Stiftskirche S. Isidoro zu León (Spanien): ›königliche‹ Pforte (Ende 11. Jh.).

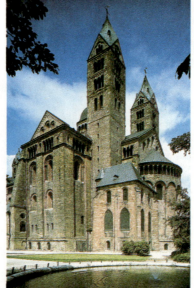

G · Moissac (Tarn-et-Garonne, Frankreich): eines der ältesten Klöster mit verzierten Kapitellen (Ende des 11. Jh.). Die Steinmetzarbeiten sind durch Elfenbeinschnitzereien und Buchmalerei inspiriert.

I · Ste-Foy zu Conques (Aveyron, Frankreich), Ende des 11. bis Anfang des 12. Jh.: Kirche einer der Abteien am Pilgerweg nach Santiago de Compostela.

WEITERE WERKE

Frankreich. St-Sernin in Toulouse, St-Pierre in Moissac (Apokalypse im Bogenfeld, dem Tympanon, über dem Portal). □ Überreste der dritten Abteikirche von Cluny, der größten abendländischen Kirche des Mittelalters. □ Die Abteien oder Kathedralen in Burgund (Autun, Vézelay [s. S. 701]), im Languedoc, Auvergne, Poitou (Saint-Savin [Malereien]), Normandie (Caen). □ Kirche mit vier Radialkuppeln in Périgueux, Angoulême. □ Zisterzienserabteien wie Fontenay in Burgund, Le Thoronet in der Provence. □ Profanbauten: Bergfriede wie jene in Houdan (Yvelines).

Spanien. Abtei von Santiago de Compostela. □ Die Kirche von Fromista und das Kloster Santo Domingo von Silos in Kastilien-León. □ Kathedralen von Segovia, Salamanca, Zamora. □ Die Klöster von Gerona und Taragona in Katalonien.

Italien. S. Ambrogio in Mailand, S. Michele in Pavia. □ Baptisterium und Kirche S. Miniato in Florenz. □ Kirche von Murano (in der Lagune von Venedig). □ Die Dome von Modena und Parma. □ S. Nicola in Bari, Kathedrale von Trani. □ Die Dome von Cefalu und Monreale auf Sizilien (byzantinische Mosaiken).

England. Die Kathedralen von Saint Albans, Ely, Norwich. □ ›Der weiße Turm‹ von London.

Deutschland. Abtei zu Maria Laach bei Koblenz. □ Kirchen mit dreischiffigem Chor in Köln. □ Kapelle in Schwarz-Rheindorf (heute zu Bonn). □ Abtei von Murbach im Elsaß.

Niederlande. Chor und Apsis von St.-Servatius in Maastricht. □ Kathedrale von Tournai.

Skandinavien. Norwegische Stabkirchen. □ Dom zu Lund in Schweden. □ Befestigte Kirche in Kalundborg in Dänemark.

›**Heiliges Land**‹: Die Festung ›Krak des Chevaliers‹ in Syrien und andere Festungen. □ St.-Anna-Kirche in Jerusalem.

MEISTERWERKE

ROMANISCHE KUNST

Ornamental oder bildhaft, oftmals von überschwenglicher Phantasie, was man auf die orientalischen Einflüsse zurückführt, blühte die romanische Skulptur vor allem in Frankreich (Aquitanien: Toulouse, Moissac, Souillac; Burgund: Cluny, Autun, Vézelay; Provence: Saint-Gilles-du-Gard usw.). Die Wandmalerei ist vor allem in Italien (Sant' Angelo in Formis; Civate, Provinz Como, Ende des 11. Jh.; San Clemente in Rom, gegen 1100), in Frankreich (z. B. Saint-Savin im Poitou) und in Katalonien (Tahull) verbreitet, während die Buchmalerei in zahlreichen Klöstern praktiziert wird. Bronzeportale für Kirchen werden in Italien und Deutschland gegossen, während das Gebiet an der Maas (zwischen Rhein und Schelde) liturgische Geräte in Messing sowie prachtvolle Emailarbeiten und Goldschmuck herstellt.

A · *Der ungläubige Thomas,* verziertes Kapitell aus der Kirche von Nazareth in Galiläa, um 1180 (Museum des griechischen Patriarchats, Nazareth).

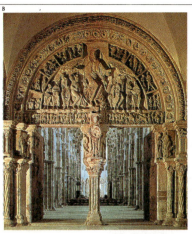

B · *Die Abteikirche Ste-Madeleine* in Vézelay (Yonne, Frankreich): Portal zwischen Narthex und Kirchenschiff. Im Tympanon *Christus und die Apostel,* nach 1120.

C · *Der Prophet Jesaia,* Bestandteil des Außenportals der Abteikirche Ste-Marie de Souillac (Lot, Frankreich), um 1130–1140: beeinflußt durch das Portal von Moissac, eine Relieffigur, deren Überschwenglichkeit aus dem Rhythmus der Linienführung entsteht.

D · *Hier die Hölle und dort die Engel, die das Paradies bewachen,* Miniatur eines Psalters, der wohl in Winchester (Hampshire, Großbritannien) hergestellt wurde, um 1150 (Britisches Museum, London).

E · *Der händewaschende Pilatus und Christus,* eine der Szenen der umfangreichen Wandmalereien, die um 1080 in der Kirche von Sant'Angelo in Formis bei Capua (Kampanien, Italien) entstanden. Lombardische und karolingische Einflüsse einerseits, byzantinische andererseits.

G · *Kaiser Konstantin,* Wandgemälde im Baptisterium zu Poitiers. Anfang des 12. Jh. (Kopie im Museum der französischen Baudenkmäler).

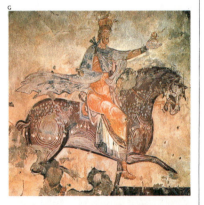

F · **Abtstab** (Knauf des Bischofs- oder Abtstabes) in Elfenbein mit der Jungfrau mit dem Kind, kämpfenden Männern und typisch romanischen Pflanzenornamenten. England oder Frankreich, zweite Hälfte des 12. Jh. (Victoria und Albert Museum, London.)

H · *Vier Scheiben,* die von einem Glasfenster der ›Auferstehung‹ (um 1145) aus der Kathedrale von Le Mans (Sarthe, Frankreich) stammen.

I · *Die hehre Jungfrau umgeben von den Heiligen drei Königen,* Fresko im Deckengewölbe der Apsis von S. María in Tahull, wurde ins Museum für katalanische Kunst nach Barcelona gebracht, um 1123.

DIE FRÜHGOTIK

Der Wiederaufbau der Abteikirche von Saint-Denis bei Paris (um 1240) gilt als Geburtsstunde des gotischen Stils. Das ›Königsportal‹ der Kathedrale von Chartres (um 1145 bis 1155) ist trotz der romanischen Stilisierung der Beginn der Darstellung eigenständiger Figurenskulpturen und ein Fortschritt auf dem Weg zum Naturalismus. Der Portico de la Gloria (1188) der Kathedrale von Santiago de Compostela ist ebenfalls ein Werk dieser Übergangszeit. Anderswo (Deutschland, Skandinavien ...) setzt sich der romanische Stil noch bis Mitte des 13. Jh. fort. Endlich tritt periodisch, z. B. bei Miniaturen oder der Herstellung von Schmuck und Bronzearbeiten an der Maas (Taufbecken von Lüttich, Renier de Huy, um 1100), eine klassische, antikisierende Tendenz auf.

| MEISTERWERKE

GOTISCHE ARCHITEKTUR

Nach der Entwicklung des Kreuzrippengewölbes und des Chorumganges in Saint-Denis legten die Kathedralen von Noyon, Laon und Paris den Typus der *Frühgotik* fest; Chartres wurde zum Prototyp der *Hochgotik* und systematisiert die Nutzung der Strebepfeiler und Dienste, die die Lasten verteilen; die Spätgotik oder *Flamboyantstil* (Kathedrale von Amiens, Sainte-Chapelle in Paris) wird charakterisiert durch die Vereinheitlichung des Kirchenraumes und durch verglaste Fenster in Rosettenform. England kennt seine eigenen Phasen der Gotik: *Frühgotik* (Salisbury), *Decorated style* (Exeter) und *Perpendicular style* (Gloucester). Italien ist trotz mehrerer Zisterzienserklöster kaum empfänglich für diese neue Bauweise mit ihrer Betonung der Vertikalen und bevorzugt die Wandmalereien (Assisi, usw.) anstelle der Auskehlung der Mauern und der Verwendung von bunten Fenstern. Jedoch nutzt die bürgerliche Architektur die Gotik (Siena, Venedig usw.). Deutschland entwickelt einen eigenen Stil der Hallenkirchen (Chor zu St. Lorenz in Nürnberg ...) und pflegt seit Beginn des 14. Jh. die dekorative Üppigkeit der Hochgotik, wie sie auch in Frankreich praktiziert wird (Justizpalast in Rouen ...). Die iberische Halbinsel, Skandinavien usw. greifen ihrerseits den gotischen Stil auf. Dieser hinläßt überall Spuren: sei es in befestigten Burgen (Coucy) oder in den Lustschlössern.

A · **Die Kirche von Saint-Denis:**
der Chorumgang des mit Spitzbögen ausgestatteten Chores wurde zwischen 1140 und 1144 errichtet. Der gotische Stil zeigt sich hier zum ersten Mal in seiner Leichtigkeit.

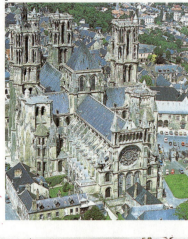

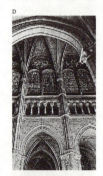

B · **Die Kathedrale von Laon**

(Aisne, Frankreich) wurde ab etwa 1160 bis zu Beginn des 13. Jh. erbaut. Es waren sechs Türme vorgesehen, sowie ein innen offener Vierungsturm. Die Langhauswände sind viergeschossig.

C, D · **Die Kathedrale von Chartres**

(Eure-et-Loir, Frankreich), Wiederaufbau von 1194 bis etwa 1220–1230. *Links,* Gesamtansicht. Der eine Turm der Westfassade (alter Teil des Bauwerkes mit dem ›Königsportal‹) wurde Ende des 12. Jh., der andere zu Beginn des 16. Jh. fertiggestellt. *Oben,* dreigeschossige Innenwand: große Arkaden, Triforium, hohe Fenster.

E · **Die Abtei von Alcobaça**
(Portugal): Mittelschiff in der zisterziensischen Strenge des 13. Jh.

F · **Die Kathedrale (1220–1265) von Salisbury**
(Wiltshire, Großbritannien) und Kloster. Doppeltes Querschiff, Chorkapelle, Zentralturm

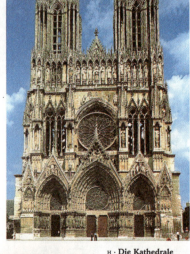

G · **Die Kathedrale von Amiens**
(Somme, Frankreich), Beispiel für den Rayonnant-Stil (um 1220–1270): Chor und Westteil des Hauptschiffes, durchbrochenes Triforium, Gewölbehöhe 42 m.

I · **Die Kathedrale in Coutances**
(Manche, Frankreich), 13. Jh.: Vierungsturm an der Kreuzung von Längs- und Querschiff.

H · **Die Kathedrale von Reims**
(Marne, Frankreich), im Rayonnant-Stil (13. Jh.): Westfassade. Die Skulpturen des Zentralportals sind der heiligen Jungfrau (s. S. 706) gewidmet. Im obersten Geschoß die ›Königsgalerie‹. Turm aus dem 14. Jh.

J · **Die Basilika San Francesco**
in Assisi (Italien), 13. Jh.: Oberkirche, Giotto zugeschriebene Fresken (s. S. 704).

MEISTERWERKE

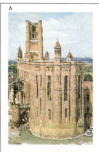

A · **Die Kathedrale von Albi**
(Tarn, Frankreich), Blick auf die Chorseite; begonnen Ende des 13. Jh. Das Kirchenschiff ist charakteristisch für die südfranzösische Gotik.

B · **Der Palazzo Pubblico**
in Siena (Toskana, Italien) mit seinem 102 m hohen Turm, erbaut im 14. Jh.

C · **Die Kathedrale von Gloucester**
(Gloucestershire, Großbritannien), eine der Galerien des großen Klosters, überdacht von einem neuen, als ›Fächergewölbe‹ oder ›Waldhorn‹ bezeichneten Gewölbe. Zweite Hälfte 14. Jh.

F · **Die St. Lorenzkirche in Nürnberg**
(Bayern): Der Chor wurde im 15. Jh. nach dem Hallenkirchenprinzip (Kirchenzentralraum offen in Richtung Kirchenchorumgang auf gleicher Höhe) errichtet. Reich geschmücktes Kreuzrippengewölbe.

E · **Das Rathaus in Brüssel,**
eines der ehrgeizigsten städtischen Bauprojekte des Mittelalters in Belgien. Erste Hälfte 15. Jh.

D · *Die Ca' d'Oro*
(›das goldene Haus‹), Palast am Canal Grande in Venedig (Italien): ein Meisterwerk der venezianischen Spätgotik, um 1420–1440.

G · *Justizpalast in Rouen*
(Seine-Maritime, Frankreich), in der ersten Hälfte des 16. Jh. im gotischen Flamboyant-Stil errichtet: Hof des Justizpalastes.

H · **Die Burg der Herren von Coucy**
(Aisne, Frankreich), der größte Teil wurde im zweiten Viertel des 13. Jh. errichtet. Ihr kolossaler Bergfried war 55 m hoch und 31 m breit (Rekonstruktion).

WEITERE WERKE

Frankreich. Zweite Hälfte des 12. Jh.: die Kathedralen von Sens, Paris, Angers, Poitiers; der Chor von St. Rémi in Reims. □ 13. Jh.: Kathedralen von Bourges, Soissons, Rouen, Sés, Clermont-Ferrand; das ›Meisterwerk‹ (La ›Merveille‹) vom Mont-Saint-Michel; Sainte-Chapelle in Paris; das neue Kirchenschiff der Basilika von Saint-Denis; St-Urbain in Troyes, St-Nazaire in Carcassonne, Église des Jacobins in Toulouse. □ 14. Jh.: St-Ouen in Rouen, Sainte-Chapelle in Riom; das Schloß von Vincennes, der Papstpalast in Avignon. □ 15.–16. Jh. (Flamboyant-Stil): St-Maclou in Rouen, Fassade der Abteikirche de la Trinité in Vendôme, die Wallfahrtskirche von L'Épine; das Hospiz zu Beaune; die Loire-Schlösser Langeais, Châteaudun, Amboise.

England. Frühgotik der Kathedralen von Canterbury, Lincoln, Wells; Westminster Abbey in London. □ ›Decorated Style‹ in Exeter und York. □ ›Perpendicular Style‹ des Chores von Gloucester und der Kapelle im King's College in Cambridge.

Heiliges Römisches Reich. Hallenkirche St. Elisabeth in Marburg; das Straßburger Münster (Elsaß), Kölner Dom, Stephansdom in Wien (Österreich), Kathedrale in Prag (Böhmen); Hallenkirchen in Schwäbisch-Gmünd und Dinkelsbühl (Bayern); Burgen des Deutschen Ordens, z.B. die Marienburg (heute in Malbork, Polen).

Schweiz. Kathedralen von Lausanne, Bern, Fribourg.

Südliche Niederlande (Belgien). Chor der Kathedrale in Tournai, das Kollegium St-Michel in Brüssel, Kathedrale von Antwerpen. □ Die Rathäuser von Brügge, Oudenarde, Löwen; Tuchhallen und Belfried von Ypern, Belfried in Brügge.

Spanien. Kathedralen von Burgos, Toledo, León, Palma de Mallorca; die Kirche S. María del Mar in Barcelona; Anbauten am Zisterzienserkloster in Poblet, ›Loge de mer‹ in Palma, das Kartäuserkloster von Miraflores in Burgos; Fassade der Kirche S. Pablo in Valladolid.

Portugal. Dominikanerabtei von Batalha.

Italien. Die Dome zu Siena und Orvieto; die Franziskanerkirche S. Croce und der Palazzo Vecchio in Florenz; Dogenpalast in Venedig; Mailänder Dom.

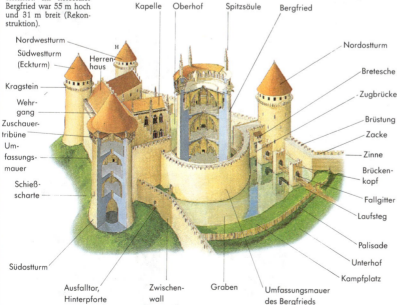

Labels: Kapelle, Oberhof, Spitzsäule, Bergfried, Nordwestturm, Herrenhaus, Nordostturm, Südwestturm (Eckturm), Bretesche, Kragstein, Zugbrücke, Wehrgang, Brüstung, Zuschauertribüne, Zacke, Umfassungsmauer, Zinne, Schießscharte, Brückenkopf, Fallgitter, Laufsteg, Palisade, Unterhof, Kampfplatz, Südostturm, Ausfalltor Hinterpforte, Zwischenwall, Graben, Umfassungsmauer des Bergfrieds

703

MEISTERWERKE

GOTISCHE MALEREI

Die Kunst der Glasmalerei ist vom 13. bis 14. Jh. in Frankreich, Großbritannien und Deutschland vorherrschend und in den folgenden Jahren allgegenwärtig, gleichzeitig mit der Entwicklung der Tafelmalerei. In der Toskana wurde die religiöse, von Byzanz beeinflußte Malerei allmählich durch Cimabue (Ende des 13. Jh.), Duccio und vor allem Giotto zurückgedrängt, der die Grundlagen für die moderne ›Bildgestaltung‹ (Studium der Körper, der Perspektive und der Raumaufteilung) schafft. Ende des 14. Jh. entsteht die höfische Kunst, der sogenannte ›internationale gotische Stil‹: Indem er die französischen (Pariser Miniaturen) und italienischen Einflüsse miteinander verbindet, entwickelt er sich in Mitteleuropa (der ›Meister von Wittingau‹), im französisch-flämischen Einflußbereich (die Brüder von Limburg, Melchior Broederlam), in Italien (Stefano da Verona, Pisanello, Gentile da Fabriano ...) sowie in Deutschland und Katalonien. Dem steht im 15. Jh. die realistische Kunst der Maler aus dem Süden der Niederlande gegenüber: der Meister von Flémalle, Jan van Eyck (der sich der Geschmeidigkeit eines neuen Mediums bedient: des Öls), Van der Weyden, Van der Goes usw. Der Einfluß dieser Maler wirkt auf zahlreiche europäische Künstler, von denen einige einen sehr eigenständigen Stil entwickeln (E. Quarton, H. Bosch, M. Schongauer, M. Grünewald).

A

B

C

D

E

F / G

H / I

J

A · Giotto
(1266–1337): *Der Judaskuß*, eines der Fresken der Arena-Kapelle in Padua; 1303–1305. Der Künstler bricht mit der byzantinischen Tradition: Die Plastizität der figürlichen Darstellung steigert die Intensität der Bildaussage, die dreidimensionale Darstellung wird verstärkt aufgegriffen, lebhaftere Farbigkeit.

B · Duccio
(um 1260–1318/19): *die Kreuzabnahme*, eine der auf die Rückwand der *Maestà* (die würdige Jungfrau) gemalten Szenen des Hochaltars im Dom von Siena (heute im Dom-Museum). Tempera auf Holztafel, 1308 bis 1311.

C · Der Triumph des Todes
(Detail), eines der Fresken des Camposanto (Friedhof) zu Pisa. Künstler unbekannt, um die Mitte des 14. Jh.

D · Die Jungfrau mit dem Kind,
Teil eines Glasfensters (um 1290) aus der Dominikanerkirche in Freiburg im Breisgau (Diözesan-Museum in Freiburg).

E · Die Geschichte der Maria Magdalena,
Glasfenster (13. Jh.) des Seitenschiffs der Kathedrale zu Chartres.

I · Der Heilige Johannes sieht das Himmlische Jerusalem,
Szene auf dem Bildteppich der *Johannesapokalypse* von dem Pariser Weber Nicolas Bataille, um 1830 (Schloß von Angers).

F · Melchior Broederlam
(Ende des 14. bis Anfang des 15. Jh.). *Die Flucht nach Ägypten*, Detail aus dem Flügelaltar der Kartause zu Champmol bei Dijon. Um 1395; Musée des Beaux-Arts in Dijon.

G · Ambrogio Lorenzetti
(1. Hälfte des 14. Jh.): Detail der *Darstellung des guten und schlechten Regiments*, eine der Fresken im Palazzo Pubblico zu Siena (1337–1339).

H · Die Auferstehung,
Tafel eines Altares, um 1380, für das Augustinerkloster in Třeboň (Tschechoslowakei) von einem unbekannten Künstler (der ›Meister von Třeboň‹) gemalt.

J · Tryptichon der Verkündung,
dem ›Meister von Flémalle‹ (wohl Robert Campin aus Tournai [um 1380 bis 1444]) zugeschrieben, um 1425; The Cloisters, New York).

704

MEISTERWERKE

A

C · **Stefano da Verona** (oder da Zevio; um 1374 bis nach 1438): *Die Madonna im Rosenbusch.* Anfang des 15. Jh.; Museum Castelvecchio, Verona.

F · *Die Pietà von Villeneuve-lès-Avignon,* großes Tafelbild, das Enguerrand Quarton zugeschrieben wird, Herkunft Diözese von Laon. Um 1455; Louvre, Paris.

A · **Pisanello** (vor 1395–um 1455): *Aufbruch des Heiligen Georg zum Drachenkampf,* Fresko in der Kirche S. Anastasia in Verona, um 1435, letzte Blütezeit der Spätgotik in Italien.

D · **Martin Schongauer** (um 1450–1491): *Die Versuchung des Heiligen Antonius,* Stahlstich; Nationalbibliothek Paris, mittelalterliche ›Teufelei‹.

B · **Konrad Witz** (um 1400–um 1445): *Petri Fischzug,* Altarflügel um 1444 für die Kathedrale von Genf gemalt; Museum für Kunst und Geschichte, Genf. Erstes identifizierbares Landschaftsbild (Ufer des Genfer Sees) der westlichen Malerei.

E · **Mathias Grünewald** (um 1480–1528¢): Teil des Isenheimer Altars (für das Antoniterkloster in Isenheim im Elsaß): *Engelkonzert mit Maria* und *Maria mit dem Kind* (1513–1515). Museum Unterlinden, Colmar.

G · **Jan Van Eyck** (um 1390–1441): *Giovanni Arnolfini und seine Frau* Tafelbild, signiert und datiert: *Johannes de eyck fuit hic* (›war hier‹). 1434. Das Werk, das einen italienischen Händler in Brügge darstellt, ist das erste Beispiel für eine Szene aus dem bürgerlichen Leben. National Gallery, London.

H · *Februar,* einer der Kalendermonate aus den *Très Riches Heures* (Stundenbuch) des Herzogs von Berry, Manuskript geschmückt mit Malereien der Brüder Pol, Hermant und Jan Limburg aus den Niederlanden. Um 1415; Museum Condé, Chantilly.

I · **Hieronymus Bosch** (um 1450–1516): Detail der *Hölle,* rechter Flügel des *Gartens der Lüste,* Meisterwerk der phantastischen mittelalterlichen Malerei, genährt aus Okkultismus und Symbolismus. Um 1500–1505¢; Prado, Madrid.

WEITERE WERKE, WEITERE MALER

Italien. Cimabue (um 1240–1302): *Maestà* in der Kirche S. Trinità in Florenz (1285¢), in den Uffizien. □ Schule von Siena: Fresken aus dem *Leben des Heiligen Martin* von Simone Martini (um 1284–1344) und der *Passion Christi* von Pietro Lorenzetti (um 1280 bis 1348¢), in der Unterkirche des Heiligen Franziskus in Assisi (um 1320 bis 1330). □ Gentile da Fabriano (um 1370–1427): *Anbetung durch die Heiligen Drei Könige,* um 1423 (Uffizien, Florenz).

Südliche Niederlande (Belgien). Jan und Hubert (¢) Van Eyck: Mitteltafel des ›Genter Altars‹: *Anbetung des mystischen Lammes* (1432, Kathedrale St. Bavo in Gent). □ Rogier Van der Weyden (um 1400–1464): *Kreuzabnahme Christi,* um 1435, Prado (Madrid). □ Hugo Van der Goes (um 1435/1445–1482): *Portinari-Altar,* um 1475–1478 (Uffizien). □ H. Bosch: Triptychon der *Versuchung des Heiligen Antonius,* Anfang des 16. Jh. (Museum in Lissabon).

Frankreich. *Verkündung,* Kirche de la Madeleine in Aix-en-Provence, von einem unbekannten Meister (um 1444). □ Enguerrand Quarton: *Krönung der Jungfrau,* 1454 (Museum in Villeneuve-lès-Avignon). □ Jean Fouquet (um 1415/1420 bis um 1480): *Porträt von Étienne Chevalier mit dem Heiligen Stephan,* um 1451 (Staatliche Museen, Berlin).

Böhmen. Tafel des *Hohenfurther Altars* (heute Vyšší Brod) mit der *Kindheit und der Passion Christi,* um 1350 (Nationalgalerie, Prag).

Deutschland. Conrad von Soest (um 1370 bis nach 1422): Passionsaltar der Stadtkirche von Bad Wildungen (Hessen), 1403. □ Stefan Lochner (um 1400–1451): *Anbetung der Könige* im Kölner Dom, um 1440. □ Michael Pacher (um 1435 bis 1498, auch Bildschnitzer): Altarbild des *Heiligen Wolfgang,* in der Kirche von Sankt Wolfgang (Oberösterreich), um 1475–1481.

Spanien. Bernardo Martorell (um 1427–1452 in Barcelona tätig): *Der Heilige Georg im Kampf gegen den Drachen* (Art Institute in Chicago). □ Bartolomé Bermejo (spätes 15. Jh.): *Pietà* der Kathedrale in Barcelona.

Portugal. Nuno Gonçalves (2. Hälfte des 15. Jh.): *Mehrtafelbild von São Vicente* (Museum in Lissabon).

MEISTERWERKE

BILDHAUERKUNST IN DER GOTIK

Die Fassaden blieben bis zum Ende des 13. Jh. der bevorzugte Ort für die Monumentalskulptur. Gegen 1170–1185 entsteht in Saint-Denis oder Senlis ein noch sehr idealisierender Naturalismus, der sich im 13. Jh. zu mehr Weichheit und Eleganz entwickelt (Kathedralen in Chartres, Amiens, Reims ...) bis hin zum expressionistischen Realismus (in Mitteleuropa: Bamberg, Straßburg, Naumburg). Freistehende Statuen, Jungfrauen mit betonten Hüften, schönem Faltenwurf, Darstellung Liegender mit immer deutlicheren Porträtzügen treten vermehrt ab dem 14. Jh. auf. Die Gestaltungskraft von Sluter in Burgund verändert die Kunst des 15. Jh., wo die Leidensthemen wie z. B. die Grablegung auftreten. Geschnitzte Altäre entstehen in Mitteleuropa (V. Stoß, T. Riemenschneider ...), in Flandern und in Spanien.

A · *Wiederauferstehung und die Krönung der Jungfrau* (um 1220), Hochreliefs, die den oberen Teil des Tympanons des Portals der Jungfrau von Notre Dame in Paris bilden.

B · *Eckehard und Uta,* Statuen aus dem Chor des Naumburger Domes, um 1250. Stifterfiguren in strengem Realismus gestaltet, ein Markgrafen-Ehepaar darstellend.

C · *Nuestra Señora la Blanca,* Jungfrau mit Kind am Mauerpfeiler des Zentralportals der Kathedrale von León (Spanien), Ende des 19. Jh.

D · *Mariä Verkündigung und Heimsuchung,* Skulpturen am mittleren Portal (›Jungfrauenportal‹) der Kathedrale von Reims (Marne, Frankreich), 13. Jh.: Die Jungfrau der *Verkündigung* ähnelt in ihrer edlen Schlichtheit der Statue der Kathedrale von Amiens; der lächelnde Engel ist typisch für ein in Reims heimisches Atelier; die Gruppe der *Heimsuchung Mariä* schließlich ist das Werk eines großen Meisters und Kenners der antiken Skulptur.

E · **Der Dom zu Pisa:** Kanzel, gefertigt von Giovanni Pisano (um 1248 bis nach 1314). Marmor, 1302–1310.

F · **Altes Kartäuserkloster in Champmol** in Dijon (Côte-d'Or, Frankreich): Detail des ›Mosesbrunnens‹ des Niederländers Claus Sluter (um 1340/1350–1405/1406). Statuen von Daniel, Jesaia und Moses aus farbigem Marmor, um 1400.

I · **Der Heiligblutaltar** von Tilman Riemenschneider (um 1460 bis 1531) in der Kirche St. Jakob in Rothenburg ob der Tauber (Bayern); Holz, um 1500.

G · *Die Heilige Katharina,* kleine bemalte Holzstatue aus dem Schloß Karlstein (Tschechoslowakei, südwestlich von Prag). Gegen 1400: zeigt den Charme des ›schönen‹ oder ›weichen Stils‹, einer Richtung der ›internationalen Gotik‹, zu der auch die ›Schönen Madonnen‹ aus Deutschland gehören.

H · *Das Opfer Isaaks,* vergoldetes Bronzerelief von Lorenzo Ghiberti (1378–1455). Preisgekröntes Werk des Wettbewerbes (1401) um das Nordportal des Baptisteriums in Florenz.

ANDERE WERKE, ANDERE BILDHAUER

Frankreich. Das Jungfrauenportal (um 1180) der Kathedrale von Senlis. □ Bildhauerkunst (13. Jh.) der Kathedralen von Chartres (Querschiff), Amiens *(Schöner Gott, Goldene Madonna),* Bourges. □ *Jungfrau mit Kind von Jeanne d'Évreux,* Goldschmiedearbeit (um 1330, Louvre). □ *Grablegung Christi* in Tonnerre (Yonne), 1453.

Heiliges Römisches Reich. Statuen (13. Jh.) des Straßburger Münsters, des Bamberger Doms *(die Jungfrau und die Hl. Elisabeth; der Bamberger Reiter).* □ Bemaltes Kruzifix aus der Dominikanerkirche in Friesach (Kärnten, Österreich), um 1300. □ Grabmal der Familie Schreyer (1491) von Adam Kraft (um 1460–1508/09) in der Sebaldskirche zu Nürnberg.

Polen. Hochaltar von Veit Stoß (um 1448 bis 1533) mit dem *Tod Mariä* (vergoldetes und bemaltes Holz, 1477–1486) in der Marienkirche zu Krakau.

Großbritannien. Westfassade der Kathedrale von Wells (fast 300 Statuen, 13. Jh.).

Spanien. Das Sarmental-Portal (13. Jh.) und die Klosterpforte (14. Jh.) der Kathedrale zu Burgos. □ *Das Grab des Juan de Padilla* (1491) des Flamen Gil de Siloé; heute im Museum von Burgos.

Italien. Kanzel des Domes zu Siena (1265 bis 1269) von Nicola Pisano (um 1225–bald nach 1278). □ *Die thronende Jungfrau* von Arnolfo di Cambio (um 1240–1302) [Dommuseum, Florenz]. □ Südportal des Baptisteriums in Florenz (1330–1336) von Andrea Pisano (um 1295 bis um 1358).

MEISTERWERKE

... IN DER RENAISSANCE

Zu Beginn des 15. Jh. entsteht in Florenz die Renaissance. Sie gründet auf der Wiederentdeckung der Kunst der Antike, auf dem Studium ihrer Bauwerke und, allgemeiner, auf einer intellektuellen Unruhe, die alle alten Sicherheiten in Frage stellt: Die toskanische Hauptstadt vereint wirtschaftliche und finanzielle Kraft, politische Macht, Mäzenatentum (die Medici) und die Präsenz unvergleichlicher Künstler. Bei der Bildhauerei sind dies Donatello, Ghiberti, Luca Della Robbia, A. del Pollaiolo, Verrocchio sowie weniger bedeutende Künstler, die jedoch eine hohe technische Vollkommenheit zeigen (wie die Brüder Bernardo, auch Architekt, und Antonio Rosselino). Das Genie von Michelangelo beherrscht das 16. Jh. und bringt den *Manierismus* eines Cellini oder eines Giambologna hervor, während sich die Renaissance über Europa ausbreitet: in Frankreich (Goujon, Pilon), Spanien (mehrfarbige Bildhauerei, z.B. von Juan de Juni), den nördlichen und südlichen Niederlanden sowie in Deutschland und den slawischen Ländern.

A · Donatello:
Prophetenstatue, *Zuccone* genannt, Marmor, um 1425–1435; für den Kampanile des Domes von Florenz (heute im Dommuseum).

D · Donatello
(um 1386–1466), *Das Fest des Herodes,* Basrelief aus vergoldeter Bronze am Taufbecken des Dombaptisteriums in Siena; um 1427. Die eigenartige Komposition mit dem Leerraum in der Mitte unterstreicht das Pathetische der Szene. Die derben Personendarstellungen bilden einen Gegensatz zur Eleganz des internationalen gotischen Stils. Schließlich betont das neue System der wissenschaftlichen linearen Perspektive die ›fensterhafte‹ Wirkung des Werks als Ausblick auf eine breitere Realität.

B · Luca della Robbia
(1400–1482); Musizierende Kinder, Ausschnitt aus der Sängerkanzel (1431–1438) des Domes in Florenz (heute im Dommuseum).

E · Andrea del Verrocchio
(um 1435–1488), Ausschnitt aus dem Reiterstandbild des Kondottiere *Bartolomeo Colleoni* in Venedig; 1479 begonnen und 1495 von Alessandro Leopardi in Bronze gegossen.

C · Antonio del Pollaiuolo
(um 1432–1498), *Herakles den Antaios erwürgend,* Kleinbronze, um 1485 (Bargello-Museum, Florenz).

F · Grablegung
(Ausschnitt) von Juan de Juni (um 1507–1577), spanischer Bildhauer burgundischer Abstammung. Mehrfarbiges Holz, um 1545–1550, Skulpturenmuseum, Valladolid.

I · Jean Goujon
(um 1510–um 1566), zwei der *Nymphen* im Basrelief der Fontaine des Innocents in Paris (1549).

H · Michelangelo
(Michelangelo Buonarroti, 1475–1564), *Sterbender Sklave,* mit seinem Pendant *Rebellierender Sklave* im Louvre, Paris; Statuen um 1513 bis 1516, ursprünglich für das Grab des Papstes Julius II. in Rom bestimmt.

J · Der Apennin,
Riesenstatue von Giambologna (dem Flamen Jean Boulogne aus Florenz [1529–1608]) im Park einer ehemaligen Villa der Medici in Pratolino. Um 1570–1580.

G · Germain Pilon
(um 1536–1590), *Der vom Grab auferstehende Jesus,* Marmor, für eine Grabkapelle der Valois in Saint-Denis. Entstanden um 1565–1570; Louvre.

WEITERE WERKE, WEITERE BILDHAUER

Italien. Jacopo della Quercia (um 1374 bis 1438): Reliefs der *Genesis* an der Fassade der Kirche Sankt Petronio von Bologna, 1425 begonnen. ☐ Ghiberti (s. S. 706): Ostportal des Baptisteriums von Florenz, genannt ›Paradiestür‹ (vergoldete Bronze, 1425–1452). ☐ Donatello: *Sankt Georg,* Marmor, um 1415 (Bargello-Museum, Florenz). ☐ Michelangelo: *David,* Marmor, 1501–1504, Museum der Akademie, Florenz; Grab des Giuliano und des Lorenzo de'Medici in einer zu St. Lorenzo in Florenz gehörenden Kapelle (1524 bis 1533); mehrere *Pietàs* in Florenz, Rom und Mailand. ☐ Benvenuto Cellini (1500–1571): *Perseus,* Bronze (1545 bis 1554), in der Loggia dei Lanzi in Florenz. ☐ Giambologna: *Fliegender Merkur,* Bronze um 1563 (Bargello-Museum, Florenz).

Frankreich. *Diana von Anet.* Gruppe von einem unbekannten Künstler (Atelier von J. Goujon?), um 1550 (Louvre). ☐ G. Pilon: liegende Figuren auf dem Doppelgrab von Heinrich II. und Katharina von Medici in der Kathedrale von Saint-Denis, gezeichnet von Primaticcio (s. S. 709).

Spanien. Bartolomé Ordóñez (um 1480–1520): Marmorgrabmal Johannas der Wahnsinnigen und Philipps des Schönen, um 1519 (Capilla Real der Kathedrale von Granada). ☐ Alonso Berruguete (um 1488 bis 1561): Retabel aus geschnitztem Holz (1527 bis 1532) aus der Kirche S. Benito zu Valladolid (im staatlichen Museum der Stadt).

MEISTERWERKE

ARCHITEKTUR DER RENAISSANCE

Als Initiator der Erneuerung in Florenz erarbeitet Brunelleschi, der in Rom die antiken Bauwerke vermessen hat, eine Architektur, die auf der Symmetrie und der perspektivischen Klarheit der Umrisse sowie auf Leichtigkeit und Harmonie gründet. Seine Nachfolger, darunter Alberti, stützen sich auf die wiederentdeckte Abhandlung des römischen Architekten Vitruv (1. Jh. v. Chr.) und orientieren sich vor allem bei der Verwendung der Säulenordnungen enger an den antiken Beispielen. So entsteht zu Beginn des 16. Jh. mit Bramante in Rom und der Familie Sangallo eine zweite, die sogenannte *klassische* Phase der Renaissance. Michelangelo und der Maler Raffael tragen zu den grandiosen Bauwerken der Päpste bei. Im Werk von Meistern wie Jules Romain, Peruzzi, Palladio und Vignole taucht dann ein subtiles Gleichgewicht zwischen den klassischen Regeln und ihrer *manieristischen* Umsetzung auf. Nach Italien werden zahlreiche europäische Länder von dem neuen Geist erfaßt (italienische Künstler werden an die Höfe in Rußland, Frankreich, Ungarn, Böhmen, Polen und Deutschland gerufen). In Frankreich und Spanien zeichnen sich im 16. Jh. zwei aufeinanderfolgende Phasen ab: die eine ist vor allem dekorativer Art (Schlösser der Loire, ›Platereskenstil‹), die andere ist mehr klassisch oder manieristisch (Arbeiten von Fontainebleau, Louvre von Lescot, Escorial).

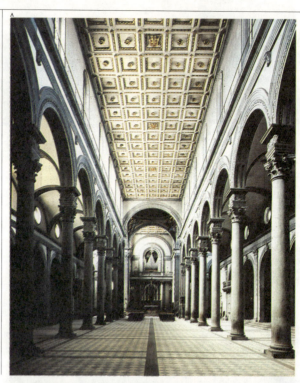

A · **Filippo Brunelleschi** (1377–1446), Kirchenschiff von San Lorenzo in Florenz (1421 bis um 1460). Die perfekte Raumwirkung, die statische Ordnung und der Ausdruck einer großen Präzision rühren von der Verwendung einfacher arithmetischer Beziehungen und dem genialen Sinn des Künstlers für Proportionen her, der sich bei der Wahl der Formen an der Tradition der frühchristlichen Basiliken und der toskanischen romanischen Kunst orientiert.
Brunelleschi hat in Florenz auch das Findelhaus (1419), die berühmte Kuppel des Doms (1420 bis 1436), die Pazzi-Kapelle (1429) und die Kirche Santo Spirito (ab 1436) gestaltet.

C · **Die ideale Stadt in Perspektive,** im Stil der Renaissance, Malerei auf Holz eines unbekannten Künstlers. Mitte oder zweite Hälfte des 15. Jh., Nationalgalerie von Urbino.

B · **Michelozzo** (1396–1472), der Palazzo Medici in Florenz (1444 begonnen; die Maueröffnungen des Erdgeschosses wurden im 16. Jh. verändert).

E · **Leon Battista Alberti** (1404–1472), Fassade von S. Andrea von Mantua, entworfen 1470: eine Interpretation des Triumphbogens der Antike.

D · **Kartause von Pavia:** Teil der Fassade, die im letzten Drittel des 15. Jh. von verschiedenen Künstlern gestaltet wurde. Ihre Verzierung beeinflußt die Anfänge der französischen Renaissance.

F · **Raffael** (s. S. 710–11), große Loggia der Villa Madama in Rom. Mehrere Mitarbeiter haben das antike ›Groteskendekor‹ gestaltet. Um 1516 begonnen.

G · **Donato Bramante** (1444–1514), Rundtempel im Klosterhof von San Pietro in Montorio in Rom (um 1503). Das runde Gebäude war als perfekte Form ein Anreiz für alle Architekten der damaligen Zeit. Der kleine Tempel von Bramante, der sich an die antike Säulenordnung (römisch-dorisch) anlehnt, leitet die klassizistische Phase ein.

708

MEISTERWERKE

B · Antonio da Sangallo der Jüngere

(um 1484–1546), Hof des Palazzo Farnese in Rom, begonnen um 1514; das letzte Stockwerk ist ein Werk von Michelangelo, nach 1546.

E · Iacopo Sansovino

(Florentiner Baumeister und Bildhauer, 1486 bis 1570), die Markusbibliothek in Venedig, begonnen 1536. Links die *Zecca*.

A · Giulio Romano

(1499–1546; auch Maler), eine der Fassaden des Palazzo del Tè in Mantua (um 1525–1535); der rustikale Charakter kündet den Manierismus an.

D · Michelangelo

Zentralbau der Peterskirche in Rom, 1547–1564; die Kuppel wurde von Giacomo della Porta um 1588 gebaut.

C · Vignola

(Iacopo Barozzi, 1507 bis 1573), die Kirche Il Gesù in Rom, 1568 begonnen. Fassade von Giacomo della Porta (um 1540 bis 1602). [Gravur aus dem 17. Jh.]

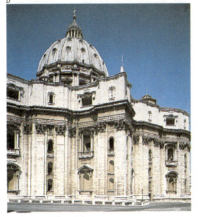

F · Andrea Palladio

(1508–1580), Villa ›la Rotonda‹ in Vicenza (Venetien), um 1570. Diese Residenz mit einem runden Mittelsaal öffnet sich durch symmetrisch gestaltete Säulenvorhallen zur Landschaft.

H · Francesco Primaticcio

(1504–1570) und seine Schule: Stuckdekor und Malerei im Schloß von Fontainebleau (Seine-et-Marne). Um 1540–1545.

G · Schloß Chambord

(Loir-et-Cher), unbekannter Architekt, um 1519 bis 1537. Eines der großen Bauwerke (wie Fontainebleau und der Louvre) unter Franz I.

J · Pierre Lescot

(um 1510–1578), Fassade des neuen Louvre in Paris (ab 1546). Skulpturen von J. Goujon (s. S. 707).

I · Rodrigo Gil de Hontañón

(gest. 1577), Fassade der Universität von Alcalá de Henares bei Madrid: ein Höhepunkt des Platereskenstils, um 1545.

K · Cornelis Floris de Vriendt

(1514–1575; auch Bildhauer), Rathaus von Antwerpen (1561–1565): das größte Werk der Renaissance in den damaligen Niederlanden, italienisch anmutend, mit lokalem Einschlag.

WEITERE WERKE, WEITERE ARCHITEKTEN

Italien. Alberti: ›Malestata-Tempel‹ in Rimini (1447–1468), Rucellai-Palast in Florenz (um 1450). □ Luciano Laurana (gest. 1479): Rekonstruktion des Herzogenpalastes von Urbino, um 1470. □ Giuliano da Sangallo (um 1443–1516): Villa Medicea in Poggio a Caiano bei Florenz, seit 1480. □ Bramante: Umbau des Vatikan (Belvederehof und Damasushof mit den ›Loggie di Raffaello‹, von Raffael dekorierten Loggien), 1503 bis 1514. □ Antonio da Sangallo der Ältere (um 1455–1534): Kirche San Biagio, Kuppelbau über griechischem Kreuz, in Montepulciano, ab 1518. □ Baldassare Peruzzi (1481–1536): Villa Farnese in Rom (um 1510). □ Michelangelo: Entwurf und Pläne des Kapitolplatzes in Rom, um 1538. □ Palladio: ›Basilica‹ (ab 1549) und Teatro Olimpico in Vicenza; Villen in Venetien; Kirchen in Venedig, darunter Il Redentore (1577–1592).

Frankreich. Schlösser der Loire (außer Chambord): Azay-le-Rideau, Chenonceaux, Blois, Valençay. □ Schloß von Écouen, um 1538–1555. □ Schloß von Anet, ab 1548 (teilweise zerstört), von Philibert Delorme (1514–1570).

Spanien. Diego de Siloé (1495–1563): Kathedrale von Granada, um 1528 bis 1560. □ Juan Bautista de Toledo (gest. 1567), Juan de Herrera (um 1530–1597) und andere: Kloster San Lorenzo des Escorial bei Madrid, 1563–1584.

Polen. Rathaus von Posen, 1550–1560.

MEISTERWERKE

MALEREI DER RENAISSANCE

Von dem Toskaner Masaccio (der das vor mehr als einem Jahrhundert begonnene Werk von Giotto [s. S. 704] wieder aufnimmt) bis zu dem Venezianer Tizian brachen fast alle großen italienischen Maler des 15. und 16. Jh. mit den Darstellungsregeln des Mittelalters und versuchten sich an einer wahrheitsgetreueren Wiedergabe der sichtbaren Welt. Leonardo da Vinci, Raffael und Corregio erreichten eine klassische Harmonie, die als Ausgangspunkt diente für die subtilen Variationen der Manieristen wie Parmigianino oder Rosso (der mit Primaticcio die ›Schule von Fontainebleau‹ begründete). In Flandern und Holland verbindet sich die italienische Renaissance mit der großen Tradition des Realismus des 15. Jh. (Van Eyck, Van der Weyden) bei Malern wie Quinten Massys, Van Scorel und vielen anderen, während der Reiz der Landschaft neben dem Einfluß von H. Bosch zum Werk von Bruegel dem Älteren beiträgt. Deutschland bringt das Genie Dürers und eine Vielzahl anderer Künstler, darunter Holbein der Jüngere, der Portraitmaler am englischen Hof wird, hervor. Schließlich ist Spanien der Mystik von El Greco förderlich, der aus dem byzantinischen Kreta über Italien nach Spanien kommt.

A · Masaccio
(1401–1428), *Almosenspende*, eine der Fresken (1426–27) der Brancacci-Kapelle der Kirche S. Maria del Carmine in Florenz. Der neuartige Eindruck des Raumes wird durch den Umgang mit der Perspektive, die Kombination der Farben sowie durch die Wirkung von Licht und Schatten erzielt. Daneben führt ein ausdrucksstarker Realismus zu individuelleren Personendarstellungen.

B · Piero della Francesca
(um 1416–1492), Ausschnitt aus der *Auffindung des Kreuzes*, eines der Fresken der ›Szenen aus der Kreuzlegende‹ in der Kirche S. Francesco in Arezzo (Toskana). Entstanden um 1452–1459.

C · Sandro Botticelli
(1445–1510), *Frühling*: Wiederentdeckung der Mythologie bei den Humanisten (hier Merkur, die Grazien, Venus, Flora usw.). Um 1478, Uffizien, Florenz.

E · Andrea Mantegna
(1431–1506), Kuppel mit Trugbild, Teil der Fresken der ›Camera degli Sposi‹ im Palazzo Ducale von Mantua (Lombardei). Um 1473.

G · Leonardo da Vinci
(1452–1519), große Zeichnung: die Jungfrau mit dem Kind, *die heilige Anna und Johannes der Täufer*. Um 1497–99?; National Gallery, London.

D · Giovanni Bellini
(um 1430–1516), Hauptteil von *Madonna und vier Heilige*, Retabel aus der Kirche S. Giobbe in Venedig. Um 1490; Accademia, Venedig.

F · Giorgione
(um 1477–1510), und/oder Tizian (um 1478 oder 1488–1576), *Ländliches Konzert*. Um 1510; Louvre, Paris.

MEISTERWERKE

A · **Raffael**
(Raffaello Santi oder Sanzio, 1483–1520), *Schule von Athen* (1509–1510), eine der zahlreichen Fresken in den Stanzen des Vatikans, Zeugnis der humanistischen Orientierung des Hofes von Papst Julius II. In einer Architektur, die an Bramante erinnert, treten griechische Denker auf: Platon, Aristoteles, Pythagoras, Heraklit.

B · **El Greco**
(Domenikos Theotokopulos, um 1541–1614): *Der Evangelist Lukas zeigt das Bild der Jungfrau.* Um 1604; Kathedrale von Toledo.

E · **Corregio**
(Antonio Allegri, um 1489–1534), *Venus, Satyr und Cupido:* ein mythologisches Gemälde voller Liebessehnsucht. Um 1525; Louvre, Paris.

D · **Rosso**
(il Rosso Fiorentino, 1494–1540), *Pietà:* durch die Schule von Fontainebleau angeglichener italienischer Manierismus. Um 1530–1535; Louvre, Paris.

C · **Tizian,**
(Tiziano Vecellio, um 1478 oder 1488–1576), *Erziehung des Amor,* ein Höhepunkt der venezianischen Kunst, um 1565, Galerie Borghese, Rom.

F · **Hans Holbein der Jüngere**
(1497–1543), *Die Gesandten.* Im Vordergrund verzerrtes Bild eines Schädels, 1533; National Gallery, London.

G · **Albrecht Dürer**
(1471–1528), Gemälde *Das Rosenkranzfest.* 1506; Nationalgalerie in Prag.

H · **Pieter Bruegel der Ältere**
(um 1525/30–1569), *Jäger im Schnee:* Reiz und Intensität des alltäglichen Realismus in einer idealisierten Landschaft, die wahrer als die Natur ist. 1565; Kunsthistorisches Museum, Wien.

I · **Albrecht Altdorfer**
(um 1480–1538), *Laubwald mit dem Drachenkampf des Hl. Georg.* 1510; Alte Pinakothek, München. Ein den deutschen Malern der ›Donauschule‹ eigener Sinn für Natur.

WEITERE WERKE, WEITERE MALER

Italien. Fra Angelico (um 1400–1455): Hauptretabel der Kirche S. Marco in Florenz, um 1440 (Museo di San Marco). ◻ Paolo Uccello (1397–1475): *Schlacht von San Romano,* um 1456 (Uffizien; Louvre; National Gallery, London). ◻ Filippo Lippi (um 1406–1469), Fresken im Dom von Prato um 1460. ◻ Leonardo da Vinci: *Abendmahlfreske* in S. Maria delle Grazie in Mailand, 1497; Texte und Zeichnungen seiner Manuskripte *(codice).* ◻ Giorgione: *Das Gewitter,* um 1507; Accademia, Venedig. ◻ Michelangelo: Fresken der *Genesis* in der Kuppel der Sixtinischen Kapelle im Vatikan (1508 bis 1512). ◻ Raffael: *Triumph der Galathea* (1511) in der Villa Farnesina in Rom. ◻ Corregio: Kuppel der Kathedrale von Parma, mit der *Himmelfahrt* (1526–1530). ◻ Tizian: *Pietà,* um 1570 bis 1576 (Accademia, Venedig). ◻ Parmigianino (Francesco Mazzola, 1503 bis 1540); *Madonna mit dem langen Hals,* um 1535 (Uffizien). ◻ Veronese (Paolo Caliari, 1528 bis 1588), *Hochzeit zu Kana,* 1563 (Louvre). ◻ Tintoretto (Iacopo Robusti, 1518 bis 1594): Bilderzyklus der Scuola di S. Rocco in Venedig, 1564 bis 1587.

Frankreich. Werke der ›Schule von Fontainebleau‹; beginnt mit den Sälen des Schlosses: *Galerie Franz' I.,* dekoriert unter der Leitung von Rosso (1534–36).

Südliche Niederlande. Quinten Massys (um 1466–1530): Tryptichon ›Beweinung Christi‹, um 1510 (Museum der Schönen Künste in Antwerpen). ◻ Bruegel der Ältere: *Der Fall der aufrührerischen Engel* (Museum der Schönen Künste in Brüssel); *Gleichnis von den Blinden,* 1568 (Galerie Capodimonte, Neapel).

Nördliche Niederlande. Jan Van Scorel (1495–1562): *Stephansaltar,* um 1540 (Museum von Douai). ◻ Pieter Aertsen (1508–1575), *Fleischerbude,* 1551 (Universität Uppsala).

Deutschland. Dürer: Gravuren, Holzschnitte und Stiche, Aquarelle (Albertina, Wien). ◻ Lucas Cranach (1472 bis 1553): *Judith und Holofernes,* um 1530 (Kunsthistorisches Museum, Wien). ◻ Altdorfer: *Alexanderschlacht,* 1529 (Alte Pinakothek in München).

Spanien. El Greco: *Das Begräbnis des Grafen Orgaz,* um 1586 (Kirche S. Tomé, Toledo); *Taufe Christi,* um 1598 (Prado, Madrid).

MEISTERWERKE

ARCHITEKTUR DES 17. JH.

Die prunkvollen Bauten des römischen Barock (Bernini, Borromini u. a.) verleihen dem Jahrhundert seinen Akzent. Sie sind Ausdruck der katholischen Reform, die sich mehr an die Sinne als an den Verstand richtet. In Frankreich sind Lemercier, Le Vau und Mansart für diese Revolution des Geschmacks empfänglich und bleiben dennoch der strengeren Kunst eines Vignole (s. S. 709) sowie der französischen Tradition der zweiten Hälfte des 16. Jh. verhaftet. Die Kolonnade des Louvre zeugt von dem Bemühen um die Archäologie, während sich mit dem Versailles von Ludwig XIV. (Hardouin-Mansart) ein Prototyp der üppigen Pracht herausbildet. In England nimmt Inigo Jones die klassizistische Formensprache Palladios auf, und Wren schafft mit der St. Pauls' Cathedral eine gelungene Verbindung zwischen klassischem Adel und Barock. In Deutschland (das vom Krieg verwüstet ist) und in Österreich zeichnen sich die Anfänge dessen ab, was in den folgenden Jahrhundert der Höhepunkt des Barock und des Rokoko sein wird.

A

C

A, B · Sankt-Peter in Rom:
Zu dem zentral gelegenen Altarraum unter einer Kuppel aus dem 16. Jh. hat Carlo Maderno (1556–1629) um 1610 ein Schiff und eine Fassade hinzugefügt, deren Schwung schon die Barockkunst ankündigt; fünfzig Jahre später schafft Gian Lorenzo Bernini (1598–1680) mittels seiner beiden bogenförmigen Kolonnaden den herrlichen Platz vor der Basilika. Bernini hat ebenfalls den Chorraum von Michelangelo mit dem gewaltigen Baldachin und den gedrehten Bronzesäulen gestaltet (Bild B).

C · Francesco Borromini
(aus dem Tessin stammend, 1599–1667), Kuppel der Kirche S. Ivo della Sapienza in Rom (um 1642–1650) über einem sechsstrahligen Stern als Grundriß. Komplexe und lebendige Geometrie, prächtige Verzierungen und viele Symbole.

B

D · S. Maria della Salute,
Kirche in Venedig, die ab 1631 von Baldassare Longhena (1598–1682) gebaut wurde. Die Einflüsse von Palladio und des römischen Barock vereinen sich in diesem Gebäude: Mittelraum aus einem doppelten Achteck, überdacht von einer großen Kuppel, mit einem hervorspringenden Chorraum, der von den beiden Kampanilen eingerahmt wird. Voluteflügel führen zur Kuppel und enden in einer Laterne. Reiches Säulenportal mit Frontgiebel und Statuen.

E

E · Guarino Guarini
(1624–1683), der Carignano-Palast in Turin. 1679–1685.

D

F

F · Pietro da Cortona
(1596–1669, auch Maler), Kirche S. Maria della Pace in Rom, 1656. Barockes Ineinandergreifen der Formen (die Frontgiebel), von konvexen und konkaven Linien.

G

G · Borromini,
Die Fassade der Kirche S. Agnese auf der Piazza Navona in Rom; 1653 bis 1663. Im Vordergrund der Vier-Ströme-Brunnen (um 1650) von Bernini mit dem antiken Obelisken.

712

MEISTERWERKE

A · François Mansart

(1598–1666), Vorraum der heutigen Maisons-Lafitte (Yvelines), 1642 bis 1651.

B · Mansart, Jacques Lemercier

(um 1585–1654) und andere Architekten, Kirche des ehemaligen Klosters Val-de-Grâce in Paris (1645–1665). Die Fassade zeigt Züge des italienischen Klassizismus aus den Anfängen der Gegenreformation, während der Dom vom Barock beeinflußt ist.

E · Schloß von Versailles:

Salle de guerre, der um 1685 von dem Maler Charles Le Brun (1619 bis 1690) gestaltet wurde; Stuckmedaillon von Coyzevox (s. S. 716).

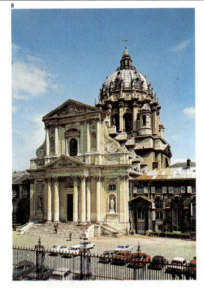

C · Louis Le Vau

(1612–1670), Gebäude und Schloß von Vaux-le-Vicomte (Seine-et-Marne) mit ›französischer‹ Gartengestaltung des Gärtners André Le Nôtre (1613–1700). Das Anwesen wurde von 1656–1671 für den Bankier Fouquet errichtet. Danach wurden die Architekten von Vaux (Le Vau, Le Brun, Le Nôtre) mit der Gestaltung des neuen Versailles beauftragt.

D · Die ›Kolonnade‹ des Louvre,

in Paris, Ostfassade des neuen Palastes, die Claude Perrault (1613 bis 1688) zugeschrieben wird: erstes Meisterwerk im Louis-seize-Stil (Stil Ludwigs XVI.), um 1667 bis 1670.

F · Jacob Van Campen

(1595–1657) und Pieter Post (1608–1669), *Mauritshuis* in Den Haag (Rückseite), 1633–1644.

I · Inigo Jones

(1573–1652), *Banqueting House*, Festsaal des alten Whitehall Palace in London: Anfänge des englischen Palladianismus, um 1620.

G · Versailles:

(Yvelines); Seite zu den Gärten von Le Vau, wurde 1678–1684 durch Jules Hardouin-Mansart (1646–1708) erweitert; Inbesitznahme des Raumes als Ausdruck des königlichen Absolutismus.

J · Christopher Wren

(1632–1723), St. Paul's Cathedral in London, Südseite: ein mit barocken Zügen durchsetzter Klassizismus; Synthese italienischer, französischer und holländischer Einflüsse. Entstanden um 1675–1709.
Wren war nach dem Brand von 1666 der Hauptverantwortliche für den Wiederaufbau in London.

H · Willem Hesius

(1601–1690), Sankt Michael, ehemalige Jesuitenkirche in Löwen, Belgien. Um 1650–1670.

K · Der Große Markt in Brüssel,

einige Zunfthäuser: reich geschmückte Fassaden, typisch für die katholischen Niederlande (Ende des 17. Jh.).

WEITERE BAUWERKE, WEITERE ARCHITEKTEN

Italien. Maderno, Borromini und Bernini: Barberini-Palast in Rom, 1625–1633. □ Borromini: Kirche S. Carlo alle Quattro Fontane, Rom, 1634–1667. □ Longhena: Pesaro-Palast in Venedig ab 1650. □ Carlo Rainaldi (1611–1691), Zwillingskirchen der Piazza del Populo in Rom, ab 1662. □ Guarini: Kirche S. Lorenzo in Turin, um 1668–1680.

Frankreich. Salomon de Brosse (um 1571 bis 1626): Palais du Luxembourg, Paris, 1621–1662. □ J. Hardouin-Mansart: Dôme des Invalides (1676–1706) und Place Vendôme (Ende 17. Jh.) in Paris.

England. I. Jones, John Webb (1611–1672) und C. Wren: Paläste, dann das Marine-Hospital von Greenwich (heute Schule und Museum), Anfang 17.–Anfang 18. Jh.

Deutschland. Elias Holl (1573–1646): Rathaus von Augsburg, 1615 bis 1620.

Südliche Niederlande. Peter Huyssens (1577 bis 1637): Kirche St-Charles-Borromée in Antwerpen, 1615–1621.

Nördliche Niederlande. J. Van Campen: Rathaus (heute Königspalast) von Amsterdam, um 1650.

Spanien. Juan Gómez de Mora (um 1580–1648): Plaza Mayor in Madrid, ab 1617.

Böhmen. Palais Czernin in Prag, 1667 von dem Tessiner Francesco Caratti (gest. 1679) begonnen.

713

MEISTERWERKE

MALEREI DES 17. JH.

In Italien bestimmen zwei große Strömungen die Malerei: die realistische von Caravaggio und seiner Schule, Caravaggisten genannt (Italiener oder Fremde, die wie der Franzose Valentin Rom besuchten), und die eklektische Strömung aus Bologna (die Carracci, G. Reni, Domenichino u. a.). Dazu kommen die großen Dekorationsmaler des Barock wie Pietro da Cortona (s. S. 712) oder Baciccio, die sich von Tizian oder dem Flamen Rubens anregen lassen, der durch seine aufsteigenden Kompositionen mit offenem und fließenden Raum neue Wege aufgezeigt hat. Diese Epoche ist auch für Flandern (Van Dyck), die Niederlande (Hals, Rembrandt, Vermeer sowie die Meister der Genremalerei), für Spanien (Vélazquez, Zubarán, Murillo u. a.) und für Frankreich (Poussin und Le Lorrain in Rom, La Tour und die Brüder Le Nain u. a.) ein goldenes Zeitalter.

B · **Guido Reni**

(1575–1642), *Samson als Sieger*, 1610, Pinakothek in Bologna. Dieser Künstler aus Bologna, der von Raffael fasziniert und von Caravaggio beeinflußt ist, hat den Klassizismus zu einer hochgradigen Feinheit und Lyrik geführt.

A · **Caravaggio**

(Michelangelo Merisi, 1573–1610), *Berufung des Matthäus*, eines der drei Bilder (um 1600) um den Heiligen Matthäus in der Contarelli-Kapelle in S. Luigi dei Francesi, Rom. Als Reaktion auf den Manierismus zeigt dieser Maler eine gewaltige Auflehnung, die u. a. in den starken Kontrasten zwischen Licht und Schatten zum Ausdruck kommt.

E · **Willem Claesz. Heda**

(um 1594–1680), Stilleben *La Tourte aux cassis*. Museum der Schönen Künste, Straßburg.

C · **Peter Paul Rubens**

(1577–1640), *Raub der Töchter des Leukippos*, um 1618; Alte Pinakothek in München.

F · **Frans Hals**

(zwischen 1580 und 1585–1666), *Der fröhliche Zecher*. 1628–1630; Rijksmuseum, Amsterdam.

D · **Baciccio**

(Giovanni Battista Gaulli, 1639 bis 1709), Modell (genaue Skizze) für *Triumph des Namens Jesu*, für das Deckenbild der Kirche Il Gesù in Rom, geschaffen 1672–1679; Galerie Spada in Rom.

I · **Jan Fyt**

(1611–1661), *Die Pilze*: ein Modernismus, der schon auf Chardin hinweist (s. S. 720). Museum der Schönen Künste, Brüssel.

G · **Anthonis van Dyck**

(1599–1641), *König Karl I. auf der Jagd*: ein Meisterwerk der höfischen Kunst. Um 1635–1638; Louvre, Paris.

H · ›**Blumenbruegel**‹

(Jan Bruegel der Ältere, 1568–1625, einer der Söhne von Pieter dem Älteren): *Blumenstrauß in einem Tongefäß*. Beginn des 17. Jh.; Kunsthistorisches Museum, Wien.

J · **Rembrandt**

(Rembrandt Harmenszoon Van Rijn, 1606 bis 1669), *Jacob segnet seine Enkel*: Hell-Dunkel im Dienste einer allgemeingültigen Meditation über das menschliche Schicksal. 1656, Museum in Kassel.

K · **Johannes Vermeer**

(1632–1675), *Das Mädchen mit der Perle*: eine weltliche Ekstase. Um 1665¿; Museen Berlin-Dahlem.

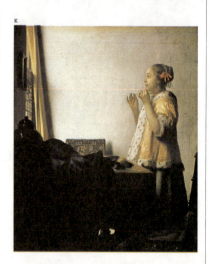

MEISTERWERKE

A · Diego de Silva y Velázquez

(1599–1660), *Las Meninas.* Um 1656; Prado, Madrid. Dieses Bild mit einer erstaunlichen räumlichen Tiefe zeigt zwischen einigen Angehörigen der spanischen Königsfamilie die Infantin Margarete mit zwei Hofdamen *(meninas)* sowie den Maler selbst, der an einem Porträt des Königs und der Königin arbeitet, die unseren Platz als Betrachter einnehmen und die man im Spiegel im Hintergrund sieht.

C · Francisco de Zurbarán

(1598–1664), *Der Heilige Franziskus.* Um 1660; Museum der Schönen Künste, Lyon. Neben Murillo war der Künstler einer der großen Maler von Andachtsbildern für die spanischen Klöster.

E · Claude Lorrain

(Claude Gellée, 1600 bis 1682), *Odysseus übergibt Chryseis ihrem Vater:* eines der ausdrucksstärksten ›Hafenbilder‹ des Malers mit Gegenlichteffekt. Um 1644; Louvre, Paris.

F · Die Brüder Le Nain

(wahrscheinlich Louis [um 1600/1610–1648]), *Bauernfamilie.* Um 1640 bis 1645; Louvre, Paris.

G · Nicolas Poussin

(1594–1665), *Orpheus und Eurydike.* Um 1650; Louvre. Durch das Gras streicht die Schlange, die die Gattin des Sängers und Dichters beißen wird. Eine idealisierte Landschaft in klassischer Harmonie, jedoch nicht ohne Bedrohung als Rahmen für die mythologische Fabel.

B · Georges de La Tour

(1593–1652), *Vieillard endormi et enfant,* vielleicht *l'Ange apparaissant à saint Joseph:* eine französische Idealisierung des Stils Caravaggios. Um 1640?; Museum der Schönen Künste, Brüssel.

D · Jacob van Ruisdael

(1628/29–1682), *Wasserfall bei Schloß Bentheim;* niederländ. Realismus. Rijksmuseum, Amsterdam.

WEITERE WERKE, WEITERE MALER

Italien. Annibale Carracci (1560–1609): *Les Amours des dieux,* Fresken der Galerie im Palazzo Farnese in Rom, um 1600. □ Caravaggio: *Die sieben Werke der Barmherzigkeit,* Kirche Piu Monte in Neapel, um 1607. □ Domenichino (Domenico Zampieri, 1581–1641): *Diana auf der Jagd,* 1616 (Galerie Borghese, Rom). □ José de Ribera (spanischer Maler der neapolitanischen Schule, 1591 bis 1652): *Apollon et Marsyas,* 1637 (Museum S. Martino, Neapel).

Südliche Niederlande. Rubens: *Kreuzabnahme,* 1612 (Kathedrale von Antwerpen); Porträts von *Helene Fourment.* □ Jakob Jordaens (1593–1678): *Allegorie der Fruchtbarkeit,* um 1622 (Brüssel). □ Kneipenszenen von Adriaen Brouwer (um 1606–1638), Genrebilder von David Teniers d. J. (1610–1690).

Nördliche Niederlande (Vereinigte Provinzen). F. Hals: Gruppenportraits im Frans-Hals-Museum, Haarlem. □ Rembrandt: *Nachtwache,* 1642 (Rijksmuseum, Amsterdam); Gravuren (Radierungen). □ Vermeer: *Junges Mädchen mit Turban* und *Ansicht von Delft,* zwei Bilder des Mauritshuis in Den Haag. □ Daneben: Themen im Stil von Caravaggio von Hendrik Terbrugghen (1588–1629), Landschaften von Jan Van Goyen (1596–1656), Innenräume von Kirchen von Pieter Saenredam (1597–1665), Seestücke von Willem Van de Welde (1633–1707), Genrebilder von Jan Steen (um 1626–1679), Interieursbilder von Gerard Terborch (1617–1681) oder von Pieter de Hooch (1629–um 1684).

Spanien. Zurbarán: *Verkündigung* und *Anbetung der Hirten,* um 1638 (Museum von Grenoble). □ Velázquez: *Übergabe von Breda,* 1634–1635 (Prado); Hofportraits (Infanten, Infantinnen). □ Madonnen mit Kind und Unbefleckte Empfängnis von Murillo (1618 bis 1682).

Frankreich. Valentin de Boulogne (1594–1632): *Martyre des saints Procès et Martinien,* 1629 (Vatikan, Rom). □ Jacques Callot (1592–1635): Gravuren (Radierungen). □ La Tour: *Le tricheur à l'as de carreau* (Louvre). □ Poussin: *Die Inspiration des Dichters,* um 1627 (Louvre); *Die Heilige Familie in Ägypten,* 1655–57 (Eremitage, Leningrad).

MEISTERWERKE

BILDHAUERKUNST IM 17. UND 18. JH.

Die klassischen oder manieristischen Formen werden in Rom in der ersten Hälfte des 17. Jh. durch die revolutionäre Heftigkeit der Barockkunst angegriffen, die von Bernini und, in etwas geringerem Maße, von Algarde oder F. Mochi verkörpert wird. Puget (der in Rom und in Genua arbeitet, bevor er sich in Toulon niederläßt) vertritt diese Bewegung in Frankreich, während die Versailler Kunst (Girardon, Coyzevox u. a.) einen Kompromiß zwischen Tradition und Moderne findet. Im 18. Jh. verfolgt die französische Kunst diesen Weg der Harmonie weiter (G. Coustou, Bouchardon, Pigalle u. a.), versucht sich manchmal an einem ›Rokokobarock‹ (die Familie Adam u. a.). Heiter und prächtig herrscht die Rokokoform des Barock in Österreich (Permoser), Deutschland (E. Q. Asam, I. Günther, zahlreiche Stukkateure) und Böhmen (F. M. Brokoff). Mit Houdon kommt es Ende des Jahrhunderts zu einer Rückkehr zu den klassischen Werten, zur klassischen Statue, was zur neoklassizistischen Strömung, begonnen von Canova, führt.

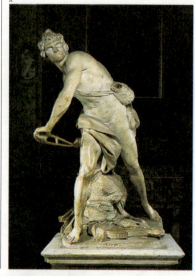

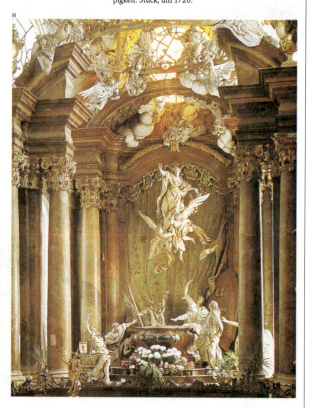

A · **Bernini** (Gian Lorenzo Bernini, s. S. 712), *David*. Marmor, Lebensgröße, 1623 (Galerie Borghese, Rom). Der junge Held, der von Donatello, Verrocchio und Michelangelo in wunderbarer Heiterkeit dargestellt wurde, wird hier in völliger Spannung des Bewegungsablaufes gezeigt (bereitet sich auf das Schleudern vor).

B · **Pierre Puget** (1620–1694), *Milon von Kroton*. Marmorgruppe, 1672–1682 (Louvre, Paris). Barockes Pathos, was Ludwig XIV. jedoch nicht daran hinderte, die Statue in den Gärten von Versailles aufzustellen.

E · **Antoine Coyzevox** (1640–1720), Büste des Architekten *Robert de Cotte*. Um 1700 (Bibliothek Ste. Geneviève, Paris).

D · **Hendrik Verbruggen** (1654–1724), *Vertreibung von Adam und Eva aus dem Paradies*, unterer Teil einer Kanzel, heute in St. Michel in Brüssel. Holz, um 1700.

H · **Egid Quirin Asam** (1692–1750), Gruppe *Mariä Himmelfahrt* am Hochaltar der Abtei von Rohr (Bayern): geprägt von Bewegung und Üppigkeit. Stuck, um 1720.

C · **Alessandro Algardi** (1595–1654), *Attilarelief*, Hochrelief aus Marmor, um 1650 (Peterskirche, Rom).

G · **Balthasar Permoser** (1651–1732), drei der *Atlanten* des Zwingers in Dresden. Um 1715.

F · **Pedro de Mena** (1628 bis 1688), *Heilige Magdalena*, mehrfarbiges Holz (Skulpturenmuseum, Valladolid); 1664.

MEISTERWERKE

A · **Ferdinand Maximilian Brokoff** (1688–1731), *Der Heilige Johannes bei der Kreuzigung.* Mehrfarbiges Holz, um 1720 (Kirche St. Gall, Prag).

B · **Nicola Salvi** (1697–1751), *Fontana di Trevi* in Rom: letztes großes Barockwerk der Papststadt, 1732–1762.

C · **Claude Michel, genannt Clodion** (1738–1814), *Satyre couronnant une bacchante.* Kleine Gruppe aus gebrannter Erde, 1770 (Louvre).

D · **Antonio Canova** (1757–1822), *Psyché ranimée par le baiser de l'Amour.* Marmor, um 1790 (Louvre, Paris).

E · **Putten** des Rokokodekors der Abtei von Ottobeuren (Bayern), vielleicht von Johann Michael Feuchtmayer (1709/10–1772). Um 1760.

F · **Louis-François Roubillac** (in England lebender Franzose, um 1702 bis 1762), Grabmonument von Lady Nightingale in der Abtei von Westminster (London). Marmor, 1761.

G · **Guillaume Coustou** (1677–1746), eines der beiden *Pferde von Marly*: Abguß an der Place de la Concorde, Paris; Original im Louvre (Marmor, 1740–1745).

J · **Jean-Antoine Houdon** (1741–1828), *Sitzender Voltaire.* Marmor, um 1780 (Comédie Française, Paris).

H · **Jean-Baptiste Pigalle** (1714–1785), *Mercure attachant sa talonnière.* Kleinplastik aus Marmor, 1741 bis 1744 (Louvre).

I · **Ignaz Günther** (1725–1775), *Tobias und der Engel.* Mehrfarbiges Holz, Lebensgröße, 1763 (Bürgersaal, München).

WEITERE WERKE, WEITERE BILDHAUER

Italien. Francesco Mochi (1580–1654): Reiterstatuen aus Bronze von *Ranuccio* und *Alessandro Farnese* in Plaisanza, 1612 bis 1625. □ Bernini: *Apollo und Daphne,* Marmor, 1622 bis 1624 (Galerie Borghese, Rom); *Ekstase der Heiligen Theresia,* Marmorgruppe in der Kirche S. Maria della Vittoria in Rom, um 1650. □ Giacomo Serpotta (1656 bis 1732): Stuckstatuen der *Tugenden* im Rosenkranzoratorium von Palermo, um 1715. □ Canova: *Paolina Borghese-Bonaparte als ruhende Venus,* 1807, (Villa Borghese, Rom).

Frankreich. François Girardon (1628 bis 1715): *Apollon servi par les nymphes,* Marmorgruppe in den Gärten von Versailles, 1666–1673. □ Lambert Sigisbert (1700 bis 1759) und Nicolas Sébastien (1705–1778) Adam, *Triomphe de Neptune et Amphitrite,* Riesengruppe aus Blei am Neptunbecken in Versailles, 1740. □ Edme Bouchardon (1698 bis 1762): *L'Amour qui se fait un arc dans la massue d'Hercule,* Marmor, 1750, Louvre. □ Jean-Baptiste Pigalle (1714–1785): Grabmal des Marschalls Moritz von Sachsen in St. Thomas in Straßburg, 1762 bis 1770.

Spanien. Juan Martínez Montañêz (1568–1649): *Unbefleckte Empfängnis* in der Kathedrale von Sevilla, um 1630. □ Narciso Tomé (gest. 1742): *Transparente,* Ensemble im Chorraum der Kathedrale von Toledo, 1721 bis 1732.

Deutschland. Andreas Schlüter (um 1660 bis 1714; auch Architekt: Reiterdenkmal des *Großen Kurfürsten,* Berlin, Bronze, 1696. □ Johann Gottfried Schadow (1764 bis 1850): *Die Prinzessinnen Luise und Friederike,* Marmor, 1796 (Staatliche Museen, Berlin).

Österreich. Georg Raphael Donner (1693 bis 1741): Bleistatuen am Brunnen des Neuen Marktes in Wien, 1739.

717

MEISTERWERKE

ARCHITEKTUR DES 18. JH.

Zwar vertreten die Engländer einen strengen Barock (Vanbrugh) oder sind von Palladio beeinflußt (W. Kent), aber die erste Hälfte des Jahrhunderts ist trotzdem dem Rokoko gewidmet, einer eleganten und üppigen Spielart des Barock, die sich in Frankreich, in den katholischen Ländern wie Böhmen, Österreich (Stift Melk, Innenausstattung von Schloß Schönbrunn), Bayern (Abteien und Residenzen), Spanien und Lateinamerika, aber auch im protestantischen Deutschland (z. B. Pöppelmann in Dresden) ausbreitet. Dann führt eine Änderung des Geschmacks zu einer Rückkehr zum Antiken und zum Klassizismus, was sich in der Eleganz, die R. Adam in Großbritannien zum Ausdruck bringt, und in der Erhabenheit des Stils von Ludwig XVI. in Frankreich (J. A. Gabriel, Soufflot, V. Louis u. a.) zeigt.

B · **Johann Bernhard Fischer von Erlach** (1656–1723), Karlskirche in Wien, 1716–1737.

C · **Germain Boffrand** (1667–1754), ovaler Salon des Hôtel de Soubise in Paris, um 1732–1740. Holz- und Stuckarbeiten und Malerei von Charles Natoire.

A · **Jakob Prandtauer** (1660–1726), Benediktinerstift Melk (Niederösterreich), gebaut zwischen 1702 und 1736. Ein prachtvolles Barockgebäude auf einem Hügel über der Donau; die Kirche mit Kuppel ist reichlich mit Malerei (von Johann Michael Rottmayr und Paul Troger) und Skulpturen verziert.

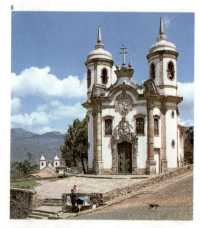

E · **Aleijadinho** (Antonio Francisco Lisboa, 1730?–1814), Kirche São Francisco de Assís in Ouro Preto (Minas Gerais, Brasilien), um 1770. Wie auch der spanische Barock in Peru oder Mexiko hat sich der portugiesische Barock zusammen mit der ›eingeborenen‹ Kunst in Brasilien verbreitet und zeigt trotz mancher Verspätung seine Pracht.

D · **Johann Baltasar Neumann** (1687–1753), Großes Treppenhaus der Residenz der Kirchenfürsten von Würzburg, um 1740: eine bemerkenswerte Virtuosität beim Umgang mit dem Raum. Im Gewölbe Fresken von Giambattista Tiepolo (s. S. 720), um 1750.

F · **Johann Lukas von Hildebrandt** (1668–1745), das Belvedere über Wien, Palast, der um 1720 für Prinz Eugen gebaut wurde.

H · **John Vanbrugh** (1664–1726), ›Blenheim-Palast‹ in Woodstock (GB, in der Nähe von Oxford). Wurde 1705–1712 für den Herzog von Marlborough gebaut.

G · **Bartolomeo Rastrelli** (um 1700–1771), einer der seitlichen Pavillons des Großen Palastes von Petrodworez bei Leningrad: eine ›russisch beeinflußte‹ Form des europäischen Barock. Mitte des Jahrhunderts. Der in Rußland ansässige Italiener Rastrelli hat in Leningrad insbesondere das Kloster Smolny und den Winterpalast gebaut.

MEISTERWERKE

A · **Thomas Jefferson**
(1743–1826, 1801 Präsident der Vereinigten Staaten): sein Haus im Stil von Palladio bei Monticello (Virginia), um 1780.

B · **Filippo Juvarra,**
Kuppel der Basilika von Superga (1717–1731) bei Turin: ein zurückhaltender und feierlicher Barock.

C · **Pedro de Ribera,**
Portal des ehemaligen Hospizes S. Fernando in Madrid (heute Städtisches Museum), im Stil von Churriguera, um 1725.

D · **Victor Louis**
(1731–um 1811), Treppenhaus des Großen Theaters von Bordeaux (Gironde): ein Musterbeispiel des Neoklassizismus in Frankreich, um 1775.

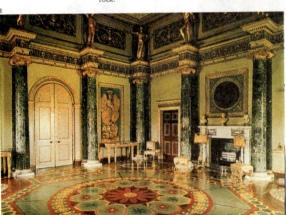

E · **Robert Adam**
(1728–1792), Vorzimmer im Syon House, London, um 1762: Die Wiederentdeckung der römischen Antike bewirkt den Stil von Adam (einschließlich der Möbel).

F · **Altes Kloster Strahov**
in Prag (Böhmen): die in barockem Stil verzierte Bibliothek, Mitte des 18. Jh.

I · **Jacques Ange Gabriel**
(1698–1782), Petit Trianon im Park von Versailles, 1762–1766.

G · **François de Cuvilliés**
(1695–1768), Spiegelsalon des Pavillons von Amalienburg im Park von Nymphenburg (München), 1734–1739. Der aus dem Hennegau stammende Architekt und Dekorateur hat hier ein versilbertes Stuckdekor von seltenem Charme geschaffen.

H · **Germain Soufflot**
(1713–1780), das Pantheon in Paris (seit 1791 Name der Kirche Ste. Geneviève), 1764–1789 erbaut. Regelmäßigkeit und antike Feierlichkeit werden durch strukturelle Kühnheit verstärkt; der Architekt hegt eine für diese Epoche ungewöhnliche Bewunderung für die gotischen Kathedralen.

WEITERE GEBÄUDE, WEITERE ARCHITEKTEN

Italien. Luigi Vanvitelli (1700–1773): Königspalast von Caserte (Kampanien), 1752–1773.

Frankreich. Emmanuel Héré de Corny (1705 bis 1763), Place Stanislas in Nancy, seit 1751. ☐ J.A. Gabriel: Place de la Concorde in Paris, um 1754 bis 1774. ☐ Claude Nicolas Ledoux (1736 bis 1806), königliche Saline von Chaux in Arc-et-Senans (Doubs), neoklassizistisch, 1775–1779.

Großbritannien. William Kent (1685–1748) und Lord Burlington (1694–1753), Holkham Hall in Norfolk, ab 1734. ☐ James Gibbs (1682 bis 1754), Radcliff-Bibliothek in Oxford, um 1740.

Deutschland. Matthäus Daniel Pöppelmann (1662 bis 1736): Zwinger in Dresden, 1711 bis 1728 (s. S. 716). ☐ J.B. Neumann: Wallfahrtskirche Vierzehnheiligen (Oberfranken), ab 1743. ☐ Johann Michael Fischer (1692–1766): Abtei von Ottobeuren, 1744–1766 (s. S. 717). ☐ Carl Gotthard Langhans (1732 bis 1808): Brandenburger Tor in Berlin, 1789–1791.

Böhmen. Die Dientzenhofer (Christoph [1655 bis 1722] und Kilian Ignaz [1689–1751]): Kirche Sankt Niklas auf der Kleinseite in Prag, 1703 bis 1753.

Spanien. Alberto Churriguera (1676–1750): Plaza Mayor in Salamanca, um 1730–1755.

Mexiko. Barocke Kirchen aus der Mitte des 18. Jh., vergleichbar S. Maria in Ocotlán (Jalisco) und S. Prisca in Taxco (Guerrero).

719

MEISTERWERKE

MALEREI DES 18. JH.

Die bekanntesten italienischen Schulen des 18. Jh. sind die von Neapel (Solimena u. a.) und vor allem die venezianische Schule (Pellegrini, Tiepolo, Canaletto, die Brüder Guardi u. a.), deren Rokokovitalität sich auf die Dekorateure der österreichischen und bayerischen Kirchen auswirkt (J. B. Zimmermann u. a.). Die französische Staffeleimalerei blüht. Da sind der subtile Watteau und der mitreißende Fragonard, Oudry, Boucher, Natoire, Van Loo, die leise Poesie von Chardin und andere. Die britische Schule erfährt einen Aufschwung (Hogarth, Reynolds) und erreicht eine präromantische Feinfühligkeit (Gainsborough, Füssli). Gegen Ende erlebt das Jahrhundert den Neoklassizismus eines David, und das Genie von Goya bringt seine ersten Werke hervor.

A · Antoine Watteau
(1684–1721), *Einschiffung nach Kythera.* 1717; Louvre, Paris.

B · Francesco Solimena
(1657–1747), *Boreas raubt Orythia:* neapolitanischer Barock. 1700; Spada, Rom.

C · Canaletto
(Antonio Canal, 1697 bis 1768), *Die Werkstatt des Steinmetzen:* Ansicht von Venedig, gemalt vom berühmtesten Vedutenmaler. Um 1730¢; National Gallery, London.

D · Jean-Baptiste Oudry
(1686–1755), *Die weiße Ente.* 1753; Privatsammlung.

F · François Boucher
(1703–1770); *Braune Odaliske,* 1745¢; Louvre, Paris.

E · Giambattista Tiepolo
(1696–1770), Ausschnitt von *Die Madonna vom Berg Carmel,* Freske in der Scuola del Carmine in Venedig; 1743. Sein Ruf führte dazu, daß Tiepolo auch in Deutschland (Würzburg, s. S. 718) gearbeitet hat.

I · Jean Siméon Chardin
(1699–1779), *Das Glas Oliven:* Der Höhepunkt der ›bildhaften Alchimie‹ führt zu einem Höhepunkt der ›realen Wirkung‹; 1760, Louvre.

G · Johann Baptist Zimmermann
(1680–1758), Fresken in der Kuppel der Wallfahrtskirche Wies, gebaut von seinem Bruder Domenikus (1685–1766). Mitte des 18. Jh.

H · William Hogarth
(1697–1764), *Krabbenmädchen.* 1759; National Gallery, London.

MEISTERWERKE

A · **Jean-Baptiste Greuze**
(1725–1805), *Der zerbrochene Krug.* Um 1785; Louvre.

E · **Johann Heinrich Füßli**
(1741–1825), *Der Nachtmahr.* 1781; Goethemuseum, Frankfurt. Dieser Schweizer Künstler war einer der Vorläufer der Romantik.

F · **Joshua Reynolds**
(1723–1792), *General Tarleton.* 1782; National Gallery, London.

G · **Thomas Gainsborough**
(1727–1788), *Lady Sheridan.* 1785; National Gallery of Art, Washington (D.C.).

B · **Jean Honoré Fragonard**
(1732–1806), Porträt *Der Schriftsteller:* eine der ›Fantasiefiguren‹, um 1769; Louvre, Paris.

C · **Giovanni Antonio Guardi**
(1699–1760) und/oder sein Bruder Francesco (1712–1793), *Der Fischfang des Tobias,* eine der Szenen aus dem *Leben des Tobias* in der Kirche Angelo Raffaele in Venedig. Zweite Hälfte des Jahrhunderts.

D · **Giovanni Battista Piranesi**
(1720–1778), Ruinen einer Galerie der Hadriansvilla bei Tivoli. Mehrere Serien von Radierungen von dem Graveur und Architekten Piranesi zeugen von der begeisterten Wiederentdeckung der Antike Mitte des 18. Jh.

I · **Louis David**
(1748–1825), *Schwur der Horatier.* 1784; Louvre, Paris. Dieses in Rom gemalte Bild in der strengen antiken Tradition bricht völlig mit der Grazie der Epoche Ludwigs XV. und erscheint im Pariser Salon von 1785 wie ein Manifest der neoklassizistischen Schule.

H · **Goya**
(Francisco de Goya y Lucientes, 1746–1828), *Der Sonnenschirm,* eines der Bilder, die für die Schaffung eines Wandteppichs bestimmt waren. 1777; Prado, Madrid.

WEITERE WERKE, WEITERE MALER

Italien. Solimena: *Heliodor wird aus dem Tempel verjagt,* Fresko in der Kirche Gesù Nuovo in Neapel. □ Giuseppe Maria Crespi (1665–1747), *Der Jäger* (Pinakothek Bologna). □ Giovanni Antonio Pellegrini (1675–1741): Bilder im Schloß Schleißheim, 1713–14. □ Giacomo Ceruti (1691 bis nach 1760), *Bettler* (Pinakothek Brescia). □ Giambattista Tiepolo: *Antonius und Kleopatra,* Fresken im Labia-Palast in Venedig, 1747 bis 1750. □ Francesco Guardi: Serie der zwölf ›Venezianischen Feste‹ (davon acht im Louvre), gemalt zwischen 1766 und 1770.

Frankreich. Watteau: *Gersaints Ladenschild,* 1720 (Charlottenburger Schloß, Berlin). □ Chardin: *Die Schaffnerin,* 1739, Louvre. □ Boucher: *Triumph der Venus,* 1740 (Nationalmuseum, Stockholm). □ Charles van Loo (1705–1765), *Rast während der Jagd,* 1737, Louvre. □ Fragonard: *Fest in Saint-Cloud,* um 1775 (Banque de France, Paris). □ J. L. David: *Der ermordete Marat,* 1793 (Museum der Schönen Künste, Brüssel).

Großbritannien. Hogarth: Serie von sechs satirischen Bildern *Mariage à la mode,* 1743–1745 (National Gallery, London). □ Reynolds: *Lady Sarah Bunbury opfert den Grazien,* um 1764 (Art Institute, Chicago). □ Gainsborough: *Charette de la moisson,* Version um 1767 (Universität Birmingham, USA). □ Georges Romney (1734 bis 1802): *Lady Hamilton en Circé,* um 1782 (Tate Gallery, London).

Spanien. Goya: *Die nackte Maja* und *Die bekleidete Maja,* beide 1797 (Prado, Madrid); Graphik, darunter die *Caprichos* (1850 veröffentlicht).

721

MEISTERWERKE

ARCHITEKTUR DES 19. JH.

In der ersten Hälfte des Jahrhunderts wird die neoklassizistische Bewegung vom Ende des 18. Jh. als ›Romantischer Klassizismus‹ weitergeführt, vertreten durch Architekten wie Soane oder Nash, Percier oder Fontaine, Sacharow, Schinkel oder L. von Klenze. In der zweiten Hälfte des 19. Jh. greift man verstärkt auf alte, mehr oder weniger gemischte Stilrichtungen zurück, z. B. den *Eklektizismus,* wie er sich an der Pariser Oper von Garnier oder an der Trinity Church von Richardson in Boston (neuromanisch) zeigt. Mehrere Länder greifen mit dem *Historismus* ihre Vergangenheit wieder auf. Eine weitere große Strömung des 19. Jh. stützt sich auf den Rationalismus und technische Innovationen: die Eisenarchitektur (Labrouste, Hittorff u. a.) und verschiedene technische Erfindungen, die den Bau des Wolkenkratzers in den Vereinigten Staaten ermöglichen (Holabird und Roche, Sullivan u. a.). Schließlich schafft der Jugendstil ein nie gekanntes dekoratives Ambiente, in dem die Inspiration durch Pflanzen vorherrscht (Horta, Guimard, Mackintosh u. a.).

A · Pierre Fontaine (1762–1853) **und Charles Percier** (1764–1838)
Triumphbogen auf der Place du Carrousel in Paris (nach dem Vorbild des Severusbogens in Rom). 1806–1808. Bronzequadriga von Joseph Bosio (nach 1815).

B · Louis Sullivan (1856–1924), zusammen mit Dankmar Adler (1844–1900), das Guaranty Building in Buffalo (Staat New York, USA). Wolkenkratzer mit Metallgerüst (Technik, die von der Chicagoer Schule seit den 80er Jahren verwendet wurde); 1894 bis 1895.

C · John Soane (1753–1837), Gemäldegalerie und Mausoleum des Dulwich-College bei London: die Einfachheit entspricht dem antiken Vorbild, ohne jedoch auf die Säulenordnungen zurückzugreifen. 1811 bis 1814.

D · Karl Friedrich Schinkel (1781–1841), Neue Wache in Berlin. 1817 bis 1818. Verwendung der griechischen Dorik und der reinen Geometrie bei diesem preußischen Meister.

E · Adrejan Sacharow (1761–1811), eine der Fassaden der ›Admiralität‹ in Leningrad. Das Gebäude wurde ab 1806 von russischen Architekten umgestaltet.

F · Charles Barry (1795–1860), der Westminster Palace in London, der 1840–1860 für das britische Parlament gebaut wurde. Neugotische Verkleidung und Dekoration sind das Werk von Augustus Welby Northmore Pugin (1812 bis 1852).

G · Victor Horta (1861–1947), Haus Van Eetvelde in Brüssel, 1895–1897. Halle auf achteckigem Grundriß; ein gelungenes Beispiel für den französischen Jugendstil.

H · Henri Labrouste (1801–1875), Lesesaal der Bibliothk Ste-Geneviève in Paris. Säulenreihe (Mittelachse) und Bögen aus Guß- und Schmiedeeisen von großer Leichtigkeit, in einer Steinverkleidung im strengen Stil der Neorenaissance. 1843 bis 1850. Das Meisterwerk von Labrouste ist die Nationalbibliothek in Paris (Lager und Lesesaal ab 1858).

I · Pariser Oper zwischen 1862 und 1875 von Charles Garnier (1825–1898) im Stil der Neorenaissance und des Neobarock gebaut: obere Flügel des großen Treppenhauses. Von vielen, eher akademisch ausgerichteten Künstlern verziert, ist das prunkvolle Gebäude ein herausragendes Beispiel für die Architektur im 2. Kaiserreich.

WEITERE GEBÄUDE, WEITERE ARCHITEKTEN

Frankreich. Jacques Hittorff (deutscher Herkunft, 1792 bis 1867): Gare du Nord in Paris, 1861. □ Léon Vaudoyer (1803–1872): Kathedrale von Marseille (1852 bis 1893). □ Gustave Eiffel (Ingenieur, 1832–1923). Eiffelturm in Paris, Höhe etwa 300 m, 1887 bis 1889. □ Hector Guimard (1867–1942): ›Castel Béranger‹ in Paris, um 1895.

Deutschland. Leo von Klenze (1784 bis 1864): Glyptothek in München, 1816–1830. □ Gottfried Semper (1803–1879): Dresdner Oper, 1838 bis 1841, Wiederaufbau 1871 bis 1878.

Niederlande. Petrus Josephus Hubertus Cuypers (1827–1921): Rijksmuseum in Amsterdam, 1876–1885. □ Hendrik Berlage (1856 bis 1934): Amsterdamer Börse, um 1900.

Großbritannien. John Nash (1752–1835): Terrassengebäude entlang des Regent's Park in London, ab 1812. □ Philip Webb (1831–1915): Red House, Landhaus (Kent) des Künstlers und Schriftstellers William Morris, 1860. □ Charles Rennie Mackintosh (1868 bis 1928): Kunstschule in Glasgow, 1897–1904.

Vereinigte Staaten. Henry Hobson Richardson (1838–1886): Trinity Church in Boston, um 1875. □ William Holabird (1854–1923) und Martin Roche (1855 bis 1927): Marquette Building in Chicago, 1894.

Spanien. Antonio Gaudí (1852–1926): Kirche Sagrada Familia in Barcelona, begonnen 1883.

MEISTERWERKE

BILDHAUEREI DES 19. JH.

Canova folgend, passen sich viele Bildhauer im ersten Drittel des 19. Jh. der neoklassizistischen Doktrin an, so der in Rom lebende Däne Thorvaldsen. Dann versucht der Eklektizismus (Pradier u. a.), eine Verbindung zwischen dem Rückgriff auf die Kunst der Antike und dem bürgerlichen Geschmack an malerischem Naturalismus herzustellen. Barye, Rude, Carpeaux, C. Meunier und einige Italiener wie V. Gemito schaffen verschiedene Kompromisse zwischen Klassizismus, Romantik und Realismus. Das Ende des Jahrhunderts, das von dem Genie Rodin beherrscht wird, erlebt die symbolistischen Arbeiten eines M. Klinger, eines M. Rosso oder eines G. Minne. Maler wie Daumier, Degas und Gauguin fertigen kühne kleine Skulpturen an (wie auch Matisse und die Expressionisten zu Beginn des folgenden Jahrhunderts).

A · **Auguste Rodin**

(1840–1917), *Die Bürger von Calais*. Bronzegruppe, die von der Stadt Calais 1884 in Auftrag gegeben und 1895 eingeweiht wurde. Eine Ausdruckskraft, die durch die Übersteigerung des Realistischen das Monumentale erreicht.

B · **Antoine Louis Barye**

(1796–1875), *Löwe mit Schlange*: das romantische Thema der ungezähmten Energie. Bronze, Salon 1833 (Louvre, Paris).

C · **Bertel Thorvaldsen**

(1770–1844), *Jason*: die elegante Kühle des Neoklassizismus. Marmor, 1801–1803 (Thorvaldsen-Museum, Kopenhagen).

F · **Jean-Baptiste Carpeaux**

(1827–1875), Modell des *Triomphe de Flore*, Hochrelief des Palais du Louvre. Gips, 1863–1866 (Orsay-Museum, Paris).

D · **James Pradier**

(Schweizer Künstler französischer Schule, 1790 bis 1852), *Sappho*. Marmor, Salon von 1852 (Orsay-Museum, Paris).

E · **François Rude**

(1784–1855), *Aufbruch der Freiwilligen von 1792* oder *La Marseillaise*, Hochrelief an einem der Pfeiler des Triumphbogens in Paris: Synthese zwischen Neoklassizismus und Romantik. 1832 bis 1835.

G · **Vincenzo Gemito**

(1852–1929), *Der kleine Fischer*. Bronze, 1877 (Bargello-Museum, Florenz).

H · **Constantin Meunier**

(1831–1905), *Der Puddler*, Bronze, 1887 (Museum der Schönen Künste, Brüssel). Seit Courbet und Millet (s. S. 724–25) lassen sich einige Künstler von der Arbeitswelt inspirieren.

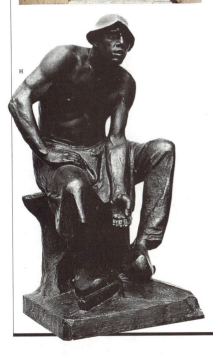

I · **Max Klinger**

(auch Maler und Graveur; 1857–1920), Büste von *Nietzsche*: Rodins Einfluß auf einen symbolistischen Künstler. Bronze, 1902.

WEITERE WERKE, WEITERE BILDHAUER

Frankreich. David von Angers (Pierre-Jean David, 1788–1856): mehr als 500 Bronzemedaillons von berühmten Personen seiner Zeit, zwischen 1828 und 1853. □ Auguste Préault (1809–1879): *Tuerie*, Bronzerelief, 1834. □ Honoré Daumier (1808–1879): *Ratapoil*, Bronze, 1851. □ Carpeaux: *La Danse*, Hochrelief für die Fassade der Pariser Oper, 1866–1869 (Original im Orsay-Museum). □ Edgar Degas (Maler, s. S. 725): *Petite Danseuse de quatorze ans*, Wachs und Stoff, 1879 bis 1881 (Privatsammlung, USA). □ Rodin: *La Porte de l'Enfer*, 1880 bis 1917; *Le Baiser*, Marmor, 1886 (Rodin-Museum, Paris); *Balzac*, Bronze, 1891–1898 (Boulevard Raspail, Paris).

Italien. Lorenzo Bartolini (1777–1850): *La charité éducatrice*, Marmor, 1824 bis 1836 (Palazzo Pitti, Florenz). □ Medardo Rosso (1858–1928): *Enfant au Soleil*, Wachs, 1892 (Nationalgalerie der modernen Kunst, Rom); *Conversation dans le jardin*, 1893.

Deutschland. Adolf von Hildebrand (1847–1921): Wittelsbacher Brunnen in München, 1890–1895. □ Max Klinger: *Beethoven*, 1886–1902 (Museum der Schönen Künste, Leipzig).

Belgien. George Minne (1866–1941): *Brunnen der fünf Knienden*, Marmor, 1898 (Folkwang-Museum, Essen).

723

MEISTERWERKE

MALEREI DES 19. JH.

Eine breite Fülle von neuen Strömungen steht dem *Akademismus* (hervorgegangen aus dem Neoklassizismus und von Ingres weitergeführt) gegenüber, so die *Romantik* (Friedrich, Constable und Turner, Géricault, Delacroix) und der *Realismus* (Courbet, Millet, Leibl), aus dem schrittweise (Manet) der *Impressionismus* hervorgeht. Bei dessen kühner Technik hat das Formale Vorrang vor dem Inhalt, dem ›Gegenstand‹ (Monet, Renoir, Degas); eine neue Technik, der Divisionismus, kennzeichnet die *neoimpressionistische* Strömung (Seurat und zahlreiche Schüler). Im Gegensatz dazu postulieren der englische *Präraffaelismus* (Rossetti, Millais, Burne-Jones) wie auch der *Symbolismus* eine Kunst mit eher literarischem Geist. Schließlich kündigen Cézanne, Gauguin, Van Gogh, Munch und Monet mit seinen *Seerosen* das 20. Jh. an.

A · **Goya**
Die Erschießung Aufständischer. 1814; Prado, Madrid (s. S. 721).

B · **John Constable**
(1776–1837), *Der Heuwagen.* 1821, National Gallery, London. Das gleichermaßen lyrische und realistische Werk wurde von französischen Malern wie Delacroix und Corot im Pariser Salon von 1824 sehr bewundert.

C · **Caspar David Friedrich**
(1774–1840), *Mondaufgang am Meer.* 1822, Nationalgalerie Berlin. Die Natur als ferner Spiegel der melancholischen Seele: ein in der nordeuropäischen Romantik vorherrschendes Thema.

D · **Eugène Delacroix**
(1798–1863), *Dante und Vergil in der Hölle.* 1822, Louvre. Die Inspiration des romantischen Malers verbindet die pathetischsten und bewegendsten Geschehnisse aus Literatur und Geschichte.

E · **Jean Auguste Dominique Ingres**
(1780–1867), *Die große Odaliske.* 1814; Louvre, Paris. Die lange Arabeske des reinen, stilisierten Körpers veranlaßte einen Kritiker zu der Bemerkung: Seine Odaliske hat drei Wirbel zuviel.

G · **John Everett Millais**
(1829–1896), *Ophelia.* 1852; Tate Gallery, London.

F · **Camille Corot**
(1796–1875), *Trinité-des-Monts* (in Rom, Blick von der Villa Medici). Um 1827; Louvre, Paris.

H · **Gustave Courbet**
(1819–1877), *Mädchen an der Seine:* die Modernität wird auf die Ebene der großen Kunst gehoben. 1856; Petit Palais, Paris.

I · **William Turner**
(1775–1851), *Die ›Téméraire‹ wird zu ihrem letzten Ankerplatz geschleppt.* 1838; National Gallery, London.

J · **Edouard Manet**
(1832–1883), *Olympia.* 1863; Orsay-Museum, Paris.

MEISTERWERKE

A · **Claude Monet**
(1840–1926), *Au bord de l'eau, Bennecourt.* 1868; Art Institute, Chicago.

D · **Auguste Renoir**
(1841–1919), *Le Moulin de La Galette.* 1876; Orsay-Museum, Paris.

E · **Georges Seurat**
(1859–1891), *Ein Sonntagnachmittag auf der Ile de la Grande Jatte.* Pointillismus. 1884–1885; Art Institute, Chicago.

I · **Henri Rousseau, der Zöllner**
(1844–1910), *Der Krieg.* 1894; Orsay-Museum. Der berühmteste naive Maler.

H · **Vincent Van Gogh**
(1853–1890), *Straße mit Zypressen.* 1890; Kröller-Müller-Museum, Otterlo (NL). Die Landschaften spiegeln die innere Traurigkeit des Künstlers wider.

J · **Edvard Munch**
(1863–1944), *Angst.* 1894; Munch-Museum, Oslo. Das Unwohlsein angesichts der gesellschaftlichen Veränderungen (s. S. 728).

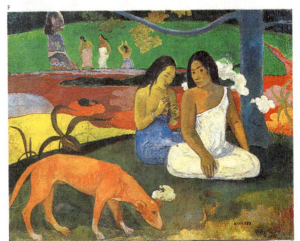

G · **James Ensor**
(1860–1949), *Seltsame Masken.* 1891; Musée des Beaux-Arts, Brüssel.

WEITERE WERKE, WEITERE MALER

Spanien. Goya: Sammlung der ›schwarzen Malereien‹ der ›Quinta del sordo‹ (Haus des Künstlers), um 1820 (Prado).

Frankreich. Théodore Géricault (1791–1824): *Floß der ›Medusa‹,* 1819 (Louvre). □ Ingres: Porträt von *Monsieur Bertin,* 1832 (Louvre). □ Delacroix: *Massaker von Chios,* 1824, und *Die Frauen von Algier in ihrem Gemach,* 1834 (beide Bilder im Louvre). □ Courbet: *Begräbnis in Ornans,* 1849 bis 1850 (Orsay-Museum, Paris). □ Jean-François Millet (1814 bis 1875): *Die Ährenleserinnen,* 1857 (Orsay-Museum). □ Honoré Daumier (1808 bis 1879): *Waggon dritter Klasse,* um 1862 (Metropolitan Museum, New York). □ Manet: *Bar in den Folies-Bergères,* 1881 (Institut Courtauld, London). □ Degas: *Badezuber, Frau, die sich kämmt, Frau bei der Toilette,* Pastelle, um 1895–1905. □ Monet: Serien: die Kathedrale von Rouen (1892 bis 1894), die *Seerosen* (um 1898–1926). □ Cézanne: Serie: *Montagne Sainte-Victoire,* um 1902 bis 1906. □ Gauguin: *Vision nach der Predigt,* 1888 (National Gallery, Edinburgh). □ Van Gogh: *Das Zimmer,* 1888 (Van-Gogh-Museum, Amsterdam). □ Henri de Toulouse-Lautrec (1864–1901): *Tanz im Moulin-Rouge,* 1892 (Art Institute, Chicago).

Großbritannien. Turner: *Regen, Dampf und Geschwindigkeit,* 1844 (National Gallery, London). □ Dante Gabriel Rossetti (1828–1882): *Ecce Ancilla Domini,* 1850 (Tate Gallery, London). □ Edward Burne-Jones (1833 bis 1898): *König Kophetua und das Bettlermädchen,* 1884 (Tate Gallery).

Deutschland. Friedrich: *Kreuz im Gebirge,* 1808 (Dresden, Gemäldegalerie). □ Adolph von Menzel (1815–1905): *Eisenwalzwerk,* 1872–1875 (Staatliche Museen, Berlin).

B · **Paul Cézanne**
(1839–1906), *Kartenspieler.* Um 1890–1895; Orsay-Museum, Paris.

C · **Edgar Degas**
(1834–1917), *Blaue Tänzerinnen.* Um 1890; Orsay-Museum. Zur gleichen Zeit schreibt der junge Maurice Denis, ein Angehöriger der Gruppe ›Nabis‹: ›Sich daran erinnern, daß ein Bild im wesentlichen eine mit Farben in einer bestimmten Anordnung bedeckte Fläche ist.‹

F · **Paul Gauguin**
(1848–1903), *Arearea.* 1892; Louvre, Paris. Durch seine Suche nach den Mythen des Goldenen Zeitalters und dem ›Guten Wilden‹ nähert sich der Künstler dem Symbolismus. Seine Technik ist durch den Cloisonismus bestimmt, der in den 1880er Jahren in Pont-Aven erarbeitet wurde.

725

MEISTERWERKE

ARCHITEKTUR DES 20. JH.

Der Bruch mit der Vergangenheit verstärkt sich durch die Wiener Schule: O. Wagner, J. Hoffmann (der sich auf Mackintosh beruft), Adolf Loos (der auf jegliche Verzierung verzichtet). Verschiedene deutsche Architekten wie Behrens bemühen sich um eine Reinigung der Form und einen erfinderischen *Expressionismus*. Ab den 20er Jahren lassen sich zwei große Avantgardeströmungen ausmachen: die strenge Geometrie mit kubischen Formen des *internationalen Stils* (oder ›moderne Bewegung‹) [Le Corbusier, Oud, Gropius, Mies van der Rohe u.a.] und verschiedene *organische* Strömungen mit weicheren Strukturen (F. L. Wright, Scharoun, der Finne Aalto u.a.). Eine Art ›neobarocke‹ Lyrik kennzeichnet die Werke von Saarinen oder des Brasilianers Niemeyer. Der englische (Stirling u.a.) oder japanische (Tange u.a.) *Brutalismus*, der zum Teil von Le Corbusier beeinflußt ist, führt zu einer hochtechnologischen Metallarchitektur (Piano, Rogers, N. Foster). Zumindest dem Anschein nach stehen dagegen verschiedene Richtungen, die man insofern als *postmodern* bezeichnet, als sie wieder an die Vergangenheit anknüpfen: Amerikaner wie M. Graves, Italiener wie A. Rossi, Japaner wie Isozaki und Schweizer wie M. Botta. Andere Architekten, z.B. der Belgier Lucien Kroll, beziehen die Nutzer der Gebäude in den Planungsprozeß ein und machen so den Menschen zum Maßstab ihres Bauens.

A · Josef Hoffmann
(1870–1956), Palais Stoclet in Brüssel (Belgien). 1905–1911. Der Speisesaal dieses Meisterwerks der Wiener Schule ist mit einem Mosaik des österreichischen Malers Gustav Klimt verziert.

B · Jacobus Johannes Pieter Oud
(1890–1963), Wohnsiedlung in Hoek van Holland in der Nähe von Den Haag. 1924–1927.

C · Frank Lloyd Wright
(1869 bis 1959), Robie House in Chicago, 1909. Ein frühes Beispiel der ›organischen Architektur‹, die die Harmonisierung von Landschaft und Bauten anstrebt. Organisches Aneinanderfügen der einzelnen Bauteile, harmonische Einfügung in die Landschaft und Anpassung der Räume an die verschiedenen menschlichen Bedürfnisse kennzeichnen diese Art des Bauens.

D · Walter Gropius
(1883–1969), Bauten für das Bauhaus in Dessau (Sachsen-Anhalt), 1925 bis 1926. Gropius hat für die berühmteste Künstlerschule des 20. Jh., deren Leiter er war, diese Gebäude mit einer vorgehängten Stahl-Glas-Fassade (›Curtain wall‹) versehen, die charakteristisch für die Anfänge des internationalen Stils ist.

E · Le Corbusier
(Charles-Édouard Jeanneret, 1887–1965), Ausschnitt der Villa Savoye in Poissy (Yelines). Stahlbeton; 1929–1931. Purismus und fließende Innenräume bei einem der Meister des internationalen Stils. Le Corbusier stammte aus der Schweiz.

F · Ludwig Mies van der Rohe
(1886–1969), Crown Hall für das Illinois Institute of Technology in Chicago. Stahl und Glas, 1952–1956. In Deutschland war Mies van der Rohe einer der Nachfolger (1930–33) von Gropius als Leiter des Bauhauses (s. oben). 1938 emigrierte er in die Vereinigten Staaten.

G · Le Corbusier
Kapelle von Ronchamp (Haute-Saône). Stahlbeton. 1950–1955. Die Zeichnung zeigt eine allgemeine Grundidee seines Schaffens: Rückkehr zur formellen Freiheit, die der Funktionalität des Gebäudes keinen Abbruch tut.

MEISTERWERKE

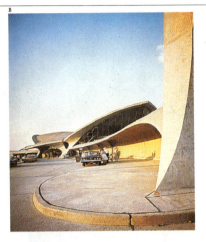

A · **Alvar Aalto** (1898–1976), großes Auditorium der polytechnischen Schule in Otaniemi bei Helsinki. 1955–1964.

B · **Eero Saarinen** (finnischer Herkunft, 1910–1961), Ausschnitt des TWA-Flughafens in Idlewild (New York): zwei lyrisch geschwungene Betonmuscheln. 1956–1962.

C · **Louis Isidore Kahn** (Este, 1901–1974), Ansicht des medizinischen Forschungslabors der Universität von Pennsylvania in Philadelphia. 1957 bis 1961.

D · **Oscar Niemeyer** (geb. 1907), Parlamentskomplex in Brasília, 1957–1960. Die Pläne für die neue brasilianische Hauptstadt wurden 1956 von dem Architekten Lúcio Costa (geb. 1902) erstellt. Auf dem Platz der Drei Mächte hat Niemeyer vor allem die Parlamentsgebäude geschaffen.

E · **James Stirling** (geb. 1926) und **James Gowan** (1924) Gebäude der Ingenieurwissenschaften der Universität von Leicester (GB), 1959–1963.

F · **Renzo Piano** (geb. 1937) und **Richard Rogers** (1933) Schnitt durch ein Bürogebäude in Novedrate (Provinz Como, Italien). 1971–1973. Weder Pfeiler noch Mauer teilen den Nutzraum, der an einem dreidimensionalen Stahlrohrgebilde aufgehängt ist; Rohrinstallationen zwischen den Decken. (Dieselben Architekten haben in Paris das Centre Georges Pompidou gebaut.)

I · **Mario Botta** (geb. 1943), Haus in Ligornetto (Tessin, Schweiz), Mittelteil der Fassade. 1975.

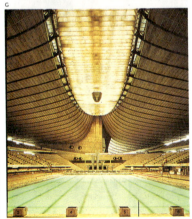

G · **Tange Kenzo** (geb. 1913), olympisches Schwimmstadion in Tokio. 1960–1964. Die riesige Decke ist an Stahlseilen aufgehängt, eine kühne Konstruktion, die durch ihre Technik ebenso besticht wie durch ihre plastische Wirkung.

H · **Lucien Kroll** (geb. 1927), medizinische Fakultät und U-Bahn-Station in einem renovierten Wohnviertel in Woluwe-Saint-Lambert bei Brüssel. 1976–1982.

J · **Isozaki Arata** (geb. 1931), mittleres Motiv an einer Fassade des Zentrums der neuen Stadt Tsukuba (im Nordosten von Tokio): Manches erinnert an Jules Romain, Ledoux u. a., 1985.

WEITERE GEBÄUDE, WEITERE ARCHITEKTEN

Österreich. Otto Wagner (1841–1918): Postsparkasse in Wien, 1904 bis 1906. ☐ Hans Hollein (geb. 1934): Städtisches Museum Abteiberg in Möchengladbach, 1972–1982.

Deutschland. Peter Behrens (1868–1940): Turbinenhalle der AEG in Berlin, 1909. ☐ Hans Scharoun (1893–1972): Philharmonie in Berlin, 1960 bis 1963.

Frankreich. Auguste Perret (1874–1954): Théâtre des Champs-Élysées in Paris, 1911–1913.

Italien. Pier Luigi Nervi (1891–1979): Ausstellungshallen in Turin, 1948–1950. ☐ Aldo Rossi (geb. 1931): Sozialwohnungen in Gallaratese bei Mailand, 1969 bis 1975.

Großbritannien. Richard Rogers: Gebäude der Lloyd's Versicherungen in London, um 1980–1986. ☐ Norman Foster (geb. 1935): Verwaltungsgebäude der Hongkong and Shanghai Banking Corporation in Hongkong, 1980–1986.

Vereinigte Staaten. Wright: Verwaltungsgebäude der Johnson Werke in Racine (Wisconsin), 1936–1939; Guggenheim-Museum in New York, 1956–1959. ☐ Mies van der Rohe: Seagram Building in New York, 1956–1958. ☐ Michael Graves (geb. 1934): Gebäude des Öffentlichen Dienstes in Portland (Oregon), um 1980. ☐ Richard Meier (geb. 1934): Hartford-Seminargebäude (Connecticut), um 1983.

MEISTERWERKE

MALEREI DES 20. JH.

Der Wegfall der akademischen Zwänge und der Wunsch der Künstler nach Individualität bedingen die fieberhafte Tätigkeit der Avantgarde: *Fauvismus* (Derain, Matisse ...), *Expressionismus* (besonders die Deutschen Nolde, Kirchner ...), *Kubismus* (Picasso, Braque ...), italienischer *Futurismus*, die *metaphysische* Malerei (De Chirico ...), *Dadaismus* und dann *Surrealismus* (Ernst, Dalí, Miró, Magritte ...), der deutsche *Verismus* (Dix ...). Dabei ist es nicht möglich, Persönlichkeiten wie Picasso oder Matisse in eine Kunstrichtung einzuordnen, was auch für Leger, Chagall oder Klee sowie für die Schöpfer der *Abstraktion* (Kandinsky ...) oder der geometrischen Abstraktion (Malewitsch, Mondrian ...) gilt. Der amerikanische *abstrakte Expressionismus* (Pollock, Motherwell, Rothko ...) der 50er Jahre konkurriert mit der lyrischen Abstraktion in Europa (Hartung ...). Dubuffet, Bacon, die Gruppe Cobra (der Däne Jorn, der Niederländer Karel Appel usw.) revolutionieren zur selben Zeit die gegenständliche Malerei. Sie bringen in Europa die *Neue Gegenständlichkeit* der 60er Jahre hervor, während in den Vereinigten Staaten das Antagonistenpaar der *Pop-art* (Lichtenstein, Warhol ...) und der *Neuen Abstraktion* vorherrscht, eine kühle, ›minimale‹ Form (Stella in seinen Anfängen). Darauf folgt eine Gegenwart mit zu vielen gegensätzlichen Richtungen, als daß sie hier behandelt werden könnten.

A · **Pablo Picasso** (1881–1973), *Les Demoiselles d'Avignon.* 1906 bis 1907. Museum of Modern Art, New York. Dies ist der Beginn des Kubismus mit seiner Zerlegung des Motivs und seiner Neubildung auf der zweidimensionalen Leinwand. Einflüsse von Cézanne, Greco, der alten iberischen Bildhauerei und, auf der rechten Seite, der schwarzafrikanischen Plastik.

B · **Marc Chagall** (in Frankreich eingebürgerter Russe, 1887 bis 1985), *Ich und das Dorf.* 1911; Museum of Modern Art, New York.

D · **Henri Matisse** (1869–1954), *La Desserte.* 1908; Eremitage, Leningrad. Große Feinfühligkeit in den linearen Kontrapunkten und im freien Umgang mit der reinen Farbe (Erbe der Fauvisten).

F · **Georges Braque** (1882–1963), *Le Violon.* Collage, 1913–1914, Privatsammlung. Ein gelungenes Werk des ›synthetischen Kubismus‹.

C · **Emil Nolde** (1867–1956), *Im Café.* 1911; Folkwang-Museum, Essen. Leuchtender Expressionismus.

E · **Kasimir Malewitsch** (1878–1935), *Die Roggenernte.* 1912; Stedelijk-Museum, Amsterdam. Die ersten abstrakten Bilder im Sinne des Suprematismus stammen aus dem Jahre 1915.

G · **Giorgio De Chirico** (1888–1978), *les Muses inquiétantes.* 1916; Sammlung Gianni Mattioli, Mailand. Das Visionäre der ›metaphysischen Malerei‹ beeinflußt die Surrealisten.

H · **Wassily Kandinsky** (erst in Deutschland, dann in Frankreich eingebürgerter Russe, 1866 bis 1944), *Bild mit rotem Fleck.* 1914; Musée National d'Art Moderne, Paris. Abstrakte Malerei als romantischer Ausdruck der Innenwelt und des Denkens.

J · **Piet Mondrian** (1872–1944), *Komposition 1 mit Blau und Gelb.* 1925; Kunsthaus Zürich. Extreme Strenge des Neoplastizismus, der von Mondrian entwickelten Theorie, die er der niederländischen Gruppe De Stijl vermittelte.

I · **Fernand Léger** (1881–1955), *Die Stadt.* 1919; Museum of Art, Philadelphia, Gallatin-Sammlung.

MEISTERWERKE

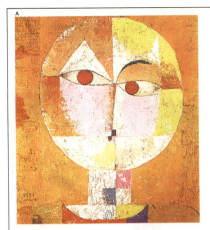

A · Paul Klee
(1879–1940), *Senecio*. 1922; Kunstmuseum, Basel. Der Schweizer Künstler, der auch Theoretiker und Dichter war, lehrte (wie Kandinsky) am Bauhaus (s. S. 726).

B · Max Ernst
(zuerst in Amerika, dann in Frankreich eingebürgerter Deutscher, 1891 bis 1976), *Der versteinerte Wald*. ›Frottage‹, Kohle auf Papier, 1929; MNAM, Paris. Der surrealistische Künstler setzt zufällige Eingebungen um.

D · Salvador Dalí
(1904–1989), *Metamorphose des Narziß*. 1937; Tate Gallery, London. Ausgeklügelte Symbolik, die vor allem durch das ›doppelte Bild‹ (Körper des Narziß/die Hand mit dem Ei, aus dem die Narzisse wächst) ausgedrückt wird.

C · Jackson Pollock
(1912–1956), *Die Mondfrau durchbricht den Kreis*. um 1943; MNAM, Paris. Eine originelle Schöpfung (Bezug zur indianischen Kunst) des amerikanischen Künstlers, der später der bedeutendste Vertreter des Action-painting (Abstraktionsmalerei) war.

F · Francis Bacon
(geb. 1909), *Hommage an Van Gogh*: grausame Malerei des Unangepaßtseins. 1960; Privatsammlung.

E · Hans Hartung
(in Frankreich eingebürgerter Deutscher, 1904 bis 1989), *Bild T 54–16*: eine sehr beherrschte, lyrische Projektion. 1954; MNAM, Paris.

G · Jean Dubuffet
(1901–1985), *Le Métafizyx*: als Vorbild dient die spontane ›rohe Kunst‹ (Art brut), z. B. von Geisteskranken. 1950; MNAM.

H · Roy Lichtenstein
(geb. 1923), *Whaam!*, Diptychon (rechter Flügel). 1963; Tate Gallery, London.

WEITERE MALER, WEITERE WERKE

Frankreich. Pierre Bonnard (1867–1947): *Place Clichy*, 1912 (Museum in Besançon). □ André Derain (1880–1954): *Le Pont sur la Tamise*, 1906 (Museum von Saint-Tropez). □ Robert Delaunay (1885–1941): *Die Mannschaft von Cardiff*, 1913 (Musée d'Art moderne, Paris). □ Nicolas de Staël (russischer Herkunft, 1914–1955): *Die Dächer*, 1952 (MNAM, Paris). □ Pierre Soulages (geb. 1919): *Bild, 14. April 1956* (MNAM).

Deutschland. Ernst Ludwig Kirchner (1880 bis 1938): *Nackter mit Hut*, 1911 (Museum in Köln). □ Otto Dix (1891 bis 1969): *An die Schönheit*, 1922 (Wuppertal).

Italien. Futuristische Werke von Giacomo Balla (1871 bis 1958), Carlo Carra (1881–1966) und Umberto Boccioni (1882 bis 1916) ab 1910. □ Amedeo Modigliani (1884–1920): *Liegender Frauenakt*, 1917 (Sammlung Mattioli, Mailand). □ Lucio Fontana (1899 bis 1968): ›Spazialismo‹ der 50er und 60er Jahre.

Spanien. Picasso: *Guernica*, 1937 (Prado, Madrid). □ Joan Miró (1893–1983): *Schnecke, Frau, Blume, Stern*, 1934 (Miró-Stiftung, Barcelona). □ Antoni Tàpies (geb. 1923): *La Grande Équerre*, 1962 (Cuenca).

Belgien. René Magritte (1898–1967): *Le Double Secret*, 1927 (MNAM, Paris).

Vereinigte Staaten. Edward Hopper (1882 bis 1967): *Early Sunday Morning*, 1930 (Whitney Museum, New York). □ Georgia O'Keeffe (1887 bis 1986): *Radiator Building, night*, New York, 1927 (University of Nashville). □ Robert Motherwell (geb. 1915), Serie: ›Elegien‹, 1950/60. □ Andy Warhol (1929 bis 1987): Serien: ›Campbell' Soup‹ (1961), ›Marilyn Monroe‹ (1962) und ›Elektrischer Stuhl‹ (1964).

Kuba. Wilfredo Lam (1902–1982): *Der Dschungel*, 1943 (Museum of Modern Art, New York).

Dänemark. Asger Jorn (1914–1973): *Der Troll und die Vögel*, 1944 (Museum in Silkeborg).

I · Frank Stella
(geb. 1936), *Parzeczew II*, Reliefarbeit in verschiedenen Techniken. 1971; MNAM, Paris. Zwischenstufe zwischen der Minimal art (60er Jahre) des Künstlers und seinen fantasiereichen Hochreliefs (80er Jahre).

J · Mark Rothko
(Amerikaner lettischer Herkunft, 1903–1970). *Nr. 10*, (1950), Museum of Modern Art, New York. Abstrakter Expressionismus, der auf der Macht der diffusen Farbe beruht.

MEISTERWERKE

BILDHAUEREI DES 20. JH.

Die moderne Bildhauerkunst hat sich mehr und mehr, vor allem unter dem Einfluß von Kubismus, Futurismus und Expressionismus (Lipchitz, Duchamp-Villon ...) von der realistischen Darstellung entfernt. Der Kubismus brachte die Technik des geschweißten Eisens, die von Picasso, González, Calder und D. Smith praktiziert wurde. Die Formbereinigung von Brancusi beeinflußt viele Bildhauer, darunter vor allem Moore. Die geometrische Abstraktion, die aus dem russischen *Konstruktivismus* hervorgeht, wird in den 60er Jahren von der amerikanischen *Minimal art* (LeWitt ...) abgelöst. Lyrik und Expressionismus werden in der gleichen Zeit ebenfalls praktiziert, bevor sie von den Montagen, dem *Neuen Realismus* (Tinguely, César ...) und der *Pop-art,* den zeitgenössischen Ausdrucksformen, abgelöst werden.

A · **Wilhelm Lehmbruck** (1881–1919). *Badende,* Stein, 1915 (Kunsthalle, Mannheim).

B · **Antoine Pevsner** (in Frankreich eingebürgerter Russe, 1886 bis 1962). *Construction dans l'éspace.* Bronze und Kristallglas, 1923 bis 1925 (MNAM, Paris). Im russischen Konstruktivismus beabsichtigen Aussparungen und Transparenz die Integration des realen Raumes.

C · **Picasso,** *Frau im Garten,* 1929 bis 1930 (Picasso-Museum, Paris). Obwohl diese ›Schrift im Raum‹ im Gegensatz zum Konstruktivismus steht, verneint sie wie dieser den Begriff ›Masse‹, ›Volumen‹.

D · **Duchamp-Villon** (Raymond Duchamp, 1876–1918). *Das Pferd.* Bronze, 1914 (MNAM, Paris).

E · **Constantin Brâncuși** (rumänischer Bildhauer der Pariser Schule, 1876 bis 1957). *Der Hahn.* Polierte Bronze, 1924–1935 (MNAM). Auf der Suche nach einem symbolischen Inhalt der Form hat Brâncuși den Purismus in der Kunst unseres Jahrhunderts vertreten; er richtete sich dabei jedoch nach der Tradition der bäuerlichen Vorfahren.

H · **Alberto Giacometti** (1901–1966), *Kopf Diegos.* Bronze, 1953 (Privatsammlung).

F · **Sol LeWitt** (geb. 1928), *Stück aus 5 Einheiten (offene Würfel) in Form eines Kreuzes.* Weiß lackierter Stahl, 1966 bis 1969 (MNAM, Paris).

G · **Alexander Calder** (1898–1976), *Vier Blätter und drei Blütenblätter.* Standmobile aus bemaltem Metall, 1939 (MNAM, Paris).

I · **Jean Tinguely** (geb. 1925), *Metamatic No 8,* Zeichenroboter: Verspottung des Abstrakten. 1958 (Museum für moderne Kunst, Stockholm).

J · **Henry Moore** (1898–1986), *Familie,* Bronze, 1946 (Phillips Collection, Washington).

EINIGE WEITERE BILDHAUER

Frankreich. Aristide Maillol (1861–1944): Bronzen zu weiblichen Akten. ▢ Hans Arp (1887 bis 1966): *Forêt,* mehrfarbiges Relief, um 1917 (Arp-Gründung, Clamart). ▢ Jacques Lipchitz (litauischer Herkunft, 1891–1973): *Personnage debout,* Stein, 1916 (Guggenheim-Museum, New York). ▢ César (César Baldaccini, geb. 1921): *Ricard,* ›Compression‹ des Automobils, 1962 (MNAM, Paris).

Sowjetunion. Wladimir Tatlin (1885 bis 1953): ›Gegenreliefs‹, entstanden 1914–1915.

Italien. Arturo Martini (1889 bis 1947): *Der Traum,* 1931 (Privatsammlung). ▢ Arnaldo Pomodoro (geb. 1926): *Große Scheibe,* Bronze, 1965 (Privatsammlung).

Vereinigte Staaten. Naum Gabo (russischer Abstammung, Bruder von Pevsner, 1890 bis 1977): *Lineare Konstruktion im Raum, Nr. 1,* Plexiglas und Nylonfaden, 1957 (Privatsammlung. ▢ Isamu Noguchi (geb. 1904), *Gregory,* Schiefer, 1946 (Whitney-Museum, New York).

Spanien. Julio González (1876–1942): *Sich kämmende Frau,* um 1931 (MNAM, Paris).

Großbritannien. Anthony Caro (geb. 1924): *Early one Morning,* 1962 (Tate Gallery, London).

730

MEISTERWERKE

NEUE AUSDRUCKSFORMEN

Durch die Befreiung von allen Regeln haben sich die Künstler des 20. Jh. oft auch von den traditionellen Disziplinen wie Malerei und Bildhauerei entfernt. Kubismus, Futurismus und Dadaismus haben die *Montagen* aus verschiedenen Materialien, die *Collagen* und die *Fotomontagen* hervorgebracht. Die Konstruktivisten (Moholy-Nagy ...) öffneten den Weg zur *kinetischen Kunst,* der Kunst der Bewegung (Soto ...). Verschiedene Montagen, *Environnements* und *Happenings* sind seit den 60er Jahren von Künstlern hervorgebracht worden, die zum *Neuen Realismus* (Christo), zur *Pop-art* (deren Vorreiter Rauschenberg ist), zur italienischen *Arte povera* (Merz, Kounellis ...), zur *Minimal art* (s. S. 730) und zur amerikanischen *Process-art* (R. Morris), zur amerikanischen oder englischen *Land-art,* zu Formen der *technologischen Kunst* (Takis ...) und zur *Video-art* (Paik ...) gehören. Die *Concept-art* (Kosuth) ist vor allem der theoretische Entwurf, während bei den *Aktionen* der *Body-art* (V. Acconci ...) der Körper als Kunstobjekt dient.

A · **Marcel Duchamp** (1887–1968), *Why not sneeze Rose Selavy.* Montage verschiedener Gegenstände mit Vogelkäfig, 1921 (Arensberg-Sammlung, Museum von Philadelphia). Duchamp, der Dadaist, ist der Erfinder der ›Readymades‹ (›fertige‹ Objekte, ironischerweise Kunstobjekte genannt); diese enthalten, stark abgewandelt, verschiedene visuelle und sprachliche Anspielungen.

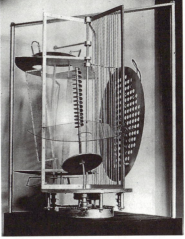

B · **László Moholy-Nagy** (1895–1946), *Modulateur espace-lumière,* Vorrichtung für Lichtprojektionen für die Bühne eines Lehrers am Bauhaus. 1922–1930 (Foto aus der damaligen Zeit).

C · **Joseph Beuys** (1921–1986), *Homogene Infiltration für Konzertflügel.* Klavier, Filz, 1966 (MNAM, Paris). Der Künstler verwendete für seine ›Aktionen‹ Elemente der Concept-art, der Arte povera und der Fluxus-Bewegung.

D · **Christo** (Christo Jawatschew, bulgarischer Herkunft, geb. 1935), *Valley Curtain,* vorübergehender Aufbau in Rifle, Colorado (USA). Tuch aus Polyamid und Stahlseile; 1970–1972.

G · **Gina Pane** (Französin italienischer Abstammung, geboren 1939), eine Phase der *Action sentimentale* (1974).

E · **Robert Rauschenberg** (geb. 1925), *Monogram:* amerikanischer Neodadaismus; 1959 (Museum für moderne Kunst, Stockholm).

F · **Jesús Rafael Soto** (in Frankreich lebender Venezolaner, geboren 1923), *Environment* (bemalte Metallstäbe) aus dem Jahre 1970 für die Eingangshalle des Gebäudes der UNESCO in Paris.

H · **Mario Merz** (geb. 1925), *Sit in,* Eisen, Fett, Neonröhre; 1968 (Galerie Sonnabend).

I · **Nam June Paik** (in den USA lebender Koreaner, auch Komponist, geboren 1932), *TV Cello.* Vorführung der Cellistin Charlotte Moorman (1982).

EINIGE WEITERE KÜNSTLER

Vereinigte Staaten. Edward Kienholz (geb. 1927): *The Beanery,* Environment-Montage, 1964 (Städtisches Museum, Amsterdam). □ Claes Oldenburg (schwedischer Herkunft, geboren 1929): *Happenings,* Ende der 50er Jahre (Hamburger usw.), Vertreter der Pop Art. □ Robert Morris (geb. 1931): Serie der *Filze,* ab 1967. □ Robert Smithson (1938 bis 1973): *Spiral Jetty,* im Großen Salzsee, Utah, USA (Land-art, 1970). □ Joseph Kosuth (geb. 1945): *Einer und drei Tische* (Concept-art, 1965).

Frankreich. Takis (Panayiotis Vassilakis, in Frankreich lebender Grieche, geb. 1925): kinetische Plastiken auf technologischer Basis, seit den 60er Jahren. □ Daniel Buren (geb. 1938): *Ornements d'un discours,* 37 Elemente aus zweifarbigem, gestreiftem Stoff, 1972 bis 1979 (MNAM, Paris).

Italien. Iannis Kounellis (griechischer Herkunft, geb. 1936): *Ohne Titel* (Arte povera), 1967 (Museum Kröller-Müller, Otterlo). □ Giulio Paolini (geb. 1940): *Apothéose d'Homère,* Installation der Concept-art, 1971.

Großbritannien. Gilbert and George (Gilbert Proesch, 1943; George Passmore, 1942): stellen sich als ›lebende Skulpturen‹ aus (70er Jahre).

MEISTERWERKE

DAS KULTUR- UND NATURERBE DER WELT

Am 16. November 1972 verabschiedete die Generalkonferenz der UNESCO eine ›Konvention zum Schutz des Kultur- und Naturerbes der Welt‹. Sie hatte zum Ziel, mit Hilfe eines ›Regierungsausschusses des Kulturerbes der Welt‹ ein rechtliches, technisches und finanzielles System einzusetzen, das der Erhaltung der Kulturgüter und Naturgebiete dienen sollte, deren ganz besonderer Wert darin liegt, daß ihre Erhaltung *alle* Nationen betrifft. 1989 hatten 111 Staaten diese Konvention ratifiziert und sich somit verpflichtet, sich an der Erhaltung der in die ›Liste des Welterbes‹ aufgenommenen Güter zu beteiligen. Diese Liste wird von Jahr zu Jahr länger, da der Ausschuß einige neue Gebiete von denen, die ihm von den Staaten vorgeschlagen werden, aufnimmt; hierzu stützt er sich auf Untersuchungen, die vor allem vom ICOMOS (Internationaler Rat für Monumente und Naturgebiete) und von der UICN (Internationale Union zur Erhaltung der Natur und der natürlichen Ressourcen) durchgeführt werden.

Ägypten
Memphis und seine Totenstadt; das Gebiet der Pyramiden von Giseh bis Dahschur (s. S. 682).
Das antike Theben und seine Totenstadt: Tempel von Luxor und Karnak; Deir el Bahari, Tal der Könige und der Königinnen u. a. (s. S. 683).
Nubische Denkmäler von Abu Simbel bis Philae.
Islamische Stadt Kairo.
Frühchristliche Ruinen von Abu Mena (Heiliger Menas, östlich von Alexandrien).

Algerien
Kalat Beni Hammad, südwestlich von Sétif: Überreste der Hauptstadt der Hammadidenherrscher (11. Jh.).
Tassili der Adjer, Bergmassiv in der Zentralsahara, in dem vorgeschichtliche Felsmalereien und -gravuren erhalten sind (Neolithikum) [siehe S. 679].
Mzab-Tal: Ghardaia und weitere Oasen der mozabitischen Berber.
Djemila, nordöstlich von Sétif: Reste der römischen Stadt Cuicul.
Tipasa, an der Küste bei Cherchell: Reste einer erst numidischen, dann römischen Stadt.
Timgad, südöstlich von Batna: Reste einer erst römischen (s. S. 686), dann byzantinischen Stadt.

Argentinien
Los Glaciares: Nationalpark in den Anden im Süden von Patagonien (Gipfel wie der Fitz Roy, riesige Gletscher und Eisseen).
Nationalpark von Iguazú: Wasserfälle des gleichnamigen Flusses, eines linken Nebenflusses des Paraná, an der Grenze zu Brasilien.

Argentinien und Brasilien
Jesuitenmissionen bei den Guaraniindianern: Ruinen von verschiedenen Niederlassungen (18. Jh.) in der Provinz Misiones (Argentinien) und von São Miguel das Missões (Brasilien).

Äthiopien
Nationalpark der Simien, im Nordosten von Gondar.
Kirchen von Lalibela, seit dem 13. Jh. in den Fels gehauen.
Fasil Ghebi (bei Gondar), befestigte Stadt des Kaisers Fasilidas (17. Jh.)
Unteres Tal des Awash: paläontologische Fundorte (Tiere und Menschenähnliche).
Tiya (100 km südlich von Addis Abeba): rätselhafte behauene Stelen einer frühen Kultur.
Aksum (oder Axum), ehemalige Hauptstadt des gleichnamigen Königreichs (1.–10. Jh.): hohe Stelen aus den ersten Jahrhunderten unserer Zeitrechnung und andere Überreste.
Unteres Tal des Omo: Ausgrabungsstätten mit zahlreichen Funden von Menschenähnlichen, von denen einige (Australopithecinen) 3 750 000 Jahre alt sind.

Australien
Kakadu-Nationalpark (Arnhem-Land): Landschaft, Fauna, archäologische und künstlerische Stätten der Eingeborenen.
Das Große Barrier-Riff (s. S. 45).
Gebiet der Willandra-Seen (New South Wales): Frühgeschichte (wirtschaftliches Leben des *Homo sapiens*) und ›versteinertes‹ Ökosystem von Seefauna und -flora.
Nationalparks mit Gebieten unberührter Natur in Westtasmanien.
Lord-Howe-Insel in der Tasmansee: die südlichsten Korallenriffe der Welt.
Parks der gemäßigten Regenwälder an der Ostküste.
Uluru-Nationalpark, im wüstenhaften Binnenland: Ayers Rock (heiliger Berg der Eingeborenen [s. S. 45]) und die 36 Steinkuppen des Mount Olga.
Tropischer Feuchtwald von Queensland.

Bangladesh
Historische Stadt und Moschee Bagherhat (Prov. Khulna).
Ruinen der buddhistischen Vihara von Paharpur (aus dem Ende des 8. Jh. stammend) im Distrikt von Rajshahi.

Benin
Ehemalige Königspaläste von Abomey (Historisches Museum).

Bolivien
Stadt Potosí, Kirchen im Stil des indianischen Barock (17–18. Jh.).

Brasilien
Altstadt von Ouro Preto mit ihren Barockkirchen aus dem 18. Jh. (s. S. 718).
Altstadt von Olinda, mit ihren religiösen Bauten aus dem 17. bis 18. Jh.

Historisches Zentrum von Salvador: brasilianische Architektur des 16.–18. Jh.
Wallfahrtskirche Bom Jesus de Matosinhos in Congonhas (Minas Gerais), mit den Statuen des Leidenswegs Christi von Aleijandinho (Ende 18. Jh.).
Nationalpark Iguaçu: Wasserfälle des gleichnamigen Flusses (s. Argentinien, Iguazú-Nationalpark); Fauna und Flora (s. S. 44).
Brasília, neue Landeshauptstadt, 1960 gegründet (s. S. 727).

Bulgarien
Kirche von Bojana (Vorort von Sofia), mit Wandmalereien aus dem 13. Jh.
Der Reiter von Madara (8. oder 9. Jh.), Flachrelief auf einer Steinwand von Madara im Bezirk Schumen.
Kuppelgrab eines thrakischen Herrschers in Kasanlak (4. oder 3. Jh. v. Chr., hellenistische Wandmalereien).
Felsenkirchen des Klosters Iwanowo, bei Russe: Wandmalereien aus dem 13. und 14. Jh.
Altstadt von Nessebar am Schwarzen Meer, nördlich von Burgas: byzantinische Kirchen des 5.–14. Jh.
Kloster von Rila, im 14. Jh. erbaut, im 19. Jh. wiederaufgebaut.
Naturschutzgebiet des Srebarnasees (Bezirk Silistra).
Nationalpark des Piringebirges, im Südwesten Bulgariens.
Thrakisches Königsgrab in Sweschtari bei Rasgrad (hellenistische Ausstattung aus dem 3. Jh. v. Chr.).

Bundesrepublik Deutschland
Aachener Münster, mit der achteckigen Kapelle der ehemaligen Pfalz Karls des Großen (s. S. 698), um einen gotischen Chor vergrößert.
Dom zu Speyer, romanisch (s. S. 699 und 700).
Würzburger Residenz, Barockpalast der Fürstbischöfe mit seinen Gärten (s. S. 718).
Wallfahrtskirche Wies, (Bayern) im Rokokostil (s. S. 720).
Schlösser Augustusburg und Falkenlust in Brühl bei Köln im Rokokostil (18. Jh.).
Dom St. Mariae und St.-Michael-Kirche von Hildesheim, romanisch.
Monumente von Trier, seit ihrer Zeit als römische Kaiserstadt (›Porta nigra‹, Thermen, ›Basilika‹, Amphitheater u. a.).
Hansestadt Lübeck: Gebäude, vor allem aus dem 13.–15. Jh.

China
Berg Tai Shan (T'ai-chan) [Halbinsel Shadong], heiliger Berg, an dessen Hängen sich zahlreiche Tempel und weitere Bauten befinden (die ältesten aus dem 3. Jh.).
Die Große Mauer, 5 000 km lange Befestigungsmauer zwischen China und der Mongolei seit dem 3. Jh. v. Chr. Ihr heutiger Verlauf stammt aus der Mingzeit (15.–17. Jh.) [s. S. 207].

Kaiserpalast (die ›verbotene Stadt‹) der Ming- und der Qingdynastie in Peking, heute Museum (s. S. 690).
Mogaogrotten in Dunhuang (Tunhuang) [Gansu]: buddhistisches Felsenkloster aus 486 Felshöhlen mit Malereien und Reliefs aus gebrannter Erde (5.–10. Jh.).
Hügelgrab des ersten Zentralkaisers von China, Qin Shi Huangdi (Ch'in Shih Huang-ti) [221–210 v. Chr.] bei Xian; Gräben mit ungefähr 7 000 Kriegern aus Terracotta in Lebensgröße (s. S. 674).
Höhlen von Zhoukoudian (Tcheou-k'eou-tien), südwestlich von Peking, Fundort des Sinanthropus.

Costa Rica
Naturschutzgebiete der Kordillere von Talamanca-La Amistad: verschiedene Biotope, etwa 30 nur hier vorkommende Tierarten.

Ecuador
Galápagosinseln, zum Nationalpark erhoben (Tierschutzgebiet).
Altstadt von Quito: Kolonialstil vom 16.–18. Jh.
Nationalpark des Vulkans Sangay, südöstlich von Riobamba.

Elfenbeinküste
Tai-Nationalpark, südlich des Buyosees: letzte Reste der westafrikanischen Primärregenwälder.
Nationalpark von Comoé, im Nordosten des Landes: großes Savannengebiet, Tierschutzgebiet.

Frankreich
Mont-Saint-Michel (Abtei aus dem Jahr 966) und seine Bucht.
Kathedrale von Chartres, Beispiel der ›klassischen‹ Gotik (s. S. 702).
Schloß und Park von Versailles (17.–18. Jh.) [s. S. 712–713].
Abteikirche (12. Jh.) und Hügel von Vézelay (s. S. 701).
Höhlen mit frühgeschichtlichen Malereien im Tal von Vézère (Dordogne): Font-de-Gaume, les Combarelles, Madeleine, Lascaux u. a. (verschiedene Epochen des Paläolithikums) [s. S. 678].
Schloß und Park von Fontainebleau (größtenteils aus dem 16. bis 19. Jh.) [s. S. 709].
Schloß (16. Jh.) und Domäne Chambord: das sehenswerteste der ›Loire-Schlösser‹ (s. S. 709).
Kathedrale von Amiens: Hochgotik (s. S. 702).
Römische Anlagen in Orange: Theater und seine Umgebung, Triumphbogen.
Römische (Amphitheater, Theater u. a.) und romanische Bauten (Kirche St. Trophime u. a.) von Arles.
Ehemalige Zisterzienserabtei Fontenay (Côte-d'Or) [12. Jh.].
Königliche Salinen von Arc-et-Senans: 1775 von Nicolas Ledoux erstellte Gebäude.
Place Stanislas, Place de la Carrière und Place d'Alliance in Nancy: Städtebau im 18. Jh.
Romanische Kirche von Saint-Savin-sur-Gartempe, mit ihren Wandgemälden.

732

MEISTERWERKE

Bucht von Girolata, Golf von Porto und Naturschutzgebiet von Scandola auf Korsika: rote Porphyrklippen und Basaltsäulen, Meerespflanzen, Vögel.
Pont du Gard, römischer Aquädukt aus dem 1. Jh.
Straßburg, ›la Grande Ile‹, Mittelpunkt der Altstadt.

Ghana
Festungen und Schlösser von Elmina, Cape Coast, Akkra usw. (europäische Bauten des 15. bis 19. Jh.).
Traditionelle Bauten der Ashanti.

Griechenland
Tempel des Apollon Epikurios in Bassa, Ende des 5. Jh. v. Chr. von Iktinos erbaut.
Ausgrabungsstätte von Delphi: zahlreiche Überreste des großen Apollheiligtums (überwiegend 7.–2. Jh. v. Chr.).
Akropolis in Athen: Ruinen der Bauten, die ab dem 5. Jh. v. Chr. gebaut oder wiederaufgebaut wurden, darunter die der Göttin Athena geweihte Parthenon (s. S. 685).
Ausgrabungsstätte von Olympia: hier wurden seit 776 v. Chr. zu Ehren des Zeus die Olympischen Spiele abgehalten.
Ausgrabungsstätte von Epidaurus: Heiligtum des Asklepios; Theater aus dem 4. Jh. v. Chr.
Saloniki: frühchristliche und byzantinische Baudenkmäler.
Berg Athos: Klosterkomplex (seit dem 11. Jh.) mit vielfältigen Kunstschätzen.
Ruinenstätte Mistra in der Südpeloponnes: byzantinische Architektur und Kunst.
Meteora-Klöster in Thessalien: auf Tuffsteinfelsen errichtet (14. bis 16. Jh.)
Mittelalterliche Stadt Rhodos.

Großbritannien
Giant's Causeway (›Straße der Riesen‹, eine Art natürlicher Damm aus Basaltsäulen) und ihre Küste in der Grafschaft Antrim, Nordirland (s. S. 42).
Der Tower von London, Festung, unter Wilhelm dem Eroberer erbaut.
Kathedrale, Abtei St. Augustin und St.-Martin-Kirche (Ende des 6. Jh. gegründet) in Canterbury.
Durham: Kathedrale (auf das Jahr 1093 zurückgehend, s. S. 700) und Schloß (12.–17. Jh.).
Ironbridge-Schlucht, bei Shrewsbury: Brücke aus Gußeisen (die erste der Welt, 1779) über den Severn und Museum für Industriearchäologie.
Park von Studley Royal (1. Hälfte des 18. Jh.) und Ruinen von Fountains Abbey (Zisterzienserkloster, großteils aus dem 12. Jh.).
Stonehenge, Avebury und weitere Orte der Region (Wiltshire): Megalithen vom Ende der neolithischen Epoche (Avebury: 2. Hälfte des 3. Jahrtausends) oder vom Ende des Neolithikums und Anfang der Bronzezeit (Kreise von Stonehenge: um 2400–1700 v. Chr.) [s. S. 198].
Burgen und Festungen von König Edward I., in dem ehemaligen Fürstentum Gwynnedd (Wales).
Saint Kilda, eine kleine schottische Insel im Atlantik vor den Hebriden; heute ist sie unbewohnt und ein Vogelschutzgebiet.
Blenheim Palace (s. S. 718).
Bath: römische Überreste, gotische Abteikirche im Perpendicular style und Städtebau im 18. Jh.
Hadrianswall: Überreste der etwa 200 km langen, nördlich des Tyne auf Anordnung des Kaisers gebauten Befestigung zur Verteidigung gegen die Pikten in Schottland.
Westminster Palace (s. S. 722), Abteikirche (13.–15. Jh. wieder aufgebaut) und benachbarte Kirche St. Margaret in London.
Henderson Island, über dem Meeresspiegel aufsteigendes, bewaldetes Atoll, in der Nähe von Pitcairn, Südpazifik.

Guatemala
Nationalpark Tikal, im Wald von Petén: Kultstätte und größte Stadt der Maya zur klassischen Zeit (Blütezeit der Stadt um 480–830 unserer Zeitrechnung; s. S. 694).
Antigua, frühere Hauptstadt mit sehenswerten Bauten der Kolonialzeit, teilweise durch Erdbeben zerstört.
Archäologischer Park und Ruinenstadt von Quiriguá, nördlich von Copán (Honduras): ehemaliges Zeremonialzentrum der Mayakultur (7.–10. Jh.).

Guinea und Elfenbeinküste
Naturschutzgebiet der Nimbaberge.

Haiti
Historischer Nationalpark mit Zitadelle, Sans Souci (Palast des Königs H. Christophe) und Ramiers, Anfang des 19. Jh.

Heiliger Stuhl
Vatikanstadt, Enklave in der Stadt Rom: Gebäude größtenteils des 15.–17. Jh., darunter die Basilika Sankt Peter (s. S. 709 und 712); Kunstwerke, Museen.

Honduras
Copán, Maya-Ruinenstadt der klassischen Epoche (250–950): Pyramide, Tempel, Terrassen; ›Hieroglyphentreppe‹ mit in Stein gehauenen Inschriften.
Biosphärenreservat Río Plátano.

Indien
Höhlen von Ajanta, in den Ajantabergen (Maharashtra): buddhistische Felsentempel (2. Jh. v. Chr.–Anfang 7. Jh. n. Chr.) mit Wandmalereien (s. S. 692).
Höhlentempel von Ellora (Maharashtra): über 30 buddhistische, brahmanische und jainistische Fels- und Erdheiligtümer aus dem 6.–9. Jh.; mit Hochreliefs verziert (s. S. 692).
Rote Burg von Agra (Uttar Pradesh), im Jahr 1565 aus rotem Sandstein erbaut.
Tadsch Mahal in Agra, Mausoleum aus weißem Marmor für eine Gattin des Schahs Jahan (17. Jh.), ein Meisterwerk der Mogularchitektur (s. S. 689).
Sonnentempel in Konarak bei Bhubaneswar (Orissa): brahmanischer Tempel, der den Wagen des Sonnengottes Surya darstellt (um 1250; Skulpturen).
Denkmälergruppe von Mahabalipuram (Tamil Nadu), südlich von Madras: brahmanische Pallavakunst des 7.–8. Jh.
Nationalpark von Kaziranga, in einer sumpfigen Ebene im Binnenland von Assam: Tierschutzgebiet.
Manas-Wildschutzgebiet (Assam), in den Feuchtwäldern südlich des Himalaja.
Nationalpark von Keoladeo, in den nördlichen Ebenen (West-Nord-West von Agra): Schutzgebiet für Zugvögel.
Portugiesische Kirchen und Klöster von Goa (16.–17. Jh.).
Denkmälergruppe von Khajuraho (Madhya Pradesh): Tempel aus dem 10. und 11. Jh mit zahlreichen Skulpturen.
Buddhistische Baudenkmäler von Sanchi (Madhya Pradesh).
Bauten von Hampi (Karnataka), Standort der ehemaligen Hauptstadt Vijayanagar: Ruinen hinduistischer Gebäude, größtenteils aus dem 16. Jh.; Bildhauerkunst.
Fathepur-Sikri, bei Agra, Hauptstadt des Mogulherrschers Akbar (16. Jh.).
Archäologischer Park von Pattadakal (Karnataka): Komplex brahmanischer Tempel, größtenteils aus dem 8. Jh., Skulpturen.
Höhlen der Elefanteninsel (in der Bucht von Bombay): shivaitische Felsheiligtümer mit Skulpturen aus dem 7. Jh.
Tempel des Shiva Brihadisvara in Thanjavur (oder Tanjore, Tamil Nadu): 13stöckige Vimana, Skulpturen, Malereien (um 1000).
Nationalpark von Sundarbans, im Sumpfgebiet des Gangesdeltas: reiche Tierwelt.
Nationalpark von Nanda Devi, im Himalaja.

Irak
Hatra, südlich von Mossul: Ruinen der Hauptstadt eines Partherreiches des 2. und 3. Jh.

Iran
Ruinenstadt Tschoga Zanbil, im Südosten von Susa: ehemalige elamitische Hauptstadt aus dem 13. Jh. v. Chr. mit den Resten einer Zikkurat.
Persepolis, nordöstlich von Schiras: Ruinen des gewaltigen Palastkomplexes der von Dareios I. Ende des 6. Jh. v. Chr. gegründeten Hauptstadt der Achaimeniden (s. S. 681).
Meidan-e Schah (Königspalast) in Isfahan, großes Rechteck mit Bauten aus dem 17. Jh., darunter die Schahmoschee.

Italien
Felsenkunst des Val Camonica (alpines Hochtal der Provinz Brescia): in Fels geritzte oder gehauene Zeichnungen vom Neolithikum bis zum 1. Jh. v. Chr.
Historischer Stadtkern von Rom.
Dominikanische Kirche und Kloster S. Maria delle Grazie in Mailand, mit dem *Abendmahl* von Leonardo da Vinci.
Historischer Stadtkern von Florenz.
Venedig und seine Lagune.
Platz der Kathedrale von Pisa.

Jemen
Altstadt von Sanaa, mit ihren originell geschmückten hohen, kubischen Häusern.
Altstadt von Schibam und ihre Stadtmauer (oberes Tal des Hadramaut).

Jordanien
Altstadt von Jerusalem und ihre Befestigungsmauern (heute *de facto* von Israel annektiert).
Petra, ehemalige Hauptstadt der Nabatäer, 70 km südlich des Toten Meeres: hellenistisch-römische Felsbauten (Totentempel, 1. Jh. n. Chr.).
Quseir Amra, Jagdpavillon aus der Zeit der Omaijaden (um 700¿) in der Wüste südöstlich von Amman; bildhafte Wandmalereien.

Jugoslawien
Altstadt von Dubrovnik.
Das alte Ras (Hauptstadt des mittelalterlichen serbischen Reiches Raszien; bei Novi Pazar) und das Kloster von Sopočani (13. Jh., byzantinische Wandmalereien).

▲ · **Copán (Honduras).**
Copán war eine der bedeutendsten Mayastädte. Sie ist wegen ihrer Stelen berühmt, die reich verziert sind mit Inschriften der Dynastien tragen. Sie ist auch die am längsten bekannte Stadt (in den Texten der Eroberer ab 1576 erwähnt). In ihrer Blütezeit um das 8. Jh. lebten mehrere Zehntausende von Menschen in dieser Metropole, die sich über 20 km² erstreckte und deren eigentliches Kultzentrum *(zohan)* den heutigen archäologischen Park bildet.

733

MEISTERWERKE

DAS KULTUR- UND NATURERBE DER WELT

Historischer Stadtkern von Split um den ehemaligen Palast von Diokletian.
Nationalpark der Seen von Plitvice (Koranatal, Kroatien).
Gebiet von Ohrid (Makedonien), mit seinen byzantinischen Kirchen vom 11.–15. Jh., mit Fresken geschmückt; Ohridsee.
Natur- und historisch-kulturelle Region von Kotor (Montenegro) an der Bucht von Kotor (Adria).
Nationalpark des Durmitormassivs (Montenegro).
Kloster von Studenica (nördlich von Novi Pazar, Serbien): byzantinisch-romanische Kirche der Hl. Jungfrau vom Ende des 12. Jh. (Wandgemälde, Skulpturen) und königliche Kirche aus dem 14. Jh. (Gemälde).
Höhlen von Škocjan (Slowenien, nicht weit vom Golf von Triest entfernt), mit ihrem unterirdischen Fluß.

Kamerun
Tierschutzgebiet von Dja, in der großen Schleife des gleichnamigen Flusses im Süden des Landes.

Kanada
Historischer Nationalpark von Anse aux Meadows im Norden von Neufundland: Reste einer Wikingersiedlung vom Anfang des 11. Jh.
Nationalpark des Nahanni-Flusses (bei Fort Simpson, im Westen der Northwest Territories): Fauna, Virginia-Fälle.
Provinzialpark der Dinosaurier (bei Brooks, Alberta): Fundstätten von Fossilien aus dem späten Erdmittelalter.
Anthony Island, in British Columbia: Reste (Totempfähle) der Haidakultur.
Gebiet des Büffel-Abgrunds ›Head-Smashed-in Bison Jump‹ (Alberta, südlich von Calgary): Zeugnis einer sehr alten Jagdpraxis der Indianer in Amerika.
Nationalpark von Wood Buffalo (im Norden von Alberta), riesiges Schutzgebiet für Büffel und andere Tiere.
Parks in den kanadischen Rocky Mountains (alle Naturparks von Alberta und British Columbia).
Altstadt von Quebec.
Nationalpark von Gros-Morne in Neufundland.

Kanada und Vereinigte Staaten
Kluana-Nationalpark (Yukon) und Nationalpark Wrangell-Saint-Elias (Alaska): Mount Logan (6 050 m) und riesige Gletscher.

Kolumbien
Stadt Cartagena: Hafen, Festung und Denkmälergruppe.

Kuba
Altstadt und Festungsanlagen von Havanna.

Libanon
Anjar (oder Andjar), 60 km südöstlich von Beirut: Reste eines großen arabischen Palastes aus der Zeit der Omaijaden (Anfang des 8. Jh.).
Baalbek: römische Ruinen aus dem 2. Jh. (Propyläen, Höfe, Bacchus-Tempel u. a.).
Byblos (heute Djebail): antike und mittelalterliche Überreste (von Phöniziern bis zu Römern). Dort hat man die älteste alphabetische Inschrift in kursiven Buchstaben gefunden (10. Jh. v. Chr.).
Tyros (heute Sur): phönizische, hellenistische und römische Überreste, teilweise im Wasser.

Libyen
Ausgrabungsstätte von Leptis Magna (heute Lebda): römische Ruinen (Theater, Forum, Basilika u. a.) aus dem 1., 2. und 3. Jh.
Ausgrabungsstätte von Sabratha, westlich von Tripoli: punische Überreste, römische Ruinen.
Felsen des Tadrart Acacus, westlich des Fezzan: zahlreiche Malereien und Gravuren seit 12000 v. Chr.
Altstadt der Oase Ghademes, der ›Perle der Wüste‹ (alte Siedlung).

Malawi
Nationalpark des Malawisees, in dem etwa 1 000 Arten tropischer Süßwasserfische leben.

Mali
Steilküste von Bandiagara auf dem Gebiet der Dogon.
Stadt Timbuktu: altes islamisches Kultur- und Handelszentrum (s. S. 357).
Die alte Stadt Djenné mit ihrer Moschee im sudanesischen Lehmbaustil.

Malta
Kultraum von Hal Saflieni: megalithisches Monument aus dem 3. Jahrtausend v. Chr.
Stadt La Valetta, ab 1566 erbaut.
Tempel von Gigantija (um 3000 v. Chr.) auf der Insel Gozo.

Marokko
Medina (Altstadt) von Fes.
Medina von Marrakesch.
Ksar (befestigte Stadt) Aït-Benhaddou, bei Ouarzazate: traditionelle Bauweise aus Erde, Lehm und Rohziegelsteinen.

Mauretanien
Naturpark von Banc d'Arguin (s. S. 128).

Mexiko
Schutzgebiet von Sian Ka'an, an der Ostküste von Yucatán: Ökosysteme mit Wäldern, Mangroven und Sümpfen.
Vorspanische Stadt und Nationalpark von Palenque (Chiapas): Kultzentrum der Maya aus der klassischen Zeit.
Historische Stadtkerne von Mexiko-City und Xochimilco (südöstlich der Hauptstadt).
Vorspanische Stadt Teotihuacán, nordöstlich von Mexiko-City: große Pyramiden, Tempel und Paläste aus der klassischen Zeit (3.–7. Jh.) [s. S. 694].
Maya- und Toltekenstadt Chichén Itzá, in Nord-Yucatán (12.–15. Jh.).
Historisches Gebiet von Oaxaca (religiöse Bauten vom 17. bis 18. Jh.) und Ruinenstätte von Monte Albán (Zapotekenkultur, Blütezeit etwa 300 bis 900).
Altstadt von Puebla: Gebäude aus dem 16.–18. Jh.
Alte Stadt und Bergwerke von Guanajuato: religiöse Architektur (meist barock) und industrielle Baudenkmäler.

Nepal
Nationalpark von Sagarmatha mit dem Mount Everest.
Tal von Kathmandu: Kunst und Kultur der Newaren (Tempel und Privatbauten vor allem aus dem 15.–19. Jh.).
Nationalpark Royal Chitwan, im Süden des Landes: Tierschutzgebiet mit einhörnigen Nashörnern.

Neuseeland
Nationalparks Westland und Mount Cook (Westhang der neuseeländischen Alpen, Südinsel).
Nationalpark des Fjordlands (Südwesten der Südinsel).

Norwegen
Stavkirke (Holzkirche) von Urnes, am Sognefjord nordöstlich von Bergen; Anfang des 12. Jh.
Bryggen (Hafenstadt von Bergen), mit typischen Häusern, archäologischem Museum (Runenschriften) und Hansemuseum.
Røros, ehemalige Bergwerksstadt südöstlich von Trondheim.
Felsenkunst im Küstengebiet von Alta, nördlich von Tromsø (Zeichnungen, um 6000 v. Chr.?).

Oman
Ausgrabungsstätten von Bat, Al-Khutum und Al-Ain.
Festung Bahla, westlich von Nizwa.

Pakistan
Ruinenfelder von Mohenjodaro: ›Induskultur‹, um 2300–1750 v. Chr.
Ausgrabungsstätte von Taxila, nordwestlich von Rawalpindi im ehemaligen Ost-Ghandara: drei große Städte folgten hier vom 6. Jh. v. Chr. bis zum 5. Jh. n. Chr. aufeinander.
Buddhistische Ruinen von Takht-i-Bahi und Sahr-i-Bahlol, nordöstlich von Peshawar.
Historische Gebäude von Thatta, südöstlich von Karatschi: Moschee von Schah Jahan (17. Jh.), Gräberstadt.
Festung und Gärten von Shalimar (›Ort der Freude‹) in Lahore, größtenteils aus dem 17. Jh.

Panama
Festungen Portobello und San Lorenzo an der Karibischen Küste.
Nationalpark Darién: großer Naturpark im Südosten des Landes (vielfältige Ökosysteme, Tierwelt, Pflanzenwelt, Kulturen von Eingeborenen).

Peru
Stadt Cuzco: Überreste der Inkaarchitektur und Bauwerke aus der Kolonialzeit (16.–18. Jh.).
Klosterkomplex von S. Francisco de Lima, barock, 17. Jh.
Ruinen der Inkastadt Machu Picchu (15. Jh.), nördlich von Cuzco (s. S. 695).
Ausgrabungsstätte von Chavín de Huantar, in der Westkordillere im Süden des Huascarán: Ruinen eines großen Opferkomplexes, wahrscheinlich vom Anfang des 1. Jahrtausends v. Chr. (s. S. 695).
Nationalpark des Huascarán, höchstes Bergmassiv der Westkordillere.
Ausgrabungsstätte von Chan Chan, Hauptstadt des ehemaligen Chimúreiches (1200–1400 n. Chr.), 5 km nördlich von Trujillo (s. S. 695).
Nationalpark von Manú (Bezirk Madre de Dios).

△ · **Leptis Magna (Libyen).**
Der Geburtsort des Kaisers Septimius Severus erlebte nach der prächtigen Bauperiode der Römer ein wechselhaftes Schicksal. Nachdem er von Sand bedeckt und in Vergessenheit geraten war, wurde er bald darauf systematisch geplündert. Seine schönen roten Porphyrsäulen tauchten wieder auf in Konstantinopel, in Windsor und in Versailles bei den Bauten von Ludwig XIV. 1910 wurde mit der Freilegung und 1920 mit systematischen Ausgrabungen begonnen.

MEISTERWERKE

Polen
Historischer Stadtkern von Krakau.
Salzbergwerk von Wieliczka, südöstlich von Krakau, die seit dem Jahr 1000 erwähnt sind (300 km Stollen, mehrere Gewölbe, die riesige ›Kristallhöhle‹ u. a.).
Konzentrationslager Auschwitz (Oświęcim), in Oberschlesien (ca. 4 Millionen Tote von 1940 bis 1945).
Nationalpark von Białowieża, bewaldetes Massiv im Nordosten (setzt sich in der UdSSR fort); Schutzgebiet für Büffel und Tarpane.
Altstadt von Warschau (nach 1945 wiederaufgebaut).

Portugal
Stadtzentrum von Angra do Heroísmo, in Terceira (Azoren).
Hieronymitenkloster und Turm von Belém in Lissabon (Plateresken- und Emanuelstil, Anfang des 16. Jh.).
Kloster Santa Maria de Vitória in Batalha (Ende des 14.–Anfang des 16. Jh.).
Christuskloster in Tomar (12. bis 16. Jh.).
Zisterzienserkloster von Alcobaça, ins 12. Jh. zurückgehend (s. S. 702).
Altstadt von Évora.

Sambia und Simbabwe
Victoriafälle, Wasserfälle des Sambesi.

Schweiz
Ehemalige Benediktinerabtei Sankt Gallen, im 18. Jh. barock wieder aufgebaut (die Abteikirche ist heute Dom).
Benediktinerkloster Johannes der Täufer in Müstair (Graubünden); Fresken vom Anfang des 9. Jh.).
Altstadt von Bern.

Senegal
Insel Gorée, gegenüber Dakar: Erinnerungen an den Sklavenhandel.
Nationalpark von Niokolo-Koba, im Becken des oberen Gambia im Südosten des Landes: Wald und Savanne, vielfältige Fauna.
Nationales Vogelschutzgebiet Djoudj, im Delta des Senegal.

Seychellen
Atoll Aldabra.
Naturschutzgebiet im Mai-Tal (Praslin Insel): reichhaltige Flora, u. a. eine seltene Palmenart mit riesigen Früchten.

Simbabwe
Nationalpark der Mana Pools, im Norden des Landes (rechtes Ufer des Sambesi), mit den Safarigebieten der Flüsse Sapi und Chewore.
Nationale Ruinenstätte von Groß-Simbabwe, südlich des Kylesees im Südosten des Landes: Steinruinen (Befestigungen, vor allem aus dem 14. Jh.) eines Bantuvolkes (Shona), das durch die

Ausbeutung der Gold- und Kupferminen mächtig geworden war.
Ruinen von Kami, bei Bulawayo (15.–17. Jh.).

Spanien
Moschee von Córdoba (8. bis 10. Jh.) [s. S. 689].
Alhambra und Generalife-Palast in Granada, Bauten der maurischen Herrscher vom 13. bis 15. Jh. (s. S. 689).
Kathedrale von Burgos, gotisch.
Klosterresidenz (16. Jh.) und Ort Escorial (Provinz Madrid).
Park Güell, Palast Güell und Casa Milá in Barcelona, Werke des Architekten Antonio Gaudí (Ende 19.–Anfang 20. Jh.).
Frühgeschichtliche Höhle von Altamira (Provinz Santander), mit Tiermalereien aus dem Magdalénien (s. S. 197).
Altstadt von Segovia mit dem römischen Aquädukt.
Kirchen (8.–9. Jh.) des ehemaligen Königreiches Asturien, in Oviedo und Umgebung.
Altstadt von Santiago de Compostela.
Altstadt von Ávila mit ihrer Mauer und den außerhalb davon gelegenen Kirchen.
Mudejararchitektur (islamisch beeinflußt, 13.–15 Jh.) der Kirchen von Teruel.
Altstadt von Toledo.
Nationalpark des Garajonaygebirges auf Gomera (Kanaren).
Altstadt von Cáceres (Estremadura).
Kathedrale, Alcázar und ›Indienarchiv‹ (in der Casa Lonja) von Sevilla.
Altstadt von Salamanca.

Sri Lanka
Die heilige Stadt Anuradhapura, ehemalige Hauptstadt der Insel: Gebäude im Dschungel, darunter große buddhistische Stupas aus mehreren Jahrhunderten vor und nach Christus.
Historische Stadt Polonnaruva: Gebäude größtenteils aus dem 12. Jh.
Ehemalige Stadt Sigirija (Ende des 5. Jh.): gebaute oder in Felsen gehauene Architektur, Malereien.
Heilige Stadt Kandy: Hauptstadt vom Ende des 16. bis Anfang des 20. Jh.
Alte Stadt Galle mit ihren portugiesischen und holländischen Befestigungsanlagen.
Wald-Naturschutzgebiet von Sinharaja.

Syrien
Altstadt von Damaskus: Gebäude seit der Omaijadenzeit (705 gebaute Große Moschee).
Altstadt von Bosrá, am Westhang des Djebel Druse: römische und christliche Spuren, islamische Bauten.
Ruinenstätte der Oase Palmyra, in halber Entfernung zwischen Damaskus und dem Euphrat: Ruinen aus der Römerzeit (1.–3. Jh.), Grabskulpturen.
Historisches Zentrum von Aleppo: Bauwerke seit der Seldschukenzeit (12.–13. Jh.).

Tansania
Schutzgebiet des Ngorongoro-Kraters, im Norden des Landes.
Ruinen (seit dem 12. Jh.) von Kilwa Kisiwani und von Songo Mnara, kleinen Inseln, 280 km südlich von Daressalam.
Serengeti-Nationalpark im Norden des Landes: große Savanne, in der die größten Herden pflanzenfressender Tiere mit Raubtieren leben.
Wildschutzgebiet von Selous, südwestlich von Daressalam.
Nationalpark des Kilimandscharo (s. S. 43).

Trinidad
Trinidad und das Valle de Los Ingenios: Industriedenkmal (Zuckerfabriken) des 18.–20. Jh.

Tunesien
Medina (Altstadt) von Tunis.
Medina von Sousse.
Stadt Kairouan, mit ihrer Großen Moschee (670 begonnen).
Ruinen von Karthago: Reste aus punischer, römischer und christlicher Zeit; Nationalmuseum.
Römisches Amphitheater von El-Djem (3. Jh.), südlich von Sousse.
Nationalpark des Djebel Ichkeul, südwestlich des Sees von Biserta.
Punische Stadt Kerkouane und ihre Gräberstadt (Cap Bon).

Türkei
Historische Viertel von Istanbul, mit ihren sehenswerten byzantinischen (Hagia Sophia, 6. Jh. [s. S. 688]) und osmanischen Bauten.
Ausgrabungsstätten von Xanthos (Hauptstadt von Lykien) und Letoos, im Süden des Landes.
Pamukkale, die alte phrygische Stadt Hierapolis: von warmen Quellen gebildete Kalksinterterrassen, sehenswerte Ruinenstadt.
Nationalpark von Göreme (s. S. 43) und Felsbauten in Kappadokien (mit Gemälden geschmückte Kirchen, 6.–13. Jh.).
Große Moschee und Krankenhaus (13. Jh.) von Divrigi, südöstlich von Sivas.
Ausgrabung von Hattousa bei Bogazköy (im Norden von Yozgat, Kappadokien): vor allem Funde vom Ende des Hethiterreiches (14.–13. Jh. v. Chr.).
Nemrut Dağ, hoher Berg 60 km südöstlich von Malatya, an dessen Gipfel sich die Reste des Grabheiligtums von Antiochos I. Kommagenes befinden (1. Jh. v. Chr.).

Ungarn
Budapest: Panorama der beiden Ufer der Donau und Schloßviertel von Buda.
Altes Dorf Hollókö im Bezirk Nógrád, nordöstlich von Budapest.

Vereinigte Staaten von Amerika
Redwood-Nationalpark (im Nordwesten Kaliforniens): Schutzgebiet für Mammutbäume (einige höher als 90 m).
Nationalpark Mesa Verde, Ebene südwestlich von Colorado: beein-

druckende Überreste (1000 bis 1300) der Kultur der Pueblo-Indianer; Museum.
Yellowstone-Nationalpark (Wyoming, Idaho, Montana): Canyon des Yellowstone River, See und 200 Geysire.
Grand-Canyon-Nationalpark (s. S. 44).
Everglades-Nationalpark (s. S. 44).
Independence Hall in Philadelphia (Ort der Unterzeichnung der Unabhängigkeitserklärung der Vereinigten Staaten 1776).
Nationalpark von Mammoth Cave (Kentucky): das größte bekannte System von Kalksteinhöhlen der Erde.
Nationalpark der Halbinsel Olympic (Washington): Gletscher, Seen, feuchte Wälder.
Historische Stätte der Cahokia Hügel (Illinois): Kultur der Cahokia-Indianer.
Nationalpark der Great Smoky Mountains (Appalachenkette, Tennessee und Nord-Carolina): sehr vielfältige Flora und Fauna.
San Juan, Puerto Rico: Festung und Altstadt.
Freiheitsstatue, riesige Statue (93 m mit Sockel) im Hafenbecken von New York, Werk (1886) von A. Bartholdi aus gehämmertem Kupfer auf einem Eisengerüst (nach G. Eiffel) [s. S. 275].
Yosemite-Nationalpark (Westhang der Sierra Nevada, Kalifornien): grandiose Landschaften (Yosemite Valley), Tier- und Pflanzenwelt.
Historischer Nationalpark der Kultur der Chaco-Indianer (10.–12. Jh.), im Nordosten Neumexikos.
Residenz von Monticello und Universität von Virginia, in Charlottetown, von Thomas Jefferson entworfen (s. S. 719).
Nationalpark der Vulkane auf Hawaii (zwei aktive Vulkane).

Zaire
Nationalpark der Virunga-Vulkane, an den Grenzen von Uganda und Ruanda.
Nationalpark des Garambaflusses, im Nordosten des Landes: Savanne und Hochwälder mit pflanzenfressender Fauna.
Nationalpark von Kahuzi-Biega, im Osten des Landes (nordöstlich von Bukavu).
Waldnationalpark der Salonga, im Becken des Zaire.

Zentralafrikanische Republik
Nationalpark Mangovo-Gounda St. Floris, im Norden des Landes, Zusammentreffen von Populationen der Savanne und der tropischen Wälder des Südens.

Zypern
Befestigungsreste von Paphos, einer bedeutenden Stadt aus mykenischer und griechischer Zeit, Hauptstadt zur Römerzeit.
Kirchen mit Malereien im Troodhos-Gebiet (nord-nordwestlich von Limassol): byzantinische Kunst vom 12.–15. Jh.

MEISTERWERKE

DIE GROSSEN MUSEEN DER WELT

Die folgende Auswahl teilt die wichtigsten Museen für Kunst und Archäologie der Welt nach Städten ein.

Amsterdam (Niederlande): **Rijksmuseum** *(königliches Museum)*. Es wurde 1808 von König Louis Bonaparte gegründet und umfaßt die Meisterwerke niederländischer Maler wie Saenredam, Hals, Rembrandt *(die Nachtwache usw.)*, Vermeer, Terborch, Steen, Van Ostade, J. Van Ruisdael. Ausländische Schulen. Skulptur und dekorative Kunst. Kabinett für Kupferstiche (800 000 Werke) und Zeichnungen (150 000).

Antwerpen (Belgien): **Königliches Museum der schönen Künste.** Ein Teil seiner Sammlung war seit Ende des 18. Jh. im Besitz der Kunstakademie. Beachtliche Sammlung der flämischen Schule: Van Eyck, Van der Weyden, Memling, Bouts, Q. Metsys, Van Orley, Patinir, Rubens, Van Dyck, Jordaens u. a. Belgische Schule des 19. und des 20. Jh.; ausländische Schulen.

Athen (Griechenland): **Nationalmuseum.** Es stammt aus dem Jahr 1837, erst 1874 jedoch begann es, seine derzeitigen Räumlichkeiten zu belegen, die seitdem mehrmals vergrößert wurden. Eine große Sammlung der griechischen Antike vom Neolithikum bis zur Zeit der Römer: Skulpturen, bemalte Keramik, Kunstgegenstände; einzigartiger mykenischer Saal. Das Museum der Akropolis ist seine Ergänzung (berühmte Reihe der *Koren*).

Bagdad (Irak): **Museum für Archäologie des Irak.** Hier werden zahlreiche Schätze der verschiedenen Zivilisationen Mesopotamiens aufbewahrt: Harfe und Schmuckstücke der Nekropolen von Ur, Steinkopf aus Warka (Uruk), Kopf eines akkadischen Königs, der in Ninive gefunden wurde, Elfenbeinschnitzereien aus Nimrud usw.

Basel (Schweiz): **Kunstmuseum.** Es wird für die älteste öffentliche Kollektion des modernen Westens gehalten, wobei sein Schwerpunkt das Kabinett des Sammlers B. Amerbach (16. Jh.) ist, das die Stadt 1662 gekauft hatte, um dessen Auflösung zu vermeiden. Gemälde von K. Witz, Holbein, Grünewald, Baldung Grien, Manuel Deutsch. Kunst des 19. Jh., moderne Kunst (Picasso, Braque, Klee, Chagall, Giacometti u. a.) und zeitgenössische Kunst (ihr ist ein besonderes Museum gewidmet; amerikanische Malerei).

Berlin: **Gemäldegalerie der ›Staatlichen Museen Preußischer Kulturbesitz‹** in Dahlem. Eine sehenswerte Sammlung, die aus dem Besitz Friedrichs des Großen hervorgegangen ist, von Gemälden der europäischen Schulen, mit den Schwerpunkten der frühen Italiener, des Nordens (Flandern, Deutschland) und der französischen Malerei des 18. Jh.

Boston (USA): **Museum der schönen Künste,** 1870 gegründet. Fast alles umfassende Sammlungen mit einer Abteilung für die Kunst Ägyptens und des Nahen Ostens, die griechische und römische Antike, eine reichhaltige Sammlung westlicher Kunstgemälde (von Duccio und Van der Weyden über den Impressionismus [Monet, Gauguin, Cézanne u. a.] bis zum 20. Jh. in Amerika [Morris Louis]), eine Abteilung für dekorative Künste u. a. Von den asiatischen Künsten ist die japanische Abteilung eine der bedeutendsten der Welt.

Brüssel (Belgien): **Museum für alte Kunst,** Abteilung der königlichen Museen Belgiens für schöne Künste (während der frz. Revolution durch einen Erlaß aus dem Jahr 8 gegründet). Malereien der europäischen Schulen vom 14. bis zum 19. Jh., wobei die Künstler der ehemaligen Süd-Niederlande (›flämische Schule‹) besonders herausragen: Van der Weyden, D. Bouts, Memling, Q. Metsys, G. David, Bruegel der Ältere, Rubens, Jordaens u. a.

Chicago (USA): **Art Institute,** 1882 gegründet. Ein sehr breit gefächerter Bestand vom alten China bis zur amerikanischen Kunst der Gegenwart. Starke Vertretung der französischen oder dazu zählenden Malerei, von Poussin über den Impressionismus und seine Folgen (Cézanne, Seurat, Van Gogh u. a.) bis Dubuffet.

Delhi (Indien): **Nationalmuseum,** das bedeutendste des Landes. Nach den der Frühgeschichte und der Induskultur gewidmeten Räumen wird hier die große indische Skulptur, geordnet nach den aufeinanderfolgenden Dynastien, gezeigt: Maurya (um 320–185 v. Chr.), Gupta (um 320–550 n. Chr.), Pallava und Cola (Südindien, 7.–12. Jh.), Pala und Sena (Gangesgebiet, 8.–12. Jh.). Die Kunst des islamisierten Indien wird durch umfangreiche Miniaturensammlungen vertreten. Darüber hinaus sind die Arbeiten des Gandhara, eine Galerie der Antiquitäten Zentralasiens (›Seidenstraße‹) und die anthropologischen Sammlungen von Bedeutung.

Dresden: **Gemäldegalerie der Alten Meister.** Die Galerie, die über 2 000 Gemälde umfaßt, die vorwiegend von den sächsischen Kurfürsten vom 16. bis zum 18. Jh. erworben wurden, ist seit 1831 der Öffentlichkeit zugänglich und seit 1855 in einem neuen Flügel des Dresdener Zwingers untergebracht, der von G. Semper erbaut wurde. Meisterwerke der italienischen, holländischen, flämischen und deutschen Schule.

Florenz (Italien): **Uffizien,** in einem von 1560 bis 1580 für die Behörden des Herzogs erbauten Gebäude. Ihr Ursprung liegt in einem Teil der Sammlungen der Medici (von denen andere Teile im Palazzo Pitti sind). Meisterwerke von Cimabue *(Maestà)*, Giotto *(Maestà)*, Masolino und Masaccio *(Heilige Anna selbdritt)*, Uccello *(Schlacht)*, Filippo Lippi, Piero Della Francesca, Botticelli *(Frühling, Geburt der Venus u. a.)*, Michelangelo *(Heilige Familie)*, Raffael, Bronzino, Parmigianino, Tizian *(Venus von Urbino u. a.)*, Caravaggio, Van der Goes, Dürer *(Anbetung der Könige)*, Rembrandt usw.

Heraklion (Griechenland, Nordküste Kretas): **Archäologisches Museum,** zu Beginn des 20. Jh. gegründet (erste Anfänge Ende des 19. Jh.) und 1952 wiedereingerichtet. Seine Sammlungen reichen vom Neolithikum bis zur Römerzeit und veranschaulichen hervorragend die verschiedenen Perioden der minoischen Kunst (um 2600 bis 1100 v. Chr.) [Vasen mit naturalistischer Verzierung im ›Kamaresstil‹; Scheibe mit Hieroglyphen von Phaistos; Göttinnen mit Schlangen aus Steingut; Gegenstände aus Speckstein, darunter ein Rhyton in Form eines Stierkopfes; Schmuckstücke aus Gold; Stücke von Fresken u. a.].

Kairo (Ägypten): **Ägyptisches Museum.** Nach seiner Gründung durch A. Mariette im Jahr 1857 wurde es in Boulaq, dann in Giseh untergebracht und dort Anfang des 20. Jh. in sein derzeitiges Gebäude verlegt. 100 000 ausgestellte Gegenstände lassen (trotz ihrer allgemeinen Bestimmung als Grabbeigaben) alle Kulturepochen des alten Ägyptens, von der Zeit vor den Herrschern bis zur griechisch-römischen Zeit über die Meisterwerke des Alten, des Mittleren und des Neuen Pharaonenreiches, miterstehen.

Leningrad (UdSSR): **Eremitage.** Das größte sowjetische Museum, das der Öffentlichkeit erst seit der Revolution zugänglich ist, ist auf mehrere Paläste verteilt (18.–19. Jh.), darunter der Winterpalast (Architekt B. Rastrelli). Archäologie (skythische Schätze, Antiquitäten der Küste des Schwarzen Meeres), orientalische Kunst, dekorative Künste und eine sehr reichhaltige Galerie westlicher Malerei; Schwerpunkt sind die Sammlungen der Zarin Katharina II.; Matisse, Picasso.

London (Großbritannien): **British Museum.** Nationalmuseum, das aus dem Erwerb einer privaten Sammlung von Kunstgegenständen 1753 hervorgegangen ist, der Öffentlichkeit seit 1759 zugänglich ist und im 19. Jh. in das hierfür vom Architekten Robert Smirke gebaute Gebäude verlegt wurde. Assyrische, griechische (Parthenonfries), römische und mittelalterliche Antiquitäten. □ **Victoria and Albert Museum.** 1852 gegründetes Nationalmuseum, dessen heutiger Name aus dem Jahr 1899 stammt. Angewandte Künste in Europa und der Welt (Möbel, Keramik, Tapisserien u. a.), Gemälde, Skulpturen und Kupferstiche. □ **National Gallery.** Anfang des 19. Jh. aus mehreren Privatsammlungen (und nicht, wie in anderen Fällen, aus Sammlungen von Königen) gebildete Gemäldegalerie, die 1838 in den noch heute beanspruchten Räumen untergebracht wurde. Durch eine kluge Kaufpolitik konnte der heutige sehenswerte Bestand mit über 2 000 Gemälden der europäischen Schulen, von den frühesten und der italienischen Renaissance bis Turner, Cézanne und Seurat, gebildet werden.

Madrid (Spanien): **Prado.** Das 1819 durch die vereinigten königlichen Sammlungen gebildete und Ende des 18. Jh. in einem neoklassizistischen Gebäude eingerichtet Museum umfaßt die Meisterwerke der spanischen Gemäldeschule (mit ihren größten Meistern: Greco, Velázquez, Goya), läßt jedoch auch einen breiten Raum für die italienische (Tizian, Veronese, Tintoretto u. a.) und die niederländische Schule (Bosch, Rubens u. a.). In einem Nebengebäude befindet sich Picassos *Guernica.*

Mexiko-City (Mexiko): **Nationalmuseum für Anthropologie,** das 1964 in einem modernen Gebäude (Architekt Pedro Ramírez Vásquez) des Parks Chapultepec eröffnet wurde. Der umfassendste Bestand, der den Indianern Mexikos gewidmet ist: Archäologie der großen präkolumbischen Zivilisationen einerseits (Olmeken, Teotihuacán, Zapoteken, Maya, Tolteken, Azteken u. a.) und Ethnographie andererseits.

Moskau (UdSSR): **Tretiakow-Galerie,** um 1856 von dem Industriellen Pawel Tretiakow gegründet. Dessen Gemäldesammlung, um Skulpturen des 19. Jh bereichert, die sein Bruder Sergej gesammelt hat, wurde der Stadt Moskau 1892 übergeben. Die 1918 verstaatlichte Galerie zeigt ein breites Spektrum der russischen Kunst seit dem 11. Jh. sowie der sowjetischen Kunst.

München: **Alte Pinakothek,** in einem von L. von Klenze von 1826 bis 1836 erbauten Gebäude für die Sammlungen von Ludwig I. von Bayern. Beachtliche Bestände der deutschen (Pacher, Altdorfer, Dürer, Grünwald u. a.) und flämischen Malerei (Bruegel, Brouwer, Rubens, Van Dyck

MEISTERWERKE

u. a.); eine Rembrandt-Serie und Gemälde der italienischen, spanischen und französischen Schule.

Neapel (Italien): **Archäologisches Nationalmuseum,** Ende des 18. Jh. (unter dem Namen ›Studienpalast‹) mit dem Ertrag der Ausgrabungen von Herkulaneum, Pompei, Capua, Stabies und anderen Orten; kampanische Malereien, Mosaiken, Statuen, Bronzen, bemalte Vasen, Glasarbeiten, Kameen usw.

New York (USA): **Metropolitan Museum of Art.** Das bedeutendste Museum der Vereinigten Staaten; seine Gebäude am Central Park wurden 1880 eröffnet und seitdem mehrmals vergrößert. Es umfaßt insbesondere Abteilungen für orientalische, ägyptische, griechische und römische Antiquitäten, für die Kunst des Fernen Ostens, für Malerei (sehr reiche Auswahl), europäische Skulpturen und dekorative Künste und für amerikanische Kunst. Es wird durch das ›Klostermuseum‹ ergänzt, in dem ein Teil der Sammlungen des Westens aus dem Mittelalter ausgestellt werden. □ **Museum of Modern Art** (das ›MOMA‹). Es wurde 1929 gegründet und Anfang der 80er Jahre renoviert und erweitert. Es ist wahrscheinlich das Museum mit dem umfassendsten Besitz an europäischen (*Les Demoiselles d'Avignon* von Picasso) und amerikanischen (Pollock) Schlüsselwerken aus dem 20. Jh.

Paris (Frankreich): **Louvre.** Sein Grundstein war das ›französische Museum‹, das mit den Sammlungen der Könige (Franz I., Ludwig XIV. u. a.) gebildet und am 10. August 1793 in der Großen Galerie des Louvrepalastes eröffnet wurde. Das Museum umfaßt heute 7 Abteilungen: orientalische Antiquitäten (Naher Osten); ägyptische Antiquitäten; griechische und römische Antiquitäten; Gemälde (alle europäischen Schulen mit Schwerpunkt auf der französischen, flämischen, holländischen und italienischen Schule); Skulpturen; Graphik (reichhaltiges Kupferstich- und Zeichnungskabinett). Die Werke aus der zweiten Hälfte des 19. Jh. wurden 1986 in das **Musee d'Orsay** verlegt.

Philadelphia (USA): **Museum of Art,** 1876 gegründet. Sehr unterschiedliche Einheiten, die von wiederhergestellten Gebäudekomplexen aus dem Fernen Osten und dem mittelalterlichen Europa bis zu einer amerikanischen Abteilung der dekorativen Künste und Möbel reichen.

Rom (Italien): **Kapitolinische Museen,** im Konservatorenpalast und im Neuen Palast. Eine Antiquitätensammlung wurde im Konservatorenpalast von Papst Sixtus IV. ab 1471 eingerichtet (*Kapitolinische Wölfin,* etruskische Bronzeplastik); Skulpturen, architektonische Elemente, Vasen und Kunstwerke aus den Ausgrabun-

gen von Rom; Pinakothek. Der Neue Palast oder Kapitolinisches Museum ist der Antike gewidmet: *Sterbender Gallier* und *Venus des Kapitols,* hellenistisch; Kaiserbüsten u. a. □ **Galleria Borghese,** in einem kleinen, im 17. Jh. für die Sammlungen des Kardinals Scipio Borghese erbauten Palast: Museum für Skulpturen (*David* und *Apollo und Daphne* von Bernini, *Pauline Borghese* von Canova) und Malerei (Raffael, Caravaggio, Correggio, Tizian).

Seoul (Südkorea): **Nationalmuseum.** Über 75 000 Werke seit der neolithischen Zeit: Goldschmuck und geprägte Steine aus der Zeit der Drei Reiche (vor allem Gegenstände vom 5.–7. Jh.), Buddhaplastiken aus Bronze aus der Zeit des Großen Silla (7.–9. Jh.), Seladone von Koryo (10.–14. Jh.), zahlreiche Gemälde auf Seide und Papier vom 16. bis zum 18. Jh.

Taipei (Taiwan): **Museum des Nationalpalastes.** Chinesische Kunstwerke aus dem Kaiserpalast und den nationalen Kollektionen von Peking: Bronzeplastiken der Shang- und der Zhoudynastie (2. und 1. Jahrtausend v. Chr.), Jadearbeiten, Porzellan und Lackarbeiten aus verschiedenen Epochen, Kalligraphien und wertvolle Gemälde der Dynastien Tang, Sung, Yuan, Ming und Qing.

Tokio (Japan): **Nationalmuseum,** dieser Name wurde nach

dem Zweiten Weltkrieg dem großen museographischen Organismus gegeben, der das gegen Ende des 19. Jh. gegründete ›Museum des Kaiserhauses‹ ersetzte. Die Sammlungen (90 000 Werke) sind auf verschiedene Gebäude verteilt, wobei das größte den verschiedenen historischen Epochen der japanischen Kunst vorbehalten ist.

Washington (USA): **National Gallery of Art.** Die 1937 gegründete Galerie ist durch die Schenkung mehrerer Privatsammlungen entstanden, die zahlreiche italienische (vom 13. bis zum 18. Jh.: Duccio, Botticelli, Raffael, Leonardo da Vinci, venezianische Schule u. a.), flämische (Van Eyck, Van der Weyden, Memling, Van Dyck, Rubens u. a.), holländische (Rembrandt, Vermeer), spanische (Greco, Velázquez, Goya), französische (vom 17. Jh. bis über den Impressionismus hinaus) und amerikanische Gemälde umfaßten.

Wien (Österreich): **Kunsthistorisches Museum,** 1891 in seinem heutigen Ort am Ring eingerichtet. Im Grundstock sind die Sammlungen der Habsburger, und es umfaßt neben archäologischen Gegenständen und Kunstgegenständen (Tapisserien) eine hervorragende Gemäldesammlung der europäischen Schulen (Bruegel, Dürer, Giorgione, Tizian, Tintoretto, Velázquez, Rubens u. a.).

Die Meisterwerke der Kunst werden zum Teil zu erheblichen Preisen verkauft. Nachstehend geben wir (in Millionen DM) die in letzter Zeit auf Versteigerungen (Gemälde, Zeichnungen, Skulpturen) erzielten Preise an.

DIE REKORDPREISE FÜR MEISTERWERKE

Bacon (Francis), *Papst;* Nov. 1989, New York: 9,5 Millionen.

Bonnard, *La Place de Clichy* (1906); Nov. 1988, Paris: 7,7 Millionen.

Brancusi, *Mademoiselle Pogany,* Bronzefigur (1913); Nov. 1984, New York: 4,5 Millionen.

Braque, *Lesende Frau* (1911); Dez. 1986, London: 18,4 Millionen.

Cézanne, *Pichet et fruits sur une table;* Mai 1989, New York: 21,4 Millionen.

Chardin, *Le chien barbet;* Mai 1988, Paris: 3,3 Millionen.

Carot, *La Femme à la grande toque;* Nov. 1984, New York: 10,4 Millionen.

Daumier, *La Parade des saltimbanques,* Ölbild (1860); März 1988, Paris: 1,5 Millionen.

David (Louis), *Telemach und Aucharis;* 1987, New York: 7,7 Millionen.

Degas, *Die Büglerinnen;* 1987, London: 22,3 Millionen.

De Kooning, *Interchange* (1955); Nov. 1989, New York: 34,8 Millionen.

De Vries (Adriaen), *Tanzender Faun,* Bronzestatuette; Dez. 1989, London: 19,3 Millionen.

Dabuffet, *Monsieur d'Hôtel;* Nov. 1989, New York: 4,7 Millionen.

Gauguin, *Mata Mua;* Mai 1989, New York: 42 Millionen.

Géricault, *Portrait d'un Noir;* Nov. 1985, London: 5 Millionen.

Giacometti, *Grande Femme debout,* Bronze (1960); Mai 1987, New York: 6,2 Millionen.

Guardi (Francesco), *Vue de la Giudecca des Zattere;* Dez. 1989, Monaco: 27,9 Millionen.

Johns (Jasper), *False Start;* Nov. 1988, New York: 30 Millionen.

Klein (Yves), *Monocrome bleu;* Nov. 1989, London: 3 Millionen.

Léger, *Le Garçon de café* (1920); Nov. 1987, Paris: 3 Millionen.

Leonardo da Vinci (zugeschrieben), *Étude de draperie* (graue Camaieu); Dez. 1989, Monaco: 10,4 Millionen.

Maret, *La Rue Mosnier aux drapaux 1878*); Nov. 1989, New York: 48 Millionen.

Mantegna, *Anbetung der Heiligen Drei Könige;* April 1985, London: 29 Millionen.

Modigliani, *Portrait de Mario;* März 1988, London: 14,3 Millionen.

Monet, *Dans la prairie;* Juni 1988, London: 42,8 Millionen.

Picasso, *Les Noces de Pierrette* (1905); Nov. 1989, Paris: 89 Millionen.

Pontormo (zugeschrieben), *Porträt,* wahr-

scheinlich von *Cosimo de' Medici;* Mai 1989, New York: 64 Millionen.

Raffael, *Männerkopf* (Zeichnung), Juli 1984, London: 12,5 Millionen.

Rembrandt, *Jeune Femme au manteau brodé d'or* (1632); Dez. 1986, London: 20,2 Millionen.

Reni (Buido), *David mit dem Haupt Goliaths;* April 1985, London: 7,4 Millionen.

Renoir, *La Promenade* (1870); April 1989, London: 30 Millionen.

Rothko, *Black Area in Red* (1958); Nov. 1989, New York: 7 Millionen.

Roubillac, *Büste von Philip Dormer Stanhope* (Marmor); April 1985, London: 1,8 Millionen.

Schiele (Egon), *Liebespaar* (1914); Dez. 1984, London: 10,7 Millionen.

Stella (Frank), *Tomlinson Vourt Park* (1959); Nov. 1989, New York: 9,8 Millionen.

Toulouse-Lautrec, *La Clownesse Cha-U-Kao* (1895); April 1985, London: 14,6 Millionen.

Turner, *Marine, Folkstone;* Juli 1984, London: 26,2 Millionen.

Valentin de Boulogne, *Les Tricheurs;* Dez. 1989, Paris: 6,8 Millionen.

Van de Cappelle, *Marine;* Mai 1984, New York: 4,5 Millionen.

Van Gogh, *Schwertlilien* (1889); Nov. 1987, New York: 93,7 Millionen.

Warhol, *Marilyn Monroe 20mal;* Nov. 1988, New York: 19,6 Millionen.

Watteau, *Drei Studien von kleinen Mädchen* (Zeichnung); Nov. 1986, New York: 1,7 Millionen.

MEISTERWERKE DER LITERATUR

A

Adamov (Arthur) [Frankreich, russischer Abstammung, 1908–1970]: *Ping-Pong,* Theaterstück (1955). Eine Geldmaschine symbolisiert die Träume und Enttäuschungen, die durch die Wirtschaftsmaschinerie hervorgerufen werden.
Aischylos (Griechenland, 525–456 v. Chr.): *Die Perser,* Tragödie (417), die angesichts der Niederlage von Xerxes die Vergänglichkeit eines Reiches aufzeigt. □ *Der gefesselte Prometheus,* Tragödie (nach 467). Die Verherrlichung der Auflehnung der Menschen gegen die Götter und ihr Freiheitsdurst. □ *Die Orestie,* dramatische Trilogie (458), die die Sage von Orest zum Inhalt hat.
Akinari (Japan, 1734–1809): *Erzählungen beim regenverhangenen Mond* (1776). Aufnahme der traditionellen Themen von japanischen oder chinesischen Volkssagen, wo das Übersinnliche an die Seite von moralischen und philosophischen Gedanken tritt.
Alain-Fournier (Frankreich, 1886–1914): *Der große Kamerad,* Roman (1913). Einführung in die Träume und das Wunderbare, wo das Streben nach dem Unmöglichen seine Wurzeln im Alltag hat.
Albee (Edward) [Vereinigte Staaten, 1928]: *Wer hat Angst vor Virginia Woolf?,* Theaterstück (1962). Vor dem Hintergrund eines familiären Psychodramas die Satire über die amerikanische Frau.
Amado (Jorge) [Brasilien, 1912]: *Leute aus Bahia,* Roman (1934). Gesellschaftskritik (die Forderungen des schwarzen Proletariats) und eine folkloristische und populäre Hymne.
Andersen (Hans Christian) [Dänemark, 1805–1875]: *Märchen* (1835–1872). Der Autor nimmt folkloristische Themen, lokale Sagen oder eigene Erinnerungen auf *(Das häßliche Entlein, Die kleine Meerjungfrau, Das kleine Mädchen mit den Schwefelhölzern).*
Apollinaire (Guillaume) [Frankreich, 1880 bis 1918]: *Alkohol,* Gedichtsammlung (1913). Dieses Werk steht am Beginn der Moderne.
Aragon (Louis) [Frankreich, 1897–1982]: *Pariser Landleben,* Erzählung (1926). Ein surrealistischer Führer durch die Pariser Merkwürdigkeiten, oder wie man die Stadt und das Leben jeden Tag mit neuen Augen sehen kann. □ *Die Karwoche,* historischer Roman (1958). Die Flucht der Anhänger Ludwigs XVIII. bei der Rückkehr Napoleons von Elba.
Ariosto (L') [Italien, 1474–1533]: *Der rasende Roland,* Epos in Versen in 46 Gesängen (1516–1532). Eines der Hauptwerke der italienischen Renaissance.
Aristophanes (Griechenland, 445–um 386 v. Chr.): *Die Wolken,* Komödie (423). Karikatur von Sokrates und den Sophisten. □ *Die Wespen,* Komödie (422). Satire des Rechtssystems der Athener. □ *Die Vögel,* Komödie (414). Die Schaffung einer idealen und utopischen Stadt in den Lüften. □ *Die Frösche,* Komödie (405). Eine Kritik an Euripides und dem Modernismus im Theater.
Artaud (Antonin) [Frankreich, 1896–1948]: *Das Theater und sein Double,* Essay (1938). Artaud versucht, das Theater und das Leben aneinander anzunähern, indem er dem Körper und der Gestik den Vorrang gibt.
Asimov (Isaac) [Vereinigte Staaten, russischer Herkunft, 1920]: *Der Tausendjahresplan,* Science-fiction-Erzählung (1942): Die Dekadenz des römischen Reiches wird in eine galaktische Umgebung im 13. und 14. Jahrtausend übertragen.
Asturias (Miguel Ángel) [Guatemala, 1899 bis 1974]: *Der Herr Präsident,* Roman (1946). In diesem Buch vermischt sich Realität und Phantasie; es war die erste Anklage der Neuzeit gegen die Diktatur in den Ländern Lateinamerikas.
Augustinus *(Heiliger)* [römisches Afrika, 354–430]: *Bekenntnisse,* autobiographisches Werk, zwischen 397 und 401 geschrieben. Der Autor beschreibt seine religiöse Entwicklung bis zu seiner Bekehrung.
Austen (Jane) [Großbritannien, 1775–1817]: *Stolz und Vorurteil,* anonym veröffentlichter Roman (1813). Satirische und scharfsichtige Analyse von Begier und Snobismus.
Aymé (Marcel) [Frankreich, 1902–1967]: *Die grüne Stute,* Roman (1933). Ein amüsantes Bild des französischen Landlebens im zweiten Kaiserreich und in den ersten Jahren der III. Republik.

B

Ba Jin oder **Pa Chin** (China, 1904): *Die Familie,* Roman (1933). Die Geschichte eines gebildeten jungen Mannes, der sich gegen seine Familie stellt, ist ein Zeugnis der Erfahrungen des Autors und des Familienlebens in China zwischen den beiden Revolutionen.
Balzac (Honoré DE) [Frankreich, 1799 bis 1850]: *Das Chagrinleder,* Roman (1831). Darstellung der ›Philosophie‹ Balzacs durch einen magischen Gegenstand, der den Gegensatz zwischen dem Willen zum Leben und der Abnutzung durch das Leben symbolisiert. □ *Eugénie Grandet,* Roman (1833). Der Vater Grandet, ein Bürger von Saumur, unterwirft seine Familie seinem Geiz und opfert dafür sogar das Glück seiner Tochter. □ *Vetter Pons,* Roman (1847). Die Geschichte eines Kunstliebhabers, den seine Familie so lange verachtet, als sie ihn arm glaubt, und den sie dennoch gnadenlos ausraubt, als der Wert seiner Sammlung bekannt wird.
Barbusse (Henri) [Frankreich, 1873–1935]: *Das Feuer,* Roman (1916). Die erste ungeschminkte Darstellung des Alltags der Soldaten im Ersten Weltkrieg.
Baudelaire (Charles) [Frankreich, 1821 bis 1867]: *Die Blumen des Bösen,* Gedichtsammlung (1857). Eine symbolische Erinnerung an die Versuche des Menschen, seinem Elend zu entgehen.
Beaumarchais [Frankreich, 1732–1799]: *Der Barbier von Sevilla,* Komödie (1775). Die Geschichte vom betrogenen alten Mann ist die Grundlage einer realistischen Komödie, die die Leichtigkeit der Posse mit dem Sittenbild des bürgerlichen Dramas vereint. □ *Die Hochzeit des Figaro,* Komödie (1784). Fortsetzung des *Barbiers von Sevilla,* symptomatisch für die Stimmung in der Zeit vor der Revolution.

Beauvoir (Simone DE) [Frankreich, 1908 bis 1986]: *Memoiren einer Tochter aus gutem Hause,* autobiographische Erzählung (1958). Die Autorin erzählt, wie sie sich von der ›Bourgeoisie‹ gelöst hat, und schildert ihre Begegnung mit Jean-Paul Sartre.
Becket (Samuel) [Irland, 1906–1989]: *Warten auf Godot,* Theaterstück (1953, französisch). Diese metaphysische Farce, die das unnütze Warten auf Gott, einen Sinn oder auf die Beziehung zu einem anderen veranschaulicht, ist eines der bezeichnendsten Werke des absurden Theaters.
Beecher-Stowe (Harriet) [Vereinigte Staaten, 1811–1896]: *Onkel Toms Hütte,* Roman (1852), der die Leiden der schwarzen Sklaven schildert. Erster Bestseller, *Die* über eine Million Exemplare erreichte; er förderte die Bewegung zur Abschaffung der Sklaverei.
Bellow (Saul) [Vereinigte Staaten, 1915]: *Die Abenteuer des Augie March,* Roman (1953). Die Mißgeschicke eines jungen Juden in Chicago sind eine Parodie auf den Erziehungs- und Entwicklungsroman.
Bernanos (Georges) [Frankreich, 1888 bis 1948]: *Tagebuch eines Landpfarrers,* Roman (1936) in Ich-Form. Der junge Pfarrer d'Ambricourt notiert seine dramatischen Anstrengungen, um aufständischen Seelen zur Erlösung zu verhelfen.
Bernardin de Saint-Pierre [Frankreich, 1737–1814]: *Paul und Virginie,* Roman (1788). Diese Idylle zweier Kinder der Île de France (Mauritius) steht am Anfang des französischen literarischen Exotismus.
Bernhard (Thomas) [Österreich, 1931 bis 1989]: *Das Kalkwerk* (1970). Die Landschaft Österreichs dient als Hintergrund für die Darstellung von Zerstörungsprozessen.
Bjørnson (Bjørnstjerne) [Norwegen, 1832 bis 1910]: *Über unsere Kraft I* und *II,* Dramen (1883–1895). Der Wunder bewirkende religiöse Glaube und der zum Verbrechen führende politische Fanatismus bedrohen das Gleichgewicht des Menschen.
Blake (William) [Großbritannien, 1757 bis 1827]: *Lieder der Unschuld* (1789), *Lieder der Erfahrung* (1794), lyrische Gedichte, die eine reine Verkörperung von romantischer Empörung und Prophetentum sind.
Blixen (Karen) [Dänemark, 1885–1962]: *Afrika, dunkel lockende Welt,* literarisch aufgearbeitete Autobiographie (1937). Das Leben der Autorin in Kenia auf ihrer Kaffeeplantage sowie ihre verschiedenen Abenteuer.
Boccaccio [Italien, 1313–1375]: *Das Dekameron,* Novellen (1348–1353). Während die Pest Florenz verwüstet, erzählen sich zehn junge Männer und zehn junge Frauen ihre Liebesgeschichten, in denen einmal die Idylle, einmal die Sinnlichkeit überwiegt: das erste Meisterwerk des bürgerlichen Geistes.

A · **Heinrich Böll.**
Er kritisiert in seinen Werken Mißstände der restaurierten westdeutschen Gesellschaft, etwa die Herrschaft der Wohlstandsideologie, besonders auch einen etablierten Katholizismus.

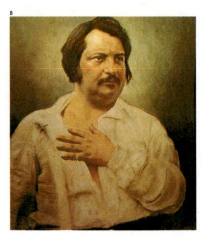

B · **Honoré de Balzac.**
Er stellte in der *Menschlichen Komödie* ab 1842 mehr als 90 Romane zusammen, die ein umfassendes Bild der französischen Gesellschaft von der Revolution bis Ende der Julimonarchie geben. (Porträt nach einer Daguerreotypie; Balzac-Haus, Paris)

MEISTERWERKE

Boiardo (Matteo Maria) [Italien, 1441 bis 1494]: *Der verliebte Roland,* Epos (1495), vom Heldenepos der Karolinger und bretonischen Romanen beeinflußt.

Boileau (Nicolas) [Frankreich, 1636–1711]: *Satiren,* Sammlung von zwölf Gedichten (1666–1668, 1694–1705). Der Autor befaßt sich hier mit der Moral und literarischen Problemen sowie mit religiösen und intellektuellen Streitigkeiten seiner Zeit.

Böll (Heinrich) [Deutschland, 1917 bis 1985]: *Gruppenbild mit Dame,* Roman (1971). Beschreibung eines Frauenschicksals und zugleich Bild des rheinischen Bürgertums zwischen 1930 und 1970.

Borges (Jorge Luis) [Argentinien, 1899 bis 1986]: *Labyrinthe,* Sammlung von Erzählungen (1944), die auf phantastische Art die Welt des Schreibens und des Lesens beschwören.

Bradbury (Ray Douglas) [Vereinigte Staaten, 1920]: *Die Mars-Chroniken* (1950). Sciencefiction im Dienste einer schwachen Moral: Keine irdische Mission kann Mars kolonisieren, da Mars das Übel der Erde ablehnt.

Brant (Sebastian) [Elsaß, 1457 oder 1458 bis 1521]: *Das Narrenschiff,* satirisches und lehrreiches Gedicht (1494). Vor dem Hintergrund des Karnevals wird das von religiösen und politischen Zweifeln gequälte Europa des späten Mittelalters geschildert.

Brecht (Bertolt) [Deutschland, 1898–1956]: *Die Dreigroschenoper,* Theaterstück (1928), Musik von Kurt Weill. Von der *Bettleroper* von John Gay inspiriert, die Geschichte des Streits zwischen ›Mackie‹, dem König der Unterwelt, und ›Peachum‹, dem Anführer der Bettler: ein Bild des Lebens der ›Beau Monde‹. □ *Herr Puntila und sein Knecht Matti,* ›Volksstück‹ (1940–1941 geschrieben; 1948 uraufgeführt). Ein Herr, der nur menschlich ist, wenn er betrunken ist, zeigt den Konflikt zwischen Menschlichkeit und Klassenverhalten. □ *Der kaukasische Kreidekreis,* Theaterstück (1943 bis 1945 geschrieben, 1948 uraufgeführt). In einem vom Krieg zerstörten kaukasischen Dorf streiten sich zwei Kolchosearbeiter um ein Stück Land. Ein Beispiel des ›epischen Theaters‹.

Breton (André) [Frankreich, 1896–1966]: *Nadja,* Roman (1928). Durch die Gespräche des Autors mit einer geheimnisvollen jungen Frau werden surrealistische Themen und Methoden dargestellt.

Brink (André) [Südafrika, 1935]: *Weiße Zeit der Dürre,* Roman (1979). Eine Stellungnahme zum Problem der Apartheid.

Broch (Hermann) [Österreich, 1886–1951]: *Der Tod des Vergil,* Roman (1945). Der innere Monolog eines sterbenden Künstlers über die gegensätzlichen Anforderungen von Leben und Schaffen.

Brontë (Charlotte) [Großbritannien, 1816 bis 1855]: *Jane Eyre,* Roman (1847). Eine junge Gouvernante verliebt sich in ihren Arbeitgeber, der durch eine unerträgliche Ehe gebunden ist.

Brontë (Emily) [Großbritannien, 1818 bis 1848], Schwester von Charlotte: *Die Sturmhöhe,* Roman (1847). Eine Hymne an die wilde und unerfüllbare Leidenschaft vor dem Hintergrund der Moorlandschaften von Yorkshire.

Büchner (Georg) [Deutschland, 1813–1837]: *Woyzeck,* unvollendetes Drama (1836 entstanden, 1913 uraufgeführt). Die Gefühlsverwirrung von Liebe und Eifersucht macht Woyzeck zum Mörder an seiner Geliebten.

Bunyan (John) [England, 1628–1688]: *Die Pilgerreise* (1678–1684). Mystische Allegorie einer in der Sünde geborenen und durch die Gnade geheiligten menschlichen Seele.

Butor (Michel) [Frankreich, 1926]: *Paris – Rom oder die Modifikation,* Roman (1957). Die Verschiedenartigkeit der Wirklichkeit, gebrochen von den vielfachen Facetten des Bewußtseins: eines der Urtypen des ›Nouveau roman‹.

Buzzati (Dino) [Italien, 1906–1972]: *Die Festung,* Roman (1940). Das endlose Warten auf einen möglichen Feind in einer vergessenen Festung am Rande der Wüste: auf phantastische Weise eine Schilderung der realen Einsamkeit der Menschen.

Byron [Großbritannien, 1788–1824]: *Ritter Harold's Pilgerfahrt,* Gedicht in 4 Cantos (1812–1818). Die Eindrücke eines romantischen Reisenden vermischt mit dem Ausdruck der Unzufriedenheit einer unruhigen Seele. Sein Einfluß auf das Denken und die Musik in Europa war beträchtlich.

C

Calderón de la Barca (Pedro) [Spanien, 1600–1681]: *Das Leben ein Traum,* Drama (1635). Ein König hält seinen Sohn gefangen, da ihm ein Orakel vorhergesagt hat, daß er den Untergang des Reiches verursachen würde.

Caldwell (Erskine) [Vereinigte Staaten, 1903–1987]: *Gottes kleiner Acker,* Roman (1933). Das Elend der armen Weißen von Georgia.

A · **Charles Baudelaire.**
Er war ein Erbe der Romantik, ein Förderer der Moderne und blieb der traditionellen Prosodie treu, während er gleichzeitig in seiner Dichtung und seinem kritischen Werk eine statische Auffassung von Schönheit entwickelte.

B · **Lord Byron.**
Er war sowohl satirisch als auch romantisch, voller Ungestüm, Schwung und Leidenschaft und übte so einen beträchtlichen Einfluß auf die gesamte europäische Literatur aus. *(Ausschnitt aus einem Stich nach einem Porträt von Thomas Philips)*

Calvino (Italo) [Italien, 1923–1985]: *Wenn ein Reisender in einer Winternacht,* Roman (1979). Die Lektüre von etwa zehn Romanen im Augenblick des Entstehens, von denen sich jeder in allen anderen fortsetzt, wird abrupt ›im spannendsten Moment‹ unterbrochen: ein Phantombild der Literatur.

Camões (Luís DE) [Portugal, 1524?–1580]: *Die Luisaden,* episches Gedicht (1572). Dieses Nationalepos hat die Entdeckungen der Portugiesen in Westindien mit dem Helden Vasco da Gama zum Thema.

Camus (Albert) [Frankreich, 1913–1960]: *Der Fremde,* Roman (1942). Die Absurdität und die Unmenschlichkeit der modernen Welt. □ *Die Pest,* Roman (1947). Die von der Pest heimgesuchte Stadt Oran ist eine symbolische Darstellung der Lage des Menschen.

Canetti (Elias) [Großbritannien, mitteleuropäischer Abstammung, 1905]: *Die Blendung,* Roman (1935 deutsch). Die Odyssee eines modernen Don Quijotte, des Sinologen Peter Kien, zeichnet ein Bild der westlichen Welt, die der blinden Kraft des Geldes, der Sexualität und der Macht ausgeliefert ist.

Čapek (Karel) [Tschechoslowakei, 1890 bis 1938]: *R.U.R. (Rossum's Universal Robots),* Theaterstück (1920), in dem das Wort ›Roboter‹ erstmalig auftaucht und Maschinen bezeichnet, die zum Dienste des Menschen gebaut wurden.

Carpentier (Alejo) [Kuba, 1904–1980]: *Explosion in der Kathedrale,* Roman (1962). Ein Epos des kolonialen Amerika in der ganzen Schönheit seiner Natur, dem Sprudeln seiner Gedanken und der Gewalt seiner Gegensätze.

Carrol (Lewis) [Großbritannien, 1832 bis 1898]: *Alice im Wunderland* (1865). Diese phantastische Geschichte, die der Verfasser für die kleinen Töchter eines Kollegen erfand, entwickelt sich nach den Abzählreimen und den Eigenheiten der kindlichen Logik.

Céline (Louis-Ferdinand) [Frankreich, 1894 bis 1961]: *Reise ans Ende der Nacht,* Roman (1932). Diese Geschichte des anarchistischen Arztes Berdamu, in ungewöhnlichem, an Wortschöpfungen reichem Stil geschrieben, hat die moderne Literatur tief beeinflußt.

Cendrars (Blaise) [Frankreich, schweizerischer Abstammung, 1887–1961]: *Gold,* Roman (1925). Vor dem Hintergrund der ›Wunderbaren Geschichte des Generals Johann August Suter‹ ein Bild der Vereinigten Staaten zur Zeit der Eroberung des Westens.

Cervantes (Miguel DE) [Spanien, 1547 bis 1616]: *Don Quijote,* Roman (1605–1615). In dieser Parodie auf die Ritterromane stößt die unsinnige Phantasie von Don Quijote, auf Rosinante reitend, auf den gesunden Menschenverstand von Sancho Pansa, seinem treuen Knecht, der auf seinem Esel reitet.

Césaire (Aimé) [Martinique, 1913]: *Zurück ins Land der Geburt,* Gedichtsammlung (1947), ein für die Negritude wegweisendes Werk, das die Suche des Volkes der Antillen nach seiner Identität ausdrückt.

Chateaubriand (René DE) [Frankreich, 1768 bis 1848]: *Von jenseits des Grabes. Denkwürdigkeiten* (1848–1850). Der Autor läßt seine Zeit auflaufen und definiert unter dem ständigen Blickpunkt der Nichtigkeit menschlicher Taten die Rolle, die er in der Literatur und in der Politik gespielt hat.

Chaucer (Geoffrey) [England, um 1340 bis 1400]: *Canterbury-Erzählungen,* Sammlung von Erzählungen in Versform (zusammengestellt um 1390, herausgegeben 1478). Pilger begeben sich auf das Grab des Heiligen Thomas Becket und erzählen sich Geschichten, in denen die höfischen Traditionen mit der Stimmung des Volkes gemischt sind.

Chénier (André) [Frankreich, 1762–1794]: *Jamben,* Gedichtsammlung (1819), die der Verfasser 1794 in Haft vor seiner Hinrichtung

MEISTERWERKE DER LITERATUR

geschrieben hat: eines der Meisterwerke politischer Satire.

Chrétien de Troyes [Frankreich, um 1135 bis um 1183]: *Lancelot,* Roman (um 1168). Lancelot, ein Ritter am Hof von König Artus, muß aus Liebe zur Königin Guinevra, der Gattin von Artus, eine Reihe von Prüfungen bestehen. □ *Yvain,* Roman (um 1177). Ein Ritter, der die Heldentaten für die Liebe aufgegeben hat, stürzt sich in verrückte Abenteuer, um die Achtung der Dame wiederzuerlangen: ein Höhepunkt des höfischen Romans.

Claudel (Paul) [Frankreich, 1868–1955]: *Goldhaupt,* Drama (1890). Der Eroberer, der sich ›über das Gute und das Schlechte‹ hinauswagt, entdeckt die Nichtigkeit von Hochmut und Macht. □ *Der seidene Schuh,* Drama (1929). Die unerfüllbare Liebe des spanischen Eroberers Don Rodriguez zu Doña Prouhèze erhält einen symbolischen Wert, der das gesamte Schicksal des Menschen in Frage stellt.

Cocteau (Jean) [Frankreich, 1889–1963]: *Nein, diese Eltern,* Theaterstück (1938). Das Thema der unmöglichen Liebe zwischen der griechischen Tragödie und dem modernen Melodram.

Cohen (Albert) [Schweiz, 1895–1981]: *Die Schöne des Herrn,* Roman (1968). Die Geschichte einer großen Liebe vor dem Hintergrund der kosmopolitischen Gesellschaft in der Zeit zwischen den Kriegen.

Colette (Sidonie Gabrielle) [Frankreich, 1873–1854]: Die Romanreihe *Claudine* (1900 bis 1903) hat eine Frau zum Thema, die ihre Persönlichkeit in einer Welt voller Tabus und männlicher Konventionen ausbildet.

Conrad (Joseph) [Großbritannien, polnischer Herkunft, 1857–1924]: *Lord Jim,* Roman (1900). Jim verläßt das Schiff, das ihm übertragen wurde, bereut dies sein Leben lang und wiederholt dann den Verrat: die Zerrüttung im Herzen der menschlichen Brüderlichkeit.

Constant (Benjamin) [Frankreich, 1767 bis 1830]: *Adolph,* Roman (1816). Der vom Gedanken des Todes besessene Held analysiert das Funktionieren einer zerstörerischen Intelligenz, die es ihm unmöglich macht, eine leidenschaftliche Liebe zu erwidern, die er selbst hervorgerufen hat.

Cooper (James Fenimore) [Vereinigte Staaten, 1789–1851]: *Der letzte Mohikaner,* Roman (1826). Romantische und tragische Liebe inmitten der Kämpfe zwischen Franzosen und den mit ihnen verbündeten Indianern in ihrem letzten Krieg.

Corneille (Pierre) [Frankreich, 1606–1684]: *Die komische Illusion,* Komödie (1636). Ein Vater, der seinen Sohn wiederfinden will, wendet sich an einen Magier, der die Abenteuer des Verschwundenen heraufbeschwört: eine beispielhafte Darstellung des ›Theaters im Theater‹. □ *Der Cid,* Tragikomödie (1637). Um die Ehre seines Vaters zu rächen, muß Rodriguez den Vater von Chimena, seiner Verlobten, töten. Diese verfolgt den Mörder, liebt ihn jedoch weiterhin.

Cortázar (Julio) [Frankreich, argentinischer Herkunft, 1914–1984]: *Marelle,* Roman (1963), ein ›Antiroman‹ durch seinen ungewöhnlichen Aufbau, bei dem die Kapitel sich überkreuzen.

Crane (Hart) [Vereinigte Staaten, 1899 bis 1932]: *Die Brücke,* Gedicht (1930). Die Brücke von Brooklyn als Symbol des amerikanischen Kontinents und Mythos.

D

Dante (Italien, 1265–1321): *Die Göttliche Komödie,* Gedicht (um 1307–1321), in 3 Teilen mit jeweils 33 Gesängen geschrieben *(die Hölle, das Fegefeuer, das Paradies)* und einem einführenden Gesang. Die visionäre Wanderung Dantes im Jenseits. Der von Vergil begleitete Dichter durchquert die 9 Kreise der Hölle, ersteigt dann allein den Berg des Fegefeuers, auf dessen Gipfel er Beatrice begegnet, die ihn zum Paradies führt: eine geistliche und poetische Synthese des Mittelalters.

Darío (Rubén) [Nicaragua, 1867–1916]: *Profane Prosen und andere Gedichte,* Sammlung von Gedichten (1896), die durch die Raffinesse ihrer Themen und die Kühnheit der Versform beachtenswert sind.

Daudet (Alphonse) [Frankreich, 1840 bis 1897]: *Briefe aus meiner Mühle,* gesammelte Erzählungen (1866). *La Chèvre de M. Seguin, Les Trois Messes basses, L'Arlésienne* sind die bekanntesten dieser zarten und humorvollen Erzählungen, die fast alle in der Provence spielen.

Defoe (Daniel) [England, um 1660–1731]: *Robinson Crusoe,* Roman (1719), der auf einer tatsächlichen Begebenheit aufbaut: Robinson, der einzige Überlebende eines Schiffsunglücks, richtet sich sein Leben auf einer einsamen Insel ein, begegnet Freitag und kehrt schließlich nach 28 Jahren in seine Heimat zurück. Die Utopie einer mit den eigenen Händen geschaffenen Welt, die anderen nichts schuldet.

Dickens (Charles) [Großbritannien, 1812 bis 1870]: *Die Pickwickier,* Roman (1837). In der Umgebung von Herrn Pickwick und seinem Diener Sam Waller entdecken exzentrische Kleinbürger die weite Welt. □ *Oliver Twist,* Roman (1838). Das Findelkind Oliver gerät auf die schiefe Bahn und wird von einer großherzigen Prostituierten und einem großzügigen alten Mann auf den richtigen Weg zurückgeführt. □ *David Copperfield,* Roman (1849). Eine junge mißhandelte Waise findet dennoch ihr Glück. Die Lieblingsgeschichte des Verfassers, die fast eine Autobiographie ist.

Diderot (Denis) [Frankreich, 1713–1784]: *Rameaus Neffe,* Dialog (1762 geschrieben, 1805 deutsch und 1821 französisch herausgegeben). Im Café de la Régence unterhalten sich zwei Gesprächspartner, ›Ich‹, der anerkannte Philosoph, und ›Er‹, ein zynischer Bohémien und Parasit, in brillanten Sätzen über Ästhetik und Moral. □ *Jakob und sein Herr,* Roman (1771 geschrieben, 1796 veröffentlicht). Der Dialog zweier Reisender (Jakob und sein Herr) beinhaltet alle Arten von Abenteuern, von Exkursen über die Liebe, die Philosophie, die Freiheit, zu denen Monologe des Autors selbst hinzukommen.

Diop (Birago) [Senegal, 1906]: *Aus den Geschichten des Amadou Koumba* (1947, französisch). In diesen Erzählungen aus der Savanne auf der Grundlage der afrikanischen Überlieferung sind Tiere die Hauptpersonen.

Döblin (Alfred) [Deutschland, 1878–1957]: *Berlin Alexanderplatz,* Roman (1929). Neuartig in Stil und Technik, erzählt dieses Werk ›die Geschichte vom Franz Biberkopf‹ im unruhigen Berlin der 1920er Jahre.

Dos Pasos (John) [Vereinigte Staaten, 1896 bis 1970]: *Manhattan Transfer,* Roman (1925). Bild des Lebens in New York durch etwa einhundert Personen aus allen Gesellschaftsschichten und eine Technik, die ihre Kompositionsmethoden aus der Filmmontage, dem Jazz und der Collage entleiht.

Dostojewskij (Fjodor Michajlowitsch) [Rußland, 1821–1881]: *Schuld und Sühne,* Roman (1866). Der arme Student Raskolnikow, der eine alte Wucherin ermordet hat, gesteht schließlich sein Verbrechen der Prostituierten Sonja und dann der Polizei. Sonja begleitet ihn nach Sibirien, wo die Liebe ihre Erneuerung vollendet. □ *Der Idiot,* Roman (1868 bis 1869). Trotz der Anstrengungen des jungen Fürsten Myschkin, die junge Halbweltdame Nastassja Philippowna vor der Mittelmäßigkeit zu bewahren, wird diese ermordet, und er versinkt endgültig im Wahn. □ *Die Brüder Karamasow,* Roman (1879–80). Der Mord an dem alten Karamasow, einem abscheulichen Menschen, führt durch ein Gewebe von gegenseitiger Faszination und Unverständnis aus dem Streit seiner vier Söhne: der Kampf des Teufels mit Gott.

Doyle (Sir Arthur Conan) [Großbritannien, 1859–1930]: *Sherlock Holmes' Abenteuer,* Kriminalgeschichten (um 1891–1925), darunter vor allem: *Studie in Scharlachrot* (1887), *Das Zeichen der Vier* (1890), *Der Hund von Baskerville* (1902). Ihre Hauptperson ist der berühmte Amateurdetektiv Sherlock Holmes mit seinem Helfer Doktor Watson.

Dumas (Alexandre) [Frankreich, 1802 bis 1870]: *Die drei Musketiere* (s. Gesch. S. 848). □ *Der Graf von Monte Christo,* Roman (1845). Dem zu Unrecht verurteilten und in der Festung If gefangenen Edmond Dantès gelingt die Flucht, und er will sich nun vollständig an seinen Feinden rächen.

A · **Miguel de Cervantes.** Der Schöpfer des modernen Romans wurde nach einem unruhigen Leben (Verlust eines Arms in Lepanto, von Berbern gefangengenommen) durch seine Romane und Theaterstücke berühmt. *(Ausschnitt eines Porträts von Juan de Jáuregui [1600]; spanische Akademie von Madrid)*

B · **Dante Alighieri.** Das Mitglied der weißen ›Guelfen‹, im Exil gestorben, Vertreter des ›Dolce stil nuovo‹ wurde durch seine Beatrice gewidmeten Gedichte und seine *Göttliche Komödie* unsterblich. Er ist der Vater der italienischen Dichtung. *(Porträt des Codex Riccardianus; Bibliothek Riccardi, Florenz)*

C · **Fjodor Michajlowitsch Dostojewskij.** In seinem Werk hat der Ingenieur, Schriftsteller, Politiker, Spieler und Epileptiker im Leiden und in der Demütigung den eigentlichen Grund des Lebens gesehen. *(Von W. G. Perow [1878])*

MEISTERWERKE

Dumas (Alexandre), **Dumas Fils** genannt [Frankreich, 1824–1895]: *Die Kameliendame,* Roman (1848, 1852 dramatisiert). Die tragische Liebe eines jungen Mannes aus gutem Hause zu einer Kurtisane.

Duras (Marguerite) [Frankreich, 1914]: *Heiße Küste,* Roman (1950), in dem die Autorin ihre Kindheit in Chochinchina mit ihrer Mutter und ihrem Bruder beschreibt.

Durrel (Lawrence) [Großbritannien, 1912]: *Alexandria-Quartett* (1957–1960). Alexandria ist der Schauplatz dieses Werks (aus 4 Romanen bestehend: *Justine, Balthasar, Mountolive, Clea*), in dem dieselben Begebenheiten aus verschiedenen Blickwinkeln heraus beleuchtet werden.

Dürrenmatt (Friedrich) [Schweiz, 1921 bis 1990]: *Der Besuch der alten Dame,* ›tragische Komödie‹ (1955 deutsch). Parodistisch und grotesk werden die Trugbilder der Konsumgesellschaft und ihre Wirkung auf die Einwohner einer Kleinstadt dargestellt.

E

Eco (Umberto) [Italien, 1932]: *Der Name der Rose,* Roman (1980), ein Gleichnis aktueller Verwirrungen in einem Kloster und des Lebendigen überhaupt in der Form einer Detektivgeschichte.

Eichendorff (Joseph FREIHERR VON) [Deutschland, 1788–1857]: *Aus dem Leben eines Taugenichts,* romantische Geschichte eines wandernden Sängers, der sich dem bürgerlichen Leistungsstreben entzieht.

Eliot (Thomas Stearns) [Großbritannien, amerikanischer Herkunft, 1888–1965]: *Das wüste Land,* Gedicht (1922), in dem der Verfasser die geistige Gefühlskälte in der heutigen Stadt darstellt.

Erasmus (Holland, 1469–1536): *Lob der Torheit,* eine polemische Schrift in Latein (1511). Eine Würdigung von Thomas Morus und eine scharfe Kritik an der Gesellschaft und dem Klerus.

Euripides (Griechenland, 480–406 v. Chr.): *Hippolytos,* Tragödie (428). Die inzestuöse Leidenschaft Phädras für ihren Schwiegersohn. □ *Elektra,* Tragödie (um 413). Die Ermordung Klytämnestras durch ihre Kinder, Orest und Elektra. □ *Die Bakchen,* Tragödie (405), die das Problem der menschlichen Gewalttätigkeit und des Opfers einer Person aufwirft, die diese eindämmen soll. □ *Iphigenie in Aulis,* Tragödie (405), beherrscht durch den barbarischen Ritus des Menschenopfers.

A · **Erasmus.**
Er bemühte sich, wie seine Arbeiten zeigen, um einen christlichen Humanismus auf der Grundlage des Neuen Testaments. (Ausschnitt aus einem Gemälde von Quentin Metsys; Galerie Barberini, Rom)

F

Faulkner (William) [Vereinigte Staaten, 1897–1962]: *Schall und Wahn,* Roman (1929), dessen Themen (Idiotie, lose Sitten, Selbstmord) die Dekadenz der großen Familien nach dem Sezessionskrieg aufzeigen.

Fénelon (Frankreich, 1651–1715): *Die Erlebnisse des Telemach,* ein Romanepos (1699), das sich an die *Odyssee* anlehnt und zur Erziehung des Herzogs von Burgund geschrieben wurde.

Fielding (Henry) [Großbritannien, 1707 bis 1754]: *Tom Jones,* Roman (1749). Eine pikareske Odyssee, aber auch eine der großen modernen realistischen Erzählungen.

Firdausi (Persien, um 934–1020): *Schah-Name* (Buch der Könige), ein Epos, das sich in die Annalen des iranischen Reichs eingliedert.

Fitzgerald (Francis Scott) [Vereinigte Staaten, 1896–1940]: *Der große Gatsby,* Roman (1925). Eine Geschichte von Liebe und Ehrgeiz vor dem Hintergrund einer Satire über das Amerika der 20er Jahre.

Flaubert (Gustave) [Frankreich, 1821–1880]: *Madame Bovary,* Roman (1857). Eine im Kloster erzogene Bauerntochter glaubt ihrer Lage durch Heirat, dann durch Betrug ihres Mannes und durch Verschuldung zu entgehen. Ihr Selbstmord schließt dieses Epos der Mittelmäßigkeit ab. □ *Salambo,* Roman (1862) (s. GESCH. S. 846). □ *Lehrjahre des Gefühls,* Roman (1869). Die ›Geschichte eines jungen Mannes‹, Frédéric Moreau, der sein Leben der Liebe weiht und die Niederlage des Lebens hinnimmt, die ebenfalls die einer Generation ist.

Fontane (Theodor) [Deutschland, 1819 bis 1898]: *Effi Briest,* Roman (1896). Die Geschichte einer Frau, die zur Ehebrecherin wird und an der Gesellschaft zerbricht. □ *Der Stechlin,* Roman (1899), der in Gesprächen und Plaudereien seiner Figuren das Verhältnis zwischen alt und neu gestaltet.

France (Anatole) [Frankreich, 1844–1924]: *Die Götter dürsten,* Roman (1912). Eine Episode aus der Französischen Revolution, von der Ermordung Marats bis zum Fall von Robespierre (1793–94).

Frisch (Max) [Schweiz, 1911]: *Homo Faber,* Roman (1957). Die Selbstentfremdung des modernen Menschen und seine Suche nach Identität.

Furetière (Antoine) [Frankreich, 1619 bis 1688]: *Der bürgerliche Roman* (1666). Als Antwort auf den galanten Roman ein satirisches Bild der Pariser in jener Zeit.

B · **Gustave Flaubert.**
Obwohl sein Werk von Realismus und stilistischer Strenge geprägt war, begleiteten romantische Begeisterung, Leidenschaft (Elisa Schlesinger) und Freundschaft (Hugo, Louis Bouilhet) sein Leben.

G

Gadda (Carlo Emilio) [Italien, 1893 bis 1973]: *Die gräßliche Bescherung in der Via Merulana,* Roman (1957). Rom ist der Schauplatz dieser polizeilichen Untersuchung. Eine gekonnte Mischung von Stilen und Sprachebenen.

García Lorca (Federico) [Spanien, 1898 bis 1936]: *Zigeunerromanzen,* Gedichtsammlung (1928). Über die Themen Andalusien und Zigeuner ein Synthese der lyrischen Strömungen in Spanien. □ *Bluthochzeit,* Theaterstück (1933). Ein junges Mädchen geht an ihrem Hochzeitstag zu ihrer alten Liebe zurück. Die Vorbestimmung der Liebe und die Unmöglichkeit, seinem Schicksal zu entgehen.

García Marquez (Gabriel) [Kolumbien, 1928]: *Hundert Jahre Einsamkeit,* Roman (1967). Die phantasievolle Geschichte des imaginären Dorfes Macondo in Kolumbien und seiner Gründer.

Gary (Romain) [Frankreich, 1914–1980]: *Die Wurzeln des Himmels,* Roman (1956). Eine Darstellung des Koloniallebens in Französisch-Äquatorialafrika.

Gautier (Théophile) [Frankreich, 1811 bis 1872]: *Emaillen und Kameen,* Gedichte (1852). Darstellung des ästhetischen Ideals des l'Art pour l'Art, oder wie kann Schönheit durch die Perfektion der Form erreicht werden. □ *Kapitän Fracasse,* Abenteuerroman (1863). Die Abenteuer einer Truppe von Komödianten zur Zeit Ludwigs XIII.

Genet (Jean) [Frankreich, 1910–1986]: *Die Zofen,* Theaterstück (1947). Zwei Zofen spielen in Abwesenheit ihrer Herrin die Welt von ›Madame‹ nach, jedoch mißlingt ihnen sowohl die Nachahmung als auch die Auflehnung. Ein kurzes und sehr bissiges Stück.

Ghelderode (Michel DE) [Belgien 1898 bis 1962]: *La Ballade du Grand Macabre,* Theaterstück (1935). Diese in Flandern spielende Posse vereinigt Mystizismus und derbe Karnevalskomik.

Gide (André) [Frankreich, 1869–1951]: *Uns nährt die Erde,* Prosagedicht (1897). Das Evangelium der Entfaltung des Indiviuums, das von den Schranken der ästhetischen und moralischen Tradition befreit wird. □ *Die Verliese des Vatikan,* ironische und unbarmherzige Erzählung (1914), in dem ein Held einer völlig freie Person auf der Suche nach der durch nichts zu begründenden Tat ist. □ *Die Falschmünzer,* Roman (1926). Zu einem Abenteuerroman kommt eine moralische und philosophische Betrachtung sowie das Tagebuch des Werkes, das gerade erstellt wird, hinzu; eine wesentliche Etappe des modernen Romans.

Giono (Jean) [Frankreich, 1895–1970]: *Der Husar auf dem Dach,* Roman (1951). Die Abenteuer eines Husarenobersten zur Zeit von Louis Philippe vor dem Hintergrund der von der Pest verwüsteten Provence.

Giraudoux (Jean) [Frankreich, 1882–1944]: *Der Trojanische Krieg findet nicht statt,* Theaterstück (1935), in dem sich Phantasie und Drama mischen. □ *Die Irre von Chaillot,* Theaterstück (1945). Eine alte, arme und extravagante Gräfin klagt die Schlechtigkeit einer vom Geld verdorbenen Welt an.

Goethe (Johann Wolfgang VON) [Deutschland, 1749–1832]: *Götz von Berlichingen mit der eisernen Hand,* Schauspiel (1773), der Held, der unbeirrbar seiner Bestimmung folgt, scheitert an der Wirklichkeit. □ *Die Leiden des jungen Werthers,* Briefroman (1774), der zur Entstehung des romantischen Helden beitrug. □ *Egmont,* Trauerspiel (1788) vor dem Hintergrund des niederländischen Befreiungskampfes im 16. Jh. □ *Wilhelm Meister,* Roman in 2 Teilen: die *Lehrjahre* (1796) und die *Wanderjahre* (1821): das Modell eines Bildungsromans. □ *Faust,* Drama (1808–1832). Auf der Legende aufbauend (der Magier Faust hat seine Seele an den Teufel gegen Allwissen und irdische Güter verkauft) die Tragödie der gesamten Menschheit.

Gogol (Nikolaj Wassiljewitsch) [Rußland, 1809–1852]: *Die toten Seelen,* Roman (1842; 2. unvollendeter und postum veröffentlichter Teil 1852). Ein Abenteurer erhält vom Staat Geld für Leibeigene (die ›Seelen‹), die nach der letzten Zählung gestorben sind, jedoch noch immer auf der Steuerliste stehen.

Goldoni (Carlo) [Italien, 1707–1793]: *Mirandolina,* Komödie (1753). Das Spiel der Liebe, das sich zwischen einer schönen Gastwirtin, zwei vornehmen Herren und einem weiberfeindlichen Ritter entwickelt, endet zugunsten des Dieners.

Goldsmith (Oliver) [Großbritannien, 1728 bis 1774]: *Der Pfarrer von Wakefield,* Roman (1766). Ein vom Schicksal geschlagener Pastor wird schließlich für seine Güte belohnt: eine sentimentale Familienidylle.

741

MEISTERWERKE DER LITERATUR

Gombrowicz (Witold) [Polen, 1904–1969]: *Ferdydurke,* Roman (1937). Das phantastische Abenteuer eines wieder zum Kind gewordenen Mannes zeigt das Drama des modernen Menschen.

Gorkij (Maksim) [UdSSR, 1868–1936]: *Die Mutter,* Roman (1906). Eine Beschreibung des Kampfes des russischen Proletariats aus der Sicht einer alten Frau aus dem Volk, der Mutter eines militanten Arbeiters, die den Kampf ihres deportierten Sohnes fortführt.

Gracq (Julien) [Frankreich, 1910]: *Das Ufer der Syrten,* Roman (1951). Vor dem Hintergrund schlafender Gewässer, eines Schlosses und von Wüsten herrscht eine dekadente Atmosphäre: das Warten, das Mysterium, die Faszination.

Grass (Günter) [Deutschland, 1927]: *Die Blechtrommel,* Roman (1959). Der Nationalsozialismus und der Krieg in Danzig aus der Perspektive eines Zwerges, der wie ein Kind aussieht, aber die Reife eines Erwachsenen besitzt.

Green (Julien) [Vereinigte Staaten, 1910]: *Moïra,* Roman (1950). Das auf einem amerikanischen Universitätscampus spielende Drama schildert den Konflikt eines Puritaners zwischen Begierde und Glaube.

Greene (Graham) [Großbritannien, 1904]: *Die Kraft und die Herrlichkeit,* Roman (1940). Das Schicksal eines heruntergekommenen, alkoholabhängigen Priesters in Mexiko zur Zeit der Revolution.

Grillparzer (Franz) [Österreich, 1791 bis 1872]: *Sappho,* Trauerspiel (1819). Der Konflikt zwischen Kunst und Leben.

Grimm (Jacob) [Deutschland, 1785–1863]: *Kinder- und Hausmärchen* (1812–1814), die sich auf deutsche Volksüberlieferungen stützen *(Schneewittchen, Hänsel und Gretel, die Bremer Stadtmusikanten).*

Grimmelshausen (Hans Jakob Christoffel von) [Deutschland, 1622–1676]: *Der abentheurliche Simplizissimus,* Schelmenroman (1669). Die Abenteuer eines jungen Mannes von einfachem Geist vor dem Hintergrund des Dreißigjährigen Krieges.

H

Hamsun (Knut) [Norwegen, 1859–1952]: *Hunger,* Roman (1890). Die Streifzüge (größtenteils autobiographisch) eines hungrigen Mannes durch Christiania, der sich nach Amerika einschiffen muß.

Hardy (Thomas) [Großbritannien, 1840 bis 1928]: *Tess von D'Urbervilles,* Roman (1891). Ein junges Dorfmädchen aus Wessex wird von einem Junker verführt: das schreckliche und banale Schicksal derer, die dazu verdammt sind, das Glück nur zu streifen.

Hašek (Jaroslav) [Tschechoslowakei, 1883 bis 1923]: *Die Abenteuer des braven Soldaten Schwejk,* Roman (1921–1923). Der Soldat Schwejk, ein Symbol des Volkswiderstandes, verkörpert einen allgemeinen Typ: den Antihelden.

Hauptmann (Gerhart) [Deutschland, 1862 bis 1946]: *Vor Sonnenaufgang,* ›soziales‹ Drama (1889) über den Menschen als zum Leiden verurteiltes Wesen. Es verhilft dem Naturalismus in Deutschland zum Durchbruch. □ *Die Weber,* Drama (1892), das den Aufstand der schlesischen Weber von 1844 schildert.

Hébert (Anne) [Kanada, 1916]: *Kamouraska,* Roman (1970). Das Drama eines zerrissenen Bewußtseins, das zwischen der Erinnerung an eine tödliche Liebe und dem Wunsch nach Integration in die Gesellschaft und in die Welt steht.

Heine (Heinrich) [Deutschland, 1797 bis 1856]: *Reisebilder* (1826–1831). Die Eindrücke des Reisenden mischen sich mit Kindheitserinnerungen, politischen Gedanken und persönlichen Polemiken.

Hemingway (Ernest) [Vereinigte Staaten, 1899–1961]: *Wem die Stunde schlägt,* Roman (1940). Über das vergebliche Bemühen, den Augenblick zu verherrlichen: ein Abenteuer von Liebe und Tod, das sich vor dem Hintergrund des Spanischen Bürgerkrieges abspielt. □ *Der alte Mann und das Meer,* Erzählung (1952). Der Kampf eines Fischers mit einem riesigen Schwertfisch zeigt den einsamen Kampf um das Leben und die falschen Siege des Menschen über die Natur.

Hesiod (Griechenland, Mitte des 8. Jh. v. Chr.): *Werke und Tage,* Gedicht. Sammlung von Gedanken und moralischen Sentenzen, um die Tugend der Arbeit und der Gerechtigkeit aufzuzeigen: ein Zeugnis der Ursprünge des griechischen Denkens. □ *Theogonie,* Gedicht. Durch die Genealogie der Götter wird eine Erklärung über den Ursprung der Welt und das Unglück des Menschen gegeben.

Hesse (Hermann) [Schweiz, deutscher Abstammung, 1877–1962]: *Der Steppenwolf,* Roman (1927). Ein Mann versucht, die illusorische Dualität seines Wesens, den Instinkt und den Geist, den Wolf und den Menschen, zu überwinden.

Hoffmann (Ernst Theodor Amadeus) [Deutschland, 1776–1822]: *Die Serapionsbrüder* (1819–1821). Sechs Freunde erzählen sich phantastische und gleichzeitig realistische Geschichten *(Nußknacker und Mausekönig, Die Bergwerke zu Falun).*

Hofmannsthal (Hugo von) [Österreich, 1874–1929]: *Jedermann,* religiöses Mysterienspiel (1911), ›das Spiel vom Sterben eines reichen Mannes‹, der vor Gottes Richterstuhl gerufen wird und nur durch den Glauben und gute Werke begleitet wird.

Hölderlin (Friedrich) [Deutschland, 1770 bis 1843]: *Hyperion,* lyrischer Roman (1797 bis 1799). Der Autor besingt seine Liebe zu Griechenland und zur Freiheit und versucht, sein Weisheitsideal in Übereinstimmung mit der Natur zu verwirklichen.

Homer (Griechenland, 9. Jh. v. Chr.): *Ilias,* Epos in 24 Gesängen. Dieser Bericht einer Episode des Trojanischen Krieges wurde von den Griechen als das Epos schlechthin und als Grundlage jeglicher Kultur angesehen. □ *Odyssee,* Epos in 24 Gesängen, das die Rückkehr des Odysseus in seine Heimat nach dem Trojanischen Krieg schildert.

Horaz (Rom, 65–8 v. Chr.): *Episteln,* Titel zweier Gedichtsammlungen (30–8 v. Chr.), die in einem sehr persönlichen Ton von der Moral und vom guten Geschmack handeln. Die letzte, die *Epistel ›Ad Pisones‹,* beinhaltet die ›Ars poetica‹, eines der Hauptbeispiele des Klassizismus.

Hugo (Victor [Frankreich, 1802–1885]: *Hernani,* Drama (1830), das zu dem berühmten Streit zwischen Romantikern und Klassikern führte. □ *Die Sage von den Jahrhunderten,* Gedichtsammlung (1859, 1877, 1883): das Epos der Menschheit vom Augenblick der Schöpfung bis zu einem erdachten 20. Jh. □ *Die Armen und Elenden,* Roman (1862). Der Sträfling Jean Valjean, Cosette, Gavroche und der Polizist Javert sind die Hauptpersonen in diesem Volksepos, das von Waterloo bis zu den Barrikaden von 1852 reicht.

Huxley (Aldous) [Großbritannien, 1894 bis 1963]: *Schöne neue Welt,* Science-fiction-Roman (1932), eine pessimistische Utopie, ein Klassiker dieser Gattung.

Huysmans (Joris-Karl) [Frankreich, 1848 bis 1907]: *Gegen den Strich,* Roman (1884). Durch die Hauptperson Des Esseintes zeichnet der Autor ein Bild der Jahrhundertwende.

I

Ibsen (Henrik) [Norwegen, 1828–1906]: *Peer Gynt,* lyrisches Drama (1867), das auf norwegischen folkloristischen Überlieferungen beruht. □ *Nora oder ein Puppenheim,* Drama (1879). Diese Geschichte einer Kindfrau, die mit sozialen und familiären Konventionen bricht, wurde zum Symbol der Frauenbewegung. □ *Die Wildente,* Drama (1884). Eine moralische Prüfung, die einem mittelmäßigen Menschen auferlegt wird, führt zum Tod eines unschuldigen Kindes.

Ionesco (Eugène) [Frankreich, 1912]: *Die kahle Sängerin,* Theaterstück (1950), beruhend auf der Absurdität der Sprache. □ *Die Stühle,* Theaterstück (1952). Ein altes Ehepaar wartet vergeblich auf einen Redner, der seinem Leben einen Sinn geben wird.

J

James (Henry) [Großbritannien, amerikanischer Abstammung, 1843–1916]: *Die Gesandten,* Roman (1903). Ein Mann in den Fünfzi-

A · **Franz Kafka.**
Als Meister des Absurden brachte er in einer ausweglosen Situation, tuberkulosekrank, eindringlich die Ängste und die Verzweiflung des modernen Menschen angesichts der Absurdität der Welt zum Ausdruck.

B · **Henrik Ibsen.**
Der Autor von Ideendramen, der die europäische Literatur und die ästhetischen Anschauungen von Joyce erheblich beeinflußte, hörte nie auf, sich oder anderen soziale oder philosophische Fragen zu stellen.

C · **James Joyce.**
Die Faszination der Sprache und Irlands, das er aus Enttäuschung über die politischen Kämpfe verließ, bleiben in seinem Werk erhalten, das zunächst realistisch, später voller Symbolik und frei von jeglichem Zwang ist.

A · **Johann Wolfgang von Goethe.**
Einer der Wegbereiter des ›Sturm und Drang‹, wurde er, angeregt durch seine Italienreise, neben Schiller zum Begründer der deutschen Klassik. *(Von J. K. von Stieler [1828])*

MEISTERWERKE

gern aus Boston wird von einer reichen Witwe beauftragt, ihr ihren Sohn zurückzubringen, der den Reizen von Paris erlegen ist: der Konflikt zwischen amerikanischem Puritanismus und europäischem Ästhetizismus.

Jarry (Alfred) [Frankreich, 1873–1907]: *König Ubu,* Theaterstück (1896). Vater Ubu ist eine lächerliche Karikatur der bürgerlichen Borniertheit sowie der menschlichen Grausamkeit.

Jonson (Ben) [England, 1572?–1637]: *Volpone,* Komödie (1606). Der alte zynische Geizkragen Volpone versucht, mit Hilfe seines Lieblingsschmarotzers Mosca aus seinem eigenen Tod Gewinn zu schlagen.

Joyce (James) [Irland, 1882–1941]: *Ulysses,* Roman (1922). Die Schilderung eines Tages des Dubliner Anzeigenmaklers Leopold Bloom. Dieses Werk, eine moderne Version und Parodie von Homers *Odyssee,* versucht alle Stilmittel in einer Gesamtsprache zu vereinen. □ *Finnegans Wake,* Roman (1939). Der Traum eines Dubliner Gastwirts: ein Epos des Bewußtseins, das ins Nichts abgleitet und Zeiten, Räume, Worte und Sprachen mischt.

Juvenal (Rom, um 60–um 130 n. Chr.): *Satiren,* Sammlung von 16 Satiren, die zwischen 100 und 128 geschrieben wurden. Eine heftige Verurteilung der Sitten im Rom des 1. Jh.

K

Kadare (Ismail) [Albanien, 1936]: *Die Festung,* Roman (1970). Die ›Autopsie‹ einer albanischen Stadt im 20. Jh. Ein Bericht, in dem Reales und Phantastisches sich verbinden.

Kafka (Franz) [Österreich, 1883–1924]: *Der Prozeß,* Roman (1925). Der kleine Bankangestellte Joseph K. wird eines Tages verhaftet und zum Tode verurteilt, ohne die Gründe dafür zu erfahren: ein Bild des in den Netzen der Macht der modernen Welt verlorenen Individuums.

Kalila wa Dimna, arabischer Titel einer Fabelsammlung, die von Ibn al-Mukaffa (Iran, † um 995) aus dem Persischen übersetzt wurde und aus dem Indischen stammt. Dieses Werk praktischer Moral trägt den Namen zweier Schakale, der Helden der wichtigsten Fabel.

Kamasutra → VATSYANA.

Kasantzakis (Nikos) [Griechenland, 1883 bis 1957]: *Alexis Sorbas,* Roman (1946). Das Portrait eines freien und großzügigen Mannes, die Verkörperung der Volksweisheit.

Kateb (Yacine) [Algerien, 1929]: *Nedschma,* Roman (1956). Nedschma (arabisch ›Stern‹) ist die geliebte Cousine, die zum Symbol des zu befreienden Algerien wird. Einer der ersten modernen Romane des Maghreb.

Kawabata Yasunari (Japan, 1899–1972): *Schneeland,* Roman (1935–1948). Das vergängliche Glück einer unmöglichen Liebe in einer irrealen Welt, in der die Kälte alle Gefühle ändert.

Keats (John) [Großbritannien, 1795–1821]: *Oden* (1819). Der Kult der Schönheit als Möglichkeit, einer Welt der Desillusionierung und des Leidens zu entfliehen. Eines der großen Zeugnisse der englischen Romantik.

Keller (Gottfried) [Schweiz, 1819–1890]: *Der grüne Heinrich,* Roman (1. Version 1854, 2. Version 1879). Dieser Erziehungsroman ist ein Meisterwerk des deutschen Realismus.

Kerouac (Jack) [Vereinigte Staaten, 1922 bis 1969]: *Unterwegs,* Roman (1957). Die Verlockung des amerikanischen Raumes und der Reise gegen jegliche Schwerfälligkeit des modernen Lebens: das Mittel zur Flucht oder die Bibel der Beatgeneration.

Kipling (Rudyard) [Großbritannien, 1865 bis 1936]: *Das Dschungelbuch,* (1894). Der kleine Junge Mowgli wird von den Dschungeltieren aufgenommen und aufgezogen: Für diesen ›Sohn von Victoria und Darwin‹ begründen sich Gesetz und Ordnung auf Instinkt, Rasse und Mut.

Kleist (Heinrich VON) [Deutschland, 1777 bis 1811]: *Michael Kohlhaas,* Erzählung (1804), nach einer wahren Begebenheit aus dem 16. Jh. von einem Pferdehändler, der um sein Recht kämpft und dabei zum Räuber und Mörder wird. □ *Prinz Friedrich von Homburg,* Drama (1821) mit romantischen und patriotischen Anklängen.

Klopstock (Friedrich Gottlieb) [Deutschland, 1724–1803]: *Messias,* biblisches Epos in 20 Gesängen (1748–1773). Die Erlösung des Menschen dank des Opfertodes des Messias: das erste große poetische Werk Deutschlands.

Kundera (Milan) [Frankreich, tschechischer Abstammung, 1929]: *Die unerträgliche Leichtigkeit des Seins,* Roman (1984). Vor dem Hintergrund des Prager Frühlings und des Exils führt die Geschichte eines Mannes, der zwischen der Liebe zu seiner Frau und den Versuchungen anderer Frauen hin- und hergerissen ist, zu einer Betrachtung über das menschliche Leben.

L

Labiche (Eugène) [Frankreich, 1815–1888]: *Herrn Perrichons Reise,* Komödie (1860). Die Mißgeschicke eines selbstgefälligen Bürgers vom Bahnhof Lyon bis zu den Gletschern Savoyens.

La Bruyère (Jean DE) [Frankreich, 1645 bis 1696]: *Die Charaktere oder die Sitten im Zeitalter Ludwigs XIV.* (1688). Auf der Grundlage von Maximen, Gedanken und Porträts ein Bild der französischen Gesellschaft Ende des 17. Jh., die der zerstörerischen Macht des Geldes und den sozialen Umwälzungen ausgesetzt ist.

Laclos (Pierre Choderlos DE) [Frankreich, 1741–1803]: *Gefährliche Liebschaften,* Briefroman (1782). Ein Bild der Freizügigkeit der mondänen Gesellschaft und der Aristokraten am Vorabend der Französischen Revolution.

La Fayette (Madame DE) [Frankreich, 1634 bis 1693]: *Die Prinzessin von Clèves,* Roman (1678). Inmitten der höfischen Anstandsregeln und der Regeln der Galanterie die Entwicklung einer tragischen Leidenschaft.

La Fontaine (Jean DE) [Frankreich, 1621 bis 1695]: *Fabeln* (12 von 1668 bis 1694 veröffentlichte Bücher). Die auf allen bekannten Schullehrstoffen (*Fabeln* von Äsop) beruhenden Fabeln sind die originellste und die populärste poetische Form im Jahrhundert der französischen Klassik.

Lagerlöf (Selma) [Schweden, 1858–1940]: *Die wunderbare Reise des kleinen Nils Holgersson mit den Wildgänsen,* Roman (1906–1907). Ein kleiner Junge, der ungezogen war und deshalb in einen Zwerg verwandelt wurde, wird von einer Gans auf eine Reise mitgenommen, durch die er die Natur und die Menschen Schwedens kennenlernt.

Lamartine (Alphonse DE) [Frankreich, 1790 bis 1869]: *Poetische Betrachtungen,* Lyriksammlung (1820), die den Beginn der französischen Romantik kennzeichnet.

Larbaud (Valery) [Frankreich, 1881–1957]: *Das Tagebuch eines Milliardärs* (1913). Das fiktive Tagebuch eines peruanischen Millionärs, der Europa entdeckt.

La Rochefoucauld (François DE) [Frankreich, 1613–1680]: *Betrachtungen oder moralische Sentenzen und Maximen* (1664, 1678, 1693). Die bittere Aussage, daß die Taten der Menschen nur von Eigenliebe und Nutzen bestimmt sind.

Lautréamont (Frankreich, 1846–1870): *Die Gesänge des Maldoror,* Epos in Prosa in 6 Gesängen (1869). Ein Angriff auf alle literarischen und kulturellen Stereotypen, der von den Surrealisten als neue Epoche der Dichtung gefeiert wurde.

Lawrence (David Herbert) [Großbritannien, 1885–1930]: *Lady Chatterley,* Roman (1928). Eine mit einem Invaliden verheiratete Aristokratin erlebt mit ihrem Jagdhüter eine sinnliche Leidenschaft, die über alle Konventionen triumphiert.

Lawrence (Thomas Edward) [Großbritannien, 1888–1935]: *Die sieben Säulen der Weisheit,* autobiographischer Roman (1926) dieses Abenteurers (gen. Lawrence von Arabien), der, vom Nahen Osten begeistert, den Aufstand der Araber anfeuert.

Laxness (Halldór Kiljan) [Island, 1902]: *Islandglocke,* Romantrilogie (1943–1946). Eine episch breite Schilderung des isländischen Lebens.

Laye (Camara) [Guinea, 1928–1980]: *Einer aus Karussa,* Roman (1953). Das verlorene Paradies der Kindheit und zugleich die Erinnerung an die durch den Eintritt in die moderne Welt gefährdeten alten Bräuche.

Le Clézio (J. M. G.) [Frankreich, 1940]: *Das Protokoll,* Roman (1963). Die Irrfahrten eines müßigen Helden und eines Hundes decken überraschende Verbindungen zwischen Menschen und Dingen auf; sie ergeben eine faszinierende Bestandsaufnahme der Welt.

Leconte de Lisle (Charles) [Frankreich, 1818–1894]: *Poèmes antiques* (1852), von den Mythen Indiens und des antiken Griechenlands inspiriert. □ *Poèmes barbares* (1862). Das Material für diese Gedichte ist biblischen, keltischen und skandinavischen Ursprungs.

Leiris (Michel) [Frankreich, 1901]: *Mannesalter,* Erzählung (1939). Diese ›Selbstanalyse‹ führt den Autor zur objektiven Kenntnis seiner selbst und des Menschen.

Lenz (Siegfried) [Deutschland, 1926]: *Deutschstunde,* Roman (1968), parabelhafte Deutung des deutschen Verhaltens im Nationalsozialismus.

Lesage (Alain René) [Frankreich, 1668 bis 1747]: *Gil Blas von Santillana,* Roman (1715–1735). Der an Zwischenfällen und Personen reiche Bericht über die Abenteuer eines armen jungen Mannes.

MEISTERWERKE

MEISTERWERKE DER LITERATUR

Lessing (Gotthold Ephraim) [Deutschland, 1729–1781]: *Minna von Barnhelm oder das Soldatenglück,* Lustspiel (1767), in dem die ernsten Probleme der Hauptfiguren auf heitere Art gelöst werden. □ *Nathan der Weise,* Drama (1779), das Ideal der Toleranz und ihrer utopischen Zukunftsperspektive.

Lieder-Edda, eine Sammlung von anonymen Liedern skandinavischer Herkunft (Island, 9.–12. Jh.), die sich mit der Mythologie und den Heldensagen befassen.

London (Jack) [Vereinigte Staaten, 1876 bis 1916]: *Der Ruf der Wildnis,* Erzählung (1903). Ein den Goldsuchern am Klondike überlassener Haushund spürt den Wolf in sich aufleben: eine Darstellung der Theorien über die biologische Evolution und den Einfluß der Umwelt.

Lönnrot (Elias) [Finnland, 1802–1884]: *Kalevala,* Epos (1835–1849), auf der Grundlage von mündlich überlieferten Gesängen: das Nationalepos Finnlands.

Loti (Pierre) [Finnland, 1850–1923]: *Islandfischer,* Roman (1886). Eine melancholische Darstellung des Lebens der bretonischen Seeleute.

Lowry (Malcolm) [Großbritannien, 1909 bis 1957]: *Unter dem Vulkan,* Roman (1947). Der Verfall eines alkoholsüchtigen Konsuls in einer kleinen mexikanischen Stadt stellt alle Phantasmen der Selbstzerstörung dar, die den modernen Menschen bedrohen.

Lucretius (Rom, um 98–55 v. Chr.): *De natura rerum,* Dichtung in 6 Büchern. Die Darstellung der epikuräischen Philosophie und der Beweis, daß der Mensch sich von der Furcht vor den Göttern und von der Todesangst befreien muß, um Vergnügen und Glück zu finden.

Lu Xun [China, 1881–1936]: *Die wahre Geschichte des Ah Queh,* Novelle (1922). Das hilflose Bemühen des chinesischen Volkes, sich den Gegebenheiten des 20. Jh. anzupassen, am Beispiel eines Landarbeiters.

M

McCullers (Carson) [Vereinigte Staaten, 1917–1967]: *Das Herz ist ein einsamer Jäger,* Roman (1940). In einer Stadt in Georgia ist nur ein Taubstummer zur Kommunikation in der Lage.

Mahabharata, Epos in Sanskrit, das aus 18 Büchern und einem Anhang besteht. Es wird Vyasa zugeschrieben und soll zwischen dem 4. Jh. v. Chr. und dem 4. Jh. n. Chr. herausgegeben worden sein. Eine Zusammenfassung der philosophischen und religiösen Konzepte, moralischer und rechtlicher Regeln; einer der bedeutendsten Texte Indiens.

Mallarmé (Stéphane) [Frankreich, 1842 bis 1898]: *Ein Würfelspiel hebt den Zufall nicht auf,* Gedicht (1897). Das Gedicht, dessen Kompositionsweise der Musik entnommen ist und typographische Kunstgriffe verwendet, ist Ideogramm und Symphonie und ein Bruchstück des absoluten *Buches,* das ein Traum von Mallarmé war.

Malraux (André) [Frankreich, 1901–1976]: *So ist der Mensch,* Roman (1933). Schanghai 1927: Jiang Jieshi unterdrückt den kommunistischen Aufstand. Diese Episode der chinesischen Revolution zeigt den Menschen, der mit seinem Schicksal hadert, dem er nicht entgehen kann.

Mann (Heinrich) [Deutschland, 1871–1950]: *Professor Unrat,* Roman (1918), der die Heuchelei und Brüchigkeit der bürgerlichen Moral und Kultur anprangert. □ *Der Untertan,* Roman (1918). Ein Angriff auf das deutsche Untertanendenken.

Mann (Thomas) [Deutschland, 1875–1955], Bruder von Heinrich: *Die Buddenbrooks,* Roman (1901). Über vier Generationen hinweg die Dekadenz einer bürgerlichen Lübecker Familie: der Untergang einer ganzen Gesellschaft, die Opfer ihrer eigenen Zivilisation und ihrer Raffinesse geworden ist. □ *Der Zauberberg,* Roman (1924). Die Kranken eines Sanatoriums in Davos bilden eine zeit- und raumlose Gemeinschaft, in der sich alle geistigen Strömungen Europas vor dem Ersten Weltkrieg entfalten. □ *Joseph und seine Brüder,* Romantetralogie (1933–1943). Ein großes mythologisches Prosaepos in archaisierendem Stil vor dem Hintergrund der biblischen Geschichte.

Manyo-shu, erste offizielle japanische Gedichtsammlung (808) mit ungefähr 4 500 Gedichten aus dem 7. und 8. Jh. von Dichtern, Kaisern und Höflingen.

Manzoni (Alessandro) [Italien, 1785–1873]: *Die Verlobten* (s. GESCH. S. 848).

Marguerite d'Angoulême (Frankreich, 1492 bis 1549): *Das Heptameron,* Sammlung von Novellen (1559) nach dem Vorbild des *Dekameron* von Boccaccio.

Marivaux (Frankreich, 1688–1763): *Das Spiel von Liebe und Zufall,* Komödie (1730). Zwei junge Leute, deren Heirat von den Eltern beschlossen wurde, verkleiden sich als Diener, um sich besser kennenlernen zu können. □ *Die falschen Vertraulichkeiten,* Komödie (1737). Ein junger gutaussehender, jedoch armer Mann verliebt sich in eine reiche Witwe und kann sie erobern.

Martin du Gard (Roger) [Frankreich, 1881–1958]: *Die Thibaults,* Romanzyklus (1922–1940). Die Geschichte, die das Schicksal der beiden Brüder Antoine und Jacques zum Hauptthema hat, zeichnet ein Bild des französischen Lebens Anfang des 20. Jh.

Maupassant (Guy DE) [Frankreich, 1850 bis 1893]: *Ein Leben,* Roman (1883). Die Geschichte eines jungen Mädchens aus dem Kleinadel der Normandie, das glaubte, das Leben sei schön, dem alles mißlingt und das lernt, daß ›das Leben niemals so gut oder schlecht ist wie man glaubt‹. □ *Bel ami,* Roman (1885). Der Aufstieg eines skrupellosen Verführers.

Mauriac (François) [Frankreich, 1885–1970]: *Die Tat der Thérèse Desqueyroux,* Roman (1927), mit dem Hauptthema der rätselhaften Persönlichkeit einer Frau, die sowohl Opfer als auch Henker ist und ihren Mann vergiften wollte.

Melville (Herman) [Vereinigte Staaten, 1819–1891]: *Moby Dick,* Roman (1851). Der Kampf zwischen Kapitän Ahab und dem weißen Wal Moby Dick veranschaulicht die Allegorie von Gut und Böse.

Mérimée (Prosper) [Frankreich, 1803–1870]: *Carmen,* Novelle (1845). Die ›Geschichte von Liebe und Tod‹ des Banditen Don José und Carmen: einer der populärsten Mythen der Leidenschaft.

Michaux (Henri) [Frankreich, 1899–1984]: *Ein Barbar in Asien,* Erzählung (1933). Eine Beurteilung Europas durch die Entdeckung der hinduistischen Religion und des ästhetischen chinesischen Geistes. □ *Die großen Zerreißproben* (1961). Betrachtungen über Poesie, Drogen und Geistesschwäche.

Mickiewicz (Adam) [Polen, 1798–1855]: *Herr Thaddäus oder der letzte Einfall in Litauen,* Epos in 12 Büchern (1834). Ein Familienepos als melancholische Rückkehr an die Orte oder in die Jahre der Kindheit und des Glücks.

Miller (Henry) [Vereinigte Staaten, 1891 bis 1980]: *Wendekreis des Krebses,* Roman (1934). Der erste Teil eines Werkes, das sich wie eine nie endende Autobiographie entwickelt: die Entdeckung von Paris und einer neuen sprachlichen Ausdrucksform.

Milton (John) [England, 1608–1674]: *Das verlorene Paradies,* religiöses Epos (1667 in 10 Gesängen, 1774 in 12 Gesängen veröffentlicht). Dieses große Epos, die Summe der theologischen und philosophischen Anliegen des Autors, hat den Fall Adams und Evas zum Thema.

Mishima Yukio (Japan, 1925–1970): *Der Seemann, der die See verriet,* Roman (1963): der Einfluß eines Idealismus der Gewalt auf die spontane Grausamkeit einer Kinderhorde.

Mistral (Frédéric) [Frankreich, 1830–1914]: *Mireia,* provenzalisches Gedicht (1859). Ein sentimentales ländliches Epos, das am Beginn der Erneuerung der provenzalischen Literatur steht.

Mitchell (Margaret) [Vereinigte Staaten, 1900–1949]: *Vom Winde verweht* (s. GESCH. S. 848).

Molière (Frankreich, 1622–1673): *Don Juan oder der steinerne Gast,* Komödie (1665). Eine Komödie, die endgültig die Figur des ›vornehmen, bösen Herrn‹ festlegt, der sein Vorhaben der Verführung oder Heuchelei wie eine Herausforderung an Gott durchführt. □ *Der Geizige,* Komödie (1668). Geiz als eine Besessenheit und Leidenschaft, die alle Gefühle, auch die väterlichen, zerstört. □ *Tartuffe,* Komödie (1669), deren beide ersten Versionen (1664 und 1667) verboten wurden. Eine habgierige und sinnliche Person versucht, unter der Maske der Ergebenheit einen Bürger hereinzulegen. □ *Der Bürger als Edelmann,* Comédie-Ballet (1670). Eine Satire über den vom Edelmannsstand besessenen Herrn Jourdain, die auch eine Kritik an der aufkommenden Bourgeoisie ist.

Montaigne (Michel DE) [Frankreich, 1533 bis 1592]: *Essais* (1580, 1588, 1595). Betrachtungen über die Stellung des Menschen aufgrund von Gedanken, die aus der Lektüre humanistischer Werke und der Erfahrung eines Lebens hervorgegangen sind, ›das sich für andere eignet und sich nur in einem selbst gibt‹: die erste Darstellung des Ich.

Montesquieu (Frankreich, 1689–1755]: *Persische Briefe,* Roman (1721). Der fiktive Briefwechsel zweier persischer Reisender, die sich über die europäische Zivilisation informieren wollen, zeichnet ein kritisches Bild der französischen Gesellschaft.

Montherlant (Henry DE) [Frankreich, 1896 bis 1972]: *Die tote Königin,* Drama (1942). Ein König läßt die Frau seines Sohnes ermorden, da er für ihn eine für seine Staatsgeschäfte günstigere Verbindung plant. Der Prinz krönt jedoch die tote Königin. □ *Port-Royal,* Drama (1954). Der Konflikt zwischen jansenistischen Nonnen und dem Erzbischof von Paris.

Morante (Elsa) [Italien, 1912–1985]: *La Storia,* Roman (1974). Ein historisches Panorama des Roms der Jahre 1941–1947, zur Zeit des Krieges und der Niederlage.

Moravia (Alberto) [Italien, 1907–1990]: *Die Verachtung,* Roman (1954). Das Porträt eines römischen Intellektuellen, den seine Frau verläßt, weil sie ihn verachtet.

Mörike (Eduard) [Deutschland, 1804–1875]: *Mozart auf der Reise nach Prag,* Novelle (1856), romantische Künstlernovelle, in der heitere Anmut und schwermütige Todesahnung nebeneinanderstehen.

Murasaki Shikibu (Japan, um 978 bis um 1014): *Genji monogatari (Die Abenteuer des Prinzen Genji),* Roman in 54 Bänden. Das Leben am Hof von Kyoto um das Jahr 1000, seine Freuden und Intrigen.

Musil (Robert) [Österreich, 1880–1942]: *Der Mann ohne Eigenschaften,* Romanfragment (1930–1943). Das geistige Abenteuer eines Mannes, der nur in der Liebe zu seiner Schwester einen Lebenssinn sieht, und ein Bild der österreichisch-ungarischen Gesellschaft vor dem Ersten Weltkrieg.

MEISTERWERKE

Musset (Alfred DE) [Frankreich, 1810–1857]: *Die Launen einer Frau,* Komödie (1833 veröffentlicht, 1851 uraufgeführt). Komödie der Tugend und der Untreue, aber auch das Drama zweier Vorstellungen von Jugend, die auf verschiedenen Wegen, der Freizügigkeit und der Ehrlichkeit, zum gleichen Mißerfolg führen. □ *Lorenzaccio,* Drama (1834 veröffentlicht, 1896 uraufgeführt), durch die Ermordung des Herzogs Alexander von Medici im Jahr 1537 durch seinen Cousin Lorenzo angeregt. □ *Die Nächte,* Gedichte (1835 bis 1837). Die Liebesklage des Dichters nach seiner Trennung von George Sand.

N

Nabokov (Vladimir) [Vereinigte Staaten, russischer Abstammung, 1899–1977]: *Lolita,* Roman (1955). Satire über die amerikanischen Kulturklischees: die unerfüllbare Liebe eines Mannes in reifem Alter zu einem jungen Mädchen.
Neruda (Pablo) [Chile, 1904–1973]: *Der große Gesang,* Gedicht (1950). Der Dichter erklärt sowohl seine Liebe zu seinem Land als auch seine Ablehnung jeglicher Form von Unterdrückung.
Nerval (Gérard DE) [Frankreich, 1808–1855]: *Die Chimären,* Sonette (1854). Die Auflösung des Ich in der Natur, die Schöpfung der Welt durch die Feder der Dichter. □ *Aurelia oder der Traum und das Leben,* Roman (1855). Das Werk kündigt mit dem Thema des Strebens nach dem verschwommenen Bild einer einzigartigen Liebe den Surrealismus an.
Nestroy (Johann Nepomuk) [Österreich, 1801 bis 1862]: *Der böse Geist Lumpazivagabundus,* Zauberposse (1833). Hinter der volkstümlich-bejahenden Fassade schimmert eine tief-abgründige, problematische Welt hindurch.
Nibelungenlied [Deutschland, um 1200]. Kühnes und grandioses Epos vom jungen Helden Siegfried, dessen Tod von Attila gerächt wird, dem Gatten von Siegfrieds Witwe Kriemhild: die mythischen Wurzeln der germanischen Welt.

O

O'Neill (Eugene) [Vereinigte Staaten, 1888 bis 1953: *Trauer muß Elektra tragen,* Theaterstück (1931). Wiederaufnahme der Sage von Orest in Neuengland.
Ordóñez de Montalvo (García) [Spanien, Ende des 15. Jh.–Anfang des 16. Jh.]: *Amadis,* Ritterroman (1508), dessen Held, der *dunkle Schöne* genannt, der Prototyp des fahrenden Ritters und des treuen Geliebten ist.
Orwell (George) [Großbritannien, 1903 bis 1950]: *1984,* Zukunftsroman (1949). Beschreibung einer totalitären Zukunft, die zur Sehnsucht nach der Gegenwart anregt.
Ovid (Rom, 43 v. Chr.–17 oder 18 n. Chr.): *Metamorphosen,* mythologisches Gedicht (2–8 n. Chr.). Ein Epos über die Geschichte der Welt von der Entstehung bis zur Vergöttlichung Cäsars.

P

Pagnol (Marcel) [Frankreich, 1895–1947]: *Topaze,* Komödie (1928). Wie ein naiver entlassener Professor noch gerissener wird als der unredliche Mann, der ihn eingestellt hat. □ *Marius,* Theaterstück (1929), das zusammen mit dem Stück *Fanny* (1931) und dem Film *César* (1936) eine Trilogie bildet, die vor dem satirischen Hintergrund eines Marseiller Sittenbildes eine bewegende Liebesgeschichte erzählt.
Pascal (Blaise) [Frankreich, 1623–1662]: *Pensées,* Anmerkungen (1670). Das Leben des Menschen auf der Erde veranlaßt den beunruhigten Mathematiker Pascal, auf Gott zu setzen.
Pasternak (Boris) [UdSSR, 1890–1960]: *Doktor Schiwago,* Roman (1957). Die Odyssee eines Arztes während des Ersten Weltkrieges und in den ersten Jahren nach der Revolution.
Paz (Octavio) [Mexico, 1914]: *Das Labyrinth der Einsamkeit,* Essay (1950). Eine scharfsichtige Analyse der mexikanischen Realität.
Péguy (Charles) [Frankreich, 1873–1914]: *Das Mysterium der Erbarmung,* dramatisches Gedicht (1910). Eine Mystik des Geburtslandes und der Nächstenliebe.
Perrault (Charles) [Frankreich, 1628–1703]: *Märchen* (1697). Erzählungen in Prosa *(Dornröschen)* und in Versform *(Peau d'âne),* die unter dem Namen seines Sohnes veröffentlicht wurden; sie sind ein großer Teil der Volkstradition.
Pessoa (Fernando) [Portugal, 1888–1935]: *Lagunen,* Gedichte (1914), die den portugiesischen Modernismus ankündigen. *Ultimatum,* futuristisches Manifest (1917, veröffentlicht unter dem Namen Álvaro de Campos). *Oden,* ›sensationsgierige‹ Gedichte (1946), veröffentlicht unter dem Namen Ricardo Reis, und *Gedichte* (1946) unter dem Namen Alberto Caeiro mit ›antimetaphysischen‹ Klängen; sie alle zeigen die dichterischen Vorstellungen ein und desselben Dichters.
Petronius (Rom, 1. Jh. n. Chr.): *Satyricon,* Roman. Anhand der Abenteuer zweier junger Adliger wird eine realistische und bildhafte Schilderung der Sitten unter Nero gegeben.
Pindar (Griechenland, 518–um 438 v. Chr.): *Epinikien* oder *Siegesgesänge,* Feiern für die siegreichen Athleten bei den Spielen von Olympia, Delphi, Korinth und Nemea und Verherrlichung der Menschen, der Stadt und der Götter.
Pinter (Harold) [Großbritannien, 1930]: *Der Hausmeister,* Theaterstück (1960). Ein Vagabund spielt zwei Brüder, die ihn aufgenommen haben, gegeneinander aus: die Schwierigkeit, mit anderen zu kommunizieren.
Pirandello (Luigi) [Italien, 1867–1936]: *So wie Sie es meinen,* Komödie (1917). Parabel über die Unmöglichkeit, aus den Meinungen und dem Anschein die Wahrheit herauszufinden. □ *Das Vergnügen, anständig zu sein,* Komödie (1917). Ein im eigenen Spiel gefangener Heuchler oder die Auflösung einer Persönlichkeit in gegensätzliche Facetten □ *Sechs Personen suchen einen Autor,* Drama (1921) von der unmöglichen Schöpfung.
Plutarch (Griechenland, um 50–um 125): *Bioi paralleloi,* (s. Gesch. S. 841).
Poe (Edgar) [Vereinigte Staaten, 1809–1849]: *Außergewöhnliche Geschichten,* Erzählungen (1840–1845). Sie sind erschreckend, grotesk

A · **Thomas Mann.**
Er zählt zu den bedeutendsten Erzählern deutscher Sprache, der die skeptisch-komplizierte Prosa meisterhaft beherrschte. *(Von W. Ritz, Privatbesitz)*

B · **Guy de Maupassant.**
Der Meister der realistischen Novelle und Erzählung schildert das Leben der Fischer und Bauern der Normandie, der Kleinbürger und erzählt Liebesabenteuer. Er wurde geisteskrank. *(Ausschnitt aus einem Porträt von François Feyen-Perrin [1876]; Schloß Versailles)*

C · **Molière,**
auch Schauspieler und Theaterdirektor, führte die Komödie zu einem Höhepunkt. *(Aquarell aus dem 18. Jh.; Museum für Schöne Künste, Orléans)*

D · **Herman Melville.**
Der ehemalige Matrose drückt in seinen Gedichten die Einsamkeit des Menschen aus. Seine Romane zeigen den Menschen als Opfer seines Hochmuts.

E · **Vladimir Nabokov.**
Sein Werk ist durch den aus der russischen Tradition ererbten Sinn für das Absurde und Lächerliche geprägt: ein ironisches Bild der Zwangsvorstellungen, der Lächerlichkeit und der Laster einer Zeit.

MEISTERWERKE DER LITERATUR

und subtil und Vorboten der phantastischen Literatur und des Kriminalromans.

Ponge (Francis) [Frankreich, 1899–1988]: *Im Namen der Dinge,* Gedichtsammlung (1942–1945, 1949–1967). Eine neue Verwendung der Wörter, die zu einer gegenseitigen Aufwertung von Mensch und Welt führt.

Potocki (Jan) [Polen, 1761–1815]: *Die Handschrift von Saragossa,* Roman (1805). Ein Klassiker der phantastischen Literatur.

Pound (Ezra Loomis) [Vereinigte Staaten, 1885–1972]: *Cantos,* Gedichtsammlung (1917–1969). Eine Chronik des Zerfalls der Welt und des Niedergangs der Sprache.

Prévert (Jacques) [Frankreich, 1900–1977]: *Gedichte und Chansons,* Gedichtsammlung (1946). Gelungene Mischung aus Zärtlichkeit, Komik und Spottlust des Volkes.

Prévost (Abbé) [Frankreich, 1697–1763]: *Manon Lescaut,* Roman (1731). Durch den Verfall eines in eine unmoralische Frau verliebten Mannes wird die schmerzliche Frage nach dem Willen Gottes gestellt, der es dem Menschen unmöglich macht, gleichzeitig glücklich und tugendhaft zu sein.

Proust (Marcel) [Frankreich, 1871–1922]: *Auf der Suche nach der verlorenen Zeit.* Romanreihe, zu der der Autor durch die Beklemmung der Zeit, die den Menschen treibt, angeregt wurde. Durch *In Swanns Welt* (1913), *Im Schatten junger Mädchenblüte* (1918), *Die Welt der Guermantes* (1920), *Sodom und Gomorra* (1922), *Die Gefangene* (1923), *Die Entflohene* (1925) und *Die wiedergefundene Zeit* (1927) entdeckt der ›Erzähler‹, daß das Glück, das er vergeblich im mondänen Leben und in der Betrachtung von Kunstwerken suchte, sich eigentlich im Vermögen findet, die instinktive Erinnerung hervorzurufen, die Vergangenheit und Gegenwart in derselben wiedergefundenen Empfindung vereint.

Puschkin (Aleksandr Sergejewitsch) [Rußland, 1799–1837]: *Boris Godunow,* Tragödie (1825 geschrieben, 1831 veröffentlicht und 1874 uraufgeführt), das erste große nationale Drama des russischen Theaters. □ *Eugen Onegin,* Roman in Versform (1825–1833), der die Liebschaften eines Dandys erzählt: das größte Meisterwerk der russischen Literatur.

Q

Quasimodo (Salvatore) [Italien, 1901 bis 1968]: *La terra impareggiabile,* Gedichte (1958). Der Sänger der Auflehnung und der Freiheit beschwört Dinge herauf, die die Realität zum Mythos machen.

Queneau (Raymond) [Frankreich, 1903 bis 1976]: *Stilübungen* (1947). Die 99 Arten, ein und dieselbe alltägliche Szene zu erzählen.

R

Rabelais (François) [Frankreich, um 1494 bis 1553]: *Gargantua und Pantagruel,* Roman in 4 Büchern (1532–1552). Im ersten Buch werden die Abenteuer des Helden und seines Freundes Panurge sowie später die seines Vaters Gargantua geschildert. Eine lustige Parodie der Ritterromane. Das 2. Buch (1534) kritisiert anhand der Abenteuer des Riesen Gargantua die ›Sorbonagres‹ (verspätete Intellektuelle), Fanatiker und Eroberer.

Racine (Jean) [Frankreich, 1639–1699]: *Andromache,* Tragödie (1667). Drama einer unerwiderten Liebe und zugleich Beispiel für die gegenseitige Zerfleischung, wie sie von Racine häufig geschildert wird. □ *Berenice,* Tragödie (1670). Kaiser Titus trennt sich von Königin Berenice ›gegen seinen, gegen ihren Willen‹: Einfachheit und Zauber der klassischen Ästhetik. □ *Phädra,* Tragödie (1677). Die zerstörende Leidenschaft Phädras für ihren Schwiegersohn Hippolytus.

Radiguet (Raymond) [Frankreich, 1903 bis 1923]: *Den Teufel im Leib,* Roman (1923). Die Einführung der Heranwachsenden in die Einsamkeit und in die Liebe in einer Welt ohne Erwachsene während des Ersten Weltkriegs.

Ramayana, indisches Epos, das dem Dichter Valmiki (5. Jh. v. Chr.) zugeschrieben wird. Das Leben und die Abenteuer von Prinz Rama und Prinzessin Sita. Das vielschichtige Epos übte einen starken Einfluß auf die indische Philosophie, Religion und Literatur aus.

Ramuz (Charles Ferdinand) [Schweiz, 1878 bis 1947]: *Aimé Pache, ein waadtländischer Maler,* Roman (1911). Das Leben eines Bauern, der Maler geworden ist.

Regnier (Mathurin) [Frankreich, 1573 bis 1613]: *Satiren,* (1608–1613). Sittenbild und literarische Kritik: das gleiche Vertrauen in die Natur und die Freiheit.

Remarque (Erich Maria) [Deutschland, 1898 bis 1970]: *Im Westen nichts Neues,* Roman (1929), desillusionierende Darstellung des Krieges.

Restif de La Bretonne (Nicolas) [Frankreich, 1734–1806]: *Der verführte Bauer,* Briefroman (1775). Der Autor vermittelt Teile seiner Erfahrung als jemand, der aus der Provinz nach Paris kam.

Richardson (Samuel) [Großbritannien, 1689 bis 1761]: *Clarissa,* Briefroman (1747 bis 1748). Eine Rechtfertigung der verhöhnten Tugend, die erst recht das Laster heraufbeschwören kann.

Rilke (Rainer Maria) [Österreich, 1875 bis 1926]: *Duineser Elegien,* Sammlung von 10 Gedichten (1933), die den Endpunkt der gelebten Erfahrung und die ästhetische Bilanz des Dichters kennzeichnen.

Rimbaud (Arthur) [Frankreich, 1854–1891]: *Aufenthalt in der Hölle,* Prosagedichte (1873). Während der Dichter seinen Wahn preisgibt, schafft er neue Feste und neue Sprachen und wendet sich endgültig von der Literatur ab. □ *Erleuchtungen,* Prosagedichte (1886). Die ganze Jugend der modernen Poesie sprudelt vor Schreien der Auflehnung, ironischen Aphorismen und überschwenglichen Bildern.

Robbe-Grillet (Alain) [Frankreich, 1922]: *Ein Tag zuviel,* Roman (1953). In Form einer banalen Kriminalgeschichte das erste systematische Beispiel des ›Nouveau roman‹.

Rojas (Fernando DE) [Spanien, um 1465 bis 1541]: *Celestina,* Roman in Dialogform (1499). Diese frische Darstellung der Liebe zwischen einem jungen Mann und einem schüchternen Mädchen, das mit einer Kupplerin im Widerstreit liegt, wurde vielfach nachgeahmt; sie ist die Grundlage des spanischen Theaters im Goldenen Zeitalter.

Rolandslied, das älteste französische Heldenepos vom Ende des 11. Jh. Durch die Darstellung eines historischen Ereignisses (die Niederlage Karls des Großen am 15. August 778 am Paß von Roncevaux) gibt das Gedicht der religiösen Begeisterung angesichts des Islam, der Liebe zur Heimat und der Treue dem Herrscher gegenüber Ausdruck. Es ist das Beispiel eines Heldenepos schlechthin.

Rolland (Romain) [Frankreich, 1866–1944]: *Johann Christof,* Romanserie (1904–1912). Die Entdeckung von Liebe, Freundschaft und Musik durch den Helden, den Repräsentanten einer hochmütigen und traurigen Generation, die im Krieg aufgerieben wird.

Romains (Jules) [Frankreich, 1885–1972]: *Doktor Knock oder der Triumph der Medizin,* Theaterstück (1923). Nach dem Prinzip, daß ›jeder gesunde Mensch ein Kranker ist, er es nicht weiß‹ stellt diese Farce die Verbindung zwischen den Ärzten von Molière und den modernen Ideologien her.

Ronsard (Pierre DE) [Frankreich, 1524 bis 1585]: *Liebesgedichte,* lyrische Gedichtsammlungen, die nacheinander Kassandra (1552), Maria (1555–56) und Helena (1578) ehren.

Rosenroman, ein allegorisches und didaktisches Gedicht. Der erste Teil (um 1235) von Guillaume de Lorris ist eine ›Ars amandi‹ nach den Regeln am Hof, der zweite (1275–1280) von Jean de Meung ist eine Enzyklopädie des Wissens und eine gesellschaftskritische Satire.

Rostand (Edmond) [Frankreich, 1868 bis 1918]: *Cyrano von Bergerac,* Heldenkomödie (1897). Der durch eine riesige Nase verunstaltete Held befreit sich durch seine Tapferkeit, seine Großzügigkeit und seinen Humor von der Lächerlichkeit.

Roth (Joseph) [Österreich, 1894–1939]: *Radetzkymarsch,* Roman (1932), eine nostalgische Darstellung des habsburgischen Vielvölkerstaates.

Rousseau (Jean-Jacques) [Frankreich, 1712 bis 1778]: *Julie oder die neue Heloise,* Roman in Briefform (1761). Die Schilderung der unglücklichen Liebe des Autors wird zur Anklage der gesellschaftlichen Konventionen und zum Ausdruck der Leidenschaft mit ›vorromantischen‹ Akzenten. □ *Bekenntnisse* (1782–1789). Die Gefahr des Gestehens und die Erfindung des Ich im Mittelpunkt des Geheimnisses des Schreibens. □ *Die Träumerei eines einsamen Spaziergängers* (1782): die schönsten Augenblicke der Vergangenheit, die Eindrücke der Gegenwart, der Reiz der Natur schriftlich festgehalten.

Roussel (Raymond) [Frankreich, 1877 bis 1933]: *Eindrücke aus Afrika,* Roman (1910). Die Geschichte (Abenteuer von Schiffbrüchigen in einem imaginären afrikanischen Königreich) entsteht aus Assoziationen von durch phonetische Kombinationen konstruierten Wörtern. Ein Werk, das Surrealismus und Nouveau roman beeinflußte.

S

Sade (Marquis DE) [Frankreich, 1740–1814]: *Die hundertzwanzig Tage von Sodom,* Roman (um 1785 geschrieben und 1904 veröffent-

▲ · Luigi Pirandello.

Er schrieb Dramen und später Prosa über Themen wie Spaltung und Auflösung der Persönlichkeit und die Grenzen zwischen Schein und Sein. *(Zeichnung von Henri de Nolhac, 1931)*

MEISTERWERKE

licht). Vier Lebemänner schließen sich in einem einsamen Schloß mit ihren Geliebten und Opfern ein: ein ›Evangelium des Bösen‹.
Sa'di (Iran, um 1213–1292): *Rosengarten,* lyrische Gedichte (um 1258). Eine Sammlung von unterhaltsamen und lehrhaften Andekdoten.
Sainte-Beuve (Charles-Augustin) [Frankreich, 1804–1869]: *Port-Royal,* Essay (1840 bis 1859). Beispiel für die konsequente Anwendung der historischen Methode auf eine Denkrichtung (Jansenismus) und die Literatur in einer Zeit.
Saint-Exupéry (Antoine DE) [Frankreich, 1900–1944]: *Der kleine Prinz,* Erzählung (1943). Das kurze ›Märchen‹ über den von einem anderen Planeten gekommenen kleinen Prinzen zeigt die traditionellen Werte des Humanismus auf.
Saint-John Perse (Frankreich, 1887–1975): *Anabasis,* lyrisches Epos in 10 Bildern (1924). Die zweifache Bewegung des Schwungs und des Schreckens der kriegerischen Eroberung und der ästhetischen Schöpfung.
Salinger (Jerome David) [Vereinigte Staaten, 1919]: *Der Fänger im Roggen,* Roman (1951). Die parodistische Sicht eines jungen New Yorkers von der Welt der Erwachsenen.
Sand (George) [Frankreich, 1804–1876]: *Der Teufelssumpf,* Roman (1846). Eine ländliche Idylle, die die ›süße Ländlichkeit‹ des Berry veranschaulicht. □ *Die kleine Fadette,* Roman (1849). Glauben, Aberglauben, Folklore: in die Tochter einer ›Hexe‹ verliebte Zwillinge: die Rückkehr zur verlorenen Unschuld.

Sartre (Jean-Paul) [Frankreich, 1905–1980]: *Der Ekel,* Roman (1938). Für die Generation der 40er Jahre das Hauptbuch des Existentialismus. □ *Geschlossene Gesellschaft,* Theaterstück (1944). Jeder lehnt das Bild ab, das sich andere von ihm machen: ›Die Hölle, das sind die anderen‹.
Scarron (Paul) [Frankreich, 1610–1660]: *Der Komödianten-Roman* (1651 und 1657). Ein glänzendes Bild des Lebens der Komödianten.
Schiller (Friedrich VON) [Deutschland, 1759 bis 1805]: *Die Räuber,* Drama (1782). Das tragische Schicksal des Karl Moor bekommt seinen Sinn in der Darstellung von Notwendigkeit und Schicksal als Funktionen göttlicher Gerechtigkeit. □ *Don Carlos,* Drama (1787), das die Spannung zwischen Idee und Geschichte und zwischen abstraktem Ideal und geschichtlicher Wirklichkeit ausdrückt. □ *Wilhelm Tell,* Drama (1804). Die Geschichte der schweizerischen Eidgenossenschaft, durch die Heldentaten Tells als Heilsgeschichte interpretiert.
Schnitzler (Arthur) [Österreich, 1862 bis 1931]: *Der Reigen,* zehn Dialogszenen (1903). Hinter spielender Leichtigkeit erscheint als dunkles Thema die Vergänglichkeit als Untreue und Tod.
Scholochow (Michail Aleksandrowitsch) [Sowjetunion, 1905–1984]: *Der stille Don,* Roman (1928–1940) über das Schicksal der Donkosaken während und nach der Revolution und im Bürgerkrieg.
Sciascia (Leonardo) [Italien, 1921]: *Der Tag der Eule,* Roman (1961). Eine Satire über die soziale und politische Unterdrückung in Sizilien.
Scott (Sir Walter) [Großbritannien, 1771 bis 1832]: *Ivanhoe, Quentin Durward* (s. GESCH. S. 848).
Seferis (Giorgos) [Griechenland, 1900 bis 1971]: *Mythologie,* Gedichte (1935). Die Vereinigung der alten griechischen Mythen mit den Problemen des modernen Griechenland.
Seghers (Anna) [Deutschland, 1900–1983]: *Das siebte Kreuz,* Roman (1942) über die Flucht von sieben Häftlingen, von denen nur einer überlebt, aus einem Konzentrationslager.
Senghor (Léopold Sédar) [Senegal, 1906]: *Éthiopiques,* Gedichte (1956 französisch). Die Rückkehr zu den afrikanischen Ursprüngen.
Sévigné (Marquise VON) [Frankreich, 1626 bis 1696]: *Briefe.* Die an ihre Freunde und ihre Tochter geschriebenen Briefe sind ein malerisches Sittengemälde der Zeit.
Shakespeare (William) [England, 1564 bis 1616]: *Romeo und Julia,* Drama (1594–95). In Verona lieben und verheiraten sich Romeo und Julia trotz des Hasses zwischen ihren Familien, das Schicksal führt sie jedoch in den Tod. □ *Der Widerspenstigen Zähmung,* Komödie (um 1595). Ein Edelmann aus Verona heiratet ein junges Mädchen, dessen Launen alle anderen Freier die Flucht ergreifen ließen. Dank seiner vorgetäuschten Brutalität kann er sie zur Vernunft bringen und ihre Liebe gewinnen. □ *Ein Sommernachtstraum,* Komödie (um 1595). In einem Traumwald suchen sich Sylphen und Verliebte, verlieren sich und finden sich wieder. □ *Hamlet,* Tragödie (um 1600). Der dänische Prinz Hamlet täuscht Wahnsinn vor, um seinen Vater zu rächen, tötet jedoch nicht nur die Schuldigen, sondern auch den Vater und den Bruder seiner Verlobten Ophelia, die sich aus Verzweiflung umbringt. Dieses Stück enthält die berühmten Worte ›Sein oder Nichtsein‹. □ *Othello,* Tragödie (um 1604). Othello, ein maurischer General in christlichen Diensten, wird von Desdemona geliebt. Er erwürgt sie aus Eifersucht, die sein Leutnant Jago ihm eingeredet hat. □ *Macbeth,* Drama (um 1605). Macbeth, General des Königs von Schottland, unterliegt dem von den Prophezeiungen der Hexen hervorgerufenen Ehrgeiz: Er werde König sein und sein Freund Banquo werde Könige hervorbringen. □ *König Lear,* Drama (um 1605). Ein König hat seine jüngste Tochter zugunsten der zwei älteren enterbt und erntet Undank: eine Tragödie des Absurden und des Begehrens. □ *Der Sturm,* Schauspiel (um 1611). Prospero, Herzog von Mailand, wird von seinem Bruder ausgeschaltet, erhält durch seine magischen Kräfte das Herzogtum zurück und vergibt seinen Feinden. Eine Darstellung des Macchiavelismus des Guten.
Shaw (George Bernard) [Irland, 1856–1950]: *Pygmalion,* Theaterstück (1913). Ein Professor, der ein junges Mädchen aus dem Volk zu einer Lady erzogen hat, merkt nicht, daß diese ihn liebt: das Streben nach Übermenschlichkeit.
Shelley (Mary) [Großbritannien, 1797 bis 1851]: *Frankenstein oder Der moderne Prometheus,* Roman (1818). Ein Wissenschaftler erschafft ein menschliches Wesen, jedoch ohne göttliche Eingebung, und die Natur rächt sich: ein Klassiker des phantastischen Romans.
Shelley (Percy Bysshe) [Großbritannien, 1792–1822]: *Der entfesselte Prometheus,* lyrisches Drama (1820). Durch die Befreiung des Titanen wird die Gewißheit vermittelt, daß der Mensch das Böse, das er in sich trägt, durch Liebe und Wissen besiegen kann.
Shikamatsu Monzaemon (Japan, 1653 bis 1724): *Der Freitod aus Liebe in Sonezaki,* Drama für ein Marionettentheater (1703). Auf einer wahren Begebenheit beruhend, ist der

B · **George Sand.**
Ihr Leben und ihr Werk entwickelten sich unter dem Einfluß ihrer Liebesbeziehungen (Sandeau, Musset, Leroux, Chopin). Sie schrieb sentimentale, gesellschaftskritische und ländliche Romane. *(Ausschnitt aus einem Porträt von A. Charpentier; Musée Carnavalet, Paris)*

A · **Marcel Proust.**
Nach der Veröffentlichung einiger Romane und Essays wurde er mit seinem Romanzyklus *Auf der Suche nach der verlorenen Zeit* zur beherrschenden Persönlichkeit des französischen Romans im 20. Jh.

C · **William Shakespeare.**
Der größte Dramatiker Englands, der auch Schauspieler und Theaterdirektor war, hebt sich durch die Kraft seines Stils, die Fülle der Personen und die Beherrschung des dramatischen Aufbaus hervor. *(Ausschnitt aus einem vermutlichen Porträt des Dramaturgen; National Portrait Gallery, London)*

D · **Friedrich von Schiller.**
Der bedeutendste Dramatiker der Weimarer Klassik, dessen Charaktere sein Ideal von Wahrheit und Sittlichkeit verkörpern. *(Von G. v. Kügelgen, Goethe-Haus, Frankfurt/Main)*

MEISTERWERKE DER LITERATUR

Selbstmord einer Kurtisane und eines Angestellten das Thema eines der ersten bürgerlichen Dramen in China.

Shimazaki Toson (Japan, 1872–1943): *Vor Tagesanbruch,* Roman (1929–1935), umfassendes Bild einer in der Meiji-Zeit zerschlagenen Gemeinschaft.

Sienkiewicz (Henryk) [Polen, 1846–1916]: *Quo vadis?,* s. Gesch. S. 847.

Simenon (Georges) [Belgien, 1903–1989]: *Pietr-le-Letton,* Kriminalroman (1929, französisch), in dem die Figur des Kommissars Maigret zum erstenmal auftritt. Seitdem löste dieser phlegmatisch, mit der Pfeife im Mund, unzählige Fälle, was ›Maigret‹ in den Rang der Weltbestseller der Kriminalromane erhebt.

Simon (Claude) [Frankreich, 1913]: *Die Straße in Flandern,* Roman (1960). Der Zusammenbruch Frankreichs von 1940 aus der Sicht eines Mannes. Der Autor verknüpft einzelne Stimmen von einer Episode zur nächsten zu einem durchgehenden Kommentar.

Singer (Isaac Bashevis) [Vereinigte Staaten, 1904]: *Der Zauberer von Lublin,* Roman (1960). Der Autor läßt in der Sprache der alten jüdischen Erzähler das Polen seiner Kindheit wiedererstehen.

Snorri Sturlusson (Island, um 1179–1241): *Die Snorra-Edda* (um 1220). Das Handbuch der Dichtung für die jungen Skalden und eine Fülle von Informationen über die nordische Mythologie.

Solschenizyn (Aleksandr Issajewitsch) [UdSSR, 1918]: *Ein Tag im Leben des Iwan Denissowitsch,* Erzählung (1962). Die erste Beschreibung der sowjetischen Arbeitslager in der UdSSR und eine erste Forderung nach künstlerischer Freiheit.

Sophokles (Griechenland, um 495–406 v. Chr.): *Antigone,* Tragödie (um 442). Die Tochter von Ödipus wird zum Tode verurteilt, weil sie ihren Bruder begraben will. □ *König Ödipus,* Tragödie (um 425). Ödipus, der seinen Vater getötet hat, wird der Liebhaber seiner Mutter, wie es das Orakel vorhergesagt hatte. □ *Elektra,* Tragödie (um 415). Elektra, die Tochter des ermordeten Agamemnon und von Klytämnestra, und ihr Bruder Orest rächen ihren Vater.

Staël (Madame de) [Frankreich, 1766–1817]: *Über Deutschland,* Essay (1810). Dieses Buch schuf das Bild eines mystischen Deutschland und bereitete durch seine Infragestellung des klassischen Ideals die Romantik vor.

Steinbeck (John) [Vereinigte Staaten, 1902 bis 1968]: *Von Mäusen und Menschen,* Roman (1937). Die materielle und psychische Not zweier Tagelöhner. □ *Früchte des Zorns,* Roman (1939). Die Reise einer armen Bauernfamilie durch Amerika während der großen Rezession bis nach Kalifornien.

Stendhal (Frankreich, 1723–1842): *Rot und Schwarz,* Roman (1830). Anhand der Geschichte der Hauptfigur Julien Sorel beschreibt Stendhal die Gesellschaft während der Restauration, und hier vor allem die Kirche und den karrieresüchtigen Opportunismus (Schwarz), die über den militärischen Ruhm (Rot) siegen. □ *Die Kartause von Parma,* Roman (1839). Die Abenteuer eines jungen, nach Freiheit strebenden Aristokraten veranschaulichen die Auffassung Stendhals über die Jagd nach dem Glück.

Sterne (Laurence) [Großbritannien, 1713 bis 1768]: *Leben und Meinungen des Herrn Tristam Shandy,* Roman (1759–1767). Eine Folge von Exkursen und humoristischen Bildern, in denen die Parodie wie eine Philosophie des Schreibens und des Lebens erscheint.

Stevenson (Robert Louis Balfour) [Großbritannien, 1850–1894]: *Die Schatzinsel,* Abenteuerroman (1883). Aus der Sicht eines Kindes die Darstellung der Wünsche und Enttäuschungen der Erwachsenen. □ *Doktor Jekyll und Mister Hyde,* Roman (1886). Nachdem er die Zweiteilung seiner Person erreicht hat, verwandelt sich der friedliche Doktor in ein grausames Monster.

Stifter (Adalbert) [Österreich, 1805–1868]: *Nachsommer,* Roman (1857), ein Bildungsroman in der geistigen Verwandtschaft von Goethes ›Wilhelm Meister‹.

Storm (Theodor) [Deutschland, 1817 bis 1888]: *Immensee,* Novelle (1851), schwermütige Erinnerungen mit lyrischen Motiven.

Strindberg (August) [Schweden, 1849 bis 1912]: *Fräulein Julie,* Theaterstück (1888). Nachdem sie sich ihrem Diener, den sie liebt, hingegeben hat, tötet sich Julie: der Höhepunkt des naturalistischen Dramas. □ *Ein Traumspiel,* symbolisches Drama (1902): das Elend zu leben und die Leiden der Menschheit.

Sue (Eugène) [Frankreich, 1804–1857]: *Die Geheimnisse von Paris,* Fortsetzungsroman (1842–43). Die Beschreibung des Pariser Untergrunds. Durch den Erfolg des Romans wurde sein Verfasser zu einer Hauptfigur des französischen Sozialismus.

Svevo (Italo) [Italien, 1861–1928]: *Zeno Cosini,* Roman (1923). Eine Selbstanalyse zwischen Ironie und Verspottung der Freudschen Lehre.

Swift (Jonathan) [Irland, 1667–1745]: *Gullivers Reisen,* Roman (1726). Diese Satire, deren Held durch phantastische Länder reist, ist gegen die englische Gesellschaft gerichtet und machte den Verfasser zu einem der großen Schriftsteller des klassischen englischen Jahrhunderts.

Synge (John Millington) [Irland, 1871 bis 1909]: *Deirdre von den Schmerzen,* Theaterstück (1910). Das Stück, in dessen Mittelpunkt eine legendäre Keltin steht, rief einen Skandal hervor, da der Verfasser mit der volkstümlichen Idealisierung der irischen Aristokratie brach.

T

Tagore (Rabindranath) [Indien, 1861–1941]: *Das Liedopfer,* Gedichte (1912) in mystischem Ton, von der europäischen Neuromatik beeinflußt.

Tasso (Torquato) [Italien, 1544–1595]: *Das befreite Jerusalem,* Epos (1581): Kriegserzählungen aus dem ersten Kreuzzug. Durch die reichhaltigen Exkurse über das Haus Este wurde der Verfasser berühmt.

Tausendundeine Nacht, Sammlung arabischer Märchen, Novellen, Legenden, Fabeln u. ä., die erstmals in Europa von A. Galland (1704–1717) ins Französische und später von E. Littmann (1921–1928) ins Deutsche übersetzt wurden; die berühmtesten sind *Aladin und die Wunderlampe, Ali Baba und die vierzig Räuber, Sindbad der Seefahrer.*

Tennyson (Alfred) [Großbritannien, 1809 bis 1892]: *Enoch Arden,* Gedicht (1864). Das Opfer des schiffbrüchigen Matrosen, der sich zurückzieht, als er sieht, daß seine Frau wieder geheiratet hat.

Thackeray (William Makepeace) [Großbritannien, 1811–1863]: *Jahrmarkt der Eitelkeit,* Roman (1847–48). Durch die Mißgeschicke und die Rache einer armen Waisen eine ironisch-satirische Kritik an der Heuchelei, der Lächerlichkeit und dem Snobismus der englischen Gesellschaft.

Theokrit (Griechenland, um 300–um 250 v. Chr.): *Idyllen,* Gedichte des bedeutendsten Vertreters der alexandrinischen Dichtung.

Tirso de Molina (Spanien, um 1583–1648]: *Don Juan, der Wüstling,* Drama (1630 veröffentlicht), die erste Bearbeitung des Don-Juan-Stoffes.

Tolkien (John Ronald Reuel) [Großbritannien, 1892–1973]: *Der Herr der Ringe,* Roman (1954–55). Die in einer keltisch-germanischen Phantasiewelt spielende Suche der von einem Zauberer geführten Helden nach Initiation: eine halb phantastische, halb Sciencefiction-Saga.

Tolstoj (Leo) [Rußland, 1828–1910]: *Krieg und Frieden,* s. Gesch. S. 848. □ *Anna Karenina,* Roman (1875–1877). Durch die Verwirrungen einer ungesetzlichen Leidenschaft, die dem friedlichen Bild eines vereinten Paares entgegensteht, eine Anklage der gesellschaftlichen Lüge und der Illusion der Liebe.

Tomasi di Lampedusa (Giuseppe) [Italien, 1896–1957]: *Der Leopard,* Roman (1958). Der Niedergang einer großen Adelsfamilie Siziliens unter dem Risorgimento.

Tournier (Michel) [Frankreich, 1924]: *Der Erlkönig,* Roman (1970). Auf der Grundlage des germanischen Mythos des Oger die Mißgeschicke eines in den Strudel des Faschismus geratenen Anarchisten.

Tschechow (Anton Pawlowitsch) [Rußland, 1860–1904]: *Krankensaal Nr. 6,* Novelle (1892). Ein junger energischer Arzt wird durch Dummheit und Engstirnigkeit zerstört. Dieses Thema unterstreicht die pessimistische Sicht des Verfassers vom Leben und der Unfähigkeit der Menschheit, miteinander zu reden. □ *Die Möwe,* Theaterstück (1896): der Mißerfolg von drei Menschen auf der Suche nach einem höheren Ideal. □ *Der Kirschgarten,* Komödie (1904). Das Bild einer untergehenden Welt: der ruinierten und müßigen Landjunker, die nicht in die moderne Welt passen.

Tschernyschewskij (Nikolaj Gawrilowitsch) [Rußland, 1828–1889]: *Was tun?,* Roman (1863), in Haft geschrieben, der zur Bibel der revolutionären Jugend wurde.

Tucholsky (Kurt) [Deutschland, 1890 bis 1935]: *Schloß Gripsholm. Eine Sommergeschichte,* Roman (1931), die heiter-beschwingte Geschichte einer Liebesreise nach Schweden.

Turgenjew (Iwan Sergejewitsch) [Rußland, 1818–1883]: *Aufzeichnungen eines Jägers,* Novellen (1852). Dieses Bild des Lebens der Bauern trug zur Abschaffung der Leibeigenschaft durch Alexander II. bei.

Twain (Mark) [Vereinigte Staaten, 1835 bis 1910]: *Die Abenteuer des Tom Sawyer,* Roman (1876), dessen einzelne Elemente (Natur, Sitten, Aberglaube, Gerechtigkeit) eine Welt bilden, die der Verfasser in den *Abenteuern des Huckleberry Finn* ausdehnt, einem Schelmenepos (1884), das die Suche nach Identität und Freiheit inmitten der Gegensätze der amerikanischen Kultur beschreibt.

A · **Leo Tolstoj.**

Das Idol der russischen Jugend zeichnete die Gesellschaft und die Seele seines Volkes. Sein Werk ist ein Versuch der persönlichen Analyse und der Askese im Lichte mystischen Elans und rebellierender Weigerung. (Porträt von Repin; Tretjakow-Galerie, Moskau)

B · **Jules Verne.**

Der Erfinder des wissenschaftlichen Zukunftsromans baute auf seinen Kinder- und Jugendträumen auf, wobei er gleichzeitig beachtliches Vorahnungsvermögen bewies.

MEISTERWERKE

U

Undset (Sigrid) [Norwegen, 1882–1949]: *Kristin Lavranstochter,* Roman (1920–1922) aus dem mittelalterlichen Norwegen.

Ungaretti (Giuseppe) [Italien, 1888–1970]: *L'allegria,* Gedichte (1931–1943), die teilweise dem Krieg gewidmet sind. Mit ihrem prägnanten Stil trugen sie dazu bei, daß der Verfasser zum bedeutendsten Vertreter des Hermetismus wurde.

Urfé (Honoré DE) [Frankreich, 1567–1625]: *Von der Liebe Astreae und Celadonis,* Schäferroman (1607–1619, 1627–1628). Die Liebesgeschichte zwischen Astrea und Celadon bildet den Höhepunkt der französischen Schäferdichtung.

V

Valéry (Paul) [Frankreich, 1871–1945]: *Zaubersprüche,* Gedichtsammlung (1922). Durch die dichterischen Formen und die sehr traditionellen Verse der musikalische und von einer Ästhetik und Philosophie beherrschte Ausdruck, der im *Friedhof am Meer* gipfelt.

Vargas Llosa (Mario) [Peru, 1936]: *Die Stadt und die Hunde,* Roman (1962) über die Gewalt und Entwürdigung in einer paramilitärischen Schule, der der Autor selbst angehörte.

Vatsyayana (Indien, zwischen dem 4. und dem 7. Jh.): *Kamasutra,* in Sanskrit verfaßter ›Leitfaden der Liebe‹.

Vega Carpio (Félix Lope DE) [Spanien, 1562 bis 1635]: *Der Hund des Gärtners,* dramatische Komödie (1618). Die weibliche List im Dienst einer Intrige aus Liebe. □ *Fuenteovejuna,* dramatische Komödie (1618), die vor dem Hintergrund des Aufstandes gegen einen Unterdrücker das gemeinsame Leben lyrisch besingt.

Vergil (Rom, 70–19 v. Chr.): *Hirtengedichte,* Gedichte (42–39). Durch die Dialoge der Hirten protestiert der Autor gegen das ungerechtfertigte Unglück der Bauern und fordert ihre Anerkennung als Menschen. □ *Landleben,* Lehrgedicht (39–29). Epos in Form einer lyrischen Lobrede auf die Tätigkeit der Menschen auf dem Land. □ *Aeneis,* unvollendetes Heldenepos zum Ruhm von Rom.

Verlaine (Paul) [Frankreich, 1844–1896]: *Galante Feste,* Gedichtsammlung (1869), deren sinnenfreudige Akzente den Übergang von den Parnassiens zum Symbolismus kennzeichnen. □ *Einst und jüngst,* Gedichtsammlung (1884), die das Gedicht *Art poétique* enthält, in dem Verlaine eine dem Impressionismus nahestehende Ästhetik entwickelt.

Verne (Jules) [Frankreich, 1828–1905]: *20 000 Meilen unter dem Meer,* Roman (1869). ›Enzyklopädische‹ Reise, Entdeckung einer unerforschten Welt durch Schiffbrüchige, die an Bord des U-Bootes des geheimnisvollen Kapitäns Nemo aufgenommen werden. □ *Die Reise um die Welt in 80 Tagen,* Roman (1873). Es geht um eine Wette, die ein reicher Engländer gewinnt. Es ist ebenso eine Abenteuerreise wie ein pädagogischer Lehrpfad. □ *Der Kurier des Zaren,* Roman (1876). Durch die Abenteuer eines Zarenkuriers eine geographische und psychologische Annäherung an das kaiserliche Rußland.

Vian (Boris) [Frankreich, 1920–1959]: *Die Gischt der Tage,* Roman (1947). Ein Liebesroman, in dem sich das Absurde mit Gefühlen mischt, und eine Kritik des Existenzialismus.

Vigny (Alfred DE) [Frankreich, 1797–1863]: *Cinq-Mars,* s. GESCH. S. 848. □ *Stello,* Roman (1832). Die Freiheitsliebe des Dichters, der das traditionelle Opfer aller Gesellschaften und aller politischen Regime ist.

Villiers de L'Isle-Adam (Auguste DE) [Frankreich, 1838–1889]: *Grausame Geschichten* (1883). An der Grenze zum Phantastischen und von schwarzem Humor geprägt, verraten diese Geschichten die Beklemmung des Verfassers und den Einfluß von Byron und Poe.

Villon (François) [Frankreich, 1431 bis nach 1463]: *Das Testament,* Gedicht (1461), unterbrochen von Balladen und Rondeaus. Eine Parodie auf den Stil der Notare, in der der Dichter ein groteskes Testament macht und sein eigenes Begräbnis organisiert.

Voltaire (Frankreich, 1694–1778): *Lettres philosophiques* (1734). Die Lobrede auf das englische politische System ist eine scharfe Verurteilung des französischen Systems. □ *Candide oder Der Optimismus,* Erzählung (1759). In der Form eines Schelmenromans das Problem des physischen und moralischen Übels durch eine Kritik an Leibniz und Rousseau.

W

Walser (Robert) [Schweiz, 1878–1956]: *Der Gehülfe,* Roman (1908). Der kleine Angestellte eines Zürcher Ingenieurs sagt sich vom Ehrgeiz und Machtstreben der modernen Welt los.

Waltari (Mika) [Finnland, 1908–1979]: *Sinuhe der Ägypter,* s. GESCH. S. 846.

Wang Shi-fu (China 1200?–1280): *Das Westzimmer,* Theaterstück. Eine Liebesgeschichte und ein Meisterwerk der Gattung zaju.

Wells (Herbert George) [Großbritannien, 1866–1946]: *Die Zeitmaschine,* Zukunftsroman (1895). Durch die Ausbeutung phantastischer Wesen durch andere eine Allegorie des Klassenkampfes und das erste Meisterwerk dieser Gattung.

Whitman (Walt) [Vereinigte Staaten, 1819 bis 1892]: *Grashalme,* Gedichtsammlung (1855–1892). Die Lobpreisung der Sexualität schockierte, der lyrische Ton dieser Sammlung ist jedoch eine der dauerhaftesten Definitionen der amerikanischen Sensibilität.

Wilde (Oscar) [Irland, 1854–1900]: *Das Bildnis des Dorian Gray,* Roman (1891). Paradoxe Allegorie eines von seinem Bild ausgelaugten Menschen und ostentative Erwähnung der Männerfreundschaft.

Williams (Tennessee) [Vereinigte Staaten, 1911–1983]: *Endstation Sehnsucht,* Theaterstück (1947). Die Phantasien eines alten Mädchens sind eine der Facetten dieses Werks, das den am Rand der Gesellschaft stehenden Menschen gewidmet ist.

Wolf (Christa) [Deutschland, 1929]: *Kassandra,* Erzählung (1983). Der Text, begleitet von einem theoretischen Kommentar, versetzt die Rolle des Schriftstellers durch die Person der Seherin ins Mythische.

Woolf (Virginia) [Großbritannien, 1882 bis 1941]: *Mrs. Dalloway,* Roman (1925). Durch einen Tag im Leben einer englischen Großbürgerin in London die Vermengung des Ablaufs der Zeit und der Bewußtseinsströme.

Wordsworth (William) [Großbritannien, 1770–1850]: *Lyrical ballads,* Gedichtsammlung (1798). Ein echtes Manifest der Romantik. □ *Das Vorspiel,* geistige Autobiographie (1805–1850) in Versen, deren moderne Betrachtungen, insbesondere über die Rolle der Vorstellung und des Gedächtnisses, sie zu einem Meisterwerk der Gattung machen.

Y

Yaşar Kemal (Türkei, 1922): *Ince Memed,* Roman (1955). Die Geschichte des legendären Gesetzlosen von Anatolien.

Yeats (William Butler) [Irland, 1865–1939]: *Deirdre,* Tragödie (1907), die vom japanischen Theater inspiriert ist, jedoch durch die legendäre gälische Heldin den Geist der irischen Renaissance wiederspiegelt.

Young (Edward) [Großbritannien, 1683 bis 1765]: *Nachtgedanken,* philosophisches Gedicht (1742–1745). Das Thema (Trauer der Frau des Dichters) zeigte den Geschmack für Ruinen und die faszinierte Lobpreisung des Todes, die die Romantiker reizten.

Yourcenar (Marguerite) [Frankreich und Vereinigte Staaten, 1903–1987]: *Ich zähmte die Wölfin,* s. GESCH. S. 847.

Z

Zola (Émile) [Frankreich, 1840–1902]: *Die Rougon-Macquart. Geschichte einer Familie unter dem 2. Kaiserreich,* Romanzyklus (20 Bände, 1871–1893). Ein Loblied auf die Kräfte des Lebens oder das Grauen vor dem Nichts sind das Thema dieser umfassenden Darstellung, bei der jeder Band einen besonderen Fall behandelt: *Die Sünde des Abbé Mouret* (1875), ein Drama, das zur Verfluchung des Keuschheitsgelübdes durch einen jungen Priester führt; *Der Totschläger* (1877), der Verfall einer Frau; *Nana* (1880) oder die Halbwelt der Kurtisanen; *Zum Paradies der Damen* (1883) oder die zerstörerische Kraft des anonymen Kapitals; *Germinal* (1885), die Bergarbeiter und der Streik.

Zuckmayer (Carl) [Deutschland, 1896 bis 1977]: *Der Hauptmann von Köpenick,* Schauspiel, ›ein deutsches Märchen‹ (1931). Der Schelmenstreich des Schusters Voigt, der die Gesellschaft mit ihren eigenen Mitteln schlägt, eine Satire auf den preußischen Militarismus und Untertanengeist.

Zweig (Stefan) [Deutschland, 1881–1942]: *Schachnovelle,* Novelle (1941). Am Bild zweier unterschiedlicher Schachspieler wird die Gefährdung des humanistischen Abendlandes durch die Barbarei des Nationalsozialismus gezeigt.

A · **Voltaire.**
Das Idol eines liberalen, antiklerikalen Bürgertums war für Europa ein Fürst des Geistes und der philosophischen Gedanken (Gedichte, *philosophisches Wörterbuch*). [Porträt von Quentin de La Tour: Schloß Versailles]

B · **Émile Zola.**
Der bedeutendste Vertreter der naturalistischen Schule beschrieb die Gesellschaft mit wissenschaftlicher Strenge. Der glühende Verteidiger von Dreyfus war ein herausragender Kunst- und Literaturkritiker.

MEISTERWERKE

BIBLIOTHEKEN/LITERATURARCHIVE

Die ersten Bibliotheken wurden schon bald nach der Erfindung der Schrift gegründet, und seit der Antike sind sie zahlreich: in Mesopotamien (3. Jahrtausend v. Chr.) in Babylon, Ninive; in Ägypten in Karnak, Idfu, Theben und Alexandria; in Mysien in Pergamon; in Italien in Rom.

Die berühmteste Bibliothek ist die von Alexandria, die von Ptolemaios I. Soter gegründet wurde; sie umfaßte etwa 700 000 Bände, die 48 n. Chr. im alexandrinischen Krieg Caesars durch einen Brand zerstört wurden.

Im folgenden werden die wichtigsten Bibliotheken aufgeführt, die vor allem Literaturarchive aufbewahren.

BELGIEN

Koninklijke Bibliotheek van België, in Brüssel. Sie wurde 1837 auf der Grundlage von burgundischen Handschriften Philipps des Guten gegründet und erhält die Pflichtexemplare der seit dem 1. Januar 1966 erschienenen Werke. Sie besitzt 35 000 Manuskripte, 2 300 Frühdrucke und über 100 000 Karten oder Pläne.

DEUTSCHLAND

Schiller-Nationalmuseum und Deutsches Literaturarchiv, in Marbach. Dieses Institut hat sich insbesondere auf die Literatur nach 1895 spezialisiert.

Deutsche Bibliothek, in Frankfurt am Main. Sie wurde 1947 gegründet und erhält Pflichtexemplare aller seit Mai 1945 erschienenen Werke.

Nationale Forschungs- und Gedenkstätten der klassischen deutschen Literatur, in Weimar. Diese Bestände bilden eine einzigartige Einheit von Museen, Archiven und Bibliotheken, die der Literatur aus dem 18. und 19. Jh., insbesondere Goethe und Schiller, gewidmet sind.

FRANKREICH

Bibliothèque de l'Arsenal, in Paris: das frühere, 1594 wiedererbaute Arsenal wurde Mitte des 18. Jh. Bibliothek und 1797 für die Öffentlichkeit geöffnet. Sie besitzt über 150 000 Druckwerke, 15 000 Manuskripte, 124 000 Graphiken, 12 000 Titel von Periodika sowie die Archive der Bastille.

Bibliothèque Mazarine: die ehemalige persönliche Bibliothek von Mazarin, die der Öffentlichkeit 1643 zugänglich gemacht wurde. Sie befindet sich im linken Flügel des Palais de l'Institut und bewahrt 400 000 Druckwerke, 500 Periodika, 2 000 Frühdrucke und 500 Manuskripte auf (11.–18. Jh.).

Bibliothèque Nationale, in Paris (B.N.): eine 1926 gegründete öffentliche Bibliothek, die seit 1981 dem Kulturministerium unterstellt ist. Ihr Ursprung geht auf Karl V. zurück, und später richtete Franz I. dort die Sammlung der Pflichtwerke ein. Zunächst hatte sie keinen festen Platz, richtete 1570 in Paris ein, 1721 in der Rue de Richelieu, wo sich ihr Bestand durch während der Revolution beschlagnahmte Werke vergrößerte. Die B.N. umfaßt 5 Abteilungen für Druckwerke und 7 spezialisierte Abteilungen (großer Bestand an Manuskripten und eine orientalische Abteilung mit über 200 000 Dokumenten) sowie Abteilungen für Verwaltung und Technik.

Bibliothèque Sainte-Geneviève, in Paris: eine öffentliche Universitätsbibliothek, die aus der Bibliothek der Abtei Sainte-Geneviève hervorgegangen ist. Sie wurde 1790 verstaatlicht, 1850 in ihren heutigen Räumen eingerichtet und 1930 den Universitätsbibliotheken von Paris angeschlossen. Sie besitzt über 1 200 Frühdrucke, etwa 4 000 Manuskripte, 30 000 Graphiken, einen Bestand für Musik, den Bestand Jacques-Doucet (zeitgenössische französische Literatur) und die nordische Bibliothek.

Bibliothèque Spoelberch de Lovenjoul: sie beherbergt die vom Vicomte Charles Spoelberch de Lovenjoul (1836–1907) geschaffene Sammlung, die dieser dem Institut de France übergab; sie umfaßt im wesentlichen die Literatur des 19. Jh.

Centre national d'art et de culture Georges-Pompidou (auch Centre Beaubourg oder Centre Pompidou genannt). Es wurde 1971 geschaffen, 1977 eröffnet und umfaßt mehrere Abteilungen, darunter die öffentliche Bibliothek zur Information (B.P.I.) über die heutige Welt. Diese verfügt über moderne und ständig aktualisierte Mittel und Ausstattungen (Bücher, Zeitschriften, Schallplatten, Dias, Mikrofilme, Videobänder usw.). Sie umfaßt auch ein Sprachlabor, einen Konferenzsaal und eine Lesehalle mit 1 300 Plätzen.

GROSSBRITANNIEN

British Museum, in London. Das 1753 gegründete Museum beherbergt über 2 Millionen Bände (berühmte Sammlungen, politische Pamphlete, Vermächtnisse von Bibliotheken und über 150 000 Manuskripte).

Bodleian Library, in Oxford. Sie wurde im 14. Jh. gegründet, von Thomas Bodley 1602 umstrukturiert und erhält ein Exemplar jedes in England veröffentlichten Buches.

PEN-CLUB

(Poets, Playwrights, Editors, Essayists, Novelists).
Dieser 1921 von Catherine Amy Dawson Scott mit Unterstützung von John Galsworthy gegründete internationale Verband hat etwa 20 000 Mitglieder aus über 80 Ländern, um nationale Zentren gruppiert. Seine Mitglieder sind Schriftsteller, die für Frieden und Freiheit kämpfen, um die geistigen Werte gegen Rassismus und Fanatismus zu verteidigen; er fordert ebenfalls die politische Unabhängigkeit und das Festhalten an der Freizügigkeit von Gedanken und Personen.

ITALIEN

Società Dantesca Italiana, in Florenz. Sie wurde 1888 gegründet und beherbergt den größten Bestand an Literaturarchiven.

Biblioteca Medicea Laurenziana, in Florenz: sie befindet sich in einem von Michelangelo ab 1524 auf Anordnung von Papst Clemens VII. erbauten Gebäude. Sie umfaßt Manuskripte von Vergil (4./5. Jh.), *Pandekten* (vom 6. bis zum 8. Jh.), Manuskripte von Tacitus (7./8. Jh.) und die Briefe *Ad familiares* von Cicero.

Biblioteca Ambrosiana, in Mailand: sie wurde 1602 von Kardinal Borromäus gegründet und enthält kostbare griechische, lateinische und arabische Manuskripte sowie eine Autographensammlung.

Biblioteca Vaticana, in Rom: sie wurde von Nikolaus V. im 15. Jh. gegründet und umfaßt sehr wertvolle Manuskripte (*Codex Vaticanus,* Vergil, Terentius) sowie Frühdrucke.

Biblioteca del Palazzo di Brera, in Mailand: sie wurde 1763 gegründet, 1786 öffentlich und besitzt über 700 000 Bände sowie eine reichhaltige Pinakothek.

ÖSTERREICH

Nationalbibliothek in Wien: Sie wurde von Kaiser Maximilian I. gegründet und umfaßt über eine Million Bände, über 27 000 Manuskripte und mehr als 100 000 Papyrustexte.

SPANIEN

Biblioteca nacional de España, in Madrid. Sie wurde 1712 gegründet und 1896 in dem von Francisco Jareño erbauten Gebäude eingerichtet und besitzt 2 670 Frühdrucke, 35 000 Manuskripte und über 3 Millionen Bände.

SOWJETUNION

Lenin-Bibliothek, in Moskau. Sie wurde 1862 gegründet und besitzt alle in der UdSSR erschienenen Werke, eine große Sammlung an Zeitungen, Karten, alten Manuskripten sowie Manuskripte großer russischer Autoren.

VEREINIGTE STAATEN

Library of Congress, in Washington: die größte Bibliothek der Welt. Sie ist ein Teil des amerikanischen Parlaments und wurde 1800 gegründet. Durch ihr Informatiksystem ist sie, wie andere Bibliotheken auch, in der Lage, die Druckerzeugnisse weltweit zu erfassen.

Buchmalerei.
Das Wort ›Buchmalerei‹ bezeichnete im Mittelalter die Malerei von Handschriften, unabhängig davon, ob es sich um bildhafte Szenen, verzierte Initialen oder Bilder für Ränder handelte.
Die verzierte oder mit Ornamenten geschmückte Initiale ist eine allmähliche Erfindung des Mittelalters; sie ist die triumphale Lobpreisung geheiligter Worte oder des festgehaltene Ansicht biblischer Geschehnisse.
Der Niedergang der Buchmalerei (im späten Mittelalter) beruht auf der Erfindung der Druckerkunst, der Xylographie und dem Geschmack der Mäzene und Künstler an größeren Gemälden.
Christi Himmelfahrt, Schmuckinitiale des Sacramentariums von Drogon, Metz, 9. Jh. *(Bibliothèque Nationale, Paris)*

MEISTERWERKE

LITERATURPREISE

NOBELPREIS FÜR LITERATUR

Jährlich von der Stockholmer Akademie verliehener Preis, mit dem – wie Alfred Nobel in seinem Testament (27. November 1895) festlegte – ein hervorragendes literarisches Gesamtwerk ausgezeichnet werden soll. Der 1989 mit rd. 850 000 DM dotierte Preis wurde 1901 bis 1991 83mal an 87 Preisträger, darunter sechs Frauen (Selma Lagerlöf, Grazia Deledda, Sigrid Undset, Pearl S. Buck, Gabriela Mistral, Nelli Sachs), verliehen; zweimal wurde er zurückgewiesen (1958 durch B. Pasternak, 1964 durch J.-P. Sartre) und siebenmal nicht verliehen (1914, 1918, 1935, 1940–1943).

Anzahl der Preisträger nach Ländern:
Frankreich 12
Vereinigte Staaten 10
Großbritannien, Schweden 7
Deutschland 6
Italien, Spanien 5
Sowjetunion 4
Dänemark 3
Chile, Griechenland, Polen, Schweiz 2
Ägypten, Australien, Belgien, Finnland, Guatemala, Indien, Island, Israel, Japan, Jugoslawien, Kolumbien, Nigeria, Tschechoslowakei 1

Die Preisträger
1901	Sully Prudhomme (F)
1902	T. Mommsen (D)
1903	B. Bjørnson (N)
1904	F. Mistral (F)

1904	J. Echegaray (E)
1905	H. Sienkiewicz (PL)
1906	G. Carducci (I)
1907	J. R. Kipling (GB)
1908	R. Eucken (D)
1909	S. Lagerlöf (S)
1910	P. von Heyse (D)
1911	M. Maeterlinck (B)
1912	G. Hauptmann (D)
1913	R. Tagore (IND)
1915	R. Rolland (F)
1916	V. von Heidenstam (S)
1917	K. A. Gjellerup (DK)
	H. Pontoppidan (DK)
1919	C. Spitteler (CH)
1920	K. Hamsun (N)
1921	A. France (F)
1922	J. Benavente (E)
1923	W. B. Yeats (IRL)
1924	W. Reymont (PL)
1925	G. B. Shaw (IRL)
1926	G. Deledda (I)
1927	H. Bergson (F)
1928	S. Undset (N)
1929	T. Mann (D)
1930	S. Lewis (USA)
1931	E. A. Karlfeldt (S)
1932	J. Galsworthy (GB)
1933	I. A. Bunin (SU)
1934	L. Pirandello (I)
1936	E. O'Neill (USA)
1937	R. Martin du Gard (F)
1938	P. S. Buck (USA)
1939	F. E. Sillanpää (SF)
1944	J. V. Jensen (DK)
1945	G. Mistral (RCH)
1946	H. Hesse (CH)
1947	A. Gide (F)
1948	T. S. Eliot (GB)
1949	W. Faulkner (USA)
1950	B. Russel (GB)
1951	P. Lagerkvist (S)

1952	F. Mauriac (F)
1953	W. L. S. Churchill (GB)
1954	E. Hemingway (USA)
1955	H. Laxness (IS)
1956	J. R. Jiménez (E)
1957	A. Camus (F)
1958	B. Pasternak (SU) [nimmt den Preis nicht entgegen]
1959	S. Quasimodo (I)
1960	Saint-John Perse (F)
1961	I. Andrić (YU)
1962	J. Steinbeck (USA)
1963	G. Seféris (GR)
1964	J.-P. Sartre (F) [weist den Preis zurück]
1965	M. A. Scholochow (SU)
1966	S. J. Agnon (I)
	N. Sachs (S)
1967	M. A. Asturias (GCA)
1968	Kawabata Yasunari (J)
1969	S. Beckett (IRL)
1970	A. Solschenitzyn (SU)
1971	P. Neruda (RCH)
1972	H. Böll (D)
1973	P. White (AUS)
1974	E. Johnson (S)
	H. Martinson (S)
1975	E. Montale (I)
1976	S. Bellow (USA)
1977	V. Aleixandre (E)
1978	I. B. Singer (USA)
1979	O. Elytis (GR)
1980	C. Miłosz (USA)
1981	E. Canetti (GB)
1982	G. García Marquez (CO)
1983	W. Golding (GB)
1984	J. Seifert (CS)
1985	C. Simon (F)
1986	W. Soyinka (WAN)
1987	J. Brodsky (USA)
1988	N. Mahfuz (ET)
1989	C. J. Celan (E)
1990	O. Paz (MEX)

LITERATURPREISE

Frankreich: Prix mondial Cino Del Duca.
Mit diesem 1969 von Frau Cino Del Duca gestifteten Preis, der mit 200 000 französischen Francs dotiert ist, wird jedes Jahr ein Autor oder ein Forscher ausgezeichnet, ›dessen Werk eine Botschaft des modernen Humanismus‹ darstellt.

Preisträger (u. a.): Jean Hamburger (1979), Jorge Luis Borges (1980), Ernst Jünger (1981), Yasar Kemal (1982), Georges Dumézil (1984), William Styron (1985), Thierry Maulnier (1986), Henri Gouhier (1988).

Prix Goncourt. Obwohl nur mit einem geringen Geldpreis (50 französische Francs) verbunden, ist diese Auszeichnung der begehrteste französische Literaturpreis. Er wird von den 10 Mitgliedern der Académie des Goncourt, die auf das Testament E. de Goncourts zurückgeht und 1902 offiziell begründet wurde, nach einem traditionellen Mittagessen für einen Roman vergeben, der im gleichen Jahr erschienen ist und sich durch seinen frischen Geist und seine originelle Form auszeichnet. Seit 1974 vergibt die Académie ferner einen Geldpreis für Novellen und für historische Erzählungen, seit 1980 eine Auszeichnung für Biographien und seit 1985 einen Preis für ein Werk der Poesie.

Preisträger (Romane)
1903	John-Antoine Nau
1904	Léon Frapié
1905	Claude Farrère
1906	Jérôme und Jean Tharaud
1907	Émile Moselly
1908	Francis de Miomandre
1909	Marius und Ary Leblond
1910	Louis Pergaud
1911	Alphonse de Châteaubriand

1912	André Savignon
1913	Marc Elder
1914	Preis erst 1916 verliehen
1915	René Benjamin
1916	Henri Barbusse, Adrien Bertrand
1917	Henri Malherbe
1918	Georges Duhamel
1919	Marcel Proust
1920	Ernest Pérochon
1921	René Maran
1922	Henri Béraud
1923	Lucien Fabre
1924	Thierry Sandre
1925	Maurice Genevoix
1926	Henri Deberly
1927	Maurice Bedel
1928	Maurice Constantin-Weyer
1929	Marcel Arland
1930	Henri Fauconnier
1931	Jean Fayard
1932	Guy Mazeline
1933	André Malraux
1934	Roger Vercel
1935	Joseph Peyré
1936	Maxence van der Mersch
1937	Charles Plisnier
1938	Henri Troyat
1939	Philippe Hériat
1940	Der Preis, einem politischen Gefangenen oder Deportierten vorbehalten, ging im Juni 1946 an Francis Ambrière
1941	Henri Pourrat
1942	Marc Bernard
1943	Marius Grout
1944	Elsa Triolet
1945	Jean-Louis Bory
1946	Jean-Jacques Gautier
1947	Jean-Louis Curtis
1948	Maurice Druon
1949	Robert Merle
1950	Paul Colin
1951	Julien Gracq (nimmt den Preis nicht an)
1952	Béatrice Beck
1953	Pierre Gascar
1954	Simone de Beauvoir
1955	Roger Ikor
1956	Romain Gary
1957	Roger Vailland
1958	Francis Walder

1959	André Schwarz-Bart
1960	Vintila Horia (lehnt den Preis ab)
1961	Jean Cau
1962	Anna Langfus
1963	Armand Lanoux
1964	Georges Conchon
1965	Jacques Borel
1966	Edmonde Charles-Roux
1967	André Pieyre de Mandiargues
1968	Bernard Clavel
1969	Félicien Marceau
1970	Michel Tournier
1971	Jacques Laurent
1972	Jean Carrière
1973	Jacques Chessex (Schweizer Staatsbürger)
1974	Pascal Lainé
1975	Émile Ajar
1976	Patrick Grainville
1977	Didier Decoin
1978	Patrick Modiano
1979	Antonine Maillet
1980	Yves Navarre
1981	Lucien Bodard
1982	Dominique Fernandez
1983	Frédérick Tristan
1984	Marguerite Duras
1985	Yann Queffelec
1986	Michel Host
1987	Tahar Ben Jelloun
1988	Érik Orsenna
1989	Jean Vautrin

Prix Théophraste Renaudot. Dieser 1925 geschaffene Preis wird jedes Jahr am selben Tag wie der Prix Goncourt für ein Prosawerk vergeben, in dem sich Talent und Originalität miteinander verbinden. Der Preisträger wird mit einem Mittagessen geehrt.

Prix Femina. Diese mit 5 000 französischen Francs dotierte Auszeichnung, die 1904 von den Zeitschriften *Femina* und *Vie heureuse* geschaffen wurde, würdigt jedes Jahr das beste französische Werk des Jahres aus dem Bereich der Prosa oder der Poesie. 1985 wurde erstmals ein Preis für ausländische Werke (Prix Femina étranger) vergeben.

MEISTERWERKE

LITERATURPREISE

Preisträger des Prix Femina (französische Werke): u. a. Romain Rolland (1905), Roland Dorgelès (1919), Jacques de Lacretelle (1922), Joseph Delteil (1925), Georges Bernanos (1929), Saint-Exupéry (1931), Gabrielle Roy (1947), Zoé Oldenbourg (1953), Robert Pinget (1965), Marguerite Yourcenar (1968), Jorge Semprun (1969), Catherine Hermary-Vieille (1981), Anne Hébert (1982), Hector Biancotti (1985), René Belletto (1986), Alain Absire (1987), Alexandre Jardin (1988), Sylvie Germain (1989).

Preisträger des Prix Femina étranger (u. a.): Torgny Lindgren (1986), Amos Oz (1988), Alison Lurie (1989).

Prix Médicis. Diesen 1958 gestifteten und mit 4 500 französischen Francs dotierten Preis erhält jedes Jahr an dem Tag, an dem auch der Prix Femina verliehen wird, ein Autor, dessen Werk im gleichen Jahr erschienen ist und sich durch einen neuen Ton und einen neuen Stil auszeichnet. Seit 1970 wird ein weiterer Preis für das Werk eines ausländischen Schriftstellers und seit 1985 ein Preis für Essays vergeben.

Preisträger des Prix Médicis (französische Werke): u. a. Claude Ollier (1958), Philippe Sollers (1961), Monique Wittig (1964), Marie-Claire Blais (1966), Claude Simon (1967), Elie Wiesel (1968), Hélène Cixous (1969), Maurice Clavel (1972), Tony Duvert (1973), Georges Perec (1978), Jean Echenoz (1983), Bernard-Henri Lévy (1984), Michel Braudeau (1985), Pierre Mertens (1987), Christiane Rochefort (1988), Serge Doubrovsky (1989).

Preisträger des Prix Médicis (ausländische Werke): u. a. Luigi Malerba (1970), Milan Kundera (1973), Julio Cortázar (1974), Doris Lessing (1976), André Brink (1980), Umberto Eco (1982), Elsa Morante (1984), John Hawkes (1986), Antonio Tabucchi (1987), Thomas Bernhard (1988), Alvaro Mutis (1989).

Preisträger des Prix Médicis (Essays): u. a. Michel Serres (1985), Julian Barnes (1986), Giovanni Macchia (1988), Václav Jamek (1989).

Grand prix du roman de l'Académie française. Dieser 1915 von der Académie française gestiftete Preis wird an einen jungen Prosaschriftsteller vergeben, dessen Werk sich durch besondere Vorstellungskraft auszeichnet. Seit 1982 ist er mit 50 000 französischen Francs dotiert.

Preisträger (u. a.): Pierre Benoit (1919), Francis Carco (1922), François Mauriac (1926), Joseph Kessel (1927), Henri Pourrat (1931), Jacques Chardonne (1932), Georges Bernanos (1936), Saint-Exupéry (1939), Jean Orieux (1946), Michel de Saint-Pierre (1955), Jacques de Bourbon-Busset (1957), Henri Queffélec (1958), Michel Mohrt (1962), François Nourissier (1966), Michel Tournier (1967), Albert Cohen (1968), Jean d'Ormesson (1971), Patrick Modiano (1972), Michel Déon (1973), Pierre Schoendoerffer (1976), Jean Raspail (1981), Vladimir Volkoff (1982), Pierre-Jean Remy (1986), François-Olivier Rousseau (1988), Geneviève Dormann (1989).

Prix Interallié. Dieser 1930 von den Journalisten des Cercle Interallié gestiftete Preis wird jedes Jahr vorzugsweise für einen von einem Journalisten verfaßten Roman vergeben (nicht mit einem Geldbetrag verbunden).

Preisträger (u. a.): André Malraux (1930), Paul Nizan (1938), Roger Vailland (1945), Pierre Daninos (1947), Jacques Perret (1951),

Jean Dutourd (1952), Antoine Blondin (1959), René Fallet (1964), Alain Bosquet (1965), Michel Déon (1970), Lucien Bodard (1973), Jean-Marie Rouart (1977), Christine Arnothy (1980), Serge Lentz (1985), Philippe Labro (1986), Alain Gerber (1989).

Grand Prix de la Francophonie. Dieser 1986 auf Anregung der kanadischen Regierung geschaffene Preis, der mit 400 000 französischen Francs dotiert ist, wird jedes Jahr von der Académie française verliehen.

Preisträger (u. a.): Georges Schéhadé (1986), Jacques Rabemananjara (1988), Hubert Reeves (1989).

Bundesrepublik Deutschland: Georg-Büchner-Preis. Dieser Preis wurde 1923 von der Deutschen Akademie für Sprache und Dichtung in Darmstadt gestiftet und anfangs an einen Künstler oder einen Schriftsteller vergeben. Seit 1951 wird der mit 30 000 DM dotierte Preis ausschließlich an Schriftsteller verliehen.

Preisträger (u. a.): Gottfried Benn (1951), Erich Kästner (1957), Max Frisch (1958), Paul Celan (1960), Ingeborg Bachmann (1964), Günter Grass (1965), Wolfgang Hildesheimer (1966), Heinrich Böll (1967), Golo Mann (1968), Thomas Bernhard (1970), Uwe Johnson (1971), Elias Canetti (1972), Peter Handke (1973), Hermann Lenz (1978), Christa Wolf (1980), Martin Walser (1981), Peter Weiss (1982), Heiner Müller (1985), Friedrich Dürrenmatt (1986), Erich Fried (1987), Albert Drach (1988), Botho Strauss (1989).

Belgien: Prix Victor Rossel. Dieser 1938 gestiftete Preis wird an einen (französischsprachigen) belgischen Schriftsteller für einen Roman oder eine Novellensammlung verliehen. Er ist mit einem Geldbetrag von 200 000 belgischen Francs verbunden.

Preisträger (u. a.): Maurice Carême (1947), Daniel Gilles (1951), Albert Ayguesparse (1952), Maud Frère (1962), Charles Bertin (1963), Pierre Mertens (1970), Georges Thines (1973), Gaston Compère (1978), Jean Muno (1979), François Weyergans (1981), Thierry Haumont (1985), Jean-Claude Pirotte (1986), René Swennen (1987), Jean-Claude Bologne (1989).

Kanada: Prix du Gouverneur général. Dieser seit 1959 vom Conseil des arts verliehene Preis geht an die Autoren der besten französisch- und englischsprachigen Bücher in den Kategorien: Romane und Erzählungen, Poesie, Theater, Abhandlungen und Essays. Jeder Preisträger erhält einen Geldpreis von 5 000 Dollar.

Preisträger in der Kategorie Romane und Erzählungen (u. a.): Hugh MacLennan (1959), Yves Thériault, Malcolm Lowry (1961), Jacques Ferron (1962), Hugh Garner (1963), Gérard Bessette (1965), Claire Martin, Margaret Laurence (1966), Jacques Godbout (1967), Marie-Claire Blais (1968), Mordecai Richler (1971), Antonine Maillet (1972), Réjean Ducharme (1973), Anne Hébert (1975), Gabrielle Roy (1977), Alice Munro (1978), George Bowering (1980), Mavis Gallant (1981), Roger Fournier (1982), Leon Rooke (1983), Jacques Brault (1984), Margaret Atwood (1985), Yvon Rivard (1986), Gilles Archambault (1987), Jacques Folch-Ribas (1988), Louis Hamelin (1989).

Spanien: Premio Nadal. Dieser mit 400 000 Peseten dotierte Preis wurde 1944 in Barce-

lona unter der Schirmherrschaft des Verlagshauses Destino gestiftet. Er wird jedes Jahr für einen unveröffentlichten Roman oder eine Erzählung in spanischer Sprache vergeben.

Preisträger (u. a.): Carmen Laforet (1944), José Maria Gironella (1946), Miguel Delibes (1947), Sebastián Juan Arbó (1948), Elena Quiroga (1950), Luis Romero (1951), Rafael Sánchez Ferlosio (1955), Carmen Martín Gaite (1957), Ana Mariá Matute (1959), Manuel Mejía Vallejo (1963), Alvaro Cunqueiro (1968), Francisco Umbral (1975), Carlos Rojas (1979), Fernando Arrabal (1982), José Luis Tomás García (1984), Pau Faner (1985), Juan José Saer (1987), Juan Pedro Aparicio (1988), Juan José Millás García (1989).

Vereinigte Staaten: Pulitzerpreis. Die etwa 20 von Joseph Pulitzer gestifteten Preise sind mit je 500 Dollar dotiert und werden seit 1917 vom Rat der University of Columbia jedes Jahr an Journalisten und Schriftsteller für ihre Leistungen auf den Gebieten Reportage, Roman, Theaterstück, Dichtung, Essay, Biographie usw. vergeben.

Preisträger (Romane): u. a. Edith Wharton (1921), Willa Cather (1923), Margaret Wilson (1924), Sinclair Lewis, Arrowsmith (lehnt ab) [1926], Louis Bromfield (1927), Thornton Wilder (1928), Pearl S. Buck (1932), Margaret Mitchell (1937), John Steinbeck (1940), Upton Sinclair (1943), John Hersey (1945), Robert Penn Warren (1947), James A. Michener (1948), James Gould Cozzens (1949), Ernest Hemingway (1953), William Faulkner (1955 und 1963 ausgezeichnet), James Agee (1958), Robert Lewis Taylor (1959), Katherine Anne Porter (1966), Bernard Malamud (1967), William Styron (1968), Eudora Welty (1973), Saul Bellow (1976), John Cheever (1979), Norman Mailer (1980), John Updike (1982), Alice Walker (1983), Alison Lurie (1985), Toni Morrison (1988), Anne Tyler (1989).

Preisträger (Theater): u. a. Eugene O'Neill (1920, 1922, 1928 und 1957 ausgezeichnet), Sidney Howard (1925), Elmer Rice (1929), Marc Connelly (1930), Thornton Wilder (1938 und 1943 ausgezeichnet), William Saroyan (1940), Mary Chase (1945), Tennessee Williams (1948 und 1955 ausgezeichnet), Arthur Miller (1949), William Inge (1953), Edward Albee (1967 und 1975 ausgezeichnet), Sam Shephard (1979), David Mamet (1984).

Großbritannien: Booker Prize. Dieser 1969 gestiftete, mit 10 Pfund Sterling dotierte Preis wird von der National Book League für den besten englischsprachigen Roman des Jahres verliehen.

Preisträger (u. a.): V. S. Naipaul (1971), John Berger (1972), Nadine Gordimer, Stanley Middleton (1974), Paul Scott (1977), Iris Murdoch (1978), William Golding (1980), Salman Rushdie (1981), Thomas Keneally (1982), J.M. Coetzee (1983), Anita Brookner (1984), Kingsley Amis (1986), Penelope Lively (1987), Peter Carey (1988), Kazuo Ishiguro (1989).

Italien: Premio Strega. Dieser 1947 von Goffredo und Maria Bellonci gestiftete Preis ist mit 1 Million Lire dotiert. Eine Jury, der die bedeutendsten Schriftsteller Italiens angehören, zeichnet jedes Jahr einen Roman oder eine Novellensammlung aus.

Preisträger (u. a.): Cesare Pavese (1950), Alberto Moravia (1952), Mario Soldati (1954), Elsa Morante (1957), Dino Buzzati (1958),

752

MEISTERWERKE

BESTSELLER

Carlo Cassola (1960), Anna Maria Ortese (1967), Guido Piovene (1970), Tommaso Landolfi (1975), Primo Levi (1979), Umberto Eco (1981), Goffredo Parise (1982), Maria Bellonci (1986), Stanislao Nievo (1987), Gesualdo Bufalino (1988), Giuseppe Pontiggia (1989).

Premio Viareggio. Dieser 1929 von Leonida Repaci, Alberto Colantuoni und Carlo Salsa gestiftete Preis wird jedes Jahr im Seebad Viareggio vergeben. Es werden bevorzugt Werke ausgezeichnet, die Engagement beweisen. Der Preis wird für einen Roman (seit 1930), eine Gedichtsammlung (seit 1948) und einen Essay (seit 1949) verliehen. 1967 kam ein internationaler Preis hinzu, mit dem das Gesamtwerk eines ausländischen Schriftstellers geehrt wird. Drei Preise sind mit 5 Millionen Lire, drei weitere mit 1 Million Lire dotiert, während der internationale Preis mit 1 Million Lire verbunden ist.

Preisträger (u. a.): Achille Campanile (1933), Ricardo Bacchelli (1936), Maria Bellonci (1939), Umberto Saba (1946), Antonio Gramsci (1947), Elsa Morante (1948), Anna Banti (1952), Carlo Emilio Gadda, Anna Maria Ortese (1953), Vasco Pratolini (1955), Italo Calvino, Natalia Ginzburg, Pier Paolo Pasolini (1957), Salvatore Quasimodo, Tommaso Landolfi (1958), Alberto Moravia (1961), Giorgio Bassani (1962), Goffredo Parise (1965), Pietro Citati (1970), Romano Bilenchi (1972), Mario Praz (1973), Sergio Solmi (1976), Mario Luzi (1978), Giorgio Manganelli (1979), Enzo Siciliano (1981), Primo Levi, Vittorio Sereni (1982), Bruno Gentili (1984), Manlio Cancogni (1985), Mario Spinella (1987), Rosetta Loy (1988).

Premio international Viareggio Versilia.

Preisträger (u. a.): Pablo Neruda (1967), Aimé Cesare (1968), Nicolas Guillén (1972), Günter Grass (1978), Alberto Moravia (1983), Mario Soldati (1987).

Schweiz: Gottfried-Keller-Preis. Dieser 1921 von Martin Bodmer geschaffene Preis, der mit etwa 20 000 Schweizer Franken dotiert ist, wird alle zwei bis drei Jahre von der Bodmer-Stiftung verliehen. Er wird für das Gesamtwerk eines Schriftstellers vergeben, der ein besonderes Verhältnis zur Schweiz bzw. eventuell auch zu Gottfried Keller hat.

Preisträger (u. a.): Hans-Urs von Balthasar (1975), Elias Canetti (1977), Max Wehrli (1979), Philippe Jaccottet (1981), Hermann Lenz (1983), Herbert Lüthi (1985), Jacques Mercanton (1989).

UdSSR: Leninpreis für Literatur. Dieser Preis wurde 1925 zugleich mit den übrigen Leninpreisen geschaffen, jedoch bis 1939 nicht vergeben. Von 1939 bis 1956 trat der Stalinpreis an seine Stelle. Der Leninpreis wurde von 1957 bis 1967 jedes Jahr verliehen, seit 1967 wird er alle zwei Jahre vergeben. (Der Stalinpreis wird seit 1957 weiterhin jedes Jahr unter der Bezeichnung Staatspreis verliehen.)

Preisträger (u. a.): L. Leonow (1957), M. Auesow, A. Dowschenko, N. Pogodin (1959), A. Twardowskij (1961), S. Marschak, T. Ajtmatow (1963), O. Gontschar (1964), S. Smirnow (1965), N. Tichonow (1970), M. Schaginjan (1972), K. Simonow (1974), A. Tschajkowskij (1978), E. Issajew, N. Dumbadse (1980), M. Bajan (1982), M. Karim (1984), W. Bykow, I. Wassiljew (1986).

ERFOLGREICHE BÜCHER

Der Begriff des Bestsellers, also eines Buches mit hoher Auflage und großem Erfolg, ist völlig relativ. Er hängt von demographischen, sprachlichen (Vorteil für den englischsprachigen Raum), kulturellen (Analphabetenquote eines Landes) und wirtschaftlichen Faktoren ab, die einen Massenmarkt ermöglichen, und er entwickelt sich mit ihnen.

Seit Anfang des 19. Jh. hat sich die Art der erfolgreichen Bücher stark verändert. Bis zu diesem Zeitpunkt herrschte die Kolportageliteratur (die Almanache) vor. Im letzten Drittel des 19. Jh. sind Bestseller die Bücher, die soziale Probleme behandeln, und insbesondere die von englischen oder amerikanischen Frauen geschriebenen Bücher. Bis 1914 waren vor allem ›romanhafte‹ historische Darstellungen (Anthony Hope Hawkins: *Der Gefangene von Zenda,* 1894) Bestseller. Diese historische Richtung wird vom konformistischen Familienroman abgelöst (Gene Stratton Porter [1868–1924]). Mit dem Auftauchen des Taschenbuches hat sich das Phänomen des Bestsellers erheblich ausgeweitet. Heute sind nicht mehr nur Romane, sondern auch Sachbücher über aktuelle und wissenschaftliche Probleme, Memoiren, Dokumentarberichte, Bücher zu bestimmten Themen und Ratgeber Bestseller.

- Religion: die Bibel, *die Wahrheit, die zum ewigen Leben führt.*
- Politik: die Werke von Karl Marx, insbesondere *Das Kapital;* die Werke von Mao Zedong, insbesondere *Das kleine rote Buch;* die Werke von Lenin und Stalin; Hitlers *Mein Kampf* (wegen seiner Verbreitung im 3. Reich).
- Romane: *Onkel Toms Hütte* von Harriet Beecher-Stowe (der erste amerikanische Roman mit einer Auflage von über einer Million); *Vom Winde verweht* von M. Mitchell (USA); *Lady Chatterley* von D. H. Lawrence (GB); *Love Story* von E. Segal (USA); *Das Tal der Puppen* von J. Susan (USA).
- Kriminalromane: die Romanreihe *Sherlock Holmes* von Arthur Conan Doyle (GB); die Romane von E. S. Gardner (USA); die Romane von A. Christie (GB); die Romanreihe *Maigret* von G. Simenon (Belgien); die Romanreihe *San Antonio* von F. Dard (F.); die Reihe *S.A.S.* von G. de Villiers (F.).
- Populäre Romane: die Romane von Delly (F.); die Romanreihe *Don Camillo* von G. Guareschi (I.); die Romane von B. Cartland (GB); die Romane von Guy de Cars (F.).
- Phantastische Romane: *Der Planet der Affen* von P. Boulle (F.).
- Nachschlagewerke: das *Guinessbuch der Rekorde; Le Petit Larousse illustré.*

Anm.: Eine unbestreitbare Rangordnung der weltweiten Bestseller kann nicht erstellt werden, denn entweder wird die Auflagenhöhe nicht mitgeteilt, oder die Zahlen sind nicht zuverlässig oder unmöglich zu erstellen (die Bibel).

A · **Barbara Cartland.** Die Autorin von über 300 Liebesromanen, die in 17 Sprachen übersetzt wurden, ist die am meisten gelesene Autorin der Welt.

REKORDE

- Das älteste gedruckte Dokument: eine bedruckte Papierrolle aus dem Jahr 704, die in Korea entdeckt wurde.
- Das älteste gedruckte Buch: die um 1455 von Gutenberg veröffentlichte Bibel.
- Das meistverkaufte Buch: die Bibel.
- Das größte Buch: in Denver (USA) herausgegeben: 2,75 m × 3,97 m; über 252 kg Gewicht.
- Der längste Roman: Jules Romains (F): *Die guten Willens sind* (27 Bände, 1932–1946).
- Die kürzeste Nachricht: Victor Hugo (F) an seinen Herausgeber über *Die Elenden:* ›?‹. Antwort des Herausgebers: ›!‹.
- Der produktivste Schriftsteller: Lope de Vega (E): Verfasser von über 1 800 Komödien, 400 religiösen Stücken sowie Gedichten.

B · **Agatha Christie.** Die Autorin führte die Tradition des Detektivromans von Doyle fort und erfand die Figuren Hercule Poirot und Miss Marple.

C · **Georges Simenon.** Der frühere Journalist erneuerte die Gattung des Kriminalromans durch die menschliche Wahrheit und den psychologischen Verstand seiner Hauptfigur, des berühmten Kommissars Maigret.

MEISTERWERKE

KLASSIK IN DER LITERATUR

URSPRÜNGE

Die Klassik ist ein in seiner Bedeutung nur ungefähr umschreibbarer Begriff, der sowohl ein an der Antike orientiertes Formideal bezeichnet als auch geistesgeschichtliche Epochen, deren Werke als Ausdruck kultureller Blütezeiten zum Bestandteil der Weltliteratur geworden sind. Als Kultur im normbildenden Sinne betrachtete die römische Antike die griechische Literatur, die Renaissance die Goldene Latinität unter Augustus. Im 18. Jh. gebrauchte man erstmals in deutscher Sprache den Begriff ›klassisch‹ für bedeutende antike Schriftsteller und ihre Werke; heute versteht man darunter den antiken Klassikern vergleichbare neuzeitliche Autoren und Werke.

KLASSIK IN EUROPA

Italien. Als klassisches Werk der italienischen Literatur ist Dantes (1265–1321) *Göttliche Komödie* (1321) in der poetischen Formvollendung des ›Dolce stil nuovo‹ auch eines der Monumente der Weltliteratur. Petrarca (1304 bis 1374) schuf die Grundlagen zu einer philologischen Erforschung der Antike und bereitete die Renaissance vor, die in der Epik von Ariost (1474–1533) und Tasso (1544–1595) glanzvollste Leistungen erbrachte. Die Regeln der klassischen Poetik waren Vorbild für Komödien und Tragödien.

Spanien. Das Goldene Zeitalter (›Siglo de oro‹) ist gekennzeichnet durch M. de Cervantes Saavedra (1547–1616) mit seinem als Satire des Ritterromans angelegten Roman *Don Quixote de la Mancha* (1605–15). Die Bühnendichtung entwickelte eine typisch spanische Dramenform, fern vom Regelwesen der Italiener und Franzosen, die ›Comedia‹ (Schauspiel): Komisches wird mit Tragischem vermischt, die Anzahl der Akte ist auf drei festgelegt, Einheit von Ort und Zeit werden nicht gefordert, verschiedenste Versformen sind bunt gemischt, die Stoffe sind volkstümlich. Der Ruhm von P. Calderón de la Barca (1600–1681) beruht auf seinen philosophischen Stücken (*Das Leben ist Traum*, um 1632) und seinen Autos sacramentales (*Das große Welttheater*, um 1635).

England. Die Zeit Elisabeths I. (1558–1603) ist ein Höhepunkt in der Geschichte der englischen Literatur. E. Spensers Epos *The faerie queene* (1590–96) harmonisiere Traditionen der Vergil-Rezeption, der italienischen Renaissanceepik und der mittelalterlichen Allegorie zur sinnfälligen Darbietung einer die moralische Ordnung auslotenden Phantasiewelt. Shakespeare (1564–1616) gilt mit seinem außerordentlich vielseitigen Werk als bedeutendster Dramatiker des Abendlandes. Er gestaltete heitere und später bittere Komödien, ein Panorama nationaler Geschichtsdramen und tiefgründige Tragödien, die dank ihrer Sprachgewalt, Charaktergestaltung und offenen Dramaturgie wie die keines anderen neuzeitlichen Dramatikers weitergewirkt haben.

Weimarer Klassik. Die Weimarer Klassik, die Zeit der Wirkungsgemeinschaft Goethes (1749–1832) und Schillers (1759–1805), nahm die griechische Antike mit ihrem Ideal von Maß und Mitte zum Vorbild. ›Griechenland‹ wurde das Symbol einer geistigen Wiedergeburt Deutschlands, wurde Vorbild für die Wiedergewinnung der ›goldenen‹, vergangenen Zeit, die über die ästhetische Erziehung fruchtbar gemacht werden sollte. Goethes eigentlicher Beitrag zu diesem Reformprogramm war die Orientierung des neuen Menschenbildes an der Antike; das zweite Leitmotiv, der Gedanke der ästhetischen Erziehung, ist Schillers Eigentum: Seiner pädagogischen Leidenschaft entstammte die Idee, den Menschen durch Kunst zu seiner Bestimmung zu führen. Goethe vertrat seine Linie – die Schönheit als metaphysisches Prinzip des Seins, die griechische Kunst als Urbild des Schönen und Vollkommenen, Schiller die seine – Schönheit als Instrument moralischer Erziehung, die Antike als Thema werbender Verkündigung, aus allen Bindungen heraus zur sittlichen Freiheit zu gelangen.

A · Boileau-Despréaux. (Porträt von J.-B. Santerre, 1698. *Museum der schönen Künste, Lyon*).

BOILEAU, THEORETIKER DER KLASSIK

Nicolas Boileau, der an den großen ›Affären‹ am Hof und in der Stadt beteiligt war, ergriff das Wort zu allen Fragen der Moral, des Schaffens und der Religion seiner Zeit. Seine *Satiren* (1666–1705) machten ihn sehr verhaßt. Nachdem der Hof auf ihn aufmerksam geworden war, schrieb er ab 1669 seine *Epîtres,* dann 1674 *Die Dichtkunst,* die das literarische Ideal der Klassik definiert und die er durch sein parodistisches Epos *Das Chorpult* (1674–1683) veranschaulicht. Nachdem er 1677 vom König zum Geschichtsschreiber ernannt worden war, wird er 1684 Mitglied der Akademie und Führer der Anhänger der antiken Dichter im *Streit zwischen antiken und modernen Dichtern.*

KLASSISCHE TRAGÖDIE

Die Grundregeln der Tragödie im 17. Jh. beruhen auf der Einheit der *Handlung,* der *Zeit* und des *Ortes.* Nachdem sie vor dem Erscheinen der großen klassischen Werke vom Abt von Aubignac skizziert worden waren (*La pratique du théâtre,* 1657), der sich auf die *Poetik* von Aristoteles gründet, werden sie von Mairet (*Sophonisbe,* 1634) angewandt und setzen sich nach dem Streit über den *Cid* mit den von Chapelain geschriebenen *Sentiments de l'Académie sur le Cid* (1638) durch. Sie wurden von Boileau in der *Dichtkunst* zusammengefaßt (III, 43–46): ›Wir jedoch, die die Vernunft zu ihren Regeln verpflichtet, wir wollen, daß sich die Handlung mit der Kunst vereint; daß an einem Ort, an einem Tag eine vollendete Tatsache das Theater gefüllt hält‹.

Frankreich. Die Klassik der französischen Literatur wird von der Generation der Jahre 1600 bis 1680 verkörpert: La Fontaine (1621 bis 1695), Molière (1622–1673), Bossuet (1627 bis 1704), Boileau (1636–1711) und Racine (1639–1699). Sie vereint nicht nur die Anhänger einer Schule, sondern auch Schriftsteller, die Grundsätzen folgen, die die Merkmale der Klassik festlegen und die Boileau in seiner *Art poétique* 1674 wiedergegeben hat.

WERKE

1321	Dante: *Göttliche Komödie*
1353	Boccaccio: *Decamerone*
1516	Ariosto: *Der rasende Roland*
1581	Tasso: *Das befreite Jerusalem*
1590	Spenser: *The faerie queene*
1595	Shakespeare: *Romeo und Julia*
1599	Shakespeare: *Julius Caesar*
1603	Shakespeare: *Hamlet*
1605	Cervantes: *Don Quixote*
1611	Shakespeare: *Das Wintermärchen*
1632	Calderón: *Das Leben ist Traum*
1637	Corneille: *Le Cid*
1645	Calderón: *Das große Welttheater*
1662	Molière: *Die Schule der Frauen*
1664	Molière: *Tartuffe*
1665	Molière: *Don Juan*
1666	Molière: *Der Menschenfeind*
	Boileau: *Satiren*
1667	Racine: *Andromache*
1668	Molière: *Der Geizige*
	La Fontaine: *Fabeln* (Bücher I bis VI)
1669	Racine: *Britannicus*
1670	Racine: *Berenice*
	Pascal: *Pensées (Gedanken)*
	Molière: *Der Bürger als Edelmann*
1672	Molière: *Die gelehrten Frauen*
1673	Molière: *Der eingebildete Kranke*
1674	Racine: *Iphigenie in Aulis*
	Boileau: *Die Dichtkunst*
1677	Racine: *Phädra*
1787	Goethe: *Iphigenie auf Tauris*
1787	Schiller: *Don Carlos*
1790	Goethe: *Torquato Tasso*
1795	Goethe: *Wilhelm Meister*
1800	Schiller: *Wallenstein*
1801	Schiller: *Maria Stuart*
1806	Goethe: *Faust I*
1832	Goethe: *Faust II*

B · Sarah Bernhardt. mit Marguerite Moreno in the Sarah-Bernhardt-Theater in *Athalie* von Racine.

MEISTERWERKE

ROMANTIK IN DER LITERATUR

URSPRÜNGE

Mehr noch als eine literarische Bewegung war die Romantik ein Ausdruck des Lebensgefühls gegen Ende des 18. Jh. und Anfang des 19. Jh. Sie zeigte sich zunächst in England und Deutschland, etwas später in Frankreich, in den südlichen Ländern und in Skandinavien. Es handelt sich ursprünglich um eine eigentlich revolutionäre Bewegung, die das politische und philosophische Gedankengut der Aufklärung aufnimmt: freier Ausdruck der Gefühle und Bestätigung der Rechte des Individuums. Sie ist zunächst revolutionär mit ihrer Zeit (die erste Generation feiert die französische Revolution); sie ist es dann gegen ihre Zeit (die französischen Forderungen nach Freiheit der Völker enden im Sieg des Kaiserreichs). Über ihren Widerstand gegen die klassische Ästhetik hinaus will die Romantik jedoch den von den ästhetischen und sozialen Konventionen verborgenen Anteil des Menschen aufdecken.

BEGRIFFE

Die Romantik ist durch die Opposition gegen die Klassik der heidnischen Antike geprägt. Sie wird durch die Gedichte Ossians, das Theater Shakespeares und die Romane des Engländers Richardson (Clarissa Harlowe, 1747) angeregt. Die Phantasie wird gefeiert, die Vernunft durch Emotion und Gefühl ersetzt. Der romantische Geist gründet sich auf die Entdeckung der Subjektivität, was in der ersten Hälfte des Jahrhunderts zu einer Blütezeit der autobiographischen Gattungen führt (Tagebücher, Memoiren). Die Romantik predigt den Kult des ›Ichs‹, analysiert die einzelnen Facetten seiner Persönlichkeit, deren Einheit sie erreichen will. Verwirrung, Melancholie und Leidenschaft sind ihre Schlüsselworte. Indem sie die Flucht in den Traum, die Exotik (den Orient) oder in die Vergangenheit (das christliche Mittelalter) sucht, preist sie die Lust am Mysterium und am Phantastischen.

In Großbritannien öffnet sich die Dichtung von W. Wordsworth (1770–1850) und Coleridge (1772–1834), R. Southey (1774–1843), Byron (1788–1824), P. B. Shelley (1792 bis 1822) und Keats (1795–1821) der Phantasie, während W. Scott (1771–1832) dem historischen Roman eine entscheidende Richtung gibt. Mary Godwin, Shelleys Frau, verherrlicht sowohl die Menschenrechte durch das Lob der französischen Revolution als auch die der Frau und eröffnet mit *Frankenstein oder der moderne Prometheus* (1818) einen neuen Weg für den schwarzen Roman.

Die deutsche Romantik, ein Erbe des *Sturm und Drang*, zeigt sich bei Goethe (1749 bis 1832), Hölderlin (1770–1843) und Novalis (1772–1801). Die Rückkehr zu den nationalen Ursprüngen und das Phantastische sind die Themen von E. T. A. Hoffmann (1776 bis 1822), Brentano (1778–1842), A. von Arnim (1781–1831) und Chamisso (1781 bis 1838).

Als Opfer des berühmten ›Übels des Jahrhunderts‹ berufen sich die französischen Schriftsteller auf Mme de Staël und Chateaubriand. Mme de Staël versammelte im Kaiserreich in ihrem Schloß Coppet eine intellektuelle und kosmopolitische Gesellschaft. Ihr Essay *Über Deutschland* (1810) stellte einen dreifachen Gegensatz auf: zwischen der romantischen Literatur des Nordens und der klassischen Literatur des Südens; zwischen dem erobernden Frankreich und einem liberalen und philosophischen Europa; zwischen dem ›Geist des Christentums‹ und dem mystischen Enthusiasmus des Protestantismus. Chateaubriand war der erste, der die ›Welle‹ der Leidenschaften ausdrücken konnte. Um 1820 gruppiert sich die Bewegung um Victor Hugo (1802–1885), der die Rolle des Dichters definiert und der Literatur eine nationale und soziale Aufgabe zuschreibt. In der Dichtung setzt sich die neue Ästhetik mit Lamartine (1790–1869), A. de Vigny (1797–1863), Gérard de Nerval (1808–1855) und Musset (1810–1857) durch. Im Theater kennzeichnet der berühmte Streit um *Hernani* 1830 den Sieg der Romantiker über die Klassiker. Der Roman findet eine glänzenden Ausdruck bei Balzac, Hugo und Stendhal.

In Italien zeigt sich eine patriotische Romantik, die gegen die österreichische Besatzung kämpft: A. Manzoni (1785–1873), S. Pellico (1789–1854). In Spanien setzt sich die romantische Ästhetik vor allem im Theater mit José Zorilla (1817–1893) durch.

B · **Shelley.** Der Aristokrat leugnete seine Klasse und seine Religion, entführte seine Frau aus ihrer Familie und verließ sie dann. Er starb bei einem Sturm; sein Freund Byron verbrannte seinen Körper am Strand. *(Ausschnitt aus einem Porträt von Amelia Curran, 1819. London, National Portrait Gallery)*

C · **Hugo.** Von seiner monarchistischen und romantischen Jugend bis zu seinem Eintritt ins Panthéon als Inspirator der neuen republikanischen Weisheit hat Hugo alle Mythen und alle Hoffnungen seines Jahrhunderts verkörpert *(Ausschnitt aus einem Plakat zu seinem hundertsten Geburtstag [1985]. Zeichnung von Devéria)*

WERKE

1774 Goethe: *Die Leiden des jungen Werthers.*
1798 Wordsworth und Coleridge: *Lyrische Balladen.*
1801 Novalis: *Heinrich von Ofterdingen.*
1802 Chateaubriand: *René.*
1805 A. von Arnim und C. Brentano: *Des Knaben Wunderhorn.*
1812 Byron: *Junker Harolds Pilgerfahrt.*
1814 Chamisso: *Peter Schlemihl's wundersame Geschichte.*
1816 B. Constant: *Adolphe.*
1819 Scott: *Ivanhoe.*
1820 Shelley: *Der entfesselte Prometheus.*
     Lamartine: *Poetische Betrachtungen.*
1821 De Quincey: *Bekenntnisse eines englischen Opiumessers.*
1823 Stendhal: *Racine und Shakespeare.*
1825 Manzoni: *Die Verlobten.*
1826 Hugo: *Oden und Balladen.*
     Vigny: *Cinq-Mars.*
1830 Hugo: *Hernani.*
1831 A. Dumas: *Antony.*
1832 S. Pellico: *Meine Gefängnisse.*
1834 Musset: *Lorenzaccio.*
1835 Musset: *Die Nächte.*
     Vigny: *Chatterton.*
1842 J. Zorilla: *Don Juan Tenorio.*
1843 Hugo: *Die Burggrafen.*

DER ROMANTISCHE HELD

Der romantische Held ist ein komplexes Wesen, gegen die Welt aufgelehnt, in ständigem Ungleichgewicht. Er ist von der Gesellschaft isoliert, Opfer eines unglücklichen Schicksals und findet nur in der Natur Zuflucht – ein maßloses Wesen, das von schmerzlichen und ungezügelten Leidenschaften geleitet wird. Die romantische Figur verschmilzt mit dem Künstler, der völlig in seinem Werk aufgeht. Er wird zum Zauberer, zum Führer, der mit einer humanitären und sozialen Mission beauftragt ist.
Wichtigste romantische Helden: Corinna (Mme de Staël); René (Chateaubriand), Adolphe (B. Constant), Ritter Harold (Byron), Antony (Dumas), Manfred (Byron), Hernani (Hugo), Lorenzaccio (Musset), Julien Sorel (Stendhal).

Der Wanderer über dem Nebelmeer (1815) von Caspar David Friedrich *(Privatsammlung)*.

EINFLUSS UND WIRKUNG

Die Romantik überschreitet die festgelegten Literaturgattungen. Sie hat den Aufschwung der Geschichtsschreibung (A. Thierry, Michelet) und der Kritik bewirkt. Diese ›neue Art des Empfindens‹ hat sich in ganz Europa von den skandinavischen Ländern, wo sie als Ausgangsbasis für die Erarbeitung der nationalen Sprachen dient und an die antiken Mythologien anknüpft, bis zu den slawischen Ländern, in denen sie die Ziele der nationalen Minderheiten zum Ausdruck bringt, ausgedehnt.

In Lateinamerika nimmt die Romantik ebenfalls ihre Originalität aus dem Willen der Dichter, auf dem Kontinent eine wirklich autonome Literatur zu schaffen. Die Romantik steht am Anfang der modernen Literatur.

MEISTERWERKE

NATURALISMUS IN DER LITERATUR

URSPRÜNGE

Der Naturalismus entstand zwischen 1860 und 1880 unter dem Einfluß von Flaubert und des Positivismus von Taine. Er tritt an die Stelle des Realismus, den er ausweitet, indem er nicht mehr nur die Reproduktion des Natürlichen, sondern dessen ›wissenschaftliche‹ Erforschung predigt. Edmond und Jules de Goncourt sind durch ihr Streben nach Dokumentierung des Erlebten mit ihrem Roman *Germinie Lacerteux* (1865) die Vorläufer der neuen Bewegung.

THEORIE

Die neue Ästhetik wird von Émile Zola (1840–1902) verkörpert, der sie in seinem *Experimentalroman* (1880) theoretisch abhandelt. Die ästhetischen Anliegen werden einem Projekt der Gesellschaftsanalyse untergeordnet, das seine Modelle in den experimentellen Wissenschaften findet, deren Methoden von Claude Bernard definiert werden. ›Wir müssen‹, so schreibt Zola, ›mit den Charakteren, mit den Leidenschaften, den menschlichen und gesellschaftlichen Tatsachen arbeiten wie der Chemiker und der Physiker mit lebenden Körpern‹. Der Roman gründet sich also auf die minutiöse Beobachtung der Realität und auf das Experimentieren, das das Individuum dem Determinismus von Vererbung und Umwelt unterordnet. Die Sammlung *Les soirées de Médan* (1880) ist ein Manifest der naturalistischen Schule, einer Gruppe, der sich auch Jules Vallès (1832 bis 1885), Alphonse Daudet (1840 bis 1897), Octave Mirabeau (1848–1917) und Jules Renard (1864–1910) anschließen. Zola bleibt der einzige Theoretiker der Gruppe, die ziemlich schnell auseinanderbricht. Im Theater hat der Naturalismus nicht den gleichen Erfolg wie im Roman, ausgenommen die Stücke von Henry Becque (1837–1899). Die Naturalisten haben jedoch dank dem Regisseur André Antoine, der sie alle in seinem 1887 gegründeten Théâtre-Libre aufführen ließ, für das zeitgenössische Theater die Rolle eines Katalysators gespielt.

LES SOIRÉES DE MÉDAN

Diese Sammlung von sechs Novellen ist das Manifest des Naturalismus. Nach einem programmatischen Vorwort folgen die Novellen: *L'Attaque du Moulin* von Zola, *Fettklößchen* von Guy de Maupassant (1850–1893), *Sac au dos* von Joris-Karl Huysmans (1848–1907), *La saignée* von Henry Céard (1851 bis 1924), *L'Affaire du grand sept* von Léon Hennique (1851–1935), *Après la bataille* von Paul Alexis (1847–1901), die alle den Krieg von 1870 zum Thema haben.

WERKE

1867 Émile Zola: *Therese Raquin.*
1871 É. Zola: *Die Rougon-Macquart, ›natürliche und soziale Geschichte einer Familie im zweiten Kaiserreich‹* (letzter Band 1893).
1874 A. Daudet: *Fromont junior und Risler senior.*
1876 J. P. Jacobsen: *Frau Marie Grubbe.*
1877 A. Daudet: *Der Nabob.*
1879 J.-K. Huysmans: *Les soeurs Vatard.*
1880 É. Zola: *Der Experimentalroman. Les soirées de Médan* (Sammelwerk).
1881 Henry Céard: *Ein schöner Tag.*
       J.-K. Huysmans: *Der Junggeselle.*
1882 Henry Becque: *Die Raben.*
1885 Clarín: *Die Präsidentin.*
1888 A. Strindberg: *Fräulein Julie.*
1889 Gerhart Hauptmann: *Vor Sonnenaufgang.*
       Hermann Bang: *Tine.*
1892 G. Hauptmann: *Die Weber.*

EINFLÜSSE

Die französische naturalistische Schule hatte in ganz Europa Schüler. In Rußland wird der Begriff ›natürliche Schule‹ ab 1847 vom Kritiker Belinskij verwendet, der damit Schriftsteller bezeichnet, die versuchen, ihre Figuren realen Modellen anzunähern (N. A. Nekrassow, Pissemskij, A. N. Ostrowskij, Sologub).

Der französische Naturalismus übte einen großen Einfluß auf den Verismus des Italieners Giovanni Verga aus. In den skandinavischen Ländern bewirkt er das, was der dänische Kritiker Georg Brandes ›den Vorstoß der Moderne‹ nennt (J. P. Jacobsen, H. Bang). Der ›Naturalismus‹ des Schweden A. Strindberg wie auch der der Norweger B. Bjørnson und H. Ibsen nehmen rasch eine symbolische und allegorische Form an.

In Deutschland triumphiert der Naturalismus im Theater mit Gerhart Hauptmann (1862–1946).

In Spanien ist sein Hauptvertreter Leopoldo Clarín (1852–1901), während der Naturalismus in Lateinamerika in Form der Ablehnung der sentimentalen und romantischen Literatur des 19. Jh. auftritt und einer Bewußtwerdung der sozialen Probleme entspricht.

DAS MANIFEST DER FÜNF

Am 18. August 1887 brachte der *Figaro* eine heftige Kritik von Zolas Roman *Die Erde,* der seit Mai in *Gil Blas* als Fortsetzungsroman erschien. Die Autoren dieser Anklage (P. Bonnetain, J. H. Rosny, L. Descaves, P. Margueritte, G. Guiches) warfen ihrem Meister ›seine starke Zuwendung zur Obszönität‹ vor, eine Systematisierung der verbalen Derbheit und der psychologischen Karikatur (hier der der Bauern der Beauce), die die menschliche und soziale Wahrheit verfälsche, die Zola doch zu suchen vorgebe. Zola enthielt sich der Antwort.

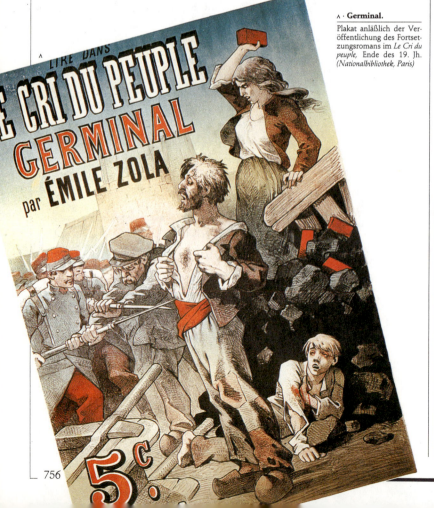

▲ · **Germinal.**
Plakat anläßlich der Veröffentlichung des Fortsetzungsromans im *Le Cri du peuple,* Ende des 19. Jh. (Nationalbibliothek, Paris)

MEISTERWERKE

SYMBOLISMUS IN DER LITERATUR

URSPRÜNGE

Der Symbolismus ist eine literarische und künstlerische Strömung vom Ende des 19. Jh. und Anfang des 20. Jh. Seine Wurzeln liegen in der deutschen Romantik, der Philosophie von Hegel und Schopenhauer, bei den englischen Präraffaeliten und im Werk von Swinburne sowie in der esoterischen Tradition des 18.–19. Jh. In der Reaktion gegen den Naturalismus findet er seinen Initiator in Baudelaire und seine Meister in Verlaine und Mallarmé.

DER SINN

Um 1880 ist die literarische und künstlerische Jugend zutiefst von der modernen Welt enttäuscht. Der ›dekadente‹ Geist wird von J.-K. Huysmans in *Gegen den Strich* (1884) definiert: Der Held Floréas des Esseintes lebt gefangen in einer künstlichen Welt von Empfindungen und Träumen, die durch die Lektüre von Poe, Baudelaire, Verlaine, Mallarmé und Gustave Moreau genährt werden. Nach 1885 überläßt die dekadente Schule den Platz neuen ideologischen und ästhetischen Anliegen. Die jungen Dichter gruppieren sich um Mallarmé (1842–1898), der behauptet, daß die Kunst in sich abgeschlossen und Eingeweihten vorbehalten sein muß. Sie wenden sich ebenfalls Villiers de L'Isle-Adam (1838–1889) zu, der idealistische Themen verbreitet: Die Welt, in der wir leben, ist nur ein Traum, in dem sich das ›Ich‹ projiziert.

1886 veröffentlicht Jean Moréas (1856 bis 1910) das *Manifest des Symbolismus*, in dem sich zwei große Strömungen abzeichnen: eine objektivere in der Richtung des *Instrumentalismus* von René Ghil (1862–1925) und eine subjektivere und sentimentalere, die die mythischen Interpretationen der Welt umfaßt: Albert Samain (1858–1900), Gustave Kahn (1859–1936). Es ist mehr als eine Doktrin, es handelt sich vielmehr um ein gemeinsames Bewußtsein, das entdeckt wird. Es wird eine anspruchsvolle Konzeption der Dichtung in ihren Zielen wie auch in ihrem Aufbau erarbeitet. Die Sprache hat eine dichterische Funktion: Sie ist der magische Mittler zwischen dem Realen und dem Gedachten. Die Dichter versuchen, durch den musikalischen und symbolischen Wert der Worte die subtilsten Feinheiten der Eindrücke und des Seelenzustands zu vermitteln. Der Symbolismus wurde zu einem Mittel, die Welt durch das Spiel der Analogien zu verstehen. Er deckt, über den Anschein hinausgehend, eine verborgene Realität auf: Er entwickelt sich also in Richtung des Mystizismus. Der Triumph des Symbolismus wurde als der des Spiritualismus über den Materialismus verstanden.

Die wichtigsten Vertreter des Symbolismus sind A. Samain, J. Moréas, G. Kahn, Remy de Gourmont (1858–1915), Adolphe Retté (1863–1930), René Ghil, Stuart Merrill (1863–1915), Henri de Régnier (1864–1936) und F. Vielé-Griffin (1864–1937). Allerdings nehmen die meisten dieser Dichter sehr bald Abstand von der Bewegung.

Die Schriftsteller Belgiens haben eine sehr wichtige Rolle bei der Entstehung und Entwicklung des Symbolismus gespielt, u. a. mit Georges Rodenbach (1855–1898), Charles Van Lerberghe (1861–1907), dem Dichter Émile Verhaeren (1855–1916) und Maurice Maeterlinck (1862–1949), dem besten Vertreter des Symbolismus auf der Bühne.

A · **Georges Rodenbach.** Der älteste der belgischen Symbolisten machte sein Werk zu einem Labyrinth der äußeren Eindrücke, in das er eine ganze Generation durch die geisterhaften Städte, die toten Gewässer, die Haare, die sich wie Nebel entfalten, die Spiegel- und Reflexspiele führte.

B · **Stéphane Mallarmé.** Mallarmé, der den Traum der Umwandlung des Realen in dichterische Sprache und der Integration jeder Dichtung in ein absolutes Buch verfolgte, das in der Lage ist, den Zufall der Schöpfung zu beseitigen, hat den Lauf der Dichtung verändert.

WERKE

1886 Moréas: *Les cantilènes.*
1887 S. Merrill: *Les gammes.*
H. de Régnier: *Poèmes anciens et romanesques.*
1889 Maeterlinck: *Les serres chaudes. Prinzessin Maleine.*
1890 R. de Gourmont: *Sixtine.*
Villiers de L'Isle-Adam: *Axel,* 1894 uraufgeführt.
Claudel: *Goldhaupt.*
1891 É. Dujardin: *Antonia.*
Verhaeren: *Les flambeaux noirs.*
1892 Maeterlinck: *Pelleas und Melisande.*
Rodenbach: *Das tote Brügge.*
S. George: *Algabal.*
1893 A. Samain: *Au jardin de l'infante.*
A. Retté: *Une belle dame passa.*
1895 Verhaeren: *Die Großstadt lauert.*
G. Kahn: *Domaine de fée.*
1897 Vielé-Griffin: *La clarté de la vie.*
1899 Saint-Pol-Roux: *Die Dame mit der Sichel.*
1900 Maeterlinck: *Fünfzehn Lieder.*
1902 Verhaeren: *Les forces tumultueuses.*
1904 Ch. van Lerberghe: *La chanson d'Ève.*

WIRKUNG

Ab 1895 wird der Symbolismus aufgegeben, er hat jedoch in der ganzen Welt einen großen Einfluß: in Deutschland (Stefan George), in Großbritannien (T. S. Elliot), in den Vereinigten Staaten (Imagismus von Ezra Pound), in Polen (S. Wyspiański), in Rußland (Brjussow, Balmont, Mereschkowskij, Blok, Belyj, Solowjow) und in Italien (D'Annunzio). Er beeinflußt auch den spanischsprachigen Teil Amerikas (Modernismus) sowie Pessoa in Portugal.

MANIFEST DES SYMBOLISMUS

Am 18. September 1886 läßt Jean Moréas im *Figaro* das Manifest des Symbolismus veröffentlichen. Dieser Auszug ist die wichtigste Passage. [...] der Symbolismus bedarf eines archetypischen und komplexen Stils: klare Wörter, fest abgestützte Satzperiode, die sich mit Satzperioden von schwebender Vieldeutigkeit abwechselt, Pleonasmen, mysteriöse Ellipsen, schwebende Anakoluthe, kühne Tropen: schließlich die vernünftige eingeführte und aktualisierte Sprache, die gute und reiche und lebhafte französische Sprache vor den Vaugelas und den Boileau, die Sprache von François Rabelais und von Philippe de Commines, von Villon, Ruteboeuf und so vielen anderen Schriftstellern, die die Sprache so gezielt einsetzen wie die Toxoten Thrakiens ihre gebogenen Pfeile abschießen [...] Die alte Metrik wiederbelebt, eine wissend geordnete Unordnung, der Reime, wie ein goldener und eherner Ohrring gehämmert, nahe dem dunklen, verschwimmenden Reim; der Alexandriner mit vielfachen und beweglichen Einschnitten [...]

Die Symbolisten waren nach Wagner von einem ›totalen Theater‹ fasziniert. Das Drama sollte sich mehr an den Geist als an das Auge wenden: Dies war nur möglich, wenn es mehrere Bedeutungsebenen hatte. Zwei Theater führen ihre Stücke auf: das Théâtre d'Art, das 1890 von Paul Fort gegründet worden war, und das 1893 von Lugné-Poe gegründete Théâtre de l'Œuvre.

MAURICE MAETERLINCK

Maeterlinck hat mit seinen Stücken den Symbolismus bekannt gemacht, die das Mysterium und die Tragik des Lebens durch die leidenschaftliche Zerrissenheit der Zeichen suggerieren, die die ›schicksalhaften Mächte‹ den Menschen vorschlagen. Ihm verdanken wir: *Prinzessin Maleine* (1889), *Der Eindringling* (1890), *Die Blinden* (1891), *Pelleas und Melisande* (1892) und *Aglavaine und Selysette* (1896).

C · **Maurice Maeterlinck.** Er hat den Symbolismus im Theater verbreitet.

MEISTERWERKE

EXPRESSIONISMUS

URSPRÜNGE

Der Ende des 19. Jh. und im Ersten Weltkrieg entstandene Expressionismus tritt besonders in Deutschland bis in die 1920er Jahre hervor. Selbst wenn er sich auf Goya, Hölderlin, Rimbaud und Whitman beruft, ist er zunächst der Schrei des Aufstandes einer Jugend angesichts der Gewalt und des Auseinanderbrechens der europäischen Kultur.

THEORIE

Die Beklemmung und das Gefühl des Tragischen sowie der Wille, es auszusprechen, es herauszuschreien, sind die Hauptmerkmale des Expressionismus. Die Themen sind die des beginnenden 20. Jh., einer Zeit der Umwälzungen: die Stadt, der Krieg, die repressive Gesellschaft, der Tod, eine ideale zukünftige Welt. In der Dichtung und im Theater kommt der Schematismus der Themen, die Gewalt des Ausdrucks am besten zum Ausdruck. Die künstlerischen und politischen Ziele der Bewegung stellten sich in mehreren Zeitschriften vor: *Der Brenner* (1910), *Der Sturm* (1910), *Die Aktion* (1911) und *Die Weissen Blätter* (1913).

Else Lasker-Schüler (1869–1945), Ernst Stadler (1883–1914), Gottfried Benn (1886–1956), Georg Heym (1887–1912), Georg Trakl (1887–1914), Franz Werfel (1890–1945) und Ernst Toller (1893–1939) stellen sich gegen die neoromantische Ästhetik, den Impressionismus der Wiener Schule und den Mystizismus von Stefan George.

lichen Schicksals, zeigt den Aufstand insbesondere gegen die bürgerlichen und moralischen Werte mit Carl Hauptmann (1858 bis 1921), Frank Wedekind (1864–1918), Fritz von Unruh (1885–1970) und Yvan Goll (1891–1950).

Der expressionistische Roman versucht, Zeiten und Orte zu mischen und die traditionellen Personen aufzulösen. Zwei Tendenzen widersprechen oder vereinen sich: die Zerstörung der bürgerlichen Welt und die Loslösung von einer authentischen Realität.

Mehr noch als Heinrich Mann (1871 bis 1950), Carl Einstein (1885–1940) oder Kasimir Edschmid (1890–1966) gibt Alfred Döblin (1878–1957) die typischste Darstellung in seinen ersten Werken.

WERKE

1891 Frank Wedekind: *Frühlings Erwachen*, 1906 uraufgeführt.
1898 August Strindberg: *Nach Damaskus*, 1900 uraufgeführt.
1905 Gründung der ›Brücke‹ in Dresden.
1911 Georg Heym: *Der ewige Tag*.
1912 Franz Werfel: *Der Weltfreund*.
 Gottfried Benn: *Morgue*.
 R.J. Sorge: *Der Bettler*, 1917 uraufgeführt.
1913 Georg Trakl: *Gedichte*.
1914 W. Hasenclever: *Der Sohn*, 1916 uraufgeführt.
 Carl Hauptmann: *Krieg. Ein Tedeum*.
 Georg Kaiser: *Die Bürger von Calais*, 1917 uraufgeführt.
1915 Alfred Döblin: *Die drei Sprünge des Wang-lun*.
1916 G. Kaiser: *Von Morgens bis Mitternachts*.
1918 G. Kaiser: *Gas* (1. Teil).
1919 Ernst Toller: *Die Wandlung*.
1920 Fritz von Unruh: *Platz*.
1922 Yvan Goll: *Methusalem oder Der ewige Bürger*, 1924 uraufgeführt.

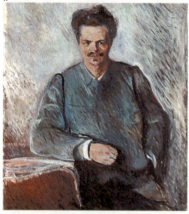

A · **August Strindberg.**
Vom Mißerfolg seines ersten naturalistischen Romans, den er Schweden widmete, bis zu den intimistischen Betrachtungen in seinem Zimmertheater hat Strindberg alle Krisen erlebt: familiäre, geistige und psychische. Seine Träume, die so eindringlich wie Einbildungen sind, und seine Figuren, die so wenig greifbar wie Geister sind, lassen alle Ängste der zeitgenössischen Welt ahnen. *(Porträt von E. Munch; Stockholm, Nationalmuseum)*

Das Theater bricht mit den Konflikten der Charaktere und dem Ablauf der Intrige, um die verschiedenen Formen des ›lyrischen Ichs‹ in einem Stationendrama darzustellen, das an das mittelalterliche Mysterium anknüpft. Eine Folge von Bildern zeigt die Phasen des Lebens oder der Entwicklung des Helden. Die ›Tragödie‹ des Schweden August Strindberg (1849–1912), *Nach Damaskus* (1898), ist ein Prototyp der Gattung. Das Drama, bei Georg Kaiser (1878–1945) die Vision des menschlichen Schicksals,

FUTURISMUS

URSPRÜNGE

Der Futurismus ist eine sowohl literarische als auch ästhetische revolutionierende Strömung, die sich in Europa in der Zeit vor dem Ersten Weltkrieg um zwei Hauptzentren, Italien und Rußland, entwickelt hat. Er wurzelt im Naturalismus, im Symbolismus und im Unanimismus sowie im Denken Friedrich Nietzsches, Henri Bergsons und Georges Sorels.

THEORIE

Die Bewegung entsteht in Italien mit dem ersten *Manifest des Futurismus* (1909) des Dichters Filippo Tommaso Marinetti (1876–1944). Das Manifest, das mit der lyrischen Darstellung einer Autofahrt beginnt, die in einem schlammigen Graben enden soll, verherrlicht die Liebe zur Gefahr, die Auflehnung, die Schönheit der Bewegung und der Geschwindigkeit, den Krieg, ›die einzige Hygiene der Welt‹, die Maschine und jede fortschrittliche Form der industriellen Zivilisation. Abgesehen von Marinetti sind seine wichtigsten Vertreter Paolo Buzzi (1874 bis 1956), Ardengo Soffici (1879–1964), Giovanni Papini (1881–1956), Enrico Cavacchioli (1884–1954), Corrado Govoni (1884–1965), Aldo Palazzeschi (1885–1975) und Luciano Folgore (1888–1966). Zahlreiche futuristische Veranstaltungen und Manifeste rufen Skandale hervor (›die Kunst kann nur Gewalt, Grausamkeit und Ungerechtigkeit sein‹). Der Futurismus findet seinen besten Ausdruck in der Poesie: Sie wird von der Malerei beeinflußt (ideogrammatische und typographische Konstruktionen) und entwickelt sich vom freien Vers der ›Worte in Freiheit‹ hin zu einem Streben nach Gleichzeitigkeit und Interferenz von Formen und Gefühlen. In Rußland lehnt der Futurismus mit Majakowskij (1893–1930) als erstem Vertreter in einem anarchischen Geist der Auflehnung moralische Regeln und das kulturelle Erbe ab und gibt der Sprache eine eigene Realität.

WERKE

1909 Marinetti: *Manifeste du futurisme* (Figaro 20. Februar).
1910 A. Palazzeschi: *L'incendiario*.
 Marinetti: *Mafarka le futuriste*.
1911 Marinetti: *Le futurisme*.
1912 Marinetti: *Technisches Manifest der futuristischen Literatur*.
 Majakowski: *Ohrfeige dem gesellschaftlichen Geschmack* (Manifest).
1924 Marinetti: *Futurismo e Fascismo*.
1933 Marinetti: *Il Fascino dell' Egitto*.

C · **Marinetti.**
Der von Sarah Bernhardt entdeckte Marinetti machte aus einer Ohrfeige und einem Faustschlag die Modelle einer ästhetischen Handlung, die die Aspekte der modernen Welt wiedergeben kann. Sein Kult der Maschine und des Krieges machten ihn schließlich zum Anhänger des Faschismus.

B · **Majakowskij.**
Er war mit fünfzehn Jahren Bolschewik und mit achtzehn der provozierendste Dichter des Futurismus. Der Sänger der Oktoberrevolution versuchte, den Aufbau des Sozialismus und die Erneuerung der Lyrik zu vereinen: Die politische und literarische Bürokratie trieben ihn zum Selbstmord. *(Gemälde von E. Deineka)*

MEISTERWERKE

SURREALISMUS IN DER LITERATUR

URSPRÜNGE

Die von Guillaume Apollinaire (*Der neue Geist und die Dichter,* 1917) angekündigte neue Bewegung beruft sich auf die Psychoanalyse, auf Philosophen wie Hegel und sieht Wegbereiter in Baudelaire, Lautréamont, Rimbaud und Jarry. Er greift die dadaistische Bewegung von Tristan Tzara auf, mit der er jedoch 1922 bricht.

THEORIE

Von Anfang an setzt sich die surrealistische Gruppe das Ziel, eine neue Sicht der Welt zu schaffen, in der alle Formen von Ordnung und alle logischen, moralischen und sozialen Konventionen der abendländischen Kultur abgeschafft werden müssen. Der Surrealismus beabsichtigt die Versöhnung des Menschen mit sich selbst, indem er die Werte des Traums, des Instinktes, des Begehrens und der Auflehnung verteidigt. Um Breton, den Verfasser des *Manifestes des Surrealismus* (1924), gruppieren sich Louis Aragon (1897–1982), Philippe Soupault (1897 bis 1990), Paul Eluard (1895–1952), Roger Vitrac (1899–1952), René Crevel (1900–1935), Robert Desnos (1900–1945) und Georges Limbour (1900–1970). Das surrealistische Experimentieren setzt neue Mittel des Schaffens ein: Écriture automatique, Traum und hypnotischer Schlaf, kollektives Schreiben, Frage nach dem ›objektiven Zufall‹, Umfragen usw. Die Dichtung will vor allem eine Tätigkeit des Kennenlernens sein, und ihre ästhetische Wirkung ist lediglich das Produkt des übervollen Unterbewußtseins. Die Gruppe macht durch aufsehenerregende Veranstaltungen auf sich aufmerksam (das Pamphlet mit dem Titel ›Eine Leiche‹ beim Tod von A. France), durch Veröffentlichungen und durch politische Stellungnahmen (gegen den Rif-Krieg, die Kolonialausstellung, den Faschismus). Anschließend erlebt die Gruppe eine bewegte Geschichte mit Eingliederungen und Ausschließungen (P. Soupault, A. Artaud, R. Desnos, M. Leiris, R. Queneau, J. Prévert, G. Bataille) und durch ihre konfliktreichen Beziehungen zur kommunistischen Partei. Zu diesem Zeitpunkt spricht sich Breton für eine Kunst aus, die in sich selbst ihre eigene revolutionäre Kraft besitzt.

Zwischen 1933 und 1940 erreicht die Bewegung die anderen Länder. Der Zweite Weltkrieg setzt dem Surrealismus vorläufig ein Ende, sein Einfluß, der sich bis in die 60er Jahre fortsetzt, läßt sich jedoch in allen künstlerischen Formen, selbst im Schmuck des Alltags feststellen.

WERKE

1924 Breton: *Das Manifest des Surrealismus.*
 Limbour: *Soleils bas.*
 Vitrac: *Les mystères de l'amour.*
 Aragon: *Le libertinage.*
 Éluard: *Sterben am Nichtsterben.*
 Desnos: *Deuil pour deuil.*
1925 Artaud: *Die Nervenwaage.*
 Leiris: *Simulacre.*
 Crevel: *Mon corps et moi.*
1926 Aragon: *Pariser Landleben.*
 Éluard: *Hauptstadt der Schmerzen.*
1927 Desnos: *Die Abenteuer des Freibeuters Sanglot.*
 Crevel: *Babylon.*
1928 Péret: *Le grand jeu.*
 Aragon: *Traktat über den Stil.*
 Breton: *Nadja.*
1930 Dalí: *La femme visible.*
 Breton: *Die unbefleckte Empfängnis.*
1932 Breton: *Die kommunizierenden Röhren.*
1934 Char: *Le marteau sans maître.*
 Éluard: *La rose publique.*
1936 Éluard: *Les yeux fertiles.*
1937 Breton: *L'amour fou.*
1940 Breton: *L'anthologie de l'humour noir.*
1942 Breton: *Fata morgana.*

MANIFESTE

Im ersten *Manifest des Surrealismus* definiert Breton 1924 die Bewegung: ›ein rein psychischer Automatismus, in den [...] man sich versetzt, um das Funktionieren des Denkens zum Ausdruck zu bringen. Man steht dabei unter dem Diktat des Denkstroms, die Kontrolle durch die Vernunft fehlt [...]‹. 1930 verurteilt das *Zweite Manifest des Surrealismus* den rein künstlerischen Versuch. Die *Prolegomena zu einem dritten Manifest des Surrealismus oder nicht* (1942) stellen den Zusammenbruch der Werte fest. Diese Texte werden 1965 zusammengestellt mit: *Lettre aux voyantes* (1925), *Position politique du surréalisme* (1935), *Du surréalisme en ses œuvres vives* (1953).

A · **Die Gruppe der Surrealisten.**
Rendez-vous der Freunde, Gemälde (1922) von Max Ernst (Köln, Wallraf-Richartz Museum).

Louis Aragon (12)
Seine Begegnung mit Elsa Triolet im Jahr 1928, die bis zu seinem Tod 1970 seine Gefährtin blieb, seine militante Sicht der Dichtung und eine erste Reise in die UdSSR trennten ihn 1932 vom Surrealismus. Sein Werk ist Zeugnis seines Engagements in der Résistance und für den Kommunismus und eine Ehrung der geliebten Frau.

Hans Arp (3)
Ein Bildhauer von internationalem Ruf, war Arp ebenfalls Dichter. Sein Werk, das sich unter den Dadaismus und den Surrealismus einordnen läßt, enthält einen zarten und drolligen Humor sowie Wortspiele und ungewöhnliche Vergleiche.

André Breton (13)
Er war der Führer einer Generation, die ›die Welt verändern‹ wollte. In den geistigen Ruinen aus dem Ersten Weltkrieg entdeckte er die Alchimie, die deutsche Romantik, die Psychoanalyse, die Kunst der Primitiven. Durch alle seine Engagements hindurch hat Breton ein Urteilsvermögen bewahrt, durch das er alle ideologischen, intellektuellen und ästhetischen Schwindel anprangern konnte.

René Crevel (1)
Er war einer der entschiedensten Vertreter des Surrealismus. Er forderte die Befreiung des Begehrens und bemühte sich, Marxismus und Psychoanalyse miteinander zu verbinden. Er beging Selbstmord.

Robert Desnos (19)
Sein rebellischer Charakter, seine libertären Bindungen führten ihn zur surrealistischen Gruppe, die er 1930 mit einem Eklat verließ. Er entwickelte sich dann in Richtung einer alltäglicheren und populäreren Lyrik.

Paul Eluard (9) und seine Frau Gala (16)
Sein Werk, das seine verschiedenen Engagements, Dadaismus, Surrealismus, die Résistance und den Kommunismus widerspiegelt, wird vom Thema der Liebe beherrscht, wobei die Frau der unerläßliche Mittler zwischen dem Individuum und dem Universum ist.

Max Ernst (4)
Benjamin Péret (11)
Er war ein Gegner jeglicher Form moralischer und politischer Forderungen der Bewegung.

Philippe Soupault (2)
Nachdem er sich als einer der ersten an der Gründung der Bewegung beteiligt hatte, war er auch der erste, der sich von ihr entfernte. Er machte ein doppelte Karriere als Journalist und als Schriftsteller.

MEISTERWERKE

COMICS

GESCHICHTE

Die Comics, denen ein mehr oder weniger früher Ursprung zugeschrieben wird (Felsenmalereien, die Trajanssäule, die Wandteppiche von Bayeux), haben ihre eigentlichen Vorläufer in dem Schweizer Rodolphe Toepffer (*Bildergeschichten,* 1846 bis 1847), dem Deutschen Wilhelm Busch (*Max und Moritz,* 1865) und dem Franzosen Christophe (*La Famille Fenouillard,* 1889). Ende des 19. Jh. tauchen mit der amerikanischen Massenpresse die ersten *Comicstrips* (komische Streifen) zunächst wöchentlich und dann täglich auf. Vor dem Ersten Weltkrieg wächst die Produktion der Comics erheblich durch die Einrichtung von Vertriebsagenturen, den *Syndikaten,* die die Zeichner (*Cartoonists*) beauftragen. Zu dieser Zeit bleibt Europa noch den Bildergeschichten für Kinder treu.

In den 30er Jahren halten die amerikanischen Serien Einzug, die ihren Höhepunkt in den *Comic books* haben. Die witzigen oder abenteuerlichen Serien spiegeln die wirtschaftliche und soziale Entwicklung in den Vereinigten Staaten wieder. 1934 erscheint die erste französische Comicserie in der Tageszeitung: *Le Professeur Nimbus.*

Nach dem Zweiten Weltkrieg werden die *Horrorcomics* in allen Ländern einer strengen gesetzlichen Regelung unterworfen. Die amerikanischen Comics stehen unter dem Einfluß der satirischen Zeitschrift *Mad* und der ›Underground‹-Veröffentlichungen intellektueller. In Europa, wo die ›belgische Schule‹ weiterhin erfolgreich ist, kennzeichnet die Gründung der Zeitung *Pilote* (1959) die Anfänge der Comics für Erwachsene, die in den 60er und 70er Jahren mit *Hara-Kiri* und *Charlie Hebdo* radikal und rebellisch werden.

Die weltweit erscheinenden Comics, denen mehrere Ausstellungen gewidmet waren (darunter die in Angoulême im Jahr 1974) behandeln heute alle Lebensbereiche (wie die Ausgabe als Taschenbuch).

50 COMICS

1896: *The Yellow Kid* von Richard Outcault (USA), in der Sonntagsbeilage der *New York World* von J. Pulitzer erschienen.
1897: *The Katzenjammer Kids* von Rudolph Dirks (USA) erschienen in der Sonntagsbeilage des *New York Journal* von W. R. Hearst.
1905: *Little Nemo in Slumberland* von Winsor McCay (USA). Die Abenteuer eines kleinen Jungen im Land der Träume. Die Atmosphäre von Phantasie und Poesie wird durch die Zeichnungen mit Arabesken im Modern Style verstärkt.
Bécassine von J.-P. Pinchon und Caumery (F). Noch keine Sprechblasen, um die naive, von konservativer Weltsicht gepägte Geschichte dieser jungen bretonischen Hausangestellten zu erzählen.
1908: *Les Pieds Nickelés* von Louis Forton (F), der ebenfalls *Bibi Fricotin* (1929) geschrieben hat. Die Mißgeschicke von drei kleinen frechen und lustigen Straßenjungen.
1913: *Krazy Kat* von George Herriman (USA), einer der Höhepunkte des angelsächsischen *Nonsens.*
Bringing up Father von George McManus (USA), in Deutschland *Herr Schmerbauch.* Diese humorvolle Geschichte eines irischen Einwanderers und seiner Frau, die plötzlich zu Reichtum gekommen sind, ist der erste *Family strip,* eine Gattung, die in den Vereinigten Staaten enormen Erfolg hatte und deren Paradebeispiel *Blondie* von ›Chic‹ Young ist (1930).
1920: *Winnie Winkle* von Martin Branner (USA). Die Abenteuer eines jungen amerikanischen Mädchens und ihrers Bruders Perry in den 20er Jahren.
1921: *Felix the Cat* von Pat Sullivan (USA). Der erste Held eines Zeichentrickfilms, der in einen Comic übertragen wird. Felix ist eine aggressive und spottlustige Katze in einer exotischen und sonderbaren Welt.

1925: *Zig et Puce* von Alain Saint-Ogan (F), im *Dimanche illustré* erschienen. Der erste wirkliche französische Comic, in dem sich der Text nicht mehr unter dem Bild, sondern in einer Sprechblase befindet. Die abenteuerlichen Reisen von Zig und Puce in Begleitung ihres Pinguins Alfred. Eine poetische und humoristische Atmosphäre prägt diesen ersten großen Klassiker.
1929: *Tim* von Hergé, dem Pseudonym von Georges Rémi (B). In *Le Petit Vingtième* erscheint *Tintin au pays des soviets.* Der junge Reporter Tim und sein treuer Hund Struppi, umgeben von urwüchsigen Komparsen (Kapitän Haddock, Professor Tournesol, die beiden Polizisten Dupond/Dupont), erleben unzählige Abenteuer, die sie sogar bis auf den Mond führen!
Tarzan von Harold Foster (USA), dann ab 1937 von Burne Hogarth (USA). Eine der größten Abenteuerserien nach dem Vorbild der Romane von E. R. Burroughs, der 1912 die Figur Tarzans, des Königs des Dschungels, schuf.
Buck Rogers von Dick Calkins und Phil Nowlan (USA): der erste Science-fiction-Held.
Popeye von Elsie C. Segar (USA). Zunächst eine zweitrangige, dann die wichtigste Figur des ›Thimble Theatre‹ (›Fingerhuttheater‹). Popeye ist ein Matrose, der seine unüberwindbare – durch Spinat erworbene – Kraft in den Dienst

C · **Tim und Struppi** von Hergé, Ausschnitt aus dem Heft *Le Secret de la licorne.* (© Hergé/Casterman)

D · **Bicot** von Martin Branner. (© Hachette, 1930)

E · **Corto Maltese** von Hugo Pratt, Ausschnitt aus dem Heft *La Fable de Venise.* (© Casterman 1981)

A · **Asterix.** Der schlaue Gallier Asterix, der durch einen magischen Trank unbesiegbar ist, hatte großen Erfolg (seine Abenteuer wurden in vierzig Sprachen übersetzt). Er ist heute ein Bestandteil der französischen Kultur. (Auszug aus dem Album Asterix der Legionär (© 1989, Hg. Albert-René/Goscinny-Uderzo])

B · **Mickey.** Seit ihrer Erfindung hatte Mickey Mouse eine internationale Leserschaft. Die kleine menschenähnliche, schalkhafte und lebhafte Maus Mickey tröstete Amerika zur Zeit der großen Depression mit ihren Abenteuern. (© The Walt Disney Company. ›Mit besonderer Genehmigung‹)

MEISTERWERKE

der guten Sache stellt: eine häßliche, verrückte und gewalttätige Welt, die die Atmosphäre im krisengeschüttelten Amerika ausdrückt.

1930: *Mickey Mouse* von Walt Disney (USA), von Ub Iwerks gezeichnet, ursprünglich Hauptfigur in einem Zeichentrickfilm: *Steamboat Willie* (1928). Die seit 1951 erscheinende *Micky Maus* ist das erfolgreichste deutsche Comic-Heft.

1931: *Dick Tracy* von Chester Gould (USA): der erste Kriminalcomic.

1934: *Flash Gordon* von Alex Raymond (USA), einem der größten Comicautoren.

Mandrake le Magicien von Lee Falk und Phil Davis (USA): die Erlebnisse eines Zauberers in entsprechender Kleidung mit hohem Hut.

Li'l Abner von Al Capp (USA). Die Beschreibung der verrückten Welt des Dorfes Dogpatch und zugleich eine Satire auf das amerikanische Leben.

Geheimagent X-9 von dem Romanschriftsteller Dashiell Hammett und Alex Raymond (USA): Kriminalabenteuer.

1937: *Prince Valiant* von Harold Foster (USA), die Entdeckung eines sagenhaften Mittelalters in einem Comic, in dem es keine Sprechblasen gibt.

Futuropolis von René Pellos (F). Diese Science-fiction-Serie nach Fritz Langs Film *Metropolis* zeichnet sich durch das hohe Niveau der Rahmenhandlung und die Kühnheit der Bilder aus.

1938: *Les Aventures de Spirou* von Rob-Vel, dem Pseudonym von Robert Velter (F). Dies ist die zentrale Figur des *Journal de Spirou* (in Wallonisch bedeutet der Name ›kleines Eichhörnchen‹), die 1938 in Belgien geschaffen wurde. ›Spirous Abenteuer‹ waren eine der Grundlagen der französisch-belgischen Comics, in denen Bewegung, Aktion und Humor vorherrschen.

Superman von Joe Shuster und Jerry Siegel (USA). Der mit übermenschlichen Kräften (wie *Batman*) ausgestattete Held ist einer der ersten Helden der *Comic books,* kleinen farbigen Monatsheften, die nur Comics enthalten.

1942: *Male Call* von Milton Caniff (USA). Der Comic bezieht gegen den Feind Stellung und unterstützt die Moral der GIs. Die Zeichnungen von M. Caniff, der auch *Terry und die Piraten* (1934) und *Steve Canyon* (1947) geschaffen hat, hatte einen beträchtlichen Einfluß in den Vereinigten Staaten und in Europa.

1945: *Les Pionniers de l'espérance* von Raymond Poïvet (F), Handlungsablauf von Roger Lécureux, in der Wochenzeitschrift *Vaillant* erschienen.

1946: *Blake et Mortimer* von Edgar P. Jacobs (B), in dem im gleichen Jahr geschaffenen Heft *Tintin* erschienen. In dieser Serie, die mit *Le Secret de l'Espadon* beginnt, kämpfen der Physiker Mortimer und Kapitän Blake gnadenlos gegen den Verräter Olrik.

1947: *Lucky Luke* von Morris (B), dessen Handlung hauptsächlich von Goscinny stammt. Diese Parodie auf den Western stellt neben dem einsamen Cowboy die Dalton-Brüder, den Hund Ran Tan Plan und das Pferd Jolly Jumper dar. Ein umweltfreundlicher Strohhalm hat die ewige Zigarette des Helden ersetzt, die die Amerikaner als gesundheitsschädlich ansahen.

Buck Danny von Jean-Michel Charlier und Victor Hubinon (B). Die Abenteuer eines Obersten der U.S. Air Force sind aktuelle Ereignisse des Krieges im Pazifischen Ozean.

1948: *Alix l'Intrépide* von Jacques Martin (B). Diese sich auf eine beachtliche Dokumentation stützende Serie spielt in der römischen Antike.

1950: *Peanuts* von Charles Schulz (USA), die am weitesten verbreitete Serie der Welt. Mit der Welt ohne Erwachsene von Charlie Brown und seinem philosophischen Hund Snoopy entsteht ein Bild des Amerika der Universitätscampus.

1953: *The Heart of Juliet Jones* von Stanley Drake (USA). Eine der repräsentativsten Serien der *Soap opera* (›Seifenoper‹), der eine typisch amerikanische Familie und eine süßliche Sentimentalität den Erfolg sichern.

1954: *Jerry Spring* von Joseph Gillain, Jijé genannt (B): der Western, der den französisch-belgischen realistischen Comic begründete.

1957: *Gaston Lagaffe* von André Franquin (B). Tierfreund, verkannter Künstler, diabolischer Erfinder und Weltmeister im Faulenzen, dies ist das Portrait des Genies Lagaffe.

1958: Die *Schlümpfe* erscheinen in *Johan et Pirlouit* von Peyo (B). Diese kleinen blauen Zwerge sind seit 1976 in Zeichentrickfilmen sehr populär geworden.

1959: *Asterix* von René Goscinny und Albert Uderzo (F). ›Wir befinden uns im Jahr 50 vor Christus. Ganz Gallien ist von den Römern besetzt ... Ganz Gallien? Nein! Ein kleines Dorf unverbesserlicher Gallier leistet noch immer Widerstand.‹ So beginnen alle Abenteuer von Asterix und seinem Freund Obelix, den populärsten Helden des französischen Comic.

1962: *Le Grand Duduche* von Cabu (F). Die Aufdeckung einer heuchlerischen und gnadenlosen Gesellschaft, deren verkleinertes Abbild die Schule ist.

Barbarella von Jean-Claude Forest (F), das Leitbild der ganzen Generation vor 1968.

1963: *Lieutenant Blueberry* von Jean Giraud (F), ein Western in der besten Tradition dieser Gattung.

Achille Talon von Greg (B), dem größten Meister der Beredsamkeit und der Wortspiele.

1966: *Philémon* von Fred (F). Dieser treuherzige Junge durchquert eine vom Phantastischen und Absurden beherrschte fremdartige Welt.

Lone Sloane von Philippe Sruillet (F): ein neuer Ausdruck des Phantastischen, der sich von dem amerikanischer Comics unterscheidet.

1967: *Corto Maltese* von Hugo Pratt (I). Der Abenteurer mit dem Goldring, Sohn einer andalusischen Zigeunerin und eines englischen Matrosen, wurde ein weltberühmter Held. Ein ästhetischer Erfolg der Schwarz-Weiß-Technik.

Valerian von Jean-Claude Mézières und Christin (F). Serie über die raumzeitlichen Abenteuer von Valerian und seiner Begleiterin Laureline.

1968: *La Rubrique-à-brac* von Gotlib (F), der ›Lieblingscomic‹ einer ganzen Studentengeneration.

1972: *Fritz the Cat* von Robert Crumb (USA). Eine Satire auf die Welt der Linksextremen und der Außenseiter von innen gesehen. Ein Hauptvertreter der Gegenkultur.

1973: *Die Frustrierten* von Claire Bretécher (F). Die kleine Welt der mittleren Angestellten und der Intellektuellen wird von der Frau lächerlich gemacht, die mit Mandryka und Gotlib *L'Echo des savanes* (1972) gründete.

1976: *Adèle et la bête* von Jacques Tardi (F). Adèle Blanc-Sec in einem Paris, in dem sich das Ende der Ersten Weltkrieges abzeichnet.

1978: *Vive les femmes* von Jean-Marc Reiser (F): zwischen satirischer Zeichnung und Comic.

1983: *Partie de chasse* von Enki Bilal (F), eine Serie, die in einem totalitären Staat des Ostblocks spielt.

B · **Popeye**

von Elsie C. Segar. *The first fifty years.* (© 1990, KFS, inc. TMS of the Hearst Corporation)

A · **Tarzan**

von Burne Hogarth. (Paris, Nationalbibliothek)

C · **Lone Sloane**

von Philippe Druillet, Auszug aus dem Heft *Les six voyages de Lone Sloane.* (© Hg. Dargaud, 1976)

F · **Little Nemo in Slumberland**

von Winsor McCay (Verlag Pierre Horay). (Paris, Nationalbibliothek)

MEISTERWERKE

ABENDLÄNDISCHES THEATER

GRIECHISCHES THEATER

Der Ursprung des griechischen Theaters ist mit den Dionysos gewidmeten Riten verbunden. Ihm zu Ehren entsteht Ende des 7. Jh. v. Chr. eine sowohl literarische als auch religiöse Gattung, der *Dithyrambus*: ein Chor, der von als Satyrn verkleideten Chorsängern unter der Leitung eines Vorsängers gesungen und getanzt wird. Die ersten Theater sind äußerst einfach: ein freier Platz aus festgetretener Erde, Sitzreihen und eine Bühne aus Bohlen. Die Steintheater tauchen im 4. Jh. auf: Sie liegen im heiligen Bereich und werden an einer Dionysos geweihten Stelle errichtet.

Die dramatische Kunst entfaltete sich in der klassischen Epoche (5. Jh.) in Athen, wo der Tyrann Peisistratos 534 den ersten dramatischen Wettbewerb organisiert hatte. Die Theatervorführungen fanden mehrere Tage lang anläßlich der Feierlichkeiten zu Ehren von Dionysos statt. Es werden Tragödien, Komödien und satirische Dramen gespielt, in denen die Mythologie sich mit den grotesken Tänzen der Satyrn unter der Leitung ihres Führers Silen mischt. Die aus dem Dionysoskult und dem Dithyrambus entstandene Tragödie wurde von dem Athener Thespis im 6. Jh. geschaffen. Ihre besten Vertreter sind Aischylos, Sophokles und Euripides. Wenn ihre Werke auch Themen der Mythologie aufgreifen, so behandeln sie dennoch auch Probleme, die jedem Bürger bewußt sind. In den ursprünglich zu einer Trilogie zusammengefaßten Tragödien wechseln sich Dialogpassagen mit gesungenen Teilen ab: Die Worte der Schauspieler werden durch den Chor skandiert, der die Handlung kommentiert. Eine griechische Tragödie besteht aus dem Prolog, dem *Parodos*, dem Gesang des Chors, wenn er die Bühne betritt, Episoden, die durch die getanzten Gesänge des Chors getrennt sind, und dem *Exodos*, dem Abgang des Chors. Die Komödie (von *komos*, Prozession und ritualer Gesang zu Ehren von Dionysos), in der sich ebenfalls Handlungsabschnitte mit lyrischen Einlagen abwechseln, umfaßt jedoch eine Kampfszene: den *Agon*, der immer eine Szene des Streits ist, gefolgt von der *Parabasis*, in der der Autor durch die Stimme des Chors die Zuschauer anspricht. Die Komödie, die bei Aristophanes eine Satire auf die Sitten und die Politik Athens war, wird bei Menander zur Intrigenkomödie (Ende des 4. Jh. bis Anfang 3. Jh.).

A · **Das Theater in Epidaurus.**
Das im 4. Jh. v. Chr. von Polyklet dem Jüngeren erbaute Theater ist das schönste und am besten erhaltene Theater Griechenlands, wobei seine *Orchestra* einen Vollkreis bildet (20 000 Plätze). Im Heiligtum des Asklepios auf einem stark geneigten Gelände erbaut, beherrscht es eine bergige Landschaft. Im Sommer werden hier noch Aufführungen veranstaltet.

SPIELER

Alle Rollen werden von Männern gespielt. Die Schauspieler, die mehrere Rollen in einem Stück übernehmen können, tragen konventionelle Kostüme, mit denen die Darstellung des Lebens der Figur ermöglicht wird. Sie tragen auch eine Maske und hohe Schuhe (die *Kothurne*). In Athen spielen professionelle Schauspieler, deren Lohn als gut angesehen wird. Ihre Zahl (bei Sophokles 3) und ihre Bedeutung nimmt zu.

B · **Griechischer Komödiant.**
(Mitte des 4. Jh., Louvre, Paris)

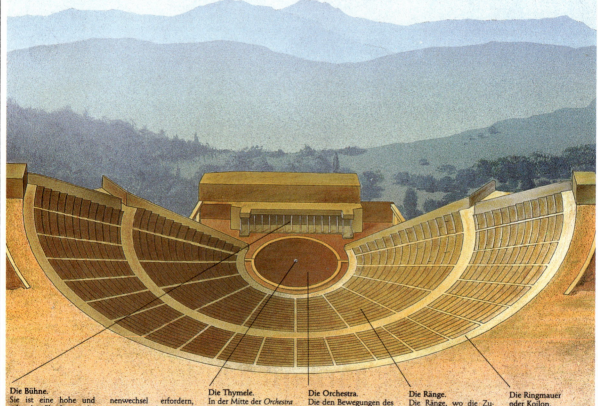

Die Bühne.
Sie ist eine hohe und schmale Plattform, die auf der Zuschauerseite durch eine verzierte Mauer gestützt wird. Im Vordergrund der Bühne, dem *Proskenion*, halten sich die Schauspieler auf. Der Hintergrund der Bühne ist eine gemalte Dekoration. Wenn die Tragödien mehrere Bühnenwechsel erfordern, werden Malerei und Maschinen entsprechend vermehrt. Zwischen der Bühne und dem Zwischenplatz befinden sich zwei Gänge *(Parodoi)*, durch die das Publikum und der Chor eintreten.

Die Thymele.
In der Mitte der *Orchestra* befindet sich der Dionysosaltar, um den herum sich der Chor aufstellt.

Die Orchestra.
Die den Bewegungen des Chors vorbehaltene *Orchestra* war anfangs völlig rund, wurde dann allmählich durch die Bühnenbauten eingeschränkt, als die Rolle der Schauspieler mehr Gewicht bekam.

Die Ränge.
Die Ränge, wo die Zuschauer Platz nehmen, sind stufenförmig angeordnet, durch runde Gänge *(diazoma)* voneinander getrennt und nach oben hin durch Treppen geteilt. Die ersten Reihen sind für bedeutende Künstler, Politiker und Priester reserviert.

Die Ringmauer oder Koilon.
Die Ringmauer um die Ränge bildet einen Halbkreis, der mehr als die Hälfte der *Orchestra* umschließt. Das griechische Theater ist dem Meer oder einem Berghorizont zugewandt. Die Landschaft ist Bestandteil des Bühnenbildes.

MEISTERWERKE

RÖMISCHES THEATER

Die ersten Bühnenspiele entstanden, nach Titus Livius, 364 v. Chr. Das Jahr 240 kennzeichnet jedoch den offiziellen Anfang des Theaters, als Livius Andronicus, ein ehemaliger, in Tarent gefangengenommener Sklave, in Rom ein aus dem Griechischen übersetztes Stück aufführen läßt. Die Römer verwenden bis 56 v. Chr., als das erste beständige Theater von Pompeius erbaut wird, Holztheater. Alle offiziellen Feierlichkeiten umfassen Theateraufführungen, die unter die Schirmherrschaft von Apollo gestellt sind. Sie dauern den ganzen Nachmittag und ziehen zahlreiche, häufig lärmende Zuschauer an. Wie das griechische Theater mischt das römische Theater Rede und Gesang. Die Rollen werden von maskierten männlichen Schauspielern gespielt, die im allgemeinen Sklaven oder Freigelassene waren. Die Komödien (Plautus, 3. Jh.; Terentius, 2. Jh. v. Chr.) wie auch die Tragödien waren Nachahmungen griechischer Werke. Allerdings zog das römische Publikum (häufig derbe) Pantomimen und Stücke mit großen Ausstattungen vor, bei denen der Hauptteil der Aufführung auf der Kunst der Maschinerie beruhte. Schließlich entwickelten sich Tragödien und Komödien zu Werken, die hauptsächlich zur Lektüre bestimmt waren.

Das Theater von Mérida in Spanien (1.–4. Jh. n. Chr.) liegt wie fast alle römischen Theater nahe dem Forum im Stadtzentrum. Es ist ins Stadtgebiet integriert. Seine baulichen Teile, Außenfassaden, Bühnenmauern, die durch ihren Prunk herausragend sind, zeigen den Willen dieses Theaters, ein geschlossener Ort zu sein, der der dramatischen Illusion vorbehalten ist.

MÉRIDA

B · Die Masken.

Die aus alten Ritualen hervorgegangenen Masken werden von Schauspielern in Tragödien und Komödien gleichermaßen getragen. Es gibt eine bestimmte Zahl von traditionellen Maskentypen (Götter, Könige, Priester usw.). In Rom wurden die Masken dann realistischer und hatten sogar bestimmte Gesichtszüge bis hin zur Karikatur. *(Komödienmaske, Detail eines Flachreliefs)*

A · Das Theater in Orange (Frankreich).

Kaiser Augustus ließ es im 1. Jh. n. Chr. bauen. An den Hügel Saint-Eutrope angelehnt, verfügt es dank seiner riesigen Bühnenmauer über eine hervorragende Akustik, die es heute zu einem der wichtigsten Orte der lyrischen Kunst machen.

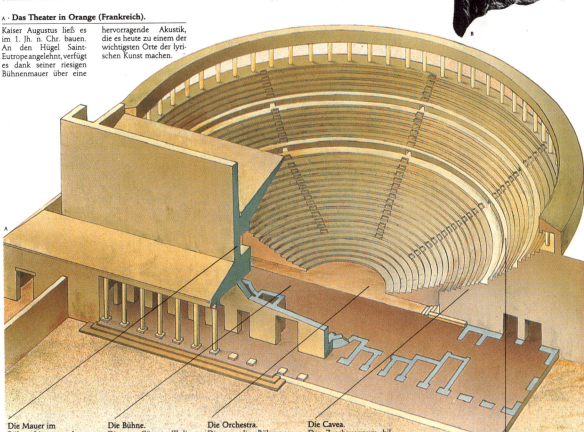

Die Mauer im Bühnenhintergrund.
Der *Frons scenae* ist eine hohe Mauer (in Orange 103 m lang und 36 m hoch) in mehreren Etagen mit Nischen, Kolonnaden und Statuen geschmückt. Diese ständige Ausstattung wird von drei (oder manchmal mehr) Türen durchbrochen, die verschiedene Handlungsorte darstellen.

Die Bühne.
Die von Gängen (Kulissen, Logen, Lagern) umgebene Bühne ist niedrig und breit. Ihr Boden ist aus Holz, Stein oder Marmor. Die Schauspieler agieren im Vordergrund der Bühne, dem *Proszenium*, dessen Fassade mit Flachreliefs, verzierten Nischen, Säulen und Statuen ausgeschmückt ist.

Die Orchestra.
Die an die Bühnengebäude angeschlossene *Orchestra* bildet ein Halbrund. Sie wird von reichen Bürgern, Magistraten und Senatoren eingenommen.

Die Cavea.
Der Zuschauerraum bildet einen Halbkreis. Die *Cavea*, die in Orange an einen Hügel angelehnt ist, wurde meist auf flachem Boden errichtet. Die Zuschauerreihen werden von Mauern gestützt, die das Aussehen einer Fassade mit übereinanderstehenden Säulen oder Pfeilern, durchbrochen von zahlreichen Toren, haben. Durch Treppen im Inneren und überdachte Passagen *(vomitoria)* können die einzelnen Etagen erreicht werden. Bei Regen oder starker Sonne kann ein Stoff *(velum)* über den Zuschauerraum gespannt werden.

Die Zuschauerreihen.
Die Zuschauerreihen sind durch Mauern und Absätze in konzentrische Abschnitte eingeteilt und nach oben hin durch Treppen unterteilt. An ihrem höchsten Punkt befindet sich eine Säulenhalle.

763

MEISTERWERKE

ABENDLÄNDISCHES THEATER

MITTELALTERLICHES THEATER

Das Theater des Mittelalters entsteht an den Orten des Gottesdienstes: Kirche oder Kloster. Im 10. Jh. kommen Dialogpassagen, die *Tropen*, zum Gottesdienst hinzu. Der Innenraum der Kirche dient liturgischen Dramen als Hintergrund: Sie werden zunächst in Lateinisch von Mitgliedern des Klerus gespielt und wandeln sich allmählich in halbliturgische Dramen, in denen die Volkssprache mit Latein abwechselt (12. Jh.). Als Französisch die lateinische Sprache ersetzt, verläßt das mittelalterliche Drama den engen Rahmen der Liturgie, findet nun auf dem Kirchenvorplatz statt und erobert die Stadt: runde Theater, öffentliche Plätze, Straßen (Paraden; in England werden die *Miracle plays* auf einer Folge von Wagen [Festzüge] gespielt, die durch die Stadt fahren).

Die neuen Formen des Dramas setzen sich durch: die *Spiele* (*Adamsspiel, Spiel des heiligen Nicolaus* von Jean Bodel, 12. Jh.), die Themen der Bibel behandeln, die *Mirakelspiele* (*Mirakel des Theophilos*, von Rutebeuf, 13. Jh.), die das Leben der Heiligen inszenieren, und die *Mysterienspiele* (*Mysterium der Arras-Passion* von Arnoul Gréban, um 1450).

Gleichzeitig entwickelt sich ein komisches, rein weltliches Theater mit Adam de la Halle (*Jeu de la feuillée*, 1272; *Jeu de Robin et Marion*, die erste komische Oper). Im 15. Jh. bilden sich drei komische Formen heraus: die *Moralitäten*, allegorische Stücke, das Narrenspiel (*Jeu du Prince des sots* von Pierre Gringore) und die Farcen (*Farce de maître Pathelin*).

Im mittelalterlichen Theater gibt es keine Trennung zwischen den Gattungen (die dann vom klassischen Theater gefordert wird). Die religiösen Dramen mischen Symbolismus und Realismus, Ernsthaftes und Groteskes. Die Lieder und die Musik sind ebenfalls nicht von den Theateraufführungen zu trennen.

1548 führt das Verbot der Aufführungen von Mysterienspielen für die Confrères de la Passion durch das Pariser Parlament zum Verschwinden des mittelalterlichen Volkstheaters. Das Theater ist nun Sache von professionellen Schauspielergruppen. Die Zuschauer nehmen nicht mehr an der Handlung teil.

Das weltliche Theater. Es besteht anfangs nur aus einfachen Monologen, die von Gauklern oder Jongleuren vorgetragen werden. Später entwickeln sich zwei Gattungen: das Narrenspiel und die Farce.

Das Narrenspiel, ein Stück mit politischem oder sozialem Inhalt, wird durch das Auftreten verschiedener Arten von ›Narren‹ charakterisiert. Mit stilisierter Ausstattung und Sprache versucht es, die Laster einer ganzen Gesellschaft ins Bewußtsein zu bringen, die sie vor dem ›Narrengericht‹ antreten läßt.

Die Farce, ein satirisches Bild des Alltags, zielt auf das unmittelbar Komische ab, indem sie völlig eindeutige Charaktere auf die Bühne bringt: den betrogenen Ehemann, die flatterhafte Frau, den listigen Diener, den Scharlatan, den scheinheiligen Mönch usw.

Mysterienspiele. Die mittelalterlichen Mysterienspiele bieten eine vollständige Darstellung des menschlichen Lebens in seinen Beziehungen zu den göttlichen Mächten. Sie werden auf einem Platz gespielt, der von Gerüstbühnen umgeben ist, auf denen das Publikum sitzt. Die Schauspieler und die Zuschauer sind nicht voneinander getrennt. Auf Holzvorrichtungen werden Seite an Seite die *Häuser* aufgestellt, die ein gleichzeitiges Spiel ermöglichen. Diese Häuser stellen die einzelnen Orte der Handlung dar (Paradies, Hölle, Palast, usw.) und werden ohne Rücksicht auf die geographische Realität oder die Schaffung einer Illusion nebeneinandergesetzt. In Form einer Bilderfolge, die mehrere Tage lang gespielt wird, vollzieht die Aufführung anfangs die Episoden der Karwoche nach, bevor sie auf das Leben der Heiligen und eine Geschichte weltlichen Inhalts übergeht.

A · Ländliche Kirchweih.
Dieses Bild aus dem 16. Jh. gibt die Atmosphäre einer mittelalterlichen Freilichtaufführung an einem nicht umgrenzten Ort gut wieder. Die Holzbühne besitzt eine Kulisse, wo man einen Souffleur sehen kann, der den Text mitverfolgt; die vier Schauspieler der Posse auf der Bühne spielen mit realistischer Ausstattung (Tisch, Stühle); die Zuschauer kommen und gehen und sind noch kein wirkliches Publikum. (Ausschnitt aus einem Gemälde von Pieter Balten [1540–1598], *Toneelmuseum, Amsterdam*)

B · Ausstattung für die Aufführung eines Mysterienspiels.
In Valenciennes 1547. Miniatur eines französischen Manuskripts aus dem 16. Jh. (*Nationalbibliothek, Paris*)
Das *Paradies* und die *Hölle*, wo im Schlund eines Drachen Flammen und Teufel erscheinen, rahmen die Bühne ein, die den mystischen Raum der Christenheit darstellt.

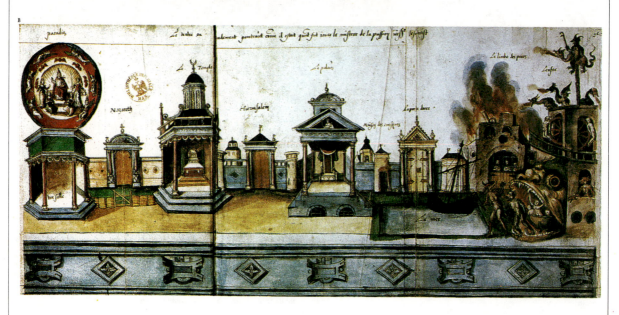

764

MEISTERWERKE

COMMEDIA DELL'ARTE

Diese in Italien entstandene Form des Theaters wird *Commedia all'improvviso, Commedia a soggetto* (Theater, bei dem der Text je nach Thema, das heißt einem Szenenbild oder ›Entwurf‹, improvisiert wird) oder *Commedia di zanni* genannt. Die Commedia dell'arte bezeichnet zunächst ein Theater mit Berufsschauspielern und dann in weiterem Sinne eine Form des Schauspiels, dessen Repertoire (das nicht nur die improvisierte Komödie, sondern auch die Novelle, die Komödie, das Schäferspiel, die Tragikomödie, die klassische und literarische Tragödie und die Oper abdeckt) auf einer großen Anzahl von Entwürfen beruht, die von festen Personen interpretiert werden, die größtenteils Masken tragen.

Die Commedia entfaltet sich von Mitte des 16. Jh. bis Ende des 18. Jh. Die ersten Gruppen von Berufsschauspielern tauchen in Italien ab 1545 auf. Bis dahin wurden die Theateraufführungen im Rahmen von höfischen oder religiösen Feierlichkeiten veranstaltet, deren zufällige Darsteller zum Personal der Höfe oder zum Klerus gehörten. Die erste dieser Truppen ist die Gelosi (die Eifersüchtigen), der die berühmten Andreini angehörten. Viele andere folgen, wie die Desiosi (die Bestrebten), die Confidenti (die Vertrauenden), die Uniti (die Vereinten) usw. In Frankreich vereinte die *Comédie italienne* in Paris von 1653 bis 1697 (Datum ihres von Ludwig XIV. angeordneten Ausschlusses) mehrere Truppen, die im Palais-Royal abwechselnd mit der Truppe von Molière auftraten.

Die Schauspieler der Commedia dell'arte, die alle gleichartig zusammengesetzten Truppen angehörten, zogen durch Europa und spielten in gemieteten Räumen, auf öffentlichen Plätzen oder für einen Fürsten, der sie engagierte. Sie behielten eine starke familiäre und handwerkliche Tradition bei.

Der Schauspieler im Mittelpunkt des Geschehens.

Die Commedia dell'arte ist durch Zusammenarbeit der Schauspieler gekennzeichnet, die ein Schauspiel erarbeiten, indem sie in Geste und Wort auf der Grundlage eines Entwurfes, der vorher nicht von seinem Verfasser schriftlich niedergelegt war und immer sehr allgemein bleibt, improvisieren: Eine Sammlung dieser Entwürfe wurde 1611 von Flaminio Scala, genannt Flavio, veröffentlicht *(Teatro delle favole rappresentative)*. Das Schema der Handlung wird einer oder mehreren Komödien entnommen. Ihr Aufbau entspricht dem einer Intrigenkomödie und beruht auf traditionellen Motiven: verhinderte Liebe, Zwillinge, Doppelgänger, Szenen des Wiedererkennens.

Jeder Schauspieler improvisiert und berücksichtigt dabei die *Lazzi* (das heißt Mimik und ›Gags‹), die für seine Rolle typisch sind, sowie die Reaktionen des Publikums. Der Theaterort ist neutral. Ein Platz, zwei oder mehrere Häuser bilden die Hauptausstattung. Die Monotonie des Bühnenbildes zeigt, daß der Schauspieler (oder die Schauspielerin, was in dieser Zeit eine Neuheit darstellt) der Phantasie den Vorrang gibt. Die Kunst des Komödianten zeigt sich im Ausdruck der Rolle, dem einer vorgegebenen ›Maske‹. In den meisten Fällen gibt es zehn Personen: zwei Diener, zwei Frauen, zwei Verliebte, eine Kammerzofe (Colombina oder Smeraldina), den Hauptmann, den Alten und den Doktor. Die Diener stammen vom älteren Typ der *Zanni* ab: Brighella, der listiger als Harlekin ist, Pulcinella (Hanswurst).

Die Schauspieler der Commedia dell'arte hatten einen großen Einfluß auf die französischen Komödianten, auf den Autor und Schauspieler Molière und auf Marivaux, der einen Teil seiner Werke für sie schrieb. Anfang dieses Jahrhunderts war die Commedia dell'arte Gegenstand einer Betrachtung über das Theater und den körperlichen Ausdruck. Die Ausbildung dieser Schauspieler ist das Modell eines vollständigen, auf dem Schauspieler und der Gemeinsamkeit beruhenden Theaters geworden, das sein Vermögen des gestischen Ausdrucks wiederfindet.

A · Französische und italienische Komödianten.
Diese fiktive Parade vereint die Schauspieler, die in der 2. Hälfte des 17. Jh. auf den Pariser Bühnen vor allem in den Rollen der Commedia dell'arte aufgetreten sind. *(Französische Schule des 17. Jh. [1670]; Sammlung der Comédie Française, Paris)*

Hauptmann Matamoros. Der Hauptmann, ursprünglich der Typ eines italienischen Prahlhanses, trägt spanische Züge. Seine häufigsten Namen sind Spaventa, Fracassa und Matamoros. Diese Maske wurde von Francesco Andreini aus der Truppe der Gelosi erfunden.

Harlekin. Er trägt einen in allen Farben geflickten Anzug, eine schwarze Maske und einen Stock. Seine Rolle als flexibler und agiler, manchmal einfältiger, häufig zerstreuter und Unruhe stiftender Diener hat sich im Laufe der Jahrhunderte geändert: Er konnte beispielsweise den Typ des Verführers verkörpern.

Der Doktor. Als Abkömmling des Pedanten der gelehrten Komödie, mit dem er manchmal zusammen auftritt, wird er als ebenso unwissender wie eitler Bologneser Jurist dargestellt. Er trägt Namen wie Dottore Graziano, Dottore Balanzone.

Pulcinella. Eine Maske aus Neapel mit einer sehr alten Tradition. Sie wurde Ende des 16. Jh. von Silvio Fiorillo und Coviello aus den Abruzzen geschaffen.

Pantalone. Der Alte, der zunächst Magnifico hieß, nahm dann den Namen Pantalone an. Er stellte einen venezianischen Kaufmann dar, der die Volksweisheit verkörperte, bevor er mehrere Änderungen erfuhr: Als geiziger und eitler Alter schwankt er zwischen Lächerlichkeit und Ernsthaftigkeit.

MEISTERWERKE

ABENDLÄNDISCHES THEATER

ELISABETHANISCHES THEATER

Das elisabethanische Theater, das die mittelalterliche Farce, die Zwischenspiele bei Festen am Hof und die akademischen Bearbeitungen der Tragiker oder der Komödiendichter überwunden hat, entfaltet sich in England über mehr als 75 Jahre hinweg: von 1562, dem Datum der Aufführung des *Gorboduc* von Sackville und Norton, bis 1642, als das puritanische Parlament unter O. Cromwell die Schließung des Theaters anordnet.

B · Das Globe Theatre.
Von den Studenten des Hofstra College (bei New York, USA) gebaute Nachbildung. Die Studenten spielen hier eine Szene aus *Heinrich IV.* von W. Shakespeare.
Das Globe Theatre wurde 1599 in London am Südufer der Themse von Richard Burbage erbaut. Es brannte 1613 bei einer Aufführung von *Heinrich VIII.* ab und wurde sofort noch großartiger wiederaufgebaut. Das ›Wooden O‹, das in *Heinrich V.* erwähnt wird und die sichtbare Grundlage der hermetischen Theorie von Robert Fludd über das *Théâtre de Mémorire* (1619) ist, wurde endgültig 1644 zerstört. Es war der Sitz der Truppe von Lord Chambellan, zu der Shakespeare gehörte und für die er seine Stücke schrieb. Die Versuche einer Nachbildung des Globe in der Gegenwart stützen sich auf die Zeichnung des Swan Theatre von De Witt, auf die Bauverträge für das Theater und auf die Auslegung der Inszenierungen. Das Globe war das berühmteste der öffentlichen Theater in London.

1576 gibt es nur ein Theater in London: *The Theatre*. Es wurde von James Burbage erbaut und ist der Prototyp aller zu dieser Zeit errichteten Theater. 1603, im Todesjahr von Elisabeth I., gibt es 18. Über 1 000 Stücke werden zwischen 1580 und 1642 registriert. Die bekanntesten Theater sind das Swan Theatre, das Globe Theatre und das Fortune. Das runde oder vieleckige Theater besteht aus Holz. Sein Aufbau entspricht der Komplexität des elisabethanischen Theaters (Verschiedenartigkeit der Spiele auf mehreren Ebenen, gleichzeitige Darstellung mehrerer Szenen). So gibt es zum einen feste Gebäude, zum anderen Wanderbühnen, die in den Vorhöfen von Gasthäusern aufgebaut wurden (zweite Hälfte des 16. Jh. bis erste Hälfte des 17. Jh.). Diese Theater ähneln den öffentlichen spanischen Theatern vom Ende des 16. Jh. Die *Corrales*, die in einem Innenhof errichtet wurden, zeigten verschiedene Spielbereiche auf mehreren Ebenen. Auf diesen Bühnen wurden *Celestina* von Rojas und die Werke von Cervantes und Lope de Vega aufgeführt.

Das elisabethanische Theater ist das Werk einer Vielzahl von Autoren: George Peele, Robert Greene, George Chapman, Christopher Marlowe, Thomas Kyd, John Marston, Ben Jonson, Thomas Dekker, Francis Beaumont und John Fletcher, John Webster, John Ford, John Lyly, die von der Person William Shakespeares überragt wurden. Bei all seiner Verschiedenartigkeit hat es doch einige Grundelemente: eine Stilisierung der Ausstattung, Mischung von Tragischem und Lächerlichem, eine Neigung zur Gewalttätigkeit und das Thema der Rache, eine metaphysische Beklemmung, die unter dem Streben nach Genuß und Kenntnis verborgen ist, eine Mischung aus urwüchsiger Sprache und poetischer Verfeinerung.

A · Das Swan Theatre in London. (Skizze von J. De Witt, um 1596)

Mauer des Bühnenhintergrunds.
Die Mauer des Bühnenhintergrunds war an das Gebäude angelehnt, in dem die Schauspieler ihre Kostüme wechselten. Diese Mauer hatte drei Ebenen: Die erste, die zur Bühne hin gerichtet ist, ist von Türen und Öffnungen durchbrochen. Darüber diente eine Terrasse mit Fenstern für Belagerungen und Schlachten. Schließlich konnte eine dritte Ebene von Musikern oder Schauspielern benutzt werden.

Bühne.
Die höhergelegene Bühne reichte bis zum unbedachten Teil des Theaters, das von Säulen getragen wurde. Sie war auf drei Seiten von Zuschauerplätzen umgeben. Um sie herum gab es auf den Galerien Sitzplätze.

Decke.
Die Decke des Bühnendaches stellt den Himmel dar, der durch die Tierkreiszeichen symbolisiert ist. Der Name des Theaters selbst erinnern an die Welt.

Zubehör.
Accessoires oder einfache Tafeln zeigten die Orte der Handlung an. Die fehlende Ausstattung wurde durch die prächtigen Kostüme der Schauspieler wettgemacht. Die Inszenierung war genau ausgearbeitet und immer aufsehenerregend.

Schauspieler.
Im Laufe des 16. Jh. wurden die Schauspieler Berufsschauspieler. Sie schlossen sich zu Truppen zusammen standen unter dem Schutz einiger vornehmer Persönlichkeiten.

MEISTERWERKE

DAS KLASSISCHE FRANZÖSISCHE THEATER

In der Renaissance erfinden italienische Architekten, die sich von antiken Theoretikern (Vitruv) und von Forschungen über die Perspektive leiten lassen, die Bühne ›nach italienischer Art‹. Üppige Ausstattungen geben eine Illusion von Realität (Vicenza). Die ersten überdachten italienischen Theater dienen in ganz Europa als Vorbild. In Frankreich werden unter Heinrich II. die ersten Räume für regelmäßige Aufführungen (Hôtel de Bourgogne, 1548) eröffnet. Im 17. Jh. erhalten dann die Schauspielräume ihre heutige Form. Unter Ludwig XIV. hat das Theater in Paris schon seinen festen Platz. Der geschlossene Raum der Bühne ›nach italienischer Manier‹ ist besonders gut für die Darstellung der klassischen Tragödie geeignet, die eine geschlossene Welt darstellt. 1680 gründet Ludwig XIV.

die Comédie Française und ordnet die Zusammenlegung der Truppe von Molière mit den Schauspielern des Marais und des Hôtel de Bourgogne an. Da diese Fusion von 1680 ein endgültiger und postumer Sieg von Molière (der 1673 starb) über seine Rivalen ist, wird die Comédie Française auch das ›Haus von Molière‹ genannt. Die Comédie Française wird somit der bevorzugte Ort für das klassische Repertoire. Ihre Organisation wird als Staatsangelegenheit angesehen (am 15. Okt. 1812 von Napoleon in Moskau unterzeichnete Verordnung).

˄ · Theater der Comédie Française.
Das Theater wurde 1787 von dem Architekten Victor Louis in einem Nebengebäude des Palais-Royal erbaut und sollte dessen Oper werden. Der Raum, der 1974–1976 völlig renoviert wurde, umfaßt 900 Plätze. Eine Kuppel mit einem Gemälde von Albert Besnard bildet seine Bedachung.

Der Olymp.
Dies ist die oberste Galerie eines Theaters mit den billigsten Plätzen. Ihre Lage erinnert an den Himmel.

Die Orchesterlogen.
Das Theater ist ein Ort, an dem man gesehen werden will. So gehörte es im 19. Jh. zum guten Ton, daß sich die Mitglieder der vornehmen Gesellschaft erst nach Aufgehen des Vorhangs in ihre Logen begaben und diese vor dem Ende der Aufführung verließen.

Die Schnürböden.
Dies ist der obere Teil des Bühnenhauses, von dem aus die Ausstattungen gesteuert werden.

Die Ausstattungen.
Die klassische Aufführung schreibt eine einzige Ausstattung vor: einen Palast für die Tragödie, Straße, Platz oder Salon für die Komödie. Die für jeden Akt wechselnde Ausstattung entwickelt sich im 18. Jh. Drei Jahrhunderte lang besteht die Ausstattung aus den gleichen Elementen. Die Maschinerie, die anfangs für die großen Schauspiele und die Zerstreuung für den König reserviert blieb, ist zu einem sehr wichtigen Bestandteil der Illusion im Theater geworden.

Der Zuschauerraum.
Der Aufbau des Zuschauerraums nach italienischem Muster entsprach dem Wunsch, sowohl eine gute Akustik als auch eine gute Sicht zu gewährleisten. Anfangs standen die Zuschauer im Parterre, wobei wichtige

Persönlichkeiten Sitze auf der Bühne hatten. Allmählich bildete sich der meist halbrunde Raum für die Zuschauer in mehreren Etagen heraus, der nach den sozialen Klasseneinteilungen aufgebaut wurde.

Der Souffleurkasten.
Der Souffleur befand sich im Theater in einer Öffnung im Bühnenboden. Mit der Verbesserung der Bedingungen für Wiederholungen und Aufführungen ist seine Aufgabe praktisch verschwunden (außer in der Oper).

Die Bühne.
Die Architektur des Theaters ›nach italienischem Muster‹ beruht auf der strengen Trennung zwischen Bühne und Zuschauerraum sowie auf einer Raumteilung, die die Illusion erleichtert. Die

höhergelegene Bühne ist vom Publikum durch den Orchestergraben und eine Rampe getrennt. Es ist eine in sich geschlossene und eigenständige Welt, die als real gelten will.

Hof- und Gartenseite der Bühne.
Diese Bezeichnungen beruhen darauf, daß im Theater der Tuilerien die rechte Seite oder die Seite des Königs diejenige zum Hof war, und die linke Seite oder Seite der Königin zum Garten ging. (Vor der frz. Revolution sagte man ›Seite des Königs‹ und ›Seite der Königin‹.)

767

MEISTERWERKE

ABENDLÄNDISCHES THEATER

ROMANTISCHES THEATER

Bis zum letzten Drittel des 18. Jh. wurde das Theater von der französischen Klassik beherrscht, die Tragödien und Komödien sowie das Spiel der Schauspieler vorschrieb (Comédie Française). Das 19. Jh. ist durch die Schaffung eines Repertoires, das Entstehen eines bürgerlichen Publikums sowie durch die steigende Anzahl von privaten Theatern und die zunehmende Bedeutung der Schauspieler gekennzeichnet. Das romantische Theater stellt nun der klassischen Tragödie das historische Drama gegenüber. Der Protest in der Romantik betrifft mehr die Werke und ihren Inhalt als den Theaterraum selbst (die ›italienische‹ Bühne). Wie das Leben vereint das Drama die Gegensätze Schönes und Häßliches, Feines und Groteskes. Das romantische Theater kann mithin durch die Mischung der Gattungen, die Aufgabe der Regeln der Einheit, den Geschmack an Exotik und die Theatereffekte definiert werden. In Frankreich stehen V. Hugo, A. Dumas, A. de Vigny, A. de Musset und P. Mérimée für diese neue Form des Theaters. Die Romantik zeigt sich ebenfalls im Spiel der Darsteller und in der Inszenierung, die auf der engen Zusammenarbeit zwischen den Autoren und den Künstlern beruht, sowie auf der Beachtung des Lokalkolorits (großartige Bühnenbilder von Ciceri). Die Kluft zwischen dem Traum von einem Theater, das die Natur neu erschafft, und dem tatsächlichen Aufbau des Theaters, der aus dem vorangegangenen Jahrhundert übernommen wurde, veranlaßt einige Schriftsteller, Theaterstücke zu schreiben, die gelesen und nicht aufgeführt werden sollen, und erklärt auch den Mißerfolg der Versuche der Romantik.

BOULEVARDTHEATER

Im Jahr 1760 erhielten die Gaukler des Volksfestes Saint-Laurent die Genehmigung, auf dem Boulevard, dem bevorzugten Ort des Volkes für Spaziergänge, ihre Attraktionen zu zeigen. Die 1791 ausgerufene Freiheit der Schauspiele vergrößerte die Anzahl der Theater, und trotz der Einschränkungen im Kaiserreich bot der Boulevard eine Vielfalt von Zerstreuungen mit seinen Mimen, Akrobaten und Melodramen, in denen sich die Leichen häuften (daher die Bezeichnung ›Boulevard des Verbrechens‹). Die Charaktere sind konventionell: der junge, zum ersten Mal Verliebte, die verfolgte Heldin, der teuflische Verräter, der Spaßmacher. Das Melodram, das von der reichlichen Produktion von Schriftstellern wie Guilbert de Pixérécourt, Benjamin Antier, Victor Ducange, Anicet-Bourgeois, Paul Féval, Xavier de Montépin und Dennery versorgt wurde, wurde von gefeierten Schauspielern wie Frédérick Lemaître und Marie Duval aufgeführt.

Die politische und soziale Entwicklung sowie das Erstarken des Bürgertums führten jedoch zu einer Wandlung des Boulevardtheaters. Hier bevorzugten nun Scribe, Émile Augier, Dumas fils und Victorien Sardou zwei Themen: Ehebruch und Geld. Das Boulevardtheater, das dank seiner Schauspieler, die ›Superstars‹ waren (Max Dearly, Lucien Guitry, Réjane), und seiner talentierten Autoren (Labiche, Feydeau) großen Erfolg hatte, wurde jedoch durch das naturalistische Theater von Antoine in Frage gestellt. Heute lebt es als Theater für leichte Unterhaltungsstücke, v. a. aus dem Leben der Gesellschaft, weiter.

NATURALISTISCHES THEATER

Die Ära des großen Schauspiels, die vom Bühnenbildner beherrscht wurde, weicht der Epoche des Realismus und der Herrschaft des Regisseurs. Ende des 19. Jh. entwickelt sich in ganz Europa eine Reaktion gegen die Übertreibungen des romantischen Theaters. In der Literatur triumphiert der Naturalismus mit dem Werk von Émile Zola. Der von den offiziellen Bühnen ausgeschlossene Naturalismus setzt sich jedoch dank André Antoine (1858–1943) durch: Dieser gründet im März 1887 das Théâtre Libre, das er allen von der Comédie Française und dem Odéon Abgewiesenen öffnet.

Die Herrschaft des Regisseurs. Antoine kann als der Begründer des modernen Theaters angesehen werden. Er wendet sich gegen das offizielle Unterhaltungstheater, in dem man aus Rentabilitätsgründen das gleiche leichte und volkstümliche Werk bis zum Überdruß spielt, sowie gegen die Tyrannei der ›Bühnenstars‹. Die Einheit und die Harmonie eines Schauspiels können nur durch einen wirklichen Mann des Theaters bewirkt werden, der in der Lage ist, Texte und Mitarbeiter auszuwählen, die künstlerische Arbeit zu leiten und die gesamte Verantwortung für das Unternehmen zu übernehmen. Mit Antoine wird der Regisseur zur Hauptperson. Als wichtigstes Anliegen seines Unternehmens nennt er das Forschen und das Experimentieren; neue französische oder ausländische Autoren – zeitgenössische oder frühere – entdecken (in 9 Jahren, von 1887 bis 1896, inszenierte er in seinem Théâtre Libre 124 neue Werke, darunter 69 von jungen Autoren: Eugène Brieux, François de Curel, Courteline, Tolstoj, Turgenjew, Ibsen, Hauptmann, Strindberg, Bjørnson); die bestehenden Theater durch Gebäude ersetzen, in denen das Werk vom gesamten Publikum unter guten Bedingungen für Sicht und Akustik gesehen werden kann. Antoine hat sein Ziel so definiert: ›Das Theater kehrt an seinen Ausgangspunkt zurück, zu seiner Grundfunktion, zu seiner ruhmreichen Tradition. Es ist nicht mehr nur ein Ort der Unterhaltung und des Vergnügens, fast ein schlechter Ort, zu dem es bei uns durch die Posse und die Operette fast geworden wäre. Es wird wieder ein Lehrmittel, die Tribüne, die weithin schallende Kanzel, wo die ewigen Wahrheiten erörtert werden‹. Die Bühne wird selbst zur Realität. Diese Suche nach der Wahrheit muß den Eindruck des ›Lebens‹ hervorrufen (Antoine ging sogar so weit, daß er für die *Bouchers* von Fernand Icres echte Tierhälften auf die Bühne brachte). Ab 1897 wandte sich das Théâtre Libre in größerem Maße dem breiten Publikum zu. Dieses Werk von Antoine wurde rasch international bekannt, und 1889 gründete Otto Brahm nach seinem Beispiel die Freie Bühne in Berlin, während 1898 Stanislawskij und Nemirowitsch-Dantschenko das Moskauer Künstlertheater eröffneten.

Die Rückkehr zur Bühnenwirksamkeit. Im ersten Viertel des 20. Jh. jedoch zeigt sich insbesondere in Deutschland und in der Sowjetunion eine Abkehr vom Naturalismus. Trotz der Unterschiede zwischen den dramatischen Strömungen besinnen sich Regisseure und Theatertheoretiker auf dem Bühneneffekt. Die Inszenierung muß die Originalität ihrer Komponenten zeigen und ihre Regeln definieren. Das Theater muß seine künstlerische Eigenständigkeit zurückerhalten.

A · **Die erste Aufführung von Hernani:** Karikatur von Grandville. *(Holzschnitt, Nationalbibliothek, Paris)*

DER STREIT UM HERNANI

Das Drama *Hernani* von Victor Hugo wurde am 25. Februar 1830 in der Comédie Française aufgeführt. Es wurde ein großer Skandal. Die provozierende Kraft des Stils, die Kühnheit der Situationen, die unerfüllbare Liebe, die Besessenheit vom Tod und das Aufzeigen eines gelähmten Staates waren der Grund. Der Triumph des Stückes jedoch, der im Parterre durch die Claque von Autoren und Künstlern der Gruppe Jeune France (exaltierte Romantiker) und Gemäßigteren (liberale Romantiker und Republikaner mit nachlässigem Benehmen) eingeklatscht wurde, brachte den – allerdings kurzfristigen – Sieg der Romantiker über die Klassiker.

B · **Frédérick Lemaître** (1801–1876) in der Rolle des Robert Macaire in ›L'Auberge des Adrets‹. *(Privatbesitz)*

MEISTERWERKE

MODERNES THEATER

Das moderne Theater scheint zwischen zwei Tendenzen zu schwanken: einer engagierten und militanten Kunst einerseits, die ihre Vorbilder bei Brecht findet, und andererseits einer Ästhetik, die den dramatischen Fortschritt ablehnt, eine vorgegebene Situation bis zum Absurden ausschöpft und die Sprache auflöst.

Das Theater behauptet sich als ein Mittel der Kenntnis, indem es beispielhafte Situationen im Sinne der großen Regisseure bietet, die ihre Betrachtungen auf die Besonderheit des Ausdrucks im Theater in seinem Raum und seiner Zeitlichkeit gerichtet haben: der Gründer des Moskauer Künstlertheaters 1898, Stanislawskij, dessen ›innerer Realismus‹ durch das Group Theatre (1931–1941) und dann das Actor's Studio in den Vereinigten Staaten in die Tat umgesetzt wurde; Wsewolod Meyerhold, ein Anhänger des Konstruktivismus, für den ›die Worte nur Zeichnungen auf dem Bewegungsentwurf‹ sind; Erwin Piscator, der die willkürlichen Formen der Kunst ablehnt und dessen technische Neuerungen (Drehbühne, Bühnenbild in Etagen, Projektion von Titeln) das Theater von Bertolt Brecht beeinflußt haben.

Der Theaterraum. Im Mittelpunkt dieser Überlegungen steht die Frage nach den Beziehungen zwischen Publikum und Aufführung. Die ›italienische‹ Bühne erschien wie eine Behinderung eines Theaters der überlegten Beteiligung (mit Ausnahme von Brecht und dem Berliner Ensemble). Seit Anfang des 20. Jh. haben Theaterleute wie E.W. Godwin in England, Lugné-Poe, Firmin Gémier in Frankreich und Max Reinhardt in Deutschland versucht, die traditionellen Strukturen zu verlassen, um wieder an ein populäres und ›festliches‹ Theater anzuknüpfen. So wurde über die ›selbstaktiven‹ Theatererfahrungen, die um 1920 in der UdSSR von improvisierten Darstellern aufgeführt wurden, über das Agit-prop-Theater der Weimarer Republik, über die Guerrilleros des Kriegstheaters in Spanien hinaus die Sicht der Bühne und der Welt durch die Abschaffung des Bühnenrahmens, die Beseitigung der Rampe und die Errichtung von seitlichen Proszenien geändert, wodurch die traditionelle axiale Sicht durch einen Panoramablick ersetzt wurde. Im Anschluß an die großen Theoretiker vom Anfang des 20. Jh. wie den Schweizer Adolphe Appia und den Briten Edward Gordon Craig haben einige Architekten sich nochmals mit dem Problem des Bühnenraums beschäftigt. Sie versuchten, eine flexible Struktur zu schaffen, die sich an alle Formen des Theaters anpassen kann: Praktikabeln und Vorsprünge in einem runden Raum in Stratford in Kanada; Sitzreihen auf Schienen, die eine Drehung um 360° ermöglichen und die Nutzung der natürlichen Bühnenbilder der Seen und Wälder in Pyynikki in Finnland; das Theater des Franzosen Jacques Polieri, in dem der Zuschauer mit der Bühne mitgeht wie die Kamera mit einem gefilmten Objekt; das ›torische‹ Theater von Wogenscky; das ›spatio-dynamische‹ Theater von N. Schöffer.

Abgesehen von diesen Versuchen der Bühnenerneuerung betrachtet das kritische Theater die Bühne noch immer als einen bevorzugten Ort, wo die Sprache und die Situationen eine höhere Wahrheit ausdrücken: die der Charaktere, der Leidenschaften und der sozialen Beziehungen.

Neue Experimente. Eine neue Strömung im Theater untersucht die Sprache und die Situationen selbst, die die Personen erzeugen: das Theater des Lächerlichen oder Absurden von Samuel Beckett, Harold Pinter, Eugène Ionesco, Fernando Arrabal. Auf das ›Antitheater‹ folgt dann das ›A-Theater‹. Die Aufführungen des 1951 in den Vereinigten Staaten von Julian Beck und Judith Malina gegründeten Living Theatre sowie diejenigen des Theaterlaboratoriums des Polen Jerzy Grotowski beruhen auf der Verständigung zwischen Schauspielern und Publikum.

Die Handlung aus dem Stegreif mischt ›Zuschauer‹ und ›Schauspieler‹, die einen Augenblick vollkommener Freiheit und spontanen künstlerischen Schaffens erreichen: Dies ist das *Happening*. Die Spektakel von Ariane Mnouchkine und Jérôme Savary versuchten ihrerseits, dem Theater seinen festlichen Charakter zurückzugeben.

Heute tauchen neue Formen des Theaters auf, die weniger der Tradition verdanken, sondern eher einer kritischen Neubewertung der Erfahrungen der letzten 30 Jahre.

THEATERFESTSPIELE

Das erste Festspiel für Schauspiele wurde 1869 in Orange in Frankreich gegründet. Die Festspiele entwickelten sich dank Jacques Copeau (Nuits-Saint-Georges, 1925; Kathedrale von Chartres, 1927). Diese Veranstaltungen haben heute einen großen Erfolg, weil sie dem Publikum neue Schauspiele und kaum bekannte oder ausländische Theaterformen bieten.

Wichtige Festspiele

Belgien: Spa (Juni, Aug.–Sept.); Saint-Hubert (Juli); Stavelot (Aug.); Lüttich (Sept.–Okt.).
Deutschland: Berlin (Febr., Mai–Juni, Sept.–Okt.–Nov.); Recklinghausen (Mai bis Juli); Schwetzingen (Mai); München (Juli); Wiesbaden (Mai).
Finnland: Jyväskylä (Juni–Juli); Tampere (August).
Frankreich: Nancy (Mai): von J. Lang 1963 gegründet und von Lew Bodgen wiederaufgenommen; Paris (Juni–Juli): Festival du Marais, 1963 von M. Raude gegründet; Anjou (Juli); Avignon (Juli–Aug.): 1947 von J. Vilar gegründet; Sarlat (Juli bis Aug.); Paris (Sept.–Dez.): Herbstfestspiel, 1972 von M. Guy gegründet.
Griechenland: Athen (Juni–Sept.).
Großbritannien: Stratford-on-Avon (März–Okt.); Edinburgh (Aug.–Sept.).
Italien: Spoleto (Juni–Juli); Taormina (Aug.).
Japan: Osaka (Apr.).
Jugoslawien: Dubrovnik (Juli–Aug.).
Kanada: Niagara-on-the-Lake (Apr., Okt.).
Luxemburg: Wiltz (Juli).
Niederlande: Festspiel von Holland (Amsterdam, Den Haag, Rotterdam [Juni]).
Norwegen: Bergen (Mai–Juni).
Österreich: Wien (Mai–Juni); Salzburg (Juli–Aug.); Graz (Sept.–Okt.).
Portugal: Estoril (Juni–Aug.).
Schweiz: Lausanne (Mai–Juli).
Spanien: Santander (Juli–Sept.); Barcelona (Okt.).

A · **Das epische Theater.**

1949 gründet Bertolt Brecht in Ostberlin das Berliner Ensemble, in dem er seine eigenen Stücke aufführt. Sein ›episches‹ Theater fordert den Schauspieler auf, seine Rolle darzustellen, ohne mit ihr zu verschmelzen (›Verfremdung‹), und macht den Zuschauer zum kritischen Beobachter. Durch Musik, Projektionen und den sichtbaren Wechsel des Bühnenbildes hat er eine Umwälzung des traditionellen Theaters bewirkt und die dramatische Kunst tief beeinflußt. Hier *Der Kaukasische Kreidekreis*, 1954 vom Berliner Ensemble aufgeführt.

B · **Das absurde Theater.**

Dieses in den 1950er Jahren aufgekommene Theater hat durch das Thema der Kommunikationsschwierigkeiten nicht nur die Absurdität der Sprache proklamiert, sondern auch die der Theateraufführung selbst. Links *Die Stühle* von Ionesco. Regie von Jacques Mauclair im Studio der Champs-Élysées in Paris, 1956.

MEISTERWERKE

ÖSTLICHES THEATER

NO

Das traditionelle japanische No-Spiel, das sich aus dem *Sarugaku* (wörtlich ›Musik der Affen‹) und dem *Dengaku* (›Musik der Reisfelder‹) ableitet, wurde in der zweiten Hälfte des 14. Jh. von Kanami, dem ›Meister‹ der Unterhaltung am Hofe des Shoguns Yoshimitsu, geschaffen. Sein Sohn Zeami führte die Gattung zur Perfektion und schrieb den größten Teil der 241 Stücke des Repertoires. Das anfangs für ein sehr breites Publikum bestimmte No-Theater war vom 16. bis 19. Jh. die bevorzugte Unterhaltung und Kunst der herrschenden Kriegsaristokratie. Heute hat das No sowohl in Japan als auch im Westen wieder die Gunst eines breiteren Publikums zurückgewonnen.

Das No ist ein langes lyrisches Gedicht, das von einem maskierten Hauptspieler *(Shite)* deklamiert, mimisch dargestellt und getanzt wurde, der mit einem unmaskierten Gegenspieler *(Waki)* und einem Chor, der ihn in seinen Gesängen unterstützen und die Situationen kommentieren soll, einen Dialog unterhält. Ein Ensemble von vier Musikern (eine Flöte und drei Trommeln) begleitet sie. Ein No-Spiel umfaßt fünf Stücke (von Göttern, Kriegern, Frauen, Wahnsinnigen und Dämonen), die mit komischen Zwischenspielen, den *Kyogen,* abwechseln. Die Atmosphäre des No schwankt immer zwischen Traum und Wirklichkeit. Die Schauspieler, nur Männer, bewegen sich nach strengen Regeln.

Das Bühnenbild, das aus symbolischen Elementen besteht (ein Fächer stellt nacheinander einen Schild, einen Pokal oder eine Laute dar; einige Schritte auf der Bühne sind eine lange Reise), ist sehr nüchtern. Die Bühne, ein Quadrat von fünf oder sechs Metern Länge, ist an den Kulissen mit einem seitlichen Gang verbunden, der oft die Verbindung zwischen Gegenwart und Vergangenheit oder zwischen dies- und jenseitiger Welt darstellt.

KABUKI

Das Kabuki ist die populärste und realistischste Form des japanischen Theaters. Anfang des 17. Jh. aus mehr oder weniger anstößigen Tänzen von Schauspielerinnen entstanden, wird es dann nach dem Verbot (1628) des gemeinsamen Auftretens von Männern und Frauen zu einem Schauspiel mit ausschließlich männlichen Schauspielern. Die Frauenrollen werden von Männern gespielt, und das Programm umfaßt beinahe immer ein choreographisches Stück, einen *Frauentanz.* Das Kabuki ist das totale Theater, in dem der Schauspieler König ist. Der Dialog wechselt mit psalmodierten und gesungenen Partien und getanzten Zwischenspielen ab. Das begleitende Musikensemble kann dasjenige des No-Theaters oder ein Sänger sein, der alle Rollen spielt, begleitet von einem *Shamisenspieler,* wie beim Puppenspiel.

Die in hohem Maße dem Puppenspiel *(Ningyo-joruri)* verpflichtete Gattung, von dem sie im 18. Jh. auch ihr Repertoire und ihre Technik entleiht, entwickelt allmählich eine spezifische Dramaturgie. Anfang des 19. Jh. öffnet Tsuruya Namboku unter Ausnutzung der Phantasie durch seine realistische Malerei des Untergrunds von Edo den Weg für das ›Theater der Diebe‹, das von Kawatake Mokuami illustriert wird. Dieser ist noch heute der am meisten gespielte Autor.

Die Kabukiaufführungen (historische Dramen, getanzte oder in Szene gesetzte Bilder aus dem Volksleben) sind farbenprächtig und spektakulär. Die Aufführungen finden auf einer riesigen Bühne mit einer komplexen Maschinerie statt, wobei die Bühne durch den *Hanamichi* über den Zuschauerraum hinausragt, einen Gang, über den die Schauspieler mitten durch die Zuschauer kommen und gehen. Die Drehbühne, die Versenkungen mit Lastenhebern und die Dekorationen unterstützen die Illusion des Schauspiels.

PEKINGOPER

Die Pekingoper ist der populärste Ausdruck des chinesischen Theaters. Sie ist 1825 aus der Kombination mehrerer lokaler Opern, vor allem des *Xipi* des Nordens und des *Erhuang* des Südens, entstanden und ist ein totales Schauspiel, das Gesang, Dialog, Gestik, Symbolik und den akrobatischen Kampf verbindet. Die Bühnenspiele sind weit von jeglicher Realität entfernt.

Die Pekingoper ist vor allem durch die Verschiedenartigkeit ihrer Schminken und die Bedeutung ihrer kriegerischen Ballette gekennzeichnet, in denen sich Tanz und Akrobatik mischen. Die durch traditionelle Regeln genau festgelegten Kostüme stammen aus der Mingzeit. Alle Rollen werden von Männern gespielt, und die Schauspieler wählen eines der folgenden vier Fachgebiete: männlich und gelehrt, männlich und kriegerisch, weiblich, verrückt. Ein Streich- und Blasorchester seitlich auf der Bühne begleitet sie, unterstützt durch ein allgegenwärtiges, charakteristisches Schlaginstrument. Die Stücke werden fast ohne Bühnenausstattung gespielt. Sie entnehmen ihr sehr moralisches Repertoire aus klassischen Romanen und die Episoden aus der Volksliteratur. Es herrschen drei große Arten von Stücken vor: die Stücke über Krieg, Liebe und Verbrechen. Die Geschichte spielt hierbei eine große Rolle. Häufig findet man Cao Cao und Guan Yu wieder, die berühmten Helden des *Romans der drei Königreiche.*

Im 19. Jh. erhält die Pekingoper durch Cheng Zhanggeng die Vorherrschaft über ihre Rivalen. Ihre Stars waren in den Jahren 1920 bis 1937 Mei Lanfang in den weiblichen Rollen, Zhou Xinfang in den männlichen Rollen. Trotz der Vergrößerung ihres Repertoires (politische und westliche Themen) hat die Pekingoper das Ritual aus ihren Anfängen beibehalten: symbolische Kostüme und Schminken, verbindliche Bedeutung der Gestik.

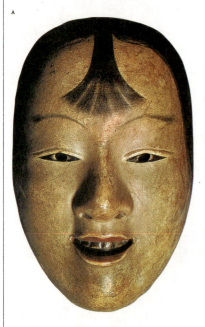

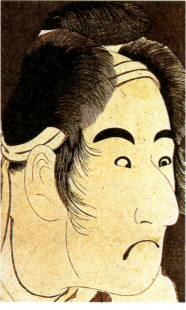

A · **No-Maske.** Nur der *Shite* trägt eine Maske, um weibliche Rollen und Rollen von Alten, Geistern und Göttern darzustellen. Die Masken, echte Kunstgegenstände, sind aus Holz geschnitzt, das für junge Frauen mit einer weißen, für alte Männer mit einer gelblichen und für Dämonen mit einer bunten Lackschicht überzogen wird. *(Guimet-Museum, Paris)*

B · **Kabuki.** Der Schauspieler, der aus einer langen Familientradition stammt und die verschiedenartigsten Einsätze übernehmen kann, ist mit seiner Schminke und seinem Kostüm der Mittelpunkt der Aufführung. *(Oben: der Schauspieler Mitsugoro II. in der Rolle des Ishii Geuzo. Stich von Toshusai Sharaku; Nationalmuseum Tokio)*

C · **Pekingoper.** Die sehr ausgeprägte Schminke hat symbolischen Wert: Sie zeigt die Seele und den Charakter der Person. Die Bevorzugung bestimmter Farben je nach guten oder schlechten Eigenschaften gibt die Art der Rolle an. Die Schminke bedeckt völlig das Gesicht und wird nach den Regeln der Gattung sorgfältig aufgetragen.

MEISTERWERKE

SCHATTEN- UND PUPPENSPIELE

SCHATTENSPIELE

Das aus China (oder aus Indien oder Tibet) stammende Schattenspiel verwendet aus Leder oder Papier ausgeschnittene, oft bemalte oder gelenkige Silhouetten. Sie werden von hinten beleuchtet und zeigen sich spiegelbildlich auf einem weißen, durchsichtigen Schirm. Diese Schauspiele sind im Osten und im Nahen Osten weit verbreitet.

Die bekanntesten sind die Schattenspiele von Java *(Wayang)*, die sich auf Bali und Thailand ausdehnten, oder diejenigen des türkischen Karagöz, die mit ihren durchsichtigen und bunten Figürchen in allen arabischen Ländern und in Griechenland verbreitet sind. Das Schattenspiel wurde um 1770 in Paris eingeführt. Die ›chinesischen Schatten‹ von Séraphin standen damals in der Gunst des Hofes. Ende des 19. Jh. waren die Schattenspiele in den Kabaretts am Montmartre durch Autoren wie den Zeichner Caran d'Ache populär.

MARIONETTEN

Die Marionetten, die einen mystischmagischen Charakter besaßen, sind bereits in der sehr frühen Antike in China und Ägypten aufgetaucht, dann um das 6. Jh. v. Chr. in Europa. Das Wort Marionette kommt vom französischen *Marion,* d. h. kleine *Marie,* was eine Beziehung zur Liturgie impliziert, obwohl die Kirche bis ins 7. Jh. die Verwendung menschenähnlicher Figuren verboten hatte.

Es gibt zwei Hauptarten der Handhabung: *Führung von oben* und *Führung von unten.* Bei den Puppen mit Führung von unten sind vor allem die *Handpuppen* bekannt, die durch Guignol populär wurden und von denen man ähnliche Exemplare in Deutschland mit dem Kasperle, in Italien mit Pulcinella und in England mit Punch findet. Ihre Darstellungen verkörpern häufig die Reaktion der kleinen Leute gegen die Unterdrückung. *Stabmarionetten* werden in den Schattenspielen des Fernen Ostens eingesetzt.

Die *Führung von oben* hat in der Opera dei puppi in Sizilien und in Form der Marionetten Belgiens überlebt (*Toone* in Brüssel, *Tchantchès* in Lüttich). Zu diesen beiden Führungsarten kommen zahlreiche Varianten, deren bekannteste das japanische *Bunraku* und die des Bread and Puppet Theatre sind.

Die Puppen sind häufig den Autoren (*Über das Marionettentheater* von Heinrich von Kleist) und den zeitgenössischen Regisseuren (Edward Gordon Craig, Gaston Baty) als die idealen Interpreten des dramatischen Textes und sogar als der Träger einer Kunst der Gestik erschienen, die alle Regeln der Sprache umfaßt und übersteigt (Antonin Artaud).

A · **Wayang.**
Dieses javanische Wort bezeichnet verschiedene Theaterformen, insbesondere das Schattenspiel. Dieses verwendet flache und reich bemalte Figuren, deren Schatten auf einen Schirm projiziert werden. Eine Wayangvorstellung erfolgt unter der Leitung des *Dalang,* des Rezitators und ›Regisseurs‹, und mit musikalischer Begleitung.
Oben: Schattenspiel in Songkhla, Thailand.

B · **Guignol und Gnafron.**
Der durch den Zeigefinger des Puppenspielers bewegte Guignol ist ein Hampelmann ohne Faden mit einem freundlichen, pausbäckigen Gesicht. Er wurde 1808 in Lyon von Laurent Mourguet geschaffen, der seinem Charakter den Geist und die Sprache der Seidenarbeiter von Lyon gab. Guignol und sein Freund Gnafron waren das Symbol des aufsässigen Volksgeistes im Kampf gegen den Staat.

D · **Japanische Marionetten,**
Szene des Ningyo-Joruri. Diese Form des Schauspiels hatte dank des Rezitators Takemoto Gidayu und des Dramaturgen Chikamatsu Monzaemon seine Blütezeit im 17. Jh. Die drei Puppenspieler führen die Puppen (ningyo) für das Publikum sichtbar über die Bühne. Ein Erzähler in Begleitung eines *Shamisenspielers* deklamiert den *Joruri,* eine poetische Geschichte, die einem epischen Drama ähnelt.

C · **Opera dei puppi.**
Dieses Puppenspiel ist in Sizilien sehr populär und stützt sich auf ein Repertoire von Helden- und Rittererzählungen. Die Marionetten, die am Kopf durch ein vom Puppenspieler bedientes Dreieck aufgehängt und über einen Meter groß sind, tragen für die Duell- und Schlachtenszenen prächtige Rüstungen.
Duell von Roland und Renaud, Theater der sizilianischen Puppen, Palermo.

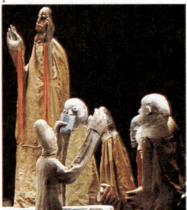

E · **Das Bread and Puppet Theatre.**
Es wurde 1962 gegründet und hat in die traditionellen Techniken seine vom zeitgenössischen Theater angeregten Neuerungen integriert. Die Darsteller, halb Riesen, halb Karnevalsmasken, fordern zu Vorführungen auf, die manchmal winzige Puppen zuhilfe nehmen, die ohne Streben nach Illusion sichtbar bedient werden. Aufführung von ›Bread and Puppet‹ (Campus Paris, 1969) von Peter Schumann.

MEISTERWERKE

MEISTERWERKE DER MUSIK

A, B

Adam (Adolphe) [Frankreich, 1803–1856]. *Giselle,* Ballett (1841).
Albéniz (Isaac) [Spanien, 1860–1909]. *España,* 6 Stücke für Klavier (1890). □ *Iberia,* 12 Stücke für Klavier in 4 Heften (1905–1909).
Albinoni (Tomaso) [Italien, 1671–1750 oder 1751]. Das *Adagio d'Albinoni* ist eigentlich ein im 20. Jh. von dem italienischen Musikwissenschaftler Remo Giazotto (1910 geb.) erstelltes Pasticcio auf der Grundlage des bezifferten Basses und einiger von Albinoni komponierter Stücke für Violinen.
Auber (Daniel François Esprit) [Frankreich, 1782–1871]. *Die Stumme von Portici,* Oper (1828). □ *Fra Diavolo,* Oper (1830). □ *Der schwarze Domino,* komische Oper (1837).
Bach (Johann Sebastian) [Deutschland, 1685 bis 1750]. Das wahrscheinlich größte Genie der abendländischen Musik hat ein gewaltiges Werk hinterlassen, das sowohl äußerst originell als auch die Synthese der Musik seiner Zeit ist als auch den Höhepunkt von über drei Jahrhunderten abendländischer Musikgeschichte bildet (Renaissance, Barock), und es ist gleichzeitig bestimmend für die kommenden zwei Jahrhunderte der Musik. Der Tradition entsprechend hielt sich Bach für einen Arbeiter im Dienste Gottes (er war ein tief gläubiger Lutheraner). Sein Werk wurde von den großen Komponisten (Mozart, Beethoven) ab Ende des 18. Jh. wiederentdeckt, erreichte die Öffentlichkeit jedoch erst im 19. Jh.
1. Religiöse Werke (fast ausschließlich für den evang.-lutherischen Gottesdienst bestimmt). Über 200 erhaltene Kantaten. □ *Passion nach Johannes* (1723). □ *Passion nach Matthäus* (1729). □ *Magnificat* (um 1730). □ *Weihnachtsoratorium* (1734); *Messe in h-Moll* (um 1735–1745).
2. Werke für Tasteninstrumente. *Für Orgel:* Choräle. □ Präludien und Fugen. □ *Toccata und Fuge in d-Moll* (um 1705). *Für Cembalo: Das Wohltemperierte Klavier,* 2 Sammlungen mit jeweils 24 Präludien und Fugen (I: 1722, II: 1744). □ 3 Sammlungen mit 6 Suiten (*Englische Suiten* und *Französische Suiten,* um 1720; *Partiten,* um 1730). □ *Italienisches Konzert* (1735). □ *Goldberg-Variationen* (um 1740).
3. Orchesterwerke. *6 Brandenburgische Konzerte* (um 1720). □ *Ouvertüren (Suiten)* [um 1720–1730]. □ Zahlreiche Konzerte, vor allem für eine oder 2 Violinen (um 1720) und für 1, 2, 3 oder 4 Cembali (um 1730).
4. Verschiedenes. 6 Suiten für Violoncello solo (um 1720). □ 3 Sonaten und 3 Partiten für Violine solo (um 1720). □ *Musikalisches Opfer* (1747). □ *Die Kunst der Fuge* (um 1749–1759).
Bach (Carl Philipp Emanuel) [Deutschland, 1714–1788], zweiter Sohn von Johann Sebastian. Etwa fünfzig Klavierkonzerte (1733 bis 1778). □ 18 Sinfonien (1741–1776). □ Etwa einhundert Klaviersonaten, darunter 6 *Preußische Sonaten* (1742) und 6 *Württembergische Sonaten* (1744).
Bach (Johann Christian) [Deutschland, 1735–1782], jüngster Sohn von Johann Sebastian. Etwa fünfzig Sinfonien und Ouvertüren (um 1760–um 1780). □ *Lucio Silla,* Oper (1774).
Balakirew (Milij) [Rußland, 1837–1910]. *Islamej,* ›orientalische Klavierfantasie‹ (1869). □ *Tamara,* sinfonische Dichtung (1882).
Barber (Samuel) [Vereinigte Staaten, 1910–1981]. *Adagio* für Streicher (1936).
Bartók (Béla) [Ungarn, 1881–1945]. □ *6 Rumänische Volkstänze* (1915, von Bartók 1917 orchestriert). □ *Herzog Blaubarts Burg,* Oper (1918). □ *Der wunderbare Mandarin,* Ballett (1919). □ *Mikrokosmos* ›153 progressive Stücke‹ für Klavier (1926–1939). □ 3 Konzerte für Klavier und Orchester (1926, 1931, 1945). □ *Musik für Saiteninstrumente, Schlagzeug und Celesta* (1936). □ *Sonate für zwei Klaviere und Schlagzeug* (1937). □ *Konzert für Orchester* (1943).
Beethoven (Ludwig van) [Deutschland, 1770–1827]. Beethovens Werk, das am Übergang vom 18. zum 19. Jh. entstand und die Klassik ›überwand‹ (in dem Sinne, daß es sie vollkommen verkörpert und gleichzeitig ihre Vollendung kennzeichnet) und dabei den Weg für die Romantik freimachte, ist im wesentlichen instrumental: Mit ihm erreicht die Instrumentalmusik eine neue Dimension. Die ›Botschaft‹ seines Werks, die sich an die gesamte Menschheit richtet – und es wäre vergebliche Mühe, sie in Worte übersetzen zu wollen – wurde immer wieder gehört und hat ständig Begeisterung hervorgerufen. Aber während bestimmte Werke, wie die *V. Sinfonie,* wirklich zu Symbolen der gesamten abendländischen Musik geworden sind, sind andere (zum Beispiel die letzten Quartette) noch großenteils unentdeckt. *Missa solemnis* (›feierliche Messe‹) (1823). □ *Fidelio,* Oper (endgültige Version 1814). □ 9 Sinfonien: I (1800), II (1802), III, ›Eroica‹ (1804), IV (1806), V (1808), VI, ›Pastorale‹ (1808), VII (1812), VIII (1812) IX, mit dem Schlußchor nach der Ode ›An die Freude‹ von Schiller (1824). □ 5 Konzerte für Klavier und Orchester, das 5. in Es-Dur (1809). □ Konzert für Violine und Orchester (1806). □ 17 Streichquartette (1798–1825). □ 32 Klaviersonaten (1795–1822), darunter op. 13, ›Pathétique‹ (1799), op. 27, Nr. 2 ›Mondscheinsonate‹ (1801), op. 31 Nr. 2, ›La Tempête‹ (1802), op. 53, ›Waldsteinsonate‹ (1804), op. 57, ›Appassionata‹ (1805), op. 81a, ›Les Adieux‹ (1810), op. 106, ›Große Sonate für das Hammerklavier‹ (1818), op. 110 (1822), op.111 (1822).
Bellini (Vincenzo) [Italien, 1801–1835]. *Concerto* für Oboe und Saiteninstrumente (um 1825). □ Opern: *Der Pirat* (1827), *Die Nachtwandlerin* (1831), *Norma* (1831), *Die Puritaner* (1835).
Berg (Alban) [Österreich, 1885–1935]. *Sonate* für Klavier (1908). □ *Wozzeck,* Oper nach Büchner (1925). □ *Lyrische Suite* für Streichquartett (1926). □ *Konzert* ›*Dem Andenken eines Engels*‹ für Violine und Orchester (1935). □ *Lulu,* Oper nach Wedekind (1937).
Berio (Luciano) [Italien, 1925]. 9 *Sequenze* für verschiedene Instrumente (1957–1975). □ *Omaggio a Joyce,* für Stimme und Tonband (1958). □ *Sinfonia,* für 8 Singstimmen und Instrumente (1969).
Berlioz (Hector) [Frankreich, 1803–1869]. Berlioz, der größte französische Komponist des 19. Jh., ist die Verkörperung der Romantik. Sein Werk, das einen tiefen Einfluß bis ins 20. Jh. hinein hatte und noch immer modern ist, ist vor allem durch die Bedeutung und Originalität der melodischen Inspiration, die Unterschiedlichkeit der rhythmischen Erfindung und schließlich durch eine außergewöhnliche Phantasie bei der Ausschöpfung der Klangfarben seines Orchesters geprägt.
1. Geistliche Musik. *Requiem* (1837). □ *Te Deum* (1849). □ *L'enfance du Christ,* Oratorium (1854).
2. Opern. *Benvenuto Cellini* (1838). □ *Béatrice et Bénédict,* nach Shakespeare (1862). □ *Les Troyens,* nach Vergil (Teilaufführung 1863; vollständige Aufführung erst 1890).

A · **Johann Sebastian Bach um 1715.** Es gibt kaum Porträts von Johann Sebastian Bach. Dieses stammt vom offiziellen Maler des Hofes in Weimar, wo der Kammermusiker Bach (Violine und Bratsche) von 1708 bis 1717 vor allem geistliche Werke komponierte. *(Gemälde vermutlich von J. E. Rentsch d.Ä., Museum in Erfurt)*

B · **Aufführung der *Matthäuspassion*.** Die Wiederentdeckung Bachs beginnt mit der Berliner Aufführung (1829) seiner Matthäuspassion durch Mendelssohn Bartholdi. Das Konzert zum 200. Geburtstag des Komponisten am 16. Mai 1885 im Conservatoire von Paris wurde von Ch.-M. Widor (1844 bis 1937) dirigiert. *(Frühere Sammlung André Meyer, Paris)*

C · **Beethoven 1814.** Dieses Porträt stellt Beethoven zur Zeit seines größten Ruhmes dar: Er arbeitet an der endgültigen Fassung seiner einzigen Oper *Fidelio* und schreibt eine Kantate für die Eröffnung des Wiener Kongresses. *(Stich von B. Höfel nach einer Zeichnung von L. Letronne, Nationalbibliothek, Paris)*

772

MEISTERWERKE

3. Orchesterwerke. *Symphonie phantastique* (1830). □ *Harold en Italie,* Sinfonie für Bratschensolo und Orchester (1834). □ *Roméo et Juliette,* ›dramatische Sinfonie‹ nach Shakespeare für drei Solostimmen, Chor und Orchester (1839). □ *Symphonie funèbre et triomphale* (1840). □ *Le carnaval romain,* Ouvertüre (1844).
4. Verschiedenes. *Les Nuits d'eté,* 6 Lieder mit Orchester über die Gedichte von Th. Gautier. □ *La Damnation de Faust,* ›dramatische Legende‹ nach Goethe für 4 Solostimmen, Chor und Orchester (1846), die den berühmten ›Ungarischen Marsch‹ enthält (auch ›Rakoczi-Marsch‹ genannt). □ Darüber hinaus hat Berlioz mehrere Orchesterfassungen erstellt, darunter die für die *Marseillaise* von Rouget de Lisle (1830) und die der *Aufforderung zum Tanz* von Weber (1841).
Bernstein (Leonard) [Vereinigte Staaten, 1918–1990]. *West Side Story,* Musical (1957). □ *A quiet place,* Oper (1983).
Bizet (Georges) [Frankreich, 1838–1875]. *Sinfonie in C-Dur* (1855). □ *L'Arlésienne,* zwei Orchestersuiten (I: 1872; II, postum: 1879). □ *Carmen,* Oper nach der Novelle von P. Mérimée (1875).
Blacher (Boris) [Deutschland, 1903–1975]. *Abstrakte Oper Nr. 1* (1953. □ *Yvonne, Prinzessin von Burgund* Oper (1969).
Boccherini (Luigi) [Italien, 1743–1805]. 11 Violoncellokonzerte, darunter das 2. in D-Dur und das 9. in B-Dur; das sehr bekannte ›Boccherini-Menuett‹ ist das 11. der 125 Streichquintette (op. 13 Nr. 5, 1771).
Boieldieu (François Adrien) [Frankreich, 1775–1834]. *Concerto* für Harfe und Orchester (um 1795). □ *Die weiße Dame,* komische Oper (1825).
Boito (Arrigo) [Italien, 1842–1918]. *Mefistofele,* Oper (1868).
Borodin (Aleksandr) [Rußland, 1833–1887]. *Eine Steppenskizze aus Mittelasien,* für Orchester (1880). □ *Fürst Igor,* Oper (von Rimskij-Korsakow vollendet), darin die berühmten ›Polowetzer Tänze‹ (1890).
Boucourechliev (André) [Frankreich, bulgarischer Abstammung, 1925]. 5 *Archipels* für verschiedene Instrumente und Instrumentenformationen (1967–1972).
Boulez (Pierre) [Frankreich, 1925]. *Zweite Sonate* für Klavier (1948). □ *Le Soleil des Eaux,* über zwei Gedichte von R. Char für Sopran, Chor und Orchester (4 Versionen: 1948 bis 1965). □ *Structures* I (1952) und II (1961) für zwei Klaviere. □ *Pli selon pli – Portrait de Mallarmé,* für Sopran und Orchester (1957 bis 1962).
Brahms (Johannes) [Deutschland, 1833 bis 1897]. Brahms' Musik hat einen ganz besonderen Charme, der wahrscheinlich, zumindest teilweise, auf einer Art Nostalgie beruht, die ein in hohem Maße auf die Vergangenheit (vor allem Bach) gerichtetes Werk durchzieht, das allerdings romantischen Ausdruck besitzt. Die Kammermusik und das Lied, die weniger berühmt sind als die Orchestermusik, haben hierbei einen bevorzugten Platz.

A · **Berlioz um 1865.**
Immer auf der Suche nach neuen Ausdrucksmöglichkeiten, war Berlioz an der Saalakustik und am Bau neuer Instrumente interessiert. Er hinterläßt ein sehr originelles Werk, das sich in Frankreich niemals wirklich durchsetzen konnte.

1. Klaviermusik. *Zu 4 Händen:* 21 *Ungarische Tänze* (1852–1869, 3 hat Brahms später orchestriert). □ *Walzer* op. 39 (1865). *Zu 2 Händen:* Phantasien op. 116 (1892). □ *3 Intermezzi* op. 117 (1892). □ *Stücke für Klavier* op. 118 und 119 (1893).
2. Orchesterwerke. 2 Klavierkonzerte: I, in d-Moll (1858); II, in B-Dur (1881). □ Ein Violinkonzert (1878). □ *Variationen über ein Thema von Haydn* (1873). □ 4 Sinfonien: I (1876), II (1877), III (1883), IV (1885). □ *Akademische Festouvertüre* und *Tragische Ouvertüre* (1880).
3. Kammermusik. 3 Violinsonaten : op. 78 (1879), op. 100 (1886), op. 108 /1888). □ 2 Violoncellosonaten: op. 38 (1865), op. 99 (1886). □ 2 Klarinettensonaten, op. 120 (1894).
4. Gesangswerke. *Ein Deutsches Requiem,* für 2 Solostimmen, Chor und Orchester (1868). □ *Rhapsodie* für Alt, Männerchor und Orchester (1869). □ *Nänie,* für Chor und Orchester (1981). □ *Gesang der Parzen,* für sechsstimmigen Chor und Orchester (1882). □ Zahlreiche Lieder.
Britten (Benjamin) [Großbritannien, 1913 bis 1976]. *Simple Symphony* (1934). □ *Sinfonia da Requiem,* für Orchester (1941). □ *Peter Grimes,* Oper (1945). □ *A midsummer night's dream,* Oper nach Shakespeare (1960). □ *Owen Windgrave,* Oper (1971).
Bruch (Max) [Deutschland, 1838–1920]. *Erstes Konzert* für Violine und Orchester (1868). □ *Kol Nidrei,* für Violoncello und Orchester (1881).
Bruckner (Anton) [Österreich, 1824–1896]. 10 Sinfonien (1863–1896).
Busoni (Ferruccio) [Italien, 1866–1924]. *Fantasia contrappuntistica,* für Klavier (1912). □ *Turandot,* Oper (1917). □ *Doktor Faust,* Oper (1925).

C

Cage (John) [Vereinigte Staaten, 1912]. *Sonatas and interludes* (16 Sonaten und 4 Interludien) für Prepared piano (1948). □ *HPSCHD,* für 7 Cembali und 51 Tonbänder (1969). □ *Hymns and variations,* für 12 verstärkte Stimmen (1979). □ *A collection of rocks,* für Chor und Orchester (1984).
Calzabigi (Ranieri de') [Italien, 1714 bis 1795]. *Orfeo ed Euridice,* Oper (1762). □ *Alceste,* Oper (1776).
Catalani (Alfredo) [Italien, 1854–1893]. *La Wally,* Oper (1892).
Chabrier (Emmanuel) [Frankreich, 1841 bis 1894]. *España,* Rhapsodie für Orchester (1883). □ *Gwendoline,* Oper (1886). □ *Der König wider Willen,* komische Oper (1887). □ *Bourrée fantastique,* für Klavier (1891).
Charpentier (Gustave) [Frankreich, 1860 bis 1956]. *Louise,* Oper (1900).
Charpentier (Marc-Antoine) [Frankreich, um 1634 oder um 1645–1704]. *David et Jonathas,* ›musikalische Tragödie‹ (1688). □ *Te Deum* in D-Dur für Soli, Chor und Orchester (um 1690). □ *Acis et Galantheé,* Oper (1678). □ *Médée,* lyrische Tragödie (1693).
Chausson (Ernest) [Frankreich, 1855–1899]. *Konzert* für Klavier, Violine und Streichquartett (1891). □ *Poème de l'amour et de la mer,* für Solostimme und Orchester (1893). □ *Poème,* für Violine und Orchester (1896).
Cherubini (Luigi) [Italien, 1760–1842]. *Médée,* Oper (1797). □ *Les deux journeés,* Oper (1800).
Chopin (Frédéric) [Frankreich, polnischer Abstammung, 1810–1849]. Der hervorragende Pianist und Lehrer Chopin hat fast ausschließlich Klavierstücke komponiert, wobei er auf dieses Instrument den italienischen Gesang übertrug, während andererseits das nationale Gefühl in einigen seiner Werke zum Ausdruck kommt (vor allem in *Polonaisen* und *Mazurken*).
1. Für Klavier (in alphabetischer Reihenfolge). 4 *Balladen:* op. 23 (1835), op. 38 (1839), op. 47 (1841), op. 52 (1842). □ *Barcarolle* op. 60 (1846). □ *Berceuse* op. 57 (1844). □ 24 *Etüden* in 2 Sammlungen: op. 10, darunter die 12., ›revolutionäre‹ (1833), op. 25 (1837). □ *Fantasie* op. 49 (1841). □ 4 *Impromptus:* op. 29 (1837), op. 36 (1839), op. 51 (1842), *Fantaisie-Impromptu* op. 66 (1835). □ Über 50 *Mazurken* (1830–1840). □ Etwa vierzig *Nocturnes* (1827–1846). □ 16 *Polonaisen,* darunter das op. 40 Nr. 1, ›militärische‹ genannt (1838), op. 53, ›heroische‹ genannt (1842), die *Polonaise-Fantaisie* op. 61 (1846). □ 24 *Präludien* op. 28 (1839). □ 4 *Scherzi:* op. 20 (1832), op. 31 (1837), op. 39 (1839), op. 54 (1842). □ *Sonaten:* op. 35 in b-Moll mit dem berühmten ›Trauermarsch‹ (1839); op. 58 in h-Moll (1844). □ 19 *Walzer,* darunter das op. 69 Nr. 2, der ›melancholische‹ (1829), der *Grande Valse brillante* op. 18 (1831), op. 34 Nr. 2 (1831), op. 69 Nr. 1, ›de ládieu‹ (1835), op. 34 Nr. 3, ›du chat‹ (1838), op. 64 Nr. 1, ›du petit chien‹ genannt (1847).
2. Für Klavier und Orchester. 2 *Konzerte:* op. 11 in e-Moll (1830), op. 21 in f-Moll (1830). □ *Grande polonaise brillante* (1831) mit Vorspiel eines *Andante spianato* (1834), op. 22.
Cilèa (Francesco) [Italien, 1866–1950]. *Arlesiana,* Oper (1897). □ *Adriana Lecouvreur,* Oper (1902).
Cimarosa (Domenico) [Italien, 1749–1801]. *Die heimliche Ehe,* Opera buffa (1792). □ Das bekannte Werk wie das *Konzert für Oboe und Saiteninstrumente in c-Moll* von Cimarosa ist eigentlich ein Arrangement, das der britische Komponist Arthur Benjamin (1893–1960) von vier Klaviersonaten Cimarosas 1942 geschaffen hat.
Couperin (François, genannt ›le Grand‹) [Frankreich, 1668–1733]. Über 240 Cembalostücke, in 4 Büchern gedruckt (1713, 1716–17, 1722 und 1730 veröffentlicht). □ *Messe für Pfarrkirchen* und *Messe für Klosterkirchen,* für Orgel (1690). □ 3 *Leçons de ténèbres,* Triosonate (um 1715).

B · **Plakat für die Uraufführung von *Carmen*.**

Carmen, wenige Monate vor dem Tod von Bizet komponiert, fiel bei der Uraufführung (Paris, 3. März 1875) durch, wurde dann aber ein triumphaler Erfolg, der weder in Frankreich noch im Ausland jemals abflaute: Wie Faust oder Don Juan ist Carmen heute zu einem Mythos geworden.

MEISTERWERKE DER MUSIK

D

Dallapiccola (Luigi) [Italien, 1904–1975]. *Il Prigioniero,* Oper (1950).
Debussy (Claude) [Frankreich, 1862–1918]. Debussy wird zu Unrecht als ›Impressionist‹ bezeichnet, was er im übrigen selbst ablehnte. Vielmehr schuf er eine neue musikalische Ästhetik, die sich insbesondere auf der Aufgabe der traditionellen Grundsätze der Form, auf einer neuen Sicht des Orchesters und der Harmonie und auf neuen Beziehungen zwischen Text und Musik begründet. Bei Anbruch des 20. Jh. bereitet Debussy der Musik unserer Zeit den Weg.
1. Klavierstücke. 2 *Arabesken* (1888). □ *Petite suite,* für Klavier zu 4 Händen (1888, von H. Büsser 1907 orchestriert). □ *Suite bergamasque* mit dem berühmten ›Clair de lune‹ (1890). □ *Estampes* (1903). □ *Masques* (1904). □ *L'Isle joyeuse* (1904). □ *Images,* in 2 Heften (1905, 1907). □ *Children's corner* (1908). □ *La plus que lente,* Walzer (1910). □ *Préludes,* in 2 Heften (1910, 1913). □ *Etüden,* in 2 Heften (1915).
2. Orchesterwerke. *Prélude à l'après-midi d'un faune,* nach Mallarmé (1894). □ *Nocturnes* (1899). □ *La Mer* (1905). □ *Images* (1912). □ *Jeux* (1913).
3. Kammermusik. *Streichquartett* (1893). □ *Syrinx,* für Flöte (1913).
4. Lieder. *Fêtes galantes,* über Gedichte von Verlaine, in 2 Sammlungen (1891, 1904). □ *Chansons de Bilitis,* über Gedichte von P. Louÿs (1898).
5. Oper. *Pelléas et Mélisande,* nach Maeterlinck (1902).
Delibes (Léo) [Frankreich, 1836–1891]. *Coppélia,* Ballett (1870). □ *Sylvia,* Ballett (1876). □ *Lakmé,* Oper (1883).
Donizetti (Gaetano) [Italien, 1797–1848]. *L'Elisir d'Amore,* Opera buffa (1832). □ *Lucia di Lammermoor,* Oper (1835). □ *La Fille du régiment,* komische Oper (französisch) [1840]. □ *Linda di Chamounix,* Oper (1842). □ *La Favorite,* Oper (1840). □ *Don Pasquale,* Opera buffa (1843).
Dukas (Paul) [Frankreich, 1865–1935]. *L'Apprenti sorcier,* sinfonisches Scherzo (1897). □ *Ariane et Barbe-Bleue,* Oper nach Maeterlinck (1907). □ *La Péri,* ›Tanzdichtung‹ für Orchester (1912).
Duparc (Henri) [Frankreich, 1848–1933]. *L'Invitation au voyage* (1870) und *La Vie antérieure* (1884), Lieder nach Gedichten von Ch. Baudelaire.
Dutilleux (Henri) [Frankreich, 1916]. *5 Métaboles* für Orchester (1964). □ *Tout un monde lointain,* Konzert für Violoncello und Orchester (1970).
Dvořák (Antonín) [Tschechoslowakei, 1841–1904]. *Serenade* für Saiteninstrumente (1875). □ *Stabat mater* (1877). □ *Slawische Tänze* für Orchester in 2 Sammlungen mit jeweils 8 Tänzen (1878–1886). □ *Neunte Sinfonie ›Aus der Neuen Welt‹* (1893). □ *The american Flag,* Kantate (1893). □ *Konzert* für *Violoncello* (1895). □ *Rusalka,* Oper (1900).

F

Falla (Manuel de) [Spanien, 1876–1946]. *Der Liebeszauber,* Ballett (1915). □ *Nächte in spanischen Gärten,* für Klavier und Orchester (1915). □ *Der Dreispitz,* Ballett (1919).
Fauré (Gabriel) [Frankreich, 1845–1924]. *Elegie* für Violoncello und Klavier (1883). □ *Requiem* (1888). □ *6 Impromptus* (1882–1910) und 13 *Nocturnes* (1883–1921) für Klavier. □ *L'Horizon chimérique,* Liederzyklus mit Klavier (1921).
Franck (César) [Frankreich, 1822–1890]. *Prélude, choral et fugue* für Klavier (1884). □ *Variations symphoniques* für Klavier und Orchester (1885). □ *Sonate* für Violine und Klavier (1886). □ *Sinfonie* in d-Moll (1888). □ *Psyché,* Tondichtung (1888).
Frescobaldi (Girolamo) [Italien, 1583 bis 1643]. Frescobaldi hat zahlreiche Klavierstücke (Cembalo oder Orgel) komponiert, insbesondere *Toccaten* und *Canzonen; Madrigale.*

G

Gershwin (George) [Vereinigte Staaten, 1898–1937]. *Rhapsody in Blue,* für Klavier und Orchester (1924). □ *Konzert* für Klavier und Orchester (1925). □ *An American in Paris,* für Orchester (1928). □ *Porgy and Bess,* Oper (1935).
Giordano (Umberto) [Italien, 1867–1948]. *Andrea Chenier,* Oper (1896).
Glinka (Michail Iwanowitsch) [Rußland, 1804–1857]. *Das Leben für den Zaren* (Originaltitel: *Iwan Sussanin),* Oper (1836).
Gluck (Christoph Willibald von) [Deutschland, 1714–1787]. Opern: *Orfeo e Euridice* (italienische Version: 1762; französische Version: 1774). □ *Alceste* (italienische Version: 1767; französische Version: 1776). □ *Iphigénie en Aulide* (französisch, 1774). □ *Armide,* Text von Quinault (französisch, 1777). □ *Iphigénie en Tauride* (1779).
Gounod (Charles) [Frankreich, 1818–1893]. *Ave Maria,* ›geistliches Lied‹, ›Meditation‹ über das 1. Präludium des *Wohltemperierten Klaviers* (I. Buch) von J.-S. Bach (1859). □ *Margarethe,* Oper (1859). □ *Mireille,* Oper (1864).
Granados (Enrique) [Spanien, 1867–1916]. *12 Spanische Tänze* für Klavier (1892–1900). □ *7 Goyescas* für Klavier (1911).
Grieg (Edvard) [Norwegen, 1843–1907]. *Konzert* für Klavier und Orchester (1868). □ *Peer Gynt,* Bühnenmusik (1876). □ *Aus Holbergs Zeit,* für Streichorchester (1885).

H

Händel (Georg Friedrich) [Deutschland, 1685–1759]. Händel, ein Zeitgenosse von J.-S. Bach, ließ sich 1712 nach einem langen Aufenthalt in Italien (1706–1710) in London nieder. Er widmete sich dort zunächst im wesentlichen der italienischen Oper (und komponierte zahlreiche Meisterwerke, die man heute wiederzuentdecken beginnt), bevor er eine neue Gattung schuf, das Oratorium in englischer Sprache, das seinen Ruhm begründete.
1. Geistliche Werke. *Dixit Dominus,* lateinischer Psalm (1707). □ *Ode for the birthday of Queen Anne* (1713) und die *Cäcilienode* (1739) in englischer Sprache.

A · **Debussy, Photographie von Nadar, 1909.**
›Sehr geehrter Herr Nadar ... wenn die Nachwelt jemals die Erinnerung an meine Züge erhalten will, so flehe ich diese ehrenwerte Dame an, sich nur an Sie zu wenden‹ (Brief vom 19. Juni 1909). Damit erkannte Debussy das Talent des berühmten Photographen an.

B · **La Mer, von Debussy.**
Debussy besaß ein Exemplar dieses Stiches von Hokusai *Die Woge,* das er als Deckblatt für die Partitur von *La Mer* auswählte [1905]. *(Guimet-Museum, Paris)*

C · **Chopin.**
Hier zeigt sich in Chopins Gesicht bereits die Veränderung durch die Krankheit, die ihn bald darauf, noch nicht vierzigjährig, dahinraffen wird. Dieses kurze und unruhige, schlechthin ›romantische‹ Leben hat dennoch die Geschichte des Klavierspiels nachhaltig beeinflußt. Chopins Werk verdient es jedoch, um seiner selbst willen geliebt zu werden. *(Nach einer Daguerrotypie einige Monate vor dem Tod des Pianisten [1849]. Institut Frédéric Chopin, Warschau)*

MEISTERWERKE

2. **Opern** (italienisch). *Rinaldo* (1711). □ *Giulio Cesare* (1724). □ *Orlando* (1733). □ *Serse (Xerxes)* (1738).
3. **Oratorien** (englisch). *Israel in Ägypten* (1738). □ *Messias* (1741). □ *Samson* (1742). □ *Judas Makkabäus* (1746).
4. **Orchesterwerke.** *Wassermusik,* insgesamt 3 Suiten (1717). □ *Concerti grossi,* op. 3 (um 1730). □ 16 Orgelkonzerte (um 1735 bis 1740), darunter op. 4 Nr. 6, dessen sehr bekannte Originalversion ein Konzert für Harfe ist (1736). □ Concerto grosso in C-Dur

---

MEILENSTEINE

1. Das Konzert
1637: Eröffnung des ersten öffentlichen Operntheaters Europas in Venedig.
1664: Eröffnung des ersten öffentlichen Konzertsaales Europas in London.
1722: Eröffnung des ersten öffentlichen Konzertsaales Deutschlands in Hamburg.
1725: Eröffnung des ersten öffentlichen Konzertsaales Frankreichs in Paris: das ›Concert spirituel‹.
1781: Gründung des Gewandhauses in Leipzig.
1812: In Wien Gründung der ›Gesellschaft der Musikfreunde‹.
1813: In London Gründung der ›Königlichen Philharmonischen Gesellschaft‹.
1828: In Paris Gründung der ›Société des concerts du Conservatoire‹.
1839: Gründung der New Yorker und der Wiener Philharmonie.
1861: In Paris Gründung der Concerts Pasdeloup.
1873: In Paris Gründung der Concerts Colonne.
1881: In Paris Gründung der Concerts Lamoureux. □ Gründung des philharmonischen Orchesters in Boston.
1882: Gründung der Berliner Philharmonie.
1888: Eröffnung des Concertgebouw von Amsterdam.
1967: Gründung des Orchestre de Paris.

2. Die Aufnahme
1877: Erfindung des Phonographen in den Vereinigten Staaten durch Th. Edison.
1888: Erfindung des Grammophons und der Schallplatte in den Vereinigten Staaten durch Emile Berliner.
1898: Erfindung des ›Telegraphons‹ (erstes magnetisches Aufnahmegerät) in Dänemark durch Waldemar Poulsen.
1910: Erste Radioübertragung einer Oper (New York).
1920: Erste Radioübertragung eines Konzerts (Pittsburgh, USA).
1935: Aufkommen des Magnetophons (Aufnahme auf Magnetbänder) in Deutschland.
1948: Aufkommen der ›langlebigen Mikrospur-Schallplatte‹.
1958: Aufkommen der Steroschallplatte.
1965: Aufkommen der Tonbandkassette.
1982: Aufkommen der Compact Disc.

Alexanderfest (1736). □ 12 *Concerti grossi* op. 6 (1739). □ *Music for the Royal Fireworks (Feuerwerksmusik)* (1749).
Haydn (Franz Joseph) [Österreich, 1732 bis 1809]. Durch eine Ironie des Schicksals ist Haydn, der zu seiner Zeit als der bedeutendste lebende Komponist angesehen wurde, seit den Jahren 1820–1830 (romantische Bewegung) in einem Fegefeuer geblieben, das er noch nicht ganz überwunden zu haben scheint. Mozart dagegen, der zu seinen Lebzeiten relativ unbekannt war, hat nach seinem Tod sehr rasch einen beachtlichen Ruf erworben, der sich noch zu verbreiten scheint. Allerdings geben Haydn und Mozart ein sehr seltenes Beispiel einer Freundschaft und tiefen gegenseitigen Achtung, die sie vereinte. Andererseits besteht kein Zweifel darüber, daß im Bereich der Instrumentalmusik der Einfluß von Haydn auf Mozart (und später auf Beethoven) beträchtlich war. Haydn ist der wirkliche Begründer des ›klassischen Stils‹; mehr als jeder andere hat er zur Entwicklung der ›großen instrumentalen Formen‹, vor allem der Sinfonie und des Streichquartetts, beigetragen.
1. **Messen.** *Missa in tempore belli* (1796). □ *Nelsonmesse.* (1798). □ *Theresienmesse* (1799). □ *Harmoniemesse* (1802).
2. **Oratorien** (deutsch): *Die Schöpfung* (1798). □ *Die Jahreszeiten* (1801).
3. **Opern:** *La fedaltà premiata* (1780). □ *L'Anima del filosofo* (1791).
4. 107 Sinfonien, darunter Nr. 44, ›Funèbre‹ (um 1772); Nr. 45, ›Abschiedssinfonie‹ (1772); Nr. 82–87, ›Pariser Sinfonien‹

A · **Haydn.**
Dieses Porträt entstand 1791 oder 1792 während der ersten Reise Haydns nach London (eine zweite findet 1794–95 statt). Nachdem er dreißig Jahre lang im Dienst der Fürsten Esterházy in der Nähe von Wien gestanden hatte (1761–1790), führt der in ganz Europa berühmte Haydn seitdem in Wien ein völlig unabhängiges Leben. *(Gemälde von Ludwig Guttenbrunn, Burgenländisches Landesmuseum, Eisenstadt)*

(1785–1786); Nr. 92, ›Oxfordsinfonie‹ (1789); Nr. 93–104, ›Londoner Sinfonien‹ (1791–1795).
5. 68 Streichquartette.
6. Etwa sechzig Klaviersonaten.
7. *Die sieben letzten Worte unseres Erlösers am Kreuze:* Originalversion für Orchester (1786); Transkription Streichquartett (1787); Ausarbeitung zum Oratorium (1796).
Henze (Hans Werner) [Deutschland, 1926]. *Ode an den Westwind,* nach Shelley, für Violoncello und Orchester (1953). □ *Der Prinz von Homburg,* Oper nach Kleist (1960). □ *Elegie für junge Liebende,* Oper (1961).
Hindemith (Paul) [Deutschland, 1895 bis 1963]. *Cardillac,* Oper (1926). □ *Mathis der Maler,* Sinfonie (1934). □ *Die Harmonie der Welt,* Sinfonie (1951), Oper (1957).
Holst (Gustav) [Großbritannien, 1874 bis 1934]. *The Planets,* für Chor und Orchester (1916).
Honegger (Arthur) [Schweiz, 1892–1955]. *Le Roi David,* ›dramatischer Psalm‹ (Oratorium) [1921]. □ *Pacific 231,* für Orchester (1923). □ *Jeanne d'Arc au bûcher,* dramatisches Oratorium über einen Text von Claudel (1935).

I, J, K

Indy (Vincent d') [Frankreich, 1851–1931]. *Symphonie sur un chant montagnard français,* auch *Symphonie cévenole* genannt, für Klavier und Orchester (1886).
Ives (Charles) [Vereinigte Staaten, 1874 bis 1954]. *Holidays Symphony* (1913). □ *Vierte Sinfonie* (1916; erste vollständige Aufführung 1965!).
Janáček (Leoš) [Tschechoslowakei, 1854 bis 1928]. *Jenufa,* Oper (1904). □ *Katja Kabanowa,* Oper (1921). □ *Sinfonietta,* für Orchester (1926). □ *Zweites Streichquartett ›Lettres intimes‹* (1928).
Jolivet (André) [Frankreich, 1905–1974]. *Mana,* 6 Klavierstücke (1935).
Kagel (Mauricio) [Argentinien, 1931). *Phonophonie,* 4 Melodramen für 2 Singstimmen und 2 Tonbänder (1964). □ *Mare nostrum,* für 2 Singstimmen und Instrumente (1975).
Kodály (Zoltán) [Ungarn, 1882–1967]. *Tänze aus Galánta,* für Orchester (1933).

B · **Liszt am Klavier (1843).**
Der vom ›Genie der Harmonie‹ am 18. April 1843 dargebotene ›Galop chromatique‹. Eine der zahlreichen Karikaturen, die die wirklich beachtlichen Leistungen von Liszt am Klavier darstellen. Links der berühmte italienische Tenor Lablache (1794 bis 1858). Rechts der berühmte Dirigent Habeneck, der das Orchester der Pariser Oper leitete (1824–1846) und seit ihrer Gründung 1828 Dirigent der Société des Concerts du Conservatoire war *(Bibliothek der Oper, Paris)*

MEISTERWERKE DER MUSIK

L

Lalo (Édouard) [Frankreich, 1823–1892]. *Symphonie espagnole,* für Violine und Orchester (1874). □ *Le Roi d'Ys,* Oper (1879, Uraufführung 1888). □ *Namouna,* Ballett (1882).

Lehár (Franz) [Österreich, 1870–1948]. *Die lustige Witwe,* Operette (1905).

Leoncavallo (Ruggero) [Italien, 1857–1919]. *Der Bajazzo,* Oper (1892).

Ligeti (György) [Österreich, ungarischer Abstammung, 1923]. *Aventures* (1962) und *Nouvelles aventures* (1965), für 3 Singstimmen und 7 Instrumente. □ *Requiem* (1965). □ *Le Grand Macabre,* Oper (1978).

Liszt (Franz) [Ungarn, 1811–1886]. Liszt, eine zentrale Persönlichkeit in der Musik des 19. Jh., hat ein umfassendes und sehr vielseitiges Werk geschaffen. Der Virtuose und Begründer der modernen Klaviertechnik komponiert bis 1848 ausschließlich für dieses Instrument und wendet sich dann dem Orchester zu; seine letzten Jahre widmet er der geistlichen Musik.
1. Klavierwerke. *6 Études d'après Paganini* (1838). □ *19 Ungarische Rhapsodien* (1846–1886). □ *6 Consolations* (1850). □ *3 Nocturnes* (1850), darunter die berühmte 3. mit dem Titel ›Liebestraum‹. □ *12 Études d'exécution transcendante* (1851). □ *Harmonies poétiques et religieuses* (1852). □ *Sonate in h-Moll* (1853). □ *3 Années de pèlerinage:* I. *Schweiz* (1854), II. *Italien* (1849), III. (1877). □ *Mephisto-Walzer* (1860).
2. Klavier und Orchester. *Ungarische Fantasie,* Transkription der 14. *Ungarischen Rhapsodie* nur für Klavier (1843). □ *Konzerte Nr. 1* (1849), *Nr. 2* (1849). □ *Totentanz* (1849).
3. Orchesterwerke. *Faust-Sinfonie* (1854). □ *Sinfonie zu Dantes Divina commedia* (1856). □ 13 sinfonische Dichtungen, darunter die 3., *Les Préludes,* nach Lamartine (1848), die 6. *Mazeppa,* nach Hugo (1851).
4. Geistliche Musik. *Die Legende von der heiligen Elisabeth,* Oratorium (1862). □ *Christus,* Oratorium (1867).

Lully (Jean-Baptiste) [Frankreich, italienischer Abstammung, 1632–1687]. *L'Amour médecin* (1665), *Le Bourgeois gentilhomme* (1670), Comédies-Ballets, in Zusammenarbeit mit Molière. □ *Alceste* (1674), *Thésée* (1675), *Atys* (1676), Tragédies lyriques nach Texten von Ph. Quinault.

Lutosławski (Witold) [Polen, 1913]. *Musique funèbre,* für Streicher (1958).

M

Maderna (Bruno) [Italien, 1920–1973]. *Continuo,* für Tonband (1958).

Mahler (Gustav) [Österreich, 1860–1911]. Sinfonien: I. ›Titan‹ (1888; endgültige Fassung 1906), II., genannt ›Die Auferstehung‹ (1894), III (1896), IV. (1900) V. (1902), VI. (1904), VII., genannt ›Nachtgesang‹ (1905), VIII., genannt ›Sinfonie der Tausend‹ (1906), IX. (1909), X., unvollendet (1910).
Lieder mit Orchester: *Lieder eines fahrenden Gesellen* (1885). □ *Des Knaben Wunderhorn* (1898). □ *Kindertotenlieder* (1904). □ *Das Lied von der Erde* (1908).

Martin (Frank) [Schweiz, 1890–1974]. *Petite symphonie concertante,* für Harfe, Cembalo, Klavier und Streichorchester (1945). □ *Acht Präludien* für Klavier (1948). □ *Requiem* (1972).

Mascagni (Pietro) [Italien, 1863–1945]. *Cavalleria Rusticana,* Oper (1890).

Massenet (Jules) [Frankreich, 1842–1912]. *Manon,* Oper (1884). □ *Le Cid,* Oper (1885). □ *Werther,* lyrisches Drama (1892). □ *Thaïs,* lyrische Komödie (1894).

Mendelssohn-Bartholdy (Felix) [Deutschland, 1809–1847]. *Oktett* für Streichinstrumente (1825). □ *Sommernachtstraum,* Ouvertüre und Bühnenmusik, darin der berühmte ›Hochzeitsmarsch‹ (1826). □ *Die Hebriden* (oder *Die Fingalshöhle*), Ouvertüre für Orche-

FESTSPIELE

Die im allgemeinen jährlich stattfindenden Festspiele konzentrieren sich manchmal auf einen großen Interpreten (Pablo Casals [Violoncello] in Prades, Yehudi Menuhin [Geige] in Bath), meistens jedoch entweder auf einen Komponisten oder auf ein Musikgebiet. Nachstehend in alphabetischer Reihenfolge die wichtigsten derzeitigen Festspiele; es werden Stadt, Land, Datum der Gründung, übliche Veranstaltungszeit und die ›Spezialität‹ angegeben:

Aix-en-Provence (F): 1948, Juli, Oper, Konzert. □ Bath (GB): 1948, Mai–Juni, Konzert. □ Bayreuth (D): 1876, Wagner, Juli–Aug. □ Darmstadt (D): 1946, Juli–Aug., Konzert. □ Donaueschingen (D): 1950, Okt., zeitgenössische Musik. □ Edinburg (GB): 1947, Aug.–Sept., Konzert, Oper, Ballett. □ Florenz (I): 1933, Mai–Juni, Konzert, Oper, Ballett. □ Glyndebourne (GB): 1934, Mai–Aug., Oper. □ La Rochelle (F): 1973, Juni–Juli, zeitgenössische Musik. □ Luzern (CH): 1938, Aug.–Sept., Konzert. □ Marlboro (USA): 1950, Juni–Aug., Kammermusik. □ Montreux (CH): 1946, Aug. bis Okt., Konzert. □ München (D): 1901, Juli–Aug., Oper, Konzert. □ New York (USA): 1954, Juni–Juli, Newport Jazz Festival. □ Paris (F): 1. 1961, Festival du Marais, Juni, Konzert; 2. 1965, Festival estival, Juli bis Sept., Konzert; 3. 1980, Jazzfestival, Nov. □ Prades (F): 1950, Juli–Aug., Konzert, Kammermusik. □ Prag (CS): 1946, Mai–Juni, Oper, Konzert, Ballett. □ Saintes (F): 1972, Juli, alte Musik. □ Salzburg (A): 1877, Juli–Aug., Oper, Konzert (Mozart, R. Strauss). □ Straßburg (F): 1938, Juni, Konzert. □ Verona (I): 1973, Juli–Aug., Oper (Freilichtaufführungen im Amphitheater).

A · **Mozart 1783.**
Dieses Porträt, das Mozart ohne Perücke darstellt, wurde vom Schwager des Komponisten gemalt. *(Portrait von J. Lange, Mozart-Museum, Salzburg)*

B · *Die Hochzeit des Figaro.*
Von Mozarts drei großen italienischen Opern, dem Ergebnis der Zusammenarbeit mit dem Librettisten L. Da Ponte (1789 bis 1838), ist die *Hochzeit des Figaro,* eine Vertonung der Komödie von Beaumarchais, sicherlich diejenige mit der kühnsten sozialen und politischen Kritik. *(Inszenierung von J. P. Ponelle [Salzburger Festspiele, 1972])*

C · *Boris Godunow.*
Mit *Boris Godunow* hat Mussorgskij das große Meisterwerk der russischen Oper im 19. Jh. geschaffen. *(Aufführung des Bolschoi-Theaters [Pariser Oper, 1969])*

MEISTERWERKE

ster (1831). ☐ *Vierte Sinfonie, ›Italienische‹* (1833). ☐ *Lieder ohne Worte,* für Klavier (1829–1845). ☐ *Konzert für Violine,* in e-Moll (1844).

Menotti (Gian Carlo) [Vereinigte Staaten, italienischer Abstammung, 1911]. *The Medium,* Oper (1946). ☐ *The Consul,* Oper (1950). ☐ *Labyrinth,* Fernsehoper (1963). ☐ *Tamu-Tamu,* Kammeroper (1973). ☐ *Goya,* Oper (1986).

Messiaen (Olivier) [Frankreich, 1908]. *L'Ascension* (1934) und *Les Corps glorieux* (1939) für Orgel. ☐ *Vingt regards sur l'Enfant-Jésus,* für Klavier (1944). ☐ *Trois petites liturgies de la présence divine,* für Frauenchor und Orchester (1944). ☐ *Turangalîla-Symphonie,* für Klavier, Ondes Martenot und Orchester (1948). ☐ *Chronochromie,* für Orchester (1960). ☐ *Saint François d'Assise,* Scènes franciscaines, Oper in 3 Akten und 8 Bildern (1986). ☐ *Un vitrail et des viseaux,* für Klavier und Orchester (1988).

Meyerbeer (Giacomo) [Deutschland, 1791 bis 1864]. *Robert der Teufel,* Oper (1831). ☐ *Die Hugenotten,* Oper (1836). ☐ *Der Prophet,* Oper (1849). ☐ *Die Afrikanerin,* Oper (1865).

Milhaud (Darius) [Frankreich, 1892–1974]. *Le Boeuf sur le toit,* Ballett (1919). ☐ *Saudades do Brazil,* für Klavier (1921). ☐ *La Création du monde,* Ballett (1923). ☐ *Suite provençale,* für Orchester (1936). ☐ *Medée,* Oper (1939). ☐ *Bolivar,* Oper (1942). ☐ *La mère coupable,* Oper (1966).

Monteverdi (Claudio) [Italien, 1567–1643]. Er wird zu Recht (selbst wenn es um 1600 einige Vorläufer gab) als der Schöpfer der Oper angesehen. Die Uraufführung des *Orfeo* (1607) kennzeichnet das Entstehen einer Gattung, deren Erfolg am Ende des 20. Jh. noch unvermindert anhält. Aber Monteverdis Opern dürfen die Meisterwerke wie Madrigale oder die geistliche Musik nicht vergessen lassen (von denen leider nur ein kleiner Teil erhalten ist).
1. Weltliche Vokalmusik. 9 Bücher Madrigale (1587–1651 veröffentlicht, das berühmte *Lamento d'Arianna* im VI., 1614 veröffentlichten Buch).
2. Opern. *L'Orfeo* (1607). ☐ *L'Arianna* (1608). ☐ *Il combattimento di Tancredi e Corinda* (1624). ☐ *Il ritorno d'Ulisse in Patria* (1640). ☐ *L'incoronazione di Poppea* (1642).
3. Geistliche Musik. *Sanctissimae virginis missa ... ad vesperae* (1610). ☐ *Selva morale e spirituale* (1640).

Mozart (Wolfgang Amadeus) [Österreich, 1756–1791]. Trotz seines sehr kurzen Lebens hat Mozart ein außerordentlich reichhaltiges und vielfältiges, zu Lebzeiten des Komponisten in großem Maße unbekanntes und unterschätztes Werk hinterlassen, dessen Bedeutung für die Komponisten und dessen Erfolg beim Publikum jedoch seit Anfang des 19. Jh. konstant geblieben sind. Mozart bildet mit Haydn und Beethoven die ›erste Wiener Schule‹, die die ›Klassik‹ in der Musik repräsentiert.
1. Geistliche Musik. *Die Krönungsmesse,* KV 317 (1779). ☐ *Messe in c-Moll,* KV 427 (1783). ☐ *Motette Ave verum corpus,* KV 618 (1791). ☐ *Requiem,* KV 626 (1791).
2. Opern. Deutsch: *Die Entführung aus dem Serail* (1782). ☐ *Die Zauberflöte* (1791). ☐ Italienisch: *Mitridate, Rè di Ponto* (1770). ☐ *Idomeneo* (1781). ☐ *Die Hochzeit des Figaro* (1786). ☐ *Don Giovanni* (1787). ☐ *Cosi fan tutte* (1790). ☐ *La Clemenza di Tito* (1791).
3. Konzerte. Man nennt vor allem 23 Konzerte für Klavier und Orchester, darunter diejenigen in d-Moll, KV 466 (1785), C-Dur, KV 467 (1785), in c-Moll, KV 491 (1786), in B-Dur, KV 595 (1791). Konzert für Klarinette und Orchester, KV 622 (1791).
4. Kammermusik: vor allem 23 Streichquartette (darunter die 6 Haydn gewidmeten Quartette, 1782–1785). ☐ 6 Streichquintette. ☐ *Eine kleine Nachtmusik,* KV 525 (1787).
5. Etwa fünfzig Sinfonien, darunter die sechs letzten: in D-Dur ›Haffner‹, KV 385 (1782); in C-Dur ›Linzer‹, KV 425 (1783); in D-Dur ›Prager‹, KV 504 (1786); in Es-Dur, KV 543 (1788); in g-Moll, KV 550 (1788); in C-Dur, ›Jupiter‹, KV 551 (1788).
6. Für Klavier: 18 Sonaten, Variationen.

Mussorgskij (Modest) [Rußland, 1839 bis 1881]. *Eine Nacht auf dem Kahlen Berge,* für Orchester (1867; die im allgemeinen gespielte Fassung stammt von Rimskij-Korsakow, 1886). ☐ *Bilder einer Ausstellung,* für Klavier (1874; mehrere Orchesterbearbeitungen, darunter die berühmteste von Ravel, 1922). ☐ *Boris Godunow,* Oper nach Puschkin (die ursprüngliche, 1868–1869 komponierte Fassung wurde zu Lebzeiten des Komponisten nie aufgeführt; das Werk wird im allgemeinen in der Bearbeitung von Rimskij-Korsakow gespielt, die 1908 zum ersten Mal aufgeführt wurde). ☐ *Der Jahrmarkt von Sorotschinzy,* Oper (1881). ☐ *Chowanschtschina,* Oper (von Rimskij-Korsakow vollendet und instrumentiert, 1886).

N, O, P

Nielsen (Carl) [Dänemark, 1865–1931], 6 Sinfonien (1892–1925).

Nono (Luigi) [Italien, 1924–1990]. *Intolleranza 1960,* ›Azione scenica‹ (1961). ☐ *Al gran sole carico d'amore,* Oper (1975).

Offenbach (Jacques) [Frankreich, deutscher Abstammung, 1819–1880]. *Orphée aux Enfers,* Opera buffa (1858). ☐ *La Belle Hélène,* Opera buffa (1864). ☐ *La Vie parisienne,* Opera buffa (1866). ☐ *La Grande-Duchesse de Gerolstein,* Opera buffa (1867).

Orff (Carl) [Deutschland, 1895–1982]. *Carmina burana,* ›szenische Kantate‹ (1937). ☐ *Der Mond,* Oper (1939). ☐ *Die Kluge,* Oper (1943).

Pachelbel (Johann) [Deutschland, 1653 bis 1706]. *Canon,* für Streicher und Generalbaß.

Paganini (Niccolò) [Italien, 1782–1840]. 24 *Capricci* für Violine (um 1805). ☐ 5 Konzerte für Violine und Orchester (um 1817–1830).

Palestrina (Giovanni Pierluigi da) [Italien, 1525/1526–1594]. Messen, Motetten, Hymnen, Madrigale.

Penderecki (Krzysztof) [Polen, 1933]. *Den Opfern von Hiroshima,* ›Threnos‹ für Streichorchester (1960). ☐ *Passio et mors Domini nostri Iesu Christi secundum Lucam* (1965). ☐ *De natura sonoris* I. (1966) und II. (1971), für Orchester.

Pergolesi (Giambattista) [Italien, 1710 bis 1736]. *La serva padrona,* Intermezzo (1733). ☐ *Stabat mater* (1736).

Ponchielli (Amilcare) [Italien, 1834–1886]. *La Gioconda,* Oper (1876).

Poulenc (Francis) [Frankreich, 1899–1963]. *Concert champêtre,* für Cembalo und Orchester (1928). ☐ *Stabat mater* (1950). ☐ *Dialogue des carmélites,* Oper, Text von G. Bernanos (1957).

Prokofjew (Sergej) [UdSSR, 1891–1953]. 5 Konzerte für Klavier und Orchester (1912, 1913, 1921, 1931, 1932). ☐ 2 Konzerte für Violine und Orchester (1917, 1935). ☐ *Erste ›klassische‹ Sinfonie* (1917). ☐ *Die Liebe zu den drei Orangen,* Oper (1921). ☐ *Peter und der Wolf,* musikalisches Märchen für Kinder (1936). ☐ *Romeo und Julia,* Ballett (1938).

Puccini (Giacomo) [Italien, 1858–1924]. Opern: *Manon Lescaut* (1893). ☐ *La Bohème* (1896). ☐ *Tosca* (1900). ☐ *Madame Butterfly* (1904). ☐ *Das Mädchen aus dem Goldenen Westen* (1910). ☐ *Turandot* (1926).

Purcell (Henry) [England, 1659–1695]. *Dido and Aeneas,* Oper (1689). ☐ *King Arthur,* ›Semi-Opera‹ (1691). ☐ *The Fairy Queen,* ›Semi-Opera‹ (1692).

R

Rachmaninow (Sergej) [Rußland, 1873 bis 1943]. *Zweites Konzert* für Klavier und Orchester (1901). ☐ *24 Präludien* für Klavier, in zwei Zyklen (1903, 1910). ☐ 2 Zyklen *Études-tableaux* für Klavier (1911–1917).

Rameau (Jean-Philippe) [Frankreich, 1683 bis 1764]. Der wichtigste französische Komponist des 18. Jh. war gleichzeitig ein hervorragender Musiktheoretiker, wobei seine theoretischen Abhandlungen im übrigen der Aufnahme seines musikalischen Werkes etwas geschadet zu haben scheinen.
1. Opern. Tragédies lyriques: *Hippolyte et Aricie* (1733). ☐ *Castor et Pollux* (1737). ☐ *Dardanus* (1739). ☐ *Zoroastre* (1749). Opéras-ballets: *Les Indes galantes* (1735). Comédies lyriques: *Platée* (1745). ☐ *Les Paladins* (1760).
2. 3 Hefte mit Stücken für Cembalo (veröffentlicht 1706, 1724 und um 1728).

B · Schumann 1839.

Im Jahr 1840, in dem Schumann die Pianistin Clara Wieck heiratete, entstanden die großen Liederzyklen. (*Lithographie von J. Kriehuber, Robert-Schumann-Haus, Zwickau*)

A · ›Schubertiade‹.

Schubert, der beim Wiener Publikum fast unbekannt war, wurde von einer kleinen Gruppe von Freunden hoch geschätzt. So entstanden die ›Schubertiaden‹, Musikabende, bei denen sich Freunde beim Komponisten trafen. Schubert sitzt am Klavier. (*›Ein Musikabend bei Joseph von Spaun‹, Zeichnung von Moritz von Schwind [um 1825], Museum für Geschichte, Wien*)

MEISTERWERKE

MEISTERWERKE DER MUSIK

Ravel (Maurice) [Frankreich, 1875–1937]. Klavierwerke: *Jeux d'eau* (1901). ☐ *Sonatine* (1905). ☐ *Gaspard de la nuit* (1908). ☐ *Valses nobles et sentimentales* (1911, Orchesterbearbeitung von Ravel 1912). ☐ *Le Tombeau de Couperin* (1917, Orchesterbearbeitung von Ravel 1919).
Orchesterwerke: *Rapsodie espagnole* (1907). ☐ *Pavane pour une infante défunte* (1910; ursprünglich für Klavier: 1899). ☐ *Ma mère l'Oye* (1911; ursprünglich für Klavier zu 4 Händen: 1908). ☐ *Daphnis et Chloé* (1912). ☐ *Alborada del gracioso* (1918; ursprünglich für Klavier: 1905). ☐ *La Valse* (1920). ☐ *Tzigane*, für Violine und Orchester (1924). ☐ *Boléro* (1928). ☐ *Konzert in G-Dur* für Klavier und Orchester (1931). ☐ *Konzert für die linke Hand*, für Klavier und Orchester (1931).
Opern: *L'Heure espagnole* (1911). ☐ *L'Enfant et les sortilèges*, Libretto von Colette (1925).
Respighi (Ottorino) [Italien, 1879–1936]. *Re Enzo*, Oper (1905). ☐ *Semirama*, Oper (1910). ☐ *Le Fontane di Roma* (1916) und *I pini di Roma* (1924) für Orchester.
Rimskij-Korsakow (Nikolaj) [Rußland, 1844–1908]. *Capriccio espagnol*, für Orchester (1887). ☐ *La grande Pâque russe*, Ouvertüre für Orchester über liturgische Themen (1888). ☐ *Scheherazade*, sinfonische Suite (1888). ☐ *Mozart und Salieri*, Oper (1898). ☐ *Das Märchen vom Zaren Saltan*, Oper (1900), darin der ›Hummelflug‹. ☐ *Der goldene Hahn*, Oper (1909).
Rodrigo (Joaquín) [Spanien, 1902]. *Concierto de Aranjuez* (1939) und *Fantasia para un gentilhombre*, für Gitarre und Orchester (1954).
Rossini (Gioacchino) [Italien, 1792–1868]. *Die Italienerin in Algier*, Opera buffa (1813). ☐ *Der Barbier von Sevilla*, Opera buffa (1816). ☐ *La Cenerentola (Aschenbrödel)*, Opera buffa (1817). ☐ *Die diebische Elster*, Opera buffa (1817). ☐ *Wilhelm Tell* (französisch) (1829). ☐ *Stabat mater* (1841).
Roussel (Albert) [Frankreich, 1869–1937]. *Le Festin de l'araignée*, Ballett-Pantomime (1913). ☐ *Bacchus et Ariane*, Ballett (1931). ☐ *Aenas*, Ballett (1935), mit Chören.

S

Saint-Saëns (Camille) [Frankreich, 1835 bis 1921]. *Danse macabre*, sinfonische Dichtung (1874). ☐ *Samson et Dalila* Oper (1877). ☐ *Le Carnaval des animaux*, für kleines Orchester (1886).
Satie (Erik) [Frankreich, 1866–1925]. *3 Gymnopédies* (1888) und *3 Gnossiennes* (1890) für Klavier. ☐ *Socrate*, ›sinfonisches Drama‹ (1918).

Scarlatti (Domenico) [Italien, 1685–1757]. 555 Sonaten für Cembalo (um 1720–1757).
Schönberg (Arnold) [Österreich, 1874 bis 1951]. Der Begründer der ›Zweiten Wiener Schule‹ (Schönberg, Berg, Webern) hat die Kompositionstechniken des 20. Jh. durch die Erarbeitung der ›Zwölftonmusik‹ in den Jahren 1920–1923 entscheidend geprägt. ☐ *Verklärte Nacht*, für Streichinstrumente (1899). ☐ *Pelleas und Melisande*, sinfonische Dichtung nach M. Maeterlinck (1903). ☐ *Gurrelieder* für Solostimmen, Chor und Orchester (1911). ☐ *Pierrot lunaire*, für eine Sprechstimme und 8 Instrumente (1912). ☐ *Suite*, op. 25 für Klavier (1923). ☐ *Variationen für Orchester* op. 31 (1928). ☐ *Moses und Aron*, Oper (unvollendet, 1932 komponiert und 1957 uraufgeführt). ☐ *Konzert* für Violine und Orchester (1936). ☐ *Kammersinfonie* Nr. 2, op. 38 (1939).
Schostakowitsch (Dmitrij) [UdSSR, 1906 bis 1975]. 15 Sinfonien (1924–1971). ☐ *24 Präludien und Fugen* für Klavier (1950–51).
Schubert (Franz) [Österreich, 1797–1828]. Die Kürze seines Lebens macht ihn praktisch zum Zeitgenossen von Beethoven, in dessen Schatten er in Wien lebte und den er bewunderte. Trotz dieser zum Teil auch stilistischen Nähe zur Wiener Klassik bedeutet sein Werk einen entscheidenden Durchbruch und ersten Höhepunkt der romantischen Musik. Im Zentrum seines Schaffens steht die Liedkomposition, wo er sehr früh zu absolut eigenständigen und neuartigen Gestaltungen gelangt.
1. Geistliche Musik. *Messe in G-Dur* (1815). ☐ *Messe in As-Dur* (1822). ☐ *Salve regina* (1828).
2. Über 500 Lieder zu Gedichten von Goethe, Schiller, Heine, Rellstab, Müller usw.; die meisten wurden einzeln geschrieben, Schubert hat jedoch drei Zyklen komponiert: *Die schöne Müllerin* (1823), *Winterreise* (1827), *Schwanengesang* (1828).
3. Klavierwerke zweihändig. *Wandererfantasie* (1822). ☐ *8 Impromptus* in zwei Sammlungen (1827). ☐ *6 Moments musicaux* (1828). ☐ 23 Sonaten, darunter die drei letzten in c-Moll, A-Dur und B-Dur.
4. Klavierwerke vierhändig: zahlreiche Sonaten, Tänze, Märsche und Variationen. ☐ *Fantasie in f-Moll* (1828).

5. Kammermusik. 15 Streichquartette, darunter die drei letzten: in a-Moll (1824), in d-Moll, genannt ›Der Tod und das Mädchen‹ (1824), in G-Dur (1826). ☐ *Streichquintett* in C-Dur (1828). ☐ Trios für Klavier, Violine und Violoncello in B-Dur (1828?) und in Es-Dur (1827–28).
6. Orchesterwerke. 10 Sinfonien, darunter die IV., die ›Tragische‹ in c-Moll (1816), die V. in B-Dur (1816), die VIII., die ›Unvollendete‹ (1822), die IX., die ›Große‹ in C-Dur (um 1825–26). ☐ *Rosamunde*, Ouvertüre und Bühnenwerk (1823).
Schumann (Robert) [Deutschland, 1810 bis 1856]. Wohl der romantischste der Romantiker: einerseits durch die wichtige Rolle des Klaviers in seinem Werk (bis 1840 komponiert er ausschließlich für dieses Instrument und befaßt sich erst anschließend mit anderen Gattungen: zunächst dem Lied, dann der Kammermusik und dem Orchester), andererseits vor allem durch die ständige Präsenz der Poesie im Schaffensprozeß, die Schumanns Musik durchdringt, und zwar nicht nur in seinen Liedern, sondern auch in seinem gesamten Klavierwerk.
1. Klavierwerke. 3 Sonaten in fis-Moll, op. 11 (1835), in g-Moll, op. 22 (1836), in f-Moll, op. 14 (1836). ☐ *Papillons* op. 2 (1830). ☐ *Carnaval* op. 9 (1835). ☐ *Études symphoniques* op. 13 (1835). ☐ *Fantasie* op. 17 (1836). ☐ *Kinderszenen* op. 15 (1838). ☐ *Kreisleriana* op. 16 (1838). ☐ *Arabeske* op. 18 (1839). ☐ *Humoreske* op. 20 (1839). ☐ *Faschingsschwank aus Wien* op. 26 (1839). ☐ *Clavierstücke für die Jugend* op. 68 (1848). ☐ *Waldszenen* op. 82 (1849). ☐ *Gesänge der Frühe* op. 133 (1853).
2. Liederzyklen: *Liederkreis* op. 24 (1840, Gedichte von Heine). ☐ *Liederkreis* op. 39 (1840, Eichendorff). ☐ *Frauenliebe und -leben* (1840, Chamisso). ☐ *Dichterliebe* (1840, Heine).
3. Kammermusik: *Quintette* für Klavier und Streicher, op. 44 (1842). ☐ *Quartett* für Klavier und Streicher, op. 47 (1842). ☐ 2 Sonaten für Klavier und Violine, op. 105 und op. 121 (1851).
4. Orchesterwerke. 4 Sinfonien: I., genannt ›Frühlingssinfonie‹, op. 38 (1841); II., op. 61 (1846); III., genannt ›Rheinische Sinfonie‹, op. 97 (1850); IV., op. 120 (1851). ☐ *Konzert* für Klavier, op. 54 (1845). ☐ *Manfred*, Ouvertüre, op. 115 (1849).
Schütz (Heinrich) [Deutschland, 1585 bis 1672]. Der wichtigste deutsche Komponist des 17. Jh. vertritt sowohl die lutherische Tradition als auch den ›neuen italienischen‹ Stil in Deutschland (Generalbaß, konzertierender Stil). Sein Werk besteht im wesentlichen aus geistlicher Musik. *Symphoniae sacrae*, Stücke für Singstimmen und Instrumente (3 Samm-

B · **Schönberg.**
Der Musiktheoretiker und Komponist Schönberg war ebenfalls ein bedeutender Pädagoge. Seine Karriere machte er in Wien, dann in Berlin und in den Vereinigten Staaten, wohin er 1939 emigrierte.

A · **Strawinsky.**
Neben Schönberg ist Strawinsky der wichtigste Komponist der ersten Hälfte des 20. Jh., das bleibend von *Le Sacre du Printemps* geprägt ist (1913).

C · **Aida.**
Verdis ›ägyptische‹ Oper, die 1871 in Kairo uraufgeführt wurde, war für die Festlichkeiten anläßlich der Eröffnung des Suezkanals bestellt worden. Dieser Stich zeigt die erste Aufführung der Oper in Paris im Palais Garnier am 22. Mai 1880. (Nationalbibliothek, Paris)

MEISTERWERKE

lungen, 1629, 1647 und 1650 veröffentlicht). ☐ *Kleine geistliche Konzerte,* Stücke für Singstimmen und Instrumente (2 Sammlungen, 1636 und 1639 veröffentlicht). ☐ *Passion nach Lukas* (um 1653), *Passion nach Matthäus* (1666), *Passion nach Johannes* (um 1666).
Sibelius (Jean) [Finnland, 1865–1957]. *Finlandia,* für Orchester (1899). ☐ 7 Sinfonien (1899–1924). ☐ *Konzert für Violine und Orchester* (1903).
Skrjabin (Aleksandr) [Rußland, 1872–1915]. 10 Sonaten (1892–1913) und 23 *Études* in 3 Sammlungen (1894, 1903, 1912) für Klavier. ☐ *Poème de l'Extase,* für Orchester (1908).
Smetana (Bedřich) [Tschechoslowakei, 1824–1884]. *Die verkaufte Braut,* komische Oper (1866). ☐ *Mein Vaterland,* Folge von 6 sinfonischen Dichtungen (1874–1879), darunter die zweite, *Die Moldau* (1874). ☐ *Erstes Streichquartett, ›Aus meinem Leben‹* (1876).
Spontini (Gaspare) [Italien, 1774–1851]. *La Vestale,* Oper (1807).
Stockhausen (Karlheinz) [Deutschland, 1928]. *Klavierstücke,* 14 Stücke für Klavier (1952–1985). ☐ *Momente,* für Sopran, 4 Chöre und Instrumente (3 Versionen: 1962, 1964, 1972). ☐ *Hymnen* für Instrumente und Tonband (1967).
Strauß (Johann, ›Vater‹) [Österreich, 1804–1849]. *Radetzky-Marsch,* für Orchester (1848).
Strauß (Johann, ›Sohn‹) [Österreich, 1825–1899]. 169 Walzer, darunter *An der schönen blauen Donau* (1867). Operetten, darunter *Die Fledermaus* (1874), *Der Zigeunerbaron* (1885).
Strauss (Richard) [Deutschland, 1864 bis 1949]. Sinfonische Dichtungen. *Don Juan* (1888). ☐ *Tod und Verklärung* (1889). ☐ *Till Eulenspiegel* (1895). ☐ *Also sprach Zarathustra* (1896). ☐ *Ein Heldenleben* (1898). Opern. *Salome,* nach O. Wilde (1905). ☐ *Elektra* (1909). ☐ *Der Rosenkavalier* (1911). ☐ *Ariadne auf Naxos* (1912) [diese drei Opern nach Texten von H. von Hoffmannsthal]. ☐ *Vier letzte Lieder* für Sopran und Orchester (1948).
Strawinsky (Igor) [Frankreich, dann Vereinigte Staaten, russischer Abstammung, 1882–1971].
Ballette. *Feuervogel* (1910). ☐ *Petruschka* (1911). ☐ *Le Sacre du printemps* (1913). ☐ *Pulcinella* (1920). ☐ *Les Noces* (1923).
Bühnenwerke. *Histoire du soldat,* für Schauspieler und Instrumentalensemble (1918). ☐ *Oedipus rex,* Opernoratorium, Text von J. Cocteau (1927).
Verschiedenes. *Rag-time,* für 11 Instrumente (1918). ☐ *Palmensinfonie,* für Chor und Orchester (1930).

T, V

Tschajkowskij (Pjotr Iljitsch) [Rußland, 1840–1893].
1. Ballette. *Schwanensee* (1876). ☐ *Dornröschen* (1889). ☐ *Der Nußknacker* (1892).
2. Opern. *Eugen Onegin* (1879), *Mazeppa* (1884) und *Pique Dame* (1890). ☐ *Die Jungfrau von Orleans* (1881), nach Schiller.
3. Orchesterwerke. *Erstes Konzert für Klavier und Orchester* (1875). ☐ *Variationen über ein Rokoko-Thema* für Violoncello und Orchester (1876). ☐ *Konzert für Violine und Orchester* (1878). ☐ *Capriccio italien* (1880). ☐ *Ouverture solennelle ›1812‹* (1880). ☐ *Manfred-Sinfonie* (1885). ☐ *Sechste Sinfonie, ›Pathétique‹* (1893).
Varèse (Edgard) [Vereinigte Staaten, französischer Abstammung, 1883–1965]. *Amériques* für Orchester (1921). ☐ *Hyperprism,* für Bläser und Schlagzeug (1923). ☐ *Ionisation,* für Schlagzeug (1931). ☐ *Density 21.5* für Flöte (1936). ☐ *Déserts,* für 14 Blasinstrumente, 5 Schlagzeuge und Tonband (1954).
Verdi (Giuseppe) [Italien, 1813–1901]. Wie sein Zeitgenosse Wagner hat sich Verdi im wesentlichen mit der Oper beschäftigt. Alles, oder zumindest fast alles, was Auffassung und Stil der beiden Komponisten betrifft, ist gegensätzlich. Das Werk Verdis, das auf sehr direkte und großzügige Art die einfachsten und häufig heftigsten menschlichen Leidenschaften ausdrückt, hat sofort begeistert (im 19. Jh. ist die Oper in Italien *die* Musikgattung); es hat dazu beigetragen, die Oper zu einer populären Gattung zu machen.
1. Opern. *Nabucco* (1842). ☐ *Ernani,* nach Hugo (1844). ☐ *Macbeth,* nach Shakespeare (1847). ☐ *Luisa Miller* (1849). ☐ *Rigoletto,* nach Hugo (1851). ☐ *Der Troubadour* (1853). ☐ *La Traviata,* nach A. Dumas *fils* (1853). ☐ *Die sizilianische Vesper,* französisch (1855). ☐ *Simone Boccanegra* (1857). ☐ *Ein Maskenball* (1859). ☐ *Die Macht des Schicksals* (1862). ☐ *Don Carlos,* französisch, nach Schiller (1867). ☐ *Aida* (1871). ☐ *Othello,* nach Shakespeare (1887). ☐ *Falstaff,* nach Shakespeare (1893).
2. Requiem (1874). ☐ *Te Deum* (1895). ☐ *Stabat Mater* (1897).
Villa-Lobos (Heitor) [Brasilien, 1887–1959]. *Erster Chôro* (1920). ☐ *12 Etüden* für Gitarre (1929). ☐ *9 Bachianas brasileiras* für verschiedene Ensembles (1930–1944).
Vivaldi (Antonio) [Italien, 1678–1741]. Über 400 Konzerte für verschiedene Instrumente, darunter *Die vier Jahreszeiten* für Violine und Streicher, op. 8 Nr. 1–4 (1725 veröffentlicht). ☐ Zahlreiche geistliche Werke, darunter ein *Gloria* in D-Dur.

W, X, Z

Wagner (Richard) [Deutschland, 1813 bis 1883]. Wagner, der zu Lebzeiten (und in gewissem Maße noch heute) sehr umstritten war, ist eine Ausnahmeerscheinung in der Musikgeschichte. In seinem Schaffen fast ausschließlich auf die Bühne konzentriert, bemühte er sich um eine mehr philosophische als musikalische Reform der Oper, die bei ihm zum ›Musikdrama‹ wird. Wagner knüpft dabei an die klassische griechische Tragödie an und stützt sein ›Gesamtkunstwerk‹ musikalisch vor allem auf das *Leitmotiv* und einen völlig neuen Gesangsstil. Wagner hat ihm einen Ort gewidmet: Bayreuth (1876).
1. Opern, Dramen. *Das Liebesverbot* (1836). ☐ *Der fliegende Holländer* (1843). ☐ *Tannhäuser* (1845). ☐ *Lohengrin* (1850). ☐ *Tristan und Isolde* (1865). ☐ *Die Meistersinger von Nürnberg* (1868). ☐ *Der Ring des Nibelungen,* ›Bühnenfestspiel‹ in 4 Teilen: (I. *Das Rheingold,* 1869; II. *Die Walküre,* 1870; III. *Siegfried,* 1876; IV. *Götterdämmerung,* 1876). ☐ *Parsifal* (1882).
2. Verschiedenes. 5 Lieder mit Orchester, bekannt als *Wesendonck-Lieder* (1862). ☐ *Siegfried Idyll* für kleines Orchester (1870).
Weber (Carl Maria von) [Deutschland, 1786–1826]. 2 Konzerte für Klarinette und Orchester (1811). ☐ *Aufforderung zum Tanz* für Klavier (1819), 1841 von Berlioz orchestriert. ☐ *Der Freischütz,* Oper (1821). ☐ *Euryanthe,* Oper (1823). ☐ *Oberon,* Oper (1826).
Webern (Anton von) [Österreich, 1883 von 1945]. *Passacaglia,* op. 1 für Orchester (1908). ☐ *5 Lieder,* op. 4 (1909). ☐ *5 Sätze,* op. 5 für Streichquartett (1909). ☐ *Variationen,* op. 27 für Klavier (1936). ☐ *Variationen,* op. 30 für Orchester (1940).
Weill (Kurt) [Vereinigte Staaten, deutscher Abstammung, 1900–1950]. *Die Dreigroschenoper* (1928) und *Aufstieg und Fall der Stadt Mahagonny* (1930) nach Texten von B. Brecht.
Wolf (Hugo) [Österreich, 1860–1903]. *Italienische Serenade* für Streichquartett (1887). ☐ *Spanisches Liederbuch* (1890). ☐ *Italienisches Liederbuch,* in zwei Teilen (1891, 1896).
Xenakis (Iannis) [Frankreich, griechischer Abstammung, 1922]. *Metastasis* für Orchester (1954). ☐ *Eonta,* für Klavier und 5 Blechblasinstrumente (1964). ☐ *Nuits* für 12 gemischte Singstimmen (1968). ☐ *Jalons* (1988) und *Tracées* (1988) für Orchester.
Zimmermann (Bernd Alois) [Deutschland, 1918–1970]. *Die Soldaten,* Oper (1965).

A · *Götterdämmerung.*
Mit dem *Ring des Nibelungen* (Bayreuth 1876) wurde das *Festspielhaus* eingeweiht, das Wagner für die Aufführung seiner musikalischen Bühnenwerke hatte erbauen lassen. *(Aufführung bei den Bayreuther Festspielen 1971)*

B · *Der Freischütz.*
Mit dem *Freischütz* (Berlin, 1821) begründet Weber die romantische deutsche Oper. Das Bühnenbild von C. W. Holdermann ist ebenfalls romantisch. *(Deutsches Theatermuseum, München)*

MEISTERWERKE

MUSIKGATTUNGEN

VOKALMUSIK

Üblicherweise werden unter dem Begriff der Vokalmusik alle die Werke zusammengefaßt, in denen die Musik an einen Text gebunden ist. Jedoch bedeutet ›Vokalmusik‹ nicht immer ›Gesang‹: Seit dem 18. Jh. verwenden einige als *Melodram* bezeichnete Musikwerke nämlich die Sprechstimme, die dann mit instrumentaler Begleitung ›deklamiert‹. Im 20. Jh. zeigt sich darüber hinaus die Tendenz, daß die Grenze zwischen ›Singstimme‹ und ›Sprechstimme‹ aufgehoben wird (*Sprechgesang*, z. B. bei Schönberg).

Grundsätzlich unterscheidet man nach der Bestimmung des Werkes zwei Bereiche in der Vokalmusik: Ist sie für den Gottesdienst bestimmt, so handelt es sich um eine *geistliche Musik*, ist dies nicht der Fall, spricht man von *weltlicher Musik*. Es ist jedoch nicht immer leicht, eine genaue Trennlinie zwischen beiden festzulegen.

Geistliche Musik (oder sakrale Musik).

Messe. Sie besteht aus dem *Ordinarium*, dessen fünf Teile (Kyrie, Gloria, Credo, Sanctus und Agnus Dei) bei allen Messen gleichbleibende Texte haben, und aus dem *Proprium*, dessen fünf Teile (Introitus, Graduale, Alleluia, Offertorium, Communio) bei jeder Messe wechseln. Das häufig vertonte *Requiem* (oder Totenmesse) umfaßt in der Regel weder das Gloria noch das Credo, während das Proprium das Graduale (Requiem aeternam), den Traktus (Absolve, Domine) und die Sequenz (Dies irae, dies illa) enthält.

Die seit dem 15.–16. Jh. insgesamt vertonte Messe folgt seitdem der Entwicklung der Musik und unterliegt insbesondere ab dem 17. Jh. dem Einfluß der Oper. Neben einem in der Regel vierstimmigen Chor umfaßt sie mehrere Solostimmen und eine große Orchesterbegleitung. Ab dem 18. Jh. überschreiten einige Werke durch ihren Umfang den liturgischen Rahmen in großem Maße (*Messe in h-Moll* von Bach). Im 19. Jh. wird die Messe häufig von der Kirche in einen Konzertsaal verlegt: *Missa solemnis* von Beethoven, *Requiem* von Berlioz, *Requiem* von Verdi usw.

Stabat mater. Im 18., 19. und 20. Jh. haben zahlreiche Komponisten den Text des *Stabat mater* vertont; dieser lateinische Text aus dem 14. Jh. behandelt den Schmerz der Jungfrau Maria an der Seite ihres gekreuzigten Sohnes. Diese Kompositionen waren nicht für die Liturgie bestimmt; sie gehören jedoch selbstverständlich zur sakralen Musik.

Oratorium, Kantate, Passion. Das *Oratorium*, eine weitere nicht für die Kirche, sondern für das Konzert bestimmte Gattung, nimmt gewissermaßen einen Platz zwischen dem Geistlichen und dem Weltlichen ein. In den meisten Fällen ist das Thema geistlich, der Text jedoch ist seit dem 17. Jh. fast immer in der Nationalsprache und nicht in Latein. Die Grenzen dieser Gattung waren immer fließend. Das *Weihnachtsoratorium* von Bach ist eigentlich eine Folge von sechs religiösen *Kantaten*. Die englischen Oratorien von Händel sind sowohl geistlich als auch weltlich. Bei den beiden großen Oratorien von Haydn ist das eine (*Die Schöpfung*) eher geistlich, das andere (*Die Jahreszeiten*) eindeutig weltlich.

Die reformierte lutherische Liturgie beruht im wesentlichen auf dem Choral, einem von allen Gläubigen gesungenen Kirchenlied. Hierauf gründet sich zu Zeiten von Bach die geistliche *Kantate*. Diese umfaßt jedoch neben dem Choral weitere Elemente: instrumentale Einführung, Rezitative, Arien, Duette und Chöre. Die *Passion* (musikalische Aufführung des Leidensweges Christi in der Karwoche) folgt der Erzählung des Evangelisten, die als Rezitativ bearbeitet wird, um das sich zahlreiche weitere Elemente gruppieren: Rezitative, Arien, Chöre und Choräle.

Weltliche Musik.

Oper. Sie verbindet die Musik nicht nur mit einem Text, sondern auch mit der Darstellung auf der Bühne: Sie ist die Vereinigung von Theater und Musik. Ihre Entstehung Anfang des 17. Jh. in Italien (*L'Orfeo* von Monteverdi, 1607) hängt mit dem Auftauchen des *Stile recitativo* zusammen, der für den Ablauf der dramatischen Handlung wesentlich ist: Die Singstimme, die hier von wenigen Instrumenten begleitet wird, befindet sich gewissermaßen auf halbem Wege zwischen dem Gesang und der Sprache, deren Modulationen und Rhythmen sie genau folgt, so daß der Text fast immer verständlich ist. Ende des 17. Jh. ist die italienische Oper ein Wechsel zwischen *Rezitativen* und *Arien*.

Dieser Aufbau voneinander getrennter ›Nummern‹, in denen sich Augenblicke der Spannung und der Entspannung abwechseln, ist im großen und ganzen derjenige der Oper in Europa zu Beginn des 18. bis Mitte des 19. Jh. (zu den einzelnen Gattungen der Oper, s. S. 787). Er entspricht in etwa dem goldenen Zeitalter des italienischen *Belcanto* (›schöner Gesang‹). In der zweiten Hälfte des 19. Jh. verschwindet der Gegensatz zwischen Rezitativ und Arie allmählich, den Wagner beispielsweise völlig aufgibt (Prinzip der *unendlichen Melodie*).

Weitere Gattungen der weltlichen Vokalmusik (ohne Bühneninszenierung). In Italien verschwindet das *Madrigal* der Renaissance für mehrere Singstimmen, im allgemeinen ohne Begleitung, um 1620. Es entsteht die *Kantate* für zwei oder drei Solostimmen und einige Instrumente, die sich parallel zur Oper entwickelt (erst nur Rezitativ, dann Rezitativ und Arie). Ende des 17. Jh. gelangt die Kantate nach Deutschland, wo sie zu einem geistlichen Werk wurde.

Das 19. Jh. ist durch die Entstehung des deutschen romantischen *Liedes* geprägt, das im allgemeinen für eine Stimme mit Klavierbegleitung (Schubert, Schumann, Brahms, Wolf), manchmal mit Orchesterbegleitung (Mahler) komponiert wird.

A · Probe einer Kantate (um 1775).
Die Mitwirkenden bei dieser geistlichen (lutherischen) Kantate – 3 Sänger, 4 Streichinstrumente, 6 Blasinstrumente – sind um das Cembalo (Generalbaß) gruppiert. Der ›Leiter‹ dirigiert mit Hilfe einer Papierrolle. (Anonyme Gouache, Germanisches Nationalmuseum, Nürnberg)

B · Le Grand Macabre
Dieses 1978 von Ligeti geschaffene Werk zeigt, daß die Oper nach etwa vier Jahrhunderten immer noch eine lebendige Gattung ist. (Aufführung an der Pariser Oper 1981)

C · Kammermusik oder Konzert?
Im 18. Jh. waren die Grenzen zwischen den Gattungen noch fließend: Dieses ›Konzert für obligates Cembalo mit Instrumenten‹, das nicht von einem echten Orchester, sondern von acht Musikern gespielt wird, nähert sich der Kammermusik. Obwohl es sich um ein halböffentliches Konzert handelt, entspricht die Umgebung etwa den Salons der Aristokraten dieser Epoche. (Radierung von J. R. Holzhalb nach einem Gemälde von J. R. Schellenberg [1777], Zentralbibliothek, Zürich)

MEISTERWERKE

INSTRUMENTALMUSIK

Bis Anfang des 18. Jh. haben die häufig austauschbaren Begriffe von beispielsweise *Sonate, Konzert* und *Sinfonie* im allgemeinen keine festgelegte Bedeutung. Die *Gattungen* der Instrumentalmusik, die den Aufstieg der ›reinen Musik‹ prägen, tauchen Anfang des 18. Jh. in Italien auf. Diese Gattungen, die in etwa den am weitesten verbreiteten Zusammensetzungen von Instrumenten entsprechen, sind in der Regel Zyklen, das heißt, sie bestehen aus mehreren, abwechselnd langsamen und schnellen Sätzen (man endet fast immer mit einem schnellen Satz).

Die meisten dieser Gattungen der ›reinen Musik‹ breiteten sich in Europa außerordentlich schnell aus. Sie festigten sich um 1770 bis 1780 (Epoche von Haydn und Mozart), und einige von ihnen finden sich noch im 20. Jh. Im 19. Jh. tauchten aber auch neue Gattungen auf, häufig unter dem Begriff *Programmmusik* (nach der die Musik mit einem nichtmusikalischen Element, entweder autobiographisch, oder literarisch oder malerisch usw., verbunden wird).

Orchestermusik. Ab Ende des 17. Jh. taucht in Italien das *Concerto* auf. In der ersten Hälfte des 18. Jh. bestehen nebeneinander:
– das *Orchesterkonzert*: Gegenüberstellung von 2 oder mehreren Gruppen, die deutlich die gleiche Bedeutung haben (z. B.: Bach, *Brandenburgische Konzerte Nr. 1, 3 und 6*);
– das *Konzert für mehrere Soli*, auch *Concerto grosso* genannt: einem Orchester (*Ripieno* oder *Tutti*) steht eine Gruppe von Solisten gegenüber [zahlreiche Beispiele bei Vivaldi; Bach: *Brandenburgische Konzerte Nr. 2, 4 und 5*];
– das *Solokonzert*, im allgemeinen für Violine; zahlreiche Beispiele bei Vivaldi *(Die vier Jahreszeiten),* Bach usw.

Etwa um die Mitte des 18. Jh. verschwinden die beiden ersten Arten des Konzerts. Ab 1770–1780 führt die Entwicklung des *öffentlichen Konzerts* (s. S. 784 und Kasten S. 775) zum Aufschwung der Orchestermusik:
– das *Solokonzert* mit im allgemeinen 3 Sätzen erlebt einen außerordentlichen Aufschwung; seit Mozart (um 1775) ist das Soloinstrument in den meisten Fällen eine Neuheit: das Pianoforte;
– die *Sinfonie* (italienisch: *sinfonia*), die um 1750 auftauchte, wird bis Ende des 19. Jh. und sogar bis ins 20. Jh. die wichtigste Gattung für Orchester bleiben (im allgemeinen 4 Sätze).

Parallel zu der Vergrößerung des Orchesters (s. S. 784) nimmt die Sinfonie im 19. Jh. immer größere Ausmaße an. Sie fügt manchmal Singstimmen hinzu (die 9. Sinfonie von Beethoven, die 2., 3., 4. und 8. Sinfonie von Mahler). Die Programmusik ist die Grundlage der *sinfonischen Dichtung* mit einem einzigen Satz (Liszt, R. Strauss). Das Konzert, das sich im 20. Jh. besser hält als die Sinfonie, enthält für den Solisten (im allgemeinen das Klavier) einen häufig sehr virtuosen Teil.

Musik für ein einziges Instrument oder für ein kleines Ensemble. Bis Mitte des 18. Jh. bestehen zwei Hauptgattungen nebeneinander: die *Sonate*, ein Zyklus mit im allgemeinen 4 Sätzen (ein langsamer Satz am Anfang, ein schneller am Ende); die *Suite*, eine Folge von 4 bis 8 *Tänzen,* denen häufig eine Ouvertüre vorausgeht. Die Suite, die sich übrigens ebenfalls in der Orchestermusik findet, hat in Deutschland häufig den Namen *Partita*.

Um 1750 verschwindet die Suite, etwas später (um 1780) das Cembalo, das bald vom Pianoforte (seit etwa 1820 einfach als Klavier bezeichnet) ersetzt wird. Seitdem können eindeutig zwei Arten von Repertoires unterschieden werden:

△ · **Eine Soirée mit Streichquartett in Berlin, um 1855.**

Das um 1750 entstandene Streichquartett (zwei Violinen, eine Bratsche, ein Violoncello) hat der musikalischen *Gattung* für diese Zusammensetzung sehr rasch seinen Namen gegeben. Bis Ende des 19. Jh. taucht das Streichquartett kaum in öffentlichen Konzerten auf: Es gilt als eine sowohl intime als auch ernsthafte Gattung und wendet sich an ›Kenner‹, die private Musikabende veranstalten. (*Aquarell von J. C. Arnold. Goethemuseum, Frankfurt a. M.*)

1. die Klaviermusik: Ab der Romantik erscheinen neben der *Sonate* (in der Regel 3 oder 4 Sätze) immer häufiger kürzere Stücke (mit einem Satz), die häufig in Sammlungen zusammengefaßt werden: Tänze (Walzer, Polonaisen, Mazurken); virtuose Stücke (Etüden), freie ›Charakterstücke‹ (Präludien, Impromptus, Balladen, Rhapsodien usw.), mehr oder weniger mit der Programmusik verbundene Stücke, die gern literarisch inspirierte Titel tragen (Schumann);
2. die Musik eines Ensembles (im allgemeinen *Kammermusik* genannt). Frühe Zeugnisse der Kammermusik waren das Ricercar und die Kanzone; die meistgepflegten Formen der Barockzeit waren die generalbaßbegleitete Triosonate, die Solosonate, das Concerto grosso und das Solokonzert. Um 1760–1770 taucht eine gewisse Zahl von bevorzugten Zusammensetzungen auf, die in der Regel Streichinstrumente mit oder ohne Klavier umfassen; der Name der Gattungen bezeichnet hier die Anzahl der Instrumente:
– mit Klavier: *Sonate,* wenn es nur ein Instrument gibt (meistens Violine), *Trio* (mit Violine und Violoncello), (seltener) *Quartett* und *Quintett*;
– ohne Klavier: die bei weitem häufigste Form ist das *Streichquartett* (zwei Violinen, Bratsche, Violoncello), es finden sich jedoch auch das *Streichtrio* (Violine, Bratsche, Violoncello) und das *Streichquintett* (mit zwei Bratschen oder zwei Violoncelli).

PERIODEN, SCHULEN

In der Musikgeschichte seit Anfang des 17. Jh. können vier große Perioden unterschieden werden.

Barock (um 1600–1750). Die stilistische Einheit dieser Periode gründet sich im wesentlichen auf die Existenz des *Generalbasses,* das heißt in der Praxis, daß es in der gesamten Instrumentalmusik ein ›ausführendes‹ Instrument gibt, in der Regel ein Tasteninstrument (Cembalo, Orgel), das das Ensemble begleitet. Anfang des 17. Jh. entsteht durch den Generalbaß in Italien der *Stile recitativo*, der seinerseits die Entstehung der Oper ermöglicht.

Klassik (um 1750–1820). Diese Zeit ist einerseits durch eine radikale Änderung des Stils (Verschwinden des Generalbasses), den beispiellosen Aufschwung der Instrumentalmusik, das Entstehen der großen ›klassischen Gattungen‹ (Sinfonie, Klaviersonate, Streichquartett usw.) und andererseits durch die neue Bedeutung Wiens geprägt, wo die drei größten Komponisten dieser Zeit, Haydn, Mozart und Beethoven, leben. Mit ihnen wird Wien zum größten Mittelpunkt des musikalischen Schaffens in Europa; dies ändert sich bis zum Ersten Weltkrieg nicht.

19. Jahrhundert. Das 19. Jh. ist stilistisch viel schwerer zu definieren als die beiden vorhergehenden Jahrhunderte. Einerseits, weil der Begriff *Romantik* in der Musik bei weitem keine eindeutige Bedeutung hat: Strenggenommen umfaßt die Romantik in der Musik eine ganze Generation (etwa 1820–1850); häufig wird jedoch der Begriff ›Romantik‹ und ›19. Jh.‹ synonym verwendet. Andererseits ist die Bedeutung des persönlichen Stils wesentlich größer als in der Vergangenheit, und es ist kaum möglich, selbst Komponisten aus ein und derselben Generation in Gruppen zu fassen. Im 19. Jh., dem Jahrhundert der Nationalstaaten, entstand und entfaltete sich das, was wir heute *nationale Schulen* nennen, das heißt das Auftreten der russischen, tschechischen, skandinavischen, spanischen Musik usw. neben der Musik der vier Länder, die gewissermaßen seit Anfang des 17. Jh. allein die Musikgeschichte geschrieben haben (Italien, Frankreich, Deutschland-Österreich und England).

20. Jahrhundert. Im 20. Jh. sind die Stilrichtungen so vielfältig, daß jeder Versuch, Komponisten in Gruppen zusammenzufassen, praktisch vergeblich ist. Es gibt allerdings Ausnahmen. Um Schönberg herum entwickelt sich etwa 1907 die *Wiener Schule,* der eine gewisse Anzahl von Komponisten angehören, von denen die wichtigsten Berg und Webern sind. Hier treten zwei bedeutende Neuheiten auf: der radikale Bruch mit der Tonalität und dann die *Zwölftonmusik*, die erste Phase der *seriellen Musik.* Andererseits entstehen nach 1950 neue Strömungen, von denen die bedeutendsten die *elektroakustische Musik* (konkrete Musik und elektronische Musik) und die *aleatorische Musik* sind.

MEISTERWERKE

WEITERE MUSIKARTEN

MITTELALTER, RENAISSANCE

Die heutige Musik beruht im wesentlichen auf einem begrenzten Repertoire: dem des 18. und 19. Jh. (*tonale Musik*). Dieses Repertoire öffnet sich allerdings zögernd an seinen beiden Grenzen: einerseits im 17. Jh., das mit dem Beginn des darauffolgenden Jahrhunderts die ›alte Musik‹ bildet; andererseits im 20. Jh., dessen jüngster Teil im allgemeinen ›zeitgenössische Musik‹ genannt wird. Zu diesem Repertoire über fast vier Jahrhunderte hinweg (17.–20. Jh.) gehören die oben aufgeführten Meisterwerke (S. 772–779). Zwei Bereiche fehlen jedoch praktisch in unserem musikalischen Leben: einerseits die abendländische Musik bis Ende des 16. Jh. und andererseits die Volksmusik und die nicht abendländische Musik.

Mittelalter. Die gesamte abendländische Musik beruht im Grunde auf dem Gesang der frühen christlichen Kirche, dem *Gregorianischen Gesang* (nach Papst Gregor I., auf den die um 600 erfolgte Neuordnung der Liturgie zurückgeht oder auch *Cantus planus* genannt wird. Der ursprünglich *monodische* Gesang (das heißt einstimmig von allen Gläubigen gesungen) wird spätestens im 9. Jh. *polyphon* (mehrstimmig). Zu dem *Organum* (zwei parallele Stimmen) kommt so ab dem 11. Jh. der *Diskant* hinzu (zwei Stimmen, die sich in gegensätzlicher Richtung auseinanderbewegen), der insbesondere in der Schule von Notre-Dame in Paris (Leoninus, Perotinus) ausgearbeitet wird. In der *Ars antiqua* genannten Zeit (um 1250–1320) entstehen die ersten *polyphonen* Gattungen: *Motette, Conductus.* Die *Ars nova* (um 1320–1400) entwickelt sie weiter, während gleichzeitig die ersten *mehrstimmigen (polyphonen) Messen* entstehen (Guillaume de Machaut).

Das Mittelalter hat jedoch nicht nur geistliche Musik hervorgebracht: Das 12. und das 13. Jh. sind die Blütezeit des mittelalterlichen *weltlichen Liedes* (*Troubadoure* und *Trouvères* in Frankreich; *Minnesänger* in Deutschland). Parallel zum französischen Lied der Ars nova (*Ballade, Rondeau, Virelai*) tauchen in Italien zur gleichen Zeit (*Trecento*) polyphone Gesangsgattungen auf (*Madrigal, Ballata*).

Renaissance (15.–16. Jh.). Bis zum 14. Jh. hat Frankreich die wichtigste Rolle bei der Entwicklung der Musik gespielt. Nach einer ›unfruchtbaren‹ Zeit im 15. Jh. findet im 16. Jh. in Italien eine Entwicklung statt, die bis Anfang des 18. Jh. in Europa mit zwei wichtigen Schwerpunkten im 16. Jh., nämlich Rom (mit Palestrina) und Venedig (mit Andrea und Giovanni Gabrieli), den ersten Platz einnimmt. Die *franko-flämische Schule* umfaßt jedoch die wichtigsten Komponisten des 15. und 16. Jh.: Dufay, Ockeghem, Josquin Desprez, Lassus. In England schaffen vor allem Dunstable (15. Jh.) und Byrd (16. Jh.) Werke von hohem Rang. Die Reformation regt dann rasch zu einer eigenen geistlichen Musik an (lutherische *Choräle* in Deutschland, kalvinistische *Psalmen* in Frankreich).

Es entstehen neue Gattungen weltlicher Vokalmusik (*Frottola, Madrigal* in Italien, Pariser *Chanson*). Die Renaissance bringt die Instrumentalmusik, besonders für Orgel und Flöte, hervor, zunächst durch Übertragung von Vokalwerken, dann durch Schaffung von speziell für Instrumente bestimmten Gattungen: *Präludium, Toccata, Variationen, Ricercar*.

VOLKSMUSIK UND NICHTABENDLÄNDISCHE MUSIK

Dieser große Bereich kann leicht in negativer Weise definiert werden: Er umfaßt alle Musikarten, die nicht der abendländischen Kunstmusik zugerechnet werden. Diese hat praktisch als einzige immer Noten gekannt und eingesetzt (s. S. 783), die ›anderen Musikarten‹ werden dagegen als ›nicht schriftliche‹ oder ›aus mündlicher Überlieferung entstandene‹ Musikarten bezeichnet.

Neben diesem gemeinsamen Merkmal (die mündliche Überlieferung) weist diese Musik eine ungeheure Vielfalt auf, die es praktisch unmöglich macht, sie in ihrer Gesamtheit zu erfassen. Man kann eigentlich nur eine Tatsache feststellen: Alle diese Musikarten ›klingen‹ anders als unsere, von der sie sich tatsächlich sehr unterscheiden, unabhängig davon, ob es sich um ihre Tonleitern, ihre Kompositionstechniken und Rhythmen oder die Instrumente usw. handelt. Sehr oft scheint in der nichtabendländischen Musik sogar eine andere Auffassung von der Dauer umgesetzt zu sein. Diese Bemerkungen könnten jedoch auch für die sehr frühe abendländische Musik und noch eindeutiger für die zeitgenössische Musik (seit etwa 1950) gemacht werden.

Innerhalb dieses weiten Feldes werden üblicherweise drei Bereiche unterschieden.

1. Die sog. ›primitive‹ Musik. Dieser Begriff, der eine auf Europa konzentrierte Haltung zeigt und heute kritisiert wird, ist keine glückliche Wahl (man spricht auch von ›ethnischer‹ Musik). Er bezeichnet Musikformen, die zu Kulturen gehören, die keine Schrift kennen (im wesentlichen denen Afrikas, Ozeaniens und der Indianer). In diesen Kulturen ist Musik niemals eine Kunst. Sie ist stark an die Religion, die Magie gebunden und mit symbolischen Bedeutungen erfüllt und gleichzeitig ein unerläßlicher Bestandteil des sozialen Lebens, wo sie alle wichtigen öffentlichen oder privaten Ereignisse begleitet. Sie setzt praktisch immer die aktive Beteiligung der gesamten Gemeinschaft voraus. Das ethnologische (und anthropologische) Interesse an dieser Musik darf nicht ihre musikalische Reichhaltigkeit vergessen lassen, die oft beträchtlich ist (denken wir beispielsweise an die Rhythmen der afrikanischen Musik, die um so viel reicher sind als die ›unserer‹ Musik).

2. Die ›gelehrte‹ nichtabendländische Musik. Diese Musik wird manchmal ›traditionelle‹ Musik genannt. Obwohl sie in der Regel keine Noten kennt, hat sie eine manchmal viel ältere Geschichte als unsere Musik. Diese Musik der ›Hochkulturen‹ findet sich vor allem in Asien: von Osten nach Westen sind die wichtigsten Länder Japan, China, Korea, die Philippinen, Indonesien (vor allem Bali, das wegen seines *Gamelan* berühmt ist), Indien, Iran und die Türkei.

3. Die ›folkloristische‹ Musik. Üblicherweise werden mit diesem Begriff die Volksmusiken eines Landes mit ›hochentwickelter Kultur‹ bezeichnet, vor allem diejenige Europas und Nordamerikas, aber auch die der asiatischen Länder, bei denen es auch die gelehrte musikalische Tradition gibt. Wie die ›ethnische‹ Musik können diese Musikarten ›populär‹ genannt werden: Sie haben jedoch das besondere Merkmal, daß sie gemeinsam mit einer Kunstmusik existieren, mit der der Austausch unterschiedlich, jedoch konstant ist.

Das Beispiel Westeuropas ist bezeichnend. Die folkloristische Musik mit ländlicher Tradition, die vor allem aus *Liedern* und *Tänzen* besteht, beginnt Anfang des 19. Jh. mit der Landflucht im Rahmen der industriellen Revolution abzunehmen. Gleichzeitig unterliegt sie einem Prozeß der Übernahme des Kulturguts, mit anderen Worten der Ansteckung durch die Kunstmusik, so daß heute in Westeuropa praktisch nichts mehr von dem ursprünglichen Musikerbe übriggeblieben ist. Umgekehrt wurde die gelehrte Musik im Westen seit dem 16. Jh. jedoch oft von der Folklore beeinflußt, die viele Komponisten im 19. und Anfang des 20. Jh. wie Mussorgskij in Rußland, Bartók in Ungarn und de Falla in Spanien angeregt hat.

A · **Die traditionelle Musik Asiens.**

Gamelan aus Bali: *Genderspieler* (balinesisches Metallophon). Der Gamelan umfaßt Schlagzeuge aus Bronze, Trommeln und Saiteninstrumente.

B · **Schlagzeuge aus Schwarzafrika.**

Sara-Musiker (südlicher Tschad), die – von links nach rechts – die Marimba (Xylophon, bei dem jede Platte eine Resonanzkalebasse besitzt), Trommel und Tam-Tam spielen.

MEISTERWERKE

MUSIKTECHNIK

BEGRIFFE

Deutsche, englische und französische Notenbezeichnungen. Die Musiknoten werden im Englischen und im Deutschen mit Buchstaben bezeichnet: A = *la,* B = *si* englisch (b im Deutschen), C = *do,* D = *re,* E = *mi,* F = *fa,* G = *sol,* H = *si* im Deutschen. Das französische *dièse* heißt im Englischen *sharp* und wird im Deutschen durch das Suffix *-is* bezeichnet. *Bémol* im Französischen heißt englisch *flat* und hat im Deutschen das Suffix *-es.* Französisch *majeur* ist im Englischen *major* und im Deutschen *Dur.* Französisch *mineur* heißt englisch *minor,* deutsch *Moll.* Beispiele: Französisch *si bémol majeur* = englisch *B flat major* und deutsch *B-Dur;* Französisch *do dièse mineur* = englisch *C sharp minor* und deutsch *cis-Moll.*

Mouvement. Dieser französische Begriff hat zwei sehr unterschiedliche Bedeutungen.
a) Er bezeichnet einen Satz eines Werkes mit mehreren Sätzen (Sonate, Sinfonie, usw.). Der letzte Satz wird häufig mit dem (italienischen) Namen *Finale* benannt;
b) Er bezeichnet die Spielgeschwindigkeit (italienisch *Tempo),* die meistens mit italienischen Begriffen angegeben wird; am häufigsten sind (von langsam zu schnell): *largo, larghetto, adagio, adagietto, andante, andantino, allegretto, allegro, presto, prestissimo.*

Stimmen. Bei den Männern unterscheidet man von tief zu hoch: *Baß, Bariton, Tenor;* bei den Frauen: *Alt, Mezzosopran, Sopran.* Der italienische Ausdruck *a cappella* bezeichnet ein Vokalwerk ohne Instrumentalbegleitung.

IDENTIFIZIERUNG EINES WERKS

Ein Werk identifizieren heißt, eine gewisse Anzahl von Angaben zu machen, die ausreichen müssen, es eindeutig zu definieren, um zum Beispiel die Suche nach einer Aufnahme zu ermöglichen oder Lektüre zum besseren Kennenlernen des Werks zu finden.

Mit dem immer unerläßlichen Namen des Komponisten kann der Titel ausreichend sein, wenn es sich zum Beispiel um eine Oper handelt: Mozart z. B. hat nur ein Werk mit dem Titel *Die Zauberflöte* geschaffen. Wenn es sich jedoch um ein Instrumentalwerk ohne Titel handelt, so ist das Problem wesentlich schwieriger: Haydn hat über 100 Sinfonien, Vivaldi über 400 Konzerte und Scarlatti 555 Sonaten für Cembalo komponiert!

Bei der tonalen Musik (etwa diejenige des 18. und des 19. Jh.) kann die Angabe der Tonart genügen. Beispiel: Von den 17 von Mozart komponierten Messen (ohne das berühmte *Requiem)* ist nur eine in c-Moll. ›Die Messe in c-Moll von Mozart‹ ist also eine ausreichende Identifizierung. Dies ist jedoch nicht immer der Fall: Etwa ein Viertel der Sinfonien von Haydn haben die gleiche Tonart, nämlich D-Dur!

Numerierungen. Deswegen nimmt man häufig eine der beiden folgenden Numerierungen zuhilfe:
– die Nummer des *Opus* (lateinisches Wort für *Werk):* Hier handelt es sich um eine Nummer (in der Regel vom Komponisten ab dem 19. Jh. selbst gegeben), die der *Ausgabe* eines Werkes oder einer Gruppe von Werken zugeteilt wird;
– die Nummer in einer genau festgelegten Gattung: So werden zum Beispiel die Sinfonien von Haydn, die Klavierkonzerte von Mozart, die Klaviersonaten und Sinfonien von Beethoven üblicherweise bezeichnet. Solche Numerierungen innerhalb einer Gattung, die im letzten Jahrhundert erstellt wurden, sind sehr hilfreich. Allerdings sind sie häufig von den jüngsten musikwissenschaftlichen Forschungen für überholt erklärt worden: Wenn Beethoven auch 32 Klaviersonaten und 9 Sinfonien komponiert hat, so sind die 104 Sinfonien von Haydn in Wirklichkeit 107, Mozart hat nicht 41 Sinfonien komponiert, sondern weit über 50.

Kataloge. Letztendlich kann folglich nur der *thematische Katalog* (er umfaßt die ersten Takte eines Werkes, was man auch sein *Incipit* nennt) die Werke eines Komponisten genau einordnen, jedes mit einer Art ›Ausweis‹ versehen und schließlich eine Nummer vergeben, ohne daß die Gefahr einer Verwechslung besteht. Derartige Kataloge sind unerläßlich für die Komponisten des 17. und 18. Jh., deren umfangreiches Schaffen meist nicht zu ihren Lebzeiten veröffentlicht wurde. Einige dieser Kataloge sind weithin bekannt. Derjenige für die Werke von Bach wird mit *BWV* bezeichnet, der Abkürzung für *Bach-Werke-Verzeichnis.* Die meisten werden allerdings mit dem Anfangsbuchstaben des Komponistennamens benannt. Hier die wichtigsten Kataloge für die Verfasser: **Vivaldi:** P (Pincherle). □ **Scarlatti:** L (Longo), kürzlich durch K (Kirkpatrick) ersetzt. □ **Mozart:** KV (Köchel). □ **Haydn:** H oder Hob. (Van Hoboken). □ **Boccherini:** G (Gérard). □ **Schubert:** D (Deutsch).

NOTENSCHRIFT

Die westliche Musik hat seit der griechischen Antike versucht, die musikalischen Töne und ihre Interpretation so zu notieren, daß es möglich ist, eine solche schriftlich ›fixierte‹ Musik zu ›reproduzieren‹.

Von den vier Parametern des Tons (Höhe, Dauer, Intensität, Klangfarbe) waren praktisch nur die beiden ersten Gegenstand einer eigentlichen musikalischen Notenschrift in Form von vereinbarten Zeichen. Intensität und Klangfarbe sowie der Ausdruck werden im allgemeinen durch hinzugefügte Worte angegeben.

Im Westen folgten mehrere Systeme aufeinander. Die griechische Antike verwendete *Buchstaben,* um die verschiedenen Noten zu benennen. Im Mittelalter tauchten zunächst *Neumen* auf, die lediglich die Richtung der melodischen Bewegung anzeigten, dann nach der Erfindung des *Liniensystems* im 11. Jh. die *Mensuralnotation,* die ab dem 13. Jh. versuchte, die Höhe und die Dauer jeder Note anzugeben. Erst im 15.–16. Jh. nahm unser Notationssystem Gestalt an.

Das 20. Jh. hat die musikalische Notation völlig erneuert. Bis etwa 1950 behalten die Komponisten die traditionelle Notation bei, suchen jedoch eine immer größere Genauigkeit. Nach 1950 tauchen neue Systeme auf, die die traditionelle Notation ganz oder teilweise aufgeben und in denen häufig die graphische Notation eine wichtige Rolle spielt.

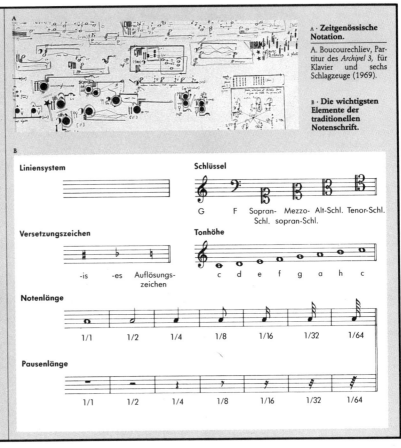

A · **Zeitgenössische Notation.**
A. Boucourechliev, Partitur des *Archipel 3,* für Klavier und sechs Schlagzeuge (1969).

B · **Die wichtigsten Elemente der traditionellen Notenschrift.**

783

MEISTERWERKE

ORCHESTER UND KONZERT

ORCHESTER

Nicht jede Gruppe von Instrumenten ist ein Orchester. Das Orchester ist strenggenommen eine Gruppe von Streichinstrumenten, die immer in doppelter Besetzung vorhanden sein müssen (das heißt mehr als ein Instrument pro Partie; mehrere Instrumente spielen dasselbe), zu der eventuell eine unterschiedliche Anzahl von Blasinstrumenten und Schlagzeugen hinzukommt. Ein nur aus Blasinstrumenten bestehendes Ensemble heißt *Harmonieorchester;* wenn Holzblasinstrumente dabei fehlen, so wird das nur aus Blechblasinstrumenten gebildete Ensemble *Fanfare* genannt.

Zusammensetzung des Orchesters. Seit seinem Entstehen Anfang des 17. Jh. hat sich die Zusammensetzung des Orchesters stark verändert. Anfang des 18. Jh. bildet sich das Zentrum der Streichinstrumente heraus, das üblicherweise *Streichergruppe* genannt wird: 2 Geigergruppen (erste Geigen, zweite Geigen), Bratschen, Violoncelli (normalerweise in tiefen Tonlagen durch Kontrabässe verdoppelt). Mitte des 18. Jh. stützt sich die entstehende Sinfonie auf dieses Zentrum, zu dem häufig Blasinstrumente fast immer paarweise hinzukommen: im allgemeinen 2 Oboen und 2 Hörner, vielleicht 1 oder 2 Flöten, 1 oder 2 Fagotte und dann (ab etwa 1780) 2 Klarinetten; hinzu kommen bei bestimmten Werken 2 Trompeten und 2 Pauken.

Im 19. Jh. vergrößert sich das Orchester um viele Blasinstrumente; im 20. Jh. werden die Schlaginstrumente immer wichtiger. Da sich im allgemeinen die Zahl der Streichinstrumente entsprechend erhöht, wächst die Gesamtgröße des Orchesters im 19. Jh. stark an; sie ist im 20. Jh. je nach Repertoire sehr unterschiedlich.

Bis Mitte des 18. Jh. wurde das Orchester in der Regel vom Cembalo geleitet, das seinen Schwerpunkt bildete (Zeit des Generalbasses). Diese Rolle fiel dann der ersten Geige zu. Die Funktion des Dirigenten bildete sich erst im 19. Jh. heraus.

KONZERT

Bis zum 17. Jh. hatte die Musik ihren angestammten Platz im höfischen oder im alltäglichen Leben. In der zweiten Hälfte des 17. Jh. entsteht das Konzert, das in Frankreich in der Regel *Académie,* in Deutschland *Collegium musicum* heißt. Aber erst im 18. Jh. werden gleichzeitig mit der Entwicklung des Kapitalismus und dem Aufkommen des Bürgertums die ersten öffentlichen, das heißt kommerziellen Konzertunternehmen gegründet, deren Urbild bis zur französischen Revolution das Concert spirituel bleibt, das 1725 in Paris gegründet wurde.

Bis Ende des 18. Jh. sind Paris und London die beiden europäischen Zentren für das Konzertleben. Das öffentliche Konzert kommt in Wien im 19. Jh. und dann in Deutschland (ab 1781 Leipziger Gewandhauskonzerte) und den anderen Ländern auf. Im 19. Jh. werden so in Europa und in den Vereinigten Staaten große Vereinigungen oder Konzertgesellschaften gegründet (s. S. 775), die größtenteils noch heute bestehen.

Ab 1820–1830 taucht das *Solokonzert* auf, in dem ein einzelner Interpret, meist ein Pianist, auftritt. Liszt war einer der ersten Pianisten, der derartige Konzerte gab.

C · **Aufführung der *Schöpfung* von Haydn in Wien 1808.**
Als Zeugnis der ungeheuren Popularität Haydns wurde dieses Oratorium ein Jahr vor dessen Tod am 27. März 1808 von Salieri aufgeführt. Auf der Bühne sitzen 57 Musiker (Sänger und Spieler). Mehrere Persönlichkeiten (darunter Beethoven) ehren den in der Mitte sitzenden Komponisten. *(Kopie eines verlorengegangenen Gemäldes von B. Wiegand, Historisches Museum Wien)*

A · **Das Orchestre de Paris kurz nach seiner Gründung (1967).**
Das Orchestre de Paris ist Nachfolger der Société des concerts du Conservatoire. Neben seinem Gründer Charles Münch waren vor allem Georg Solti und Daniel Barenboim (1975–1991) seine Dirigenten.

B · **Das Orchester.**
Wie die Zusammensetzung hat sich auch die Anordnung des Orchesters seit dem 17. Jh. stark verändert. In der Oper ist das Orchester bis Mitte des 18. Jh. der Länge nach links und rechts vom Cembalo in der Mitte gruppiert; die Streichinstrumente befinden sich im allgemeinen links, die Blasinstrumente rechts. Ab etwa 1775 verbreitet sich im Konzert wie im Theater die noch heute übliche halbkreisförmige Anordnung. Im gesamten 19. Jh. ist jedoch die Aufteilung der Instrumente unterschiedlich. In der Regel befinden sich die ersten und zweiten Geigen links bzw. rechts vom Dirigenten, die Violoncelli hinter den ersten Geigen (Kontrabässe hinter den Violoncelli) und die Bratschen hinter den zweiten Geigen. Die Blasinstrumente finden sich hinter den Streichinstrumenten (entweder Holzblasinstrumente links und Blechblasinstrumente rechts oder die Blechblasinstrumente hinter den Holzblasinstrumenten).
1945 führt L. Stokowski eine Anordnung ein, die sich heute überall durchgesetzt hat: Die Violoncelli vor den Kontrabässen werden rechts vom Dirigenten an die frühere Stelle der zweiten Geigen plaziert; diese kommen hinter die ersten Geigen. Einige Werke der zeitgenössischen Musik erfordern unübliche Anordnungen und Instrumente.

Violinen.
Die Zahl der Geigen ist unterschiedlich: Meistens sind es in einem Orchester 12 oder 16 erste und 10 oder 14 zweite Geigen.

Blechblasinstrumente.
Wie die Holzblasinstrumente sind die Blechblasinstrumente, im 18. Jh. jeweils zwei, im 19. Jh. eindeutig mehr geworden. Heute zählt man meistens drei Hörner, vier Trompeten, vier Posaunen und eine Tuba. Sie bilden ein ›Harmoniemusik‹ genanntes Ensemble.

Harfen.
Seit Mitte des 19. Jh. finden sich normalerweise eine oder zwei Harfen im Orchester. Sie vertreten dort die Zupfinstrumente.

Schlaginstrumente.
Die Schlaginstrumente, die bis Ende des 18. Jh. nur aus Pauken bestanden, werden im 19. und 20. Jh. stark erweitert: Trommeln, Becken, Triangel, Xylophon, Glockenspiele, Gongs u. a.

Holzblasinstrumente.
Die bis Ende des 18. Jh. jeweils doppelt verwendeten Holzblasinstrumente sind seit Ende des 19. Jh. zu dritt oder zu viert zu finden.

Andere Streichinstrumente.
Wie bei den Geigen ist die Zahl der anderen Streichinstrumente unterschiedlich: 8 oder 12 Bratschen, 8 oder 10 Violoncelli, 6 oder 8 Kontrabässe.

MEISTERWERKE

INTERPRETEN

SOLISTEN

Prominenz ist an den öffentlichen Auftritt gebunden. So waren im 18. Jh. die ersten Stars die Opernsänger und -sängerinnen, dann im darauffolgenden Jahrhundert die großen Komponisten, die zugleich Geigen- (Paganini) und dann Klaviervirtuosen (Liszt) waren. Nachstehend einige der großen Solisten des 20. Jh.

Sängerinnen.
Baker (Janet) [GB, 1933]. ◻ Berganza (Teresa) [E, 1935]. ◻ Caballé (Montserrat) [E, 1933]. ◻ Callas (Maria) [GR, 1923–1977]. ◻ Ferrier (Kathleen) [GB, 1912–1953]. ◻ Flagstad (Kirsten) [N, 1895–1962]. ◻ Freni (Mirella) [I, 1935]. ◻ Horne (Marylin) [USA, 1934]. ◻ Lehmann (Lotte) [USA, deutscher Abstammung, 1888–1976]. ◻ Nilsson (Birgit) [S, 1918]. ◻ Norman (Jessye) [USA, 1945]. ◻ Ricciarelli (Katia) [I, 1946]. ◻ Schwarzkopf (Elisabeth) [GB, deutscher Abstammung, 1915]. ◻ Söderström (Elisabeth) [S, 1927]. ◻ Sutherland (Joan) [AUS, 1926]. ◻ Te Kanawa (Kiri) [NZ, 1943].

Sänger.
Adam (Theo) [D, 1926]. ◻ Carreras (José) [E, 1946]. ◻ Caruso (Enrico) [I, 1873–1921]. ◻ Christoff (Boris) [BG, 1914]. ◻ Di Stefano (Giuseppe) [I, 1921]. ◻ Domingo (Placido) [E, 1941]. ◻ Fischer-Dieskau (Dietrich) [D, 1925]. ◻ Gedda (Nikolai) [S, 1925]. ◻ Gobbi (Tito) [I, 1913]. ◻ Pavarotti (Luciano) [I, 1935]. ◻ Raimondi (Ruggero) [I, 1941]. ◻ Schaljapin (Fjodor) [UdSSR, 1873–1938].

Pianisten.
Cortot (Alfred) [F, 1877–1962]. ◻ Fischer (Edwin) [CH, 1886–1960]. ◻ Haskil (Clara) [CH, rumänischer Abstammung, 1895 bis 1960]. ◻ Horowitz (Vladimir) [USA, russischer Abstammung, 1904–1989]. ◻ Kempff (Wilhelm) [D, 1895]. ◻ Lipatti (Dinu) [R, 1917–1950]. ◻ Richter (Swjatoslaw) [UdSSR, 1915]. ◻ Rubinstein (Arthur) [USA, polnischer Abstammung, 1886–1982]. ◻ Schnabel (Arthur) [USA, österreichischer Abstammung, 1882–1951]. ◻ Serkin (Rudolf) [USA, österreichischer Abstammung, 1903].

Violonisten.
Heifetz (Jascha) [USA, russischer Abstammung, 1901]. ◻ Kreisler (Fritz) [USA, österreichischer Abstammung, 1875–1962]. ◻ Menuhin (Yehudi) [USA und GB, russischer Abstammung, 1916]. ◻ Oistrach (David) [UdSSR, 1908–1974]. ◻ Stern (Isaac) [USA, russischer Abstammung, 1920].

Violoncellisten.
Casals (Pablo) [E, 1876–1973]. ◻ Fournier (Pierre) [F, 1906–1986]. ◻ Rostropowitsch (Mstislaw) [UdSSR, 1927].

DIRIGENTEN

Das Dirigieren war bis ins 19. Jh. auf einfache Handbewegungen beschränkt. Erst mit der Verfeinerung der Ensemblemusik im späteren 18. Jh. und der Differenzierung aller musikalischen Elemente seit der Wiener Klassik wurde ein ebenso differenziertes Dirigieren notwendig. In der Mitte des 19. Jh. beginnt die Reihe der großen Dirigenten, die nicht mehr, wie bis dahin, in erster Linie Komponisten sind. Hier einige der großen Dirigenten des 20. Jh.:

Ansermet (Ernest) [CH, 1883–1969]. ◻ Barenboim (Daniel) [IL, 1942]. ◻ Beecham (Sir Thomas) [GB, 1879–1961]. ◻ Bernstein (Leonard) [USA, 1918–1990]. ◻ Böhm (Karl) [A, 1894–1981]. ◻ Boulez (Pierre) [F, 1925]. ◻ Celibidache (Sergiu) [R, 1912]. ◻ Davis (Sir Colin) [GB, 1927]. ◻ Furtwängler (Wilhelm) [D, 1886–1954]. ◻ Giulini (Carlo Maria) [I, 1914]. ◻ Haitink (Bernard) [NL, 1929]. ◻ Inghelbrecht (Désiré-Émile) [F, 1880–1965]. ◻ Karajan (Herbert von) [A, 1908–1989]. ◻ Klemperer (Otto) [IL, deutscher Abstammung, 1885–1973]. ◻ Knappertsbusch (Hans) [D, 1888–1965]. ◻ Kussewitzky (Sergej) [USA, russischer Abstammung, 1874–1951]. ◻ Mehta (Zubin) [IND, 1936]. ◻ Monteux (Pierre) [USA, französischer Abstammung, 1875–1964]. ◻ Münch (Charles) [F, 1891–1968]. ◻ Nikisch (Arthur) [H, 1855–1922]. ◻ Ormandy (Eugene) [USA, ungarischer Abstammung, 1899]. ◻ Osawa Seiji (J, 1935). ◻ Scherchen (Hermann) [D, 1891–1966]. ◻ Solti (Sir Georg) [GB, ungarischer Abstammung, 1912]. ◻ Stokowski (Leopold) [USA, britischer Abstammung, 1882–1977]. ◻ Toscanini (Arturo) [I, 1867–1957]. ◻ Walter (Bruno) [USA, deutscher Abstammung, 1876–1962].

B · Arturo Toscanini.

Seine lange und große Karriere (von 1886 bis zu seinem Tod 1957) konzentrierte sich vor allem auf zwei Länder, Italien (insbesondere die Mailänder Scala) und die USA (an der Spitze ›seines‹ Orchesters der NBC). Er war für seinen Perfektionismus bekannt.

GROSSE WETTBEWERBE

Cembalo: *Internationaler Wettbewerb* (Paris).
Orchesterdirigent: *Junge Dirigenten* (Besançon).
Orgel: *Internationaler Wettbewerb* (Chartres).
Klavier: *Frédéric Chopin* (Warschau); *Clara Haskil* (Vevey-Montreux); *Königin Elisabeth* (Brüssel); *Marguerite Long-Jacques Thibaud* (Paris); *P. I. Tschaikowsky* (Moskau); *Géza Anda* (Zürich).
Streichquartett: *Internationaler Wettbewerb* (Évian).
Violine: *Königin Elisabeth* (Brüssel); *Marguerite Long-Jacques Thibaud* (Paris); *Carl Flesch* (London).

Es gibt keinen bedeutenden Wettbewerb für musikalische Kompositionen.

A · Vladimir Horowitz.

In der Ukraine geboren, begann er 1925 eine internationale Karriere und spielte 1933 unter der Leitung von Toscanini, dessen Tochter er heiratete. Nachdem er sich 1940 in den Vereinigten Staaten niedergelassen hatte, erhielt er 1944 die amerikanische Staatsbürgerschaft. Der hervorragende Pianist bevorzugte das romantische Repertoire und stellte eine glänzende Technik in den Dienst einer sehr persönlichen Interpretation.

C · Maria Callas.

Amerikanerin griechischer Herkunft (dort 1966 eingebürgert), machte sie vor allem in Italien Karriere. Sie besaß ein außergewöhnliches Timbre, aber auch ein seltenes Musikverständnis und eine hervorragende Schauspielkunst, die sie zu einer unvergleichlichen Interpretin der italienischen Oper des 19. Jh. (Bellini, Donizetti, Verdi) machten.

D · Leonard Bernstein.

Der Pianist und vielseitige Komponist (Orchesterwerke, Kammermusik, Ballette) Bernstein begann seine Karriere als Dirigent im Zweiten Weltkrieg. 1958–1969 leitete er das Philharmonische Orchester New York. Dem breiten Publikum wurde er durch das Musical *West Side Story* bekannt.

MEISTERWERKE

MUSIKINSTRUMENTE

BLASINSTRUMENTE

Die Blasinstrumente des Orchesters werden in zwei Kategorien, in Holz- und Blechblasinstrumente, unterteilt.

1. Holzblasinstrumente. Einige dieser Instrumente sind heute aus Metall.
a) die Flöten; *die Querflöte* führte im letzten Jahrhundert zur Entstehung einer ganzen Familie: in den höhen Tönen die *Pikkoloflöte;* in den tiefen Tönen *Altflöte* und *Baßflöte;*
b) die Rohrblattinstrumente (mit Zungen am Mundstück, die den Atem beim Blasen vibrieren lassen) mit zwei Familien:
– die Familie der Oboen (Instrumente mit doppeltem Rohrblatt) umfaßt von hohen zu tiefen Tönen: *Oboe, Oboe d'amore, Englisch Horn, Heckelphon, Sarrusophon, Fagott, Kontrafagott;*
– die Familie der Klarinetten (Instrumente mit einfachem Rohrblatt) umfaßt die *Klarinette,* von der es seit dem 19. Jh. eine ganze Familie gibt, das *Bassethorn,* das *Saxophon,* bei dem zum Mundstück der Klarinette ein Kupferrohr hinzukommt.

2. Blechblasinstrumente. Sie umfassen:
a) die Familie der Hörner: *Hörner, Bugelhörner, Tuben;*
b) die Familie der Trompeten: *Trompeten* (in vielen Größen); *Posaunen.*

A, B · Posaune und Trompete.
Die seit der Antike bekannte *Trompete* erhält im 15. Jh. ihre moderne gekrümmte Form. Das Ventilsystem wurde um 1820–30 eingeführt. Die tiefer klingende *Posaune* verwendet anstelle der Ventile zur Änderung der Tonhöhe eine Zugvorrichtung. Nachdem sie bis zum 18. Jh. nur bei geistlicher Musik verwendet wurde, wird sie anschließend in das Orchester eingegliedert.

C, D · Flöten.
Im 18. Jh. nimmt die *Querflöte* (D), die ein Mundstück besitzt, mit dem sie den Ton (durch die Lippen des Spielers) modulieren kann, den Platz der *Blockflöte* (C) ein, deren Ton unveränderlich ist. Bei den Quer- und Blockflöten des 18. Jh. verschloß der Spieler zum Hervorbringen verschiedener Noten mit seinen Fingern die Löcher am Instrumentenkorpus. 1832 arbeitet Th. Boehm das *Klappensystem* aus, das sich bei allen ›Holzblasinstrumenten‹ einbürgerte.

E · Pauken.
Die Pauken, die bis Ende des 18. Jh. die einzigen Schlaginstrumente im Orchester waren, kamen (fast immer zweifach) bei Werken mit majestätischem Charakter zu den Trompeten hinzu: Sie haben nur eine rhythmische Aufgabe. Haydn (Sinfonie Nr. 103, 1795) und dann Beethoven haben sie als erste wegen ihres *Klanges* eingesetzt und ihnen häufig beeindruckende *Wirbel* übertragen.

SAITENINSTRUMENTE

Die Saiteninstrumente gliedern sich nach der Art der Tonerzeugung in zwei Gruppen.

1. Zupfinstrumente. Die Saiten werden mit dem Finger oder einem Plektrum gezupft. Mit Ausnahme der *Harfe* findet sich normalerweise keines dieser Instrumente in einem Orchester. Die meisten sind sehr alt. Einige werden seit dem 17. Jh. *(Cister)* oder Mitte des 18. Jh. *(Laute, Theorbe)* kaum mehr verwendet, andere sind noch weit verbreitet: *Gitarre, Mandoline.*

2. Streichinstrumente. Die Saiten werden mit einem Bogen in der rechten Hand des Musikers gestrichen. Die Familie der *Violen (Viola da gamba, Viola d'amore, Baryton)* stammt aus dem Mittelalter. Zwischen Mitte des 17. Jh. und des 18. Jh. weicht diese Familie allmählich der *Violine,* die in Italien Anfang des 16. Jh. auftauchte und seitdem den Kern des Orchesters bildet, wo sie ganz einfach ›Streicher‹ heißt. Sie besteht aus vier Instrumenten gleicher Form, jedoch unterschiedlicher Größe. Von hoch zu tief: *Violine, Bratsche, Violoncello, Kontrabaß.* Jede hat vier Saiten (manchmal hat der Kontrabaß eine fünfte Saite für tiefe Töne).

F · Violine.
Der Geigenbau hatte in der 2. Hälfte des 17. Jh. in Italien seine Blütezeit. Heute noch sind die von A. Stradivari (Cremona, um 1644–1737) hergestellten Instrumente die gefragtesten.

G · Violoncello.
Bis Mitte des 18. Jh. dient das Violoncello ausschließlich zur Begleitung: Neben dem Cembalo übernimmt es die Aufgabe des Generalbasses (es gibt allerdings Ausnahmen wie die berühmten *Suiten* für Solo-Violoncello, die Bach um 1720 komponierte). In der Kammermusik (Streichquartett) wie im Orchester (Sinfonie) wird seine Rolle dann immer wichtiger.

SCHLAGINSTRUMENTE

Diese Instrumente, die im Mittelalter und in der Renaissance zahlreich in vielfältigen Formen vorhanden waren, verschwinden im 17. und 18. Jh. fast völlig aus dem Orchester, wo mit einigen wenigen Ausnahmen (Janitscharenmusik des 18. Jh. mit *Triangel, Tamburin, Becken* und *großer* und *kleiner Trommel*) nur zwei *Pauken* gelegentlich eingesetzt werden. Das Orchester des 19. Jh. gliedert allmählich neue Schlaginstrumente ein, aber erst im 20. Jh. erhöht sich ihre Zahl sowohl im Orchester als auch mit der Bildung von Ensembles nur aus solchen Instrumenten beträchtlich.

Eine gängige Klassifizierung teilt die Schlaginstrumente in vier Gruppen ein:
1. **Metallinstrumente:** *Glocken, Becken, Gong;*
2. **Klaviaturinstrumente:** *Glockenspiel* (Einheit aus Stahlstäben), *Xylophon* (Klaviatur aus Holzstäben); *Marimba* (gleiches Prinzip wie beim Xylophon, jedoch mit Resonanzkalebassen unter den Zungen); *Celesta* (seit etwa 1890: ein äußerlich dem Harmonium ähnliches Instrument mit Metallstäben anstelle von Saiten); *Vibraphon* (seit etwa 1930);
3. **Membranophone:** *Pauken, Trommeln* (vor allem die Große Trommel, Bongo);
4. ›**Zubehör**‹: aus Holz (*Kastagnetten, Claves, Tempelblöcke, Holzblöcke*), aus Metall (*Crotales, Amboß, Triangel*).

TASTENINSTRUMENTE

Je nach Tonerzeugung werden die Tasteninstrumente in zwei Gruppen eingeteilt.

1. Die Orgel. Sie bildet allein die erste Gruppe: Der Ton wird durch *Pfeifen* erzeugt, auf die der Wind übertragen wird. Diese Pfeifen sind in *Registern* zusammengefaßt, die sich ihrerseits durch unterschiedliche Klangfarben voneinander abheben.

2. Die Tasten- und Saiteninstrumente. Sie können in zwei Gruppen unterteilt werden:
Gezupfte Saiten. Vom 16. bis Mitte des 18. Jh. war das wichtigste Instrument dieses Typs das *Cembalo,* das in der Regel zwei übereinanderliegende Klaviaturen hat. Im Barock (von Anfang des 17. Jh. bis Mitte des 18. Jh.) war das Cembalo bei jedem Stück mit mehreren Instrumenten vertreten, wo es die wichtige Aufgabe des Generalbasses erfüllte.
Geschlagene Saiten. Das ab 1710 aufgekommene *Pianoforte* ist der Nachkomme des *Clavichords.* Es verbreitet sich zwischen 1770–1780 und ersetzt bald darauf das Cembalo als wichtigstes Tasteninstrument. Zahlreiche Weiterentwicklungen gegen Ende des 18. Jh. und Anfang des 19. Jh. machen das *Piano* (diese Abkürzung gab man ihm ab etwa 1820) zum populärsten Instrument des 19. und 20. Jahrhunderts.

H · Von Érard gebautes Pianoforte (Paris, 1812).
Neben Pleyel war Érard der wichtigste Klavierbauer in Frankreich. 1822 erfand er das System der ›doppelten Auslösung‹, durch das die sehr rasche Wiederholung einer Note möglich wurde, und trug so zur Virtuosität der Romantik bei. (Museum für Instrumente des Conservatoire, Paris)

MEISTERWERKE

OPER

GATTUNGEN

Italien. In der ersten Hälfte des 17. Jh. verwendete man in Italien den Begriff *Dramma per musica* (musikalisches Drama). Da der Name *opera* die wachsende Bedeutung der Musik im Verhältnis zum Text besser wiedergab (Anfänge des *Belcanto*), bürgert er sich Ende des Jahrhunderts ein. Der Ausdruck *Opera seria* (der ab Anfang des 18. Jh. auftauchte) kennzeichnet die Unterdrückung der komischen Elemente. Diese lassen nun mehrere, häufig volkstümliche Gattungen entstehen: Der Begriff *Opera buffa* ist am weitesten verbreitet, man findet jedoch auch: *Commedia in musica, Intermezzo, Dramma giocoso*. Im ganzen 18. Jh. bestehen die *Opera seria* und die *Opera buffa* gleichzeitig und nähern sich dann aneinander an *(Opera semi seria,* um 1830).

Frankreich. Die 1672 entstandene französische Oper trägt den Namen *musikalische* oder *lyrische Tragödie (Tragédie lyrique)*. Im 17. und 18. Jh. finden sich weitere Gattungen: die *Comédie lyrique,* die *Comédie-Ballet,* die *Opéraballet*. Mitte des 18. Jh. taucht eine originelle Gattung auf, die bis Ende des 19. Jh. besteht, nämlich die *Opéra-comique*, die halb gesprochen, halb gesungen wird. Im 19. Jh., nach der Mode der *Grand opéra* (Meyerbeer), kommt keine neue Gattung auf, mit Ausnahme der *Opéra bouffe* und der *Operette* (Beispiele sind die Werke von Offenbach).

Deutschland. In Deutschland entwickelt sich ab etwa 1760 parallel zur französischen Opéra-comique das *Singspiel*, das halb gesprochen, halb gesungen wird (Werke von Mozart). Erst ab ungefähr 1820 kommt die vollständig gesungene Oper auf.

A · **Das Palais Garnier (Pariser Oper).**
Die Ansicht von Bühne und Zuschauerraum kurz nach der Eröffnung (1875) dieses größten Projekts des 19. Jahrhunderts. *(Lithographie von M. Ch. Fichot, Bibliothek der Oper, Paris).*

GROSSE OPERNBÜHNEN DER GEGENWART

Hier werden die ›Hochburgen‹ der Oper angeführt. Dabei wird der gängige Name angegeben, der teils der einer Institution, teils der eines Theaters ist.

Australien: *Australian Opera* (Sydney).

Belgien: *Théâtre royal de la Monnaie* (Brüssel); *Opéra royal de Wallonie* (Lüttich).

Bulgarien: *Staatliches Musiktheater* (Sofia).

Deutschland: *Deutsche Oper* (Berlin); *Deutsche Staatsoper* (Berlin); *Komische Oper* (Berlin); *Deutsche Oper am Rhein* (Duisburg/Düsseldorf); *Habsburger Ring* (Köln); *Staatsoper* (Hamburg); *Nationaltheater* (München); *Württembergisches Staatstheater* (Stuttgart); Bühnen von Bielefeld, Bonn, Dresden, Essen, Frankfurt am Main, Krefeld, Leipzig, Oberhausen, Wiesbaden.

Frankreich: 1. *Théâtre national de l'Opéra* (Palais Garnier; *Opéra de la Bastille*); 2. *Opéra-Comique* (Salle Favart) [Paris]; Bühnen von Bordeaux, Lille, Lyon, Marseille, Nancy, Nantes, Nizza, Rouen, Straßburg, Toulouse.

Großbritannien: 1. *Covent Garden;* 2. *English National Opera* (London).

Italien: *Teatro Verdi* (Florenz); *Teatro alla Scala* (Mailand); *Teatro San Carlo* (Neapel); *Teatro dell'Opera* (Rom); *Teatro Regio* (Turin).

Kanada: *Opéra de Montreal* (Montreal); *Royal Conservatory Opera Company* (Toronto).

Niederlande: *Stadsschouwburg* (Amsterdam).

Österreich: 1. *Staatsoper;* 2. *Volksoper* (Wien); *Neues Festspielhaus* (Salzburg).

Polen: *Warschauer Staatsoper.*

Schweden: *Königliches Theater* (Stockholm).

Schweiz: *Stadttheater* (Basel); *Grand Théâtre* (Genf); *Stadttheater* (Bern); *Stadttheater* (Zürich).

Tschechoslowakei: *Nationaltheater* (Prag).

UdSSR: *Kirow-Theater* (Leningrad); *Bolschoi-Theater* (Moskau).

Ungarn: *Erkel-Theater* (Budapest).

Vereinigte Staaten: *Lyric Opera of Chicago* (Chicago); 1. *Metropolitan Opera;* 2. *New York City Opera* (New York); *San Francisco Opera Company* (San Francisco).

DIE OPER UND DAS KINO

Die Verfilmung von Opern entwickelte sich natürlich vor allem nach dem Aufkommen des Tonfilms (1929) und dies insbesondere in Italien. Seit einigen Jahren haben Opernverfilmungen einen beispiellosen Erfolg:
Carmen (Bizet), von C. B. de Mille (1915).
Die Dreigroschenoper (Weill), von G. W. Pabst (1931).
La Bohème (Puccini), von M. L'Herbier (1942).
Aida (Verdi), von C. Fracassi (1953).
Carmen Jones (Bizet), von O. Preminger (1954).
Porgy and Bess (Gershwin), von O. Preminger (1959).
Die Zauberflöte (Mozart), von I. Bergman (1975).
Don Giovanni (Mozart), von J. Losey (1979).
Parsifal (Wagner), von H. J. Syberberg (1982).
La Traviata (Verdi), von Fr. Zeffirelli (1982).
Carmen (Bizet), von Fr. Rosi (1984).
Orfeo (Monteverdi), von Cl. Goretta (1985).
Othello (Verdi), von Fr. Zeffirelli (1986).
La Bohème (Puccini), von L. Comencini (1988).

B · **Die Zauberflöte von I. Bergman.**
Es ist Bergman gelungen, den Geist von Mozarts Werk in seiner Opernverfilmung einfühlsam und werkgenau darzustellen.

C · **Don Giovanni von J. Losey.**
Dies ist die Art der ›Oper im Film‹, die dem Kino eindeutig näher als der Bühne steht.

MEISTERWERKE

JAZZMUSIK

AM ANFANG EINER ÄRA

Die Nachfahren der durch den Sklavenhandel in die Südstaaten der USA verschleppten Afrikaner haben gegen Ende des 19. Jh. den Jazz entwickelt. Gegenwärtig wird der Begriff von den afroamerikanischen Musikern als Symbol der Rassendiskriminierung weitgehend abgelehnt und durch *Black music* ersetzt. Ausgehend von den Rhythmen und den Tonarten der afrikanischen Vorfahren und der euroamerikanischen Marsch-, Tanz- und Volksmusik, vollzog sich eine Synthese. In den Baumwollfeldern des Südens plagte man sich schwer; die *Field hollers*, ländliche Lieder der Arbeit, halfen durchzuhalten. In der Kirche wurde der *Gospelsong*, in weniger angesehenen Orten der *Blues* eingeführt. Um 1900 gibt der *Ragtime* den entscheidenden Impuls. Durch den Einsatz des Klaviers behauptet die Musik der Schwarzen ihren festen Platz. Ein gewisses typisches Pendeln, ein Spiel zwischen Spannung und Entspannung (der *Swing*), das den Körper anspricht, ist das Zeichen dieser Musik. Ihre Gefühlspalette ist sehr groß, vom Lächeln zum Kummer, von der sinnlichen Herausforderung zum feinsinnigen Humor und vom verliebten Murmeln bis zum Schrei des Aufstandes. In New Orleans erhält der Jazz seine Kräfte, seine Regeln und seine Perspektiven.

Sein Auftauchen Anfang des Jahrhunderts hatte die Wirkung eines Blitzschlages. Im Jahr 1917 geschehen unter anderem zwei wichtige Ereignisse: die Aufzeichnung der ersten Schallplatte mit Jazzmusik durch die *Original Dixieland Band* und die Schließung von Storyville (des ›geschichtsträchtigen‹ Viertels) wegen wiederholter nächtlicher Ruhestörungen, die New Orleans menschenleer macht. Zug, Auto und Flugzeug sind gerade erfunden worden: Chicago, New York, bald kann die ganze Welt erreicht werden. Einige verblüffte Europäer hören die neuen Rhythmen, das ausdrucksvolle Ungestüm und die fröhliche Ironie dieser Musik der schwarzen amerikanischen Soldaten.

Ein tief verwurzelter Drang nach Freiheit und Universalität liegt, als Perspektive oder als Antrieb, den oft verblüffenden Widerwärtigkeiten der Neuzeit zugrunde. Vielleicht war es der Jazz, der dem Jahrhundert dieses Zeichen des Lächelns aufgeprägt hat. *Body and Soul ...*

A, B

Armstrong (Louis) [Vereinigte Staaten, 1900–1971]. Er wurde genau zu Beginn des Jahrhunderts in der Hauptstadt des Jazz, New Orleans, geboren: ein Zeichen des Schicksals? Der brillante Trompeter und originelle Sänger hat dem Jazz Maßstäbe gesetzt: bei Kid Ory 1917, King Oliver in Chicago 1922 und Fletcher Henderson 1924. 1925 Gründung der *Hot Five*. Er war der erste große Star des Jazz und wurde *Satchmo* oder *Pops* genannt. *(Saint Louis Blues, The Good Book, West End Blues, C'est si bon)*
Art Ensemble of Chicago. (The) [Vereinigte Staaten, 1967]. Diese Gruppe, bestehend aus Lester Bowie, Malachi Favors, Joseph Jarman und Roscoe Mitchell, vertritt die suchende Tendenz des Free Jazz. Sie verwendet auch unkonventionelle Instrumente, z. B. Hupe und Bratpfanne, und greift auf traditionelle Ausdrucksmittel der afroamerikanischen Musik zurück. *(Urban Bushmen)*
Ayler (Albert) [Vereinigte Staaten, 1936 bis 1970]. Saxophonist (Tenor), Meister des Free Jazz, heftig und naiv, vor allem jedoch eine einsame Persönlichkeit abseits jeglicher Strömung. Eine Art Picasso. Tragischer und mysteriöser Tod. *(Spirits Rejoice, Love Cry, New Grass)*
Baker (Chet) [Vereinigte Staaten, 1929 bis 1988]. Trompeter und Sänger. Seine samtige und träumerische Stimme wühlt auch den stärksten Zyniker auf. Der Meister der Ballade bewegt durch seine Persönlichkeit als *loser*. *(In Paris)*
Barbieri (Leandro, Gato genannt). [Argentinien, 1933]. Saxophonist (Tenor). 1965 Zusammenarbeit mit Don Cherry, dann versucht er eine Symbiose zwischen dem extrem liberalen Jazz und der lateinamerikanischen Musik. Ein großer Lyriker. *(The Third World, Latin America, Le Dernier Tango à Paris)*
Basie (William, Count genannt). [Vereinigte Staaten, 1904–1984]. Der von Fats Waller beeinflußte Pianist und Dirigent kommt 1928 zu den *Blue Devils* von Kansas City. 1937 gründet er ein Orchester mit subtilen, von Blechblasinstrumenten geprägten Klängen und dynamischen Höhepunkten. Ein halbes Jahrhundert internationalen Erfolges und Einflusses auf die Entwicklung der Musik: eine Säule der Musik. *(The Best of, Swingin' The Blues, K. C. Blues)*

Bechet (Sidney) [Vereinigte Staaten, 1891 bis 1959]. Der Klarinettist und Saxophonist (Sopran), Kreole aus New Orleans, hatte immer eine Zuneigung zu Frankreich, wo er lange lebte und auch starb. Ein großer Vertreter des New-Orleans-Jazz; seine warme Stimme und sein voller Klang sind auf Anhieb zu erkennen. *(Blues in Paris, Les Oignons)*
Beiderbecke (Bix) [Vereinigte Staaten, 1903–1931]. Kornettist. Der Weiße erfaßte rasch die Freiheit in der Musik der Schwarzen. Seine zarte Phrasierung entfesselte Leidenschaften. *(The B. B. Story)*
Blackwell (Ed) [Vereinigte Staaten, 1940]. Der besonders melodiöse Schlagzeuger nahm an der Seite von D. Cherry und O. Coleman an den *Freedom rides* teil. (Don Cherry: *Mu*)
Blakey (Art) [Vereinigte Staaten, 1919]. Schlagzeuger, Gründer der *Jazz Messengers*, einer der Begründer des Funky Jazz, der die 50er Jahre prägte. *(Moanin', Blues March)*
Bley (Carla Borg) [Vereinigte Staaten, 1938]. Pianistin und Komponistin; eine dynamische Persönlichkeit, die die Musiker zu originellen Versuchen vereinen kann. *(Social Studies)*
Bley (Paul) [Kanada, 1932]. Pianist und Komponist, einer der wenigen aus dem Free Jazz hervorgegangenen Weißen. Sein Spiel ist von der Suche nach Harmonie gekennzeichnet. *(Ida, Escalator over The Hill)*
Brand (Dollar) [Südafrika, 1934]. Pianist, der von der Synthese zweier Traditionen inspiriert wird: Ellington und der südafrikanischen Folklore. Er komponierte unter dem Namen Abdullah Ibrahim. *(The Journey)*
Braxton (Anthony) [Vereinigte Staaten, 1945]. Saxophonist, Intellektueller des Free Jazz, von den Liebhabern der ›zeitgenössischen‹ Musik geschätzt. *(Circle)*
Brown (Clifford) [Vereinigte Staaten, 1930 bis 1956]. Trompete, Vertreter des Bebop, mit zarter und kühner Phrasierung. *(Memorial)*

C

Calloway (Cab) [Vereinigte Staaten, 1907]. Sänger, der König des *Hi de ho*, braver, dennoch sehr professioneller Jazz. *(C. C. 1937–38)*
Charles (Ray) [Vereinigte Staaten, 1932]. Pianist, Sänger zwischen Jazz und Rhythm and Blues. *(Georgia, I got a Woman)*

A · **Die ›Creole Jazz Band‹** von King Oliver. Die wichtigsten Elemente des Jazz sind bereits vorhanden: Schwarzsein, Atmosphäre in einer Armenstraße, Tanz, Streben nach Haltung.

B · **Das Orchester von Duke Ellington** vermittelte das Bild eines großen Abstandes als Spiegel seiner exakten Musik. Die Garderobe des Meisters war prächtig; die Damen schätzten seine Galanterie.

MEISTERWERKE

Cherry (Don) [Vereinigte Staaten, 1936]. Der Trompeter, Pianist, Flötist unternahm bereits 1959 mit O. Coleman die ersten Versuche mit Free Jazz. Immer auf der Suche nach neuen Wegen, auch auf anderen Kontinenten: der Jazz als Utopie. (O. Coleman, *Free Jazz Mu, Old and New Dreams*)

Christian (Charlie) [Vereinigte Staaten, 1919–1942]. Versuche mit der modernen Gitarre, Vorläufer des Bebop. (*Solo Flight*)

Clarke (Kenny, genannt ›Klook‹) [Vereinigte Staaten, 1914–1985]. Der Schlagzeuger zeigte Neues mit seinem Instrument in Begleitung der Wegbereiter des Bebop. Lebte lange in Paris. (*Modern Jazz Quartet, 1952–55*)

Cole (Nat King) [Vereinigte Staaten, 1917 bis 1965]. Der anziehende Sänger und feinfühlige Pianist machte das Trio populär. (*Welcome to The Club, Trio Days*)

Coleman (Ornette) [Vereinigte Staaten, 1930]. Saxophonist (Alt), Trompeter, Violinist und Komponist; Exponent des Free Jazz. Ein Theoretiker der ›Harmolodie‹, eines liberalen Vorgehens, in dem die Grundbegriffe von Melodie und Harmonie aufgehoben werden. Um 1980 wendet er sich dem Funky zu. (*Free Jazz, In all Languages*)

Coltrane (John) [Vereinigte Staaten, 1926 bis 1967]. Saxophonist (Tenor und Sopran) und Flötist. Nach seinem Zusammenwirken mit D. Gillespie und M. Davis machte er sich ab 1960 unabhängig. Die unruhige und mystische Persönlichkeit läßt in ihren Werken eine immer unbefriedigte Suche durchscheinen. Der ›Pate‹ des Free Jazz bleibt einer der herausragenden Improvisatoren. (*Naima, My Favourite Things, A Love Supreme, Ascension*)

Corea (Chick) [Vereinigte Staaten, 1941]. Pianist und Initiator des Jazz Rock mit spanischen Einflüssen. (*Now he sings, now he sobs. Return to forever*)

D

Davis (Miles) [Vereinigte Staaten, 1926]. Trompeter, Komponist. Einer der ganz Großen: vom Modern Jazz über Bebop und Cool Jazz bis hin zum Rockjazz. Ein hervorragender Entdecker von Talenten, alle diejenigen, die erfolgreich wurden, sind ihm irgendwann einmal begegnet. Nach einer Pause hatte er 1981 ein Comeback. (*Birth of the Cool, Kind of Blue, Bitches Brew, We want Miles*)

Dejohnette (Jack) [Vereinigte Staaten, 1942]. Der Schlagzeuger, zwischen Free Jazz und Jazz Rock ist auch Pianist und Komponist. (*Album Album*)

Dodds (Johnny) [Vereinigte Staaten, 1892 bis 1940]. Klarinettist aus New Orleans, der mit diesem Instrument experimentiert. Bruder des Schlagzeugers Baby Dodds. (*Spirit of The New Orleans*)

Dolphy (Eric) [Vereinigte Staaten, 1928 bis 1964]. Der Saxophonist (Alt), Flötist, Klarinettist (Baß) wurde als ›Grenzgänger‹ (zwischen Bebop und Free) bezeichnet. Freund von Mingus, Coltrane, Coleman. (*Out to lunch*)

Dorham (Kenny) [Vereinigte Staaten, 1924 bis 1972]. Trompete. Einer der Exponenten des Bebop. Komponist. (*Blue Bossa*)

Dorsey (Tommy) [Vereinigte Staaten, 1905–1956]. Posaunist und Dirigent. Er verkörpert die Zeit des Swing nach dem Krieg. (*The Best of*)

Double-Six [Frankreich, 1960]. Gruppe von Sängern, die vom *Scat* die Lautmalerei und die Nachahmung von Instrumenten entlehnen. Sie wurde von Mimi Perrin, Christiane Legrand und Eddy Louis gegründet. (*Les D.-S.*)

E

Eckstine (Billy) [Vereinigte Staaten, 1914]. Sänger und Bandleader. Es bleibt sein großes Verdienst, viele wichtige Musiker aufgenommen zu haben. (*Mr. B and The Band*)

Ellington (Edward, genannt ›Duke‹) [Vereinigte Staaten, 1899–1974]. Pianist, Dirigent und Komponist. Er ist der Klassiker, der Maler, der die Jazzpalette entwickelte, alle seine Atmosphären und einen großen Teil seines Repertoires (mit Hilfe seines Alter ego Billy Strayhorn). Er konnte sich die Mitwirkung herausragender Musiker, einige für lange Zeit, sichern (Barney Bigard, Cootie Williams, Ray Nance, Johnny Hodges, Sonny Greer u.a.), die er mit seinem nüchternen, feinfühligen Klavier leitete. (*Solitude, Caravan, Take The A Train, die Suites ...*)

Evans (Bill) [Vereinigte Staaten, 1929–1980]. Der Pianist arbeitete an der Formation des Trios (der große Bassist Scott La Faro begleitete ihn). Dieser weiße Improvisator und Innovator von Harmonien bleibt einer der bewegendsten Jazzmen. (*Live et Montreux*)

Evans (Gil) [Kanada, 1912–1988]. Der Pianist, Komponist und Arrangeur, vom Stil Ellingtons beeinflußt, bringt seine Klangfarben mit einer seltenen Feinfühligkeit hervor. Er arbeitete mit Miles Davis zusammen. (*Sketches of Spain*) [*The Individualism of*]

F, G

Fitzgerald (Ella) [Vereinigte Staaten, 1918]. Die Sängerin begann bei Chick Webb. Die ›First Lady‹ machte mit ihrer meisterhaften Stimmtechnik weltweit Karriere und wagt mit Freude Improvisationen. (*Ella in Berlin*)

Garner (Erroll) [Vereinigte Staaten, 1921 bis 1977]. Der brillante Pianist bewirkt mit seinem retardierenden Einsatz beider Hände einen gewissen Swing. (*Concert by The Sea*)

Getz (Stan) [Vereinigte Staaten, 1927]. Der Saxophonist (Tenor) mit begeisternder Klangfülle und weiße Schüler von Lester Young kann sich bisweilen cholerisch geben. (*Getz-Gilberto, The Master*)

Gillespie (John Birks, genannt ›Dizzy‹, der Benommene) [Vereinigte Staaten, 1917]. Trompeter, Bandleader. Mit seinem Freund Charlie Parker begründete er den Bebop, eine entscheidende Umwälzung. Eine extravagante Persönlichkeit, ausdrucksvoller und farbiger Instrumentalist. Er machte weltweit Karriere. (*The Legendary, The Champ*)

Goodman (Benny) [Vereinigte Staaten, 1909–1986]. Der Klarinettist und Orchesterleiter (›King of Swing‹) war der erste Weiße, der Gruppen mit bedeutenden schwarzen Musikern gründete. (*At Carnegie Hall* war das erste dort stattfindende Jazzkonzert im Jahr 1938). Er spielte auch klassische Werke ein.

Gordon (Dexter) [Vereinigte Staaten, 1923]. Der Saxophonist (Tenor) mit rauhem und zartem Klang steht zwischen Bebop und Coltrane. Er hat die Hauptrolle in Bertrand Taverniers Film *Autour de Minuit*. (*Go*)

Grapelli (Stéphane) [Frankreich, 1908]. Geiger. Er war im Quintette du Hot Club de France der Begleiter von Django Reinhardt. Ein Virtuose. (*Tribute to*)

H, J

Hampton (Lionel) [Vereinigte Staaten, 1913]. Der Vibraphonist, Schlagzeuger und hervorragende Swinger kann die bisweilen stürmische Atmosphäre des Jazz wiedergeben. (*Stardust*).

Hancock (Herbie) [Vereinigte Staaten, 1940]. Pianist, Komponist. Dieser von Miles Davis entdeckte Musiker bleibt einer der großen Namen des Jazz Rock. (*Maiden Voyage, Cantaloupe Island*)

Hawkins (Coleman) [Vereinigte Staaten, 1904–1969]. Saxophonist (Tenor). Als Anfänger bei Fletcher Henderson entwickelte er die Kunst des Tenors durch seine samtige Klangfülle und seine großartige Phrasierung. (*Body and Soul, Sonny meets Hawk* – mit Rollins)

Henderson (Fletcher) [Vereinigte Staaten, 1898–1952]. Pianist und Orchesterleiter. Die erste große Gruppe, die *Big Band*, nahm die großen Namen eines halben Jahrhunderts auf. (*Swing's The Thing*)

Herman (Woody) [Vereinigte Staaten, 1913 bis 1987]. Klarinettist und Saxophonist,

A · **Louis Armstrong.** Ob er mit der Trompete oder mit seiner Stimme ›singt‹, Armstrong drückt den tiefen Humor des Jazz aus: gelassene Freude, zarte Sorgen, überwundenes Leiden ..., das, was *Blues* genannt wird. Hier in einem Konzert in Paris.

B · **Charlie Mingus,** ›der geflügelte Stier‹. Hier im Konzert in Paris mit Eric Dolphy.

789

MEISTERWERKE

JAZZMUSIK

Orchesterleiter. *The Herd,* die Herde, war der Name seines Labors, wo viele Talente ihr Metier erlernten. *(The New World of)*
Hines (Earl) [Vereinigte Staaten, 1905 bis 1980]. Pianist. Man nannte ihn ›Father‹ (Vater). Er beteiligte sich bei den *Hot Five* von Armstrong und beeinflußte das moderne Spiel. Beeindruckende Geschwindigkeit. *(Tea for Two)*
Holiday (Billie) [Vereinigte Staaten, 1915 bis 1959]. Sängerin. Vielleicht die Person mit dem größten Mythos in der Jazzgeschichte durch die enge Verbindung (die sie erdrückte) zwischen ihrem Leben und ihrem Werk. *(All or Nothing at All)*
Humair (Daniel) [Frankreich, 1938]. Dieser in der Schweiz geborene Schlagzeuger schafft Verbindung zwischen Gattungen und Künsten, da er auch Maler ist. *(Surrounded)*
Jarrett (Keith) [Vereinigte Staaten, 1945]. Der Pianist hat sich bei Miles Davis bewährt. Sein manchmal sehr (zu sehr?) schmeichelndes Spiel hat sich eine große Anhängerschaft geschaffen. Es bleiben einige bewegende Momente, wenn die laute Musik des Stars nicht die Melodie übertönt, vor allem bei den schwierigen Passagen. *(Köln Concert)*
Johnson (James P.) [Vereinigte Staaten, 1891–1955]. Pianist, bedeutender Harlem-Pianist im sog. Stride-Stil. *(Fats and Me)*
Jones (Elvin) [Vereinigte Staaten, 1927]. Als Schlagzeuger begleitete er Coltrane auf seinem ganzen Weg. Eine bezaubernde rhythmische Maschinerie. *(Coltrane live at The Village Vanguard)*
Jones (Quincy) [Vereinigte Staaten, 1933]. Trompeter und Arrangeur, Orchesterleiter. Nachdem er den Nachkriegs-Jazz beeinflußt hatte, beschränkte er sich auf einträgliche Werke; er fördert Michael Jackson: ein ›Pro‹. *(The Quintessential Charts)*
Joplin (Scott) [Vereinigte Staaten, 1868 bis 1917]. Pianist, der entscheidend zur Tradition des Ragtime beitrug. *(Maple leaf Rag, The Entertainer)*

K, L, M

Kenton (Stan) [Vereinigte Staaten, 1912 bis 1979]. Pianist, Komponist, Orchesterleiter. Sammler der besten Talente der Westküste in den 50er Jahren. *(Rendez-vous with)*
Kühn (Joachim) [Deutschland, 1944]. Pianist zwischen Free Jazz und Pop. *(Sounds of Feelings)*
Lacy (Steve) [Vereinigte Staaten, 1934]. Saxophonist (Sopran) des Free Jazz, sucht nach Klängen. *(Points)*

∧ · **Charlie Parker.**
Wie konnte dieser stämmige, naive und cholerische Junge, den man ›Tölpel‹ nannte, der Bebop-Revolution voller Komplexität Impulse geben? Man kann darüber bei der Lektüre der Biographien *Bird* von Ross Russell und *L'Homme à l'affût* von Julio Cortázar nachdenken. Siehe auch den Film *Bird* von Clint Eastwood.

Lewis (John) [Vereinigte Staaten, 1920]. Pianist und Komponist, neben Milton Jackson Förderer des *Modern Jazz Quartet.* Er unterstützte die Avantgarde des Free Jazz. *(Pyramid)*
Louiss (Eddy) [Frankreich, 1941]. Der Organist und Pianist wußte seiner elektrischen Orgel große Würde zu verleihen, indem er häufig von der Karibik beeinflußte Stimmungen aufnahm. Er arbeitete mit Stan Getz. *(Sang mêlé)*
Lunceford (Jimmy) [Vereinigte Staaten, 1902–1947]. Orchesterleiter und Arrangeur, sehr anspruchsvoll in bezug auf Klangfarbe und den Bühneneffekt. *(For Dancers only)*
McLaughlin (John) [Großbritannien, 1942]. Bei dem sehr begabten Gitarristen zögert man, ob er dem Jazz oder dem Rock zuzuordnen ist. Er wurde von Miles Davis entdeckt und ließ sich von den indianischen und lateinamerikanischen Kulturen beeinflussen. *(Electric Guitarist, Shakti)*
Mingus (Charlie) [Vereinigte Staaten, 1922–1979]. Kontrabassist, Komponist, gelegentlich Pianist. Wenn man ihn sieht, versteht man seine Musik: Seine Rundheit steht dem seines Instruments in nichts nach, sein Gesichtsausdruck, als ob er gleich losbrüllen wollte, erinnert an seine heftige und großartige Musik. Sein Lächeln enthält ebensoviele sinnliche wie geistige Elemente, wie die originellen Töne, zu denen er fähig war. Der Bewunderer von Ellington hat wie dieser ein Universum geschaffen. *(Tijuana Moods, At Antibes, Changes One and Two, The Wild Bass)*
Monk (Thelonius) [Vereinigte Staaten, 1917–1982]. Pianist und Komponist. Wenige Künstler haben einen so originellen Stil entwickelt. Man erkennt ihn ab der ersten Note: fremdartige Melodien, ein ironisch zwinkernder Klang, Aufwertung des Rhythmus (und die Stille, auf der er beruht), sehr kühne Harmonien, ungewöhnliches Spiel mit der Dissonanz. Er kam vom Bebop, den er aber sehr schnell weiterentwickelt hat. Einsamkeit, bittere Frucht ... *(Misterioso, Live at the It Club, Portrait of An Ermite)*
Morton (Ferdinand La Menthe, genannt Jelly Roll) [Vereinigte Staaten, 1885–1941]. Pianist, Komponist, Chef der *Red Hot Peppers.* Anfang des Jahrhunderts wandelt ein junger Kreole in New Orleans den Ragtime in eine neue Musik um, die das Jahrhundert beherrschen wird. Auf seiner Visitenkarte steht: ›Erfinder des Jazz‹. *(The Complete J. R. M.)*
Mulligan (Gerry) [Vereinigte Staaten, 1927]. Saxophonist (Bariton), Komponist. Der namhafteste Baritonsaxophonist des Modern Jazz teilt den Geschmack der weißen Spieler der 50er Jahre an einem glatten und luftigen Ton (auf dem Bariton eine Herausforderung!). *[The Fabulous G. M. Quartet]*

N, O, P

Navarro (Fats) [Vereinigte Staaten, 1923 bis 1950]. Trompeter, einer der großen Bebop-Improvisatoren. Seine Romantik und sein früher Tod haben zu einem gewissen Kult um ihn geführt. *(Prime Source)*
Noone (Jimmie) [Vereinigte Staaten, 1895 bis 1944]. Einer der stilbildenden Klarinettisten des New-Orleans-Jazz, virtuos und liebenswürdig. *(At The Apex Club)*
Oliver (King) [Vereinigte Staaten, 1885 bis 1938]. Kornettbläser und Orchesterleiter, er leitete den Übergang des New-Orleans-Jazz nach Chicago. Er engagierte Louis Armstrong für seine ›Creole Jazz Band‹. *(K. O.'s Dixie Syncopators)*
Parker (Charlie) [Vereinigte Staaten, 1920–1955]. Saxophonist (Alt). Wenn der Begriff Genie einen Sinn hat, so verkörpert er ihn. Er wurde in Kansas City geboren und starb in New York, wo er den Umbruch von Swing zum Bebop vollzog. Seine Grundsätze sind harmonische Eigenständigkeit, improvisatorische Kühnheit und rhythmische Subversion. Sein Spitzname wird zum Titel eines Films, den ihm Clint Eastwood 1988 widmete: *Bird* (Vogel). *[Relaxin' at Camarillo, A Night in Tunisia, Donna Lee, Chasin' the Bird ...]*
Pepper (Art) [Vereinigte Staaten, 1925 bis 1982]. Saxophonist (Alt). Drogen und Haft haben seine Karriere gestört, wie er in seiner Biographie schreibt *(Straight Life).* Dieser Weiße von der Westküste, der manchmal von einigen Vorurteilen der Schwarzen verunsichert war, war ein Bindeglied zwischen Parker und Coltrane. Charme, Nuancen, ständige Emotion und Traurigkeit. *(Today, Living Legend)*
Ponty (Jean-Luc) [Frankreich, 1942]. Geiger, er schöpft sein Instrument bis zum äußersten aus, um es an alle Arten elektrischer Experimente anzupassen, wobei er weder den Rock noch die Exotik ausläßt. Er lebt in den Vereinigten Staaten. *(Live)*
Portal (Michel) [Frankreich, 1935]. Saxophonist, Klarinettist (Baß), Bandoneonspieler. Er geht vom expressionistischen und zerrissenen Free Jazz zu Mozart, kann jedoch auch den Umweg über den Tango oder Stockhausen nachvollziehen. *(Splendid Yzlment, Dejarme Solo)*
Powell (Bud) [Vereinigte Staaten, 1924 bis 1966]. Der Pianist mit einer großen melodischen Fähigkeit teilte mit Parker die Ästhetik des Bebop und eine von bösen Dämonen unterwanderte Existenz. Er lebte 1959 bis 1964 in Paris. Er komponierte zahlreiche Themen, darunter das berühmte *Un poco loco. (The Amazing 1 und 2)*

R

Reinhardt (Django) [Frankreich, 1910 bis 1953]. Gitarrist und Komponist. Die Trance und die Stärke der Zigeunermusik haben diesen Künstler vermutlich für den Jazz vorbestimmt, dessen Akzente er mit einem seltenen Können, einem hervorragenden Swing und großer Feinfühligkeit wiedergibt, ohne Noten lesen zu können und mit einer Hand, an der zwei Finger fehlen. Er beteiligte sich mit Stéphane Grapelli im Quintette du Hot Club de France, einem Ensemble, das viel dazu beigetragen hat, den Jazz in Frankreich und Europa bekannt zu machen. *(Nuages, Djangology)*
Roach (Max) [Vereinigte Staaten, 1925]. Schlagzeuger, Säule des Bebop. Er gründete mit Clifford Brown eine Band. Der ebenso strenge wie sinnliche Schlagzeuger zieht aus

MEISTERWERKE

seinem Instrument Melodien. Da er sich politisch um die Lebensbedingungen der Schwarzen kümmerte, komponierte er 1960 eine *Freedom now Suite,* an der seine Frau, die Sängerin Abbey Lincoln, mitwirkte. *(Drums Unlimited)*
Rollins (Sonny) [Vereinigte Staaten, 1929]. Saxophonist (Tenor), Komponist mit dem Spitznamen ›Riese der Berge‹. Er ist ein unruhiger und einzelgängerischer Charakter. Als Improvisator behandelt er die Themen mit unterschwelliger Ironie, die seine Aufrichtigkeit jedoch nicht leugnet. Aus dem Bebop hervorgehend, würzte er sein Spiel mit wiegenden Rhythmen der Karibik, die er durch seine Mutter im Blut hat. *(Saxophone Colossus, East Broadway Rundown, Don't stop The Carnival)*

S

Sanders (Pharoah) [Vereinigte Staaten, 1940). Saxophonist (Tenor), Flötist, Piccolospieler. Coltrane nahm ihn für seine späten Versuche im Free Jazz zu sich. Dieser lyrische und mystische Pharao, rauh und subversiv, jedoch mit zartem Klang, beschwört die Einbildungskraft der afrikanischen Magier herauf. *(Tauhid, Coltrane: Kulu Sé Mama)*
Shepp (Archie) [Vereinigte Staaten, 1937]. Saxophonist (Tenor und Sopran), Pianist und Sänger. Der Begründer des Free Jazz ließ die Mauern des Tempels durch die anarchistischen Angriffe seines heulenden Saxophons erbeben. 1960 arbeitete er mit Cecil Taylor. Seit 1975 ist er jedoch zum traditionellen Jazz (vor allem von Ellington und Parker) und der Suche nach Melodie und weichem Klang zurückgekehrt. Als Dichter trug er zum Kampf der radikalen Schwarzen in den 70er Jahren bei. *(At Newport, Blasé, Birdfire)*
Shorter (Wayne) [Vereinigte Staaten, 1933]. Saxophonist (Tenor und Sopran). 1964 kommt er zu Miles Davis. Seine brillanten Improvisationen schaffen fremdartige Atmosphären. Er gründete *Weather Report.* *(Juju. M. Davis: In a Silent Way)*

Silver (Horace) [Vereinigte Staaten, 1928]. Pianist. Einer der stilbildenden Musiker des Hardbop, der sein sehr bewegliches Spiel mit einigen Funky-Anklängen färbt. Er gehörte zur Band *Jazz Messengers.* *(Cookin' at The Continental)*
Smith (Bessie) [Vereinigte Staaten, 1894 bis 1937]. Sängerin. Diese große Bluessängerin (›Kaiserin des Blues‹) wurde von den ersten Jazzmen begleitet. *(Empty Bed Blues)*
Sun Ra (Sonny Blount, genannt) [Vereinigte Staaten, um 1915]. Pianist, Synthesizer, Orchesterleiter, Komponist. Sein heliozentrisches Universum mischt Mythen, Ekstasen und Happenings. Wird dieser eigenartige Musiker des Free Jazz als Klassiker überleben? *(Solar-myth Approach)*

T

Tatum (Art) [Vereinigte Staaten, 1910 bis 1956]. Pianist. Der überragende Klaviervirtuose der Swing-Ära entwickelte ein an harmonischem Risiko reiches Spiel. *(The Art of Tatum)*
Tayler (Cecil) [Vereinigte Staaten, 1933]. Pianist. Er steht der Ästhetik der ›zeitgenössischen Musik‹ nahe und gilt als Philosoph des Free Jazz. Er behandelt das Klavier wie ein Schlaginstrument. Er ist auch Dichter und Tänzer. *(Conquistador, The Garden)*
Tyner (McCoy) [Vereinigte Staaten, 1938]. Pianist, treuer Gefährte von Coltrane, Improvisator mit langem romantischem Atem. *(Expansion)*

V, W, Y

Vaughan (Sarah) [Vereinigte Staaten, 1924]. Sängerin und Pianistin. Eine Stimme wie ein Instrument. Durch ihre großartige Technik spielt sie einen feinen Charme aus. *(Swingin' Easy)*

Waldron (Mal) [Vereinigte Staaten, 1926]. Pianist. Er schöpft das Thema in allen seinen Ausdrucksmöglichkeiten aus und improvisiert so, wie andere Früchte essen – bis zur Schale. (Mit Marion Brown: *Songs of Love and Regrets)*
Waller (Fats) [Vereinigte Staaten, 1904 bis 1945]. Pianist und Organist. Er brachte den *Stride-Stil* auf, der die rhythmische Aufgabe der linken Hand festlegt. Er war auch ein jovialer Spaßmacher und konnte die fadesten Themen zu neuem Leben erwecken. Mit Neal Hefti komponierte er Hunderte von Stücken. *(Ain't Misbehavin', Handful of Keys ... The Complete.* 23 Vol.)
Weather Report. [Vereinigte Staaten, 1971]. Die wichtigste Band des Jazzrock, von Wayne Shorter und Joe Zawinul gegründet. Diese sehr gepflegte Stimmungsmusik hatte zumindest einen Vorteil, nämlich daß sie zur Modernisierung der Tonaufnahmegeräte führte. *(Heavy Weather)*
Webb (Chick) [Vereinigte Staaten, 1909 bis 1939]. Schlagzeuger, Orchesterleiter. Er gab bei den Orchesterwettbewerben in Kansas City wilde Vorstellungen – einer der faszinierendsten Schlagzeuger des Swing. Er entdeckte die junge Ella Fitzgerald. *(King of The Savoy)*
Webster (Ben) [Vereinigte Staaten, 1909 bis 1973]. Saxophonist (Tenor). Zwischen Stille und Ton steht der Atem. Der Meister der Andeutung. *(Autumn Leaves)*
Williams (Tony) [Vereinigte Staaten, 1945]. Mit 17 Jahren Schlagzeuger bei Miles Davis, richtete er sein Instrument auf ein Spiel aus, das den binären Jazzrock hervorbrachte. (M. Davis: *Heard round The World)*
Wilson (Teddy) [Vereinigte Staaten, 1912 bis 1986]. Der Pianist verfügt über eine der feinfühligsten Spielweisen, deren Nüchternheit eine längere Trunkenheit bewirkt. Unter anderen Künstlern unterstützte er Billie Holiday mit seinen Akkorden. *(Three Little Words)*
World Saxophone Quartet ([Vereinigte Staaten, 1977]. Eine Band von Saxophonisten mit David Murray (Tenor, Baßklarinette), Julius Hemphill (Alt, Sopran), Oliver Lake (Alt, Sopran) und Hamiet Bluiett (Bariton, Flöte). Diese Band sucht Auswege aus dem Free Jazz, will ihn aber beibehalten. *(Steppin' with)*
Young (Lester) [Vereinigte Staaten, 1909 bis 1959]. Saxophonist (Tenor). Sein Rhythmus und seine gepflegte Melodik haben den Bebop beeinflußt und ihm den Beinamen ›der Präsident‹ eingebracht. Er arbeitete mit Count Basie und dann mit seiner Freundin B. Holiday zusammen. *(Lester Swings)*

A · **John Coltrane.**
Was an harter Arbeit und Zweifeln nötig ist, um das Wunder der Improvisation zu erreichen.

B · **Billie Holiday.**
Ihre Autobiographie *Lady sings the Blues* gibt einen Überblick über die verborgene Seite der Kunst: Schmerz, Einsamkeit, ›persönliche Probleme‹. Aber man heißt nicht *Lady Day* (›Lady Tag‹, wie sie ihr Vertrauter Lester Young nannte), wenn man nicht tragisch mit den Wurzeln der Nacht verknüpft ist. Der Jazz ist auch Schicksal. Hier mit dem Sänger Jimmy Rushing.

MEISTERWERKE

JAZZMUSIK

STANDARDS

Ein ehemaliger Minister sagte einmal vom Jazz, daß er ›seit dem Ende der Kunst der Konversation die einzige Anstrengung kollektiver Vorstellungskraft‹ sei. Diese beiden Tätigkeiten beinhalten nämlich eine bestimmte Art und Weise des Aussprechens und des Andeutens, die auf Emphase verzichtet.

Wie die flüchtige Art des Austauschens freundlicher Worte nimmt der Jazz mit einer offensichtlichen Lässigkeit des Tons vorlieb. Dies ergibt sich aus seiner literarischen Thematik: Wenn wir die Titel der Standardwerke nehmen, so sind die Gemeinplätze unerschöpflich. Hundertmal wiederholte Gassenhauer, die man mißachtet, bis zu dem Moment, wo ihr Refrain, den man für abgenutzt hielt, uns noch einmal mitzieht; dann erstrahlt der romantische Charme dieser Titel:
– Naiv: *Zu verliebt, um sich darum zu kümmern;*
– Realistisch: *Romanze ohne Finanzen;*
– Ökologisch: *Die Weide trauert um mich;*
– Argwöhnisch: *Der Schatten deines Lächelns;*
– Zerstreut: *Gestern verließ mich meine Freundin. Warum fühle ich mich so traurig? Keine Ahnung ...;*
– Philosophisch: *Lachen um nicht zu weinen;*
– Intellektuell: *Zusammen allein;*
– Listig: *Ich weiß, daß du weißt;*
– Ausführlich: *Körper und Seele.*

Hier finden sich alle Tiraden der Standards, in dieser paradoxen Hartnäckigkeit, die aus Nichtssagendem und Vergänglichem Bleibendes und Wichtiges macht. Diese Zwei-Groschen-Liedchen, die einige Komponisten ohne Geld auf einer Schreibtischecke für einen Taxipreis schrieben und die der Engel der Jazz-Konversation verklärt, sind treu wie alte Freunde früheren Bekenntnissen: wenn es gut gesagt ist, so ist es immer das erste Mal.

IMPROVISATION, KOMPOSITION

Die Improvisation und der *Swing* (diese Spannung, die zum Tanzen auffordert) sind die bleibenden Kriterien, wenn man eine Definition des Jazz wagt. Diese Musik des Augenblickes, immer verbunden mit den Lebensumständen, aus denen sie ihre Werte schöpft, findet nur dann Anerkennung, wenn sie vergänglich ist. Die Begriffe *Version, Interpretation* und *Spiel* haben hier ihren eigentlichen Sinn, und jeder *Chorus* der Improvisation verweist uns an die Frage der Ruhelosigkeit als Voraussetzung für Treue.

Der improvisierende Musiker erfindet immer neue Melodien. So stellten die *Cutting Contests* (eine Art musikalischer Turniere) die brillantesten Melodiemacher der Gegend oder des Viertels gegenüber. Die *Chase* (deutsch ›Verfolgung‹) [eine Erklärung des Wortes *Jazz*] stellt Duos gegenüber oder vereint sie, die ihr Spiel so lange fortsetzen, bis ihnen der Atem ausgeht oder die Gelenke steif sind; auf jeden Fall bis zum Morgengrauen ...

Deswegen hat sich die afroamerikanische Musik dauerhaft um die Komposition gebildet. Die Beständigkeit des Orchesters als eines der Ziele des Jazz sowie sein Bedarf an einem Repertoire haben dabei geholfen. Basie, Parker, Monk, Mingus, Gil Evans und vor allem Ellington haben die Grundlage geschaffen, aus der ebensoviele neue Kommentatoren schöpfen. Selbst der *Free Jazz* nahm Werke von Standardverfassern. Die Beziehung zwischen geschriebenen und improvisierten Stücken ist komplex und instabil, sie ist jedoch die Achse des Jazzspiels. Übrigens wird das Wort bisweilen mit seinem Ursprung in dem französischen Wort *jaser* (schwatzen) erklärt.

INSTRUMENTE

Jazz wird in Ensembles (Combos) oder Orchestern (Bands) gespielt, die in Rhythmusgruppe (Schlagzeug, Kontrabaß, Gitarre, Klavier) und Melodiegruppe geteilt sind, wobei die Rhythmusgruppe auch die harmonische Basis garantiert, die Melodiegruppe an der rhythmischen Differenzierung teilhat.

Grundsätzlich findet man das afrikanische Übergewicht von Stimme und Rhythmus. Dank deren Vermögen, Anstöße zu geben und zu bezaubern, war der Jazz von Anfang an auf Körper und Tanz ausgerichtet. Das Schlagzeug, Herz und Seele jeder Gruppe, ist das Instrument *sine qua non*.

Alle abendländischen Musikinstrumente wurden eingegliedert, ihre Aufgabe hat sich jedoch verändert. Der Kontrabaß wird gezupft gespielt und hat die entscheidende Rolle des Nervensystems. Die Blasinstrumente werden als Solisten vorgeschlagen. Das Klavier kann den Stab des Dirigenten ersetzen.

Eine gewisse Neigung zur Improvisation veranlaßte den Jazz, zufällige Instrumente zu verwenden (Waschbrett, Kanister, Bindfäden usw.). Diese Spuren einer Arte povera wurden zur Zeit des Free Jazz mit gewissem Humor wieder aufgenommen; man importierte exotische Instrumente wie Balafon, Ud, Dudelsack.

Elektrische Instrumente, Synthesizer, die die natürliche Töne weiterverarbeiten, und die elektronische Programmierung haben das Verdienst, zu neuen Anforderungen für den Jazz zu führen.

STILE

Wenn der Jazz schnell zu einer klassischen Kunst geworden ist, so deswegen, weil er die Fähigkeit hat, sich anzupassen, sich anregen zu lassen und selbst anzuregen. Wenn die großen klassischen Instrumentalisten den Jazz bewundern; wenn Strawinsky, Ravel sich diesem neuen Einsatz geöffnet haben; wenn er nach Brasilien, Indien und in die Karibik kam ..., so deswegen, weil der Jazz eine Aufforderung für den unmittelbaren Ausdruck des Stils ist.

B · **Thelonius Sphere Monk.**
Mit seinen Haaren wie eine Fellmütze, die sein bärenhaftes Aussehen noch verstärken, mit seinem Bart und seinen Ringen sowie seiner immer dunklen Kleidung erscheint er wie ein Einsiedler, bei dem die Askese die Phantasie korrigiert. Bei einer Aufnahme mit Sonny Rollins, Milt Jackson und Miles Davis überrumpelte dieser ihn, indem er ihn während seines Trompetensolos über *The Man I love* zur Untätigkeit zwang.

A · **Schlagzeug.**
Als kleines Orchester bietet das Schlagzeug große schöpferische Möglichkeiten. Es behält seine afrikanische Tradition des Schlagens als Sprache bei und verkörpert Spontaneität und Sinnlichkeit, also Qualitäten, die durch elektronische Rhythmusgeber gefährdet sind. Hier Art Blakey.

C · **Blasinstrumente.**
Roland Kirk übernimmt hier ganz allein die Aufgabe der im Orchester ordentlich hinter Notenpulten aufgereihten Bläser. Zum Saxophon kommen *Strich* und *Manzello* hinzu, von ihm erfundene und gebaute Instrumente.

MEISTERWERKE

DIE ROCKMUSIK

EINE LEBENDIGE LEGENDE

Alles begann mit dem *Beat,* einem vom Blues übernommenen schwingenden Rhythmus, der zum Tanzen einlädt. Der *Rhythm and Blues,* die weltliche Version des religiösen Gospelsongs, schöpft aus der entrückenden Kraft des Gospels. Auch Elemente der *Country-music,* des *Folksongs* und der amerikanischen Unterhaltungsmusik flossen in den Rock ein. Die Einheit der Rockmusik ergibt sich aus ihren fließenden Übergängen zu anderen Musikstilen, ihrer Fähigkeit, andere Einflüsse aufzunehmen, und ihrem Bezug zur sozialen Realität. Ihr Schlüsselwort ist Jugend; ihre Verbreitungskanäle sind Rundfunk, Fernsehen, Kino, Video und Tontechnik. Der Rock vereinigt die verschiedensten Elemente in sich und destilliert die Bilder eines halben Jahrhunderts, das wie er viele Synkopen und Krisen, aber auch Verschmelzungen und Utopien erlebt hat. Der Rock konnte die Unsicherheit der Heranwachsenden, aber ebenso die moralische und politische Auflehnung, den Frieden und die Blumen, die Gewalt in der Stadt und das Fehlen von Zukunftsperspektiven zum Ausdruck bringen. Mit seinem Paillettenglanz, mit seinem Flirt mit dem Tod oder, bescheidener, mit der Nacht, im sich wiegenden jamaikanischen oder afrikanischen Rhythmus, unter Einsatz der Elektronik, mit der ganzen Spannbreite seiner Ausdrucksformen ist der Rock zum Klassiker geworden. Das heißt nicht, daß er gesetzter geworden wäre, sondern vielmehr, daß er im Laufe seiner vielen Wandlungen bleibende Charakteristika entwickelt hat. Er ist schon deshalb klassisch, weil er flexibel genug ist, den Lärm der Stadt wie den Schlag eines kräftigen Herzens klingen zu lassen. Auch im dritten Jahrtausend wird der Sound der Rockmusik nicht in Vergessenheit geraten.

A, B

AC/DC, australische Hard-Rock-Gruppe, 1974 gegründet, steigert sich mit Angus Young (1956) zu einem Höllentempo.
Animals (The), 1962 von Eric Burdon (1941) gegründet, eine der besten britischen Blues-Rock-Bands. *(House of the Rising Sun)*
Baez (Joan) [Vereinigte Staaten, 1941]. Folksängerin. Sie macht den Protestsong, Ausdrucksmittel der amerikanischen Bürgerrechtsbewegung, populär. *(Farewell Angelina)*
Beatles (The) [Großbritannien, 1962]. John Lennon (1940–1980, Texte, Gitarre, Gesang), Paul McCartney (1942, Musik, Baßgitarre, Gesang), George Harrison (1943, Gitarre) und Ringo Starr (1940, Schlagzeug) erfanden die Popmusik als Kombination verschiedener Einflüsse (Rock and Roll, Unterhaltungsmusik, Rhythm and Blues, indische Musik, Elektronik). Sie trennten sich 1969. *(Help, Sgt. Pepper's Lonely Hearts Club Band, Abbey Road)*
Berry (Chuck) [Vereinigte Staaten, 1931]. Vom traditionellen schwarzen Blues kommend, spielt er Riffs auf der elektrischen Gitarre, die seit Ende der fünfziger Jahre in der Rockmusik verwendet wird. *(Maybellene, Johnny B. Goode, Carol)*
Bowie (David) [Großbritannien, 1948]. Er ist ein Star, der sich zwischen den Musikstilen bewegt. Er ist Komponist, Maler und Schauspieler. Unter den Pailletten steckt ein Künstler mit dem Anspruch, alle Sparten abzudecken. *(Ziggy Stardust and The Spiders from Mars)*
Brown (James) [Vereinigte Staaten, 1929]. Der Pate der Soulmusik. Er ist schwarz und stolz, und mit ihm erreicht die Trance des Gospels ihren elektrisierenden Glühpunkt. *(I'm black I'm proud, Sex Machine)*
Byrds (The) [Vereinigte Staaten, 1964]. Diese Gruppe spielt Stücke von Bob Dylan, erfindet den kalifornischen Sound und verbreitet das psychedelische Image der Hippiebewegung. *(Turn, turn, turn!)*

C, D

Clapton (Eric) [Großbritannien, 1945]. Er entwickelt das Rockgitarrenspiel weiter. Gründete mehrere Gruppen *(Cream, Blind Faith, Derek and The Dominos).* Trägt auch den Beinamen ›the god‹. *(Cream, Wheels of Fire)*
Clash [Großbritannien, 1977]. Kultgruppe der Punkgeneration (Joe Strummer [Gitarre, Gesang], Mick Jones [Gitarre, Gesang], Paul Simonon [Baß, Gesang], Topper Headon [Schlagzeug, Gesang]). Clash spielt mit der ungezügelten Energie der Rock 'n' Roll-Pioniere und würzt den Protest mit Reggae. *(Sandinista)*
Cochran (Eddie) [Vereinigte Staaten, 1938–1960]. Einer der ersten Rock 'n' Roller. Schuf einen Großteil des einschlägigen Rockrepertoires. *(Somethin' else, C'mon everybody, Summertime Blues)*
Cocker (Joe) [Großbritannien, 1944]. Mit seiner Gefühlsstärke und der Eindringlichkeit seiner rauhen und leisen Stimme ist er seit 1969 der erste weiße Sänger, der an die bedeutenden schwarzen Interpreten des Blues und Soul heranreicht. *(Mad Dogs and Englishmen)*
Crosby, Stills, Nash and Young [Vereinigte Staaten, 1969]. Kalifornische Gruppe, in der die größten Gitarren- und Gesangstalente eine Zeitlang zusammen spielen, mit aussagekräftigen ausgefeilten Songs. *(Déjà vu, Woodstock)*
Deep Purple [Großbritannien, 1968]. Gruppe, die dem Hard Rock den Weg wies, aber auch mit dem Royal Philharmonic Orchestra zusammenkam. *(In Rock)*
Dire Straits [Großbritannien, 1978]. Gruppe um den Gitarristen Mark Knopfler, die einen ruhigen und eingängigen Rock spielt. *(Sultans of Swing)*
Domino (Fats) [Vereinigte Staaten, 1928]. Der schwarze Rockpianist aus New Orleans brachte das Temperament seiner Stadt in die Rockmusik. *(Blueberry Hill, I'm walking)*

A · **Elvis Presley.** Sein *Look* betont eine freie Körperlichkeit, die auf manche schockierend wirkt. Seine etwas *machohafte* Art und seine anzüglichen Hüftbewegungen spalten die amerikanische Öffentlichkeit in zwei Lager: Die Jugend fühlt sich von der befreienden Kraft des Rock 'n' Roll angezogen, während ihre puritanischen Eltern den ›kleinen Satan‹ beschimpfen, der ihre Kinder verdirbt. Im Fernsehen zeigt man von ihm nur noch den Oberkörper: Aufgedunsen und kitschig, ernährt sich das große amerikanische Idol vor seinem Tod (1977) nur noch von Süßigkeiten und Medikamenten. Heute ist er zu einer Kultfigur geworden.

B · **Die Beatles** sind mit Sicherheit die bedeutendste Gruppe der Popmusik. Ihr Hauptverdienst ist die Erneuerung der amerikanischen Rockmusik. Sie haben sie verändert, indem sie sie mit den Werten einer rebellierenden Jugend anfüllten. Sie prägten den Sound einer ganzen Epoche und verkauften ihre Musik in der ganzen Welt.

793

MEISTERWERKE

DIE ROCKMUSIK

Doors *(The)* [Vereinigte Staaten, 1967]. Legendäre Gruppe, die dem Rock in der Person Jim Morrisons (1943–1971), eines begabten Texters, Sängers und Bühnenkünstlers, die Tür zur Poesie öffnete. Mit Robbie Krieger (Gitarre), Ray Manzarek (Keyboards) und John Densmore (Schlagzeug). *(Strange Days)*

Dylan (Bob; eigtl. Robert Zimmerman) [Vereinigte Staaten, 1941]. Bei ihm verbinden sich Folk, Country, Rock, Protestsong und Poesie. Wie viele andere Rebellen inzwischen ein Klassiker. *(Highway 61 revisited, Blonde on Blonde, Desire)*

F, G, H, J

Franklin (Aretha) [Vereinigte Staaten, 1942]. Soulsängerin, Tochter eines schwarzen Baptistenpfarrers. *(Lady Soul)*

Gainsbourg (Serge) [Frankreich, 1928]. Er kam aus dem Intellektuellenmilieu zum Rock und zum Reggae. Poetische, manchmal provozierende Texte. *(L'Homme à la tête de chou, Aux armes usw.)*

Gaye (Marvin) [Vereinigte Staaten, 1939 bis 1984]. Eine große sinnliche Stimme in der Soulmusik. *(What's going on)*

Grateful Dead *(The)* [Vereinigte Staaten, 1965]. Gruppe, die für die kalifornische Popmusik der Hippies stand, gegründet von Jerry Garcia. *(American Beauty)*

Haley (Bill) [Vereinigte Staaten, 1927]. Der allererste Rockmusiker; er brachte das Wort mit seinem *Rock around the Clock* in Umlauf.

Hallyday (Johnny; eigtl. Jean-Philippe Smet) [Frankreich, 1943]. Er brachte den Rock und den Rhythm and Blues nach Europa. Seine Stücke sind von unterschiedlicher Qualität, aber einige von ihnen verdienen Beachtung. *(Noir c'est noir, La musique que j'aime, Rock and Roll Attitude)*

Hendrix (Jimi) [Vereinigte Staaten, 1942 bis 1970]. Die schillerndste Persönlichkeit der Popmusik. Spielte mit völliger Hingabe und kam tragisch ums Leben. Vom schwarzen Blues kommend, spielte er auf seiner Gitarre mit einer beeindruckenden Kühnheit und mit großem Einfallsreichtum. Ein mystischer Avantgardist. *(Are you experienced, Electric Lalyland, Band of Gypsies)*

Holly (Buddy) [Vereinigte Staaten, 1936 bis 1959]. Holly, der wie ein braver Student aussah und zu früh starb, war einer der Begründer der Rockmusik. *(Peggy Sue)*

Jackson (Michael) [Vereinigte Staaten, 1958]. Einer der fünf Brüder der *Jackson Five*, einer schwarzen Rhythm-and-Blues-Gruppe der siebziger Jahre. Er verfolgt seit etwa 1980 eine Solokarriere und ist heute ein Weltstar. Er ist ein guter Tänzer und setzt gelegentlich Elemente des Soul ein. *(Thriller, Bad)*

Jagger Mick → Rolling Stones.

Jefferson Airplane [Vereinigte Staaten, 1965]. Die Gruppe mit der unwiderstehlichen Stimme von Grace Slick und der Gitarre von Jorma Kaukonen war bei den Hippies beliebt und eines der Aushängeschilder der Gegenkultur. *(Volunteers, White Rabbit, Wooden Ships)*

Joplin (Janis) [Vereinigte Staaten, 1943 bis 1970]. Eine Weiße, die den Blues mit sehr starker Ausdruckskraft sang. Sie war die erste Frau, die sich im Showbusiness durchsetzte. *(Big Brother and The Holding Company, Cheap Thrills)*

K, L

Kinks *(The)* [Großbritannien, 1964]. Diese Gruppe vertrat den nur in Großbritannien zu findenden *Mod*-Stil, der in der Tradition des Dandytums stand. In der Sprache der Jugend brachte sie auch Gesellschaftskritik zum Ausdruck. *(You really got me, Sunny Afternoon)*

Led Zeppelin [Großbritannien, 1968]. Gruppe um den Gitarristen Jimmy Page und den Sänger Robert Plant. Was der Hard Rock hätte bleiben sollen: eine Musik, die trotz ihres Ungestüms feine Stimmungsunterschiede ausdrücken kann. *(Whole Lotta Love)*

B

Lennon (John) → Beatles (The).

Lewis (Jerry Lee) [Vereinigte Staaten, 1935]. Pianist aus der Boogie-Woogie-Tradition, entwickelte einen direkten schnörkellosen Rock 'n' Roll. *(Whole Lotta Shakin' on, Good Golly Miss Molly)*

Little Richard (eigtl. Richard Penniman) [Vereinigte Staaten, 1935]. Schwarzer Pianist, Rock 'n' Roll-Pionier, mit verblüffender Energie. *(Dollars, Dollars and more Dollars)*

M, N

McCartney (Paul) → Beatles (The).

Marley (Bob) [Jamaika, 1945–1981]. Der Papst des Reggae. Aus der Folklore einer kleinen Insel machte er eine Musik, deren Einfluß überall zu spüren ist. Er stand seit 1974 mit ›The Wailers‹ und später als Solostar für die Begegnung der dritten Welt mit dem elektronischen Zeitalter. *(Catch a Fire, Babylon by Bus)*

Mayall (John) [Großbritannien, 1933]. Singt und spielt viele Instrumente. Auf ihn geht der britische Blues Rock zurück. In seinen *Bluesbreakers* spielten nacheinander John McVie (später *Fleetwood Mac*), Eric Clapton, Jack Bruce und Mick Taylor. *(Bare Wires)*

Morrison (Jim) → Doors (The).

Muddy Waters (eigtl. McKinley Morganfield) [Vereinigte Staaten, 1915 bis 1983]. Er stammte aus den Südstaaten und kam in den vierziger Jahren nach Chicago, wo der moderne Blues entstand (elektrische Gitarre, Mundharmonika und rauhe Stimme), dessen Stadtkultur und Sinnlichkeit in den Rock einflossen. Sein Künstlername bedeutet ›schlammiges Wasser‹. *(Hoochie coochie Man, The Blues had a Baby and they named it Rock and Roll)*

Newman (Randy) [Vereinigte Staaten, 1943]. Ein Intellektueller des Rock mit bissigen und kritischen Texten, lässiger Sänger und einfallsreicher Musiker. Wird von einem kleinen Publikum geschätzt. *(Sail away)*

A · **Die Rolling Stones.** Diese schwarzen Engel, Rivalen der braveren Beatles, inszenierten als erste den Rock als Bühnenereignis. Hier Ron Wood und Mick Jagger.

B · **Bob Dylan** (hier 1966 bei seinem Konzert in Paris) gehört zu den wenigen echten Poeten. Zahlreiche seiner Songs wurden zu ›Klassikern‹ des Folk- und Rockmusikrepertoires.

C · **Rituale.** In diesen Mammutkonzerten erwächst ein Gemeinschaftsgefühl, aus dem bestimmte Rituale und Images entstehen. Hier das Konzert von Woodstock 1969.

794

MEISTERWERKE

P, R, S, T

Pink Floyd [Großbritannien, 1965]. Wichtigste Gruppe der ›schwebenden‹ Musik, gegründet von Syd Barret (1946), der sich 1968 zurückzog. Er brachte David Gilmour (1944, Gitarre), Roger Waters (1944, Gitarre), Rick Wright (1945, Keyboards) und Nick Mason (1945, Schlagzeug) zusammen. Unter voller Ausschöpfung der Möglichkeiten der modernen Technik veranstaltete Pink Floyd ›Light and Sound‹-Shows mit zeremoniellem Charakter. Eine der Gruppen, die über lange Zeit weltweit erfolgreich waren. *(Dark Side of The Moon, Wish you were here)*
Police [Großbritannien, 1977]. Gruppe der New-Wave-Generation um ›Sting‹ Sumner (1951). Die Atmosphäre des Reggae spielte für diese Gruppe die gleiche Rolle wie früher der Rhythm und Blues für andere Gruppen. *(Outlandos d'amour)*
Presley (Elvis) [Vereinigte Staaten, 1935 bis 1977]. The King, der König. Es hätte sein können, daß der ordentliche weiße junge Mann nie mit den Bluesrhythmen, ihren Synkopen und ihrer Sinnlichkeit in Berührung gekommen wäre; niemals den Protest der ›rebels without a cause‹ kanalisiert hätte; 1956 niemals *Heartbreak Hotel* aufgenommen hätte; Eltern nie durch seinen Hüftschwung, seinen Schmollmund, seine Lederhosen schockiert hätte; nie zu einem Jahrhundertmythos geworden wäre. Und doch ist genau dies passiert. *(Elvis forever)*
Prince (eigtl. Roger Nelson) [Vereinigte Staaten, 1958]. Dieser schwarze junge Mann, ein brillanter Profi, hat die Möglichkeiten des Funk voll ausgeschöpft. Er verfügt zweifellos über eine reiche Erfindungsgabe. *(Purple Rain, Sign of The Times)*
Redding (Otis) [Vereinigte Staaten, 1940 bis 1967]. Ein großherziger und tragisch ums Leben gekommener Soulsänger, der u. a. Songs von jungen Weißen übernahm *(Satisfaction* von den Rolling Stones). *[Try a Little Tenderness, Sittin' on The Dock of The Bay]*
Reed (Lou) → VELVET UNTERGROUND.
Rolling Stones (The) [Großbritannien, 1962]. ›Die‹ Rockgruppe. Mick Jagger (1943), Brian Jones (1942–1969), Keith Richards (1943), Bill Wyman (1936) und Charlie Watts (1941) mochten den Chicago Blues, Chuck Berry und Bo Diddley und machten sich daran, das auch zu zeigen. Eine glänzende Karriere, gigantische Konzerte, ein provozierendes Image sind Kennzeichen dieser Gruppe, die 1969 eines ihrer Mitglieder, B. Jones, verlor (als Ersatz kam Mick Taylor, später Ron Wood). Diese ›rollenden Steine‹ (nach einem Titel von Muddy Waters) wiesen dem Abenteuer der Rockmusik den Weg, waren ihr Rückgrat. *(The Rolling Stones, Beggars Banquet, Let it bleed, Sticky Fingers)*
Roxy Music [Großbritannien, 1972]. Gruppe um Brian Ferry, der es nicht genügt, nur die changierenden Facetten der Mythen der modernen Zeit zu reflektieren: Sie schafft ihre eigene eigenwillige Kunst. *(Do the Strand, Manifesto)*
Sex Pistols (The) [Großbritannien, 1977]. Richtungsweisende Punkband um Johnny Rotten (das ›verdorbene Hänschen‹) und Sid Vicious (der auf tragische Weise ums Leben kam), die für den berühmten Slogan ›No Future‹ standen. Sie neigten dem Anarchismus zu und brachen klar mit der Liebe und Frieden besingenden Popideologie. Sie nahmen durch ihre Ästhetik des Häßlichen einen großen Einfluß auf die Bekleidungsmode. Johnny spielt heute unter seinem richtigen Namen John Lyndon in der Gruppe *Public Image limited.* *(Never mind the Bullocks).*
Shadows (The) [Großbritannien, 1958]. Der Sound von Hank Marvins Gitarre verhalf diesem Instrument zu allgemeiner Anerkennung. *(Apache)*
Smith (Patti) [Vereinigte Staaten, 1946]. Diese Sängerin, eine intellektuelle Rockmusikerin, trat 1974 ins Rampenlicht. Sie beherrscht ihr Metier, bewundert Rimbaud, schreibt ausdrucksstarke Texte, und ihr überzeugender Gesangsstil trägt dazu bei, Frauen im Kampf um den Erfolg glaubwürdig zu machen. *(Horses)*
Springsteen (Bruce) [Vereinigte Staaten, 1949]. Wirkt wie ein ›einsamer Wolf‹ und wird auch ›the boss‹ genannt. Schreibt interessante Texte, ist Gitarrist und lebt erst auf der Bühne richtig auf. *(Born to run)*
Sting → POLICE.
Talking Heads [Vereinigte Staaten, 1976]. Bedeutendste New-Wave-Gruppe um David Byrne. Diese von New Yorker Intellektuellen gegründete Gruppe hat ihren eigenen Sound entwickelt. *(77)*

V, W, Y, Z

Velvet Underground (The) [Vereinigte Staaten, 1967]. Legendäre Gruppe um Andy Warhol, die sich 1970 auflöste. Lou Reed (1944) gelang eine brillante Solokarriere, die Fans von *Velvet* blieben John Cale treu. Ihre Musik hatte einen ganz eigenen städtischen, kühlen, narzißtischen, intellektuellen Klang. *(Heroin, Venus in Furs)*
Waits (Tom) [Vereinigte Staaten, 1949]. Paßt in keine Schublade. Blues, der wie seine Stimme nach Nacht und Rauch klingt. *(Small Change)*
Who (The) [Großbritannien, 1964]. Diese Gruppe, Leitbild einer frustrierten Jugend, brachte Mods und Rocker zusammen. Mit Pete Townshend (Gitarre), Roger Daltrey (Gesang). *[My Generation, Tommy]*
Wonder (Stevie) [Vereinigte Staaten, 1950]. Wunderkind auf der Mundharmonika, später Meister auf den Instrumenten der Soulmusik, mit außergewöhnlicher Ausstrahlung. Der blinde schwarze Sänger verzeichnet große Erfolge. *(Songs in The Key of Life)*
Yardbirds (The) [Großbritannien, 1963]. Blues-Rock-Gruppe, in der drei große Gitarristen spielten: Eric Clapton, Jeff Beck, Jimmy Page. *(For your Love)*
Zappa (Frank) [Vereinigte Staaten, 1940]. Gründete die Gruppe *Mothers of Invention;* einer der Musiker, die ständig experimentieren. Großartiger Gitarrist, scharfzüngiger Sänger, interessiert sich für alle Musikrichtungen. *(Hot rats, Roxy and elsewhere)*

A, B, C · ›Looks‹. Durch seine Betonung der Körperlichkeit, seinen Sinn für Images und weil der Markt immer Neues verlangt, hat der Rock die *Looks* geschaffen (Aussehen, Auftreten, Zeichen). Oben Patti Smith in normaler Kleidung, die ihre Weiblichkeit nicht besonders hervorhebt. In der Mitte (B) Johnny Rotten, Antiheld der *Sex Pistols:* gewollt abstoßendes und aggressives Auftreten mit sadomasochistischen Anklängen. Rechts (C) David Bowie mit kühler und intellektueller Erotik, eine abstrakte Verführung.

D · Jimi Hendrix. Die Gitarre ist Inbegriff der Rockmusik. Die Bluesmusiker und Django Reinhardt hatten sie aufgewertet, Les Paul ›erfand‹ die moderne elektrische Gitarre. *The Who* zerbrachen sie auf der Bühne, Hendrix zündete sie in einem Opferritual an, manche gaben ihr gar einen Namen. ›Oh Herz, von fünf Schwertern tödlich getroffen,‹ sang Lorca.

MEISTERWERKE DES TANZES

A, B

Ailey (Alvin) [Vereinigte Staaten, 1931 bis 1989]. *Revelations* (1960): tänzerische Umsetzung traditioneller Spirituals, die Leid, Freude und Hoffnung des schwarzen Volkes zum Ausdruck bringen.
Angiolini (Gasparo) [Italien, 1731–1803]. *Don Juan* (1761): Angiolini ließ sich bei seinem ersten großen durch dramatische Pantomime gekennzeichneten Handlungsballett von Molières Stück anregen; die dramatische Pantomime wird von Glucks Musik begleitet.
Ashton (Frederick) [Großbritannien, 1906 bis 1988]. *Marguerite and Armand* (1963): diese Version der *Kameliendame*, zu einer Musik von Liszt, wurde mit großem Erfolg erstmals von M. Fonteyn und R. Nurejew getanzt. □ *Façade* (1931), *Aschenbrödel*, *Undine* (1948), *Romeo und Julia* (1955), *La Fille mal gardée* (1960).
Aumer (Jean-Pierre) [Frankreich, 1774 bis 1833]. *La Somnambule* (1827) handelt von den Mißgeschicken einer unschuldigen jungen Frau, die nachts schlafwandelt. Die Handlung greift Bellini später für seine Oper wieder auf.
Balanchine (George) [Vereinigte Staaten, russischer Herkunft, 1904–1983]. *Apollon Musagète* (1928) erzählt, wie Apollo und die Musen von Zeus auf den Olymp gerufen werden. Balanchine und Strawinsky arbeiten hier zum ersten Mal zusammen; mit diesem Ballett wird der neoklassizistische Stil begründet. □ *Western Symphony* (1954): Das Ballett zur Musik von Kay hat keine bestimmte Handlung und ist als eine Art Huldigung an den Wilden Westen zu sehen. □ *Agon* (1957): tänzerischer Wettbewerb, bei dem 12 Tänzer zur Musik von Strawinsky tanzen. Hier wird Balanchines Streben nach tänzerischer Ästhetik als Verkörperung der Musik sehr deutlich. □ *Jewels* (1967): Smaragde, Rubine und Diamanten werden mit Glanz und Virtuosität dargestellt, zur Musik von Fauré, Strawinsky und Tschaikowskij. □ *Der verlorene Sohn* (1929), *Mozartiana* (1933), *Serenade* (1935), *Concerto Barocco* (1941), *Die vier Temperamente* (1946), *Sinfonie in C* (1947), *Theme and Variations* (1947), *Stars and Stripes* (1958), *Who cares?* (1970), *Symphony in Three Movements* (1972), *Tzigane* (1975).
Bausch (Pina) [Deutschland, 1940]. *Blaubart* (1977): Zu einer Musik von Bartók, die ständig wiederholt wird, schildert das Ballett mit Eindringlichkeit die Unfähigkeit der Geschlechter, zueinander zu finden. Die Frau, das ewige Opfer, muß die Tyrannei des Mannes erdulden. □ *Die sieben Todsünden* (1976), *Café Müller* und *Kontakthof* (1978), *Bandoneon* (1980).
Beaujoyeux (Balthazar de) [Italien, gest. um 1587]. *Le Ballet comique de la Reine* (1581) erzählt von den magischen Künsten der Zauberin Circe. Mit diesem Ballett beginnt die Geschichte des Ballet de cour.
Béjart (Maurice) [Frankreich, 1927]. *La symphonie pour un homme seul* (1955), Béjarts Durchbruchswerk, zu konkreter Musik von Pierre Henry, drückt die Ängste und die tragische Einsamkeit des Menschen in der modernen Gesellschaft aus. □ *Le sacre du Printemps* (1959): diese starke und überzeugende tänzerische Umsetzung von Strawinskys Werk ist eine schmucklose Hymne auf das Leben und die Urkräfte. □ *Golestan, le jardin des roses* (1973): der Träger des Lichts enthüllt dem Reisenden, der sich in der Wüste verirrt hat, die mystische Rose. Mit diesem, auf traditionelle iranische Musik getanzten Ballett bringt Béjart seine Bewunderung für die islamisch-iranische Kultur zum Ausdruck. □ *Bolero* (1961), *Neunte Sinfonie* (1964), *Webern opus 5*, *Romeo und Julia* (1966), *Messe pour le temps présent* (1967), *Baudelaire und Bhakti* (1968), *Nomos Alpha* (1969), *Der Feuervogel* (1970), *Lieder eines fahrenden Gesellen*, *Nijinsky, Clown Gottes* (1971), *Notre Faust* (1975), *Light* (1981), *Wien, Wien, nur du allein* (1982), *Dionysos* (1984), *Le Concours* (1985).
Borlin (Jean) [Schweden, 1893–1930]. *Relâche* (1924): experimentelles Werk, mit einem Filmteil von René Clair, in dem Picabia (Libretto, Dekor) und Satie den Dadaismus auf das Ballett übertragen.
Bournonville (August) [Dänemark, 1805 bis 1879]. *Sylfiden* (1836): Bournonville choreographiert für Lucille Grahn eine eigene Version von Taglionis Ballett. □ *Napoli* (1842): Die Braut eines Fischers aus Neapel wird durch die Hilfe des Wassergeistes vor dem Ertrinken bewahrt und kann schließlich doch ihren Bräutigam heiraten. Das Ballett entstand nach einem Aufenthalt in Italien. Es spiegelt die Freude und Tradition Neapels wider und ist Bournonvilles populärstes Stück. □ *Konservatorium* (1849), *Kirmes in Brügge* (1851), *La Ventana* (1856), *Blumenfest in Genzano* (1858), *Fern von Dänemark* (1869).
Brown (Trisha) [Vereinigte Staaten, 1936]. *Lateral Pass* (1985): ein Hin und Her von Tanzsequenzen; die Figuren kommen zusammen und gehen auseinander, farbige Gebilde tauchen auf und verschwinden wieder. Mit diesem Werk, in dem T. Brown all seine neuen Ideen verwirklichte, feierte er große Triumphe.
Butler (John) [Vereinigte Staaten, 1920]. *Carmina Burana* (1959): bekannteste Tanzversion zu Carl Orffs Musik. □ *After Eden* (1966): In diesem Duo wird die Verzweiflung der Liebenden geschildert, denen das Paradies verschlossen bleibt.

C, D

Carlson (Carolyn) [Vereinigte Staaten, 1943]. *Density 21,5* (1973): Dieses schwungvolle Solo zu einer Partitur von Varèse brachte C. Carlson beim Pariser Publikum den Durchbruch. □ *The Year of the Horse* (1978): geläuterte Choreographie, die ihre Wurzeln in der Zen-Philosophie hat, vor dem Hintergrund der japanischen Kalligraphie, traditioneller Musik und Geräuschen aus der Natur.
Charrat (Janine) [Frankreich, 1924]. *Les Liens* (1957): Ein Mann und eine Frau müssen die unerbittlichen Fügungen des Schicksals erdulden. Dieses Ballett verkörpert die französische neoklassizistische Strömung der Nachkriegszeit.
Childs (Lucinda) [Vereinigte Staaten, 1940]. *Dance* (1979): Ballett, dessen Aufbau den eigenwilligen Stil der Choreographin zum Ausdruck bringt. Begleitet von Minimal music von Philip Glass, überqueren die Tänzer mit ständig neuen Schrittfolgekombinationen unaufhörlich die Bühne.
Coralli (Jean) [Frankreich, italienischer Herkunft, 1779–1854]. *Le Diable boiteux* (1936): die phantastischen und lustigen Abenteuer eines Studenten der Alchimie, dem ein unförmiger Geist beisteht, in einem imaginären Spanien. Im zweiten Akt tanzte F. Elßler ihre berühmte Cachucha. □ *Giselle ou les Wilis* (1841): Ein Bauernmädchen stirbt, als sie erfährt, daß der junge Mann, der ihr unter bescheidenem Auftreten den Hof gemacht hat, ein Prinz ist. Ihr Geist beschützt ihren Geliebten, als er in den tödlichen Bann ihrer Begleiterinnen, der Wilis, gerät. Als Apotheose des romantischen Balletts entstand dieses von C. Grisi geschaffene Ballett in Zusammenarbeit mit zahlreichen Künstlern: Coralli und Perrot (Choreographie), T. Gautier und Saint-Georges (Libretto), A. Adam (Musik) und Ciceri (Dekor). Die Choreographie von Petipa aus dem Jahre 1887 ist für zahlreiche Aufführungen, v. a. in Westeuropa, maßgebend.
Cranko (John) [Großbritannien, 1927 bis 1973]. *Onegin* (1965): dramatisches Ballett zu einer Musik (Klavierstücke) von Tschaikowskij, das sich an das Werk von Puschkin anlehnt. Das Musikarrangement übernahm Stolze. □ *Der Widerspenstigen Zähmung* (1969): geistvolle und lebendige Umsetzung von Shakespeares Komödie, bekannt durch die hervorragende Interpretation durch M. Haydée und R. Cragun. □ *Pineapple Poll* (1951), *Der Pagodenprinz* (1957), *Romeo und Julia* (1962), *Jeu de Cartes* (1965), *Ebony Concerto* (1970).
Cullberg (Birgit) [Schweden, 1908]. *Fräulein Julie* (1957): spannungsreiches Ballett, nach Strindbergs Drama. Die Choreographin verleiht der klassischen Ballettsprache eine expressionistische Färbung.
Cunningham (Merce) [Vereinigte Staaten, 1919]. *Summerspace* (1958): Ballett zu einer Partitur von Feldman, Kostüme und Dekor von Rauschenberg. Die zahlreichen Auftritte und Abgänge richten sich nicht nach der zentralen Handlung. Cunningham setzt systematisch den Zufall ein, um Art und Abfolge von Bewegungen, Rhythmus, Zeit, Raum sowie Anzahl der Tänzer zu bestimmen. □ *Walkaround Time* (1968): Huldigung an die Maschine in all ihren Formen, Tönen und Bewegungen sowie an die Welt von Marcel Duchamp. Die Choreographie harmoniert mit dem beweglichen und transparenten Dekor von Jasper Johns, das sich an dem surrealistischen Werk *La Mariée mise à nu par ses célibataires, même* orientiert. □ *Un jour ou deux*

▲ · **Die *Danseuse de quatorze ans*,** von Degas. ›Die Ballettratte ist eine Elevin der École de danse. Sie ist ein Mädchen zwischen sieben und vierzig Jahren. Sie bleibt solange Ballettratte, bis sie in das Alter kommt, in dem sie einen Künstlernamen annimmt, nicht mehr um Bonbons bittet und Blumensträuße überreicht bekommt.‹ (Roqueplan, 1855) [Bronze. Musée d'Orsay, Paris]

796

MEISTERWERKE

(1973): Das Ballett wurde eigens für die Tänzer der Pariser Opéra geschaffen. Die Musik stammt von John Cage; Folge und Gegenüberstellung getanzter Ereignisse (Solos und Gruppentanz), die kontrapunktisch ineinandergreifen. □ *Root of an Unfocus* (1944), *Suite by Chance* (1953), *How to Pass, Kick, Fall and Run* (1965). *Canfield* (1969) *Changing Steps* (1973), *Squaregame* (1976), *Exchange* (1978), *Duets* (1980), *Galoppade* (1983).
Dauberval (Jean) [Frankreich, 1742–1806]. *La Fille mal gardée* (1789): Eine schelmische junge Bäuerin, die einen reichen, einfältigen Mann heiraten soll, kann schließlich die wachsame Mutter überlisten und mit dem Bauern, den sie liebt, entkommen. Diese Ballettkomödie, eine Zusammenstellung aus beliebten französischen Volksweisen und Opernmelodien, gehört zu den ältesten noch aufgeführten Werken und wurde in zahlreichen anderen Choreographien (z. B. von F. Ashton) aufgeführt.
De Mille (Agnes) [Vereinigte Staaten, 1908]. *Rodeo* (1942) beschreibt das traditionelle Fest für die Jugend auf einer Ranch in Texas. Hier wird die ›Western‹-Kultur erfolgreich zu einem der größten Ballettklassiker Amerikas verarbeitet. □ *Oklahoma* (1943), *Fall River Legend* (1948), *Golden Age* (1966).
De Valois (Ninette) → Valois (Ninette de).
Didelot (Charles) [Frankreich, 1767–1837]. *Flore et Zéphyre* (1769): Cupido und sein Gefolge helfen dem untreuen Zéphyr, Flore zu verführen. Das wegen des reichen Gebrauchs von Flugmaschinen berühmte Ballett wurde in ganz Europa aufgeführt.
Dunn (Douglas) [Vereinigte Staaten, 1942]. *Four for nothing* (1974): experimentelles, minimalistisches Werk, in dem die Tänzer fallen, in Unbeweglichkeit verharren, um sich erneut fallen zu lassen, wobei sie jedes Mal einen anderen Muskel entspannen.

E, F

Ek (Mats) [Schweden, 1945]. *Giselle* (1982): Neuinszenierung des berühmten romantischen Balletts. Die Psychoanalyse kommt der in einer psychiatrischen Anstalt untergebrachten Heldin und ihren Gefährten zu Hilfe.

Falco (Louis) [Vereinigte Staaten, 1942]. *Sleepers* (1970): die Dialoge zwischen Träumern, die sich in einer Flut von Daunenfedern verlieren, die aus imaginären Kissen hervorquellen.
Flindt (Flemming) [Dänemark, 1936]. *Triumph des Todes* (1972): in Anlehnung an eine Erzählung von E. Ionesco, beschreibt den Kampf des Menschen gegen die zerstörerischen Mächte der modernen Gesellschaft.
Fokin (Michail) [Rußland, 1880–1942]. *Der sterbende Schwan* (1907): herausragendes Solo, choreographiert für Anna Pawlowa auf das Stück *Der Schwan* von Saint-Saëns. □ *Les Sylphides* (1909): handlungslose Aneinanderreihung von Tänzen; Huldigung an das romantische Ballett, zu Klavierstücken von Chopin. Dieses Ballett zeichnete sich durch die tänzerischen Interpretationen von A. Pawlowa, T. Karsawina und V. Nijinsky aus. □ *Der Geist der Rose* (1911): Im Traum tanzt ein junges Mädchen mit dem Geist einer Rose, die es an seinem Kleid trägt. Die großartige Leistung von Nijinsky im Pas de Deux ließ dieses Ballett zur Legende werden. □ *Petruschka* (1911): Auf einem Jahrmarkt in St. Petersburg durchleben die drei zum Leben erweckten Puppen eines Zauberers Qual und Tragik der Liebe. Choreographie, Musik (Strawinsky) und Dekor (Benois) trugen zum Erfolg dieser russischen Burleske bei. □ *Carnaval*, *Scheherazade* und *Feuervogel* (1910).
Forsythe (William) [Vereinigte Staaten, 1949]. *In the Middle, Somewhat Elevated* (1987): blitzschnelle und bestechende Variationen, die den Tänzern großes technisches Können abverlangen.

G

Gades (Antonio) [Spanien, 1936]. *Bluthochzeit* (1974): Drama von Liebe und Eifersucht nach dem Stück von F. García Lorca. Theatralik des Geschehens und neue Umsetzung des Flamencos machen dieses Meisterwerk zu einem nationalen Ballett.
Galeotti (Vincenzo) [Italien, 1733–1816]. *Die Launen Cupidos und der Ballettmeister* (1786): Cupido richtet ein heilloses Durcheinander an, als er willkürlich Personen unterschiedlichen Alters aus unterschiedlichen Ländern miteinander verheiratet. Das in Kopenhagen entstandene Ballett (noch heute wird es dort aufgeführt) ist eines der ältesten Ballette, dessen Originalchoreographie bekannt ist.
Gallotta (Jean-Claude) [Frankreich, 1950]. *Les Aventures d'Ivan Vaffan* (1984). Auf der Grundlage des sich durch alle Stücke ziehenden Heldenmythos zeigt Gallotta die Mißgeschicke einer eroberungslustigen Horde, die Gruppenbeziehungen und Sexualität wiederentdeckt.
Gardel (Maximilien) [Frankreich, 1741 bis 1787]. *La Chercheuse d'esprit* (1777): Erfolgreiche Ballettversion der komischen Oper von Favart.
Gardel (Pierre, Bruder von Maximilien G.) [Frankreich, 1758–1840]. *Psyché* (1790) erzählt das Schicksal von Psyche, die von Amor geliebt und von Venus verfolgt wird. Dieses erfolgreiche Ballett (in 40 Jahren über 500 Aufführungen) gehört zu den Werken, die heute in der Pariser Opéra am häufigsten aufgeführt werden. □ *Dansomanie* (1800): Ein tanzbesessener savoyischer Burgherr verweigert einem Offizier die Hand seiner Tochter, da dieser seine Begeisterung für den Tanz nicht teilt. Bei der Aufführung dieses amüsanten Balletts, dessen Handlung die verschiedensten Tanzstile zuläßt, wurde in der Pariser Opéra zum ersten Mal ein Walzer getanzt.
Graham (Martha) [Vereinigte Staaten, 1894]. *Lamentation* (1930): Solo, in dem der von einer elastischen Tunika umhüllte Tänzer seine Ängste und sein Aufbäumen gegen den Druck der Gesellschaft ausdrückt. □ *Primitive Mysteries* (1931) erzählt, wie Indianer Lateinamerikas mit dem christlichen Glauben konfrontiert werden. □ *Apalachian Spring* (1944): Hymne auf das Amerika der Pioniere, zu einer Musik von Copland. □ *Cave of the Heart* (1946) handelt von der zerstörerischen Kraft der Eifersucht. Als Rahmen dient die Legende der Medea. Bei diesem Ballett ließ sich M. Graham zum ersten Mal von der griechischen Mythologie inspirieren. □ *Frontier* (1935), *American Document* (1938), *Dark Meadow* (1946), *Errand into the Maze* und *Night Journey* (1947), *Judith* (1950), *Clytemnestra* (1958), *Phaedra* (1962), *Acts of Light* (1981).
Grigorowitsch (Jurij) [UdSSR, 1927]. *Iwan der Schreckliche* (1975): farbenreiches Ballett zu einer Musik von Prokofjew, das die Herrschaft des Zaren Iwan IV. schildert.

Der Tänzer muß, unabhängig davon, welche Technik er erlernen will, eine harte Ausbildung über sich ergehen lassen. Es gibt mehrere berühmte Akademien für den klassischen Tanz, in denen eine mehr oder weniger alte Tradition bewahrt und ein spezieller Stil gelehrt wird. Die Schule der Opéra de Paris, das Kirow-Ballett in Leningrad, das Bolschoi-Ballett in Moskau, das Königlich-Dänische Ballett, die Royal Ballet School oder die American School of Ballet bilden Solisten aus, die in ihre Darbietung das Tanzensemble mitein-beziehen. Eine ganz andere Auffassung dagegen wird in der Mudra-Schule vertreten, die von Béjart in Brüssel gegründet wurde. Dort versucht man, den Tänzern eine umfassende Ausbildung zu geben und sie in allen Tanz- und Theatertechniken zu unterrichten, damit sie die Vorstellungen der Choreographen und Regisseure umsetzen können. Im Modern Dance und Ausdruckstanz unterricht jeder Ballettmeister die von ihm selbst ausgearbeitete Technik in seinem eigenen Ballettstudio. Die Beständigkeit dieser neuen choreographischen Ausdrucksformen zeigt sich im Erfolg der Folk-

TANZUNTERRICHT

wangschule in Essen, der Martha Graham School of Contemporary Dance in New York oder des französischen Centre national de danse contemporaine in Angers.

A · **Isadora Duncan** und ihre Schülerinnen (1903).

Die große ›Priesterin‹ des freien Tanzes gründete und leitete mehrere ‚Tanzschulen in Europa (Berlin, Moskau), je nachdem, mit wem sie zusammentraf und für was sie sich gerade begeisterte. Ihre ›Isadorables‹ forderte sie auf, die Natur zu betrachten und sie mit ihren Körpern auszudrücken. *(Nationalbibliothek, Paris)*

MEISTERWERKE DES TANZES

H, I, J, K, L

Hijikata Tatsumi (Japan, 1928–1986). *Shizuka na Ie (Ein stilles Haus)* [1972]: Der Begründer des Butō, des Tanzes der Finsternis, erzählt in diesem Ballett von der schemenhaften Gestalt seiner älteren Schwester, die von einer quälenden Krankheit heimgesucht wird.
Holm (Hanya) [Vereinigte Staaten, deutscher Herkunft, 1898]. *Trend* (1937): Der Fall des Menschen und seine Erlösung durch die in ihm wohnenden Lebenskräfte werden mit großen Gruppenbewegungen dargestellt. Die Musik stammt von Riegger und Varèse.
Horton (Lester) [Vereinigte Staaten, 1906 bis 1953]. *The Beloved* (1948): Horton erzählt in vollendetem Stil die tragische Geschichte eines Mannes, der seine Frau umbringt, und stellt damit sein großes dramatisches Talent unter Beweis.
Humphrey (Doris) [Vereinigte Staaten, 1895–1958]. *New Dance* (1935), *Theatre Piece* und *With My Red Fires* (1936): Tanztrilogie, zur Musik von Riegger; handelt von den sozialen Problemen des modernen Menschen.
Iwanow (Lew Iwanowitsch) [Rußland, 1834 bis 1901]. *Nußknacker* (1892): die fantastischen Abenteuer eines kleinen Mädchens und eines Nußknackers, der sich in einen Märchenprinzen verwandelt. Der Erfolg dieses Balletts, zu dem Tschaikowskij die Musik komponierte, führte zur Entstehung zahlreicher Versionen, u.a. von Nurejew (1968), Neumeier (1971) und Petit (1976).
Jooss (Kurt) [Deutschland, 1901–1979]. *Der grüne Tisch* (1932): Jooss prangert die Zerstörungen des Krieges an, den einige unverantwortliche Diplomaten auslösten. Diese pazifistische ›Schmähschrift‹ ist eines der wichtigsten Werke des deutschen Ausdruckstanzes.
Kylián (Jiří) [Tschechoslowakei, 1947]. *Sinfonie in D* (1976): amüsante Parodie zu einer Musik von Haydn, in der einige typische Eigenheiten des klassischen Balletts ins Lächerliche gezogen werden. □ *Psalmensinfonie* (1978): tänzerische Umsetzung der Partitur von Strawinsky, in der Kylián die religiösen Hintergründe des Stückes unberücksichtigt läßt, um die Musik besser herauszuarbeiten zu können.
Lander (Harald) [Frankreich, dänischer Herkunft, 1905–1971]. *Études* (1948): Das gesamte Repertoire der klassischen Tanztechnik wird meisterhaft auf Czernys *Etüden* für Klavier abgestimmt. Das Musikarrangement nahm Riisager vor.
Lawrowskij (Leonid) [UdSSR, 1905–1967]. *Die steinerne Blume* (1954): Lawrowskij ließ sich von einem Volksmärchen aus dem Ural anregen. Prokofjew komponierte die Musik. Dieses Ballett, das in der Sowjetunion zum Grundrepertoire gehört, wurde in mehreren Versionen aufgeführt, u.a. von Grigorowitsch (1957).
Lifar (Serge) [Frankreich, russischer Herkunft, 1905–1986]. *Icare* (1935): Lifar selbst komponierte die Musik, Honegger schrieb sie für Rhythmusinstrumente um. Mit Hilfe der Ikaros-Legende stellt der Choreograph die Vorherrschaft des Tanzes über die Musik dar. Picasso war bei der Neuinszenierung im Jahre 1962 für das Dekor verantwortlich. □ *Suite en Blanc* (1943): Folge brillanter Etüden, die Lifars neoklassizistisches Vokabular harmonisch und lyrisch zum Ausdruck bringen. □ *Les Mirages* (1947): Ein junger Mann dringt in das Reich der Träume vor; im Morgengrauen jedoch verschwinden die Traumbilder, und er irrt umher, verfolgt von seinem Schatten, verdammt zur ewigen Einsamkeit. Dieses Ballett, das in Zusammenarbeit mit Sauguet (Musik) und Cassandre (Dekor und Kostüme) entstand, ist eines der nachdenklichsten und poetischsten Werke Lifars. □ *Oriane et le Prince d'Amour* (1938), *Le Chevalier et la damoiselle* (1941), *Joan von Zarissa* (1942), *Phèdre* (1950), *Les Noces fantastiques* (1955).
Limón (José) [Vereinigte Staaten, mexikanischer Herkunft, 1908–1972]. *The Moor's Pavane* (1949): Variationen für vier Tänzer in Anlehnung an das *Othello*-Thema. Das Drama wird auf die wesentliche Handlung reduziert. Die Musik ist von Purcell. □ *Lament for Ignacio Sánchez Mejías* (1946), *La Malinche* (1949), *Ritmo Jondo* (1953), *The Unsung* (1970).
Loring (Eugene) [Vereinigte Staaten, 1914 bis 1982]. *Billy the Kid* (1938) erzählt das Leben des berühmten Banditen. Dieses ›Westernballett‹ zu der Musik von Copland ist eines der bedeutendsten amerikanischen Werke.
Louis (Murray) [Vereinigte Staaten, 1926]. *Hoopla* (1972): poetische und humoristische Folge von Bildern, die die Welt des Zirkus darstellen, in der M. Louis mit großen Einfühlungsvermögen die Rolle des Clowns tanzt.

M, N

MacMillan (Kenneth) [Großbritannien, 1929]. *Das Lied von der Erde* (1965) erzählt das bewegende Schicksal zweier Liebender, die der Tod trennt. Diese choreographische Umsetzung von Mahlers Partitur war das erste einer ganzen Reihe von Balletten, die zur Musik dieses Komponisten choreographiert wurden. □ *Manon* (1974), *Mayerling* (1978).
Manzotti (Luigi) [Italien, 1835–1905]. *Excelsior* (1881): Das spektakuläre und aufwendige Ballett handelt vom Triumph der Aufklärung über die Unwissenheit und feiert den Fortschritt der Wissenschaft und der Technik.
Marin (Maguy) [Frankreich, 1951]. *Cendrillon* (1985): tänzerische Bearbeitung von Perraults Märchen, zur Musik von Prokofjew und zu Stücken von J. Schwartz. Poesie und Verzauberung entstehen durch die gekonnte Verwendung von Masken und Kostümen, die die Tänzer in Puppen verwandeln.
Massine (Léonide) [Vereinigte Staaten, russischer Herkunft, 1896–1979]. *Parade* (1917): Possenspiel einer Tourneetruppe, deren Manager mit marktschreierischer Reklame Leute anlocken wollen. Das Libretto stammt von Cocteau, die Musik von Satie, die kubistischen Kostüme entwarf Picasso. Das in der Kriegszeit entstandene gewagte Ballett löste einen großen Skandal aus. □ *Der Dreispitz* (1919) erzählt von den komischen Mißgeschicken eines senilen alten Mannes, der in eine junge Müllerin verliebt ist. Die Handlung spielt im Spanien des 18.Jh. Dekor und Kostüme (Picasso), Musik (M. de Falla) und Choreographie, die sich Massine von traditionellen spanischen Tänzen anregen ließ, trugen zum Erfolg dieses großartigen Balletts bei. □ *Der Zauberladen* (1919), *Le Sacre du printemps* und *Pulcinella* (1920), *Les Fâcheux* (1927), *Gaité Parisienne* (1938).
Mazilier (Joseph) [Frankreich, 1797–1868]. *Le Corsaire* (1856): Die sehr freie Bearbeitung eines Gedichtes von Byron erzählt die auf-

---

DIE TANZSCHRIFT

Im 15. Jh. läßt die Entstehung einer anspruchsvollen Tanzkunst bei den Tanzmeistern den Wunsch aufkommen, ihre Kreationen schriftlich festzuhalten. Diese ersten, sehr einfachen Notationen bestanden darin, die Schritte abzukürzen. Ein Franzose, Jehan Tabourot, genannt Thoinot Arbeau, versuchte in seiner *Orchésographie* (1588) erstmals, Schritte zusammen mit der Musik zu notieren. Erst ein Jahrhundert später wurde ein richtiges kodifiziertes Zeichensystem entwickelt, die **Choreographie**, die Raoul Auger Feuillet um 1700 veröffentlichte. Sie setzte sich in Frankreich durch, wurde in andere Sprachen übersetzt und breitete sich schnell in ganz Europa aus, wo sie bis Ende des 18. Jh. unzählige Male geändert und umgeschrieben wurde. Die Entwicklung der Technik Ende des 19. Jh. führte dazu, daß dieses Zeichensystem verschwand. Danach entstanden zahlreiche neue Systeme, die sich jedoch nicht lange halten konnten, wie z.B. die **Stenochoreographie** (1852) von Arthur Saint-Léon oder das **Alphabet des mouvements du corps humain** (1892) von Wladimir Stepanow, das in den kaiserlichen russischen Schulen gelehrt wurde. Im 20. Jh. wurden durch das sich ständig erweiternde akademische Vokabular und das Entstehen des Ausdruckstanzes neue Systeme erforderlich. Die **Kinetographie** oder **Labanotation** (1928), eine komplexe Bewegungsschrift, die in Deutschland von Rudolf von Laban ausgearbeitet wurde, setzte sich gegenüber anderen Zeichensystemen durch, die zur gleichen Zeit in England von Margaret Morris und Frankreich von Pierre Conté entwickelt wurden. Das Labansystem, das von Labans Schülern Kurt Jooss und Sigurd Leeder verbreitet wurde, fand allgemeine Anerkennung, nachdem es vom Dance Notation Bureau in New York offiziell angenommen wurde. Trotz des Erfolges (momentan ist es die meistbenutzte Notation auf der Welt) wurde ständig an neuen Systemen gearbeitet. Alwin Nikolais schlug sein **Choroscript** vor (1945), und Joan und Rudolf Benesh veröffentlichten ihre **Choreology** oder **Benesh notation** (1956), die in den angelsächsischen Ländern häufig verwendet wird. Seit einigen Jahren benutzt man zusätzlich Film- und Videoaufzeichnungen. Die Tanzmeister werden also in Zukunft über weitere Möglichkeiten verfügen, mit denen sie ihre Werke an die Nachwelt weitergeben können.

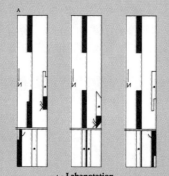

Labanotation.
Mit diesem System kann man jede Bewegung und jeden Tanzschritt unter Berücksichtigung des Stils notieren. (Oben, *Grandes cabrioles simples* [Transkription von J. Challet-Haas])

MEISTERWERKE

regenden Abenteuer eines rauhen Piraten und seiner Geliebten. Die bekannteste der zahlreichen Versionen dieses erfolgreichen Balletts stammt von M. Petipa (1868 und 1899).

Merante (Louis) [Frankreich, 1828–1887]. *Sylvia ou la Nymphe de Diane* (1876): Das großartige Ballett zu einer meisterhaften Musik von Delibes basiert auf dem Werk *Aminta* von Tasso. Es erzählt von der problematischen Liebe zwischen einem Schäfer und der Nymphe Sylvia.

Moissejew (Igor) [UdSSR, 1906]. *Partisanen* (1950) handelt von den großen Taten der Bergbewohner des Kaukasus im Zweiten Weltkrieg.

Muller (Jennifer) [Vereinigte Staaten, 1944]. *Lovers* (1978): bemerkenswerte Folge von Duos, die sich in verschiedenen Variationen mit dem Thema der Liebe auseinandersetzen.

Neumeier (John) [Vereinigte Staaten, 1942]. *Ein Sommernachtstraum* (1977): In dieser poetischen tänzerischen Umsetzung von Shakespeares Werk zur kontrastreichen Musik von Mendelssohn Bartholdy und Ligeti werden Realität und Märchenwelt geschickt miteinander verbunden. □ *Vierte Sinfonie* (1977): Zu einer Musik von Mahler drückt Neumeier in einem ungewöhnlichen Stil voller Lyrik die Ohnmacht des Menschen gegenüber seinem Schicksal aus. Die Hauptrolle wurde in einer großartigen Interpretation von Kevin Haigen kreiert. □ *Magnificat* (1987): eine Folge von Tänzen zur Musik von Bach, deren Wechselspiel Schatten und Licht des Lebens darstellen. □ *Dritte Sinfonie von Gustav Mahler* (1975), *Illusionen wie Schwanensee* und *Hamlet Connotations* (1976), *Die Kameliendame* (1978), *Matthäuspassion* (1981), *Sechste Sinfonie von Gustav Mahler* (1984).

Nijinska (Bronislava) [Rußland, 1891 bis 1972]. *Les Noces* (1923): Schilderung einer Hochzeit im alten Rußland in einem Stil, der an russische Ikonen erinnert. Die bemerkenswerte Musik von Strawinsky regte zu weiteren Versionen an (Béjart, 1962; Kylián, 1982). □ *Les Biches* (1924): satirische Parodie auf eine ›Party‹ in einem mondänen Salon der 20er Jahre; entstanden in Zusammenarbeit mit Poulenc (Musik) und Marie Laurencin (Dekor und Kostüme).

Nijinsky (Waslaw, Bruder von Bronislava N.) [Rußland, 1889–1950]. *Le Sacre du printemps* (1913): Dieses frenetische heidnische Frühlingsritual, mit dem die gesamte Erde gefeiert wird, erdacht und musikalisch übersetzt von Strawinsky, löste wegen der gewagten Choreographie und Musik einen Skandal aus. Zahlreiche Choreographen brachten eigene Fassungen heraus, so z.B.: Massine (1920), Wigman (1957), Béjart (1959), Neumeier (1972), Tetley (1974), Taylor (1980) und Graham (1984).

Nikolais (Alwin) [Vereinigte Staaten, 1912]. *Masks, Props and Mobiles* (1953): Nikolais bringt hier zum ersten Mal erfolgreich seine ihm eigene Ästhetik zum Ausdruck, indem er Kostüme und Accessoires verwendet, die die Körper der Tänzer verhüllen und verändern. □ *Prism* (1956): Der Choreograph spielt mit Licht und läßt bestimmte Körperpartien der Tänzer verschwinden und wieder sichtbar werden. So entsteht der Eindruck eines Prismas. Für diese Inszenierung komponierte er seine erste elektronische Musik. □ *Imago* (1963): Die Bewegungen, Kostüme und Lichteffekte lassen eine geheimnisvolle Form- und Farbenwelt entstehen. □ *Kaleidoscope* (1956), *Sanctum* (1964), *Tent* (1968), *Grotto* (1973), *Temple* (1975), *Schema* (1980).

North (Norbert) [Vereinigte Staaten, 1945]. *Troy Game* (1974): Auf amüsante Art und Weise werden die athletischen Leistungen der Bodybuilder skizziert, begleitet von mitreißender brasilianischer Musik.

Noverre (Jean Georges) [Frankreich, 1727 bis 1810]. *Les Fêtes chinoises* (1751): Auftauchen und Verschwinden chinesischer Figuren, dem Geschmack der Zeit entsprechend inszeniert. Dieses erstaunliche Ballett machte Noverre beim Pariser Publikum berühmt und wurde in Frankreich und England mit Erfolg aufgeführt. □ *Médée et Jason* (1763): Das erste große Handlungsballett des Choreographen schildert die Tragödie der Medea. Dieses Meisterwerk, in dem G. Vestris durch seine hervorragende Darbietung das Publikum begeisterte (Jason), wurde weltweit mit Begeisterung aufgenommen. □ *La Mort d'Hercule*, *Psyché et l'Amour* (1762), *Adèle de Ponthieu* (1773), *Les Horaces et les Curiaces*, *Apelles et Campaspe* (1774), *Les Petits Riens*, *Annette et Lubin* (1778).

P

Page (Ruth) [Vereinigte Staaten, 1905]. *Frankie and Johnny* (1938) spielt im alten Chicago und schildert die Ermordung eines untreuen Zuhälters durch eine eifersüchtige Hure. Das Ballett folgt einer amerikanischen Ballade und gehört zu den Klassikern des amerikanischen Ballettrepertoires.

Perrot (Jules) [Frankreich, 1810–1892]. *Alma ou la Fille de feu* (1842): die Abenteuer eines Geschöpfes von Belphégor, das auf die Erde geschickt wird, um die Menschen in Versuchung zu führen. In Zusammenarbeit mit F. Cerrito gelingt Perrot eine der erfolgreichsten ›Teufeleien‹ dieser Zeit. □ *La Esmeralda* (1844): freie Bearbeitung von *Der Glöckner von Notre Dame* von Victor Hugo. Herausragende Leistungen wurden vor allem von C. Grisi und F. Elßler erbracht. Die Version von M. Petipa (1886 und 1898) ist heute fester Bestandteil des russischen Repertoires. □ *Le Pas de quatre* (1845): Variationen für die vier großen romantischen Ballerinen Taglioni, Cerrito, Grisi und Grahn. □ *Giselle* und *Undine* (1843), *Catarina ou la Fille du bandit* (1846), *La Filleule des fées* (1849).

DIE WICHTIGSTEN KODIFIZIERTEN TANZSCHRITTE

Der klassische Tanz, der *Danse d'École*, hat auf der ganzen Welt Verbreitung gefunden. Diese einheitlich kodifizierte Technik, die sich über Jahrhunderte hinweg entwickelte und noch heute ständig erweitert wird, bedient sich einer französischen Terminologie, die in allen Ländern verwendet wird.

Adage: Schrittfolge und komplexe Positionen zu einen langsamen Rhythmus. Bei zwei Tänzern hat Adage die Bedeutung einer Liebeszene. Erster Teil eines klassischen Pas de deux.

Acrobaties: die *Grands écarts* (Spagate), das *Pied dans la main* (Fuß in die Hand), nicht zu vergessen die spektakulären Hebungen oder *Portés* im Pas de deux haben ihren festen Platz im klassischen Tanz.

En-dehors: auswärtsgerichtete Grundhaltung, auf der die gesamte klassische Technik beruht. Das En-dehors besteht aus einer 90-Grad-Drehung des Beines und des Fußes von der Hüfte ab nach außen.

Pas à terre: Exercices auf der Stelle (*battements, dégagés, développés, fouettés, pliés* und *ronds de jambe*) oder in eine Richtung (*pas de basque, pas de bourrée, chassés, glissades, relevés, temps de pointe* oder *piqués*), die in zahlreichen Kombinationen getanzt werden.

Pointe: die relativ neue Technik des Spitzentanzes (erstes Viertel des 19. Jh.) ist Inbegriff dessen, was man heute unter klassischem Tanz versteht. Die halbe Spitze, *Demi-pointe*, ist in vielen zeitgenössischen Choreographien nicht mehr nur den Tänzern vorbehalten.

Poses complexes: die *Arabesque* und die *Attitude*, die mit der durch die neoklassizistische Technik neu eingeführten Achsverschiebung größer ausgeführt werden können, sowie die *Quatrième effacée* besitzen mehrere Varianten.

Positionen: die Tradition schreibt fünf Grundpositionen für Arme und Beine vor (*positions fondamentales*). Die geraden und die auswärts gerichteten Positionen wurden von neoklassizistischen und zeitgenössischen Choreographen wieder eingeführt.

Sauts: unterschiedliche Sprünge, entweder einfach (*simple: assemblés, ballonés, échappés, faillis, jetés, sobresauts, sissonnes*), geschlagen (*battu*), über Kreuz (*croisé: entrechats, brisés*) oder auch mit Ferse (*frappé*) und Bein (*battu*) geschlagen (*jeté* und *cabrioles*).

Tours: in vielen Variationen werden die Drehungen auf zwei Füßen (*déboulés, détournés, enveloppés*), einem Fuß (*piqués, pirouettes*), einem Fuß auf Spitze (*fouettés, relevés*) oder springend (*brisés, jetés, tours en láir* usw.) ausgeführt.

Attitude   Cabriole   Fouetté

MEISTERWERKE

MEISTERWERKE DES TANZES

Petipa (Lucien) [Frankreich, 1815–1898]. *Sakountala* (1858): Das Libretto von T. Gautier geht auf ein indisches Drama des 4. Jh. zurück und erzählt von den Liebschaften eines Königs und eines jungen Mädchens im legendären Indien der Fakire und Bajaderen.

Petipa (Marius, Bruder von Lucien) [Frankreich, 1818–1910]. *Don Quichotte* (1869): Das Ballett lehnt sich an Cervantes Roman an, vermischt jedoch Heldenepos mit den Verwicklungen einer Liebesbeziehung zwischen der Tochter eines Gastwirts und einem verführerischen Barbier. Die Neuinszenierung von A. Gorskij (1900) gehört zum Repertoire zahlreicher Ballettensembles. □ *Dornröschen* (1890): Die Handlung, die den Märchen *Contes de ma mère l'Oye* von Perrault entnommen ist, gab Petipa die Möglichkeit, sowohl klassische lyrische als auch aufwendige Tanzstücke zu choreographieren. Tschaikowskij komponierte die außergewöhnlich schöne Musik. Eine wahre Anthologie der klassischen Technik bietet sich in höchster Perfektion dar. Dieses Ballett wurde in der ganzen Welt mehr oder weniger originalgetreu aufgeführt. □ *Schwanensee* (1895): Ein Prinz liebt ein junges Mädchen, das in einen Schwan verwandelt wurde. Er kann diesen Fluch lösen, indem er ihr ewige Liebe verspricht. Als er die von einem Zauberer herbeigeholte Doppelgängerin für seine Geliebte hält, stürzt er diese beinahe in ewige Verdammnis. Von dem international bekanntesten Ballett, zu dem Tschaikowskij die ebenso berühmte Musik komponierte, entstanden zahlreiche Versionen, u.a. von V. Bourmeister (1953), J. Neumeier (1976) und M. Ek (1988). □ *La Fille du pharaon* (1862), *Bajaderka* (1877), *Raymonda* (1898).

Petit (Roland) [Frankreich, 1924]. *Carmen* (1949): Zu Bizets Musik erzählt Petit in knappen Zügen die Geschichte der schönen Zigeunerin, die in einer Zigarrenfabrik arbeitet. Mit kurzen Haaren und beinbetonendem kurzem Tutu tanzte Zizi Jeanmaire die Carmen und kreierte damit eine unvergeßliche Rolle. □ *Notre-Dame de Paris* (1965): knappe und ausdrucksstarke Bearbeitung des Romans von Victor Hugo. Die zentrale Figur ist Quasimodo. Die Musik von M. Jarre und die Kostüme von Y. Saint Laurent trugen zum Erfolg des Balletts bei, das in der Pariser Opéra uraufgeführt und später in das russische Repertoire aufgenommen wurde. □ *Les Forains* (1945), *Le Jeune Homme et la Mort* (1946), *Le Loup* (1953), *Turangalila* (1968), *Coppélia* (1975), *Der Nußknacker* und *Nana* (1976), *Le fantôme de l'Opéra* (1980), *Ma Pavlova* (1986).

Prévost (Françoise) [Frankreich, um 1680 bis 1741]. *Les Caractères de la danse* (1715): getanzte Pantomime zu einer Suite von J.-F. Rebel. Dieses beliebte Ballett erzielte auch in den Versionen von Marie Sallé und der Camargo große Erfolge.

R, S

Robbins (Jerome) [Vereinigte Staaten, 1918]. *Fancy free* (1944): die Abenteuer dreier Seeleute auf Landurlaub, die eine Sommernacht in New York verbringen. Mit diesem Ballett, das in Zusammenarbeit mit Bernstein entstand, erzielte Robbins seinen ersten Erfolg. Es regte ihn zu der musikalischen Komödie *In the Town* an. □ *The Cage* (1951): Die Frau sieht, wie die Bienenkönigin oder Gottesanbeterin, im Mann nur eine Beute, die man benutzt und verschlingt; eine expressive, mit neuen Bewegungen dargestellte Allegorie zu einer Musik von Strawinsky. □ *Dances at the Gathering* (1969): handlungsloser, stimmungsvoller Reigen von Tanzstücken zu der Klaviermusik von Chopin. □ *Afternoon of a Faun* (1953), *West Side Story* (1957), *Piano Concerto in G* (1975), *Other Dances* (1976).

Sacharow (Rostislaw) [UdSSR, 1907–1984]. *Die Fontäne von Bachtschissarai* (1934): Ein Tatarenkhan ist untröstlich über den Tod der von ihm geliebten Prinzessin. Er läßt zum Gedenken eine Fontäne anlegen und wartet vor ihr auf seinen Tod.

Saint Denis (Ruth) [Vereinigte Staaten, 1877–1968]. *Rhada* (1906): Die Choreographin schildert voller Farbenpracht die Erscheinung der indischen Gottheit zu Auszügen aus *Lakmé* von Léo Delibes. □ *The Lamp* (1928): ihr erstes metaphysisches Ballett zu den *Préludes* von Liszt. □ *Ishtar of the seven Gates* (1917), *The Prophetess* (1931).

Saint-Léon (Arthur) [Frankreich, 1821 bis 1870]. *Le Violon du Diable* (1849): Mit den magischen Kräften seiner Violine verführt ein Geiger eine schöne adlige Dame. Saint-Léon stellt hier als Violinist und Tänzer sein Können gleich zweifach unter Beweis. □ *Coppélia ou la Fille aux yeux d'émail* (1870): Streitigkeiten zwischen einem jungen Liebespaar und einem Puppenmacher, der eines seiner Geschöpfe zum Leben erwecken will. Dieses erfolgreiche Ballett, nach einer Erzählung von Hoffmann, das auf die Musik von Delibes getanzt wird, wurde unzählige Male aufgeführt. 1975 erarbeitete R. Petit eine interessante Neuinszenierung. □ *Das bucklige Pferdchen* (1864), La Source (1866).

Sallé (Marie) [Frankreich, 1707–1756]. *Pygmalion* (1734): die Legende von dem Bildhauer, der sich in eine von ihm selbst geschaffenen Statue verliebt, der Aphrodite Leben einhaucht. In ihrem Bestreben, den Theatertanz ausdrucksvoller zu gestalten, schuf M. Sallé ein wegbereitendes Werk für die neue Form des Handlungsballetts.

Shawn (Ted) [Vereinigte Staaten, 1891 bis 1972]. *Xochitl* (1921): toltekisches Drama in einem von den aztekischen Statuen angeregten Stil. Die weibliche Hauptrolle kreierte M. Graham. □ *Kinetic Molpaï* (1935): Geschichte für acht Tänzer, die vom Schicksal des Menschen auf der Erde sowie seiner geistigen Überlegenheit handelt. □ *O Libertad!* (1937), *Dance of the Ages* (1938).

T, V, W

Taglioni (Filippo) [Italien, 1777–1871]. *La Sylphide* (1832): Ein junger Schotte verliebt sich in eine Sylphide und verläßt seine Verlobte, um dem übernatürlichen Wesen in den Wald zu folgen. In diesem ersten romantischen Ballett, für das Lamy eigens lange Tutus anfertigen ließ, erzielte die unvergeßliche M. Taglioni große Triumphe. □ *La Gitana* (1838): Die Abenteuer einer jungen spanischen Adligen, die von Zigeunern entführt wird, führen sie von Madrid bis ins ferne Rußland. In diesem Ballett konnte Maria Taglioni ihr großes tänzerisches Talent unter Beweis stellen. □ *La Fille du Danube* (1836), *L'Ombre* (1839).

Taglioni (Maria, Tochter von Filippo) [Italien, 1804–1884]. *Le Papillon* (1860): die Abenteuer eines jungen Mädchens, das von einer Fee in einen Schmetterling verwandelt wurde. Die Musik dazu komponierte Offenbach. Dieses Ballett, das M. Taglioni für ihre Schülerin E. Livry choreographierte, war ihr einziges eigenes Werk.

Taylor (Paul) [Vereinigte Staaten, 1930]. *Auréole* (1962): handlungsloses Ballett voller Frische und Musikalität: Musik (Händel) und Choreographie scheinen eins zu werden. □ *Big Bertha* (1971): ernstes Gleichnis, auf komische Weise umgesetzt, von der Eroberung der Gesellschaft durch die Maschine. □ *Three Epitaphs* (1956), *Piece Period* (1962), *Esplanade* (1975).

Tetley (Glen) [Vereinigte Staaten, 1926]. *Le Pierrot lunaire* (1962): tänzerische Bearbeitung von Schönbergs Meisterwerk; gehört zum Repertoire zahlreicher Kompanien. Vor allem Nurejews Darstellung der Hauptrolle begründete den Ruhm dieses Balletts. □ *Voluntaries* (1973): Dieses Werk, das zu Ehren J. Crankos zur Musik von Poulenc choreographiert wurde, verbindet auf harmonische Weise klassischen und modernen Tanz.

Tharp (Twyla) [Vereinigte Staaten, 1942]. *Push Comes to Shove* (1976): Die Kulissen des American Ballet Theatre dienen als Hintergrund für diese humorvolle und burleske Parodie, die speziell für die berühmte Kompanie und den hervorragenden Solisten M. Baryschnikow geschaffen wurde.

Tudor (Antony) [Großbritannien, 1909 bis 1987]. *Dark Elegies* (1937): Bewegend und ausdrucksstark dargestellte Geschichte eines Dorfes, dessen Bewohner nach einer Katastrophe um ihre Toten trauern, zur Musik von Mahler. □ *Pillar of Fire* (1942): dieses psychologische Ballett, dessen Handlung auf Schönbergs *Nuit transfigurée* basiert, schildert die inneren Kämpfe eines jungen Mädchens, das sich aus Mitleid einem Fremden hingibt.

Valois (Ninette de) [Großbritannien, 1898]. *Checkmate* (1937): Die Choreographie zeigt allegorisch den ewigen Konflikt zwischen Liebe und Tod, nach dem Grundmuster eines Schachspiels.

Van Dantzig (Rudi) [Niederlande, 1933]. *Monument for a Dead Boy* (1965): die leidvollen Lebensabschnitte eines Jugendlichen, der schließlich Selbstmord begeht. Das erstmals in einem Ballett aufgegriffene Thema der Homosexualität wird mit sehr viel Takt und Einfühlungsvermögen behandelt.

Van Dijk (Peter) [Deutschland, 1929]. *Die unvollendete Sinfonie* (1959): ein musikalisch großartig choreographierter Pas de deux, zu Schuberts achter Sinfonie.

Vigano (Salvatore) [Italien, 1769–1821]. *Prometeo* (1813): Vigano greift das Thema aus Aischylos' Tragödie auf, das ihm schon 1808 für *Die Geschöpfe des Prometheus* als Vorlage diente. Die durch das Bühnenwerk erzielten Effekte und die ausdrucksvolle Pantomime, begleitet von Beethovens, Mozarts und Haydns Musik, begeisterten das Publikum und begründeten den großen Erfolg dieses ›Choreodramas‹.

Weaver (John) [Großbritannien, 1673 bis 1760]. *The Love of Mars and Venus* (1717): Das Ballett, das von der Liebe der beiden Gottheiten erzählt, die der eifersüchtige Vulkan nicht zuläßt, ist eines der ersten Handlungsballette.

Weidman (Charles) [Vereinigte Staaten, 1901–1975]. *On my Mother's Side* (1940): Folge von Soli, die nacheinander die Generationen der Familie des Choreographen darstellen. □ *Flickers* (1941): amüsante Parodie auf den amerikanischen Stummfilm.

Wigman (Mary) [Deutschland, 1886–1973]. *Hexentanz I* (1914) und *II* (1926): M. Wigman choreographierte zwei Versionen dieses Balletts, dessen berühmtes Solo voller dramatischer Ausdrucksstärke ist. □ *Das Totenmahl* (1930): Mehrere Frauen um ihre Toten. Diese kehren kurzzeitig ins Leben zurück, bevor sie sich endgültig dem Tod und der Vergessenheit ausliefern müssen. Dieses Stück, eine heftige und pathetische Anklage gegen den Krieg, ist den Opfern des Ersten Weltkriegs gewidmet. □ *Die Feier* (1920), *Visionen* (1926), *Das Opfer* (1933), *Saul* (1955), *Sacre du printemps* (1961).

MEISTERWERKE

ENSEMBLES, INTERPRETEN

BALLETTENSEMBLES

Alvin Ailey Dance Theatre (Vereinigte Staaten). Die 1958 gegründete Kompanie besteht aus schwarzen Tänzern und führt sowohl Aileys Ballette als auch bedeutende Choreographien des Modern Dance auf.
American Ballet Theatre (Vereinigte Staaten). Klassische Ballettkompanie, bei der die besten international bekannten Solisten tanzen. Die 1940 gegründete Gruppe hat nicht nur alle großen Ballette in ihrem Repertoire, sondern auch Werke junger Choreographen.
Ballet de l'Opéra de Paris (Frankreich). Das vielseitige Repertoire der 1672 gegründeten Institution umfaßt sowohl klassische Ballette als auch die neuesten Werke avantgardistischer Strömungen, die von der Groupe de Recherche chorégraphique gefördert werden.
Ballet du XXe Siècle (Belgien). Die Kompanie wurde durch die Produktionen ihres Gründers Béjart geprägt (1960–1987). Heute arbeitet er in der Schweiz mit seiner Ballett-Truppe **Béjart Ballet Lausanne**.
Ballet national de Marseille (Frankreich). Das 1972 gegründete Ballett konzentriert sich auf die Werke von Roland Petit.
Bolschoi-Ballett Moskau (UdSSR). Das größte Ballettensemble, dessen Repertoire nicht nur klassische, sondern auch neoklassische Werke umfaßt, entstand nach 1930.
Hamburgische Staatsoper (Deutschland). Seitdem Neumeier 1973 Ballettdirektor wurde, führt die Kompanie ausschließlich seine Werke auf.
Kirow-Ballett Leningrad (UdSSR). Die Wiege und Bastion der klassischen russischen Tradition und des sowjetischen Balletts ist neuerdings westeuropäischen Choreographen gegenüber offener eingestellt (R. Petit, M. Béjart).
Königlich Dänisches Ballett (Dänemark). Die Kompanie, die an der großen Tradition von Bournonville festhält und ihr Repertoire danach ausrichtet, hat sich seit 1920 auch zeitgenössischen Werken gegenüber geöffnet.
Martha Graham Dance Company (Vereinigte Staaten). Das bis 1938 rein weibliche Ensemble wurde 1929 von der legendären Vertreterin des Modern Dance gegründet und führt in aller Welt ihre Werke auf.
Merce Cunningham Dance Company (Vereinigte Staaten). Die Ballettkompanie widmet sich seit 1953 den avantgardistischen Choreographien ihres Gründers.
Moissejew-Ballett (UdSSR). Das staatliche sowjetische Volkstanzensemble wurde im Jahre 1937 von Igor Moissejew gegründet. Das Repertoire umfaßt auch Ballette, deren Handlung auf russischen Legenden, aktuellen oder geschichtlichen Ereignissen aufbaut.
New York City Ballet (Vereinigte Staaten). Die 1948 von Balanchine gegründete Kompanie, deren Chef-Ballettmeister heute J. Robbins ist, führt erfolgreich die Werke ihres Gründers auf.
Stuttgarter Ballett (Deutschland). Die Programmgestaltung wird immer noch vom Werk John Crankos bestimmt, der 1961 bis 1973 Ballettdirektor war. Es wurden jedoch auch zahlreiche klassische Ballette junger Choreographen in das Repertoire aufgenommen.
The Royal Ballet (Großbritannien). Das seit 1956 existierende britische Nationalballett ist klassisch ausgerichtet und führt bevorzugt F. Ashtons Ballette auf; aber auch zeitgenössische angelsächsische Choreographien gehören zum Repertoire.
Wuppertaler Tanztheater (Deutschland). Die Truppe führt die Ballette von Pina Bausch auf, die seit 1973 die Kompanie leitet.

GROSSE INTERPRETEN

Astaire (Fred) [Vereinigte Staaten, 1899 bis 1987]. Mit einer unvergleichlichen Leichtigkeit, Eleganz und großem rhythmischen Gespür hat er den Steptanz und Unterhaltungstanz mit Vollendung dargeboten.
Camargo (Marie-Anne de Cupis de) [Frankreich, belgischer Herkunft, 1710–1770]. Als vorzügliche Technikerin führte sie bei weiblichen Tanzrollen eine größere Virtuosität ein, indem sie sich Schritte aneignete, die bis dahin den Tänzern vorbehalten waren.
Duncan (Isadora) [Vereinigte Staaten, 1878–1927]. Ihre emotional-expressiven Interpretationen tanzte sie barfüßig, nur mit einer losen Tunika bekleidet.
Farrell (Suzanne) [Vereinigte Staaten, 1945]. Sie war die ideale Besetzung für Balanchines Ballerinenrollen, aber auch die von Béjart für sie choreographierten Rollen kreierte sie mit viel Feingefühl und Ausdruck.
Fonteyn (Margot) [Großbritannien, 1919]. Erste Ballerina des englischen Balletts. Sie inspirierte Ashton und bildete zusammmen mit Nurejew ein legendäres Paar.
Fuller (Loie) [Vereinigte Staaten], 1862 bis 1928]. Die Tänzerin der Music Hall erzielte durch den gekonnten Einsatz farbigen Lichts im Zusammenspiel mit den sie umhüllenden langen Schleiern besondere Effekte.
Jamison (Judith) [Vereinigte Staaten, 1944]. Diese anmutige Tänzerin, Star der Kompanie von A. Ailey, war die erste große Vertreterin des afro-amerikanischen Tanzes.
Nijinsky (Waslaw) [Rußland, 1889–1950]. Der begabte Techniker, der außerdem eine außergewöhnliche Erscheinung war, hat den männlichen Tanz aufgewertet.
Nurejew (Rudolf) [Österreich, sowjetischer Herkunft, 1938]. Er war der erste große Tänzer des Kirow-Balletts, der in den Westen ging; ein hervorragender klassischer Tänzer mit starker Expressivität.
Pawlowa (Anna) [Rußland, 1881–1931]. Die zerbrechliche und schwerelose Ballerina wurde noch zu Lebzeiten durch ihre große Ausstrahlungskraft und außergewöhnliche stilistische Sensibilität zur Legende.
Sallé (Marie) [Frankreich, 1707–1756]. Berühmt durch ihre graziösen und harmonischen Bewegungen, verzichtete sie auf die üblichen Kostüme und betonte den Ausdruck.
Taglioni (Maria) [Italien, 1804–1884]. Sie war die erste Ballerina, die den Spitzentanz perfekt beherrschte, und wurde dadurch zur Mitschöpferin des romantischen Balletts.
Vestris (Gaetano) [Italien, 1729–1808]. Dieser brillante Techniker mit großer darstellerischer Begabung, wurde als ›dieu de la danse‹ (Gott des Tanzes) gefeiert.
Wigman (Mary) [Deutschland, 1886–1973]. Sie wurde zur Wegbereiterin des deutschen Ausdruckstanzes, indem sie ihre oft von Trauer gekennzeichneten Empfindungen in tänzerische Bewegung umsetzte.

A · **Marie Sallé**, Darstellung von Lancret. Marie Sallé war in ihrem Tanz zurückhaltender als ihre Rivalin, die brillante Camargo. Ihr Stil zeichnete sich durch Präzision und Feinheit aus. Voltaire bewunderte ihren Charme und ihre Leichtigkeit. (B. N., Paris)

C · **Fred Astaire**, in *Top Hat* (1935). Fred Astaire, den Balanchine für den interessantesten und erfinderischsten Tänzer seiner Zeit hielt, verhalf dem Musical zu internationaler Anerkennung.

B · **Mary Wigman**, in *Visionen* (1926). Als Schülerin von Laban und leidenschaftliche, gefühlsbetonte Tänzerin, die ganz in ihrer Kunst aufging, begeisterte sie das deutsche und amerikanische Publikum. Sie gab den neuen Tanzstil ihres ›Ausdruckstanzes‹ an viele Generationen weiter.

D · **Judith Jamison**. Die ›schwarze Antilope‹, Alvin Aileys strahlende Ballerina, faszinierte auch andere Choreographen, wie z. B. Maurice Béjart, der für sie seine Version des Balletts *Geist der Rose* (1979) choreographierte.

MEISTERWERKE

GESCHICHTE DES BALLETTS

VOM BALLET DE COUR ZUM BALLET D'ACTION (ENDE DES 16. JH. BIS ENDE DES 18. JH.)

Das Ballett entwickelte sich aus den an italienischen Fürstenhöfen gepflegten Schauspielen und wurde innerhalb von zwei Jahrhunderten zu einer selbständigen Kunst.

Das Ballet de cour, eine Mischung aus mittelalterlichem Reigentanz und italienischem Maskenspiel der Renaissance, entstand in Frankreich Ende des 16. Jh. Dieses große Spektakel war eine Verbindung zwischen Poesie, Musik, Tanz und Bühnenmalerei. Es wurde vom König und seiner Hofgesellschaft aufgeführt, manchmal zusammen mit professionellen Tänzern. Die mehr oder weniger zusammenhängende Handlung drehte sich um burleske, phantastische, exotische, mythologische oder auch politische Themen. Diese bis Ende des 17. Jh. am Hof beliebte Form der Unterhaltung hatte ihre Glanzzeit unter Ludwig XIV. Die Ballett-Komödie, zu deren Entstehen Molière beitrug und mit ihm auch wieder verschwand, war ein Theaterstück mit tänzerischen Darbietungen, die so logisch wie möglich in die Handlung einbezogen wurden.

Das tragikomische Ballett und die Ballett-Tragödie waren lyrische Werke. In jedem Akt (zwischen 3 und 5) war ein tänzerisches Zwischenspiel vorgesehen. Die beim tragikomischen Ballett weniger anspruchsvollen, bei der Ballett-Tragödie jedoch ernste Handlung befaßte sich mit Helden und Gottheiten aus der antiken Mythologie. Diese zwei von Lully geschaffenen typisch französischen Theaterformen hatten sich an der Pariser Opéra bis Ende des 18. Jh. mit großem Erfolg durchgesetzt. Die Ballett-Oper, ein lyrisches Werk, das aus mehreren in sich abgeschlossenen Auftritten bestand, wurde in Frankreich im gesamten 18. Jh. erfolgreich aufgeführt. Der Wechsel von mythologischen, pastoralen und exotischen Bühnenbildern unterstrich die anmutigen Darbietungen, bei denen der Tanz, der frei von jeglicher Dramatik war, im Vordergrund stand. Die Ballett-Pantomime schilderte eine kleine, oft ländliche, burleske oder exotische Verwicklungsgeschichte mit Hilfe ausdrucksvoller Bewegungen und gesungenen Stücken, die zum besseren Verständnis der Handlung beitrugen. Sie wurde erstmals auf Jahrmärkten in den Jahren um 1730 aufgeführt und leitete die Reform des Ballet d'Action, des Handlungsballetts, oder des Ballet à thème ein, in dem auf den Gesang völlig verzichtet wurde. Seit Anfang des 18. Jh. machte sich das Bedürfnis nach einem Tanz mit Handlung bemerkbar, und in England wurden die ersten Versuche in dieser Richtung unternommen. John Weaver führte die ersten Werke auf, in denen Tanz und Mimik geschickt miteinander verbunden waren. Der Österreicher Franz Hilverding, der Italiener Gasparo Angiolini und der Franzose Jean Georges Noverre setzten in der zweiten Hälfte des Jahrhunderts ihr Ballettkonzept durch: Tanz ist nicht mehr bloßes schmückendes Beiwerk, sondern drückt als Nachahmungskunst das Spiel der Leidenschaft aus und bestimmt die dramatische Handlung. Von nun an wurden die Ballettabende mit anakreontischen Themen, netten Bauernstücken, exotischen Fantasiegeschichten oder bewegenden Tragödien ausgefüllt. Das Ballett war eine eigenständige Kunst geworden. Durch den Verzicht auf Masken, Perücken und anderes Beiwerk sowie die Veränderung der Mode konnten die Tänzer ihre Technik verbessern. Diese Entwicklungen führten Anfang des 19. Jh. schließlich zum Beginn einer neuen Ballettära: der Romantik.

GLANZZEIT UND NIEDERGANG DES ROMANTISCHEN BALLETTS (19. JH.)

Die Romantik erfaßte das Ballett in den Jahren um 1830. Die Einführung des Spitzentanzes in Verbindung mit fließenden Bewegungen sowie die neue Gasbeleuchtung gaben den Choreographen die Möglichkeit, eine phantastische, unwirkliche und irrationale Welt zu schaffen. Träume, die Sehnsucht nach fernen Ländern oder mittelalterlicher Vergangenheit, die mystische Liebe, die stärker ist als der Tod, dies waren die Themen, von denen sich die Librettisten anregen ließen. Die Handlung vollzog sich auf zwei Ebenen: einer irdischen mit viel Lokalkolorit und einer übernatürlichen Welt, die durch den klassischen, femininen und schwerelosen Tanz ausgedrückt wurde. Als neues Idol nahm nun die gefeierte Ballerina – mit der Internationalisierung des Repertoires – gegenüber ihrem männlichen Partner die dominierende Rolle ein.

Ab 1870 jedoch beginnt der Niedergang des in seinen fast unveränderten Choreographien erstarrten romantischen Balletts. Der italienische Tanzstil, der sich durch Schwung und Virtuosität auszeichnete, trug den Sieg über die Strenge und Anmut des französischen Tanzes davon: Die Technik wurde auf Kosten des Ausdrucks verbessert. Nur in Dänemark (dank August Bournonvilles) und Rußland konnte diese Entwicklung aufgehalten werden. Schließlich setzte sich das akademische russische Ballett unter Marius Petipa durch. Mit seinen prachtvollen Aufführungen, in denen sich dramatische Szenen und reine Tanzszenen abwechselten, führte er die geschickte Verbindung von Gruppenbewegungen mit bravourösen Auftritten und Soli ein. Petipa legte auch die Grundform des klassischen Grand Pas de deux fest: Adage, Variationen und Coda. Auch der Tänzer, der der Ballerina gegenüber gleichberechtigt auftrat, konnte sein Können unter Beweis stellen. Die russische Schule, die slawische Lyrik mit italienischer Lebensfreude und französischer Eleganz verband, trug dadurch zu einer Erneuerung des klassischen Balletts bei.

A · *Giselle.*
In der Nacht locken die im Dunkel des Waldes lebenden Wilis – Geister von Bräuten, die vor ihrer Hochzeit starben – den Prinzen in ihre tödliche Runde (2. Akt). In diesem Ballett sind alle charakteristischen Elemente des romantischen Tanzes vereint; es wurde deshalb zum Inbegriff und Höhepunkt dieser Gattung.

C · **C. Zambelli und A. Meunier**
in *Les deux Pigeons* (um 1919). Die Hosenrollen, eine Erscheinung des Balletts in der Belle Époque, wurden in der Pariser Opéra bis 1920 beibehalten.

B · *Le ballet comique de la Reine.*
Dieses am 15. Oktober 1581 im Petit-Bourbon in Paris aufgeführte Werk begründete das Ballet de cour. *(Stich aus Patins Libretto, Nationabibliothek, Paris)*

802

MEISTERWERKE

DAS ERBE DES RUSSISCHEN BALLETTS (20. JH.)

Die von Diaghilew entdeckten russischen Choreographen öffneten dem zeitgenössischen Ballett neue Wege, wobei sie die Grundlagen des Danse d'École anerkannten, sich jedoch nicht den akademischen Zwängen unterwarfen. Unter Diaghilews Leitung entstanden in Zusammenarbeit mit Dichtern, Musikern und Maskenbildnern die gewagtesten Werke der avantgardistischen ›Années folles‹. Nach Diaghilews Tod (1929) gründeten die Tänzer seiner Ballettkompanie eigene Gruppen und trugen so zur Entstehung der nationalen Ballettschulen bei (v. a. Großbritannien und Vereinigte Staaten). Die von Nijinska vorbereitete neoklassizistische Reform um 1930, die die akademische Tanztechnik erweiterte, fand in Lifar in Frankreich und Balanchine in den Vereinigten Staaten ihre Vertreter. Während Lifar das *Ballet à thèse* entwickelte, das nicht nur erzählen, sondern auch zum Nachdenken anregen wollte, konzentrierte sich Balanchine auf das handlungslose Ballett, das frei von jeglicher Künstlichkeit war und die Musik verfeinerte. Diese beiden Gattungen sollten die zweite Hälfte des 20. Jh. prägen. Ab 1950 wurden zahlreiche technische und ästhetische Neuerungen vorgenommen. Die Choreographen schufen ihre eigene Sprache, indem sie immer wieder die akademische Tanztechnik umarbeiteten. Diese wurde um persönliche Schöpfungen erweitert und unterlag immer mehr dem Einfluß expressiver Formen aus dem Jazz oder Tanzstilen außereuropäischer Kulturen. Es entstand eine neue Beziehung zwischen Tanz und Musik: Musik wurde nach der Choreographie komponiert, Tänze auf einfache Rhythmen oder ohne Musik choreographiert und Choreographien auf Musik, die nicht für sie geschrieben wurde. Diese Werke, die die unterschiedlichsten Themen behandelten und schlichter in der Ausstattung waren, paßten zu dem Lebensgefühl dieser Zeit. Auf den Spuren von Petit und Béjart ist eine ganze Generation junger europäischer und amerikanischer Choreographen weiterhin bemüht, das zeitgenössische klassische Ballett zu einer lebendigen, sich ständig weiterentwickelnden Kunst zu machen.

AUSDRUCKSTANZ UND MODERN DANCE

Anfang des 20. Jh., als das klassische Ballett immer mehr im Niedergang begriffen war, tauchte unabhängig voneinander auf beiden Seiten des Atlantiks eine neue Form des Tanzes auf. In Deutschland begründeten die Prinzipien von Jaques-Dalcroze (Erfinder der Rhythmik, musikalische Lehrmethode, auf Körperbewegungen basierend) und den Ungarn Laban diesen neuen Ausdruckstanz, dessen Ziel es war, Körperbewegung und Gefühl aufeinander abzustimmen. In den Vereinigten Staaten setzten sich die ersten Vertreter des Modern Dance für eine Kunst ein, die losgelöst sein sollte von der akademischen Positionenlehre: Der Körper sollte sich ohne Zwang bewegen und Ausdruck der inneren Gefühle sein. Diese neue Auffassung von Tanz – ein gelebter Tanz, durch den man sich selbst entdeckte – setzte sich auf beiden Kontinenten durch. Die Schüler der Begründer dieses ›freien Tanzes‹ arbeiteten jeweils ihr eigenes Bewegungssystem aus, das ihrer persönlichen Ausdrucksform entsprach. Das Grundprinzip beruhte auf der Atmung und den Begriffen des Zusammenziehens und der Entspannung (Graham), des Senkens und Aufrichtens (Humphrey), des Flusses und Rückflusses (Wigman). Die Choreographen der ersten Generation verarbeiteten die Probleme der Zeit, und so entstanden in Deutschland politische und gesellschaftskritische Werke, in Amerika dagegen Bühnenstücke mit psychologischen und psychoanalytischen Themen. In den Vereinigten Staaten entwickelten die Choreographen diese Richtung weiter und verbanden die tänzerischen Grundlagen, die ihnen in einer meist vielseitigen Ausbildung vermittelt wurden, mit eigener Sensibilität. Taylor, Cunningham und Nikolais waren der Ansicht, man müsse die Körperbewegung für sich selbst sprechen lassen, statt sie als reines Mittel der Darstellung anzusehen. Cunningham und der Musiker John Cage waren die Wegbereiter des Postmodern Dance. Diese 1960 enstandene Tanzrichtung lehnte jegliche Dramatik ab und widmete sich der reinen, funktionellen Bewegung, ohne Einbeziehung ästhetischer Kriterien. Die Vielfalt des amerikanischen Tanzes und das Wiederaufleben des deutschen Ausdruckstanzes zeugen von der schöpferischen Kraft dieser Strömungen.

B · Richtungen des Ausdruckstanzes und des Modern Dance.

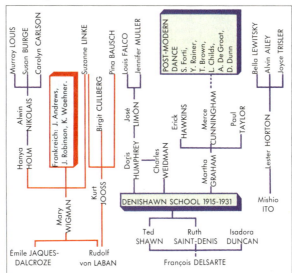

Vier Generationen von Choreographen haben gezeigt, daß es neben dem klassischen Ballett noch andere Tanzformen geben kann. Die einen entwickelten den erlernten Tanzstil weiter, die anderen schlugen vollkommen neue Wege ein.

C · *Bandoneon*, von Pina Bausch, mit dem Wuppertaler Tanztheater. Die Arbeit von Pina Bausch bewegte die Gemüter. Die Begründerin des neuen deutschen Ausdruckstanzes klagt in ihren ergreifenden und provozierenden Balletten die Absurdität unserer Gesellschaft an und widmet sich immer mehr dem Tanztheater.

A · *Agon*, von Balanchine, getanzt vom New York City Ballet. Balanchine, für den Tanz die Umsetzung von Musik in Bewegung war, choreographierte vorwiegend handlungslose Ballette auf einer schmucklosen Bühne. Die Tänzer waren nur mit Strumpfhosen und Trikot bekleidet. Seine großartigen Werke, die nur den Zweck verfolgten, das Auge zu erfreuen, beeinflussen noch heute die Choreographen.

MEISTERWERKE

MEISTERWERKE DES FILMS

A

Aldrich (Robert) [Vereinigte Staaten, 1918 bis 1983]: *Rattennest (Kiss Me Deadly,* 1955). Ein atemloser und hektischer Thriller, der allegorisch den Weltuntergang im Atomzeitalter schildert.

Allen (Woody) [Vereinigte Staaten, 1935]: *Manhattan* (1978): In dieser schwarz-weißgrauen Huldigung an New York spielt Allen auf rührend-komische Weise den ewig unzufriedenen intellektuellen Neurotiker.

Altman (Robert) [Vereinigte Staaten, 1925]: *Nashville* (1975). Der Film, der nicht nur einen musikalischen, sondern auch politischen Hintergrund hat, schildert, wie sich fünf Tage lang Personen begegnen und folgen: Anhand vieler Einzelschicksale zeichnet Altman ein Bild des faszinierenden und zugleich lächerlichen Amerika von heute.

Anderson (Lindsay) [Großbritannien, 1923]: *Lockender Lorbeer (This sporting life,* 1963). Erster Spielfilm des Vertreters des *Free Cinema,* in dem ein Bergarbeiter als Rugbyspieler vorübergehend berühmt wird.

Antonioni (Michelangelo) [Italien, 1912]: *Die mit der Liebe spielen/Das Abenteuer* (1960). Ein Mann und eine Frau reisen durch Sizilien, um eine vermißte Freundin zu suchen: ein ungewisses ›Abenteuer‹, in dem alle Personen unter der Undurchschaubarkeit von Menschen und Dingen leiden. (Mit Gabriele Ferzetti, Monica Vitti, Lea Massari.) ☐ *Chronik einer Liebe* (1950); *Die Freundinnen* (1955); *Der Schrei* (1957); *Die Nacht* (1961); *Liebe 62* (1962); *Die rote Wüste* (1964); *Blow up* (1966, Großbritannien); *Zabriskie Point* (1970, Vereinigte Staaten); *Beruf: Reporter* (1975); *Identifikation einer Frau* (1982).

Autant-Lara (Claude) [Frankreich, 1901]: *Teufel im Leib/Stürmische Jugend* (1947), nach einem Roman von Raymond Radiguet. Der Film erzählt die Geschichte einer skandalösen Liebe zwischen einem Gymnasiasten und einer jungen Frau, deren Mann an der Front ist. (Mit Gérard Philipe und Micheline Presle.)

B

Bardem (Juan Antonio) [Spanien, 1922]: *Der Tod eines Radfahrers* (1954). Das Psychodrama (die Konflikte eines Liebespaares, das versehentlich einen Arbeiter tötet) zeichnet ein Bild der Madrider High Society und der Gesellschaft zur Zeit Francos.

Barnet (Boris) [UdSSR, 1902–1965]: *Vorstadt* (1933), gefühlvolle und kritische Schilderung des Lebens einer Schuhfabrikantenfamilie in einer Kleinstadt während des Ersten Weltkrieges bis zum Ausbruch der Februarrevolution.

Becker (Jacques) [Frankreich, 1906–1960]: *Goldhelm/Die Sünderin von Paris* (1952). Die Auseinandersetzungen zweier Banden um 1900 regten Becker zu einem Film voller Poesie und Schönheit über Liebe und Freundschaft an. (Mit Simone Signoret, Serge Reggiani.)

Bergman (Ingmar) [Schweden, 1918]: *Das siebente Siegel* (1956). Im 14. Jh. kehren ein Ritter und sein Knappe von einem Kreuzzug in ihr Land zurück, das von der Pest verwüstet ist: In einem letzten Totentanz reißt der Tod alle Hauptdarsteller mit sich. (Mit Max von Sydow, Gunnar Björnstrand, Nils Poppe, Bibi Andersson, Bengt Ekerot.) ☐ *Schreie und Flüstern* (1971). Zwei Schwestern und eine treue Dienerin am Bett einer Sterbenden: das Porträt von vier Frauen, die sich mit Tod, Einsamkeit, Liebe und Haß auseinandersetzen müssen. (Mit Harriet Andersson, Ingrid Thulin, Kari Sylwan, Liv Ullmann.) ☐ *Das Lächeln einer Sommernacht* (1955); *Wilde Erdbeeren* (1957); *Die Jungfrauenquelle* (1960); *Das Schweigen* (1963); *Persona* (1966); *Die Stunde des Wolfs* (1968); *Die Zauberflöte* (1975); *Herbstsonate* (1978); *Fanny und Alexander* (1982).

Bertolucci (Bernardo) [Italien, 1941]: *Die Strategie der Spinne* (1970). Ein junger Mann kehrt in sein Heimatdorf zurück und muß dort erkennen, daß sein Vater kein antifaschistischer Held, sondern ein Verräter war.

Boorman (John) [Großbritannien, 1933]: *Errettung* (1972, USA). Der Film beschreibt den alptraumhaften Abstieg von vier Städtern in ein Flußtal der Appalachen auf der Suche nach der verlorenen Unschuld: ein fesselndes Gleichnis vom Untergang der Zivilisation.

Borzage (Frank) [Vereinigte Staaten, 1893–1962]: *A Man's Castle,* 1933. Der Film erzählt, wie ein Liebespaar inmitten der großen Armut eines New Yorker Viertels alle Schwierigkeiten überwindet. Er ist einer der größten Erfolge des ›Dichters der Liebe‹ Borzage. (Mit Loretta Young, Spencer Tracy.)

Bresson (Robert) [Frankreich, 1907]: *Ein zum Tode Verurteilter ist entflohen* (1956). Bresson ließ sich durch tatsächliche Begebenheiten anregen (Flucht eines Widerstandskämpfers, der von den Deutschen in Lyon gefangengehalten wurde). Der mit Laiendarstellern gedrehte Film spiegelt den strengen und schlichten Stil Bressons wider.

Buñuel (Luis) [Mexiko, spanische Herkunft, 1900–1983]: *Das goldene Zeitalter* (1930, Frankr.), nach einem Drehbuch, das er zusammen mit Salvador Dalí schrieb. Diese Hymne an eine ›verrückte Liebe‹, in der sich Anspielungen an die Freudsche Symbolik und metaphorische Angriffe gegen die Kirche und die bestehende Ordnung vermischen, ist ein großartiges Beispiel des surrealistischen Films. ☐ *Die Vergessenen* (1950, Mex.) handelt von den Kindern in den Elendsvierteln Mexico Citys, für die oft der einzige Ausweg aus diesem Leid das Verbrechen oder der Tod ist. ☐ *Viridiana* (1961, Span.). Spannungsgeladene Geschichte einer Novizin, die durch ihre Unschuld Skandale und Empörung auslöst. Dieser blasphemische, provokative Film ist eine bittere Satire auf das Spanien unter Franco. ☐ *Ein andalusischer Hund* (1928, Frankr.); *Terre sans pain* (1932, Span.); *Das verbrecherische Leben des Archibaldo de la Cruz* (1955, Mex.); *Nazarin* (1958, Mex.); *Der Würgeengel* (1962, Mex.); *Tagebuch einer Kammerzofe* (1964, Frankr.); *Belle de jour/Schöne des Tages* (1967, Frankr.); *Der diskrete Charme der Bourgeoisie* (1972, Frankr.); *Tristana* (1970, Span.); *Dieses obskure Objekt der Begierde* (1977, Frankr.).

C

Capra (Frank) [Vereinigte Staaten, 1897]: *Es geschah in einer Nacht* (1934). Der Prototyp der amerikanischen Komödie der 30er Jahre: Eine junge Milliardärin begegnet einem jungen Mann aus einfachen Verhältnissen, den sie nach 90minütigem Streit und Verwechslungsspiel heiratet. Dieser unterhaltsame und spritzige Film wurde ein internationaler Erfolg. Claudette Colbert und Clark Gable erhielten den Oscar.

Carné (Marcel) [Frankreich, 1906]: *Der Tag bricht an* (1939). Diese schwermütige Tragödie (ein von der Polizei verfolgter Mörder geht in Gedanken die Umstände durch, die zu seiner Tat geführt haben) ist einer der Höhepunkte des poetischen französischen Realismus. (Mit Jean Gabin, Jules Berry, Arletty.) ☐ *Kinder des Olymp* (1945). Schilderung des romantischen Paris der Jahre um 1840. Auf dem Boulevard vermischen sich Bühne und Wirklichkeit im wirren Spiel der Gefühle von Garance (Arletty), des Pantomimen Deburau (Jean-Louis Barrault), des Schauspielers Frédérick Lemaître (Pierre Brasseur) und des Verbrechers Lacenaire (Marcel Herrand). ☐ *Ein sonderbarer Fall* (1937); *Hafen im Nebel* (1938); *Hotel du Nord* (1938); *Die Nacht mit dem Teufel/Die Satansboten* (1942); *Thérèse Raquin/Du sollst nicht ehebrechen* (1953).

Cassavetes (John) [Vereinigte Staaten, 1929 bis 1989]: *Eine Frau unter Einfluß* (1974). Porträt einer Mutter, die zwischen mehreren Rollen hin- und hergerissen ist: ein bewegter, auf dem Zufall aufbauender Film, in dem die Echtheit des Ausdrucks und des Gefühls wichtiger sind als Anekdote und Intrige.

Chabrol (Claude) [Frankreich, 1930]: *Der Schlachter* (1970). In einem kleinen Dorf im Périgord spielt sich ein Drama zwischen zwei Personen ab, einer tugendhaften Schulleiterin und einem durch 15 Jahre Kolonialkrieg geprägten Schlachter. Der Film ist einer der großen Erfolge des zynischen und brillanten Moralisten.

Chaplin (Charlie) [Vereinigte Staaten, britischer Nationalität, 1889–1977]: *Goldrausch* (1925). Die Abenteuer und Mißgeschicke des Goldsuchers Charlie in Klondike im Jahre 1898. Die von Chaplin 1914 geschaffene Figur, deren Profil mit der Zeit immer klarer und abgerundeter wurde, erreicht in diesem Gleichnis vom amerikanischen Wohlstand ihren darstellerischen Höhepunkt. ☐ *Moderne Zeiten* (1936). Packende Satire über Fließbandarbeit und Maschinen, in der zum ersten Mal Chaplins Stimme zu hören ist, als er in einer Phantasiesprache singt. (Mit Paulette Goddard.) ☐ 1914–1917 enstanden etwa 60

▲ **Das goldene Zeitalter,**

von Luis Buñuel (1930). Er ging 1925 nach Frankreich, um dort die Filmkunst zu erlernen, schließt sich der surrealistischen Bewegung an und produziert mit Salvador Dalí seine beiden ersten nichtkommerziellen Filme: *Der andalusische Hund,* eine irrationale Darstellung des erotischen Begehrens, und *Das goldene Zeitalter,* ein Aufruf zu Revolution und leidenschaftlicher Liebe. Faschistenkommandos und Antisemiten verwüsteten den Saal, in dem der Film vorgeführt wurde. Schließlich wurde er von der Zensur verboten.

MEISTERWERKE

Kurzfilme, u. a. *Der Vagabund* (1916), *Der Einwanderer* (1917), *Easy street* (1917). ☐ 1918 bis 1923, 8 Filme mittlerer Länge, u. a. *Gewehr über* (1918), *Das Kind/Der Vagabund und das Kind* (1921), *Der Pilger* (1923); ☐ Spielfilme: *Die Nächte einer schönen Frau/Eine Frau in Paris* (1923), *Zirkus* (1928), *Lichter der Großstadt* (1931), *Der große Diktator* (1940), *Rampenlicht* (1952), *Ein König in New York* (1957, GB), *Die Gräfin von Hongkong* (1967, GB).

Clair (René) [Frankreich, 1898–1981]: *Der italienische Strohhut/Der Florentiner Hut* (1928). Am Hochzeitstag auf der Suche nach einem Florentiner Hut: Dieser Film nach einem Stück von Labiche ist ein Tanz von Bildern zum Rhythmus von Quadrillen und Verfolgungsjagden. ☐ *Die Million* (1931). Das musikalische Lustspiel schildert die Suche nach einem Lotterieschein, dessen Nummer gezogen wurde.

Clément (René) [Frankreich, 1913]: *Die Schienenschlacht* (1946). Schilderung des geheimen Kampfes von Eisenbahnern gegen die deutsche Besatzung. Der erste französische Film über den Widerstand.

Clouzot (Henri Georges) [Frankreich, 1907–1977]: *Der Rabe* (1943). Nüchterne, erbarmungslose Skizze einer französischen Kleinstadt, in der ein anonymer Briefschreiber Scheinheiligkeit und Engstirnigkeit der Bewohner ans Tageslicht bringt. (Mit Pierre Fresnay, Ginette Leclerc, Pierre Larquey.)

Cocteau (Jean) [Frankreich, 1889–1963]: *La Belle et la Bête/Die Schöne und das Tier* (1946). Um ihren Vater zu retten, liefert sich die ›Schöne‹ dem ›Tier‹ aus, das sich dank ihrer Liebe in einen Märchenprinzen verwandelt: eine poetische Bearbeitung des Märchens von Mme Leprince de Beaumont. (Mit Jean Marais und Josette Day.) ☐ *Orphée* (1950). Der Mythos wird auf die Gegenwart übertragen: Gleichnis und Meditation über das Schicksal des Dichters. (Mit Jean Marais, Maria Casarès, Marie Dea, François Périer.)

Cooper (Merian C.) [Vereinigte Staaten, 1893–1973] und **Schoedsack** (Ernest Beaumont) [ebd., 1893]: *King Kong* (1933). In Malaysia entdecken Forscher einen riesigen Gorilla, den sie nach New York bringen, wo er Entsetzen auslöst und schließlich getötet wird: eine fantasievolle Version von *Die Schöne und das Tier*, voller erotischer Symbolik und naiver, träumerischer Poetik. (Mit Fay Wray, Robert Armstrong.)

Coppola (Francis Ford) [Vereinigte Staaten, 1939]. *Apocalypse Now* (1979). Abstieg eines amerikanischen Hauptmanns in die Hölle Vietnams, wo er im tiefsten Dschungel den wahnsinnigen Oberst ausfindig machen, den er liquidieren soll: eine Oper des Todes und der Zerstörung in Anlehnung an Joseph Conrads Novelle *Das Herz der Finsternis*. (Mit Martin Sheen, Robert Duvall, Marlon Brando.)

Cukor (George D.) [Vereinigte Staaten, 1899–1983]: *Ein neuer Stern am Himmel* (1954). Die Geschichte eines neu entdeckten Filmstars, einer Schauspielerin (July Garland), die zwischen ihrer Karriere und der Liebe zu ihrem Mann, dem untergehenden Pygmalion, hin und hergerissen ist; ein glitzerndes und grausames Porträt Hollywoods in der Form eines melodramatischen Revuefilms.

Curtiz (Michael) [Vereinigte Staaten, ungarischer Herkunft, 1888–1962]: *Casablanca* (1943). Vor dem Hintergrund von Spionage, Krieg und Widerstand erzählt der Film die Geschichte einer alten und neuen Liebe: ein legendärer Film, der seinen Erfolg sowohl den Darstellern (Humphrey Bogart und Ingrid Bergman) als auch der außergewöhnlichen Mischung von Exotismus und Romantik, Zynismus und Idealismus verdankt.

D

De Mille (Cecil B.) [Vereinigte Staaten, 1881–1959]: *Der Betrug* (1915). Der ›Erfinder‹ Hollywoods erzählt eine Geschichte über Eifersucht, Rache und eine mit einem Eisen gebrandmarkte Frau. Der Film wurde wegen der ausdrucksvollen Lichteffekte und Nahaufnahmen lange Zeit zu den bedeutendsten Werken der Filmgeschichte gezählt. (Mit Fannie Ward, Hayakawa Sessue.)

Demy (Jacques) [Frankreich, 1931]: *Die Regenschirme von Cherbourg* (1964). Die Geschichte eines Liebespaares, dessen unbeschwertes Glück durch den Algerienkrieg zerstört wird; ein zärtlicher und bitterer, bis auf das letzte Wort ›gesungener‹ Film. (Mit Cathérine Deneuve und Nino Castelnuovo.)

De Sica (Vittorio) [Italien, 1901–1974]: *Fahrraddiebe* (1948). Die Einfachheit des Themas (ein römischer Arbeitsloser sucht mit seinem Sohn sein gestohlenes Fahrrad), das gelungene Portrait der Gesellschaft und die Menschlichkeit der Helden machen diesen Film zu einem Meisterwerk des Neorealismus.

Disney (Walt) [Vereinigte Staaten, 1901 bis 1966]: *Schneewittchen und die sieben Zwerge* (1937). Dieser erste Zeichentrick-Spielfilm nach dem Märchen der Gebrüder Grimm war sehr aufwendig. Sein runder und kurviger Stil, auch O-Stil genannt, beeinflußte lange Zeit die Zeichentrickwelt. ☐ *Pinocchio* (1940); *Fantasia* (1940); *Bambi* (1942); *Cinderella* (1950); *Alice im Wunderland* (1951); *Peter Pan* (1953); *Die Wüste lebt* (1953); *Wunder der Prärie* (1954); *Susi und Strolch* (1955); *Dornröschen* (1959); *101 Dalmatiner* (1961); *Merlin, der Zauberer* (1963).

Donen (Stanley) [Vereinigte Staaten, 1924]: *Du sollst mein Glücksstern sein (Singin' in the Rain,* 1952), mit Gene Kelly gemeinsam produziert. Diese amüsante Satire auf Hollywood, die entstand, als der Stummfilm gerade vom Tonfilm abgelöst wurde, war einer der größten künstlerischen Musicalerfolge und machte ihre Hauptdarsteller berühmt: Gene Kelly, Debbie Reynolds, Jean Hagen, Donald O'Connor, Cyd Charisse.

Donskoj (Mark) [UdSSR, 1901–1981]: *Gorkijs Kindheit* (1938), *Unter Menschen* (1939), *Meine Universitäten* (1940), Trilogie über Gorkijs Leben, in der sich die humanistischen Gedanken des Schriftstellers in dem vom Produzenten zärtlich und zugleich grausam gezeichneten Bild des zaristischen Rußlands widerspiegeln.

Dowschenko (Aleksandr) [UdSSR, 1894 bis 1956]: *Erde* (1930). Anhand eines aktuellen Themas – die Entstehung der ersten Kolchosen und der Widerstand der Kulaken – schuf Dowschenko ein lyrisch-sinnliches Gedicht, das die Vermählung des Menschen mit der Welt und den Jahreszeiten feiert.

Dreyer (Carl Theodor) [Dänemark, 1889 bis 1968]: *Die Passion der Jungfrau von Orléans/Johanna von Orléans* (1928, Frankr.). Ein Meisterwerk des Stummfilms. Die Gegenüberstellung von Jeanne d'Arc und ihren Richtern wird durch Dreyers asketische Darstellung zu einer Liturgie höchst dramatischer Gesten und Blicke. (Mit Falconetti.) ☐ *Der Vampyr* (1932, Frankr.). Ein Ausflug in die Welt des Übernatürlichen und Namenlosen, in der allein die verführerische Bedächtigkeit der Erzählung, das nebelhafte Licht und die seltsam gedämpften Töne die Allgegenwart des Todes verraten. ☐ *Die vierte Ehe der Frau Margreth* (1920, Schweden); *Blätter aus Satans Buch* (1921); *Michael* (1924, Dtl.); *Der Herr des Hauses* (1925); *Tag des Zorns/Tag der Rache* (1943); *Das Wort* (1955); *Gertrud* (1964).

A · **Die Passion der Jungfrau von Orléans**, von C. Dreyer (1928). Eines der größten Meisterwerke des Films. Er überwand die Zwänge des Stummfilms und schuf durch eine konsequente, endlose Folge von Nahaufnahmen der Jeanne d'Arc und ihrer Richter eine eigene Sprache.

B · **Goldrausch**, von Ch. Chaplin (1925). Als Träumer und Vagabund, der immer wieder Opfer des Schicksals und der feindlichgesinnten Welt wird, erlangt die Figur des Tramps in diesem Film eine wahrhaft tragische Größe.

805

MEISTERWERKE DES FILMS

E

Eisenstein (Sergej Michajlowitsch) [UdSSR, 1898–1948]: *Panzerkreuzer Potemkin* (1925). Die Strenge des Aufbaus, der Schnittechnik und symbolische Großaufnahmen machten diese Schilderung der Meuterei auf der *Potemkin* im Jahre 1905 zu einem der zweifellos größten Meisterwerke unserer Zeit. □ *Alexander Newski* (1938). Ein Heldenepos zu Ehren des Mannes, der im Mittelalter den Einfall des Deutschen Ordens verhinderte. Die eigens dafür komponierte Musik stammt von Prokofjew. (Mit Nikolaj Tscherkassow) □ *Streik* (1925); *Oktober/Zehn Tage, die die Welt erschütterten* (1927); *Die Generallinie* (1929); *Que viva Mexico!* (1931, Mex., unvollendet); *Die Beschin-Wiese* (1935–1937, unvollendet); *Iwan der Schreckliche* (1942–1946).
Eustache (Jean) [Frankreich, 1938–1981]: *Die Mutter und die Hure* (1973). Der Film spielt im Paris der 70er Jahre und erzählt die Geschichte eines Mannes zwischen zwei Frauen (Jean-Pierre Léaud, Bernadette Lafont, Françoise Lebrun).

F

Fassbinder (Rainer Werner) [Deutschland, 1945–1982]: *Die Ehe der Maria Braun* (1979). Anhand des Schicksals einer Frau (Hanna Schygulla), die verbissen ihr privates Glück aufbaut, beschreibt Fassbinder das Deutschland zur Zeit des Wirtschaftswunders. □ *Wildwechsel* (1972); *Lili Marleen* (1980); *Lola* (1981); *Die Sehnsucht der Veronika Voss* (1982).
Fellini (Federico) [Italien, 1920]: *La Strada* (1954). Die Geschichte der Kindfrau Gelsomina (Giulietta Masina), durch die der brutale Schausteller Zampano (Anthony Quinn), der sie gekauft hat, zum Menschen wird. □ *Das süße Leben* (1960). In den Erlebnissen eines Journalisten (Marcello Mastroianni) in der Welt des Films und der römischen High Society spiegelt sich das zynisch gezeichnete Bild einer dekadenten Gesellschaft wider. □ *8 1/2* (1963), barocke Geschichte, in der ein Regisseur seine Zweifel, Ängste und Fantasievorstellungen als Mensch und Künstler zum Ausdruck bringt. (Mit M. Mastroianni) □ *Die bittere Liebe* (1952); *Die Müßiggänger* (1953); *Die Schwindler* (1955); *Julia und die Geister* (1965); *Fellinis Satyricon* (1969); *Die Clowns* (1970); *Fellinis Roma* (1972); *Amarcord* (1973); *Fellinis Casanova* (1976); *Die Stadt der Frauen* (1980); *Fellinis Schiff der Träume* (1983); *Ginger und Fred* (1986); *Intervista* (1987); *La voce della luna* (1989).
Ferreri (Marco) [Italien, 1928]: *Dillinger ist tot* (1969). Ein nüchterner Film über die Absurdität des Alltags und die existentielle Krise des modernen Menschen. (Mit Michel Piccoli)
Feuillade (Louis) [Frankreich, 1873–1925]: *Fantômas* (1913–14), fünfteilige Serie mit René Navarre und Marcel Alain. □ *Die Vampire* (1915–16), zehnteilige Serie; eine Schilderung des Verbrechermilieus, in dem die Surrealisten später die ›große Wahrheit dieses Jahrhunderts‹ zu erkennen glaubten.
Feyder (Jacques) [Frankreich, belgischer Herkunft, 1885–1948]: *Die klugen Frauen* (1935). Diese flandrische Farce schildert schwungvoll die Ereignisse in einem Dorf zur Zeit der Besetzung Hollands durch die Spanier.
Flaherty (Robert) [Vereinigte Staaten, 1884–1951]: *Nanuk, der Eskimo* (1922). Dieses Werk, das sachlich das schwierige Leben von Nanuk und seiner Familie erzählt, bereitete dem poetischen Dokumentarfilm und dem ethnologischen Kunstwerk den Weg.
Fleming (Victor) [Vereinigte Staaten, 1883–1949]: *Vom Winde verweht* (1939). Das große Epos von Margaret Mitchell regte den Produzenten David O. Selznick zu einer aufwendigen Verfilmung im Technicolorverfahren an, die zum größten kommerziellen Erfolg des amerikanischen Kinos wurde. (Mit Clark Gable und Vivien Leigh)
Ford (John) [Vereinigte Staaten, 1895–1973]: *Ringo/Höllenfahrt nach Santa Fé* (1939). Die Abenteuer einer buntgemischten Gesellschaft, die durch die wilde Landschaft New Mexicos reist: Dieser Film, der Heldenepos und Psychodrama zugleich ist, gehört zu den schönsten Western überhaupt. (Mit John Wayne, John Carradine, Claire Trevor, Thomas Mitchell) □ *Das Feuerroß* (1924); *Der Verräter* (1935); *Trommeln am Mohawk* (1939); *Früchte des Zorns* (1940); *My Darling Clementine* (1946); *Bis zum letzten Mann* (1948); *Der Sieger/Die Katze mit dem roten Haar* (1952); *Der schwarze Falke* (1956); *Der Mann, der Liberty Valance erschoß* (1962); *Cheyenne* (1964); *Sieben Frauen* (1965).
Forman (Miloš) [Vereinigte Staaten, tschechischer Herkunft, 1932]: *Der schwarze Peter* (1963, Tsch.). Die Enttäuschungen eines Jugendlichen, der in die Welt der Erwachsenen und der Arbeit eintritt: Mit dieser lustigen und zugleich melancholischen Erzählung findet der tschechoslowakische ›Neue Film‹ internationale Anerkennung. □ *Einer flog über das Kuckucksnest* (1975, USA). In einer psychiatrischen Klinik stiftet ein Neuankömmling Unruhe: ein grausames und zugleich amüsantes Gleichnis über die bestehende Ordnung und Gesellschaft.

G

Gance (Abel) [Frankreich, 1889–1981]: *Napoleon* (1927). Dieses lyrische Werk, das das Leben Napoleons bis zum Beginn des Italienfeldzugs schildert, zeichnet sich durch zahlreiche technische Neuerungen aus: dreifache Leinwand, Überblendungen, bewegliche Kameras usw. (Mit Albert Dieudonné)
Godard (Jean-Luc) [Frankreich, 1930]: *Außer Atem* (1960). Ein kleiner Autodieb (Jean-Paul Belmondo) tötet versehentlich einen Motorradfahrer. Er sucht bei einer schönen Amerikanerin Unterschlupf (Jean Seberg), die ihn schließlich verrät: Der bewußt provozierende Ton des Films, seine Unbefangenheit sowie sein freier Stil machten seinen Regisseur zum typischen Vertreter der französischen ›Neuen Welle‹. □ *Die Verachtung* (1963). Aus Alberto Moravias Roman über zwei Menschen, die langsam die Achtung voreinander verlieren, hat Godard eine großartige, unerbittliche Tragödie gemacht, die das Verhältnis zwischen Mann und Frau, zwischen Regisseur und Produzent, zwischen Film und Wirklichkeit in Frage stellt. (Mit Brigitte Bardot, Michel Piccoli, Jack Palance, Fritz Lang) □ *Der kleine Soldat* (1960); *Die Geschichte der Nana S.* (1962); *Die Karabinieri* (1963); *Die Außenseiterbande* (1964); *Lemmy Caution gegen Alpha 60* (1965); *Elf Uhr nachts* (1965); *Made in USA* (1966); *Die Chinesin* (1967); *Week-End* (1967); *Rette sich

▲ · **Alexander Newski**, von S. Eisenstein (1938). Die Deutschordensritter vor der Schlacht. Bevor Eisenstein mit den Dreharbeiten zu diesem Film begann, hatte er einige Tiefschläge einstecken müssen. Man hatte ihn 1929 nach Hollywood geholt, aber dort war es ihm nicht gelungen, seine Ansichten durchzusetzen. Er ging nach Mexiko, um ein Monumentalwerk über das mexikanische Volk zu schaffen: *Que viva Mexico!* Doch noch bevor die Dreharbeiten beendet waren, entzog ihm der Produzent die Dreherlaubnis. Er kehrte zurück in die UdSSR und fing mit den Arbeiten für *Die Beschin-Wiese* an. Die sowjetischen Behörden verboten ihm jedoch, den Film fertigzustellen. Mit *Alexander Newski*, dem nationalen Heldenepos im Sinne des sowjetischen Realismus, bekam er endlich seine Genugtuung.

MEISTERWERKE

Die Bezeichnung ›Neue Welle‹ (französisch Nouvelle Vague) wurde 1957 von Françoise Giroud in einem Artikel der Zeitschrift *Express* verwendet, um damit eine Gruppe junger Regisseure zu bezeichnen, die sich nicht dem traditionellen beruflichen Werdegang anpassen wollten. Die Filmregisseure (J.-L. Godard, Cl. Chabrol, F. Truffaut, J. Rivette, É. Rohmer, J. Demy, A. Varda usw.) wehrten sich gegen die Erstarrung des sogenannten ›hochwertigen‹ französischen Films. Sie stammen alle aus der Redaktion der Zeitschrift *Les Cahiers du Cinéma* und benutzten einen weicheren, freieren Erzählstil: kleines Budget, unkomplizierte Technik, keine künstlichen Kulissen, größere Natürlichkeit in der Darstellung. Das sich ständig verändernde und nicht greifbare Phänomen der Neuen Welle griff rasch um sich und eröffnete einer ganzen Generation von Regisseuren neue Wege.

DIE NEUE WELLE

Wichtige Filme:
– 1959: *Die Enttäuschten* (Chabrol), *Schrei, wenn du kannst* (ders.), *Sie küßten und sie schlugen ihn* (Truffaut), *Hiroshima – mon amour* (Resnais);
– 1960: *Außer Atem* (Godard), *Man kann's ja mal versuchen* (Kast), *Die Katze läßt das Mausen nicht* (Doniol-Valcroze);
– 1961: *Paris gehört uns* (Rivette), *Lola* (Demy);
– 1962: *Mittwoch zwischen 5 und 7* (Varda), *Im Zeichen des Löwen* (Rohmer).

wer kann (das Leben)* (1979); *Vorname Carmen* (1983); *King Lear* (1987).
Grémillon (Jean) [Frankreich, 1901–1959]: *Sprung in die Wolken* (1944). Eine Pilotin (Madeleine Renaud) stellt mit Hilfe ihres Mannes, eines Mechanikers, einen ›Frauenrekord‹ im Langstreckenflug auf: ein unpathetischer und realistischer Film, der von der Selbstüberwindung des Menschen handelt.
Griffith (David W.) [Vereinigte Staaten, 1875–1948]: *Die Geburt einer Nation* (1915). Eine grandiose Beschreibung des amerikanischen Bürgerkrieges, in der Griffith zahlreiche neue Techniken verwendet (bewegliche Kamera, Wechsel des Bildformats, Parallelmontage). ☐ *Intoleranz* (1916), ein Monumentalfilm über Intoleranz und Fanatismus, der auf verblüffende Art und Weise eine moderne Episode, das Leben Christi, das Massaker der Bartholomäusnacht und den Fall Babylons vereint.

H

Hathaway (Henry) [Vereinigte Staaten, 1898–1985]: *Peter Ibbetson* (1935). Zwei Menschen, die eine starke Liebe miteinander verbindet, begegnen sich in ihren Träumen noch einmal, bevor sie im Tode vereint werden. (Mit Gary Cooper, Ann Harding)
Hawks (Howard) [Vereinigte Staaten, 1896–1977]: *Scarface* (1932). Aufstieg und Fall eines Gauners: Der vom Leben Al Capones angeregte Film brachte ein noch weitgehend unbekanntes Genre ins Kino: den Gangsterfilm. (Mit Paul Muni, Ann Dvorak, George Raft) ☐ *Rio Bravo* (1959). Dieser Western erzählt zwei Geschichten: die Auseinandersetzung eines Sheriffs (John Wayne) mit einem skrupellosen Viehzüchter und den Kampf eines Alkoholikers, des Hilfssheriffs (Dean Martin), gegen sein eigenes Zugrundegehen. ☐ *Leoparden küßt man nicht* (1938); *SOS-Feuer an Bord* (1939); *Tote schlafen fest/Der tiefe Schlaf* (1946); *Red River/Panik am roten Fluß* (1948); *Das Geheimnis der Indianerin/Der weite Himmel* (1952); *Blondinen bevorzugt* (1953).
Herzog (Werner) [Deutschland, 1942]: *Aguirre, der Zorn Gottes* (1972). Der lange Marsch eines größenwahnsinnigen Konquistadoren auf der Suche nach einem unauffindlichen Eldorado. (Mit Klaus Kinski)
Hitchcock (Alfred) [Großbritannien, ab 1940 Vereinigte Staaten, 1899–1980]: *Eine Dame verschwindet* (1938). Während einer Fahrt durch den Balkan verschwindet eine alte Dame auf mysteriöse Art und Weise aus einem Zug: das erfolgreichste Werk der ›englischen‹ Schaffensperiode Hitchcocks. (Mit Michael Redgrave, Margaret Lockwood) ☐ *Der unsichtbare Dritte* (1959). In einem verwirrenden Spiel von Trugbildern wird das Thema des unschuldig Verfolgten aufgegriffen (ein Geschäftsmann wird irrtümlich Opfer einer Verfolgungsjagd durch ganz Amerika). (Mit Cary Grant, Eva Marie Saint) ☐ *Der Mann, der zuviel wußte* (1934); *Rebecca* (1940); *Verdacht* (1941); *Im Schatten des Zweifels* (1943); *Berüchtigt/Weißes Gift* (1946); *Cocktail für eine Leiche* (1948); *Der Fremde im Zug/Verschwörung im Nord-Express* (1951); *Bei Anruf Mord!* (1954); *Das Fenster zum Hof* (1954); *Aus dem Reich der Toten* (1958); *Psycho* (1960); *Die Vögel* (1963); *Frenzy* (1972).
Hopper (Dennis) [Vereinigte Staaten, 1936]: *Easy Rider/Die wilden jungen Männer* (1969). Die Irrfahrten zweier Motorradfahrer auf den amerikanischen Highways: das Manifest einer rebellierenden Generation. (Mit D. Hopper, Peter Fonda, Jack Nicholson)
Huston (John) [Vereinigte Staaten, 1906 bis 1987]: *Die Spur des Falken/Der Malteserfalke* (1941). Eine originalgetreue Bearbeitung des Romans von Dashiell Hammett. In dem Thriller wird der Prototyp des einzelgängerischen, zynischen Privatdetektivs geschaffen, den Humphrey Bogart ideal verkörpert. ☐ *The Misfits – Nicht gesellschaftsfähig* (1961). Der Film handelt von drei ›unangepaßten‹ Menschen, die das Schicksal zueinanderführt: ein bitterer Film, in dem Clark Gable, der kurz darauf starb, und Marilyn Monroe, die ein Jahr später Selbstmord beging, zum letzten Mal zu sehen waren. (Nach einem Drehbuch von Arthur Miller; mit Montgomery Clift) ☐ *Hafen des Lasters/Gangster in Key Largo* (1948); *Der Schatz der Sierra Madre* (1948); *Asphalt-Dschungel/Raubmord* (1950); *Die rote Tapferkeitsmedaille* (1951); *African Queen* (1952); *Moby Dick* (1956); *Die Nacht des Leguan* (1964); *Spiegelbild im goldenen Auge* (1967); *Die Ehre der Prizzis* (1985); *Die Toten* (1987).

J

Jancsó (Miklós) [Ungarn, 1921]: *Die Hoffnungslosen* (1966). In langen Aufnahmesequenzen schildert der Film die Unterdrückung durch den Hochkommissar Rady im Jahre 1869.

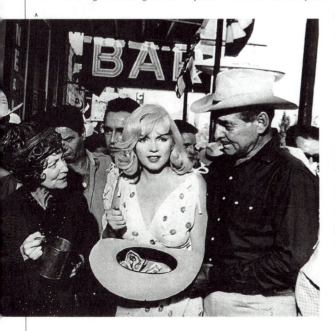

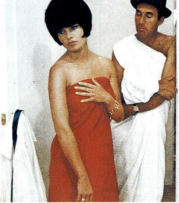

A · **Misfits – Nicht gesellschaftsfähig,** von J. Huston (1961): Marylin Monroe, eine der faszinierendsten Schauspielerinnen Hollywoods, neben Clark Gable; dahinter Montgomery Clift.

B **Die Verachtung,** von J.-L. Godard (1963): Michel Piccoli und Brigitte Bardot. Brigitte Bardot, B.B. genannt, deren Karriere mit Roger Vadims Film *Und immer lockt das Weib* begann, erlangte bald internationale Popularität. Sie verkörperte die Kindfrau und revolutionierte die Kunst der Verführung, indem sie die erst 10 Jahre später einsetzende ›sexuelle Befreiung‹ vorwegnahm.

MEISTERWERKE DES FILMS

K

Kazan (Elia) [Vereinigte Staaten, 1909]: *Die Unbezwingbaren* (1963). Die Odyssee eines jungen Griechen, der sein Dorf in Anatolien verläßt, um Amerika zu erobern: Diese ausführliche, lyrische und zugleich objektive Schilderung hat stark autobiographische Züge. □ *Unter Geheimbefehl* (1950); *Endstation Sehnsucht* (1951); *Viva Zapata* (1952); *Die Faust im Nacken* (1954); *Jenseits von Eden* (1955); *Baby Doll* (1956); *Ein Gesicht in der Menge* (1957); *Fieber im Blut* (1961); *Das Arrangement* (1969); *Der letzte Tycoon* (1976).

Keaton (Buster) [Vereinigte Staaten, 1895 bis 1966]: *Der General* (1926), Koregisseur: Clyde Bruckman. Während des Sezessionskrieges fährt Buster mit seiner Lokomotive ›General‹ durch die Lande, wo er Abenteuer besteht und das Herz seiner Angebeteten zurückerobert; unerschütterlich stellt er sich den herannahenden Katastrophen, die er mit gelassener Würde übersteht. Keaton brachte die burleske Komödie zu einzigartiger poetischer und lyrischer Perfektion. □ *Verflixte Gastfreundschaft* (1923); *Sherlock Junior* (1924); *Der Navigator* (1924); *Der Cowboy/Go West* (1925); *Wasser hat Balken* (1928); *Der Kameramann* (1928).

Kelly (Gene) → DONEN (Stanley).

Kubrick (Stanley) [Vereinigte Staaten, 1928]: *2001: Odyssee im Weltraum* (1968). Dieser Film, durch den die Science-fiction zu einem wichtigen Filmgenre wurde, schildert die Evolution des Menschen von den Anfängen bis in die nahe, beunruhigende Zukunft: Er ist nicht nur wissenschaftliche Beschreibung, sondern auch phantastische und visionäre Erzählung. (Nach einer Novelle von Arthur Clarke; mit Keir Dullea, Gary Lockwood) □ *Die Rechnung ging nicht auf* (1956); *Wege zum Ruhm* (1957); *Spartacus* (1960); *Lolita* (1962); *Dr. Seltsam, oder Wie ich lernte, die Bombe zu lieben* (1963); *Uhrwerk Orange* (1971); *Barry Lyndon* (1975); *Shining* (1979); *Full Metal Jacket* (1987).

Kurosawa Akira (Japan, 1910): *Die sieben Samurai* (1959). Die breit angelegte Erzählung spielt in Japan zur Zeit der Bürgerkriege, als sieben Samurai und ihr Anführer den Bauern eines kleinen Dorfes im Kampf gegen die grausamen Banditen beistehen, die die Gegend terrorisieren. □ *Streunender Hund* (1949); *Der Idiot* (1951); *Einmal wirklich leben* (1952); *Das Schloß im Spinnwebwald* (1957); *Rotbart* (1965); *Dodeskaden/Menschen im Abseits* (1970); *Uzala, der Kirgise* (1975); *Kagemusha/Der Schatten des Kriegers* (1980); *Ran* (1985, Frankr./Jap.).

L

Lang (Fritz) [Vereinigte Staaten, österreichischer Herkunft, 1890–1976]: *Metropolis* (1927). Eine aufwendige und prophetische Fabel in futuristischer Dekoration: Eine Roboterfrau hetzt die Arbeiter in einer unterirdischen Stadt zur Revolte auf und löst damit ein Chaos aus. (Mit Brigitte Helm, Gustav Fröhlich, Alfred Abel) □ *M* (1931). In Anlehnung an die Düsseldorfer Vampiraffäre erzählt der Film das Schicksal eines Kindermörders (Peter Lorre), der sowohl von der Polizei als auch der Unterwelt verfolgt und von letzterer in einer Art Gerichtsverhandlung zum Tode verurteilt wird. Lang behandelt hier seine bevorzugten Themen: Schuld und Schicksal. □ In Deutschland: *Der müde Tod* (1921); *Dr. Mabuse, der Spieler* (1922); *Die Nibelungen* (1924); *Das Testament des Dr. Mabuse* (1933); *Der Tiger von Eschnapur* (1958); *Das indische Grabmal* (1959); in Frankreich: *Liliom* (1934); in den Vereinigten Staaten: *Raserei* (1936); *Gehetzt* (1937); *Gefährliche Begegnung* (1944); *Engel der Gejagten* (1952); *Schloß im Schatten* (1954); *Jenseits allen Zweifels* (1956).

Laughton (Charles) [Vereinigte Staaten, britischer Herkunft, 1889–1962]: *Die Nacht des Jägers* (1955). Das eigenwillige, einzige Werk des bekannten Schauspielers erzählt, wie das Böse – ein psychopathischer Mörder, der sich als Wanderprediger ausgibt (Robert Mitchum) – mitleidlos die Unschuld verfolgt – die beiden Kinder der Frau, die er wegen ihres Geldes geheiratet hat.

Lean (David) [Großbritannien, 1908]: *Die Brücke am Kwai* (1957). Diese ›Superproduktion‹ erzählt von einem britischen Oberst (Alec Guiness), der in Malaysia von den Japanern gefangengenommen wurde und seine Männer auf Befehl eines gegnerischen Offiziers (Sessue Hayakawa) eine Brücke bauen läßt. Diese wird jedoch von einem amerikanischen Kommandanten (William Holden) in die Luft gesprengt. (Nach einem Roman von Pierre Boulle).

Leone (Sergio) [Italien, 1929–1989]: *Spiel mir das Lied vom Tod* (1968). Das ehrgeizigste Werk des Regisseurs, der fast zehn Jahre lang Italowestern gedreht hatte, ist eine blutige und eindrucksvolle Entmystifizierung der traditionellen Geschichte des amerikanischen Westens. (Mit Henry Fonda, Jason Robards, Charles Bronson, Claudia Cardinale; Musik von Ennio Morricone).

Lewis (Jerry) [Vereinigte Staaten, 1926]: *Der verrückte Professor* (1963). Ein schüchterner und tölpelhafter Chemieprofessor verwandelt sich abends in einen machohaften Playboy: eine verrückte und beißende Parodie auf Stevensons Roman *Dr. Jekyll und Mister Hyde*.

L'Herbier (Marcel) [Frankreich, 1888 bis 1979]: *Eldorado* (1921). Die melodramatische Geschichte einer Kabarett-Tänzerin, die sich in einen Maler verliebt, der sich auf Durchreise befindet, zeigt in strengem Stil die ästhetischen Bestrebungen der französischen Avantgarde der 20er Jahre.

Losey (Joseph) [Vereinigte Staaten, 1909 bis 1984]: *Der Diener* (1963, GB). Ein junger Adliger (James Fox) gerät unter den absurden Einfluß seines Dieners (Dirk Bogarde) und seiner Geliebten (Sarah Miles). Eine beißende Analyse des Verfalls und der Erniedrigung einer dekadenten Gesellschaft, nach einem Drehbuch von Harold Pinter. □ *Der Junge mit den grünen Haaren* (1948); *In letzter Stunde* (1957, GB); *Die Spur führt ins Nichts* (1960, GB); *Sie sind verdammt* (1961, GB); *Eva* (1962, GB); *Modesty Blaise – die tödliche Lady* (1965); *Accident* (1967, GB); *Die Frau aus dem Nichts* (1968, GB); *Der Mittler* (1971, GB); *Das Mädchen und der Mörder* (1971); *Monsieur Klein* (1976, Frankr.); *Don Giovanni* (1979, Frankr.-Ital.); *Eine Frau wie ein Fisch* (1982).

Lubitsch (Ernst) [Vereinigte Staaten, deutscher Herkunft, 1892–1947]: *Sein oder Nichtsein* (1942). Der Film spielt in Warschau zur Zeit der deutschen Besatzung. Eine Gruppe von Schauspielern, die gerade *Hamlet* probt, vereitelt einen Anschlag gegen die Widerstandskämpfer: Der Film ist eine Komödie, in der sich politische Satire und Posse, Realität und Theater in einem endlosen Trugspiel miteinander verbinden.

Lumière (Louis) [Frankreich, 1864–1948]: *Der begossene Begießer* (auch: *Der Gärtner*) [1895]. Dieser kurze Streifen, einer der 10 Filme, die am 22. Dezember im Grand Café vorgeführt wurden, hat erstmals einen fiktiven Inhalt und gilt als das erste Filmlustspiel der Filmgeschichte. □ *Die Ankunft des Zuges* (1895). Dieser 1896 vorgeführte Streifen, in dem Lumière einen Zug aus der Tiefe der Leinwand auftauchen läßt, versetzte das Publikum in Schrecken, da es befürchtete, von der Lokomotive überrollt zu werden.

▲ · **Metropolis** von F. Lang (1927), mit Brigitte Helm. Das von Langs Frau Thea von Harbou geschriebene Drehbuch über eine Zukunftsgesellschaft setzte der Regisseur in eine grandiose und warnende Utopie mit mehrdeutigem Ausgang um: die Versöhnung von Arbeit und Kapital im Zeichen der Liebe. Der Film beeindruckte Hitler, aber Lang wählte das Exil, anstatt, wie ihm Goebbels 1933 vorschlug, Reichs-Filmintendant zu werden. Kurz zuvor war sein letzter Film *Das Testament des Dr. Mabuse* verboten worden. Lang drehte in Frankreich seinen Film *Liliom* (1934), bevor er nach Hollywood ging und dort seine Karriere fortsetzte.

MEISTERWERKE

M

McCarey (Leo) [Vereinigte Staaten, 1898 bis 1969]: *Die Marx-Brothers im Krieg* (1933). Diese antimilitaristische Satire über einen Krieg zwischen zwei imaginären Staaten stellt den phantasievollen Höhepunkt der Marx-Brothers-Produktionen dar und ist ein Meisterwerk voller Hohn und Absurdität.

Malle (Louis) [Frankreich, 1932]: *Zazie* (1960). Über Raymond Queneaus Roman drehte Malle eine burleske und freche Filmkomödie, in der Logik, Moral und Sprache wild durcheinander geworfen werden. (Mit Catherine Demongeot, Philippe Noiret, Annie Fratellini, Jacques Dufilho)

Mankiewicz (Joseph L.) [Vereinigte Staaten, 1909]: *Die barfüßige Gräfin* (1954). In dieser bitteren, modernen Version von Aschenputtel zeichnet der Regisseur mit Hilfe mehrerer Rückblenden das Porträt eines weiblichen Filmstars, der die Ansprüche einer Frau und das Herz eines Kindes hat.

Marx Brothers → McCAREY (LEO).

Méliès (Georges) [Frankreich, 1861–1938]: *Die Reise zum Mond* (1902). Erster Sciencefiction-Film. Der Pionier des Spielfilms wurde von Jules Verne und H. G. Wells zu diesem kurzen, aus 30 Szenen bestehenden Filmstreifen angeregt (280 m Film). Dabei ließ er vor allem seiner naiven Phantasie, seiner Tricktechnik und unerschöpflichen Vorstellungskraft freien Lauf.

Melville (Jean-Pierre) [Frankreich, 1917 bis 1973]: *Der eiskalte Engel* (1967). Ein erbittertes Duell zwischen einem einzelgängerischen Killer und der Polizei. Der Film setzt sich über das übliche Filmgenre hinweg (Kriminalfilm, Thriller) und folgt in seinem Aufbau den Regeln der klassischen Tragödie. (Mit François Périer, Cathy Rozier)

Minelli (Vincente) [Vereinigte Staaten, 1910 bis 1986]: *Vorhang auf* (1953). Eines der besten Musicals überhaupt. Abgesehen von der hervorragenden Choreographie ist dieser Film eine Huldigung an die Kunst und das Schauspiel, uns hinter die Kulissen blicken und am Zauber dieser Welt teilhaben läßt. (Mit Fred Astaire und Cyd Charisse)

Mizoguchi Kenji (Japan, 1898–1956): *Erzählungen unter dem Regenmond* (1953). Die sehr freie Bearbeitung von zwei Erzählungen Ueda Akinaris spielt im 16. Jh. und schildert das Schicksal zweier Menschen in einer Zeit des Krieges und der Verwüstung. Dieser feinsinnige Film ist mit seiner abwechselnd wilden und abgeklärten Schönheit ein steter Wechsel zwischen Traum und Wirklichkeit. Er ist ein Liebesgedicht und gleichzeitig eine Hymne auf den Verzicht. ☐ *Die Geschichte der verspäteten Chrysanthemen* (1939); *Die Rache der 47 Ronias* (1942); *Das Leben der Frau Oharu* (1952); *Landvogt Sansho* (1954); *Die gekreuzigte Frau* (1954); *Die Samurai-Sippe der Taire* (1955); *Die Straße der Schande* (1956).

Murnau (Friedrich Wilhelm) [Deutschland, 1888–1931]: *Nosferatu* (1922). Eine ›Symphonie des Grauens‹ in Anlehnung an *Dracula* von Bram Stoker. In diesem Film wirkt selbst Reelles grauenerregend. Dies gelingt Murnau durch ein gekonntes Licht- und Schattenspiel. Der Film gehört zu den wichtigsten Werken des deutschen Expressionismus. ☐ *Sonnenaufgang* (1927, USA). Ein junger Bauer (George O'Brien), der von einer Städterin verführt wird (Margaret Livingston), will seine Frau ertränken (Janet Gaynor). Bei Sonnenaufgang jedoch hat die Liebe gesiegt. Der Film ist eines der letzten Meisterwerke des Stummfilms. ☐ *Der letzte Mann* (1924); *Faust* (1926); *Sunrise* (1927); *Tabu* (1931, mit R. Flaherty).

O

Olmi (Ermanno) [Italien, 1931]: *Der Holzschuhbaum/Der Baum der Holzschuhe* (1978). Der Film schildert das Leben auf einem Gutshof in der Lombardei, Ende des letzten Jahrhunderts. In dem vor Ort gedrehten Film sprechen die Laienschauspieler ihren Dialekt.

Ophüls (Marcel) [Frankreich, deutscher Herkunft, 1927]: *Le Chagrin et la Pitié* (1969). Diese Chronik einer französischen Stadt (Clermont-Ferrand) während der deutschen Besatzung besteht aus Dokumentationen und langen Zeugenberichten. (Marcel Ophüls ist der Sohn von Max Ophüls)

Ophüls (Max) [Deutschland, 1927]: *Lola Montez* (1955). Der Film schildert das turbulente Leben der Favoritin (Martine Carol) König Ludwigs II. von Bayern: Dieses prächtige Oratorium ist eine Apotheose des absoluten Spektakels, die gleichzeitig das Spektakuläre verurteilt. (Mit Peter Ustinov) ☐ *Die verkaufte Braut* (1932); *Liebelei* (1933); *Brief einer Unbekannten* (1948, USA); *Der Reigen* (1950); *Pläsir* (1951); *Madame de ...* (1953).

Oshima Nagisa (Japan, 1932): *Im Reich der Sinne* (1976). Dramatische Zuspitzung einer ekstatisch-erotischen Beziehung, in der eine Frau ihren Liebhaber tötet und ihn danach entmannt. Der Film ist eine bisher ungekannte Hymne an den Tod und die Leidenschaft, die sich in einer letzten Umarmung vereinigen.

Ozu Yasujirō (Japan, 1903–1963): *Eine Geschichte aus Tokio/Die Reise nach Tokio* (1953). Ein altes Rentnerehepaar besucht seine Kinder in der Hauptstadt. Durch die minutiöse, undramatische Beobachtung kleiner alltäglicher Begebenheiten entsteht eine besondere Poesie, die sich aus Ausgeglichenheit und Emotion zusammensetzt. (Mit Ryū Chishū)

P

Pabst (Georg Wilhelm) [Österreich, 1885 bis 1967]: *Die Büchse der Pandora,* (1929). Eine junge Frau führt durch ihre verführerische Ausstrahlung die Männer ins Verderben, bis sie selbst Opfer dieser fatalen Ausstrahlung wird. Dieser Film, der sich an zwei Stücke von Wedekind anlehnt, zeichnet sich v. a. durch die Persönlichkeit von Louise Brooks aus. ☐ *Die freudlose Gasse* (1925); *Tagebuch einer Verlorenen* (1929); *Vier von der Infanterie* (1930); *Die Dreigroschenoper* (1931); *Die Herrin von Atlantis* (1932).

Pagnol (Marcel) [Frankreich, 1895–1974]: *Die Frau des Bäckers* (1938), nach einer Episode aus dem Roman *Jean le Bleu* von Jean Giono. In der in der Provence spielenden Komödie stellt Raimu mit urwüchsigem Temperament eine betrogenen Bäcker dar, der vor Liebe umkommt.

Paradschanow (Sergej) [UdSSR, 1924]: *Feuerpferde/Schatten vergessener Ahnen* (1965), nach einer Erzählung des ukrainischen Schriftstellers Michail Kozjubinskij. Zwei Liebende, die erst durch den Haß ihrer Familien, dann durch den Tod des Mädchens getrennt werden, finden im Tod wieder zueinander: eine neue Version von ›Romeo und Julia‹.

Pasolini (Pier Paolo) [Italien, 1922–1975]: *Teorema/Geometrie der Liebe* (1968). Das friedliche Leben einer bürgerlichen Familie wird durch das Erscheinen eines geheimnisvollen jungen Mannes durcheinandergebracht, der wieder verschwindet, nachdem er jedem einzelnen die Sinnlosigkeit seiner Existenz vor Augen geführt hat.

Pastrone (Giovanni) [Italien, 1883–1959]: *Cabiria* (1914). Diese großartige Schilderung des Lebens der Römer in Karthago ist einer der ersten Monumentalfilme. Der Film wurde u. a. durch die Kühnheit der Dekoration, die technischen Neuerungen (Verwendung des Kamerawagens), und durch die Figur des Sklaven Maciste berühmt. *Cabiria* beeinflußte D. W. Griffith und C. B. De Mille.

Penn (Arthur) [Vereinigte Staaten, 1922]: *The Left-Handed Gun/Einer muß dran glauben* (1958). Die Geschichte des legendären Banditen Billy the Kid (Paul Newman) wird unter einem psychoanalytischen Blickwinkel neu interpretiert. Der Film brach mit den Westernkonventionen Hollywoods.

Polanski (Roman) [Frankreich, polnischer Herkunft, 1933]: *Rosemaries Baby* (1968, USA). Der Horrorfilm über dämonische Besessenheit spielt im Manhattan von heute. Polanski macht die Realität zur Bedrohung und läßt den Zuschauer bis zum Schluß im unklaren darüber, ob es sich um Hexerei oder Wahnvorstellungen handelt. (Mit Mia Farrow, John Cassavetes)

Pollack (Sydney) [Vereinigte Staaten, 1934]: *Nur Pferden gibt man den Gnadenschuß* (1969), nach einem Roman von Horace McCoy. Der Film schildert die trostlose Welt der Marathon-Tanzturniere im Jahre 1932 und zeichnet dabei ein kompromißloses Porträt Amerikas. (Mit Jane Fonda, Michael Sarrazin, Susannah York)

Pudowkin (Wsewolod) [UdSSR, 1893 bis 1953]: *Die Mutter* (1926). Dieser Film nach einem Roman von Gorkij schildert die Bewußtseinsbildung einer Arbeiterin. Er veranlaßte Léon Moussinac zu dem Ausspruch: ›Ein Film von Eisenstein ist wie ein Schrei, ein Film von Pudowkin ist wie Gesang.‹

Preminger (Otto) [Vereinigte Staaten, österreichischer Herkunft, 1906–1986]: *Laura* (1944). Eine Frau, die man tot glaubt und die es nicht ist; ein Detektiv, der sich in diese Frau verliebt; ein zynischer Journalist, der die Geschichte erzählt und sich am Ende als der Mörder (Clifton Webb) herausstellt.

R

Ray (Nicholas) [Vereinigte Staaten, 1911 bis 1979]: *... denn sie wissen nicht, was sie tun* (1955). Die gefährlichen Spiele Jugendlicher, die in der Gewalt eine Zuflucht vor dem Egoismus und der Feigheit der Erwachsenen finden. Hier verbinden sich Rays glühender Romantizismus und die scheue Sensibilität James Deans, der mit diesem Film zum Symbol einer unzufriedenen Jugend wurde.

Ray (Satyajit) [Indien, 1921]: *Apus Weg ins Leben* (1955), erster Teil einer Trilogie mit *Der Unbesiegbare* (1956) und *Apus Welt* (1959), ist die fiktive Biographie (Kindheit, Jugend, Ehe) Apus. Diese Chronik einer Bauernfamilie, in der sich Realität mit feinfühliger Poesie mischt, fand als bedeutendes Werk des indischen Films sofortige Anerkennung.

Reed (Sir Carol) [Großbritannien, 1906 bis 1976]: *Der dritte Mann* (1949). Ein spannungsreiches Rätsel von Graham Greene, eine Menschenjagd im zerstörten Wien zur Zeit des kalten Krieges, eine eindringliche Zithermusik, gespielt von Anton Karas, eine großartige Besetzung: Joseph Cotten, Alida Valli, Trevor Howard und v. a. Orson Welles.

Reisz (Karel) [Großbritannien, tschechischer Herkunft, 1926]: *Samstagnacht bis Sonntagmorgen* (1960). Das einfühlsame Porträt eines Arbeiters, der sich in Leidenschaft und Alkohol flüchtet, um seiner mittelmäßigen Existenz zu entfliehen. (Mit Albert Finney)

MEISTERWERKE

MEISTERWERKE DES FILMS

Renoir (Jean) [Frankreich, 1894–1979]: *Die große Illusion* (1937). Im Ersten Weltkrieg treffen der adlige Hauptmann de Boieldieu (P. Fresnay), der Leutnant Maréchal (J. Gabin), und der jüdische Bankier Rosenthal (M. Dalio) in einem deutschen Gefangenenlager aufeinander. Kommandant dieses Lagers ist der Offizier von Rauffenstein (E. von Stroheim). Weniger wichtig als die Waffenbrüderschaft und der Patriotismus ist die Zugehörigkeit zu sozialen Schichten. Dennoch verhilft Boieldieu den beiden anderen zur Flucht und wird dabei von Rauffenstein erschossen, obwohl die beiden eine Freundschaft verbindet. □ *Die Spielregel* (1939). Der Film spiegelt die Zeit von Marivaux, Beaumarchais und Musset wieder. In einem grausamen und verwirrenden Spiel der Rollen verflicht Renoir die Intrigen der Herrschaft mit denen der Dienerschaft. Dabei ist der Schein die einzig wichtige Spielregel. (Mit Nora Grégor, Roland Toutain, Mila Parély, Paulette Dubost, Gaston Modot, Julien Carette) □ *Die Hündin* (1931); *Boudu, aus dem Wasser gerettet* (1932), *Toni* (1935); *Das Verbrechen des Monsieur Lange* (1936); *Nachtasyl* (1936); *Die Marseillaise* (1938); *Das Tagebuch einer Kammerzofe* (1946, USA); *Eine Landpartie* (1946, gedreht 1936); *Der Strom* (1951, Indien); *Die goldene Karosse* (1952); *Élena und die Männer* (1956); *Das Frühstück im Grünen* (1959); *Das Testament des Dr. Cordelier* (1961); *Der Korporal in der Schlinge* (1962); *Jean Renoirs kleines Theater* (1971); *Der König von Yvetot* (1972).

Resnais (Alain) [Frankreich, 1922]: *Hiroshima – mon amour* (1959). Die kurze Liebe zwischen einem Japaner und einer Französin in Hiroshima, das von der Atomkatastrophe heimgesucht wurde. Die eigenwillige Atmosphäre, eine Mischung aus Zärtlichkeit und Leid, der psalmodierende Kommentar (von M. Duras), die Montage, die Bilder der Gegenwart und der Vergangenheit verknüpft, und die raffinierte Filmtechnik machen diesen Film der ›Neuen Welle‹ zu einem der ungewöhnlichsten Filme unserer Zeit. (Mit Emmanuelle Riva, Okada Eji) □ *Letztes Jahr in Marienbad* (1961); *Muriel oder die Zeit der Wiederkehr* (1963); *Der Krieg ist vorbei* (1966); *Ich liebe dich, ich liebe dich* (1968); *Providence* (1976); *Mein Onkel aus Amerika* (1980); *Das Leben ist ein Roman* (1983); *Liebe bis zum Tod* (1984); *Melo* (1986).

Rocha (Gláuber) [Brasilien, 1938–1981]: *Gott und der Teufel im Lande der Sonne* (1964). In der trockenen und ärmlichen Gegend von Sertão wird ein armer Bauer erst Schüler eines Propheten (des schwarzen Gottes), dann Leutnant eines Cangaceiros (des blonden Teufels), bevor er sich schließlich von jeglicher Abhängigkeit befreit: Diese barocke Oper war der Beginn des *Cinema Nôvo*, einer neuen Strömung des jungen brasilianischen Films.

Rohmer (Éric) [Frankreich, 1920]: *Meine Nacht bei Maud* (1969). Ein verbales und philosophisches Liebesgefecht im gedämpften Licht einer bürgerlichen Wohnung. Hinter den Worten jedoch verbirgt sich der Kampf zwischen dem Begehren und Zögern des Herzens und dem moralischen Anspruch. (Mit Jean-Louis Trintignant, Françoise Fabian, Marie-Christine Barrault) □ In der Serie der zehn ›moralischen Geschichten‹: *Die Sammlerin* (1967); *Claires Knie* (1970); *Liebe am Nachmittag* (1972); aus dem Zyklus ›Komödien und Sprichwörter‹: *Vollmondnächte* (1984); *Das grüne Leuchten* (1986); *Der Freund meiner Freundin* (1987); sowie *Die Marquise von O ...* (1976); *Perceval le Gallois* (1978).

Rosi (Francesco) [Italien, 1922]: *Wer erschoß Salvatore G./Der Fall Salvatore Giuliano* (1961). Die Untersuchung der Umstände, die zum Tod des berühmten sizilianischen Banditen führten, bieten eine geeignete Kulisse, um die politische und soziale Realität Italiens aufzuzeigen. Der in natürlicher Umgebung gedrehte Film, bei dem Laiendarsteller mitspielten, eröffnete dem Neorealismus neue Wege. □ *Lucky Luciano* (1973); *Christus kam nur bis Eboli* (1979); *Carmen* (1984).

Rossellini (Roberto) [Italien, 1906–1977]: *Rom, offene Stadt* (1945). Der Kampf der römischen Widerstandskämpfer gegen die Unterdrückung durch die Faschisten und Nazis. Die erzählerische Kraft dieser Schilderung, die Leid, Tod und Mut eines gedemütigten und gequälten Volkes offenlegt, machte Rosselini zum wichtigsten Vertreter des *Neorealismus*. (Mit Anna Magnani, Marcello Pagliero, Aldo Fabrizi) □ *Liebe ist stärker* (1954). Der Film schildert in der Form eines persönlichen Glaubensbekenntnisses die Schwierigkeiten eines englischen Liebespaares auf einer Reise nach Neapel und deren ›wundersame‹ Versöhnung bei einer Prozession. (Mit Ingrid Bergman, George Sanders) □ *Paisa* (1943); *Deutschland im Jahre Null* (1947), *Stromboli* (1949); *Franziskus, der Gaukler Gottes* (1950); *Europa 51* (1952); *Angst* (1954); *Der falsche General* (1959); *Die Machtergreifung Ludwigs XIV.* (1967, Fernsehproduktion); *Der Messias* (1976).

Rouch (Jean) [Frankreich, 1917]: *Ich, ein Schwarzer* (1958). Das Leben in einer Vorstadt von Abidjan, kommentiert von Oumarou Ganda, einer der Hauptpersonen und einer der ersten Filme, in denen die Schwarzafrikaner selbst das Wort ergreifen. Jean Rouch war der Verfechter des *Cinéma-vérité*, der um Authentizität bemühten Filmkunst.

S

Saura (Carlos) [Spanien, 1932]: *Elisa, mein Leben* (1977). Ein schwindelerregendes Spiel hinter verschlossenen Türen, in dem ein alter Mann und seine Tochter Erinnerungen und Phantastereien austauschen, um sich besser kennenzulernen: eine leidenschaftliche Reflexion über Erinnerung, Tod und Phantasie. (Mit Geraldine Chaplin, Fernando Rey)

A

Schlöndorff (Volker) [Deutschland, 1939]: *Die Blechtrommel* (1979). Der Film (nach einem Roman von Günter Grass) handelt von der Machtergreifung der Nazis, dem Krieg und der Nachkriegszeit in Danzig. Diese Geschichte, die mit den Augen eines Kindes erzählt wird, das nicht mehr wachsen will, war einer der größten Erfolge des deutschen Films. (Mit David Bennent, Mario Adorf, Angela Winkler, Daniel Olbrychski)

Schoedsack (Ernest) → COOPER (Merian C.)

Scola (Ettore) [Italien, 1931]: *Nous nous sommes tant aimés* (1974). Am Schicksal dreier Freunde wird die Geschichte Italiens erzählt, die mit der Euphorie der Nachkriegszeit beginnt und mit den Enttäuschungen der Gegenwart aufhört. (Mit Nino Manfredi, Vittorio Gassman, Stefano Satta Flores, Stefania Sandrelli)

A · **Die Spielregel,**
von J. Renoir (1939): Paulette Dubost, Julien Carette, Gaston Modot. Knapp zwei Monate nach Ausbruch des Krieges löst dieser Film einen Skandal aus. Renoir, der ungestümer und lyrischer denn je für eine Freiheit kämpft, die ihn von den klassischen Normen entfernt, macht einer untergehenden Welt den Prozeß. Der gekürzte und später verbotene Film wird erst wieder 30 Jahre später in seiner ursprünglichen Fassung gezeigt.

B · **Gier nach Geld,**
von E. von Stroheim (1925): Zasu Pitts und Gibson Gowland. Trotz der Kürzungen und Veränderungen durch die Produzenten bleibt dieses große Werk das beste Beispiel für die Maßlosigkeit Stroheims, sein naturalistisches Genie und seine unerbittliche Sicht des Menschen. Nachdem er 1928 aus den Filmstudios hinausgeworfen wurde, hörte der ›Mann, den man liebend gerne haßt‹ (wie ihn die Werbung nannte) mit der Regieführung auf, um sich ganz der Schauspielerei zu widmen.

MEISTERWERKE

Die Strömung des Neorealismus begann mit *Ossessione* (1943) von L. Visconti und bemühte sich, wieder zur menschlichen und sozialen Realität Italiens zurückzukehren, einer Realität, die die faschistische Filmwelt mehr als 20 Jahre entstellt oder geleugnet hatte.

Der eigentliche neorealistische Film, der der natürlichen Szenerie den Vorzug gab und auf Laienschauspieler zurückgriff, begann erst nach 1945. Die wichtigsten Vertreter waren R. Rossellini, V. De Sica, G. De Santis, A. Lattuada und der Drehbuchautor Cesare Zavattini. Ende der 50er Jahre neigte sich der Neorealismus seinem Ende zu, doch er übte auf die spätere Entwicklung des italienischen Films einen prägenden Einfluß aus.

DER ITALIENISCHE NEOREALISMUS

Die wichtigsten Filme:
- L. Visconti: *Ossessione/Von Liebe besessen* (1943); *Die Erde bebt* (1948).
- R. Rossellini: *Rom, offene Stadt* (1945); *Paisà* (1946); *Deutschland im Jahre Null* (1947).
- V. De Sica: *Schuhputzer* (1946); *Fahrraddiebe* (1948); *Das Wunder von Mailand* (1951); *Umberto D.* (1952).
- G. De Santis: *Tragische Jagd* (1947); *Bitterer Reis* (1949); *Rom, 11 Uhr* (1951).
- A. Lattuada: *Der Bandit* (1946).
- L. Emmer: *Ein Sonntag im August* (1950).
- A. Vergano: *Die Sonne wird wieder aufgehen* (1946).

Scorsese (Martin) [Vereinigte Staaten, 1942]: *Taxi-Driver* (1976). Ein New Yorker Taxifahrer lernt nachts die Welt der armen Schlucker und Außenseiter kennen: eine lyrische Odyssee, eine Gratwanderung zwischen Gnade und Verdammnis, zwischen Untergang und Erlösung. (Mit Robert de Niro)

Sembène (Ousmane) [Senegal, 1923]: *Le Mandat* (1968). Sembènes Verfilmung seines eigenen Romans ist eine ironische und lebendige Komödie über Geld, in der Poesie und Realität miteinander verschmelzen.

Sjöström (Victor) [Schweden, 1879–1960]: *Berg-Eyvind und sein Weib* (1917). Eine reiche Witwe und ihr Liebhaber fliehen vor der Gesellschaft, die sie ausgestoßen hat, in die Berge Islands. In dem nüchternen Film spiegelt die Gewalt der unerbittlichen Natur das Drama der Personen wider.

Spielberg (Steven) [Vereinigte Staaten, 1947]: *Unheimliche Begegnung der dritten Art* (1977). Dieser Film, in dem der Held langsam auf die große Begegnung mit den Außerirdischen zusteuert, eröffnet eine neue Ära des ›Science-fiction-Films‹.

Sternberg (Josef von) [Vereinigte Staaten, österreichischer Herkunft, 1894–1969]: *Der blaue Engel* (1930, Dtl.). Ein in einer Kleinstadt lebender Professor (Emil Jannings) gibt wegen einer Kabarett-Tänzerin Amt und Würde auf. Der düstere und faszinierende Film nach Heinrich Manns Roman *Professor Unrat* war einer der ersten großen Tonfilme. Er brachte Marlene Dietrich den internationalen Durchbruch. □ *Die scharlachrote Kaiserin* (1934, Vereinigte Staaten). Die Zusammenarbeit von Marlene Dietrich und J. Sternberg erreicht hier ihren künstlerischen Höhepunkt.

Sternberg kreiert ein barockes, dionysisches Rußland, in dem das Schicksal der großen Katharina voll Zauber und Faszination seinen Lauf nimmt. □ *Unterwelt* (1927); *Die Docks von New York* (1928); *Marokko/Herzen in Flammen* (1930); *Schanghai-Expreß* (1932); *Die spanische Tänzerin* (1935); *Im Banne von Schanghai* (1941); *Die Saga von Anatahan* (1953).

Stroheim (Erich von) [Vereinigte Staaten, österreichischer Herkunft, 1885–1957]: *Gier nach Geld* (1925). Die Verfilmung des Romans *McTeague* von Frank Norris erzählt die Geschichte einer dreifachen Niederlage, die auf Armut, Habsucht und Haß zurückzuführen ist. (Mit Gibson Gowland, Zasu Pitts, Jean Hersholt) □ *Karussel/Rummelplatz des Lebens/Das goldene Wien* (1922); *Die lustige Witwe* (1925); *Der Hochzeitsmarsch* (1928); *Königin Kelly* (1928); *Eine amerikanische Tragödie* (1931); *Die Saga von Anatahan* (1953).

T

Tanner (Alain) [Schweiz, 1929]: *Der Salamander* (1971). Drei Personen – eine Arbeiterin, die von ihrem Onkel verdächtigt wird, einen Mordanschlag auf ihn verübt zu haben, ein Schriftsteller, und ein Journalist, der ein Drehbuch über diese Zeitungsmeldung schreibt – sind auf der Suche nach der Wahrheit. Dieser beunruhigende Film begründete die neue Linie des Schweizer Films.

Tarkowskij (Andrej) [UdSSR, 1932–1986]: *Andrej Rubljow* (1966). Das Schicksal eines begabten Ikonenmalers, der nach dem Absoluten sucht, das die Illusionen der irdischen Welt durchdringt. Der Film ist eine Reflexion über die künstlerische Berufung und die Unabhängigkeit des Künstlers gegenüber der Politik

Tati (Jacques) [Frankreich, 1907–1982]: *Die Ferien des Monsieur Hulot* (1953). Monsieur Hulot (J. Tati), der schweigsame und naive Antiheld, beglückt die verblüfften oder spöttelnden Urlauber mit seiner Hilfsbereitschaft, provoziert Katastrophen und enthüllt die Peinlichkeiten der anderen.

Taviani (Vittorio und Paolo) [Italien, 1929 und 1931]: *Padre Patrone/Mein Vater, mein Herr* (1977). Der Film, in Anlehnung an die Autobiographie Gavino Leddas gedreht (ein sardischer Hirte und Analphabet wird nach seinem Militärdienst Universitätsprofessor), behandelt die Problematik der Verwirklichung eines utopischen Traumes.

Truffaut (François) [Frankreich, 1932 bis 1984]: *Sie küßten und sie schlugen ihn* (1959). Der Film ist eine feinsinnige, amüsante und bittersüße Beschreibung einer schwierigen Jugend. Renoir, der Neorealismus, und der Antikonformismus der Neuen Welle sind die Bezugspunkte dieses autobiographischen Films, der den Ausgangspunkt bot für die Saga von Antoine Doinel/Jean Pierre Léaud (*Liebe mit Zwanzig*, 1962; *Geraubte Küsse*, 1968; *Tisch und Bett*, 1970; *Liebe auf der Flucht*, 1979) und Truffauts Karriere. □ *Die letzte Metro* (1980). Deutsche Besatzung, Liebe, Theater, Komödie: eine Reflexion über die Rolle des Künstlers. Spielen oder leben? Nein: spielen und leben. (Mit Catherine Deneuve, Gérard Depardieu, Jean Poiret) □ *Jules und Jim* (1962); *Die süße Haut* (1964); *Fahrenheit 451* (1966); *Die Braut trug Schwarz* (1968); *Das Geheimnis der falschen Braut* (1969); *Der Wolfsjunge* (1970); *Zwei Mädchen aus Wales und die Liebe zum Kontinent* (1971); *Die Amerikanische Nacht* (1973); *Die Liebe der Adèle H.* (1975); *Taschengeld* (1976); *Die Frau nebenan* (1981); *Auf Liebe und Tod* (1983).

V

Varda (Agnès) [Frankreich, 1928]: *Mittwoch zwischen 5 und 7* (1962). 90 Minuten aus dem Leben einer Sängerin (Corinne Marchand), die auf das Ergebnis ihrer ärztlichen Untersuchung wartet. Agnès Varda zeichnet sich durch ihr Einfühlungsvermögen und ihren lebendigen und präzisen Stil aus.

Vidor (King) [Vereinigte Staaten, 1894 bis 1982]: *Ein Mensch der Masse* (1928). Der Film schildert das mittelmäßige und graue Leben eines kleinen amerikanischen Angestellten, der von der unerbittlichen ›sozialen Maschinerie‹ zermalmt wird und in der Masse untergeht. Dieses Drama über Arbeitslosigkeit und gescheiterte Existenz brachte Vidor den Ruf des ›sozialen‹ Cineasten ein. □ *Halleluja* (1929). Der erste große Tonfilm und gleichzeitig der erste Film, in dem alle Darsteller Schwarze sind, schildert das Leben auf einer Baumwollplantage am Mississippi. Das Thema ist so gewählt, daß Vidor das Leben, die Bräuche, die Religiosität und den Gesang der Farbigen vermitteln kann. □ *Die große Parade* (1925); *Der letzte Alarm* (1934); *Nordwest-Passage* (1940); *Eine amerikanische Romanze* (1944); *Duell in der Sonne* (1947).

Vigo (Jean) [Frankreich, 1905–1934]: *Atalante* (1934). Eine junge Bäuerin heiratet einen Schiffsführer und zieht mit ihm auf das Schiff, auf dem ein exzentrischer alter Mann regiert. Diese Dichtung über eine leidenschaftliche Liebe, in der Realität, Wunsch und Traum durchdringen, wurde von den Verleihern verstümmelt und dem Publikum unter dem Titel *Ein Schiff fährt vorbei* vorgestellt. Den eigentlichen Wert erkannte man erst sehr viel später. (Mit Michel Simon, Dita Parlo)

Visconti (Luchino) [Italien, 1906–1976]: *Die Erde bebt* (1948). Ein junger sizilianischer Fischer versucht vergebens, von den Fischhändlern, die ihn und seine Familie erpressen, freizukommen. Der Film ist ein Beispiel für Viscontis lyrische Kunst, die eine Mischform ist zwischen Realismus und Stilisierung. □ *Sehnsucht* (1954). In Venedig wird zur Zeit der österreichischen Besatzung eine italienische Gräfin (Alida Valli) die Geliebte eines jungen österreichischen Leutnants (Farley Granger). Sie gibt ihm Geld, damit er durch Bestechung seine Dienstuntauglichkeit erwirken kann, doch er verläßt sie. Sie zeigt ihn als Deserteur an. Er wird hingerichtet. In diesem opernhaften Drama sind privates Schicksal und historische Problematik eng miteinander verknüpft. □ *Ossessione ... von Liebe besessen* (1943); *Bellissima* (1951); *Rocco und seine Brüder* (1960); *Der Leopard* (1963); *Sandra* (1965); *Die Verdammten/Götterdämmerung* (1969); *Der Tod in Venedig* (1971); *Ludwig II.* (1973); *Gewalt und Leidenschaft* (1974); *Die Unschuld* (1976).

W

Wajda (Andrzej) [Polen, 1926]: *Asche und Diamant* (1958). 1945, kurz nach Kriegsende, wird ein junger Untergrundkämpfer beauftragt, einen kommunistischen Funktionär zu liquidieren. Doch er entdeckt, daß es bessere Ideale als die Gewalt gibt. Am Ende besinnt er sich auf seine Pflicht, erfüllt den Auftrag und wird selbst umgebracht. □ *Generation* (1954); *Der Kanal* (1957); *Samson* (1961); *Landschaft nach der Schlacht* (1970); *Das Birkenwäldchen* (1970); *Die Hochzeit* (1973); *Das gelobte Land* (1975); *Der Mann aus Marmor* (1976); *Der Mann aus Eisen* (1981); *Danton* (1982, Frankr.).

811

MEISTERWERKE

SCHLÜSSELDATEN DES FILMS

Walsh (Raoul) [Vereinigte Staaten, 1887 bis 1980]: *High Sierra* (1941). John Huston schrieb das Drehbuch zu diesem spannenden Film nach einem Roman von W. R. Burnett. Humphrey Bogart spielt einen Gangster auf der Flucht, der Opfer seiner Vergangenheit ist. Es gelingt ihm nicht, sich von ihr zu lösen, und so bleibt ihm als einziger Ausweg nur noch der Tod. (Mit Ida Lupino) □ *Der Dieb von Bagdad* (1924); *Der große Treck* (1930); *Der Verschwender* (1936); *Entscheidung in der Sierra* (1941); *Der freche Kavalier* (1942); *Der Held von Burma* (1945); *Verfolgt* (1947); *Sprung in den Tod* (1949); *Den Hals in der Schlinge* (1951); *Die Teufelsbrigade* (1951).

Welles (Orson) [Vereinigte Staaten, 1915 bis 1985]: *Citizen Kane* (1941). Dieser Film, der von einem vielversprechenden Anfänger geschrieben, gedreht und gespielt wurde, war der Beginn eines neuen Abschnitts in der Geschichte des Films. Aus psychologischen Puzzleteilen entsteht das Porträt eines Pressemagnaten (dabei spielte Welles auf W. R. Hearst an). Der Regisseur sinnt über die Illusion des gesellschaftlichen Erfolgs nach, die Geheimnisse des verborgensten ›Ichs‹ und die Doppeldeutigkeit der psychoanalytischen Übertragung. (Mit Orson Welles, Joseph Cotten, Dorothy Comingore) □ *Der Glanz des Hauses Amberson* (1942); *Die Lady von Shanghai* (1948); *Macbeth* (1948); *Mr. Arkadin* (1955); *Im Zeichen des Bösen* (1958); *Der Prozeß* (1962); *F wie Fälschung* (1975).

Wenders (Wim) [Deutschland, 1945]: *Alice in den Städten* (1973). Der Zufall führt ein kleines Mädchen und einen Journalisten zusammen. Sie reisen von New York nach Amsterdam und weiter ins Ruhrgebiet, wo sie die Städte durchstreifen, vielleicht weil sie auf der Suche nach einer verlorenen Unschuld sind. Wenders, der Aussteiger und Außenseiter, verkörpert hier das Gewissen einer Generation, die auf der Suche nach ihrer Identität ist.

Der Expressionismus in der Filmkunst entstand aus avantgardistischen Ansätzen in Theater (Max Reinhardt) und Malerei (Kokoschka, Kubin) und fand erstmals Ausdruck in dem Film *Das Kabinett des Dr. Cagligari* (1919, Wiene).

Diese Strömung bevorzugte phantastische Geschichten oder Horrorfilme und drückte den Seelenzustand der Personen durch einen Formsymbolismus sowie die Stilisierung von Dekoration, Licht (starke Kontraste, Verzerrungen) und Schauspiel aus: Paul Wegener (*Der Golem,* 1914), Fritz Lang (*Dr. Mabuse,* 1922), F. W. Murnau (*Nosferatu,* 1922), Paul Leni (*Das Wachsfigurenkabinett,* 1924) sind typische Vertreter dieser Richtung.

DER DEUTSCHE EXPRESSIONISMUS

Anfang der 20er Jahre entwickelte sich unter dem Einfluß des Expressionismus das *Kammerspiel,* der intimistische Film, der sich durch psychoanalytische und sozialkritische Darstellungen auszeichnete, viel Wert auf die Stimmung legte und für die Einfachheit und Geradlinigkeit der Handlung eintrat. Das erste Werk dieser Strömung war *Scherben* von Lupu-Pick (1921), mit dem Untertitel: ›Ich bin ein Mörder!‹.

Wertow (Dsiga) [UdSSR, 1895–1954]: *Der Mann mit der Kamera* (1929). In diesem Film über das Leben in einer Großstadt (Odessa) kommen Wertows Theorien über das ›Kino-Auge‹, die Filmen des ›improvisierten Lebens‹, die Montage, den Realismus und die Filmsprache zum Tragen.

Wiene (Robert) [Deutschland, 1881–1938]: *Das Kabinett des Dr. Caligari* (1919). Die Geschichte eines Hypnotiseurs, der ein Medium mehrere Verbrechen und Greueltaten begehen läßt, gesehen mit den Augen eines Geisteskranken. Die Dekoration, die Licht- und Schattenspiele und das übertriebene Spiel der Akteure machen den Film zu einem Manifest des deutschen Expressionismus.

Wilder (Billy) [Vereinigte Staaten, 1906]: *Boulevard der Dämmerung* (1950). Geschichte eines Stummfilmstars (Gloria Swanson), der nicht einsieht, daß seine Zeit vorbei ist. (Mit Erich von Stroheim, William Holden)

Wise (Robert) [Vereinigte Staaten, 1961]: *West Side Story* (1961). Romeo und Julia in New York vor dem Hintergrund der Elendsviertel. Zwei Jugendbanden kämpfen gegeneinander. Der Erfolg dieses tragischen Musicals ist nicht nur dem Regisseur, sondern auch dem Komponisten (Leonard Bernstein) und dem Choreographen (Jerome Robbins) zu verdanken. (Mit Natalie Wood, Richard Beymer, George Chakiris, Rita Moreno)

Wyler (William) [Vereinigte Staaten, 1902 bis 1981]: *Jezebel, die boshafte Lady* (1938). Die Geschichte eines störrischen Mädchens, das nur eine einzige Person liebt (Henry Fonda), die es am Ende durch seinen Stolz verliert.

Z

Zinnemann (Fred) [Vereinigte Staaten, 1907]: *Zwölf Uhr mittags/High noon* (1952). Ein Sheriff (Gary Cooper) kämpft allein gegen 4 Banditen und die Feigheit der braven Bürger. In dem Western steht die psychologische Problematik im Vordergrund, die den Helden nicht als unbesiegbaren Gewinner, sondern als einsamen Menschen darstellt.

WICHTIGE DATEN

1895: Die Brüder Lumière erfinden den Kinematographen, mit dem bewegliche Aufnahmen nicht nur hergestellt, sondern auch vorgeführt werden können. Die erste öffentliche Vorstellung findet am 28. Dezember in Paris auf dem Boulevard des Capucines, im indischen Salon des Grand Café statt. Unter den Zuschauern befindet sich auch Georges Méliès. Er ist begeistert von dieser Erfindung und möchte Antoine Lumière das Gerät abkaufen. Der Vater der beiden Erfinder antwortet ihm: ›Diese Erfindung ist nicht zu verkaufen. Sie wird vielleicht eines Tages als wissenschaftliche Kuriosität genutzt werden, doch abgesehen davon hat sie keine kommerzielle Zukunft!‹.

1908: Kommerzialisierung des Kinemacolor-Systems. Das Farbfilmverfahren, das der Brite Smith erfand, wird im Jahre 1911 mit *The Durbar of Delhi,* einer Reportage über die Krönung Georgs V. zum Kaiser von Indien, erfolgreich eingesetzt.

1912: Gaumont verwendet erstmals das Chronochrom- oder Gaumantcolor-Verfahren (ein Dreifarbenverfahren).

Im gleichen Jahr beginnen im Gaumont-Palace in Paris öffentliche Vorführungen von vertonten Filmen, bei denen mit Hilfe eines Chrono-

---

phons die Synchronisation von Projektor und Plattenspieler gesteuert wurde.

1922: Das zweifarbige Technicolor-Verfahren des Amerikaners Herbert T. Kalmus wird in Chester Franklins Film *The Toll of the Seat* zum ersten Mal verwendet.

1925: Der Franzose Henri Chrétien entwickelt das Hypergonar, ein anamorphotisches Objektiv, dessen Patent nur im Cinemascope-Verfahren angewendet wurde (erster Versuchsfilm: *Construire un feu,* von Cl. Autant-Lara, 1928).

1926: Die Brüder Warner stellen in New York den ersten vertonten Spielfilm vor – Musik und Geräusche – der mit dem Vitaphone-Verfahren (synchronisierte Platten) realisiert wurde: *Don Juan,* von Alain Crosland, mit John Barrymore.

1927: Im Oktober zeigen die Warner-Brothers den ersten Tonfilm: *The jazz singer* von Crosland, in dem Al Jolson die berühmten Worte sprach: ›Say Ma, listen to this!‹ (Mama, hör dir das doch an).

Bald merkte man, daß es viel rationeller war, den Ton auf das Filmband aufzunehmen, und griff fast nur noch auf diese Methode zurück. Nachdem nun überall der Tonfilm eingeführt war, erhöhte man die Bildwechsel von 16 auf 24 Bilder pro Sekunde.

1935: Produktion des ersten Spielfilms der durchgehend im Dreiband-Technicolor-Verfahren aufgenommen wurde: *Becky Sharp* von Rouben Mamoulian. Über 20 Jahre bleibt dieses Verfahren führend. Es wird später durch die Monopack-Verfahren abgelöst (Eastmancolor, Fujicolor, Gevacolor).

1952: In New York wird das Cinerama-Verfahren eingeführt, die Breitwandprojektion mit drei überlagerten Bildern. Obwohl das Verfahren mit Spielfilmen wie *Die Eroberung des Westens* (H. Hathaway, J. Ford und G. Marshall, 1962) große Erfolge erzielt hat, kann es (zusammen mit dem sowjetischen Kinopanorama-Verfahren) um 1970 der starken Konkurrenz des Cinemascope-Verfahrens und des 70 mm-Films nicht mehr standhalten. Mit dem Film *Bwana, der Teufel* von A. Oboler beginnt die große Welle der 3D-Filme (dreidimensionaler Film durch Polarisation).

1953: Nachdem Fox die Patente des Hypergonar zurückgekauft hat, wird das Cinemascope-Breitwandverfahren mit dem Film *Das Gewand* von H. Koster eingeführt.

1954: Paramount setzt das Vistavision-Verfahren ein, bei dem der 35 mm-Film horizontal abgespult wird. (*Weiße Weihnachten,* M. Curtiz)

1955: Unter dem Namen Todd AO kommt der 70 mm breite Filmstreifen auf den Markt (erster Film: *Oklahoma* von Fred Zinnemann).

1971: Erster Film mit Dolby: *Uhrwerk Orange* von S. Kubrick.

1975: Erster Film mit Dolby-Stereo-Ton: *Lisztomania* von K. Russell.

FILMARCHIVE

Das erste Filmarchiv wurde 1933 in Stockholm gegründet: das Svenska Filmsamfundets Arkiv. Im Jahre 1936 gründeten Henri Langlois und Georges Franju in Paris die *Cinémateque Française.* Damit kam der Stein ins Rollen ...

Die 1938 gegründete FIAF (Féderation internationale des archives du film) ist der Dachverband für fast alle Archive.

Den Filmarchiven kommt die Aufgabe zu, das kinematographische Erbe zu bewahren und es durch Vorführungen, Ausstellungen usw. zugänglich zu machen. In erster Linie jedoch sammeln sie die nationale Produktion.

MEISTERWERKE

FILMGATTUNGEN

DIE FILMBURLESKE

Seitdem es den Film gibt, weiß man, daß er sich für die Komik eignet: Der erste Spielfilm, *Der begossene Begießer* von Lumière, ist ein einziger ›Gag‹.

Die Filmkomik entwickelt sehr schnell Eigendynamik. Nach den phantastischen Märchenspielen von Méliès konzentrieren sich die französischen Firmen auf die Produktion von Filmburlesken, in deren Mittelpunkt ein bestimmter Personentypus steht: Boireau, Colino, Onésime, Rigadin, Zigoto, Bout-de-Zan usw. Diese Figuren verschwinden bald von der Leinwand, als ein junger, eleganter Geck, Max Linder, um 1910 sensationelle Erfolge erzielt. Sein zynischer Humor steht im Gegensatz zu den Verfolgungsjagden und Tortenschlachten seiner Konkurrenten.

Doch um 1912 wird, dank Mack Sennetts und der Keystone-Gesellschaft, Hollywood zur ›Hauptstadt des Humors‹. Sennett, der vor Einfällen übersprudelnde Erfinder eines verrückten, burlesken Stils (des *Slapsticks*), der sich das Absurde, den Witz und den zerstörerischen Rausch zunutze macht, entdeckt die meisten großen Komiker des Stummfilms: den schielenden Ben Turpin, Roscoe ›Fatty‹ Arbuckle, den Dicken, die elegante Mabel Normand, Harry Langdon, den Mondsüchtigen und v.a. Charlie Chaplin. Dem lebhaften und rastlosen Tramp steht der unerschütterliche Gleichmut von Buster Keaton gegenüber, dem eigentlichen Vertreter der Burleske.

Der Hauptkonkurrent von Mack Sennett ist Hal Roach, der Entdecker Harold Lloyds, des ewigen Optimisten mit der Hornbrille, sowie des explosiven Zweiergespanns Laurel und Hardy: ›Dick und Doof‹, Träumer und Realist.

Der Tonfilm bereitet der Filmburleske ein abruptes Ende, da sie gerade von der Stilisierung des Unausgesprochenen lebt. Der Film entwickelt sich nun zu ruhigeren Formen des Humors hin.

Nur die Marx Brothers – und W. C. Fields – führen in den 30er Jahren das Erbe Mack Sennetts fort, indem sie die Sprache zum Medium einer zerstörerischen Komik voller ›Nonsens‹ machten, die voller Ungestüm alle Tabus durchbricht.

In den 50er Jahren versuchten Jerry Lewis und der Franzose Jacques Tati in ihren ersten Filmen, die Burleske zu neuem Leben zu erwecken. Ihrem Beispiel folgen Mel Brooks, die englische Gruppe Monty Python und Woody Allen. Bald jedoch ist das Lachen nicht mehr gefragt. Wo auch immer die Gründe dafür liegen mögen – ob in der schauspielerischen Qualität oder dem Publikumsgeschmack – die reine Komik aus den Anfängen wird durch andere, weniger ausgeprägte Formen ersetzt, wie z. B. die Sittenkomödie, die dramatische Komödie usw.

DAS MUSICAL

Die *Musical comedy* (musikalische Komödie), anfangs nichts anderes als eine Verfilmung beliebter Operetten, wurde in den 30er Jahren zu einer eigenen Filmgattung, die Musik, Tanz, Gesang und Schauspiel miteinander kombinierte. Der Erfolg des Musicals in den 30er Jahren und in der Nachkriegszeit ist untrennbar mit Choreographen und Tänzern wie Busby Berkeley, Charles Walters, Fred Astaire, Ginger Rogers, Gene Kelly verbunden.

Die wichtigsten Filme. *42. Straße* (Lloyd Bacon, 1932); *Gold Diggers of 1933* (Mervyn Leroy, 1933); *Triff mich in St. Louis* (V. Minnelli, 1944); *Gib einem Mädchen eine Chance* (S. Donen, 1951); *Ein Amerikaner in Paris* (V. Minnelli, 1951); *Lili* (Ch. Walters, 1952); *Du sollst mein Glücksstern sein* (S. Donen und G. Kelly, 1952); *Vorhang auf* (V. Minnelli, 1953); *Rhythmus im Blut* (Walter Lang, 1954); *West Side Story* (R. Wise und J. Robbins, 1961); *My Fair Lady* (G. Cukor, 1964); *Cabaret* (Bob Fosse, 1972).

DIE AMERIKANISCHE FILMKOMÖDIE

Die amerikanische Filmkomödie, die sich aus dem französischen Boulevardtheater entwickelt, findet mit dem Tonfilm eine immer größere Verbreitung und wird in der Vorkriegszeit zu einer der beliebtesten Gattungen des amerikanischen Films. Die raffinierte und verrückte, jedoch stets spritzige und scharfsinnige Komödie ist immer voller unerwarteter Effekte und Verwechslungen. Sie handelt meist von einem ungleichen Paar – einer reichen jungen Frau und einem armen jungen Mann – deren Liebe die gesellschaftlichen Gegensätze überwindet. Dieses sentimentale Handlungsschema bekommt jeweils durch den persönlichen Stil des Regisseurs einen eigenen Touch, der entweder zynisch (Lubitsch), optimistisch á la Roosevelt (Capra), spöttisch, idealistisch, satirisch oder ironisch ist. Zu den herausragenden Vertretern dieser Gattung gehören Lubitsch (*Serenade zu dritt*, 1933; *Ninotschka*, 1939; *Sein oder Nichtsein*, 1942), Capra (*Vor Blondinen wird gewarnt*, 1931; *New York–Miami*, 1934; *Mr. Deeds geht in die Stadt*, 1936; *Mr. Smith geht nach Washington*, 1939), McCarey (*Ein Butler in Amerika*, 1935; *Die schreckliche Wahrheit*, 1937), Cukor (*Sylvia Scarlett*, 1935; *Philadelphia Story*, 1940), Hawks (*Leoparden küßt man nicht*, 1938), Gregory La Cava (*Mein Mann Godfrey*, 1936), Wilder (*Das verflixte siebente Jahr*, 1955; *Manche mögen's heiß*, 1959), Mankiewicz (*Alles über Eva*, 1950), Minnelli (*Warum hab ich ja gesagt*, 1957), Blake Edwards (*Frühstück bei Tiffany*, 1961), Donen (*Charade*, 1963).

B · Die Marx Brothers

in *Die Marx Brothers in der Oper/Skandal in der Oper* von Sam Wood (1935). Links Groucho, der quirlige Geschäftsmann mit Schnurrbart, kleiner Brille und dicker Zigarre: Er ist das Gehirn der drei Brüder. Rechts Chico, der Italiener, der durch seine Redseligkeit die Verwicklungen und Mißverständnisse vollkommen macht. Auf den anderen liegend Harpo, der stumme, verfressene Träumer.

A · Buster Keaton,

›der Mann, der niemals gelacht hat‹: Unerschütterlich, mit unbeweglicher Miene und unerschöpflicher Energie stellt er sich der Realität. Keaton war Schauspieler, Drehbuchautor und Regisseur in einem und drehte außer den ›Malec‹- und ›Frigo‹-Serien mehrere Spielfilme. Er trug dazu bei, daß die Filmburleske und die Komödie zu großen dramatischen Filmgattungen wurden.

C · Fred Astaire,

der berühmteste Tänzer in der Geschichte des Films, in *La Belle de Moscou* von Rouben Mamoulian (1957). Das Musical war eine der bekanntesten Produktionen Hollywoods. Die tänzerische Faszination Fred Astaires, der erst mit Ginger Rogers, später mit anderen hervorragenden Partnerinnen tanzte (Rita Hayworth, Eleanor Powell, Judy Garland, Cyd Charisse), war ein Garant für den Erfolg des Musicals zwischen 1930 und 1950.

813

MEISTERWERKE

FILMGATTUNGEN

PHANTASTISCHER FILM

Der phantastische Film ist kein klar definiertes Genre, sondern umfaßt mehrere Strömungen, denen eine gewisse Übersteigerung des Reellen gemein ist. Die Themen stammen aus der Literatur und aus Volksmythen (Dracula, Frankenstein) oder sind Schöpfungen der Phantasie (King Kong). Der phantastische Film entwickelt sich in Hollywood erst in den 30er Jahren (Tod Browning, James Whale, E.B. Schoedsack, Jacques Tourneur, Roger Corman, die Schauspieler Bela Lugosi und Boris Karloff), bevor er in England in den 50er Jahren mit Hammer Film und Terence Fisher einen neuen Aufschwung nahm. Ob Méliès, Kubrick, Polanski, Spielberg, Sjöström, Murnau, Dreyer oder Cocteau, zahlreiche Regisseure thematisierten in ihren Filmen das Übernatürliche, das Grauen, Teufelswerk oder Märchenbilder.

Die wichtigsten Filme. *Die Vampire* (L. Feuillade, 1916); *Nosferatu* (F. W. Murnau, 1922); *Dr. Mabuse* (F. Lang, 1922); *Frankenstein* (James Whale, 1931); *Dracula* (Tod Browning, 1931); *Dr. Jekyll und Mr. Hyde* (Rouben Mamoulian, 1932); *Mißgestaltete* (T. Browning, 1932); *The Mummy* (Karl Freund, 1932); *Die gefährlichste Jagd* (E. B. Schoedsack, 1933); *Der Unsichtbare* (J. Whale, 1933); *Die Fabel von King Kong/King Kong und die weiße Frau* (M. C. Cooper und E. B. Schoedsack, 1933); *Frankensteins Braut* (J. Whale, 1935); *Der wandelnde Leichnam* (M. Curtiz, 1936); *Die Nacht mit dem Teufel/Die Satansboten* (M. Carné, 1942); *Katzenmenschen* (Jacques Tourneur, 1942); *Die Schöne und das Tier* (J. Cocteau, 1946); *Die Dämonischen* (Don Siegel, 1956); *Des Teufels Lohn* (Jack Arnold, 1957); *Die Fliege* (Kurt Neumann, 1958); *Dracula* (Terence Fisher, 1958); *Die Stunde, wenn Dracula kommt* (Mario Bava, 1960); *Rosemaries Baby* (R. Polanski, 1968); *Die Nacht der lebenden Toten* (George Romero, 1968); *Eraserhead* (D. Lynch, 1976); *Der Exorzist II* (J. Boorman, 1977); *Shining* (S. Kubrick, 1979); *Poltergeist* (Tobe Hooper, 1982).

SCIENCE-FICTION-FILM

Schon immer regte die Science-fiction die Phantasie der Filmregisseure an, angefangen bei Méliès, über Lang, Godard und Tarkowskij bis zu Spielberg. Doch erst in den 50er Jahren konnte sich diese Filmgattung entfalten. Die Entwicklung war seitdem nicht mehr aufzuhalten, und die Tricktechnik wurde bis zur äußersten Perfektion getrieben. Als Abwandlung des phantastischen Films

B · **King Kong und die weiße Frau,** von M. C. Cooper und E. B. Schoedsack (1933). King Kong, ein einzigartiges und erstaunliches Kunstwerk, die Hollywoodversion von *La Belle el la Bête/Die Schöne und das Tier*, war wohl die amerikanischste Form des phantastischen Films. Der Riesengorilla verdankt seine Existenz den Zeichnungen und Tricktechniken von Willis O'Brien, der sich eine komplizierte Technik mit Marionetten und Puppen ausdachte. Der Film war so erfolgreich, daß er zahlreiche Remakes und Nebenproduktionen zur Folge hatte.

ist der Science-fiction-Film kein einheitliches Genre, sondern umfaßt mehrere Themen: die Reise in den Weltraum oder in die Zeit, das außerirdische Leben, der Krieg der Welten, die technische Revolution, die Zukunft der Menschheit usw.

Die wichtigsten Filme. *Die Reise zum Mond* (G. Méliès, 1902); *Der Todesstrahl* (Lev Kuleschow, 1925); *Die Frau im Mond* (F. Lang, 1929); *Das Ende der Welt* (E. Gance, 1931); *Krieg der Welten* (Byron Haskin, 1953); *Wenig Chancen für morgen* (R. Wise, 1959); *Das letzte Ufer* (Stanley Kramer, 1959); *Das Dorf der Verdammten* (Wolf Rilla, 1960); *Sie sind verdammt* (J. Losey, 1961); *Lemmy Caution gegen Alpha 60* (J.-L. Godard, 1965); *Die phantastische Reise* (Richard Fleischer, 1966); *Fahrenheit 451* (F. Truffaut, 1966); *Planet der Affen* (Franklin J. Schaffner, 1967); *Ich liebe dich, ich liebe dich* (A. Resnais, 1968); *2001: Odyssee im Weltraum* (S. Kubrick, 1968); *THX 1138* (George Lucas, 1969); *Solaris* (Tarkowskij, 1972); *Jahr 2022/Die überleben wollen* (R. Fleischer, 1973); *Zardoz* (J. Boorman, 1974); *Krieg der Sterne* (G. Lucas, 1977); *Unheimliche Begegnung der dritten Art* (S. Spielberg, 1977); *Alien* (Ridley Scott, 1979); *E.T.* (S. Spielberg, 1982); *Tron* (Steven Lisberger, 1982).

DOKUMENTARFILM

Das ursprüngliche Bestreben des Films war es, die Wirklichkeit, so wie sie um uns herum existiert, zu zeigen: Die ersten Aufnahmen Lumières haben daher dokumentarischen Charakter. Doch erst nachdem der Spielfilm seine Filmsprache entwickelt hat, kann sich der Dokumentarfilm ästhetisch und philosophisch definieren und seine eigenen Wege einschlagen.

Die wichtigsten Filme. *Nanuk, der Eskimo* (R. Flaherty, 1922); *Nur die Stunden* (Cavalcanti, 1926); *Berlin, die Sinfonie einer Großstadt* (W. Ruttmann, 1926); *Der Mann mit der Kamera* (D. Wertow, 1929); *Nogent, ein Sonntags-Eldorado* (M. Carné, 1929); *Drifters* (John Grierson, 1929); *Apropos Nizza* (J. Vigo, 1930); *Erde ohne Brot* (L. Buñuel, 1932); *Borinage* (Joris Ivens und Henri Storck, 1933); *Triumph des Willens* (Leni Riefenstahl, 1935); *Warum wir kämpfen* (F. Capra, 1945); *Farrebique* (G. Rouquier, 1946); *Le sang des Bêtes* (Georges Franju, 1949); *O Dreamland* (L. Anderson, 1953); *Nacht und Nebel* (A. Resnais, 1955); *Chronique d'un été* (J. Rouch, 1960); *Le Joli Mai* (Chris Marker, 1963); *Le Chagrin et la Pitié* (Marcel Ophüls, 1969); *Faits Divers* (Raymond Depardon, 1983).

A · **Nosferatu,** von F.W. Murnau (1922). Bei *Nosferatu*, dem Meisterwerk des deutschen Expressionismus, ließ sich Murnau von dem englischen Horrorroman *Dracula* (von Bram Stoker, 1897) anregen. Dracula, der Prototyp des Vampirs, herrscht über ein alptraumhaftes Transsylvanien. Der Klassiker der phantastischen Literatur wurde sehr oft verfilmt, insbesondere von Tod Browning (1931, mit Bela Lugosi), Terence Fisher (1958, mit Christopher Lee), Werner Herzog (1979, mit Klaus Kinski).

C · **2001: Odyssee im Weltraum,** von S. Kubrick (1968). Der Film wurde allgemein als das große Meisterwerk des Science-fiction-Films angesehen und führte Ende der 60er Jahre neue, wegbereitende Elemente ein: Rückkehr zur Space opera, Mißtrauen gegenüber dem technischen Fortschritt, die Frage nach dem Platz des Menschen im Universum, hohe Anforderungen an die Qualität der Filmtricks.

814

MEISTERWERKE

WESTERN

Der Western, ein typisch amerikanisches Filmgenre, entstand aus der Begegnung der jungen Filmkunst mit einem Abschnitt der Geschichte, der ebenfalls noch nicht lange zurückliegt, aber schon von einem Mythos umgeben ist: die Eroberung des Westens, der Sezessionskrieg, die Kämpfe gegen die Indianer, die Heldentaten von Banditen... Der Western wird zum Epos einer jungen Nation. Er erzählt von ihren Helden, feiert ihre Taten und gibt damit ein Handlungsschema mit bestimmten Sinnbildern und heroischen Taten vor: der Cowboy, seine Waffe und sein Pferd, der Sheriff, die Indianer, das Land und das Vieh, der Kampf und das Abenteuer ...

Der erste Western entsteht im Jahre 1903 (*Der große Eisenbahnraub,* von Edwin S. Porter). Sein Erfolg zieht weitere beliebte Filmstreifen nach sich, in denen, wie man damals witzelte, ›nicht das Thema wechselt, sondern nur das Pferd‹. Um 1910 treten die ersten Westernstars auf (William S. Hart, in Deutschland auch Rio Jim oder Tom Mix genannt), doch erst nach 1920 beginnt mit James Cruze und John Ford die große Zeit des klassischen Western. Von nun an dreht jeder amerikanische Regisseur in seinem Leben mindestens einen Western, in dem die amerikanische Eroberung entweder gepriesen oder entmystifiziert wird. Letzteres insbesondere nach 1945, als der Western die Geschichte mit kritischeren Augen betrachtet und moralische, psychologische und ästhetische Überlegungen mit einfließen. In den 60er Jahren nimmt die Westernproduktion ab. Er weicht (vorläufig?) anderen Filmgattungen, wie z. B. der *Space opera*.

Doch trotz der unendlich vielen Westernvarianten bleibt der Western das Filmgenre par excellence. Er ist fest mit der amerikanischen Geschichte und Kultur verbunden, die er lyrisch übersetzt, beschreibt und auf unnachahmliche Weise kommentiert.

Die großen Western. *Die Karawane/Der Planwagen* (James Cruze, 1923); *Der große Treck* (R. Walsh, 1930); *Der Held der Prärie* (C. B. De Mille, 1937); *Ringo/Höllenfahrt nach Santa Fé* (J. Ford, 1939); *Faustrecht der Prärie/Rombstone* (J. Ford, 1946); *Duell in der Sonne* (K. Vidor, 1947); *Red River/Panik am roten Fluß* (H. Hawks, 1948); *Der gebrochene Pfeil* (Delmer Daves, 1950); *Zwölf Uhr mittags* (F. Zinnemann, 1952); *Wenn Frauen hassen* (N. Ray, 1954); *Vera Cruz* (R. Aldrich, 1954); *Hölle der tausend Martern* (Samuel Fuller, 1957); *3 : 10 to Yuma* (D. Daves, 1957); *Der Mann aus dem Westen* (Anthony Mann, 1958); *Einer muß dran glauben* (A. Penn, 1958); *Rio Bravo* (H. Hawks, 1959); *Der letzte Zug von Gun Hill* (John Sturges, 1960); *Das war der wilde Westen* (H. Hathaway, 1962); *Sacramento* (Sam Peckingpah, 1962); *Little Big Man* (A. Penn, 1970); *Jeremiah Johnson* (S. Pollack, 1972); *Buffalo Bill und die Indianer* (R. Altman, 1976).

KRIMINAL- UND GANGSTERFILM

Den Kriminalfilm gibt es seit den Anfängen der Filmkunst, doch die eigentliche Entwicklung dieses Genres findet in den Vereinigten Staaten zur Zeit der Prohibition statt. Mit dem ersten Kriminalfilm *Nächte in Chicago* (1927) von Josef von Sternberg hält der Gangster Einzug in Hollywood. Es entsteht ein neuer Heldentypus, aber auch eine neue Thematik, die auf Korruption und Gewalt aufbaut.

Der *Malteserfalke* (J. Huston, 1941) ist der erste Film, der direkt vom amerikanischen Kriminalroman der ›hard boilded school‹ beeinflußt ist (D. Hammett, R. Chandler). In einer Atmosphäre von Intrigen, nächtlicher Gewalt, gefährlicher Erotik und einer eher metaphysischen als soziologischen Fatalität beginnt die Zeit des Privatdetektivs, dessen Prototyp Humphrey Bogart verkörperte.

Der Kriminalfilm, düsteres Abbild der Widersprüche und Wahnideen unserer Zeit, hat zahlreiche Regisseure in Amerika und anderen Ländern angeregt. Manche Filme griffen auf die allegorischen Möglichkeiten der Kriminalgeschichte zurück, andere verwendeten die Intrige als Vorwand für eine politische oder psychoanalytische Untersuchung.

Der Antagonismus von Gesetz und Verbrechen wird auch weiterhin Schriftsteller, Drehbuchautoren und Regisseure anregen.

Die wichtigsten Filme. *Der kleine Cäsar* (Mervyn LeRoy, 1930); *Scarface* (H. Hawks, 1932); *Sackgasse* (William Wyler, 1937); *Chikago* (M. Curtiz, 1938); *Der Malteserfalke* (J. Huston, 1941); *Der Mörder wohnt Nr. 21* (H. G. Clouzot, 1942); *Im Schatten des Zweifels* (A. Hitchcock, 1943); *Gefährliche Begegnung/Die Frau im Fenster* (F. Lang, 1944); *Das verlorene Wochenende* (B. Wilder, 1944); *Laura* (O. Preminger, 1944); *Im Netz der Leidenschaften* (Tay Garnett, 1946); *Tote schlafen fest/Der tiefe Schlaf* (H. Hawks, 1946); *Die schwarze Natter* (Delmer Daves, 1947); *Stadt ohne Maske/Die nackte Stadt* (J. Dassin, 1948); *Asphalt-Dschungel/Raubmord* (J. Huston, 1950); *Die Ratte von Soho* (J. Dassin, 1950); *Den Hals in der Schlinge* (R. Walsh, 1951); *Wenn es Nacht wird in Paris* (J. Becker, 1954); *Rattengift* (R. Aldrich, 1955); *Die Rechnung ging nicht auf* (S. Kubrick, 1956); *Jenseits allen Zweifels* (F. Lang, 1956); *Im Zeichen des Bösen* (O. Welles, 1958); *Außer Atem* (J.-L. Godard, 1960); *Der eiskalte Engel* (J.-P. Melville, 1967); *Bonnie und Clyde* (A. Penn, 1967); *Dirty Harry* (Don Siegel, 1971); *Tod kennt keine Wiederkehr* (R. Altman, 1973); *Chinatown* (R. Polanski, 1974); *Der Pate* (F. F. Coppola, 1975); *Der amerikanische Freund* (W. Wenders, 1977).

A · **Die Bewegung, der Raum:** die wichtigsten Elemente des Western – und des Films überhaupt – in dieser Aufnahme aus dem Westernklassiker *Höllenfahrt nach Santa Fé* von John Ford (1939).

B · **John Wayne** in *Rio Bravo,* von H. Hawks (1959). Als einer der populärsten Westerndarsteller verkörpert der ›Duke‹ auf einmalige Weise den Mann des Westens (Cowboy, Sheriff oder Offizier): rauh, gerecht, schlau und erfahren.

C · **Humphrey Bogart** in *Der Malteserfalke,* von J. Huston (1941). Als Darsteller der 1929 von Dashiell Hammett geschaffenen Figur des Sam Spade verkörperte Bogart auf der Leinwand den ersten modernen Privatdetektiv und prägte einen neuen Heldentypus, der zynisch und skeptisch, doch in der Liebe sehr verletzlich ist.

MEISTERWERKE

DIE SPRACHE DES FILMS

FILMTECHNIKEN

Die ersten Filme verfügten noch nicht über spezifische Ausdrucksmittel. Nach und nach jedoch eigneten sich die Cineasten verschiedene Techniken an, mit denen sie Raum und Zeit besser erfassen konnten.

Kamerabewegungen. Bei der einfachsten Kamera-»Bewegung« steht die Kamera auf einem Gestell und wird nicht bewegt. Der *Kameraschwenk* ist eine Kameradrehung um die Achse. Meistens wird der horizontale Schwenk benutzt, insbesondere, wenn man eine Landschaft erfassen oder den Bewegungen eines Schauspielers oder eines Fahrzeuges folgen will.

Bei der *Fahrt* bewegt sich die Kamera in den Raum hinein. Sie steht dabei häufig auf einem Gestell, das sich auf Schienen oder Reifen fortbewegt (Dolly oder Kamerawagen) und kann sowohl in Richtung der Bewegung, im Rücklauf oder seitlich zur Bewegung aufnehmen. Diese Kamerabewegung darf nicht verwechselt werden mit der Aufnahme mit dem Zoomobjektiv, bei der das eingegrenzte Bildfeld mit Hilfe eines Variofokalobjektivs stetig verkleinert oder vergrößert wird. Der visuelle Eindruck kann dabei der gleiche sein wie bei einer Fahrt in der Aufnahmeachse, doch wird bei der Aufnahme mit Zoomobjektiv die Perspektive nicht verändert.

Bei der *Kranfahrt* kann die Kamera vertikal in den Raum hineinbewegt werden. Für vertikale Bewegungen mit kleinem Radius benutzt man *Dollys* oder *Elemacks*. Mit der *Louma*, bei der die durch Fernsteuerung gelenkte Kamera am Ende eines Schwenkrohrs hängt, können weite Bewegungen ausgeführt werden.

Die Techniken der *Handkamera*, die in den 70er Jahren erst durch die *Steadicam-Methode* und dann durch die *Panaglide-Methode* verbessert wurden, geben dem Regisseur einen großen Bewegungsspielraum.

Einstellungen. Die Bildfeldeinstellung bestimmt die Komposition und die Ausgewogenheit des Bildinhalts sowie die relative Größe des gefilmten Gegenstands im Verhältnis zum Bildrahmen.

Man unterscheidet traditionell:
– die *Totale* oder *Gesamtaufnahme*, die das ganze Dekor zeigt;
– die *Halbtotale*, die nur einen Teil des Dekors zeigt;
– die *Halbnahaufnahme*, die eine oder mehrere stehende Personen zeigt;
– die *amerikanische Einstellung*, bei der die Darsteller bis zu den Oberschenkeln zu sehen sind;
– die *Nahaufnahme*, die die Personen bis zur Taille oder Brust zeigt;
– die *Großaufnahme*, auf der ein Gesicht oder Gegenstand zu sehen ist;
– die *Detailaufnahme*, die einen Ausschnitt zeigt.

Schärfentiefe. Die Schärfentiefe ist der mehr oder weniger tiefe Bereich, in dem die Objekte scharf zu erkennen sind. Sie hängt von der Länge des Objektivfokus ab.

Durch Änderung der Schärfentiefe können mehrere Bildfeldeinstellungen miteinander kombiniert (z. B. die Großaufnahme des einen Darstellers mit der Halbnahaufnahme eines anderen) und durch eine Gegenüberstellung mehrerer Handlungen zur gleichen Zeit im gleichen Raum dramatische Effekte erzielt werden.

Aufnahmewinkel. Der Aufnahmewinkel hängt davon ab, welche Position die Kamera zum Gegenstand einnimmt. Er gibt die *Perspektive* wieder, die sich in der klassischen Erzählung bei jedem Einstellungswechsel ändert. Die Perspektive kann persönlich oder objektiv sein. Der Film kann jedoch auch aus dem Blickwinkel eines Darstellers gedreht werden. Meistens wird die Kamera horizontal in Augenhöhe geführt.

Die *Draufsicht* (die Kamera schaut nach unten) suggeriert im allgemeinen die moralische Niederlage einer Person, wohingegen die *Froschperspektive* (die Kamera schaut nach oben) den Eindruck von Macht und Verherrlichung vermittelt. Die schräge Bildeinstellung drückt im allgemeinen ein inneres Ungleichgewicht oder die Verwirrtheit einer Person aus.

Es gibt beim Film jedoch keine feste Zeichensprache. Eine Aufnahme, eine Bildeinstellung oder die Kamerabewegung bekommen ihre Bedeutung erst im Handlungsablauf und in der Dynamik des Films.

Montage. Ein Film besteht aus einer Folge von *Einstellungen*. Jede Einstellung setzt sich aus einer fortlaufenden Reihe von Bildern zusammen, die die Kamera im Laufe einer einzigen Aufnahme filmt. Diese Folge von Einstellungen bildet *Szenen*, diese bilden wiederum *Sequenzen*, d. h. dramatische Einheiten eines Films. Man spricht von einer *Aufnahmesequenz*, wenn eine ganze Sequenz mit einer einzigen, meist längeren Einstellung gedreht wird.

Eine *Schnittaufnahme* ist eine kurze Einstellung vor dem Schnitt, die einen optischen Hiatus zwischen zwei aufeinanderfolgenden Einstellungen vermeiden soll. Ein *Insert* ist eine Detailaufnahme, die in eine Szene eingebaut wird, um die Bedeutung eines für das Verständnis der Handlung wichtigen Details hervorzuheben: ein Brief, die Überschrift einer Zeitung, ein Gegenstand usw.

Die *Stock-shots* sind Archivaufnahmen, die in einen Film eingefügt werden.

B · Eine Aufnahme aus der Froschperspektive aus *Moby Dick* von J. Huston (1956). Kapitän Achab (Gregory Peck) fordert Gott heraus, der in der Form des unbesiegbaren weißen Wals auftritt. Die Perspektive zeigt hier die innere Erregtheit und leidenschaftliche Besessenheit des Helden, der lieber gemeinsam mit seiner Beute sterben will, als auf seine gerechte Rache zu verzichten.

A · Eine Totale aus *Die Intoleranz*, von D. W. Griffith (1916). Der Film war die aufwendigste Produktion des Stummfilms.

C · Eine Großaufnahme von Liv Ullmann und Bibi Andersson in *Persona* von I. Bergman (1966): ein Film, dessen Gesamtaufbau auf dem Thema des Abbilds beruht, der Identifikation und der Übertragung der Persönlichkeit. Bergman spielt mit den Gesichtern der beiden Darstellerinnen und zieht uns in ein verwirrendes Spiegelspiel, in dem sich Maske und Gesicht gegenüberstehen und miteinander verschmelzen.

MEISTERWERKE

TRICKFILM

Der *Flash-back* oder die Rückblende ist eine Einstellung oder eine Folge von Einstellungen aus der Vergangenheit.

Die *Schuß-Gegenschuß-Technik*, bei der die Einstellungen jeweils abwechselnd aus der entgegengesetzten Perspektive vorgenommen werden, benutzt man häufig in Dialogszenen.

Übergänge. Der einfachste Wechsel von einer Einstellung zur anderen ist das übergangslose Zusammenstellen der Aufnahme. Üblicherweise jedoch werden die Orts- oder Zeitwechsel durch Übergänge gekennzeichnet, deren bekanntester wahrscheinlich die *Bildüberblendung* ist: *Ausblenden* (allmählicher Übergang von normaler Belichtung zu völliger Schwärze), *Aufblenden* (allmählicher Übergang von völliger Schwärze zu normaler Belichtung), die *Überblendung* (ein Bild wird langsam durch ein anderes ersetzt). Bei der *Irisblende* erscheint oder verschwindet das Bild in einem kleiner oder größer werdenden Kreis.

Filmtricks. Es gibt zahlreiche Filmtricks, die beim Drehen des Films oder im Kopierwerk eingesetzt werden und das Bild oder den Ton manipulieren.

Die *Doppelbelichtung* ist eine Überlagerung zweier Aufnahmen.

Mit der *Zeitlupe* oder dem *Zeitraffer* wird bei der Aufnahme die Bildaufnahmefolge verlangsamt oder beschleunigt. Die dabei entstehenden Spezialeffekte wirken bei der Zeitraffung komisch und bei der Zeitlupe träumerisch oder dramatisch.

Mit Hilfe der starren *Maske-Gegenmaske* können durch das Abdecken eines Bildfeldausschnittes zwei an verschiedenen Orten oder zu unterschiedlicher Zeit gedrehte Aufnahmen gegenübergestellt werden. So kann ein Darsteller in verschiedenen Rollen zwei- oder mehrmals auf einem Bild zu sehen sein.

In einem Film, in dem sich ein Darsteller bewegt, kann man mit Hilfe des *Dunning-Verfahrens* eine Maske vorspannen, die exakt die Konturen des Akteurs hat. Mit Hilfe der klassischen Maske-Gegenmaske ist es möglich, das Bild des Darstellers in jedes andere Bild einzufügen.

Bei der *Rückprojektion* wird ein Film als Hintergrund einer Dekoration (die man im Studio unmöglich aufbauen kann) auf eine halbdurchlässige Leinwand projiziert, vor der die Akteure spielen (z. B. Auto- oder Zugszenen).

Die *Frontprojektion* wurde in den 50er Jahren erfunden. Sie verdrängte allmählich die Rückprojektion. Das Projektionsgerät steht neben der Kamera und nicht wie bei der Rückprojektion hinter der Leinwand. Das Bild wird auf einen Einwegspiegel projiziert, der es auf eine Speziallinwand lenkt.

DER ZEICHENTRICKFILM

Noch lange bevor die Filmkunst entstand, dachte sich ein genialer Pionier, der Franzose Émile Reynaud, das Grundprinzip des Trickfilms aus: die Zerlegung einer Bewegung in Einzelbilder, deren Projektion den Eindruck eines geschlossenen Bewegungsablaufs entstehen läßt. *Un bon bock* (1889) und *Der Clown und seine Hunde* (1890) sind die ersten Zeichentrickfilme in der Filmgeschichte.

Die ›Fantoches‹ kommen. Erst im Jahre 1906 entdeckt der amerikanische Karikaturist J. Stuart Blackton den eigentlichen Zeichentrickfilm, der auf der *Einzelbildaufnahme* beruht, und dreht die Filme *Lustige Phasen eines komischen Gesichts* und *Das Spukhotel*. Zwei Jahre später produziert Émile Cohl in Frankreich die ersten Meisterwerke des Trickfilms: *Fantasmagorie* und *Die Rache der Geister*, in denen er eine stilisierte Figur (den ›Fantoche‹) schuf, die unzählige Abenteuer bestehen muß und außergewöhnliche Verwandlungen durchläuft. Er dreht fast 100 Filme, die den Zeichentrickfilm bis heute beeinflussen.

Mickey Superstar. Erst in Amerika jedoch kommt die Technik der Einzelbildaufnahme zur Blüte. Die experimentelle Hürde wurde 1909 von Winsor McCay genommen (*Gertie, der Dinosaurier*). Earl Hurd führt im Jahre 1915 die Zelluloidplatten (*cells*) ein, durch die die Animation in größerem Stil möglich wird. Die ersten Trickfilmstars erblicken im Jahre 1919 (*Felix, der Kater* von Pat Sullivan) und im Jahre 1920 (*Coco, der Clown* von den Brüdern Max und Dave Fleischer) das Licht der Welt. Sie werden jedoch bald durch die sensationellen Erfolge von Mickey Mouse verdrängt, einer Figur, die Walt Disney und Ub Iwerks 1928 erfinden. Die Verbindung von Ton, Zeichnung (*Dampfschiff Willie*, 1928) und später von Farbe (*Blumen und Bäume*, 1932) sowie die ersten Spielfilme (*Schneewittchen und die sieben Zwerge*, 1937) tragen dazu bei, daß der Trickfilm rasch Verbreitung findet.

Bugs Bunny, Tom, Jerry und ihre Freunde. Im Jahre 1936 schufen die Warner Brothers den Superstar *Bugs Bunny*, der heute noch sein Unwesen treibt. Zu seinen Erfindern gehört Tex Avery, der auch andere verrückte Gestalten schuf, wie z. B. den Hund *Droopy*. Das Team von Fred Quimby begann 1940 die spannende Serie *Tom und Jerry*, Walter Lantz startete 1941 *Woody Woodpecker* und 1949 erschien *Mister Magoo* zum ersten Mal auf der Leinwand (John Hubley).

Die Kunst, Unbewegliches zu bewegen. Der Trickfilm ist nichts weiter als eine Form der Animation. Im Jahre 1920 spezialisiert sich Lotte Reiniger auf die Animation von Scherenschnitten. In Frankreich arbeitet der Marionettenspieler Wladislaw Starewitsch 10 Jahre lang an dem Film *Die Geschichte des Fuchses* (1939), und Alexandre Alexeieff erfindet die Metallnadel-Leinwand (*Eine Nacht auf dem Kahlen Berg*, 1933).

Nach dem Zweiten Weltkrieg entstehen die nationalen Schulen, insbesondere in Kanada, wo Norman McLaren mit einer beeindruckenden Experimentierfreudigkeit alle nur möglichen Techniken ausprobiert: direktes Zeichnen auf den Film, geometrische Abstraktionen, die Animation von Gegenständen oder Personen (sogenannte Pixilation).

Die Schöpfer des tschechischen Puppenfilms (Jiří Trnka, Karel Zeman) begeben sich in die Märchenwelt, während in Jugoslawien die Schule von Zagreb eine beißende und allegorische Welt entstehen läßt.

C · Die ›Fantoches‹
Diese stilisierte Figur wurde 1908 von dem Franzosen Émile Cohl erfunden.

D · Mickey
Mickey Mouse, Walt Disneys schlaue kleine Maus, bekam für ihre Filme 29 Oscars: ein Rekord!

B · Bambi,
von Walt Disney (1942). Disney machte in der ganzen Welt den sogenannten O-Stil berühmt, der nur aus Kurven und Schleifen besteht.

A · Der Wolf,
von Tex Avery. Nach 1936 entwickelt sich eine Strömung, die sich von Disneys Stil lösen will. Tex Avery, ›ein Walt Disney, der Kafka gelesen hat‹, ist ihr Begründer. Er erfand zahlreiche Geschöpfe, unter anderem den lüsternen Wolf, der beim Anblick von Aschenbrödel oder Rotkäppchen, die als Sexbomben dargestellt sind, völlig aus dem Häuschen gerät.

MEISTERWERKE

FILMFESTSPIELE UND FILMPREISE

GROSSE FESTIVALS

Es gibt zahlreiche nationale und internationale, allgemeine und spezielle Filmfestivals, mit oder ohne Wettbewerbscharakter. Seit 1950 werden sie von der FIAPF organisiert (Fédération Internationale des Associations de Producteurs de Films).

Internationale Filmfestivals. Venedig, Cannes (siehe unten).
– Locarno (seit 1946; Hauptpreis: Goldener Leopard).
– Karlsbad (seit 1946; zuerst in Marienbad, dann in Gottwaldov, ab 1950 in Karlsbad; findet alle zwei Jahre statt, alternierend mit den Moskauer Filmfestspielen; Hauptpreis: Kristallglobus).
– Berlin (Filmfestspiele; seit 1951; finden jedes Jahr im Februar/März statt; Hauptpreise: Goldener Bär, Silberner Bär).
– San Sebastián (seit 1954; Hauptpreis: Goldene Muschel).
– Moskau (seit 1959; Goldener Preis).

Spezialisierte Festivals.
– Trickfilm: Annecy, Zagreb, Ottawa, Warna.
– Kurzfilm: Oberhausen, Krakau, Lille.
– Dokumentarfilm: Leipzig, Nyon (Schweiz).
– Der phantastische Film: Avoriaz.
– Science-fiction-Film: Triest.

VENEDIG

Das Festival von Venedig (*Mostra internazionale d'arte cinematografica*) ist das älteste Filmfestival. Es wurde am 24. Mai 1932 ins Leben gerufen. Dieses Festival, das anfangs noch im Rahmen der Biennale von Venedig stattfand, findet jedes Jahr Ende August, Anfang September statt.

Preis: seit 1934 Goldener Löwe.
1934 *Die Männer von Aran,* von R. Flaherty (GB).
1935 *Anna Karenina,* von C. Brown (USA).
1936 *Der Kaiser von Kalifornien,* von L. Trenker (D).
1937 *Spiel der Erinnerung,* von J. Duvivier (F).
1938 *Olympiade,* von L. Riefenstahl (D).
1939 nicht verliehen.
1940 *Der Postmeister,* von G. Ucicky (D).
1941 *Ohm Krüger,* von H. Steinhoff (D).
1942 *Der große König,* von V. Harlan (D).
1943–1945 kein Festival.
1946 nicht verliehen.
1947 *Sirene,* von K. Steklý (CS).
1948 *Hamlet,* von L. Olivier (GB).
1949 *Manon,* von H. G. Clouzot (F).
1950 *Schwurgericht,* von A. Cayatee (F).
1951 *Rashomon – Das Lustwäldchen,* von Kurosawa (J).
1952 *Verbotene Spiele,* von R. Clément (F).
1953 nicht verliehen.
1954 *Romeo und Julia,* von R. Castellani (I, GB).
1955 *Das Wort,* von C. Dreyer (DK).
1956 nicht verliehen.
1957 *Apus Weg ins Leben: Der Unbesiegbare,* von S. Ray (IND).
1958 *Le Pousse-Pousse,* von Inagaki (J).
1959 *Der falsche General,* von R. Rossellini (I).
1960 *Jenseits des Rheins,* von A. Cayatte (F).
1961 *Letztes Jahr in Marienbad,* von A. Resnais (F).
1962 *Journal intime,* von V. Zurlini (I) und *Iwans Kindheit,* von A. Tarkowskij (SU).
1963 *Hände über der Stadt,* von F. Rosi (I).

1964 *Die rote Wüste,* von M. Antonioni (I).
1965 *Sandra,* von L. Visconti (I).
1966 *Die Schlacht um Algier,* von G. Pontecorvo (I).
1967 *Belle de jour/Schöne des Tages,* von L. Buñuel (F).
1968 *Die Artisten in der Zirkuskuppel: ratlos,* von A. Kluge (D).
1969–1979 die Jury trat nicht zusammen, keine Auszeichnung.
1980 *Gloria, die Gangsterbraut,* von J. Cassavetes (USA) und *Atlantic City,* von L. Malle (F).
1981 *Die bleierne Zeit,* von M. von Trotta (D).
1982 *Der Stand der Dinge,* von W. Wenders (D).
1983 *Vorname Carmen,* von J.-L. Godard (F, CH).
1984 *Ein Jahr der ruhenden Sonne,* von K. Zanussi (PL).
1985 *Vogelfrei,* von A. Varda (F).
1986 *Das grüne Leuchten,* von E. Rohmer (F).
1987 *Auf Wiedersehen Kinder,* von L. Malle (F).
1988 *Die Legende vom heiligen Trinker,* von E. Olmi (I).
1989 *La ville du chagrin,* von Hou Hsiao-Hsien (RC).

CANNES

Das *Festival International du Film de Cannes* wurde am 20. September 1946 ins Leben gerufen und findet jedes Jahr im Mai statt. (Schon 1939 war die Einführung eines internationalen Filmfestivals beschlossen. Die Veranstaltung sollte unter Leitung von Louis Lumière am 1. September stattfinden, doch die Kriegserklärung machte dieses Vorhaben zunichte.)

Preis: Goldener Preis, seit 1955
Goldene Palme:
1946 11 Große Preise nach Ländern.
1947 5 Große Preise nach Filmgattung.
1948 kein Festival.
1949 *Der dritte Mann,* von C. Reed (GB).
1950 kein Festival.
1951 *Das Wunder von Mailand,* von V. De Sica (I) und *Fräulein Julie,* von A. Sjöberg (S).
1952 *Für zwei Groschen Hoffnung,* von R. Castellani (I) und *Othello,* von O. Welles (MA).
1953 *Lohn der Angst,* von H. G. Clouzot (F).
1954 *Das Höllentor,* von Kinugasa (J).
1955 *Marty,* von D. Mann (USA).
1956 *Le Monde du silence,* von J.-Y. Cousteau (F).
1957 *La Loi du Seigneur,* von W. Wyler (USA).
1958 *Wenn die Kraniche ziehen,* von M. Kalatosow (SU).
1959 *Orfeu Negro,* von M. Camus (F).
1960 *Das süße Leben,* von F. Fellini (I).
1961 *Viridiana,* von L. Buñuel (E) und *Noch nach Jahr und Tag,* von H. Colpi (F).
1962 *Das Versprechen,* von A. Duarte (BR).
1963 *Der Leopard,* von L. Visconti (I).
1964 *Die Regenschirme von Cherbourg,* von J. Demy (F).
1965 *Der gewisse Kniff,* von R. Lester (GB).
1966 *Ein Mann und eine Frau,* von C. Lelouch (F) und *Aber, aber, meine Herren* von P. Germi (I).
1967 *Blow up,* von M. Antonioni (I).
1968 kein Festival; keine Auszeichnung.
1969 *If ...,* von L. Anderson (GB).
1970 *M.A.S.H.,* von R. Altman (USA).
1971 *Der Mittler,* von J. Losey (GB).

1972 *Die Arbeiterklasse geht ins Paradies,* von E. Petri (I) und *Der Fall Mattei,* von F. Rosi (I).
1973 *L'Epouvantail,* von J. Schatzberg (USA) und *La Méprise,* von A. Bridges (GB).
1974 *Der Dialog,* von F. F. Coppola (USA).
1975 *Chronique des années de braise,* von M. Lakhdar Hamïna (DZ).
1976 *Taxi-Driver,* von M. Scorsese (USA).
1977 *Padre Padrone – Mein Vater, mein Herr,* von P. und V. Taviani (I).
1978 *Der Holzschuhbaum,* von E. Olmi (I).
1979 *Die Blechtrommel,* von V. Schlöndorff (D) und *Apocalypse Now,* von F. F. Coppola (USA).
1980 *Kagemusha – Der Schatten des Krieges,* von Kurosawa (J) und *All That Jazz,* von B. Fosse (USA).
1981 *Der Mann aus Eisen,* von A. Wajda (PL).
1982 *Yol,* von Y. Güney (TR) und *Vermißt,* von Costa-Gavras (USA).
1983 *La Ballade de Narayama,* von Imamura (J).
1984 *Paris, Texas,* von W. Wenders (USA).
1985 *Papa est en voyage d'affaires,* von E. Kusturica (YU).
1986 *Mission,* von R. Joffé (GB).
1987 *Die Sonne des Satans,* von M. Pialat (YU).
1988 *Pelle, der Eroberer,* von B. August (DK).
1989 *Sex, Lügen, Video,* von S. Soderbergh (USA).

HOLLYWOOD: DER OSCAR

Die Filmauszeichnungen – *Academy Awards* – werden in den Vereinigten Staaten seit 1929 jedes Jahr von der Academy of Motion Picture Arts and Science verliehen. Sie hat ungefähr 2000 Mitglieder aus den verschiedensten Bereichen der Filmindustrie.

Es werden in der Regel 23 *Oscars* verliehen, aber aus besonderem Anlaß können weitere dazukommen.

Die Oscars für den besten Film.
1929 *Ailes* (W. Wellmann), *Sonnenaufgang* (F. W. Murnau)
1930 *Broadway Melodie* (H. Beaumont)
1931 *Im Westen nichts Neues* (L. Milestone)
1932 *Pioniere des wilden Westens* (W. Ruggles)
1933 *Grand Hôtel* (E. Goulding)
1934 *Cavalcade* (F. Lloyd)
1935 *New York–Miami* (F. Capra)
1936 *Meuterei auf der Bounty* (F. Lloyd)
1937 *The Great Ziegfeld* (R. Z. Leonard)
1938 *Das Leben des Émile Zola* (W. Dieterle)
1939 *Lebenskünstler* (F. Capra)
1940 *Vom Winde verweht* (V. Fleming)
1941 *Rebecca* (A. Hitchcock)
1942 *Schlagende Wetter* (J. Ford)
1943 *Mrs. Miniver* (W. Wyler)
1944 *Casablanca* (M. Curtiz)
1945 *Der Weg zum Glück* (L. McCarey)
1946 *Scheusal* (B. Wilder)
1947 *Die besten Jahre unseres Lebens* (W. Wyler)
1948 *Le Mur invisible* (E. Kazan)
1949 *Hamlet* (L. Olivier)
1950 *Les Fous du roi* (R. Rossen)
1951 *Ein Amerikaner in Paris* (V. Minnelli)
1953 *Die größte Schau der Welt* (C. B. De Mille)
1954 *Verdammt in alle Ewigkeit* (E. Kazan)
1955 *Die Faust im Nacken* (E. Kazan)
1956 *Marty* (D. Mann)
1957 *Die Reise um die Welt in 80 Tagen* (M. Anderson)

MEISTERWERKE

1958 *Die Brücke am Kwai* (D. Lean)
1959 *Gigi* (V. Minnelli)
1960 *Ben Hur* (W. Wyler)
1961 *Das Mädchen Irma La Douce* (B. Wilder)
1962 *West Side Story* (R. Wise, J. Robbins)
1963 *Lawrence von Arabien* (D. Lean)
1964 *Tom Jones – Zwischen Bett und Galgen* (T. Richardson)
1965 *My Fair Lady* (G. Cukor)
1966 *Meine Lieder – meine Träume* (R. Wise)
1967 *Ein Mann zu jeder Jahreszeit* (F. Zinnemann)
1968 *In der Hitze der Nacht* (N. Jewison)
1969 *Oliver* (C. Reed)
1970 *Asphalt-Cowboy* (J. Schlesinger)
1971 *Patton – Rebell in Uniform* (F. Schaffner)
1972 *Brennpunkt Brooklyn* (W. Friedkin)
1973 *Der Pate* (F. F. Coppola)
1974 *L'Arnaque* (G. Roy Hill)
1975 *Der Pate, Teil II* (F. F. Coppola)
1976 *Einer flog über das Kuckucksnest* (M. Forman)
1977 *Rocky* (J. G. Avildsen)
1978 *Der Stadtneurotiker* (W. Allen)
1979 *Die durch die Hölle gehen* (M. Cimino)
1980 *Kramer gegen Kramer* (R. Benton)
1981 *Eine ganz normale Familie* (R. Redford)
1982 *Die Stunde des Siegers* (H. Hudson)
1983 *Gandhi* (R. Attenborough)
1984 *Zeit der Zärtlichkeit* (J. L. Brooks)
1985 *Amadeus* (M. Forman)
1986 *Jenseits von Africa* (S. Pollack)
1987 *Platoon* (O. Stone)
1988 *Der letzte Kaiser* (B. Bertolucci)
1989 *Rain Man* (B. Levinson)

FRANZÖSISCHE FILMPREISE

Die Césars. Die *Académie des arts et techniques*, in der alle Bereiche der französischen Filmwelt vertreten sind, zeichnet seit 1976 jedes Jahr den besten Film des Jahres, den besten Regisseur, männlichen oder weiblichen Darsteller, Nebendarsteller, das beste Drehbuch, die beste Dekoration, die beste Kamera, den besten ausländischer Film usw. aus.

Die Césars für den besten Film:
1976 *Das alte Gewehr*, R. Enrico
1977 *Monsieur Klein,* J. Losey
1978 *Providence,* A. Resnais
1979 *L'Argent des autres,* Ch. de Chalonge
1980 *Tess,* R. Polanski
1981 *Die letzte Metro,* F. Truffaut
1982 *Am Anfang war das Feuer,* J.-J. Annaud
1983 *La Balance/Der Verrat,* Bob Swaim
1984 *À nos amours,* M. Pialat; *Le Bal/Der Tanzpalast,* E. Scola
1985 *Die Bestechlichen,* C. Zidi
1986 *Drei Männer und ein Baby,* C. Serreau
1987 *Therese,* A. Cavalier
1988 *Auf Wiedersehen Kinder,* L. Malle
1989 *Trop belle pour toi,* Bertrand Blier

Der Louis-Delluc-Preis. Dieser Preis, der in Frankreich jedes Jahr für die beste nationale Produktion verliehen wird, geht auf die Initiative von Maurice Bessy und Marcel Idzkowski im Jahre 1937 zurück. Er soll an Louis Delluc (1890–1924) erinnern, dessen Name sybolisch für Unabhängigkeit, kritischen Anspruch und Liebe zum Film steht.

1937 *Nachtasyl* (J. Renoir)
1938 *Der Puritaner* (Jeff Musso)
1939 *Hafen im Nebel* (M. Carné)
1940–1944 kein Preis
1945 *L'Espoir* (A. Malraux)
1946 *Es war einmal* (J. Cocteau)

Internationale Filmtrophäen.
A · Der Goldene Bär (Berliner Filmfestspiele).
B · Der Goldene Löwe (Filmfestspiele in Venedig).
C · Die Goldene Palme (Filmfestspiele in Cannes).
D · Der Oscar (Hollywood).

1947 *Paris 1900* (N. Védrès)
1948 *Les casse-pieds* (J. Dréville)
1949 *Jugend von heute* (Jacques Becker)
1950 *Tagebuch eines Landpfarrers* (R. Bresson)
1951 keine Auszeichnung
1952 *Der scharlachrote Vorhang* (A. Astruc)
1953 *Die Ferien des Monsieur Hulot* (J. Tati)
1954 *Die Teuflischen* (H. G. Clouzot)
1955 *Das große Manöver* (R. Clair)
1956 *Der rote Ballon* (A. Lamorisse)
1957 *Fahrstuhl zum Schafott* (L. Malle)
1958 *Ich, ein Schwarzer* (J. Rouch)
1959 *Man begräbt am Sonntag nicht* (M. Drach)
1960 *Nach Jahr und Tag* (H. Colpi)
1961 *Mit meinen Augen* (F. Reichenbach)
1962 *Die Unsterbliche* (A. Robbe-Gillet); *Auf Freiersfüßen* (P. Étaix)
1963 *Die Regenschirme von Cherbourg* (J. Demy)
1964 *Le Bonheur – Glück aus dem Blickwinkel eines Mannes* (A. Varda)
1965 *Leben im Schloß* (J.-P. Rappeneau)
1966 *Der Krieg ist vorbei* (A. Resnais)
1967 *Benjamin – aus dem Tagebuch einer männlichen Jungfrau* (M. Deville)
1968 *Geraubte Küsse* (F. Truffaut)
1969 *Die Dinge des Lebens* (C. Sautet)
1970 *Claires Knie* (E. Rohmer)
1971 *Rendezvous in Bray* (A. Delvaux)
1972 *Der unsichtbare Aufstand* (Costa-Gavras)
1973 *Der Uhrmacher von St. Paul* (B. Tavernier)
1974 *Die Ohrfeige* (C. Pinoteau)
1975 *Cousin, Cousine* (J.-C. Tacchella)
1976 *Der Richter, den sie Sheriff nannten* (Y. Boisset)
1977 *Die kleinen Pariserinnen* (Diane Kurys)
1978 *L'Argent des autres* (Ch. de Chalonge)
1979 *Der König und der Vogel* (P. Grimault)
1980 *Un étrange voyage* (A. Cavalier)
1981 *Eine merkwürdige Karriere* (P. Granier-Deferre)
1982 *Danton* (A. Wajda)
1983 *Auf das, was wir lieben* (M. Pialat)
1984 *Duell ohne Gnade* (Richard Dembo)
1985 *Das freche Mädchen* (C. Miller)
1986 *Die Nacht ist jung* (L. Carax)
1987 *Paß auf deine Rechte auf* (J.-L. Godard); *Auf Wiedersehen, Kinder* (L. Malle)
1988 *Die Vorleserin* (M. Deville)
1989 *Un monde sans pitié* (É. Rochant)

DIE BESTEN FILME DER WELT

Bei der Weltausstellung in Brüssel im Jahre 1958 wurden unter der Schirmherrschaft des internationalen Filmforschungsbüros die zwölf ›besten Filme aller Zeiten‹ von einer Jury ausgewählt.
1. *Panzerkreuzer Potemkin* (Eisenstein);
2. *Goldrausch* (Chaplin);
3. *Fahrraddiebe* (De Sica);
4. *Die Passion der Jungfrau von Orléans* (Dreyer);
5. *Die große Illusion* (Renoir);
6. *Gier nach Geld* (Stroheim);
7. *Intoleranz* (Griffith);
8. *Die Mutter* (Pudowkin);
9. *Citizen Kane* (Welles);
10. *Die Erde* (Dowschenko);
11. *Der letzte Mann* (Murnau);
12. *Das Kabinett des Dr. Caligari* (Wiene);
Alle zehn Jahre führt die britische Zeitschrift *Sight and Sound* (veröffentlicht vom British Film Institute) eine Umfrage bei den internationalen Kunstkritikern durch.
1952:
1. *Fahrraddiebe* (De Sica);
2. *Lichter der Großstadt* (Chaplin); *Rampenlicht* (ders.);
4. *Panzerkreuzer Potemkin* (Eisenstein);
5. *Louisiana-Legende* (Flaherty); *Intolerance* (Griffith);
7. *Gier* (Stroheim); *Der Tag bricht an* (Carné); *Die Passion der Jungfrau von Orléans* (Dreyer);
10. *Begegnung* (Lean); *Die Million* (Clair); *Die Spielregel* (Renoir).
1982:
1. *Citizen Kane* (Welles);
2. *Die Spielregel* (Renoir);
3. *Die sieben Samurai* (Kurosawa); *Heute gehn wir bummeln* (Dohnen);
5. *Achteinhalb* (Fellini);
6. *Panzerkreuzer Potemkin* (Eisenstein);
7. *Die Nacht* (Antonioni);
8. *Der Glanz des Hauses Amberson* (Welles);
9. *Aus dem Reich der Toten* (Hitchcock);
10. *Der General* (Keaton); *Der schwarze Falke* (J. Ford).

MEISTERWERKE

WERKE DER HUMANWISSENSCHAFTEN

A

Abaelardus (Petrus), s. *Der Universalienstreit*, S. 831.

Abraham (Karl) [Psychoanalytiker, Deutschland, 1877–1925]. Er beschäftigte sich mit der prägenitalen Phase des Kindes und mit der Traumsymbolik (*Traum und Mythos. Schriften zur angewandten Seelenkunde, 1909*).

Adler (Alfred) [Psychologe, Österreich, 1870–1937]. Arbeitete eng mit S. Freud zusammen, brach aber 1911 mit ihm, da er den Begriff der Libido durch den des *Minderwertigkeitskomplexes* ersetzen wollte, der aus dem von jedem Menschen in seiner Kindheit erfahrenen Gefühl der Abhängigkeit entsteht (*Über den nervösen Charakter, 1912; Menschenkenntnis, 1927*).

Adorno (Theodor) [Philosoph, Deutschland, 1903–1969]. Der Musikwissenschaftler schloß sich der Frankfurter Schule an und versuchte, die Psychoanalyse in Anlehnung an den Marxismus neu zu interpretieren (*The authoritarian personality, 1950*).

Alain (Philosoph, Frankreich, 1868–1951). Er ist Urheber einer idealistischen Philosophie (*Les Propos d'Alain, 1908–1920*).

Alembert (d') [Mathematiker und Philosoph, Frankreich, 1717–1783]. Der Mitherausgeber der *Encyclopédie* vertrat einen empirischen Rationalismus.

Alexander (Franz) [Psychoanalytiker, Vereinigte Staaten, 1891–1964]. Begründer der psychosomatischen Medizin, die bestimmte organische Beschwerden auf psychische Ursachen zurückführt (*Psychosomatische Medizin, 1950*).

Alfarabi (Abu), s. *Die islamische Philosophie im Mittelalter*, S. 830.

Althusser (Louis) [Philosoph, Frankreich, 1918–1990]. Wollte den Marxismus auf eine neue Grundlage stellen (*Das Kapital lesen, 1965*).

Amin (Samir) [Nationalökonom, Ägypten, 1931]. Befaßte sich mit dem Gefälle zwischen der dritten Welt und den Industrienationen (*Die ungleiche Entwicklung, 1973*).

Anaxagoras, Anaximander, Anaximenes, s. *Die Vorsokratiker*, S. 830.

Antisthenes (Philosoph, Griechenland, um 444–365 v. Chr.). Für ihn bestand Tugend darin, den eigenen (nicht von der Gesellschaft definierten) Bedürfnissen nachzugehen.

Arendt (Hannah) [Philosophin, Vereinigte Staaten, deutscher Herkunft, 1906–1975]. Vertrat eine antitotalitäre Philosophie, die den Menschen als Individuum zur Verantwortung zieht (*Elemente und Ursprünge totalitärer Herrschaft, 1951*).

Aristoteles (Philosoph, Griechenland, 384 bis 322 v. Chr.). Sein System stützte sich auf eine logische und metaphysische Konzeption des Universums. Er verfaßte zahlreiche Abhandlungen über die Logik, die Politik, die Biologie, die Physik, die Metaphysik und die Moral. Er begründete die formale Logik (*Kategorien, Topik, Rhetorik, Nikomacheische Ethik, Staatsverfassung Athens*).

Aron (Raymond) [Essayist, Frankreich, 1905 bis 1983]. Aus einer grundsätzlich antimarxistischen Einstellung heraus versuchte er zu zeigen, daß Pflicht und Werden der Geschichte miteinander in Beziehung stehen.

Arrow (Kenneth) [Nationalökonom, Vereinigte Staaten, 1921]. Befaßte sich mit kollektiven Entscheidungen und der Wohlfahrtstheorie (*Social Choices and Individual Values, 1951*).

Aurobindo (Sri) [Philosoph, Indien, 1872 bis 1950]. Betrachtet das Yoga als einen Weg, durch den man die Wahrheit Gottes in sich selbst erkennen kann (*Das göttliche Leben, 1940*).

Austin (John Langshaw) [Logiker, Großbritannien, 1911–1960]. Seine Theorie vom Sprechakt als einem performativen Akt war ein Meilenstein in der Geschichte der Sprachwissenschaft (*Zur Theorie der Sprechakte, 1962*).

Avempace oder **Ibn Badjdja** (islamischer Philosoph, Spanien, Ende des 11. Jh.–1138). Befaßte sich mit den möglichen Staatsverfassungen und untersuchte die Voraussetzungen, die die Menschen erfüllen müssen, damit diese Verfassungen optimal funktionieren können (*Die Leitung des Einsamen*).

Averroes oder **Ibn Ruschd** (islamischer Philosoph, Spanien, 1126–1198). Zeigte, daß die Wahrheit auf drei Ebenen interpretiert werden kann: Philosophie, Theologie und Glauben (*Destructio destructionis*).

Avicebron oder **Ibn Gabirol,** s. *Die jüdische Philosophie im Mittelalter*, S. 830.

Avicenna oder **Ibn Sina** (islamischer Philosoph, Persien, 980–1037). Sein *Kanon der Medizin* hatte eine beträchtliche Wirkung auf die Theorie der Temperamente. (s. auch *Die islamische Philosophie im Mittelalter*, S. 830)

B

Bachelard (Gaston) [Philosoph, Frankreich, 1884–1962]. Untersuchte die Geschichte der Wissenschaften und die von den Wissenschaftlern bei ihren Entdeckungen verwendeten Methoden (*Le nouvel esprit scientifique, 1934*). Er entwickelte ein Klassifizierungssystem für die Symbole der Poesie auf der Grundlage der ›Elemente‹ (Erde, Feuer, Wasser etc.) [*L'Eau et les rêves, 1942*].

DIE WICHTIGSTEN PHILOSOPHISCHEN KONZEPTE

Agnostizismus, Lehre, die erklärt, daß der menschliche Geist das Absolute nicht erkennen kann und es unmöglich ist, zu metaphysischer Erkenntnis zu gelangen.

Amoralismus, Lebensanschauung, die abstreitet, daß die Moral eine objektive und universale Berechtigung hat.

Assoziationismus, Lehre, nach der die Verknüpfung von Empfindungen und Vorstellungen Grundlage des gesamten psychischen Geschehens sowie Erkenntnisprinzip ist.

Atheismus, Lehre, die die Existenz Gottes leugnet.

Atomismus, antike Lehre, die besagt, daß das Universum aus Atomen besteht, die sich miteinander verbinden.

Dasein, In-der-Welt-sein, Seinsweise des Menschen (Heidegger).

Determinismus, Auffassung, nach der alles Geschehen, auch das menschliche Handeln, dem Kausalprinzip unterliegt.

Dialektik, philosophische Arbeitsmethode, die die Realität im Dreischritt von These, Antithese und Synthese analysiert.

Dogmatismus, Philosophie oder Religion, die Zweifel nicht zuläßt.

Dualismus, Denksystem, in dem zwei gegensätzliche, nicht weiter zurückführbare Prinzipien Ursprung aller Dinge sind; Gegensatz *Monismus*.

Eklektizismus, Methode einiger Philosophen, die aus verschiedenen Systemen das übernehmen, was ihnen am besten erscheint.

Empirismus, Erkenntnistheorie, nach der Wissen nur aus der Erfahrung entspringt.

Epiphänomen, Begleiterscheinung, die eine andere Erscheinung nicht verändert.

Epistemologie, philosophische Disziplin, deren Gegenstand die Untersuchung der Geschichte, der Methoden und der Entwicklung der Wissenschaften ist.

Essentialismus, Philosophie, die den Vorrang des Wesens (Essenz) vor dem Dasein (Existenz) vertritt.

Ethik, philosophische Disziplin, die sich mit den Grundlagen der Moral befaßt.

Existentialismus, s. S. 832.

Falsifizierbarkeit, Möglichkeit, eine wissenschaftliche Aussage durch ein Experiment zu widerlegen.

Fatalismus, Lehre, nach der alles Geschehen vorbestimmt ist.

Gnoseologie, philosophische Disziplin, die sich mit den Grundlagen der Erkenntnis befaßt.

Hedonismus, Moralsystem, in dem die Lust zum Lebensprinzip erhoben wird.

Historizismus, Lehre, derzufolge die Geschichte selbst moralische oder religiöse Wahrheiten schaffen kann.

Humanismus, philosophische Anschauung, die den Menschen und die menschlichen Werte über alle anderen Werte stellt.

Idealismus, Lehre, die jegliche Existenz, alles Sein dem menschlichen Denken unterordnet.

Individualismus, Lehre, die das Individuum als Grundstein der Gesellschaft ansieht.

Induktion, Verallgemeinerung einer auf einen Einzelfall bezogenen Beobachtung oder eines Gedankenganges.

Intellektualismus, Lehre, die dem Intellekt den Vorzug vor den Gefühlen und dem Willen gibt.

Kausalität (Kausalprinzip), Prinzip, demzufolge jedes Ereignis auf eine Ursache zurückgeht und die gleichen Ursachen unter den gleichen Bedingungen die gleichen Wirkungen haben.

Konzeptualismus, Lehre der Scholastik, nach der der Begriff sich in seiner Realität von dem Wort unterscheidet, mit dem er beschrieben wird.

Konventionalismus, Theorie, derzufolge die Axiome der Naturwissenschaften Hypothesen sind, die für alle annehmbar sind.

Logizismus, Betonung des Vorrangs des Logischen vor dem Psychologischen.

Materialismus, Lehre, nach der alles auf die Materie zurückzuführen ist und auch der Geist rein materiell ist.

Metaphysik, philosophische Disziplin, deren Gegenstand die Untersuchung von Dingen ist, die außerhalb des rational Erkennbaren liegen.

Monismus, System, demzufolge die Welt sich nur aus einem einzigen Substanz erklärt; Gegensatz *Dualismus*.

Nominalismus, Lehre, nach der ein Be-

MEISTERWERKE

Bacon (Francis) [Philosoph, England, um 1561–1626]. Auf ihn geht eine neue experimentelle und induktive Logik zurück (*Essays*, 1597; *Novum Organum Scientiarum*, 1620).

Bacon (Roger) [Logiker, England, um 1214 bis 1292]. Erkannte, daß die Mathematik in der Wissenschaft ein wichtige Rolle spielen würde. Formulierte die Brechungs- und Reflexionsgesetze der Optik. Die größte Wirkung hatte er jedoch dadurch, daß er der experimentellen Methode große Bedeutung zumaß (*De multiplicatione specierum, Metaphysica, De mirabili protestate artis et naturae*).

Balandier (Georges) [Soziologe, Frankreich, 1920]. Vertritt eine auf marxistische Begriffe gestützte dynamische Soziologie (*Politische Anthropologie*, 1967).

Baldwin (James Mark) [Psychologe, Großbritannien, 1861–1934]. Als Anhänger der experimentellen Psychologie betrachtete er die Theorie von einem evolutionistischen Standpunkt aus (*Individuum and society*, 1910).

Balint (Michael) [Psychoanalytiker, Großbritannien, 1896–1970]. Auf ihn gehen die *Balint-Gruppen* zurück, in denen Ärzte und Kranke unter Anleitung eines Analytikers Erfahrungen austauschen (*Der Arzt, sein Patient und die Krankheit*, 1957).

Bar-Hillel (Yehoshua) [Logiker, Israel, 1915–1975]. Wies auf verschiedene Aspekte der logischen Struktur der Sprache hin und war einer der ersten Theoretiker der ›maschinellen‹ Dokumentation und Sprachübersetzung (*Language and information*, 1964; *Aspects of Language*, 1970).

Barthes (Roland) [Kritiker, Frankreich, 1915–1980]. Untersuchte literarische Sachverhalte (*Am Nullpunkt der Literatur*, 1953) und erarbeitete eine soziale Symptomatologie (*Mythen des Alltags*, 1957; *Le système de la mode*, 1967).

Bastiat (Frédéric) [Volkswirtschaftler, Frankreich, 1801–1850]. Lehnte den Sozialismus ab und verstand die volkswirtschaftlichen Gesetze nicht als Natur-, sondern als gottgebene Gesetze (*Volkswirtschaftliche Harmonien*, 1850).

Bateson (Gregory) [Anthropologe, Vereinigte Staaten, 1904–1980]. Prägte den Begriff ›double-bind‹, d. h. widersprüchliche Informationen, die insbesondere ein schizophrenes Kind von seiner Mutter erhält: in Erweiterung auch der verbale Ausdruck von Zuneigung bei gleichzeitigem abweisendem Verhalten.

Baudouin de Courtenay (Jan) [Sprachwissenschaftler, Polen, 1845–1929]. Wies als erster auf den Unterschied zwischen Phonetik und Phonologie hin.

Baudrillard (Jean) [Soziologe, Frankreich, 1929]. Stellte eine Verbindung zwischen materiellen Gegenständen und den Wunschvorstellungen der Verbraucher her (*Le système des objets*, 1968).

Bauer (Bruno) [Philosoph, Deutschland, 1809–1882]. Hegel-Schüler, sah im Christentum einen anfangs revolutionären Faktor, der zu einem Fortschrittshemmnis wurde.

Bechterew (Wladimir Michajlowitsch) [Psychophysiologe, Rußland, 1857–1927]. Beschäftigte sich mit dem bedingten Reflex.

Ben Jehuda (Elieser) [Sprachwissenschaftler, Litauen, 1858–1922]. Machte das Hebräische zu einer modernen Sprache.

Bentham (Jeremy) [Philosoph und Jurist, Großbritannien, 1748–1832]. Entwickelte ein *utilitaristisches Prinzip* (die Summe der Interessen jedes einzelnen bildet das Interesse der größten Zahl) als Grundlage der Moral und des Rechtssystems (*Fragment on Government*, 1776).

Benveniste (Émile) [Sprachwissenschaftler, Frankreich, 1902–1976]. Entwickelte eine

∧ · **Roger Bacon.**

Der Franziskanermönch Roger Bacon machte sich durch seine Angriffe gegen Dominikaner wie Albertus Magnus und den hl. Thomas von Aquino verdächtig und wurde verhaftet. Er starb im Jahr nach seiner Entlassung.

Theorie über die Zeichen und Beziehungsstrukturen zwischen den Menschen (*Probleme der allgemeinen Sprachwissenschaft*, 1966).

Berkeley (George) [Philosoph, Irland, 1685 bis 1753]. Entwickelte ein System, in dem die Erkenntnis sich ausschließlich auf die Wahrnehmung stützt: Daraus leitete er eine Theorie ab, nach der alle Dinge nur im Geiste existieren (›Immaterialismus‹).

Bettelheim (Bruno) [Psychologe, Vereinigte Staaten, österreichischer Herkunft, 1903 bis 1990]. Durch seine Erlebnisse im Konzentrationslager entdeckte er die Bedeutung der Widerstandsfähigkeit des Menschen. Er befaßte sich mit der Psychologie gestörter Kinder und wies nach, daß einige Autisten zu sozialer Anpassung fähig sind (*The Empty Fortress*, 1967).

Binet (Alfred) [Psychologe, Frankreich, 1857 bis 1911]. Entwickelte in Zusammenarbeit mit Simon eine Testreihe zur Ermittlung des individuellen ›Intelligenzalters‹ bei Kindern (*Binet-Simon-Test*).

Biruni (muslimischer Mathematiker, Astronom und Universalgelehrter, Persien, 973 bis um 1050]. Studierte Naturwissenschaften, Mathematik, religiöse Systeme und Sprachen; lehnte die Philosophie ab.

Bloch (Ernst) [Philosoph, Deutschland, 1885–1977]. Auf dem Boden des Marxismus entwickelte er eine positive *Utopie* (*Das Prinzip Hoffnung*, 1954–1959).

Bloomfield (Leonard) [Sprachwissenschaftler, Vereinigte Staaten, 1887–1949]. Vom Behaviorismus beeinflußt, versuchte er, die Linguistik zu einer exakten Wissenschaft zu machen, was den Ausgangspunkt für den Strukturalismus bedeutete (*Language*, 1933).

Boas (Franz) [Anthropologe, Vereinigte Staaten, 1858–1942]. Als Hauptvertreter des Diffusionismus, einer Theorie, die die Evolution von Kulturen darauf zurückführt, daß eine Kultur sich stärker ausbreitet als die anderen, zeigte er, daß jede Kultur ihre ureigenen Wesenszüge hat (*The Mind of Primitive Man*, 1911).

Bodin (Jean) [Philosoph, Frankreich, 1530 bis 1596]. Verfocht die These von einer durch das parlamentarische Prinzip gemäßigten Monarchie (*Les six livres de la république*, 1576).

Böhm-Bawerk (Eugen von) [Volkswirtschaftler, Österreich, 1851–1914]. Begründer der Grenznutzenlehre, die im Grenznutzen den determinierenden Faktor für den wirtschaftlichen Wert eines Konsumgutes sieht (*Kapital und Kapitalzins*, 1884–1889).

Bolzano (Bernard) [Philosoph, Deutschland, 1781–1848]. Entwickelte einige Grundbegriffe der modernen Semantik (*Paradoxien des Unendlichen*, 1851).

---

griff nur ein Wort ist und nur Dinge existieren, die einen Namen haben.

Noumenon, bloß gedachtes, nicht objektiv wirkliches Ding (Kant).

Ontologie, Spekulation über das Sein an sich.

Pantheismus, System, in dem Gott und Welt identisch sind.

Personalismus, Philosophie, die die Person des Menschen als essentiellen Wert betrachtet.

Phänomenologie, philosophische Methode, bei der es darum geht, das Wesen der Dinge durch die Analyse von Bewußtseinsakten zu erfassen (Husserl).

Philosophie, schöpferische Tätigkeit des Menschen, bei der er versucht, die Welt mittels eines von ihm erstellten Systems zu verstehen.

Positivismus, s. S. 836.

Pragmatismus, Lehre, für die die Praktikabilität einer Sache das Wahrheitskriterium ist.

Probabilismus, Lehre, nach der die Wahrheit für den Menschen unerreichbar ist und er sich mit auf Wahrscheinlichkeiten fußenden Meinungen begnügen muß.

Rationalismus, Lehre, derzufolge es für alles Existierende eine verstandesmäßige Erklärung gibt.

Realismus, Lehre, nach der man durch die Erkenntnis des Vorhandenen zum Wirklichen gelangt und nur diese Erkenntnis zur außerhalb des Bewußtseins liegenden Wirklichkeit führt.

Reifikation, Vergegenständlichung.

Relativismus, Lehre, nach der jede Erkenntnis aufgrund des ständigen Wandels des Wissens und der Geschichte nur eine zeitweise gültige Teilerkenntnis ist.

Sensualismus, Lehre, nach der alle Erkenntnis auf Sinneswahrnehmung zurückzuführen ist.

Solipsismus, Lehre, in der das Ich mit seinen Wahrnehmungen als das einzig Wirkliche gilt.

Spiritualismus, Lehre, die den Geist als irreduzible und ursprüngliche Realität betrachtet.

Strukturalismus, s. S. 836.

Substantialismus, Philosophie, die die Existenz der Substanz voraussetzt.

Substanz, das, was an und für sich ist und zu seinem Sein keines anderen Seienden bedarf.

Szientismus, Lehre, nach der die Wissenschaft uns über alle existierenden Dinge in Kenntnis setzt.

Teleologie, Lehre, die von einer allgemeinen Zielgerichtetheit ausgeht.

transzendental, die a priori mögliche Erkenntnisart von Gegenständen betreffend (Kant).

Utilitarismus, Sittenlehre, die die Nützlichkeit zum Maßstab jeder Handlung erklärt.

Utopie, Gedankengebäude, das das gesellschaftliche Idealbild der zeitgenössischen Gesellschaft darstellt.

Vitalismus, Lehre, die den Erscheinungen des Lebens besondere Gesetze zuschreibt.

Voluntarismus, Lehre, die dem Willen den Vorrang vor dem Intellekt und dem Handeln den Vorrang vor dem Denken einräumt.

821

MEISTERWERKE

WERKE DER HUMANWISSENSCHAFTEN

Bopp (Franz) [Sprachwissenschaftler, Deutschland, 1791–1867]. Seine *Vergleichende Grammatik des Sanskrit, Zend, Griechischen, Litthauischen, Gothischen und Deutschen* (1833 bis 1852) begründete die vergleichende Sprachwissenschaft.
Bourdieu (Pierre) [Soziologe, Frankreich, 1930]. Vertiefte den marxistischen Begriff der *Reproduktion* (Weitergabe der kulturellen Privilegien von einer Generation an die nächste) und beschäftigte sich mit den kulturellen Merkmalen der verschiedenen sozialen Schichten (*Die feinen Unterschiede,* 1979).
Brentano (Franz) [Philosoph, Deutschland, 1838–1917]. Schuf die Grundlage für die Phänomenologie (*Psychologie vom empirischen Standpunkt,* 1884–1928).
Bruno (Giordano) [Philosoph, Italien, 1548 bis 1600]. Brach als einer der ersten mit der klassischen aristotelischen Tradition; auf der Grundlage des heliozentrischen Systems des Kopernikus entwickelte er einen humanistischen Pantheismus und wurde dafür vom Heiligen Offizium zum Tod auf dem Scheiterhaufen verurteilt.
Buber (Martin) [Philosoph, Israel, österreich. Herkunft, 1878–1965]. Theoretiker einer jüdischen Sozialgemeinschaft, die auf direkten und brüderlichen Beziehungen zwischen den Mitgliedern basierte (*Ich und Du,* 1923).

C

Cabet (Étienne) [Philosoph, Frankreich, 1788–1856]. Urheber einer kommunistischen Theorie (*Reise nach Ikarien,* 1842), deren Umsetzung kein Erfolg beschieden war.
Canguilhem (Georges) [Philosoph, Frankreich, 1904]. Er sieht die Geschichte der Philosophie der Wissenschaften als Grundbestandteil der Epistemologie (*Le normal et le pathologique,* 1966).
Carnap (Rudolf) [Logiker, Vereinigte Staaten, deutscher Herkunft, 1891–1970]. Versuchte, die Sprache zu formalisieren.
Cassirer (Ernst) [Philosoph, Deutschland, 1874–1945]. Entwickelte eine ›Phänomenologie des philosophischen Geistes‹, aus der eine Vielzahl von symbolischen ›Formen‹ der Gedankenwelt entstand (*Philosophie der symbolischen Formen,* 1923–1929).
Cattell (James McKeen) [Psychologe, Vereinigte Staaten, 1860–1944]. Entwickelte die Faktorenanalyse zur Untersuchung von Persönlichkeitsmerkmalen.
Charcot (Jean Martin) [Psychiater, Frankreich, 1825–1893]. Erforschte verschiedene Formen von Hysterie und nahm durch seine Arbeiten großen Einfluß auf die Entdeckungen Freuds.
Chevalier (Michel) [Wirtschaftswissenschaftler, Frankreich, 1806–1879]. Vertreter des Saint-Simonismus und Befürworter des Freihandels.
Chomsky (Noam) [Sprachwissenschaftler, Vereinigte Staaten, 1928]. Begründete die generative Transformationsgrammatik (*Strukturen der Syntax,* 1957; *Aspekte der Syntax-Theorie,* 1965).
Church (Alonzo) [Logiker, Vereinigte Staaten, 1903]. Wies die ›Unentscheidbarkeit‹ der Kalküle der Quantorenlogik nach.
Comte (Auguste), s. *Der Positivismus,* S. 832.
Condillac (Philosoph, Frankreich, 1714 bis 1780). Vertrat einen nichtmaterialistischen *Sensualismus,* der alle Erkenntnisinhalte auf die Sinneswahrnehmung zurückführt (*Abhandlung über die Empfindungen,* 1754).
Considérant (Victor) [Philosoph, Frankreich, 1808–1893]. Der Fourier-Schüler verfocht das Recht auf Arbeit.
Cooper (David) [Psychiater, Großbritannien, 1931–1986]. Vertreter der *Antipsychiatrie.* Betrachtete einige psychische Krankheiten als Flucht vor dem sozialen Determinismus (*Der Tod der Familie,* 1971).
Cournot (Antoine) [Volkswirtschaftler und Philosoph, Frankreich, 1801–1877]. Entwickelte die Konzeption der Nachfragefunktion (Preisbildung im Monopol bzw. im Oligopol).

D

Decroly (Ovide) [Erziehungswissenschaftler, Belgien, 1871–1932]. Vertrat eine pädagogische Methode, die die Interessen- und Bedürfnisschwerpunkte des Kindes berücksichtigt.
Dedekind (Richard) [Logiker, Deutschland, 1831–1916]. Seine Arbeiten halfen Cantor bei der Entwicklung des Begriffs *Menge.* Stellte eine Theorie der irrationalen Zahlen auf.
Deleuze (Gilles) [Philosoph, Frankreich, 1925]. Erarbeitete eine Methode zur Sprach- und Bedeutungsanalyse (*Logique du sens,* 1969), die eine neue Definition des Wunsches ermöglichte (*Anti-Ödipus,* mit F. Guattari, 1972).
Demokrit, s. *Die Vorsokratiker,* S. 830.
De Morgan (Augustus) [Logiker, Großbritannien, 1806–1871]. Begründete – neben dem Mathematiker Boole – die algebraische Logik.
Derrida (Jacques) [Philosoph, Frankreich, 1930]. Unternahm eine *Dekonstruktion* (kritische Betrachtung einer Struktur) der abendländischen Metaphysik und versuchte, die Beziehungen zwischen Metaphysik und Literatur neu zu definieren: Wie dem Sinn das Wort dient, so dem Wort als seinem Abbild die Schrift (*Grammatologie,* 1967).
Desanti (Jean Toussaint) [Philosoph, Frankreich, 1914]. Definierte den philosophischen Diskurs als Schnittstelle verschiedener wissenschaftlicher Diskurse (*Les idéalités mathématiques,* 1968).
Descartes (René) [Philosoph, Mathematiker und Physiker, Frankreich, 1596–1650]. Begründete die analytische Geometrie, entdeckte die Brechungsgesetze. Seine mechanistische Physik schuf die Grundlagen der modernen Naturwissenschaft (*Dioptrik,* 1637). Er verwendete eine neue wissenschaftliche Methode und eine neue Metaphysik (*Die Prinzipien der Philosophie,* 1644, lat.; *Die Leidenschaften der Seele,* 1649). Die grundlegende Schrift zur Kartesischen Methode bei philosophischen und epistemologischen Überlegungen ist *Abhandlung über die Methode ...* (1637); sein metaphysischer Ansatz wird in den *Méditations métaphysiques* (1641, lat.) beschrieben.
Destutt de Tracy (Antoine) [Philosoph, Frankreich, 1754–1836]. Hauptvertreter der *Ideologen,* die der Napoleonischen Herrschaft Widerstand leisteten (*Éléments d'idéologie,* 1801–15).
Devereux (Georges) [Psychoanalytiker, Vereinigte Staaten, ungarischer Herkunft, 1908–1985]. Begründer der *Ethnopsychiatrie* (Untersuchung psychischer Störungen unter Berücksichtigung der psychischen Normen der Gruppe, der das Individuum angehört).
Dilthey (Wilhelm) [Philosoph, Deutschland, 1833–1911]. Begründer der Erkenntnistheorie der Geisteswissenschaften.
Dolto (Françoise) [Psychoanalytikerin, Frankreich, 1908–1988]. Entwickelte die Psychoanalyse beim Kind weiter (*Psychoanalyse und Kinderheilkunde,* 1939; *Der Fall Dominique,* 1971).
Duguit (Léon) [Jurist, Frankreich, 1859 bis 1928]. Anknüpfend an die Soziologie wurde er zum Verfechter einer rein positiven Rechtsauffassung (*Traité de droit constitutionnel,* 1911).
Duhem (Pierre) [Philosoph, Frankreich, 1861–1916]. Führte (mit anderen) die Erkenntnislehre in die Wissenschaftsgeschichte ein.
Dumont (René) [Agrarwissenschaftler und Philosoph, Frankreich, 1904]. Befaßte sich mit Fragen der Entwicklung der dritten Welt. (*L'Afrique noire est mal partie,* 1962; *L'Utopie ou la Mort,* 1973).
Dumont (Louis) [Anthropologe, Frankreich, 1911]. Verwendete in seiner Gesellschaftsanalyse das Konzept der Kaste (*Homo hierarchicus,* 1966) und entwarf ein Gegenmodell (*Homo aequalis,* 1977).
Duns Scotus (Johannes), s. *Der Universalienstreit,* S. 831.
Dupont de Nemours (Pierre) [Nationalökonom, Frankreich, 1739–1817]. Schüler Quesnays. Verwendete als erster den Begriff *Physiokratie* (Lehre, die die Landwirtschaft als Hauptquelle des Reichtums betrachtete).
Durkheim (Émile) [Soziologe, Frankreich, 1858–1917]. Führte moralische Erscheinungen auf soziale Fakten zurück, die für ihn vom individuellen Bewußtsein unabhängig sind. Er ist der eigentliche Begründer der Soziologie (*Über die Teilung der sozialen Arbeit,* 1893; *Der Selbstmord,* 1897).
Duvignaud (Jean) [Soziologe, Frankreich, 1921]. Einer der Begründer der Kunstsoziologie (*Sociologie de l'art,* 1967).

E

Ebbinghaus (Hermann) [Psychologe, Deutschland, 1850–1909]. Wandte experimentelle Methoden (außerhalb der Wahrnehmungsforschung) zur Erforschung des Gedächtnisses und des Lernens an (*Über das Gedächtnis,* 1885).
Ehrenfels (Christian von) [Philosoph und Psychologe, Österreich, 1859–1932]. Einer der Begründer der Gestaltpsychologie (*Über Gestaltqualitäten,* 1890).
Emerson (Ralph Waldo) [Philosoph, Vereinigte Staaten, 1803–1882]. Entwickelte den *Transzendentalismus,* nach dem es in der alltäglichen Erfahrung möglich ist, sich über das Wahrnehmbare zu erheben und zum Göttlichen zu gelangen, und der das individuelle Selbstbewußtsein über die traditionellen Glaubensvorstellungen und Dogmen stellt.
Empedokles s. *Die Vorsokratiker,* S. 830.
Enfantin (Barthélemy Prosper) [Nationalökonom, Frankreich, 1796–1864]. Mitbegründer und Führer der Schule des Saint-Simonismus, gründete zahlreiche Industrieunternehmen.

▲ · **René Descartes** wurde von Jesuiten erzogen. Er reiste durch ganz Europa und trat dann in den Kriegsdienst. Der Wendepunkt in seinem Leben kam, als er am 10. November 1619 in einer Erleuchtung die ›Grundlagen einer vortrefflichen Wissenschaft‹ erkannte. Von nun an hatte sein Wanderleben (Holland, Frankreich, schließlich bei Königin Christine von Schweden) nur noch das eine Ziel: seine Gedanken- und Bewegungsfreiheit zu behalten. (*Descartes,* nach Frans Hals, Louvre, Paris)

MEISTERWERKE

Engels (Friedrich) [Sozialist, Deutschland, 1820–1895]. Begründete mit Karl Marx den Marxismus, dessen Leitgedanken er in *Die Lage der arbeitenden Klasse in England* (1845) entwickelte. Zusammen mit Marx verfaßte er *Die heilige Familie* (1845), *Deutsche Ideologie* (1845–46), in denen die Grundlagen des dialektischen Materialismus niedergelegt sind, und insbesondere das *Kommunistische Manifest* (1848). Er untersuchte den dialektischen Materialismus in *Dialektik der Natur* (1873–1883) und führte die historische Analyse in *Der Ursprung der Familie, des Privateigentums und des Staats* (1884) fort. [s. auch *Der Marxismus*, S. 832]
Epiktet (griechischsprachiger Philosoph, Rom, um 50 n.Chr.–um 130). Entwickelte den Stoizismus zu einer einfachen Sittenlehre. Hinterließ die *Diatribai* (Unterhaltungen).
Epikur (Philosoph, Griechenland, 341–271 v.Chr.). Für ihn war die Empfindung Erkenntnis- und Moralkriterium: Die Eudämonie ist Quelle des Glücks, sofern jeder seine persönlichen Grenzen kennt.
Erasmus von Rotterdam (Humanist, Holland, um 1469–1536). Forderte die Rückbesinnung auf die Urtexte der Bibel und hielt sowohl zu Protestanten als auch zu Katholiken eine ironische Distanz. Er wurde insbesondere durch sein *Lob der Torheit* (1511) bekannt; jedoch zeigt sich die Originalität seines Denkens vor allem in den *Colloquia familiaria* (1518) und in *Gespräche oder Unterredung über den freien Willen* (1524).
Erikson (Erik) [Psychoanalytiker, Vereinigte Staaten, deutscher Herkunft, 1902]. Hauptvertreter der den kulturellen Aspekt betonenden Richtung der Psychoanalyse.
Esquirol (Jean) [Psychiater, Frankreich, 1772–1840]. Der Pinel-Schüler unterschied zwischen Idiotie und Dementia und veranlaßte die Gründung von psychiatrischen Anstalten, für die 1838 der gesetzliche Rahmen abgesteckt wurde.
Evans-Pritchard (Edward) [Anthropologe, Großbritannien, 1902–1973]. Einer der Begründer der politischen Anthropologie. Untersuchte die Sozialstruktur afrikanischer Gesellschaften (*Social antropology*, 1951).
Ey (Henri) [Psychiater, Frankreich, 1900 bis 1977]. Entwickelte ein Modell für die Klassifizierung psychischer Erkrankungen und versuchte, damit das mechanistische Modell der rein naturwissenschaftlichen Theorien zu überwinden.
Eysenck (Hans Jürgen) [Psychologe, Großbritannien, deutscher Herkunft, 1916]. Durch die Anwendung der Faktorenanalyse in der Persönlichkeitsforschung wurde er zu einem wegweisenden Theoretiker der differentiellen Psychologie (*Dimensions of personality*, 1947).

A · **Émile Durkheim.**
Émile Durkheim sah in den sozialen Problemen den Beweis für die Gestörtheit der kapitalistischen Gesellschaft. Er war besessen von der Idee einer idealen Erziehung, die diese Gesellschaft zur Moral erziehen könnte.

B · **Sigmund Freud.**
Heute weiß man, daß das vom Freud-Biographen Ernest Jones gezeichnete Bild des Gelehrten, der ganz für seine Wissenschaft lebt, so nicht stimmt. Freud umgab sich mit einer Cliquenwirtschaft mit Begünstigungen und Verstoßungen.

F

Fanon (Franz) [Psychiater und Soziologe, Frankreich, 1925–1961]. Einer der prominentesten Theoretiker des Antikolonialismus. Forderte die Abschaffung aller Staaten (*Peau noire, masques blancs*, 1952; *Die Verdammten dieser Erde*, 1961).
Fechner (Gustav Theodor) [Psychologe, Deutschland, 1801–1887]. Begründete mit Weber die Psychophysiologie und stellte das sog. *Weber-Fechnersche-Gesetz* auf, das besagt, daß ›die subjektive Empfindungsstärke dem Logarithmus der Reizstärken proportional ist‹.
Ferenczi (Sandor) [Arzt und Psychoanalytiker, Ungarn, 1873–1933]. Auf ihn geht die Theorie der *Bioanalyse* zurück, derzufolge der Mensch im Uterus die früheren Stadien des irdischen Lebens durchläuft, das im Wasser seinen Anfang nahm (*Versuch einer Genitaltheorie*, 1924).
Festinger (Leon) [Psychosoziologe, Vereinigte Staaten, 1919]. Von entscheidender Bedeutung war seine *Theorie der kognitiven Dissonanz*, nach der ein Mensch bestrebt ist, zwei nicht zusammenpassende Erkenntnisse passend zu machen, um diese Dissonanz zu überwinden.
Feuerbach (Ludwig) [Philosoph, Deutschland, 1804–1872]. Sein Hauptwerk *Das Wesen des Christentums* (1841), in dem er Gott als Projektion des menschlichen Vollkommenheitsstrebens begreift, ist ein Meilenstein in der Geistesgeschichte.
Feyerabend (Paul) [Philosoph, Österreich, 1924]. Begründete die sog. ›anarchistische‹ Erkenntnistheorie, indem er das Politische vom Wissenschaftlichen trennte (*Wider den Methodenzwang*, Neufassung 1975; *Wissenschaft als Kunst*, 1984).
Fichte (Johann Gottlieb) [Philosoph, Deutschland, 1762–1814]. Sein System ist durch einen absoluten Idealismus gekennzeichnet.

Ficino (Marsilio) [Philosoph, Italien, 1433–1499]. Verwarf den Determinismus und entwickelte eine Philosophie der Liebe und Freiheit. Zeigte, daß Philosophie und Theologie ursprünglich eng verbunden waren.
Firth (Raymond William) [Anthropologe, Großbritannien, 1901]. Zog als einer der ersten Wirtschaftsfaktoren zur Erklärung anthropologischer Phänomene heran (*Elements of social organization*, 1951).
Fließ (Wilhelm) [Arzt, Deutschland, 1858 bis 1928]. Prägte den in der Freudschen Theorie verwendeten Begriff der *Bisexualität*.
Foucault (Michel) [Philosoph, Frankreich, 1926–1984]. Entwickelte eine Theorie der Geschichte der Denksysteme (*Wahnsinn und Gesellschaft*, 1961) und eine neue Sichtweise der Humanwissenschaften (*Die Ordnung der Dinge*, 1966).
Fourastié (Jean) [Soziologe und Volkswirtschaftler, Frankreich, 1907]. Verfaßte Schriften über die Krise und die Perspektiven der Welt von morgen.
Fourier (Charles) [Philosoph, Frankreich, 1772–1837]. Entwarf das Bild einer Gesellschaft, die aus kleinen autarken Gemeinschaften, den *Phalanstères*, Erzeuger- und Verbrauchergenossenschaften, besteht (*Le nouveau monde industriel et sociétaire*, 1829).
Frazer (James George) [Anthropologe, Großbritannien, 1854–1941]. Beschrieb in *Der goldene Zweig* (1890–1915) eine beträchtliche Zahl von Glaubenslehren und Riten.
Frege (Gottlob) [Logiker, Deutschland, 1848–1925]. Schuf die Grundlagen der Prädikatenlogik (*Die Grundlagen der Arithmetik*, 1884; *Über Sinn und Bedeutung*, 1892).
Freinet (Célestin) [Pädagoge, Frankreich, 1896–1966]. Entwickelte eine Pädagogik, die den Kindern die Möglichkeit geben soll, sich in kooperierenden Schulklassen frei zu entfalten (*Praxis der Freinet-Pädagogik*, 1964).
Freire (Paulo) [Pädagoge, Brasilien, 1921]. Forderte eine (am Christentum orientierte) Alphabetisierungsmethode, die Lesenlernen und politische Motivierung miteinander verbindet (*Pädagogik der Unterdrückten*, 1969).
Freud (Sigmund) [Psychoanalytiker, Österreich, 1856–1939]. Der Arzt und Begründer der Psychoanalyse war der Meinung, daß seelische Störungen auf vergessene Wünsche zurückzuführen sind, die (in Zusammenhang mit dem Ödipuskomplex) nicht richtig bewältigt wurden und im Widerspruch zu den anderen Wünschen des Individuums stehen. Diese Wünsche existieren im Unbewußten weiter, können aber nur entstellt ins Bewußtsein gelangen. Nach 1920 (*Jenseits des Lustprinzips*) stellte Freud Lebenstrieb gegen Todestrieb. Er unterschied zwischen dem Ich, dem Es und dem Über-Ich (*Das Ich und das Es*, 1923; *Die Traumdeutung*, 1900; *Zur Psychopathologie des Alltagslebens*, 1901; *Totem und Tabu*, 1912). Auch die großen kulturellen Probleme interessierten ihn: *Das Unbehagen in der Kultur* (1930). [s. auch *Die Psychoanalyse*, S. 833]
Freud (Anna) [Psychoanalytikerin, Großbritannien, österreichischer Herkunft, 1895 bis 1982]. Sie beschäftigte sich als eine der ersten mit der Kinderanalyse (*Das Ich und die Abwehrmechanismen*, 1937).
Friedman (Milton) [Volkswirtschaftler, Vereinigte Staaten, 1912]. Verficht einen monetaristischen Liberalismus, der durch staatliche Eingriffe in die Geldmenge reguliert wird.
Fröbel (Friedrich) [Pädagoge, Deutschland, 1782–1852]. Wollte das Kind durch Spiel erziehen. Freiheit war für ihn unerläßliche Voraussetzung bei der Erziehung.
Fromm (Erich) [Psychoanalytiker, Vereinigte Staaten, deutscher Herkunft, 1900–1980]. Vertreter der kulturphilosophischen Richtung der *Frankfurter Schule* (*Psychoanalysis and religion*, 1950; *Die Kunst des Liebens*, 1956).

823

MEISTERWERKE

WERKE DER HUMANWISSENSCHAFTEN

G

Galbraith (John Kenneth) [Volkswirtschaftler, Vereinigte Staaten, 1908]. Studierte die Konsumgesellschaft (*Gesellschaft im Überfluß*, 1958; *Die moderne Industriegesellschaft*, 1967).

Galilei (Philosoph, Italien, 1564–1642). Trat öffentlich für das heliozentrische Weltsystem des Kopernikus ein, das im Widerspruch zu den Aristotelischen und kirchlichen Lehren stand. Er entwickelte eine Lehre über das Verhältnis der Bibel zur Naturerkenntnis, die durch den Papst verboten wurde. Die Inquisition verurteilte die Behauptung, daß die Erde sich um die Sonne dreht. Wegen der seiner Schrift zugrundeliegenden materialistisch-atomistischen Theorie wurde er vor das Heilige Offizium zitiert und zu einer öffentlichen Abschwörung gezwungen.

Gassendi (Pierre) [Philosoph, Frankreich, 1592–1655]. Versuchte den Atomismus der Antike und die epikureische Ethik mit dem Christentum zu vereinbaren (*Syntagma philosophiae Epicuri*, 1649).

Gesell (Arnold) [Psychologe, Vereinigte Staaten, 1880–1961]. Erforschte die Entwicklung des Kindes vom Säuglingsalter bis zur Pubertät (*How a baby grows*, 1945).

Gödel (Kurt) [Logiker, Vereinigte Staaten, österreichischer Herkunft, 1906–1978]. Er entwickelte zwei Theoreme (1931), die besagen, daß eine mathematische Theorie, die die Arithmetik umfaßt und widerspruchsfrei ist, nicht alle ihre wahren Aussagen beweisen kann, da die Widerspruchsfreiheit in diesem System eine unentscheidbare Aussage ist.

Goffman (Erving) [Psychosoziologe, Kanada, 1922–1982]. Befaßte sich mit totalitären Organisationsformen (*Asyle*, 1961), mit sozialer Interaktion und nicht kodifizierten Elementen der zwischenmenschlichen Beziehungen (*Interaktionsrituale*, 1967).

Gramsci (Antonio) [Philosoph, Italien, 1891 bis 1937]. Mitbegründer der kommunistischen Partei in Italien. Entwickelte die theoretischen Grundlagen für die Arbeiterräte. Mit der Einführung des Begriffs der *Hegemonie* (anstelle von *Diktatur des Proletariats*) bekam die wirtschaftliche Macht im Klassenkampf eine zusätzliche kulturelle und moralische Dimension (*Quaderni del carcere*, 1975).

Gresham (*Sir* Thomas) [Finanzpolitiker, England, 1519–1579]. Nach ihm wurde ein Gesetz benannt, wonach in einem Land mit Doppelwährung die ›gute‹ Währung verdrängt (die gute wird gehortet).

Griaule (Marcel) [Anthropologe, Frankreich, 1898–1956]. Forschungsarbeiten über die Dogon (*Dieu d'eau*, 1949).

Groddeck (Walter Georg) [Psychoanalytiker, Deutschland, 1866–1934]. Vertrat die Ansicht, daß die Symptome organischer Krankheiten symbolisch zu bewerten und auf unbewußte Phänomene zurückzuführen seien (*Das Buch vom Es*, 1923).

Grotius (Jurist, Niederlande, 1583–1645). Gilt als Vater des Völkerrechts (*De jure belli ac pacis*, 1625).

Gurvitch (Georges) [Soziologe, Frankreich, 1894–1965]. Vertrat eine dialektisch orientierte Wissenstheorie (*Morale théorique et Science des mœurs*, 1937).

H

Habermas (Jürgen) [Philosoph, Deutschland, 1929]. Gehört der Frankfurter Schule an. Definierte die öffentliche Meinung als eine Kate'gorie der Klasse der Bourgeoisie im Rahmen des *fortschrittlichen Kapitalismus*. Entwickelte eine neue Sichtweise der Krise (*Theorie des kommunikativen Handelns*, 1981–1986). [s. auch *Die Frankfurter Schule*, S. 835].

Halbwachs (Maurice) [Soziologe, Frankreich, 1877–1945]. Stellte eine Verbindung zwischen Psychologie und Soziologie her (*Das Gedächtnis und seine sozialen Bedingungen*, 1925).

Hall (Edward Twitchell) [Anthropologe, Vereinigte Staaten, 1914]. Erforschte als erster die nonverbale Kommunikation und entwickelte deren Theorie.

Hall (Granville Stanley) [Psychologe, Vereinigte Staaten, 1844–1924]. Einer der Begründer der Kinder- und Jugendpsychologie (*Adolescence*, 1904).

Harris (Zellig Sabbetai) [Sprachwissenschaftler, Vereinigte Staaten, 1909]. Entwickelte mit Bloomfield den Distributionalismus und führte den Begriff der *Transformation* ein (*Mathematical structures of language*, 1968).

Hartmann (Nikolai) [Philosoph, Deutschland, 1882–1950]. Seine Konzeption der Vorstellung ist in einer Theorie begründet, die Bewußtsein und Unterbewußtsein miteinander verbindet (*Möglichkeit und Wirklichkeit*, 1938).

Hayek (Friedrich August VON) [Volkswirtschaftler, Großbritannien, österreichischer Herkunft, 1899]. Befaßte sich mit den Konjunkturzyklen (*The pure theory of capital*, 1941).

Hegel (Friedrich) [Philosoph, Deutschland, 1770–1831]. Seine Philosophie faßt Sein und Geist zu einem einzigen Prinzip, dem Begriff, zusammen. Die *Dialektik* ist für ihn die rationale Denkmethode und Triebkraft der Geschichte (*Phänomenologie des Geistes*, 1807; *Wissenschaft der Logik*, 1812–1816; *Grundlinien der Philosophie des Rechts*, 1821).

Heidegger (Martin) [Philosoph, Deutschland, 1889–1976]. Durch seine Kritik an der Technik und den Stellenwert, den sie dem Tod und der Angst beimißt in dem, was er ›Dasein‹ des Menschen nennt, wurde er zum bedeutendsten Philosophen in der Zeit zwischen den Weltkriegen. Obwohl er der NSDAP von 1933 bis 1945 angehörte, ist seine Philosophie bis heute einflußreich (*Sein und Zeit*, 1927).

Heider (Fritz) [Psychosoziologe, Vereinigte Staaten, österreichischer Herkunft, 1896]. Entwickelte eine Theorie, nach der die Individuen dazu neigen, zwischen ihren Gefühlen, Einstellungen und Absichten eine innere Kohärenz herzustellen.

Helvetius (Philosoph, Frankreich, 1715 bis 1771). Stellte sein materialistisches und antireligiöses System in *De l'esprit* (1758) vor.

Heraklit, s. *Die Vorsokratiker*, S. 830.

Herbart (Johann Friedrich) [Pädagoge, Deutschland, 1778–1841]. Er maß der Erziehung eine grundlegende Funktion bei der Weitervermittlung von feststehenden Werten bei (*Allgemeine Pädagogik aus dem Zweck der Erziehung abgeleitet*, 1806).

Heuyer (Georges) [Psychiater, Frankreich, 1884–1977]. Schrieb der Schizophrenie eine organische Ursache zu (*La schizophrenie*, 1974).

Heyting (Arend) [Logiker, Niederlande, 1898–1980]. Begründer des mathematischen Intuitionismus (1930).

Hintikka (Jaakko) [Logiker, Finnland, 1929]. Nachdem er sich mit den semantischen Eigenschaften von Sätzen befaßt hatte, wandte er sich der Sprachphilosophie zu (*Connaissance et Croyance*, 1962).

Hjemslev (Louis Trolle) [Sprachwissenschaftler, Dänemark, 1899–1965]. Anknüpfend an de Saussure versuchte er, Sprachstrukturen formal zu erfassen (*Prolegomena*, 1943).

Hobbes (Thomas) [Philosoph, England, 1588–1679]. Beschreibt in *Leviathan* (1651) den Menschen als Wesen, das von Verlangen und Furcht getrieben wird; wenn er in einer Gesellschaft leben will, muß er zugunsten eines absoluten Herrschers, der Ordnung (den Staat) schafft, auf Rechte verzichten.

Holbach (Paul DE) [Philosoph, Frankreich, deutscher Herkunft, 1723–1789]. Er griff die christliche Religion an, indem er aufzeigte, daß sie ein Werkzeug der politischen Unterdrückung ist (*Le Système de la nature*, 1770).

Horkheimer (Max), s. *Die Frankfurter Schule*, S. 835.

Horney (Karen) [Psychoanalytikerin, Vereinigte Staaten, deutscher Herkunft, 1885 bis 1952]. Sie wies auf die Bedeutung kultureller Faktoren bei der Entstehung von Neurosen hin (*The neurotic personality in our time*, 1937).

Hull (Clark Leonard) [Psychologe, Vereinigte Staaten, 1884–1952]. Seine Theorie des konditionierten Lernens beeinflußte den amerikanischen Behaviorismus *Principles of behavior*, 1943).

Humboldt (Wilhelm VON) [Sprachwissenschaftler, Deutschland, 1767–1835]. Versuchte eine Anthropologie zu entwickeln, die die Beziehungen zwischen Sprachstruktur und Denken und zwischen Sprachen und Kulturen untersuchen sollte (*Über die Verschiedenheit des menschlichen Sprachbaus ...*, 1836).

Hume (David) [Philosoph, Großbritannien, 1711–1776]. Seine empirische Philosophie war die Grundlage seiner utilitaristischen Theorie des gesellschaftlichen Lebens (*Essays moral and political*, 1741–1742).

Husserl (Edmund) [Philosoph, Deutschland, 1859–1938]. Faßte den Begriff der Phänomenologie völlig neu (*Ideen zu einer reinen Phänomenologie*, 1913).

I

Iamblichos (Philosoph, Griechenland, um 250–330). Entwarf eine mystische und esoterische Sichtweise der Mathematik und des geistigen Lebens.

Ibn al-Arabi (islamischer Philosoph, Spanien und Syrien, 1165–1240). Entwickelte eine mystische Lehre vom Leben des Menschen, das einer Reise zu Gott und dem Aufgehen in Gott gleichgesetzt wird.

Ibn Chaldun, s. *Die islamische Philosophie im Mittelalter*, S. 830.

Ibn Tufail (Philosoph, Spanien und Marokko, Anfang des 12. Jh.–1185). Verfasser des Romans *Der Lebende, Sohn des Wachenden*, in dem eine mystische islamische Philosophie zum Ausdruck kommt.

Illich (Ivan) [Essayist, Vereinigte Staaten, österreichischer Herkunft, 1926]. Versuchte, die sozialen Formen der Entfremdung zu definieren.

J

Jakobson (Roman) [Sprach- und Literaturwissenschaftler, Vereinigte Staaten, russischer Herkunft, 1896–1982]. Sein umfangreiches Werk erstreckt sich auf alle Gebiete der Linguistik: Phonologie, Psycholinguistik (Aphasie), Theorie der Funktion der Sprache in der Kommunikation usw. (*Selected Writings*, 1963–1973).

James (William) [Philosoph, Vereinigte Staaten, 1842–1910]. Mitbegründer der Philosophie des Pragmatismus, wonach alles Denken und Erkennen im Rahmen seiner Nützlichkeit für das menschliche Handeln zu beurteilen ist.

MEISTERWERKE

Janet (Pierre) [Philosoph und Psychiater, Frankreich, 1859–1947]. Beschäftigte sich mit Hysterie und Psychasthenie und glaubte nachgewiesen zu haben, daß diese eine Bewußtseinsverengung nach sich ziehen.

Jankélévitch (Vladimir) [Philosoph, Frankreich, 1903–1985]. Arbeitete über die Daseinsanalyse, deren Teilbereiche sich in den Titeln seiner wichtigsten Bücher wiederfinden: *La mauvaise conscience* (1933), *La Mort* (1966).

Jaspers (Karl) [Philosoph, Deutschland, 1883–1969]. Einer der wichtigsten Vertreter des christlichen Existenzphilosophie (*Existenzphilosophie*, 1938).

Jevons (William Stanley), s. *Die neoklassische Wirtschaftslehre*, S. 833.

Johannes Scotus Eriugena (Philosoph, Irland, um 810–um 877). Führte den Rationalismus in die Theologie ein (*De predestinatione*, 851).

Jones (Ernest) [Psychoanalytiker und Arzt, Großbritannien, 1879–1958]. Verfasser von Werken über die Stufen der kindlichen Libidoentwicklung. Bekannt vor allem durch seine große Freud-Biographie (*Das Leben und Werk von Sigmund Freud*, 1953–1957).

Juglar (Clément) [Volkswirtschaftler, Frankreich, 1819–1905]. Wies die Konjunkturzyklen nach und zeigte auf, welche Rolle das Geld im Ablauf dieser Zyklen spielt (*Des crises commerciales et de leur retour périodique ...*, 1862).

Jung (Carl Gustav) [Psychiater, Schweiz, 1875–1961]. Er entfernte sich als erster von den Freudschen Thesen, indem er den Begriff der Libido im Sinne allgemeiner psychischer Energie erweiterte und die Begriffe des Archetypus und des kollektiven Unbewußten einführte (*Psychologische Typen*, 1920).

K

Kant (Immanuel) [Philosoph, Deutschland, 1724–1804]. Seiner Auffassung zufolge müssen sich die Gegenstände der Erkenntnis nach dem Wesen des erkennenden Subjekts und nicht nach der Erfahrung richten, damit eine universelle Erkenntnis möglich ist (*Kritik der reinen Vernunft*, 1781). Kant entwirft die Hypothese von einer freien Seele, die vom freien Willen geleitet wird, da für ihn der Mensch durch sein moralisches Handeln nicht stärker determiniert ist als durch seine Erkenntnis (*Kritik der praktischen Vernunft*, 1788). Jedes Handlungsprinzip muß also zu einer universellen Maxime erhoben werden können (*Kritik der Urteilskraft*, 1790).

Kardiner (Abram) [Psychologe, Vereinigte Staaten, 1891–1981]. Vertrat die kulturpsychologische Richtung der Psychoanalyse. Führte den Begriff der *Basic personality* ein, d. h. der Gesamtheit von Verhaltensweisen, die mit der spezifischen Erziehung in einer Gesellschaft verbunden sind (*The psychological frontiers of society*, 1945).

Katz (Elihu) [Psychosoziologe, Vereinigte Staaten, 1926]. Ist der Meinung, daß die Medien über Meinungsmacher manipulieren (*Personel influence ...*, mit Lazarsfeld, 1955).

Kerschensteiner (Georg) [Psychologe, Deutschland, 1854–1932]. Entwickelte eine Pädagogik, die sich auf Gruppenarbeit stützt.

Keynes (John Maynard), s. *Der Keynesianismus*, S. 835.

Kierkegaard (Sören) [Philosoph, Dänemark, 1813–1855]. Er unterteilt die Existenz in eine ästhetische (Spontaneität und unbeschwerter Genuß), eine ethische (gutes Gewissen) und eine religöse Stufe ›unendliche Resignation‹ [*Tagebuch des Verführers*, 1843, *Begriff der Angst*, 1844].

Kindi (Al-), s. *Die islamische Philosophie im Mittelalter*, S. 830.

Kleene (Stephen Cole) [Logiker, Vereinigte Staaten, 1909]. Lieferte wichtige Beiträge zur Theorie der rekursiven Kurven und zur Automatentheorie.

Klein (Melanie) [Psychoanalytikerin, Österreich, Großbritannien, 1882–1960]. Vertrat die Auffassung, daß der Ödipuskomplex sich viel früher entwickelt als von Freud angenommen (*Die Psychoanalyse des Kindes*, 1932).

Koffka (Kurt), **Köhler** (Wolfgang), s. *Die Gestalttheorie*, S. 834.

Konfuzius (Philosoph, China, um 551–479 v. Chr.). Seine Philosophie, der *Konfuzianismus*, hat die Geschichte entscheidend geprägt: Die Moral, d. h. die Tugendhaftigkeit jedes einzelnen angesichts des Allgemeinwohls, das der Staat verkörpert, steht in Beziehung mit der göttlichen und der weltlichen Ordnung (*Frühlings- und Herbstchronik*). [s. auch *Die chinesische Philosophie*, S. 837].

Koyré (Alexandre) [Philosoph, Frankreich, 1882–1964]. Untersuchte die Theorie der Kosmologien und die Entstehung des Konzepts des Unendlichen (*Études Galiléennes*, 1940; *Von der geschlossenen Welt zum unendlichen Universum*, 1957).

Kraepelin (Emil) [Psychiater, Deutschland, 1856–1926]. Klassifizierte die Psychosen (*Psychiatrie*, 1927).

Kroeber (Alfred) [Anthropologe, Vereinigte Staaten, 1876–1960]. Begründer einer Anthropologie, die sich auf die Erforschung von zwischenmenschlichen Beziehungen stützt (*Anthropology*, 1923).

L

Lacan (Jacques) [Psychoanalytiker, Arzt, Frankreich, 1901–1981]. Befürwortete die Rückbesinnung auf Freud und versuchte, der Psychoanalyse neue Perspektiven zu eröffnen, indem er die Linguistik und die strukturelle Anthropologie einbezog. Wies nach, daß das Unbewußte sich wie eine Sprache übersetzen läßt (*Écrits*, 1966).

Laing (Ronald) [Psychoanalytiker, Großbritannien, 1927–1989]. Mitbegründer der *Antipsychiatrie* (*Das geteilte Selbst*, 1960).

La Mettrie (Julien OFFROY DE) [Philosoph, Frankreich, 1709–1751]. Sein materialistisch geprägtes Werk (*Histoire naturelle de l'âme*, 1745) stellt einen Wendepunkt in der Philosophie der Aufklärung dar.

Laozi oder **Lao-tse** (Philosoph, China, 6. bis 5. Jh. v. Chr.). Begründer des Taoismus.

Lasswell (Harold Dwight) [Soziologe, Vereinigte Staaten, 1902–1978]. Er erneuerte die Methode der Inhaltsanalyse.

Lazarsfeld (Paul Felix) [Soziologe, Vereinigte Staaten, österreichischer Herkunft, 1901 bis 1976]. Präzisierte die Methoden der modernen Sozialforschung (*Wahlen und Wähler*, 1944).

Leach (Edmund) [Anthropologe, Großbritannien, 1910–1989]. Funktionalist, führte die strukturalistische Theorie weiter (*Kritik der Anthropologie*, 1968).

Le Bon (Gustave) [Soziologe, Frankreich, 1841–1931]. Beschrieb einige kollektive Verhaltensweisen (*Psychologie der Massen*, 1895) und Propagandamechanismen.

Lefebvre (Henri) [Philosoph, Frankreich, 1901]. Marxist, befaßte sich mit dem Alltagsleben (*Critique de la vie quotidienne*, 1947 und 1962; *De l'État*, 1976–1978).

Leibniz (Gottfried Wilhelm) [Philosoph, Deutschland, 1646–1716]. Verfaßte zahlreiche Schriften, die meisten in französischer, einige in lateinischer Sprache: *Nouveaux Essais sur l'entendement humain* (1704), *Die Theodizee* (1710), *Die Monadologie* (1714). Ausgangs-

A · Immanuel Kant.

Kant machte seinen Spaziergang jeden Tag zur gleichen Zeit. Als er einmal nicht pünktlich war, wußten die Bürger von Königsberg, daß etwas Außergewöhnliches passiert sein mußte. Und tatsächlich. Die Französische Revolution hatte begonnen. (Gemälde von Hans Kurth, 1931, nach einer Miniatur aus dem 18. Jh.)

B · John Maynard Keynes, Lord K. of Tilton.

Keynes, der im Ersten Weltkrieg Finanzberater der britischen Regierung war, trat aus Protest gegen die wirtschaftlichen Bestimmungen des Versailler Vertrages zurück.

C · Jacques Lacan.

J. Lacan faszinierte die französischen Psychoanalytiker, die regelmäßig an seinen Seminaren teilnahmen. Hier formulierte er seine bahnbrechenden Thesen wie: ›Das Unbewußte ist wie eine Sprache strukturiert.‹

MEISTERWERKE

WERKE DER HUMANWISSENSCHAFTEN

punkt ist die Kritik am Kartesianischen Cogito: Vernunftswahrheiten ergeben sich durch strenge Logik, Tatsachenwahrheiten aus Gott. Gott kann alle möglichen Wesenheiten und Verbindungen fassen: Dies sind die *Monaden*, von denen es eine unendliche Zahl gibt und aus denen die Welt besteht; die Weltordnung entsteht aus der Harmonie, die Gott zwischen ihnen herstellt.
Leontief (Wassily) [Volkswirtschaftler, Vereinigte Staaten, russischer Herkunft, 1906]. Erforschte die Beziehungen zwischen den Industriesektoren und entwickelte die *Input-Output-Analyse*.
Leukippos von Milet (Philosoph, Griechenland, um 460–370 v. Chr.). Entwickelte die Theorie des Atomismus.
Levi ben Gerson (Philosoph, Frankreich, 1288–1344). Schlug eine Synthese zwischen Aristoteles und Maimonides vor, die auf die jüdische Philosophie einwirkte. (s. auch *Die jüdische Philosophie im Mittelalter*, S. 830).
Levinas (Emmanuel) [Philosoph, Frankreich, 1905]. Einer der wichtigsten Erneuerer der jüdischen Philosophie (*Totalité et Infini*, 1961; *Difficile Liberté*, 1963).
Lévi-Strauss (Claude) [Anthropologe, Frankreich, 1908]. Führte den Strukturalismus in die Anthropologie ein (*Structures élémentaires de la parenté*, 1949). Er befaßte sich mit Klassifikationssystemen (*Das wilde Denken*, 1962) und mit Mythen (*Mythologica*, 1964–1975).
Lévy-Bruhl (Lucien) [Philosoph und Soziologe, Frankreich, 1857–1939]. Schuf die Grundlage für eine rationale Sittenlehre (*La morale et la science des mœurs*, 1903), versuchte eine Definition des ›primitiven‹ Denkens.
Lewin (Kurt) [Psychologe, Vereinigte Staaten, deutscher Herkunft, 1890–1947]. Entwickelte eine psychologische Feldtheorie und eine Motivationstheorie (*Grundzüge der topologischen Psychologie*, 1936).

List (Friedrich) [Volkswirtschaftler, Deutschland, 1789–1846]. Vertrat als einer der ersten die Idee einer Zollunion (*Zollverein*).
Locke (John) [Philosoph, England, 1632 bis 1704]. Sah die Quelle der Erkenntnis in der Sinneswahrnehmung (*Versuch vom menschlichen Verstand*, 1690) und entwickelte die Vorstellung von einem Gesellschaftsvertrag.
Löw (der Hohe Rabbi) [Mathematiker und Philosoph, Tschechoslowakei, 1525–1609]. Bereitete der Hegelschen Dialektik den Weg; arbeitete über Aristoteles und Maimonides.
Lukács (György) [Philosoph, Ungarn, 1885 bis 1971]. Interpretierte das Werk von Marx aus humanistischer Sicht (*Geschichte und Klassenbewußtsein*, 1923).
Łukasiewicz (Jan) [Logiker, Polen, 1878 bis 1956]. Formulierte eine Logik auf der Grundlage der Faktoren des Wahren, des Falschen und des Möglichen (*Elements of mathematical logic*, engl. 1963).
Luxemburg (Rosa) [Theoretikerin und Revolutionärin, Deutschland, 1870–1919]. Befürworterin der nationalen Eigenständigkeit, Gegnerin des Bernsteinschen Revisionismus, Marxistin (*Die Akkumulation des Kapitals*, 1913). Stand im Gegensatz zu Lenin (*Die russische Revolution*, 1921).

M

Machiavelli (Philosoph, Italien, 1469 bis 1527). Deckte den politischen Ehrgeiz der Religion (der Kirche) auf und nahm die Realitäten seiner Zeit zum Ausgangspunkt für den Entwurf einer moralischen, freiheitlichen und weltlichen Ordnung, in der ein besserer Mensch und eine bessere Gesellschaft Ziel der Staatsraison sind (*Der Fürst*, 1532 veröffentlicht).
McLuhan (Herbert Marshall) [Soziologe, Kanada, 1911–1980]. Sieht die Vorherrschaft der Schrift durch die zunehmende Bedeutung der modernen audiovisuellen Medien gefährdet (*Die magischen Kanäle*, 1964).
Maimonides (Moses), s. *Die jüdische Philosophie im Mittelalter*, S. 830.
Maine de Biran (Philosoph, Frankreich, 1766–1824). Stellte eine Theorie über den Willensakt auf (*L'apperception immédiate*, 1807).

Makarenko (Anton) [Pädagoge, UdSSR, 1888–1939]. Beschäftigte sich mit der Resozialisierung von Jugendlichen.
Malinowski (Bronislaw) [Anthropologe, Großbritannien, polnischer Herkunft, 1884 bis 1942]. Begründete die Theorie des Funktionalismus (*Geschlechtstrieb und Verdrängung in primitiven Gesellschaften*, 1927).
Malinvaud (Edmond) [Volkswirtschaftler, Frankreich, 1923]. Behandelte Fragen des Wirtschaftswachstums.
Malthus (Thomas), s. *Die liberale Wirtschaftslehre*, S. 831.
Mannoni (Maud) [Psychoanalytikerin, Frankreich, niederländischer Herkunft, 1923]. Weitete die Psychoanalyse auf psychotische Kinder aus (*Der Psychiater, sein Patient und die Psychoanalyse*, 1970).
Marcuse (Herbert) [Philosoph, Vereinigte Staaten, deutscher Herkunft, 1898–1979]. Entwickelte eine radikale Gesellschaftskritik, die sich auf den Marxismus und die Psychoanalyse stützt (*Der eindimensionale Mensch*, 1964).
Maritain (Jacques) [Philosoph, Frankreich, 1882–1973]. Trat für die Erneuerung der Philosophie des hl. Thomas von Aquin ein.
Marshall (Alfred), s. *Die neoklassische Wirtschaftslehre*, S. 833.
Marx (Karl) [Theoretiker des Sozialismus und Revolutionär, Deutschland, 1818–1883]. Er entdeckte die Kritik an der Religion bei Feuerbach, den Sozialismus bei Saint-Simon und die Nationalökonomie bei Adam Smith. Verfaßte mit Engels *Das Manifest der Kommunistischen Partei* (1848). Er wurde aus Deutschland und Frankreich ausgewiesen und fand Zuflucht in Großbritannien, wo er *Klassenkämpfe in Frankreich* (1850) verfaßte und an seinem Hauptwerk, *Das Kapital* (Band I, 1867; Band II, 1885; Band III, 1894; Band IV, 1905) arbeitete. 1864 war er einer der Führer der Ersten Internationale, der er seine Lehre, den Marxismus, ins Stammbuch schrieb (s. S. 832).
Mauss (Marcel) [Anthropologe, Frankreich, 1872–1950]. Erforschte die Formen des Tausches (Theorie der Gegenseitigkeit) [*Die Gabe*, 1925].
Mead (Margaret) [Anthropologin, Vereinigte Staaten, 1901–1978]. Befaßte sich mit Problemen von Heranwachsenden in nichtindustriellen Gesellschaften (*Mann und Weib*, 1966).

A ▸ **Gottfried Wilhelm Leibniz.**
Leibniz erwarb schon mit 17 Jahren einen Doktortitel. 1672 ging er nach Paris, wo er Arnauld und Huygens kennenlernte. Seitdem befaßte er sich mit Metaphysik und Mathematik. Er behauptete, daß es keinen Widerspruch zwischen Vernunft und Religion gebe. Nach dem Tod seiner Gönner vereinsamte er; im Sterben lehnte er den Beistand eines Geistlichen ab. (Gemälde, anonymer Maler, Landesbibliothek Hannover)

B ▸ **Claude Lévi-Strauss.**
C. Lévi-Strauss lebte nach Erwerb seiner Lehrbefähigung für Philosophie 1934 bis 1939 in Brasilien. 1941 ging er ins amerikanische Exil, wo Jakobson sein Interesse in neue Bahnen lenkte: bei der Lekture Saussures erkannte er die Nützlichkeit der strukturellen Linguistik für seine Arbeit. In seinen Schriften handhabt er die französische Sprache meisterlich.

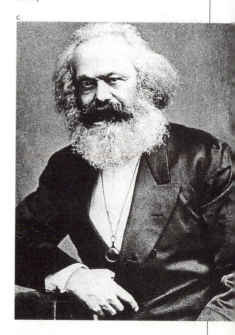

C ▸ **Karl Marx.**
Im Alter von 21 Jahren veröffentlichte K. Marx, der bürgerlicher Herkunft und Enkel eines Rabbiners war, eine Arbeit über die Materialisten der Antike; Hegel las er erst später. 1842 traf er Engels. Der ›Berufsrevolutionär‹ wurde aus Deutschland und Frankreich ausgewiesen und lebte schließlich in Großbritannien. Engels, der ein Unternehmen in Barmen leitete, unterstützte Marx, der keine Einkünfte hatte, finanziell: Ohne ihn hätten das Ehepaar Marx und seine drei Töchter kaum überlebt. Marx lehnte jegliche Etikettierung ab: ›Ich bin kein Marxist,‹ soll er gesagt haben, womit er meinte, daß der Marxismus eine sich ständig erneuernde Theorie ist.

MEISTERWERKE

Mencius (Philosoph, China, um 371–289 v. Chr.). Zeichnete, anknüpfend an Konfuzius, ein optimistisches Bild des Menschen.
Mendelssohn (Moses) [Philosoph, Deutschland, 1729–1786]. Entwickelte eine Philosophie, die das jüdische Gesetz und die Aufklärung miteinander verband (*Jerusalem oder über die religiöse Macht und das Judentum*, 1783).
Merleau-Ponty (Maurice) [Philosoph, Frankreich, 1908–1961]. Stützte sein Weltbild auf die phänomenologische Analyse (*Phänomenologie der Wahrnehmung*, 1945).
Mersenne (Marin) [Philosoph, Frankreich, 1588–1648]. Sein Werk ist ein Meilenstein auf dem Weg der Loslösung der Wissenschaft vom Dogma der Kirche (*L'harmonie universelle*, 1636).
Merton (Robert King) [Soziologe, Vereinigte Staaten, 1910]. Er führte an, daß die Struktur der Gesellschaft, in der ein Individuum lebt, ein Faktor ist, der sich auf die Motivation dieses Menschen auswirkt (*Social theory and social structure*, 1949).
Mill (John Stuart), s. *Die liberale Wirtschaftslehre*, S. 831.
Montchrestien (Antoine DE) [Nationalökonom, Frankreich, um 1575–1621]. Schuf den Begriff *politische Ökonomie;* sein Buch *Traité de l'économie politique* (1615) zeichnet ein Bild von der wirtschaftlichen Lage Frankreichs.
Montessori (Maria) [Pädagogin, Italien, 1870–1952]. Seit 1906 konzipierte sie eine pädagogische Methode, die sie in Kinderhäusern für Kinder berufstätiger Mütter anwendete. Die Kinder erleben eine auf die fünf Sinne abgestimmte Erziehung, die sie allmählich ohne direkten Lernzwang zum selbständigen Lernen führen soll.
More (*Sir* Thomas) [Heiliger, Philosoph, England, 1478–1535]. Sein Werk *Utopia* (1516) beschreibt eine ideale Gesellschaft, in der Frieden herrscht.
Moreno (Jakob Levy) [Psychologe, Vereinigte Staaten, rumänischer Herkunft, 1892–1974]. Einer der Hauptbegründer der Soziometrie und der Gruppendynamik (*Grundlagen der Soziometrie*, 1934).
Morgan (Lewis Henry) [Anthropologe, Vereinigte Staaten, 1818–1881]. Vertreter des Evolutionismus in der Anthropologie (*Die Urgesellschaft*, 1877).
Morin (Edgar) [Soziologe, Frankreich, 1921]. Die Medien, die Feldforschung, die Krise der Moral und die Industriegesellschaft sind die Themen, mit denen er sich bevorzugt befaßt (*Das Rätsel des Humanen*, 1973).
Mounier (Emmanuel) [Philosoph, Frankreich, 1905–1950]. Seine Philosophie steht im Zeichen eines christlichen Humanismus, in dessen Mittelpunkt die Achtung der Person steht (*Personalismus*) [*Traité de caractère*, 1948].
Myrdal (Karl Gunnar) [Volkswirtschaftler, Schweden, 1898–1987]. Er wies auf die wachsende Kluft zwischen armen und reichen Ländern hin.

N

Neill (Alexander Sutherland) [Pädagoge, Großbritannien, 1883–1973]. Gründete 1924 die Internatsschule ›Summerhill‹. Seiner Methode liegt die Idee zugrunde, daß man Kindern völlige Freiheit lassen müsse (*Theorie und Praxis der antiautoritären Erziehung. Das Beispiel Summerhill*, 1961).
Nietzsche (Friedrich) [Philosoph, Deutschland, 1844–1900]. Radikaler Kritiker der Kantschen Erkenntnisgrundlagen, des szientistischen Rationalismus, des Sozialismus und des Christentums: Er betonte den Lebenswillen und den Willen zur Macht und kündigte das Erscheinen des ›Übermenschen‹ an (*Also sprach Zarathustra*, 1883; *Jenseits von Gut und Böse*, 1886; *Genealogie der Moral*, 1887).

O

Owen (Robert) [Unternehmer und Sozialreformer, Großbritannien, 1771–1858]. Erarbeitete ein genossenschaftliches System und war einer der Begründer des britischen Syndikalismus.

P

Panini (Grammatiker, Indien, 5. oder 4. Jh. v. Chr.). Entwickelte eine Klassifikation der Lautelemente des Sanskrit und führte die Begriffe (Wort-)Stamm, Endung und Beugung.
Pareto (Vilfredo), s. S. 833.
Parsons (Talcott) [Soziologe, Vereinigte Staaten, 1902–1979]. Definierte die gesellschaftliche Struktur als einen Prozeß, der sich aus den Interaktionen der Individuen aufbaut (*Sozialstruktur und Persönlichkeit*, 1964).
Pasch (Moritz) [Logiker, Deutschland, 1843 bis 1930]. Entwickelte als einer der ersten eine Axiomatik der Geometrie.
Patandschali (Grammatiker, Indien, 2. Jh. v. Chr.). Führte das Werk Paninis fort.
Patinkin (Don) [Volkswirtschaftler, Israel, 1922]. Entwickelte ein Modell, das die Märkte für Arbeit, Waren, Dienstleistungen, Geld und Effekten einbezieht (*Études d'économie monétaire*, 1972).
Peano (Giuseppe) [Logiker, Italien, 1858 bis 1932]. Stellte die grundlegenden Axiome der meisten Zweige der Mathematik in seiner Schreibweise zusammen (*Formulaire de mathématique*, 1895–1908).
Peirce (Charles Sanders) [Philosoph und Mathematiker, Vereinigte Staaten, 1839–1914]. Gilt zusammen mit Frege als Erfinder der Quantorenlogik und Begründer des Pragmatismus, forschte aber auch im Bereich der Semiotik (*Collected Papers*).
Perroux (François) [Volkswirtschaftler, Frankreich, 1903–1987]. Wirkte richtungsweisend auf die französische Wirtschaftstheorie (*Le revenu national, son calcul et sa signification*, 1947).
Pestalozzi (Johann Heinrich) [Pädagoge, Schweiz, 1746–1827]. Entwarf eine Pädagogik, für die die Arbeit mit den Händen und das Voneinanderlernen von großer Bedeutung sind.
Philon von Alexandria (Philosoph, Alexandria zwischen 13 und 20 v. Chr.–um 50 n. Chr.). Knüpfte eine Verbindung zwischen dem Judentum und dem frühen Christentum. Seine Thoraauslegung beeinflußte die Kirchenväter.
Piaget (Jean) [Psychologe, Schweiz, 1896 bis 1980]. Er beleuchtete als erster die Stufen der geistigen Entwicklung beim Kind. Er begründete die *genetische Epistemologie*. Damit analysierte er die aufeinanderfolgenden Wissensstrukturen und skizzierte die Prinzipien der Intelligenzentwicklung, denen zufolge das Kind zu zunehmend abstraktem und verallgemeinerndem Denken fähig ist (*Abriß der genetischen Epistemologie*, 1970).
Piéron (Henri) [Psychologe, Frankreich, 1881–1964]. Mitbegründer der wissenschaftlichen Psychologie in Frankreich.
Pinel (Philippe) [Arzt, Frankreich, 1745 bis 1826]. Er betrachtete als einer der ersten seelische Erkrankungen als echte Krankheiten und empfahl, Geisteskranke in Pflegeanstalten unterzubringen.
Platon (Philosoph, Griechenland, um 427 bis 348/347 v. Chr.). Sein philosophisches Werk besteht aus etwa dreißig Dialogen, in denen Sokrates-Schüler und Sokrates-Gegner zu Wort kommen. Platons Lehrmeister Sokrates verhilft seinen Gesprächspartnern mit Hilfe der Dialektik dazu, Vorstellungen in sich zu entdecken, die ihnen nicht bewußt waren, und führt sie zu einem Ideal, dessen höchste Wahrheiten das Schöne, das Gerechte und das Gute sind. Ziel ist letztendlich, einen Staat zu bilden, in dem Gleichheit herrscht und in dem die Philosophen für eine gerechte Ordnung sorgen (*Symposion, Phaidon, Die Republik, Phaidros, Parmenides, Timaios, Nomoi*).
Popper (Karl Raimund) [Philosoph, Großbritannien, österreichischer Herkunft, 1902]. Begründer des kritischen Rationalismus. Behauptete, daß das Merkmal einer wissenschaftlichen Theorie ihre ›Falsifizierbarkeit‹ (Widerlegbarkeit) sei (*Logik der Forschung*, 1935; *Conjectures and refutations*, 1963).
Prigogine (Ilya) [Philosoph und Chemiker, Belgien, russischer Herkunft, 1917]. Konzipierte eine neue Methodenlehre für das wissenschaftliche Vorgehen (*La nouvelle alliance*, 1979).
Proudhon (Pierre Joseph) [Politiktheoretiker, Frankreich, 1809–1865]. Der Individualist und Anarchist wurde zum Theoretiker des Föderalismus (*Philosophie des Elends*, 1846).
Pufendorf (Samuel VON) [Jurist, Deutschland, 1632–1694]. Begründete eine rationalistische Naturrechtsauffassung (*De jure naturae et gentium*, 1672).
Pyrrhon von Elis (Philosoph, Griechenland, um 365–275 v. Chr.). Entwarf ein System, das den Zweifel auf die Spitze treibt: Alles ist nur Erscheinung.
Pythagoras, s. *Die Vorsokratiker*, S. 830.

 · Jean Piaget.

Piaget, der ursprünglich Biologe war, gelangte durch die Beschäftigung mit Bergson zu seinen Schwerpunktthemen: die Entwicklung der Intelligenz, die Finalität intellektueller Prozesse und wie ein Kind diese erlernt.

Q

Quesnay (François), s. *Die liberale Wirtschaftslehre*, S. 831.
Quetelet (Adolphe) [Nationalökonom, Belgien, 1796–1874]. Übertrug die Methoden der Statistik und Wahrscheinlichkeitsrechnung auf die Sozialwissenschaften und begründete damit die Sozialstatistik.
Quine (Willard) [Logiker, Vereinigte Staaten, 1908]. Einer der wichtigsten Vertreter der analytischen Philosophie, der besagt, daß die metaphysischen Begriffe selbst keine Bedeutung haben und Philosophie deshalb auf eine logische Analyse der Sprache hinausläuft (*Mathematical Logic*, 1940).

MEISTERWERKE

WERKE DER HUMANWISSENSCHAFTEN

R

Radcliffe-Brown (Alfred Reginald) [Anthropologe, Großbritannien, 1881–1955]. Wegbereiter des Funktionalismus (*Structure and function in primitive society,* 1952).
Rank (Otto) [Psychoanalytiker, Österreich, 1884–1939]. Wollte mit seiner Theorie über das *Trauma der Geburt* (1924) den Ödipuskomplex durch das Leiden während der Geburt ersetzen.
Reich (Wilhelm) [Arzt und Psychoanalytiker, Österreich, Vereinigte Staaten, 1897–1957]. Aufgrund seiner Erfahrungen mit den Kommunisten und seiner Auseinandersetzungen mit den Psychoanalytikern wurde er eine Zeitlang zum geistigen Vorbild der Jugend im Kampf gegen jegliche Art von Unterdrückung (*Die Massenpsychologie des Faschismus,* 1933; *Die sexuelle Revolution,* 1945).
Reichenbach (Hans) [Philosoph und Wissenschaftstheoretiker, Deutschland, Vereinigte Staaten, 1891–1953]. Mitglied des Wiener Kreises und Wegbereiter des amerikanischen Neopositivismus.
Ricardo (David), s. *Die liberale Wirtschaftslehre,* S. 831.
Ricœur (Paul) [Philosoph, Frankreich, 1913]. Er setzte sich mit Nietzsche und Freud vor dem Hintergrund des christlichen Humanismus auseinander (*Phänomenologie der Schuld,* 1960).
Rivers (William Halse) [Anthropologe, Großbritannien, 1864–1922]. Er ordnete das Problem der Verwandtschaft in den Zusammenhang der sozialen Organisation ein (*The history of Melanesian society,* 1914).
Rogers (Carl) [Psychopädagoge, Vereinigte Staaten, 1902]. Vertreter einer empirischen Psychotherapieforschung. Entwickelte eine psychotherapeutische Methode, bei der der Kranke dem Behandelnden gleichgestellt ist (*nichtdirektive Psychotherapie*) [*Die nichtdirekte Beratung,* 1942].
Roheim (Géza) [Anthropologe und Psychoanalytiker, Ungarn, 1891–1953]. Zeigte die Universalität des Ödipuskomplexes auf (*The origin and function of culture,* 1943).
Rorschach (Hermann) [Psychiater, Schweiz, 1884–1922]. Erfand den nach ihm benannten ›Rorschachtest‹, einen Formdeutetest, bei dem symmetrische Farbflecken gedeutet werden sollen. Aus ihm können Rückschlüsse auf die Persönlichkeit gezogen werden.
Roscelin, s. *Der Universalienstreit,* S. 831.
Rosenzweig (Franz) [Philosoph, Deutschland, 1886–1929]. Weist in *Stern der Erlösung* (1921) Christentum und Judentum gegensätzliche und komplementäre Positionen zu.
Rostow (Walt Whitman) [Volkswirtschaftler, Vereinigte Staaten, 1916]. Er beschreibt die Stadien, die jede Gesellschaft auf dem Weg zur Industriegesellschaft durchläuft (*Stadien des wirtschaftlichen Wachstums,* 1960).
Russell (Bertrand) [Mathematiker und Philosoph, Großbritannien, 1872–1970]. Der Wiener Kreis und die analytische Philosophie trugen dazu bei, daß die von ihm im Bereich der Logik entwickelten Ideen heute noch nachwirken (*Principia mathematica,* mit Whitehead, 1910–1913).

S

Saint-Simon (Claude Henri DE) [Philosoph und Nationalökonom, Frankreich 1760 bis 1825]. Er hoffte, daß eine neue Klasse von ›industriels‹ (Tätigen) entstehen würde, und versuchte, einen technokratischen und planorientierten Sozialismus zu entwickeln (*Cathéchisme des industriels,* 1823–24).
Samuelson (Paul Anthony) [Volkswirtschaftler, Vereinigte Staaten, 1915]. Er aktualisierte einige Thesen von Keynes und faßte sie in Formeln (*Volkswirtschaftslehre,* 1948).
Sapir (Edward) [Sprachwissenschaftler, Vereinigte Staaten, deutscher Herkunft, 1884 bis 1939]. Entwickelte auf der Grundlage formaler Kriterien (Syntax und Semantik) eine neue Typologie der Sprachen. Wegbereiter der strukturalistischen Sprachwissenschaft (*Language,* 1921).
Sartre (Jean-Paul) [Philosoph, Frankreich, 1905–1980]. In der von der Phänomenologie und von Heidegger geprägten Philosophie Sartres folgte auf die existentialistische Phase (*Das Sein und das Nichts,* 1943) eine Phase, in der das politische Engagement (mit am Marxismus orientierten Positionen) im Vordergrund stand (*Kritik der dialektischen Vernunft,* 1960–1985). Er verfaßte ferner Romane und Theaterstücke. (S. Kapitel WERKE, Abschnitt Literatur sowie *Existentialismus,* S. 836.)
Saussure (Ferdinand DE) [Sprachwissenschaftler, Schweiz, 1857–1913]. Beschäftigte sich mit den indogermanischen Sprachen und begründete die moderne Sprachwissenschaft (*Cours de linguistique générale,* 1916). [s. auch *Der Strukturalismus,* S. 836]
Sauvy (Alfred) [Volkswirtschaftler, Frankreich, 1898]. Arbeitete über Probleme des Wirtschafts- und Bevölkerungswachstums.
Say (Jean-Baptiste), s. *Die liberale Wirtschaftslehre,* S. 831.
Scheler (Max) [Philosoph, Deutschland, 1874–1928]. Entwickelte eine Theorie über die intuitive Erfassung des anderen (*Wesen und Formen der Sympathie,* 1923).
Schelling (Friedrich VON) [Philosoph, Deutschland, 1775–1854]. Vertrat einen objektiven Idealismus (*Ideen zu einer Philosophie der Natur,* 1797).

A · **Jean-Paul Sartre.**
Der junge Sartre, der von seiner Mutter aufgezogen wurde und dessen Vorbild sein Großonkel Schweitzer war, besuchte die ›Rue d'Ulm‹ (französische Eliteschule), wo er sich mit Raymond Aron und Paul Nizan anfreundete. Nach dem Krieg versuchte er mit Simone de Beauvoir, dem Begriff der Phänomenologie einen neuen, an Heideggers Philosophie orientierten Sinn zu geben. Dies gab den Anstoß für sein politisches Engagement (1944), den Existentialismus (1945), den Kampf für den Frieden auf seiten der Kommunisten (1952) und die Teilnahme an den Studentenunruhen im Mai 1968.

Schleicher (August) [Sprachwissenschaftler, Deutschland, 1821–1868]. Versuchte, aus den indogermanischen Sprachen auf die Ursprache zu schließen.
Schlick (Moritz) [Logiker, Deutschland, 1882–1936]. Unterschied zwischen dem Unmittelbaren (das persönlich ist) und der wissenschaftlichen Erkenntnis, die Gesetzen unterliegt.
Scholem (Gershom) [Philosoph, Israel, 1897 bis 1982]. Eröffnete den Zugang zur kabbalistischen Philosophie (*Die jüdische Mystik in ihren Hauptströmungen,* 1967).
Schopenhauer (Arthur) [Philosoph, Deutschland, 1788–1860]. In *Die Welt als Wille und Vorstellung* (1818) behauptet er, daß die Welt nur eine makabre Vorstellung (des Geistes) ist, der man einen aktiven Pessimismus entgegenstellen muß.
Schumpeter (Joseph) [Volkswirtschaftler, Österreich, 1883–1950]. Legte eine Analyse der Entwicklung des Kapitalismus vor, in der er den Sozialismus voraussagte (*Kapitalismus, Sozialismus und Demokratie,* 1942).
Searle (John Rogers) [Philosoph, Vereinigte Staaten, 1932]. Entwickelte die Sprechakttheorie seines Lehrers J. L. Austin weiter (*Sprechakte,* 1969).
Secrétan (Charles) [Philosoph, Schweiz, 1815–1895]. Persönliche Freiheit und Solidarität sind für ihn die Schlüssel zur Lösung der sozialen Frage (*La philosophie de la liberté,* 1848–49).
Serres (Michel) [Philosoph, Frankreich, 1930]. Ziel seiner Arbeit ist eine Philosophie, die sowohl das Empfindungsvermögen (der Sinne) als auch die theoretische Intelligenz anspricht (*Les cinq sens,* 1985).
Sextus Empiricus (Philosoph und Arzt, Griechenland, 2.–3. Jh. n.Chr.). Setzte sich dafür ein, in Krankheitsfällen beobachtend und mit experimentellen Untersuchungsmethoden vorzugehen.
Simiand (François) [Volkswirtschaftler und Soziologe, Frankreich, 1873–1935]. Unterschied zwischen Expansions- und Rezessionsphasen in der konjunkturellen Entwicklung (*Le salaire, l'évolution sociale et la monnaie,* 1932).
Sismondi (Jean Charles) [Nationalökonom und Historiker, Schweiz, 1773–1842]. Zeigte auf, daß der Staat in die Wirtschaft eingreifen muß, um die Arbeiter vor den unheilvollen Auswirkungen der völligen Freiheit zu schützen (*Neue Grundsätze der politischen Ökonomie,* 1819).
Skinner (Burrhus Frederic) [Verhaltensforscher, Vereinigte Staaten, 1904]. Verfaßte Arbeiten über Lernen und Konditionierung und entwickelte eine neue behavioristische Theorie (*Wissenschaft und menschliches Verhalten,* 1953).
Smith (Adam), s. *Die liberale Wirtschaftslehre,* S. 831.

B · **Baruch de Spinoza.**
Spinoza, traditionell religiös erzogen, entdeckte die Kartesianische Philosophie. In den Kämpfen zwischen den von Jan de Witt geführten Republikanern gegen die Oranier schloß er sich ersterem an. Er wurde aus der jüdischen Gemeinde von Amsterdam ausgeschlossen und mußte Linsen schleifen, um seinen Lebensunterhalt zu verdienen. Sein Leben war ein Kampf für die Freiheit. Er bereitete der Bibelkritik den Weg. (Gemälde der niederländischen Schule des 17. Jh., Gemeentemuseum, Den Haag)

MEISTERWERKE

Sokrates (Philosoph, Griechenland, um 470–399 v. Chr.). Obwohl er selbst keine Schriften verfaßt hat, ist er eine der wichtigsten Gestalten der abendländischen Philosophie. Seine Lehrmethode bestand darin, dem Diskussionspartner bei der ›Geburt‹ der Wahrheit zu helfen (*Mäeutik*) und mit ihm zu diskutieren, indem er ihm widersprüchliche Aussagen nachwies (*Dialektik*). Damit nahm er Einfluß auf spätere Lehrmethoden (s. PLATON).
Sombart (Werner) [Volkswirtschaftler, Deutschland, 1863–1941]. Untersuchte vor allem die Wirtschaftsentwicklung vom Kapitalismus zum Kommunismus. Er setzte sich für Sozialreformen zugunsten der Arbeiter ein (*Der moderne Kapitalismus,* 1902).
Sorel (Georges) [Philosoph, Frankreich, 1847–1922]. Er sah den Syndikalismus als Weg zu einer tiefgreifenden gesellschaftlichen Veränderung (*Über die Gewalt,* 1908).
Sorokin (Pitirim) [Soziologe, Vereinigte Staaten, russischer Herkunft, 1889–1968]. Untersuchte das Problem des sozialen Wandels (*Social and Cultural Dynamics,* 1937–1941).
Spearman (Charles) [Psychologe, Großbritannien, 1863–1945]. Er entwickelte statistische Methoden für psychologische Tests (*The abilities of man, their nature and measurement,* 1927).
Spencer (Herbert) [Philosoph, Soziologe, Großbritannien, 1820–1903]. Vertrat eine Soziologie, die im Übergang vom Homogenen zum Heterogenen den Hauptfaktor der Entwicklung sieht (*A System of synthetic philosophy,* 1862–1896).
Spinoza (Baruch DE) [Philosoph, Niederlande, 1632–1677]. Sein *Tractatus theologico-politicus* (1670) und insbesondere seine *Ethik* (1675) enthalten die Kernpunkte seiner Philosophie: die Befreiung von allen Zwängen, die Freude, die die Erkenntnis der Determiniertheit aller Wesen bereitet, sowie das glückseligmachende Wissen.
Spitz (René) [Psychoanalytiker, Vereinigte Staaten, österreichisch-ungarischer Herkunft, 1887–1974]. Untersuchte die Mutter-Kind-Beziehung und Krankheiten bei Kindern.
Steiner (Rudolf) [Anthroposoph, Pädagoge, Österreich, 1861–1925]. Konzipierte ein Erziehungssystem, das die Grenzen zwischen den traditionellen Lehrfächern aufhebt.
Stevens (Stanley Smith) [Psychologe, Vereinigte Staaten, 1906]. Entwickelte eine Methode und eine Empfindungsskala, die für die Psychophysik Modellcharakter hat.
Stirner (Max) [Philosoph, Deutschland, 1806–1856]. Sein Buch *Der Einzige und sein Eigentum* (1845) steht für eine anarchistische Philosophie, die Marx beeinflußte, obwohl die beiden Männer miteinander gebrochen hatten.
Strawson (Peter Frederick) [Logiker und Philosoph, Großbritannien, 1919]. Führender Vertreter der analytischen Philosophie. Entwickelte mit Hilfe logischer Regeln einen neuen Bedeutungsbegriff (*Einzelding und logisches Subjekt,* 1959).
Szasz (Thomas) [Psychiater und Psychoanalytiker, Vereinigte Staaten, ungarischer Herkunft, 1920]. In seinem Werk kritisiert er die psychiatrischen Anstalten, da das Individuum in ihnen keine Selbstbestätigung erhalten kann (*Die Fabrikation des Wahnsinns,* 1970).

T

Tarde (Gabriel DE) [Soziologe, Frankreich, 1843–1904]. Beschäftigte sich mit der Kriminologie und versuchte, die Gesetze der individuellen Nachahmung zu definieren (*Les lois d'imitation,* 1890).

Tarski (Alfred) [Logiker, Vereinigte Staaten, polnischer Herkunft, 1902–1983]. Begründer der formalen, mit syntaktischen Hilfsmitteln arbeitenden modernen Semantik (*Der Wahrheitsbegriff in den formalisierten Sprachen,* 1933).
Teilhard de Chardin (Pierre) [Jesuit und Paläontologe, Frankreich, 1881–1955]. Nach der Entdeckung des Pekingmenschen konzipierte er eine Philosophie der menschlichen Entwicklung. Er versuchte, Ergebnisse der modernen Naturwissenschaft und die christliche Heilslehre in Einklang zu bringen (*Der Mensch im Kosmos,* 1955).
Thorndike (Edward Lee) [Psychologe, Vereinigte Staaten, 1874–1949]. Befaßte sich in empirischen Untersuchungen mit Fragen des Verhaltens und des Lernens bei Tieren, die für die Pädagogik richtungsweisend waren.
Thurstone (Louis Leon) [Psychologe, Vereinigte Staaten, 1887–1955]. Zur Bestimmung von intellektuellen Fähigkeiten untersuchte er statistische Faktoren und die zwischen den verschiedenen Merkmalen bestehenden Korrelationen (*Faktorenanalyse*) [*The Vectors of Mind,* 1935].
Tinbergen (Jan) [Volkswirtschaftler, Niederlande, 1903]. Mitbegründer der Ökonometrie (*Einführung in die Ökonometrie,* 1949; *Shaping the World Economy,* 1962).
Titchener (Edward Bradford) [Psychologe, Vereinigte Staaten, britischer Herkunft, 1867–1927]. Einer der Pioniere der experimentellen Psychologie in den Vereinigten Staaten (*Feeling and Attention,* 1908).
Tolman (Edward Chace) [Psychologe, Vereinigte Staaten, 1886–1959]. In seinem Werk *Purposive Behavior in Animals and Men* (1932) vertritt er die Ansicht, daß man bei der Erklärung eines Verhaltens beim Menschen wie beim Tier nicht auf den Begriff der *Zielgerichtetheit* verzichten kann.
Tönnies (Ferdinand) [Soziologe, Deutschland, 1855–1936]. Er erklärt die Entstehung von Gruppen mit dem Willen der Menschen zum Zusammensein, der jeglicher Organisation und sozialen Handlung zugrunde liegt (*Gemeinschaft und Gesellschaft,* 1887).
Touraine (Alain) [Soziologe, Frankreich, 1925]. Er gelangt von der Soziologie der Arbeit (*La conscience ouvrière,* 1966) zur allgemeinen Soziologie (*Production de la société,* 1973).
Trubezkoj (Nikolaj Sergejewitsch) [Sprachwissenschaftler, Rußland, 1890–1938]. Begründer der Phonologie (*Grundzüge der Phonologie,* 1939).
Tylor (Sir Edward Burnett) [Anthropologe, Großbritannien, 1832–1917]. Entwickelte eine Evolutionstheorie (*Primitive culture,* 1876–1878).

V

Van Gennep (Arnold) [Anthropologe und Volkskundler, Frankreich, 1873–1957]. Schuf eine Klassifizierungsmethode für volkskundliche Daten und verfaßte das *Manuel de folklore français contemporain* (1937–1958).
Vanini (Lucilio, Deckname: Julius Caesar) [Philosoph, Italien, 1585–1619]. Priester, entwickelte eine naturalistische Philosophie, für die er auf dem Scheiterhaufen verbrannt wurde (*De admirandis naturae reginae deaeque mortalium arcanis,* 1616).
Veblen (Thorstein) [Volkswirtschaftler und Soziologe, Vereinigte Staaten, 1857–1929]. Begründer des Institutionalismus. Prognostizierte eine technokratische Gesellschaft (*Theorie der feinen Leute,* 1899).
Vico (Giambattista) [Philosoph, Italien, 1668 bis 1744]. Stellte eine Theorie der Zivilisationszyklen auf, die nachhaltigen Einfluß hatte (*Principes de la philosophie de l'histoire,* 1725).

Villermé (Louis René) [Soziologe, Frankreich, 1782–1863]. Als Arzt führte Villermé eine grundlegende Untersuchung über die Lage der Arbeiter in seiner Zeit durch (*Tableau de l'état physique et moral des ouvriers ...,* 1840).

W

Wallon (Henri) [Psychologe, Frankreich, 1879–1962]. Beschäftigte sich mit der Entwicklung des kindlichen Gefühls- und Geisteslebens (*Les origines du caractère chez l'enfant,* 1934, 1949).
Walras (Léon), s. *Die neoklassische Wirtschaftslehre,* S. 833.
Watson (John Broadus) [Psychologe, Vereinigte Staaten, 1878–1958]. Wichtigster Vertreter des Behaviorismus; forderte, daß die Psychologie sich auf die Untersuchung des Verhaltens beschränken sollte (*Behavior,* 1914).
Weber (Max) [Soziologe, Deutschland, 1864–1920]. Vertrat eine ›umfassende‹ Soziologie, die auch sich selbst zum Forschungsgegenstand machen sollte, und verwendete den Begriff *Idealtypus*. Für ihn besteht bei jedem Menschen ein Konflikt zwischen den Anforderungen der Moral und des Handelns (*Wirtschaft und Gesellschaft,* 1922).
Weil (Simone) [Philosophin, Frankreich, 1909–1943]. Konzipierte eine mystische Philosophie (*Schwerkraft und Gnade,* 1947).
Wertheimer (Max), s. *Die Gestalttheorie,* S. 834.
Whitehead (Alfred North) [Mathematiker und Philosoph, Großbritannien, 1861–1947]. Verfaßte mit Russell die *Principia mathematica* (1910–1913). Wandte sich später der Naturphilosophie zu.
Wilhelm von Conches (Philosoph, Frankreich, Ende des 11. Jh. – um 1154). Entwickelte, anknüpfend an Aristoteles, eine Psychologie und ein atomistisches Weltbild (*Dragmaticon philosophiae*).
Wilhelm von Ockham (Philosoph, England, um 1285 – um 1349). Versuchte, die Metaphysik wieder von der Theologie zu lösen und die Logik als unabhängige Disziplin zu erhalten.
Winnicott (Donald Woods) [Psychoanalytiker, 1896–1971]. Zeigte auf, daß die Frühentwicklung eines Säuglings durch die Mutter-Kind-Beziehung geprägt wird.
Wittgenstein (Ludwig) [Logiker, Großbritannien, österreichischer Herkunft, 1889–1951]. Seine erste, im *Tractatus logico-philosophicus* (1921) niedergelegte Theorie einer völlig unzweideutigen Sprache, wirkte nachhaltig auf den Wiener Kreis. Seine zweite Theorie (*Philosophische Untersuchungen,* 1953) befaßte sich mit den menschlichen und zufallsbedingten Aspekten der Sprache.
Wundt (Wilhelm) [Psychologe, Deutschland, 1832–1920]. Mitbegründer der experimentellen Psychologie (*Grundzüge der physiologischen Psychologie,* 1873–74).

X–Z

Xenophanes (Philosoph, Griechenland, um 565 – um 470 v. Chr.). Gründete die Schule von Elea, die das Sein zum absoluten Ewigen erklärte.
Zermelo (Ernest) [Logiker, Deutschland, 1871–1953]. Mathematiker, begründete mit seinem Axiomensystem die axiomatische Mengenlehre.
Zhu Xi oder **Chu Hsi** [Philosoph, China, um 1130 – um 1200]. Entwarf ein System, mit dem er den Konfuzianismus fortführte.

MEISTERWERKE

PHILOSOPHISCHE SCHULEN UND RICHTUNGEN

DIE VORSOKRATIKER

Die griechischen Philosophen im Kleinasien des 6. Jh. v. Chr. werden als *Vorsokratiker* bezeichnet, weil sie vor Sokrates (um 470–399 v. Chr.) lebten und weil Sokrates behauptete – und dies ist entscheidend –, daß erst mit ihm die ›wahre‹ Philosophie begonnen habe: Er habe die Philosophie auf die Erde herab, auf die Ebene der Menschen gebracht, ohne ihn hätte sie sich in den Wolken verloren. Am Anfang der abendländischen Philosophie stehen **Thales** (640–562 v. Chr.), **Anaximander** (um 610–um 547) und **Anaximenes** (um 585–um 525) in Milet in Kleinasien. Diese Philosophen suchen nach dem Ursprung der Welt und nach dem Urelement, aus dem sie entstand. Für Thales ist das Wasser dieses Urelement und seine Verdunstung die Triebkraft hinter der Entwicklung der Welt. Anaximander betrachtet das Unendliche als Urgrund alles Sichtbaren. Anaximander bezeichnet dies mit dem Begriff ›Apeiron‹ (Luft und Himmel zugleich).
• Noch bei **Pythagoras** (um 570–um 480 v. Chr.) sind Wissenschaft und Religion miteinander verknüpft. Für die Pythagoreer ist die Zahl zugleich Urgrund von Sein und Erkenntnis, und aus den Eigenschaften der Zahlen erklären sich die Eigenschaften der Dinge.
• **Heraklit** (um 540–um 480 v. Chr.) sucht nach einem Grundprinzip der Realität, das er in der ›Gegensätzlichkeit‹ findet: Das Eine vereint in sich Gegensätzliches und ist doch Harmonie, denn alles ist im Werden.
• **Parmenides** (um 515–um 440 v. Chr.) vertritt die entgegengesetzte Position: Das Seiende ist unvergängliche Substanz, die Wahrheit ist die Feststellung dessen, was ist, was sich nicht verändert. Denken ist immer Denken dessen, was *ist*.
• Für **Zenon von Elea** (um 490–um 430 v. Chr.) ist das Sein eine Einheit, aber da die Dinge Zahlen (separate Einheiten) sind, können weder Kontinuität noch Wandel wahrgenommen werden. Daraus ergeben sich die ›Paradoxa‹ des Zenon: der Pfeil, der fliegt und doch nicht fliegt, Achilles, der den Wettlauf mit der Schildkröte niemals gewinnen kann.
• Für **Empedokles** (um 500–um 430 v. Chr.) entsteht nichts aus dem Nichts; es gibt nur die Mischung unveränderlicher Elemente. Die Realität ergibt sich aus der Vereinigung und Trennung von vier Elementen, auf die die zwei Urkräfte, Eros und Polemos (Liebe und Haß), einwirken.
• **Anaxagoras** (um 500–um 428 v. Chr.) versteht die Materie als etwas, das aus einer unendlichen Anzahl unendlich teilbarer Elemente besteht: Dennoch ist er kein Materialist, denn für ihn gibt es den einen ordnenden Geist, der alles in Bewegung setzt.
• Brachte die Lehre des **Demokrit** (um 460–um 370 v. Chr.) etwas Neues? Die Antwort ist nein, wenn man in seiner Lehre nur wieder die Vorliebe der Ionier für die Beobachtung und die Theorie der in unendlicher Zahl existierenden Teilchen erkennt; aber sie lautet ja, sobald man berücksichtigt, daß diese Teilchen unteilbar *(Atome)* sind und sich ausschließlich nach ihren inneren Eigenschaften organisieren. Damit konzipiert Demokrit die erste materialistische Theorie: Die Beschaffenheit der Materie richtet sich nach ihren inneren Eigenschaften, die sich aus den Bewegungen der Teilchen ergeben. Sollte es Götter geben, so hätten sie keinen Einfluß auf die Welt.
• Kurz vor Sokrates bestimmen die Sophisten das Denken. Ihre Lehre war die Kunst der Überzeugung. Die Wahrheit wird nicht mehr anhand einer Theorie oder durch eine Beobachtung bewiesen, vielmehr soll die Öffentlichkeit, an die sich die Sophisten wenden, darüber entscheiden. Das Denken ist geprägt von Rededuellen; der Sophist versucht mit allen Mitteln, die Gunst des Publikums zu gewinnen. Die einzige Ausnahme war **Protagoras** (um 480–um 410 v. Chr.), der humanistische Verteidiger sozialer Werte.

DIE ISLAMISCHE PHILOSOPHIE

Die Einzigartigkeit der islamischen Philosophie (und wir beschränken uns hier auf den Zeitraum vom 9. bis 13. Jh.) ist auf eine doppelte Zielsetzung zurückzuführen: Sie will einerseits dazu beitragen, die neue Religion zu festigen, und andererseits einen Rahmen für die Aufarbeitung und Überwindung der griechischen und insbesondere der Aristotelischen Philosophie schaffen. Grundsätzlich wird zwischen zwei Richtungen unterschieden: der *Kalam*theologie und der Koranphilosophie.

Der Kalam. Der *Kalam* (Rede Gottes, später dialektische Theologie) gehört in die Frühphase der islamischen Philosophie, eine Zeit, in der Elemente der griechischen Philosophie zur Lösung religiöser Probleme herangezogen wurden. Zwei Schulen setzen sich durch: die *Mutasiliten* (8. Jh.) und die *Aschariten* (10. Jh.). Die Mutasiliten betrachten die Vernunft als einziges Instrument, mit dem die Wahrheit von Texten zuverlässig festgestellt werden kann, und empfehlen eine allegorische Auslegung dieser Texte. Die Aschariten dagegen befürworten eine wörtliche Auslegung der Schriften und bewerten die Vernunft niedriger.
Ihre unterschiedlichen Sichtweisen treten insbesondere bei zwei Fragen zutage: göttliche Gerechtigkeit und Erschaffung der Welt. Für die Mutasiliten hat die göttliche Gerechtigkeit nur dann eine Bedeutung, wenn der Mensch frei ist und Gott sich mit der Existenz des Bösen auseinandersetzt. Die Aschariten glauben an die Prädestination. In der Frage der Erschaffung der Welt orientieren die Mutasiliten sich an der griechischen Tradition (Gott erschuf die Welt aus einer ewigen Materie mit ihren eigenen Gesetzen). Die Aschariten verwerfen diese Anschauung, die die Macht Gottes einschränkt und damit die Möglichkeit von Wundern leugnet: Gott ist der einzige Schöpfer der Welt, selbst wenn er (wie die griechische Philosophie darlegt) Atome in allen ihren Formen verwendet, die schon vor ihm existierten.

Die Koranphilosophie. Sie ist nicht wie der *Kalam* streng theologisch geprägt; sie befaßt sich in erster Linie mit dem Text des Korans.
• **Al-Kindi** (um 796–um 870) geht über die Positionen der mutasilitischen Schule hinaus. Zwar ist er der Ansicht, daß die göttliche der menschlichen Erkenntnis überlegen ist, meint aber, daß der Mensch dennoch zu einer rationalen und darstellbaren Wahrheit gelangen kann. Er bezeichnet Gott als den Wahren und Einen, als zugleich rationale und offenbarte Wahrheit. Der Mensch ist aus Seele und Leib zusammengesetzt. Bei ihrer Fleischwerdung erwirbt die Seele Eigenschaften, durch die ihr ›Intellekt‹ zu einem aktualen Intellekt wird, der sowohl zu direkter Erkenntnis als auch zu der Erfassung zeitloser Realitäten fähig ist.
• **Alfarabi** (um 870–950) stellt seine Philosophie auf die Grundlage der Verflechtung von Sprache und Philosophie. Daraus erklärt sich die von ihm getroffene Unterscheidung von Essenz (Wesen) und Existenz (Sein). Die Existenz ist nur ein Akzidens der Essenz. Das Universum besteht aus mehreren Intelligenzen, unter denen eine hierarchische Ordnung herrscht und die jeweils voneinander bzw. letztlich von einer ersten Intelligenz abstammen; der diesseitige Staat muß sich an der überlegenen Ordnung orientieren, die im übergeordneten Universum herrscht. Wie Platon vertritt Alfarabi das Ideal eines von einem vollkommenen, tugendhaften Menschen geleiteten Staates *(Der Musterstaat)*. Ferner legt er mit seinem Kommentar zu Aristoteles die Grundlagen der gesamten muslimischen Logik. Für ihn ist der Geist des Systems ausschlaggebend.
• **Avicenna** oder **Ibn Sina** (980–1037) entwickelt die im Vergleich zur griechischen Tradition am weitesten fortgeschrittene Philosophie, wobei er sich hauptsächlich auf Plotin stützt. Avicenna betrachtet die Schöpfung als den Übergang vom Möglichen zum Wirklichen. Für diesen Prozeß ist Gott, wie die islamische Tradition es verlangt, ein absolut notwendiges Wesen. Aber Avicenna argumentiert subtiler: Da das Problem darin liegt, in welchem zeitlichen Verhältnis Gott und die Schöpfung zueinander stehen, unterscheidet er zwischen dem Ewigen in seinem Wesen und dem Ewigen in der Zeit; die Welt ist geschaffen in ihrem Wesen und nicht geschaffen in der Zeit.
• **Al-Ghasali** (1058–1111) vertritt die ascharitische Schule. Er beschäftigt sich vor allem mit der Logik, die für ihn ein unerläßliches Mittel der Theologie ist.
• Im Abendland kennt man insbesondere vier Namen: **Avempace** oder **Ibn Badjdja** (gest. 1138), **Ibn Tufail** (Anfang 12. Jh. bis 1185), **Averroes** oder **Ibn Ruschd** (1126 bis 1198) und **Ibn Sabin** (um 1217–um 1270). Das Problem, das sie beschäftigt, ist die Frage nach der Einheit der menschlichen Erkenntnisfähigkeit im Verhältnis zum göttlichen Erkenntnisvermögen. Das Werk des Averroes, die Neuartigkeit seines Denkens und sein Aristotelismus beeinflussen auch christliche Philosophen.
• Außerhalb dieser Schulen ist der letzte große islamische Philosoph des Mittelalters, **Ibn Chaldun** (1332–1406), anzusiedeln, der eine neue Geschichtsphilosophie begründet, die auch als ›Soziologie‹ bezeichnet wurde.
• S. Kapitel RELIGIONEN, Islam, Seiten 333 ff.

DIE JÜDISCHE PHILOSOPHIE

Philon von Alexandria (zwischen 13 und 20 v. Chr.–um 50 n. Chr.) hatte versucht, die Juden von Alexandria zur Orthodoxie zurückzuführen, indem er die Komplementarität von biblischem Denken und hellenistischer Philosophie aufzeigte. Aber es dauerte noch ein Jahrtausend, bis sich eine jüdische Philosophie entwickelte, die von der jedem rationellen Gedankengang verschlossenen Orthodoxie ebenso weit entfernt war wie von der von christlichen und islamischen Schulen beeinflußten Häresie. Die Anfänge der jüdischen Philosophie gehen auf die Bearbeitung des *Talmud* zurück, der die biblische Denktradition fortsetzt und eine Art dialektischer Anfechtung der Philosophie einführt. Der *Talmud* verweist (ohne Metaphysik) auf die Einheit von Leben und Denken, spielt aber unablässig mit dem Gegensatz zwischen konkret und abstrakt und mit den Möglichkeiten der grenzüberschreitenden Mystik und Spekulation.

MEISTERWERKE

- Der Ägypter **Saadja Gaon** (882–942) [er lebte in Babylonien], der die Bibel ins Arabische übersetzte und das *Buch des Glaubens und der Wissenschaft* verfaßte, unterschied klar zwischen offenbarer und natürlicher Wahrheit. Er bemühte sich, die dialektische Beziehung zwischen der jüdischen Kultur und den anderen Kulturen in Begriffe zu fassen.
- Der eigentliche Geburtsort der jüdischen Philosophie ist jedoch Spanien, wo **Ibn Gabirol** (Avicebron) [um 1020–um 1058] in seinem arabisch verfaßten *Lebensquell* die Gedanken Plotins aufgreift und damit die Tradition jüdischer Spekulation fortsetzt: Alle Wesen sind miteinander verbunden, aber – hier unterscheidet er sich von Platon und Plotin – die Welt wird von Gott geschaffen und gelenkt.
- **Bachja ben Joseph ibn Paquda** (11. Jh.) führt als einer der ersten die Dimension der Person in das philosophische Denken ein. Dies steht in Zusammenhang mit seiner Methode der Ideendarlegung, bei der er die Mittel des Dialogs, der Mahnung und der Warnung einsetzt *(Buch der Herzenspflichten)*. Er legt großen Wert auf die Einsamkeit, in der er selbst als Asket lebt: Der Mensch lebt in einer Spannung zwischen der Bemühung, fromm zu sein, und der geistigen Liebe. Die Seele selbst kennt zwei Kräfte: die Kraft der Leidenschaft, die auf die Erhaltung des Menschen in der Welt gerichtet ist, und die Kraft der Ratio, die den Menschen der Welt entreißen und zum göttlichen Ursprung führen will.
- **Juda Halevi** (um 1080–um 1141) ist in erster Linie Dichter. Neu ist, daß er in seinem *Buch vom Chasaren* die Bibel als gemeinsamen Ursprung der drei großen Religionen betrachtet. Dieses in arabischer Sprache geschriebene Buch berichtet über die Bekehrung der Chasaren, die auch mit Christen und Muslimen diskutiert hatten, zum Judentum.
- **Moses Maimonides** (1135–1204) wirkt nachhaltig auf die jüdische und universelle Philosophie. Er führt die aristotelische und die biblische Gedankenwelt in seinem arabisch verfaßten *More nebukim* (Führer der Verwirrten) zusammen, indem er zeigt, daß beide für das Verständnis der Ewigkeit der Welt notwendig sind. Weder Buchstabe noch Geist allein führen zu einem vollständigen Verständnis der Bibel: Dies gewährleistet erst die Offenbarung.
- Die Philosophie des Maimonides prägt das jüdische Denken über lange Zeit und beeinflußt auch **Levi ben Gerson** (1288–um 1344) und **Chasdai Crescas** (um 1340–1412?): Die dogmatische mittelalterliche Philosophie weicht allmählich einer Philosophie, in der die Mystik wichtiger ist als logische Beweisführung und die die Renaissance einleitet. (s. Kapitel Religionen, Judentum, S. 304 ff.)

DER UNIVERSALIENSTREIT

Universalien sind etwas, das sich durch Allgemeinbegriffe ausdrücken und daher auch zum Prädikat mehrerer Subjekte werden kann. Anlaß zum Streit über die Universalien ist Aristoteles, den der griechische Philosoph **Porphyrios** (234–um 305) kommentiert hat. Die Lösung, die dieser griechische Kommentator gefunden hat, wird von den französischen Scholastikern des 11. Jh. in Zweifel gezogen. In der Debatte geht es um die Frage, ob die Begriffe, die wir zur Bezeichnung von äußeren oder inneren Dingen (Realitäten, Meinungen) benutzen, verallgemeinert, universell angewendet werden können. Drei Lösungen wurden vorgeschlagen.

Der Nominalismus. Roscelin (um 1050 bis um 1120), **Petrus Abaelardus** (1079–1142) und später auch **Wilhelm von Ockham** (um 1285–um 1349) behaupten, daß sich das Wort *(nomen)* und die Realität, die dieses Wort bezeichnen soll, nicht völlig voneinander trennen lassen. ›Was liegt der Realität zugrunde, die ein allgemeiner und abstrakter Begriff in unserem Geist hat? Es ist nur ein Name; wenn es etwas anderes ist, dann ist es zwangsläufig nicht mehr abstrakt und allgemein.‹ Es gibt keine allgemeine Idee, sondern nur ›allgemeine Zeichen‹.

Realismus und Konzeptualismus. Dem Nominalismus stehen zwei Thesen gegenüber. Die erste wird von Abaelardus vehement attackiert (der den Nominalisten die schärfsten Argumente geliefert hat): der *Realismus,* demzufolge Universalien unabhängig von den Dingen existieren, in denen sich dies manifestieren. Die Universalien sind also eine *Realität.*

Die zweite These, der *Konzeptualismus,* besagt, daß die Universalien nur in Begriffen existieren, d. h. weder vor den Dingen, noch in den Essenzen, aus denen diese Dinge bestehen. Die Universalien sind ›concepti‹ (Begriffe), d. h. Denkgebilde, gedankliche Instrumente. Auch der Konzeptualismus stützt sich auf Abaelardus, als er den Realismus angreift; er ist radikaler und von strengerer Logik als der Nominalismus. Der Konzeptualismus sucht einen Mittelweg zwischen den beiden Lehren, die Universalien entweder als Worte oder als Dinge begreifen. Trotz der Kritik durch Abaelardus wird der Realismus weiterhin von bedeutenden Philosophen, wie dem Schotten Johannes **Duns Scotus** (um 1266–1308) Ende des 13. Jh., verteidigt. Duns Scotus regt eine Philosophie an, in der die Essenz etwas ist, für die der Unterschied zwischen Universalien und Einzeldingen irrelevant ist. Sollte eine Unterscheidung dennoch notwendig sein, so ist sie nur formal, da sie auf Kategorien der menschlichen Erkenntnis zurückgeht.

DER HUMANISMUS

Der Humanismus ist eine Geistesbewegung der europäischen Renaissance (16. Jh.). Einschneidende Ereignisse fallen in diese Zeit: die Reformation und die Gegenreformation; die großen Erkundungsfahrten (Entdeckung der Neuen Welt). Der Humanismus stützt sich im wesentlichen auf die Autoren der Antike. Er stellt den Menschen und die menschlichen Werte über alle anderen Werte.

Der Humanismus in Europa. Seinen Ursprung hat der europäische Humanismus in den großen italienischen Bewegungen des 14./15. Jh.: Die Erhabenheit Roms wird wiederentdeckt (Petrarca), und die griechischen Gelehrten aus Konstantinopel (von den Osmanen 1453 erobert) strömen an die Ufer des Tiber. **Coluccio Salutati** (1331–1406), Lorenzo **Valla** (1407–1457) und **Marsilio Ficino** (1433–1499) entdecken und kommentieren die großen Werke der Antike. **Giovanni Pico della Mirandola** (1463–1494) formuliert mit seiner Rede *Über die Würde des Menschen* (1485) das Programm des Humanismus, der beweisen wollte, daß alle Philosophien zum Christentum führen.

Der französische Humanismus. Seine Geburtshelfer waren der deutsche Gelehrte **Johannes Reuchlin** (1455–1522) und **Guillaume Budé** (1467–1540); sie wecken ein

neues Interesse am Erlernen des Hebräischen und des Griechischen und bewirken dadurch, daß das christliche Ideal und das Heidentum ständig aneinander gemessen werden. **Jakob Faber** (um 1450–1536) übersetzt die Hermes Trismegistos zugeschriebenen Werke und ermöglicht damit eine neue Sichtweise des Platonismus. Immer mehr Übersetzungen aus den Ursprachen werden angefertigt: **Etienne Dolet** (1509–1546) veröffentlicht seine Abhandlung *La manière de bien traduire d'une langue en autre* (1540). Es entsteht ein neues Ideal des Menschen, der allen Philosophien gegenüber tolerant ist; dieses Ideal spiegelt sich in *Der Hofmann* (1528) von Castiglione. Die tolerante Gesinnung ist auch ein Grundzug des Werkes von **Erasmus von Rotterdam** (1469 bis 1536). Auf der Ebene der Politik beleuchten die *Utopie* von **Thomas More** und *Die Republik* von **Jean Bodin** (1530–1596) die Frage der Macht von einer anderen Seite. **François Rabelais** (um 1494–1553) drückt sein Vertrauen in den Menschen und das Wissen optimistisch in phantasievollen Allegorien aus, in denen Gelehrsamkeit, Parodie, Fabel und Volksüberlieferungen sich vermischen; hier tritt insbesondere das Ideal einer umfassenden Bildung in Erscheinung, auf dem der moderne Individualismus beruht. Der gleiche, allerdings skeptisch gefärbte Wissensdrang findet sich auch bei **Michel de Montaigne** (1533–1592). Das humanistische Ideal steht jedoch in scharfem Gegensatz zu den reformatorischen Ideen **Martin Luthers** (1483 bis 1546), in deren Folge die christliche Welt zu radikalen Positionen gelangt und das Ideal der Toleranz angesichts des Fanatismus der Glaubenskriege an Einfluß verliert.

DIE LIBERALE WIRTSCHAFTSLEHRE

Die Physiokraten. Für die Physiokraten wird das Wirtschaftsgeschehen – ebenso wie die Gegenstände und Dinge der ›physikalischen‹ Welt – durch ein System von ›Gesetzen‹ bestimmt, die man beschreiben, aber nicht verändern kann. Die Physiokraten entwickeln eine Art ›ökonomischer Physik‹ auf der Grundlage der natürlichen Ordnung und betrachten die Erde als einzige Quelle des Wohlstands: Nur die Landwirtschaft ist wirklich produktiv; in den übrigen Wirtschaftsbereichen werden die natürlichen Ressourcen lediglich umgewandelt.

Als erster Physiokrat ist der Arzt **François Quesnay** (1694–1774) zu nennen, der in seinem 1758 veröffentlichten *Tableau économique* den Wirtschaftskreislauf erstmals mit dem Blutkreislauf im menschlichen Körper vergleicht. Quesnay bereitet damit der volkswirtschaftlichen Gesamtrechnung den Weg.

Für **Adam Smith** (1723–1790), den Verfasser der *Untersuchung über die Natur und die Ursachen des Nationalreichtums* (1776) ist die Arbeit die Quelle des Wohlstands, da die menschliche Arbeitskraft jeder Produktion zugrunde liegt. Smith betont auch die zentrale Bedeutung der Ersparnisse, die zur Bildung von Kapital beitragen, das wiederum die Arbeitsproduktivität erhöht: Smith beschreibt damit die Gruppe der ›Produktionsfaktoren‹. Das Eigeninteresse ist die Triebfeder jedes menschlichen Verhaltens. Wenn jeder seine eigenen Interessen verfolgt, sorgt eine ›unsichtbare Hand‹ dafür, daß auch dem allgemeinen Interesse gedient ist. Dadurch, daß der einzelne für sich selbst arbeitet, trägt er zugleich zum Wohl der Allgemeinheit bei. Der ›Markt‹, der Ort, an dem die Eigeninteressen aufeinander

831

PHILOSOPHISCHE SCHULEN UND RICHTUNGEN

treffen, gewährleistet, daß durch die freie Preisentwicklung ein globales Gleichgewicht hergestellt wird.

Pessimistische Liberale. Thomas Malthus (1766–1834) arbeitet ein Gesetz heraus, nach dem die Bevölkerungzahl sich in jeder Generation verdoppelt, während die Nahrungsmittelproduktion nur arithmetisch steigt. Unter diesen Vorzeichen ist die Menschheit zum Elend verdammt. David Ricardo (1772 bis 1823), der das Problem der Einkommensverteilung aufgreift, entwickelt eine Arbeitswertlehre und den Begriff des ›natürlichen Lohns‹, der aufgrund des Wettbewerbs so niedrig ist, daß der Arbeiter gerade davon leben kann. Die natürliche Ordnung ist somit nicht die ›bestmögliche‹, sondern nur die beste aller schlechten Ordnungen, und sie zu ändern, hätte noch schlimmere Folgen (*Die Grundsätze der politischen Oekonomie, oder die Staatswirtschaft und die Besteuerung,* 1817). John Stuart Mill (1806–1873), Verfasser der *Grundsätze der politischen Ökonomie* (1848), unterscheidet zwischen Produktionsgesetzen (universell, da ›physikalischer‹ Natur) und Verteilungsgesetzen (mit sozialem Charakter und daher relativ). Mill prophezeit einen ›stationären Zustand‹, eine Art ›Nullwachstum‹, aber die Menschheit werde bei Erreichung dieses Zustands fähig sein, andere Ziele als das eine Ziel des materiellen Wachstums ins Auge zu fassen.

Optimistische Liberale. Für Jean-Baptiste Say (1767–1832) ist Überproduktion unmöglich; denn der Verkauf einer Ware bewirkt jedesmal den Kauf einer anderen Ware: Dies ist die ›Theorie der Absatzwege‹. J.-B. Say legt ferner eine hervorragende Analyse der Rolle des Unternehmers vor. Auch Frédéric Bastiat (1801–1850) zeichnet das optimistische Bild einer harmonischen Wirtschaftswelt. Die Freiheit dient dem Fortschritt, und der Fortschritt steigert die Arbeitsproduktivität.

Wichtige Beiträge der liberalen Schule. Im theoretischen Bereich entwickeln die Liberalen eine neue Werttheorie. Sie führen den Wert auf materielle und objektive Elemente zurück: Dies ist die Kostentheorie. Sowohl optimistische als auch pessimistische Liberale vertreten die Lehrmeinung, daß das freie Spiel der natürlichen Mechanismen die besten (oder bestmöglichen schlechten) Folgen für die Wirtschaft hat. Es darf keine Beschränkungen geben, die die Ausgleichsmechanismen daran hindern, spontan in Aktion zu treten.

POSITIVISMUS

Der Positivismus ist eine Lehre, die im 19. Jh. von **Auguste Comte** (1798 bis 1857) in Frankreich begründet wurde. Nach dieser Lehre müssen sich alle philosophischen und wissenschaftlichen Aktivitäten auf die Untersuchung von Tatsachen beschränken, die durch Erfahrung verifizierbar sind. Comte wendet die neu entwickelten wissenschaftlichen Methoden auf die Soziologie an, eine neue Disziplin, die ihre eigene Methode hat: Sie geht historisch und vergleichend vor und verbindet dadurch Statik und Dynamik. A. Comte stellt seinen positivistischen Ansatz als einen Schritt dar, der notwendig ist, um den Menschen zu befreien und die Geschichte voranzutreiben. Die Menschheit hat zwei Stadien durchlaufen, das *theologische* und das *metaphysische* Stadium; der menschliche Geist richtet ›sein Forschungsinteresse im wesentlichen auf die innerste Natur der Wesen, die ersten und letzten Ursachen aller Wirkungen, die ihn betreffen, kurz: auf die absolute Erkenntnis‹ (*Rede über den Geist des Positivismus,* 1844). Dieses Stadium müsse der Mensch überwinden, um zum *positivistischen* Stadium zu gelangen und mit Hilfe der Wissenschaft die *positiven* Tatsachen zu analysieren. Die Klassifikation der Wissenschaften hat ihre Entsprechung in den Entwicklungsstufen des menschlichen Geistes: Den Anfang bildet die ›anorganische‹ Physik, den Abschluß die Soziologie. Die Grundzüge der Comteschen Philosophie finden sich in seiner *Soziologie* (1830–1842).

MARXISMUS

Die Grundlagen des Marxismus. Der Marxismus steht auf den Fundamenten des Materialismus und des wissenschaftlichen Sozialismus. Für die Marxisten ist der Materialismus die Waffe, die die Philosophie umfunktionieren soll: Aus einem von der Bourgeoisie geprägten spekulativen Instrument (Idealismus) soll ein im Dienst des Proletariats stehendes Instrument zur Veränderung der Welt werden. Der Materialismus stützt sich auf zwei Grundlagen: den *dialektischen Materialismus,* ›die Wissenschaft von den allgemeinen Gesetzen der Entwicklung der äußeren Welt wie auch des menschlichen Denkens‹, und den *historischen Materialismus.* Für den dialektischen Materialismus bestand die Materie vor dem Geist, und es wird angenommen, daß der menschliche Geist dank der ›Negation der Negation‹ (Dialektik) in Schüben, Katastrophen und Revolutionen immer höhere Entwicklungsstufen erreicht. Der historische Materialismus vertritt die Auffassung, daß das menschliche Bewußtsein durch die soziale Realität geprägt wird, d. h. von der Gesamtheit der Produktionsverhältnisse, der ›realen Basis, auf der sich ein juristischer und politischer Überbau erhebt und der die Formen des determinierten gesellschaftlichen Bewußtseins entsprechen‹. Die Geschichte der Menschheit ist geprägt vom Widerspruch in den Produktionsweisen, die im gesellschaftlichen Aufbau und den Produktionsverhältnissen, aus denen sich die Herrschaft einer Klasse über eine andere ergibt, begründet liegen. Darum ist der *Klassenkampf* ein wichtiger Faktor in der Menschheitsgeschichte. Im Klassenkampf gibt es verschiedene Epochen; die letzte Epoche, der Kapitalismus, zerfällt in mehrere Stadien, die Rosa Luxemburg (1870–1919) und insbesondere Lenin im 20. Jh. als *Imperialismus* bezeichneten.

In seiner Analyse des Kapitalismus entwickelt Marx eine Arbeitswerttheorie. Der Wert drückt die Menge der in einer Ware enthaltenen gesellschaftlichen Arbeit aus. Im kapitalistischen System verkauft der Arbeiter dem Produktionsmittelbesitzer seine Arbeitskraft, die selbst zur Ware geworden ist und somit den Wettbewerbsgesetzen des Marktes unterliegt (Arbeitslosigkeit, fallende Löhne). Der Mehrwert ist die Differenz zwischen dem Wert, der sich aus einer bestimmten Arbeitsmenge ergibt, und dem Verkaufswert der Arbeit, der dem Arbeiter gezahlt wird. Die

A · **Rosa Luxemburg.**
Rosa Luxemburg, aus wohlhabender polnischer Familie stammend, hatte Kontakt zur polnischen Sozialdemokratie und erwarb 1898 die deutsche Staatsbürgerschaft. Seit 1918 leitete sie den Spartakusbund. Sie wurde 1919 im damals sozialdemokratischen Berlin von der Polizei ermordet.

B · **Lenin.**
Lenin spricht vor den Arbeitern der Putilow-Werke (Gemälde von Brodskij, Lenin-Museum, Prag). Lenin baute eine mächtige Partei auf, deren theoretischen Unterbau er in ›Was tun‹ darstellte. Als er 1917 die Macht übernahm, hatte er gerade *Staat und Revolution* beendet, jedoch war sein wichtigstes Anliegen die Herausbildung eines Klassenbewußtseins der Arbeiter. Der sowjetische Staat wurde durch die Allmacht der Partei zusammengehalten, über die die politische Polizei wachte. Als Lenin die Gefahren dieser Strategie erkannte, war es schon zu spät, und sein ›Testament‹, in dem er Stalin anklagte, blieb wirkungslos.

MEISTERWERKE

Mehrwertrate drückt also den Ausbeutungsgrad des Lohnarbeiters aus. Der Ausbeuter hat die natürliche Tendenz, den Mehrwert zu erhöhen, woraus sich eine Akkumulation des Kapitals ergibt. Der einzig mögliche Ausweg ist die Enteignung der Ausbeuter durch die Ausgebeuteten und die Abschaffung der Lohnarbeit. Deshalb müssen sich die Lohnarbeiter in Parteien zusammenschließen und die kapitalistische Gesellschaft durch die Diktatur des Proletariats in eine sozialistische Gesellschaft umgestalten. Die Diktatur des Proletariats ist ein Zwischenstadium, in dessen Verlauf sich der proletarische Staatsapparat nach dem Verschwinden der Klassen selbst auflöst.

Ausbreitung und Niedergang. Nach Marx und Engels erlebt der Marxismus eine rasche Ausbreitung und verändert sich in Auseinandersetzung mit seinen Kritikern. Er wird in Rußland von **Georgij Plechanow** (1856 bis 1918), in Deutschland von **Karl Kautsky** (1854–1938), in Österreich von **Otto Bauer** (1881–1938) und in Italien von **Antonio Labriola** (1843–1904) weiterentwickelt, bevor er durch **Eduard Bernstein** (1850–1932) in eine erste revisionistische Krise gerät. Von R. Luxemburg stammt der Begriff der Akkumulation des Kapitals, **Rudolf Hilferding** (1877–1941) weist auf die entscheidende Rolle des Finanzkapitals hin und wird dafür von Lenin kritisiert, der den Imperialismus in den Vordergrund stellt. Auf Lenin geht die These von der kommunistischen Kaderpartei als Avantgarde der Arbeiterklasse zurück.

Nach der Oktoberrevolution, dem Scheitern der revolutionären Bewegungen in Europa (1919–1921) und der Machtübernahme Stalins bereitet **Antonio Gramsci** (1891 bis 1937) den Weg für eine neue Sichtweise der Rolle der Intellektuellen in der Gesellschaft; **György Lukács** (1885–1971) versucht, die Rolle der Subjektivität des Menschen im Bewußtsein, das er von den ihn bestimmenden Gesetzen hat, wiederherzustellen. Mao Zedong führt die marxistische Analyse weiter, insbesondere durch seine Thesen über den Platz der Bauern in den kapitalistischen Produktionsverhältnissen. Nach dem Zweiten Weltkrieg erlebt der Kommunismus, vor allem in der dritten Welt, einen neuen Wachstumsschub. Ansätze zu einer Kritik des Stalinismus seit 1956 bleiben ergebnislos. Dies führt dazu, daß der Marxismus von immer mehr Völkern marxistisch ausgerichteter Staaten abgelehnt wird. Ihren Höhepunkt erreicht diese Entwicklung schließlich im Zusammenbruch der Volksdemokratien Osteuropas. Die diese Staaten bestimmende leninistische Theorie und stalinistische Praxis hat die wahre Natur des marxistischen Erbes aufgedeckt: den totalitären, auf Hegel zurückgehenden Grundgedanken.

DIE NEOKLASSISCHE WIRTSCHAFTSLEHRE

Die neoklassische Wirtschaftslehre läßt sich in drei Schulen untergliedern: die Grenznutzenschule, die mathematische Schule (oder ›Lausanner Schule‹) und die Cambridger Schule.

Die Grenznutzenschule.

Der subjektive Wert. Die Werttheorie der Grenznutzenschule stellt die Theorie der Liberalen auf den Kopf: Der Wert kann sich nicht aus Kosten ergeben; er entsteht aus einem Wunsch, einem Bedürfnis. Der Wert eines Gutes ergibt sich aus seinem ›Nutzen‹ und nicht aus den Kosten der zu seiner Herstellung benötigten Elemente.
Der Grenznutzen. Die letzte (am wenigsten gewünschte) Menge eines Gutes bestimmt den Wert aller Einheiten dieses Gutes: Der Begriff des subjektiven Wertes wird durch die Einführung von ›Grenzen‹ weiterentwickelt. Für **W. Stanley Jevons** (1835–1882) kann die Arbeit kein Kriterium für den Wert sein, denn die Arbeitskosten entstehen lange, bevor das Gut konsumiert wird. Für **Carl Menger** (1840–1921), im Kopf der psychologisch orientierten Wiener Schule, stützt sich der Wert eines Gutes auf seinen Nutzen und seine relative Knappheit.

Die mathematische Schule. Sie heißt auch ›Lausanner Schule‹, da zwei ihrer wichtigsten Vertreter, der Franzose Walras und der Italiener Pareto, in dieser Stadt lehrten. Für **Léon Walras** (1834–1910) ist die Frage nicht: ›Was ist die *Ursache* des Wertes?‹, sondern: ›Auf welchem Niveau siedelt sich der *Preis* auf einem Markt mit gänzlich freiem Wettbewerb an?‹ Walras beschäftigt sich mit dem Produktmarkt, dem Produktionsfaktorenmarkt und dem Kapitalmarkt. Der Lausanner Professor stützt sich auf die mathematische Beweisführung; er ist der Begründer der ›reinen Ökonomie‹ (*Études d'économie sociale,* 1896). **Vilfredo Pareto** (1848–1923), der den Lehrstuhl von Walras übernimmt, vertieft dessen Theorie. Seine Ökonomie gehorcht einer ›rationalen Mechanik‹.

Aber der italienische Nationalökonom ist zugleich auch Soziologe und bezieht in dieser Eigenschaft das Irrationale im Menschen in die Wirtschaftstheorie ein. Er weist auf das ›ökonomische Optimum‹ hin und zeigt die Relativität des bei freiem Wettbewerb erreichten Optimums auf. Er geht in seinen Schlußfolgerungen nicht so weit wie Walras.

Die Cambridger Schule. Ihr wichtigster Vertreter ist Alfred Marshall, der in Cambridge lehrte. **Alfred Marshall** (1842–1924) vermeidet die übermäßige Abstraktion der Grenznutzen- und der mathematischen Schule, indem er sich auf die tatsächliche Situation in Industrie (weniger summarische Psychologie), Gesellschaft (Untersuchung der Institutionen) und Wirtschaft (Beschäftigung mit dem beschränkten Wettbewerb) konzentriert. Marshall verknüpft die Kostentheorie (der klassischen Liberalen) und die Theorie des subjektiven Werts (der Grenznutzenschule). Er führt den Faktor Zeit in die Wirtschaftsanalyse ein. Schließlich spricht er sich für bestimmte Sozialreformen aus: Er vertritt somit einen Liberalismus, der die reine Abstraktion durch Annäherung an das Reale überwinden will.

Botschaft der neoklassischen Schulen. Die neoklassischen Schulen versuchen, die Segnungen des Liberalismus (der inzwischen von den sozialistischen und marxistischen Schulen angegriffen wurde) aufzuzeigen. Die neoklassischen Analysen sind jedoch noch reduktionistisch, rational und wirklichkeitsfremd. Die Neoklassiker führen eine wichtige Neuerung ein: Statt des Dogmas des freien Wettbewerbs tritt die ›Maximierung der Bedürfnisbefriedigung‹ in den Vordergrund.

DIE PSYCHOANALYSE

Prinzipien. Die Stunde der Psychoanalyse schlug Ende des 19. Jh. mit der Veröffentlichung der Arbeiten von **Sigmund Freud** (1856–1939). Freud ist der Ansicht, daß sich die Persönlichkeit unter dem Einfluß von Verdrängungsprozessen bildet, mit denen angstmachende und schuldgefühl bewirkende Kindheitserlebnisse ins Unbewußte verdrängt werden. Diese Verdrängung von traumatischen Situationen ist auf die determinierende Rolle des Vaters im Dreieck Vater-Mutter-Kind zurückzuführen sowie auf den Augenblick, in dem der Ödipuskomplex entsteht. Freud ging es darum, Fehlleistungen und Träume zu untersuchen, in denen sich Elemente des Verdrängten zeigen. Er erarbeitete zwei (topische) Modelle des psychischen Apparats. Das zweite Modell erkennt in der Person des Menschen drei Instanzen: das Unbewußte, d. h. die latenten Triebe (das Es), das Bewußte oder Ich und das Über-Ich, das gesellschaftliche Vorbild, die Gesamtheit der moralischen Regeln.

Die Psychoanalyse ist in erster Linie eine Therapiemethode; das Symptom, das ein Patient aufweist, steht für eine Verdrängung; wird sich der Patient des Verdrängten bewußt, verschwindet das Symptom. Die Grundregel der Heilbehandlung ist, daß das Subjekt frei allen Gedankenassoziationen nachgehen soll, die ihm einfallen. Dabei sind Widerstand (gegenüber dem Unbewußten) und Übertragung (von Liebes- und Haßgefühlen auf den Analytiker) die Voraussetzung dafür, daß der Patient verdrängte frühe Konfliktsituationen, die zur Entwicklung von Neurosen führen, noch einmal durchlebt.

Geschichte der psychoanalytischen Bewegung. Schon sehr früh in der Geschichte der Psychoanalyse kommt es aufgrund theoretischer Gegensätze zu Spaltungen. Die Psychoanalyse wird geboren, als Freud die Zusammenarbeit mit **Joseph Breuer** (1842–1925)

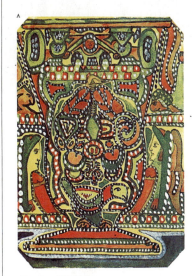

▲ **Kunst und Wahnsinn.**
August Klotz (1864–?) wurde nach schweren Depressionen mit Selbstmordversuchen (Selbstverstümmelung) in die Anstalt Weinsberg (Württemberg) verbracht. Der deutsche Psychiater Hans Prinzhorn (1886–1933) besaß eine große Sammlung seiner (und anderer) Bilder (Universität Heidelberg). Klotz hielt sich in diesem Werk (1919) an die Regeln der Symmetrie: Er wiederholt seine Motive zu beiden Seiten einer Mittelachse und fügt sogar Elemente im Profil (Vogel) ein. Der Kopf ist ›monumental‹ und steht damit im Kontrast zu den übrigen spielerischen Bildelementen: Klotz stellt die Haare als Würmer mit krallenbewehrten Füßen und Raupenköpfen dar. Zu seinen Bildern verfaßte er Kommentare, z. B. ›Wurmlöcher (Badegesicht), Würmerzüge (Musikstockzähne für Klavier), Würmerschleifen (Schleimbadleben)‹.

MEISTERWERKE

PHILOSOPHISCHE SCHULEN UND RICHTUNGEN

aufkündigt (1895–96), nachdem er die Hysterie als sexuell bedingt und den Vorgang der Übertragung erkannt hat. Freud arbeitet allein, wenn auch mit brieflicher und freundschaftlicher Unterstützung von **Wilhelm Fließ** (1858–1928), an seiner 1900 veröffentlichten *Traumdeutung*. Durch dieses Werk gewinnt er einige Anhänger unter den jungen Wiener Ärzten, darunter **Alfred Adler** (1870–1937), **Sandor Ferenczi** (1873–1933), **Otto Rank** (1884–1939) und **Wilhelm Stekel** (1868 bis 1940). Von großer strategischer Bedeutung war die Mitgliedschaft des Psychiaters **Carl Gustav Jung** (1875–1961). In den Vereinigten Staaten interessiert man sich schon früh für die Ideen S. Freuds. Um die Bewegung der Psychoanalyse vor Zersplitterung zu bewahren, gründet Freud 1910 eine offizielle Körperschaft: die International Psychoanalytical Association (IPA). Freuds Wohnort Wien bleibt zwar weiterhin das Zentrum der Bewegung, aber auch Berlin, wo sich **Karl Abraham** (1877–1925) und das Institut für Psychoanalyse befinden, ist zwischen 1920 und 1925 für die Entwicklung der Psychoanalyse von großer Bedeutung. Der erstarkende Nationalsozialismus zwingt eine große Zahl von deutschsprachigen Psychoanalytikern in die Emigration, hauptsächlich in die Vereinigten Staaten. Dort entstehen die *Ego-psychology*, die die Psychoanalyse zu einer Psychologie mit adaptativer Zielsetzung macht, sowie die von Reich initiierte Bewegung. In der britischen Schule macht die Theorie Fortschritte, insbesondere mit **Melanie Klein** (1882–1960) und ihrer in der Kinderanalyse entwickelten Theorie der präödipalen Stufen.

Die Société psychanalytique de Paris wird 1926 gegründet und von der IPA anerkannt. Anfang der fünfziger Jahre tritt die erste Spaltung in der französischen Bewegung auf, als es unter der Einwirkung von J. Lacan zu Auseinandersetzungen über die Psychoanalytikerausbildung kommt. Daraufhin gründet **Jacques Lacan** (1901–1981) die Société française de psychanalyse (SFP), die von der IPA nicht anerkannt wird. Die SFP wird 1963 aufgelöst. Ihre Mitglieder schließen sich entweder der IPA oder J. Lacan an, der 1964 die École Freudienne de Paris (EFP) gründet. Heute verteilen sich die Anhänger Lacans auf mehrere Splittergruppen.

GESTALTPSYCHOLOGIE

Definition. Die Gestaltpsychologie wurde mit Blick auf die Wahrnehmung und insbesondere die visuelle Wahrnehmung entwickelt. Sie will anhand von Versuchen beweisen, daß die Umgebung eines Gegenstandes die Wahrnehmung dieses Gegenstandes im Raum oder auf einer Fläche beeinflußt; mit anderen Worten, die Abgrenzungen des Gegenstandes, seine ›Figur‹, der Name, den man ihm spontan gibt, stehen in engem Zusammenhang mit dem, was um ihn herum ist. Damit drängt sich der Unterschied Figur/Grund auf, der sich sowohl mit objektiven als auch mit persönlichen und subjektiven Kriterien definieren läßt. Ein klassisches Beispiel ist die Melodie, die nicht als Folge einzelner Noten, sondern als ein Ganzes erfaßt wird, das von einer Tonart in eine andere transponiert werden kann, sich aber radikal verwandelt, wenn ein oder zwei Noten oder rhythmische Elemente verändert werden. Ein allgemeineres Ziel der Gestaltpsychologie ist es aufzuzeigen, daß die psychischen Vorgänge eine Ganzheit bilden.

Gestaltpsychologen und Forschungsbereiche. Die Gestaltpsychologie wurde von den deutschen Psychologen **Max Wertheimer** (1880–1943), **Kurt Koffka** (1886–1941) und **Wolfgang Köhler** (1887–1967) vor dem Machtantritt Hitlers in Deutschland entwickelt. Sie ist eine Gegenbewegung sowohl zum Assoziationismus, der sich durch seine Untersuchung jedes einzelnen Verhaltenselements auf eine Zersplitterung des Ichs hinausläuft, als auch zum Behaviorismus, an den der Vorwurf einer mechanischen Sichtweise des menschlichen Verhaltens gerichtet ist. Für die Vertreter der Gestaltpsychologie hat eine bestimmte psychische Tatsache je nach Kontext eine unterschiedliche Bedeutung.

In der Gestaltpsychologie werden bevorzugt optische Täuschungen und umkehrbare Figuren als Beispiele angeführt. Forscher wie **Kurt Goldstein** (1878–1965) und **Paul Guillaume** (1878–1962) haben sich mit der Untersuchung der Gestalt befaßt. In diesen Rahmen fallen auch die Arbeiten von **Kurt Lewin** (1890–1947), der das Konzept des *Feldes* in die Persönlichkeitsforschung einführt.

Nachwirkungen. Max Wertheimer hat versucht, die Existenz einer ›richtigen Gestalt‹ experimentell nachzuweisen. Die Arbeiten Jean Piagets haben die Feststellung ermöglicht, daß einige Gestalteigenschaften im Laufe des menschlichen Lebens (fast) unverändert bleiben, während sich andere wandeln.

A · **Carl Gustav Jung**

B · **Kunst und Psychoanalyse.**
Der große Ziegenbock oder *Der Sabbat* (1798) von Goya (Museum Lázaro Galdiano, Madrid) zeigt das legendäre Thema des heidnischen Sabbats. In Gestalt eines Ziegenbocks, dem Opfer gebracht werden, schart der Teufel die Hexen jeden Sonnabend bei Sonnenuntergang um sich. Dieses Gemälde von Goya erinnert an die berühmten Hypothesen, die Freud hundert Jahre nach Goya formulierte: Zu Beginn der ›Zivilisation‹ regiert der Vater, der ›Ziegengott‹, die reinste Form der Animalität, über die Frauen, die sich ihm darbieten (hier bringen sie Opfergaben). In allegorischer Form ist dies auch das zentrale Thema von *Totem und Tabu* (1912): Der Vater thront inmitten von Frauen, die er allein besitzt. Später werden die Söhne kommen und ihn ermorden. Die Urfigur des Vaters, der als wildes Wesen eins mit der Natur ist, findet sich in vielen Mythen. 1912 kommt es zu den ersten Divergenzen zwischen Jung und Freud: Jung entwickelt die Idee eines *kollektiven Unbewußten*, das die tausendjährigen Erfahrung der Menschheit enthält, eine Vorstellung, die Freud völlig verwirft.

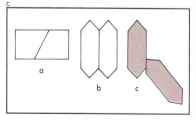

C · **Die Gestaltpsychologie.**
Die Gestaltpsychologie versucht aufzuzeigen, wie die Figur-Grund-Wahrnehmung abläuft. Dies geschieht mit Hilfe von bestimmten Figurelementen, die unterschiedlich gesehen werden können: Ist eine Figur offen oder geschlossen? (Anordnung von Linien, von Punkten, die durchgehend oder unterbrochen erscheinen können). Symmetrie und einfache Flächen sind andere Faktoren, die verschiedene Sichtweisen möglich machen. So wird Zeichnung (a) als eine Figur, Zeichnung (b) als zwei Figuren bzw. als eine Figur mit einer trennenden Mittellinie gesehen. In Zeichnung (c) wirkt die Farbigkeit und der Figur-Grund-Gegensatz vereinigend; da aber die beiden Sechsecke einfache Formen sind und als ›Ganzes‹ erscheinen, wird die Einheit der Figur zerstört. Man nimmt zwei aneinandergeheftete Figuren wahr (Koffka betonte die Funktion der Symmetrie und der Einfachheit 1935).

834

MEISTERWERKE

WIENER KREIS

Gründung und Geschichte. Der Name *Wiener Kreis* bezeichnet eine Gruppe von Intellektuellen, die in der Zwischenkriegszeit in Wien zusammenkamen, um eine formalisierte Enzyklopädie der Wissenschaften zu erarbeiten. Sie orientierten sich dabei an den aus den Thesen Einsteins hervorgegangenen Anschauungen und den von **Bertrand Russell** (1872 bis 1970) und **Ludwig Wittgenstein** (1889 bis 1951) geschaffenen Hilfsmitteln der formalen Logik. Die Gruppe, der **Otto Neurath** (1882–1945) und zahlreiche Wissenschaftler angehörten, konstituierte sich 1922 nach der Ankunft **Moritz Schlicks** (1882 bis 1936) in Wien. In ihrem Umfeld sind **Kurt Gödel** (1906–1978) und **Alfred Tarski** (1902–1983) anzusiedeln; 1926 wurde **Rudolf Carnap** (1891–1970) zu den Treffen eingeladen und prägte seitdem die Arbeit des Kreises entscheidend mit. Wittgenstein und **Karl Popper** (geb. 1902) nahmen häufig an den Zusammenkünften teil, waren aber keine Mitglieder. Nach 1929 setzte sich der Wiener Kreis das Ziel, die intellektuellen Instrumente eines neuen Empirismus, des *logischen Empirismus,* zu schaffen. 1930 gab er eine Zeitschrift mit dem Titel *Erkenntnis* heraus. Die Arbeit des Kreises endete mit dem Beginn des Zweiten Weltkriegs.

Die Ideen des Wiener Kreises. Die Positionen des Wiener Kreises sind unter verschiedenen Bezeichnungen bekannt, insbesondere als ›logischer Positivismus‹ und ›logischer Empirismus‹. Sie werden als Fortsetzung der älteren *analytischen* oder *angelsächsischen Philosophie* angesehen, da sie auf Russell zurückgehen.

Kennzeichen des logischen Positivismus ist seine Verneinung der Metaphysik. In seiner Theorie verbinden sich eine empirische Philosophie, die das mit den Sinnen Erfahrbare zum Grundelement der Erkenntnis erklärt, eine szientistische und antimetaphysische Vorstellung der Dinge und eine Methode zur logischen Sprachanalyse. Die Sprachanalyse stammt von Russell und Frege. Diese Autoren entwickelten einen neuen Ansatz: Die Bedeutung eines Satzes wird mit Methoden zur Verifikation seines Sinnes identifiziert. Unter Berufung auf die Verifikation verwerfen die Vertreter des Wiener Kreises denn auch jede Metaphysik und legen mit Hilfe ihrer logischen Analysetechnik die logischen Sätze der Wissenschaft in Form von elementaren Sätzen nieder. Ein elementarer Satz hat nur dann einen Sinn, wenn er durch eine Sinneserfahrung bestätigt wird, und die einzige Art, wie man herausfinden kann, ob er einen Sinn hat, ist zu fragen, wie er verifiziert werden kann.

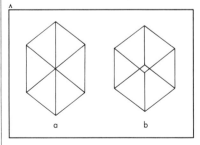

A · **Die Gestaltpsychologie.**
Beim Vergleich von (a) und (b), stutzt man: Hat man ein zwei- oder dreidimensionales Objekt vor sich? Einige Betrachter sehen die Raute in (b) und sind geneigt, ein dreidimensionales Objekt anzunehmen (Rolle der Suggestion, nach Kopfermann, 1930).

FRANKFURTER SCHULE

Allen Mitgliedern der ›Frankfurter Schule‹ ist zunächst einmal die Kritik am ›Neopositivismus‹ gemeinsam, d. h. an der analytischen Richtung, die der Wiener Kreis, Wittgenstein, Popper und der angelsächsische Empirismus vertreten.

Die Frankfurter Schule entstand im Umfeld des Instituts für Sozialforschung in Frankfurt am Main. Zwei große Perioden sind zu unterscheiden: 1923 bis 1934 bzw. die fünfziger und die darauffolgenden Jahre.

Nach **Carl Grünberg** (1861–1940), dem ersten marxistisch orientierten Institutsleiter, wurde **Max Horkheimer** (1895–1973) zentrale Figur der Frankfurter Schule. Sein Programm findet sich in einer 1937 veröffentlichten Studie mit dem Titel *Traditionelle und kritische Theorie*. Darin verwirft er die kartesianische Trennung zwischen Subjekt und Objekt und behauptet, daß die theoretische Produktion der Erkenntnis sich im Rahmen einer historisch-gesellschaftlichen Genese vollzieht, die durch die wirtschaftlichen Verhältnisse bedingt ist. Die kritische Theorie leitet über zum Kampf gegen die bestehende Ordnung, aber Horkheimer gibt diese revolutionäre Perspektive bald darauf auf. Unter dem Einfluß seines Schülers **Theodor Adorno** (1903 bis 1969) wandelt sich seine Philosophie zu einem pessimistisch gefärbten humanistischen Idealismus. **Herbert Marcuse** (1898 bis 1979) schließt sich der Frankfurter Schule 1932 an. Er entwickelt zusammen mit dem Psychoanalytiker **Erich Fromm** (1900 bis 1980) die Grundzüge einer von Freud und Marx beeinflußten Anthropologie. Um die Zusammenführung von psychoanalytischer Perspektive und kritischem Marxismus waren alle Mitglieder der Gruppe, der sich auch **Walter Benjamin** (1892–1940) anschließt, ständig bemüht. Benjamin vertritt eine kritische Richtung, die sich mit dem ›Kunstwerk im Zeitalter seiner technischen Reproduzierbarkeit‹ und dem bourgeoisen Individualismus, der die Kunst ›liquidiert‹, befaßt. Unter anderen theoretischen Vorzeichen untersucht **Karl Wittfogel** (geb. 1896) das marxistische Konzept der ›asiatischen Produktionsweise‹, das auf bestimmte bolschewistische Praktiken angewendet wird (*Der orientalische Despotismus,* 1957).

Der zunehmende Einfluß und die Machtübernahme der Nationalsozialisten zwingen die Mitglieder der Frankfurter Schule, Deutschland zu verlassen. Adorno, der in den fünfziger Jahren nach Frankfurt zurückgekehrt war, entwickelt die pessimistische Logik einer Rückbesinnung auf die ästhetischen Werte bis in die letzte Konsequenz weiter (*Ästhetische Theorie,* 1974). Ihm schließt sich **Jürgen Habermas** (geb. 1929) an, der die sozialwissenschaftliche Tradition des interdisziplinären Vorgehens aufgreift und Sozialwissenschaften und Philosophie miteinander verknüpft. In *Strukturwandel der Öffentlichkeit* (1962) und in vielen anderen Veröffentlichungen beschreibt Habermas die öffentliche Meinung als eine Kategorie der bourgeoisen Gesellschaft und zeigt die Veränderungen auf, die sie im Rahmen des fortschrittlichen Kapitalismus durchläuft. Schließlich entwickelt er eine Theorie des ›kommunikativen‹ Handelns, die eine postmarxistische materialistische Erneuerung der Moral einleitet. 1971 geht Habermas von Frankfurt nach Starnberg: Dies ist das Ende der Frankfurter Schule.

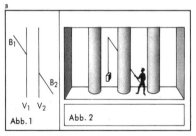

B · **Gestaltpsychologie: Poggendorff-Täuschung.**
Die Poggendorff-Täuschung besteht darin, daß eine schräge Linie B_1–B_2, die durch zwei (mehrere) Geraden V_1 und V_2 unterbrochen wird, als in ihren Teilstücken seitlich versetzt wahrgenommen wird. Diese optische Täuschung beruht darauf, daß sich zwei Gruppen von heterogenen Daten im selben Feld befinden und dies den Betrachter beeinflußt. Die Gestaltpsychologen sprechen aufgrund der sich ergebenden Fragmentation und Verzerrung von Feldeffekt. Im Gegensatz zu anderen optischen Täuschungen wirkt obige auf verschiedene Altersstufen unterschiedlich: Am stärksten auf Fünf- bis Siebenjährige. Die Psychologin E. Vurpillot untersuchte diese Täuschung in anderer Darstellung (Abb. 2): Hier besteht das Feld aus zwei Unterfeldern, nämlich Säulensegmenten, die den beiden Parallelen entsprechen: Entscheidend ist, daß der Betrachter die spitzen Winkel größer schätzt, damit er eine durchgehende schräge Linie ›sehen‹ kann, und nicht, daß diese Linie in ihrem Bild eine bestimmte Bedeutung hat.

KEYNESIANISMUS

Die Keynesianische Theorie. Die klassischen und neoklassischen Wirtschaftstheoretiker gingen davon aus, daß sich Gleichgewichte bei Maximalmengen einstellen, insbesondere auf dem Arbeitsmarkt. **John Maynard Keynes** (1883–1946) war der Ansicht, daß in der Realität, gerade am Arbeitsmarkt, auch Ungleichgewichte auftreten können, kein automatischer Mechanismus beseitigen kann. Der Keynesianische Ansatz stützt sich auf den Faktor Zeit. Das Produktionsniveau hängt von den Erwartungen der Unternehmer ab, die mit einer bestimmten Nachfrageentwicklung rechnen; sie sind also nicht gezwungen, ihren Produktionsumfang so einzurichten, daß sich daraus Vollbeschäftigung ergibt. Keynes glaubte, daß die Sparneigung zu groß sei; bei steigendem Einkommen werde das Geld eher gespart als für Verbrauch ausgegeben; auf dem Geldmarkt gäbe es keinen Mechanismus, der Kapitalangebot und -nachfrage regeln könnte (der Zinssatz allein sei dazu außerstande). Keynes stellt die übliche Argumentation auf den Kopf, indem er hervorhebt, daß Investitionen Einkommen schaffen und daß mit diesem Einkommen letztlich Ersparnisse und Ausgaben finanziert werden. Sein Hauptwerk ist *Die allgemeine Theorie der Beschäftigung, des Zinses und des Geldes* (1936).

Keynesianische Wirtschaftspolitik. Vonnöten ist eine Investitionspolitik der öffentlichen Hand: ›Es ist besser, Arbeitslose dafür zu bezahlen, daß sie Löcher ausheben [...], als sie ohne Arbeit zu lassen‹; die Regel des ausgeglichenen Haushalts ist kein sakrosanktes Prinzip mehr, das um jeden Preis gewahrt werden muß. Die Ausgaben für den privaten Verbrauch müssen steigen.

Keynes' Wirkung. Die Keynesianischen Theorien hatten ein halbes Jahrhundert lang nachhaltigen Einfluß auf die westliche Wirtschaftsphilosophie. Aufgrund der Tatsache, daß sie in einer bestimmten Zeit entstanden, haben sie allerdings ihre Grenzen: Sie sind vor allem auf geschlossene Volkswirtschaften anwendbar, wie sie zwischen den Weltkriegen existierten.

835

MEISTERWERKE

PHILOSOPHISCHE SCHULEN UND RICHTUNGEN

EXISTENTIALISMUS

Thesen des Existentialismus. Sie können nicht von dem Umfeld getrennt werden, in dem sie entstanden sind: der Befreiung (Frankreichs von der deutschen Besatzung) und der damaligen Phänomenologie. Dieser philosophischen Richtung geht es darum, die Wirklichkeit zu erfassen und ihre Willkürlichkeit und Absurdität zu spüren; jede Bezugnahme auf eine wie auch immer geartete Transzendenz erscheint ihr unpassend oder illusionsbehaftet. Aus der Perspektive der Philosophie ist festzuhalten, daß der Existentialismus die Existenz über die Essenz stellt.

Der Begriff ›Existentialismus‹ beschreibt auch das Lebensgefühl der französischen Jugend, die nach der Befreiung die Musik der schwarzen Amerikaner entdeckte und dazu in Paris in den Kellern der Häuser des Quartier Latin tanzte.

Autoren und Werke. Der Existentialismus hat zwei Hauptvertreter: Albert Camus (1913 bis 1960) und Jean-Paul Sartre (1905–1980). Die Ideen dieser philosophischen Richtung wurden in unterschiedlicher Form veröffentlicht: als Abhandlung (*Das Sein und das Nichts*, 1943, von Sartre); als philosophischer Roman (*Der Fremde*, 1942, von Camus); als Theaterstück (*Die Fliegen*, 1943, von Sartre); als theoretischer Essay (*Was ist Literatur?*, 1947, von Sartre). Der Existentialismus entwickelte sich auch in den Artikeln der existentialistischen Zeitschrift *Les temps modernes* (1945 gegründet). Philosophische Wegbereiter waren: die Lebensangst Kierkegaards (1813–1855) und die von Heidegger (1889–1976) gestellten Fragen nach dem Sein-für-den-Tod und dem ›Dasein‹.

Der Existentialismus Sartres. Für Sartre sind die materiellen Dinge durch sich selbst etwas, das mit dem Menschen (durch sein ›Da-Sein‹, sein Sein in der Welt) nicht zusammenkommen kann: Der Mensch ist aufgrund seiner Seinsverfassung ›über‹ dem Ansichsein der Dinge; der Mensch ›ex-sistiert‹, d. h., er steht ›heraus‹, er ist ›frei‹ (d. h. ›für sich‹). Aber der Mensch ist nicht auf abstrakte Weise frei: Er ist frei in dem Sinne, daß ständig von ihm verlangt wird, daß er sich engagiert, parteiisch ist. ›Ex-sistieren‹ bedeutet auch, für andere in der Welt zu sein. Der Existentialismus Sartres unterscheidet sich von anderen Existenzphilosophien (Kierkegaard, Heidegger, Jaspers [1883–1969]) durch die Bejahung der grundsätzlichen Freiheit des Menschen. Sartre meint, daß der Blick eines anderen den Menschen zwingt, etwas zu sein: Der Kellner in einer Bar *spielt* den Kellner in einer Bar, insofern als er durch den Blick des Kunden, der ihn verdinglicht und ihm damit seine Freiheit nimmt, zum Kellner wird. Aber der Kellner in einer Bar *ist* nicht das, worauf der Blick eines anderen ihn reduziert.

Wie Sartre lehnen auch die anderen existentialistischen Strömungen die Philosophie in Theorie und Praxis ab. Das Wissen und das Erlebte sind unermeßlich, das Problem besteht nur darin, der Versuchung eines Systems wie des Hegelschen zu widerstehen. So schrieb Sartre: ›Kierkegaard zeigt allein schon durch sein Leben, daß jegliches Wissen über das Subjektive nur scheinbares Wissen ist‹ und daß ›das Erlebte als konkrete Realität sich als Nicht-Wissen darstellt‹.

STRUKTURALISMUS

Der Strukturalismus ist eine Schule, die die Humanwissenschaften in den sechziger Jahren beeinflußte: Sprachwissenschaft, Geschichtsforschung, Anthropologie, Marxismus, Literaturkritik, Psychoanalyse.

Strukturen. Die *Struktur* ist ein mathematisches Konzept. Eine Struktur ist eine bestimmte Gruppe von Transformationsregeln, die bei Anwendung auf Elemente einer Menge mit festgelegten Relationen zwischen diesen Elementen neue Relationen schaffen, die sich aus den ersteren ableiten. Ändert man z. B. in der Gestalttheorie die Farbe oder die Gestalt eines Elements einer Figur, so verändert man die Figur im Einklang mit einem Transformationsgesetz, das die Grundeigenschaft der Struktur, d. h. die Syntax ihrer Transformationen, hervorhebt.

Der Strukturalismus in der Sprachwissenschaft. Das Paradebeispiel der strukturalistischen Methodologie und Lehre ist die Sprachwissenschaft. Das grundlegende Werk war der *Cours de linguistique générale* (1916) von Ferdinand de Saussure (1857–1913). Die Anhänger Saussures entdecken eine Reihe methodologischer Gegensätze: *Langue* (Sprache als grammatisches System)/*Parole* (die individuell gesprochene Sprache); *Synchronie* (Sprachzustand zu einem bestimmten Zeitpunkt)/*Diachronie* (geschichtliche Entwicklung der Sprache). Aufgrund dieser Erkenntnisse setzt man sich das Ziel, die Grundbestandteile des Systems und der möglichen Entwicklungsstufen, d. h. die Gesetze, die jede Struktur kennzeichnen, zu ermitteln. Das Ergebnis ist ein Koordinatenkreuz, das die Sprechhandlungen anhand von zwei Achsen darstellt: der *syntagmatischen Achse*, auf der die aufeinanderfolgenden Einheiten der Redekette liegen, und der *paradigmatischen Achse*, auf der die Elemente angeordnet sind, zwischen denen in einem gegebenen Kontext zu wählen ist. Die Ergebnisse führen dazu, daß der Strukturalismus von den Sprachwissenschaftlern begeistert als eine fruchtbare Hypothese aufgegriffen wird, mit der das Wissen über Sprache erweitert werden kann.

So entsteht die *Prager Schule*, in der Roman Jakobson (1896–1982) und Nikolaj Sergejewitsch Trubezkoj (1890–1938) sich im Rahmen der strukturalistischen Sprachwissenschaft insbesondere mit der Phonologie befassen. Louis Trolle Hjelmslev (1899–1965), Begründer der Glossematik, befürwortet einen weiterführenden strukturalistischen Ansatz und unterstützt insbesondere die Hypothese der Isomorphie von Ausdrucks- und Inhaltsebene, eine Hypothese, die der strukturellen Semantik zugrunde liegt. Leonard Bloomfield (1887–1949) und Zellig Harris (geb. 1909) entwickeln die strukturalistische Linguistik durch ihren Versuch weiter, eine formale Klassifizierung von sprachlichen Einheiten und Einheitenfolgen anhand ihrer Verteilung zu erstellen (*Distributionalismus*).

Der Strukturalismus in der Anthropologie. Bei seinen Kontakten mit Jakobson entdeckt Claude Lévi-Strauss (geb. 1908) die vielseitige Anwendbarkeit des Strukturalismus. Der französische Anthropologe wendet diesen Ansatz bei der Untersuchung der sozialen Beziehungen des Menschen, insbesondere der Verwandtschaftsbeziehungen, an (*Les structures élémentaires de la parenté*, 1949). Lévi-Strauss konzipiert mehrere Typologien auf der Grundlage von Feldstudien, die von ihm selbst oder auch von anderen Anthropologen durchgeführt wurden. So beschreibt er z. B. die Heiratsbeziehungen bei den Trobriand (Leach), den Murngin und den Kachin. Solche Strukturen sind der gesamten betroffenen Gesellschaft bekannt, werden aber niemals benannt; sie spiegeln sich im Verhalten wider: Ehe, Schwägerschaft, Verwandtschaftsbezeichnungen usw. Der Strukturalismus eignet sich auch insbesondere zur Beschreibung von Denksystemen, die Lévi-Strauss herausarbeitet: Die Klassifizierung und Aufteilung von Konzepten und Farben, die symbolischen Gegensätze zwischen ihnen usw. unterliegen unveränderlichen Gesetzen (*Das wilde Denken*, 1962).

Der Strukturalismus in anderen Disziplinen. Er wirkt, zumindest eine Zeitlang, auf die Geschichtswissenschaft (nach den Arbeiten von Georges Dumézil [1898–1986] und Fernand Braudel [1902–1985]); den Marxismus, dank Louis Althusser (1918–1990); die Literaturkritik Roland Barthes (1915–1980); nur kurz mit Jacques Lacan (1901–1981) auf die Psychoanalyse. In alle diese Disziplinen fließen strukturalistische Konzepte ein. Michel Foucault (1926–1984) trägt mit seiner Kritik an den ›Humanwissenschaften‹ dazu bei, den Schlußstrich unter den Strukturalismus als solchen zu ziehen (*Die Ordnung der Dinge*, 1966; *Archäologie des Wissens*, 1969).

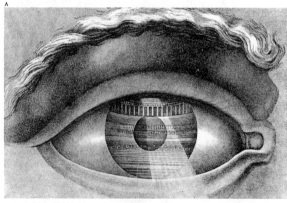

A · Das Auge von Ledoux, Symbol des Strukturalismus.

Diese Zeichnung des französischen Architekten Claude Nicolas Ledoux (1763–1806) befindet sich in der Nationalbibliothek in Paris. Ledoux schrieb: ›Wenn man ein guter Architekt sein will, genügt es nicht, die Augen zu analysieren, man muß auch den riesigen Kreis der menschlichen Gefühle lesen.‹ Zur Illustration zeichnete er ein Auge, Symbol der Menschheit, das sieht und gleichzeitig empfindet. In ihm spiegelt sich ein Theater, das trotz seiner Konkretheit auch den Ort des Schicksals symbolisieren kann. Der Architekt entwirft mit dieser Zeichnung das Modell einer Methode für den Anthropologen, der sich mit Mythen befaßt. Die Mythen sind kreisförmig wie der heute noch existierende Zuschauerraum des Theaters, das Ledoux zwischen 1775 und 1784 in Besançon baute. Das Auge ist auf gewisse Weise ebenso am Bühnengeschehen beteiligt wie der Anthropologe an den von ihm beobachteten mythischen Strukturen. Und auch die Mythen bilden Kreise, da jedes Element auf ein anderes verweist, wie im Theater von Ledoux, in dem er statt der ›Holzkäfige‹ der früheren Logen eine durchgehende Logenreihe wählte. Die symmetrisch und strukturiert angeordneten Elemente ergänzen sich gegenseitig und verweisen aufeinander: eine perfekte Veranschaulichung des Strukturalismus.

MEISTERWERKE

DIE GROSSEN SCHULEN DER ANTHROPOLOGIE

Die Anthropologie ist eine Disziplin, die Menschengruppen unter drei Gesichtspunkten untersucht: Kultur, Wirtschaft, Politik. Es gibt neben dem Strukturalismus folgende Richtungen:

Der Evolutionismus. Der Hauptvertreter dieser Theorie ist **Lewis Henry Morgan** (1818–1881). Er nimmt an, daß jede Gesellschaft sich jeweils in ihrer Gesamtheit, d. h., in ihren technischen, sozialen und religiösen Merkmalen, entwickelt (*Die Urgesellschaft*, 1877). Unter dem gleichen Blickwinkel behauptet **Edward Burnett Tylor** (1832–1917), daß die gleiche Institution nicht zwangsläufig in jeder Gesellschaft dieselbe Funktion hat. Er betont die funktionalen Beziehungen zwischen den Institutionen bzw. den Aspekten der gesellschaftlichen Wirklichkeit, die eventuell mittels Beobachtung erkennbar sind. Morgan und insbesondere Tylor sind Wegbereiter des Funktionalismus.

Der Diffusionismus. Die von **Franz Boas** (1858–1942) vertretene Diffusionstheorie hebt den Begriff des *Kulturelements* hervor: Eine kulturelle Gesamtheit definiert sich durch eine bestimmte Menge von gemeinsamen Merkmalen, und diese verbreiten sich aufgrund ihrer mehr oder weniger starken Attraktivität auch in benachbarten Kulturen. Allerdings ist es schwierig, diese Art der Diffusion konkret nachzuweisen. So wäre es beispielsweise gewagt zu behaupten, daß die Ausbreitung des Eisens und der Verarbeitungstechniken im Königreich Meroe begonnen habe und dann über Ägypten bis zum Golf von Benin ins heutige Nigeria gelangt sei, wo großartige Bronzen gefertigt werden. Der Hauptkritikpunkt ist jedoch, daß der Diffusionismus einzelne Kulturelemente herausgreift: Die Wirklichkeit zeigt, daß diese Elemente vielfältig aufeinander einwirken.

Der Funktionalismus. Seine Hauptvertreter sind **Bronislaw Malinowski** (1884–1942) und **Alfred Reginald Radcliffe-Brown** (1881 bis 1955). Sie betrachten Kultur nicht als zufällige Kombination von Kulturelementen, sondern als ein komplexes Ganzes, das aus voneinander abhängigen Elementen besteht. Es handelt sich um eine organische Gesamtheit, deren Elemente durch die *Funktion*, die sie erfüllen, definiert sind. So umfaßt der Komplex ›Landwirtschaft‹ z. B. die Saat- und Arbeitstechniken usw., und kann die Ernährungsgewohnheiten, das Bewirtschaftungssystem, die Regeln für die Vererbung von Landbesitz und die Handelspraktiken verändern; umgekehrt können diese Praktiken auch die Landwirtschaft verändern. **Émile Durkheim** (1858–1917) nahm prägenden Einfluß auf die Ideen der Funktionalisten.

DIE CHINESISCHE PHILOSOPHIE

Die chinesische Philosophie ist eng mit zwei großen Religionen verknüpft: dem Taoismus und dem Buddhismus, die alle chinesischen Schulen mit Ausnahme des Konfuzianismus beeinflußten.

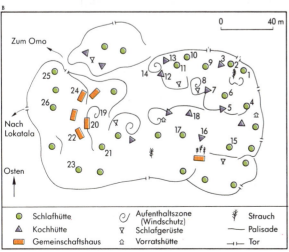

A, B · **Die Methoden der Anthropologie.**
Während seines Aufenthalts in Südwestäthiopien (August 1970) erforschte der Anthropologe Serge Tornay die Nyantatom, einen Stamm mit nilotischer Sprache, und vor allem das Dorf Cungara am Omo. Tornay photographierte und zeichnete das Dorf (*L'anthropologie, science des sociétés primitives*‹, 1971). Die Auswertung des Materials ergibt verschiedene bauliche Elemente, die auf die speziellen Funktionen der Bauten hinweisen: So haben z. B. die Schlafhütten einen niedrigen runden Eingang. Setzt man den Lageplan und die Verwandtschaftsverhältnisse in Bezug, fällt auf, daß die Ehefrauen eines Mannes Nachbarinnen sind: Der Haushalt einer solchen Familie ist eine kohärente Untereinheit, die nicht immer räumlich von ähnlichen Untereinheiten getrennt ist. Die Hütten 10 bis 14 bilden eine polygyne Einheit: Sie sind, kaum erkennbar, durch ein Stück Palisade von den Hütten 4 bis 9 getrennt. Dort wohnt die polygyne Familie, deren Oberhaupt der Cousin des benachbarten (10 bis 14) Familienoberhaupts ist. (Musée de l'Homme, Paris)

- **Konfuzianismus:** s. Kapitel RELIGIONEN, S. 349–350.
- **Taoismus:** s. Kapitel RELIGIONEN, S. 349 bis 350.
- Die **Fünf-Elemente-Schule** (4.–3. Jh. v. Chr.) ist ein philosophisches System, das die Himmelsrichtungen (Norden, Süden), die Jahreszeiten (Sommer, Winter) und Stoffe (Holz, Metall) in Form von fünf ›Elementen‹ zusammenführt. Diesen fünf Elementen sind fünf auf sie zurückgehende menschliche Fähigkeiten zugeordnet: Bewegen, Sprechen, Sehen, Hören und Denken. Mikrokosmos (Mensch) und Makrokosmos (Welt) sind somit beide Teil desselben Korrelationssystems.
- Die **Yin-Yang-Schule** (4.–3. Jh. v. Chr.) geht von einem dialektischen Gegensatz zwischen zwei Urkräften aus: dem *Yin* (Frau, Passivität, Schatten, Aufnehmen, Erde) und dem *Yang* (Mann, Aktivität, Licht, Eindringen, Himmel). Die Yin-Yang-Schule wurde sehr bald mit der Fünf-Elemente-Schule in Beziehung gesetzt und fand in späteren Jahrhunderten Anwendung in verschiedenen Bereichen wie der Geographie, der Astronomie, der Geschichte, der Musik usw.
- Die **Schule des Mo Di** (oder mohistische Schule) wurde von Mo Di (Mo Ti) [5. Jh. v. Chr.] begründet. Mo Di rät zu einer Herrschaftsmoral auf der Grundlage aller Menschen einschließenden ›allgemeinen Liebe‹. Die auf einzelne Menschen gerichtete Liebe (Familiensinn, Kindesliebe) ist Wurzel des Übels. Liebe muß allumfassend sein. Mo Di schmäht die Adelsklassen, ihren Luxus, ihren Kunstgeschmack. Er holt seine Schüler aus dem einfachen Volk und organisiert sie zum Schutz des Volkes in bewaffneten Gruppen.
- Die **Begriffsschule.** Sie wird vor allem von **Hui Shi (oder Huizi)** [4.–3. Jh. v. Chr.] vertreten. Sein Ziel ist die Entwicklung von Denkmethoden, die sich an der Realität orientieren. Zur Verdeutlichung seiner Überlegungen setzt Hui Shi Paradoxa ein, insbesondere den für ihn wichtigen Begriff der Relativität. **Gongsun Long** (oder **Kong Suen-long**) [3. Jh. v. Chr.] verwendet ebenfalls eine Darlegungsmethode mit Paradoxa: Ihm geht es eher darum, Konzepte verständlicher zu machen.
- Die **Schule der Legalisten** (3. Jh. v. Chr.) entsteht, als sich ein Wandel in der chinesischen Gesellschaft abzeichnet: Handwerker, Händler und Grundbesitzer gewinnen an Einfluß. Die Schule der Legalisten setzt sich das Ziel, die Verwaltungspraxis festzuschreiben und die durch die politische Autorität des Fürsten gestützte Souveränität des Gesetzes zu begründen. Der absolute Monarch soll mittels eines Systems von Strafen und Belohnungen regieren. Die Legalisten sind nicht an Moral und an konfuzianischen Institutionen interessiert, sondern nur an Tatsachen und Recht. **Han Feizi** (gest. 233 v. Chr.) ist der bedeutendste Vertreter dieser Schule. Mit Hilfe dieser Lehre gelingt im übrigen auch die Einigung Chinas, aber die Grausamkeit von Huangdi (Huang-ti), Kaiser der Qindynastie, gestorben 210 v. Chr., versetzt der Schule der Legalisten einen schweren Schlag und stärkt den Konfuzianismus, der bis ins 20. Jh. offizielle Staatsphilosophie bleibt.
- Im 20. Jh. dringt der Marxismus in die chinesische Gedankenwelt ein, als **Chen Duxiu (Tschen Tu-hsiu)** [1879–1942] zusammen mit **Li Dazhao (Li Ta-tchao)** [1888–1927] die Zeitschrift *Neue Jugend* herausgibt und später in Peking eine Gesellschaft zum Studium des Marxismus gründet. Er verwirft die Ideen des pragmatischen Philosophen **Hu Shi (Hu Shih)** [1891–1962]. Die Pekinger Schule bildet viele Führungskräfte der Kommunistischen Partei Chinas aus: Mao Zedong, Zhou Enlai. Aber trotz Mao prägt der Konfuzianismus immer noch das chinesische Denken.

MEISTERWERKE

GLOSSAR

MARXISMUS

absoluter Mehrwert, relativer Mehrwert. ›Durch Verlängrung des Arbeitstags produzierten Mehrwert nenne ich absoluten Mehrwert; den Mehrwert dagegen, der aus Verkürzung der notwendigen Arbeitszeit und entsprechender Veränderung im Größenverhältnis der beiden Bestandteile des Arbeitstags entspringt – relativen Mehrwert.‹ (*Das Kapital*, Band 1, IV. Abschnitt, Kapitel 10)

Akkumulation, Umwandlung eines Teils des Mehrwerts in Kapital.

Arbeitsmittel, Teil des Sachkapitals, mit dem direkt produziert werden kann (z. B. Maschinen).

asiatische Produktionsweise, Produktionsweise in einer Gesellschaft, in der verstreute Dorfgemeinschaften Handwerk und Landwirtschaft betreiben. Der von diesen Dörfern erzielte Produktionsüberschuß wird vom Staat (meist einer despotischen Monarchie) abgeschöpft, der als Gegenleistung Infrastrukturarbeiten durchführt (Bewässerung, Verkehrswege).

Bewußtsein, ›Nicht das Bewußtsein des Menschen bestimmt seine Existenz, sondern die gesellschaftliche Existenz des Menschen bestimmt sein Bewußtsein.‹ (Marx, *Zur Kritik der politischen Ökonomie*, Vorwort, 1859)

Bourgeoisie, Gesellschaftsklasse, die in einem System mit kapitalistischer Produktionsweise die Produktionsmittel besitzt.

Dialektik, Gesetz, dem die sich in antagonistischen Widersprüchen bewegende Entwicklung unterliegt.

dialektischer, historischer Materialismus, Lehre, die vom Primat der Materie über den Geist ausgeht und die Geschichte der Gesellschaften betrifft *(historischer Materialismus)*. Andererseits darf die Welt nicht als ein Komplex von abgeschlossenen Dingen betrachtet werden, sondern als ein Komplex von Abläufen, in denen die Dinge in einem ständigen Werden begriffen sind *(dialektischer Materialismus)*.

Diktatur des Proletariats, Regierungsform, die von der Arbeiterklasse und für sie geschaffen wird; Zwischenstadium zwischen der kapitalistischen und der kommunistischen Gesellschaft.

Entfremdung, Zustand der Fremdheit oder der Enteignung, kennzeichnet das Verhältnis des Arbeiters zu seiner Arbeit, in der er sich nicht wiedererkennt, da er selbst den gesellschaftlichen Bedingungen dieser Arbeit und den sie bestimmenden Institutionen entfremdet ist.

Fetischcharakter der Ware, Prozeß, in dessen Verlauf die gesellschaftlichen Produktionsverhältnisse sich als von den Menschen unabhängig darstellen.

feudale Produktionsweise, Produktionsweise, die gekennzeichnet ist durch die Herrschaft von Landbesitzerfamilien und die Vormacht der ländlichen Gebiete über die Städte.

Geld, das, was den Handelswert einer Ware mißt.

gesellschaftliche Produktionsverhältnisse, Beziehungen, die die Menschen zwangsläufig miteinander eingehen, um die Natur zu verändern.

Grundwiderspruch, innerer Gegensatz, der jede und insbesondere die wirtschaftliche und gesellschaftliche Wirklichkeit an sich charakterisiert, wie z. B. den Klassenkampf als Grundbestandteil der Menschheitsgeschichte. (Marx greift Hegels Auffassung vom Widerspruch auf, der von Identität der Identität und Nichtidentität spricht. Aus diesen gegensätzlichen Begriffen ergibt sich die Notwendigkeit und Universalität des Seins, das in gewisser Weise zum ›Werden‹ wird, zur historischen

Veränderung des Menschen. Marx übernimmt diesen Hegelianischen Schlüsselbegriff und ›stellt ihn auf die Füße‹, d. h., er ersetzt den Idealismus durch den Materialismus.)

Ideologie, von einer Klasse entwickelte Ideen, deren Kennzeichen ihre Verdinglichung, ihre Abgeschnittenheit von der Gesellschaft sind und mit deren Hilfe die Klasse, die diese Ideen produziert, entweder die anderen Klassen beherrschen oder der herrschende Ideologie akzeptieren kann, indem sie ein entsprechendes Gedankengebäude schafft.

Imperialismus, höheres Entwicklungsstadium des Kapitalismus, in dem eine Politik der Ausdehnung mit dem Ziel betrieben wird, Völker und Staaten in Abhängigkeit zu bringen.

industrielle Reservearmee, Teil der Arbeiterschaft, der arbeitslos ist und dem Kapital zur Verfügung steht.

Kapital, Produkt der kollektiven Arbeit, das nicht denen gehört, die es erwirtschaften, sondern dem Produktionsmittelbesitzer, der es um den Mehrwert vergrößert, den er den Produzierenden, den Lohnarbeitern, vorenthält.

Kapitalismus, politisches, wirtschaftliches und gesellschaftliches System, dessen Grundprinzip das systematische Streben nach Mehrwert ist. Dieser Mehrwert wird durch Ausbeutung der Arbeiter durch die Produktionsmittelbesitzer geschaffen und zu einem großen Teil in zusätzliches Kapital umgewandelt, das wiederum Mehrwert erzielen kann.

Klasse, ›Klassen sind große Gruppen von Menschen, die sich von anderen Gruppen unterscheiden durch ihren Platz in einem historisch gewachsenen System der gesellschaftlichen Produktion, ihr (meist gesetzlich geregeltes) Verhältnis zu den Produktionsmitteln, ihre Rolle bei der gesellschaftlichen Organisation der Arbeit, d. h. ihre Verfügungsmöglichkeiten über und ihren gesellschaftlichen Anteil an den Reichtümern, die sie haben.‹ (Lenin, *Vse na bor'bu s Denikovym*, Juli 1919)

Klassenkampf, im Privatbesitz an den Produktionsmitteln begründete Konfliktsituation, in der die verschiedenen Klassen oder Schichten sich in zwei Lagern gegenüberstehen: ›Bis in unsere Tage ist die Geschichte jeder Gesellschaft eine Geschichte des Klassenkampfes.‹ (*Manifest der Kommunistischen Partei*, 1848)

Kommunismus, Gesellschaftssystem, in dem Produktions- und Tauschmittel im Gemeinbesitz sind, in dem die produzierten Güter nach Bedürftigkeit verteilt werden und es keine Klassen mehr gibt.

Mehrwert. ›Der Mehrwert, der Teil des Gesamtwertes einer Ware, in dem die Mehrarbeit oder nichtentlohnte Arbeit eines Arbeiters steckt [...]‹ (*Salaire, prix et profit*, 1865).

Produktionsmittel, Gesamtheit der Rohstoffe, der Produktionsinstrumente und der Mittel zur Bestreitung des Lebensunterhalts.

Produktionsweise, Gesamtheit der Produktivkräfte und der gesellschaftlichen Produktionsverhältnisse.

Staat. ›Unter einem Staat versteht man eine Regierungsmaschine, mit anderen Worten, der Staat als solcher ist infolge der Arbeitsteilung ein von der Gesellschaft getrennter, eigener Apparat.‹ (Marx, *Kritik des Gothaer Programms*, 1875)

Ware, Ergebnis der menschlichen Produktionsaktivität, die in einen Tauschkreislauf gelangt.

Werttheorie, Theorie, die Gebrauchs- und Tauschwert miteinander in Beziehung setzt. Der *Gebrauchswert* von Gütern und Dienstleistungen ergibt sich aus ihren bedürfnisbefriedigenden Eigenschaften. Der *Tauschwert* ergibt sich aus der Möglichkeit, mit einem Objekt ein anderes zu erwerben.

PSYCHOANALYSE

Abstinenzregel, Grundsatz, demzufolge der Analytiker darauf verzichten soll, auf Bedürfnisse des Patienten einzugehen, die darauf abzielen, seine Triebkräfte mit anderen Mitteln als durch das Gespräch mit dem Analytiker zu befreien.

Abwehr, Mechanismen, die dem Ich zur Verfügung stehen, um gegen die sich aus den Ansprüchen des Es ergebenden Spannungen bzw. gegen als Angsterregende vorzugehen.

Acting-out, Agieren anstelle von Aussprechen.

Affekt, Gefühls-, Erregungszustand im Zusammenhang mit der Befriedigung eines Triebs, der sich bei Verdrängung in Angst verwandelt oder ein neurotisches Symptom determiniert.

Analcharakter, Gesamtheit der mit der analsadistischen Stufe verbundenen psychischen Persönlichkeitseigenschaften.

analsadistische Phase, zweite Stufe der Libidoentwicklung (im Alter von zwei bis vier Jahren), in der die anale Zone zur vorherrschenden erogenen Zone wird.

Archetypus, Inhalt des kollektiven Unbewußten, das in den Kulturwerken eines Volkes (Mythen, Märchen) und im Imaginären des Subjekts zum Vorschein kommt (Theorie von Jung).

Bewußte (das), Gesamtheit der psychischen Fakten, deren man sich bewußt ist.

Bisexualität, Nebeneinanderbestehen von hetero- und homosexuellen Neigungen.

Darstellung, Übertragung von Gedanken in Bilder, Teil der Traumarbeit.

Deckerinnerung, unbedeutende Kindheitserinnerung, die der Erwachsene anstelle einer angstbeladenen, verdrängten Erinnerung ins Gedächtnis ruft.

Deutung, Arbeit des Patienten, der sich unter Anleitung seines Psychoanalytikers bemüht, den unbewußten Wunsch, der sein Verhalten prägt, zu erkennen.

Einverleibung, Vorgang in der Phantasie, bei dem das Subjekt ein Objekt in seinen Körper eindringen läßt.

Eros, in der Theorie von Freud die Gesamtheit der Lebenstriebe.

Es, eine der drei Instanzen des psychischen Apparats, das Reservoir der Triebe und des Verdrängten; Ich und Über-Ich sind, genetisch gesehen, Differenzierungen des Es.

Fehlleistung, im sozialem Umgang unangemessenes Verhalten, das für das Subjekt nicht kontrollierbar ist und einen unbewußten Wunsch zum Ausdruck bringt.

Fetisch, unbelebtes Objekt oder nichtsexueller Körperteil, die Objekt sexueller Erregung werden können.

Fixierung, dauernde Verhaftung mit einer Person oder einer nicht mehr existierenden Situation, die eine regressive narzißtische Triebbefriedigung nach sich zieht.

freie Assoziation, Methode, bei der das Subjekt alles sagen soll, was ihm einfällt.

Gegenbesetzung, mit der Verdrängung verbundener und für die Abwehrtätigkeit des Ichs notwendiger Vorgang, durch den das Individuum seinen unbewußten Wunsch nach Besetzung zurückweist.

Gegenübertragung, Gesamtheit der unbewußten Reaktionen des Analytikers auf den Patienten, die ihn bei seiner Deutung beeinflussen können.

genitale Phase, Phase, in der die Organisation der Partialtriebe unter dem Primat der Genitalzone steht und die mit der Pubertät beginnt.

Gewinn, unbewußter Vorteil, den ein Subjekt aus der Ausbildung von Symptomen

MEISTERWERKE

zieht, wenn dadurch auf eine Konfliktsituation zurückgehende Spannungen abgebaut werden.

Grundregel, systematische Anwendung der Methode der freien Assoziation während einer Behandlung.

Ich, Instanz des psychischen Apparats. Sie unterscheidet sich vom Es und vom Über-Ich und ist Abwehrpol der Persönlichkeit in bezug auf Realität und Triebe.

Ich-Ideal, Instanz der Persönlichkeit, die die moralischen Werte wählt, die das Über-Ich ausmachen.

Ich-Spaltung, Koexistenz zweier psychischer Haltungen im Innern des Ichs, von denen eine die Realität bejaht und die andere sie in Frage stellt.

Ideal-Ich, Haltung des Ichs auf der Ebene des Imaginären, das dem kindlichen Ideal der Allmacht entspricht.

Identifizierung, psychologischer Vorgang, durch den das Subjekt sich einer anderen Person oder einem geliebten Gegenstand angleicht.

Imaginäre (das), das, was den Wunsch in dem Bild widerspiegelt, das das Subjekt von sich hat; im Gegensatz zum Symbolischen und zum Realen (Begriff von J. Lacan).

Instanz, jede Struktur des psychischen Apparats (das Es, das Ich, das Über-Ich).

Introjektion, Vorgang, bei dem das Subjekt das, was ihm in der äußeren Welt Befriedigung verschafft, nach innen gelangen läßt.

Isolierung, Abwehrmechanismus, mit dem die assoziativen Bindungen zwischen einer Vorstellung oder einer Handlung und ihren Wirkungen unterbrochen werden.

Kannibalismus, Phantasie der oralen Phase mit dem Wunsch, sich das Objekt des Verlangens oral einzuverleiben.

Kastrationskomplex, phantasmatische Antwort auf die Fragen des Kindes nach den anatomischen Unterschieden zwischen den Geschlechtern.

Katharsis, Methode der Psychotherapie, die auf der emotionalen Verarbeitung der Erinnerung an traumatische und verdrängte Erlebnisse durch Abreagieren basiert.

kollektive Unbewußte (das), mehreren Individuen gemeinsame Bewußtseinsinstanz, die aus der geschichteten tausendjährigen Erfahrung der Menschheit besteht (Begriff von C. G. Jung).

Komplex, Gesamtheit von stark affektbesetzten, ganz oder teilweise unbewußten Gefühlen und Vorstellungen, die eine stereotype Verhaltensweise im Umgang mit andern determiniert.

Kompromißbildung, Form, der sich das Verdrängte bedient, um ins Bewußtsein zurückzukehren: Es wird erst zugelassen, nachdem die Abwehrmechanismen es entstellt haben. (Der Traum ist ein Beispiel für die Kompromißbildung.)

Konstruktion, Bearbeitung der Geschichte des Patienten durch den Analytiker auf der Grundlage von dem Patienten verstreut gelieferten Einzelteile.

Latenzperiode, Zeitabschnitt in der kindlichen Entwicklung zwischen dem 5. Lebensjahr und dem Beginn der Pubertät, in dessen Verlauf die Erfahrungen der frühkindlichen Sexualität verdrängt werden.

Libido, sexuelle Triebkraft. (Die Libido kann auf die eigene Person [Ich-Libido] oder auf ein fremdes Objekt [Objekt-Libido] bezogen sein.)

Libidostufe, Abschnitt in der Libidoentwicklung unter dem Primat einer erogenen Zone und der Vorherrschaft einer bestimmten Objektbeziehung.

Lustprinzip, Prinzip, das das psychische Geschehen beherrscht und das auf die Befriedigung von Triebwünschen ausgerichtet ist.

Nachträglichkeit, spätere Bearbeitung früherer Erfahrungen aufgrund neuer Erfahrungen.

Narzißmus, Besetzung des Ichs mit der Libido, das Ich als Objekt des Sexualtriebes.

Neutralität, nichtdirektive Haltung des Analytikers, der sich bemühen soll, keine bestimmten religiösen, moralischen oder sozialen Werte zu bevorzugen und sich jeden Ratschlags zu enthalten.

Objekt, ›dasjenige, an welchem oder durch welches der Trieb sein Ziel erreichen kann‹ (Freud) im Unterschied zum Ziel selbst.

Ödipuskomplex, Gesamtheit von Liebesund feindseligen Wünschen, die das Kind seinen Eltern gegenüber empfindet: sexueller Wunsch gegenüber dem Elternteil des anderen Geschlechts und Haß gegenüber dem als Rivalen betrachteten gleichgeschlechtlichen Elternteil. (Normalerweise löst sich der Ödipuskomplex durch Identifizierung mit dem gleichgeschlechtlichen Elternteil.)

orale Phase, erste Phase der Libidoentwicklung des Säuglings, in der die sexuelle Lust an das Saugen und die Ernährung gebunden ist.

phallische Phase, frühkindliche Phase der Sexualentwicklung, in der sich die Triebe bei beiden Geschlechtern um die symbolische Funktion des Phallus herum organisieren (Symbol des Unterschieds zwischen den Geschlechtern).

Phantasie, imaginäre Situation, in der das Subjekt anwesend ist und die einen seiner Wünsche in mehr oder weniger entstellter Form darstellt.

Projektion, Abwehrmechanismus, durch die das Subjekt ein Gefühl, das es empfindet, aber in sich ablehnt, in dem anderen lokalisiert.

psychischer Apparat, Modell von der Funktionsweise des Psychischen mit einer eigenen Dynamik und der Fähigkeit, Energien umzuwandeln.

psychische Verarbeitung, Bearbeitung der Triebenergie durch den psychischen Apparat bei Gefahr einer krankmachender Anhäufung von Erregungen.

Reaktionsbildung, Verhaltensweise von einer dem verdrängten Wunsch entgegengesetzten Bedeutung.

Realitätsprinzip, Prinzip, das das psychische Geschehen beherrscht und die Bildungen des Unbewußten nach einer natürlichen psychischen Kausalität abwandelt.

Regression, Zurückfallen auf eine frühere Etappe der Libidoentwicklung nach einer Frustration.

Sadomasochismus, sexuelle Perversion, bei der sich sadistische und masochistische Triebe verbinden.

Sublimierung, Abwehrmechanismus oder Vorgang, durch den die Energie eines Sexualoder Aggressionstriebs auf gesellschaftlich anerkannte Ziele verschoben wird.

Substitution, Ersetzen eines unbewußten Wunsches durch einen andern.

symbolische Ordnung, Ordnung mit einer Struktur, die der Sprach- und der Kulturstruktur ähnlich ist; das Symbolische, das Reale und das Imaginäre konstituieren zusammen das Subjekt (Begriff von J. Lacan).

Thanatos, Todestrieb.

Todestrieb, Kraft, die den Menschen zur Selbstzerstörung treibt und die bei Aggression und Depression wirkt.

Topik, theoretisches Modell des psychischen Geschehens.

Trauerarbeit, psychischer Vorgang, der auf den Verlust eines Beziehungsobjektes folgt und wodurch es dem Subjekt gelingt, sich progressiv von diesem abzulösen.

Traumarbeit, Umwandlung der Traummaterialien (Tagesreste und latente Gedanken) in den manifesten Trauminhalt.

Trieb, Energie an der Grenze zwischen dem Psychischen und dem Organischen, die das Subjekt dazu drängt, durch eine Handlung an einem Objekt eine dem Organismus entstammende Spannung abzubauen, und deren Prototyp der Sexualtrieb ist.

Überdeterminierung, Tatsache, daß eine Bildung des Unbewußten auf eine Vielzahl determinierender Faktoren verweist.

Über-Ich, eine der drei Instanzen des von S. Freud beschriebenen psychischen Apparats, unbewußtes Geschehen, bei dem sich das Kind-Ich mit dem Elternteil identifiziert, der die Autorität repräsentiert. (Das Über-Ich hat gegenüber dem Ich die Rolle des Richters; aus einem eventuellen Konflikt zwischen Ich und Über-Ich entstehen unbewußte Schuldgefühle.)

Übergangsobjekt, materielles Objekt (Decke, Plüschbär), an dem der Säugling ganz besonders hängt und das ihm hilft, die Angst vor einer Trennung von der Mutter zu ertragen, da sie symbolisch in diesem Objekt präsent ist (Begriff von Winnicott).

Übertragung, Veränderung der affektiven Bindung oder Liebesbindungen eines Subjekts, wobei eine für die Persönlichkeitsentwicklung wichtige Person durch eine andere ersetzt wird.

Unbewußte (das), in Freuds erster Theorie diejenige der drei Instanzen des psychischen Apparates, die von Trieben und verdrängten Wünschen gebildet wird.

Ungeschehenmachen, neurotischer Mechanismus, mit dem das Subjekt versucht, glauben zu machen und selbst zu glauben, daß ein unangenehmes Erlebnis nicht stattgefunden hat.

Unterdrückung, Entfernung eines als unlustvoll oder unangebracht angesehenen Inhalts aus dem Bewußtsein.

Urszene, phantasierte (selten wirkliche) Szene, in der das Kind den Sexualverkehr der Eltern zu beobachten glaubt oder (selten) wirklich beobachtet.

Verdichtung, Verschmelzung verschiedener Elemente aus unterschiedlichen Assoziationen zu einem Wort, einem Bild oder einer einzigen Person (z. B. im Traum).

Verdrängung, Abwehrmechanismus des Ichs, durch den das Subjekt versucht, ein mit der Moral oder seinen anderen Wünschen nicht zu vereinbarendes Begehren im Unbewußten festzuhalten.

Verleugnung, Weigerung, eine traumatisierende Wahrnehmung anzuerkennen.

Verneinung, Vorgang, in dem das Subjekt einen Wunsch abstreitet, den es gerade formuliert hat.

Verschiebung, Übertragung von mit einem unbewußten Wunsch verbundenen Gefühlseindrücken auf ein Ersatzobjekt.

Verwerfung, Nichtwahrnehmung eines Teils der Realität aufgrund eines Symbolisierungsvorgangs (psychotischer Abwehrmechanismus).

Vorbewußte (das), im psychischen Apparat Ort psychischer Vorgänge, die, weil vorläufig unbewußt, nicht verdrängt werden und wieder ins Bewußtsein gelangen können.

Widerstand, Vorgang, bei dem sich das Subjekt in Wort oder Tat weigert, unbewußtes Material anzunehmen.

Wiederholungszwang, unbewußter und unbezwingbarer Vorgang, durch den das Subjekt sich wiederholt in unangenehme Situationen bringt, die früheren unangenehmen Situationen gleichen.

Zensur, psychische Kontrollfunktion. Sie verhindert, daß unbewußte Wünsche in direkter Form in Erscheinung treten, und entstellt sie im Traum.

Zwang, innere Kraft, die das Subjekt dazu zwingt, auf bestimmte Art zu handeln, und der es nicht ohne Angstgefühle widerstehen kann.

NACHSCHLAGEWERKE

WÖRTERBÜCHER UND ENZYKLOPÄDIEN SEIT DEM 17. JH.

Wörterbücher sind didaktische Werke, die die Wörter einer Sprache aufführen oder sie zu Wörtern einer anderen Sprache in Beziehung setzen (zweisprachige Wörterbücher). Ihr Ziel ist es, die Sprache zu normieren und ihr innerhalb eines politisch abgegrenzten Gebietes einen offiziellen Status zu verleihen.

1680 *Dictionnaire français contenant les mots et les choses,* von C. P. Richelet: das erste einsprachige französische Wörterbuch (der *Trésor de la langue française* von Nicot von 1606 war noch ein französisch-lateinisches Wörterbuch).

1690 *Dictionnaire universel,* von A. Furetière: ebnet den Enzyklopädisten des 18. Jh. den Weg.

1691 *Der Teutschen Sprache Stammbaum und Fortwachs oder teutscher Sprachschatz* von Kaspar Stieler.

1694 *Dictionnaire de l'Académie française.* 1638 auf Initiative Richelieus in Angriff genommen, unter Anleitung von Vaugelas entstanden. Diesem Werk geht es hauptsächlich um den richtigen Gebrauch der französischen Sprache.

1704–1771 *Dictionnaire de Trévoux.* Ursprünglich eine von den Jesuiten veröffentlichte reine Neuausgabe (8 Bände) des Wörterbuchs von Furetière; wurde im Laufe des 18. Jh. erheblich erweitert.

1751–1772 *Encyclopédie ou Dictionnaire raisonné des sciences, des arts et des métiers.* Unter Leitung Diderots und d'Alemberts und unter Mitarbeit von 150 ›Philosophen‹ und Wissenschaftlern entstand ein 35bändiges Werk, das den Fortschritt der Wissenschaften und der Philosophie aufzeigen sollte.

1796–1808 *Conversationslexikon mit vorzüglicher Rücksicht auf die gegenwärtigen Zeiten* (6 Bände) von R. G. Löbel und C. W. Francke. Es wurde 1808 von F. A. Brockhaus erworben und 1809 wieder herausgebracht. Seit 1986 erscheint in der 19. Auflage die *Brockhaus Enzyklopädie* (24 Bände).

1840–1855 *Großes Conversations-Lexicon für die gebildeten Stände* (46 Bände und 6 Supplementbände). 1971–1979 erschien in der 9. Auflage *Meyers Enzyklopädisches Lexikon* in 25 Bänden.

Ab 1852 *Deutsches Wörterbuch* der Brüder Jacob und Wilhelm Grimm, das umfangreichste historische Wörterbuch der deutschen Sprache. Es wurde erst 1960 fertiggestellt; seit 1965 erscheint eine Neubearbeitung.

1863–1873 *Dictionnaire de la langue française,* von É. Littré.

1866–1878 *Grand Dictionnaire universel du XIXᵉ siècle,* von P. Larousse, in 15 Bänden und zwei Ergänzungsbänden. Dieses Werk wurde im 20. Jh. fortgeführt, zuletzt durch *Grand Dictionnaire encyclopédique Larousse* (1982–1985).

1880 *Vollständiges orthographisches Wörterbuch der deutschen Sprache* von Konrad Duden. Es erscheint seit der 9. Auflage 1915 als *Duden – Rechtschreibung der deutschen Sprache und der Fremdwörter* und ist für die Rechtschreibung in Deutschland verbindlich.

1890–1900 *Dictionnaire générale de la langue française* von A. Hatzfeld, A. Darmesteter und A. Thomas.

1953 *Dictionnaire alphabétique et analogique de la langue française* von P. Robert (1970).

1971 *Trésor de la langue française.* Dieses Wörterbuch, das unter Leitung von P. Imbs, später B. Quémada, bearbeitet wurde, erscheint seit 1987 (12 Bände).

NOBELPREIS FÜR WIRTSCHAFTSWISSENSCHAFTEN

Der 1969 von der Schwedischen Staatsbank in Erinnerung an Alfred Nobel gestiftete Preis wird jährlich von der Schwedischen Akademie der Wissenschaften vergeben: in den Jahren 1969 bis 1990 22mal an 30 Preisträger.

Anzahl der Preisträger nach Staaten:
USA 18
Großbritannien 5
Norwegen, Schweden 2
Frankreich, Niederlande, UdSSR 1

Die Preisträger
1969 J. Tinberger (NL), R. Frisch (N)
1970 P. Samuelson (USA)
1971 S. Kuznets (USA)
1972 J. R. Hicks (GB), K. J. Arrow (USA)
1973 W. Leontief (USA)
1974 F. von Hayek (GB), K. G. Myrdal (S)
1975 T. C. Koopmans (USA), L. Kantorovitsch (USA)
1976 M. Friedman (USA)
1977 B. Ohlin (SU), J. E. Meade (GB)
1978 H. A. Simon (USA)
1979 Sir A. Lewis (GB), T. W. Schultz (USA)
1980 L. Klein (USA)
1981 J. Tobin (USA)
1982 G. Stigler (USA)
1983 G. Debreu (USA)
1984 R. Stone (GB)
1985 F. Modigliani (USA)
1986 J. M. Buchanan (USA)
1987 R. M. Solow (USA)
1988 M. Allais (F)
1989 T. Haavelmo (N)
1990 H. Markowitz (USA), M. Miller (USA), W. Sharp (USA)

FRIEDENSNOBELPREIS

Er wird jährlich durch den norwegischen König in Oslo verliehen. Die Preisträger werden vom norwegischen Storting ausgewählt.

In den Jahren 1901 bis 1990 wurde er 71mal an 90 Preisträger vergeben, darunter 5mal an Frauen. Preisträger können auch Institutionen sein.

Der Nobelpreis wurde in den Jahren, 1914, 1915, 1916, 1918, 1923, 1924, 1928, 1932, 1939, 1940, 1941, 1942, 1943, 1948, 1955, 1956, 1966, 1967 und 1972 nicht verliehen.

Anzahl der Preisträger nach Staaten:
USA 17
internationale Institutionen 15
Frankreich 9
Großbritannien 7
Schweden 4
Deutschland 4
Irland, Belgien, Schweiz 3
Argentinien, Norwegen, Österreich, Südafrika, UdSSR 2
Ägypten, Costa Rica, Dänemark, Indien, Israel, Italien, Japan, Kanada, Mexiko, Niederlande, Polen, Tibet, UdSSR, Vietnam 1

Die Preisträger
1901 H. Dunant (CH), F. Passy (F)
1902 E. Ducommun (CH), A. Gobat (CH)
1903 W. R. Cremer (GB)
1904 Institut de droit international, Gent

NOBELPREISE

1905 Bertha von Suttner (A)
1906 T. Roosevelt (USA)
1907 E. T. Moneta (I), L. Renault (F)
1908 K. P. Arnoldson (S), F. Bajer (DK)
1909 A. M. F. Beernaert (B), P. H. B. Balluat d'Estournelles de Constant (F)
1910 Internationales Friedensbüro, Bern
1911 T. M. C. Asser (NL)
1912 E. Root (USA)
1913 H. La Fontaine (B)
1917 Internationales Komitee vom Roten Kreuz, Genf
1919 T. W. Wilson (USA)
1920 L. Bourgeois (F)
1921 K. H. Branting (S), C. L. Lange (N)
1922 F. Nansen (N)
1925 J. A. Chamberlain (GB), C. G. Dawes (USA)
1926 A. Briand (F), G. Stresemann (D)
1927 F. Buisson (F), L. Quidde (D)
1929 F. B. Kellogg (USA)
1930 Nathan Söderblom (S)
1931 J. Addams (USA), N. M. Butler (USA)
1933 N. Angell (GB)
1934 A. Henderson (GB)
1935 C. von Ossietzky (D)
1936 C. Saavedra Lamas (RA)
1937 Lord R. G. Cecil of Chelwood (GB)
1938 Internationales Nansen-Amt für Flüchtlinge
1944 Internationales Komitee vom Roten Kreuz, Genf
1945 C. Hull (USA)
1946 E. G. Balch (USA), J. R. Mott (USA)
1947 The Quakers: American Friends Service Committee, Washington; Friends Service Council, London
1949 J. Boyd Orr (GB)
1950 R. Bunche (USA)
1951 L. Jouhaux (F)
1952 A. Schweitzer (F)
1953 G. C. Marshall (USA)
1954 Hoher Kommissar der Vereinten Nationen für Flüchtlinge, Genf
1957 L. B. Pearson (CDN)
1958 D. Pire (B)
1959 P. Noel-Baker (GB)
1960 A. Luthuli (ZA)
1961 D. Hammarskjöld (S)
1962 Linus C. Pauling (USA)
1963 Internationales Komitee vom Roten Kreuz, Genf
1964 M. L. King (USA)
1965 UNICEF
1968 R. Cassin (F)
1969 Internationale Arbeitsorganisation, Genf
1970 N. E. Borlaug (USA)
1971 W. Brandt (D)
1973 H. Kissinger (USA), Le Duc Tho (VN)
1974 S. MacBridge (IRL), E. Sato (J)
1975 A. D. Sacharow (SU)
1976 Mairead Corrigan (IRL), Betty Williams (IRL)
1977 Amnesty International
1978 M. Begin (IL), A. as-Sadat (ET)
1979 Mutter Teresa (AL)
1980 A. Pérez-Esquivel (RA)
1981 Hoher Kommissar der Vereinten Nationen für Flüchtlinge, Genf
1982 Alva Myrdal (S), A. García Robles (MEX)
1983 L. Wałęsa (PL)
1984 D. Tutu (ZA)
1985 Internationale Ärzte zur Verhinderung des Atomkriegs
1986 E. Wiesel (USA)
1987 Ó. Arias Sanches (CR)
1988 UN-Friedenstruppe
1989 Dalai-Lama Tenzin Gyatso (Tibet)
1990 M. S. Gorbatschow (SU)

MEISTERWERKE

GESCHICHTSWERKE

ERSTE GESCHICHTSWERKE, ANNALEN, CHRONIKEN

Um die denkwürdigen Ereignisse einer Generation festzuhalten, verfaßten die Schreiber des Alten Orients und der griechisch-römischen Antike, die Mönche des Mittelalters, die chinesischen, japanischen oder muslimischen Schriftgelehrten erzählende Dokumente (Annalen, Chroniken) und zeichneten Genealogien auf. Rational und in Zusammenhang wurden geschichtliche Themen erstmals von Geschichtsschreibern wie den Griechen Herodot und Thukydides, deren Werke Generationen von Historikern als Vorbild dienten, bearbeitet. *(Autoren bzw. Werke werden hier in chronologischer Reihenfolge angeführt.)*

Herodot (Griechenland, um 484–um 420 v. Chr.): *Histories Apodexis*. Hauptquelle für die Perserkriege und die beteiligten Völker.
Thukydides (Griechenland, um 460–um 400 v. Chr.): *Der Peloponnesische Krieg*. Untersuchung der Ursachen des Peloponnesischen Krieges und Bericht über die Ereignisse; Vorbild der Historiker des 19. Jh.
Xenophon (Griechenland, um 430–um 355 v. Chr.): *Anabasis*. Bericht über den Feldzug Kyros' d. J. gegen Artaxerxes II. und die Rückführung der Zehntausend, an der der Autor selbst Anteil hatte. □ *Hellenika*. Fortsetzung des Peloponnesischen Krieges von Thukydides über die Ereignisse 410–362 v. Chr.
Polybios (Griechenland, um 200–um 125/120 v. Chr.): *Geschichte*. 40 Bücher über die Zeit 264–146 v. Chr. von einem Griechen, der die Ereignisse in der römischen Welt verfolgt.
Sima Qian oder **Ssu-ma Ch'ien** (China, um 145–um 86 v. Chr.): *Historische Aufzeichnungen (Shi-ji)*. Überblick über die Geschichte der chinesischen Welt seit ihren Anfängen, Vorbild der offiziellen Geschichtsschreibung bis zur Qing-Epoche.
Caesar (Rom, 101–44 v. Chr.): *Commentarii*. Zwei Sammlungen von Anmerkungen: zum *Gallischen Krieg* (7 Bücher), nach dem Ende des Feldzugs 58–51 v. Chr. entstanden, und zum *Bürgerkrieg* (3 Bücher), über den Kampf zwischen Pompeius und dem Senat.
Sallust (Rom, 86–um 35 v. Chr.): *Über die Verschwörung des Catilina*. Bericht über die Krise, in die ein Anhänger Caesars und Gegner Ciceros Rom 63–62 v. Chr. stürzte. □ *Über den Jugurthinischen Krieg* (42–40). Bericht über den von dem Numiderkönig Jugurtha gegen Rom geführten Krieg.
Titus Livius (Rom, 64 oder 59 v. Chr.–17 n. Chr.): *Ab urbe condita*. 142 Bücher, die jeweils ein Jahrzehnt behandeln. Das noch erhaltene Drittel des Werkes berichtet über die Ereignisse bis 293 v. Chr. und den Zeitraum von 218–167 v. Chr.
Josephus Flavius (Palästina, 37–100): *Jüdische Altertümer* (um 95). In griechischer Sprache verfaßte Geschichte des jüdischen Volkes von der Schöpfung bis 66 n. Chr.
Tacitus (Rom, um 55–um 120): *Germania* (um 98). Ethnographische und geographische Abhandlung über die germanischen Völker, in der der Dekadenz der Sitten bei den Römern ein idealisiertes Germanenbild entgegengesetzt wird. □ *Annalen* (um 115–117). Geschichte Roms vom Tod des Augustus bis zum Tod Neros in 16 Büchern, von denen nur die Bücher 1–6 und 11–16 (ganz oder teilweise) erhalten sind.
Plutarch (Griechenland, um 50–um 125): *Bioi paralleloi*. Lebensbeschreibungen von 46 berühmten Griechen und Römern (jeweils abwechselnd) und 4 isolierte Biographien.
Sueton (Rom, um 69–um 126): *De vita Caesarum*. Anekdotenreiche Geschichte der römischen Kaiser bis Domitian.
Eusebios von Caesarea (Griechenland, um 265–340): *Vita Constantini*. Lebensbeschreibung Kaiser Konstantins, in dessen Regierung er alte christliche Hoffnungen auf ein irdisches Königreich Christi erfüllt sah. □ *Historia ecclesiastica*, eine Kirchengeschichte, das erste Werk dieser Gattung.
Ammianus Marcellinus (Rom, um 330–um 400): *Rerum gestarum libri XXXI* (Große Ereignisse und Taten in 31 Büchern). Fortsetzung des Werkes von Tacitus, eine von Nerva bis Valens reichende römische Geschichte, von der die 17 letzten Bücher erhalten sind (die Jahre 353–378).
Prokop (Byzanz, Ende 5. Jh.–um 562): *Bella* (Kriege) [545–554]. Geschichte der Regierungszeit Justinians und der Feldzüge Belisars.
Gregor von Tours (Frankreich, um 538–um 594): *Historia Francorum* (nach 575). Lateinische Chronik des hochmittelalterlichen Merowingerreichs bis zum Tod Siegberts.
Kojiki (Aufzeichnung alter Begebenheiten) [Japan, 712]. Geschichte Japans in Form einer kaiserlichen Genealogie und legendenhafte oder halbhistorische Berichte, zusammengetragen von Ono Yasumaro.
Nihon-shoki oder *Nihongi* (Chronik Japans) [Japan, 720]. Chronik vom Zeitalter der Götter bis 697, verfaßt unter Leitung des Prinzen *Toneri*.
Beda Venerabilis (England, um 672–735): *Historia ecclesiastica gentis Anglorum*. Lateinische Geschichte Englands von der Invasion Caesars bis 731.
Fredegarchronik (Frankreich, 8. Jh.). An das Werk Gregors von Tours anknüpfende anonyme Chronik der Frankenreiche bis 768; von verschiedenen Autoren verfaßt.
Du You oder **Tou Yeou** (China, 732–812): *Tongdian* (um 800). Geschichte der antiken chinesischen Institutionen um 800.
Eginhard oder **Einhard** (Frankreich, Deutschland, um 770–840): *Das Leben Karls des Großen* (um 830). Verherrlichende Lebensbeschreibung des Kaisers in lateinischer Sprache.
Tabari (Muhammad ibn Djarir *al-*) [Irak, um 839–923]: *Tar'ich* (Weltgeschichte). Universalgeschichte in arabischer Sprache.
Angelsächsische Chronik (England, nach 899). Anonyme Chronik des angelsächsischen und normannischen Englands. Es existieren sieben Fassungen, von denen die erste 899 und die letzte 1154 endet.
Psellos (Michael) (Byzanz, 1018–1078): *Chronographie* (1059–1078). Bemerkenswerte Studie über die Zeit 976–1077.

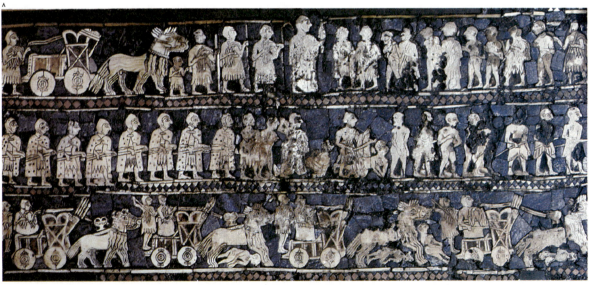

△ · Die Standarte von Ur aus der ersten Hälfte des 3. Jahrtausends informiert uns über Dinge, die in keiner Schrift stehen. Wir sehen viermal den gleichen Streitwagen, der von Wildeseln gezogen wird, welche vom Schritt zum Galopp übergehen. Die behelmten Fußsoldaten mit Nagelmänteln heben die die von den Wagen überrollten Gefangenen auf. Dann bieten sie sie dem König dar, der nach dem Ende des Kampfes vom Wagen gestiegen ist. *(British Museum)*

Auch nach dem Aufkommen der Schrift, um 3300 v. Chr. in Uruk in Mesopotamien, ist die Ikonographie eine der Hauptgeschichtsquellen der Hochantike. Mehrere Jahrhunderte liegen zwischen der Erfindung der Schrift und den ersten historischen Inschriften. Bei den ersten Inschriften handelt es sich nur um Listen (von Königen oder denkwürdigen Ereignissen). Erst nach etwa 1400 v. Chr. erzählen uns Chroniken die Geschichte der Assyrer und Babylonier.

841

MEISTERWERKE

GESCHICHTSWERKE

Sima Guang oder **Ssu-ma Kuang** (China, 1019–1086). *Umfassender Spiegel der Geschichte als Hilfe zum Regieren* (1086). Allgemeine Geschichte Chinas von 403 v. Chr. bis 959.

Geoffrey of Monmouth (England, um 1100–1152). *Historia regum Britanniae* (1136/38). Geschichte in lateinischer Sprache, in der erstmalig umfassend die Artussage behandelt wird.

Otto von Freising (Deutschland, 1111 bis 1158): *Gesta Friderici imperatoris* (1157 bis 1160). Interessante Studie über die Regierungszeit Friedrichs I., in Latein verfaßt und von Rahewin vollendet.

Kaiserchronik (Deutschland, um 1160 bis 1165). Anonyme mittelhochdeutsche Reimchronik über die römischen und deutschen Kaiser bis Konrad III. (1147).

Geoffroi de Villehardouin (Frankreich, 1148–um 1213): *La conquête de Constantinople* (um 1207–1213). Geschichte des vierten Kreuzzugs und der Eroberung Konstantinopels.

Djuwaini (Ala od-Din Ata Malek) [Persien, 1226–1283]: *The history of the World Conqueror,* engl. 1958. Geschichte der Mongolen von Dschingis Khan bis 1256.

Joinville (Jean de) [Frankreich, um 1224 bis 1317]: *Das Leben des Hl. Ludwig* (1309). Geschichte der Regierungszeit Ludwigs IX. und zugleich wichtiger Vorläufer der Memoirenliteratur.

Froissart (Jean) [Frankreich, 1333 oder 1337 bis nach 1400]: *Chronique de France, d'Angleterre... et lieux circonvoisins* (1370–nach 1400). Berichte über die Kriege zwischen England und Frankreich von 1326 bis 1399 in drei Fassungen: Die erste nimmt für England, die zweite und dritte (unvollendet) für Frankreich Partei.

Ibn Chaldun (Abd ar-Rahman) [Maghreb, 1332–1406]: *Mukaddima* (um 1375–1379). Einleitung zu seiner *Weltgeschichte,* Kritik der traditionellen muslimischen Geschichtsschreibung und Darlegung der Regeln einer neuen Geschichtswissenschaft, die sich mit der gesamten menschlichen Geschichte, einschließlich ihrer sozialen, wirtschaftlichen und kulturellen Aspekte, beschäftigen sollte. □ *Weltgeschichte* (um 1378). Geschichte der Berber und islamischen Staaten Nordafrikas.

Nestorchronik (Rußland, Ende 14. Jh.). Geschichte des Kiewer Reiches und Nowgorods bis Anfang des 12. Jh. Die wahrscheinlich um 1120 bearbeitete Chronik ist in zwei Bearbeitungen überliefert: *Laurentiuschronik* (1377) und *Hypatiuschronik* (Ende des 14. Jh./Anfang des 15. Jh.).

Długosz (Jan) [Polen, 1415–1480]: *Historiae Polonicae* (1455–58). Ausführliche lateinische Geschichte Polens in 12 Büchern.

Grandes chroniques de la France (Frankreich, Ende 15. Jh.). Offizielle Geschichte der französischen Könige von den Anfängen bis zum Ende des 15. Jh. auf der Grundlage der seit dem 12. Jh. in der Abtei Saint-Denis gesammelten und abgeschriebenen Chroniken.

VON DER GELEHRSAM-KEIT ZUM POSITIVISMUS

E nde des 15./Anfang des 16. Jh. bekommt die Geschichtsforschung durch den Humanismus, die Beschäftigung mit der Antike, die künstlerischen Errungenschaften der Renaissance und die Entdeckung neuer Kontinente und unbekannter Völker neue Impulse. Die Historiker brechen mit der mittelalterlichen, christlich geprägten Sicht der Welt-

geschichte und beginnen mit einer methodischen, auf Quellenkritik basierenden Untersuchung der Geschichte.

Ende des 17. Jh. sind die Grundsätze und Methoden der Geschichtswissenschaft dank der Arbeit der Ordensgemeinschaften (Jesuiten, Benediktiner von Saint-Maur) und des Fortschritts in den Hilfswissenschaften der Geschichte (Urkundenlehre, Paläographie) ausgereift. Polemische Werke, die nicht immer den Normen der Geschichtskritik entsprechen, sind Spiegel der großen Kontroversen der Zeit, u. a.: Reformation und Gegenreformation, absolute Monarchie und Rechte des Erbadels (laut Boulainvilliers die frühen fränkischen Eroberer), Glaube an den Sieg der Vernunft im Zeitalter der Aufklärung und Kritik an der Fortschritts- und Bildungsfeindlichkeit des Mittelalters.

Große Gelehrte der Renaissance und der Klassik: Philippe de Commynes, Lorenzo Valla, Guillaume Budé, Francesco Guicciardini, Jean Bodin, Jean Bolland, Jean Mabillon, Bernard de Montfaucon, Lodovico Antonio Muratori, Giambattista Vico u. a.

Nachdem den Gelehrten nach der Französischen Revolution auch die königlichen, herrschaftlichen und kirchlichen Archive offenstanden, konnten die Grundsätze und Methoden der Geschichtsforschung im 19. und Anfang des 20. Jh. noch weiter verfeinert werden. Die ›positivistische‹ Geschichtsforschung, die diese Methoden konsequent anwendet, versteht sich als eine Wissenschaft, die die Vergangenheit rekonstruieren kann. Sie befaßt sich ausschließlich mit solchen Tatsachen, die genau feststellbar sind: militärgeschichtliche, durch Urkunden belegte bzw. institutionelle Ereignisse.

Bedeutende Vertreter des Positivismus: Barthold Georg Niebuhr, Leopold von Ranke, Theodor Mommsen, Gabriel Monod, Camille Jullian, Charles Seignobos, Charles Victor Langlois.

Valla (Lorenzo) [Italien, 1407–1457]: *De falso credita et ementita Constantini donatione declamatio* (1440). Nachweis, daß das Dokument, mit dem Kaiser Konstantin Papst Sylvester Rom und Italien geschenkt haben soll, nicht authentisch ist.

Biondo (Flavio) [Italien, 1392–1463]: *L'Italie illustrée* (1453). Geographische und historische Beschreibung Italiens seit der Ausrufung der römischen Republik.

Commynes (Philippe de) [Frankreich, 1447–1511]: *Mémoires* (1489–1498). Geschichte der Regierungszeiten Ludwigs XI. und Karls VIII.

Budé (Guillaume) [Frankreich, 1467–1540]: *De asse* (Über das Münzwesen) [1514]. Abhandlung über antike Währungen.

Fernández (oder **Hernández**) **de Oviedo** (Gonzalo) [Spanien, 1478–1557]: *Histoire générale et naturelle des Indiens* (1535). Chronik der spanischen Eroberung Amerikas und Beschreibung des Gesteins, der Flora und der Fauna des Neuen Kontinents.

Guicciardini (Francesco) [Italien, 1483 bis 1540]: *Storia d'Italia* (1537–1540). Geschichte Italiens 1492–1534, bemerkenswert wegen der logischen Analyse der Ereignisse und der Untersuchung von Wechselwirkungen verschiedener zeittypischer Phänomene.

Foxe (John) [England, 1516–1587]: *Acts and monuments of matters in the Church* (1559). Geschichte der Verfolgung der Reformierten in England und Wales.

Flacius Illyricus (Deutschland, 1520–1575) [unter seiner Leitung]: *Magdeburger Zenturien* (1559–1574). Erste protestantische Kirchengeschichte bis zum 13. Jh., in lateinischer Sprache, nach Jahrhunderten eingeteilt.

Bodin (Jean) [Frankreich, 1530–1596]: *Réponse aux paradoxes de M. de Malestroit* (1568). Polemische Studie (gegen M. de Malestroit gerichtet) über die Ursachen der Inflation, eine der ältesten Kontroversen der Wirtschaftsgeschichte.

Scaliger (Joseph Justus) [Italien, 1540 bis 1609): *De emendatione temporum* (1583). Darlegung der Regeln der Chronologie.

Camden (William) [England, 1551–1623]: *Britannia* (1586). Historische Topographie Großbritanniens. □ *Annales rerum Anglicarum et Hibernicarum regnante Elizabetha* (1615). Lateinische Geschichte der Regierungszeit Elisabeths I., die das Bild eines goldenen elisabethanischen Zeitalters zeichnet.

Baronius oder **Baronio** (Cesare) [Italien, 1538–1607]: *Annales ecclesiastici* (1588 bis 1607). Geschichte der Kirche bis 1198, zur Widerlegung der protestantischen *Magdeburger Zenturien* des Flacius Illyricus.

Mariana de La Reina (Juan DE) [Spanien, 1536–1624]: *Allgemeine Geschichte Spaniens* (lat. 1592, kastil. 1601). Geschichte Spaniens von den Anfängen bis 1516, im Geist des Humanismus geschrieben.

Bolland (Jean) [Belgien, 1596–1665]: *Acta Sanctorum* (1630–1668). Lebensbeschreibungen der Heiligen in der Reihenfolge ihrer Festtage. Das von J. Bolland begonnene Werk wird von dem Gelehrtenkreis der Bollandisten (meist Jesuiten) fortgeführt.

Dugdale (*Sir* William) [England, 1605 bis 1686]: *Monasticon anglicarum* (1655 bis 1673, mit Roger Dodsworth). Geschichte der Klöster im mittelalterlichen England.

Sainthe-Marthe (Scévole und Louis DE) [Frankreich, 1571–1650 bzw. 1571–1656]: *Gallia christiana* (1656). Geschichte der Bistümer und Klöster Frankreichs (Neuausgabe 1715–1785).

Simon (Richard) [Frankreich, 1638–1712]: *L'histoire critique du Vieux Testament* (1678). Anwendung philologischer und kritischer Methoden auf den Bibeltext.

Mabillon (Jean) [Frankreich, 1632–1707]: *De re diplomatica* (1681). Darlegung der Grundsätze zur Feststellung der Echtheit von Urkunden sowie Untersuchung vieler Urkunden.

Montfaucon (Bernard DE) [Frankreich, 1655–1741]: *Paléographie grecque* (1708). Erste paläographische Abhandlung (Untersuchung alter Schriften) im Bereich der Hellenistik.

Muratori (Lodovico Antonio) [Italien, 1672–1750]: *Rerum Italicarum Scriptores* (1723–1751). Offizielle Geschichte des mittelalterlichen Italien.

Vico (Giambattista) [Italien, 1668–1744]: *Principi di una scienza nuova* (1725). Prinzipien einer umfassenden Geschichtsschreibung, die sich nicht nur mit den Fürsten, sondern auch mit den Völkern, ihren Mythen und Legenden, ihrem politischen und kulturellen System befaßt.

Boulainvilliers (Henri DE) [Frankreich, 1658–1722]: *L'État de la France* (1727). Werk über das Frankreich Ludwigs XIV., teilweise auf der Grundlage von Berichten höherer Verwaltungsbeamter.

Dubos (Jean-Baptiste, Abbé) [Frankreich, 1670–1742]: *Histoire critique de l'établissement de la monarchie française dans les Gaules* (1734). Geschichte, die die Rollen der Galloromanen und der Franken bei der Entstehung der französischen Monarchie anders verteilt als Boulainvilliers.

Montesquieu (Charles DE) [Frankreich, 1689–1755]: *Betrachtungen über die Ursachen der Größe und des Verfalls der Römer* (1734). Abhandlung, die politische und moralische Gründe zur Erklärung der Entwicklung der römischen Macht heranzieht.

842

MEISTERWERKE

Voltaire (Frankreich, 1694–1778): *Die Zeiten Ludwigs XIV.* (1751). Durch seine Verherrlichung der Regierungszeit Ludwigs XIV. und der künstlerischen und literarischen Leistungen dieser Zeit beeinflußte Voltaire viele Historiker. □ *Essais sur les moeurs et l'esprit des nations et sur les principaux faits de l'histoire depuis Charlemagne jusqu'à Louis XIII* (1756). Allgemeine Geschichte der Kulturen, deren Hauptaugenmerk zwar auf Europa liegt, die aber auch den Alten Orient und das moderne Asien mit einbeziet.
Reynal (Guillaume, Abbé) [Frankreich, 1713–1796]: *Histoire philosophique et politique des établissements et du commerce des Européens dans les deux Indes* (1770). Diese heimlich in Amsterdam veröffentlichte Untersuchung ist polemisch gehalten (Protest gegen den religiösen Fanatismus, die Inquisition, die Kolonialisierung usw.) und interessant aufgrund der Bedeutung, die sie den wirtschaftlichen und sozialen Bedingungen und dem Handel beimißt.
Gibbon (Edward) [Großbritannien, 1737 bis 1794]: *Geschichte des Verfalls und Untergangs des Römischen Reiches* (1776–1788). Geschichte des römischen Reiches vom Ende des 2. Jh. bis zum Fall Konstantinopels (1453). Gibbon sieht die Christianisierung des römischen Reiches als ›Triumph der Barbarei und der Religion‹.
Description de l'Égypte (Frankreich, 1809 bis 1816). Achtzehn Bände, von denen sich acht mit der Antike befassen, geschrieben von den Gelehrten, die an der ägyptischen Expedition Bonapartes teilnahmen.
Karamsin (Nikolaj Michajlowitsch) [Rußland, 1766–1826]: *Geschichte des russischen Reiches* (1816–1829). Geschichte der Entwicklung des russischen Staates, dessen autokratische Form den Fortschritt begünstigte.

Thiers (Adolphe) [Frankreich, 1797–1877]: *Histoire de la Révolution française* (1823 bis 1827). Darstellung der Ereignisse der Revolution als Verkettung von Ursachen und Wirkungen.
Thierry (Augustin) [Frankreich, 1795–1856]: *Histoire de la conquête de l'Angleterre par les Normands* (1825). Romantische Darstellung der Eroberung Englands durch die Normannen.
Monumenta Germaniae historica (Deutschland, seit 1826). Wissenschaftliche Ausgabe der deutschen Geschichtsquellen des Mittelalters, wird heute noch fortgeführt.
Guizot (François) [Frankreich, 1787–1874]: *L'histoire de la civilisation en Europe* (1828). Entwicklungsgeschichte der europäischen Kultur, die Guizot anhand der Herausbildung von Nationalstaaten und der Entwicklung der Freiheit des einzelnen nachzeichnet. □ *L'histoire de la civilisation en France* (1830).
Michelet (Jules) [Frankreich, 1798–1874]: *Histoire de France* (1833–1867). Analyse der wichtigsten Abschnitte der französischen Geschichte, wurde von der positivistischen Schule wegen seiner romantischen Betrachtungsweise abgelehnt, von der Historikergruppe der ›Annales …‹ wieder rehabilitiert. □ *Histoire de la Révolution française* (1847–1853). Geschichte der Revolution, bei der der Autor überlebende Augenzeugen der Revolutionszeit einbezieht.
Ranke (Leopold VON) [Deutschland, 1795 bis 1886]: *Die römischen Päpste, ihre Kirche und ihr Staat im 16. und 17. Jh.* (1834–1836). Typisches Werk des deutschen Historismus, in dem Ranke die Staaten des zeitgenössischen Europa als ›Individualitäten‹, ›Gedanken Gottes‹ betrachtet.
Tocqueville (Alexis DE) [Frankreich, 1805 bis 1859]: *Über die Demokratie in Amerika* (1835–1840). Einzigartige Analyse der amerikanischen Gesellschaft. Eine Neuauflage der englischen Gesellschaft ohne Adel und hierarchische Strukturen. □ *Der alte Staat und die Revolution* (1856). Geschichte der Revolution, erarbeitet aufgrund von Archivunterlagen, in der der Autor aufzeigt, daß die Revolution durch Entmachtung des Adels und der Privilegierten den zentralistischen Staat gestärkt hat.
Macaulay (Thomas Babington) [Großbritannien, 1800–1859]: *History of England* (1848 bis 1861). Geschichte Englands, die sich auf die Zeit von 1685 bis 1702 konzentriert.
Marx (Karl) [Deutschland, 1818–1883]: *Klassenkämpfe in Frankreich (1848–1850)* (1850). Analyse der Revolution von 1848 auf der Grundlage der wirtschaftlichen Verhältnisse.
Mommsen (Theodor) [Deutschland, 1817 bis 1903]: *Römische Geschichte* (1854 bis 1885). Überblick über die römische Antike mit einem interdisziplinären Ansatz (Philologie, Literaturgeschichte, Archäologie usw.), wobei Mommsen das Ziel einer wirklich umfassenden Geschichtsschreibung verfolgt.
Renan (Ernest) [Frankreich, 1823–1892]: *Das Leben Jesu* (1863), erster Band der *Histoire des origines du christianisme* (1863–1881). Darstellung Jesu als außergewöhnlicher Mensch, der jedoch keinen Anteil am Göttlichen hat. Das Buch erschien nach dem Skandal, den die Antrittsvorlesung Renans am Collège de France ausgelöst hatte.
Corpus Inscriptionum Latinarum (Sammlung lateinischer Inschriften) [Deutschland, seit 1863]. Umfassende Sammlung lateinischer Inschriften, auf Initiative von Theodor Mommsen, erscheint heute noch.
Fustel de Coulanges (Numa Denis) [Frankreich, 1830–1889]: *La cité antique* (1864). Betrachtung der Regierungspolitik, der Entwicklung und des Aufbaus der griechischen und römischen Staaten vor dem Hintergrund ihrer religiösen Überzeugungen. □ *Histoire des institutions de l'ancienne France* (1875–1892). Geschichte in sechs Bänden; die letzten drei wurden von Camille Jullian herausgegeben.
Stubbs (William) [Großbritannien, 1825 bis 1901]: *Constitutional history of England down to 1485* (1873–1878). Verfassungsgeschichte des mittelalterlichen England.
Taine (Hippolyte) [Frankreich, 1828–1893]: *Die Entstehung des modernen Frankreich* (1875–1894). Entwicklung der Institutionen vom Ende des Ancien Régime bis zur Regierungszeit Napoleons I.
Corpus inscriptionum semiticarum (Sammlung semitischer Inschriften) [Frankreich, seit 1881]. Von Ernest Renan angeregte Sammlung, die sich vor allem mit phönizischen Inschriften befaßt (60 Bände erschienen).
Turner (Frederick Jackson) [Vereinigte Staaten, 1861–1932]: *The frontier in American history* (1893). Untersuchung der Bedeutung der noch unbesiedelten Gebiete *(wilderness)* für die Entwicklung der Vereinigten Staaten.
Langlois (Charles) [Frankreich, 1863–1929] und **Seignobos** (Charles) [Frankreich, 1854 bis 1942]: *Introduction aux études historiques* (1898). Leitfaden der neuen Methoden, der die Regeln der positivistischen Geschichtswissenschaft niederlegt.
Pirenne (Henri) [Belgien, 1862–1935]: *Geschichte Belgiens* (1900–1931). Geschichte Belgiens, in der der Verfasser die Besonderheit und Einheit unterstreicht, die sich seit dem Mittelalter zunehmend herausgebildet haben.
Jaurès (Jean) [Frankreich, 1859 bis 1914]: *Histoire socialiste (1789–1900)* [1901–1908]. Geschichte Frankreichs, die sich insbesondere auf die Entwicklung der gesellschaftlichen Kräfte und den Klassenkampf in Verbindung mit den wirtschaftlichen Verhältnissen konzentriert. Jaurès gab dieses Werk heraus und

▲ · **Die Heuernte,**
Ausschnitt aus einer Miniatur der *Très riches heures* des Herzogs von Berry (um 1416). Drei Mäher und zwei Frauen arbeiten auf einer Wiese am Ufer der Seine vor der Île de la Cité mitten in Paris. Dieses Bild informiert über: die Bauernkleidung, Leinenhemd, ärmelloses Übergewand und langer Rock bei den Frauen, einfaches Hemd bei den Männern; die Arbeitsgeräte, Sense mit langer Stahlschneide. *(Musée Condé, Chantilly)* Diese Miniatur war für die Betrachtung am Hof bestimmt und zeichnet ein freundliches, sicher wirklichkeitsfremdes Bild von der mittelalterlichen Feldarbeit. Dennoch enthält es wichtige Aussagen, die sich in der mittelalterlichen Literatur nicht finden, da Bauern darin meist nicht erwähnt werden.

MEISTERWERKE

GESCHICHTSWERKE

verfaßte die ersten vier Bände über die Revolution.

Altamira y Crevea (Rafael) [Spanien, 1866–1951]: *Historia de España y la civilización española* (1900–1904). Überblick, der ein neues Bild von der (insbesondere institutionellen) Geschichte Spaniens zeichnet.

Lavisse (Ernest) [Frankreich, 1842–1922] (unter Leitung von): *Histoire de France* (1900–1922). Geschichte Frankreichs in zwei Teilen: *Histoire de France depuis les origines jusqu'à la Révolution* (9 Bände, 1900–1911), *Histoire de France contemporaine depuis la Révolution jusqu'à la paix de 1919* (10 Bände, 1920–1922). Didaktisches Werk für Studenten und die gebildete Öffentlichkeit, verfaßt im patriotischen Geist der III. Republik.

Kljutschewskij (Wassilij Ossipowitsch) [Rußland, 1841–1911]: *Geschichte Rußlands* (1904–1918). Vornehmlich sozialgeschichtliche Darstellung.

Jullian (Camille) [Frankreich, 1859–1933]: *Histoire de la Gaule* (1908–1926). Geschichte Galliens, die den Einfluß der Kelten auf die gallische Kultur hervorhebt, jedoch die Bedeutung der Kolonialisierung durch die Griechen überschätzt.

Berr (Henri) [Frankreich, 1863–1954]: *La synthèse en histoire, essai critique et théorique* (1911). Abhandlung, in der der Autor im Gegensatz zur positivistischen Schule die Geschichte zum Dreh- und Angelpunkt der Humanwissenschaften macht.

Beard (Charles Austin) [Vereinigte Staaten, 1874–1948]: *An economic interpretation of the constitution of the United States* (1913). Entstehungsgeschichte der amerikanischen Verfassung, auf die Interessengruppen mit stärker nationalen als regionalen Motiven Einfluß nahmen.

Haskins (Charles Homer) [Vereinigte Staaten, 1870–1937]: *Norman institutions* (1918). Untersuchung der normannischen Institutionen des 11. und 12. Jh. und ihres Einflusses auf das mittelalterliche England.

Spengler (Oswald) [Deutschland, 1880 bis 1936]: *Der Untergang des Abendlandes* (1918 bis 1922). Bild der abendländischen Kultur im Endstadium; Vergleich mit der Untergangszeit der hellenistischen Epoche.

NEUE GESCHICHTS-SCHREIBUNG

Der Positivismus wird im Namen des Historismus, im Namen der Durkheimschen Soziologie und schließlich im Namen der ›Neuen Geschichtsschreibung‹ von den Sozialgeschichtlern um die französische Zeitschrift ›Annales d'histoire économique et sociale‹ angegriffen. Zwischen 1870 und 1920 zeigen die Verfechter des Historismus auf, daß das Wissen über die Vergangenheit zwangsläufig durch die subjektive Erfahrung des Historikers gefärbt wird. Émile Durkheim betrachtet die Geschichte als eine Hilfswissenschaft der Soziologie: Sie soll Informationen liefern, mit deren Hilfe die Soziologie versuchen kann, Gesetzmäßigkeiten zu entdecken. Seit 1929 befaßt sich die Historikergruppe der ›Annales ...‹ in Anknüpfung an Durkheims Ansatz mit der Erforschung von sozialen und wirtschaftlichen Strukturen, von kollektiven Erscheinungen und nicht mehr nur mit den Ereignissen. Seit dieser Zeit untersucht die Geschichtswissenschaft langfristige Entwicklungen, die Hunderte von Jahren dauern können, sowie die natürliche oder vom Menschen geprägte Umwelt: Klima, Vegetation, Lebensraum, Kleidung, Werkzeuge, Preis- und Lohn-

entwicklungen, Denksysteme und Einstellungen zu Leben oder Tod, Verwandtschaftssysteme. Bei der von den ›Annales ...‹ ausgelösten ›Revolution‹ geht es um noch Grundlegenderes: nämlich die Beziehung des Historikers zu seinem Forschungsgegenstand. Der Gegenstand der Geschichtsforschung wird vom Historiker vor dem Hintergrund der zeitgenössischen Probleme konstruiert. Heute verwendet der Historiker Methoden der wissenschaftlichen Geschichtskritik und moderne Techniken (Statistik, Computerprogramme, Datierung mit Hilfe der Radiocarbonmethode ...).

Begründer der ›Annales ...‹: Lucien Febvre, Marc Bloch.

Hauptvertreter der ›Neuen Geschichtsschreibung‹: Ernest Labrousse, Fernand Braudel, Pierre Goubert, Georges Duby, Jacques Le Goff, Emmanuel Le Roy Ladurie.

Huizinga (Johan) [Niederlande, 1872 bis 1945]: *Der Herbst des Mittelalters* (1919). Analyse der Gefühlswerte, der Mentalität und des Alltags in der mittelalterlichen, burgundischniederländischen Gesellschaft in der Übergangszeit zur Renaissance.

Weber (Max) [Deutschland, 1864–1920]: *Wirtschaft und Gesellschaft* (1922). Methodenlehre der Soziologie und Analyse der Rationalisierung des politischen und wirtschaftlichen Geschehens.

Bloch (Marc) [Frankreich, 1886–1944]: *Les rois thaumaturges* (1924). Historisch-anthropologische Untersuchung des magischen Aspekts der französischen Monarchie: die angeblichen Heilkräfte der Könige, die auf ihre Heiligkeit zurückgeführt werden. □ *Die Feu-*

dalgesellschaft (1939–1940). Analyse des mittelalterlichen Denkens im Zusammenhang der wirtschaftlichen und demographischen Verhältnisse der Zeit.

Lefebvre (Georges) [Frankreich, 1874 bis 1959]: *Paysans du Nord pendant la Révolution française* (1924). Wirtschafts- und Sozialgeschichte des Nordens Frankreichs während der Französischen Revolution, Analyse der Kämpfe aus der Sicht der Landbevölkerung.

Rostovtseff (Michael) [Vereinigte Staaten, ukrainischer Herkunft, 1870–1952]: *Gesellschaft und Wirtschaft im Römischen Kaiserreich* (1926). Studie, in der die Theorie entwickelt wird, daß der Verfall des Römischen Reiches auf den Konflikt zwischen Bauern und städtischem Bürgertum zurückzuführen ist.

Simiand (François) [Frankreich, 1873 bis 1935]: *Le salaire, l'evolution sociale et la monnaie* (1932). Umfassende Theorie des Wirtschaftsgeschehens, des Konjunkturaufschwungs und der Rezession in der modernen Gesellschaft.

Labrousse (Ernest) [Frankreich, 1895]: *Esquisse du mouvement des prix et des revenus en France au XVIIIᵉ s.* (1932). Werk, das nicht nur die Konjunkturzyklen, sondern auch die Wirtschaftsstrukturen im Frankreich des 18. Jh. untersucht.

Toynbee (Arnold) [Großbritannien, 1889 bis 1975]: *A study of history* (1934–1961). Die Geschichte des Aufstiegs und Untergangs der Zivilisationen der Welt, in 12 Bänden.

Marrou (Henri Irénée) [Frankreich, 1904 bis 1977]: *Saint Augustin et la fin de la culture antique* (1937, Neuausgabe 1945). Geschichte der Veränderungen in der antiken Kultur zur Zeit des hl. Augustinus.

FRANZÖSISCHE REVOLUTION

Die Zeitgenossen der Französischen Revolution zeichneten sich völlig gegensätzliche Bilder von diesem Ereignis: Die einen empfanden sie als Apokalypse und sahen Frankreich den Kräften des Bösen ausgeliefert, andere feierten sie als den Beginn einer neuen Zeit, den Sieg der Freiheit. Im 19. Jh. prägen die Werke von Thiers, Tocqueville und Michelet die offizielle französische Geschichtsschreibung. Thiers gibt einen klaren Überblick über die Fakten, in dem die Ereignisse unter dem Vorzeichen der Zwangsläufigkeit stehen. Michelet macht das Volk zum Helden der Revolution und entwirft damit ein Bild, in dem Romantik und Begeisterung vorherrschen, aber auch die von der Revolution verursachten Brüche deutlich hervortreten. Tocqueville dagegen sieht die Revolution als Folge des Ancien Régime. Im 20. Jh. untersuchen Jaurès, Labrousse, Lefebvre, Bois, Soboul und Bertaud die Revolution aus sozio-ökonomischer Sicht. Die Gegenpositionen zu diesem Ansatz werden von Furet und Cobban zusammengefaßt. Der religiöse Aspekt und die Entwicklung der Revolutionsriten werden Ende des 19./Anfang des 20. Jh. von Aulard, Mathiez, Vovelle und Ozouf studiert. Die Auswirkungen der Revolution auf die Weltgeschichte sind das Thema des Historikers Godechot. Verschiedene Monographien wie die von Cobb und Forrest schließlich beschäftigen

sich mit regionalen oder speziellen Aspekten der Revolution.

Aulard (Alphonse): *Le culte de la raison et le culte de l'Être suprême* (1892). □ Bertaud (Jean-Paul): *La Révolution armée: les soldats-citoyens et la Révolution française* (1979). □ Bois (Paul): *Paysans de l'Ouest. Des structures économiques et sociales aux options politiques ...* (1961). □ Cobb (Richard): *Les armées révolutionnaires, instrument de la Terreur dans les départements, avril 1793 – floréal an II* (1964, engl.). □ Cobban (Alfred): *The social interpretation of the French Revolution* (1964). □ Forrest (Allan): *La Révolution française et les pauvres* (1981, engl.). □ Furet (François): *Penser la Révolution française* (1978). □ Godechot (Jacques): *La Grande Nation. L'expansion révolutionnaire de la France dans le monde, 1789–1799* (1956). □ Jaurès (Jean): *L'Histoire socialiste* (1901–1908). □ Labrousse (Ernest): *La crise de l'économie française à la fin de L'Ancien Régime et au début de la Révolution* (1944). □ Lefebvre (Georges): *Les paysans du Nord pendant la Révolution française* (1924). □ Mathiez (Albert): *Les origines des cultes révolutionnaires* (1904). □ Michelet (Jules): *Histoire de la Révolution française* (1847–1853). □ Ozouf (Mona): *La Fête révolutionnaire, 1789–1799* (1976). □ Palmer (Robert R.): *Les Révolutions de la liberté et de l'égalité* (1959–1964, engl.). □ Soboul (Albert): *Les sans-culottes parisiens et l'an II* (1958); *Problèmes paysans de la Révolution française* (1983). □ Thiers (Adolphe): *Histoire de la Révolution française* (1823–1827). □ Tocqueville (Alexis de): *Der alte Staat und die Revolution* (1856). □ Vovelle (Michel): *Religion et Révolution: la déchristianisation en l'an II* (1976).

MEISTERWERKE

Elias (Norbert) [Deutschland, 1897]: *Über den Prozeß der Zivilisation* (1939). Analyse der Entwicklung der Verhaltensweisen in Europa (Scham, Verbergen organischer Funktionen ...) seit der Renaissance.

Koyré (Alexandre) [Frankreich, russischer Herkunft, 1882–1964]: *Études galiléennes* (1940), über die Forschungsarbeiten Galileis, seine Irrtümer und seine Auffassung von der Wissenschaft.

Febvre (Lucien) [Frankreich, 1878–1956]: *Le Problème de l'incroyance au XVIe s., la Religion de Rabelais* (1942). Analyse des kulturellen Systems, in dem sich die Persönlichkeit Rabelais herausbildete.

Meinecke (Friedrich) [Deutschland, 1862 bis 1954]: *Die deutsche Katastrophe* (1946). Kritische Betrachtung der deutschen Politik seit Bismarck und Aufruf zur Rückbesinnung auf die Werte des 18. Jh.

Photographie und Geschichte.

Seit den Berichten des Briten Roger Fenton über den Krimkrieg im Jahre 1855 und den Reportagen Mathew Bradys und seiner Mitarbeiter über den Amerikanischen Bürgerkrieg (1861–1865) hat die Photodokumentation einen enormen Aufschwung erlebt. Einige Bilder sind so oft reproduziert worden, daß sie Teil der kollektiven Erinnerung und des Wissens über die jüngste Geschichte geworden sind. Sie sind zu Symbolen geworden. Robert Capa z. B., ein unbestechlicher und realistischer Reporter, hielt mit seiner Kamera die Kämpfe des Spanischen Bürgerkriegs, des chinesisch-japanischen Kriegs (1938), der Landung der Alliierten in der Normandie (1944), des ersten israelisch-arabischen Kriegs (1948) und des Indochinakriegs fest, in dem er 1954 ums Leben kam.

A · Der Spanische Bürgerkrieg.
Republikanischer Soldat, der in den ersten Kämpfen des Spanischen Bürgerkriegs (1936–39) fällt. Photographie von R. Capa.

B · Das Warschauer Ghetto.
Jüdische Familien werden nach der Errichtung des Warschauer Ghettos von den deutschen Behörden aus ihren Wohnungen geholt (Oktober 1940). Dieses Photo, das jüdische Frauen und Kinder als Opfer des Nationalsozialismus zeigt, ist zu einem Symbol der Schrecken des Zweiten Weltkriegs geworden.

C · Der Krieg im Pazifik.
Soldaten hissen am 23. Februar 1945 die amerikanische Fahne auf der Insel Iwo Jima. Diese Photographie von J. O. Rosenthal soll bei einer Nachstellung der Szene nach Beendigung der Kriegshandlungen entstanden sein. Das Bild ist zu einem Symbol der Rückeroberung des Pazifiks durch die Amerikaner geworden.

MEISTERWERKE

GESCHICHTSWERKE

Braudel (Fernand) [Frankreich, 1902–1985]: *La Méditerranée* (1949). Untersuchung des Mittelmeerraumes, seines fast unveränderlichen Gleichgewichts, seiner langfristigen Wirtschafts- und Sozialentwicklung und der Ereignisse der jüngeren Vergangenheit. □ *Sozialgeschichte des 15.–18. Jh.* (1979). Geschichte der europäischen ›Wirtschaftswelt‹, der wirtschaftlich wichtigen Städte und ihres weltweiten Einflusses.

Baron (Salo Wittmayer) [Vereinigte Staaten, österreichischer Herkunft, 1895]: *Sozial- und Religionsgeschichte der Juden* ([2]1952–1980, engl.). Der umfangreichste Überblick über die Geschichte der Juden in moderner Zeit.

Duby (Georges) [Frankreich, 1919]: *La société aux XIe et XIIe s. dans la région mâconnaise* (1953). Werk über die Feudalgesellschaft. □ *Les Trois Ordres ou l'Imaginaire du féodalisme* (1978). Analyse des Einflusses des Imaginären auf die mittelalterlichen Gesellschaften. □ *Le Chevalier, la Femme et le Prêtre* (1981). Untersuchung der Verwandtschafts- und Heiratsbeziehungen im Mittelalter.

Schumpeter (Joseph Alois) [Vereinigte Staaten, österreichischer Herkunft, 1883–1950]: *Geschichte der ökonomischen Analyse* (1954). Geschichte der Methoden des wirtschaftlichen Denkens.

Chaunu (Pierre) [Frankreich, 1923]: *Séville et l'Atlantique (1504–1650)* [1955–1959]. Die Geschichte des atlantischen Raumes.

Vicens Vives (Jaime) [Spanien, 1910–1960]: *Sozial- und Wirtschaftsgeschichte Spaniens* (1957, span.). Überblick mit Schwerpunkt auf der konjunkturellen Entwicklung. □ *Industriels et hommes politiques du XIX[e]s.* (1958). Geschichte der sozialen und nationalen Revolution im Katalonien des 19. Jh.

Le Goff (Jacques) [Frankreich, 1924]: *Les intellectuels au Moyen Âge* (1957), *Pour un autre Moyen Âge* (1979). Analysen auf der Grundlage neuer quantitativer Methoden.

Dupont-Sommer (André) [Frankreich, 1900–1983]: *Écrits esséniens découverts près de la mer Morte* (1959). Übersetzung und Kommentar zu den Handschriften von Qumran.

Ariès (Philippe) [Frankreich, 1914–1984]: *Geschichte der Kindheit* (1960). Untersuchung der abendländischen Einstellung zum Kind seit dem 18. Jh., die in Europa und den Vereinigten Staaten zahlreiche Familienforschungsprojekte nach sich zog.

Goubert (Pierre) [Frankreich, 1915]: *Beauvais et le Beauvaisis de 1600 à 1730* (1960) [Neuausgabe u. d. T. *Cent Mille Provinciaux au XVII[e]s.*]. Bevölkerungsgeschichte.

Foucault (Michel) [Frankreich, 1926–1984]: *Wahnsinn und Gesellschaft* (1961). Geschichte der Entstehung des Gegensatzpaares Vernunft und Wahnsinn zwischen dem 16. und 18. Jh. und der Ausgrenzung und Einsperrung von Wahnsinnigen.

Le Roy Ladurie (Emmanuel) [Frankreich, 1929]: *Paysans du Languedoc* (1966). Historische Anthropologie. □ *Histoire du climat depuis l'an mil* (1967). Wies nach, daß die meteorologischen Erscheinungen sich im Laufe der Jahrzehnte oder Jahrhunderte verändern.

Agulhon (Maurice) [Frankreich, 1926]: *Pénitents et francs-maçons de l'ancienne Provence* (1968), *La République au village* (1970). Die Verwurzelung der Politik in den Beziehungsgeflechten, in der ›Geselligkeit‹ des französischen Südens oder anderer Regionen Frankreichs.

Acsády (György) [Vereinigte Staaten, ungarischer Herkunft, 1924] und **Nemeskéri** (János) [Ungarn, 1914]: *Histoire de la durée de la vie humaine et de la mortalité* (1970). Erste *paläodemographische* Untersuchung über Sterblichkeitstabellen und Altersstruktur von prähistorischen und mittelalterlichen Menschen aufgrund von Skelett- und Schädelfunden.

Dupâquier (Jacques) [Frankreich, 1922]: *Histoire de la population française* (1988). Gemeinschaftswerk unter Leitung von Dupâquier; Zusammenstellung der Untersuchungen zur französischen Bevölkerung von der Vorgeschichte bis heute.

EUROPÄISCHE ARCHIVE

Ein Archiv gab es erstmals im antiken Griechenland: Es diente zur Aufbewahrung von Gesetzen. In Rom wurden in republikanischer Zeit die vom Senat erlassenen Gesetze und andere Beschlußfassungen im ›Aerarium Saturni‹ aufbewahrt. 78 v. Chr. entstand am Südost-Hang des Kapitols ein eigener Archivbau, das ›Tabularium civitatis‹.

Im frühen Mittelalter wurde die antike Tradition von der päpstlichen Kurie und einigen Klöstern weitergeführt. Für die Regierungszeit Karls des Großen ist ein kleineres Archiv bezeugt. Seit dem 9. und 10. Jh. legten Bistümer und Klöster Archive an, die Städte folgten im 12. Jh. Aber erst zu Beginn des 15. Jh. waren mit der Einführung eines geordneten Registerwesens die Voraussetzungen für ein dauerhaftes Archiv der Reichsverwaltung gegeben.

1919 wurde in Potsdam ein Reichsarchiv gegründet, das sämtliche Reichsakten seit 1867 und die Akten des Großen Generalstabs verwaltete.

Als zentrales Archiv der Bundesrepublik Deutschland wurde 1952 in Koblenz das Bundesarchiv errichtet, in dem das Archivgut von Verfassungsorganen, Behörden, Gerichten, Streitkräften u. a. aufbe-

wahrt werden. Hinzu kommen Archivalien des Reichskammergerichts (16. bis 18. Jh.), des Deutschen Bundes (1815 bis 1866) und des Deutschen Reiches (1871–1945).

Weitere Archive in Deutschland sind das ›Geheime Staatsarchiv Preußischer Kulturbesitz‹ in Berlin, das ›Politische Archiv des Auswärtigen Amtes‹ in Bonn sowie die staatlichen Archive der Länder.

In der ehemaligen Deutschen Demokratischen Republik wurde 1946 in Potsdam das ›Zentrale Staatsarchiv‹ errichtet, dem mehrere Staatsarchive nachgeordnet waren.

In Österreich wurde 1749 in Wien von Maria Theresia das ›Haus-, Hof- und Staatsarchiv‹ gegründet, das Archiv der Dynastie, des Hofes, des Auswärtigen Amtes und der obersten Staatsführung. 1918 in ›Staatsarchiv‹ umbenannt, wurde es 1938 eine Abteilung des ›Reichsarchivs‹ in Wien und 1945 des ›Österreichischen Staatsarchivs‹.

In der Schweiz gibt es neben dem ›Schweizerischen Bundesarchiv‹ in Bern für jeden Kanton ein eigenes Archiv.

Das ›Vatikanische Archiv‹ in Rom, von Papst Paul V. geschaffen, bewahrt eine umfangreiche Archivsammlung, v. a. für die europäische Geschichte des 13. bis 16. Jh. auf.

Weitere wichtige Archive sind das ›Public Record Office‹ in London und die ›Archives Nationales‹ in Paris.

HISTORISCHER ROMAN

Der historische Roman ist ein der Phantasie entsprungenes Werk, in dem der Geist, die Gewohnheiten und sozialen Verhältnisse der Vergangenheit lebendig werden sollen. Historische Ereignisse bilden den Hintergrund des Romans, der von authentischen oder fiktiven Gestalten der Geschichte handelt. Die Gattung des historischen Romans wurde 1820 von Walter Scott geschaffen und hat seitdem einen enormen Aufschwung erlebt. Der Held ist meistens ein Mensch, in dessen Hand das Schicksal einer Gemeinschaft oder einer Nation liegt. *Vom Winde verweht* (1936) steht am Anfang einer neuen Generation historischer Romane, in deren Mittelpunkt das Schicksal einer einzelnen Frau oder ein Liebesabenteuer steht. Wir führen hier die berühmtesten historischen Romane auf, geordnet nach ihrem Umfeld: Antike, europäische, amerikanische, afrikanische Geschichte.

VORGESCHICHTE UND ANTIKE.

Rosny d. Ä. (Frankreich, 1856–1940): *La guerre du feu* (1911). Die Entwicklung des prähistorischen Menschen. □ *Le félin géant* (1920). Roman über die Nachfahren des Helden aus *La guerre du feu*.

ÄGYPTEN, PALÄSTINA, ISRAEL

Gautier (Théophile) [Frankreich, 1811 bis 1872]: *Der Roman der Mumie* (1858). Spielt im Ägypten zur Zeit des Exodus: die Geschichte von Tahoser, ihrer Liebe zu dem Hebräer Poeri und ihrer Entführung durch den Pharao.

Michener (James Albert) [Vereinigte Staaten, 1907]: *Die Quelle* (1965). Das Palästina der Kanaaniter, Hebräer und Briten, beschrieben anhand der Ausgrabungen von Makor.

Rachet (Gui) [Frankreich, 1930]: *Les vergers d'Osiris* (1981). Erinnerungen und Reiseberichte eines ägyptischen Prinzen unter Ramses III. □ *Nefertiti, reine du Nil* (1984).

Wallace (Lew) [Vereinigte Staaten, 1827 bis 1905]: *Ben Hur* (1880). Geschichte der Rache Ben Hurs an Messala. Ben Hur aus Judäa, aus einflußreicher Familie, wird Galeerensträfling, von einem vornehmen Römer adoptiert und zum Christentum bekehrt.

Waltari (Mika) [Finnland, 1908–1979]: *Sinuhe der Ägypter* (1945). Erinnerungen eines Arztes um 1350 v. Chr. □ *Le secret du royaume, Myrina* (1959). Das Leben des vornehmen Römers Marius Mezentius Manilianus in Jerusalem und Alexandria zur Zeit Christi.

GRIECHENLAND

Renault (Mary) [Großbritannien, 1905 bis 1983]: *Fire from Heaven* (1970). Fünfzehn Jahre aus dem Leben Alexanders des Großen, von seiner Kindheit bis zu dem Tag, an dem er Nachfolger seines Vaters, Philipp von Makedonien, wird. □ *The Persian Boy* (1972). Die sieben letzten Lebensjahre Alexanders des Großen, vom Sieg über Darius bis zu seinem Tod.

KARTHAGO

Flaubert (Gustave) [Frankreich, 1821–1880]: *Salammbô* (1862). Geschichte der Liebe, die der Lybier Mâtho, Anführer der Söldner, für die karthargische Tanitpriesterin Salammbô empfindet. Zur Zeit der Sklavenaufstände nach dem ersten Punischen Krieg.

ROM, BYZANZ

Dahn (Felix) [Deutschland, 1834–1912]: *Ein Kampf um Rom* (1876–1878). Schilderung der Eroberung Roms durch die Ostgoten.

MEISTERWERKE

Graves (Robert) [Großbritannien, 1895 bis 1985]: *I, Claudius* (1934). Romanhafte Biographie des Kaisers Claudius. □ *Claudius the god and his wife Messalina* (1934). Das Leben des Claudius nach seiner Machtübernahme. □ *Belisar von Byzanz* (1938). Das Leben und die Eroberungen des Generals des byzantinischen Kaisers Justinian.

Bulwer-Lytton (Edward) [Großbritannien, 1803–1873]: *Die letzten Tage von Pompeji* (1834). Komplizierte Intrigen in Pompeji zur Zeit der Ausbreitung des Christentums, im Jahr des Ausbruchs des Vesuvs (79 n. Chr.).

Monteilhet (Hubert) [Frankreich, 1928]: *Neropolis* (1984). Rom unter Nero: üppig, leidenschaftlich und ausschweifend.

Móra (Ferenc) [Ungarn, 1879–1934]: *Der goldene Sarg* (1932). Die Epoche des Diokletian.

Petersen (Nis) [Dänemark, 1897–1943]: *Die Sandalenmachergasse* (1931). Die ersten Christen in Rom.

Sienkiewicz (Henryk) [Polen, 1846–1916]: *Quo vadis?* (1896). Geschichte Neros und der Christenverfolgungen im Rom der Untergangszeit.

Waltari (Mika) [Finnland, 1908–1979]: *Minutus, der Römer* (1964). Das Leben von Minutus Lautus Manilianus in der Bretagne, in Armenien und in Rom zur Zeit Neros.

Wilder (Thornton Niven) [Vereinigte Staaten, 1897–1975]: *Die Iden des März* (1948). Geschichte der letzten Lebenstage von Julius Caesar, erzählt in Briefen und Dokumenten.

Wiseman (Nicholas Patrick) [Großbritannien, 1802–1865]: *Fabiola* (1854). Rom zur Zeit Diokletians und der Christen in den Katakomben.

Yourcenar (Marguerite) [Frankreich, 1903 bis 1987]: *Ich zähmte die Wölfin* (1952). Die Liebe des römischen Kaisers Hadrian zu Antinous.

EUROPA

Deutschland

Alexis (Willibald) [Deutschland, 1798 bis 1871]: *Die Hosen des Herrn von Bredow* (1846 bis 1848). Die Abenteuer Gottfrieds von Bredow im 16. Jh. zur Zeit der Kämpfe zwischen Kurfürst Joachim I. von Brandenburg und den Adligen.

Bourges (Élémir) [Frankreich, 1852–1925]: *Die Götterdämmerung* (1884). Das Leben eines von den Preußen vertriebenen Herzogs, der sich weigert, Kaiser Wilhelm I. zu huldigen.

Feuchtwanger (Lion) [Vereinigte Staaten, deutscher Herkunft, 1884–1958]: *Jud Süß* (1925). Das Leben des Finanzberaters des Prinzen Karl Alexander von Württemberg um 1730 und seine Rückbesinnung auf jüdische Werte.

Fontane (Theodor) [Deutschland, 1819 bis 1898]: *Vor dem Sturm* (1878). Geschichte einer vornehmen Brandenburger Familie zur Zeit der Napoleonischen Besetzung Preußens.

Freytag (Gustav) [Deutschland, 1816–1895]: *Die Ahnen* (1873–1881). Achtbändige Geschichte einer deutschen Bürgerfamilie vom 4. bis 19. Jh.

Hauff (Wilhelm) [Deutschland, 1802–1827]: *Lichtenstein* (1826). Erster deutscher historischer Roman: der Konflikt zwischen dem Schwäbischen Bund und Ulrich von Württemberg.

Huch (Ricarda) [Deutschland, 1864–1947]: *Der große Krieg in Deutschland* (1912–1914). Epos über den Niedergang des Heiligen Römischen Reiches deutscher Nation und den Dreißigjährigen Krieg.

Österreich

Handel-Mazzetti (Enrica) [Österreich, 1871 bis 1955]: *Meinhard Helmpergers denkwürdiges Jahr* (1900). Die Bekehrung eines jungen Lutheraners zum Katholizismus zur Zeit der Gegenreformation. □ *Die arme Margaret* (1910). Der Konflikt zwischen dem jungen katholischen Offizier Herliberg und der Protestantin Margaret in der Gegenreformation.

Belgien, Niederlande

Carton de Wiart (Henry) [Belgien, 1869 bis 1951]: *La cité ardente* (1905). Geschichte des Widerstands der Stadt Lüttich gegen Karl den Kühnen und Ludwig XI.

Conscience (Hendrik) [Belgien, 1812 bis 1883]: *Der Löwe von Flandern* (1838, niederl.). Die Rache des mit der Stadt Brügge verbündeten flämischen Grafen Robert, genannt der Löwe, an Philipp dem Schönen. □ *Jacob van Artevelde* (1849, niederl.). Geschichte des Aufstands der Stadt Gent gegen den Grafen von Flandern, Ludwig von Nevers.

De Coster (Charles) [Belgien, 1827–1879]: *Die Legende von Ulenspiegel* (1867). Roman, in dem der Spaßmacher Till Ulenspiegel zum Helden des Aufstands der Niederlande gegen Philipp den Schönen wird.

Moke (Henri) [Belgien, 1803–1862]: *Gueux de mer* (1827). Flandern unter dem Herzog von Alba.

Dänemark

Ingemann (Bernhard Severin) [Dänemark, 1789–1862]: *Waldemar der Sieger* (1826), *Die erste Jugend Erik Menveds* (1828), *König Erik und die Geächteten* (1833). Romane im Dänemark des 13. Jh. Der Historiker Saxo Grammaticus ist eine der Figuren des ersten Romans, der in den Jahren 1204–1228 unter der Herrschaft Waldemars spielt.

Spanien

Baroja y Nessi (Pío) [Spanien, 1872–1956]: *Lebenserinnerungen eines Mannes der Tat* (1913–1935). Romanserie über die Zeit der Karlistenkriege, insbesondere die Regierungszeit Ferdinands VII. (1808 und 1814–1833), verknüpft mit der Lebensgeschichte des Abenteurers Eugenio de Aviraneta, in 22 Bänden.

Blasco Ibáñez (Vicente) [Spanien, 1867 bis 1928]: *El Papa del mar* (1925). Papst Benedikt XIII. in Avignon. □ *A los pies de Venus* (1926). Die Familie Borgia (aragonischer Herkunft) versteht als erste, daß die Neue Welt nicht Indien, sondern Amerika ist.

Feuchtwanger (Lion) [Vereinigte Staaten, deutscher Herkunft, 1884–1958]: *Die Jüdin von Toledo* (1955). Kastilien im 13. Jh.: Alfons VIII., seine Verbindung mit Rachel, der Tochter seines Ratgebers, des Juden Jehuda ben Esra, und ihre Hinmetzelung bei einem Aufstand.

A · **Die drei Musketiere.**
Athos ist ein Edelmann, Aramis ein Mann der Kirche, Porthos hat Geld. Damit verkörpern diese drei Männer nicht nur die Stützen des Ancien Régime, sondern auch die drei Säulen jeder europäischen Gesellschaft: Armee, Kirche und Unternehmergeist. Jeder Leser kann sich mit einem der drei Helden von A. Dumas identifizieren – ein Grund für den internationalen Erfolg des Romans. (Illustration von C. Nico; Privatbesitz)

B · **Ivanhoe.**
Ivanhoe macht, zusammen mit *Quentin Durward*, den historischen Roman in Europa populär. Scott überzeugt durch seinen Stil, seine lebendige Beschreibung des großen Turniers oder des Angriffs auf Schloß Torquilstone und regt zur Nachahmung an. Wenn auch die historischen Fakten nicht immer stimmen mögen – historisch bunt geht es immer zu. (Illustration von M. Greiffenhagen; Nationalbibliothek, Paris)

MEISTERWERKE

GESCHICHTSWERKE

FRANKREICH

Bourin (Jeanne) [Frankreich, 1922]: *Agnès Sorel, dame de beauté* (1970). □ *Die Tochter des Goldschmieds* (1979). Die Familie eines Goldschmieds im Paris des 13. Jh.

Chandernagor (Françoise) [Frankreich, 1945]: *L'allée du roi* (1981). Romanhafte Autobiographie der Madame de Maintenon.

Druon (Maurice) [Frankreich, 1918]: *Die unseligen Könige* (1955–1977). Romanhafte Lebensbeschreibungen der Könige aus dem Hause Valois.

Dumas (Alexandre) [Frankreich, 1802 bis 1870]: *Die drei Musketiere* (1844). Die Abenteuer von Athos, Porthos, Aramis und Gascon d'Artagnon am Hof König Ludwigs XIII.; sie versuchen, Anna von Österreich vor den Intrigen Richelieus zu schützen. □ *Zwanzig Jahre später* (1845). Zur Zeit der Fronde, d'Artagnon steht im Dienste Mazarins. □ *Der Vicomte von Bragelonne oder zehn Jahre später* (1850). Die ersten Jahre der Regierungszeit Ludwigs XIV. (der Vicomte von Bragelonne ist der Sohn von Athos und Madame de Chevreuse).

Frain (Irène) [Frankreich, 1950]: *Nabob* (1982). Die Abenteuer des bretonischen Seefahrers René Madec in Indien, um das sich Frankreich und Großbritannien im 18. Jh. streiten.

Hugo (Victor) [Frankreich, 1802–1885]: *Der Glöckner von Notre-Dame* (1831). Beschreibung von Paris am Ende des Mittelalters und des Lebens, das sich um die Kathedrale herum abspielt: die Zigeunerin Esmeralda, der Glöckner Quasimodo und der Domprobst Claude Frollo.

Mann (Heinrich) [Deutschland, 1871–1950]: *Die Jugend des Königs Henri Quatre* (1935) und *Die Vollendung des Königs Henri Quatre* (1938). Das Leben des jungen Heinrich IV. von Navarra, seine Begegnung mit Montaigne, sein Übertritt zum Katholizismus und sein Erkennen der wahren Interessen Frankreichs.

Mérimée (Prosper) [Frankreich, 1803–1870]: *Die Bartholomäusnacht* (1829). Das Schicksal zweier Brüder in den Glaubenskriegen, von denen einer auf der Seite Colignys, der andere auf der Seite des Königs steht.

Neumann (Alfred) [Deutschland, 1895 bis 1952]: *Der Teufel* (1926). Olivier Necker, der Teufel, setzt für die unpopulären Maßnahmen Ludwigs XI. ein. □ *Neuer Caesar* (1934), *Kaiserreich* (1936), *Das Kind von Paris* (1940). Trilogie über Napoleon III.

Oldenbourg (Zoé) [Frankreich, russischer Herkunft, 1916]: *Le bûcher de Montségur* (1959), *Les brûlés* (1960), *Les cités charnelles* (1961). Der Widerstand der Katharer, der Albigenserkreuzzug, die Eroberung des Languedoc.

Orczy (Emmuska, Baroness) [Großbritannien, ungarischer Herkunft, 1865–1947]: *The Scarlett Pimpernell* (1905). Die Abenteuer Sir Percy Blakeneys und die Emigration der Adligen während der Französischen Revolution.

Scott (*Sir* Walter) [Großbritannien, 1771 bis 1832]: *Quentin Durward* (1823). Geschichte um Quentin Durward und Isabelle de Croÿ inmitten der Kämpfe zwischen Karl dem Kühnen und Ludwig XI.

Vigny (Alfred DE) [Frankreich, 1797–1863]: *Cinq-Mars* (1826). Erster französischer historischer Roman, erzählt vom Kampf zwischen Richelieu und dem Marquis de Cinq-Mars, den die übrigen Verschwörer und Ludwig XIII. fallengelassen haben.

Walder (Francis) [Belgien, 1906]: *Der Unterhändler* (1958). Der Frieden von Saint-Germain (1570) zwischen Katharina von Medici und den Protestanten. □ *Une lettre de Voiture* (1962). Ein Auftrag des Dichters Voiture unter Ludwig XIII.

GROSSBRITANNIEN

Scott (*Sir* Walter) [Großbritannien, 1771 bis 1832]: *Waverley* (1814). Erster historischer Roman, verfaßt vom Schöpfer der neuen Gattung. Hintergrund ist die jakobitische Restaurationsversuch von 1745. □ *Ivanhoe* (1820). Die Abenteuer Ivanhoes, Sohn des Sachsen Cedric, und Robin Hoods zur Zeit von Richard Löwenherz und Johann Ohneland. □ *Kenilworth* (1821). England zur Zeit Elisabeths I.

UNGARN

Kemény (Zsigmond) [Ungarn, 1814–1875]: *Rauhe Zeiten* (1858). Die Besetzung Ungarns durch die Türken (1540).

Móricz (Zsigmond) [Ungarn, 1879–1942]: *Siebenbürgen* (1922–1939). Trilogie über Gabriel Bethlen von Iktár (1613–1629), den protestantischen Fürsten von Siebenbürgen.

ITALIEN

Bacchelli (Riccardo) [Italien, 1891–1985]: *Der Teufel auf dem Pontelungo* (1927). Ein Umsturzversuch, zu dem der russische Anarchist Bakunin in Pontelungo aufrief.

Eco (Umberto) [Italien, 1932]: *Der Name der Rose* (1980). Nachforschungen der Inquisition in einem norditalienischen Kloster.

Huch (Ricarda) [Deutschland, 1864–1947]: *Das Leben des Grafen Federigo Confalonieri* (1908). Der Kampf Federigo Confalonieris (1785–1846) gegen die Österreicher, seine Gefangennahme und Haft in der Festung Spielberg.

Manzoni (Alessandro) [Italien, 1785–1873]: *Die Verlobten* (Erstausgabe 1825–1827, 2. Ausgabe 1840–1842). Chronik der Lombardei des 17. Jh., deren Höhepunkt die Beschreibung der Pest von 1630 in Mailand bildet.

NORWEGEN

Undset (Sigrid) [Norwegen, 1882–1949]: *Olav Audunssohn* (1925–1927). Die Auseinandersetzung zwischen heidnischer und christlicher Welt im Norwegen des 13. Jh.

POLEN

Michener (James Albert) [Vereinigte Staaten, 1907]: *Mazurka* (1983). Historisches Gemälde über die Zeit von der Herrschaft des Großherzogs Witold von Litauen bis zu Jan Sobieski.

Sienkiewicz (Henryk) [Polen, 1846–1916]: *Mit Feuer und Schwert* (1883–84), *Sturmflut* (1886), *Pan Wolodyjowski, der kleine Ritter* (1887–88). Trilogie, die das glorreiche 17. Jh. in Polen und seine Kämpfen gegen die Schweden, Kosaken und Türken feiert.

RUSSLAND

Mordowzew (Daniil Lukitsch) [Rußland, 1830–1905]: *Der falsche Dmitrij* (1879, russ.). Das Erscheinen des Schwindlers Dmitrij zur ›Zeit der Wirren‹ (1605–1613).

Puschkin (Aleksandr Sergejewitsch) [Rußland, 1799–1837]: *Die Hauptmannstochter* (1836). Roman, der zur Zeit des Aufstands von Pugatschow unter Katharina der Großen spielt.

Tolstoj (Aleksej Konstantinowitsch) [Rußland, 1817–1875]: *Fürst Serebräny* (1863). Bild der Epoche Iwans IV., des Schrecklichen.

Tolstoj (Aleksei Nikolajewitsch) [UdSSR, 1883–1945]: *Peter der Große* (1929–1945). Großes historisches Gemälde über den Reformator Rußlands.

Tolstoj (Lew Nikolajewitsch) [Rußland, 1828–1910]: *Krieg und Frieden* (1878). Die russische Gesellschaft zur Zeit der Napoleonischen Kriege.

Sagoskin (Michail Nikolajewitsch) [Rußland, 1789–1852]: *Jurij Miloslawski oder Die Russen im Jahre 1612* (1829). Die Befreiung des von den Polen besetzten Rußlands zur ›Zeit der Wirren‹, lebendige Schilderung des Kampfes der russisch-nationalen Kräfte.

SCHWEIZ

Meyer (Conrad Ferdinand) [Schweiz, 1825 bis 1898]: *Jürg Jenatsch* (1876). Die Geschichte des Pfarrers Jürg Jenatsch, der sich erst mit den Franzosen, dann mit den Spaniern verbündet, um die Unabhängigkeit der Schweiz zu erlangen.

TSCHECHOSLOWAKEI

Brod (Max) [Israel, österreichischer Herkunft, 1884–1968]: *Tycho Brahes Weg zu Gott* (1916). Wie der Astronom Tycho Brahe zu Gott findet.

Stifter (Adalbert) [Österreich, 1805–1868]: *Witiko* (1865–1867). Der Kampf der böhmischen Herrscher gegen die Fürsten im Mittelalter.

AMERIKA

BRASILIEN

Alencar (José Martiniano de) [Brasilien, 1829–1877]: *Der Guarany* (1857). Die Indianerstämme und Pery, der Häuptling der Guaraní, im kolonialen Brasilien des 16. Jh. □ *Iracema* (1865). Indianerroman, der im Nordbrasilien des 17. Jh. spielt.

KANADA

Aubert de Gaspé (Philippe-Joseph) [Kanada, 1786–1871]: *Les anciens Canadiens* (1863). Bericht über die englische Eroberung.

Desrosiers (Léo-Paul) [Kanada, 1896–1967]: *Les engagés du Grand-Portage* (1938). Geschichte der Pioniere im Westen.

Richardson (John) [Kanada, 1796–1852]: *Wacousta* (1832). Bericht über den Indianeraufstand von 1763.

DOMINIKANISCHE REPUBLIK

Galván (Manuel de Jesús) [Santo Domingo, 1834–1910]: *Enriquillo* (1879–1882). Der Aufstand des letzten Kaziken (Indianerhäuptlings) von Santo Domingo (16. Jh.).

VEREINIGTE STAATEN

Barth (John) [Vereinigte Staaten, 1930]: *Der Tabakhändler* (1960). Schelmenroman, der im kolonialen Maryland spielt.

Cooper (James Fenimore) [Vereinigte Staaten, 1789–1851]: ›Lederstrumpf‹-Romane, 5 Teile, u. a. *Der letzte Mohikaner* (1826), *Die Prärie* (1827), *Der Pfadfinder* (1840), *Der Wildtöter* (1841). Schilderung der Pionierzeit Amerikas, die auch das Leben der Indianer miteinbezog.

Michener (James Albert) [Vereinigte Staaten, 1907]: *Colorado Saga* (1974). Breit angelegte Geschichte des Staates Colorado von der Vorgeschichte bis heute. □ *Die Bucht* (1978). Maryland zur Zeit der ersten Siedler. □ *Texas* (1985). Das Leben der Spanier, Mexikaner, Schotten ... in Texas seit dem 16. Jh.

Mitchell (Margaret) [Vereinigte Staaten, 1900–1949]: *Vom Winde verweht* (1936). Das Schicksal einer Südstaatenfamilie während des Bürgerkriegs.

AFRIKA

Condé (Maryse) [Frankreich, 1935]: *Ségou* (2 Bände: *Les murailles de terre; La terre en miettes*) [1984–1985]. Das Königreich Ségou im 18. Jh., die Islamisierung, der heilige Krieg um 1860 und die Tukulor im heutigen Mali.

Hazoumé (Paul) [Benin, 1890–1980]: *Doguicimi* (1935). Das Leben am Hof des Königs von Abomey.

11

ENTDECKUNGEN UND ERFINDUNGEN

Seit tausenden von Jahren werden ständig neue Entdeckungen und Erfindungen gemacht,
mit denen sich die Menschheit ein immer größeres wissenschaftliches und technisches Wissen aneignet.
Unser Buch zeigt die wichtigsten Etappen des wissenschaftlichen und technischen Fortschritts auf.
Diese Entwicklung nimmt in den einzelnen Epochen einen unterschiedlichen Verlauf
und ist gekennzeichnet von Fehlschlägen, gewagten Theorien, Kontroversen, erfolglosen Versuchen,
aber auch von dem Genie einiger herausragender Persönlichkeiten.
Der Übersichtlichkeit wegen wird dieses Abenteuer der Menschheit in 32 Zeitabschnitte
(ab dem 19. Jahrhundert nach Jahrzehnten) unterteilt, die die Zeit von der Vorgeschichte bis heute abdecken.
Die wichtigsten Entdeckungen und Erfindungen eines jeden Zeitabschnitts werden auf mindestens einer,
meist aber auf zwei Seiten behandelt. Die umfangreiche Chronologie der Entdeckungen und Erfindungen
wird durch eine Reihe von Artikeln und Abbildungen ergänzt, die einige entscheidende Ereignisse
ausführlicher darstellen: das Werk eines Wissenschaftlers, den Aufschwung einer neuen Forschungsdisziplin,
die Entwicklung eines neuen Verfahrens usw. Dem vorliegenden Kapitel ist eine alphabetische Übersicht
zu den wichtigsten Erfindungen vorangestellt; es schließt mit einer chronologischen Liste der Nobelpreisträger
aus dem Bereich der Naturwissenschaften und einer Liste der Fields-Medaillen-Träger.

INHALT

GROSSE ERFINDUNGEN *850*
VON DER VORGESCHICHTE BIS
3001 v. CHR. *851*
VON 3000 BIS 601 v. CHR. *852*
VON 600 v. CHR. BIS 200 n. CHR. *854*
VON 201 BIS 800 n. CHR. *856*
VON 801 BIS 1200 *857*
VON 1201 BIS 1500 *858*
VON 1501 BIS 1650 *860*
VON 1651 BIS 1700 *862*
VON 1701 BIS 1725 *864*
VON 1726 BIS 1750 *866*
VON 1751 BIS 1775 *868*
VON 1776 BIS 1800 *870*
VON 1801 BIS 1810 *872*
VON 1811 BIS 1820 *874*
VON 1821 BIS 1830 *876*
VON 1831 BIS 1840 *878*

VON 1841 BIS 1850 *880*
VON 1851 BIS 1860 *882*
VON 1861 BIS 1870 *884*
VON 1871 BIS 1880 *886*
VON 1881 BIS 1890 *888*
VON 1891 BIS 1900 *890*
VON 1901 BIS 1910 *892*
VON 1911 BIS 1920 *894*
VON 1921 BIS 1930 *896*
VON 1931 BIS 1940 *898*
VON 1941 BIS 1950 *900*
VON 1951 BIS 1960 *902*
VON 1961 BIS 1970 *904*
VON 1971 BIS 1980 *906*
VON 1981 BIS 1990 *908*
VON 1991 BIS 2000 *910*
NOBELPREISE UND
FIELDS-MEDAILLEN *911*

Siehe auch
Weltgeschichte, Abschnitt ›Chronologie‹, S. 194 bis 256

Redaktion und Texte
Philippe de La Cotardière, Leiter der Redaktion (Wissenschaft und Technik);
Marcel Blanc, Journalist und wissenschaftlicher Autor;
Nicolas Witkowski, Wissenschaftsjournalist, Dozent für Physik und Chemie.

849

ENTDECKUNGEN UND ERFINDUNGEN

WICHTIGE ERFINDUNGEN

Addiermaschine, druckende, 1885
Akkumulator, 1859
Akupunktur, 2500 v. Chr.
Aneroidbarometer, 1844
Ankerhemmung, 1657
Anti-Baby-Pille, 1955
Aspirin, 1853
Atombombe, 1945
Atom-U-Boot, 1954
Augenspiegel, 1851
Autobahn (Europa), 1923
Autogenschweißen, 1905
Autogiro, 1923
Autoreifen, abnehmbarer, 1894

Bakelit, 1906
Bathyskaph, 1948
Bildempfänger, 1907
Bildplatte, 1972
Blasenkammer, 1952
Bleistift mit Graphitmine, 1794
Blindenschrift, 1835
Blitzableiter, 1752
Bolometer, 1880
Breitfußschiene (Vignoles-Schiene), 1831
Bremsdynamometer, 1821
Buchdruck (in Europa), um 1440
Bulldozer, 1923
Bus, 1899

CCD-Schaltkreis (Charge Coupled Device), 1969
Compact Disc (CD), 1979

Daguerreotypie, 1838
Dampfmaschine, 1712
Dampfmaschine, doppeltwirkende, 1785
Dampfwagen, 1770
Deich, 1000
Dewar-Gefäß, 1893
Dezimalsystem, um 3000 v. Chr.
Dieselmotor, 1892
Differentialgetriebe, 3. Jh.
Doppelobjektiv (Kamera), 1840
Drehbank zur Schraubenherstellung, 1796
Drehstrommotor, 1883
Dreifarbenphotographie, 1869
Druckluftbremse, 1868
Duraluminium, 1910
Düsenflugzeug (erster Flug), 1938
Dynamit, 1866
Dynamo, 1871
Dynamometer, 1734

Einspritzvergaser, 1940
eiserne Lunge, 1928
Elektromagnet, 1825
Elektronenmikroskop, 1933
Elektronenstrahlröhre, 1897
Elektroofen, 1892
Elektroskop, 1747
Elinvarlegierung, 1920
Expertensystem, 1974

Fahrrad, 1869
Fahrrad (Veloziped), 1861
Fährschiff, 1846
Fahrstuhl (erster Einbau), 1857
Fallschirm, 1785
Farbfernsehen, 1929
Fernsprechansage, 1932
Film, photographischer, 1884
Fliehkraftregler, 1784
Flügeltelegraph, 1793
Flugzeug, 1890
Francis-Turbine, 1849
Füllfederhalter, 1884
Funkantenne, 1893

Funkbake, 1928
Funksystem, 1896

Ganzmetallflugzeug, 1915
Gasmotor, 1860
Gebiß (am Zaum), 3. Jh. v. Chr.
Gebläseschmelzofen, 1340
Geigerzähler, 1913
Gezeitenkraftwerk, 1966
Glasfenster, bemalte, 9. oder 10. Jh.
Glühlampe, 1878
Grubenlampe für Bergleute, 1816
Gyroskop, 1852

Handkamera, 1924
Hängebrücke, 1824
Hebel, 5000 v. Chr.
Herzschrittmacher, 1970
Hieroglyphen, 3200 v. Chr.
Holzschneidekunst, 770
Hubschrauber mit gegenläufigen Rotoren, 1938

Ikonoskop, 1934
Impfstoff mit Poliomyelitisviren, 1954
Induktionsmaschine, elektrische, 1832
Induktionsspule, 1851
Industrie-Kokshochofen, 1735
Jacquard-Webstuhl, 1790

Kaleidoskop, 1817
Kalk, um 6000 v. Chr.
Kamera, elektronische, 1936
Kanone, um 1300
Kautschuk, synthetischer, 1931
Keil, 5000 v. Chr.
Keilschrift, 3400 v. Chr.
Kernreaktor, 1942
Kinematograph, 1895
Klystron, 1939
Knallgasgebläse, 1802
Kohlemikrophon, 1878
Kohlenstoff-Faser, 1967
Kommutator, 1869
Kondensator, elektrischer (Leidener Flasche), 1745
Koronograph, 1930
Korrekturgläser, 13. Jh.
Kraftwagen mit Verbrennungsmotor, 1886
Kugellager, 1869
Kugelschreiber, 1939
Kühlschiff, 1876
Kummetgeschirr, 10. Jh.
Kunstfaser, 1884
künstliche Niere, 1944

Laser, 1960
Laser-Photosatzmaschine, 1978
Laufrad, 1790
Lichtleiter, 1972
Linse, achromatische, 1729
Lochkartenmaschine für statistische Berechnungen, 1880
Lokomotive, 1804
Lokomotive, elektrische, 1879
Lokomotivkessel, 1827
Luftdruckeisenbahnbremse, 1872
Lüfter, elektrischer, 1882
Luftkissenfahrzeug, 1959
Luftkissenzug, 1965
Luftschiff, dampfgetriebenes, 1852

Magnetblasenspeicher, 1977
Magnetnadel (erste Erwähnung in China), 2. Hälfte des 11. Jh.
Magnetron, 1938
Mähmaschine, 1840
Makadam, 1800
Manometer, 1705

Mareograph, 1850
Maschinengewehr, 1884
Maser, 1954
Metallmanometer, 1849
Metronom, 1816
Mikrocomputer, 1973
Mikroprozessor, 1971
Mikroskop, 1618
Montgolfiere, 1783
Motorfahrrad, 1869

Nähmaschine, 1830
Neutronenbombe, 1977
Nicolsches Prisma, 1828
Nipkow-Scheibe zur Bildzerlegung, 1884
Nitroglycerin, 1846
Nylon, 1937

Oszillograph, 1893

Papier (Herstellung), 3. Jh. v. Chr.
Papyrus als Schriftträger, um 3200 v. Chr.
Pendel, ballistisches, 1742
Pergament, 2. Jh. v. Chr.
Periskop, 1902
Phonograph, 1877
Phonograph, elektrischer, 1896
Phosphorstreichholz, 1831
Photographie, 1816
Photographie auf Glasplatte, 1847
Photozelle, 1893
Pille für den Schwangerschaftsabbruch, 1987
Pistole, automatische, 1858
Portlandzement, 1824
Portulan, 1311
Porzellan, 620
Preßlufthammer, 1871
Prismenfernglas, 1850

Quecksilberkompensationspendel, 1719
Quecksilbervakuumpumpe, 1857

Rad, 3500 v. Chr.
Radar, 1935
Radioteleskop, 1936
Rasierer, elektrischer, 1928
Raumfähre (erster Flug), 1981
Raumstation, unbemannte, 1950
Rechenmaschine, 1642
Rechner, elektronischer (ENIAC), 1946
Regelwiderstand, 1841
Reifen, 1888
Revolver, 1835
Rolle (Flaschenzug), 9. Jh. v. Chr.
Rotationsdruckmaschine, 1845
Rotationsdruckmaschine, beidseitig druckende, 1865
Rotationskolbenmotor, 1964

Satellit, künstlicher, 1957
Sattel, 3. Jh. v. Chr.
Scanner, 1973
Schaduf, 2500 v. Chr.
Schallplatte, 1948
Scheibenbremse, 1953
Schiffschronometer, 1736
Schmalspurbahn, 1876
Schnellschütz für den mechanischen Webstuhl, 1733
Schraube für den Schiffsantrieb, 1832, 1837
Schreibmaschine, 1867
Schubkarre, um 1300
Schwarzpulver, um 600
Schwarzpulverzündschnur, 1831
Schwenkflügelflugzeug, 1965
Schwingpflug, vor 3000 v. Chr.
Seismograph, 1855

Servomotor, 1868
Sextant, 1731
Sicherheitsnadel, 1849
Sicherheitsventil, 1679
Sicherheitszündholz, 1852
Silikon, 1941
Sirene, 1819
Skalenbarometer, 1665
Sofortbildkamera, 1948
Sonnenuhr, 1500 v. Chr.
Spannbeton, 1926
Speicherkarte, 1974
Speicherschreibmaschine, 1964
Spektroskop, 1814
Spiegelteleskop, 1671
Spritze, 1841
Stahl, nichtrostender, 1916
Stahlbrücke, 1779
Starrluftschiff, 1900
Staubsauger, 1869
Steigbügel, 3. Jh. v. Chr.
Stereoskop, 1838
Straßenbahn, elektrische, 1881
Streckenblock, automatischer, 1866
Stufenlinse für Leuchttürme, 1821
Synchrotron, 1946

Tafelwaage, 1670
Taschenrechner, technisch-wissenschaftlicher, 1972
Tauchgerät, schlauchloses, 1865
Teilchenbeschleuniger, 1930
Telefon, 1876
Telefonvermittlung, automatische, 1889
Telegraph, elektrischer, 1837
Telemeter, 1795
Teleskop, 1671
Teppichkehrmaschine, 1876
Thermometer, 1592
Tonbandgerät, 1898
Tonfilm, 1927
Töpferei, 8000 v. Chr.
Tragflügelboot, 1919
Transformator, 1884
Transformator, elektrischer, 1840
Transistor, 1948
Tuberkulose-Impfstoff, 1921
Tunneldiode, 1957
Turboluftstrahltriebwerk, 1941

Überdruckdampfturbine, 1884
Uhr mit Gewichten, 1320
Uhr, tragbare, 1458
Uhrenhemmung, 725
Untergrundbahn (Metro), 1862
Unterseeboot, 1776

Vergaser, 1887
Videokassette, 1972
Viertakt-Verbrennungsmotor, 1876
Volta-Säule, 1800

Waage mit zwei Waagschalen, um 2800 v. Chr.
Wasserflugzeug (erster Flug), 1910
Wasserstoffbombe, 1952
Wasseruhr, 1500 v. Chr.
Wasserwaage, 1666
Webstuhl, 7000 v. Chr.
Webstuhl, mechanischer, 1764
Wechselstromgenerator, 1882
Wolframdrahtglühlampe, 1913

Xerographie, 1938

Zentrifuge, 1878
Zeppelin, 1900
Zyklotron, 1930
Zylinderschloß, 1851

850

ENTDECKUNGEN UND ERFINDUNGEN

VON DER VORGESCHICHTE BIS 3001 v. CHR.

50000 v. Chr. Neandertalergrab mit Blumen in Shanidar (Irak). Der Tote könnte ein Zauberer gewesen sein und Heilpflanzen verwendet haben.

10000 v. Chr. Schädel, an dem eine Trepanation vorgenommen wurde, aus Taforalt (Marokko). Die ersten chirurgischen Eingriffe am Schädel dienten vielleicht neben medizinischen auch magischen Zwecken.

10000 v. Chr. Erste Spuren von Mauerwerk: mit Mörtel gefestigte Steinmauern in Mureybat (Syrien) und Ain Mallaha (Palästina).

9000 v. Chr. Domestizierung des Schafs in Zawi-Chemi bei Shanidar (Irak).

8400 v. Chr. Domestizierung des Hundes (Jaguarhöhle, Idaho, USA).

8000 v. Chr. Erste Töpferwaren in Gandjdareh (Iran) und Mureybat (Syrien).

7500 v. Chr. Domestizierung der Ziege (Alikosh, Iran).

7000 v. Chr. Weizen- und Gersteanbau in Iran, Irak, der Türkei und Palästina. ◻ Domestizierung des Schweins (Çayönü tepesi, Anatolien). ◻ Erfindung des Webstuhls und der Wollweberei (Çatal Hüyük, Anatolien). ◻ Kalt gehämmerte gediegene Gold- und Kupferobjekte, als Schmuck verwendet (Çayönü tepesi, Anatolien). ◻ Erste Keramik.

7000–6000 v. Chr. Erste Hinweise auf geschmolzenes Kupfer (Çatal Hüyük, Anatolien).

5500 v. Chr. Domestizierung des Rindes (Thessalien und Anatolien). ◻ Kalkherstellung in Palästina und Südsyrien (zur Bedeckung des Bodens der Behausungen sowie zur Konservierung menschlicher Schädel).

5000 v. Chr. Erste Verwendung von Hebel, Keil und schiefer Ebene.

4230 v. Chr.? Einführung des Jahres mit 365 Tagen durch die Ägypter, das mit dem heliakischen Aufgang des Sternes Sirius begann.

4000 v. Chr. Beginn der Bronzezeit (Kupfer-Zinn-Legierung) im Nahen Osten.

3500 v. Chr. Das Rad tritt in Erscheinung (Mesopotamien). ◻ Erste bemalte Keramik (Ägypten, Mesopotamien).

3400 v. Chr. Keilschrift (Mesopotamien).

3200 v. Chr. Erste Hieroglyphen (Ägypten).

vor 3000 v. Chr. Erfindung des Schwingpflugs (Mesopotamien).

DIE ANFÄNGE DER ZIVILISATION

Der prähistorische Mensch scheint sich wie die heutigen Jäger- und Sammlervölker mit Heilpflanzen gut ausgekannt zu haben. Vor Beginn des Neolithikums nahm er auch schon chirurgische Eingriffe am Schädel (Trepanationen, s. Kasten) vor.

Ab 9000 v. Chr. veränderte sich die Lebensweise des Menschen grundlegend: Die ›neolithische Revolution‹ vollzog sich. Der Mensch wurde seßhaft und lernte, Häuser zu bauen; er domestizierte Tiere und baute Getreide an; er konstruierte Öfen (Töpferei mit Ton) und Webstühle (Wollkleidung).

Die neolithische Revolution scheint unabhängig voneinander im Nahen Osten und in Südostasien (Reis- und Jamsanbau) etwa zur gleichen Zeit und etwas später in Südamerika (Maisanbau) und Afrika (Hirse, Sorgho) stattgefunden zu haben.

Fortschritte beim Ofenbau machten es möglich, Temperaturen von über 1 000 °C zu erreichen, die zum Schmelzen von Kupfer und zur Herstellung von Legierungen (z. B. Bronze) nötig waren. Mit Hilfe dieser neuen Materialien konnten die Menschen nun bessere Werkzeuge und Waffen fertigen. Aus der nun einsetzenden Kupfer- und (später) Bronzezeit sind zahlreiche Funde erhalten.

DIE TREPANATION

Über die ganze Welt verstreut (Marokko, Peru, Frankreich) finden sich Schädel aus dem Zeitraum von 12 000 bis 3 000 v. Chr., die Spuren von Trepanationen aufweisen. Es handelt sich dabei um runde Öffnungen in der Hirnschale mit einem Durchmesser von mehreren Zentimetern. Diese Operationen wurden an lebenden Menschen durch Sägen mit einem geeigneten Feuerstein vorgenommen. Aber weshalb? In manchen Fällen könnte es sich um die Behandlung eines Schädelbruchs gegangen sein. In anderen Fällen wird aber auch ein magischer Hintergrund vermutet: Durch Öffnung des Schädels wollte der Zauberheiler das Entweichen der ›bösen Geister‹ und damit eine Gesundung bewirken.

DER HIMMEL

An den Wänden prähistorischer Höhlen finden sich gut erkennbare Zeichnungen verschiedener Sternbilder. Sie belegen, daß der Mensch den Himmel schon sehr früh aufmerksam beobachtet hat. Ursprünglich war der Grund dafür wahrscheinlich die Angst vor bestimmten Ereignissen am Himmel und im Weltraum (Sonnen-, Mondfinsternis, Kometen) oder vor meteorologischen Erscheinungen (Gewitter, Stürme, Wolkenbrüche). Diese Phänomene und die Erkenntnis, daß die Sonne augenscheinlich auf das Leben auf der Erde maßgeblichen Einfluß hat, führten dazu, daß der Mensch die Sterne als Gottheiten betrachtete, deren Gunst oder Ungnade es vorauszusehen galt. Man brachte ihnen Gaben oder Opfer, um ihren Zorn nicht zu erregen und sie sich gewogen zu machen. Daher verband sich die Astronomie schon in ihren Anfängen eng mit der Astrologie und religiösen Glaubensvorstellungen.

Aber auch die Anforderungen des täglichen Lebens brachten den Menschen dazu, schon in frühester Zeit die Augen zum Himmel zu erheben. Der Lauf der Sonne war ihm seine erste Uhr und bestimmte durch den Wechsel von Tag und Nacht den Ablauf der täglichen Arbeiten.

Die Beobachtung der Mondphasen machte es möglich, die Tage zu zählen und längere Zeitabstände zu messen und somit auch die ersten Kalender aufzustellen.

ZAHLEN UND MAGIE

Am Ende der vorgeschichtlichen Zeit hatte der Mensch schon ein recht breites technisches Wissen. Dieses läßt sich jedoch in den alten Gesellschaften nicht von den magisch und animistisch geprägten Denkweisen trennen.

So verbanden sich Technik und religiöser Ritus auch in Chaldäa, wo mit dem ersten bekannten Zahlensystem (Grundeinheiten 60 und 10) eine Vorform des von den Ägyptern verwendeten rudimentären Dezimalsystems entstand.

A · Die neolithische Stadt Çatal Hüyük.

Die Stadt Çatal Hüyük in der Ebene von Konya in der Türkei war von etwa 6500 bis 5700 v. Chr. bewohnt. Sie ist die größte neolithische Fundstätte im Nahen Osten (ca. 13 ha). Die rechteckigen Häuser aus ungebrannten Ziegeln waren direkt aneinandergebaut; innen befanden sich Plattformen. Manche Wände waren mit bunten Malereien und Reliefs verziert.

B · Trepanierter neolithischer Schädel aus dem Département Seine-et-Marne. *(Musée des Antiquités nationales, Saint-Germain-en-Laye)*

C · Neolithische Vase aus China.

Diese bemalte Vase mit Spiralmuster wurde in der chinesischen Totenstadt Banshan in Gansu gefunden. Sie stammt aus der Yangshao-Kultur (3. Jahrtausend v. Chr.) und wird einer Bauernbevölkerung zugeschrieben, die Schweine, Rinder und Ziegen hielt und Hirse anbaute. *(Musée Cernuschi, Paris)*

ENTDECKUNGEN UND ERFINDUNGEN

VON 3000 BIS 601 v. CHR.

um 3000 v. Chr. Domestizierung des Pferdes (Ukraine). ☐ Anfänge des Dezimalsystems. ☐ Ansätze der Geometrie im Dienste der Landvermessung (Ägypten). ☐ Verwendung von Papyrus als Schriftträger (Ägypten).

um 2800 v. Chr. Imhotep, ägyptischer Heilkundiger, der als Gott verehrt wurde, und Baumeister, behandelt mit Heilmitteln und Beschwörungen und leitet den Bau der Pyramide für Pharao Djoser in Sakkara (Stufenpyramide). ☐ Erste Waagen mit zwei an einem Balken aufgehängten Waagschalen (Ägypten).

2600/2500 v. Chr. Pyramiden von Gise (Ägypten).

2500 v. Chr. Erfindung der Akupunktur in China. ☐ Schaduf (Ziehstange mit Gegengewicht zum Wasserschöpfen) in Ägypten.

2250 v. Chr. Empirische Lösung einiger algebraischer Probleme; erste Erwähnung des später als ›Satz des Pythagoras‹ benannten Sachverhaltes in Babylon.

2160 v. Chr. Erste Beschreibung einer totalen Sonnenfinsternis in China.

2100 v. Chr. Die Keilschrifttafel von Nippur (Sumer) enthält pharmakologische Anweisungen.

2000 v. Chr. In einem ägyptischen Papyrus geht es um gynäkologische und tierärztliche Themen.

1850 v. Chr. Im ägyptischen Papyrus Rhind (Luxor) finden sich Flächen- und Volumenberechnungen sowie Bruchrechnung.

1550 v. Chr. Der ägyptische Papyrus Ebers beschreibt mehrere hundert Krankheiten und Heilmittel, die von pharmazeutischen Kenntnissen zeugen.

1500 v. Chr. Der ägyptische Papyrus Edwin Smith hat anatomisches und chirurgisches Wissen zum Inhalt. ☐ Älteste bekannte Sonnenuhr (Ägypten, Zeit des Pharaos Thutmosis III.). ☐ Erste Wasseruhren (Ägypten, Mesopotamien). ☐ Babylonische Ärzte sezieren Leichen, erkennen den Magen, die Leber, die Gedärme und betrachten das Herz als Sitz der Intelligenz. ☐ Erste Glasgefäße (Ägypten, Mesopotamien).

1300 v. Chr. Blütezeit der Einbalsamierungskunst (Mumien) in Ägypten.

1200 v. Chr. Beginn der Eisenzeit im Nahen Osten. ☐ Asklepios, griechischer Gott der Heilkunst, der Legende nach Heiler ›aller Krankheiten‹.

9. Jh. v. Chr. Erste Rollen (zum Lastheben) in Assyrien.

800 v. Chr. Beginn der Blütezeit der traditionellen indischen Medizin.

750 v. Chr. Erste auf der Sarosperiode basierende Voraussagen von Sonnen- und Mondfinsternissen durch die Babylonier.

INDISCHE UND CHINESISCHE ÄRZTE

Die altindische Heilkunst hat wahrscheinlich die Ärzte des antiken Griechenland beeinflußt und könnte somit auch als Vorläuferin der vor dem 19. und 20. Jahrhundert im Abendland praktizierten Medizin gelten.

Die frühen Hindus glaubten, daß der Körper drei Grundsubstanzen enthalte, die auf der Ebene des Mikrokosmos den drei universellen kosmischen Kräften entsprechen. Diese Substanzen hießen: Geist (Luft), Phlegma (Schleim) und Galle (diese Vorstellung wurde von den Griechen und später vom mittelalterlichen Abendland übernommen). Gesundheit oder Krankheit hängen vom Gleichgewicht dieser drei Substanzen ab.

In den medizinischen Abhandlungen des antiken Indien werden über 1 000 verschie-

A · **Die Pyramiden.**
Die großen ägyptischen Pyramiden (hier die Stufenpyramide von König Djoser in Sakkara) wurden vor fast 5 000 Jahren gebaut. Noch immer fragt man sich, wie der Bau dieser grandiosen Monumente vor sich ging. Zudem sind diese monumentalen Bauwerke präzise konstruiert: Die Seiten der Pyramiden von Gise sind auf ein Grad genau in die vier Himmelsrichtungen und die geneigten Innengänge genau auf den damaligen Ort des Polarsterns ausgerichtet. Obwohl die Ägypter den Kompaß nicht kannten, konnten sie exakt bestimmen, wo Norden ist; wahrscheinlich stützten sie sich auf astronomische Beobachtungen. Dagegen weist nichts darauf hin, daß die Ägypter über ein breites wissenschaftliches Wissen verfügt hätten, das sie auf die erstaunlichen geometrischen Relationen der Pyramidenmaße angewandt haben könnten.

B · **Fragment des Papyrus ›Edwin Smith‹.**
Der Papyrus ›Edwin Smith‹, der in einem Thebener Grab gefunden wurde, ist eine Abhandlung über Knochenchirurgie und Pathologie. Er wird auf den Beginn der 18. ägyptischen Dynastie (von 1580 bis 1314 v. Chr.) datiert, muß aber die Abschrift eines älteren Textes sein. Er führt achtundvierzig Verletzungsformen und die anzuwendende Behandlungsmethode auf. Zusammen mit dem Papyrus ›Ebers‹, dem Papyrus aus Kahoun und dem Berliner Papyrus liefert er wertvolle Informationen über die Medizin im alten Ägypten. Durch sein Thema (Darstellung chirurgischer Eingriffe) und seine fast wissenschaftliche Ausdrucksweise unterscheidet er sich von anderen Papyri, die v. a. Sammlungen medizinischer Rezepte sind und auch magische Beschwörungen beinhalten.
(New York Historical Society, New York)

ENTDECKUNGEN UND ERFINDUNGEN

dene Krankheiten aufgezählt und das Fieber als aussagekräftiges Krankheitssymptom erkannt.

In der Heilbehandlung wurde auf Krankenkost und pflanzliche Arzneimittel (über 500) zurückgegriffen. Beeindruckende chirurgische Eingriffe wurden vorgenommen (mit Hilfe von über hundert Eiseninstrumenten), z.B. die Entfernung von Blasensteinen.

Die frühe chinesische Medizin stand im Zeichen zweier großer kosmischer Prinzipien: des *Yang* (männlich, aktiv, hell, himmlisch) und des *Yin* (weiblich, passiv, dunkel, irdisch). Voraussetzung für Gesundheit ist das Gleichgewicht dieser beiden Prinzipien, die der Lehre zufolge in zwölf Kanälen durch den Körper zirkulieren. Der Arzt stellte eine Diagnose, indem er den Puls fühlte (am Handgelenk und an zehn anderen Körperstellen): Dadurch stellte er fest, ob die Prinzipien Yin und Yang auch richtig zirkulierten. Zur Heilung verwendete man Arzneien auf Pflanzenbasis. Die alten Chinesen kannten über 1000 solcher Mittel, von denen einige im 20. Jahrhundert zu wichtigen Medikamenten wurden: so z.B. Reserpin, ein aus der asiatischen Pflanze *Rauwolfia* gewonnenes Alkaloid, das bei erhöhtem Blutdruck und einigen psychischen Störungen eingesetzt wird. Eine andere altchinesische Heilmethode wird heute noch angewandt: die *Akupunktur*. Durch Einstechen von Nadeln an bestimmten Körperstellen soll das harmonische Gleichgewicht zwischen Yin und Yang wieder hergestellt werden. Die moderne Wissenschaft versucht herauszufinden, ob das Einstechen der Nadeln tatsächlich einen Einfluß auf die Funktion des Nervensystems oder der Organe hat. So scheint es, daß die Akupunktur eine Aufhebung der Schmerzempfindlichkeit bewirken kann.

VORSTUFEN DER MATHEMATIK

Vom Standpunkt der Moderne könnte man sagen, daß die Mathematik der Hochantike solche Elemente der Arithmetik, der Algebra und der Geometrie kannte, wobei damals deren Anwendungen im Vordergrund standen. Die Babylonier, Hethiter, Israeliten und Ägypter trugen eine reiche Sammlung praktischer Lösungsansätze zusammen, die nicht auf Verallgemeinerungen oder Beweisführungen ausgelegt waren.

Im Papyrus Rhind z.B. finden sich Regeln für die Arbeit der Verwalter, Berechnungen von Bodenflächen (die Landvermessung in den Überschwemmungsgebieten des Nils war ein lebenswichtiges Problem) und der ersten bekannten Werte der Zahl π: 3,1604... Zur leichteren Lösung von arithmetischen Problemen werden Brüche unter Zuhilfenahme von Zahlentabellen in Stammbrüche zerlegt: 2/5 = 1/3 + 1/15. Die Griechen wandten dieses Verfahren noch bis ins 6. Jahrhundert unserer Zeitrechnung an.

Das babylonische Zahlensystem unterscheidet sich von den übrigen antiken Systemen durch zwei einzigartige Merkmale: Es ist sexagesimal und positionell, d.h., der Wert eines Zahlzeichens hängt von seiner Position in der Zahl ab. Dies vereinfacht das Rechnen; beliebig große und kleine Zahlen können problemlos dargestellt werden. Die Sumerer waren die Erfinder des Sexagesimalsystems, das sie mit dem Dezimalsystem verknüpften (das vielleicht aus dem Abzählen der Finger an der Hand entstand). Das Sexagesimalsystem blieb im Altertum vor allem zu Zwecken des astronomischen Rechnens in Gebrauch.

GÖTTER DER HEILKUNST

Religion, Magie und Medizin blieben in der gesamten Antike miteinander verflochten. Daher wurden in Ägypten und Griechenland die ersten berühmten Ärzte auch zu Göttern erhoben: Imhotep bzw. Asklepios (der bei den Römern zu Äskulap wird). Ihnen wurden zahlreiche Tempel geweiht.

Imhotep lebte während der Regentschaft des Pharaos Djoser etwa 2800 v. Chr. Er war nicht nur Arzt, sondern auch Alchimist, Astrologe und Baumeister (ihm verdanken wir die Stufenpyramide von Sakkara). Über seine Behandlungsmethoden ist wenig bekannt. Aber er folgte wahrscheinlich der traditionellen ägyptischen Medizin. Diese stützte sich auf magische Beschwörungen und pflanzliche Heilmittel, auf einfache chirurgische Eingriffe und Grundregeln der Hygiene. Die ägyptische Medizin stand in der ganzen antiken Welt in hohem Ansehen. Sie legte großen Wert auf die klinische Untersuchung. Bei den Ägyptern gab es erste Ansätze zu einem wissenschaftlichen Vorgehen (Schlußfolgerungen auf der Grundlage von genauen Beobachtungen) bei Krankheitsfällen.

Asklepios soll um 1200 v. Chr. in Griechenland gelebt haben. Der Legende zufolge wurde er vom Kentauren Chiron in die Kunst der Verwendung von Heilpflanzen eingeführt. Er soll aber nicht nur mit ›Heilkräutern‹, sondern auch mit dem ›Messer‹ und mit dem ›Wort‹ geheilt haben. Er verabreichte also nicht nur Arzneitränke aus Pflanzen (z.B. bei Geschwüren), sondern machte auch Einschnitte in Wunden. Diese untersuchte er mit Hilfe einer von ihm erfundenen Sonde. Mit dem Wort betrieb er eine Art Psychotherapie. Außerdem scheint er auch psychisch Kranke behandelt zu haben. In ihrem Fall empfahl er, Gesang oder Gedichte vorzutragen, komische Aufführungen zu besuchen und Sport zu treiben (Fechten, Reiten, Jagen usw.).

Viele Kranke schliefen in den zahlreichen Tempeln, die Asklepios später in Griechenland, u.a. in Epidauros, geweiht wurden, um dem Gott der Heilkunst im Schlaf zu begegnen und seine Meinung einzuholen. Der Legende zufolge waren diese Kranken am folgenden Tag geheilt.

▲ · Äskulap, der römische Gott der Heilkunst. Im 3. Jahrhundert v. Chr. beginnen die Römer nach einer Pestepidemie, Äskulap zu verehren. Er wurde Asklepios, dem griechischen Gott der Heilkunst, gleichgesetzt, der insbesondere in Epidauros verehrt wurde. Seine Attribute sind die Schlange, der Hahn, der Stab und die Schale. *(Römisches Mosaik aus dem 1. Jahrhundert n. Chr., Thermenmuseum, Rom)*

DIE ERSTEN ASTRONOMEN

Die ersten bekannten, systematischen Beobachtungen der Himmelserscheinungen wurden in Mesopotamien und Ägypten vorgenommen. In erster Linie sollte mit ihrer Hilfe ein Kalender erstellt werden. Daneben dienten sie auch zur Vorhersage wichtiger Ereignisse.

In Mesopotamien waren Astronomie und Astrologie eng miteinander verbunden. Die Sterne wurden als Gottheiten verehrt, die nur die Priesterklasse beobachten durfte. In der Hochantike begannen die Sumerer mit der Einordnung von Sternen in Sternbilder und lernten, die Planeten zu bestimmen. Im 2. Jahrtausend erstellten die Babylonier eine Liste von Sternbildern, die im Laufe eines Jahres mit der Sonne auf- und untergingen. Aber erst nach der Zerstörung von Ninive (612 v. Chr.) entstanden die ersten Tierkreisdarstellungen in Form eines geschlossenen Bandes, über das sich zwölf Zeichen in gleichem Abstand über 360° verteilen. Den Babyloniern wird auch die Entdeckung der Zyklen von Sonnen- und Mondfinsternis (Sarosperiode) zugeschrieben; zumindest gelang es ihnen, diese besonders gefürchteten Ereignisse zur Zeit der Sargoniden (8. und 7. Jh. v. Chr.) mit mäßigem Erfolg empirisch vorauszusagen.

Die astronomischen Kenntnisse der Ägypter waren offenbar sehr viel geringer als die der Babylonier – obwohl oft das Gegenteil behauptet wird. Die Ägypter waren Bauern, deren Leben sich nach dem Nilhochwasser richtete, und legten daher besonderen Wert auf einen auf ihre Bedürfnisse ausgerichteten Kalender. Darum hatten sie ein großes Interesse an der Beobachtung des heliakischen Aufgangs des hellen Sterns Sirius. Dagegen interessierten sie sich weder für den Lauf der Planeten (die sie aber von den Fixsternen unterscheiden konnten) noch für die Voraussage von Sonnen- oder Mondfinsternissen. Die Astronomie hatte in Ägypten keinen Bezug zur Astrologie: Die Ägypter glaubten nicht an die Göttlichkeit der Sterne. Sie betrachteten diese als Flammen oder Seelen, die von der Erde zum Himmel aufgestiegen waren.

Auch in China entwickelte sich die Astronomie sehr früh, allerdings abseits der Gedankenwelt des Mittelmeerraums und Mesopotamiens. Die Chinesen entdeckten die Sarosperiode, in deren Verlauf sich Sonnen- und Mondfinsternisse wiederholen, vielleicht schon lange vor den Babyloniern. 2608 v. Chr. ließ Kaiser Huangdi eine Sternwarte bauen, die den Auftrag hatte, einen verläßlichen Kalender zu erstellen. Die chinesischen Annalen berichten, daß 2160 v. Chr., zur Zeit der Regentschaft Zhangozangs, die kaiserlichen Astronomen Ho und Hi zum Tode verurteilt wurden, weil sie eine Sonnenfinsternis nicht vorausgesagt hatten, die in diesem Jahr für Angst und Schrecken gesorgt hatte. Aus alten Chroniken geht hervor, daß die Chinesen (aber auch die Koreaner und die Japaner) schon tausend Jahre vor Beginn unserer Zeitrechnung begonnen hatten, die Himmelserscheinungen systematisch zu beobachten.

Aber weder im Fernen Osten noch in Ägypten oder Mesopotamien entstand daraus das Bestreben, das Universum rational zu erklären. Die von Mythologien durchdrungenen Kosmologien bleiben naiv und deuten nur die augenfälligsten Erscheinungen. Sie gingen meist von einer flachen Erde aus, die von einem großen Fluß umgeben ist oder auf einem Ozean treibt, und über der sich ein Gewölbe befindet, das die Sternengötter bevölkern.

ENTDECKUNGEN UND ERFINDUNGEN

VON 600 v. CHR. BIS 200 n. CHR.

um 570 v. Chr. Geburt des Pythagoras.
530 v. Chr. Dem griechischen Baumeister Eupalinos gelingt ein Tunneldurchstich zur Wasserversorgung von Samos (über 1 km lang).
um 547 v. Chr. Tod des Anaximander, der als erster die Vorstellung entwickelte, daß sich die Erde isoliert im Raum befindet und die Sterne verschiedene Abstände zu ihr haben.
um 515 v. Chr. Geburt des Parmenides von Elea, der als erster behauptete, die Erde sei rund und der Mond erhalte sein Licht von der Sonne.
um 460 v. Chr. Geburt des Hippokrates, des berühmtesten Arztes des antiken Griechenland. Er geht mit Sorgfalt an die Beobachtung der Symptome und die Diagnose der natürlichen Ursachen von Krankheiten heran; er trägt in zahlreichen Werken ein enormes Wissen im Bereich der Anatomie und Physiologie zusammen.
5. Jh. v. Chr. Die griechischen Philosophen Leukipp und Demokrit entwickeln die Vorstellung, die Materie bestände aus Atomen.
um 427 v. Chr. Geburt Platons.
384 v. Chr. Geburt des Aristoteles.
310 v. Chr. Geburt des griechischen Astronomen Aristarchos von Samos, der 17 Jahrhunderte vor Kopernikus behauptet, die Erde kreise um die Sonne. Er nimmt die erste wissenschaftliche Berechnung des Mondes und der Entfernungen Mond–Erde und Sonne–Erde vor.
um 287 v. Chr. Archimedes wird in Syrakus geboren.
um 280 v. Chr. Der ägyptische König Ptolemaios II. Philadelphos läßt Sostratos von Knidos im Nordosten der Insel Pharos vor Alexandria einen über 130 m hohen Turm errichten. Auf dem Turm werden nachts Feuer angezündet, die mit einem Spiegel reflektiert werden und noch in 55 km Entfernung auf dem Meer sichtbar sind. Dies ist der erste Leuchtturm.
um 280 v. Chr. Erasistratos, griechischer Arzt in Alexandria, behauptet, daß die Intelligenz des Menschen in Zusammenhang mit seinen Gehirnwindungen stehe, da diese bei den Tieren weniger entwickelt seien.
um 284 v. Chr. Geburt des griechischen Astronomen, Geographen, Mathematikers und Philosophen Eratosthenes, der eine Methode zur Ermittlung von Primzahlen (Sieb des Eratosthenes) entwickelt und als erster den Erdumfang berechnet.
3. Jh. v. Chr. Die *Elemente* des Euklid, umfassende Sammlung der klassischen griechischen Geometrie, die der Mathematik die Struktur einer axiomatisch-deduktiven Wissenschaft gibt. ☐ Im Fernen Osten Erfindung von Sattel, Steigbügel und Gebiß. ☐ In China erste Herstellung von Papier.
2. Jh. v. Chr. Erfindung des Pergaments in Pergamon.
46 v. Chr. Römische Kalenderreform unter Julius Caesar (Julianischer Kalender).
1. Jh. n. Chr. Heron von Alexandria, griechischer Mathematiker und Mechaniker, Erfinder verschiedener Maschinen (Heronsball), und Verfasser von Schriften zur Optik.
um 70 n. Chr. Dioskurides, griechischer Arzt im römischen Heer, verfaßt ein umfangreiches pharmakologisches Handbuch in fünf Bänden, in denen er die Heilpflanzen ausführlich beschreibt.
2. Jh. n. Chr. Geozentrische Kosmologie des Astronomen, Mathematikers und Geographen Claudius Ptolemäus. ☐ Medizinische Abhandlungen des römischen Arztes Galen.

CHAOS UND ATOME

Schon seit ihren allerersten Anfängen in Ionien bemüht sich die noch stark von der ägyptischen Wissenschaft geprägte Physik, das Urelement zu bestimmen, aus dem die Welt in ihrer ganzen Vielfalt entstehen konnte. Thales schlägt als solches das Wasser vor, Anaximenes die Luft, Heraklit das Feuer und Anaximander das *Apeiron,* das unendliche Chaos, das alle Elemente potentiell enthält. Dies sind erste Versuche einer rationalen Erklärung der wahrnehmbaren Welt.

Zur gleichen Zeit (5. Jh. v. Chr.), aber nicht am selben Ort, entwickeln die Eleaten und die Pythagoräer zwei wichtige Ansätze. Die Pythagoräer widersprechen der These, daß es nur einen Urstoff gebe, und betrachten die Zahlen als die wahren Bausteine der Materie. Die Eleaten um Parmenides und Zenon suchen eine Naturphilosophie zu entwickeln; sie fragen, ob die Induktion das geeignete Mittel sei, um zu einer hinter der äußeren Erscheinung verborgenen Realität vorzudringen.

Die Welt des Empedokles setzt sich aus den vier Urelementen Wasser, Luft, Feuer und Erde zusammen, die sich jeweils ineinander verwandeln können. Bei Anaxagoras entsteht die Welt dagegen durch die Verbindung ähnlicher Elemente aus dem ursprünglichen Chaos: Ein materieller Körper enthält somit alle existierenden Elemente; die Zusammensetzung der Elemente entscheidet über die Eigenschaften des Körpers. Die Materie ist unzerstörbar, aber zugleich auch unendlich teilbar. Paradoxerweise sind diese Überlegungen Denkanstoß für die ›Atomisten‹ Leukipp und Demokrit, für die die Materie aus Atomen besteht, welche sich in einer unendlichen Leere bewegen. Die Atome bestehen alle aus demselben Stoff, haben aber unterschiedliche Formen, Maße und Strukturen. In dieses Gedankensystem gehören außerdem das Fehlen einer Zweckursache in der Natur und die Einführung des Zufalls in den Ablaufplan des Universums.

ARISTOTELES

Aristoteles ist der Sohn des Leibarztes des makedonischen Königs. Mit 17 Jahren besucht er die Akademie von Athen, an der Platon lehrt. Er geht nach Kleinasien und wird Erzieher des damals 13jährigen Alexander, bevor er nach Athen zurückkehrt und das ›Lykeion‹ gründet, in dem die ›peripatetische‹ Schule entsteht.

Aristoteles beschäftigt sich mit dem gesamten Wissen seiner Zeit: Er interessiert sich gleichermaßen für die Metaphysik wie für die exakten Wissenschaften, entwickelt die Logik in Gestalt seiner Syllogistik, aber auch eine biologische Systematik.

Obwohl dem Aristotelischen System ein tiefgehendes Verständnis der Analogien und eine zweckgerichtete Interpretation der Phänomene eigen sind, stützt es sich doch zu einem großen Teil auf philosophische Lehren, die insbesondere auf die Entwicklung der Mechanik hemmend wirkten: Bewegung entsteht nach Aristoteles durch die Neigung der Objekte, an ihren ›natürlichen Platz‹ zurückzukehren, Geschwindigkeit wird als Verhältnis zwischen zwei Kräften, als Proportion gleichgearteter Größen aufgefaßt. Aristoteles betont jedoch, daß jede Wissenschaft auf Definition und Beweisführung beruht und ein Problem immer in den geschichtlichen Zusammenhang eingeordnet werden muß.

In der Astronomie versucht Aristoteles, das System des Eudoxos von Knidos weiterzuentwickeln und die augenscheinlichen Bewegungen der Sterne mit den Kreisbewegungen einer Gesamtheit von Kugeln um einen gemeinsamen Mittelpunkt zu erklären; dabei setzt er voraus, daß die Erde die unbewegliche Mitte der Welt bilde. Er entwickelte ferner physikalische Argumente für die These, daß die Erde rund ist (Kreisschatten auf dem Mond bei Mondfinsternissen, Feststellung, daß der Mast eines Schiffen vor dem Rumpf sichtbar wird und daß der Sternenhimmel je nach Breitengrad anders aussieht).

Erster Naturforscher. Aristoteles ist auch der Verfasser eines umfangreichen naturkundlichen Werkes. Er nimmt als erster eine detaillierte Beschreibung vieler Tierarten vor (Anatomie, Verhalten, Lebensraum, Lebensweise usw.) und stützt seine Schlußfolgerungen auf Beobachtungen und Vergleiche. Er erstellt eine Systematik, die sich teilweise mit der heutigen Klassifikation deckt.

Aristoteles erkennt als erster, daß es eine Hierarchie bei den Lebewesen gibt und daß die ›Natur nahtlos vom Unbelebten zu den Pflanzen und zu den Tieren übergeht‹.

VON DER ZAHL ZUR GEOMETRIE

In der griechischen und alexandrinischen Epoche verfassen drei Mathematiker Werke von grundlegender Bedeutung: Apollonios von Perge, der große Kenner der Geometrie, entwickelt die Kegelschnittlehre; Archimedes, dem die Anfänge der Integralrechnung zu verdanken sind, berechnet u. a. den Inhalt von krummlinig begrenzten Flächen, und Euklid schließlich schreibt seine berühmten *Elemente,* ein Werk mit 13 Büchern, das noch im

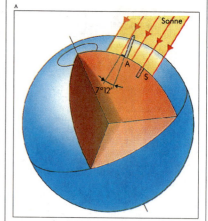

▲ · **Eratosthenes berechnet den Erdumfang.**
Eratosthenes (um 284 bis um 192), ein brillanter Vertreter der Schule von Alexandria, bestimmte mit einer erstaunlich einfachen Methode als erster den Erdumfang – und überraschend genau. In Syene (S) [heute Assuan] wirft die Sonne am Tag der Sommersonnenwende mittags keinen Schatten und scheint auf den Grund eines Brunnens: Sie steht im Zenit. Am selben Tag wird an einem Obelisken im nördlicheren Alexandria (A) der Einfallswinkel der Sonnenstrahlen gemessen: etwa 7° (oder rund 1/50 des Kreisumfangs). Dieser Winkel entspricht dem Unterschied in den Breitengraden der beiden Städte. Die Entfernung zwischen den Städten beträgt, wie man aufgrund von Reisen wußte, 5 000 Stadien. Daraus ergibt sich für den Erdumfang: 250 000 Stadien oder rund 40 000 km.

854

ENTDECKUNGEN UND ERFINDUNGEN

19. Jahrhundert fast unverändert verwendet wurde.

Die *Elemente* nehmen die Entdeckungen von Thales, Pythagoras, Hippokrates und Eudoxos auf und stellen sie mit Hilfe logischer Beweisführung Theoreme zusammen, die bis zu diesem Zeitpunkt nicht miteinander in Verbindung gebracht worden waren. Die allmächtige ganze Zahl des Pythagoras, deren Bedeutung schon durch die Entdeckung der irrationalen Zahlen – den sogenannten ›unaussprechlichen‹ – wie $\sqrt{2}$ abgenommen hatte, wird von der Geometrie verdrängt.

Gleich, ob sie wie Platon den Vorrang der Mathematik vor den anderen Wissenschaften bejahen oder ob sie diesen Anspruch mit Aristoteles ablehnen: Die griechischen Mathematiker legen die Fundamente für die logische Beweisführung in Form einer kleinen Anzahl von Postulaten und Axiomen.

HIPPARCHOS

Im 2. Jh. v. Chr. erlebt die griechische Astronomie mit Hipparchos, einem hervorragenden Beobachter und Theoretiker, ihre Blütezeit. Hipparchos stammte aus Nizäa in Bithynien, betrieb seine Forschungen aber hauptsächlich auf Rhodos zwischen 161 und 127 v. Chr. Dank Ptolemäus sind uns die Ergebnisse seiner Berechnungen bekannt, wie z. B. die genaue Umlaufzeit des Mondes, die Neigung der Mondumlaufbahn zur Ekliptik, Tabellen der Sonnen- und Mondbewegungen, die eine korrekte Vorhersage von Finsternissen ermöglichen, usw. Er kann als Begründer der Astrometrie betrachtet werden.

Seine Hauptentdeckung ist die *Präzession der Äquinoktien:* Hipparchos hat festgestellt, daß die Sonne bei ihrer jährlichen Bewegung jedes Frühjahr mehr Zeit braucht, um wieder an den gleichen Punkt im Tierkreis zurückzukehren (siderisches Jahr), verglichen mit der Zeit, die sie braucht, um den Himmelsäquator zu erreichen (tropisches Jahr). Er erklärt dieses Phänomen korrekt mit der langsamen Verschiebung der Äquinoktialpunkte vor dem Hintergrund der Sterne (Schnittpunkte der Ekliptik und des Himmeläquators).

Ihm ist zudem der erste Fixsternkatalog zu verdanken, der diese Bezeichnung verdient. Er umfaßt 1 025 Sterne, die erstmals nach ihrer scheinbaren Helligkeit in sechs *Größen* geordnet werden.

Aber Hipparchos ist nicht nur Astronom. Er führt die bisher nur in Babylonien verwendete Unterteilung des Kreises in 360 Grad, von denen sich jeder in 60 Minuten mit 60 Sekunden zerlegen läßt, in Griechenland ein. Er ist ferner der Begründer der Trigonometrie und der Erfinder der stereographischen Projektion und entwickelt die erste wissenschaftliche Methode zur Bestimmung der Längengrade.

PTOLEMÄUS

Im 2. Jahrhundert n. Chr. tritt Claudius Ptolemäus das Erbe der wissenschaftlichen und philosophischen Traditionen Griechenlands an. Er beschäftigt sich mit den Arbeiten seiner Vorgänger und führt sie fort.

Seine *Mathematische Syntax,* die uns in arabischer Übersetzung *(Almagest)* überliefert ist, enthält die Darlegung astronomischer Kenntnisse und die Beschreibung der griechischen Instrumente für die Himmelsbeobachtung, ist aber auch ein umfangreiches Handbuch der ebenen und sphärischen Trigonometrie. Darin findet sich ferner das berühmte geozentrische Weltsystem, das bis zur Renaissance maßgebend war: In der Mitte des Universums thront bewegungslos die Erde; um sie herum befinden sich mehrere hintereinander angeordnete Sphären, auf denen sich der Mond, die Sonne und die Planeten bewegen; mit der achten Sphäre, an der die Sterne befestigt sind, endet das Universum. Die scheinbaren Planetenbewegungen werden durch eine Kombination von Epizyklen und Deferenten erklärt: Es wird angenommen, daß jeder Planet sich gleichförmig auf einem kleinen Kreis, dem Epizykel, bewegt, dessen Mittelpunkt auf einem Trägerkreis, dem Deferenten, umläuft, wobei der Mittelpunkt des Deferenten nicht mit dem der Erde zusammenfällt (sogenannte Exzentertheorie).

Dieses System ist das Ergebnis der Arbeit vieler Astronomengenerationen, erhebt aber nicht den Anspruch, die Wirklichkeit zu beschreiben: Es handelt sich vielmehr um eine kinematische Darstellung, die sich auf die Forschungsergebnisse der damaligen Zeit und die Prinzipien der Aristotelischen Physik stützt.

Das Werk des Ptolemäus umfaßt weit mehr als nur astronomische und mathematische Erkenntnisse. Es ist eine Enzyklopädie des Wissens der Antike in so unterschiedlichen Bereichen wie Optik, Akustik, Geographie, historische Chronologie und sogar Astrologie. In seiner *Geographie* beschreibt Ptolemäus neue Kartenprojektionsmethoden und erstellt die ersten Karten, nachdem er die Breiten- und Längenbestimmung von etwa 8 000 Orten vorgenommen hat. Auf ihn geht ferner die Gewohnheit zurück, auf Karten Norden oben und Osten rechts anzuordnen.

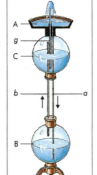

C · **Heronsball.**

Das Werk des Heron von Alexandria umfaßt die Geometrie, die Optik und die Mechanik, die er mitbegründete. Seine *Mechanika* enthalten Beschreibungen einfacher Maschinen sowie einiger ausgeklügelter Vorrichtungen wie des hier dargestellten *Heronsballs:* Das Wasser in Gefäß *A* (das durch Rohr *a* mit dem Gefäß *B* verbunden ist) komprimiert die Luft in den Gefäßen *B* und *C* (mit dem *A* durch Rohr *b* verbunden ist). Diese Kompression bewirkt, daß durch Rohr *g* ein Wasserstrahl aus Gefäß *A* austritt.

A · **Ptolemäisches System.**

Hier ein stark vereinfachtes Modell des sehr komplexen geozentrischen Weltsystems aus der *Mathematischen Syntax* von Ptolemäus. Dieses wohldurchdachte geometrische Modell gibt die scheinbaren Planetenbewegungen am Himmel mit einer Genauigkeit wieder, die im Vergleich mit modernen Messungen standhält. Im Einklang mit den aristotelischen Prinzipien werden Kreisbahnen und eine gleichförmige Bewegung angenommen.

B · **Ptolemäischer Atlas.**

(Deutsche Ausgabe aus dem 15. Jahrhundert; Nationalbibliothek, Paris)

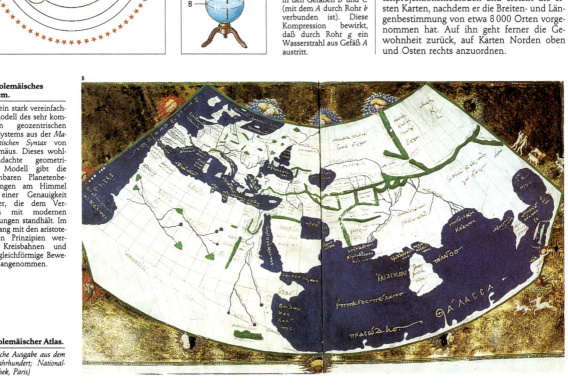

ENTDECKUNGEN UND ERFINDUNGEN

VON 201 BIS 800 n. CHR.

um 220. These des Schriftstellers Tertullian zur Rolle der Galle bei der Verdauung.

260. Liu Hui (China): Lösung von Gleichungssystemen; er findet $\pi = 3{,}14159$.

3. Jh. Diophantos, Mathematiker der Schule von Alexandria: Algebra. □ Zosimos von Panopolis: Abhandlung über Alchimie. □ In China wird der Südweiser entwickelt, ein mechanischer Apparat, dessen Zeiger immer nach Süden zeigt; erstes Differentialgetriebe.

325. In China beschreibt Ge Hong die Pocken und ansatzweise die Lepra.

355. In Konstantinopel trägt der griechische Arzt Oribasios in einer umfangreichen, 70bändigen Sammlung das medizinische Wissen seiner Zeit zusammen.

4. Jh. Pappos von Alexandria: *Collectio* (Sammlung), eine zusammenfassende Darstellung der Mathematik. □ Theon von Alexandria und seine Tochter Hypatia: Kommentar zum *Almagest* des Ptolemäus; kritische Überarbeitung der *Elemente* des Euklid.

5. Jh. Proklos, griechischer Philosoph und Mathematiker: Geometrie; sein Kommentar zu den *Elementen* des Euklid ist eine wichtige Quelle zur antiken Mathematik.

6. Jh. Aryabhata, indischer Mathematiker: Verwendung des Dezimalsystems unter Einschluß der Ziffer *Null;* erste bekannte Tabelle der Sinusfunktion; $\pi = 3{,}1416$.

525. Dionysius Exiguus, skythischer Mönch: *Osterzyklus,* christliche Zeitrechnung.

570. Erste Lepraheime in Frankreich.

um 600. In China erste Erwähnung des Schwarzpulvers.

620. Erste Porzellanherstellung in China.

678. Erfindung des griechischen Feuers, einer Vorform des Schießpulvers, durch Kallinikos von Heliopolis.

725. Uhrenbau: Erfindung der Hemmung (China).

um 750. Gründung der Medizinischen Schule von Salerno (Italien).

751. Chinesische Arbeiter werden in der Schlacht von Talas gefangen: Von ihnen lernen die Araber die Papierherstellung.

752. In China beschreibt Wang Dao (oder Wang Tao) die Symptome der Tuberkulose mit großer Genauigkeit.

770. Erfindung der Holzschneidekunst in China.

775. Die Fresken der Pagode von Mokaoku in China stellen zahnärztliche Behandlungsmethoden dar.

TECHNISCHE LEISTUNGEN DER RÖMER

Die Römer nutzten das wissenschaftliche Erbe, das sie von den Griechen übernahmen, ohne es selbst durch nennenswerte Forschungsarbeiten zu erweitern. Dafür entwickelten sie aber die griechischen Techniken weiter, insbesondere im Hoch- und Tiefbau sowie im Handwerk.

Die Römer verbesserten die Technik des Mauerns mit Mörtel und machten damit eine neue Architektur möglich: Neue Gebäudetypen und Bauformen wie Gewölbe, Kuppeln, Treppen, Brücken, Aquädukte und Kanalisationssysteme entstanden; sie verbesserten ebenfalls die Dachziegel, Tragwerke, Straßen, Häfen, das Katasterwesen, das Schiffsruder, die Mosaike, die Abformtechnik für Keramik, die Glasbläserei, die Verwendung von Naturdünger, die Baumzucht und insbesondere den Weinbau.

Die Römer erfanden die Brückenaquädukte, die römische Schnellwaage, die Schraubenpresse, die Radpumpe (Schöpfrad) für den Bergbau, den chemischen Dünger, die Wachskerze, das Fensterglas, den Meilenstein und viele Werkzeuge wie beispielsweise die zweigliedrige Schere, den Hobel, das Sägegatter, das Locheisen, den Nagelbohrer, den Handbohrer, den Bartschlüssel, den Weberkamm und so weiter.

Schließlich kannten die Römer unterschiedliche Formen des Wagens, den Pflug und die Mähmaschine mit Rädern, das Faß, zugeschnittene und genähte Kleidung, Seife, bunte Emaillearbeiten, damaszierte Schwerter und den Korbstuhl.

QUELLEN UND ABSCHRIFTEN

Nach dem Untergang des Weströmischen Reichs (476) beginnt eine Übergangszeit, in der viele Gelehrte durch Quellensammlungen, Kommentare, Abschriften oder Übersetzungen von alten Schriften einen Beitrag zur Erhaltung und Weitergabe des wissenschaftlichen Erbes der Griechen und Römer leisteten. Den Anstoß hierzu gaben drei lateinische Autoren:

- **Martianus Capella** (5. Jahrhundert) verfaßt um 470 *De nuptiis Mercurii et Philologiae,* eine Enzyklopädie der freien Künste, die er wie später die mittelalterlichen Schulen in Trivium (Grammatik, Dialektik und Rhetorik) und Quadrivium (Geometrie, Arithmetik, Astronomie und Musik) unterteilt. Seine Quellensammlung ist von mittelmäßiger Qualität, wird im Mittelalter aber oft benutzt.
- **Boethius** (um 480–524) gibt neben Kommentaren zu Platon, Aristoteles und Cicero eine Quellensammlung zur Arithmetik des Nikomachos, zu den *Elementen* des Euklid und zur Ptolemäischen Astronomie heraus. Ihm verdankte das Mittelalter seine Kenntnis der Wissenschaft des antiken Griechenland.
- **Cassiodor** (um 490 bis um 580) verfaßt ebenfalls mehrere enzyklopädische Quellensammlungen. Aber mehr noch als durch seine Schriften trug er zur Erhaltung der wissenschaftlichen Tradition bei, indem er seinen Mönchen auferlegte, alte Manuskripte abzuschreiben. Dieses Verfahren breitete sich aus. Während des Mittelalters wird das antike Wissen nur noch in den Klöstern bewahrt.

DIE ALCHIMIE

Die ältesten alchimistischen Texte werden dem Ägypter Bolos von Mendes zugeschrieben (200 v. Chr.). Es handelt sich dabei um ein Handbuch der Färberei, das Anleitungen für die Vergoldung und Färbung von Metallen, Steinen und Stoffen enthält. In die Zeit der Auflösung der Schule von Alexandria um 640 fällt die Erneuerung der Alchimie, bei der zwei Prinzipien in den Vordergrund treten: Die eigenschaftslose ›prima materia‹ (erste Materie), deren verschiedene Formen sich ineinander umwandeln können, und das Prinzip von Sympathie und Antipathie, demzufolge sich Stoffe anziehen oder abstoßen. Zosimos von Panopolis sucht als erster nach dem ›Elixier‹, das Blei (oder Kupfer) in Gold verwandeln kann. Die Jagd nach dem Elixier wird über ein Jahrtausend lang betrieben, bevor die chemischen Prozesse selbst zu Forschungsgegenstand werden. Ein wichtiger Schritt ist die Ausarbeitung einer Klassifikation der Mineralien durch die großen arabischen Alchimisten (Djabir, Al-Rasi), die zwischen ›Geistern‹ (flüchtigen Stoffen), metallischen und mineralischen Stoffen unterscheiden (darunter ›Vitriole‹ und ›Salze‹).

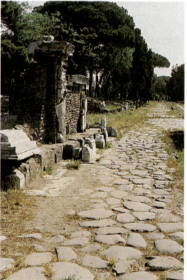

A · Römerstraße.
Die Römer bauten solide Steinstraßen (hier die *Via Ostia*). Diese bestanden aus mehreren mit Mörtel verbundenen Steinschichten und Füllmaterial.

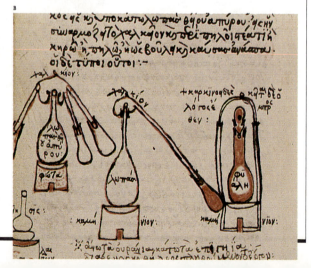

B · Alchimie.
Destillations-, Sublimations- und Digestionsapparate (Retorte) der griechischen Alchimisten des 2. und 3. Jahrhunderts. Aus dem Alchimielehrbuch des Zosimos von Panopolis (3. Jh.). [Nationalbibliothek, Paris]

ENTDECKUNGEN UND ERFINDUNGEN

VON 801 BIS 1200

9. Jh. Die Araber übernehmen das indische Zahlensystem (*arabische Ziffern*). ☐ Der arabische Mathematiker Al-Charismi (dessen Name dem Begriff *Algorithmus* zugrunde liegt) begründet die Algebra. ☐ Erste bekannte Abhandlung über die Chemie: *Summa perfectionis* des Arabers Djabir (Geber).

845–870. Der irische Mönch Johannes Scotus Eriugena lebt am Hof Karls des Kahlen. Dieser neuplatonische Gelehrte übernimmt und verallgemeinert das heliozentrische Planetensystem von Herakleides Pontikus.

um 860–925. Lebensdaten des arabischen Arztes und Pharmakologen Al-Rasi (Rhases): dieser einzigartige praktische Arzt ist der Verfasser einer medizinischen Enzyklopädie in 20 Bänden, die lange Zeit für die Ausbildung in Europa maßgebend bleibt. Er ist der erste, der die Pocken genau beschreibt.

9. oder 10. Jh. Erste bemalte Glasfenster in Deutschland.

10. Jh. Erfindung des Kummetgeschirrs.

927–928. Ältestes erhaltenes Astrolabium (Nationalmuseum von Kuwait).

965–1039. Lebensdaten des arabischen Mathematikers, Physikers und Astronomen Ibn al-Haitham (Alhazen). Unter den 92 Werken, die von ihm bekannt sind, befinden sich kritische Kommentare zu Aristoteles, Galen, Euklid und Ptolemäus. Im Bereich der Optik formuliert er das Gesetz der geradlinigen Ausbreitung, das Reflexions- und das Brechungsgesetz und beschreibt die Camera obscura. Seine Gedanken inspirieren Bacon, Kepler, Descartes und Huygens.

970. Gerbert d'Aurillac führt die arabischen Ziffern im Abendland ein.

980–1037. Lebensdaten des persischen Philosophen, Arztes und Physikers Avicenna (Ibn Sina). Die lateinische Übersetzung seines *Kanons der Medizin* (um 1020) war in Europa maßgebend. Er lokalisiert Phantasie, Wissen und Erinnerung in den Hirnkammern und entdeckt den ›kleinen Blutkreislauf‹ (das Blut bewegt sich vom Herzen in die Lungen und zurück zum Herzen).

1000. In Friesland (Niederlande) erste Deiche zum Schutz vor Überschwemmungen und zur Entwässerung des Bodens.

1014. In China wird die Variolation (Impfung mit harmlosen Pocken) zur Vorbeugung gegen echte Pockenerkrankungen empfohlen.

um 1015–1087. Lebensdaten von Constantinius Africanus, Arzt tunesischer Abstammung, der in Italien an die griechische Medizin anknüpft und die arabische Fassung der meisten klassischen medizinischen Handbücher ins Lateinische übersetzt.

um 1047 bis um 1122. Lebensdaten des persischen Philosophen, Dichters und Mathematikers Omar-e Chajjam, der die Algebra weiterentwickelt (Klassifizierung und Lösung von Gleichungen zweiten und dritten Grades) und den Kalender erneuert (1079).

1085. Gezeitenmühlen im Hafen von Dover.

2. Hälfte des 11. Jh. Erste Erwähnung der Magnetnadel in China.

1126–1198. Lebensdaten des islamischen Philosophen und Arztes Averroes, der Aristoteles kommentiert und ein großes medizinisches Handbuch verfaßt.

1127. Windmühle in Nordmolin in Flandern, älteste noch existierende Windmühle in Europa.

1145. *Liber embadorum* des Juden Savasorda von Barcelona, Vermessungshandbuch zur Flächenberechnung; erste lateinische Schrift, die Gleichungen zweiten Grades behandelt.

DIE ANFÄNGE DER OPTIK

Die Experimentierfreudigkeit der Araber spielte eine entscheidende Rolle bei der Entwicklung der Optik. Insbesondere Ibn al-Haitham widersprach der (ursprünglich griechischen) Auffassung, daß Lichtstrahlen vom Auge des Betrachters ausgingen. Für ihn existierte das Licht unabhängig von seinem Empfänger. Die Lichtstrahlen gehen seiner Ansicht nach von den Objekten aus und gelangen zum Auge, dessen Wahrnehmungsorgan für ihn die Linse war. Erst 150 Jahre später erkannte Averroes, daß die Netzhaut das eigentliche Sinnesorgan ist.

Die Schriften Ibn al-Haithams erwähnen das Reflexions- und das Brechungsgesetz. Die Lichtbrechung ist zurückzuführen auf ›durchsichtige Körper, die dem sie durchdringenden Licht einen von ihrer Struktur abhängigen Widerstand entgegensetzen‹. Er diskutierte ferner den Regenbogen, das Wesen der Farben und des Lichts, von dem er annahm, daß es materiell sei und sich mit großer Geschwindigkeit geradlinig ausbreite.

DIE ARABISCHE ASTRONOMIE

In Bagdad (9./10. Jh.) und Kairo (10–12. Jh.) kommt die Astronomie zur Blüte. Dort werden die griechischen Werke übersetzt und studiert. Aber die Araber forschen auch selbst: Sie entwickeln die astronomischen Instrumente weiter (insbesondere das Astrolabium) und machen eifrig eigene Beobachtungen. Letztere dienen ihnen v. a. zur Erstellung von Sternkatalogen, die in der Astrologie und in der Seefahrt Verwendung finden (Bestimmung von Längen- und Breitengraden). Al-Battani (um 858–929) präzisiert die Dauer des tropischen Jahres, korrigiert den Wert der von Ptolemäus berechneten Präzessionskonstanten, bestimmt die Schiefe der Ekliptik und entwickelt eine neue Theorie zur Festlegung des Monatsbeginns (genauer Zeitpunkt des Neumonds), die für den islamischen Kalender von grundlegender Bedeutung ist. Er beobachtet Mondfinsternisse so genau, daß noch im 18. Jahrhundert auf seine Beobachtungen zurückgegriffen wird.

Abu l-Wafa (940–997?) entwickelt die Mondtheorie weiter. Sein Schüler Ibn Junis (1009 gest.) studiert den Mond, die Sonne und die Planeten und erstellt Bewegungstafeln (*Hakimitische Tafeln*, 1007). Al-Biruni (973 bis um 1050) baut verschiedene Beobachtungsgeräte, erforscht die Dämmerung und die Sonnenfinsternis, erarbeitet Sterndeklinationstafeln. Sarkala, auch Arzachel genannt (um 1029–1100), erfindet die *Saphea*, ein Beobachtungsinstrument, das sich für alle Breitengrade verwenden läßt, und erstellt astronomische Tafeln (*Tafeln von Toledo*), die lange maßgebend blieben. Die Araber waren die ersten, die die Trigonometrie systematisch in der Astronomie anwendeten. Ihr Einfluß ist heute noch an einigen astronomischen Begriffen (Zenith, Nadir) und an den Namen vieler heller Sterne (Aldebaran, Altair, Beteigeuze, Deneb, Mizar usw.) zu erkennen.

B · Sternwarte der Maya.

Die präkolumbischen Kulturen im mittelalterlichen Zentralamerika verfügten über ein erstaunliches astronomisches Wissen. Die Azteken und die Maya betrachteten die Sonne als größten und schrecklichsten Gott und beobachteten den Himmel daher sehr aufmerksam. Sie konnten Planeten erkennen, die Dauer des Jahres, der Jahreszeiten und des Mondmonats recht präzise berechnen, Finsternisse voraussagen, die mittlere synodische Umlaufzeit der Venus bestimmen und so weiter. Die Zeitmessung war für sie von großer Bedeutung. (*Überreste des Caracol in Chichén Itzá in Yucatán*)

A · *Kanon der Medizin* von Avicenna.

Der *Kanon der Medizin* (12. Jh.) sammelt das Wissen der medizinischen Symptomatologie, der Pharmakologie und der Therapie. Er stützt sich auf hellenistische und byzantinische Werke und insbesondere auf Galen, enthält aber auch viele neuere Erkenntnisse. Bis Mitte des 17. Jahrhunderts ist er in Europa maßgebend. Avicenna untersucht die Temperamente und Stimmungen. Er beschreibt die von ihm beobachteten Krankheiten genau: akute Meningitis, Fieber mit Ausschlag, Pleuritis, Schlaganfall. Seine Heilmethoden basieren auf einer ausgewogenen Ernährung und der Verabreichung von Medikamenten. (*Hebräische Handschrift aus dem 15. Jh., Universitätsbibliothek von Bologna*)

ENTDECKUNGEN UND ERFINDUNGEN

VON 1201 BIS 1500

um 1193–1280. Lebensdaten des deutschen Philosophen und Gelehrten Albertus Magnus: Kommentare zu Aristoteles, befaßte sich mit Chemie, Botanik, Geologie.

1202. *Liber abbaci* des italienischen Mathematikers Fibonacci (Leonardo von Pisa): Arithmetik (Fibonacci-Folge), Algebra (negative Lösungen von Gleichungen), Rechnen mit arabischen Ziffern.

um 1220–1292. Lebensdaten des englischen Philosophen und Gelehrten Roger Bacon: Beitrag zur Entstehung der mittelalterlichen Erfahrungswissenschaft, erste Erfahrung mit der Camera obscura, Bestimmung des Brennpunkts von Kugelspiegeln, Theorie des Regenbogens, chemische Formel des Schießpulvers.

1231. Erste Erwähnung der Granate in China.

1238. Friedrich II., Kaiser des Heiligen Römischen Reiches deutscher Nation, gestattet der Schule von Salerno die Leichenöffnung, erstmals im christlichen Abendland.

1252. Alfonsinische Tafeln (auf Befehl des kastilischen Königs Alfons X., des Weisen, angefertigte astronomische Tabellen).

1269. Petrus Peregrinus verfaßt die *Epistola de magnete* (›Brief über den Magneten‹), in der er die Grundlagen des Magnetismus und der experimentellen Methode darlegt.

1275. Marco Polo berichtet, daß die Chinesen Brillen zur Korrektur von Sehfehlern verwenden.

1280. Spinnrocken und Spindel werden allmählich vom Spinnrad verdrängt.

1285. Erste Verwendung von Brillen zur Korrektur von Sehfehlern.

um 1300. Schubkarre in Europa.

1311. Erste Hochöfen mit hydraulischem Blasebalg. □ Erste Portulane (Segelhandbücher).

1314. Erste öffentliche Uhr in Frankreich (Caen). □ Erster Bericht über die Verwendung von Schießpulver in Europa (Flandern).

1316. Anatomisches Handbuch des Italieners Mondino dei Liucci.

1320. Erste mechanische Uhren mit Gewichten.

um 1325–1382. Lebensdaten des französischen Philosophen und Gelehrten Nikolaus von Oresme (Astronomie, Mathematik: Anfänge der analytischen Geometrie und der graphischen Darstellung von Funktionen; Einführung von gebrochenen Exponenten).

1340. Erste Gebläseschmelzöfen (bei Lüttich) für die Eisengewinnung.

1346. Erste Kanonen, Schlacht von Crécy.

1378. Erste Pulverrakete im Abendland.

um 1420. Erste Karavellen in Portugal.

1424. Erste tragbare Feuerwaffen. □ Verwendung von Traversen im Zimmerhandwerk.

1440. Der deutsche Theologe und Gelehrte Nikolaus von Kues (1401–1464) befaßt sich in seinem Werk *Docta Ignorantia* mit der Erdbewegung.

um 1440. Erfindung des Buchdrucks durch Gutenberg in Europa.

1452–1519. Lebensdaten von Leonardo da Vinci, italienischer Künstler und Gelehrter (Mechanik, Mathematik, Anatomie).

1455. Die 42zeilige Mainzer *Gutenbergbibel*, erstes von Gutenberg gedrucktes Werk (in 48 Exemplaren erhalten).

1458. Erfindung der Triebfeder, durch die die Fertigung tragbarer Uhren möglich wird.

1463–1494. Lebensdaten von Giovanni Pico della Mirandola, italienischer Humanist und Philosoph.

1470. Erstes Walzwerk.

1484. *Triparty en la science des nombres,* Algebrahandbuch des französischen Mathematikers Nicolas Chuquet (um 1445–1500) [Verwendung von negativen Exponenten; Zusammenhang zwischen der arithmetischen Reihe der Exponenten und der geometrischen Reihe der Potenzen].

1492. Auf seiner ersten Fahrt entdeckt Christoph Kolumbus Kuba und Haiti.

1494. *Summa de arithmetica,* ein Handbuch der Mathematik von dem Italiener Luca Pacioli (um 1445 bis um 1510) [Gleichungen zweiten Grades].

um 1500. Lösungsverfahren für Gleichungen dritten Grades $x^3 + px + q = 0$ durch den Italiener Scipione del Ferro (1465–1526).

PEREGRINUS UND DER MAGNETISMUS

Im Mittelalter wurden Schwerkraft und Magnetismus als zwei Grundkräfte der Natur betrachtet. Schon Thales hatte von der Anziehungskraft der Magneten berichtet; von den Chinesen wußte man um die Nord-Süd-Ausrichtung magnetisierter Nadeln, aber erst Ende des 13. Jahrhunderts wurden die ersten Kompasse in der Mittelmeerseefahrt eingesetzt. Zwar hatte der Engländer Alexander Neckam (1157–1217) das Phänomen des Magnetismus beschrieben, die theoretische Untersuchung dieser Erscheinung begann jedoch erst 1269 mit der Veröffentlichung der von Petrus Peregrinus verfaßten *Epistola de magnete*.

Peregrinus, der eigentlich Pierre de Maricourt hieß und damals Soldat in der Armee Karls von Anjou war, erklärte, wie man die Pole eines Magneten bestimmt, wie man ein Stück Eisen durch Reiben an einem Magneten magnetisiert, stellte fest, daß sich gleiche Pole abstoßen, und beschrieb den Versuch mit dem ›zerbrochenen Magneten‹. Seine Ansichten waren noch vom aristotelischen Denken geprägt: Er erklärte die Magnetisierung mit der Aktivierung des ›potentiellen‹ Magnetismus des Eisens und schrieb die Ausrichtung der Kompaßnadeln der Tatsache zu, daß magnetische Stoffe gehäuft am Nordpol vorkämen. Er beschrieb aber auch den Kompaß mit einer auf einer Pinne sitzenden Nadel in einem in 360 Gradschritte unterteilten Zifferblatt. Sein Werk fand allerdings bis ins 16. Jahrhundert hinein, als William Gilbert es wiederentdeckte, nicht die ihm gebührende Beachtung.

A · **Blumen und die Fibonacci-Folge.**

In der von dem italienischen Mathematiker Leonardo von Pisa, genannt Fibonacci, aufgestellten Folge ist jedes Glied gleich der Summe der beiden vorangehenden Glieder (wobei die beiden ersten Glieder vorgegeben werden): 1, 1, 2, 3, 5, 8, 13, 21 ... Die zunehmende Zahl der Blütenblätter (s. Abb.) stellt eine Fibonacci-Folge dar. Dividiert man jedes Glied der Folge durch das vorangehende, so erhält man eine neue Folge, die gegen die Zahl $(\sqrt{5} + 1):2$ (etwa 1,6183) strebt, den sogenannten *Goldenen Schnitt.* Der Goldene Schnitt gilt seit der Antike als Schlüssel für geometrische und besonders ästhetische Proportionen. Eine weitere Besonderheit der Fibonacci-Folge ist, daß zwei aufeinanderfolgende Glieder stets teilerfremd sind.

Tradeskantie 3
Kapuzinerkresse 5
Anemone 8
Ringelblume 13
Aster 21
Dahlie 34

B · **Glasherstellung.** Sandförderung, Öfen und Glasbläserei in Böhmen im 15. Jahrhundert. (British Library, London)

C · **Magnetismus.** Ausschnitt aus den von Petrus Peregrinus verfaßten *Epistola de magnete.* (Bodleian Library, Oxford)

858

ENTDECKUNGEN UND ERFINDUNGEN

FRIEDRICH II. ALS NATURFORSCHER

Friedrich II. (1194–1250) wird König von Sizilien, später Römischer König und schließlich Kaiser des Heiligen Römischen Reiches deutscher Nation. Dieser Mann mit starker Persönlichkeit, freiem Geist und lockerer Moral interessiert sich für die schöne Literatur, die Künste und die Wissenschaften. Er verfaßt ein großartiges naturgeschichtliches Werk *De arte venandi* (Über die Falknerei), in dem er die Morphologie und Biologie des Falken auf der Grundlage eigener Beobachtungen präzise beschreibt. Er entdeckt insbesondere, daß die Vogelknochen Luft enthalten (›Luftknochen‹) und daß der Vogel dadurch leicht bleibt. Friedrich II. bricht durch sein wissenschaftliches Vorgehen mit der Tradition des Mittelalters: Er beobachtet die Natur direkt, statt die Schriften von Galen, Aristoteles oder Avicenna zu studieren. Darin ist Friedrich II. seiner Zeit und auch der Heiligen Hildegard von Bingen oder Albertus Magnus voraus, die zur gleichen Zeit ebenfalls naturgeschichtliche Werke verfassen (die aber von geringerer Qualität sind).

Im übrigen nimmt Friedrich II. auch dadurch großen Einfluß auf die Wissenschaft und Medizin seiner Zeit, daß er einige aristotelische Schriften ins Lateinische übersetzen läßt und der später berühmten medizinischen Schule von Salerno die Genehmigung erteilt (erstmals im christlichen Abendland), Leichen zu sezieren.

A · De arte venandi cum avibus.
Ausschnitt aus dem über Falknerei Handbuch Friedrichs II. *(Nationalbibliothek, Paris)*

ZWEIFEL AN ARISTOTELES

Kaum ein Jahrhundert, nachdem das aristotelische Gedankengebäude im Abendland bekannt geworden war, wurde es heftig kritisiert und sogar von der Kirche und der Universität verworfen. Die Universität von Paris verurteilt es 1210, während man in Oxford und Bologna hitzig über die Rolle von Induktion, Experiment und Mathematik bei der Erklärung physikalischer Erscheinungen diskutiert. Die aristotelische Mechanik, derzufolge Bewegung durch die anhaltende Wirkung einer Ursache entsteht, wird von Jordanus Nemorarius angegriffen, dessen Arbeiten zur Statik Leonardo da Vinci heranzieht. Johann Buridan, der Rektor der Universität von Paris, schreibt die Bewegung der Körper der Einwirkung des ›Impetus‹ zu, der dem Produkt aus Stoffmenge und Geschwindigkeit entspricht und bei Schwerelosigkeit und bei fehlendem Luftwiderstand erhalten bleibt.

Auch die wissenschaftliche Methode Aristoteles' wird kritisiert: von Nikolaus von Kues, dem es unmöglich erscheint, sich der Wahrheit immer weiter anzunähern, sowie von William von Ockham, der ein für den wissenschaftlichen Fortschritt entscheidendes Prinzip formuliert (›Ockhams Rasiermesser‹).

LEONARDO DA VINCI

Leonardo da Vinci ist ein typischer Mensch der Renaissance, der nicht nur ein herausragender Künstler, sondern ein ebenso außergewöhnlicher Wissenschaftler und Ingenieur gewesen ist.

Mit 16 Jahren geht er bei dem florentinischen Künstler Andrea del Verrocchio in die Lehre und erwirbt bei ihm ein breites künstlerisches, wissenschaftliches und technisches Wissen. Sein Talent als Ingenieur stellt er von 1482–1498 am Hof der Sforza in Mailand und bis 1506 bei Cesare Borgia unter Beweis.

Neben Handbüchern über die Baukunst, die Waffentechnik, den Vogelflug, neben anatomischen Studien und Beobachtungen im Bereich der Physik und der Naturwissenschaften hinterläßt er zahlreiche Manuskripte mit Zeichnungen oder Skizzen von ganz unterschiedlichen, damals sicher futuristisch anmutenden Maschinen. Für ihn ist ›die Mechanik das Paradies der mathematischen Wissenschaften, denn mit ihr pflückt man die Frucht der Mathematik‹. Dennoch ist Leonardo nicht der universelle Erfinder, als der er manchmal dargestellt wird. Er begeistert sich mehr für die Forschung als für den Bau von Erfindungen und hat längst nicht so viel erfunden, wie ihm zugeschrieben wird. Seine wichtigste Leistung ist die Entwicklung einer neuen Denkweise, mit der er der wissenschaftlichen Methodik den Weg bereitete. Man sollte ihn also eigentlich für seine grenzenlose Neugier, seinen für Beobachtungen geschärften Sinn, seine Experimente und die Tatsache, daß die Mathematik für ihn eine maßgebende Rolle spielte, rühmen.

LEICHENÖFFNUNGEN

In der gesamten Antike war die Achtung vor den Toten der Grund, weshalb es griechischen, chinesischen und hinduistischen Ärzten verboten war, menschliche Leichen zu sezieren. Eine Ausnahme hiervon war vielleicht der Zeitraum um 290 v. Chr., als Herophilos und Erasistratos in Alexandria angeblich Sektionen an hingerichteten Verbrechern vornehmen durften.

Im christlichen Abendland gab erst Friedrich II., Kaiser des Heiligen Römischen Reiches deutscher Nation, der sich für Naturgeschichte begeisterte und sich mit dem Papst überworfen hatte, 1238 der medizinischen Schule von Salerno die Erlaubnis, Leichenöffnungen durchzuführen. Es durfte jedoch nur alle fünf Jahre eine Leiche seziert werden. Nach dem Tod Friedrichs II. erneuerte die Kirche das Verbot. Dennoch begann man kurz darauf an der medizinischen Fakultät von Bologna, menschliche Leichen zu untersuchen. Papst Bonifatius VIII. reagierte mit der Androhung des Kirchenbanns.

1308 gestattete die Republik Venedig in ihren Staaten die Öffnung von einer Leiche pro Jahr. 1315 konnte Mondino dei Liucci in Padua einen menschlichen Körper öffentlich sezieren. Diese ›Befreiungsbewegung‹ breitete sich allmählich auf alle Teile Europas aus: 1366 Montpellier (zunächst mit einigen Einschränkungen); 1391 Lerida in Spanien (Erlaubnis, alle drei Jahre die Leiche eines Verbrechers zu sezieren); 1404 Wien; 1478 Paris. Inzwischen veröffentlichte Mondino dei Liucci das erste große anatomische Werk des Abendlandes (1316). Aber erst im 16. Jahrhundert wurde die Wissenschaft von der Anatomie des Menschen durch Leonardo da Vinci und Andreas Vesalius (Vesal) zu einer echten Wissenschaft gemacht.

B · Flugmaschine von Leonardo da Vinci.
Leonardo da Vinci war der erste, der den Vogelflug wissenschaftlich erforschte und ihn mit mechanischen Mitteln nachzuahmen versuchte. In seinen Manuskripten finden sich viele Abbildungen von Flugmaschinen. Diese Abbildung von 1483 zeigt eine Art Hubschrauber. *(Bibliothèque de l'Institut, Paris)*

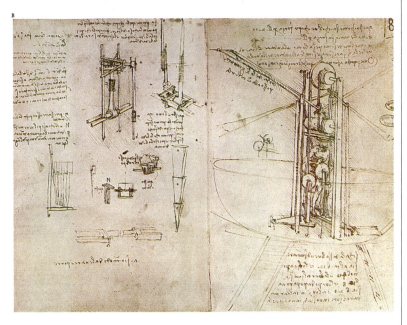

ENTDECKUNGEN UND ERFINDUNGEN

VON 1501 BIS 1650

um 1509–1590. Lebensdaten von Ambroise Paré, dem ›Vater der modernen Chirurgie‹.
um 1510–1589. Lebensdaten von Bernard Palissy, der die Kunst der Keramik weiterentwickelt.
1543. *De revolutionibus orbium coelestium* von Kopernikus, heliozentrisches Weltsystem. ☐ Handbuch der Anatomie von Vesal.
1546. Der Italiener Tartaglia entwickelt eine Theorie für Gleichungen dritten Grades.
1556. *De re metallica* von Georg Bauer, genannt Agricola, Sammlung des geologischen, mineralogischen und metallurgischen Wissens seiner Zeit.
1557. Erfindung des Gleichheitszeichens (=) durch den englischen Mathematiker Robert Recorde.
1564–1642. Lebensdaten Galileis.
1569. Mercator-Projektion.
1572–1601. Astronomische Beobachtungen des Dänen Tycho Brahe.
1583. *De plantis*, verfaßt von dem italienischen Arzt und Philosophen Andrea Cesalpino, erster Entwurf einer Systematik der Pflanzen.
1592. Erfindung des Thermometers durch Galilei.
1596. Entdeckung des ersten veränderlichen Sterns (Mira Ceti) durch den Holländer David Fabricius.
1600. *De magnete* des englischen Physikers W. Gilbert (Abhandlung über Magnetismus und Elektrostatik).
1603. *Uranometria* des deutschen Astronomen J. Bayer (Einführung von griechischen Buchstaben zur Bezeichnung von Sternen in Sternbildern, Staffelung nach Helligkeit).
1609. *Astronomia nova* des Deutschen J. Kepler (mit den beiden ersten Gesetzen der Planetenbewegung). ☐ Galilei: erste astronomische Beobachtungen mit dem Fernrohr.
1610. Entdeckung der vier größten Jupitermonde durch Galilei. ☐ Galilei, D. Fabricius und Ch. Scheiner beobachten Sonnenflecken mit dem Fernrohr.
1614. Publikation der Logarithmen durch den schottischen Mathematiker John Napier. Der Schweizer Jost Bürgi gelangt unabhängig von Napier zu ähnlichen Ergebnissen (veröffentlicht 1620).
1618. Erste Mikroskope.
1619. *Harmonices mundi* von J. Kepler (drittes Gesetz der Planetenbewegung).
1620. Erster Entwurf des Brechungsgesetzes durch den holländischen Astronomen und Mathematiker W. Snellius (Snel van Royen).
1628. Erste exakte Beschreibung des Blutkreislaufs durch den englischen Arzt W. Harvey.
1632. Fallgesetz für Körper im Vakuum (Galilei).
1633. Prozeß und Abschwörung Galileis.
1636. Erste Mondkarte des französischen Graveurs und Malers Claude Mellan.
1637. *Discours de la méthode* von Descartes, im Anhang: *La géométrie* (Einführung von Koordinaten).
1638. Der französische Mathematiker Pierre de Fermat entwickelt eine Methode für Tangentenprobleme. ☐ *Discorsi e dimostrazioni matematiche intorno a due nuove scienze*, wissenschaftliches Hauptwerk Galileis (Theorie des Pendels; Theorie der Wurfparabel im Vakuum).
1640. Abhandlung über Kegelschnitte von Pascal.
1642. Erfindung einer Rechenmaschine durch Pascal.
1648. *Ortus medicinae* des belgischen Arztes und Chemikers J. B. van Helmont (Begriff ›Gas‹, erste Chemie der Gase).

NEUE WERKZEUGE DER MATHEMATIK

Mit der Entwicklung der Mechanik im 16. und 17. Jahrhundert erwachte auch das Interesse an der Algebra wieder, die zu einer Herausforderung für die miteinander wetteifernden Mathematiker wurde. Geronimo Cardano (1501–1576) veröffentlichte Tartaglias Methode zur Lösung von Gleichungen dritten Grades, sein Schüler Ludovico Ferrari löste 1545 Gleichungen vierten Grades. François Viète (1540–1603) entwickelte eine Methode zur Berechnung der Wurzeln von Polynomen und definierte viele heute noch gebräuchliche algebraischen Symbole. Albert Girard (1595–1632), der sich für imaginäre Zahlen (deren Quadratzahl negativ ist) interessierte, entwickelte die Zahlentheorie weiter. Girard Desargues (1591–1661) führt den Begriff ›Polare‹ in die Geometrie ein; Pierre de Fermat (1601–1665), Rat am Gericht zu Toulouse, und René Descartes begründen die analytische Geometrie. Auf der Grundlage dieser vielseitig verwendbaren mathematischen Ansätze konnten Physiker wie Gilbert und Galilei die Ergebnisse ihrer Versuche systematisieren und die Erforschung der Naturgesetze in Angriff nehmen.

VESAL

Nach der Aufhebung des Verbots von Leichenöffnungen konnte sich die wissenschaftliche Anatomie des Menschen endlich entwickeln. Leonardo da Vinci (1452–1519) fertigte die ersten anatomischen Bildtafeln an, auf denen Knochen, Muskeln, Herz, Gefäße und so weiter exakt dargestellt waren. Diese wurden allerdings erst viel später veröffentlicht. Der wahre Meister dieser für die Medizin grundlegenden Disziplin war jedoch der Flame Andreas Vesal (um 1514 bis 1564), der an verschiedenen medizinischen Fakultäten in Italien arbeitete (Padua, Bologna). Sein Werk *De humani corporis* (1543) deckte viele Irrtümer des griechischen Arztes Galen, insbesondere bei der Beschreibung des Herzens, auf: Vesal bewies, daß es keine Verbindung zwischen der rechten und linken Herzhälfte gibt. Sein Mangel an Ehrerbietung für die frühen Mediziner brachte Vesal heftige Kritik und Widerstände ein. Sein Werk wurde von den italienischen Anatomen G. Fallope (1523–1562) und B. Eustachio (um 1520 bis 1574) fortgeführt.

AMBROISE PARÉ

Ambroise Paré (um 1509–1590) gilt als der Vater der modernen Chirurgie. Er war Militärarzt sowie Leibarzt von vier Königen (Heinrich II., Franz II., Karl IX. und Heinrich III.). Ganz im Geiste der Renaissance stützte er sich bei seinen chirurgischen Eingriffen auf Beobachtung und Versuch und nicht auf die überlieferten Lehrmeinungen. Statt also Schußwunden mit heißem Öl auszubrennen, wie es üblich war, legte er einfach nur einen Verband an (1545 veröffentlichte er seine Beobachtungen in seinem Werk *Méthode de traiter les plaies faites par les arquebuses et autres bâtons de feu*). Am berühmtesten ist jedoch seine Methode der Arterienunterbindung bei Amputationen (vorher wurde mit dem Brenneisen kauterisiert) geworden, die er erstmals 1552 bei der Belagerung von Damvillers anwandte.

KOPERNIKUS

Die Schrift *De revolutionibus orbium coelestium* des ostpreußischen Domherrn Nikolaus Kopernikus wurde 1543 veröffentlicht. Sie beschreibt ein heliozentrisches Weltbild: Die Planeten umkreisen die Sonne auf Umlaufbahnen in Abständen, die im Vergleich zu der Entfernung der Fixsterne winzig klein sind; die Erde ist nur ein Planet unter vielen anderen, der sich in 24 Stunden um seine eigene Achse dreht und zur Umkreisung der Sonne ein Jahr braucht; die Drehung um die Erdachse erklärt den Eindruck, der Him-

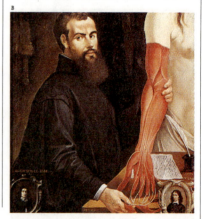

B · **Leichenöffnung.**
Andreas Vesal und seinen zahlreichen Leichenöffnungen sind viele Fortschritte im Bereich der Anatomie des Menschen zu verdanken. Sein Werk *De humani corporis fabrica* enthält Abbildungen (aus dem Kreis der Schüler Tizians) und Beschreibungen von Knochen, Muskeln und allen Organen und Systemen des Körpers von bis dahin unerreichter Genauigkeit. Dieses Gemälde von Pierre Poncet (1574 bis 1640) zeigt den Gelehrten beim Sezieren eines Armes. (Musée des Beaux-Arts, Orléans)

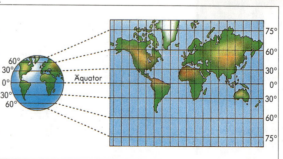

A · **Kartennetzentwurf von Mercator.**
Bei dieser von dem flämischen Geographen 1569 eingeführten Projektion wird ein Zylinder am Äquator entlang um die Erde gelegt. Die Längenkreise werden durch abstandsgleiche vertikale, die Breitenkreise durch horizontale Linien dargestellt. Je größer die Entfernung vom Äquator, desto stärker die Abstands- und Flächenverzerrung.

ENTDECKUNGEN UND ERFINDUNGEN

mel drehe sich täglich um die Erde, während sich der Wechsel der Jahreszeiten aus dem Umlauf der Erde um die Sonne ergibt. Wie seine Vorgänger stellte sich auch Kopernikus das Universum als eine Kugel mit kreisförmigen Umlaufbahnen und gleichförmigen Bewegungen vor, er griff noch auf Exzenter- und Epizykeltheorien zurück, obwohl er die entsprechenden ptolemäischen Theorien verworfen hatte. Er verwandte sogar die aristotelische Vorstellung von Sphären, d.h. von die Bahnen der Himmelskörper umschließenden Flächen. Kopernikus rückt die Sonne in den Mittelpunkt der Welt, weil dies der Ehrenplatz ist, den ein so schöner Stern verdient! Tatsächlich gab es kein überzeugendes Argument dafür, daß sich die Erde bewegt.

Trotz alledem ist das Werk von Kopernikus ein wichtiger Meilenstein in der Ideengeschichte und für den wissenschaftlichen Fortschritt. Denn Kopernikus befreite die Astronomie von der Hypothese der Unbeweglichkeit der Erde und setzte die Beobachtung von Fakten über die klassischen Schriften.

GALILEI

Sein physikalisches Hauptwerk – über die Dynamik – verfaßte Galilei erst im Alter von 70 Jahren. Vielleicht übertreibt die Legende sein Talent als Experimentator, aber gewiß ist doch, daß für ihn einzig und allein die Beobachtung das geeignete Mittel war, um die richtigen Fragen zu finden und mit Hilfe der Mathematik zu den Naturgesetzen zu gelangen.

Die Schwingbewegung eines Kronleuchters im Gewölbe der Kathedrale von Pisa führt ihn zu dem Schluß, daß die Schwingungsdauer eines Pendels nicht von seinem Gewicht abhängt, wenn der Luftwiderstand, das Gewicht des Fadens und andere Störfaktoren ausgeschlossen werden. Mit Hilfe seines Abstraktionsvermögens findet er das Trägheitsgesetz (später von Descartes formuliert), demzufolge ein Körper, der keiner Kraft (wie der Schwerkraft oder dem Luftwiderstand) unterliegt, eine geradlinige und gleichförmige Bewegung ausführt.

Der Begriff ›Impetus‹ bezeichnet bei Galilei nicht mehr die Bewegungsursache, sondern eine Größe (heute ›Impuls‹ genannt), die in der Bewegung erhalten bleibt. Diese neue Sichtweise erlebt ihren Durchbruch mit der Entdeckung des Gesetzes des freien Falls: ›Die (von einem Körper im freien Fall) durchfallene Strecke wächst mit dem Quadrat der Zeit‹. Daraus ergibt sich, daß Körper im Vakuum mit gleicher Geschwindigkeit fallen, ein Schluß, der durch immer präzisere Versuche (einige sind heute noch nicht abgeschlossen) bestätigt wurde.

Neben seinen theoretischen Arbeiten beschäftigt sich Galilei mit der Verbesserung der Pendeluhr und mit der Erfindung eines Luftthermometers; sein Schüler Torricelli entwickelt das Barometer. Nachdem Kopernikus die Theorie der Astronomie revolutioniert hatte, sorgte Galilei für umwälzende Neuerungen im Instrumentarium der Astronomen.

Mit Hilfe einfachster Fernrohre, die er seit 1609 baute und die er auf den Himmel richtete, studierte Galilei als erster die Mondoberfläche und die Sonnenflecken. Er entdeckte die Venusphasen und die vier größten Jupitermonde, erkannte, daß die Milchstraße aus einem Sterngewirr besteht, und fand in den Sternbildern eine Vielzahl von bis dahin noch nicht entdeckten Sternen.

Seine 1610 im *Sidereus Nuncius* (›Sternenbote‹) veröffentlichten Entdeckungen beweisen eindeutig, daß die aristotelische Vorstellung vom Universum nicht stimmt, und untermauern die Hypothese von Kopernikus.

DESCARTES UND DER MECHANISMUS

Typisch für die Kartesianische Gedankenwelt ist die Suche nach einer Methode ›zur richtigen Leitung des Verstandes und zur Wahrheitsfindung in den Wissenschaften‹ sowie die Vorstellung von der grundsätzlichen Einheitlichkeit des menschlichen Wissens, die sich in der berühmten Metapher widerspiegelt: ›Jede Philosophie ist wie ein Baum: Die Wurzel ist die Metaphysik, der Stamm die Physik. Die Äste an diesem Stamm sind all die anderen Wissenschaften, die in drei Hauptgruppen zerfallen, nämlich die Medizin, die Mechanik und die Moral.‹ Descartes wollte die mathematische Gewißheit auf das gesamte Wissen übertragen und eine universelle Mathematik begründen. Daher war für ihn ein Philosoph gleichzeitig immer auch ein Wissenschaftler, der danach strebt, die Ungewißheit der mittelalterlichen Wissenschaft durch die gesicherten Erkenntnisse einer echten Wissenschaft zu ersetzen, die uns zu ›Herren und Besitzern der Natur‹ macht. Descartes entwickelte ferner die Grundsätze eines mechanistischen Determinismus mit Gültigkeit für die Physik, die Medizin und die Physiologie (in seiner Theorie der Tiermaschine ähneln lebende Körper hydraulischen Maschinen). Sein Ziel war die Ausarbeitung eines Systems, das alle Naturerscheinungen mit nur drei Begriffen zu erklären versuchte: Ausdehnung, Gestalt und Bewegung. Obwohl Descartes sich häufig irrte, hinterließ er doch ein bedeutendes wissenschaftliches Werk: Er vereinfachte die mathematische Zeichen- und Formelsprache und entwickelte eine Methode zur Senkung des Grades in Gleichungen; sein Bestreben, Dinge zusammenzuführen, machte ihn zum Begründer der analytischen Geometrie; im Bereich der geometrischen Optik formulierte er das Brechungsgesetz unabhängig von Snellius und konnte damit eine Erklärung des Regenbogens versuchen; er entwickelte den modernen Begriff ›Arbeit‹. Nach der Kartesianischen Theorie leiten sich die Prinzipien der Wissenschaften aus der Metaphysik her; bei Descartes selbst jedoch entstand das wissenschaftliche Werk zeitlich vor seinen metaphysischen Überlegungen.

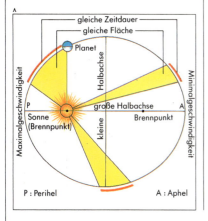

A · **Keplersche Gesetze.**
Die drei Gesetze der Planetenbewegung wurden von Kepler Anfang des 17. Jahrhunderts postuliert: 1. Jeder Planet beschreibt eine Ellipse, in deren einem Brennpunkt die Sonne steht. 2. Die von der Sonne zu einem Planeten gezogene Verbindungslinie überstreicht in gleichen Zeiten gleiche Flächen. 3. Die Quadrate der Umlaufzeiten der Planeten verhalten sich wie die dritten Potenzen der großen Halbachsen ihrer Bahnellipsen. Die Keplerschen Gesetze gelten auch für die Monde, die die Planeten umkreisen. Sie regten das Interesse an den Eigenschaften der Kegelschnitte, die Apollonios in der Antike studiert hatte, wieder an.

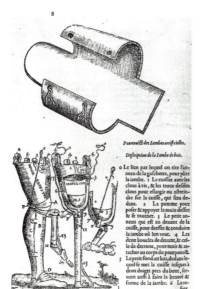

B · **Chirurgie.**
In den gesammelten Werken des berühmten Chirurgen Ambroise Paré findet sich neben dieser Zeichnung eines Holzbeins eine komplette Beschreibung der Prothese. (*Bibliothèque interuniversitaire de médecine, Paris*)

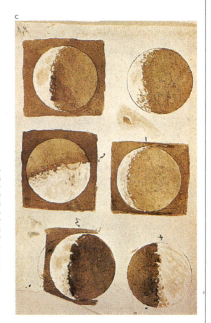

C · **Mondbeobachtungen mit dem Fernrohr.**
Als Galilei als erster ein Fernrohr auf den Himmel richtete, begann eine neue Ära des Wissens über das Universum. Das erste einfache Fernrohr reichte schon aus, um die typischen Merkmale der Mondoberfläche zu erkennen, wie diese Zeichnungen der Mondphasen belegen, die 1610 in *Sidereus Nuncius* (›Der Bote von den Sternen‹) veröffentlicht wurden. (*Nationalbibliothek, Florenz*)

ENTDECKUNGEN UND ERFINDUNGEN

VON 1651 BIS 1700

1654. Otto von Guericke (1602–1686) führt den Versuch mit den Magdeburger Halbkugeln durch, mit dem er den Luftdruck nachweist. □ Fermat und Pascal begründen die Wahrscheinlichkeitsrechnung.
1655. Entdeckung der Saturnringe und des ersten Saturnmondes durch Christiaan Huygens (1629–1695).
1657. Erfindung der Ankerhemmung (Uhrmacherei) durch Huygens.
1660. Gründung der *Royal Society* in London.
1661. Der englische Physiker Robert Boyle (1627 bis 1691) definiert das chemische Element in *The Sceptical Chymist*. □ Entdeckung des Kapillarsystems durch den Italiener Marcello Malpighi (1628–1694).
1622. Erfindung des Fadenkreuzes durch den Italiener Cornelio Malvasia (1603–1664).
1665. Erfindung des Skalenbarometers durch den Engländer Robert Hooke (1635–1703). □ Entdeckung der roten Blutkörperchen durch M. Malpighi. □ Erste Erwähnung des Begriffs ›Zelle‹ bei R. Hooke.
1666. Isaac Newton (1642–1727) erforscht die Dispersion des weißen Lichts durch das Prisma. □ Gründung der Pariser Akademie der Wissenschaften.
1667. Gründung des Pariser Observatoriums.
1668. Der Italiener Francesco Redi (1626 bis 1698) widerlegt die These von der Urzeugung.
1669. Entdeckung des Äthylens durch den Deutschen Johann Joachim Becher (1635 bis 1682). □ Der Däne Niels Stensen (1638 bis 1686) arbeitet an der Grundlegung der Stratigraphie und der Tektonik. □ Der Holländer Jan Swammerdam (1637–1680) führt die ersten anatomischen Untersuchungen an Insekten durch.
1670. Tafelwaage von Roberval.
1671. Bau des ersten Spiegelteleskops durch Newton.
1672. Messung der Entfernung zwischen Erde und Sonne durch die Franzosen J. D. Cassini, J. Picard und J. Richer.
1673. Huygens definiert die Zentrifugalkraft und formuliert die Gesetze des mathematischen Pendels.
1675. Entdeckung des Arsens durch den Franzosen Nicolas Lémery (1645–1715). □ Huygens konstruiert eine Uhr mit Spiralfeder. □ Gründung der Sternwarte von Greenwich.
1676. Erste Messung der Lichtgeschwindigkeit durch den Dänen Olaf Roemer (1644 bis 1710). □ Der Franzose Edme Mariotte (um 1620–1684) formuliert das Druck-Volumen-Gesetz der Gase.
1677. Entdeckung der Spermatozoen durch den Holländer J. L. Ham.
1679. Erfindung des Sicherheitsventils durch Denis Papin (1647 bis um 1712), der damit einen *Dampfkochtopf* (Papinscher Topf), den Vorläufer des Schnellkochtopfs, baut.
1684. Der Deutsche Gottfried Wilhelm Leibniz (1646–1716) veröffentlicht die Grundregeln der Differentialrechnung in seiner Schrift *Nova methodus pro maximi et minimi*.
1686. In seiner *Historia plantarum* definiert der Brite John Ray (1627–1705) den Begriff der Pflanzenart und beschreibt 18 655 verschiedene Arten.
1687. *Philosophiae naturalis principia mathematica* von I. Newton. Newtonsches Gravitationsgesetz, Andeutungen der Fluxionenrechnung (Newtons Variante der Differential- und Integralrechnung).
1690. Wellentheorie des Lichts von Huygens.
1693. Leibniz führt den Begriff der Determinante in die Mathematik ein.
1694. Der Franzose Joseph Pitton de Tournefort (1656–1708) prägt den botanischen Begriff *Gattung*.
1696. Der Franzose Guillaume de L'Hospital (1661–1704) verfaßt das erste Lehrbuch der Differentialrechnung.
1697. Phlogistontheorie des Deutschen Georg Ernst Stahl (1660–1734).
1700. Gründung der Berliner Akademie der Wissenschaften auf Initiative von G. W. Leibniz, der ihr erster Präsident wird.

DER ERSTE MIKROBIOLOGE

Heute wäre es unvorstellbar, daß ein einfacher Kaufmann wissenschaftliche Forschung betreibt und seine Ergebnisse an die berühmtesten Akademien der Wissenschaft der Welt schickt. Aber genau dies tat 1673 ein holländischer Tuchhändler aus Delft mit Namen Antonie van Leeuwenhoek (1632–1723). Er konstruierte ein Mikroskop, mit dem er eine 270fache Vergrößerung erzielte. Durch dieses Gerät betrachtete er nun mit einer wahren Leidenschaft die verschiedensten Materialien: Teichwasser, kariöse Zähne, Spermien usw. Er war der erste, der mikroskopisch kleine einzellige Lebewesen (Protozoen, einzellige Algen und sogar Bakterien) beobachtete, die er Animalkuli nannte. Auch Spermatozoen untersuchte er, die allerdings von einem seiner Briefpartner, dem holländischen Arzt J. L. Ham, zuerst entdeckt wurden. 50 Jahre lang schickte er immer wieder bemerkenswerte Berichte an die Royal Society in London. So gelang es ihm nachzuweisen, daß Flöhe und Läuse nicht aus Schmutz, sondern aus Eiern entstehen (Widerlegung der Urzeugungstheorie). Heute gilt er als der erste Mikrobiologe.

OVISTEN GEGEN ANIMALKULISTEN

Im 17. Jahrhundert setzte eine heftige Kontroverse über den Vorgang der Befruchtung ein, die bis ins 19. Jahrhundert dauerte. Seit der Entdeckung der Samen- und der Eizellen fragte man sich, welche Rolle diese Zellarten bei der Befruchtung spielen. Die Ovisten meinten, daß einzig das Weibchen für die Entstehung der Jungen ausschlaggebend sei, da dessen Eizellen die Anlagen für die Entwicklung in sich trügen. Das Sperma des Männchens bewirke in diesem Zusammenhang nur eine mechanische Reizung, die den Entwicklungsvorgang in der Eizelle auslöse. Im 17. Jahrhundert verteidigten Malpighi, de Graaf

A · Die Magdeburger Halbkugeln.
Mit diesem beim Reichstag in Regensburg 1654 vorgeführten Schauversuch demonstrierte der Magdeburger Bürgermeister Otto von Guericke die Wirkung des Luftdrucks. Sechzehn Pferde schafften es nicht, die beiden Halbkugeln zu trennen, in denen ein Vakuum erzeugt worden war: Der Luftdruck, der die Halbkugeln zusammenhielt, erwies sich als stärker als die Pferdekraft.

B · Das erste Mikroskop.
Dieses von A. van Leeuwenhoek 1673 gefertigte Gerät war nur 5 cm hoch. Zwischen zwei dünnen Kupferplatten war eine kleine Linse eingelassen. Ihr gegenüber befand sich ein beweglicher Stift, an dem ein Glimmerplättchen mit dem Objekt befestigt wurde, dessen Entfernung man mit Hilfe einer Schraube einstellen konnte. *(Privatbesitz)*

C · Homunkulus.
Um 1700 herum glaubte man, daß ein schon fertig ausgebildeter Mensch in verkleinerter Form in den Samenzellen enthalten sei und der Homunkulus folglich nur noch zu wachsen brauche.

und Swammerdam diese Theorie. Ihnen widersprachen die Animalkulisten, die der Ansicht waren, daß die Spermatozoen (›Animalkuli‹ oder ›Samenwürmer‹, wie sie auch genannt wurden) Träger sämtlicher Anlagen für die Entwicklung der Jungen seien. Bei der Befruchtung sei das Ei nur dazu da, die Spermatozoen zu nähren. Van Leeuwenhoek und der Physiker Nicolas Hartsoeker (1656–1725) vertraten diese Schule.

Im 17. Jahrhundert sind allerdings Ovisten wie Animalkulisten davon überzeugt, daß das zukünftige Wesen schon in verkleinerter Form im Ei (Ovisten) beziehungsweise im Spermium (Animalkulisten) vorgebildet sei. Nach dieser sogenannten Präformationstheorie wären in den Geschlechtszellen des in Miniaturgestalt in Ei oder Spermium enthaltenen Wesens schon seine eigenen Nachkommen als kleine Wesen angelegt.

NEWTON

Der Physiker Ernst Mach schrieb einmal, daß seit Newton kein grundsätzlich neues physikalisches Gesetz mehr gefunden und im Bereich der Mechanik seitdem nur noch rein deduktiv, formal und mathematisch auf der Grundlage der Newtonschen Gesetze gearbeitet worden sei.

Wahrscheinlich begann Newton im Alter von 22 Jahren, die Konzepte zu entwickeln, auf die sich seine drei grundlegenden Entdeckungen stützen: die Emissionstheorie des Lichts, die Fluxionenrechnung und das Gravitationsgesetz. In seinen späteren Lebensjahren befand er sich mit Leibniz, dem Begründer der Kombinatorik, im Streit über die Differentialrechnung. Die beiden Mathematiker scheinen unabhängig voneinander zu den gleichen Ergebnissen gekommen zu sein; allerdings setzte sich die von Leibniz verwendete Schreibweise durch. Newton entwickelte im Laufe seiner Bemühungen, die mathematische Analyse auf sich bewegende Objekte anzuwenden, die ›Fluxionenrechnung‹. Die Idee, die Bewegung zu zerlegen, um die Geschwindigkeit (›Fluxion‹) während beliebig kleiner Zeitabstände zu bestimmen, führte ihn zum Begriff der ›Ableitung‹, dann zur ›Integralrechnung‹. Newton vervollkommnete auch den Umgang mit Reihen, insbesondere mit Potenzreihen; er stellte die Binomialreihe auf (unabhängig von ihm auch J. Gregory).

In der Mechanik unterschied er zwischen Masse und Gewicht und konnte dadurch die drei Grundgesetze der Dynamik formulieren: das Trägheitsgesetz (von Galilei gefunden); das Gesetz, das besagt, daß Wirkung stets gleich Gegenwirkung ist; das (sog. dynamische) Grundgesetz, demzufolge die Bewegungsänderung eines Körpers der einwirkenden Kraft proportional und ihr gleichgerichtet ist: Kraft = Masse × Beschleunigung.

Insbesondere ist Newton das Gravitationsgesetz zu verdanken, das sich wie kein anderes physikalisches Gesetz für verschiedenste Berechnungen eignet. Mit Hilfe dieses Gesetzes lassen sich die Masse der Sonne, die Dichte und die Abplattung der Erde, die Präzession der Äquinoktien, die Veränderung der Schwerebeschleunigung in Abhängigkeit vom Breitengrad und Kometenbahnen berechnen.

DIE ENTSTEHUNG DER CHEMIE

Robert Boyle trägt 1661 in entscheidender Weise zur Entwicklung der Chemie bei, indem er das chemische Element als etwas ›Unzerlegbares‹ definiert, zwischen vermischten und unvermischten Stoffen unterscheidet und Versuchsmethoden einführt, die bald überall eingesetzt werden (Verwendung von Farbindikatoren, Salzfällung). Sein Schüler John Mayow (1640–1679) entwirft eine Theorie der Atmung und Verbrennung. In Frankreich arbeitet Nicolas Lémery den Gegensatz Säure/Alkali (heute Säure/Base) heraus und erklärt die Tatsache, daß Säuren und Basen sich gegenseitig neutralisieren, damit, daß ›die Spitzen der Säuren genau in die Löcher der Alkalien passen‹.

Am Ende des 17. Jahrhunderts kommt eine Theorie auf, die sich sofort durchsetzt: die Phlogistontheorie von G. E. Stahl, derzufolge in brennenden Körpern ein unwägbares und ungreifbares Element enthalten sei. In Verbindung mit einem Lehrsatz, demzufolge ›die Stoffe eher ihresgleichen ergreifen‹, überdauert diese Theorie mehr als ein Jahrhundert.

DAS LICHT: WELLE ODER TEILCHEN?

Für Descartes und seine Schüler entstand Licht durch ›Erschütterung von festen Körpern‹; es sollte sich unendlich schnell ausbreiten. Diese Auffassung wurde 1676 von dem Astronomen Olaf Roemer widerlegt, der als erster die Lichtgeschwindigkeit bestimmte.

Für Hooke waren Materie und Licht Schwingungserscheinungen, wobei die Farbe von der Amplitude der Schwingungen im Lichtäther abhing. Huygens übernahm die Vorstellung des Äthers als Medium von Schwingungsbewegungen, in dem sich das Licht in Kugelwellen ausbreitet. Mit dieser Wellentheorie konnte er Reflexions-, Brechungs- und Beugungsphänomene erklären.

Newton war von der Lichtäthertheorie nicht ganz überzeugt und behauptete, daß Licht aus winzig kleinen Teilchen bestehe. Seine Versuche zur Zerlegung des weißen Lichts in verschiedene Farben brachten ihn jedoch zu der Annahme, daß die Lichtteilchen sich mit einer gewissen Periodizität bewegen, die je nach Farbe unterschiedlich ist. Die Wellentheorie setzte sich durch, doch ergaben sich im 20. Jahrhundert mit der Quantentheorie ganz neue Aspekte.

▲ · **Das erste Spiegelteleskop.**

Mit einem Hauptspiegel von nur 5 cm Durchmesser war das von Newton 1671 gebaute Teleskop noch nicht sehr leistungsfähig.

DIE MASCHINE VON MARLY

Eine der spektakulärsten technischen Leistungen der zweiten Hälfte des 17. Jahrhunderts war die Maschine von Marly, ein Wasserhebewerk an der Seine, das der Wasserversorgung des Schlosses von Versailles diente. Dieses technische Wunder wurde unter der Leitung des wallonischen Mechanikers René Sualem (1645–1708), der auch Rennequin genannt wurde, zwischen 1681 und 1684 gebaut. An der Seine unterhalb des Dorfes La Chaussée am Fuß des Hanges von Louveciennes befanden sich vierzehn Wasserräder, deren Drehung 221 Saug- und Druckpumpen über Gelenkstangen antrieb. Das Flußwasser wurde in drei Stufen 154 m hoch und 1300 m weit in ein Aquädukt gepumpt, von wo aus dann das Wasser nach Versailles fließen konnte.

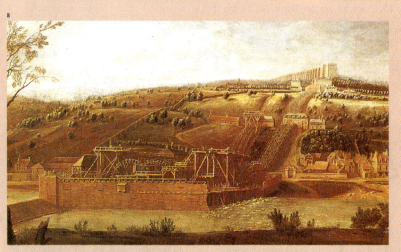

B · **Die Maschine und der Aquädukt von Marly.**
Gemälde von Pierre Denis Martin (1673–1742). *[Nationalmuseum im Schloß von Versailles]*

ENTDECKUNGEN UND ERFINDUNGEN

VON 1701 BIS 1725

1703. Der französische Physiker Guillaume Amontons (1663–1705) schlägt vor, die Temperatur nicht mehr über die Luftausdehnung, sondern bei konstantem Volumen über den Luftdruck zu messen; dies führt ihn zu der Vorstellung von einem absoluten Nullpunkt der Temperatur.

1705. Die englischen Mechaniker Thomas Newcomen (1663–1729) und Thomas Savery (um 1650–1715) konstruieren eine Dampfmaschine. □ Veröffentlichung der Kometenschrift des englischen Astronomen Edmond Halley (1656–1742). Er bestimmt die Bahnelemente von 24 Kometen und weist für einen von ihnen eine elliptische Bahn nach, auf der dieser 1758 oder 1759 wieder in die Nähe der Sonne kommen würde. □ Erfindung des Manometers durch den Mathematiker Pierre Varignon (1654–1722).

1707. Veröffentlichung der *Arithmetica universalis* von Newton. □ Geburtsjahr Buffons, Eulers und Linnés.

1708. Veröffentlichung der *Institutiones medicae* des Niederländers Herman Boerhaave (1668–1738), der als der Begründer der klinischen Medizin gilt.

1712. T. Newcomen entwirft das endgültige Modell seiner Dampfmaschine (›atmosphärische Dampfmaschine‹).

1713. Posthume Veröffentlichung der *Ars conjectandi* des Schweizers Jakob Bernoulli (1654–1705), wichtiger Beitrag zur Entwicklung der Wahrscheinlichkeitsrechnung.

1714. Temperaturskala mit zwei Eichpunkten des Deutschen Daniel Gabriel Fahrenheit (1686–1736).

1715. Weiterentwicklung der Hemmung (Uhrmacherei) durch den Briten George Graham (1673–1751).

1718. Entdeckung der Eigenbewegung der Fixsterne durch Halley. □ Der französische Chemiker Étienne François Geoffroy, genannt Geoffroy der Ältere (1672–1731), entwickelt den Begriff der ›Affinität‹.

1719. Erfindung der Quecksilberkompensation für Pendel (Uhrmacherei) durch G. Graham.

1722. Der französische Physiker René Antoine Ferchault de Réaumur (1683–1757) erforscht die Beschaffenheit der Metalle unter dem Mikroskop und begründet damit die Metallurgie.

1724. Gründung der Petersburger Akademie der Wissenschaften.

1725. Formulierung der Regel der Zusammensetzung zweier an einem Körper angreifender Kräfte durch P. Varignon (›Kräfteparallelogramm‹). □ Posthume Veröffentlichung der *Historia coelestis britannica,* des Sternkatalogs des Engländers John Flamsteed (1646 bis 1719) mit den Koordinaten von fast 3000 Sternen.

DIE ERSTEN DAMPFMASCHINEN

Auf der Erdoberfläche hat ein Tropfen Wasser in dampfförmigem Zustand ein Volumen, das 1770mal größer ist als in flüssigem Zustand; daraus ergibt sich bei der Verdampfung eine Ausdehnungskraft, die als Antriebskraft genutzt werden kann.

Mit der Entdeckung des Luftdrucks und der Beobachtung, daß für den Übergang vom flüssigen zum gasförmigen Zustand Wärme nötig ist, wurde die Entwicklung von Maschinen möglich, die durch die Kraft des Wasserdampfs bewegt werden.

Schon 1679 hatte Denis Papin (1647 bis um 1712), ein Schüler von Huygens, seinen Dampfkochtopf, den Vorläufer des modernen Schnellkochtopfs, erfunden, der gleichzeitig ein Hochdruckkessel war. In einem 1687 verfaßten Aufsatz entwickelte er eine erste Theorie für eine Pumpe unter Ausnutzung der Kolbenbewegung. 1698 läßt der Engländer Thomas Savery eine Dampfpumpe patentieren, die nach dem gleichen Prinzip arbeitet.

Die erste Dampfmaschine entsteht jedoch 1705 aus der Zusammenarbeit Saverys mit einem anderen englischen Mechaniker, Thomas Newcomen. Letzterer entwickelt diese Maschine weiter und baut 1712 die erste verwendbare Dampfmaschine mit Dampfkessel, Zylinder und Kolben. Diese ›Feuermaschine‹ wurde in einem Kohlebergwerk zum Wasserpumpen eingesetzt. Sie arbeitete jedoch nicht sehr wirtschaftlich, da der Dampf durch Einspritzung von kaltem Wasser in den Zylinder kondensiert wurde, wodurch ein hoher Wärmeverlust entstand. Dennoch wurden diese Maschinen zunehmend zum Auspumpen von Bergwerksschächten verwendet.

In der zweiten Hälfte des 18. Jahrhunderts nimmt der schottische Ingenieur James Watt (1736–1819) entscheidende Verbesserungen an der Newcomenschen Maschine vor. Mit Hilfe eines Wärmedämmungssystems hält er die Wärme im Zylinder und sorgt dafür, daß der Dampf in einem separaten Behälter, dem *Kondensator,* kondensiert, wo er schnell abkühlen kann. Dadurch kann er Brennstoffeinsparungen von 75 % erreichen. Um zu verhindern, daß das Innere des auf einer Seite offenen Zylinders mit der Luft in Kontakt kommt und dadurch bei der Abwärtsbewegung seine Restwärme verliert, schließt Watt den Zylinder auf beiden Seiten und läßt nur eine Öffnung für die Kolbenstange.

Nachdem ihm John Roebuck, ein Industrieller aus Birmingham, finanziell unter die Arme gegriffen hatte, schließt sich Watt 1775 mit einem anderen Industriellen namens Matthew Boulton zusammen. Diesem gehört die mit 600 Arbeitern größte Manufaktur der damaligen Zeit (in Soho bei Birmingham). Die Erträge der Fabrik werden für die kostspielige Weiterentwicklung und Herstellung der Wattschen Maschine verwendet, von der 1776 die ersten Modelle in Betrieb genommen werden. In den folgenden Jahren nimmt Watt noch weitere Verbesserungen an der Dampfmaschine vor. 1785 baut er die doppeltwirkende Dampfmaschine, bei der der Dampf erst auf die eine und dann auf die andere Seite des Kolbens gedrückt wird. Dies verdoppelt die Leistung der Maschine und sorgt für einen gleichmäßigeren Lauf. Schließlich versieht er die Welle mit einem schweren *Schwungrad* aus Gußeisen, um eine gleichförmigere Bewegung der Maschine zu erzielen, und entwirft einen *Fliehkraftregler* zum Ausgleich der ungleichmäßigen Dampfproduktion, die einen gefährlich unruhigen Lauf bewirken könnte.

Mit diesen Veränderungen wird die Dampfmaschine zu einer vielseitig verwendbaren Maschine für den industriellen Einsatz.

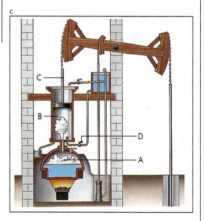

C · **Dampfmaschine von Thomas Newcomen (1712).**
Wenn der Dampf aus dem Kessel (A) in den Zylinder (B) gelangt, wird der Kolben (C) nach oben gedrückt. Zur Kondensation des Dampfes wird kaltes Wasser nach Öffnung des Ventils (D) im Zylinder verdampft. Ein Teilvakuum entsteht. Der äußere Luftdruck drückt den Kolben hinunter. Dadurch kippt der Schwinghebel, die Kolbenstangen bewegen sich aufwärts.

A · **Papinscher Topf.**
Dieses 1679 entstandene Gerät, für das Papin das Sicherheitsventil erfand, ist der Vorläufer des modernen Schnellkochtopfs. (*Conservatoire national des arts et métiers, Paris*)

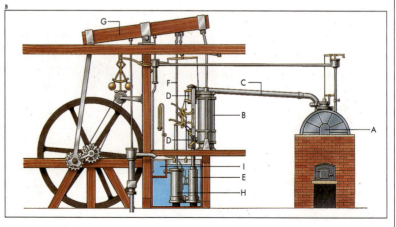

B · **Dampfmaschine von James Watt (1784).**
A: Dampfkessel; B: Zylinder; C: Dampfeinleitungsrohr; D: Ventile; E: Kondensator; F: Kolbenstange; G: Schwinghebel; H: Pumpe; I: Tank. Der erhitzte Dampf gelangt aus dem Dampfkessel in den Zylinder und bewegt den Schwinghebel. Die Ventile öffnen und schließen sich abwechselnd und bewirken die Auf- und Abbewegung des Kolbens.

864

DIE AUSBREITUNG DER PEST

Im Jahre 1720 bricht in Marseille die letzte große Pestepidemie Frankreichs aus (nachdem die Pest im Mittelalter und bis zum 17. Jahrhundert immer wieder gewütet hatte, verschwindet sie im 18. Jahrhundert aus dem Abendland. Der Epidemie fallen im Gebiet von Marseille und in der Provence etwa 50 000 Menschen zum Opfer. Die Ärzte streiten sich über die Ausbreitungswege der Epidemie. Der Lyoner Arzt Jean-Baptiste Goiffon veröffentlicht 1721 seine während der Pest in Marseille und der Provence gemachten Beobachtungen. Er behauptet, daß die Pocken, die Masern und die Pest ihre Ursache ›vielleicht in einer Art nicht wahrnehmbarer kleiner Würmer oder Insekten haben, die in die Körper derer gelangen, die erkranken, und sich an der Kleidung von Menschen festsetzen, die sie weitertragen‹ (seit A. van Leeuwenhoek wurden alle mikroskopisch kleinen Lebewesen als ›Würmer‹ bezeichnet).

Dies ist die erste Theorie, die die Möglichkeit der Krankheitsübertragung durch lebende, mit dem bloßen Auge nicht sichtbare Keime in Betracht zieht. Ihr widersetzt sich ein anderer Lyoner Arzt, J. J. Pestalozzi, der die Pest auf chemische Vorgänge zurückführt: auf eine Art Verseuchung der Atmosphäre durch kleine Körper, die er Miasmen nennt.

In seiner Funktion als Leiter des Gesundheitsbüros von Lyon gelingt es J.-B. Goiffon, seine Sichtweise durchzusetzen und Maßnahmen zur Bekämpfung der Ausbreitung der Pest in der Stadt zu treffen. Dadurch ersparte er Lyon vermutlich das Schicksal Marseilles.

POPULARISIERUNG DER WISSENSCHAFT

Nachdem sich die Newtonschen Theorien schon in Großbritannien durchgesetzt hatten, verbreiteten sie sich Anfang des 18. Jahrhunderts auch auf dem Kontinent. Newtons Gesetze wurden in Cambridge und in Oxford von seinen Schülern diskutiert. Erbitterten Widerstand leisteten die Kartesianer und die Schüler von Leibniz, die in der ›Wirbeltheorie‹ weiterhin eine verläßlichere Erklärung sahen als in der mysteriösen, über weite Entfernungen wirkenden Anziehungskraft, die Newton selbst als ›eine Art sehr subtilen Geist, verborgen im Stoff der Körper‹ beschrieb.

Das Hauptargument der Anhänger Newtons ist allerdings nicht wissenschaftlicher Art: Wenn sich die Gesetze des Universums in einer einzigen Formel zusammenfassen lassen, dann wird hinter den Naturerscheinungen der göttliche Wille erkennbar; und wenn es möglich ist, die ›Gesetze Gottes‹ zu erkennen, sind die Fähigkeiten des menschlichen Geistes grenzenlos. Diese Denkweise begeisterte die Wissenschaftler, die sich um 1730 von ihr überzeugen ließen, aber auch die Philosophen, die Gebildeten und über letztere alle sozialen Schichten. Die Wissenschaft wurde populär wie nie zuvor. Viele Abhandlungen über Physik, Chemie und Astronomie wurden für ein breites Publikum verfaßt, insbesondere für die Damen. Zahlreiche populärwissenschaftliche Werke erschienen in mehreren Auflagen, so das *Handbuch der Physik* (1671) von Jacques Rohault (12. Auflage im Jahre 1708).

DER ERFOLG DER INFINITESIMALRECHNUNG

Nach Newton und Leibniz wird die Differential- und Integralrechnung vorangetrieben und systematisiert. Die Gebrüder Bernoulli, Anhänger von Leibniz, befaßten sich an der Universität von Basel mit diesem Zweig der Mathematik. Jakob (1654 bis 1705) löste die erste Differentialgleichung, bestimmte die Tangenten an Spiralen und untersuchte die Exponentialfunktion. Johann (1667–1748), dessen Schüler L. Euler war, widmete sich der Betrachtung ebener Kurven und verwendete Polarkoordinaten. Er führte den Franzosen Guillaume de L'Hospital (1661–1704) in die Infinitesimalrechnung ein, der das erste Lehrbuch der Differentialrechnung, *Analyse des infiniment petits pour l'intelligence des lignes courbes* (1696), verfaßt.

Die posthume Veröffentlichung der *Ars conjectandi* von Jakob Bernoulli (1713), in der er das Gesetz der großen Zahl formulierte, weckte ein neues Interesse an der Wahrscheinlichkeitsrechnung. Abraham de Moivre (1667–1754), ein französischer Protestant im Londoner Exil, entwickelte den Begriff der bedingten Wahrscheinlichkeiten.

PHYSIK: ALLES WIRD GEMESSEN

Das erste Thermometer, das um 1660 in Florenz (Accademia del Cimento) erfunden wurde, maß die Ausdehnung der Luft mit Hilfe einer willkürlich gewählten Skala. Das Minimum entsprach dem Stand der Anzeige im Keller der Akademie, das Maximum ihrem Höchststand im Sommer in Florenz. 1703 führte der französische Physiker Guillaume Amontons (1663–1705) eine entscheidende Neuerung ein: Statt der Ausdehnung der Luft, die sich mit dem Luftdruck ändert, maß er den Druck einer Luftmasse in einem geschlossenen Behälter. Er vermutete sogar eine außerordentliche Temperatur: die Temperatur, die dem Druck Null entspricht, und die heute als ›absoluter Nullpunkt‹ bezeichnet wird. Daniel Fahrenheit aus Danzig schlug 1718 vor, Quecksilber zu verwenden, noch bevor der Schwede Anders Celsius (1701–1744) und René de Réaumur, Mitglied der französischen Akademie der Wissenschaften, ihre Gradeinteilung (mit den entsprechenden Bezugspunkten) des Thermometers entwickelten.

Obwohl der Begriff Wärmemenge noch unbekannt war, haben die Arbeiten von Denis Papin (1690) und später von Savery und Newcomen, die ab 1705 mit der Dampfmaschine experimentierten, eine gewisse Berechtigung, in die Vorgeschichte der Thermodynamik aufgenommen zu werden.

Joseph Sauveur (1653–1716), Dozent am Collège de France, veröffentlichte 1700 seine Schriften über schwingenden Saiten und Schallrohre. Er beschrieb Schwingungsknoten und -bäuche, stehende Wellen und physiologisch-akustische Experimente.

Pierre Bouguer (1698–1758), Professor der Hydrographie in Croisic, erforschte ein von Newton nicht bearbeitetes Gebiet. In seiner Veröffentlichung *Comparaison de la force de la lumière du Soleil, de la Lune et de plusieurs chandelles* (1729) präzisierte er das Konzept der Beleuchtungsstärke und begründete damit die Photometrie.

△ *Die Pest in Marseille von 1720 (Ausschnitt).*

Die Pest wurde von der Mannschaft eines aus Syrien kommenden Baumwollschiffs eingeschleppt. Sie verbreitete sich rasch in allen Teilen der Stadt, dann in Toulon und in ganz Südfrankreich bis hin nach Toulouse. *(Gemälde von Michel Serre [1658–1733], Musée Atger, Montpellier)*

ENTDECKUNGEN UND ERFINDUNGEN

VON 1726 BIS 1750

1727. Entdeckung der Aberration des Lichtes durch den Briten James Bradley (1693–1762).

1729. Grundlegung der Photometrie durch den Franzosen Pierre Bouguer. ◻ Entdeckung der Kontaktelektrizität und erste Versuche zur Elektrizitätsleitung des Briten Stephen Gray (um 1670–1736). ◻ Bau der ersten achromatischen Linse durch den Briten Chester Moor Hall (1703–1771).

1731. Fertigung des Sextanten durch den Briten John Hadley (1682–1744).

1732. Henri Pitot (1695–1771) erfindet das Pitot-Rohr zur Messung des Drucks in einem strömenden Medium. Wenn zusätzlich der statische Druck gemessen wird, läßt sich die Strömungsgeschwindigkeit von Flüssigkeiten oder Gasen, insbesondere von Luft ermitteln.

1733. Veröffentlichung des Werkes *Euclides ab omni naevo vindicatus* des Italieners Giovanni Girolamo Saccheri (1667–1733), Wegbereiter der nichteuklidischen Geometrie. ◻ Entdeckung von Ladungsarten (positiv und negativ) durch Charles François de Cisternay Du Fay (1698–1739). ◻ Erste Untersuchungen des Blutdrucks beim Tier durch den Briten Stephen Hales (1677–1761). ◻ Erfindung des Schnellschützen (für den mechanischen Webstuhl) durch den Briten John Kay (1704–1764).

1734. Erfindung des Dynamometers durch den Franzosen Julien Le Roy (1686–1759). ◻ Der schweizerische Mathematiker und Physiker Leonhard Euler (1707–1783) liefert einen bedeutenden Beitrag zur Theorie der partiellen Differentialgleichungen. ◻ Beginn der Veröffentlichung der *Mémoire pour servir à l'histoire des insectes* (12 Bände) von Réaumur.

1735. *Systema naturae,* erstes Werk des Schweden Carl von Linné (1707–1778) über die Klassifizierung von Pflanzen und Tieren. ◻ Der Schwede Georg Brandt (1694–1768) isoliert das Kobalt. ◻ Der Brite Abraham Darby II. (1711–1763) erfindet den ersten Kokshochofen für den Industrieeinsatz.

1736. Erfindung des Schiffschronometers durch den Briten John Harrison (1693–1776). ◻ *Mechanica* von L. Euler, erstes großes Werk der analytischen Mechanik. ◻ Geburtsjahr von Charles de Coulomb, Joseph Louis de Lagrange und James Watt. ◻ Erste erfolgreiche Blinddarmoperation des Briten C. Amyand (1686–1740).

1737. Der Franzose Jacques de Vaucanson (1709–1782) baut seinen ersten Automaten, den *Querflötenspieler.*

1738. *Hydrodynamica* des Schweizers Daniel Bernoulli (1700–1782) [ein Sohn von Johann Bernoulli]: Lehrbuch der Hydrodynamik, Grundlegung der kinetischen Gastheorie. ◻ Messung der Schallgeschwindigkeit in der Luft zwischen dem Montmartre in Paris und Montlhéry durch César François Cassini de Thury (1714–1784), Nicolas Louis de la Caille (1713–1762) und Giovanni Domenico Maraldi (1709–1788).

1739. Reihenentwicklung der Zahl *e* durch L. Euler.

1740. Entdeckung der Parthenogenese bei der Blattlaus (Fortpflanzung allein durch das Weibchen ohne Paarung mit dem Männchen) durch den schweizerischen Naturforscher Charles Bonnet (1720–1793).

1742. Erfindung des ballistischen Pendels durch den Briten Benjamin Robins (1707 bis 1751) zur Messung der Geschwindigkeit von Geschossen. ◻ Schrift über Fluxionen des Briten Colin Maclaurin (1698–1746) mit der Maclaurinschen Reihe. ◻ Entwicklung der hundertteiligen Temperaturskala durch den Schweden Anders Celsius (1701 bis 1744).

1743. Geburt des Franzosen Antoine Laurent de Lavoisier. ◻ *Traité de dynamique* des Franzosen Jean Le Rond d'Alembert (1717–1783). ◻ *Theorie der Erdgestalt* des Franzosen Alexis Clairaut (1713–1765).

1744. L. Euler vervollkommnet die Variationsrechnung. ◻ Pierre Louis Moreau de Maupertuis (1698–1759) stellt ein Prinzip der kleinsten Wirkung auf (›Das Licht nimmt den Weg, bei dem der Aufwand am geringsten ist.‹) und erhebt es zu einem universellen Naturgesetz.

1745. Der Niederländer Petrus van Musschenbroek (1692–1761) und der Deutsche Ewald J. von Kleist (1700–1748) erfinden (unabhängig voneinander) den ersten elektrischen Kondensator (die *Leidener Flasche*). ◻ Bau eines automatischen Webstuhls nach einem Entwurf von J. de Vaucanson.

1747. Erfindung des Elektroskops durch Abbé Jean Antoine Nollet (1700–1770). ◻ Entdeckung der Nutation (Schwankung der Erdachse gegen den Himmelspol) durch J. Bradley. ◻ Der Deutsche Andreas Sigismund Marggraf (1709–1782) gewinnt Zucker aus dem Saft der Runkelrübe. ◻ Entdeckung des Kautschukbaums (Hevea) in Guyana durch den Franzosen François Fresneau (1703 bis 1770). ◻ C. F. Cassini de Thury erstellt eine Karte Frankreichs im Maßstab 1 : 86 400.

1748. Entdeckung der Osmose durch Abbé Nollet. ◻ Euler veröffentlicht sein berühmtes Lehrbuch der Infinitesimalrechnung, die *Introductio in analysin infinitorum,* die den Funktionsbegriff zur Grundlage der Analysis macht und diese Disziplin in vielerlei Hinsicht geprägt hat.

1749. Erster Band der Naturgeschichte von George Louis Leclerc, Graf von Buffon (1707–1788). ◻ Geburt von Pierre Simon de Laplace. ◻ Entdeckung der Ameisensäure durch A. S. Marggraf.

1750. *Introduction à l'analyse des lignes courbes* des Schweizers Gabriel Cramer (1704–1752).

▲ **Schiffschronometer von J. Harrison.**
Die Erfindung des Schiffschronometers durch J. Harrison versetzte die Navigatoren in die Lage, die Längengrade auf dem Meer genauer zu bestimmen. Links das vierte von Harrison gebaute Chronometer: Es wurde 1762 bei einer Reise nach Jamaika getestet und wies nach 6 Wochen auf dem Meer nur eine Abweichung von 5 Sekunden auf. Das rechte Chronometer wurde von einem anderen Konstrukteur dem Harrisonschen Chronometer nachgebaut, um zu beweisen, daß auch andere Chronometer so gut wie der Prototyp sein können. *(Royal Observatory, Greenwich)*

DER STREIT ÜBER DEN EMBRYO

Die Frage, wie sich die Tiere im Embryonalstadium entwickeln, bot während des gesamten 18. Jahrhundert und bis ins späte 19. Jahrhundert Zündstoff für wissenschaftliche Auseinandersetzungen. Zwei Schulen standen sich gegenüber: Für die Präformisten befand sich das neue Tier schon fertig vorgebildet mit allen Organen in verkleinerter Form im Ei (bzw. für die ›Animalkulisten‹ im Spermium [s. Zeitraum 1651–1700]). Die Anhänger der Epigenesistheorie dagegen meinten, im Ei sei zu Beginn noch nichts Geformtes und der Embryo entwickle sich ganz allmählich in einem Prozeß, zu dem der ›Samen‹ beider Eltern beitrage.

Im 18. Jahrhundert triumphierten die Anhänger der Präformationstheorie, als der schweizerische Naturforscher Charles Bonnet (1720–1793) die Parthenogenese (die sogenannte Jungfernzeugung, eine Sonderform der geschlechtlichen Fortpflanzung) bei der Blattlaus beobachtete: In einem seiner Versuche gebar eine weibliche Blattlaus 95 kleine Blattläuse, obwohl sie in Isolation gehalten und von keinem Männchen befruchtet worden war. Daraus schloß man, daß sich die jungen Tiere schon vorgeformt in den Eiern des Weibchens befanden.

Die Vertreter der Epigenesistheorie wie Buffon und Maupertuis brachten theoretische Einwände vor. Sie führten an, daß Vater- und Muttertier Einfluß auf die Eigenschaften des neuen Wesens haben, wie z. B. das Maultier beweist: Wäre das Miniaturpferd schon im Ei der Stute vorgebildet, könnte es unmöglich Eselsohren bekommen, wenn sich Stute und Esel paarten.

Zudem wurde die Epigenesistheorie durch den deutschen Biologen Kaspar Friedrich Wolff (1733–1794) untermauert: Unter dem Mikroskop verfolgte er die Entwicklung eines Hühnerembryos und bewies, daß das neue Lebewesen sich allmählich durch Zellfurchung und Zellwachstum ausbildet.

Aber erst das 19. Jahrhundert brachte die Anerkennung der Wolffschen Theorie und den Sieg der Epigenesistheorie über die Präformationstheorie.

VERMESSUNG DER ERDE

Eines der Probleme, mit denen sich die Astronomen des 18. Jahrhunderts intensiv beschäftigten, war die Form der Erde.

Auf Anregung der Pariser Akademie der Wissenschaften wurden zwei Expeditionen organisiert, die feststellen sollten, ob der Erdglobus an den Polen abgeplattet ist, wie Newton behauptete, oder länglich gestreckt, wie J. D. Cassini meinte. Die Vermessungsexperten Bouguer, Godin und La Condamine begaben sich nach Peru, um dort die Länge eines Meridiangrades zu messen (1735–1744), während Maupertuis, Clairaut und Le Monnier diese Messungen in Lappland vornahmen (1736–1739). Der Vergleich der Meßergebnisse der beiden Gruppen bewies die Abplattung der Erde an den Polen und ihre Ausbauchung am Äquator.

LINNÉ KLASSIFIZIERT DIE ARTEN

Der schwedische Botaniker Carl von Linné (der latinisiert auch Linnaeus genannt wurde) ist der Erfinder eines hervorragenden ›Begriffsinstrumentariums‹ – der binären Nomenklatur –, die noch heute von den Biologen verwendet wird. Schon zu seinen Lebzeiten war er weltberühmt für seine meisterliche Klassifizierung der Pflanzen- und Tierwelt.

Linné (1707–1778), Sohn eines armen Landpfarrers, studierte Medizin und war lange Zeit in Geldschwierigkeiten, bevor er 1741 einen Lehrstuhl an der Universität von Uppsala bekam. Seine eigentliche Aufgabe war die Erfassung von Heil- und wirtschaftlich interessanten Pflanzen. Er machte einige Reisen: nach Lappland und nach Holland mit einem kurzen Abstecher nach London und Paris. Aber er gehörte nicht zu den Naturforschern, die wie Georg Forster oder Alexander von Humboldt bis ans Ende der Welt reisten, um die naturhistorischen Sammlungen zu bereichern. Linné arbeitete hauptsächlich mit Herbarien, gepreßten Pflanzen, Samen oder getrockneten Pflanzen, die ihm seine Briefpartner schickten. Ihm sind zwei grundlegende Werke zu verdanken, das *Systema natura* (1735) und *Genera plantarum* (1737).

Sein Pflanzenbestimmungssystem ist bemerkenswert einfach und leistungsfähig. Mit einer präzisen und knappen Diagnose, die sich hauptsächlich auf die Blütenmorphologie stützt, kann jeder Botaniker jede Pflanze mit Gewißheit bestimmen. In seiner Klassifikation benannte Linné die Arten nicht mehr wie damals üblich mit (bis zu 12 Wörtern) langen Umschreibungen, sondern führte eine binäre Nomenklatur ein (z. B. *Viola odorata* für das Veilchen, *Homo sapiens* für den Menschen). Diese Vereinfachung bedeutete einen gewaltigen Fortschritt für die Systematik (= Klassifizierung) der Pflanzen- und Tierwelt.

DIE FASZINATION DER ELEKTRIZITÄT

Zwei ›Elektriker‹ tragen innerhalb weniger Jahre entscheidend zur Entwicklung der Elektrostatik bei: Stephen Gray (um 1670–1736) entdeckt die Influenzelektrizität und die Elektrizitätsleitung (die ›Anziehungskraft‹ eines elektrisierten Körpers wird durch einen feuchten Faden von 293 Fuß Länge geleitet), während Du Fay (1698–1739) die Existenz zweier unterschiedlicher Elektrizitäten nachweist, die er ›harzige‹ (negativ) und ›Glaselektrizität‹ (positiv) nennt. Sein Schüler Abbé Nollet (1700–1770) wird durch seine Versuche zur Elektrostatik berühmt, die er der Öffentlichkeit vorstellt. Funken knistern in den Salons der oberen Gesellschaftsschichten, und die Marquisen stehen Schlange, um sich vom Abbé elektrisieren zu lassen. Die Begeisterung erreicht ihren Höhepunkt, als der erste elektrische Kondensator entwickelt wird, der diese geheimnisvolle Energie speichern kann: eine Wasserflasche, in deren Korken ein Nagel steckt. Diese Vorrichtung wurde 1745 wahrscheinlich gleichzeitig von Ewald von Kleist (1700–1748) und Petrus van Musschenbroek (1692–1761), Professor an der Universität von Leiden, erfunden. Benjamin Franklin, 1706 in Boston geboren, entdeckt 1747 die ›Spitzenwirkung‹ (die elektrische Entladungen fördert), die ihn zur Erfindung des Blitzableiters führt.

DIE MECHANIK

Leonhard Euler wurde 1707 geboren. Den größten Teil seiner Schriften zur Mechanik und zur Mathematik verfaßte er an der Petersburger Akademie, wo er von 1727 bis 1741 und 1766 bis 1783 arbeitete. Sein mathematisches Werk reicht von der Zahlentheorie (er widerlegt eine Vermutung über Primzahlen von Pierre de Fermat [1601 bis 1665] und findet die Relation $e^{i\pi} = -1$) über die Untersuchung von Reihen und elementaren Funktionen (Potenzfunktion, Logarithmus usw.) bis zur analytischen Geometrie. In der Mechanik findet er Differentialgleichungen für die Bewegung fester Körper, die einen Fixpunkt umlaufen, und definiert die Begriffe Trägheitszentrum und Trägheitsmoment. Ferner entwickelt er das von Fermat postulierte ›Prinzip der natürlichen Ökonomie‹ weiter, das von Pierre Louis Moreau de Maupertuis (1698–1759) als ›Prinzip der kleinsten Wirkung‹ übernommen worden war und das besagt, daß die Wirkung (das Produkt aus Impuls und zurückgelegter Entfernung) minimiert wird: ›Das Licht nimmt den Weg, bei dem der Aufwand am geringsten ist.‹ Dieses Prinzip ist ein erster Schritt hin zur Theorie von der Erhaltung der Energie.

Der Mathematiker, Physiker und spätere Autor der *Encyclopédie* Jean Le Rond d'Alembert weist nach, daß der Impuls zweier Objekte im Falle eines elastischen Stoßes erhalten bleibt, während Daniel Bernoulli mit seinen Untersuchungen zur Erhaltung der ›lebendigen Kraft‹ (mechanische Energie) beim Strömen einer idealen Flüssigkeit die Hydrodynamik begründet. Er glaubt zudem, daß der Druck der Gase darauf zurückzuführen ist, daß die Atome gegen die Wand des Gefäßes, in dem sie sich befinden, stoßen und die Gastemperatur von der ›Lebhaftigkeit‹ der Atome abhängt. Er liefert damit erste Ansätze für eine kinetische Gastheorie.

A · **Linné in Lappland.**
Titelblatt des Werkes *Flora Lapponica* von Carl von Linné, verfaßt nach seiner Reise durch Lappland (1732). *[Bibliothèque nordique, Paris]*

B · **Karte von Cassini.**
Das 18. Jahrhundert war die große Zeit der Landvermesser und Kartographen. C. F. Cassini de Thury erarbeitete eine große Frankreichkarte im Maßstab 1:86 400, die später Vorlage für die Generalstabskarte wurde.

C · **Die Rätsel der Elektrizität.**
Die elektrostatische Maschine von Abbé Nollet.

ENTDECKUNGEN UND ERFINDUNGEN

VON 1751 BIS 1775

1751. Messung der Mondparallaxe (aus der sich die Entfernung Erde–Mond ergibt) durch die französischen Astronomen Nicolas de La Caille (1713–1762) und Joseph Jérôme Lefrançois de Lalande (1732–1807). □ Entdeckung des Nickels durch den Schweden Axel F. von Cronstedt (1722–1765). □ Veröffentlichung des ersten Bandes der *Encyclopédie* durch Denis Diderot.

1752. Erfindung des Blitzableiters durch den Amerikaner Benjamin Franklin. □ Kapillaritätstheorie des Deutschen Johann Andreas von Segner (1704–1777).

1754. Entdeckung der Tonerde durch den Deutschen Andreas Sigismund Marggraf, des Kohlendioxids durch den Briten Joseph Black (1728–1799) und der Influenzelektrizität durch den Briten John Canton.

1757. Der Schweizer Albrecht von Haller (1708–1777) behauptet, daß Muskelbewegungen auf Nervenerregungen zurückzuführen sind und daß sich das Empfindungs- und Bewegungszentrum im Gehirn befindet. □ Weiterentwicklung der achromatischen Linsen und Erfindung des achromatischen Fernrohrs durch den Briten John Albrecht Dollond (1706–1761).

1759. Der Italiener Giovanni Arduino (1714–1795) unterscheidet drei Gesteinsalter (primäre, sekundäre und tertiäre Gebirge). □ Der Franzose Christophe Philippe Oberkampf (1738–1815) gründet in Jouy-en-Josas bei Paris die erste Stoffdruckmanufaktur.

1760. Der Elsässer Johann Heinrich Lambert (1728–1777) formuliert die Gesetze der Photometrie. □ Der Brite J. Black unterscheidet zwischen Temperatur und Wärmemenge und führt die Begriffe ›spezifische Wärme‹ und ›latente Wärme‹ ein.

1763. Der Franzose Michel Adanson (1727–1806) veröffentlicht sein Werk über die Pflanzenfamilien, in dem er nachweist, daß für eine korrekte Klassifizierung der Pflanzenarten außer den Blüten (Methode von Linné) noch verschiedene andere Merkmale berücksichtigt werden müssen.

1764. Erster mechanischer Webstuhl *(Spinning Jenny)*, gebaut von dem Briten James Hargreaves (um 1710–1778).

1765. Der Schotte James Watt (1736–1819) verbessert die Dampfmaschine Newcomens durch einen separaten Kondensator.

1766. J. H. Lambert beweist die Irrationalität der Kreiszahl π.

1768. Der Franzose Gaspard Monge (1746 bis 1818) schafft die Grundlagen der darstellenden Geometrie.

1770. Der Franzose Joseph Cugnot (1725 bis 1804) erfindet den Dampfwagen.

1771. Der Engländer Joseph Priestley (1733 bis 1804) und der Schwede Carl Wilhelm Scheele (1742–1786) entdecken unabhängig voneinander den Sauerstoff.

1772. Der Franzose Alexandre-Théophile Vandermonde (1735–1796) beschäftigt sich mit Determinanten. □ Entdeckung des Stickstoffs durch den Engländer Daniel Rutherford (1749–1819).

1773. Der Franzose Pierre Simon de Laplace (1749–1827) beweist die Stabilität der Bahnen der großen Planeten.

1774. Entdeckung des Mangans und des Chlors durch C. W. Scheele.

1775. Der Franzose Antoine Laurent de Lavoisier (1743–1794) definiert den Begriff des chemischen Elements und beweist, daß Sauerstoff und Stickstoff Elemente sind.

FRANKLIN ERFINDET DEN BLITZABLEITER

Mit Benjamin Franklin betritt Amerika die Bühne der Wissenschaften. 1706 wird Franklin als 15. von 17 Kindern in Boston geboren. Schon sehr jung geht er seinem Bruder James zur Hand, der eine Druckerei leitet und eine liberale Zeitung herausgibt. Er erlernt den Druckerberuf und wird literarisch aktiv. 1729 gründet er in Philadelphia eine Druckerei sowie eine Zeitung und gibt einen Almanach mit dem Titel *Poor Richard* heraus. Der universell interessierte Autodidakt eröffnet einen Club und eine Bibliothek, gründet ein Krankenhaus, eine Feuerversicherungsgesellschaft, mehrere Druckereien und beteiligt sich an den Aktivitäten der Freimaurer.

Franklin widmet sich insbesondere der Erforschung elektrischer Phänomene. Seit der elektrische Funkenüberschlag bekannt wurde, ist schon von mehreren Gelehrten eine Verbindung zwischen elektrischen Entladungen und Gewitterblitzen vermutet worden: Jean Théophile Désaguliers (1683–1744) und Abbé Nollet in Frankreich, Johann Heinrich Winckler (1703–1770) in Deutschland u. a. haben hierauf hingewiesen. Im Jahre 1750 formuliert auch Franklin diese These, aber im Gegensatz zu seinen Vorgängern gelingt es ihm, eine Beweisidee zu skizzieren. Der entsprechende Versuch wird erstmals am 10. Mai 1752 von dem Botaniker Thomas François Dalibard (1703–1799) in Marly-la-Ville durchgeführt: Er läßt auf seinem Besitz unter freiem Himmel eine 13 m hohe Eisenstange aufstellen, die von einem Gestell mit Glasbeinen gestützt wird. Während eines Gewitters nähert er sich der Eisenstange mit einer Flasche, in der ein Stück Eisen steckt: knisternde Funken springen über. Ein paar Tage später wird der Versuch von Delor in Paris, dann von Louis Guillaume Le Monnier (1717–1799) in Saint-Germain-en-Laye wiederholt. Damit ist ein schlüssiger Beweis für die elektrischen Eigenschaften des Blitzes erbracht. Im Dezember führt Franklin ein aufsehenerregendes Experiment mit einem Drachen durch, der mit einer Eisenspitze versehen ist, an der eine lange Schnur aus leitfähigem Hanf befestigt ist: Der Drachen erzeugt am anderen Ende der Schnur einen Funkenüberschlag zu einem Eisenstück. Später macht er verschiedene Versuche mit einer Eisenstange, die er vertikal auf seinem Haus befestigt. Er erklärt, warum eine solche Stange vor Blitzeinschlag schützt, und beschreibt, wie man sie richtig anbringt: Der Blitzableiter ist erfunden.

MESMER, EIN VORGÄNGER FREUDS?

Der deutsche Arzt Franz Anton Mesmer (1734–1815) genoß in Wien, Paris und später in London eine zweifelhafte Berühmtheit, weil er seine Patienten mittels des ›Magnetismus animalis‹ behandelte. Mit diesem Begriff bezeichnete er eine geheimnisvolle ›Kraft‹, die seinen Angaben zufolge auf den Gesundheitszustand eines Menschen einwirken konnte und magnetischer Natur sein sollte. Tatsächlich gelang es ihm, einige Beschwerden verschwinden zu lassen, indem er einen Magneten über den Körper des Patienten bewegte. In Paris organisierte er zwischen 1778 und 1790 therapeutische Gruppensitzungen, bei denen die Teilnehmer ›magnetisierte‹ Metallstäbe berührten. Geheilt wurden diejenigen, die danach eine Krise mit Krämpfen durchlebten und in tiefen Schlaf fielen. 1784 kam allerdings eine Kommission, der auch Franklin und Lavoisier angehörten, zu dem Schluß, daß der Magnetismus animalis nicht existiere. In den vierziger Jahren des 19. Jahrhunderts schließlich stellte der britische Arzt James Braid (1795–1860) fest, daß es zwar keinen Magnetismus animalis gebe, Mesmer aber dafür in seiner Therapie ein Mittel eingesetzt habe, das er als Hypnose bezeichnete (eine Art Schlaf, herbeigeführt durch psychologische Beeinflussung des Arztes). Die Hypnose könne auf einige psychosomatisch bedingte Leiden heilend wirken. Diese Theorie wurde von Jean Martin Charcot (1825–1893) aufgegriffen, bei dem Sigmund Freud 1885 studierte.

SPALLANZANI, DER BEGRÜNDER DER MODERNEN BIOLOGIE

Der katholische Geistliche Lazzaro Spallanzani (1729–1799) war einer der größten Biologen des 18. Jahrhunderts. Er führte viele physiologische Versuche durch. Einer der ersten sollte die traditionelle Urzeugungstheorie widerlegen, derzufolge die unbelebte Materie Lebewesen direkt zeugen konnte, wie das Beispiel der Würmer, die in verfaulendem Fleisch erschienen, zu belegen schien.

Buffon vertrat im 18. Jahrhundert die Ansicht, überall in der Natur verstreute ›organische Moleküle‹ könnten sich verbinden und in Regenpfützen ›Animalkulen‹ (Kleinstlebewesen) erzeugen.

Der britische Geistliche John Turberville Needham (1713–1781) hatte diese Theorie durch einen Versuch ›bestätigt‹, bei dem er Fleischsaft eines Schafes in einer hermetisch geschlossenen Phiole erhitzte: Er vermochte dann, Animalkulen zu beobachten. Diese konnten aber nicht während des Versuchs in das Gefäß gelangt sein oder, falls sie schon vorher dort waren, der Hitze widerstanden haben.

Um die Theorie Buffons und Needhams zu widerlegen, wiederholte Spallanzani Needhams Versuch sorgfältig: Auch er erhitzte eine Phiole mit dem Fleischsaft eines Schafes, aber auf erheblich höhere Temperaturen: Dieses Mal erschienen keine Animalkulen. Dennoch glaubte die Öffentlichkeit jener Zeit weiterhin an die Urzeugung. Dies änderte sich erst im 19. Jahrhundert durch die Versuche Pasteurs.

Spallanzani unternahm auch Versuche im Bereich der Physiologie (so zeigte er, daß Magensaft Fleisch angreift) und der Befruchtung. Hier führte er ein besonders gut durchdachtes Experiment durch: Er zog den männlichen Fröschen kleine Unterhosen an, damit ihr Sperma nicht auf die von den weiblichen Fröschen gelegten Eier gelangen konnte. Damit bewies er, daß der männliche Samen für die Befruchtung in einem bestimmten Sinn unverzichtbar ist.

Er irrte sich jedoch, als er behauptete, die Rolle der Spermatozoen sei auf die physikalische Stimulation der Eizelle beschränkt. Für den Ovisten Spallanzani enthielt das Ei das vorgebildete Tier schon in verkleinerter Form. So erübrigte sich für ihn auch die Vorstellung, daß die mit der Eizelle verschmelzenden Samen ihrerseits Träger von Erbinformationen sein könnten.

BUFFON, VATER DER NATURGESCHICHTE

Für die Geschichte der Biologie ist Buffon (1707–1788) genauso wichtig wie Aristoteles oder Darwin. Durch sein monumentales Werk *Histoire naturelle* (44 Bände im Quartformat) beeinflußte er die Biologen in Frankreich und in der ganzen Welt weit über das 18. Jahrhundert hinaus.

Georges Louis Leclerc, Graf von Buffon, stammte aus einer reichen burgundischen Familie. Er betrachtete die Wissenschaft als seine Berufung. Seine Jugend verbrachte er in England, wo er Mathematik, Physik und die Physiologie der Pflanzen studierte. Nach seiner Rückkehr nach Frankreich veröffentlichte er eine Übersetzung der Werke Newtons und des britischen Naturforschers Stephen Hales (1677–1761). 1739 wurde er Verwalter des königlichen Gartens, obwohl er eigentlich nicht die richtigen Qualifikationen für diesen Posten mitbrachte. Dort kam ihm der Gedanke, eine umfassende Naturgeschichte zu verfassen, die von den Mineralien bis zum Menschen alles abdecken sollte. 35 Bände veröffentlichte er von 1749 bis zu seinem Tode 1788, neun erschienen posthum. Diese Enzyklopädie war weltweit ein großer Erfolg. Fast jeder, der damals lesen konnte, soll sie gelesen haben (Buffons literarischer Stil machte sie sehr lesbar). Insbesondere die Philosophen der Aufklärung waren gut mit Buffons Werk vertraut.

Buffon machte die Naturgeschichte zu einer echten Wissenschaft. Während sich die Naturforscher vor ihm hauptsächlich mit der Klassifizierung von Tieren (und Pflanzen) befaßt hatten, war ihm vor allem deren Beschreibung wichtig. Dabei beschränkte er sich nicht auf ihre Anatomie, sondern beschäftigte sich auch mit ihrem Verhalten und ihrer Lebensweise (oder, wie wir heute sagen würden, mit Ethologie und Ökologie). Buffon war zudem der Begründer der Biogeographie (Wissenschaft von der Verteilung der Tiere und Pflanzen auf den Kontinenten) und Wegbereiter einer Evolutionstheorie – die von seinem Schüler Jean-Baptiste de Lamarck (1744 bis 1829) formuliert wurde.

A · **Der Skunk nach Buffon.** Eine Abbildung aus der *Histoire naturelle des animaux quadrupède* von Buffon: der Skunk, ein kleines Raubtier aus Südamerika. *(Nationalbibliothek, Paris)*

ENTWICKLUNGEN DER HIMMELSMECHANIK

Der englische Astronom Edmond Halley hatte 1705 auf der Grundlage des Newtonschen Gravitationsgesetzes berechnet, daß der 1682 beobachtete Komet im Jahre 1759 wiederkehren müßte. Der Komet erschien: Damit war die Theorie Newtons bestätigt und der Entwicklung der Himmelsmechanik stand nichts mehr im Wege.

In der zweiten Hälfte des 18. Jahrhunderts bestimmte Alexis Clairaut (1713–1765) die Form der Erde mit großer Präzision; Euler bearbeitete die Mondtheorie, und d'Alembert formulierte die Präzessions- und die Nutationstheorie.

Lagrange untersuchte in seiner *Mechanique analytique* (1788) das Sonnensystem auf der Basis der Newtonschen Gesetze und bestätigte rechnerisch die sich aus den Keplerschen Gesetzen ergebenden Störungen der Planetenbewegungen durch andere Himmelskörper.

Laplace schließlich wies 1773 die Unveränderlichkeit der großen Halbachsen der Bahnen der großen Planeten nach und behauptete 1784 die Stabilität des Sonnensystems. In seinem Werk über Himmelsmechanik (1798 bis 1825) untersuchte er ferner die Bewegungen des Erdmondes und der Jupitermonde, die Gezeiten u. a. In seiner *Exposition du système du monde* (1796) entwickelte er eine Theorie über die Entstehung des Sonnensystems (ausgehend, ähnlich wie I. Kant, von einem rotierenden Nebel). Er erwog außerdem die Existenz unsichtbarer Sterne mit einem Gravitationsfeld von solcher Intensität, daß keine Strahlen nach außen dringen können.

ENZYKLOPÄDIE

Das über die gesamte Welt verstreute Wissen zu sammeln und in einem umfassenden System darzustellen, damit die Arbeiten der vergangenen Jahrhunderte in Zukunft von Nutzen sein können und damit künftige Generationen durch bessere Bildung zugleich tugendhafter und glücklicher würden, das war das ehrgeizige Ziel der Herausgeber der *Encyclopédie ou Dictionnaire raisonné des sciences, des arts et des métiers,* deren erster Band am 1. Juli 1751 in Paris erschien. Unter Leitung von Denis Diderot (zeitweise war Jean Le Rond d'Alembert Mitherausgeber) arbeiteten 150 Gelehrte, Philosophen und Experten aller Disziplinen sowie vier Buchhändler und tausend Arbeiter über 25 Jahre lang an diesem beispiellosen Monumentalwerk.

1772 sind nach vielen Zwischenfällen 17 Foliobände und 11 Bände mit Tafelsammlungen erschienen. Die *Encyclopédie,* die das gesamte menschliche Wissen enthält, über Künste und Berufe informiert und ihre Definitionen mit prächtigen Bildtafeln illustriert, hatte in ganz Europa einen überwältigenden Erfolg. Sie ist Vorbild ähnlicher Werke gewesen, insbesondere der 166bändigen *Encyclopédie méthodique,* die zwischen 1782 und 1832 von Panckoucke veröffentlicht wurde.

B · **Der Halleysche Komet.** Beobachtungsszene aus dem Jahr 1759 am Observatorium von Paris. Erstmals kehrte ein Komet zu einem vorausberechneten Zeitpunkt wieder, ein Beweis dafür, daß die Kometen wie Planeten um die Sonne kreisen. *(Nationalbibliothek, Paris)*

C · **Dampfwagen von Cugnot.** Der Offizier des Ingenieurkorps Joseph Cugnot (1725–1804) baute 1769/70 eine Lafette zum ersten selbstfahrenden Dampfwagen um. Der Kessel befand sich vorne am Wagen. Die Maschine konnte bis zu vier Personen mit einer Geschwindigkeit von 4 km/h transportieren; sie mußte alle 15 Minuten zum Wasserauffüllen anhalten. Sie war schwer und schlecht lenkbar: Dies gab vielleicht im 19. Jahrhundert Anlaß zu dieser fiktiven Darstellung eines Unfalls.

VON 1776 BIS 1800

1776. Der Amerikaner David Bushnell (1742–1824) baut das erste Unterseeboot (die *Turtle*). □ Der Franzose Claude François de Jouffroy d'Abbans (1751–1832) testet sein erstes Dampfschiff auf dem Doubs.

1777. Der Franzose Antoine Laurent de Lavoisier (1743–1794) untersucht die Luft und erklärt die Funktion des Sauerstoffs bei der Atmung. □ Der Italiener Lazzaro Spallanzani (1729–1799) nimmt die ersten künstlichen Befruchtungen vor.

1779. Erste Eisenbrücke, die *Iron Bridge*, von dem Briten Abraham Darby III. (1750–1791) bei Coalbrookdale über den Severn.

1781. Entdeckung des Planeten Uranus durch den Briten William Herschel (1738–1822). □ Erster Nebelkatalog des französischen Astronomen Charles Messier (1730–1817). □ Der Schwede Carl Wilhelm Scheele entdeckt das Wolfram.

1783. Wassersynthese des Briten Henry Cavendish (1731–1810). □ Entdeckung der Eigenbewegung des Sonnensystems im All durch W. Herschel. □ Erfindung des Heißluftballons durch die Franzosen Joseph (1740–1810) und Étienne (1745–1799) de Montgolfier. □ Erster Flug in der Atmosphäre durch François Pilâtre de Rozier (1754–1785) und den Marquis François d'Arlandes (1742 bis 1809) [21. Nov.].

1784. Der Franzose René Just Haüy (1743–1822) erarbeitet die Grundlagen der Kristallographie. □ Der Schotte James Watt erfindet den Fliehkraftregler.

1785. Der Franzose Charles de Coulomb (1736–1806) formuliert das elektrostatische Grundgesetz. □ Der Franzose Claude Louis Berthollet (1748–1822) entdeckt die bleichende Wirkung des Chlors. □ J. Watt baut die doppeltwirkende Dampfmaschine. □ Jean-Pierre Blanchard (1753–1809) erfindet den Fallschirm und überquert als erster den Ärmelkanal mit dem Ballon. □ Der Brite Edmund Cartwright entwickelt den mechanischen Webstuhl weiter.

1786. Der Italiener Luigi Galvani (1737 bis 1798) beobachtet, daß sich Muskeln unter Einwirkung von Elektrizität zusammenziehen.

1788. *Mécanique analytique* von Joseph Louis de Lagrange.

1789. Lavoisier formuliert das Gesetz von der Erhaltung der Masse. □ Der Deutsche Martin Heinrich Klaproth (1743–1817) entdeckt das Uran und das Zirkonium.

1790. Der Brite Jesse Ramsden (1735–1800) entwickelt die äquatoriale Fernrohrmontierung für astronomische Instrumente. □ Der Franzose Joseph Marie Jacquard (1752–1834) erfindet den nach ihm benannten Musterwebstuhl. □ Das Meter wird als zehnmillionster Teil des Erdmeridianquadranten definiert.

1793. Flügeltelegraph des Franzosen Claude Chappe (1763–1805).

1794. Der Deutsche Ernst Florens Chladni (1756–1827) entwickelt die Idee vom kosmischen Ursprung der Meteoriten. □ Der Franzose Nicolas Jacques Conté (1755–1805) stellt den ersten Stift mit Graphitmine her.

1795. Einführung des metrischen Systems in Frankreich. □ Erfindung des Telemeters durch den Franzosen Alexis de Rochon (1741–1817).

1796. Erste Pockenimpfung durch den Briten Edward Jenner (1749–1823). □ Der Deutsche Christian Friedrich Samuel Hahnemann (1755–1843) begründet die Homöopathie. □ *Exposition du système du monde* von Laplace, in der er die (heute bestätigte) Hypothese vertritt, daß das Sonnensystem durch Kondensation aus einem rotierenden Nebel entstanden sei. □ Erste Drehbank zur Schraubenherstellung, gebaut von dem Briten Henry Maudslay (1771–1831).

1797. Erster Fallschirmabsprung: Der Franzose André Jacques Garnerin (1770–1823) springt am 22. Oktober in Paris aus 1 000 m Höhe.

1800. Entdeckung der Infrarotstrahlung durch W. Herschel. □ Erfindung der Volta-Säule durch den Italiener Alessandro Volta (1745–1827). □ Erstes Schraubenunterseeboot, die *Nautulus* (später *Nautilus*), gebaut von dem Amerikaner Robert Fulton (1765 bis 1815). □ Der Schotte John Loudon McAdam (1756–1836) entwickelt den nach ihm benannten Straßenbelag (Makadamdecke).

DAS ENDE DER PHLOGISTONTHEORIE

Die Chemie des 18. Jahrhunderts steht im Zeichen der Entdeckung der Gase. Daß es ›verschiedene Luftarten‹ gibt, ahnte man zuvor noch nicht einmal, und die atmosphärische Luft galt als Element.

An der Phlogistontheorie, die damals das Denken in der Chemie seit fast einem Jahrhundert bestimmte, störte allerdings ein Paradoxon: Wenn das Phlogiston, wie Georg Ernst Stahl vermutete, im Augenblick der Verbrennung aus den Stoffen entwich, warum wurden dann kalzinierte Metalle schwerer? Die Ursache dieses Phänomens ist der Sauerstoff, der von den Metallen gebunden wird, der aber damals, 1770, noch nicht bekannt war.

Der schottische Chemiker Joseph Black (1728–1799) hatte das Kohlendioxid, Henry Cavendish den Wasserstoff (›brennbare Luft‹) und Joseph Priestley (1733–1804) das Wasserstoffchlorid und das Stickstoffdioxid entdeckt.

Am 1. August 1774 erhitzte Priestley Quecksilberoxid und beobachtete, daß dabei ein Gas frei wurde, das den Verbrennungsprozeß aufrecht erhielt. Im Oktober des gleichen Jahres sprach er darüber mit Antoine Laurent de Lavoisier, der gerade gezeigt hatte, daß ein Teil der atmosphärischen Luft sich an den Metallen festsetzt, wenn sie kalziniert werden. Am 8. März 1775 isolierte Priestley schließlich den Sauerstoff und beobachtete, daß er bei der Atmung eine entscheidende Rolle spielt. Fast zur gleichen Zeit machen Lavoisier und der Schwede Carl Wilhelm Scheele dieselbe Entdeckung. Während aber für Priestley das Gas identisch war mit der atmosphärischen Luft, die ihr Phlogiston verloren hat, bewies Lavoisier, daß der Sauerstoff ein Bestandteil der Luft ist.

Lavoisier, ein Experimentator sondergleichen, der eine unabhängige Denkweise an den Tag legte, befaßte sich mit der Zusammensetzung der Säuren, arbeitete eine Wärmetheorie aus, wies 1785 nach, daß Wasser aus Wasserstoff und Sauerstoff besteht (damit führte er die Arbeit von Cavendish fort, der die beiden Elemente mittels eines elektrischen Funkens zusammenführte) und entwarf zusammen mit Louis Bernard Guyton de Morveau (1737–1816) eine neue chemische Nomenklatur.

LAVOISIER ERKLÄRT DIE ATMUNG

Neben seinen Arbeiten im Bereich der Chemie führt Lavoisier wichtige biologische Versuche durch, insbesondere im Bereich der Physiologie der Atmung. 1777 setzt er seine Experimente zur Zusammensetzung der Luft fort, indem er einen Sperling in einer Glasglocke einschließt. Dieser erstickt, nachdem er den gesamten Luftsauerstoff aufgebraucht und Kohlendioxid in entsprechender Menge ausgeatmet hat. 1780 stellt er zusammen mit Laplace fest, daß die Atmung eine ›der Kohleverbrennung ähnliche, sehr langsame Verbrennung ist‹. Er weist ferner nach, daß bei der Atmung nicht nur Kohlenstoff, sondern auch Wasserstoff oxidiert wird und daß damit neben Kohlendioxid auch Wasser entsteht. Schließlich bringt er die Atmung mit der Ernährung (durch die die zur Verbrennung bestimmten Stoffe zugeführt

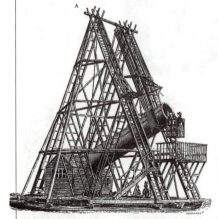

A · **Das große Teleskop W. Herschels.**
W. Herschel war Komponist, Organist und begeisterter Astronom. Er entdeckte 1781 den Uranus und begründete die Stellarastronomie. Sein hier abgebildetes größtes Teleskop hatte einen Spiegel mit einer Öffnung von 1,2 m. Das von einem Gestell gestützte 12 m lange Fernrohr konnte von einem Helfer am Boden auf einem kreisförmigen Gleis verschoben werden.

B · **Der erste Flug.**
Pilâtre de Rozier und der Marquis d'Arlandes überfliegen am 21. November 1783 Paris in ihrer Montgolfiere, gesehen von der Terrasse B. Franklins in Passy. Die Luftfahrer starteten am Château de la Muette und landeten 20 Minuten später 8 km weiter bei Butte-aux-Cailles, ›ohne die geringste Unannehmlichkeit verspürt zu haben‹. (Nationalbibliothek, Paris)

ENTDECKUNGEN UND ERFINDUNGEN

werden) und mit der Transpiration (durch die die Verbrennungswärme abgeführt wird) in Verbindung. All dies beweist er meisterlich durch exakt durchgeführte Versuche. Die Folgerungen aus seinen Versuchen, mit denen er die gesamten Atmungsvorgänge genau beschrieb, sind im wesentlichen auch heute noch gültig. Allerdings unterläuft Lavoisier ein Interpretationsfehler: Er glaubt, daß Kohlenstoff und Wasserstoff in den Lungen oxidiert werden. Erst im 19. Jahrhundert, nach der Entdeckung der Gewebeatmung, kann dieser Irrtum korrigiert werden (insbesondere durch die Arbeiten von Paul Bert (1833–1886) um 1870).

DIE ERSTE POCKENIMPFUNG

Auch im 18. Jahrhundert forderten die Pocken noch in der ganzen Welt ihre Opfer. Die ›Variolation‹ zum Schutz gegen diese gefährliche Krankheit war in China seit 1014 bekannt. Dabei wurde Gesunden der Eiter von Kranken injiziert. Dieses Verfahren führte zu einem wirksamen Immunschutz, war aber im Abendland des 18. Jahrhunderts nicht weit verbreitet; auch war nicht auszuschließen, daß der Geimpfte erkrankte.

Die von dem britischen Arzt Edward Jenner (1749–1823) entdeckte Methode versprach größeren Erfolg. Am 14. Mai 1796 verwendete er anstelle der Pocken als Impfstoff eine andere Krankheit, an der normalerweise Kühe erkranken, die Kuhpocken. Jenner hatte bemerkt, daß die Bauernmädchen, die an Kuhpocken erkrankte Kühe molken, stark abgeschwächte Pockensymptome aufwiesen und nach dieser Infektion nie selbst Pocken bekamen. Heute ist bekannt, daß sich das Kuhpockenvirus vom Pockenvirus unterscheidet, ihm aber ähnlich genug ist, um die Produktion von Antikörpern auszulösen, die auch das Pockenvirus bekämpfen können. Bei einer Impfung wird die Produktion von Antikörpern gegen ein Virus oder eine Mikrobe angeregt, ohne daß i. d. R. die Gefahr einer Erkrankung besteht (Impfung mit harmlosen verwandten oder abgetöteten Mikroben). Wenn der Organismus dann mit dem Krankheitserreger in Berührung kommt, können sofort die entsprechenden Antikörper gebildet werden.

Jenners Entdeckung wurde nur zögernd aufgenommen. Erste Maßnahmen waren die Gründung von Impfanstalten, später wurde der allgemeine Impfzwang eingeführt. Verbesserungen brachte die Wiederholungsimpfung sowie die Bemühungen um die Reinheit des Impfserums.

DIE VOLTA-SÄULE

Die Begeisterung für die Elektrizität erreichte 1779 ihren Höhepunkt, aber noch konnte sich niemand vorstellen, daß der elektrische ›Strom‹ eines Tages meßbar und für nützliche Zwecke einsetzbar sein könnte. Der ehemalige Offizier des Ingenieurkorps Charles Augustin de Coulomb wurde durch eine Denkschrift über die Eigenschaften von Magneten bekannt. Anhand einer an einem Faden aufgehängten magnetisierten Nadel untersuchte er die auf die Nadel einwirkenden Kräfte und definierte das ›magnetische Moment‹. Mit Hilfe einer ähnlich konzipierten Vorrichtung (der Drehwaage) zur Messung der Kraft zwischen zwei geladenen Körpern entdeckte er sechs Jahre später das Gesetz der elektrostatischen Anziehung, das dem Newtonschen Gravitationsgesetz zum Verwechseln ähnlich sieht (man braucht nur Masse durch elektrische Ladung zu ersetzen). Interessant ist, daß Coulomb für das, was wir heute ›Ladung‹ nennen, den Begriff ›elektrische Masse‹ verwendete.

Zur gleichen Zeit erforschte in Bologna ein Anatomieprofessor namens Luigi Galvani die tierische Elektrizität. Der Zufall, der bisweilen bei wissenschaftlichen Entdeckungen eine wichtige Rolle spielt, hatte eine besonders glückliche Hand an dem Tag, als Galvani beobachtete, daß sich in der Nähe einer gerade laufenden elektrostatischen Maschine die Muskeln eines enthäuteten Frosches zusammenzogen. Galvani hängte sein biologisches Elektrometer an seinen Balkon, wo dasselbe geschah. Er glaubte, daß die Muskeln des Frosches die Elektrizität wie in einer Leidener Flasche speicherten, aber Alessandro Volta, ein brillanter Physikprofessor an der Universität von Padua, hatte eine andere Erklärung: Das Tier hing an einem Kupferhaken am eisernen Balkongitter; die Berührung der beiden Metalle habe die Elektrizität erzeugt. Das Ergebnis dieser Theorie war das erste elektrische Element, ein Stapel von Silber- und Zinkscheiben in säurehaltigem Wasser. Dieses wundersame Objekt, das eine ›kontinuierliche elektrische Entladung‹ auslöste, wurde von den Mitgliedern der Royal Society in London und des Institut National in Paris so sehr gelobt, daß Napoleon den Erfinder zum Grafen und Senator des Königreichs Italien ernannte.

B · **Lavoisier und seine Frau.**
Kopie eines Gemäldes von Louis David im Metropolitan Museum of Art in New York. Auf dem Schreibtisch steht neben dem Tintenfaß ein Apparat für die Untersuchung von Gasen, der sich heute im *Conservatoire national des arts et métiers* in Paris befindet.

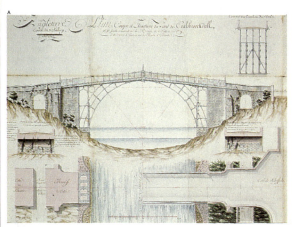

A · **Die erste Eisenbrücke.**
Bei dieser zwischen 1775 und 1779 bei Coalbrookdale über die Severn (Großbritannien) gebauten Brücke wurde erstmals Eisen als Baumaterial verwendet. Ermöglicht hatte dies eine Entdeckung Abraham Darbys (1678–1717), der seit 1709 billiges Eisen herstellte, indem er Hochöfen mit Koks statt mit der bisher benutzten Holzkohle beheizte.

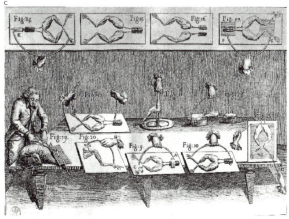

C · **Galvanis Versuche zur tierischen Elektrizität.**
Abbildung aus dem Werk *De viribus electricitatis* von L. Galvani (1791). Diese Bildtafel zeigt einige der zahlreichen Versuche des italienischen Wissenschaftlers, in denen er die Wirkung elektrischer Entladungen auf die Nerven von Fröschen und anderen Tieren untersuchte.

VON 1801 BIS 1810

1801. *Anatomie générale* des französischen Anatomen Xavier Bichat (1771–1802), der als erster feststellt, daß alle Organe aus Gewebe bestehen. ◻ Entdeckung des ersten Asteroiden, Ceres, durch den Italiener Giuseppe Piazzi (1746–1826), der Interferenz des Lichtes durch den Briten Thomas Young (1773–1829) und der ultravioletten Strahlung durch Johann Wilhelm Ritter (1776–1810). ◻ Die *Disquisitiones arithmeticae,* das zahlentheoretische Meisterwerk von Carl Friedrich Gauß (1777–1855), erscheinen.

1802. Erfindung des Knallgasgebläses durch den Amerikaner Robert Hare (1781–1858). ◻ Der Franzose Louis Joseph Gay-Lussac (1778–1850) formuliert das Gesetz für die Wärmeausdehnung von Gasen.

1803. Nach dem Meteoritenaufschlag bei L'Aigle (Orne) erkennt die Pariser Akademie der Wissenschaften den kosmischen Ursprung der Meteoriten an. ◻ Der Franzose Claude Louis Berthollet stellt Regeln für Austauschreaktionen zwischen Salzen, Säuren und Basen auf. ◻ Der Brite John Dalton (1766–1844) entwickelt die Atomtheorie.

1804. *Recherches chimiques sur la végétation* des Schweizers Nicolas Théodore de Saussure (1767–1845). Durch seine Versuche findet er heraus, daß Pflanzen Wasser zersetzen, den Kohlenstoff des Kohlendioxids assimilieren und Mineralsalze und Stickstoff aus der Erde ziehen. ◻ Erste Lokomotive, gebaut von dem Briten Richard Trevithick (1771–1833). ◻ Erster wissenschaftlicher Ballonaufstieg der Franzosen Jean-Baptiste Biot (1774–1862) und L. J. Gay-Lussac.

1805. Beginn der Veröffentlichung der *Voyage aux régions équinoxiales du Nouveau Continent* (30 Bände) des deutschen Naturforschers Alexander von Humboldt. ◻ L. J. Gay-Lussac formuliert die Gasvolumengesetze für Gasgemische. ◻ Der Franzose Joseph Marie Jacquard entwickelt einen Webstuhl, bei dem die Kettfäden dem Muster entsprechend durch gelochte Karten gestellt werden.

1806. Der Schweizer Jean Robert Argand (1768–1822) führt die geometrische Darstellung der komplexen Zahlen ein. ◻ Sir Francis Beaufort (1774–1857), ein britischer Admiral, stellt seine Windstärkenskala auf.

1807. T. Young entwickelt den Begriff der mechanischen Energie. ◻ Der Brite Humphry Davy (1778–1829) entdeckt und isoliert Natrium und Kalium durch Elektrolyse. ◻ Die *Clermont,* ein nach den Plänen von R. Fulton gebautes Dampfschiff, wird erfolgreich auf dem Hudson getestet. Das Dampfschiff wird danach regelmäßig in der Flußschiffahrt eingesetzt.

1808. Dalton formuliert das *Gesetz der multiplen Proportionen,* das besagt, daß die Massenverhältnisse zweier sich zu verschiedenen chemischen Verbindungen vereinigender Elemente im Verhältnis einfacher ganzer Zahlen zueinander stehen. ◻ Der Franzose Joseph Louis Proust (1754–1826) stellt das *Gesetz der konstanten Proportionen* auf, nach dem jede Verbindung ihre zwei oder mehr Elemente in einem bestimmten, konstanten Massenverhältnis enthält. ◻ H. Davy isoliert durch Elektrolyse Barium, Calcium und Strontium. ◻ Der Franzose Étienne Louis Malus (1775–1812) entdeckt die Polarisation des Lichts.

1809. J.-B. Biot mißt die Schallgeschwindigkeit in verschiedenen festen Körpern und stellt eine mathematische Theorie der Schallausbreitung auf. ◻ Der Italiener Luigi Rolando (1773–1831) beschreibt die Struktur des Gehirns. Er erkennt die Zentralfurche zwischen Stirnlappen und Scheitellappen. ◻ Die *Philosophie zoologique* des Franzosen Jean-Baptiste de Lamarck (1744–1829) [erste umfassende Evolutionstheorie] erscheint.

KONTROVERSE ÜBER DAS LICHT

Obwohl die Newtonsche Lichtteilchentheorie alle optischen Erscheinungen zu erklären schien, wurde sie von zwei Wissenschaftlern schwer erschüttert.

Einer dieser Wissenschaftler war der britische Arzt Thomas Young (1773–1829), der sich auf Seifenblasen spezialisiert hatte: Die Tatsache, daß Seifenblasen in den Regenbogenfarben schillern, führte er darauf zurück, daß die Lichtwellen, die von der Außenseite der Seifenblase reflektiert werden, sich mit den von der Innenseite reflektierten Lichtwellen überlagern. Er behauptete, daß die sehr geringen Wegunterschiede zwischen den beiden Strahlen für die beobachteten Farbeffekte verantwortlich seien. Als er eine Lichtquelle durch einen Schirm mit zwei nahe beieinander liegenden Löchern betrachtete, stellte er eine Reihe von abwechselnd hellen und dunklen Streifen fest, die den *Interferenzen* in dünnen Schichten ähnelten. Obwohl es ihm gelang, die Wellenlänge verschiedener Farben durch Messung der Entfernung zwischen den Interferenzstreifen zu berechnen, blieb seine Theorie lange Zeit unbeachtet.

Der andere Wissenschaftler war ein ehemaliger Offizier der ägyptischen Expedition Napoleons, Étienne Louis Malus (1775–1812), der eine Erklärung für die schon von Huygens beschriebene rätselhafte Eigenschaft von Kalkspat fand, Bilder zu verdoppeln. Als er zwei Kristalle übereinanderlegte, beobachtete er, daß das Licht bei einigen Positionen nicht weiter drang. Als überzeugter Newtonianer vertrat Malus die Auffassung, daß die Lichtteilchen *Pole* hätten, die von dem Kristall ausgerichtet werden könnten. Damit wies er auf das Problem der *Polarisation* hin, das 1821 im Rahmen einer von Fresnel entwickelten Wellentheorie nur teilweise gelöst wurde.

ATOME UND ÄQUIVALENTE

Am Anfang des Jahrhunderts steht die Chemie im Zeichen der Elektrizität. Mit Hilfe der Voltaschen Säule, die die Dissoziierung von Lösungen durch elektrischen Strom (Elektrolyse) ermöglicht, werden viele Elemente entdeckt. Sir Humphry Davy stellt mit dieser Methode Kalium, Natrium und Magnesium dar und zeigt, daß die Elektrolyse

A ▸ **Eines der ersten Dampfschiffe: die *Clermont*.**

Die *Clermont* war 1807 das erste Dampfschiff, das regelmäßig zwischen New York und Albany am Hudson verkehrte. Sie wurde nach Plänen des Amerikaners Robert Fulton gebaut, war 40 m lang, 2,90 m breit und verdrängte 100 Tonnen. Die Maschine besaß 2 PS. Das Schiff besaß zwei Schaufelräder mit einem Durchmesser von 4,50 m mit je 8 Radschaufeln (1,20 m auf 0,60 m). Fulton baute insgesamt 19 solcher Dampfschiffe, unter denen die *Chancellor Livingston* (1811) mit einer 60 PS starken Maschine das größte war (49 m lang, 10 m breit).

B ▸ **Interferenz.**

Das Phänomen der Lichtinterferenz wurde erstmals 1801 von Thomas Young beobachtet und erst 20 Jahre später von Augustin Fresnel erklärt: als Verstärkung und Auslöschung des Lichts.

von Wasser ›57 Teile Wasserstoff auf 27 Teile Sauerstoff‹, also etwa ein Verhältnis von 2:1, ergibt. Gay-Lussac beobachtet, daß sich Gase in einfachen volumetrischen Mengenverhältnissen verbinden, woraus Proust das *Gesetz der konstanten Proportionen* ableitete: Die verschiedenen Bestandteile einer Verbindung stehen in einem bestimmten, konstanten Verhältnis zueinander. Daraus folgern Amedeo Avogadro (1776–1856) [1811] und André Marie Ampère (1814), daß ein bestimmtes Volumen eines beliebigen Gases eine konstante Anzahl von ›Molekülen‹ enthalte, und führen den Begriff des ›Molekulargewichts‹ ein. Die *Äquivalenten*-Tabellen, die das Gewicht x eines Stoffes angeben, das sich leicht mit dem Gewicht y eines anderen Stoffes verbindet, werden das wichtigste Instrument der Chemie des 19. Jahrhunderts. Diesem rein beschreibenden Ansatz steht ab 1803 jedoch eine erklärende Theorie gegenüber, die von einem bescheidenen Professor für Naturwissenschaften aus Manchester namens John Dalton entwickelt wurde. Sein Hauptargument gegen das Gesetz der konstanten Proportionen ist, daß ein Element wie z.B. Stickstoff mehrere Oxide haben kann (NO, NO$_2$, NO$_3$ usw.). Dalton hebt hervor, daß der Sauerstoffanteil immer einem Vielfachen einer nicht reduzierbaren Menge entspreche und daß diese Tatsache auf das Vorhandensein eines letzten Partikels, eines Sauerstoff*atoms* hinweise.

DER ERSTE EVOLUTIONS-THEORETIKER

Jean-Baptiste de Monet, Chevalier de Lamarck, wird 1744 in eine adlige, aber arme nordfranzösische Familie hineingeboren. Nach einer kurzen Dienstzeit in der Armee läßt er sich in Paris nieder, wo er sich mit Naturgeschichte und Botanik beschäftigt. 1778 verfaßt er ein vierbändiges Werk über die französische Pflanzenwelt, das große Beachtung findet. Buffon macht ihn zum Vormund seines Sohnes und sorgt 1788 für seine Ernennung zum botanischen Assistenten des Museums für Naturgeschichte. Während der Revolution wird er zum Professor für die Zoologie der Wirbellosen berufen.

Seine erste Evolutionstheorie entwickelte Lamarck noch vor Darwin. Er stellte seine Theorie in groben Zügen im *Discours d'ouverture* (Einleitung) seiner Vorträge im Jahre 1800, in kompletter Fassung in seiner *Philosophie zoologique* von 1809 vor. Seine Theorie geht vom Transformismus aus, d.h. von der Vorstellung, daß sich die Arten durch Anpassung an ihre Umwelt allmählich verändern. Der entscheidende Unterschied zwischen Lamarcks und Darwins Theorien ist, daß Lamarck erklären wollte, weshalb fossile Arten heute nicht mehr existieren, während Darwin nach einer Erklärung für das Auftreten neuer Arten suchte.

ERSTE ASTEROIDEN

Zwischen dem Mars, dem letzten der erdähnlichen Planeten, und dem Jupiter, dem ersten Riesenplaneten, klafft eine große Lücke, die das Sonnensystem teilt. In der zweiten Hälfte des 18. Jahrhunderts wurde ein Zahlenverhältnis entdeckt, das als *Titius-Bodesche Reihe* bekannt wurde und das die relativen Entfernungen der Planeten empirisch angab. Dies brachte die Astronomen auf den Gedanken, in dieser Lücke einen noch unbekannten Planeten zu vermuten. Auf Anregung des Leiters des Berliner Observatoriums, Bode, und des ungarischen Astronomen Baron von Zach bildete sich eine Forschergruppe, die systematisch nach dem geheimnisvollen Planeten suchte. Aber P. Giuseppe Piazzi kam dieser ›Himmelspolizei‹ in Palermo zuvor, als er am 1. Januar 1801 im Sternbild Stier überraschend einen Stern entdeckte, der auf keiner Karte verzeichnet war. Dieser entpuppte sich als kleiner Planet, der mit einer mittleren Entfernung von 414 Millionen km und einer Umlaufzeit von 1 680 Tagen um die Sonne kreiste. Aber dieser kleine Planet, der Ceres genannt wurde, war nicht der einzige Asteroid in dieser Zone. In den folgenden Jahren wurden nacheinander Pallas (1802), Juno (1804), Vesta (1807), Asträa (1845) und Hebe (1847) entdeckt.

Seit 1848 vergeht kein Jahr ohne neue Entdeckungen, und insbesondere seit 1891 wurden durch den systematischen Einsatz photographischer Techniken gehäuft neue Planetoiden gefunden. Heute sind 3 500 Asteroiden, von denen die kleinsten nur einige hundert Meter groß sind, katalogisiert.

DIE KONSERVENDOSE

Nachdem Nicolas Appert (1749–1841) festgestellt hatte, daß die Erhitzung von Nahrungsmitteln in geschlossenen Behältern den Gärungsvorgang verhindert, begann er ab 1790 mit dem Verkauf von Lebensmitteln in Flaschen (Fleisch, Milch, Gemüse, Obst usw.). Das Marineministerium prüfte 1804 seine Produkte. Proben wurden nach Brest gesandt und erst drei Monate später verzehrt. Das Ergebnis war positiv. Im Bericht des Marinepräfekten stand, die Bohnen und Erbsen hätten, gleich ob mit oder ohne Fleisch zubereitet, ihre Frische und ihren angenehmen Geschmack bewahrt. 1810 machte Appert sein Verfahren bekannt und erhielt vom Innenministerium dafür einen Preis von 12 000 Francs. Im gleichen Jahr erschien sein ›Buch für alle Haushalte, oder die Kunst, alle tierischen und pflanzlichen Stoffe über mehrere Jahre zu konservieren‹. Später verwendete er Blechdosen anstelle von Glasbehältern.

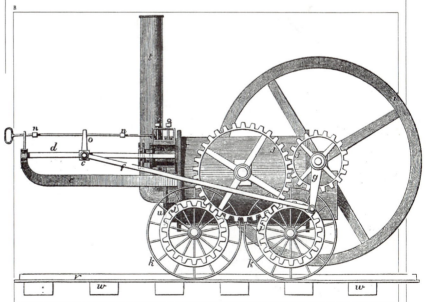

A · **Lamarck und der Transformismus.**
Lamarck meinte, daß ein Organ bei einem Tier bei Bedarf entsteht und dann durch Gebrauch stärker wird und wächst. Wird es nicht gebraucht, bildet es sich zurück und verschwindet. Auf diesem Manuskriptblatt erläutert der Naturforscher seine Hypothese am Beispiel des Ameisenbären, der seine Zähne wegen Nichtgebrauchs verloren habe.

B · **Die erste Dampflokomotive.**
Der erste Lokomotivenbauer war der Waliser Richard Trevithick (1771 bis 1833). 1803 wurde er beauftragt, eine Dampflokomotive zu bauen, die die Eisenhütte von Penydarran mit dem 15 km entfernten Ort Abercynon verbinden sollte. Trevithick konstruierte eine 5 t schwere Lokomotive, die *South Wales*. Im ersten Versuch am 24. Februar 1804 zog sie eine Last von 20 t mit der beachtlichen Geschwindigkeit von 8 km/h. Später zog sie bis zu 25 t. Die Versuche wurden eingestellt, als die gußeisernen Schienen unter dem Gewicht zerbrachen. Immerhin war bewiesen, daß die nur durch das Gewicht der Zugmaschine hervorgerufene Haftreibung ausreicht, um große Lasten zu schleppen.

ENTDECKUNGEN UND ERFINDUNGEN

VON 1811 BIS 1820

1811. Der Italiener Amedeo Avogadro stellt die Hypothese auf, daß gleiche Volumina verschiedener Gase die gleiche Anzahl von Molekülen enthalten. ☐ Der Franzose Joseph Fourier (1768–1830) zeigt, daß auch unstetige Funktionen in trigonometrische Reihen entwickelt werden können. ☐ Entdeckung der chromatischen Polarisation und der Drehung der Polarisationsebene des Lichts durch die Franzosen François Arago und Jean-Baptiste Biot. ☐ Entdeckung des Jods durch den Franzosen Bernard Courtois (1777–1838). ☐ Entdeckung des Lichtbogens durch den Engländer Humphry Davy.

Veröffentlichung von *The Idea of a New Anatomy of the Brain* des Briten Charles Bell (1774–1842), der entdeckt, daß alle motorischen Nervenfasern durch die vorderen Wurzeln des Rückenmarks austreten.

1812. Veröffentlichung der *Théorie analytique des probabilités* von P. S. de Laplace. ☐ Der Brite C. Blackett beweist, daß die Haftreibung es möglich macht, Lasten auf Schienen zu ziehen.

1813. Inbetriebnahme der *Puffing Billy,* der ersten Dampflokomotive, die das Prinzip der Haftreibung auf einer glatten Oberfläche für den Antrieb nutzt; sie wurde von dem Briten William Hedley (1779–1843) gebaut und bis 1864 eingesetzt.

1814. Versuch mit der ersten Dampflokomotive des Briten George Stephenson (1781–1848), der *Blucher,* die auf Eisenschienen fährt. ☐ Erfindung des Spektroskops durch den Deutschen Joseph von Fraunhofer (1787–1826), der damit die Absorptionslinien (dunkle Linien) im Sonnenspektrum entdeckt. ☐ Der Franzose André Marie Ampère (1775–1836) unterscheidet zwischen *Atomen* und *Molekülen.* ☐ Beginn der Arbeiten des Franzosen Augustin Cauchy (1789–1857) zur Theorie der Funktionen einer komplexen Variablen. ☐ Der Brite David Brewster (1781 bis 1868) entdeckt die Gesetze der Polarisation durch Reflexion. ☐ J.-B. Biot entdeckt, daß einige Flüssigkeiten (wie Terpentinöl und Zuckerlösungen) die Eigenschaft haben, die Polarisationsebene des sie durchdringenden Lichtes zu drehen.

1816. Erfindung der Photographie durch den Franzosen Nicéphore Niepce (1765–1833) und der Grubenlampe durch H. Davy. ☐ Erste Vorführung der von dem Deutschen Karl Friedrich Drais (1785–1851) entwickelten Draisine (Vorläufer des Fahrrads) in Paris. ☐ In Paris baut der Österreicher Johann Nepomuk Maelzel (1772–1838) das Metronom und läßt es patentieren. ☐ Der Franzose François Magendie (1783–1855) unterscheidet zwischen den motorischen und den sensiblen Wurzeln der Rückenmarksnerven.

1818. Entdeckung des Wasserstoffperoxids durch den Franzosen Louis Jacques Thenard (1777–1857).

1819. Erste Atlantiküberquerung eines Dampfschiffs, der *Savannah.* ☐ Der Franzose Augustin Fresnel (1788–1827) veröffentlicht einen Aufsatz über die Beugung des Lichts, in dem er eine Vorrichtung beschreibt, die seitdem als *Fresnel-Spiegel* bezeichnet wird. Mit diesem weist er nach, daß nur die Wellentheorie des Lichts die Interferenz des Lichts erklären kann. ☐ Erfindung der Sirene durch den Franzosen Charles Cagniard de La Tour (1777–1859).

1820. Der Däne Hans Christian Oersted (1777–1851) entdeckt die magnetische Wirkung des elektrischen Stroms; A. M. Ampère entwickelt die entsprechende Theorie; er deutet den Magnetismus als Wirkung von Kreisströmen. ☐ J.-B. Biot und Félix Savart (1791 bis 1841) bestimmen die Stärke des von einem geradlinigen Strom erzeugten Magnetfeldes und formulieren das Biot-Savart-Gesetz. ☐ F. Arago entdeckt, daß Eisen in der Nähe eines elektrischen Stroms magnetisch wird.

CUVIER BEGRÜNDET DIE VERGLEICHENDE ANATOMIE

Georges Cuvier, 1795 Lehrbeauftragter am Museum für Naturgeschichte, 1799 Professor am Collège de France, widmet sich zunächst der Erforschung von wirbellosen Tieren, die Linné nicht besonders beachtet hatte und nur einer einzigen Klasse zugeordnet hatte: den Würmern. Nach zahlreichen anatomischen Untersuchungen gelingt ihm 1795 der Nachweis, daß diese Tiere aufgrund ihrer inneren Anatomie sechs verschiedenen Klassen zuzuordnen sind. Die vergleichende Anatomie führt ihn später zur Unterteilung des gesamten Tierreichs in vier große Stämme: Wirbeltiere, Weichtiere, Gliedertiere und Strahlentiere.

Die Methoden und Prinzipien Cuviers (Gesetz der Korrelation der Merkmale, Gesetz der Subordination der Merkmale) haben ihre Gültigkeit bis heute nicht verloren. Er leistete ferner wichtige Beiträge zur Paläontologie, insbesondere durch die Untersuchung fossiler Säugetiere aus den tertiären Schichten des Pariser Beckens. Aber seine Forschungen führten ihn nicht zu dem Schluß, daß eine Evolution stattgefunden habe. Im Gegenteil: Er war der Ansicht, daß die ausgestorbenen Arten in prähistorischen Zeiten verschiedenen Flutkatastrophen zum Opfer gefallen seien, und lehnte die Theorien von Geoffroy Saint-Hilaire und Lamarck ab. Seine Sichtweise, die sich an der biblischen Sintflut orientierte, wurde noch nach Darwin im 19. Jahrhundert wieder aufgegriffen.

A · Laennec horcht einen Schwindsüchtigen im Necker-Krankenhaus ab.

B · Pierre Simon, Marquis de Laplace.

René Théophile Hyacinthe Laennec (1781 bis 1826) erfand 1816 das Stethoskop zum Abhorchen von Patienten: Geräusche geben Aufschluß über den Zustand von Atemsystem und Herz. Laennec kam die Idee, als er eines Tages einen kleinen Jungen sah, der mit dem Ohr an einem Ende eines Balkens auf die Signale lauschte, die ein Freund am anderen Ende mit einem Nagel erzeugte. Laennec übertrug dieses Prinzip auf die Medizin: Er setzte seinem nächsten Patienten ein zylinderförmig gerolltes Stück Papier auf die Brust und konnte damit die Herztöne seines Patienten deutlich hören. Später nahm er an Stelle des zusammengerollten Papiers einen Holzzylinder.

Der Astronom, Mathematiker und Physiker Laplace hinterließ ein umfangreiches wissenschaftliches Werk. Auch sein sozialer Aufstieg war beispielhaft: Der Bauernsohn wurde von Napoleon, der ihn 1806 zum Grafen des Empire machte, und von Louis XVIII., der ihn zum Marquis und Pair de France ernannte, mit Ehrungen überhäuft. Seine *Exposition du système du monde* ist der Versuch, eine Geschichte des Sonnensystems nur anhand von Beobachtungen und Berechnungen, d. h. ohne metaphysische Annahmen, auszuarbeiten. ›Citoyen, ich habe Ihr Buch gelesen und ich verstehe nicht, daß Sie dem Schöpfer keinen Platz einräumen,‹ soll Bonaparte zu Laplace gesagt haben. Worauf der Wissenschaftler geantwortet haben soll: ›Citoyen Erster Konsul, ich habe diese Hypothese nicht nötig.‹ (*Nationalmuseum im Schloß von Versailles*)

ENTDECKUNGEN UND ERFINDUNGEN

LAPLACE UND DER DETERMINISMUS

Pierre Simon de Laplace hatte unter Ludwig XVI. zusammen mit Lavoisier experimentiert, während der Herrschaft Napoleons die Planetenbewegungen analysiert und in der Zeit der Restauration die Ausbreitung von Schallwellen untersucht. Er war in verschiedenen Wissenschaften und in verschiedenen politischen Systemen zu Hause; zur Algebra und Analysis hat er wichtige Beiträge geleistet und durch seine *Théorie analytique des probabilités* (1812) wurde er zum Begründer der Statistik. In seiner *Himmelsmechanik* hielt er fest, daß die Keplerschen Gesetze nur näherungsweise gelten: Will man die genaue Position eines Planeten zu einem gegebenen Zeitpunkt bestimmen, muß man die von den anderen Planeten des Sonnensystems bewirkten Störungen berücksichtigen. Da die entsprechenden Berechnungen sehr komplex sind (die Flugbahnkorrekturen für Raumsonden werden heute Großrechnern anvertraut), verbesserte Laplace die *Störungstheorie*. Weiter entwickelte er (unabhängig von C. F. Gauß) die *Fehlertheorie:* Die Messung einer physikalischen Größe ist zwangsläufig mit zufallsbedingten Fehlern verbunden, aber die Verteilung einer großen Zahl solcher Messungen folgt einem Gesetz. Damit wurde es möglich, Erscheinungen zu verstehen, die man bis dahin für zufällig gehalten hatte; der Zufall war letztlich nur das Ergebnis unseres Nichtwissens. Laplace meinte, daß die Gesetze der Mechanik die Vergangenheit und die Zukunft des Universums festlegen, wenn nur sein Zustand in einem bestimmten Augenblick genau bekannt wäre. Durch Laplace wird die Natur zu einer gigantischen Verkettung von Ursachen und Wirkungen, die dem Verstand zugänglich ist – eine Sichtweise, die das gesamte 19. Jahrhundert prägt.

NIEPCE ERFINDET DIE PHOTOGRAPHIE

Joseph Nicéphore Niepce, 1765 in Chalon-sur-Saône geboren, entstammte einer gebildeten bürgerlichen Familie aus Burgund; sein Vater war Rechtsanwalt und Berater des Königs. Niepce bereitete sich auf den geistlichen Stand vor und unterrichtete schon längere Zeit bei den Oratorianern in Angers, als die Revolution ausbrach. 1792 ging er zur Armee und schlug die Offizierslaufbahn ein, die er allerdings wegen seiner schlechten Augen und seiner schwachen Gesundheit bald aufgeben mußte. Ab 1802 lebte er als Privatgelehrter.

Erste Erfindungen. Die wissenschaftliche Forschung interessierte Niepce sehr. 1807 meldete er einen erstaunlichen Verbrennungsmotor, den er mit seinem Bruder Claude entwickelt hatte, zum Patent an. Der ›Pyréolophore‹, ein Vorläufer des Dieselmotors, funktionierte nach dem Grundprinzip der plötzlichen Entzündung von Lykopodium – später Erdöl – und sollte zum Antrieb eines Schiffes auf der Saône eingesetzt werden. Aber trotz der Unterstützung durch Lazare Carnot und der Zusammenarbeit mit Claude Jouffroy d'Abbans wurde diese Erfindung nie weiter entwickelt und führte einzig und allein zum zeitweiligen Bankrott ihres Erfinders, der sich danach mit einer unerschöpflichen Energie auf andere Projekte konzentrierte, insbesondere auf Ersatzstoffe (Rübenzucker, Farbstoff aus Färberwaid, Pflanzenfasern). Aber ganz besonders begeistert war Niepce von der Lithographie, die gerade von Alois Senefelder (1771–1834) entdeckt worden war. Hartnäckig suchte er nach Mitteln, die Bilder, die er reproduzieren wollte, auf Stein durchzupausen oder zu übertragen. 1816 gelang es ihm mit Hilfe der Camera obscura und Silberchloridpapier, ein Negativ herzustellen, daß er allerdings mit Salpetersäure nur unzulänglich fixieren konnte.

Acht Stunden Belichtungszeit. Zehn Jahre später experimentierte Niepce mit in Dippelöl (ein ätherisches Tieröl) aufgelöstem ›Judenpech‹ (Asphalt): Diese schwarze Substanz hatte die Eigenschaft, an den Stellen, wo Licht auf sie einwirkte, weiß und unlöslich zu werden. Niepce nahm eine mit dieser Substanz beschichtete Kupferplatte, belichtete sie acht Stunden lang in einer Camera obscura, legte sie dann in ein Lösungsmittel (Lavendelöl) und setzte sie einer Säure aus, die dicht nur die nicht von Judenpech bedeckten Stellen angriff: So erhielt er ein Reliefbild. Auf diese Weise entstand die erste photographische Aufnahme der Welt: ein Blick auf die Landschaft bei Chalon aus dem Fenster des Niepceschen Besitzes in Saint-Loup-de-Varennes. Niepce fertigte ferner die erste Photokamera, die erste Irisblende (die fünfzig Jahre später ein zweites Mal erfunden wurde) und eine Kamera mit einer Spule zum Aufrollen des lichtempfindlichen Papiers an.

Der Dekorationsmaler Louis Jacques Mandé Daguerre (1787–1851), der die Camera obscura für Entwürfe seiner Dioramen benutzte, nahm 1826 Kontakt zu Niepce auf. Dieser unterzeichnete 1829 einen Partnerschaftsvertrag mit Daguerre und führte seine heliographischen Arbeiten weiter. Niepce war damit allerdings kein Glück beschieden, denn schon vier Jahre später starb er an einer Gehirnblutung, ohne daß es ihm gelungen wäre, Wissenschaftler und Geschäftsleute für seine Erfindung zu interessieren. Erst Daguerre, der die Versuche seines Partners fortsetzte, schaffte es, photographische Bilder zu entwickeln (1835) und zu fixieren (1837). Sein Verfahren, die *Daguerrotypie,* wurde 1839 der Pariser Akademie durch F. Arago vorgestellt.

OERSTED UND DER ELEKTROMAGNETISMUS

Hans Christian Oersted, Professor an der Universität von Kopenhagen, führt 1820 zufällig eines der wichtigsten Experimente des 19. Jahrhunderts durch. Als er die Pole eines elektrischen Elements mit einem Draht verbindet, beobachtet er, daß eine in der Nähe liegende Magnetnadel sich bewegt. Am 21. Juli 1820 wird der Bericht über dieses Experiment in Kopenhagen, später in Deutschland, Großbritannien und Frankreich veröffentlicht, wo die größten Physiker eine Erklärung für das Phänomen zu suchen beginnen. Arago und Ampère wiederholen das Experiment: Unerklärlicherweise verhält sich der elektrische Strom wie ein Magnet!

Ein paar Jahre später mißt der als Mathematiker bereits bekannte Ampère die Magnetwirkung der elektrischen Ströme, erfindet das Solenoid (Drahtspule, in deren Innern ein Eisenstab magnetisiert werden kann), unterscheidet zwischen Stromstärke und Spannung und begründet damit die Elektrodynamik. Ein mathematischer Zusammenhang zwischen Stromstärke und Spannung wird von dem Kölner Physiklehrer Georg Simon Ohm (1789–1854) 1827 entdeckt (›Ohmsches Gesetz‹), während die Entwicklung der elektrischen Elemente mit der Erfindung der wiederaufladbaren Batterie durch den Franzosen Antoine Becquerel (1788–1878) und der Entdeckung des Thermoeffekts (1821) durch den Deutschen Thomas Seebeck (1770–1831) voranschreitet.

▲ · **Die erste Photographie.**

Diese 1826 von Nicéphore Niepce von einer Mansarde seines Besitzes in Saint-Loup-de-Varennes bei Chalon-sur-Saône gemachte Aufnahme ist die älteste heute noch erhaltene Photographie. Sie wurde nach einer Belichtungszeit von 8 Stunden auf einer mit Asphalt beschichteten Kupferplatte festgehalten. Ab 1829 arbeitete Niepce mit dem Maler Louis Daguerre zusammen. Diesem gelang es nach Niepces Tod (1833), photographische Bilder zu entwickeln und zu fixieren. Sein von der französischen Regierung 1839 erworbenes Verfahren, die Daguerreotypie, bei der eine mit Silberjodid beschichtete Silberplatte als Bildträger verwendet wird, hatte schnell großen Erfolg.

875

ENTDECKUNGEN UND ERFINDUNGEN

VON 1821 BIS 1830

1821. A. M. Ampère stellt die Hypothese molekularer Kreisströme auf, die (als Elementarmagnete) bei der Magnetisierung ausgerichtet werden, und bereitet damit der Elektronentheorie der Materie den Weg. ◻ Veröffentlichung des *Cours d'analyse* von A. L. Cauchy. ◻ Beginn der Veröffentlichung der *Discours sur les révolutions du globe, Recherches sur les ossements fossiles* (auf der Grundlage von seit 1812 herausgegebenen Texten) von Georges Cuvier (1769–1832), dem Begründer der Paläontologie. ◻ Erfindung des Bremsdynamometers durch den Franzosen Marie Riche de Prony (1755–1839) und der Stufenlinse (für Leuchttürme) durch A. Fresnel.

1822. Veröffentlichung des *Traité des propriétés projectives des figures* des Franzosen Jean Victor Poncelet (1788–1867), der damit die projektive Geometrie begründet, und der *Analytischen Theorie der Wärme* des Franzosen Joseph Fourier (1768–1830), der die (trigonometrischen) Fourier-Reihen entwickelt. ◻ Messung der Schallgeschwindigkeit in der Luft durch Arago und Prony.

1823. Der Schwede Jöns Jacob Berzelius (1779–1848) isoliert das Silicium. ◻ Der Franzose Eugène Chevreul veröffentlicht seine *Recherches chimiques sur les corps gras d'origine animale*, in denen er nachweist, daß organische Stoffe denselben Gesetzen unterworfen sind wie mineralische Verbindungen. ◻ Der Deutsche Johann Wolfgang Döbereiner (1780–1849) stellt fest, daß feinverteiltes Platin bewirkt, daß sich Wasserstoff und Sauerstoff verbinden: Entdeckung der Katalyse.

1824. Veröffentlichung der *Betrachtungen über die bewegende Kraft des Feuers und die zur Entwicklung dieser Kraft geeigneten Maschinen* von Nicolas Léonard Sadi Carnot (1796–1832), in denen der zweite Hauptsatz der Thermodynamik formuliert wird. ◻ Der Norweger Niels Abel (1802–1829) beweist, daß Gleichungen fünften Grades im allgemeinen nicht durch Radikale auflösbar sind. ◻ Der Brite Joseph Aspdin (1799–1855) entwickelt den Portlandzement. ◻ Der Franzose Jean-Baptiste Dumas (1800–1884) und der Schweizer Jean Louis Prévost (1790–1850) untermauern mit ihren Studien über Befruchtung und Entwicklung die Epigenesistheorie, derzufolge das neue Lebewesen sich allmählich entwickelt und nicht schon vorgeformt im Ei existiert.

1825. Der Franzose Pierre Flourens (1794 bis 1867) weist durch Dezerebrierung von Tauben nach, daß das Empfindungszentrum im Großhirn lokalisiert ist, während das Kleinhirn für Gleichgewicht und Muskelkoordinierung zuständig ist. ◻ Bau des ersten Elektromagneten durch den Briten William Sturgeon (1783–1850). ◻ H. C. Oersted isoliert das Aluminium.

1826. N. Abel vervollständigt und präzisiert den Begriff der Konvergenz von Reihen. ◻ Der Russe Nikolaj Iwanowitsch Lobatschewskij (1792–1856) beginnt mit der Entwicklung seines Systems einer nichteuklidischen Geometrie. ◻ Entdeckung des Benzols durch den Briten Michael Faraday (1791–1867).

1827. A. M. Ampère veröffentlicht seine Schrift *Sur la théorie mathématique des phénomènes électrodynamique uniquement déduite de l'expérience*, die die Theorie der Elektrodynamik und das Vokabular der Elektrizitätslehre enthält (insbesondere die Begriffe Strom und Spannung. ◻ Der Deutsche Georg Simon Ohm (1789–1854) formuliert das Grundgesetz des elektrischen Stroms (Beziehung zwischen der Spannung zwischen zwei Punkten eines Stromkreises und dem durchfließenden Strom) und definiert den elektrischen Widerstand. ◻ Der Brite Robert Brown (1773 bis 1858) beobachtet unter dem Mikroskop die regellosen Bewegungen feiner in Wasser suspendierter Pollenteilchen (Brownsche Molekularbewegung): Dieses auf die Wärmebewegung der Flüssigkeitsmoleküle zurückzuführende Phänomen findet erst ein halbes Jahrhundert später seine Erklärung. ◻ M. Seguin baut den Lokomotivkessel.

1828. Dem Deutschen Friedrich Wöhler (1800–1882) gelingt die erste Synthese eines organischen Stoffes, des Harnstoffs. Damit wird bewiesen, daß eine in lebenden Organismen natürlich vorkommende Substanz rein chemischer Natur ist. ◻ Der Brite Peter Barlow (1776–1862) erfindet eine Vorrichtung zur Demonstration der von einem Magnetfeld auf elektrische Ströme ausgeübten Kräfte (*Barlow-Rad*). ◻ Der Brite William Nicol (um 1768–1851) erfindet das Polarisationsprisma.

1829. Veröffentlichung der Schrift *Fundamenta nova theoriae functionum ellipticarum* des Deutschen Carl Gustav Jacobi (1804–1851), die die Theorie der elliptischen Funktionen formuliert. ◻ Erfindung der Zahnradkette mit beweglichen Gliedern durch André Galle (1761–1843). ◻ *The Rocket* (›die Rakete‹), erste Dampflokomotive G. Stephensons (1781–1848) mit einem Lokomotivkessel, gewinnt das Wettrennen von Rainhill, bei dem sie 12 942 kg mit einer Geschwindigkeit von 24 km/h schleppt.

1830. Der Deutsche Justus von Liebig (1803–1873) entwickelt eine Methode zur Analyse organischer Stoffe. ◻ Der Franzose Barthélemy Thimonnier (1793–1857) meldet die erste Nähmaschine zum Patent an.

UMWÄLZUNGEN IN DER MATHEMATIK

Carl Friedrich Gauß (1777–1855) befaßt sich mit Arithmetik und Algebra, mit der Wahrscheinlichkeitsrechnung und der Differentialgeometrie, aber ebenso mit der Himmelsmechanik, der Geodäsie und dem Bau des ersten elektrischen Telegraphen (1838). Er ist empfindlich und zurückhaltend und veröffentlicht nicht gerne. Seine nicht publizierten Untersuchungen zur Funktionentheorie (1811) hätten Augustin Cauchy, Autor der *Théorie des fonctions d'une variable imaginaire*, seine Aufgabe allerdings wesentlich erleichtert. Diese damals als unrealistisch betrachtete Theorie (Cauchy ersetzte die durch einen Punkt auf einer Geraden dargestellten reellen Variablen durch komplexe Variablen, die, wie C. F. Gauß 1827 zeigte, durch einen Punkt in einer Ebene dargestellt werden können) wird zu einem wichtigen Instrument der modernen Mathematik.

Der Norweger Niels Abel stellt eine neue Theorie der *elliptischen Integrale* auf, die für die Bestimmung der Länge von Ellipsenbögen und für die Lösung von Differentialgleichungen wichtig sind. Als er feststellt, daß diese Integrale nicht auflösbar sind, kommt ihm die Idee, sie umzukehren, d. h. den Wert der Funktion selbst als Variable zu nehmen!

Aber die wahrscheinlich folgenschwerste Entdeckung stammt von Évariste Galois (1811 bis 1832), einem brillanten Genie, das im Alter von 21 Jahren bei einem Duell ums Leben kommt: Die *Gruppentheorie*, die eine überraschende Verbindung zwischen der Algebra und der Geometrie herstellt und die Grundlage der aktuellsten Forschungen in Mathematik und Physik bildet.

Tiefgreifende Veränderungen in der Algebra ... und die Geometrie steht kopf. Ein bescheidener Professor an der Universität von Kasan, Nikolaj Iwanowitsch Lobatschewskij, wagt 1826, das euklidische Parallelenpostulat in Frage zu stellen, demzufolge nur eine einzige Parallele zu einer gegebenen Geraden durch einen Punkt geht. Er nimmt statt dessen an, daß es eine unendliche Zahl von Parallelen gibt, die diese Bedingung erfüllen, und entwickelt eine ›nichteuklidische‹ Geometrie.

A · **Telegraphie.**
Das erste optische Signalsystem für die schnelle Übermittlung umfangreicher Nachrichten über große Entfernungen war der Flügeltelegraph von Claude Chappe. Die 1794 zwischen Paris und Lille eingeführte Vorrichtung hatte bewegliche Arme, die von den Telegraphenstationen mit Ferngläsern beobachtet wurden. Später ermöglichte der neuentdeckte Elektromagnetismus die Entwicklung der elektrischen Telegraphie. Hier ein Gerät, mit dem 1833 Carl Friedrich Gauß und Wilhelm Weber experimentierten. (*Deutsches Museum, München*)

B · **Das letzte Manuskript von Évariste Galois.**
Auf diesem letzten Manuskriptblatt seiner Schrift ›Über die Bedingungen für die Lösbarkeit von Gleichungen durch Radikale‹, verfaßt 1832 in der Nacht vor dem Duell, in dem er starb, schrieb Galois an den Rand: ›Dieser Beweis ist noch nicht vollständig. Ich habe keine Zeit mehr‹. Galois' bahnbrechende Arbeit wurde erst 1846 durch J. Liouville veröffentlicht. (*Bibliothèque de l'Institut, Paris*)

ENTDECKUNGEN UND ERFINDUNGEN

CARNOT UND DIE THERMODYNAMIK

Obwohl schon Rumford 1798 und später auch Davy und Ampère die Wärme als ›Molekülbewegung‹ betrachtet hatten, hatten sich diese Vorstellung noch längst nicht durchgesetzt, als Nicolas Léonard Sadi Carnot, Sohn von Lazare Carnot, 1824 eine kleine 64seitige Schrift mit dem Titel *Betrachtungen über die bewegende Kraft des Feuers* veröffentlichte. Gibt es eine Grenze für die bewegende Kraft der Wärme, fragte sich der Verfasser, beunruhigt über die technische Überlegenheit, die England mit der Entwicklung der Dampfmaschine erlangt hatte. Der ›Wärmestoff‹, erklärte er, wandle sich in Arbeit um, sobald er von einer Wärmequelle zu einer Kältequelle ›fließt‹, ebenso wie fallendes Wasser das Mühlenrad antreibt. Unter der Voraussetzung, daß bei der Umwandlung keine Verluste entstehen, hängt der Wirkungsgrad einer Wärmekraftmaschine nur von der Temperatur der Quellen ab. Dies ist die theoretisch erreichbare Grenze. Carnot schlug vor, den Wasserdampf durch Luft zu ersetzen (der erste ›Luftmotor‹ entstand 20 Jahre später) und das Gasgemisch durch Verdichtung zu entzünden (Prinzip des Dieselmotors von 1897). Nach der Veröffentlichung seiner Schrift (auf Kosten des Verfassers) gab Carnot die Vorstellung von einem ›Wärmestoff‹ auf: ›Die Wärme ist einfach eine Bewegung oder vielmehr eine Bewegung, die ihre Form geändert hat, [...] sie ist eine Bewegung der kleinsten Teilchen eines Stoffes.‹ Die *Betrachtungen* wurden fast 30 Jahre lang nicht weiter beachtet, bis Rudolf Clausius (1822 bis 1888) und Lord Kelvin (1824–1907) Carnot als Wegbereiter einer neuen Wissenschaft anerkannten: der Thermodynamik.

STREIT UNTER DEN ANATOMEN

Am 15. Dezember 1830 findet in der Akademie der Wissenschaften zu Paris eine Debatte statt, die in die Annalen der Biologie eingehen wird. Es streiten sich die berühmtesten Anatomen der Zeit, George Cuvier (1769–1832) und Étienne Geoffroy Saint-Hilaire (1772–1844). Geoffroy Saint-Hilaire, der die strengen Methoden der vergleichenden Anatomie entwickelt und das Prinzip der Homologien angewendet hat, ist Anhänger der deutschen *Naturphilosophie* (die sich, unter dem Einfluß von romantischen Dichtern wie dem jungen Goethe, als Gegenbewegung zum wissenschaftlichen Materialismus versteht). Er behauptet, daß alle Wirbellosen und Wirbeltiere letztlich nach dem gleichen anatomischen Bauplan gebaut sind, der sich bei dem einen oder anderen Organismus etwas verändert haben kann. Damit stützt er die idealistische Theorie Goethes, nach der das Tierreich Ausdruck eines einzigen ›idealen‹ Prototyps sei. Cuvier verwirft diese Theorie völlig. Er zeigt auf, daß Geoffroy Saint-Hilaire anatomische Ähnlichkeiten, die auf gleiche Strukturen zurückzuführen sind (Homologien), wie z. B. bei Säugetierpfote und Vogelflügel, mit anatomischen Ähnlichkeiten verwechselt, die in der Konvergenz von Funktionen (Analogien) begründet sind, wie im Fall von Seehundflosse und Haiflosse. Diese von Cuvier eingeführte Unterscheidung von Homologie und Analogie ist von so grundlegender Bedeutung, daß sie heute zum klassischen Lernstoff eines jeden Studenten der Zoologie gehört.

ENTWICKLUNG DER EISENBAHN

Der Einsatz der Dampfmaschine als schienengebundenes Zugfahrzeug wurde anfangs skeptisch betrachtet. Aber 1813 zeigten die Briten Christopher Blackett und William Hedley (1770–1843), daß die glatten Räder bei richtiger Belastung hervorragend für das Schleppen schwerster Lasten geeignet sind. George Stephenson, Bergwerksingenieur in Killingworth, begann mit dem Bau einer Dampflokomotive, die in der Lage sein sollte, mehrere mit Kohle beladene Waggons auf Eisenschienen zu ziehen. Die *Blucher* wurde am 25. Juli 1814 mit Erfolg getestet. 1822 gelang es Stephenson, die Direktoren der damals im Bau befindlichen Eisenbahnlinie zwischen Stockton und Darlington zu überreden, anstelle von Zugtieren dampfgetriebene Zugmaschinen einzusetzen. Am 27. September 1825 fuhr der erste von einer Stephenson-Lokomotive (die erst *Active,* später *Locomotion* hieß) gezogene Passagierzug auf dieser Strecke. Die größte Leistung Stephensons war der Bau der ersten großen Eisenbahnlinie (58 km) zwischen Liverpool und Manchester (1826 bis 1830), auf der insbesondere Waren und Passagiere transportiert werden sollten. Stephenson betrat Neuland, als er eine Trasse für eine Eisenbahnlinie anlegte, die für den Schienenverkehr notwendigen Bauten errichtete, ein Signalsystem und Versorgungsvorrichtungen für Wasser und Kohle entwickelte usw. Gleichzeitig nahm er viele Verbesserungen an der Dampflokomotive vor, insbesondere übernahm er den von Marc Seguin erfundenen Lokomotivkessel (mit dem mehr Dampf produziert werden konnte) und verband das Dampfabzugsrohr mit dem Schornstein, wodurch sich die Zugleistung erhöhte. Die so veränderte Lokomotive, die *Rocket* (›Rakete‹), gewann nach hartem Wettkampf mit dem Geschwindigkeitsrekord von 24 km/h das berühmte Rennen von Rainhill (1829), bei dem die dampfgetriebenen Zugmaschinen beweisen sollten, daß sie der tierischen Zugkraft überlegen waren. Die Dampflokomotive wurde damit bis zur Entwicklung der Elektrolokomotive unumstrittenes Zugmittel im Schienenverkehr.

A · **Nicolas Léonard Sadi Carnot.**
Portrait des Wissenschaftlers im Alter 17 Jahren in der Uniform der École polytechnique, gemalt 1813 von Louis Léopold Boilly. *(Privatbesitz).*

B · **Georges Cuvier.**
Der berühmte Paläontologe bei seiner Vorlesung. Stich aus dem 19. Jh. *(Nationalbibliothek, Paris)*

C · ›**The Rocket**‹ **von Stephenson.**
Diese Dampflokomotive mit Lokomotivkessel trug 1829 bei dem Rennen von Rainhill mit 24 km/h einen glänzenden Sieg davon. Die Teilnehmer mußten 56 km fahren, Treibstoff und Wasser auffüllen und dann noch einmal 56 km mit schwerer Zuglast zurücklegen.

ENTDECKUNGEN UND ERFINDUNGEN

VON 1831 BIS 1840

1831. Entdeckung der elektromagnetischen Induktion durch M. Faraday (1791–1867) und des Zellkerns durch den Briten Robert Brown (1773–1858). ◻ Einführung der Begriffe Isomerie, Polymerie und Allotropie in die Chemie durch J. J. Berzelius. ◻ Entdeckung des Chloroforms durch J. von Liebig (1803–1873), den Briten George James Guthrie (1785–1856) und den Franzosen Eugène Souberan (1797–1858). ◻ Erfindung der Schwarzpulverzündschnur für den Bergbau durch den Briten William Bickford (1774 bis 1834). ◻ Erfindung der Breitfußschiene (Vignoles-Schiene) durch den Amerikaner Robert Stevens (1787–1856). ◻ Erfindung der Phosphorstreichhölzer durch den Franzosen Charles Sauria (1812–1895).
1832. Entdeckung der Selbstinduktion durch den Amerikaner Joseph Henry (1797–1878). ◻ Erfindung des Magnetometers durch C. F. Gauß. ◻ Der Franzose Hippolyte Pixii (1808 bis 1835) baut die erste elektrische Induktionsmaschine. ◻ Der Franzose Frédéric Sauvage (1786–1857) meldet eine Schraube für den Schiffsantrieb zum Patent an. ◻ Publikation der nichteuklidischen Geometrie des Ungarn János Bolyai (1802–1860).
1833. Der Russe Heinrich Friedrich Emil Lenz (1804–1865) findet das Gesetz über die Richtung der induzierten Spannung (Lenzsche Regel). ◻ M. Faraday entwickelt die Theorie der Elektrolyse. ◻ Veröffentlichung der *Principles of geology* des Briten Charles Lyell (1797–1875), der empfiehlt, aus gegenwärtigen geologischen Vorgängen Rückschlüsse auf die Erdgeschichte zu ziehen. ◻ Der Tscheche Jan Evangelista Purkinje (1785–1869) entdeckt eine wichtige Neuronenkategorie im Kleinhirn (Purkinje-Zellen). ◻ Der Brite Charles Babbage (1792–1871) baut die erste ›analytical engine‹, eine Rechenmaschine (Programm auf gelochten Pappkarten).
1834. Der Franzose Jean Charles Athanase Peltier (1785–1845) entdeckt den thermoelektrischen Effekt: An der Grenzfläche zweier Leiter, durch die ein elektrischer Strom fließt, wird pro Zeiteinheit eine Wärmemenge entwickelt oder absorbiert, die proportional zum Strom ist (Peltier-Effekt). ◻ Der Franzose Émile Clapeyron (1799–1864) veröffentlicht eine Schrift über ›die Antriebskraft der Wärme‹, die der Thermodynamik den Weg bereitet. ◻ Der Franzose Gaspard Coriolis (1792–1843) weist die nach ihm benannte Kraft nach.
1835. Erfindung des Revolvers durch den Amerikaner Samuel Colt (1814–1862). ◻ Der Franzose Louis Braille (1809–1852) entwickelt die Blindenschrift. ◻ Der Brite William Henry Fox Talbot (1800–1877) unternimmt erste photographische Versuche auf Papier. ◻ Erste Eisenbahnlinie in Deutschland (Nürnberg–Fürth).
1836. Der Franzose Auguste Laurent (1807–1853) führt den Begriff Radikal in die Chemie ein. ◻ Entdeckung des Acetylens durch den Briten Edward Davy (1806 bis 1885).
1837. M. Faraday untersucht die ›Polarisation von Dielektrika‹ (Ladungsverteilung in isolierenden Stoffen) und führt den Begriff der elektrischen Kraftlinie ein. ◻ Der Italiener Giusto Bellavitis (1803–1880) verwendet den Begriff Vektor bei der geometrischen Darstellung komplexer Zahlen. ◻ Erfindung der Galvanoplastik durch den Deutschen Moritz Hermann von Jacobi (1801–1874). ◻ Der Schwede John Ericsson (1803–1889) meldet eine Schraube für den Schiffsantrieb zum Patent an. ◻ Erste Vorführung des elektrischen Telegraphen des Amerikaners Samuel Morse (1791–1872).
1838. Erste Bestimmung der Parallaxe (und damit der Entfernung) eines Sternes durch den Deutschen Friedrich Wilhelm Bessel (1774–1846). ◻ Der Franzose Louis Jacques Mandé Daguerre (1787–1851) fertigt die ersten Daguerreotypien an. ◻ Erfindung des Stereoskops durch den Briten Charles Wheatstone (1802–1875).
1839. Der Deutsche Theodor Schwann (1810–1882) zeigt, daß die Zelle Grundbestandteil des tierischen Gewebes ist und ergänzt damit die Forschungsergebnisse seines Landsmannes Mathias Jacob Schleiden (1804 bis 1881), der sich mit Pflanzen befaßt hatte (Ausarbeitung der Zelltheorie). ◻ Entdeckung der Kautschukvulkanisation durch den Amerikaner Charles Goodyear (1800–1860).
1840. Der Franzose Jean-Baptiste Bouillaud (1796–1881) beschreibt die rheumatischen Herzerkrankungen. ◻ Der Schweizer Louis Agassiz (1807–1873) weist nach, daß es in der Erdgeschichte Eiszeiten gab. ◻ Der Franzose Jean-Baptiste Dumas (1800–1884) führt die erste chemische Substitution durch. ◻ Entdeckung des Ozons durch den Deutschen Christian Friedrich Schönbein (1799–1868). ◻ Der Amerikaner Cyrus Hall McCormick (1809–1884) baut die erste Mähmaschine. ◻ Die Franzosen Antoine Masson (1806–1860) und Louis Bréguet (1804–1883) bauen den ersten elektrischen Transformator. ◻ Die nichtmetrischen Einheiten werden in Frankreich verboten. ◻ Erfindung des ersten aus getrennten Linsengruppen bestehenden Kameraobjektivs durch den Österreicher Joseph Petzval (1807–1891).

MICHAEL FARADAY

Michael Faraday, der lange Zeit im Schatten seines Lehrers Humphry Davy stand, ist ein Sonderfall in der Geschichte der Wissenschaften. Für Gauß, Ampère oder Arago, die aus der Mathematik kamen, war es eine Leichtigkeit, die Elektrizität theoretisch zu erforschen; dennoch kommt Faraday, der mit den Feinheiten der Analysis nicht vertraut war, das Verdienst zu, nacheinander fast alle bekannten Gase verflüssigt, die Theorie der Elektrolyse entwickelt, das Benzol und die elektromagnetische Induktion entdeckt und den Begriff der elektromagnetischen Energie geklärt zu haben. Vor allem aber vermutete er (grundlegend für die heutigen physikalischen Theorien), daß physikalische Gesetze symmetrisch sind. Müßte aus der von Oersted entdeckten magnetischen Wirkung der Elektrizität nicht eine elektrische Wirkung von Magneten folgen, fragte er sich 1821. Aber ein Magnet zeigte keinerlei Wirkung auf den Strom; 1831 wies er dann nach, daß die *Verschiebung* eines Magneten elektrischen Strom in einem Stromkreis induziert. Damit war die Symmetrie bewiesen, und es wurde möglich, Elektrizität mittels eines bewegten Magneten zu erzeugen (Prinzip des Dynamos) oder einen Stromkreis zwischen den Polen eines Magneten zu bewegen (Prinzip des Elektromotors).

Zur gleichen Zeit gelang auch dem Amerikaner J. Henry diese Entdeckung. Die entsprechenden Gesetze wurden von Wilhelm Weber (1804–1891) und H. F. E. Lenz weiter ausgearbeitet, während Denis Poisson (1781 bis 1840) und George Green (1793–1841) eine mathematische Formel für den Elektromagnetismus aufstellten.

ATOME UND ›LEBENSKRAFT‹

In der Chemie gärt es. Immer mehr Versuche werden durchgeführt, und immer neue Stoffe werden entdeckt, während die chemische Theorie noch zwischen Atomtheorie und Äquivalententheorie schwankt. Schon 1819 hatte der Schwede Jöns Jacob Berzelius begonnen, das relative Gewicht aller bekannten Elemente, bezogen auf das Gewicht des Sauerstoffs, zu berechnen, das er willkürlich mit 100 festgelegt hatte. Seiner Ansicht nach waren die Atome (diesen Begriff verwendete er nicht!) polarisiert und ihre elektrischen

A · Die Rechenmaschine von Babbage.
Mit ihrem Speicher, ihrem Rechenwerk, ihrer Steuerung und ihrer freien Programmierbarkeit der automatischen Operationen (mit einem auf Lochkarten gespeicherten Programm) ist diese ›analytical engine‹ der Vorfahr der modernen Computer. Sie wurde jedoch nie fertiggestellt. Aus Geldmangel und weil seine Ideen sich mit den technischen Möglichkeiten der Zeit nicht umsetzen ließen, konnte Charles Babbage zwar Teile seiner Maschine, aber nicht das ganze Gerät bauen. *(Science Museum, London)*

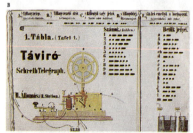

B · Der Telegraph und das Morsealphabet.
Bei dem 1837 vorgestellten Telegraphiesystem des Amerikaners Samuel Morse sendet ein mechanischer Apparat Signale aus. Bei jeder Bewegung wird ein Stromkreis geschlossen und bei dem Empfängerapparat dieselbe Bewegung ausgelöst. Statt alphanumerischer Zeichen werden Kombinationen von kurzen (Punkte) und langen (Striche) Signalen verwendet.

ENTDECKUNGEN UND ERFINDUNGEN

Ladungen für die chemischen Reaktionen verantwortlich. Die von ihm eingeführte (noch heute verwendete) symbolische Notation erwies sich als nützlicher als seine Theorie. Folgen hatte auch eine seiner anderen Thesen: Die Gesetze für Gasvolumina seien gleicher Natur wie die Gewichtsgesetze in den ›Äquivalententabellen‹. Nach den Arbeiten von Jean-Baptiste Dumas, einem entschiedenen Gegner des Atomismus, von Carl Gerhardt (1843) und Augustin Laurent (1846) führte dieser Gedanke zur Ausarbeitung von Atomgewichtstabellen, in denen das Bezugselement Sauerstoff die Zahl 16 erhielt.

Die Chemiker des beginnenden 19. Jahrhunderts befaßten sich kaum mit organischer Chemie. Es wurde angenommen, daß die lebende Materie eine geheimnisvolle ›Lebenskraft‹ enthalte, bis Eugène Chevreul 1823 nachwies, daß tierische Fette aus Glycerin und Fettsäuren bestehen, und damit eine Revolution in der Kerzen- und Seifenindustrie bewirkte. J.-B. Dumas entdeckte 1827 die Alkohole und stellte die Existenz von ›Familien‹ (wie die der Kohlenwasserstoffe) in der organischen Chemie fest. Erst als Friedrich Wöhler (1800–1882) die Harnstoffsynthese gelang, gab die Wissenschaft die Vorstellung von der Lebenskraft auf: Wenn eine organische Verbindung aus mineralischen Stoffen synthetisiert werden kann, dann kann es keinen grundlegenden Unterschied zwischen organischen und mineralischen Stoffen geben.

DIE ZELLTHEORIE

Heute weiß jeder, daß die Zelle die Grundeinheit aller Lebewesen ist oder, mit anderen Worten, daß die pflanzlichen und tierischen Gewebe aus Myriaden von Zellen bestehen. Diese Sichtweise war nicht immer selbstverständlich, sondern entwickelte sich erst im 19. Jahrhundert, als leistungsfähigere Mikroskope zur Verfügung standen.

Der deutsche Botaniker Jacob Mathias Schleiden (1804–1881) behauptete als erster, daß die pflanzlichen Gewebe ausschließlich aus Zellen bestehen (er konnte Mikroskope verwenden, die von dem jungen Industriellen Carl Zeiss [1816–1888], dem Gründer des gleichnamigen optischen Unternehmens in Jena, weiterentwickelt worden waren). 1839 untermauerte der in Belgien arbeitende deutsche Biologe Theodor Schwann (1810–1882) diese Theorie durch seine Untersuchungen von tierischen Geweben. Leider, und dies ist in der Geschichte der Wissenschaft nicht selten, war die Schwann-Schleidensche Zelltheorie anfänglich mit Erklärungen verbunden, die sich als falsch erwiesen (wie die Vorstellung, daß Zellen sich nicht durch Zellteilung vermehren, sondern daß sie sich jedes Mal von neuem durch Kristallisation einer anorganischen Flüssigkeit bilden).

ERSTE BERECHNUNG DER ENTFERNUNG EINES STERNS

Als im 17. Jahrhundert nach der Erfindung von optischen Instrumenten deutlich wurde, daß die Sterne nicht an einer Sphäre haften und das Universum sich in große Weiten erstreckt, wurde die Bestimmung der Entfernung der Sterne zu einem drängenden Problem. Erst 1838 gelang es dem Deutschen Friedrich Bessel, die Entfernung eines Sternes *(61 Cygni)* mit Hilfe trigonometrischer Methoden aus der *Parallaxe* zu berechnen. Ein ähnliches Verfahren verwenden Geometer zur Bestimmung der Entfernung unzugänglicher Stellen an der Erdoberfläche. Dabei wird eine Triangulation mit dem Durchmesser der Erdumlaufbahn als Basis vorgenommen. Aufgrund der Bewegung der Erde um die Sonne beschreiben die erdnahen Sterne (im Vergleich zu den fernen Sternen) vor dem Hintergrund des Himmels einen kleine Ellipse. Innerhalb eines Jahres variiert die scheinbare Position eines Sternes in einem Winkel von $2p$; die Hälfte davon ist die *Parallaxe p* des Sterns. Theoretisch genügt es, den Stern zur Bestimmung seiner Parallaxe in einem Abstand von sechs Monaten zu beobachten – d.h. von zwei einander gegenüberliegenden Punkten der Erdumlaufbahn –, da der Radius der Erdumlaufbahn bekannt ist. In der Praxis sind die Winkel der Parallaxen jedoch sehr klein, unter 1″ (Bogensekunde) [Winkel, unter dem man aus 200 m Entfernung Teilchen von 1 mm Länge sieht], weshalb für genaue Ergebnisse jahrelange Beobachtungen nötig sind. Früher wurde mit dem Auge beobachtet. Heute werden photographische Mittel eingesetzt, mit dem Resultat, daß die Werte 100mal präziser sind.

Die Parallaxenmethode führte zur Definition der astronomischen Einheit *Parsec* (Entfernung, aus der ein Stern von der Erde mit einer Parallaxe von 1″ sichtbar ist).

Die von Bessel für den Stern *61 Cygni* gefundene Parallaxe hatte einen Wert von 0,35″; moderne Messungen ergeben 0,29″, woraus sich für diesen Stern eine Entfernung von 11,1 Lichtjahre errechnet. Kurz nachdem Bessel sein Ergebnis bekannt gemacht hatte, wurden mit dem gleichen Verfahren zwei weitere Sternparallaxen bestimmt: für α *Centauri* durch den Briten Thomas Henderson (1798 bis 1844) und für den Stern *Wega* durch den Russen F. G. W. Struve (1793–1864).

Heute ist bekannt, daß etwa 40 Sterne weniger als 15 Lichtjahre (Lj) und 11 weniger als 10 Lj von der Erde entfernt sind. Der nächste Fixstern, *Proxima Centauri,* ist 4,22 Lj entfernt. Obwohl die Parallaxenmethode nur auf die nächstgelegenen Sterne im Sonnensystem anwendbar ist, ist sie doch von grundlegender Bedeutung, denn sie ist die einzige Methode, mit der die Entfernung eines Sternes *direkt* berechnet werden kann (das heißt ohne Hypothesen über den physikalischen Zustand des Sternes). Diese Grundmethode dient zur Eichung aller anderen Methoden, mit denen man das Universum erforscht.

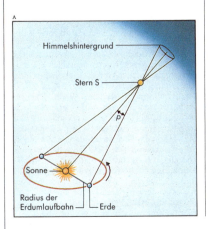

A · **Parallaxe eines Sterns.**
Die Berechnung der Entfernung eines nahen Sternes S basiert auf der Messung seiner jährlichen Parallaxe p. Diese ergibt sich aus der von der Erde wahrgenommenen scheinbaren Bewegung des Sternes am Himmel während sechs Monaten.

B · **Michael Faraday.**
Er war erst Laufbursche bei einem Buch- und Schreibwarenhändler, dann Buchbinderlehrling. Aus Interesse an Chemie und Elektrizität besuchte er abends wissenschaftliche Veranstaltungen, insbesondere Vorlesungen H. Davys. Dieser verhalf ihm zu einer Assistentenstelle an der Royal Institution. 1825 wurde er Labordirektor, 1833 Professor der Chemie. Dieser zeitgenössische Stich zeigt ihn in seinem Labor.
(Nationalbibliothek, Paris)

ENTDECKUNGEN UND ERFINDUNGEN

VON 1841 BIS 1850

1841. Der Brite James Prescott Joule (1818 bis 1889) entdeckt die Erwärmung eines elektrischen Leiters infolge Stromdurchgangs (Joule-Effekt). □ Der Franzose Eugène Melchior Peligot (1811–1890) isoliert das Uran. □ Erfindung des Regelwiderstands durch Johann Christian Poggendorff (1796–1877) und der Injektionsspritze durch den Franzosen Charles Gabriel Pravaz (1791–1853).

1842. Der Österreicher Christian Doppler (1803–1853) entdeckt die Veränderung der Frequenz von Schallschwingungen bei bewegter Quelle (Doppler-Effekt). □ Der Deutsche Julius Robert von Mayer (1814–1878) formuliert den ersten Hauptsatz der Thermodynamik. □ J. von Liebig entwickelt die Vorstellung des Stoffwechsels.

1843. Erste Arbeiten des Franzosen Claude Bernard (1813–1878) zur Rolle des Magensafts bei der Verdauung. □ In der Algebra stellt der Brite William Rowan Hamilton (1805–1865) die Quaternionentheorie auf. □ J. P. Joule entwickelt die Vorstellung von einem mechanischen Wärmeäquivalent. □ Entdeckung des Sonnenfleckenzyklus durch den Deutschen Heinrich Samuel Schwabe (1789–1875). □ Erstes großes Eisenschiff mit Schraubenantrieb, die *Great Britain,* gebaut von dem Briten Isambard Kingdom Brunel (1806–1859).

1844. Der Deutsche Ernst Eduard Kummer (1810–1893) entwickelt die Theorie der idealen Zahlen, um die arithmetischen Konzepte auf die algebraischen Zahlen anwenden zu können. □ Der Amerikaner Horace Wells (1815–1848) nimmt die erste chirurgische Anästhesie mit Lachgas vor. □ Erste Telegraphenverbindung zwischen zwei Städten (Washington und Baltimore) nach dem System des Amerikaners Samuel Morse (1791 bis 1872). □ Erfindung des Aneroidbarometers durch den Franzosen Lucien Vidie (1805–1866). □ Entdeckung des Merzerisationsverfahrens für Textilfasern durch den Briten John Mercer (1791–1866).

1845. M. Faraday entdeckt die Wirkung eines Magnetfelds auf polarisiertes Licht. □ Der Ire William Parsons, Earl of Rosse (1800–1867), beschreibt die Spiralstruktur von Galaxien. □ Erfindung der Rotationsdruckmaschine durch den Amerikaner Richard Marsh Hoe (1812 bis 1886) und des Luftreifens mit Schlauch durch den Briten Robert William Thomson (1822–1873). □ Die Franzosen Hippolyte Fizeau (1819–1896) und Léon Foucault (1819–1868) fertigen die erste Daguerreotypie von der Sonne an und setzen damit erstmals photographische Mittel in der Astronomie ein.

1846. Entdeckung des Planeten Neptun durch den Deutschen Johann Galle (1812 bis 1910) aufgrund von Berechnungen des Franzosen Urbain Le Verrier (1811–1877). □ Entdeckung des Nitroglycerins durch den Italiener Ascanio Sobrero (1812–1888). □ Indienstnahme des ersten Fährschiffs in Schottland.

1847. Veröffentlichung von *The Mathematical Analysis of Logic* des Briten George Boole (1815–1864), des Begründers der modernen mathematischen Logik. □ Der Deutsche Hermann von Helmholtz (1821–1894) führt den Begriff potentielle Energie ein und formuliert das Prinzip von der Erhaltung der Energie. □ Entdeckung der Erdströme durch den Briten Peter Barlow (1776–1862). □ Der Schotte James Young Simpson (1811–1870) setzt Chloroform als Vollnarkosemittel ein. □ Erfindung der Photographie auf Glasplatte durch den Franzosen Abel Niepce de Saint-Victor (1805–1870).

1848. H. Fizeau erarbeitet die Theorie des Doppler-Effekts. □ Der Brite William Thomson (Lord Kelvin [1824–1907]) entwickelt die thermodynamische Temperaturskala (heute Kelvin-Skala), deren Nullpunkt −273,15 °C entspricht.

1849. H. Fizeau mißt die Lichtgeschwindigkeit und beziffert sie auf 315 500 km/s. □ Der Brite Richard Owen (1804–1892) führt die Idee der Parthenogenese ein. □ Der Deutsche Wilhelm Hofmeister (1824–1877) begründet die Pflanzenembryologie. □ Der Franzose Adolphe Wurtz (1817–1884) entdeckt die Amine, während der Deutsche August Wilhelm von Hoffmann (1818–1892) grundlegende Arbeiten über organische Stickstoffverbindungen (Hoffmannscher Abbau) verfaßt. □ Der Amerikaner James Bicheno Francis (1815–1892) erfindet eine nach ihm benannte nach dem Überdruckprinzip arbeitende Wasserturbine. □ Erfindung des Metallmanometers durch den Franzosen Eugène Bourdon (1808–1884) und der Sicherheitsnadel durch den Amerikaner Walter Hunt (1796–1859).

1850. Der Franzose Léon Foucault (1819 bis 1868) mißt die Lichtgeschwindigkeit, die er in der Luft auf 298 000 km/s und im Wasser auf 221 500 km/s beziffert. □ Der Deutsche Rudolf Clausius (1822–1888) formuliert den zweiten Hauptsatz der Thermodynamik neu und führt den Begriff ›Entropie‹ ein. □ Erfindung des Mareographen (Flutmesser) durch den Franzosen Antoine Marie Rémy Chazallon (1802–1872) und des Prismenfernglases durch den Italiener Ignazio Porro (1801 bis 1875).

WÄRME UND ARBEIT

Wärme und Arbeit sind zwei gleichwertige Größen. Diese als ›erster Hauptsatz der Thermodynamik‹ bekannte Behauptung wurde seltsamerweise von dem deutschen Arzt Julius Robert von Mayer (1814–1878) auf der Grundlage von Überlegungen zum Wärmehaushalt von Lebewesen aufgestellt. Aber erst der Brite James P. Joule (1818–1889), ein Schüler Daltons, fand nach einer langen Reihe von Versuchen das ›mechanische Äquivalent einer Wärmemengeneinheit‹, der Kalorie. Durch Erhitzung von Wasser in einem Kalorimeter (wärmeisoliertes Gefäß) mittels Stromdurchgangs oder durch Reibung sich drehender Rührschaufeln, die durch das Herabsinken eines Gewichts bewegt wurden, entdeckte er die heute wie folgt geschriebene Relation: 1 Kalorie = 4,18 Joule; das ›Joule‹ ist eine Maßeinheit für die Energie.

Der Begriff ›Energie‹, der schon 1807 von Thomas Young eingeführt wurde, wird 1847 von Hermann von Helmholtz (1821–1894) präzisiert. Er zeigt, daß Elektrizität, Wärme und mechanische Arbeit jeweils verschiedene Formen der Energie sind, die in einem geschlossenen System insgesamt konstant bleibt, auch wenn sie ihre Form ändert.

Dieser Übergang von einer Energieform in eine andere ist jedoch mit seltsamen Erscheinungen verbunden: Wenn eine Kugel immer wieder auf einen Tisch fällt (mechanische Energie), wird der Tisch warm (thermische Energie), ohne daß aber eine Umkehrung des Prozesses möglich ist: Wird ein Tisch erwärmt, so wird die darauf gelegte Kugel nicht in die Luft geschleudert. Daß hier ein Fall von grundsätzlicher Asymmetrie vorlag, wurde von Émile Clapeyron (1799–1864) und William Thomson (später Lord Kelvin) erkannt. Beide stießen auf das zukunftsweisende Buch Sadi Carnots (1824) und verkündeten den ›zweiten Hauptsatz der Thermodynamik‹: Die vollständige Umwandlung von Wärme in Arbeit ist unmöglich. 1850 faßte der Berliner Rudolf Clausius dies in eine mathematische Formel und führte den Begriff ›Entropie‹ ein. Diese Größe, die mit Wärme und Temperatur in Zusammenhang steht, mißt den Grad der Unordnung eines Systems und kann mit der natürlichen Entwicklung nur zunehmen.

A · Teleskop des Earls of Rosse.
Der irische Politiker William Parsons, dritter Earl of Rosse (1800 bis 1867) war ein begeisterter Hobbyastronom, der zahlreiche Teleskope erbaute. Eines davon war der *Leviathan von Parsonstown,* entstanden in den Jahren 1842 bis 1845, das größte Teleskop des 19. Jahrhunderts. Sein Hauptspiegel am Ende eines 13 m langen Tubus hatte einen Durchmesser von 1,83 m und ein Gewicht von fast 4 t. Mit diesem Instrument wies Lord Rosse die Spiralstruktur einiger Nebel nach, die später als Galaxien erkannt wurden.

B · Lord Kelvin (1824–1907).
Letzte Vorlesung des Physikers an der Universität von Glasgow. Kelvin hinterließ ein bedeutendes wissenschaftliches Werk. Seine Arbeiten zur Thermodynamik ermöglichten die Einführung der absoluten Temperaturskala. 1851 erfand er das Drehmagnetinstrument; 1852 entdeckte er die durch die Ausdehnung von Gasen bewirkte Abkühlung; 1853 Theorie des elektrischen Schwingkreises.

GEOMETRIE IM GEKRÜMMTEN RAUM

Lobatschewskij und Bolyai führten geometrische Räume ein, in denen es zu einer gegebenen Geraden durch einen gegebenen Punkt unendlich viele Parallelen gibt und in denen die Winkelsumme im Dreieck kleiner als 180° ist. Bernhard Riemann (1826 bis 1866) revolutionierte die euklidische Geometrie, als er einen Raum entwarf, in dem keine Parallele zu einer gegebenen Geraden durch einen Punkt geht und in der die Summe der Winkel eines Dreiecks größer ist als 180°! Sein 1854 gehaltener Vortrag *Über die Hypothesen, welche der Geometrie zugrunde liegen,* der erst 1867 veröffentlicht wurde, enthielt die Beschreibung mehrdimensionaler Räume, denen sich der britische Algebraiker W. R. Hamilton schon 1843 genähert hatte, als er die komplexen Zahlen zu den *Quaternionen* verallgemeinerte. Nach Riemann kann der Raum nicht mehr als passives Gebilde betrachtet werden. Die ein halbes Jahrhundert später entstehende Relativitätstheorie zeigt, daß die Eigenschaften des Raumes durch die in ihm enthaltene Materie bestimmt werden.

FORTSCHRITTE IN DER ANÄSTHESIE

Erst in den vierziger Jahren des 19. Jahrhunderts wurde damit begonnen, die Patienten vor chirurgischen Eingriffen zu betäuben. Schon 1799 hatte der britische Chemiker Humphry Davy an Tieren und Menschen Versuche mit dem Narkosemittel Lachgas durchgeführt, aber erst 1844 verwendete der amerikanische Zahnarzt Horace Wells (1815–1848) es bei einer Zahnextraktion. In der Zwischenzeit (1818) hatte Michael Faraday nachgewiesen, daß Äther eine Betäubung bewirken kann. Die ersten chirurgischen Eingriffe unter Äthernarkose wurden in den USA vorgenommen. Nach einem ersten Versuch des amerikanischen Chirurgen Crawford Williamson Long (1815–1878) im Jahre 1842 zog der Zahnarzt William Morton (1819–1868) am 30. September 1846 einen Zahn, am 16. Oktober 1846 entfernte der Chirurg John Collins Warren (1778–1856) einen Nackentumor, und der Chirurg Robert Liston (1794–1847) amputierte am 12. Dezember ein Bein unter Äthernarkose. Im folgenden Jahr gelangte die Äthernarkose nach Europa (Großbritannien, Deutschland). Im gleichen Jahr schlug der britische Gynäkologe James Young Simpson vor, für die Vollnarkose Chloroform zu verwenden (1831 entdeckt).

CLAUDE BERNARD

Der Biologe Claude Bernard leistete einen wichtigen Beitrag zur Tierphysiologie und zur Epistemologie der experimentellen Forschung. Der Winzersohn aus dem Gebiet von Villefranche-sur-Saône studierte in Paris Medizin unter dem großen Physiologen François Magendie (1783–1855). Ab 1843 erforschte er die Physiologie der Verdauung, später die des autonomen Nervensystems. Nachdem er sich mit den enzymatischen Eigenschaften des Speichels und des Magensaftes befaßt hatte, machte er bei der Untersuchung der Leber eine entscheidende Entdeckung. Zwischen 1848 und 1855 wies er nach, daß dieses Organ zuckrige Stoffe speichern oder ins Blut abgeben kann. Mit einer Serie von logisch durchdachten und exakt durchgeführten Versuchen gelang es ihm aufzuzeigen, daß die Leber den Glukosegehalt des Blutes konstant hält. Daraus entwickelte er ein Grundkonzept der Physiologie: die Vorstellung vom Gleichgewicht der physiologischen Körperfunktionen (oder Homöostasie). Seine Entdeckungen und Gedanken trug er in seinen berühmten Vorlesungen *Leçons de physiologie expérimentale appliquée à la médecine* (1855–56) zusammen.

Im Bereich der Nervenphysiologie entdeckte Claude Bernard zwischen 1852 und 1858 die gefäßverengenden und gefäßerweiternden Nerven (*Leçons sur la physiologie et la pathologie du système nerveux,* 1858). Seine Untersuchungen zur Wirkung von Giften, insbesondere von Kurare, sind berühmt: In sehr schönen Experimenten zeigte er, daß Kurare die Steuerung der Muskelkontraktion durch die Nerven blockiert und der Tod durch Ersticken eintritt, sobald die Atemmuskeln gelähmt sind (*Leçons sur les effets des substances toxiques et médicamenteuses,* 1857).

Neben zahlreichen physiologischen Arbeiten zur Rolle des Blutes und zum Problem des Ursprungs der Wärme im Gewebe ist Claude Bernard die *Einführung in das Studium der experimentellen Medizin* (1865) zu verdanken, in der er die experimentelle Methode im Bereich der physiologischen und medizinischen Forschung beschrieb. In diesem aufsehenerregenden Werk, das einen starken Einfluß ausübte, entwickelte er auch seinen materialistischen Standpunkt.

A · Die Entdeckung des Neptuns (1846).

Diese zeitgenössische Karikatur von Cham zeigt den britischen Astronomen Adams, dessen Berechnungen nicht veröffentlicht worden waren. Er beanspruchte gegen Le Verrier die Priorität für die Neptunentdeckung.

B · Claude Bernard und seine Schüler,

insbesondere Paul Bert (gekreuzte Arme) und d'Arsonval (rechts von P. Bert). Gemälde von Léon Lhermitte (1889). [Académie de médecine, Paris]

D · Nichteuklidische Geometrie.

Die Summe der Winkel eines Dreiecks ist 180° in einem euklidischen Raum [1], größer als 180° in einem positiv gekrümmten Raum [2], kleiner als 180° in einem negativ gekrümmten Raum [3].

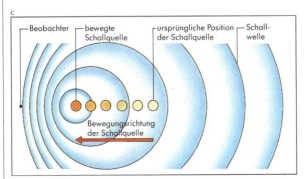

C · Doppler-Effekt.

Dieses von dem Österreicher Christian Doppler (1842) und dem Franzosen Hippolyte Fizeau (1848) entdeckte Phänomen tritt auf, wenn eine Schwingungs- oder Strahlungsquelle (Schall, Licht, Radiowellen) sich relativ zu einem Beobachter bewegt. Der Beobachter nimmt eine Frequenzveränderung wahr: Die Frequenz ist höher als die Emissionsfrequenz, wenn die Quelle näherkommt, und niedriger, wenn sie sich entfernt. Der Doppler-Effekt ist für die Astrophysik als sogenannte Rotverschiebung von großer Bedeutung, aber auch für Geschwindigkeitsmessungen im Straßenverkehr.

Nullkrümmung
$\alpha + \beta + \gamma = 180°$

positive Krümmung
$\alpha + \beta + \gamma > 180°$

negative Krümmung
$\alpha + \beta + \gamma < 180°$

ENTDECKUNGEN UND ERFINDUNGEN

VON 1851 BIS 1860

1851. B. Riemann entwickelt die Theorie der Funktionen einer komplexen Variablen, insbesondere durch die Einführung der Riemannschen Flächen, weiter. □ Der Franzose Joseph Liouville (1809–1882) liefert den ersten Beweis für die Existenz von transzendenten Zahlen. □ Cl. Bernard entdeckt den Glykogenaufbau in der Leber. □ Léon Foucault (1819–1868) erbringt in Paris den Nachweis für die Erdrotation mit Hilfe eines an der Kuppel des Pantheons aufgehängten Pendels. □ Der Deutsche Hermann von Helmholtz (1821–1894) erarbeitet eine Methode zur Messung der Fortpflanzungsgeschwindigkeit der Nervenerregung. □ Weiterentwicklung der Nähmaschine durch den Amerikaner Isaac Merrit Singer (1811–1875). □ Erfindung des Augenspiegels durch H. Helmholtz, der Induktionsspule durch den Deutschen Heinrich Daniel Rühmkorff (1803–1877) und des Zylinderschlosses durch den Amerikaner Linus Yale (1821–1868). □ Erstes im Meer verlegtes Kabel (zwischen Dover und Calais). □ Erste Weltausstellung in London.
1852. Veröffentlichung des *Traité de géométrie supérieure* des Franzosen Michel Chasles (1793–1880). □ Der Deutsche Robert Bunsen (1811–1899) isoliert das Magnesium. □ Erfindung des Gyroskops durch L. Foucault, des (dampfgetriebenen) Luftschiffs durch den Franzosen Henri Giffard (1825–1882) und des Sicherheitszündholzes durch den Schweden Johan Edvard Lundström (1815–1888). □ Charles Goodyear (1800–1860) erfindet den Hartgummi (Ebonit).
1853. W. Thomson (Lord Kelvin) entwickelt die Theorie des Schwingkreises. □ Der Brite Edward Frankland (1825–1899) führt den Begriff der chemischen Valenz ein. □ Entdeckung des Aspirins durch den Franzosen Charles Gerhardt (1816–1856).
1854. B. Riemann führt den Begriff der *n*-fach ausgedehnten Größe (heute: Mannigfaltigkeit) ein. □ Der Däne Julius Thomsen (1826–1909) formuliert den Satz von der Erhaltung der Energie bei chemischen Umwandlungen und legt die Grundlagen für die Thermochemie. □ P. Mérien verwendet erstmals Asphalt für Straßendecken. □ Henri Sainte-Claire-Deville (1818–1881) entwickelt ein Verfahren zur industriellen Gewinnung von Aluminium. □ Marcellin Berthelot (1827 bis 1907) führt die Alkoholsynthese durch. □ Der amerikanische Ingenieur David Hughes (1831–1900) baut einen Typendrucktelegraphen.
1855. N. I. Lobatschewskij veröffentlicht eine Zusammenfassung seiner Arbeiten, die *Pangeometrie,* über eine nichteuklidische Geometrie. □ Der Brite George Biddell Airy (1801–1892) führt den Begriff Isostasie ein. □ Erfindung des Seismographen durch den Deutschen K. Kreil, des Gasbrenners durch R. Bunsen und der Petroleumlampe durch den Amerikaner B. Silliman (1779–1864).
1856. Entdeckung des Skeletts eines Neandertalers (erstes menschliches Fossil, das als solches erkannt wurde) bei Düsseldorf durch Johann Carl Fuhlrott (1803–1877). □ H. von Helmholtz entwickelt die (heute noch gültige) Theorie der Farbwahrnehmung, die von drei Netzhautrezeptoren ausgeht. □ Der Franzose Charles Éduard Brown-Séquard (1817–1894) weist die lebenswichtige Funktion der Nebennieren nach. □ Der Brite Henry Bessemer erfindet das nach ihm benannte Stahlerzeugungsverfahren. □ Die Deutschen Wilhelm (1823–1883) und Friedrich (1826–1904) Siemens erfinden den Winderhitzerofen zum Schmelzen von Stahl und Glas. □ Der Brite Norman Robert Pogson (1829–1891) unterteilt die Sterne nach Helligkeit in Größenklassen. □ Der Brite William Henry Perkin (1838–1907) stellt den ersten künstlichen Farbstoff, das Mauvein, her. □ *Théorie de la dissociation chimique* des Franzosen H. Sainte-Claire-Deville. □ Der Amerikaner William Ferrell (1817–1891) erklärt die atmosphärischen Bewegungen durch die Coriolis-Kraft.
1857. Der Deutsche Rudolf Emanuel Clausius (1822–1888) entwickelt die kinetische Gastheorie. □ Erste Schrift des Franzosen Louis Pasteur (1822–1895) über die alkoholische Gärung. □ Der Deutsche Heinrich Geißler (1814–1879) baut die erste Quecksilbervakuumpumpe und L. Foucault das erste Spiegelteleskop mit silberbeschichtetem Glas. □ Der Amerikaner William Cranch Bond (1789–1859) fertigt die erste Photographie vom Mond an. □ Einbau des ersten Fahrstuhls durch den Amerikaner Elisha Graves Otis (1811–1861) in New York.
1858. Der Brite Arthur Cayley (1821–1895) entwickelt die Matrizenrechnung weiter. □ Der Deutsche Robert Virchow (1821–1902) begründet die Zellularpathologie. □ Der Deutsche August Kekulé (1829–1896) und der Brite Archibald Scott Couper (1831 bis 1892) entwickeln unabhängig voneinander die Hypothese von der chemischen Vierwertigkeit des Kohlenstoffatoms. □ Entdeckung der Kathodenstrahlen durch den Deutschen Julius Plücker (1801–1868). □ Der Italiener Stanislao Cannizzaro (1826–1910) führt die Avogadro-Zahl ein. □ Erfindung des Injektors für Dampfkessel durch H. Giffard, der hydraulischen Bremse durch den Briten William Froude (1810–1879) und der automatischen Pistole (nach ihm benannt) durch den Deutschen Wilhelm von Mauser (1834 bis 1882). □ Der Franzose Félix Tournachon, genannt Nadar (1820–1910), fertigt die erste Luftaufnahme (aus dem Ballon) an.
1859. Der Brite Charles Darwin (1809 bis 1882) legt seine Evolutionstheorie in seinem Werk *Die Entstehung der Arten durch natürliche Zuchtwahl* dar. □ Entdeckung der Kataphorese (Wanderung von Kolloidteilchen zur Kathode unter Einwirkung von elektrischem Strom) durch den Deutschen Georg Hermann Quincke (1834–1924). □ Acetylensynthese durch M. Berthelot. □ Die Deutschen Gustav Robert Kirchhoff (1824–1887) und R. Bunsen begründen die Spektralanalyse. □ Kirchhoff definiert den ›schwarzen Körper‹. □ Der Brite Richard Christopher Carrington (1826–1875) entdeckt, daß die Sonne am Äquator schneller rotiert als in der Nähe der Pole (Differentialrotation). □ Erfindung des Bleiakkumulators durch den Franzosen Gaston Planté (1834–1889). □ Erste industrielle Erdölförderung in Titusville (Pennsylvania) durch den Amerikaner Edwin Laurentine Drake (1819–1880).
1860. Der Deutsche Karl Deiters (1834 bis 1863) stellt fest, daß Neuronen zwei Arten von Fortsätzen haben: Dendriten und Neuriten. □ Erste Untersuchungen des Franzosen Paul Broca (1824–1880) zur Lokalisierung der Sprachzentren im Gehirn. □ Erster Gasmotor des Franzosen Étienne Lenoir (1822–1900). □ Erfindung eines Winderhitzers für Hochöfen durch den Briten E. A. Cowper (heute kurz *Cowper* genannt). □ Verbesserung des Herstellungsverfahrens für Linoleum durch den Briten J. Walton.

▲ **Maschinenhalle.** Londoner Weltausstellung (1851).

CHARLES DARWIN

Charles Darwin (1809–1882) ist wahrscheinlich der bekannteste Biologe überhaupt. Er entwickelte die Theorie einer auf natürlicher Selektion beruhenden Evolution. Der Arztsohn Darwin studierte an der Universität von Cambridge, wo er mit dem Berufsziel Pastor die Fächer Latein, Mathematik und Theologie belegte. Aber sein liebster Zeitvertreib waren naturgeschichtliche Sammlungen (Pflanzen, Skarabäen usw.). Durch die Beschreibung der Lateinamerikareise des deutschen Naturforschers A. von Humboldt (s. Zeitraum 1801–1810) kam er auf die Idee, selbst Forscher zu werden. Am 27. Dezember 1831 ging er an Bord der *Beagle* und kehrte erst fünf Jahre später, am 2. Oktober 1836, nach der Umseglung Südamerikas und einem Aufenthalt auf den Galápagosinseln, zurück. In dieser Zeit untersuchte er nicht nur die Tierwelt Südamerikas und der Galápagosinseln, sondern las auch die *Principles of geology* von C. Lyell, in denen die Frage nach der Entstehung neuer Arten gestellt wurde.

Die natürliche Selektion. Nach seiner Rückkehr nach England begann Darwin, eine Antwort auf die Frage nach der Entstehung der Arten zu suchen. Da er vermögend war, konnte er dies problemlos tun. Seine Kontakte zu Tierzüchtern machten ihn auf das Prinzip der künstlichen Auslese (Zuchtwahl bei Haustierrassen, die den Anforderungen der Züchter genügen) aufmerksam. Durch das Werk des Philosophen Malthus kam er auf den Gedanken, das Prinzip der Selektion auf die Natur anzuwenden. Vor diesem Hintergrund behauptete er 1838, daß innerhalb einer Art durch Selektion neue Rassen entstehen können, die besser an neue Umweltbedingungen (Klima usw.) angepaßt sind. Durch eine immer stärkere Differenzierung könne aus dieser neuen Rasse eine neue Art werden, die sich in ihren morphologischen Merkmalen und ökologischen Bedürfnissen von der Ursprungsart unterscheide. Diese Theorie vertrat Darwin in seinem erst 1859 veröffentlichten Buch *The Origins of Species (Die Entstehung der Arten)*.

Die Biologen ließen sich schnell von Darwins Theorie überzeugen, zumindest von seiner Abstammungslehre, die besagte, daß sich aus einer Art neue Arten entwickeln können. Massiven Widerstand setzte die Kirche den Ideen Darwins entgegen. Der von Darwin als Erklärung angeführte Mechanismus der natürlichen Selektion blieb jedoch umstritten. Erst in den vierziger Jahren des 20. Jahrhunderts wurde er anerkannt.

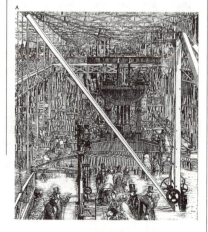

ENTDECKUNGEN UND ERFINDUNGEN

GRUNDLEGUNG DER NEUROPSYCHOLOGIE

Zu Beginn des 19. Jahrhunderts hatte der österreichische Arzt und Spezialist für Gehirnanatomie Franz Joseph Gall (1758–1828) behauptet, daß psychologische Eigenschaften (Fortpflanzungsinstinkt, Mutterliebe, Streitsüchtigkeit, dichterische Begabung) an der Großhirnoberfläche lokalisiert seien, und dies in einer wissenschaftlich nicht haltbaren Theorie, der *Kraniologie* (Schädellehre), formuliert. Unter dem Einfluß dieser Vorstellungen begann der französische Neurochirurg Paul Broca (1824–1880) mit der Untersuchung von Gehirnen Verstorbener, die unter einer mehr oder weniger ausgeprägten Sprachunfähigkeit gelitten hatten. Er stellte fest, daß diese Patienten zu Lebzeiten meist eine Gehirnblutung oder Gehirnerweichung in einer eng begrenzten Zone der linken Gehirnhälfte gehabt hatten. Broca lokalisierte das Sprachzentrum in der unteren Windung des Stirnlappens der Großhirnrinde und schuf damit eine neue wissenschaftliche Disziplin, die Neuropsychologie. Später wurden noch andere Sprachzentren lokalisiert, die aber alle in der linken Gehirnhälfte lagen.

Paul Broca gründete 1859 die *Anthropologische Gesellschaft,* die das Studium der Biologie des Menschen fördern sollte. Insbesondere befaßte sich Broca mit der Größe des Hirnschädels, mit dem Ziel nachzuweisen, daß Männer im Durchschnitt größere Gehirne haben als Frauen. Später wurde festgestellt, daß es in dieser Hinsicht keinen signifikanten Unterschied zwischen den Geschlechtern gibt.

CHEMIE, STRUKTUR UND SYNTHESE

Das von Faraday 1825 entdeckte Benzol begeisterte die großen Chemiker der Zeit (Dumas, Wöhler, Liebig usw.), die seine Bedeutung für die Industrie schon vorausahnten: die Benzolderivate, die *aromatischen* Stoffe, sind Grundstoffe für die Parfum-, Farbstoff- und Sprengstoffherstellung. Während die ›offizielle‹ Chemie noch die *Typentheorie* C. F. Gerhardts oder die *Affinitätstheorie* vertrat und sich nicht zur Atomtheorie bekennen ließ, entwickelten der Deutsche F. A. Kekulé und der Schotte A. S. Couper die Hypothese, daß ein Kohlenstoffatom immer von vier Nachbaratomen umgeben sei. Dahinter stand die Vorstellung einer *chemischen Struktur,* die Kekulé bald auf das Benzol anwendete. Im Traum, erzählte er später, habe er gesehen, wie die Kohlenstoffatome tanzten und lange Ketten bildeten, von denen einige einen Ring formten. Damit konnte er 1865 die Struktur des Benzolrings erklären, der aus sechs zu einem Sechseck zusammengeschlossenen Kohlenstoffatomen besteht.

Marcellin Berthelot gehörte zu denen, die die Existenz von Atomen bestritten; er zeigte wenig Interesse an der neuen Strukturtheorie.

DIE ERSTE ERDÖLBOHRUNG

Obwohl Erdöl in Rußland und im Elsaß schon vorher verarbeitet worden war, wurde erst in der zweiten Hälfte des 19. Jahrhunderts nach Öl gebohrt. Der Amerikaner Edwin Laurentine Drake, genannt ›Colonel Drake‹, der auf einem Schiff, als Verkäufer und als Zugschaffner gearbeitet hatte, beteiligte sich an einer Mineralölfördergesellschaft. Er war der erste, der ein Erdölbohrloch in den Boden trieb, um so an Öl zu kommen. Am 27. August 1859 sprudelte in Titusville (Pennsylvania) Erdöl aus 23 m Tiefe. Damit begann der Run auf das schwarze Gold.

1854 gelang es ihm, Alkohol, Methan und Acetylen zu synthetisieren. Seine empirischen Methoden weckten allerdings in der Pariser Gesellschaft (v. a. bei Michelet und den Brüdern Concourt), die seinen Forschungen philosophischen Rang zuschrieb, mehr Begeisterung als bei den Chemikern. Berthelot, Verfasser wichtiger Arbeiten im Bereich der Thermochemie und der Geschichte der Chemie, wurde zum Ideal der republikanischen Wissenschaftlers. Als ehemaliger Minister hatte er 1907 Anrecht auf ein Staatsbegräbnis, bei dem die Ode an Berthelot vorgetragen wurde:
›Oui, roi de la matière et rival de la vie (...)
Il tire du sommeil inerte du néant
Des corps prestigieux que la Nature envie.‹

DIE SPEKTRALANALYSE

Newton hatte den Regenbogen erklärt und gezeigt, daß das gleiche *Spektrum* entsteht, wenn Sonnenlicht durch ein Prisma fällt. 1814 ersetzte Joseph von Fraunhofer (1787–1826) das Prisma durch ein *Gitter,* eine Glasplatte, in die parallele Linien eingeritzt waren (etwa 3 000 pro cm). Bei der Betrachtung des entstehenden Spektrums entdeckte er eine Reihe von schwarzen Linien, deren Geheimnis lange ungeklärt blieb. Anders Ångström (1814–1874) fand das Natriumspektrum, als er Kochsalz (Natriumchlorid) in einer Flamme verbrannte. Er stellte fest, daß dieses Spektrum, das hauptsächlich aus einer gelben Linie besteht, sich im Sonnenspektrum in Form einer schwarzen Linie findet. 1859 gelang den Heidelberger Professoren Gustav Kirchhoff und Robert Bunsen die Auflösung dieses Rätsels.

Die verschiedenen chemischen Elemente, die im berühmten *Bunsenbrenner* verbrannt und mit dem von Kirchhoff verbesserten Spektroskop untersucht wurden, zeigten jeweils unterschiedliche Spektren aus nebeneinander angeordneten Farblinien, die den Farben an verschiedenen Stellen des Regenbogens entsprechen. Kirchhoff setzte eine Natriumlampe zwischen sein Spektroskop und das Sonnenlicht und stellte fest, daß das Natriumspektrum vom Sonnenspektrum ›abgezogen‹ wurde, wodurch die dunklen Streifen entstanden, die Fraunhofer beobachtet hatte. Dies bewies, daß die Sonnenatmosphäre Natrium, aber auch andere Elemente enthält, die bald in großer Zahl entdeckt wurden. Die Spektralanalyse wurde nicht nur zu einem wichtigen Hilfsmittel der Astrophysik, sondern ermöglichte auch die Entdeckung neuer chemischer Elemente: Cäsium, Thallium (1861), Indium (1863) und Gallium (1875).

A · **Charles Darwin.** Vater der Evolutionstheorie.

C · **Fraunhofer und sein Spektroskop.** *(Deutsches Museum, München)*

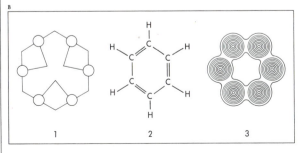

B · **Die geträumte Benzolformel.**

Das Benzol, Formel C_6H_6, ist in die Geschichte der Wissenschaften eingegangen, weil der deutsche Chemiker Friedrich August Kekulé behauptete, seine sechseckige Struktur (Abb. 1) geträumt zu haben! Abb. 2 zeigt alternierende Einfach- und Doppelbindungen, aber tatsächlich sind die Kohlenstoffatome abstandsgleich, wie Röntgenuntersuchungen ergeben haben (Abb. 3).

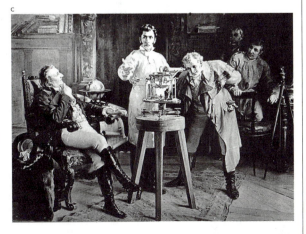

ENTDECKUNGEN UND ERFINDUNGEN

VON 1861 BIS 1870

1861. L. Pasteur entdeckt, daß Mikroben in Anaerobiose, d. h. ohne Sauerstoff, leben. ☐ Entdeckung des Cäsiums und des Rubidiums durch R. Bunsen und G. R. Kirchhoff. ☐ Der Belgier Ernest Solvay (1838–1929) entwickelt das nach ihm benannte Herstellungsverfahren für Natriumcarbonat (Soda). ☐ Der Italiener Antonio Pacinotti (1841–1912) erfindet das Dynamoprinzip. ☐ Dem Deutschen Johann Philipp Reis (1834–1874) gelingt die Übertragung des Tons einer Stimmgabel über eine Entfernung von 100 m mit einem Gerät, das er *Telephon* nennt. ☐ Der Österreicher John Haswell (1812–1897) baut die erste große hydraulische Presse. ☐ Der Franzose Pierre Michaux (1813–1883) erfindet zusammen mit seinem Sohn Ernest (1842–1882) die Tretkurbel und damit das Veloziped.

1862. Der Deutsche Felix Hoppe-Seyler (1825–1895) entdeckt die Funktion des Hämoglobins (des Farbstoffs der roten Blutkörperchen), das den Sauerstoff von den Lungen ins Gewebe transportiert. ☐ Erste Arbeiten des Deutschen Julius Sachs (1832–1897) über die Photosynthese der grünen Pflanzen. ☐ L. Pasteur verwirft die Theorie der Urzeugung von Lebewesen aus anorganischer Materie. ☐ Der Franzose Alphonse Beau de Rochas (1815–1893) meldet ein (nach ihm benanntes) Verfahren zum Patent an. Damit können die Bedingungen kontrolliert werden, die für die Umwandlung von thermischer Energie in mechanische Energie nötig sind, wobei die thermische Energie durch Entzündung eines vergasten Luft-Benzin-Gemisches in einem geschlossenen Gefäß erzeugt wird. ☐ Entdeckung des ersten weißen Zwerges, eines Begleiters des Sirius, durch den Amerikaner Alavan Graham Clark (1832–1897).

1863. Casimir Joseph Davaine (1812–1882) weist als erster nach, daß eine Krankheit, der Schafbrand, von einem Bakterium hervorgerufen wird. ☐ In London wird die erste Untergrundbahn in Betrieb genommen.

1864. Der Brite William Huggins (1824 bis 1910) weist die Existenz von Gasnebeln im Weltall nach. ☐ Der Italiener Giovanni Battista Donati (1826–1873) erstellt das erste Kometenspektrum.

1865. Der Brite James Clerk Maxwell (1831–1879) formuliert die elektromagnetische Lichttheorie, in der er elektrische, magnetische und Lichterscheinungen vereint. ☐ Veröffentlichung der *Einführung in das Studium der experimentellen Medizin* von Claude Bernard. ☐ Entdeckung der Vererbungsgesetze durch den Österreicher Johann Gregor Mendel (1822–1884). ☐ Der Franzose Étienne Jules Marey (1830–1904) zeichnet erstmals Herz- und Atembewegungen graphisch auf. ☐ Der Franzose Pierre Martin (1824–1915) meldet das nach ihm benannte Stahlherstellungsverfahren zum Patent an. ☐ Erfindung des schlauchlosen Tauchgeräts durch die Franzosen Rouqueyrol und Denayrouze. ☐ Inbetriebnahme der ersten beidseitig druckenden Rotationsdruckmaschine, entwickelt von dem Amerikaner William A. Bullock (1813–1867). ☐ Der Schweizer Nikolaus Riggenbach (1817–1899) erfindet die Zahnradbahn. ☐ Die Amerikaner George Mortimer Pullman (1831–1897) und Ben Field melden den ersten Schlafwagen zum Patent an.

1866. Der Italiener Giovanni Schiaparelli (1835–1910) stellt fest, daß Meteoritenschwärme aus Kometenresten bestehen. ☐ Marcellin Berthelot führt die Benzolsynthese durch. ☐ Erfindung des Dynamits durch den Schweden Alfred Nobel (1833–1896). ☐ Der Deutsche Ernst Haeckel (1834–1919) formu-

liert sein biogenetisches Grundgesetz (die Individualentwicklung ist eine verkürzte Rekapitulation der Stammesgeschichte der Lebewesen) und führt den Begriff Ökologie ein. ☐ Der Amerikaner Thomas Hall (1827–1880) führt das automatische Eisenbahnsignalsystem ein, das durch die Züge selbst ausgelöst wird (automatischer Streckenblock).

1867. Die Norweger Cato Guldberg (1836–1902) und Peter Waage (1833–1900) stellen das auf chemische Gleichgewichte anwendbare Massenwirkungsgesetz auf (ermöglicht die Definition eines chemischen Gleichgewichts in Abhängigkeit von der Konzentration der Bestandteile, von der Temperatur und dem Druck). ☐ Der Brite Joseph Lister (1827–1912) entwickelt die Prinzipien von Asepsis und Antisepsis für die Chirurgie (Vorläufer: Ignaz Semmelweis) und verbessert damit die chirurgische Praxis erheblich. ☐ Der Brite Robert Whitehead (1823–1905) führt die ersten Versuche mit einem Torpedo mit Eigenantrieb durch. ☐ Der Amerikaner Christopher Latham Sholes (1819–1890) baut die erste brauchbare Schreibmaschine mit unabhängigen Typenhebeln.

1868. Der Österreicher Ludwig Boltzmann (1844–1906) leitet die Verteilungsfunktion für die Geschwindigkeit von Gasmolekülen her. ☐ Entdeckung von Resten des Cro-Magnon-Menschen in Eyzies-de-Tayac (Dordogne). ☐ Entdeckung des Heliums im Sonnenspektrum durch den Franzosen Jules Janssen (1824–1907) und den Briten Joseph Norman Lockyer (1836–1920). ☐ Erste Sternklassifizierung anhand ihrer Spektren durch den Italiener Angelo Secchi (1818–1878). ☐ Erste Messung der Radialgeschwindigkeit von Sternen unter Verwendung des Doppler-Effekts durch den Briten W. Huggins. ☐ Erfindung der Druckluftbremse durch den Amerikaner George Westinghouse (1846 bis 1914), des Servomotors durch den Franzosen Joseph Farcot (1823–1908) und eines elektrochemischen Elements mit Ammoniumchlorid als Elektrolyt und Mangandioxid als Depolarisator durch den Franzosen Georges Leclanché (1839–1882).

1869. Veröffentlichung des chemischen Periodensystems durch den Russen Dimitrij Iwanowitsch Mendelejew (1834–1907). ☐ Entdeckung der magnetischen Ablenkbarkeit der Kathodenstrahlen durch den Deutschen Johann Wilhelm Hittorf (1824–1914). ☐ Erste Hautverpflanzung durch den Schweizer Jacques Louis Reverdin (1842–1929). ☐ Entdeckung des Golfstroms im Nordatlantik durch den Amerikaner Emil Bessels (1847 bis 1888). ☐ Der Belgier Zénobe Gramme (1826 bis 1901) erfindet den Kommutator und macht damit den Bau von Gleichstrommaschinen möglich. ☐ Einweihung des Suezkanals. ☐ Erste Margarineherstellung durch Hippolyte Mège-Mouriès (1817–1880). ☐ Erfindung des Staubsaugers durch den Amerikaner I. G. McGaffe und des Kugellagers durch den Franzosen J. Suriray. ☐ Erstes Fahrrad der Firma Meyer et Cie nach Plänen des Uhrmachers Guilmet. ☐ P. Michaux und L. G. Perreaux bauen das erste Motorfahrrad, indem sie ein Veloziped mit einem Dampfmotor ausstatten. ☐ Erstes photographisches Verfahren mit drei Farben, entwickelt von Louis Ducos du Hauron (1837–1920) [von Charles Cros theoretisch beschrieben].

1870. Erste Arbeiten des Franzosen Paul Bert (1833–1886) über die Gewebeatmung. ☐ Die Deutschen Gustav Theodor Fritsch (1838–1891) und Eduard Hitzig (1838 bis 1907) entdecken die motorischen Zentren der Hirnrinde.

MAXWELL UND DER ELEKTROMAGNETISMUS

Schon mit 25 Jahren hatte James Clerk Maxwell, ein pragmatischer und origineller Schotte, den seine Freunde ›Dafty‹ (›Dussel‹) nennen, sich seinen Ruf erworben. Er hatte die Ursache der Rotgrünblindheit entdeckt und dargelegt, daß die Saturnringe aus Myriaden von Steinbrocken aller Größen bestehen. Da ihm das Vertrauen zu rein mathematischen Theorien fehlte, versuchte er, mit Hilfe mechanischer Analogien zu verstehen, welche Bedeutung die *Feldlinien* haben, die Faraday zur Darstellung der Symmetrie von elektrischen und magnetischen Feldern eingeführt hatte. Er stellte sich vor, daß der Raum voller aneinandergereihter Antriebsräder, voller *Molekularwirbel* sei, deren Drehachsen die Faradayschen Feldlinien sind. Mit diesen rein mechanischen Überlegungen konnte er alle bekannten elektrischen und magnetischen Phänomene erklären. Durch Verkleinerung seiner Wirbel auf einen Punkt kam er zu den heute noch gültigen Gleichungen für *elektromagnetische Felder* und führte damit die erste große Vereinheitlichung von Wissen in der Geschichte der Physik durch. Kennzeichen des von Maxwell definierten elektromagnetischen Felds sind Wellen, die sich mit einer endlichen Geschwindigkeit fortpflanzen: ca. 300 000 km/s. Dies ist genau die von Léon Foucault gemessene Lichtgeschwindigkeit! Maxwell schloß daraus, daß der von A. Fresnel in die Optik eingeführte ›Äther‹ von der gleichen Art sein müsse wie der, in dem sich elektromagnetische Wellen ausbreiten: Das Licht *ist* eine elektromagnetische Welle. Diese Schlußfolgerung erschien den Zeitgenossen Maxwells völlig verrückt. Erst 1887, acht Jahre nach seinem Tod, wird sie experimentell durch Heinrich Hertz bewiesen.

EINE TABELLE MIT ZUKUNFT

Dimitrij Iwanowitsch Mendelejew, Professor der Chemie an der Universität von Petersburg, Liberaler, Feminist und Original, hatte viele Auseinandersetzungen mit der zaristischen Regierung. Die ›Grundlage der Chemie‹, die er seinen Kollegen 1869 zukommen ließ, hinderte die Regierung nicht daran, ihn mehrmals ›auf Mission‹ ins Ausland zu entsenden.

Dabei handelte es sich nur um eine kleine Tabelle, in der die 63 bekannten chemischen Elemente aufgeteilt nach Atomgewicht geordnet waren, und zwar so, daß Elemente mit ähnlichen chemischen Eigenschaften in einer Spalte standen. Diese Anordnung schien in ihrer Regelmäßigkeit völlig willkürlich; ja, es sah so aus, als habe Mendelejew bei einigen Atomgewichten ›nachgeholfen‹, damit sie in die Tabelle paßten, und an anderen Stellen unerklärlicherweise leere Felder gelassen. Aber dieses *Periodensystem* der chemischen Elemente gilt heute noch als Musterbeispiel für wissenschaftliche Intuition, weil sich die leeren Felder mit der Entdeckung neuer Elemente nach und nach füllten und weil der Aufbau des Systems die Anordnung der Elektronen der Atome widerspiegelt, was damals noch niemand wissen konnte. Erst später wurde verstanden, daß die chemischen Eigenschaften eines Elements von der Anzahl seiner Elektronen abhängen.

ENTDECKUNGEN UND ERFINDUNGEN

MENDELS GESETZE

Heute werden in der Schule die Vererbungsgesetze gelehrt, die der österreichische Augustinerprior Johann Mendel (als Mönch später Gregor Mendel) im Jahre 1865 aufgestellt hat, sowie deren grundlegende Bedeutung. Und dennoch blieb das Werk Mendels bis zum Jahre 1900 (Wiederentdeckung durch Carl Erich Correns [1864–1933], Hugo de Vries [1848–1935] und andere) gänzlich unbeachtet.

J. Mendel war der Sohn armer Bauern und mußte, um seinem Studium nachgehen zu können, in das Kloster von Brünn (heute Brno) eintreten. Nachdem er zwischen 1851 und 1853 an der Universität Wien bedeutende Professoren gehört hatte (C. Doppler in Physik, Franz Unger [1800–1870] in Biologie), wurde er 1854 Lehrer für Naturgeschichte und Physik an der Oberrealschule Brünn, obwohl er zweimal bei der Lehrerprüfung durchgefallen war.

Erbsen und Vererbung. Ab 1856 begann Mendel mit Experimenten über die Entstehung von Hybriden bei Gartenerbsen. Damit entsprach er den Wünschen des Brünner Naturforschenden Vereins, der der Meinung war, man könne die Rassen von Haustieren und die Vielfalt der Kulturpflanzen nicht verbessern, solange die Vererbungsgesetze nicht bekannt seien.

Nachdem er neun Jahre lang Kreuzungsexperimente an 28 000 Erbsenpflanzen durchgeführt hatte, konnte Mendel 1865 seine Ergebnisse vorlegen. In diesen begründete er seine Vererbungsregeln. Sie wurden ein Jahr später in der Zeitschrift des genannten Vereins veröffentlicht. Warum sie 34 Jahre lang unbeachtet blieben, bleibt ein Rätsel in der Geschichte der Naturwissenschaften. Ein Grund dafür könnte sein, daß Mendel nicht versuchte, seine Resultate in einer bekannteren wissenschaftlichen Zeitschrift zu veröffentlichen. Mendel hat entdeckt, daß das Erbgut aus voneinander unabhängigen Einheiten (heute als Gene bezeichnet) aufgebaut ist, wodurch das Auftreten von Spaltungen und Neukombinationen erst erklärbar wurde. Das Werk Mendels war den praktischen und theoretischen Kenntnissen seiner Zeit voraus.

EIN BERÜHMTES, ABER UNEXAKTES GESETZ

Der Name des deutschen Biologen Ernst Haeckel (1834–1919) steht in der Geschichte der Biologie im Zusammenhang mit einer Entwicklungstheorie: ›Die Ontogenese rekapituliert die Stadien der Phylogenese.‹ Das bedeutet: Die Embryonalentwicklung (Ontogenese) bei einer gegebenen Tierart durchläuft Stadien, die an die Vorläufer dieser Art innerhalb ihres Stammbaumes (Phylogenese) erinnern. So war Haeckel z. B. der Ansicht, daß in der Embryonalentwicklung einer Katze oder eines anderen Säugetieres erst ein ›Fischstadium‹, dann ein ›Amphibienstadium‹ und schließlich ein ›Reptilienstadium‹ zu erkennen sei. Heute weiß man, daß dieses Gesetz zum Teil falsch ist: Tatsache jedoch ist, daß bestimmte Stadien in der Embryonalentwicklung von Säugetieren an die Embryonalstadien von Fischen, Amphibien und Reptilien erinnern. Haeckel kam zu dieser These, weil er von Darwins Evolutionstheorie begeistert war, nachdem er dessen Werk *Die Entstehung der Arten* gelesen hatte. Er wurde ein glühender Anhänger von Darwins Theorie und verbreitete sie in Deutschland sowohl in wissenschaftlichen Kreisen als auch in der breiten Öffentlichkeit. Diese Theorie paßte wunderbar in seine allgemein materialistische Philosophie über die Entstehung des Menschen und des Universums. Diese Philosophie, die er *Monismus* nannte, verneinte die Existenz Gottes und stützte sich auf rein wissenschaftliche Erklärungen. Haeckel wagte im Jahre 1868 noch vor Darwin die Behauptung, der Mensch stamme vom Affen ab. Er lieferte eine bedeutende Arbeit über phylogenetische Abstammungsbäume. Ihm verdankt man auch den Begriff ›Ökologie‹.

Leider wurde Haeckel unglaubwürdig, als er den Evolutionismus zu weit treiben wollte: Er behauptete, daß sich das Leben auch heute noch durch die Evolution anorganischer Materie auf dem Meeresboden entwickle, wobei einfache Organismen entstehen sollten, die er ›Monere‹ nannte. Diese angeblichen Lebewesen erwiesen sich als gelatineartiger Kalksulfatniederschlag.

B · **Der Naturwissenschaftler Ernst Haeckel** und sein Assistent Maklay (links) auf den Kanarischen Inseln im Jahre 1867. Haeckels zahlreiche Reisen gestatteten ihm, sich mit der gesamten Meeresfauna vertraut zu machen.

C · **Die vier Takte eines Verbrennungsmotors.** Der Kolben saugt beim Abwärtsgang das Gas in den Zylinder. Dort erfolgt nach der Kompression durch den Kolben die Verbrennung. Während die Gase verbrennen, dehnen sie sich aus und drücken den Kolben nach unten. Bei der Aufwärtsbewegung verdrängt dieser die verbrannten Gase.

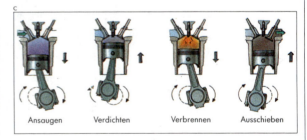

Ansaugen | Verdichten | Verbrennen | Ausschieben

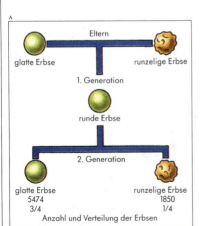

A · **Spaltungsregel (Mendel).** Beispiel einer Kreuzung zwischen einer glatten und einer runzligen Erbse. Die Kreuzung zweier reinerbiger Eltern ergibt in der ersten Generation homogene Abkömmlinge, die einem der Elternteile ähnlich sehen. Die Kreuzung zwischen Hybriden ergibt in der zweiten Generation nichthomogene Nachfahren; es treten Eigenschaften auf, die vorher nicht bemerkbar waren.

D · **Michaux-Veloziped (1867–68).** 1861 kamen der französische Wagenbauer Pierre Michaux und einer seiner Söhne, Ernest, auf die Idee, an der Nabe des Vorderrads einer Draisine ein Paar Eisenkurbeln zu befestigen. So entstand das Tretlager und damit das Veloziped. Erst 1869 folgte das Fahrrad mit Rädern gleichen Durchmessers.

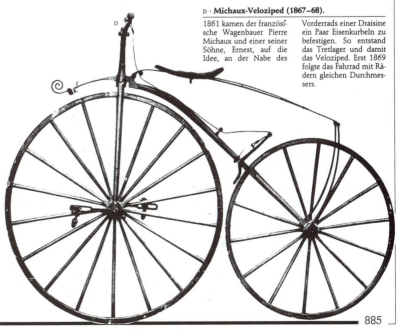

885

ENTDECKUNGEN UND ERFINDUNGEN

VON 1871 BIS 1880

1871. J. C. Maxwell entwickelt die kinetische Gastheorie, derzufolge der Gasdruck auf den Aufprall der das Gas bildenden Moleküle zurückzuführen ist und die Temperatur von der Geschwindigkeit dieser Moleküle abhängt. □ Der Deutsche Richard Dedekind (1831 bis 1916) entwickelt in der Algebra die Idealtheorie. □ Der Ire John Tyndall (1820–1883) entdeckt, daß Eis bei Druckabfall wieder gefriert. □ Erster Dynamo, entwickelt von dem Belgier Zénobe Gramme (1826–1901). □ Erfindung des Preßlufthammers durch den Amerikaner Simon Ingersoll (1818–1894) und der Brom-Silber-Gelatine-Photoemulsion durch den Briten Richard Leach Maddox (1816–1902).

1872. R. Dedekind veröffentlicht seine Theorie der irrationalen Zahlen (ähnliche Ansätze entwickeln auch Georg Cantor, Charles Méray [1835–1911] und Karl Weierstraß [1815–1897]). □ Der Deutsche Felix Klein (1849–1925) wendet in der Geometrie die Gruppentheorie an (›Erlanger Programm‹). □ Erste Photographie eines Sternspektrums (der Wega) durch den Amerikaner Henry Draper (1837–1882). □ Erstmalige Benutzung der von dem Amerikaner George Westinghouse (1846–1914) erfundenen Luftdruckeisenbahnbremse. □ Der Amerikaner George B. Brayton läßt einen Benzinmotor patentieren. □ Das erste Überseekabel wird zwischen Europa und Südamerika verlegt.

1873. Der Franzose Charles Hermite (1822 bis 1901) beschäftigt sich mit elliptischen Funktionen und beweist die Transzendenz der Zahl e. □ Der Niederländer Johannes Diderik van der Waals (1837–1923) veröffentlicht Zustandsgleichungen für Flüssigkeiten und Gase. □ Der Schweizer Hermann Fol (1845–1892) liefert die ersten genauen Phasenbeschreibungen der Zellteilung (Mitose). □ Entdeckung des Leprabazillus durch den Norweger Gerhard Hansen (1841–1912). □ Erste elektrische Energieübertragung in Wien durch Hippolyte Fontaine (1833–1910). □ Der Amerikaner Philo Remington (1816 bis 1889) verbessert die Schreibmaschine und läßt sie in Serienfertigung produzieren.

1874. Der Deutsche Georg Cantor (1845 bis 1918) begründet die Mengenlehre. □ Joseph Achille Le Bel (1847–1930) und der Niederländer Jacobus Henricus van't Hoff (1852 bis 1911) begründen die Stereochemie. □ Der Franzose Émile Baudot (1845–1903) läßt ein System der Mehrfachtelegraphie (Zeitmultiplexer) patentieren.

1875. Der Deutsche Richard Hertwig (1850–1937) veröffentlicht die erste richtige Beschreibung des Befruchtungsprozesses (Verschmelzung des Eikerns mit dem Spermakern, von ihm bei der Seegurke beobachtet). □ Der Amerikaner Josiah Willard Gibbs (1839–1903) stellt die Phasenregel auf, die die Zahl der thermodynamischen Freiheitsgrade eines physikalisch-chemischen Systems bestimmt. □ Der Franzose François Lecoq de Boisbaudran (1838–1912) entdeckt das Gallium. □ Verbesserung des Dynamits (›Extra-Dynamit‹) durch den Schweden Alfred Nobel (1833–1896). □ Erster Langstreckentransport (von Buenos Aires nach Le Havre) von gefrorenem Fleisch in einem Schiff, der *Paraguay*, das mit einer von dem Franzosen Ferdinand Carré (1824–1900) entwickelten Kühlkammer ausgestattet war.

1876. Der Amerikaner Henry Augustus Rowland (1848–1901) beweist, daß eine bewegliche elektrische Ladung ein Magnetfeld erzeugt, und unterstreicht, daß statische und dynamische Elektrizität identisch sind. □ J. W. Gibbs wendet die Thermodynamik auch in der Chemie an und führt den Begriff des chemischen Potentials ein. □ Erfindung des Telefons durch den Amerikaner Alexander Graham Bell (1847–1922). □ Die ersten Viertakt-Verbrennungsmotoren werden von den Deutschen Nikolaus Otto (1832–1891), Gottlieb Daimler (1834–1900) und Wilhelm Maybach (1846–1929) gebaut. □ Der Franzose Charles Tellier (1828–1913) konstruiert das erste Kühlschiff, die *Frigorifique* (für den Fleischimport aus Südamerika). □ Erfindung der Teppichkehrmaschine durch den Amerikaner Melville Reube Bissel (1843–1889) und der Schmalspurbahn durch den Franzosen Paul Decauville (1846–1922).

1877. Der Österreicher Ludwig Boltzmann (1844 bis 1906) begründet die statistische Mechanik. □ Der Deutsche Karl Möbius (1825–1908) führt den Begriff der Biozönose (Gesamtheit von Tieren und Pflanzen, die nebeneinander und in gegenseitiger Abhängigkeit in einem Biotop leben) ein. □ Entdeckung der beiden Marsmonde durch den Amerikaner Asaph Hall (1829–1907). □ Der Franzose Charles Friedel (1832–1899) und der Amerikaner James Mason Crafts (1839 bis 1917) entdecken ein allgemeines Verfahren für die organische Synthese (Friedel-Crafts-Reaktion), durch das Seitenketten an einen Benzolring gebunden werden können. □ Erfindung des Phonographen durch den Amerikaner Thomas Alva Edison (1847–1931).

1878. Der Franzose Charles Sédillot (1804–1883) führt den Begriff *Mikrobe* ein. □ Louis Pasteur entdeckt die Staphylokokken. □ Erfindung des Kohlemikrophons durch den Amerikaner David Edward Hughes (1831–1900). □ Bau des Zweitaktgasmotors durch den Deutschen Carl Benz (1844 bis 1929). □ T. A. Edison entwickelt die erste brauchbare Glühlampe. □ Erfindung der Zentrifuge (Separator) durch den Schweden Gustav de Laval (1845–1913). □ Der Amerikaner George Eastman (1854–1932) entwickelt die ersten Brom-Silber-Gelatine-Photoplatten.

1879. Der Brite William Crookes (1832 bis 1919) untersucht den Elektrizitätsdurchgang durch verdünnte Gase. □ H. von Helmholtz beweist, daß Elektrizität eine ›korpuskulare‹ Struktur aufweist. □ Entdeckung der Gonokokken durch den Deutschen Albert Neisser (1855–1916). □ L. Pasteur beginnt mit den ersten Impfungen (bei Tieren) durch Mikrobenübertragung. □ Der Deutsche Hugo Kronecker (1839–1914) entwickelt die physiologische Kochsalzlösung. □ Werner von Siemens (1816–1892) baut die erste elektrische Lokomotive.

1880. Entdeckung der Piezoelektrizität durch die Franzosen Pierre (1859–1906) und Paul Jaques (1855–1941) Curie und der magnetischen Hysteresis durch den Deutschen Emil Warburg (1846–1931). □ Der Amerikaner Edwin Herbert Hall (1855–1938) entdeckt den nach ihm benannten Effekt (in einem Leiter oder Halbleiter, auf den ein magnetisches Feld wirkt, entsteht eine elektrische Spannung). □ Erfindung des Bolometers durch den Amerikaner Samuel Pierpont Langley (1834–1906). □ Der Deutsche Karl Eberth (1835–1926) entdeckt den Typhuserreger und der Franzose Alphonse Laveran (1845 bis 1922) den Malariaerreger. □ Erfindung der Photogrammetrie durch den Franzosen Aimé Laussedat (1819–1907). □ T. A. Edison installiert die erste elektrische Schaltanlage auf dem Überseepassagierdampfer *Columbia* (erstes Schiff mit elektrisch erzeugtem Licht). □ Der Amerikaner Hermann Hollerith (1860 bis 1929) entwickelt die erste Lochkartenmaschine für statistische Rechnungen.

DIE MENGENLEHRE

Ist es möglich, von jedem Punkt einer Kurve aus eine Tangente zu ziehen? Bevor Karl Weierstraß (1815–1897) seine Ideen entwickelte, wurde diese Frage in der Differentialrechnung aufgrund anschaulicher Argumente allgemein bejaht. Aber der später weltberühmte Professor an der Universität Berlin führte 1872 eine stetige Funktion vor, die an keiner Stelle abzuleiten war, oder anders gesagt: An die zugehörige Kurve konnte nirgends eine Tangente gezogen werden! Dieser bizarre Funktionstyp, von der sich der französische Mathematiker Charles Hermite ›mit Grauen und Entsetzen‹ abwandte, wurde in jüngster Zeit mit den Studien von Benoît Mandelbrot über Fraktale wieder aktuell.

Die intensivere Beschäftigung mit dem Begriff der Kontinuität sollte außerdem einen Schüler von Weierstraß, Georg Cantor, dazu bringen, die Mengenlehre zu entwickeln. Auf der Basis einer mystischen Auffassung von Zahl sowie mit zahlreichen philosophischen Annahmen definierte Cantor die Grundbegriffe der Mengenlehre, die die Grundlage der modernen Mathematik sind. Er führte den Begriff der *unendlichen Zahl* ein. Seine mathematisch-philosophischen Betrachtungen haben seine Zeitgenossen natürlich schockiert und brachten ihm heftige Angriffe ein.

MEDIZINISCHE MIKROBIOLOGIE

Casimir Joseph Davaine erkannte 1863 den Zusammenhang zwischen Krankheit und Erreger im Falle des Milzbrands. Im Jahre 1873 entdeckte der norwegische Biologe Gerhard Hansen den Erreger einer Krankheit, die nur Menschen heimsucht, den Leprabazillus. Die medizinische Mikrobiologie nahm ihren Aufschwung jedoch erst Ende der 1870er Jahre.

Dem deutschen Mediziner Robert Koch (1843–1910) gelang es 1876, Milzbrandbakterien zu züchten und sie Tieren einzuimpfen; kurz danach bewies Louis Pasteur, daß es möglich ist, diese Bakterien durch ständiges Zuführen neuer Kolibakterien in beliebiger Zahl zu kultivieren. Der große französische Biologe entdeckte 1878 die für Furunkel verantwortlichen Staphylokokken und im Jahre 1880 die Streptokokken (Erreger der Angina). Pasteurs Ausgangspunkt waren seine Forschungen zur Gärung gewesen: Er erkannte,

▲ **Edison-Phonograph (1877).**

Dieser Apparat wandelte mechanische Aufzeichnungen Schallschwingungen in um.

daß diese durch Mikroorganismen zustande kommt. 1879 fand der Deutsche Albert Neisser die Gonokokken, die eine Geschlechtskrankheit, die Gonorrhö (umgangssprachlich: Tripper) hervorrufen.

Seit 1878 hatten L. Pasteur und seine Mitarbeiter an einer Veröffentlichung über die Theorie der Keime *(La théorie des germes et ses applications à la médecine et à la chirurgie)* gearbeitet und sie der französischen Akademie der Wissenschaften zugesandt. Darin hatten sie systematisch dargestellt, warum Kleinlebewesen Erreger von Krankheiten sind. Am 11. März 1878 verwendete der schon ältere Chirurg Charles Sédillot vor genau dieser Akademie den Begriff ›Mikrobe‹. Diese Bezeichnung sollte sich durchsetzen. Die Mediziner wandten sich anfangs scharf gegen die Vorstellung, daß Mikroben Infektionskrankheiten auslösen können, doch die medizinische Mikrobiologie identifizierte immer mehr dieser Mikroben. In den Jahren um 1880 wurden die Erreger des Typhus entdeckt (K. Eberth, 1880), der Tuberkulose (R. Koch, 1882), der Cholera (R. Koch, 1884), des Tetanus (Arthur Nicolaïer [1862–1942], 1884) usw. Nicht alle Krankheitserreger waren Bakterien. So wies am 20. Oktober 1880 der französische Arzt Alphonse Laveran im Blut malariakranker Menschen Protozoen nach, das *Plasmodium falciparum*. Aufgrund der Veröffentlichung dieser Entdeckung im Jahre 1881 wurde ihm 1907 der Nobelpreis verliehen.

DIE ZYTOLOGIE

Zwischen 1870 und 1880 erlebt die Zytologie eine explosionsartige Entwicklung. Die Mikroskope werden unter anderem dank der Einführung der Umkehrlinsen leistungsfähiger. Der Deutsche Wilhelm His (1831–1904) erfindet das Mikrotom und bringt dadurch die Technik zur Herstellung von Schnitten für mikroskopische Untersuchungen einen großen Schritt voran. Richard Hertwig (übrigens ein entschiedener Gegner Darwins und Haeckels) beweist 1875 eindeutig anhand mikroskopischer Beobachtungen, daß die Befruchtung durch Verschmelzung von Eizelle mit Spermium zustande kommt. Andere Forscher wie z. B. Otto Bütschli, Leopold Auerbach und Friedrich Anton Schneider hatten zwischen 1873 und 1875 schon ähnliche Beobachtungen angestellt. In dieser Zeit liefern die Biologen Hermann Fol, Schneider und Bütschli zum ersten Mal eine korrekte Beschreibung der Vorgänge bei der Zellteilung. 1883 gibt ein anderer deutscher Biologe, Wilhelm Roux (1850–1924), die richtige theoretische Erklärung für die komplexen Bewegungsabläufe, die die Chromosomen bei der Mitose vollführen. Erst 1890 jedoch beschreibt Oscar Hertwig (1849–1922) die Meiose, d. h. die Teilungen des Zellkerns bei der Bildung der Geschlechtszellen.

L. BOLTZMANN

Nach Sadi Carnot hatten Lord Kelvin und Rudolf Clausius erkannt, daß man eine neue Größe braucht, die *Entropie*, um das natürliche Ungleichgewicht zwischen Arbeit (mechanischer Energie) und Wärme richtig zu beschreiben. Ebenso wie lautes Rufen unterschiedliche Folgen hat, je nachdem ob man sich in einer Menschemenge bei einem Fußballspiel oder allein in einer Kirche befindet, so hat auch die Zufuhr einer bestimmten Wärmemenge in einem System unterschiedliche Auswirkungen, je nachdem ob die Temperatur im System hoch oder niedrig ist. Daher stammt die Idee (von Clausius), ein *Verhältnis* zwischen Wärmemenge und Temperatur herzustellen. Dieses Verhältnis, die Entropie, erhöht sich während der natürlichen Veränderungen in einem System und sinkt nur, wenn Energie von außen (z. B. durch eine Wärmemaschine) zugeführt wird.

Die tiefere Bedeutung der Zustandsgröße Entropie hat der österreichische Physiker Ludwig Boltzmann erkannt. Von der Welt unverstanden, beging er im Alter von 62 Jahren Selbstmord, doch sein Grabstein in Wien trägt eine Inschrift, die sein gesamtes Werk zusammenfaßt: $S = k \cdot \log W$. Dabei ist S die Entropie, die in allen thermodynamischen Erscheinungen eine Rolle spielt; W ist eine ›Wahrscheinlichkeit‹, ein Maß für die Unordnung der Teilchen, Moleküle oder Atome, aus denen die Materie besteht.

Aus dem Zusammenhang zwischen Entropie und Wahrscheinlichkeit schloß Boltzmann, daß die Energie die Tendenz besitzt, sich gleichmäßig zu verteilen. Um die Bedeutung seiner Entdeckung zu erfassen, sollte man sich Boltzmann zufolge einen winzigen Dämonen vorstellen, der die Gasmoleküle nach ihrer Geschwindigkeit sortiert. Dieser Dämon könnte in einem Raum mit normaler Temperatur die schnellen (warmen) Moleküle von den langsamen (kalten) trennen und den Raum somit in zwei Zonen aufteilen: eine warme und eine kalte Zone. Die Tatsache, daß dies unmöglich ist, zeigt die Unmöglichkeit des ›Dämons‹ und demonstriert, daß man zur Beschreibung der Materie auf mikroskopischem Niveau auf statistische und wahrscheinlichkeitstheoretische Methoden zurückgreifen muß.

A · **Bell-Telefon.** Mit diesem 1876 patentierten Apparat war eine Kommunikation über große Entfernungen nicht möglich.

B · **Ludwig Boltzmann.** Der österreichische Physiker ist einer der Begründer der kinetischen Gastheorie.

THOMAS EDISON

Thomas Alva Edison hatte einen bemerkenswerten Lebensweg. Er wurde als Sohn eines amerikanischen Antiquitätenhändlers holländischer Herkunft 1847 in Milan (Ohio) geboren. Im Alter von 12 Jahren wurde er als Zeitungsverkäufer in Zügen angestellt. In dem ihm zur Verfügung stehenden Waggon stellte er eine gebraucht gekaufte Druckerpresse auf und gründete eine Zeitung, den *Weekly Herald*, die er auf den Zugfahrten redigierte und druckte und den Reisenden verkaufte. 1862 fängt er in einem Telegrafenamt in Port Huron an zu arbeiten; er erfindet dort 1864 einen *Duplex-Telegrafen*, mit dem man auf einem Draht gleichzeitig zwei Nachrichten in entgegengesetzter Richtung übermitteln kann. Danach wird er Ingenieur in mehreren Telegrafengesellschaften. Er ist reich und hat schon einen großen Namen, als er 1876 das Laboratorium von Menlo Park in Orange (New Jersey) gründet. Dort macht er die meisten Erfindungen. Die bemerkenswerteste unter seinen vielen Erfindungen ist sicherlich der Phonograph aus dem Jahr 1877. Edison gelingt es auch, die Glühlampe zu verbessern und in den Handel zu bringen. Ab 1895 vertreibt er Kinematographen und meldet mehr als 1000 Patente an, die meist in Zusammenarbeit mit seinem Team entstanden sind. Unter seinen Erfindungen sind besonders das Mikrotelephon (1877), der *Quadruplex-* und *Sextuplexfernschreiber* sowie der *Kinetograph* (1891) zu erwähnen, eine geniale Erfindung für die photographische Aufnahme von Bewegungen. Gegen 1914 entwickelt Edison den Nickel-Eisen-Akkumulator.

1883 entdeckt Edison den ›Edison-Effekt‹, der zur Entwicklung der Elektronenröhre führt. Thomas Alva Edison verkörpert auf einmalige Weise den Geist der technisch-pragmatischen Gesellschaft Nordamerikas gegen Ende des 19. Jahrhunderts.

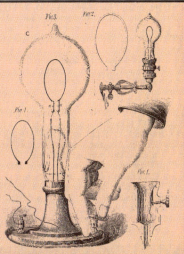

C · **Die Edison-Lampe.** Edison entwickelte die Glühlampe weiter. (Scientific American, *1880*)

ENTDECKUNGEN UND ERFINDUNGEN

VON 1881 BIS 1890

1881. H. Poincaré leistet wichtige Beiträge zur Theorie der Differentialgleichungen. □ Erster Versuch der Amerikaner Albert Michelson (1852–1931) und Edward Williams Morley (1838–1923) zur Bestimmung der Lichtgeschwindigkeit, um eine eventuelle Bewegung der Erde relativ zum *Äther* zu beweisen, in dem sich die Lichtwellen angeblich ausbreiten. □ Erste elektrische Straßenbahn zu Berlin in Betrieb genommen.

1882. Der Deutsche Ferdinand von Lindemann (1852–1939) liefert den Beweis für die Transzendenz der Kreiszahl π und zeigt damit die Undurchführbarkeit der Quadratur des Kreises. □ R. Koch entdeckt den Tuberkuloseerreger. □ Der Deutsche Walther Flemming (1843–1905) beschreibt die Mitose und weist darauf hin, daß dieses Phänomen in ähnlicher Weise bei Tieren und Pflanzen vorkommt. □ Der Schotte James Alfred Ewing (1855–1935) untersucht das Phänomen der Hysteresis, das Emil Warburg unabhängig von Ewing 1880 schon entdeckt hatte. □ Der Franzose François Raoult (1830–1901) stellt Gesetze über Gefrierpunkterniedrigung und Siedepunkterhöhung auf. □ Erfindung des Spulengalvanometers durch die Franzosen Marcel Deprez (1843–1918) und J. Arsène d'Arsonval (1851–1940). □ Der Franzose Étienne Marey (1830–1904) erfindet die Chronophotographie (Methode der Bewegungsanalyse durch kurz hintereinander aufgenommene Einzelbilder; eine Vorstufe des Films). □ Der Brite (italienischer Herkunft) Sebastiano Ziani de Ferranti (1864–1930) entwickelt den ersten Wechselstromgenerator. □ Erfindung des ersten elektrischen Lüfters durch den Amerikaner Schuyler Skoats Wheeler (1860–1923). □ G. Cantor führt den Begriff der transfiniten Zahlen ein.

1883. Der Belgier Edouard van Beneden (1846–1910) beweist am befruchteten Ei des Spulwurms, daß Samen- und Eizelle jeweils die Hälfte der Chromosomen liefern und daß die Chromosomenzahl später in allen Zellteilungen der Jugendstadien konstant bleibt. □ Der Russe Élie Metschnikow (1845–1916) entdeckt die Phagozytose (Vorgang, durch den bestimmte Zellen oder Protozoen Teilchen und Mikroorganismen aufnehmen und abbauen). □ Der Schwede Gustav de Laval (1845–1916) erfindet die nach ihm benannte Dampfturbine. □ Der Amerikaner (kroatischer Herkunft) Nikola Tesla (1856–1943) konstruiert den ersten Drehstrommotor. □ Édouard Delamare-Deboutteville (1856 bis 1901) baut einen Kraftwagen mit Explosionsmotor (keine Fahrt bekannt). □ Der Russe Konstantin Eduardowitsch Ziolkowski (1857 bis 1935) entwickelt den Gedanken, Weltraumflüge mit Hilfe des Düsenantriebs durchzuführen.

1884. Der Italiener Gregorio Ricci-Curbastro (1853–1925) erfindet den absoluten Differentialkalkül (Tensoranalysis). □ Der Franzose Jean-Jacques Schloesing (1824–1919) beschreibt den Vorgang der Bodennitrifikation (Umwandlung von organischem Stickstoff in Nitrat) unter der Einwirkung von Bakterien. □ Der Niederländer Jacobus Henricus van't Hoff (1852–1911) liefert die Grundlagen der chemischen Kinetik, indem er den Einfluß der Konzentration und der Temperatur auf die physikalisch-chemischen Gleichgewichte beweist. □ Der Franzose Marcel Bertrand (1847–1907) entwickelt den Begriff der Überschiebung (Verschiebung von Decken aus Gesteinsmassen) und begründet damit die moderne Tektonik. □ Bei einer internationalen Konferenz in Washington wird das Zeitzonensystem eingeführt und der Meridian von Greenwich zum Nullmeridian erklärt. □ Erfindung des Transformators durch den Franzosen Lucien Gaulard (1850–1888), des Maschinengewehrs durch den Amerikaner Hiram Stevens Maxim (1840–1916), der Überdruck-Dampfturbine durch den Briten Charles Parsons (1854–1931), der ersten künstlichen Textilfaser durch den Franzosen Hilaire Bernigaud de Chardonnet (1839 bis 1924), des Füllfederhalters durch den Amerikaner Lewis Edson Waterman (1837–1901) und des lichtempfindlichen Films durch den Amerikaner George Eastman (1854–1932). □ Erste Bildzerlegung und -zusammensetzung durch den Deutschen P. G. Nipkow (1860–1940). □ Der Deutschamerikaner Ottmar Mergenthaler (1854–1899) erfindet die Linotype-Setzmaschine.

1885. Der Deutsche August Weismann (1834–1914) widerlegt die Theorie der Vererbung erworbener Eigenschaften und begründet den Neodarwinismus. □ Erste Tollwutimpfung durch L. Pasteur. □ Entdeckung der elektrischen Mehrphasenströme durch N. Tesla. □ Der Amerikaner William Steward Burroughs (1857–1898) erfindet die erste tastengesteuerte, druckende Addiermaschine.

1886. Der Franzose Henry Moissan (1852 bis 1907) isoliert Fluor. □ Der Franzose Paul Héroult (1863–1914) und der Amerikaner Charles Martin Hall (1863–1914) entwickeln unabhängig voneinander ein Verfahren für die Aluminiumgewinnung durch Elektrolyse. □ Erste Offshore-Bohrung im Pazifik vor der kalifornischen Küste. □ Erste Straßenfahrt des Motorwagens von Carl Benz (1844–1929).

1887. Der Deutsche Heinrich Hertz (1857 bis 1894) beschreibt den Photoeffekt und bestätigt Maxwells elektromagnetische Theorie, nachdem er durch Experimente elektromagnetische Wellen entdeckt hatte und beweisen konnte, daß sie die Eigenschaften des Lichts besitzen. □ A. Michelson und E. W. Morley schließen ihre Experimente ab und beweisen die Konstanz der Lichtgeschwindigkeit. □ Der Schwede Svante Arrhenius (1859–1927) stellt eine Theorie der elektrolytischen Dissoziation auf. □ Gottlieb Daimler (1834–1900) erfindet den Vergaser und entwickelt mit Wilhelm Maybach (1846–1929) einen Zweizylindermotor. □ Emil H. Fischer (1852–1919) ermittelt die Zusammensetzung von Zucker.

1888. Der Brite Robert Abbott Hadfield (1858–1940) entwickelt den ersten Edelstähle. □ Erfindung des Luftreifens durch den Schotten John Boyd Dunlop (1840–1921).

1889. Die allgemeine Konferenz für Maße und Gewichte erkennt das Meter und das Kilogramm als Standardmaßeinheiten an. □ Almon B. Strowger erfindet in den Vereinten Staaten die erste elektromechanische Telefonzentrale mit automatischer Vermittlung.

1890. Der Deutsche Emil von Behring (1854–1917) entdeckt den ersten Antikörper, das Diphterieantitoxin. □ Der Franzose Édouard Branly (1844–1940) entwickelt den Feilspäne-Kohärer, mit dem Funksignale empfangen werden konnten. □ Erste elektrische Untergrundbahn in London.

WELLEN, KEIN ÄTHER

Maxwell konnte seine elektromagnetische Lichttheorie leider nicht mehr beweisen. Dies gelingt jedoch dem jungen Bonner Physiker Heinrich Hertz. 1883 erzeugt Hertz mit einer sehr leistungsfähigen elektrostatischen Maschine in einem Raum seines Labors elektrische Entladungen und legt in einen Nebenraum einen gebogenen Kupferdraht aus, an dessen Enden bei jeder Entladung ein kleiner Funke aufleuchtet.

Dieser erste noch unzureichende Empfänger für ›Hertzsche Wellen‹ wird bald verbessert. Hertz stirbt jedoch mit 37 Jahren, ohne selbst die Ausmaße seiner Entdeckung miterlebt zu haben; einer Entdeckung, die zusammen mit den Arbeiten von É. Branly (1890), A. S. Popow (1896) und G. Marconi (1899) die moderne Funktechnik begründet. Hertz, der die Theorie Maxwells nicht kennt, beweist 1887, daß ›seine‹ elektromagnetischen Wellen gebrochen und reflektiert werden, ungefähr 60 cm lang sind und sich mit Lichtgeschwindigkeit ausbreiten. Nebenbei macht er eine weitere Entdeckung: Sein Empfänger erzeugt kräftigere Funken, wenn er mit ultraviolettem Licht bestrahlt wird. Das Zustandekommen dieses Phänomens, das heute als Photoeffekt bekannt ist, kann erst 1905 von Albert Einstein erklärt werden.

Nachdem die Existenz der Wellen bewiesen war, blieb nur noch das heikle Problem der Existenz des Äthers zu lösen, in dem sich die Wellen, Maxwell zufolge, ausbreiten sollten. Weil diese immaterielle Umgebung nicht direkt sichtbar gemacht werden konnte, hatte der amerikanische Physiker Albert Michelson (1852–1931) einen wahrhaft ›kosmischen‹ Gedanken. Da die Erde, relativ zu den Sternen, ständig in Bewegung ist (ihre Umlaufgeschwindigkeit beträgt 30 km/s), sollte sich ihre Bewegung in einer leichten Änderung der Geschwindigkeit des Sternenlichts bemerkbar

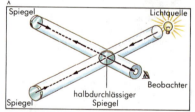

A · **Michelson-Morley-Experiment.**

Ein Lichtstrahl fällt auf einen halbdurchlässigen Spiegel. Der reflektierte Strahl trifft auf einen Spiegel und läuft zum Beobachter zurück; der geradlinig weiterlaufende Strahl wird an einem dritten Spiegel sowie am halbdurchlässigen Spiegel reflektiert. Die sich überlagernden Strahlenbündel laufen beide zum Beobachter. Er erkennt normalerweise abwechselnd helle und dunkle Interferenzstreifen. Die beiden Arme der Vorrichtung sind gleich lang. So kann man mit den eventuellen Verschiebungen der Streifen die unterschiedlichen Geschwindigkeiten der beiden Strahlen nachweisen. Michelson und Morley hofften (vergeblich), die Geschwindigkeitsdifferenz zwischen den nord-südlich u. ost-westlich verlaufenden Lichtstrahlen messen zu können.

B, C · **Chronophotographie.**

Étienne Jules Marey nahm 1887 diese Chronophotographien auf, die die Bewegungen einer gehenden und einer laufenden Person zerlegen.

ENTDECKUNGEN UND ERFINDUNGEN

machen. Diese müßte sich um 30 km/s verlangsamen, wenn sich die Erde von einem Stern entfernt, und würde um 30 km/s ansteigen, sobald sie sich dem Stern nähert. Ab 1881 arbeiten Michelson und Morley mit einem hochempfindlichen Instrument, dem ›Interferometer‹, mit dem man den geringsten Geschwindigkeitsunterschied zwischen zwei Lichtstrahlen messen kann. Es ist jedoch kein ›ätherischer Gegen- und Rückenwind‹ zu erkennen: Die Lichtgeschwindigkeit bleibt trotz der Bewegung der Erde konstant.

LOUIS PASTEUR

Louis Pasteur wurde 1822 als Sohn einfacher Eltern in Dôle (Jura) geboren. Er absolvierte ein Lehrerstudium und spezialisierte sich auf Chemie. Seine ersten Arbeiten über die Kristalle der Weinsteinsäure, dann über die alkoholische Gärung und die Milchsäuregärung führten ihn zu der Erkenntnis, daß Mikroorganismen in der Lage sind, die Beschaffenheit von Stoffen zu verändern. Er bestreitet damit die Thesen des deutschen Chemikers Justus von Liebig (1803–1873): Dieser war der Meinung, daß die Gärung eine rein chemische Reaktion sei. Pasteur jedoch behauptet, daß eine Gärung nicht ohne Lebewesen stattfinden kann (man weiß heute, daß beide recht hatten, insofern als es sich um chemische Reaktionen in lebenden Organismen handelt!). Zwischen 1860 und 1864 finden heftige Auseinandersetzungen mit dem Arzt Félix Pouchet (1800–1872), einem Vertreter der Urzeugung, statt. Pasteur widerlegt diese Theorie 1864 durch seine berühmten Experimente, die er mit noch größerer Genauigkeit als Spallanzani durchführt.

Ab 1877 interessiert er sich für den Zusammenhang zwischen Mikroben und Krankheiten. Beeinflußt von dem deutschen Arzt R. Koch entwickelt er eine Methode für die kontinuierliche Züchtung von Milzbrandbakterien, die Schafe befallen. 1878 legt er der Pariser Akademie der Wissenschaften eine Schrift mit dem Titel *La théorie des germes et ses applications à la médecine et à la chirurgie* vor. Darin greift er die Erfahrungen und Gedanken des französischen Arztes C. J. Davaine auf und behauptet, daß ansteckende Krankheiten durch Mikroben hervorgerufen werden. Dies bringt ihm heftige Angriffe seitens der Mediziner ein. Unterdessen identifizieren Pasteur und seine Mitarbeiter nicht nur zahlreiche Mikroben als Krankheitserreger, sondern formulieren auch das Prinzip der Keimbekämpfung (Asepsis, Antisepsis). Vor allem aber entdeckt er 1880 die Technik der Impfstoffherstellung.

Nachdem er Hühner versehentlich mit einem schon älteren Bakterienstamm impfte, der bei Vögeln Cholera hervorruft, bemerkt er, daß sie der Krankheit nicht mehr erliegen, wenn sie erneut infiziert werden. Daraus schließt er, daß die Injektion der schon geschwächten Mikroben die Hühner vor den normalen Mikroben geschützt hatte. So entdeckt er das von dem britischen Arzt E. Jenner 1796 aufgestellte Prinzip der Impfung ein zweites Mal und erweitert es. Letzterer wußte nichts von der Existenz von Mikroben und konnte sich bei seiner Pockenimpfung nur auf empirische Beobachtungen berufen. Pasteur dagegen ist in der Lage, die Technik, mit der er die Wirkung der Mikroben abschwächt, auch bei anderen Mikroben anzuwenden und kann auf diese Weise Impfstoffe gegen viele andere Krankheiten entwickeln. Zuerst stellt er einen Impfstoff gegen den Milzbrand bei Schafen her, dessen Wirksamkeit er auf Vorschlag eines Tierarztes in Pouilly-le-Fort (bei Melun) öffentlich an 50 Schafen demonstriert. 1885 beschließt er, auch beim Menschen Impfungen durchzuführen (Tollwut). Die erste Impfung mit abgeschwächten Tollwutviren, die er an Joseph Meister im Juli 1885 vollzieht, ist in Wahrheit nicht vorbeugend, sondern heilend: Der junge Schäfer war schon von den Erregern infiziert gewesen; die Injektion von abgeschwächten Viren hat sein Immunsystem während der Inkubationszeit gestärkt.

ZELLKERN UND ERBINFORMATION

Zwischen 1880 und 1890 wird in der Zellbiologie eine für die spätere Entwicklung der Genetik äußerst wichtige Schlußfolgerung gezogen. Die deutschen Biologen Oscar Hertwig (1849–1922) und Eduard Strasburger (polnischer Herkunft, 1844–1912) kamen, gestützt auf mikroskopische Beobachtungen und theoretische Erkenntnisse, zu dem Schluß, daß die genetische Information im Zellkern sitzen muß. Erst 1910 werden jedoch in der Schule von T. H. Morgan Experimente durchgeführt, die definitiv beweisen, daß die Chromosomen im Innern des Zellkerns die Träger der genetischen Informationen sind. Zwei andere Biologen kommen unabhängig davon fast zur gleichen Zeit zu demselben Ergebnis: der Deutsche August Weismann (1834–1914) und der Schweizer Albert von Kölliker (1817–1905). Letzterer behauptet, daß eine besondere chemische Substanz im Innern des Zellkerns, die Nucleinsäure (1869 von seinem Landsmann Friedrich Miescher entdeckt), die eigentliche Trägersubstanz des genetischen Materials sei. Damit bewies er ein gutes Gespür, denn die Nucleinsäure sollte sich später als DNS herausstellen, die chemische Substanz der Gene und Chromosomen.

NEODARWINISMUS

Der deutsche Biologe August Weismann (1834–1914) wird von manchen Biologiehistorikern als einer der größten Biologen überhaupt bezeichnet. Und tatsächlich brachte er die theoretische Biologie einen großen Schritt voran, und zwar sowohl beim Verständnis der Vererbungsvorgänge als auch beim Verständnis der Entwicklungsmechanismen der Arten. Von Kindheit an war er von den Naturwissenschaften fasziniert (er sammelte Schmetterlinge, Käfer und Pflanzen). Er studierte in Göttingen Medizin, wandte sich dann aber der Zellbiologie zu. Zeitweilig praktizierte Weismann als Arzt in Frankfurt am Main und auf Schloß Schaumburg (Lahn); ab 1867 war er Professor der Zoologie in Freiburg im Breisgau. Wegen eines Sehfehlers konnte er bald nicht mehr am Mikroskop arbeiten, so daß er sich theoretischen Studien widmen mußte. Von 1876 bis 1892 veröffentlichte er zahlreiche Artikel und Bücher über das Problem der Vererbung. Er berief sich auf die Beobachtungen der Zytologen in dieser Zeit und kam zu dem Schluß, daß bei Lebewesen das genetische Material unabhängig vom restlichen Körper existieren müsse (was nach heutigem Wissen vollkommen richtig ist) und von diesem nicht beeinflußt werden könne. Damit behauptet er, daß es unmöglich sei, die im Laufe eines Lebens durch intensiven Gebrauch erworbenen Eigenschaften zu vererben (z. B. kann der Schmied seinen ›großen Bizeps‹ nicht an seine Nachkommen weitergeben). Weismann widersprach damit als erster einer damals bei allen Biologen anerkannten These. Man weiß heute, daß er auch in diesem Punkt, den er durch Versuche belegte, recht hatte. Er schnitt systematisch ganzen Mäusegenerationen die Schwänze ab: Diese Verstümmelung wurde nie vererbt.

Auch korrigierte Weismann den Darwinismus mit der Behauptung, daß die natürliche Selektion der ausschlaggebende Faktor bei der Evolution sei. Dagegen hatte Darwin die Vererbung erworbener Eigenschaften angenommen, welche neben der natürlichen Selektion als zusätzlicher Faktor die Arten verändern könne. Deshalb wird Weismanns Theorie Neodarwinismus genannt. Sie dient heute als Grundlage der modernen Evolutionstheorie.

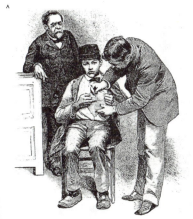

A · **Impfung gegen Tollwut.**
Impfung mit dem Tollwutimpfstoff an einem Kind unter Beisein von Pasteur, um 1885. Die ersten Erfahrungen mit der Tollwutimpfung lösten lebhafte Diskussionen aus. Der Erfolg zog 1888 die Gründung des staatlich geförderten ›Institut Pasteur‹ nach sich. Dieses existiert noch heute und widmet sich Forschungen im Geiste Pasteurs.

B · **Der Eiffelturm im Bau, im Jahre 1888.**
Dieser riesige Turm wurde 1889 für die Weltausstellung errichtet. Er enthält jedoch nur den zehnten Teil des Eisens, das Gustave Eiffel in seinem Leben verbaute. Das Viadukt von Garabit (1882–1884), die große Kuppel des Observatoriums in Nizza (1885) und das Gerüst für die Freiheitsstatue in New York (1886) sind andere berühmte Konstruktionen von Gustave Eiffel.

VON 1891 BIS 1900

1891. Der Ire George Johnstone Stoney (1826–1911), der schon 1874 die Existenz von ›Elektronen‹ postuliert hatte, behauptet, das Elektron sei der Ladungsträger des elektrischen Stroms, und versucht, dessen Ladung zu berechnen. □ Erste Gleitflugversuche des Deutschen Otto Lilienthal (1848–1896). □ Die Franzosen René Panhard (1841–1908) und Émile Levassor (1843–1897) beginnen die serienmäßige Automobilproduktion mit in Lizenz gefertigten Daimler-Motoren. □ Der Franzose Édouard Michelin (1859–1940) erfindet den abnehmbaren Fahrradreifen.

1892. H. Poincaré beginnt mit der Veröffentlichung seines dreibändigen Werkes *Neue Methoden der Himmelsmechanik*. □ Entdeckung der katalytischen Hydrierung durch Paul Sabatier (1859–1941). □ Der Deutsche Rudolf Diesel (1858–1913) läßt seinen Hochdruckverbrennungsmotor patentieren. □ Einführung des Elektroofens durch den Franzosen Henri Moissan (1852–1907).

1893. Der Schotte James Dewar (1842 bis 1923) erfindet ein isolierendes Gefäß für die Aufbewahrung flüssiger Gase (das heute seinen Namen trägt). □ Der Franzose André Blondel (1863–1938) entwickelt den Oszillographen. □ Die Deutschen Hans Geitel (1855–1923) und Julius Elster (1854–1929) konstruieren die Photozelle. □ Der Russe Alexander Stepanowitsch Popow (1859 bis 1906) erfindet die Funkantenne.

1894. Entdeckung des Pestbazillus durch den Franzosen Alexandre Yersin (1863–1943). □ Entdeckung der Spurenelemente durch den Franzosen Gabriel Bertrand (1867–1962) sowie des Argons durch die Briten Lord Rayleigh (1842–1919) und William Ramsey (1852–1916). □ Erfindung des abnehmbaren Autoreifens durch E. Michelin.

1895. Poincaré veröffentlicht seine große topologische Arbeit. □ Entdeckung der X-Strahlen durch den Deutschen Wilhelm Conrad Röntgen (1845–1923). □ Erfindung des Kinematographen durch die Brüder Louis (1864–1948) und Auguste (1862–1954) Lumière. □ Erstmaliger Einsatz einer Elektrolok bei der Eisenbahn in Baltimore (USA).

1896. Entdeckung der natürlichen Radioaktivität (des Urans) durch Henri Becquerel (1852–1908). □ Der Niederländer Peter Zeeman (1865–1943) stellt fest, daß sich die Spektrallinien eines Körpers in einem Magnetfeld verändern. □ Die Franzosen Charles Fabry (1867–1945) und Alfred Pérot (1863 bis 1925) konstruieren das nach ihnen benannte Interferometer. □ Der Italiener Guglielmo Marconi (1874–1937) läßt sein Funksystem patentieren. □ Erfindung des elektrischen Phonographen oder Pick-Up durch den Schweizer Frantz Dussaud (1870–1953).

1897. Der Deutsche David Hilbert (1862 bis 1943) veröffentlicht sein Buch über die algebraische Zahlentheorie, den sogenannten *Zahlbericht*. □ Der Deutsche Eduard Buchner (1860–1917) beweist, daß ein Extrakt aus Bierhefe die alkoholische Gärung auslösen kann (erstmaliges Erkennen von intrazellulären Enzymen). □ Der Brite Charles Scott Sherington (1857–1952) schlägt vor, die Verbindungsstelle zwischen zwei Nervenzellen als *Synapse* zu bezeichnen. □ Der Brite Joseph John Thomson (1856–1940) bestimmt das Verhältnis von Ladung und Masse für Elektronen. □ Erfindung der Elektronenstrahlröhre durch den Deutschen Karl Ferdinand Braun (1850–1918) und des Invars durch den Schweizer Charles Édouard Guillaume (1861–1938). □ Bau des ersten Dampfschiffes (Dampfturbine), der *Turbinia*, auf Anregung des Briten Charles Algernon Parsons (1854–1931). □ Inbetriebnahme des größten Fernrohrs der Welt (mit einer Öffnung von 1,02 m) im Yerkes-Observatorium in den Vereinigten Staaten.

1898. Der Schotte James Dewar (1842 bis 1923) verflüssigt Wasserstoff. □ Die Briten W. Ramsey und Morris William Travers (1872–1961) entdecken Neon, Krypton, und Xenon. □ Die französischen Physiker Pierre (1859–1906) und Marie Curie (1867 bis 1934) entdecken Polonium und Radium. □ Erfindung des Hebdrehwählers (Telefonvermittlung) durch den Amerikaner Almon B. Strowger. □ Erste magnetische Tonaufzeichnung durch den Dänen Valdemar Poulsen (1869–1942).

1899. Veröffentlichung der *Grundlagen der Geometrie* von D. Hilbert, der damit die Grundlagen für die moderne Axiomatik der euklidischen Geometrie liefert. □ Der Niederländer Martinus Willem Beijnerinck (1861–1931) beschreibt eine neue Gruppe von Erregern, die Viren. □ Entdeckung des Flüssigkristalls durch den Deutschen Otto Lehmann (1855–1922). □ Erste Funkübertragung über eine große Entfernung (40 km) durch G. Marconi. □ Der Deutsche G. Daimler baut den ersten Bus. □ Erste elektrisch betriebene Eisenbahnlinie in Europa, in der Schweiz (Strecke Burgdorf–Thun).

1900. Der Niederländer Hugo de Vries (1848–1935), der Deutsche Carl Erich Correns (1846–1933) und der Österreicher Erich E. Tschermak (1871–1962) werden auf die Vererbungsgesetze und das Werk Mendels aufmerksam. □ Entdeckung der Blutgruppen A, B, AB und 0 durch den Amerikaner österreichischer Herkunft Karl Landsteiner (1868 bis 1943). □ Der Deutsche Max Planck (1858–1947) versucht, die Strahlung schwarzer Körper zu erklären, und legt dabei die Existenz von Energiequanten zugrunde. □ Entdeckung der γ-Strahlen durch den Franzosen Paul Villard (1860–1934). □ Erster Flug des von dem Deutschen Ferdinand Graf von Zeppelin (1838–1917) erbauten Starrluftschiffs (später ›Zeppelin‹ genannt) am Bodensee.

DER WIEDERENTDECKTE MENDEL

Im Jahre 1889 veröffentlichte der Niederländer Hugo De Vries eine Vererbungstheorie, die auf den Erkenntnissen der Zytologie und der von Weismann formulierten Vererbungstheorie beruhte. Dies veranlaßte ihn 1892 dazu, Kreuzungsversuche mit Mohn und Nachtkerze durchzuführen. Er beobachtet, daß die Vererbung verschiedener Varianten einer Eigenschaft mit bestimmten Zahlenverhältnissen zusammenhängt, und kommt damit, ohne es zu wissen, zu den selben Ergebnissen wie Gregor Mendel. Doch im Gegensatz zu diesem erkennt er diese Gesetze anhand von Experimenten an verschiedenen Spezies (etwa 30). Er veröffentlicht seine Resultate im Jahre 1900. Bei seinen bibliographischen Studien vor dieser Veröffentlichung entdeckt er, daß Mendel die gleichen Ergebnisse 35 Jahre zuvor schon veröffentlicht hatte.

Der Deutsche Carl Erich Correns (1864 bis 1933) und der Österreicher Erich Tschermak (1871–1962) unternahmen ihrerseits im Jahre 1899 ähnliche Versuche wie De Vries. Nachdem sie vor Erscheinen ihrer Publikation ein Exemplar von dessen Schrift in die Hände bekamen, ließen sie sogleich ihre eigenen Ergebnisse veröffentlichen.

TRANSFUSIONEN

Der erste ernsthafte Versuch, Blut eines Menschen in den Blutkreislauf eines anderen zu übertragen, wurde 1829 von dem britischen Geburtshelfer James Blundell (1790–1877) unternommen, als eine gebärende Frau einen Blutsturz bekam. Weitere Versuche auf diesem Gebiet wagten 1867 der deutsche Physiologe L. Landois (1837–1905) und der französische Physiologe E. Oré (1828–1890). 1875 entdeckt L. Landois, daß das Mißlingen einer Bluttransfusion bei Tieren unterschiedlicher Art darauf zurückzuführen ist, daß sich die übertragenen roten Blutkörperchen zusammenballen und den Blutkreislauf blockieren.

Im Jahre 1900 stellt der österreichische Biologe Karl Landsteiner (1868–1943) fest, daß das gleiche Phänomen, wenn auch weniger systematisch, bei der Bluttransfusion zwischen Menschen auftritt. Dies führt zu der Entdeckung der Blutgruppen A, B, AB und 0 und zur Formulierung der Gesetze für die gefahrlose Bluttransfusion, die die Feststellung der Blutgruppe vor der Transfusion vorausset-

A · **Die Metro in Paris.** Inbetriebnahme der ersten Metrolinie in Paris am 16. Juli 1900, die unter der Leitung von F. Bienvenüe gebaut wurde.

B · **Funktelegraphie.** Sender, mit dem Marconi im Mai 1897 in England funktelegraphische Nachrichten über eine Entfernung von 15 km übermittelte.

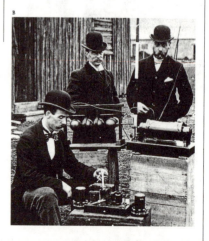

ENTDECKUNGEN UND ERFINDUNGEN

zen. K. Landsteiner ging 1919 in die Vereinigten Staaten und führte dort seine Studien am Rockefeller-Institut in New York fort. Er entdeckte weitere Blutgruppen (M, N und P) sowie den Rhesusfaktor (1940). Für seine Entdeckungen erhielt Landsteiner 1930 den Nobelpreis.

EINE ›STRAHLENLAWINE‹

Im Jahr 1869, nachdem Julius Plücker (1801 bis 1868) und Heinrich Geissler (1814 bis 1879), der Erfinder der Vakuumpumpe, die ›Spektralröhre‹ (eine evakuierte Glasröhre mit zwei Metallelektroden) verbessert hatten, stellte Wilhelm Hittorf fest, daß die negative Elektrode (Kathode) in einem Hochvakuum eine seltsam grünlich-schillernde Färbung annimmt.

Kam diese Färbung durch ein neuartiges ›Licht‹ oder einen Partikelfluß zustande? Die letztere Möglichkeit erwies sich als richtig, denn William Crookes bewies, daß die *Kathodenstrahlen* ein kleines Rädchen in einer Röhre in Bewegung setzen. Jean Perrin zeigte, daß sie aus negativ geladenen Teilchen bestehen.

Diese Ergebnisse paßten wunderbar in die ›Elektrontheorie‹ des Niederländers H. A. Lorentz, der 1892 die Ansicht vertrat, daß der elektrische Strom ein Zirkulieren von Elektronen sei und daß diese winzigen Teilchen in jeder Materie zu finden seien.

Diese Theorie wird zuerst von Joseph John Thomson (der die ersten Berechnungen von Ladung und Masse der Elektronen vornahm) und später von Peter Zeeman (einem Schüler von Lorentz an der Universität von Leiden) anhand eines gut durchdachten Experiments untersucht: Zeemann beweist, daß sich die Spektrallinien einer sich zwischen den Polen eines Magneten befindlichen Flamme verdoppeln. Dieses Phänomen war nur mit der Lorentzschen Auffassung über das Wesen des elektrischen Stromes zu erklären.

Unterdessen barg die ›Crookessche Röhre‹ weitere unerklärliche Tatsachen. Die Kathodenstrahlen drangen während der Fluoreszenz in der Röhre nicht durch das Glas hindurch. Umhüllte man aber die Röhre mit Karton, leuchteten die Strahlen durch den Karton und regten in der Nähe befindliche fluoreszierende Substanzen an. Die Entdeckung dieser unbekannten Strahlen (die man X-Strahlen nannte), die Stoffe durchdringen konnten, begründen den Ruhm Wilhelm Röntgens, der kurz darauf die erste Röntgenphotographie überhaupt macht (von seiner Hand). Die Beschaffenheit der Röntgenstrahlen (Teilchen oder Wellen) bleibt ein Rätsel.

Erst sehr viel später begreift man, daß der Elektronenstrahl auf die entgegengesetzte Elektrode der Crookesschen Röhre schlägt und dort die Entstehung der Röntgenstrahlen bewirkt, d. h. elektromagnetischer Wellen mit einer sehr viel kürzeren Wellenlänge als Lichtwellen.

Die Entdeckung der Röntgenstrahlen zog sogleich weitere Entdeckungen nach sich: die Radioaktivität von Uran (H. Becquerel, 1896) und später die von Radium (P. und M. Curie, 1898).

In dieser Epoche, in der das Atom noch reine Hypothese war, blieb die spontane Strahlenemission eines Stoffes vollkommen unerklärlich.

DIE QUANTEN

Die Physik werde bald vollkommen erforscht sein, stellte Lord Kelvin Ende des 19. Jahrhunderts fest, deutete aber dennoch einige Unklarheiten in Wärmelehre und Lichttheorie an. Diese kleinen Unklarheiten, der von Hertz 1887 entdeckte Photoeffekt und ein rätselhafter Widerspruch zwischen Theorie und Praxis der Wärmelehre (als ›Ultraviolettkatastrophe‹ bezeichnet), bergen in Wahrheit Erkenntnisse, die innerhalb einiger Jahre das gesamte Lehrgebäude der Physik revolutionieren sollten.

Diese Umwälzung wird von einer anfangs recht nebensächlichen Untersuchung ausgelöst. Das deutsche Institut für Maße und Gewichte sucht ein Bezugsmaß für die neuen elektrischen Lichtquellen und bittet den Physiker Wilhelm Wien (1864–1928), das Verhältnis zwischen der Temperatur eines idealen Strahlers (eines ›schwarzen Körpers‹) und den von ihm ausgesandten Strahlen zu bestimmen. Wien beobachtet, daß die Maximalstrahlung des schwarzen Körpers im Violetten liegt, ebenso wie ein Stück Eisen bei zunehmender Erhitzung erst ›rote‹, dann ›weiße‹ und schließlich ›ultraviolette‹ Strahlen aussendet. Als Max Planck versucht, diese Tatsache theoretisch zu erklären, macht er eine unangenehme Feststellung: Die einzige Erklärung für Wiens Strahlungskurve besteht darin, daß die Strahlungsquelle Strahlen nicht kontinuierlich aussendet sondern sprunghaft, in ›Energiequanten‹. Planck entwickelt diese These ungern weiter, behauptet aber, es würde sich um ein reines ›Rechenexempel‹ handeln. Fünf Jahre später liefert Einstein den Beweis für die Richtigkeit der Quantentheorie.

HENRI POINCARÉ

Trotz schlechter Leistung in Zeichnen und Sport wurde Henri Poincaré zur École Polytechnique zugelassen; später brachte er in Mathematik, Physik und Astronomie revolutionierende neue Erkenntnisse. Poincaré wurde 1885 bekannt, als er einen vom schwedischen König ausgeschriebenen Wettbewerb über das Vielkörperproblem gewann. Auch wenn er die Lösung nicht fand (noch heute kann man die Bewegung mehrerer sich gegenseitig beeinflussender Körper nicht berechnen), so leiteten seine Beiträge Karl Weierstraß zufolge ›eine neue Ära für die Himmelsmechanik‹ ein. Er bereicherte die mathematische Physik, die Topologie, die algebraische Geometrie und wendete die Gruppentheorie auf Differentialgleichungen an. Poincaré übte Kritik am Determinismus mit seiner Feststellung, daß gleiche Ursachen nicht immer dieselbe Wirkung haben und daß nicht alles durch Berechnung zu erschließen ist. Seine philosophischen Werke (*Wissenschaft und Hypothese; Der Wert der Wissenschaft*) machten ihn zu einem bekannten Mann. Er war einer der letzten universellen Mathematiker.

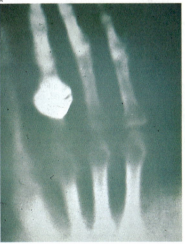

A · Die erste Röntgenaufnahme.
Dieses von Röntgen am 22. Dezember 1895 aufgenommene Röntgenbild zeigt deutlich den Knochenbau in der Hand seiner Frau.

B · Der Kinematograph. Erster Kinematograph, entwickelt von Louis Lumière im Jahre 1895. Der Apparat projiziert und nimmt auf. Der periodisch unterbrochene Vorschub des Films wurde durch eine Klaue ermöglicht, ein System, das heute noch angewendet wird. Erst 1911 wurde ein Verfahren zur Aufnahme und Reproduktion von Farbbildern entwickelt, 1927 entstanden die ersten Tonfilme.

C · Das Automobil.
Gottlieb Daimler (hinten) und sein Sohn Adolf (am Lenkrad) auf dem ersten Automobil mit Benzinmotor im Jahre 1886. Im gleichen Jahr läßt auch Carl Benz sein erstes Kraftfahrzeug patentieren. Bei der Weltausstellung in Paris im Jahre 1889 stellen G. Daimler und sein Mitarbeiter W. Maybach das erste aus Stahl gefertigte Automobil vor. Ab 1890 steigt die Zahl der Kraftwagenpioniere stetig an. Panhard und Levassor hatten in Frankreich die Lizenz für den Daimler-Motor erworben und entwarfen die ersten zweckmäßigen Automobile.

ENTDECKUNGEN UND ERFINDUNGEN

VON 1901 BIS 1910

1901. Der Japaner Takamine Jokichi (1854 bis 1922) isoliert das erste Hormon, das Adrenalin. ◻ Der Holländer Hugo De Vries (1848 bis 1935) führt den Begriff der Mutation in die Biologie ein. ◻ Der Franzose Victor Grignard (1871–1935) entdeckt die Alkylmagnesiumverbindungen, die später für organische Synthesen sehr nützlich sein werden. ◻ Der Deutsche Jungner erfindet den Nickel-Eisen-Akkumulator. ◻ Der Franzose Auguste Rateau (1863–1930) entwirft die nach ihm benannte mehrstufige Aktionsturbine. ◻ Der britische Statistiker Karl Pearsons (1857 bis 1936) führt den Chi-Quadrat-Test ein.
1902. Untersuchungen der Briten Ernest Rutherford (1871–1937) und Frederick Soddy (1877–1956) über die natürliche Radioaktivität. ◻ Der Franzose Paul Sabatier (1854–1941) erforscht die Phänomene der chemischen Katalyse und vollzieht die Methansynthese. ◻ Der Amerikaner A. E. Kennelly und der Brite Oliver Heaviside (1850 bis 1925) versuchen, die Übertragung von Funksignalen über den Atlantik zu erklären und stellen die Theorie auf, daß es in der höheren Atmosphäre eine leitende Schicht, die Ionosphäre, gebe, die die Hertzschen Wellen reflektiert. ◻ Erfindung der elektrischen Magnetzündung bei Verbrennungsmotoren durch Robert Bosch (1861–1942). ◻ Erfindung des Periskops für Unterseeboote.
1903. Die Deutschen Emil Fischer (1852 bis 1919) und Joseph von Mering (1849–1908) verwenden in der Therapeutik Veronal, das erste Barbiturat. ◻ Der Russe Iwan Petrowitsch Pawlow (1849–1936) stellt seine Untersuchungen über die bedingten Reflexe vor. ◻ Der Österreicher Richard Zsigmondy (1865–1929) und der Deutsche Henry Siedentopf (1872–1940) bauen das erste Ultramikroskop. ◻ Entdeckung der Elektrokardiographie durch den Holländer Willem Einthoven (1860–1927). ◻ Die amerikanischen Brüder Orville (1871–1948) und Wilbur (1867–1912) Wright führen mit ihrem selbst entwickelten Motorflugzeug den ersten gesteuerten Motorflug durch. ◻ Der Russe Konstantin Eduardowitsch Ziolkowski (1857 bis 1935) veröffentlicht *Die Weltraumerforschung mit Hilfe des Reaktionsmotors,* ein Werk, in dem zum ersten Mal die Bewegungsgesetze einer Rakete ausgeführt sind.
1904. Der Deutsche David Hilbert (1862 bis 1943) beginnt mit seinen Arbeiten über die Grundlagen der Mathematik. ◻ Der Holländer Hendrik Antoon Lorentz (1853–1928) veröffentlicht Transformationsformeln für Länge, Masse und Zeit beim Übergang zwischen zwei sich zueinander geradlinig-gleichförmig bewegenden Bezugssystemen. ◻ Erfindung der Diode durch den Briten John Ambrose Fleming (1849–1945) und der autochromen photographischen Platte (Farbphotographie) durch Auguste und Louis Lumière.
1905. Die Deutschen Erich Hoffmann (1868–1958) und Fritz Richard Schaudinn (1871–1906) entdecken den Syphiliserreger. ◻ Albert Einstein (1879–1955) erklärt den Photoeffekt und die Brownsche Bewegung; er begründet die spezielle Relativitätstheorie. ◻ Erster betrieblicher Einsatz des Offsetdrucks durch den Amerikaner Ira W. Rubel († 1908). ◻ Erfindung des Autogenschweißens durch I. L. Fouché.
1906. Entdeckung der Chromatographie (Trennungsverfahren für Stoffgemische) durch den Russen Michail Semjonowitsch Zwet (1872–1919). ◻ Der Deutsche Walther Nernst (1864–1941) begründet den dritten Hauptsatz der Wärmelehre (am absoluten Nullpunkt ist die Entropie aller Systeme gleich null). ◻ E. Rutherford weist die Alphateilchen (Heliumkerne) nach. ◻ Künstliche Synthese des Ammonials durch den Deutschen Fritz Haber (1868–1934). ◻ Erfindung der Bakelite durch den Amerikaner Leo Baekeland (1863–1944). ◻ Eröffnung des längsten Eisenbahntunnels der Welt, des Simplon-Tunnels (19,8 km).
1907. Mit der künstlichen Synthese des Hauptproteins von Seide (das aus 18 Aminosäuren besteht) beweist der Deutsche E. Fischer, daß die Proteine der Lebewesen aus Aminosäureketten bestehen. ◻ Der Franzose Pierre Weis (1865–1940) begründet die Theorie des Ferromagnetismus. ◻ Entdeckung der Isotopie durch den Briten Frederick Soddy (1877–1956). ◻ Erfindung des Rahmen-Radiogoniometers durch den Italiener Ettore Bellini (1867–1943) und des Bildempfängers durch Édouard Belin (1867–1963).
1908. Der Deutsche Hermann Minkowski (1864–1909) führt das vierdimensionale Raum-Zeit-Kontinuum ein, eine geometrische Interpretation der speziellen Relativitätstheorie. ◻ Der Deutsche Ernst Zermelo (1871–1953) erstellt eine Axiomatik für die Mengenlehre. ◻ Der Niederländer Heike Kamerlingh Onnes (1853–1926) verflüssigt Helium bei −269 °C. ◻ Der Amerikaner George Hale (1868–1938) entdeckt den Magnetismus der Sonnenflecken. ◻ Die Ford Motor Co. (USA) baut das erste T-Modell (später in Fließbandfertigung).
1909. Der Franzose Louis Lapicque (1866–1952) stellt die Gesetze der Reizbarkeit der Nervenfasern auf. ◻ Der Deutsche Paul Ehrlich (1854–1915) entwickelt die erste wirksame Behandlung der Syphilis auf Basis arsenhaltiger Produkte. ◻ Der Franzose Charles Nicolle (1868–1936) entdeckt den Typhuserreger. ◻ Der Däne Søren Sørensen (1868–1939) führt den Begriff des pH-Werts (Konzentration der Wasserstoffionen) ein. ◻ Der kroatische Geophysiker Andrija Mohorovičić (1857–1936) entdeckt die Übergangszone zwischen der Erdkruste und dem Erdmantel. ◻ Erstmaliges Überfliegen des Ärmelkanals durch den Franzosen Louis Blériot (1872–1936).
1910. Anfänge der chromosomengebundenen Vererbungstheorie des Amerikaners Thomas Hunt Morgan (1866–1945). ◻ Entdeckung des Duraluminiums durch den Deutschen Alfred Wilm (1869–1937). ◻ Der Franzose Henri Fabre (1882–1984) unternimmt den ersten Flug mit einem Wasserflugzeug.

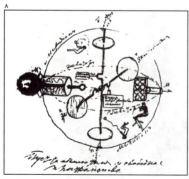

A · Zeichnung von Ziolkowski.

Der Russe Ziolkowski, der große Theoretiker des Weltraumflugs, stellt hier in seinen Aufzeichnungen den schwerelosen Menschen dar.

RUTHERFORD ERFORSCHT DAS ATOM

Im Jahre 1906 widmeten sich Ernest Rutherford of Nelson und Frederick Soddy dem Problem der *radioaktiven Strahlen,* die zehn Jahre zuvor von H. Becquerel entdeckt worden waren. Unter der Einwirkung eines Magneten teilte sich diese Strahlung in drei auseinanderlaufende Strahlenbündel. Das nicht abgelenkte Teilbündel war erst kurz zuvor identifiziert worden; es handelte sich um elektromagnetische Wellen, die sogenannten Gammastrahlen. Die Betastrahlen setzen sich aus Elektronen zusammen. Dies hatte Becquerel selbst aufgezeigt. Der dritte Strahl wurde gegenüber dem Elektronenstrahl in die entgegengesetzte Richtung abgelenkt, er mußte also aus positiven Teilchen bestehen. Rutherford und Soddy konnten mit Hilfe des Spektroskops das Heliumspektrum erkennen! Die Alphastrahlen waren Heliumkerne.

Die Alphateilchen sollten Rutherford eine genauere Erforschung der Materie ermöglichen: Wurden diese auf ein dünnes Goldblättchen gelenkt, prallten einige ab, als ob sie auf etwas Hartes stießen. Nachdem damit die Existenz eines Kerns nachgewiesen war, betrachtete man das Atom als eine Art Mikrosonnensystem, in dem Elektronen um einen positiv geladenen, sehr schweren Kern kreisen. Dieses Modell wurde bald von Niels Bohr verbessert (1913). Rutherford war dann der erste, der Stickstoffkerne in Sauerstoffkerne umwandelte (1919).

EINSTEIN UND DIE RELATIVITÄT

Der vergebliche Versuch Albert Michelsons Anfang des Jahrhunderts, unterschiedliche Lichtgeschwindigkeiten nachzuweisen, beunruhigte viele Physiker. Ratlos stellte der Ire George Fitzgerald (1851–1901) die These auf, daß sich eines der Teilbündel des Michelson-Interferometers durch die Bewegung der Erde verkürze, weshalb der erwartete Effekt nicht

B · Albert Einstein (um 1920).

Seine Relativitätstheorie hat die moderne Wissenschaft durch die neuen Vorstellungen über Raum und Zeit entscheidend geprägt.

erkennbar sei. Der Niederländer H. A. Lorentz fand eine mathematische Formel, die die Verkürzung eines bewegten Körpers (für einen Beobachter) in Abhängigkeit von seiner Relativgeschwindigkeit ausdrückt. Allgemein nahm man an, dies sei ein Zufallsergebnis ohne fundierten Hintergrund.

Einstein war mit den Experimenten von Michelson nicht sehr vertraut, hatte aber eine seltsame Asymmetrie bei den elektromagnetischen Erscheinungen bemerkt: Nach den Gleichungen von Maxwell ist die Wirkung eines bewegten Stromkreises auf einen unbewegten Magneten anders als die Wirkung eines bewegten Magneten auf einen unbewegten Stromkreis.

Erschreckende Postulate. Wenn durch die Mechanik diese Phänomene nicht erklärt werden können, so dachte Einstein, dann liegt das zum einen an deren unzureichenden (bis auf Galilei zurückreichenden) Grundlagen, und zum anderen an der (mehrfach bestätigten) Konstanz der Lichtgeschwindigkeit. Von diesen Annahmen ausgehend, die jeden anderen Physiker zum Erschaudern gebracht hätte, gelangte Einstein zu einer befriedigenden Lösung: Er setzte voraus, daß die physikalischen Größen (Länge und Zeit) unterschiedliche Werte haben, je nachdem wo sich der Beobachter befindet. Es gibt also keine absolute Länge oder Zeit, sondern nur Größen in Relation zu einem Bezugssystem, in dem sie gemessen werden, d. h. *Raum* und *Zeit* sind untrennbar miteinander verknüpft. Diese Relativität erklärt auch die Asymmetrien bei den Maxwellschen Gleichungen und das Scheitern des Michelson-Experiments.

Magische Formel. Das war erst der Anfang der Einsteinschen Revolution. Die von Einstein ausgelöste beispiellose Entwicklung in der Geschichte der Wissenschaft bewirkte, daß eine einzigartige physikalische Formel, $E = mc^2$, allgemeines Gedankengut wurde. In einer Schrift mit dem Titel *Ist die Trägheit eines Körpers von seinem Energieinhalt abhängig?* zeigte er die Äquivalenz zwischen Masse und Energie als Folge der Relativität auf. Sie erklärt das Verglühen von Sternen und verleiht dem Menschen eine beunruhigende Macht über die Materie. Einstein selbst fand seine Theorie ›ästhetisch schön‹.

FORTSCHRITTE IN DER GENETIK

Die Entdeckung der Mendelschen Vererbungsgesetze zog zahlreiche genetische Untersuchungen nach sich. Zuerst einmal zeigten im Jahre 1902 Lucien Cuénot (1866–1951) in Frankreich und William Bateson (1861–1926) in Großbritannien die Gültigkeit dieser Gesetze im Tierreich auf (bisher hatten G. Mendel, H. De Vries, C. E. Correns oder E. Tschermak die Gesetze nur auf die Pflanzenwelt bezogen). Zur gleichen Zeit erkannten der amerikanische Biologe W. S. Sutton (1877–1916) und der deutsche Biologe Theodor Boveri (1862–1915), daß die Chromosomen sich während der Fortpflanzung genauso verteilen wie die Gene. Hieraus schlossen sie, daß die Chromosomen die Träger der Gene sind (aber erst nach den Untersuchungen von T. H. Morgan um 1910 wurde diese Theorie tatsächlich allgemein akzeptiert).

1909 führte der Däne W. L. Johannsen (1857–1927) die Begriffe *Gen* und *Genotyp* ein; im Jahre 1910 bewies der amerikanische Biologe E. M. East (1879–1938), daß die sich von Individuum zu Individuum ändernden Eigenschaften (z. B. die Größe) von mehreren Genen gleichzeitig bestimmt werden. Der britische Mathematiker Godfrey Harold Hardy (1877–1947) und der deutsche Biologe W. Weinberg (1862–1937) stellten unabhängig voneinander die grundlegende Regel der Populationsgenetik auf (Hardy-Weinberg-Formel), die den Mathematikern und Biologen eine solide Basis für ihre genetischen Untersuchungen zur Evolution geben sollte.

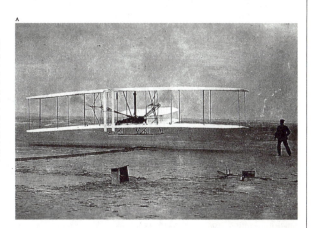

A · **Der erste Flug der Brüder Wright.**
Am 17. Dezember 1903 hebt in Kitty Hawk (North-Carolina) zum ersten Mal ein motorbetriebenes Fahrzeug, das schwerer als Luft ist, vom Boden ab und führt einen Flug durch. Mit dem Piloten Orville Wright an Bord hält sich das Flugzeug nur 12 Sekunden lang in der Luft. Nach diesem Pionierflug nimmt die Luftfahrt einen enormen Aufschwung.

DIE HORMONE

Die Endokrinologie entstand im ersten Jahrzehnt unseres Jahrhunderts. 1901 isoliert der Japaner Takamine Jokichi zum ersten Mal ein Hormon, das Adrenalin (dessen Ausschüttung eine Steigerung des Blutdrucks bewirkt). Ein Jahr später stellen die englischen Physiologen W. Bayliss (1860–1924) und E. Starling (1866 bis 1927) folgende These auf: Verläßt die aufgenommene Nahrung während der Verdauung den Magen, bilden die Zellen der Magenwand eine Substanz, die ins Blut ausgeschüttet wird und zur Bauchspeicheldrüse gelangt. Dort verursacht sie die Ausscheidung von Verdauungsfermenten. Bayliss und Starling geben dieser Substanz den Namen *Sekretin*. Im Jahre 1905 geht W. Bayliss einen Schritt weiter und nennt jede an einem Ort des Organismus (Drüse, Schleimhäute usw.) abgesonderte Substanz, die im Blut weiterbefördert wird und die Funktion anderer Organe und Gewebe anregt, *Hormon* (griechisch: antreiben). Danach werden immer mehr Hormone entdeckt (Schilddrüsenhormone, Geschlechtshormone, Hypophysenhormone usw.).

FORTSCHRITTE IN DER LUFTFAHRT

Am 17. Dezember 1903 hebt inmitten der kargen Dünen von Kitty Hawk an der Atlantikküste von North Carolina (USA) zum ersten Mal in der Geschichte ein von einem Motor angetriebenes Fahrzeug, das schwerer als Luft ist, vom Boden ab und fängt an zu fliegen. Die Helden dieses ersten Fluges sind die Brüder Orville und Wilbur Wright. Ihr Fluggerät, die *Flyer,* ist mit einem Motor von 12–16 PS ausgestattet, und führt an diesem Tag vier Flüge hintereinander durch, deren längster über eine Strecke von 284 m geht. Nach diesem Pionierflug nimmt die Luftfahrt einen rapiden Aufschwung. Am 13. Januar 1908 fliegt Henri Farman auf einem zweisitzigen Zweidecker den ersten Kilometer im Kreisflug. Am 30. Oktober legt er die Strecke Bouy–Reims zurück (27 km), d. h., er fliegt zum ersten Mal von einer Stadt zu einer anderen. Ende des Jahres 1908 findet im Grand Palais in Paris die erste internationale Luftfahrtausstellung statt. Bald werden Motor und Tragwerk verbessert und der Weg zu neuen Leistungen geebnet. Am 25. Juli 1909 überquert der Flugzeugbauer und Pilot Louis Blériot den Ärmelkanal. Er startet bei Baraques (Calais) um 4.41 Uhr mit dem Eindecker *Blériot XI* und landet um 5.13 Uhr in der Umgebung von Dover. Dieser Flug versetzt Europa und die Welt in helle Aufregung.

DER ›CONCOURS LÉPINE‹

›In Paris wird ein nationaler Wettbewerb für Spiele und Gegenstände eingerichtet. Teilnehmen können Kleinkünstler, Heimarbeiter und Erfinder aus Paris und der Pariser Umgebung. Die vorgestellten Gegenstände dürfen den Kaufpreis von drei Francs nicht überschreiten.‹

Dieser auf Initiative des Polizeipräfekten Louis Lépine 1901 verkündete Beschluß stellt die offizielle Gründungsurkunde des ›Concours Lépine‹ dar. Dieser wurde im Laufe der Zeit zu einer internationalen Ausstellung mit berühmten Erfindungen aus der ganzen Welt sowie mit zahlreichen Preisen und Medaillen für Kreationen und Erfindungen französischer und ausländischer Teilnehmer. Manche Erfindungen, die anfangs als utopisch, nicht realisierbar oder unnütz angesehen wurden – anscheinend war es noch zu früh, um ihre wahre Bedeutung erkennen zu können – stellten sich später als sehr sinnvoll heraus:
1922: die Waschmaschine;
1924: die tragbare Schreibmaschine;
1928: der Elektroofen;
1930: der Rasenmäher;
1934: der Reißverschluß.

ENTDECKUNGEN UND ERFINDUNGEN

VON 1911 BIS 1920

1911. E. Rutherford entwickelt sein Atommodell. ☐ Entdeckung der Supraleitfähigkeit durch H. Kammerlingh Onnes. ☐ Der Amerikaner Robert Andrews Millikan (1868–1953) mißt die Ladung des Elektrons. ☐ Der Däne Ejnar Hertzsprung (1873–1967) stellt ein Klassifizierungsschema für Sterne auf; er orientiert sich dabei an Spektralklasse und Helligkeit. Hertzsprung teilt die Sterne in *Riesen* und *Zwerge* ein. ☐ Erfindung des Kreiselkompasses durch den Amerikaner Elmer Ambrose Sperry (1860–1930). ☐ Einrichtung des Internationalen Büros für die Zeit.
1912. Der Franzose Alexis Carrel (1873 bis 1944) kommt auf dem Gebiet der Gewebekultur zu neuen Erkenntnissen. ☐ Der Deutsche Max von Laue (1879–1960) untersucht die Brechung von Röntgenstrahlen durch Kristalle. ☐ Der Amerikaner (österreichischer Herkunft) Victor Hess (1883–1964) entdeckt die Höhenstrahlung (deren Existenz indirekt schon 1910 durch den Schweizer A. Gockel aufgezeigt wurde). ☐ Der Brite Charles Thomson Rees Wilson (1869–1959) erfindet die nach ihm benannte Nebelkammer (einen Teilchendetektor). ☐ Der Amerikaner Vesto Melvin Slipher (1875–1969) führt die ersten Messungen der Radialgeschwindigkeit von Spiralnebeln durch. ☐ Die Amerikanerin Henrietta Leavitt (1868–1921) entdeckt die feste Beziehung zwischen Helligkeit und den unterschiedlichen Pulsationsfolgen bestimmter Sterne, der Cepheiden, mit Hilfe einer bestimmten Methode der Entfernungsbestimmung von Stern- und galaktischen Haufen. ☐ Der Österreicher Viktor Kaplan (1876–1934) konstruiert die nach ihm benannte Wasserturbine mit axial durchströmten Laufrädern.
1913. Die Amerikaner Elmer V. McCollum (1879–¿) und Thomas B. Osborne (1859 bis 1929) entdecken das erste Vitamin (Vitamin A). ☐ Erstes Atommodell mit Quantenbedingungen von dem dänischen Physiker Niels Bohr (1885–1962). ☐ Der Brite Joseph John Thomson (1856–1940) erfindet die Massenspektrographie. ☐ F. Soddy stellt die Existenz von Isotopen fest, die der Schwede Georg Hevesy de Heves (1885–1966) bei chemischen Reaktionen als radioaktive Markierer einsetzt. ☐ Johannes Stark (1874–1957) entdeckt die Aufspaltung von Spektrallinien von Atomen im elektrischen Feld (›Stark-Effekt‹). ☐ Der Amerikaner Henry Norris Russell (1877–1957) erstellt, unabhängig von E. Hertzsprung, ein Klassifizierungsschema für Sterne, mit den Koordinaten Spektralklasse und Helligkeit: Dieses Diagramm wird für die Untersuchung der Sternevolution grundlegend sein. ☐ Der Franzose Charles Fabry (1867–1945) entdeckt Ozon in den höheren Schichten der Atmosphäre. ☐ Der Franzose Roland Garros (1888–1918) überquert als erster das Mittelmeer mit dem Flugzeug. ☐ Erfindung der Wolframglühlampe durch den Amerikaner Irving Langmuir (1851–1957), der Glühkathodenröhre für die Erzeugung von Röntgenstrahlen durch den Amerikaner William David Coolidge (1873 bis 1975) und des Zählrohrs für energiereiche Teilchen (Geiger-Zähler) durch den Deutschen Hans Geiger (1882–1945). ☐ Erstes Fließband zur Serienproduktion des T-Modells bei den Ford-Werken (USA).
1914. Der Amerikaner (polnischer Herkunft) Casimir Funk (1884–1967) isoliert das Vitamin B, das gegen die Beriberikrankheit hilft. ☐ Der deutsche Mathematiker Felix Hausdorff (1868–1942) veröffentlicht seine *Grundzüge der Mengenlehre* und wird damit zum Begründer der mengentheoretischen Topologie. ☐ Der Franzose Albert Caquot (1881–1976)

entwickelt den Fesselballon. ☐ Der Panamakanal wird für die Schiffahrt freigegeben. ☐ Der Amerikaner Walter Sydney Adams (1876 bis 1956) entdeckt den ersten weißen Zwerg.
1915. Eine Gruppe amerikanischer Genforscher unter der Leitung von Thomas Hunt Morgan (1866–1945) veröffentlicht ihre Erkenntnisse über die Funktion der Chromosomen bei der Vererbung. ☐ Der Deutsche Arnold Sommerfeld (1868–1951) wendet in Verbindung mit der Quantentheorie die relativistische Mechanik auf das Atom an und kann dadurch die ›Feinstruktur‹ der Spektrallinien erklären. ☐ Der Deutsche Alfred Wegener (1880–1930) legt seine Kontinentalverschiebungstheorie dar. ☐ Der Amerikaner Percival Lowell (1855–1916) stellt die These auf, daß es jenseits des Neptun einen weiteren Planeten gibt, der für die Störungen der Neptunbahn verantwortlich sei. ☐ Der Franzose Paul Langevin (1872–1946) entwickelt eine Navigationstechnik für U-Boote mit Hilfe von Ultraschall. ☐ Hugo Junkers (1859–1935) baut das erste Ganzmetallflugzeug.
1916. Der Amerikaner F. E. Clements veröffentlicht sein grundlegendes Werk über die Ökologie (über Lebensgemeinschaften von Pflanzen). ☐ Albert Einstein (1879–1940) stellt die allgemeine Relativitätstheorie auf. ☐ Theorie der chemischen Bindung (als Austausch von Elektronen), aufgestellt von dem Amerikaner Gilbert Lewis (1875–1946) und dem Deutschen Walther Kossel (1888–1956).
1917. Der Amerikaner Harlow Shapley (1885–1972) untersucht die Verteilung der Kugelsternhaufen und berechnet den Durchmesser des Milchstraßensystems. ☐ Der Niederländer Willem de Sitter (1872–1934) leitet aus der Relativitätstheorie die Vorstellung eines expandierenden Weltalls ab.
1918. Der Amerikaner Donald Jones (1890 bis 1963) züchtet die ersten Mais-Hybriden. ☐ Lucien Lévy (1892–1965) und der Amerikaner Edwin Armstrong (1890–1954) erfinden unabhängig voneinander den modernen Radioempfänger (Superhet).
1919. Der Brite E. Rutherford löst die erste Kernreaktion aus (Umwandlung von Stickstoff in Sauerstoff). ☐ Der Brite Arthur Stanley Eddington (1882–1944) bestätigt die Voraussagen der Relativitätstheorie über die Krümmung von Lichtstrahlen im Schwerefeld der Sonne während einer totalen Sonnenfinsternis. ☐ Einführung der Weltzeit, das ist die mittlere Sonnenzeit des Nullmeridians (Greenwich, England). ☐ Der Franzose Georges Poivilliers (1892–1968) konstruiert den ersten Apparat für die Luft-Raumbildmessung. ☐ Erfindung des Tragflügelbootes durch den Amerikaner Alexander Graham Bell.
1920. Der Deutsche Otto Loewi (1873 bis 1961) weist nach, daß die Nervenendungen chemische Botschaften aussenden. ☐ Der Österreicher Karl von Frisch (1886–1982) entdeckt die ›Sprache‹ der Bienen. ☐ Der Däne Brønsted (1879–1947) führt das Begriffspaar Säure–Base ein. ☐ Die Franzosen Fernand Holweck (1890–1941) und Jean Thibaud (1901–1960) weisen unabhängig voneinander durch Versuche die Kontinuität zwischen Ultraviolettstrahlung und Röntgenstrahlen nach. ☐ Erfindung des Turbopropellertriebwerkes durch den Briten A. A. Griffith. ☐ In Pittsburgh (USA) wird die erste Rundfunkstation eingerichtet. ☐ Erfindung der Legierung Elinvar (Stahl-Nickel-Legierung mit einer Elastizität zwischen −50 und +100 °C, was diese Legierung für die Herstellung von Federn im Uhrenbau geeignet macht) durch den Schweizer Charles Édouard Guillaume (1861–1938).

QUANTENTHEORIE

Max Planck hatte im Jahre 1900 die Hypothese aufgestellt, daß Energie in *Quanten* ausgestrahlt oder absorbiert wird, d. h. in Energieportionen, die mittels einer Konstante h (sogenanntes ›Plancksches Wirkungsquantum‹) mit der jeweiligen Strahlungsfrequenz v verknüpft sind: $E = h \cdot v$. Dieser Gedanke erschien nicht mehr so abwegig, als Einstein fünf Jahre später mit ihm den Photoeffekt erklärte, der 1886 von H. Hertz entdeckt worden war. Beim Photoeffekt werden durch ultraviolette Strahlen aus Metallen Elektronen herausgelöst.

Nach Einsteins Meinung tragen die Lichtpartikel proportional zu ihrer Frequenz eine bestimmte Energiemenge, die sie auf die Elektronen der Metallatome übertragen. Der Effekt ist um so stärker, je höher die Frequenz der Strahlung ist (wie bei den ultravioletten Strahlen); er verschwindet ganz bei sichtbarem Licht (mit niedriger Frequenz), unabhängig von der Intensität der Strahlung. Die Atome sind also fähig, Licht zu absorbieren und auszustrahlen, was Niels Bohr zufolge mit den Ergebnissen der Spektroskopie übereinstimmt: Wenn ein Atom mit bestimmten festgelegten Frequenzen Licht aussendet (Spektrallinien), dann ist die Energie seiner Elektronen ebenfalls gequantelt. Und das ›unmögliche‹ Atommodell von Rutherford (Maxwells Gleichungen zufolge müßten die Elektronen auf den Kern treffen) ersetzt Bohr durch ein Quantenmodell und findet durch Berechnung die Formel des Wasserstoffspektrums, die 1885 der Schweizer Johann Jacob Balmer (1825–1898) aufgrund von Versuchen herausgefunden hatte.

Nach Bohr verteilen sich die Elektronen der Atome auf die charakteristischen Energieniveaus der jeweiligen Atome. Durch einen Stoß oder durch Absorption eines Energiequants kann ein Elektron auf ein höheres Energieniveau springen. Es kann wieder auf seine vorherige Quantenbahn ›herabsteigen‹, indem es ein Energiequant abgibt. Zwar liefert die Quantentheorie weitere Erkenntnisse über das Atom, sie kann sich dabei jedoch nicht auf herkömmliche Vorstellungen stützen. Die Quanten können nur rein mathematisch beschrieben werden.

▲ · **Niels Bohr und Max Planck (um 1930)**

Das Werk dieser beiden Wissenschaftler trug entscheidend zur Entwicklung der Mikrophysik bei: Max Planck begründete die Quantentheorie durch seine Annahme, daß der Energieaustausch nicht kontinuierlich, sondern in Form von Quanten (›Portionen‹) vollzogen wird; Niels Bohr erarbeitet ein entsprechendes Atommodell mit Quantenbedingungen.

DIE ALLGEMEINE RELATIVITÄTSTHEORIE

Newton hatte die Gravitation durch die *Kraft* der Massenanziehung erklärt; Einstein erklärte sie 1916 durch die *Geometrie* der Raum-Zeit-Welt. Rein intuitiv, ausgehend von den ›Empfindungen eines Mannes, der von einem Dach herunterfällt‹, entwickelt Einstein die *allgemeine Relativitätstheorie,* in der alle Gravitationsphänomene unabhängig vom Einwirken einer Kraft erklärt werden. Einstein geht von der Vorstellung eines schwerelosen Menschen aus, der nie den Eindruck bekommt, sich im freien Fall zu befinden, da die Gegenstände um ihn herum genauso schnell wie er fallen und keiner Kraft ausgesetzt sind. Er muß also einer ›natürlichen‹ Trajektorie folgen, einer extrem steilen Fallinie im Raum-Zeit-Kontinuum. Die Gegenstände, die für die Anziehungskraft verantwortlich sind (in diesem Fall die Erde) verursachen eine Krümmung in der Raum-Zeit-Welt, die um so ausgeprägter ist, je mehr Masse die Gegenstände haben. Die Planeten z. B. fallen in fast kreisförmigen Trajektorien in die von der Masse der Sonne hervorgerufene (vierdimensionale) Senke.

Die Raum-Zeit-Welt in der allgemeinen Relativitätstheorie kann nicht graphisch dargestellt werden; sie ist nur durch die Tensoranalysis zu erschließen. Die Krümmung jedoch ist zu erkennen: Die Lichtstrahlen krümmen sich in der Nähe der Sonne oder der Sterne. Die Krümmung ist für die Entstehung von *Gravitationslinsen* verantwortlich, die im Jahre 1987 durch Beobachtung experimentell bestätigt wurden. Eine andere Einsteinsche These, die Existenz von *Gravitationswellen,* ist heute Gegenstand intensiver Forschungen.

GENE UND CHROMOSOMEN

Der amerikanische Biologe Thomas Hunt Morgan (1866–1945) und seine Mitarbeiter C. B. Bridges (1899–1938), A. H. Sturtevant (1891–1970) und H. J. Muller (1890–1967) wiesen nach, daß die Gene auf den Chromosomen liegen. Zwischen 1903 und 1904 gelangten Forscher wie Sutton und Boveri (s. vorhergehender Zeitabschnitt) anhand theoretischer Schlußfolgerungen zu diesem Ergebnis. T. H. Morgan war einer der zahlreichen Biologen, die von dieser Theorie nicht überzeugt waren. Zwischen 1903 und 1910 veröffentlichte er unablässig Artikel, in denen er diese Theorie stark kritisierte. 1909 schließlich züchtete er die Taufliege Drosophila und suchte in den Züchtungen nach plötzlichen Mutationen erblicher Eigenschaften, ebenso wie sein Freund, der Niederländer H. De Vries (einer der Wiederentdecker der Mendelschen Gesetze) Mutationen bei Blumengewächsen gefunden hatte. Im Jahre 1910 entdeckten T. H. Morgan und seine Mitarbeiter zum ersten Mal eine mutierte Fliege mit weißen Augen (die normale Drosophila hat rote Augen). Sie beobachteten nun, daß diese Eigenschaft von Generation zu Generation in Verbindung mit den weiblichen Geschlechtsmerkmalen weiterübertragen wurde. Nachdem sie wußten, daß diese durch das sogenannte X-Chromosom festgelegt werden, folgerten Morgan und seine Mitarbeiter daraus, daß sich der für die Augenfarbe verantwortliche Erbfaktor ebenfalls auf dem X-Chromosom befinden muß. Dies war der erste experimentell erzielte Beweis dafür, daß sich die Erbfaktoren (oder Gene) auf den Chromosomen befinden. Der Forschergruppe der Universität Columbia in New York gelang es, immer mehr Gene auf den Geschlechtschromosomen, aber auch auf anderen Chromosomen zu identifizieren. Morgan und seine Mitarbeiter konnten aufgrund ihrer Ergebnisse richtige Chromosomenkarten von Erbfaktoren erstellen. Die Arbeit von Morgan und seinen Mitarbeitern sowie die Wiederentdeckung der Mendelschen Gesetze begründeten die moderne Genetik. Morgan wurde 1933 mit dem Nobelpreis ausgezeichnet.

DIE VITAMINE

Bis Ende des 19. Jahrhunderts wußte man nichts von der Existenz von Vitaminen, d.h. von Substanzen, die für den Organismus lebenswichtig sind und durch die Nahrung aufgenommen werden. Im Jahre 1897 hatte der niederländische Arzt C. Eijkman (1858–1939) bewiesen, daß Beriberi, eine hauptsächlich in Ostasien vorkommende Nervenkrankheit, darauf zurückzuführen ist, daß sich die Menschen dort von geschältem Reis ernähren. Die Schale mußte also eine lebenswichtige Substanz enthalten. Diese wurde 1914 von dem amerikanischen Biochemiker polnischer Herkunft C. Funk (1884–1967) isoliert. Er nannte sie *Vitamin,* da er glaubte, ein Molekül aus der Familie der Amine isoliert zu haben. Später wird diese Substanz Vitamin B_1 genannt. Unterdessen hatten die Amerikaner E. McCollum und T. B. Osborne im Jahre 1913 ein anderes Vitamin isoliert, das Vitamin A (oder antixerophthalmisches Vitamin; die Xerophthalmie ist eine Augenkrankheit). In den Jahren um 1920 werden das Vitamin D (antirachitisches Vitamin), das Vitamin C (antiskorbutisches Vitamin) und das Vitamin E (Antisterilitätsvitamin) isoliert, und zwischen 1933 und 1934 die Vitamine K (Blutgerinnung), B_2 und B_5.

DIE KONTINENTALVERSCHIEBUNG

Alfred Wegener (1880–1930) befaßte sich anfangs mit Astronomie, schlug aber später die Laufbahn eines Meteorologen ein. 1906 nimmt er zum ersten Mal an einer Expedition nach Grönland teil. In seiner Freizeit beschäftigt er sich mit einer kleinen Insel, deren Koordinaten umstritten sind: 1869 korrigierten Geographen die Meßdaten der Insel, die im Jahre 1823 bei ihrer Entdeckung festgestellt worden waren, und verlegten sie 420 m weiter nach Westen. Als Wegener seinerseits erneut die Lage der Insel bestimmen will, stellt er fest, daß sich die Insel im Vergleich zur ersten Messung um 1 km verschoben hat. Berechnungsfehler in diesem Ausmaß sind auszuschließen. Deshalb mißt Wegener die Position von zahlreichen anderen Punkten aus. Er macht eine grundsätzliche Entdeckung: Grönland und die benachbarten Inseln haben sich mit unterschiedlicher Geschwindigkeit nach Westen verschoben!

Ein Urkontinent. Auf Grund dieser Entdeckung beginnt er 1912, seine Kontinentalverschiebungstheorie zu entwickeln, die er 1915 in seinem Werk *Die Entstehung der Kontinente und Ozeane* genau ausführt. Seiner Meinung nach war vor 225 Millionen Jahren eine Hälfte der Erdoberfläche mit Wasser bedeckt, die andere Hälfte bestand aus einem zusammenhängenden Kontinent *(Pangäa).* Dieser brach auseinander. Die Bruchstücke, die wie Eisschollen über dem schweren Untergrund schwammen, drifteten auseinander, und es entstanden zwischen ihnen die Ozeanbecken. So erklärt sich die Ähnlichkeit der Form der afrikanischen und südamerikanischen Küste (die den Eindruck von Puzzlestücken erwecken, die genau ineinander passen würden) und das Phänomen der gleichen Geländestruktur und Fossilien auf beiden Seiten des Atlantischen Ozeans.

Diese Theorie schien zu einfach und wurde als Werk eines Amateurs lange Zeit von den Experten verworfen und ignoriert.

A · **Alfred Wegener.**
Seine Theorie der Kontinentalverschiebung wurde lange Zeit verworfen. Erst in den 1960er Jahren erkannte man in der Geophysik durch die Plattentektonik den wahren Wert seiner Pionierarbeit.

B · **Thomas Hunt Morgan.**
Er leitete mit seiner die Chromosomen berücksichtigenden Vererbungstheorie (die auf Experimenten mit der Drosophila basierte) ein neues Zeitalter für die Genetik ein.

ENTDECKUNGEN UND ERFINDUNGEN

VON 1921 BIS 1930

1921. Die Franzosen Albert Calmette (1863 bis 1933) und Camille Guérin (1872–1961) entwickeln ihren Impfstoff gegen Tuberkulose, das B.C.G. ▫ Die Kanadier Frederick Grant Banting (1891–1941) und Charles Herbert Best (1899–1978) entdecken ein Hormon, das den Zuckerspiegel im Blut reguliert: das Insulin. ▫ Erste Arbeit zur abstrakten Algebra von der deutschen Mathematikerin Emmy Noether (1882–1935).

1922. Der deutsch-israelische Mathematiker Adolf Abraham Fraenkel (1891–1965) modifiziert das Axiomensystem für die Mengenlehre von E. Zermelo (1908). ▫ Hermann Staudinger (1881–1965) führt den Begriff des Makromoleküls ein. ▫ Erste öffentliche Rundfunksendungen von BBC.

1923. Die Amerikaner Edgar Allen (1892 bis 1943) und Edward Doisy (1893–1986) entdecken ein von den Eierstöcken ausgeschüttetes Hormon, das Follikelhormon (oder Östrogen) ▫ Der Amerikaner Arthur Compton (1892–1962) beobachtet die Streuung von Röntgenstrahlen an den Elektronen von Atomen (Compton-Effekt). ▫ Erfindung des Bulldozers in den Vereinigten Staaten. ▫ Bau der ersten europäischen Autobahn in Norditalien. ▫ Erfindung des Drehflügelflugzeuges (Autogiro) durch den Spanier Juan de La Cierva y Cordoníu (1895–1936).

1924. Der Deutsche Mediziner Hans Berger (1873–1941) nimmt erstmals ein Elektroenzephalogramm auf. ▫ Der Franzose Louis de Broglie (1892–1987) gibt den Anstoß zur Wellenmechanik, indem er den Dualismus von Wellen- und Teilchenbild formuliert. ▫ Der Inder Satyendranath Bose (1894–1974) stellt eine Quantentheorie des Lichtes auf, die von Einstein übersetzt und veröffentlicht wird. ▫ Der Brite Arthur Stanley Eddington (1882–1944) führt die Theorie des Strahlungsgleichgewichts von Sternen zu Ende (an der er seit 1916 arbeitete) und stellt die These auf, daß eine Beziehung zwischen Leuchtkraft und Masse eines Sterns besteht. ▫ Der Amerikaner Edwin Hubble (1889–1953) beobachtet die Sterne im Andromedanebel und beweist die Existenz von außergalaktischen Himmelskörpern. ▫ Erfindung der Kleinbildkamera durch den Deutschen Oskar Barnack (1879–1936).

1925. Der spätere Amerikaner (österreichischer Herkunft) Wolfgang Pauli (1900–1958) stellt sein Ausschließungsprinzip auf, das die Periodizität der chemischen Elemente im Periodensystem von Mendelejew erklärt. ▫ Die Amerikaner (niederländischer Herkunft) Samuel Abraham Goudsmit (1902–1978) und George Uhlenbeck (1900 geboren) definieren den Elektronenspin. ▫ Der Deutsche Werner Karl Heisenberg (1901–1976) legt die Grundlagen für den auf der Benutzung von Matrizen beruhenden Formalismus der Quantenmechanik. ▫ Der Franzose André Citroën (1878–1935) baut den ersten Ganzmetallkraftwagen mit selbsttragender Karrosserie. ▫ Erste interkontinentale Funksprechverbindung über Kurzwellen durch G. Marconi (zwischen London und Sydney).

1926. Der Amerikaner James Batcheller Sumner (1887–1955) gewinnt erstmals ein Enzym, die Urease, in kristalliner Form. ▫ Der Österreicher Erwin Schrödinger (1887–1961) formuliert die Quantenmechanik mit Hilfe von Wellengleichungen. ▫ Erste Farbfernsehvorführung durch den Briten John Logie Baird (1888–1946). ▫ Der Amerikaner Robert Hutchins Goddard (1882–1945) startet die erste Flüssigkeitsrakete. ▫ Erfindung des Spannbetons durch den Franzosen Eugène Freyssinet (1879–1962).

1927. Der Österreicher Konrad Lorenz (1903–1989) beginnt mit seinen ethologischen Untersuchungen und beobachtet das Verhalten der Vögel in der Natur. ▫ W. Heisenberg formuliert die Unschärferelation und behauptet, es sei unmöglich, gleichzeitig Ort und Impuls eines Teilchens beliebig genau zu messen. ▫ Die Amerikaner Clinton Joseph Davisson (1881–1958) und Lester Halbert Germer (1896–1971) sowie der Brite George Paget Thomson (1892–1975) beweisen unabhängig voneinander anhand von Experimenten die Wellennatur der Elektronen. ▫ Der Niederländer Jan Hendrik Oort (1900 geboren) und der Schwede Bertil Lindblad (1895–1965) weisen die Rotation des Milchstraßensystems nach. ▫ Der Belgier Georges Lemaître (1894–1966) schlägt auf der Basis der Relativitätstheorie ein Modell des expandierenden Weltalls vor. ▫ Erste Tonfilme in den Vereinigten Staaten (Firmen Warner und Fox). ▫ Der Amerikaner Charles Lindbergh (1902–1974) überquert mit dem Flugzeug ohne Zwischenlandung den Atlantischen Ozean (20./21. Mai).

1928. Der Brite Alexander Fleming (1881 bis 1955) entdeckt das Penicillin. ▫ Der Inder Chandrasekhara Venkata Raman (1888 bis 1970) weist die Streuung des Lichts durch Moleküle und Ionen nach. ▫ Der Brite Paul Dirac (1902–1984) stellt die nach ihm benannte Wellengleichung auf. ▫ Die Amerikaner Gilbert Lewis (1875–1946) und Irving Langmuir (1881–1957) erklären die Entstehung von Molekülen durch Elektronenpaarbindung ▫ G. Lewis definiert Säuren als Verbindungen, die ein Elektronenpaar aufnehmen können. ▫ Den Deutschen Otto Diels (1876–1954) und Kurt Alder (1902–1958) gelingt die Diensynthese, ein Kondensationsverfahren für organische Moleküle. ▫ Erfindung der eisernen Lunge durch die Amerikaner Drinker und Slaw. ▫ Erfindung des elektrischen Rasierapparates durch den Amerikaner Schick und der Funkbake durch den Amerikaner Donovan. ▫ Hans Geiger (1882 bis 1945) und Erwin Wilhelm Müller (1911 geboren) verbessern das Zählrohr.

1929. Der Amerikaner L. Loeb (1869–1959) entdeckt das von der Hypophyse produzierte Hormon Thyreotropin. ▫ P. Dirac stellt die These auf, daß es Positronen geben müsse. ▫ E. Hubble stellt anhand von Experimenten einen Zusammenhang zwischen Entfernung und Radialgeschwindigkeit der Galaxien fest und stützt damit die These des expandierenden Weltalls. ▫ Der Deutsche Felix Wankel (1902–1988) formuliert die theoretischen Grundlagen für den Kreiskolbenmotor.

1930. Der Amerikaner Robert Julius Trumpler (1886–1956) mißt die Absorption des Sternenlichts durch die interstellare Materie. ▫ Entdeckung des Planeten Pluto durch den Amerikaner Clyde William Tombaugh (1906 geboren). ▫ Erfindung des Koronographen (zur Erforschung der Sonnenkorona) durch den Franzosen Bernard Lyot (1897–1952) und des komafreien Spiegelteleskops durch Bernhard Schmidt (1879–1935). ▫ Erfindung des Zyklotrons durch den Amerikaner Ernest Orlando Lawrence (1901–1958) und des elektrostatischen Teilchenbeschleunigers durch den Amerikaner Robert Jemison Van de Graaf (1901–1967). ▫ Erster Flug Paris-New York ohne Zwischenlandung durch den Franzosen Dieudonné Costes (1892–1973) und Maurice Bellonte (1896–1984) [1./2. Sept.]. ▫ Der gebürtige Libanese Henri Chaoul (1887–1964) und der Italiener Alessandro Vallebona (1899 geboren) nehmen die ersten Tomographien auf.

GALAXIS UND GALAXIEN

Um das Jahr 1920 herum betrachtete man das Weltall als einen gigantischen linsenförmigen Sternhaufen (die Galaxis) im leeren Raum, dessen Dimensionen riesig, aber endlich sind. Gibt es jenseits der Grenzen dieses Systems noch etwas anderes? Man weiß es noch nicht. Die Experten waren sich jedoch uneinig über die Substanz und die Entfernung der spiralförmigen Nebel, die der Brite William Parsons Earl of Rosse um 1840 entdeckt hatte: Handelt es sich um einfache Gaswolken innerhalb des Milchstraßensystems, wie der Amerikaner Harlow Shapley (1885–1972) glaubt, oder vielmehr um sehr weit entfernte Inseln im Weltall, die aus Millionen von Sternen bestehen, wie der Amerikaner Heber Doust Curtis (1872–1942) vermutet.

Die Entdeckungen von Edwin Hubble geben im Jahre 1924 dem letzteren Recht. Mit Hilfe des 2,54-m-Spiegels, der sechs Jahre zuvor im Mount-Wilson-Observatorium in Kalifornien eingebaut worden war, gelingt es Hubble, den berühmten Andromedanebel M 31 in Einzelsterne aufzulösen. Er beweist damit, daß es sich bei diesem Nebel nicht um eine Gaswolke, sondern um ein Sternensystem handelt. In diesem Sternhaufen identifiziert er veränderliche Sterne, die *Cepheiden*, die auf Grund ihrer charakteristischen Perioden-Leuchtkraft-Beziehung (1913 von Henrietta Leavitt entdeckt und später von Shapley erläutert) ihm als Entfernungsmaßstab dienen. Hubble kann endlich die Entfernung des Nebels bestimmen: Sie liegt bei 900 000 Lichtjahren. Dieses Ergebnis weist eindeutig, daß sich M 31 außerhalb des Milchstraßensystems befindet, und verschiebt damit gleichzeitig die bisher angenommenen Grenzen des Universums. Auch andere spiralförmige Nebel werden in Einzelsterne aufgelöst. Bald schon bestätigen sich die Theorien von I. Kant und W. Herschel aus dem 18. Jahrhundert, denen zufolge im Weltall zahlreiche, jeweils in sich abgeschlossene, riesige Sternsysteme existieren, die unserer Galaxis gleichen, und die man deshalb heute analog dazu ›Galaxien‹ nennt. Ihre Erforschung wird den Astro-

▲ · Edwin Hubble.

Hier sitzt der große Astronom vor dem *Hooker-Teleskop* (Öffnung: 2,54 m) im Mount-Wilson-Observatorium in den Vereinigten Staaten. Dieses seit 1918 benutzte Instrument war 30 Jahre lang das größte Teleskop der Welt. Hubble erkannte im expandierenden Weltall extragalaktische Nebel und definierte die kosmologisch wichtige, nach ihm benannte Konstante.

nomen noch viele Überraschungen bereiten. Gegen 1925 verfügt man bereits über die Spektren von etwa vierzig Galaxien, deren Linien sich im Vergleich zu den im Labor beobachteten Spektren blockweise nach dem roten Ende hin verschieben. Diese Verschiebung, die sogenannte *Rotverschiebung,* deutet man als Doppler-Effekt. Sie ist ein Hinweis darauf, daß die Galaxien eine von der Erde weggerichtete Fluchtbewegung ausführen.

Hubble versucht, die Entfernung dieser Galaxien zu berechnen. Dabei verwendet er ein sehr allgemeines Prinzip, demzufolge die Intensität einer Lichtquelle entsprechend dem Quadrat ihrer Entfernung abnimmt. Als Entfernungsmaßstäbe benutzt er dabei Sterne, deren spezifische, im voraus genau bestimmte Leuchtkraft ständig zunimmt. So erkennt er 1929 die Gesetzmäßigkeit, mit der heute sein Name verbunden ist: ›Je weiter eine Galaxie von der Erde entfernt ist, desto stärker verschieben sich die Spektrallinien nach dem roten Ende des Spektrums hin‹. Erklärt sich diese Verschiebung durch den Doppler-Effekt, dann besagt diese Gesetzmäßigkeit, daß sich die Galaxien mit einer Radialgeschwindigkeit v bewegen, die proportional zu ihrer Entfernung d ist, d. h.: $v = H \cdot d$ (H ist eine Konstante, die sogenannte ›*Hubble-Konstante*‹). Bald nachdem dies erkannt war, wurden Theorien formuliert, die die Interpretation nahelegten, daß diese Gesetzmäßigkeit eine Folge der Ausdehnung des Weltalls sei.

HEISENBERGS UNSCHÄRFERELATION

Joseph John Thomson hatte im Jahre 1897 gezeigt, daß das teilchenartige Elektron ein grundlegender Bestandteil der Natur ist. 30 Jahre später beweist sein Sohn George Paget Thomson, daß das Elektron Wellencharakter hat. ›Ich lehre die Korpuskeltheorie montags, mittwochs und freitags und die Wellentheorie dienstags, donnerstags und samstags‹, sagte William Bragg, der 1915 für seine Erkenntnisse über die Streuung von Röntgenstrahlen den Nobelpreis für Physik mit seinem Sohn teilte.

Louis de Broglie wird 1914 das Problem lösen: Alle Teilchen (und damit die gesamte Materie) haben Wellencharakter. Ist p der Impuls eines Teilchens, so ist die Wellenlänge λ durch die Beziehung $\lambda = h/p$ gegeben, wobei h das Plancksche Wirkungsquantum ist (vergleiche S. 1187).

Nach unseren Maßstäben ist die Wellenlänge so klein, daß die Materie keinerlei Wellenverhalten erkennen läßt, aber im Maßstab der Elektronen ist sie so groß, daß sie für ihr Verhalten oft ausschlaggebend ist. Der Beweis wird drei Jahre später erbracht, als C. J. Davisson, L. Germer und G. P. Thomson aufzeigen, daß Kristalle Elektronenstrahlen genauso beugen können wie Röntgenstrahlen.

Der österreichische Physiker (und Philosoph) Erwin Schrödinger ist fasziniert von der Tragweite dieser Erscheinung und formuliert sie mathematisch: Er stellt die Wellengleichung für die ›Materiewellen‹ auf.

Das Ende des Determinismus. Da das Plancksche Wirkungsquantum in jeder Formel vorkommt, scheint es eine große Bedeutung zu haben, die Werner Heisenberg in seiner berühmten *Unschärferelation* erklärt. Anders als bei einem Fußball oder einem sonstigen Gegenstand, dessen Geschwindigkeit und Ort jederzeit meßbar ist, ist es bei einem Elektron unmöglich, gleichzeitig seinen Ort x und seine Geschwindigkeit (oder auch seinen Impuls p) zu messen. Diese zwei Größen haben immer Unschärfen Δx und Δp, die durch eine einfache Beziehung miteinander verbunden sind: $\Delta p \cdot \Delta x \geq h$. Das gleiche gilt für die Energie E eines Elektrons und die Zeit t: $\Delta E \cdot \Delta t \geq h$. Die Energieunschärfe eines Elektrons ist also um so größer, je kleiner die Meßzeit ist. Diese Formeln zeigen die Nichtanwendbarkeit des klassischen Determinismus in der Quantenphysik. Ein Elektron hat keinen bestimmten Ort, an dem es sich aufhält; man kann nur eine mehr oder weniger große Wahrscheinlichkeit dafür angeben, daß es sich hier oder dort befindet.

VON ELEKTRONEN UND ANTIELEKTRONEN

Der Zeeman-Effekt (1896), die Verdopplung der Spektrallinien in einem Magnetfeld, war 1925 immer noch ungeklärt, als zwei amerikanische Physiker, G. E. Uhlenbeck und S. A. Goudsmit, die These aufstellen, daß Elektronen sich um sich selbst drehen. Diese als *Spin* bezeichnete Drehbewegung erklärt die von Zeeman beobachtete Verdopplung, da sie zwischen Elektronen unterscheidet, die sich in unterschiedlicher Richtung drehen: Die einen drehen sich um den Atomkern in Richtung ihrer Umlaufbewegung, die anderen entgegengesetzt.

Pauli schließlich gelingt es, das Atommodell von Bohr zu verbessern, indem er das *Ausschließungsprinzip* formuliert. Auf dem ersten Energieniveau eines Atoms gibt es nur zwei Elektronen, die entgegengesetzte Spins haben; auf dem zweiten befinden sich höchstens acht, auf dem dritten 18 usw. Diese aufsteigende Reihe gehorcht einem einfachen Gesetz: $2n^2$, mit $n = 1, 2, 3$ usw.

Das von Mendelejew intuitiv entwickelte Periodensystem der chemischen Elemente folgt einer perfekten Logik: Die chemischen Eigenschaften eines Elementes hängen von der Anzahl der Elektronen im niedrigsten Energieniveau (das vom Kern am weitesten entfernt ist) ab. Es ist deshalb nicht erstaunlich, daß sich Fluor (9 Elektronen = 2 + 7) Chlor (17 Elektronen = 2 + 8 + 7) und Brom (35 Elektronen = 2 + 8 + 18 + 7) ähneln.

Die Amerikaner G. Lewis und I. Langmuir beweisen, daß eine dazu analoge Regel die Entstehung von Molekülen erklärt. Zwei Wasserstoffatome verbinden sich, indem sich die zwei Elektronen mit entgegengesetzten Spins zusammentun. Jedes dieser beiden Atome kann so sein Energieniveau vervollständigen und eine optimale Stabilität erreichen.

Im Jahre 1929 veröffentlicht Paul Dirac seine Elektronentheorie, in der er Quanten- und Relativitätstheorie miteinander verbindet. Eine explosive Mischung, denn Dirac vermutet die Existenz eines *Antielektrons* (das Positron), das der Amerikaner Carl Anderson (geboren 1905) drei Jahre später nachweist.

A · **Alexander Fleming.** Er entdeckte zufällig, daß ein Schimmelpilz der Gattung *Penicillium* die in seinem Labor in London gezüchteten Bakterien zerstörte. Fleming nannte die vom Schimmelpilz ausgeschiedene bakterizide Substanz *Penicillin*. Im Laufe des Zweiten Weltkriegs entwickelten die Amerikaner für dieses erste Antibiotikum die Anwendungsmethoden.

B · **Charles Lindbergh** vor seinem Flugzeug *Spirit of St. Louis,* mit dem er am 20./21. Mai 1927 als erster ohne Zwischenlandung den Atlantischen Ozean zwischen Roosevelt Field (New York) und Le Bourget (bei Paris) überquerte.

ENTDECKUNGEN UND ERFINDUNGEN

VON 1931 BIS 1940

1931. Der spätere Amerikaner (österreichischer Herkunft) Kurt Gödel (1906–1978) veröffentlicht seinen Unvollständigkeitssatz. □ Untersuchungen des Franzosen Henri Cartan (1904 geboren) über analytische Funktionen einer komplexen Variablen. □ Der spätere Amerikaner (österreichischer Herkunft) Wolfgang Pauli (1900–1958) postuliert anhand theoretischer Überlegungen die Existenz des Neutrinos. □ Kosmologische Theorie des Belgiers G. Lemaître zum ›Urknall‹. □ Entdeckung der kosmischen Radiowellenstrahlung durch den Amerikaner Karl Jansky (1905 bis 1950). □ Entwicklung des synthetisch hergestellten Kautschuks Neopren durch den Amerikaner Wallace Hume Carothers (1896 bis 1937).
1932. Der Amerikaner Robert Frederick Loeb (1895–1973) beweist, daß die Nebennieren Drüsen sind, die Hormone produzieren. □ Der Amerikaner Harold Urey (1893–1981) entdeckt das schwere Wasser und das Deuterium. □ Der Brite James Chadwick (1891 bis 1974) entdeckt das Neutron, der Amerikaner Carl Anderson (1905 geboren) in der kosmischen Strahlung das Positron (ein positives Elektron).
1933. Erkenntnisse des Russen Andrej Kolmogorow (1903–1987) zur Axiomatik der Wahrscheinlichkeitsrechnung. □ Der Schweizer Paul Hermann Müller (1899 bis 1965) erkennt die insektizide Wirkung des DDT. □ Erfindung des Elektronenmikroskops durch die Deutschen Ernst Brüche (1900–1985), M. Knoll (1897 geboren) und Ernst Ruska (1906–1988).
1934. Entdeckung der künstlichen Radioaktivität durch die Franzosen Irène (1897–1956) und Jean Frédéric (1900–1958) Joliot-Curie. □ Arbeiten des Italieners Enrico Fermi (1901–1954) über die Kernspaltung. □ Der Russe Pawel Alexejewitsch Tscherenkow (1904 geboren) entdeckt die Lichtemission geladener Teilchen, die ein Medium mit einer Geschwindigkeit durchsetzen, die größer ist als die Phasengeschwindigkeit des Lichtes in diesem Medium *(Tscherenkow-Effekt).* □ Erfindung des Ikonoskops (Fernsehbild-Aufnahmeröhre) durch den Amerikaner (russischer Herkunft) Wladimir Zworykin (1899–1982).
1935. Der Amerikaner Wendell Meredith Stanley (1904–1971) isoliert erstmals ein Virus (Mosaikvirus). □ Entdeckung der Sulfonamide durch den Deutschen Gerhard Domagk (1895–1964). □ Erste Untersuchungen des belgischen Physiologen Frédéric Bremers (1892 geboren) zur Neurophysiologie des Schlafes. □ Der Portugiese António Caetano Egas Moniz (1874–1955) führt die erste Leukotomie (operative Durchtrennung der vom Stirnhirn ausgehenden Nervenbahnen) durch. □ Der Amerikaner Arthur George Transley (1871–1955) führt den Begriff des Ökosystems ein. □ Der Japaner Hideki Yukawa (1907–1981) vermutet aufgrund theoretischer Erkenntnisse die Existenz von Mesonen. □ Der Schweizer Fritz Zwicky (1898–1974) stellt anhand theoretischer Überlegungen die Behauptung auf, daß es extrem dichte, degenerierte Sterne (Neutronensterne) gebe. □ Erfindung des Radars durch den Briten Robert Alexander Watson-Watt (1892–1973). □ Erfindung der Tintenpatrone für den Füllfederhalter durch den Franzosen M. Perraud.
1936. Erste moderne Theorie über den Ursprung des Lebens, aufgestellt von dem Russen Alexandr Iwanowitsch Oparin (1894 bis 1980). □ Erfindung des Radioteleskops durch den Amerikaner Grote Reber (1911 geboren) und der elektronischen Kamera durch den Franzosen André Lallemand (1904 bis 1978). □ Der Brite Alan Mathison Turing (1912–1954) entwickelt das Modell der Turing-Maschine (für die Untersuchung von Algorithmen).
1937. Der amerikanische Biologe Theodosius Dobzhansky (1900–1975) veröffentlicht sein Werk über die Genetik und trägt so als erster zur modernen Evolutionstheorie bei. □ Entdeckung von Galaxienhaufen durch Fritz Zwicky. □ Der Amerikaner W. H. Carothers stellt Nylon her.
1938. Die Deutschen Chemiker Otto Hahn (1879–1968) und Friedrich Straßmann (1902 geboren) entdecken die Uranspaltung. □ Der Deutsche Hans Albrecht Bethe (1906 geboren) entdeckt, daß die Energie im Innern heißer Sterne durch einen Kernumwandlungsprozeß von Wasserstoff in Helium entsteht. □ Erfindung des Magnetrons (Laufzeitröhre zur Erzeugung von hochfrequenten Schwingungen, hauptsächlich im Radar und für Richtfunkverbindungen eingesetzt) durch den Franzosen Maurice Ponte (1902–1983), und der Xerographie (photographisches Trockenkopierverfahren) durch den Amerikaner Chester F. Carlson (1906–1968).
1939. Die französische Mathematikergruppe Nicolas Bourbaki beginnt mit der Veröffentlichung ihres Werkes über die *Elemente der Mathematik,* das sich zum Ziel gesetzt hat, verschiedene mathematische Teilgebiete axiomatisch zu behandeln. □ Die Österreicherin Lise Meitner (1878–1968) und der Brite (österreichischer Herkunft) Otto Frisch (1904 geboren) klären den Vorgang der Kernspaltung. □ Entdeckung der Kettenreaktion durch F. Joliot-Curie. □ Einsatz der Funkpeilungssysteme DECCA und LORAN in der Luftfahrt. □ In Deutschland startet erstmals ein Düsenflugzeug, die ›Heinkel He-178‹ (26. August). □ Der Amerikaner Igor Sikorskij (1889–1972) entwickelt den ersten Hubschrauber mit Heckrotor zur Stabilisierung. □ Erfindung des Klystrons (Elektronenröhre zur Erzeugung oder Verstärkung von Hochfrequenzströmen) durch den Amerikaner Russell H. Varian. □ Der Ungar L. Biró entwickelt den Kugelschreiber (für Piloten), der von der Firma Reynolds in den Vereinigten Staaten hergestellt wird.
1940. Entdeckung des Rhesusfaktors durch die Amerikaner Karl Landsteiner (1868 bis 1943) und Alexander Solomon Wiener (1907 bis 1976). □ Entdeckung des ersten Transurans, des Neptuniums, durch die Amerikaner Edwin Mattison McMillan (1907 geboren) und Philip Hauge Abelson (1913 geboren). □ Erfindung des Einspritzvergasers, der anfangs bei Flugzeugen eingesetzt wird.

A · **Auguste Piccard (1884–1962).**
Er erforscht die Stratosphäre mit dem Ballon und den Meeresgrund mit dem Bathyskaph.

VOM KAUTSCHUK ZUM NYLON

Im Laufe der 1930er Jahre wird mit der Herstellung synthetischer Materialien begonnen, die in den folgenden Jahrzehnten zahlreiche Anwendungen finden. Im Ersten Weltkrieg, als die Lieferung von Naturkautschuk unterbrochen wurde, fing man in Deutschland an, auf diesem Gebiet zu forschen, und versuchte, gleichwertigen synthetischen Kautschuk herzustellen. Dies führte zur Entdeckung des Buna, des ersten synthetischen Elastomers, das erstmals 1936 bei der Berliner Automobilausstellung von dem deutschen Chemiegiganten IG Farben vorgestellt wurde. 1933 gelingt in Großbritannien der Firma Imperial Chemical Industries durch Polymerisationsreaktionen von Äthylen die erste Synthese von Polyäthylen.

Im Jahre 1938 bringt die amerikanische Firma Du Pont de Nemours das Nylon auf den Markt, ein Polyamid, das von W. H. Carothers entwickelt wurde. Dieses heute überall benutzte synthetische Material verwendete man im Zweiten Weltkrieg vor allem für die Herstellung von Fallschirmstoffen. 1938 kommt erstmals das Polystyrol in den Handel, 1943 das Silikon.

DIE LOGIK

›Alle Kreter sind Lügner‹, sagte angeblich der kretische Denker Epimenides. Dieses Paradoxon scheint die Logik vor einen Abgrund zu stellen. Der österreichische Mathematiker Kurt Gödel (später mit amerikanischer Staatsbürgerschaft) macht jedoch daraus eine Gleichung. In einem Artikel aus dem Jahre 1931 zeigt er die *Unvollständigkeit* jedes Systems, das die Arithmetik formalisieren will: Er beweist, daß es wahre Aussagen in der Zahlentheorie gibt, die mit den Mitteln eines solchen Systems nicht bewiesen werden können. Diese logische Glanzleistung ist das Ergebnis einer Codierung (Gödelisierung), die Symbolketten in Produkte von Primzahlpotenzen verwandelt. Die von

B · **Logische Sackgasse.**
Eine rechte Hand zeichnet eine linke Hand, die eine rechte Hand zeichnet usw. Dieses Paradoxon des niederländischen Graphikers M. C. Escher findet seine Entsprechung im Satz von Gödel, demzufolge mathematische Theorien nicht ihre eigene Konsistenz beweisen können. (›Zeichnende Hände‹, Sammlung Gemeentemuseum, Den Haag)

ENTDECKUNGEN UND ERFINDUNGEN

David Hilbert (1920) und von Alfred Whitehead und Bertrand Russell in den *Principia mathematica* postulierte Allmächtigkeit der Logik ist demnach eine Illusion: Jeder mathematische Beweis zeigt auf die eine oder andere Weise den selbstbezogenen Charakter des Epimenides-Paradoxons. Diese neue Auffassung von Logik hat wichtige Konsequenzen für Philosophie und Mathematik und ist ein Kernpunkt des um 1940 entstehenden Problemkreises ›künstliche Intelligenz‹.

DIE MOLEKULARBIOLOGIE

In den dreißiger Jahren des 20. Jahrhunderts entwickelt sich eine neue biologische Disziplin, die sich neuartiger Methoden und Instrumente bedient. Ein Grundprinzip des Stoffwechsels wird endlich erkannt: der Glukoseabbau innerhalb einer chemischen Reaktion, der unter der Bezeichnung *Zitronensäurezyklus* (für den aeroben Abbau) und *Embden-Meyerhof-Parnas-Abbauweg* (für den anaeroben Abbau) bekannt ist. Alle Reaktionen werden von Enzymen katalytisch beeinflußt, und die Arbeiten über die physiologische Genetik des Franzosen B. Éphrussi (1901–1979) in den Jahren um 1930 und der Amerikaner G. Beadle (1903 geboren) und E. Tatum (1909 geboren) führen 1952 zu der Erkenntnis, daß jedes Enzym von einem Gen gesteuert wird. Gleichzeitig beginnt im Jahre 1937 der Physiker M. Delbrück (1906–1981) mit der Untersuchung von Bakterien, die Viren befallen (Bakteriophagen). Er will endlich aufklären, inwiefern ein Gen eine molekulare, rekombinierbare Einheit ist. Dieser Zweig, der Teile der Biologie, Chemie und Physik in sich vereint, wird 1939 von dem Verwalter der Rockefeller-Foundation W. Weaver (1894 bis 1978) ›Molekularbiologie‹ genannt. Weaver förderte sie mittels Subventionen; er ließ alle Labors mit der für diese Art Forschung notwendigen Technik ausrüsten. Mit der Erfindung der Ultrazentrifuge im Jahre 1926 durch den schwedischen Biochemiker T. Svedberg (1884–1971) und der Elektrophorese im Jahre 1937 durch den schwedischen Physiker und Chemiker A. Tiselius (1902–1971) waren zwei für die Molekularbiologie sehr wichtige Verfahren entwickelt worden, mit denen die bei der Bildung des Zytoplasmas und der Zellkerne beteiligten Moleküle einzeln identifiziert werden konnten. Mit der Erfindung des Elektronenmikroskops (1933) konnten schließlich kleinste biologische Körper und Viren sichtbar gemacht werden.

KERNSPALTUNG

Nachdem Rutherford den Atomkern entdeckt hatte, blieb die Frage offen, wie dieser aufgebaut sei. Zwischen 1930 und 1932 wurde ein neues physikalisches Gerät entwickelt, das Zyklotron, das ein weiteres Vorstoßen in den Kern ermöglichte.

Die erste ›Kernspaltung‹ erfolgt jedoch mit Hilfe eines wesentlich einfacheren Gerätes. In Cambridge gelingt es John Cockroft (1897 bis 1967) und Ernest Walton (1903 geboren), Lithium in Helium umzuwandeln. Sie merken dabei, daß die Massendifferenz Δm vor und nach der Reaktion gleich einer Energiemenge ist, die der Einsteinschen Beziehung $E = \Delta m \cdot c^2$ entspricht. Nach der Entdeckung des Neutrons durch James Chadwick (1932) betrachtete man den Kern als eine Ansammlung etwa gleichschwerer positiver Protonen und Neutronen (ohne Ladung). Die Existenz von Isotopen (nachgewiesen durch J. J. Thomson, genauer erforscht durch I. und F. Joliot-Curie), beruht demnach auf unterschiedlichen Neutronenzahlen, die zur Instabilität des Atomkerns führen können. Man nahm an, daß bei Hinzufügen von Neutronen zu dem schwersten damals bekannten Atomkern, dem Urankern, *Transurane* entstehen müßten. Enrico Fermi, Franco Rosetti (1901 geboren) und Emilio Segrè (1905–1989), beschießen (in Rom) Uran mit Neutronen und spalten damit, ohne es zu wissen, erstmals in der Geschichte einen Atomkern. Die durch den Neutronenüberschuß instabil gewordenen Urankerne spalten sich in leichtere Kerne auf. Dies beweisen vier Jahre später Otto Hahn und Lise Meitner. Sie sind nun der Meinung, daß die durch Spaltungsreaktionen erzeugten Neutronen ihrerseits weitere Spaltungen herbeiführen können. Wieder ist es Fermi, der mit sehr einfachen Mitteln (er versenkt seine Vorrichtungen in einem Goldfischbecken) beweist, daß diese *Kettenreaktion* nur dann auszulösen ist, wenn die Neutronen durch Wasser gebremst werden.

Neue Teilchen. Proton, Neutron, Elektron: Drei Teilchen scheinen zu genügen, um eine stabile Materie zu bilden. Man entdeckte jedoch immer mehr Teilchen. 1932 findet Carl Anderson das Antielektron, von dessen Existenz Dirac drei Jahre zuvor schon sprach, als er die Schauer der Höhenstrahlung untersuchte. Schon 1910 vermuteten unerschrockene Luftfahrer (Albert Gockel [1860–1927], Victor Franz Hess [1883–1964]), daß die Strahlen aus dem Weltraum eine Vielzahl unbekannter Teilchen erzeugen, sobald sie auf die Moleküle der Atmosphäre treffen. Nur auf Grund theoretischer Erkenntnisse sagt der Japaner Yukawa die Existenz von *Mesonen* voraus (1947 gefunden), die 200mal schwerer als Elektronen sind. Pauli spricht erstmals von *Neutrinos* (1956 nachgewiesen).

RADAR

Das von dem Amerikaner Hugo Gernsback in seinem Zukunftsroman *Ralph 124 C 41+* darlegte Prinzip der Funkmeßtechnik diente 1925 den Briten E. V. Appleton und M. Barnett zur Erfassung elektrisch leitender Schichten der Atmosphäre mit Hilfe des Radars.

Die Entwicklung elektromagnetischer Suchvorrichtungen mit großer Reichweite führte zu einer Reihe technischer Probleme: Die von dem Ziel zurückgestrahlte Energie stellt nur einen kleinen Teil der ausgesandten Energie dar. Um diese geringen Beträge über eine große Entfernung hinweg ausfindig machen zu können, muß man sehr viel Energie aussenden, die in einem möglichst schmalen Strahlenbündel konzentriert ist. Dieses muß aus Wellen bestehen, deren Wellenlänge kürzer als die Abmessungen des Zieles ist. Dazu benötigt man einen hochsensiblen Sender und Empfänger.

Dem englischen Physiker Robert A. Watson-Watt kommt das Verdienst zu, das Radar erfunden zu haben. 1935 gelingt es ihm, einem Flugzeug per Radar etwa 50 km weit zu folgen. In den Jahren danach werden unter seiner Leitung an der britischen Küste zahlreiche Radarstationen eingerichtet: Sie ersetzen die alten Luftalarmvorrichtungen und spielen 1940 in der Schlacht um England für die Verteidigung des Landes eine entscheidende Rolle. Das Radar fand in Luftfahrt und Marine ein immer größeres Anwendungsgebiet.

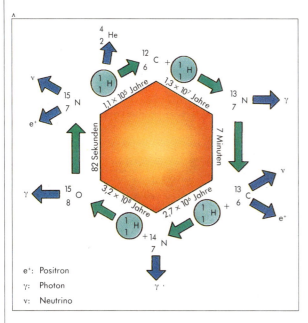

A · **Bethe-Weizsäcker-Zyklus.**
Dieser im Jahre 1938 durch den Deutschen H. Bethe entdeckte Kernumwandlungszyklus ist die Ursache für die Energie, die die heißen Sterne ausstrahlen. Er verwandelt durch Fusion vier Wasserstoffkerne H (Protonen) in einen Heliumkern He. Als Katalysator dient Kohlenstoff C, der sich am Ende des Zyklus wieder regeneriert. Die Darstellung zeigt ebenfalls die Dauer einer Reaktion, sowie die bei jeder Umwandlung abgestoßenen Teilchen.

e⁺: Positron
γ: Photon
ν: Neutrino

B · **Das Radar.**
Antenne eines *Mark VII-Radars*, mit dem in Großbritannien während des Zweiten Weltkrieges nachts die Jagdflugzeuge geortet wurden.

ENTDECKUNGEN UND ERFINDUNGEN

VON 1941 BIS 1950

1941. Die Amerikaner Glenn Seaborg (1912 geboren) und Edwin Mattison McMillan (1907 geboren) entdecken das Plutonium. □ Synthese von Silikon durch den Briten Frederic Stanley Kippin (1863–1949). □ In England startet ein Flugzeug mit Turboluftstrahltriebwerk (entwickelt von dem Briten Frank Whittle [1907 geboren]).
1942. Der Amerikaner Selman Abraham Waksman (1888–1973) führt den Begriff des Antibiotikums ein. □ Der Italiener Enrico Fermi (1901–1954) leitet in Chicago den Bau des ersten Kernreaktors. □ Entdeckung der Radiostrahlung der Sonne durch den Briten James Stanley Hey (1909 geboren).
1943. Erfindung des Synchrozyklotrons durch den Briten Mark Laurence Elwin Oliphant (1901 geboren). □ Die ersten Acrylfasern, insbesondere die Polyamide Nylon und Perlon, kommen in den Handel.
1944. Die Amerikaner Oswald Theodore Avery (1877–1955), Collin M. MacLeod (1909–1972) und Maclyn McCarty (1911 geboren) beweisen, daß die chemische Substanz Desoxyribonucleinsäure (DNS) Träger der Erbinformation ist. □ Die Amerikaner Willem Johan Kolff (1912 geboren) und A. J. Merril entwickeln die künstliche Niere. □ Der Deutsche Walter Baade (1893–1960) weist zwei unterschiedliche Sternpopulationen in den Galaxien nach. □ Inbetriebnahme des von dem Amerikaner Howard H. Aiken (1900–1973) konstruierten elektromechanischen Rechenautomaten Mark I mit Unterstützung von IBM.
1945. Entwicklung der ersten Atombomben in den Vereinigten Staaten (Versuchszündung am 16. Juli in der Alamogordo-Wüste in New Mexico; Zündung am 6. August über Hiroshima und am 9. August über Nagasaki, in Japan). □ Der Niederländer Hendrik van de Hulst (1918 geboren) behauptet aufgrund theoretischer Erkenntnisse die Existenz der 21-cm-Strahlung, die von Wasserstoffatomen in der interstellaren Materie ausgesendet wird.
1946. Die Amerikaner E. M. McMillan und M. L. E. Oliphant bauen das erste Synchrotron. □ Erstes Radarecho vom Mond. □ Entdeckung der ersten extragalaktischen Radioquelle durch den Briten J. S. Hey. □ Inbetriebnahme des ersten elektronischen Rechners namens *Eniac* an der Universität von Pennsylvania, der von den Amerikanern John Presper Eckert (1919 geboren) und John William Mauchly (1907 geboren) entwickelt wurde. □ Der Amerikaner (ungarischer Herkunft) John von Neumann (1903–1957) untersucht die Struktur von elektronischen Rechnern und entwickelt das Konzept der freien Programmierbarkeit.
1947. Der Amerikaner Charles Yeager führt den ersten Überschallflug mit einem Düsenflugzeug durch (14. Okt.)
1948. Die Amerikaner Philip Showalter Hench (1896–1965) und Edward Calvin Kendall (1886–1972) entdecken die entzündungshemmende Wirkung von Cortison. □ Veröffentlichung des Werkes *Cybernetics, or Control and Communication in the Man and the Machine,* des Amerikaners Norbert Wiener (1894 bis 1964), das zur Entwicklung der Kybernetik führt. □ Inbetriebnahme des 5,8-m-Teleskops im Mount-Palomar-Observatorium in den Vereinigten Staaten. □ Der Amerikaner H. Friedman entdeckt, daß die Sonne Röntgenstrahlen aussendet. □ Kosmologische Theorie des Urknalls (›Big Bang‹) des Amerikaners George Anthony Gamow (1904–1968). □ Kosmologische Theorie des stationären Weltalls des Briten Fred Hoyle (1915 geboren). □ Einführung der Radiocarbonmethode für die Altersbestimmung von Gegenständen mit Hilfe des Kohlenstoffisotops ^{14}C durch den Amerikaner William Frank Libby (1908–1980). □ Die Amerikaner Richard Feynman (1918–1988) und Julian Seymour Schwinger (1918 geboren) sowie der Japaner Schinitschiro Tomonaga (1906–1979) begründen die Quantenelektrodynamik. □ Erfindung der Holographie durch den Briten Dennis Gabor (1900–1979). □ Die Amerikaner John Bardeen (1908 geboren), Walter Houser Brattain (1902–1991) und William Shockley (1910–1989) entwickeln anhand theoretischer Erkenntnisse den ersten Transistor. □ Erste Mikrorillenschallplatte, hergestellt von dem Amerikaner Peter Goldmark (1906 geboren). □ Entwicklung der ersten Sofortbildkamera durch den Amerikaner Edwin Herbert Land (1909 geboren). □ Der Schweizer Auguste Piccard (1884–1962) baut den ersten Bathyskaphen (*FNRS 2*).
1949. Der Italiener Giovanni Moruzzi (1904 geboren) und der Amerikaner Horace Winchell Magoun (1907 geboren) weisen nach, daß für das Funktionieren des Gehirns im wesentlichen die Formatio reticularis des Mittelhirns verantwortlich ist.
1950. Der Brite Alan Mathison Turing (1912–1954) veröffentlicht die erste Arbeit über künstliche Intelligenz. □ Zum ersten Mal werden auf einem Bildschirm die Berechnungen eines Computers sichtbar gemacht, im amerikanischen Luftüberwachungsdienst. □ Erste numerisch gesteuerte Werkzeugmaschine (eine Fräsmaschine) in den Vereinigten Staaten.

DNS: WICHTIGE ENTDECKUNGEN

Eine der größten Entdeckungen des 20. Jahrhunderts ist die Aufklärung der chemischen Beschaffenheit des genetischen Materials. Der amerikanische Biologe O. T. Avery greift auf die Beobachtungen des englischen Arztes F. Griffith (1877–1941) von 1928 zurück und beweist, daß eine bestimmte chemische Substanz in abgetöteten Bakterien (Pneumokokken) von lebenden Bakterien aufgenommen werden kann, wobei sich deren pathogene Wirkung überträgt (die Pneumokokke ist der Erreger der Lungenentzündung). Diese pathogene Wirkung ist auch vererbbar. Avery und seine Mitarbeiter C. M. MacLeod (1909–1972) und M. D. McCarty (1911 geboren) identifizieren diese chemische Substanz als Desoxyribonucleinsäure, kurz DNS genannt. Mit anderen Worten, die DNS ist der Träger der Erbinformation. Diese Schlußfolgerung wird nicht sofort anerkannt. Erst im Jahre 1952 beweisen die amerikanischen Biologen Alfred Day Hershey (1908 geboren) und Martha Chase, daß das genetische Material der bakterienfressenden Viren (Bakteriophagen) ebenfalls aus einer DNS besteht. Die Entdeckung von Avery und seinen Kollegen veranlaßt noch vor Bekanntwerden der Ergebnisse von Hershey und Chase einige Forscher dazu, die physikalisch-chemische Struktur der DNS zu untersuchen. Dies führt J. D. Watson und F. Crick zu einer weiteren bedeutenden Entdeckung in der neueren Biologie, nämlich der Doppelhelixstruktur der DNS.

DER TRANSISTOR

Auch wenn ein isoliertes Atom unterschiedliche Energieniveaus aufweist, so bedeutet das nicht, daß dies auch für Atome gilt, die sich in Kristallgittern eines Metalls milliardenfach gruppieren: Die Energieniveaus liegen so nah beieinander, daß sie zwei *Bänder* bilden, in denen sich die Elektronen zusammenlagern. Diese zwei Bänder (Valenzband und Leitungsband) überlappen sich in leitendem Material, in nichtleitendem Material liegen sie weit auseinander, in Halbleitern sind sie sehr nahe beieinander (s. Kap. ›Formeln und Fakten‹, Abschnitt: Elektrizität). Deshalb haben Halbleiter spezielle Eigenschaften: Fügt man dem Silicium Bor- oder Phosphoratome hinzu (man spricht dann von ›dotieren‹), ändert sich sein Verhalten.

▲ · **Einer der ersten Computer.**

Im Jahre 1942 konstruiert eine Gruppe von Ingenieuren unter der Leitung von J. P. Eckert und J. W. Mauchly, im Auftrag der US Army den ersten elektronischen Rechner: *Eniac* (*Electronic Numerical Integrator and Calculator*). Die 1946 fertiggestellte Maschine bedeckt 140 m² und wiegt über 30 t. Sie besteht aus rund 18 000 Elektronenröhren sowie 50 000 Schaltungen und verbraucht genauso viel Strom, wie drei Metrolinien. Ihre Rechenkapazität ermöglicht 300 verschiedene Rechenoperationen oder 5 000 Additionen pro Sekunde. In dem Jahr, in dem *Eniac* in Betrieb genommen wird, entwickelt der Mathematiker John von Neumann am Institute for Advanced Study in Princeton das Konzept freier Programmierung. Erst 1949 jedoch wird von einem Forscherteam der Universität Cambridge *Edsac* (*Electronic Delay Storage Automatic Computer*) gebaut, der erste frei programmierbare Computer. Bereits während des Zweiten Weltkrieges entwickelte Konrad Zuse programmgesteuerte Rechengeräte mit Relaistechnik (*Z 3* wurde 1941 realisiert) in Deutschland.

ENTDECKUNGEN UND ERFINDUNGEN

Die Verbindung von zwei dotierten Halbleitern, die *n* (negativ) und *p* (positiv) genannt werden, stellt eine *Diode* dar, in der der Strom nur in eine Richtung fließt. Der von den Amerikanern J. Bardeen, W. H. Brattain und W. Shockley im Jahre 1948 entwickelte *Transistor* besteht aus einer Schichtenfolge ›npn‹ oder ›pnp‹. Fließt im zentralen Bereich ein schwacher Strom, kann man entweder einen starken Strom modulieren oder ihn unterbrechen. Mit der geschilderten *Verknüpfungsfunktion* können durch elektrische Signale alle Operationen der bei Computern angewendeten binären Schaltalgebra realisiert werden.

A · **Gedruckte Schaltung.**
Die Erfindung des Transistors im Jahre 1948 revolutioniert die Entwicklung der Elektronik.

VOM PROPELLER ZUR DÜSE

Kurz vor dem Zweiten Weltkrieg hatten die Propellerflugzeuge ihren höchsten Entwicklungsstand erreicht. In Deutschland und in Großbritannien suchten junge Pioniere schon seit mehreren Jahren nach Möglichkeiten, das Prinzip des Düsenantriebs auf Flugzeuge anzuwenden. 1930 ließ der Brite Frank Whittle ein Düsentriebwerk patentieren, aber erst 1935, nachdem er die nötigen Mittel zur Gründung eines Unternehmens aufgebracht hatte, konnte er das Triebwerk auch bauen. Im Jahr 1937 testete er seine Entwicklung auf dem Prüfstand und stellte fest, daß sie funktionierte. In Deutschland arbeitete der Ingenieur Hans Pabst von Ohain (1911 geboren) an einem vergleichbaren Projekt; er entwickelte noch im gleichen Jahr ein ähnliches Modell wie Whittle. Mit dem Start des deutschen Flugzeugs Heinkel He-178 hielt sich im August 1939 erstmals ein düsengetriebenes Flugzeug 10 Minuten lang in der Luft. Dieser Versuch blieb allerdings in Deutschland vorerst ohne Folgen. In England dagegen erteilte die Regierung Whittle einen Auftrag, so daß sein kleines Unternehmen in den ersten Kriegsjahren überleben konnte. Am 15. Mai 1941 startete erstmals ein Flugzeug mit einem Whittle-Turboluftstrahltriebwerk. Churchill erteilte daraufhin die Genehmigung, die Forschungen voranzutreiben. Doch erst im Sommer 1944 wurden die ersten mit einem Whittle-Triebwerk ausgestatteten Jagdflugzeuge eingesetzt (Gloster Meteor).

In der Zwischenzeit hatten die Deutschen ihren Rückstand aufgeholt. Im Jahre 1942 gelang dem Unternehmen Messerschmitt der erste erfolgreiche Versuchsflug mit einem Flugzeug mit Düsentriebwerk, der Me-262. Daraufhin begann Messerschmitt mit der Serienproduktion sowohl dieses Modells als auch des Modells Me-163 (›Raketenflugzeug‹). Sie kamen zur gleichen Zeit zum Einsatz wie in Großbritannien die Gloster Meteor.

In den Nachkriegsjahren kann man an der Entwicklung neuer Flugzeugtypen erkennen, daß im Düsenflugzeugbau große Fortschritte erzielt wurden: 1945 wurde in Großbritannien der erste Testflug mit einem durch Turbopropeller angetriebenen Flugzeug (*Theseus*) durchgeführt; 1947 startet das erste Überschallflugzeug, der amerikanische Prototyp Bell-X-1; 1949 fanden die ersten Testflüge mit Staustrahlflugzeugen statt. Seit 1952 schließlich werden Flugzeuge mit Strahlantrieb auf Verkehrslinien eingesetzt.

EINE RICHTIGE, UNERKLÄRLICHE THEORIE

Nach den außerordentlichen Entdeckungen Anfang des Jahrhunderts bekam die Physik ein neues Gesicht. Die *Quantenfeldtheorie* erklärt die schwache (für den β-Zerfall verantwortliche) und die starke Wechselwirkung (für den Zusammenhalt der Kerne verantwortlich). Den Physikern, die versuchen, Quantenfeldtheorie und Relativitätstheorie zu verbinden, stellt sich jedoch ein ernstes Problem: In den Gleichungen treten unendliche Größen auf, wodurch sie unbrauchbar werden. Im Jahre 1948 finden R. Feynman, S. Tomonaga, J. S. Schwinger und F. J. Dyson eine Möglichkeit, dieses Problem zu umgehen. Sie nehmen (willkürlich) an, daß ein Teilchen immer von anderen Teilchen umgeben ist, die es abschirmen und seine Masse sowie seine elektrische Ladung effektiv verändern. Dadurch werden die Unendlichkeiten behoben, und die Theorie (Quantenelektrodynamik) wird anwendbar. Das Verfahren ist willkürlich, aber es funktioniert. Genaue Messungen des magnetischen Moments des Elektrons ergeben 1,001 159 652 2, während die Theorie den Wert 1,001 159 652 4 angibt: Bezogen auf die Entfernung New York–Los Angeles entspricht dies der Dicke eines Haars!

DIE ERSTEN ATOMBOMBEN

Schon bei Ausbruch des Zweiten Weltkriegs war im Bereich der Kernspaltung intensive Forschung betrieben worden. Kurz vor Kriegsbeginn vertrat Niels Bohr die Ansicht, daß zur Auslösung einer Kettenreaktion Uran 235 am besten geeignet wäre – ein radioaktives Isotop, das in sehr geringen Mengen im natürlichen Urangestein enthalten ist (das hauptsächlich aus dem nicht spaltbaren Uran 238 besteht). Anfang des Jahres 1940 berechneten Rudolf Peierls (1907 geboren) und Otto R. Frisch (1904 geboren) die kritische Masse an spaltbarem Uran, die für eine Kettenreaktion nötig ist: Diese beträgt nur einige hundert Gramm.

In den Vereinigten Staaten wird die Forschung forciert. Präsident Roosevelt, der sich von Einstein davon überzeugen ließ, daß Amerika Deutschland beim Bau von Nuklearwaffen unbedingt zuvorkommen müsse, startet ohne Mitwissen des Kongresses das Manhattan-Programm. Zwei Milliarden Dollar werden in das riesige Projekt investiert. Während der aus Italien geflüchtete Physiker Enrico Fermi 1942 in Chicago den ersten Kernreaktor baut, werden dem Nuklearforschungszentrum in Los Alamos (New Mexico), in dem zahlreiche Wissenschaftler unter der Leitung des Physikers Robert Oppenheimer arbeiten, enorme Mittel zur Verfügung gestellt: 1945 arbeiten dort 4 000 Menschen. In Oak Ridge, im Tennesseetal, wird in einer Fabrik heimlich Uran 235 mit Hilfe des Gasdiffusionsverfahrens von Uran 238 getrennt. In Hanford wird in einer anderen Fabrik heimlich Plutonium durch Deuteronenbeschuß von Uran 238 hergestellt. Zwei verschiedene Bomben werden entwickelt: Das Explosionsmaterial der einen besteht aus Uran 235, das der anderen aus Plutonium. Die erste Plutoniumbombe wird am 16. Juli 1945 in der Wüste von New Mexico erfolgreich gezündet. Drei Wochen später, am 6. August, wird die erste Uran-235-Bombe über Hiroshima abgeworfen. Eine zweite Plutonium-Bombe explodiert am 9. August über Nagasaki.

B · **Explosion einer Atombombe**

am 9. August 1945 über Nagasaki in Japan. Diese Explosion forderte 40 000 Tote und 20 000 Verletzte. Drei Tage zuvor wurde eine andere Atombombe über Hiroshima abgeworfen, die 70 000 Tote und 80 000 Verletzte zur unmittelbaren Folge hatte; die längerfristigen Schäden, die durch die Radioaktivität verursacht wurden, sind kaum abzusehen. Diese ersten Bomben waren Atombomben, die ihre Energie aus der Spaltung von Uran- oder Plutoniumkernen erhielten. Seit 1953 stellt man auch Wasserstoffbomben her, die noch stärker und zerstörerischer sind und deren Energie durch die Fusion von Wasserstoffatomen entsteht. Die physikalischen Grundprinzipien der Atombombenexplosion wurden zum ersten Mal 1939 beschrieben.

ENTDECKUNGEN UND ERFINDUNGEN

VON 1951 BIS 1960

1951. Beobachtung der von van de Hulst vorausgesagten 21-cm-Strahlung durch amerikanische, australische und niederländische Forschergruppen. ☐ Entdeckung der Spiralstruktur unserer Galaxis durch J. H. Oort. ☐ Die amerikanische Firma Eastman Kodak entwickelt das Verfahren der Farbfilm-Kinematographie. ☐ Die amerikanische Firma Remington Rand konzipiert UNIVAC I, den ersten universellen elektronischen Rechner. ☐ Der Amerikaner Linus Pauling (geboren 1901) postuliert die Helixstruktur einiger Proteine.

1952. Entdeckung des ersten Neuroleptikums, des Chlorpromazins, das durch den Franzosen Henri Laborit (1914 geboren) in die Therapeutik eingeführt wird. ☐ Erfindung der Blasenkammer für den Nachweis hochenergetischer Teilchen durch den Amerikaner Donald Arthur Glaser (1926 geboren). ☐ In Eniwetok (Marshall-Inseln) explodiert die erste, in den Vereinigten Staaten entwickelte Wasserstoffbombe. ☐ Erster IBM-Computer (IBM 701). ☐ Erste internationale Fernsehverbindung zwischen Frankreich und Großbritannien.

1953. Der Amerikaner James Dewey Watson (1928 geboren) und der Brite Francis Harry Comton Crick (1916 geboren) erkennen die Doppelhelixstruktur der DNS. ☐ Der Amerikaner Stanley Lloyd Miller (1930 geboren) beweist experimentell, daß es möglich ist, in einem Gasgemisch mit einer der Uratmosphäre der Erde ähnlichen Zusammensetzung durch ultraviolette Bestrahlung und elektrische Entladungen Aminosäuren zu synthetisieren. ☐ Die amerikanische Firma Twentieth Century Fox entwickelt das Cinemascope-Verfahren der Farbfilm-Kinematographie, das die Breitwandprojektion ermöglicht. ☐ Einführung der Scheibenbremse bei Kraftwagen (1955 serienmäßig eingebaut beim Citroën DS 19). ☐ Der Franzose Marcel Bich (1914 geboren) entwickelt ein Produktionsverfahren für Kugelschreiber (Bic-Stifte). ☐ Einführung der Eurovision.

1954. Der Amerikaner Jonas Edward Salk (1914 geboren) und der Franzose Pierre Lépine (1901–1989) entwickeln unabhängig voneinander einen Impfstoff mit Poliomyelitisviren. ☐ Erfindung des Masers durch den Amerikaner Charles Hard Townes (1915 geboren), der auch das Prinzip des Lasers entdeckt hat. ☐ Erster Transistorempfänger in den Vereinigten Staaten. ☐ Erstes Atom-U-Boot, die *Nautilus*, in den Vereinigten Staaten.

1955. Der Amerikaner Gregory Goodwin Pincus (1903–1967) erfindet die Anti-Baby-Pille. ☐ Entwicklung der Herz-Lungen-Maschine durch den Amerikaner Clarence Walton Lillehei (1918 geboren). ☐ Der Brite Frederick Sanger (1918 geboren) weist die Struktur des Insulinmoleküls nach. ☐ Dem Deutschen Karl Ziegler (1898–1973) gelingt die Polymerisation von Äthylen. ☐ Entdeckung des Antiprotons durch die Amerikaner Owen Chamberlain (1920 geboren) und Emilio Segrè (1905–1989). ☐ Entwicklung eines Verfahrens zur synthetischen Herstellung von Industriediamanten durch den Amerikaner Percy Williams Bridgman (1882–1961). ☐ Entwicklung des elektronischen Ferritkernspeichers. ☐ Erster Kraftwagen mit hydropneumatischer Federung, der Citroën DS 19. ☐ Zwei französische Elektrolokomotiven erreichen die Höchstgeschwindigkeit von 331 km/h. ☐ Erster Flug des französischen Flugzeugs Caravelle (27. Mai), dessen Strahltriebwerke sich am Flugzeugrumpf befinden. ☐ Inbetriebnahme des ersten Kernkraftwerks in Calder Hall (England).

1956. Die Amerikaner John Bardeen (1908 geboren), Leon Cooper (1930 geboren) und John Robert Schrieffer (1931 geboren) erklären das Phänomen der Supraleitfähigkeit (Verschwinden des elektrischen Widerstands in Metallen bei sehr niedrigen Temperaturen). ☐ Der Franzose Henry de France (1911 bis 1986) läßt sein Farbfernsehsystem SECAM patentieren. ☐ Der Amerikaner John Backus von IBM entwickelt FORTRAN, die erste Programmiersprache. ☐ Verlegung des ersten Fernsprech-Seekabels zwischen Großbritannien und den Vereinigten Staaten.

1957. Die Amerikaner W. Dement und N. Kleitman entdecken, daß das Gehirn im Schlaf abwechselnd intensive elektrische Aktivitätsphasen (bestätigt 1959 durch den Franzosen Michel Jouvet [1925 geboren], der sie ›Paradoxalschlaf‹ nennt), und ruhige Aktivitätsphasen durchläuft. ☐ Erste erfolgreiche Knochenmarksimplantation durch den Franzosen Georges Mathé (1922 geboren). ☐ Der erste künstliche Satellit (Sputnik 1, 4. Okt.) wird von den Russen in eine Umlaufbahn gebracht. ☐ Erfindung der Tunneldiode (zur Erzeugung von Hochfrequenzschwingungen; v.a. in elektronischen Rechnern) durch den Japaner Leo Esaki (1925 geboren). ☐ Internationales geophysikalisches Jahr.

1958. Der Franzose Jean Dausset (1916 geboren) entdeckt das Histokompatibilitätsantigen-System (HLA), das erkennen läßt, ob der Körper die Implantation eines Organs vertragen wird oder nicht. ☐ Der Deutsche Rudolf Mößbauer (1929 geboren) entdeckt die rückstoßfreie Absorption oder Emission von Gammaquanten durch Atomkerne eines Festkörpers und die daraus entstehende Strahlung *(Mößbauer-Effekt)*. ☐ Entdeckung der Strahlungsgürtel der Erde durch den Amerikaner James Alfred Van Allen (1914 geboren). ☐ Die niederländischen Firma DAF baut den ersten Kraftwagen mit automatischem Wechselgetriebe. ☐ Die Sowjetunion setzt den ersten atombetriebenen Eisbrecher, die *Lenin,* ein. ☐ Erfindung der Szintillationskamera durch den Amerikaner H. Anger, die zur Entwicklung einer neuen medizinischen Bildaufnahmetechnik, der Szintigraphie, führt.

1959. Die Franzosen Jérôme Lejeune (1926 geboren) und Raymond Turpin (1895 geboren) entdecken die Ursache für den Mongolismus die *Trisomie 21* ist (überzähliges Chromosom 21). ☐ Dem Briten R. Edwards gelingt erstmals eine *In-vitro-Fertilisation,* d. h. die Befruchtung einer Eizelle außerhalb des Organismus. ☐ Erste Nierentransplantation zwischen zweieiigen Zwillingen durch den Amerikaner J. P. Merril (1917 geboren). ☐ Inbetriebnahme des ersten Luftkissenfahrzeugs, der *Hovercraft SR-N1,* gebaut von dem Briten C. Cockerell (1910 geboren). ☐ Erste Photographie der Mondrückseite durch die sowjetische Sonde Luna 3.

1960. Der Amerikaner Theodore Harold Maiman (1927 geboren) baut den ersten Laser (Rubinlaser). ☐ In den Vereinigten Staaten wird der erste meteorologische Satellit, *Tiros 1,* gestartet. ☐ Annahme einer neuen Meterdefinition, die sich auf die Wellenlänge der atomaren Strahlung von Krypton 86 gründet. ☐ Einführung des internationalen Einheitensystems (SI) auf der 11. Allgemeinen Konferenz für Maße und Gewichte. ☐ Entdeckung des ersten Quasars auf optischem Wege (s. Abschnitt: Universum und Erde, S. 18) durch den Amerikaner Allan Rex Sandage (1926 geboren). ☐ Mit dem Bathyskaphen *Trieste* taucht der schweizerische Physiker Auguste Piccard (1864–1964) im Marianengraben (Pazifik) auf eine Rekordtiefe von 10 916 m.

DIE ERFORSCHUNG DER DNS

Nachdem im Jahre 1944 nachgewiesen worden war, daß die DNS der Träger der Erbinformation ist, wurde 1953 von J. D. Watson und F. C. H. Crick eine weitere wichtige Entdeckung gemacht: Sie erkannten die Doppelhelixstruktur der DNS. Crick und Watson ließen sich von den neuen Gedanken der Molekularbiologie inspirieren, denen zufolge das Geheimnis des Lebens in den Molekülen zu suchen ist. Sie gingen der Frage nach, wie die physikalische Struktur der DNS aussehen könnte. Crick und Watson bauten Modelle aus Blech, um die räumliche Anordnung der chemischen Bindungen (Zucker, Phosphat, stickstoffhaltige Basen) dieses Makromoleküls herauszufinden. Sie stützen sich auf Erkenntnisse der Biochemie (Untersuchungen von E. Chargaff [geboren 1905], Ideen von L. Pauling) und der Biophysik (Untersuchungen über die Röntgenstreuung von Maurice Wilkins [1916 geboren] und Rosalind Franklin [1920–1958]) und gelangten zu dem Ergebnis, daß die DNS aus zwei spiralförmig umeinandergewundenen, vollkommen identischen Zucker-Phosphat-Strängen bestehen muß. Diese beiden Stränge sind in ihrem Modell durch Wasserstoffbrücken verknüpft, die sich zwischen den Basenpaaren ausbilden.

Das Watson-Crick-Gesetz. Die Basenpaare sind nach dem ›Watson-Crick-Gesetz‹ aufgebaut: Adenin verbindet sich nur mit Thymin, Cytosin nur mit Guanin. Dieses Gesetz besagt, daß die beiden Ketten der Doppelhelix

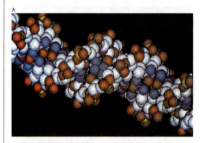

A · Das DNS-Molekül.
Modellhafte Darstellung eines Teilstücks eines Desoxyribonukleinsäure-Moleküls (DNS), das eine Doppelhelixstruktur aufweist. Jede farbige Kugel stellt ein Atom dar.

B · Luftkissenfahrzeug.
Landung des von C. S. Cockerell entwickelten ersten Luftkissenfahrzeuges *Hovercraft SR-N1* in Dover nach seiner Überquerung des Ärmelkanals im Juli 1959.

ENTDECKUNGEN UND ERFINDUNGEN

komplementär zueinander sind, wie der Schlüssel zu seinem Schlüsselloch, und daß sie, falls sie getrennt werden, einen neuen komplementären Strang ausbilden können. So erklärt die physikalische Struktur des DNS-Moleküls, warum sich ein Gen nach jeder Zellteilung (die die Halbierung des genetischen Materials mit sich bringt) unverändert überträgt.

Die Entschlüsselung eines Codes. Crick und Watson entging nicht, daß die Anordnung der Basenfolge auf einem Strang der Doppelhelix eine codierte Information sein könnte, die die Erbinformation darstellt. Der amerikanische Physiker George Gamow (1904–1968) kommt 1953 auf den Gedanken, daß die Codierung der genetischen Information mit der Synthese der Proteine in der Zelle zusammenhängen könnte, da die Gene die Aufgabe haben, die Synthese der Proteine zu steuern. Dies hatten 1942 G. Beadle (1903 geboren) und E. Tatum (1909–1975) bewiesen. Im Jahre 1961 untersucht M. Nirenberg diese These und entschlüsselt 1966 den genetischen Code (d. h. die Gesetzmäßigkeit, nach der die vier Basen der DNS und die Aminosäuren der Proteine miteinander verbunden sind).

KÜHNHEIT IN DER CHIRURGIE

Je mehr Fortschritte auf dem Gebiet der Bluttransfusion erzielt werden, um so kühner werden die Eingriffe, die die Chirurgen vornehmen.

Transplantationen. Im Jahre 1954 führt der amerikanische Chirurg J. P. Merril (1917 geboren) die erste Nierentransplantation durch. Da dieser erfolgreiche Eingriff bei eineiigen Zwillingen stattfand, wurde Merril nicht mit dem Problem der Abstoßungsreaktionen konfrontiert. Die ersten erfolgreichen Nierentransplantationen zwischen zweieiigen Zwillingen wurden 1959 in Boston und Paris durchgeführt, zwischen nicht verwandten Personen im Jahre 1962 in Paris (J. Hamburger), nachdem man die Ursachen der durch Immunreaktionen bedingten Transplantat-abstoßungen erkannt hatte. Nach der Entdeckung des Histokompatibilitätsantigen-Systems (HLA) durch J. Dausset im Jahre 1958 konnten Spender und Empfänger gesucht werden, die für eine Transplantation geeignet waren. Die Entwicklung immunsuppressiver Behandlungen trug viel zur wachsenden Anzahl erfolgreicher Transplantationen bei.

Künstliche Organe. Der amerikanische Chirurg C. W. Lillehei (1918 geboren) brachte mit der Erfindung der Herz-Lungen-Maschine im Jahre 1955 die Herzchirurgie ein großes Stück voran. Sie ermöglicht Eingriffe am ›offenen Herzen‹, da der Blutkreislauf während der Operation außerhalb des Körpers aufrechterhalten werden kann. Der amerikanische Chirurg I. Starr (1895 geboren) setzte im Jahre 1960 erstmals erfolgreich eine Herzklappenprothese ein. Die erste Herztransplantation wurde 1967 (von dem Südafrikaner C. Barnard) durchgeführt. Dem französischen Krebsforscher G. Mathé gelingt 1957 die erste Knochenmarkstransplantation.

WUNDER DES LASERS

Der Lasereffekt ist sicherlich die spektakulärste Form des Quantenverhaltens von Atomen. Die Anregung eines Atoms durch Absorption eines Photons (eines Lichtquants) besteht im ›Sprung‹ eines Elektrons von einem Energieniveau auf ein höheres; die ›Abregung‹, d. h. die Rückkehr des Elektrons auf das ursprüngliche Niveau, wird von der Emission eines Photons mit gleicher Energie in eine beliebige Richtung begleitet.

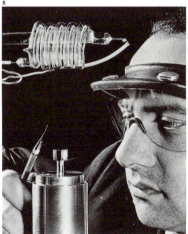

Ein anderes Phänomen zeigt sich beim Auftreffen eines Photons auf ein schon angeregtes Atom: Das auftreffende und das emittierte Photon haben die gleiche Energie, die gleiche Richtung und die gleiche Phase. Den ersten Fall könnte man mit der Kakophonie eines Orchesters beim Stimmen der Instrumente vergleichen, den zweiten Fall mit einer Symphonie, die unter der Leitung eines Dirigenten aufgeführt wird. Das symphonische Licht (*kohärent* genannt) hat bemerkenswerte Eigenschaften.

Der erste Laser wurde von T. H. Maiman im Jahre 1960 gebaut. Er benutzte einen Rubinstab, dessen Chromatome durch elektrische Entladung angeregt wurden. An beiden Enden des Stabes befinden sich Spiegel, an denen die emittierten Photonen mehrfach reflektiert werden und ihrerseits wieder Emissionen auslösen. Ein kleiner nichtreflektierender Teil auf einem der Spiegel ermöglicht das Austreten des Lichtstrahls, dessen Photonen alle genau die gleiche Energie und Wellenlänge haben.

DAS ZEITALTER DER RAUMFAHRT

Das Zeitalter der Raumfahrt begann am 4. Oktober 1957 mit dem Start des ersten künstlichen Satelliten durch die Sowjetunion, der die Welt in Erstaunen versetzt. Die Russen gaben ihrem Kleintrabanten den Namen Sputnik 1 (*Sputnik* bedeutet auf russisch *Wegbegleiter*). Der Satellit, eine einfache Aluminiumkugel von 58 cm Durchmesser, mit einem Gewicht von 83,6 kg, umkreiste die Erde in etwas mehr als 96 Minuten in einer Höhe zwischen 228 und 947 km. Er sendete Signale aus, bis seine Batterie am 26. Oktober 1957 erschöpft war und er wieder in die dichten Schichten der Atmosphäre fiel, wo er am 4. Januar 1958 verglühte.

Am 3. November 1957 brachten die Russen *Sputnik 2* in die Umlaufbahn, der eine weitaus größere Mission zu erfüllen hatte. An Bord des Apparates, der diesmal ein Gewicht von 508 kg aufwies, befand sich die Hündin Laika sowie Geräte, die ihre Reaktionen in der Schwerelosigkeit registrieren sollten.

C · **Sputnik 1.**
Als *Sputnik 1* am 4. Oktober 1957 in die Umlaufbahn gebracht wurde, war dies der Beginn des Zeitalters der Raumfahrt. Seitdem wurden etwa 4 000 Satelliten in den Weltraum geschickt. Sieben Mächte sind übereingekommen, Nutzlasten in Satellitenbahnen zu bringen: Die UdSSR, die USA, Japan, Frankreich, England, Indien und Israel sowie die Europäische Raumfahrtbehörde ESA.

A · **Operation am offenen Herzen.**
Die Entwicklung der Herz-Lungen-Maschine (zu sehen auf dem Foto mit den Schläuchen, dem Oxygenator und der Pumpe) durch den amerikanischen Chirurgen C. W. Lillehei im Jahre 1955 ermöglichte chirurgische Eingriffe bei offenem Herzen. Diese Aufnahme entstand im Jahre 1958. Die erste Herztransplantion wurde am 3. Dezember 1967 von Christiaan Barnard in Kapstadt (Republik Südafrika) durchgeführt.

B · **Der erste Laser** wird am 7. Juli 1960 von seinem Erfinder T. H. Maiman vorgestellt. Maiman beobachtet den künstlichen Rubinkristall, das Kernstück des Lasers. Die darüber angeordnete Lichtquelle soll die Atome des Kristalls anregen. Der Laser hat zahlreiche Anwendungsgebiete: Schweißen, maschinelle Bearbeitung, Bohren, Schneiden, Meßtechnik, Chirurgie, Holographie, Lichtphotosatz, Schnelldruck, Fernmeldetechnik (Lichtleiter), Abtasten von Schallplatten usw.

903

ENTDECKUNGEN UND ERFINDUNGEN

VON 1961 BIS 1970

1961. Die Franzosen François Jacob (1920 geboren) und Jacques Monod (1910–1976) klären die genetischen Mechanismen bei Viren und beweisen, daß bei der genetischen Steuerung der Proteinsynthese ein Zwischenmolekül, die *Messenger-RNS,* mitwirkt. ▫ Der Amerikaner Robert Burns Woodward (1917 geboren) führt die Chlorophyllsynthese durch. ▫ Die Internationale Union für Reine und Angewandte Chemie führt das Kohlenstoffnuklid C 12 als Bezugsgröße für die Atommasse ein. ▫ Erster bemannter Raumflug (12. April) mit den Russen Jurij Gagarin (1934–1968) an Bord.
1962. Der Amerikaner N. E. Borlaug (1914 geboren) entwickelt besonders ertragreiche Weizensorten, die die ›grüne Revolution‹ auslösen. ▫ Der Amerikaner Harry Hammond Hesse (1906–1969) stellt die Theorie der Ausdehnung des Meeresbodens auf. ▫ Der Brite Derek H. R. Barton (1918 geboren) begründet die Konformationsanalyse, die einen Zusammenhang zwischen Konformation und Reaktivität organischer Verbindungen herstellt. ▫ Der Brite Brian David Josephson (1940 geboren) entdeckt, daß der elektrische Strom eine dünne isolierende Barriere zwischen zwei supraleitenden Metallen durchtunneln kann *(Josephson-Effekt).* ▫ Einführung des Wortes *Informatik.* ▫ Erster Fernmeldesatellit *(Telstar 1,* Vereinigte Staaten) und erste überseeische Fernsehverbindung per Satellit (zwischen Andover [Vereinigte Staaten] und Pleumeur-Bodou [Frankreich]). ▫ Erfolgreiche Beendigung des Planetenerforschungsprojektes mit der amerikanischen Sonde *Mariner 2,* die die Venus überflog. ▫ Die ersten Industrieroboter kommen auf den Markt, entwickelt durch den Amerikaner J. Engelberger.
1963. Erster geostationärer Fernmeldesatellit *(Syncom 1,* Vereinigte Staaten). ▫ Der Amerikaner Pol Duwez (1907 geboren) stellt die erste amorphe Legierung, gewissermaßen ein ›Glasmetall‹, her. ▫ Der Amerikaner J. E. Sutherland entwickelt das erste interaktive Graphiksystem. ▫ Der amerikanische Mathematiker Paul J. Cohen (geboren 1934) klärt die auf G. Cantor zurückgehende Kontinuumshypothese.
1964. Erste Nahaufnahmen des Mondes durch die amerikanische Raumsonde *Ranger 7.* ▫ Die Amerikaner Emmet N. Leith und Suris Upatnieks stellen ihr erstes Hologramm von dreidimensionalen Gegenständen vor. ▫ Entwicklung des Super-8-Films durch die amerikanische Firma Kodak. ▫ Erste Schreibmaschine mit Speicher, von IBM. ▫ Die deutsche Firma NSU baut den ersten Kraftwagen mit Rotationskolbenmotor.
1965. Die Amerikaner Arno Penzias (1933 geboren) und Robert Wilson (1936 geboren) entdecken die kosmische Mikrowellen-Hintergrundstrahlung und stützen damit die kosmologische Theorie des Urknalls. ▫ Der sowjetische Kosmonaut Aleksej Leonow (geboren 1934) verläßt als erster Mensch bei einem Raumflug das Raumschiff. ▫ Erste Begegnung zweier bemannter Raumschiffe im Weltall *(Gemini 6* und *7,* Vereinigte Staaten). ▫ Erste Testfahrt mit dem Luftkissenzug, den der Franzose Jean Bertin (1917–1975) entwickelt hat. ▫ Erster Flug eines Schwenkflügelflugzeuges, der amerikanischen F-111. ▫ Die amerikanische Sonde *Mariner 4* überfliegt den Mars. ▫ Erste Entdeckung von Erdgaslagern in der Nordsee.
1966. Der Amerikaner Marshall Nirenberg (1927 geboren) trägt zur Entschlüsselung des genetischen Codes bei. ▫ Die Amerikaner J. Claman, Jacques Francis Albert Miller (1931 geboren) und G. F. Mitchell beweisen, daß die Antikörper von einer speziellen Gruppe weißer Blutkörperchen, den B-Lymphozyten, unter Mitwirkung einer anderen Gruppe, der T-Lymphozyten, produziert werden. ▫ Der Amerikaner Andrew V. Schally (1926 geboren) isoliert erstmals ein im Gehirn gebildetes Hormon. ▫ Der Amerikaner Murray Gell-Mann (1929 geboren) spricht erstmals von Quarks, den elementaren Bestandteilen der Protonen und Neutronen. ▫ Erste weiche Mondlandung der sowjetischen Sonde *Luna 9.* ▫ Inbetriebnahme eines Gezeitenkraftwerks am Fluß Rance, Frankreich. ▫ Erste Kohlenstoff-Faser, hergestellt von den Briten W. Watt, L. N. Philips und W. Johnson.
1967. In-vitro-Synthese der DNS eines Virus durch die Amerikaner Arthur Kornberg (1918 geboren), Mehran Goulian (1929 geboren) und Robert Louis Sinsheimer (1920 geboren). ▫ Erste Herztransplantation, durchgeführt von dem Südafrikaner Christiaan Barnard (1922 geboren). ▫ Entdeckung der Pulsare durch die Briten Antony Hewish (1924 geboren) und Jocelyn Bell. ▫ Der Amerikaner Steven Weinberg (1933 geboren) und der Pakistani Abdus Salam (1926 geboren) entwickeln eine Theorie des Amerikaners Sheldon Lee Glashow (geboren 1932) weiter, die es ermöglicht, die elektromagnetische Wechselwirkung, die für den Atombau verantwortlich ist, und die schwache Wechselwirkung, die den spontanen Kernzerfall bewirkt, zu vereinigen (Theorie der elektroschwachen Wechselwirkung). ▫ Auf der 13. Konferenz für Maße und Gewichte wird die Sekunde neu definiert als ein Vielfaches der Periodendauer der Strahlung eines Cäsiumatoms des Isotops Cs 133. ▫ Das Unternehmen Tektronix entwickelt die Kathodenstrahlspeicherröhre.
1968. Theorie der Plattentektonik (s. Abschnitt: Universum und Erde, S. 34) durch den Franzosen Xavier Le Pichon und den Amerikaner W. J. Morgan. ▫ Erster Flug eines Überschall-Verkehrsflugzeuges, der Tupolew Tu-144 (UdSSR). ▫ Erster bemannter Raumflug um den Mond *(Apollo 8,* Vereinigte Staaten). ▫ Cameron-System zur Herstellung kompletter Bücher in einem Durchlauf (USA). ▫ Erste Quarz-Armbanduhren aus der Schweiz und Japan.
1969. Erste Totalsynthese eines Enzyms, der Pankreas-Ribonuclease des Rindes, durch die Amerikaner Robert Bruce Merrifield (1921 geboren) und B. Gutte sowie R. G. Denkewater und R. Hirshmann. ▫ Die ersten Astronauten (Neil Armstrong [1930 geboren] und Edwin E. Aldrin [1930 geboren], Vereinigte Staaten) betreten den Mond. ▫ Die Amerikaner Boyle und Smith entwickeln in den Bell Laboratorien den CCD *(Charge Coupled Device),* einen integrierten Schaltkreis, bei dem elektrische Ladungsansammlungen in einem Substrat (Silicium) gespeichert und weitergeleitet werden. ▫ Erster Testflug eines französisch-englischen Überschall-Verkehrsflugzeuges, der *Concorde.* ▫ Citroën führt die elektronische Kraftstoffeinspritzung ein.
1970. Künstliche Synthese eines Gens durch den Inder Har Gobind Khorana (1922 geboren). ▫ Der Amerikaner H. Smith entdeckt das erste sogenannte Restriktionsenzym, das ein DNS-Molekül spalten kann (wird neuerdings häufig in der Gentechnik verwendet). ▫ Erste Einpflanzung eines Herzschrittmachers mit einer Isotopenbatterie als Energiequelle, durch die Franzosen Armand Piwnica (1927 geboren), M. Robin und P. Laurens. ▫ Ferngesteuertes Mondauto *(Lunochod 1,* UdSSR). ▫ Erster programmierbarer Industrieroboter. ▫ In der Nordsee werden erstmals Erdöllager entdeckt.

DER MENSCH IM WELTRAUM

In den sechziger Jahren beginnt ein großes Abenteuer: Der Mensch erhebt sich über die Atmosphäre hinaus und erforscht den Weltraum.

Pioniere. Knapp ein Jahrzehnt liegt zwischen den ersten bemannten Raumflügen und der ersten Mondlandung.
Am 12. April 1961 schickt die UdSSR den ersten Menschen in den Weltraum, den Luftwaffenoffizier Jurij Gagarin. An Bord der Raumkapsel *Wostok 1* umkreist er die Erde in einer Höhe bis zu 327 km, bei einer Flugdauer von 1 Stunde 48 Minuten. Der erste Raumflug eines amerikanischen Astronauten, Alan Shepard, findet erst am 5. Mai des gleichen Jahres statt. Dieser Flug auf einer ballistischen Bahn dauerte nicht länger als 15 Minuten und 22 Sekunden. Am 20. Februar des darauf folgenden Jahres schließlich findet nach siebenmaliger Startverzögerung der erste Raumflug der Amerikaner statt, mit John Glenn an Bord. Er umkreist die Erde dreimal.

Große Premieren. In den folgenden Monaten und Jahren kann die Sowjetunion zahlreiche Pionierleistungen verzeichnen: erster

A ▸ Jurij Gagarin.
Der russische Kosmonaut ist der erste Mensch, der die Erde umkreist. Er befindet sich hier an Bord der Raumkapsel *Wostok 1,* am 12. April 1961.

B ▸ Aldrin auf dem Mond.
Am 21. Juli 1969 betreten die beiden amerikanischen Astronauten Neil Armstrong und Edwin Eugene Aldrin den Mond. Jahrhundertelang hatte die Menschheit davon geträumt, den Weltraum zu erkunden. Nur knapp zehn Jahre liegen zwischen dem ersten bemannten Raumflug um die Erde und der ersten Landung eines Menschen auf einem anderen Himmelskörper, dem Mond.

ENTDECKUNGEN UND ERFINDUNGEN

Weltraum-Paarflug im August 1962, die erste Frau in Weltraum (Walentina Tereschkowa) im Juni 1963 und vor allem der erste Weltraumspaziergang am 18. März 1965: An diesem Tag bewegt sich der Kosmonaut Alexej Leonow im Raumanzug 10 Minuten lang außerhalb der Raumkapsel Woschod 2, mit der er durch eine lange ›Nabelschnur‹ verbunden bleibt.

Zum Mond. Nun sind die Amerikaner an der Reihe, sie verwirklichen den alten Traum der Menschheit: das Betreten des Mondes. Am 25. Mai 1961 teilt der Präsident der Vereinigten Staaten dem Kongreß in seiner Rede zur Lage der Nation mit, daß er vor Ablauf des Jahrzehnts ein Programm realisieren werde, das die Landung auf dem Mond und die gesunde Rückkehr der Kosmonauten zum Ziel hat. Was anfangs nur eine politische Herausforderung ist, wird zu einem industriellen und technischen Vorhaben ungeheuren Ausmaßes mit einem Kostenaufwand von 25 Milliarden Dollar, an dem etwa 20 000 Firmen und 350 000 Ingenieure und Techniker beteiligt sind. Das Vorhaben heißt *Apollo*. Apollo besteht aus einer riesigen Rakete, der Saturn V, die 111 m hoch ist und ein Startgewicht von 2 850 t aufweist (von dem deutschamerikanischen Raketenspezialisten Wernher von Braun [1912–1977] entwickelt), und einer 43 t schweren Raumkapsel, in der die drei Astronauten zum Mond fliegen und wieder zur Erde zurückkehren sollen.

Im Dezember 1968 umkreisen Frank Borman, James Lovell, und William Anders den Mond und verwirklichen an Bord der *Apollo 8* das Abenteuer, das Jules Verne im vorigen Jahrhundert als Utopie beschrieben hat! Dies jedoch war nur das Vorspiel zum historischen Raumflug der *Apollo 11* im darauffolgenden Jahr, mit Neil Armstrong, Edwin Aldrin und Michael Collins an Bord.

Am 21. Juli 1969, um 2.56:20 Uhr (Weltzeit) verfolgen knapp eine Milliarde Fernsehzuschauer mit Spannung, wie Neil Armstrong im Mare Tranquillitatis den Fuß auf die Mondoberfläche setzt. Zum ersten Mal betritt ein Mensch einen anderen Himmelskörper. Armstrong bemerkt dazu: ›Für den Menschen ist es nur ein kleiner Schritt, für die Menschheit jedoch ein Riesensprung.‹

Das Apollo-Programm wird 1972 beendet, nachdem sechs Mondlandungen durchgeführt worden waren, zwölf Astronauten die Mondoberfläche erforscht, wissenschaftliche Geräte hinterlassen und 382 kg Gesteinsproben mit zur Erde gebracht hatten.

SATELLITENFUNK UND SATELLITENFERNSEHEN

Am 11. Juli 1962, um 0 h 47 (MEZ) wird die erste interkontinentale transatlantische Fernsehverbindung per Satellit hergestellt. Die französische Sendestation in Pleumeur-Bodou (Côtes-du-Nord) empfängt durch Direktübertragung von der amerikanischen Sendestation Andover (Maine) das erste Bild über den Satelliten *Telstar 1*, den die NASA am Vortag in die Umlaufbahn gebracht hatte. Am 23. Juli wird die erste interkontinentale Fernsehsendung ausgestrahlt. Telstar und die Nachfolgemodelle sind Umlaufsatelliten und haben den Nachteil, daß sie sich durch die Bewegung der Erde scheinbar bewegen; hieraus folgt, daß sie von einem bestimmten Punkt der Erde aus nur einige Stunden am Tag zu empfangen sind. Während dieser Zeit muß man ihrer Bewegung ständig folgen.

Geostationäre Satelliten. Als 1963 die amerikanischen Syncom-Satelliten in die Umlaufbahn gebracht werden, die ersten geostationären Satelliten, ist dies der Beginn eines neuen Entwicklungsabschnittes: Diese Satelliten, an deren Entwicklung der britische Ingenieur und Schriftsteller Arthur C. Clark seit 1945 arbeitete, werden über dem Äquator in 36 000 km Höhe ausgesetzt und haben die gleiche Umlaufsdauer und -richtung wie die Erde. Da sie sich, von der Erde aus gesehen, nicht zu bewegen scheinen, ermöglichen sie permanente interkontinentale Funkverbindungen.

Intelsat. Kurz nachdem *Syncom 3* in die Umlaufbahn gebracht worden war (die Olympischen Spiele in Tokio übertrug), wurde im August 1964 auf Vorschlag der Vereinigten Staaten die internationale Organisation *Intelsat* gegründet, mit dem Ziel, ein einheitliches, interkontinentales Satelliten-Kommunikationssystem zu schaffen. Der erste kommerzielle Nachrichtensatellit, *Intelsat 1*, wird über dem Atlantischen Ozean ausgesetzt und erhält den Namen *Early Bird* (›Frühaufsteher‹). Seine Kapazitäten sind noch bescheiden – entweder 240 Fernsprechverbindungen (zur gleichen Zeit) oder ein Fernsehkanal – aber mit ihm werden zum ersten Mal internationale Fernsprechverbindungen über den Weltraum hergestellt. Ein neues Zeitalter in der internationalen Fernübertragung beginnt.

SELTSAM, CHARMANT, UND SCHÖN

Die Pionierzeit der Elementarteilchenphysik ist vorüber, die einfachen Apparaturen des Anfangs sind riesigen, extrem teuren Teilchenbeschleunigern gewichen. Diese werden von internationalen Organisationen gebaut, in denen Theoretiker und Experimentatoren zusammenarbeiten.

Murray Gell-Mann ist ein Theoretiker, und seine Anfang der sechziger Jahre aufgestellte These scheint vollkommen absurd: Die Bestandteile des Kerns, Protonen und Neutronen, bestehen aus drei *Quarks* (Phantasiebezeichnung, entnommen aus einem Roman von James Joyce), das sind Teilchen, die bisher nicht frei existierend nachgewiesen werden konnten und die nur Bruchteile der Elementarladung tragen: $+2/3$ für das Quark u (›up‹), $-1/3$ für das Quark d (›down‹).

Die Theorie von Gell-Mann (die *Quantenchromodynamik*) erklärt den Zusammenhalt des Atomkerns durch den Austausch neuer Teilchen, der *Gluonen*, zwischen den Quarks. Sie beinhaltet auch die Existenz einer anderen Quarkart, des ›seltsamen‹ oder Strange-Quarks (s), das 1964 mit dem Brookhaven-Beschleuniger entdeckt wird. Bald findet man zwei weitere Eigenschaften der Quarks, den *Charm* (c) und die ›Schönheit‹, *Beauty* (b). Nach einem sechsten Quark, t für ›top‹, das rein theoretisch existieren muß, wird heute intensiv gesucht.

DIE GRÜNE REVOLUTION

Unter dem Einfluß der Ford- und Rockefeller-Foundations wurden seit 1950 in den Vereinigten Staaten und anderswo landwirtschaftliche Untersuchungen vorangetrieben, um die Produktivität von Getreiden zu erhöhen, die vor allem in den Entwicklungsländern angebaut werden. Im Jahre 1962 entwickelte der amerikanische Agrarwissenschaftler N. E. Borlaug durch sukzessive Kreuzungen Varietäten des Weizens mit kurzem Stiel und großen Ähren, die doppelt soviel Korn liefern wie die herkömmlichen Weizensorten. Auf ähnliche Weise erhielt der indische Agronom M. S. Swaminathan in einer Forschungseinrichtung der Ford Foundation auf den Philippinen im Jahre 1960 verschiedene Reissorten mit hohem Ertrag. Seit 1966 werden in Indien, Pakistan, der Türkei, Nordafrika und Lateinamerika diese Weizen- und Reissorten angepflanzt. So gelang es den Entwicklungsländern, ihre landwirtschaftlichen Erträge über 30 % zu steigern. Indien, das Anfang der sechziger Jahre durch Hungersnöte bedroht war, kann heute im Prinzip seinen eigenen Bedarf decken und sogar Getreide exportieren. Diese technologische Revolution hat leider schlimme soziale Folgen, da nur reiche Bauern Nutzen daraus ziehen konnten (angesichts der Saatgut- und Düngerpreise). Obwohl Indien dank der grünen Revolution zum Getreideexporteur wurde, muß die Hälfte der Bevölkerung Hunger leiden.

▲ · **Die große Pleumeur-Bodou-Antenne I.**
Der unter einer Antennenkuppel mit einem Durchmesser von 64 m untergebrachte Hornstrahler ist 29 m hoch, 54 m lang und wiegt 340 t. Die Öffnung des Horns beträgt 360 m² (20 m Durchmesser) und kann durch Bewegung in Richtung der Hornachse (Elevation) und in Richtung der Achse des auf Schienen beweglichen Gestells (Azimut) auf jeden beliebigen Punkt am Himmel gerichtet werden.
Über diese Antenne, die heute nicht mehr in Betrieb ist, empfing die Funkstation von Pleumeur-Bodou (Côtes-du-Nord) am 11. Juli 1962 die ersten Fernsehbilder, die per Satellit über den Atlantik kamen.

ENTDECKUNGEN UND ERFINDUNGEN

VON 1971 BIS 1980

1971. Im CERN-Forschungszentrum bei Genf wird das Protonensynchroton (PS) in Betrieb genommen, das Protonen auf eine Energie von 28 GeV pro Teilchenstrahl beschleunigt. □ Beobachtungen legen erstmals die Vermutung nahe, daß sich im Zentrum der kosmischen Röntgenquelle *Cygnus X-1* ein schwarzes Loch befindet. □ Erste Orbitalstation (*Saljut 1*, UdSSR). □ Der erste Mikroprozessor wird von dem Unternehmen Intel auf den Markt gebracht. Er besteht aus 2 300 Transistoren, die sich auf einer quadratischen Siliciumplatte mit 7 mm Seitenlänge befinden.
1972. Der Franzose René Thom (1923 geboren) veröffentlicht sein Werk *Stabilité structurelle et morphogenèse*, mit dem er die (mathematische) Katastrophentheorie begründet. □ Inbetriebnahme des Protonensynchrotons mit 500 GeV im FNAL-Forschungszentrum in Chicago (USA). □ Erster Erderkundungssatellit (*Landsat 1*, Vereinigte Staaten). □ Entwicklung der ersten Lichtleiter durch die amerikanische Firma Cornig Glassworks. □ Die niederländische Firma Philips stellt die erste Bildplatte vor. □ Erste technisch-wissenschaftliche Taschenrechner. □ Die ersten Videokassetten kommen in den Handel.
1973. Die Amerikaner S. Cohen und H. Boyer entwickeln eine Methode, mit der fremde Gene auf Bakterien übertragen werden können. Sie leiten damit das Zeitalter der Gentechnik ein. □ Erster Mikrocomputer *(Micral)*, hergestellt von dem französischen Unternehmen R2E. □ Die amerikanische Raumstation Skylab wird in die Umlaufbahn gebracht. □ Dem Franzosen Jean-Marie Lehn (1939 geboren) gelingt die Synthese eines sog. Kryptanden, einer komplexen chemischen Verbindung, deren Moleküle eine Art Höhlung mit einem Metallion im Innern aufweisen. □ Erfindung des Scanners durch den Briten Godrey Newbold Hounsfield (1919 geboren).
1974. Endeckung der ersten Charm-Teilchen (J oder ψ) in den Vereinigten Staaten durch die Forschergruppen von B. Richard und S. Twig. □ Erfindung der Speicherkarte durch den Franzosen Roland Moreno. □ Erste elektronische, programmierbare Taschenrechner. □ Erstes Expertensystem für die medizinische Diagnostik, entwickelt an der Stanford-Universität (Vereinigte Staaten).
1975. Die Briten J. Hughes und H. Kosterlitz entdecken im Gehirn die Encephaline, Moleküle, die ähnlich wirken wie Morphine. □ Der Franzose Philippe Maupas (1939–1981) entwickelt einen Impfstoff gegen die Virus-B-Hepatitis. □ Der Brite Cesar Milstein (1927 geboren) und der Deutsche Georg Köhler (1940 geboren) entdecken eine Methode zur Herstellung von hochspezifischen monoklonalen Antikörpern. □ Der Franzose polnischer Herkunft Benoît Mandelbrot (1924 geboren) führt den Begriff Fraktal ein (s. Abbildung S. 909) und entwickelt die sogenannte fraktale Geometrie.
1976. Weiche Landung der beiden amerikanischen Viking-Sonden auf dem Mars, mit deren Hilfe die Bodenbeschaffenheit des Planeten und die Existenz von Mikroorganismen erkundet werden soll. □ Inbetriebnahme eines Spiegelteleskops mit einer Öffnung von 6 m in Kaukasus, in Selentschukskaja (UdSSR). □ Der Supercomputer *Cray 1*, der 250 Millionen Rechenoperationen pro Sekunde durchführen kann, wird auf den Markt gebracht.
1977. Die Briten Robert G. Edwards und Patrick Ch. Steptoe führen eine In-Vitro-Fertilisation mit anschließendem Embryotransfer bei einer unfruchtbaren Frau durch, was zur Geburt des ersten Retortenbabys Louise Brown (26. Juli 1978) führt. □ Am CERN wird das Protonensynchrotron (SPS) mit 400 GeV in Betrieb genommen. □ Entdeckung von Materieringen um den Planeten Uranus durch die Forschergruppe von James E. Elliot. □ Der erste Magnetblasenspeicher wird von der amerikanischen Firma Texas Instruments in den Handel gebracht. □ Fertigstellung der Neutronenbombe in den Vereinigten Staaten.
1978. Erste medizinische Aufnahmen durch Kernspinresonanzspektroskopie (NMR). □ Das französische U-Boot *Cyana* entdeckt vor Mexiko, an der Spitze des Tiefseerückens im Ostpazifik, in 2 600 m Tiefe die ersten massiven Tiefseeablagerungen von Manganknollen. □ In Frankreich wird das Videotextsystem Antiope eingeführt. □ Inbetriebnahme des öffentlichen Datenübertragungsnetzes *Transpac*. □ Erste Laser-Photosatzmaschinen. □ Der Plutomond Charon wird entdeckt.
1979. Entdeckung des Ringsystems um den Planeten Jupiter mit Hilfe der amerikanischen Raumsonde *Voyager 1*. □ Erster Flug (erfolgreich) der europäischen Rakete *Ariane 1* (24. Dez.). □ Erster Laserdrucker (IBM). Erste Compact Disc (CD), hergestellt von der niederländischen Firma Philips. □ Der Personal Computer IBM-PC wird serienmäßig produziert. □ In einem antarktischen Meteoriten (der folglich keine Berührung mit Erde hatte) werden Spuren von Aminosäuren gefunden.
1980. Ein in der Schweiz für die Firma Biogen arbeitendes Forscherteam stellt mit gentechnischen Mitteln das von menschlichen Leukozyten gebildete Interferon her. □ Das französische Unternehmen Société de mécanique magnétique bringt die ersten aktiven magnetischen Achslager in den Handel. □ Erste Videokonferenzen. □ Öffentliche Fernsprecher mit Telefonkarten. □ Erscheinen des Walt-Disney-Films *Tron* (erster Spielfilm mit Mitteln der Computergraphik).

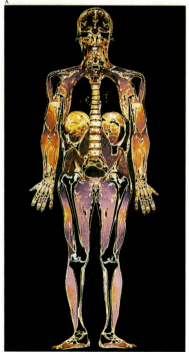

▲ · **Medizinische optische Abbildung.**
Abbildung eines menschlichen Körpers durch Kernspinresonanzspektroskopie (NMR).

DAS ERSTE SCHWARZE LOCH?

Die schwarzen Löcher, Himmelsobjekte, deren Existenz aus der Relativitätstheorie abzuleiten ist, müssen Sterne sein, bei denen ein irreversibler Gravitationskollaps eingetreten ist und deren Gravitationsfeld so intensiv ist, daß noch nicht einmal Licht nach außen dringt. Sie stellen das Endstadium der Sternentwicklung bei massereichen Sternen mit drei- bis vierfacher Sonnenmasse dar.

Da man das schwarze Loch nicht sehen kann, ist es nur durch seine starke gravitative und elektromagnetische Wirkung auf die benachbarte Materie zu erkennen. Im Jahre 1971 deuten die mit Hilfe der amerikanischen Satelliten *Uhuru* und *OAO 3* gemachten Beobachtungen im Röntgenbereich zum ersten Mal darauf hin, daß sich im Kern der Röntgenquelle *Cygnus X-1* ein schwarzes Loch befinden könnte. Dieses schwarze Loch mit einer Masse von 20 Sonnen könnte der dunkle Begleiter des 6 600 Lichtjahre entfernten blauen Überriesen HDE 226868 aus dem Sternbild Cygnus sein. Seine Pulsfolgeschwankungen deuten darauf hin, daß er Teil eines Doppelsternsystems ist.

Man versucht zur Zeit, die Theorie der schwarzen Löcher durch den Nachweis weiterer schwarzer Löcher zu bestärken. So vermutet man schwarze Löcher mit einer sehr großen Masse (millionenfach größer als die der Sonne) im Innern einiger Galaxien.

MATHEMATIK UND KATASTROPHEN

Ist die Mathematik unverständlich geworden? Schon die Funktionalanalysis und die Funktionentheorie sind nur noch für Experten zugänglich. Die im Jahre 1972 von René Thom aufgestellte *Katastrophentheorie* ist jedoch eine Ausnahme, denn sie scheint auf den ersten Blick sehr einleuchtend.

Ein unbeeinflußtes Pendel wird eine Position senkrecht zum Boden einnehmen; das Wasser eines Flusses wird bis zum tiefstmöglichen Punkt fließen. Die Existenz stabiler Gleichgewichte in solchen Systemen ist nicht erstaunlich. Um so erstaunlicher ist jedoch die Tatsache, daß eine kleine Variation dieses Gleichgewicht verändern kann; im Gebirge z. B. kann ein einfacher Felsen einen Bach umleiten und ihn zwingen, in eine andere Richtung zu fließen. Die Entwicklung eines Systems verläuft also nicht immer kontinuierlich: Variiert man auch nur einen Parameter dieses Systems, können daraus radikale Veränderungen entstehen, die Thom *Katastrophen* nannte. In seiner Theorie unterscheidet er sieben Elementarkatastrophen, unter anderem die Falte, den Schwalbenschwanz und die hyperbolische Umbilic (einer umkippenden Welle ähnlich), die wahrscheinlich der Ursprung zahlreicher physikalischer, biologischer und sozialer Phänomene sind.

HOLOGRAMME

Die optischen Systeme registrieren nur die Unterschiede der Lichtintensität. Das Licht jedoch ist wie alle Wellen nicht nur durch seine *Amplitude* (seine Inten-

906

sität), sondern auch durch seine *Phase* gekennzeichnet. Weder das menschliche Auge noch Photoplatten sind für die Phase einer Lichtwelle empfindlich. Um die Lichtphase wahrzunehmen, müßte das Auge über eine Bezugswelle verfügen, mit deren Hilfe die Phasenlage des Lichtes festgestellt werden könnte.

Hier hat die Idee der Holographie ihren Ursprung, die D. Gabor in den Jahren 1948–51 entwickelte, die aber erst nach der Konstruktion des Lasers (1960) praktisch durchführbar wurde (er bekam für diese Entdeckung 1971 den Nobelpreis für Physik). Das Prinzip besteht darin, die Überlagerung zweier Laserstrahlen auf einer Photoplatte zu speichern. Der eine dient als Referenzwelle, bei dem anderen Strahl, der den Gegenstand beleuchtet, wird die Phase durch dessen Oberflächengestalt moduliert.

Wenn die beiden Laserstrahlen auf der Photoplatte interferieren, erzeugen sie ein räumliches Interferenzbild, dessen Intensitätsverteilung in der Photoschicht gespeichert wird. Wird die Platte nach ihrer Entwicklung beleuchtet, interferiert das an diesen Schichtstrukturen gestreute Licht in der Weise, daß ein Betrachter an der Stelle, an der sich der Gegenstand befand, ein räumliches Bild desselben sieht (Hologramm). Er hat den Eindruck, er könne das Bild greifen. Das Verfahren der Holographie kann auch mit anderen interferenzfähigen Wellen durchgeführt werden.

COMPUTER IN DER FABRIK

Im Laufe der 70er Jahre führen die Fortschritte auf dem Gebiet der Informatik mit der Entwicklung von Systemen des rechnerunterstützten Entwurfes (›computer aided design‹, kurz: CAD) zu einer technologischen Revolution in den Konstruktionsbüros. Diese verfügen im allgemeinen über ein im Dialog betriebenes Datensichtgerät, das dem Anwender ermöglicht, Zeichnungen zu erstellen oder zu verändern, innerhalb weniger Sekunden komplizierte geometrische Probleme zu lösen und die Verschiebungen der Teile eines Mechanismus zu veranschaulichen. Spezialunternehmen bemühen sich, Software anzufertigen, die den Anforderungen der Anwender genügt. CAD findet rasch die verschiedensten Anwendungen, so z. B. für den Entwurf von Kraftfahrzeugen, Flugzeugen, Bauprojekten, Flakons, elektronischen Schaltkreisen usw. Oft aber ist die alleinige Anwendung von CAD nicht ausreichend. Deshalb kam man auf die Idee, rechnerunterstützte Planung und Fertigung miteinander zu verbinden, d. h. alle geometrischen Informationen eines entworfenen Teils so zu nutzen, daß sie in einer numerisch gesteuerten Werkzeugmaschine umgesetzt werden können. Mit dem CIM-System (computergestütztes flexibles Fertigungs- und Planungssystem) kann die Herstellungsdauer komplexer Werkstücke stark verkürzt werden. Erfolgreiche Anwendung findet CIM auch in so wichtigen Industriezweigen wie der Luftfahrt, der Kraftfahrzeugtechnik und dem Schiffbau.

DIE MOLEKULAREN URSACHEN VON KREBSERKRANKUNGEN

In den 70er Jahren machte die Krebsforschung große Fortschritte. Es werden die ersten humanpathogenen Krebsviren nachgewiesen: z. B. das Epstein-Barr-Virus, das für das Burkitt-Lymphom (Tumor in lymphatischem Gewebe) verantwortlich ist, und das Hepatitis-B-Virus, das den gefürchteten Leberkrebs hervorruft.

Onkogene. Eine Reihe von Wissenschaftlern weist die Mechanismen der virusbedingten Krebsbildung im Tierversuch nach. Das amerikanische Forscherteam von J. M. Bishop beweist, daß im genetischen Material des Rous-Sarkom-Virus (Bindegewebskrebs) bei Hühnern ein ›Krebsgen‹ oder, wie man auch sagt, ein ›Onkogen‹ enthalten ist, das die Krebsbildung in den von den Viren befallenen Zellen auslöst. Am erstaunlichsten ist die Feststellung, daß dieses ›Onkogen‹ mit einem Gen identisch ist (Proto-Onkogen genannt), das grundsätzlich in allen normalen Zellen des Huhns vorhanden ist. Dies kann man bald bei einer ganzen Reihe von Viren feststellen, die bei Tieren Krebs erregen: man identifiziert etwa 30 ›Onkogene‹, und versucht, deren Wirkungsweise ausfindig zu machen. Es scheint, daß die von den Onkogenen gebildeten Proteine sich von jenen, die mit Hilfe der Proto-Onkogene synthetisiert werden, geringfügig unterscheiden und daß diese anormalen Proteine die Mechanismen der gegenseitigen Zellanlagerung stören oder eine endlose Replikation der DNS begünstigen (diese zwei Mechanismen erklären die unkontrollierte Wucherung krebsartiger Zellen). In den 80er Jahren weist man nach, daß die meisten Krebsarten beim Menschen nicht auf ein Virus zurückzuführen sind, sondern auf die Aktivierung der Onkogene in den Zellen.

AUFSCHWUNG DER GENTECHNIK

Die amerikanischen Biologen S. Cohen und H. Boyer erfinden 1973 eine Methode, um fremde Gene in Bakterien einzuschleusen. Dabei wird ein ringförmiges Minichromosom (Plasmid genannt) aus den Bakterienzellen extrahiert, an einer bestimmten Stelle durch ein sogenanntes ›Restriktionsenzym‹ durchtrennt, und an diesem Punkt der bakteriellen DNS ein Gen eines Säugetiers, des Menschen, eines Vogels oder eines Seeigels eingebaut. Dieses fremde Gen wiederum erhält man durch die Wirkung von Restriktionsenzymen auf die gesamte DNS, die aus dem Kern eines weißen Blutkörperchens eines Tieres oder eines Menschen extrahiert wird. Das ›rekombinierte‹ Plasmid, das nun ein fremdes Gen trägt, wird wieder auf die Bakterienzelle übertragen (Klonung) und in deren Chromosom eingebaut. Es wird mit diesem vermehrt und kann steuernd in Syntheseprozesse eingreifen. In diesem Fall ist das Wirtsbakterium genetisch verändert (manipuliert).

Die Erfindung einer Methode zur Erkennung der Sequenzen der stickstoffhaltigen Basen in der DNS durch W. Gilbert und A. M. Maxam im Jahre 1977 verbessert die Technik der Genklonierung, da sie es den Molekulargenetikern erlaubt, die auf die Bakterien übertragene Erbinformation der DNS zu lesen.

Biotechnologie. Die Techniken der Genmanipulation führen sehr schnell zu zahlreichen Anwendungsformen und zur Entwicklung der biotechnologischen Industrie. Seit 1977 stellt die amerikanische Firma Genentech für industrielle Zwecke mit Hilfe genetisch manipulierter Bakterien ein menschliches Hormon her, das Somatostatin. 1978 stellt diese Firma auf die gleiche Art und Weise Insulin her. 1980 erzielt die amerikanische Firma einen aufsehenerregenden Erfolg: Ihr gelingt es, mit Hilfe von Bakterien menschliches Interferon herzustellen, obwohl man das Gen noch gar nicht kennt. Dieses Ergebnis weckt starkes Interesse, denn Interferon ist eine natürliche, antiviral wirkende Substanz, die eventuell zur Krebsbekämpfung eingesetzt werden kann.

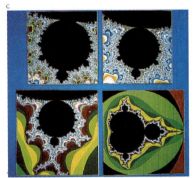

C · **Beispiele für Fraktale.**

Die Fraktale, deren Theorie 1975 von dem Mathematiker Benoît Mandelbrot formuliert wurde, sind mathematische Objekte, deren Form nur in der Unregelmäßigkeit und der Fragmentierung ihre Regeln findet. Diese Objekte können von Computern reproduziert werden (siehe oben). Ein Beispiel für ein Fraktal (das ›Apfelmännchen‹) erhält man mit Hilfe einer unendlichen Iteration der Form $x, x^2+c, (x^2+c)^2+c$ usw. In der Natur gibt es zahlreiche Systeme mit Fraktalcharakter: Verästelung der Bronchien und Bronchiolen, Verästelung eines hydrographischen Netzes, eines Baums in Zweige und Zweiglein usw.

A · **Rechnerunterstütztes Konstruieren (CAD).**

Studie der Radaufhängung einer Mercedes-Baureihe.

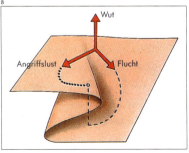

B · **Die Thom-Falte.**

Die Angriffslust eines Hundes, die plötzlich und unvermittelt in Zurückhaltung (Flucht) umschlägt, und der Übergang von Furcht zu Aggression illustrieren eine Art von *Katastrophe,* wie sie von René Thom untersucht wurde.

ENTDECKUNGEN UND ERFINDUNGEN

VON 1981 BIS 1990

1981. Britischen Forschern gelingt es, die Erbinformation zu decodieren, die die Gesamtheit der biochemischen Reaktionen eines Bestandteils der menschlichen Zelle, der Mitochondrie, steuert. □ Britische Wissenschaftler der Universität Leicester stellen in Zusammenarbeit mit den Labors der Imperial Chemical Industry durch chemische Synthese das menschliche Gen für Interferon (antivirale Substanz) her. □ Entwicklung der Rastertunnelmikroskopie durch den Deutschen G. Binning und den Schweizer H. Rohrer, in den IBM-Labors in Zürich. □ Entdeckung eines weiten Raumes im Sternbild Boot, mit einem Durchmesser von 300 Millionen Lichtjahren, in dem es offenbar keine Galaxien gibt. □ Der Amerikaner Alan H. Guth stellt das Inflationsmodell des Weltalls auf. □ Der UdSSR gelingt erstmals die Zerstörung eines Zielsatelliten durch einen Killersatelliten. □ Erster Probeflug der amerikanischen Raumfähre (12. bis 14. April). □ Inbetriebnahme des französischen Schnellzugs TGV (Train à Grande Vitesse) auf der Strecke Paris–Lyon. □ Erste CIM-Systeme (computergestützte flexible Fertigungs- und Planungssysteme).
1982. Die Amerikaner R. Brinster und R. Palmiter züchten Riesenmäuse durch Genmanipulation. □ Identifizierung des chemischen Elements 109 (das bisher schwerste) mit Hilfe des Schwerionenbeschleunigers UNILAC in Darmstadt. □ Ein amerikanisches Chirurgenteam unter der Leitung von Robert K. Jarvik (1946 geboren) pflanzt dem Amerikaner Barney B. Clark ein künstliches Herz ein (der damit 112 Tage lebt). □ Entdeckung eines ›ultraschnellen‹ Pulsars, der eine Rotationsdauer von nur 1,6 Millisekunden hat, durch Radioastronomen der University of California in Berkeley. □ Ein amerikanischer Forscher der Stanford-Universität behauptet, den ersten magnetischen Monopol gefunden zu haben (bisher nicht bestätigt). □ Serienmäßige Herstellung der ersten Spektroskope für die Kernspinresonanz (NMR) sowie der ersten Compact Discs.
1983. Erfindung des Squids, eines kryoelektronischen Meßgerätes, mit dem magnetische und elektrische Messungen mit großer Genauigkeit durchgeführt werden können. □ Der Franzose Luc Montagnier (1932 geboren) und der Amerikaner Robert Charles Gallo (1937 geboren) identifizieren das Aids-Virus. □ Im CERN bei Genf werden die W- und das Z^0-Teilchen entdeckt, geladene Bosonen, die der Weinberg-Salam-Theorie zufolge existieren mußten. □ Inbetriebnahme von JET (Joint European Torus), dem europäischen Reaktor zur Erforschung der kontrollierten Kernfusion, in Culham (Großbritannien). □ Mit Hilfe von Satelliten gelingt es, die Geschwindigkeit, mit der sich die Kontinente verschieben, zu bestimmen (Europa/Nordamerika rund 10 cm jährlich).
1984. In Australien kommt das erste Retortenbaby zur Welt, das als Embryo mehrere Monate eingefroren war. □ Erste Reparatur eines künstlichen Satelliten im Weltraum mit Hilfe einer amerikanischen Raumfähre. □ Nachweis des ersten ›Quasikristalls‹ (Metallegierung mit außergewöhnlichen Eigenschaften) durch den Israelis D. Shechtman und J. Blech, den Amerikaner J. W. Cahn und den Franzosen D. Gratias. □ Serienmäßige Herstellung des ersten tragbaren Farbfernsehgerätes mit Flachbildschirm. □ Start des europäischen Technologieprogrammes *Esprit*.
1985. Der Amerikaner S. Rosenberg erzielt aufsehenerregende therapeutische Resultate bei Krebskranken durch eine Substanz des Immunsystems, das *Interleukin 2*, das durch genetisch manipulierte Bakterien künstlich hergestellt wurde. □ Ein Raumfahrzeug, die amerikanische Sonde ICE, nähert sich erstmals einem Kometen (Giacobini-Zinner).
1986. Der Brite S. Willedson teilt mit, daß ihm die Klonierung bei Schafen durch Kerntransfer zwischen Zelle und befruchtetem Ei gelungen ist. □ Die ersten Laser-Roboter kommen in den Werkshallen zum Einsatz. □ Die amerikanische Sonde *Voyager 2* passiert den Planeten Uranus (3 Milliarden km entfernt). □ Fünf Raumsonden nähern sich dem Kometen Halley.
1987. Der Franzose Étienne-Émile Baulieu (1926 geboren) entwickelt eine Pille für den Schwangerschaftsabbruch (1988 in den Handel gebracht). □ Der Amerikaner L. Kunkel identifiziert das Gen und das Protein (Dystrophin genannt), die für die erbliche Duchenne-Muskelerkrankung verantwortlich sind. □ In den Magellanschen Wolken wird die hellste Supernova seit 1604 entdeckt. □ Inbetriebnahme der sowjetischen Trägerrakete *Energia*, die über 100 t Nutzlast auf erdnahe Umlaufbahnen bringen kann. □ Der Deutsche Johannes Georg Bednorz (1950 geboren) und der Schweizer Karl Alexander Müller (1927 geboren) entwickeln in den IBM-Laboratorien in Zürich eine Keramik mit Supraleitfähigkeit bis $-180\,°C$, den Prototyp der neuen supraleitfähigen Materialien, deren Sprungtemperatur (etwa 100 K) wesentlich höher ist als bei den herkömmlichen Supraleitern. □ Französische Forscher bestätigen experimentell das Phänomen der Gravitationslinsen, die Einstein in seiner allgemeinen Relativitätstheorie vorausgesagt hatte, durch Beobachtung eines riesigen Lichtkranzes im Galaxienhaufen Abell 370.
1988. Der Franzose Jacques Benveniste löst eine internationale Kontroverse aus, als er behauptet, daß die biologische Wirkung eines Antikörpers auch unter extremen Bedingungen erhalten bleibe. □ Die Französin Véronique Le Guen liefert neue Erkenntnisse über das Zeitgefühl beim Menschen, als sie ohne zeitlichen Anhaltspunkt 109 Tage unter der Erde verbringt. □ Die sowjetischen Kosmonauten Wladimir Titow und Moussa Manarow bleiben 366 Tage im Weltraum und stellen damit einen neuen Rekord auf.

A · Genmanipulation.
Links eine normale Maus, rechts eine Riesenmaus. Sie entstand durch Genmanipulation. In ihr Genom wurde das Gen, das die Produktion des menschlichen Wachstumshormons steuert, eingebaut.

B · Verwendung neuer Stoffe in der Medizin.
Gerade bei der Konstruktion von Prothesen sind neue Materialien oft sehr vorteilhaft. Das Bild zeigt eine Gelenkprothese für die Hand, die aus Silikon gefertigt wurde.

WERKSTOFFE

In der Luftfahrt, der Automobilindustrie, im Schiffbau und in anderen wichtigen Industriezweigen setzen sich neue Werkstoffe durch. Es handelt sich dabei hauptsächlich um Verbundwerkstoffe, die aus verschiedenen, sich in ihren Eigenschaften ergänzenden und untereinander verträglichen Grundmaterialien bestehen. Wie Legierungen besitzen sie weitaus günstigere Eigenschaften als die Einzelbestandteile. Man nutzt die natürliche Beschaffenheit der Komponenten, um Mängel auszugleichen: Glas z. B. zerbricht nicht mehr, wenn es aus Faservlies besteht, die in duroplastische Kunstharze getaucht wurde. Diese Technik des Verbindens und Kombinierens führt zur Herstellung zahlreicher neuer Materialien, die eigens für einen bestimmten Zweck hergestellt werden. Die Tendenz zu leichteren Stoffen in der Luftfahrttechnik erklärt die immer häufigere Verwendung harzummantelter Aramid-, Glas- oder Kohlenstoff-fasern.

Das am häufigsten verwendete Material aus der neuen Generation ist das Kevlar, ein Aramid, das 1965 von Du Pont de Nemours entwickelt wurde und seit 1972 auf dem Markt ist. Kevlar wird wegen seiner Festigkeit, Leichtigkeit, Feuerfestigkeit und Korrosionsbeständigkeit vor allem für die Herstellung von Reifencord, Kabeln, Arbeitsschutzkleidung, und Segelboot-Schiffsrümpfen verwendet, aber auch in der Automobil-, Luft- und Raumfahrtindustrie.

Die strukturelle Keramik wird immer wichtiger in der Nukleartechnik, der Elektronik, dem Maschinenbau und in der Wärmetechnik. Diese Keramiken haben allerdings den Nachteil, nicht elastisch zu sein und leicht zu zerbrechen. Um die Risiken zu vermeiden, die diese Zerbrechlichkeit mit sich bringt, verwendet man in Industrie und Forschung zunehmend Keramikfasern als Verstärkungskomponenten für keramische Stoffe: Man erhält so keramisch-keramische Verbundwerkstoffe mit bemerkenswerten Eigenschaften.

Die Polymerlegierungen stellen den Beginn eines neuen hochentwickelten Kunststoffs dar, der hauptsächlich für die Automobilindustrie (Stoßstangen, Kühlerverkleidungen, Zierkappen) und für die Computerindustrie interessant ist.

Auch der Flugzeugbau macht die Herstellung neuer metallischer und ultraleichter Legierungen erforderlich, deren Komponenten meistens Aluminium und Lithium sind.

All diese neuen Stoffe deuten auf weitere tiefgreifende technologische Veränderungen hin.

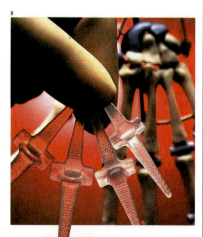

ENTDECKUNGEN UND ERFINDUNGEN

DIE VEREINIGUNG DER WECHSELWIRKUNGEN

Die Verleihung des Nobelpreises an zwei Forscher des CERN im Jahre 1983 macht deutlich, daß Europa in der Elementarteilchenphysik an erster Stelle steht, gefolgt von den Vereinigten Staaten, die bisher führend waren. Es gelang der experimentelle Nachweis von Wechselwirkungsteilchen der schwachen Wechselwirkung (entsprechend der Theorie der elektroschwachen Wechselwirkung, die bereits 1975 mit dem Nobelpreis ausgezeichnet wurde). Diese drei Teilchen (Z^0, W^+ und W^-), erklären zusammen mit dem Photon alle wichtigen Phänomene der elektromagnetischen und der schwachen Wechselwirkung.

Diese Zusammenfassung der Wechselwirkungen, die in ihrer Bedeutung mit der Maxwellschen Vereinheitlichung von Elektrizität und Magnetismus vergleichbar ist, wurde mit Hilfe eines neuen Gerätes ermöglicht, das Teilchen (Protonen) und Antiteilchen (Antiprotonen) in entgegengesetzter Richtung beschleunigt. Die bei ihrem Zusammenstoß freiwerdende Energie, die wesentlich größer ist als die Energie, die beim Auftreffen eines einfachen Strahls auf ein festes Ziel frei wird, materialisiert sich in einer Myriade von kurzlebigen Teilchen (darunter das Z^0, W^+ und W^-).

Die große Vereinigung. Der nächste Schritt der *großen Vereinigung*, von der die Physiker träumen, besteht darin, auf analoge Art und Weise die Theorie der elektroschwachen Wechselwirkung mit der ›Quantenchromodynamik‹ zu vereinigen, die die dritte Grundkraft, die starke Wechselwirkung (verantwortlich für den Zusammenhalt des Atomkerns) erklärt. Einige Tatsachen geben Grund zu der Annahme, daß eine solche Theorie (›Standardmodell‹ genannt) möglich ist, doch gibt es nur wenige Experimente, die diese Vermutungen bislang bestätigen. Die in ihr angenommene Symmetrie zwischen den beiden fundamentalen Bestandteilen der Materie, den Quarks und den Leptonen (entsprechend dem Elektron und dem Neutrino) würde bedeuten, daß sich Quarks spontan in Leptonen umwandeln könnten. Dies würde den Zerfall der bisher als stabil geltenden Protonen bewirken. Seit etwa zehn Jahren versuchen die Physiker deshalb mit Hilfe riesiger Materiemengen (Eisen oder Wasser), die zur Abschirmung vor der kosmischen Höhenstrahlung in Bergwerken oder Höhlen untergebracht sind, den spontanen Zerfall des Protons nachzuweisen – bisher ohne Erfolg.

IN-VITRO-FERTILISATION

Als es 1978 R. G. Edward und P. Steptoe gelingt, das erste Retortenbaby auf die Welt zu bringen, herrscht allgemeine Skepsis hinsichtlich der Zukunftschancen dieser Technik der künstlichen Fortpflanzung. Die Erfolgsrate liegt letztendlich nur zwischen 1 und 2 %. In den 80er Jahren führt der australische Biologe A. Trounson eine neue Methode ein: Er stützt sich auf seine Forschungen an Schafen und schlägt vor, zur Erzeugung vieler Embryonen mehrere Befruchtungen durchzuführen und mindestens drei der Embryonen in den Uterus der Klientin einzusetzen. Durch die Erhöhung der implantierten Embryonenzahl steigen die Erfolgsaussichten des Retortenbaby-Verfahrens auf 7–8 %. Die verbesserten Chancen führen in den 80er Jahren zu einer weiten Verbreitung dieser Methode.

Auf dem Weg zur Eugenik? Auf diese Art und Weise entstehen jedoch überzählige Embryonen, d. h. weitaus mehr, als für eine Einpflanzung notwendig sind. Es bietet sich dadurch die Möglichkeit, die überzähligen Embryonen einzufrieren, um sie eventuell später zu implantieren. Dies könnte dazu führen, daß ganze Embryonenbanken entstehen und Embryonen nach ihren tatsächlichen oder vermeintlichen Eigenschaften, den Wünschen der Interessierten entsprechend, ausgewählt werden. Über den Umweg der künstlichen Befruchtung könnte leicht ein Zeitalter der Eugenik anbrechen. Dieser Gedanke führt 1983/84 zur Bildung von Ethikkommissionen und Regierungsausschüssen (Warnock in England, Waller in Australien), in denen sich Experten mit diesem Problem auseinandersetzen.

COMPUTERGRAPHIK

Mit Hilfe von Computern ist es auch möglich, Bilder herzustellen. Im Laufe der 80er Jahre entwickelt sich die Computergraphik fast explosionsartig. Das Hauptanwendungsgebiet ist der rechnerunterstützte Entwurf (CAD). Hier kann man mit Computergraphik Form oder Farbe eines Produktes schnell verändern; gleichzeitig ermöglicht CAD die Visualisierung jeder gewünschten Variante eines Produktes. Die Computergraphik vereinfacht die Auswertung der Ergebnisse komplizierter Berechnungen im Maschinenbau, in der Wärmelehre, in der Aerodynamik und so weiter.

Neue Anwendungsgebiete. Die Computergraphik findet auch in der Medizin, der Chemie und der Geologie sinnvolle Anwendung, da auf einem Bildschirm etwas gezeigt werden kann, das der direkten Analyse nicht zugänglich ist. In der Medizin z. B. visualisiert man das Herz, das Gehirn oder das Rückgrat. Die dazu notwendigen numerischen Daten werden durch Tomographie gewonnen. In der Geologie erleichtert die Computergraphik die Analyse der Unterbodenschichten. In der Chemie werden komplexe organische Moleküle, die aus tausenden von Atomen bestehen, modellhaft dargestellt und die Eigenschaften eines Stoffes vorausgesagt, ohne daß man ihn herstellen muß. Die computerunterstützte Darstellung von Molekülen wird hauptsächlich in den großen chemisch-pharmazeutischen Unternehmen für die Analyse und Entwicklung neuer Medikamente verwendet. In der Computerkunst schließlich wird die Computergraphik für die Werbung, für Videoclips und Zeichentrickfilme eingesetzt. Sie ermöglicht die dreidimensionale Darstellung von Gegenständen, ohne daß dabei die dem Menschen bekannten physikalischen Gesetze verletzt würden. Man kann sogar lebende Personen in eine künstliche Umgebung integrieren.

DAS AIDS-VIRUS

Anfang der 80er Jahre taucht eine neue Krankheit auf: AIDS. Die rasche Ausbreitung und der tödliche Verlauf dieser Krankheit veranlaßten eine weltweite Suche nach ihren Ursachen. 1982 vertrat der amerikanische Biologe R. Gallo die These, daß diese Krankheit, die zum Zusammenbruch der körpereigenen Abwehrkräfte führt, auf eine Infektion weißer Blutkörperchen zurückzuführen ist, der T-Lymphozyten, die durch einen Virus aus der Gruppe der Retroviren ausgelöst wird. 1983 entdeckt das Forschungsteam von L. Montagnier am Institut Pasteur tatsächlich ein Retrovirus in den T-Lymphozyten eines Infizierten, bei dem die Krankheit noch nicht ausgebrochen war. Sie nennen es LAV. Gleichzeitig findet R. Gallo ein Virus der HTLV-1-Gruppe (Virus, das Leukämie hervorruft) bei Kranken, bei denen AIDS schon ausgebrochen war. Es entsteht ein Streit zwischen den beiden Forschern, der noch heftiger wird, als 1984 R. Gallo verkündet, daß er sich 1983 geirrt habe, jetzt jedoch das echte AIDS-Virus gefunden habe, das er HTLV-3 nennt. Tatsächlich ist dieses Virus aber identisch mit dem von L. Montagnier gefundenen LAV-Virus. Erst 1987 einigen sich R. Gallo und L. Montagnier darauf, daß es sich bei dem LAV- und dem HTLV-3-Virus um das gleiche Virus handelt. Es wird bei einer internationalen Virologenkonferenz in HIV (für Human Immunodeficiency Virus) umbenannt. Nicht nur zwischen den beiden Wissenschaftlern entstand ein Konflikt, sondern auch zwischen den Institutionen, für die sie arbeiteten, denn beide erhoben Anspruch auf das Patent für einen Früherkennungstest.

A · **Computergraphik.** Dieses fraktale Gebirge entstand durch ein Verfahren, bei dem der Verlauf der Lichtstrahlen nach den Gesetzen der Optik (Reflexion, Brechung, Streuung) simuliert wird. Damit können Bilder schärfer aufgelöst und realistischer dargestellt werden als bei herkömmlichen Graphiksystemen. Mit Hilfe der Computergraphik kann man heute ganze (hier: künstliche) Landschaften visualisieren und darstellen.

ENTDECKUNGEN UND ERFINDUNGEN

VON 1991 BIS 2000

SIEG ÜBER DIE KRANKHEITEN?

Die Entwicklung von Impfstoffen gegen Malaria und AIDS wird wahrscheinlich nicht mehr lange auf sich warten lassen. Die Entschlüsselung der Erbinformation und der Gesamtheit des genetischen Materials des Menschen (Sequenzfolge des menschlichen Genoms), die sogenannte *Genomanalyse,* wird vielleicht bis zum Jahr 2000 erfolgt sein. Die Heilung von Krebs mit Hilfe neuer Erkenntnisse über die Onkogene in der Zelle scheint ebenfalls möglich. Auch werden in diesem Jahrzehnt möglicherweise die ersten erfolgreichen Versuche zur Korrektur erblicher Krankheiten unternommen, indem man die entsprechenden Gene bei Neugeborenen einbaut. Wahrscheinlich gibt es bald künstliche Herzen mit einer tragbaren Energiequelle, die eine größere Leistungsfähigkeit ermöglicht. Ein Traum der Gentechnik könnte Wahrheit werden: Die Einschleusung von Genen in das genetische Material von Weizen, so daß dieser den atmosphärischen Stickstoff direkt aufnehmen kann und keine teuren Stickstoffdünger verwendet werden müssen. All das ist zwar noch Zukunftsmusik, es gibt aber doch erste greifbare Ergebnisse.

WELTRAUMSTATIONEN

Die Astronautik von morgen wird von der Einrichtung großer Weltraumstationen geprägt sein. Diese Stationen dienen als Laboratorien für die Durchführung wissenschaftlicher und technologischer Experimente, als Depots für Weltraummaterial, als Montagehallen für große Orbitalbauten, als Versorgungsstation für die Instandhaltung und Wartung von Satelliten und als Startrampen, um Satelliten in die geostationäre Umlaufbahn oder in den interplanetaren Raum zu bringen. Astronauten und Kosmonauten werden eine wichtige Rolle beim Bau, der Wartung und der Nutzung dieser Stationen spielen.

Die Sowjetunion. Da die Sowjetunion seit 1971 mit ihrem Weltraumprogramm *Saljut* Erfahrungen sammeln konnte, wird sie wahrscheinlich als erstes Land eine ständig bewohnte Raumstation einrichten. Als sie 1986 *Mir* in die Umlaufbahn brachte, die erste Raumstation einer neuen Generation, war dies ein entscheidender Schritt nach vorne. *Mir* hat Befestigungsschleusen, an denen man zwei Raumschiffe ankoppeln kann, sowie vier Module für besondere Forschungen (Astrophysik, Biologie usw.), die vor dem Start in den Weltraum komplett eingerichtet wurden. Nach Aussage der sowjetischen Raumfahrtbehörde wird die UdSSR bis Ende 1991 über eine Orbitalstation *Mir* mit einem Gewicht von 100 t verfügen. Sie wird fünf bis sechs Kosmonauten Platz zum Leben und Arbeiten bieten.

Die Vereinigten Staaten. Seit 1984 bereitet die NASA die Einrichtung einer ständigen bemannten Weltraumstation vor, die *Freedom* heißen soll. 1995 will man mit der Durchführung des Projekts beginnen, 1998 soll es abgeschlossen sein. *Freedom* wird aus einem rechteckigen metallischen Rastergestell bestehen, mit einer Länge von 110 m und einer Breite von 44,5 m. Ein zentraler Querträger parallel zu den Schmalseiten des Rechtecks wird eine Spannweite von 153,3 m haben. In seiner Mitte werden zylindrische, bewohnbare Druckkabinen eingebaut sein. An den Enden sollen sich die Energieversorgungssysteme befinden. Die quadratisch angeordneten Module werden untereinander an ihren Enden mit Durchgangsschleusen verbunden sein. Eines der beiden großen Module (von der NASA entwickelt), wird eine bewohnbare Einheit sein, in der bis zu acht Astronauten Platz haben, das andere ein Laboratorium. Ein drittes, wesentlich kleineres Modul, ebenfalls von der NASA konzipiert, wird ein logistisches Modul sein, in dem Versorgungsgüter aufbewahrt werden (Kraftstoff, Lebensmittel, wissenschaftliche Geräte). Außer den amerikanischen Modulen werden europäische und japanische vorhanden sein, darunter eine bewegliche ›Service-Station‹ aus Kanada für Wartungsarbeiten. In der Anfangspase jedoch wird diese internationale Raumstation nur ein einfaches metallisches Gestell mit zwei amerikanischen Druckkabinen sein.

PHYSIK: EINE EINHEITLICHE THEORIE?

Kaum besitzen die Physiker ein Standardmodell, das drei Grundkräfte in einer Theorie vereint (Elektromagnetismus, schwache und starke Wechselwirkung), träumen sie auch schon von einer ›einheitlichen Theorie‹, die auch die vierte Kraft, die *Gravitation,* mit einschließt.

Es scheint heute festzustehen, daß es bei der Entstehung des Universums, als die Temperaturen und die freiwerdenden Energien unvorstellbar hoch waren, nur eine einzige Urkraft gab. Zur Ausbildung der vier bekannten Kräfte kam es wahrscheinlich erst, als die Temperaturen im Weltall sanken. Das Problem ist, daß sogar die stärksten Teilchenbeschleuniger nicht in der Lage sind, solche Energien zu erzeugen. Die Teilchenphysiker müssen deshalb ihre Aufmerksamkeit kosmischen Objekten zuwenden (Neutronensternen, schwarzen Löchern), in denen eine ungeheure Gravitation herrscht.

Man beschäftigt sich in der Elementarteilchenphysik also zunehmend mehr mit der Kosmologie. Dennoch werden immer gigantischere Beschleuniger gebaut. Der LEP (*Large Electron Positron Storage Ring*) des CERN ist ein Ring mit einem Umfang von 27 km; der amerikanische SSC (*Superconducting Super Collider*) wird 84 km umfassen.

A · **Der europäische Raumtransporter *Hermes*.**
In *Hermes*, der Ende des Jahrhunderts starten und in einer niederen Erdumlaufbahn fliegen wird, werden drei Astronauten samt Ausrüstung Platz finden. *(Illustration von David Ducros)*

C, D · **Das Auto der Zukunft.**
Der Prototyp ›Oxia‹ von Peugeot vermittelt eine Vorstellung davon, wie das Auto von morgen aussehen könnte. Für Karosserie und Wageninneres wurden neue Werkstoffe verwendet.

B · **Schwebender supraleitender Magnet.**
Die Verwendung von Hochtemperatursupraleitern führt zu technischen Veränderungen.

E · **Industrieroboter.**
Die Roboter, die in einigen Industriezweigen schon Verwendung finden (hier Schweißroboter beim französischen Autohersteller Citroën), werden sich immer stärker durchsetzen. Zu den futuristischen Modellen gehören die ›intelligenten‹ Roboter, die hochentwickelte Sensoren und eine große Datenverarbeitungskapazität haben und die weitgehend autonom arbeiten.

ENTDECKUNGEN UND ERFINDUNGEN

NOBELPREISE UND FIELDS-MEDAILLEN

PHYSIK

Der Nobelpreis für Physik wird seit 1901 alljährlich durch die Schwedische Akademie der Wissenschaften verliehen. Er wurde 84mal vergeben an insgesamt 140 Preisträger, unter denen sich zwei Frauen befanden (Marie Curie, die den Nobelpreis 1903 mit ihrem Mann Pierre Curie und mit Henri Becquerel teilte, sowie Marie Goeppert-Mayer 1963). Sechsmal wurde kein Preis vergeben: 1916, 1931, 1934, 1940, 1941 und 1942. Die Höhe des Preises ist variabel; sie hängt von den Erträgen ab, die das angelegte Vermögen von Alfred Nobel erbringt. Gegenwärtig beläuft sich der Preis auf 1,08 Mio. DM.

Der Brite W. L. Bragg war erst 25 Jahre alt, als er zusammen mit seinem Vater den Nobelpreis erhielt; er war damit der jüngste Nobelpreisträger überhaupt. Der Amerikaner John Bardeen hat den Physik-Nobelpreis zweimal erhalten: 1956 teilte er diesen mit seinen Landsleuten W. Shockley und W. Brattain für die Erfindung des Transistors; 1972 erhielt er den Preis zusammen mit L. Cooper und J. Schrieffer für die Theorie der Supraleitung.

Marie Curie, eine Französin polnischer Herkunft (sie war eine geborene Sklodowska) hat den Nobelpreis zweimal erhalten: Nachdem sie den Physik-Nobelpreis 1903 für die Entdeckung der Radioaktivität mit ihrem Mann Pierre und H. Becquerel geteilt hatte, erhielt sie 1911 allein den Nobelpreis für Chemie für die Entdeckung der Elemente Radium und Polonium.

Preisträger
1901 W. C. Röntgen (D)
1902 H. A. Lorentz (NL), P. Zeeman (NL)
1903 H. Becquerel (F), P. Curie (F), M. Curie (F)
1904 J. W. S. Rayleigh (GB)
1905 Ph. Lenard (D)
1906 J. J. Thomson (GB)
1907 A. A. Michelson (USA)
1908 G. Lippmann (F)
1909 G. Marconi (I), K. F. Braun (D)
1910 J. D. Van der Waals (NL)
1911 W. Wien (D)
1912 G. Dalén (S)
1913 H. Kamerlingh Onnes (NL)
1914 M. von Laue (D)
1915 W. H. Bragg (GB), W. L. Bragg (GB)
1917 C. G. Barkla (GB)
1918 M. Planck (D)
1919 J. Stark (D)
1920 C. É. Guillaume (CH)
1921 A. Einstein (D)
1922 N. Bohr (DK)
1923 R. A. Millikan (USA)
1924 Karl M. G. Siegbahn (S)
1925 J. Franck (D), G. Hertz (D)
1926 J. Perrin (F)
1927 A. H. Compton (USA), C. T. R. Wilson (GB)
1928 O. W. Richardson (GB)
1929 L. V. de Broglie (F)
1930 C. V. Raman (IND)
1932 W. Heisenberg (D)
1933 F. Schrödinger (A), P. A. M. Dirac (GB)
1935 J. Chadwick (GB)
1936 V. F. Hess (A), C. D. Anderson (USA)
1937 C. J. Davisson (USA), G. P. Thomson (GB)
1938 E. Fermi (I)
1939 E. O. Lawrence (USA)
1943 O. Stern (USA)
1944 I. I. Rabi (USA)
1945 W. Pauli (CH)
1946 P. W. Bridgman (USA)
1947 E. V. Appleton (GB)
1948 P. M. S. Blackett (GB)

1949 Yukawa Hideki (J)
1950 C. F. Powell (GB)
1951 J. D. Cockcroft (GB), E. T. S. Walton (IRL)
1952 F. Bloch (USA), E. M. Purcell (USA)
1953 F. Zernike (NL)
1954 M. Born (GB), W. Bothe (D)
1955 W. E. Lamb (USA), P. Kusch (USA)
1956 W. Shockley (USA), J. Bardeen (USA), W. H. Brattain (USA)
1957 C. N. Yang (China–USA), T. D. Lee (China–USA)
1958 P. A. Tscherenkov (SU), I. M. Frank (SU), I. E. Tamm (SU)
1959 E. Segrè (USA), O. Chamberlain (USA)
1960 D. A. Glaser (USA)
1961 R. Hofstadter (USA), R. Mößbauer (D)
1962 L. Landau (SU)
1963 E. Wigner (USA), M. Goeppert-Mayer (USA), J. H. D. Jensen (D)
1964 C. H. Townes (USA), N. G. Bassov (SU), A. M. Prokhorov (SU)
1965 Tomonaga Shinichirō (J), J. Schwinger (USA), R. Feynman (USA)
1966 A. Kastler (F)
1967 H. Bethe (USA)
1968 L. Alvarez (USA)
1969 M. Gell-Mann (USA)
1970 H. Alfvén (S), L. Néel (F)
1971 D. Gabor (GB)
1972 J. Bardeen (USA), L. Cooper (USA), J. Schrieffer (USA)
1973 Esaki Leo (J), I. Giaever (USA), B. D. Josephson (GB)
1974 M. Ryle (GB), A. Hewish (GB)
1975 J. Rainwater (USA), A. Bohr (DK), B. Mottelson (DK)
1976 B. Richter (USA), S. Ting (USA)
1977 P. Anderson (USA), N. Mott (GB), J. H. Van Vleck (USA)
1978 P. L. Kapitsa (SU), A. A. Penzias (USA), R. W. Wilson (GB)

Verteilung der naturwissenschaftlichen Nobelpreise nach Ländern

Land	Physik	Chemie	Physiologie oder Medizin	Summe
USA	57	35	66	158
Großbritannien	21	22	20	63
Deutschland	19	26	12	57
Frankreich	8	7	8	23
Schweden	4	5	7	16
Schweiz	4	4	5	13
Niederlande	6	2	3	11
UdSSR	7	1	2	10
Österreich	2	2	5	9
Dänemark	3	–	5	8
Italien	3	1	2	6
Belgien	–	1	4	5
Kanada	–	2	3	5
Japan	3	1	1	5
Australien	–	1	3	4
Rep. Südafrika	–	–	2	2
Argentinien	–	1	1	2
Finnland	–	1	–	1
Indien	1	–	–	1
Irland	1	–	–	1
Norwegen	–	1	–	1
Pakistan	1	–	–	1
Portugal	–	–	1	1
Spanien	–	–	1	1
Tschechoslowakei	–	1	–	1
Ungarn	–	–	1	1
Summe	140	113	149	406

1979 S. Glashow (USA), A. Salam (Pakistan), S. Weinberg (USA)
1980 J. W. Cronin (USA), V. L. Fitch (USA)
1981 N. Bloembergen (USA), A. L. Schawlow (USA), Kai M. Siegbahn (S)
1982 K. G. Wilson (USA)
1983 S. Chandrasekhar (USA), W. A. Fowler (USA)
1984 C. Rubbia (I), S. Van der Meer (NL)
1985 K. von Klitzing (D)
1986 G. Binnig (D), H. Rohrer (CH), E. Ruska (D)
1987 J. G. Bednorz (D), K. A. Müller (CH)
1988 L. Ledermann (USA), M. Schwartz (USA), J. Steinberger (USA)
1989 H. G. Dehmelt (USA), W. Paul (D), N. F. Ramsey (USA)
1990 J. Friedman (USA), H. Kendall (USA), R. Taylor (USA)

CHEMIE

Auch der Nobelpreis für Chemie wird seit 1901 alljährlich von der Schwedischen Akademie der Wissenschaften verliehen. Er wurde 82mal vergeben an insgesamt 115 Preisträger, unter denen sich drei Frauen befanden (Marie Curie 1911, Irène Joliot-Curie 1935 und Dorothy Crowfoot Hodgkin 1964). Achtmal wurde kein Preis vergeben: 1916, 1917, 1919, 1924, 1933, 1940, 1941 und 1942. Seine Höhe (derzeit 1,08 Mio. DM) ist genauso wie die des Physik-Nobelpreises geregelt.

Der Brite Frederick Sanger hat den Preis zweimal bekommen: 1958 erhielt er diesen für den Nachweis, daß Proteine Ketten von Aminosäuren sind und für seine Aufklärung der Struktur des Insulinmoleküls; 1980 wurde ihm der Preis für seine Arbeiten über Nukleotide zugesprochen.

Preisträger
1901 J. H. Van't Hoff (NL)
1902 E. Fischer (D)
1903 S. A. Arrhenius (S)
1904 W. Ramsay (GB)
1905 A. von Baeyer (D)
1906 H. Moissan (F)
1907 E. Buchner (D)
1908 E. Rutherford (GB)
1909 W. Ostwald (D)
1910 O. Wallach (D)
1911 M. Curie (F)
1912 V. Grignard (F), P. Sabatier (F)
1913 A. Werner (CH)
1914 Th. W. Richards (USA)
1915 R. M. Willstätter (D)
1918 F. Haber (D)
1920 W. Nernst (D)
1921 F. Soddy (GB)
1922 F. W. Aston (GB)
1923 F. Pregl (A)
1925 R. Zsigmondy (A)
1926 Th. Svedberg (S)
1927 H. Wieland (D)
1928 A. Windaus (D)
1929 A. Harden (GB), H. von Euler-Chelpin (S)
1930 H. Fischer (D)
1931 C. Bosch (D), F. Bergius (D)
1932 I. Langmuir (USA)
1934 H. C. Urey (USA)
1935 F. Joliot-Curie (F), I. Joliot-Curie (F)
1936 P. J. W. Debye (NL)
1937 W. N. Haworth (GB), P. Karrer (CH)
1938 R. Kuhn (D)
1939 A. F. J. Butenandt (D), L. Ružiča (CH)
1943 G. Hevesy de Heves (S)
1944 O. Hahn (D)
1945 A. I. Virtanen (SF)

911

ENTDECKUNGEN UND ERFINDUNGEN

NOBELPREISE UND FIELDS-MEDAILLEN

1946 J. B. Sumner (USA), J. H. Northrop (USA), W. M. Stanley (USA)
1947 R. Robinson (GB)
1948 A. W. K. Tiselius (S)
1949 W. F. Giauque (USA)
1950 O. Diels (D), K. Alder (D)
1951 E. M. McMillan (USA), G. T. Seaborg (USA)
1952 A. J. P. Martin (GB), R. L. M. Synge (GB)
1953 H. Staudinger (D)
1954 L. C. Pauling (USA)
1955 V. Du Vigneaud (USA)
1956 C. N. Hinshelwood (GB), N. N. Semionov (SU)
1957 A. R. Todd (GB)
1958 F. Sanger (GB)
1959 J. Heyrovsky (CSSR)
1960 W. F. Libby (USA)
1961 M. Calvin (USA)
1962 J. C. Kendrew (GB), M. F. Perutz (GB)
1963 G. Natta (I), K. Ziegler (D)
1964 D. M. Crowfoot Hodgkin (GB)
1965 R. B. Woodward (USA)
1966 R. S. Mulliken (USA)
1967 M. Eigen (D), R. G. W. Norrish (GB), G. Porter (GB)
1968 L. Onsager (USA)
1969 D. H. R. Barton (GB), O. Hassel (N)
1970 L. F. Leloir (RA)
1971 G. Herzberg (CDN)
1972 C. Anfinsen (USA), S. Moore (USA), W. Stein (USA)
1973 E. O. Fischer (D), G. Wilkinson (GB)
1974 P. J. Flory (USA)
1975 V. Prelog (CH), J. Cornforth (AUS)
1976 W. N. Lipscomb (USA)
1977 I. Prigogine (B)
1978 P. Michell (GB)
1979 H. C. Brown (USA), G. Wittig (D)
1980 F. Sanger (GB), P. Berg (USA), W. Gilbert (USA)
1981 R. Hoffmann (USA), Kenichi Fukui (J)
1982 A. Klug (GB)
1983 H. Taube (USA)
1984 B. Merrifield (USA)
1985 H. Hauptmann (USA), J. Karle (USA)
1986 D. R. Herschbach (USA), J. C. Polanyi (CDN), Yuan Tseh Lee (USA)
1987 D. J. Cram (USA), J.-M. Lehn (F), C. J. Pedersen (USA)
1988 J. Deisenhofer (D), R. Huber (D), H. Michel (D)
1989 S. Altman (CDN), T. Cech (USA)
1990 E. J. Corey (USA)

PHYSIOLOGIE ODER MEDIZIN

Der Nobelpreis für Physiologie oder Medizin wird seit 1901 alljährlich von dem Karolinska-Institut in Stockholm vergeben. Er wurde 81mal an insgesamt 149 Preisträger vergeben, darunter fünf Frauen (Gerty Theresa Cori 1947, Rosalin Yalow 1977, Barbara McClintock 1983, Rita Levi-Montalcini 1986, Gertrude B. Elion 1988). Neunmal wurde der Preis nicht vergeben: 1915, 1916, 1917, 1918, 1921, 1925, 1940, 1941 und 1942. Die Höhe dieses Preises (derzeit 1,08 Mio. DM) entspricht der des Physik- und des Chemie-Nobelpreises.

Preisträger
1901 E. A. von Behring (D)
1902 R. Ross (GB)
1903 N. R. Finsen (DK)
1904 I. P. Pawlow (Rußland)

1905 R. Koch (D)
1906 C. Golgi (I), S. Ramón y Cajal (SP)
1907 A. Laveran (F)
1908 P. Ehrlich (D), E. Metchnikov (Rußland)
1909 T. Kocher (CH)
1910 A. Kossel (D)
1911 A. Gullstrand (S)
1912 A. Carrel (F)
1913 C. Richet (F)
1914 R. Bárány (Österreich-Ungarn)
1919 J. Bordet (B)
1920 A. Krogh (DK)
1922 A. V. Hill (GB), O. Meyerhof (D)
1923 F. G. Banting (CDN), J. J. R. MacLeod (CDN)
1924 W. Einthoven (NL)
1926 J. Fibiger (DK)
1927 J. Wagner-Jauregg (A)
1928 C. Nicolle (F)
1929 E. Eijkman (NL), F. G. Hopkins (GB)
1930 K. Landsteiner (A)
1931 O. Warburg (D)
1932 C. S. Sherrington (GB), E. D. Adrian (GB)
1933 T. H. Morgan (USA)
1934 G. H. Whipple (USA), W. P. Murphy (USA), G. R. Minot (USA)
1935 H. Spemann (D)
1936 H. H. Dale (GB), O. Loewi (D)
1937 A. Szent-Györgyi (H)
1938 C. Heymans (B)
1939 G. Domagk (D)
1943 E. A. Doisy (USA), H. Dam (DK)
1944 J. Erlanger (USA), H. S. Gasser (USA)
1945 A. Fleming (GB), E. B. Chain (GB), H. Florey (AUS)
1946 H. J. Muller (USA)
1947 C. F. Cori (USA), G. T. Cori (USA), B. A. Houssay (RA)
1948 P. H. Müller (CH)
1949 A. C. de Abreu Freire Egas Moniz (P), W. R. Hess (CH)
1950 P. S. Hench (USA), E. C. Kendall (USA), T. Reichstein (CH)
1951 M. Theiler (ZA)
1952 S. A. Waksman (USA)
1953 H. A. Krebs (GB), F. A. Lipmann (USA)
1954 J. F. Enders (USA), T. H. Weller (USA), F. C. Robbins (USA)
1955 A. H. T. Theorell (S)
1956 A. F. Cournand (USA), W. Forßmann (D), D. W. Richards Jr. (USA)
1957 D. Bovet (I)
1958 G. W. Beadle (USA), E. L. Tatum (USA), J. Lederberg (USA)
1959 S. Ochoa (USA), A. Kornberg (USA)
1960 F. Mac Farlane Burnet (AUS), P. B. Medawar (GB)
1961 G. von Békésy (USA)
1962 M. H. F. Wilkins (GB), F. H. C. Crick (GB), J. D. Watson (USA)
1963 A. L. Hodgkin (GB), A. F. Huxley (GB), J. C. Eccles (AUS)
1964 K. E. Bloch (USA), F. Lynen (D)
1965 F. Jacob (F), A. Lwoff (F), J. Monod (F)
1966 F. P. Rous (USA), C. B. Huggins (USA)
1967 R. Granit (S), H. K. Hartline (USA), G. Wald (USA)
1968 R. Holley (USA), G. Khorana (USA), M. Nirenberg (USA)
1969 M. Delbruck (USA), A. Hershey (USA), S. Luria (USA)
1970 J. Axelrod (USA), B. Katz (GB), U. von Euler (S)
1971 E. Sutherland (USA)
1972 G. Edelman (USA), R. Porter (GB)
1973 K. Lorenz (A), K. von Frisch (A), N. Tinbergen (NL)
1974 A. Claude (B), C. de Duve (B), G. Palade (USA)

1975 H. M. Ternin (USA), R. Dulbecco (USA), D. Baltimore (USA)
1976 D. C. Gajdusek (USA), B. S. Blumberg (USA)
1977 R. Guillemin (USA), A. V. Schally (USA), R. Yalow (USA)
1978 W. Arber (CH), D. Nathans (USA), H. Smith (USA)
1979 A. M. Cormack (ZA), G. N. Hounsfield (GB)
1980 J. Dausset (F), G. D. Snell (USA), B. Benacerraf (USA)
1981 D. H. Hubel (USA), R. W. Sperry (USA), T. N. Wiesel (S)
1982 S. K. Bergström (S), B. I. Samuelsson (S), J. R. Vane (GB)
1983 B. McClintock (USA)
1984 N. Jerne (DK), G. Köhler (D), C. Milstein (GB)
1985 M. S. Brown (USA), J. L. Goldstein (USA)
1986 S. Cohen (USA), R. Levi-Montalcini (I und USA)
1987 Susumu Tonegawa (J)
1988 J. Black (GB), G. Elion (USA), G. Hitchings (USA)
1989 M. Bishop (USA), H. Varmus (USA)
1990 E. D. Thomas (USA), J. E. Murray (USA)

DIE FIELDS-MEDAILLE

Diese Auszeichnung ist genauso renommiert wie der Nobelpreis; sie wird für herausragende Arbeiten auf dem Gebiet der Mathematik verliehen. Alle vier Jahre wird sie Mathematikern zuerkannt, die noch keine 40 Jahre alt sind. Die aus acht Mitgliedern bestehende Jury wird zwischen den Kongressen vom Exekutivkomitee der Internationalen Mathematikervereinigung ernannt. Die Fields-Medaille erinnert an ihren Stifter, den kanadischen Mathematiker John Charles Fields (1863–1932); sie trägt auf der Vorderseite ein Bildnis des Archimedes und zeigt auf der Rückseite eine einem Zylinder einbeschriebene Kugel. Die Fields-Medaille wurde seit 1936 (mit einer durch den Zweiten Weltkrieg bedingten Unterbrechung) 12mal an insgesamt 34 Preisträger vergeben.

Preisträger
1936 (Oslo): L. Ahlfors (USA), J. Douglas (USA)
1950 (Cambridge, Mass.): A. Selberg (N), L. Schwartz (F)
1954 (Amsterdam): K. Kodaira (J), J. P. Serre (F)
1958 (Edinburgh): K. F. Roth (GB), R. Thom (F)
1962 (Stockholm): L. Hörmander (S), J. W. Milnor (USA)
1966 (Moskau): M. F. Atiyah (GB), P. J. Cohen (USA), A. Grothendieck (F), S. Smale (USA)
1970 (Nizza): A. Baker (GB), Heisuke Hironaka (J), S. Novikov (SU), J. G. Thompson (USA)
1974 (Vancouver): E. Bombieri (I), D. Mumford (USA)
1978 (Helsinki): P. Deligne (B), C. Feffermann (USA), D. Quillen (USA), G. A. Margoulis (SU)
1982 (die Medaillen wurden 1983 verliehen) A. Connes (F), W. P. Thurston (USA), Shing Tung-Yan (USA)
1986 (Berkeley): G. Faltings (D), M. Freedman (USA), S. Donaldson (GB)
1990 (Kyoto) V. G. Drinfeld (SU), E. R. Jones (NZ), S. Mori (J), E. Witten (USA)

12

KOMMUNIKATION UND MEDIEN

Die Kommunikation beinhaltet verschiedene Formen sozialer Wechselwirkung,
vom Meinungsaustausch in einer Unterhaltung bis zur sozialen Verbindung zwischen Menschen
über die verschiedenen Telekommunikationsdienste.
In dem Kapitel Kommunikation und Medien werden die Kommunikationsmittel aufgeführt,
die die größte Publikumswirkung haben und die deshalb als ›Massenmedien‹ bezeichnet werden:
Presse, Rundfunk und Fernsehen (das Kino wird in einem anderen Kapitel behandelt).
In diesem Kapitel wird auch ein Wirtschaftszweig beschrieben, der ohne die Massenmedien kaum denkbar wäre
und für den die Fachleute seit langem einen festen Platz in der Kommunikation fordern: die Werbung.

INHALT

CHRONOLOGIE DER PRESSE *914*

ALLGEMEINE NACHRICHTENPRESSE
EUROPA *916*
AMERIKA *918*
UDSSR, ASIEN, NORDAFRIKA *920*

JOURNALISTEN
BERÜHMTE JOURNALISTEN
UND HERAUSGEBER *921*
RECHTE UND PFLICHTEN
DER JOURNALISTEN *921*
JOURNALISTEN-
ORGANISATIONEN *921*

**NACHRICHTENMAGAZINE
UND ZEITUNGEN**
NACHRICHTENMAGAZINE *922*
RUNDFUNK- UND
FERNSEHZEITSCHRIFTEN *922*
FRAUENZEITSCHRIFTEN *922*
SPORTZEITUNGEN *922*
DIE WIRTSCHAFTSPRESSE *923*
DIE SATIRISCHE PRESSE *923*

MEDIENWIRTSCHAFT
MEDIENKONZERNE *924*
KOSTEN EINER ZEITUNG *925*
PRESSEVERTRIEB *925*
VERTRIEBSKONTROLLE UND
LESERBEFRAGUNG *925*
INTERNATIONALER VERBAND
DER ZEITUNGSVERLEGER *925*

**CHRONOLOGIE VON RADIO
UND FERNSEHEN**
HERTZSCHE WELLEN *926*
TV-SYSTEME *927*

**DIE AUDIOVISUELLE
MEDIENLANDSCHAFT**
EUROPA *928*
AMERIKA *929*
UDSSR, ASIEN *930*

**PROGRAMMPRODUKTION
UND -KONSUM**
AUSSTRAHLUNG DER PROGRAMME *932*
PRODUKTION DER PROGRAMME *932*
INTERNATIONALE
ORGANISATIONEN *933*
GROSSE MÄRKTE DES FERNSEHENS *933*
WERBUNG *933*
ZUSCHAUERFORSCHUNG *934*
EINRICHTUNGEN FÜR DIE
ZUSCHAUERFORSCHUNG *934*

FERNSEHEN UND GESELLSCHAFT
FERNSEHEN UND KINO *935*
SPORT UND FERNSEHEN *935*

ÜBERTRAGUNG PER SATELLIT
ARTEN VON SATELLITEN *936*
CHRONOLOGIE DER
SATELLITENSTARTS *936*
BETEILIGTE *937*

DAS KABELFERNSEHEN
CHRONOLOGIE *939*
GLOSSAR *939*

DIE WERBUNG
VON DER REKLAME
ZUR KOMMUNIKATION *940*
DIE WERBEAGENTUREN *942*
DIE INSERENTEN IN DEUTSCHLAND *942*
EINE MULTIMEDIENKAMPAGNE *943*
PREISE IN DER WERBUNG *944*
KENNEN SIE SICH
IN DER WERBUNG AUS? *944*

Siehe auch
Meisterwerke, Teil ›Meisterwerke des Films‹, S. 804

Redaktion und Texte
Danielle Saffar-Nakache, Redaktionssekretärin (Recht und Information);
Pierre Albert, Leiter des französischen Instituts für Presse und Informationswissenschaften, Universität Paris-II;
Gilles Feyel, Dozent an der Universität Paris-II;
Hélène Eck, Universitätsdozentin mit Agregation;
Caroline Mauriat, Dozentin an der Universität Paris-XIII;
Norbert Bellaiche, Journalist (Bereich Medien), Lehrbeauftragter an der Universität Paris-XII und bei der
École française der Presseattachés.

KOMMUNIKATION UND MEDIEN

CHRONOLOGIE DER PRESSE

105 n. Chr.: Nach der Überlieferung Entdeckung des Papiers durch den Chinesen Tsai-Lun. Er verbesserte aber wohl nur das Herstellungsverfahren, Papier war schon länger bekannt.
Ende 6. Jh.: In Peking wird der *Kaiyuan zahao* (etwa: Lehre des Staates) gedruckt.
um 1300: In Turkestan werden die ersten beweglichen Buchstaben aus Holz verwendet.
1390: Gründung der ersten deutschen Papiermühle durch Ulman Stromer in Nürnberg.
1409: Das erste Buch wird in Korea mit Lettern aus Metall gedruckt.
1438–1440: Die ersten Druckversuche mit beweglichen Lettern werden in Straßburg von Johann Gensfleisch, genannt Gutenberg, unternommen.
um 1485: Im Verlauf der kriegerischen Auseinandersetzungen in Italien entstehen die ersten Nachrichtenblätter (*Relationes, Avvizi*).

DIE FREIHEIT DER PRESSE

Die Pressefreiheit konnte sich erst nach der Überwindung des Absolutismus und mit der Entstehung der parlamentarischen Systeme völlig durchsetzen.

Damit man von diesem Recht sprechen kann, muß zuallererst die freie Gründung und Verbreitung von Zeitungen garantiert sein, weiterhin das Recht der unbehinderten Suche und Kommentierung von Informationen und schließlich eine einschränkende und präzise Definition der Pressevergehen und ihrer Ahndung nur durch eine unabhängige Justiz.

In den westlichen Demokratien wurden diese Bedingungen im 19. Jh. erst nach langen Diskussionen geschaffen. Ganz anders sieht es in totalitären oder autoritären Regimen aus, wo die Presse von den Behörden kontrolliert wird (z. B. durch direkte oder indirekte Verstaatlichung der Verlage), die auch im Namen des Staatsgeheimnisses die Informationsquellen gezielt lenken und die Inhalte in der Presse durch Zensur überwachen; kritische Journalisten und Verleger werden verfolgt.

Ohne Pressefreiheit ist das Recht der Bürger auf Information nicht gewährleistet: Ihre politischen Entscheidungen sind nicht frei, ihre Wahlen sind gelenkt, und die Demokratie kann somit nicht normal funktionieren.

1605: Die erste Wochenzeitung wird in Straßburg von dem Drucker Johannes Carolus herausgegeben.
– Der Drucker Abraham Verhoeven veröffentlicht in Antwerpen eine Zeitschrift, die alle zwei Monate erscheint, sie folgt den in unregelmäßigen Abständen verlegten *Nieuwe Tijdingen*.
1609: In Wolfenbüttel und Straßburg werden unter den Namen *Aviso* bzw. *Relation* die ersten Wochenzeitungen herausgegeben.
Mai 1631: Gründung der *Gazette*, einer Wochenzeitung, die in Paris von Théophraste Renaudot herausgegeben wird. Im selben Jahr erscheinen die *Nouvelles ordinaires*, ein Wochenblatt des Buchhändlers Vendosme, das vielleicht schon vor der *Gazette* existierte.
1650: Gründung der ersten Tageszeitung (*Einkommende Zeitungen*) in Leipzig.
1665: In Paris erscheint das *Journal des Savants*.
1682: In Leipzig werden die *Acta Eruditorum*, ein Vorläufer der späteren wissenschaftlichen Zeitschriften, verlegt.
1690: In Boston erscheint die erste amerikanische Zeitung mit dem Titel *Public Occurences*.
1695: Erste Schritte hin zur Pressefreiheit in Großbritannien: Abschaffung des *Licensing Act*, gemäß dessen jede Veröffentlichung der vorherigen Zensur unterzogen werden mußte.
1702: In London wird die erste englische Tageszeitung, *The Daily Courant*, gegründet.
1722: Erscheinen des ersten *Intelligenzblattes* (Bekanntmachungen) in Frankfurt am Main.
1729: Benjamin Franklin gründet in Philadelphia die *Pennsylvania Gazette*.
1770–um 1780: Die Drucker Anisson und Didot konstruieren eine neuartige Handpresse, mit der doppelt so schnell gearbeitet werden kann wie zuvor.
1771: Von M. Claudius wird *Der Wandsbecker Bothe* verlegt (bis 1776).
1. Januar 1777: Das *Journal de Paris*, erste französische Tageszeitung, wird aufgelegt.
1785: In London erscheint das *Daily Universal Register*, ab 1788 dann *The Times*.
26. August 1789: In Artikel XI der Erklärung der Menschen- und Bürgerrechte wird die Pressefreiheit anerkannt.
Sommer und Herbst 1789: Blütezeit vieler Zeitschriften in Paris, darunter *Journal des débats, Moniteur universel* usw.
1791: Erste Verfassungsänderung in den USA, wodurch die Pressefreiheit festgelegt wird.

1795–1801: In England wird eine Handpresse von Lord Stanhope fertiggestellt, die so schnell ist wie die Presse von Anisson und Didot.
1798: L.-N. Robert in Essonnes erfindet die erste Papiermaschine: sie läuft ab 1803 in England.
1798: Gründung der *Allgemeinen Zeitung (Augsburger Gazette)* durch J. F. Cotta.
1799: Der *Moniteur universel* wird zur offiziellen Zeitung, und Napoleon Bonaparte ruft die Presse zur Ordnung.
1811: In London wird die erste Schnellpresse des Deutschen F. Koenig und seines Assistenten A. Bauer aufgestellt.
November 1814: Die *Times* wird auf einer Schnellpresse von Koenig mit 1 100 Exemplaren pro Stunde gedruckt.
1816: Koenig erfindet die Schön- und Widerdruckmaschine, die gleichzeitig Vorder- und Rückseite bedruckt.
1824: Die *Vossische Zeitung* in Berlin wird eine Tageszeitung. Sie war aus einer 1617 gegründeten Postzeitung, später ›Berlinische Privilegierte Zeitung‹, hervorgegangen.
1831–1832: Erste Magazine zur Volksbildung mit Illustrationen (Holzschnitte); das *Journal des connaissances* von Girardin wird in London durch *Penny Magazine* und in Paris durch *Magasin Pittoresque* nachgeahmt.
1832: C.-L. Havas eröffnet in Paris das *Bureau Havas*, das 1835 zur *Agence Havas* wird.
1835: J. Gordon Bennett gründet den *New York Herald*, der 2 Cent kostet.
1836: Gleichzeitiges Erscheinen der *Presse* von Girardin und der Zeitschrift *Siècle*; beide werden in einem Abonnement zu 40 Francs, das sind 10 Centimes pro Ausgabe, angeboten.
1842: Erscheinen der *Illustrated London News*, Modell für die 1843 in Paris erscheinende *Illustration*, ein Nachrichtenmagazin mit Abbildungen.
1843: J. J. Weber gründet die Leipziger *Illustrirte Zeitung*.
1844: Übermittlung des ersten Telegramms auf der Telegraphenlinie von Washington D. C. nach Baltimore. Ab 1845 verwendet der *Morning Chronicle* in London den Telegraphen.
1845–1846: Erste Rotationspresse des Amerikaners R. Hoe.
1847: Die Rotationspresse von H. Marinoni für *Presse* von Girardin druckt zwischen 12 000 und 16 000 Exemplare pro Stunde.
1848: Erste Agentur der *Associated Press* wird in New York gegründet.
1849: Entstehen der *Agentur Wolff* in Berlin.

A · Die Massenpresse: Le Petit Journal.
Ende des 19. Jh. begann das goldene Zeitalter für die Zeitungen: Ihr geringer Preis erlaubte eine weite Verbreitung, und sie wurden zu einem gängigen Konsumartikel. *Le Petit Journal*, 1863 von P. Millaud gegründet, war die erste weitverbreitete französische Tageszeitung: Ihr Preis (1 Sou = 5 Centimes) hat viel zu diesem Erfolg beigetragen. Ab 1866 wurde sie auf einer Rotationspresse gedruckt, 1890 überstieg die Auflage 1 Million.

B · Der Daily Mirror.
Er wurde 1903 von dem britischen Pressemagnaten Lord Northcliffe gegründet (der damals eine Frauenzeitschrift daraus machen wollte) und wurde bald zur wichtigsten Tageszeitung mit Abbildungen zum Preis von 1 Penny. Bis Ende der 80er Jahre ist sein Erfolg unbestritten, auch wenn er heute von *The Sun* übertroffen wird, die noch mehr auf den Erfolg der drei großen S setzt: ›Sex, Sport, Skandale‹.

914

KOMMUNIKATION UND MEDIEN

1851: In London entwickelt sich Reuters Ltd. (*Agentur Reuter*), Gründung der *New York Times* durch H. Raymond.
1854: Erscheinen des *Figaro* in Paris.
1856: Erscheinen der *Frankfurter Zeitung*.
1861: Erscheinen von *Temps* in Paris.
Februar 1863: Das kleinformatige *Petit Journal*, die erste französische Tageszeitung für die breite Masse zum Preis von 1 Sou (5 Centimes) wird aufgelegt.
1865–1875: Beginn der industriellen Papierherstellung aus Holz.
1865–1866: Der Amerikaner W. Bullock erfindet die Rotationspresse mit Papierwechsel bei laufender Maschine für den *Philadelphian Inquirer*, die in Schön- und Widerdruck bis zu 10 000 Bogen pro Stunde druckt.
1866: H. Marinoni führt seine erste Rotationspresse für *Liberté* von Girardin und das *Petit Journal* vor. 1868 kann sie 18 000 Exemplare pro Stunde drucken (Großformat).
1867: In Berlin eröffnet Rudolf Mosse seine *Zeitungs-Annoncen-Expedition*, aus der dann der führende deutsche liberale Verlagskonzern (Mosse-Verlag) hervorgeht: Herausgabe des *Berliner Tageblatts* (1871), der *Berliner Morgen-Zeitung* (1889), der *Berliner Volks-Zeitung* (erworben 1904) u. a.
1877: In Frankfurt am Main wird von Leopold Ullstein der *Ullstein Verlag* gegründet.
1882–1885: Entwicklung der Autotypie durch den Deutschen G. Meisenbach (1882) und den Amerikaner F. E. Ives (1885). Dank des Rasters können nun Fotografien (Halbtöne) gedruckt werden.
1883: J. Pulitzer kauft die *New York World* zurück, die 1 Cent kostet. Herausgabe von *Matin*, *la Croix* und *l'Écho de Paris*.
1883: Gründung des *Berliner Lokalanzeiger*, eines der ersten *Generalanzeiger*, Zeitungen für Bekanntmachungen und Verschiedenes.
1886: In den USA erfindet der deutsche Einwanderer O. Mergenthaler die *Linotype* (eine Zeilensetzmaschine).
1891: In Paris erscheint *Vélo*, die erste Tageszeitung für Sport, dann kommt *L'Auto* (1900).
1892: Anfänge der Zeitungsvertriebsgesellschaft *Hachette*.
1895: In England wird das Tiefdruckverfahren entwickelt.
1895: Erscheinen des *Journal*, einer Tageszeitung zu 1 Cent (4 Pfennige), gegründet von W. R. Hearst in New York.
1896: In London erscheint die *Daily Mail* von Lord Northcliffe, eine Tageszeitung für die breite Masse zum Preis von 1/2 Penny (4 Pfennige).
1904: Jean Jaurès gründet *L'Humanité*.

1904–1910: In den Vereinigten Staaten wird das Offsetdruckverfahren entwickelt.
1907: In den Vereinigten Staaten wird die Agentur *United Press* vom Konzern Scripps-McRae gegründet.
1907–1912: Auf der Grundlage von Arbeiten des Deutschen A. Korn entwickelt der Franzose E. Belin den Faksimileempfänger.
1912: Erscheinen der *Prawda* in der Illegalität.
1922: In den Vereinigten Staaten erscheint *Reader's Digest* (›Das Beste‹), eine Monatszeitschrift mit Auswahltexten aus Büchern.
1923: In den Vereinigten Staaten wird das erste Nachrichtenmagazin mit dem Titel *Time* verlegt.
1925: Bildung der Agentur TASS (Moskau).
1930: Der Industrielle J. Prouvost legt den *Paris-Soir* wieder auf.
1933: Einschränkung und später Beseitigung der Pressefreiheit durch die NSDAP im Deutschen Reich.
1936: Erscheinen des amerikanischen Nachrichtenmagazins *Life*.

1938: J. Prouvost legt *Match* wieder auf und macht daraus eine allgemeine Nachrichtenillustrierte.
1945: Beginn der Lizenzierung der deutschen Presse durch die Alliierten.
1944–1951: Entwicklung der *Lumitype*, der ersten Fotosetzmaschine, durch die Franzosen Moyrout und Higonnet.
1946: Erscheinen des Nachrichtenmagazins *Der Spiegel*.
1947: Gründung der *Nouvelles Messageries de la Presse Parisienne* (NMPP).
1949: Lizenzfreigabe der Presse durch die Alliierten in der Bundesrepublik Deutschland. – Gründung der *Frankfurter Allgemeinen Zeitung für Deutschland* (FAZ) am 1. 11.
1952: Gründung der *Bild-Zeitung* durch A. Springer in Hamburg.
1953: Erscheinen von *L'Express*.
1959: Einführung der Faksimileübertragung in Japan, seit 1973 in Frankreich.
1973: Wiederauflage von *Libération* in Paris.
1982: Erscheinen von *USA Today*.

A · Die vierte Macht: ›J'accuse‹ von Zola.

Die Dreyfus-Affäre, die bis dahin nur die militärischen Kreise interessiert hatte, wurde durch diesen offenen Brief von Zola im *L'Aurore* vom 13. Januar 1898 publik gemacht.

C · Die vierte Macht: die Watergate-Affäre.

Die Presse ist eine wachsame Kritikerin der Regierungen. Man sagt sogar, sie sei die vierte Macht, die Exekutive, Legislative und Justiz kontrolliere. Auch wenn die Zeitungen seit dem Ende des 19. Jh. weniger politisch geworden sind (man sehe sich nur die Vielzahl der nichtpolitischen Rubriken an) und sich ihr Ton auch gemäßigt hat (der Brief Zolas enthält eine heftige Polemik, die für das Ende des 19. Jh. charakteristisch war), so üben sie doch weiterhin einen beträchtlichen Einfluß auf das politische Bewußtsein ihrer Leser aus. Am 18. Juni 1972 deckte die *Washington Post* die Verhaftung von Wanzenlegern im Sitz der demokratischen Partei Amerikas auf und alarmierte so die Öffentlichkeit über die Vorgänge im Weißen Haus, was eine Diskussion über den Mißbrauch der Exekutivgewalt nach sich zog.

B · Beschlagnahmung der Druckerpressen beim National am 27. Juli 1830.

Die Regierungskontrolle über die Presse war in Frankreich nach der Revolution von 1789 mehr oder weniger streng. 1830 glaubte Karl X., durch eine Einschränkung der Pressefreiheit den Thron retten zu können. Die erste der vier Verordnungen, die er am 25. Juli in Saint-Cloud unterzeichnete, untersagte dann tatsächlich jegliche vorher nicht genehmigte Veröffentlichung. Der *National*, bei dem Journalisten der Opposition wie Adolphe Thiers oder Armand Carrel arbeiteten, erschien trotz des königlichen Verbots, und so drang die Polizei in die Räume der Zeitung ein, um die Produktionsmittel zu beschlagnahmen, wie auch die bei *Globe* oder *Temps*. Das hatte in Paris einen Aufstand zur Folge, durch den der König gestürzt wurde (B. N., Paris).

KOMMUNIKATION UND MEDIEN

ALLGEMEINE NACHRICHTENPRESSE

EUROPA

Belgien
Von den 33 belgischen Tageszeitungen, die 1989 erschienen, werden 17 in Französisch (das sind 38 % der Gesamtauflage im Vergleich zu 55 % 1969), 15 in Flämisch und eine in Deutsch (in Eupen) herausgegeben. Bei 2,3 Millionen Gesamtauflage entfallen 223 Exemplare auf 1 000 Einwohner. Der wichtigste Erscheinungsort ist Brüssel (53 % der Auflage, verglichen mit 20 % in Wallonien und 20 % in Flandern).

De Standaard. Wurde 1914 in Brüssel von einer Kooperative gegründet, die mehrere Titel aus Brüssel, Gent und Antwerpen zusammenfaßte (376 000 Exemplare).

Het Laaste Nieuws. Wurde 1888 als liberales Presseorgan von Julius Hoste gegründet, Sitz: Brüssel (303 000 Exemplare).

Le Soir. 1887 von E. Rossel gegründet, Eigentum des Rossel-Konzerns, Sitz: Brüssel (213 000 Exemplare).

La Lanterne. Gegründet 1944, Sitz: Brüssel. Gehört zum Rossel-Konzern (133 000 Exemplare).

La Dernière Heure. Gegründet 1906 von M. Brébart, Sitz: Brüssel (100 000 Exemplare).
– Die anderen Nachrichtentageszeitungen sind katholisch:

Gazet van Antwerpen: 1891 gegründet (180 000 Exemplare).

Het Volk. 1891 in Gent gegründet, eine Zeitung der christlichen Gewerkschaften (192 000 Exemplare).

La Libre Belgique. Nachfolgerin von *Patriote*, 1884 von den Gebrüdern Jourdain gegründet, jetziger Titel seit 1915, Sitz: Brüssel (90 000 Exemplare).

▲ **Die Fleet Street in London.**

Seit dem ausgehenden Mittelalter ist die Fleet Street, eine enge Straße in der City von London, die Hochburg der Presse in Großbritannien. Anfang des 16. Jh. ließen sich hier die ersten Drucker nieder. Der *Daily Courant*, die erste englische Tageszeitung, wählte hier Anfang des 18. Jh. ihren Sitz; bis vor kurzem waren hier noch die meisten britischen Zeitungen ansässig. 1986 verlor die Straße jedoch ihren bekanntesten Sproß, die *Times*, als sich Robert Murdoch dazu entschloß, diese Zeitung und alle anderen Titel seines Konzerns (*Sunday Times, The Sun, News of the World*) in hochmoderne Betriebe zu verlegen, die er in Wapping, nahe bei den Docks, bauen ließ.

Vers l'Avenir. Ursprünge gehen bis auf *Courrier de l'Escaut*, gegründet 1829, zurück; wird in Namur, Tournai, Verviers und Arlon herausgegeben (130 000 Exemplare).
– Die sozialistischen Tageszeitungen kämpfen schwer um ihre Existenz:

La Wallonie. Gegründet 1903, Sitz: Lüttich (48 000 Exemplare).

Journal de Charleroi. Gegründet 1838 (22 000 Exemplare).

Bundesrepublik Deutschland
Es gibt (1989) 358 lokal oder regional verbreitete Tageszeitungen, die abonniert werden können. Landesweit sind fünf Abonnementszeitungen und eine Kaufzeitung verbreitet. Im allgemeinen werden 350 Exemplare auf 1 000 Einwohner verkauft. Mit sieben Titeln erreicht die *Boulevardpresse* für die breite Masse, die auf den Straßen verkauft wird, 30 % der Auflage der Tageszeitungen. Der Markt für Tageszeitungen und vor allem für Magazine wird von vier großen Konzernen beherrscht: Springer, Gruner+Jahr, Bauer und Burda. Die Konzentrationsbewegungen auf dem Pressesektor schienen zwischenzeitlich rückläufig: Die Zahl der Vollredaktionen, die einen selbständigen politischen Teil herausgeben, betrug im Jahr 1954 noch 225, ging bis 1978 auf 119 zurück, stieg dann bis 1985 wieder auf 126. Sie sank aber 1989 wieder auf 119. Die Gesamtverkaufsauflage der Tagespresse stieg im Zeitraum von 1954 bis 1989 von 12,6 Millionen auf 24,14 Millionen Exemplare. Zeitungen und Zeitschriften aus den Herkunftsländern der ausländischen Arbeitnehmer sind stark verbreitet. Fünf türkische Tageszeitungen geben besondere Deutschlandausgaben mit einer Gesamtauflage von etwa 200 000 Exemplaren heraus.

Bild. Wurde 1952 von Axel Springer in Hamburg als *Bild-Zeitung* gegründet. Diese populäre Tageszeitung, die zur Boulevardpresse gehört, ist landesweit in 23 Regionalausgaben erhältlich (etwa 5 Millionen Exemplare, samstags 4,5 Millionen Exemplare). *Bild am Sonntag* (gegründet 1956) verkauft etwa 2,6 Millionen Exemplare.

Die Welt. 1946 in Hamburg von der britischen Militärregierung gegründet, die 1950 die Kontrolle über das Blatt aufhob; 1953 vom Springer-Verlag übernommen. Eine konservative Zeitung mit ausführlichem Wirtschaftsteil, wird in Bonn herausgegeben (298 300 Exemplare). *Welt am Sonntag* (gegründet 1948) erreicht eine Auflage von etwa 461 000 Exemplaren.

Frankfurter Allgemeine (Untertitel: *Zeitung für Deutschland*; Abkürzung FAZ). Besteht seit dem 1.11.1949, hervorgegangen aus der *Allgemeinen Zeitung*, Hauptausgabe mit Wirtschaftsblatt. Die FAZ knüpft an die liberale Tradition der alten *Frankfurter Zeitung* an, die sich aus dem 1856 von H.-B. Rosenthal und L. Sonnemann gegründeten *Frankfurter Handelsblatt* entwickelt hatte. Sie vertritt politisch eine liberal-konservative Richtung und besitzt internationale Geltung (430 700 Exemplare, samstags 522 700 Exemplare).

Süddeutsche Zeitung. Erscheint seit 1945 in München; eine Tageszeitung mit liberaler Ausrichtung in der Tradition der *Münchner Neuesten Nachrichten* (433 000 Exemplare, samstags 592 000 Exemplare).

die tageszeitung (taz). Wurde 1978 gegründet, links-alternative Tageszeitung, erscheint in Berlin (83 500 Exemplare).

Frankfurter Rundschau (FR). Besteht seit dem 1.8.1945, links-liberale Tageszeitung (230 500 Exemplare, samstags 313 600 Exemplare).

Hohe Auflagen erreichen auch die regional verbreiteten Zeitungen *Westdeutsche Allgemeine Zeitung* (WAZ) aus Essen (755 000 Exemplare), *Hannoversche Allgemeine Zeitung* (553 800 Exemplare, samstags 605 500 Exemplare) und *Express* (erscheint in Köln, 539 300 Exemplare).

In Deutschland gibt es zwei große allgemeine Wochenzeitungen, die in Hamburg herausgegeben werden: *Die Zeit*, gegründet 1946 von G. Bucerius, liberal (573 600 Exemplare), und *Der Spiegel*, gegründet 1946 von R. Augstein, einziges deutsches Nachrichtenmagazin (1,15 Millionen Exemplare).

Frankreich
Titelzahl und Auflagen der Tageszeitungen sind seit dem Ende des Zweiten Weltkriegs stark zurückgegangen: 1958 kamen 240 Exemplare auf 1 000 Einwohner, 185 im Jahre 1987. Die Tageszeitungen in der Provinz (69 Titel im Vergleich zu 175 im Jahr 1946) decken 76 % der Gesamtauflage. Die Pariser Presse ist nur noch mit elf Titeln (gegenüber 29 im Jahr 1946) vertreten. Andererseits sind die Nachrichtenmagazine viel weiter verbreitet als früher.

Le Monde. Wurde im Dezember 1944 von Hubert Beuve-Méry gegründet; eine französische Tageszeitung mit internationaler Geltung. Sie nahm die Tradition von *Temps* (1861–1942) als führendes französisches Presseorgan wieder auf. Neben der inhaltlichen Qualität zeichnet sich diese Zeitung dadurch aus, daß ihre Angestellten und ihre Journalisten die Eigentümer der Zeitung sind (etwa 362 000 Exemplare).

ZEITUNGSARTEN

In der Verschiedenartigkeit der Sprache und der Inhalte spiegelt die Presse die komplexe Außenwelt und die unterschiedlichen Erwartungen der Leser wider. Sie setzt sich aus tausenden von Veröffentlichungen unterschiedlicher Art und Regelmäßigkeit zusammen; man kann sie grob in vier große Kategorien einteilen:

Die allgemeine Tagespresse.
Sie befaßt sich mit allen Themen und richtet sich undifferenziert an ihr Publikum. Musterbeispiel hierfür sind die Tageszeitungen. Bei ihnen unterscheidet man landesweite und regionale Tageszeitungen oder auch Morgen- und Abendzeitungen. Auch die Nachrichtenmagazine, die in anderen Abständen erscheinen, zählen zu dieser Kategorie.

Die Presse mit gezielten Informationen. Sie wendet sich an bestimmte Lesergruppen, z. B. Frauen, ältere Leute, Jugendliche, und/oder beschränkt ihre Nachrichtenpalette auf einen bestimmten, aktuellen Bereich. Hier liefern nur Sport und Wirtschaft ausreichend Material für täglich erscheinende Veröffentlichungen.

Die Fachpresse. Hierzu zählen Standes-, Verbands-, Berufszeitungen, aber auch die Zeitungen der Parteien, Institutionen sowie Betriebszeitungen.

Die Unterhaltungspresse. Sie bringt Beiträge und Illustrationen, Erzählungen, Ratschläge für Hobby und Freizeit, populärwissenschaftliche Beiträge, Spiele und Veranstaltungen.

KOMMUNIKATION UND MEDIEN

Le Figaro. Wurde 1854 gegründet und stellte sein Erscheinen 1942 freiwillig ein, um nicht unter deutschem Diktat aufgelegt zu werden. Nach der Befreiung wurde der *Figaro* zu einer der größten französischen Zeitungen (433 000 Exemplare).

France-Soir. Erbe der Untergrundzeitung *Défense de la France,* erschienen 1941, heutiger Titel seit November 1944; war bis 1972 die größte französische Zeitung. 1966 überstieg die Auflage 1 Million (300 000 Exemplare).

Le Parisien. Wurde 1944 unter dem Titel *Le Parisien libéré* gegründet (400 000 Exemplare).

Libération. Wurde 1973 unter der Schirmherrschaft von J.-P. Sartre gegründet, konnte vor allem bei jungen Lesern große Erfolge verbuchen (195 000 Exemplare).

L'Humanité. Wurde 1904 von Jean Jaurès als Organ der neuen vereinten sozialistischen Partei SFIO gegründet; 1920 kam sie an die kommunistische Partei, deren offizielles Organ sie heute ist (117 000 Exemplare).

La Croix. 1883 als katholische Zeitung gegründet (113 000 Exemplare).

Ouest-France. Wurde 1944 gegründet, erscheint in Rennes, auflagenstärkste Tageszeitung in Frankreich (765 000 Exemplare).

Griechenland

Nach dem Ende der Obristenherrschaft (1974) wuchs die griechische Presse beachtlich: 1990 existierten 136 Tageszeitungen mit einer Auflage von etwa einer Million Exemplare (105 Exemplare pro 1 000 Einwohner). Die große Mehrheit wird in Athen veröffentlicht (17 Titel). Thessaloniki ist die einzige Stadt in der Provinz mit einer bedeutenden Presse (zwei Tageszeitungen).

Eleftheoros Týpos. Gegründet 1983; große rechte Tageszeitung (190 000 Exemplare).

Tá Néa. Gegründet 1931; Tageszeitung der gemäßigten Linken, gehört zur Lambrakis-Gruppe (150 000 Exemplare).

Ethnos. Gründet 1981; steht der sozialistischen Partei PASOK und der kommunistischen Partei nahe, erhielt durch zwei sozialistische Zeitungen (**Epíkairotita** und **Níkí**) Konkurrenz und mußte 1988–89 einen Auflagenrückgang hinnehmen (92 000 Exemplare).

Kathimerini. 1919 gegründet, seriöse und unabhängige Tageszeitung, bis 1987 Eigentum von Heléni Vlákou, der sich weigerte, die Zeitung unter den Obristen herauszubringen, wurde von Kroskotas (Pressekonzern Ghrammi) aufgekauft (28 000 Exemplare).

Großbritannien

Die landesweit vertriebenen Londoner Tageszeitungen (12 Titel; 14,8 Millionen Exemplare) übertreffen die aus der Provinz (94 Titel; 7,7 Millionen). Insgesamt entfallen 420 Exemplare auf 1 000 Einwohner, 1960 waren es noch 514. Die Massenblätter, gewöhnlich, mit kleinem Format, billig und mit großer Auflage, machen noch 80 % der landesweiten Auflage aus, allerdings verzeichnen sie einen Rückgang; die inhaltlich besseren Zeitungen hingegen sind im Aufschwung begriffen. Die Sonntagszeitungen (neun Titel landesweit und sechs regional) haben eine Auflage von 20 Millionen. Sie sind eine starke Konkurrenz für die Nachrichtenmagazine. Die nationale Presse wird im wesentlichen von den großen Medienkonzernen beherrscht.

– *Qualitativ gute nationale Zeitungen:*

The Times. 1785 gegründet, war sie im 19. Jh. die einflußreichste Zeitung der Welt. Nach mehreren Mißerfolgen wurde sie 1966 von Roy Thomson übernommen, der sie 1981 an Rupert Murdoch abgab. Dieser machte sie konservativer und erreichte eine Auflagensteigerung (439 000 Exemplare).

The Guardian. Wurde 1821 unter dem Namen *Manchester Guardian* gegründet, den er bis 1950 behielt. Eine unabhängige Zeitung und großer Konkurrent der *Times* bei der linken Mitte (437 000 Exemplare).

The Daily Telegraph. Dieses 1855 gegründete unabhängige Presseorgan wurde 1985 von Conrad Black, einem kanadischen Geschäftsmann gekauft, der die konservative Ausrichtung verstärkte (1,1 Millionen Exemplare).

The Independent. Entstand 1986 durch eine Spaltung des *Daily Telegraph* (406 000 Exemplare im Jahre 1988).

– *Landesweite Massenblätter:*

The Sun. Nachfolger des 1911 gegründeten *Daily Herald* (Arbeiterzeitung), wurde 1961 vom Konzern Cecil King gekauft, der 1966 *The Sun* schuf. *The Sun* wurde 1969 vom Murdoch-Konzern geschluckt, setzte erfolgreich auf die 3 S (Sex, Sport, Skandale), wurde konservativer und ist heute Marktführer (4,1 Millionen Exemplare).

Daily Mirror. Wurde 1903 von Lord Northcliffe gegründet und 1984 von Robert Maxwell übernommen, vertritt als einzige große Zeitung die Positionen der Labour Party (3,9 Millionen Exemplare).

Daily Mail. 1896 von Lord Northcliffe gegründet, war dies die erste große englische Massenzeitung. Als Eigentum der *Associated Newspapers* vertritt sie konservative Positionen (1,7 Millionen Exemplare).

Daily Express. 1900 von Pearson gegründet, 1916 von Beaverbrook übernommen, nach seinem Tod 1964 Eigentum der *United Newspapers*; ein sehr konservatives, gegen die europäische Einigung ausgerichtetes Blatt (1,6 Millionen Exemplare).

– *Sonntagszeitungen:*

Massenblätter:

News of the World (1843): 5,3 Millionen Exemplare; Murdoch-Konzern.

Sunday Mirror (1915): 3 Millionen Exemplare; Maxwell-Konzern.

Sunday People (1843): 2,6 Millionen Exemplare; Maxwell-Konzern.

Sunday Express (1918): 1,9 Millionen Exemplare.

The Mail on Sunday (1982): 1,9 Millionen Exemplare.

Sunday Times (1822): 1,3 Millionen Exemplare; Murdoch-Konzern.

Sunday Telegraph (1961): 650 000 Exemplare.

The Observer (1791): 690 000 Exemplare, Lonhro-Konzern, liberal und unabhängig.

Italien

Die 78 Tageszeitungen, die 1988 erschienen (gegenüber 136 im Jahr 1946 und 77 von 1976), legen täglich etwa 6 Millionen Exemplare auf (105 Exemplare pro 1 000 Einwohner gegenüber 87 im Jahre 1976). Zeitungen werden in Norditalien mehr gelesen als in Mittel- und Süditalien. Der Verkauf von Magazinen ist anteilmäßig höher als der der Tageszeitungen. Die meisten Tageszeitungen sind Regionalblätter, mit Ausnahme von:

La Repubblica. 1976 von E. Scalfari gegründete römische Zeitung, unabhängig, mit liberaler, ›weltlicher‹ Ausrichtung (750 000 Exemplare).

Corriere della Sera. Liberale Mailänder Zeitung, gegründet 1876; wurde 1970 von dem Verleger Rizzoli gekauft, 1984 dann an den Konzern Gemina (FIAT) weiterverkauft (1 Million Exemplare).

A, B · Anspruchsvolle Zeitungen.

In Deutschland und den angelsächsischen Ländern ist der Kontrast zwischen den ›anspruchsvollen Zeitungen‹ wie *Times* oder *Süddeutsche Zeitung (SZ)* und *Frankfurter Allgemeine Zeitung (FAZ)* und den Massenblättern sehr kraß. Die anspruchsvollen Zeitungen haben eine hohe Seitenzahl, einen hohen Preis und einen anspruchsvolleren Inhalt.

C · Geschriebene und gesprochene Sprache.

Die seriöse Presse hat einen Stil, der sich durch Überkorrektheit auszeichnet, was zu hochgestochenen Formulierungen führen kann. *Die Tageszeitung (TAZ)* wie ihr französisches Gegenstück ›Libération‹ unterscheiden sich hiervon auch durch Verwendung der Umgangssprache.

917

KOMMUNIKATION UND MEDIEN

ALLGEMEINE NACHRICHTENPRESSE

La Stampa. Alte Turiner Zeitung, liberal, 1866 gegründet, Organ von Agnelli, dem Besitzer von FIAT (430 000 Exemplare).

Il Giornale. Zeitung der rechten Mitte, 1974 in Mailand gegründet, gehört Berlusconi (175 000 Exemplare).

L'Unita. Organ der kommunistischen Partei, 1924 in Rom gegründet (180 000 Exemplare).

Avanti. Organ der sozialistischen Partei, 1896 in Rom gegründet (60 000 Exemplare).

Il Popolo. Zeitung der Christdemokraten, gegründet in Rom 1944 (50 000 Exemplare).

L'Osservatore Romano. Ist seit 1861 die Zeitung des Vatikan (70 000 Exemplare).

Niederlande

Die Niederländer sind begeisterte Zeitungsleser (310 Exemplare auf 1 000 Einwohner). Von den 77 Tageszeitungen erreichen die sieben landesweiten 43 % der Leserschaft. Die nationale Presse wird im wesentlichen von drei Konzernen beherrscht: Telegraaf, Perscombinatie und Elsevier.

De Telegraaf. Diese 1893 gegründete Amsterdamer Zeitung mit Ausrichtung auf die rechte Mitte ist die größte niederländische Tageszeitung (720 000 Exemplare).

De Volkskrant. Erschien 1919 als Organ der christlichen Gewerkschaften, heute mehr auf die katholische linke Mitte ausgerichtet; Paradepferd des Konzerns Perscombinatie aus Amsterdam (310 000 Exemplare). Perscombinatie kontrolliert auch *Trouw* (1943; 120 000 Exemplare; protestantisch) und *Het Parool* (1940; 114 000 Exemplare; sozialistisch).

Allgemeen Dagblad. Gegründet 1946 in Rotterdam, gemäßigt liberal, Auflage 406 000 Exemplare; gehört zum Konzern Elsevier wie auch die Wirtschaftstageszeitung *N.R.C. Handelsblad* (1828; 215 000 Exemplare).

Portugal

Es gibt 29 Tageszeitungen (13 landesweite, 16 regionale). Nach der Revolution im April 1974 waren einige Zeitungen verstaatlicht worden: 1988/89 wurden sie wieder privatisiert. Trotz ihrer geringen Verbreitung (41 Exemplare auf 1 000 Einwohner) ist die portugiesische Presse gegenwärtig ein Beispiel für Dynamik: Zuwachs an publizistischen Möglichkeiten, Erscheinen neuer Tageszeitungen (*Zero Hora* und *Diario economico* [1989], *Publico* [1990]).

Diario de noticias. Die bekannteste Tageszeitung in Lissabon, liberal ausgerichtet, gegründet 1865 (100 000 Exemplare).

O Diario. Kommunistische Tageszeitung, gegründet 1975 in Lissabon (100 000 Exemplare).

O Dia. Sehr konservative Tageszeitung, 1975 in Lissabon gegründet (40 000 Exemplare).

Correio da manhã. Lissaboner Tageszeitung für die breite Masse aus dem Jahre 1979 mit liberaler Tendenz (78 000 Exemplare).

Jornal de noticias. Tageszeitung von Porto, gegründet 1888, privatisiert 1987, sozialistische Tendenz (78 000 Exemplare).

Schweiz

Aufgrund der kantonalen und sprachlichen Begrenzungen besitzt die Schweiz keine landesweite Zeitung, dafür aber regionale und lokale Tageszeitungen, die zum Teil schon sehr lange bestehen: der älteste Titel, *Feuille d'avis de Neuchâtel,* wurde 1738 gegründet. Seit etwa 20 Jahren hat sich die Schweizer Presse sehr verändert. Die politischen oder konfessionellen Zeitungen, von denen es zahlreiche im 19. Jh. gab, sind entweder verschwunden oder haben fusioniert, während die große Nachrichtenpresse aufblühte. Zürich, Bern, Lausanne und Genf sind die Zentren der deutsch- bzw. französischsprachigen Presseverlage. Neben einigen Titeln, die noch in Familien-

besitz sind, haben sich große Pressekonzerne gebildet.

Blick. Ein ›Boulevardblatt‹, das 1959 in Zürich von der Familie Ringier gegründet wurde (380 000 Exemplare).

Tages-Anzeiger. 1893 gegründete Züricher Tageszeitung, politisch neutral, gehört der Familie Coninx, ist die Nummer 1 der großen Nachrichtenpresse und wird zu 90 % im Abonnement verkauft (257 000 Exemplare).

Neue Zürcher Zeitung. 1780 gegründete Züricher Tageszeitung, ähnlich angesehen wie die Berner Tageszeitung *Der Bund,* wird mit 141 000 Exemplaren aufgelegt.

24-Heures. Größte Tageszeitung in der französischsprachigen Schweiz, gegründet 1792, wird von Lausanne aus mit 97 000 Exemplaren vertrieben.

La Suisse, gegründet 1898, und **Tribune de Genève,** gegründet 1879, beide aus Genf, haben Auflagenhöhen von 70 000 und 64 000 Exemplaren.

Skandinavien

In Europa sind die Skandinavier die eifrigsten Leser von Tageszeitungen: 535 Exemplare auf 1 000 Einwohner in Finnland, 514 in Schweden und 501 in Norwegen, 390 in Dänemark. Mit großer Tradition – *Adresseavisen,* die älteste norwegische Tageszeitung, wurde 1767 in Trondheim gegründet – entfaltete sich die Presse in der zweiten Hälfte des 19. Jahrhunderts zur gleichen Zeit wie die großen politischen Parteien, von denen sich die Zeitungen heute gern unabhängiger sehen möchten. In Dänemark geht die nationale Presse relativ zurück (Kopenhagen 1988: 10 Titel und eine Auflage von 1 Million); die Regional- oder Lokalpresse hat 41 Titel mit 967 000 Exemplaren. Schweden verfügt über die auflagenstärksten Zeitungen in Nordeuropa: *Expressen* in Stockholm wird mit 578 000 Exemplaren aufgelegt. In Norwegen und Finnland gibt es keine landesweite Presse, die Zeitungen in den beiden Hauptstädten werden auch weitgehend regional vertrieben, und auch die kleinste Stadt hat ihre eigene Zeitung.

Politiken und **Ekstra Bladet.** Tageszeitungen in Kopenhagen, 1884 und 1904 gegründet, unabhängig und den Sozial-Liberalen nahestehend. Sie gehören demselben Pressekonzern an (395 000 Exemplare: 150 000 für *Politiken* und 245 000 für *Ekstra Bladet*).

Expressen. Beliebte Abendzeitung, wurde 1944 in Stockholm gegründet und steht den Liberalen und den Konservativen nahe (578 000 Exemplare).

Aftenposten. 1860 in Oslo gegründete Tageszeitung, unabhängig und den Konservativen nahestehend, zwei Ausgaben pro Tag (Morgen- und Abendausgabe), insgesamt 452 000 Exemplare.

Helsingin Sanomat. 1889 in Helsinki gegründete Tageszeitung, unabhängig (443 000 Exemplare).

Spanien

Die meisten der 110 spanischen Tageszeitungen (Gesamtauflage: 3,2 Millionen, etwa 82 auf 1 000 Einwohner) sind Lokalzeitungen. Nach Francos Tod konnten mit Aufkommen der Demokratie, aber auch der Wirtschaftskrise, neue, oft sehr moderne Zeitungen erfolgreich werden; die alten falangistischen oder konservativen Blätter wurden zurückgedrängt. Im Zuge des wirtschaftlichen Aufschwungs haben seit 1989 große ausländische Gruppen Kapitalanteile an einigen spanischen Zeitungen erworben. Neue Tageszeitungen (*El Independente, El Mundo del Siglo XXI*) sind entstanden.

El País. Wurde 1976 von J. Luis Cebrián in Madrid gegründet; anspruchsvolle Zeitung der linken Mitte der demokratischen Erneue-

rung, gehört zum Konzern Prisa von Jesús de Palanco und besitzt seit 1982 einen Verlag in Barcelona (372 000 Exemplare).

ABC. Alte monarchistische und konservative Madrider Zeitung, gegründet 1905, hat den Spitzenplatz der guten nationalen Zeitungen eingebüßt, besitzt jedoch weiterhin hohe Verbreitung (247 000 Exemplare).

Ya. Katholische, 1935 gegründete Zeitung (75 000 Exemplare), die Auflage geht zurück.

Diario 16. Entstand 1976 in Madrid, tägliche Version der Wochenzeitung *Cabio 16* (110 000 Exemplare), eine unabhängige Zeitung, die zur *Grupo 16* gehört (136 000 Exemplare).

La Vanguardia. Alte liberale Zeitung der Familie Godo, wurde 1881 gegründet und ist die größte Zeitung Barcelonas (201 000 Exemplare). Sie übertrifft *El Periódico* (1979, 154 000 Exemplare) und die katalanische Tageszeitungen *Avui* (1973, 39 000 Exemplare).

AMERIKA

Brasilien

Seit der ersten Hälfte des 19. Jahrhunderts gibt es in allen Hauptstädten der Bundesstaaten dieses riesigen Landes Tageszeitungen und in den anderen Städten eine kleine Lokalpresse. Schon sehr früh hat sich die Presse im Südosten konzentriert: Von den 39 Zeitungen, Magazinen u. a. Periodika, die 1934 eine Auflage von 20 000 Exemplaren erreichten, erschienen 27 in Rio de Janeiro und 10 in São Paulo. In den letzten vierzig Jahren haben sich eine große Nachrichtenpresse mit modernsten Technologien sowie eine Reihe von Sensationsblättern für die breite Masse entwickelt, die die alten Tageszeitungen verdrängt haben. Auch die Anzahl der Titel ist zurückgegangen, während die Auflagen stiegen: 1949 waren es 21 Titel in Rio de Janeiro, wobei die größte Zeitung, *O Globo,* eine Auflage von 105 000 Exemplaren hatte; 1982 gab es nur noch 12, als größte *O Dia* mit einer Auflage von 240 000 Exemplaren. Aber die Stagnation beziehungsweise der Rückgang der Kaufkraft der Arbeitnehmer haben die Gewinne der Presse reduziert, die sich diese von der zunehmenden Bildung erwartet hatte, und haben das Anwachsen der Auflagenzahlen gebremst: 908 000 Exemplare 1949 in Rio, 872 000 im Jahre 1982, 1949 in São Paulo 728 000 und 1 170 000 im Jahr 1982. Die Anzahl der Zeitungen pro Kopf wuchs nicht entsprechend dem Bevölkerungszuwachs: 1958 entfielen in Rio und São Paulo auf 1 000 Einwohner 122 bzw. 206 Exemplare (61 für ganz Brasilien), 1982 waren es noch 53 bzw. 77 (34 für ganz Brasilien).

O Globo. Eine große Tageszeitung aus Rio de Janeiro, gegründet 1925, gehört zum Medienkonzern der Familie Marinho und wurde vom Militärregime (1964–1985) unterstützt (400 000 Exemplare 1988).

Jornal do Brasil. Eine der ältesten Tageszeitungen von Rio, gegründet 1891, mit vielen Kleinanzeigen und Werbung (175 000 Exemplare 1988).

O Dia. Sensationsblatt in Rio, besteht seit den 50er Jahren (300 000 Exemplare).

O Estado de São Paulo. Täglich erscheinende Morgenzeitung, unabhängig, 1875 gegründet (250 000 Exemplare 1988). Die Abendausgabe, *Jornal da tarde,* hat eine Auflage von 179 000 Exemplaren.

A Folha de São Paulo. Morgens erscheinende Tageszeitung, 1921 gegründet, gehört dem Pressekonzern Folha unter der Leitung der Industriellen Frias und Caldeiras (260 000 Exemplare). Die Abendausgabe *Folha da tarde*

918

KOMMUNIKATION UND MEDIEN

erreicht 275 000 Exemplare. Der Konzern besitzt auch *Noticias populares,* ein täglich erscheinendes Boulevardblatt von São Paulo (150 000 Exemplare).

Kanada

Die kanadische Presse besteht seit dem 18. Jahrhundert: Die heute älteste Tageszeitung, *The Gazette* aus Montreal, wurde 1778 gegründet. Es gibt zahlreiche kanadische Tageszeitungen: 1987 waren es etwa 110, dennoch entfallen nur 211 Exemplare auf 1 000 Einwohner. Die 17 größten mit einer Auflage von über 100 000 sind lediglich Regionalzeitungen. Nur *The Globe and Mail* aus Toronto hat dank ihrer Ausgaben für den Westen und den Osten landesweite Verbreitung. Es gibt viele rein lokale Tageszeitungen: 14 davon erreichen kaum 5 000 Exemplare, 40 liegen zwischen 5 000 und 20 000. Die mittleren und westlichen Provinzen sind bei den Zeitungen mit mehr als 100 000 Exemplaren mit lediglich fünf Titeln nur schwach vertreten. Die französischsprachige Presse hat vier Tageszeitungen, von denen *Le Journal de Montréal* die zweitgrößte kanadische Zeitung ist.

Vollkommen unabhängig kann die kanadische Presse ihre Meinung dank der angelsächsischen Praxis der namentlich vom Chefredakteur oder vom Herausgeber *(Publisher)* unterzeichneten Leitartikel zum Ausdruck bringen. Wie auch in den Vereinigten Staaten wird scharf zwischen Information und Kommentar unterschieden. Mittwochs und samstags erscheinen die meisten Zeitungen mit zahlreichen Annoncen und Werbeanzeigen und können dann, besonders in Montreal und Vancouver, manchmal bis zu 100 Seiten umfassen.

The Toronto Star. Eine 1892 gegründete Abendzeitung, die 1987 in 523 000 Exemplaren aufgelegt wurde. Sonntags erscheint sie unter dem Titel *The Sunday Star.*

Le Journal de Montréal. Die 1964 gegründete Tageszeitung gehört dem Konzern *Québécor Ins.,* der auch *Le Journal de Québec* (105 000 Exemplare) und einige beliebte Wochenzeitungen besitzt (313 000 Exemplare).

The Globe and Mail. Tageszeitung, die 1844 in Toronto gegründet wurde; erklärte sich selbst zu *Canada's National Newspaper* (326 000 Exemplare).

The Sun und **The Province.** In Vancouver erscheinende Abendzeitungen, 1886 und 1898 gegründet, werden von der *Pacific Press Ltd.* herausgegeben (217 000 und 180 000 Exemplare).

Vereinigte Staaten von Amerika

Die amerikanische Tagespresse zeichnet sich durch die Vielzahl ihrer Titel (1 640 im Jahre 1989) und ihre lokale Verbreitung aus. Der relativ geringe Verbreitungsgrad (268 Exemplare auf 1 000 Einwohner) wird durch die hohe Seitenzahl ausgeglichen. Nur einige Zeitungen sind landesweit erhältlich oder genießen einen Ruf, der den Leitartiklern *(Columnists)* gewährleistet, daß ihre Artikel von Hunderten von Zeitungen in den Staaten aufgenommen werden.

Viele Tageszeitungen gehören zu Zeitungsketten. 59 % der Gesamtauflage der Tageszeitungen (62,5 Millionen Exemplare) werden von den 25 größten Konzernen kontrolliert; zu den bedeutendsten unter ihnen gehören *Gannett* (92 Titel; 5,7 Millionen Exemplare), *Knight-Ridder* (28 Titel; 3,7 Millionen), *Newhouse* (26 Titel; 3 Millionen), *Times-Mirror* (9 Zeitungen; 2,6 Millionen).

Die sehr ereignisbezogenen amerikanischen Zeitungen trennen säuberlich bei der Darstellung der Seiten mit den Nachrichten *(News)* und den Leitartikeln *(Editorials).* Dank des Telefax ist es heute einigen Zeitungen

möglich, das Hindernis von Distanz und Zeitverschiebung zu umgehen und ihren Druck im gesamten Gebiet und im Ausland zu dezentralisieren.

The New York Times. Sie wurde 1851 von Henry J. Raymond gegründet, der zuvor bei der *New York Tribune* von Horace Greeley gearbeitet hatte. Das Blatt hatte zunächst nur wenig Erfolg. Nach 1896 ließ es A. S. Ochs wieder aufleben und machte daraus eine angesehene Zeitung. Sein Schwiegersohn A. H. Sulzberger wurde 1935 sein Nachfolger, und die Zeitung ist seitdem weitgehend im Familienbesitz. Unabhängig und gemäßigt, zeichnet sie sich durch die Qualität ihres Korrespondenten- und Journalistennetzes aus und steht an der Spitze der amerikanischen Zeitungen. Ihre Auflage hat sich an Wochentagen bei 1,1 Millionen Exemplaren und sonntags bei etwa 1,6 Millionen eingependelt.

Los Angeles Times. Sie wurde 1881 gegründet, 1882 von G. Hotis erworben und ist seither im Familienbesitz. Um die Zeitung hat sich der Konzern *Times-Mirror* gebildet. Zu Beginn war die Zeitung sehr konservativ, sie hat sich ihre republikanische Tendenz bewahrt und ein Niveau erreicht, das sie zu einem meinungsbildenden Blatt an der Westküste macht. Sie war eine der Stützen bei der Kandidatur von Nixon und Reagan (an Wochentagen 1,1 Millionen Exemplare, sonntags 1,4).

The Washington Post. 1877 von Hutchins gegründet, wurde sie eine der großen Zeitungen

---

DIE WATERGATE-AFFÄRE

In der Nacht zum 17. Juni 1972 wurden fünf ›Einbrecher‹ festgenommen, als sie versuchten, im Hauptquartier der demokratischen Partei in Washington im Watergate-Gebäude Mikrophone zu legen. Zwei Journalisten der *Washington Post,* Carl Bernstein und Bob Woodward, recherchierten, um ein Knäuel zu entwirren, dessen gesamte Fäden über das CRP, das Komitee zur Wiederwahl von Richard Nixon, immer wieder ins Weiße Haus führten. Als ›Untersuchungsjournalisten‹ führten sie viele Telefongespräche, scheuten sich nicht, mehrere hundert Gesprächspartner durch sich wöchentlich wiederholende Unterhaltungen zu ›ermüden‹. Sie suchten auch den letzten Zeugen auf. Im wahrsten Sinne des Wortes von der Affäre ›besessen‹, brachten sie Licht in das Dunkel, stellten Beweise sicher und verfolgten auch die kleinste Spur in dieser Affäre. Diese Fleißarbeit ließ nicht das Geringste zu wünschen übrig; sie erreichten auch einen hohen Beamten, der seine Anonymität wahren wollte und den sie wie Verschwörer nachts trafen. Die *Post* und deren Journalisten wurden von den Gerichten und dann von den Senatsausschüssen abgelöst, deren im Fernsehen übertragene Anhörungen (Mai 1973) die Machenschaften der Nixon-Regierung aufdeckten. Präsident Richard Nixon wurde schließlich am 9. August 1974 zum Rücktritt gezwungen. Was für ein Sieg der ›vierten Macht‹ über eine Exekutive, die sie niemals schonend behandelt hatte!

---

der Hauptstadt. 1933 wurde sie von E. Meyer aufgekauft, ging 1948 an dessen Tochter und Schwiegersohn K. und P. Graham, 1979 an deren Sohn Donald über. Die Familie Graham kontrolliert auch einen Zeitungskonzern, Radiosender sowie das Magazin *Newsweek.* Diese anspruchsvolle, seriöse und gut informierte Zeitung hat vor Ort nur einen einzigen Konkurrenten, die *Washington Times,* die extrem rechts steht und von der Moon-Sekte finanziert wird. Die *Post* ist unabhängig und demokratisch ausgerichtet. Ihr ist die Aufdeckung der Watergate-Affäre um Präsident Richard Nixon zu verdanken. Ihre Auflage beträgt 770 000 Exemplare; zusammen mit der *Los Angeles Times* hat sie eine Pressedatenbank eingerichtet.

Saint Louis Post-Dispatch. 1878 von Joseph Pulitzer gegründet, gehört sie noch heute dessen Nachkommen. Trotz der schwachen Auflage wird sie oft von anderen Zeitungen zitiert, da sie ihrer ursprünglichen demokratischen Tradition die Treue hält und in ihren Leitartikeln konsequent liberale Ideen vertritt (378 000 Exemplare).

Christian Science Monitor. Die 1908 von Mary Baker Eddy geschaffene kleine Bostoner Zeitung hat eine relativ kleine Auflage. Sie ist keine Nachrichtenzeitung, sondern vertritt die Meinung der Scientology Church, die sie unterstützt: In ihrer Art ist sie in den USA einzigartig (150 000 Exemplare).

Chicago Tribune. Seit der Gründung 1847 hat ihre Entwicklung die der großen Stadt im amerikanischen Mittelwesten begleitet. Joseph Merill, der spätere Bürgermeister von Chicago, erwarb sie 1855 und machte sie zu einer großen Zeitung. 1924 wurde Oberst McCormick ihr Chef, der ihre Bedeutung noch steigerte. Damals war sie die Zeitung der Konservativen, ja sie war sogar nationalistisch, was bis an die Grenzen des Chauvinismus ging. Zusammen mit *New York Daily News,* einem New Yorker Massenblatt (wochentags 1,3 Millionen, 1,8 am Sonntag) bildet sie einen Pressekonzern. Auch wenn die Zeitung seit dem Tod von McCormick ihre Positionen etwas gemäßigter vertritt, behält die *Chicago Tribune* doch noch ihre Tendenz zum alten amerikanischen Isolationismus (wochentags 740 000 Exemplare, sonntags 1,2 Millionen).

USA Today. Wurde 1982 vom Konzern *Gannett* gegründet, der sich ab 1923 durch den Aufkauf von Zeitungen in den mittelgroßen Städten gebildet hatte und der nach dem Beispiel des *Wall Street Journal* eine nationale Tageszeitung schaffen wollte, wobei der Druck dezentralisiert wurde (in 24 amerikanischen Städten sowie in Tokio, Singapur und Zürich). Mit geringer Seitenzahl bringt *USA Today* vor allem die Schilderung und Kommentierung der großen aktuellen Ereignisse nationaler und internationaler Art. Zielgruppe ist die Schicht der mittleren Angestellten (1989 1,3 Millionen Exemplare).

International Herald Tribune. Ist Nachfolger der Pariser Ausgabe des *New York Herald,* der 1887 von J. Gordon Bennett aufgelegt wurde. Nach dem Verschwinden der amerikanischen *New York Herald Tribune* im Jahre 1966 beschloß 1967 ein Verband aus der *Washington Post* (30 %), der *New York Times* (33 %) und der *Whitney Communication Corporation,* der früheren Herausgeberin der *New York Herald Tribune* (37 %), die Pariser Ausgabe weiterlaufen zu lassen. Die *International Herald Tribune,* die einen Teil ihrer Artikel aus den USA bezieht, hat seither über das Telefax ihre Herausgabe zwischen Paris, London (1972), Zürich (1977), Hongkong (1980), Singapur (1982), Den Haag (1983), Marseille (1984) und selbst New York (1985) dezentralisiert (178 000 Exemplare).

919

KOMMUNIKATION UND MEDIEN

ALLGEMEINE NACHRICHTENPRESSE

UDSSR, ASIEN, NORDAFRIKA

UdSSR

Seit 1985 wird die sowjetische Presse vollkommen umstrukturiert. Das alte System erlaubte es der kommunistischen Partei, die Eigentumsverhältnisse der Unternehmen zu steuern und die Inhalte der Presseorgane durch die Vorschriften des Agitprop, durch die Zensur des Glaolit und durch die von der Nachrichtenagentur TASS verbreiteten Informationen zu beeinflussen. Dadurch wurden die Journalisten zu funktionalisierten Propagandisten degradiert. Dieses System befindet sich gegenwärtig in der Krise. Die Zeitungen haben ihre Inhalte und Tendenzen liberalisiert. Das gilt sowohl für die zentral erscheinende, über das ganze Land verbreitete Presse, als auch für die regionale Presse der Republiken und die Lokalpresse.

Die Tageszeitungen machen enorme Fortschritte: 1962 gab es 172 Exemplare pro 1 000 Einwohner, 1984 waren es 422 und 1988 445. Das ergibt 180 Millionen Exemplare bei 480 Titeln. Sowjetische Zeitungen sind billig und dünn. Die zentral erscheinenden Organe werden landesweit mit Hilfe von *Gazeta*, einem Faksimileverfahren, nachgedruckt. Sie werden vor allem im Abonnement vertrieben.
Prawda *(Wahrheit)*. Sie wurde 1912 als sozialistisches Organ gegründet und ist seit 1917 offizielles Organ der kommunistischen Partei. Ihre Auflage geht stark zurück (8,5 Millionen Exemplare).
Iswestija *(Neuigkeiten)*. 1917 gegründet, Organ des Präsidiums des Obersten Sowjet, also der Regierung (11,3 Millionen Exemplare).
Komsomolskaja Prawda. 1925 gegründet, Tageszeitung der kommunistischen Jugend (18,5 Millionen Exemplare).
Pionerskaja Prawda. 1925 gegründet, Organ der Jungen Pioniere, erscheint zweimal wöchentlich (9 Millionen Exemplare).
Krasnaja Zwezda *(Roter Stern)*. 1924 gegründet, Organ der Armee (3 Millionen Exemplare).
Selskaja Schizn *(Das Leben auf dem Land)*. 1918 gegründet, Tageszeitung der ländlichen Bevölkerung (7 Millionen Exemplare).
Sozialistitscheskaja Industrija. 1969 gegründet, Organ für die Industrie (2,2 Millionen Exemplare).
Trud *(Arbeit)*. 1921 gegründet, Tageszeitung der Gewerkschaften (20 Millionen Exemplare).

Die wichtigsten Organe zur Propagierung von Perestroika und Glasnost sind die Wochenzeitungen: *Neuigkeiten aus Moskau*, die von der Agentur *Nowosti* in mehreren Sprachen herausgegeben wird (1,3 Millionen Exemplare), die *Literaturnaja Gazeta* (6,5 Millionen Exemplare), Organ des Verbandes der Schriftsteller, *Ogonjok* *(Das Heim)*, eine 1923 gegründete Illustrierte (3,3 Millionen Exemplare) sowie *Argumente und Fakten* (25 Millionen Exemplare).

China

Die Presse untersteht der kommunistischen Partei oder dem Staat. Die Revolution von 1949 hat die alten Zeitungen beseitigt, und die Kulturrevolution verursachte im gesamten chinesischen Informationssystem ein großes Debakel. Seit 1978 beobachtet man eine Renaissance, die beachtliche Fortschritte verzeichnet. Es gibt 2 322 Zeitungen mit insgesamt 167 Millionen Exemplaren, darunter 247 Tageszeitungen. Davon lassen sich nur 16 als landesweite Zeitungen bezeichnen. Die wichtigsten haben ihren Sitz in Peking:

Renmin Ribao *(Tageszeitung des Volkes)*. 1948 gegründet, Organ der kommunistischen Partei (5 Millionen Exemplare).
Jiefangjun Bao *(Zeitung der Befreiungsarmee)*. 1955 gegründet, Organ der Volksbefreiungsarmee (790 000 Exemplare).
Guangming Ribao *(Klarheit)*. 1949 gegründet, Organ der ›bürgerlichen‹ Parteien (580 000 Exemplare).
Gongren Ribao *(Zeitung des Arbeiters)*. 1949 gegründet, Organ der Gewerkschaften (2,1 Millionen Exemplare).
Zhongguo Qingnian Bao *(Zeitung der chinesischen Jugend)*. 1951 gegründet, erscheint dreimal wöchentlich (2 Millionen Exemplare).
Beijing Ribao *(Pekinger Tageszeitung)*. 1952 gegründet (610 000 Exemplare).
Beijing Wan Bao *(Pekinger Abendzeitung)*. 1958 gegründet (500 000 Exemplare).

Indien

Die indische Presse ist sicherlich die vielfältigste der Dritten Welt. Sie hat eine alte Tradition, die ersten Zeitungen, *The Bengal Gazette* und *The Bombay Courier,* wurden 1780 gegründet. Von der britischen Kolonialherrschaft hat sie eine Gesetzgebung geerbt, die die Unabhängigkeit der Presse und die freie Meinungsäußerung garantiert. Trotz des geringen Alphabetisierungsgrades in der Bevölkerung und trotz des geringen Durchschnittseinkommens zählte sie zu Beginn der 80er Jahre 17 000 Titel. Dabei stieg der Anteil der Tageszeitungen

Die wichtigsten Tageszeitungen

Land	Titel	Auflage
Belgien	Het Laaste Nieuws	303 000
	Le Soir	213 000
	De Standaard	376 000
Bundesrepublik Deutschland	Bild	4 986 500
	Frankfurter Allgemeine	430 700
	Frankfurter Rundschau	230 500
	Süddeutsche Zeitung	433 000
	Die Welt	298 300
China	Die Tageszeitung des Volkes	5 000 000
Frankreich	Le Figaro	433 000
	France-Soir	300 000
	L'Humanité	117 000
	Libération	195 000
	Le Monde	362 000
	Ouest-France	765 000
	Le Parisien	400 000
Großbritannien	Daily Express	1 600 000
	Daily Mail	1 700 000
	Daily Mirror	3 900 000
	The Daily Telegraph	1 100 000
	The Guardian	437 000
	The Sun	4 100 000
	The Times	439 000
Italien	Corriere della Sera	1 000 000
	La Repubblica	750 000
	La Stampa	430 000
Japan	Asahi Shimbun	12 200 000
	Mainichi Shimbun	6 200 000
	Yomiuri Shimbun	13 900 000
Kanada	The Toronto Star	523 000
	The Globe and Mail	326 000
	Le Journal de Montréal	313 000
Schweiz	Blick	380 000
	Neue Zürcher Zeitung	141 000
	Tribune de Genève	64 000
Spanien	ABC	247 000
	El País	372 000
UdSSR	Iswestija	11 300 000
	Prawda	8 500 000
	Trud	20 000 000
USA	Los Angeles Times	1 100 000
	New York Times	1 100 000
	USA Today	1 300 000
	Washington Post	770 000
International	International Herald Tribune	178 000

ständig an: von 800 im Jahr 1977 auf 1 100 (1983) und 1 500 im Jahr 1987 (insgesamt 13 Millionen Exemplare, das entspricht einer Quote von 16 auf 1 000 Einwohner). Aufgrund der Vielzahl der Sprachen haben die Zeitungen beschränkte Verbreitungsgebiete. Nur die englischsprachigen Tageszeitungen werden im ganzen Land vertrieben.
Ananda Bazar Patrika. Tageszeitung in Bengali, 1922 in Kalkutta gegründet, größte Auflage unter den Zeitungen in Bengalisch (390 000 Exemplare).
Navbharat Times. 1950 in Delhi gegründet, größte der 300 Tageszeitungen in Hindi (390 000 Exemplare).
Times of India. 1838 in Bombay gegründet, Tageszeitung in englischer Sprache. Mit 539 000 Exemplaren ist sie nach *The Indian Express* (646 000 Exemplare) die zweitgrößte Zeitung des Landes.

Japan

Die Japaner sind die größten Zeitungskonsumenten der Welt: Die Gesamtauflage beträgt 71 Millionen Exemplare, daraus resultieren 578 Exemplare auf 1 000 Einwohner, das entspricht 1,8 Zeitungen pro Haushalt. Es gibt etwa 124 Tageszeitungen, allerdings wird der Markt zu 57 % von fünf großen Zeitungen beherrscht, die mit ihrer doppelten Tagesausgabe enorme Auflagen erreichen und landesweit vertrieben werden. Jede dieser Zeitungen gehört einem sehr mächtigen Pressekonzern. Die Zeitungen werden an der Haustür verkauft.
Yomiuri Shimbun *(Anzeiger)*. 1874 gegründet; Sitz in Tokio (13,9 Millionen Exemplare, davon 9 morgens, 4,9 abends).
Asahi Shimbun *(Aufgehende Sonne)*. 1879 gegründet; Sitz in Tokio (12,2 Millionen Exemplare, davon 7,6 morgens, 4,6 abends).
Mainichi Shimbun *(Tageszeitung)*. 1872 gegründet; Sitz in Tokio (6,2 Millionen Exemplare, davon 4 morgens, 2,2 abends).

Nordafrika

Die Presse in den Maghreb-Staaten ist vor allem aus politischen Gründen wenig entwickelt: zehn Tageszeitungen in Marokko (300 000 Exemplare), sechs in Algerien (810 000 Exemplare), sechs in Tunesien (272 000 Exemplare). Diese zu Propagandazwecken überzogenen Zahlen müssen sicherlich durch den Faktor 2 oder 3 geteilt werden.

Die marokkanische Presse muß mit Zensur, Suspendierungen und Verboten kämpfen. Seit den Unruhen im Oktober 1988 befindet sich die algerische Presse im Umbruch: Eine von der Regierung unabhängige Bewegung algerischer Journalisten hat sich gebildet; man erwägt, einige Titel zu privatisieren, und ein neues Pressegesetz ist in Diskussion. In Tunesien, wo sich die Opposition unter Bourguiba in die Wochenzeitschriften zurückziehen mußte, wurde im August 1988 das Pressegesetz liberalisiert.
Le Matin du Sahara. 1971 gegründete, französischsprachige Tageszeitung, erscheint in Casablanca, unabhängig (50 000 Exemplare).
Al-Ittihad al-Ichtiraki. Tageszeitung in Casablanca, wurde 1983 nach dem Verbot von *Al-Muharrir* im Jahre 1981 gegründet; die Zeitung der Opposition (25 000 Exemplare).
El Moudjahid. 1965 gegründete erste algerische Tageszeitung, wird in Algier in französischer Sprache herausgegeben und über Faksimile auch in Oran und Constantine aufgelegt (360 000 Exemplare).
Horizons. 1985 gegründete Abendzeitung, gehört auch dem Unternehmen *El Moudjahid* (270 000 Exemplare).
Assabah. Tageszeitung von Tunis in arabischer Sprache, gegründet 1951 durch Scheich Ruhu (90 000 Exemplare).

KOMMUNIKATION UND MEDIEN

JOURNALISTEN

BERÜHMTE JOURNALISTEN UND HERAUSGEBER

Pulitzer (Joseph) [USA, 1847–1911]. Siehe untenstehende Abbildung.

Hearst (William Randolph) [USA, 1863 bis 1951]. Ein raffinierter aber übersteigerter Zeitungschef; er gründete 1895 in New York das *Journal,* die erste amerikanische Tageszeitung zu 1 Cent. Siehe Abbildung S. 924.

Northcliffe (Lord Alfred Harmsworth) [Großbritannien, 1865–1922]. Der Förderer der britischen Massenzeitungen zu einem halben Penny; er begann mit Wochenzeitungen, kaufte dann *Evening News* auf (1894) und gründete *Daily Mail* (1896), eine beliebte Tageszeitung mit verschiedenen Beiträgen und wechselnden Themen, neuen Rubriken (Seiten für die Frau, Sport u. a. Themen), und schließlich den *Daily Mirror* (1903) mit zahlreichen Illustrationen. 1905 erhielt er den Titel eines Lords.

Bucerius (Gerd) [Deutschland, geboren 1906]. Er war ursprünglich Richter und Rechtsanwalt, 1945 Bausenator in Hamburg. 1946 war er Mitbegründer der politischen Wochenzeitung *Die Zeit,* die er bis 1985 herausgab, 1949 bis 1962 Mitglied des Bundestages (CDU, 1962 Parteiaustritt), 1965 Mitbegründer des Verlags Gruner + Jahr. 1985 übergab er die publizistische Leitung des ›Zeitverlags Gerd Bucerius‹ dem früheren Bundeskanzler Helmut Schmidt.

Springer (Axel Caesar) [Deutschland, 1912–1985]. Siehe untenstehende Abbildung.

Augstein (Rudolf) [Deutschland, geboren 1923]. Er gibt seit 1946 die politische Wochenzeitschrift *Der Spiegel* heraus und ist auch als Schriftsteller tätig; er schrieb u. a. ›Preußens Friedrich und die Deutschen‹ und ›Jesus Menschensohn‹. Von November 1972 bis Januar 1973 gehörte er dem Deutschen Bundestag an (FDP).

PREISE DER PRESSE

Pulitzer-Preis, besteht seit 1917 und wurde von dem großen amerikanischen Verleger initiiert; jedes Jahr werden 14 Auszeichnungen verliehen (Reportage, Artikel, Korrespondentenberichte usw.).
Internationaler Preis des Journalismus, wird jährlich von der Internationalen Journalistenorganisation verliehen.
Egon-Erwin-Kisch-Preis des Magazins *Stern,* besteht seit 1978. Mit ihm werden jährlich hervorragende deutschsprachige Reportagen ausgezeichnet.
Wächterpreis der Tagespresse der Stiftung ›Freiheit der Presse‹, wird jährlich für Veröffentlichungen verliehen, die Mißstände aufdecken und kritisch behandeln.

RECHTE UND PFLICHTEN DER JOURNALISTEN

Der Journalismus ist ein jedermann offenstehender Beruf, der nicht an bestimmte Qualifikationen gebunden ist. In Deutschland garantiert das Grundgesetz (Art. 5) jedem Bürger die Meinungs-, Presse- und Informationsfreiheit; die Journalisten sind außerdem mit bestimmten Privilegien wie dem Auskunftsanspruch gegenüber Behörden und einer verkürzten Verjährung bei Pressedelikten ausgestattet, die ihnen ihre ›öffentliche Aufgabe‹ erleichtern sollen. Diese nimmt die Presse wahr, wenn sie ›in Angelegenheiten von öffentlichem Interesse Nachrichten beschafft, Stellung nimmt, Kritik übt oder auf andere Weise an der Meinungsbildung mitwirkt‹ (Landespressegesetz von Rheinland-Pfalz). Ein Problem für die Unabhängigkeit des Journalisten stellt sein Arbeitnehmerstatus dar, der eine Einschränkung der Meinungsfreiheit bedeuten kann, da die privatwirtschaftlichen Medienunternehmer als Eigentümer das Recht haben, die grundsätzliche politische oder weltanschauliche Ausrichtung ihres Medienprodukts zu bestimmen. Praktiziert wird meist ein Modell, nach dem dem Unternehmer die Grundsatzkompetenz, dem Journalisten die Detailkompetenz, d. h. die Haltung zu tagesaktuellen Themen und Ereignissen, zugestanden wird.

Seit 40 Jahren befassen sich Presseräte mit den Rechten und Pflichten der Journalisten. Diese Institutionen, denen Vertreter der Verleger, der Journalisten und der Öffentlichkeit angehören, sind weltweit nur gering verbreitet: Es gibt nur 22 Räte in 18 Ländern, vor allem in Nordeuropa und in den angelsächsischen Ländern.

1971 nahmen die Vertreter der Journalistenverbände der Europäischen Gemeinschaft, Österreichs und der Schweiz die ›Erklärung über die Rechte und Pflichten der Journalisten‹ an. Zu den Pflichten der Journalisten gehören: der Wahrheit treu zu bleiben, nur Informationen aus bekannten Quellen zu veröffentlichen, bei Untersuchungen keine zweifelhaften Methoden anzuwenden, das Privatleben der Menschen zu respektieren, Informationsquellen vertraulich zu behandeln und keinem Druck nachzugeben. Dafür erhalten sie freien Zugang zu den Quellen, sie haben das Recht, eine berufliche Handlung zu verweigern, wenn diese gegen ihre Überzeugung oder ihr Gewissen verstößt, sie werden über alle wichtigen Entscheidungen hinsichtlich des Presseunternehmens, für das sie arbeiten, unterrichtet.

B · Matthew B. Brady. Dieser New Yorker Photograph (1823–1896), der schon durch Daguerrotypien berühmter Zeitgenossen auf sich aufmerksam gemacht hatte, beschloß 1861, den Sezessionskrieg im Bild festzuhalten. Er engagierte 20 Photographenteams, von denen jedes einen Wagen mit dem aufwendigen Material erhielt. Die Bilder verkaufte er an die Presse (es entstanden mehr als 7 000 Bilder über den Krieg). Doch Bradys Vermögen wurde durch dieses Unternehmen aufgezehrt, das ihn zu einem Vorreiter einer besonderen journalistischen Disziplin gemacht hat: der Photoreportage.

A · Joseph Pulitzer. Der Journalist ungarischer Abstammung gründete 1878 den *Saint-Louis Post-Dispatch,* worin er den ›neuen Journalismus‹ mit Breitenwirkung und mit ›menschlichen‹ Reportagen entwickelte. 1883 kaufte er die *New York World* und machte sie durch reißerische Titelseiten zur Nummer 1 in der amerikanischen Presse. Er vermachte der Universität Columbia zwei Millionen Dollar für die Gründung einer Journalistenschule. Darüber hinaus werden aus diesem Vermögen jedes Jahr Auszeichnungen in den Bereichen Erziehung, Journalismus, Musik etc. verliehen.

C · Axel C. Springer. Der Journalist baute ab 1946 mit der Herausgabe von Zeitschriften (*Hör zu, Funk Uhr*) und Zeitungen (*Bild Zeitung, Die Welt*) seinen Pressekonzern Springer Verlag auf. Wegen des Einsatzes seiner Erzeugnisse zur Propagierung konservativer Politik und wegen unseriöser Berichterstattung insbesondere der *Bild Zeitung* war der Springer Verlag häufig Gegenstand heftiger Kritik, v. a. seitens der außerparlamentarischen Opposition.

JOURNALISTEN- ORGANISATIONEN

Zwei große Organisationen fassen auf internationaler Ebene die Berufsgruppe der Journalisten zusammen. Der internationale Journalistenverband, der 1952 in Brüssel gegründet wurde, wo er auch seinen Sitz hat, umfaßt etwa dreißig westliche Journalistengewerkschaften. Er befaßt sich vor allem mit Fragen der Berufsausübung und verteidigt die Pressefreiheit.

Die internationale Journalistenorganisation, die 1946 zur Verteidigung der Pressefreiheit gegründet wurde, hat ihren Sitz in Prag und umfaßt Journalisten aus 112 Ländern; alle vier Jahre wird ein Kongreß abgehalten.

KOMMUNIKATION UND MEDIEN

NACHRICHTENMAGAZINE UND ZEITUNGEN

NACHRICHTEN-MAGAZINE

Die Bezeichnung ›Nachrichtenmagazine‹ gilt für allgemeine Wochenzeitschriften im Kleinformat mit hoher Seitenzahl, die sich an eine Leserschaft aus der Mittelschicht richten.

Vereinigte Staaten
Time. Wurde 1923 von Henry Luce gegründet und war Modell für alle Nachfolger, republikanische Tendenz (4,6 Millionen Exemplare, davon 1,4 Millionen für die internationalen Ausgaben).
Newsweek. 1933 von Th. Martyn gegründet, mit demokratischer Tendenz. Nach seinem Tod 1961 von der *Washington Post* übernommen (3,2 Millionen Exemplare).
US News and World Report. 1933 gegründet, hat *US News* 1948 den im Jahr 1946 entstandenen *World Report* übernommen; sehr konservativ (2,3 Millionen Exemplare).

Frankreich
L'Express. Wurde 1952 von J.-J. Servan-Schreiber gegründet und nahm 1963 die Bezeichnung ›new magazine‹ an. 1977 wurde es an J. Goldsmith verkauft, der es 1987 an eine neue Gesellschaft unter der Leitung der C. G. E. abgab (553 000 Exemplare).
Le Nouvel Observateur. 1950 von C. Bourdet gegründet und 1964 von C. Perdriel übernommen, der daraus ein Nachrichtenmagazin formte. Organ der intellektuellen Linken (369 000 Exemplare).
Le Point. Entstand 1972 durch eine Spaltung bei *L'Express* (319 000 Exemplare).
L'Événement du jeudi. Wurde 1984 von Jean-François Kahn gegründet und hat heute eine Auflage von 176 000 Exemplaren.
Valeurs actuelles. War 1966 Nachfolgerin einer Finanzwochenzeitung und gehört Raymond Bourgine (100 000 Exemplare).

Deutschland
Der Spiegel. 1946 von Rudolf Augstein gegründet; sehr gut informiertes und kritisches Magazin (1,1 Millionen Exemplare).

Italien
Den Markt für Nachrichtenmagazine teilen sich *Panorama* (420 000 Exemplare), *l'Espresso* (320 000), *l'Epoca* (118 000) und *l'Europeo* (120 000).

A, B, C, D, E · **Die Nachrichtenmagazine.**
Unter den Wochenblättern haben die Nachrichtenmagazine wie *Time* (D, E), *Der Spiegel* (A) und *L'Express* (B, C) immer größeren Erfolg gegenüber den Tageszeitungen. Während diese nämlich bei der Berichterstattung über die aktuellen Nachrichten gegen Radio und Fernsehen konkurrieren müssen, profitieren die Nachrichtenmagazine durch ihr wöchentliches Erscheinen von einem gewissen Abstand zum Geschehen. Sie bringen Kommentare und Betrachtungen zu den Ereignissen. Ihre Aufmachung ist besser als die der Zeitungen, sie enthalten farbige Illustrationen und sind hervorragende Werbeträger. Dagegen verzeichnen Illustrierte, die hauptsächlich aus Fotos bestehen (*Life, Match, Stern, Bunte*) und die in den 60er Jahren hohe Auflagenhöhen erreichten, immer mehr Einbußen.

RUNDFUNK- UND FERNSEHZEITSCHRIFTEN

In allen Ländern werden die höchsten Auflagen außer bei Tageszeitungen bei bestimmten Zeitschriftenarten gedruckt. Unter ihnen erreichen die Rundfunk- und Fernsehprogrammzeitschriften oft Rekordauflagen: USA, *TV Guide* (16,3 Millionen Exemplare); Deutschland, *Hör zu* (3,6 Millionen), *auf einen Blick* (2,9 Millionen), *Fernsehwoche* (2,7 Millionen); Italien, *TV Sorrisi e Canzoni* (2,5 Millionen); Frankreich, *Télé 7 jours* (3 Millionen), *T.V. Magazine* (2 Millionen), *Télépoche* (1,8 Millionen); Großbritannien, *Radio Times* (3,3 Millionen) und *TV Times* (3,1 Millionen).

FRAUENZEITSCHRIFTEN

Sie halten Schritt mit dem Sinneswandel und mit der Veränderung der Situation der Frau. Ihre Differenzierung richtet sich nach Alter, Lebensart und Bildung der Leserinnen; die Leserschaft ist beträchtlich.

In den USA heißen die Renner unter den Frauenzeitschriften: *McCall's Magazine* (5,1 Millionen Exemplare), *Family Circle* (5,9 Millionen Exemplare), *Woman's Day* (5,5 Millionen Exemplare), *Ladies Home Journal* (5 Millionen Exemplare). *Vogue* (1,2 Millionen Exemplare), *Harper's Bazaar* (0,7 Millionen Exemplare) und, seit kurzem, *Elle* (0,8 Millionen Exemplare) sind vom Feinsten.

In Deutschland teilen sich *Bild der Frau* (2,4 Millionen Exemplare), *Das neue Blatt* (1,5 Millionen Exemplare), *Brigitte* (1,3 Million Exemplare) und andere einen ziemlich überlaufenen Markt. Mit der Gründung von *Emma* (1977) nach dem Vorbild von *Ms.* (1972, USA) entstand ein neuer Typ von Frauenzeitschrift, der sich als Sprachrohr der neuen Frauenbewegung versteht.

In Frankreich sind führend: *Femme actuelle* (1,9 Millionen Exemplare, Wochenzeitschrift), *Madame Figaro* (650 000 Exemplare, wöchentlich), *Prima* (1,3 Millionen, erscheint monatlich), *Modes et Travaux* (1,1 Millionen, monatlich), *Elle* (380 000, wöchentlich), *Marie Claire* (604 000, monatlich) und *Marie France* (316 000, monatlich).

In Großbritannien gibt es neben den Beilagen der Sonntagszeitungen vier große Titel: *Woman* (1 Million Exemplare), *Woman's Own* (1 Million), *Woman's Weekly* (1,3 Millionen) und *Woman's Realm* (0,6 Millionen).

In der UdSSR gibt es *Rabotnitsa* (Arbeiterin, 21 Millionen Exemplare) und *Krestianka* (Bäuerin, 20 Millionen Exemplare).

SPORTZEITUNGEN

Außer den Tagesblättern für Pferderennen gibt es in den angelsächsischen Ländern keine Sporttageszeitungen wie man sie in den romanischen Ländern kennt.

Auch in Deutschland erscheinen Sportzeitungen oder -zeitschriften nicht täglich: *Sport-Bild* (800 000 Exemplare, wöchentlich), *auto motor und sport* (636 000 Exemplare, vierzehntägig), *Kicker/Sport-Magazin* (montags 292 600 Exemplare, donnerstags 339 500 Exemplare).

In Frankreich steht *L'Équipe* (230 000 Exemplare), in Besitz von *Parisien,* zusammen mit *Le Vélo* und *L'Auto* in einer Tradition, die bis an das Ende des 19. Jh. zurückreicht.

In Italien sind die Sporttageszeitungen äußerst beliebt. Es gibt *Gazzetta dello Sport* (501 000 Exemplare), gehört zu *Corriere della Sera* von Mailand, *Corriere dello Sport* von Rom (346 000 Exemplare) und *Tuttosport* (90 000 Exemplare), gehört zur *Stampa* von Turin.

Auch in den lateinamerikanischen Ländern und in Japan gibt es Sporttageszeitungen und eine Unzahl von Spezialzeitschriften.

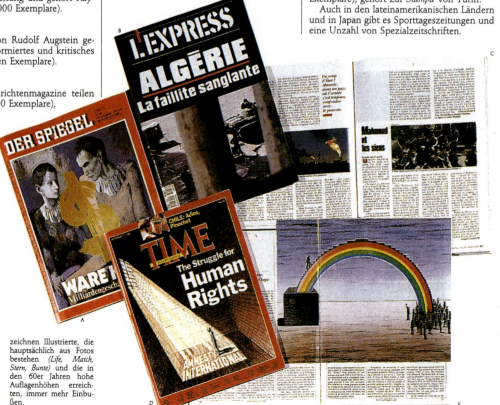

KOMMUNIKATION UND MEDIEN

A · The New Yorker.
Dieses Magazin wurde 1925 von Harold Ross gegründet, der es bis zu seinem Tod im Jahre 1951 leitete. Diese Wochenzeitung mit einem bissigen Humor hat eine eintägliche Auflagenhöhe (508 000 Exemplare), ist gut abgefaßt, offen für Literatur, die Schönen Künste, Umfragen und Reportagen. Sie steht für die »feinsinnige« Kultur der Ostküste der USA.

DIE WIRTSCHAFTS-PRESSE

Auf dem Markt der westlichen Welt gibt es drei große Wirtschaftszeitungen, die täglich erscheinen:
Nihon Keizai Shimbun. Wurde 1876 gegründet, erscheint in Tokio mit einer Auflage von 3,8 Millionen Exemplaren und veröffentlicht eine Ausgabe in englischer Sprache unter dem Titel *The Japan Economic Journal*.
Financial Times. Wurde 1888 gegründet, erscheint in London und gehört zum Konzern Pearson (mit der europäischen und amerikanischen Ausgabe 287 000 Exemplare).
Wall Street Journal. Wurde 1889 in New York von den Partnern Dow und Jones gegründet, wird über Telefax in 9 Großstädten der USA sowie in Brüssel, Hongkong und Singapur veröffentlicht (1,9 Millionen Exemplare).

Neben diesen drei Riesen müssen noch erwähnt werden:
– in den USA: *Business Week,* gegründet 1929 (879 000 Exemplare), eine Wochenzeitung, und *Fortune,* gegründet 1930 (660 000 Exemplare), erscheint zweimal im Monat. Sie haben eine internationale Leserschaft und dienten als Modell für zahlreiche Veröffentlichungen in Europa.
– in Italien: *Il Sole–24 Ore,* gegründet 1984 (229 000 Exemplare) und *Italia Oggi,* der seit 1986 bestehende Konkurrent (98 000 Exemplare).
– in Frankreich: *Les Échos,* tägliche Abendzeitung, die auf eine 1908 von den Gebrüdern Servan-Schreiber gegründete Wochenzeitung zurückgeht, die bis 1940 bestand. 1945 erschien *Les Échos* wieder als Tageszeitung. Außerdem gibt es: die Tageszeitung *La Tribune de l'expansion* (seit 1987), vorher unter dem Titel *La Tribune de l'économie* (seit 1983), und die beiden vom Konzern von Servan-Schreiber verlegten Wochenzeitungen *Journal des finances* (50 000 Exemplare) und *La Vie française* (110 000 Exemplare), ferner die vierzehntägig erscheinende Zeitschrift *l'Expansion* (195 000 Exemplare).
– in der Bundesrepublik Deutschland gibt es die ausführlichen Wirtschaftsbeilagen der großen Tageszeitungen, als eigentliche Wirtschaftstageszeitung gibt es nur das *Handelsblatt* aus Düsseldorf, das 1948 gegründet wurde (140 000 Exemplare). Wöchentlich erscheint die 1947 gegründete *Wirtschaftswoche* (169 600 Exemplare) und *Capital* (Auflage: 322 000), *DM* (232 000 Exemplare, 1961) und *manager magazin* (113 700 Exemplare, 1971). 1990 wurde eine deutsche Ausgabe von *Forbes* ins Leben gerufen.

DIE SATIRISCHE PRESSE

Die Karikatur, die ihre Blütezeit in den Flugblättern vom 16. bis zum 18. Jh. in England und in Frankreich während der Revolution erlebte, fand erst dank der Lithographie ihren Platz in der Presse. 1830 gründete Ch. Philipon *La Caricature,* eine Wochenzeitung, und 1832 *Charivari,* eine Tageszeitung, an der die Elite der Chronisten und Karikaturisten beteiligt war (Daumier, Gavarni). Diese Zeitung, die vor allem nach der Julirevolution 1830 ein goldenes Zeitalter erlebte, ist der Urtyp aller vergleichbaren europäischen Blätter.

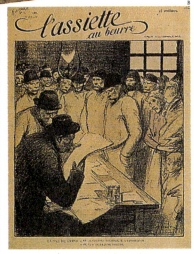

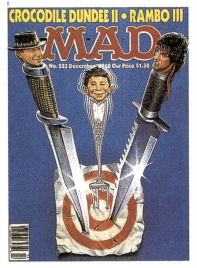

B · L'Assiette au beurre.
Dieses französische Blatt, das sich durch seinen Antiklerikalismus, seine Anglophobie und seinen Antikolonialismus auszeichnete, erschien von 1901 bis 1936. Große Künstler wie Véber, Caran d'Ache, Abel Faivre, Steinlen und andere haben daran mitgearbeitet.

C · Punch.
1841 von Henry Maghew gegründet, ist dieser *Londoner Charivari* (nach seinem Untertitel) das einzige noch existierende Blatt der europäischen Satirepresse des 19. Jh. Auflage um die 100 000.

D · Krokodil.
Diese 1922 gegründete, mit Karikaturen versehene sowjetische Zeitung hat heute eine Auflage von 5,8 Millionen Exemplaren. Ihre Satire richtet sich im Zeichen von Glasnost und Perestroika verstärkt gegen die Mißstände in Bürokratie und Gesellschaft.

E · Le Canard enchaîné.
Diese 1916 von Maurice Maréchal gegründete französische satirische Wochenzeitung pflegt eine gewisse linke Einstellung und einen untersuchenden Journalismus (350 000 Exemplare).

F · Mad.
W. Gaines aus einem Comicverlag, *Educational Comics,* beauftragte Harvey Kurtzman mit der Ausarbeitung eines monatlich erscheinenden Comicbuches für Erwachsene. Daraus entstand 1952 *Mad,* speziell mit Parodiecomics, die eine Mischung aus Spott und Erotik waren. 1955 nahm *Mad* die heutige Form mit Text und Bild an. Der neue Tenor kündete schon von der rebellierenden Jugend und der Undergroundpresse.

923

KOMMUNIKATION UND MEDIEN

MEDIENWIRTSCHAFT

MEDIENKONZERNE

Die alten Pressekonzerne haben sich meist zu Medienkonzernen entwickelt, die an Druck, Herausgabe von Presseerzeugnissen, dem Hörfunk, Fernsehen und am Videomarkt beteiligt sind. Manchmal wurden sie auch von großen Holdinggesellschaften übernommen, deren finanzielle oder industrielle Interessen weit über die Medienwelt hinausgehen und in denen dieser Bereich nur eine Nebenrolle spielt.

In allen westlichen Ländern versucht die öffentliche Hand, je nach Vorgehensmodus, eine exzessive Konzentration dieses für die Demokratie so bedeutenden Sektors zu begrenzen und die erforderliche Pluralität der Organe und der Inhalte zu sichern.

Deutschland
Bertelsmann. Der zweitgrößte Medienkonzern der Welt. Erwirtschaftet 67,3 % seines Umsatzes im Ausland (Gesamtumsatz 1987/1988 11,3 Milliarden Mark). Geschäftsbereiche von Schallplatten (Ariola) bis Video, Verlage (u. a. Goldmann und der weltgrößte amerikanische Taschenbuchverlag Bantam Books), Buchklubs, Druckereien (Mohndruck), Fernsehen (Beteiligung von 40 % an RTL plus) und zu 74,9 % das Druck- und Verlagshaus Gruner + Jahr (Umsatz 2,94 Milliarden Mark 1988/89), das u. a. die Zeitschriften *Stern, Brigitte, Geo, Sandra, Frau im Spiegel, Eltern, P.M., Schöner Wohnen, Capital* verlegt.

Axel Springer. Dieser Konzern, dessen Chef 1985 verstorben ist, kontrolliert 28 % des Tageszeitungsmarktes in Deutschland (darunter *Bild* und *Die Welt*) und 17 % auf dem Markt für Magazine (*Hör zu, Bild der Frau, Funk Uhr ...*). Zu Springer gehört auch der Ullstein Verlag. Außerdem ist Springer am Satellitenfernsehprogramm Sat 1 beteiligt und hält Beteiligungen an verschiedenen privaten Radiosendern (geschätzter Umsatz: 2,7 Milliarden Mark).

Bauer. Kontrolliert 31 % des Marktes für Magazine in Deutschland. 1986 erscheinen bei Bauer 23 Publikumszeitschriften mit einer Gesamtauflage von rund 20 Millionen Exemplaren, darunter als auflagenstärkste Titel die Programmzeitschriften *TV Hören und Sehen, Fernsehwoche, auf einen Blick,* die Illustrierten *Neue Revue* und *Quick,* die Frauenzeitschriften *Neue Post, Das Neue Blatt* und *tina* sowie die Männerzeitschrift *Playboy.* In den USA gibt Bauer die Wochenzeitschrift *Woman's World* heraus, in Frankreich die französische Ausgabe des *Playboy* (Umsatz rund 2,2 Milliarden Mark).

Burda. Kontrolliert 10 % des Marktes für Magazine. Bei Burda erscheinen u. a. die Publikumszeitschriften *Bunte, Bild + Funk, Freundin, Das Haus, Meine Familie & Ich, Freizeit Revue* und *Pan.* Im Tochterunternehmen Verlag Aenne Burda erscheinen u. a. *Burda Moden, Anna* und *Carina.* Außerdem gehören zu Burda verschiedene Tochterunternehmen in anderen Branchen (Film- und Videoproduktion, Papier, Farben, Spedition, Pressevertrieb) und Beteiligungen an der Axel Springer Verlag AG sowie an privaten Hörfunk- und Fernsehgesellschaften (Umsatz 2,7 Milliarden Mark).

Frankreich
Hachette. Eigentum des Konzerns Matra, hat seine Tätigkeiten stark diversifiziert. Pressevertrieb: 49 % des Kapitals der Nouvelles Messageries de la Presse Parisienne, Maisons de la Presse und Relais H in den Bahnhöfen. Verlagswesen: Librairie Hachette, Livre de Poche, Grasset, Fayard, Stock, Lattès. Magazine: *Télé 7 jours* (3 Millionen Exemplare), *Journal du Dimanche* (360 000 Exemplare), *Première* (274 000 Exemplare), *Elle* (380 000 Exemplare sowie internationale Ausgaben). Tagespresse: *Le Provençal, Les Dernières Nouvelles d'Alsace,* 36 % des *Parisien.* Im audiovisuellen Bereich kontrolliert Hachette Europe 1 und La 5. Weiter konnte Hachette 1988 im USA-Verlagswesen Fuß fassen (Grolier und Diamandis). Geschätzter Umsatz: 24 Milliarden Francs, davon 40 % im Ausland.

Filipacchi. Dieser Herausgeber von Magazinen (*Paris-Match,* 875 000 Exemplare; *Lui*) ist dem Konzern Hachette angeschlossen (geschätzter Umsatz: 1,6 Milliarden Francs).

Hersant. Kontrolliert *Le Figaro* und *France-Soir,* etwa ein Dutzend Tageszeitungen in der Provinz, darunter *Le Progrès* in Lyon (362 000), *Dauphiné libéré* (294 000), *Paris-Normandie* (119 000), und besitzt ein bedeutendes Druckereinetz sowie Anteile bei Radio (Netz *Fun*) und Fernsehen (*La 5*).

Groupe de la Cité. Entstand im Februar 1988 aus einem Zusammenschluß der *Presses de la Cité* (Umsatz 2,6 Milliarden Francs), die auch Plon, Julliard, Fleuve Noir sowie Presse Pocket kontrolliert, und der *Compagnie européenne de publication* (Umsatz: 3 Milliarden Francs), die die Verlage Bordas, Larousse, Nathan, Dunod, die Hälfte von France-Loisirs (Buchklub) und Zeitungen wie *Jours de France, L'Usine nouvelle, Le Moniteur des travaux publics* kontrolliert.

Andere Konzerne mit einem Umsatz zwischen 1,5 und 1 Milliarde Francs befassen sich mehr mit Presse- und Druckerzeugnissen: les **Éditions mondiales,** *Nous deux, Intimité-Confidences, Modes de Paris, Modes et Travaux;* les **Éditions Amaury,** *Le Parisien, L'Équipe, Le Maine libre;* **Bayard-Presse,** *La Croix, Le Pèlerin,* Kinderzeitungen, *Notre Temps;* les **Publications de la vie catholique,** *La Vie, Télérama.*

Großbritannien
Rupert Murdoch (News Corporation). Der Konzerngründer australischer Herkunft wurde 1985 amerikanischer Staatsbürger. Sein Konzern erstreckt sich über Australien, wo er 60 % der Tagespresse sowie Radio- und Fernsehsender kontrolliert, die USA, wo er Zeitungen, Druckereien, Twentieth Century Fox und etwa 10 Fernsehsender besitzt, Kanada (Radiosender und Zeitungen) und Großbritannien, wo er *Times, Sunday Times, Sun, News of the World,* etwa 10 Zeitungen, eine beträchtliche Beteiligung an der Agentur Reuter, am Konzern Pearson und beim privaten Satellitenfernsehen besitzt. Der Umsatz der News Corporation liegt bei etwa 2 Milliarden Pfund.

Robert Maxwell. Kontrolliert die Veröffentlichungen des *Daily Mirror,* den Verlagskonzern Pergamon Press, ein Netz von Druckereien, Radio- und Fernsehprogramme in Großbritannien. Hat auf dem Kontinent Fuß gefaßt (*La Une,* geschätzter Umsatz: 900 Millionen Pfund).

Pearson. Kontrolliert die *Financial Times,* zur Hälfte den *Economist,* Provinzzeitungen (*Westminster Press*), Verlagshäuser, besitzt Anteile am privaten Fernsehen. Erwarb 1988/89 *Les Échos* in Frankreich (geschätzter Umsatz: 800 Millionen Pfund).

Vereinigte Staaten von Amerika
Die größten Medienmultis gibt es im audiovisuellen Bereich und beim Kino (RCA, CBS, ABC, MCA Universal, Gulf and Western Paramount, Warner Communication, Westinghouse), die manchmal auch Abteilungen für die Herausgabe von Büchern oder Magazinen

▲ · **Citizen Hearst.**

Als Orson Welles 1941 den Film *Citizen Kane* drehte, lehnte er sich stark an das Leben des amerikanischen Pressemagnaten William Randolph Hearst (1863 bis 1951) an. Durch den Aufkauf von Zeitungen und durch die Gründung des *Journal* (1895), der ersten Tageszeitung für 1 Cent, hatte Hearst einen riesigen Konzern geschaffen, mit dessen Macht man rechnen mußte: Eine Reportageserie über Kuba machte Stimmung für den Krieg gegen Spanien, der 1898 ausbrach. Sein beträchtlicher Reichtum ermöglichte ihm den Bau einer Residenz in San Simeon in Kalifornien. Er hatte über 30 Jahre lang eine Liaison mit der Schauspielerin Marion Davies. Durch seinen politischen Ehrgeiz wurde er fast Bürgermeister von New York. All dies machte ihn zu einer umstrittenen Persönlichkeit.

KOMMUNIKATION UND MEDIEN

besitzen. Zu diesen großen Konzernen, die sich ursprünglich auf die Presse konzentrierten und die sich dann im audiovisuellen oder elektronischen Bereich diversifiziert haben, gehören:

Gannett. Zu 77 % im Pressewesen tätig: 91 Tageszeitungen, darunter *USA Today,* eine Presseagentur, etwa 20 Magazine. Leitet u. a. auch das Meinungsforschungsinstitut Louis Harris (geschätzter Umsatz: 2 Milliarden Dollar).

Knight-Ridder. Kontrolliert 27 Tageszeitungen, darunter den *Miami Herald* (442 000 Exemplare) und den *Philadelphia Inquirer* (500 000 Exemplare, geschätzter Umsatz: 1,6 Milliarden Dollar).

New York Times. Zu 70 % im Pressebereich tätig: 21 Tageszeitungen und etwa 15 Magazine, darunter *Family Circle* (5,9 Millionen Exemplare), auch Verlagshäuser (geschätzter Umsatz: 1,2 Milliarden).

Time. Größter Zeitschriftenverlag der USA, Beteiligung am Kabel- und Pay-TV (Umsatz 1988: 4,4 Milliarden Dollar). Die Time-Gruppe fusionierte 1989 mit der Warner-Gruppe (Warner-Brothers, Umsatz 1988 4,2 Milliarden Dollar) zum weltgrößten Medienkonzern. Zur Warner-Gruppe gehören Filmstudios, eine Schallplattenfirma, ein Taschenbuchverlag und audiovisuelle Medien.

Times Mirror. Zu 47 % im Pressewesen, darunter *Los Angeles Times, Newsday* (Long Island, 700 000 Exemplare), zu 12 % im Buchgeschäft und zu 41 % Kino und audiovisuelle Medien (geschätzter Umsatz: 0,9 Milliarden Dollar).

Dow Jones. Der Name stammt von den beiden Gründern des *Wall Street Journal* im Jahre 1889. Besitzt Finanzmagazine, etwa 20 Tageszeitungen, Elektronikdienste, zur Hälfte den Finanzdienst der *Associated Press* und einen Kapitalanteil an *Tribune de l'Expansion* in Frankreich.

KOSTEN EINER ZEITUNG

Die Presse gilt als ein Industriezweig, der in großer Menge ein sehr schnellebiges Konsumgut produziert. Sie muß das Material (v. a. Papier, Farbe) kaufen, Journalisten, Redakteure und Lektoren sowie das Verwaltungs- und Verkaufspersonal entlohnen; sie muß in ihre Produktionsmittel (Satz, Reproduktion, Druck, Binden) investieren. Doch da die Gefahr besteht, Kundschaft zu verlieren, kann die Presse keine zu hohen Preise für die Exemplare oder die Abonnements verlangen.

Um die Produktionskosten nicht völlig auf den Verkaufspreis umzulegen, haben die Presseunternehmen seit dem 19. Jahrhundert eine weitere Einkommensquelle erschlossen: die Kleinanzeigen und die Werbung. Dieser zweite Markt, der den einen oder anderen Titel oder ›Träger‹ je nach sozioökonomischem Profil und Leserschaft bevorzugt, begünstigt die Konzentration auf dem Markt, also das Verschwinden zahlreicher Titel, und die Marktbeherrschung durch bestimmte Konzerne. Auch die Regierungen greifen der Presse durch Subventionen oder Anleihen direkt unter die Arme, indirekt geschieht dies durch Ermäßigungen oder sogar Befreiung von Steuern und Postgebühren.

PRESSEVERTRIEB

Der Verkauf von Presseerzeugnissen hat einen besonderen Charakter: Die Produktion ist nicht lagerbar; die Veröffentlichungen sind sozusagen ›verderbliche‹ Waren, da mit Ausnahme der in längen Abständen erscheinenden Publikationen, die hierin den Büchern ähneln, die Verkaufsfrist sehr knapp bemessen ist: Für eine Tageszeitung beträgt sie einige Stunden, für eine Wochenzeitung ein paar Tage. Das Abonnement ist für das Unternehmen die günstigste Verkaufsform. Dadurch erhält es im voraus den Betrag vom Leser, was einen festen Umsatz garantiert; außerdem läßt sich die Druckauflage besser am Bedarf orientieren: So steigt die Anzahl der nicht verkauften Exemplare selten über 2 %. Die Zustellung durch Boten frei Haus, die einen sehr regelmäßigen Verkauf garantiert, ist in den angelsächsischen und deutschsprachigen Ländern sehr verbreitet, wenig dagegen in Frankreich. Der Vertrieb per Post ist für die Betriebe besonders günstig, da zum einen der Zwischenhandel wegfällt und die Gewinnspanne für den Verlag größer wird, und zum anderen der Postzeitungsdienst, nicht nur in Deutschland, billige Sondertarife anbietet, die wesentlich niedriger sind als die Personalkosten für die Zeitungsausträger. Der Verkauf pro Exemplar, z. B. am Zeitungskiosk oder in Geschäften, wobei viele unverkaufte Zeitungen anfallen (etwa 10 bis 20 % bei den deutschen im Einzelverkauf vertriebenen Zeitungen), ist für die Unternehmen die kostspieligste Verkaufsform. In Deutschland werden ausschließlich auf diese Weise nur die Boulevardzeitungen verkauft, die, um das Kaufinteresse des Lesers jedesmal von neuem zu wecken, besonders auffällig aufgemacht sein müssen. In Frankreich herrscht diese Verkaufsform allgemein vor, und es haben sich darauf spezialisierte Zeitungsvertriebsgesellschaften gebildet, die die Verkaufsstellen beliefern. Die meisten Verkaufsstände sind Läden oder Kioske; in den Großstädten gibt es auch Straßenverkäufer und mobile Stände.

VERTRIEBSKONTROLLE UND LESERBEFRAGUNG

Dem Beispiel des Audit Bureau of Circulation (ABC) folgend, das 1913 in den Vereinigten Staaten gegründet wurde, haben sich aus drei Parteien zusammengesetzte Organisationen gebildet, die von den Berufsverbänden der Presse, den Anzeigenschalter und der Werbeunternehmen kontrolliert werden. Sie wurden in den meisten Industrieländern gegründet, um genaue Informationen über die Auflagen und den Vertrieb der Zeitungen und Zeitschriften zu liefern.

In Frankreich veröffentlicht das *Office de justification de la diffusion* (O.J.D.), Nachfolger des *Office de justification des tirages* (O.J.T.) seit 1947 im *Officiel de l'O.J.D.* überprüftes Zahlenmaterial über Auflage und Verkauf der Veröffentlichungen, die sich dieser jährlichen Kontrolle unterziehen. Die 900 Titel, die 1982 überprüft wurden, stellten mehr als 80 % der Publikationen, die Werbung enthalten.

Das Forschungszentrum für Werbeträger (C.E.S.P.), das 1956 gegründet wurde, führt jährlich mittels dreier Befragungsserien bei etwa 5 000 Personen eine Untersuchung durch und erstellt somit für jeden untersuchten Titel (die meisten Tageszeitungen und etwa hundert inländische Magazine) ein genaues Bild der Leserschaft (Anzahl, Geschlecht, Alter, Wohnsituation, berufliche Tätigkeit, usw.) und deren Lesegewohnheiten (Häufigkeit, Herkunft des Exemplars, usw.).

INTERNATIONALE PRESSEAGENTUREN

Ein Korrespondentennetz über die gesamte Welt versorgt die internationalen Agenturen mit Nachrichten, die dann über die verschiedenen Telekommunikationsdienste verkauft werden. Zu den Kunden der Agenturen zählen Presseunternehmen, Radio und Fernsehen, öffentliche Dienste, Banken u. a.

Deutsche Presse-Agentur GmbH (dpa). 1949 in Hamburg gegründet als genossenschaftliches Unternehmen, 1951 in eine GmbH umgewandelt mit 188 Gesellschaftern (1988) aus Presseverlagen und Rundfunkanstalten. Die Agentur verbreitet mehrere Wortdienste und den dpa-Bildfunkdienst.

Reuters Ltd. 1851 in London gegründet, ist sie als genossenschaftliches Unternehmen von Zeitungsverlegern in Großbritannien, Australien und Neuseeland organisiert. Unter ihren Abonnenten sind 6 500 Zeitungen. Der *Reuters Economic Service,* der beste Wirtschaftsdienst der Welt, erwirtschaftet 90 % des Umsatzes.

Associated Press (AP). Wurde 1848 von sechs New Yorker Tageszeitungen gegründet, ist ein genossenschaftliches Unternehmen. Als weltweit größte Agentur beschäftigt sie an die 4 000 Personen und beliefert rund 7 000 Abonnenten. Der Photodienst ist der beste der Welt, der 1967 gegründete Wirtschaftsdienst AP/DOW ist der große Konkurrent von Reuters.

United Press International (UPI). Ein rein gewerbliches amerikanisches Unternehmen, das 1958 aus dem Zusammenschluß von United Press, 1907 von Scripps gegründet, und International News Service, 1909 von Hearst ins Leben gerufen, entstand.

Telegrafnoje Agentstwo Sowjetskowo Sojusa (TASS). Amtliche sowjetische Nachrichtenagentur. Sie besteht seit 1925 in Moskau, beschäftigt 2 000 Journalisten.

Agenstwo Petschati Nowosti (Nowosti). 1961 gegründete, nichtamtliche sowjetische Nachrichtenagentur, Sitz in Moskau.

INTERNATIONALER VERBAND DER ZEITUNGSVERLEGER

In jedem Land gibt es Dachverbände für die Unternehmer und die Direktoren in der Presse. Auf internationaler Ebene faßt der *Internationale Verband der Zeitungsverleger* (F.I.E.J.), gegründet 1948, Sitz in Paris, Organisationen aus über 30 Ländern zusammen. Neben der Verteidigung der Pressefreiheit und der Einrichtung einer ›Goldenen Feder der Freiheit‹ im Jahre 1961 besteht das Ziel dieser Organisation darin, ihren Mitgliedern durch technische und wirtschaftliche Untersuchungen zu helfen. Jedes Jahr findet ein Kongreß mit den Pressechefs und den Marketingexperten aus dem Kommunikationswesen zu einem Erfahrungsaustausch statt.

KOMMUNIKATION UND MEDIEN

CHRONOLOGIE VON RADIO UND FERNSEHEN

1887: Der Deutsche Heinrich Hertz untersucht Eigenschaften von elektromagnetischen Wellen.
1890: Der Franzose Édouard Branly baut einen Dektektor (Kohärer).
1895: Der Russe Alexander Popow führt in St. Petersburg einen Empfänger für elektromagnetische Wellen vor. – Der Italiener Guglielmo Marconi beginnt (unabhängig von A. Popow) mit der drahtlosen Übertragung elektromagnetischer Wellen; Marconi entwickelt die Erdung der Antenne.
1899: Erste drahtlose internationale Verbindung (England–Frankreich: 46 km). – In der britischen Kriegsmarine werden Sendeentfernungen von über 100 km überbrückt.
1900: Erste drahtlose Sprachübertragung in den USA.
1901 (Dez.): Erste transatlantische Verbindung, allerdings übermittelt die drahtlose Telegraphie nur Morsezeichen.
1906: Lee de Forest (USA) konstruiert die Triode. – Erste Rundfunksendung (Musik und Sprache) in den USA (im Dez.).
1905–1914: Gründung der großen Gesellschaften für Radioelektronik: Marconi (GB), Telefunken (Deutschland) und die Société française de radioélectricité (Frankreich).
1914–1918: Die Funktelegraphie wird bei militärischen Operationen genutzt.
1919–1929: Einrichtung öffentlicher oder privater Institutionen, die Programme ausstrahlen (in Deutschland: Übertragung eines Konzerts über Langwelle am 22. 12. 1920, regelmäßige Sendungen ab 19. 10. 1923; in den USA: erster Mittelwellensender 1921, NBC 1926 und CBS 1927; in Großbritannien: BBC 1922).
1921: Übertragung des Boxkampfes Dempsey–Carpentier in den USA.
1924: In Leipzig führt A. Karolus seine Fernsehapparatur mit der Lochscheibe vor.
1925: Gründung des Internationalen Rundfunkvereins (UIR), der mit der Zuteilung der Frequenzen an die Länder befaßt ist.
1928: Über Rundfunk ausgestrahlte Kampagne der Anwärter auf das Amt des amerikanischen Präsidenten (Hoover gegen Al Smith). – Der Schotte J. L. Bourd demonstriert eine drahtlose Bildsendung im 45-m-Band, die sogar in den USA empfangen wird.
1931: M. v. Ardenne führt auf der Deutschen Funkausstellung das erste vollelektronische Fernsehsystem vor. – In den USA baut W. K. Zworykin das Ikonoskop.
1935: Regelmäßiger Fernseh-Versuchsbetrieb in Deutschland. – Die deutsche Gesellschaft AEG stellt ein Magnetbandaufzeichnungsgerät vor: das Magnetophon. – In Frankreich wird ein Fernsehsender auf dem Eiffelturm angebracht, und die ersten ›Programme‹ werden ausgestrahlt.
1936: Die Olympischen Spiele in Berlin werden über Fernsehen übertragen (Empfang nur in einigen deutschen Großstädten).
1939: In den USA wird das Orthikon entwickelt.
1939–1945: Krieg der Wellen: alle kriegführenden Länder nutzen den Rundfunk für militärische Zwecke und für Propaganda.
1947: In den USA wird für die Fernsehbilder die Auflösung in 525 Zeilen angenommen.
1949: Entstehung der täglich ausgestrahlten Nachrichten bei R.-T. F.
1950: Wiederaufnahme der Fernsehversuche in Deutschland (beim NWDR).
1952: Regelmäßiger Programmbetrieb im Sendebereich des NWDR.
1953 (Juni): Eurovisionsübertragung der Krönung von Elisabeth II. – Fernsehvertrag der ARD.
1954: Einführung des Farbfernsehens in den USA.

1955: Verbreitung der tragbaren Rundfunkempfänger (Transistorenempfänger).
1956: Die amerikanische Gesellschaft Ampex stellt ein Verfahren für die magnetische Bildaufzeichnung vor.
1960 (Okt.): Direkte Fernsehübertragung der Debatte der beiden Anwärter für die Präsidentschaft der USA, Richard Nixon und John F. Kennedy.
1962 (Juli): Erste transatlantische Bildübertragung über den Satelliten Telstar.
1963: Das Zweite Deutsche Fernsehen (ZDF) nimmt am 1. 4. den Sendebetrieb auf.
1964: ›Early Bird‹, der erste geostationäre Nachrichtensatellit.
1965: ›Normenschlacht‹ in Europa um die Annahme der Farbfernsehnorm (französisches SECAM/deutsches PAL). – Erste Videogeräte für die breite Öffentlichkeit.
1967: Einführung des Farbfernsehens in der Bundesrepublik Deutschland, in Frankreich und in der UdSSR.
1969: Die ersten Schritte des Menschen auf dem Mond werden per Fernsehen übertragen.
1970: Vorstellung der Videokassetten für die breite Öffentlichkeit.
1977 (Jan.–Febr.): Die UIT (Internationale Fernmelde-Union) verteilt die UHF-Bereiche unter den Ländern (Fernsehsendekanäle per Satellit).
1982: Beginn des Aufbaus eines breitbandigen Kupferkoaxialkabelnetzes in Deutschland für das Kabelfernsehen.
1984–1990: Kabelpilotprojekte in Deutschland (1984/86 Ludwigshafen, 1984/85 München, 1985/88 Dortmund, 1985/90 Berlin).
1988: Erster Test mit dem hochauflösenden Fernsehen (HDTV: High Definition Television) bei den Olympischen Spielen in Seoul.
1989: Versuche mit der MAC-Fernsehnorm (Multiplexed Analoge Components); in der BRD und in Frankreich können D2-MAC-Programme empfangen werden.

HERTZSCHE WELLEN

Hörfunk und Fernsehen basieren auf der drahtlosen Ausbreitung elektromagnetischer Wellen im Raum.
Die Radiowellen oder Hertzschen Wellen werden durch ihre *Frequenz* (Anzahl von Schwingungen innerhalb einer gegebenen Zeit), die *Wellenlänge* und die *Ausbreitungsgeschwindigkeit* definiert. Das *Hertz* (Einheitenzeichen Hz) ist die Maßeinheit für die Frequenz: 1 Hertz ist die Frequenz eines periodischen Vorgangs der Periodendauer 1 Sekunde, $1 Hz = 1/s$.

Der Sender strahlt hochfrequente elektromagnetische Schwingungen ab, denen niederfrequente Ton- und/oder Bildinformationen aufmoduliert sind, d. h., die Trägerwelle wird in bestimmten Parametern durch die niederfrequente Welle verändert. Im Empfänger erfolgt durch die Demodulation die Trennung von Trägerwelle und Ton- und Bildinformation.

Bei der *Amplitudenmodulation* (AM) wird die Höhe der Amplitude der hochfrequenten Trägerwelle analog der aufgeprägten Niederfrequenz verändert (im Kurz-, Mittel- und Langwellenbereich). Bei der *Frequenzmodulation* (FM) bleibt die Amplitude unbeeinflußt, aber die Frequenz der Trägerwelle wird im Takt der Niederfrequenz verändert (im UKW-Rundfunk).

A, B · **Vom Radio zum Walkman.**
Die technische Entwicklung führte zu handlichen Aufnahme- und Empfangsgeräten für die breite Öffentlichkeit. Sendung und Empfang der Programme müssen nicht mehr live erfolgen. Dadurch hat sich die audiovisuelle Freizeitgestaltung verändert: Erst war sie sehr familiär, dann hat sie sich zu einem differenzierten individuellen Konsum verschiedener Sendungen entwickelt.

Frequenzbereiche des Hör- und Fernsehrundfunks

		Bereich	Wellenlänge	Frequenz
Radio	Amplituden-modulation	Langwellen (LW) (Low Frequency, LF)	1 050 ... 2 000 m	285 ... 150 kHz
		Mittelwellen (MW) (Medium Frequency, MF)	187 ... 570 m	1 605 ... 525 kHz
		Kurzwellen (KW) (High Frequency, HF)	11 ... 49 m	26 ... 6,1 MHz
	Frequenz-modulation	Ultrakurzwellen (UKW) (Very High Frequency, VHF)	2,9 ... 3,4 m	104 ... 87,5 MHz
Fernsehen		Band I/III (VHF)	1,4 ... 7 m	216 ... 44 MHz
		Band IV, V (Ultra High Frequency, UHF) Dezimeterwellen	3,8 ... 6,4 dm	790 ... 470 MHz
Satelliten-fernsehen		Super High Frequency (SHF; Zentimeterwellen)	1 ... 10 cm	12,5 ... 11,7 GHz

KOMMUNIKATION UND MEDIEN

TV-SYSTEME

Die verschiedenen Fernsehsysteme sind untereinander nicht kompatibel, sondern müssen entsprechend umgesetzt werden. Zwischen Schwarz-Weiß- und Farbfernsehgeräten besteht innerhalb einer Fernsehnorm jedoch Kompatibilität. Farbsendungen werden in Schwarz-Weiß-Geräten helligkeitsrichtig, aber unbunt wiedergegeben.

Schwarz-Weiß-Fernsehen. Die Bilder werden mit einer Fernsehkamera aufgenommen, die mit einer Bildaufnahmeröhre (Vidikon) zur optoelektronischen Abtastung und Erzeugung der Bildsignale ausgerüstet ist. Die Kamera enthält eine Ablenkschaltung, die den von der Aufnahmeröhre erzeugten Elektronenstrahl in vertikaler und horizontaler Richtung über die Halbleiter-Speicherplatte des Vidikons führt. Je Sekunde werden 25 Bilder (50 Halbbilder) übertragen, das ergibt die in den meisten europäischen Staaten verwendete Fernsehnorm von 625 Zeilen. Die Zeilenablenkimpulse erhält die Kamera von der Impulszentrale, die auch die Gleichlaufsignale (Synchronisierimpulse) liefert. Mit ihnen wird der Gleichlauf der Ablenkung des Elektronenstrahls in der Bildröhre des Empfängers mit der Abtastung des Bildes am Sender gewährleistet.

Farbfernsehen. Der prinzipielle Aufbau entspricht dem des Schwarz-Weiß-Fernsehens, jedoch werden mit elektronischen Mitteln je ein Rot-, ein Grün- und ein Blauauszug erzeugt, die am Ende des Übertragungsweges durch additive Farbmischung ein farbrichtiges Fernsehbild liefern. Eingesetzt werden drei verschiedene Systeme:
– NTSC (National Television System Committee), nach dem Namen der Regierungskommission, die sie 1953 in den USA festgelegt hat. Das System arbeitet mit 525 Zeilen und 30 Bildern/Sekunde (60 Hz). – Wurde von den USA 1953, von Kanada 1956 und von Japan 1960 eingeführt.
– PAL (Phase Alternating Line, BRD), wurde von Walter Bruch (Telefunken) 1963 entwickelt, arbeitet mit 625 Zeilen und 25 Bildern/Sekunde (50 Hz). – Wurde von der BRD und Großbritannien 1967, der Schweiz 1968, Italien 1976, China 1979 sowie von Brasilien und Indien eingeführt.
– SECAM (Système en Couleur avec Mémoire, auch Séquentiel à Mémoire, Frankreich), 1959 von Henri de France (Compagnie Française de Télévision) konstruiert, arbeitet mit 625 Zeilen und 25 Bildern/Sekunde (50 Hz). – Wurde 1967 in Frankreich und in der UdSSR eingeführt.
– MAC (Multiplexed Analogue Components). Nachfolgesystem für PAL und SECAM, das in der EG eingeführt werden soll. Bei der deutschen Version D 2-MAC werden die Ton- und Bildsignale nacheinander in digitaler Form übertragen. Schwache oder flimmernde Bilder werden dadurch vermieden. Mit dem MAC-System ist das geplante hochauflösende Fernsehen (HDTV) kompatibel, mit dem größere Fernsehbilder in verbesserter Qualität abgestrahlt werden sollen. Nach der Inbetriebnahme des deutschen Fersehsatelliten TV-Sat 2 und des französischen Fernsehsatelliten TDF können seit Ende 1989 in Deutschland und Frankreich Fernsehprogramme in MAC-Qualität empfangen werden, wenn die Empfangsgeräte entsprechend ausgerüstet sind.
– HDTV (High Definition Television), die für die Zukunft geplante Fernsehnorm, die 1992 in Europa eingeführt werden soll, bis 1990 aber schon in Japan zur Marktreife entwickelt wurde. Sie soll mit einer Auflösung von 1 250 Zeilen (Japan 1 125 Zeilen) arbeiten.

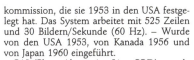

A · Fernsehkamera.
Sie enthält im wesentlichen ein fotografisches Objektiv, das mit einem Schwenksucher und – bei Farbfernsehkameras – drei oder vier Bildaufnahmeröhren gekoppelt ist, die die vom Objektiv erfaßten Lichtsignale in elektrische Signale umsetzen.

B · Fernsehbühne.
Fernsehen ist eine kostspielige Technik. Auch eine einfache ›Bühne‹ zur Direktübertragung erfordert beträchtliche Mittel: Zwei oder drei Kameras ermöglichen es dem Aufnahmeleiter, der ein wahrer Regisseur ist, die Aufnahmewinkel zu variieren und das zu sendende Bild zu kontrollieren und unmittelbar auszuwählen. Weitere Mitarbeiter sind Kameramänner, Tontechniker und Beleuchter. Bei einer Unterhaltungssendung muß man zu den Fixkosten der technischen Produktion auch noch die Honorare der Darsteller, Dekorateure, Maskenbildner etc. rechnen.

C · Die Regie.
Der Film war lange Zeit der Hauptträger der Fernsehproduktionen einschließlich der Nachrichten. Die Verwendung von Videokameras, die leichter zu handhaben und im Betrieb billiger sind, verbreitete sich in den 70er Jahren, und dies nicht nur für Reportagen, sondern auch für Serienproduktionen und Fernsehspiele. Die Entwicklung der Kamera mit eingebautem Videorecorder (Camescope oder Camcorder) hat das Verfahren noch beschleunigt. Diese Veränderungen der Herstellungsmethoden haben die Bild- und Tonarbeiten der Regie sowie die der Cutter beeinflußt.

D · Videoclips.
Die Entwicklung der in den 60er Jahren aufgekommenen ›video art‹ beschleunigte sich Ende der 70er Jahre rasant. Für Videoclips können mit Computerunterstützung Bild- und Bewegungsabläufe ›synthetisiert‹ werden, die von den herkömmlichen Kameras nicht erfaßt werden: Einblendungen, Lichtabstufungen, Bewegungskontrolle. Hier ›Der Gesang der Planeten‹ von H. Fisher und Michel Meyer, realisiert von Thomson Digital Image (1987) für die Cité des arts et des nouvelles technologies in Montreal.

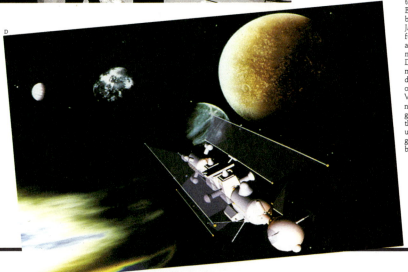

KOMMUNIKATION UND MEDIEN

DIE AUDIOVISUELLE MEDIENLANDSCHAFT

EUROPA

Deutschland

In der Weimarer Republik hatte nach der Einführung des Radios (1923) die Reichspost aufgrund ihrer starken wirtschaftlichen und technischen Position das Rundfunkmonopol inne. Unter den Nationalsozialisten war der Rundfunk 1933 zu einer zentralisierten und wohlkontrollierten staatlichen Einrichtung, dem wichtigsten Propagandainstrument, geworden. Nach dem Ende des Zweiten Weltkriegs wurde der Rundfunk unter den Alliierten neu geordnet und das staatliche Rundfunkmonopol den elf Ländern der Bundesrepublik Deutschland übertragen. Sie üben es mittels neun öffentlich-rechtlicher Anstalten aus, die im Gegensatz zu früher möglichst ›staatsfern‹ betrieben werden sollen und der Kontrolle durch eigene Gremien (Rundfunk- und Verwaltungsräte) unterliegen. Diese Aufsichtsorgane sind jedoch zunehmend in Abhängigkeit von den politischen Parteien geraten, die ihren Mitgliedern Posten in Funkhäusern verschaffen und dadurch Einfluß auf die Programmgestaltung besitzen. Sieben der Sendeanstalten entsprechen jeweils einem Land: Radio Bremen (RB), Sender Freies Berlin (SFB), Westdeutscher Rundfunk (WDR), Hessischer Rundfunk (HR), Saarländischer Rundfunk (SR), Süddeutscher Rundfunk (SDR) und Bayerischer Rundfunk (BR). Der Norddeutsche Rundfunk (NDR) deckt drei Länder ab, der Südwestfunk (SWF) zwei. Für die Zusammenarbeit auf dem Gebiet des Fernsehens haben diese Anstalten 1950 die ARD gegründet, die das (gemeinsame) 1. Programm ausstrahlt. 1961 entstand das Zweite Deutsche Fernsehen (ZDF) als von den Ländern gegründete Anstalt des öffentlichen Rechts; sie nahm 1963 den Sendebetrieb auf.

In den 70er Jahren haben die neuen Übertragungstechniken (Kabel, Satellit) das Problem einer Öffnung des audiovisuellen Bereichs für private Veranstalter aufgeworfen. Bisher konnten die öffentlich-rechtlichen Rundfunkanstalten ihr Sendemonopol mit dem Hinweis auf die nur in begrenzter Anzahl zur Verfügung stehenden Sendefrequenzen rechtfertigen, was vom Bundesverfassungsgericht in seinem Fernsehurteil von 1961 bestätigt wurde. Ebenso wie das Fernsehen mit Hochfrequenzwellen fallen Kabel- und Satellitenfernsehen unter die Zuständigkeit der Bundespost, die die Fernmeldehoheit besitzt. Als im Oktober 1982 die Christdemokraten wieder an die Macht kamen, förderten sie die privaten Fernsehbetreiber (Gründung des Privatsenders SAT 1, 1985). Die Zulassung privater Veranstalter lief dabei nicht ohne heftige medienpolitische Debatten um Chancen und Gefahren der (ökonomischen) Rundfunkfreiheit ab. Weitere Urteile des Bundesverfassungsgerichts ebneten den Weg für die Privatisierung des Rundfunks und bestätigten für ARD und ZDF die ›öffentliche Aufgabe‹. Bis Ende der 80er Jahre wurden in allen Ländern Landesrundfunk- und Landesmediengesetze erlassen, die die Zulassung privater Anbieter regeln. Im April 1987 beschlossen die elf Länder außerdem einen Rundfunkstaatsvertrag. Die Länder einigten sich über die Finanzierung der öffentlich-rechtlichen Sender (Gebührenerhöhung, Beibehaltung des prozentualen Anteils der Mittel aus der Werbung), über die Verteilung der Satellitenkanäle zwischen öffentlichen und privaten Sendern sowie über die Durchführungsmodalitäten dieser Zuteilung. Neben die Programme der öffentlich-rechtlichen Anstalten sind inzwischen die Programme einer Reihe landesweiter privater Sender getreten.

Frankreich

Das vom Postministerium ausgeübte Staatsmonopol auf Übertragungen galt für den Rundfunk ab 1923. Aufgrund des Fehlens eines eindeutigen Statuts und aufgrund ihrer liberalen Haltung haben die Regierungen zwischen den beiden Weltkriegen die Existenz von Privatsendern gebilligt (13 im Jahre 1928), wobei sie jedoch die Schaffung eines staatlichen Netzes begünstigten (Einführung der Gebühren 1933). Der Krieg und die Zusammenarbeit einiger Privatsender mit der Besatzungsmacht erklären, warum es 1944–45 zu einem strengen Sende- und Programmmonopol kam.

Das Statut des staatlichen R.-T.F. (Radiodiffusion-Télévision française) war bald umstritten; Kritiker meinten, der Sender unterstünde der Regierung zu direkt. Die Gründung von O.R.T.F. (Office de radiodiffusion-télévision française) im Jahr 1964, einer öffentlichen Anstalt unter der Leitung eines Verwaltungsrates, gab den Verantwortlichen mehr Autonomie.

O.R.T.F. wurde 1974 in sieben einzelne Gesellschaften aufgeteilt: vier Programmanstalten (TF1, A2, FR3, Radio France) und drei Dienstleistungsunternehmen, darunter die staatliche Rundfunkverwaltung T.D.F. (Télédiffusion de France), die das Sendemonopol besitzt. Der Staat behielt jedoch die Kontrolle über die Funktionsweise der Gesellschaften. Ab 1975 wurde das Monopol direkt von den ›freien‹ Radiosendern oder ›Piratensendern‹ angegriffen, die bis 1981 trotz der Stör- und Erfassungsversuche der T.D.F. in großer Zahl auftraten. Ursprünglich entstand diese Bewegung durch lokale Kulturvereinigungen, die ihre eigenen Ausdrucksmittel nutzen wollten.

VOM MONOPOL ZUM PLURALISMUS

Der Status von Rundfunk und Fernsehen in Europa war lange Zeit vom Grundsatz des öffentlichen Dienstes und vom Eingreifen des Staates in Gründung und Funktion von Hörfunk- und Fernsehanstalten beherrscht, was technisch mit der geringen Anzahl der verfügbaren Wellenbereiche gerechtfertigt wurde.

Seit etwa zehn Jahren kennzeichnet die ›Entmonopolisierung‹ allgemein die Entwicklung der audiovisuellen Systeme in Europa und stellt das öffentlich-rechtliche Monopol in Frage. Der Staat gibt seine Allmacht zugunsten von privaten Betreibern auf, jedoch nicht ohne gewisse Einschränkungen, um z. B. den Umfang der Werbung zu begrenzen und die Bildung privater Monopole zu verhindern. Diese Entwicklung ist, nicht zuletzt aufgrund des großen Einflusses vor allem des Fernsehens auf die öffentliche Meinung, nicht unumstritten.

Diese Steuerung des audiovisuellen Marktes wird immer schwieriger, da neue Programmanbieter hinzukommen (Kabel- und Satellitenfernsehen) und eine Vielzahl von Konsumarten entsteht (Pay-TV, Videokassetten). Darüber hinaus eignet sich der gesetzgebende Rahmen eines Staates schlecht für das Funktionieren eines internationalen Marktes.

Nach dem Machtantritt der Linken (1982) wurde das Monopol der Programmgestaltung abgeschafft. Allerdings blieb der Staat ›Besitzer‹ der Frequenzen, und T.D.F. besitzt immer noch das Sendemonopol. Es wurde eine unabhängige Verwaltungsinstanz, die Haute Autorité de la communication audiovisuelle, geschaffen, an die der Staat einige seiner Vormundschaftsbefugnisse über den öffentlichen Sektor übertrug. Dieser Stelle obliegt auch die Aufteilung der verfügbaren Frequenzen unter den privaten Radiosendern.

1986 wurde die Commission nationale de la communication et des libertés (C.N.C.L.) gegründet, deren Kompetenzen auf den gesamten audiovisuellen Bereich (privater Sektor, Kabel, Satellit) erweitert und der Sanktionsbefugnisse eingeräumt werden. Gleichzeitig wurde die Domäne des Staates weiter beschnitten, TF1 wurde privatisiert, und T.D.F. verlor das Ausstrahlungsmonopol.

Großbritannien

1927 erhielt die BBC das Rundfunkmonopol. Ihre Unabhängigkeit gegenüber der Regierung vor dem Krieg und ihre Rolle im Zweiten Weltkrieg brachten ihr internationales Ansehen. Doch ab dem Beginn der 50er Jahre, mit der Rückkehr der Konservativen an die Macht, verlor die BBC ihr Sendemonopol und sieht sich seither der Konkurrenz privater Programme gegenüber. Bei der Gründung eines zweiten Programms (ITV, 1954) konnten die privaten Betreiber jedoch nicht frei über die Sendefrequenzen verfügen. Eine öffentliche Institution, die ITA, kontrolliert das Programm. Regionale private Gesellschaften (14 im Jahre 1954, heute 15) können ihre Programme nach Erhalt einer Betriebslizenz über ITV senden und sind berechtigt, die Werbeeinnahmen direkt von den Werbern zu erhalten. Davon erhalten ITA und der Staat einen Prozentsatz.

1972 wurde dieses System auch auf den Hörfunk angewandt. ITA, zu IBA geworden, war auch mit der Organisation der lokalen privaten Radiosender beauftragt. Die BBC behielt nur ein Monopol auf den nationalen Rundfunk. Allerdings wurde dieses Gleichgewicht im Oktober 1989 durch die Ankündigung einer Neuordnung (Broadcasting Bill) völlig in Frage gestellt. Diese sieht die Abschaffung des Monopols von BBC und ITV vor. Eine unabhängige Fernsehkommission (ITC) soll IBA und die Cable Authority ersetzen und den gesamten Privatsektor überwachen. Eine neue Aufsicht über das Rundfunkwesen (die Radio Authority) wird mehrere kommerzielle Programme und 300 neue Radiostationen zulassen. Das Gesetz sieht die Ersetzung des privaten Programms ITV durch eine dritte Kette vor, die Schaffung einer fünften privaten Kette sowie die Erhaltung von Channel 4. Das 1989 geschaffene Broadcasting Standard Council bleibt das Regulationsinstrument, das alle ausländischen Programme in Großbritannien kontrolliert.

Das britische System war ein Regulierungsmodell, weil es sehr früh die Konkurrenz zwischen öffentlichem und privatem Sektor geschaffen hat und trotzdem die Entwicklung des letzteren steuern konnte. Die BBC profitierte davon. Nach einer Zeit des drastischen Rückgangs (1960 nur 30 % des Publikums) ermöglichte die Schaffung eines zweiten Kanals, BBC 2, als Ergänzung und nicht als Konkurrenz zum ersten, BBC 1, daß BBC 1 zu einem beliebten, mit ITV konkurrenzfähigen Programm wurde. IBA hat dagegen 1982 Channel 4 gegründet, und somit den ›unabhängigen‹ Produzenten (weder mit BBC noch mit ITV verbunden) einen ›hochwertigen‹ Kanal für einfallsreiche Programme angeboten, der mit Werbung finanziert wird.

KOMMUNIKATION UND MEDIEN

Italien

Entstehung und Entwicklung des Rundfunks in Italien verliefen unter der Diktatur Mussolinis. Der Untergang der Diktatur führte zur Schaffung der RAI (Okt. 1944), die 1947 in Form einer Konzession das Monopol auf den Rundfunkbetrieb erhielt; diese Konzession wurde 1952 erneuert und auf das Fernsehen ausgedehnt. Die RAI, eine privatrechtliche, jedoch mehrheitlich vom Staat gehaltene Gesellschaft, wird von einem Verwaltungsrat geleitet, in dem die Vertreter des Staates sitzen.

In den 70er Jahren, zur selben Zeit, als die RAI offen kritisiert wurde, weil sie als ein Instrument der christdemokratischen Partei erschien, wurde ihr Monopol durch das Aufkommen lokaler privater Fernsehsender bedroht, die über Kabel senden und deren Existenz vom Verfassungsgericht anerkannt wurde (1974). Doch das Gesetz von 1975 bestätigte das Monopol der RAI.

1976 kam es zu einer entscheidenden Wende: Nachdem das Verfassungsgericht das Monopol als verfassungswidrig erklärt hatte, entstand eine große Zahl privater lokaler Hörfunk- und Fernsehsender (1981 etwa 1 200). Ab 1979 bildeten sich Netze, die zuerst von Pressekonzernen kontrolliert wurden und bald von Silvio Berlusconi aufgekauft wurden. Die kleinen Stationen verschwanden, während sich die RAI der Konkurrenz des Netzes Fininvest gegenüber sieht.

Die Gesetzgebung vom Dezember 1985, durch die vorausgegangene Entwicklung ratifiziert wurde, bestätigte die Rechtmäßigkeit der privaten Stationen, ohne das Problem der Konzentration in Form von Medienmultis zu lösen. Die Verschachtelung finanzieller Interessen mit der Politik begünstigt nicht den Respekt vor gesetzlichen Regelungen. Dennoch zeigen die im März 1990 ergriffenen Maßnahmen den Willen, die publizistischen Ressourcen wieder gleichmäßiger zu verteilen.

AMERIKA

Brasilien

Der Erfolg des brasilianischen Fernsehens ist mit dem des Privatnetzes Rede Globo eng verknüpft. Rede Globo ist heute der größte brasilianische Sender (50 bis 70 % der Einschaltquoten), aber auch ein Medienmulti internationaler Größe, der seine Produktionen (vor allem die Fernsehserien mit vielen kurzen Folgen) an mehr als 40 Länder verkauft und auf dem europäischen Markt Fuß gefaßt hat (1985: Kauf der Anteile der italienischen Tochtergesellschaft von Télé-Monte-Carlo).

Das Fernsehen hielt jedoch erst relativ spät Einzug: 1960 gab es in Brasilien noch kein eigentliches landesweites Netz. 1962 legte die Regierung einen Plan für nationale Ausrüstung der Telekommunikation fest. Der Staat übernahm die Infrastruktur der Ausstrahlung und überließ den privaten Unternehmen den Betrieb der Sender. Seit dieser Zeit konnte sich Rede Globo, im Besitz des Medienkonzerns Marinho, bis 1969 zum Konzern Time-Life gehörend, gegenüber seinem größten Konkurrenten TV-Tupi behaupten.

Trotz des Aufschwungs und des Ansehens des nationalen Fernsehens bleibt das brasilianische Fernsehen noch von ausländischen Programmen, vor allem von amerikanischen Filmen, abhängig.

Kanada

Der kanadische Rundfunk, der in seinen Anfängen gänzlich der Initiative der Privatunternehmer überlassen worden war, wurde 1936 mit der Gründung von CBC (›Radio Canada‹) grundlegend umgestaltet. Diese privatrechtliche, vom Staat unabhängige Gesellschaft sollte einen nationalen Dienst organisieren. Zu diesem Zweck war CBC ein Sendeorgan und eine Institution, die für die privaten Sender verantwortlich war. Seit dieser Zeit unterschied das kanadische System nicht streng zwischen öffentlichem Dienst und privaten Interessen, sondern schuf im Gegenteil zwischen diesen beiden Sektoren eine Ergänzung, die für ein so großes Land (5 Zeitzonen) mit so geringer Bevölkerungsdichte und zwei Sprachgruppen notwendig schien.

Nach dem Krieg und mit der Schaffung der Fernsehnetze (1952) wurde der Conseil de la radiotélévision et des communications canadiennes (C.R.T.C.) mit der Verleihung und der Erneuerung der Lizenzen sowie mit den Bestimmungen über die Programminhalte betraut. Dem C.R.T.C. obliegt es, das Gleichgewicht des vielfältigen Systems zu erhalten und die nationale Produktion vor der Konkurrenz des amerikanischen Nachbarn zu schützen. Die geographische Nähe, die Sprachgemeinschaft und die Vorherrschaft der Amerikaner auf dem Kabelmarkt (80 % der mit Kabel ausgerüsteten Haushalte) begünstigen das Vordringen von Programmen ›made in USA‹. Hierher rührt das Bestreben, den ›kanadischen Charakter‹ der Sendungen durch die Einführung von Quoten für die nationale Produktion und durch staatliche Finanzhilfen (Gründung von Telefilm Canada 1983) zu erhalten. Die Erfolge dieser Politik sollten nicht über die tatsächlichen Schwierigkeiten von Radio Canada hinwegtäuschen, das mehr und mehr gezwungen ist, auf Werbung zurückzugreifen.

Dank der Übertragung über Satellit besitzt Radio Canada eines der größten Sendesysteme der Welt. Die Abdeckung des Territoriums wird durch die Organisation eines Service du Nord verstärkt, der auf die einheimische Bevölkerung zugeschnitten ist (8 Sprachen).

Der französischsprachige Bereich. Ende der 60er und zu Beginn der 70er Jahre zeichnete er sich durch eine große Vitalität aus; in Quebec tauchten viele lokale Sender der Gemeinden ohne gewerbliche Ziele auf (Radio oder Fernsehen). Heute ist jedoch die Konkurrenz der gewerblichen Privatsender groß. Mit 85 % der gesamten Zuhörerschaft konnten die französischsprachigen Netze ein ›Abdriften‹ hin zum englischsprachigen Fernsehen vermeiden. Allerdings kann diese Entwicklung, die 1986 noch durch die Gründung von Télé Quatre Saisons verstärkt wurde, den allgemeinen Trend im Publikum nicht verschleiern. Vor allem die Jugendlichen, auch die französischsprachigen, tendieren immer mehr zu den amerikanischen Medien.

Vereinigte Staaten von Amerika

Die Organisation bei Hörfunk und Fernsehen entspricht im allgemeinen der für die Presse. Unternehmens- und Meinungsfreiheit kennzeichnen die Medienlandschaft. Generell in privater Hand, werden die Unternehmen über die Werbung finanziert, und ihre große Anzahl erklärt sich durch die Weite des Landes und die Vielzahl der lokalen Märkte.

Schon in den 20er Jahren mußte der Staat jedoch die völlige Freiheit der Unternehmer etwas einschränken, indem er die Frequenzbereiche zu öffentlichem Eigentum machte und den Betrieb eines Senders einer Lizenz unterwarf. Die Radio Act (1927), ergänzt durch die Communication Act (Juni 1934) bestätigte die Kontrollfunktion einer bundesweiten Agentur, der Federal Radio Commission (FRC), auf die 1934 die Federal Communications Commission (FCC) folgt, die für die Zuteilung der Frequenzbereiche verantwortlich ist und die Übereinstimmung der Tätigkeiten der Sender mit ›den Bedürfnissen des öffentlichen Interesses‹ zu prüfen hat.

Die Rolle der FCC. Seit Ende des Krieges hat die FCC den Sendern Regeln für politische und zivile Informationen auferlegt, die als ›Fairness doctrine‹ (etwa: Unparteilichkeitsdoktrin) bekannt sind. Die 1959 in ein Gesetz umgewandelte Fairness doctrine wird jedoch regelmäßig von den Medien im Namen der Meinungs- und Pressefreiheit in Frage gestellt und bekämpft.

Die FCC hat auch die Konkurrenz zwischen den Sendern geregelt. Um einer möglichen Spekulation vorzubeugen, hat sie einem

A · ›Caroline‹.
1966 umgeht einer der ersten Rundfunk-Piratensender, ›Radio Caroline‹, das Monopol der BBC, indem er von einem Schiff außerhalb der Hoheitsgewässer sendet. Ein Abenteuer, aber vor allem auch ein neuer Ton, der hauptsächlich die Jugendlichen anspricht.

B · **Das Gebäude von Radio France in Paris.**
Ein auf den Rundfunk zugeschnittenes Gebäude: konzentrisch angelegt, sichert es eine perfekte Schallisolierung der Studios und der Zuschauersäle. Es wurde 1963 nach den Plänen von Henri Bernard fertiggestellt und bot für den Hör- und Fernsehrundfunk optimale Produktionsmöglichkeiten. Die in Frankreich erstmals verwendete Aluminiumverkleidung überraschte die Zeitgenossen. Im Turm sind die Archive untergebracht.

929

KOMMUNIKATION UND MEDIEN

AUDIOVISUELLE MEDIENLANDSCHAFT

Sender untersagt, seine Lizenz in den ersten drei Jahren nach ihrem Erhalt an einen Dritten abzugeben. Darüber hinaus hat sie im Jahre 1953 die Anzahl der Sender, die ein Konzern ›besitzen oder lenken‹ darf, in jedem Bereich (Hörfunk in den verschiedenen Wellenlängenbereichen und Fernsehsender) auf 7 begrenzt. Diese Begrenzung der Zahl der ›O and O‹-Sender (owned and operated, etwa: in Besitz und Betrieb) wurde in den 60er Jahren durch die Bestimmungen gegen die Konzentration der Medienmultis ergänzt.

Zu Beginn der 80er Jahre unter Reagan wandte sich die FCC jedoch einer Politik des Regelungsabbaus zu und annullierte die Regel über die Abtretung von Konzessionen. Das reduzierte ihre Kompetenz bis hin zur faktischen Aufgabe der ›Fairness doctrine‹.

Die Networks: unumgängliche Vermittler. Die großen Sendernetze (Networks) NBC und CBS haben sich ab den 20er Jahren gebildet. In den 30er Jahren hatten sie zwei Aufgaben, die sie noch immer erfüllen: Sie senden direkt auf ihren eigenen Stationen und liefern Programme an die sogenannten angeschlossenen lokalen Stationen. Ende der 30er Jahre waren 75 % der größten Sender von diesen beiden Konzernen abhängig. Das ›Duopol‹, das der Antitrust-Gesetzgebung entgegenstand, führte dazu, daß NBC 1943 einen Teil seines Netzes an die neu entstandene Gesellschaft ABC abtrat. Die Regel der ›3 x 7‹ der FCC aus dem Jahre 1953 hat das Funktionieren der drei Netze nicht erschüttert. Die kleine Anzahl der ›O and O‹-Sender wurde (und wird) dadurch kompensiert, daß die Sender der Networks die am dichtesten bevölkerten Ballungszentren abdecken.

Die Bedeutung der drei Großen rührt von ihrer Struktur her. Sie gehören zu internationalen Multimedien-Konglomeraten und erwirtschaften mehr als die Hälfte des Umsatzes des gesamten Sektors. Durch ihre Finanzkraft können sie mit den Werbeagenturen landesweit verhandeln, und sie besitzen ausreichende Mittel, um bei den Produzenten kostspielige Programme einzukaufen, wodurch sie gezwungenermaßen zu Partnern von zwei Dritteln der lokalen Privatsender werden, die 60 % ihrer Programme von ihnen erhalten.

Seit Beginn der 80er Jahre wird diese Vorherrschaft jedoch bedroht. 1985 wurde ABC von Capital Cities Communications und NBC von General Electric aufgekauft, während sich CBS gegen Ted Turner, den Giganten des Kabelfernsehens, wehrte und Rupert Murdoch mit den Sendern seiner Gesellschaft Fox Metromedia an der Schaffung eines vierten Netzes arbeitete. Das abnehmende Gewicht der großen Networks zeigt sich deutlich in den Publikumszahlen: etwa 6 bis 7 % weniger seit 1982. Dieser Rückgang hat mehrere Ursachen: höherer Konsum des Kabelfernsehens (etwa 50 % der Haushalte verfügen über Kabelanschluß); Aufschwung der unabhängigen Privatsender (1972 waren es 73 und 1987 schon 285); die Verbreitung der Videorecorder in den Haushalten, die mit einem Boom der bespielten Videokassetten einherging.

Das Entstehen des öffentlichen Sektors. In den 60er Jahren, als das gewerbliche Fernsehen schon den Markt der Zuschauer erobert hatte, kam eine immer breiter werdende Bewegung auf, die an der Programmgestaltung Kritik übte. Die Programme, so hieß es, entsprächen nicht den Bedürfnissen aller Zuschauergruppen (vor allem nicht denen der Kinder und der Minderheiten). 1967 wurde die CPB gegründet und beauftragt, ein öffentliches Netz zu schaffen (ab 1969 das Netz PBS), das für nach ihrem Ursprung unterschiedliche Sender (Staaten, Städte, Schul- und Universitätseinrichtungen, Verbände etc.) ein Ausdrucksmittel sein sollte. Dieses Netz sollte keine gewerblichen Ziele verfolgen und mit staatlicher Hilfe oder durch das Mäzenatentum von Unternehmen und Stiftungen finanziert werden. Mit 320 Sendern erreicht PBS heute fast die gesamte amerikanische Bevölkerung. Ihre Zuschauerzahlen erreichen 5 %. Das Netz bietet zahlreiche Programme im Bereich der Breitenkultur und verfügt über ein interessantes Kinderprogramm (internationaler Erfolg mit ›Sesamstraße‹).

UDSSR, ASIEN

UdSSR

Der Rundfunk war seit seinen Anfängen (1921) eine politische und ideologische Waffe im Dienste der Revolution. Wie bei Presse und auch später beim Fernsehen (erste Versuchssendung 1938) ist es seine Aufgabe, Rolle und Vorgehen der Partei zu erklären. Radio und Fernsehen werden heute von einer staatlichen Kommission gelenkt, die einem Ministerium gleichkommt und deren Verantwortlicher auch Mitglied der Regierung ist. Seit der Machtübernahme von Gorbatschow verzeichnen die Informationssendungen jedoch eine spürbare Öffnung. Dies wird von dem Bestreben belegt, Programme mit dem Ausland auszutauschen oder aus diesem einzukaufen, was seit 1988 auf Umwegen durch die Gesellschaft Sovtelexport betrieben wird. Weiter sind hier die Einführung von Direktübertragungen, von Diskussionssendungen und von aktuellen Magazinen zu nennen.

Da sich die UdSSR über 10 Zeitzonen erstreckt, mußten spezielle Sendesysteme eingerichtet werden. Beim Rundfunk war dies die Rundfunkverteilung: Die Benutzer besaßen kein individuelles Empfänger, sondern ein Gerät, das über Draht an eine kollektive Ausstrahlungseinheit gekoppelt war (1940 gab es 10 000 lokale Stationen). Dieses Verfahren wurde bis lange nach dem Krieg verwendet. Beim Fernsehen setzte man die Satellitenübertragung ein (Molnija 1, 1965), die durch ein großes Verbindungsnetz auf der Erde unterstützt wurde (90 Orbita-Stationen).

In der Sowjetunion leben sehr viele Nationalitäten. Es gibt lokale Fernsehsendungen in 45 Sprachen, beim Radio in 71 Sprachen. Das System an sich bleibt jedoch zentralisiert, die Ausstrahlung erfolgt aus Moskau. Das zentrale Fernsehen deckt mit zwei Kanälen 90 % des Gebietes ab. Daneben gibt es noch 15 nationale Kanäle in den Republiken.

Mit einem Anstieg der Empfänger von 5 Millionen im Jahre 1960 auf über 110 Millionen für 1988 verfügt die UdSSR über einen Ausrüstungsgrad, der durchaus mit dem in den westlichen Ländern vergleichbar ist.

China

Das zentrale chinesische Fernsehen CCTV geht auf das Jahr 1958 zurück. Es wurde in den Jahren 1975 bis 1985 mit Hilfe der Satellitenübertragung zu einem landesweiten Fernsehen ausgebaut und verfügt heute über 2 landesweite Kanäle sowie einen Kanal für Peking. CCTV deckt 95 bis 98 % des Gebietes ab (1977 waren es nur 25 %). Es gibt keine Gebühren, sondern eine staatliche Finanzierung, die durch Werbeeinnahmen aus ausländischen Sendungen unterstützt wird.

Japan

Das NHK wurde 1926 als öffentlich-rechtliche Institution geschaffen und erhielt das Sendemonopol. Das durch streng kontrollierte Gebühren finanzierte Radio wurde von den Behörden als ein beliebtes Unterrichtsmittel (35 % der Programme von 1933) und Instrument zur politischen Information betrachtet. Die Niederlage 1945 und die amerikanische Besetzung brachten 1950 das Monopol von NHK zu Fall und führten zur Zulassung kommerzieller Sender, sofern diese eine Lizenz vom Postministerium erhielten.

Das NHK behielt seine dominierende Rolle durch eine Programmgestaltung bei, die sich vor allem mit Bildung, Erziehung, Kultur und Information befaßt. Außerdem fördert das NHK neue Sendetechniken wie den Satellitendirektempfang und das hochauflösende Fernsehen (HDTV).

Netze sind offiziell vom Gesetz untersagt, damit es nicht zu einer finanziellen Konzentration der privaten Rundfunk- und Fernsehgesellschaften kommt. Doch die Bedeutung der Werbung, die Programmkosten sowie das demographische und kulturelle Gewicht der Ballungszentren wie Tokio und Osaka haben zur Bildung von ›Schlüsselsendern‹ *(Key stations)* geführt, die die meisten regionalen und lokalen Sender (etwa 100) mit Programmen versorgen.

A · Der Mensch auf dem Mond.

Am 21. Juli 1969 wurden die ersten Schritte eines Menschen auf dem Mond durch das Fernsehen übertragen. Das Verfahren war nicht neu, doch das Ausnahmeereignis zeigte die schnelle Entwicklung der Techniken. Zu dieser Zeit war man versucht zu glauben, daß die Welt dank des Fernsehens ein ›planetares Dorf‹ geworden sei.

B · Made in Japan.

Der Zeichentrickfilm ist seit Mitte der 70er Jahre eines der wichtigsten Exportprodukte des japanischen Fernsehens (hier *Candy,* ab 1976 in Frankreich ausgestrahlt). Trotz der lebhaften Kritik gegen Gewaltszenen *(Bioman)* haben die japanischen Zeichentrickfilmserien den Science-Fiction-Bereich auch zu den kleinen Kindern gebracht.

KOMMUNIKATION UND MEDIEN

NETZE UND PRO-GRAMME

Brasilien
Staatlich: Radiobrás (1976).
Verbreitet:
– ein Fernsehprogramm (TV Nacional) mit 95 Sendern;
– Rádio Nacional de Brasília.

Privat: 4 Netze:
– Rede Globo (wird vom Pressekonzern Marinho kontrolliert): größtes Netz mit 50 eigenen oder angeschlossenen Fernsehsendern;
– Rede Bandeirantes mit etwa 30 Sendern;
– SBT (Sisteme Brasileiro de Televisão);
– Rede Manchete.
Die beiden letzten, seit 1981 bestehenden Netze haben sich die Sender des Konzerns TV-Tupi geteilt, dem die Konzession 1980 entzogen wurde.

China
CCTV (zentrale chinesische Sendeanstalt, 1985).
Verbreitet:
– 2 nationale Programme;
– 1 Programm für Peking.

Deutschland
Öffentlich-rechtlicher Rundfunk:
Die neun Rundfunkanstalten der Bundesländer, die in der Arbeitsgemeinschaft der öffentlich-rechtlichen Rundfunkanstalten der Bundesrepublik Deutschland (ARD) zusammengeschlossen sind, verbreiten in ihrem Sendegebiet jeweils drei oder vier Hörfunkprogramme und je ein Ausländerprogramm.
– Bayerischer Rundfunk (BR). Sitz: München; errichtet durch Gesetz vom 10. 8. 1948. Vorgänger des BR war die 1922 gegründete Deutsche Stunde in Bayern GmbH, die ihr erstes Hörfunkprogramm am 30. 3. 1924 sendete.
– Hessischer Rundfunk (HR). Sitz: Frankfurt am Main; wurde durch Gesetz vom 2. 10. 1948 errichtet und war Nachfolger der 1923 gegründeten Südwestdeutsche Rundfunkdienst AG.
– Norddeutscher Rundfunk (NDR). Sitz: Hamburg (weitere Funkhäuser befinden sich in Hannover und Kiel); aus der Teilung des Nordwestdeutschen Rundfunks durch Staatsvertrag vom 16. 2. 1955 zwischen den Ländern Hamburg, Niedersachsen und Schleswig-Holstein hervorgegangen.
– Radio Bremen (RB). Der Sender entstand durch Gesetz vom 27. 11. 1948 und war Nachfolger der 1924 gegründeten Sendestelle Bremen der Nordischen Rundfunk AG (Norag).
– Saarländischer Rundfunk (SR). Sitz: Saarbrücken; errichtet durch Gesetz vom 27. 11. 1956. Die Vorgänger des SR waren der 1935 gegründete Reichssender Saarbrücken, nach 1945 ein französisch kontrollierter Sender, ab 1952 die Saarländische Rundfunk GmbH.
– Sender Freies Berlin (SFB). Durch Landesgesetz vom 12. 11. 1953 in Berlin errichtete Sendeanstalt, hervorgegangen aus dem Funkhaus Berlin des Nordwestdeutschen Rundfunks. Bestreitet seit 1965 zusammen mit NDR und RB im 3. Fernsehprogramm.
– Süddeutscher Rundfunk (SDR). Sitz: Stuttgart; wurde 1949 für das Land Württemberg-Baden per Gesetz errichtet.
– Südwestfunk (SWF). Sitz: Baden-Baden; 1948 errichtet für das Gebiet der Länder Rheinland-Pfalz, Baden und Württemberg-Hohenzollern durch Verordnung der französischen Militär-

regierung, die 1951 durch Staatsvertrag zwischen den Ländern abgelöst wurde. Seit 1969 senden SWF, SDR und SR gemeinsam das 3. Fernsehprogramm Südwest 3.
– Westdeutscher Rundfunk (WDR). Sitz: Köln; 1954/55 aus der Teilung des Nordwestdeutschen Rundfunks hervorgegangen, größte Rundfunkanstalt der ARD.
Bundesrundfunkanstalten für das Ausland:
– Deutschlandfunk. Sitz: Köln; 1960 als Bundesanstalt errichtet. Sendet über Mittel- und Langwelle täglich ein deutsches Programm (67 %) und ein Fremdsprachenprogramm (33 %) in elf europäischen Sprachen.
– Deutsche Welle. 1953 von der ARD gegründet und im November 1960 in eine Bundesanstalt mit Sitz in Köln umgewandelt. Ihre Aufgabe ist es, den Hörern im Ausland ein umfassendes Bild des politischen, kulturellen und wirtschaftlichen Lebens in Deutschland zu vermitteln. Sie strahlt ihre Programme in 34 Sprachen über Kurzwelle aus.

Privater Rundfunk:
Bis Januar 1991 sind 167 private Rundfunkgesellschaften entstanden, die lokale Hörfunkprogramme verbreiten.
Öffentlich-rechtliches Fernsehen:
– ARD (Arbeitsgemeinschaft der öffentlich-rechtlichen Rundfunkanstalten der Bundesrepublik Deutschland): 1950 von den neun öffentlichen Rundfunkanstalten der Länder gegründete Organisation. Die neun Rundfunkanstalten veranstalten gemeinsam täglich das bundesweite Erste Deutsche Fernsehen, werktags je einzeln oder zu zweit Fernsehregionalprogramme, werktäglich die regionalen 3. Fernsehprogramme einzeln, zu zweit oder zu dritt, werktags das bundesweite Fernsehvormittagsprogramm zusammen mit dem Zweiten Deutschen Fernsehen.
– ZDF (Zweites Deutsches Fernsehen). Zweites landesweites Programm, Sendeanstalt mit Sitz in Mainz, die 1961 von allen Ländern gegründet wurde und ihre Sendungen am 1. 4. 1963 aufnahm. Das ZDF veranstaltet täglich ein bundesweites Programm, werktags (seit 1966 für die damalige DDR, seit 1981 bundesweit) mit dem Ersten Deutschen Fernsehen das Fernsehvormittagsprogramm.
– Eins Plus. Satellitenfernsehprogramm des Ersten Deutschen Fernsehens, zusammen mit dem schweizerischen Fernsehen; wird über Kabelnetz seit März 1986 in bestimmten Bundesländern verbreitet.
– 3SAT. Seit Dezember 1984 über Kabel verbreitetes Satellitenfernsehprogramm des ZDF zusammen mit dem österreichischen und schweizerischen Fernsehen, seit April 1990 auch mit dem Deutschen Fernsehfunk (DFF), dem Sender der ehemaligen DDR.
– Europa TV. Satellitenfernsehprogramm der ARD mit dem niederländischen, dem italienischen, dem irischen und dem portugiesischen Fernsehen (nur in bestimmten Bundesländern).

Privatfernsehen:
Bis Januar 1991 sind 47 Rundfunkgesellschaften privaten Rechts entstanden, die Fernsehprogramme bundesweit, regional oder lokal über Satellit oder Kabel verbreiten wollen.
– SAT 1. Erstes Privatfernsehen (seit Januar 1985).
– RTL plus. Programm in deutscher Sprache der Compagnie luxembourgeoise de télédiffusion (C.L.T.) und der Bertelsmann AG, sendet seit August 1985 ein Vollprogramm.
– Tele 5. Besteht seit Anfang 1988 und sendet ein nationales Vollprogramm, vor allem für Jugendliche; ging aus dem Programm ›musicbox‹ hervor.

– Pro 7. Ging aus Eureka TV (seit Ende 1987) hervor, sendet seit Anfang 1989 ein bundesweites Programm.

Frankreich
Rundfunk: staatlich:
– Radio France. 1974 gegründetes staatliches Rundfunkunternehmen, verbreitet drei landesweite Hörfunkprogramme mit insgesamt 47 regionalen, departementalen und lokalen Programmen.
– R.F.I. (Radio France Internationale). Unabhängige Rundfunkgesellschaft für das Ausland (1982).
– R.F.O. (Radio France Outre-Mer, 1982). Rundfunk- und Fernsehgesellschaft für die Überseegebiete.
Rundfunk: Privatsender:
Viele der privaten Sender sind sogenannte Randstaatensender, d. h. ihre Hauptanstalt liegt außerhalb Frankreichs.
– R.T.L.-France (Radio-Télé-Luxembourg); entstanden 1961.
– Europe 1. Saarländisch-französische Gründung im Jahre 1955.
– R.M.C. (Radio-Monte-Carlo). Gegründet 1942.
– Sud-Radio. 1962: neue Bezeichnung für Andorrado.
Lokale Privatsender:
Im Januar 1986 waren 1 744 Genehmigungen an lokale Privatsender erteilt.
Fernsehen: staatliche Programme
– Antenne 2 (A2). Landesweites Programm, das 1974 aus der Auflösung der öffentlichen Sendeanstalt O.R.T.F. (Office de radiodiffusion-télévision française), die seit 1964 bestand, hervorging.
– France Régions (FR3, 1974). Strahlt 12 departementale Programme aus.
Fernsehen: Privatsender:
– Télévision Française 1/TF 1 – La Une. Die früher staatliche Programmanstalt wurde 1987 privatisiert und verbreitet ein landesweites Programm.
– Canal Plus (Canal +). Abonnementsbetrieb (Pay-TV) mit 2,3 Millionen angeschlossenen Haushalten (seit November 1984).
– La Cinq (La 5). Besteht seit 1985; kein landesweites Programm.
– Metropole 6 (M6). Nicht landesweites Programm, 1987 gegründet.

Großbritannien
Staatlich: BBC (British Broadcasting Corporation, 1927).
Verbreitet:
– 4 nationale spezialisierte Hörfunkprogramme (Radio 1, 2, 3, 4);
– etwa 30 lokale und regionale Hörfunksender;
– 2 Fernsehprogramme (BBC 1 und BBC 2, gegründet 1964).
Privat: wird von der öffentlichen Organisation IBA (Independent Broadcasting Authority) koordiniert.
Verbreitet:
– das Programm ITV (Independent Television, 1955);
– Channel Four (1982);
– etwa 50 lokale private Hörfunksender (Independent Local Radios [ILR]).

Italien
Staatlich: RAI (Radiotelevisione italiana, 1944). Verbreitet:
– 4 nationale Hörfunkprogramme;
– 3 nationale Fernsehprogramme: RAI 1 (1954), RAI 2 (1961) und RAI 3 (1979).
Privat (TV):
– Fininvest (Silvio Berlusconi), Holding-Gesellschaft, die große Teile des privaten Sektors beherrscht, kontrolliert 3 Netze:
Canale 5, Italiana Uno (wurde 1982 von dem Verleger Rusconi gekauft) und Rete Quatro (Mehrheit seit 1984);
– Rete Capri (national seit 1984);
– 250 unabhängige lokale Sender, die eine Interessengemeinschaft bilden.

Japan
Staatlich:
NHK (Nippon Hoso Kyokai, 1926). Strahlt 3 staatliche Hörfunkprogramme aus, 4 Fernsehprogramme (davon eines ausschließlich für Schul- und Unterrichtssendungen).

Privat: 138 lokale und regionale Gesellschaften. Die wichtigsten unter den ›Key stations‹:
– NTV (Nippon TV Network), Hauptaktionär: Konzern Yomiuri;
– Fuji TV, mit dem Pressekonzern Sankei verbunden;
– TBS (Tokyo Broadcasting System), gehört zum Konzern Mainichi;
– Asahi Broadcasting Corporation, Abteilung Hörfunk und Fernsehen des Konzerns Asahi.

Kanada
Staatliches Netz: CBC/SRC (Canadian Broadcasting Corporation/Société Radio Canada, 1936).

Verbreitet:
– 4 nationale Netze für Rundfunk (2 in jeder der beiden Landessprachen auf AM und FM), insgesamt 68 Sender und 17 angeschlossene Privatsender sowie 46 regionale Sendeanstalten;
– 2 nationale Fernsehnetze, davon 13 französischsprachige und 18 englischsprachige Sender, die von 31 angeschlossenen Sendern und 30 regionalen Sendeanstalten unterstützt werden.

Private Netze (TV): die wichtigsten:
– französischsprachig (Quebec): TVA (Télédiffuseurs associés, 1961); Télé Quatre Saisons (1986);
– englischsprachig: CTV (Television Network Ltd, 1961); Global Communication Ltd (1974).

UdSSR
Hörfunk:
– zwei Netze, von Moskau aus gesendet (2. Programm unter dem Namen Maiak [Leuchtturm] bekannt);
– zahlreiche lokale Programme.

Fernsehen:
– 2 Allunionsprogramme (Moskau I und Moskau II);
– 15 nationale Programme.

Vereinigte Staaten
Staatlich:
TV: PBS (Public Broadcasting Service, 1969), der unter Lizenz von CPB (Corporation for Public Broadcasting, 1967) die Sendungen der nicht gewerblichen Sender ausstrahlt.

Rundfunk:
– NPR (National Public Radio, 1972);
– APR (American Public Radio, 1982);
– Rundfunk für das Ausland: VOA (Voice of America); Radio Free Europe (sendet aus Europa in den ehemaligen Ostblock).

Privat:
Rundfunk und Fernsehen: 3 große Netze:
– NBC (National Broadcasting Company, 1926);
– CBS (Columbia Broadcasting Company, 1927);
– ABC (American Broadcasting Company, 1943).
Außerdem: CNN (Cable News Network, 1980), nach eigener Darstellung der ›wichtigste Nachrichtensender der Welt‹.
Rundfunk: über 100 Netze, 55 bis 60 % der Sender sind jedoch an eine der drei großen Gesellschaften angeschlossen.
Fernsehen: 640 lokale Sender, die an eines der drei großen Netze angeschlossen sind (etwa jeweils 200); 285 unabhängige Stationen.
Öffentlicher und privater Sektor zusammen: 11 500 lokale Rundfunksender, 1 250 für TV auf Hochfrequenzwellen.

KOMMUNIKATION UND MEDIEN

PROGRAMMPRODUKTION UND -KONSUM

AUSSTRAHLUNG DER PROGRAMME

Seit zehn Jahren läßt sich in Europa eine allgemeine Zunahme der Ausstrahlungen verzeichnen. Zum Beispiel sendeten BBC 1 + BBC 2 1985 9 524 Programmstunden im Gegensatz zu 8 340 im Jahre 1980, RAI 1 und RAI 2 9 837 Stunden 1985 gegenüber 7 751 1980, RTVE (Spanien) 12 357 Stunden 1985 gegenüber 5 443 im Jahre 1980, TF1 + A2 + FR3 13 003 Stunden 1985 gegenüber 10 883 im Jahre 1981, ARD und ZDF 26 289 Stunden 1988 gegenüber 19 316 Stunden 1980. Dieser Zuwachs an Sendezeit erklärt sich durch die morgendlichen Sendungen (von 7 bis 11 Uhr) und durch die Zunahme an abendlichen Sendungen.

In der gleichen Zeit kamen neue Frequenzen hinzu (ganz zu schweigen vom Satelliten- und Kabelfernsehen), wodurch ein erhöhter Bedarf an Programmen entstand. Die Anzahl der Sendungen ist gestiegen. Ihre Produktion, vor allem im fiktionalen Bereich (Spielfilme, Serien), ist aber viel kostspieliger geworden. Wie soll man so ein attraktives und abwechslungsreiches Programm erstellen, ohne dabei auf die publikumswirksamen Prestigesendungen zu verzichten? Zum einen durch Sponsoren, zum anderen ermöglicht der zunehmende Rückgriff auf ausländische Fertigprodukte (Filme, Fernsehfilme, Serien etc.), die auf den internationalen Märkten angeboten werden, eine Versorgung im fiktionalen Bereich zu Kosten, die unter denen der ursprünglichen Herstellung liegen. Schließlich sind auch die im Zunehmen begriffenen Podiumssendungen kostengünstig.

PRODUKTION DER PROGRAMME

Die Programmproduktion muß gesondert von der Programmausstrahlung betrachtet werden. Die Ausstrahlung läuft über den Sender. Dieser kann Programme mit seinen eigenen Mitteln erzeugen, vor allem die aktuellen Sendungen (Nachrichten, Spiele, Sportübertragungen, Podiumsdiskussionen), die wahrscheinlich nicht noch einmal gesendet werden. Die Sender greifen jedoch auch oft auf die Leistungen externer Gesellschaften, privater oder staatlicher Natur, zurück und beteiligen sich an Koproduktionen, um die für die Fiktion erforderlichen Investitionen zu senken.

Diese Tendenz verstärkt sich und macht auch vor den öffentlichen Anstalten nicht halt, die bis dahin ihre Produktionen selbst erstellten. In Großbritannien wurde Ende 1987 ein Abkommen unterzeichnet, durch das private Unternehmer etwa 25 % der Programme der BBC stellen können. In Frankreich machten von TF 1, A 2 und FR 3 gekauften Programme 1986 erst 12 % der Ausstrahlungszeit aus; die Tendenz ist jedoch auch hier steigend. Bis 1986 mußten die öffentlichen Sender in Frankreich an die S.F.P. (Société française de production et de création audiovisuelle), eine Aktiengesellschaft mit staatlichem Kapital, Pflichtaufträge vergeben. Heute rüstet sich die S.F.P. für eine Öffnung gegenüber Privatproduktionen mit großangelegtem Budget, vor allem im Filmbereich. Die Eigenproduktion der Sendegesellschaften ist jedoch immer noch einer Regelung unterworfen. Mit Ausnahme der Nachrichten und der direkten fiktionalen Beiträge dürfen die privaten Sender nur 50 % der Programme mit Eigenmitteln erstellen; sie dürfen kein Fiktionswerk als Aufzeichnung senden. Diese Einschränkungen wurden durch die Einführung von Quoten für die Ausstrahlung von Programmen in französischer Sprache ergänzt, um deren Entstehung zu fördern.

Angesichts der Steigerung der Produktionskosten werden in Deutschland insbesondere die fiktionalen Programme zunehmend von freien Fernsehproduktionsfirmen als Auftragsproduktionen hergestellt oder von den Fernsehanstalten angekauft. Besonders deutlich zeigt sich diese Tendenz bei den Privatsendern, betrifft aber auch in immer größerem Umfang die öffentlich-rechtlichen Sendeanstalten. So stellte das ZDF 1986 26,7 % der fiktionalen Sendungen in Eigenproduktion, 4,1 % in Koproduktion und 25,3 % in Auftragsproduktion her und bestritt 43,2 % durch Programmankauf, 0,7 % durch Übernahme. Die nichtfiktionalen Programme werden zu mehr als 90 % von den Fernsehanstalten selbst hergestellt. Hieraus ergibt sich, daß das Gesamtsendevolumen des ZDF etwa je zur Hälfte aus Eigenproduktionen und aus Auftragsproduktionen bzw. Programmankäufen besteht. Man kann darin einen Ansatz zur Internationalisierung sehen, wobei Amerika eine beherrschende Rolle spielt (die USA tätigen hier 70–75 % des internationalen Handels). Nach den EG-Richtlinien sollen mindestens 50 % der Programme europäischer Herkunft sein. Die Werbung darf 15 % der Sendezeit betragen.

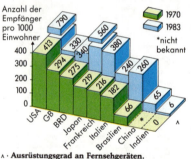

A · Ausrüstungsgrad an Fernsehgeräten.
Die Statistiken über die Anzahl der Fernsehgeräte auf 1 000 Einwohner zeigen, daß das Fernsehen in den Industrieländern weit verbreitet ist. Allerdings wurde an diesem Ergebnis mehr als 20 Jahre gearbeitet; der Abstand zu den anderen Ländern bleibt groß.

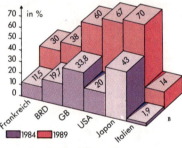

B · Verbreitung der Videogeräte.
Wenn man den Prozentsatz der Haushalte betrachtet, die einen Videorecorder besitzen (im Verhältnis zur Anzahl der Haushalte mit Fernsehgeräten), so sieht man, daß dieses Gerät (das die Zuschauergewohnheiten erheblich verändert) sich in einigen Ländern sehr rasch verbreitet hat.

PROGRAMMSTRUKTUR DES DEUTSCHEN FERNSEHENS

Bei den beiden großen öffentlich-rechtlichen Sendern des deutschen Fernsehens (ZDF und ARD) nehmen die verschiedenen Programmkategorien, gemessen an der Programmzeit des Senders, dieselbe Reihenfolge ein. Die Informations- und Bildungssendungen (Nachrichten, aktuelle Sondersendungen, politische, kulturelle und andere Informationssendungen) nehmen im Programmangebot eine führende Stellung ein. Im Vergleich zum Jahr 1988 hat sich 1989 ihr Anteil am Gesamtprogramm erhöht, was damit zusammenhängt, daß die Sender so versuchen, die Zuschauer wiederzugewinnen, die sie an die Privatsender abgeben mußten, deren Angebot an Sportsendungen besonders attraktiv ist. Der fiktionale Bereich (ohne Kinder- und Jugendsendungen) mit Spielfilmen, Fernsehfilmen, Serien, Schauspielen und Boulevardtheater rangiert an zweiter Stelle. Dagegen steht bei den privaten Sendern SAT 1 und RTL plus, die sich in ihrer Programmstruktur ebenfalls ähnlich sind, der fiktionale Bereich an erster Stelle, gefolgt von der Mischform Information/Unterhaltung, zu der z. B. das Frühstücksfernsehen zählt. Erst an dritter Stelle stehen bei den privaten Sendern Informationssendungen. Die nonfiktive Unterhaltung (ohne Musik) umfaßt Talkshows, Spiele, Shows. Die sonstigen Programmsparten bestehen hauptsächlich aus kirchlichen bzw. religiösen Sendungen und aus Programmvorschau. Unter die Rubrik Werbung fallen Teleshopping (nur bei den Privatsendern) und Werbespots.

Programmstruktur bei ARD, ZDF, SAT 1 und RTL plus in %

	1988 ARD	1988 ZDF	1988 SAT 1	1988 RTL plus	1989 ARD	1989 ZDF	1989 SAT 1	1989 RTL plus
Information/Bildung	30,7	31,9	10,8	9,4	32,4	35,8	12,2	9,8
Info/Unterhaltung	1,6	4,5	13,4	15,7	1,1	4,0	13,8	12,6
Fiktion	30,0	28,9	54,7	42,9	30,8	30,0	50,6	49,3
Nonfiktive Unterhaltung	4,7	5,4	–	8,7	6,6	6,5	1,3	4,2
Musik	2,6	1,2	–	5,4	3,0	2,2	–	5,5
Sport	13,5	13,8	3,4	3,7	8,9	6,0	3,8	4,6
Kinder-/Jugendsendungen	7,3	7,8	6,7	2,3	10,1	6,5	6,0	5,1
Sonstige	5,2	4,1	5,9	6,2	4,2	6,0	3,7	2,8
Werbung	2,5	2,4	5,3	5,9	2,8	3,0	8,4	6,2

Quelle: Media Perspektiven 12/1989.

KOMMUNIKATION UND MEDIEN

INTERNATIONALE ORGANISATIONEN

Das Entstehen internationaler Organisationen bei Rundfunk und Fernsehen entsprach zuerst einer technischen Notwendigkeit: Es ging um die Zuteilung der Frequenzbereiche. Der zunehmende Bedarf an Filmen und die Tatsache, daß es nicht möglich war, daß jeder Sender Korrespondenten im Ausland unterhielt, führten sehr bald zur Schaffung internationaler Organisationen für die Zusammenarbeit bei den Programmen. Sie regeln den Austausch von Programmen, den Verkauf von Übertragungsrechten internationaler Ereignisse usw. Dank der Satelliten konnten diese Organisationen eine dauerhafte Netzverbindung schaffen und eine Tagesbörse für den Handel mit aktuellen Filmen aufbauen; sie sind zu wahren ›Agenturen‹ geworden, die die Sender mit Dokumenten über ausländische Nachrichten versorgen.
EBU: European Broadcasting Union (1950). Der erste Austausch von Programmen (die französisch-englische Woche 1952, die Übertragung der Krönungsfeierlichkeiten für Elisabeth II. im Jahre 1953) führten zur Gründung der Eurovision (1954), die seit 1974 wie eine Tagesbörse für Filmmaterial funktioniert. Der EBU gehören 107 Organisationen an.
OIRT: Organisation Internationale de Radiodiffusion et de Télévision (1946), umfaßt die UdSSR und die osteuropäischen Länder. Sie gründete die Intervision (1960).
ASBU: Arab States Broadcasting Union (1969), umfaßt 22 Länder in Nordafrika und im Mittleren Osten, gründete Arabvision.
ABU: Asia Pacific Broadcasting Union (1964), umfaßt 34 Länder, gründete Asiavision.
OTI: Organización de la Television Iberoamericana (1971), umfaßt 22 Länder. Sie befaßt sich mit Programmen in spanischer und portugiesischer Sprache, gründete SIN.
CBU: Caraib Broadcasting Union (1970).
URTNA: Union des Radios et Télévisions Nationales Africaines (1962).

GROSSE MÄRKTE DES FERNSEHENS

In Europa:
M.I.P.-T.V. (Internationaler Markt der Fernsehprogramme) [Cannes, 1963]: An- und Verkauf aller Arten von Programmen.
M.I.P.-Com. (Internationaler Markt der audiovisuellen Programme) [Cannes, 1985]: für die neuen Medien.
Mifed. (Internationaler Markt für Filme und Dokumentarberichte für das Fernsehen) [Mailand, 1959].
Internationales Fernsehfestival von Monte Carlo: hat seit 1979 auch einen kommerziellen Bereich.
London Multi-Media Market (‹3 M‹) [London, 1982]: internationaler Multimediamarkt für den Verkauf von Fernsehfilmen, Videos etc.

In den Vereinigten Staaten:
NATPE. (National Association of Television Program Executives) [1963]: Ursprünglich organisierte die NATPE nur den inneramerikanischen Programmaustausch, seit 1978 wird auch international gehandelt.
AMIP. (American Market for International Programs) [Miami Beach]: Verkauf ausländischer Programme an amerikanische Käufer.

WERBUNG

Die Markenwerbung, die einzige Finanzquelle der privaten Sender, wurde in einigen Ländern auch in den öffentlichen Programmen zugelassen. Doch die Behörden haben immer versucht, den Anteil der Werbung und auch den Inhalt der Werbesendungen im Namen des öffentlichen Interesses (Verbot irreführender Werbung und der Werbung für gesundheitsschädliche oder gefährliche Produkte, Schutz der Minderjährigen usw.) zu kontrollieren und zu reglementieren.

Arten von Werbung. Die Kontrolle der Behörden wird dann erschwert, wenn der Werbespot nicht mehr nur Werbung für eine Firma beinhaltet und wenn Praktiken wie Schirmherrschaft, Merchandising oder Bartering die Werber zu Programmproduzenten machen.
Die Schirmherrschaft oder das Sponsoring (ein Unternehmen beteiligt sich an der Produktion einer Sendung, wenn darin sein Name erwähnt wird) ist in der Bundesrepublik noch verboten. Kürzlich wurde diese Praktik in der BBC bei den Programmen der unabhängigen Produzenten eingeführt. In Frankreich ist sie seit 1987 erlaubt und einer Regelung unterworfen. Für die Werber ist dies eine einträgliche, aber auch kostspielige Strategie (ihr Produkt wird stärker herausgestellt als bei einer Reihe schnell aufeinanderfolgender Werbespots). Das Merchandising (Einbindung des Markennamens in Text und Bild einer Fernsehsendung) wird in Brasilien häufig praktiziert. Das Bartering (die Werber bieten den Sendern Programme im Austausch für Werbesendezeit an) ist das gängige Verfahren bei den unabhängigen Lokalsendern (USA, Italien).

Reglementierung der Sendezeit für Werbung. □ Bundesrepublik Deutschland. ARD und ZDF: Werbung an Werktagen zwischen 18 und 20 Uhr zulässig: 20 Min. pro Tag in Werbeblöcken. Privatsender: 20 % der Gesamtsendezeit. □ Brasilien. Privatsender: 15 Min. pro Stunde. □ China. 2 % der Sendezeit. □ Vereinigte Staaten. Netz: 9½ Min. pro Stunde in der Hauptsendezeit; unabhängige Sender: 12 Min. pro Stunde. □ Frankreich. A2, TF1, La 5, M6: 6 Min. pro Stunde; FR3: 5 Min. pro Stunde. □ Großbritannien. BBC: keine Werbung; ITV, Channel 4: durchschnittlich 6 Min. pro Stunde (maximal 7). □ Italien. RAI: 6 % der Sendezeit; Private: 16 % der wöchentlichen Sendezeit. □ Japan. NHK: keine Werbung.

Die Werbung im deutschen Fernsehen. In der Bundesrepublik Deutschland haben die Rundfunkanstalten seit 1956 für die Fernsehwerbung besondere, in privater Rechtsform organisierte (GmbH), regionale Werbefernsehgesellschaften gegründet. Die **Werbeeinnahmen** stellen bei den deutschen Sendern 40 % ihrer Einkünfte. Die Erträge aus der Fernsehwerbung stiegen bei der ARD von 528,4 Millionen DM im Jahr 1976 auf 886,2 Millionen DM im Jahr 1986, beim ZDF im gleichen Zeitraum von 339,8 Millionen DM auf 564,5 Millionen DM. Zum Vergleich: In Frankreich wurde Antenne 2 im Jahr 1986 zu 55 % durch Werbeeinnahmen finanziert, im Jahr 1988 zu 60 %. Die Aufgabe der **Kontrolle der Werbung** obliegt dem Deutschen Werberat, einer Einrichtung der Deutschen Werbewirtschaft, die 1971 ins Leben gerufen wurde und an die sich Verbraucher und Institutionen mit Beschwerden richten können.
Der Preis des Werbespots. Die Tarife für die Werbebeiträge werden durch den allgemeinen Publikumsanteil des Senders und bei den Privatsendern vor allem durch den Zeitpunkt der Ausstrahlung bestimmt. Die attraktivsten Zeiten liegen natürlich in den Hauptsendezeiten.

Preise für 30 Sekunden Werbung im deutschen Fernsehen (1990) in DM

Privatfernsehen

Kanal	Jahreszeit	früher Morgen	abends (Unterbrecher)
SAT 1	Januar – April	1 531	33 167
	Mai – August	1 482	32 163
	September – Dezember	1 845	39 869
RTL plus	Januar – März	2 140	35 040
	April – August	2 240	36 600
	September – Dezember	2 500	40 800

Öffentlich-rechtliches Fernsehen

Kanal	
NDR	15 757
RB	2 651
WDR	30 831
HR	8 087
SR	2 300
SDR/SWF	14 775
BR	10 955
SFB	4 564
ARD gesamt	93 635
ZDF	70 958

GROSSE AUSZEICHNUNGEN

Internationale Auszeichnungen:
Prix Italia (1948 für den Rundfunk und 1957 für das Fernsehen); Italien (Wanderauszeichnung). Preis für Schauspielinszenierungen, Musikbeiträge und Dokumentationen.
Goldene Rose von Montreux (1961); Schweiz. Nur für Unterhaltungssendungen.
International Emmy Awards (1972); New York. Wird für Schauspielinszenierungen und an Darsteller verliehen.
F.I.P.A. (Festival international des programmes audiovisuels) [1988]; Cannes. Wettbewerb für die besten Produktionen des ›anspruchsvollen‹ Fernsehens: Spielfilme, musikalische Beiträge, Kurzfilme, Dokumentarfilme und experimentelle Filme.

Deutsche Preise:
Adolf-Grimme-Preis, Fernsehpreis des Deutschen Volkshochschul-Verbandes, 1961 gestiftet, wird seit 1964 jährlich für vorbildliche Produktionen aller Programmsparten vergeben.
Bambi-Medienpreis der Zeitschriften *Bild + Funk* und *Bunte* (Burda Verlag); besteht seit 1968 für Fernsehfilme (ursprünglich für Kinofilme) und wird u. a. in den Sparten Moderation, Film, Musik, Kultur, Sport und Dokumentation verliehen.

933

KOMMUNIKATION UND MEDIEN

PROGRAMMPRODUKTION UND -KONSUM

ZUSCHAUER-FORSCHUNG

Der Begriff Publikum steht für die Gesamtheit der Zuhörer und Zuschauer, die ein Programm verfolgen können (potentielles Publikum) oder ein Programm tatsächlich verfolgen (reales Publikum). Der Ursprung der Zuschauerforschung ist eng mit den Werbesendungen und dem Aufkommen der Techniken der Meinungsumfrage verbunden (1934: Gründung des *American Institute for Public Opinion* durch George Gallup; 1935: erste Zählungen der Radiohörer von Arthur Nielsen).

Die Ermittlung der Einschaltquote ist für die Programmplanung und für das weitere Schicksal von Sendefolgen von großer, teilweise auch entscheidender Bedeutung. Die Werbung zieht daraus Schlüsse über die Gewohnheiten von Zielgruppen und kann auf dieser Basis gezielter arbeiten: allgemeines Publikum des Senders, Zeiten für bestimmte Programme, Art des Publikums zu diesen Zeiten – alles Elemente, die den Inhalt der Werbebotschaften, ihre Kosten und die Einnahmen des Senders mitbestimmen (je größer die Einschaltquote einer Sendung ist, desto größer sind die Kosten für einen eingeschobenen Werbespot).

Was kann ermittelt werden? Es gibt drei vorherrschende Methoden:
– das *kumulierte Publikum:* Innerhalb einer bestimmten Zeit (im allgemeinen ein Tag, von Montag bis Freitag) wird festgestellt, wie viele von 100 Personen mindestens eine Viertelstunde lang Radio gehört oder ferngesehen haben (die Viertelstunde ist hierbei die Einheit der Zeitmessung) und welchen Sender sie dabei angestellt hatten.
– das *durchschnittliche Publikum* nach Stunden oder während einer Sendung innerhalb einer gegebenen Zeit: Indem man die durchschnittliche Publikumszahl pro Viertelstunde berechnet, kann man die Anzahl der Zuschauer oder Zuhörer eines Programms ermitteln.
– die *durchschnittliche Zeit,* in der von einem Einzelnen oder einem Haushalt ein Programm empfangen wird.

Diese Methoden ermöglichen es den Sendeanstalten, ihr jeweiliges Gesamtpublikum, die durchschnittliche Einschaltdauer für ihre Programme und die Publikumsschwankungen bei diesen Programmen (innerhalb eines Tages oder einer gegebenen Zeit) zu ermitteln.

Diese quantitativen Messungen werden durch Informationen über das Publikum (Alter, Geschlecht, Wohnsituation, Berufsgruppen) und ihre audiovisuellen Konsumgewohnheiten (Einschaltdauer und -zeiten an einem Tag, Vorliebe für einen Sender oder ein spezielles Programm) ergänzt.

Wie wird ermittelt? Die wichtigste Methode ist die der *Umfrage* bei einer repräsentativen Bevölkerungsgruppe. Diese Gruppe wird je nach Land unterschiedlich festgelegt (in Frankreich beispielsweise werden Kinder unter 15 Jahren nicht einbezogen). Diese Umfragen werden mittels unterschiedlicher Techniken durchgeführt, die sich auch ergänzen können (Fragebögen, Telefon, Führen eines Heftes).

Beim Fernsehen verwendet man ein Audimeter, ein Gerät, das an dem Fernseher befestigt wird. Es registriert, wann der Fernsehapparat eingeschaltet wird, wobei auch der Kanal erfaßt wird. Es liefert keinerlei Aufschluß über die individuelle Programmverfolgung (Anzahl der Personen des Haushalts vor dem Fernseher, Abwesenheit oder zeitweise Anwesenheit etc.). Die Informationen werden telefonisch von der mit der Ermittlung beauftragten Gesellschaft (in Deutschland die *Gesellschaft für Konsumforschung* in Nürnberg) abgerufen. Mit Zusatzausrüstungen kann auch die einschaltende Person angegeben und so das Ergebnis präzisiert werden. Mit dem 1991 eingeführten Motivac können auch die Zahl der Zuschauer und deren Reaktionen erfaßt werden.

EINRICHTUNGEN FÜR DIE ZUSCHAUER-FORSCHUNG

Die großen Einrichtungen für die Zuschauerforschung arbeiten mit einigen Ausnahmen (Nielsen) ausschließlich auf nationaler Ebene. Die wichtigsten dieser Institutionen sind:

Brasilien
IBOPE (Öffentliches brasilianisches Meinungsforschungsinstitut).

Deutschland
Teleskopie. Die vom Institut für Demoskopie (IfD) Allensbach und Infas, Bad Godesberg, gegründete Gesellschaft für Fernsehzuschauerforschung verwendet das elektronische Meßgerät ›Telemetron‹ (bis 1979 ›Teleskomat‹), über das nicht nur Geräteeinschaltquoten, sondern über das Betätigen von Personentasten auch personenbezogene Sehbeteiligungswerte ermittelt werden können. Von 1974 bis 1983 für ARD und ZDF tätig, bietet heute Leistungen auf dem freien Markt an.
GfK-Fernsehforschung. Die Gesellschaft mit Sitz in Nürnberg betreibt seit 1984 Zuschauerforschung für ARD und ZDF. Das Meßgerät ›GfK-Meter‹ erfaßt über Tastendruck auf dem Fernbedienungsgerät die Fernsehbeteiligung von bis zu acht Personen, bei bis zu vier Fernsehgeräten pro Haushalt. Es können 98 verschiedene Kanäle registriert werden; das Gerät kann auch Videoaufzeichnungen und die Wiedergabe von mitgeschnittenen Sendungen erkennen. GfK-Fernsehforschung wertet die Daten von etwa 2 800 Haushalten aus und untersucht auch regelmäßig die Sehbeteiligung in verkabelten Haushalten. Die Daten werden nachts automatisch abgerufen und in einer Datenbank gespeichert, wo sie für die Rundfunkanstalten sofort zur Verfügung stehen.

Frankreich
Médiamétrie. 1985 von staatlichen Stellen gegründete privatrechtliche Gesellschaft. Médiamétrie verwendet drei Meßtechniken:
– Audimat: automatische Publikumsmessung über Audimeter (1 000 ausgerüstete Haushalte), wird in Prozent ausgedrückt (1 % entspricht 194 000 Haushalten);
– Médiamat: individuelle Publikumsmessung durch Druckknopf zur Ergänzung von Audimat (geplante Ausrüstung für 2 300 Haushalte; erste Geräte wurden im Februar 1989 installiert);
– die sogenannte Umfrage der 55 000: tägliche telefonische Umfrage bei einer repräsentativen Gruppe (55 000 Personen im Laufe von 10 Monaten, also 5 500 pro Monat).

Großbritannien
BARB (Broadcasters' Audience Research Board): Aktiengesellschaft, die gemeinsam von der BBC und den privaten Unternehmen gehalten wird und 1978 gegründet wurde.
AGB Television Research: Tochtergesellschaft der Audits of Great Britain Ltd., unabhängiges Unternehmen.

Italien
Auditel: Gesellschaft, die 1985 mit einer Beteiligung von jeweils einem Drittel der RAI, der privaten Fernsehgesellschaften und der Werbeagenturen gegründet wurde. Verwendet Audimeter.

Japan
Broadcasting Culture Research Institute (Institut der NHK);
Video Research (für die kommerziellen Unternehmen);
Nielsen Research.

Schweiz
Télécontrol (wurde 1985 von der Schweizerischen Rundfunk- und Fernsehgesellschaft gegründet).

Vereinigte Staaten von Amerika
Nielsen Media Research Company: hatte lange Zeit das Monopol bei der nationalen Zuschauerforschung, bekam 1986–87 jedoch Konkurrenz durch die britische Firma AGB (Verlust der Verträge mit ABC und CBS).

Die Unternehmen, die auf regionaler Ebene arbeiten, sind sehr zahlreich.

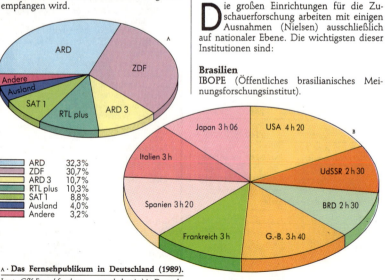

A · **Das Fernsehpublikum in Deutschland (1989).** Laut *GfK-Fernsehforschung* betrug die durchschnittliche tägliche Zuschauerzeit pro Haushalt (also die Zeitdauer, während der das Fernsehgerät eingeschaltet ist) in Deutschland 1989 4 Stunden und 11 Minuten. Die Verteilung zeigt die Vorliebe des Publikums für das erste Programm der ARD.

ARD	32,3 %
ZDF	30,7 %
ARD 3	10,7 %
RTL plus	10,3 %
SAT 1	8,8 %
Ausland	4,0 %
Andere	3,2 %

B · **Das Fernsehpublikum in der Welt (1984).** Laut *Media Monitor* und *Financial Times* beträgt die durchschnittliche Zuschauerzeit pro Person (weit unter der des Haushalte) 1984 je nach Land zwischen 2 Std. 10 und 3 Std. 30.

- Japan 3 h 06
- USA 4 h 20
- UdSSR 2 h 30
- BRD 2 h 30
- G.-B. 3 h 40
- Frankreich 3 h
- Spanien 3 h 20
- Italien 3 h

KOMMUNIKATION UND MEDIEN

FERNSEHEN UND GESELLSCHAFT

FERNSEHEN UND KINO

Alle europäischen Länder haben in den letzten zwanzig Jahren einen deutlichen Rückgang an Kinobesuchern verzeichnet. Im Gegensatz dazu sind die im Fernsehen ausgestrahlten Filme sehr publikumswirksam. Das schwierige Verhältnis zwischen Kino und Fernsehen wird von Land zu Land durch verschiedene Maßnahmen geregelt.

• *In Frankreich: Konkurrenzbeschränkung.* Um Herstellung und Vorstellung der Kinofilme zu schützen, hat der französische Gesetzgeber eine ganze Reihe von Maßnahmen erlassen, die sowohl den öffentlichen als auch den privaten Sektor betreffen:

– einen jährlichen Höchstsatz für die Ausstrahlung von Kinofilmen im Fernsehen (maximal 192 Filme, davon 144 vor 22.30 Uhr);

– Verbot der Ausstrahlung an bestimmten Tagen und zu gewissen Zeiten (Mittwoch- und Freitagabend, mit Ausnahme des Ciné-Club nach 22.30 Uhr; keine Ausstrahlung am Samstag; sonntags nur nach 20.30 Uhr);

– Einführung von Ursprungsquoten (50 % französische Filme) und zeitlicher Abstände zwischen Vorführung im Kino und Ausstrahlung im Fernsehen (3 Jahre nach der Vorführung im Kino);

– für die Privatsender: Beschränkung der Unterbrechungen von Filmen für Werbezwecke.

Da sich das Fernsehen beim Kino mit Programmen versorgt, ist es nur natürlich, daß es zur Herstellung der Kinowerke durch eine finanzielle Abgabe beiträgt. Dieser direkte oder indirekte Beitrag (Rechte, Koproduktion usw.) beläuft sich auf 20 bis 25 % der Kosten der Kinofilme von 1987.

• *In Deutschland: eine Politik der Zusammenarbeit.* Seit Beginn der 70er Jahre haben die öffentlichen Sendeanstalten viel zum Erhalt und zum Ansehen der nationalen Kinoproduktion beigetragen, indem sie an der Herstellung der meisten neuen Filme beteiligt waren. 1974 wurde ein erstes ›Film/Fernsehen-Abkommen‹ unterzeichnet, das neben der Kooperation den ›Vorabkauf‹ von Rechten zur qualitativ guten deutschen Filmen zur Verwertung im Fernsehen vorsah. Die Verpflichtung zur Koproduktion wurde 1986 noch einmal für zwei Jahre verlängert. Doch heute scheint diese Zusammenarbeit gefährdet. Der Gesetzgeber schuf keine Sicherung dieser nationalen Produktion gegenüber den Privatsendern. Im Jahre 1984 haben die öffentlichen Sender, die Großkonsumenten bei den Filmen, ihre Lager mit amerikanischen Produktionen aufgefüllt, um der Konkurrenz der Privatsender die Stirn bieten zu können.

SPORT UND FERNSEHEN

Der Sport eignet sich gut für das Fernsehen (›optisches‹ Spektakel, das direkt übertragen wird). Wenn sich die sehr beliebten Sportübertragungen auch als hervorragende Werbeträger erweisen, werden ihre Kosten andererseits immer höher.

• *In Deutschland:* Der Kampf um die Exklusivrechte begann zwischen den Sendern mit der Einführung des Privatfernsehens, da die Fußballspiele, vor allem die Länderspiele, und Tennisspiele Zuschauermagneten waren: 35 bis 40 % der Zuschauer, mit Spitzenwerten von 50 % bei Weltmeisterschaften. Die Veranstalter können heute bei den Verhandlungen um die Exklusivübertragungsrechte sehr hohe Preise aushandeln: Die Bertelsmann-Tochter Ufa, die mit 40 % an RTL plus beteiligt ist, erwarb Ende 1988 für 50 Millionen DM die Übertragungsrechte für fünf Jahre an dem Tennisturnier in Wimbledon. Während die komplette Liveübertragung 1988 150 000 DM gekostet hatte, hätten ARD und ZDF 1989 allein für die Kurzberichte in den Nachrichten und nach 23 Uhr sowie für Hörfunkübertragungen 1 Million DM an die Ufa bezahlen müssen. So blieb die eine Hälfte der Sportfans, die RTL plus nicht empfangen konnte, von der Übertragung dieses Sportereignisses ausgeschlossen, was zu einer heftigen öffentlichen Diskussion führte und dann zu einem Staatsvertrag zwischen den Ländern, der das Recht auf freie Kurzberichterstattung festschrieb. Mitte 1989 wurde zwischen den öffentlich-rechtlichen Sendeanstalten und der Ufa ein Vertrag abgeschlossen, der die Übertragungsrechte an der Fußballbundesliga 1989/90 regelte. In der Saison 1990/91 darf die ARD vier Begegnungen pro Spieltag, das Aktuelle Sportstudio des ZDF eine Begegnung übertragen (Kosten: insgesamt 35 Millionen DM), RTL plus besitzt die Rechte für die Erstverwertung der übrigen Spiele und für alle Spiele an Werktagen.

• *In den Vereinigten Staaten: Triumph des Superbowl.* Das Finale des American Football ist eine der wichtigsten Sendungen des amerikanischen Fernsehens. Mit 110 bis 120 Millionen Zuschauern ist die Beliebtheit dieser sportlichen Superschau nicht zu leugnen. Das Fernsehen hat ihr mittlerweile den Vorzug vor dem traditionellen Baseball gegeben. Das Finale der Superbowl war fünfmal unter den zehn Rekordsendungen seit 1960. Die Kosten für einen in der Übertragung zwischengeschalteten Werbespot von 30 Sekunden belaufen sich auf 550 000 Dollar.

B · **Fernsehen und Politk: die Debatte Bush–Dukakis im September 1988.**

Macht das Fernsehen die Wahl? In den 60er Jahren ist das Fernsehen zu einem wichtigen politischen Ausdrucksmittel geworden. Es hat zur Entwicklung von Debattenformen, der Sprache und des Verhaltens der Regierenden beigetragen. Es wäre gewagt, würde man sagen, daß die Wahlergebnisse direkt damit zusammenhingen, ob die Kandidaten ›telegen‹ sind oder nicht. Aber welcher Politiker würde es versäumen, seinen Auftritt am Abend vor einer wichtigen Wahl vorzubereiten, wenn es darum geht, das Image zu stärken? Heute ist das Fernsehen im übrigen nur noch ein Element von vielen in der ›politischen Kommunikation‹ oder sogar dem ›politischen Marketing‹.

IOK: DER PREIS DER BILDER

Das Internationale Olympische Komitee (IOK) besitzt alle Übertragungsrechte der Olympischen Spiele. Der Gesamtbetrag dieser Rechte, die Gegenstand von Verhandlungen zwischen dem IOK und den Medien aus der ganzen Welt sind, hat einen enormen Anstieg verzeichnet, denn er kletterte von 1,2 Millionen Dollar 1960 in Rom auf 287 Millionen Dollar für Los Angeles im Jahre 1984. 1988 haben sich die Preise jedoch (relativ) stabilisiert, da sich, so scheint es, die amerikanischen Sender dazu entschlossen hatten, dieser Inflation Einhalt zu gebieten. NBC, das die Exklusivrechte für die Übertragung der Olympischen Spiele in Seoul für die USA erhielt, zahlte 300 Millionen Dollar, also dreimal soviel wie alle anderen Sender der Welt zusammengenommen. Jeder Sender, der die Exklusivrechte an einer Übertragung erhält, erwirtschaftet jedoch auch erhebliche Einnahmen durch Einblenden von Werbespots.

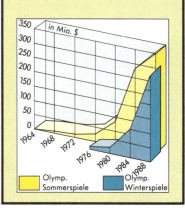

A · **Das Fernsehen und sein Publikum in den 60er Jahren aus der Sicht von Sempé.**

Wie soll man ein Programm gestalten, um den Erwartungen der Zuschauer gerecht zu werden? Muß, kann das Fernsehen kulturell sein? Zu welcher Zeit? Diese Diskussion ist so alt wie das Fernsehen selbst. Und der Streit flammt in Frankreich durch die Konkurrenz des Privatfernsehens und der allgemeinen Verbreitung von Audimat wieder auf.

KOMMUNIKATION UND MEDIEN

ÜBERTRAGUNG PER SATELLIT

ARTEN VON SATELLITEN

Nachrichten- oder Kommunikationssatelliten sind unbemannte künstliche Erdsatelliten, die auf eine kreisförmige (Synchronsatelliten) oder elliptische (Molnija-Satelliten) Bahn transportiert wurden. Sie ermöglichen einen flächendeckenden nationalen und vor allem internationalen Nachrichtenverkehr und Fernsehprogrammaustausch.

• **Nachrichtensatelliten als Relaisstation:** Sie empfangen die von den Erdfunkstellen über Richtfunk abgestrahlten Signale, verstärken sie und strahlen sie in das Versorgungsgebiet (Ausleuchtzone) des betreffenden Satelliten ab. Wichtigste Organisationen für Nachrichtensatellitensysteme sind *Intelsat, Intersput-*

nik und *Eutelsat.* Über die geostationären Intelsat-Nachrichtensatelliten (zur Zeit wird die aus sieben Satelliten bestehende Serie VI installiert) werden annähernd 70 % der gesamten internationalen Telekommunikationsverbindungen und fast die gesamte internationale Fernsehprogrammverteilung abgewickelt. Von Eutelsat werden die ECS-Satelliten (European Communication Satellite) betrieben. ECS 1 strahlt z. B. seit 1985 das Fernsehprogramm SAT 1 aus. Intersputnik ist das System der osteuropäischen Staaten, wobei Deutschland nach der Vereinigung Mitglied in allen drei Organisationen ist.

• **Satelliten für Direktempfang** (engl. DBS, Direct Broadcasting System) sind das Kernstück des Satellitenfernsehens. Dazu werden die in den Studios zusammengestellten Programme per Richtfunk zu den Satelliten (z. B.

Astra, TV-SAT 2, TDF 1, DFS Kopernikus) gesendet und nach Verstärkung diffus in das Empfangsgebiet abgestrahlt. Mit Hilfe von kleinen Parabolantennen (›Schüssel‹) und einem Zusatzgerät zur Ausrichtung der Antenne auf den Satelliten kann das Programm unmittelbar in der Wohnung empfangen werden. Verschiedene Programme werden auch von Antennen der Post empfangen und in die Kabelnetze eingespeist. Die Parabolantennen haben einen Durchmesser zwischen 60 und 180 cm, die Kosten lagen 1989 bei etwa 1 500 bis 4 000 DM. 1989 konnten in Europa schon rund 50 Satellitenfernsehprogramme direkt empfangen werden. Darunter findet sich ein erheblicher Teil privater Fernsehprogramme, deren Ausstrahlung in Deutschland nach der Verabschiedung entsprechender Mediengesetze 1987 möglich wurde.

Beispiele von Radio- und Fernsehsatelliten

	Punkt zu Punkt	direktstrahlend	
Beispiele	Telecom 1	TDF 1/TV-SAT 2	ASTRA
Sendestärke	schwach; 5 bis 10 W pro Kanal	stark; 230 W pro Kanal	mittel; 10 bis 50 W pro Kanal
Anzahl der Kanäle	9 bis 24	4 bis 5	16
Benutzungsgebühr für einen Fernsehkanal	6 bis 7,5 Mio. DM pro Jahr	24 bis 36 Mio. DM pro Jahr	10 Mio. DM pro Jahr
Empfangsantennen	3 bis 5 m Durchmesser (Kosten werden beim Empfänger erhoben)	individuell: 0,6 m Durchmesser; 1 000–2 000 DM; Gemeinschaftsantenne: über 1 m, 150 bis 240 DM pro Teilnehmer	individuell: 0,6 m Durchmesser; 1 000–2 000 DM; Gemeinschaftsantenne: über 1 m, 150 bis 240 DM pro Teilnehmer
wichtigste Aufgaben	Telefon, Telekommunikation, Fernsehen (über Kabel oder Antenne)	Fernsehprogramme; Direktempfang durch die Teilnehmer oder verteilt über Kabel	Fernsehprogramme; Direktempfang durch die Teilnehmer oder verteilt über Kabel
Aufnahme des Sendebetriebs	1985	1989	1989

Satellitenprojekte zur Direktübertragung

Satellit	Sendebereich	Betreiber	geplanter Start	geschätzte Kosten in Millionen ECU	Bemerkungen
TEL-SAT (Schweiz)	Schweiz	verschiedene	UB	NM	Privatprojekt, noch nicht genehmigt
NOROSAT (Schweden)	Skandinavien	verschiedene	UB	NM	wird diskutiert
SARIT (Italien)	Italien	verschiedene	UB	NM	Ergänzung zu Olympus
SABS (Saudi-Arabien)	Saudi-Arabien	verschiedene	UB	NM	wird diskutiert
BSB (Großbritannien)	Großbritannien	British Satellite Broadcasting	NM	NM	–
EUROSAT (Europa)	Europa	Eutelsat	NM	NM	Projekt
HISPASAT (Spanien)	Spanien	PTT	UB	NM	–
ASTRA 2 (Großbritannien)	Europa	R. Murdoch	Mitte 1991	NM	–
TDF 2 (Frankreich)	Frankreich	TDF	1990	250 (*)	–
ATLANTIC SAT (Irland)	Irland, von der europäischen Westküste bis zur amerikanischen Ostküste	Hugues Comp. (USA) und irische Partner	1991	400 (**)	aufgegeben (✧)
BS 3 (Japan)	Japan	NHK	1991	NM	Nachfolger von BS 2

UB = unbekannt
NM = nicht mitgeteilt

(*) Satellit ohne Start
(**) Gesamtkosten

CHRONOLOGIE DER SATELLITENSTARTS

1960: USA: erster passiver Ballonsatellit; ›Echo 1‹.
1962: USA: erster kommerzieller Fernsehsatellit (›Telstar‹).
1963: USA: erster geostationärer Nachrichtensatellit (›Syncom 2‹).
1965: USA: Intelsat 1 (›Early Bird‹), erster Telekommunikationssatellit; mit 240 Fernsprechkreisen oder einem Kanal für Schwarz-Weiß-Fernsehen. Beginn des Satellitenfernsehens. – UdSSR: erster Molnija-Satellit.
1969: USA: Intelsat 3 mit 1200 Fernsprechkreisen oder 4 Fernsehkanälen.
1972: Kanada: Anik A1, 6 000 Telefongespräche oder 12 Fernsehprogramme in Farbe.
1974: UdSSR: dritte Molnija-Generation, Möglichkeit der Übertragung des Farbfernsehens.
1976: Indonesien: erster Telekommunikationssatellit (System Palapa).
1977: Europa: Abkommen zwischen Frankreich und der Bundesrepublik Deutschland für die Programme TDF 1 und TV-SAT, die als Satellitenfernsehen im Direktempfang eingerichtet wurden. – Welt: Die World Administrative Radio Conference (WARC) nimmt einen Plan für die Aufteilung der geostationären Satellitenpositionen und der Frequenzen an.
1978: Europa: Start des Festsatelliten OTS (Orbital Test Satellite). – Indien: Das Staatsgebiet wird durch den amerikanischen Satelliten AIS 6 abgedeckt. – Japan: Versuchssatellit BSE (Broadcasting Satellite for Experimental Purpose).
1983: Europa: ECS 1 (European Communication Satellite), zwei Farbfernsehprogramme für die Eurovision und 12 000 gleichzeitige Telefongespräche.
1985: Mittlerer Osten: Netz Arabsat. – Europa: Telecom 1.
1986: Japan: BS-2.
1988: Japan: Übertragung der Olympischen Spiele von Seoul durch hochauflösendes Fernsehen und über Satellit für Direktempfang. – Europa: Start des Astra, erster privater europäischer Satellit, mit der Rakete Ariane 4.
1989: BRD: TV-SAT 2 mit fünf Fernsehkanälen (RTL plus, SAT 1, Eins Plus, 3SAT, ein Kanal mit Hörfunkprogrammen). Start von Kopernikus (sechs Fernsehkanäle, 2 000 Telefon- und Datenleitungen).
1990: Großbritannien: BSB (British Satellite Broadcasting) wird in Betrieb genommen. – In Frankreich strahlt TDF 1 nur La Sept (auch durch Kabel und samstags durch FR 3 verbreitet) und ein Programm von Radio France (Victor) aus.

KOMMUNIKATION UND MEDIEN

BETEILIGTE

Die Entwicklung des Satellitenfernsehens führt zur Beteiligung von internationalen Organisationen (deren Mitglieder die Staaten sind) und von privaten oder halbprivaten Organisationen.

Die internationalen Organisationen

Intelsat (International Telecommunications Satellite Consortium): wurde am 19. August 1964 gegründet. Sitz in Washington. Umfaßte 1989 112 Mitgliedsstaaten. Die Installation der neuen Intelsat-Satelliten hat sich infolge der Startpause der amerikanischen Raumtransporter verzögert.

Eutelsat (European Telecommunications Satellite Organization): staatenübergreifende Organisation, die am 1. September 1985 von 17 Mitgliedsstaaten der Europäischen Konferenz der Post- und Telekommunikationsverwaltungen gegründet wurde. Mit 26 Mitgliedsländern im Jahre 1988 leitet sie das Programm ECS (European Communication Satellite). Sitz ist Paris.

Europäische Weltraumorganisation: ESA (European Space Agency) umfaßt seit dem 31. Mai 1975 Österreich, Belgien, Dänemark, Frankreich, Bundesrepublik Deutschland, Irland, Niederlande, Italien, Spanien, Norwegen, Schweden, Schweiz und Großbritannien, Finnland ist assoziiertes Mitglied. Sitz ist Paris. Ist mit der Entwicklung des Programms ECS beauftragt und hat zu Beginn der 70er Jahre das Programm H-SAT (heute Olympus) anlaufen lassen, von dem sich 1977 Frankreich und die Bundesrepublik Deutschland zurückzogen, als die WARC einen Plan zur nationalen Verteilung der geostationären Satellitenpositionen und der Frequenzen annahm. Die Schwerpunkte in der Arbeit des ESA liegen allerdings nicht im Bau von Nachrichtensatelliten, sondern sind 1. die Entwicklung und Bau einer leistungsstärkeren Version der Ariane-Rakete, 2. die Entwicklung einer eigenen Raumfähre (Hermes) und 3. der Bau des Forschungslabors Columbus für die Raumstation der USA.

Intersputnik: 1971 gegründete Organisation, Mitgliedsstaaten sind: DDR (seit 1990 Deutschland), Bulgarien, Kuba, Ungarn, Mongolei, Polen, Rumänien, Tschechoslowakei und UdSSR. Sitz ist Moskau. Dieses Netz griff zuerst auf die Umlaufsatelliten Molnija zurück, dann, ab 1975, auf die geostationären Satelliten Raduga und Gorizont.

ASCO (Arab Satellite Communications Organization): arabische Satelliten- und Telekommunikationsorganisation. ASCO wurde 1976 gegründet, umfaßt gegenwärtig 21 Länder der Arabischen Liga und leitet das System Arabsat. Sitz ist Riad.

Afsat: Organisation der Mitgliedsländer der afrikanischen Post- und Telekommunikationsunion (Union africaine des postes et télécommunications – UAPT). Die Afsat plant die Einrichtung eines Telekommunikationssystems über Satellit.

Palapa: Netz der regionalen Telekommunikation für Indonesien und einige Länder Südostasiens. Es gewährleistet die Hörfunk- und Fernsehverbindungen für 130 Millionen Bewohner auf 13 000 Inseln.

Die Partner der Direktübertragung

Eurosatellit: 1977 gebildetes deutsch-französisches Konsortium, dessen Hauptaktionäre MBB (Messerschmitt-Bölkow-Blohm) und AEG in Deutschland sowie Aérospatiale und Alcatel Espace in Frankreich sind. Ist mit dem Bau von deutschen (TV-SAT), französischen (TDF) und schwedischen (TELE X) Satelliten für den Direktempfang beauftragt.

S.E.S. (Société européenne de satellites): Privatunternehmen unter luxemburgischem Recht, 1985 für das Projekt ASTRA gegründet. Die Hauptaktionäre sind die Société nationale de crédit et d'investissement und die Caisse d'épargne du Luxembourg (20%), der englische Fernsehsender Thames TV (10%), die Dresdner Bank (12%), skandinavische Unternehmen wie Scansat (8%), die Société générale de Belgique und der Konzern Bruxelles Lambert (8%). ASTRA, der am 13. Dezember 1988 auf eine geostationäre Umlaufbahn gebracht wurde, kann gleichzeitig bis zu 16 Fernsehprogramme übertragen.

BSB (British Satellite Broadcasting): Privatunternehmen mit den wichtigsten Aktionären Anglia TV, Granada, Pearson, Virgin, Bond Corp. und François-Jérôme Seydoux (Generaldirektor von Chargeurs S. A.); hat eine Frist von 15 Jahren erhalten, um das ›Direct Broadcasting System‹ (Direktempfang) einzurichten.

NHK (Nippon Hoso Kyokai): nationales öffentliches japanisches Fernsehen. 1990 erreichte NHK 1 Million Teilnehmer. Der Versuch, einen zweiten Satelliten in die Umlaufbahn zu bringen, scheiterte, da dieser mit der Trägerrakete Ariane explodierte. Für 1991 ist ein erneuter Start geplant.

Die USA und Kanada halten den Direktempfang für wenig rentabel. Deshalb wurde noch keines der 1988 der FCC (Federal Communications Commission) vorgelegten amerikanischen Programme beendet: COMSAT (Communication Satellite Company), ein 1962 für die Entwicklung der Kommunikation über Satellit für die USA gegründetes Unternehmen erlitt Verluste in Höhe von 120 Millionen Dollar.

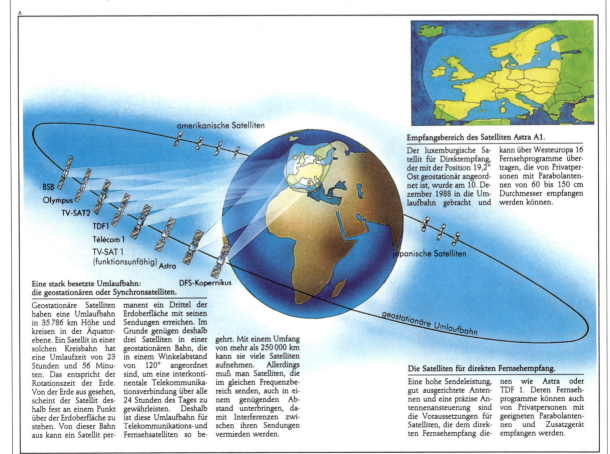

Empfangsbereich des Satelliten Astra A1.

Der luxemburgische Satellit für Direktempfang, der mit der Position 19,2° Ost geostationär angeordnet ist, wurde am 10. Dezember 1988 in die Umlaufbahn gebracht und kann über Westeuropa 16 Fernsehprogramme übertragen, die von Privatpersonen mit Parabolantennen von 60 bis 150 cm Durchmesser empfangen werden können.

Eine stark besetzte Umlaufbahn: die geostationären oder Synchronsatelliten.

Geostationäre Satelliten haben eine Umlaufbahn in 35 786 km Höhe und kreisen in der Äquatorebene. Ein Satellit in einer solchen Kreisbahn hat eine Umlaufzeit von 23 Stunden und 56 Minuten. Das entspricht der Rotationszeit der Erde. Von der Erde aus gesehen, scheint der Satellit deshalb fest an einem Punkt über der Erdoberfläche zu stehen. Von dieser Bahn aus kann ein Satellit permanent ein Drittel der Erdoberfläche mit seinen Sendungen erreichen. Im Grunde genügen deshalb drei Satelliten in einer geostationären Bahn, die in einem Winkelabstand von 120° angeordnet sind, um eine interkontinentale Telekommunikationsverbindung über alle 24 Stunden des Tages zu gewährleisten. Deshalb ist diese Umlaufbahn für Telekommunikations- und Fernsehsatelliten so begehrt. Mit einem Umfang von mehr als 250 000 km kann sie viele Satelliten aufnehmen. Allerdings muß man Satelliten, die im gleichen Frequenzbereich senden, auch in einem genügenden Abstand unterbringen, damit Interferenzen zwischen ihren Sendungen vermieden werden.

Die Satelliten für direkten Fernsehempfang.

Eine hohe Sendeleistung, gut ausgerichtete Antennen und eine präzise Antennenansteuerung sind die Voraussetzungen für Satelliten, die dem direkten Fernsehempfang dienen wie Astra oder TDF 1. Deren Fernsehprogramme können auch von Privatpersonen mit geeigneten Parabolantennen und Zusatzgerät empfangen werden.

KOMMUNIKATION UND MEDIEN

ÜBERTRAGUNG PER SATELLIT

Fernsehsatelliten: die europäischen Programme

Land	Kanal	Eigner	Programminhalte
Bundesrepublik Deutschland	Tele 5	Berlusconi, Herbert Kleuber (Produzent), CLT	Musikprogramm, Teleshopping, Serien, Spielfilme; sendet rund um die Uhr
	BR 3	öffentlich-rechtlich	Regionalprogramm; Informations- und kulturelle Sendungen; Sendezeit 11 Stunden täglich
	West 3	öffentlich-rechtlich	Regionalprogramm; Informations- und kulturelle Sendungen; Sendezeit 11 Stunden täglich
	ARD	öffentlich-rechtlich (1. Fernsehprogramm)	allgemeines Programm; Sendezeit 11 Stunden täglich
	3SAT	ZDF (2. Fernsehprogramm) ORF (österreichisches Fernsehen) SRGTV (schweizerisches Fernsehen)	Auswahl aus den drei deutschsprachigen Programmen; viele Magazine, Dokumentarsendungen; Sendezeit 10 Stunden täglich
	Eins Plus	öffentlich-rechtlich	Kulturprogramm; Sendezeit 5 Stunden täglich
	RTL plus	CLT, Bertelsmann, WAZ-Gruppe	allgemeines Programm, Teleshopping; Sendezeit 12 Stunden täglich
	SAT 1	PKS (Leo Kirch), Springer, Verleger	allgemeines und Unterhaltungsprogramm, viele Serien; viel Raum für Informationen; Teleshopping; von 16 bis 24 Uhr
	Pro 7	Thomas Kirch	Filme, Serien und Teleshopping
	Tele West	WAZ-Gruppe, verschiedene Verlage	Filme und Serien, Regionalnachrichten, Sport und Unterhaltung, montags bis freitags 18 bis 18.45 Uhr
Finnland	TV 3	öffentlich	allgemeines Programm
Frankreich	Canal Jeunesse	Hachette	spezielles Programm für Kinder; von 8 bis 20 Uhr
	La 5	Hersant, Berlusconi, Hachette, Vernes-Gruppe	allgemeines Programm; sendet 22 Stunden täglich
	M 6	CLT, La Lyonnaise des eaux, Crédit agricole	allgemeines Programm; von 13 bis 24 Uhr
	T.V.5	A 2, FR 3, SSSR (Welschschweiz), RTBF (Französisch sprechendes Belgien), CTQC (Französisch sprechendes Kanada)	Auswahl aus fünf Programmen; Sendezeit 4 Stunden täglich
	Screensport/TV Sport (Frankreich und Großbritannien)	Wh. Smith (GB), Générale des eaux (F)	umfassendes Sportprogramm; große Sportveranstaltungen werden in voller Länge direkt übertragen; von 17 bis 22.30 Uhr
	SIP	öffentlich	allgemeines Programm; sendet 8 Stunden täglich
	Sport 23	privat	Sportprogramm
	Canal +	Canal +	Kinofilme
	Canal Enfants	Pressegruppe¿	spezielles Kinderprogramm
	Euromusique	privat	Musikprogramm
Großbritannien	Childrens Channel	Thorn Erni	spezielles Kinderprogramm: Zeichentrickfilme, lehrreiche Spiele, Dokumentationssendungen; Sendezeit 8 Stunden täglich
	Lifestyle		Hausfrauenprogramm, Küchenrezepte und medizinische Ratschläge; von 9 bis 12.30 Uhr
	MTV Europe	Robert Maxwell, Viacom, British Telecom	Musikprogramm mit angloamerikanischem Rock; sendet rund um die Uhr
	BBC TV Europe	öffentlich	Mischungen aus den beiden allgemeinen Programmen
	The Arts Channel		Kunstprogramme
	Premiere	Robert Maxwell	ein dem Kino gewidmetes Programm; Sendezeit 17 Stunden täglich
	Landscape Channel		Landschaftsbilder mit Instrumentalmusik; Sendezeit 3 Stunden täglich
	Sky Channel	News Corporation (R. Murdoch)	allgemeines Programm: Vermischtes, Sport, Serien; drei Filme pro Woche, Teleshopping; von 7.30 bis 24 Uhr
	Sky News		Nachrichten, Informationen; sendet rund um die Uhr
	Super Channel	ITV (private britische Sendeanstalt)	Musik, Serien, Sport; einmal ein Film pro Woche; täglich spezielle Kindersendungen
	Eurosport		Sport nonstop und dreisprachig
	Sky Movies	News Corporation (R. Murdoch)	alte Filme; Sendezeit 8 Stunden täglich
Italien	RAI 1 und 2	öffentlich	allgemeines Programm; Fernsehfilme, Serien, Filme, Verschiedenes, viele Informationssendungen; von 7.30 bis 24 Uhr
Niederlande	Film Net Kindernet	VNU (Multimediengruppe), Esselte	Filmprogramme; weil die Filme in Originalfassung ausgestrahlt werden, gibt es englische und deutsche Untertitel; sendet rund um die Uhr
Norwegen	New World Channel		christliches Programm; Sendezeit 2 Stunden täglich
	Info Film & Video		Kino und Video; Sendezeit 3 Stunden täglich
	NRK	öffentlich	allgemeines Programm; Sendezeit 9 Stunden täglich
Schweden	SVT 1 und 2	öffentlich	allgemeines und bildendes Programm; Sendezeit 7 Stunden täglich
	Sweden Today		Nachrichten, Informationen
Schweiz	Teleclub	Telesystem, Leo Kirch, Beta Film	30 verschiedene Filme im Monat in deutscher Sprache; einige Sportsendungen; Verschiedenes; Dokumentarsendungen; von 17 bis 24 Uhr
	EBC		Wirtschaftsinformationen
Spanien	TVE 1	öffentlich	allgemeines Programm; Sendezeit 14 Stunden täglich

KOMMUNIKATION UND MEDIEN

DAS KABELFERNSEHEN

CHRONOLOGIE

1948: USA: John Walson, ein Verkäufer von Fernsehgeräten, hat die Idee, eine Gemeinschaftsantenne aufzustellen, um dann über ein Koaxialkabel die Einwohner von Manoha City (Pennsylvania), die im Sendeschatten liegen, mit Programmen zu versorgen. Er wird als der Vater des Kabelfernsehens bezeichnet.
1950: Kanada: Über Kabelfernsehen werden verstärkt die ländlichen Gebiete versorgt. – Großbritannien: Für Gebiete, in denen ein Fernsehempfang über Antennen schwierig ist, werden Kabelverbindungen verlegt.
1960: Niederlande: Bau der ersten Netze; sie werden oft von den Städten betrieben und sind sehr verstreut.
1966: USA: Beginn eines langen Kampfes der Rundfunksender mit Druck auf die FCC (Federal Communications Commission), damit die Kabelübertragung auf die lokalen Sender beschränkt bleibt.
1972: USA: Zulassung nichtlokaler Programme zur Kabelübertragung.
1973: Belgien: 300 000 Haushalte empfangen Sendungen des deutschen, französischen und niederländischen Fernsehens dank der verschiedenen Netze, die von Privatunternehmen, Gemeinden und gemischtwirtschaftlichen Gesellschaften eingerichtet wurden.
1982: Großbritannien: Schaffung der Arbeitsgruppe *Information Technology Advisory Panel* zur Entwicklung des Kabelfernsehens auf der Basis privater Netze. – BRD: Die Bundespost beginnt mit dem Aufbau eines Kupferkoaxialkabelnetzes (Breitbandkabelnetz, BK-Netz). – Frankreich: Das Gesetz über die audiovisuelle Kommunikation vom 29. Juli legt fest, daß die *Haute Autorité* Genehmigungen für die Schaffung und Nutzung von Kabelnetzen erteilen kann; im November verabschiedet der Ministerrat den ›Verkabelungsplan‹.
1984: BRD: Kabelpilotprojekte in Ludwigshafen und München. – Frankreich: Einweihung eines Glasfasernetzes in Biarritz (21. Mai), das Erprobungszwecken dient. – Großbritannien: *British Telecom* wird im Juli privatisiert.
1985: BRD: Kabelpilotprojekt in Dortmund und Berlin (West).
1988: In Berlin wird das größte Glasfaser-Testnetz der Welt in Betrieb genommen (BERKOM, Berliner Kommunikationssystem).
1989: BRD: Von Februar an dürfen in abgelegenen Gebieten durch private Gesellschaften eigene Kabelnetze errichtet werden. Die Nutzung dieser privaten Netze für Fernwirkdienste (Temex) wird Ende dieses Jahres von der Bundespost verboten.
1990: Frankreich: *France Télécom* gibt die zu kostspielige Glasfasertechnik auf; *France Télécom* forciert den Ausbau des Kabelnetzes durch Kapitalbeteiligungen bei den Betreibern (5 bei 35 % je nach Standort) und durch den kostenlosen Anschluß von Wohnblöcken. – BRD: Zur Jahresmitte waren in den alten Bundesländern 7,2 Millionen Haushalte an das Kabelnetz angeschlossen; für insgesamt 14,9 Millionen Haushalte war eine Anschlußmöglichkeit vorhanden.

GLOSSAR

Baumnetz: Aufbauschema eines aus Koaxialkabeln gebildeten Netzes.
Glasfaserkabel: Wellenleiter, in dem Licht als Trägerschwingung für Text-, Bild und Tonsignale geführt wird. Das Licht kann die Glasfaser infolge der Totalreflexion zwischen Kern und Mantel nicht verlassen. Da die Informationen mittels Laserlicht und nicht durch elektrische Impulse übertragen werden, sind Glasfaserkabel gegenüber elektromagnetischen Störungen unempfindlich. Sie haben zudem noch eine weit höhere Übertragungskapazität als Koaxialkabel.
Koaxialkabel: elektrischer Leiter, dessen metallischer Innenleiter von einem ebenfalls metallischen Außenleiter umgeben ist. Der Abstand beider Leiter wird durch Kunststoffscheiben oder -schaum gesichert. Flexible Antennenzuführungen besitzen ein Drahtgeflecht als Außenleiter, Senderzuführungen haben stattdessen gewellte Rohre. Solche Leiter eignen sich besonders zur Übertragung breiter Frequenzbänder.
Sternnetz: Aufbauschema eines Glasfasernetzes.

Stand der Verkabelung 1988

Land	Anzahl der angeschlossenen Haushalte	Anteil in %
Belgien	3 100 000	84
BR Deutschland	2 300 000	10
Dänemark	1 200 000	62
Frankreich	200 000	1
Großbritannien	360 000	1,5
Japan	4 585 000	12
Kanada	5 600 000	75
Luxemburg	100 000	82
Niederlande	5 300 000	62
Österreich	1 550 000	35
Schweden	150 000	4
Schweiz	1 200 000	48
Spanien	–	–
USA	64 571 000	75

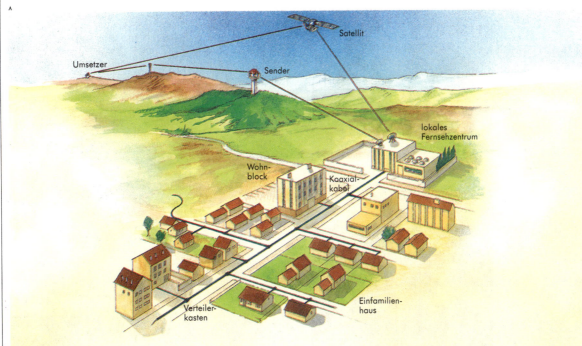

▲ · **Ein Kabelnetz.** Diese Abbildung zeigt die Struktur, die ein Glasfaser-Kabelnetz in der Zukunft aufweisen könnte. Ein Netzkopf erhält die Ton- und Bildsignale, die über Satellit, Relaisstationen auf der Erde oder über Kabelverbindungen gesendet werden. Ein lokales Programmzentrum mit einem Aufzeichnungsstudio, mit Videorecordern und -platten liefert dem Abonnenten auf seinen Wunsch hin besondere Sendungen. Netzkopf und Programmzentrum sind mit einem Betriebszentrum über Kabel verbunden. Das Betriebszentrum gewährleistet den Signalfluß zum und vom Benutzer und ermittelt automatisch die Gebühren für die beanspruchten Dienstleistungen. Über dieses Zentrum hat der Nutzer auch Zugang zu den verschiedenen Telekommunikationsdiensten des ISDN-Netzes (ISDN = Integrated Services Digital Network). Die Verteilungszentren für Stadtteile, die jeweils 250 bis 1 000 Haushalte versorgen, sind über Glasfaserkabel mit dem Betriebszentrum verbunden. Von jedem Verteilerzentrum aus gehen Glasfaserkabel in einen Verteilerkasten, der ein Gebäude oder eine Reihe von Einzelwohnungen versorgen. Über den Verteilerkasten wird auch die Rückwandlung der optischen Signale in elektrische Signale gesteuert, die dann an die Einzelanschlüsse geleitet werden.

KOMMUNIKATION UND MEDIEN

DIE WERBUNG

VON DER REKLAME ZUR KOMMUNIKATION

Dreitausend Jahre vor Christus hatte in Theben, in Oberägypten, ein Herr die Idee, ein Papyrusplakat anzubringen, auf dem eine Belohnung für den ausgeschrieben war, der seinen entflohenen Sklaven wiederfände. Dies ist nach Meinung der Geschichtswissenschaftler die Geburt der Werbung gewesen.

Die Anfänge der Werbung. Die ersten eigentlichen Spuren von kommerzieller Werbung finden sich in Pompeji (79 n. Chr.), wo man an den Mauern Ankündigungen von Zirkusspielen, Hinweise auf eine Taverne und sogar auf die Dienste von Prostituierten fand. Doch jahrtausendelang tat sich die Werbung schwer, bis Gutenberg um 1438 den Buchdruck erfindet und somit die Vervielfältigung von Dokumenten ermöglicht. Jedes neu auftauchende Element in der Medienwelt wird von nun an die kommerzielle Kommunikation verändern.

Das erste 1482 gedruckte Plakat verkündete das Fest Grand Pardon von Notre-Dame-de-Reims. Vor allem in London entwickelte sich die Werbung ab dem 17. Jh. Durch die große Pest entstand ein unerwarteter Bedarf an Prospekten und Plakaten, auf denen Medikamente angepriesen wurden. Die Presse, die dann in allen europäischen Ländern und in Amerika aufkam, bot sich mehr und mehr als Werbeträger an, um für den Leser einen niedrigeren Verkaufspreis zu erzielen und um sich von der Vormundschaft der Regierung zu befreien. Man ging sogar so weit, daß sogenannte Artikel von Journalisten veröffentlicht wurden, die nichts anderes als eine verschleierte Werbeschrift waren. So konnte sich in allen westlichen Ländern ab 1830 eine Presse für die breite Masse mit sehr hohen Auflagenzahlen und niedrigen Preisen entwickeln: die sogenannte Penny-Presse.

Zu dieser Zeit gab es noch keine berufsmäßige Werbung. Die Herausgeber der Zeitungen kümmerten sich selbst um die Gestaltung der Werbung ihrer Kunden. Die Plakate erreichten schon ein hohes ästhetisches Niveau: In Frankreich H. de Toulouse-Lautrec, in England A. V. Beardsley, in Deutschland T. T. Heine und P. Scheurich sind Meister in diesem Bereich.

Das 20. Jh. bringt drei neue Werbeträger: Kino, Rundfunk und Fernsehen. Der erste Werbefilm für das Kino wurde 1904 von den Brüdern Lumière (weniger als 10 Jahre nach der Erfindung der Kinematographie) für den Champagner Moët-et-Chandon gedreht. Seit 1922 gibt es in den USA Rundfunkwerbung. Im darauffolgenden Jahr unterzeichnete in Frankreich der Herausgeber Albin Michel den ersten Rundfunkwerbevertrag mit dem Sender Radiola. 1947 veränderte dann das Fernsehen den amerikanischen Werbemarkt. In Deutschland begann als erster der Bayerische Rundfunk am 3. November 1956 mit Fernsehwerbung; seit dem 1. April 1959 verbreitet die ARD regional, seit dem 2. April 1963 das ZDF überregional Werbesendungen. Die öffentlich-rechtlichen Rundfunkanstalten werden

A · Wortspiel mit Markennamen.

Der Dubonnet-Slogan, der völlig in den Markennamen integriert ist, war 1932 Ergebnis eines puren Zufalls: Auf einem Entwurfsblatt waren zwar die Konturen der Buchstaben gezeichnet, aber die Lettern selbst waren noch nicht ausgefüllt. Cassandre fügte seine dynamische Grafik hinzu, was das ganze einem Comic ähnlich machte. Die außergewöhnliche Langlebigkeit dieser Werbung erklärt sich auch durch den Plakatträger, der originell ist und untrennbar mit kreativem Erfolg verknüpft ist: die Metrogänge in Paris.

B · Brummschädel.

Raymond Savignac, der Mitarbeiter von Cassandre war, beeinflußte mit seinen Entwürfen die Werbung unseres Jahrhunderts. ›Das Plakat muß ein optischer Skandal sein‹, so war seine Meinung. Das Plakat, das er 1963 für das Kopfschmerzmittel Aspro entwarf, brauchte keine Worte. Jeder erkannte darin seinen eigenen Schmerz wieder. Das Plakat ist wie ein Faustschlag.

C · Im Lande der Blinden.

Während die Werbung im allgemeinen Mannequins verwendet, die dem klassischen Schönheitsideal entsprechen, wagte es die amerikanische Werbeagentur Ogilvy, in der Presse einen Einäugigen für die Hemdenmarke Hathaway werben zu lassen. Die Augenbinde suggeriert, das sich hinter dem Bild eine Geschichte verbirgt, und man bekommt Lust, den Text zu lesen. Das Werbebudget von Hathaway betrug 30 000 $ gegenüber den 2 Millionen seines Konkurrenten Arrow, doch der Erfolg glich den Unterschied aus.

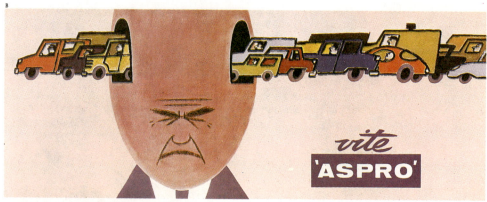

D · Die Ölkrise.

Es fällt nicht leicht, über das Bild eines Selbstmörders zu lächeln. Es ist auch nicht leicht, mit einem Bild und vier Worten (›Besser gleich ein Volkswagen!‹) zu sagen, daß in der Ölkrise der Käfer von VW wegen seines niedrigen Kraftstoffverbrauchs das wichtigste Auto geworden ist. Der kreative Erfolg mit der Anzeige ›Der Mann an der Zapfsäule‹ der Agentur DDB (Doyle Dane & Bernbach) hat bewiesen, daß der horrende Aufwand, der derzeit in der Werbung der Automobilbranche in Mode ist, absurd ist. Eine gute Werbung braucht nur eine gute Idee.

940

KOMMUNIKATION UND MEDIEN

zum Teil, die privaten Fernsehsender vollständig durch Fernsehwerbung finanziert. In einigen nordeuropäischen Ländern ist Radio- oder Fernsehwerbung noch verboten.

Das Aufkommen der modernen Form der Werbung. Nach dem Zweiten Weltkrieg führten drei Faktoren zu der Form von Werbung, wie wir sie heute kennen: die Entwicklung des audiovisuellen Bereichs, der Wiederaufbau der Wirtschaft, der zu einer Gesellschaft der Massenproduktion und des Massenkonsums führte, und schließlich die Orientierung an den USA, wo sich bereits die wichtigsten Regeln des neuen Metiers gefestigt hatten.

Ab 1920 war der Psychologieprofessor John B. Watson Chef der großen New Yorker Agentur *J. Walter Thompson;* er prägte sie mit seinem Wissen über die Wünsche der Menschen. 1938 wendete ein Exildeutscher namens Dichter Motivationsstudien in der Werbung an. Zur gleichen Zeit wurde George Gallup, der später das bekannteste Umfrageinstitut der USA gründete, Forschungsleiter bei der Werbeagentur *Young & Rubicam.* Er veranlaßte, daß die Resultate der Forschungsstudien darüber, wie stark die Werbung gelesen wird, gespeichert und analysiert wurden. Der künstlerische Leiter Vaughn Flannery nutzte diese Studien zur Ausarbeitung publikumswirksamerer Anzeigen.

Diese Einbeziehung qualitativer und quantitativer Studien, verschiedener Tests und die Ausarbeitung von darauf basierenden Regeln führten zu rationelleren Werbemethoden. Zuerst die amerikanischen, dann auch die europäischen Werbefachleute wurden zu Experten der Verkaufsstrategie. Sie organisierten das Marketing in den Unternehmen. Diese neue ›Philosophie‹ bei den Geschäften förderte die Anpassung an die Bedürfnisse des Marktes. Es ging nicht mehr nur darum, das Produkt herzustellen, sondern man wollte auch beim Kunden gezielt den bewußten oder unbewußten Wunsch nach dem Erwerb dieses Produktes wecken.

In den 60er Jahren wurden die Werbung und ihre Methoden zunehmend kritisiert. Die Verbraucherverbände organisierten sich in den USA, nachdem der Anwalt Ralph Nader Prozesse, in denen es um den Schutz von Verbrauchern ging, gewonnen hatte. Die Studentenbewegung warf der Werbung vor, sie sei ein Mittel der kapitalistischen Indoktrination.

Aber die Werbung überstand diese Anfechtungen. Nach und nach eroberte sie die Domänen der Institutionen und der Politik. Konzernriesen dehnen ihr Agenturennetz über die ganze Welt aus und entsprechen somit dem internationalen Charakter ihrer Kundschaft. Ihre Leute holen sie aus Wirtschaftsschulen, was dem Metier einen Verlust an Kreativität bringt. Die großen Agenturen überschwemmen die traditionellen Werbeträger in den fünf großen Medien (Plakate, Presse, Rundfunk, Kino, Fernsehen), was die Angelsachsen als eine Strategie ›above-the-line‹ bezeichnen. Sie ziehen dann die benachbarten Bereiche hinzu: direktes Marketing, Verkaufsförderung, Public Relations, Sponsoring, Vorführungen, Einstellungsberatung (›below-the-line‹). Auf einmal bezeichnen sich die Werbekonzerne gern als Kommunikationskonzerne.

A · **Goude for you.**
Jean-Paul Goude ist in Frankreich der Star des Werbefilms. Mit den Marken Lee Cooper, Orangina, Citroën, Club Med, Radiola und Kodak gelangte er zu internationalem Ruhm. Seine Werbespots, die schon Videoclips sind, sind farbenfroh und ruckartig. Seine spezielle Stärke liegt darin, daß er bei der Erstellung seines ästhetischen Universums nie die Marke und ihre Eigenarten vergißt. Die 1983 erstellte Werbung für Lee Cooper, die er für die Agentur CLM/BBDO produzierte, war eine der ersten Werbungen in Frankreich, in denen farbige Mannequins auftraten. Das nebenstehende Bild zeigt eine Zeitungswerbung, deren Zielgruppe die Einkäufer von Warenhäusern sind. Die Kunden sollen über der nächsten Werbekampagnen unterrichtet und zu einem Besuch auf dem Lee Cooper Stand bei der nächsten Kleidungsmesse angeregt werden.

B · **Japanisches Denkspiel.**
So wie die amerikanische Werbung für das ›hardselling‹, den aggressiven Verkauf, bekannt ist, so kann sich die japanische Werbung als poetisch, allegorisch, ja sogar als undurchsichtig bezeichnen. Wer kann sich schon denken, daß sich hinter diesen Pflanzen, die 1986 von Kazumi Kurigami fotografiert und mit ›Wurzel des Gerüchts‹ und ›Saat des Gerüchts‹ betitelt wurden, die Warenhauskette Seibu & Co. verbirgt? Die japanischen Werbeschöpfer werden als wahre Künstler angesehen, die auf die tiefe Wirkung der traditionellen Reinheitssymbole bauen. Eine weitere Besonderheit: Die meisten Mannequins, die in Japan in der Werbung auftreten, kommen aus dem Westen. Die Suche der japanischen Firmen nach einem Image geht mit einer sehr aktiven Politik der Kulturförderung einher.

C · **Schleichwerbung.**
Das britische Gesetz untersagt den Zigarettenherstellern jeden produktbezogenen Text in ihrer Werbung, die Warnung des Gesundheitsministeriums ausgenommen. Diese Beschränkung ist eine große Herausforderung für die Werbefachleute. Die Londoner Agentur J. Walter Thompson fand 1984 diese Lösung für die Marke Winston. Nachdem daran erinnert wird, daß ›es nicht erlaubt ist, etwas über Winston Zigaretten zu sagen‹, wird die Aufmerksamkeit durch ein Wortspiel erregt, das mit einem surrealistischen Bild unterlegt ist. Dieses besteht aus einem doppeldeutigen Satz, der phonetisch zum einen ›Obsttörtchen am Stemmeisen‹ und zum anderen ›Flittchen an der Bar‹ heißen kann.

941

KOMMUNIKATION UND MEDIEN

DIE WERBUNG

DIE WERBEAGENTUREN

Betrachtet man das gesamte Geschäftsvolumen nach Ländern, so ergibt sich weltweit für die Werbung folgende Rangordnung: USA, Japan, Großbritannien, Frankreich, Deutschland, Italien, Australien, Kanada, Spanien, Brasilien, Schweden. Bei den nichtamerikanischen Staaten stellt man einen Aufschwung fest, was zum einen dem schwachen Dollarkurs zuzuschreiben ist, und zum anderen vor allem der Tatsache, daß der inländische amerikanische Markt für Werbung nicht mehr gewachsen ist. 1987 ging er sogar um 5 % zurück. Das Wachstum des Weltmarktes spielt sich heute vor allem in Europa

aufgrund der vielen privaten Fernsehsender und in Japan ab, wo die nationalen Agenturen ihren inländischen Markt fest in der Hand haben. Die japanischen Agenturen sind auch in Bereichen tätig, die nicht mehr direkt mit der Werbung zu tun haben: Verkaufsförderung, Marketing in Sport und Kultur, Public Relations, Ausstellungen und Marktforschung. Der Anteil der ›below-the-line‹-Aktivitäten (alles, was nicht die Werbung in den Medien betrifft) macht bei Dentsu zum Beispiel 30 % der Bruttomarge aus. Schließlich muß man noch bedenken, daß die reinen Finanz-Holding-Gesellschaften gleichzeitig mehrere Konzernagenturen besitzen, die ihrerseits wieder mehrere Dutzend (oder Hunderte) von Werbeagenturen betreiben.

DIE INSERENTEN IN DEUTSCHLAND

Eine vollständige Erhebung der Werbeinvestitionen nach Branchen gibt es zwar nicht, es lassen sich aber bestimmte Trends erkennen. Das Unternehmen *Nielsen Werbeforschung S + P* hat eine Datenerhebung

durchgeführt und dabei Tageszeitungen, Magazine, bestimmte Fachzeitschriften, Plakate, Fernseh- und Hörfunkwerbung ausgewertet. Danach steht an erster Stelle der Inserenten in Deutschland die Automobilbranche; an zweiter Stelle stehen die Handelsorganisationen, die besonders durch Beilagen in der Tagespresse werben, an dritter Stelle die Massenmedien, die bevorzugt im Hörfunk werben, an vierter Süßwaren und Schokolade. Dieser Sektor investiert stark in das Fernsehen. In den 80er Jahren hat die Werbung für die Branche der Produzenten von Hard- und Software am stärksten – um das zehnfache – zugenommen, in weitem Abstand gefolgt von der Unternehmenswerbung und der Werbung für die Massenmedien. Am meisten zurückgegangen – um fast ein Drittel – ist die Zigarettenwerbung. Die Medien, in die am stärksten investiert wird, waren 1989 (nach *Nielsen Werbeforschung S + P,* Hamburg) das ZDF-Werbefernsehen mit einem Bruttoumsatz von 857,5 Millionen DM, SAT 1 (466,3 Millionen DM), Stern (447,6 Millionen DM), RTL plus (406,2 Millionen DM), Bild (Gesamtausgabe) und WDR-Werbefernsehen mit je 388,9 Millionen DM und Der Spiegel (370,6 Millionen DM). Insgesamt wurde für Investitionen (Zahlen nach dem Zentralausschuß für Werbewirtschaft) die Branche der Tageszeitungen mit 7 757,4 Millionen DM bevorzugt, in weitem Abstand gefolgt von Publikumszeitschriften (2 955,5 Millionen DM), Direktwerbung (2 506,2 Millionen DM) und Fernsehwerbung (2 256,8 Millionen DM). In Frankreich gehören die Wirtschaftsbereiche Automobilbranche, Nahrungsmittel und Getränke, Waschmittel und Reinigungsprodukte sowie der Handel zu den wichtigsten Inserenten. Es bleibt noch anzumerken, daß die amerikanischen Firmen, die in Europa massiv Werbung betreiben, auch in Amerika gut plaziert sind.

Die 30 größten Werbeagenturen der Erde (1989)

Rang	Agentur	Bruttoumsatz in Millionen US-Dollar
1	Dentsu	1 316,4
2	Saatchi & Saatchi Advertising Worldwide	890
3	Young & Rubicam	865,4
4	Backer Spielvogel Bates Worldwide	759,8
5	McCann Erickson Worldwide	715,5
6	Ogilvy & Mather Worldwide	699,7
7	BBDO Worldwide	656,6
8	J. Walter Thompson Co.	626,4
9	Lintas: Worldwide	593,3
10	Hakuhodo Incorporated	585,5
11	DDB Worldwide Needham	552,9
12	Foote, Cone & Belding Communications	510,9
13	Grey Advertising	498,9
14	Leo Burnett Co.	483,5
15	D'Arcy Masius Benton & Bowles	471,5
16	EWDB Worldwide	381
17	Publicis-FCB Communications B.V.	358,8
18	N.W. Ayer Inc.	210,5
19	Bozell Inc.	190,7
20	Roux, Séguéla, Cayzac & Goudard (R.S.C.G.)	175,3
21	Tokyu Advertising Agency	156,2
22	Dai-Ichi Kikaku	155,8
23	Daiko Advertising	152,1
24	Chiat/Day/Mojo	150
25	Lowe International	137,8
26	Wells, Rich, Greene	132,5
27	Scali, McCabe, Sloves	127
28	TBWA Advertising	123,7
29	Ketchum Communications	117,8
30	Asatsu Inc.	113,9

Quelle: Advertising Age, 1990.

Die größten Werbeagenturen der Welt.

Seit 1986 ist die japanische Werbeagentur Dentsu mit Abstand die größte der Welt. Die amerikanische Agentur Young & Rubicam, die seit einem halben Jahrhundert den inländischen Markt beherrscht, wurde mittlerweile von dem Konzern der Brüder Saatchi überholt, Briten irakischer Abstammung, die sich ihr Reich innerhalb von 15 Jahren aufgebaut haben. Der vierte Platz gehört Backer, Spielvogel, Bates, die zur Saatchi-Gruppe zu rechnen sind.

Die größten Werbeagenturen in Europa (1989)

	Bruttoumsatz in Millionen US-Dollar
Bundesrepublik Deutschland	
1 Lintas: Germany	52,3
2 Ogilvy & Mather	46,2
3 BBDO Group Germany	46
4 McCann Erickson Germany	44,5
5 Young & Rubicam	39,5
Frankreich	
1 Publicis Conseil	131,2
2 H.D.M. France	109,2
3 R.S.C.G. France	107
4 BDDP	·79,1
5 Young & Rubicam France	56
Großbritannien	
1 Saatchi & Saatchi Ad.	156,3
2 Ogilvy Group	90,4
3 J. Walter Thompson	84,7
4 Young & Rubicam	82,5
5 Grey Communications	81
Italien	
1 Publicis FCB/Mao	54,5
2 Gruppo Armando Testa	50,2
3 Young & Rubicam Italia	46,9
4 McCann Erickson Italia	38
5 J. Walter Thompson Italia	28,7

Quelle: Advertising Age, 1990.

Die europäischen Werbeagenturen.

Auf dem europäischen Werbemarkt stellt Frankreich einen Sonderfall dar: Die französischen Agenturen dominieren die heimische Szene, und die Amerikaner finden sich erst auf dem 5. Rang. Auf den anderen Märkten ist die amerikanische Präsenz wesentlich stärker: Die Amerikaner folgen in Großbritannien hinter Saatchi, in der Bundesrepublik belegen sie die ersten fünf Plätze und halten in Italien Schlüsselpositionen. In den vier genannten Ländern gehört Young & Rubicam überall zu den ersten Fünf der Branche.

Die Inserenten in Deutschland.

Die Firmen, die am meisten in die Werbung investieren, gehören zu den Wirtschaftssektoren Automobil, Handel, Massenmedien, Süßwaren, Banken und Sparkassen.

Rangfolge der Werbeinvestitionen in Deutschland (1989)

Rang	Branche	Investitionen in Millionen DM
1	Automobil	1 258
2	Handelsorganisationen	1 197
3	Massenmedien	692
4	Schokolade + Süßwaren	519
5	Banken + Sparkassen	515
6	Pharmazie Publikumswerbung	503
7	EDV Hard-/Software + Services	439
8	Körperschaften	366
9	Bier	343
10	Konserven + Fleisch + Fisch	289
11	Alkoholfreie Getränke	289
12	Kaffee, Tee, Kakao	278
13	Spezialversender	263
14	Möbel + Einrichtung	240
15	Waschmittel	233
16	Spirituosen	230
17	Pflegende Kosmetik	220
18	Unternehmenswerbung	218
19	Versicherungen	211
20	Milchprodukte	208
21	Haarpflege	194
22	Oberbekleidung	181
23	Bild- und Tonträger	180
24	Nährmittel	171
25	Mundpflege	168

Quelle: Nielsen Werbeforschung S + P (Hamburg).

KOMMUNIKATION UND MEDIEN

EINE MULTIMEDIEN-KAMPAGNE

Eine Werbekampagne beschränkt sich nur selten auf eines der fünf großen Medien (Presse, Fernsehen, Rundfunk, Plakate, Kino). Je nach Gesamtbudget werden diese Medien im allgemeinen entsprechend der Verkaufsstrategie kombiniert. (Muß man das Produkt zeigen? Muß man seine Verwendungsart darstellen?) Auch die Zielgruppe, die Charakteristiken der Medien und die Preise sind wichtig. Die Gesamtausgaben der Inserenten in Frankreich verteilten sich 1987 wie folgt: Presse 47,5 % (Rückgang); Fernsehen 28 % (schneller Zuwachs); Plakatwerbung 14,5 % (stabil); Rundfunk 8,5 % (Rückgang) und Kino 1,5 % (auch hier ein Rückgang). Die Werbung kennt auch andere Träger, vom Bildschirmtext bis zum Werbegeschenk mit einem Logo (Firmenzeichen), aber diese Investitionen haben gegenüber den oben genannten großen Medien nur geringe Bedeutung.

Die Plakatwerbung ist ein unabdingbares Medium für die Bekanntmachung eines Produktes. Das Plakat muß eine präzise, treffende und einfache Botschaft in klaren Farben vermitteln. Es ist geographisch flexibel einsetzbar: Man kann eine bestimmte Region, ein Viertel, eine Straße damit abdecken. Daher ist es sehr zweckmäßig, wenn man die Kundschaft zu einer bestimmten Verkaufsstelle lenken möchte. Je nach Anbringungsort (die City-Lagen sind im allgemeinen am teuersten) und Jahreszeit (im Winter halten die Plakate nicht so lange) gibt es verschiedene Preise. Plakate können an den unterschiedlichsten Stellen angebracht werden: metergroße Plakatwände, Litfaßsäulen, U-Bahn-Gänge, Busse, Straßenbahnen, Schaufenster und anderes mehr.

Das Presse-Inserat. Anders als bei Plakaten ist hier ein ausführlicher Text möglich, der sich bei richtigem Aufbau oft als verkaufsfördernd erweist. Eine Fotografie dazu wirkt besser als eine Zeichnung, Farbigkeit ist günstiger als eine Schwarz-Weiß-Darstellung. Der Text muß sich an das Individuum wenden und einfache, detaillierte Informationen enthalten. Einige Werbeleute orientieren sich erfolgreich am Stil der Zeitung. Der Inserent kann sogar einen Antwort-Coupon beifügen (was auch als *direktes Marketing* bezeichnet wird). Bei einer Anzeige in der Tagespresse kann man die Zielgruppe sehr genau abgrenzen: Jede Zeitung versorgt ihre bestimmte Region. Von einigen Ausnahmen abgesehen, bietet die Tagespresse jedoch nur eine mäßige Auflage und wenig Farbmöglichkeiten. Die Magazine hingegen werden häufig vierfarbig gedruckt. Hier kann man das Publikum direkt mittels der Kriterien Auflagenzahl, Geschlecht, Alter, Berufsgruppe oder Interessengebiet ansteuern.

Filmbeiträge in Fernsehen und Kino. Das Fernsehen ist das mächtigste Werbemedium, das ein Produkt unmittelbar bekannt machen kann. Doch in allen Ländern kommen mehr und mehr Sender auf, und so verringert sich die Zuschauerzahl des einzelnen Senders. Daneben zeigen immer verfeinertere Untersuchungen über das Verhalten des Zuschauers, daß dieser den Werbesendungen oft nur beiläufig folgt. Je nach Publikum, also nach Sender, und nach Tag, Tageszeit und Programm sind die Preise sehr unterschiedlich. Der Werbespot kann entweder ein lebensnahes Ereignis darstellen, an Humor oder Gefühl appellieren, die Form eines Berichts annehmen oder das Produkt und seine Verwendung darstellen (damit es in den Geschäften wiedererkannt wird). Die Werbespots werden von spezialisierten Produktionsunternehmen außerhalb der Agentur nach deren Anweisung gedreht. Beim Teleshopping können Werbung und Kauf direkt gekoppelt werden.

Das Kino ermöglicht längere Beiträge als das Fernsehen (2 Minuten gegenüber den durchschnittlichen 30 Sekunden). Durch das Kino kann ein junges und städtisches Publikum erreicht werden. Allerdings leidet das Kino unter abnehmenden Besucherzahlen und einer geringen Aufmerksamkeit während der Werbespots. In Deutschland wird das Kino verstärkt von der Zigarettenwerbung genutzt, die nicht im Fernsehen senden darf. In Frankreich ist außer Zigarettenwerbung auch Werbung für Warenhäuser und Bier im Fernsehen verboten, und so müssen auch diese Branchen dort auf das Kino als Werbeträger ausweichen.

Der Beitrag im Rundfunk. Im allgemeinen dient die Werbung im Rundfunk dazu, zum Kauf von Gütern oder Dienstleistungen anzuregen. Normalerweise beträgt die Sendezeit 30 Sekunden, wobei der Kommentar mit Musik untermalt sein kann (›jingle‹). Die Beiträge werden von externen Produzenten in Aufnahmeagenturen erarbeitet. Seit einigen Jahren ist die Rundfunklandschaft in Deutschland durch die Einführung des Privatrundfunks vielseitiger geworden. So bietet sich dem Werber die Möglichkeit, die Sender nach ihrer geographischen Lage und nach ihrer Sendeart (UKW, Kurzwelle, Mittelwelle oder Langwelle), dem Publikum (zum Beispiel vorwiegend jugendliche Hörer, Hausfrauen) sowie nach ihrem Programmkontext auszuwählen.

A, B · **Plakat und Zeitungsinserat für den Fiat ›Tipo‹.**

1988 hat Fiat beträchtliche Mittel in die Werbung für den ›Tipo‹ investiert, der in seinem Bereich zum Marktführer werden sollte (dazu gehören auch ›309‹, ›Golf‹ usw.). Die höhere Geräumigkeit und Bequemlichkeit schienen der Firma auszureichen, um den Slogan ›Geboren, um seine Zeit zu prägen‹ zu rechtfertigen. Für das Plakat wählte die Firma MAO als optischen Aufhänger einen auflaufenden Gelbton, der lange mit verschiedenen Techniken überarbeitet wurde. Das Licht erinnert an die Morgendämmerung, die die Geburt dieses grauen Autos feiert. Die Presse, vor allem die Tagespresse, war anfänglich genutzt worden, um in die Öffentlichkeit mit der Botschaft ›Das Zeitalter des Tipo beginnt‹ zu sensibilisieren. Danach erfolgte eine massive Plakatwerbung während der Automobilmesse im Oktober 1988 in Paris. Andere Inserate in der Presse waren mit einem Begleittext versehen, der Details über das Produkt und über das Ziel des Herstellers enthielt.

C, D · **Die Fernsehwerbespots für den Fiat ›Tipo‹.**

Die Agentur MAO erarbeitete drei Werbespots für das Fernsehen und beauftragte Ed Bianchi mit deren Realisierung für ganz Europa. Um den europäischen Charakter des Produktes zu unterstreichen, beginnt der Spot mit der Erwähnung der Stadt, in der die Szene spielt: Mailand, London, ›irgendwo in Europa‹ (eine deutsche Stadt wurde nicht genannt). In dem Mailänder Film telefoniert ein Mann mit seiner Ehefrau, um ihr zu sagen, daß er das ideale Auto für sie gefunden hat: Jedes Mal ist der gewählte Ansatz lebensecht, psychologisch sanft und grundsätzlich anders als die Spektakel in Hollywoodmanier, die sonst bei der Automobilwerbung in Europa vorherrschen.

KOMMUNIKATION UND MEDIEN

DIE WERBUNG

PREISE IN DER WERBUNG

D as Werbemetier feiert sich gern selbst. Die jährlich verliehenen Preise sind so zahlreich, daß die wenigen Agenturen, die keine Auszeichnung erhalten, einen Preis für diese Tatsache erhalten müßten. Zuerst einmal gibt es die Auszeichnungen der professionellen Presse, die Preise des Metiers selbst, Auszeichnungen von privaten Werbeschulen und schließlich der Preis eines der Medien, um sich selbst bei den Inserenten anzupreisen und um die Werbekreativität zu steigern. Um schließlich vollständige Konfusion zu schaffen: Diese Auszeichnungen werden jährlich nicht nur an eine eine einzige Kampagne oder Agentur vergeben, sondern an mehrere. Jedes Jahr werden in Cannes 120 ›Löwen‹ für Werbefilme verliehen. Aus der Sicht der Inserenten sind viele Auszeichnungen ein gutes Indiz. Wenn eine Kampagne innerhalb eines Jahres mehrere Auszeichnungen erhält, dann ist sie vielleicht gut (das muß jedoch nichts über das beworbene Produkt aussagen). Wenn eine Agentur immer auf den vorderen Plätzen zu finden ist, dann gilt sie als kreativ. Natürlich ist es nicht das Ziel einer Werbeaktion, daß die Agentur einen Preis erhält, sondern daß das Markenimage aufgewertet und die Verkäufe eines Produktes gesteigert werden. Der bekannte britische Werbefachmann David Ogilvy bemerkt humorvoll in seinem Buch ›Werbung nach Ogilvy‹: ›Bei den 81 Klassikern der Fernsehwerbung, die in den letzten Jahren ausgezeichnet wurden, hatten 36 Agenturen entweder ihr Budget völlig verbraucht oder Bankrott gemacht.‹ Also kann es passieren, daß eine Werbung zwar vom Metier als gut bezeichnet wird, daß aber der Kunde, auf den es schließlich ankommt, nicht zufrieden ist.

GROSSE AUS- ZEICHNUNGEN

Internationale Wettbewerbe:
Epica-Preis: 1987 in Brüssel gegründeter Wettbewerb.
Löwen des Werbefilms: großer internationaler Wettbewerb, der 1953 in Cannes gegründet wurde.

Amerikanischer Preis:
Clio-Preis: der wichtigste Preis in den Vereinigten Staaten, wurde 1960 geschaffen und wird in New York für verschiedene Kategorien verliehen.

Deutsche Werbepreise:
Effi-Preis (Effizienz für Werbung), gestiftet vom Gesamtverband der Werbeagenturen GWA (Frankfurt am Main), wird seit 1981 in Deutschland in Gold, Silber und Bronze für die beste Werbekampagne vergeben.
Jury-Preis, vom Art Directors Club für Deutschland ADC seit 1964 jährlich in Berlin vergebener Preis in Gold, Silber und Bronze; seit 1989 in 21 Kategorien, z.B. für Tageszeitungsanzeigen, Plakate, Werbefilme und Direktwerbung.

KENNEN SIE SICH IN DER WERBUNG AUS?

W ie viele andere Berufszweige hat auch die Werbung ihre eigene Fachsprache, die vor allem englisch bzw. amerikanisch geprägt ist. Grund dafür ist die Geschichte dieser Branche.

Bartering: eine Art von Tausch- oder Kompensationsgeschäft, bei dem Industriekonzerne mit eigenen Gesellschaften Fernsehprogramme produzieren (z. B. Procter & Gamble: ›Springfield Story‹, Coca Cola: ›The Eurocharts Top 50‹, Unilever: ›Glücksrad‹), die sie öffentlichen, aber vor allem privaten Fernsehsendern weltweit im Tausch gegen kostenlose Ausstrahlung ihrer Werbespots anbieten.

Brainstorming: informelles Treffen, auf dem jeder seine Ideen vorstellt. Diese Methode wird in der Werbung hauptsächlich zur Auffrischung der Kreativität benutzt.

Comparative: Werbung, in der die Konkurrenzmarke namentlich erwähnt wird. Wenn der Hersteller von Batterien A ausdrücklich erklärt, daß seine Produkte länger halten als die des Herstellers B, dann macht er ›komparative‹ Werbung. Da diese Art von Werbung nicht in allen Ländern erlaubt ist, begnügt man sich mit ›Scheinkomparativen‹ im Stil von ›wäscht weißer‹ oder sogar mit Superlativen wie ›das beste Waschmittel‹.

Corporate: bezeichnet eine Werbung, die nicht auf den Verkauf von Produkten abzielt, sondern das Ansehen eines Unternehmens stärken soll. Beispiel: Anstatt zu sagen ›das Auto fährt schneller‹ sagt man ›das Unternehmen macht Sie zum Gewinner‹.

Creativ-Abteilung: Mitarbeiter der Agentur, die Werbebeiträge entwerfen. Normalerweise arbeiten sie zu zweit: einer entwirft, ist also für die Wortwahl zuständig, der andere befaßt sich mit der künstlerischen Ausarbeitung und den Bildern. Diese Teams werden allgemein von einem künstlerischen Leiter geführt.

Inserent: Kunde der Werbeagentur; jedes Unternehmen, das Geld für die Werbung für seine Produkte oder für sich selbst ausgibt.

Madison Avenue: Das ›Mekka‹ der Werbung. In dieser Straße in New York haben die größten Werbeagenturen der Welt ihren Sitz.

Marketing: Gesamtheit der Techniken und Methoden, durch die die Produkte oder Dienstleistungen auf den Markt gebracht werden. Hier finden besonders die Bedürfnisse des Verbrauchers Beachtung.

Mediaplanning: Auswahl der Medien für die Verbreitung einer Werbebotschaft. In jeder Werbeagentur sammelt und analysiert eine Stelle alle Statistiken über die Verbreitung und die Leserschaft einer Zeitung, über das Publikum der Radio- und Fernsehsender, über die Wirksamkeit der Plakatanbringungsstellen. Es handelt sich hierbei gleichermaßen um quantitative Angaben (Wieviele Leute lesen eine Zeitung?) und um qualitative Aussagen (Was sind es für Leute?). Danach und nach dem Preis der Medien sowie nach der Zielgruppe (z. B. Kinder für ein Spielzeug gewinnen, Hausfrauen für ein Waschmittel) entscheidet man sich für das beste und für einen bestimmten Preis zu habende Medium.

Pack-shot: Schlußbild eines Werbefilms, auf dem im allgemeinen das Produkt und der Slogan groß dargestellt sind.

Prospect: Ziel der Werbekampagne. Der Prospect kann entweder schon Konsument der Marke oder erst potentieller Käufer sein.

Public Relations (PR): bezeichnet die Pflege und Förderung der Beziehung eines Unternehmens zur Öffentlichkeit. Die PR-Arbeit zielt nicht direkt auf den Absatz eines Produktes, sondern auf die Vermittlung eines möglichst positiven Bildes des Unternehmens an die Allgemeinheit oder einen bestimmten Personenkreis.

Slogan: eingängiger Werbespruch, der den Markennamen enthält.

Sponsoring: finanzielle Unterstützung einer Veranstaltung (Kultur, Sport, etc.) durch ein Unternehmen, wenn hierbei die Marke präsent ist. Wenn geringe Ansprüche an die Werbeerfolg vorliegen, spricht man auch von Schirmherrschaft oder Mäzenatentum.

Spot: kurze Werbedurchsage im Rundfunk oder kurzer Werbefilm im Fernsehen.

Testimonial: Werbebotschaft (normalerweise ein Fernsehwerbespot), in der eine genannte Einzelperson über die Qualität des Produktes spricht, zum Beispiel: ›Wir hören Frau Brigitte Schwab aus Stuttgart, die das Waschmittel X verwendet ...‹.

Torture-test: Werbebeitrag, in dem ein Produkt extremen Bedingungen unterworfen wird, um seine Widerstandskraft oder Wirksamkeit zu beweisen. Beispiel: Knoten in einem schmutzigen Handtuch, um die Waschkraft eines Waschmittels zu beweisen; ein Fahrzeug fährt um die ganze Welt, um die Güte seiner Reifen zu demonstrieren.

Werbeagentur: ein Dienstleistungsunternehmen, das eine Firma über die Kommunikation mit ihrer potentiellen Kundschaft berät. Es analysiert die Geschäftspolitik der Firma, entwirft und gestaltet Werbebeiträge und sucht nach den entsprechenden Werbeträgern. Schließlich kümmert es sich im Namen der Firma um die Plazierung in den Medien.

werbefeindlich/werbefreundlich: allgemeine Haltung der Ablehnung oder Zustimmung gegenüber der Werbung. Die Werbefachleute verfolgen sehr aufmerksam die Ergebnisse von Umfragen zur öffentlichen Meinung bezüglich der Werbung.

Werberaum: Seiten in einer Zeitung, Sendezeit in Rundfunk und Fernsehen, Werbeplakate.

Werbesendung: Folge von im Fernsehen oder im Kino gezeigten Werbefilmen.

Werbestelle: Sie verkauft den Werberaum an die Inserenten. Hier kommen die Angaben über die Menge/Art der Leser/Zuhörer/Zuschauer des jeweiligen Mediums zum Tragen. Es kann sich hierbei um eine interne Stelle eines Mediendienstes oder um ein externes Unternehmen handeln.

Werbeträger: Medium, das für die Werbebotschaft genutzt wird.

Zapping: schneller Programmwechsel des Zuschauers mit der Fernbedienung. Die Werbebranche sieht darin eine Gefahr, weil dadurch die Zuschauerzahl sinken kann.

944

13

KÖRPER UND GESUNDHEIT

Der menschliche Körper birgt immer noch zahlreiche Wunder und Rätsel.
Zwar gibt dieser großartige Organismus stets neue Geheimnisse preis, aber eine plötzliche Funktionsstörung
wirft oft auch heute noch neue beunruhigende Fragen auf. Das vorliegende Kapitel beschäftigt sich daher nicht nur ausführlich
mit den Körperfunktionen, sondern auch damit, wie man Funktionsstörungen verhindern kann:
Vorbeugen ist besser als Heilen. Für alle Fälle wurde ein kurzer ›Ratgeber Krankheit‹ in das Kapitel aufgenommen,
mit dessen Hilfe der Leser Symptome, die er bei sich selbst oder bei anderen feststellt, schnell zuordnen kann.
Auch die modernen Heilverfahren und die ›alternative‹ Medizin werden behandelt.
Die Verfasser waren darauf bedacht, das medizinische Wissen nicht in dem trockenen und komplizierten Stil
einer medizinischen Abhandlung aufzubereiten: Die wesentlichen Informationen werden
in leicht verständlicher Form gegeben und gegebenenfalls mit Hilfe von Abbildungen näher erläutert.

INHALT

**DIE WICHTIGSTEN
KÖRPERFUNKTIONEN**
ZELLEN, GEWEBE, ORGANE,
WICHTIGE FUNKTIONEN 946
STOFFWECHSEL, REGULATION 948
HORMONE, KONTROLLE, WAHRNEHMUNG 949

GEHIRN
GEHIRNFUNKTIONEN, INTELLIGENZ,
EMOTIONEN, REAKTIONEN, GEDÄCHTNIS 950

KÖRPERBAU
KNOCHEN, MUSKELN 951

BIORHYTHMUS
BIORHYTHMEN, BIOPHYSISCHER RHYTHMUS,
KURZZEITRHYTHMEN, LANGZEITRHYTHMEN 952
RHYTHMUSSTÖRUNGEN 953

FORTPFLANZUNG
GESCHLECHTSORGANE, PUBERTÄT 953
MENSTRUATIONSZYKLUS, MENOPAUSE,
GESCHLECHTSVERKEHR 954
BEFRUCHTUNG, EMPFÄNGNISVERHÜTUNG 955

SCHWANGERSCHAFT
DIE ERSTEN ZEICHEN,
ENTWICKLUNG DES FETUS,
ULTRASCHALLUNTERSUCHUNG 956
MISSBILDUNGEN, TODESURSACHEN,
DIE GEBURT 957

WACHSTUM
DER SÄUGLING, HYGIENE 958
WACHSTUM 959
VERERBUNG 960

DAS ALTERN 960

GESUNDHEIT IN DER WELT
INDUSTRIESTAATEN, ENTWICKLUNGSLÄNDER,
LEBENSERWARTUNG 961

GESUNDHEIT UND UMWELT
ÖKOLOGIE, STRESS 962
NIKOTINSUCHT, ALKOHOLISMUS,
DROGEN 963
BERUFSKRANKHEITEN UND
ARBEITSUNFÄLLE 964
AKUTE VERGIFTUNGEN 965
RISIKEN BEIM KONTAKT MIT TIEREN,
VERKEHRSUNFÄLLE 966

HYGIENE
LEBENSFÜHRUNG, KÖRPERHYGIENE 967
MUND- UND ZAHNHYGIENE 968

ERNÄHRUNGSWISSENSCHAFT
DEFINITION UND ZIELE,
KOHLENHYDRATE ODER ZUCKER,
PROTEINE, LIPIDE ODER FETTE,
AMINOSÄUREN, MINERALSTOFFE 969
VITAMINE, WASSER, NATRIUM 970

ERNÄHRUNG
FLEISCH, FISCH, MILCHPRODUKTE, KÄSE 971
OBST UND GEMÜSE, BROT,
WEIN UND ALKOHOL, ABMAGERUNG 972
ÜBERGEWICHT UND ERNÄHRUNG,
ERNÄHRUNGSPHILOSOPHIEN 973

SPORT UND LEISTUNGSFÄHIGKEIT
FITNESS, KINDER UND JUGENDLICHE 974
AB 40 JAHRE 975
AB 55 JAHRE,
SPORT UND SCHWANGERSCHAFT,
VORZÜGE DES SPORTS, RISIKEN DES SPORTS 976

SCHÖNHEIT UND GESUNDHEIT
HAUTPFLEGE, HAARPFLEGE 977
KÖRPERPFLEGE, ZAHNPFLEGE,
SCHÖNHEITSCHIRURGIE 978

VORBEUGUNG UND FRÜHERKENNUNG
BEI DER SCHWANGEREN FRAU,
BEIM KIND 979
KREBS, KARDIOVASKULÄRE RISIKEN,
DAS ALTER 980
VORSORGEUNTERSUCHUNGEN, IMPFUNGEN 981

REISEN
GEFAHREN AUF DER REISE,
REISEN IN TROPISCHE LÄNDER,
KINDER UND REISEN 982

MEDIZINISCHE BEHANDLUNG
PRAKTISCHER ARZT, FACHÄRZTE,
ÄRZTLICHE HILFSBERUFE 983
STRUKTUR DES GESUNDHEITSWESENS,
KRANKENHAUS UND KLINIK,
KRANKENVERSICHERUNG 984

SOFORTMASSNAHMEN
BIS DER NOTARZT KOMMT,
DRINGENDE NOTFÄLLE 985

RATGEBER KRANKHEIT
KRANKHEITEN DES 20. JH. 988
GESETZLICHE VORSCHRIFTEN, ANLEITUNGEN 990

ALTERNATIVE HEILVERFAHREN
AKUPUNKTUR, HOMÖOPATHIE 1002
PFLANZENHEILKUNDE,
ANDERE ALTERNATIVE HEILVERFAHREN 1003

DIE MEDIZIN DER ZUKUNFT
VORGEBURTLICHE ERKRANKUNGEN,
NEUE IMPFSTOFFE, TUMORMARKER,
KREBSBEHANDLUNG, METHODEN DER DIAGNOSE 1004
IN-VITRO-FERTILISATION,
MIKROCHIRURGIE BEI STERILITÄT DER FRAU 1005

**THERAPIE, ARZNEIMITTEL,
UNTERSUCHUNGEN**
WIRKSAMKEIT, ARZNEIMITTELFAMILIEN,
ANDERE HEILMITTEL 1006
DIE HAUSAPOTHEKE,
BLUT- UND URINPROBEN 1007
BLUTDRUCK UND PULS 1008

Siehe auch
Nahrungsmittel, S. 1009 ff., für weitere Informationen über den Nährwert bestimmter Lebensmittel.
Weltwirtschaft, Abschnitt über die Bevölkerungsentwicklung, S. 562 bis 572, für weitere Geburten- und Sterblichkeitsraten.

Redaktion und Texte
Dr. med. Thérèse Baranes, Fachärztin für Kinderheilkunde; Dr. med. Marie-Claude Benattar-Arnold, Gynäkologin;
Dr. pharm. Marie-Claude Bonnichon; Dr. med. Jean de Butler; Dr. med. Jean-Mithel Cohen, Ernährungswissenschaftler;
Dr. med. dent. Bruno Drai, Zahnarzt;
Dr. med. Eric-Alexandre Enkaoua; Dr. med. Michel de Guibert; Dr. med. Christian Mandel, Facharzt für Kinderheilkunde, Sportmediziner;
Dr. med. Eric Nataf; Dr. vet. Philippe Obadia, Tierarzt; Floriane Prévôt, Journalist;
Dr. med. Maurice Soustielle; Dr. med. Jean-Claude de Tymowsky, Spezialist für Akupunktur und ganzheitliche Medizin.

KÖRPER UND GESUNDHEIT

DIE WICHTIGSTEN KÖRPERFUNKTIONEN

ZELLEN, GEWEBE, ORGANE

Der Mensch besteht aus mehreren Milliarden *Zellen,* den Grundbestandteilen des Körpers. Oft verbinden sich die Zellen miteinander und bilden ein *Gewebe.* Durch den Zusammenschluß mehrerer Gewebe können höhere Funktionseinheiten, die *Organe,* entstehen: Leber und Herz z. B. sind lebenswichtige Organe im Körper. Mehrere zusammenwirkende Organe bilden eine funktionelle Einheit oder ein *Organsystem.* Nase, Rachen, Kehlkopf, Luftröhre, Bronchien und Lunge z. B. gehören zum Atmungssystem, das den Sauerstoff der Luft verwertet. Die großen Organsysteme unseres Organismus sind voneinander abhängig: Das Atmungssystem kann nicht ohne den Kreislauf funktionieren, der den Organen Sauerstoff zuführt und das ausgeschiedene Kohlendioxid wieder aufnimmt.

BIOLOGISCHE FUNKTIONEN

Ein ausgewogener Ablauf im menschlichen Organismus setzt ein Zusammenspiel der biologischen Funktionen voraus, die für die Energiezufuhr, den Stoffwechsel und die Abwehrfähigkeit des Körpers sorgen und optimale Lebensbedingungen schaffen.

^ Der Aufbau der Zelle.

In jeder Zelle gibt es ›Organe‹ mit einer speziellen Funktion, die ›Organellen‹. Sie sind für die chemischen und physikalischen Vorgänge verantwortlich. der Zelle. Er enthält die DNS (Desoxyribonucleinsäure), den molekularen Träger der Erbinformation. In ihm befinden sich die Chromosomen mit den Genen.

1 · Das **Zytoplasma** ist die wässrige Grundsubstanz der Organellen.

2 · Der **Golgi-Apparat** wandelt die Proteine vor dem Weitertransport um.

3 · Die **Lysosomen** sind bläschenförmige, enzymhaltige Zellteilchen, die verschiedene Stoffe in der Zelle auflösen oder abbauen.

4 · Das **endoplasmatische Retikulum** ist eine feine Netzstruktur, in sich Proteine synthetisieren und anlagern, und die bestimmte Substanzen in die Zelle eindringen läßt.

5 · Der **Zellkern** ist von der Kernmembran umgeben und regelt als ›Steuerzentrum‹ die Funktionen, die Entstehung und das Absterben

6 · Die **Ribosomen** sind an der Eiweißsynthese beteiligt.

7 · Die **Mitochondrien** spielen eine große Rolle bei der Zellatmung: Sie produzieren die dafür notwendige Energie. Der wichtigste Energiespeicher und -überträger ist das ATP (Adenosintriphosphat), das seine Energie aus verschiedenen Energiequellen, wie z. B. Glucose, erhält.

8 · Die **Zellmembran** schützt die Zelle. Sie ist semipermeabel und enthält Rezeptoren, mit denen sie den Durchgang bestimmter Moleküle (z. B. Natrium) reguliert. Mit Hilfe der Rezeptoren macht sie andere Zellen ausfindig, bindet fremde Elemente und reagiert mit anderen Geweben (Bindegewebe).

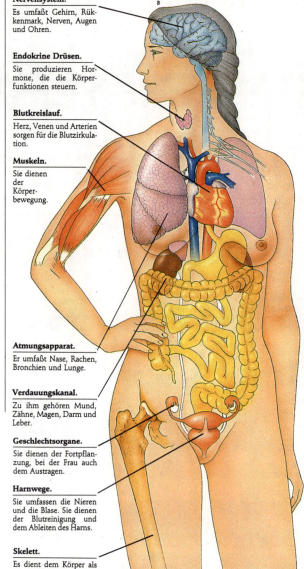

Nervensystem.
Es umfaßt Gehirn, Rückenmark, Nerven, Augen und Ohren.

Endokrine Drüsen.
Sie produzieren Hormone, die die Körperfunktionen steuern.

Blutkreislauf.
Herz, Venen und Arterien sorgen für die Blutzirkulation.

Muskeln.
Sie dienen der Körperbewegung.

Atmungsapparat.
Er umfaßt Nase, Rachen, Bronchien und Lunge.

Verdauungskanal.
Zu ihm gehören Mund, Zähne, Magen, Darm und Leber.

Geschlechtsorgane.
Sie dienen der Fortpflanzung, bei der Frau auch dem Austragen.

Harnwege.
Sie umfassen die Nieren und die Blase. Sie dienen der Blutreinigung und dem Ableiten des Harns.

Skelett.
Es dient dem Körper als Stützgerüst.

Die Bauchspeicheldrüse.

Das ist eine 13–18 cm lange Drüse. Sie scheidet mehrere Enzyme aus: Trypsin und Chymotrypsin, die die Proteine umwandeln (Fleisch; Schinken); Lipase, die die Lipide zersetzt (Butter, Öl); Amylase, die die Stärke auflöst (Reis, Nudeln, Brot).

Am Eingang des Dickdarms befindet sich der Blinddarm mit dem Wurmfortsatz.

c · Zelltypen.

In unserem Körper gibt es verschiedene Zelltypen. Die Zeichnung zeigt, wo sich die wichtigsten Zelltypen befinden.

Der Blutkreislauf.
Der Blutkreislauf gewährleistet die Versorgung der Organe mit Sauerstoff und anderen lebenswichtigen Molekülen und sorgt für die Beseitigung der Endprodukte.
Er besteht aus ›Kanälen‹, den Blutgefäßen, in denen das Blut zirkuliert und bis in die Zellen geleitet wird. Eine Pumpe, das Herz, sorgt dafür, daß das Blut im Körper zirkuliert: Die Arterien führen es aus dem Herz in die Organe, die Venen haben die entgegengesetzte Funktion. Der Blutkreislauf besteht aus zwei großen Systemen, dem Lungenkreislauf und dem Körperkreislauf.

Verdauung.
Das Zusammenziehen des Magens bewirkt, daß sich die mit Speichel (der insbesondere Enzyme, die Stärke in einfache Zucker umwandeln, enthält) durchsetzte Nahrung mit dem Magensaft (1–2 l/Tag) vermischt: Letzterer enthält unter anderem Salzsäure und Pepsin (ein Enzym, das die Proteine zu Aminosäuren abbaut), tötet die meisten Bakterien ab und leitet die Verdauung ein.

Der Speisebrei (Chymus),
der nun entstanden ist, wandert in den Zwölffingerdarm, wo er sich mit der von der Leber gebildeten Galle (Emulgierung der Fette) und dem Saft der Bauchspeicheldrüse (enzymatische Reaktion) vermischt. Die unverdaulichen wasserhaltigen Stoffe gelangen in den Dickdarm. Dort wird das Wasser resorbiert; die im Darm lebenden Bakterien (Darmflora) greifen die Cellulose (Fasern) an, die z. B. in Salat enthalten ist. Im Mastdarm sammelt sich Kot oder Stuhl an, der durch den After ausgeschieden wird.

Die Leber.
Sie wiegt bei einem Erwachsenen ca. 1,5 kg. Die Leber ist gewissermaßen eine chemische Fabrik, die für das Funktionieren des Organismus lebenswichtig ist. Die Leberzellen, die *Hepatozyten,* entfernen die alten roten Blutkörperchen aus dem Blut (Erneuerung der Blutbestandteile), den Alkohol usw. Sie synthetisieren Proteine aus Aminosäuren und einfache Zucker. Sie produzieren auch die Galle, die für den Abbau von Fetten verantwortlich ist. Die Leber sowie einige Bauchspeicheldrüsenhormone halten den Glucosespiegel konstant.

1. Nervenzelle;
2. Muskelzelle;
3. Leberzelle;
4. Fettzelle;
5. Spermazelle;
6. Knochenzelle;
7. rote Blutkörperchen;
8. Hautzelle.

946

KÖRPER UND GESUNDHEIT

A · Der Blutkreislauf.

Der Lungenkreislauf führt den Lungen über die Lungenarterien ›blaues‹ Blut zu, das wenig Sauerstoff, aber viel Kohlendioxid enthält. In den Kapillaren (feine, sehr durchlässige

Gefäße), die die Innenseite der Alveolen bedecken, wird das Blut rot, weil es Sauerstoff aufnimmt und Kohlendioxid abgibt. Dann kehrt es über die Lungenvenen zum Herzen zurück. Der Körperkreislauf beginnt beim Herzen mit einem dicken Blutgefäß, der Aorta. Das Blut gelangt zu den wichtigsten Organen. Im Innern dieser Organe sind die Kapillaren für den Austausch von Nährstoffen und Endprodukten verantwortlich. Die Venen führen das Blut dann wieder zurück zum Herzen.

B · Atmung.

Die Atmung, die aus dem Ein- und Ausatmen von ca. 20 000 Litern Luft pro Tag besteht, versorgt die Zellen mit den notwendigen Mengen an Sauerstoff. Sie sorgt außerdem dafür, daß das Kohlendioxid, das im Laufe der ›Verbrennung‹ entstand, wieder abgegeben wird. Bei der Atmung werden mehrere Organe tätig. Die eingeatmete Luft gelangt über den Rachen, den Kehlkopf und die Luftröhre bis in die Lunge. Die Luftröhre teilt sich in zwei große Röhren, die Bronchien, auf. Jede Bronchie verästelt sich im Innern der Lunge in immer kleinere Verzweigungen, die sogenannten ›Bronchiolen‹ und ›Alveolen‹ (Lungenbläschen). Die Bronchien haben kleine Flimmerhärchen, die den eingeatmeten Staub auffangen. Die Lunge besteht aus zwei schwammartigen Gebilden, die von einer

feuchten Membran, dem Brustfell, umschlossen sind. Während des Ein- und Ausatmens sorgt die Lunge für einen sehr schnellen Austausch von Blut und Luft in den Lungenbläschen.

Das Blut.

Das Blut ist eine lebenswichtige Flüssigkeit. Im menschlichen Körper zirkulieren etwa 4,5–6 Liter Blut. Es fließt in ›Adern‹ und setzt sich aus zwei verschiedenen Substan-

zen zusammen: dem klaren *Blutplasma* (ca. 56 %), und einer dunklen Flüssigkeit, die aus Blutkörperchen besteht.

Die Blutzellen.

Die roten *Blutkörperchen* (25 Milliarden) enthalten einen Farbstoff, das Hämoglobin, das Sauerstoff und Kohlendioxid an sich bindet und im Körper weitertransportiert. Die *weißen Blutkörperchen* sind die Verteidiger des Organismus. Auf ein weißes Blutkörperchen kommen 700 rote. Die *Blutplättchen* sind für die Blutgerinnung verantwortlich.

Im Gehirn gibt es ein Atmungszentrum, das je nach Sauerstoff- und Kohlendioxidgehalt des Blutes den Kontraktionsrhythmus der Muskeln bestimmt, die die Lungentätigkeit steuern.

Die Lymphe.

Die Lymphe ist eine wässrige, plasmaartige Flüssigkeit, die die weichen Gewebe umgibt. Das *Lymphsystem* ist eng an den Blutkreislauf gebunden und umfaßt die Milz (Erneuerung der roten Blutkörperchen, Blutreserven), die Mandeln, Lymphdrüsen (Zerstörung und Abfilterung von Mikroorganismen) und die Lymphgefäße.

D · Die Herzfunktionen.

Das Herz zieht sich etwa 60- bis 70mal pro Minute zusammen. Dabei fließen jedesmal etwa 70 bis 100 cm³ Blut, das sind 5–7 Liter pro Minute, durch die Herzgefäße. Ein 75 Jahre altes Herz hat ca. 300 Millionen Mal geschlagen und 200 Millionen Liter Blut durch den Körper gepumpt. Für das Pumpen ist der Herzmuskel *(Myokard)* verantwortlich, der aus zwei Hälften besteht. Jede Hälfte hat einen Herzvorhof und eine Herzkammer. Das Herz wird vom Herzbeutel *(Perikard)* umhüllt und von der Herzinnenhaut *(Endokard)* ausgekleidet. Der Herzmuskel wird im Gegensatz zu den anderen Muskeln nicht vom Nervensystem aus gesteuert, sondern arbeitet selbständig. Normalerweise schlägt er regelmäßig und setzt den Schluß- und Anfangspunkt eines Zyklus, *Herzzyklus* oder auch *Herzschlag* genannt. Er unterteilt sich in zwei wichtige

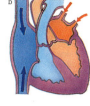

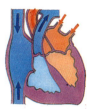

Phasen, die *Systole* (Kontraktion) und die *Diastole* (Erschlaffung). Sobald der Herzmuskel erschlafft, füllt sich das Herz mit Blut. Das sauerstoffreiche Blut tritt in die linke, das sauerstoffarme Blut in die rechte Herzhälfte ein. Zieht sich das Herz zusammen, fließt das sauerstoffreiche Blut in die Organe, das sauerstoffarme Blut in die Lunge.

E · Die Verdauung.

Die Verdauung sorgt dafür, daß die Nahrung in niedermolekulare Stoffe gespalten wird, von denen ein Teil absorbiert wird und durch das Blut in die Organe gelangt. Dadurch werden die Zellen mit Energie und Stoffen versorgt.
Die Nahrung benötigt etwa 24 Stunden, um den 8 m langen Verdauungskanal zu durchlaufen. Während der Verdauung finden mechanische und chemische Vorgänge statt. Durch die Kontraktionen (Peristaltik) wird die Nahrung in den Magen geleitet; dort wird sie in eine klare gallertartige Substanz verwandelt, den Speisebrei; dieser wird erst in den Dünndarm, dann in den Dickdarm geleitet. Die Endprodukte der Verdauung sammeln sich im Mastdarm und

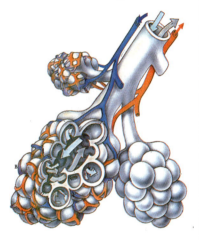

werden durch den After ausgeschieden. Im Laufe dieses Vorgangs zerlegen Enzyme als Beschleuniger chemischer Reaktionen die Nahrung in Bestandteile, die der Verdauungskanal gut aufnehmen kann.

F · Die Blutgerinnung.

Sobald ein Blutgefäß beschädigt ist, wird die Bruchstelle durch spezialisierte Zellen, die Blutplättchen, wieder repariert. Diese werden im Knochenmark gebildet. Sie rufen chemische Reaktionen hervor, die die Blutgerinnung einleiten. Es bildet sich ein Blutkuchen aus Fibrin. Gleichzeitig ziehen sich die Arterien unter dem Einfluß chemischer Informationsträger zusammen.

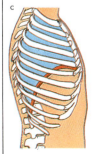
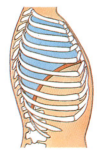
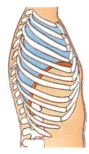

Die Lunge in Ruhestellung.
Die Lungenflügel sind in einem ›Kasten‹; die Rippen sind die Wände, das Zwerchfell der Boden.

Einatmen.
Der Brustkorb weitet sich und das Zwerchfell senkt sich. Die Lungenflügel sind entspannt. Die Luft wird angesogen.

Ausatmen.
Der Brustkorb wird verkleinert, die Muskeln des Zwerchfells entspannen sich, das Zwerchfell wird angehoben.

DIE BLUTGRUPPEN

Man unterscheidet beim Menschen vier Blutgruppen: A, B, AB und 0. A und B sind zwei Proteine (Antigene), die von den roten Blutkörperchen getragen werden und die Produktion von Antikörpern bewirken können. Die Blutgruppe 0 ist *Universalspender:* Sie verträgt sich mit allen anderen Blutgruppen, kann selbst jedoch nur Blut aus der Blutgruppe 0 aufnehmen. Die Blutgruppe AB kann Blut aus den Gruppen A, B, AB und 0 aufnehmen, sie ist der *Universalempfänger*. Die Blutgruppen A und B vertragen sich nicht. Die roten Blutkörperchen der beiden Gruppen besitzen unterschiedliche Antigene.

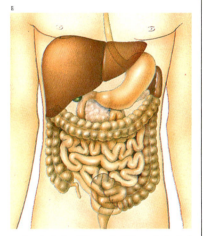

KÖRPER UND GESUNDHEIT

WICHTIGE FUNKTIONEN

STOFFWECHSEL

Bei den chemischen Reaktionen im Körper entstehen Endprodukte, die in das Blut gelangen und größtenteils durch die Nieren ausgeschieden werden. Die Nieren tragen also zur Erhaltung des Gleichgewichts der lebenswichtigen Körperfunktionen *(Homöostase)* bei. Sie regulieren die Konzentration von Wasser, Mineralstoffen und anderen Stoffen im Blut. Die Stoffwechselschlacken und überschüssigen Moleküle werden durch den Harn über die Harnleiter, die Harnblase und die Harnröhre (Ausführungsgang der Harnblase) ausgeschieden. Die Nieren filtern pro Tag etwa 1 600 Liter Blut und produzieren ca. 1–2 Liter Urin.

Der Harn. Er besteht zu 96 % aus Wasser und zu 4 % aus Schlackenstoffen. Der Harn erhält seine gelbliche Farbe durch die Konzentrierung bestimmter, vom Blut abgegebener Substanzen. Je konzentrierter der Harn ist, desto intensiver wird seine Farbe. Er sollte normalerweise keine Glucose enthalten: Läßt sich Glucose im Urin nachweisen, kann dies auf einen zu hohen Zuckergehalt des Blutes hindeuten (Diabetes). Auch Blut befindet sich nur im Krankheitsfalle im Harn.

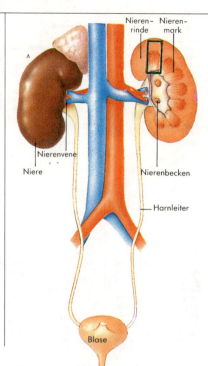

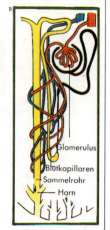

A · Die Nieren.
Die Nieren gleichen einem Paar dicker Bohnen und liegen an der hinteren Rumpfwand, unterhalb der Rippen. Sie sind von einer Faserkapsel umgeben und bestehen aus einer peripheren kortikalen und einer zentralen markhaltigen Substanz. Das zu filternde Blut gelangt durch die Nierenarterie in die Niere. Diese Arterie teilt sich in winzige Kapillaren. Das Blut wird nach der Reinigung durch die Nierenvene wieder dem Herzen zugeführt. Der Harn wird in das Nierenbecken entleert und gelangt in den Harnleiter.

B · Das Nephron.
Das Nephron ist die Grundeinheit der Niere. Jedes Nephron besteht aus einem feinen Kapillarennetz, dem Glomerulus oder Gefäßknäul. Es ist von einer dünnen filtrierenden Membran umhüllt (mit kleinen Löchern, die bestimmte Moleküle durchlassen) und befindet sich in einer Kapsel. Der noch ungefilterte Vorharn gelangt in die Nierenkanälchen, in denen Wasser, Aminosäuren, Glucose und etwa 70 % Mineralsalze durch die an der Wand der Kanälchen befindlichen Blutkapillaren rückresorbiert werden.

REGULATION

Die lebenswichtigen Organe des menschlichen Körpers müssen zum einen vor Umwelteinflüssen geschützt werden, zum anderen gewährleisten, daß sich der Gesamtorganismus stärksten Belastungen anpaßt: Körpertemperatur um 37 °C, konstanter Zuckerspiegel usw. Die Haut, das Immunsystem (Schutz gegen Erreger und Fremdkörper: Bakterien, Parasiten), die Hormonsekretion und die Gehirnzentren steuern alle die Aufgaben, die zur Erhaltung des Lebens notwendig sind.

Die Haut. Die Haut ist eine elastische Hülle, die unseren Organismus schützt. Sie reguliert die Körpertemperatur und unterstützt Atmung und Ausscheidung. Die Haut verfügt über große Fettreserven und produziert Vitamin D. Sie ist ein sensorisches Organ. Beim Erwachsenen umfaßt sie ca. 1,75 m^2 und macht 7 % des Gesamtgewichts aus.

Das Immunsystem. Der Organismus verfügt über ein Abwehrsystem – das Immunsystem – das den Körper vor Krankheiten schützt. Die Grundbausteine dieses Systems sind die weißen Blutkörperchen *(Leukozyten)*. Diese farblosen Blutzellen, die weniger zahlreich als die roten Blutkörperchen sind (1 zu 600–700), haben ganz spezielle Funktionen: Manche produzieren spezifische Antikörper, die einen Agressor (Antigen) neutralisieren; andere wirken unmittelbar, indem sie die Krankheitserreger direkt ›verdauen‹.

C · Die Haut.
Die Haut besitzt zwei Schichten: die Epidermis und die Lederhaut. Die *Epidermis* (1) besteht aus der Basalschicht mit den *Melanozyten* (2); unter der Einwirkung von Ultraviolettstrahlen produzieren diese das *Melanin*, das Farbpigment, das für die Hautfarbe verantwortlich ist (Bräune, Hautfarbe von dunkel- oder schwarzhäutigen Menschen); einer gallertigen Schicht, der sogenannten *Malpighi-Schicht* (3), die aus lebenden Zellen besteht; einer Hornschicht, deren Zellen tot sind und sich abschilfern (Schuppen). Die *Lederhaut* (4) verleiht der Haut ihre Elastizität und Widerstandsfähigkeit. Sie enthält die Härchen (5), die Talgdrüsen (6), die Schweißdrüsen (7) und schließlich die empfindlichen Nervenenden (Kälte, Wärme, Berührung).

Körpertemperatur. Für den Ablauf lebenswichtiger chemischer Reaktionen ist eine konstante Körpertemperatur um 37 °C ideal. Dieses thermische Gleichgewicht resultiert aus einer ständigen Wärmezufuhr (Muskelarbeit, chemische Abläufe in den Organen, Nahrungsaufnahme) und Wärmeabgabe. Das Organ, das für die Wärmeregulierung verantwortlich ist, sitzt im Gehirn und heißt *Hypothalamus* und ist ein Teil des Zwischenhirns. Der Hypothalamus ist eine Art Thermostat und reagiert auf Informationen, die durch die ›Meßfühler‹ weitergeleitet wurden. In einem heißen Klima erzeugt der Hypothalamus das Gefühl von Hitze, das uns dazu veranlaßt, kühle Orte aufzusuchen; die Blutgefäße weiten sich, und wir verlieren durch das Schwitzen 3–4 kg Wasser sowie Mineralsalze.

DIE KÖRPERWÄRME

Manche Körperteile, wie z. B. das Gehirn, sind kälteempfindlicher als andere. In Notfällen werden sie vom Organismus bevorzugt behandelt. Dies erklärt, warum bei Kälte der Blutkreislauf die äußersten Gliedmaßen der Extremitäten oft nicht gut versorgt. Will man mit einem Minimum an Bekleidung nicht frieren, muß man vermeiden, daß der Kopf Wärme abgibt, indem man eine Mütze oder einen Hut trägt; so bleiben auch die Gliedmaßen wärmer. Eine übermäßige Wärmeabgabe wird ebenso durch das Tragen von Handschuhen oder Strümpfen verhindert.

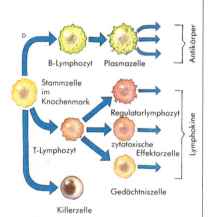

D · Die Lymphozyten.
Die Lymphozyten sind sehr aktive weiße Blutkörperchen. Sie werden von der Mutterzelle im Knochenmark produziert und beenden ihr Wachstum in den lymphatischen Organen (Milz, Lymphdrüsen, Mandeln). Die *B-Lymphozyten* erzeugen zahlreiche Antikörper. Die *T-Lymphozyten* greifen Eindringlinge an, und zwar dort, wo die Antikörper sie nicht erreichen können. Manche Viren stören das Abwehrsystem der Lymphozyten, wie die Retroviren, die AIDS verursachen.

KÖRPER UND GESUNDHEIT

HORMONE

Die Hormone werden von den endokrinen Drüsen ausgeschüttet und als Informationsträger über das Blut zu den Zellen transportiert. Es gibt über 100 verschiedene Hormone, die von der Schilddrüse, den Eierstöcken, den Hoden, der Bauchspeicheldrüse usw. produziert werden. Die jeweils im Körper vorhandene Hormonmenge ist je nach Situation unterschiedlich groß. Die Hormonsteuerung ist ein komplexes System, bei dem das überschüssige Hormon die eigene Ausschüttung reduziert. Es handelt sich hierbei um einen Rückkopplungsmechanismus. Die Hypophyse, die unter der Kontrolle des Hypothalamus steht, reguliert die Produktion zahlreicher Hormone. Manche Hormone haben gegensätzliche Funktionen: Glucagon hebt den Zuckerspiegel im Blut an, während Insulin ihn senkt.

KONTROLLE, WAHRNEHMUNG

Die Gesamtheit der Körperfunktionen wird vom Nervensystem kontrolliert. Mit Hilfe der Sinnesorgane (Augen, Ohren, Nase) kann sich der Mensch der Außenwelt anpassen. Das Zentralnervensystem, das in Gehirn und Rückenmark sitzt, greift auf ein ganzes Netz peripherer Nerven zurück. Die Empfindungsnerven informieren das Zentralnervensystem mit Hilfe der sensorischen Rezeptoren. Sobald die Information angekommen ist, veranlassen die Bewegungsnerven die Organe und Muskeln zu entsprechendem Verhalten.

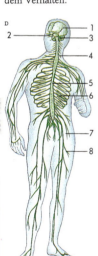

D · Das Nervensystem.

1. Gehirn;
2. Hirnnerven (12 Paar);
3. Kleinhirn;
4. Halsnerven (8 Paar);
5. Rückenmark;
6. Rückennerven (12 Paar);
7. Lendennerven (5 Paar);
8. Kreuz- und Steißbeinnerven (6 Paar).

Das periphere Nervensystem umfaßt das dem Willen unterworfene *somatische System* und das unwillkürliche autonome Nervensystem, den *Sympathikus* und den *Parasympathikus*, die die Tätigkeit der Organe regulieren. Die Nerven sind von einer Substanz, dem *Myelin*, umgeben, die die Weitergabe der Information beschleunigt. Der Nervenreiz ist ein elektrischer und zugleich chemischer Vorgang.

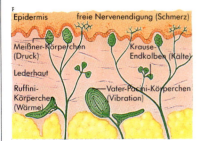

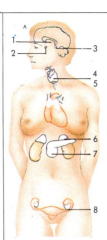

A · Die endokrinen Drüsen und ihre wichtigsten Hormone.

Der Hypothalamus (1): Hormone, die die Hormonausschüttung der Hypophyse regulieren.
Die Hypophyse (2): Wachstumshormone, Prolaktin (Milchproduktion), Hormone, die die Hormonausschüttung anderer endokriner Drüsen regulieren (Nebennieren, Eierstöcke).
Zirbeldrüse (Epiphyse) [3]: Sexualhormone.
Schilddrüse (4): Schilddrüsenhormone (Grundumsatz, Körperentwicklung).
Nebenschilddrüsen (5): Parathormon (reguliert den Calciumspiegel im Blut).
Nebennieren (6): Aldosteron (regelt den Salz- und Wasserhaushalt). Corticosteroide (in Notsituationen). Adrenalin (in Schrecksituationen, mehrere Funktionen).
Bauchspeicheldrüse (7): Insulin (reguliert den Blutzuckerspiegel).
Eierstöcke (8): Östrogen und Progesteron (Eisprung, Menstruation, Schwangerschaft, Entwicklung der Keimdrüsen und Geschlechtsorgane). [Beim Mann die *Hoden*. Testosteron (Virilität)]

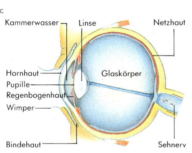

C · Das Auge und die Sehkraft.

Der Mensch hat zwei Augen, die von jedem Gegenstand zwei leicht voneinander abweichende dreidimensionale Bilder liefern. Die Augenlider sind innen von der Bindehaut überzogen. Am Augenlidrand befinden sich die Wimpern, die den Augapfel schützen; die Augenbrauen verhindern, daß der Schweiß ins Auge gelangt. Die von den Tränendrüsen produzierten Tränen spülen Fremdkörper weg und töten Bakterien ab. Die Hornhaut und die Augenlinse sind für das ›scharf Sehen‹ der nahen oder weit entfernten Gegenstände verantwortlich. Die Iris gibt dem Auge seine Farbe. Die Pupille verengt oder erweitert sich und ist bestimmt dadurch, wieviel Licht in das Auge dringt.

Im Normalfall sind zwei Arten sensorischer Rezeptoren für die Entstehung des Bildes auf der Netzhaut verantwortlich: die *Zapfen*, die das Sehen von Farben ermöglichen und nachts inaktiv sind, und die helldunkelempfindlichen *Stäbchen*, die nachts aktiv sind. Im Falle der Kurzsichtigkeit entsteht das Bild vor der Netzhaut und muß durch korrigierende Zerstreuungslinsen ausgeglichen werden; im Falle der Weitsichtigkeit entsteht das Bild hinter der Netzhaut und muß durch Sammellinsen korrigiert werden. Der Astigmatismus ist auf eine Krümmungsfehler der Hornhaut zurückzuführen. Die Verzerrung des Bildes wird mit sphärisch-zylindrischen Gläsern ausgeglichen.

F · Der Tastsinn.

Der Tastsinn benötigt die meisten Rezeptoren. Diese liegen besonders in den Fingerspitzen und den Händen. Verschiedene Reize, wie z. B. Kälte, Wärme, Druck oder Schmerz erregen Rezeptoren, die ihrerseits dem Gehirn eine Botschaft zusenden. Bei andauerndem Schmerz übertragen die Rezeptoren die Information nur von Zeit zu Zeit. Die empfindlichsten Bereiche sind die Handflächen (2 300 Nervenenden) und die Zungenspitze.

Der Geruchssinn.

Der Mensch kann etwa 3 000 verschiedene Gerüche unterscheiden. Von den im Schweiß vorkommenden Stoffen sollen die Pheromone angeblich das Sexualverhalten beeinflussen. Die 5 Millionen Geruchsrezeptoren liegen in der Nasenschleimhaut auf einer Fläche von 6 cm². Von dort führen 15 000 Nervenfasern bis zur Großhirnrinde. Im Hippocampus werden die Nervenreize in Empfindungen umgewandelt.

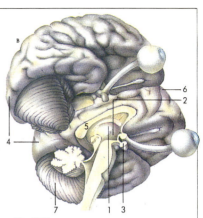

B · Das Gehirn.

Das Gehirn setzt sich aus über 14 Milliarden Neuronen zusammen. Obwohl es nur knapp 1,4 kg wiegt, benötigt es über ein Drittel des gesamten Blutes. Das Gehirn besteht aus drei großen, zunehmend komplizierter aufgebauten Einheiten, die sich im Laufe der menschlichen Entwicklung nach und nach herausgebildet haben: Die ›einfachste‹ Einheit, der *Hirnstamm*, kontrolliert den Rhythmus des Herzschlags und der Atmung; die komplexere Einheit, der *Thalamus* (1), der *Hypothalamus* (2) und die Hirnanhangsdrüse *(Hypophyse)* [3], steuern die Hormonausschüttung und den Grundumsatz; die komplizierteste Einheit, die *Großhirnhälften* (4), befinden sich im oberen Teil des Schädels. Sie machen 70 % des Gehirns aus und kommunizieren über den sogenannten *Balken* (5) miteinander. Sie bestehen aus der *Großhirnrinde* (6), der äußeren grauen Schicht (Zellkörper der Neuronen), die eine weiße Schicht umschließt, die aus Nervenfasern besteht. Die Großhirnrinde nimmt spezielle Funktionen wahr. Jede Zone ist für einen bestimmten Bereich verantwortlich: das Broca-Zentrum z. B. ist für das Sprechen zuständig. Unterhalb des Großhirns sitzt das *Kleinhirn* (7), dessen Hauptaufgabe die Erhaltung des Gleichgewichts und die Bewegungskoordination der Muskeln ist.

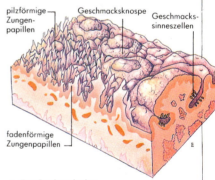

E · Der Geschmackssinn.

Zahlreiche auf der Zunge liegende Geschmackssinneszellen und -knospen ermöglichen das Schmecken. Die Zunge vermag vier Grundgeschmacksrichtungen zu unterscheiden, die miteinander kombiniert werden können. Jeder Bereich der Zunge ist auf eine dieser Geschmacksrichtungen spezialisiert.

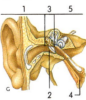

G · Das Ohr.

Das Ohr dient dem Hören, aber auch der Erhaltung des Körpergleichgewichts. Zum *äußeren Ohr* (1) gehören die Ohrmuschel und das Trommelfell (2), das durch Schallwellen in Schwingung gerät. Das *Mittelohr* (3) ist eine abgeflachte Höhlung des Schläfenbeins. Sie ist mit den Nasenhöhlen durch die Eustachische Röhre (4) verbunden (beim Naseputzen stellt man durch Blasen den Druckausgleich wieder her) und führt die Schallwellen über die Gehörknöchelchen zum *Innenohr* (5), oder *Labyrinth*. Dieses verwandelt die Wellen in elektrische Signale, die über den Gehörnerv in das Gehirn weitergeleitet werden.

949

KÖRPER UND GESUNDHEIT

GEHIRN

GEHIRNFUNKTIONEN

Je näher sich die Gehirnteile am Rückenmark befinden (Hirnstamm, Kleinhirn), um so einfacher, aber lebenswichtiger sind ihre Aufgaben (Kontrolle des Herzschlags und der Atmung durch das verlängerte Rückenmark, Regulation des Schlaf-wach-Rhythmus durch die Formatio reticularis, ein Nervengewebe in Rückenmark und Hirnstamm, Bewegungskoordinierung und Wahrung des Gleichgewichts durch das Kleinhirn). Dagegen haben die vom Rückenmark entfernteren Gehirnteile hochentwickeltere Funktionen, die für den Menschen kennzeichnend sind (Denken, Gedächtnis, Affekt, Sehen, Hören usw.), jedoch für das Leben im strengeren Sinne nicht unbedingt erforderlich sind.

INTELLIGENZ

Im vorderen Teilbereich der Stirnlappen sitzt die sogenannte Intelligenz, die als die Fähigkeit definiert werden kann, Wörter, Gedanken, Zahlen und so weiter zu assoziieren. Man weiß, daß die Intelligenz nicht nur von der Anzahl der Neuronen, sondern vor allem von der Anzahl der Verbindungsstellen zwischen den Neuronen abhängt (Synapsen). Die beiden Stirnlappen haben unterschiedliche Funktionen; der linke Stirnlappen scheint für Sprache, mathematisches Denken, Kritikfähigkeit und logisches Denken zuständig zu sein, der rechte für räumliche Wahrnehmung, Vorstellungsvermögen, künstlerische Veranlagung, Kreativität und Intuition. Die Stirnlappen sind miteinander verbunden: Ein Kind, das schwer lesen lernt (linker Stirnlappen), kann durch Anregung des Vorstellungsvermögens (rechter Stirnlappen) trainieren.

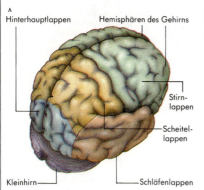

A · Die Spezialisierung des Gehirns.

Die beiden Gehirnhälften haben weder der gleichen Umfang noch die gleichen Funktionen: Bei den meisten Menschen dominiert eine Gehirnhälfte (bei den Rechtshändern die linke). Die Nervenfasern kreuzen größtenteils die Medianlinie. Die rechte Gehirnhälfte steuert die linke Körperseite und umgekehrt. Die Großhirnrinde, die äußere Schicht des Gehirns, ist in zwei Regionen aufgeteilt: Der Hinterhauptlappen (Lobus occipitalis) ist für das Sehen verantwortlich; der Scheitellappen (Lobus parietalis) liegt vor letzterem und kontrolliert die Empfindungen; der hintere Teil des Stirnlappens ist Sitz der Motorik (hierbei muß erwähnt werden, daß jede Zone unserer Oberhaut unproportional zu ihrer eigentlichen Größe auf die Oberfläche der Großhirnrinde projiziert wird: Der Hand, die nur etwa 1 % der Körperoberfläche ausmacht, wird in der Großhirnrinde über die Hälfte der Gesamtoberfläche zugewiesen). Der Schläfenlappen (Lobus temporalis) hat eine komplexe Aufgabe (Gehörsinn, Geruchssinn und allgemein verbindende Funktion zwischen den verschiedenen Lappen).

EMOTIONEN

Die Formatio reticularis des Hirnstamms, der Hypothalamus und das limbische System sind für emotionale Reaktionen verantwortlich.

Die Hauptaufgabe der Formatio reticularis besteht in der Regulierung des Bewußtseinszustandes: Sie bestimmt den Schlaf-wach-Rhythmus über die Kontrolle der Reizleitung vom Rückenmark bis zum Gehirn: In manchen Stunden – im Wachzustand – verstärkt sie die Reizleitung, in anderen – während des Schlafes – schwächt sie die Reizübertragung. Der Hypothalamus kontrolliert Appetit, Durst, Aggressivität, Sexualverhalten und emotionale Reaktionen ganz allgemein. Bewußtseinszustände und Stimmungen werden von einem bestimmten Neurotransmitter, dem ›Noradrenalin‹, reguliert; das Gefühl, die Ausschüttung der Hypophysenhormone (die Hypophyse ist ein dem Hypothalamus untergeordnetes Zentrum) und insbesondere das Sexualverhalten werden von einem anderen Neurotransmitter, dem ›Dopamin‹ gelenkt.

Das limbische System, ein weiter Gehirnbezirk, umschließt den Zentralkern des Thalamus, den Hypothalamus, die Mamillarkörper, die bei Unruhe oder Angst beteiligt sind, und den Hippocampus, der für die Merkfähigkeit wichtig ist.

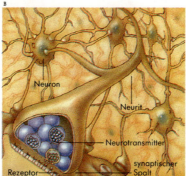

B · Das Neuron und die Synapse.

Die funktionelle Grundeinheit des Gehirns ist das Neuron. Jedes Neuron besteht aus einem Zellkörper, einem oder mehreren Dendriten und einem einzigen Neuriten. Die beiden letztgenannten Elemente bilden die Nervenfasern. In jeder Faser zirkuliert ein ›Mini‹-Stromkreis: Es handelt sich um den Nervenreiz. Die Neuronen berühren einander nicht. Ist der Reiz am äußeren Ende eines Neurons angelangt, kommt er nicht weiter, da er den vor sich liegenden Spalt nicht überwinden kann. Diesen Spalt zwischen zwei Neuronen nennt man Synapse.

GEDÄCHTNIS

Das Gedächtnis hat in erster Linie zwei Aufgaben: zum einen besitzt es die Fähigkeit, Information festzuhalten (Einprägen), zum anderen kann es diese Information wieder abrufen (Erinnern).

Die Gedächtnisfunktionen verteilen sich fast auf das gesamte Gehirn, das limbische System jedoch wird dabei besonders stark beansprucht. Man weiß, daß auch der Schlaf eine große Rolle für das Gedächtnis spielt. Elektrische Aufzeichnungen der Gehirnaktivitäten während des Schlafes haben gezeigt, daß diese nicht homogen sind: Man konnte Perioden mit intensiver elektrischer Aktivität feststellen (vergleichbar mit der Aktivität im Wachzustand), die man ›REM-Schlaf‹ nannte. Diese Phasen entsprechen den Traumphasen. Man weiß, daß bei Neugeborenen oder Kindern, bei denen der für das Lernen notwendige Memorisierungsvorgang besonders wichtig ist, die Perioden des REM-Schlafs sehr lang sind. Stört man bei einem Erwachsenen den REM-Schlaf (wiederholtes Wecken), wird die Person extrem müde und weist eine schlechte Merkfähigkeit auf; der REM-Schlaf ›fixiert‹ sozusagen alles, was man tagsüber gelernt hat. Wie alle menschlichen Fähigkeiten kann man das Gedächtnis ›trainieren‹, wahrscheinlich durch Aktivieren vorher untätig gebliebener Synapsen. Man weiß z. B., daß man sich bei langsamem Lesen eines Textes (Wort für Wort) diesen nicht sehr gut merken kann. Liest man jedoch ganze Wortgruppen, ist der Text viel einprägsamer und das Gedächtnis erbringt bessere Leistungen. Die meisten Informationen werden in dem am stärksten differenzierten Teil der Großhirnrinde gespeichert. Der Begriff des Vergessens ist heftig umstritten: Nicht das Erinnern an sich ist das Problem, sondern die Art, wie man sich an etwas erinnert.

Die Neurotransmitter.

In jeder Synapse kommunizieren die Neuronen mit Hilfe bestimmter chemischer Substanzen, der Neurotransmitter, miteinander. Kommt der Reiz im vorsynaptischen Bereich an, werden die Neurotransmitter in den synaptischen Zwischenraum ausgeschüttet. Sie werden durch ein postsynaptisches Element (das zweite Neuron) aufgefangen, was wiederum einen neuen Nervenreiz auslöst. Die gesamten Hirnfunktionen lassen sich auf folgende Umwandlung reduzieren: elektrisch-chemisch-elektrisch. Was die Verteilung angeht, befinden sich die Zellkörper oft im Innern funktioneller Einheiten (Großhirnrinde, graue Zentralkerne) und setzten sich zur grauen Substanz zusammen, die man auch häufig ›graue Zellen‹ nennt. Die Nervenfasern, die zu Strängen gebündelt sind, bilden die sogenannte weiße Substanz.

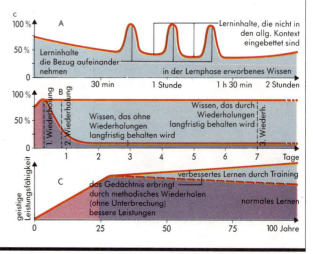

C · Die Erinnerung.

Die Erinnerung an eine Information hängt stark von der vergangenen Zeit ab [A]. Verständnis und Erinnerung bleiben 20 bis 40 Minuten lang maximal. Ein gut ausgebildetes ›Revisionssystem‹ soll das schnelle Vergessen von Einzelheiten vermeiden [B]. Ist dies nicht der Fall, hat man nach 24 Stunden 80 % des Wissens wieder vergessen. Obwohl die geistigen Fähigkeiten einschließlich des Erinnerungsvermögens mit zunehmendem Alter nachlassen [C], kann man beides durch ein methodisches Wiederholungssystem und durch ständiges Training verbessern.

KÖRPER UND GESUNDHEIT

KÖRPERBAU

KNOCHEN

Die Knochen des Skeletts bilden ein Gerüst, das den Körperorganen als Schutz dient und sie stützt. Der Schädel umschließt das Gehirn, der Brustkorb schützt das Herz und die Lunge. Der Knochen ist von der Knochenhaut *(Periost)* umgeben. Sie ist von Nerven und Blutgefäßen durchzogen, die den Knochen mit Nährstoffen versorgen.

Im Innern des Knochens befindet sich das *Knochenmark,* das die roten und weißen Blutkörperchen produziert. Der Knochen ist ein lebendes Organ, das wächst. Das Skelett eines Säuglings besteht hauptsächlich aus Knorpel. Der größte Teil wird jedoch zu Knochen, indem die Zellen harte Calciumbestandteile einlagern. Zwischen 18 und 25 Jahren ist die Knochenbildung beendet. Die lebenden Knochenzellen erneuern sich ständig und ermöglichen damit das Wachstum und die Verheilung von Knochenbrüchen.

Die Knochen sind auf unterschiedliche Art und Weise miteinander verbunden; diese Verbindungsstellen sind die *Gelenke.* Sie werden durch widerstandsfähige Fasern, die *Bänder,* zusammengehalten.

A · Querschnitt durch einen Knorpel.

Das Skelett eines Neugeborenen oder eines Säuglings besteht aus Knorpel.

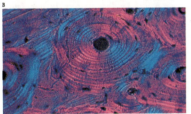

B · Querschnitt durch das Knochengewebe.

Die Knochenzellen sind die runden, dunklen Strukturen.

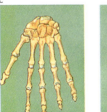
Hand

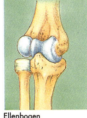
Ellenbogen

Das Sattelgelenk (Handgelenk, Daumen). Die Bewegungen können im rechten Winkel in zwei Richtungen ausgeführt werden; die Form der Knochen macht das Drehen des Gelenks unmöglich.

Das Scharniergelenk (Ellenbogen oder Knie). **Die ›festen Gelenke‹.** Keine Bewegung: diese Gelenke sollen ein Maximum an Stabilität gewährleisten.

MUSKELN

Der Muskel, der die Bewegung der Körperteile ermöglicht, ist ein zusammenziehbares Gewebe, das über ein Drittel des Körpergewichts ausmacht. Er wandelt chemische Energie in mechanische Arbeit um.

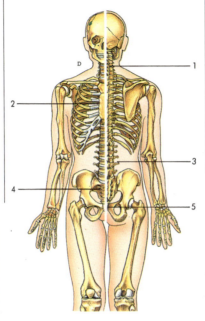

D · Die Knochen.

Der Schädel, die Wirbelsäule und der Brustkorb machen 80 % der 206 Knochen des menschlichen Körpers aus.

Der Schädel.

Er besteht aus 28 Knochen. Im unteren Teil ist ein großes Loch, das vom Rückenmark ausgefüllt wird.

Die Wirbelsäule.

Sie trägt den Kopf und schützt das Rückenmark. Die 7 obersten Wirbel – die *Halswirbel* (1), zu denen der *Atlas* (der erste) und der *Axis* (der zweite) gehören, – liegen über den 12 *Brustwirbeln* (2), 5 *Lendenwirbeln* (3), 5 *Kreuzbeinwirbel* (Sacrum [4]), 4 miteinander verwachsene Endwirbel, die das *Steißbein* (5) bilden (insgesamt 33 Wirbel). Zwischen den Wirbeln liegen die *Bandscheiben*.

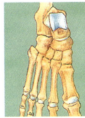
Hüfte

Fuß

Das Kugelgelenk (Schulter, Hüfte). Gestattet Bewegungen in alle Richtungen. Eine Kugel bewegt sich sich in der Gelenkpfanne, die Knochen haben die Funktion von Hebeln.

Das straffe Gelenk (Fußwurzelgelenk, Wirbel). Die Bewegungen sind stark eingeschränkt.

Man unterscheidet drei Muskeltypen. Die *quergestreiften Muskeln,* die die Knochen bewegen. Sie sind dem Willen untergeordnet und werden vom Nervensystem gesteuert. Ein vom Gehirn oder Rückenmark ausgesandter Nervenreiz löst die Ausschüttung von Acetylcholin aus, das die Kontraktion bewirkt. Die quergestreiften Muskeln sind mit den Knochen durch Sehnen verbunden. Manche Muskeln beugen das Gelenk (Beugemuskeln), andere strecken es wieder (Streckmuskeln); sie können die Gliedmaßen von der Körperachse wegbewegen (Abduktoren) oder sie zum Körper hinbewegen (Adduktoren).

Bei der Kontraktion verbrauchen die Muskeln Energie und geben Wasser, Kohlendioxid und Milchsäure ab. Nach einer körperlichen Anstrengung reichert sich Milchsäure an, und es entstehen Schmerzen, die man als Muskelkater bezeichnet.

Man unterscheidet ferner *glatte Muskeln,* die das Verdauungssystem, die Blutgefäße und andere Organe steuern.

Außer diesen beiden Muskeltypen gibt es noch den *Herzmuskel,* der eine Mischform darstellt und unwillkürlich ist.

E, F, G · Die wichtigsten Muskeltypen.

Im Querschnitt ähnelt der Muskel einem Kabel. Er besteht aus Faserbündeln. Jede Faser weist wiederum zahlreiche kleine Fasern auf, die man *Myofibrillen* nennt. Sie setzen sich aus Proteinfasern zusammen (Aktin, Myosin). Die quergestreiften Muskeln (E) bilden zwei Gruppen: Die einen ziehen sich schnell, die anderen langsam zusammen. Die glatten Muskeln (F) kontrollieren die unbewußten Körperfunktionen. Auch der Herzmuskel (G) ist ein unwillkürlicher Muskel.

C · Die Gelenke.

Die Gelenke verleihen dem Skelett Beweglichkeit. Es gibt mehrere Gelenkarten: Gelenke, die sich überhaupt nicht bewegen, wie z. B. die Schädelknochennähte; Gelenke, die sich nur wenig bewegen, wie die Gelenke des Beckens; schließlich Gelenke, die sich frei bewegen, wie z. B. das Schultergelenk. Jedes Gelenk besitzt den Grad an Beweglichkeit, der für das Funktionieren der jeweils damit verbundenen Knochen- und Muskelgebilde notwendig ist: Beugungsfähigkeit bei Ellenbogen und Knie, Drehfähigkeit der Schädelbasis. Die Beweglichkeit hängt von Muskelform, Muskulatur und Spannungsgrad der Bänder ab.

Das bewegliche Gelenk setzt sich aus Knorpelschichten zusammen, die die aneinanderliegenden Knochen miteinander verbinden. Eine Membran, die *Synovialis,* die sich in der Gelenkkapsel befindet, umhüllt die Gelenkoberflächen und scheidet eine Flüssigkeit aus, die *Gelenkschmiere,* die als Dämpfungs- und Gleitmittel dient. Bei einer Verletzung kann diese Gelenkflüssigkeit auslaufen: In diesem Fall spricht man von einem *Gelenkerguß.* Manche Gelenke haben flache Scheiben, die dazu dienen, Stöße aufzufangen: Menisken, Bandscheiben...

951

BIORHYTHMUS

BIORHYTHMEN

Alles unterliegt einem Rhythmus, angefangen bei den Bewegungen des Universums bis hin zu den Vorgängen in den Zellen der Lebewesen. Diese biologischen Rhythmen bestimmen die Bedürfnisse und Körperfunktionen des Menschen. Man kann seinen eigenen Rhythmus steuern. Dazu muß man ihn allerdings kennen. Auch sollte man seine Rhythmen der Umwelt anpassen.

BIOPHYSISCHER RHYTHMUS

Kosmischer Rhythmus. Durch das Drehen der Erde um sich selbst und um die Sonne entstehen Rhythmen und Wechsel, die auf den Menschen biologische und physikalische Auswirkungen haben. Der Umlauf der Erde um die Sonne, der 23 Stunden 56 Minuten 4,9 Sekunden dauert und den Wechsel von Tag und Nacht zur Folge hat, ist um so wichtiger, als er den biologischen Faktor des Lichts beeinflußt. Die wichtigsten kosmischen Rhythmen sind:
– der Zyklus der Sonnenaktivität, der 10 bis 17 Jahre dauert;
– der Zyklus der Mondaktivität, der 29 Tage 12 Stunden 44 Minuten 2,8 Sekunden dauert und die Gezeiten bestimmt.

Zellrhythmus. Die Zelle, die Grundeinheit allen Lebens, ist kein statischer Körper, sondern ein schwingender Oszillator, der zum einen seinen eigenen biologischen Rhythmen, zum anderen solchen Rhythmen folgt, die sich aus einem wiederum rhythmischen Universum ergeben.

Chronobiologie. In einer von Rhythmen geprägten Welt sind die biologischen Rhythmen des Menschen eine Notwendigkeit und sorgen für die Erhaltung seines Gleichgewichts. Mit der noch jungen Wissenschaft der *Chronobiologie* kann der persönliche Rhythmus eines jeden Individuums innerhalb der großen universellen Rhythmen bestimmt werden. Der Biorhythmus zeichnet sich durch die *Bioperiodizität* aus. Man unterscheidet je nach Periode mehrere Rhythmen:
– der ultradiane Rhythmus: weniger als 24 Stunden;
– der zirkadiane Rhythmus: 24 Stunden;
– der infradiane Rhythmus: über 24 Stunden;
– der lunare Rhythmus: 28 Tage; er hängt mit der Bewegung des Mondes zusammen.
– der annuelle Rhythmus: 1 Jahr; er ist an die Bewegung der Erde gebunden.

KURZZEITRHYTHMEN

Ernährungsrhythmus. Das Verschieben des Ernährungsrhythmus hat keine ernsthaften rhythmischen Störungen zur Folge. Wichtig ist die Qualität der Nahrung bzw. ihr Nährwert. Die Nahrung, die man morgens zu sich nimmt, wirkt sich nicht auf das Körpergewicht aus, da die Wechselwirkung zwischen Resorption und Assimilation ausgeglichen ist. Das Essen am Abend wird stärker angelagert und unterstützt somit die Gewichtszunahme.

Lernfähigkeit. Jedes Individuum hat seinen eigenen Rhythmus. Generell gilt:
– die geistige Aktivität steigert sich im Laufe des Vormittags und hält bis ca. 13 Uhr an;
– das Gehirn arbeitet am besten zwischen 17 und 23 Uhr. In dieser Zeit ist das Gedächtnis auf seinem Leistungshöhepunkt angelangt; durch die nächtliche ›Fixierung‹ des Gelernten wird dieser Effekt verstärkt.

Gehirnrhythmen. Ein Zyklus von ca. 90 Minuten bestimmt im Wechsel die Aktivität der Gehirnhälften. Sie ergänzen sich in ihren Funktionen (mit Hilfe des Balkens, der sie verbindet). Jede Gehirnhälfte übt zwar ihre eigenen Funktionen aus, sie müssen ihre Tätigkeit jedoch aufeinander abstimmen. Im Idealfall müßte sich eine 4stündige geistige Aktivität in 90-Minuten-Abständen vollziehen.

Körpertemperatur. Die Körpertemperatur (um 37 °C) steigt morgens an und sinkt abends etwas ab. Dieser thermische 24-Stunden-Rhythmus, kann sich in Situationen, die die Zyklen des Organismus verändern, leicht verschieben (z. B. Zeitverschiebung; Klimaveränderungen usw.).

Stimmung und Empfindlichkeit. Die gute Laune und die Sensibilität des Gehör- oder Geruchssinns steigern sich nachmittags und folgen der Temperaturkurve; dies zeigt die Synchronisation der Rhythmen untereinander. Die Schmerzempfindlichkeit dagegen ist morgens ausgeprägter als abends.

Pausen. Hört man auf seine biologische Uhr, schont man den Körper. Seinem Rhythmus folgen, das heißt:
– bei der Arbeit einige Minuten Pause machen;
– nicht immer der gleichen Tätigkeit nachgehen;
– die Essenspausen einhalten;
Die *Minipausen* bestehen aus 4 Gruppen:
– Blitzpause: einige Sekunden Schlaf;
– kurze Pause: 2 bis 5 Minuten Schlaf; im Liegen;
– längere Pause: 20minütiger Schlaf (1. und 2. Schlafphase); im Liegen;
– Das Mittagstief fängt am frühen Nachmittag an. Dieses Bedürfnis nach Erholung ist an den Schlaf-wach-Zyklus und nicht an die Verdauung gebunden. Man sollte ihm, wenn möglich, durch eine Minipause nachkommen.

Zirkadiane Rhythmen. Sie bestehen aus folgenden Zyklen:
– tägliche *sexuelle Aktivität*, die ihren Höhepunkt mittags erreicht. Dieser biologische Rhythmus wird allerdings durch das gesellschaftliche Leben verschoben;
– das Einsetzen der *Monatsblutung* meistens zwischen 4 Uhr und 12 Uhr;
– *Entbindung:* Die ersten Anzeichen treten um Mitternacht auf, die Wehen setzen zwischen 3 Uhr und 3 Uhr 30 ein. Die Geburt erfolgt in der Morgendämmerung oder am frühen Tag. Der Rhythmus wird durch künstlich eingeleitete Geburten unterbrochen;
– der natürliche *Tod:* Er tritt meistens zwischen 4 Uhr und 6 Uhr morgens ein (wenn die Widerstandskraft des Organismus am geringsten ist);
– *Unfälle:* Die gefährlichste Zeit ist etwa 16 Uhr (die Aufmerksamkeit ist an einem Tiefpunkt angelangt);
– *Alter:* Mit dem Alter ändern sich auch die Rhythmen (Aktivität, Dauer des Schlafens usw.). Die Veränderungen sind kein Abfallen der Leistungsfähigkeit des Menschen.

LANGZEITRHYTHMEN

Menstruationszyklus. Dies ist der bekannteste Rhythmus. Die durchschnittlich alle 29,5 Tage auftretende Menstruation unterliegt den rhythmischen Schwankungen der Geschlechtshormone im Menstruationszyklus. Er wird durch das soziale Umfeld und natürlich durch die Pille beeinflußt.

Fortpflanzung. Die sexuelle Aktivität des Menschen folgt dem Rhythmus der Jahreszeiten, dessen Hochs im Frühjahr und Sommer liegen, da wahrscheinlich Wärme, Licht und Tageslänge die Produktion von stimulierenden Hormonen beeinflussen.

Das Allgemeinbefinden. Jeder Körperteil hat seinen eigenen Rhythmus. Die Widerstandskraft ist im Sommer am größten, im Winter am geringsten. Idealerweise sollte der Winter und nicht der Sommer eine Zeit der Erholung sein. Die Wirkung verschiedener Substanzen (Medikamente, Alkohol, Drogen) im Organismus hängt davon ab, zu welchem Zeitpunkt der Stoff zugeführt wird und an welchem Punkt der Leistungskurve sich das Empfängerorgan gerade befindet. Körperliche Betätigung ist morgens schädlicher als abends.

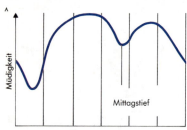

Mittagstief

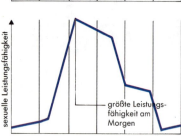

größte Leistungsfähigkeit am Morgen

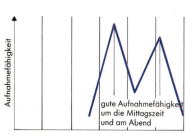

gute Aufnahmefähigkeit um die Mittagszeit und am Abend

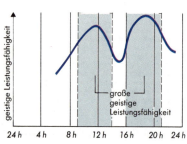

große geistige Leistungsfähigkeit

▲ **Mit seinen Rhythmen leben.**
Die Kurven zeigen, daß Müdigkeit, sexuelle und geistige Leistungsfähigkeit und Konzentrationsfähigkeit beim Lesen je nach Tageszeit variieren.

KÖRPER UND GESUNDHEIT

FORTPFLANZUNG

RHYTHMUS-STÖRUNGEN

Störungen im Gesamtablauf der Rhythmen können physische oder psychologische Ursachen haben. Umgekehrt können zeitliche Verschiebungen (wie z. B. Nachtarbeit oder eine durch eine Reise bedingte Zeitverschiebung) zu Störungen in der Chronoregulation des Organismus führen. Je nach Auswirkungen braucht der Körper unterschiedlich lange, bis er das Gleichgewicht wiederhergestellt hat. Man sollte sich auf eine Verschiebung durch einen vorgezogenen Rhythmuswechsel vorbereiten, dem man dann wieder eine ›normale‹ Rhythmusperiode folgen läßt.

Der Schlaf ist ein Zustand, der durch eine Reihe von Zyklen seinen Rhythmus erhält und sich in 4 Phasen unterteilt, angefangen beim *leichten Schlaf* (1. Phase) bis hin zum *Tiefschlaf* (2., 3. und 4. Phase).
• Lange schlafen bedeutet nicht, daß man auch gut schläft. Man kann wenig (ca. 5 % der Menschen schlafen weniger als 6 Stunden) und gut schlafen.
• Der Schlaf am Morgen und während des Tages enthält keine Tiefschlafphase. Er ist deshalb weniger erholsam.
• Gut aufwachen heißt, von alleine aufwachen. Das natürliche und erholte Erwachen findet am Ende eines Schlafzyklus statt. Es ist wichtig, seine Zyklen zu kennen. Dazu muß man den Zeitpunkt des Schlafengehens und den des spontanen Aufwachens bestimmen. Man zählt die Minuten, die zwischen diesen beiden Zeitpunkten liegen und teilt sie durch 90 (Minuten). Der eventuelle Rest wird auf alle Zyklen verteilt.
Beispiel: Man schläft um 23 Uhr ein und wacht um 5.15 Uhr auf. Schlafdauer: 555 Minuten. Anzahl der Zyklen: 555 : 90 = 6. 15 Minuten bleiben übrig: 15 : 6 = ca. 2 Minuten. Jeder Zyklus dauert also 92 Minuten.

DER SCHLAF

Wenn man also weiß, daß man um 23 Uhr einschläft und die Zyklen eine Dauer von 92 Minuten haben, wiederholen sich die Zeitpunkte, in denen man von alleine aufwacht alle 92 Minuten, d. h.: 0.32 Uhr / 2.04 Uhr / 3.36 Uhr / 5.08 Uhr / 6.40 Uhr / 8.12 Uhr.

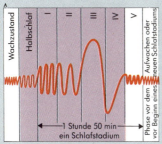

A · Die Schlafphasen.

GESCHLECHTSORGANE

Die Geschlechtsorgane des Mannes liegen außen, die der Frau innen (bis auf Brust und Vulva). Während das Fortpflanzungssystem des Mannes für eine Empfängnis nur eine geringe Rolle spielt, weist das der Frau besondere Organe für die Entwicklung des Fetus, die Entbindung und die Ernährung des Kindes nach der Geburt auf.

Der Mann. Die Hoden (1) erzeugen die Spermien und schütten ein männliches Hormon, das Testosteron, aus. Sie befinden sich im Hodensack (2), der günstigerweise außen liegt, denn die Erzeugung von Spermien benötigt eine Temperatur, die niedriger als die Körpertemperatur ist.
Die Prostata (3) scheidet eine milchige Flüssigkeit aus, die den Spermien Nährstoffe zuführt und sie weitertransportiert. Die *Samenbläschen* (4) sind kleine Speicher, die eine weitere Flüssigkeit absondern. Diese gibt den Spermien Energie und aktiviert ihre Beweglichkeit.
Der Penis oder das männliche Glied (5) ist das Begattungsorgan des Mannes. In Ruhestellung ist er schlaff. Bei sexueller Erregung schwillt er an, wird länger und versteift sich. Das Sperma gelangt durch die Harnröhre (6) in den Penis. Durch die Harnröhre wird auch der Urin ausgeschieden.

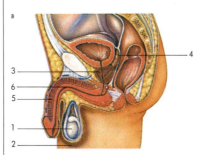

B · Die männlichen Geschlechtsorgane.

Die Frau. Die Eierstöcke (1) scheiden Sexualhormone aus und erzeugen zyklisch die Eizellen. Beim Neugeborenen sind etwa 2 Millionen angelegt, etwa 400–500 kommen zur Reifeentwicklung. 75 % bilden sich schon vor der Pubertät zurück.
Die Gebärmutter (Uterus, 2) besteht aus dem Körper, dem Hals (3) und dem inneren Muttermund. Die Gebärmutter ist innen durch eine Schleimhaut bedeckt, die sich zyklisch erneuert und sich bei Nichtschwangerschaft in der Form der ›Monatsblutung‹ abstößt.
Die Scheide oder Vagina (4) ist die Fortführung der Gebärmutter nach außen.
Die Vulva besteht aus großen (5) und kleinen (6) Schamlippen. Die letzteren bilden die Klitoris (7).

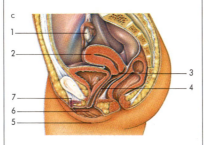

C · Die weiblichen Geschlechtsorgane.

PUBERTÄT

Die Pubertät ist der Übergang vom Kindesalter zum Erwachsenenalter; das Individuum wird zeugungsfähig. In Industrieländern beginnt sie bei Jugendlichen im Alter von 12–13 Jahren.
Die Veränderungen im Körper finden unter der Einwirkung von Hormonen statt. Zuerst werden von der Hypophyse (Hirnanhangsdrüse) Hypophysenhormone ausgeschüttet. Diese wiederum bewirken die Produktion von Sexualhormonen. Bei der Frau handelt es sich dabei um Östrogen, beim Mann um Testosteron.

Die Jungen. Die ersten Anzeichen treten im Alter zwischen 13 und 14 Jahren auf und äußern sich in der Ausbildung der Hoden. Der Penis wird länger und die Prostata größer. Später setzt der Körperhaarwuchs ein. Der Junge wächst schnell, die Muskulatur entwickelt sich. Der Stimmbruch tritt ein; die Haut sondert mehr Talg ab, und es kann Akne entstehen. Am Ende der Pubertät produzieren die Hoden bis zu 200 Millionen Spermien pro Tag.

Die Mädchen. Man beobachtet die erste Körperbehaarung, die Brüste und die Geschlechtsorgane entwickeln sich. Die Eierstöcke werden beträchtlich größer. Das auffälligste Merkmal ist das Einsetzen der Menstruation.
Bei einer frühen oder einer sehr späten Pubertät (vor 8 Jahren oder nach 16–17 Jahren) sollte ein Arzt hinzugezogen werden.
In der Pubertät stellt sich der Körper vollkommen um. Sie ist deshalb oft eine schwierige Zeit.

Was geschieht beim Geschlechtsverkehr? Nehmen wir als Beispiel die Berührung.
1. Die Berührungsreize gelangen zu den Nervengeweben des Hirnstamms.
2. Dieser verstärkt die Reize.
3. Die Reize werden zum Thalamus und zur Großhirnrinde weitergeleitet.
4. Die Großhirnrinde überträgt sie ins limbische System (Bezeichnung für bestimmte Gehirnstrukturen).

VORGÄNGE BEIM GESCHLECHTSVERKEHR

5. Der Hypothalamus leitet sie mit Hilfe chemischer Substanzen (Dopamin) zur Hypophyse.
6. Die Hypophyse schüttet die Sexualhormone aus (ins Blut), die von den peripheren Sexualdrüsen (Eierstöcke, Hoden) aufgenommen werden.
7. Die äußeren Geschlechtsorgane werden erregt (Erektion, stärkere Schleimabsonderung der Scheide). Der Begriff der ›Libido‹ (der Antrieb zu sexueller Betätigung, im Unterschied zur Fähigkeit dazu, der Potenz) ist eng an das Funktionieren des limbischen Systems und an die Ausschüttung von Dopamin gebunden, das als wahrer chemischer Liebesbote agiert. – Im Alter bilden sich die Geschlechtsorgane bei beiden Geschlechtern zurück.

KÖRPER UND GESUNDHEIT

FORTPFLANZUNG

MENSTRUATIONS-ZYKLUS

Von der Pubertät an bis zu den Wechseljahren unterliegt der Körper der Frau einem Zyklus. Der weibliche Zyklus dauert ungefähr 29,5 Tage; er beginnt mit dem ersten Tag der Menstruation.

Die Blutung besteht aus einem Gemisch von Substanzen, die von der Gebärmutterschleimhaut abgestoßen werden (die sich im Laufe des vorangegangenen Zyklus gebildet hat). Sie wird ausgelöst, wenn die Eizelle nicht befruchtet wird und dadurch der Hormonspiegel plötzlich abfällt.

Schmerzhafte Menstruation. Bei jungen Mädchen ist die Menstruation die ersten Male oft sehr schmerzhaft: man spricht von der anfänglichen *Dysmenorrhoe*. Die Blutung ist begleitet von Unwohlsein, Übelkeitsgefühl, Erbrechen, Kopfschmerzen und Bauchschmerzen. Der Arzt muß untersuchen, ob diese Beschwerden keine organische Ursache haben.

Zyklusstörungen. Die verschiedensten Faktoren (Psyche, Gehirn, Eierstöcke, Gebärmutter) können diesen Zyklus aus dem Gleichgewicht bringen.

Bei Zyklusstörungen bleiben die Blutungen entweder ganz aus, treten unregelmäßig auf (kurzer Zyklus, langer Zyklus, unregelmäßiger Zyklus) oder sind extrem stark. In all diesen Fällen sollte man sich einer eingehenden ärztlichen Untersuchung unterziehen.

A, B · **Der Menstruationszyklus.**

Das Gehirn. Das Gehirn produziert stimulierende Hormone, (in der Mitte des Zyklus werden die meisten Hormone ausgeschüttet), die den Eisprung auslösen (vor der Befruchtung in den Eierstöcken wird eine Eizelle ›ausgewählt‹).
Die Eierstöcke. Ein Eifollikel (spätere Eizelle) fängt unter Einwirkung von Gehirnreizen an zu wachsen und scheidet das Follikelhormon (Östrogen) aus. Am 14. Tag hat der Follikel seine maximale Größe erreicht. An diesem Tag ist die Östrogenausschüttung am stärksten, der Follikel platzt und das Ei löst sich. Nach dem Eisprung wandelt sich das entleerte Follikelbläschen zum Gelbkörper. Dieser produziert Östrogen und vor allem Progesteron. Ist die Frau nicht schwanger, lebt der Gelbkörper 12 Tage, bei einer Schwangerschaft jedoch drei Monate. Die beiden Hormone, Östrogen und Progesteron, ergänzen sich in ihrer Wirkung.
Die Gebärmutter. Am ersten Tag der Blutungen ist die Gebärmutterschleimhaut vollkommen unentwickelt. Sie wird jedoch unter Einwirkung von Östrogen immer größer. Zwischen dem ersten und fünften Tag der Regel ist sie so groß, daß sie die Gebärmutter bedeckt. Die Drüsen und Gefäße werden immer größer. Am 14. Tag hat die Schleimhaut ihre Maximalgröße erreicht. Nach dem Eisprung wird ihr Wachstum durch die Ausschüttung von Progesteron gestoppt. In der Gebärmutterschleimhaut kann sich nun das Ei einlagern.

Wird die Eizelle nicht befruchtet, entwickelt sich der Gelbkörper zurück. Der Hormonabfall löst am 29. Tag die Blutung aus. Bei einer Befruchtung jedoch bleibt der Gelbkörper erhalten, und die Hormonausschüttung sorgt für das Wachstum des Eies in den ersten 3 Monaten der Schwangerschaft (später übernimmt dies die Plazenta).

MENOPAUSE

In der Menopause hören die Blutungen definitiv auf. Sie beginnt etwa im Alter von 50 Jahren; ihr gehen die *Wechseljahre* voraus, die oft schon mehrere Jahre vor der Menopause anfangen. Sie sind mit veränderten Hormonspiegeln verbunden. Die Blutungen werden unregelmäßig, kürzer oder länger. Der Zyklus kann gestört sein. Man beobachtet ein schmerzhaftes Spannen der Brust, Gewichtszunahme vor der Blutung und Blähungen. Diese Störungen können die Psyche beeinflussen. Man wird ängstlich.

Mit Eintreten der Menopause hört die Hormonausschüttung der Eierstöcke auf. Dies löst weitere Störungen aus: Hitzewallungen, Erstickungsgefühle, innere Unruhe, Schweißausbrüche usw. Anfangs treten die Beschwerden vor allem nachts auf, später dann auch tagsüber, beim Essen oder bei körperlichen Anstrengungen. Man nimmt an, daß auch nach dem Aufhören der Menstruation noch befruchtungsfähige Eier ausgeschieden werden. Weitere Nebenerscheinungen können psychische Störungen sein (Depressivität, Reizbarkeit) oder Erkrankungen wie z. B. Diabetes oder Migräne. Es gibt jedoch sehr wirksame Hormonbehandlungen, die diese Beschwerden beseitigen.

Beim Mann spricht man von der *Andropause*. Obwohl beim älteren Mann die Zeugungsfähigkeit nachläßt, kann man keine so einschneidenden Veränderungen feststellen wie bei der Frau. Die Hoden schütten auch weiterhin Testosteron aus.

GESCHLECHTSVERKEHR

Geschlechtsverkehr und das damit verbunde Vorspiel wird zum einen zur Befriedigung des Lustgefühls ausgeübt, zum anderen, um ein Kind zu zeugen. Verschiedene Zonen der Geschlechtsorgane sowie einige Körperteile (Lippen, Brustwarzen) werden dabei erregt. Der Geschlechtsverkehr ist auch von psychischen Einflüssen abhängig. Er besteht aus mehreren Phasen: Begehren, Erregungsphase, Plateauphase, Orgasmus und Entspannung.

Der Mann. Die *Erektion* ist die schnellste und offensichtlichste Reaktion auf die Erregungsphase. Der Penis verdreifacht seine Größe, da sich die Schwellkörper mit Blut füllen. Die Haut des Hodensacks spannt sich und schwillt ebenfalls an. Die Hoden gehen in den Hodensack und vergrößern sich, indem sich die Schwellkörper mit Blut anfüllen. Der Penis scheidet oft vor dem Orgasmus und der Ejakulation einige Tropfen der Samenflüssigkeit aus (die voll mit Samenzellen ist). Dies kann trotz Coitus interruptus zu einer Schwangerschaft führen.

Der *Orgasmus* ist das intensive Lustgefühl, das der Mann bei der Ejakulation empfindet. Es entsteht durch Entladung von Erregungen eines Nervenzentrums im Gehirn, das mit dem Ejakulationszentrum im Rückenmark verbunden ist.

In der *Entspannungsphase* schwillt der Penis ab. Er verkleinert sich in kurzer Zeit um die Hälfte und bekommt nach einer mehr oder weniger kurzen Zeitspanne wieder seine ursprüngliche Größe. Nach dieser Phase stellt sich normalerweise eine ›Refraktärzeit‹ ein, in der keine Erektion möglich ist.

Die Frau. In der Erregungsphase wird die Scheide größer, produziert mehr Gleitflüssigkeit, und der Kitzler schwillt etwas an. Bei der Frau steigt die allgemeine Erregung nicht so schnell und fällt nach beendetem Orgasmus auch nicht so jäh ab wie beim Mann. Die Erregung besteht während der gesamten Plateauphase.

Wie beim Mann sendet beim *Orgasmus* der Frau das Nervenzentrum im Gehirn sowie das Rückenmarkszentrum, das bei der Frau die Muskelkontraktionen im Bereich der Genitalorgane steuert, Reize aus. Der Orgasmus entsteht durch die Auf- und Abbewegung des Pe-

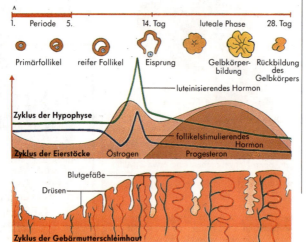

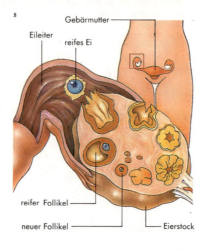

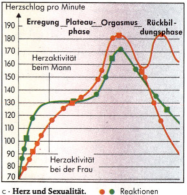

C · **Herz und Sexualität.** Beim Geschlechtsverkehr verändert sich die Herztätigkeit. Sie steigert sich und erreicht beim Orgasmus ihren Höhepunkt. Bei der Frau nimmt sie anschließend schneller ab als beim Mann.

● Reaktionen während des Verkehrs
■ Herzaktivität

KÖRPER UND GESUNDHEIT

nis in der Scheide oder durch die Stimulierung des Kitzlers. Die Frau kann mehrere Orgasmen haben, bevor die Entspannungsphase eintritt. In dieser letzten Phase bilden sich die Merkmale der Erregung wieder zurück (manchmal sehr schnell).

Bei der Frau sowie beim Mann ist ein befriedigender Ablauf des Geschlechtsverkehrs unter anderem an psychische Vorgänge sowie das Vorstellungsvermögen gebunden. Die Wahrnehmung der Intensität des Orgasmus schwankt stark je nach Geschlecht und Persönlichkeit. Es gibt keine Norm.

BEFRUCHTUNG

Die Befruchtung ist die Verschmelzung eines männlichen Gameten (Spermium) mit einem weiblichen Gameten (Eizelle). Die Befruchtung führt zur Bildung einer Zygote, aus der sich der Embryo entwickelt. Bei jedem Geschlechtsverkehr gelangen etwa 250 Millionen Spermien, die sich in 3 ml Spermaflüssigkeit bewegen (die bei einer Ejakulation durchschnittlich ausgeschiedene Menge an Flüssigkeit) in die Scheide. Jedes 0,05–0,06 mm lange Spermium hat einen Kopf (Zellkern mit seinen 23 Chromosomen, Akrosom), ein Zwischenteil (Energieerzeuger) und eine Geißel (Antrieb). Nur 1 % der in der Scheide befindlichen Spermien erreicht den Gebärmutterhals und dringt in die Gebärmutterhöhle vor (der Säuregehalt in der Scheide zerstört die restlichen 99 %). Im Gebärmutterhals bewegen sich die Spermien im sogenannten ›Cervixschleim‹ weiter. In ihm können sie 3 bis 4 Tage leben. Von der Gebärmutter aus wandern sie weiter in die Eileiter. Sie bewegen sich mit Hilfe der Geißeln oder durch die Kontraktionen der Eileiter fort. Der Ort der Befruchtung ist das äußere Drittel des Eileiters, in das jedoch nur einige Tausend Spermien gelangen.

Am 14. Tag des Zyklus wird ein Ei (Ovozyt II) von der Oberfläche der Eierstöcke abgestoßen (Eisprung). Das Ei wird von den trichterförmigen Enden des Eileiters aufgenommen. Es ist von einer dicken Membran (*Zona pellucida*) und mehreren aus kleinen Zellen bestehenden Schichten umhüllt (*Corona radiata*).

Das Ei (Ovozyt II) ist eine unbewegliche haploide (enthält 23 Chromosomen), nach der Befruchtung dann diploide (mit 46 Chromosomen) weibliche Geschlechtszelle. Nach dem Sprung kann das Ei knapp 24 Stunden leben. Sobald die ›überlebenden‹ Spermien auf das Ei treffen, wird der Inhalt des Akrosoms ausgeschüttet und zerstört die *Corona radiata* und die *Zona pellucida*.

EMPFÄNGNIS-VERHÜTUNG

Das Prinzip der Empfängnisverhütung beruht darauf, eine Schwangerschaft zu vermeiden, ohne auf den Geschlechtsverkehr selbst zu verzichten.
Man unterscheidet:
– Methoden, die verhindern, daß die Spermien mit der Eizelle zusammentreffen (Coitus interruptus, Präservative, Knaus-Ogino-Methode, Scheidendiaphragma);
– Methoden, die den Eisprung durch Hormone verhindern (›Pille‹);
– Methoden, die verhindern, daß sich das Ei im Uterus einnistet (Intrauterinpessare, ›Pille danach‹).

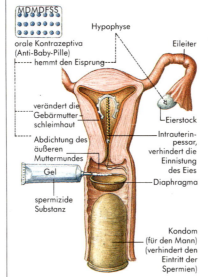

A Verschiedene Methoden der **Empfängnisverhütung**.

Der Coitus interruptus ist der vor dem Samenerguß abgebrochene Geschlechtsverkehr. Diese Methode ist zu 70 % sicher. Vor dem Samenerguß werden oft schon einige Tropfen Samenflüssigkeit ausgeschieden (eine Art Vorsperma, das sehr viele Spermazellen enthält und sich in der Scheide ausbreitet).

Das Präservativ oder **Kondom** ist eine sehr wirksame Methode, die außer der kontrazeptiven Wirkung den Vorteil hat, daß sie vor sexuell übertragbaren Krankheiten schützt.

Die Knaus-Ogino-Methode beruht auf periodischer sexueller Enthaltung. Bei einem Idealzyklus von 29,5 Tagen kann zwischen dem 19. Tag und dem 9. Tag des darauffolgenden Zyklus sexuell miteinander verkehrt werden. Die Ursachen für ein Versagen dieser Methode sind in unregelmäßigen Menstruationszyklen begründet.

Schaum, Cremes, Spülungen und Zäpfchen töten die Spermazellen ab. In 60 % der Fälle schützen sie vor einer Schwangerschaft.

Das Scheidendiaphragma ist eine Kunststoffkappe, die die Frau selbst in die Scheide einführt und auf den Muttermund setzt. Meistens benutzt man zusätzlich ein samenabtötendes Gel. In 92 % der Fälle bietet diese Methode Schutz.

Die Pille ist eine Hormonpräparat (Östrogen-Progesteron-Mischung), das dem Körper eine Schwangerschaft vorspiegelt. Die Aktivitäten des Hypothalamus und der Hypophyse werden gehemmt und die Produktion der für den Eisprung notwendigen Hormone verhindert. Diese Methode ist vor allem für Herz und Gefäße belastend.

Intrauterinpessare. Es handelt sich meist um Kunststoffeinsätze, die der Gynäkologe in die Gebärmutter einführt. Die Methode ist eher Frauen mit Kindern zu empfehlen, da die Gefahr einer Unfruchtbarkeit infolge chronischer Entzündung besteht: Gerade diese chronische Entzündung verhindert, daß sich das Ei einnistet. Das Intrauterinpessar kann 2–3 Jahre in der Gebärmutter bleiben.

Die Pille danach. Bei dieser Methode wird einen Tag nach dem Geschlechtsverkehr eine große Menge von Hormonen eingenommen. Dies muß unter ärztlicher Kontrolle stattfinden.

KURZE BEGEGNUNG

Das Spermium und die Eizelle verschmelzen ihre 23 Chromosomen miteinander: damit ist das Erbgut des späteren Kindes schon vollständig angelegt.

Während der Befruchtung dringt nur der Zellkern des Spermiums in das unreife Ei (Ovozyt) vor. Sobald dieser Durchbruch stattgefunden hat, sondert der Ovozyt eine Substanz ab, die verhindert, daß weitere Zellkerne eindringen. Er beendet die angefangene Zellteilung indem er eine kleine Zelle abstößt: das zweite Polkörperchen. Der Ovozyt II wird zu einer Eizelle. Der Kern des Eies und der Kern des Spermiums besitzen jeweils 23 Chromosomen: diese verschmelzen miteinander, und es findet die erste Zellteilung des neuen Organismus, des Embryos, statt.

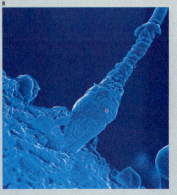

B · **Spermazelle und Eizelle.**

Nur wenige der vielen Millionen Spermien überleben und dringen bis zur Eizelle vor. Nur ein einziges Spermium kann mit Hilfe eines komplizierten Enzymsystems in die Eizelle eindringen.

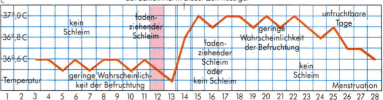

C · **Die natürlichen Methoden der Empfängnisverhütung.**

Temperaturmethode: Man mißt die Körpertemperatur, die vor dem Eisprung leicht absinkt und am folgenden Tag wieder ansteigt. Die Methode ist nicht zuverlässig, da andere Faktoren die Körpertemperatur beeinflussen.

Billings-Methode (Gebärmutterhalsschleim). Sie beruht auf der Tatsache, daß der von der Gebärmutterhals ausgeschiedene Schleim beim Eisprung dünnflüssiger ist und in größerer Menge produziert wird. Die Frau soll jeden Tag die Beschaffenheit des Schleims untersuchen. Sobald die Anzeichen auf den Eisprung hindeuten, setzt das Paar, das keine Kinder haben will, in den Tagen, in denen die Frau befruchtungsfähig ist, mit dem Geschlechtsverkehr aus.

KÖRPER UND GESUNDHEIT

SCHWANGERSCHAFT

DIE ERSTEN ZEICHEN

Das erste Schwangerschaftszeichen ist das Ausbleiben der Regel (Amenorrhoe). Allerdings kann die Einnistung des Eies leichte Blutungen verursachen, da der Körper sich erst umstellen muß. Die Dauer der Schwangerschaft wird normalerweise ab der letzten Periode gerechnet.

Gynäkologische Zeichen: Gespannte und empfindliche Brüste, die um die Brustwarzen kleine Gewebswucherungen aufweisen *(Montgomery-Drüsen)*; die verstärkte Sekretion der Scheidendrüsen bewirkt einen weißlichen Ausfluß *(Schwangerschaftsfluor)*; größere Gebärmutter mit einer weicheren Beschaffenheit; große Beweglichkeit des Gebärmutterkörpers zum angrenzenden Gebärmutterhals hin *(Hegar-Schwangerschaftszeichen)*.

Andere Zeichen: s. S. 957, *Schwangerschaftsbeschwerden*. Schwangere Frauen klagen oft über einen schweren Kopf, gespannte Brüste, Verstopfung und Übelkeit. Die Beschwerden sind unterschiedlich stark und kein Beweis für das Vorliegen einer Schwangerschaft. Diese kann nur bei einer Laboruntersuchung mit Sicherheit festgestellt werden. Der Herzschlag des Fetus ist ab der 12. Woche mit ›Ultraschall‹ festzustellen.

Früherkennung. Man verwendet Schwangerschaftstests, die auf einer Antigen-Antikörper-Reaktion beruhen und mit einer Urinprobe durchgeführt werden. Diese Tests können 10 Tage nach Ausbleiben der Regel vorgenommen werden und sind in 95 % der Fälle zuverlässig. Die Testpackungen sind in den Apotheken frei erhältlich.

ENTWICKLUNG DES FETUS

Sobald Sperma- und Eizelle zu einer einzigen Zelle verschmolzen sind (befruchtetes Ei), beginnt die Entwicklung des Kindes: Das befruchtete Ei durchläuft mehrere Zellteilungen, bei denen erst 2, dann 4, dann 8 Zellen usw. entstehen, bis sich der Körper des Säuglings herausgebildet hat.

Während der 6 Tage dauernden Wanderung des Eies vom Eileiter in den Uterus wird es zu einem kugelförmigen Gebilde, das einen ›Zellhaufen‹ enthält: die *Blastozyste*. Die Außenwand der Blastozyste wird zur Plazenta, durch die der Stoffaustausch zwischen Mutter und Kind stattfindet. Die innere Wand umhüllt den Fetus, der sich aus dem ›Zellhaufen‹ herausbildet, und die Amnionflüssigkeit.

Am 9. Tag der Schwangerschaft setzt sich die Blastozyste in der Schleimhaut der Gebärmutter fest: Dies wird als *Einnistung* bezeichnet. Die Plazenta gewährleistet die stetige Entwicklung des Fetus.

Im 1. Monat wird aus der Blastozyste ein *Embryo*. Dieser ist etwa 0,5 cm lang. Sein Herz schlägt schon nach über einer Woche. Der Kopf hat schon Vorstülpungen für Augen und Ohren und besitzt ein ›einfaches‹ Gehirn. Dort, wo sich später die Gliedmaßen herausbilden, sind kleine Beulen zu erkennen.

In der 5. Woche hat der Embryo die Größe einer Bohne. Die Anlagen der Gliedmaßen verwandeln sich in kleine Hände und Füße. Der Kopf wird größer, so daß sich das Gehirn herausbilden kann.

Ab dem 3. Monat entwickeln sich die Organe. Die Gesichtszüge sind langsam zu erkennen. Das Gehör funktioniert schon. Die Geräusche, die der Fetus am stärksten wahrnimmt, sind die Herzschläge der Mutter und das Pulsieren des Blutes in den Plazentagefäßen. Die Eierstöcke der Mädchen und die Hoden der Knaben fangen an, einfache Eier bzw. eine Art Spermien zu produzieren.

Zu Beginn des 3. Monats zeigen sich die ersten Härchen an den Augenbrauen des Fetus, über der Lippe, auf der Handfläche und auf den Fußsohlen.

In der 20. Woche ist der Körper des Fetus von einem Flaum, der *Lanugobehaarung* bedeckt, die in den folgenden Monaten wieder verschwindet. Nach der Geburt sind Augenbrauen, Kopf oder Ohren des Säuglings manchmal noch von Flaumhaaren bedeckt.

Im 5. Monat ist der Fetus 25 cm lang und schwimmt im Fruchtwasser. Es schützt ihn vor Stößen und Erschütterungen. Der Fetus kann schlucken, verdauen, Harn ablassen und Hormone ausschütten.

Im 7. Monat besitzt der Fetus alle Organe des zukünftigen Erwachsenen.

Im 9. Monat ist die Entwicklung des Fetus abgeschlossen: Die Geburt steht bevor.

ULTRASCHALLUNTERSUCHUNG

Die Ultraschalluntersuchung, die auf dem Aussenden und Empfangen von Ultraschallwellen beruht, hat der Schwangerschaftsbetreuung neue Wege eröffnet. Sie zeigt manche Organe des Fetus, den Uterus, die Plazenta und die Eierstöcke.

Die ersten 3 Monate. Die Schwangerschaft wird diagnostiziert (die Fruchtblase in der Gebärmutter ist ab der 5. oder 6. Woche nach Ausbleiben der Regel zu erkennen). Man kann anhand der Entwicklung des Fetus den genauen Zeitpunkt der Schwangerschaft feststellen (Herzaktivität) und die Gefahr einer Fehlgeburt durch eine Bauchhöhlen- oder Eileiterschwangerschaft feststellen.

4. bis 9. Monat. In diesem Stadium dient die Ultraschalluntersuchung vor allem dem Erkennen von Mißbildungen und der Untersuchung der Plazenta, von deren Lage der Verlauf der Geburt abhängt.

In der 8.–10. Woche kann durch eine Ultraschalluntersuchung der Entbindungstermin, eine Zwillingsgeburt und die Lebensfähigkeit des Embryos festgestellt werden; in der 20. Woche sind eventuelle Mißbildungen zu erkennen; in der 35. und 36. Woche kann die Lage der Plazenta bestimmt und das Geschlecht des Embryos erkannt werden.

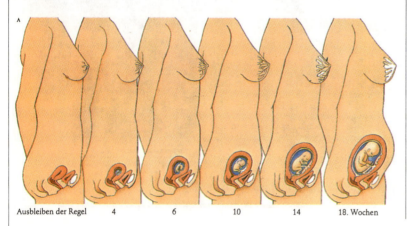

A

Ausbleiben der Regel 4 6 10 14 18. Wochen

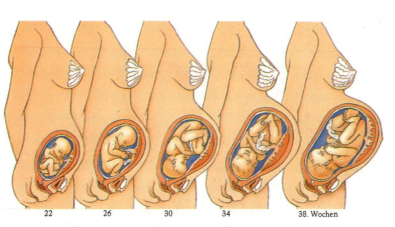

22 26 30 34 38. Wochen

B · Die Ultraschalluntersuchung.
Fetus in der 12. Woche. Man kann in groben Umrissen den Kopf und die Gliedmaßen des Fetus erkennen, der schon etwa 7,5 cm lang ist und 30 g wiegt.

KÖRPER UND GESUNDHEIT

MISSBILDUNGEN, TODESURSACHEN

Etwa 15 % der Totgeburten sind auf angeborene Mißbildungen zurückzuführen. Des weiteren rufen solche Mißbildungen physische Anomalien hervor, die zur Behinderung führen können.

Genetisch bedingte Mißbildungen. Der häufigste Fall ist die *Trisomie 21* oder das *Down-Syndrom (Mongolismus)*, bei dem 3 (anstatt 2) Chromosomen 21 vorhanden sind. Die Wahrscheinlichkeit dieser Krankheit liegt bei Frauen unter 40 Jahren bei 1 %, bei Frauen über 45 bei 30 %. Für die *Hasenscharte* sind nicht unbedingt Chromosomenanomalien verantwortlich, sie kann jedoch zusammen mit Mongolismus auftreten.

Durch äußere Einflüsse bedingte Mißbildungen. Die Plazenta filtert nicht alles; manche Substanzen, die im Körper der Mutter zirkulieren, können bis zum Fetus gelangen und schwere Störungen hervorrufen können.
Giftige Stoffe. Die Einnahme von Streptomyzin kann dazu führen, daß das Neugeborene taub zur Welt kommt. Rauchen und Alkohol können zu Mißbildungen, Frühgeburten und Unterentwicklung führen.
Krankheiten. Manche Krankheiten, die bei der Mutter harmlos verlaufen, können für den Fetus fatale Auswirkungen haben. Bekommt die Mutter in den ersten 3 Monaten der Schwangerschaft *Röteln* kann dies beim Fetus zu starken Mißbildungen der Sehorgane, des Gehörs oder des Herzens sowie zu schweren geistigen Behinderungen führen. Die *Toxoplasmose* im Anfangsstadium der Schwangerschaft hat *intrauterinen Fruchttod* oder schwere Gehirn- oder Augenschäden bzw. psychomotorische Störungen zur Folge. Manche Anomalien zeigen sich erst später in Form von Blindheit, Epilepsie oder psychomotorischen Störungen.

Die angeborene Syphilis dagegen hat sehr schlimme Auswirkungen, wenn sie zu einem späteren Zeitpunkt der Schwangerschaft auftritt (Knochen-, Haut- und Leberschäden). Ferner ist AIDS anzuführen. Neugeborene können von der Mutter her infiziert sein.

Bei Neugeborenen von Müttern mit Diabetes treten häufig Mißbildungen (insbesondere im Knochenbau) und plötzlicher Tod des Kindes auf. Bei der Geburt werden die Kinder systematisch auf die *fetale Schilddrüsenunterfunktion* untersucht, die starke psychomotorische Störungen hervorrufen kann.
Strahlen. Während der Schwangerschaft ist jede Strahlentherapie strikt untersagt. Röntgenuntersuchungen sollten unterbleiben (Gefahr des Absterbens des Fetus, Auftreten von Mutationen).
Der Rhesusfaktor. Weist die erstmals schwangere Frau einen negativen, der Mann aber einen positiven Rhesusfaktor auf, entwickelt die Mutter, falls ihr Kind Rh-positiv ist, Antikörper gegen den positiven Rhesusfaktor. Diese erste Schwangerschaft verläuft ohne besondere Zwischenfälle. Sind dagegen bei weiteren Schwangerschaften die Feten ebenfalls Rh-positiv, dringen die in der ersten Schwangerschaft produzierten Antikörper der Mutter in das Blut des Fetus ein und zerstören die roten Blutkörperchen (›Gelbsucht‹). Deshalb ist es wichtig, vor einer Schwangerschaft die Blutgruppen der Eltern festzustellen.

DIE GEBURT

Die Geburt findet am Ende der Schwangerschaft nach einer Phase statt, die durch ›Wehen‹ gekennzeichnet ist. Wehen sind Kontraktionen der Gebärmutter, die mit wachsender Häufigkeit und Intensität immer regelmäßiger werden. Die Geburt verläuft in 3 Phasen, der Eröffnung, der Austreibung und der Nachgeburt.

1, 2, 3 · Die Eröffnungsperiode.
Gebärmutterhalskanal und Muttermund weiten sich durch die Wehen. Diese Phase dauert zwischen 2 und 20 Stunden. Am Ende kommt es zum ›Blasensprung‹: die Fruchtblase, die den Fetus umgibt, platzt und das Fruchtwasser geht ab.

4, 5 · Die Austreibungsperiode.
Sie kann zwischen 2 Minuten und 2 Stunden dauern. In dieser Phase muß die Mutter durch Pressen die Geburt des Kindes unterstützen. Bei einer normalen Entbindung erscheint zuerst der Kopf. Er dreht sich, damit die Schultern ungehindert austreten können. Der restliche Körper folgt. Sobald das Kind geboren ist, wird es mit dem Kopf nach unten gehalten, damit die Flüssigkeit, die es in den Lungen hat, austreten kann: Es stößt seinen ersten Schrei aus.

6 · Die Nachgeburtsperiode.
Die Plazenta wird abgestoßen. Die Nachgeburtsperiode beginnt etwa eine Viertelstunde nach der Geburt. Die Plazenta wird genau untersucht, um auch sicherzugehen, daß keine Fragmente in der Gebärmutter zurückgeblieben sind (Ursachen von Blutungen und Infektionen). Die Organe der Mutter erlangen nach ca. 6 Wochen wieder ihre ursprüngliche Größe. Zwei Tage nach der Geburt wird Muttermilch produziert.

Um die starken Schmerzen bei den Wehen ertragen zu können, kann eine *Rückenmarksanästhesie* durchgeführt werden, bei der die Mutter das Bewußtsein nicht verliert. Die ›schmerzlose Geburt‹ (auf die man sich schon während der Schwangerschaft vorbereiten muß), erleichtert die Muskelentspannung bei der Geburt.

Ist das Neugeborene zu groß oder entstehen Probleme, weil die Geburtswege der Mutter zu klein sind, kann ein Scheidendammschnitt durchgeführt werden, um das Zerreißen des Damms zu vermeiden, oder es können auch *Geburtszangen* benutzt werden (mit denen man den Säugling herauszieht). Ist die Gesundheit der Mutter oder des Kindes gefährdet, wird oft ein *Kaiserschnitt* durchgeführt, um das Kind auf die Welt zu bringen.

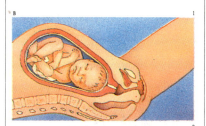

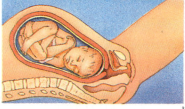

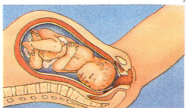

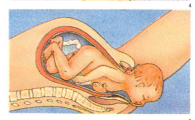

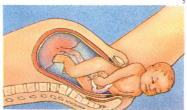

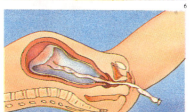

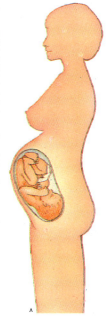

A · Schwangerschaftsbeschwerden.

1 – Übelkeit und Erbrechen
stellen sich vor allem in den ersten 3 Monaten ein, insbesondere morgens nach dem Aufwachen. Daran gekoppelt sind oft Ekel vor bestimmten Speisen oder Gerüchen oder eine verstärkte Speichelproduktion (die bis zum 6. Monat dauern kann).

2 – Zahnschäden oder Zahnfleischbeschwerden können schlimmer werden (›Erweichung‹ des Zahnfleischgewebes durch Einwirkung von Hormonen).

3 – Hautflecken entstehen durch Pigmentstörungen und führen zur ›Schwangerschaftsmaske‹.

4 – Schwangerschaftsstreifen sind rötliche Streifen an Bauch, Oberschenkeln, Gesäß und Brüsten, die auftreten, wenn die elastischen Hautfasern ›erschlaffen‹.

5 – Sodbrennen ist ein Brennen, das vom Magen ausgeht und in den Rachen hochsteigt.

6 – Verstopfung kann durch eine angepaßte Ernährung vermieden werden. Sie entsteht durch mechanische (Druck) und hormonelle (Progesteron) Einflüsse.

7 – Hämorrhoiden sind auf eine Druckerhöhung im Bauchraum zurückzuführen, und gehen nach der Entbindung wieder zurück.

8 – Harnweginfektionen können leicht entstehen, wenn sich der Harn in der Blase staut.

9 – Krampfadern sind Venenerweiterungen an den Beinen, die nach der Entbindung wieder zurückgehen.

10 – Pruritus (starker Juckreiz) tritt meistens in den letzten 3 Monaten auf, vor allem nachts.

KÖRPER UND GESUNDHEIT

WACHSTUM

DER SÄUGLING

Bei der Geburt beträgt das Gewicht eines Säuglings normalerweise zwischen 2,5 und 4,5 Kilo. Sein Kopf hat einen Umfang von ca. 35 cm. Er erscheint im Vergleich zum übrigen Körper übergroß und unproportional, im Laufe der Entwicklung wächst er jedoch langsamer als die anderen Organe. Der Schädel ist sehr weich. Tastet man ihn ab, fühlt man zwei Dellen (eine vorne, die andere hinten), die sogenannten *Fontanellen*. Die vordere Fontanelle kann bis zum Alter von 18 Monaten bleiben, die hintere schließt sich gleich nach der Geburt. Der Kopf ist von einem dicken Flaum bedeckt, der nach und nach durch die eigentlichen Haare ersetzt wird.

Das Neugeborene kann unterschiedlich groß sein, im allgemeinen beträgt die Größe jedoch zwischen 50 und 52 cm. Eine kleine Körpergröße läßt keineswegs auf die Größe im Erwachsenenalter schließen.

Das Neugeborene hat einen eigenen Lebensrhythmus: Eine seiner Hauptbeschäftigungen ist Schlafen. Darauf sollte man Rücksicht nehmen. Vor allem der Mittagsschlaf ist sehr wichtig.

Die Ernährung. Die Nahrung besteht bis zum Alter von 3 Monaten ausschließlich aus Milch. Das Stillen der Mutter ist an keine festen Zeiten gebunden und kann ›nach Bedarf‹ durchgeführt werden. Der Säugling findet seinen eigenen Rhythmus, der meistens in 4-Stunden-Intervalle unterteilt ist. Wichtig ist eine kontinuierliche Gewichtszunahme: 25 g pro Tag in den ersten 3 Monaten, 20 g pro Tag im 4. und 5. Monat, 15 g pro Tag vom 7. bis 9. Monat und 10 g pro Tag ab dem 9. bis zum 12. Monat.

Ab dem 3. Monat ist Milch allein nicht mehr ausreichend. Das Kind muß abgestillt werden. Bei der Entwöhnung wird die reine Milchernährung durch eine gemischte Ernährung ersetzt, d. h. Milch plus Fleisch, Gemüse, Obst, Eier usw. Die Entwöhnung muß nach und nach erfolgen. Ab 1 Jahr kann das Kind wie ein Erwachsener ernährt werden.

HYGIENE

Bestimmte Regeln der Hygiene sollten unbedingt beachtet werden. Stillt die Mutter ihr Kind, sollte sie ihre Brüste regelmäßig waschen. Bekommt das Kind andere Nahrung, müssen Saugflasche und Schnuller regelmäßig unter fließendem Wasser ohne Verwendung von Spülmittel gereinigt und nach jeder Benutzung sterilisiert werden (3 Monate lang).

Eine weitere hygienische Regel ist das Waschen des Säuglings. Solange die Narbe des Bauchnabels noch nicht verheilt ist (bis zur 2. oder 3. Woche), dürfen die Kinder nicht gebadet werden. Man kann sie jedoch unter fließendem warmen Wasser mit einem Schwamm abwaschen. Dabei sollte eher eine saure Seife verwendet werden. Immer wenn

A · Das Verhältnis Größe/Gewicht.

	Geburt	1	2	3	4	5	6	7	8	9	10	11	12 Monate
Größe Mädchen	50	52	56	59	61	63	65	66	68	70	72	73	74
Größe Jungen	50	56	59	62	64	66	68	70	71	72	74	75	76
Gewicht Mädchen	3,4	4,4	5,1	5,8	6,4	6,8	7,4	7,7	8	8,2	8,5	8,8	9,1
Gewicht Jungen	3,3	4,7	5,4	6,7	6,8	7,2	7,8	8,2	8,5	9	9,4	9,7	9,7

☐ Mädchen
☐ Entwicklung der **Größe** und des **Gewichtes**
☐ Jungen

Die Körpergröße nimmt parallel zum Körpergewicht zu. Die Entwicklung des Körperbaus folgt durchschnittlichen Werten: vom ersten bis zum dritten Monat: +3 cm; vom dritten bis zum zehnten Monat: +2 cm; vom zehnten bis zum zwölften Monat: +1 cm. Leichte Abweichungen zwischen den angegebenen Werten und den tatsächlichen Maßen des Kindes sind möglich. Normalerweise erreichen die Mädchen mit 18 Monaten und die Knaben im Alter von zwei Jahren die Hälfte ihrer zukünftigen Körpergröße. Die Größe wird auch von den Wachstumshormonen bestimmt.

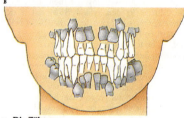

B · Die Zähne.

Mit Ausnahme der Weisheitszähne besitzt jeder Erwachsene 28 bleibende Zähne, die je nach Funktion in vier Gruppen zu unterteilen sind: 8 Schneidezähne, 4 Eckzähne, 8 Vorbackenzähne und 8 Backenzähne. Die bleibenden Zähne wachsen mit etwa 6 Jahren. Mit 21 Jahren hat das Gebiß 32 Zähne bzw. 28, da nicht jeder Mensch Weisheitszähne bekommt.

C, D, E, F, G, H, I, J • **Die psychomotorische Entwicklung des Kindes.**

Bei der Geburt.
Der Körper des Kindes ist sehr weich und nachgiebig, die Gliedmaßen sind sehr beweglich. Die Hände sind ständig geschlossen, der Kopf schwingt hin und her, und kann nicht gehalten werden. Es hat bestimmte Reflexe, die man ›archaisch‹ nennt, da sie nach 3 Monaten wieder verschwinden.
• Der *Saugreflex:*
Der Säugling saugt automatisch an allem, was man ihm gibt.
• Der *Greifreflex:*
Der Säugling greift nach allem, was er mit der Hand berührt.
• Der *Schreitreflex:*
Aufrecht und nach vorne gebeugt, versucht das Kind, einige Schritte zu machen.
• Der *Umklammerungsreflex:*
Reaktion auf ein Geräusch oder auf eine Überdehnung des Kopfes; das Kind breitet seine Arme aus.

C • Nach der Geburt.
Das Kind kann sehen und Bewegungen mit den Augen folgen, wenn der Gegenstand, den man ihm etwa 20 bis 30 cm vor die Augen hält, glänzend ist. Erst mit 3 Monaten kann das Kind richtig sehen. Das Neugeborene hört gut, sein Hörvermögen kann schon im Kreißsaal getestet werden.

D • Im 2. Monat.
Das Kind kann seinen Kopf noch nicht richtig halten. Die Gliedmaßen, die die ganze Zeit angewinkelt waren, entspannen sich nach und nach; der Greifreflex ist weniger ausgeprägt. Der Säugling kann große Gegenstände fixieren und ihnen mit den Augen folgen (z. B. eine Person, die sich bewegt). Er kann Geräusche lokalisieren; er bringt Laute hervor, insbesondere wenn man zu ihm spricht. Er lächelt vertraute Gesichter an; die Mimik ist ausdrucksvoll.

E • Im 3. Monat
kann es seinen Kopf heben. Die archaischen Reflexe sind fast verschwunden. Liegt es auf dem Rücken, bewegt es die Beine in einer Strampelbewegung; es kann auf große Entfernung einer Bewegung mit dem Blick folgen; es dreht den Kopf in die Richtung, aus der die Geräusche kommen. Es hat das Alter des ›Lallens‹ erreicht. Das Kind drückt Gefühle aus. Das Kind sucht nach Gesichtern und hat gerne Gesellschaft.

F • Im 4. Monat.
Legt man es auf den Bauch, stützt es sich auf die Ellenbogen und hebt Kopf und Oberkörper. Im Sitzen kann es Kopf und Wirbelsäule halten. Es beobachtet seine Hände, folgt ihnen mit den Augen und spielt mit ihnen. Es erkennt vertraute Geräusche wieder und weiß genau, aus welcher Richtung sie kommen. Es lallt, wiederholt kurze Silben, insbesondere wenn man zu ihm spricht, und lacht frei heraus. Es wird aufgeregt, wenn es seine Spielzeuge sieht oder man ihm das Essen vorbereitet. Es beginnt, Gegenstände in den Mund zu stecken. In diesem Alter ist es sehr umgänglich und akzeptiert schnell fremde Gesichter.

Im 5. Monat.
Legt man es auf den Bauch, hebt es Arme und Beine vom Boden ab; es kann sich alleine auf den Rücken drehen. Wenn man es hält, kann es aufrecht stehen. In diesem Alter greift es nach Gegenständen, um sich ihrer zu bemächtigen. Es greift den Gegenstand mit der Handfläche und den letzten drei Fingern und führt ihn jedes Mal zum Mund. Wenn es sein Spiegelbild sieht, muß es lächeln.

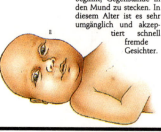
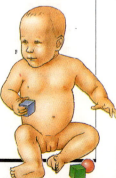

KÖRPER UND GESUNDHEIT

der Nabel näßt, muß die Nabelbinde ausgewechselt und der Nabel mit klarem Wasser abgespült werden. Nachdem die Narbe verheilt ist, kann das Kind jeden Tag oder alle zwei Tage gebadet werden.

Die ideale Wassertemperatur liegt bei 37 °C. Anfangs sollte das Bad nur einige Minuten dauern, später kann es ausgedehnt werden.

WACHSTUM

Das Kind entwickelt sich körperlich, emotional und geistig, dabei unterscheidet man zwei Arten der Entwicklung:
– das *Wachstum* im eigentlichen Sinne, d. h. die Vergrößerung der Körperteile durch Zellvermehrung. Die Wachstumsgeschwindigkeit ist bei jedem Kind verschieden;
– die *Reifung*, bei der sich die Organe und ihre Funktionen endgültig herausbilden. Der Reifungsprozeß dauert bei jedem Kind unterschiedlich lange. Das Endergebnis jedoch, die Reife, ist bei allen Kindern ähnlich.

An der kontinuierlichen Zunahme von Gewicht und Körpergröße kann der Verlauf der physischen Entwicklung eines Kindes verfolgt und in einer Wachstumskurve festgehalten werden. Die Wachstumsgeschwindigkeit bleibt im Laufe der Entwicklung nicht immer gleich. Das Wachstum selbst variiert stark von Individuum zu Individuum.

Die Zunahme der Körpergröße ergibt sich aus einer Verlängerung der langen Knochen (die Knochen der Gliedmaßen) und einer Verdickung der kurzen Knochen (z. B. die Wirbel). Die Gewichtszunahme entsteht durch die Entwicklung der Muskeln, der Organe und des Fettgewebes.

Die ersten Lebensjahre. Die Entwicklungsgeschwindigkeit wird immer langsamer und pendelt sich auf einem konstanten Niveau ein. Die Sinnesorgane des Kindes werden langsam funktionstüchtig. Das Zentralnervensystem entwickelt sich besonders schnell. Zwischen der Geburt und einem Alter von 5 Jahren verfünffacht sich das Körpergewicht. Die ersten Zähne wachsen, die Skelettknochen fangen an zu verknöchern, es bildet sich Fettgewebe.

Das Schulkindalter. Diese Phase beginnt im Alter von 5 oder 6 Jahren und endet im Alter von 10 bis 12 Jahren, wenn sich die ersten Zeichen der Pubertät bemerkbar machen. Die Entwicklung verläuft relativ gleichmäßig und langsam; die erworbenen Fähigkeiten werden weiterentwickelt. Insbesondere die Gliedmaßen werden größer. Das Kind bekommt seine zweiten Zähne.

Pubertät. Knaben wachsen mit etwa 12 Jahren in einem Jahr ca. 10–12 cm, Mädchen mit etwa 11 Jahren ca. 8 cm. Das Wachstum der Mädchen hört mit 18 Jahren auf, das der Knaben hält noch ein oder zwei Jahre länger an. (s. auch S. 953, *Pubertät*)

Faktoren, die das Wachstum beeinflussen.
– *Vererbung:* Die endgültige Körpergröße eines Kindes hängt zum Teil von der Körpergröße der Eltern ab. Das gleiche gilt für das Gewicht. Mädchen und Knaben derselben Familie wachsen und reifen unterschiedlich. Knaben wachsen wesentlich schneller als Mädchen. Dafür vollzieht sich bei den Mädchen der Reifungsprozeß schneller.
– *Ernährung:* Ein Mangel an Proteinen oder bestimmten Vitaminen kann zu Wachstums- und Entwicklungsstörungen führen. Im Kleinkindalter kann schwerer und früh eintretender Nährstoffmangel starke Wachstums- und Gewichtsstörungen verursachen. Der Schädelumfang bleibt kleiner, das Knochenwachstum wird verlangsamt, und die Gesundung ist sehr langwierig. Leidet das Kind weiterhin an Nährstoffmangel, wird auch die Pubertät verzögert. Nährstoffmangel im frühen Kindesalter hat außerdem negative Auswirkungen auf die Entwicklung des Gehirns sowie auf die geistige Entwicklung.
– *Krankheiten:* Jede Krankheit bringt Appetitlosigkeit und Gewichtsabnahme mit sich. Dauert die Krankheit zu lange, kann dies das Größenwachstum verlangsamen. Ist die Krankheit überwunden, erholt sich der Körper und findet wieder seinen normalen Rhythmus.
– *Psychologische Faktoren:* Ein Mangel an Zuwendung kann Größenwachstum und Gewichtszunahme hemmen, obwohl das Kind ganz normal ißt. Sobald es die nötige Zuwendung bekommt, wächst das Kind wieder und nimmt zu.

– *Lebensumstände:* Sie spielen für das Wachstum des Kindes eine große Rolle. Es bestehen erhebliche Größenunterschiede zwischen Kindern aus wohlhabenden und Kindern aus benachteiligten Verhältnissen. In wohlhabenderen Verhältnissen nimmt die Körpergröße im Laufe der Generationen zu.

Das Beobachten der körperlichen Entwicklung eines Kindes. Man mißt regelmäßig: die *Körpergröße* (bis zu 3 Jahren liegend gemessen, ab 3 Jahren im Stehen); den *Schädelumfang* bis zum Alter von 3 Jahren, um die Entwicklung des Gehirns zu verfolgen; das *Gewicht*, das den momentanen Körperzustand beschreibt; das *Gebiß*, das nach der Zahl der vorhandenen Zähne beurteilt wird; die sekundären Geschlechtsmerkmale (Behaarung in den Achseln und Schamhaare, Größe von Hoden und Penis bei Knaben, Umfang der Brust bei Mädchen). Bei Mädchen sollte darauf geachtet werden, in welchem Alter die ersten Blutungen einsetzen.

Die *Untersuchungen* dienen zur Früherkennung von Krankheiten, die die normale körperliche oder geistige Entwicklung des Kindes gefährden. Die Entwicklung in den ersten vier Lebensjahren ist entscheidend für die spätere körperliche und geistige Gesundheit des Kindes. Die Untersuchungen werden in folgenden Zeitabständen durchgeführt: Neugeborenen-Erstuntersuchung (U1), Neugeborenen-Basisuntersuchung (U2, 3.–10. Lebenstag), 4.–6. Lebenswoche (U3), 3.–4. Lebensmonat (U4), 6.–7. Lebensmonat (U5), 10.–12. Lebensmonat (U6), 21.–24. Lebensmonat (U7), 43.–48. Lebensmonat (U8). Die ärztlichen Befunde werden in das Kinder-Untersuchungsheft eingetragen.

Eine normale und harmonische Entwicklung. Sie sollte die folgenden Merkmale aufweisen:
– Durchschnittswerte, die für das jeweilige Alter aus den Gewichts- und Körpergrößekurven zu ersehen sind;
– Durchschnittswerte für Körperrhythmus, Entwicklung und Entwicklungsgeschwindigkeit, die nicht zu stark von der Kurve abweichen sollten. Ein ›Knick‹ in der Kurve könnte auf eine Krankheit hindeuten;
– Das Verhältnis zwischen Körpergewicht und Körpergröße sollte, unabhängig vom Alter, ausgewogen sein.

G · **Im 6. Monat.** Liegt es auf dem Bauch, stützt es den Oberkörper auf die Hände und wirft den Kopf zurück; es kann langsam alleine sitzen; steht es aufrecht, springt es und geht in Hockstellung. Es kann Gegenstände nun schon besser greifen und beginnt, alle Finger dabei zu benutzen. Es bringt einige Silben hervor.

Im 7. Monat. Das Kind kann Gesichter besser unterscheiden. Es erkennt seine Mutter zwischen anderen Personen heraus und fängt an zu weinen, sobald sie sich entfernt.

H · **Im 8. Monat.** Das Kind kann alleine sitzen. Seine Greiffähigkeit verbessert sich; im Spiel wirft es Gegenstände fort und versucht sie wieder zurückzubekommen. Es beginnt, Silben zu wiederholen: da-da ... ba-ba. Es ist von seinem Spiegelbild fasziniert, lächelt ihm zu, beobachtet es und spricht es an. Dieses Stadium nennen die Psychologen *Achtmonatsangst*. Die Mutter, sowie sein Lieblingsgegenstand, bzw. deren An- oder Abwesenheit lösen bei dem Kind Freude oder Kummer aus. Es weint, wenn es sieht, daß die Mutter den Mantel anzieht; es hat Angst, daß die Mutter weggeht; es weint, wenn Fremde da sind. In diesem Alter wählt es einen Gegenstand (einen Stoffbär), das als eine Art Mutterersatz dient.

Im 9. Monat kann es einen Gegenstand mit Daumen und Zeigefinger greifen.

I · **Im 10. Monat** kann es krabbeln und sich alleine aufrecht halten. Sobald es steht, versucht es, einige Schritte zu machen, fällt dann aber meistens wieder hin. Es kann mit den Händen winken und klatschen. In diesem Alter spricht es einsilbige Wörter und begreift den Sinn eines Satzes; es beginnt, Gegenstände außerhalb seines Gesichtsfeldes zu suchen; es zieht an Kleidungsstücken, um die Aufmerksamkeit auf sich zu lenken.

J · **Im 12. Monat** will es mit Gegenständen spielen, die es ineinanderstecken kann; es hört auf, sie in den Mund zu nehmen, und wirft sie eher auf den Boden. Es kann zwei oder drei Wörter aussprechen, die eine Bedeutung haben. In diesem Alter stellt sich das Kind bei den Erwachsenen gerne in den Mittelpunkt. Die Achtmonatsangst läßt langsam nach und weicht einer großen Offenheit. Es wird der Umwelt gegenüber aufgeschlossen.

Das Kind läuft alleine im Alter zwischen 12 und 16 Monaten. Nach 24 Monaten kann es ›sprechen‹, das heißt, mehrere Worte miteinander verbinden.

Die zeitliche Abfolge der Entwicklungsstufen ist nur als Hinweis zu verstehen.

KÖRPER UND GESUNDHEIT

WACHSTUM

VERERBUNG

Kinder sehen ihren Eltern ähnlich, weil sie von ihnen *Gene* bekommen haben, deren kodierte Information die wesentlichen Merkmale eines Individuums bestimmt.

Dominante und rezessive Gene. Gene kommen immer paarweise vor. Jeder Mensch besitzt für jeden Erbfaktor zwei Gene. Es gibt zwei Arten von Genen: *dominante* und *rezessive*. Ist ein Gen eines Genpaars dominant und das andere rezessiv, wird das erstere sich durchsetzen. Ein rezessives Gen kann sich nur dann bemerkbar machen, wenn beide Gene rezessiv sind.

Zum Beispiel: dunkelblondes Haar wird durch ein dominantes Gen (B-Gen), hellblondes Haar durch ein rezessives Gen (b-Gen) bestimmt. Hat das Individuum dunkelblondes Haar, hat es entweder von beiden Eltern ein determinierendes B-Gen oder von einem Elternteil ein B-Gen und vom anderen ein b-Gen geerbt, das Informationsträger für hellblondes Haar ist. Sind die Haare des Kindes blond, hat es beide b-Gene geerbt, eines von der Mutter, das andere vom Vater.

Erbkrankheiten. Diese Art der Vererbung ist durch die Mendelsche Vererbungstheorie zu erklären. Die Regeln der Vererbung sind auf die ›Erbkrankheiten‹ anwendbar. Kommt die Krankheit zum Ausbruch, war das Gen, das die Krankheit bestimmt, homozygot, in manchen Fällen auch heterozygot.

Bei der Vererbung dieser Krankheiten sind drei Gesetze zu erkennen:
– Bei einem heterozygoten Individuum kommt die dominante Erbkrankheit nur dann zum Tragen, wenn Vater oder Mutter von der Krankheit betroffen ist;
– Dieser Kranke wird die Krankheit auf die Hälfte seiner Kinder übertragen;
– Ist der Nachkomme eines Kranken gesund, bedeutet das, daß er das für die Krankheit verantwortliche Gen nicht trägt und seine Nachkommenschaft gesund sein wird.

Geschlechtsgebundene Krankheiten. Es gibt Erbkrankheiten, die an das Geschlecht gebunden sind. Das Geschlecht des Kindes hängt vom Spermium ab, da alle Eizellen ein für das weibliche Geschlecht verantwortliches X-Chromosom tragen und 50 % der Spermien entweder ein X- oder ein Y-Chromosom tragen, das für das Entstehen des männlichen Geschlechts verantwortlich ist. Dringt ein X-Spermium in ein X-Ei ein, entsteht ein Mädchen. Befruchtet aber ein Y-Spermium eine X-Eizelle, hat das Ei ein X- und ein Y-Chromosom, d. h. das Kind ist männlichen Geschlechts. Die Geschlechtschromosomen tragen ebenfalls Gene.

Die geschlechtsgebundene Vererbung hat eigene Gesetze, denn der Mann ist Träger eines X-Chromosoms, die Frau Träger von zwei X-Chromosomen. Eine vom Geschlecht abhängige Krankheit wie z. B. Hämophilie (Bluterkrankheit) oder der Daltonismus (Farbenblindheit) wird auf Männer von heterozygoten Frauen übertragen bzw. von Frauen, die selbst gesund sind. Eine Frau vererbt das anomale Gen zum einen der Hälfte ihrer Söhne, die also krank werden (die andere Hälfte ist gesund, die Nachkommen ebenfalls), zum anderen der Hälfte der Töchter, die selbst zu Überträgerinnen werden.

Körpergröße, Intelligenz. Die genetischen Merkmale für Körpergröße und Intelligenz werden durch eine ›multifaktorielle‹ Vererbung übertragen, die Mendelschen Vererbungsgesetze treffen hier also nicht zu. Sie werden zwar auch durch Erbfaktoren bestimmt, diese müssen sich jedoch nicht direkt manifestieren, sondern können mehrere Generationen überspringen.

A · Die Gene.
Die Gene befinden sich auf den 46 Chromosomen des Menschen. Sie stammen zu gleichen Teilen vom Spermium und von der Eizelle. In einem Chromosomenpaar (eines von der Mutter, das andere vom Vater) wird ein gegebenes Merkmal durch zwei Gene bestimmt, die auf jedem der Chromosomen die gleiche Lage (Genlocus) haben. Diese zwei Gene nennt man *Allele*. Die Gesamtheit der Allele bildet den *Genotyp* des Individuums, d. h. sein genetisches Erbmaterial. Die zwei Allele können sich gleichen und das gleiche Merkmal herausbilden. In diesem Fall ist das Individuum *homozygot* (z. B. Gen des Vaters codiert die Blutgruppe A und das mütterliche Gen codiert die Blutgruppe A). Die beiden Allele können auch unterschiedlich sein und das Merkmal auf unterschiedliche Art ausprägen (z. B. Gen väterlicherseits codiert die Blutgruppe A und das Gen mütterlicherseits die Blutgruppe B). In diesem Fall ist das Individuum *heterozygot*. Die Gene bestimmen die Vielfalt der Erbfaktoren.

DAS ALTERN

Unser genetisches Programm sieht nicht vor, daß sich die Körperzellen unendlich lange vermehren: Laboruntersuchungen haben gezeigt, daß sich eine Zelle nicht öfter als 30–40 Mal teilen kann (Hautzellen erneuern sich etwa einmal monatlich).

Ab dem Zeitpunkt der Geburt beginnt der Alterungsprozeß des Organismus. Jedes Organ und jedes Inidividuum altert jedoch unterschiedlich schnell. Schadstoffe (Tabak, Alkohol usw.) beschleunigen das Altern. Mit 65 Jahren weist der Körper fast alle Anzeichen eines verbrauchten Körpers auf: Die Haare verlieren die Farbe, denn die Zellen der Kopfhaut können nicht mehr die notwendigen Pigmente produzieren; die Haut wird faltig, da das Netz aus kollagenen Fasern (das der Haut als Gerüst dient) seine Elastizität verliert und erschlafft.

Das Altern wirkt sich auch auf das motorische System aus. Die Gelenke sind weniger beweglich, da sich der Knorpel verschlechtert und Feuchtigkeit verliert. Es kommt zur Arthrose. Das feste Knochengewebe schwindet (bei der Frau besonders nachdem die Menopause eingetreten ist): Es handelt sich um die *Osteoporose*.

Das Sehen auf nahe Entfernung bereitet Schwierigkeiten (*Altersweitsichtigkeit*) und das allgemeine Sehvermögen wird herabgesetzt, da sich die Augenlinse trübt (*grauer Star*) und Feuchtigkeit verliert. Das Hörvermögen, insbesondere das Hören hoher Frequenzen, läßt nach: Man spricht von *Altersschwerhörigkeit*.

Mit zunehmendem Alter und vor allem, wenn der Mensch raucht oder fetthaltige Nahrung zu sich nimmt, sammeln sich Lipide in den Arterienwänden an und bewirken eine Arterienverkalkung (*Arteriosklerose*). Dieser Prozeß, der mit 20 Jahren beginnt, kommt bei einer langen Latenzzeit erst mit 50 oder 60 Jahren zum Ausbruch. Die Folge der Arterienverkalkung ist das Ansteigen des arteriellen Blutdrucks, was wiederum zu einer raschen Ermüdung des Herzens in der Kontraktionsphase führt. Die Arteriosklerose kann außerdem zur Verengung der betroffenen Blutgefäße führen. Im Gehirn führt dies zu Gedächtnisstörungen, charakterlichen Veränderungen usw. Die Verringerung der Blutversorgung hat noch andere sehr spezielle Folgen. Der Mensch verliert täglich ca. 50 000 Neuronen; mit zunehmendem Alter vergrößert sich diese Zahl. Außerdem funktioniert die Kommunikation zwischen den Neuronen schlechter; der Mensch begreift langsamer und seine Merkfähigkeit läßt nach. Die Sexualität ändert sich im Alter, das bedeutet jedoch nicht das Ende der sexuellen Aktivität.

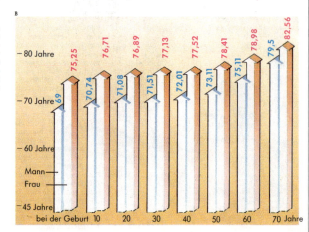

B · Das Altern.
Seit dem 14. Jh. ist die Lebenserwartung in den Industriestaaten beträchtlich angestiegen. In der Bundesrepublik Deutschland liegt sie bei der Frau bei einem Alter von über 80 Jahren.

KÖRPER UND GESUNDHEIT

GESUNDHEIT IN DER WELT

INDUSTRIESTAATEN

Seit Beginn der industriellen Revolution haben sich Morbidität (Häufigkeit der Erkrankungen) und Sterblichkeit bei der Bevölkerung der Industriestaaten stark verändert. Dies zeigt sich in einer erheblich gesteigerten Lebenserwartung bei der Geburt.

Die gesunkene Sterblichkeitsrate ist zum einen auf einen höheren Lebensstandard und bessere hygienische Bedingungen zurückzuführen, zum anderen aber auch auf die Fortschritte in der Medizin, die durch die Entdeckung neuer Impfstoffe und Antibiotika eine weitreichende Eindämmung von Infektionskrankheiten ermöglichten. Die eindrucksvollsten Fortschritte sind im Bereich der Säuglingssterblichkeit zu verzeichnen, die auch der ausschlaggebende Faktor für die höhere Lebenserwartung ist – und nicht, wie häufig angenommen, die recht geringe Erhöhung der Lebensdauer. Die wachsende Zahl älterer Menschen und die dadurch bedingte Überalterung der Bevölkerung sind Folge der sinkenden Geburtenraten.

Neue Krankheitsbilder. Während die Zahl der Infektionskrankheiten und der durch sie bedingten Todesfälle zurückgeht, ist eine Zunahme neuer Krankheiten zu vermerken, der ›Zivilisationskrankheiten‹, die in Zusammenhang mit den Ernährungsgewohnheiten, den Lebens- und Arbeitsbedingungen und der Umweltbelastung stehen.

Die verfügbaren Statistiken über die Todesursachen zeigen dies deutlich; die Haupttodesursachen in der Bundesrepublik Deutschland und vielen anderen Industriestaaten sind in der Reihenfolge ihrer Häufigkeit:

Bundesrepublik Deutschland in Zahlen

Zahl der Todesfälle nach Ursachen und Geschlecht 1987

	Männer	Frauen	insgesamt
Infektiöse und parasitäre Krankheiten	2 790	2 327	5 117
Bösartige Neubildungen	82 912	83 614	166 526
Krankheiten der Verdauungsorgane	16 257	15 185	31 442
Chronische Leberkrankheiten und -zirrhose	8 818	5 005	13 823
Krankheiten des Nervensystems und der Sinnesorgane	7 915	7 518	15 433
Diabetes mellitus	3 796	7 539	11 335
Bösartige Neubildungen des Gewebe	5 657	5 488	11 145
Krankheiten des Kreislaufsystems	149 422	193 247	342 669
Krankheiten der Atmungsorgane	22 825	16 844	39 669
Krankheiten der Harn- und Geschlechtsorgane	3 746	4 460	8 206

Quelle: Statistisches Jahrbuch 1989

– *Kardiovaskuläre Krankheiten* (in erster Linie Herzinfarkte und Schlaganfälle);
– *Krebskrankheiten;*
– *Unfälle, Selbstmorde* und andere unnatürliche Todesursachen.

Sterblichkeitsentwicklung. Im Verlauf der letzten Jahrzehnte wiesen die Sterbeziffern in den Industriestaaten teilweise gegensätzliche Entwicklungen auf:
– weiterer hoher Rückgang der Säuglingssterblichkeit;
– Umkehrung der seit einem Jahrhundert verzeichneten Tendenz zu sinkender Erwachsenensterblichkeit (insbesondere in den östlichen Industriestaaten);
– größere Kluft zwischen den Geschlechtern (Bundesrepublik Deutschland: höhere Sterblichkeit von Männern gegenüber Frauen);
– Zunahme der sozialen Ungleichheit vor dem Tod (Berufskrankheiten, Arbeitsunfälle, Gewöhnung an ungesunde Verhaltensweisen in extremer Armut ...).

Die beunruhigende Verbreitung einer neuen Viruskrankheit wie AIDS (erworbenes Immunschwächesyndrom) erinnert daran, daß die Gesundheit immer wieder aufs neue gefährdet werden kann.

ENTWICKLUNGSLÄNDER

Die wirtschaftliche Ungleichheit zieht in den Entwicklungsländern eine geringere Lebenserwartung bei Neugeborenen nach sich. Zu einem großen Teil ist dies auf die sehr hohe Säuglingssterblichkeit zurückzuführen. Krankheiten, die in den Industriestaaten häufig vorkommen und harmlos verlaufen, wüten in den Entwicklungsländern verheerend, wie z. B. Masern und Durchfallerkrankungen. Unterernährung erhöht die Infektionsgefahr und wird durch wiederholte Infektionen noch verschlimmert.

Hauptkrankheitsursachen.
– *Infektionskrankheiten* und *Parasitosen*. Diese lassen sich unterteilen in:
– durch Insekten übertragene Krankheiten (Malaria, Schlafkrankheit usw.);
– auf mangelnde Hygiene zurückzuführende Krankheiten (Durchfall, Kinderlähmung, Cholera usw.);
– *Unterernährung:* unzureichende Ernährung in Hungergebieten; unausgewogene Ernährung (Mangel an Vitamin B_1 [Beriberi], C [Skorbut], PP [Pellagra], tierischen Proteinen [Kwashiorkor, Einschmelzen von Fettgewebe, Muskulatur]).

Maßnahmen zu einer Verbesserung der Gesundheit. 1978 verabschiedete die WHO (Weltgesundheitsorganisation) eine Strategie der ›gesundheitlichen Grundversorgung‹, die die Grundbedürfnisse der Bevölkerung zum Ausgangspunkt für die Verbesserung der Gesundheit wählte: Verbesserung der Lebens- und Hygienebedingungen, Steigerung und Vielfalt der landwirtschaftlichen Produktion, Brunnenbauprogramm, bessere Bildungsmöglichkeiten, Vermittlung von medizinischen Grundkenntnissen.

LEBENSERWARTUNG

Die durchschnittliche Lebenserwartung bei männlichen und weiblichen Neugeborenen (mittlere Lebensdauer) beträgt in den Industriestaaten 73 Jahre, in den Entwicklungsländern jedoch nur 56 Jahre. Die durchschnittliche Säuglingssterblichkeit (Sterblichkeit im ersten Lebensjahr) liegt in den Industriestaaten bei 17 ‰, in den Entwicklungsländern bei 91 ‰. (siehe Kapitel Weltwirtschaft, S. 569)

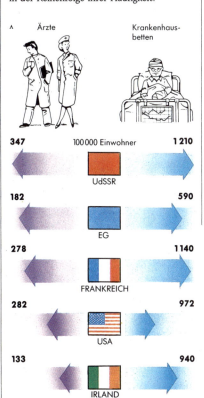

A · **Infrastruktur des Gesundheitswesens.**
Die Infrastruktur des Gesundheitswesens läßt sich anhand der Zahl der Ärzte und der Krankenhausbetten pro 100 000 Einwohner beurteilen. Diese Zahlen sagen nichts über die Qualität der medizinischen Dienste, die Garant für die Leistungsfähigkeit des Gesundheitssystems ist.

B · **Säuglingssterblichkeit und Lebenserwartung.**
Hohe Säuglingssterblichkeit und niedrige Lebenserwartung sind in der dritten Welt häufig anzutreffen wegen schlechter Gesundheitsversorgung.

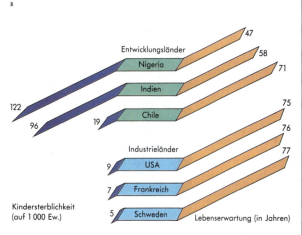

KÖRPER UND GESUNDHEIT

GESUNDHEIT UND UMWELT

ÖKOLOGIE

Die Ökologie – der Begriff wurde 1866 von Ernst Haeckel geprägt – kann als Lehre von den Wechselbeziehungen zwischen den Lebewesen und ihrer Umwelt verstanden werden. Die auf das Tierreich einwirkenden Faktoren lassen sich in klimatische, edaphische (bodenbedingte) und biotische (auf Lebewesen bezügliche) unterteilen. Neben diese ›klassischen‹ und evolutionsgeschichtlich sehr alten Faktoren ist der Einfluß des Menschen getreten, der die großen ökologischen Gleichgewichte auf der Erde innerhalb einer sehr kurzen Zeitspanne verändert hat (Rodung, Entwässerung, Umweltverschmutzung, extensive Landwirtschaft ...).

Die ökologische Basiseinheit ist das *Ökosystem* (funktionelle Einheit, in der verschiedene Elemente [Tiere, Pflanzen, Klimafaktoren] zusammenwirken und ein Gleichgewicht herstellen). Beispiele für Ökosysteme sind bestimmte Nahrungsketten, aber auch die *Biosphäre* (Teil der Erdsphäre, in der lebende Organismen anzutreffen sind).

Umweltverschmutzung. Die bisweilen sehr starke Belastung der Umwelt ist meist nicht direkt wahrnehmbar.
Luftverschmutzung. Bei industriellen Verbrennungsprozessen entsteht *Kohlendioxid*. Die Freisetzung großer Mengen dieses Gases bewirkt die Aufheizung der Atmosphäre. Schon eine Erhöhung der globalen Temperatur um einige Grade kann beträchtliche geophysikalische Veränderungen nach sich ziehen: Abschmelzen der Gletscher und des Packeises, steigender Meeresspiegel, Überflutung von Tiefland (Paris würde untergehen, Skandinavien würde zu einer Insel). Zudem würden sich die Wüsten, vor allem die Sahara, ausdehnen. Die Folge wäre eine massive Abwanderung ganzer Bevölkerungsgruppen.

Kohlenmonoxid entsteht bei unvollständigen Verbrennungsvorgängen (Eisen- und Stahlindustrie, Erdölraffinerien ...). Dieses Gas greift die oberen Schichten der Erdatmosphäre an.

Die *Fluorchlorkohlenwasserstoffe* (FCKW, in Kühlschränken, Spraydosen usw.) zerstören die Ozonschicht, die die kurzwellige ultraviolette Strahlung absorbiert. Die Zerstörung der Ozonschicht könnte die Ursache für die gegenwärtige Zunahme von Hautkrebsfällen sein. Über dem Südpol besteht ein gigantisches Ozonloch.

Radioaktive Partikel gelangen auf zwei Wegen in größerer Menge in die Atmosphäre: durch Störfälle wie im Fall von Tschernobyl und Three Mile Island sowie durch Atomtests. Tschernobyl und Three Mile Island stehen für ökologische und menschliche Katastrophen großen Ausmaßes mit Langzeitfolgen, bei denen sich die Verseuchung durch radioaktive Wolken verbreiten konnte (Verseuchung von Vieh, Obst und Gemüse, Ansteigen der Krebserkrankungen).

Schwefel- und Stickstoffoxide aus industriellen Produktionsvorgängen oder Auspuffgase von Kraftfahrzeugen, die sich an der Luft in Schwefel- bzw. Salpetersäure verwandeln. Sie verursachen die Dunstglocke über den Städten *(Smog)* und erhöhen das Risiko von chronischer Bronchitis und Atemwegsinfektionen.
Wasserverschmutzung. Luft und Wasser stehen in einer engen Wechselbeziehung: Schwefel- und Stickoxide verursachen den sauren Regen. Dieser tropft dann von den Bäumen auf den Boden, dringt in das Erdreich ein und belastet das Grundwasser. Das saure Grundwasser löst Mineralsalze, die bewirken, daß Fische für den Verzehr ungeeignet werden oder sterben.

Phosphate aus häuslichen und kommunalen Abwässern sind für schwere Wasserverunreinigungen verantwortlich. Das Wasser verschmutzter Flüsse gelangt ins Meer, wo ein Eutrophierungsprozeß stattfindet: der Phosphatüberschuß bewirkt eine explosionsartige Vermehrung von Algen und Phytoplankton, die den im Wasser gelösten Sauerstoff aufnehmen, und tötet in der Folge jede Form tierischen Lebens ab.

Nitrate (Verwendung als Düngemittel und insbesondere in der chemischen Industrie und in der Nahrungsmittelindustrie) sind ebenfalls an der Verschmutzung des Grundwassers beteiligt. Sie werden im Magen in Nitrite und Nitrosamine umgewandelt und tragen damit zu einer Erhöhung der Krebserkrankungen bei. Die Nitrite setzen sich ferner an den roten Blutkörperchen fest und beeinträchtigen dadurch die Sauerstoffversorgung des Gewebes.

Ein Blick auf die Situation der Nordsee ist lehrreich: In dieses Meer gelangen jedes Jahr 10 000 t Blei, 25 000 t Zink, 4 200 t Chrom, 4 000 t Kupfer, 1 450 t Nickel, 530 t Cadmium, 50 t Quecksilber, 1,5 Millionen t Stickstoffverbindungen, 100 000 t Phosphate usw. Diese Substanzen zerstören das Leben im Meer. Fische, Krebstiere und Meeresvögel weisen Mißbildungen an ihren Flossen bzw. ihrem Knochengerüst auf. Ölpesten sind ein weiteres schweres Problem.

STRESS

Der Streß ist ein generelles Reaktionsmuster, den Menschen (auch Tiere) als Antwort auf erhöhte Beanspruchung zeigen. Der Mensch paßt sich nur schwer an die von ihm selbst unablässig veränderte Welt an. Diese künstliche Umwelt ist voller Zwänge (soziale, moralische, gesetzliche), die der Umsetzung unserer Wünsche und Energien Grenzen setzen.
Hauptursachen. Streß ist häufig durch die Arbeitswelt bedingt: Die Arbeit führt zu nervöser Überbeanspruchung (schneller Arbeitstakt, Lärm, Angst vor Arbeitsunfällen, Zeitdruck, Verhältnis zu Vorgesetzten). Auch Arbeitslosigkeit ist ein Streßfaktor. Menschenmassen, Verkehrsmittel, Staus, Unsicherheit und der Verzicht auf die traditionelle ›Mittagspause‹ sind klassische Streßursachen.
Auswirkungen. Zunehmend werden nervöse Beschwerden (Depressionen, Schlaflosigkeit, sexuelle Probleme) festgestellt, die eine verstärkte Einnahme von Beruhigungsmitteln beziehungsweise einen höheren Alkohol-, Tabak- oder Kaffeekonsum nach sich ziehen. Diese Mittel bewirken jedoch meist keine Linderung der Beschwerden – im Gegenteil. Streßgeplagte erkranken ebenfalls leichter an Herz- und Gefäßkrankheiten (Bluthochdruck, Herzinfarkt) und Magengeschwüren.

STRESSBEKÄMPFUNG

Der Streß wird häufig als die Krankheit des 20. Jh. bezeichnet. Findet der Gestreßte keine geeignete ›Therapie‹ (Sport, Entspannung, gesündere Lebensführung), kann es zur Ausbildung einer Depression oder gar zu Beschwerden kommen, die nur noch indirekt psychisch bedingt sind, wie z. B. Magengeschwüren. Abhilfe bei Streß können eine Arbeit in einer kleineren Stadt, eine Wohnung in Arbeitsplatznähe, eine Verkürzung der Arbeitszeit (trotz finanzieller Einbußen) oder eine angenehmere Gestaltung des Lebensumfelds schaffen. Es ist ratsam, am Wochenende öfter einen Tapetenwechsel vorzunehmen. Eine körperliche Betätigung, Sport, der die angestaute Energie freisetzen kann, ist ebenfalls zu empfehlen. Entspannungstechniken, Yogaübungen oder jede andere Methode, mit der man die Kontrolle über sich selbst und die Atmung zurückgewinnen kann, bieten sich zur Streßbekämpfung an. Es ist wichtig, sich auszusprechen, Menschen mit anderen Ansichten zu treffen und sich die Zeit zu nehmen, aus sich herauszugehen. Schließlich braucht der Mensch ein kreatives Hobby (Zeichnen, Malen, Schreiben usw.). Mit jedem einzelnen dieser ›Tricks‹ kann man Abstand zu belastenden Dingen gewinnen.

▲ · **Die Umweltverschmutzung.**

Die Industrie verunreinigt die Luft mit zahlreichen umweltschädlichen Gasen: Kohlendioxid, das Treibhausgas; Kohlenmonoxid, das die oberen Schichten der Atmosphäre angreift; Fluorchlorkohlenwasserstoffe, die die Ozonschicht zerstören ... Industrieabwässer verschmutzen Flüsse und dadurch indirekt das Meer mit Phosphaten (die Algenwachstum bewirken) und krebserregenden Nitraten.
Motorfahrzeuge stoßen Kohlenmonoxid, Schwefel- und Stickstoffoxide aus, die sich an der Luft in Säuren umwandeln. Wenn es regnet, lösen sich diese Säuren im Regenwasser und belasten Wald und Grundwasser. Raucher zwingen ihre Umwelt zum passiven Mitrauchen. Der ausgeblasene Rauch enthält krebserregende Teerteilchen.

In den Städten fallen jährlich Hunderttausende von Tonnen an Haushaltsabfällen und Müll an, die zwar keine direkte schwere Umweltbelastung darstellen, aber die Lebensumwelt und die Landschaft verschandeln.

KÖRPER UND GESUNDHEIT

NIKOTINSUCHT

Die Nikotinsucht (übermäßiger Genuß von Tabak) ist ein Faktor, der das Leben erheblich verkürzen kann, nämlich (statistisch gesehen) um 3 Jahre bei einem Konsum von 10 Zigaretten pro Tag, um 6 Jahre bei 20 Zigaretten pro Tag und um bis zu 8 Jahre bei 2 Schachteln pro Tag. Aber Nikotin beeinflußt nicht nur die Sterbeziffern, sondern hat auch zahlreiche gesundheitsschädliche Nebenwirkungen. Zigarettenrauch enthält über 1 000 chemische Substanzen, die in 4 Hauptgruppen unterteilt werden können: *reizende Substanzen,* die das Selbstreinigungssystem des Bronchialbaumes verlangsamen; *Kohlenmonoxid,* das sich am Hämoglobin (Farbstoff der roten Blutkörperchen) an der Stelle des Sauerstoffs festsetzt; *Nikotin,* das auf das Nervensystem wirkt und bei Gewöhnung eine Erhöhung der Herzfrequenz und Bluthochdruck (begünstigt Einlagerungen von Fett in die Arterienwände) verursacht; *Teerpartikel* und *krebserregende Substanzen* (insbesondere Benzopyren).

Risiken für die Atemwege. Die Reizwirkung des Rauches führt zu chronischer Bronchitis, häufigeren Atemwegsinfektionen, Emphysemen und schließlich chronischer respiratorischer Insuffizienz. Außerdem schwächt die Nikotinsucht die körperliche Leistungsfähigkeit und führt in höheren Lagen zu Atembeschwerden.

Kardiovaskuläre Risiken. Tabak fördert Arteriosklerose: Er ist Ursache von Angina pectoris und von Herzinfarkten sowie von Verkalkungen der Beinarterien.

Krebsrisiken. In der Bundesrepublik Deutschland sind über 30 % aller Krebssterbefälle pro Jahr auf das Rauchen zurückzuführen. Am häufigsten vom Krebs befallen werden Lunge, Speiseröhre, Magen und die oberen Luftwege (Zunge, Mundhöhle, Rachen, Kehlkopf usw.), für die die Kombination Tabak plus Alkohol besonders schädlich ist: die durch den Alkohol hervorgerufene Reizung erleichtert den krebserregenden Substanzen im Rauch das Eindringen ins Gewebe.

ALKOHOLISMUS

Alkoholismus (übermäßiger Genuß alkoholischer Getränke) verkürzt das Leben. In der Bundesrepublik Deutschland sind etwa 1,5 Millionen Menschen alkoholabhängig.

Der direkte Genuß einer größeren Menge Alkohol wirkt vor allem auf das Nervensystem, denn Alkohol hat das Bestreben, sich mit Fetten zu vereinigen (das Nervensystem ist ein sehr fettreiches Gewebe). Klinisch tritt der Alkoholismus in Form des Rausches in Erscheinung, der sich in drei Phasen unterteilen läßt: Phase der psychomotorischen Erregung und Enthemmung; Phase der eingeschränkten Muskelkoordination (schwankender Gang), der verminderten Sprachkoordination und der Aggressivität; Komaphase (bei einer Blutalkoholkonzentration von 5 g/l), die mit dem Tod enden kann.

Trunkenheit ist die Ursache von Straftaten, von Verkehrsunfällen usw. Zudem sind die Wechselwirkungen von Alkohol und Arzneimitteln zu beachten: Die Kombination von Alkohol und Beruhigungsmitteln kann zu Bewußtlosigkeit führen.

Chronischer Alkoholismus. Am stärksten sind Leber und Gehirn betroffen. Alkohol bewirkt eine allmähliche Zerstörung der Leber; Ergebnis ist die Leberzirrhose, die ein Vorstadium des Leberkrebses sein kann. Alkohol verändert die Persönlichkeit, macht aggressiv, paranoid, zittrig und führt zu Lähmungen der Gliedmaßen (Polyneuritis). Wenn der Alkoholiker aber plötzlich mit dem ›Trinken‹ aufhört, treten Entzugserscheinungen, das sog. ›Delirium tremens‹, auf, Erregungszustände, die zum Tod durch Wasserverlust oder zum Selbstmord führen können.

Schließlich fördert Alkohol Krebs im Rachenbereich, in der Speiseröhre (in Zusammenwirkung mit Tabak), die Umlenkung der Reserven des Organismus bei mangelhafter Nahrungsverwertung und eine Schwächung der Abwehrkräfte gegen bestimmte Infektionen, insbesondere Tuberkulose. Letztlich ist Alkoholgenuß während der Schwangerschaft einer der Faktoren, die für das Auftreten von fetalen Mißbildungen verantwortlich sind.

DROGEN

Als ›Droge‹ wird jede Substanz bezeichnet, die den psychischen Zustand eines Menschen verändern kann. Eng damit verbunden sind die Begriffe Gewöhnung (Notwendigkeit, die Menge der Substanz zu steigern, um die gleiche Wirkung zu erzielen) und Abhängigkeit (Notwendigkeit, sich mit der Substanz zu versorgen, da sonst ›Entziehungserscheinungen‹ eintreten). Dieses zweite Kriterium ist ausschlaggebend für die Unterscheidung von sog. ›weichen‹ und ›harten‹ Drogen.

Weiche Drogen. Hierbei handelt es sich um Derivate des Indischen Hanfs, von dem die Blüte (Marihuana) oder das Harz (Haschisch) geraucht wird.

Harte Drogen oder ›Opiate‹, sind Opium, Morphium und Heroin. Dieser Gruppe wird auch das Kokain zugerechnet. Diese Drogen führen schnell zu Abhängigkeit und zu einem erschreckenden körperlichen und geistigen Verfall.

LSD *(Lysergsäurediäthylamid)* ist ein Sonderfall: Es bewirkt Halluzinationen, führt nicht zu Gewöhnung oder Abhängigkeit, kann jedoch irreversible psychische Störungen zur Folge haben.

Auswirkungen, Entwöhnung. Drogen können das sexuelle Verlangen steigern, wirken jedoch potenzvermindernd: Die Masturbation ist bei den Drogenabhängigen verbreitet.

Der Drogenabhängige muß während der Entwöhnung sowohl medizinische als auch psychologische Betreuung erhalten und gleichzeitig Gelegenheit, sich nachher wieder in die Gesellschaft eingliedern zu können (berufliche Wiedereingliederung usw.).

Amphetamine und Beruhigungsmittel. Der Mißbrauch dieser Mittel bewirkt Gewöhnung und Abhängigkeit. Dabei haben die Amphetamine keinerlei Einfluß auf die intellektuelle Leistungsfähigkeit, ihre Wirkung läßt mit zunehmender Einnahme nach. Sie können zu Erschöpfungszuständen führen, die psychotischen Zuständen ähnlich sind.

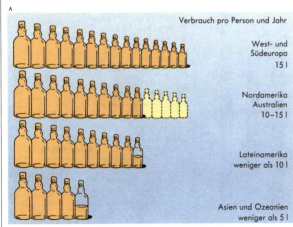

A · **Alkoholkonsum in der Welt.**

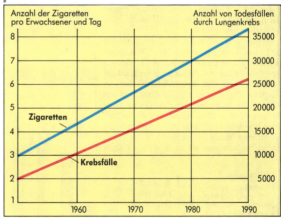

B · **Die Tabakkatastrophe.**

Die größten Alkoholkonsumenten sind die Industriestaaten. Allerdings sind die Zuwachsraten in den Entwicklungsländern am höchsten. Dort ist die Alkoholqualität schlechter – gepanschter Alkohol ist viel gesundheitsschädlicher. Und schließlich wirkt Alkohol bei unzureichender oder schlechter Ernährung ungleich verheerender.

Tabak ist für die Gesundheit eine wahre Katastrophe. Tabak ist Hauptauslöser von Lungenkrebs: Das Risiko steigt proportional zum Zigarettenkonsum. Aber das Rauchen ist auch verantwortlich für Tumoren im Rachenbereich, für Speiseröhren- und Blasenkrebs, für chronische Bronchitis und Herz- und Gefäßkrankheiten. Obwohl detailliertes Wissen über die toxische Wirkung des Tabakrauchs vorliegt und zahlreiche Aufklärungskampagnen durchgeführt werden, bleibt die Zigarette weiterhin eine der häufigsten Todesursachen.

KÖRPER UND GESUNDHEIT

GESUNDHEIT UND UMWELT

BERUFSKRANKHEITEN UND ARBEITSUNFÄLLE

Im Berufsleben können Gesundheitsrisiken auftreten.

Der Gesetzgeber unterscheidet zwischen dauernden Risiken, die sich aus der Art der Arbeit ergeben (Berufskrankheiten), und gelegentlichen Risiken, die häufig auf menschliche Fehler oder Versehen zurückzuführen sind (Arbeitsunfälle).

Physikalische Risiken. Physikalische Faktoren können eine Verletzungsgefahr darstellen und Erwerbsunfähigkeit, Invalidität oder gar den Tod verursachen. Sie sind die häufigste Unfallursache und treten insbesonders im Hoch- und Tiefbau und bei jeglicher Beschäftigung auf, bei der sich Bewegungsabläufe wiederholen (Fließbandarbeit usw.). Das Risiko entsteht bei der Ausübung der betreffenden Tätigkeit und ist oft mit einer Nichteinhaltung der Sicherheitsvorschriften verbunden.

Andere physikalische Risiken sind:
– *Lärm* (Verminderung der Aufmerksamkeit, Schwerhörigkeit, Neurosen mit teilweise schweren psychischen Störungen);
– *Strahlung:* Störfälle vom Ausmaß des Reaktorunfalls von Tschernobyl, die zum schnellen Tod der Beschäftigten führen, sind selten. In der Regel stellt Strahlung eine schleichende Gefahr dar, die langfristig zur Ausbildung von Tumoren (Leukämie, verschiedene Krebserkrankungen) und Hautschädigungen führt (Strahlendermatitis). Besonders gefährdet sind Menschen, die mit Röntgenstrahlen (Röntgenologen, Orthopäden, Zollbeamte) bzw. mit α-, β- oder γ-Strahlen arbeiten (Chemiker, Physiker).
– *Druckunterschiede:* Betroffen sind Taucher (bei zu schnellem Auf- bzw. Abtauchen), die sich eine Gasembolie zuziehen können, sowie fliegendes Personal (barotraumatische Ohrenentzündung, Stirnhöhlenentzündung).
– *Klimafaktoren:* bei Arbeiten im Freien (Baugewerbe usw.). Bei tiefen Temperaturen treten hauptsächlich Erfrierungen auf; bei übermäßig hohen Temperaturen dagegen kann nicht akklimatisiertes Personal sich eine maligne Hyperthermie zuziehen, die ohne Behandlung immer zum Tod führt.

Chemische Risiken. Diese Risiken entstehen durch eine Vielzahl von Elementen und Verbindungen:
– *Silicium* und Siliciumverbindungen (insbesondere Asbest). Sie verursachen *Silikose* bzw. *Asbestose*. Diese Leiden fallen in die Gruppe der *Pneumokoniosen* (Staublungenerkrankungen) und betreffen hauptsächlich das Atmungssystem; sie sind auf das Einatmen von Quarz- oder Asbeststaub zurückzuführen und machen einen großen Prozentsatz der gemeldeten berufsbedingten Erkrankungen aus. Die Betroffenen leiden an Atemnot. In der Praxis führen Pneumokoniosen zu chronischer Bronchitis (Husten, Auswurf, später Gewichtsverlust, Atemnot und Anfälligkeit für andere Infektionen), Lungenemphysemen (Zerstörung der Lungenbläschen, an deren Stelle sich Luftblasen bilden). Bei starken Rauchern in den betroffenen Berufsgruppen besteht ein erhöhtes Risiko, an Lungenentzündung, Tuberkulose oder Lungenkrebs zu erkranken. Ferner muß auf die häufige Kombination ›Asbestose – Brustfellkrebs‹ hingewiesen werden (da Asbest nicht nur reizende, sondern auch krebserregende Eigenschaften hat).

Zur Vorbeugung der Pneumokoniosen sind Maßnahmen zu empfehlen, die das Einatmen von Staub verhindern (so sind Untertagearbeiter mit Masken ausgerüstet, in denen Filter die eingeatmete Luft von Staub reinigen). Regelmäßige Röntgenuntersuchungen der Lunge und Atmungsfunktionstests sind bei den betroffenen Berufsgruppen wichtige Früherkennungsmaßnahmen. Andere Pneumokoniosen sind die Siderose (Eisenstaub), die Anthrakose (Steinkohlenstaub) usw. Neben den Pneumokoniosen ist bei holzverarbeitenden Berufen auch Siebbeinhöhlenkrebs (Nasenschleimhaut) häufig (Sägemehlstaub).
– *Blei* und Bleiverbindungen. Sie verursachen *Bleivergiftungen*. Das luftverschmutzende Blei ist ein wichtiger industrieller Grundstoff (Akkumulatoren, Rohre, Farben). Blei reichert sich im Organismus an und gelangt durch die Haut und auf dem Verdauungsweg ins Blut (Bleireste an den Händen, die über den Mund aufgenommen werden). Eine Bleivergiftung kann zu Koliken, Lähmungen der Extremitäten und Blutarmut führen. Wichtigste Vorbeugemaßnahme: Tragen von Schutzhandschuhen.
– *Quecksilber* und Quecksilberverbindungen. Quecksilber wird bei der Herstellung von wissenschaftlichen Apparaten (Thermometer) und von Bronzearbeitern und Vergoldern verwendet. Es bewirkt insbesondere Störungen der Bewegungskoordination (Ataxie) und schädigt die Nieren.
– *Phosphor* und Phosphorverbindungen. Weißer Phosphor verursachte früher gefährliche Vergiftungen. Er wurde verboten und durch den weniger toxischen roten Phosphor ersetzt.
– *Lösungsmittel.* Sie werden in fast jedem Industriezweig zum Entfetten eingesetzt. Sie bilden einen Dampf, den der Organismus durch Einatmen aufnimmt. Stark betroffen sind leder- und kautschukbearbeitende Berufe sowie die meisten Beschäftigten in der Farbenindustrie.
– *Aromatische Amine* (Anilin). Diese akut giftigen Substanzen werden bei der Farbstoffherstellung verwendet. Anilin ruft insbesondere blutende Blasenentzündungen und langfristig Blasentumoren hervor.

Biologische Risiken. Hierbei steht der Befall durch Bakterien, Viren oder Parasiten im Vordergrund. Besonders gefährdet sind Beschäftigte in der Viehzucht und in der Landwirtschaft. Die Risiken dieser Berufsgruppen sind in der Arbeitsgesetzgebung nur unzureichend erfaßt. Die *Brucellose* findet sich häufig bei Tierärzten sowie bei Landwirten (Fieber, Lymphknotenschwellungen, schwere meningitische oder kardiale Krankheitsformen). Zur Vorbeugung muß der Viehbestand geimpft werden.

Psychische Risiken. Siehe Streß, S. 962.

Anzeigen auf Verdacht einer Berufskrankheit

	1980	1988
Gewerbliche Berufsgenossenschaften	40 866	46 280
Landwirtschaftliche Berufsgenossenschaften	866	1 835
Eigenunfallversicherung	3 382	3 632

Anzeigen auf Verdacht einer Berufskrankheit nach Krankheitsgruppen

	1980	1987
Verursachte Krankheiten durch chemische Einwirkungen	1 874	2 675
Physikalische Einwirkungen	20 263	14 646
Infektionskrankheiten oder Parasiten sowie Tropenerkrankungen	3 879	2 824
Erkrankungen der Atemwege und der Lungen, des Rippenfells und des Bauchfells	6 518	10 051
Hautkrankheiten	12 058	15 540
Sonstige Krankheiten	522	1 529

Erstmals entschädigte Berufskrankheiten

	1980	1988
Gewerbliche Berufsgenossenschaften	5 613	3 660
Landwirtschaftliche Berufsgenossenschaften	124	161
Eigenunfallversicherung	498	227

Erstmals entschädigte Berufskrankheiten nach Krankheitsgruppen

	1980	1988
Verursachte Krankheiten durch chemische Einwirkungen	88	95
Physikalische Einwirkungen	3 321	1 507
Infektionskrankheiten oder Parasiten sowie Tropenerkrankungen	899	250
Erkrankungen der Atemwege und der Lungen, des Rippenfells und des Bauchfells	1 491	1 633
Hautkrankheiten	429	518
Sonstige Krankheiten	7	45

Quelle: Die gesetzliche Unfallversicherung in der Bundesrepublik Deutschland im Jahre 1988.

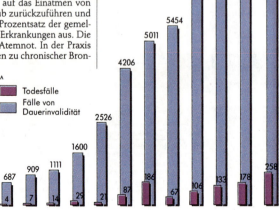

▲ **Arbeitsunfälle.** Aufschlüsselung der Unfälle in meldepflichtige Arbeitsunfälle und erstmals entschädigte Arbeitsunfälle (1988).
A. Feinmechanik und Elektrotechnik; B. Gesundheitsdienst; C. Chemie; D. Textil und Leder; E. Gas und Wasser; F. Papier und Druck; G. Verkehr; H. Bergbau; I. Nahrungs- und Genußmittel; J. Eisen und Metall; K. Holz; L. Bau.

Todesfälle
Fälle von Dauerinvalidität

KÖRPER UND GESUNDHEIT

AKUTE VERGIFTUNGEN

Die Zahl der akuten Vergiftungen, die willentlich, versehentlich oder in krimineller Absicht herbeigeführt worden sein können, nimmt zu. In einem Vergiftungsfall sollte der erste Reflex der Griff zum Telefon und die Benachrichtigung des nächsten Giftinformationszentrums und eines Arztes sein.

Lebensmittelvergiftungen. Die wichtigsten Vergiftungsformen sind:

– *Botulismus:* Diese Intoxikation wird durch Verzehr selbstgemachter Konserven (Fleisch, mit Erde beschmutztes Gemüse) oder nicht richtig zubereiteter oder unzureichend gesalzener Wurstwaren hervorgerufen. Ursache ist die Freisetzung eines von *Clostridium botulinum* produzierten Toxins. Die Vergiftungserscheinungen treten durchschnittlich 12 bis 36 Stunden (oder auch noch später) nach Verzehr auf: Lähmung, trockener Hals, Schluckbeschwerden, symptomatische Sehstörungen, Verstopfung usw. Kann zum Tode führen. Vorbeugemaßnahmen sind das richtige Abkochen von Konserven, Nichtverwendung von Konserven, die eine Wölbung aufweisen (Entstehung von Gasen), und ausreichendes Salzen von Nahrungsmitteln, die konserviert werden sollen.

– *Staphylokokkeninfektionen:* Sie werden durch Verzehr von Milchprodukten, Backwaren, Eis oder Fleisch- und Wurstwaren hervorgerufen. Die Latenzzeit ist sehr kurz (2 bis 4 Stunden). Die Vergiftung äußert sich zunächst in starken Bauchschmerzen, Durchfall, Erbrechen, ohne Fieber. Die Besserung tritt spontan nach wenigen Stunden ein. Die Behandlung besteht hauptsächlich darin, einen Wasserverlust zu verhindern. Die Vorbeugemaßnahmen umfassen die Isolierung von Keimträgern (eiterige Fingerentzündung, Furunkel usw.) und die Reinigung von Küche und Küchengeräten.

– *Salmonellosen:* Sie sind auf Bakterien zurückzuführen, die sich insbesondere in Hackfleisch, Schlachtabfällen, Fleisch- und Wurstwaren, aber auch in Sahne, Kuchen, Eiern, Muscheln und Schmutzwasser sehr schnell vermehren. Salmonellosen sind typhusähnliche Erkrankungen. Die Latenzzeit nach dem Verzehr ist lang (durchschnittlich 12 bis 24 Stunden), dann treten Durchfall, Erbrechen und Bauchschmerzen mit Fieber von 39 bis 40 °C auf. Es kann auch zu schweren Blutvergiftungen kommen. Zur Vorbeugung sollten Keimträger identifiziert (insbesondere Personal in Großküchen) und Fleisch und Muscheln sorgfältig gegart werden.

– *Histaminvergiftungen:* Sie treten nach Verzehr nicht richtig zubereiteter Fische (frischer oder konservierter Thunfisch, Krabben, Muscheln) auf. Die Inkubationszeit beträgt durchschnittlich nur eine halbe Stunde, die Anzeichen ähneln allergischen Symptomen: Anschwellen und Rötung des Gesichts, Nesselsucht, Juckreiz. Nach einigen Stunden tritt spontan Besserung ein. Zur Vorbeugung sollte auf hygienische Behandlung des gefangenen Fischs geachtet werden.

Arzneimittelvergiftung. Diese Vergiftungsformen sind in der Regel bei Selbstmordversuchen und bei Kindern, für die die Aufmachung der Arzneimittel attraktiv ist, anzutreffen. Chronische Arzneimittelvergiftungen treten bei unter Depressionen oder Schlaflosigkeit leidenden Menschen auf und werden von Beruhigungs- und Schlafmitteln verursacht. Gelegentlich handelt es sich um eine echte Rauschgiftsucht, die durch Selbstmedikation gefördert wird (Gebrauch von nicht ärztlich verordneten Medikamenten); 40 % der Ausgaben für pharmazeutische Produkte entfallen auf nicht verordnete Medikamente.

– *Barbiturate* sind Hypnotika, d. h. sie führen den Schlaf durch direkte Einwirkung auf das Gehirn herbei. Akute Vergiftungen können zum Tod führen oder sich in einem Koma manifestieren. Sie müssen im Krankenhaus behandelt werden. In Kombination mit anderen Arzneimitteln (Beruhigungsmittel, Aspirin), mit Alkohol oder auch mit Gas können sich die Vergiftungssymptome verschlimmern. Eine chronische Vergiftung bewirkt psychische Störungen und Verdauungsbeschwerden (Verstopfung).

– *Beruhigungsmittel* bauen Ängste ab und entspannen. Sie werden zur Behandlung von Depressionen und von ›Nervosität‹ eingesetzt und von vielen Menschen mißbraucht. Sie steigern die Wirkung von Barbituraten und Alkohol. Sie werden häufig allein oder in Kombination mit anderen Mitteln bei Selbstmordversuchen angetroffen.

– *Schmerzmittel:* Auch Aspirin und Paracetamol können Vergiftungen verursachen. Akute Aspirinvergiftungen sind für schwere Störungen des Säure-Base-Haushalts (Aspirin ist eine Säure) verantwortlich und führen zu Atembeschwerden, Blutungen und Wasserverlust. Bei häufiger und fortgesetzter Einnahme von Paracetamol können insbesondere bei älteren Menschen irreversible Nierenschäden auftreten.

Kohlenmonoxidvergiftungen. Sie sind bei Kindern (Spielen am Gasherd), bei Selbstmordversuchen und in schlecht gelüfteten Räumen, in denen Verbrennungsvorgänge stattfinden (Garage, Keller, Brände usw.), häufig anzutreffen.

Symptome einer akuten Vergiftung sind Kopfschmerzen, Bauchschmerzen, Schwindelgefühl, Verwirrung, dann Schläfrigkeit und Koma. Die Bergung des Opfers kann für den Retter gefährlich werden: Schon beim kleinsten Funken kann eine Explosion erfolgen. Als erstes sollte man die Feuerwehr rufen, Strom und Telefon abstellen, dann das Fenster öffnen und den Verletzten bei angehaltenem Atem nach draußen bringen. Dann kann die Mund-zu-Mund-Beatmung durchgeführt werden.

Pilzvergiftungen. In der Regel sind Vergiftungen mit kurzer Latenzzeit weniger gefährlich als Vergiftungen mit langer Latenzzeit (insbesondere Grüner Knollenblätterpilz), bei denen das Toxin erst spät ausgeschieden wird.

Die durch Pilzvergiftungen hervorgerufenen Symptome können in Symptomfamilien oder ›Syndrome‹ unterteilt werden:

Das *dysentrische Syndrom.* Es tritt bei schlecht gegarten Speisepilzen auf (Milchlinge, Täublinge, Röhrenpilze usw.). Ruhrartiger Durchfall, Übelkeit, Erbrechen und erhöhter Blutdruck sind charakteristisch. Nach einigen Tagen tritt Besserung ein.

Das *Atropinsyndrom.* Es ist auf den Verzehr von Fliegenpilzen und Pantherpilzen zurückzuführen und äußert sich 1 bis 3 Stunden nach der Mahlzeit in Form von Bauchschmerzen, erhöhtem Blutdruck, Lichtempfindlichkeit, Halstrockenheit bis hin zu Halluzinationen. Auch Koma ist möglich.

Das *Muskarinsyndrom.* Dieses Syndrom mit kurzer Latenzzeit wird von Rißpilzen und Trichterlingen verursacht. Es hat Durchfall, Erbrechen, verstärkten Speichelfluß, Schweißausbrüche zur Folge und bewirkt erniedrigten Blutdruck und Unwohlsein.

Das *Knollenblätterpilzsyndrom.* Es wird durch den Grünen, den Spitzhütigen und den Weißen Knollenblätterpilz hervorgerufen. Nach einer langen Inkubationszeit (6 bis 40 Stunden) treten schwere Vergiftungserscheinungen auf, die zu bleibenden Leberschäden führen können. Die Anzeichen entwickeln sich in zwei Phasen: zunächst plötzliches Auftreten von Durchfall, Erbrechen, mit Gefahr von Wasserverlust und Schock, dann 2–3 Stunden Besserung, danach hepatitische Symptome mit Gelbsucht, Blutungen, akuter Blutarmut und Koma, das zum Tod führen kann.

VERGIFTUNGSGEFAHREN FÜR KINDER

Die Hauptrisiken sind in absteigender Folge: Arzneimittel (Barbiturate, Beruhigungsmittel), Ammoniak, Natronlauge, Wasch- und Spülmittel, Kohlenmonoxid, Alkohol usw. Die Aufmachung eines Erzeugnisses spielt eine wichtige Rolle (Farbigkeit, Verpackung, Verschluß usw.). Der gefährlichste Ort ist die Küche. Bei Vergiftungen treten meist Verdauungsbeschwerden oder nervöse Störungen auf. Aufgrund der möglichen schweren Folgewirkungen sind vorbeugende Maßnahmen ratsam: Aufbewahrung von Reinigungsmitteln an Stellen, die das Kind nicht erreichen kann, Auswahl von Produkten mit Sicherheitsverschlüssen, Aufklärung des Kindes über die Gefahrenquellen im häuslichen Bereich usw.

A · **Grüner Knollenblätterpilz,** weißer bis olivgrüner Hut, weißer Ring um den Stiel und weiße Lamellen.

B · **Pantherpilz,** bräunlicher Hut mit weißen Schuppen mit schmalem Ring unten am Stiel.

C · **Fliegenpilz,** roter Hut mit weißen Flecken. Weiße Lamellen und Ring auf halber Stielhöhe.

D · **Satanspilz,** klebriger Hut, grauweiße Farbe, keine Lamellen, sondern rote Poren unter dem Hut. Dicker Stiel.

KÖRPER UND GESUNDHEIT

GESUNDHEIT UND UMWELT

RISIKEN BEIM KONTAKT MIT TIEREN

Tiere können direkt (Bisse, Stiche) oder indirekt (Übertragung von Krankheiten) zu einem Gesundheitsrisiko werden. Der Mensch sollte sich bemühen, ein Tier, das ihn aus Angst angreifen könnte, nicht absichtlich durch sein Verhalten zu erschrecken! Auch sollte er auf einen Biß oder einen Stich nicht mit Panik reagieren. Ein paar einfache Sofortmaßnahmen können vor Ort noch vor Eintreffen der entsprechenden fachgerechten medizinischen Versorgung durchgeführt werden.

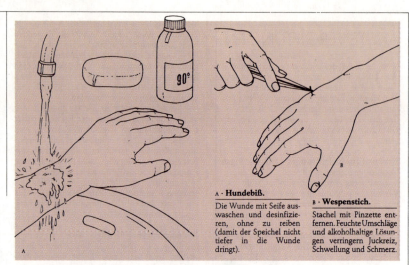

A · Hundebiß. Die Wunde mit Seife auswaschen und desinfizieren, ohne zu reiben (damit der Speichel nicht tiefer in die Wunde dringt).

B · Wespenstich. Stachel mit Pinzette entfernen. Feuchte Umschläge und alkoholhaltige Lösungen verringern Juckreiz, Schwellung und Schmerz.

Schlangen.

Vipern sind die einzigen europäischen Giftschlangen. Ihr Biß kann zum Tod führen, ist aber weniger gefährlich, wenn sofort geeignete Maßnahmen getroffen werden. Woran kann man erkennen, ob die Bißwunden auf der Haut von einer Viper oder von einer harmlosen Schlange (Nattern usw.) stammen? Nach einem Vipernbiß sind zwei große Vertiefungen neben der Bißwunde festzustellen. Das Viperngift wirkt hämolytisch, d.h. es zerstört die Wände der roten Blutkörperchen und bewirkt dadurch ein Nierenversagen und eine akute Anämie mit Schock.

Nach dem Biß sollte dringend ein Arzt gerufen werden. Es ist vorrangig darauf zu achten, daß möglichst wenig Gift in den Blutkreislauf gelangt und die Wirkung des Giftes abgeschwächt wird: den Patienten hinlegen und ruhig halten, das Serum um die Bißwunde herum und nah dem Körperstamm in das betroffene Glied spritzen, eventuell Arm oder Bein abbinden, die Abschnürung sollte alle 20 Minuten für etwa 10 Sekunden gelockert werden, Wasserstoffperoxid (keinen Alkohol) zur Desinfektion verwenden, die Wunde mit Eis kühlen usw. Es ist nicht ratsam, die Wunde auszusaugen, da bei Karies oder einer kleinen Verletzung im Mund eine Vergiftungsgefahr nicht auszuschließen ist.

Hunde.

Wenn ein Hund ohne Grund beißt, besteht immer Tollwutverdacht, insbesondere wenn sich das Tier seltsam verhält, gesteigerten Speichelfluß aufweist oder streut. Die Wunde sollte mit Seife ausgewaschen, aber nicht gescheuert werden, damit der Speichel nicht weiter eindringen kann, und dann mit Alkohol desinfiziert werden. Es muß sofort ein Arzt aufgesucht und ein Tierarzt verständigt werden. (Siehe Abb. A)

Tollwut ist eine Virusinfektion, die das Zentralnervensystem angreift und immer tödlich endet. Aufgrund der langen Inkubationszeit (Durchschnitt: 90 Tage) kann jedoch jeder von einem verdächtigen Tier Gebissene rechtzeitig geimpft werden. Beim Menschen verläuft die Tollwut in zwei Phasen: Kribbeln und Juckreiz im Bißbereich, dann Erregtheit mit Muskelkrämpfen und heftigen Kopfschmerzen und auch für diese Krankheit typischen Wasserscheu sowie unkontrollierbaren Wutzuständen, schließlich Tod nach Lähmung und Koma.

Die Tollwut wird durch Füchse übertragen, die Hunde und Haustiere beißen, die dann die Infektion auf den Menschen übertragen. Die Impfung von Viehbestand und Hunden sowie die Tötung auffälliger Tiere sind die wirksamsten Vorbeugemaßnahmen. Der Hund ist außerdem Überträger der Tetanusinfektion.

Katzen.

Die Katze kann Tollwut, Tetanus und Yersiniose übertragen. Außerdem ist sie für eine Infektion mit Namen ›Katzenkratzkrankheit‹ verantwortlich, eine Virusinfektion der Lymphknoten mit günstigem Verlauf, die, wie der Name sagt, durch Katzenkratzer übertragen wird.

Die Katze ist Überträger der Toxoplasmose: Toxoplasma gondii, ein Darmparasit der Katze, und dessen Eier befinden sich im Kot des kranken Tieres. Frißt ein Schwein, Rind oder Schaf das damit beschmutzte Gras, gelangen die Eier in das Fleisch dieses Tieres. Der Mensch infiziert sich durch den Verzehr von ungenügend gegartem Fleisch. Die Toxoplasmose verläuft beim Erwachsenen harmlos, kann aber während der Schwangerschaft katastrophale Auswirkungen haben.

Ratten.

Es ist bekannt, daß Ratten Menschen angreifen. In Europa sind insbesondere Müllmänner, Kanal- und Hafenarbeiter gefährdet. Die Ratte überträgt nicht nur Tetanus und Tollwut, sondern auch die Leptospirose, für die erhöhte Temperatur, Gelbsucht mit hepatitisähnlichen Symptomen und Blutungen charakteristisch sind.

Zuchttiere.

Die Brucellose ist eine bakterielle Infektion, die durch Rinder oder Schweine übertragen wird. Sie führt zu Maltafieber und einer Vergrößerung der Milz, kann aber auch lebensgefährliche meningitische Formen entwickeln. Landwirte und Tierärzte können sich leicht infizieren.

Bienen und Wespen.

Bienen und Wespen verursachen äußerst schmerzhafte, aber meist harmlose Stiche. Wespen sind oft aggressiver als Bienen. Ein Stich im Halsbereich kann zu einer Schwellung des umliegenden Gewebes bis hin zu einem Verschluß der oberen Atemwege und dadurch zum Tod führen. Bei mehreren Stichen kann sich die toxische Wirkung verstärken und eventuell einen Schock bewirken.

Krätze-Erreger.

Die Krätze ist eine Krankheit, die von einer Milbe verursacht wird, die Furchen in die Haut gräbt, um dort ihre Eier abzulegen.

Stechmücken.

Die in unseren Breiten meist relativ harmlosen Stechmücken sind in den Tropen für die Übertragung der Malaria verantwortlich.

Flöhe.

Der Rattenfloh kann die Pest übertragen. Diese Krankheit kommt in unseren Breiten nicht mehr vor. In den Entwicklungsländern werden jedoch neue Fälle registriert.

Zecken.

Zecken sind Tierparasiten, die zu ihrer Ernährung Blut saugen. Sie beißen gelegentlich auch Menschen. Die Bisse an sich sind nicht gefährlich. Zecken können allerdings eine bakterielle Infektionskrankheit mit Muskel- und Gelenkschmerzen übertragen, bei der sich an der Zeckenbißstelle ein schwarzer Fleck bildet (Lyme-Krankheit).

Läuse.

Läuse sind kleine hämatophage (blutsaugende) Parasiten, die sich insbesondere an Kopf- und Körperhaaren festsetzen. Sie verursachen Juckreiz. Bei der Behandlung werden Pyrethrumpräparate eingesetzt.

Skorpione.

Eine Verletzung durch den Stachel eines Skorpions, eines giftigen Gliedertiers, kann oft gefährlich werden.

VERKEHRSUNFÄLLE

Als allgemeine Unfallursachen können die ungeheure Steigerung des Verkehrsaufkommens und die Gefahren bestimmter Teile des Straßennetzes angeführt werden: Dabei ist zu vermerken, daß die Autobahnen relativ sicher sind, obwohl auch dort Unfälle mit Todesfolge häufig zu verzeichnen sind. Wetter und Tageszeit können das Fahren gefährlicher machen (übermäßige Hitze, Glatteis, Schnee, Regen, Fahren bei Nacht). In den meisten Fällen ist der Fahrer für den Unfall verantwortlich. An erster Stelle der Unfallursachen steht der Alkohol, der verlangsamte Reflexe und eine Überschätzung der eigenen Fahrtüchtigkeit zur Folge hat. Es folgen Verstöße gegen die Straßenverkehrsordnung: überhöhte Geschwindigkeit, Nichteinhalten des Sicherheitsabstandes, Fahren ohne Anlegen des Sicherheitsgurtes (der zwar nicht vor Rippenbrüchen schützt, dafür aber verhindert, daß die Insassen aus dem Fahrzeug geschleudert werden – eine Haupttodesursache). Häufig werden bei längeren Fahrten körperliche Bedürfnisse ungenügend berücksichtigt: Es ist ratsam, alle zwei Stunden fünfzehn Minuten Pause zu machen, ein wenig spazieren zu gehen oder einige gymnastische Übungen zur besseren Blutzirkulation und Überwindung der durch das Sitzen verursachten Zwangshaltung zu machen, nicht sofort nach dem Essen weiterzufahren (Gefahr des Einnickens) und nach durchfahrener Nacht am frühen Morgen besonders aufzupassen. Auch der Zustand des Fahrzeugs (Bremsen, Reifen, Scheinwerfer) kann Unfälle bedingen.

Häufig verursachen ›Zweiräder‹ tödliche Verkehrsunfälle. Durch Tragen eines Schutzhelms läßt sich die Gefahr schwerer Schädelverletzungen verringern.

Straßenverkehrsunfälle mit Personenschaden und Verunglückte 1987

Innerhalb und außerhalb von Ortschaften	Unfälle mit Personenschaden	Getötete	Schwerverletzte	Leichtverletzte
Autobahnen	17 979	694	6 292	21 326
Bundesstraßen	74 530	2 564	26 946	76 689
Landesstraßen	70 240	2 242	27 721	66 875
Kreisstraßen	33 084	1 036	13 659	29 965
andere Straßen	129 686	1 431	34 011	121 138

Quelle: Statistisches Jahrbuch 1989 für die Bundesrepublik Deutschland.

KÖRPER UND GESUNDHEIT

HYGIENE

LEBENSFÜHRUNG

Durch eine gesunde Lebensführung lassen sich die körperlichen und geistigen Kräfte bestmöglich einsetzen und dauerhaft schützen.

Schlaf. Der Schlaf erfüllt zwei Funktionen: Er erneuert die Körperkräfte und sorgt für geistige Entspannung. Der Schlaf entfaltet seine wohltuende Wirkung am besten, wenn Schlafzyklen (die sich nach individuellen Bedürfnissen richten [s. S. 952]) und Schlafbedürfnis berücksichtigt werden.

Im Alter von 60 Jahren hat ein Mensch 20 Jahre, oder ein Drittel seines Lebens, mit Schlafen verbracht und 6 Jahre davon geträumt. Im Schlaf verlangsamen und verbreitern sich die Gehirnwellen, die sich während dieses Erholungszustands ständig verändern. Das von Mensch zu Mensch unterschiedlich ausgeprägte Schlafbedürfnis ist wahrscheinlich erblich bedingt. Aber auch das Alter spielt eine Rolle: Säuglinge und Kinder in der Wachstumsphase schlafen länger als Erwachsene: mit 4 Jahren braucht der Mensch täglich 12 Stunden, mit 12 Jahren 9 Stunden und als Erwachsener 6 bis 8 Stunden Schlaf.

Ernährung. Während seines Lebens sollte der Mensch einige Regeln beachten:
– den Verzehr von Fetten und Zucker begrenzen;
– seinen idealen täglichen Kalorienbedarf ermitteln und ihn nicht überschreiten, bzw. ihn bei Übergewicht senken;
– die Kalorienaufnahme auf drei Mahlzeiten verteilen (ausgiebiges Frühstück, leichtes Mittagessen, nahrhaftes Abendessen), die regelmäßig und in Ruhe eingenommen werden sollten;
– als Getränk ein wirklich gutes Mineralwasser bevorzugen und Alkohol weitestgehend vermeiden;
– überhaupt nicht rauchen.

Aktivität. Körperliche Betätigung bringt den Körper in Form, kräftigt die Muskulatur und zögert das Altern hinaus.

KÖRPERHYGIENE

Haut. Die Haut ist Spiegel der Gesundheit und der Ausgeglichenheit eines Menschen. Sie erfordert besondere Pflege. Die *Dusche* belebt und erfrischt. Am wohltuendsten ist ein Duschbad, das mit einem kalten, die Haut massierenden Strahl endet. Ein *Bad* sorgt für schlafvorbereitende Entspannung. Die ideale Badetemperatur beträgt 37 bis 38 °C. Die ideale Dauer liegt bei 15 bis 20 Minuten; danach weicht die Haut auf. Bei empfindlicher, zu Trockenheit neigender Haut empfiehlt sich eine fetthaltige Seife oder ein geschmeidigmachendes Pflegemittel oder auch eine dermatologische Seife. Pflegende Öle sind besser für die Haut als einfach nur parfümierte Badesalze. Algenbäder regenerieren und haben eine leicht schlankmachende Wirkung. Badeutensilien wie ein pflanzlicher Schwamm (Luffa), Roßhaarhandschuhe und -bänder (normale und fettige Haut) oder Bürsten (empfindliche Haut) ermöglichen das Abreiben abgestorbener Zellen und damit die gründliche Reinigung der Epidermis. Das Ergebnis ist eine glattere Haut.

Haare. Da die modernen Shampoos sanfter waschen als frühere Haarwaschmittel, kann man sich die Haare mehrmals pro Woche oder gar täglich waschen. Die häufige Verwendung eines zu aggressiven Shampoos kann jedoch zu einer Seborrhö führen, die dem Haar ein fettiges Aussehen gibt.
Trockenes Haar: Es bricht leicht, ist schwer frisierbar, lädt sich elektrisch auf; in der Regel sind die Spitzen gespalten. Anzuraten ist ein sanftes Shampoo mit Inhaltsstoffen wie Ei, Rindermark, Keratin und natürlichen Pflanzenextrakten.
Fettiges Haar: Ursache ist eine Überproduktion der Talgdrüsen. Da fettiges Haar häufiger gewaschen wird, werden die Talgdrüsen weiter gereizt, und das Haar wirkt noch fettiger. Das Haar sollte höchstens zweimal pro Woche mit einem Spezialshampoo aus Wacholderteeröl, Chinarinde, Panamarinde oder Pflanzenextrakten gewaschen werden.
Schuppen: Die weißen, auf die Kleidung fallenden Schuppen entstehen durch übermäßige Schuppung der Kopfhaut. Das Haar ist normal oder trocken. Es bietet sich an, abwechselnd ein Antischuppenshampoo und ein mildes Shampoo zu benutzen. Bei fettigem Haar bleiben die Schuppen an der Kopfhaut haften. Nach erfolgreicher Behandlung der übermäßigen Talgdrüsenabsonderung verschwinden auch die Schuppen.

Eine kleine Menge Shampoo genügt für eine Haarwäsche. Es wird empfohlen, die Kopfhaut beim Aufschäumen des Shampoos ein wenig zu massieren, um sie zu beleben. Das Haar sollte gründlich ausgespült werden. Bei gefärbtem, dauergewelltem, trockenem oder strapaziertem Haar sollte eine zusätzliche Spülung oder ein Balsam verwendet werden.

Um das Haar richtig zu pflegen, sollte man es mindestens zweimal täglich bürsten. Dadurch wird das Haar gereinigt, mit Luft versorgt, gekräftigt und wieder gut frisierbar.

Hände. Die Hände sollten vor den Mahlzeiten, auch bevor man Nahrungsmittel oder Geschirr berührt oder ein Kind versorgt, gewaschen werden. Die Handhygiene umfaßt die Reinigung der Hände mit einer milden Seife und einer Nagelbürste sowie das abschließende Eincremen mit einer Pflegemilch.

Füße. Auf Fußhygiene ist besonders großer Wert zu legen. Die Füße sollten ein- bis zweimal täglich gewaschen und, wenn Hühneraugen auftreten, pediküert werden.

Etwa alle 10 Tage sollte die Hornhaut mit einem geeigneten Mittel entfernt werden. Es empfiehlt sich, die Füße so häufig wie möglich mit etwas Körperlotion zu massieren. Die Zwischenräume zwischen den Zehen sollten immer gut abgetrocknet werden.

Man sollte einmal pro Woche ein Fußbad nehmen, Schwielen mit einem Bimsstein entfernen, die Fußnägel rund abschneiden.

Intimhygiene. Der Anal- und Genitalbereich ist mit vielen apokrinen Drüsen besetzt und dicht behaart. Aufgrund seiner anatomischen Lage und der Kleidermode wird er nur unzureichend mit Luft versorgt. Dieser Bereich bedarf einer sorgfältigen Pflege. Der Intimbereich sollte mindestens einmal täglich mit einer stark fetthaltigen oder dermatologischen (pH-neutralen) Seife gereinigt werden. Während der Menstruation sollte die Frau diesen Bereich so oft wie nötig waschen.

Gesichtsreinigung. Beim Abschminken, oder allgemeiner bei der Reinigung des Gesichts, geht es darum, Make-up, aber auch Staub oder Talg zu entfernen, d. h. alle Stoffe, die sich während des Tages angesammelt haben und nun die Poren verstopfen.

Aus diesem Grund ist das allabendliche Abschminken mit einer Reinigungsmilch (trockene und empfindliche Haut), deren Reste man mit einem Gesichtswasser (ohne Alkohol) entfernt, oder mit einer Seife, einem Schaum oder Gel, die im Wasser emulgieren (normale und fettige Haut), unverzichtbar.

Mund und Zähne. Siehe folgende Seite.

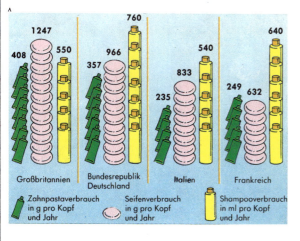

A · **Körperhygiene.** Beim Seifenverbrauch nehmen die Bundesdeutschen in Europa nach Großbritannien den zweiten Platz ein, ebenso beim Verbrauch von Zahnpasta. Eine Spitzenstellung haben sie beim Verbrauch von Haarshampoo.

LÄUSEJAGD

Anfang des Jahrhunderts bekämpfte man Läuse, indem man Köpfe kahl schor. Dann kamen einige neuentwickelte chemische Produkte auf den Markt, die zwar die Parasiten, nicht aber ihre Nissen töteten. Heute gibt es Sprays und Spezialshampoos, die auf Laus und Nisse wirken, ohne daß das Haar abgeschnitten werden muß. Diese Produkte aus Chrysanthemenblütenextrakten (Pyrethrum) haben keine schädlichen Nebenwirkungen und sollten auch von den Kontaktpersonen des Befallenen benutzt werden.

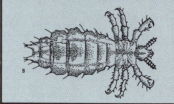

KÖRPER UND GESUNDHEIT

HYGIENE

MUND- UND ZAHNHYGIENE

Die Zähne von Kindern und Erwachsenen bedürfen der täglichen Pflege. Dabei wird *bakterieller Zahnbelag* entfernt, der sich etwa 6 Stunden nach dem Putzen erneut bildet und auf den Karies und Zahnfleischerkrankungen zurückzuführen sind.

Zahnbelag. Der Zahnbelag entwickelt sich aus einem feinen Film, der aus Schleim, Fetten und Zucker besteht und die Vermehrung von Bakterien begünstigt. Dann kommen Speisereste dazu, die die Bakterien zur Produktion von Säuren verwenden, die Karies verursachen. Umstände, die die Ablagerung von Zahnbelag fördern, sind lockere Zähne, unbehandelte Karies und schlechtsitzende Zahnprothesen.

Wird der Zahnbelag nicht beseitigt, reichert er sich mit Calcium aus dem Speichel an und bildet den Zahnstein. Dieser bewirkt eine Zahnfleischentzündung *(Gingivitis),* die – falls der Zahnstein nicht entfernt wird – den Knochen zerstört, der den Zahn hält, und damit zu Zahnbettschwund führt.

Zahnbelag und Zahnstein bilden Ablagerungen auf festsitzenden Zahnprothesen und kieferorthopädischen Apparaten. Die regelmäßige Reinigung dieser Prothesen und Apparate nach jeder Mahlzeit ist eine Hygienemaßnahme, die ebenso wichtig ist wie das Zähneputzen.

Zähneputzen. Nach jeder Mahlzeit sollten die Zähne mindestens drei Minuten lang mit einem Reinigungsmittel, der Zahnpasta, geputzt werden. Die Zahnpasta ist eine reinigende und mäßig scheuernde Paste, die Arzneimittel und Mineralsalze in geringer Dosierung enthalten kann, wie z. B. Fluor gegen Karies, Strontiumchlorid für empfindliche Zähne, entzündungshemmende Mittel bei Zahnfleischbluten oder sogar Antibiotika.

Die Erziehung zur Zahnhygiene beginnt bei den Schulkindern mit dem Unterricht im Zähneputzen, dem ersten Schritt zur Vorbeugung. Außerdem sind zwei zahnärztliche Untersuchungen pro Jahr notwendig, damit Karies frühzeitig erkannt bzw. Zahnregulierungen vorgenommen werden können.

Bei dieser Gelegenheit ist darauf hinzuweisen, daß außerhalb der Mahlzeiten auf Zucker verzichtet werden sollte. Auch Erwachsene sollten jedes Jahr zum Zahnarzt gehen. Beim Zahnarztbesuch können die Zähne untersucht und behandelt werden, und der Zahnarzt kann Mundpflegegeräte und -zubehör in ihrer praktischen Anwendung vorführen.

Fluor. Der behandelnde Zahnarzt kann zur Vorbeugung Fluor verschreiben: Fluor härtet den Zahnschmelz und schützt damit vor den aggressiven Säuren, die die Bakterien produzieren, vermindert die Haftfähigkeit des Zahnbelags und hat antibakterielle Wirkung.

Fluortabletten (mit 0,25 mg oder 1 mg) entfalten die größte Wirkung. Am häufigsten werden sie schwangeren Frauen oder kleinen Kindern verordnet, da Fluor den Zahnschmelz während des Wachstums und bei der Bildung des Zahnfleisches am besten härtet. Bei Erwachsenen kann das Fluor jedoch nicht mehr in die tieferen Zahnschichten vordringen und wirkt nur auf die Zahnoberfläche.

Der Zahnarzt verwendet außerdem fluorierte Gele: Sie werden in mehreren Sitzungen mit speziellen elektrischen Apparaten auf die Zähne aufgetragen.

Bei der Verschreibung von Fluor müssen wie bei jedem Arzneimittel Alter und Gewicht des Patienten berücksichtigt werden. Eine zu große Menge Fluor bewirkt starke Veränderungen des Zahnschmelzes, die von einem einfachen Fleck bis hin zu einer Mißbildung reichen können; außerdem kann eine Osteoporose auftreten.

Die Rolle der Ernährung. Die richtige Ernährung ist von großer Bedeutung. Ißt man weiche und kohlenhydratreiche Speisen, die schnell vom Körper verwertet werden können, bildet sich der Zahnbelag leichter als beim Verzehr von harten und gehaltvolleren Nahrungsmitteln, die für Selbstreinigung sorgen.

Bei ungenügender Vitaminzufuhr bzw. bei unausgewogener Ernährung treten Zahnfleisch- und Knochenprobleme auf. Vitamin-A-Mangel führt zu einem Anschwellen des Zahnfleisches, Vitamin-D-Mangel bewirkt ein Nachlassen der Stabilität des die Zähne haltenden Knochens. Zahnfleischbluten ist ein Anzeichen für einen Mangel an Vitamin K. Proteinmangel führt zu Veränderungen am Zahnfleisch und zu Knochenporosität.

Kieferorthopädie. Der Zahnarzt führt vorbeugende, aber auch kurative (heilende) Maßnahmen durch. Eine kieferorthopädische Behandlung kann sich als notwendig erweisen und gehört zu einer korrekten Zahnpflege. Bei Kindern (8 bis 13 Jahre) werden kieferorthopädische Eingriffe mit dem Ziel vorgenommen, die Zähne mit Hilfe festsitzender oder herausnehmbarer Apparate zu verschieben und dadurch eine regelmäßige Anordnung der Zähne zu erreichen. Solche Eingriffe werden auch bei Erwachsenen durchgeführt, sind hier aber schwieriger, da die Zähne schon fest im Knochen verankert sind.

Entfernung von Zahnstein. Der Zahnstein sollte zur Parodontosevorbeugung beim alljährlichen Zahnarztbesuch entfernt werden; bei Bedarf auch zwei- oder dreimal im Jahr. Es empfiehlt sich der Gebrauch einer antibakteriellen Munddusche. Durch Karies verursachte Löcher müssen plombiert und entzündete Zahnwurzeln behandelt werden. Ist ein Zahn in einem zu schlechten Zustand, bietet sich das Darübersetzen einer Krone an; kann die Infektion nicht geheilt oder ein Zahn aufgrund seines schlechten Zustands nicht erhalten werden, muß er gezogen werden.

Zahnersatz. Fehlende Zähne können durch einen Zahnersatz, der an den Zähnen neben der Zahnlücke befestigt wird *(Brücke),* oder durch festsitzende Prothesen ersetzt werden. Dadurch können die übrigen Zähne im Kiefer erhalten werden.

Die Instrumente der Zahnpflege.

- *Zahnblättchen* sind eine sinnvolle Ergänzung der Zahnbürste bei der Entfernung von Zahnbelag;
- *Zahnreiniger* gelangen mühelos in die Zahnzwischenräume und erlauben gleichzeitig ein sanftes Massieren des Zahnfleischs auch zwischen den Zähnen;
- die *Munddusche* ist ein elektrisches Gerät mit einer oder mehreren Düsen. Mit dem einfachen Wasserstrahl spült man nach jeder Mahlzeit Speisereste zwischen den Zähnen oder unter der Brücke aus, während man mit dem Wasserstrahl das Zahnfleisch massiert;
- die *Zwischenzahnbürste* ist zu empfehlen, wenn die Abstände zwischen den einzelnen Zähnen größer als normal sind, aber auch, um Zahnprothesen zu reinigen. Sie ähnelt einer kleinen Flaschenbürste, die man durch die Zahnzwischenräume zieht;
- das *Zahnfleischmassagegerät* wird bei empfindlichem Zahnfleisch angewendet. Dieses Massagegerät besteht aus einem Stab mit einem Ende aus Gummi oder weichem Kunststoff, mit dem man das Zahnfleisch zwischen den Zähnen leicht massiert.

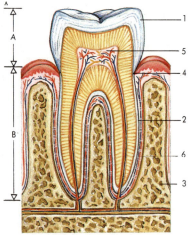

A · Der Zahn.

Der Zahn ist ein Organ, das sich hauptsächlich aus zwei Teilen zusammensetzt, der *Krone* (A) und der *Wurzel* (B), die aus Zahnbein oder ›Dentin‹, einer porösen Substanz, bestehen. Im Mund ist nur die Krone sichtbar, die von einem weißen, durchsichtigen Schmelz (1) bedeckt ist, der mineralreichsten und dadurch härtesten Substanz des Körpers. Die Wurzel, die vom Zement (2) [einer Knochensubstanz] geschützt wird, ist länger und im Alveolenknochen (3) des Kiefers eingebettet. Sie wird von Fasern fest verankert.

Der Zahnteil zwischen Krone und Wurzel wird als *Zahnhals* bezeichnet und kann zum Schwachpunkt werden, wenn er nicht von Zahnschmelz oder -zement geschützt wird.

Schließlich hat der Zahn auch einen Inhalt, die *Pulpa* (5), in der Zahnhöhle der Krone und im Wurzelkanal. Sie besteht zum Teil aus Gefäßen und Nerven (6) [daher der Schmerz bei Belastung] und zum Teil aus dentinproduzierenden Zellen.

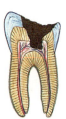

B · Karies.

Karies ist eine infektiöse Krankheit, die zur Zerstörung des harten Zahngewebes führt: Zahnschmelz, Zahnbein, Zement. Es beginnt mit der Säureproduktion der Bakterien, die Speisen und insbesondere Zucker aufspalten. Als erstes ist der Zahnschmelz betroffen; aufgrund des Mineralienverlusts können die Bakterien in das poröse Zahnbein vordringen. Bei kalten oder süßen Nahrungsmitteln spürt man einen intensiven, aber nur kurzen Schmerz. Wird nichts unternommen, wird die Pulpa, der ›Nerv‹, mehr oder weniger schnell in Mitleidenschaft gezogen; sie entzündet sich und verursacht einen pulsierenden Schmerz: die klassischen rasenden Zahnschmerzen. Wird die Zahnpulpa nicht entfernt, stirbt der Zahn ab und ruft einen Abzeß hervor, der über die Wurzel in den Knochen gelangen und zu einem Anschwellen der Backe führen kann; in der Gebißhälfte, in der der kranke Zahn sich befindet, ist ein diffuser Schmerz zu spüren.

KÖRPER UND GESUNDHEIT

ERNÄHRUNGSWISSENSCHAFT

DEFINITION UND ZIELE

Die Ernährungswissenschaft untersucht den quantitativen und qualitativen Nahrungsbedarf sowie die Zusammensetzung von Lebensmitteln.

Der menschliche Bedarf hat sich durch den modernen Lebensstil verändert, so daß der heutige Mensch mit einer geringeren Kalorienmenge auskommt. Der tägliche Energiebedarf pro Kopf liegt heute zwischen 2 000 und 3 000 Kalorien. Durchschnittswerte sagen wenig aus, da jeder einzelne Mensch mit seiner Nahrungsmittelauswahl ein Sonderfall ist. Eine gute Ernährung sollte den Körper in ausreichender Menge mit allen lebensnotwendigen Nährstoffen versorgen.

KOHLENHYDRATE ODER ZUCKER

Kohlenhydrate sind eine Gruppe von Naturstoffen, zu der z. B. alle Zucker-, Stärke- und Cellulosearten gehören.

Kohlenhydrate können in zwei Kategorien unterteilt werden, je nachdem ob sie schnell oder langsam resorbiert werden. In die erste Kategorie fallen die Saccharose, die meistverzehrte Kohlenhydratart, und die Glucose. Stärke und Cellulose, die in stärkehaltigen Nahrungsmitteln und im Brot zu finden sind, werden nur langsam resorbiert.

Der Körper deckt seinen Energiebedarf hauptsächlich über die Glucose (die Neuronen im Gehirn verbrauchen ausschließlich Glucose!). Wenn man also Kohlenhydrate zu sich nimmt, gelangt nach einem Umwandlungsprozeß letztendlich Glucose in den Blutkreislauf.

Die Entstehung der Kohlenhydrate in der Natur ist dem Prozeß der Photosynthese zu verdanken. Deshalb sind Kohlenhydrate in pflanzlichen Lebensmitteln meist reichlich enthalten, weniger dagegen in Produkten tierischen Ursprungs. Für die Ernährung des Menschen sind Kohlenhydrate in erster Linie wichtig als Lieferanten der zur Aufrechterhaltung aller Lebensvorgänge und zur Arbeitsleistung benötigten Energie.

PROTEINE

Die Proteine oder Eiweiße sind die Grundbausteine unseres Körpers: Haut, Muskeln, Knochen, Hormone, Enzyme, Antikörper ... sind nichts anderes als Kombinationen langer Proteinketten. Unser Organismus kann keinen Ersatz für die Proteine mobilisieren. Daher muß eine hochwertige Nahrung zwei Bedingungen zwingend erfüllen: Sie muß Proteine in ausreichender Menge und in der richtigen Qualität (essentielle Aminosäuren) enthalten.

Proteine finden sich in den meisten Nahrungsmitteln, in allerdings stark unterschiedlicher Menge. Die tierischen Eiweiße sind die hochwertigsten Proteine und kommen in Fleisch, Fisch, Eiern und Milchprodukten in der größten Menge vor. Pflanzliche Eiweiße sind weniger wertvoll, da ihnen essentielle Aminosäuren fehlen können. Dies erklärt das Risiko einer ausschließlich vegetarischen Ernährung (auf rein pflanzlicher Basis, im Gegensatz zum Laktovegetarismus, der Eier und Milchprodukte zuläßt).

Kennzeichnend für Proteine ist ihr Stickstoffgehalt, der im Durchschnitt bei 16 % liegt. Wie bei fast allen Körperbausteinen besteht auch bei den Proteinen ein dynamisches Gleichgewicht zwischen Aufbau und Abbau. Die Abbau- und Wiederaufbaurate (Turn-over-Rate) der einzelnen Proteine ist sehr unterschiedlich und schwankt zwischen wenigen Stunden (z. B. bei Enzymen) und vielen Monaten und Jahren (z. B. bei Muskeleiweiß).

LIPIDE ODER FETTE

Die Fette gehören zur Gruppe der Lipide. Der optimale Anteil der Fette an einer ausgewogenen Kost liegt bei 35 %. Die beiden fettreichsten Nahrungsmittelarten sind Öle sowie Butter und Margarine. Öl besteht zu 100 % aus Lipiden. Die Nahrung des modernen Menschen hat meist einen Fettanteil von 50 % in Form von unsichtbaren Fetten. Lipide spielen aufgrund ihres Kaloriengehalts die führende Rolle bei der Energieversorgung: 1 g Fett liefert 9 Kalorien. Zudem sind sie am Aufbau der Zellmembranen beteiligt. Weiter liefern sie essentielle Fettsäuren und sind Träger der fettlöslichen Vitamine.

Es gibt zahlreiche Arten von Lipiden: Cholesterin, Fettsäuren, Phospholipide, Triglyceride usw. Wenn der Cholesterinspiegel des Blutes ansteigt, liegt das meist daran, daß unser Organismus diesen Stoff genetisch aufgrund bestimmter Bedingungen produziert. Dem kann man nur mit Arzneimitteln entgegenwirken. Prinzipiell kann eine einmalige mäßige Erhöhung des Cholesterinspie-

SIND FETTE UNGESUND?

gels auf die Ernährung oder ein Medikament zur Behandlung eines niedrigen Cholesterinspiegels zurückgeführt werden. Ein Ansteigen des Triglyceridspiegels weist auf den übermäßigen Genuß von Zucker oder Alkohol oder beidem hin. Finden sich beide Substanzen in erhöhter Konzentration im Blut, ist dies oft ein Anzeichen für eine Erbkrankheit oder für unmäßiges Essen.

AMINOSÄUREN

Die Aminosäuren sind die Bausteine der Proteine. Es gibt 20 Aminosäuren, darunter 8 essentielle Aminosäuren: Diese Aminosäuren kann der Körper nicht selbst synthetisieren. Sie müssen ihm daher unbedingt zugeführt werden.

Bedarf an Aminosäuren

Unter 1 Jahr	3,5 g pro kg
von 1 bis 3 Jahren	40,0 g täglich
von 4 bis 6 Jahren	50,0 g täglich
von 7 bis 9 Jahren	60,0 g täglich
von 10 bis 12 Jahren	70,0 g täglich
von 13 bis 15 Jahren	80,0 g täglich
von 16 bis 20 Jahren	
Jungen	100,0 g täglich
Mädchen	75,0 g täglich

MINERALSTOFFE

Die Mineralstoffe spielen eine wichtige Rolle. Etwa zwanzig von ihnen sind, in manchmal minimaler Menge, lebensnotwendig (Spurenelemente). Abwechslungsreiche Ernährung deckt den Mineralstoffbedarf.

Mineralstoffe

	Calcium	Phosphor	Eisen
Funktion und Reserven	Die größte Menge (1 kg) ist in den Knochen und im Gewebe enthalten. Die übrige Menge schwankt je nach Calciumzufuhr durch die Nahrung. Die Anzeichen für Calciummangel sind unterschiedlich, angefangen von Kribbelgefühl in den Händen bis hin zu Übelkeit mit Depressionen.	Von diesem Mineral findet man im Organismus die größte Menge. Es wirkt auf den Calciumanteil und wird wie Calcium von Vitamin D beeinflußt.	Es trägt zur Bildung des Hämoglobins bei: Eisenmangel bewirkt Anämie. Säuglinge und schwangere Frauen leiden aufgrund des in dieser Zeit erhöhten Eisenbedarfs oft an Eisenmangel.
Vorkommen	Milchprodukte und Vitamin-D-haltige Produkte (Lachs, Eigelb, Lebertran).	Milchprodukte.	Trockenobst, Hülsenfrüchte, Kresse, Spinat, Fleisch, einige Innereien, Austern, Kakao.
	Jod	Magnesium	Kalium
Funktion und Reserven	Entscheidendes Element beim Aufbau der Schilddrüsenhormone, die für die Aufrechterhaltung der Zellaktivität verantwortlich sind. Jodmangel bewirkt einen Rückgang der Hormonsynthetisierung. Bei ausgewogener Ernährung wird dem Körper in der Regel genug Jod zugeführt.	Ein Spurenelement. Magnesiummangel, der häufiger als jeder andere Nährstoffmangel auftritt, bewirkt Muskelkrämpfe.	Bei Kaliummangel können Krämpfe auftreten, da Kalium bei der Muskelkontraktion eine wichtige Rolle spielt. Kaliumüberschuß kann zu schweren Herzrhythmusstörungen führen. Wird oft zusammen mit harntreibenden Mitteln verordnet.
Vorkommen	Jodsalz.	Schokolade, Trockenobst, Hülsenfrüchte, Ölfrüchte.	Obst, Schokolade, Hülsenfrüchte sowie in geringem Maße auch Fleisch und Fisch.

969

KÖRPER UND GESUNDHEIT

ERNÄHRUNGSWISSENSCHAFT

VITAMINE

Vitamine sind ebenfalls lebenswichtig und müssen über die Nahrung zugeführt werden.

Vitamin C oder Ascorbinsäure. Vitamin C ist ein Wachstumsfaktor, der für das Funktionieren einiger Drüsen verantwortlich ist (Eierstöcke, Schilddrüse, Nebennieren). Vitamin-C-Mangel wird als Skorbut bezeichnet. Unser Körper kann einige Monate ohne Vitamin-C-Zufuhr auskommen, ein Überschuß bewirkt jedoch eine Übersäuerung des Magensaftes, Durchfall, manchmal auch Nierensteine. Durch Garen verringert sich der Vitamin-C-Gehalt von Nahrungsmitteln. Der Tagesbedarf liegt zwischen 20 und 60 mg. Vitamin C ist vor allem in frischem Obst und Gemüse (Petersilie, Johannisbeeren, Kresse, Rosenkohl, Blumenkohl, Erdbeeren, Kohl, Orangen, Zitronen, Pampelmusen) zu finden.

Vitamin B. Der Bedarf an Vitamin B steht in engem Zusammenhang mit dem Verzehr von Zucker. Vitamin-B$_1$-Mangel führt zu Beriberi, Vitamin-B$_{12}$-Mangel zu perniziöser Anämie. Anzeichen für Vitamin-B-Mangel sind meist Schmerzen, Benommenheit, Muskelsteife und das Gefühl, daß die Beine wie betäubt sind. Eine Sonderrolle spielt Vitamin B$_5$ oder Pantothensäure für das Nachwachsen der Haare. Diese Vitamine sind in den meisten Lebensmitteln enthalten (Reis, Kartoffeln, grüne Gemüse, Brot, Obst, Fleisch, Fisch).

WASSER

Das Wasser ist für den Organismus von größter Bedeutung. Wird ihm kein Wasser zugeführt, tritt sehr bald der Tod ein. Länger als 5 Tage kann der Mensch ohne Wasser nicht überleben. Ein Hochleistungssportler oder ein körperlich schwer arbeitender Mensch kann in zwei Stunden bis zu 5 l Wasser verlieren. Die Warnlampe, die uns daran erinnert, daß wir trinken müssen, ist der Durst. Wir verlieren pro Tag etwa 3 l Wasser und müssen entsprechend viel trinken. Die Flüssigkeitsmenge, die wir zuführen müssen, ist abhängig davon, wieviel Wasser schon in den Nahrungsmitteln enthalten ist. Darum trinkt jeder Mensch jeden Tag unterschiedlich viel. Wasser enthält keine Kalorien; es ist also keine Energiequelle. Auch aufgegossene Getränke oder Sud (Kaffee, schwarzer Tee, Kräutertee) sind kalorienfrei.

NATRIUM

Man spricht gemeinhin von Salz. Seine wichtigste Aufgabe besteht darin, den Wasserhaushalt des Organismus im Gleichgewicht zu halten. Bei erhöhtem Blutdruck wird zum Verzicht auf Salz geraten, weil dadurch die Wassermenge des Blutkreislaufs verringert und der Blutdruck in den Gefäßen gesenkt wird. Natrium wird über den Stuhl, den Urin, die Haut und den Schweiß ausgeschieden. Bei normaler Ernährung nimmt man etwa 10 bis 15 g Salz zu sich, obwohl nur 1 bis 2 g erforderlich sind.

KILOJOULES, KILOKALORIEN

In der Regel wird der tägliche Energieumsatz in Kilokalorien berechnet. Korrekt wäre jedoch die Berechnung in Kilojoule: Das Joule ist die Maßeinheit für Arbeit und ist somit geeigneter für die Messung des Energiegehalts eines Nahrungsmittels oder Getränks. Wie dem auch sei, wenn man weiß, daß eine Kilokalorie etwa 4,2 Kilojoule entspricht, kann man leicht von einer Einheit in die andere umrechnen.

Größe und Körpergewicht

Größe in m	Untergrenze (−20 %) in kg	Normalgewicht in kg	Obergrenze (+20 %) in kg
Frauen			
1,47	41,4	51,7	62,1
1,49	42,3	52,8	63,4
1,52	43,2	54,0	64,8
1,54	44,3	55,3	66,4
1,57	45,4	56,7	68,0
1,60	46,4	58,1	69,7
1,62	47,5	59,4	71,3
1,65	48,6	60,8	72,9
1,67	49,7	62,1	74,6
1,70	50,8	63,5	76,2
1,72	51,9	64,9	77,8
1,75	53,0	66,2	77,5
1,77	54,1	67,6	81,1
1,80	55,2	68,9	82,7
Männer			
1,57	48,3	60,3	72,4
1,60	49,0	61,2	73,5
1,62	49,9	62,4	74,8
1,65	50,8	63,5	76,2
1,67	51,9	64,9	77,8
1,70	53,0	66,2	79,5
1,72	54,0	67,6	81,1
1,75	55,2	68,9	82,7
1,77	56,2	70,3	84,4
1,80	57,5	71,9	86,3
1,82	58,8	73,5	88,2
1,85	60,2	75,3	90,4
1,87	61,5	76,9	92,3
1,90	63,1	78,9	94,7

Fettlösliche Vitamine

	Vitamin A Retinol und **Provitamin A** Carotin	Vitamin D Calciferole	Vitamin E α-Tocopherol und andere Tocopherole	Vitamin K
Funktion	Auge: Bildung des lichtempfindlichen Sehpigments; Sehen im Halbdunkel; Schutz und Regeneration der Bindehaut und der Hornhaut. Gewebe: Schutz des Epithels und der Schleimhäute. Hormone: Synthese des Progesterons und Stoffwechsel der Geschlechts- und der Nebennierenrindenhormone. Schutz vor Infektionen. Metabolismus der Nucleinsäuren. Mangelerscheinungen: Xerophtalmie, Nachtblindheit.	Steuerung des Phosphor- und Calciumstoffwechsels durch: – Steigerung der Darmresoption; – Mineralablagerung im Knorpel bei Rachitis (Vitamin-D-Mangel, insbesondere aufgrund von Sonnenlichtmangel). Mangelerscheinungen: beim Kind Rachitis, bei Erwachsenen Knochenerweichung.	Oxidationshemmer für Vitamin A und indirekte Beteiligung an der Bildung von Prostaglandinen. Mangelerscheinungen: Unfruchtbarkeit bei der Ratte, nicht jedoch beim Menschen.	Für die Blutgerinnung unverzichtbar.
Vorkommen	Vitamin A: Leber, Butter, Eigelb, Sahne, Vollmilch, fetter Käse, fetter Fisch. Carotin: Spinat, Karotten, Petersilie, Kohl, Apfelsinen, Weizenkeime, Erbsen, Tomaten.	Insbesondere Sonnenlicht: Vitamin D entsteht durch die UV-Strahlung aus den Sterinen der Haut. Muttermilch. Dorsch- und Heilbuttlebertran. In Spuren in Butter, Leber, Eier, fettem Fisch.	Mais-, Sonnenblumen-, Raps-, Sojaöl. Sonnenblumen- oder Maismargarine. Erdnuß-, Olivenöl. Weizenkeime, Erbsen, Trockenbohnen, Kohl, Karotten, Salat, Petersilie, Leber, Eier, Butter, Vollmilch.	Synthese durch Bakterien der Darmflora. Leber, Tomaten, Spinat, Erbsen, Kartoffeln, Fisch.
Empfindlich gegen	Oxidationsmittel und Hitze.	Oxidationsmittel, Wärme und Licht.	Sehr widerstandsfähig (als oxidationshemmender Zusatz).	Blutgerinnungshemmmende Mittel.
Reserven	In der Leber.	In Leber und Haut.	Kleine Reserve in der Leber.	Ständige Synthese.

KÖRPER UND GESUNDHEIT

ERNÄHRUNG

Eine Fabrik kann nur produzieren, wenn sie mit Energie versorgt wird. Unser Organismus ist wie ein Komplex kleinerer Fabriken, die zumindest so viel Energie zugeführt bekommen müssen, wie sie verbrauchen, um weiter funktionieren zu können.

Der Energieverbrauch unseres Organismus wird von mehreren Faktoren beeinflußt: die Energie muß für den Grundumsatz, die Arbeit und die Aufrechterhaltung der Körpertemperatur ausreichen.

Der Grundumsatz ist lebenserhaltend. Er steht für die Energie, die wir im Ruhezustand bei 37 °C Körpertemperatur und emotionaler Ausgeglichenheit verbrauchen: So viel kostet die Aufrechterhaltung unserer Zellaktivität im Ruhezustand. Der Grundumsatz ist individuell verschieden. Ein großer stämmiger Mann hat einen höheren Umsatz als ein kleiner magerer Mann. Nur ein einziges Organ kann den Grundumsatz beeinflussen: die Schilddrüse. Bei Schilddrüsenüberfunktion arbeiten die Zellen mehr und verbrauchen mehr Energie. Der umgekehrte Fall tritt bei Unterfunktion ein.

ENERGIEHAUSHALT

Auf den Grundumsatz entfallen zwischen 1 300 und 1 600 Kalorien. Der Energiebedarf für den Grundumsatz kann nicht reduziert werden.

Der *Energieverbrauch für Arbeit* ist individuell unterschiedlich. Bei einem durchschnittlichen Stadtbewohner liegt er zwischen 70 und 300 Kalorien pro Tag.

Der *Energieaufwand zur Aufrechterhaltung der Körpertemperatur* ist notwendig, um die Körpertemperatur auf 37 °C zu halten. Er beläuft sich auf 200 bis 1 000 Kalorien pro Tag.

Energie wird außerdem für die Umwandlung von Nahrung in Energie, die von der Menge und Art der verzehrten Nahrungsmittel abhängig ist, gebraucht. Etwa 20 % der Energie der zugeführten Proteine und 6 % der Energie der Kohlenhydrate und Fette kann verwertet werden: Das entspricht 200 bis 400 Kalorien täglich. Der Energieaufwand für Emotionen schwankt, ist aber ebenfalls ein nicht zu vernachlässigender Faktor.

Wenn uns Energie fehlt, greift der Organismus auf Reserven zurück (Folge ist ein Gewichtsverlust); besteht ein Energieüberschuß, speichert der Körper den Überschuß und lagert ihn für magere Zeiten im Fettgewebe ab, denn Energie kann nur durch Arbeit verbraucht werden.

Der Körper eines Menschen mit ›Normalgewicht‹ (s. Tabelle S. 970) besteht zu 18 % aus Fett. Dieses Fett hat mehrere Funktionen: Es schützt vor der Außentemperatur und vor Belastungen und ist an der Vernarbung von Wunden beteiligt. Deshalb ist Magerkeit nicht unbedingt erstrebenswert; 18 % Fett entsprechen bei einem 70 kg schweren Mann einer Reserve von 80 000 bis 140 000 Kalorien oder 70 Tagen Überleben.

FLEISCH

Kaloriengehalt. Der Kaloriengehalt von Fleisch hängt davon ab, wie fett es ist (100 g Schweinefleisch haben 115 Kalorien, Kochfleisch 400 Kalorien; der Durchschnitt liegt bei 250 Kalorien pro 100 g).
Eiweiß. Fleisch ist sehr eiweißreich (durchschnittlich 20 %). Die Proteine haben außerdem einen sehr hohen Nährwert.
Fette. Der Fettgehalt schwankt sehr stark (mageres Fleisch: unter 10 % Fett; fettes Fleisch: zwischen 20 und 30 %).
Kohlenhydrate. Praktisch nicht vorhanden.
Wasser. Etwa 60 %.

Fleisch enthält wenig Calcium, viel Phosphor und besonders viel Eisen und Kupfer – in ausreichender Menge, um den Bedarf zu decken. Fleisch gehört zu der Gruppe von Nahrungsmitteln, die tierische Eiweiße liefern. Man kann auf Fleisch verzichten, da die im Fleisch vorhandenen Proteine durch andere tierische Eiweiße ersetzt werden können.

Fleisch kann unterschiedlich gegart werden: Es kann am Stück gebraten, gekocht, gedämpft, gegrillt, in der Pfanne gebraten, angebraten oder geschmort werden. Die Art des Garens verändert den Geschmack und die Zusammensetzung des Fleisches erheblich: Gekochtes Fleisch verliert mindestens 40 % des in ihm enthaltenen Wassers, gegrilltes nur 20 %. Beim Kochen gehen 50 % der Mineralstoffe und Vitamine verloren, beim Grillen nur ein Drittel.

FISCH

Fisch ist ein Nahrungsmittel mit hohem Eiweiß-, Mineralstoff- und Vitamingehalt und ist bei gleicher Proteinmenge weniger fett als Fleisch.
Kaloriengehalt. Niedriger als bei Fleisch (zwischen 75 und 125 Kalorien/100 g). Fetter Fisch kommt auf einen Kaloriengehalt von höchstens 250 Kalorien pro 100 g.
Eiweiß. 15 bis 25 %.
Fette. Zwischen 1 und 20 %. Es gibt mehr magere als fette Fische; der durchschnittliche Fettanteil liegt unter 5 %.
Kohlenhydrate. Praktisch keine.
Wasser. Etwa 75 %.

Fisch enthält sehr viel Phosphor, Kalium, die Vitamine A, D und B sowie Jod, aber nur wenig Calcium und Vitamin C.

Räucherfisch hat einen hohen Puringehalt.

MILCHPRODUKTE

Milch ist aufgrund ihres Nährwerts eines der besten Nahrungsmittel, die es gibt.
Kaloriengehalt (Vollmilch): 65 Kalorien/100 g.
Eiweiß: 3 %. Bei einem Glas Milch (die schneller als ein Steak verwertet wird) sind das 4 g hochwertiger Proteine.
Fette. Der Fettanteil schwankt zwischen 0 % bei entrahmter Milch und 4 % bei Vollmilch.
Kohlenhydrate. Anteil unter 5 %. Es handelt sich jedoch größtenteils um Laktose, bei der es zu Unverträglichkeiten kommen kann (daher Herstellung von laktosefreier Milch).
Wasser. Etwa 85 %.
Milch enthält sehr viel Phosphor und Calcium in einem hervorragenden Verhältnis, so daß das Calcium leicht aufgenommen werden kann. Milch enthält ferner viel Natrium und wenig Eisen. Bei Kindern, die (länger als 6 Monate) auf Milchbasis ernährt werden, sollte auf Eisen besonders geachtet werden. In der Milch sind alle Vitamine vorhanden. Sie ist die billigste Proteinquelle.

KÄSE

Kaloriengehalt. Je nach Fett- und Wassergehalt zwischen 50 und 400 Kalorien pro 100 g.
Eiweiß. Durchschnittlich in der Größenordnung von 20 % (zwischen 10 und 30 %); hochwertige Proteine.
Fette. Zwischen 0 und 75 % Fettanteil.
Kohlenhydrate. Fast 0 %.
Wasser. Schweizer Käse enthält 35 %, Frischkäse 70 % Wasser.

Die im Käse enthaltenen Mineralstoffe und Vitamine konzentrieren sich am Rand, in der Nähe der Rinde. Käse weist weniger Vitamine, dafür aber mehr Natrium (etwa 1 %) als Milch auf und enthält wenig Kalium und besonders viel Calcium und Phosphor, die leicht zu resorbieren sind. Die Käsesorten, die am meisten Calcium liefern, sind Hartkäse.

Käsesorten werden aufgrund lebensmittelrechtlicher Bestimmungen nach Fettgehalt und Wassergehalt angeboten. Die Fettgehaltsstufe gibt den Fettgehalt in der Trockenmasse (Fett i. Tr.) an. Die Wassergehaltsstufe gibt den Wassergehalt in der fettfreien Käsemasse an. Die Menge der Trockenmasse ist für den Nährwert des Käses ausschlaggebend. Ein Käse mit ›45 % Fett‹ hat einen Fettanteil von 45 % Fett in seiner Trockenmasse. Zwei Beispiele: Bei einem Frischkäse mit 40 % Fett in der Trockenmasse hat die Trockenmasse nur einen Anteil von 20 g an der Zusammensetzung des Käses. Bei 100 g Käse wären also nicht 40 g Fett, sondern nur 40 % von 20 g (oder 8 g) Fett. Ein Hartkäse dagegen enthält 65 % Fett; wenn es heißt, daß er ›20 % Fett in der Trockenmasse‹ hat, kommen auf 100 g Käse 13 g Fett (20 % von 65 g). Frischkäse mit 0 % Fett sind also für eine kalorienarme Diät hervorragend geeignet.

Lange bestand über den Nährwert von Margarine keine Klarheit. Margarine ist ein Erzeugnis, das wenig gesättigte Fettsäuren enthält, aber den gleichen Kaloriengehalt wie Butter hat. Bei der Behandlung von Fettleibigkeit macht Margarine also keinen Unterschied. Für Menschen mit erhöhtem Cholesterin-

LEICHTE BUTTER ODER MAGARINE

spiegel ist sie aber unverzichtbar.

Eine leichte Butter ist ein Ersatzerzeugnis, das der Butter in Konsistenz, Geschmack und Farbe gleicht, aber deutlich weniger Kalorien hat. Zwar schützt der Gesetzgeber durch strenge Auflagen vor möglichen Gesundheitsrisiken, aber im Vergleich zur Butter bestehen manchmal noch geschmackliche Unterschiede. Grundbestandteile sind meist Soja- oder Sonnenblumenöl und Emulgatoren, Konservierungsstoffe und entrahmte Milch.

KÖRPER UND GESUNDHEIT

ERNÄHRUNG

OBST UND GEMÜSE

Kaloriengehalt. Gering (etwa 50 Kalorien pro 100 g) und abhängig vom Wasser- (bei grünem Salat 95 %) und Kohlenhydratanteil.
Eiweiß. 1 bis 2 %. Geringer Eiweißgehalt, bei Verzehr von 500 g grünem Gemüse und 400 g Obst täglich dennoch eine nicht unerhebliche Menge.
Fett. Hoher Fettanteil in Ölfrüchten, Ursache ihres hohen Kalorienwerts (null bei Blattgemüse und Obst).
Kohlenhydrate. Blattgemüse, Tomaten und frische Früchte bestehen zu etwa 10 % aus schnell resorbierbaren Kohlenhydraten. Stärkehaltiges Obst und Gemüse enthält etwa 20 % langsam resorbierbare Kohlenhydrate und hat einen höheren Kalorienwert. Süße Früchte (Bananen, Weintrauben, Kirschen) enthalten ebenfalls viel Kohlenhydrate (20 %), die jedoch schnell resorbiert werden; aufgrund ihres hohen Wassergehalts sind sie kalorienärmer als stärkehaltiges Obst.
Wasser. Zwischen 40 und 95 %.
Ballaststoffe: Alle Obstarten enthalten 1 bis 5 % Ballaststoffe.

Obst und Gemüse sind wichtige Vitamin-, Calcium- und Kaliumlieferanten. In frischem Zustand sind sie die Nahrungsmittel mit dem höchsten Vitamin-C- und Vitamin-A-Gehalt (durch Karotin). Durch Garen verändert sich der Nährwert von Obst und Gemüse erheblich, insbesondere sind die Vitamine betroffen. Meist wird zum Garen durch Dünsten geraten. Tiefgefroren haben diese Nahrungsmittel einen höheren Nährwert als nach 48 Stunden an der Luft nach dem Pflücken oder Sammeln, da der Vitamingehalt rasch abnimmt.

Obst und Gemüse sind nach dem Kochen oder Blanchieren besser verdaulich. Aufgrund ihres Cellulosegehalts vergrößert sich das Volumen des Speisebreis. Deshalb werden Obst und Gemüse bei Verstopfung verordnet.

BROT

Kaloriengehalt. Zwischen 350 Kalorien bei Toastbrot und 230 Kalorien bei Vollkornbrot; durchschnittlich 250 Kalorien pro 100 g (Weißbrot).
Wasser. Etwa 35 %, getoastetes Brot ausgenommen (5 bis 7 %).
Eiweiß. Eiweißgehalt 8 %, relativ hochwertig.
Kohlenhydrate. 50 % Kohlenhydrate, die langsam resorbiert werden.
Fette. Um 2 %.

Brot enthält viel Cellulose, Magnesium, Kalium und die Vitamine PP und B. Es besitzt auch viel Calcium, das allerdings aufgrund des hohen Phosphoranteils nicht ideal verwertet werden kann. Brot macht nicht dick; eine Gewichtszunahme wäre auf unmäßigen Brotverzehr zurückzuführen. Brot empfiehlt sich als Kindernahrung, da es langsam resorbierbare Kohlenhydrate und wenig Fette und Proteine enthält.

WEIN UND ALKOHOL

Wein besteht aus Wasser und zu 7 bis 12 % aus Alkohol. Sein Kalorienwert liegt bei etwa 70 Kalorien pro 100 ml oder 700 Kalorien pro Liter. Wein enthält viel Kalium und Calcium. Wie alle alkoholischen Getränke hat er harntreibende Wirkung.

In geringen Mengen genossen kann Wein auf Herz und Gefäße wohltuend wirken. In Untersuchungen wurde nachgewiesen, daß ein mäßiger Genuß von Alkohol das Risiko von Herzkranzgefäßerkrankungen verringert.

ABMAGERUNG

Als Abmagerung bezeichnet man eine merkliche Verringerung des Körperfetts (unter 10 % des Körpergewichts bei Männern und unter 14 % bei Frauen). Es wird unterschieden zwischen:
– *wachstumsbedingter Abmagerung* während der Kindheit oder der Pubertät, die schwer zu behandeln ist, sich jedoch durch kalorienreiche Kost weitgehend ausgleichen läßt;
– *Abmagerung als Krankheitsfolge,* die bei einigen Krankheiten auftritt und während der Rekonvaleszenzzeit durch geeignete Nahrungsmittel rückgängig gemacht werden kann; und
– *lokale Abmagerung:* der ›lipoatrophe‹ Diabetes bewirkt eine extreme Gewichtsabnahme durch völligen Fettschwund.

NATRIUMCHLORID

Salz und Wasser machen nicht dick. Da beide keinen Nährwert haben, bewirken sie eine Gewichtszunahme ohne Fettzuwachs. Die gleichzeitige Aufnahme von Natriumchlorid und Wasser führt jedoch aufgrund von Ausgleichsmechanismen zur Speicherung von Wasser und dadurch zu einer Gewichtszunahme; Wasser allein kann diese Wirkung nicht entwickeln. Salz ist bei der Ernährung nicht kontraindiziert; es verstärkt den Geschmack und dadurch den Appetit; aus diesem Grunde sollte nicht zuviel Salz genossen werden.

HYPERKALORISCHE DIÄT

Bei dieser Diät sollten gekaufte (mindestens 500 Kalorien pro Packung/Dose) und selbstgemachte Produkte einbezogen werden. Ein Beispiel für ein selbstzubereitetes Präparat wäre ein großer Becher Milch (um 200 ml) mit 2 Eigelb, 3 bis 4 Eßlöffeln Zucker und etwa 20 g Eiweißpulver. Dieses Getränk sollte zweimal täglich getrunken werden. Es bietet sich an, weil es von breiiger oder flüssiger Konsistenz ist, daher leicht aufgenommen wird und doch ein dauerndes Sättigungsgefühl bewirkt. Hyperkalorische Kost ist reich an Kohlenhydraten, Fett (vorwiegend unsichtbares Fett), Mineralstoffen und Vitaminen. Auch Appetitanreger können verordnet werden. Gelegentlich können auch Neuroleptika oder Antidepressiva ratsam sein. Es können Gewichtszunahmen erzielt werden, die über 5 kg hinausgehen. Nach Ende der Diät sollte die Behandlung fortgesetzt werden.

▲ · **Gutes Essen.**
Eine reichhaltige Auswahl an Nahrungsmitteln ermöglicht die Deckung des menschlichen Nährstoffbedarfs. Aber gutes Essen erfreut nicht nur die Geschmacksknospen ... (Snijders: *Speisekammer; Brüssel, Musées royaux des beaux-arts*)

KÖRPER UND GESUNDHEIT

ÜBERGEWICHT UND ERNÄHRUNG

Fettleibigkeit oder Übergewicht wird heute als Krankheit betrachtet und ist nicht mehr nur ein von der Mode beeinflußter ästhetischer Faktor. Übergewicht ist ein Risikofaktor, insbesondere bei kardiovaskulären Erkrankungen.

Bei Fettleibigkeit kommt das Erbgut ins Spiel: Bei 75 % derjenigen, deren Vater und Mutter übergewichtig waren, besteht die Möglichkeit, daß auch sie im Erwachsenenalter Fettleibigkeit entwickeln. Auf Erbfaktoren hat der Mensch keinen Einfluß.

Fettleibigkeit ist auf eine im Verhältnis zum tatsächlichen Bedarf des Organismus überhöhte Energiezufuhr zurückzuführen, das heißt aber nicht, daß allgemein zuviel Nahrung verzehrt wurde. Bei zwei Menschen, die sich gleich ernähren, können ganz unterschiedliche Gewichtsveränderungen auftreten. Appetitzügler u. ä. sollen in erster Linie gegen das Hungergefühl wirken. Diese Mittel können nur in ganz bestimmten Fällen eingesetzt werden, z. B. bei krankhaft eßsüchtigen, nicht depressiven Menschen, die zwischen den Mahlzeiten nicht essen (und unter der Voraussetzung, daß sie dieses Präparat höchstens 21 Tage lang einnehmen). Andere Mittel wie harntreibende Stoffe, Pulver auf der Basis von Obst- oder Rindenextrakten, Absude oder Kräutertees haben nur einen psychologischen ›Plazebo-Effekt‹.

Zur Zeit gibt es verschiedene Diäten: vegetarische Diät, die sog. ›Hollywood-‹, ›Atkins-‹, ›Scardales-‹Diäten usw. Entscheidend für ihren Erfolg ist die Verringerung der Kalorienzufuhr. Da sich der Körper ständig verändert, seine Strukturen immer wieder erneuern muß und dazu dauernd neue Stoffe braucht, birgt eine nicht ausgewogene Diät bei unzureichender Zufuhr wichtiger Nährstoffe das Risiko von gesundheitlichen Problemen.

Diätunterstützende Faktoren: Verschiedenste chirurgische Techniken wurden zur Behandlung der Fettleibigkeit entwickelt. Andere Techniken sollen die Nahrungsmittelaufnahme einschränken: Aufblasen von Sonden im Magen, Gebisse, die beim Kauen behindern, oder Verschließen des Darmes, damit die verzehrten Speisen nicht verdaut werden können. Diese gefährlichen und manchmal auch unwirksamen Methoden sind nur eine Notlösung und nur für Menschen mit besonders geringer Motivation interessant. Sie bieten darüber hinaus keine psychologische Hilfe – nach der ›Diät‹ steht der Patient wieder seinem alten Problem gegenüber.

Beispiel für eine 1 400-Kalorien-Diät. Bei dieser Diät kann ein durchschnittlicher Mensch innerhalb von 14 Tagen etwa 2,5 kg verlieren. Vor Beginn der Diät sollte ein Arzt konsultiert werden; weiter sollte auf regelmäßige Bewegung in frischer Luft geachtet werden.
Frühstück: Kaffee, schwarzer Tee oder Kräutertee nach Belieben, ohne Zucker, 30 g Brot mit 10 g Butter, 25 g Käse, 1 Joghurt.
Mittagessen: Rohkost mit einem Eßlöffel Öl, 125 g gebratenes Fleisch oder 175 g gekochter Fisch, grünes, in Wasser gedünstetes Gemüse + 1 Teelöffel Butter, 1 Joghurt, ein kleines Stück Obst.
Abendessen: Rohkost mit einem Eßlöffel Öl, 125 g gebratenes Fleisch oder 3 Eier oder 75 g Käse, 100 g gekochtes stärkehaltiges Gemüse + 1 Teelöffel Butter, 25 g Käse, 1 kleines Stück Obst.

ERNÄHRUNGS-PHILOSOPHIEN

Laktovegetarismus. Fleisch jeder Art wird vermieden: Fleisch, Fisch, Geflügel. Desgleichen alles, was daraus zubereitet wird: Fett, Fleischbrühe usw. Dagegen sind Milchprodukte und Eier erlaubt. Dies ermöglicht eine ausreichende Eiweißzufuhr, so daß keine Mangelerscheinungen auftreten. Falls regelmäßig Milchprodukte verzehrt werden, ist diese Ernährung kaum gesundheitsschädlich.

Strikter Vegetarismus. Alle tierischen Eiweiße sind streng verboten. Die Nahrungsmittelaufnahme beschränkt sich im wesentlichen auf Obst und Gemüse, die die Proteinversorgung nur unzureichend sichern können. Bei dieser Ernährungsweise kommt es zu Proteinmangel, der dem Organismus und insbesondere dem Kind in der Wachstumsphase schaden kann: Von dieser Ernährungsphilosophie ist daher dringend abzuraten.

Makrobiotik. Die Makrobiotik bezieht sich auf die Yin-Yang-Philosophie. Es zählt einzig und allein der kosmische Wert eines Nahrungsmittels. Die am wenigsten reglementierte Kost enthält Vollkorngetreide sowie Gemüse und einige Obst- bzw. Trockenobstsorten. Dies ist die unausgewogenste uns bekannte Ernährungsweise. Sie ist ernährungswissenschaftlich unhaltbar.

DIABETIKER-NAHRUNG

Diabetikerkost muß zwei Arten von Kohlenhydraten enthalten: Kohlenhydrate, die langsam resorbiert werden (Reis, Nudeln), sichern die längerfristige Glucoseversorgung, während Kohlenhydrate, die schnell absorbiert werden, dafür sorgen, daß Glucose bei Unwohlsein sofort ins Blut gelangen kann. Alkoholgenuß ist stark einzuschränken.

Zwei Beispiele für eine ausgewogene Ernährung

Erwachsene Frau, mittelgroß, durchschnittliche körperliche Aktivität	
Milch	0,25 l
Käse	60 g
Fleisch oder vergleichbare Lebensmittel	250 g
Brot	100 g
Kartoffeln oder vergleichbare Lebensmittel	100 g
Grünes Gemüse	400 g
Obst	350 g
Zucker	30 g
Butter	20 g
Öl	20 g
Wein (12 Vol.-%)	0,25 l
2 300 kcal (9 660 kJ)	

Erwachsener Mann, mittelgroß, durchschnittliche körperliche Aktivität	
Milch	0,25 l
Käse	60 g
Fleisch oder vergleichbare Lebensmittel	250 g
Brot	125 g
Kartoffeln oder vergleichbare Lebensmittel	200 g
Grünes Gemüse	400 g
Obst	350 g
Zucker	30 g
Butter	20 g
Öl	20 g
Wein (12 Vol.-%)	0,25 l
2 500 kcal (10 500 kJ)	

Die Bezeichnung ›kalorienreduziert‹ soll darauf hinweisen, daß der Kalorienwert des Produkts gesenkt wurde.

Diese Nahrungsmittel sind nur bei Ernährungsproblemen wie z. B. Fettleibigkeit oder Störungen des Fettstoffwechsels zu empfehlen. Bei Jo-

›KALORIENREDUZIERTER‹ KÄSE UND JOGHURT

ghurt ist darauf zu achten, ob er Zusätze enthält, die diese den Kalorienwert des Erzeugnisses erhöhen. Ein Fruchtjoghurt mit 0 % Fett kann mehr Kalorien als ein Naturjoghurt enthalten, wenn Zucker hinzugefügt wurde. Durch Verwendung von Süßstoffen zum Süßen von Milchprodukten können diese Erzeugnisse mit einem sehr viel niedrigeren Kaloriengehalt angeboten werden.

Die künstlichen Süßstoffe lassen sich in zahlreiche Gruppen unterteilen. Der älteste Süßstoff ist *Saccharin* (Süßkraft 300). Saccharin wird seit über einem Jahrhundert regelmäßig verwendet und hat bisher keine schädliche

KÜNSTLICHE SÜSSSTOFFE

Wirkung gezeigt. Ähnliche Stoffe sind: die *Cyclamate* (Süßkraft 30) und *Xylit* (Alkohol mit Süßkraft).

Eine neue Kategorie sind die Süßstoffe, die wie Eiweiße im Körper abgebaut wer-

den. Dies sind Substanzen auf Proteinbasis, die eine besonders hohe Süßkraft haben (der neueste 200). Toxikologische Untersuchungen haben seine Unbedenklichkeit nachgewiesen. Aspartam ist wasserlöslich. Es kann in Tablettenform, als Suspension oder Puder verwendet werden und wird in vielen Industrieerzeugnissen, insbesondere bei Lebensmitteln, eingesetzt: Getränke (Fruchtsäfte, sog. leichte oder ›light‹ Erfrischungsgetränke) und zahlreiche andere Fertigprodukte. Mit diesem Stoff läßt sich der Kalorienwert jedes Nahrungsmittels herabsetzen.

Süßstoffe gelten lebensmittelrechtlich als Zusatzstoffe, in der Diätverordnung als diätetische Lebensmittel.

KÖRPER UND GESUNDHEIT

SPORT UND LEISTUNGSFÄHIGKEIT

FITNESS

Der Begriff Fitneß hat mehrere Aspekte. Bei einem Leistungssportler beschreibt er die Leistungsfähigkeit in seiner Disziplin. Bei einem Gelegenheitssportler wird Fitneß zum Synonym für das Bedürfnis, in guter körperlicher Verfassung zu sein, um körperliche Anstrengungen entsprechend meistern zu können.

Wenn man ›fit sein‹ mit ›nicht krank sein‹ übersetzt, dann ist das zu wenig. Die ›Fitneß‹ verlangt ein Mindestmaß an körperlicher Belastbarkeit: Muskeln, Herz und Atmung müssen sich ohne weiteres auf körperliche Anstrengungen, z. B. beim Laufen, bei schnellem Treppensteigen oder Ballspiel, einstellen können. Diese Fitneß muß mit geeigneten Sportarten (Schwimmen, Radfahren, Leichtathletik, Bergsteigen) trainiert werden.

KINDER UND JUGENDLICHE

Spielen fördert die Geschicklichkeit, Gelenkigkeit, Muskelkraft und Ausdauer, die für die körperliche, geistige und soziale Entwicklung des Kindes unabdingbar sind.

Bis zum 3. Lebensjahr. Das Kind bewegt sich hauptsächlich auf Spaziergängen, beim Klettern über kleinere Hindernisse oder beim Ballspiel. Neue Bewegungsarten sind:
– Gymnastik für die Kleinsten. Hierbei handelt es sich um ein aktives Kontraktionstraining für Arm- und Beinmuskeln, Bauch- und Rückenmuskeln mit verschiedenen Übungen, zu denen das Aufrichten, Sitzen und Stehen gehört.
– Kontaktaufnahme mit dem nassen Element ab dem 4. oder 5. Monat. Durch das frühe Schwimmenlernen kann sich das ›Schwimmbaby‹ noch vor dem Laufenlernen mit der Bewegung im Raum vertraut machen.
– Babygymnastik für Kinder ab 4 Monaten. Wie beim Babyschwimmen nehmen auch hier die Eltern an den Übungen teil, in denen das Kind seine motorischen oder allgemeinen Fertigkeiten entwickeln soll.

Drei- bis Neunjährige. Der Sportunterricht in der Schule sollte Spiele an der frischen Luft, Ballspiele, Gleichgewichtsspiele mit Überspringen von Hindernissen, ohne übermäßige Verausgabung beinhalten. Dreiradfahren, später Fahrradfahren und Tanzen fördern die Beherrschung der Körperbewegung. Auch andere Sportarten wie Schwimmen oder Reiten können ins Auge gefaßt werden. Übrigens führen einige Verbände schon die ersten Wettkämpfe (8- und 9jährige) im Bicycle Moto-Cross, Skifahren und Schlittschuhlaufen durch.

Neun- bis Zwölfjährige. In dieser Altersstufe erlernen die Kinder die Technik ihrer Sportart. Das Kind kann fast jede Sportart betreiben, weil es jetzt alle Spielstrategien begreift und im Gegensatz zu oft geäußerten Vorurteilen in diesem Alter gesundheitlich nicht besonders anfällig ist. Die Übungen sollten häufig wiederholt werden, da das Einüben gelegentlich problematisch sein kann. Neue Sportarten sollten in Maßen praktiziert werden. Für diese Altersstufe können Wettkämpfe ausgerichtet werden. Mannschaftssportarten fördern durch das Spiel soziales

Ausgleichssportarten
1. Einzelsport

Hauptsportart	geeignete 2. Sportart	ungeeignete 2. Sportart
Leichtathletik Sprint Langlauf Springen Werfen	Bergsteigen, Segeln Handball Alle, insbesondere Rudern Handball Andere Disziplinen: Gewichtheben, Leichtathletik	Geräteturnen Gewichtheben Schwimmen, Gewichtheben
Gymnastik	Skilanglauf, Schwimmen, Leichtathletik, Mannschaftssport	Judo, Gewichtheben
Skifahren	Schlittschuh-, Rollschuhlaufen, Skateboard, Wasserski, Radfahren, Leichtathletik, Laufen, Schwimmen	
Tennis Badminton Squash	Leichtathletik, Fußball, Volleyball, Basketball, Gymnastik, Rudern	Schwimmen (wirkt vor dem Wettkampf ermüdend)
Wasserski	Skilaufen, Leichtathletik, Judo	
Tauchsport	Volley-, Basketball, Handball, Gymnastik, Leichtathletik, Gewichtheben	
Rollschuhlauf	Alle	
Pelota	Alle, insbesondere im Freien	
Skateboard	Skifahren, Schlittschuhlauf	
Tischtennis	Alle, insbesondere im Freien	
Schlittschuhlauf	Volleyball, Gymnastik, Sport im Freien	
Wandern Klettern	Ski, Tennis, Schwimmen Radfahren	
Reiten	Fechten, Gymnastik, Schwimmen, Handball	Judo, Gewichtheben
Gehen	Alle	
Schwimmen	Alle, insbesondere im Freien	Gewichtheben (bei manchen)
Golf	Laufen, Springen, Werfen, Ballspiele, Wandern	
Radfahren	Leichtathletik, Schwimmen, Handball, Rudern	Gewichtheben
Rudern	Leichtathletik, Schwimmen	
Kanu/Kajak	Gymnastik, Ski, Handball, Schwimmen, Tauchen	
Segeln	Fußball, Handball, Volleyball, Reiten, Leichtathletik, Rudern	
Windsurfen	Fußball, Handball, Volleyball	
Go-Kart-Sport	Alle	
Baseball	Alle	Judo, Gewichtheben
Motorradsport	Alle	Reiten
Trampolin	Mannschaftssport	Judo, Gewichtheben
Fallschirmspringen, Segelfliegen, Drachenfliegen	Gymnastik, Schwimmen, Radfahren, Laufen	

Verhalten. In dieser Altersgruppe sollte das Training möglichst häufig sportärztlich überwacht und die Ernährung an den zusätzlichen Energieverbrauch angepaßt werden.

Pubertät und Adoleszenz (elf bis siebzehn Jahre). Wettkämpfe sind in fast allen Sportarten möglich, sollten aber immer einer ärztlichen Überwachung unterliegen. Der Arzt muß die jungen Sportler dieser Altersstufe über einige wichtige Punkte informieren:
– eine auf die sportliche Aktivität abgestimmte vernünftige Ernährung;
– die Gefahren der Verwendung von ›Doping‹-Mitteln;
– die Risiken des Starkults (oft von Verwandten und Freunden betrieben), aus dem nach

Ende der Wettkampfkarriere Probleme bei der Rückkehr ins normale Leben entstehen können;
– die Notwendigkeit, neben der gewählten Leistungssportart einen Ausgleichssport zu betreiben.

Ausgleichssportarten. Leichtathletik und Schwimmen sind die beiden geeigneten Ausgleichssportarten für jeden Leistungssportler. Ferner ist jedem Sportler, der eine Einzelsportart betreibt, zu empfehlen, nebenbei auch an Mannschaftsspielen teilzunehmen; in Hallen oder in geschlossenen Räumen betriebene Sportarten erfordern einen Ausgleichssport an der frischen Luft. Belastet die Hauptsportart insbesondere das Rückgrat (Wirbel-

KÖRPER UND GESUNDHEIT

Ausgleichssportarten

2. Kampfsportarten

Hauptsportart	geeignete 2. Sportart	ungeeignete 2. Sportart
Fechten	Sport im Freien, Radfahren, leichtes Gewichtheben, Ski, Handball, Schwimmen (nach dem Wettkampf)	Schwimmen (vor dem Wettkampf: ermüdende Wirkung)
Judo (und Selbstverteidigungssportarten)	Leichtathletik (insbesondere Laufen und Springen), Mannschaftsballspiele (Volleyball), Sport im Freien, Rückenschwimmen	Reiten, Gewichtheben
Bogenschießen Schießen	Leichtathletik, Rudern, Gehen, Yoga, Fußball, Handball	
Ringen	Basketball, Schwimmen, Judo, Rudern, Sport im Freien	
Boxen	Schwimmen, Volleyball, Sport im Freien	

3. Mannschaftssportarten

Hauptsportart	geeignete 2. Sportart	ungeeignete 2. Sportart
Fußball	Tennis, Leichtathletik (Sprint), leichtes Gewichtheben	
Rugby	Alle; Judo zur Disziplinierung der Körperbewegung	
Volleyball	Leichtathletik (Laufen), Fußball, Sport im Freien	Gewichtheben
Basketball	Alle, besonders Sport im Freien, Leichtathletik (Springen)	
Handball	Alle, Sport im Freien: Gehen, Laufen auf unterschiedlichem Boden	
Rasenhockey	Tennis, Volleyball	
Eishockey	Schlittschuhlauf (allgemein und Langlauf), Tennis, Volleyball	
Wasserball	Fechten, Gymnastik, Handball	

Welcher Sport im welchem Alter?

Altersklasse	Alter (Jahre)	Erstes Training	Erste Wettkämpfe
	3	Skifahren, Schlittschuhlauf	
	4	Radfahren	
	5	Schwimmen, klassischer Tanz, Rollschuhlauf, Baby-Basketball	
Kinderklasse 6–10	6	Ponyreiten, Skischule, Rollschuhlauf, erste Judoübungen, Fußball zu fünft, Skateboard	
	7	Kunstturnen, Tischtennis, Tennis, Karate, Segeln (Optimist-Dingi), Laufen (Jogging), Baseball, Badminton, Softball	Bicycle Moto-Cross
	8	Klassischer Tanz, Fechten, Trampolin, Rasen- und Eishockey, Fußball, erstes Boxen, Ringen, Motorradsport, Golf	Skilaufen, Karate
	9	Handball, Judo, Bogenschießen, Tauchen mit oder ohne Anzug, Ponyreiten, Windsurfen, Minibasketball, Go-Kart, erstes Rugbyspiel, Segeln, Squash, Baseball	Eiskunstlauf, Radwandern, Rollschuhlauf
	10	Pelota, Boxen, Wasserski, Bergwandern, Kanu/Kajak, Leichtathletik, Kunstspringen	Eishockey, Go-Kart, Ponyreiten, Tennis, Schwimmen, Windsurfen, Baseball
Schülerklasse B	11	Eisschnellauf, Surfen	
	12	Rudern, Bergsteigen, Bowling, Gleitschirmfliegen, erste Ansätze zum Fallschirmspringen	Judo, Rasenhockey, Fechten, Tischtennis, Handball, Fußball, Golf, Kanu/Kajak, Squash, Badminton, Pelota, Motorradsport
Schülerklasse A	13	Volleyball, Wasserball, klassischer Basketball, Reiten	Gymnastik, Wasserski, Kanu/Kajak, Segeln (Optimist-Dingi), Reiten, Rudern, Rugby
	14	Selbstverteidigungssportarten, American Football	Boxen, Trampolin, Ringen, Radfahren
Jugendklasse B	15, 16	Gewichtheben, Segelflug, Hochseesegeln, Drachenfliegen	Volleyball, Eishockey, Schießen, Bowling
Jugendklasse A	17, 18	Fallschirmspringen (aus dem Flugzeug)	Wasserball, Gewichtheben, Segelfliegen, Fallschirmspringen, American Football

säule), ist von einer zweiten die Wirbelsäule beanspruchenden Sportart abzuraten (z. B. Reiten, Judo oder Gewichtheben).

Einer Sportart, die kurze und intensive Anstrengungen verlangt, sollte eine Ausdauersportart entgegengesetzt werden, die das Herz und die Lungen zu einer gleichmäßigen Arbeit zwingt. Betreibt das Kind eine Sportart, die ein Bein oder einen Arm besonders beansprucht, sollte ihm eine sportliche Betätigung empfohlen werden, die den ganzen Körper gleichermaßen trainiert.

Das Kind braucht eine vielseitige körperliche Ertüchtigung, die seiner natürlichen Neigung zu unterschiedlichen sportlichen Aktivitäten entspricht. Auch ein unsportliches Kind sollte zu einfachen körperlichen Betätigungen wie Schwimmen, Fahrradfahren, Wandern oder Laufen angehalten werden, die die allgemeine Muskelentwicklung, den Gleichgewichtssinn und die Koordination der Muskelbewegung fördern sowie Herz und Lunge kräftigen.

Es gibt einfache Grundregeln, um zu entscheiden, welche Sportarten einander ergänzen bzw. nicht zueinander passen: Freiluftsport ergänzt Hallensport; Mannschaftssport ergänzt Einzelsport.

AB 40 JAHRE

Sportliche Aktivitäten tun dem Körper in jedem Alter gut – ab etwa 40 Jahren ist jedoch eine gewisse Vorsicht angeraten. Nach einer längeren Pause müssen bei 2 bis 3 halbstündigen Sportterminen pro Woche etwa 3 Monate Training gerechnet werden, bis die frühere Form wieder erreicht ist. Die wichtigste Vorbeugemaßnahme ist der regelmäßige Besuch beim Arzt, bei dem auch ein Elektrokardiogramm erstellt und der Blutdruck gemessen werden sollte. Drei Fälle sind möglich:

– *Fortgesetzte sportliche Betätigung:* Dieser Mensch hat immer Sport betrieben, trinkt und raucht wenig oder gar nicht, ist nicht auf Hochleistung programmiert. Er trägt geringe Risiken. Ein paar Sportarten sind für ihn weniger geeignet, wie z. B. Mannschaftssportarten, andere (Tennis, Golf, Bogenschießen, Segeln) bieten sich eher an. Einfache Sportarten wie Schwimmen, Radfahren, Skilanglauf und Jogging kommen für diejenigen in Frage, die einen Sport ohne Leistungsdruck betreiben wollen.

– *Spätstarter:* Dieser Mensch hat nie Sport betrieben und möchte nun damit anfangen. Der 40jährige Anfänger muß als ›Jugendlicher‹ betrachtet werden und sollte sich vom Arzt auf seine körperliche Leistungsfähigkeit unter besonderer Berücksichtigung von Knochen, Gelenken und Herz untersuchen lassen. Er sollte den Sport seiner Wahl erst betreiben, wenn er die wichtigsten Bewegungsabläufe in Anfängerübungen erlernt hat, sollte regelmäßig trainieren und Intensität und Dauer allmählich steigern. Sportarten mit einem möglichst geringen Verletzungs- oder kardiovaskulären Risiko sind zu bevorzugen.

– *Neubeginn nach einer Pause:* Dieser Mensch hat seit einigen Jahren keinen Sport mehr betrieben und möchte nun wieder anfangen. Für ihn besteht ein großes Risiko, da er versuchen wird, sofort wieder auf seinen alten Leistungsstand zu kommen. Er ist damit verletzungsgefährdet und muß mit kardiovaskulären Risiken rechnen, insbesondere wenn er trinkt, raucht und übergewichtig ist. Er sollte anfangs schnell gehen, längere Strecken langsam laufen, Gymnastik betreiben, schwimmen, und sich so wieder an sportliche Anstrengung ge-

KÖRPER UND GESUNDHEIT

SPORT UND LEISTUNGSFÄHIGKEIT

wöhnen oder aber Sportarten versuchen, bei denen Technik oder Geschicklichkeit im Vordergrund stehen. Mannschaftssport ist ebenso zu vermeiden wie Squash oder Tennis im Einzelspiel, da sich diese Sportarten zu stark auf Herzrhythmus und Blutdruck auswirken. Erst nach einer gründlichen ärztlichen Untersuchung mit einer Leistungsprüfung auf dem Fahrradergometer oder einem Rollband und nach der Erstellung eines Elektrokardiogramms kann grünes Licht für risikoreiche Sportarten gegeben werden.

AB 55 JAHRE

Menschen ab 55 Jahren sind regelmäßige körperliche Aktivitäten, möglichst in einer Gruppe, dringend anzuraten. Eine ärztliche Untersuchung sollte zweimal jährlich erfolgen. Zwischen 20 und 60 Jahren verringern sich die wichtigen biologischen Funktionen um 15 bis 20 %, so daß eine ausreichende Reserve für sportliche Betätigungen bleibt. Zudem haben wissenschaftliche Studien ergeben, daß ältere Menschen zwischen 60 und 96 Jahren bei regelmäßiger Körperertüchtigung nach einem Jahr eine Steigerung der Beweglichkeit von Schulter-, Hüft- und Kniegelenken um 25 % vorweisen können. Dennoch ist Vorsicht geboten: Man sollte seinem eigenen Rhythmus folgen, sich nicht bemühen oder zwingen, andere zu übertreffen, aufhören können, wenn Schmerz oder Ermüdung auftreten, nach einer Unterbrechung langsam wieder anfangen und nicht den Ehrgeiz haben, es den jungen Leuten zu zeigen.

Seniorengymnastik. Sie trainiert insbesondere Gelenke, Muskeln und Atmungssystem und sollte sich nach dem folgenden Schema richten: Aufwärmen oder Fitmachen, Übungen und Ausruhen, wobei sich die Länge der Phasen am vorgesehen Programm orientieren muß. Die Übungen selbst können von rhythmischer, beschwingender Musik begleitet werden, die zum Ausklang wieder langsamer wird. In der Gymnastikstunde werden Übungen zur Förderung der Beweglichkeit der Gelenke, der Geschmeidigkeit und zur Kräftigung der Muskeln sowie Atemübungen durchgeführt. Diese Übungen können kurz (5 bis 15 Minuten) und damit an Anfängergymnastik ausgerichtet sein oder auch länger dauern (20 bis 30 min).

Andere Aktivitäten können an die Stelle der Seniorengymnastik treten, z. B. Tanzen in der Gruppe oder alleine, körperliche Ausdrucksformen, Entspannung und Yoga.

Sportliche Aktivitäten. Besonders empfohlen werden:
– Gehen: die Grundbewegungsart des Menschen; langsames oder schnelles Gehen, auch längere Strecken, wenn Pause gemacht und etwas getrunken werden kann. Bei Geländelauf ist große Vorsicht geboten.
– Schwimmen, wenn man sich nicht unter Leistungsdruck setzt.

– Radfahren, Tretbootfahren oder Radwandern in flachen Gebieten (bei Arthrose im Knie verboten).
– Skiwandern; Tennis im Doppel, jedoch nur mit gleichaltrigen und gleichstarken Partnern; Minigolf, Tischtennis, Bogenschießen, Angeln und Segeln werden oft empfohlen.

Das Kriterium für die Intensität der Aktivität ist, daß der ältere Mensch während der Übung noch eine Unterhaltung aufrechterhalten kann. Zu vermeiden sind: Kontakt-, Kampf- oder reine Kraftsportarten, Mannschaftssport (außer Freizeitbasketball oder Volleyball) und Reiten (aufgrund des Sturzrisikos bei unroutinierten Reitern). Auf jeden Fall sollte auf jeden Leistungs- oder Wettkampfehrgeiz verzichtet werden.

Gymnastik zur Erhaltung der Beweglichkeit. Sie ist für unsportliche Menschen gedacht oder solche, denen es nicht liegt, täglich Fitnessübungen zu machen. Es handelt sich im wesentlichen um eine Krankengymnastik, die behutsam, mit allmählichen Steigerungen, und nicht schmerzhaft vorgehen soll.

SPORT UND SCHWANGERSCHAFT

Bei einer Schwangerschaft ist von jeder intensiven körperlichen Aktivität und von jeder Sportart, die ein großes Verletzungsrisiko oder die Gefahr von Erschütterungen des Unterleibs (Ski, Reiten, Mannschafts-, Kampfsport), ausdrücklich abzuraten. Das gleiche gilt für Risikosportarten (Rennfahren, Motorradsport, Fallschirmspringen).

Empfehlenswert sind dagegen weniger anstrengende körperliche Aktivitäten, die während der Schwangerschaft weitergeführt werden können, wie Gehen, Schwimmen und Fitneßgymnastik.

Nach der Entbindung können die sportlichen Aktivitäten nach ein bis zwei Monaten nach Konsultation des behandelnden Arztes wieder aufgenommen werden.

DIE VORZÜGE DES SPORTS

Sport wirkt sich positiv aus:
– auf die allgemeine körperliche Gesundheit. Sport hat vorbeugende Wirkung bei Überernährung, bei Schlafproblemen usw.
– im medizinischen Bereich. Körperliche oder sportliche Aktivität unterstützt den Heilungsprozeß bei zahlreichen Leiden: z. B. nach einem Herzinfarkt;
– auf den psychischen Bereich. Sport ist ein Ausgleichsfaktor. Sport fördert die zwischenmenschlichen Beziehungen (Teamgeist, Geselligkeit) und das Gefühl des Wohlbefindens. Sport ist auch ein Mittel gegen den Streß.

– bei Verletzungen. Sport erhöht die Belastbarkeit von Knochen und Gelenken, Sehnen und Muskeln und verringert dadurch die Verletzungsgefahr.
– im physiologischen Bereich. Sport begünstigt eine ausgewogene Entwicklung, die motorische Koordination, die Geschmeidigkeit und die Kontrolle über die Bewegungen; Sport hält die Gelenke und Bänder beweglich und geschmeidig; ermöglicht eine bessere Anpassung an Anstrengungen; verlangsamt das Altern der kardiovaskulären, Muskel- und Atmungssysteme.

Sport wirkt vorbeugend gegen:
– *Osteoporose,* durch Vergrößerung der Knochenmasse und Bremsung des altersbedingten physiologischen Knochenschwunds;
– *erhöhten Blutdruck,* durch bessere Anpassung der kleinen und großen Gefäße an die Anstrengung, die flexibler werden und sich leichter ausdehnen und dadurch blutdrucksenkend wirken;
– *Arteriosklerose.* Ausreichend intensive und fortgesetzte körperliche Ertüchtigung schützt die Arterienwand durch Erhöhung der ›guten‹ Cholesterinwerte und führt zu einem deutlichen Rückgang der Blutfette.

Sport trägt ferner dazu bei, die Lebenserwartung zu erhöhen. Tatsächlich kann man sein Leben um 1 bis 2 Jahre verlängern, wenn man pro Woche 6 bis 8 Stunden radfährt oder Tennis spielt, 4 Stunden joggt oder 15 km schnell geht.

RISIKEN DES SPORTS

Das größte Sportrisiko sind die Verletzungen:
– Gefahr schwerer Verletzungen (Boxen, Reiten, Rugby, Trampolin usw.);
– große Traumata mit Gefahr von Folgeschäden (Knochenbrüche, wiederholte Verstauchungen und Verrenkungen, Zerrungen, Muskelzerrungen usw.);
– kleine Traumata infolge von Überbeanspruchung oder Überlastung von Muskeln, Bändern oder Gelenken, die erst verspätet entdeckt werden (Schädigung des Wachstumsknorpels bei Kindern und Jugendlichen, insbesondere am Knie oder an der Wirbelsäule; Ermüdungsbrüche der Arm- oder Beinknochen; Sehnenentzündungen an verschiedenen Stellen [Knie, Handinnenflächen, Fersen usw.] und Knochenhautentzündung am Bein);
– langfristig Spätererkrankungen.

Die meisten dieser Unfälle oder Verletzungen sind auf zu intensives Training, ungenügende Vorbereitung, Verwendung ungeeigneten Materials, falsche Ernährung oder den Verzicht auf eine ärztliche Überprüfung der Leistungsfähigkeit zurückzuführen. Dies gilt insbesondere für Teilnehmer an Langstreckenläufen (20 km, Marathon, verschiedene Geländeläufe) im Rahmen von Veranstaltungen des ›Breitensports‹, die ihre Kräfte nicht einteilen und ihren körperlichen Leistungsstand nicht beurteilen können. Ein hohes Herzrisiko besteht in solchen Fällen jedoch nur bei Menschen mit Herzanomalien.

Physiologische Parameter bei Sportlern und bei sitzender Lebensweise										*Höchstwerte □ Alter in Jahren
		Herzfrequenz pro min	Herzschlagvolumen in ml	Herzminutenvolumen in l	Atemfrequenz pro min	Atemzugvolumen in l	Atemminutenvolumen in l	Sauerstoffverbrauch in ml/min/kg	Sauerstoffverbrauch durch die Muskeln bei Anstrengung	Elektrokardiogramm
Sitzende Lebensweise	Ruhe	60–80	40–60	5	12–15	0,5	8	3–5		normal
	Anstrengung*	220 – □	100	20	30–40	2,5	100	35–45	gut	
Leistungssportler	Ruhe	40–50	100	5	10–12	0,5–0,7	8	3–4		Bedeutende Veränderungen möglich
	Anstrengung*	220 – □	160–170	40	30–60	3,5	160–200	70–80 oder +	stark erhöht	

KÖRPER UND GESUNDHEIT

SCHÖNHEIT UND GESUNDHEIT

HAUTPFLEGE

Rasur. Die Naßrasur entfernt die Haare gründlicher, kann aber zu allergischen Reaktionen führen. Die Trockenrasur mit dem Elektrorasierer ist bei empfindlicher Haut anzuraten. Zu einer sorgfältigen Rasur gehört die Vorbehandlung der Haut und der Barthaare.

Entfernung der Körperhaare. Die Entfernung der Körperbehaarung wird aus ästhetischen und hygienischen Gründen vorgenommen.

Durch Rasieren können Haare am schnellsten entfernt werden. Sie wachsen jedoch wieder dicht nach, und die Epidermis wird stoppelig wie beim Bart. Diese Methode ist daher für das Gesicht nicht zu empfehlen, kann jedoch bei der Achsel- und der ›Bikini‹-Rasur angewendet werden. Nachwachsen der Haare: nach drei Tagen.

Die Epilation (Ausreißen der Haare) ist die wirksamste Methode. Das Haar wächst immer langsamer nach, die Haut bleibt weich. Diese Technik ist ideal für Beine, Achseln (heißes oder kaltes Wachs) und Gesicht (lauwarmes Wachs). Nachwachsen der Haare: nach 6 bis 8 Wochen.

Bei der Depilation (Entfernung der Haare mit chemischen Mitteln) bleibt die Wurzel des Haares intakt, das Haar wächst relativ dicht nach, und die Haut wird schnell stoppelig. Nachwachsen der Haare: nach 2 bis 3 Wochen.

Sonne. Sonnen tut der Haut gut, sofern elementare Vorsichtsregeln beachtet werden: sich allmählich an die Sonne gewöhnen; in der Mittagszeit keinen Sport treiben; eine Sonnenbrille und einen Hut tragen.

Zu lange Sonnenbestrahlung kann gefährlich werden und Sonnenbrand und Nesselsucht, durch Beschädigung der Strukturfasern der Lederhaut mittelfristig vorzeitiges Altern, langfristig Hautkrebs hervorrufen.

Make-up. Eine Frau schminkt sich in erster Linie, um sich selbst zu gefallen und um ihr Bild von ihrer Persönlichkeit vor anderen besser zur Geltung zu bringen.

Die verschiedenen Kosmetika sollten sorgfältig ausgewählt werden:
– Grundierung: Sie sollte nicht zur ›Maske‹ werden, sondern durch Verdeckung von Hautunreinheiten den Teint verbessern;
– Puder: Er sollte nicht sichtbar sein und den Teint nur matt machen;
– Rouge: wichtiger Make-up-Bestandteil. Es kann für das ›gute Aussehen‹ als ›Blusher‹ benutzt werden. Als Creme kann es die Gesichtsform modellierend korrigieren;
– Lidschatten: Er muß nicht unbedingt dieselbe Farbe haben wie die Augen. Oft ist die Wirkung besser, wenn er auf die Farbe der Kleidung abgestimmt wird;
– Lidstrich: Er zeichnet die Form des Auges mehr oder weniger intensiv nach;
– Lippenstift: er muß nicht immer eine kräftige Farbe haben. Lipgloss kann eingesetzt werden, um die Lippen natürlich schimmern zu lassen oder um ein gelungenes Lippen-Make-up hervorzuheben.

HAARPFLEGE

Farbänderungen. Farbänderungen bei Haaren nennt man auch ›Färbungen‹. Wenn jemand sein Haar färbt, will er damit seine grauen Haare und somit sein Alter verbergen, seine natürliche Haarfarbe ändern oder die natürliche Farbe auffrischen. Es gibt verschiedene Arten von Farbänderungen:
– Auswaschbare, die die natürliche Farbe betonen, das Haar zum Glänzen bringen oder bei grauen Haaren den Gelbschimmer beseitigen (Tönungsfestiger, Spülungen, Glanzshampoos). Diese Mittel waschen sich mit der nächsten Haarwäsche aus.
– Direkte oder semipermanente, die die natürliche Farbe hervorheben oder graue Haare bis zu 30 % abdecken (Cremes und Schaum). Sie halten etwa 4 Wochen lang und verblassen mit jeder neuen Haarwäsche.
– Permanente, auch ›Oxidationshaarfarben‹, die graue Haare abdecken und braune, kastanienrote oder aschblonde Haare aufhellen (Shampoos, Cremes oder Gele). Etwa alle 6 Wochen muß der Haaransatz nachgefärbt werden. Diese Färbung verblaßt nicht.
– Haarbleichmittel, das eine Farbe völlig verändert und bis zu ›platinblond‹ aufhellen kann (bleichendes Shampoo + färbendes Shampoo). Der Haaransatz muß alle zwei Monate nachgefärbt werden. Die Farbe verändert sich nur bei erneuter Bleichung. Zur leichteren Farbauswahl wurde, trotz verschiedener Präparate, eine einheitliche Farbtonskala entwickelt. Sie umfaßt 9 Töne, die von dunkel nach hell abgestuft sind: schwarz / dunkelbraun / mittelbraun / hellbraun / kastanie / dunkelblond / blond / aschblond / hellblond. Die Zwischenstufe zwischen zwei Farben ist ›1 Ton‹. Für eine natürliche Färbung wird empfohlen: 1. die eigene Haarfarbe genau zu begutachten; 2. nicht mehr als 1 Ton dunkler und nicht mehr als 2 Töne heller zu färben.

DIE GLATZE

Die Glatzenbildung beim Mann ist auf einen Überschuß an männlichen Hormonen (Testosteron) zurückzuführen. Jeder 4. Mann muß damit rechnen, und oft spielt das Erbgut eine Rolle. In diesem Fall tritt sie sehr früh ein: Der Haarausfall setzt schon in jungen Jahren ein und führt schnell zu Kahlköpfigkeit. Ein Mann, der mit 30 Jahren noch die Hälfte seines Kopfhaars besitzt, wird niemals ganz kahl werden. Wenn er die ersten größeren Haarmengen mit etwa 50 Jahren verliert, werden ihm auch im Alter genügend Haare bleiben.

Vom Haarausfall (Alopezie) sind mehr Männer als Frauen betroffen. Es wurde jedoch festgestellt, daß auch Frauen zunehmend Haare verlieren. Die eigentliche Ursache für den Haarausfall ist unbekannt. Man kann den Haarausfall zwar bremsen und die Glatzenbildung hinauszögern, aber es gibt kein Mittel, das die Haare wieder zum Wachsen bringt. Verschiedene Techniken (Haarersatz oder Chirurgie) eröffnen dem Mann oft erfolgreich Alternativen zur Glatze.

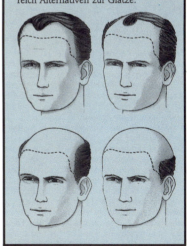

SONNENBAD

Neigung zu Sonnenbrand. Etwas natürlicher Schutz, wird nicht leicht braun.
4. *Blonde mit heller Haut.* Neigung zu Sonnenbrand. Relativ großer natürlicher Schutz, normale Bräunung.
5. *Dunkelblonde mit matter Haut.* Großer natürlicher Schutz, wird schnell braun.
6. *Dunkelhaarige mit matter Haut.* Sehr großer Schutz, wird sehr schnell braun.

Das Sonnenschutzmittel sollte dem Lichtempfindlichkeitstyp entsprechend ausgewählt werden: Je stärker die Lichtempfindlichkeit, desto höher sollte der auf dem Produkt angegebene Lichtschutzfaktor sein.

Die Bräunung setzt zwischen dem 2. und 4. Tag nach dem ersten Sonnenbad ein.

Je nach Hautreaktion auf die Sonne können 6 *Lichtempfindlichkeitstypen* unterschieden werden.
1. *Rothaarige mit milchweißer Haut und Sommersprossen.* Neigung zu Sonnenbrand. Sehr geringer natürlicher Schutz, wird nicht leicht braun.
2. *Rotblonde mit heller Haut und goldblondem Haar.* Ein paar Sommersprossen und Neigung zu Sonnenbrand. Geringer natürlicher Schutz, wird nicht leicht braun.
3. *Rotbraune mit heller Haut und rotbraunem Haar.* Ein paar Sommersprossen.

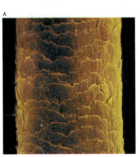

A · **Gesundes Haar** unter dem Rasterelektronenmikroskop. Das Haar ist mit ›Schuppen‹ bedeckt, die die Haarkutikula bilden und flach anliegen.

B · **Gespaltenes Haar.** Die Kutikula kann durch mechanische oder chemische Einwirkungen beschädigt werden. Solange der Haarbalg gesund ist, kann sich das Haar jedoch wieder regenerieren.

977

SCHÖNHEIT UND GESUNDHEIT

KÖRPERPFLEGE

Zellulitis. Im engeren Sinne ist Zellulitis eine schmerzhafte Entzündung des Unterhautgewebes. Allerdings verwendet man diese Bezeichnung meist für Fettablagerungen an einigen zentralen Stellen des weiblichen Körpers: Oberschenkel, Taille, Gesäß, Knie. Es handelt sich dabei wahrscheinlich um eine Vorsichtsmaßnahme der Natur, die der Frau das Gebären und Stillen eines Kindes auch in Hungerzeiten ermöglichen sollte. Die Zellulitis wäre also eine ›Fettreserve‹, die heute nicht mehr nötig ist.

Dieses ›weibliche‹ Fett ist zwar normal, aber bei starker Zellulitis muß behandelnd eingegriffen werden. Verschiedene erbliche, ethnische o. a. Faktoren können bei sonst dünnen Frauen eine Neigung zu zellulitischen Fettüberschüssen bedingen.

Diese Ablagerungen können sich bei Nichtbehandlung vergrößern und hart, matratzenartig und schmerzhaft werden. Abhilfe ist möglich durch:
– eine ausgewogene Ernährung ohne übermäßig viel Fett, Zucker, Alkohol;
– regelmäßige körperliche Übungen;
– medizinische Behandlung: Regulierung des Hormonhaushalts oder der Verdauung;
– eine Psychotherapie zum Abbau von Streß oder Ängsten;
– die Verwendung passiver gymnastischer Geräte;
– die Anwendung kosmetischer Cremes, die den Kreislauf fördern und alte Fettablagerungen weich machen;
– den Einsatz chirurgischer Methoden zur lokalen Fettentfernung.

ZAHNPFLEGE

Der Fortschritt der Technik ermöglicht die Korrektur fast sämtlicher Zahnprobleme.

Fehlerhafte Zahnstellung. Der Kieferorthopäde ist der Experte, der die besonderen Techniken, die zur Korrektur einer fehlerhaften Zahnstellung notwendig sind, beherrscht. Nach einer Voruntersuchung, bei der das Gebiß geröntgt, ein Gebißabdruck gemacht wird usw., beginnt die eigentliche langwierige Behandlung: sie dauert mindestens 6 Monate, kann sich aber bei einem Kind, bei dem die Zähne noch wachsen, bis zu 3 Jahre hinziehen. Früher wurde empfohlen, möglichst früh mit der Korrektur fehlerhafter Zahnstellungen zu beginnen; heute wird geraten, erst ab 12 Jahren mit der kieferorthopädischen Behandlung anzufangen – bei Erwachsenen hat diese Behandlung hervorragende und dauerhafte Erfolge gezeigt. Die kieferorthopädischen Apparate für Erwachsene sind leichter und insbesondere weniger auffällig als bei Kindern. In beiden Fällen geht es allerdings nicht ohne eine sehr strenge Hygiene, vor allem bei festsitzenden Apparaten.

Beschädigte Zähne. Zwei Reparaturmöglichkeiten bieten sich an: die keramische *Jacketkrone* im Falle einer völligen Devitalisierung, die den Zahn völlig ›ummantelt‹ und ihn verbirgt, oder der Ersatz des fehlenden Teils, wenn der Zahn lebt und in gutem Zustand ist. Der fehlende Zahnschmelz wird durch eine Substanz ersetzt, die durch einen Lichtstrahl fixiert und gehärtet wird. Der Zahnarzt stimmt die Farbe dieser Substanz auf die Zahnfarbe des Patienten ab.

Fehlende Zähne. Wenn der Zahn devitalisiert wurde und noch ein mehr oder weniger großer Stumpf und die Wurzel vorhanden sind, wird empfohlen:
– ein *Stiftzahn*, wenn der Zahnstumpf ziemlich klein ist. Dieser Zahnstumpf wird bis zum Zahnfleisch abgetragen und durch einen Keramikzahn ersetzt, der mit einem Metallstift im Zahnwurzelkanal verankert wird;
– eine *Krone*, die den noch verwendbaren Zahnstumpf überdeckt, ratsam bei stark beanspruchten Zähnen. Die Kronen können aus Metall bestehen, werden aber mit einer Keramikmasse überzogen.

Wenn der Zahn gezogen wurde und keine Wurzel mehr vorhanden ist, bietet sich die Brücke als Lösung an, die einen oder mehrere Zähne umfassen kann. Die Brücke muß links und rechts von der Lücke an zwei anderen Zähnen befestigt werden, die, auch wenn sie noch gesund sind, überkront werden müssen.

SCHÖNHEITS-CHIRURGIE

Bei der sog. ›Schönheitschirurgie‹ oder ›plastischen Chirurgie‹ werden chirurgische Eingriffe vorgenommen, die für den Operierten auch psychologisch bedeutsam sind. Sie sorgt dafür, daß der Mensch sich ›wohl in seiner Haut‹ fühlt. Das Tätigkeitsfeld dieser Art der Chirurgie hat durch verfeinerte Techniken und neue Instrumente eine erhebliche Ausweitung erfahren.

Korrigierende Chirurgie. Die Eingriffe konzentrieren sich auf:
– die Nase *(Rhinoplastik)*. Vorausgehen muß eine morphologische Untersuchung. Nachdem innere Schnitte vorgenommen wurden, wird das Knochen- und Knorpelgerüst umgeformt. Lokale Anästhesie; keine Narbe. Krankenhausaufenthalt: 2 bis 4 Tage; Folgen: 2 Wochen Gipsverband, blaue Flecken. Ergebnis: nach 6 Monaten sichtbar.
– die Ohren. Umformung des Knorpels und Bildung der fehlenden Krümmungen und Wölbungen. Narben hinter dem Ohr sichtbar, aber nicht auffällig. Allgemeinanästhesie; Krankenhausaufenthalt: 24 Stunden; schmerzhafte Folgen (Verband 10 bis 15 Tage); Ergebnis: sofort sichtbar.
– die Tränensäcke. Einschnitt unmittelbar unter den Wimpern und Entfernung des überschüssigen Fetts. Keine Narbe. Krankenhausaufenthalt: 24 Stunden; Folgen: Ziehen der Fäden am 4. Tag. Etwa 10 Tage lang blaue Flecken. Ergebnis: nach 1 Monat sichtbar.

– zu kleine Brüste. Einsetzen einer Silikonprothese zwischen Drüse und Muskel. Einschnitt unterhalb des Warzenhofs, unter der Brust oder unter der Achsel. Unauffällige Narben. Allgemeinanästhesie. Krankenhausaufenthalt: 3 Tage. Folgen: 10 Tage Ruhigstellung. 1 Monat große Vorsicht. Ergebnis: nach einem Monat sichtbar.
– zu große Brüste. Entfernung eines mehr oder weniger großen Teils der Drüse und der Haut. Völlige Neuformung der Brust. Große Einschnitte. Sichtbare Narben. Allgemeinanästhesie. Krankenhausaufenthalt: 4 Tage. Folgen: 1 Monat Ruhigstellung, große Vorsicht, ununterbrochenes Tragen eines Büstenhalters. Ergebnis: nach gut einem Monat sichtbar.
– Zellulitis. Das Fett wird bei Lokalanästhesie abgesaugt. Unauffällige Narben. Ohne Krankenhausaufenthalt oder Folgen. Ergebnis: sofort.

Chirurgie gegen das Altern. Beim Facelifting werden Hautfalten durch Herausschneiden von Hautstreifen entfernt. Einschnitte in der Kopfhaut und an den Ohren entlang. Sehr unauffällige Narben. Allgemeinanästhesie. Krankenhausaufenthalt: 1 Woche. Folgen: schmerzhaft. 2 Tage lang Verband. Ziehen der Fäden nach 8 Tagen. 15 Tage Ruhigstellung. Blaue Flecken: 3 Wochen. Ergebnis: nach drei Monaten sichtbar.

Weitere Eingriffe an:
– herabhängenden Augenlidern. Einschnitt in der oberen Lidfalte und Entfernung der überschüssigen Haut. Keine Narbe. Lokale oder Allgemeinanästhesie. Krankenhausaufenthalt, Folgen und Ergebnis mit der Tränensackoperation vergleichbar.
– Hängebrüsten. Eingriff vergleichbar mit der Operation bei zu großen Brüsten.

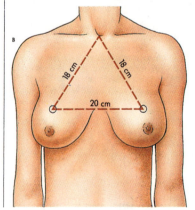

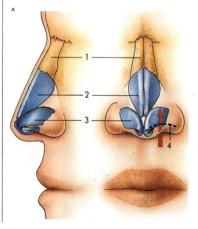

A · Verkleinernde Rhinoplastik.

Das Knochen- und Knorpelgerüst der Nase von vorn und von der Seite.
1. Der Nasenrücken wird von den Nasenbeinen gebildet, die in der Mitte durch Zusammenwachsen die Nasenscheidewand formen.
2. Der knorpelige Nasenrücken wird von den beiden ›seitlichen Nasenknorpeln‹ gebildet, die die knorpelige Scheidewand bilden.
3. Nasenflügelknorpel, dessen Form die Form von Nasenflügeln und Nasenspitze vorgibt.
4. Ansatz des Schnittes.
Bei jeder Operation ist die ästhetische Entscheidung für den Erfolg ausschlaggebend.

B · Brustplastik.

Es gibt viele Arten der Brustplastik: Vergrößerung, Verkleinerung usw. Bei einer Verkleinerungsoperation muß der spätere Sitz von Warzenhof und Brustwarzen bestimmt werden.
Es gibt verschiedene Zugangswege, um Prothesen unter die Milchdrüse zu plazieren (Achsel, unter dem Warzenhof, unter der Brust).

KÖRPER UND GESUNDHEIT

VORBEUGUNG UND FRÜHERKENNUNG

BEI DER SCHWANGEREN FRAU

Bestimmte Vorsorgemaßnahmen sind nötig, um die werdende Mutter und insbesondere das Kind während seiner Entwicklung im Uterus zu schützen. Diese Maßnahmen umfassen die Beachtung allgemeiner präventiver Regeln und die Beobachtung der Schwangerschaft.

Allgemeine Regeln:
– Die Ernährung der schwangeren Frau muß abwechslungsreich und ausgewogen sein, damit das Kind alles erhält, was es braucht; die Nahrung muß besonders viel Calcium (Milchprodukte), Eisen (Spinat, Linsen), Eiweiß (Fleisch, Fisch, Eier), Vitamine und Mineralstoffe (frisches Obst und Gemüse) enthalten; sie sollte nur mäßig gesalzen sein; das Fleisch sollte gut gegart werden, um die Parasiteninfektion Toxoplasmose, die für den Fetus gefährlich werden könnte, zu vermeiden (insbesondere Schaf- und Schweinefleisch).
– Die schwangere Frau sollte Alkohol und Tabak meiden.
– Sie sollte keine Medikamente einnehmen, ohne den Arzt zu befragen; die Einnahme von nicht verordneten Arzneimitteln ist insbesondere in den ersten drei Schwangerschaftsmonaten gefährlich, da einige Medikamente Mißbildungen verursachen können.
– Sie sollte lange Autofahrten, riskante sportliche Aktivitäten und zu schwere Lasten meiden.
– Dagegen kann die sexuelle Aktivität während der ganzen Schwangerschaft fortgesetzt werden, wenn letztere normal verläuft.
– Schließlich sollte die schwangere Frau so weit wie möglich den Kontakt mit Menschen vermeiden, die an einer Infektionskrankheit leiden, insbesondere Röteln, falls sie diese Krankheit nicht schon vor der Schwangerschaft hatte (Gefahr von Mißbildungen im ersten Schwangerschaftsdrittel).

Die Schwangerenfürsorge ist ein wichtiger Teilbereich der Gesundheitshilfe zum Schutz der Schwangeren vor Komplikationen des Schwangerschafts- und Geburtsverlaufs. Sie erfolgt auf der Grundlage gesetzlicher Regelungen, die ärztliche Betreuung, soziale und fürsorgerische Maßnahmen einschließen. In der Bundesrepublik Deutschland gehört zu den gesetzlichen Grundlagen auch der Beschluß des Bundestages von 1965. Ferner hat der Bundesausschuß der Ärzte und Krankenkassen 1965 Mutterschaftsrichtlinien erlassen (neue Fassung 1975). In diesen Mutterschaftsrichtlinien sind für die *Untersuchung Schwangerer* eine Reihe obligater Maßnahmen festgelegt: für die *Erstuntersuchung* unter anderem Feststellung von Blutdruck, Körpergewicht und Urinstatus, Hämoglobin- und Blutgruppenbestimmung, Syphilissuchreaktion und Rötelnantikörper-Suchtest; für die weiteren *Kontrolluntersuchungen* außerdem die Überprüfung des kindlichen Wachstums und der kindlichen Herzreaktion sowie die Feststellung der Kindslage. Zwischen der 16. und 20. Schwangerschaftswoche ist dabei auch die erste Ultraschalluntersuchung ratsam. – *Risikoschwangerschaften,* so u. a. hohes Gebäralter (bei Erstgebärenden über 32, bei Mehrgebärenden über 40 Jahre), jugendliches Gebäralter (unter 16 Jahren), Vielgebärende, frühere ernste Geburtskomplikationen, wiederholte Fehlgeburten, vorangegangene Früh- oder Mangelgeburten, Zuckerkrankheit, Blutgruppenunverträglichkeit, regelwidrige Kindslage, erfordern einen für jede schwangere Frau vom betreuenden Arzt individuell angelegten *Betreuungsplan,* z. B. manchmal eine vorzeitige Klinikeinweisung.

Genetische Beratung, wenn möglich vor der Schwangerschaft, wird u. a. bei höherem Alter der Mutter sowie bei Fehlbildungen, Behinderungen oder Verdacht auf genetische Erkrankungen in der Familie empfohlen, ferner auch nach zwei oder mehr Fehl- oder Totgeburten. – Mit Hilfe der *pränatalen Diagnostik* (Ultraschalluntersuchung, Bestimmung des Alphafetoproteins, Entnahme von Fruchtwasser, Entnahme und Untersuchung von Chorionzotten) ist es heute möglich, mehr als 100 erbliche oder umweltbedingte Schäden auch schon lange Zeit vor der Geburt festzustellen. Je nach Fall kommt dann ein Schwangerschaftsabbruch, eine intrauterine Therapie oder eine Behandlung nach vorzeitiger bzw. rechtzeitiger Entbindung in Frage.

BEIM KIND

Die Erhaltung der Gesundheit des Kindes erfordert besondere Maßnahmen, die sich natürlich an seinem Alter orientieren müssen und um so wichtiger sind, als sie für seine Zukunft entscheidend sein können:
– Erkennung von Risikofaktoren, die die Anfälligkeit für bestimmte Krankheiten erhöhen;
– vorbeugende medizinische Maßnahmen, in erster Linie Impfungen.

Die Früherkennung von Krankheiten gehört ebenfalls in den Rahmen der präventiven Medizin.

Vorbeugung. Die folgenden Punkte bedürfen besonderer Beachtung:
– Die Ernährung muß abwechslungsreich sein und viel Eiweiß (Fleisch, Fisch, Eier), Calcium (Milchprodukte), Vitamine und Mineralstoffe (frisches Obst und Gemüse) enthalten.
– Zur Vorbeugung gegen Rachitis sollte das Kind bis zum Alter von 2 Jahren Vitamin D verabreicht bekommen (insbesondere wenn es wenig an die Sonne kommt).
– Regelmäßiges Zähneputzen ist wichtig, um Karies vorzubeugen.
– Die Prophylaxe vor ansteckenden oder übertragbaren Krankheiten stützt sich auf die Grundregeln der Hygiene, auf Impfungen und das Verbot des Schulbesuchs bei Infektion mit einer ansteckenden Krankheit.
– Auch der Verhütung von Unfällen sollte Beachtung geschenkt werden, da Unfälle die häufigste Todesursache bei Kindern zwischen 6 Monaten und 15 Jahren sind. 1/3 dieser Unfälle sind Verkehrsunfälle, 2/3 finden im Haushalt statt. Das kritische Alter für Unfälle im Haus ist die Altersspanne von 2 bis 4 Jahren (2/3 Jungen, 1/3 Mädchen). Die Eltern sollten verschiedene Vorkehrungen treffen: Arzneimittel in einer abschließbaren Hausapotheke aufbewahren; Putz- und Gartenspritzmittel außerhalb der Reichweite des Kindes unterbringen (vor allem gefährliche Substanzen nie in ›unverdächtige‹ Behälter umfüllen); einen Säugling nie allein auf dem Wickeltisch oder Kinder unter 2 Jahren alleine in der Badewanne lassen; Fenster und Treppen sichern, Plastiktüten für Kinder unzugänglich aufbewahren; keine Trockenfrüchte geben, bevor das Kind 4 Jahre ist; elektrische Verlängerungsschnüre aus der Steckdose ziehen ... Im Hinblick auf Verkehrsunfälle besteht die Aufgabe der Eltern hauptsächlich darin, dem Kind das richtige Verhalten als Fußgänger und Radfahrer beizubringen.

In der Pubertät steigt die Zahl der Selbstmorde; die Verhinderung von Selbstmordversuchen ist schwierig.

Schule und Gesundheit. Die *Schulgesundheitsfürsorge* ist die gesundheitliche Überwachung der Schüler während der gesamten Pflichtschulzeit an allgemeinbildenden und berufsbildenden Schulen durch den schulärztlichen Dienst der Gesundheitsämter. Da die Schulgesundheitsfürsorge die Möglichkeit hat, einen Überblick über die Gesundheit aller Kinder in dem wichtigen Lebensabschnitt von 6 bis 14 Jahren zu gewinnen, ist sie eine bedeutsame Fürsorgeeinrichtung. Mit der Ausdehnung der gesetzlichen Schulpflicht als Berufsschulpflicht auf die 15–18jährigen hat sich die gesundheitspolitische Aufgabe weiter gewandelt. Aus den Schulkindern sind Schüler geworden, deren körperliche und seelische Entwicklung weit in die Pubertät hineinreicht.

Aufgabe der Gesundheitsfürsorge sind die individuelle Überwachung der Leistungsfähigkeit und der Behandlungsbedürftigkeit, eventuell gesundheitliche und soziale Hilfsmaßnahmen (schulärztliche Sprechstunden); Aufstellung eines Gesundheitskatasters der Jugendalters (statistische Erfassung des Gesundheitszustandes der Jugend, z. B. durch Auswertung von Reihenuntersuchungen).

Im weiteren Sinne gehört zur Schulgesundheitsfürsorge auch die Seuchenbekämpfung nach dem Bundesseuchengesetz: Fernhaltung Infektionskranker zum Schutz vor Weiterverbreitung, regelmäßige Gesundheitsüberwachung der Lehrpersonen, Maßnahmen zur Erkennung der Tuberkulose.

Zu den Mitarbeitern der Schulgesundheitsfürsorge gehören neben Schularzt und Schulfürsorgerin auch die Lehrer. Sie werden daher auch mit Fragen der Gesundheitspflege und -erziehung vertraut gemacht. Die Überwachung der Schulhygiene und Durchführung der Schulgesundheitsfürsorge ist Aufgabe der Gesundheitsämter.

Der schulärztliche Dienst. Er besteht zunächst in Einschulungsuntersuchungen als Grundstock für spätere Reihen- und Sprechstundenuntersuchungen, auch mit Testverfahren. Reihenuntersuchungen verschiedener Schülerjahrgänge geben die Gewähr, daß alle Schulkinder in regelmäßigen Abständen untersucht werden; damit ist eine Früherfassung gesundheitlicher Schäden möglich. Der Schularzt steht mit den Ärzten, denen er behandlungsbedürftige Fälle überweist, in Verbindung. Bei Ausbruch von meldepflichtigen Infektionskrankheiten muß er nach den Vorschriften der Seuchengesetzgebung verfahren.

▲ · **Vorsicht, Kind!**
Das Kind, das sich der Gefahren der Umwelt nicht bewußt ist, wird oft Opfer von Unfällen (häufigste Todesursache zwischen 6 Monaten und 15 Jahren), die durch einfache Vorkehrungen verhütet werden können.

979

KÖRPER UND GESUNDHEIT

VORBEUGUNG UND FRÜHERKENNUNG

KREBS

Krebs ist eine ›bösartige‹ (anomale) programmwidrige Zellvermehrung, die zur Bildung eines Tumors führt. Der Krebs bleibt zunächst im Organgewebe, greift dann auf benachbartes Gewebe über und verbreitet sich schließlich durch Bildung von Tochtergeschwülsten (Metastasen).

Primäre Prävention. Alle Risikofaktoren vermeiden.
Nicht rauchen: Nikotinsucht ist unmittelbare Ursache für 25 % der Krebssterbefälle bei Männern.
Mäßiger Alkoholgenuß: Alkohol begünstigt Speiseröhren- und Magenkrebs.
Die Kombination Nikotinsucht–Alkoholismus meiden: ein Faktor, der das Krebsrisiko erhöht;
Keine übermäßigen Sonnenbäder: die ultravioletten Strahlen begünstigen Hautkrebs;
Sicherheitsvorschriften beachten im Umgang mit industrieüblichen krebserregenden Substanzen (Asbest, Benzol usw.);
Den Verzehr von fettreichen Nahrungsmittel einschränken; frisches Obst und Gemüse und ballaststoffreiche Nahrungsmittel sind vorzuziehen; Übergewicht vermeiden.

Sekundäre Prävention. Behandlung von Krebsvorstadien: Dickdarmpolypen, chronische Darmentzündung, blutende Geschwüre; Schädigungen des Gebärmutterhalses; Blasenpolypen; chronische Kehlkopf- und Rachenentzündung.

Diagnose. Bei Krebs ist eine Früherkennung möglich, die die Heilungschancen durch Einleitung einer Behandlung verbessert. Leider können nur einige Krebsarten früh erkannt werden:
– *Brustkrebs* (an erster Stelle bei Krebserkrankungen bei Frauen). Die Frau kann die Erkennung selbst vornehmen, indem sie die Brüste abtastet (sinnvoll, wenn sie die Technik gut beherrscht, aber oft für sie mit Angst besetzt). Sie sollte regelmäßig vom Arzt durchgeführt werden: Inspektion, Abtasten im Sitzen und Liegen, Untersuchung der Lymphknoten; außerdem wird manchmal eine regelmäßige Röntgenuntersuchung der Brüste empfohlen (Mammographie). Bei der Festlegung der Häufigkeit der Vorsorgeuntersuchungen sollten die Risikofaktoren berücksichtigt werden: Brustkrebsfälle in der Familie, späte Schwangerschaft, Mastopathie;
– *Gebärmutterhalskrebs.* Er wird durch vaginales Austasten, die Untersuchung mit dem Spekulum und regelmäßige Abstriche erkannt (alle 6 Monate bei Einnahme der Pille, sonst alle 2 Jahre, ab 40 Jahren jährlich);
– *Prostatakrebs.* Er wird durch rektales Austasten erkannt;
– *Dickdarm-* und *Mastdarmkrebs* werden bei der Früherkennung durch die Untersuchung auf mikroskopische Blutungen festgestellt; Mastdarmkrebs kann durch rektales Austasten erkannt werden.

Neben der Teilnahme an Routineuntersuchungen auf bestimmte Krebsarten ist der sofortige Besuch beim Arzt anzuraten, sobald Alarmzeichen auftreten: ein Leberfleck, der seine Form ändert oder sich entzündet; Auftreten von Schwellungen; ein nichtheilendes Geschwür; anomale Blutungen (im Urin, im Stuhl, bei der Frau Blutungen außerhalb der Regel oder nach der Menopause); Dauerbeschwerden: Husten, Heiserkeit, Schluckbeschwerden, chronischer Durchfall oder chronische Verstopfung, Appetitlosigkeit, Gewichtsverlust, Erschöpfung, Fieber usw.

KARDIOVASKULÄRE RISIKEN

Die Vorbeugung gegen Herz- und Gefäßerkrankungen geht Hand in Hand mit der Vorbeugung gegen Arteriosklerose (Krankheit, die zur Verhärtung und Verengung der Arterien führt). Die Vorbeugung gegen Arteriosklerose beruht auf der Diagnose und der Behandlung von Risikofaktoren, deren Zahl von Alter und Geschlecht abhängt; Männer sind stärker gefährdet. Die wichtigsten Risikofaktoren sind:
– Herz- und Gefäßerkrankungen in der Familie;
– Hyperlipidämie: Ein Ansteigen des Fettspiegels (Triglyceride und besonders Cholesterin) im Blut ist die Hauptursache der Arteriosklerose und ihrer Komplikationen. Jede anomale Erhöhung des Cholesterinspiegels sollte zu einer Umstellung der Ernährung führen. Normalisiert sich der Cholesterinspiegel dadurch nicht, so ist er genetisch bedingt und es sollte mit einer medikamentösen Behandlung begonnen werden. Moderne Untersuchungsmethoden ermöglichen die Unterscheidung von ›gutem Cholesterin‹ (HDL), das die Arterioskleroserisiko senkt, und ›schlechtem Cholesterin‹ (LDL), das das Risiko erhöht – ein guter Grund, zwischen beiden zu unterscheiden.
– Nikotinsucht: ein sehr wichtiger Risikofaktor für Gefäßveränderungen in den Beinen; die Pille ist bei der Frau kontraindiziert.
– Diabetes: Auch er erhöht die Risiken und muß behandelt werden.
– Erhöhter Blutdruck: salzlose Kost und bei Bedarf Medikamente, um die Werte zu senken.
– Fettleibigkeit: Sie sollte durch verminderte Kalorienzufuhr reduziert werden, bis ein normales Gewicht erreicht ist.
– Sitzende Lebensweise: Der Mangel an körperlicher Bewegung erhöht das Risiko kardiovaskulärer Erkrankungen.
– Streß: Seine Bedeutung ist nicht zu leugnen, aber schwer zu definieren.
– Anomalien bei der Blutgerinnung: Über sie ist bislang wenig bekannt, sie erhöhen jedoch das Risiko, da sie die Bildung von Blutgerinnseln begünstigen; Aspirin, in kleinen Dosen verschrieben, verflüssigt das Blut und wirkt schützend.

Zwischen diesen Risikofaktoren kommt es häufig zu Wechselwirkungen, so daß die Gefahr von kardiovaskulären Erkrankungen steigt.

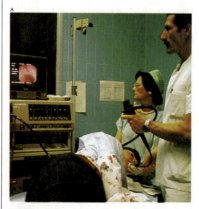

▲ **Die Endoskopie.**
Sie spielt eine wichtige Rolle bei der Diagnose und Vorbeugung bestimmter Verdauungskrankheiten (Videoendoskopie des Magens).

DAS ALTER

Das Alter ist durch die Beendigung der Berufstätigkeit gekennzeichnet. Für viele ist dies ein schwieriger Schritt. Zudem ist das Alter mit den verschiedensten Einschränkungen verbunden, die mehr oder weniger leicht akzeptiert werden: Verschlimmerung des Krankheitsverlaufs, Überlappung verschiedener Krankheiten, Behinderungen, die auf eine Verringerung oder gar den Verlust der Selbständigkeit hinauslaufen.

Zur Vorbeugung gegen ein beschwerliches Altern werden eine gesunde Lebensführung und regelmäßige ärztliche Untersuchungen angeraten.

WIE SINNVOLL SIND CHECK-UPS?

Ziel eines ›Check-ups‹, d. h. einer umfangreichen medizinischen Vorsorgeuntersuchung, ist es, an einem gesund erscheinenden Menschen eine Reihe von Untersuchungen vorzunehmen, die der Entdeckung unerkannter Krankheiten dienen und eine wirksame Vorbeugung ermöglichen.

Diese Untersuchungen können auf eine biologische oder elektroradiologische Standardtestserie begrenzt werden, bei der natürlich eine ganze Reihe von unentdeckten Anomalien erkannt werden können, die aber in ihrer Leistungsfähigkeit beschränkt ist, wenn sie nicht selektiv auf den einzelnen Patienten ausgerichtet wird.

Rationeller und wirksamer sind Check-ups, die eine klinische Untersuchung durch einen Arzt einschließen und folgende Schritte umfassen:
– eine Befragung des Patienten nach Krankheiten in seiner Vergangenheit oder in seiner Familie, nach von ihm nicht weiter beachteten Symptomen und nach seinen Lebensgewohnheiten;
– eine körperliche Untersuchung, bei der der Patient gewogen, sein Puls gefühlt und sein Blutdruck gemessen wird und zu der das Abhorchen von Herz und Lunge, das Abtasten des Unterleibs, eine gynäkologische Untersuchung (bei der Frau), das Abfühlen der Lymphknoten, die Überprüfung des Zahnzustands, die Untersuchung des Augenhintergrunds und Seh- und Hörtests gehören;
– zusätzliche Untersuchungen: Röntgenaufnahme der Lunge, Elektrokardiogramm, Urinprobe (Zucker, Eiweiß), Blutprobe (Zusammensetzung des Blutes, Blutsenkung, Harnstoff, Blutzucker, Cholesterin, Triglyceride, Harnsäure);
– gegebenenfalls weitere Untersuchungen, die durch die Befunde des Check-ups nötig werden.

Diese umfangreichen Untersuchungen werden häufig in speziellen Einrichtungen durchgeführt, in denen sie schnell und bequem vorgenommen werden können. Sie können aber auch beim behandelnden Arzt stattfinden.

980

KÖRPER UND GESUNDHEIT

– Die Vorbeugung gegen kardiovaskuläre Krankheiten umfaßt die Überwachung und Behandlung von erhöhtem Blutdruck, wodurch sich das Risiko eines Herzinfarkts oder eines Schlaganfalls (halbseitige Lähmung) verringert.

– Der Impfschutz gegen Tetanus sollte alle 10 Jahre aufgefrischt werden; diese Krankheit verläuft auch heute noch tödlich, insbesondere bei älteren Menschen.

– Die jährliche Grippeschutzimpfung verhütet die bisweilen schweren (besonders bronchialen) Komplikationen dieser Krankheit.

– Weitere Vorbeugungsmaßnahmen: Überprüfung des Seh- und Hörvermögens und gegebenenfalls Verordnung von Korrekturgläsern oder Hörgeräten; Überprüfung des Zahnzustandes; Fußpflege.

Schließlich sollte ein älterer Mensch möglichst in der gewohnten Umgebung bleiben.

VORSORGE-UNTERSUCHUNGEN

Vorsorgeuntersuchungen sind ärztliche und andere medizinische Untersuchungen, durch welche die Krankheitsfrüherkennung erreicht und damit eine frühzeitige Therapie ermöglicht werden soll. Krankenversicherungen übernehmen die Kosten von Vorsorgeuntersuchungen:

– für Erkrankungen bei Frauen und Männern nach den Richtlinien der Krebsvorsorge;

– bei Neugeborenen und Kleinkindern bis zum 6. Lebensjahr zur Feststellung angeborener Leiden und von Entwicklungsstörungen;

– bei Schwangeren und Wöchnerinnen.

Krebsvorsorgeuntersuchungen erfolgen auf Vorsorgeschein. Für die Eintragung der Mutterschaftsuntersuchungen wird ein Mutterpaß, für die Vorsorgeuntersuchungen bei Neugeborenen und Kleinkindern ein Kinderscheckheft ausgestellt.

IMPFUNGEN

Beim Kind.
Gegen Tuberkulose (BCG). BCG, der Calmette-Guérin-Bazillus, wird als Impfstoff zur Immunisierung gegen die Tuberkulose verwendet. Obwohl diese Krankheit seit Anfang des Jahrhunderts rückläufig ist, tritt sie noch so häufig auf, daß die Impfung Vorschrift bleibt. Das Kind sollte so früh wie möglich geimpft werden: entweder nach der Geburt oder während der ersten Lebensmonate, in jedem Fall aber bevor es 6 Jahre alt wird – so sieht es der Impfplan der Weltgesundheitsorganisation, des Bundesgesundheitsamtes und anderer Organisationen vor.

Die Impfung kann auf zwei Arten durchgeführt werden: durch Hautritzung des Außenarms mittels eines Stempels oder eines Impfskalpells (Feder); durch intrakutane Injektion (diese Impfart hat sich als am wirksamsten erwiesen).

Zwischen der BCG-Impfung und anderen Impfungen muß mindestens ein Monat liegen.

Drei bis vier Wochen nach der Impfung kann es bei einigen Kindern zu einer Entzündung der Lymphknoten kommen, die bis zu einem Monat dauern kann, dann aber ohne weitere Folgen abklingt. Es besteht kein Grund zur Beunruhigung, da der allgemeine Gesundheitszustand davon nicht betroffen ist und die Temperatur normal bleibt.

Der BCG-Impfschutz sollte jährlich durch Tuberkulintests überprüft werden. Es gibt vier solcher Tests, deren Sensibilität ständig verbessert wird:

– das Tuberkulinpflaster, der Patch-Test;
– die Pirquetsche Hautreaktion (nicht mehr angewendet);
– Monotest (Stempel);
– der Intrakutantest mit Tuberkulin, der heute der zuverlässigste Test ist: bei positivem Ausfall tritt eine rote Verhärtung von über 5 mm Durchmesser auf. Bei negativem Ausfall ist eine erneute Impfung nötig.

Andere Impfungen. Weitere Pflichtimpfungen sollen durch Injektion eines Impfstoffs Schutz vor Diphterie, Tetanus und Polio (in der Regel in Verbindung mit dem Keuchhustenimpfstoff) schützen. Erst nach drei weiteren Injektionen in Monatsabständen ist der Impfschutz voll wirksam. Auffrischimpfungen sind nach einem Jahr, dann alle fünf Jahre bis ins Erwachsenenalter, danach alle 10 Jahre nötig.

Impfungen gegen drei weitere Krankheiten können mit einem Dreifachlebendimpfstoff durchgeführt werden: Masern, Röteln und Mumps. Diese Impfungen können getrennt oder mit einer einzigen Injektion während des zweiten Lebensjahres vorgenommen werden.

Beim Erwachsenen.
Ein infizierter Organismus verteidigt sich in der Regel in zwei Etappen: Zunächst greifen Zellen vom Typ der Makrophagen ein, die die Mikrobe phagozytieren (wörtlich: einschließen und abbauen). Dann treten zwei Zellarten in Aktion: die B-Lymphozyten, die Antikörper absondern (Proteine, die die Mikrobe neutralisieren können, indem sie sich an ihr festsetzen), und die T-Lymphozyten, die direkt auf den Erreger einwirken. Die Makrophagen gehen jedoch nicht gezielt vor, d. h., sie reagieren auf jeden Eindringling gleich, während die Lymphozyten selektiv und angepaßt reagieren. Letztere verfügen ferner über eine Art Gedächtnis, so daß der Körper sich bei einem erneuten Kontakt mit dem nun bekannten Erreger schneller, massiver und wirksamer schützen kann: Damit ist der Mensch immunisiert. Ziel der Impfung ist, Immunschutz gegen einen Erreger zu erreichen, ohne an der von ihm übertragenen Infektion zu erkranken.

Impfstoffe können sehr unterschiedlicher Art sein; es kann sich handeln um:

– lebende virulente Mikroben, die Erreger einer harmlosen Krankheit sind, die der Krankheit ähnelt, vor der geschützt werden soll: So sind Kuhpocken eine harmlose Krankheit, die zum Schutz vor Pocken eingesetzt wird;

– abgeschwächte lebende Mikroben, die ungefährlich gemacht wurden: Impfstoffe gegen Tuberkulose (BCG), Röteln, Masern;

– abgetötete oder inaktivierte Mikroben, wie im Fall von Grippe oder Keuchhusten;

– von der Mikrobe produzierte Substanzen (bei Tetanus oder Diphterie), deren Schädlichkeit auf ein Toxin und nicht direkt auf einen Keim zurückzuführen ist.

In der Praxis wird der Impfschutz durch eine Erstimpfung, einen ersten Kontakt des Körpers mit der Mikrobe, aufgebaut und durch verschiedene Auffrischimpfungen, die das Immungedächtnis wach halten sollen, gewährleistet.

Die Dauer des Impfschutzes beträgt bei Totimpfstoffen 1–2 Jahre, bei Lebendimpfstoffen 3–5 Jahre. Die jeweilige Dauer ist für den Impfplan ausschlaggebend.

Einige Impfstoffe können allgemeine Impfreaktionen hervorrufen (Fieber, Schmerz an der Einstichstelle, Hautreaktionen), die meist harmlos sind. Bei Erwachsenen sollte die Tetanusimpfung alle 10 Jahre wiederholt werden. Außerdem empfiehlt sich ein regelmäßiger Tuberkulintest zur Überprüfung der Wirksamkeit des Immunschutzes gegen Tuberkulose.

Bei älteren Menschen.
Ältere Menschen verfügen über einen schwächeren Infektionsschutz, da sich der Alterungsprozeß auch auf die Immunabwehr auswirkt. Zudem sind sie versäumt haben, ihren Impfschutz rechtzeitig aufzufrischen.
Grippeschutzimpfung. Die Grippe ist eine meist harmlose Virusinfektion, die dennoch jedes Jahr Ursache zahlreicher Todesfälle ist. Am stärksten betroffen sind ältere Menschen, Menschen mit chronischen Atembeschwerden, Hämodialysepatienten mit Niereninsuffizienz, Menschen mit Herzfehlern. Daher wird diesen Personengruppen zu einer Schutzimpfung geraten.

Das Grippevirus verändert sich von Jahr zu Jahr und ist sehr veränderungsgestaltig, so daß jedes Jahr ein neues Serum gegen das veränderte Virus entwickelt werden muß. Die Immunität tritt 2 bis 3 Wochen nach der Impfung ein und hält ein Jahr lang an.

Älteren Menschen droht ferner die Gefahr einer Tetanusinfektion. Der Tetanuserreger ist ein tellurischer Bazillus (d. h., er lebt in der Erde) und infiziert nicht geimpfte Rentner bei der Gartenarbeit: Schon durch eine kleine erdbeschmutzte Wunde, einen Splitter, einen Hundebiß, ist die Infektion möglich. Sie führt in 40 % der Fälle zum Tod (Atemlähmung, Lungenembolie infolge von Bettlägerigkeit). Dies belegt die Dringlichkeit dieses Impfschutzes für ältere Menschen.

Schutzimpfungen beim Kind

Krankheiten	Zeitpunkt	Reaktion	Schutz
Diphterie, Keuchhusten, Tetanus, Kinderlähmung	Impfung mit 3, 4 und 5 Monaten; Kinderlähmungs-Auffrischimpfung mit 16 und 17 Monaten.	Fieber und Schmerzen um die Einstichstelle möglich.	Bei Tetanus, Diphterie und Kinderlähmung Auffrischimpfung alle 5 Jahre.
Masern, Mumps, Röteln	Wenn das Kind in eine Kinderkrippe kommt, Impfung mit 9 Monaten, Auffrischimpfung im 2. Jahr, sonst Impfung im 2. Jahr ohne Auffrischung. Impfung gegen Röteln bei nicht geimpften Mädchen vor der Pubertät.	Fieber und später Hautausschlag möglich.\n\nNach drei Wochen leichte Schwellung der Lymphknoten.	Keine Auffrischimpfung vorgesehen.
Tuberkulose (BCG-Impfung)	1. Lebenswoche.	Schmerzen um die Einstichstelle möglich.	Das ganze Leben.
Ab 20 Jahre Tetanus/Kinderlähmung: Auffrischimpfung alle 10 Jahre.			

KÖRPER UND GESUNDHEIT

REISEN

GEFAHREN AUF DER REISE

Fahrt. Grundlage der Verhütung von Verkehrsunfällen sind die Beachtung der Straßenverkehrsordnung und das häufige Einlegen von Ruhepausen. Bei Flugreisen können sich neben der Reiseübelkeit infolge der Zeitverschiebung Erschöpfung, eine Störung des Schlaf-wach-Rhythmus und bei der Frau auch eine Änderung des Menstruationszyklus einstellen.

Sonne und Hitze. Die Sonne fördert neben dem ›Sonnenbrand‹, eigentlich Verbrennungen ersten Grades, auch die Ausbreitung von Hautkrebs (insbesondere durch Entartung von Leberflecken). Die Länge eines Sonnenbades sollte daher auf den Hauttyp abgestimmt werden, Sonnenschutzcremes empfehlen sich.

Hitze führt zu Wasser- und Salzverlust (Gefahr der Dehydratation). Es ist ratsam, sich in warmen Ländern ganz allmählich zu akklimatisieren, in den heißesten Stunden Siesta zu halten und verstärkt Wasser und Salz zu sich zu nehmen.

Gebirge. Die Höhenkrankheit, an der untrainierte Menschen häufig leiden, ist auf den geringeren Sauerstoffgehalt der Luft in größeren Höhen (in der Regel über 3 000 m) zurückzuführen. Die Symptome reichen von einfacher Müdigkeit mit Kopfschmerzen bis hin zu Schläfrigkeit mit Gleichgewichtsstörungen, die zum Tod führen können.

Die Kälte: Man unterscheidet zwischen Unterkühlungen als allgemeiner winterlicher Erscheinung (Lawinen, Schneeverschüttungen) und Erfrierungen, einer örtlich begrenzten verbrennungsähnlichen Erscheinung, die zu einer Gangrän führen kann. Häufiger Grund ist das Tragen unangemessener und feuchter Bekleidung (schlechter Schutz der Extremitäten). Bei unerfahrenen Bergurlaubern besteht oft die Gefahr von Unfällen.

Meer. Jedes Jahr ertrinken Hunderte von Menschen. Ursache ist häufig ein zu plötzlicher Wasserkontakt, Baden während der Verdauungszeiten oder nach intensiver körperlicher Anstrengung sowie die Wassertemperatur.

REISEN IN TROPISCHE LÄNDER

In den Tropen gibt es Krankheiten und Gefahren, die in unseren Breiten unbekannt sind.
Lebensmittelvergiftungen: Fieber und Durchfall sind die üblichen Symptome. Hervorgerufen werden sie durch unsauberes Wasser, unzureichend gebratenes Fleisch, Lebensmittel, die länger gestanden haben, oder mangelnde Hygiene. Besonders zu fürchten sind Salmonellen, die schwere Magen-Darm-Entzündungen und Typhus bewirken können. Sie kommen im Wasser und in Lebensmitteln vor.
Durch Insekten übertragene Krankheiten: An dieser Stelle ist die Malaria (von der Anophelesmücke übertragen) zu nennen, die für nicht geimpfte Menschen häufig tödlich werden kann. Eine präventive Behandlung ist möglich. Auch Skorpionstiche, Schlangen- und Spinnenbisse und die berüchtigte Trypanosomiasis oder Schlafkrankheit, die von der Tsetsefliege übertragen wird, gehören in diese Gruppe.

Baden in Süßwasser: Es besteht das Risiko der Ansteckung mit zahlreichen Parasitosen: Bilharziose, Harnwegs- (Blase, Prostata, Harnleiter) und Darmerkrankungen, die man sich beim Baden in stehenden Gewässern zuziehen kann.

Abschließend sind die sexuell übertragbaren Krankheiten zu erwähnen (Syphilis, Hepatitis B und insbesondere AIDS), die in Afrika und Südostasien verbreitet sind.

Vorbeugung.

Vor der Reise. Impfungen: Sie hängen vom Reiseland, von der Jahreszeit und von der betroffenen Person ab. Informationen sind bei Konsulaten, Reisebüros, Gesundheitsämtern etc. erhältlich. Empfohlen werden Impfungen gegen Tetanus, Kinderlähmung (in Afrika, Asien und Südamerika noch stark verbreitet), Fleckfieber und Hepatitis B (in Schwarzafrika und im Fernen Osten stark verbreitet) sowie Tuberkulose (BCG-Impfung). In einigen Ländern ist die Impfung gegen Gelbfieber und Cholera für die Einreise vorgeschrieben.
Prophylaxe. Malaria: Von den verschiedenen Arten kann nur ›Plasmodium falciparum‹ zum Tode führen. Die Chemoprophylaxe sollte am Abreisetag einsetzen und auch nach kurzem Auslandsaufenthalt noch zwei Monate nach der Rückkehr fortgesetzt werden. Normalerweise wird Chloroquin, in Gebieten mit Chloroquinresistenz auch Fansidar (Südostasien, Lateinamerika) eingesetzt.

Zur Vorbeugung gegen Filariose bei Aufenthalten im tropischen Regenwald wird Diethylcarbamazin verwendet.
Vor Ort.
– seinem Ruhebedürfnis nachgeben, vor allem nach einer langen Reise mit großer Zeitverschiebung und abruptem Klimawechsel;
– sich mit Hilfe von Cremes mit Filterwirkung und mit Sonnenbrille vor der Sonne schützen, insbesondere in Regionen zwischen den Wendekreisen und in Hochgebirgsregionen;
– sich vor Hitze schützen: helle (reflektiert die Hitze) und weite Baumwollkleidung tragen, mehr Wasser und Salz zu sich nehmen;
– große körperliche Anstrengungen meiden, die in der Sonne zu maligner Hyperthermie führen und im Gebirge die Höhenkrankheit auslösen können;
– streng auf Körperhygiene achten.
Hygienische Nahrung. In tropischen Ländern ein besonders wichtiger Faktor. Man sollte nur Wasser aus geschlossenen Behältern trinken oder das Trinkwasser mit geeigneten Mitteln desinfizieren, Rohkost meiden, keine frische oder nichtpasteurisierte Butter, Sahne oder Eiskrem und nur sorgfältig gegartes Fleisch essen. Auf diese Weise kann man Parasitosen oder Darminfektionen umgehen.
Verschiedene Maßnahmen. Schließlich sollte man nie barfuß gehen (Schlangen, Skorpione, Parasitosen), nicht in Süßwasser baden (Bilharziosegefahr) und sich soweit wie möglich vor Stechmücken schützen (Malaria).

Die Reiseapotheke sollte enthalten: Verbandmaterial, Hautantiseptikum, Aspirin, oral einnehmbare Antibiotika, Augentropfen, Mittel gegen Darminfektionen, Sonnencreme mit entsprechendem Lichtschutzfaktor, Gegengift und Malariaprophylaxe bei Reisen in Risikogebiete.

BEWEGUNGSKRANKHEIT ODER KINETOSE

Die Seekrankheit, die Übelkeit bei Reisen im Flugzeug oder im Auto werden durch eine Störung des Gleichgewichts hervorgerufen, die auf die Bewegung des Transportmittels zurückzuführen ist und durch psychische Faktoren verstärkt wird (›Je mehr man sich darauf konzentriert, desto schlimmer werden die Symptome‹). Zu den Symptomen zählen Unwohlsein, Schweißausbrüche, Blässe, Übelkeit und Erbrechen. Zur Vorbeugung wird eine leichte Mahlzeit vor der Reise empfohlen, wobei keine Flüssigkeit zugeführt werden sollte. Während der Reise sollte man weder lesen noch aus dem Fenster starren, und häufige Pausen sind angeraten. Bei Unwohlsein sollte man sich hinlegen und die Augen schließen.

Medikamente sollten eine halbe bis ganze Stunde vor der Abreise eingenommen werden: verwendet werden Antibrechmittel, Antihistaminika und auch Beruhigungs- oder angstlösende Mittel, die auf den psychischen Faktor einwirken. Der Fahrer sollte diese Präparate allerdings nicht einnehmen, da sie alle in verschiedenem Maße Schläfrigkeit hervorrufen: Bei Genuß von Alkohol verstärkt sich diese Wirkung noch.

KINDER UND REISEN

Bei Kindern empfiehlt sich zur Reisevorbereitung ein Dreipunkteprogramm, insbesondere bei Reisen in tropische Länder.

1. Vor der Abreise Informationen einholen. Einige Impfungen sind vorgeschrieben, andere werden nicht verlangt, sind aber bei Kindern unverzichtbar. Zu bedenken ist: daß die Impfung gegen Gelbfieber – wenn notwendig – ab dem Alter von 6 Monaten vorgenommen werden kann; daß eine Auslandsreise eine gute Gelegenheit ist, den vorgeschriebenen Impfschutz aufzufrischen; daß sich auch die Impfung gegen Masern anbietet, wenn das Kind mit anderen Kindern in Kontakt kommen könnte.

2. Vor Ort Vorsorgeregeln zu beachten. Die erste Regel betrifft die Malariavorbeugung. Kinder sind besonders malariagefährdet, so daß schon vor der Abreise die entsprechenden Vorkehrungen getroffen werden sollten. Die zweite Regel bezieht sich auf die Ernährung. Keine Probleme ergeben sich bei noch gestillten Kindern. Dagegen müssen Säuglingsfläschchen sterilisiert und Wasser abgekocht werden. Bei heißem Klima müssen Kinder nicht nur Milchfläschchen, sondern zusätzlich auch Wasser erhalten. Die dritte Regel schließlich drängt auf die Vermeidung von hitzebedingten Belastungen. Große Hitze wird zu Beginn des Aufenthalts manchmal nicht gut vertragen. Dem Kind sollten regelmäßig Getränke angeboten werden, bei einem längeren Aufenthalt in der Sonne sind Vorkehrungen zu treffen: eine Sonnencreme mit höchstem Lichtschutzfaktor verwenden; das Kind einen Hut und weite Baumwollkleidung tragen lassen; Mückenstichen durch Einreiben mit Autan oder ähnlichem vorbeugen.

3. Bei Durchfall keine Milch oder Milchprodukte mehr geben (außer im Fall eines gestillten Säuglings), das Kind mit Flüssigkeit versorgen und es zum Arzt bringen.

KÖRPER UND GESUNDHEIT

MEDIZINISCHE BEHANDLUNG

PRAKTISCHER ARZT

Der praktische Arzt ist oft mit den Reaktionen seiner Patienten am besten vertraut und verdient daher die Bezeichnung ›Hausarzt‹. Er betreut den Menschen während seines ganzen Lebens, von der Kindheit bis ins Alter. Er kennt die Krankengeschichte seines Patienten und kümmert sich um die Vorsorge, die Überweisung an einen Facharzt und die Weiterbehandlung.

FACHÄRZTE

Der Fortschritt der Medizin hat zu einer zunehmenden Spezialisierung der Ärzte nach folgenden Kriterien geführt: Altersstufe (Kinderheilkunde), Geschlecht (Gynäkologie), System, Apparat oder Organ (Kardiologie, Neurologie, Rheumatologie ...) Pathologie (Onkologie), Tätigkeitsbereich (Radiologie, Biologie, Arbeitsmedizin ...), Behandlungsprinzip (Chirurgie, Radiotherapie, Akupunktur, Homöopathie ...). Der Facharzt ist ein Mediziner, der sich auf ein bestimmtes Gebiet spezialisiert hat und sich ausschließlich diesem Bereich widmet.
Allergologie: Behandlung allergischer Erkrankungen.
Anatomie und Zytodiagnostik: mikroskopische Untersuchung von Gewebe- und Zellproben (Abstriche).
Anästhesie und Wiederbelebung: Durchführung von Untersuchungen vor der Operation und Durchführung von Narkosen; Behandlung von Komapatienten und Notfällen.
Chirurgie: Behandlung, bei der manuelle und instrumentelle Eingriffe vorgenommen werden, um einen pathologischen Prozeß (Tumor, krankes Organ, Abzeß) zu entfernen oder ein nicht funktionsfähiges Körperteil zu reparieren oder zu ersetzen. Man unterscheidet zwischen *allgemeiner Chirurgie* und verschiedenen Teilgebieten: *Thoraxchirurgie* (Herz, Lunge), *Abdominalchirurgie* (Verdauungssystem), *gynäkologische Chirurgie* (weibliche Geschlechtsorgane) und *geburtshilfliche Chirurgie* (Kaiserschnitt), *Urologie* (Harnwege und männliche Geschlechtsorgane), *Orthopädie* (Knochen und Gelenke), *Neurochirurgie* (Gehirn und Rückenmark) und *Kinderchirurgie*.
Dermatologie und Venerologie: Behandlung von Haut- und Geschlechtskrankheiten.
Diabetologie und Ernährungskunde: Behandlung von Diabetes und Ernährungsstörungen.
Endokrinologie: Behandlung von Erkrankungen der endokrinen Drüsen (z. B. Schilddrüse).
Gastroenterologie: Behandlung der Krankheiten des Verdauungssystems.
Geriatrie: Altersheilkunde.
Gynäkologie, Geburtshilfe: Behandlung von Krankheiten der weiblichen Geschlechtsorgane.
Hals-Nasen-Ohrenheilkunde (HNO): Behandlung von Erkrankungen der Ohren und des Gehörs, der Nase, der Nasennebenhöhlen, des Kehlkopfs und der Stimmbänder.
Hämatologie: Behandlung von Blut- und Lymphknotenkrankheiten.
Innere Medizin: Zweig der Medizin, der sich mit den ›Systemkrankheiten‹ befaßt (die eine schwere Schädigung verschiedener Organe bewirken).
Kardiologie: Behandlung von Herz- und Gefäßkrankheiten.
Labormedizin: Durchführung verschiedener Analysen im Labor.
Nephrologie: Behandlung von Nierenkrankheiten.
Neurologie: Behandlung von Erkrankungen des Nervensystems.
Onkologie: Diagnose und Behandlung von Krebs.
Ophthalmologie: Behandlung von Augenkrankheiten und Verordnung von Korrekturgläsern.
Pädiatrie: Kinderheilkunde.
Pneumologie: Behandlung von Bronchial- und Lungenkrankheiten.
Psychiatrie: Behandlung von psychischen Krankheiten und Störungen.
Radiologie: Durchführung von diagnostischen Untersuchungen mit Hilfe von Röntgenstrahlen (Radiographie, Scanner) oder Ultraschall (Echographie).
Rheumatologie: Behandlung von Knochen- und Gelenkerkrankungen.
Stomatologie: Behandlung von Mund- und Zahnkrankheiten.
Strahlentherapie: Einsatz von Röntgenstrahlen mit therapeutischem Ziel (insbesondere bei Krebs).

ÄRZTLICHE HILFSBERUFE

An der Seite des Arztes kümmern sich zahlreiche andere Berufsgruppen um die Gesundheit. Man kann unterscheiden zwischen denen, die ihrer Tätigkeit unabhängig und in eigener Verantwortung nachgehen (Zahnarzt, Hebamme, Apotheker), und dem *medizinischen Hilfspersonal,* das direkt mit dem Arzt zusammenarbeitet und für das er Verantwortung trägt oder das eine ärztliche Verordnung ausführt.
Apotheker: Experte für Arzneimittel. Überprüft die Dosierung und Verträglichkeit von Arzneimittelkombinationen (zusammen mit dem verordnenden Arzt). Er berät bei allgemeinen Gesundheitsbeschwerden und kann rezeptfreie Medikamente verkaufen. Einige Apotheker leiten medizinische Untersuchungslabors.
Diätassistent: Ernährungsspezialist.
Ergotherapeut: Spezialist für die Rehabilitation von Behinderten auf dem Wege der manuellen Arbeit mit dem Ziel der sozialen Wiedereingliederung.
Hebamme: Sie ist spezialisiert auf die Überwachung der Schwangerschaft und der Entbindung. Zu ihrer Arbeit gehört die Vorbereitung der Entbindung (Entbindung ohne Schmerzen) und die nachgeburtliche Betreuung (nach der Entbindung). Sie steht in engem Kontakt mit dem Gynäkologen und Geburtshelfer.
Heilpädagoge: behandelt Behinderte mit motorischen und psychischen Problemen.
Hörgerätefachmann: paßt Hörgeräte an.
Kinderkrankenschwesternhelferin: arbeitet mit der Kinderkrankenschwester zusammen.
Krankenschwester, Krankenpfleger: Sie sind die wichtigsten ärztlichen Mitarbeiter und sind sowohl mit der menschlichen als auch mit der technischen Versorgung der Patienten betraut. Ihre Aufgabe ist die allgemeine Hygiene und die Durchführung der ärztlichen Anordnungen: Injektionen, Infusionen, Verbände, Blutentnahme usw. sowie die Betreuung des Kranken. Einige Krankenschwestern haben sich spezialisiert: *Kinderkrankenschwester, Operationsschwester, Anästhesieschwester, psychiatrische Krankenschwester.*
Laborant: Mitarbeiter eines Labormediziners in einem medizinischen Untersuchungslabor.
Logopäde: Spezialist für die Behandlung von Stimm- und Sprechstörungen sowie von Problemen im Zusammenhang mit der gesprochenen und der geschriebenen Sprache.
Masseur, Krankengymnast: spezialisiert auf Massagen oder Krankengymnastik.
Medizinischer Fußpfleger: Pflege der Füße und Anfertigung orthopädischer Einlagen.
Optiker: fertigt Sehhilfen an (Brillen, Kontaktlinsen).
Orthoptist: Heilbehandlung bei bestimmten Sehstörungen.
Pharmazeutisch-technischer Assistent: Mitarbeiter des Apothekers.
Röntgenassistent: Mitarbeiter des Radiologen.
Schwesternhelferin: hilft der Krankenschwester bei hygienischen und pflegerischen Aufgaben.
Zahnarzt: Spezialist für Zahn- und Zahnfleischbehandlung. Er greift vor allem chirurgisch ein (Behandlung von Karies, Ziehen von Zähnen), kann aber auch bestimmte Medikamente verschreiben (obwohl er im Gegensatz zum Stomatologen kein Arzt i. e. S. ist), Zahnersatz anpassen (Kronen, Prothesen) und Zahnfehlstellungen korrigieren (Kieferorthopädie).
Zahntechniker: fertigt die Zahnprothesen für den Zahnarzt an.

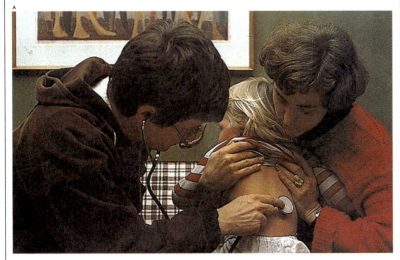

∧ · Der Besuch beim Arzt.

Es gibt verschiedene Arten von Ärzten, angefangen beim praktischen Arzt oder ›Hausarzt‹, der die normalen Krankheiten und Leiden behandelt und aufgrund seiner Vorbeugungs- und Beratungstätigkeit unersetzlich ist, bis hin zum Facharzt, der sich auf eine bestimmte Erkrankungsart, Alters- oder Geschlechtsgruppe spezialisiert hat.

983

KÖRPER UND GESUNDHEIT

MEDIZINISCHE BEHANDLUNG

STRUKTUR DES GESUNDHEITSWESENS

In der Bundesrepublik Deutschland gab es Ende 1988 genau 177 001 Ärzte. Eine Facharztbezeichnung hatten 96 965 Ärzte. Davon waren 15 030 Allgemeinmediziner. Die größte Gruppe der Fachärzte, nämlich 20 834, waren Fachärzte für innere Medizin. 80 036 waren Ärzte ohne Fachgebietsbezeichnung. Ferner gab es 39 644 Zahnärzte und 34 498 Apotheker. Auf 100 000 Einwohner kamen 286,8 Ärzte. 77 151 waren in freier Praxis und 85 150 in Krankenhäusern tätig, 20 100 in sonstiger ärztlicher Tätigkeit.

Daneben existiert ein ärztliches Tätigkeitsfeld, das im Angestelltenverhältnis ausgeübt wird und das pflegerische und vorbeugende Maßnahmen sowie ärztliche Überwachung und medizinische Forschung umfaßt.

Die wichtigsten Einrichtungen des Gesundheitssystems sind Krankenhäuser und Kliniken zur stationären Versorgung. Die ambulante Versorgung der Bevölkerung obliegt hauptsächlich den in freier Praxis niedergelassenen Ärzten.

Ein Sonderbereich ist die medizinische Forschung, die sich wie folgt unterteilen läßt:
– Grundlagenforschung, die von meist nicht praktizierenden Wissenschaftlern betrieben wird und zu neuen medizinischen Erkenntnissen beiträgt;
– angewandte Forschung und klinische Forschung, die von praktizierenden Ärzten betrieben wird und Probleme der Diagnostik und Therapie beleuchtet.

Die Forschungsarbeiten werden hauptsächlich in den großen öffentlichen medizinischen Forschungsinstituten, Forschungsstellen und Projektgruppen der Max-Planck-Gesellschaft, privaten Labors der pharmazeutischen Industrie und in Krankenhäusern, insbesondere Universitätskliniken, und den Deutschen Krebsforschungszentren durchgeführt.

KLINIK UND KRANKENHAUS

Kliniken sind Krankenhäuser mit Spezialeinrichtungen, z.B. als Fachklinik (Frauen-, Kinder-, chirurgische Klinik); Fachkliniken sind meist den Universitäten angegliedert. Dort sind sie auch als Polikliniken eingerichtet zur ambulanten Versorgung von Patienten.

Krankenhäuser sind öffentliche oder private Einrichtungen des Gesundheitswesens zur Erkennung, Behandlung und Nachsorge von Krankheiten und zur Geburtshilfe. Die Versorgung der Patienten wird meist stationär mit Unterbringung und Verpflegung durchgeführt. Es gibt aber auch teilstationäre oder ambulante Krankenstationen. Eine weitere Aufgabe der Krankenhäuser ist die Ausbildung des Pflegepersonals. Oft sind Krankenhäuser auch in der medizinischen Forschung tätig. Die Universitätskliniken dagegen dienen hauptsächlich der Forschung und der Lehre.

Krankenhäuser müssen unter ständiger ärztlicher Leitung stehen. Sie müssen über ausreichende diagnostische und therapeutische Möglichkeiten verfügen. Ferner müssen sie einen jederzeit verfügbaren Stamm von ärztlichem, Pflege-, Funktions- und medizinisch-technischem Personal haben und nach wissenschaftlich anerkannten Methoden arbeiten.

Allgemeinkrankenhäuser haben mehrere Fachabteilungen, meist chirurgische, internistische, gynäkologische Abteilungen, ohne daß eine Fachrichtung im Vordergrund steht. Fachkrankenhäuser dagegen sind meist auf eine Fachrichtung, z.B. orthopädische, Augen-, Haut-, Unfallklinik, spezialisiert. Allgemein- und Fachkrankenhäuser versorgen überwiegend akut Erkrankte. Sonderkrankenhäuser haben spezielle Aufgaben oder nehmen nur bestimmte Personengruppen auf oder führen besondere Versorgungsmaßnahmen oder Behandlungsverfahren durch. Dazu gehören Rehabilitations-, psychiatrische und berufsgenossenschaftliche Krankenhäuser sowie die Gefängniskrankenhäuser.

Öffentliche Krankenhäuser werden von einer Gebietskörperschaft, auch dem Staat, oder einer sonstigen Körperschaft des öffentlichen Rechts getragen. Freigemeinnützige Krankenhäuser werden von religiösen, humanitären oder sozialen Vereinigungen unterhalten. Private Krankenhäuser werden nach erwerbswirtschaftlichen Grundsätzen von privaten Trägern betrieben und brauchen eine behördliche Konzession.

Medizinischer Leiter eines Krankenhauses ist der ärztliche Direktor, der aus den Reihen der Verantwortlichen für die Fachabteilungen, das sind die leitenden Ärzte und die Chefärzte, ernannt wird. Jede Abteilung ist in Stationen unterteilt, die nicht mehr als 30 Betten umfassen sollen. Große Krankenhäuser verfügen über 500 bis 2 000 Betten, mittlere über 250 bis 500 Betten.

Für eine Krankenhausbehandlung ist in der Regel eine Einweisung durch einen niedergelassenen Arzt unter der Bedingung Voraussetzung, daß eine ambulante Versorgung zur Heilung oder Linderung der Krankheit nicht ausreicht.

In der Bundesrepublik Deutschland bestanden 1988 3 069 Krankenhäuser mit 672 834 Betten, hiervon waren 1 780 Allgemeinkrankenhäuser mit 460 000 Betten. Auf 10 000 Einwohner entfielen hierbei 110 Betten, davon 75 in Allgemeinkrankenhäusern. Die durchschnittliche Auslastung lag in den Allgemeinkrankenhäusern bei 85,5 %, in den Sonderkrankenhäusern bei 88,6 %. 1988 wurden 11,5 Millionen Patienten stationär versorgt, zusätzlich 1,7 Millionen in Sonderkrankenhäusern. Der durchschnittliche Aufenthalt in Allgemeinkrankenhäusern betrug 12,7 Tage, in Sonderkrankenhäusern 44,3 Tage.

Gegenstand wachsender Kritik ist die Situation des Pflegepersonals in den Krankenhäusern. Nach Auffassung des Deutschen Berufsverbandes für Krankenpflege besteht gegenwärtig aufgrund des Anstiegs der Zahl der jährlich stationär behandelten Patienten und des wachsenden Anteils älterer, versorgungsbedürftiger Menschen ein Mangel von etwa 600 000 Pflegekräften. Dies führt zu einer ständigen Überbelastung des Personals und ermöglicht keine individuelle Zuwendung, vor allem zu Schwerkranken und Sterbenden. Eine pflegerische Versorgung ist unter diesen Gegebenheiten auf Dauer nicht mehr gewährleistet, der ›Pflegenotstand‹ tritt ein. Angesichts der hieraus sich ergebenden Belastungen und der hinsichtlich Verantwortung und Arbeitszeit als zu gering angesehenen Bezahlung ist das Interesse an den Pflegeberufen gesunken, so daß offene Stellen häufig nicht mehr besetzt werden können.

Aus gesundheitspolitischer Sicht wird im Sinne der Kostendämpfung im Gesundheitswesen eine Vergrößerung des Personalstandes an den Krankenhäusern für vertretbar gehalten, da sich der Personalstand seit den 50er Jahren fast verdreifacht hat und die Personalkosten bereits einen Anteil von 70 % an den Krankenhauskosten haben.

KRANKEN-VERSICHERUNG

In der gesetzlichen Krankenversicherung haben die Berechtigten Anspruch auf freie ärztliche Behandlung durch Kassenärzte und Kassenzahnärzte, auf Arznei-, Heil- und Hilfsmittel (mit gewisser Eigenbeteiligung), bei Bedarf auch auf Krankenhausbehandlung (Übernahme der Krankenhauskosten in der allgemeinen Pflegeklasse, seit 1983 ebenfalls mit Eigenbeteiligung). Dazu treten Maßnahmen der Krankheitsfrüherkennung (Vorsorgeuntersuchungen) und Rehabilitation, ferner Mutterschaftshilfe und Mutterschaftsgeld, bei Todesfällen Sterbegeld. Nach dem 31. 12. 1988 in die gesetzliche Krankenversicherung Eingetretene haben keinen Anspruch auf Sterbegeld. Träger der Krankenversicherung sind die Allgemeinen Ortskrankenkassen (AOK), die Betriebs- und Innungskrankenkassen, landwirtschaftliche Krankenkassen, Seekrankenkasse, knappschaftliche Krankenkasse und die insgesamt 16 Ersatzkassen, bei denen sich Versicherungspflichtige statt bei den gesetzlichen Krankenkassen versichern können, sofern für den betreffenden Berufszweig solche Kassen bestehen. Versicherungspflichtig sind alle Arbeiter und Auszubildenden, ferner bis zu einem gewissen Jahreseinkommen Angestellte und einzelne Gruppen von Selbständigen sowie unter besonderen Voraussetzungen auch Rentner und Arbeitslose. Die Anmeldung bei der Kasse obliegt dem Arbeitgeber. Behandlungsausweis ist der *Krankenschein* oder *Vorsorgeschein*. Bis 1. 1. 1992 wird der Krankenschein durch eine *Krankenversicherungskarte* ersetzt.

Die Finanzierung erfolgt durch die Beiträge der versicherten Arbeitnehmer und deren Arbeitgeber, durch die Beiträge der versicherten Rentner und Studenten sowie durch Zuschüsse des Staats, die sich allerdings auf Mutterschaftsgeld beschränken.

Die *private Krankenversicherung*, die nicht auf dem Grundsatz der Solidargemeinschaft fußt, ist eine rein individuelle Risikoversicherung. Versichert sind in ihr Personen, die nicht gesetzlich versichert zu sein brauchen, und diejenigen, die sich zusätzlich zur gesetzlichen Krankenversicherung versichern wollen. Im Gegensatz zu der gesetzlichen Krankenversicherung richten sich die Beiträge in der privaten Krankenversicherung nicht nach dem Einkommen, sondern nach dem Tarif, dem Geschlecht und dem Gesundheitszustand der zu versichernden Person.

Die *Krankenversicherung der Landwirte* ist eine durch ein Gesetz von 1972 eingeführte, zur gesetzlichen Krankenversicherung gehörende Pflichtversicherung für landwirtschaftliche Betriebsinhaber, mithelfende Familienangehörige und Altenteiler der Landwirtschaft, soweit sie nicht einer anderen Pflichtversicherung unterliegen. Träger sind die bei den 19 landwirtschaftlichen Berufsgenossenschaften errichteten landwirtschaftlichen Krankenkassen. Die Leistungen entsprechen weitgehend denen der übrigen gesetzlichen Krankenversicherung und beinhalten den Anspruch auf Betriebs- oder Haushaltshilfe bei Krankheit des Betriebsinhabers oder seiner Ehefrau anstelle des Kranken- oder Mutterschaftsgeldes. Die Leistungen für Altenteiler werden, bis auf einen Beitrag vom Altersgeld, vom Bund finanziert, die Leistungen für die übrigen Versicherten durch Beiträge, zu denen der Bund aufgrund des Sozialversicherungs-Beitragsentlastungs-Gesetzes von 1986 nach den wirtschaftlichen Verhältnissen gestaffelte Zuschüsse leistet.

KÖRPER UND GESUNDHEIT

SOFORTMASSNAHMEN

BIS DER NOTARZT KOMMT

Einfache Maßnahmen können ein Leben retten: wenn der Verletzte zu ersticken droht, sollte seine Kleidung geöffnet werden; bei einer Blutung sollte die Wunde zusammengedrückt werden (mit einem Tuch oder auch nur mit der Faust), um die Blutung zu stoppen. In den meisten Fällen sollte man nicht versuchen, den Verletzten zu bewegen oder ihn zu bergen, außer im Brandfall, bei Ertrinkungsgefahr oder wenn er sich in einer gefährlichen Lage befindet. Die Bergung eines Verletzten ist Spezialistensache.

Menschen, die zu einer Gruppe mit statistisch höherem Unfallrisiko gehören (Herzpatienten, Asthmatiker, Bluterkranke, Diabetiker), sollten ein Dokument bei sich tragen, auf dem Name und Adresse des behandelnden Arztes, eine Kurzbeschreibung der Behandlung und selbstverständlich auch die Art ihrer Erkrankung vermerkt sind. Diese Maßnahme erleichtert im Notfall die Anwendung der richtigen Behandlungsmethode.

In jedem Fall ist zunächst Ruhe zu bewahren, den Rettungsdienst schnell und genau zu informieren und Verletzte zu schützen, falls er sich im Freien und insbesondere wenn er sich auf der Straße befindet.

ZUSTÄNDIGKEIT BEI NOTFÄLLEN

Wenn im Hause etwas passiert und ein Telefon vorhanden ist, sollten die zuständigen Institutionen alarmiert werden: Rettungsdienst und Feuerwehr. Dies bietet doppelte Sicherheit: Einer der beiden Hilfsdienste könnte durch den Verkehr oder andere unvorhersehbare Faktoren behindert werden, der andere käme auf jeden Fall rechtzeitig. Wenn kein Telefon vorhanden ist, sollte, wenn möglich, ein Nachbar mit Telefon alarmiert werden. Die Notrufnummern stehen fast immer auf dem Apparat; ist die Nummer der Rettungsdienste nicht bekannt, kann sie bei der Polizei erfragt werden. In dringenden Notfällen verliert man kostbare Zeit, wenn man erst den Hausarzt anruft, da auch dieser auf jeden Fall den Rettungsdienst rufen wird. Während des Anrufs sollte man Panik vermeiden und angeben, von wo man anruft, wo der Unfall genau stattgefunden hat, wieviele Verletzte es gibt, und möglichst detaillierte Angaben über die Verletzungen machen. Diese Informationen sind für die Rettungsmaßnahmen von äußerster Wichtigkeit. Nach einem Unfall sollte man den Verletzten möglichst nicht allein lassen und ihn vor Unterkühlung oder der Gefahr der Erstickung an seiner eigenen Zunge bewahren.

Im Freien muß der Verunglückte vor einem zweiten Unfall geschützt werden (z. B. auf einer Straße: Überfahrenwerden durch ein Auto). Der Unfallort sollte daher möglichst abgesperrt werden. Auch in diesem Fall Rettungsdienste informieren!

DRINGENDE NOTFÄLLE

Die folgende Aufzählung listet die gefährlichen Notfälle auf, von denen jeder Mensch betroffen sein kann: Verbrennungen, Starkstromverletzungen, Hitzschlag, anaphylaktischer Schock, psychiatrischer Notfall, Vergiftung, Kälte, Herz-Kreislauf-Stillstand, Knochenbrüche und Verletzungen, Ertrinken, Blutungen, Ersticken.

Für jeden dieser Fälle werden beschrieben:
– die Art und die Charakteristika der Beeinträchtigung;
– die notwendigen Vorkehrungen und ersten Maßnahmen.

Vergiftungen.

Vergiftungen können absichtlich (Selbstmord) oder unabsichtlich geschehen. Ursache für unabsichtliche Vergiftungen können Lebensmittel (verdorbene Nahrung) oder ein Versehen (Schlucken einer toxischen Substanz) sein.
1. ›Versehentliche‹ Vergiftung: Ein Kind schluckt beispielsweise einen giftigen Stoff. Die folgenden Regeln sollten beachtet werden: nicht versuchen, ein Erbrechen herbeizuführen, wenn nicht bekannt ist, was geschluckt wurde (Gefahr von Verbrennungen der Speiseröhre), oder Milch als Gegengift verabreichen. Die erste Maßnahme sollte der Anruf beim nächsten Giftinformationszentrum sein; Experten können für jedes Produkt die richtige Maßnahme empfehlen.
2. Lebensmittelvergiftung: Nach Verzehr von Giftpilzen ist dringendst der Rettungsdienst zu rufen.

C, D, E · Herz-Kreislauf-Stillstand.

Der Herz-Kreislauf-Stillstand oder ›Scheintod‹ ist ein äußerst gefährlicher Notfall; wenn nichts unternommen wird, stirbt der Verletzte sofort. Dieser Notfall kann als Unfallkomplikation auftreten (Verbrennung, Ertrinken ...). Zunächst muß der Herz-Kreislauf-Stillstand erkannt werden: Der Patient atmet nicht mehr (Hand auf den Brustkorb legen, Ohr an die Nase legen, um den leisesten Atemzug hören zu können), das Herz schlägt nicht mehr, der Puls ist nicht mehr fühlbar; der Patient ist kalt und neigt dazu, ›blau anzulaufen‹. Schnelles Handeln tut not (die geringste Verzögerung kann den Tod bringen): äußere Herzmassage in Verbindung mit Mund-zu-Mund-Beatmung (s. Abb. C, D, E) oder Mund-zu-Nase-Beatmung. Bei Nichtbehandlung treten nach etwa 3 Minuten irreversible Gehirnschäden ein.

C, D · Mund-zu-Mund- bzw. Mund-zu-Nase-Beatmung: die Methoden der künstlichen Beatmung. Man verschließt die Nase und bläst Luft in den Mund des Verunglückten. Vorher ist zu überprüfen, ob ein Fremdkörper im Hals oder Mund des Patienten steckt. Bei einer Verletzung in Mund oder Wange wird die Mund-zu-Nase-Beatmung angewendet: Der Mund wird verschlossen und die Luft durch die Nasenlöcher des Betroffenen eingeblasen.

A, B · Verbrennungen.

Bei jeder Verbrennung ist der Brennvorgang zu stoppen und eine Kühlung, z. B. mit Wasser, vorzunehmen. Alle einschnürenden Gegenstände (Verbrennungen sind immer mit Ödemen verbunden) sind systematisch zu entfernen (Ringe, Schuhe). Der Verunglückte sollte nie entkleidet, sondern vielmehr bis zum Eintreffen des Rettungsdienstes steril oder sehr sauber ›eingepackt‹ werden.
Je nach Verbrennungsgrad wird unterschiedlich vorgegangen (s. Abb. A, B):
• *Verbrennungen 1. Grades:* Die Haut ist wie bei einem Sonnenbrand gerötet. In diesem Fall handelt es sich um eine harmlose Verbrennung; es genügt, zur schnellen Schmerzstillung Fett auf die Verletzung aufzutragen.
• *Verbrennungen 2. Grades:* Die Haut ist gerötet und ›blasig‹ *(oberflächliche Verbrennung 2. Grades).* Auch hier wird Fett aufgetragen, aber ein Arzt sollte für die fachgerechte Behandlung der Blasen sorgen (Keime). Schwerer ist die Verbrennung 2. Grades, die die tiefergelegenen Hautschichten in Mitleidenschaft zieht und einer besonderen Behandlung bedarf.
• *Verbrennungen 3. Grades:* Die Haut ist weißlich, unempfindlich; kaum Bluten, lederartiges Aussehen. Es handelt sich um eine sehr schwere Verbrennung, die je nach Ausdehnung der Verletzung lebensgefährlich werden kann.
Der Patient sollte schnell ins Krankenhaus gebracht werden, wo er angemessen versorgt werden kann.

Bei allen Verbrennungen ist ferner auf ausreichenden Impfschutz gegen Tetanus zu achten.

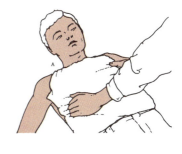
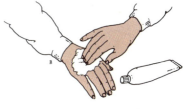
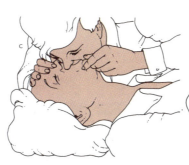
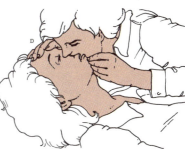

E · Äußere Herzmassage. Die äußere Herzmassage erfolgt auf *harter Unterlage*. Es handelt sich um eine Art Kolbenbewegung, die mit dem Handballen auf den unteren Teil des Brustbeins ausgeführt wird. Wenn man allein ist, macht man 10 Druckbewegungen und dann zwei Mund-zu-Mund-Beatmungen; ist ein Helfer da, kommt eine Beatmung auf 5 Druckbewegungen. Diese Behandlung wird bis zum Eintreffen des Rettungsdienstes fortgesetzt.

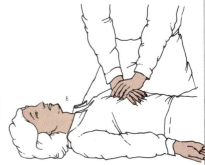

KÖRPER UND GESUNDHEIT

SOFORTMASSNAHMEN

Starkstromverletzungen.

Es kommt zu einer Starkstromverletzung, wenn elektrischer Strom durch den Körper fließt. Im günstigsten Fall handelt es sich um einen mehr oder minder starken elektrischen Schlag, der Verbrennungen oder bisweilen Bewußtlosigkeit nach sich zieht. In ernsteren Fällen kommt es zu sehr schweren Verbrennungen bis hin zu einer Verkohlung der Haut, Herzstillstand und Bewußtlosigkeit. In manchen Fällen tritt der Tod sofort ein. Der Schweregrad der Verletzung hängt von der Stromstärke und seiner Fließdauer ab. Bei über 300 Volt stirbt der Mensch sofort. Der normale Haushaltsstrom hat rund 220 Volt. Seine Wirkung kann von einem schwachen bis hin zum tödlichen elektrischen Schlag reichen, je nach Körperwiderstand. Ausreichenden Isolierschutz bieten Gummistiefel und Gehen auf Holz. Feuchtigkeit reduziert den Widerstand jedoch erheblich, wie die große Zahl von Badezimmerunfällen mit Elektrogeräten zeigt. Als erste Hilfe ist dafür zu sorgen, daß der Verunglückte nicht mehr in Kontakt mit dem leitenden Material kommt. Dann sollte er, insbesondere bei Bewußtlosigkeit, auf dem Boden auf der Seite gelagert werden (stabile Seitenlage, s. Abb. C); ist der Verunglückte bei Bewußtsein, darf er sich nicht bewegen und sollte zugedeckt werden. Die Einlieferung ins Krankenhaus empfiehlt sich. Hat der Verunglückte noch Kontakt mit dem leitenden Material, ist der Strom abzustellen, bevor Erste Hilfe geleistet wird. Bei einem Unfall mit sehr hoher Spannung sollte man sich dem Verunglückten nicht nähern oder ihn berühren: Isolierstoffe sind in diesem Fall unwirksam. Alles, was man tun kann, ist, den Strom abzustellen und den Rettungsdienst zu rufen.

Hitzschlag.

Ein Hitzschlag kann harmlos, aber oft auch ernst und sogar tödlich sein. Er kann im Ruhezustand oder nach einer Anstrengung (maligne Hyperthermie) eintreten. Die ersten klinischen Anzeichen sind: Ermüdung, Kopfschmerzen, Verdauungsbeschwerden und insbesondere Muskelkrämpfe. Die Haut ist heiß, brennt, das Gesicht ist rot und schweißtriefend. Danach treten Gleichgewichtsprobleme und manchmal (vor allem bei Babys) auch Schüttelkrämpfe auf. Der Betroffene ist mit allen verfügbaren Mitteln abzukühlen, bis der Arzt eintrifft: entkleiden, dem Wind aussetzen, ihn in kaltes Wasser tauchen (am besten 2°C niedriger als seine Körpertemperatur), ihm geringe Mengen frischen Wassers zu trinken geben (s. Abb. A). Auf jeden Fall muß der Betroffene in ein Krankenhaus. Bei Säuglingen läßt sich ein Hitzschlag bei einer Temperatur über 38°C durch Verabreichung von Aspirin und durch Abkühlung vermeiden. Erwachsene sollten sich an ein paar Regeln halten: sich allmählich an die Hitze gewöhnen (mindestens 7 Tage lang) oder luftige Kleidung tragen.

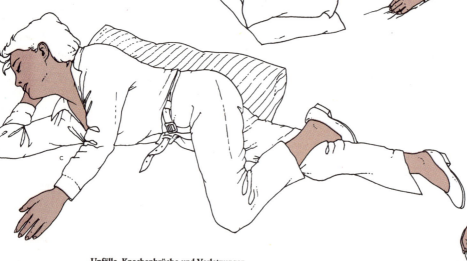

Anaphylaktischer Schock.

Der anaphylaktische Schock ist auf Allergien zurückzuführen. Der Betroffene hat Atembeschwerden und bekommt keine Luft mehr. Sein Herz schlägt schneller und unregelmäßig. Manchmal tritt bei einem anaphylaktischen Schock ein Quincke-Ödem auf (Gesichtsschwellung und Erstickungsgefahr durch Vergrößerung der Glottis). Dieser Schock führt zum Tod, wenn nicht schnell Adrenalin und antiallergische Substanzen injiziert werden. Ein solcher Schock ist meist nicht vorhersehbar.
Personen, bei denen die Gefahr eines anaphylaktischen Schocks besteht (schon einmal vorgekommen ist), sollten ständig eine Spritze mit einer antiallergischen Substanz in Reichweite haben und bei den ersten Anzeichen sofort injizieren.

Unfälle, Knochenbrüche und Verletzungen.

Unfälle, bei denen es zu Knochenbrüchen und Verletzungen kommt, sind im täglichen Leben sehr häufig; dies trifft insbesondere auf Verkehrsunfälle zu. Daher sollte jeder wissen, wie ein Verletzter zu lagern ist und wie man einen Knochenbruch erkennt, während man auf den Rettungsdienst wartet.
Wie lagert man einen Verletzten?
Dies hängt von der Art seiner Verletzung ab. Bei einer Brustkorbverletzung sollte der Verletzte in eine sitzende Stellung gebracht werden; bei einer Unterleibsverletzung muß der Verunglückte mit gebeugten Knien sitzen (s. Abb. D); hat er Atemprobleme, empfiehlt sich das Ausstrecken auf dem Boden mit hochgelegten Beinen (s. Abb. B). Wenn der Verletzte über seinen Rücken klagt und sagt, er fühle sich „wie gelähmt", muß sofort die Möglichkeit eines Wirbelsäulenbruchs in Betracht gezogen und darf der Verletzte nicht bewegt werden. Sonst kann sich an der Bruchstelle etwas verschieben; die Folge kann eine irreversible Lähmung sein. Die Wirbelsäule sollte durch Ausgleich der ›natürlichen Höhlungen‹ gestützt werden.
Es kommt vor, daß der Verunglückte bewußtlos ist, aber normal atmet: dann sollte er in die stabile Seitenlage gebracht werden (s. Abb. C), um Komplikationen durch Erbrechen zu vermeiden. Diese Wartepositionen sind oft von großer Bedeutung, da sie eine Vielzahl von sekundären Komplikationen verhüten können.
Woran erkennt man einen Knochenbruch?
Ein Arm- oder Beinbruch bewirkt große Schmerzen, und die entsprechende Gliedmaße kann nicht bewegt werden. Untersucht man den Schmerzherd, sind oft ein Ödem sowie blaue Flecken festzustellen; manchmal steht das Glied in einem anomalen Winkel. Bis zum Eintreffen des Rettungsdienstes sollte man eine Schiene fertigen, um die betroffene Gliedmaße ruhig zu stellen (s. Abb. E). Eine Schiene kann z. B. aus einem soliden Ast gemacht werden, den man mit einem Tuch an Arm oder Bein befestigt. Bei einem Bruch der Wirbelsäule darf nichts unternommen werden. Hat jemand einen Stoß gegen den Kopf erhalten, sollte er sich zur Unfallstation eines Krankenhauses begeben. Ein Bluterguß im Gehirn kann innerhalb von 48 Stunden nach dem Unfall zum Tod führen.

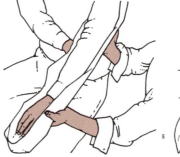

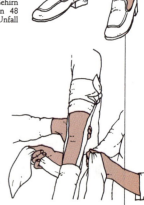

986

KÖRPER UND GESUNDHEIT

Kälte.

Die Kälte kann harmlosere Beschwerden wie Erfrierungen, aber auch den Tod aufgrund einer übermäßigen Abkühlung der Körpertemperatur (Unterkühlung) zur Folge haben. Man spricht von *Hypothermie*, sobald die Körpertemperatur unter 35 °C sinkt; bei unter 30 °C besteht Lebensgefahr. Sehr niedrige Temperaturen bewirken Bewußtlosigkeit und Herzrhythmusstörungen. Je nachdem, ob die Temperatur über oder unter 30 °C liegt, sind zwei Fälle zu unterscheiden.

1. Bei leichter Unterkühlung (Temperatur über 30 °C): meist normales Bewußtsein; die Person sollte sehr langsam mit heißen, süßen Getränken aufgewärmt (etwa 1 °C pro Stunde) [s. Abb. A] und in einen warmen Raum gebracht werden. Ist die Kleidung durchnäßt, sollte sie entfernt werden.

2. Bei schwerer Hypothermie (Temperatur unter 30 °C): Die Person muß durch einen Sonderrettungsdienst reanimiert werden. Bei zusätzlichen Erfrierungen, z. B. an den Fingern, sollte jeder Finger einzeln verbunden werden. Hier müssen Spezialisten helfen.

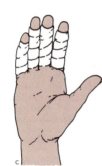

Ertrinken.

Beim Ertrinken kommt es durch das Einströmen von Wasser in die Lungen zu Atemstörungen. In 2/3 der Fälle ist die Gefahr des Ertrinkens auf einen Unfall, zu 1/3 auf Selbstmordabsicht zurückzuführen. Die Überlebensaussichten hängen von der Menge des eingeströmten Wassers ab; je mehr Wasser, desto schwerer die Folgen. In jedem Fall ist der Rettungsdienst zu benachrichtigen. Hat man den Betroffenen aus dem Wasser geholt, stellt man fest, ob er fröstelt (dies zeigt, daß er sich ›wehrt‹, und ist ein gutes Zeichen) oder ob er Krämpfe hat (ein schlechtes Zeichen). Je nach dem ›Grad des Ertrinkens‹ empfehlen sich unterschiedliche Rettungsmaßnahmen.

• Im ersten Stadium hat der Betroffene kein Wasser in der Lunge, sondern das Wasser nur ›geschluckt‹. Er ist sehr verängstigt, zittert und versucht, wieder zu Atem zu kommen; man braucht ihn nur zu beruhigen und aufzuwärmen.

• Im zweiten Stadium ist etwas Wasser in die Lungen geströmt, die Atemwege sind nicht frei, er ist ›blau‹ und erbricht sich. Er ist unterkühlt und erschöpft. Er bedarf einer Art Krankengymnastik, d. h. man sollte ihm, in Grätschstellung über ihm stehend, auf den Rücken klopfen, um das Wasser ausfließen zu lassen (s. Abb. B). Er muß schnellstens in ein Krankenhaus.

• Im 3. Stadium leidet der Betroffene unter großer Atemnot, psychischen Störungen und einem kardiovaskulären Schock. Er braucht dringend die Hilfe von Experten, da sein Leben auf dem Spiel steht.

• Im 4. Stadium atmet der Betroffene nicht mehr. Sein Herz steht still. Dies ist das Stadium des Scheintods. Bis zum Eintreffen des Rettungsdienstes sind äußere Herzmassage und Mund-zu-Mund-Beatmung von äußerster Dringlichkeit.

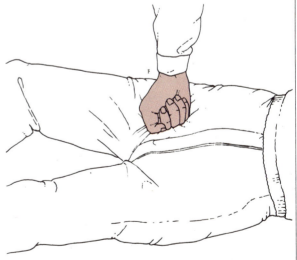

Abtrennung einer Gliedmaße oder eines Fingers/Zehs.

Trotz der Panik sollte man versuchen, das abgetrennte Glied zu finden und es in einer luftdichten Plastiktüte zu verwahren, die eisgekühlt werden sollte, um das abgetrennte Glied in gutem Zustand zu erhalten. Dann sollte dringend ein Sonderdienst alarmiert werden, dessen Adresse bei den lokalen Rettungsdiensten oder bei der Feuerwehr zu erfahren ist.

Blutungen.

Es gibt innere Blutungen (der Patient ist blaß, schweißgebadet, ernste Atembeschwerden) oder äußere Blutungen.

• Bei innerer Blutung: den Betroffenen ausstrecken und seine Beine hochlegen (damit das Blut hauptsächlich das Gehirn versorgen kann).

• Bei äußeren Blutungen: Druckverband anlegen, um die Blutung zu stillen; ist ein Arm oder ein Bein betroffen, sollte das Glied abgebunden werden, falls der Druckverband nicht ausreicht (s. Abb. C, D, E, F). Druckverband bzw. Abbindung sollten erst nach Eintreffen der Rettungsdienste entfernt werden; falls eine blanke Waffe in der Wunde geblieben ist, sollte sie bis zur Operation dort belassen werden. Es trifft nicht zu, daß eine Abbindung regelmäßig kurz gelockert werden muß. Auf jeden Fall sollte eine Blutung gestillt werden, auch wenn die Gefahr besteht, daß eine Gliedmaße abstirbt.

Eine lebensbedrohliche Blutung erfordert eine schnelle Reaktion. Das Abbinden ist keine ungefährliche Maßnahme, aber wenn man sich einmal dafür entschieden hat, sollte man dabei bleiben; dies wirkt oft lebensrettend.

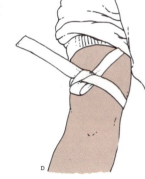

Psychiatrische Notfälle.

Der Selbstmord ist der wichtigste psychiatrische Notfall.

Nach einem Selbstmordversuch sollte man in erster Linie versuchen, mit dem Betroffenen zu reden, ohne etwas zu überstürzen oder zu dramatisieren. Es gibt spezialisierte Dienste, an die man sich wenden kann, bis der evtl. benötigte Rettungsdienst eintrifft. Man sollte den Selbstmordgefährdeten in dieser Situation nicht alleine lassen. Man sollte dem Patienten auch in depressiven Krisen beistehen; in dieser Periode ist die Selbstmordgefahr am größten.

Ersticken.

Als Asphyxie werden mechanisch bedingte Atembeschwerden oder Atemstillstand bezeichnet (Ertrinken, Erdrosseln, Erhängen, giftige Gase, Fremdkörper in den Atemwegen usw.). Um den Tod zu vermeiden, muß sehr schnell Hilfe geleistet werden.

Als erstes muß der Betroffene aus der Erstickungssituation befreit werden (giftige Gase, Ertrinken, Rauch usw.). Dann sollte man, wenn keine anderen Mittel zur Verfügung stehen, die Mund-zu-Mund-Beatmung durchführen. Vorher ist zu überprüfen, ob Fremdkörper die Atemwege blockieren; wenn ja, sollte man versuchen, sie zu entfernen.

Oft verschluckt ein kleines Kind einen Gegenstand. Droht es daran zu ersticken, genügt es häufig, Druck auf seinen Bauch auszuüben, um den Fremdkörper wieder zum Vorschein zu bringen. Dazu setzt man sich hinter das Kind, umfaßt es in Höhe der Magengrube und übt einen einmaligen, plötzlichen Ruck gegen den Magen aus; dadurch bewirkt man einen Überdruck, der das in der Luftröhre steckende Objekt herauspreßt (Heimlich-Handgriff).

987

KÖRPER UND GESUNDHEIT

RATGEBER KRANKHEIT

KRANKHEITEN DES 20. JAHRHUNDERTS

Atemwegserkrankungen. Es gibt eine Vielzahl von Atemwegserkrankungen, die von zahlreichen Erregern verursacht werden. In den Industrieländern rufen die Konsumgewohnheiten (Tabak) und die industrielle Umweltverschmutzung eine Reihe von Leiden hervor, die Erwerbsunfähigkeit nach sich ziehen können. Besonders häufig sind Entzündungen und virale oder bakterielle Infektionen der Atemwege. Sie betreffen unterschiedliche Organe, bei denen sie *Laryngitis* (Kehlkopfentzündung), *Pharyngitis* (Entzündung im Rachenbereich), *Tracheitis* (Luftröhrenentzündung) bzw. *Bronchitis* (Entzündung der Bronchien) auslösen. Bei *Lungenentzündungen* wird das Lungengewebe angegriffen. Die *Tuberkulose* entwickelt sich über einen langen Zeitraum hinweg und ist trotz ihrer Heilbarkeit immer noch eine ernstzunehmende Krankheit. Die vom Tuberkelbazillus hervorgerufene Erkrankung scheint in einigen Ländern der dritten Welt besonders verbreitet zu sein. In den Industrieländern grassiert sie insbesondere bei Einwanderergruppen.

Eine große Zahl von Menschen leidet an chronischen Atemwegserkrankungen, namentlich *chronischer Bronchitis, Asthma* und *Emphysemen*. Da es in Statistiken jedoch schwierig ist, diese Krankheiten genau voneinander abzugrenzen, weisen die Schätzungen erhebliche Abweichungen auf.

Risikofaktoren: Nikotinsucht (s. S. 963), Luftverschmutzung (s. S. 962), berufsbedingte Risiken (s. S. 964).

Herz- und Gefäßerkrankungen. Da Herz und Gefäße in enger Beziehung zueinander stehen, hat die Erkrankung eines dieser Elemente oft störende Auswirkungen auf das Gesamtsystem.

Beim Herzen können Herzklappenerkrankungen auftreten: Das auf eine nicht auskurierte Angina folgende *rheumatische Fieber* ist das häufigste Beispiel.

Manchmal kann auch das für den Herzrhythmus zuständige System seine Funktion nicht aufrechterhalten. Die sich ergebende *Arrhythmie* erfordert medizinische Behandlung oder gegebenenfalls auch das Einsetzen eines Herzschrittmachers.

Ferner kann das Herz unter einer verringerten Blutzufuhr in Verbindung mit plötzlich einsetzenden Schmerzen leiden: Anzeichen einer *Angina pectoris*.

Mit zunehmendem Alter tritt häufig eine Verhärtung und Verengung der Arterien ein. Die Arterienverhärtung, die *Arteriosklerose*, ist Teil des natürlichen Alterungsprozesses. Sie wird durch Bluthochdruck begünstigt. Die Arterienverengung ist häufig auf Cholesterin zurückzuführen: in diesem Fall spricht man von *Atherosklerose*. Diese beiden Prozesse führen zu einer Verstopfung der Arterien durch Gerinnsel: der *Thrombose*.

In den Industrieländern ist der *Herzinfarkt*, der ›Herzanfall‹ mit häufig schweren Folgewirkungen, die häufigste (kardiovaskuläre) Todesursache. Er wird durch eine Thrombose in einer Herzkranzarterie ausgelöst. Ein Teil des Herzmuskels, der nicht mehr ausreichend mit Blut versorgt wird, stirbt ab, und der ›Herzanfall‹ tritt ein.

Die zweithäufigste Todesursache ist eine Thrombose in den Gehirngefäßen, der Schlaganfall. Der Schlaganfall kann auch durch eine *Gehirnblutung* oder eine *Embolie* ausgelöst werden (ein Embolus ist ein nicht lösliches Gebilde, das sich in den Gefäßen festsetzt). Diese Leiden werden unter dem Begriff *zerebrale Insulte* zusammengefaßt.

Risikofaktoren: Alter und Geschlecht (Männer sind häufiger betroffen), der Cholesterinspiegel des Blutes (s. S. 969), Blutdruck, Nikotinsucht. Eine sitzende Berufstätigkeit, ähnliche Erkrankungen in der Familie, Diabetes, die Einnahme oraler Verhütungsmittel, der Persönlichkeitstyp, Gewicht sowie die Triglycerid- bzw. Harnsäuregehalt des Blutes spielen ebenfalls eine Rolle.

Krebs. Krebs ist die zweithäufigste Todesursache in den Industrieländern. Es handelt sich hierbei um sog. *neoplastische* Krankheiten (Neubildung von Gewebe), bei denen bösartige (es gibt auch gutartige) Tumoren entstehen. Die Leukämie, der ›Blutkrebs‹, greift die für die Hämatopoese (d. h. Blutbildung) zuständigen Gewebe an. Blutzellen wie die weißen Blutkörperchen werden dadurch in Aussehen und Funktion verändert.

Die Vorgänge der Krebsbildung sind noch nicht geklärt. Wissenschaftliche Untersuchungen haben ergeben, daß bestimmte Faktoren wie Nikotin, einige Viren usw. krebserregend wirken. Eine lokale Krebserkrankung kann auf alle übrigen Organe übergreifen. In den Industrieländern ist der Lungenkrebs am weitesten verbreitet (Ursache ist das Rauchen), gefolgt von Darmkrebs. An Krebs sterben jährlich mehr Männer als Frauen, jedoch scheint sich der Abstand infolge eines verstärkten Tabakkonsums bei Frauen zu verringern. Bei der Frau kommt der Brustkrebs am häufigsten vor, während die Todesfälle durch Gebärmutterkrebs und (bei beiden Geschlechtern) durch Magenkrebs rückläufig sind. Die Krebsrate ist aufgrund des Klimas, der Lebensweise und der Ernährungsgewohnheiten von Land zu Land unterschiedlich (so führt der Genuß von Sake in Japan zu einer höheren Zahl von Speiseröhrenkrebserkrankungen als in Mitteleuropa).

Risikofaktoren. Berufs- und ernährungsbedingte Faktoren, Tabak, Alkohol, Umweltverschmutzung, Radioaktivität usw.

Vorbeugung. Sie beruht auf der Erkennung von Krebsvorstadien (z. B. Darmpolypen), bei denen eine Entartung sehr wahrscheinlich ist. An einigen Stellen (z. B. Gebärmutterhals, Brüste, Verdauungstrakt) ist die Erkennung einfach; an anderen (Lungen) fast unmöglich. Daher sollten die Risikofaktoren möglichst eingeschränkt werden.

Magen-Darm-Erkrankungen. Die häufigsten Magen-Darm-Erkrankungen sind Magen- und Zwölffingerdarmgeschwüre. Die Häufigkeit dieser Krankheit ist altersabhängig; die meisten Fälle finden sich bei der Altersgruppe zwischen 38 und 64 Jahren. Im Verhältnis zum Verbreitungsgrad dieser Krankheit sterben relativ wenige Menschen daran.

Risikofaktoren.

1. Die Umgebung. Auffällig ist ein starkes geographisches Gefälle in der Häufigkeit von Magen- und Zwölffingerdarmgeschwüren: In Schottland treten Zwölffingerdarmgeschwüre häufiger auf als in England. Auch die soziale Schicht spielt eine Rolle: Magengeschwüre sind z. B. bei den selbständigen Berufen seltener zu finden.

2. Konstitutionelle Faktoren: Zwölffingerdarmgeschwüre treten am häufigsten bei Menschen mit der Blutgruppe 0 auf. Männer sind öfter betroffen als Frauen.

3. Gesundheitsschädliche Faktoren: Alkohol

Sterbefälle durch Krebs in der Bundesrepublik Deutschland

Zahlen in Prozent, je 100 000 Einwohner (1987)

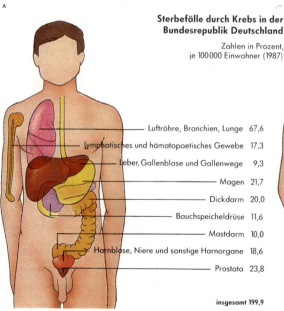

Luftröhre, Bronchien, Lunge	67,6
lymphatisches und hämatopoetisches Gewebe	17,3
Leber, Gallenblase und Gallenwege	9,3
Magen	21,7
Dickdarm	20,0
Bauchspeicheldrüse	11,6
Mastdarm	10,0
Harnblase, Niere und sonstige Harnorgane	18,6
Prostata	23,8

insgesamt 199,9

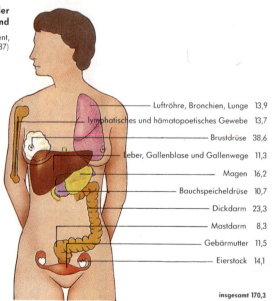

Luftröhre, Bronchien, Lunge	13,9
lymphatisches und hämatopoetisches Gewebe	13,7
Brustdrüse	38,6
Leber, Gallenblase und Gallenwege	11,3
Magen	16,2
Bauchspeicheldrüse	10,7
Dickdarm	23,3
Mastdarm	8,3
Gebärmutter	11,5
Eierstock	14,1

insgesamt 170,3

KÖRPER UND GESUNDHEIT

und Nikotin, die die Säureabsonderung anregen.
4. Nervliche Faktoren: Körperlicher Streß scheint heute eine relativ große Rolle zu spielen.
5. Arzneimittel (Aspirin, Cortison) und Gewürze.

Diabetes. Es gibt verschiedene Arten des Diabetes. Der *insulinabhängige Diabetes mellitus* geht auf eine Bauchspeicheldrüsenerkrankung bzw. eine unzureichende Insulinsekretion der Bauchspeicheldrüse zurück. Insulin ist für die Regelung des Zuckerstoffwechsels zuständig: es sorgt dafür, daß Glucose in das Innere einer Zelle gelangen kann; wenn dies nicht gelingt, bleibt zuviel Glucose frei im Blut. Der insulinabhängige Diabetes ist eine schwere Krankheit, die in jedem Alter diagnostiziert werden kann. Die Hauptgefahr ist, daß der Kranke in ein Koma fallen kann, das manchmal schwer zu behandeln ist.

Eine andere Art des Diabetes ist der *mit Fettsucht verbundene Diabetes*. Aufgrund des Übergewichts sind Zellen in Überfülle im Körper vorhanden, so daß das Insulin nicht mehr voll wirksam werden und den Zucker nicht ins Zellinnere bringen kann. Dadurch kommt es zu einem Zuckerüberschuß im Blut. Abhilfe schafft eine Diät.

Der *Altersdiabetes* ist durch eine verringerte Insulinaktivität bedingt. Bei schlanken Menschen kommen ausschließlich zwei Arzneimittel zur Anwendung: Sulfonamide oder Biguanide. Bei Fettleibigkeit wird eine Diät verordnet.

Entscheidende Fortschritte in der Diabetesbehandlung wurden durch die Entwicklung von ›Insulinpumpen‹ erzielt, die in den Körper eingepflanzt werden können und die Menge des abzugebenden Insulins automatisch regulieren.

Die Hauptsymptome eines Diabetes sind Polyurie (erhöhte Harnausscheidung), Polydipsie (gesteigerter Durst) und Polyphagie (übermäßiger Hunger). Grund zur Beunruhigung ist ferner eine Wunde, die nicht oder nur langsam vernarbt. Wenn er nicht richtig behandelt wird, ist der Diabetes lebensbedrohlich; er ist eine Krankheit, die eine schwere Behinderung nach sich ziehen kann, da er das Risiko von Arterien- und Augenerkrankungen erhöht.

Geschlechtskrankheiten. Es gibt vier melde- und behandlungspflichtige ›Geschlechtskrankheiten‹: *Syphilis, Tripper, weicher Schanker* und *venerische Lymphknotenentzündung*. Neben diesen vier Krankheiten zählen noch einige andere zu den durch Geschlechtsverkehr übertragbaren Krankheiten: durch Mycoplasmen oder Chlamydien hervorgerufene Erkrankungen, Herpes, Krätze, Hepatitis B und heute in besonders starkem Maße AIDS.

Die erneute Zunahme von durch Geschlechtsverkehr übertragbaren Erkrankungen seit den sechziger Jahren steht in enger Wechselbeziehung mit sozialen, wirtschaftlichen und kulturellen Faktoren (sexuelle Befreiung, mangelnde Information der Öffentlichkeit, Massentourismus).

Auch andere Faktoren spielen eine Rolle.
1. Die steigende Zahl gesunder Virusträger, d.h. von Menschen, die den Erreger in sich tragen, z.B. nach der Genesung von der Krankheit oder häufig bei Nichtauftreten klinischer Symptome (asymptomatische Form). Diese asymptomatischen Formen können jedoch zur Ansteckung eines anderen Menschen führen; sie können ebenso (aufgrund ihrer Latenz) schwere Komplikationen bewirken. Aus diesem Grund sind vorsorgliche Untersuchungen zur systematischen Erkennung von großer Bedeutung.

2. Die Häufigkeit von Infektionen des Genitalbereiches, an denen mehrere Erreger gleichzeitig beteiligt sind.

Bei der Behandlung von Geschlechtskrankheiten müssen auch die Sexualpartner der Betroffenen mitbehandelt werden, damit eine erneute Ansteckung ausgeschlossen werden kann.

AIDS. Das erworbene Immunschwächesyndrom AIDS trat erstmals 1981 in den Vereinigten Staaten auf. Im Oktober 1989 registrierte die WHO 182 463 Fälle in 152 Ländern. Afrika scheint am stärksten betroffene Kontinent zu sein. Das AIDS-Virus gehört zu der Gruppe der Retroviren. 1986 setzte sich für dieses Virus die Bezeichnung HIV (Human Immunodeficiency Virus) durch.

Das AIDS-Virus kommt im Blut, aber auch in den meisten anderen Körperflüssigkeiten vor. Es greift einen besonderen Zelltyp der Immunabwehr, die Lymphozyten, an.

Die Erkrankung ist eine Spätform der Infektion durch das HIV-Virus. Ein Mensch kann Virusträger sein, ohne selbst Krankheitssymptome aufzuweisen. In diesem Fall ist er *seropositiv*, weil er Antikörper gegen das Virus besitzt, die bei einem serologischen Suchtest erkannt werden können. Die klinischen Anzeichen der Erkrankung sind sehr unterschiedlich: entweder spezifisch (Erkrankung der Lymphknoten, Gewichtsverlust) oder mit einer opportunistischen Krankheit verbunden, die infolge der Schwächung der Immunabwehr zum Ausbruch kommen kann (Kaposi-Sarkom, Pneumonie, Toxoplasmose).

Die Übertragung ist auf mehreren Wegen möglich: durch geschlechtlichen Kontakt, durch Blut und von der Mutter auf das Kind. Andere Übertragungswege konnten nicht eindeutig nachgewiesen werden.

Für AIDS gibt es noch keine besondere Therapie. Einige Medikamente scheinen eine Wirkung auf das Virus zu haben, aber es liegen noch keine gesicherten Forschungsergebnisse vor. Zur Vorbeugung gegen AIDS empfehlen sich die Verwendung von Präservativen, die systematische Durchführung von Suchtests bei Blutspendern und die nur ein-

Entwicklung der gemeldeten AIDS-Fälle in der Bundesrepublik Deutschland (bis Dezember 1990)

1983	52	1987	1 372
1984	–	1988	1 848
1985	195	1989	3 739
1986	885	1990	5 157

Quelle: Weltgesundheitsorganisation.

Gemeldete AIDS-Fälle nach Erdteilen
(November 1990)

Nord- und Südamerika	180 663
Afrika	75 642
Europa	39 526
Ozeanien	2 293
Asien	790

Quelle: Weltgesundheitsorganisation.

Gruppen der an AIDS Erkrankten

Homo- oder bisexuelle Männer	75 %
Drogenabhängige	9 %
Bluter	5,5 %
Partner/-innen HIV-Infizierter und AIDS-Kranker	3 %
Empfänger infizierter Blutkonserven	2 %

AIDS IN ZAHLEN

In der Bundesrepublik Deutschland waren im November 1990 5 157 AIDS-Erkrankte gemeldet.

In Europa hat die Zahl zwischen 1988 und 1989 um 80 % zugenommen. Insgesamt sind in 31 europäischen Ländern 21 857 Erkrankte gemeldet. Allein in Schwarzafrika sind nach vorsichtigen Schätzungen 5 Millionen Erwachsene und eine unbekannte Zahl Kinder mit dem AIDS-Virus infiziert.

Die größte Gruppe der registrierten AIDS-Erkrankten wird immer noch von den homo- und bisexuellen Männern mit 56 % gestellt. Jedoch hat der Anteil der Drogenabhängigen auf 23 % sowie von deren Sexualpartnern oder Kindern auf 4 % zugenommen. Der Anteil der Frauen beträgt 11 %. Außerdem wird eine Ausbreitung der Erkrankung unter Heterosexuellen festgestellt, die keiner Risikogruppe zuzuordnen sind.

Mit einem Impfstoff ist nach Meinung von Experten in den nächsten 5–10 Jahren nicht zu rechnen.

▲ · **AIDS.**
Das HIV-Virus greift Lymphozyten an und dringt in ihr Inneres ein. Da es sich in unseren eigenen Immunabwehrzellen verbirgt, ist eine Bekämpfung mit klassischen Methoden sehr schwierig.

AIDS IN DER WELT

Rund 300 000 AIDS-Fälle waren im November 1990 bei der Weltgesundheitsorganisation (WHO) gemeldet.

Die WHO schätzt die Zahl der HIV-Infizierten auf 5 bis 10 Millionen. In Europa sind in 33 Ländern offiziell 35 000 Fälle gemeldet. Die WHO nimmt für Europa die Zahl von 500 000 AIDS-Infizierten an.

In Europa wurden die höchsten Anteile auf eine Million Einwohner in der Schweiz (190), Frankreich (173), Spanien (135), Dänemark (112) und Italien (105) registriert. An der Spitze stehen die USA mit offiziell 126 000 registrierten AIDS-Fällen vor Uganda und Zaire sowie Brasilien. Die Bundesrepublik Deutschland liegt mit 5 288 registrierten Fällen auf dem 11. Platz.

KÖRPER UND GESUNDHEIT

RATGEBER KRANKHEIT

malige Benutzung von bestimmten Materialien.

Die Ausbreitung der Krankheit über die ganze Welt stellt die Stichhaltigkeit der Risikogruppentheorie (Homosexuelle, Drogenabhängige) in Frage. In Afrika sind sehr viele Frauen erkrankt, eine Tendenz, die sich auch in anderen Ländern zu bestätigen scheint.

Durch Insekten übertragene Krankheiten. Die häufigste dieser Krankheiten ist die *Malaria,* die durch einen Parasiten (Plasmodium) hervorgerufen wird, der wiederum von einer Stechmücke (Anopheles) übertragen wird. Zur Vorbeugung werden Insektizide wie DDT eingesetzt. Auch andere Krankheiten werden auf diese Weise übertragen: *Schlafkrankheit* (Überträgerin ist die Tsetsefliege), Gelbfieber (schwere Virusinfektion, gegen die geimpft werden kann), Filariosen usw. Von anderen Überträgern werden verbreitet: z. B. die Pest von Ratten, das Fleckfieber von Flöhen.

Durch mangelnde Hygiene bedingte Krankheiten. Dazu gehören alle Arten von Durchfall und Ruhr, die von Bakterien oder Amöben hervorgerufen werden, Typhus, Kinderlähmung, Virushepatitis und insbesondere Cholera (verseuchtes Wasser oder Nahrung).

Die *Bilharziose* wird durch das Wasser und durch die Haut übertragen: Der Parasit dringt beim Baden oder Waten in verseuchtem stehendem Wasser durch die Haut in den Körper ein.

Die *Lepra* wird durch direkte Berührung übertragen, ist aber nicht sehr ansteckend. Sie ist heute weitgehend auf warme Länder mit niedrigem Lebensstandard beschränkt.

Ernährungsbedingte Krankheiten. Sie sind auf einen Mangel an bestimmten Vitaminen zurückzuführen und können Pellagra, Beriberi oder Skorbut auslösen oder auch infolge von Nahrungsmangel zu Unterernährung führen.

GESETZLICHE VORSCHRIFTEN

Meldepflichtige Krankheiten: Typhus und Paratyphus □ Fleckfieber □ Andere Rickettsiosen □ Pocken □ Scharlach □ Masern □ Diphterie □ Toxoplasmose □ Cholera □ Pest □ Gelbfieber □ Bakterienruhr □ Amöbenruhr □ kollektive Lebensmittelvergiftungen □ Meningokokkenmeningitis □ Epidemische spinale Kinderlähmung: a) paralytische, b) enzephalitische, c) meningitische Kinderlähmung □ Trachom □ Brucellose (Maltafieber oder Schweinehüterkrankheit) □ Lepra □ Weilsche Krankheit □ Andere Leptospirosen □ Papageienkrankheit □ Tetanus □ Rückfallfieber □ Keuchhusten □ Tularämie □ primäre autochthone Malaria □ Infektiöse Toxikosen, sofern sie bei mehreren Säuglingen auftreten □ Grind □ Lungentuberkulose und extrapulmonale Tuberkulose □ Milzbrand □ Klinisch manifeste Tollwut □ Verdacht auf Virushepatitis.

Fakultative Meldung bei: Grippe-Epidemie □ Lungenentzündung und Bronchopneumonie □ Wundrose und andere Streptokokkeninfektionen (außer Scharlach) □ Mumps □ Röteln □ Windpocken □ Verdacht auf virale Meningitis (nicht bei Verdacht auf Kinderlähmung) □ Salmonelleninfektionen außer Typhus und Paratyphus □ Staphylokokkeninfektionen von Haut oder Schleimhäuten bei Berufsgruppen, die diese Infektion verbreiten könnten.

ANLEITUNGEN

Unser Ratgeber Krankheit bietet Informationen über die häufigsten Krankheiten und Beschwerden. Er kann aber nicht den Besuch beim Arzt ersetzen.

Benutzungshinweise. Krankheiten und Symptome sind alphabetisch angeordnet. Können Sie ein Symptom nicht eindeutig einer bestimmten Krankheit zuordnen, dann nehmen Sie die nach Körperzonen geordneten Abbildungen (Kopf, Hals, Augen usw.) auf dieser und der folgenden Seite zu Hilfe; dort werden die möglichen Beschwerden dargestellt. Die Punkte (•) verweisen auf die Hauptsymptome, die Pfeile (→) auf Krankheiten, die im folgenden in einem Artikel beschrieben werden. Eine weitere Orientierungshilfe bietet die Einteilung der Erkrankungen und Beschwerden nach medizinischen Fachrichtungen (S. 992).

Andere Informationen über Vorbeugung, Erkennung, Impfungen, Risikofaktoren, Schwangerschaft und Krankheit finden Sie in den einzelnen Abschnitten des Kapitels Körper und Gesundheit. Der Leser wird auf die genannten Abschnitte verwiesen, da im folgenden nur kurze Informationen über die Symptome einer Erkrankung, über die Frage, welcher Arzt zuständig ist, und die üblichen Behandlungsmethoden gegeben werden können. Die Angaben zur Behandlung sind lediglich als Hinweis zu verstehen: Dem Leser wird dringend abgeraten, eine (immer riskante) ›Selbstmedikation‹ vorzunehmen. Nur der Hausarzt oder eine einschlägige Krankenhauseinrichtung kann Ihnen sagen, welcher Facharzt für Ihre speziellen Beschwerden zuständig ist. Unser Ratgeber Krankheit ist als ein erster, leicht zugänglicher Ratgeber in einer schwierigen Situation bzw. zur Befriedigung Ihres Interesses gedacht. Wir warnen ausdrücklich vor den Gefahren einer – oft falschen – Selbstdiagnose. Kurz: Bei Beschwerden empfiehlt sich der direkte Weg zum Arzt.

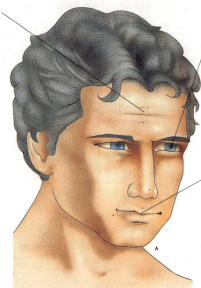

Kopf
- Schmerzen
- → Migräne
- → Schädelverletzung

- Juckreiz
- Läuse
- → Kopfgrind

- Schuppen auf der Kopfhaut
- → Schuppenflechte
- → Kopfgrind

- Gleichgewichts- bzw. Verhaltensstörungen
- → Demenz
- → Depression
- → Epilepsie
- → Neurose
- → Psychose
- → Rauschgiftabhängigkeit

- Bewußtseinsverlust
- → Ohnmacht

Augen
- Tränen
- → Bindehautentzündung

- Schmerzen und gerötete Lider
- → Verätzungen am Auge
- → Hagelkorn
- → Fremdkörper im Auge
- → Gerstenkorn

- rasche Verschlechterung der Sehschärfe
- → Sehschärfe
- → Grauer Star

Mund
- Schmerzen
- → Herpes

Ohren
- Schmerzen
- Mumps
- → Ohrenentzündung

Hals und Rachen
- Schmerzen u. Rötung
- → Angina

- Erbrechen von Flüssigkeit
- → Erbrechen

- Brennen
- → Hiatushernie

- Schwellung
- → Schilddrüsenkrebs
- → Hals-Nasen-Ohren-Krebserkrankungen
- → Schilddrüsenüberfunktion
- → Schilddrüsenunterfunktion
- → Mumps

- Lymphknoten
- → Angina
- → Pfeiffersches Drüsenfieber

- Halsschmerzen
- → Zervikalsyndrom

Nase
- läuft
- → Grippe
- → Schnupfen
- → Schmerzen
- → Furunkel

- Bluten
- → Hals-Nasen-Ohren-Krebserkrankungen

990

KÖRPER UND GESUNDHEIT

Brust
- Ertasten eines Knotens
→ Brustkrebs

- Schmerzen
→ Angina pectoris
→ Lungenembolie
→ Herzinfarkt
→ Lungenentzündung,
→ Brustfellentzündung,
→ Pneumothorax

- Atembeschwerden
→ Asthma
→ Bronchitis
→ Lungenembolie
→ Lungenödem
→ Tuberkulose

- Husten
→ Bronchitis
→ Lungenentzündung

- Brennen
→ Hiatushernie

- starkes Herzklopfen
→ Anämie
→ Bluthochdruck
→ Schilddrüsen-
überfunktion

- Juckreiz
→ Krätze

Bauch
- schmerzhaft
Blinddarm-
entzündung
→ Durchfall
→ Bauchspeicheldrüsen-
entzündung
→ Geschwür
→ geschwollen
→ Verstopfung
→ Darmverschluß
→ Geschwulst
→ Leistenbruch
- Wasseransammlung
→ Eierstockkrebs

After
- flüssiger Stuhl
→ Durchfall
→ Schilddrüsen-
überfunktion

- harter und fester Stuhl
→ Verstopfung

- Blut im Stuhl
→ Hämorrhoiden

Gesäß
- Juckreiz
→ Krätze

Hoden
- Schmerzen
→ Hodentorsion

- Anschwellen
→ Hodenkrebs
→ Impotenz
→ Prostataadenom
→ Depression
→ Mumps

Geschlechtsorgane
- Vaginalblutungen
→ Gebärmutterkrebs
- Schmerzen beim Geschlechtsverkehr
→ Herpes
- Juckreiz im Schamhaarbereich
→ Läuse
- Schanker am Penis
→ Syphilis
- Juckreiz am Penis
→ Krätze
- Jucken beim Harnlassen
→ Blasenentzündung
→ Gonorrhoe
→ Harnwegsinfektion
- häufiges Harnlassen
→ Blasenentzündung
→ Prostataadenom
→ Niereninsuffizienz
- Probleme beim Harnlassen
→ Prostataadenom
→ Prostatakrebs
→ Nierenkolik
→ Niereninsuffizienz
- unwillkürliches Harnlassen
→ Bettnässen

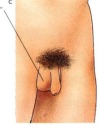

Haut
- Pickel, Bläschen, Beule
→ Akne
→ Furunkel
→ Herpes

- schuppige Stellen
→ Schuppenflechte

- Jucken
→ Krätze
→ Impetigo
→ Läuse
→ Kopfgrind
→ Nesselsucht und Ekzem
→ Windpocken
→ Gürtelrose

- Schorf
→ Ekzem
→ Windpocken

- rote Flecken
→ Impetigo
→ Masern
→ Röteln

Beine
- Gehprobleme
→ Arthrose, Arthritis
→ Arteriosklerose in den Beinen
→ Hemiplegie
→ Parkinsonsche Krankheit
→ Multiple Sklerose

- Schmerzen
→ Ischias

- Schmerzen beim Gehen
→ Arteriosklerose in den Beinen

- schwere Beine
→ Krampfadern

Füße
- Schmerzen im großen Zeh
→ Gicht

Arm
- Schmerzen
→ Arthritis
→ Arthrose
→ Herzinfarkt

- Hautschäden
→ Krätze

Hände
- Hautschäden
→ Krätze

- Schmerzen im Daumen
→ Gicht

Rücken
- Schmerzen
→ Nierenkolik
→ Hexenschuß
→ Osteoporose
→ Bauchspeicheldrüsen-
entzündung
→ Ischias

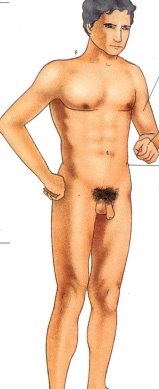

KÖRPER UND GESUNDHEIT

RATGEBER KRANKHEIT

MEDIZINISCHE FACHRICHTUNGEN

Augenheilkunde.
Sehschärfe (Verschlechterung der). ☐ Verätzungen am Auge. ☐ Grauer Star. ☐ Hagelkorn. ☐ Bindehautentzündung. ☐ Fremdkörper im Auge. ☐ Gerstenkorn.

Dermatologie.
Akne. ☐ Juckreiz. ☐ Ekzem. ☐ Furunkel. ☐ Impetigo. ☐ Läuse. ☐ Schuppenflechte. ☐ Kopfgrind. ☐ Nesselsucht. ☐ Gürtelrose.

Endokrinologie.
Abmagerung. ☐ Schilddrüsenkrebs. ☐ Diabetes. ☐ Schilddrüsenüberfunktion. ☐ Hypoglykämie. ☐ Schilddrüsenunterfunktion. ☐ Fettleibigkeit.

Gastroenterologie.
Blinddarmentzündung. ☐ Verstopfung. ☐ Durchfall. ☐ Hämorrhoiden. ☐ Virushepatitis. ☐ Hiatushernie. ☐ Leistenbruch. ☐ Akuter Darmverschluß. ☐ Bauchspeicheldrüsenentzündung. ☐ Erbrechen. ☐ Geschwür.

Infektionskrankheiten.
Angina. ☐ Krätze. ☐ Gonorrhoe. ☐ Grippe. ☐ Virushepatitis. ☐ Herpes. ☐ Harnwegsinfektionen. ☐ Meningitis. ☐ Pfeiffer-Drüsenfieber. ☐ Mumps. ☐ Ohrenentzündung. ☐ Lungenentzündung. ☐ Läuse. ☐ Masern. ☐ Röteln. ☐ Syphilis. ☐ Tuberkulose. ☐ Windpocken. ☐ Gürtelrose.

Kardiologie.
Angina pectoris. ☐ Arteriosklerose in den Beinarterien. ☐ Lungenembolie. ☐ Bluthochdruck. ☐ Herzinfarkt. ☐ Ohnmacht. ☐ Krampfadern.

Nephrologie, Urologie.
Prostataadenom. ☐ Nierenkolik. ☐ Blasenentzündung. ☐ Harnwegsinfektionen. ☐ Akute Niereninsuffizienz. ☐ Chronische Niereninsuffizienz. ☐ Hodentorsion.

Neurologie.
Koma. ☐ Demenz. ☐ Generalisierte Epilepsie. ☐ Hemiplegie. ☐ Parkinson-Krankheit. ☐ Migräne. ☐ Bewußtseinsverlust. ☐ Multiple Sklerose. ☐ Schädelverletzung.

Onkologie.
Krebsarten: Hautkrebs; Darmkrebs; Hals-Nasen-Ohren-Krebserkrankungen; Eierstockkrebs; Lungen- und Bronchialkrebs; Prostatakrebs; Brustkrebs; Hodenkrebs; Schilddrüsenkrebs; Gebärmutterkrebs.

Pneumonologie.
Asthma. ☐ Bronchitis. ☐ Lungenembolie. ☐ Akutes Lungenödem. ☐ Brustfellentzündung. ☐ Lungenentzündung. ☐ Pneumothorax. ☐ Tuberkulose.

Psychiatrie.
Depression. ☐ Bettnässen. ☐ Neurose. ☐ Psychose. ☐ Schizophrenie. ☐ Rauschgiftabhängigkeit.

Rheumatologie.
Arthritis. ☐ Arthrose. ☐ Zervikalsyndrom. ☐ Schmerzen. ☐ Gicht. ☐ Hexenschuß. ☐ Osteoporose. ☐ Weichteilrheumatismus. ☐ Achillessehnenriß. ☐ Ischias.

A

Abmagerung. Ein anomaler Gewichtsverlust kann viele medizinische Ursachen haben und zu schweren Komplikationen führen.
Klinische Anzeichen: Bei einem Gewichtsverlust von 10 % des normalen Gewichts spricht man von *geringer Abmagerung*, zwischen 10 und 20 % von *mäßiger Abmagerung* und bei über 20 % von *ernster Abmagerung*. Auszehrung liegt bei einer Gewichtsabnahme von über 30 % vor; bei über 40 % besteht Lebensgefahr. Die Haare sind trocken und brüchig; die Nägel gedellt und brüchig; die Haut ist empfindlich und faltig, es kommt zur starkem Schwitzen; niedriger Blutdruck; häufiger, insbesondere nächtlicher Harndrang.
Zuständiger Arzt: praktischer Arzt.
Behandlung: Behandlung des Leidens, das den Gewichtsverlust ausgelöst hat, in Verbindung mit einer kalorienreichen Diät.

Akne. Die Akne ist eine insbesondere bei Jugendlichen häufige Erkrankung der Haut, die schwer zu behandeln ist und die betroffenen Heranwachsenden oft deprimiert.
Klinische Anzeichen: eine Vielzahl von Mitessern, Pickeln mit weißem Kopf und roten bzw. bläulichen Flecken, die stecknadelkopf- bis erbsengroß sein können. Aus ihnen entstehen Pusteln, Narben oder Vertiefungen in der Haut; Haut und Haar sind fettig. Die Akne ist vor allem im Gesicht, auf Nacken, Brust und Rücken lokalisiert.
Zuständiger Arzt: Hautarzt.
Behandlung: Waschen der betroffenen Körperstellen mit einer speziellen Waschlotion etwa dreimal täglich mit anschließendem sehr gründlichen Abtrocknen. Sonne trägt zur Abheilung der Akne bei. Manchmal werden auch Antibiotika eingesetzt. Bei der Ernährung sollten Lebensmittel vermieden werden, die Akne fördern, wie z.B. Schokolade. Kleidung aus Wolle oder Fell sollte nicht direkt auf der Haut getragen werden.

Anämie. Bei der Anämie vermindert sich die Konzentration des Hämoglobins und der roten Blutkörperchen im Blut. Die Organe des menschlichen Körpers werden dadurch unzureichend mit Sauerstoff versorgt.
Klinische Anzeichen: blasse Haut, stellenweise gefleckt; Atembeschwerden in Verbindung mit Schwitzen, Schwindelgefühl, Ohrensausen und Kopfschmerzen. Ursache der Anämie können eine akute oder chronische Blutung, eine Entzündung, Eisenmangel, Enzymmangel oder eine erbliche Veranlagung sein (dies ist keine erschöpfende Liste).
Zuständiger Arzt: Hämatologe.
Behandlung: Behandlung des Leidens, das die Anämie ausgelöst hat. Verträgt der Betroffene die Behandlung nicht, wird auf Bluttransfusionen zurückgegriffen.

Angina. Die Angina im engen Sinne ist eine virale oder bakterielle Infektion der ›Gaumenmandeln‹ (Mandelentzündung).
Klinische Anzeichen: stark geröteter Rachen; weißer cremiger Belag auf den Mandeln; Fieber mit ›Halsschmerzen‹ und Schmerzen beim Schlucken.
Zuständiger Arzt: praktischer Arzt.
Behandlung: Ruhe und etwa eine Woche lang Einnahme von Antibiotika.

Angina pectoris. Angina pectoris geht auf eine unzureichende Sauerstoffversorgung des Herzens zurück. Sie ist Vorbotin des Herzinfarkts. Die Arterien, die den Sauerstoff zum Herzen transportieren, verstopfen.
Klinische Anzeichen: plötzlich einsetzender Schmerz mit ›Schraubstockgefühl‹ um den Brustkorb. Der Schmerz strahlt in die Arme bis zu den Handgelenken, in den Hals, den Kiefer. Er tritt häufig bei einer Anstrengung und nicht im Ruhezustand auf; er läßt einige Sekunden nach Einnahme eines nitroglycerinhaltigen Medikaments nach.
Sofort zu benachrichtigender Arzt: Kardiologe.
Behandlung: Krankenhausaufenthalt mit Ruhe, kardiologische Überwachung, Behandlung mit Amylnitritspray (erweitert die Blutgefäße des Herzens) und Sauerstoff. Treten Anfälle von Angina pectoris häufiger auf, könnte ein chirurgischer Eingriff (Legen eines Bypass) notwendig werden.

Arteriosklerose in den Beinen. Eine Arteriosklerose in den Beinen führt zu einer Schädigung der Arterienwand und letztlich zum völligen Verschluß der Arterie, so daß keine Durchblutung mehr erfolgt.
Klinische Anzeichen: Je nach klinischem Schweregrad werden 4 Stadien unterschieden. *1. Stadium:* keine Schmerzen, jedoch ist der Puls an einer oder mehreren Stellen nicht mehr zu spüren (zeigt, daß eine oder mehrere Arterien verödet sind). *2. Stadium:* Nach relativ anstrengendem Gehen spürt der Patient einen heftigen Schmerz, der ihn zwingt, sich hinzusetzen; im Ruhezustand verschwindet der Schmerz. *3. Stadium:* Der Patient hat im Liegen Schmerzen und kann nur mit herunterhängenden Beinen schlafen. *4. Stadium:* die schwerste Form der Erkrankung; es kommt zu Ernährungsstörungen in den betroffenen Gliedmaßen (Haut in schlechtem Zustand), in deren Folgen eine Gangrän entstehen kann.
Zuständiger Arzt: Kardiologe oder Venenspezialist.
Behandlung: Einsatz von blutgerinnungshemmenden und gefäßerweiternden Mitteln und insbesondere eine gesunde Lebensführung. Das Rauchen sollte unbedingt eingestellt werden. Zeigt die medizinische Behandlung keine Wirkung, muß operativ eingegriffen werden. Ist die Entwicklung jedoch zu weit fortgeschritten, muß der betroffene Körperteil amputiert werden.

Arthritis. Arthritis geht auf eine Entzündung einer Membran (Gelenkschleimhaut) zurück, die das Innere des Gelenks auskleidet.
Klinische Anzeichen: ein typischer Entzündungsschmerz, der sehr stärker wird. Es ist ein pulsierender, oft nachts auftretender Schmerz, der den Patienten in der zweiten Nachthälfte oder am Morgen weckt und nach einer ›Anlaufzeit‹ abklingt; das Gelenk ist steif und hemmt die Bewegung. Es ist rot, heiß und schmerzt bei Berührung.
Zuständiger Arzt: Rheumatologe.
Behandlung: je nach Ursache der Arthritis, jedoch wird das Gelenk in jedem Fall ruhig gestellt. Wird die Arthritis nicht schnell behandelt, bewirkt sie die unheilbare Zerstörung des Gelenks.

KÖRPER UND GESUNDHEIT

Arthrose. Arthrose steht in Zusammenhang mit Veränderungen des Gelenkknorpels.
Klinische Anzeichen: ein mechanischer Schmerz am Gelenk, der schwach ausstrahlt, meist ein dumpfer Dauerschmerz, der sich bei starker Belastung des Gelenks verstärkt, bei Ruhe abklingt. Tritt oft auf, wenn das Gelenk nach längerer Ruhigstellung erstmals wieder bewegt wird; häufiges, im allgemeinen wenig schmerzhaftes Knacken. Später kann auch Gelenksteife eintreten.
Zuständiger Arzt: Rheumatologe oder praktischer Arzt.
Behandlung: Keine medizinische Behandlung kann den Schmerz völlig beseitigen. Gelegentlich werden chirurgische Eingriffe vorgenommen.

Asthma. Für Asthma ist eine erhöhte Sensibilität der Luftröhre und der Bronchien gegenüber Faktoren mit reizender Wirkung typisch. Folge ist eine Verengung der Atemwege. Es handelt sich um ein allergisches Leiden, das in Anfällen oder chronisch auftritt.
Klinische Anzeichen: Der Betroffene kann an bestimmten Warnzeichen erkennen, daß ein Anfall bevorsteht (Kopfschmerzen, Beklemmung, Juckreiz, Niesen oder Husten). Charakteristisch für den Anfall sind hochgradige Atemnot mit starker Beklemmung bzw. Erstickungsgefühl, Luftnot und Todesangst.
Zuständiger Arzt: Lungenspezialist.
Behandlung: Einnahme von Theophyllin, einem Arzneimittel, das die Atemwege erweitert. Ferner sollte der Stoff gesucht werden, der die Allergie auslöst, damit er in Zukunft möglichst gemieden werden kann. Es gibt sehr schwere Asthmaformen, die einen Krankenhausaufenthalt und besondere Behandlung erforderlich machen.

B

Bauchspeicheldrüsenentzündung. Bei einer Bauchspeicheldrüsenentzündung handelt es sich um eine akute oder chronische Entzündung der Bauchspeicheldrüse. Diese Erkrankung kann gefährlich werden; Alkohol ist einer der häufigsten auslösenden Faktoren.
Klinische Anzeichen.
1. Akute Bauchspeicheldrüsenentzündung: plötzlich einsetzende, extrem starke Bauchschmerzen; wiederholtes und starkes Erbrechen; der Kranke steht unter ›Schock‹; Fieber bei 38 °C.
2. Chronische Bauchspeicheldrüsenentzündung: Schmerzen an der gleichen Stelle, jedoch weniger stark, oft nach einer Mahlzeit mit viel Fett und Alkohol; Abmagerung; die Haut wird während eines Schmerzanfalls ›gelb‹.
Sofort zu benachrichtigender Arzt bei akuter Bauchspeicheldrüsenentzündung: Gastroenterologe.
Behandlung: bei *akuter Bauchspeicheldrüsenentzündung* sofortige Einweisung in ein spezialisiertes Krankenhaus. Diese Erkrankung kann tödlich verlaufen. Bei *chronischer Bauchspeicheldrüsenentzündung* Beachtung von Ernährungsregeln (Verzicht auf Alkohol und Fett), schmerzlindernde Mittel oder besondere Behandlungsmaßnahmen.

Bettnässen (Enuresis). Bettnässen ist eine häufige Verhaltensstörung, die als unwillkürliches Harnlassen eines Kindes über 4 Jahren definiert wird. Bettnässen kann tagsüber, nachts oder zu beiden Zeiten erfolgen. Man spricht von *primärer Enuresis,* wenn das Kind bis zu diesem Alter noch nicht gelernt hatte, seine Ausscheidungen zu kontrollieren.

Die betroffenen Kinder schlafen überdurchschnittlich viel. Sie nässen das Bett nicht im Tiefschlaf, sondern kurz vor dem Aufwachen.
Zuständiger Arzt: Kinderarzt oder Kinderpsychiater.
Behandlung: Veränderung der Ernährung und der Gewohnheiten: abends nichts trinken; dem Kind beibringen, den Harnfluß zu stoppen; es gegen 23 Uhr wecken und urinieren lassen. Manchmal werden ein paar Wochen lang Antidepressiva eingesetzt.

Bewußtseinsverlust. Ein Bewußtseinsverlust kann infolge verschiedener Leiden eintreten. Die zwei häufigsten Ursachen sind: Ohnmacht und Anfälle bei generalisierter Epilepsie.

Im Falle eines Bewußtseinsverlusts ist festzustellen: Beginn (plötzlich oder vorhersehbar); ob eine Schädelverletzung vorliegt; die auslösenden Umstände (Hitze, nüchterner Magen, Beengung); ob während der Bewußtlosigkeit Zungenbiß, Harnlassen oder Krämpfe aufgetreten sind; ob bei Wiedererlangen des Bewußtseins ein Erinnerungsverlust eingetreten ist; ob Medikamente eingenommen wurden.
Zuständiger Arzt: praktischer Arzt.
Behandlung: abhängig von der Ursache des Bewußtseinsverlusts.

Bindehautentzündung. Die Bindehautentzündung ist eine äußerst ansteckende Krankheit, die auf eine Entzündung der Augenbindehaut zurückgeht.
Klinische Anzeichen: morgendliche Sekretionen, die zu ›verklebten‹ Augen führen; Eindruck einer Sehstörung, als ob man Sand zwischen Lid und Hornhaut hätte; ein rotes, geschwollenes, tränendes Auge bei ungetrübtem Sehen. Die Bindehautentzündung kann von Viren, Bakterien oder Pilzen hervorgerufen werden oder als allergische Reaktion auftreten.
Zuständiger Arzt: Augenarzt, so schnell wie möglich.
Behandlung: je nach Ursache unterschiedlich (Augensalbe oder -tropfen auf Antibiotika- oder Cortisonbasis). Im Falle einer Allergie muß der entsprechende Wirkstoff gemieden werden: z. B. Schminke. Eine Bindehautentzündung ist sehr ansteckend; Betroffene sollten engen Kontakt mit anderen Menschen meiden.

Blasenentzündung. Bei einer Blasenentzündung handelt es sich um die Entzündung der Blasenschleimhaut. Sie ist bei Frauen weitaus häufiger als bei Männern.
Klinische Anzeichen: Schmerzen in der Blase oder im Schambereich, die stark oder nur beim oder kurz nach dem Harnlassen auftreten; nach dem Harnlassen wird oft ein Brennen verspürt. Der Urin ist häufig eitrig; verstärkter Harndrang tagsüber und nachts. Auch bei dringendem Harndrang wird oft nur eine geringe Menge Urin ausgeschieden. Manchmal ist etwas Blut im Urin.
Zuständiger Arzt: praktischer Arzt.
Behandlung: etwa 10 Tage lang Behandlung mit Antibiotika sowie reichliche Flüssigkeitszufuhr.

Blinddarmentzündung. Bei einer Blinddarmentzündung handelt es sich um eine akute Entzündung des Wurmfortsatzes (Anhangsgebilde im Darm). Sie ist der häufigste Anlaß für chirurgische Noteingriffe in den Verdauungstrakt.
Klinische Anzeichen: plötzlich auftretender oder sich langsam verstärkender Schmerz auf der rechten Körperseite in Höhe des ›Unterbauches‹, der manchmal in den ganzen Unterleib strahlt; erhöhte Temperatur um 38 °C;

Verstopfung oder Durchfall; Übelkeit oder Erbrechen; belegte Zunge und starkes Atmen; Bauch fühlt sich hart an.
Sofort aufzusuchender Arzt: Chirurg.
Behandlung: chirurgische Entfernung des Wurmfortsatzes. Bei einer Blinddarmentzündung ist Warten gefährlich, da daraus eine lebensgefährliche Bauchfellentzündung werden kann.

Bluthochdruck. Bei Bluthochdruck ist eine Erhöhung des Blutdrucks zu verzeichnen. Dieses Leiden ist der häufigste Grund für den Besuch beim Kardiologen oder beim praktischen Arzt.
Klinische Anzeichen: Man spricht von Bluthochdruck, wenn der maximale ›systolische‹ Blutdruck über ›160‹ und der minimale ›diastolische‹ Blutdruck über ›95‹ liegt. Vor allem nachts treten Kopfschmerzen auf (die den Kranken wecken); der Eindruck des ›Mückensehens‹; Hörstörungen: Schwindelgefühl mit Ohrensausen; das Gefühl, an Fingern und Zehen ›gekniffen‹ zu werden; häufiger Harndrang, manchmal mit Schmerzen beim Harnlassen verbunden.
Zuständiger Arzt: praktischer Arzt oder Kardiologe.
Behandlung: blutdrucksenkende Mittel und insbesondere eine veränderte Lebensführung: Abbau von Streß, regelmäßige Lebensgewohnheiten, Gewichtsverminderung, weniger Salz und Fett. Die Behandlung des hohen Blutdrucks ist von großer Bedeutung, da Komplikationen zum Tod führen können.

Blutungen. Bei einer Blutung findet ein Blutverlust statt. Bei hohem Blutverlust kann ein tödlicher Schock eintreten, bei geringer Menge eine leichte Anämie.
Zuständiger Arzt: Bei starker Blutung oder einer Blutung, die der Patient schlecht verträgt oder die ohne erkennbaren Grund auftritt, sollte der behandelnde Arzt konsultiert werden.
Behandlung: abhängig von der Ursache der Blutung. In schweren Fällen Bluttransfusionen.

Bronchitis. Die Bronchitis ist eine Entzündung der Bronchien. Sie wird meist durch bakterielle oder virale Infektionen hervorgerufen; manchmal auch durch Reizungen bei Einatmung von toxischen Substanzen wie z. B. Tabakrauch. Es gibt akute und chronische Formen.
Klinische Anzeichen: Temperatur von 38–39 °C mit Gelenk- und Muskelschmerzen; Neigung zu Hustenanfällen, zunächst ohne Schleimauswurf; Brustkorbschmerzen. Später Auftreten von Schleimauswurf und nachlassender Schmerz; manchmal Atembeschwerden.

Man spricht nur bei dauerndem oder zeitweilig auftretendem Husten mit Auswurf an den meisten Tagen von mindestens je drei Monaten zweier aufeinanderfolgender Jahre von chronischer Bronchitis.
Zuständiger Arzt: Lungenspezialist.
Behandlung: Verzicht auf Tabak oder andere toxische Reizstoffe; eventuelle spezielle Behandlung mit Antibiotika; bei chronischer Bronchitis wird spezielle Heilgymnastik für den Atmungsapparat verordnet, damit der Betroffene lernt, wirksam zu husten, und die Sekrete nicht die Bronchien verstopfen.

Brustfellentzündung. Bei einer Brustfellentzündung ist eine Flüssigkeit im ›Brustfell‹ (Pleura) [umhüllt die Lungen] festzustellen.
Klinische Anzeichen: ein Schmerz, der häufig auf ein Seitenstechen am unteren Rand des Brustkorbs begrenzt ist. Er ist manchmal bohrend oder im Gegenteil stechend. Es kommt

KÖRPER UND GESUNDHEIT

RATGEBER KRANKHEIT

zu Atembeschwerden, deren Grad von der Menge des Pleuraergusses und dem Zustand der Lungen abhängt; hartnäckiger trockener Husten, Hustenanfälle, die durch Haltungsänderungen ausgelöst werden. Manchmal tritt Fieber in Verbindung mit Schwankungen des Allgemeinzustands auf.

Zuständiger Arzt: Lungenspezialist.
Behandlung: Einweisung ins Krankenhaus, Drainage des Brustfells und Behandlung der Krankheit, die der Brustfellentzündung zugrunde liegt.

Brustkrebs. Bei jeder 25. Frau besteht das Risiko, an Brustkrebs zu erkranken. Für Männer ist das Risiko 100mal geringer. Brustkrebs ist bei Frauen die häufigste zum Tod führende Krebserkrankung (16 %).
Klinische Anzeichen: Hauptsymptom ist ein einzelner Tumor, häufig in Verbindung mit kleinen Knoten unter der Achsel auf der gleichen Seite. Manchmal tritt eine blutige oder milchige Flüssigkeit aus der Brustwarze aus. Durch Metastasen verursachte Knochenschmerzen können je nach Warnzeichen für eine Brustkrebserkrankung sein.
Zuständiger Arzt: der behandelnde Arzt, der die Kranke an die entsprechende Facheinrichtung überweist.
Behandlung: In der Facheinrichtung wird die geeignete therapeutische Strategie entwickelt. Chirurgie, Strahlentherapie, Hormontherapie oder Chemotherapie kommen je nach Krebsstadium zur Anwendung. Die Früherkennung ist von entscheidender Wichtigkeit; daher die Empfehlung, sich selbst abzutasten. Stößt man auf einen ›verdächtigen Knoten‹, sollte man den Arzt konsultieren.

D

Darmkrebs. In den Industrieländern steigt die Zahl der Darmkrebserkrankungen.
Klinische Anzeichen: je nach Sitz des Tumors unterschiedlich: Schmerz oder Beschwerden; Druck oder Kolitis; Verstopfung oder Wechsel von Verstopfung und Durchfall; Darmverschluß; anale Blutungen (schwarz oder rot); Schwankungen des Allgemeinbefindens; tastbare Verhärtung im Unterleib.
Zuständiger Arzt: Gastroenterologe.
Behandlung: Chirurgie in Verbindung mit Strahlentherapie. Es gibt keine Möglichkeiten der Früherkennung. Jedoch ist die Behandlung von Krebsvorstadien, z. B. Darmpolypen, von großer Bedeutung.

Darmverschluß. Bei einem akuten Darmverschluß werden feste und gasförmige Stoffe in

einem Darmsegment dauerhaft blockiert. In diesem Fall muß dringend operativ eingegriffen werden.
Klinische Anzeichen: Ein Darmverschluß setzt plötzlich ein, in Verbindung mit heftigem Schmerz und Erbrechen; festere und gasförmige Stoffe können manchmal anfangs noch passieren. Blähung des Bauches.
Sofort zu benachrichtigender Arzt: chirurgischer Notfalldienst.
Behandlung: chirurgische Untersuchung und Behandlung der Ursache des Darmverschlusses. Rasches Handeln ist geboten, da sonst der Tod eintreten kann.

Demenz. Die Demenz ist ein Zustand, der sich durch eine allmählich zunehmende allgemeine Verminderung der intellektuellen Fähigkeiten auszeichnet.
Klinische Anzeichen: Schwierigkeiten mit der Erinnerung an insbesondere jüngste Ereignisse; Anomalien beim logischen Denken und im Urteilsvermögen. Der Kranke erkennt bestimmte Personen nicht mehr, weiß nicht mehr, wo und in welcher Zeit er ist. Manchmal auch Verhaltensauffälligkeiten.
Zuständiger Arzt: Neurologe.
Behandlung: Es gibt keine Behandlung, die zu 100 % heilt. Geht die Demenz auf eine andere Erkrankung zurück, so ist diese zu behandeln.

Depression. Die Depression ist eine Persönlichkeitsstörung mit schweren Auswirkungen auf das Gefühls- und Gemütsleben. Diese Störung tritt in der Bevölkerung häufig auf (3 %). Es besteht eine große Selbstmordgefahr.
Klinische Anzeichen: Es ist zu unterscheiden zwischen einer ›endogenen‹ Depression ohne auslösenden Faktor im Bereich des Körperlichen und Seelischen und einer ›reaktiven‹ Depression, die durch psychische Faktoren erklärt werden kann.
›Endogene‹ Depression: schwere Antriebshemmung; Schlaflosigkeit und (charakteristisch) ängstliches Erwachen am Morgen; ausgeprägtes Streßgefühl am Morgen.
›Reaktive‹ Depression: empfindliche Verhaltensreaktion auf die Umgebungsbedingungen; Einschlafstörungen; Tendenz zu verstärkten Beschwerden in der Nacht.
In beiden Fällen bestehen starke Angstgefühle.
Zuständiger Arzt: Psychiater.
Behandlung: Medikamente gegen Depression und eine geeignete Psychotherapie.

Diabetes. Diabetes ist eine Krankheit, die durch eine Erhöhung des Blutzuckerspiegels hervorgerufen wird. Es gibt zwei Arten des Diabetes: *insulinabhängiger* und *insulinunabhängiger Diabetes*. Es handelt sich um eine sehr schwere Krankheit, die bei Nichtbehandlung tödlich verlaufen kann.
Klinische Anzeichen: häufiger Harndrang; gesteigerte Nahrungsmittel- und Flüssigkeitsaufnahme; Abmagerung in jüngster Zeit oder Fettleibigkeit; große Müdigkeit. Bei Nichtbehandlung treten Komplikationen auf an Nieren, Augen, Nerven, Herz und Haut.
Zuständiger Arzt: Endokrinologe.
Behandlung: Veränderung der Lebensführung (der Kranke muß lernen, mit seiner Krankheit zu leben), Behandlung mit Insulin bei insulinabhängigem Diabetes bzw. mit blutzuckersenkenden Arzneimitteln bei insulinunabhängigem Diabetes. Der Betroffene muß außerdem lernen, hypoglykämischen (zu niedriger Blutzucker) Anfällen vorzubeugen und gegebenenfalls schnell zu reagieren, indem er den Blutzuckerspiegel täglich kontrolliert.

Durchfall (Diarrhoe). Mit Durchfall wird häufig auftretender weicher oder flüssiger

Stuhlgang bezeichnet, der öfter als gewohnt eintritt. Man unterscheidet zwei Arten von Durchfall: *akuten* und *chronischen Durchfall*.
Klinische Anzeichen: Durchfall kann eine gelbliche Farbe haben (wie Erbsenbrei), ein Anzeichen dafür, daß die Nahrung nicht richtig verdaut wurde; manchmal heftiger Schmerz bei der Darmentleerung: in diesem Fall spricht man von ›akuter Kolitis‹. Manchmal findet sich Blut im Stuhl. Treten Durchfall und Verstopfung abwechselnd auf, ist Vorsicht geboten, da dies ein erstes Anzeichen für Krebs sein könnte.
Akuter Durchfall ist meist auf Infektionen zurückzuführen, während *chronischer Durchfall* die Folge allgemeiner Krankheiten ist. Bei jeder Durchfallerkrankung sollten Farbe, Konsistenz, die Anzahl der täglichen Darmentleerungen und die medizinische Vorgeschichte betrachtet werden.
Zuständiger Arzt: praktischer Arzt oder Gastroenterologe.
Behandlung: unterschiedlich, je nach Ursache des Durchfalls. Daneben gibt es Arzneimittel, die gegen Durchfall wirken.

E

Eierstockkrebs. Dies ist die schwerste gynäkologische Krebserkrankung.
Klinische Anzeichen: Menstruationsprobleme jeder Art (sehr starke Blutungen, Vaginalblutungen außerhalb der Regelblutung); hormonale Veränderungen (z. B. Vermännlichung); akute Bauchschmerzen (selten); ertastbare Masse im Unterleib; Schwellung des Bauches mit dem Gefühl, daß etwas Flüssiges darin ist.
Zuständiger Arzt: Gynäkologe.
Behandlung: immer noch zunächst ein chirurgischer Eingriff, meist mit anschließender Strahlen- oder Chemotherapie. Oft folgt ein zweiter Eingriff, um festzustellen, ob die Therapie wirksam war. Es gibt keine Möglichkeit der Früherkennung. Oft wird erst in fortgeschrittenem Stadium eingegriffen.

Ekzem. Ekzeme treten häufig bei allergischen Erkrankungen auf.
Klinische Anzeichen: Das Ekzem beginnt als Juckreiz, dann erscheint eine flächenhafte Rötung, auf der sich durchsichtige kleine Bläschen mit einer klaren Flüssigkeit bilden, die sich bald öffnen. Eine Abschuppungsphase leitet oft die Heilung der betroffenen Hautstelle ein. Wird die Ursache, die das Ekzem hervorgerufen hat, beseitigt, läßt der Juckreiz nach, und die Epidermis heilt ohne Narbenbildung ab.
Zuständiger Arzt: Hautarzt.
Behandlung: Desinfizierung der Haut, lokale Kortisonbehandlung (nicht im Gesicht) und Beseitigung des Allergens. Hat sich der Betroffene das Ekzem aufgrund seiner beruflichen Tätigkeit zugezogen, muß er es als Berufskrankheit melden.

Epilepsie. Epilepsie ist eine Krankheit, bei der der Betroffene wiederholt und chronisch Anfälle erleidet. Ursache ist eine anfallsweise auftretende Überaktivität einer Neuronengruppe. Man unterscheidet zwei Arten von Epilepsie: Epilepsie mit ›Absencen‹ und ›tonisch-klonische Anfälle‹.
Klinische Anzeichen. *Absencen:* treten bei Kindern auf. Es handelt sich um einen isolierten (›Kontaktverlust‹) und sehr kurzen Bewußtseinsverlust (ein paar Sekunden). Das Kind nimmt die Absence nicht wahr und hat keine Erinnerung daran; wiederholen sich die Absencen, spricht man vom ›petit mal‹.

KREBS IN DEUTSCHLAND

Krebs steht in den Industrienationen nach den Herz-Kreislauf-Erkrankungen an zweiter Stelle der Todesursachen und lag 1988 in der Bundesrepublik Deutschland bei 24,4 % (83 460 Männer und 84 586 Frauen). Täglich sterben an einer der Formen des Krebses über 400 Menschen. Seit den 70er Jahren ist die Zahl der Sterbefälle rückläufig. Magenkrebs hat abgenommen, Lungenkrebs hat zugenommen.

994

KÖRPER UND GESUNDHEIT

Tonisch-klonische Anfälle: treten nach der Pubertät auf. Sie verlaufen normalerweise, nach einem plötzlichen Hinfallen, in drei Phasen. *Tonische Phase* (10 bis 20 Sekunden): Beugen und anschließendes Strecken aller Körpermuskeln. *Klonische Phase* (30 Sekunden): rhythmisches Schütteln aller Körpermuskeln. *Lösende Phase* (bis zu einigen Minuten): Schwierigkeiten beim Öffnen des Mundes, kann zu Zungenbiß führen; Harnlassen und geräuschvolle Wiederaufnahme der Atmung. Nach dem Anfall kann der Betroffene noch eine Weile bewußtlos bleiben. Er erinnert sich nicht an den Anfall.
Zuständiger Arzt: Neurologe.
Behandlung: eine geeignete Lebensführung und Arzneimittel gegen Epilepsie. Epileptiker können einige Berufe nicht ausüben.

Erbrechen. Der Begriff ›Erbrechen‹ beschreibt das aktive Ausstoßen des Magen-Darm-Inhalts durch den Mund. *Übelkeit* dagegen ist das Verlangen, sich zu erbrechen; daraufhin kann ein Erbrechen eintreten oder auch nicht. Um die Gründe für ein Erbrechen feststellen zu können, ist zu achten auf: die Vorgeschichte des Patienten oder seiner Familie, insbesondere in Hinblick auf Verdauungsprobleme; eingenommene Medikamente; Alkoholgenuß; die Möglichkeit, daß der Betroffene toxischen Substanzen ausgesetzt war; Zeitpunkt, Umstände und Begleitsymptome des Erbrechens; Aussehen der erbrochenen Flüssigkeit (ob blutig, klar, Speisen, gallig, übelriechend).
Zuständiger Arzt: Wenn nach einer überreichen Mahlzeit Speisen erbrochen werden oder das Erbrechen auf übermäßigen Alkoholgenuß folgt und man sich danach besser fühlt, braucht man keinen Arzt zu konsultieren. Bei häufigem Erbrechen und wenn das Erbrochene blutig oder übelriechend ist, sollte man zum praktischen Arzt gehen.
Behandlung: Mittel gegen das Erbrechen. Wenn das Erbrechen mit einer Erkrankung verbunden ist, muß diese behandelt werden.

F

Fettleibigkeit. Eine übermäßige Fettansammlung im Körper als Folge einer gestörten Bilanz zwischen Energiezufuhr und Energieverbrauch.
Klinische Anzeichen: Bei einem Übergewicht von 20 bis 50 % spricht man von *mäßiger Fettleibigkeit,* bei 50 bis 200 % von *schwerer Fettleibigkeit.* Die Fettleibigkeit kann sich auf den Oberkörper oder auf den Beckenbereich konzentrieren.
Für eine genaue Bestimmung der Fettleibigkeit sollten untersucht werden: die Ernährungsgewohnheiten (Knabbern zwischen den Mahlzeiten; Freßanfälle; Zwang, ein bestimmtes Nahrungsmittel zu essen); das psychologische Profil des Betroffenen (wichtig für die Auswahl einer geeigneten Diät). Fettleibigkeit ist teilweise erblich bedingt; wenn kein Elternteil fettleibig ist, liegt das Risiko, selbst fett zu werden, statistisch unter 10 %. Wenn dagegen beide Eltern fettleibig sind, liegt es zwischen 40 und 80 %.
Zuständiger Arzt: Ernährungswissenschaftler oder Endokrinologe.
Behandlung: durch eine angepaßte Diät.

Fremdkörper im Auge. Ein ins Auge gelangter Fremdkörper kann das Augenlicht gefährden. Deshalb sollte die Behandlung sofort einsetzen.
Klinische Anzeichen: Rötung der Bindehaut und Tränen des Auges, Tränensekretion bei unbeeinträchtigtem Sehen; Licht bewirkt Schmerzen bei einem Augenlid, das dazu neigt, sich zu schließen; lokaler Schmerz, der zum ›Reiben‹ am Auge reizt.
Zuständiger Arzt: Der Augenarzt ist dringend aufzusuchen, wenn der Fremdkörper nicht zu sehen ist.
Behandlung: Der Facharzt kann den Fremdkörper mit den ihm zur Verfügung stehenden Geräten leicht entfernen. Bei nicht vorhandenem Impfschutz wird eine Tetanusimpfung vorgenommen.

Furunkel. Ein Furunkel ist eine von Staphylokokken ausgelöste Infektion eines Haarfollikels, die zum Absterben des Gewebes führt.
Klinische Anzeichen: roter und schmerzhafter Knoten mit einem kleinen Ödem um das Haar. Nach einigen Tagen der ›Reifung‹ öffnet sich der Furunkel. Eiter und ein Eiterpfropfen treten aus.
Zuständiger Arzt: Hautarzt.
Behandlung: lokale Anwendung desinfizierender Mittel, Herauslösung des Eiterpfropfens durch einen kleinen Einschnitt; beim geringsten Verdacht auf Komplikationen werden Antibiotika verordnet. Je nach Lokalisation kann der Furunkel mehr oder weniger gefährlich werden; im Gesicht kann er zu einer manchmal sehr gefährlichen Infektion führen.

G

Gebärmutterkrebs. Diese Krebsart kommt häufig vor und hat relativ gute Heilungschancen. Sie kann durch Scheiden- und Gebärmutterhalsabstriche früh erkannt werden. Gebärmutterkrebs tritt am häufigsten nach der Menopause auf.
Klinische Anzeichen: Die Anzeichen für Gebärmutter- und Gebärmutterhalskrebs sind fast identisch: blutiger Scheidenausfluß außerhalb der Regelblutung; Blutungen, die mit diesem Ausfluß in Verbindung stehen oder davon unabhängig sein können.
Zuständiger Arzt: Gynäkologe.
Behandlung: Strahlentherapie in Verbindung mit chirurgischen Eingriffen und Chemotherapie je nach Krebsstadium. Zur Vorbeugung empfiehlt sich die regelmäßige Konsultation eines Gynäkologen. Auf diese Weise ist es möglich, Krankheiten zu erkennen, die ein Krebsvorstadium darstellen können, und noch vor dem Auftreten einer Krebserkrankung einzugreifen.

Gerstenkorn. Das Gerstenkorn ist ein kleiner Furunkel an der Liddrüse, der meist von Staphylokokken verursacht wird.

ZUCKER-KRANKHEIT

Man schätzt, daß etwa 3 % der Bevölkerung in der Bundesrepublik Deutschland, das sind rund 2 Millionen Menschen, an Zuckerkrankheit leiden. Rund 10 %, das sind rund 6 Millionen Menschen, befinden sich im Vorstadium der Krankheit. Davon umfaßt der jugendliche Diabetes jedoch nur 1–5 %. Der Typ-I-Diabetes ist durch einen absoluten Mangel des blutzuckersenkenden Hormons Insulin gekennzeichnet.

Klinische Anzeichen: Schmerz am Augenlid, sehr druckempfindlich; das Gerstenkorn entsteht an einer Haarbalgdrüse des Augenlids, ein Eiterhof bildet sich in der Mitte des Korns. Im weiteren Verlauf fällt die Wimper aus, und das tote Gewebe sammelt sich in einem ›Eiterpfropf‹. Ein Gerstenkorn kann ein Hinweis auf Diabetes sein.
Zuständiger Arzt: praktischer Arzt oder Augenarzt.
Behandlung: mehrmals täglich heiße Umschläge in Verbindung mit einer 2–3mal täglich aufgetragenen antibiotisch wirkenden Salbe.

Geschwür. Ein Geschwür ist mit einem Substanzverlust der Magenwand (*Magengeschwür*) oder der Zwölffingerdarmwand (*Zwölffingerdarmgeschwür*) verbunden.
Klinische Anzeichen: Schmerzen im Oberbauch, die ein paar Stunden nach den Mahlzeiten eintreten. Sie lassen nach Verzehr von Speisen nach.
Zuständiger Arzt: Gastroenterologe.
Behandlung: Umstellung der Ernährung (kein Alkohol, keine Gewürze, kein Tabak), Einnahme von Mitteln zum Schutz der Magen- oder Zwölffingerdarmwand und ärztliche Überwachung, insbesondere bei Magengeschwüren. Bei Magengeschwüren besteht die Gefahr von Krebs. Wenn die medizinische Behandlung nicht anschlägt, muß operativ eingegriffen werden.

Gicht. Gicht ist eine Gelenkerkrankung, die häufig bei fettleibigen Männern auftritt. Sie geht auf Ablagerungen von Harnsäure im Gelenk zurück (meist im großen Zeh).
Klinische Anzeichen: in der zweiten Nachthälfte plötzlich einsetzender intensiver Schmerz im großen Zeh, der als zermahlend und brennend empfunden wird. Der Patient erträgt keine Bettdecke mehr; das Gelenk schwillt, wird dunkelrot; die Haut schimmert; das Ödem kann sich auf den Fußrücken ausdehnen; meist Temperatur um 38 °C; es kann auch zu einer Nierenkolik kommen, da die Harnsäure sich manchmal im Nierenbereich konzentriert.
Gicht ist auch in anderen Gelenken wie z. B. dem Knie, Daumengrundgelenk möglich.
Zuständiger Arzt: praktischer Arzt, sofort.
Behandlung: Colchicin verschafft dem Patienten sehr schnell Erleichterung. Bei häufigen Gichtanfällen können andere Arzneimittel verordnet werden. Zur Vermeidung weiterer Anfälle empfiehlt sich eine harnsäurearme Ernährung.

Gonorrhoe. Gonorrhoe oder Tripper ist eine durch Geschlechtsverkehr übertragbare Krankheit, die von einer Bakterienart (Gonokokken) verursacht wird.
Klinische Anzeichen: Brennen und heftiger Schmerz beim Harnlassen; Rötung und Aussickern von Flüssigkeit aus der Harnröhrenmündung (starke Entzündung der Eichel).
Zuständiger Arzt: praktischer Arzt, sehr schnell.
Behandlung: eine Art ›Minutenbehandlung‹ (einmalige Einnahme des Medikaments) mit Antibiotika. Da Gonorrhoe durch Geschlechtsverkehr übertragbar ist, müssen Sexualpartner unbedingt mitbehandelt werden. Zur Vorbeugung der Krankheit empfiehlt sich eine gute Sexualerziehung, insbesondere bei Jugendlichen.

Grauer Star. Der graue Star ist ein häufiges Altersleiden, dessen Ursache unbekannt ist.
Klinische Anzeichen: schlechteres Sehen; Flimmern und Unannehmlichkeit bei hellem Licht; Doppeltsehen auf einem Auge; weiße Pupille.

KÖRPER UND GESUNDHEIT

RATGEBER KRANKHEIT

Der graue Star kann außer dem Alter auch andere Ursachen haben: Röteln oder Toxoplasmose während der Schwangerschaft, die auf das Neugeborene übertragen wurden; starke Kurzsichtigkeit; Diabetes oder Arzneimittel wie Corticoide.

Zuständiger Arzt: Augenarzt.

Behandlung: Bei Altersstar ist ein chirurgischer Eingriff die einzige Behandlungsmöglichkeit; in den anderen Fällen ist die Krankheit zu behandeln, die den grauen Star ausgelöst hat.

Grippe. Grippe ist eine ansteckende Virusinfektion. Sie tritt in epidemischen ›Grippewellen‹ auf.

Klinische Anzeichen: Fieber bei 39–40 °C; der Kranke ist müde und fröstelt; Kopfschmerzen mit Schmerzen im ›ganzen Körper‹ insbesondere in Verbindung mit Kreuzschmerzen. Halsschmerzen mit häufigem Schneuzen und Husten. Ältere Menschen oder Personen mit schweren Atmungs- oder Herzinsuffizienzen können an Grippe sterben.

Zuständiger Arzt: praktischer Arzt.

Behandlung: bei einer einfachen Grippe nur Ruhe. Bei Grippen mit Komplikationen werden Antibiotika und auch ein Krankenhausaufenthalt nötig. Bei Risikopatienten empfiehlt sich dringend eine Grippeschutzimpfung.

Gürtelrose. Die Gürtelrose wird durch eine Reaktivierung des Windpockenvirus hervorgerufen. Die Schwere der Erkrankung ist darauf zurückzuführen, daß die Gefahr von schmerzhaften Nachwirkungen besteht und daß sie häufig Menschen mit einer Immunschwäche befällt.

Klinische Anzeichen: isolierter oder zusammenhängender Bläschenausschlag. Der Bläscheninhalt wird später trüb. Es folgt eine Krustenbildung. Die Krusten fallen nach mehreren Tagen ab und hinterlassen oft eine pigmentlose Narbe; oft starke, brennende Schmerzen, am stärksten zu Beginn des Ausschlags; Verminderung der Empfindlichkeit in der von Ausschlag bedeckten Zone. Vor oder während des Ausschlags können Fieber und Kopfschmerzen auftreten.

Zuständiger Arzt: praktischer Arzt.

Behandlung: Desinfizierung der betroffenen Hautpartie durch antiseptische Mittel bzw. eine Corticoidbehandlung zur Schmerzlinderung. Die schmerzhaften Nachwirkungen sind sehr schwer zu behandeln und erfordern eine spezielle Versorgung.

H

Hagelkorn. Ein Hagelkorn ist eine nußförmige Schwellung, die sich bei Entzündung der *Meibom-Drüsen* (am Augenlid) bildet.

Klinische Anzeichen: Rötung durch Anschwellen des betroffenen Augenlides. Das Hagelkorn kann durch Druck auf den Augapfel ein verändertes Sehen bewirken. Die spontane Entwicklung führt zur allmählichen Einkapselung. Es kann immer wieder auftreten. Wie das Gerstenkorn kann das Hagelkorn ein Hinweis auf Diabetes sein.

Zuständiger Arzt: Bei einem großen Hagelkorn sollte nach 24 bis 48 Stunden ein Augenarzt aufgesucht werden.

Behandlung: Bei einem großen Hagelkorn ist nur eine operative Entfernung möglich. Bildet sich ein neues Hagelkorn, sollte die Geschwulst untersucht werden, um festzustellen, ob es sich um einen Krebs handelt. Bei einem kleinen Hagelkorn werden feuchte Um-

schläge, manchmal in Verbindung mit einer Augensalbe oder mit antibiotisch wirkenden Augentropfen, verordnet.

Hals-Nasen-Ohren-Krebserkrankungen. Diese Krebserkrankungen kommen bei beiden Geschlechtern häufig vor (12 % der gesamten Krebserkrankungen). Das Durchschnittsalter zur Zeit der Diagnose liegt bei etwa 60 Jahren.

Klinische Anzeichen: Kau- und Schluckbeschwerden (Schwierigkeiten beim Hinunterschlucken von Speisen, Schmerzen, insbesondere in den Ohren, wenn Speisen sich in der Speiseröhre befinden); Anomalien bei der Aussprache und nasale, heisere Stimme. Manchmal kommt es zu Atemnot, Husten, blutigem Auswurf und Nasenbluten.

Zuständiger Arzt: Hals-Nasen-Ohren-Arzt.

Behandlung: Sie hängt von dem betroffenen Organ ab. Meist handelt es sich um eine Kombination aus chirurgischem Eingriff, Strahlen- und Chemotherapie. Festzuhalten ist, daß die Kombination Alkohol–Tabak extrem gesundheitsschädlich ist und beim Auftreten dieser Krebsarten eine wichtige Rolle spielt.

Hämorrhoiden. Hämorrhoiden sind Venenerweiterungen außerhalb des Afters. Sie sind oft nach einer Anstrengung, nach der Darmentleerung oder nach dem Tragen einer schweren Last zu spüren.

Klinische Anzeichen: heftiger Schmerz und ein kleines Knötchen in der Aftergegend; Hämorrhoiden bluten manchmal nach der Darmentleerung.

Zuständiger Arzt: in allen Fällen praktischer Arzt oder Gastroenterologe. Nur er kann Hämorrhoiden diagnostizieren. Starke anale Blutungen können auf Hämorrhoiden zurückzuführen sein; aber auch Mastdarmkrebs kommt als Ursache in Frage.

Behandlung: Hämorrhoidensalben und schmerzlindernde Mittel. Zeigt diese Behandlung keine Wirkung, wird chirurgisch eingegriffen.

Harnwegsinfektion. Bei einer Harnwegsinfektion befinden sich überdurchschnittlich viele Bakterien im Urin. Dabei ist unerheblich, ob klinische Begleiterscheinungen auftreten oder nicht.

Klinische Anzeichen: Fieber um 39 °C; Schmerzen beim Harnlassen; manchmal getrübter Urin; häufiger Harndrang. Manchmal treten Schmerzen in der Lendengegend auf.

Zuständiger Arzt: praktischer Arzt, Nephrologe oder Urologe.

Behandlung: Behandlung mit Antibiotika, reichliche Flüssigkeitszufuhr (2 Liter pro Tag). In der Mitte und am Ende der Behandlungszeit sollte der Urin auf Bakterien überprüft werden.

Hautkrebs. Zwei Arten von Hautkrebs kommen am häufigsten vor: der entartete ›Leberfleck‹ *(malignes Melanom)* und das Hautkarzinom *(Epitheliom)*.

Klinische Anzeichen des *malignen Melanoms*: Vergrößerung des Leberflecks; unregelmäßige Ränder mit Kerbungen; Eintreten von Mehrfarbigkeit (rosa, braun, blau); unregelmäßige Oberfläche mit mehr oder weniger dicken Zonen; Verschwinden von Haaren vom Leberfleck; Gefühl der lokalen Reizung mit Kribbeln oder Schmerzen. Begleitend kann eine Schwellung der Lymphknoten vorkommen. Das maligne Melanom ist eine seltene, schwere Krebserkrankung.

Klinische Anzeichen des *Hautepithelioms:* Das Epitheliom kann unterschiedlich aussehen (fester oder weicher Tumor; rot, gelb oder braun). Es findet sich häufig im Gesicht, an den Wangen, Augenlidern oder Ohren.

Zuständiger Arzt: Hautarzt.

Behandlung: Strahlentherapie, plastische Chirurgie und dermatologische Techniken (Laser, Elektrokoagulation).

Hemiplegie. Hemiplegie ist eine mehr oder weniger stark ausgeprägte Bewegungsunfähigkeit einer Körperhälfte. Es kann sich um eine vollständige Lähmung (Bewegungsunfähigkeit auf der betroffenen Seite) oder um eine partielle Lähmung handeln.

Klinische Anzeichen: Am stärksten betroffen sind die Streckmuskeln der Arme bzw. die Beugemuskeln der Beine. Wenn der Patient noch gehen kann, schleppt er den Fuß der betroffenen Seite schwingend nach; die Reflexe dieser Seite funktionieren, das Gesicht kann auf der Seite der betroffenen Körperhälfte oder auf der gegenüberliegenden Seite in Mitleidenschaft gezogen sein. Die Lähmung tritt vor allem in der unteren Körperhälfte auf.

Zuständiger Arzt: Neurologe.

Behandlung: abhängig von der verursachenden Erkrankung.

Herpes. Herpes ist eine ansteckende Viruskrankheit, die insbesondere an zwei Stellen auftritt: am Ober- oder am Unterkörper (d. h. *Herpes labialis* bzw. *Herpes genitalis*).

Klinische Anzeichen: mehrere Bläschen am Mund; brennender Schmerz; Juckreiz. Bei *Herpes genitalis* können sich diese Bläschen am Gebärmutterhals bzw. an der Eichel befinden und beim Geschlechtsverkehr Schmerzen verursachen. Herpes kann in regelmäßigen Abständen bei Kälte, Hitze, Wetterveränderungen, Ermüdung, Streß usw. wieder auftreten.

Zuständiger Arzt: Hautarzt.

Behandlung: Es gibt kein Mittel, mit dem die Krankheit auf Dauer besiegt werden könnte, sondern nur Präparate, die den Schmerz und die Syptome schneller abklingen lassen. Da Herpes eine in Abständen wiederkehrende Krankheit ist, kann man vorbeugen, indem man sich z. B. vor Sonne oder Frost schützt.

Herzinfarkt. Der Herzinfarkt ist eine irreversible Nekrose der Herzwand. Es besteht Lebensgefahr: Die Behandlung muß sofort einsetzen.

Klinische Anzeichen: sehr starker, oft nächtlicher Anfangsschmerz von großer Intensität, der sich auf den gesamten Brustkorb ausdehnt. Der Schmerz läßt bei medikamentöser Behandlung nicht nach; niedriger Blutdruck; leicht erhöhte Temperatur, manchmal in Verbindung mit Übelkeit, Erbrechen oder Aufstoßen. Der Herzinfarkt ruft Streß hervor und das Gefühl, daß der Tod unmittelbar bevorsteht.

Sofort zu verständigender Arzt: Benachrichtigung des Rettungsdienstes. Der Kranke wird in einer speziellen Reanimationseinrichtung versorgt.

Herzklopfen. Herzklopfen ist die Bezeichnung für ein subjektives unangenehmes Gefühl: der Kranke behauptet, daß er seinen Herzschlag spürt. In einigen Fällen ist dies ›normal‹, z. B. nach großer Anstrengung oder starken Emotionen.

Zuständiger Arzt: Bei anomal häufigem Herzklopfen praktischer Arzt oder Kardiologe.

Behandlung: nach einer gründlichen und umfassenden Untersuchung durch den Arzt, abhängig von der Ursache des Herzklopfens. Ausschlaggebend ist das Ergebnis des Elektrokardiogramms.

Hexenschuß. Beim Hexenschuß tritt ein heftiger Schmerz im unteren Rückenbereich (Lenden) auf.

Klinische Anzeichen: Der Schmerz setzt nach anstrengendem Heben oder einer ›falschen

KÖRPER UND GESUNDHEIT

Bewegung‹ plötzlich ein; der intensive Schmerz macht es dem Betroffenen unmöglich, sich wieder aufzurichten und zwingt ihn häufig ins Bett. Der Schmerz läßt bei Ruhe nach; er wird durch Husten oder Niesen verstärkt; es kommt zu einer Verhärtung der Lendengegend mit schmerzhaftem Druck.
Zuständiger Arzt: praktischer Arzt.
Behandlung: Ausruhen auf harter Unterlage; schmerzlindernde und entzündungshemmende Mittel. Läßt der Schmerz nicht nach, setzt man Spritzen ein.

Hiatushernie. Bei der Hiatushernie verlagert sich ein Teil des Magens ständig oder zeitweise durch die Speiseröhrenöffnung des Zwerchfells in den Brustraum. D.h., daß ein Teil des Magens im Brustraum liegt und Verdauungsbeschwerden entstehen, die auf den Rückfluß von Magensaft in die Speiseröhre zurückzuführen sind.
Klinische Anzeichen: ein am Brustbein hochsteigendes Brennen, insbesondere nach dem Essen sowie bei bestimmten Körperstellungen wie beim Zubinden von Schuhen und bei völlig flachem Liegen; Schluckbeschwerden; seltener auch Atembeschwerden oder Brustkorbschmerzen.
Zuständiger Arzt: Gastroenterologe.
Behandlung: mechanische Maßnahmen wie Hochlagerung des Kopfes im Bett oder das Vermeiden einengender Kleidung; hygienische Maßnahmen. Bestimmte Medikamente oder andere Substanzen sind nicht angeraten, da sie den Rückfluß begünstigen: Aspirin, Tabak, Alkohol, Fette; Medikamente, die dem Rückfluß des Magensaftes entgegenwirken.

Hodenkrebs. Dies ist ein seltener Tumor, der bei jungen Männern vorkommt und in der Altersgruppe von 20 bis 35 Jahren die häufigste tödlich verlaufende Krebserkrankung ist.
Klinische Anzeichen: schmerzloser Hodensacktumor, bewirkt ein Schweregefühl; in Verbindung mit akuten Schmerzen, die manchmal auf eine Blutung innerhalb des Tumors zurückzuführen sind; tastbare Masse im Unterleib (selten); manchmal Vergrößerung der Brustdrüsen.
Zuständiger Arzt: Urologe.
Behandlung: zunächst immer noch ein chirurgischer Eingriff, gegebenenfalls mit anschließender Chemo- oder Strahlentherapie.
Diese Krebserkrankung wird manchmal erst sehr spät diagnostiziert, weil der junge Mann sich nicht traut, den Arzt zu konsultieren. Der Gang zum Urologen empfiehlt sich, sobald der kleinste Knoten am Hodensack entdeckt wird oder anomale Hodenschmerzen auftreten.

Hodentorsion. Eine Hodentorsion tritt ein, wenn der Hoden sich ›um sich selbst‹ dreht und dadurch eine Zusammenschnürung der Hodenarterien bewirkt, die sehr schnell zu einer Nekrose des Hodens führen kann. Es handelt sich um einen Notfall: Man hat 6 Stunden Zeit, um den Hoden zu retten. Dieser Fall tritt meist bei Kindern oder Jugendlichen auf.
Klinische Anzeichen: starker Schmerz im Hoden, der in die Leisten strahlt; normale Temperatur; der Hoden ist vergrößert und schmerzt stark. Der Hodensack ist gerötet und geschwollen. Der andere Hoden ist normal.
Zuständiger Arzt: Der nächstgelegene chirurgische Notfalldienst ist sofort zu benachrichtigen.
Behandlung: operativer Eingriff, schnellstmöglich. Ist der Hoden abgestorben, wird er entfernt. Der Verlust eines Hodens bedeutet keine Beeinträchtigung der Fortpflanzungsfunktion.

Hypoglykämie. Bei Hypoglykämie liegt eine Verminderung des Blutzuckers vor. Diese Erkrankung kann zu schweren Komplikationen wie Koma oder chronischen psychischen Störungen führen.
Klinische Anzeichen: plötzliche und starke Müdigkeit; Konzentrationsunfähigkeit und Gemütsschwankungen (Fröhlichkeit, Erregtheit, Angst); Kopfschmerzen mit Sehstörungen; Herzklopfen mit Gesichtsblässe oder -rötung; Zittern mit Schweißausbrüchen; zwingendes Hungergefühl. Hypoglykämie tritt am häufigsten bei Diabetikern auf, die in Behandlung sind.
Zuständiger Arzt: der behandelnde Arzt.
Behandlung: Zuführung von Zucker.

I

Impetigo. Impetigo ist eine sehr ansteckende Erkrankung der Oberhaut, die bei Schulkindern verbreitet ist.
Klinische Anzeichen: eine kleine Blase, die sich bald verformt, sich zu einer Pustel entwickelt und später eine rauhe gelbliche Kruste bildet. Um die Infektion herum entstehen Juckreiz und Knötchen.
Zuständiger Arzt: Hautarzt.
Behandlung: lokale Behandlung mit desinfizierenden Mitteln, manchmal auch mit einer antibiotisch wirkenden Salbe. Auch eine orale Einnahme von Antibiotika wird verordnet; während des ansteckenden Stadiums darf das Kind nicht in die Schule. Beim Patienten ist auf mögliche andere Infektionsherde zu achten (z.B. die Zähne), die behandelt werden müssen, damit die Infektion nicht ein zweites Mal auftritt.

Ischias. Ischias geht auf einen Vorfall oder eine Reizung zurück, an dem eine der Wurzeln des Ischiasnervs und die entsprechende Bandscheibe beteiligt sind.

HERZ- UND GEFÄSS-ERKRANKUNGEN IN DEUTSCHLAND

Die Herz- und Gefäßkrankheiten stehen in der Bundesrepublik mit rund 340 000 Todesfällen pro Jahr an erster Stelle der Todesursachen. Die beiden häufigsten Ursachen sind Schlaganfälle und ischämische Herzkrankheiten (auf verstopfte Arterien zurückgehende Erkrankungen, z.B. Herzinfarkt); Frauen sind davon stärker betroffen als Männer. In einigen Ländern ist die Zahl der Sterbefälle durch ischämische Herzkrankheiten seit Ende der sechziger Jahre rückläufig. Bei gleicher Belastung durch Risikofaktoren treten in der französischen Bevölkerung weniger Fälle von Herzerkrankungen auf als bei den Einwohnern von Ländern mit vergleichbarem Lebensstandard. Es wurde darauf hingewiesen, daß Alkohol möglicherweise schützend wirken könnte (durch eine Erhöhung des HDL-Cholesterinspiegels).
Es wird geschätzt, daß jährlich 270 000 neue Fälle von Herzinfarkten und 170 000 Fälle von Schlaganfällen auftreten. Etwa 5 Millionen Menschen haben erhöhten Blutdruck.

Klinische Anzeichen: Hauptsymptom ist der Schmerz; er setzt meist plötzlich bei einer abrupten Bewegung ein. Der Schmerz läuft über das Gesäß, die ›Hinterseite‹ des Oberschenkels und entweder an der ›Seite‹ des Unterschenkels und den Fußrücken bis in den großen Zeh weiter oder über die ›Hinterseite‹ des Unterschenkels, über die Ferse und die Fußsohle zum kleinen Zeh. Für den Schmerzverlauf entscheidend ist die betroffene Nervenwurzel. Ferner versteift sich die Wirbelsäule. Manchmal tritt eine Lähmung des Beines ein.
Zuständiger Arzt: Rheumatologe oder Neurologe.
Behandlung: schmerzlindernde, entzündungshemmende, spannungslösende Mittel und Ruhe. Manchmal hilft es, wenn ein Brett unter die Matratze des Patienten gelegt wird. Bei einer Lähmung durch Ischias liegt ein Notfall vor; die eingeklemmte Nervenwurzel sollte so schnell wie möglich operativ aus ihrer Lage befreit werden.

J

Juckreiz. Juckreiz ist ein Gefühl auf der Haut, das zum Kratzen reizt. Er tritt bei vielen Erkrankungen auf.
Klinische Anzeichen: Das Kratzen kann zu Veränderungen an Haut und Körperbehaarung führen, z.B.: Hautrötungen; blaue Flecken; Hautabschürfungen; Knötchen; bräunliche Pigmentierungen; Haarausfall; Abnutzung der Fingernägel; eine weitere Hautinfektion.
Zuständiger Arzt: Hautarzt oder praktischer Arzt, wenn keine Besserung eintritt.
Behandlung: Behandlung der Krankheit, die den Juckreiz bewirkt hat, und Verwendung von Mitteln, die den Juckreiz lindern.

K

Koma. Das Koma ist eine Bewußtseinsstörung, bei der der Betroffene weniger reizempfindlich und in seiner Reaktion weniger angepaßt ist. Jedes Koma ist ein lebensgefährlicher Notfall.
Klinische Anzeichen: Man unterscheidet drei Stadien:
1. leichtes Koma (Benommenheit); der Betroffene kann einen einfachen Befehl ausführen; er reagiert auf verbale Reize.
2. mittelschweres Koma (Stupor); auf Schmerz wird mit Aufschrecken und Verziehen des Gesichts reagiert.
3. tiefes Koma: keinerlei motorische Reaktion.
Behandlung: in speziellen Einrichtungen; der Kranke wird unter anderem auch künstlich beatmet.

Kopfgrind. Beim Kopfgrind liegt ein Pilzbefall der Kopfhaut vor. Es ist eine typische, sehr ansteckende Kinderkrankheit.
Klinische Anzeichen: scheibenförmiger Haarausfall; die Kopfhaut ist an diesen Stellen schuppig.
Zuständiger Arzt: Hautarzt.
Behandlung: Isolierung des Patienten (das Kind darf nicht in die Schule), Behandlung mit Salben und Medikamenten gegen den Pilz. Manchmal müssen die restlichen Haare abrasiert werden. Die Einnahme von pilzspezifischen Antibiotika erfolgt gleichzeitig.

Krampfadern. Bei Krampfadern besteht eine permanente Venenerweiterung, die mit einer Veränderung der Venenwand einhergeht. Die-

KÖRPER UND GESUNDHEIT

RATGEBER KRANKHEIT

ses Leiden ist stark verbreitet (1 bis 15 % der Bevölkerung).

Klinische Anzeichen: schmerzhafte, erweiterte Venen, oft in den Unterschenkeln; manchmal bluten Krampfadern; die umliegende Haut ist nicht in gutem Zustand; oft werden Krampfadern in der Familie vererbt, oder der Betroffene übt einen Beruf aus, in dem er längere Zeit stehen muß.

Zuständiger Arzt: Venenspezialist oder Gefäßchirurg.

Behandlung: Zunächst wird eine Behandlung auf der Basis von Medikamenten, einer Veränderung der Lebensgewohnheiten und einer Wärmebehandlung versucht. Wenn keine Besserung eintritt, wird ein operativer Eingriff vorgenommen.

Krätze. Krätze ist eine entzündliche Hautkrankheit, die von einer Milbe verursacht wird, die ihre Eier in die Haut legt. Krätze ist heute eine häufige Erkrankung (sexuelle Befreiung, mangelnde Hygiene, Überbevölkerung).

Klinische Anzeichen: sehr starker Juckreiz, insbesondere nachts und mit Ausnahme des Kopfes fast überall, häufig in der ganzen Familie.

Zuständiger Arzt: praktischer Arzt oder Dermatologe.

Behandlung: mit Benzylbenzoat oder anderen Milbenbekämpfungsmitteln, die nach einem Seifenbad als Lösungen aufgetragen werden; Kleidung und Bettwäsche müssen desinfiziert werden. Auch Personen im selben Haus, die keine Symptome aufweisen, sollten sich dieser Behandlung unterziehen.

L

Läuse. Läuse setzen sich an der Kopfhaut, am Brustkorb oder im Schambereich fest. Sie werden durch menschlichen Berührungskontakt übertragen. Zusammenwohnen, Überbevölkerung und mangelnde Hygiene begünstigen die epidemische Ausbreitung von Läusen.

Klinische Anzeichen: starker Juckreiz an der Stelle, an der sich der Parasit festgesetzt hat. *Nissen* (Läuseeier) sind an Kopf- oder Körperhaar zu finden. Sie sind dort fest verankert (sie lassen sich im Gegensatz zu Schuppen nicht herausschütteln).

Zuständiger Arzt: praktischer Arzt oder Hautarzt.

Behandlung: mit verschiedenen Präparaten wie z. B. Pyrethrum. Auch die Kleidung ist dringend zu desinfizieren, wenn man keine erneuten Läuseprobleme riskieren will.

Leistenbruch. Der Leistenbruch (oder *Hernia inguinalis*) ist ein Eingeweidebruch mit Ausstülpung des Bauchfells durch Bauchwandschwachstellen. Leistenbrüche sind sehr häufig. Sie treten bei Männern öfter auf als bei Frauen.

Klinische Anzeichen: eine spontan oder nach einer Anstrengung entstandene Schwellung, im allgemeinen schmerzlos; ›ziehende‹ Schmerzen, das Gehen wird unangenehm. Bei Husten dehnt sich die Schwellung aus, durch Druck geht sie zurück. Das große Risiko dieser Hernien ist die Einklemmung von Darmteilen, die einen sofortigen chirurgischen Eingriff notwendig macht.

Zuständiger Arzt: Chirurg.

Behandlung: operative Beseitigung des Leistenbruchs.

Lungenembolie. Die Lungenembolie wird als Verschluß der Lungenarterie durch einen im Blut zirkulierenden Fremdkörper definiert.

Dadurch kann die Lunge nicht ausreichend mit Sauerstoff versorgt werden.

Klinische Anzeichen: setzt plötzlich ein; intensiver Schmerz auf einer Seite des Brustkorbs; Atembeschwerden mit trockenem Husten; die Haut wird ›blau‹; Bedrohungsgefühl, manchmal mit einer Neigung zum Bewußtseinsverlust.

Sofort zu benachrichtigender Arzt: Kardiologe oder Lungenspezialist.

Behandlung: Krankenhausaufenthalt. Behandlung mit blutgerinnungshemmenden Mitteln, Sauerstoff; besondere Überwachung. Diese Erkrankung kann zum Tode führen; die Diagnose ist nicht einfach, da es nicht viele Symptome gibt, aus denen der Arzt auf Lungenembolie schließen kann.

Lungenentzündung. Die Lungenentzündung ist eine von Bakterien oder Viren hervorgerufene Infektion.

Klinische Anzeichen: plötzliches Einsetzen. Die Temperatur steigt auf 39,5 bis 40 °C; Schmerz im Brustkorb wie bei intensivem Seitenstechen, der sich bei Husten und tiefem Einatmen verstärkt; Atembeschwerden. Manchmal stellt sich bei einer Bakterieninfektion eine Rötung der Backenknochen auf der Seite der erkrankten Lunge ein.

Zuständiger Arzt: Lungenspezialist.

Behandlung: Einweisung ins Krankenhaus und eine geeignete Behandlung mit Antibiotika.

Lungenödem. Beim Auftreten eines akuten Lungenödems ist Flüssigkeit in die Lunge gelangt. Dies kann lebensgefährlich sein.

Klinische Anzeichen: Das Ödem tritt plötzlich auf, häufig nachts, und bewirkt zunächst ein Gefühl der Beklemmung im Brustkorb und ein Kitzeln im Rachen, das Hustenanfälle auslöst; der Kranke sitzt etwas nach vorne gebeugt, ist schweißbedeckt und blaß; sehr starke Atemnot. Der Kranke ›spuckt‹ eine Art weißlichen oder rötlichen Schaum.

Sofort zu benachrichtigender Arzt: Der Rettungsdienst ist sofort zu verständigen.

Behandlung: harntreibende Mittel, Morphium und herzstärkende Mittel. Der Kranke wird auf der Intensivstation behandelt.

Lungen- und Bronchialkrebs. Die Zahl dieser Erkrankungen nimmt – hauptsächlich aufgrund von Tabakkonsum – zu.

Klinische Anzeichen: Husten, blutiger Auswurf, wiederholte Entzündungen der Bronchien; Brustkorbschmerzen; Schwierigkeiten beim Atmen und beim Sprechen; Veränderung des allgemeinen Gesundheitszustands; Knoten unter den Achseln bzw. unter dem Schlüsselbein.

Zuständiger Arzt: Lungenspezialist.

Behandlung: je nach Krankheitsentwicklung Strahlen- oder Chemotherapie. Es gibt keine Möglichkeit der Früherkennung; der Verzicht aufs Rauchen ist ein entscheidender Faktor.

M

Magengeschwür → GESCHWÜR.

Masern. Bei den Masern handelt es sich um eine virale Infektionskrankheit. Sie ist die häufigste fiebrige Erkrankung mit Hautausschlag und tritt während der Kindheit auf.

Klinische Anzeichen: Die Krankheit beginnt mit allgemeinem Unwohlsein und Fieber von 38–40 °C; Husten; eine ›laufende‹ Nase; Appetitlosigkeit; Erbrechen. Nach diesem ersten Stadium erscheint der Hautausschlag: Er beginnt am Kopf hinter den Ohren und um den

Mund herum und besteht aus leicht erhabenen ›roten Flecken‹, die sich über den ganzen Körper verbreiten, zwischen denen jedoch eine gesunde Haut verbleibt.

Insbesondere in der dritten Welt können die Masern zu schwersten Komplikationen führen: eine zusätzliche Infektion der Atemwege, Nerven- oder Augenkomplikationen.

Zuständiger Arzt: praktischer Arzt.

Behandlung: Der Kranke muß isoliert werden; wird leicht durch Tröpfcheninfektion übertragen. Es gibt keine besondere Behandlungsmethode; die Masern heilen von selbst, außer im Fall von (in unseren Ländern seltenen) Komplikationen. Es gibt einen Masernimpfstoff, mit dem Kinder ab 12 Monaten geimpft werden.

Meningitis. Die Meningitis ist eine Hirnhautentzündung, die von Bakterien, Viren, seltener von Pilzen ausgelöst wird. Es handelt sich um eine schwere Erkrankung, die sofort diagnostiziert und entsprechend behandelt werden muß.

Klinische Anzeichen: Das erste Anzeichen ist eine von Schüttelfrost begleitete intensive Übelkeit; Fieber um 40 °C; sehr heftige Kopfschmerzen; ein steifer Nacken; Schmerzen in allen Muskeln; plötzliches Erbrechen; Schmerz bei Berührung der Haut.

Sofort zu benachrichtigender Arzt: der praktische Arzt, der den Patienten ins Krankenhaus einweist.

Behandlung: wenn es sich bei dem Erreger um Bakterien handelt, eine entsprechende Behandlung mit Antibiotika. Im Falle einer viralen Meningitis nimmt die Erkrankung auch ohne Medikamente einen günstigen Verlauf.

Migräne. Migräne ist ein sehr weit verbreitetes Leiden, von dem zwischen 10 und 25 % der Bevölkerung betroffen sind. Frauen erkranken häufiger als Männer.

Klinische Anzeichen: Die Migräne beginnt anfallartig und dauert zwischen einigen Stunden und zwei Tagen. Die ›Kopfschmerzen‹ treten nur halbseitig auf; die schmerzende Kopfseite kann von Anfall zu Anfall wechseln, oder aber die Kopfschmerzen sind im ganzen Kopf zu spüren. Es können begleitende Symptome wie Schläfrigkeit oder Hungergefühl vorkommen.

Zuständiger Arzt: Neurologe.

Behandlung: Arzneimittel wie Aspirin oder andere Mittel gegen Migräne sowie hygienische Maßnahmen.

Multiple Sklerose. Die multiple Sklerose ist eine verbreitete Erkrankung des Zentralnervensystems, deren Ursache noch unbekannt ist. Sie befällt insbesondere junge Erwachsene.

Klinische Anzeichen: motorische Störungen; Verschlechterung der Sehschärfe in Verbindung mit Augenschmerzen; Kribbeln, Einschnürungs- oder Einengungsgefühle (wie durch einen Panzer, ein Armband, einen zu engen Gürtel); Gefühl, daß Wasser auf den Körper rieselt; Koordinationsstörungen bei Bewegungen; Gleichgewichts- und Sprechstörungen, explosives und skandiertes Sprechen; Schwindelgefühl; Doppeltsehen; Harnverhaltung; sexuelle Impotenz; psychische Störungen. Die Symptome treten schubweise auf und bilden sich mehr oder weniger vollständig wieder zurück.

Zuständiger Arzt: Neurologe.

Behandlung: Schübe können mit Corticoiden behandelt werden, jedoch sind Rückfälle immer möglich.

Mumps. Mumps ist eine sehr ansteckende Krankheit, die von einem Virus ausgelöst wird, das hauptsächlich die Ohrspeicheldrüse

KÖRPER UND GESUNDHEIT

angreift. Vor allem Kinder und junge Erwachsene erkranken daran.

Klinische Anzeichen: Schmerz bei Druck unterhalb des Ohrläppchens, wo die Ohrspeicheldrüse sitzt und wo Lymphknotenschwellungen festgestellt werden können; mäßiges Fieber; häufig Kopfschmerzen; heftige Ohrenschmerzen. Komplikationen wie Hodeninfektionen oder Meningitis können auftreten, sind aber selten.

Zuständiger Arzt: praktischer Arzt.

Behandlung: Das Virus kann nicht bekämpft werden. Aspirin und Bettruhe reichen aus. Es gibt einen Impfstoff gegen Mumps.

N

Nesselsucht (Urtikaria). Nesselsucht ist ein Leiden, das extrem häufig auftritt; sie ist ein Syndrom und keine Krankheit. Es handelt sich um eine allergische Reaktion.

Klinische Anzeichen: eine klar eingegrenzte rote oder rosafarbene Quaddel, die starken Juckreiz auslöst, nach wenigen Stunden verschwindet und sich an anderer Stelle neu bildet.

Es gibt eine Nesselsucht in Form einer Urtica profunda wie im Fall des *Quincke-Ödems*, das lokale, nichtjuckende Schwellungen hervorruft. Im Rachenbereich kann sie plötzliche Erstickungsanfälle bewirken. Die *akute Urtikaria* verschwindet nach wenigen Tagen; die *chronische Urtikaria* dauert über 6 Wochen.

Zuständiger Arzt: Hautarzt. Beim Auftreten eines Quincke-Ödems ist sofort ein Arzt zu verständigen.

Behandlung: Entfernung des Auslösers der Allergie, Einnahme von Medikamenten gegen Allergie sowie Corticoide. Bei einem Quincke-Ödem wird Adrenalin gespritzt; bei Erstickungsgefahr wird der Patient auf eine auf solche Fälle spezialisierte Station gebracht.

Neurose. Die Neurose ist eine Persönlichkeitsstörung, bei der es zu unbegründeter oder im Verhältnis zu der gefürchteten Bedrohung übersteigerter Angst kommt. Der Betroffene ist nicht wirklichkeitsfremd und ist sich der Störung bewußt, bekommt seine Angst jedoch nicht in den Griff.

Klinische Anzeichen: Schlafstörungen; geistige und körperliche Ermüdung; sexuelle Störungen und depressiver Zustand. Die Persönlichkeit ist von starker Angst geprägt. Es gibt verschiedene Arten von Neurosen wie Zwangsneurosen, Hysterie, Angstneurosen, Phobien.

Zuständiger Arzt: Psychiater.

Behandlung: angstlösende Mittel, Antidepressiva und eine geeignete Psychotherapie.

Niereninsuffizienz. Bei einer akuten Niereninsuffizienz stellen die Nieren plötzlich ihre Arbeit ein. Die ›Abfälle‹ des Körpers können nicht mehr mit dem Urin ausgeschieden werden.

Klinische Anzeichen: Der Betroffene scheidet innerhalb von 24 Stunden keinen Harn oder höchstens 100 ml aus; sehr selten bleibt die Diurese (Harnausscheidung) über 24 Stunden erhalten; Ödeme; Übelkeit, Erbrechen; verstärkte Schläfrigkeit; manchmal tritt ein Schock mit Atemnot ein.

Sofort zu benachrichtigender Arzt: ein Nephrologe, der den Patienten in ein Krankenhaus einweist.

Behandlung: Einschränkung der Wasserzufuhr, Verzicht auf Salz, harntreibende Mittel und andere Methoden wie die ›Dialyse‹. Ferner wird die Ursache der akuten Niereninsuffizienz behandelt.

Bei einer chronischen Niereninsuffizienz stellen die Nieren ihre Ausscheidungsarbeit allmählich und irreversibel ein.

Klinische Anzeichen: Eine chronische Niereninsuffizienz beginnt selten plötzlich, sondern im Gegenteil meist allmählich ohne klinische Anzeichen. Symptome treten erst im fortgeschrittenen Stadium auf: Ödeme, erhöhter Blutdruck, Verdauungsstörungen (Übelkeit, Erbrechen, aufgeblähter Bauch mit Durchfall), häufiger Harndrang, hartnäckiger und sehr starker Juckreiz. Manchmal kommen auch Knochenschmerzen vor.

Zuständiger Arzt: Nephrologe.

Behandlung: spezielle Diät (begrenzte Eiweiß- und Salzzufuhr), Senkung des erhöhten Blutdrucks und Behandlung der anderen biologischen Störungen. Ab einem bestimmten Stadium wird eine ›Ersatzniere‹ (Dialyse) eingesetzt, bis eine Nierentransplantation möglich ist.

Nierenkolik. Nierenkoliken werden durch einen Stein in einem Harnleiter verursacht. Sie treten bei Männern häufiger auf als bei Frauen, vorzugsweise zwischen 30 und 50 Jahren.

Klinische Anzeichen: plötzlich einsetzender Schmerz, vor allem nach mechanischen Erschütterungen, in der Lendengegend auf der betroffenen Seite, der Schmerz strahlt in die äußeren Geschlechtsorgane; intensiver Schmerz, manchmal in Verbindung mit Übelkeit und Erbrechen. Der Schmerz läßt in keiner Position nach. Weitere Anzeichen sind Schwierigkeiten beim Harnlassen; Blut im Urin; der Schmerz hört plötzlich auf, wenn reichlich Harn gelassen wird und dabei ein Stein oder Grieß herausgespült wird; das Gesicht ist bleich und schweißbedeckt; normale Temperatur.

Zuständiger Arzt: praktischer Arzt (dringend, da der Schmerz sehr intensiv ist).

Behandlung: schmerzlindernde und entzündungshemmende Mittel, Einschränkung der Wasserzufuhr während des Anfalls. Hört der Anfall nicht auf, werden andere Mittel eingesetzt. Zur Vorbeugung eines zweiten Anfalls sollte man reichlich trinken und seine Lebensführung sofort ändern sowie bestimmte Nahrungsmittel meiden, die die Bildung von Steinen begünstigen.

O

Ohnmacht. Eine Ohnmacht ist auf eine plötzlich eintretende Unterbrechung der Blutversorgung des Gehirns zurückzuführen.

Klinische Anzeichen: plötzlicher und völliger kurzzeitiger Bewußtseinsverlust, schnelles und vollständiges Wiedererlangen des Bewußtseins.

Zuständiger Arzt: praktischer Arzt.

Behandlung: je nach Ursache.

Ohrenentzündung. Bei einer Ohrenentzündung tritt eine Entzündung des äußeren Gehörgangs oder des Mittelohrs auf. Sie kommt bei Kindern häufiger vor als bei Erwachsenen.

Klinische Anzeichen: akuter Schmerz im Ohr in Verbindung mit einer Verschlechterung des Hörvermögens, manchmal mit Ausfluß *(eiternde Ohrenentzündung);* Temperatur 38–39 °C; Müdigkeit und Appetitlosigkeit. Beim Kind können die Anzeichen irreführend sein: Fieber, Verweigerung des Fläschchens, Durchfall, Erbrechen, Reizbarkeit, Schlafstörungen.

Zuständiger Arzt: praktischer Arzt oder Hals-Nasen-Ohren-Arzt.

Behandlung: Antibiotika, schmerzlindernde

Mittel, Präparate, die die Nase frei machen. Wenn keine schnelle Besserung eintritt oder wenn die Ohrenentzündung von vornherein eitrig ist, kommt die Drainage *(Parazentese)* zur Anwendung.

Osteoporose. Bei der Osteoporose liegt eine Verringerung der Knochenmasse vor, die nicht auf eine biologische Störung zurückzuführen ist. Dieses Leiden ist bei älteren Menschen verbreitet, insbesondere bei Frauen nach der Menopause.

Klinische Anzeichen: Knochenschmerzen von mittlerer Intensität, insbesondere im Bereich der Wirbelsäule und des Beckens. Manchmal ist der Schmerz jedoch so stark, daß der Patient sich mehrere Wochen lang nicht bewegen kann: Ursache ist ein Zusammensinken der Wirbelkörper, das nicht auf eine schwerere Verletzung zurückzuführen ist. Der Betroffene schrumpft in der Größe; das Allgemeinbefinden ändert sich nicht.

Zuständiger Arzt: Rheumatologe.

Behandlung: bei schmerzhaften Krankheitsschüben Schonung und schmerzlindernde Mittel. Zur allgemeinen Behandlung gehören: Ernährungs- und Gesundheitsregeln (ausgewogene Ernährung, ausreichende körperliche Aktivität bis hin zu sanfter Heilgymnastik); Einnahme von Calcium und Phosphaten.

P

Parkinsonsche Krankheit. Die Parkinsonsche Krankheit ist eine Krankheit, bei der eine Degeneration des Nervensystems auftritt. Die Ursache ist nicht bekannt. An ihr erkranken beide Geschlechter, jedoch Männer etwas häufiger als Frauen. Die ersten Störungen zeigen sich meist zwischen 50 und 60 Jahren.

Klinische Anzeichen: verminderte Aktivität in Verbindung mit Ermüdung; nicht genau zu lokalisierende Schmerzen; Gleichgewichts- oder Verhaltensstörungen; Zittern im Ruhezustand, insbesondere in den Extremitäten, Muskelsteife; Gang-, Sprech- und Schreibstörungen; langsames Denken und psychische Störungen.

Zuständiger Arzt: Neurologe.

Behandlung: Medikamente auf der Basis von ›Dopamin‹ (Überträgersubstanz, die infolge dieser Erkrankung fehlt); diese Behandlung hat unangenehme Nebenwirkungen.

Pfeiffersches Drüsenfieber. Am Pfeifferschen Drüsenfieber erkranken vor allem Jugendliche und junge Erwachsene; es ist bei Kindern selten und in der Altersgruppe unter 3 Jahren die Ausnahme. Die Krankheit wird hauptsächlich über den Speichel übertragen (›Kußkrankheit‹). Erreger ist ein Virus.

Klinische Anzeichen: Fieber mit sehr großer Ermüdung; Mandelentzündung in Verbindung mit Lymphknotenschwellungen im Halsbereich; Hautausschlag (manchmal). Beim Abtasten stellt der Arzt manchmal eine vergrößerte Milz fest.

Zuständiger Arzt: praktischer Arzt.

Behandlung: keine besondere Behandlung; bei auftretenden Komplikationen wird Cortison verordnet. Die Krankheit klingt erst nach mehreren Monaten ab.

Pneumothorax. Bei dieser Erkrankung ist Luft in das ›Brustfell‹ (Pleura) [umhüllt die Lungen] gelangt. Dieser Fall tritt häufig bei hochgewachsenen jungen Sportlern (Erwachsenen) auf.

Klinische Anzeichen: Bei einem Menschen in gutem Allgemeinzustand setzt der Schmerz plötzlich nach intensiver Anstrengung oder

KÖRPER UND GESUNDHEIT

RATGEBER KRANKHEIT

im Ruhezustand ein. Dieser Schmerz ist von der Art eines heftigen einseitigen Seitenstechens oder eines ›Dolchstoßes‹, manchmal auch weniger stark, wird aber durch Husten oder Anstrengung intensiver. Es kommt zu unregelmäßigen Atembeschwerden. Manchmal ist kein klinisches Anzeichen festzustellen, und der Pneumothorax wird zufällig beim Röntgen der Lungen entdeckt.
Zuständiger Arzt: Lungenspezialist.
Behandlung: Einweisung ins Krankenhaus, wo die Luft mit Spezialmethoden aus dem Brustfell abgesaugt werden kann. Eine Art Lungenheilgymnastik nach dem Absaugen der Luft kann nachträgliche Beeinträchtigungen des Atmungsvorgangs vermeiden.

Prostataadenom. Das Prostataadenom ist eine gutartige Geschwulst, die bei Männern über 50 Jahren sehr häufig auftritt.
Klinische Anzeichen: Es gibt sehr oft keine Anzeichen für ein Adenom, es wird zufällig bei einem rektalen Austasten entdeckt; Probleme beim Harnlassen (sehr häufiges oder sehr seltenes Harnlassen, insbesondere nachts); manchmal Blut im Urin. Im fortgeschrittenen Stadium kann das Adenom zu einer akuten Harnverhaltung führen.
Zuständiger Arzt: Urologe.
Behandlung: Zunächst wird auf bestimmte Hygiene- und Ernährungsregeln (Vermeidung üppiger Mahlzeiten, von Alkohol und Gewürzen; lange Autofahrten) und die ›Entstopfung‹ der Prostata gesetzt. Wenn dies nicht funktioniert, bedarf es eines chirurgischen Eingriffs: Die Prostata wird entfernt (Folge ist fast immer eine retrograde Ejakulation).

Prostatakrebs. Dies ist eine Krankheit, an der ältere Männer leiden und die in der Altersgruppe über 75 Jahre eine Haupttodesursache ist.
Klinische Anzeichen: Schwierigkeiten beim oder Unfähigkeit zum Harnlassen; häufiger, insbesondere nächtlicher Harndrang; Blut in Urin und Ejakulat; auf Metastasen zurückgehende Knochenschmerzen.
Zuständiger Arzt: Urologe.
Behandlung: Chirurgie, Strahlen-, Hormon- oder Chemotherapie. Früherkennung ist durch rektales Austasten möglich. Männer sollten den behandelnden Arzt ab einem bestimmten Alter regelmäßig aufsuchen.

Psychose. Bei einer Psychose (auch *manisch-depressive Psychose*) findet eine grundlegende Veränderung der Gesamtpersönlichkeit des Erkrankten, ohne daß dieser sich dessen bewußt wird, sowie der Beziehungen zu den Mitmenschen statt. Es handelt sich um ein verbreitetes Leiden (0,5 % der Bevölkerung).
Klinische Anzeichen: Charakteristisch ist der Wechsel von Krisen und gesunden Phasen. Auf die depressive (melancholische) Phase folgt eine (manische) Phase der Überschwenglichkeit.
1. Melancholische Phase: zunehmende Müdigkeit; ein Gefühl starker Traurigkeit; schwer erträgliche Schlaflosigkeit; sehr ausgeprägter depressiver Zustand; der Betroffene fühlt sich elend, schuldig, bedroht; er weigert sich, zu essen oder zu sprechen; starrer Blick. Manchmal besteht Selbstmordgefahr.
2. Manische Phase: Die Schlaflosigkeit wird gut ertragen; der Betroffene ist euphorisch, spürt eine unerschöpfliche Energie; er ist aggressiv, verträgt keinen Widerspruch. Seine Aktivitäten sind unzusammenhängend und werden nicht zum Ende gebracht. Es kommt zu Wahnideen über die Herkunft (Überzeugung, der Sohn der englischen Königin zu sein usw.); das Gesicht des Betroffenen ist sehr ausdrucksvoll; er ist ständig in Bewegung; oft auch Alkoholismus.

Zuständiger Arzt: Psychiater.
Behandlung: systematische Klinikbehandlung, Einnahme von Neuroleptika, Antidepressiva und angstlösenden Mitteln und eine Psychotherapie.

R

Rauschgiftabhängigkeit. Rauschgiftabhängigkeit liegt vor, wenn regelmäßig Drogen eingenommen werden, die körperlich und seelisch abhängig machen. Seelische Abhängigkeit bedeutet, daß der Abhängige das Bedürfnis verspürt, Drogen zu nehmen, um ihre Wirkung zu erleben. Körperliche Abhängigkeit besteht, wenn der Organismus sich an die Droge angepaßt hat, d. h. der Körper höhere Dosen tolerieren kann, und die Droge so sehr braucht, daß bei Entzug Störungen auftreten.
Klinische Anzeichen: nachlassende Aufmerksamkeit; Verlangsamung der geistigen Aktivität; Verkleinerung der Pupille; eine Art Rausch, Euphorie oder Angst; geistige Verwirrung; Herzjagen; Schlafstörungen; Halluzinationen. Dies sind die wichtigsten Symptome, die bei den bekanntesten Drogen auftreten (Morphium, Barbiturate, LSD usw.).
Zuständiger Arzt: Psychiater.
Behandlung: eine gut durchgeplante Entwöhnung, die den ›Entzugserscheinungen‹ Rechnung trägt, und insbesondere die Verhütung von Rückfällen.

Röteln. Bei den Röteln handelt es sich um eine ansteckende Virusinfektion; während der Schwangerschaft kann sie zu Mißbildungen des Kindes im Mutterleib führen.
Klinische Anzeichen: Hautausschlag, der im Gesicht beginnt und sich auf den Rumpf und die Arme ausbreitet. Der Ausschlag verschwindet am 3. Tag, ohne Narben zu hinterlassen; mäßiges Fieber (unter 39 °C) über kurze Zeit; Lymphknotenschwellungen etwa eine Woche vor Beginn des Ausschlags, vor allem im Halsbereich.
In den ersten drei Schwangerschaftsmonaten sind die Röteln am gefährlichsten, weil sie in diesem Zeitraum die schwersten Mißbildungen beim Kind bewirken können (Schädigung von Augen, Ohren, Herz und Nerven).
Zuständiger Arzt: praktischer Arzt.
Behandlung: keine besondere Behandlungsmethode. Die Vorbeugung ist von großer Bedeutung: Mädchen können in der Pubertät gegen Röteln geimpft werden. Röteln während der Schwangerschaft können ein Grund für den Schwangerschaftsabbruch sein.

S

Schädelverletzung. Der Begriff Schädelverletzung deckt jede Erschütterung ab, die der Schädel erleiden kann. Es kann sich um eine harmlose oder aber auch um eine schwere, lebensgefährliche Erschütterung handeln. Bei einer Schädelverletzung können eine Wunde, ein durch die Erschütterung hervorgerufener Bewußtseinsverlust oder Verhaltensstörungen auftreten; Erbrechen.
Zuständiger Arzt: praktischer Arzt.
Behandlung: Wenn die Schädelverletzung mit einem Bewußtseinsverlust verbunden ist, sollte der Patient in jedem Fall 24 bis 48 Stunden lang im Krankenhaus unter neurologischer Beobachtung stehen.

Schilddrüsenkrebs. Schilddrüsenkrebs ist selten. Er kommt am häufigsten bei jungen

Frauen vor; er entwickelt sich sehr langsam.
Klinische Anzeichen: eine schmerzlose Halsschwellung, die fest oder hart sein kann; manchmal kommt es zu Sprech-, Eß- oder Atembeschwerden (bei sehr großen Tumoren); gleichzeitig treten Knoten im Halsbereich auf. Es gibt keine Symptome, die auf Schilddrüsenüber- oder -unterfunktion hinweisen; auf Metastasen zurückzuführende Knochenschmerzen; oft wurde bei diesen Patienten in der Kindheit der Hals bestrahlt.
Zuständiger Arzt: Endokrinologe.
Behandlung: Chirurgie, Strahlen- und Chemotherapie.

Schilddrüsenüberfunktion. Eine Überfunktion der Schilddrüse heißt auch Hyperthyreose. Diese Krankheit kann bei Nichtbehandlung in manchen Fällen tödlich verlaufen.
Klinische Anzeichen: Tachykardie (erhöhte Herzfrequenz) in Verbindung mit Herzklopfen; bei Anstrengung Atemnot; pochende Arterien im Halsbereich. Die Verkürzung des Oberlids bewirkt, daß der Blinzelvorgang seltener stattfindet; Abmagerung mit dem Gefühl von ständiger ›Hitze‹ und großem Hunger; starke Nervosität mit Zittern; Muskelschwäche. Manchmal bildet sich ein Kropf (sichtbare Vergrößerung der Schilddrüse); Durchfall.
Zuständiger Arzt: Endokrinologe.
Behandlung: Einnahme von sog. ›Thyreostatika‹ (hemmen die Schilddrüsenhormonsynthese). Schlagen sie nicht an, wird operativ eingegriffen (Entfernung der Schilddrüse) oder eine ›radioaktive‹ Behandlung versucht. Die Arzneimittel haben erhebliche Nebenwirkungen.

Schilddrüsenunterfunktion. Die durch Schilddrüsenunterfunktion ausgelöste Erkrankung ist die Hypothyreose. Ihre Komplikationen können den Tod zur Folge haben.
Klinische Anzeichen: blasse, kalte und trockene Haut; Hand- und Fußrücken und Augenlider sind geschwollen; die Haare sind trokken, glanzlos und brüchig; die Nägel sind gedellt und brechen leicht; es kommt zu Haarausfall; dicke Zunge; heisere Stimme; große Müdigkeit in Verbindung mit Frösteln; Fettleibigkeit bei Appetitlosigkeit; Muskelkrämpfe und Verstopfung. Gedächtnisstörungen sind häufig, manchmal bildet sich ein Kropf.
Zuständiger Arzt: Endokrinologe.
Behandlung: Einnahme von Schilddrüsenhormonen oder Schilddrüsenpräparaten.

Schizophrenie. Bei der Schizophrenie handelt es sich um eine Persönlichkeitsstörung, die zu den ›Psychosen‹ gehört, bei denen eine *Spaltung* der Persönlichkeit oder eine Abkapselung von der Umwelt *(Autismus)* stattfindet. Die Schizophrenie ist die häufigste Geisteskrankheit (0,5 % der Bevölkerung). Der Betroffene ist sich der Störung nicht bewußt.
Klinische Anzeichen. Spaltung: Wort und Tat stimmen nicht überein; aufeinanderfolgende Aktivitäten sind unzusammenhängend oder widersprüchlich. Passen Denken und Fühlen nicht zusammen, spricht man von *Diskordanz* (z. B. wenn ein Patient sagt: ›Ich liebe meine Eltern, deshalb möchte ich sie töten‹). Mangelnde Kontinuität in den Gedankengängen. Manchmal kommt es zu kurzen Unterbrechungen des Redeflusses (ein paar Sekunden), kühlem Umgang mit anderen Menschen, großer Gleichgültigkeit, einer Verminderung der Aktivität. Man beobachtet gefährliches, ungewöhnliches oder seltsames Verhalten.
Autismus: Der Mensch zieht sich in sich selbst zurück, flieht vor der Wirklichkeit in sein Innenleben. Er ist distanziert, abwesend; sein Blick geht ins Leere. Er ist am liebsten allein.

KÖRPER UND GESUNDHEIT

Der **Wahn** ist ein Dauerzustand, der jedoch nicht immer manifest ist; die Betroffenen haben das Gefühl, daß sich ihr Körper verwandelt (ihre Gesichtszüge verändern sich; sie erkennen sich selbst nicht im Spiegel). Es kommt zu einer Störung der Identität: Der Patient hinterfragt seine Herkunft; er zweifelt an seinem Geschlecht; die Welt erscheint ihm anders, fremd, künstlich, er hat oft das Gefühl, daß seine Umgebung ihm feindlich gesonnen ist. Er glaubt, daß jemand ihm seine Gedanken ›stiehlt‹.
Zuständiger Arzt: Psychiater.
Behandlung: Neuroleptika, angstlösende Mittel und eine Psychotherapie. Eine völlige Heilung ist nicht zu erwarten; der Betroffene bleibt weiterhin schizophren, kann sich aber leichter an das Leben in der Gesellschaft, in der er lebt, anpassen.

Schmerzen. Schmerz ist eine subjektive Empfindung des Patienten und tritt bei zahlreichen Erkrankungen auf.
Es gibt verschiedene Arten von Schmerz: Krampf, krankhafte Muskelanspannung, Brennen, einem ›Dolchstoß‹ ähnlich, Kneifen usw. Die Schmerzintensität sollte objektiv beurteilt werden (was nicht immer einfach ist).
Zuständiger Arzt: zunächst der praktische Arzt. Ein Arztbesuch empfiehlt sich in allen Fällen, da es heute wirksame Mittel zur Schmerzbekämpfung gibt.
Behandlung: schwache oder starke schmerzlindernde Mittel je nach Art des Schmerzes. Ein neuer Zweig der Medizin hat sich auf den Schmerz spezialisiert.

Schnupfen. Schnupfen ist eine Virusinfektion der Schleimhaut von Nase und oberen Atemwegen, durch die die Luft ein- und ausgeatmet wird. Er wird durch winzige im Atem suspendierte Tröpfchen übertragen.
Klinische Anzeichen: zunächst klarer, nach ein oder zwei Tagen dickerer und oft gelblicher Ausfluß aus der Nase (Zeichen einer zusätzlichen bakteriellen Infektion); oft vor Beginn des Schnupfens leichte Rachenschmerzen; Kopfschmerzen und Niesen sind die Regel; manchmal auch Fieberschübe.
Zuständiger Arzt: bei starken Beschwerden der praktische Arzt.
Behandlung: Ruhe, Begrenzung der gesellschaftlichen Aktivitäten und häufige Flüssigkeitszufuhr, um dem Austrocknen des Halses und dem Flüssigkeitsverlust durch die Nase zu begegnen. Aspirin kann bei Kopf- und Rachenschmerzen helfen, hat aber keinen Einfluß auf die Krankheit selbst.

Schuppenflechte (Psoriasis). Die Schuppenflechte ist eine häufige Erkrankung, an der 2 bis 3 % der Bevölkerung leiden. Die erbliche Veranlagung spielt eine wichtige Rolle. Merkmal ist ein Abschuppen der Haut.
Klinische Anzeichen: schuppige rote Flecken, die keinen Juckreiz auslösen. Sie sind von ›schmutzigweißer‹ Farbe. Beim Kratzen lösen sich Schuppen, die an Wachsflecken erinnern. Diese Flecken können fast den ganzen Körper bedecken: dann spricht man von *Psoriasis universalis*. Die Schuppenflechte tritt bevorzugt an bestimmten Stellen und meist symmetrisch auf: an Ellenbogen, Knie, Lendengegend, Kopfhaut.
Zuständiger Arzt: Hautarzt.
Behandlung: lokale (Corticoide, aufweichende Mittel) und allgemeine Behandlung.

Sehschärfe (Verschlechterung der). Eine rasche Verschlechterung der Sehschärfe ist ernstzunehmen. Je schneller dieser Prozeß abläuft, desto schwerwiegender können die Folgen sein.
Klinische Anzeichen: verschwommenes, an-

strengendes Sehen; völlige Blindheit; Augenschmerzen mit Rötung der Augen; der Eindruck des ›Mückensehens‹ oder von ›hellen Blitzen‹.
Sofort aufzusuchender Arzt: Augenarzt.
Behandlung: Fast immer ist ein Krankenhausaufenthalt nötig, um das Leiden genau zu diagnostizieren und entsprechend zu behandeln. Eine schnell einsetzende Therapie ist für die Heilung ausschlaggebend.

Syphilis. Syphilis ist eine durch Geschlechtsverkehr übertragbare Krankheit, die angeboren sein kann (das Bakterium Treponema dringt in die Plazenta ein).
Klinische Anzeichen: Beim Mann tritt an der Eichel der *syphilitische Schanker* auf, eine scharf begrenzte, ebene, glatte, weiche und schmerzlose Erhebung. Die Leistenlymphknoten sind geschwollen. Bei Nichtbehandlung entwickelt sich der Schanker zu einem schmerzhaften Geschwür. Andere Symptome wie ein pseudogrippales Syndrom, Hautausschlag und Haarausfall können auftreten, bis schließlich im ›Tertiärstadium‹ ein rascher geistiger Verfall einsetzt. Diese Entwicklung kann sich über mehrere Jahre hinziehen.
Zuständiger Arzt: praktischer Arzt.
Behandlung: eine 14tägige Behandlung mit Antibiotika auf der Basis von Penicillin. Auch Sexualpartner müssen behandelt werden.

T

Tripper →GONORRHOE.

Tuberkulose. Die Tuberkulose ist eine sehr ansteckende Lungenkrankheit. Erreger ist der Tuberkelbazillus. Bei Nichtbehandlung kann die Krankheit tödlich verlaufen.
Klinische Anzeichen: eine Veränderung des Allgemeinzustandes mit Müdigkeit, Appetitlosigkeit, Gewichtsverlust und Fieber; anhaltender trockener Husten oder Husten mit Auswurf. Schmerzen im Brustkorb und Atemnot sind zunächst selten.
Zuständiger Arzt: Lungenspezialist.
Behandlung: Krankenhausaufenthalt und Isolierung des Kranken, Meldung der Erkrankung an die Gesundheitsbehörden, Behandlung der Tuberkulose mit Antibiotika. Es gibt einen Tuberkulose-Impfstoff; in der Bundesrepublik Deutschland ist die BCG-Impfung in den ersten Lebensmonaten vorgeschrieben.

V

Verätzungen am Auge. Verätzungen am Auge sind sehr gefährlich. Durch derartige Verletzungen wird der Blinzelreflex ausgesetzt, und das Auge kann sich nicht ausreichend schützen.
Klinische Anzeichen: bei schweren Verätzungen intensiver Schmerz; die Heilungschancen sind von der Ursache der Verätzung, der eingetretenen Schädigung, der Zeit, in der das Auge mit der betreffenden Substanz in Berührung war, und der Schnelligkeit der Hilfeleistung abhängig.
Sofort aufzusuchender Arzt: Augenarzt.
Behandlung: Auswaschen des Auges mit sehr sauberem oder sterilisiertem Wasser; Entfernung von Fremdkörpern aus dem Auge. Danach wird das Auge mit Augentropfen oder -salbe behandelt und verbunden. Es ist wichtig zu wissen, ob und welches ätzende Mittel ins Auge gelangt ist, damit der Arzt die richtigen Maßnahmen treffen kann.

Verstopfung. Bei Verstopfung werden unter Schwierigkeiten zu geringe und zu harte Stuhlmengen ausgeschieden, der Stuhlgang ist zu selten oder erleichtert nur wenig oder es besteht kein Stuhldrang. Man spricht von Verstopfung, wenn der Darm weniger als dreimal wöchentlich entleert wird.
Zuständiger Arzt: praktischer Arzt, wenn die Beschwerden nicht verschwinden.
Behandlung: Abführmittel, Einlauf, reichliche Flüssigkeitszufuhr.

Virushepatitis. Die Virushepatitis ist eine durch ein Virus ausgelöste Leberentzündung. Drei Viren kommen als Erreger in Frage: das *Hepatitis-A-*, das *Hepatitis-B-Virus* und das *Non-A-Non-B-Virus,* die jeweils unterschiedliche ansteckende Hepatitisinfektionen verursachen.
Klinische Anzeichen: Müdigkeit in Verbindung mit Fieber; Appetitlosigkeit; Übelkeit; Bauchschmerzen; Hautausschlag. Die Haut nimmt eine ›gelbe‹ Farbe an; der Urin wird dunkler, der Stuhlgang ›farblos‹.
Zuständiger Arzt: Gastroenterologe.
Behandlung: Der Arzt muß die Erkrankung melden, den Kranken in Quarantäne halten und ihm nahestehende Personen auf Hepatitis untersuchen. Wie bei allen Virusinfektionen gibt es auch hier keine besondere Behandlungsmethode. Es gibt einen Impfstoff gegen das Hepatitis-B-Virus.

W

Windpocken. Bei den Windpocken handelt es sich um eine äußerst ansteckende Infektionskrankheit. Sie befällt meist Kinder im Alter zwischen 2 und 10 Jahren.
Klinische Anzeichen: Die Krankheit beginnt mit Müdigkeit und einer Erhöhung der Temperatur auf 38 °C; dann bildet sich ein Hautausschlag, der aus kleinen Bläschen besteht und sich über den ganzen Körper verbreitet. Aus den Bläschen werden Krusten, an denen nicht gekratzt werden darf, weil sonst Narben bleiben. Die Krusten fallen von selbst ab. In seltenen Fällen können Lungen- oder neurologische Komplikationen auftreten.
Zuständiger Arzt: praktischer Arzt.
Behandlung: Mittel zur Juckreizlinderung, um das Kratzen zu verhindern, Lösungen zum Schutz vor Hautinfektionen. Kindern sollten die Fingernägel geschnitten werden; sie erhalten Schulverbot, bis die Ansteckungsgefahr vorbei ist. Es gibt einen Windpocken-Impfstoff.

Z

Zervikalsyndrom. Bei einem Zervikalsyndrom schmerzt der Hals in der Mitte oder seitlich bis hin zur Schulter.
Klinische Anzeichen: ein manchmal sehr starker Schmerz, der durch Stehen und Halsbewegungen verstärkt wird; Steifheit, die ein Drehen des Kopfes be- oder verhindert; schiefe Haltung; Schmerzen beim Abtasten des Halses; Halsbewegungen bewirken manchmal Schmerzen in einem oder beiden Armen. Mehrere Ursachen können für ein Zervikalsyndrom verantwortlich sein, z. B. ein schiefer Hals (Tortikollis) oder eine Arthrose der Wirbelsäule.
Zuständiger Arzt: bei anhaltenden Schmerzen praktischer Arzt.
Behandlung: schmerzlindernde und entspannende Mittel, manchmal auch Mittel zur Entzündungsbekämpfung.

ALTERNATIVE HEILVERFAHREN

AKUPUNKTUR

Die Akupunktur ist eine Heilmethode, die schon seit Jahrtausenden praktiziert wird. Sie entstand in China im Tal des Gelben Flusses, verbreitete sich allmählich über das gesamte chinesische Kaiserreich, gelangte nach Korea und wurde schließlich von Mönchen in Japan bekannt gemacht. Sie wurde später in Eurasien bekannt und von den Jesuiten nach Europa gebracht. Von den Jesuiten stammt auch die Bezeichnung dieser Methode (aus den lateinischen Wörtern *acus*, ›Nadel‹, und *pungere*, ›stechen‹). Die Akupunktur machte auch in der Bundesrepublik Deutschland Schule und findet sich heute auch in den meisten anderen westlichen Ländern.

Die Akupunktur kann als ein Verfahren betrachtet werden, das die inneren Körperenergien lenkt. Sie nimmt die Existenz eines Energienetzes an, das in gewisser Weise an ein elektrisches Stromnetz erinnert. In diesem Netz, das sich über die gesamte Körperoberfläche erstreckt und sich auch ins Körperinnere verzweigt, zirkuliert die Lebensenergie ›Qi‹. Innerhalb des Netzes gibt es Schaltstellen, an denen die Energie angeregt und gebremst, verzweigt oder gebündelt werden kann. Einige dieser Stellen sind auch für die Neurophysiologen und die Schulmedizin bedeutsam, die sie als Reflexpunkte bzw. als Punkte kennen, die auf die Motorik anregend wirken.

An den Akupunkturpunkten können außer Metallnadeln auch Massagen, Hitze oder elektrischer Strom eingesetzt werden. Heute kommen ferner sanfte Laserstrahlen, sog. ›Lichtnadeln‹, zur Anwendung. Dieses Vorgehen ist besonders Kindern, älteren Menschen oder Personen, die Angst vor dem Stechen haben, angenehm. Sie wird bei Akupunktur im Gesicht und bei der Behandlung von Falten empfohlen.

Die Akupunktur ist einer der Zweige der traditionellen chinesischen Medizin, die auch die innere Medizin, die Pharmazie, die Ernährungslehre, die Gymnastik, die Chirurgie und die Sexualwissenschaft umfaßt. Die Akupunktur wird von zwei verschiedenen Schulen gehandhabt. Auf der einen Seite steht eine sehr traditionelle Ausrichtung, die sich auf jainistische und taoistische Grundlagen stützt. Vor diesem Hintergrund erscheint der Mensch als integraler Bestandteil und Spiegelbild des Universums und unterliegt den kosmischen Gesetzen. Für einen Arzt, der seinen Patienten ganzheitlich behandeln möchte, ist dies ein besonders interessanter Ansatz, da hier auch der Einfluß der Jahreszeiten, der Temperaturen, des Windes, der Kälte, der Feuchtigkeit oder der Trockenheit berücksichtigt wird, Faktoren also, die sich auf Diagnose und Behandlung entscheidend auswirken. Auf der anderen Seite hat sich ein neuer Ansatz, die sog. *neurophysiologische Akupunktur*, herausgebildet, die in ihrer Physiologie der klassischen Medizin sehr nahe steht.

Anwendungen. Die Anwendungsmöglichkeiten der Akupunktur sind vielfältig und besonders interessant bei funktionellen Störungen, die häufig einer Organschädigung vorausgehen. Die Akupunktur kann das Energiegleichgewicht des Menschen wiederherstellen und spielt eine wichtige Rolle bei der Krankheitsprophylaxe, die heute oft vernachlässigt wird, da die Erkrankten manchmal zu spät zum Arzt gehen. Große Bedeutung hat die Akupunktur in der Schmerzbehandlung, ob es sich nun um Gelenk-, Muskel-, Sehnen- oder Ischiasschmerzen, um Gesichtsneuralgien, Kopf-, Migräne- oder Gürtelrosenschmerzen handelt. Auch bei Eingeweidespasmen (Krämpfe von Magen, Darm und anderen inneren Organen), bei Verstopfung und Durchfall, bei Schlafstörungen, leichten depressiven Zuständen, Angst und Lampenfieber und in der Unfallchirurgie findet die Akupunktur Anwendung. Bei allergischen Erkrankungen erzielt die Akupunktur häufig unerwartete und verblüffende Resultate, insbesondere bei Heuschnupfen, bei Nasenschleimhautentzündungen oder Ekzemen. Heute wird die Akupunktur ferner bei der Entwöhnung von Rauchern, bei der Entbindung und bei einigen Narkosen vor einer Operation eingesetzt. Inzwischen haben sich weitere Akupunkturtechniken entwickelt, z. B. die *Ohrakupunktur*, *Kopfakupunktur* und die *Laserakupunktur*.

Die Akupunktur ist auf die Unversehrtheit des Körpers bedacht sowie darauf, den Patienten zu beobachten, den Puls zu fühlen bzw. den Körper abzutasten. Die Akupunktur ist ein Heilverfahren, bei dem das Individuum im Mittelpunkt steht. Allmählich hält sie Einzug in einigen Krankenhäusern, und die Krankenkassen übernehmen die Behandlungskosten.

HOMÖOPATHIE

Das Wort ›Homöopathie‹ kommt vom griechischen *homoios*, ›ähnlich‹, und *pathos*, ›Krankheit‹. In der Homöopathie gilt die *Ähnlichkeitsregel*. Zur Behandlung werden Arzneimittel auf pflanzlicher, mineralischer oder organischer Basis verordnet, die die gleichen Symptome wie die Krankheit hervorrufen und dynamisiert in sehr starken Verdünnungen verabreicht werden. Die Homöo-

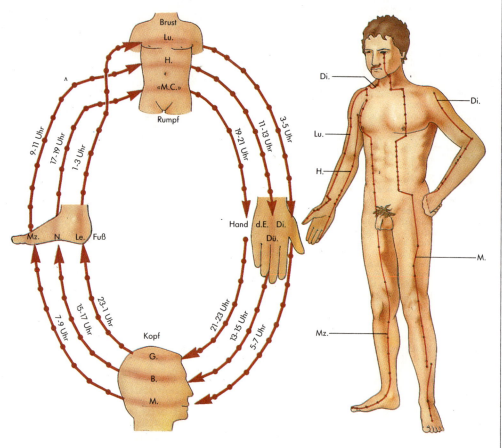

▲ · Akupunktur.
Die Energie zirkuliert in den Meridianen. Es gibt 12 Hauptmeridiane, die sich über den ganzen Körper verteilen. Einige von ihnen sind nebenstehend abgebildet. Der Energiestrom beginnt im Lungenmeridian (Lu.), wo er zwischen 3 und 5 Uhr morgens seine größte Intensität erreicht; die Energie strömt von dort aus in einer bestimmten Reihenfolge durch alle anderen Meridiane.
Dickdarm (Di.), 5 bis 7 Uhr; Magen (M.), 7 bis 9 Uhr; Milz (Mz.), 9 bis 11 Uhr; Herz (H.), 11 bis 13 Uhr; Dünndarm (Dü.), 13 bis 15 Uhr; Blase (B.), 15 bis 17 Uhr; Niere (N.), 17 bis 19 Uhr; maitre du cœur (M. C., ›Meister des Herzens‹), 19 bis 21 Uhr; dreifacher Erwärmer (d.E.), von 21 bis 23 Uhr; Gallenblase (G.), 23 bis 1 Uhr nachts; Leber (Le.), 1 bis 3 Uhr.
Anschließend beginnt im Lungenmeridian ein neuer 24stündiger Kreislauf. Auf der Abbildung erkennt man, daß der Milzmeridian (Mz.) am Fuß beginnt und am Rumpf endet, während der Lungenmeridian (Lu.) vom Rumpf in die Hand geht.

KÖRPER UND GESUNDHEIT

pathie befaßt sich intensiv mit der Suche nach dem ›similium‹ (dem Ähnlichen). Die Homöopathie geht auf den deutschen Arzt Samuel Hahnemann (1755–1843) zurück.

Die Methode, eine Substanz zu verordnen, die die gleichen Störungen hervorruft wie die beobachteten, ist Tausende von Jahren alt und hat zu vielen verschiedenen Anwendungen geführt:
– die Impfung, die auf den Mithridatismus zurückgeht. König Mithridates war ein begeisterter Jäger, der fürchtete, am Gift wilder Tiere oder an von seinen Feinden vergifteten Speisen zu sterben. Er kam auf den Gedanken, sich gegen Gifte und toxische Substanzen zu immunisieren, indem er sehr geringe Mengen der Stoffe zu sich nahm, vor denen er sich schützen wollte. Bei Impfungen werden Mikroben oder Viren bzw. in bestimmten Fällen auch ihre Toxine in verdünnter und abgeschwächter Form geschluckt oder injiziert, um so den Erkrankungen zu begegnen, die sie sonst in hohen Dosierungen auslösen;
– die Desensibilisierung bei allergischen Erkrankungen. Bei diesem Heilverfahren wird einem Patienten, der z. B. bei Pollenflug an Asthma leidet, ein Allergen, in diesem Fall Pollen, gespritzt. Die Lösung muß in diesem Fall im Verhältnis 1 : 1 000 000 oder 1 : 1 000 000 000 verdünnt werden. Geringe Verdünnungen werden bei akuten Erkrankungen, starke Verdünnungen bei chronischen Leiden verabreicht.

In der Homöopathie wird ähnlich argumentiert wie bei der Impfung oder Desensibilisierung. Kaffee bewirkt Schlaflosigkeit: Wenn der Homöopath ein Präparat verschreibt, das eine Lösung aus verdünntem und dynamisiertem Kaffee enthält, kann er damit den Patienten von seiner Schlaflosigkeit heilen.

In der alltäglichen Realität ist die Anwendung der Homöopathie weitaus komplexer. Bleiben wir beim Beispiel Schlaflosigkeit: Auch andere Substanzen können Schlaflosigkeit bewirken; sie kann bei verschiedenen Patienten mit unterschiedlichen psychischen Symptomen, mit Verhaltenssymptomen oder bestimmten Umständen verbunden sein und zu unterschiedlichen Tages- oder Lebenszeiten auftreten.

In der alltäglichen Praxis untersucht der Homöopath die nächstliegende ›Pathogenese‹. Diese Erforschung der Krankheitsursachen beschäftigt sich mit körperlichen, psychischen und milieubedingten Faktoren. Hierzu setzt er seine Erfahrung oder auch sog. ›homöopathische Repertorien‹ ein, z. B. das bekannteste, von Kent erstellte Repertorium oder auch eines der heute verfügbaren Computerrepertorien.

PFLANZENHEILKUNDE

Die Pflanzenheilkunde oder Phytotherapie setzt Heilpflanzen ein. Die ersten Menschen ernährten sich instinktiv von Pflanzen. Zwischen Nahrung und Behandlung besteht keine klare Abgrenzung. Die Artischocke z. B. ist ein hervorragendes Nahrungsmittel, aber ein ebenso wirksames Arzneimittel. Die Karotte ist nahrhaft, hilft aber auch bei Durchfall.

Pflanzen werden in allen Ländern für therapeutische Zwecke eingesetzt. 5 000 v. Chr. gab es ein Verzeichnis über ›5 Getreide und 100 Pflanzen, die dem Menschen nützlich sind‹. Es beschrieb außerdem 500 Rezepte für Mischungen und therapeutische Anwendungen.

Der Anwendung von Pflanzen in der Medizin öffneten sich neue Wege, als ihre Wirk-

stoffe bekannt wurden. Einige Pflanzen erwiesen sich als hervorragende Antibiotika oder Desinfektionsmittel (z. B. *Eukalyptus, Thymian, Oregano*), andere zeigten eine hormonale oder beruhigende Wirkung. Neue therapeutische Anwendungsbereiche und die rationellere Nutzung der verschiedenen Pflanzenteile in Verbindung mit einer präzisen Festlegung der Anwendungsweise haben eine grundlegende Erneuerung dieser uralten Wissenschaft nach sich gezogen.

Zur Pflanzenheilkunde gehören:
– die **Gemmotherapie**, in der das Embryonalgewebe von Pflanzen (Knospen, junge Triebe, kleine Seitenwurzeln) verwendet wird. Diese Gewebeteile werden in verdünnten Glycerinmazeraten verarbeitet. Untersuchungen haben bestätigt, daß in jungen Trieben sehr viele Wirkstoffe zu finden sind. Die Gemmotherapie wird ähnlich wie die Homöopathie angewendet: Es wird die für den Patienten am besten geeignete Pflanze gesucht. Die Gemmotherapie ist besonders bei chronischen und milieubedingten Krankheiten von Vorteil;
– die **Aromatherapie**, bei der hochwirksame ätherische Pflanzenöle verwendet werden, die keim-, pilz- und bakterientötende Eigenschaften haben. Die Aromatherapie hat einen neuen Aufschwung erlebt, insbesondere durch neue Diagnosetechniken wie das Bioaromatogramm, das ähnlich wie ein Antibiogramm erstellt wird, d. h. Keime, die beim Kranken gefunden wurden, werden mit verschiedenen ätherischen Ölen in Kontakt gebracht. Je wirksamer das Heilmittel, desto geringer ist die Ausbreitung der Mikrobenkultur um die mit Aromen getränkte Stelle: Auf diese Weise kann eine genaue Auswahl der zu verwendenden Pflanzenessenzen getroffen werden.

Die Pflanzenheilkunde setzt ferner Aufgüsse und Sude ein. Die Produkte werden ausgewählt – man nimmt Pflanzen, die einen konstanten Wirkstoffgehalt aufweisen –, und die gewonnene Lösung wird durch Vibration stark homogenisiert: Dadurch wird eine ›Dynamisierung‹ erreicht.

Eine neue Verabreichungsform ist das unverdünnte Trockenextrakt, das im Vakuum bei niedriger Temperatur aus nach strengen Kriterien ausgewählten Pflanzen gewonnen wird. Diese Extrakte können zu Gelatinekapseln verarbeitet und in dieser Form leicht verabreicht werden. Möglich ist auch die Weiterverarbeitung zu einer Salbe (mit Hilfe eines speziellen Gels), so daß bei lokaler Anwendung befriedigende Ergebnisse erzielt werden können. Einige exotische Pflanzen schließlich runden das Bild von den Möglichkeiten der Pflanzenheilkunde ab.

ANDERE ALTERNATIVE HEILVERFAHREN

Aurikulotherapie: eine von der Akupunktur abgeleitete Behandlungsmethode. Verschiedene Erkrankungen werden durch Anstechen festgelegter Punkte in der Ohrmuschel behandelt. Grundlage ist die *Aurikulomedizin,* die davon ausgeht, daß alle Organe des menschlichen Körpers einen Reflexpunkt in der Ohrmuschel haben.

Chiropraktik: Sie gehört in den allgemeinen Zusammenhang der Handgriffe zur Einrenkung von Wirbeln.

Iridologie: Sie geht von der Annahme aus, daß zwischen bestimmten Zonen der Iris und bestimmten Organen eine Beziehung besteht.

Die Iridologie kommt als Diagnoseinstrument zur Anwendung, da eine Veränderung von bestimmten Irisregionen Rückschlüsse auf eine entsprechende Organerkrankung erlaubt.

Lithotherapie: Bei diesem Verfahren werden verschiedene Mineralien in dynamisierten Lösungen verwendet. Diese Therapie erzielt bei vegetativen Erkrankungen sehr gute Resultate.

Mesotherapie: In das Mesoderm (mittleres der drei embryonalen Keimblätter) werden medikamentöse Substanzen eingespritzt. Diese Methode ist bei einigen rheumatischen Erkrankungen, bei Zellulitis, Fettleibigkeit und chronischen Schmerzen erfolgreich angewendet worden.

Misteltherapie: Bei diesem Heilverfahren handelt es sich um keine Biotherapie im eigentlichen Sinne, sondern um eine therapeutische Methode auf der Grundlage von verdünnten Mistelpräparaten. Diese Technik wird von den Anthroposophen insbesondere in den deutschsprachigen Ländern eingesetzt. Bei bestimmten degenerativen Erkrankungen kann sie Heilerfolge erzielen.

Neurotherapie: Sie stützt sich auf die Annahme, daß ein Krankheitsherd bei einigen Erkrankungen Beschwerden an anderen Körperstellen auslöst. So wurden beispielsweise rheumatische Erkrankungen diagnostiziert, die auf einen Infektionsherd an den Zähnen oder auf schmerzauslösende Narben zurückzuführen waren. In einem solchen Fall werden Präparate mit betäubender Wirkung in die verdächtigte Zone eingespritzt, um den die Störung bewirkenden Reflex auszuschalten.

Organotherapie: Bei dieser Behandlungsart wird tierisches Gewebe verwendet. Sie unterscheidet sich von der *Opotherapie* dadurch, daß keine unverdünnten, sondern dynamisierte verdünnte Extrakte eingesetzt werden. Die Dynamisierung spielt dabei eine bedeutende Rolle, denn auf diese Weise können winzige Dosen verabreicht und die Gefahr allergischer Reaktionen vermieden werden. Das verabreichte Gewebe wird eigens auf das entsprechende Organ des Patienten abgestimmt. Es kann je nach Verdünnung anregend oder hemmend auf das Organ wirken: sehr starke Verdünnungen hemmen, geringe Verdünnungen regen an, mittlere Verdünnungen wirken ausgleichend.

Reflexotherapie: Bei dieser Therapieform wird vorausgesetzt, daß bestimmte Reflexe, die an anderer Stelle aktiviert werden (Erregung, Stechen oder Kauterisierung), wohltuend auf eine erkrankte Körperregion wirken.

Sophrologie: Sie kann wie die Entspannungstherapie als eine Biotherapie betrachtet werden.

Spurenelementetherapie: Verwendung von Lösungen mit Spurenelementen. Bekanntlich spielen die Spurenelemente bei der Enzym- und Hormonsynthese eine wichtige Rolle. Ein Mangel an diesen Elementen bewirkt zahlreiche Störungen. Ein Beispiel ist die Bedeutung von Kobalt für die Vitamin-B_{12}-Synthese. Eine Reihe von Spurenelementen steht in direktem Zusammenhang mit funktionellen und chronischen Erkrankungen.

Die obige Aufzählung ist nicht erschöpfend. Allen genannten Therapien ist gemeinsam, daß sie die Notwendigkeit einer gründlichen Untersuchung des Kranken bei der Suche nach der für ihn am besten geeigneten Behandlung betonen.

KÖRPER UND GESUNDHEIT

DIE MEDIZIN DER ZUKUNFT

VORGEBURTLICHE ERKRANKUNGEN

Man kann heute schon behaupten, daß der Fetus zunehmend wie ein ganz normaler Patient behandelt wird. Es werden immer neue Methoden entwickelt, die es ermöglichen bzw. ermöglichen werden, den Fetus während der Schwangerschaft zu behandeln und sogar einen Eingriff am ›offenen Uterus‹ vorzunehmen.

So kann z. B. ein Katheter (sehr dünner Schlauch) in die Nabelvene gelegt werden, so daß der Fetus im Falle einer Rhesusunverträglichkeit eine Bluttransfusion erhalten kann: dieser Eingriff wird mit Ultraschallüberwachung durchgeführt und kann das Kind vor einer akuten Anämie bewahren.

Stellt man beispielsweise bei der Ultraschalluntersuchung eine vergrößerte Blase oder Lunge fest, können zu ihrer Entleerung kleine Katheter gelegt werden. Auf diese Weise werden spätere Notoperationen am Neugeborenen vermieden oder auf einen späteren Zeitpunkt verschoben.

Die Gebärmutterchirurgie steckt noch in den Kinderschuhen; es scheint jedoch, daß Zwerchfellhernien (Bauchorgane verlagern sich in den Brustkorb und drücken Herz und Lunge zusammen) ein geeigneter Anwendungsbereich wären.

Man erwägt ferner Knochenmarksverpflanzungen in utero bei Feten, die unter schwerer Immunschwäche leiden und wenig Lebenschancen hätten.

Schließlich können einige fetale Störungen, insbesondere Herzrhythmusanomalien, behandelt werden, indem der Mutter entsprechende Medikamente verabreicht werden.

Von Vorteil wäre ferner eine Blutuntersuchung des Fetus, die z. B. bei Verdacht auf eine Toxoplasmoseinfektion durchgeführt wird und einen präventiven Schwangerschaftsabbruch verhindern könnte.

NEUE IMPFSTOFFE

Neue Techniken ermöglichen die Herstellung neuer Impfstoffe entweder durch genetische Manipulation oder durch die Synthese von Antigenfraktionen.

AIDS: Bei AIDS scheint es nicht möglich zu sein, wie bei den herkömmlichen Impfstoffen, das Virus selbst als Impfstoff einzusetzen. Die Forschung hat den Weg über die Gentechnik einschlagen müssen: Vielversprechend erscheint die Methode, bei der das Gen oder die Gene der Oberflächenproteine des AIDS-Virus in ein anderes Überträgervirus eingeschleust wird bzw. werden. Wichtige Probleme harren jedoch noch ihrer Lösung, insbesondere die große Veränderlichkeit des AIDS-Virus-Antigens, so daß Erfolge frühestens in 5 bis 10 Jahren zu erwarten sind.

Bilharziose: Die Gentechnik hat die Isolierung, Klonung und Herstellung eines Proteinantigens ermöglicht, das einen befriedigenden Schutz vor Bilharziose garantiert. Auf dieser Grundlage konnte ein Impfstoff entwickelt werden, der im Tierversuch bereits erfolgreich getestet wurde.

Empfängnisverhütung: Die Weltgesundheitsorganisation und der Population Council unterstützen ein Programm zur ›kontrazeptiven Impfung‹ auf der Grundlage von Antikör-

pern gegen das Plazentahormon. Der Begriff ›Impfstoff‹ ist nicht ganz korrekt, weil eine Schwangerschaft keine Krankheit ist und der ›Impfstoff‹ tatsächlich eine Art Frühgeburt auslöst und eine begonnene Schwangerschaft abbricht.

Malaria: Nachdem der Entwicklung eines Malaria-Impfstoffes in den letzten 10 Jahren kein Erfolg beschieden war, konzentriert sich die Forschung nun auf den Einsatz von kombinierten synthetischen Antigenen, die in verschiedenen Stadien der Parasitenentwicklung eingreifen können.

TUMORMARKER

Der gesamte menschliche Wachstumsprozeß von der ersten Zelle bis hin zum ausgewachsenen Menschen läßt sich als eine zunehmende Zelldifferenzierung beschreiben. Die erste, durch Befruchtung entstandene Zelle enthält das gesamte genetische Programm für die Bildung von Nerven-, Herz-, Muskel-, Hautzellen usw. Die Zelldifferenzierung wird von Genen, den *Onkogenen,* gesteuert, die auch bei der Krebsentwicklung eine Rolle spielen.

Im Falle der krebsbedingten Entartung einer ausgewachsenen Zelle (Haut, Lunge, Brust usw.) findet eine Umkehrung des oben beschriebenen Vorgangs statt. Die vom Krebs befallene Zelle funktioniert nicht mehr wie die anderen Zellen des Gewebes, in dem sie sich befindet: Sie entdifferenziert sich. Je unähnlicher sie den anderen Gewebezellen ist, desto weniger differenziert ist sie und desto schneller kann sich der Krebs entwickeln, denn eine junge Zelle vermehrt sich sehr viel schneller als eine reife Zelle. Krebszellen sind somit mit fetalen Zellen vergleichbar.

Die Krebszellen beginnen mit der Herstellung von Substanzen, die beim Fetus, aber nicht mehr reifen Zellen vorkommen. Die Existenz dieser Substanzen im Blut eines Erwachsenen ist ein Hinweis auf Krebs: diese Substanzen, die auch ›Tumormarker‹ heißen, können zur Früherkennung einer Krebserkrankung beitragen.

Beispiele für Tumormarker. Das *karzinoembryonale Antigen* ist eine Substanz, die von gastrointestinalen Urzellen hergestellt wird. Es ist ein Hinweis auf Krebs im Verdauungsapparat (Magen, Speiseröhre, Dickdarm). Das *Alpha-Fetoprotein* wird von der fetalen Leber produziert. Dieser Marker dient der Feststellung von Leberkrebs und kann Hinweise darauf geben, wann aus einer Zirrhose ein Krebs wird. Des weiteren ist das *humane Choriongonadotropin-Hormon* zu nennen, das von der Plazenta produziert wird und als Tumormarker bei bestimmten, sich rasch entwickelnden Hodenkrebserkrankungen verwendet werden kann, sowie die *sauren Phosphatasen* bei Prostatakrebs und die *Thymidinkinase,* ein Marker der erst vor kurzem entdeckt wurde und auf Brustkrebs hindeuten soll.

KREBSBEHANDLUNG

In der Krebstherapie setzt man auf Fortschritte in den drei bekannten Methoden Chirurgie, Strahlentherapie und Chemotherapie, vor allem aber auf die Entwicklung immunologischer Behandlungsmethoden. Der große Nachteil der Chemotherapie und der Strahlentherapie ist, daß sie auch den gesun-

den Zellen schaden. Die immunologischen Methoden sollen ausschließlich Krebszellen zerstören: So kann einer Maus z. B. der Tumormarker der zu behandelnden Krebsart injiziert werden. Die B-Lymphozyten der Maus reagieren gegen diesen Marker mit der Herstellung von Antikörpern.

In einigen Fällen wurde nach dem Einspritzen von Antikörpern in einen erkrankten Organismus das völlige Verschwinden des Tumors festgestellt.

Eine andere Möglichkeit ist die Stärkung der Immunabwehr des Kranken gegen seinen Tumor. Unser Körper verfügt eigens über weiße ›Killerblutkörperchen‹, die K-Lymphozyten, die unerwünschte Zellen beseitigen können. Diese Zellen ›schlafen‹ jedoch bei Krebsbefall. Ein bestimmter Faktor kann das Wachstum dieser Zellen fördern: Interleukin-2. Man kann also die Lymphozyten des Kranken mit Interleukin-2 zusammenführen, die Aktivierung der Killerzellen abwarten und dem Kranken dann die aktivierten Zellen injizieren. Zur Zeit werden die ersten Versuche mit dieser Methode durchgeführt.

In der Zukunft wird sich die Krebsforschung auf die Untersuchung der für die Zelldifferenzierung verantwortlichen Faktoren konzentrieren und auf diese Weise versuchen, die Krebszelle dazu zu bringen, die Etappen der Zellentwicklung wie jede andere fetale Zelle zu durchlaufen. Die Interferone (hemmende Substanzen) könnten bei der Steuerung der Zellteilung eine Rolle spielen. Die Krebsforschung beschäftigt sich zur Zeit insbesondere mit den Onkogenen. Das Problem wird sein, Antikörper gegen alle die krebserregenden Substanzen zu entwickeln, von denen oft mehrere an der Entstehung eines Krebses beteiligt sind und die je nach Krebsart unterschiedlich sind.

METHODEN DER DIAGNOSE

Die neuen medizinischen Darstellungstechniken verändern die Möglichkeiten der Diagnostik. Diese Techniken machen Organe sichtbar; der Wert und die medizinische Aussagekraft der erzielten Aufnahmen hängen jedoch entscheidend von der angewendeten physikalischen Methode ab.

Kernspintomographie. Ausgangspunkt dieser neuesten Untersuchungsmethode sind die magnetischen Eigenschaften der Materie. Die mit ihrer Hilfe erzielten Gehirnaufnahmen sind von außergewöhnlicher Qualität und lassen genaue Diagnosen zu.

Nuklearmedizin. Auf mit Isotopentechniken erstellten Aufnahmen kann nach der Injektion eines schwach isotopenmarkierten Moleküls die *Organfunktion* sichtbar gemacht werden. Die Darstellung von Funktionen und Stoffwechselvorgängen ist besonders bei der Suche nach Funktionsstörungen wichtig und unverzichtbar.

Radiologie. Dies ist die älteste, immer noch stetig weiterentwickelte Technik. Mit ihrer Hilfe konnte zum ersten Mal die *Anatomie* (Beispiel: Lungenaufnahme) durch einfache Projektion auf einen photographischen Film sichtbar gemacht werden. Durch jodierte Kontrastmittel können Gefäße lichtundurchlässig gemacht werden (Angiographie). In letzter Zeit werden verstärkt computerunterstützte Methoden eingesetzt, z. B. Scanner oder Tomodensitometer. Diese Geräte digitalisieren

1004

KÖRPER UND GESUNDHEIT

Röntgenbilder, bevor sie sie neu zusammensetzen.

Ultraschalltechnik (auch Echographie). Die Aufnahme wird mit Hilfe von Ultraschall gemacht. Die Ultraschallwelle ist eine mechanische Welle, die sich im Gewebe fortpflanzt. Sie wird häufig bei Schwangerschaftsuntersuchungen, aber ebenso in der Kardiologie und bei allen ›vollen‹ Organen verwendet.

IN-VITRO-FERTILISATION

Bei dieser Methode, die erstmals im Juli 1979 in Großbritannien erfolgreich angewandt wurde, wird eine Eizelle aus einem Eierstock der Frau entnommen und mit den Samenzellen des Mannes zusammengebracht. Die Befruchtung findet ›in vitro‹, d. h. im Reagenzglas, außerhalb des weiblichen Körpers statt. Danach wird das befruchtete Ei in die Gebärmutter eingesetzt. Diese Technik, die meist mit dem Schlagwort ›Retortenbaby‹ verbunden wird, ist nicht ganz einfach zu meistern und wird bisher erst von darauf spezialisierten Ärzten praktiziert.

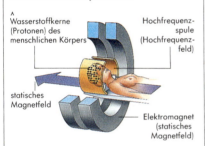
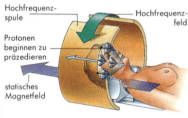
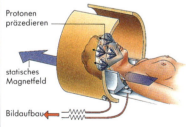

Verfahrensweise. Eine eingehende Untersuchung beider Partner wird durchgeführt. Etwa am 14. Tag des Menstruationszyklus (bei der Frau dauert ein Zyklus 28 Tage, der Zeitpunkt des Eisprungs kann anhand der Körpertemperatur festgestellt werden) werden per Bauchspiegelung oder Bauchschnitt eine oder mehrere Eizellen abgesaugt. Anschließend wird die Reife der Eizellen ermittelt und die Befruchtung mit den schon vorbereiteten Samenzellen sofort vorgenommen. Die Befruchtung findet bei 37 °C statt. Die einzelnen Stadien der Befruchtung sind in vitro und in vivo (im menschlichen Körper) identisch. Schwierig ist die genaue zeitliche Abstimmung der Entwicklung des befruchteten Eies auf den Zustand der Gebärmutterschleimhaut, die das Ei aufnehmen soll: Unter normalen physiologischen Bedingungen vergehen etwa 5 Tage zwischen Befruchtung und Einnistung. In diesem Zeitraum bereitet sich das Gebärmuttergewebe auf die Aufnahme des Embryos vor. Es muß also der ideale Augenblick für die Einpflanzung des befruchteten Eies bestimmt werden, das durch den Gebärmutterhals in die Gebärmutter eingebracht wird.

Die In-vitro-Fertilisation ist zwei Gruppen von Frauen vorbehalten:
– Frauen mit definitivem Tubenverschluß, der nicht behoben werden kann (mit chirurgischem Eingriff an den nicht funktionsfähigen Eileitern);
– Frauen, die Antikörper gegen Samenzellen in den inneren Geschlechtsorganen aufweisen, d. h. Substanzen produzieren, die Samenzellen abtöten.

Diese Methode ist nur mäßig erfolgreich, die Aussichten auf Befruchtung liegen bei jedem Versuch bei 10 %. Dies kann jedoch schon als ausreichend angesehen werden, wenn man bedenkt, daß die betroffenen Frauen ›schon alles versucht‹ haben und dieser Eingriff ihre letzte Hoffnung ist. Außerdem steht einem zweiten Versuch nichts entgegen.

Natürlich besteht große Nachfrage nach dieser Befruchtungsmethode, und oft muß eine Vorauswahl getroffen werden. In der Regel gelten folgende Auswahlkriterien: Alter der Frau (unter 35 Jahre), ein Eisprung am 12., 13. oder 14. Tag des Zyklus, Ausschluß einer hormonalen Ursache für die Unfruchtbarkeit,

normaler Gebärmutterhals und normale Gebärmutter (Durchführung einer systematischen Gebärmutterdarstellung). Zudem muß das Sperma des Partners für den Eingriff geeignet sein (Laboruntersuchung der Samenzellen).

Eine weitere Entwicklung der In-vitro-Fertilisation ist aufgrund der großen Nachfrage abzusehen.

MIKROCHIRURGIE BEI STERILITÄT DER FRAU

Die Mikrochirurgie richtet sich hauptsächlich an Frauen, deren Unfruchtbarkeit auf Tubenprobleme (Probleme am Eileiter) zurückzuführen ist. Die Eileiter sind sehr dünne Kanäle, die sich nach oben hin erweitern (Trichter mit Fimbrien) und mit dem Eierstock in Verbindung stehen. Eine Eileiterinfektion ist die häufigste Ursache für eine Eileitersterilität, insbesondere die Salpingitis (Eileiterentzündung). Die komplexe Operation, die die Eileiter wieder durchlässig macht, dauert mehrere Stunden (durchschnittlich 4 Stunden), ist aber in etwa 80 % der Fälle erfolgreich. Der Eingriff wird mit Hilfe eines Operationsmikroskops vorgenommen. Der Einschnitt in die Haut ist nicht besonders groß und wird vom Schamhaar verborgen. Der Blutverlust ist gering, da die Schnitte mit Mikromessern ausgeführt und die Stiche mit Fäden gemacht werden, die dünner als Haare sind. Je nach Fall können Verklebungen von Trichter und Fimbrien bzw. Eierstock oder Teile des kranken Eileiters entfernt werden. Bei stark beschädigten Eileitern werden Eileiterverpflanzungen diskutiert, aber im Bereich der Immunologie gibt es noch keine völlig befriedigenden Lösungen (Abstoßung des Transplantats).

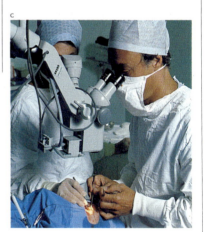

A · Die Kernspintomographie.

Die Kernspintomographie nutzt die Eigenschaften einiger Atomkerne in einem Magnetfeld, die nach Anregung durch eine elektromagnetische Welle einen Teil der absorbierten Energiemenge in Form von elektromagnetischen Signalen wieder abgeben. Die Intensität der Resonanz ist proportional zu der Wasserstoffmenge, die sich in dem angeregten Volumen befindet und spiegelt die unterschiedliche Wasserkonzentration der verschiedenen Gewebe wider.
Mit dieser Methode kann man nicht nur die Form eines Organs rekonstruieren, sondern auch auf pathologische Veränderungen im Gewebe zurückgehende biochemische Vorgänge feststellen.

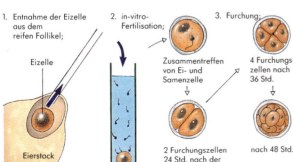
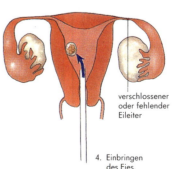

C · Die Mikrochirurgie ermöglicht großartige Fortschritte in der Chirurgie: Behandlung bestimmter Fälle von Unfruchtbarkeit, Korrektur der Kurzsichtigkeit durch eine Hornhautoperation, Transplantation von Eigenhaut, Gefäßnähte ...

B · In-vitro-Fertilisation.
Die In-vitro-Fertilisation verläuft ähnlich wie eine natürliche Befruchtung. Das befruchtete Ei entwickelt sich in der Gebärmutter der Mutter.

KÖRPER UND GESUNDHEIT

THERAPIE, ARZNEIMITTEL, UNTERSUCHUNGEN

WIRKSAMKEIT

Ein Arzneimittel muß zum richtigen Zeitpunkt eingenommen werden, d. h., die ärztlichen Verordnungen sollten sorgfältig befolgt werden. Selbst bei ›rezeptfreien‹ Medikamenten können Risiken bestehen.

Ein paar Regeln sollten beherzigt werden:
– die Medikamente regelmäßig zu den verordneten Zeiten einnehmen;
– säurehaltige Arzneimittel während der Mahlzeiten einnehmen;
– Joghurt essen, um den Nebenwirkungen von Antibiotika im Darm zu begegnen;
– eine Behandlung zur Senkung von Bluthochdruck nicht plötzlich abbrechen. Dies trifft auch für Antibiotika zu.

ARZNEIMITTELFAMILIEN

Angefangen bei Mitteln gegen Tumoren bis hin zur Antibabypille sollen Medikamente die Lebensqualität verbessern. Um dieses möglichst weitgehend und für den Organismus schonend zu erreichen, werden die folgenden nach Anwendungsbereichen unterteilten Arzneimittelfamilien am häufigsten eingesetzt.

Mittel zur Infektionsbekämpfung. Die *Antibiotika* sind zweifellos die Arzneimittel, die das Leben des Menschen am stärksten verändert haben. Seit Fleming das Penicillin entdeckte, sind viele andere mehr oder weniger voneinander abgeleitete Substanzen entwickelt worden. Innerhalb von 20 Jahren ist die Infektionssterblichkeit in den Industriestaaten um 90 % gesunken.

Mittel zur Entzündungsbekämpfung. Das *Cortison,* das in den fünfziger Jahren entwickelt wurde, hat vielen Rheumakranken Erleichterung verschafft. Die modernen entzündungshemmenden Mittel, die nicht mehr auf Steroidbasis hergestellt werden, wie z. B. Aspirin, haben weniger Nebenwirkungen. Sie werden heute bei vielen anderen Leiden verordnet.

Mittel gegen erhöhten Blutdruck. Die kardiovaskulären Krankheiten sind in den Industriestaaten Todesursache Nummer 1. Lange Zeit waren *Diuretika* (harntreibende Mittel) die einzigen verfügbaren Medikamente. Heute gibt es zahlreiche direkter wirkende Mittel, wie z. B. *Betablocker.*

Psychopharmaka. Diese Gruppe umfaßt vier Arzneimittelkategorien: Beruhigungsmittel, Antidepressiva, Neuroleptika und Schlafmittel. Sie unterscheiden sich in ihren Eigenschaften, werden von vielen aber häufig verwechselt. Bei diesen Mitteln ist eine Medikamentenabhängigkeit möglich.

Verschiedene. In den verschiedensten Bereichen wurden Fortschritte erzielt. Seit 1950 wurden Mittel für die Parkinson-Krankheit *(L-Dopa),* Magen- oder Zwölffingerdarmgeschwüre *(Cimetidin),* Diabetes (verschiedene *Insuline*), Hormoninsuffizienzen *(synthetische Hormone)* und psychische Störungen *(Neuroleptika, Antidepressiva)* entwickelt, durch die die Behandlung dieser Erkrankungen erheblich verbessert werden konnte. Die Entdeckung der schmerzlindernden *Endorphine* hat vielen neue Hoffnung gegeben. Andere Mittel machen den Alltag einfach ›angenehmer‹, wie z. B. die *Barbiturate,* die gegen Angst oder Schlaflosigkeit wirken.

Neben den gängigen Medikamenten sollte eine Hausapotheke ein Thermometer für Kinder bzw. Erwachsene enthalten, mit dem die Temperatur gemessen werden kann, bevor der Arzt verständigt wird.

ANDERE HEILMITTEL

Heilbäder. Die wohltuende Wirkung von Bade- oder Trinkkuren liegt nicht nur in der heilenden Wirkung der verschiedenen Mineralwässer begründet, sondern auch in der da-

---

Heilbäder und Kurorte und ihre Indikationen (Auswahl).

Aachen: Rheumatische Erkrankungen der Gelenke, Muskeln und Nerven ☐ Hautleiden, Hautallergie.
Bad Aibling: Rheumatische Erkrankungen der Gelenke, Muskeln und Nerven ☐ Frauenkrankheiten, Operationsfolgen und hormonale Störungen.
Bad Bertrich: Stoffwechselerkrankungen ☐ Rheumatische Erkrankungen der Gelenke, Muskeln und Nerven.
Bad Brückenau: Stoffwechselerkrankungen ☐ Rheumatische Erkrankungen der Gelenke, Muskeln und Nerven ☐ Frauenkrankheiten, Operationsfolgen und hormonale Störungen.
Bad Ems: Rheumatische Erkrankungen der Gelenke, Muskeln und Nerven ☐ Hautleiden, Hautallergie ☐ Herz-, Kreislauf- und Gefäßerkrankungen ☐ Erkrankungen der Atmungsorgane.
Baden-Baden: Rheumatische Erkrankungen der Gelenke, Muskeln und Nerven ☐ Frauenkrankheiten, Operationsfolgen und hormonale Störungen ☐ Erkrankungen der Atmungsorgane ☐ Erkrankungen des Nervensystems.
Bad Harzburg: Rheumatische Erkrankungen der Gelenke, Muskeln und Nerven ☐ Hautleiden, Hautallergie ☐ Herz-, Kreislauf- und Gefäßerkrankungen ☐ Frauenkrankheiten, Operationsfolgen und hormonale Störungen ☐ Erkrankungen der Atmungsorgane.
Bad Herrenalb: Stoffwechselerkrankungen ☐ Rheumatische Erkrankungen der Gelenke, Muskeln und Nerven ☐ Hautleiden, Hautallergie ☐ Herz-, Kreislauf- und Gefäßerkrankungen ☐ Erkrankungen der Atmungsorgane ☐ Magen-Darm-Galle-Leber- und Bauchspeicheldrüsenleiden.
Bad Hersfeld: Stoffwechselerkrankungen ☐ Magen-Darm-Galle-Leber-Bauchspeicheldrüsenleiden.
Bad Homburg v. d. Höhe: Stoffwechselerkrankungen ☐ Rheumatische Erkrankungen der Gelenke, Muskeln und Nerven ☐ Magen-Darm-Galle-Leber- und Bauchspeicheldrüsenleiden.
Bad Mergentheim: Stoffwechselerkrankungen ☐ Magen-Darm-Galle-Leber-, Bauchspeicheldrüsenleiden.
Bad Münstereifel: Stoffwechselerkrankungen ☐ Rheumatische Er-

krankungen der Gelenke, Muskeln und Nerven ☐ Herz-, Kreislauf- und Gefäßerkrankungen ☐ Frauenkrankheiten, Operationsfolgen und hormonale Störungen ☐ Erkrankungen des Nervensystems.
Bad Nauheim: Herz-, Kreislauf- und Gefäßerkrankungen ☐ Erkrankungen der Atmungsorgane.
Bad Oeynhausen: Rheumatische Erkrankungen der Gelenke, Muskeln und Nerven ☐ Hautleiden, Hautallergie ☐ Herz-, Kreislauf- und Gefäßerkrankungen ☐ Frauenleiden, Operationsfolgen und hormonale Störungen ☐ Erkrankungen des Nervensystems.
Bad Orb: Rheumatische Erkrankungen der Gelenke, Muskeln und Nerven ☐ Herz-, Kreislauf- und Gefäßerkrankungen.
Bad Pyrmont: Rheumatische Erkrankungen der Gelenke, Muskeln und Nerven ☐ Hautleiden, Hautallergie ☐ Herz-, Kreislauf- und Gefäßerkrankungen ☐ Frauenkrankheiten, Operationsfolgen und hormonale Störungen ☐ Erkrankungen der Atmungsorgane ☐ Magen-Darm-Galle-Leber- und Bauchspeicheldrüsenleiden ☐ Erkrankungen im Kindesalter.
Bad Rappenau: Rheumatische Erkrankungen der Gelenke, Muskeln und Nerven ☐ Frauenkrankheiten, Operationsfolgen und hormonale Störungen ☐ Erkrankungen im Kindesalter.
Bad Reichenhall: Rheumatische Erkrankungen der Gelenke, Muskeln und Nerven ☐ Frauenkrankheiten, Operationsfolgen und hormonale Störungen ☐ Erkrankungen der Atmungsorgane ☐ Erkrankungen im Kindesalter.
Bad Salzschlirf: Rheumatische Erkrankungen der Gelenke, Muskeln und Nerven ☐ Frauenkrankheiten, Operationsfolgen und hormonale Störungen.
Bad Salzuflen: Rheumatische Erkrankungen der Gelenke, Muskeln und Nerven ☐ Herz-, Kreislauf- und Gefäßerkrankungen ☐ Frauenkrankheiten, Operationsfolgen und hormonale Störungen ☐ Erkrankungen der Atmungsorgane ☐ Erkrankungen des Nervensystems.
Bad Soden am Taunus: Rheumatische Erkrankungen der Gelenke, Mus-

keln und Nerven ☐ Hautleiden, Hautallergie ☐ Herz-, Kreislauf- und Gefäßerkrankungen ☐ Frauenkrankheiten, Operationsfolgen und hormonale Störungen ☐ Erkrankungen der Atmungsorgane.
Bad Tölz: Rheumatische Erkrankungen der Gelenke, Muskeln und Nerven ☐ Hautleiden, Hautallergie ☐ Herz-, Kreislauf- und Gefäßerkrankungen ☐ Frauenkrankheiten, Operationsfolgen und hormonale Störungen ☐ Erkrankungen der Atmungsorgane.
Bad Vilbel: Rheumatische Erkrankungen der Gelenke, Muskeln und Nerven ☐ Herz-, Kreislauf- und Gefäßerkrankungen.
Bad Waldsee: Stoffwechselerkrankungen ☐ Rheumatische Erkrankungen der Gelenke, Muskeln und Nerven ☐ Herz-, Kreislauf- und Gefäßerkrankungen ☐ Frauenkrankheiten, Operationsfolgen und hormonale Störungen ☐ Magen-Darm-Galle-Leber- und Bauchspeicheldrüsenleiden ☐ Erkrankungen des Nervensystems.
Bad Wildungen: Stoffwechselerkrankungen ☐ Herz-, Kreislauf- und Gefäßerkrankungen ☐ Erkrankungen der Nieren und ableitenden Harnwege, Operationsfolgen.
Bad Wörishofen: Stoffwechselerkrankungen ☐ Rheumatische Erkrankungen der Gelenke, Muskeln und Nerven ☐ Herz-, Kreislauf- und Gefäßerkrankungen ☐ Frauenleiden, Operationsfolgen und hormonale Störungen ☐ Magen-Darm-Galle-Leber- und Bauchspeicheldrüsenleiden ☐ Erkrankungen des Nervensystems.
Baltrum: Rheumatische Erkrankungen der Gelenke, Muskeln und Nerven ☐ Hautleiden, Hautallergie ☐ Herz-, Kreislauf- und Gefäßerkrankungen ☐ Erkrankungen der Atmungsorgane.
Berchtesgaden: Rheumatische Erkrankungen der Gelenke, Muskeln und Nerven ☐ Hautleiden, Hautallergie ☐ Herz-, Kreislauf- und Gefäßerkrankungen ☐ Erkrankungen der Atmungsorgane.
Borkum: Rheumatische Erkrankungen der Gelenke, Muskeln und Nerven ☐ Hautleiden, Hautallergie ☐ Herz-, Kreislauf- und Gefäßerkrankungen ☐ Frauenkrankheiten, Operationsfolgen

und hormonale Störungen ☐ Erkrankungen der Atmungsorgane.
Burg auf Fehmarn: Rheumatische Erkrankungen der Gelenke, Muskeln und Nerven ☐ Hautleiden, Hautallergie ☐ Herz-, Kreislauf- und Gefäßerkrankungen ☐ Frauenkrankheiten, Operationsfolgen und hormonale Störungen ☐ Erkrankungen der Atmungsorgane.
Füssen: Stoffwechselerkrankungen ☐ Rheumatische Erkrankungen der Gelenke, Muskeln und Nerven ☐ Herz-, Kreislauf- und Gefäßerkrankungen ☐ Frauenkrankheiten, Operationsfolgen und hormonale Störungen ☐ Magen-Darm-Galle-Leber- und Bauchspeicheldrüsenleiden ☐ Erkrankungen des Nervensystems.
Oberstdorf: Stoffwechselerkrankungen ☐ Rheumatische Erkrankungen der Gelenke, Muskeln und Nerven ☐ Hautleiden, Hautallergie ☐ Herz-, Kreislauf- und Gefäßerkrankungen ☐ Frauenkrankheiten, Operationsfolgen und hormonale Störungen ☐ Erkrankungen der Atmungsorgane ☐ Magen-Darm-Galle-Leber- und Bauchspeicheldrüsenleiden ☐ Erkrankungen des Nervensystems.
Sankt Peter Ording: Rheumatische Erkrankungen der Gelenke, Muskeln und Nerven ☐ Hautleiden, Hautallergie ☐ Herz-, Kreislauf- und Gefäßerkrankungen ☐ Frauenkrankheiten, Operationsfolgen und hormonale Störungen ☐ Erkrankungen der Atmungsorgane ☐ Erkrankungen im Kindesalter.
Spiekeroog: Rheumatische Erkrankungen der Gelenke, Muskeln und Nerven ☐ Hautleiden, Hautallergie ☐ Herz-, Kreislauf- und Gefäßerkrankungen ☐ Frauenkrankheiten, Operationsfolgen und hormonale Störungen ☐ Erkrankungen der Atmungsorgane und allergische Erkrankungen ☐ Erkrankungen im Kindesalter.
Todtmoos: Hautleiden, Hautallergie ☐ Herz-, Kreislauf- und Gefäßerkrankungen ☐ Erkrankungen der Atmungsorgane.
Winterberg: Hautleiden, Hautallergie ☐ Herz-, Kreislauf- und Gefäßerkrankungen ☐ Erkrankungen der Atmungsorgane.

KÖRPER UND GESUNDHEIT

mit verbundenen Luft- und Klimaveränderung und der veränderten Lebens- und Ernährungsweise. Diese Kuren sind insbesondere zu empfehlen bei chronisch Kranken, nach einer längeren Krankheit und bei Menschen, die eine medikamentöse Behandlung schlecht vertragen. Aber auch bei den meisten anderen medikamentös oder operativ behandelten Krankheiten kann der Heilungsprozeß durch eine Bade- oder Trinkkur zum richtigen Zeitpunkt gefördert werden.

Heil- und Krankengymnastik. Diese Heilbehandlung sorgt für die Wiederherstellung der Bewegungsfähigkeit eines Körperteils nach einem Unfall, einer Krankheit oder einer Verletzung. Gelenke und Muskeln sollen soweit wie möglich ihre frühere Beweglichkeit zurückerlangen. Die Krankengymnastik beugt durch regelmäßige Gymnastik Gelenksteife und -verformungen vor, die z. B. nach längerer Ruhigstellung auftreten können. Durch geeignete Geräte (Barren, Sprossenwand, Hanteln, Fahrrad, Rollen) können die Muskeln gezielt trainiert werden. Dieser wichtige Zweig der Therapeutik spielt vor allem nach Verletzungen eine bedeutende Rolle: Knochenbrüche, Verstauchungen, Verrenkungen, Hüftprothesen, Handchirurgie, aber ebenso bei Rheumakrankheiten, bei Muskelerkrankungen, Kinderlähmung, der Parkinson-Krankheit usw. Die Krankengymnastik ist eine Rehabilitationsmaßnahme, bei der der Kranke lernt, seine Muskeln besser zu nutzen.

DIE HAUSAPOTHEKE

In den meisten Haushalten gibt es einen Vorrat an pharmazeutischen Präparaten. Eine gut sortierte Hausapotheke kann der Familie nützliche Dienste leisten.

Die verschiedenen Medikamente sollten nicht über die ganze Wohnung verstreut sein, wie das häufig der Fall ist, sondern in einem abschließbaren Schrank verwahrt werden, der Kindern unzugänglich, für Erwachsene aber sofort erreichbar ist. Es sollte auf das Verfallsdatum (immer auf der Verpackung angegeben) geachtet werden, insbesondere wenn die Medikamente nur selten gebraucht werden.

VORSICHT BEI DER SELBSTMEDIKATION

Man sollte vermeiden, zwei Medikamente gleichzeitig einzunehmen, da sie sich in ihrer Wirkung beeinflussen können.
- Einige Arzneimittel schwächen die Wirksamkeit der Pille.
- Die Kombination Alkohol und Medikament ist häufig kontraindiziert.
- Harntreibende Mittel führen nicht zu Gewichtsverlust.
- Anstelle der fortgesetzten Einnahme von Medikamenten ›für den Darm‹ empfiehlt sich eine Umstellung der Ernährung.
- Kinder sollten nicht die gleichen Medikamente oder die gleichen Dosierungen wie Erwachsene verabreicht bekommen.
- ›Appetitzügler‹ sollten nur auf Anraten des Arztes genommen werden.

DIE HAUSAPOTHEKE

Die Hausapotheke sollte mindestens die folgenden Arzneimittel und Gegenstände enthalten:
- sterile Kompressen;
- Pflaster;
- elastische Binden und Mullbinden (7 bis 10 cm breit);
- 1 Rolle hypoallergisches Heftpflaster;
- Verbandwatte;
- Verbandmaterial oder Gaze zur Blutstillung;
- Pinzette für eingedrungene Splitter;
- Schere;
- Fieberthermometer;
- 90 %igen Alkohol;
- Sicherheitsnadel;
- Antiseptikum zur Wunddesinfektion;
- Arnikasalbe für Beulen und blaue Flecke;
- Salbe für leichte Verbrennungen;
- juckreizlindernde Creme für Stiche;
- Fieber- und Schmerzmittel (Typ Aspirin);
- Mittel gegen Durchfall;
- antiseptische Augentropfen oder -salbe.

Sind Kleinkinder im Haushalt, braucht man außerdem:
- Fiebermittel für Kinder;
- physiologische Kochsalzlösung;
- Tropfenzähler.

Auf dem Lande sollte vorhanden sein:
- Schlangenserum.

Löffelvolumen

Teelöffel	=	5 ml oder 5 g Wasser
	=	6,5 g Sirup
Dessertlöffel	=	10 ml oder 10 g Wasser
	=	13 g Sirup
Eßlöffel	=	15 ml oder 15 g Wasser
	=	20 g Sirup

BLUT- UND URINPROBEN

Biologische Normen.

Bei den hier aufgeführten Untersuchungen handelt es sich um mikroskopische und chemische Laboruntersuchungen einer Körpersubstanz oder eines Körpergewebes zur Feststellung der Ursache bestimmter Symptome. Die Untersuchungsmethoden hängen von dem jeweiligen Labor ab und können daher auch zu unterschiedlichen Resultaten führen. Manchmal ist eine zweite Untersuchung unverzichtbar. Dies gilt z. B. für den Test auf Seropositivität, bei dem nach speziellen Antikörpern gesucht wird. Untersucht werden Körperflüssigkeiten und Gewebearten. Durch eine Blutuntersuchung können Infektionen (erhöhter Anteil von Leukozyten oder weißen Blutkörperchen), Anämien, Blutungen, Niereninsuffizienz, Hepatitis usw. festgestellt werden. Die Urinuntersuchung liefert Hinweise auf das Funktionieren der Nieren, auf Diabetes, den Eisprung oder Schwangerschaft. Die zytobakteriologische Urinuntersuchung ermöglicht die Erkennung von Infektionen sowie der auslösenden Keime. Mit Hilfe von Blut- und Urinproben können verschiedene Funktionen erforscht werden, wie z. B. die Blutgerinnung oder die Leber- bzw. Nierenfunktion. Antibiogramme liefern Erkenntnisse über die für die Bekämpfung eines Keims wirksamsten Antibiotika. In allen Fällen werden die individuellen Befunde mit den Durchschnittswerten verglichen. Zusammen mit den klinischen Daten, die einzig der Arzt beurteilen kann, sind die Untersuchungsergebnisse Grundlage für eine präzise Diagnose und damit für die richtige Behandlung.

Urinuntersuchungen

Untersuchung	Normalwerte	
	alte Einheiten	neue Einheiten
Aldosteron	40–80 µg/24 h	11–22 nmol/24 h
	× 0,277 →	
	× 3,6 →	
Tetrahydroaldosteron	400–600 µg/24 h	110–165 nmol/24 h
	× 0,275 →	
	× 3,64 →	
Amylase	Zahlen abhängig von der Methode 100–2 000 I.E./l	
Calcium	100–200 mg/24 h	2,5–5 mmol/24 h
	× 0,025 →	
	× 40 →	
Ketonkörper	Null	
Kreatinin	Erwachsener: Null Kind: 1–2 Jahre: 10 mg/kg/24 h sinkt stetig bis ins Erwachsenenalter	75 mol/kg/24 h
	× 7,63 →	
	× 0,131 →	
Kreatinin Frau Mann Kind	20 mg/kg/24 h 25 mg/kg/24 h 10 mg/kg/24 h bis ins Erwachsenenalter	180 µmol/kg/24 h 220 µmol/kg/24 h 90 µmol/kg/24 h
	× 8,85 →	
	× 0,113 →	
zytobakteriologische Urinuntersuchung	Zytologie: vereinzelte weiße und rote Blutkörperchen, ein paar Epithelzellen. Bakteriologie: Praktisch keine Keime, ohne Pyurie. Keimzahl: Konzentration < 10 000/ml	
follikelstimulierendes Hormon	Frauen: ● Eisprung 8–26 I.E./24 h ● vor/nach dem Eisprung: 2–10 I.E./24 h ● nach der Menopause: 10–65 I.E./24 h Männer: 2–12 I.E./24 h Kinder: 0,7–2 I.E./24 h	
Glucose	Null bei herkömmlichen Methoden	
rote Blutkörperchen weiße Blutkörperchen	1 000–2 000/mm 1 000–2 000/mm	15–35/s 15–35/s
	× 0,016 →	
	× 0,60 →	

1007

KÖRPER UND GESUNDHEIT

Die gängigen Blutuntersuchungen

Untersuchung	Normalwerte	
	alte Einheiten	neue Einheiten
Harnsäure Mann	40–65 mg/l	240–390 µmol/l
Frau	35–60 mg/l	210–360 µmol/l
Kind	20–40 mg/l	120–240 µmol/l
	$\times$ 6,0 →	
	← $\times$ 0,167	
Bilirubin gesamt	3–12 mg/l	5–20 µmol/l
frei	<12 mg/l	20 µmol/l
konjugiert	<2 mg/l	3 µmol/l
	$\times$ 1,67 →	
	← $\times$ 0,6	
Calcium	95–105 mg/l	2,37–2,62 mmol/l
	$\times$ 0,025 →	
	← $\times$ 40,1	
Cholesterin gesamt:		
Erwachsener	1,70–2,50 g/l	4,4–6,5 mmol/l
Kind	1,40–1,80 g/l	3,6–4,6 mmol/l
Verhältnis	Cholesterinester gesamt Cholesterin = 0,6–0,7	
	$\times$ 2,59 →	
	← $\times$ 0,387	
Kreatininclearance	100–140 ml/min (nimmt mit dem Alter ab)	1,7–2,4 ml/s
Kreatinin Erwachsener	6–12 mg/l (abhängig von der Muskulatur)	55–110 µmol/l
Kind	2,5–3,5 mg/l (steigt mit dem Alter)	22–31 µmol/l
	$\times$ 9,17 →	
	← $\times$ 0,113	
Fibrinogen = Fibrin	Erwachsener 3–4 g/l beim Kind etwas darunter	9–12 µmol/l
	$\times$ 3 →	
	← $\times$ 0,33	
Serumeisen		
Mann	0,90–1,80 mg/100 ml	16–32 µmol/l
Frau	0,70–1,50 mg/100 ml	12,5–27 µmol/l
Neugeborenes	1,30–2,00 mg/100 ml	23–36 µmol/l
Kind, 2 Jahre	0,65–1,20 mg/100 ml	11,5–21,5 µmol/l
	$\times$ 17,9 →	
	← $\times$ 0,0565	
Blutzucker (nüchtern)	• reduktimetrische Methode	
	0,90–1,10 g/l	5–6 mmol/l
	• Tuluidinmethode	
	0,80–1,00 g/l	4,5–5,5 mmol/l
	• enzymatische Methode (echte Glucose)	
	0,70–0,90 g/l	4–5 mmol/l
	niedrige Werte bei Kind (Neugeborenes)	
	0,50–0,60 g/l	2,8–3,3 mmol/l
Ionogramm		
• Chlor	96–108 mmol/l	96–108 mmol/l
• Natrium	135–145 mmol/l	135–145 mmol/l
• Kalium	3,5–5 mmol/l	3,5–5 mmol/l
• Alkalireserve	22–30 mmol/l	22–30 mmol/l

mittlerer Hb-Gehalt der Erythrozyten (HbE)	27–32 µg	1,65–2,00 fmol
	$\times$ 0,062 →	
	← $\times$ 16,11	
mittleres Zellvolumen (MZV)	83–98 µ³	83–98 fl
Blutplättchen	200 000 bis 400 000/mm³	220 · 10⁹ bis 400 · 10⁹/l
Retikulozyten Erwachsene	0,5–1,5 % der roten Blutkörperchen	20 · 10⁹ bis 80 · 10⁹/l
Neugeborene	>15 % der roten Blutkörperchen	900 · 10⁹/l
Blutkörperchensenkungsgeschwindigkeit (BKS) Mann Frau	1. Stunde 2–8 mm 4–10 mm	2. Stunde 6–16 mm 7–20 mm
	Schneller beim Kind und bei alten Menschen. Steigt während der Menstruation und der Schwangerschaft.	

Untersuchung	Normalwerte	
	alte Einheiten	neue Einheiten
Fette, gesamt	Erwachsener: 5–8 g/l beim Kind niedriger	
Magnesium Plasma rote Blutkörperchen	18–26 mg/l 53–73 mg/l	0,74–1,06 mmol/l 2,20–3,00 mmol/l
	$\times$ 0,041 →	
	← $\times$ 24,3	
Eiweiß, gesamt	Erwachsene: 65–75 g/l Kind: bis 2 Jahre niedriger	
	Aufschlüsselung:	40±5 g/l
	Albumin 60±5 %	2±1 g/l
	α₁ Globulin 3±1 %	6±1 g/l
	α₂ Globulin 8±1 %	9±2 g/l
	β Globulin 12±2 %	12±2 g/l
	λ Globulin 17±2 %	
Triglyceride	0,50–1,50 g/l	0,57–1,70 mmol/l
	$\times$ 1,142 →	
	← $\times$ 0,875	
Harnstoff	0,15–0,40 g/l	2,5–6,5 mmol/l
	$\times$ 16,7 →	
	← $\times$ 0,060	

Blutgerinnung

Blutgerinnungszeit	bei 37 °C: 6– 8 min bei 20 °C: 10–15 min bei Kleinkindern kürzer	360–480 s 600–900 s
Blutungszeit	2–4 min (Duke-Methode)	120–240 s
Thromboplastinzeit Prothrombinanteil	12–14 s in %: 85–100 Neugeborenes: ca. 40 %	0,85–1,00 0,40
Howell-Zeit	2–3 min	120–180 s

Hämatologie

Blutbild	Mann		Frau	
	alte Einheiten	neue Einheiten	alte Einheiten	neue Einheiten
Hämatokritwert	40–52 %	0,40–0,52	35–47 %	0,35–0,47
rote Blutkörperchen (Erythrozyten)	4 200 000 bis 5 700 000/mm³	4,2 · 10¹² bis 5,7 · 10¹²/l	4 000 000 bis 5 500 000/mm³	4,0 · 10¹² bis 5,5 · 10¹²/l
Hämoglobin (Hb)	14–18 g/dl	140–180 g/l	12–16 g/dl	120–160 g/l
weiße Blutkörperchen (Leukozyten)	4 000 bis 10 000/mm³	4 · 10⁹ bis 10 · 10⁹/l	4 000 bis 10 000/mm³	4 · 10⁹ bis 10 · 10⁹/l
segmentkernige Leukozyten				
• Neutrophile	50–70 %	0,5 –0,7	50–70 %	0,5 –0,7
• Eosinophile	1– 3 %	0,01–0,03	1– 3 %	0,01–0,03
• Basophile	0– 1 %	0,00–0,01	0– 1 %	0,00–0,01
Lymphozyten	20–40 %	0,20–0,40	20–40 %	0,20–0,40
Monozyten	4– 8 %	0,04–0,08	4– 8 %	0,04–0,08

BLUTDRUCK UND PULS

Der Blutdruck.

Der Blutdruck informiert über den Druck des Blutes in den Arterien. Der Arzt mißt den Blutdruck im Augenblick, in dem sich das Herz zusammenzieht (Systole) und in dem es sich entspannt (Diastole). Der Normalwert ist individuell verschieden. Er liegt bei jungen Erwachsenen bei 115 (Systole) zu 70 (Diastole in mm Quecksilbersäule).

Bei älteren Menschen ist er höher. Bei zu hohem Blutdruck spricht man von *Hypertonie* (Bluthochdruck); im entgegengesetzten Fall von *Hypotonie* (niedrigem Blutdruck).

Der Puls.

Beim Pulsnehmen wird die Zahl der Herzschläge gezählt. Wenn das Blut aus dem Herzen ausgetrieben wird, kann man das regelmäßige Pulsieren des Blutes in den Adern spüren. Man kann seinen Puls an mehreren Stellen fühlen. Man findet seinen Puls leicht, indem man die Fingerspitzen der einen Hand ohne Druck unterhalb des Daumens an das Handgelenk der anderen Hand legt. Im Ruhezustand schwankt er zwischen 60 und 90 Schlägen pro Minute. Er ist individuell unterschiedlich.

14

NAHRUNGSMITTEL

Unsere Konsumgesellschaft mit ihrem Angebot einer unendlichen Vielfalt an Gütern
räumt den Nahrungsmitteln noch einen sehr hohen Stellenwert ein.
Diese gibt es in wachsender Fülle und immer weitergehenden
Entwicklungen. Während die Nahrungsmittel früher nur auf einfache Art und Weise verarbeitet
wurden, werden uns heute die meisten Produkte, die wir im Handel finden,
von komplexen, miteinander verketteten Industrien geliefert.
Die frischen Produkte wie Obst und Gemüse werden manchmal
mit großem Aufwand an Technik erzeugt. Dieses Werk stellt diese Produkte in Gruppen,
die aus denselben Rohstoffen entstanden sind, zusammengefaßt vor.
Gleichzeitig beschreibt es die Techniken und die Methoden,
mit denen diese Rohstoffe zu den Produkten verarbeitet werden.

INHALT

GETREIDE
WEIZEN, REIS 1010
MAIS, SEKUNDÄRE GETREIDE, HIRSE 1011

GETREIDEVERARBEITUNG
MÜLLEREIPRODUKTE,
PRODUKTE AUS DER GRIESSHERSTELLUNG,
REISERZEUGNISSE 1012
STÄRKEHERSTELLUNG, KLEBERHERSTELLUNG,
VIEHFUTTER 1013

BROT- UND FEINBÄCKEREI
BROT UND ÄHNLICHE ERZEUGNISSE,
BROTHERSTELLUNG 1014
MILCHBROT- UND FEINBÄCKEREI,
KEKSE, ZWIEBACK,
INDUSTRIELLE FEINBÄCKEREI,
GETREIDEPRODUKTE FÜR DAS FRÜHSTÜCK,
DIÄTPRODUKTE UND MEHL FÜR KINDER 1015

SPEISEÖLE UND SPEISEFETTE
DIE ÖLPFLANZEN UND IHR ÖL 1016
FETTE TIERISCHEN URSPRUNGS,
HERSTELLUNG, MARGARINE 1017

KARTOFFEL
URSPRUNG, VERBREITUNG,
INDUSTRIELLE VERWENDUNGEN 1018

NAHRUNGSPFLANZEN DER TROPEN
STÄRKEHALTIGE PFLANZEN,
HÜLSENFRÜCHTE 1019

MILCH UND MILCHPRODUKTE
ZUSAMMENSETZUNG,
FLÜSSIGE MILCHPRODUKTE,
MILCHKONZENTRATE, VERGORENE MILCH 1020
JOGHURTS, SAHNE UND BUTTER,
KASEIN 1021

KÄSE
HERSTELLUNG, NÄHRWERT,
FRANZÖSISCHE KÄSE 1022
KÄSESORTEN DER WELT 1023

FLEISCHVIEHZUCHT
TECHNIKEN DER VIEHHALTUNG 1024
MASSENTIERHALTUNG 1025

SCHLACHTFLEISCH
SCHLACHTUNG, ZERLEGEN,
KALBFLEISCH, SCHAFFLEISCH 1026
RINDFLEISCH, PFERDEFLEISCH 1027
INDUSTRIELLE FLEISCHVERARBEITUNG,
FÜNFTES VIERTEL, SCHLACHTABFÄLLE 1028

SCHWEINEFLEISCH UND WURSTWAREN
SCHWEINEFLEISCH,
INDUSTRIELLE WURSTHERSTELLUNG 1029
WURST, WURSTWAREN 1030
SCHINKEN, WEITERE PRODUKTE 1031

ERZEUGNISSE DER GEFLÜGELZUCHT
GEFLÜGELFLEISCH 1032
EIER, KANINCHEN, STOPFLEBER 1033

WILD
WILDFLEISCH,
VERKNAPPUNG DES WILDES 1034

FISCHE
KLASSIFIZIERUNG, SEEFISCHEREI 1035
FISCHZUCHT 1036
FRISCHE FISCHE, KONSERVIERUNG 1037

MEERESFRÜCHTE
AUSTERNZUCHT, MIESMUSCHELZUCHT,
WEITERE WEICHTIERE 1038
KREBSTIERE, ALGEN 1039

GEMÜSE
PRODUKTE, KLASSIFIZIERUNG 1040
HÜLSENFRÜCHTE, TROCKENGEMÜSE,
PILZZUCHT 1041

FRÜCHTE
ALLGEMEINES, STEINOBST, KERNOBST 1042
BEERENOBST,
FRÜCHTE DES MITTELMEERRAUMES 1043
ZITRUSFRÜCHTE, SÜDFRÜCHTE 1044
SCHALENFRÜCHTE 1045

KONSERVIERUNGSVERFAHREN
DURCH KÄLTE, GEFRIERTROCKNUNG,
KONZENTRATION UND
LUFTDICHTE VERPACKUNG,
PASTEURISIEREN,
STERILISIEREN UND EINKOCHEN,
VAKUUM- UND SCHUTZGAS, BESTRAHLUNG,
GÄRUNG, ZUSATZSTOFFE 1046
FERTIGGERICHTE 1047

DAS SALZ
ZUSAMMENSETZUNG, BEDARF,
SALZKONSERVIERUNG, GEWINNUNG 1047

GEWÜRZE
GEWÜRZE 1048
WÜRZSTOFFE, WÜRZPFLANZEN 1049

ZUCKER
PFLANZEN, VERWENDUNG,
HERSTELLUNG 1050
TAFELZUCKER, NEUE SÜSSTOFFE 1051

SÜSSWAREN, KONFITÜREN, HONIG
SÜSSWAREN, BONBONS, SPEZIALITÄTEN 1052
PRODUKTE AUS FRÜCHTEN, HONIG 1053

SCHOKOLADE
KAKAOBAUM, KAKAO, HERSTELLUNG,
SCHOKOLADENSORTEN 1054

TEE
HERSTELLUNG, EINTEILUNG,
GESCHICHTE, ZUSAMMENSETZUNG 1055

KAFFEE
HERSTELLUNG,
VERBRAUCHSFERTIGER KAFFEE 1056

WASSER, LIMONADE, COLA
WASSER,
KOHLENSÄUREHALTIGE GETRÄNKE 1057

FRUCHTSÄFTE UND FRUCHTSAFTGETRÄNKE
TECHNOLOGIE, BEZEICHNUNGEN 1058

APFELWEIN
HERSTELLUNG, CIDRE 1059

BIER
GRUNDSTOFFE, MÄLZEREI 1060
BRAUEREI, BIERSORTEN 1061

WEIN
WEINBEREITUNG 1062
WEINBEURTEILUNG 1063

WEINE DER WELT. FRANKREICH
CHAMPAGNE, ELSASS, BURGUND 1064
LOIRETAL, JURA, DER SÜDEN 1065

WEINE DER WELT
DEUTSCHLAND, ÖSTERREICH, SCHWEIZ 1066
ITALIEN, GRIECHENLAND, PORTUGAL,
AUSTRALIEN, SÜDAFRIKA 1067
SPANIEN, VEREINIGTE STAATEN,
SÜDAMERIKA, UDSSR 1068

ALKOHOL
ALKOHOLISCHE GÄRUNG, DESTILLATION,
ALKOHOLSYNTHESE 1069
SORTEN, MARKEN 1070

ERNÄHRUNG IN DER ZUKUNFT
GESTERN, MORGEN,
WOHLDOSIERTE KALORIEN,
LEICHT ZUZUBEREITEN,
SCHÖN ANZUSEHEN 1071
EIN NATURERSATZ,
NAHRUNGSMITTEL AUS ANDEREN LÄNDERN,
TRADITION UND VERGNÜGEN 1072

Siehe auch
Körper und Gesundheit, S. 945 ff. für Informationen über Ernährung und Gesundheit.

Redaktion und Texte
Bernard Roux, Forschungsleiter am Nationalen Institut für agrarwissenschaftliche Forschung (I.N.R.A.);
Jean-Michel Clément, Professor an der Hochschule für Ernährungswissenschaft;
Gérard Cuvelier, Assistent an der nationalen Hochschule der Landwirtschafts- und Nahrungsmittelindustrie;
Benoît France, Professor an der Weinakademie.

NAHRUNGSMITTEL

GETREIDE

Die Pflanzen der Ceres, der Göttin der Ernte, sind in allen Zivilisationen ein wichtiger Teil der Nahrung für Menschen und Tiere: Weizen in Europa, Mais in Amerika und Reis in Asien waren die grundlegende Ernährung in diesen Kontinenten und sind zu deren Symbol geworden.

Die meisten dieser Getreide gehören zur Familie der Gräser, einjährigen Pflanzen, die von Ähren oder Ährchen getragene Körner liefern und durch harte anhaftende Hüllen, den Hüllen- oder Blütenspelzen, geschützt werden.

Grundnahrungsmittel der Menschen. Die Getreide waren früher das Grundnahrungsmittel für die Menschen, und dies ist auch heute noch der Fall: Etwa die Hälfte der in der Welt konsumierten Kalorien stammt aus Getreide. Dieser Durchschnitt, der in Abhängigkeit der von den Nahrungsmitteln gelieferten Energie errechnet wird, umfaßt völlig unterschiedliche Situationen: Die Bevölkerung der entwickelten Länder verbraucht viel weniger Getreide als diejenige der kaum oder nicht industrialisierten Länder.

Wichtigste Getreide in der Ernährung. Die Familie der Gräser, die für die Ernährung wichtig ist, umfaßt folgende Pflanzen: ☐ **Weichweizen** (*Triticum aestivum* oder *Triticum vulgare*). ☐ **Hartweizen** (*Triticum durum*). ☐ **Stärkeweizen** (*Triticum dicoccum*). ☐ **Dinkel oder Spelz** (*Triticum spelta*). ☐ **Einkorn** (*Triticum monococcum*). ☐ **Sommergerste** (*Hordeum distichum*). ☐ **Wintergerste** (*Hordeum vulgare*). ☐ **Roggen** (*Secale cereale*). ☐ **Hafer** (*Avena sativa*). ☐ **Reis** (*Oryza sativa*). ☐ **Mais** (*Zea mays*). ☐ **Sorghum** (*Sorghum vulgare*). ☐ **Hirse** (verschiedene Arten der Gattungen *Eleusine, Panicum, Pennisetum, Paspalum, Echinochloa, Setaria, Digitaria* [Fonio], *Eragrostis* [Teff]).

In der Familie der Knöterichgewächse findet man den **Buchweizen** (*Fagopyrum tataricum* und *Fagopyrum esculentum*).

Nährwert. Der Nährwert der Körner liegt zunächst in ihrem Hauptbestandteil, der Stärke, die 70 % ihres Gesamtgewichts ausmacht, der Rest verteilt sich auf Wasser (12 %), Proteine (11 %), Fette (2 %), Cellulose (2,5 %) und 2,5 % Ballaststoffe sowie Mineralstoffe. Er beruht auch auf ihrem Gehalt an Proteinen, Mineralstoffen – darunter die Eisensalze – und an Vitaminen B, darunter das Vitamin B_1.

Die Energiezufuhr der Körner ist hoch, da die Stärke pro 100 g 400 kcal liefert.

Heutige Bedeutung. Nachdem sich der Ruf ihres Ernährungswertes verschlechtert hatte (im Gegensatz zu dem der Produkte tierischen Ursprungs), sind die Getreide heute aufgrund ihres Gehalts an Kleie und Stärke wieder zu Ansehen gekommen.

Bei diesen beiden Bestandteilen haben die Ernährungswissenschaftler ihre Ansichten völlig geändert: Die Kleie, die Hülle der Körner, wurde lange Zeit hindurch bei der Mehlherstellung entfernt. Seit den Arbeiten des Krebsforschers Burkitt jedoch wurde die Rolle der Pflanzenfasern bei der Vorbeugung gegen Darmkrebs hervorgehoben. Der Nährwert der Stärke wird heute wegen ihrer guten Verdaulichkeit geschätzt. Die Kohlenhydrate, die langsam absorbiert werden, haben die süßen Produkte in den Diäten der Leistungssportler mit hohem Energieverbrauch ersetzt. Die biologische Wertigkeit von Getreideprotein wird in erster Linie durch den relativ geringen Gehalt an der essentiellen Aminosäure Lysin begrenzt. Der Eiweißgehalt im Getreidekorn unterliegt jedoch erheblichen Schwankungen.

WEIZEN

Der Weichweizen ist das wichtigste Getreide zur Brotherstellung. Sein Ertrag ist außerordentlich angestiegen und kann 100 Doppelzentner pro Hektar übersteigen. Er wird entweder im Okt./Nov. (Winterweizen) oder im Febr./März (Sommerweizen) gesät und mit dem Mähdrescher geerntet.

Der Weichweizen wird heute gemahlen, das heißt, er kommt in eine industriell betriebene Mühle, die das Korn zerdrückt und die Kleie vom Mehl trennt. Mit letzterem werden Brot und andere Bäckereierzeugnisse hergestellt. Die Weizenarten, die keine ausreichende Backqualität besitzen, müssen mit Arten des sogenannten ›starken‹ Weizens gemischt werden; andernfalls werden sie als Viehfutter verwendet.

Der Hartweizen ist eine Pflanze des warmen Klimas und wird im Mittelmeerraum angebaut, um Körner zur Herstellung von Grieß zu erhalten. Der an Kleber (Proteinen) reiche Grieß wird für die Herstellung von Teigwaren, Suppen, Brei, Pudding, Aufläufen usw. verwendet.

REIS

Der Reis ist die am meisten angebaute Pflanze der Welt: Er ernährt heute die halbe Menschheit. Reis wird in allen asiatischen Ländern angebaut, in denen er beheimatet ist. Er wird ebenfalls in Afrika, Amerika und Südeuropa angebaut. Es wurden über 6 000 Reissorten gezählt.

Bewirtschaftung und Produktion. Die Bewirtschaftungsformen sind sehr unterschiedlich, angefangen bei den primitiven Systemen für den Bergreis im Trockenanbau bis zu sehr intensiven Anbausystemen, die sich durch Aussaat in Anzuchtfeldern mit einer anschließenden Verpflanzung in überschwemmte Reisfelder auszeichnet. Dieser Anbau setzt eine sorgfältige Art und Weise der Anzucht voraus.

Der vom Reisanbauer geerntete und gedroschene Reis oder *Paddy* ist für den Verzehr ungeeignet, da der Reis noch von sehr harten Hüllen- oder Blütenspelzen umgeben ist. Das Schälen, durch das der Paddy von seiner Hülle befreit wird, ergibt den *geschälten* oder *braunen Reis,* der zur Entfernung einer letzten Hülle mechanisch geschliffen wird und dann den *weißen* oder *polierten Reis* ergibt.

Nährwert. Die Zubereitung von Reis beruht im wesentlichen auf seiner Fähigkeit, Flüssigkeit aufzunehmen: Eine Tasse roher Reis ergibt drei Tassen gekochten Reis, unabhängig davon, ob er in Wasser, Milch, Öl oder Dampf gekocht wurde. Der Nährwert des Reises liegt in der sehr guten Verdaulichkeit seiner Stärke.

Inhaltsstoffe von 100 g polierten Reises. Wasser: 12,9 g; Kohlenhydrate: 78,7 g; Fett: 0,6 g; Protein: 7,0 g; Ballaststoffe: 0,2 g; Vitamin B_1: 60 µg. Kalorien: 368 kcal.

F · Reis.
Der Reisanbau erfordert Wärme, Licht und Wasser. Deswegen geht er nicht über den 35. südlichen Breitengrad (Uruguay) und den 45. nördlichen Breitengrad (Lombardei, Kasachstan) hinaus. In trockenem Klima ist Bewässerung erforderlich.

A · Der Weizen.
Die Weizensorten werden nach den Eigenschaften ihres vegetativen Zyklus (je nachdem, ob eine Vernalisation, d. h. eine gewisse Zeit des Frostes, erforderlich ist oder nicht), nach der Zeit, die sie von der Aussaat bis zur Reife benötigen, nach ihrer Anfälligkeit gegen Krankheiten und der Qualität ihres Korns (Backqualität) eingeteilt.

1950 erzielte man bei normaler Ernte im Durchschnitt einen Ertrag von 16 dz Weizen pro ha, was Brot für 20 Menschen lieferte (80 kg/Ew./Jahr). 1989 lag der durchschnittliche Ertrag bei 50 dz/ha, und 1 Hektar lieferte Brot für 120 Menschen (60 kg/Ew./Jahr).

B, C · Ähre und Ährchen.
Die Blüten des Weizens stehen in Ährchen, die ihrerseits die Ähre bilden. Am unteren Teil des Ährchens sind zwei Deckblätter: die Hüllspelzen. Jede Blüte ist von zwei weiteren Deckblättern, den Blütenspelzen, umgeben. Beim Dreschen lösen sich Hüll- und Blütenspelzen und bilden die Spreu.

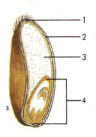

D, E · Das Weizenkorn.
Die Frucht ist ein längs eingekerbtes Korn. An seiner Spitze hat es eine Bürste (1) aus Resten des Blütenstempels. Unter den Hüllen des Korns (2) befindet sich das mehlige Nährgewebe (3). Der Samen (4), aus dem eine neue Pflanze entsteht, befindet sich seitlich im unteren Teil.

1010

NAHRUNGSMITTEL

Der gekochte polierte Reis enthält praktisch keine Vitamine, was eine Erklärung für die schweren Mangelerscheinungen bei den Völkern, die sich mit Reis ernähren, ist. Wenn der Reis noch seine Hüllen besitzt (brauner Reis), so enthält er mehr Vitamin B_1, B_2 und PP sowie Magnesium, Kalium und Eisen (bei jeder Komponente um etwa das 3–5fache).

MAIS

Wenn Weizen mit Europa und Reis mit Asien gleichgesetzt wird, so gilt das gleiche für den Mais mit Amerika, von wo er kommt (Gebiet des heutigen Mexiko). Er kam nach Spanien, bevor er ab dem 16. Jh. in Frankreich und dem übrigen europäischen Festland eingeführt wurde.

Der Mais, die wichtigste Anbaupflanze für gemäßigte sowie warme Zonen, kann bis zu 100 Doppelzentner trockener Körner pro Hektar erreichen. Er kann auch als Futter angebaut werden (Futtermais) und liefert dann bis zu 80 Tonnen Grünfutter pro Hektar.

Verwendung. Trotz seines relativ geringen Proteingehalts ist der Mais eine sehr wichtige Ernährungspflanze. Er wird vorwiegend als Viehfutter (Schweine und Geflügel), aber auch für die menschliche Ernährung (Grießherstellung, Corn-flakes, Brauerei, Whisky usw.) verwendet. Es gibt zahlreiche industrielle Nebenprodukte, die aus Stengeln und Spindeln hergestellt werden: Papiermasse, Holzplatten, Furfurol. Aus den Körnern hergestellt werden auch Klebstoffe, pharmazeutische Erzeugnisse, Vitamine, Weichmacher.

›Nixtamalisation‹. Der Mais ist arm an zwei sehr wichtigen Aminosäuren, nämlich Lysin und Tryptophan. So führt eine Ernährung auf der Grundlage von Mais zu schweren Mangelerscheinungen, insbesondere zur Pellagra. Dennoch verzehren seit Jahrtausenden die mittelamerikanischen Völker große Mengen an Mais. Diese Völker kochen den Mais auf eine besondere Art, der ›Nixtamalisation‹: Die zerstoßenen Körner werden mit Holzasche vermischt, bevor sie in kochendem Wasser gegart werden. So erhält man ein Mehl oder eine Paste, aus der die ›Tortillas‹ hergestellt werden, eine Art Pfannkuchen, die bei keiner mexikanischen Mahlzeit fehlt. Vor kurzem erst hat man den lebenswichtigen Nutzen dieser Alkalisierung des Maismehls durch Holzasche, die reich an Kalium ist, nachgewiesen. Zwar verringert die Nixtamalisation den Gesamtgehalt an Proteinen ein wenig, stellt jedoch ihr Gleichgewicht wieder her, so daß das Tryptophan schließlich besser umgewandelt wird. So entspricht diese Technik der Vorfahren einer subtilen, jedoch entscheidenden Verbesserung des Nährwertes von Mais.

SEKUNDÄRE GETREIDE

Sie gehen vielfach im Anbau zurück: Ihre Sorten wurden kaum gezüchtet, ihre Anbautechniken vernachlässigt, und ihre Märkte nehmen ab.

Gerste. Sie wird als Viehfutter und zur menschlichen Ernährung verwendet, vor allem aber zur Bierherstellung. Je nach der Ausbildung der Ähren unterscheidet man zweizeilige Gerste, die die besten Brauereisorten liefert, und die sechszeilige Gerste, die Wintergerste genannt wird.

C, D, E · **Hafer, Roggen, Buchweizen.**

Mit der Verdrängung des Pferdes aus der Landwirtschaft wird der Hafer (C) viel seltener angebaut als früher. Der Roggen (D) ist eine hohe Pflanze (2 m), deren graugrünliche Körner viel länger sind als die des Weizens. Sein Anbau ist stark zurückgegangen. Der Buchweizen (E) ist eine Pflanze, die sich an ungünstige Bedingungen anpaßt.

Verbrauch von Getreide, Weizen, Reis (wichtigste Länder, in kg/Einwohner/Jahr, 1986)

Land	alle Getreide	Weizen	Reis
China	286	89	177
UdSSR	179	150	8
Indien	173	51	102
Portugal	125	63	18
Griechenland	121	86	6
Italien	116	76	1
Japan	108	32	75
Großbritannien	85	66	4
Spanien	81	70	6
Frankreich	80	61	4
BR Deutschland	75	53	3
USA	69	56	4

Roggen. Er war lange Zeit das wichtigste Getreide der Berggebiete und der westlichen Regionen mit saurem Boden. Das Roggenmehl, das zur Brotherstellung geeignet ist, ergibt ein schwarzes, schweres, gut haltbares Brot.

Hafer. Er wird vor allem als Viehfutter verwendet und ist traditionsgemäß Grundnahrung für Pferde. Sein Korn wird zur Herstellung von Haferflocken, Hafergrieß und Hafermehl verwendet.

Buchweizen. Er wird auch ›Schwarzweizen‹ genannt und liefert ein Mehl, mit dem Grützen, Pfannkuchen und Breie hergestellt werden können. Buchweizen enthält einen fluoreszierenden Farbstoff (Fagopyrin), der durch Kochen zerstört werden muß, da er sonst an belichteten Hautstellen zu Entzündungen führen kann.

HIRSE

Länder in gemäßigten Zonen. Hier werden zwei Hirsearten angebaut: Hirse und Sorghum. Die Hirse oder Kleine Hirse war früher in Europa weit verbreitet, wo sie im wesentlichen in zwei Formen angebaut wurde: die Rispenhirse oder Echte Hirse *(Panicum miliaceum)* und die Vogelhirse oder Fennich *(Setaria italica)*. Der Sorghum oder Mohrenhirse *(Sorghum vulgare)* liefert ein Mehl, das zur Herstellung von Breien dient. Mit seinen Körnern können auch Tiere gefüttert werden. Eine Sorte, der süße Sorghum *(Sudan grass),* wird als Viehfutter verwendet. Hirsen eignen sich nicht zum Brotbacken, werden aber wie Reis als ganzes Korn gegessen.

Warme Länder. Die Hirse- sowie die Sorghumarten finden sich in Afrika und anderen warmen Regionen mit zahlreichen Arten von eßbaren Gräsern, die ›Hirse‹ genannt werden: die *Digitaria exilis* oder Fonio in Afrika, die *Paspalum scrobiculatum,* die auch in Indien angebaut wird und in Afrika wild wächst, die *Pennisetum typhoides* (Rohrkolbenhirse, Borstenhirse, Perlhirse), die *Eleusine coracana*, usw. Anders als Weizen, Hafer und Roggen übersteht sie auch längere Trockenzeiten. Der ernährungsphysiologische Wert der Hirse ist sehr hoch. Sie enthält mehr Vitamine, Mineralstoffe und Fett als die anderen Getreidearten mit Ausnahme des Hafers. Ihr Eiweißgehalt, darunter viele essentielle Aminosäuren, liegt bei etwa 10 %. Sie enthält die Vitamine B_1, B_2, A und C und die Mineralstoffe Kalium, Natrium, Calcium, Magnesium, Eisen und Fluor. Die Hirse dient zur Herstellung von Breien und von Couscous, der Grundnahrung zahlreicher Völker in Afrika und Asien. Wenn sie gebraut und fermentiert wird, kann aus Hirse Bier gebraut werden.

Getreideanteil an der Ernährung (1979–1981)

	Prozent
westliche Industrieländer	26,4
Osteuropa und UdSSR	37,5
Lateinamerika	40,2
Entwicklungsländer	57,7
Asiatische Länder mit zentraler Planwirtschaft	66,9
Ferner Osten	67,4
Welt	50,2

Quelle: FAO, 5. weltweite Umfrage über den Nahrungsmittelverbrauch, 1985. (Nach den Tabellen der gesamten Nahrungsmittel)

A, B · **Mais.**

Die heute in den entwickelten Ländern angebauten Maissorten sind kräftige und ertragreiche Hybriden, die aus der Kreuzung von Sorten, die durch Selektion verbessert wurden, entstanden.

NAHRUNGSMITTEL

GETREIDEVERARBEITUNG

MÜLLEREIPRODUKTE

Damit das Korn des Weichweizens für den Verzehr geeignet ist, muß es mehr oder weniger von seinen Hüllen befreit, dann zermahlen und zu Mehl verarbeitet werden. Alle frühen Zivilisationen stellen grobes Mehl her, das, in Wasser gekocht, sehr nahrhafte Suppen ergibt, die sich jedoch schlecht halten. In der Antike wurden die Getreide, bevor man sie zu Mehl verarbeitete, geröstet, um ihr Aroma zu verstärken und sie weicher zu machen.

Jahrhundertelang war die schwere Arbeit der Vermahlung des Korns zu Mehl durch Mörser und Mühlstein Hauptaufgabe der Frauen und Sklaven. Diese körperlich anstrengende Arbeit, die man noch heute zum Beispiel in Schwarzafrika findet, wurde durch neue aufeinanderfolgende Formen von Energie ersetzt: tierische Kraft von Eseln, Rindern, Pferden und sogar Kamelen bei Rundlaufmühlen, die Kraft der Flüsse bei Wassermühlen, die der Luftbewegung bei Windmühlen, dann die Energie von Dampf, Erdöl und Strom.

Müllerei. Es handelt sich um die industrielle Tätigkeit, die die Getreidekörner durch Vermahlen oder Zerkleinern zu Mehl verarbeitet. Früher geschah das Zerkleinern mittels eines Mahlsteins, in dem das Korn zwischen zwei Zylindern mit vertikaler Achse zerdrückt wurde, von denen der untere unbeweglich ist (Bodenstein), während sich der andere Zylinder über ihm drehte (Läuferstein). Heute haben mechanische Mahlwerke die Mühlsteine ersetzt.

In einer Mühle wird der Weizen mehreren Arbeitsgängen unterzogen:
– die *Reinigung* und die *Vorbereitung* des Weizens erfolgen durch Getreidereinigungsmaschinen, die die Steinchen und fremden Samen entfernen, die Körner sortieren und sie an der Oberfläche anfeuchten, um so die Trennung der Hüllen und die Zerkleinerung der Körner zu ermöglichen;
– das *Vermahlen* erfolgt in Geräten mit geriffelten Zylindern;
– das *Ausmahlen* ist die erste Trennung der Spreu vom Mehl; es erfolgt in *Plansichtern,* Siebevorrichtungen, die aus aufeinanderfolgenden Stapeln von Sieben bestehen, die schüttelnd bewegt werden;
– das *Durchsieben* ist ein zweiter Arbeitsgang zum Sieben und zum Sortieren der Produkte nach ihrer Dichte.

In modernen Anlagen erfolgen Ausmahlen und Durchsieben gleichzeitig.

Das Mehl, das von den Hüllen der Körner, der Kleie, getrennt wurde, ist das Produkt der Vermahlung des gereinigten Weizenkorns.

Die **Mehle** sind je nach dem angewandten Mahlverfahren in der Müllerei und dem dabei erzielten Ausmahlungsgrad feine Pulver von gelblich-weißer bis grauer Farbe, helle oder dunkle Mehle, oder bei Schrot körnige, weiß-gelblich-braun-grau melierte Produkte. Alle Mahlerzeugnisse haben gewöhnlich einen Wassergehalt von 14 bis 15 %. Bei niedrigem Ausmahlungsgrad bestehen sie überwiegend aus dem zerkleinerten Mehlkörper, das heißt dem Stärkebestandteil der Getreidekörner. Bei höherem Ausmahlungsgrad enthalten die Mehle auch die zerkleinerte, eiweißhaltige Aleuronschicht der Getreidekörner, bei Schrot die Bestandteile des eiweiß- und fetthaltigen Keimlings sowie der rohfaser- und aschehaltigen Samenschalen. Entsprechend wechseln die in den Mehlprodukten enthaltenen Mengen an Stärke, Eiweiß, Fett, Enzymen, Vitaminen, Rohfasern. Ein Weizenmehl mit 30 % Ausmahlungsgrad, das sogenannte Auszugsmehl, enthält 0,12 % Rohfasern und 81,9 % Stärke, ein Weizenmehl mit 70 bis 75 % Ausmahlungsgrad 1,05 % Rohfasern und Weizenschrot mit 90 % Ausmahlungsgrad 8,7 % Rohfasern und 67,5 % Stärke.

Beim Weizen enthält die Schale etwa zwanzigmal soviel Mineralstoffe wie der Mehlkörper. Diese unterschiedliche Verteilung ist die Grundlage der Mehltypisierung, die erkennen läßt, ob ein Mehl hoch oder niedrig ausgemahlen ist. Für die Mehltypenbestimmung wird das Mehl bei 910 °C zu Asche verbrannt. Die zurückbleibende Aschemenge, die dem Anteil an Mineralstoffen entspricht, wird in Milligramm auf 100 g Mehltrockensubstanz angegeben und als Mehltype bezeichnet. Je niedriger die Mehltype, desto niedriger ist der Ausmahlungsgrad. Mehltype 405, die bei uns hauptsächlich angeboten wird, bezeichnet beispielsweise ein ernährungsphysiologisch minderwertiges Weizenmehl, bei dem die mineralstoffreichen und vitaminreichen Außenschichten des Korns fast völlig aus dem Mehl entfernt wurden. Auch der Ballaststoff im Mehl hängt vom Ausmahlungsgrad ab. Den höchsten Anteil haben hochausgemahlene Mehlsorten. Wenn das gesamte Korn ohne Trennung in Kleie und Mehlkörper verwendet wurde, spricht man von 100 % Ausmahlung. Vollkornprodukte haben einerseits einen hohen Gehalt an essentiellen Mineralstoffen, Vitaminen und Ballaststoffen, andererseits enthalten sie aber auch Phytin, das Calcium, Magnesium, Zink und Eisen zu unverdaulichen Komplexen binden kann.

PRODUKTE AUS DER GRIESSHERSTELLUNG

Der Grieß wird durch grobes Ausmahlen der angefeuchteten Getreidekörner, vor allem Hartweizen, und anschließendes Trocknen und Sieben gewonnen.

Der kleberreiche Grieß wird zur Herstellung von Couscous oder Bulghur verwendet (Spezialität des Mittleren Ostens auf der Grundlage von vorgekeimtem und vorgekochtem, dann getrocknetem und zerstampftem Weizen). Mit Grieß lassen sich ebenfalls Süßspeisen und vor allem Teigwaren zubereiten. Maisgrieß ist in Italien die Grundlage für Polenta.

Teigwaren. Sie werden aus Hartweizengrieß oder -mehl der Type 550 durch Anteigen mit Wasser, Stärkemehl, Eiern und eventuell Butter und anderen Zutaten, Farbstoffen und Aromastoffen, hergestellt.

Die wichtigsten Phasen der Herstellung von Teigwaren sind das Mischen mit warmem Wasser, das Kneten in einem runden Trog, das Ziehen oder Formen, ein Vorgang, bei dem die in einem Bronzezylinder zusammengepreßte Masse durch Öffnungen verschiedener Formen austritt. Dann wird sie geschnitten, getrocknet und in Paketen verpackt.

Die ursprünglich aus China stammenden Teigwaren sind in Europa italienische Spezialitäten: Spaghetti, Makkaroni, Fadennudeln, Tagliatelle usw.

Verschiedene Teigwaren. Man unterscheidet nach der äußeren Form: Langware (Spaghetti, Makkaroni) und kurze Ware; weiterhin noch: massive Ware (Band, Spaghetti), Hohlware (Makkaroni), gebogene Ware (Hörnchen, Gabelspaghetti), gedrehte und gekräuselte Ware.

REISERZEUGNISSE

Der Paddy, der vom Reisbauer geerntete Reis, wird mechanisch behandelt, um die Hüll- und Blütenspelzen zu entfernen, die das Korn umgeben und es für den Verzehr ungeeignet machen. Die industriellen Anlagen oder Reisfabriken, in denen der Reis verarbeitet wird, sind mit Lagerhallen so ausgestattet, daß sie einen Vorrat haben, und dies insbesondere bei großen Einheiten, die Tag und Nacht arbeiten. Zunächst wird der Paddy von Schälmaschinen mit großen Gummiwalzen bearbeitet, die seine Hüllen entfernen und den *Schälreis* oder *braunen Reis* liefern. Der folgende Arbeitsgang, das *Schleifen,* ist die Entfernung der letzten Hülle, die den *geschliffenen* oder *polierten Reis* aus ganzen Körnern ergibt. Es gibt auch eine andere Form, den Bruchreis, der unter dem Namen *halbgeschliffener Reis* erhältlich ist. Der Ertrag einer Reisfabrik wird durch ihren Umformungsgrad, das heißt, die Menge des verarbeiteten Reises im Verhältnis zur entsprechenden Menge Paddy, ausgedrückt. Der Umformungsgrad, der von den Arbeitsbedingungen in der Fabrik, aber auch von den Sorten des verarbeiteten Reises abhängt, kann zwischen 60 und 80 % schwanken, das Mittel liegt bei 68 %. Es gibt somit durchschnittlich 32 % Nebenprodukte, was eine beträchtliche Menge darstellt. Die Spreu wird für die Kesselheizung der Dampfmaschinen verwendet. Die Reiskleie dient in einigen Ländern als Viehfutter.

Parboiled-Reis (halbgekochter Reis) ist vor dem Schleif- und Polierprozeß mit warmem Wasser vorbehandelt, um einen Teil der Vitamine in das Innere des Reiskorns zu bringen.

▲ **Mühlenbetriebe und Getreidesilos.**

Die Getreide werden in wahren Fabriken, den Mühlenbetrieben oder Müllereien, verarbeitet. Um die Transportkosten gering zu halten, befinden sich diese häufig an Wasserwegen, damit der Transport durch Lastkähne möglich ist. Die Standorte werden in der Nähe von Ballungszentren gewählt. Große Silos sind zur Lagerung des Getreides erforderlich. Diese Silos sind imposante Betonzellen, in denen der Transport und der Umschlag der Körner automatisch erfolgen.

NAHRUNGSMITTEL

STÄRKEHERSTELLUNG, KLEBERHERSTELLUNG

Stärke ist in allen Pflanzen vorhanden, wo sie den Vorrat an Kohlenhydraten bildet. So bestehen die Getreidekörner zu drei Vierteln aus Stärke. Pflanzen mit Knollen oder Wurzeln wie die Kartoffel, Maniok oder die Jamswurzel liefern Stärke. Diese ist ebenfalls in Bohnen, Linsen, Bananen usw. vorhanden. Die industriell hergestellte, vorwiegend dem Mais, Weizen oder Reis durch Auflösung in einer alkalischen Lauge entnommene Stärke wird in der Pharmazeutik, bei der Papierherstellung und in der Nahrungsmittelindustrie eingesetzt, entweder als Überzug für Dragees, Pralinen, gerösteten Kaffee oder als Bindemittel in der Fleischerei oder auch als Zutat: Cremes, Puddings, Eis usw.

Von den Produkten, die aus Stärke gewonnen werden, ist die *Isoglucose,* ein Sirup, für die Getränkeindustrie äußerst wichtig. Aus Stärke werden auch zahlreiche andere chemische Produkte hergestellt: Äthylalkohol, Glycerin, Essigsäure, Zitronensäure sind oder waren industrielle Erzeugnisse auf der Grundlage von Stärke, wie auch Sorbit (als Süßstoff verwendet) und die Aminosäuren wie die Glutaminsäure oder Lysin.

Kleber ist der Eiweißanteil der Körner oder des Mehls. Die Stärkeindustrie produziert also auch Kleber, der aus zwei eiweißhaltigen Stoffen besteht, dem *Gliadin* und dem *Glutenin.* Die Ausdehnungseigenschaften des Klebers spielen eine wichtige Rolle bei der Brot- und Teigwarenherstellung. Kleber ist auch sehr wertvoll für die Tierernährung. Die Methoden der Biotechnologie zeigen für die Stärke- und Kleberindustrie eine vielversprechende Zukunft auf. – Gliadin ist Ursache der Zöliakie, einer Verdauungsstörung des Kleinkindes, die zu einem Verzicht auf Nahrungsmittel mit Weizenanteilen zwingt.

VIEHFUTTER

Lange Zeit wurde das Vieh mit auf dem eigenen Land erzeugtem Futter oder Körnern gefüttert. Seit etwa dreißig Jahren jedoch kamen vermehrt industrielle Fertigfutter auf, das heißt vorbereitete und vermarktete Mischfutter für die Tiere.

Heute sind die Nahrungsbedürfnisse der landwirtschaftlichen Haustiere besser bekannt als die des Menschen, denn Tierversuche sind einfacher, und die physiologischen Ziele, im allgemeinen eine Gewichtszunahme, sind genau festgelegt. Die entwickelten Fertigfutter decken alle Bedürfnisse der jeweiligen Tierart ab, für die sie bestimmt sind: junges Hähnchen, Legehenne, Mastschwein, Mutterschwein, Kalb, Milchkuh usw. Diese neuen Formen der industriellen Futtermittel haben zur Entstehung der Intensivzucht (Massentierhaltung) geführt, die ›bodenfern‹ genannt wird, da die Tiere, meistens Hühner oder Schweine, mit diesen industriellen und nicht selbst produzierten Futtermitteln gefüttert werden. Unumstritten ist diese Art der Tierhaltung und Fütterung jedoch nicht.

Getreide ist die Grundlage der meisten Fertigfutter. Bei diesen wurde ein Kilo Gerste als Bezugswert (Futtereinheit) gewählt. Heute sind in der Bundesrepublik Deutschland 60–70 % der Getreideproduktion für Viehfutter bestimmt. Importierte Erzeugnisse spielen eine wachsende Rolle bei der Herstellung von Viehfutter, weswegen große Zuchtbetriebe häufig in der Nähe der großen Häfen angesiedelt sind.

Ersatzprodukte für das Getreide. Der aus Thailand, Indonesien oder Brasilien importierte Maniok ist ein Getreideersatzprodukt. Desgleichen liefert Soja häufig billigere Proteine als die heimischen Futterkuchen, Fleisch- oder Fischmehle. Schließlich werden den Fertigfuttern die unerläßlichen Mineralstoffe, Spurenelemente und Vitamine zugesetzt, die von der chemischen und pharmazeutischen Industrie geliefert werden.

Technologien, Märkte. Bei der Technologie nimmt die Futtermittelindustrie die mechanischen Techniken des Zerkleinerns, der Homogenisierung, der Mischung, der Dosierung und des Transports zu Hilfe. Die Futtermittelindustrien haben in den letzten Jahren große Anstrengungen im Bereich der Produktivität unternommen, indem sie Energie einsparten, die Informatik für die Formelfestlegung, die Verwaltung und die Automatisierung der Produktionseinheiten einführten und den Vertrieb bei weniger kostspieligen Produkten verbesserten, da die Transportkosten häufig höher als die Produktionskosten sind. So wurde die Verpackung im Sack aufgegeben. Dieser wird durch den Vertrieb von loser Ware in Lastwagen von 20 bis 25 Tonnen ersetzt.

Die Futtermittelindustrie suchte sich neue Märkte, z. B. für Pferde, Haustiere, Wild oder Fischzucht. Sie ist zu einer mächtigen Industrie geworden, die heute in Tonnen doppelt so viel wie die Mühlenbetriebe bearbeitet und mehr Getreide für Vieh verarbeitet als die Mühlen für Menschen. Für den Wert eines Futtermittels sind seine Verdaulichkeit sowie sein Gehalt an Nähr- und Wirkstoffen entscheidend. Als Beurteilungskriterien dienen der Gehalt an Wasser, Rohfasern, Fetten, Kohlenhydraten, Eiweißstoffen, essentiellen Aminosäuren und Mineralstoffen.

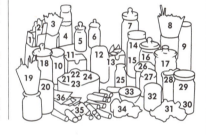

▲ **Teigwarenpalette.**

1. Bortenlasagne;
2. schmale Bortenlasagne;
3. bunte Spaghetti;
4. Spaghetti;
5. Cappelletti;
6. Spätzle;
7. Tagliatelle;
8. Fettuccine;
9. Bucatini;
10. geschnittene Makkaroni;
11. Penne;
12. Lumache;
13. Conghiglie;
14. Muschelnudeln;
15. Tortelli;
16. Rigatoni;
17. Farfalle (Schmetterlinge);
18. Spiralen;
19. Spaghetti (mit Vollkornmehl);
20. geschnittene Ziti;
21. Gnocchi;
22. Agnolotti;
23. Tortelloni;
24. Ravioli;
25. Muschelnudeln mit Soja;
26. Tubetti;
27. Suppennudeln;
28. Tortigliati;
29. Tortellini;
30. kurze Spaghetti;
31. Tagliatelle;
32. Hörnchennudeln;
33. Fadennudeln;
34. Pappardelle;
35. Cannelloni;
36. Lasagne.

NAHRUNGSMITTEL

BROT- UND FEINBÄCKEREI

BROT UND ÄHNLICHE ERZEUGNISSE

Das Rezept für Brot findet sich in der Bibel: ›Nimm dir aber Weizen, Gerste, Bohnen, Linsen, Hirse und Spelt und tu alles in ein Gefäß und mache dir Brot daraus‹ (Hesekiel, IV, 9).

Ursprünglich war das Brot wahrscheinlich ein feuchter Teig, der ohne Gärung (ungesäuert) gebacken werden sollte und, da er vergessen wurde, gegoren und ›gut aufgegangen‹ war.

Brot ist das Ergebnis des Backens eines Teiges aus vorher vergorenem Weichweizenmehl, Wasser und Salz. Das Gärungsmittel ist entweder Hefe oder traditionsgemäß Sauerteig, das heißt, ein Teil des gegorenen Teiges, der vorher hergestellt und an einem warmen Ort aufbewahrt wurde.

Unser heutiges Brot ist ein Grundnahrungsmittel, das aus Getreidemehl oder Getreideschrot sowie Wasser und Salz unter Verwendung von Teiglockerungsmittel durch Backen hergestellt wird. Bei der Broterstellung können außerdem Backhilfsmittel sowie bei bestimmten Brotsorten auch Fett, Zucker, Eier, Milch, Gewürze und Aromastoffe zugesetzt werden. Beim Backen werden die im rohen Zustand von den Enzymen des Magen-Darm-Traktes schwer angreifbaren Stärkekörner des Getreides zum Quellen und Verkleistern gebracht und aufgeschlossen.

Brotsorten: Nach der Art der verarbeiteten Mehle, der Teigführung, der Backtemperatur, der Backdauer und den Zutaten lassen sich zahlreiche Brotsorten unterscheiden. In der Bundesrepublik Deutschland sind etwa 200 Brotsorten erhältlich. Die bekanntesten sind:
- *Roggenbrot,* das nur aus Roggenmehl verschiedener Mehltypen gebacken wird.
- *Roggenmischbrot* enthält auch andere Mehle wie Weizen- oder Gerstenmehl.
- *Weizenmischbrot* ist überwiegend aus Weizenmehl hergestellt.
- *Weißbrot* ist jedes aus Weizenmehl ohne Milch, Fett und Zucker mit Hefe gebackene Brot.
- *Vollkornbrote* werden unter Verwendung von Weizen- oder Roggenschrot hergestellt.
- *›Landbrote‹* unterscheiden sich von den ortsüblichen Broten durch eine besondere Behandlung, z.B. durch eine längere Backzeit.
- *Pumpernickel* ist eine besondere Form des Roggenschrotbrotes.
- *Knäckebrot* wird aus ziemlich flüssigem Teig in dünner Schicht gebacken, und dann wird das Brot nachgetrocknet.

Spezialbrote: Diese werden nach besonderen Verfahren hergestellt:
- *Steinmetzbrot* ist ein Vollkornbrot, bei dem das Getreide im Naßschälverfahren geschält und der Teig in Formen gebacken wird.
- *Simonsbrot* besteht aus geweichtem und schwach gekeimtem Getreide, das ohne Trocknen und Vermahlen zu einem Teig gequetscht und gebacken wird.
- Beim *Schlüterbrot* wird die zuerst wie üblich vom Mehl getrennte Kleie mit wenig Wasser auf 100 °C erhitzt, getrocknet und gemahlen und dem Mehl wieder zugesetzt.
- *Diabetikerbrot* darf höchstens 45 % Stärke und/oder Zuckerbestandteile in der Trockensubstanz enthalten.

BROTHERSTELLUNG

Die *Teigbereitung:* Zur Broterstellung werden Mehl, Wasser und Salz verwendet. Das Mischungsverhältnis von Mehl und Wasser ist vom Quellungsvermögen des Klebers abhängig und wird als *Teigausbeute,* bezogen auf 100 Teile Mehl, angegeben. Der Bäcker geht aber von der Flüssigkeitsmenge aus und gießt z.B. zum Mehl 10 l Wasser und bereitet Teig aus 10 l Wasser, indem er so viel Mehl zugibt, bis die nötige Festigkeit erreicht ist.

Der Zusatz von Salz verbessert nicht nur den Geschmack, sondern festigt auch den Teig. Das *Lockerungsmittel* (Sauerteig, Hefe, Backpulver) wird in den Teig eingearbeitet. Nach kurzem Ruhen wird der Teig in die gewünschten Formen gebracht. Großgebäck wird noch vielfach mit der Hand abgeteilt (ausgewirkt) und das Gewicht des Teigstückes mit der Waage kontrolliert. Kleingebäck wird mit der Teigteilmaschine abgeteilt.

Die Stücke werden zum Aufgehen auf *Gare* gestellt, das heißt bei 32–35 °C ruhig stehengelassen. Bei Verwendung von Backpulver ist die Garezeit stark abgekürzt.

Die *Teiglockerung* geschieht durch Kohlendioxidentwicklung im Teig. Die althergebrachte Form der Lockerung ist die mit Sauerteig. Das meistverwendete Lockerungsmittel ist die Preßhefe, auch in Verbindung mit einem Kunstsauer. Die Nahrung für Bakterien und Hefen bildet der im Mehl vorhandene Zucker.

A · Palette der Brote und Milchweißbrote.
1. Weißbrotbaguette;
2. Pariser Brot;
3. Dünnes langes Weißbrot (›Faden‹);
4. Baguette nach Bauernart;
5. Fantasiebrot;
6. Croissant;
7. Pariser Baguette;
8. Ährenförmiges Baguette;
9. Bauernbrot;
10. Kümmelbrot;
11. Weizenbrot;
12. Ringbrot;
13. Schwarzes Roggenbrot;
14. Sechskornbrot;
15. Rosinenbrot;
16. Rundbrot mit Sesam;
17. Roggenbrot (für eine Person);
18. Gesüßtes Brot;
19. Pumpernickel;
20. Mohnbrot;
21. Ungesäuertes Brot;
22. Toastbrot;
23. Sauerteigbrot;
24. Rundes Landbrot;
25. Brötchen;
26. Milchbrot;
27. Stangenbrot;
28. Landbrot;
29. Ringbrot.

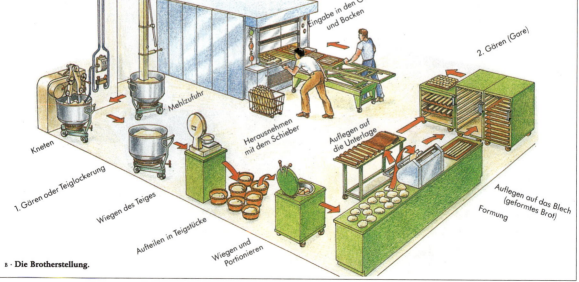

B · Die Broterstellung.

1014

NAHRUNGSMITTEL

Zugleich wird Stärke durch die Amylasen des Kornes zu Dextrinen und Maltose abgebaut. Die Maltose wird zu Kohlendioxid und Alkohol vergoren. Das Kohlendioxid bildet Bläschen im Teig, die von ihm festgehalten werden und ihn aufgehen lassen (*Vortrieb*).

MILCHBROT- UND FEINBÄCKEREI

Die Milchbrotbäckerei umfaßt alle Backwaren aus vorgegorenem Teig außer Brot. Alle Milchbackwaren müssen einen die Qualität erhöhenden Anteil von Vollmilch aufweisen. Auf 100 kg Mehl sind bei Milchbrot und Milchbrotkleingebäck 50 Liter Vollmilch oder eine entsprechende Menge verdünnter Milchkonzentrate vorgeschrieben. Der Teig kann mehr oder weniger blätterteigartig und eventuell mit Konfitüre, Schokolade, Rosinen, Mandeln usw. garniert sein.

Die Bäcker erzielen einen häufig höheren Anteil ihres Einkommens durch den Verkauf von Süßwaren, neben Brot und Milchbrot, und vor allem durch die Herstellung von frischem, selbst hergestelltem Gebäck. Immer häufiger wird auch ein Kaffeeausschank eingerichtet und andere zusätzliche Lebensmittel werden angeboten.

Die Torten, die alle ausgesprochen süß sind, unterscheiden sich in Größe und Struktur. Die Struktur der Torten zeigt sich durch den Gegensatz zwischen dem Teig als Trägermaterial oder einer Hülle und einer weicheren Masse eines bestimmten Geschmacks, die eine Creme sein kann: englische Creme oder Vanillecreme bei Blätterteiggebäck oder Windbeuteln, Schokolade- oder Kaffeecreme bei Brandteiggebäck und gefülltem Gebäck, Fruchtgarnierung (ganze Früchte, Konfitüre oder Kompott) als Kuchen oder Blätterteigtaschen. Diese Vielfalt der Zutaten, Formen und Rezepte erfordert umfassende Kenntnisse des Bäckers und setzt eine genaue und wiederholte Arbeit voraus. Bei der Feinbäckerei wie bei der Milchbrotbäckerei bemühen sich die großen industriellen Müllereibetriebe, den Bäckern Halbfertigprodukte wie gefrorenen Teig zu liefern. Andere industrielle Hersteller haben sich auf die Herstellung von frischem Gebäck konzentriert, dessen Kundschaft Großküchen, Restaurants und Supermärkte sind.

LEICHTES BROT SCHWERES BROT

Die Zeiten sind vergangen, in denen in unserer Gesellschaft das Brot die Ernährungsgrundlage des größten Teils der Bevölkerung bildete. In einem Jahrhundert ist der tägliche Verzehr von Brot durchschnittlich pro Kopf von 500 auf 100 g zurückgegangen. Aber umgekehrt hat die Dichte des Brotes im gleichen Verhältnis abgenommen: Unser Brot heute ist ein Brot voller Löcher. Deshalb hat das Brot, trotz einer Abnahme an *Gewicht*, noch das gleiche *Volumen*.

In den letzten Jahren allerdings nahm der Verbrauch der ernährungsphysiologisch wertvollen Vollkornbrote und Schrotbrote zu. Auch der Verbrauch des weniger empfehlenswerten Toastbrotes nahm zu.

KEKSE, ZWIEBACK, INDUSTRIELLE FEINBÄCKEREI

Die Backwaren kann man einteilen in Frischbackwaren und Dauerbackwaren. Zu den *Frischbackwaren* werden neben dem Brot noch Kuchen- und Feingebäck gerechnet. Zu den *Dauerbackwaren* zählen unter anderem Kekse, Zwieback, Kräcker, Laugendauergebäck, Lebkuchen, Waffeln, Russisch Brot und Biskuit. Häufig unterteilt man auch in Backwaren und Feinbackwaren, wobei bei Backwaren im Rohstoffansatz mengenmäßig das Mehl überwiegt, während bei Feinbackwaren – also bei Feinbäckerei- und Konditoreierzeugnissen – neben dem Mehl noch Zucker, Honig, Butter, Pflanzenfette, Margarine, Eier, Gewürze, Früchte, Schokolade, Aromastoffe und Füllmassen (Cremes) verwendet werden.

Produktion. Die französischen Industrien der Keks-, Zwieback- und Feingebäckherstellung produzieren jährlich ungefähr 500 000 t, eine relativ konstante Zahl, mit der Frankreich in Europa den 3. Platz nach Großbritannien und Italien einnimmt. Die französischen Zwiebackhersteller produzieren jedes Jahr etwa 100 000 t Zwieback, Toast, geröstetes Brot, sog. gegartes Brot, Semmelbrösel usw.

Neue Technologien, neue Produkte. Die großen Backwarenhersteller, die sich zu mächtigen multinationalen – vorwiegend amerikanischen – Firmen zusammengeschlossen haben, haben ihre Produktionsmittel erneuert: Reduzierung der Backzeit durch Mikrowellenherde, Verwendung von Enzymen, um zu vermeiden, daß die Waren altbacken werden, oxidieren oder kleiner werden, Automatisierung der Fabrikbänder. Der Aufschwung des Marktes betraf nicht nur den Zwieback, sondern auch das geröstete Brot und vor allem neue Produkte: die Snacks oder nach dem Zwieback das ›Knäckebrot‹, ein Handelsname, mit dem ein Getreideprodukt bezeichnet, das durch ein Back-Extrudierverfahren erhalten wird.

Während des Backens und Extrudierens wird das Mehl in einen Zylinder gegeben, der es einem sehr hohen Druck (250 bar) und einem intensiven Erhitzen (250°) aussetzt. Wenn man nun Wasser einspritzt, kommt es zu einem wahren Bersten des Teiges, was am Ausgang der Back- und Extrudiermaschine zu einem kontinuierlichen Nahrungsmittelband mit poröser, wabenförmiger Struktur führt.

Dieses revolutionäre Verfahren ist bei vielen Nahrungsmittelbereichen einsetzbar, zum Beispiel zur Herstellung von gewebeartigen Pflanzenproteinen, die ähnliche Produkte wie Fleisch sind. Auf der Grundlage von Getreide hat das Back-Extrudierverfahren zu der Vermarktung von ›luftigen‹ und knusprigen Waren, den ›Snacks‹, geführt, die man mit jedem Aroma versehen kann. Mit diesem Verfahren werden auch die Getreideprodukte für das Frühstück wie Corn-flakes, flache Brote oder seit kurzem auch süße Zwiebacks hergestellt.

Für die Industrie werfen diese Produkte, in denen das größte Volumen Luft ist, Probleme bei Verpackung, Lagerung und Platzbedarf auf, die jedoch in hohem Maße durch den Nutzen, dem Volumen nach viel Luft zu verkaufen, ausgeglichen werden. Diese neuen extrudierten Getreideprodukte haben eine Wachstumsrate von 5 bis 10 % pro Jahr.

GETREIDEPRODUKTE FÜR DAS FRÜHSTÜCK

Nach einer Phase der Stagnation haben die Getreideprodukte für das Frühstück eine regelmäßige Wachstumsrate, und ihr Markt hat sich in den letzten Jahren verdreifacht.

Man unterscheidet zwei Arten von Frühstücksprodukten: die *Getreide, die zubereitet werden müssen,* wie Haferflocken, deren Marktanteil konstant abnimmt und nur noch 8 % beträgt, und die *fertigen Frühstücksprodukte,* die ständig mehr in Mode kommen: Corn-flakes, Weizen-Crispies, Reis-Crispies, Müsli. Diese Produkte werden aus Weizen, Mais, Hafer oder Gerste hergestellt. Die Corn-flakes sind dünne gebackene Plättchen aus Maisgrieß, die aromatisiert, abgeflacht und geröstet werden.

DIÄTPRODUKTE UND MEHL FÜR KINDER

Wie die Frühstücksgetreide sind diese Produkte von den Ernährungswissenschaftlern für einen bestimmten Personenkreis vorgesehen. Die Kindernahrung liefert in der Skala der Kohlenhydrate Produkte, wo die Cellulose und die Stärke durch Wärme bis zu Dextrin zurückgeführt werden, was sie verdaulicher macht. Bei Diätprodukten werden z. B. auch cholesterinhaltige Inhaltsstoffe abgetrennt.

△ **Getreide für das Frühstück.**

1. Haferflocken;
2. Karamelisierte Weizenkörner;
3. Mit Zucker glacierte Maiskörner;
4. Mischung aus Getreideprodukten und Rosinen;
5. Reiskörner mit Schokolade;
6. Corn-flakes (dünner gebackener Maisteig).

NAHRUNGSMITTEL

SPEISEÖLE UND SPEISEFETTE

Die Fette tierischen oder pflanzlichen Ursprungs sind flüssige oder (bei normaler Temperatur) feste, mehr oder weniger gefärbte, ölige, entzündbare, in Wasser und Alkohol unlösliche Stoffe, die mit Laugen Seife bilden. Die Speisefette, Öle und Fette, bilden die Kategorie der Lipide.

Bedeutung in der menschlichen Ernährung. Heute stellen die Fette in der Ernährung der Menschen in den entwickelten Länder 40 bis 45 % der verbrauchten Kalorien, während dieser Anteil Anfang des Jahrhunderts lediglich 20 % betrug. Dieses spektakuläre Wachstum beruht auf den einzelnen Eigenschaften der Fette. Diese Öle und Fette geben den Nahrungsmitteln:

– eine für den Gaumen angenehme Öligkeit (Saucen, auch in der einfachsten für Salate; mit Butter oder Margarine bestrichene Brotscheiben);

– einen je nach Zubereitungsart typischen Eigengeschmack (durch die in Fetten und Ölen gelösten Aromastoffe);

– eine große Bedeutung für die Ernährung im Sinne des Nährwerts: Die Lipide liefern 9 kcal/g und sind bei weitem die energiereichsten Nahrungsmittel;

– die drei wichtigsten Fettsäuren. Die aus Kohlenstoff, Wasser- und Sauerstoff bestehenden Fette sind zu einem großen Teil Triglyceride (Glycerintriester), in denen die drei Alkoholgruppen des Glycerins mit verschiedenen gesättigten oder ungesättigten Fettsäuren verestert sind.

Diese drei essentiellen Fettsäuren (E.F.S.) sind:

– die *Arachidonsäure,* ein Vorläufer der Prostaglandine, in tierischen Fetten (Eigelb, Milch, Leber, Hirn);

– die *Linolsäure,* sehr häufig in Pflanzen zu finden;

– die *Linolensäure,* die eine Rolle bei der Entwicklung der Nervenzellen spielt.

Eine weitere außergewöhnliche Eigenschaft der Fette in der Ernährung ist die Zufuhr von Vitaminen, die in ihnen gelöst sind, und insbesondere der vier wichtigen fettlöslichen Vitamine:

– *Vitamin A* (Retinol, Axerophthol), das wichtig für die Augen ist (findet sich auch in Milch und Milchprodukten);

– *Vitamin D* (Cholecalciferol), antirachitisch (man findet es auch im Lebertran);

– *Vitamin E* (Tocopherol), das eine Rolle bei der Fruchtbarkeit spielt (es ist in den Getreidekeimen, den Körnern, enthalten);

– *Vitamin K* (Phyllochinon), das eine Rolle bei der Blutgerinnung spielt (es findet sich in Früchten und Gemüse).

Die Kehrseite dieser außerordentlichen Eigenschaften liegt in dem Übermaß an Kalorien, wenn zu viele Fette aufgenommen werden, sowie im Vorhandensein von Cholesterin in den tierischen Fetten, selbst wenn Physiologen ein ›gutes Cholesterin‹ nachgewiesen haben. Eine Erhöhung des Anteils mehrfach ungesättigter Fettsäuren in der Nahrung wird empfohlen, insbesondere bei erhöhtem Serumcholesterinspiegel.

Verbrauch: Man kann von Land zu Land einen sehr unterschiedlichen Verbrauch von Speiseölen und -fetten feststellen; während Italiener und Spanier vorwiegend Öle, insbesondere Olivenöl, verwenden, ziehen Holländer Margarine und Franzosen und Deutsche dagegen in einem ausgewogenen Verhältnis Margarine, Butter und Öl vor, wobei in Frankreich Butter und Öl vorherrschen, in Deutschland Margarine und Butter.

Butter- und Margarineverbrauch
(wichtigste Länder,
in kg/Einwohner/Jahr, 1984)

Land	Butter	Margarine
Neuseeland	12,2	keine Angabe
Irland	10	5
Frankreich	8	3
Belgien/Luxemburg	8	10
BR Deutschland	6	6
Dänemark	6	12
Großbritannien	4	6
Australien	3,2	keine Angabe
Niederlande	3	11
USA	2,4	keine Angabe
Italien	2	0,7
Griechenland	1	2
Portugal	0,8	7
Japan	0,7	keine Angabe
Spanien	0,5	1,4

DIE ÖLPFLANZEN UND IHR ÖL

Bei den Pflanzen, die Öl liefern, den *Ölpflanzen,* finden sich die Fettvorräte meistens in den Samen: bei Erdnuß, Soja, Raps usw., oder auch in der Schale, die den Kern der Früchte umhüllt, wie bei den Oliven.

Olive. Die Olive, Frucht des Olivenbaums *(Olea europaea),* eines Baums im Mittelmeerraum aus der Familie der Ölbaumgewächse, kann grün oder schwarz gepflückt und in Salzlösung (auch mit Gewürzen) eingelegt werden, um sie als Frucht zu essen. Die Oliven enthalten 20 % Fette, woraus ein sehr geschätztes, sehr ölsäurehaltiges Öl gewonnen werden kann. Das *kaltgepreßte Olivenöl* wird durch Zerkleinerung der Oliven, die dann eine Paste ergeben, extrahiert. Die folgenden Extraktionen durch Erhitzen und chemische Lösungsmittel führen zu weniger guten Qualitäten des Olivenöls.

Erdnuß. Die Erdnuß *(Arachis hypogea)* ist ein Schmetterlingsblütler und wird wegen ihrer Samen angebaut, die sich 3 bis 5 cm unter der Erde entwickeln. Die Erdnüsse (oder ›Erdnüsse für den Verzehr‹) werden mit Schale oder bereits geschält als natürliche oder zubereitete Samen verkauft. Die Erdnuß dient vor allem als Rohstoff für die Extraktion eines Öls, das in der Küche und bei der Seifenherstellung verwendet wird.

Sesam. Der Sesam *(Sesamum indicum)* aus der Familie der Sesamgewächse ist eine in Asien beheimatete Pflanze, die seit Jahrtausenden zur Ölgewinnung angebaut wird. Die leicht gerösteten Sesamkörner werden auch direkt gegessen, geschrotet und vermischt mit Salz oder Butter, in der Feinbäckerei und bei Süßwaren verwendet.

Soja. Die Soja *(Soja hispida)* aus Asien, eine Art der Hülsenfrüchtler aus der Familie der Schmetterlingsblütler, ist heute eine ›amerikanische‹ Pflanze geworden, da die beiden größten Exporteure und Produzenten die Vereinigten Staaten und Brasilien sind. Die Sojasamen haben einen ausgezeichneten Nährwert auf-

C · Soja.
Soja, eine Hülsenfrucht, die im Frühjahr gesät wird, hat je nach Sorte einen Wachstumszyklus zwischen 90 und 150 Tagen. Die meisten der angebauten Sorten wurden in den Vereinigten Staaten gezüchtet, wo diese Pflanze große wirtschaftliche Bedeutung hat. Ihre Ernte erfolgt mechanisch.

A, B · Sonnenblume und Erdnuß.
Die Sonnenblume (A), eine 1,5 bis 3 m hohe Pflanze, wird im April gesät und im September mit dem Mähdrescher geerntet. Der Blütenkopf kann einen Durchmesser von 40 cm erreichen und 1 500 Samen enthalten. Die Erdnuß (B) ist eine einjährige Pflanze, die in warmen Ländern, in trockenen, aber auch feuchten Gebieten angebaut wird.

D · Der Olivenbaum.
Der Olivenbaum kann 12 bis 15 m hoch werden und ein beachtliches Alter erreichen (zwischen 500 und 1 000 Jahren). Sein Anbau geht zurück.

NAHRUNGSMITTEL

grund ihres hohen Eiweißgehalts; sie sind ein Gemüse, werden jedoch auch zu Mehl, Milch und Käse verarbeitet. Man gewinnt daraus auch ein Tafelöl und ein Öl zur Margarineherstellung. Das Mehl, aus dem das Öl entfernt wurde, wird bei der Keksherstellung und in der Teigwarenindustrie eingesetzt. Schließlich sind die Sojakuchen (Rückstände aus der Zerkleinerung, Eiweißgehalt 40 bis 50 %) weltweit ein sehr wichtiges Viehfutter.

Raps. Raps (Brassica napus), eine einjährige Pflanze, liefert durch seine Samen ein geschätztes Speiseöl. Die Rückstände der Zerkleinerung, die Rapskuchen, dienen als Viehfutter. Aufgrund dieser doppelten Verwendungsmöglichkeit, Proteine für die Tiere und Öl für die Menschen, ist Raps der Prototyp der ›Proteinpflanzen‹, deren Anbau seit kurzem stark zugenommen hat. Allerdings enthielt das Rapsöl bei den früheren Sorten Erucasäure, die bei Ratten zu schweren Herz-Kreislaufstörungen führte. Die Züchter haben neue Sorten entwickelt, in denen diese Säure nicht enthalten ist.

Sonnenblume. Die Sonnenblume (Helianthus annuus), eine einjährige Pflanze aus der Familie der Korbblütler, liefert Samen mit 40 % Ölgehalt. Sonnenblumenöl wird als Diätetikum sehr geschätzt. Es ist weltweit das drittwichtigste Öl nach Soja- und Palmöl. Die größten Produzenten sind UdSSR, Argentinien, Rumänien, Bulgarien und Jugoslawien.

Saflor. Der Saflor (Carthamus tinctorius) ist ein Korbblütler, der früher als Pflanze für die Färberei und Gewürze, heute jedoch zur Ölproduktion angebaut wird, insbesondere in Nordamerika.

Kokospalme. Die Kokospalme (Cocos nucifera), ein Baum aus der Familie der Palmengewächse (Palmaceen), wird in den Küstengebieten zwischen den Wendekreisen, vor allem auf den Karibischen Inseln, angebaut. Das Fleisch der Kokosnuß, getrocknet heißt es Kopra, hat eine wichtige Bedeutung bei der Seifenherstellung, da es durch seinen Gehalt an Laurinsäure schäumende Eigenschaften hat. Es wird jedoch hauptsächlich für die Ernährung verwendet.

Ölpalme. Die Ölpalme (Elaeis guineensis) ist ein Baum für sonnige und feuchte Gegenden; er wächst kontinuierlich und bringt eine längliche Frucht mit einem Durchmesser von 3 bis 5 cm hervor, die ein an Palmöl reiches orangegelbes Fruchtfleisch und einen Kern, die Palmnuß (Palmkern) besitzt, aus dem das Palmkernöl gewonnen wird. Der Ertrag pro Hektar ist um das sechsfache höher als derjenige der Erdnuß und um das zwölffache als der des Rapses. Das Palmöl wird in einen goldgelben,

für die Ernährung bestimmten, flüssigen Teil und einen festen, für die Margarineherstellung verwendeten Teil fraktioniert. Das Palmkernöl wird ebenfalls in der Ernährung und in der Seifenherstellung verwendet. Aufgrund des hohen Ertrages und der Technik des In-vitro-Klonens entwickelt sich der Anbau der Ölpalme stark in Südostasien, Malaysia und Indonesien, aus denen 80 % der Weltproduktion stammen. Das Palmöl ist zum direkten Konkurrenten des Sojaöls geworden.

Weitere Öle. Sie sind sehr zahlreich, ihre Verwendung ist jedoch zurückgegangen, oder sie werden nur noch in geringem Maße eingesetzt. So wurde in China das Aprikosenkernöl verzehrt, in Frankreich Kirschkernöl, das auch zu Beleuchtungszwecken in den Alpen benutzt wurde. Nennen wir noch das Traubenkernöl (3 bis 5 Kerne pro Traube enthalten 15 bis 18 % eines sehr beliebten Speiseöls), das Nußöl, das Distelöl usw.

FETTE TIERISCHEN URSPRUNGS

Neben der Milch, vor allem Kuhmilch, und ihren Produkten hat der Mensch seit jeher tierische Fette verzehrt, insbesondere die Fettgewebe, in denen die Fettreserven der Säugetiere enthalten sind. 30 % der Fettproduktion stammen aus tierischen Fetten. Die meisten tierischen Fette enthalten fast nur gesättigte Fettsäuren.

Meerestiere. Früher war der Wal ein begehrtes Objekt des Fischfangs, und sein auf den Schiffen geschmolzenes Fett ergab ein beliebtes Öl. Heute macht der Gesamtanteil der Fette von Meerestieren nur noch 3 % aller produzierten Fette aus. Dabei handelt es sich vor allem um Fischöle, insbesondere Lebertran (Kabeljau, Hai, Heilbutt), die von der pharmazeutischen Industrie wegen ihres hohen Gehalts an Vitamin A verwendet werden.

Schlachtvieh. Die Fette von Rindern und Schafen, der Talg, sowie das Schweinefett oder Schmalz werden ausgeschmolzen. Ihre Rolle für den direkten Verzehr nimmt immer mehr ab. Allerdings wird der indirekte Konsum der Fette (im Fleisch enthalten) häufig von den Ernährungswissenschaftlern als zu hoch angesehen.

HERSTELLUNG

Die industrielle Verarbeitung der pflanzlichen Öle umfaßt zwei große Phasen: das Pressen und die Raffinierung.

Pressen. Es umfaßt folgende Arbeitsgänge: das Schälen und die Reinigung der Samen, die Zerkleinerung und ein vorheriges Kochen unter Druck in einer kontinuierlichen Schnekkenvorrichtung (Expeller), die ein Rohöl und einen Preßkuchen mit noch etwa 20 bis 25 % Öl ergibt. Dieses wird durch Extraktion mit einem flüchtigen Lösungsmittel (Hexan) extrahiert, wodurch das Öl gewonnen und ein endgültig öl- und lösungsmittelfreier Kuchen erhalten wird.

Das naturreine Öl wird durch Pressen (es erfolgt nur mit mechanischen Mitteln) der Kerne oder Früchte einer einzigen Pflanzenart (Olive, Sonnenblume, Distel, Raps usw.) gewonnen.

Raffinierung. Nun tritt die zweite Herstellungsphase ein: Das Rohöl wird zur Beseitigung der Verunreinigungen, des Pflanzenschleims (Schleimentfernung), der Farbstoffe (Behandlung mit Bleicherde) und des unangenehmen Geruchs (durch Erhitzen auf 200 °C im Vakuum) raffiniert.

Endbearbeitung. Nach dem Raffinieren wird das als Speiseöl eingestufte Öl eventuell gefiltert, gelagert und abgefüllt. Die Flaschenabfüllung erfolgt bei lichtempfindlichen Ölen, Sonnenblumen-, Oliven-, Traubenkern-, Maisöl, in undurchsichtige Plastikflaschen oder in undurchsichtige Glasflaschen, in durchsichtige Flaschen bei weniger lichtempfindlichen Ölen wie Raps- oder Erdnußöl.

Die tierischen Fettgewebe, die in den Schlachthäusern und in den kleinen Metzgereien und Schlachtereien gesammelt werden, werden in Schmelzöfen ausgeschmolzen. Der Grundstoff wird durch Beseitigung von Verunreinigungen, Waschen, Zerkleinern und Zerhäckseln usw. vorbereitet, dann erfolgt die Extraktion durch Schmelzen bei mäßigen Temperaturen, manchmal in einem Niederdruckkessel; das Abscheiden der entfetteten Gewebe (oder Grieben) vom Fett erfolgt durch Schleudern und Zentrifugieren.

Alle Arbeiten müssen rasch und luftgeschützt durchgeführt werden, um die Speisequalitäten des Endproduktes zu erhalten.

MARGARINE

Die Margarine ist ein Speisefett, das aus einer stabilisierten Emulsion von Ölen, Pflanzenfetten und Wasser besteht. Die Margarine, eine bei Normaltemperatur cremige Paste, enthält eine feste Phase, die 85 % des Gewichts ausmacht, sowie eine flüssige Phase (Wasser), die 15 % ausmacht.

Die Margarine wurde von dem französischen Apotheker Mège-Mouriès erfunden, der 1869 zwei Patente in Frankreich und in England anmeldete, um an einem von Napoleon III. veranstalteten Wettbewerb teilzunehmen, ›ein Produkt zu erfinden, das die normale Butter in der Marine und in den unteren sozialen Klassen ersetzen [...] und aufbewahrt werden kann, ohne daß es einen bitteren Geschmack und einen starken Geruch annimmt‹.

Dieses neue, zunächst aus Molke hergestellte Produkt wurde aufgrund seines perlmuttartigen Aussehens Margarine getauft (von Margarita, ›Perle‹). Dann wurde Margarine auf der Basis von Olivenöl produziert, das auf 4 °C abgekühlt war und verschiedene Preßzyklen durchlaufen hatte, um die Ölmargarine zu erhalten.

Die Entdeckung der katalytischen Hydrierung der ungesättigten Öle, die das ›Hartwerden der pflanzlichen Öle‹ begünstigte, machte die Verwendung zahlreicher Öle für die Margarineherstellung möglich: Kopra-, Erdnuß-, Palm-, Palmkern-, Soja-, Raps-, Sonnenblumenöl usw.

Auf der Grundlage von pflanzlichen Ölen, die sorgfältig behandelt und gemischt wurden, erarbeitete man neue Formen, um den sehr unterschiedlichen Bedürfnissen gerecht zu werden: Margarine mit Aromastoffen (Diacetyl, Glyceride), fettarme Margarine, mit Vitaminen angereicherte Margarine usw.

Margarine hat etwa denselben Nährwert wie Butter (754 kcal), nämlich 729 kcal pro 100 g. Ernährungsphysiologisch erfüllt Margarine alle Bedingungen eines guten Speisefettes. Pflanzenmargarine besteht zu 98 % aus Fetten pflanzlicher Herkunft.

Verbrauch* an Speiseölen
(wichtigste Länder
in kg/Einwohner/Jahr, 1980)

Niederlande	34	BR Deutschland	21
Portugal	28	Norwegen	21
Dänemark	27	Kanada	19
Italien	26	Großbritannien	19
Österreich	26	Türkei	17
Frankreich	23	Schweiz	16
Spanien	22	Japan	14
Belgien/Luxemburg	22	Irland	14
		Finnland	10
USA	21	UdSSR	10

* Umfaßt den Verbrauch in jeder Form: direkt (Salat, Kochen usw.) und indirekt (Mayonnaise, Konserven usw.).

NAHRUNGSMITTEL

KARTOFFEL

URSPRUNG, VERBREITUNG

Die Kartoffel *(Solanum tuberosum)* aus der Familie der Nachtschattengewächse ist eine einjährige, wegen ihrer Knollen an den unterirdischen Ausläufern angebaute Pflanze. Sie stammt aus den südlichen hochgelegenen und kalten Gebieten Chiles und Perus und wurde von Charles Clusius um 1570 in Europa eingeführt, der sie in Deutschland, Österreich, Italien und Frankreich unter dem aus dem Italienischen stammenden Namen ›tartufolo‹ (Trüffel) verbreitete. Die Bezeichnung ›Kartoffel‹ findet sich erstmals 1716 in dem ›Bericht einer Reise in die südlichen Meere‹, bereits 1590 war der lateinische Name bekannt.

Als die Kartoffel in Europa eingeführt wurde, hatte sie keinen großen Erfolg. Lange Zeit hindurch wurde sie als Viehfutter, insbesondere für Schweine, verwendet. Ihre Qualität als Nahrungsmittel wurde ignoriert, man warf ihr vor, ›blähungsfördernd‹ zu sein, und verdächtigte sie sogar, Lepra zu übertragen. 1616 erschien die Kartoffel als Kostbarkeit auf der Tafel Ludwigs XIII. Antoine Parmentier (1737–1813) gab der Kartoffel schließlich ihre herausragende Stellung in der menschlichen Ernährung. Der Militärpharmazeut, oberster Apotheker und späterer Generalinspekteur des Medizinalwesens, wollte die Hungersnöte, die zu jener Zeit noch häufig auftraten, eindämmen. Mehr noch als seine zahlreichen Werke wie die *Chemische Untersuchung der Kartoffel, des Weizens und des Reises* (1773) trugen seine Demonstrationskulturen dazu bei, den Anbau und den Verzehr der Knollen zu verbreiten.

Ernährungsphysiologische Zusammensetzung der Kartoffel

	pro 100 g
Wasser	78 g
Kohlenhydrate	16 g
Phosphor	50 mg
Eiweiß	2 g
Calcium	15 mg
Magnesium	25 mg
Kalium	500 mg
Vitamin B₁	0,1 mg
Vitamin C	22 mg (verringert sich bei Lagerung)
Nährwert	72 kcal (301 kJ)

Nährwert. Von den Anbaupflanzen hat die Kartoffel das flächenmäßig größte Anbaugebiet: Man baut sie praktisch auf allen Breitengraden an. So ist sie mit einer jährlichen Weltproduktion von 300 Millionen Tonnen der größte Bestandteil der menschlichen Nahrung. Der Nährwert der Kartoffel, die sowohl sehr energiereich als auch leicht verdaulich ist, beruht auf ihrem hohen Stärkegehalt, was sie mit dem Brot vergleichbar macht und ihren möglichen Ersatz erklärt. Allerdings haben 100 g gekochte Kartoffeln nur 72 kcal, Brot dagegen 240 kcal. Wenn sie auch eher arm an Calcium ist, so enthält sie dagegen viel Kalium, Vitamin PP und C. Das Fleisch der Kartoffel enthält im Prinzip kein Solanin, ein toxisches Alkaloid, das in ihrer Schale enthalten ist. Während der Keimung können sich jedoch schädliche Alkaloide entwickeln, was zu einem Verbot des Verzehrs gekeimter Kartoffeln führte. Kartoffeln enthalten 10–30 % Stärke, außerdem 65–80 % Wasser, 2 % Rohprotein sowie Rohfett, Zucker, Spurenelemente.

Sorten. Es gibt über einhundert Kartoffelsorten. Man unterscheidet nach dem Datum der Vermarktung:
– die *Frühkartoffel* oder *neue Kartoffel,* die nur von April bis Ende Juli zum Verkauf kommt; sie muß vor dem Ausreifen geerntet und so frisch wie möglich verzehrt werden; ihre Schale ist dünn und löst sich durch einfaches Bürsten (Sorten Ostara, Sirtema und Apollo):
– die *Lagerkartoffel* hat frühe und mittelfrühe Sorten, die in den Sommermonaten und manchmal als Frühkartoffel auf den Markt kommen; von diesen Sorten sind Bintje (die häufigste), Saskia und Sieglinde für ihr feines Fleisch und ihre festkochende Eigenschaft bekannt;
– die mittelspäten oder späten Lagersorten werden im September angeboten (Clivia, Hansa, Datura usw.).

Zu diesen heimischen Sorten kommen importierte Frühkartoffeln aus den Mittelmeerländern (Marokko, Israel, Algerien, Tunesien),

Kartoffelverbrauch
(wichtigste Länder, in kg/Einwohner/Jahr, 1986)

Irland	127	BR Deutschland	78
Großbritannien	110	Frankreich	75
Spanien	107	Kanada	68
UdSSR	104	Dänemark	64
Belgien	98	Australien	64
Portugal	88	Italien	35
Niederlande	86	USA	20
Griechenland	78	Japan	14

die ab Januar auf dem Markt angeboten werden.

Schließlich gibt es Kartoffeln für die Stärkeherstellung, die besonders reich an Stärke sind, und Kartoffeln für andere industrielle Verarbeitungen wie fritierte Produkte oder getrocknete Waren.

INDUSTRIELLE VERWENDUNGEN

Stärkeherstellung. Eine Stärkefabrik ist ein Werk, in dem man die Kartoffeln sowie eventuell andere Pflanzen wie Maniok oder Jamswurzel zur Gewinnung von Stärkemehl verarbeitet, einem weißen, mehlartigen Stoff, der im wesentlichen aus Stärke besteht.

Die wichtigsten Verarbeitungsphasen sind das Waschen und Entfernen von Steinen, um die Knollen von Verunreinigungen aus dem Boden zu befreien, dann das Zerkleinern und die Extraktion durch Wasser, die ein feuchtes Stärkemehl, das *grüne Stärkemehl,* ergibt, das gereinigt, geschleudert und getrocknet wird und dann in den Handel kommt. Eine Tonne Kartoffeln ergibt ungefähr 150 kg Stärkemehl.

Viele Nahrungsmittelindustrien fügen ihren Produkten Stärke zu: An allererster Stelle stehen Zwieback- und Keksbäckereien, wo die Kartoffelstärke eine gute Festigkeit und Haltbarkeit der Produkte bewirkt. Die Stärke ist ebenfalls eine wichtige Zutat in der Fleischerei und bei der Herstellung von Soßen, Fertiggerichten und diätetischen Produkten.

Alkohol. Abgesehen von der Nahrungsmittelindustrie ist die stärkehaltige Kartoffel industriell auch eine mögliche Grundlage zur Herstellung von Alkohol als Treibstoff (Bioäthanol). Große Mengen an Kartoffeln werden schließlich für die Spirituosenfabrikation (unter anderem zu Wodka) verarbeitet.

Fertige Nahrungsmittel. Die Industrie bemüht sich, den Verbrauchern, Einzelpersonen oder Großküchen immer mehr ausgearbeitete gebrauchsfertige Kartoffelgerichte zu liefern. Von den Spezialitäten sind einige schon klassisch, wie Kartoffelpüree oder Pommes frites in verschiedenen Formen mit eventuell verschiedenen Geschmacksrichtungen. Sie machen den kleineren Teil des Marktes aus, der größere Teil ist der der vorgekochten tiefgekühlten Produkte, die ein hohes Wachstum verzeichnen und immer vielfältiger werden. Diese Kartoffelerzeugnisse sind allerdings häufig wesentlich energiereicher als gekochte Kartoffeln.

A · **Kartoffel.**
Die Kartoffel, die vegetativ durch Setzen ihrer Knollen vermehrt wird, verträgt keinen Frost und ist anfällig gegen einige Schädlinge, insbesondere gegen den Kartoffelkäfer. Sie liebt leichten Boden, der die Ernte erleichtert.

B · **Kartoffelsorten.**
1. Frühkartoffel aus Marokko;
2. Roseval;
3. Grenaille;
4. Bintje;
5. Belle de Fontenay;
6. Urgenta.

NAHRUNGSMITTEL

NAHRUNGSPFLANZEN DER TROPEN

Die wichtigsten, der Ernährung dienenden Kulturpflanzen sind zunächst die Getreide: Reis, Hirse, Sorghum, Mais sowie die stärkehaltigen Pflanzen: Jamswurzel, Maniok und Süßkartoffel. Letztere liefern den Völkern der tropischen und äquatorialen Gebiete den größten Teil der notwendigen Energie in Form von Stärke.

Nach dem Getreide kommen die Hülsenfrüchte (Kuhbohne, Erderbse, Bohne), deren Anbau äußerst interessant ist, da sie direkt den Stickstoff aus der Luft aufnehmen und sich so ohne Stickstoffdünger entwickeln und den Boden anreichern. Darüber hinaus sind die Samen von Hülsenfrüchten sehr proteinreich, wodurch sie in diesen Gebieten, in denen Fleisch selten ist, sehr wichtig sind.

Zwei weitere Pflanzengruppen spielen in den tropischen Regionen eine lebenswichtige Rolle: die Gemüsepflanzen und die Früchte.

Produktion von Maniok, Jamswurzel und Süßkartoffeln in der Welt
(wichtigste Länder, 1985)

Maniok		Jamswurzel		Süßkartoffeln	
Land	Tausend Tonnen	Land	Tausend Tonnen	Land	Tausend Tonnen
Brasilien	23 073	Nigeria	18 300	China	90 465
Thailand	20 044	Elfenbeinküste	2 900	Indonesien	2 300
Zaire	15 500	Ghana	850	Uganda	2 000
Indonesien	14 500	Benin	812	Vietnam	2 000
Nigeria	13 000	Kamerun	380	Japan	1 527
Tansania	5 500	Togo	336	Indien	1 523
Uganda	4 000	Äthiopien	215	Philippinen	1 005
China	3 870	Zaire	215	Ruanda	900
Welt	136 532	Welt	25 860	Welt	111 438

STÄRKEHALTIGE PFLANZEN

Maniok. Maniok (*Manihot esculenta*, Familie der Wolfsmilchgewächse) ist auch unter den Namen *Tapioka*, *Cassava* oder *Mandioka* bekannt. Er ist eine der wichtigsten Nahrungspflanzen der Welt. Die schlauchförmige Wurzel liefert 300 Millionen Menschen die tägliche Nahrung, insbesondere in Afrika, aber auch in Brasilien, Thailand und Malaysia. Der aus Südamerika stammende Maniok ist ein 3 bis 5 m hoher Strauch, der in praktisch allen tropischen Regenwäldern wächst. Die Produktion der stärkereichen Wurzeln kann je nach Bodenfruchtbarkeit und Düngeraustrag zwischen 3 und 90 t/ha schwanken. Einige bitter schmeckende Sorten (es werden über 300 angebaut) haben einen Gehalt an Blausäure, was eine besondere Zubereitung vor dem Verzehr notwendig macht.

Die Maniokwurzel wird nach althergebrachten Methoden zubereitet. So stellen die Frauen in Togo *Gari* (gegorenes und gekoch-

tes Maniokfleisch), in Brasilien *Farinha* (Grieß) oder *Fou Fou* (Grieß) in Zaire, in der Karibik *Cassabes* (flache Pfannkuchen) oder an der Elfenbeinküste *Attieke* (Couscous) her. Die proteinhaltigen Blätter werden ebenfalls gegessen.

Tapioka. Abgesehen von diesen traditionellen Verwendungen für die Ernährung wird die Maniokwurzel industriell verarbeitet. Die Stärke kann extrahiert, gekocht und zermahlen werden und gibt dann die beliebte Stärke Tapioka. Das bereits als Verdickungs- oder Bindemittel verwendete Tapioka könnte zukünftig bei einigen ›fettarmen‹ Fleischereiprodukten die tierischen Fette ganz oder teilweise ersetzen, denn es ist ein ausgezeichnetes Strukturfestigungsmittel mit neutralem Geschmack.

Weitere Verwendungen. Maniokschnitzel liefern einen Getreideersatz als Viehfutter in den Industrieländern. Es gibt zahlreiche andere Verwendungsarten, zum Beispiel in der Papier- und Textilindustrie. Die Biotransformationen durch Vergären zur Herstellung von Alkohol, Hefe und zur Proteinanreicherung machen aus Maniok einen wertvollen Grundstoff der Biotechnologieindustrie.

Jamswurzel. Die Jamswurzel, z.B. *Dioscorea alata*, *Dioscorea bulbifera* und *Dioscorea batatus*, eine krautartige Pflanze mit windendem Stiel,

die in den meisten tropischen Gebieten wild wächst, wird im wesentlichen im tropischen Afrika angebaut: Nigeria produziert allein drei Viertel der Welternte.

Die längliche Knolle mit einem Gewicht zwischen 2 und 20 kg ist sehr stärkehaltig. Sie enthält oft einen Giftstoff, der beim Kochen zerstört wird. Der Ertrag der Jamswurzel kann zwischen 20 und 50 t/ha liegen.

Süßkartoffel. Die Süßkartoffel (*Ipomoea batatas*, Familie der Windengewächse) ist eine in Amerika beheimatete, in Kultur einjährige Krautpflanze, die Knollen mit einem Gewicht zwischen 0,5 und 3 kg liefert.

Diese Knollen haben einen hohen Stärkegehalt (60 bis 80 % des Trockengewichts). Sie werden auf verschiedene Arten verzehrt: gekocht, gebraten, in Asche gegart usw. Sie dienen ebenfalls zur Herstellung von Stärkemehl, Sirup, Alkohol oder Konfitüre.

Sagopalme. Die Sagopalme (*Metroxylon rumphii* oder *Metroxylon laeve*) ist eine mittelhohe Palme (15 m) und wird in Indonesien angebaut. Aus dem Stamm wird nach dem Fällen (nach etwa 12 Jahren) ein mehliges Mark gewonnen. Dieses ergibt nach einer Behandlung eine Stärke mit harten und durchsichtigen Körnern, den Sago, der in Indonesien ein weitverbreitetes Nahrungsmittel ist.

Arrowroot. Das Arrowroot ist eine eßbare Stärke, die aus den Wurzeln und Knollen mehrerer Pflanzengattungen (Blumenrohrgewächse, Pfeilwurzgewächse, Ingwergewächse) auf den Antillen (*Maranta arundinacea*), auf Tahiti (*Tacca pinnatifolia*), in Indien (*Curcuma angustifolia*) sowie in anderen tropischen Ländern gewonnen wird. Es dient auch zur Herstellung von Klebstoffen.

HÜLSENFRÜCHTE

Kuhbohne. Die Kuhbohne oder Kuherbse (*Vigna unguiculata*) aus Asien wird vor allem in dem trockenen Gebiet zwischen Sudan und Sahelzone angebaut: Senegal, Burkina Faso, Nordnigeria usw. Sie wird vor allem wegen ihrer Samen angebaut, ihre Blätter werden jedoch auch wie Spinat verzehrt. Die traditionellen, häufig mit Hirse gemischten Kulturen liefern mäßige Erträge von etwa 100 bis 200 kg/ha. Diese können bei intensivem Anbau verzehnfacht werden.

Erderbse. Die Erderbse (*Voandzeia subterranea*) oder ›Bambara-Erbse‹ ist eine mit der Erdnuß verwandte einjährige Pflanze, die jedoch einen höheren Eiweißgehalt hat. Die Samen werden gekocht oder gebacken gegessen.

A · Maniok.

Maniok, ein Milchsaft führender Strauch, bringt schlauchförmige Wurzeln hervor, die bis zu 1 m lang werden können. Er liebt kurz vorher gerodeten lockeren Boden an sonnigen Hängen.

B · Süßkartoffel.

Die Süßkartoffel, eine Kriechpflanze, kann in tropischen, aber auch in gemäßigten Zonen angebaut werden. Die Vermehrung erfolgt in den Tropen durch Stielteile, in winterkalten Gebieten durch Triebe aus den Knollen.

C · Jamswurzel.

Die Jamswurzel, eine Kletter- und Schlingpflanze, wird in Erdhügeln mit stabilen Stützgerüsten angebaut. Die Vermehrung erfolgt durch ganze Knollen oder durch Knollenstücke.

D · Arrowroot der Antillen.

Der Wurzelstock der *Maranta arundinacea* enthält 20 % Stärke. Die Pflanzenvermehrung geschieht durch Stecklinge. Im Mai wird gepflanzt und im März–April des darauffolgenden Jahres geerntet.

1019

NAHRUNGSMITTEL

MILCH UND MILCHPRODUKTE

Die Milch ist eine weiße, undurchsichtige Flüssigkeit mit kaum ausgeprägtem Geruch und süßlichem Geschmack, die von den Brustdrüsen der weiblichen Säugetiere nach der Geburt des Jungen abgesondert wird. Auf diese Weise ernähren über 2 000 Säugetierarten von der Maus über den Menschen bis zum Wal ihre Jungen. Von den Haustierarten verwendet der Mensch vorwiegend Kuhmilch, in unseren Breiten jedoch auch die Milch von Schaf und Ziege. In einigen anderen Ländern spielt die Milch von Büffeln, Stute, Esel, Kamel, Dromedar, Rentier, Lama oder Yak eine wichtige Rolle bei der Ernährung der Bevölkerung.

Produktion. Aus Gewohnheit und per Gesetz wird mit dem Wort ›Milch‹ im Handel die Kuhmilch bezeichnet, jede weitere Milch muß mit der Angabe der entsprechenden Tierart versehen werden. In den letzten zwanzig Jahren ist der Konsum von tierischen Produkten regelmäßig angestiegen. Jeder Mitteleuropäer hat im Durchschnitt 1 kg zusätzlich pro Jahr verzehrt. Es handelt sich vorwiegend um die Nebenprodukte der Milch, frische Erzeugnisse (Joghurts, Eiscremes, Milchdesserts oder Käseprodukte). Dieses in der Ernährungsgeschichte einzigartige Wachstum beruht auf dem Zusammenspiel mehrerer Faktoren: gesteigerte Erträge in der Viehzucht, eine besonders neuerungsfreudige Milchtechnologie, ernährungsphysiologisch und gastronomisch diversifizierte Produkte und stabile Märkte sowie geänderte Ernährungsgewohnheiten.

In der Bundesrepublik Deutschland ging die Zahl der Milchkühe zwischen 1951 und 1989 von 5,8 Millionen auf 5 Millionen zurück, die Milchproduktion stieg von 15,7 Millionen t auf 24,2 Millionen t, der Milchertrag je Kuh von 2 600 kg auf 4 853 kg. Die Milchviehhaltung verlagerte sich in die Grünlandbetriebe und in größere Bestände. Diese mengenmäßigen Ergebnisse gingen mit Bemühungen zur Verbesserung der Milch einher: Gesundheitszustand der Herde, rationelle Ernährung der Tiere, Verbreitung des mechanischen Melkens und der Milchlagerung in Tanks aus rostfreiem Stahl auf dem Hof, die auf 4 °C abgekühlt sind.

Die industriellen genossenschaftlichen oder privaten Molkereien haben eine hohe Dynamik auf technologischer Ebene (Sterilisierung durch Ultrahocherhitzen, dem Ernährungstrend folgende Entwicklung neuer Produkte) und auf geschäftlicher Ebene an den Tag gelegt (neue Verpackungen, Auffinden neuer Absatzmärkte, um ihre Marken im Ausland zu verkaufen).

ZUSAMMENSETZUNG

Ein Liter Kuhmilch mit einem Gewicht von 1 032 g enthält 902 g Wasser und 130 g Trockenmasse, die ihren nahrhaften Teil ausmachen. Die Zusammensetzung der Milch ist je nach Rasse, Alter und Futter der Kuh unterschiedlich.
Die **Laktose** oder der Milchzucker ist der erste Bestandteil, Gewicht in Trockenmasse: 49 g pro Liter.
Das **Fett** ist der zweite Bestandteil: 39 g pro Liter. Dieser Anteil oder *Fettgehalt* ist allerdings sehr unterschiedlich. Das Fett ist in der Milch in Form einer Emulsion von Fettkügelchen (1 bis 8 µm Durchmesser) enthalten, die aus Glyceriden und in viel geringeren Mengen aus fettlöslichen Stoffen wie Cholesterin und den Vitaminen A, D, E und K bestehen.

Der dritte, stickstoffhaltige Bestandteil, die **Proteine**, sind mit ziemlich konstanten 32,7 g pro Liter vertreten, wobei das wichtigste Protein das *Kasein* ist.
Die **Mineralsalze** schließlich machen ungefähr 9 g pro Liter aus (Phosphate, Citrate, Kalium-, Calcium-, Natrium- und Magnesiumchloride). Durch den Verzehr von $1/2$ l Milch wird 70 % des Calciumbedarfs gedeckt.

FLÜSSIGE MILCHPRODUKTE

Rohmilch oder Landmilch. Sie ist der Rohstoff der gesamten Milchindustrie, die sie sammelt, in der Fabrik annimmt, bei niedrigen Temperaturen lagert und die Analysen ihrer Zusammensetzung (Fett, Eiweiß), ihrer Mikroben und Säure vornimmt, die jeder Milchweiterverarbeitung vorweggeht. Die rohe gekühlte Milch ist ernährungsphysiologisch ein interessantes Produkt. Ihr Vertrieb wird streng kontrolliert und aufgrund ihrer eventuellen Veränderungen und der auf den Menschen übertragbaren Krankheiten wie Brucellose oder Tuberkulose bei anderen Vertriebswegen als der Molkerei eingeschränkt. Die rohe Milch wird immer für die Herstellung einiger Käsearten hoher Qualität verwendet. Sie kann mit zugelassenen Farbstoffen vor Abscheidung der Käsemasse versetzt sein.

Erhitzte Milch. Es gibt zwei wichtige Arten der Hitzebehandlung:
– die pasteurisierte Milch, die zwischen 15 und 30 Sek. lang auf 75–85 °C erhitzt wird;
– die sterilisierte Milch, vor allem die H-Milch (ultrahocherhitzt), die durch die Erhitzung auf 135–150 °C in einem sehr kurzen Zeitraum von 2,5 Sek. hergestellt wird.
Mit diesen beiden Methoden werden entweder *Vollmilch* (Fettgehalt 3,5 % und darüber), *teilentrahmte Milch* (Fettgehalt zwischen 1,5 und 1,8 %) oder *entrahmte Milch* (Fettgehalt höchstens 0,3 %) behandelt. Alle diese Milcharten werden in sterile Verpackungen abgefüllt (viereckige Kartons, Glasflaschen mit Deckel), die eine lange Aufbewahrung ermöglichen. Während die pasteurisierte Milch früher den größeren Anteil der verkauften Milch ausmachte (60 %), hat sich das Verhältnis heute zugunsten der H-Milch umgekehrt.

MILCHKONZENTRATE

Das ›Entwässern‹ der Milch ist eine alte Technik, durch die eine lange Haltbarkeit erzielt wird. Es gibt zwei große Gruppen von Milchkonzentraten: die konzentrierte Milch, die noch immer ungenau ›Kondensmilch‹ genannt wird, und die Trockenmilch, das Milchpulver.

Kondensmilch. Sie wurde in den Vereinigten Staaten bereits 1858 industriell hergestellt. Die Konzentration der Milch erfolgt durch Kochen in Verdampfern (oder im Vakuum), die unter Teilvakuum arbeiten. Bei der süßen konzentrierten Milch wird die Konzentration an einer mit einem Zuckersirup angereicherten Milch vorgenommen. Die Konzentration erfolgt dann bei einer kaum erhöhten Temperatur (etwa 50 °C), um die Veränderung des Zuckers und eine zu große Viskosität des Endproduktes zu vermeiden. Die süße konzentrierte Milch ist eine wahre ›Milchkonfitüre‹, die nicht sterilisiert werden muß. Da-

gegen erfordert die nicht gezuckerte konzentrierte Milch, deren Konzentration weniger stark ist, da man nur 45 % des Wassers entfernt, nach der Verpackung in einer Metalldose eine Sterilisierung.

Milchpulver. Das erste, von dem Deutsch-Schweizer Henri Nestlé entwickelte industrielle Verfahren zur Herstellung von Milchpulver wurde 1868 in Vevey am Ufer des Genfer Sees angewandt. Heute wendet man zwei Produktionsmethoden an: das Hatmaker-Verfahren (nach dem Namen seines Erfinders) und das Sprüh- oder Atomisierungsverfahren. Im ersteren trocknet die Milch bei der Berührung mit sich drehenden, hocherhitzten Zylindern aus. Beim Sprühverfahren wird die Milch in die Spitze eines Turms gegeben, wo sie durch eine Turbine in Nebel verwandelt wird. Durch die Einwirkung eines heißen Luftstroms verliert sie ihr Wasser und setzt sich auf einem Band mit Fließbett zu einer letzten Trocknung ab. Man erhält Pulver, das in Wasser sofort löslich ist, was eine sehr bequeme Wiederherstellung der Milch ermöglicht. Aus Milchpulver werden Vorprodukte von Säuglingsmilchnahrungen, Instantmilchpulver und Milchschokolade hergestellt.

Das Milchpulver spielt eine wichtige Rolle im internationalen Handel: Die Milch wird meistens in dieser Form in die Länder der dritten Welt, entweder zum direkten Verbrauch oder als Rohstoff der Milchindustrie, exportiert, wo die Viehzucht nicht ausreicht, den Bedarf der Bevölkerung zu decken.

Verbrauch frischer Milchprodukte
(wichtigste Länder, in kg/Einwohner/Jahr, 1984)

Irland	202,3	USA	98,0
Dänemark	167,3	BR Deutschland	92,9
Niederlande	137,0	Belgien	
Großbritannien	130,8	Luxemburg	88,6
Spanien	119,0	Italien	83,0
Frankreich	99,3	Griechenland	67,3

VERGORENE MILCH

Die gesäuerte Milch ist das Ergebnis von Milchsäurebakterien, die die ursprünglichen Eigenschaften der Milch verändern und ihre Haltbarkeit ermöglichen. Es gibt zahlreiche Produkte dieser Milch.
Mittelmeerraum. Der Joghurt kommt aus dem Balkan. In den Ländern des Mittleren Osten wird der aus verschiedenen Milchsorten (Kuh oder Stute) hergestellte Leben konsumiert. Auf Sardinien wird der Gioddu aus Schafsmilch hergestellt.
Länder im Osten. Der Verzehr von Sauermilchprodukten ist hier größer als der von flüssiger Milch. Es handelt sich häufig um Produkte, die eine alkoholische Gärung durchlaufen haben, wie der Kefir aus dem Kaukasus. Kumys ist ebenfalls eine gesäuerte und alkoholhaltige fermentierte Milch, die in Zentralasien traditionsgemäß aus Stutenmilch und manchmal aus Esels- oder Kamelmilch hergestellt wird.
Nordische Länder. Hier wird vergorene Milch in zähflüssiger und fädenziehender Form konsumiert, wie Skyr in Island, Vilia-Vüli (Filia) in Finnland oder Ymer in Dänemark.
Nordamerika. Abgesehen von Joghurt gibt es eine weitere sehr verbreitete Art vergorener Milch, die ›cultured butter-milk‹ oder Kulturbuttermilch, eine entrahmte, durch Diacetylbildung aromatisierte Milch.

Es könnten hier noch viele andere Arten fermentierter Milch genannt und beschrieben werden, wie zum Beispiel der ›Dahi‹ in Indien oder der iranische ›Dough‹, der ›Zivda‹ aus Israel oder der ›Tulum‹ aus der Türkei sowie das libanesische ›Jub-jub‹.

JOGHURTS

Der Joghurt (oder Yoghurt) ist eine geronnene Milch, die durch Milchsäuregärung gewonnen wird. Der aus Asien stammende Joghurt erreichte Europa über die Türkei und Bulgarien. Bei der Milchsäuregärung wirken zwei Mikroorganismen zur Umwandlung von Milch in Joghurt: *Lactobacillus bulgaricus* und *Streptococcus thermophilus*. Nach dem Lebensmittelgesetz müssen diese Mikroorganismen im Endprodukt ›lebensfähig und reichlich‹ vorhanden sein. Der Joghurt ist also ein lebendes Produkt, das nicht sterilisiert werden kann. Daher ist eine schnelle Vermarktung sowie eine Lagerung bei niedrigen Temperaturen erforderlich für ein Produkt mit sehr guten ernährungsphysiologischen Qualitäten.

Herstellung. Die wichtigste Phase der Joghurtherstellung ist die Gärung, die auch Säuerung genannt wird. Dabei wird die Milch geimpft und 2 bis 3 Std. bei 45 °C stehen gelassen. Diese Gärung kann beim bereits in sein Gefäß abgefüllten Joghurt erfolgen: Dies ist dann der *traditionelle* oder *warmbehandelte Joghurt*; sie kann auch in einer Wanne erfolgen, wo die Masse gerührt wird, was dem Endprodukt, dem *gerührten Joghurt*, eine größere Cremigkeit verleiht. Es gibt Joghurts, die mit natürlichen Essenzen verschiedener Früchte geschmacklich angereichert werden. Es wird auch Fruchtjoghurt mit dem Fleisch oder Stücken verschiedener Früchte hergestellt.

Joghurtverbrauch in Europa
(in kg/Einwohner/Jahr, 1986)

Niederlande	17,5	Belgien	5,4
Frankreich	12,9	Großbritannien	3,1
Dänemark	10,0	Italien	2,0
BR Deutschland	8,8		

Nährwert. Die diätetische Wirkung des Joghurts beruht auf seiner guten Verdaulichkeit und der günstigen Beeinflussung der Darmflora durch die Milchsäurebakterien. Der Milchsäuregehalt beträgt etwa 1–1,5 %. Der Nährwert beträgt bei Joghurt aus Trinkmilch 68 kcal je 100 g, bei Joghurt aus Magermilch 38 kcal je 100 g.

Beim Abbau von Milchzucker entsteht, abhängig von den eingesetzten Joghurtkulturen, linksdrehende D-Milchsäure oder rechtsdrehende L-Milchsäure. Diese unterscheiden sich in ihrem Abbauverhalten im Körper. L-Milchsäure wird schnell, D-Milchsäure dagegen langsam umgesetzt. Joghurts mit L-Milchsäure sind deshalb vorzuziehen. Auch bei Milchzuckerunverträglichkeit ist Joghurt angezeigt.

Weitere ähnliche Produkte. Abgesehen von den Joghurts haben sich die frisch verkauften Milchspeisen ebenfalls sehr ausgebreitet: Milch mit verschiedenen Geschmacksrichtungen, mit Lab oder Gelatinezusatz, Flans, Dessertcremes, Mousse. Diese Produkte enthalten häufig Stabilisatoren oder pflanzliche Gelees, durch die die Creme ›treibt‹, so daß sie voller Luftblasen ist.

SAHNE UND BUTTER

Sahne. Es handelt sich um Milch, die ihr Wasser verloren hat und pro 100 g mindestens 30 g Fettgehalt hat. Im allgemeinen liegt der Fettgehalt der Sahne bei ungefähr 35 %, kann aber bis zu 60 % erreichen. Die Sahne erscheint von selbst auf der Milchoberfläche, wenn diese sich selbst überlassen wird, da die Fettkugeln eine Dichte von 0,93 haben.

Die Sahne wird industriell durch eine Milchzentrifuge, die bei 60 °C arbeitet, gewonnen. Das Abschöpfen der Sahne ist die erste Phase der Butterherstellung. Es werden vielfältige Arten von Sahne vertrieben: rohe Sahne, Crème fraîche, saure Sahne (die mit Bakterien, die Geschmack erzeugen, versetzt wurde), frische süße Sahne (nicht gereift). Trotz ihres hohen Nährwertes ist Sahne wohl eher als Genußmittel anzusehen.

Butter. Dies ist ein Produkt ausschließlich aus Milch oder Sahne und muß zu mindestens 82 % aus Milchfett bestehen. Sie wird durch das Abschöpfen der Fettkörper von der Milch gewonnen und ist eine feste und geschmeidige Emulsion, deren Schmelzpunkt bei 32 °C liegt. Ihre mehr oder weniger kräftige gelbe Farbe liegt an den Carotinfarbstoffen im Frischfutter. Der ›Nußgeschmack‹, der für eine gute Butter typisch ist, kommt von Diacetyl, dem wichtigsten Geschmacksanteil. Es werden Markenbutter, Molkereibutter und Kochbutter angeboten.

Zusammensetzung. Butter besteht zu 82 bis 84,5 % aus Lipiden, von denen Dutzende Fettsäuren, jedoch wenige essentielle Fettsäuren sind. Der Wasseranteil beträgt 15 bis 16 % und die nicht fette Trockenmasse 0,5 bis 2 %. Die Butter enthält viel Vitamin A und Carotin. Dagegen ist ihr Cholesteringehalt hoch, nämlich 150 mg pro 100 g.

Herstellung. Die wichtigste Arbeit ist das Buttern, das eine starke mechanische Bewegung erfordert. Die Zentrifuge entzieht der Milch eine Sahne mit 35–40 % Fettgehalt, die unverzüglich 20 bis 25 Sek. lang einer starken Pasteurisierung bei 90–95 °C unterzogen wird, um die krankheitserregenden Keime zu entfernen und die Enzyme zu inaktivieren. Anschließend wird sie kristallisiert (durch Absenken der Temperatur auf 6 °C), was für die endgültige Struktur der Butter äußerst wichtig ist, da so das Koagulieren der Fettkörper sowie die Beseitigung der wässerigen Phase, der Buttermilch, bewirkt wird.

Der durch das Buttern erhaltene Butterschaum muß so homogenisiert werden, daß das Wasser in Form von winzigen Tröpfchen sowie die Enzyme, die zur Geschmacksentwicklung beitragen, verteilt werden. Dies wird von *Butterungsmaschinen* durchgeführt.

Durchschnittlich erhält man 1 kg Butter aus etwa 25 l Milch. Der ernährungsphysiologische Wert der Butter liegt sowohl in ihrem hohen Fettgehalt als auch in der hohen Resorptionsgeschwindigkeit der Fettsäuren, weiter in dem Gehalt an fettlöslichen Vitaminen.

KASEIN

Das Kasein ist der Eiweißanteil in der Milch. Es ist mit 27 g pro Liter enthalten und wird durch Trocknen nach Abtropfen und Waschen des Quarks gewonnen, der aus der Koagulation der völlig entrahmten Milch entsteht. Diese Koagulation wird traditionsgemäß durch die Einwirkung des Labferments erreicht, einem von der vierten Kammer, dem Labmagen des Magens junger Wiederkäuer abgesonderten Enzymextrakt.

⋏ · **Milchprodukte.**
1. Milch;
2. Joghurt;
3. Dessertcreme;
4. Crème fraîche;
5. Frischkäse;
6. Fetter Frischkäse;
7. Butter;
8. Brie (Käse aus Kuhmilch);
9. Frischer Ziegenkäse;
10. Roquefort (Käse aus Schafsmilch);
11. Edamer (Käse aus Kuhmilch).

NAHRUNGSMITTEL

KÄSE

Käse ist ein vergorenes oder unvergorenes Milchprodukt, das durch Abtropfen nach der Milchgerinnung gewonnen wird. Er wird aus Kasein und Milchfett hergestellt. Beide werden im Käselaib durch bakteriell-enzymatische Vorgänge teilweise abgebaut, wobei die Aromastoffe entstehen.

Jede Milch von landwirtschaftlichen Nutztieren kann zu Käse verarbeitet werden. Die Kuhmilch hat dabei weltweit wie auch in allen Ländern Europas die größte Bedeutung. Ihr folgt die Schaf- und Ziegenmilch. Käse wird auch aus Stuten-, Büffel-, Rentier-, Lama-, Yak- oder Zebramilch hergestellt.

HERSTELLUNG

Gerinnung. Milch ist ein sehr unstabiles Produkt; das allgemein verbreitete traditionelle Mittel, ihre ernährungsphysiologischen Qualitäten zu erhalten, besteht darin, sie durch Gerinnen – oder Koagulation – der Kaseinmizellen in Käse zu verwandeln.

Die Gerinnung ist ein biologischer Vorgang, der sich im Pansen der jungen Wiederkäuer abspielt, wenn das Muttertier sie säugt. Wahrscheinlich war diese Feststellung der Grund, warum diese Mägen als Gefäße zur Herstellung der ersten Käse verwendet wurden. Noch heute gibt es so produzierte Käse im Iran (*Leskem* oder *Lescun* aus Schafsmilch im Kaukasus) und in der Türkei (*Tulum* aus Anatolien).

Die Gerinnung kann auch aufgrund von Pflanzensäften eintreten: Milchsaft des Feigenbaumes auf den Balearen, Distelknospen im Mittelmeerraum, Labkraut, das traditionsgemäß in Großbritannien zur Herstellung des *Chester* (heute meist mit Lebensmittelfarbstoff E 160) verwendet wird, der dadurch auch seine rote Färbung erhält. Desgleichen enthalten Pflanzen wie Papaya, Kürbis und Soja Enzyme, die die Milch gerinnen lassen.

Aus Bakterien konnten weitere Enzympräparate gewonnen werden: *Bacillus, Lactobacillus, Serratia, Streptococcus, Mucor,* usw. Aber das Lab tierischen Ursprungs in reiner, kristalliner Form ist in der Käseindustrie am meisten verbreitet.

Nach der Koagulation oder Gerinnung umfaßt die Verarbeitung von Milch zu Käse drei große Phasen: Abtropfen, Salzen und Reifen.

Abtropfen. Dies ist die Trennung der flüssigen Molke von dem festen Bruch. Das Abtropfen kann von selbst erfolgen, wird im allgemeinen jedoch durch mechanische Arbeiten gefördert (Zerschneiden in Stücke, Pressen; eventuell auch Kochen). Die Molke, die lange Zeit hindurch als ein Nebenprodukt ohne wirtschaftlichen Wert, jedoch als sehr umweltverschmutzend angesehen wurde, wird heute sorgfältig gesammelt. Sie ist eine opalisierende Flüssigkeit, die die wäßrige Phase der Milch darstellt und Wasser sowie gelöste Stoffe enthält (Laktose, Salze, lösliche Proteine). Nach der Sprühtrocknung wird sie als Zusatz zum Futter für Kälber, Schweine, Geflügel sowie zur Herstellung zahlreicher Nahrungsmittelprodukte verwendet: Fleischereiprodukte, Eiscremes, Schmelzkäse.

Salzen. Hier geht es um das oberflächliche oder tiefgehende Salzen sowie das Einlegen in Salzlake.

Reifen. Dieser letzte Arbeitsgang ist von vielen mikrobiellen Veränderungen gekennzeichnet, die das Aroma, den Geschmack, die Struktur und sogar das Aussehen des Käses verbessern. Während der Reifung verliert der Käse Wasser und bildet eine Rinde. In der Käsemasse erfolgt die Spaltung des Milchzuckers, eine begrenzte Hydrolyse des Fettes und Proteolyse des Kaseins. Die Reifung, die zwischen 5 Wochen und 3 Monaten dauern kann, wird an geeigneten Orten vorgenommen: kühle (10–18°C) und feuchte (über 85 % relative Luftfeuchtigkeit) Keller.

NÄHRWERT

Obwohl die Käse kaum Kohlenhydrate enthalten, sind sie reich an Proteinen, was hervorgehoben werden sollte: Der Proteingehalt ist im Camembert ebenso hoch wie beim Fleisch (20 %) und in Käsen mit gepreßter Masse (Hartkäse) noch höher (30 %). Darüber hinaus sind diese Proteine aufgrund der Reifung leicht verdaulich.

Die Fette, die dem Käse seine Cremigkeit verleihen, sind in unterschiedlichen Anteilen vorhanden: geringer Gehalt (7,5 %) in Frischkäse, zwischen 20 und 30 % bei den anderen Käsesorten. Diese Fette machen zu einem Großteil den Nährwert des Käses aus (etwa 120 kcal pro 100 g Frischkäse und zwischen 300 und 380 kcal bei den anderen Arten).

Darüber hinaus sind die Käse, besonders bei den gekochten und gepreßten Massen (Hartkäse), reich an Calcium.

Zusammensetzung der Käse
(pro 100 g frisches Produkt)

	Frischkäse (20 % Fett i. Tr.)	Camembert (60 % Fett i. Tr.)	Edamer (45 % Fett i. Tr.)
Wasser	85	43,9	39
Energie (kcal/kJ)	108/443	381/1600	369/1550
Kohlenhydrate	in Spuren	in Spuren	in Spuren
Fett	4,5	34	28,3
Protein	14	17,9	24,8
Calcium (mg)	79	276	678
Kalium (mg)	120	29	–
Natrium (mg)	35	740	654

FRANZÖSISCHE KÄSE

Die Käse bilden mit den Weinen, die immer dazugehören, die große gastronomische Spezialität Frankreichs. In Frankreich gibt es 450 kleine landwirtschaftliche Gebiete oder ›Länder‹, die früher ein System der Polykulturzucht betrieben und von denen jedes eines oder mehrere Käserezepte für Kuh-, Ziegen-, Schafsmilch oder sogar für eine Mischung derselben entwickelt hatte. Oft haben Gemeinschaften von Mönchen berühmte Käse hergestellt (Cîtaux, Cluny, La-Pierre-Qui-Vire, Munster, Maroilles et Livarot, usw.).

Heute kann man davon ausgehen, daß es in Frankreich ungefähr 400 Käsesorten gibt, von denen 150 Landkäse sind und 30 die so begehrte geprüfte Herkunftsbezeichnung besitzen.

Die 10 Klassen französischer Käsesorten. In der folgenden Einteilung wurden die Käse mit einer anerkannten und vom Staat geprüften Herkunftsbezeichnung mit einem Stern versehen. Die Ursprungsbezeichnung kennzeichnet den Zusammenhang zwischen einem dem Verbraucher angebotenen Produkt und der Region, in der es nach den Normen und der Praxis hergestellt wurde, was die traditionelle Qualität gewährleisten soll.

1. Frischkäse aus Kuhmilch, bei denen nur die Milch vergoren wurde.
– Frischkäse mit langsamer Gerinnung: Rahmfrischkäse, Rahmkäse, kleiner Rahmkäse.
– Frischkäse mit schneller Gerinnung: Quark, Sahnekäse, Frischkäse (fettarmer Quark).

2. Frischkäse aus saurer Kuhmilch mit weicher Masse und Rinde, die geronnen und nicht gerührt wurde und den man von selbst abtropfen ließ, mit äußerer Schimmelhülle (Penicillium caseiolum): Camembert de Normandie*, Camembert; Brie de Meaux*, Brie de Melun*, Brie; Coulommiers; Chaource*, Neufchâtel*.

3. Käse aus saurer Kuhmilch mit weicher Masse und gewaschener Rinde, geronnen und nicht gerührt, mit beschleunigtem Abtropfen und während der Reifung gewaschener Rinde: Livarot*; Maroilles*; Munster* (oder Munster-Gerome); Pont-l'évêque*; Langres; Époisses; Mont-d'or* (oder Vacherin [obere Doubs]).

4. Käse aus saurer Kuhmilch mit Blauschimmel in der Masse, beschleunigtem Abtropfen durch Schneiden und Rühren. Die Masse enthält grüne Marmorierungen von Myzelfäden (Penicillium glaucum): Bleu de Bresse; Bleu d'Auvergne*; Bleu des Causses*; Bleu de Gex-Haut-Jura*; Fourme d'Ambert et de Montbrison*.

5. Käse aus saurer Kuhmilch mit ungekochter gepreßter Masse, halbfest, labgeronnen mit beschleunigtem Abtropfen durch Schneiden, Rühren und Pressen: Cantal* (oder Fourme de Cantal); Laguiole*; Reblochon*; Saint-Nectaire*; Salers Haute-Montagne*; Saint-Paulin; Tomme de Savoie.

6. Käse aus saurer Kuhmilch mit gekochter und gepreßter Masse, fest, labgeronnen mit beschleunigtem Abtropfen durch Schneiden, Rühren, Kochen und Pressen: Beaufort*; Comté*; französischer Emmentaler.

7. Ziegenkäse, nur aus Ziegenmilch hergestellt, mit weicher Masse und Rinde: Sainte-Maure; Chabichou; Valençay; Crottin de Chavignol*; Pouligny-Saint-Pierre*; Selles-sur-Cher*; Pélardon*; Picodon* der Ardèche oder der Drôme; Cabécou.
– Ziegenkäse mit Blauschimmel: Bleu des Aravis.

8. Schafskäse, nur aus Schafsmilch hergestellt, vergoren, mit Blauschimmel: Roquefort*; Ossau-Iraty* (Ossau-Iraty-Brebis der Pyrenäen oder kleiner Ossau-Iraty).

9. Käse aus verschiedenen Milchsorten, aus Kuhmilch mit Zusatz von Ziegen- oder Schafsmilch.

10. Schmelzkäse, durch Kochen oder Einschmelzen anderer Käse hergestellt: Gruyèrecrème; Streichpasten.

Käseproduktion in der Bundesrepublik Deutschland
(in Tonnen, 1986)

Käse aus Kuhmilch	1 027 000
davon:	
Frischkäse	456 000
Weichkäse	75 000
Schnittkäse	212 000
Hartkäse	153 000
Sauermilchkäse	23 000
Kochkäse	4 000
Schmelzkäse	104 000

NAHRUNGSMITTEL

KÄSESORTEN DER WELT

Wenn es das Merkmal eines großen Käses ist, in der ganzen Welt vertrieben zu werden, so ist der britische *Cheddar* der bedeutendste Käse der Erde. Nach dem gleichen Kriterium wäre der industriell hergestellte Camembert der wichtigste französische Käse. Die großen Käse, die in der ganzen Welt bekannt sind, stammen in der Regel aus Europa, werden jedoch heute auch außerhalb Europas hergestellt, mit Ausnahme des Roquefort, der national wie international seine Herkunftsbezeichnung bewahren konnte.

Frankreich
Camembert. Bei der traditionellen Herstellung wird die Rohmilch in Hunderte von Litern fassende Wannen gegeben und Lab hinzugefügt. Die Gerinnung dauert etwa 2 Stunden. Anschließend erfolgt mit Hilfe einer Kelle das Formen in Zylindern mit durchbrochenen Wänden von 11 bis 12 cm Durchmesser und Höhe, die auf dem Abtropftisch stehen. Nacheinander wird der Käse zweimal umgedreht und dann aus der Form genommen, anschließend mit *Penicillium caseicolum* geimpft und gesalzen, indem das Salz entweder von Hand aufgestreut oder der Käse in Salzlauge getaucht wird. Der so abgetropfte, geimpfte und gesalzene Bruch wird in einen Reifungsraum mit einer Temperatur von 13 bis 15 °C und hoher Luftfeuchtigkeit (90 %) gestellt. Die Käse bilden nach etwa 12 Tagen eine weiße Schimmelschicht. Das Reifen kann in einem anderen Raum für weitere 10 Tage fortgesetzt werden; häufig ist dies ein trockener und kühler Keller.
Roquefort. Der Roquefort wird ausschließlich aus Schafsmilch in zwei Phasen hergestellt. Die erste Phase, die zu einem weißen Käse führt, wird an den Orten der Schafzucht durchgeführt: Das sind in der Hauptsache die Départements Aveyron, Lozère, Gard, Hérault, Tarn, Tarn-et-Garonne sowie Aude, die Pyrénées atlantiques und Korsika. Die Gerinnung der rohen Vollmilch erfolgt auf traditioneller Art durch Kalbslab. Die zweite Phase, das Ausreifen, muß in natürlichen Kellern, den ›Fleurines‹ in dem Ort Roquefort nahe bei Millau (Département Aveyron) stattfinden. Der Käse wird mit *Penicillium roqueforti* geimpft, der sich mit den typischen bläulichen Adern entwickelt. Der Roquefort reift drei Monate lang aus. Seine Form ist zylindrisch mit 18 cm Durchmesser und 9 bis 10 cm Dicke, sein Gewicht beträgt 2,5 kg. Er wird in Metallfolie verpackt und zeigt eine mit Blauschimmel versetzte, glatte und butterartige Masse, einen leichten Schimmelgeruch sowie einen sehr ausgeprägten Geschmack von Schafsmilch.

Deutschland
Aus Ostpreußen stammt der *Tilsiter*, ein Hartkäse, der sich durch eine angetrocknete Schmiere auf der Haut auszeichnet. Ein halbfester Schnittkäse ist der in Norddeutschland beheimatete *Wiltermarschkäse*. Der *Weißlackerkäse* aus dem Allgäu ist mit einer lackartigen, weißlichen Schmiere bedeckt, die durch starkes Salzen entsteht. Zu den *Sauermilchkäsen*, die in Formen gepreßt und durch Schmiere oder Schimmel gereift sind, gehören *Harzer Käse, Mainzer Käse, Korbkäse, Stangenkäse, Spitzkäse, Handkäse* und *Olmützer Quargel*.

Schweiz
Greyerzer. Der Greyerzer, der seinen Namen nach einem Tal im Kanton Freiburg hat, wird ebenfalls in den Kantonen Waadt und Neuenburg hergestellt. Der Greyerzer hat die Form eines Mühlsteins mit 40 bis 60 kg Gewicht und braungoldener Rinde, wachsgelber gepreßter und gekochter, mehr oder weniger trockener Masse, die von Rissen durchzogen ist. Die Herstellung des Greyerzer erfolgt in *Käsereien*, kleinen Herstellungsbetrieben im Gebirge am Weideplatz selbst.
Emmentaler. Der aus dem oberen Tal der Emme (Kanton Bern) stammende Emmentaler wird unter ähnlichen Bedingungen wie der Greyerzer hergestellt. Die Käselaibe sind allerdings größer und wiegen 60 bis 100 kg, die Rinde ist strohgelb, und die weiche Masse ist mit Löchern, den ›Augen‹, durchsiebt.

Großbritannien
Cheddar. Der aus der Grafschaft Somerset stammende Cheddar ist ein Käse mit gepreßter, nicht gekochter und nicht gefärbter Masse mit etwa 45 % Fettgehalt. Er hat eine zylindrische Form von 35 bis 40 cm Durchmesser und Höhe und ein Gewicht von 30 bis 35 kg.
Stilton. Er stammt aus Leicestershire und gilt als der beste englische Käse. Er wird aus angereicherter Kuhmilch hergestellt und gehört zur Familie der Blauschimmelkäse mit weicher Masse und innerem Schimmel. Er ist zylindrisch mit 15 cm Durchmesser und 25 cm Höhe.

Niederlande
Gouda. Er wird in der Provinz Zuid Holland aus pasteurisierter Kuhmilch hergestellt und besitzt eine halbfeste gepreßte Masse mit 30 bis 40 % Fettgehalt und eine gelb gefärbte gewachste Rinde. Er hat die Form kleiner Mühlsteine mit 26 bis 30 cm Durchmesser und 8 cm Dicke und wiegt 3 bis 5 kg. Gouda wird in vielen Ländern hergestellt, deshalb muß immer das Herkunftsland genannt werden.

Griechenland
Feta. Feta ist der traditionelle Schafskäse des östlichen Mittelmeerraumes und wird in Griechenland häufig gegessen. Die Dänen haben den Feta mit Kuhmilch nachgeahmt. Diese Nachahmung hatte einen so großen Verkaufserfolg, daß heute der Feta 80 % der dänischen Milchexporte nach Griechenland ausmacht.

Italien
Parmesan. Dieser Käse wird in der Lombardei und der Region Romagna unter verschiedenen Namen hergestellt, wobei der Name ›Parmesan‹ kollektiv für die Exporte verwendet wird. Er wird aus entrahmter Kuhmilch produziert und einem etwa 3 Jahre dauernden Reifeprozeß unterzogen. Der Parmesan ist ein über 20 Jahre lang haltbarer Käse.
Gorgonzola. Der Gorgonzola stammt aus einer kleinen Stadt bei Mailand und hat eine zylindrische Form mit 25 bis 30 cm Durchmesser und 16 bis 20 cm Höhe. Er besitzt eine mit feinen Blauschimmeladern durchzogene Masse. Von den weiteren italienischen Käsesorten gehört der *Mozzarella*, der früher aus Büffelmilch und heute aus Kuhmilch hergestellt wird, zum Belag einer echten Pizza.

Käseverbrauch in der Welt
(wichtigste Länder, in kg/Einwohner/Jahr, 1984)

Griechenland	20,3	Niederlande	13,3
Frankreich	19,9	Dänemark	10,8
BR Deutschland	14,8	USA	8,3
Belgien	14,5	Großbritannien	6,7
Italien	14,4	Irland	3,5

A · **Gerinnen des Gouda.**
Das Gerinnen, die erste Phase der Käsefertigung, erfolgt in großen Metallwannen. Der so erhaltene Bruch wird anschließend entwässert, gepreßt und geformt.

B · **Pressen des Comté.**
Der Bruch wird geschnitten, gerührt und anschließend in einem Kessel erhitzt, auf dessen Boden er sich absetzt. Man sammelt ihn zunächst in einem Tuch, bevor er in die Presse kommt, wo der Käse dann abtropft.

C · **Salzen des Bethmale.**
Die Käse werden nach dem Herausnehmen aus der Form entweder trocken mit feinem Salz bei weichen Massen wie bei diesem in der Region von Foix hergestellten Käse oder in Salzlösung bei gepreßten, nicht gekochten Massen und bei harten Massen gesalzen.

D · **Ausreifen des Roquefort.**
Die reifenden Käse müssen unter gleichbleibenden Temperatur- und Feuchtigkeitsbedingungen gelagert werden. Der Roquefort reift in natürlichen Kellern mit einer Temperatur von 7 °C. Nach drei Monaten wird die Masse weicher, und die blauen Schimmeladern haben die gesamte Käsemasse durchzogen.

NAHRUNGSMITTEL

FLEISCHVIEHZUCHT

Seit dem Neolithikum ist der Mensch von Haustieren umgeben, die für die frühen Kulturen eine wertvolle Quelle an Arbeitskraft und Rohstoffen wie Leder, Wolle, Milch und Fleisch darstellten. Die Zucht, vor allem die Zucht des Großviehs, war lange Zeit ein Zeichen eines außergewöhnlichen Reichtums. In einigen ländlichen Gesellschaften wird noch heute, wie in unseren Gesellschaften früher, der Wohlstand am Viehbestand gemessen. Das wichtigste Kapital im wirtschaftlichen Sinne war der Viehbestand, wobei das Wort Kapital etymologisch vom lateinischen Wort ›Caput‹ (Kopf) abstammt.

Ursprünglich wurde das Großvieh, das heute Fleisch liefert, wegen seiner mechanischen Kraft gehalten (Zug-, Reit- oder Lasttiere wie Rind und Pferd) oder auch zur Produktion von Wolle wie das Schaf. Fleisch war ein seltenes und teures Erzeugnis, das den Reichen vorbehalten blieb. Wild, Fischfang und die Tiere aus dem Geflügelhof waren, obwohl sie auf dem Land häufig gehalten wurden, ebenfalls für den Tisch der Wohlhabenden bestimmt.

Für die einfachen Leute, das heißt den Großteil der Bevölkerung, kam Fleisch nur zu hohen Festen auf den Tisch: Der ›gute König Henri‹ wünschte allen seinen Untertanen zum Sonntag ein Huhn im Topf. Dieser geringe Fleischverbrauch ist heute noch für die Entwicklungsländer charakteristisch.

Die Massenfleischproduktion, eine besondere Form der intensiven Nutztierhaltung, hatte, ebenso wie die dafür erforderliche Technik und Rationalisierung, in den letzten Jahrzehnten eine vorrangige Stellung. Dieses Phänomen hängt mit der Entwicklung der Industrie, dem Einkommenszuwachs und mit der Verstädterung zusammen. Seit ungefähr fünfzig Jahren hat es die *Züchtungslehre* möglich gemacht, die Methoden intensiver Produktion zu verbreiten, insbesondere beim Kleinvieh wie Schweinen und Geflügel; je kleiner die Tiere sind, um so bequemer und leichter ist es, sie nach industriellen Standards aufzuziehen. Das weiße Fleisch der kleinen Tiere ist zu einer echten industriellen Produktion geworden. So sind die ›hoffremden‹ Hühnerbetriebe (die bei uns bis zu 50 000 Hühner umfassen dürfen, jedoch in den Vereinigten Staaten die zehnfache Größe erreichen können) am Randgebiet der Städte das, was früher der Geflügelhof auf dem Bauernhof war. Dagegen stammt das rote Rindfleisch, das wir essen und für das wir einen hohen Preis hinnehmen, oft von einer alten ausgemusterten Milchkuh, selbst wenn es auf die Produktion von Rindern und Jungrindern spezialisierte Viehhaltungen gibt.

TECHNIKEN DER VIEHHALTUNG

Extensive Viehhaltung. Bei der extensiven Haltung laufen die Tiere frei auf einer großen Weide mit einer mehr oder weniger dichten Grasdecke. Nur die Wiederkäuer (Rinder und Schafe), die die Cellulose verdauen, können für diese Weideform eingesetzt werden. Diese Art Viehhaltung, die große Viehherden betrifft, findet sich auf den nordamerikanischen Ranches und ihren südamerikanischen Gegenstücken. In Australien und den Highlands in Schottland findet man ebenfalls große Schafherden.

Intensive Viehhaltung. Bei der intensiven Haltung werden die Tiere auf begrenztem, bedachten oder unbedachten Raum gehalten und gefüttert. Die verschiedenen Faktoren der Produktion, die das Tier und seine Umgebung betreffen, werden systematisch kontrolliert, um unter den gegebenen wirtschaftlichen Bedingungen den höchstmöglichen Ertrag zu erzielen.

Ernährung. Diese ist der wesentliche Faktor für das Wachstum der Tiere. Alle Anstrengungen der Züchter zielen darauf ab, die Gewichtszunahme zu verbessern, indem sie zwei Punkte berücksichtigen: möglichst schnell das Handelsgewicht zu erreichen und dies mit einem Minimum an Futter.

Bei den Wiederkäuern (Milch- oder Fleischproduktion) können diese Bedingungen auf sehr gutem Weideland erfüllt werden. Den anderen Zuchttieren muß jedoch konzentriertes Futter, vor allem durch Fladen, mit Proteinen angereichertes Getreide, gegeben werden. Die intensive Schweine- oder Geflügelhaltung kann also nach wirtschaftlichen Gesichtspunkten angesiedelt werden: beispielsweise in der Nähe von Häfen bei mit Getreide gefütterten Schweinen oder nahe bei Großstädten im Falle von Legehennen, so daß die frischen Eier der Stadtkundschaft rasch ausgeliefert werden können. Der Standort für die Haltung von Wiederkäuern hängt noch von der Existenz von Weideland ab, obwohl die Intensivierung auch zur Getreidefütterung von Milchkühen führt (vor allem solchen, die pro Säugezeit über 4 000 Liter Milch geben) sowie von jungen Mastrindern, deren Wachstum 1 000 g täglich übersteigt.

Zucht. Die Viehzucht hat beachtliche Ergebnisse erzielt, insbesondere beim Kleinvieh mit einer relativen kurzen Lebensdauer. Bei diesen Tieren sind Versuche und Kreuzungen leichter als bei Großvieh, dessen Lebenszyklus länger dauert. Die Erfolge bei den verschiedenen Geflügelrassen sowie beim Kaninchen waren viel spektakulärer als bei Schweinen und Rindern. Diese Beherrschung der Züchtung erklärt die Entwicklung der Produktion weißen Fleisches seit Ende der 60er Jahre. So gibt es in den Betrieben heute Hühnerrassen, die den verschiedenen Maschinentypen angepaßt sind, die den Schlachtkörper in Vierteln (für den Verkauf in Supermärkten) oder in einzelnen Stücken verarbeiten (für den Verkauf an Restaurationsbetriebe). Der Verbrauch an rotem Fleisch hat ebenfalls, jedoch in geringerem Maße, zugenommen.

Bis heute waren die Fortschritte in der Viehzucht regelmäßig und beachtlich. Sie ermöglichen, insbesondere aufgrund der künstlichen Besamung, durchschnittliche Leistungen, die vor zwanzig Jahren noch außergewöhnlich hoch waren. Allerdings lassen die durch die Gentechnologie eröffneten Perspektiven noch größere Fortschritte in den nächsten Jahren erwarten.

Unterbringung. Bei der intensiven Viehhaltung sind die Tiere auf Gebäude beschränkt, die speziell je nach Tierart und gewünschter Produktion gebaut werden. Fläche, Raumumfang, Temperatur, Luftfeuchtigkeit und Beleuchtung werden genau geregelt und automatisiert, häufig auch die Versorgung mit Wasser und Futterkonzentraten. Selbst die Beseitigung der Abfälle erfolgt automatisch.

Die hygienischen Bedingungen werden streng kontrolliert, um Infektionen und ihre

▲ · **Viehauftrieb.**
Früher hat der Viehauftrieb bei der Suche nach Futter, die das natürliche Wachstum der Weiden berücksichtigte, eine sehr wichtige Rolle gespielt. Diese jeweilige Verlagerung der Tiere von den Sommerweiden auf die Winterweiden und umgekehrt entsprach einer extensiven Viehhaltung, da die Tiere große Flächen zur Verfügung hatten. Im Mittelmeerraum, vor allem in Spanien mit der Züchterorganisation Mesta, hatte der Viehauftrieb die größte Bedeutung. Heute werden bei uns noch Schafe und Rinder auf andere Weiden getrieben. Im Winter bleiben die Tiere in der Ebene und kommen im Sommer auf die hochgelegenen Weiden oder Almen, wie diese Schafherde, die gerade hinaufzieht.

1024

NAHRUNGSMITTEL

Ausbreitung zu verhindern. Die Verwendung von Substanzen wie Hormone, Antibiotika usw., die eine Beschleunigung der Gewichtszunahme ermöglichen, wurden unter bestimmten Bedingungen zugelassen und führten zu von Verbraucherorganisationen angezeigtem Mißbrauch. Seit 1987 sind diese Produkte in der gesamten EG verboten.

Bei Einhaltung der gesetzlichen Vorschriften sind Rückstände in Lebensmitteln tierischer Herkunft in gesundheitlich bedenklicher Höhe nicht zu erwarten.

MASSENTIERHALTUNG

Legehennen. Die jungen Hühner werden im Alter von 19 Wochen in die Legehalle gebracht und bleiben dort etwa 70 Wochen. Sie kommen in übereinanderliegende Käfige, wo Wasser und Futter automatisch geliefert werden. Für diese Batteriehaltung von Hühnern ist die Mindestgröße nach der EG-Verordnung von 1987 auf 450 cm^2 (etwa eine ¾ Schreibmaschinenseite) pro Henne festgelegt. Die modernsten Legehallen umfassen nach einer europäischen Norm maximal 50 000 Hennen (diese Zahl muß 1993 auf 41 500 verringert werden). In diesen Gebäuden sind das Belüftungssystem (konstante Temperatur und Luftfeuchtigkeit), das System des Eiersammelns (auf einem Rollband), die Beseitigung des Kots und die Beleuchtung automatisch. Infektionen wird durch Impfen vorgebeugt.

Während vor fünfzig Jahren die besten Legehennen 121 Eier pro Jahr legten, liegt der Durchschnitt heute bei den industriellen Geflügelhaltungen bei 266 Eiern pro Jahr, was etwa 5 Eiern pro Woche entspricht.

Fleischhühner. Die Leistungen bei der Hühnerzüchtung wurden erheblich verbessert: Vor fünfzig Jahren brauchte ein Huhn in den besten Geflügelställen 14 Wochen, um sein Handelsgewicht von 1,3 kg zu erreichen. Heute reichen in den besten Ställen 5 Wochen aus. Diese Beschleunigung ging mit einer besseren Verwertung des Futters einher: Früher mußte man 5 g geben, damit das Huhn um 1 g zunimmt, heute nur noch 1,8 g.

Kaninchen. Das Kaninchen ist wegen seiner Fruchtbarkeit bekannt, jeder Wurf liefert 8 bis 10 Junge. Mehr noch als seine Fruchtbarkeit ist sein Wachstum beachtenswert: Ein Kaninchen verdoppelt sein Geburtsgewicht in 6 Tagen und erreicht in 11 Wochen sein Handelsgewicht von 2,3 kg. Allerdings wird die Kaninchenzucht noch überwiegend nach traditioneller Art betrieben.

Schweine. Die Sau ist sehr fruchtbar (pro Trächtigkeit 10 bis 11 Ferkel). Die Fruchtbarkeit wurde trotz Kreuzungsversuchen mit chinesischen Rassen noch nicht erhöht. Allerdings wurden wichtige Ergebnisse bei der Vermeidung der Sterblichkeit zwischen Geburt und Absetzen vom Muttertier, das im übrigen immer früher erfolgt (25 bis 30 Tage nach der Geburt), erzielt. Die Ferkel werden in homogenen Gruppen mit einer strengen Kontrolle der Hygiene gehalten. Die zweite Phase des Mästens erfolgt auch im Stall mit Futterkonzentraten, deren gute Ernährungseigenschaften sehr genau gemessen werden, so daß man nach etwa 120 Tagen ein schlachtreifes Metzgerschwein von ungefähr 100 kg hat, bei dem der Fleischertrag hoch ist.

Die Schweinehaltungen waren noch vor zwanzig Jahren sehr extensiv: Die Herden von weniger als 100 Schweinen machten damals drei Viertel des gesamten Schweinebestands aus. Heute stellen die mittelgroßen Schweineställe mit zwischen 100 und 400 Tieren etwa die Hälfte des Bestandes, ähnlich

Schweinebestand in der Welt
(wichtigste Länder, in Millionen Tieren, 1988)

China	334,8	Niederlande	14,2
EG	103,9	Frankreich	12,6
UdSSR	77,4	Japan	11,7
USA	42,8	Kanada	10,8
Brasilien	32,7	Italien	9,4
BR Deutschland	23,7	Dänemark	9,2
Spanien	16,9	Großbritannien	7,9
Mexiko	16,5	Welt	823,4

wie in den Niederlanden und in Dänemark. In Großbritannien machen die Schweineställe mit mehr als 400 Schweinen 60 % aus.

Einfluß auf die Fleischqualität haben zunehmend die Rückstände von Futterzusatzstoffen und Pharmazeutika gewonnen.

Durch züchterische Maßnahmen wurde in den letzten 10 Jahren bei Schweinen das Fleisch-Fett-Verhältnis um 25 % verbessert, verbunden mit einer rascheren Erreichung des Schlachtgewichtes.

Batteriekälber. Die traditionelle Haltung von Kälbern, die aus Milchkuhherden hervorgingen und für den Eigenverbrauch oder für den Verkauf an die lokalen Metzger bestimmt waren, geht stark zurück. Die Haltung von Kälbern ›unter der Mutter‹ bei Herden säugender Kühe findet sich nur noch recht selten. Die große Mehrheit (70 %) der Schlachtkälber kommt aus sog. ›Batteriehaltungen‹, die die jungen, außerhalb des Betriebes erstandenen Tiere mästen (beispielsweise werden 8 Tage alte Kälber aus England importiert). Diese Batteriehaltungen, die sich mit Säugefutter bei darauf spezialisierten Firmen versorgen, konzentrieren sich hauptsächlich auf Niedersachsen und Nordrhein-Westfalen und führen zu ernsten Problemen für die Umwelt.

Kalbfleisch ist blaßrot, gefördert durch eisenarmes Futter, und feinfaserig. Es hat einen niedrigen Fett- und einen hohen Wassergehalt.

Rinderbestand in der Welt
(wichtigste Länder, in Millionen Tieren, einschließlich Büffel, 1988)

Indien	193,0	Äthiopien	31,0
Brasilien	134,1	Kolumbien	24,3
UdSSR	120,6	Australien	23,5
USA	98,9	Bangladesh	22,7
EG	83,9	Frankreich	21,1
China	73,9	BR Deutschland	14,8
Argentinien	50,7	Großbritannien	11,8
Mexiko	31,2	Welt	1 263,6

Jungrinder. Das junge Rind ist ein nicht kastriertes Männchen (Jungbulle), das im Stall mittels Maissilage, Gräsern, Luzerne, Rüben, Getreide und Fladen gemästet wird. Die Jungbullen werden als 8 Tage alte oder ältere Kälber, die bei ihrer Mutter auf der Weide bleiben, für 6 bis 9 Monate gehalten und kommen, gekreuzt oder nicht, aus allen großen Rinderrassen. Das Fleisch des Jungrinds ist im allgemeinen heller als das des Rindes oder der Kuh. Dies ist ein Handicap auf dem heutigen Markt. Dagegen enthält dieses Fleisch jedoch weniger Fette und insbesondere Triglyceride, was ernährungsphysiologisch positiv ist. Das Jungrind stellt in der Bundesrepublik Deutschland, Italien, Dänemark, Belgien und Griechenland den größten Teil der Rindfleischproduktion. In Argentinien richtet sich dieser Produktionszweig mehr auf den Export, vor allem nach Europa, aus.

Schafbestand in der Welt
(wichtigste Länder, in Millionen Tieren, 1988)

Australien	164,0	Südafrika	29,8
UdSSR	140,7	Argentinien	29,2
China	102,6	Großbritannien	27,8
EG	74,6	Polen	18,8
Neuseeland	64,9	Spanien	17,9
Indien	51,7	Italien	11,4
Türkei	40,0	Frankreich	10,3
Iran	34,5	Welt	1 172,8

A · Intensive Schweinemast.
Nach dem Absetzen kommen die Ferkel zu jeweils etwa zehn Tieren in die Ställe. Diese können völlig geschlossen oder nach außen offen mit kleinen Laufställen sein. Das Futter ist Mischfutter mit dem Ziel eines raschen Wachstums. Während der etwa 5monatigen Mast wird die Fütterung so berechnet, daß das beste Verhältnis zwischen den verbrauchten Mengen und der Gewichtszunahme erreicht ist (ungefähr 3 kg Futter pro kg Gewichtszunahme).

B · Haltung von Suppenhühnern.
Die Küken werden in Wärmekästen gesetzt, in denen die Temperatur bei 32 bis 34 °C liegt. Mit dem Wachstum wird die verfügbare Fläche pro Tier vergrößert. Bei Standardhühnern liegt die Dichte schließlich pro m^2 bei 20 Tieren. Das Futter in Form von Mischfutter wird von Hand in die Tröge gestreut oder automatisch verteilt.

NAHRUNGSMITTEL

SCHLACHTFLEISCH

SCHLACHTUNG

Nach seiner Ankunft im Schlachthof kommt das Vieh in Ställe, so daß für die Schlachteinheit ein Vorrat an Tieren gewährleistet ist, jedoch auch, um den Streß aufgrund des Transports abzubauen. Die erste Phase der Schlachtung ist die Betäubung des Tieres, die elektrisch, chemisch (Kohlendioxid, Anästhetikum [vor allem bei Schweinen verwendet]) oder mechanisch (Keule oder Pistole bei Großvieh) erfolgen kann. Man beginnt unverzüglich mit der zweiten Phase, dem *Ausbluten*, das möglichst rasch geschieht, so daß Herz- und Atemaktivität weiterbestehen und den Blutausstoß fördern. Das Ausbluten erfolgt bei Großvieh durch Zerschneiden der Halsschlagader und der Drosselvenen und bei Schweinen durch Zerschneiden der vorderen Hohlvene. Nach wenigen Minuten ist das Tier tot.

Sofort nach der Schlachtung ermöglicht eine neue Technik der elektrischen Stimulation des Schlachtkörpers das *Knochenlösen* am warmen Körper, damit dann der Schlachtkörper am Ende des Bandes abgenommen werden kann. Nach dem Ausbluten des Tieres erfolgt das *Häuten*, ein schwieriger Arbeitsgang, um die Haut, die anschließend von den Gerbereien verarbeitet wird, zu erhalten.

Dann folgt das *Ausnehmen*, wobei nach dem Aufschneiden der Bauchwand die Innereien (Magen, Darm, Leber, Herz, Lunge) entnommen werden. Die letzte Phase der Bearbeitung der Schlachtkörper besteht darin, die oberen Fettschichten abzutrennen. Sowie der Schlachtkörper zubereitet ist, wird die Temperatur des Fleisches von 38/39 °C zum Zeitpunkt der Schlachtung auf +7 °C abgesenkt. Nach diesem Vorgang folgt eine Phase des *Abhängens* von etwa einer Woche bei einer Temperatur nahe 0 °C.

ZERLEGEN

Das Zerlegen ist die Verarbeitung der abgehangenen Schlachtkörper, wobei Milchglykogen zu Milchsäure abgebaut wird. Durch fleischeigene Enzyme werden die Fleischfasern aufgespalten und Aromastoffe gebildet. Die Verarbeitung ergibt die Fleischstücke. Sie gliedert sich in drei Phasen:
– der *erste Schnitt* trennt den Körper in grobe Stücke (Hälften, Vorder- und Hinterviertel);
– der *zweite Schnitt* trennt die Stücke aus den großen Teilen heraus (Vorderviertel wird in 4, Hinterviertel in 3 oder 4 Teile zerlegt);
– der *dritte Schnitt* schließlich ergibt die einzelnen, sehr zahlreichen Stücke: Beim Pariser Schnitt trennt man aus einer Hälfte bei Rindern 51 Stücke, bei Kälbern 22, bei Lämmern und Schafen 10 und bei Schweinen 22 heraus.

Das Zerlegen endet mit dem *Zurichten* des Fleisches: Entfernung von Sehnen, Nerven, der Schwarte und der Sehnenhaut (weiße feste Membran, die die Muskeln umgibt).

KALBFLEISCH

Bei einem Verbrauch von nur 1,2 kg Kalbfleisch je Einwohner und Jahr zeigt sich eine deutliche Ablehnung dieses Fleisches, obwohl es mager und leicht verdaulich ist. Wahrscheinlich ist diese Zurückhaltung dadurch begründet, daß bei Kontrollen öfter die Verwendung von in der Tierzucht verbotenen Hormonen aufgedeckt wird.

Wichtigste Stücke. Die Kalbskeule, früher ›Schlegel‹, liefert die Nüsse: die *Nuß*, das *Nußstück*, das *Frikandeau* und die *Oberschale* (hintere Teile). Dies sind die Stücke zum Braten schlechthin. Weitere Stücke werden zum Grillen verwendet, wie das *Lendenstück* und das *Karree* (die aus der Rückengegend stammen), weitere für Soßen- oder Kochfleisch wie der *Hals* (Nackengegend) oder die *Haxe* (unterer Teil der Gliedmaßen), die ganz oder in Stücke zerlegt verkauft werden, die *Kalbsbrust* und das *Bauchstück*. Die *Kalbsschulter*, die häufig als ganze verkauft wird, kann gebraten oder zu Ragout verarbeitet werden.

Die *Koteletts* bestehen aus den ersten Rückenwirbeln und einem Teil der daran anschließenden Rippen mit ihren Muskeln. Das *Kalbsschnitzel* ist eine dünne Scheibe, die pur in der Pfanne oder paniert sowie auf Mailänder Art zubereitet wird; dagegen ist das *Nußschnitzel* oder *Medaillon* oder *Mignon* eine dicke runde Scheibe mit einem Speckrand.

A · **Das zerlegte Kalb.**

1. Hals;
2. Unteres Karree;
3. Zweite Rippen;
4. Erste Rippen;
5. Lendenstück;
6. Oberschale;
7. Keule:
 a: Frikandeau,
 b: Nußstück,
 c: Nuß;
8. Haxe;
9. Bauch;
10. Bruststück;
11. Brust;
12. Schulter;
13. Schwanz.

SCHAFFLEISCH

Unter dem Namen ›Schaf‹ werden das eigentliche Schaffleisch, das Lammfleisch sowie das Hammelfleisch verkauft. In der Bundesrepublik Deutschland wird hauptsächlich Lammfleisch verzehrt. Im Großhandel werden die Schlachtkörper von Schafen wegen ihres geringen Gewichts (etwa 20 kg) als ganze vermarktet.

Wichtigste Stücke. Der hintere Teil ist der am meisten begehrte; er umfaßt:
– die *Keule*, die aus den Muskeln um das Schienbein, dem Schenkel und einer Hälfte des Hüftbeins (oder praktisch dem Becken) besteht,
– den *Rücken*, die Stücke um Kreuz- und Darmbein, oder Hüfte;
– das *Filet*, aus der Lende;
– das *Karree*, aus dem Rücken, das die acht

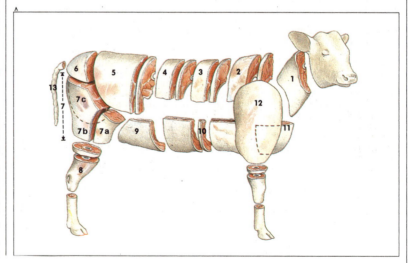

Fleischverbrauch in der EG
(wichtigste Länder, in kg/Einwohner/Jahr, 1986)

	Rind-fleisch	Schweine-fleisch	Schaf-fleisch	Geflügel-fleisch
Frankreich	31,0	35,3	4,4	17,9
Italien	27,7	27,6	1,6	17,9
Belgien	23,9	46,8	1,7	15,4
Irland	23,7	34,5	6,8	18,4
Dänemark	23,5	63,5	0,6	11,0
Großbritannien	22,4	24,3	6,7	17,3
Spanien	8,5	37,2	5,5	19,8
BR Deutschland	20,9	61,1	0,8	9,7
Niederlande	17,7	42,8	0,5	13,7

Fleischverbrauch in der Welt
(wichtigste Länder, in kg/Einwohner/Jahr, 1985 [*])

USA	117,1	Niederlande	79,0*
Australien	107,8	Dänemark	78,0*
Frankreich	105,9	Griechenland	77,0*
Belgien	100,6	Spanien	75,0*
BR Deutschland	100,4	Großbritannien	72,0*
Neuseeland	97,5	Finnland	65,0*
Kanada	96,5	Schweden	62,0*
Irland	95,8	Portugal	57,0*
Schweiz	88,0*	Norwegen	51,0*
Österreich	86,0*	Japan	38,2
Italien	79,0*	Türkei	25,9*

* Fleisch und Schlachtabfälle (Gewicht mit Knochen) eingeschlossen.

NAHRUNGSMITTEL

letzten Rückenwirbel, einen Teil der daran anschließenden Rippen und ihre Muskeln umfaßt. Das Karree liefert die Koteletts;
– die *Koteletts* stammen aus den 13 Rippen des Tieres: die *3 ersten Koteletts* sind am beliebtesten; die *5 zweiten Koteletts;* die *5 Spannrippen* oder *Schlachtrippen* sind im allgemeinen ziemlich mager und weniger begehrt;
– die *Schulter* aus den vorderen Gliedmaßen; sie wird vor allem gebraten;
– der *Lammrücken,* der die beiden *Keulen* und die Lendenstücke umfaßt *(Schwanzstück und englischer Sattel).*

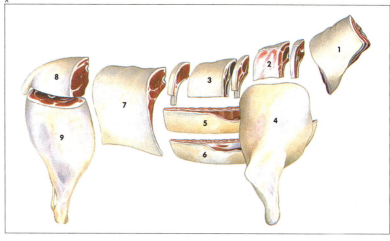

A · **Das zerlegte Schaf.**
1. Hals (kleine Tiere) oder Kamm (große Tiere);
2. Kammstück;
3. Karree der ersten Rippen; erste und zweite Rippen;
4. Keule;
5. Brust-Rippenstück;
6. Brust;
7. Filet;
8. Rückenstück;
9. Ganze Keule (mit Rückenstück oder verkürzt).

RINDFLEISCH

Obwohl zur gleichen Rasse *(Bos taurus)* gehörend, unterscheidet sich das rote Fleisch der Rinder erheblich von dem weißen Kalbfleisch. Auch die Methoden der Fleischproduktion sind völlig unterschiedlich. Das sogenannte ›Rindfleisch‹ ist zum größten Teil (in den meisten Ländern zu 60 %) das Fleisch von ausgemusterten Milchkühen, der Rest teilt sich gleichmäßig auf Bullen und Ochsen auf.

Wichtigste Stücke. Die kulinarische Bestimmung der verschiedenen Fleischstücke führt zur Unterscheidung des *Fleisches erster und zweiter Kategorie* zum Braten oder Grillen und des *Fleisches dritter Kategorie* zum Kochen und Schmoren. Diese Einteilung führt zu einer geringeren Bewertung von Fleischstücken, deren geschmackliche und ernährungsphysiologische Eigenschaften ebenso gut sind wie die ›edlen‹ Teile des Tieres.

Stücke zum Braten und Grillen erster Kategorie.
– *Rumpsteak* (das Herzstück des Rumpsteaks besteht aus den drei Lendenmuskeln [oberer, mittlerer und tiefliegender Lendenmuskel]);
– *Filet* (großer und kleiner Lendenmuskel, Darmbeinmuskel);
– *Lendenstück* (Muskel der oberen Lendenfurche);
[Alle diese ›edel‹ genannten Stücke sind Teile des *Roastbeefs,* das heißt, sie stammen aus dem hinteren Rücken und der Lenden- und Darm- und Kreuzbeinregion].
– *Rinderfiletscheibe:* kleine etwa 2 cm dicke Scheibe von 100 bis 120 g, die aus dem Rinderfilet geschnitten wird und einen Speckrand hat, der ihr ihre runde Form gibt. Alle ähnlich geformten Stücke, die nicht aus dem Filet geschnitten werden, müssen als ›Falsches Rinderfilet‹ verkauft werden;
– *Großes Filetsteak:* dicke Scheibe aus der Mitte des Filets mit einem Gewicht von 400 bis 800 g;

B · **Das zerlegte Rind.**
1, 2. Kamm;
3. Fehlrippen;
4. Schaufelstück;
5. Schaufelstück;
6. Dickes Bugstück;
7. Spannrippe;
8. Hochrippe;
9. Vorderhesse;
10. Hinterhesse;
11. Rippenstück;
12. Blatt;
13. Brust;
14. Roastbeef;
15. Filet;
16. Beefsteak aus der Dünnung;
17. Fleisch aus der Dünnung;
18. Lappen;
19. Rumpsteak;
20. Fleischdünnung;
21. Rundstück aus der unteren Kugel;
22. Kugel;
23. Schwanzstück;
24. Schwanz.

– *Keulenstück:* innerer Teil der hinteren Gliedmaßen (Keule) ohne Knochen. Man unterscheidet hier auch *Oberschale, Hinterhesse* und *Kugel.* Alle diese Stücke liefern ein sehr zartes und begehrtes Fleisch;
– *Rippenstück* (äußerer großer Muskel an der Seite);
– *Schwanzstück:* hinterer und äußerer Teil des Rinderschenkels (langer großer und runder Muskel der Hinterhesse), aus dem man *Beefsteak* macht.

Teile zum Braten und Grillen zweiter Kategorie.
– *Rinderrippe:* Teil der Rippe, der an einem halben Rückenwirbel hängt, und die sie umgebenden Muskeln. Vom Knochen gelöst wird die Rinderrippe in Scheiben oder *Hochrippen* geschnitten, die die Muskeln zwischen den Rippen sind. Häufig wird jedoch unter der Bezeichnung *Hochrippe* eine Scheibe aus dem Lendenstück angeboten;
– *Fehlrippen:* die ersten fünf Rückenwirbel mit einem Teil der daran anschließenden Rippen und der dazugehörigen Muskeln;
– *Bug:* Muskelstück, das das Zwerchfell mit den Rippen verbindet und ein wegen seiner Zartheit als *Beefsteak* gesuchtes Fleisch liefert;
– *Kronfleisch:* aus den Stützmuskeln des Zwerchfells, ein gutschmeckendes Fleisch;
– *Lappen* (des Rumpsteaks) oder *Fleischdünnung:* besteht aus den Muskeln am Rumpsteak; es ist zwar eher für den Eintopf gedacht, wird jedoch heute häufig gegrillt;
– *Knochendünnung:* stammt aus einem Muskel des Bauches; das langfaserige Fleisch mit nicht immer gleicher Zartheit erfordert eine gute Zubereitung vom Schlachter zur Entfernung der Sehnenhäute;

– *Filet mignon:* wird aus einem Muskel im Inneren des Brustkorbes hergestellt;
– *Dickes Bugstück:* Teil der Schulter zwischen Schaufeldeckel und Hesse; ergibt Fleisch für Eintopf und für *Beefsteak;*
– *Mittelbug:* dieses Fleischstück ist zum Grillen und für Gulasch bestimmt;
– *Vorderbug:* fleischiger Teil der Schulter; wird vor allem für Brühe, jedoch auch geschmort oder als Ragout zubereitet.

Fleisch der 3. Kategorie. Hierzu gehören das *Schaufelstück,* die *Hesse* oder *Vorderhesse,* die *Läufe,* der *Kamm,* die *Brust* und die *Fleischdünnung.* Die meisten Stücke werden aus dem vorderen Viertel geschnitten.

PFERDEFLEISCH

Pferdefleisch besitzt gute ernährungsphysiologische Eigenschaften, weswegen es beim Verbraucher beliebt sein müßte. Sein Wassergehalt ist hoch, der Gehalt an Lipiden gering, und es ist weniger fett als Rindfleisch. Es enthält das Dreifache an Kohlenhydraten, vor allem Glykogen, als das Rindfleisch, was ihm einen süßlichen Geschmack gibt. Auch der Eisengehalt ist hoch. Der Verbrauch von Pferdefleisch ist jedoch regelmäßig zurückgegangen und heute in den meisten Ländern auf einen nicht nennenswerten Anteil pro Jahr und Person gesunken.

Paradoxerweise ist Pferdefleisch teuer, da die Pferde importiert werden, traditionell durch den Kauf von lebenden Tieren aus Polen und durch Fleischkäufe aus Amerika.

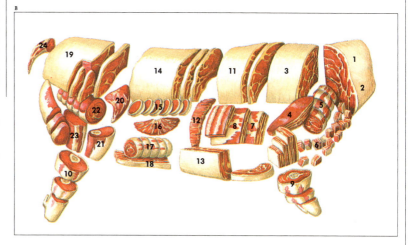

NAHRUNGSMITTEL

SCHLACHTFLEISCH

INDUSTRIELLE FLEISCHVERARBEITUNG

In Deutschland haben, wie auch in anderen Industrieländern, die Entwicklungen besonders in den letzten 100 Jahren Veränderungen im Ernährungsverhalten und besonders im Fleischverbrauch mit sich gebracht. Schlachtung, Zerlegen, Verarbeitung und Vermarktung, die früher ausschließlich handwerklich strukturiert waren, werden heute meistens industriell betrieben.

Räume zum industriellen Zerlegen sind zu den Schlachthöfen oder Supermärkten hinzugekommen und erfordern automatisch arbeitende Maschinen, obwohl das mechanische Lösen des Fleisches vom Knochen bei unterschiedlichen Tieren schwer zu realisieren ist. Allerdings werden die hygienischen Bedingungen streng kontrolliert, und überall gibt es Kühlräume.

Die Verpackung nach dem Bedarf von Käufern oder Supermärkten hat sich stark entwickelt: Die *Vakuumverpackung* ermöglicht eine vierwöchige Haltbarkeit bei 0 °C; die *Verpackung unter kontrollierter Luft* ermöglicht eine einwöchige Haltbarkeit bei 0 °C in Einzelportionen.

Kühlung und Transport. Die Kühltechniken und die Kühltransporte haben zu einer völligen Umkehr der Standorte der Schlachthöfe, die früher in der Stadt waren, geführt. Während man damals die Tiere zum Schlachten in die Stadt brachte, geht die Tendenz heute dahin, die Schlachthöfe in die Gebiete zu verlegen, wo das Vieh gehalten wird. Kühlwagen transportieren die geschlachteten Tiere zu Zerlegehallen, weiterzuverarbeitende mittelgroße Fleischstücke gelangen auf diesem Wege (in Vakuumverpackungen) bis in die Metzgereien.

Bei den Endprodukten für den Verbraucher hat sich das in Stücke zerlegte Frischfleisch rasch durchgesetzt: klassische, vakuumverpackte, gewogene und etikettierte Stücke, entweder gefroren und bei −10 °C konserviert oder bei 2 oder 4 °C gekühlt oder auch gefroren nach einer Schockbehandlung zwischen −30 und −35 °C und dann bei −20 °C konserviert.

Hackfleisch. Das Durchdrehen ist eine mechanische Arbeit, die die Muskelfasern durchtrennt und so ein weicheres Fleisch aus den Stücken der vorderen Tierviertel liefert, die traditionell bei langsamem Kochen ein härteres Fleisch ergaben. Nun verlangten die Verbraucher in zunehmendem Maße zartere Fleischstücke zum Grillen. Man testete also verschiedene Methoden, um den neuen kulinarischen Geschmack zu befriedigen. Die Tierhalter und -züchter versuchten, mit großen Schwierigkeiten, aber auch mit Erfolg, den Ertrag der Rinder bei den hinteren Vierteln durch die Zucht von *Doppellendern* zu verbessern; die Technologen schlugen Methoden auf der Basis von Chemie oder Enzymen vor, um die Zartheit des Fleisches der vorderen Viertel zu verbessern. Schließlich hat das Zerkleinern, nicht in kleinem Umfang beim Fleischer, sondern industriell betrieben, eine moderne und wirtschaftliche Lösung zur Verwendung der vorderen Viertel erbracht. Die Kombination von Zerkleinern und Einfrieren führte zum *gefrorenen Hacksteak*. Desgleichen tauchen *restrukturierte Erzeugnisse* aus sehr fein zerkleinertem und dann nach einer traditionellen Methode geformtem Fleisch auf: Koteletts, Steaks, Frikadellen usw. Ein zusätzlicher Schritt wurde mit dem *Kochen* und *Pressen* gemacht, wobei die Fleischfasern und die Fasern von entweder pflanzlichen (z.B. Soja) oder tierischen (Fisch) Proteinen gleichzeitig verarbeitet werden. Der so erhaltene Teig wird bei hohen Temperaturen (120 bis 250 °C) unter sehr hohem Druck (200 bar) verarbeitet und liefert durch Druckverminderung ein neues Produkt, das nach Belieben kalorienarm oder mit Vitaminen oder Mineralstoffen angereichert ist. Diese neuen Erzeugnisse, die kein Fleisch mehr sind, jedoch Zubereitungen von strukturierten Proteinen, und die meistens unter einer Handelsmarke verkauft werden, haben einen großen Erfolg.

FÜNFTES VIERTEL, SCHLACHTABFÄLLE

Das ›fünfte Viertel‹ umfaßt alle Nebenprodukte des Schlachtens außer Fleisch. Von diesen Nebenprodukten sind einige, wie die Schlachtabfälle, eßbar, andere werden für industrielle Zwecke verwendet, und noch andere müssen schließlich umweltfreundlich beseitigt werden und gehen zur *Abdeckerei*. Diese ist ein industrieller Betrieb, in dem die nicht bei der Schlachterei verwendeten Kadaver von Haustieren sowie die Abfälle der Schlachttiere verarbeitet werden.

Die **Schlachtabfälle** umfassen die eßbaren Organe, die als ganze entweder tiefgefroren oder vakuumverpackt verkauft werden: Leber, Herz, Lunge, Nieren, Bries, Zunge, Hirn, Backen, Schnauze, Magen, Innereien (zur Zubereitung von Kutteln), Netz, Milz, Füße, Schwanz, Schwarte und Sehnengewebe.

Das **Blut** ist ein wertvolles, auch in der Ernährung von Mensch und Tier verwendetes Produkt (Blutwurst usw.).

Der **Labmagen** geht in die Molkereien.

Das **Plasma**, das durch Zentrifugieren des mit einem gerinnungshemmenden Mittel versetzten Blutes gewonnen wird, liefert den aus Blutkörperchen bestehenden *Blutkuchen*.

Die **Gedärme** werden, wenn sie eine gute Qualität haben, als Hülle für Wurstwaren verwendet. Sie dienen auch zur Zubereitung von verschiedenen Würsten. Sie werden auch zunehmend in anderen Bereichen verwendet, zum Beispiel in der pharmazeutischen Industrie, die Heparin daraus gewinnt.

Der **Talg** ist ein eßbares Produkt, das durch Schmelzen des Fettgewebes von Rindern und Schafen gewonnen wird. Der Talg wird in der menschlichen und tierischen Nahrung verwendet, aber auch in vielen weiteren Industrien wie der Lederindustrie, wo er zur Pflege des Leders benutzt wird und ihm zu Weichheit und Wasserundurchlässigkeit verleiht. In der Seifenindustrie verwendet man Rinder- und Schaftalg, der zur Härte und Festigkeit der Seife beiträgt.

Die **Häute** von Rindern und Einhufern, die in Lohgerbereien verarbeitet werden, sowie die von Schafen und Ziegen, die in Weißgerbereien verarbeitet werden, ergeben durch eine Reihe von Arbeitsgängen Leder. Sie werden zunächst eingeweicht, dann von Fell, Unterhautgewebe und Epidermis befreit, so daß nur die Lederhaut bleibt. Dies ist die ›Rohhaut‹, die dann möglichst schnell gegerbt werden muß. Das Gerben geschieht mit Hilfe von mineralischen oder pflanzlichen Gerbstoffen.

Ernährungsphysiologische Zusammensetzung des Fleisches
(in g pro 100g Frischfleisch)

	kcal/kJ	Wasser	Proteine	Fett
Rind (fettes Fleisch)	380/1596	49	15,5	35
Gans	370/1554	50	16	34
Schaf (fettes Fleisch)	345/1449	53	15	31
Schwein (fettes Fleisch)	330/1386	54,5	15	29,5
Schwein (mageres Fleisch)	260/1092	61	17	21
Schaf (mageres Fleisch)	210/882	66	18	14,5
Huhn	200/840	67	19,5	12
Rind (mageres Fleisch)	195/819	66,5	20	12
Kaninchen	160/672	70	21	8
Pute	150/630	68	22	7
Fasan	150/630	69	25	5

DIE QUALITÄTEN DES FLEISCHES

Der Verbraucher verlangt vom Fleisch eine Reihe von Qualitätsmerkmalen:
– das erste betrifft die *Hygiene*: Frische und Fehlen von Mikroben, was in der gesamten Verarbeitungskette entsprechende Anstrengungen voraussetzt;
– das zweite betrifft die *Ernährung*: hoher Eiweißgehalt, wenig Fett;
– das dritte betrifft das *Kochen*: Es muß leicht zuzubereiten sein.

Schließlich verlangt der Verbraucher einige *organoleptische* Eigenschaften:
– *Zartheit*: die Fähigkeit, durch Kauen leicht zerkleinert werden zu können; wenn das Fleisch hart ist, so liegt dies vor allem am Kollagen; Kochen macht das Fleisch weicher;
– *Schmackhaftigkeit*: hängt häufig vom Vorhandensein von Fetten ab, insbesondere in den Muskeln selbst, die dann ›durchwachsen‹ genannt werden;
– *Saftigkeit*: Fähigkeit, beim Kauen Saft zu erzeugen;
– *Farbe*: wird vor allem beim Kauf bewertet, aber auch in den späteren Phasen bis zum Verzehr.

A · **Schlachthof.**
Nach dem Betäuben kommen die Rinder in die Schlachthalle und werden dann an ein Überflur-Transportsystem gehängt, das ein oder mehrere Arbeitsbänder bildet. Die Tiere kommen zu den Arbeitern, die nun die verschiedenen Arbeitsgänge vornehmen: Ausbluten, Zerschneiden, Entfernen der Schlachtabfälle. Die Schlachtkörper werden dann geprüft, klassifiziert und gewogen, bevor sie in Kühlkammern kommen.

NAHRUNGSMITTEL

SCHWEINEFLEISCH UND WURSTWAREN

SCHWEINEFLEISCH

Das Schweinefleisch macht mehr als die Hälfte des gesamten Fleischverbrauchs in Deutschland, Dänemark und in den Niederlanden aus. Ein extrem helles, weiches und wäßriges Schweinefleisch entsteht vor allem durch eine zu rasch ablaufende Veränderung des Fleisches unmittelbar nach der Schlachtung und wird als PSE-Fleisch bezeichnet. Solches Fleisch kommt bei rund 15 % aller geschlachteten Schweine vor. Der Anteil an PSE-Fleisch ist in der obersten und teuersten Handelsklasse E besonders hoch.

Stücke. Im Gegensatz zum Rindfleisch, dessen Zerlegung standardisiert wurde, wird das Schwein in folgende Stücke zerlegt:
Schinken (Keule, Schlegel): das wertvollste Stück. Es wird unterteilt in Oberschale, Schinkenstück, Nuß und Schinkenspeck.
Filet (Lende): gehört zum teuersten und besten Fleisch.
Kotelett: enthält großen Rückenmuskel, wird kurzgebraten. Da die Nachfrage nach Koteletts das Angebot übersteigt, werden deshalb auch ähnliche Fleischscheiben aus anderen Teilstücken der Rippenpartie geschnitten, insbesondere aus dem Nacken (Kamm). Diese müssen allerdings als Kamm- oder Nackenkotelett kenntlich gemacht werden.
Eisbein: Eisbeine sind die Unterschenkel der Vorder- und Hintergliedmaßen. Sie werden frisch oder gepökelt gekocht oder gebraten gegessen. Ihr Anteil am entbeinten Fleisch beträgt etwa 3,5 %.
Rückenspeck oder *fetter Speck:* Dies ist das Stück, das aus der oberen Speckschicht und der Speckschwarte besteht. Die *Speckscheibe* ist eine dünne Scheibe, die für Braten, Geflügel, Wild oder Fisch zum Belegen verwendet wird. Dadurch wird das Austrocknen beim Zubereiten vermieden und das Fleisch zum Tranchieren zusammengehalten.
Brust: Dies ist der untere Teil des Körpers. Sie umfaßt die eigentliche Brust und die Bauchmuskeln von der Spitze des Brustbeins bis zur Keule. Die Brust mit dem *dicken Stück,* dem *Kamm* und der *Spannrippe* (oder *flachen Rippe*) gehört zum ›frisch gepökelten Fleisch‹, das 48 Stunden lang in Salzlake eingelegt wird. Sie ergibt dann das ›Pökelfleisch‹.
Bacon: Dies ist die englische Bezeichnung für mageren, geräucherten, frischen oder gepökelten Speck. Bacon wird hauptsächlich für den englischen Markt produziert. Dazu werden vor allem in Dänemark besondere Schweine, die Baconrasse, gezüchtet. Diese Schweine werden in 5–6 Monaten auf 80–90 kg Lebendgewicht gemästet.

Bug, dickes Stück: Dies ist der Vorderlauf des Schweins. Es wird sehr selten als ganzes verkauft. Man löst daraus das *dicke Stück,* das anatomisch dem Schulterblatt und den daran anschließenden Muskeln entspricht. Das dicke Stück wird frisch als Braten oder gepökelt und eventuell geräuchert verkauft. Der übrige Bug wird zur Herstellung von Würsten und Würstchen verwendet.
Kehle: besteht aus einem kaum auszukochenden Fett und wird für lang kochende Gerichte verwendet.
Füße, Schwanz, Ohren: Diese Stücke werden gepökelt, gar und paniert oder sauer eingelegt verkauft.
Schlachtabfälle: Der Metzger verwendet einige Abfälle bei der Herstellung seiner Produkte. Blut dient zur Herstellung von Blutwurst und rotem Schwartenmagen (Preßsack). Die Dickdärme werden für Bratwürste verwendet; das *Netz,* ein kleiner Fettstreifen um den Pansen, dient als Hülle für flache Bratwürste; der Dünndarm wird ebenfalls bei Würsten verarbeitet. Weitere Abfälle, auch Schlachtabgänge genannt, werden zum Verzehr verkauft, wie die *Innereien,* die Lungen und das Herz ebenso wie Leber, Zunge, Kopf, Nieren, Milz und Magen oder das Hirn umfassen.

Diese Stücke können auch für Zubereitungen wie das Schweinemaul dienen, das aus dem gerollten Kopf besteht, der in feine, mit einer Vinaigrette gewürzte Scheiben geschnitten wird.

INDUSTRIELLE WURSTHERSTELLUNG

Einsalzen, Pökeln, verschiedene Zusatzstoffe. Das Einsalzen mit Salz verlängert die Haltbarkeit, erhöht die Fähigkeit, Wasser zurückzuhalten, sowie die Bindefähigkeit des Fleisches und verbessert vor allem die Schmackhaftigkeit. Das *Pökeln* ist ein ähnlicher Vorgang, bei dem man zusätzlich zum einfachen Salz zur Erhaltung der Fleischfarbe Natriumnitrat zusetzt. Der Einsatz von Salpeter oder Kaliumnitrat KNO_3 (E 252 [zur Bezeichnung eines Zusatzes verwendetes Symbol: s. S. 1046]) zusammen mit Salz und Zucker (Rübenzucker oder eher Trauben- und Milchzucker) sowie Pökelhilfsstoffen ist viele Jahrhunderte alt. Die Wirkung dieser Stoffe auf das Myoglobin trägt dazu bei, die appetitliche, koch- und backbeständige rosa Färbung zu erhalten, den Geschmack zu verbessern und die Bildung von Mikroorganismen, vor allem *Clostridium,* zu verhindern. Einige zugelassene Zusatzstoffe:
– die *Ascorbinsäure* oder Vitamin C (E 300) wird häufig in Verbindung mit Salpeter verwendet;
– die *alkalischen Phosphate* oder Polyphosphate (E 450) geben dem Fleisch seine Fähigkeit zurück, Wasser zu binden, die es zur Zeit der Schlachtung hatte;
– die *organischen Säuren:* Essigsäure (E 260), Milchsäure (E 270), Zitronensäure (E 330) und Weinsäure (E 334) werden zur Säuerung des Milieus verwendet;
– die *Geliermittel* oder *Verdickungsmittel* wie die Alginate (E 401 bis 405), Carrageen (E 407), Johannisbrotkernmehl (E 410), Guarkernmehl (E 412) und Xanthan (E 415);
– die *Farbstoffe,* von denen es ungefähr zwanzig größtenteils natürlichen Ursprungs gibt (Cochenille [E 120], Zuckercoleur [E 150], Carotine [E 160] usw.);
– die *Laktoproteine:* Kasein, Kaseinate, Molke werden wegen ihrer Bindefähigkeit eingesetzt, die den Zusammenhalt und die Konsistenz von Mischungen verstärken.

Trocknen. Dies ist ein Reifungsprozeß durch Trocknung. In der traditionellen oder handwerklichen Wurstherstellung findet das Trocknen an einem warmen und luftigen Ort statt, zum Beispiel an der Decke der Küche oder der Wurstküche, in einem Rauchfang oder besser noch in einem wärmegedämmten und klimatisierten Schrank. Bei den Industriebetrieben erfolgt das Trocknen, insbesondere das der Würste, in großen Räumen, in denen die Temperatur und die Luftfeuchtigkeit sorgfältig kontrolliert werden (15–25 °C), so daß das Austrocknen gefördert wird und dabei ein gutes Gärungsgleichgewicht möglich ist, das dann eine zufriedenstellende Farbe, Aroma und Konsistenz garantiert. Diese Herstellungsphase dauert ein bis drei Tage.

Räuchern. Das Räuchern von Fleisch wird seit sehr langer Zeit betrieben. Das Hauptziel dabei ist die Konservierung der Produkte durch die bakterienhemmende Wirkung der Bestandteile des Rauches. Die neuen Konservierungsverfahren haben das Räuchern nicht verdrängt, denn die Verbraucher schätzen diesen Geschmack noch immer. Also werden die Fleischstücke wie das dicke Stück, die Brust, der Schinken oder Bratwürste und Blutwurst weiterhin bei Kühlung (unter 30 °C) geräuchert. Bei Hitze (50 °C oder sogar 80 °C, wenn gekocht wird) werden die Würste und Würstchen mit feiner Masse wie Frankfurter, Straßburger oder Cervelat geräuchert. Die traditionell zur Raucherzeugung verwendeten Sägespäne oder Holzsplitter sind vor allem aus Hartholz, das als besser gilt (Eiche, Buche, Nußbaum), oder auch aus Weichholz wie Weide, Birke, Pappel, Weinreben, die häufig gemischt eingesetzt werden.

Die Länder, die keine lange Tradition des eigentlichen Räucherns haben, setzen Raucherzeuger mit ›flüssigem Rauch‹ ein, die den sehr feinen Nebel eines Rauchdestillats versprühen.

Kochen. Das Kochen ist ein Garen in siedendem Wasser bei konstant 100 °C. Das Fleisch

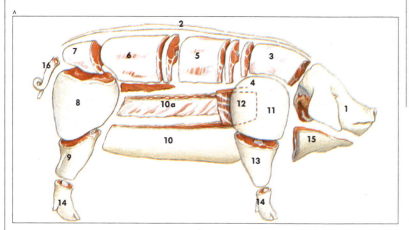

▲ **Das zerlegte Schwein.**

1. Kopf;
2. Rückenspeck;
3. Kamm;
4. Dickes Stück;
5. Koteletts oder erste Rippen;
6. Filetrippen;
7. Spitze;
8. Schinken;
9. Hinteres Eisbein;
10. Brust;
10 a Bauchstück;
11. Bug (dickes Stück und Eisbein);
12. Spannrippe;
13. Vorderes Eisbein;
14. Füße;
15. Kehle;
16. Schwanz.

1029

NAHRUNGSMITTEL

SCHWEINEFLEISCH UND WURSTWAREN

wird, ganz von Flüssigkeit bedeckt, unterschiedlich lange gekocht, wodurch es leichter verdaulich wird. Das Kochen verändert das Produkt: Proteine und Lipide werden degradiert und entwickeln Aroma, und die Verdaulichkeit wird erhöht. So wird das Kollagen oder Bindegewebe nicht verdaut, während es sich beim Kochen in verdauliche Gelatine umwandelt. Schließlich spielt das Kochen eine wichtige Rolle für die Haltbarkeit der Produkte: Die meisten Bakterien werden bei einer Temperatur von 65 °C über 30 Minuten hinweg zerstört. Bei den Produkten der gekochten Wurstwaren unterscheidet man Würste, Cervelatwürste, Würstchen, Schinken und Wurstpasteten.

Die Wurstpasteten werden im Backofen oder im Herd bei Temperaturen zwischen 120 und 200 °C gekocht.

Hüllen. Früher wurden die beim Schlachten als Abfall anfallenden Gedärme zur Umhüllung des Fleisches der Würste, Würstchen und Blutwürste benutzt. Heute verfügen die Betriebe über industriell hergestelltes Material, mit dem eine schnelle Umhüllung sowie angemessene Qualität möglich wird, wie zum Beispiel die Wursthüllen, die auf der Grundlage des Kollagens aus Rinderhäuten hergestellt werden.

WURST, WURSTWAREN

In der Bundesrepublik Deutschland werden die meisten, nämlich rund 2 000, Wurstwaren angeboten. Auf Wurst und Wurstwaren entfallen ein Drittel des jährlichen Fleischverbrauchs. Wurst ist ein in Natur- oder Kunstdarm eingefülltes zerkleinertes, gesalzenes und gewürztes Fleisch und Schlachtabgänge von Schlachttieren, auch von Geflügel, Wild oder Fischen. Zur Wurstherstellung werden frisches oder gekochtes Fleisch, Innereien (Herz, Leber, Lunge, Nieren, Rindermagen u. a.), Zunge, Gehirn, Fett, Blut, Gewürze (Pfeffer, Piment, Nelken, Muskatblüte, Majoran, Zwiebeln, Petersilie, Knoblauch) und gelegentlich Trüffeln, Eier, Pilze verwendet.

Herstellung. Man unterscheidet *Roh-, Brüh-* und *Kochwürste.* Nach sinkendem Fettanteil werden Wurstwaren eingeteilt in einfache, mittlere und Spitzenqualität. Erzeugnisse einfacher Qualität haben häufig einen niedrigeren Gehalt an bindegewebsfreiem Fleischeiweiß und daher einen geringeren Gehalt an essentiellen Aminosäuren, da dieser beim Bindegewebseiweiß geringer ist als beim Protein von Muskelfleisch.

Roh- oder Dauerwurst besteht aus oft mit Rindfleisch gemischtem, von Sehnen befreitem Schweinefleisch und Fett (Speck). Schwarten und Sehnen sind nur in billigen Qualitäten enthalten. Die Masse, das Brät, wird im Darm angetrocknet und geräuchert. Rohwürste sind z. B. Zervelat-, Plockwurst, Salami, Schlack-, Schinken-, Mettwurst und Landjäger.

Schnittfeste Dauerwürste (z. B. Salami) bedürfen sorgfältiger Trocknung und etwaiger Räucherung zur optimalen Entwicklung des Aromas.

Frische Rohwürste (z. B. frische Mettwurst) werden im Schnellverfahren durch rasche Reifung bei höheren Temperaturen ohne längere Trocknung hergestellt; sie werden geräuchert und sind weniger lagerfähig.

Streichfähige Rohwürste (z. B. Teewurst) werden aus fein zerkleinertem Fleisch hergestellt. Sie enthalten gewöhnlich mehr Fett als weniger streichfähige Würste und sind ebenfalls weniger lange haltbar.

Brühwurst wird aus frischem Rind-, Kalb- oder Schweinefleisch hergestellt, das gut gekuttert (zerkleinert) und, um Saftigkeit zu erzielen, mit Wasser versetzt wird, dessen Menge durch Verordnung festgelegt ist. Die Würste werden meist erst heiß geräuchert und dann in Wasser von etwa 80 °C gebrüht. Hierzu gehören die *Brühwürstchen* (Wiener, Frankfurter, Halberstädter), die *Regensburger* und *Lyoner,* die *Bier-, Jagd-, Knack-, Bock-* und *Knoblauchwurst,* die *Mortadella* sowie die *Münchner Weißwurst.*

Gelbwurst ist ein ungerötetes, also ohne Nitritpökelsalz hergestelltes Fleischerzeugnis. Sie ist auch nicht fettärmer als die anderen Brühwurstsorten.

Kochwurst wird erst im siedenden Wasser, dann bei 80–90 °C gekocht und nach dem Abkühlen kalt geräuchert. Zu den Kochwürsten gehören *Leberwurst,* die bei guten Sorten Leber vom Schwein oder Rind sowie Kalb- und/oder Schweinefleisch, bei einfachen auch Innereien enthält, und *Blutwurst* (Rotwurst) aus Schweineblut, manchmal auch aus Rinder- oder Kalbsblut, Schweinefleisch und Speck. Frisches oder defibriniertes Blut wird mit dem gekochten Fleisch in die Hülle gefüllt. Zur Blutwurst gehören die *Zungenwurst* (mit Zungenstücken) und die *Fleischrotwurst* (mit Fleischstücken). Eine Kochwurst ist auch die *Sülzwurst,* bei der Schweinefleisch, Speck sowie leimgebende Teile (Schwarten, Schweine- und Kalbsköpfe und -füße) gekocht und in weite Därme, Schweinemagen oder Blasen gefüllt und noch einmal gekocht werden. Beim Abkühlen erstarrt die Masse gallertartig.

Bratwurst besteht meist aus feingehacktem Schweinefleisch, auch mit Kalbfleischanteilen.

Wurstkonserven sind eingedoste Wurstwaren (Wiener, Frankfurter) und in Dosen sterilisierte Wurstmasse, gewöhnlich Leber-, Blut- oder Sülzwurst.

Wurst der *Spitzenqualität* wird aus fettgewebs- und sehnenarmem Fleisch hergestellt. Wurst der *mittleren Qualität* besteht aus grob entsehntem und entfettetem Fleisch. Neben dem jeweiligen Namen kann auch die Bezeichnung ›Land-, Bauern- und Hausmacherwurst‹ auf diese Qualitätsstufe hinweisen. Wurst der *einfachen Qualität* enthält sehnen- und fettgewebsreiches Fleisch, Speck und Schwarten. Kochwürste enthalten auch Innereien.

Der Nährwert beträgt bei Fleischwurst 2 600–5 000 kcal/kg, Blutwurst 1 800–2 500 kcal/kg, Leberwurst 1 900–3 800 kcal/kg, Brühwürstchen 1 500–3 500 kcal/kg.

Der Zusatz von Konservierungsmitteln und Farbstoffen, auch die Färbung der Hülle – mit Ausnahme der Gelbfärbung der süddeutschen Gelbwurst – ist verboten, die Verwendung von Emulgatoren (aufgeschlossenes Milcheiweiß, Blutplasma, Eiklar, Milch-, Mono- und Diglyceride) und Kutterhilfsmitteln (Natriumsalze der Essig-, Milch-, Wein-, Zitronen- und Diphosphorsäure) bei Brühwurst nach der Neufassung der Fleischverordnung vom 21. Januar 1982 erlaubt.

A · **Würstchen.**

1. und 2. Landjäger;
3. Figatelli;
4. Chorizo;
5. und 7. Trockenwürste;
6. Schinkenwurst;
8. Morteau-Wurst;
9. Schinkenwurst;
10. Bierwurst;
11. Montbéliard-Wurst;
12. Mettwurst;
13. Fleischwürstchen;
14. Merguez;
15. ›Cocktailwürstchen‹;
16. Leberwurst;
17. Plockwurst;
18. Klassische Wurst und Kräuterwurst aus Toulouse;
19. Chipolatas;
20. Grillmettwürste;
21. ›Cocktail-Chipolatas‹;
22. Straßburger Würstchen;
23. Cervelatwurst;
24. Nürnberger Bratwurst.

B · **Würste.**

1. Wurst der Ardèche;
2. Jesus-Wurst;
3. Korsische Wurst;
4. Lyoner Kochwurst mit Trüffeln;
5. Trockenwurst;
6. Salami;
7. Hausmacherwurst;
8. Lyoner Wurst;
9. Knoblauchwurst (Paris);
10. Leberwurst;
11. und 12. Coppa;
13. Rosette;
14. und 15. Geräucherte und ungeräucherte Salami;
16. Mortadella;
17. Zungenwurst;
18. Pfefferwurst.

NAHRUNGSMITTEL

SCHINKEN

Rohe Schinken. Diese Produkte können ganz oder vom Knochen gelöst, in Stücken oder Scheiben und verpackt und unverpackt verkauft werden. Sie werden mit trockenem Salz eingesalzen und mehr oder weniger lange abgehangen.

Zu den rohen Schinken zählen Nußschinken, Rollschinken und Knochenschinken. Der magere *Nußschinken* ist entbeint, mild geräuchert und von Netzen in der Form gehalten. Der *Rollschinken* aus entbeinten Fleischstücken wird nach dem Pökeln gerollt und mit einem Netz umhüllt. *Knochenschinken* hat einen eingewachsenen Röhrenknochen und wird mit Speck und Schwarte verkauft. Er wird gepökelt, reift dann und wird zuletzt geräuchert.

Lachsschinken wird aus dem Kernfleischstück des Kotelettstranges hergestellt.

Ausländische rohe Schinken. Der *Ardennen-Schinken* wird mehrere Wochen lang geräuchert und dann getrocknet. Der *Parma-Schinken* wird nach sehr strengen Regeln hergestellt. Die Züchter (ausnahmslos aus der Emilia-Romagna, Lombardei, Venetien und Piemont) müssen die Tiere mindestens 4 Monate in den Stall bringen und die Ernährung überwachen, vor allem in den 40 Tagen vor der Schlachtung. Der Parma-Schinken wird gesalzen und in einem genau festgelegten Gebiet in geringer Höhe (unter 900 m) abgehangen. Die Herstellungsdauer (vom Salzen bis zum Verkauf) beträgt mindestens 10 Monate.

Gekochter Schinken. Der Schinken wird zunächst von Fett und Sehnen befreit, bevor er zwei bis drei Wochen lang in einer Salzlauge gepökelt und warm geräuchert wird; das daran anschließende Kochen ermöglicht die Koagulation in den Proteinen.

Der *gekochte Vorderschinken* wird aus der Schulter des Schweines hergestellt. Er kommt meist in Blockform in den Handel. Der *Kochschinken* wird aus dem vom Knochen befreiten Schinken gemacht. Er wird mild gepökelt, kurz heißgeräuchert und anschließend in einer Form gegart.

WEITERE PRODUKTE

Gekochte oder in ihrem Fett aufbewahrte Produkte.
Rillettes. Die *Fleischpasteten* werden aus großen, langsam in ihrem eigenen Fett gekochten Fleischstücken zubereitet. Sie haben eine helle Färbung. Die *Schweinepasteten* sind feiner und häufig mit Schweineleber vermischt. Sie werden schnell gekocht, weswegen sie dunkler sind. Eigentlich legt die Bezeichnung ›Rillette‹ ein Herstellungsrezept fest und ist keine Gewähr für eine Herkunftsbezeichnung.
Pasteten aus Fleisch und Schlachtabfällen. Die *Landpastete* ist eine Mischung aus magerem und fettem Fleisch, von Kehle und Leber, Herz und Nieren des Schweins. Die *Terrine* ist eine hochwertige Pastete, die ihren Namen aus ihrem für sie typischen Gefäß aus edlem Material (Steingut, Porzellan verschiedener Formen) herleitet. Die *gelierten Fleischpasteten* bestehen aus mageren Fleischstücken und einer Füllung aus Schweinefleisch, aber auch anderem Fleisch wie Kalb-, Kaninchen- und Geflügelfleisch usw.
Produkte mit Kruste. Sie werden in Formen mit einer Teighülle gekocht und bestehen aus neuen, ›Bäckerei-Wurstwaren‹ genannten Produkten: Törtchen, Blätterteigpasteten, Croissants, Königinpastete, Quiches usw.

Produkte aus dem Tierkopf, denen vor dem Kochen Gelee zugefügt wird und die danach geformt werden.
Dies sind das *Maul*, die *Zunge* (Schweinskopfsülze) und der *Preßkopf*.

Produkte aus Blut. *Blutwurst* oder *Rotwurst* wird aus Blut, Speck, fettgewebereichem Schweinefleisch, manchmal auch mit Herz, Lunge, Niere und Gewürzen hergestellt. Zu den gekochten Fleisch- und Innereiteilen werden Speck und Würfel von Muskelfleisch gegeben.

Hackfleisch ist fein zerkleinertes, rohes Skelettmuskelfleisch von Schlachttieren ohne jeden Zusatz. Es darf nach der Hackfleischverordnung vom 10. Mai 1976 nur am Tag der Herstellung in Verkehr gebracht und sollte wegen seiner kurzen Haltbarkeit vom Verbraucher am selben Tag verzehrt oder zumindest tiefgefroren werden.

Weißwürste. Sie bestehen aus einer feinen Masse mageren weißen Fleisches (Kalb-, Jungrind-, Schweinefleisch) und Speck. Die Zutaten werden fein gekuttert und dürfen nicht angerötet werden. Weißwürste verlieren daher beim Brühen die rote Fleischfarbe.

Fleischsalat ist ein Feinkostsalat aus Rind-, Kalb- oder Schweinefleisch mit Mayonnaise, geschnittenen Gurken und Gewürzen. Fleischsalat wird heute überwiegend in Großbetrieben gemischt. Für die Herstellung werden insbesondere Fleischabfallprodukte verwendet. Er wird mit Konservierungsstoffen haltbar gemacht. Wegen des hohen Energiewertes wird zunehmend kalorienreduzierter Fleischsalat hergestellt. Dabei wird der Pflanzenölanteil teilweise durch energiearme Austauschstoffe ersetzt.

Schweineschmalz ist ein weißes und festes Fett, das durch das Schmelzen der Fettgewebe des Schweins (und zwar nur vom Schwein) gewonnen wird. Dazu wird vor allem das Bauchwandfett, auch Rückenspeck und sonstiges Fettgewebe schonend erschmolzen.

Das Schweineschmalz besteht im wesentlichen aus Triglyceriden, darunter den drei essentiellen Fettsäuren: Öl-, Linolen- und Palmitinsäure. Es wird in einer offenen oder verschlossenen Wanne zubereitet, wobei das Entwässern durch das Zusammenwirken von Wärme und Druck erfolgt. Es wurde früher als Fett in der Küche, insbesondere zum Braten, verwendet. Aufgrund seines niedrigen Preises und seiner besonderen Qualitäten wird es noch heute in der Nahrungsmittelindustrie eingesetzt.

Der **Speck** wird aus dem Fettgewebe des Schweines hergestellt. Frisch ist er nur begrenzt haltbar, daher wird er überwiegend gesalzen, gepökelt oder geräuchert und meist mit Schwarte angeboten. Die am Speck anhaftenden Fleischteile der Bauch- und Brustmuskulatur werden als Bauchspeck bezeichnet.

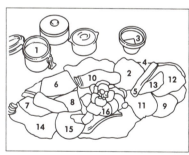

A · **Wurstplatte.**
1. Terrine;
2. Rote Zunge;
3. Rillettes;
4. Gelierte Fleischpastete mit Pilzen;
5. Landjäger;
6. Gekochter Schinken in Petersilien-Aspik;
7. Leberpastete;
8. Pastete im Teigmantel;
9. Schinkenscheibe;
10. Roher Schinken;
11. Blutwurstscheibe;
12. Rillette;
13. Salami;
14. Gelierte Fleischpastete mit Paprika;
15. Fleischwurst mit Pistazien;
16. Knoblauchwurst und Trockenwurst.

NAHRUNGSMITTEL

ERZEUGNISSE DER GEFLÜGELZUCHT

GEFLÜGELFLEISCH

Man nennt alle diejenigen Vogelarten, die als Nutz- oder Haustiere (Hausgeflügel) gehalten werden oder jagdbares Wild (Federwild, Flugwild) darstellen, Geflügel.

Beim gesamten Fleischverbrauch pro Kopf und Jahr macht das Rindfleisch 21,7 kg, Schweinefleisch 58,9 kg und Geflügel 11,4 kg aus. Am Geflügelfleisch haben Hähnchen einen Anteil von 6,5 kg, Truthühner 1,6 kg, Hühner 1,1 kg, Enten 0,6 kg und Gänse schließlich 0,3 kg. Weltweit werden jährlich 30 Millionen Tonnen Geflügelfleisch erzeugt.

Schlachtung und Zubereitung. Die Schlachthöfe für Geflügel bestehen aus aufeinanderfolgenden Hallen, die die Tiere an einem Transportband aufgehängt durchlaufen. In der ersten Halle erfolgt das Betäuben, Ausbluten, das Brühen und Rupfen. In einer zweiten Halle folgt dann das *Ausnehmen*: Entfernung des Darms durch die Afteröffnung ohne Entfernung der anderen Innereien. Die ›ausgenommenen‹ Geflügel behalten auch noch ihr *Klein*: Füße, Kopf und Hals. In der gleichen Halle kann auch das vollständige Ausnehmen erfolgen, wobei Speiseröhre, Kropf, Luftröhre, Herz, Lungen, Kaumagen, Innereien, Leber sowie Hals und Füße entfernt werden. Diese ergeben dann ausgenommenes und kochfertiges Geflügel. Die Tiere werden anschließend verpackt oder unverpackt portioniert. Die Körper können auch gekühlt oder tiefgefroren gelagert werden.

In den letzten Jahren geht die Haupttendenz in Richtung des Zerlegens des Schlachtkörpers: Keulen und Unterschenkel, Flügel oder Filets, die entweder als Kochfleisch oder bereits gebraten zubereitet werden. Mit automatischen Maschinen kann das Fleisch von den Knochen gelöst und zerlegt werden, diese Maschinen haben eine Leistung von bis zu 2 400 Vögeln pro Stunde. Neun Zehntel der geschlachteten Puten und ein Drittel der Hühner werden im allgemeinen zerlegt. Diese Technik beginnt sich auch bei Enten durchzusetzen. Schließlich ist das Geflügelfleisch auch traditionsgemäß an der Zubereitung von zahlreichen Spezialitäten wie Pasteten, gelierten Fleischpasteten, Fleischpürees und Geflügelwurst beteiligt. Die Herstellung dieser Spezialitäten hat einen großen Aufschwung erlebt.

Huhn. Es ist der junge Vogel des Haushuhns (*Gallus gallus*). Das Gewicht des Huhns kann zwischen 800 und 2 500 g liegen. Die Masthühner werden in Gebäuden mit einer Dichte von 20 Tieren pro m² gehalten. Das Schlachtalter liegt zwischen 42 und 50 Tagen. Das Hühnerfleisch ist ernährungsphysiologisch besonders interessant, da es weniger Fett und mehr Proteine enthält als anderes Fleisch, selbst wenn dieses als mager bekannt ist.

Hennen und Hähne. Sie sind die Tiere der Art *Gallus gallus*, die ihre Geschlechtsreife erreicht haben. Die Hennen werden von den Hähnen getrennt gehalten, damit sie Eier legen (Legehennen), oder aber mit diesen zusammen, damit die Eier befruchtet werden (Zuchthennen). Die Hennen werden bei kleiner Anzahl von Tieren auf dem Geflügelhof entweder auf dem Boden mit oder ohne Auslauf oder auf Lattenrosten oder auch in Käfigen gehalten.

Küken und Hähnchen. Das Küken ist das Jungtier, das aus dem Hühnerei schlüpft. Auch das Junge mehrerer anderer Geflügelarten wird als Küken bezeichnet. Es gibt spezialisierte Unternehmen, die den Züchtern Eintagsküken liefern. Diese Tiere sind ›nach Geschlecht getrennt‹, so daß die Weibchen zu Brutbetrieben und die Männchen zu Fleischproduktionsbetrieben kommen. Im Handel mit geschlachtetem Geflügel wird ein Jungtier der Art Henne, dessen Lebendgewicht unter 800 g liegt, Küken genannt. Wenn dieses Tier männlichen Geschlechts ist, heißt es *Hähnchen*.

Perlhühner. Es gibt mehrere Perlhuhnarten: das Gemeine Perlhuhn (*Numida meleagris*) mit grauschwarzer Färbung und weißen ›Perlen‹ auf seinem Federkleid, einem hornartigen Kamm und roten Kehllappen; Schwarzes Perlhuhn (*Phasidus niger*); Weißes Perlhuhn (*Agelastes meleagrides*), usw. Das Gemeine Perlhuhn wiegt 1 bis 2 kg und liefert ein begehrtes Fleisch; die *jungen Perlhühner* werden auch mit einem Gewicht von etwa 600 g vermarktet.

Ihr Fleisch ist ähnlich dem von Junghühnern. Die bräunlichen Eier haben eine harte Schale und wiegen etwa 40 g. Sie werden wegen ihres feinen Geschmacks in Delikatessengeschäften angeboten.

Wachteln. Die Gemeine Wachtel (*Coturnix coturnix*), ein kleiner Zugvogel von 150 bis 200 g, wird nicht als Haustier gehalten. Dagegen wird die Japanische Wachtel (*Coturnix japonica*) auf der ganzen Welt gezüchtet. Die Wachtel, ein ausgezeichneter Legevogel mit 300 bis 400 Eiern pro Jahr, wird in übereinanderliegenden Käfigen in Gebäuden gehalten, in denen die Temperatur anfangs bei 40 °C liegt. Die Wachtelzucht hat sich in den letzten Jahren in Frankreich außerordentlich entwickelt.

Puten. Die Pute ist das Weibchen der Art Truthahn (*Meleagris gallopavo*). Für die Geflügelzuchtexperten bezeichnet der Terminus Pute alle Vögel der Art, der Begriff Truthahn wird jedoch nur auf das Männchen angewandt. Es gibt Truthahnarten, deren Gewicht unter 10 kg liegt, während andere über 20 kg wiegen. Die ›Weihnachtsputen‹ sind Tiere im Alter von 12 bis 16 Wochen mit einem Gewicht zwischen 3 bis 5 kg.

Die industrielle Putenhaltung erfolgt nach den gleichen Methoden wie beim Huhn und liefert innerhalb von etwa einhundert Tagen halbschwere Tiere von 6 bis 7 kg, die industriell zerlegt werden können. Die Pute wird heute größtenteils (90 %) in Form von zerlegten Teilen verkauft: Schnitzel, Schenkel, Braten, die im wesentlichen in Supermärkten angeboten werden. Der Verbrauch als Magergeflügel gewinnt an Bedeutung.

Gänse. Die Gans ist ein Schwimmvogel aus der Ordnung der Gänseartigen, die in den nördlichen Ländern Europas beheimatet sind, jedoch im Süden Europas überwintern. Die Hausgänse (*Anser anser*) stammen von der Graugans ab und wiegen 6 bis 12 kg. Gänse werden auch wegen ihres Fleisches gezüchtet, hierbei werden jedoch kaum industrielle Zuchtmethoden angewandt. Die Mast durch Stopfen ist in Deutschland nach dem Tierschutzgesetz verboten. Gänsefleisch ist nur im ersten Jahr wirklich schmackhaft.

Enten. Die Ente ist ein Wasser- und Schwimmvogel aus der Ordnung der Gänseartigen. Die Hausenten stammen entweder von der wilden Zugvogelform der Stockente (*Anas platyrhynchos*) oder von der *Cairina moschata* ab, deren Ursprung in Südamerika liegt.

Die Entenhaltung hat sich in den letzten Jahren stark entwickelt mit einem Übergewicht der Cairina moschata bei der Produktion von Entenbraten und fetten Enten. Das durchschnittliche Gewicht beträgt bei erwachsenen Tieren 4,2 kg und bei Jungtieren 2,2 kg. Wenn auch das Jungtier als ganzes verkauft wird, was dann als Festbraten gilt, so hat die Aufmachung in Einzelportionen jedoch vor allem die Verkäufe der berühmten und überaus beliebten *Entenbrust* (Filet aus einer Mastente) gefördert, man findet allerdings auch andere Teile wie Schenkel, Keule, Flügel oder bereits weiter verarbeitete Zubereitungen wie Braten, Filetscheiben usw.

▲ · **Eierproduktion.** Jede Henne hat ihren eigenen Käfig: dies ist die ›Batteriehaltung‹, und jede Batterie besteht aus vielen nebeneinanderliegenden Käfigen. Der Hühnerstall hat keine Fenster, damit die Beleuchtung, die das Legen beeinflußt, gesteuert werden kann. Die optimale Temperatur beträgt 16 °C. Jeder Käfig hat einen abschüssigen Boden, damit die Eier bis in die Rinne außen rollen können. Die Eier können manuell oder automatisch durch ein kleines Rollband eingesammelt werden.

GEFLÜGEL DER BRESSE

Das Geflügel (Huhn und Pute) aus der Bresse (in den heutigen Départments Ain und Saône-et-Loire, Frankreich) ist das einzige auf der Welt, das eine Herkunftsbezeichnung wie die großen Weine besitzt. Die Züchter auf einem streng eingegrenzten Gebiet (Tal der Dombes, Saône, Hänge des Jura) müssen genaue Zuchtvorschriften beachten: Das Geflügel muß mindestens 4 Monate leben, in denen es seine Nahrung an freier Luft in einem grasbewachsenen Auslauf sucht und sich frei bewegen kann. Ein zusätzliches Futter auf der Basis von Getreide und Milch ist erlaubt, Futterkuchen, Fleisch- oder Fischmehl, chemische Produkte und Wachstumsförderer sind jedoch strikt verboten.

NAHRUNGSMITTEL

EIER

Die Hühnereier bestehen aus dem Eigelb *(Vitellus),* das vom Eiweiß *(Albumen)* umgeben ist, und beide werden durch eine Kalkschale geschützt. Die Farbe der Schale ist eine genetische Erscheinung, die keinerlei Einfluß auf den Nährwert des Eis ausübt. Die Schale ist mit Poren durchsetzt und je nach Hühnerrasse pigmentlos (weiß) oder gelb bis braun gefärbt. Die Dotterkugel kann in ihrer Farbe allerdings beeinflußt werden. Zwischen der Schale und dem Eiweiß ist ein Freiraum (Luftkammer).

Eier in der Schale. Die Einteilung der Hühnereier in Güte- und Gewichtsklassen wird durch eine Verordnung geregelt.
Güteklasse A: ›frische Eier‹ erster Qualität, können durch einen Kreis gekennzeichnet werden.
Güteklasse B: Gruppe a, frische Eier zweiter Qualität, gekennzeichnet durch einen Kreis mit dem Buchstaben B; Gruppe b, gekühlte Eier, gekennzeichnet durch ein gleichseitiges Dreieck; Gruppe c, haltbar gemachte Eier, gekennzeichnet durch einen Rhombus.
Güteklasse C: ›aussortierte Eier‹ (Eier, die nicht den Anforderungen der Klassen A und B entsprechen); dürfen nur an Aufbereitungsstellen oder die Industrie (Industrieeier) abgegeben werden; gekennzeichnet durch einen Kreis mit dem Buchstaben C.

Eier der Klasse A und B werden nach folgenden **Gewichtsklassen** sortiert: Klasse 1: 70 g und mehr; Klasse 2: unter 70 g bis 65 g; Klasse 3: unter 65 g bis 60 g; Klasse 4: unter 60 g bis 55 g; Klasse 5: unter 55 g bis 50 g; Klasse 6: unter 50 g bis 45 g.

Verwendung in der Industrie. Abgesehen von den Eiern in der Schale hat die Nahrungsmittelindustrie (vor allem Gebäckindustrie und Feinbäckerei, aber auch Wurstwarenherstellung, Soßen- und Fertiggerichteindustrie und Teigwaren) einen Bedarf an *Eierprodukten.* Die industriellen Eierverwertungsbetriebe entfernen die Schale und produzieren entweder die frische *Eimasse* (ganze Eier) oder Eigelb und Eiweiß getrennt, wobei diese Produkte pasteurisiert werden, bevor sie gefroren, tiefgefroren oder in geringerem Maße zu Eipulver getrocknet werden.

ZUSAMMENSETZUNG DES EIES

Ein Ei wiegt etwa 60 g: die Schale 7 g, das Eiweiß 36 g und der Dotter 17 g.
Der Dotter oder Vitellus besteht aus Proteinen (Ovitellin, Ovolivetine) mit einem hohen Gehalt an Phosphorsäure und Lipiden, vor allem Triglyceriden.
Das Eiweiß oder Albumen ist ein Proteingel: Ovalbumin, Conalbumin, Ovomucin und Lysozym.
Chemische Zusammensetzung von 100 g (ganzes Ei): Fett: 11,2 g; Proteine: 12,9 g; Eisen: 1,0 mg; Phosphor 110 mg; Vitamine: A 150 mg; B_1 0,05 mg, B_2 0,15 mg, E 0,1 mg; Cholesterin: 470 mg; Nährwert: 90 kcal.

Verbrauch von Frischeiern
(wichtigste Länder, Eier/Einwohner/Jahr, 1985)

Israel	412	Griechenland	235
Japan	318	Belgien	234
Spanien	300	Großbritannien	227
BR Deutschland	280	Irland	226
USA	257	Italien	208
Frankreich	253	Niederlande	200
Österreich	252	Portugal	139
Dänemark	244		

A · Stopfen der Gänse.
Zwei- bis dreimal täglich über zwei bis drei Wochen hinweg wird die Gans mit Hilfe einer elektrischen Stopfmaschine gefüttert, die das Futter automatisch in die Speiseröhre einführt. Das Futter besteht aus Mais, an Proteinen und Cholin armem Getreide, was also die Akkumulierung der Fette in der Leber begünstigt.

B · Stopfleber.
Die Stopfleber der Gans wiegt durchschnittlich 700 g, also das Dreifache ihres Normalgewichts; bei der Hybridente liegt das Gewicht bei 400 g und bei der Cairina moschata bei 350 g, also dem Doppelten des Normalgewichts. Die Stopflebern werden nach ihrer Qualität in fünf Kategorien eingeteilt (Gewicht, Konsistenz, Farbe usw.). Die beiden ersten dienen zur Herstellung von ganzen, häufig halbkonservierten Blöcken, das heißt, daß sie unter 100 °C gesotten wurden; die drei letzten sind zur Herstellung von Produkten bestimmt, die je nach Benennung einen mehr oder weniger großen Anteil an Stopfleber enthalten.

KANINCHEN

Als Kaninchen werden die Wildkaninchen und die aus diesen gezüchteten Kaninchenrassen bezeichnet. Das Europäische Wildkaninchen ist die Stammform der gegenwärtig mehr als 50 eigenständigen Kaninchenrassen. Einige Fleischkaninchenrassen sind riesig (ausgewachsen 6 bis 8 kg), andere haben ein durchschnittliches Gewicht (4 bis 5 kg) oder sind sogar kleinwüchsig (2 bis 3 kg). Das Kaninchen ist sehr fruchtbar und wirft im Schnitt 8 bis 10 Junge.

Der Eiweißgehalt des Kaninchenfleisches ist mit anderen Fleischarten vergleichbar. Es enthält viele Mineralsalze, insbesondere Calcium und Phosphat.

Nach China nimmt Frankreich die zweite Stelle bei der Weltproduktion ein. Die Produktion von Kaninchenfleisch ist, in Tonnen ausgedrückt, ebenso groß wie die der Schafzucht. Allerdings geht das Produktionswachstum nicht mit einer Entwicklung verarbeiteter Erzeugnisse einher.

STOPFLEBER

Diese Leber stammt ausschließlich von besonders gestopften Enten oder Gänsen, wobei eine Überlastung an Fett eintritt, die das Gewicht der Leber verdoppelt oder verdreifacht, die dann 1,5 bis 2 kg wiegt.

Die Stopftechniken und die Zucht haben große Fortschritte ermöglicht, insbesondere die Zucht einer Hybridente (Erpel der südamerikanischen Art Cairina moschata). Diese spezielle Züchtung wird ausschließlich zum Stopfen verwendet.

Die Zwangsernährung oder Stopfen wurde früher durch Einführen eines Rohrs *(Stopfrohr)* mit einem Trichter durchgeführt. Heute ist das Stopfen mechanisch: Die Stopfmaschinen sind an einem Wagen aufgehängt oder auf ihm angebracht, von dem aus das Futter zwei- bis dreimal täglich verabreicht wird. Das 15 bis 20 Tage dauernde Stopfen wird an immer jüngeren Tieren (von ungefähr 3 Monaten) praktiziert.

Die auf den Markt kommenden Stopflebern müssen gesund, fest, glatt und hell gefärbt sein. Sie müssen sorgfältig von Sehnen und Nervensträngen befreit sein.

Seit kurzem gibt es halbgekochte Stopflebern oder ›frische Lebern‹, die nach einer leichten Pasteurisierung (zwischen 70 °C und 80 °C gesotten), die Weichheit und Geschmack erhält, halb konserviert sind. Sie dürfen höchstens zwei Monate bei 0 °C gekühlt aufbewahrt werden.

Mit einer Produktion von 2600 t pro Jahr macht die Entenstopfleber etwa 80 % der gesamten Produktion von Stopfleber in Frankreich aus. Diese vor allem im Südwesten (Landes und Gers) angesiedelte Produktion nimmt konstant zu.

NAHRUNGSMITTEL

WILD

Das Wort ›Wild‹ ist ein Begriff, mit dem alle jagdbaren Tiere bezeichnet werden. Im Gegensatz zum Fischfang, der zu einer echten Industrie geworden ist, ist die Jagd für die Ernährung von geringer Bedeutung: Im Einkaufskorb der Hausfrau haben die Produkte aus der Jagdtasche nur ein geringes Gewicht. Und dies sogar, obwohl der Eigenverbrauch oder eher die Wilderei von offiziellen Statistiken schlecht erfaßt werden. Nachstehend eine Liste der wichtigsten jagdbaren Tiere:

Kleinwild.
Mit Fell: Feldhase *(Lepus europaeus)*; Schneehase *(Lepus timidus)*; Wildkaninchen *(Oryctolagus oryctolagus).*
Gefiedert: Jagdfasan *(Phasianus colchicus)*; Königsfasan *(Syrmaticus veneratus)*; Rothuhn *(Alectoris rufa)*; Rebhuhn *(Perdrix perdrix)*; Waldschnepfe *(Scolopax rusticola)*; Ringeltaube *(Columba palumbus)*; Wildtruthuhn *(Meleagris gallopavo)*; Höckerschwan *(Cygnus olor)*; Kolkrabe *(Corvus corax)*; Turteltaube *(Coluba turtur)*; Wachtel *(Coturnix vulgaris).*

Großwild. Hirsch *(Cervus elaphus)*; Reh *(Capriolus capriolus)*; Wildschwein *(Sus scrofa)*; Damhirsch *(Dama dama).*

Gebirgswild. Gemse *(Rupicapra rupicapra)*; Pyrenäen-Gemse *(Rupicapra rupicapra pyrenaica)*; Mufflon *(Ovis).*

Wasserwild. Stockente *(Anas platyrhynchos)*; Bläßgans *(Anser albifrons)*; Bekassine *(Gallinago scolopax).*

WILDFLEISCH

Das Fleisch des Wildes ist ernährungsphysiologisch dem Fleisch entsprechender gezähmter Arten recht ähnlich. Man kann wahrscheinlich dennoch einen größeren Gehalt an Mineralstoffen oder einen geringen Fettanteil und Bindegewebsgehalt hervorheben. Typisch ist eine dunkelrote bis rotbraune Farbe.

Der Unterschied ist allerdings erheblich, wenn das Wild *abgehängt* wurde, was einem mehrtägigen Reifen an einem kühlen und luftigen Ort entspricht. Durch das Abhängen entwickelt sich ein typischer Geschmack, und das Fleisch wird zarter. Heute wird das Federwild, mit Ausnahme von Fasan und Schnepfe, praktisch nicht mehr abgehängt. Das Fellwild kann einige Tage abgehängt werden, bevor es in eine Sauce auf der Grundlage von Rotwein und Aromen eingelegt wird.

VERKNAPPUNG DES WILDES

Seit einem Jahrhundert hielten es die europäischen Länder für sinnvoll, Maßnahmen zur Erhaltung des Wildes zu ergreifen, um so die Populationen durch die Jagd zu steuern. Wenn der Rückgang des Kleinwildes auch schwer zu bewerten ist, so ist er doch in ganz Europa ausgeprägt. Hierfür können mehrere Ursachen angeführt werden: die Rolle der Räuber, obwohl die großen Raubtiere ebenfalls stark zurückgehen, Infektionskrankheiten, Veränderung des Wetters. Die Einwirkung des Menschen jedoch scheint die Wildpopulation am meisten zu gefährden.

Es gibt rund 260 000 Jagdscheininhaber. Der Wert der Jahresjagdstrecke betrug 1988/89 etwa 219 Millionen DM. Es ist richtig, daß sich die Jäger, die keine Kaninchen mehr fanden, da diese durch die Myxomatose dezimiert wurden, sich mehr dem Federwild zugewandt haben. Auch die Wilderei und die Unvernunft der Jäger werden angeführt. Die Hauptursache für die Verknappung des Wildes hängt jedoch mit der Entwicklung der landwirtschaftlichen Techniken zusammen: Flurbereinigung mit Beseitigung der Hecken, Entwässerung mit der Beseitigung von offenen Gräben, die Mechanisierung der Arbeiten und der Ernten, vor allem jedoch die verschiedenen Pflanzenschutzmittel bewirken entweder Vergiftungen oder das Verschwinden von Insekten oder von für ihre Ernährung nützlichen Adventivpflanzen.

Verbrauch. Ungefähr zwei Drittel des erlegten Schalenwildes (Reh-, Rotwild, Gemsen, Wildschweine) werden von den Jägern selbst an die Verbraucher abgegeben. Eine Fleischbeschaupflicht ist nicht zwingend vorgeschrieben, die Jäger erklären das Wild als ›genußtauglich‹. Nur Wildschweine müssen auf Trichinen untersucht werden. Inzwischen wird zunehmend Wildfleisch aus Gatterhaltung angeboten.

Traditionell wurde das Wild als ganzes, das heißt mit Fell und Federn, auf den Markt gebracht, und es waren einheimische Tiere. Heute umfaßt dieser relativ stabile Markt von 10 000 t importierte und zubereitet verkaufte Tiere. So essen wir unter anderem:
– aus Großbritannien: Hasen, Wildkaninchen, Fasanen, Tauben, Rebhühner;
– aus Österreich: Rehböcke, Hirsche, Hirschkühe, Wildschweine;
– aus China: Hasen, Antilopen, Fasanen, junge Rebhühner;
– aus den osteuropäischen Ländern: Hasen, Rehböcke.

Gefiedertes Kleinwild. Das in Europa und Westasien weit verbreitete Rebhuhn kann bis zu 420 g wiegen und mißt etwa 30 cm. Es kommt vor allem in den ebenen Anbaugebieten vor und ist ein Insektenfresser, vor allem in seinen ersten Lebenswochen, später dann ein Pflanzenfresser. Die Nahrung muß abwechslungsreich sein, ein Wetterschutz ist nötig. Das Rothuhn, das etwas größer als das Rebhuhn ist, kann ein Gewicht von bis zu 450 g erreichen und ist in Südengland und Frankreich angesiedelt.

Von den Fasanenarten werden zwei Arten gejagt: der Jagdfasan und der Königsfasan, die (mit Schwanz) 2,5 m groß werden und 2,5 kg wiegen kann. Der aus Asien stammende und vor 3 000 Jahren in Europa eingeführte Fasan blieb lange Zeit der königlichen Jagd vorbehalten. Erst seit Ende des 19. Jh. haben sich die Fasane hier eingebürgert. Sie sind heute als Jagdwild weit verbreitet und benötigen ein günstiges Biotop: eine Wasserstelle, kühle Gebiete und Wälder mit Lichtungen und mit bedeckten Gebieten in der Nähe von bebauten Feldern, wo sie sich frühmorgens und abends ihr Futter holen.

DAS JAGDRECHT

Um das Recht zum Jagen zu haben, muß man einen *Jagdschein* besitzen, der von der für den Wohnsitz des Bewerbers zuständigen Behörde als Jahresjagdschein für längstens drei Jahre oder als Tagesjagdschein für 14 aufeinanderfolgende Tage ausgestellt wird. Er gilt im ganzen Bundesgebiet. Seine erstmalige Erteilung setzt den Nachweis einer Jägerprüfung voraus. Als Jugendjagdschein (mit eingeschränkten Rechten) kann er Personen, die mindestens 16, aber jünger als als 18 Jahre alt sind, erteilt werden. Das Bundesjagdgesetz kennt notwendige (mangelndes Alter, begründete Annahme persönlicher Unzuverlässigkeit, Fehlen einer ausreichenden Jagdhaftpflichtversicherung) und mögliche Versagungsgründe (u. a. keine deutsche Staatsbürgerschaft).

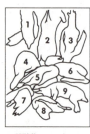

△ · **Wildbret und Wildfleischstücke.**
1. Fasanenhenne;
2. Hase;
3. Fasanenhahn;
4. Wildschweinkeule;
5. Wildente;
6. Rehkeule;
7. Ringeltaube;
8. Fasanenhenne;
9. Wildkaninchen.

NAHRUNGSMITTEL

FISCHE

Seit zwanzig Jahren sind die Tonnagen gefangener Fische weltweit von 70 auf 85 Millionen Tonnen pro Jahr gestiegen. In der Bundesrepublik Deutschland liegen die Meeresprodukte bei 165 000 t pro Jahr: sieben Achtel davon sind Fische, ein Achtel Muscheln. Der Fisch ist ein hervorragendes Nahrungsmittel, das in der Bundesrepublik Deutschland und auch in der ganzen Welt im Durchschnitt einmal wöchentlich auf den Tisch kommt.

KLASSIFIZIERUNG

Die Fische sind im Wasser geborene und lebende Wirbeltiere. Die Zoologen teilen sie in zwei Gruppen ein, je nachdem, ob ihr Skelett knorpelig oder knochig ist.

Knorpelfische. Hier unterscheidet man die Haifische und die Rochen. Die großen Haifische wie der Hai sind eßbar, jedoch selten, während die kleinen Haifische wie der Seehase oder der Katzenhai häufig auf den Markt kommen. Aus den Haifischflossen wird Suppe gemacht. Der Rochen mit flachem Körper und magerem und schmackhaftem Fleisch ist häufig zu finden.

Der Seeteufel besitzt ein mageres, zergehendes und grätenloses Fleisch. Zu dieser Gruppe gehört auch der Stör, aus dem man Kaviar gewinnt und der im Meer lebt (Kaspisches Meer, Asowsches und Schwarzes Meer) und zum Laichen flußaufwärts schwimmt.

Fischverbrauch
(wichtigste Länder,
in kg/Einwohner/Jahr, 1987)

Dänemark	45,6	Irland	10,7
Portugal	39,8	Frankreich	9,0
Japan	37,2	Neuseeland	8,6
Norwegen	29,1	Italien	8,1
Spanien	25,4	Kanada	7,2
Schweden	17,4	USA	7,1
Großbritannien	15,0	BR Deutschland	6,4
Belgien/ Luxemburg	11,8		

DIE LACHSE

Der Atlantiklachs *(Salmo salar)* mit seinem sehr begehrten Fleisch wird vor allem in Schottland und Norwegen, den größten Produzenten dieser Fischart der Welt, gezüchtet. In Norwegen wird auch die Regenbogenforelle *(Salmo gairdneri)* gezüchtet, mit 2 kg Gewicht und schmackhaftem rotem Fleisch, das in Scheiben geschnitten oder geräuchert mit Lachs verwechselt wird.

Die **Pazifiklachse** werden in kalten Gewässern gefangen. Dazu gehören: der rosa Lachs, der gefroren oder geräuchert verkauft wird; der Blanklachs wird häufig geräuchert; der Königslachs mit einem Gewicht bis 10 kg wird geangelt und geräuchert auf den Markt gebracht; der rote Lachs, der am teuersten ist, wird für den japanischen Markt reserviert; der Ketalachs ist in Europa kaum bekannt.

Knochenfische. Sie umfassen eine große Anzahl von Familien und leben im Süß- und Meerwasser:

– die *Heringsfische* mit Schwimmflossen an der Bauchseite, die sich leicht erkennen lassen: Sardine, Hering, Alse, Sardelle, Sprotte, Seebarsch, Zackenbarsch, Seebarbe, Rotbarbe, Petermännchen, Goldbrasse, Grauer Knurrhahn;

– die *Makrelenartigen,* große spindelförmige Fische, wie Roter oder Gemeiner Thunfisch, Weißer Thunfisch, Bonito (Thunfisch von weniger als 50 cm Länge), Makrele;

– die *Flachfische* oder Plattfische, zu denen die Seezunge, die Rotzunge, der Glattbutt und der Steinbutt gehören;

– die *Schellfische,* eine Familie der Kaltwasserfische, zu der der Stockfisch, der Seehecht oder Hechtdorsch, der Weißling, der Kabeljau (seine Ostseeform heißt Dorsch), der Schellfisch und der Seelachs gehören;

– die *Aalfische,* darunter der Aal, der im Meer laicht, jedoch in Flüssen und Bächen lebt, der Meeraal, die Muräne, das Neunauge;

– die *Lachsfische,* darunter der Lachs oder Salm, ein großer Fisch von 60 bis 150 cm Länge und mit einem durchschnittlichen Gewicht von 7 bis 8 kg, der im Meer lebt und

Fischereierträge in der Welt
(Fänge in tausend Tonnen, 1985)

Japan	11 443,0	Nordkorea	1 700,0
UdSSR	10 522,8	Dänemark	1 696,2
China	6 778,8	Island	1 680,2
Chile	4 804,0	Kanada	1 425,7
USA	4 767,0	Spanien	1 337,7
Peru	4 168,0	Mexiko	1 226,2
Indien	2 810,0	Frankreich	844,5
Südkorea	2 649,8	Großbritannien	639,4
Thailand	2 123,6	Niederlande	504,1
Norwegen	2 106,7	Italien	504,0
Indonesien	2 067,0	Portugal	298,5
Philippinen	1 867,7	Neuseeland	282,9

KAVIARARTEN

Die Bezeichnung ›Kaviar‹ ist auf die Eier einiger Störarten begrenzt. Man unterscheidet fünf Sorten, deren Farbe von Braun-Rot bis Tiefschwarz reicht.

Beluga stammt vom Hausen *(Acipenser huso)*. Das Weibchen kann 15 bis 20 kg Kaviar liefern. Er ist der grobkörnigste und blasseste Kaviar; sein Preis ist am höchsten, und er ist schwer zu konservieren.

Sewruga stammt vom Sternstör *(Acipenser stellatus)*. Er ist der billigste und am weitesten verbreitete.

Ossiotr stammt vom Gemeinen Stör *(Acipenser sturio)*. Er ist ziemlich grobkörnig und hat einen sehr feinen Geschmack.

Sterlet stammt vom Sterlet *(Acipenser ruthenus)* und **Schip** von einem kleinen Stör. Diese beiden Sorten sind kaum auf dem Markt zu finden.

Der Kaviar kommt vorwiegend aus Rußland und dem Iran, wobei der iranische Kaviar in der Gastronomie höher geschätzt wird. Die Ersatzprodukte für Kaviar sind Zubereitungen aus Eiern anderer Fische, bei denen versucht wird, den Kaviar in Form, Farbe und Geschmack nachzuahmen.

---

zum Laichen die Flüsse hinaufzieht, und die Forelle, die in Flüssen, Seen und einigen kalten Meeren lebt.

SEEFISCHEREI

Die Seefischerei ist eine jahrtausendealte Tätigkeit, die in sehr unterschiedlicher Art und Weise ausgeübt wird. Man unterscheidet:

– die kleine *handwerkliche Fischerei,* die mit Hilfe von kleinen Booten durchgeführt wird, die für einen Aufenthalt auf See von 24 Std. ausgerüstet sind;

– die *Küstenfischerei,* bei der man drei Tage auf See ist;

– die *Hochseefischerei,* bei der der Verbleib auf See zwischen 12 und 15 Tagen liegt; diese Art Fischerei wird in häufig weit entlegenen, über die hohe See zu erreichenden Fanggebieten betrieben;

– die *Große Fischerei,* bei der die mitfahrenden Seeleute über einen Monat auf See bleiben.

Die Fischereiflotte der Bundesrepublik Deutschland umfaßt 15 Fahrzeuge für die Hochseefischerei, rund 600 Motorkutter in Nord- und Ostsee und etwa 250 Küstenfischereifahrzeuge. Die größten Schiffe haben eine Ausstattung zur Verarbeitung des Fisches an Bord.

Gebietsabgrenzungen der Fischerei. Trotz der Verschmutzung und der durch die Zerstörung einiger Fischgründe auferlegten Grenzen zeigt die Seefischerei weltweit einen regelmäßigen Anstieg: Das Fangvolumen steigt im Durchschnitt um 2 bis 3 % pro Jahr, und die Weltproduktion hat 1985 85 Millionen Tonnen erreicht. Dieses Wachstum war nach Arten und Gebieten sehr unterschiedlich. Die ›Geographie‹ der Fischerei verändert sich ständig. Die Große Fischerei wurde früher zum Fangen von Walen und Stockfisch eingesetzt; heute ist der Wal geschützt, und der Stockfisch des Atlantiks wurde an der Spitze der Fänge von dem sog. ›Hellen Seelachs aus Alaska‹ abgelöst. Große Bestände, die abgenommen hatten, wie die Sardine um Japan oder der Hering des Atlantiks, haben sich erholt. Die Sardellenbestände des südöstlichen Pazifiks sind nahezu erschöpft, so daß man sich auf den Sardinenfang umstellen mußte. **Kalte und gemäßigte Gewässer der nördlichen Erdhalbkugel.** Diese Gewässer waren früher die großen Fischfanggebiete, insbesondere am Rande der Küsten auf der Kontinentalplatte, die die Hälfte der Fänge ausmachten, mit Lachsen, Sardinen und Heringen als den wichtigsten Arten.

Die Küstenfischerei fängt vor allem Heringe (Ärmelkanal, Nordsee; Niederlande, Norwegen), Sardinen und Makrelen (Atlantik und Mittelmeer) und als Frischfisch gehandelte Ware (Meeraal, Steinbutt, Rochen und Seezungen) sowie Krebse. **Warme tropische Gebiete.** Dies sind die neuen Fischfanggebiete. Sie machen heute ein Viertel der Weltproduktion aus. Dies ist das bevorzugte Gebiet des vielseitig verwendbaren Thunfischs. **Kalte gemäßigte Gebiete der südlichen Erdhalbkugel.** Sie machen ein Fünftel der gesamten Fänge aus. Bei einigen Arten, wie Seehecht, Stöcker und Sardinen, war der Anstieg der jährlich gefangenen Mengen außerordentlich groß. Bei dieser Geographie des Fischfangs stellt man fest, daß der Indische Ozean noch kaum ausgebeutet wird. Mit dem Einsatz von sehr großen Schleppnetzen können neuentdeckte Fischvorkommen zukünftig besser ausgebeutet werden.

1035

NAHRUNGSMITTEL

FISCHE

FISCHZUCHT

Die Fischzucht wird seit Jahrhunderten auf traditionelle Art und Weise in Meer- und in Süßwasser betrieben. Es handelt sich in den meisten Fällen um extensive Haltung mit geringer Fischdichte (100 kg/ha) in natürlicher Umgebung: Becken, Teiche, mehr oder weniger eingerichtete Sümpfe. Seit einigen Jahrzehnten werden intensive Fischhaltungen mit künstlichen Becken und schwimmenden oder untergetauchten Käfigen gebaut, wo eine Fütterung stattfindet und mit denen eine hohe Fischdichte von ungefähr 10 kg/m³ erreicht werden kann. So werden in Norwegen und Irland die Lachse gezüchtet.

Die Japaner, die großen Spezialisten der Aquakultur (und der Fischzucht im besonderen), züchten seit langer Zeit eine bestimmte Makrelenart in schwimmenden Käfigen aus Holz, Bambus, Metall und sogar Kunststoff.

Im Meerwasser. Die erste und heikelste Phase ist die Vermehrung. Auf das Ausstoßen der Eier folgt eine Brut- und Schlüpfphase und eine Aufzucht der Larven, die im allgemeinen einige Milligramm wiegen. Spezialisierte Brutstationen liefern so Satzfische von Forellen, Barschen, Goldbrassen, Steinbutts und Seezungen. Diese Anlagen erfordern hohe Investitionen und arbeiten nur einige Monate pro Jahr.

Lachszucht. Dies ist die Zucht von Forellen und Lachsen. In Frankreich hat sich eine große Zucht von aus den Vereinigten Staaten eingeführten Regenbogenforellen, die in Europa akklimatisiert wurden, entwickelt und ist zum weltweit größten Produzenten mit ungefähr 30 000 t 1987 aufgestiegen. Heute wird die Forelle in ›Portionsforellen‹ mit 250 g Gewicht vermarktet. Französische Forscher haben eine Methode zum Wärmen der Eier nach ihrer Befruchtung entwickelt, die eine Chromosomenverdoppelung bewirkt und zu großen Forellen führt, die auf dem heimischen Markt sowie im Ausland sehr begehrt sind. Die Meerforelle wird im Süßwasser aufgezogen und im Alter von einem Jahr in Meeresparks überführt. Dagegen werden alle in Frankreich verzehrten Lachse importiert. Norwegen, Irland, die Vereinigten Staaten und Kanada haben ebenso leistungsfähige Zuchten.

Weitere Zuchten:
– der Barsch oder Seebarsch, eine fleischfressende Art der Atlantikküste und des Mittelmeers, der ein Gewicht von 10 kg erreichen kann, wird in Thailand und in Italien und Frankreich dank der Einrichtung von Brutstationen und intensiven Fischzuchtbetrieben entlang dem Mittelmeer gezüchtet;
– die Aussichten für Seezunge, Goldbrasse, Steinbutt, Meeräsche und Aal sind interessant. Die extensive Aufzucht des Aals in Polykultur mit dem Barsch und den Meeräschen ist in bestimmten Gegenden seit langer Zeit möglich.

Im Süßwasser. In den letzten fünfzehn Jahren ist der Fang von Süßwasserfischen von 4,5 auf 10 Millionen Tonnen gestiegen, dies entspricht einem Zehntel der Tonnage der Seefische. Die wichtigsten Fische sind Aal, Zander, Barsch, Hecht, Felchen und Brassen. Bei der Süßwasserfischzucht liegt Afrika insbesondere mit den Buntbarscharten vorn, die in kleinem Umfang in Staubecken gehalten werden. China produziert jedoch allein die Hälfte der weltweiten Tonnage an in Süßwasser gezüchteten Fischen.

Die Fischzucht im Teich (man hat den Begriff ›Landwirtschaft der Gewässer‹ geprägt) ist eine sehr alte Tätigkeit, die sich heute in hohem Maße der wissenschaftlichen Erkenntnisse der Fischereibiologie bedient. Die am häufigsten produzierte Art ist mit Abstand der Karpfen, der allein das Doppelte der anderen Fischarten wie Schleie, Rotauge, Rotfeder und Flußhecht ausmacht. Es gibt auf dem deutschen Markt eine hohe Nachfrage nach diesen Arten, die jedoch auch regelmäßig exportiert werden.

Die Teiche sind in der Regel nicht tief und befinden sich in schlecht entwässerten Gebieten, wo der Anbau zu schwierig ist. Mit einer Fläche von im allgemeinen nicht mehr als 10 ha haben sie einen Ertrag in Höhe von 150 bis 200 kg/ha, was weit von den Erträgen entfernt ist, die unter wissenschaftlichen Bedingungen versuchsweise erzielt wurden.

Ernährungsphysiologische Zusammensetzung des Fisches
(pro 100 g Fisch)

	fetter Fisch	magerer Fisch
Proteine	20 g	15 g
Fett	10 bis 20 g	1 g
Calcium	40 mg	25 mg
Eisen	1,2 mg	0,7 mg
Vitamin A	30 mg	0
Vitamin B₁	0,08 mg	0,05 mg
Vitamin B₂	0,21 mg	0,08 mg
Vitamin E	2,7 mg	2,2 mg
Nährwert	180 kcal (0,75 kJ)	75 kcal (0,31 kJ)

Fette Fische: Lachs, Thunfisch, Steinbutt, Sardine, Hering.
Magere Fische: Weißling, Stockfisch, Schellfisch, Kabeljau.

Die frisch vermarkteten Fische.

Der Fischfang umfaßt eine große Vielzahl von Fischen, konzentriert sich jedoch auf eine relativ geringe Anzahl von Arten. Die Fänge haben unterschiedliche Bestimmungen: Man nimmt an, daß weltweit 15 % als frischer Fisch verbraucht, 25 % tiefgefroren, 15 % in Konserven verarbeitet, 15 % gesalzen, getrocknet oder geräuchert und 15 % zu Mehl als Viehfutter oder zu Öl verarbeitet werden. Aus ökologischen Gründen ist ein maßvoller Fischverzehr anzuraten, da die Hochseefischerei eine intensive Form der Agrarproduktion ist.

A · Stör.
Ein großer Seefisch, der zum Laichen flußaufwärts wandert; sein Rogen liefert den Kaviar.

B · Weißer Thunfisch.
Großer Fisch der warmen und gemäßigten Meere, dessen festes Fleisch mit seiner leuchtend roten Farbe an Rindfleisch erinnert; wird frisch, eingelegt oder in Öl als Konserve verzehrt.

C · Rochen.
Knorpelfisch der kalten und gemäßigten Meere, dessen Brustflossen verzehrt werden.

D · Forelle.
Fleischfressender Fisch der Wildbäche, Flüsse und Seen, dessen Zucht sehr verbreitet ist.

E · Sardine.
Kleiner Fisch der Atlantikküste und des Mittelmeers; geht vor allem in die Konservenindustrie.

F · Karpfen.
Süßwasserfisch, der warme und ruhige Gewässer bevorzugt und von den Chinesen sehr geschätzt wird, die ihn auch züchten.

G · Aal.
Fisch mit fettem und feinem, stickstoffhaltigem und sehr begehrtem Fleisch, der im Süßwasser aufwächst und sich im Meer vermehrt.

H · Meerbarbe.
Küstenfisch mit einem großen Kopf und zwei langen Barteln am Maul; sein festes Fleisch ist trotz seiner vielen Gräten sehr begehrt.

I · Barsch.
Er wird auch Schrätzen genannt; ein sehr gefräßiger fleischfressender Fisch der Küstengebiete, der wegen seines mageren, feinen und festen Fleisches sehr gesucht ist.

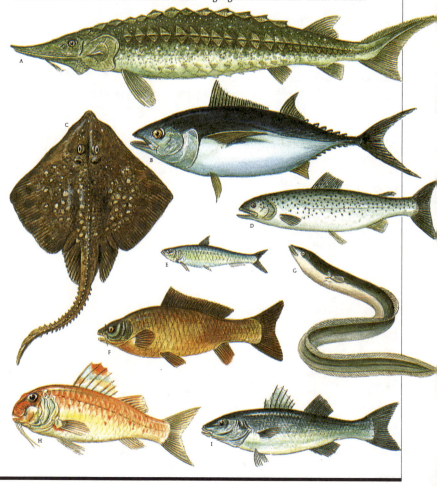

NAHRUNGSMITTEL

FRISCHE FISCHE

Der frische Fisch darf erst vor kurzem gefangen worden sein und muß seit dem Augenblick, an dem er auf das Schiff kam, bis zum Augenblick des Zubereitens gekühlt worden sein. Der Frischezustand eines Fisches wird nach seinem Geruch gemessen: das sehr rasche Schlechtwerden des Fleisches geht nämlich mit einer Abgabe von Ammoniak einher. Weitere Tests wie die Färbung der Kiemen, die Festigkeit usw. sind sehr nützlich. Der Markt für Frischfisch hat noch eine vorrangige Stellung, geht jedoch im Durchschnitt um 1 % pro Jahr (75 % 1975, 68 % 1985) zugunsten der tiefgefrorenen Produkte zurück.

Es wurden große Anstrengungen unternommen, die vermarkteten Arten unzerlegt zu liefern, wie den Weißling, den Stockfisch, die Sardine, den Seehecht, die Makrele, die Seezunge, die Kliesche, den Hering, die Scholle, die Goldbrasse, den Grauen Knurrhahn, das Rotauge usw. Aber der Verbraucher zieht eher die *Filets* frischer Fische vor, insbesondere diejenigen des Weißlings, des Seelachses, des Kabeljaus, des Schellfisches, der Kliesche und der Seezunge. Die *Scheiben* werden im Verhältnis zu den Filets weniger verlangt. Man kann auch 10 % des Fleisches entnehmen und so Fischsteaks, Snacks, Pasteten, Farcen, Suppen usw. zubereiten.

Seit Jahrhunderten produzieren die Japaner ein Produkt, den *Surimi*. Es handelt sich um ein Konzentrat von Fischproteinen, das nahe bei den Fischfangorten und manchmal auf ›schwimmenden Fabriken‹ hergestellt wird. Surimi wird vor allem zu ›Krabbenimitationen‹ in Stäben, Stäbchen oder Stücken verarbeitet.

KONSERVIERUNG

Obwohl der Fischfang eine Tätigkeit ist, die mehr zur Jagd als zur Zucht gehört, haben die Schiffe und die Methoden der Verarbeitung und Vermarktung der Fische – der Seefischhandel – einen ausgesprochen industriellen Charakter. Einige Arbeiten der Verarbeitung finden unverzüglich nach dem Fischfang noch auf dem Schiff selbst statt: Einfrieren, Einfrieren-Trocknen, Tieffrieren.

Die traditionellen Konservierungsmethoden durch *Trocknen, Salzen* oder *Räuchern* (Produkte der Qualität ›T.S.R.‹) werden noch bei beträchtlichen Mengen angewandt.

Die Fische können an der Luft oder in industriellen Trockenräumen getrocknet werden. Der Stockfisch wird in Island und Norwegen noch immer an der Luft getrocknet. Ebenso ist das Trocknen an der Sonne in den tropischen Ländern noch weit verbreitet, wobei die Produkte auf den Boden, auf Gitterroste oder in Räume mit licht- und luftdurchlässigem Dach gelegt werden.

Der *Räucherfisch* ist ein Nahrungsmittel der nordischen Länder: Die Deutschen essen große Mengen an geräucherten Lachsen, Forellen, Aalen, Makrelen und Heringen. Bei den Engländern sind ›Haddock‹, ›Kipper‹ und ›Bloater‹ beliebt. In Frankreich ist der Verzehr von geräucherten Heringen (Bückling, schwach gesalzene und geräucherte Heringe [die Milch oder Rogen enthalten müssen], und anders geräucherte Heringe) zurückgegangen. Ganz allgemein dient das Räuchern, im Prinzip mit Holzfeuer, eher dazu, den Geschmack und den Geruch des Produktes zu verändern als die Konservierung zu erleichtern.

Das *Gären* ist eine Konservierungsmethode, die schon von den Römern praktiziert wurde, um das ›Garum‹ zu erhalten, eine scharfe Soße, die wahrscheinlich dem traditionell in Vietnam und Kambodscha aus kleinen Fischen der Familie der Heringsfische hergestellten *Nuoc-Mam* ziemlich ähnlich ist. Diese werden in übereinanderliegenden Schichten mit Salzschichten in geschlossenen Gefäßen mehrere Tage in der Sonne eingelegt.

Unter diesen Aktivitäten der Fischverarbeitung muß auch auf die Entwicklung neuer Produkte, die ›Fischschlachterei‹ genannt werden, hingewiesen werden: Fischterrine, Fischbutter, Fischpüree, Würstchen, Aperitifwürfel, Spieße usw. Darüber hinaus hat sich eine starke Industrie der Fischnebenprodukte entwickelt, die vor allem Fischmehl für Viehfutter, aber auch Dünger, Industrieöle usw. liefert.

A · **Konservierung von Heringen.**

Mit Salzen und Räuchern wird der Hering auf vielfältige Art und Weise zubereitet. Das spezielle Räuchern besteht im Einsalzen 2–6 Tage lang vor einer leichten Kalträucherung. Ein anderer Räucherhering wird kaum gesalzen (1 Tag) und dann geräuchert, bis er eine strohgelbe Farbe angenommen hat. Eine dritte Heringsart wird 1–2 Stunden lang gesalzen, dann von beiden Seiten leicht geräuchert (der ›Kipper‹ wird geöffnet und dann flach ausgebreitet). Eine weitere Art wird 9 Tage lang gesalzen und dann 10–18 Stunden lang geräuchert. Der Hering kann auch in Essig eingelegt werden, dann wird er eingerollt und mit einem Stab zusammengehalten (Rollmops).

B · **Hering.**

Fisch im Nordatlantik, der sich in riesigen Fischschwärmen fortbewegt. Er wird durch Räuchern, Salzen und Trocknen konserviert, aber auch frisch verzehrt. Der Vollhering (mit Milch oder Rogen) ist am schmackhaftesten, aber auch am fettesten.

C · **Meeraal.**

Seefisch in Küstennähe, ähnlich dem Flußaal, dessen festes Fleisch fade und geschmacklos ist.

D · **Steinbutt.**

Sehr räuberischer Seefisch, dessen weißes und blätteriges Fleisch fest und sehr schmackhaft ist.

E · **Kleiner Katzenhai.**

Kleiner Haifisch der Küstenzonen.

F · **Seehecht.**

Handelsname für den Hechtdorsch, einen Fisch aus dem Atlantik.

G · **Weißling.**

Fisch aus dem Atlantik mit magerem, ziemlich fadem Fleisch.

H · **Stockfisch.**

Er lebt in riesigen Schwärmen um Neufundland, Grönland und Island. Man verwendet sein Fleisch frisch oder gesalzen sowie seine vitaminhaltige Leber.

I · **Makrele.**

Der Fisch der gemäßigten Meere lebt in Schwärmen; sein Fleisch ist schwer und ölig; er ist für vielfältige Zubereitungen und Konserven geeignet.

J · **Lachs.**

Die Zucht dieses Wanderfisches ist stark verbreitet. Man verzehrt ihn frisch oder geräuchert.

K · **Seeteufel.**

Ein Tiefseefisch mit riesigem Maul und nackter Haut, der mageres, feines und festes Fleisch besitzt.

1037

NAHRUNGSMITTEL

MEERESFRÜCHTE

Eine Meeresfrüchteplatte umfaßt verschiedene Arten, unter denen auch Weichtiere zu finden sind. Bei diesen unterscheidet man Muscheln, Schnecken und Kopffüßer. Zu den Muscheln (Bivalvia) gehören u. a. die Auster und die Miesmuschel. Der Genuß von Austern ist in Frankreich und den USA weit verbreitet, bei uns gelten sie noch immer als Luxusspeise.

AUSTERNZUCHT

Die Austernzucht ist eine in Frankreich sehr alte Tätigkeit, wo sich diese Muscheltiere in natürlichem Zustand an den Küsten in den Gebieten der Gezeiten und vor allem an Flußmündungen finden. Frankreich ist der größte Produzent von Tafelaustern.

Arten. Drei Arten werden intensiv gezüchtet und konstant verzehrt:
– die Tafelauster (Ostrea edulis), die schon seit der Römerzeit gezüchtet wird;
– die Portugiesische Auster (Cassostrea angulata); sie wurde 1867 unabsichtlich durch das Untergehen eines mit Muscheln beladenen Schiffes an der Mündung der Gironde in Frankreich eingeführt; diese Auster, die sich über ein Jahrhundert hinweg sehr gut akklimatisiert hat, geht seit etwa zehn Jahren in ihren Beständen stark zurück und wird durch eine andere, sehr ähnliche Art Auster aus Japan (Cassostrea gigas) ersetzt.

Zucht. Die Austernzucht, die sich in Frankreich auf einem Gebiet von 18 000 ha des vergebenen staatlichen Seegebietes erstreckt, umfaßt zwei Hauptphasen: das Fangen oder Einsammeln der Larven und die eigentliche Zucht oder Mast.
Das Fangen besteht im Auslegen von Trägern, Collecteure genannt, zu genau festgelegten Zeiten (Mai bis September) und Orten, damit sich die jungen Larven daran festsetzen: der Collecteur besteht aus einer Ansammlung alter Schalen, Eisenstäben, Ziegeln oder Plastiksäcken, um die sich die jungen Larven gruppieren. Nach 6 bis 10 Monaten wird die junge Auster ›umgesetzt‹, das heißt, von dem ursprünglichen Träger abgelöst und in einen ›Park‹ gesetzt. Dies ist der Beginn der zweiten, sogenannten Mastphase. In diesen Parks können die Austern entweder am Boden oder in Kästen ausgesetzt werden.
Die Tafelauster benötigt etwa 3 bis 5 Jahre Mast, die Portugiesische Auster 3 oder 4 Jahre und die Japanische Auster nur zwischen 18 Monaten und 2 Jahren. Am besten ist das Austernfleisch von 3–5 Jahre alten Tieren.

Veredelung. In einer letzten Veredelungsphase werden einige Lose in spezielle Mastparks, die sog. ›Claires‹, gesetzt, zum Beispiel im Mündungsgebiet des Belon oder in den alten Salzsümpfen von Marennes.
Die Bezeichnung ›Mastpark-Austern‹ wird auf die Austern angewandt, die mindestens zwei Monate lang in den Claires waren. Während dieses Aufenthaltes nehmen sie Plankton auf, das ihnen ihre typische grüne Färbung gibt. Die Austern werden als ›Feine Mastpark-Austern‹ bezeichnet, wenn ihre Anzahl nur 4 oder 5 pro Quadratmeter betrug und als ›Spezielle Austern‹, wenn ihre Anzahl nicht über 2 pro Quadratmeter lag.

Verzehr. Der Austernverzehr ist durch schnellen Transport und schnelle Konservierung auf Eis das ganze Jahr hindurch möglich. In den warmen Monaten, denen ohne ›r‹, ist die Nachfrage weniger stark, und im Sommer haben die Austern eine Milchtasche, die die Eier enthält und ihnen einen besonderen Geschmack gibt.

MIESMUSCHELZUCHT

Die Mytilikultur ist die Zucht der Miesmuscheln. Die häufigste der Muscheln ist die Art *Mytilis edulis*, es gibt jedoch auch andere Arten wie die Miesmuschel des Mittelmeers (*Mytilus galloprovincialis*) oder die Bartmuschel (*Modiola barbata*).
Die Muscheln, die sehr reichlich an allen Küsten Westeuropas vorkommen, werden vor allem in Spanien und den Niederlanden, die die größten Produzenten der Welt sind (mit sehr hohem Exportanteil), sowie in Frankreich gezüchtet.

Zucht. Man sammelt die jungen Muscheln oder Larven an den Orten der natürlichen Vermehrung ein und mästet sie in günstigen Gebieten entweder flachliegend auf hartem Untergrund (holländische Methode) oder auf Pfählen (Muschelpfählen), die senkrecht in den Seeboden eingetrieben sind (Bucht des Aiguillon bei La Rochelle), oder an einen festen Gerüsten aufgehängten Seilen oder ›Zuchttischen‹ (französische Teiche im Mittelmeerraum). Die wichtigsten Arbeiten bei der Zucht sind neben der regelmäßigen Befestigung der jungen Muscheln das Lichten, um eine günstige Dichte zu erhalten, und die Bekämpfung von Parasiten jeder Art. Die Muschelbänke an der Ostküste Schleswig-Holsteins liefern jährlich bis zu 15 000 t Speisemuscheln, die gekocht, gebraten oder mariniert werden.

WEITERE WEICHTIERE

Von den Bivalvia sammelt man ebenfalls die Jakobsmuscheln (Pecten maximus), die man zu züchten versucht, und die Kamm-Muschel (Chlamy varius), die man an allen Küsten Frankreichs fängt. Auch die Venusmuschel (Venus verrucosa), die Sandklaffmuschel (Venus mercenaria), die auf dem sandigschlammigen Boden der Atlantikküste vorkommen, und die Teppichmuscheln (Tapes decussatus), die von Hand gesammelt und auf dem sandigen Boden des Atlantiks und des Mittelmeers gefangen werden, dürfen nicht unerwähnt bleiben. Durch die Venusmuschelzucht konnten 1987 über 600 t produziert und vermarktet werden.
Von den Meerschnecken verzehrt man die kleine Strandschnecke (3 cm) [Littorina littorea], die entlang der Atlantikküste gesammelt wird, sowie die große Trompetenschnecke (6 bis 10 cm) [Buccinum undatum], die auch Kinkhorn oder Spanische Schnecke genannt wird.
Zu den Kopffüßern gehört der Krake (Octopus vulgaris). Er erreicht eine Größe von 30 bis 80 cm und besitzt 8 Tentakel und ist an allen Felsküsten des Atlantiks und des Mittelmeers zu finden. Er wird mit dem Schleppnetz oder der Reuse gefangen. Der Tintenfisch (Sepia officinalis) hat 10 Tentakel; der Kalmar (Loligo vulgaris) hat 10 Fangarme, von denen 2 länger sind als die übrigen 8.

A · **Jakobsmuschel.**
Muschel auf sandigem und bewachsenem Boden mit weißem und festem Fleisch von sehr feinem Geschmack.

B · **Teppichmuschel.**
Sie lebt in Sand- und Schlammböden, auch in Felsspalten.

C · **Messermuschel.**
Diese im Sand des Strandes eingegrabene Muschel wird gefangen, indem man Salz ausstreut, um sie anzulocken. Man verzehrt sie gekocht.

D · **Miesmuschel.**
Ihr zartes und köstliches Fleisch wird roh oder gekocht verzehrt. Es enthält viel Calcium, Eisen und Jod.

E · **Tafelauster.**
Geschmack des ausgelösten Weichkörpers abhängig vom Herkunftsort. Ursprünglich wurde sie an der Mündung des Belon, eines Küstenflusses in der Bretagne, gezüchtet.

F · **Runde Auster.**
Die japanische Art hat die portugiesische abgelöst. Die meistens roh verzehrte Auster ist reich an Proteinen, Jod, Phosphor, Fluor und Eisen. Dies ist eines der leichtesten Nahrungsmittel.

G · **Trompetenschnecke.**
Großes eßbares Weichtier der Meeresküsten, die nach Kochen in Salzwasser kalt verzehrt wird.

NAHRUNGSMITTEL

Zu der Kategorie der Meeresfrüchte gehören noch weitere Wassertiere, insbesondere:
– die Seeigel *(Paracentratus lividus)* aus der Familie der Stachelhäuter mit einer Größe von 6 bis 8 cm und spitzen braunen oder violetten, 2 cm langen Stacheln, die sowohl im Atlantik als auch im Mittelmeer leben;
– die zu den Seescheiden gehörende *Microcosmus sulcatus*, die einer braun-schwärzlichen Kartoffel mit leuchtend gelbem Fleisch ähnelt (Mittelmeer).

KREBSTIERE

Die Krebstiere mit einem Körper, der von einem Panzer bedeckt ist, den sie mehrmals während ihres Lebens wechseln, sind Gliederfüßer, das heißt, daß sie gegliederte Anhänge oder Füße besitzen (in der Regel 5 Paare). Hier unterscheidet man langschwänzige Krebstiere, zu denen Hummer, Flußkrebse, Langusten, Garnelen, Kaisergranat und Hummerkrabben gehören, und die kurzschwänzigen Krabben, z. B. Taschenkrebs, Blaue Krabbe und Seespinne; z. T. sind auch andere Einteilungen und Benennungen üblich.

Krabben. Bei den zahlreichen Krabbenarten unterscheidet man:
– die Steingarnele oder Große Garnele *(Palomon serratus)* mit einer Größe von 7 bis 12 cm. die mit Krabbennetz oder Reuse an allen Felsküsten des Atlantiks und des Mittelmeers gefangen wird; in Spanisch heißt sie Gamba;
– die Sandgarnele *(Crangon crangon)* von 3 bis 6 cm Größe, die mit dem Krabben- oder Schleppnetz auf den sandigen Küstenböden gefangen wird, insbesondere in der Nähe von Astuaren.

Auch die tropische Steingarnele *(Poenus duoarum)* der sandigen Meeresböden der afrikanischen Küsten, vor allem des Senegal, und die algerische Steingarnele *(Aristeus antennatus)*, die beide bis zu 20 cm groß werden können, werden gefangen und vermarktet.

In Frankreich befindet sich die Krabbenzucht vor allem für die Japanische Garnele *(Penaeus japonica)*, die der traditionellen Gamba ähnelt und in sechs Monaten ein Gewicht von 25 g erreichen kann, im Versuchsstadium. 1986 erreichte die Produktion von gezüchteten Krabben 310 000 t, wobei China, Ecuador, Taiwan, die Philippinen und Indien die Hauptproduzenten waren.

Kaisergranat, Langusten, Hummer, Taschenkrebse. Die Langusten *(Nephrops norvegicus)*, die sehr weit im Meer auf dem schlammigen tiefen Atlantikboden gefangen werden, können 24 cm groß und 110 g schwer werden. Je nach ihrer Herkunft unterscheiden sie sich in Geschmack und Größe.

Drei Langusten unterscheiden sich durch ihre Farbe. Die häufigste, die Rote Languste *(Palinurus vulgaris)* oder Bretonische Languste, kommt aus dem felsigen Boden des Atlantiks und des Mittelmeers zwischen 20 und 150 m Tiefe. Die Rosa Languste *(Palinurus mauritanicus)* stammt vom felsigen Boden des Atlantiks in 50 bis 500 m Tiefe. Die Grüne Languste *(Palinurus regius)* wird auch Marokkanische, Portugiesische oder Mauretanische Languste genannt, da sie in 5 bis 30 m Tiefe entlang der westlichen Felsenküste Afrikas von Marokko bis Angola gefangen wird.

Der Hummer *(Homarus gammarus)* kann bis zu 75 cm groß werden und dann als ausgewachsenes Tier mit etwa 5 oder 6 Jahren 1 500 g wiegen. Sein weißes und festes Fleisch wird von den Verbrauchern oft dem der Languste vorgezogen.

Der Taschenkrebs *(Cancer pagarus)* wird mit Krabben- und Schleppnetzen an den felsigen Atlantik- und Mittelmeerküsten gefangen.

Hinsichtlich ihres ernährungsphysiologischen Wertes sind Krebstiere als vollwertig einzustufen. Einem hohen Gehalt an hochwertigem Eiweiß steht ein sehr geringer Fettgehalt gegenüber. Im Gegensatz zu Fischen enthalten sie Kohlenhydrate in Form von Glykogen. Der Gehalt an freien Aminosäuren liegt deutlich über dem der Knochenfische.

ALGEN

Die ein- oder mehrzelligen Süßwasser- oder Meerwasseralgen sind seit undenklichen Zeiten eine wertvolle Nahrungsquelle. Als Cortes nach Mexiko kam, staunte er über die Ernte eines grünen Schlamms als Nahrung, den die Azteken in den Seen einsammelten. Es handelte sich dabei um Spirulina (Schraubenalge), eine grüne Mikroalge (Familie der Grünalgen), die auch am Nordufer des Tschadsees gesammelt und gegessen wird. Die Spirulina enthalten etwa 60–70 % Protein, Spurenelemente und sind eine der wenigen Pflanzen, die Vitamin B_{12} in großer Menge produzieren (das Vierfache der Kalbsleber, die dennoch als die beste Quelle angesehen wird). Bei einer Jahresernte von 50 t/ha können sie etwa 30 t Protein pro Hektar liefern. Das entspricht etwa dem sechzigfachen des Sojaproteinertrages.

Verbrauch. Das große Verbraucherland ist Japan mit verschiedenen Arten, von denen die häufigste eine Rotalge der Gattung *Porphyra* (auf japanisch Nori) ist, die einen durchschnittlichen Haushalt mehr kostet als Tee. Die Japaner essen auch Algen der Gattung *Undaria* (Wakame) und *Laminaria* (Kombu).

Die westlichen Länder verbrauchen Algenextrakte in zunehmendem Maße: Alginate aus der *Macrocystis*, Carageen aus der *Chondrus crispus*, Agar-Agar aus der *Gelidium*. Diese Zutaten werden in der Milchindustrie eingesetzt, um dem Speiseeis, Milchspeisen und verschiedenen Saucen Konsistenz zu geben. Man beginnt auch, die Algen als solche zu verzehren, denn sie haben echte diätetische Qualitäten: ein hoher Gehalt an Mineralstoffen und insbesondere an Jod.

Fangertrag an Muscheln und Krebstieren (wichtigste Länder, in tausend Tonnen, 1986)

Japan	400,1	Italien	15,1
USA	293,9	Großbritannien	9,8
Thailand	210,9	Griechenland	3,7
Spanien	133,4	Frankreich	1,7
China	86,3		

C · **Hummer.**
Ein in kalten oder gemäßigten Gewässern lebender Krebs, der mit der Reuse oder dem Krabbennetz unter Verwendung von Fischen als Köder gefangen wird. Er liefert ein Fleisch mit wenig Fett. Er kann bis zu 75 cm groß werden.

D · **Seeigel.**
Man findet ihn an der Küste, aber auch in großer Tiefe. Man ißt die fünf Ovarien in der Regel roh. Er ist 6 bis 8 cm groß.

E · **Seespinne.**
Dies ist der gebräuchliche Name für die Spinnenkrabbe, die wie der Taschenkrebs gegessen wird. Ihr runder, stacheliger und knolliger Panzer kann einen Durchmesser von 20 cm erreichen.

F · **Kaisergranat.**
Er wird auf hoher See mit dem Schleppnetz auf dem schlammigen Boden des Atlantik gefischt und ist ein Krebstier mit starken Zangen. Der Kaisergranat kann 24 cm groß werden und 110 g wiegen.

A · **Languste.**
Die Langusten zeichnen sich durch ihre langen Fühler aus. Die in der südlichen Hemisphäre gefangenen Arten werden häufig gefroren importiert. Ihr Fleisch ist sehr begehrt.

B · **Taschenkrebs.**
Er ist der größte Krebs in unseren Meeren: Er kann bis zu 30 cm breit werden und 6 kg wiegen. Sein Fleisch schmeckt ausgezeichnet.

G, H · **Krabben.**
Es gibt sehr viele Süß- oder Salzwasserkrabben. Die Steingarnelen (H) oder Sandgarnelen (G) sind am begehrtesten.

1039

NAHRUNGSMITTEL

GEMÜSE

PRODUKTE, KLASSIFIZIERUNG

Gemüse sind Pflanzen, die zur Ernährung angebaut werden und frisch oder gekocht, angemacht oder im allgemeinen salzig zubereitet verzehrt werden. Die folgenden Pflanzenteile können gegessen werden:
– Wurzeln oder Knollen (Karotte, Weiße Rüben, Schwarzwurzeln, Rote Rüben);
– Stengel oder Zwiebeln (Spargel, Knoblauch, Zwiebel);
– Blätter oder ihr Blattstiel (Kohl, Salate, Spinat, Lauch, Sellerie, Mangold);
– Blüten oder Blütenstände (Blumenkohl, Artischocke);
– Früchte im botanischen Sinne oder die Samen (Tomate, Aubergine, Gurke, Kürbis, Zucchini, Bohnen, Erbsen, Saubohnen).

Entwicklung der Produkte. Gemüse, die traditionsgemäß im Umkreis der Städte angebaut wurden (der grüne Gürtel der Gemüsegärten), sind zu Pflanzen für mechanisierten Anbau und Gewächshauskultur mit einer regionalen Spezialisierung geworden. Die meisten Gemüse stellen hohe Ansprüche an Klima, Boden, Wasser und Nährstoffe.

Die Verfügbarkeit von frischem Gemüse hängt noch von den Jahreszeiten ab, obwohl zahlreiche Techniken eingesetzt werden, um die Produktion auszudehnen: Züchtung von frühen oder späten Sorten, Anbau in einer anderen Jahreszeit durch Treiben unter einer Kunststoffhülle oder in Gewächshäusern, Importe von Produkten (vor allem Frühsorten) aus klimatisch günstigen Gebieten wie dem Mittelmeerraum oder Afrika. Die sterilisierten Konserven und das Tiefgefrieren machen es ebenfalls möglich, ständig Gemüse zur Verfügung zu haben. In einer Vakuumverpackung aus Kunststoffhüllen (Beutel oder Behälter) sind Produkte der sog. ›vierten Palette‹ entstanden, frisches, jedoch zubereitetes, geschältes, gewaschenes, geschnittenes und manchmal sterilisiertes Gemüse. Mit diesen neuen Produkten können Salate (geschnitten oder Salatmischungen aus Lattich, Krauser Endivie und Feldsalat), geraspelte Gemüse (Karotten, Sellerie, Weißkohl) und in Scheiben oder Würfel geschnittene Gemüse (Kartoffeln, Rote Rüben) angeboten werden.

Nutzen für die Ernährung. Die häufig stark wasserhaltigen Gemüse sind kalorienarm, was heute für den Handel von Vorteil ist. Ihr Nährwert beruht auf ihrem hohen Vitamingehalt (vor allem Vitamin C und Provitamin A) und ihrem hohen Gehalt an Mineralstoffen (Calcium, Kalium, Magnesium, Eisen). Gemüse enthält ferner Cellulose, die sich auf die Verdauung günstig auswirkt, denn sie quillt im Darm auf und erleichtert den Durchgang durch den Darm.

Im Gemüseverzehr hat sich in den vergangenen Jahrzehnten eine entscheidende Ver-

änderung ergeben. Der Verzehr von Hülsenfrüchten ist von jährlich 15 kg im Jahr 1880 auf etwa 1 kg heute gesunken. Der Gemüseverzehr steigt zwar insgesamt an, doch ist ein Trend von den ›Grobgemüsen‹ (Kohl, Porree, Zwiebeln) zu den ›Feingemüsen‹ (Tomaten, Gurken, Spinat, Salate, Blumenkohl) zu verzeichnen.

WURZEL- UND KNOLLENGEMÜSE

Karotte. Die Karotte (*Daucus carota*, Familie der Doldenblütler) ist eine zweijährige Pflanze, deren Wurzel frisch (roh oder gekocht) oder als Konserve verzehrt wird. Sie ist zwar kalorienarm (37 kcal pro 100 g), hat jedoch einen hohen Vitamingehalt, insbesondere Carotin, das rote Pigment als Vorstufe des Vitamins A; 100 g Karotten enthalten 500 mg Vitamin A. Sie enthalten auch weitere Vitamine: B$_1$, 0,06 mg; B$_2$, 0,04 mg; PP, 0,6 mg und C, 6 mg.
Pro Jahr werden in Deutschland 200 000 Tonnen angebaut, dazu werden noch 70 000 Tonnen importiert. Karotten sind während des ganzen Jahres im Angebot. Im Handel werden Karotten meist gewaschen angeboten, was ihre Haltbarkeit verringert.

Weiße Rübe. Die Weiße Rübe (*Brassica napus*, Familie der Kreuzblütler) ist eine zweijährige, wegen ihrer Wurzel angebaute Pflanze, die von Tieren roh und von Menschen gekocht verzehrt wird. Die Sorten der Weißen Rübe sind in Form, Farbe (weiß, violett oder gelb), Festigkeit (weich, halbfest, trocken oder Eintopfrüben) sehr unterschiedlich. Die Steckrübe und die Kohlrübe (*Brassica rapa*) sind verwandte Pflanzen mit verdickten Wurzeln. Ihr Anbau und ihr Verzehr, sogar als Viehfutter, gehen zurück.

Schwarzwurzel. Die ursprüngliche Schwarzwurzel, die Haferwurz (*Tragopogon porrifolius*, Familie der Korbblütler), mit weißer Wurzel, wurde im Anbau durch die Gartenschwarzwurzel (*Scorzonera hispanica*) mit braunschwarzer Wurzel abgelöst, deren weißes Fleisch fein und schmackhaft ist.

Rettich. Der Rettich (*Raphanus sativus*, Familie der Kreuzblütler) besitzt eine fleischige und knackige Wurzel mit scharfem Geschmack, die roh gegessen wird. Frankreich ist der größte europäische Produzent.

STENGEL- ODER ZWIEBELGEMÜSE

Spargel (*Asparagus officinalis*, Familie der Liliengewächse) ist eine mehrjährige Pflanze, deren Basis angehäufelt wird, das heißt gegen Ende des Winters mit Erde bedeckt wird, damit sie im Frühjahr junge Stiele oder Sprosse liefert, die dann geerntet und frisch oder als Konserve verzehrt werden.

Knoblauch, Zwiebel: s. Gewürze, S. 1049.

BLATT- ODER BLATTSTIELGEMÜSE

Kohl. Es gibt mehrere hundert angebaute Sorten des Kohls (*Brassica oleracea*, Familie der Kreuzblütler): Grünkohl, Weißkohl, Rotkohl (dessen Gewebe durch Anthocyan gefärbt ist), Blumenkohl (dessen weißer Blütenstand gegessen wird), Rosenkohl (der in der Blattachsel eine Knospe treibt, die den eßbaren Teil bildet) und Broccoli.
Der Kohl und der Blumenkohl müssen ohne Deckel gekocht werden, und man muß ihr Wasser wechseln, da sie Schwefelverbin-

dungen enthalten, die sich verflüchtigen müssen, damit er gut verdaulich ist. Für viele stellt der Kohlgeruch einen Nachteil dar.
Nach der Erntemenge wird am meisten Weißkohl angebaut. Dann folgen Rotkohl, Blumenkohl, Wirsing, Grünkohl und Rosenkohl. Die große Produktion von Weißkohl ist auf die weitere Verarbeitung zu Sauerkraut zurückzuführen.

Salate. Unter Salaten sind unterschiedliche Pflanzen zusammengefaßt, deren rohe Blätter man mit einer Soße verzehrt.
Der **Kopfsalat** (*Lactuca sativa*, Familie der Korbblütler) ist eine einjährige Pflanze, die mehr als 100 Sorten umfaßt, die nach Form des Kopfes, der Form und Farbe des Blattes unterschieden werden.
Die **Endivie** (*Cichorium endivia*, Familie der Korbblütler) liefert zwei Sorten: die Krause Endivie und den Lattich.
Der **Chicorée** (*Cichorium intybus*) bildet nach dem Treiben einen Kopf (oder Trieb) unterirdischer Blätter, die roh oder gekocht verzehrt werden. In Belgien stellt der Chicorée, die Salatzichorie, im Winter ein beliebtes Gemüse dar. Bei uns wurde die Abneigung dagegen erst in den letzten Jahren aufgegeben.

Spinat (*Spinacia oleracea*, Familie der Gänsefußgewächse) ist eine ein- oder zweijährige, rasch wachsende Pflanze, deren Blätter gekocht gegessen werden. Der Frischmarkt steht in hartem Wettbewerb mit dem tiefgefrorenen Spinat.

Lauch oder **Porree** (*Allium porrum*, Familie der Liliengewächse) ist eine kräftige zweijährige Pflanze mit eßbarem Stiel und Blättern. Der Lauch ist das ganze Jahr über auf dem Markt erhältlich.

Sellerie (*Apium graveolens*, Familie der Doldenblütler) ist eine zweijährige Pflanze mit verschiedenen eßbaren Sorten: der Knollensellerie, dessen Wurzel gegessen wird, der Stangen- oder Staudensellerie, von dem man den Blattstiel ißt. Italien ist der größte Produzent, gefolgt von Frankreich. Getrocknete Sellerieblätter werden aus Ungarn importiert.

Mangold. Der mit der Rübe verwandte Mangold (*Beta vulgaris*, Familie der Gänsefußgewächse), auch Gemüseartischocke genannt, ist ein Wintergemüse, das in zunehmendem Maße angebaut wird.

BLÜTEN- ODER BLÜTENSTANDGEMÜSE

Blumenkohl: s. oben.

Artischocke (*Cynara scolymus*, Familie der Korbblütler) ist eine mehrjährige Pflanze, deren Stengel einen Blütenkopf trägt, dessen Boden (Rezeptakulum) und Basis der Schuppen (Hochblätter) roh oder gekocht gegessen werden. Das ›Heu‹ (junge Blüten) wird nicht gegessen. Die Artischocke wird bei uns nur wenig angebaut. Sie wird aus den Mittelmeerländern importiert.

Brokkoli oder **Spargelkohl** läßt sich als eine Fortentwicklung des Blumenkohls auffassen, der in Italien, Südfrankreich und England, neuerdings auch in Deutschland angebaut wird und häufiger auf dem Markt kommt. An den grünlichen, dickfleischigen Blütenstandsachsen stehen die Blütenknospen dichtgedrängt als kleine, eiförmige Gebilde. Die Blütenstandsachsen werden abgeschnitten und als Stangen wie Spargel zubereitet. Der Geschmack erinnert an Blumenkohl und Spargel.

Gemüseverbrauch
(wichtigste Länder, in kg/Einwohner/Jahr, 1985)

Land	Verbrauch	Land	Verbrauch
Griechenland	228,1	Niederlande	93,7
Italien	171,4	Großbritannien	91,9
Spanien	150,2	Belgien/ Luxemburg	91,3
Frankreich	123,0		
Portugal	114,8	Irland	82,2
Japan	112,0	BR Deutschland	75,1
USA	97,0	Dänemark	70,4

1040

NAHRUNGSMITTEL

FRUCHT- ODER SAMENGEMÜSE

Tomate (*Lycopersicum esculentum,* Familie der Nachtschattengewächse) ist eine einjährige, aus Amerika stammende Pflanze, die wegen ihrer Früchte angebaut wird, die frisch oder als Konserve in sehr unterschiedlicher Form verzehrt werden: als Soße, Saft, Konzentrat, Püree, Mark usw.

Mit 8 kg pro Kopf und Jahr nimmt die Tomate die zweite Stelle beim Gemüseverbrauch in Deutschland ein. Durch Importe aus Marokko und Spanien oder von Gewächshaustomaten aus den Niederlanden ist die Versorgung des Marktes das ganze Jahr lang gesichert.

Aubergine (*Solanum melongena,* Familie der Nachtschattengewächse) ist eine einjährige Pflanze, die in warmen Regionen wegen ihrer violetten, 15 bis 20 cm langen Frucht angebaut wird, die gedünstet, gebraten oder gebacken gegessen wird. Sie wird im Mittelmeergebiet, Israel und Nordafrika angebaut und von dort importiert.

Kürbis (*Cucurbita maxima,* Familie der Kürbisgewächse) ist eine Sommerpflanze, deren junge Früchte geerntet werden. Er wird bei uns nur selten angepflanzt. Die Früchte werden als Kompott zubereitet oder süßsauer eingelegt. Im Garten wird er mitunter kultiviert.

Gurke (*Cucumis sativus,* Familie der Kürbisgewächse) ist eine einjährige, in zunehmendem Maße im Gewächshaus angebaute Pflanze. Die länglichen Früchte mit sehr wässerigem, grünlichen Fleisch werden vor allem roh als Salat gegessen. Die kleinen, in Essig eingelegten Sorten heißen Essiggurken.

Ein großer Teil des Verbrauchs in Deutschland wird aus den Niederlanden importiert.

Gemüsepaprika (*Capsicum annuum,* Familie der Nachtschattengewächse) wird in allen warmen Ländern angebaut. Die Plazenta, die Samen und die Scheidewände enthalten das scharf schmeckende Capsaicin und müssen vor der Zubereitung entfernt werden. Die allgemein Paprikaschoten genannten Früchte sind botanisch gesehen Beeren.

HÜLSENFRÜCHTE, TROCKENGEMÜSE

Die Hülsenfrüchtler der Familie der Schmetterlingsblütler wie Bohnen, Erbsen, Saubohnen und Linsen besitzen eine typische Frucht: Hülse, Schote (oder ›Gemüse‹), die die eßbaren Samen enthalten.

Gemüseernten im Freilandanbau
(in 1 000 t)

	1980 bis 1985	1986
Weißkohl	333,6	400,1
Karotten	136,0	148,2
Blumenkohl	81,5	86,1
Kopfsalat	71,3	63,0
Knollensellerie	38,4	43,2
Buschbohnen	36,0	43,3
Lauch	35,5	41,4
Chinakohl	23,7	30,9
Spargel	11,3	15,0
Schälgurken	7,3	10,3
Tomaten	6,0	4,0

Sie haben einen ausgezeichneten Nährwert, da ihre Samen Kohlenhydrate (ungefähr 60 %) und vor allem Proteine (20 bis 25 %) enthalten. Ihr Gehalt an Mineralstoffen und Vitamin B ist hoch. Allerdings ist der Verzehr von Hülsenfrüchten, der noch bei einigen Völkern wie beispielsweise in Brasilien sehr hoch ist, in Deutschland von 15 kg vor 100 Jahren auf 1 kg heute pro Person und Jahr zurückgegangen.

Bohnen. Die Bohne (*Phaseolus vulgaris*) ist eine einjährige Pflanze mit sehr vielen angebauten Sorten, die in drei Gruppen eingeteilt sind:
– Fadenbohnen, grüne Bohnen mit langen und dünnen Hülsen, die jung gekocht gegessen werden;
– zarte grüne Bohnen, deren weniger dünne Hülse als die der Fadenbohnen ganz gegessen wird;
– Schälbohnen, von denen man nur die Samen ißt (›Trockenbohnen‹) und die in mehreren Sorten vertreten sind: Coco, Michelet, Mistral und die begehrteste, Lingot.

Frankreich ist der größte europäische Produzent. Die Produktion geht vor allem in Konserven und in die Tiefkühlkost. Der Verzehr frischer Bohnen im Winter ist an Importe aus Spanien, Italien und Nordafrika gebunden.

Linsen. Die Linse (*Lens culinaria*) ist eine einjährige, wegen ihrer Samen angebaute Pflanze. Linsen kommen heute überwiegend aus der Türkei, aus Pakistan und Ägypten. Auch aus Argentinien und Chile werden sie importiert. Die häufigsten sind die Tellerlinsen. Es gibt daneben große, kleine und süße Linsensorten. Obwohl der Verbrauch von Linsen als Trockengemüse zurückgegangen ist, nimmt der von Linsen als Konserve mit den hellen Importsorten zu.

Saubohnen. Die Saubohne (*Vicia faba major*), eine Unterart der Ackerbohne (*Vicia faba*), ist eine einjährige Pflanze. Die Ernte, oft feldmäßig für die Konservenindustrie, erfolgt vom Juni bis September. Das Hauptanbaugebiet ist das Rheinland. Der übermäßige Verzehr von Saubohnen in einigen Mittelmeerländern führt zum Fabismus: einer Kreislaufstörung mit leichter Gelbfärbung und hämolytischer Anämie.

Erbse. Die Gartenerbse (*Pisum sativum*) ist eine einjährige, wegen ihrer Samen angebaute Pflanze. Ein Zehntel der Produktion wird frisch verzehrt, ein Zehntel wird tiefgefroren und der Rest als Konserve verarbeitet. Erbsen werden, nach Größen sortiert, in verschiedenen Qualitäten angeboten.

Trockenerbsen haben lange Einweich- und Kochzeiten. Für Fertiggerichte werden sie häufig verwendet.

Die Kichererbse (*Cicer arietinum*) ist eine einjährige Pflanze, deren Samen getrocknet oder in Dosen sterilisiert aufbewahrt werden.

PILZZUCHT

Die Pilzzucht wird seit drei Jahrhunderten mit Champignons (*Agaricus bisporus*) durchgeführt. Frankreich ist der größte Produzent der EG. Die Kulturchampignons werden auf Pferdemist und anderen Kultursubstraten in Kellern, stillgelegten Bergwerken und ›Champignonhäusern‹ bei Temperaturen um 22 °C und bei 95 % Luftfeuchtigkeit gezüchtet. Sie werden frisch gegessen oder zu Konserven verarbeitet.

Der Austernseitling, ein Ständerpilz aus der Familie der Blätterpilze, ist ein großer, von den Gastronomen sehr geschätzter Pilz. Die Zucht auf organischen Substraten, z. B. auf totem Holz, entwickelt sich immer mehr. Weitere Pilze, die vor allem in Japan gezüchtet werden, sind der Träuschling mit seinem breiten, glockenförmigen Hut von 10 cm auf einer Strohunterlage oder der Shiitakepilz, dessen Zucht auf Holzscheiben an freier Luft oder im Gewächshaus sehr verbreitet ist. In 6–20 Monaten durchwuchert das Myzel das Holz und liefert dann über 4–5 Jahre jährlich zwei Ernten. Die Braunkappe kann im Garten an einem schattigen Platz auf einem Strohballen kultiviert werden. Das Impfmaterial kann man kaufen.

Bei der Trüffel (*Tuber melanosporum*) sind die Ergebnisse des Versuchsanbaus ermutigend.

Nährwert. Der Nährwert der Pilze ist interessant, denn obwohl sie 90 % Wasser enthalten, enthält ihre Trockenmasse viele Proteine (von denen die meisten essentielle Aminosäuren sind), kaum Fett und wenig Kohlenhydrate, darunter Traubenzucker und Mannazucker. Ihr hoher Vitamingehalt, vor allem der Vitamine B (Thiamin und Riboflavin), und ihr hoher Gehalt an Mineralsalzen (Phosphor, Kalium, Eisen und Spurenelemente) machen sie zu einem kalorienarmen, jedoch ausgewogenen Nahrungsmittel.

▲ · **Gemüse.**

Normalerweise werden drei Anbauarten beim Gemüse unterschieden: *im Freilandanbau, in Gärtnereien* und *im Privatgarten.* Im Freilandanbau ist Gemüse an der Fruchtfolge eines landwirtschaftlichen Betriebes beteiligt und mechanisiert (ein typisches Beispiel ist die Erbse). Ein großer Teil der Produktion geht in die Industrie. Der Gemüseanbau in Gärtnereien erfolgt auf häufig sehr kleinen Parzellen, die zwei bis vier Gemüseernten pro Jahr liefern. Er kann ungeschützt, unter einem Schutzdach oder völlig geschützt (Plastiktunnel, Gewächshäuser) durchgeführt werden. Schließlich wird ein ziemlich unbekannter, jedoch großer Anteil des Gemüses in Privatgärten geerntet.

NAHRUNGSMITTEL

FRÜCHTE

ALLGEMEINES

Im Sinne der Botanik ist eine Frucht ein Pflanzenorgan, das aus der Entwicklung der befruchteten Blüte entsteht. Eine Frucht umfaßt eine Hülle, das Perikarp, Fleisch und Samen.

Alle geernteten Früchte oder diejenigen, die man auf dem Markt findet und über hundert Arten und Zehntausende von Sorten umfassen, entsprechen dieser Definition, und dennoch sind die Früchte nach Form, Farbe, Konsistenz, Geschmack, Herkunft, Verkaufszeit äußerst unterschiedlich. Man unterscheidet Kern-, Stein- und Beerenobst, Südfrüchte, Schalenobst und Wildfrüchte.

Nutzen für die Ernährung. Wenn auch die Früchte wenig Proteine und Fette enthalten, ist ihr Gehalt an Zucker mit 5 bis 20 % relativ hoch: Traubenzucker, Fruchtzucker, Rohrbzw. Rübenzucker, Stärke, Pektin und Cellulose. Sie besitzen auch verschiedene Vitamine, insbesondere Vitamin C, und Mineralstoffe, Kalium und Eisen. Ihr Nährwert ist praktisch gleich dem des Gemüses. Sie haben allerdings den Vorteil, daß sie roh ohne Vorbereitung gegessen werden können.

Der hohe Gehalt an Fruchtsäuren erzeugt den erfrischenden Geschmack und bestimmt den Genußwert verschiedener Früchte. In Kern- und Steinfrüchten überwiegt Apfelsäure, in Beerenfrüchten und Südfrüchten Zitronensäure.

Verzehr. Der Verbrauch an frischem und verarbeitetem Obst beträgt in Deutschland pro Kopf und Jahr rund 100 kg. An erster Stelle stehen Äpfel, dann folgen Bananen, Birnen, Apfelsinen, Weintrauben, Pflaumen, Beerenobst, Zitronen, Grapefruits, Melonen, Ananas, Feigen und Aprikosen. Um 1900 verzehrten die Deutschen nur rund 25 kg Obst im Jahr. Für eine gleichmäßige Versorgung sind die Importe von großer Bedeutung.

A, B · **Pflaume.**
Es gibt zwei Arten von Pflaumen: diejenigen, die frisch verzehrt werden (Reneklode usw. [A]), die empfindlich und schlecht haltbar sind, wenn sie reif sind, und diejenigen, die vor allem für die Industrie (Mirabellen [B], Zwetschgen: Konserven, Konfitüren, Alkohol) und zur Herstellung von Dörrpflaumen bestimmt sind. Der wachsartige Überzug der Pflaumen muß für den Frischverzehr erhalten bleiben.

C · **Kirsche.**
Die Kirsche reift auf einem bis 20 m hohen Baum. Sie wird als frische Frucht im Frühsommer geschätzt.

D · **Pfirsich.**
Der Pfirsich, ein Sommerobst, kann einen freiliegenden Stein (gelber Pfirsich, weißer Pfirsich, Nektarine) oder einen am Fleisch haftenden Stein haben (Härtling, Brugnole).

E · **Aprikose.**
Die Aprikose, eine Steinfrucht mit mäßig saftigem, aber süßem, aromatischem Fleisch mit freiliegendem und leicht zu lösendem Stein, ist eine beliebte Sommerfrucht.

STEINOBST

Aprikose. Der aus Asien stammende Aprikosenbaum (*Prunus armenica*, Familie der Rosengewächse) ist ein Baum, dessen frühe Blütezeit bei uns vom Frost gefährdet ist. Deshalb ist bei uns die Aprikosenernte gering. Hauptanbaugebiete sind die Mittelmeerländer und Kalifornien. Die Früchte werden häufig halbreif angeboten, da sie unreif geerntet werden. In der Europäischen Gemeinschaft steht Italien bei der Ernte an erster Stelle, gefolgt von Griechenland, Spanien und Frankreich.

Kirsche. Der Kirschbaum (*Prunus cerasus*, Familie der Rosengewächse) gehört zu den ältesten kultivierten Steinobstsorten. In der Bundesrepublik Deutschland gibt es über 15 Millionen Kirschbäume. Angebaut werden:
– **Süßkirschen**, die schon ab Ende Mai geerntet werden. Sie gibt es als Herzkirschen mit sehr weichem, leicht verderblichem Fruchtfleisch und als Knorpelkirschen mit festem Fleisch. Bis auf den geringeren Säuregehalt stimmen die Inhaltsstoffe mit denen der Sauerkirsche überein. Aus Süßkirschen wird das Kirschwasser hergestellt.
– **Sauerkirschen** werden hauptsächlich zu Konserven und Fruchtsäften verarbeitet.

Die Kirschenzeit ist für frische Früchte von Mai bis Anfang Juli kurz. Die Industrie liefert allerdings zahlreiche verarbeitete Produkte: kandierte Früchte, Kompott, Konfitüren, Fruchtsäfte, Alkohol und Liköre und tiefgefrorene Früchte. Die kandierten Früchte nehmen 65 % der verarbeiteten Mengen auf und werden nach Großbritannien und in die Vereinigten Staaten exportiert. Bei einer europäischen Gesamtproduktion von 5 000 000 t kommt die Bundesrepublik Deutschland an erster Stelle (42 %), gefolgt von Italien (27 %) und Frankreich (20 %).

Pfirsich. Der Pfirsichbaum (*Prunus persica*, Familie der Rosengewächse) ist ein aus China stammender Baum, der wegen seiner Früchte mit schmackhaftem und aromatischem Fleisch angebaut wird.

Die Pfirsiche werden im Sommer, vor allem im Juli und August, geerntet, vermarktet und verzehrt. Die Sorten mit weißem Fleisch machen 30 % der Produktion aus (Springtime, Robin, Grenadix, Impero) und die Sorten mit gelbem Fleisch 70 %. Diese haben im Durchschnitt größere und weniger transportempfindliche Früchte als die weißen Sorten (Dixired, Redhaven, La Fayette, Suncrest, alle amerikanischen Ursprungs).

Die *Nektarine* ist ein Pfirsich mit glatter Haut, dessen Stein sich leicht vom Fruchtfleisch löst. Aprikosenpfirsiche haben ebenfalls eine glatte, jedoch violett gefärbte Haut. Die Nektarinen mit weißem Fleisch (Morton) oder gelbem Fleisch (Mayred, Nectared, usw.) stammen alle aus den Vereinigten Staaten.

Der Anbau erfolgt vor allem in Italien, Frankreich und Griechenland. Die Importe im Winter kommen aus Argentinien, Uruguay und Südafrika.

Pflaume. Der Pflaumenbaum (*Prunus domestica*, Familie der Rosengewächse) ist ein früher in Deutschland häufig gezogener Baum. Nach Größe und Fruchtform unterscheidet man: Zwetsche, Zwetschge mit violetter Frucht, spätreifend; Eierpflaume; Reneklode mit grünen oder gelben Früchten und Mirabelle mit kleinen orangegelben Früchten. Die neuen, sogenannten japanischen Arten, die in den Mittelmeerregionen eingeführt wurden, haben eine höhere Produktivität und reifen früher, und ihre Früchte lassen sich leicht transportieren, ihr Geschmack ist dagegen mäßig.

Die Pflaume, die im Sommer geerntet und frisch verzehrt wird, wird in vielfältiger Form verarbeitet und geht in die Konserven- und Konfitürenindustrie oder auch zum Trocknen. Pflaumen sind reich an Spurenelementen, Fruchtsäuren und Vitaminen. Reife Früchte haben nur eine kurze Haltbarkeit.

KERNOBST

Apfel. Der Apfelbaum (*Pyrus malus*, Familie der Rosengewächse) ist der weltweit am meisten angebaute Obstbaum. Der in Europa wild wachsende Apfelbaum hat im Anbau sehr alte Sorten. Äpfel werden nach dem Zeitpunkt ihrer Reife eingeteilt in *Sommersorten* (Klarapfel, Gravensteiner, James Grieve), *Herbstsorten* (Goldparmäne, Cox' Orange, Elstar, Ingrid Marie) und *Wintersorten* (Boskoop, Golden Delicious, Glockenapfel, Gloster, Jonathan). Aus Importen kommt vor allem Granny Smith dazu.

Tafeläpfel sind für den direkten Verzehr geeignet. *Mostäpfel* werden zur Herstellung von Apfelwein und Apfelsaft verwendet. *Wirtschaftsäpfel* werden zum Backen verwendet und zu Konserven verarbeitet.

F · **Apfel.**
Diese Frucht ist dank einer langen Haltbarkeit in kühlen Räumen mit kontrollierter Luft das ganze Jahr über auf dem Markt erhältlich. Der Apfel ist die weltweit am meisten angebaute Fruchtart.

G · **Birne.**
Wie der Apfel kann die Birne in jeder Jahreszeit durch die Existenz von Sorten, die eine zeitliche Staffelung der Ernten zulassen, und durch Konservierungsverfahren verkauft werden.

1042

NAHRUNGSMITTEL

Der ›Golden Delicious‹ amerikanischer Herkunft wird hauptsächlich in Italien, Frankreich und den USA angebaut. Diese Sorte verspricht einen hohen Ertrag an schön gefärbten Früchten mit feinem, saftigem und süßem Fleisch, die gut haltbar sind. Von den etwa zehn ausländischen Sorten, die in den letzten Jahren eingeführt wurden, sollten der Richared Delicious (rot) und der Granny Smith (grün, aus Australien) genannt werden, der spät reift und den Golden Delicious ablöst.

Mit einer Produktion von 1 800 000 t pro Jahr bei einer europäischen Gesamtproduktion von 7 000 000 t teilt sich Deutschland mit Frankreich den gleichen Platz hinter Italien. Frankreich ist weltweit der größte Exporteur, und seine wichtigsten Exportländer sind dabei Großbritannien und Deutschland.

Birne. Der pyramidenförmig wachsende Birnbaum (*Pirus communis*, Familie der Rosengewächse) kann 15 m hoch werden und liefert Früchte, die dank der Konservierungsverfahren und der Staffelung der Erntezeiten das ganze Jahr auf dem Markt erhältlich sind:
— **Sommerbirnen** machen ein Viertel der Ernte aus (Williams Christ, Klapps Liebling, Jules Guyot);
— **Kleinfrüchtige Sorten**, die Mostbirnen, liefern, mit Mostäpfeln zusammen vermischt und vergoren, einen beliebten alkoholhaltigen Most, und auch Birnensaft kommt auf den Markt.
— **Winterbirnen** stellen das letzte Viertel der Ernte (Alexander Lucas).

Mit 420 000 t pro Jahr bei einer europäischen Gesamtproduktion von 2 200 000 t steht Italien, das die Hälfte aller Birnen liefert, an erster Stelle, gefolgt von Spanien und Frankreich.

BEERENOBST

Erdbeere. Die Erdbeerpflanze (*Fragaria vesca*, Familie der Rosengewächse) ist eine kleine Pflanze, deren rote Früchte oder Erdbeeren kleine harte Samen oder Achänen tragen. Die verschiedenen Sorten werden im Freiland angebaut, aber auch unter Glas oder Folientunneln. Erdbeeren werden ab April (14 %), dann vor allem im Mai (40 %), Juni (27 %) und Juli (8 %) geerntet und vermarktet, wobei Importe außerhalb der Erdbeerzeit eine gewisse Staffelung des Verbrauches erlauben.

Erdbeeren werden als Frischobst gegessen, auch zu Konserven, Konfitüre, Wein und Likör, auch zu Saft, verarbeitet.

Bei einer europäischen Jahresproduktion von 600 000 t steht Italien (46 %) an erster Stelle vor Spanien (27 %) und Frankreich (17 %).

Himbeere. Der Himbeerstrauch (*Rubus idaeus*, Familie der Rosengewächse) ist ein in Europa wildwachsender Busch, der wegen seiner Frucht, die aufgrund ihres Aromas von der Nahrungsmittelindustrie sehr begehrt ist, angebaut wird. Die Industrie verwendet sie für Gelees, Konfitüren und Liköre. Bei einer europäischen Jahresproduktion von 50 000 t kommen Deutschland und Großbritannien (jeweils 20 000 t, das sind 40,5 %) an erster Stelle, gefolgt von Frankreich mit 7 000 t (14 %). Von der heimischen Produktion werden nur 1 000 t von Juni bis Oktober als frische Früchte verkauft, der Rest geht in die Industrie (Konserven, Likör, Tiefkühlkost). Der größte Teil der verzehrten Himbeeren taucht in diesen Statistiken nicht auf, da er aus Privatgärten stammt.

Rote Johannisbeere. Der Johannisbeerstrauch (*Ribes rubrum*, Familie der Steinbrechgewächse) ist ein in Europa wild wachsender und im gesamten Bundesgebiet wegen seiner Früchte angebauter Busch. Die kleinen roten oder weißen Beeren haben einen beliebten sauren Geschmack. Der Stachelbeerstrauch (*Ribes grossularia*) liefert dickere weiße, gelbe, rote oder violette Beeren. Stachelbeeren sind nur wenig lagerfähig und werden frisch gegessen oder zu Konfitüre, Wein oder Süßmost verarbeitet. Die frischen Johannisbeeren machen nur einen Bruchteil der verkauften Mengen aus, während die Nahrungsmittelindustrie den größten Teil zur Herstellung von Gelees, Konfitüren, Sirup usw. verwendet.

Schwarze Johannisbeere. Der Johannisbeerstrauch (*Ribes nigrum*, Familie der Steinbrechgewächse) ist ein Busch, der schwarze, säuerliche Beeren mit aromatischem Geruch hervorbringt, die zu Likör, Konfitüren und Gelees verarbeitet werden.

FRÜCHTE DES MITTELMEERRAUMES

Honigmelone (*Cucumis melo*, Familie der Kürbisgewächse) ist eine einjährige Pflanze, die viel Sonne und Licht benötigt, wodurch ihr Anbau auf die warmen Regionen der Mittelmeerländer mit vielen Sonnentagen beschränkt ist. Die Sorten ›Charentais‹ überwiegen, vor allem mit der Sorte Cantaloup charentais. Der Verkauf geht von Juni (12 %), Juli (25,5 %), August (27,5 %), September (25 %) bis Oktober (7,5 %). Mit einer Jahresproduktion von 800 000 t liegt Spanien an erster Stelle vor Italien (300 000 t) und Frankreich.

Wassermelone (*Citrullus vulgaris*, Familie der Kürbisgewächse) ist eine einjährige Pflanze, die rotfleischige, wässerige Früchte mit schwarzen Kernen hervorbringt. Einige Sorten, die sogenannten ›Spanischen Melonen‹, bringen weißfleischige Früchte mit roten Kernen hervor.

Feige. Der Feigenbaum (*Ficus carica*, Familie der Maulbeergewächse) ist ein im Mittelmeerraum wild wachsender Baum, der dort, in Nord- und Südamerika und im Nahen Osten angebaut wird. Bei uns werden hauptsächlich getrocknete Früchte verzehrt, aber die Frischimporte steigen an. Frische Feigen müssen schnell gegessen werden, weil sie leicht überreif und gärig werden.

Weintraube. Die Weinrebe (*Vitis vinifera*, Familie der Rebengewächse) ist eine mehrjährige Pflanze, die vor allem zur Produktion von Trauben angebaut wird, die nach Gären Wein ergeben. Sie wird auch zur Produktion von

---

A · **Schwarze Johannisbeere.**
Die schwarze Frucht des Schwarzen Johannisbeerstrauchs, der kühle gemäßigte Breiten bevorzugt. Die Schwarze Johannisbeere wird zur Herstellung von Likör, Sorbets und Sirup verwendet.

C · **Erdbeere.**
Diese Frucht wird aus dem fleischigen Blütenboden der Blüte gebildet, und sie trägt die eigentlichen Früchte, kleine harte Kerne (Achänen). Die kleinwüchsige, mehrjährige Erdbeerpflanze bildet kleine Büschel und treibt Ausläufer.

B · **Rote Johannisbeere.**
Die Frucht des kräftigen Roten Johannisbeerstrauchs, der bis in 1 300 m Höhe angebaut werden kann. Die Roten Johannisbeeren sind kleine runde Beeren in einer Traube, die rot, rosa oder weiß sein können.

D · **Himbeere.**
Frucht des Himbeerstrauchs, einem angebauten und im Unterholz im Gebirge wildwachsenden Strauch. Der Jahrestrieb trägt stumpfe Stacheln. Die Früchte sind kleine runde Sammelsteinfrüchte.

E · **Orange.**
Navelorangen erntet man von November bis Mai; *Blutorangen* von Dezember bis April; *Spätorangen* von April bis Juni.

F · **Honigmelone.**
Die Anbautechniken der Honigmelone sind unterschiedlich: im Freiland mit oder ohne Plastikabdeckung, im Gewächshaus, in Treibhauskultur. Die Produktion kann von April bis Oktober im Mittelmeerraum gestaffelt werden.

G · **Feige.**
Diese Frucht wird von einem Baum im Mittelmeerraum hervorgebracht, der über sechzig Jahre lang reift. Die Feigen, die gepflückt werden, wenn sie weich werden, halten sich schlecht (24 Std. bei voller Reife).

I · **Weintraube.**
Die die Tafeltraube hervorbringenden Rebsorten werden wegen des Aussehens der Traube, des Geschmacks der Beeren und der Unempfindlichkeit beim Transport gewählt. Gutedel, Italia, Hamburger Muskateller sind hier die beliebtesten Sorten.

H · **Granatapfel.**
Frucht eines Baums im Mittelmeerraum, eine dicke runde Beere mit süßem und fast durchsichtigem Fleisch, das die Samen umgibt.

J · **Grapefruit.**
Diese Frucht, die fälschlicherweise Pampelmuse genannt wird, wird von einem sehr kräftigen, überwiegend in den USA und Israel kultivierten Baum hervorgebracht.

K · **Kiwi.**
Diese mit einer sehr haarigen Schale bedeckte Frucht stammt von einer Liane, der Actinidia, die in feuchtwarmem Klima gedeiht.

1043

NAHRUNGSMITTEL

FRÜCHTE

Tafeltrauben angebaut. Diese Früchte sind größer als die zur Weinbereitung. Die im Winterhalbjahr erhältlichen Tafeltrauben kommen vor allem aus den Niederlanden. Sie werden dort im Unterglasbau kultiviert. Im Frühjahr werden die Trauben aus Südafrika und Argentinien eingeflogen. Während des Sommers sind Trauben aus den Mittelmeerländern erhältlich.

Datteln. Der Dattelbaum (*Phoenix dactylifera*) ist eine aus Persien stammende Palme, die in warmen und trockenen Gebieten angebaut wird und deren Früchte, die Datteln, einen hohen Zuckergehalt haben. Die halbweichen Datteln werden exportiert.

Kiwi. Die Kiwi ist die Frucht des Chinesischen Strahlengriffels (*Actinidia sinensis*, Familie der Strahlengriffelgewächse), einer aus China stammenden Rankpflanze. Diese exotische Frucht wird in großen Mengen in Neuseeland angebaut und exportiert und heute auch in Anfängen in den Mittelmeerländern eingeführt, in Frankreich in dem Gebiet der Loire und im Südwesten. Die Kiwi hat hellgrünes, saftiges und aromatisches Fleisch mit einem hohen Gehalt an Vitamin C (100 g enthalten 300 mg). Die französische Produktion liegt bei 2 300 t.

ZITRUSFRÜCHTE

Orange. Der Orangenbaum (*Citrus sinensis*, Familie der Rautengewächse) wird im gesamten Mittelmeerraum angebaut. Von den wichtigsten Sorten seien die frühreifenden Navelorangen mit hellgelbem Fleisch und einer kleinen Frucht (Navel oder Nabel), die Blutorangen mit rotem Fleisch (insbesondere die Maltesische Orange aus Tunesien mit hervorragendem Geschmack) und die Spätorangen (Valenciaorangen) genannt. Die Orange, die häufig frisch gegessen wird, wird auch zu zahlreichen industriellen Produkten verarbeitet (Saft, Konfitüren, Kompott, Sirup, Liköre, Süßwaren usw.).

Die Orange ist eine wertvolle Vitaminquelle, insbesondere für Vitamin C (100 g enthalten 50 mg).

Mandarine. Der Mandarinenbaum (*Citrus reticulata*) gedeiht in den Mittelmeerländern. Mandarinen schmecken süßer als Orangen, da sie weniger Fruchtsäuren enthalten. Ihre Schale läßt sich im allgemeinen leicht lösen.

Neben der Mandarine sind erhältlich: *Klementinen*, die kernlos und sehr süß sind; *Satsumas*, eine japanische, kernlose Züchtung; *Tangelos*, mit erfrischend bitterem Geschmack, sind etwa so groß wie eine Orange; *Tangerinen* sind die kleinsten Mandarinenfrüchte, die meist nur als Konserven erhältlich sind. In den Anbaugebieten werden Mandarinen auch zu Saft und Likör verarbeitet.

Zitrone. Der Zitronenbaum (*Citrus limon*) ist kleinwüchsig und wird in großen Mengen wegen seiner Früchte angebaut, die frisch oder verarbeitet verbraucht werden: Limonaden, Liköre, Süßwaren, Gebäck, Pharmazie. Die Zitrone wird das ganze Jahr über verkauft. Verbraucht werden pro Jahr über 100 000 t, die aus den Mittelmeerländern, Süd- und Mittelamerika, Australien und Südafrika importiert werden. Zitronen enthalten viel Vitamin C sowie Kalium, Calcium, Eisen und Phosphor.

Die in der Regel kleine Limette wird ungenau ›grüne Zitrone‹ genannt, obwohl es sich um die Frucht des Limettenbaums (*Citrus aurantifolia*) handelt.

Grapefruit. Der Grapefruitbaum (*Citrus paradisi*) hat in Trauben wachsende Früchte, woraus sich sein englischer Name ableitet. Die Grapefruit wird manchmal falsch als ›Pampelmuse‹ bezeichnet, die die Frucht des Pampelmusenbaums (*Citrus maxima*) ist; diese ist viel größer, hat eine sehr dicke Schale, und ihr Fleisch wird selten roh gegessen, sondern für Konfitüre oder Saft verwendet. Der Verzehr von frischen Grapefruits ist in den letzten zwanzig Jahren stark angestiegen und liegt heute bei 2 kg pro Kopf und Jahr, was einem Import von 115 000 t entspricht, die aus Florida und Texas sowie aus Israel kommen. Die kürzlich gezüchteten Sorten mit rosa Fleisch (Ruby) waren sehr erfolgreich und erreichen heute die gleichen Mengen wie die Sorten mit gelbem Fleisch.

Zitronatzitrone. Der Zitronatzitronenbaum (*Citrus medica*) bringt eine Frucht, die Zitronatzitrone, mit einer dicken und warzigen Schale hervor, die zur Herstellung von kandierten Früchten oder Konfitüren verwendet wird.

SÜDFRÜCHTE

Banane. Die Bananenstaude (Gattung *Musa*, Familie der Bananengewächse) umfaßt sehr viele Arten. Sie ist eine der am meisten angebauten Früchte der Welt, vor allem in Lateinamerika und Asien.

Die Bananen werden grün gepflückt und transportiert. Anschließend läßt man sie in einer Mischung aus Stickstoff und Äthylen bei 12 °C Lagertemperatur reifen.

Mit einem Verzehr von 8 kg pro Person und Jahr steht die Banane nach Apfel und vor Birne bei uns an dritter Stelle beim Verzehr von Früchten. Die Importe von 500 000 t pro Jahr stammen überwiegend aus mittelamerikanischen Staaten.

Ananas. Die Ananaspflanze (*Ananas comosus*, Familie der Ananasgewächse) ist eine mehrjährige strauchartige Pflanze aus Südamerika, die wegen ihrer Frucht angebaut wird, die leicht transportiert werden kann und in vielfacher Weise verarbeitet wird: Saft, Sirup, Konserven usw. Die Ananas ist reich an Fruchtsäuren und Vitaminen. Angebaut wird sie hauptsächlich auf Hawaii.

▲ **Verarbeitete und konservierte Zitrusfrüchte.**

Die Früchte eignen sich für zahlreiche Verarbeitungsarten, um sie zu konservieren und sie erst später in unterschiedlichen Formen zu verbrauchen. Dies ist insbesondere der Fall bei den Zitrusfrüchten (Orange [1], Pampelmuse [2], Zitrone [3], Limette [4] und Klementine [5]). Man kann daraus die klassischen Säfte in Pappverpackungen (Orangensaft [6]) oder Flaschen (Pampelmusensaft [7]) sowie Konzentrate in Pulverform (Orange) gewinnen, die ein sofortlösliches Getränk ergeben, wenn Wasser hinzugefügt wird [8]. Die Pampelmuse wird im Saft in Stücken in Weißblechdosen konserviert [9]. Die bittere Orange oder Pomeranze dient zur Herstellung von Konfitüren oder Mus [10], die eine britische Spezialität sind. Die Zitrusfrüchte können auch wie die Mandarinen [11] kandiert werden.

NAHRUNGSMITTEL

Avocado. Der Avocadobaum (*Persea americana*, Familie der Lorbeergewächse) wird wegen seiner Früchte angebaut, die als Vorspeise roh verzehrt werden und das ganze Jahr über im Handel sind. Avocados sind tropische Beerenfrüchte und keine Steinfrüchte. Man gewinnt aus ihnen auch ein Öl, das in der Kosmetik und der pharmazeutischen Industrie verwendet wird.

Deutschland importiert die sehr druckempfindlichen Avocados aus Israel, Südafrika und Südamerika.

Mango. Der Mangobaum (*Mangifera indica*, Familie der Sumachgewächse) stammt aus Indien und kann 30 m hoch werden. Es gibt zahlreiche Mangosorten, die in allen tropischen Regionen angebaut werden. Mango ist eine sehr gut schmeckende Frucht, die frisch verzehrt oder zu Konfitüren, Mus oder Saft verarbeitet wird.

Annonen. Von den weiteren Südfrüchten, die entweder frisch oder in Form von Saft oder Konfitüren auf dem deutschen Markt erhältlich sind, müssen die *Annonen* genannt werden: die Chirimoya (*Annona cherimola*), die eine grüne, birnengroße, mit falschen Schuppen bedeckte Frucht mit besonders schmackhaftem Fleisch hat; der Zimt- oder Rahmapfel (*Annona squamosa*); die Netzannone oder Ochsenherz (*Annona reticulata*); die Stachelannone oder Sauersack (*Annona muricita*) von einem Baum in der Größe eines Birnbaums, der große Früchte mit einem angenehm schmeckenden Fleisch hervorbringt, die frisch oder gekocht verzehrt werden. Aus Annonen werden ebenfalls Getränke gewonnen.

Papaya. Der Papayabaum (*Carica papaya*) aus Mexiko wächst schnell und trägt ab dem ersten Jahr Früchte (Papayas), die so groß wie Honigmelonen sind und ein schmackhaftes, rosa-orangefarbenes Fleisch haben. Die Pflanze enthält in allen ihren Organen das Enzym Papain, das als Zartmacher bei Fleisch verwendet wird.

Sapote. Der Sapotillbaum oder Manilkara (*Achras sapota*), besonders im tropischen Amerika kultiviert, wird 20 bis 25 m hoch und trägt gräuliche Früchte in der Größe einer Orange mit einem besonders schmackhaften gelben Fleisch. Sie werden zu Konserven oder Saft verarbeitet, vor allem aus den Stengeln wird jedoch Latex oder Chicle gewonnen, der Hauptbestandteil von Kaugummi.

Weitere Südfrüchte. Hierzu gehören noch:
- **Granadilla** oder **Passionsfrucht** (*Passiflora edulis*), deren Früchte frisch, vor allem jedoch für die Saft- und Eisindustrie verbraucht werden;
- **Litchi** (*Litchi chinensis*), deren Früchte frisch, getrocknet oder als Konserve verzehrt werden;
- **Kakipflaume** des japanischen Götterbaumes (*Diospyros kaki*), die frisch, als Kompott oder als Konserve verzehrt wird.

Verbrauch von Frischobst
(wichtigste Länder,
in kg/Einwohner/Jahr, 1985)

BR Deutschland	77,7	Belgien/Luxemburg	50,9
Griechenland	74,1	USA	49,0
Italien	69,4	Dänemark	38,7
Spanien	67,5	Portugal	35,1
Niederlande	65,3	Großbritannien	34,0
Frankreich	56,0	Irland	31,4

SCHALENFRÜCHTE

Die Schalenfrüchte sind sehr reich an Fetten und Proteinen. Sie enthalten auch Zucker, Vitamine, vor allem Vitamin B, und Mineralstoffe. Es sind Nahrungsmittel mit einem hohen Nährwert.

Haselnuß. Der Haselnußstrauch (*Corylus avellana*, Familie der Birkengewächse) ist kräftig, wächst in ganz Europa wild und wird wegen seiner Früchte, der Haselnüsse, die einen einzigen Samen mit angenehmem Geschmack enthalten, angebaut. Die wichtigsten Anbauländer sind die Türkei, Italien, Spanien und die USA. Haselnüsse enthalten viel Eiweiß, Fett und Kohlenhydrate, auch Eisen, Calcium und Phosphor sowie die Vitamine C, D, E und B_1. Rund 80 % der Ernte werden in der Süß- und Backwarenindustrie verarbeitet. Der Rest wird mit Schale oder geschält vermarktet.

Mandel. Der Mandelbaum (*Prunus amygdalus*, Familie der Rosengewächse) stammt aus dem östlichen Mittelmeerraum und wird vor allem dort, in den USA und im Iran angebaut. Man unterscheidet die Süßmandel, die Bittermandel und die Krachmandel. Bittermandeln, deren Amygdalin bei Wasserzusatz die giftige Blausäure bildet, die sich erst beim Backen verflüchtigt, müssen für Kinder unerreichbar aufbewahrt werden.

Walnuß. Der Walnußbaum (*Juglans regia*, Familie der Walnußgewächse) stammt aus Asien und wird in unseren Breiten wegen seines in der Tischlerei sehr geschätzten Holzes, aber vor allem wegen seiner Früchte, der Walnüsse, angebaut, aus denen ein Öl gewonnen werden kann und die frisch oder getrocknet gegessen werden. In Deutschland wird der Walnußbaum in klimatisch begünstigten Weinbaugebieten angebaut. Die Nüsse werden im September und Oktober geerntet. Grüne, unreife Walnüsse werden schon im Juli gepflückt und als Zusatz zu Konfitüren oder zum Einmachen verwendet.

A · **Avocado.**
Die vom Avocadobaum, der in den Tropen und im Mittelmeerraum wächst, hervorgebrachte Avocado wird mit der Schere geerntet. Sie wird bei starker Luftfeuchtigkeit zwischen 7 und 12 °C aufbewahrt. Ihr Fettgehalt liegt zwischen 9 und 30 %.

B · **Mango.**
Diese Frucht enthält einen sehr großen abgeflachten Stein. Ihr Fleisch ist saftig und sehr aromatisch mit einem säuerlichen Nachgeschmack. Die reife Mango kann nur kurze Zeit aufbewahrt werden.

C · **Banane.**
Diese Frucht wird von einer großen Staude (Bananenstaude) hervorgebracht, die traubenförmige Blüten trägt, aus denen der Fruchtstand hervorgeht. Die Frucht ist drei Monate nach der Blüte reif. Nachdem der Stengel der Bananenstaude Früchte getragen hat, trocknet er ein und stirbt ab.

D · **Sapote.**
Diese Beere, die Frucht des Sapotillbaumes aus den Wäldern Mexikos und Mittelamerikas, wird wegen ihres schmackhaften Fleisches geerntet, das roh verzehrt oder zu Konserven verarbeitet wird. Der Milchsaft oder Chicle des Sapotillbaumes dient zur Herstellung von Kaugummi.

E · **Cherimoya.**
Diese Frucht stammt von einem 5 bis 6 m hohen Baum (dem Cherimoyabaum, einer Annonenart). Sie hat ein weißes, süßes, nach Rosen duftendes Fleisch mit bittersüßem Geschmack.

F · **Haselnuß.**
Die Haselnuß wird in der Schokoladen- und Gebäckindustrie vor allem als ganze geröstete Nuß oder gemahlen verwendet.

G · **Mandel.**
Die Mandeln werden entweder ganz (geröstete Mandeln, Nougat), gehackt oder fein gemahlen verwendet.

H · **Walnuß.**
Man ißt den *Nußkern*, eine Mandel mit unregelmäßiger Oberfläche, die fast die gesamte Schale ausfüllt.

NAHRUNGSMITTEL

KONSERVIERUNGSVERFAHREN

DURCH KÄLTE

Der Einsatz niedriger Temperaturen ist eine alte industrielle Praxis, da bereits 1876 Charles Le Tellier die Möglichkeit und die Vorteile des Konservierens durch Kälte unter 0 °C aufzeigte.

Kühlen ist ein Absenken der Temperatur eines Lebensmittels, ohne daß dabei sein Gefrierpunkt erreicht wird, eine sogenannte positive Kälte um 3 °C.

Einfrieren ist eine Behandlung bei niedriger Temperatur, die je nach Produkt zwischen − 10° und − 20 °C liegt.

Tiefgefrieren ist ein rasches Absenken der Temperatur eines Lebensmittels bis − 18 °C. Das Tiefgefrieren unterscheidet sich vom Einfrieren nur durch die Schnelligkeit der Behandlung, durch die der Gefrierbereich eines Produktes rasch durchschritten werden kann, wobei die organoleptischen und ernährungsphysiologischen Qualitäten erhalten bleiben. Das Tiefgefrieren erfolgt durch Konvektion in einem Tunnel oder durch Kontakt in Schränken oder durch Eintauchen in ein Bad flüssigen Stickstoffs.

GEFRIERTROCKNUNG

Gefriertrocknen ist eine Technik zum Austrocknen biologischer Produkte. Sie erfolgt durch abruptes Einfrieren bei sehr niedrigen Temperaturen von ungefähr − 60 °C, gefolgt von einer Verdampfung unter Vakuum, wobei das Wasser durch Sublimation direkt vom festen Zustand in Form von Eiskristallen in den gasförmigen Zustand in Form von Dampf übergeht.

Das gefriergetrocknete Produkt hat ein sehr reduziertes Volumen und kann leicht in einer luftundurchlässigen Verpackung bei normaler Temperatur aufbewahrt werden. Die organoleptischen Qualitäten werden nicht verändert, da die meisten der flüchtigen Stoffe, die das Aroma und die Geschmacksrichtung bestimmen, nicht mit dem Wasser sublimiert werden. Desgleichen bleiben die ernährungsphysiologischen Eigenschaften des Produktes erhalten und werden bei erneuter Hinzufügung von Wasser durch den Verbraucher wiederhergestellt. Das Gefriertrocknen wird für Kaffeepulver und Tee sowie für Pilze, Krabben und feines Gemüse eingesetzt.

KONZENTRATION UND LUFTDICHTE VERPACKUNG

Ein Konservierungsverfahren für bestimmte Produkte ist das Entfernen von Wasser. Es kann sich um eine vollständige Entwässerung handeln, was zu einem festen, trockenen Produkt führt, oder um den teilweisen Wasserentzug, was ein flüssiges oder sirupartiges Konzentrat ergibt.

Konzentration. Sie kann durch Kälte, durch den Entzug von Wasser in kristallierter Form, oder durch Wärme erfolgen. In der Fruchtsaftindustrie werden Konzentrieranlagen auf der Grundlage der Wasserverdampfung verbreitet eingesetzt. Sie entziehen 1 000 l/Std. und führen so zu Konzentraten, die später den Verkauf von ›wieder verdünnt‹ genannten Frucht- oder Gemüsesäften ermöglichen.

Luftdichte Umhüllung. Während die Konzentration das Wasser entzieht, erhält die Technik der luftdichten Umhüllung die Zusammensetzung eines Produktes, indem sie jeglichen Austausch, auch den gasförmigen, zwischen dem Lebensmittel und seiner äußeren Umgebung verhindert. Die luftdichte Umhüllung besteht darin, daß ein Nahrungsmittel mit einem neutralen Produkt umhüllt wird, das die Konservierung und die Aufmachung erleichtert: Einige Trockenwürste werden mit Wachs oder Lack auf der Grundlage von Gelatine oder Paraffin umhüllt.

PASTEURISIEREN

Das Pasteurisieren ist das Erhitzen eines Lebensmittels auf eine bestimmte Temperatur und über eine bestimmte Zeit hinweg, so daß die in ihm enthaltenen krankheitserregenden Bakterien abgetötet werden. Die Milch kann bei 63 °C 30 Minuten lang oder aber bei hohen Temperaturen von 80 bis 95 °C praktisch augenblicklich pasteurisiert werden.

Das Pasteurisieren, das weniger lange dauert als das Sterilisieren, erlaubt die Erhaltung der organoleptischen und ernährungsphysiologischen Qualitäten der Produkte. Es wird vor allem bei flüssigen Produkten vor oder nach dem Abfüllen in Flaschen eingesetzt.

STERILISIEREN UND EINKOCHEN

Sterilisieren. Dies ist eine seit 1874 eingeführte Behandlung zur Zerstörung der schädlichen Mikroorganismen und Enzyme eines Lebensmittels, um seine Haltbarkeit zu verlängern. Die Produkte werden in luftdicht abgeschlossenen Behältern (Autoklaven) auf 120 °C und mehr erhitzt. Sterilisierte Lebensmittel müssen nach dem Öffnen schnell verbraucht werden.

Einkochen. Das Sterilisieren durch Wärme oder Einkochen ist das Grundprinzip, auf dem die gesamte Konservenindustrie basiert. Die Sterilisation wurde um 1810 von Nicolas Appert erfunden, der mit in Glasgefäßen eingeschlossenem Gemüse arbeitete, und erfolgt bei etwa 110 °C ungefähr fünfzehn Minuten lang in hermetisch geschlossenen Metalldosen. Es gibt allerdings eine Sterilisationsskala je nach behandeltem Produkt, damit seine organoleptischen Qualitäten erhalten bleiben.

VAKUUM UND SCHUTZGAS

Um den oxidierenden Einfluß der Luft zu verhindern, der das Verderben von biologischen Produkten fördert, werden manche Produkte unter Vakuum oder in Schutzgas gelagert.

Das Verfahren der kontrollierten Atmosphäre beruht auf demselben Prinzip: Verringerung des Sauerstoffs von 21 % auf 3 % und Erhöhung des Kohlendioxidgehalts. Diese Atmosphäre reduziert die Atmungsintensität der Früchte, hemmt ihr Reifen und verlängert ihre Haltbarkeit. Angewendet wird sie hauptsächlich bei Äpfeln.

BESTRAHLUNG

Die Lebensmittelbestrahlung, die auch neutrale Ionisierung genannt wird, ist ein Verfahren zur Haltbarmachung von Nahrungsmitteln durch die Einwirkung einer ionisierenden Strahlung, Röntgenstrahlen oder Elektronenstrahlen, die von einem kleinen Beschleuniger produziert werden. Diese Strahlen stoppen den Fäulnisprozeß, indem sie die Arbeit der Enzyme verlangsamen; sie zerstören ebenfalls die Mikroorganismen.

Die Ionisierung ist seit vierzig Jahren bekannt. In Deutschland ist eine Lebensmittelbestrahlung nur zu Kontroll- und Meßzwecken erlaubt. In anderen Ländern können Gewürze, Knoblauch, Zwiebeln, das Futter für Labortiere und dehydratisierte Gemüse ionisiert werden. Wir essen jedoch so behandelte Erdbeeren aus Südafrika, Avocados aus Israel oder Pilze aus den Niederlanden.

GÄRUNG

Das Gären ist die biochemische Umwandlung eines Nahrungsmittels, die durch Mikroorganismen bewirkt wird. Es gibt Gärungsverfahren, die nicht eßbare Produkte ergeben, andere jedoch sind günstig und führen zu haltbaren, vor allem wegen ihres Aromas und Geschmacks begehrten Produkten. Die Gärung kann durch Fehlen von Sauerstoff (*anaerobes Gären*) wie bei der Umwandlung von Zucker (alkoholische Gärung), des Traubenmostes in Alkohol und Kohlendioxid unter dem Einfluß von Hefe erfolgen (Hefepilze, z. B. *Saccharomyes*). Sie kann aber auch an der Luft (*aerobes Gären*) wie bei der Umwandlung von Alkohol in Essigsäure unter dem Einfluß eines bestimmten Bakteriums erfolgen.

Die Gärungsverfahren haben eine beträchtliche biologische und industrielle Bedeutung, ob es sich nun um Nahrungsmittelproduktion wie Wein, Bier, Schaumwein, Branntwein, Käse, Brot oder Sauerkraut handelt oder um die Produktion von Vitaminen, Antibiotika usw.

ZUSATZSTOFFE

Die Zusatzstoffe werden den Nahrungsmitteln mit einem anderen Ziel als dem der Ernährung zugefügt. Der Einsatz dieser Stoffe, von denen einige seit uralten Zeiten verwendet werden, ist heute in Deutschland und in Europa streng geregelt. Es gibt sogenannte ›positive‹ Listen: Hier finden sich alle zugelassenen Produkte. Natürlich sind alle hier nicht aufgeführten Stoffe dann verboten.

Jeder zugelassene Zusatzstoff – es gibt über hundert – wird durch den Buchstaben E, gefolgt von einer dreistelligen Zahl, dargestellt: E 100 bis E 199: Farbstoffe; E 200 bis E 299: Konservierungsstoffe; E 300 bis E 399: Antioxidanzien; E 400 bis E 499: Verdickungs- und Geliermittel.

Verdickungs- und Geliermittel. Sie sollen die physikalischen Eigenschaften der Nahrungsmittel verbessern. Man unterscheidet hier *Emulgatoren* natürlicher (Eigelb, Mandelkern, Gummi arabicum) oder synthetischer Art (Glyceride, Stearinsäure, Palmitinsäure, usw.) und die *Geliermittel,* die normalerweise

NAHRUNGSMITTEL

DAS SALZ

aus Stärke oder aus Ersatzprodukten vor allem von Algen, Johannisbrotextrakten oder Guar hergestellt werden.

Weitere Zusatzstoffe werden als Geschmacksverstärker eingesetzt, z. B. das Glutamat (E 621), das breite Verwendung in der asiatischen Küche findet. Schließlich sind auch Süßstoffe wie Sorbit (E 420), Mannit (E 421) und seit kurzem Aspartam zugelassen, die einen süßen Geschmack ergeben, ohne die Kalorien des traditionellen Zuckers, der Saccharose, hinzuzufügen.

Konservierungsmittel. Sie werden zum Stoppen des biologischen Verfalls eingesetzt. Hier unterscheidet man die Sorbinsäure (E 200) und einige ihrer Salze, die Benzoesäure (E 210) und einige ihrer Salze, das Schwefeldioxid (E 220) und einige seiner Verbindungen und das Biphenyl (E 230).

Antioxidanzien. Sie verhindern die Einwirkung des Luftsauerstoffes auf die Lebensmittel. Man unterscheidet die Ascorbinsäure (E 300 oder Vitamin C) und einige ihrer Salze, das Vitamin E (Tocopherol) oder Extrakte mit hohem Gehalt an natürlichen oder synthetischen Tocopherolen, usw. Viele Produkte haben eine oxidationshemmende Wirkung wie das Schwefeldioxid, Lezithin, Milchsäure, Zitronensäure, Weinsäure usw. Salpeter oder Kaliumnitrat (E 252), ein seit Jahrhunderten verwendeter Zusatzstoff, ist ein wirksames Antioxidationsmittel: Wenn es Schweinefleisch beigefügt wird, trägt es zur Bildung des ›Nitrosomyochromogens‹ bei, einem beständigen rosa Pigment beim Pökeln.

Farbstoffe. Die Farbstoffe spielen eine sehr wichtige Rolle in der Nahrungsmittelindustrie, da viele Produkte ohne Farbe nicht mehr ansprechend wären.

Es gibt ungefähr vierzig zugelassene Farbstoffe, die das Farbenspektrum von Gelb mit dem Kurkumin (E 100), einem Pulver aus dem Wurzelstock der Gelbwurzel (Pflanze der Familie der Ingwergewächse), mit den carotinhaltigen Pigmenten (E 160) über Rot mit dem Karmin (E 120), einem Extrakt aus einer Schildlaus (*Coccus cacti*), die in Peru auf Kakteen lebt, und der vor allem in der Wurstwaren- und Pökelindustrie verwendet wird, und den Xantophyllen (E 161) bis zu Blau und Grün, wo man chlorophyllhaltige Produkte einsetzt, und Braun abdeckt, das durch braune Zuckercouleur (E 150) erhalten wird.

Für die Einfärbung der Oberfläche allein und nicht der Produktmasse können auch einige Metalle wie Aluminium (E 173), Silber (E 174) oder Gold (E 175) verwendet werden.

FERTIGGERICHTE

Nach den Konserven und der Tiefkühlkost hat heute eine dritte Produktgeneration beträchtlichen Erfolg: die vakuumverpackten Fertiggerichte.

Die Vakuumzubereitung hat den Vorteil, das Aroma und den Geschmack der Gerichte zu erhalten, erfordert jedoch eine sehr strenge Hygiene und große Sorgfalt in der gesamten Verarbeitungskette, da das Produkt bis zu seiner Verwendung zwischen 0° und 3 °C gelagert werden muß: die Fertiggerichte werden deswegen in den Kühlregalen angeboten, und ihre Haltbarkeit ist kurz, nämlich je nach der eingesetzten Technologie und der Art des Produktes zwischen 4 und 28 Tagen.

Die Qualität und Beschaffenheit des Verpackungsmaterials unterliegt gesetzlichen Vorschriften.

ZUSAMMENSETZUNG

Salz ist eine einfache chemische Verbindung, die im übrigen seinen Namen allen Verbindungen aus der Reaktion einer Säure auf eine Base gegeben hat.

Normales Salz ist Natriumchlorid, NaCl, das sich in Form eines Pulvers kleiner weißer Kristalle zeigt, die leicht in Wasser aufzulösen sind und ein hohes spezifisches Gewicht von 2,1 haben. Im Verkauf haben die Salzkristalle unterschiedliche Größen, 3 mm bei grobem Salz und 100 bis 800 µm bei feinem Salz.

Das handelsübliche raffinierte Salz enthält 99,9 % Natriumchlorid in der Trockenmasse. Es kann innerhalb dieser Grenze einen Teil Verunreinigungen enthalten, aber auch technologische Zusatzstoffe wie Mittel gegen Klumpen und feuchtigkeitsabweisende Mittel: Eisenmannitril, Natrium-Aluminiumsilikate, Magnesiumkarbonat usw.
Kochsalz (Speisesalz) übertrifft mengenmäßig alle anderen Zusatzstoffe zur Geschmacksbeeinflussung unserer Lebensmittel. Kochsalz ist, da seine Bestandteile Natrium und Chlor(id) essentiell sind, lebensnotwendig.
Jodsalz ist Meersalz, das Jod in Form von Natriumjodid in einer maximalen Dosis von 15 mg pro kg enthält. Das Vorhandensein von Jod ist zur Vorbeugung von Mangelkrankheiten, die zum Kropf führen können, nützlich.
Fluorsalz ist in einigen Ländern zugelassen, weil die Verwendung von Fluorsalz als Kochsalz Karies bekämpfen soll, deren Häufigkeit mit der Aufnahme von gärungsfähigen Kohlenhydraten wie Zucker zusammenhängt. Fluor dient hier zur Vorbeugung gegen Karies, denn es dringt in den Zahnschmelz ein und macht ihn widerstandsfähiger gegen Bakterien. Das handelsübliche Salz, das mit 250 mg Fluor pro kg versetzt ist, macht ungefähr ein Drittel des Salzverbrauchs aus.
Die Diätsalze. Die Ärzte verschreiben gegen einen übermäßigen Verzehr von Salz salzlose Diäten, für die Produkte entwickelt wurden, bei denen das normale Kochsalz durch natriumlose Salze ersetzt wird: Calcium-, Magnesium- und Kaliumsalz. So tragen die Nahrungsmittel die Aufschrift ›natriumarm‹ (unter 120 mg pro 100 g eines gebrauchsfertigen Produktes) oder die Aufschrift ›streng natriumarm‹ (unter 40 mg pro 100 g).

BEDARF

Natriumchlorid, das in allen Körperflüssigkeiten und in den meisten Geweben vorhanden ist, spielt eine unerläßliche physiologische Rolle bei den ionischen und osmotischen Vorgängen: Gleichgewicht zwischen Säuren und Basen, Wasseraufnahme, Physiologie der Muskel- und Nerven-

zellen. Der Gehalt an Natrium sowie der eines verwandten Elementes wie Kalium ist eine der wichtigsten Konstanten im Blut. Das Natrium wird regelmäßig über den Urin und durch Transpiration ausgeschieden, und zwar in unterschiedlicher Menge, die von der Menge des aufgenommenen Wassers, der Umgebungstemperatur und der geleisteten Arbeit abhängt. Obwohl der tägliche Bedarf individuell unterschiedlich ist, kann man ihn auf ungefähr 5 g pro Tag schätzen.

Tatsächlich beträgt der tägliche Verbrauch 5, 10 oder sogar 20 g, eine zu große Menge, die die Gefahren des arteriellen Bluthochdrucks erhöht.

SALZKONSERVIERUNG

Die Behandlung mit Salz ist neben dem Trocknen an der Sonne eine der einfachsten und ältesten Methoden zur Konservierung von Nahrungsmitteln. Die bakterienhemmende Eigenschaft des Salzes beruht auf seiner Wirkung auf den Wasserzustand des Produktes: Das Salz verlangsamt die interne Entwicklung der Enzyme und verhindert die Wirkung externer Mikroben. Das Haltbarmachen eines Lebensmittels mit Salz kann mit Salzkristallen erfolgen. Dann handelt es sich um das Einsalzen, während die Behandlung mit einer Salzlösung Einlegen oder Pökeln heißt. Die Salzlake kann darüber hinaus eine Salpeter-, Kaliumnitrat- oder Zuckerlösung und Aromastoffe enthalten.

GEWINNUNG

Salz kommt in allen Meeren in unterschiedlicher Konzentration (oder Salzgehalt) je nach Temperatur, Tiefe usw. vor. Im Mittelmeer liegt der Salzgehalt bei etwa 30 g/l und im Atlantik bei 15 bis 25 g/l. Die Gewinnung von Meersalz geschieht an der Luft durch Verdampfung des Wassers in Salzgärten. Das immer weiter konzentrierte Salzwasser geht nacheinander durch die Schwerkraft durch verschiedene Etagen und kommt schließlich zu den Salztischen, wo das Salz auf einer Algenunterlage kristallisiert. Der Sättigungspunkt des Natriumchlorids liegt bei etwa 300 g/l.

Heute stammt der größte Teil des verbrauchten Speisesalzes aus der Ausbeutung von Steinsalzvorkommen. Dieses kristallisierte Salz bildet tiefliegende Sedimentschichten, die man mit Bergbautechniken abbaut. Reines Salz kann direkt abgebaut und nach Zerkleinerung verkauft werden. Wenn es verunreinigt ist, wird es nach Auflösung, mehreren aufeinanderfolgenden Klärungen, Filtern und dann Kristallisieren gewonnen.

^ · **Salzgarten.**

Das Meerwasser wird zunächst durch Pumpen und dann durch Schwerkraft auf ›Etagen‹ genannte Flächen geleitet, wo es durch Verdunstung zum ersten Mal konzentriert. Diese Sole wird dann auf sogenannte ›Salztische‹ geleitet, wo sich das Natriumchlorid (Salz) absetzt. Das Salz wird gewaschen und dann in Haufen von etwa zwanzig Metern Höhe gelagert, die ›Salzaufschüttungen‹ heißen.

NAHRUNGSMITTEL

GEWÜRZE

Gewürze sind Pflanzen oder pflanzliche Organe, ganz oder in Pulverform, die den Nahrungsmitteln zur Geschmacks- oder Aromaverstärkung zugefügt werden. Würzstoffe sind Zubereitungen, ausgehend von Gemüse, Gewürzen und aromatischen Substanzen, die zusammen mit anderen Nahrungsmitteln verzehrt werden, um deren Geschmack zu verstärken. Aromastoffe sind Substanzen, die sich durch ihren angenehmen Geruch auszeichnen, jedoch keinen scharfen Geschmack haben. Gewürze und Aromastoffe geben den Nahrungsmitteln eine bestimmte Geschmacksrichtung. Sie haben auch bakterienhemmenden Einfluß, der die Aufbewahrung der Gerichte erleichtert. Gewürze fördern die Speichelsekretion. Sie werden unverarbeitet oder als Pulver nach einer einfachen Stabilisierungsbehandlung vermarktet: Trocknen, Fermentieren, Bleichen. Die Nahrungsmittelindustrie verwendet die ätherischen Öle, die durch Wasserdampfdestillation extrahiert werden, und die durch Lösungsmittel extrahierten Blütenöle.

GEWÜRZE

Curcuma. Die Curcumapflanze (*Curcuma longa,* Familie der Ingwergewächse) ähnelt dem Ingwer. Wie bei diesem wird der Wurzelstock verwendet. Sie stammt aus Südostasien und wird auch Indischer Safran genannt, denn sie enthält ein gelbes Farbpigment, das Curcumin, sowie aromatische Bestandteile, von denen das wichtigste das Turmeron ist. Curcuma ist einer der wichtigsten Bestandteile von Curry. Es wird auch zur Herstellung bestimmter Senfsorten verwendet.

Curry, Cari oder Carry ist eine Gewürzmischung in Form von Pulver, die traditionsgemäß in der indischen Küche verwendet wird. Grundsätzlich besteht der Curry aus Curcuma, Koriander, Cayennepfeffer, Ingwer, Kümmel, Muskat, Pfeffer und Zimt. Aber die Currysorten unterscheiden sich in der Praxis je nach Region und Gerichten.

Gewürznelke. Der Gewürznelkenbaum (*Syzygium aromaticum,* Familie der Myrtengewächse) kann bis zu 15 m hoch werden und blüht das ganze Jahr über. Er stammt von der Insel Ambon, einer der Gewürzinseln, und wird in Sansibar, Westindien und Madagaskar angebaut. Die Blütenknospen, die vor der Entfaltung der Blütenkrone gepflückt werden, sehen aus wie ›Stifte‹ und enthalten Eugenol und Caryophyllenoxid. Neben ihrer Verwendung in der Küche wird die Gewürznelke, die antiseptische und schmerzlindernde Eigenschaften hat, bei der Zubereitung von einigen Medikamenten, Zahnpasta usw. verwendet.

Ingwer (*Zingiber officinale,* Familie der Ingwergewächse) ist ein Strauch mit Wurzelstöcken, die mit dem Namen ›Hände‹ oder ›Füße‹ bezeichnet werden. Die größten Produzenten sind Indien (50 % der Weltproduktion), gefolgt von Sri Lanka, China, Taiwan, Jamaika und Nigeria.

Ingwer kann frisch oder in Zitronensäure oder Zuckersirup eingelegt verzehrt werden. Für den Export wird er trocken, bedeckt (mit seinen Schuppen) oder unbedeckt (geschält) zubereitet. Ingwer hat ein delikates Aroma und einen brennenden Geschmack, der vom Gingerol stammt. Die milde Komponente stammt vom Zingiberen. Er wird traditionsgemäß für die Herstellung von Gewürzbrot, als Aromastoff für bestimmte Gebäcksorten und zum Würzen bestimmter typischer Gerichte verwendet. Er taucht auch in einigen Bieren, den ›Ingwer-Bieren‹, auf.

Kardamom (*Elettaria cardamomum,* Familie der Ingwergewächse) ist eine mehrjährige Pflanze, die einem Schilfrohr ähnlich ist. Sie stammt aus Malabar (Indien), blüht fast das ganze Jahr über und bringt Früchte hervor, die ein sehr begehrtes Gewürz ergeben, das nach Safran das zweitteuerste ist. Kardamom wird bei der Zubereitung von Curry und des Gewürzbrotes verwendet. In den nördlichen Ländern wird es in der Brot- und Gebäckherstellung eingesetzt, und die Amerikaner bedienen sich seiner zur Parfümierung ihrer Zigaretten.

Muskat. Der Muskatnußbaum (*Myristica fragans,* Familie der Muskatnußgewächse) ist ein Baum von der Insel Banda, die zu den Gewürzinseln gehört. Dieser 15 m hohe Baum, der auch in Indonesien, Westindien und auf der Antilleninsel Grenada angebaut wird, trägt Nüsse, die nach dem Trocknen in Sonne oder Feuer den Kern seiner Muskatnuß ergeben. Unter dem Namen Macis wird auch ein roter Teil vermarktet, der den Kern wie ein Netz umgibt. Muskatnuß und Macis enthalten Myristicin, Safrol und Terpene (Limonen, Myrcen, Pinen und Sabinen).

Die Mußkatnuß wird wie die Muskatblüte zum Würzen süßer Gerichte, Kuchen, Puddings und verschiedener Saucen verwendet. Ihre verdauungsfördernden, stimulierenden und blähungstreibenden Eigenschaften sind bekannt. Sie besitzt zusätzlich eine berauschende, auf das Myristicin zurückzuführende Wirkung.

Paprika. Die Paprikapflanze (*Capsicum frutescens,* Familie der Nachtschattengewächse) aus dem tropischen Amerika wird auch roter Pfeffer, Chilly oder Cayennepfeffer genannt. Andere Paprikasorten werden angebaut, wie der süße Paprika (*Capsicum annuum*), der Gemüsesorten umfaßt, die reif als rote und unreif als grüne Paprikaschoten geerntet werden. Schärfere rote Sorten werden als Aromastoffe unter dem Namen Paprika auf den Markt gebracht.

Pfeffer. Der Pfefferstrauch (*Piper nigrum,* Familie der Pfeffergewächse) stammt aus Indien. Er wird in zahlreichen tropischen Regionen angebaut, wie Indien, Indonesien, Brasilien, Madagaskar, Malaysia, Westafrika und Sri Lanka, und liefert drei Pfefferarten:
– den **grünen Pfeffer,** der zwei Monate vor der Reife geerntet und ganz verkauft wird; er erfreut sich immer größerer Beliebtheit;
– den **schwarzen Pfeffer,** der kurz vor der Reife geerntet und manchmal vor dem Trocknen an der Sonne abgebrüht wird; beim Trocknen wird der Samen schwarz und hart;
– den **weißen Pfeffer,** die reifen geernteten Beeren, die eine Woche lang in Wasser getaucht werden, bevor die Samen durch Reiben von ihrem Samenmantel befreit werden.

Die vielfältigen im Handel erhältlichen Pfeffersorten sind in der Regel Mischungen aus schwarzem und weißem Pfeffer: 1 kg Pfeffer besteht aus etwa 18 000 Samen.

Der scharfe Pfeffergeschmack beruht zunächst auf dem Piperin, aber auch auf anderen Bestandteilen (Chavicin, Isochavicin usw.). Eine der wichtigen Eigenschaften des Pfeffers, die früher zu seinem hohen Wert beitrug, war seine Fähigkeit, Fäulnis zu verhindern, die bei der Konservierung von Fleisch, Fleischereiprodukten und Marinaden eingesetzt wurde.

Zimt. Es gibt eine Vielzahl von Zimtpflanzen (*Cinnamomum,* Familie der Lorbeergewächse):
– Ceylon-Zimt (*Cinnamomum ceylanicum*), der neben seinem Ursprungsort auch auf den Sey-

Aromastoffe und Gewürze.

1. Wacholderbeeren;
2. Lorbeer;
3. Muskatnüsse;
4. Ingwerwurzeln;
5. Sternanis;
6. Paprikaschoten;
7. Paprika;
8. Getrocknete Pilze;
9. Grüner Pfeffer;
10. Weißer Pfeffer;
11. Minze;
12. Kandierter Ingwer;
13. Rosmarin;
14. Kreuzkümmel;
15. Zimt;
16. Pili-Pili;
17. Petersilie.

Alle diese Gewürze und Aromastoffe werden ständig zur Geschmacksverstärkung und Aromaverbesserung der Nahrungsmittel verwendet. Weitere heilende Eigenschaften sind ebenfalls bekannt.

1048

NAHRUNGSMITTEL

chellen, Madagaskar und in Ghana beheimatet ist;
– China-Zimt oder Kassia (*Cinnamomum cassia*);
– Padang-Zimt (*Cinnamomum burmannii*) kommt aus Indonesien und liefert die Hauptmenge an Zimt. Er ist der wertvollste Zimt, dessen Rinde nicht von jüngeren Ästen, sondern von ausgewachsenen Stämmen genommen wird. Die etwa 1 m langen Rindenstücke werden noch fermentiert.

Zimt stammt aus der getrockneten Rinde der Zimtbäume, die unverarbeitet oder in Pulverform auf dem Markt zu finden ist. Aus den Blättern wird zusätzlich ein ätherisches Öl extrahiert. Zimt mit seinem milden Geruch und süßem Geschmack aufgrund des hohen Anteils an Eugenol und Zimtaldehyd wird von der Nahrungsmittelindustrie, der Likörindustrie und der Parfümerie verwendet.

WÜRZSTOFFE

Gewürzgurken. Dies sind die in Essig eingelegten Sorten der kleinen Gurken (*Cucumis sativus*, Familie der Kürbisgewächse). Bei den Mixed Pickles sind sie häufig mit kleinen Zwiebeln oder anderem Gemüse (vor allem Karotten) gemischt.

Kapern. Dies sind die Blütenknospen des Kapernstrauches (*Capparis spinosa*), Familie der Kaperngewächse), der im Mittelmeerraum wächst. Es werden auch die Blütenknospen der Kapuzinerkresse, des Besenginsters und der Sumpfdotterblume verwendet. Sie werden in Essig oder Salzlake eingelegt.

Senf ist ein cremiges Erzeugnis aus den gemahlenen Körnern des schwarzen (*Brassica nigra*) oder braunen (*Brassica juncea*) Senfstrauches aus der Familie der Kreuzblütler oder ein Gemisch der Samen beider Arten. Den pastenartigen Charakter erhält man durch das Anrühren mit Saft von unreifen Trauben beim Dijon-Senf oder auch in Rot- oder Weißwein, in Traubenmost oder in Essig. Dem Senf werden verschiedene Zusatzstoffe (Weinsäure oder Zitronensäure), Farbstoffe (Chlorophyll) oder Gewürze hinzugefügt, um seine Haltbarkeit, Farbe oder seinen Geschmack zu verbessern.

WÜRZPFLANZEN

Abgesehen von der Vanille, Anis und Engelwurz, die zu süßen Speisen gehören, dienen die Würzpflanzen zur Verstärkung des Geschmacks von fertigen Gerichten.

Anis. Der aus Kleinasien stammende Anis (*Pimpinella anisum*, Familie der Doldenblütler) wird im Mittelmeerraum angebaut. Der grüne, stark anetholhaltige Anis wird im amtlichen Arzneibuch aufgeführt, aber auch zur Zubereitung von Aperitifs und in der Küche verwendet. Eine weitere Pflanze, der Sternanis (*Illicium verum*, Familie der Magnoliengewächse), ein aus China stammender Baum, liefert trockene Früchte, deren Geschmack dem des grünen Anis ähnelt. In Frankreich dient der Anbau des Echten Fenchels (*Foeniculum vulgare*, Familie der Doldenblütler) zur Produktion von Anethol zur Herstellung des Pastis.

Basilikum (*Ocimum basilicum*, Familie der Lippenblütler) stammt aus Indien. Früher wurden ihm medizinische Qualitäten gegen Krämpfe, Schmerzen, Schlangenbisse oder als Liebeszauber zugeschrieben. Heute geht Basilikum in zahlreiche Erzeugnisse ein: Soßen,

Salate, Gemüsekonserven, Suppen, Fleisch, Wurstwaren, Essig, Gurken sowie Liköre.

Dill (*Anethum graveolens*, Familie der Doldenblütler) wird auch wegen seines anisähnlichen Aromas aus Carvon und Limonen unechter Fenchel oder falscher Anis genannt. Dill wird als Küchengewürz und zur Herstellung von Kräuterlikören verwendet.

Engelwurz (*Angelica archangelica*, Familie der Doldenblütler) wird wegen der Aroma- und Bitterstoffe zur Herstellung von Kräuterlikör und Magenbitter verwendet, weiterhin in der Pharmaindustrie.

Estragon (*Artemisia dracunculus*, Familie der Korbblütler) wird wegen seiner Blätter angebaut, die als solche mit Salat oder in verschiedenen Zubereitungen, zum Beispiel zum Aromatisieren von Essig und bei Gewürzgurken, verwendet werden.

Kerbel (*Anthriscus cerefolium*, Familie der Doldenblütler) ist eine einjährige, wegen ihrer anregenden, magenstärkenden und aromatischen Eigenschaften gezogene Pflanze. Er wird für Suppen, Omelettes und bei Fischgerichten verwendet.

Knoblauch (*Allium sativum*, Familie der Liliengewächse) wird wegen seiner Zwiebeln, dem Knoblauchkopf, der aus mehreren mit einer blätterigen Hülle versehenen Zehen besteht, im Mittelmeerraum angebaut. Der in der südlichen Küche häufig verwendete Knoblauch bewirkt ein starkes und pikantes Aroma, das sich aus verschiedenen Schwefelverbindungen zusammensetzt.

Koriander (*Coriandrum sativum*, Familie der Doldenblütler) ist eine krautartige Pflanze, deren getrocknete Früchte aufgrund ihres Gehalts an Limonen und Linalol als Aromastoff verwendet werden.

Kreuzkümmel. Der aus Turkistan stammende Kreuzkümmel (*Cuminum cyminum*, Familie der Doldenblütler) wird im Mittelmeerraum, in Mittelamerika und vor allem im Iran wegen seiner mild und pikant schmeckenden Körner angebaut, die viel Cuminaldehyd enthalten und in der Likörindustrie, Käserei sowie in zahlreichen Gerichten verwendet werden: Indisches Curry, Mechoui aus Nordafrika, Chili beans aus Mexiko usw.

Lorbeer. Der Lorbeerstrauch (*Laurus nobilis*, Familie der Lorbeergewächse) wächst im Mittelmeerraum, und seine Blätter werden als Aromastoff zu Fleisch und Fisch verwendet.

Minze. Es gibt mehrere Arten der Gattung *Mentha*. Die Englische Minze (*Mentha piperita*, Familie der Lippenblütler) oder Pfefferminze (Peppermint) wird sowohl wegen ihrer stimulierenden und verdauungsfördernden Eigenschaften als auch wegen ihres typischen Aromas angebaut, das in der Süßwaren- und Likörindustrie und zur Parfümierung von Tabak Verwendung findet. Der wichtigste Bestandteil dieses Aromas ist das Menthol.

Petersilie. Man baut zwei Sorten der Petersilie (*Petroselinum sativum*, Familie der Doldenblütler) an: eine hat glatte Blätter, die andere, die als weniger aromatisch, aber dekorativer gilt, krause Blätter. Die Petersilienblätter werden kleingehackt als Aromastoff vor allem bei Salaten und Gemüsen eingesetzt.

Rosmarin (*Rosmarinus officinalis*, Familie der Lippenblütler) stammt aus dem Mittelmeerraum. Er ist ein Strauch von 1 m Höhe mit immergrünem Laub, dessen Stiele und Blätter reich an entzündungshemmendem und verdauungsförderndem Borneol sind. Rosmarin wird in der Konservenindustrie und als Aromastoff verwendet.

Safran ist eine mehrjährige Pflanze (*Crocus sativus*, Familie der Schwertliliengewächse), die durch Trocknen und Mahlen der Blütenstempel ein gelbes Pulver mit hohem Gehalt an Krozin und Safranal liefert, das wegen seiner Farbintensität und seines scharfen Ge-

schmacks verwendet wird. Der aus dem Orient stammende Safran wird in Südeuropa angebaut. Sein geringer Ertrag (50 kg Stempel pro Hektar) und die für die Ernte erforderlichen vielen Arbeitskräfte erklären seinen sehr hohen Preis.

Salbei (*Salvia officinalis*, Familie der Lippenblütler) wird wegen seiner medizinischen, aber auch wegen seiner aromatischen Qualitäten angebaut, die mit Fleisch, Brühen und Salaten sehr beliebt sind.

Schnittlauch (*Allium schoenoprasum*, Familie der Liliengewächse) wird wegen seiner Blätter und seiner Zwiebel, die als Kräuter verwendet werden, angebaut. Sein Geschmack liegt zwischen dem des Knoblauchs und dem der Zwiebel, ist jedoch milder. Man verzehrt ihn in Salaten, Suppen, mit Eiern und Quark und in Soßen.

Thymian (*Thymus vulgaris*, Familie der Lippenblütler) ist ein kleiner, gräulicher, an den trockenen und steinigen Hängen der südfranzösischen Strauchheide wachsender und in warmen Gebieten angebauter Busch. Der französische Thymian ist anders als die anderen Thymiansorten des Mittelmeerraums. Thymian hat Heileigenschaften: anregend, magenstärkend, krampflösend und hustenlösend. Darüber hinaus wirkt er bakterienhemmend und wird deshalb für Hustensaft, Mundspülungen und Zahnpasten usw. verwendet. Er ist ein Teil von Kräutermischungen und enthält Thymol und Carvacrol.

Vanille. Die Vanillepflanzen (*Vanilla planifolia*, Familie der Orchideen) sind in warmen Ländern angebaute Rankpflanzen und stammen von der Insel Réunion. Sie liefern eine Schote, die Vanillin enthält. Es gibt heute jedoch ein synthetisches Vanillin, das mit dem natürlichen Produkt konkurriert, da Vanille das meistverwendete Aroma in allen Arten süßer Produkte ist. Vanillezucker enthält nur Spuren von Vanille.

Zwiebel. Die weltweit sehr verbreitete Zwiebel (*Allium cepa*, Familie der Liliengewächse) wird wegen ihres als aromatisches Gemüse verzehrten Bulbus (Zwiebel) angebaut. Die Zwiebel ist das Aroma schlechthin, das von der Fertiggerichtindustrie eingesetzt wird, um die ›Gemüsenote‹ zuzufügen.

DER ESSIG

Essig ist das Ergebnis der Essigsäuregärung des Weins. Diese Gärung, die früher im Haushalt oder in Handwerksbetrieben praktiziert wurde, entsteht bei normaler Temperatur und an der Luft durch die Wirkung eines Bakteriums (*Mycoderma aceti*), das auf der Weinoberfläche einen dünnen Film bildet, den Essigkahm (die ›Essigmutter‹). Heute wird der Essig industriell in Wannen (Acetator) hergestellt, in denen sich das Enzym bildet, das den Alkohol in Essigsäure umwandelt. Er wird kaum noch aus Wein hergestellt, sondern synthetisch oder halbsynthetisch, um große Mengen billig zu erhalten.

Man unterscheidet den *Alkoholessig*, der durch Karamel gefärbt wird; den *weißen Essig*, auch Kristallessig genannt, der für Konserven bestimmt ist, und den *Weinessig* (5 % Säure), der eventuell 6 Monate lang in einem Eichenfaß gelagert wird, wodurch sich sein Aroma verstärkt. Es gibt auch mit Kräutern aromatisierten Kräuteressig.

NAHRUNGSMITTEL

ZUCKER

PFLANZEN

Die Zuckerproduktion der Welt stammt zu etwa gleichen Teilen von zwei Pflanzenarten: dem Zuckerrohr, das in tropischen Regionen angebaut wird, und der Zuckerrübe in den gemäßigten Zonen. Diese beiden Pflanzen haben einen hohen Gehalt an Saccharose, einem Disaccharid, das aus einem Glucosemolekül und einem Fructosemolekül besteht und nach Extraktion und Verarbeitung Zucker ergibt.

Saccharose ist eine gut kristallisierende Substanz, die bei starkem Erhitzen in ein braungefärbtes Gemisch verschiedener Röstprodukte (Karamel) übergeht.

Zuckerrohr. Das Zuckerrohr (*Saccharum officinarum,* Familie der Süßgräser) ist ein großes Rohr von 2 bis 5 m Höhe, dessen Stengel mit zuckergefülltem Mark man jährlich, drei bis vier Jahre lang, erntet. Das Zuckerrohr enthält zwischen 13 und 18 % Saccharose.

Das Zuckerrohr wird in Asien, vor allem Bengalen, seit Urzeiten angebaut.

Es wurde im Mittelalter von den Arabern im Mittelmeerraum eingeführt und lieferte einen Zucker, der als sehr wertvoll galt, da er damals ähnlich wie Gewürze mehr zu Heil- als zu Nahrungszwecken verwendet wurde. Die Zuckerrohrplantagen haben sich später in den Kolonien, vor allem in der Neuen Welt, mit ihren Sklaven als Arbeitskräften, ausgebreitet. Die Produktion und Vermarktung des Zuckerrohrs hat ständig zugenommen, und noch heute legen zahlreiche Länder, insbesondere in Afrika, Plantagen an und schaffen Zuckerindustrien.

Zuckerrübe. Die Zuckerrübe (*Beta vulgaris,* Familie der Gänsefußgewächse) besitzt eine Wurzel, die 20 % Saccharose enthält. Sie wird erst seit relativ kurzer Zeit angebaut, und zwar seit Anfang des 19. Jh., als Napoleon zur Umgehung der Probleme durch die Festlandblockade die Gründung einer nationalen Zuckerindustrie anregte. Der Anbau der Zuckerrübe ist in hohem Maße, einschließlich der Ernte (im Oktober optimale Zuckerbildung), mechanisiert.

VERWENDUNG

Zucker ist ein energiereiches Nahrungsmittel. Der Zuckergeschmack ist dem Menschen angeboren, während die anderen Geschmacksrichtungen wie salzig, sauer oder bitter allmählich erlernt werden. Diesen Zuckergeschmack konnten die Menschen lange Zeit nur durch den Verzehr von frischen oder getrockneten Früchten, die Glucose, Fructose oder Saccharose enthielten, oder durch Sammeln von Honig, der vor allem Glucose und Lävulose enthält, befriedigen. Die Zuckerindustrie von Rohr- oder Rübenzucker liefert heute beträchtliche Mengen. Der Zucker als Nahrungsmittel wird heute auf zweierlei Art verwendet: der als solches gegessene sog. Tafelzucker in der täglichen Ernährung und die Zuführung von Zucker durch die Industrie zu Nahrungsmitteln und Getränken, also ein ›versteckter Zucker‹, dessen Mengen der Verbraucher schlecht einschätzen kann.

Heute macht der Speisezucker ein Viertel des insgesamt verzehrten Zuckers aus. Die drei anderen Viertel des konsumierten Zuckers finden sich in Kuchen, Keksen, Konfitüren, Süßwaren, in Milchprodukten (Eisspeisen, Joghurts, Milchspeisen) und in kohlensäurehaltigen Getränken, Fruchtsäften und Limonaden. So ist die Zuckerindustrie zu einem wichtigen Lieferanten für die gesamte übrige Nahrungsmittelindustrie geworden.

Neben diesen traditionellen Verwendungsarten des Zuckers wurden weitere industrielle Möglichkeiten in die Praxis umgesetzt oder ins Auge gefaßt. So haben die Brasilianer ausgehend vom Zuckerrohr eine Äthanolindustrie geschaffen, die die Hälfte ihres Kraftstoffbedarfs deckt. In Europa betreffen die konkretesten Perspektiven die Herstellung von Alkohol als Kraftstoff oder Bioäthanol, ausgehend von Rüben, Kartoffeln oder Getreide. Die ›Zuckerchemie‹ oder die Verwendung des Zuckers als Rohstoff für die Industrie der Feinchemie oder die pharmazeutische Industrie ist noch ein Zukunftstraum.

HERSTELLUNG

In Indien und anderen asiatischen Ländern gibt es noch Familien- oder Handwerksbetriebe, die Rohrzucker herstellen und durch Kochen auf großen Metallplatten einen karamelähnlichen Zucker liefern. In den meisten Ländern jedoch ist die Zuckerindustrie eine hohe Investitionen erfordernde Industrie.

Abpressen und Diffusion. In der ersten Herstellungsphase erhält man einen Zuckersaft. Beim Zuckerrohr wird dies durch Abpressen und bei der Zuckerrübe durch Auslaugen erreicht.

Abpressen. Die Stengel werden zerkleinert und kommen in Mühlen oder Extraktionszylinder, die einerseits einen süßen, grünschwarzen Saft, den *Zuckerrohrsaft,* und andererseits holzige Rückstände oder *Bagasse* liefern, die als Brennstoff dienen und die gesamte für den Betrieb der Fabrik erforderliche Energie liefern.

Auslaugen. Nachdem die Rüben von Erde und Blattrosette gereinigt wurden, werden sie in kleine Stücke oder Schnitzel geschnitten und kommen in einen Strom warmen Wassers; so erhält man einen süßen blauschwarzen Saft und Fleisch, das getrocknet und gepreßt als Viehfutter dient. Die weiteren Arbeitsgänge sind für Zuckerrohr und Zuckerrübe gleich.

Reinigung des Saftes. Hierbei werden alle ›nichtsüßen‹ Bestandteile entfernt, das heißt die kolloidalen Stoffe und die Farbstoffe. Diese Reinigung wird durch eine Behandlung mit Kalk bewirkt.

Konzentration des Saftes. Durch Verdampfung gehen die gereinigten Säfte von 15 % auf 70 % Zuckergehalt über. Der Wasserentzug durch Erhitzen erfordert hohe Mengen an Energie. So erhält man Saftkonzentrate oder Sirup.

Kristallisieren. Dies ist die heikelste Arbeit. Der Sirup wird in einen Kochkessel gegeben, wo unter Vakuum die Kristallisation stattfindet. Der flüssige Sirup geht in feste Kristalle über, die sich an den Wänden der Zentrifugen absetzen und den weißen, sog. ›ersten‹ Zucker mit einer Reinheit von 99,8 % liefern. Der dann folgende Zucker, die Mittelproduktfüllmasse, geht in die Raffinerie. Der dritte Zucker, die Nachproduktfüllmasse, ist die *Melasse* und der *Restzucker*.

Die Melasse ist ein dichter, zähflüssiger und nicht kristallisierbarer Saft mit einem mehr oder minder hohen Zuckergehalt. Früher wurde dieses Nebenprodukt als Düngemittel verwendet. Auch heute noch wird es bei den Rohrzuckerfabriken kaum genutzt, dennoch ist es als Viehfutter interessant.

DER AHORNSIRUP

Ahornsirup ist eine bis auf 34 % Wassergehalt eingedickte Flüssigkeit mit süßem und aromatischem Geschmack, der aus dem Saft des Zuckerahorns (*Acer saccharum,* Familie der Ahorngewächse) stammt, einem großen, aus Nordamerika stammenden und verbreitet in Kanada angebauten Baum. Der Sirup wird aus dem Saft durch Erhitzen, was seine Konzentration bewirkt, und Rühren, wodurch er nicht karamelisiert, gewonnen. Er enthält zwischen 60 und 65 % Saccharose. Ahornsirup wird zum Süßen und als Brotaufstrich verwendet.

A · Das Zuckerrohr.

Dieses mehrjährige Gras benötigt vorzugsweise saure und tonhaltige Böden. Darüber hinaus liebt es ein warmes und feuchtes Klima. Die Pflanzung der Stecklinge wird in der Trockenzeit vorgenommen. Pro Hektar können 10 bis 15 t Zucker gewonnen werden.

Die Zuckerrohrernte findet 2–3 Monate nach der Blüte statt. Wenn sie durch Abschneiden der Stengel mit der Machete erfolgt, ist sie sehr anstrengend, heute ist sie jedoch durch Schneide-Erntemaschinen mechanisch möglich. Um den größten Ertrag an Zucker zu erhalten, muß der Zeitraum zwischen der Ernte und der Zuckerherstellung auf ein Minimum reduziert werden.

B · Die Zuckerrübe.

Die Zuckerrübe, eine zweijährige Pflanze, bringt im ersten Jahr eine Wurzel und im zweiten Jahr Samen hervor. Sie wird Ende März gesät und zwischen dem 15. September und 15. November des gleichen Jahres geerntet, wenn sich die Rübe entwickelt hat. Ihr Bedarf an Düngemitteln, vor allem Stickstoff und Kali, ist sehr hoch. Gute Erträge liegen bei 60 t Rüben und 8 t Zucker pro Hektar.

NAHRUNGSMITTEL

TAFELZUCKER

Die Zuckerindustrie produziert viele Arten von Zucker.

– **Weißer Kristallzucker.** Diesen Zucker erhält man aus dem letzten Herstellungsstadium nach Vakuumerhitzen und Kristallisieren. Es sind sehr feine Kristalle, deren Reinheit die Handelsklasse bestimmt. Der reinste, in der Regel aus der Raffinerie kommende Zucker erhält die Nummer 1. Der normale Standardzucker nach den Gemeinschaftsvorschriften ist die Nr. 2. Am unteren Ende der Skala der weißen Zucker steht die Nr. 4, deren Mindestgehalt bei 99,5 % Saccharose liegt und die selten als solcher verkauft wird.

– **Braunzucker.** Er enthält lediglich zwischen 83 und 98 % Saccharose und unterscheidet sich ernährungsphysiologisch nicht vom weißen Zucker.

– **Streuzucker.** Ein sehr feiner weißer Zucker, der durch Sieben mit oder ohne Mahlen aus Kristallzucker gewonnen wird. Die Kristalle sind ungefähr 0,4 mm groß.

– **Puderzucker.** Ein weißer, raffinierter oder nicht raffinierter Zucker, dessen Kristalle auf eine nicht mehr fühlbare Größe gemahlen und dann gesiebt werden. Dieser Zucker ist in der Regel mit 2 bis 3 % Stärke versetzt, um sein Klumpen zu verhindern.

– **Kandiszucker.** Ein Zucker mit sehr groben, weißen und braunen Kristallen, der durch langsames Eindampfen eines Sirups erhalten wird.

– **Rohzucker.** Ein nicht raffinierter Rohzucker.

– **Zucker aus Raffinerierückständen.** Er wird auch unechter Zucker genannt und ist ein Nebenprodukt der Raffinerie. Er enthält Saccharose, Dextrose und Fructose. Dieser Rückstandszucker ist braun gefärbt und von fetter Konsistenz.

Süßkraft verschiedener Süßstoffe
(die Saccharose – oder Zucker – ist der Bezugswert: Grundlage 100)

Saccharin	300	Sorbit	50 bis 60
Steviosid	300	Mannit	55 bis 60
Aspartam	200	Palatinit	50 bis 70
Fruchtzucker	130	Milchzucker	40
Rübenzucker	100	Cyclamat	30
Traubenzucker	70		

Diese Skala gibt Richtzahlen an.

NEUE SÜSSTOFFE

Um gegen den übermäßigen Verzehr von Zucker in den entwickelten Ländern (über 50 kg pro Person und Jahr in den Vereinigten Staaten, über 30 kg in Deutschland) anzugehen, ist in den 70er Jahren in den Vereinigten Staaten eine mächtige Süßstoffindustrie entstanden. Es handelt sich um chemische Produkte, die einen süßen Geschmack verleihen, ohne dabei den gleichen Kalorienwert wie die Saccharose zu haben.

Isoglucose. Unter den Ersatzstoffen für Zucker hat die Isoglucose eine bedeutende Stellung. Es handelt sich um eine aus Maisstärke durch enzymatische Verfahren hergestellte Fructose. Die Isoglucose hat den technologisch wichtigen Vorteil, flüssig zu sein, was bei industrieller Anwendung den Transport, die Handhabung, Lagerung und Automatisierung erleichtert. Darüber hinaus hat sie im Verhältnis zur Saccharose eine Süßkraft von 130 % bei einem gleichwertigen Süßgeschmack, und die Kalorien wurden um 30 % vermindert. Die Süßstoffe haben in den Vereinigten Staaten einen großen Markt geschaffen, da sie 60 % des gesamten Zuckerverbrauchs ausmachen.

Aspartam. Es fanden weitere erfolgreiche Versuche mit synthetischen Produkten statt; das älteste ist das *Saccharin*. Die Vereinigten Staaten haben zunächst die *Cyclamate* zugelassen und verwendet, später dann verboten. Der jüngste synthetische Süßstoff ist das *Aspartam*. Es ist ein Dipeptid, das aus Aminobernsteinsäure und Phenylalanin besteht und eine doppelt so große Süßkraft wie die Saccharose besitzt. Es wird durch enzymatische Verfahren nach einem von den Japanern entwickelten industriellen Verfahren gewonnen. Das Aspartam hat in den Vereinigten Staaten einen großen Marktanteil für alle kalorienarmen Produkte erobert.

Aspartam hat etwa die 200fache Süßkraft des Rohrzuckers. Es wird im Körper wie ein Eiweißstoff abgebaut. Es wird hauptsächlich für Diätgetränke verwendet.

Polyalkohole. Die Entstehung einer neuen Süßstoffgeneration ist zu beobachten, wobei die Süßstoffe aus natürlichen Produkten, den *Polyalkoholen* oder *Zuckeralkoholen* gewonnen werden, die in der Natur weit verbreitet sind, deren Gewinnung jedoch unrentabel ist. Deswegen werden sie von der Industrie durch katalytische Hydrierung der entsprechenden Saccharide hergestellt. Der große Nutzen der Polyalkohole liegt darin, daß sie nicht kariogen sind (nicht Karies hervorrufen) und nicht vom Organismus umgesetzt werden. Von den Zuckeralkoholen seien genannt: das *Sorbit*, das in vielen Früchten vorhanden ist; das *Mannit*, im Manna der Esche, in Früchten (Oliven, Feigen) oder im Gemüse (Sellerie); das *Xylit*, in Früchten (Himbeere), Gemüse und Pilzen; das *Maltit, Palatinit* und das *Erythrit* usw.

Zuckerverbrauch* in der Welt
(wichtigste Länder,
in kg/Einwohner/Jahr, 1985)

Kanada	43,0	BR Deutschland	36,7
UdSSR	42,0	Frankreich	35,5
Irland	41,0	Griechenland	32,0
Niederlande	40,8	USA	30,0
Dänemark	39,3	Portugal	29,7
Belgien/ Luxemburg	37,3	Rumänien	29,1
		Italien	26,9
Großbritannien	36,8	Japan	21,0

* In Zuckergleichwert.

DAS SACCHARIN

Das 1879 synthetisierte Saccharin hat keinen Nährwert, besitzt jedoch die 300fache Süßkraft des Zuckers. Das für Diätmahlzeiten für Diabetiker verwendete Saccharin ist in normalen Nahrungsmitteln nicht zugelassen. Es ist nicht backbeständig und hat in höheren Konzentrationen einen metallisch bitteren Nachgeschmack.

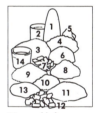

Die verschiedenen Formen von Zucker.
1. Zuckerhut.
2. Fondant (dicke Paste für Süßwarenhersteller).
3. Hagelzucker (runde, durch Zerkleinern erhaltene Kristalle).
4. und 5. Weißer oder brauner Kandiszucker (grobe, durch Kristallisieren erhaltene Kristalle).
6. Rohzucker (aus Zuckerrohrsaft gewonnener brauner Kristallzucker).
7. Stückzucker, erste Qualität (zu Blöcken geformt und dann zersägt).
8. Puderzucker (zermahlener Kristallzucker, mit Stärke versetzt).
9 und 10. Zucker aus Raffinerierückständen, braun und gelb, raffiniert, von fetter Konsistenz.
11. Kristallzucker (in Vakuum gekochter und kristallisierter Sirup).
12. Stückzucker (durch Warm- und Naßformen und Agglomeration beim Trocknen erhalten).
13. Streuzucker (gemahlener und gesiebter Kristallzucker).
14. Zuckersirup.

1051

NAHRUNGSMITTEL

SÜSSWAREN, KONFITÜREN, HONIG

SÜSSWAREN

Eine Süßware ist ein Nahrungsmittel, dessen Hauptbestandteil Zucker ist. In erster Linie wird für die Herstellung von Süßwaren normaler Rohr- oder Rübenzucker gebraucht, daneben werden auch andere Zuckerarten wie Trauben-, Malz-, Frucht- oder Milchzucker sowie Stärkesirup (ein durch Hydrolyse von Stärke gewonnenes Produkt) verwendet. Durch Zusatz von Fruchtzubereitungen, Malzextrakt, Honig, Nüssen, Kakao, Fetten usw. erhalten die Süßwaren ihren speziellen Geschmack.

Das für die Herstellung der Süßwaren charakteristische Kochen des Zuckers ist eine Tätigkeit, die im Haushalt, im handwerklichen Betrieb und in der Fabrik durchgeführt wird. Es erfolgt in einfachen Becken aus Kupfer oder Edelstahl bei offenem Feuer oder aber in Kochern mit atmosphärischem Druck, in modernen Anlagen auch kontinuierlich in industriellen Kochern im Vakuum.

Vom Zucker zum Karamel. Karamel ist ein spezielles, durch Erhitzen von Zucker oder konzentrierten Zuckerlösungen gewonnenes hell- bis dunkelbraunes, sehr hygroskopisches Produkt. Bei seiner Herstellung unterscheiden die Kenner 13 aufeinanderfolgende Phasen, bevor der sog. ›Karamelpunkt‹ erreicht ist. In dem sog. ›Faden‹-Kochstadium beginnt der kochende Sirup dicker zu werden, und eine kleine Menge zwischen Daumen und Zeigefinger bildet einen Faden, wenn man die Finger spreizt. Mit zunehmender Eindampfung, bei der zahlreiche chemische Reaktionen (vor allem unter Wasserabspaltung) ablaufen, wird der Zucker dickflüssiger. Im letzten Kochstadium folgt unter Braunfärbung die Bildung von Karamel. Die Nahrungsmittelindustrie verwendet Karamel besonders in wäßriger Lösung, als Farbstoff Zuckercouleur (Zusatzstoff E 150).

BONBONS

Die Bonbons werden nach verschiedenen Kriterien eingeteilt. Nach der Struktur unterscheidet man harte und weiche Bonbons (geliert oder im Munde zergehend) sowie gefüllte Bonbons (außen hart, innen weich). Nach der Größe unterscheidet man kleine, weniger als ein Zentimeter große Bonbons, häufig mit Lakritzegeschmack, mittlere 2 bis 3 cm bissengroße und große Bonbons, die gekaut (weiche Bonbonmasse) werden oder deren Verzehr länger dauert (Lutscher). Das kleine Bonbon mit einem bestimmten Aroma hat zehnmal weniger Kalorien als das klassische saure Fruchtbonbon. Nach dem Kriterium des Vertriebs unterscheidet man lokale Spezialitäten und internationale Produkte. Diese Gliederung entspricht häufig einem Gegensatz zwischen handwerklicher und industrieller Herstellung. Über allen diesen Klassifizierungen steht die Zusammensetzung des Bonbons und vor allem sein Aroma, das eine ganze Palette von Früchten abdecken kann: Orange, Zitrone, Himbeere usw., oder auch sein süßes Aroma wie Anis, Lakritze, Pfefferminz. Pfefferminz wird häufig zur Verstärkung eines anderen Aromas, zum Beispiel bei der Herstellung von Karamelbonbons oder gefüllter Schokolade, verwendet. Diese einzelnen Aromen werden in den meisten Fällen von Farbstoffen unterstrichen, die in der Süßwarenindustrie sehr zahlreich vertreten und zugelassen sind.

Dragees und harte Bonbons. Dragees sind Süßwaren, deren Grundlage in Kern (Einlage) bildet, der mit einem sehr reinen Zuckersirup im Sprühverfahren umgeben wird. Der Zucker ist bei Dragees fein, er wird gehärtet, gefärbt, glaciert oder poliert, während er bei Konfekt gekocht und karamelisiert wird.

Bei den vollen Bonbons aus gekochtem Zucker, die eine kompakte und homogene Masse bilden wie die Lutschstangen oder Fruchtdrops, geben ein Zylinder oder eine Presse dem Endprodukt seine Form. Bei den gefüllten Bonbons aus gekochtem Zucker wird die gekochte Masse mit Spitzen angeordnet, die mit der Füllpumpe verbunden sind, die eine mit Fruchtaroma parfümierte Paste oder einen Likör, Honig usw. einspritzt.

Die Bonbons werden mit einem feinen Saccharosefilm bedeckt, um sie vor Feuchtigkeit zu schützen. Am Ende des Produktionsbandes werden sie abgekühlt, eingewickelt, gewogen und in Tüten verpackt. Zu den harten Bonbons aus gekochtem Zucker gehören Frucht-, Eis- und Pfefferminzbonbons.

Karamelbonbons. Dies sind Produkte, die aus Zucker, Glucose, tierischem Fett, Milch, Butter, Sahne oder pflanzlichem Fett hergestellt werden. Der Geschmack der Karamelbonbons kann unverändert belassen oder mit Kaffee- oder Schokoladenaroma modifiziert werden. Die harten Karamelbonbons bestehen vor allem aus gekochtem Zucker, während der Anteil der Glucose bei den weichen Karamelbonbons erhöht und die Masse in einem Mix- und Rührgerät verarbeitet wird, um die weitere Karamelisierung zu verhindern.

Die *Hopjes* und die *Toffees* sind Karamelsorten mit blätteriger Struktur.

Pastillen sind kleine Bonbons aus gekochtem Zucker, Schokolade usw., die sich durch ihre runde Form und ihre flache oder leicht gewölbte Oberfläche auszeichnen. Für einige Süßwarenhersteller ist die *Pastillenherstellung* eine wahre Kunst, beispielsweise zur Herstellung von zweifarbigen Pastillen ›mit Tropfen‹, die heute von Füllmaschinen produziert werden. Pastillen werden aber auch ausgestochen und nachgetrocknet. Sie können erfrischende Zusätze wie Menthol, Pfefferminz, Salmiaksalz (bei Lakritzpastillen) enthalten, die beim langsamen Zergehen freigesetzt werden.

Gummizuckerwaren. Sie bilden eine große Familie der Süßwaren, und ihre pflanzlichen Grundlagen (Gummi arabicum, Johannisbrot, Guar) haben keinen Nährwert, sondern dienen als Träger verschiedener Aromen und Farbstoffe. Gummizuckerwaren werden in Puder gegossen und getrocknet, anschließend gezuckert oder geölt. Sie haben elastische, halbfeste Konsistenz. Sie lassen sich kauen, zergehen aber nur langsam im Mund. *Marshmallows* sind eine Variante dieser süßen weichlichen Masse.

Kaugummis sind Produkte amerikanischer Herkunft. Der Chewing-gum wurde zuerst aus dem Chiclegummi, dem Milchsaft des Sapotillbaumes, hergestellt. Heute nimmt man dazu pflanzliche oder synthetische Harze. Die Kaugummiindustrie diversifiziert ihre Produkte durch ihre Aromen, die Formen (Täfelchen, Dragees) und nach den Zielgruppen: für Kinder knallende oder aufblasbare Blasen, zuckerlose Kaugummis für Erwachsene (mit Süßstoff) usw. Beim Kauen löst sich im Speichel zunächst der Zucker. Nach etwa 15 Minuten ist die Kaugummibase zuckerfrei, hat 20–30 % Feuchtigkeit aufgenommen und ist dadurch plastisch-weich geworden.

Rachat Lokum oder Halwa. Die Lokums oder Rachat Lokums aus dem Mittleren Osten sind Produkte aus Zucker, Honig, Glucosesirup und Mehl (traditionsgemäß Sago-, Weizen- oder Reismehl, heute jedoch Maisstärke). Das Halwa ist eine Süßigkeit auf der Grundlage zerdrückter Sesamkörner und Zucker: Saccharose, Invertzucker, Glucosesirup.

SPEZIALITÄTEN

Die bekanntesten mit dem am weitesten verbreiteten Ruf sind:
– **Krokant** aus geschmolzenem und mehr oder weniger karamelisiertem Zucker und zerkleinerten und gerösteten Mandeln oder Nüssen. Letztere müssen mindestens zu 20 % enthalten sein. Unterschieden wird

Energiegehalt einiger Süßwaren und Süßspeisen (je 100 g verzehrbarer Anteil)	kcal/kJ
Hartkaramellen	388/1 623
Milchkaramellen	393/1 651
Gummibärchen (1,6 g)	5/22
Kaugummi (3,3 g)	10/42
Kokosflocken	444/1 858
Marzipan	453/1 895
Nougat	500/2 092
Schokolade, halbbitter	507/2 122
Vollmilchschokolade	526/2 200
Götterspeise	313/1 310
Rote Grütze	332/1 389
Fruchteiscreme	160/669
Milchspeiseeis	127/531
Sahneeis	220/925
Softeis	115/483

▲ · **Kandierte Früchte.**
Die Kunst des Süßwarenherstellens hat mit der Entdeckung der Grundstoffe zugenommen. Vor dem Zucker wurde Honig zum Einhüllen von Samen und Früchten genommen. Der in Europa von den Kreuzfahrern erlaubte Entwicklung der Süßwarenherstellung. Die Produktion von Rübenzucker im 19. Jh. gab diesem Berufsstand neuen Aufschwung. Es gibt keine eigenen Bestimmungen für Süßwaren, aber den ›konstanten und ehrlichen Einsatz‹ auf der Grundlage traditioneller Rezepte. Die Süßwarenindustrie steht nach den Brauereien und der Fleischindustrie an 3. Stelle.

NAHRUNGSMITTEL

Hartkrokant, Weichkrokant und Blätterkrokant;
– **Marzipan**, eine Zubereitung aus süßen Mandeln und Zucker. Die Marzipanrohmasse darf mit der gleichen Menge Puderzucker vermischt werden;
– **kandierte und glasierte Maronen**, zunächst über eine Stunde lang in Wasser gekocht, werden dann in einen warmen Sirup mit Vanillegeschmack gelegt;
– **Nugat**, das aus gerösteten Haselnüssen oder Mandeln, Zucker, Honig und karamelisierter Stärke hergestellt wird. Das weiche Nugat wird weniger lange gekocht als das harte Nugat. Das Nugat aus Montélimar (nach einem Rezept und nicht nach einer Herkunftsgarantie) enthält mindestens 28 % Mandeln und 2 % Pistazien;
– **Speiseeis**, eine Zubereitung aus Milch, Sahne oder Wasser, Zucker, Geschmacksstoffen und Bindemitteln, die gefroren wird. Nach den Zutaten und der Zubereitung unterscheidet man Cremeeis, Frucht-, Sahne-, Milchspeiseeis und Kunstspeiseeis.

PRODUKTE AUS FRÜCHTEN

Konfitüre, Gelee, Kompott, Mus. Die Konfitüren werden durch Kochen des Fruchtfleisches mit Zucker, Glucose (zur Vermeidung der Kristallisierung) und verschiedenen zugelassenen Zusatzstoffen (Aromastoffe, Farbstoffe, Säuren oder Pektin) zubereitet. Das Pektin ist eine aus Äpfeln extrahierte zuckerartige Substanz. Es wird als Zusatzstoff (E 440) wegen seiner Gelierfähigkeit in der Konfitürenherstellung eingesetzt.

Die Hauptarbeit bei der Herstellung von Konfitüren ist das Kochen, das in handwerklichen oder kleinen industriellen Betrieben stattfinden kann. Es erfolgt in Wannen mit doppeltem Boden, die früher aus Kupfer waren und heute aus Edelstahl sind. Das Kochen kann auch unter reduziertem Druck in Kochern mit gleichzeitiger Mixvorrichtung erfolgen, wodurch die Produkte ein besseres Aussehen erhalten.

Bei den mit den Konfitüren verwandten Produkten müssen die *Kompotte* genannt werden, die aus ganzen Früchten und Zucker, denen Aromastoffe hinzugefügt werden, bestehen. Bei der Herstellung von *Mus* werden die Früchte zu einem Brei zerdrückt, bevor der Zucker hinzugegeben wird. Die *Gelees* werden ebenfalls aus Zucker und zerkleinerten Früchten zubereitet, deren Reste nach dem Kochen herausgefiltert werden.

Geleezuckerwaren, kandierte Früchte. Die Herstellung der *Geleezuckerwaren* (Fruchtpasten) aus Fruchtfleisch und Zucker ist ähnlich wie die der Konfitüren, allerdings wird heißer gekocht und anschließend erfolgt die Formung in Platten, die nach dem Abkühlen geschnitten werden, oder durch Stärkewaben. Um ihr Aussehen zu verbessern, bestreut man sie mit Zucker oder Puderzucker. Man unterscheidet Geleefrüchte mit wenigstens 10 % Fruchtmark oder Fruchtsaft und Pastenringe mit mindestens 30 % Fruchtmark. Beide Sorten dürfen keine künstlichen Geschmacksstoffe enthalten.

Zur Herstellung der *kandierten Früchte* verwendet man Früchte guter Qualität, die häufig tiefgefroren sind, bevor sie verarbeitet werden: Waschen und Blanchieren, ein Bad in siedendem Wasser, dann das eigentliche Kandieren. Dabei werden die Früchte in einen Zuckersirup getaucht, dem Glucose zugefügt wurde, damit er nicht kristallisiert. Diese Arbeit wird entweder in Terrinen, glasierten Tongefäßen oder in Becken durchgeführt. Sie kann bis zu 12 Tage dauern. Die Früchte, die bis ins Innerste durchtränkt sind, werden dann mit einem Zuckerfilm glasiert, der das Austrocknen verhindert. Die am meisten kandierten Früchte sind Aprikose, Pflaume, Pfirsich, Orange, Feige, Birne, Ananas, Melone und Kirsche.

HONIG

Der Honig ist eine süße Substanz, die von den Bienen aus dem Blütennektar erzeugt wird. Die Honigbiene *(Apis mellifica)*, ein Hautflügler, lebt in Völkern. Das Oberhaupt jedes Bienenvolkes oder -stockes ist eine einzige Königin, die mehrere Jahre lebt und bis zu 2 000 000 Eier legt. Die Arbeiterbienen sind nicht befruchtete Weibchen, die einige Wochen lang nach einer genauen Programmierung leben: Die ersten drei Tage ihre Arbeitslebens verbringen sie damit, die Waben zu reinigen, dann werden sie zu Ammen. Am sechsten Tag produzieren sie das ›Gelée royale‹ aus den Rachendrüsen als Nahrung für die jungen Larven ausgeschieden wird. Dann erzeugen sie Wachs und bauen Waben, bevor sie zu Wächterinnen am Eingang des Stockes werden und dann etwa einen Monat lang zum Honigsammeln ausfliegen. Beim Honigsammeln wurde eine ›Sprache‹ der Bienen oder ein Tanz nachgewiesen, mit dem das Insekt seinen Genossen die Richtung und die Entfernung des Sammelortes angibt. Die Bienen sammeln den Nektar, eine farblose, mehr oder weniger zähflüssige süße Flüssigkeit, die von den Blütenböden auf der Basis der Blüten und Blätter, den Honigdrüsen, ausgeschieden wird. Der Nektar ist reich an Saccharose, Dextrin und Pflanzenschleim. Im Honigmagen der Biene wird der Nektar verdaut, das zu einer Invertierung der Zucker führt und sie zu Honig umwandelt.

Eine besondere physiologische Wirkung von Honig konnte bisher nicht bewiesen werden.

Imkerei. In den primitiven, in Afrika und Asien noch weit verbreiteten Formen der Imkerei sammelt man die natürlichen Bienenschwärme und setzt sie in feststehende runde Körbe, die im Herbst in der Regel durch Ersticken der Bienen geleert werden, wenn diese ihre Wintervorräte angelegt haben. Der Honig wird dann aus dem Wachs gepreßt. Dieser ›ausgedrückte‹ Honig ist von relativ geringer Qualität, und der Ertrag ist gering.

In den gemäßigten Klimaten ist die Imkerei komplexer. Die Imker haben Hunderte, sogar Tausende von Bienenkörben; sie züchten Königinnen, kontrollieren die Honigeinträge und die Ernährung, um das Wachstum der Völker zu fördern.

Die Bienenkörbe sind Holzkästen, in die bewegliche Rahmen eingefügt sind. Die Bienen bauen ihre Waben auf einem vom Imker in die Rahmen eingesetzten geprägten Wachsfilm. Je nach Aktivität des Volkes kann man den Korb vergrößern, indem zusätzliche Waben eingefügt werden.

▲ · **Honigernte.**
Es gibt zwei Arten von Imkerei: Die eine wird *immobil*, die andere *mobil* genannt. Bei der *immobilen* Imkerei verwendet man Kästen, in denen die Bienen selbst ihre Waben auf den Rahmen bauen und befestigen. Der Imker muß die Waben mit Hilfe eines warmen Messers (s. Bild) entfernen, um den Honig zu ernten. Bei der *mobilen* Imkerei enthalten die Kästen mobile Rahmen, die leicht herausgenommen und wieder eingefügt werden können.

Zusammensetzung des Honigs. Bei normaler Temperatur ist der Honig, dessen Farbe von farblos bis dunkelbraun reicht, eine gesättigte Zuckerlösung in 15 bis 20 % Wasser, wodurch erklärt ist, daß er flüssig oder pastenförmig, fest und kristallisiert sein kann. Bei leichter Erwärmung auf 60 °C wird der feste Honig wieder flüssig. Honig enthält etwa fünfzehn Zuckerarten und weitere Bestandteile, die mindestens 1 % seines Gewichts ausmachen: Mineralstoffe, organische Säuren, freie Aminosäuren, Proteine, Enzyme und flüchtige, das Aroma bestimmende Substanzen. Die beiden wichtigsten Zucker, Glucose und Lävulose (Fructose) sind Invertzucker. Sie sind gemischt mit Maltose, Saccharose, Melecitose usw. Die Anteile der Bestandteile geben jedem Rohhonig eine Besonderheit, je nach den gesammelten Blütennektaren.

Honigsorten. Hier unterscheidet man:
– **Honig aus nur einer Blüte**, darunter den Süßkleehonig, der wegen seiner weißen Farbe, seiner Feinheit und seines Aromas am beliebtesten ist. Der Hornkleehonig ist am häufigsten zu finden. Der Rosmarin- und der Lavendelhonig haben kräftige Farben und ein starkes Aroma.
– **Honig aus vielen Blüten**, der aus Mischungen stammt, bei denen die vorher genannten Arten vorkommen können, aber auch die Robinie, Akazie, Tanne, Heidekraut, Raps usw. Dieser Honig hat einen geringeren Marktwert als die oben erwähnten Honigsorten.
– **Honig aus Honigtau**, der in den Gegenden produziert wird, in denen Tannen und Fichten wachsen (Honigtau aus den Vogesen und dem Jura), wobei der Honigtau eine süße Substanz ist, die von den Hautflüglern ausgeschieden wird, die sich von dem Saft dieser Nadelbäume ernähren.

Honigverbrauch
(wichtigste Länder, in kg/Einwohner/Jahr, 1986)

BR Deutschland	1,5	Belgien/Luxemburg	0,5
Griechenland	1,2	Frankreich	0,4
Dänemark	1,0	Großbritannien	0,4
USA	0,5	Irland	0,3
Spanien	0,5	Italien	0,3

NAHRUNGSMITTEL

SCHOKOLADE

Schokolade ist das Produkt aus der Mischung von Kakaomasse und Zucker mit oder ohne Kakaobutter. Der Kakao, die Kakaomasse und die Kakaobutter werden aus dem Samen des Kakaobaumes, der Kakaobohne, gewonnen. In Afrika wird mehr als die Hälfte der Weltproduktion erzeugt.

Der in den feuchten tropischen Gebieten Mittelamerikas beheimatete Kakaobaum, der den Rohstoff für Schokolade liefert, wurde von den Maya und Azteken angebaut. Die Kakaobohne wurde sowohl als Währung als auch als Zutat für den ›Xocoatl‹ verwendet, ein bitteres Getränk mit Pfeffer und Maismehl. Die Spanier bereiteten ihn mit Zucker und Vanille zu und führten ihn in Europa ein.

KAKAOBAUM, KAKAO

Kakaobaum. Man unterscheidet drei Sorten:
– Criollo von sehr hoher Qualität, der jedoch kaum angebaut wird;
– Amazonasforastero, der fast den gesamten üblichen Kakao liefert (der afrikanische *Amelonado* gehört zu diesem Typ);
– Trinitario, eine Kreuzung der beiden oben genannten Zuchtformen, der 10 bis 15 % der Weltproduktion liefert.

Es wird in regelmäßigen Abständen geerntet (in Chiapas in Südmexiko werden drei Ernten im Abstand von drei Monaten im Jahr durchgeführt). Die Kakaofrüchte (die großen Früchte des Kakaobaumes) werden mit einer Machete oder einer am Ende einer Stange befestigten Klinge gelöst. Ein Baum liefert ungefähr fünfzig Früchte, was einen Ertrag von 2 bis 3 t/ha ergibt.

Verbrauch von Schokoladeerzeugnissen (wichtigste Länder, in kg/Einwohner/Jahr, 1983)			
Schweiz	10,4	Irland	5,9
Belgien	7,4	Frankreich	5,1
BR Deutschland	7,4	USA	4,4
Norwegen	7,3	Japan	1,3
Großbritannien	6,8	Italien	1,2
Österreich	6,4		

Die Rekordzahlen der Schweiz und Belgiens sind zum Teil den Touristen und Grenzgängern zuzuschreiben.

A · **Der Kakaobaum.**
Dieser Baum, der bis zu 10 m hoch werden kann, trägt ab dem dritten oder vierten Jahr Früchte. Er ist eine typische Waldpflanze der tropischen Breiten. Die weiß-rosa, kleinen und regelmäßigen Blüten entstehen auf den Narbenhügeln abgefallener Knospen, auf Zweigen und sogar am Stamm. Der Kakaobaum ist zweihäusig, und die Vermehrung erfolgt durch Samen. Die Pflanzung erfordert vor allem in den ersten Jahren einen Baumschutz.

B · **Die Kakaofrüchte.**
Die Früchte werden in der Regel zweimal jährlich, zu Beginn und am Ende der Regenzeit, geerntet. Die zweite Ernte ist viel ertragreicher. Die Früchte dürfen nur vollreif gepflückt werden.

C · **Die Kakaobohne.**
Die Früchte werden geöffnet, und die Bohnen werden erst einem Gärungsprozeß unterzogen. Das die Bohnen umgebende Fleisch verschwindet, die Bohne verliert den herben Geschmack, und die Farbe ändert sich.

Kakaobohnen. Nach der Ernte wird die Frucht zunächst geöffnet, wobei sie häufig von Hand aufgebrochen wird, um die Bohnen zu entnehmen. Diese werden zum natürlichen Gären aufgehäuft oder in Gefäßen stehengelassen, was etwa eine Woche dauert und zu einer Erhöhung der Temperatur zwischen 44° und 47 °C führt. Dann werden die Bohnen entweder 8 bis 15 Tage an der Sonne oder in Trockenräumen mit Holzfeuer getrocknet. Diese beiden Phasen des Gärens und des Trocknens, die am Produktionsort selbst erfolgen, spielen eine wichtige Rolle bei der Qualität des zukünftigen Kakaos: Die dabei entstehenden Veränderungen mildern die Bitterkeit und Herbheit und bilden das endgültige Aroma.

Kakao. Die Kakaobohnen werden industriell verarbeitet und ergeben dann Masse, Pulver oder Kakaobutter. Nachdem die Bohnen gereinigt und sortiert wurden, werden sie geröstet, das heißt, einem Warmluftstrom von 100 oder 150 °C ausgesetzt. Diese Phase ist wichtig, denn durch sie kann sich das Aroma entwickeln. In einigen Ländern wird mit Feuer geröstet, was zu einer bittereren Schokolade mit einem bestimmten Geschmack nach Verbranntem führt. Die verschiedenen Kakaosorten erfordern besondere Röstungen: Der Forastero muß stark und der Criollo kaum geröstet werden, was einen höherwertigen Kakao ergibt. Nach dem Rösten werden die Bohnen gebrochen und enthülst und dann gemahlen. Dann erhält man durch eine Wärmebehandlung (50–70 °C) eine flüssige Masse, die Kakaomasse, die der industrielle Rohstoff für die Herstellung von *Kakaopulver* oder *Kakaobutter* ist.

HERSTELLUNG

Schokolade wird aus einer Mischung von Kakaobutter, Likör genannt, oder Kakaopulver, dem edlen Anteil, da er der Schokolade ihre Struktur und ihr Aroma gibt, mit Zucker und eventuell Milch hergestellt.

Die innige Mischung, das *Konchieren*, ist eine mechanische Bearbeitung der Masse in einem Zerkleinerung- und Mischgerät, der *Konche,* das auf 45 bis 90 °C erwärmt wird und bis zu 10 Tonnen des Produktes enthalten kann. Das Konchieren dauert 24 Std. und spielt eine wesentliche Rolle bei der endgültigen Beschaffenheit des Produktes und der Entwicklung des Aromas. Nach dem Herausnehmen aus der Konche ist die Schokolade fertig. Die letzten Formarbeiten werden automatisch erledigt. Nach einer Kühlung zwischen 5 und 10 °C werden die Tafeln fest und dann eingepackt. Bei der Herstellung können verschiedene Zutaten hinzugegeben werden: pflanzliche Lecithine (in der Regel aus Soja), die als Emulgator dienen, Aromastoffe oder Trockenobst wie Trauben, Haselnüsse oder Mandeln in unterschiedlichen Anteilen: So muß die Schokolade ›Gianduja‹ zwischen 20 und 40 % feingemahlene Haselnüsse enthalten.

Verbrauch. Von den durchschnittlich 5 kg verzehrter Schokolade pro Jahr und Person fallen auf die vollen Tafeln (Tafeln oder Riegel) 2 kg, auf die gefüllten Produkte (mit Schokolade umhüllte Riegel, Süßwaren, geformte Produkte) ebenfalls 2 kg, und das letzte Kilo wird in Form von Kakaopulver, weißer Schokolade, Dragees usw. verzehrt.

SCHOKOLADEN-SORTEN

Schokolade ist per Gesetz eine Süßware. Bei allen Produkten, bei denen die Bezeichnung ›Schokolade‹ auftaucht, ist das Bezugskriterium der Kakaogehalt, der mindestens 35 g pro 100 g Produkt betragen muß, davon mindestens 18 g Kakaobutter.

Man unterscheidet:
– Überzugschokolade, eine industriell hergestellte Mischung, die in Form von Stücken an die handwerklichen Gebäck- und Schokoladenbetriebe verkauft wird;
– Koch- oder Blockschokolade in Tafeln oder Blöcken, die durch eine Mischung aus Zucker und teilweise oder nicht entfetteter Kakaobutter so hergestellt wird, daß 100 g des Produktes zwischen 57 und 65 g Zucker und zwischen 35 und 43 % Kakaomasse mit mindestens 18 g Kakaobutter enthalten;
– Fondantschokolade, die aus einer Mischung von Zucker (mindestens 52 %), Kakaomasse und Kakaobutter (mindestens 48 % Masse und Butter, davon mindestens 32 % Butter von der Gesamtmasse) hergestellt wird;
– Milchschokolade, die auf 100 g maximal 50 g Zucker, mindestens 25 g Kakaomasse und -butter, 16 g Trockenmilch und insgesamt 26 g Fette enthalten muß;
– weiße Schokolade, die keine Farbstoffe enthält, muß mindestens 20 % Kakaobutter enthalten.

Ernährungsphysiologische Zusammensetzung von Schokolade (Vollmilch)	
	pro 100 g
Kohlenhydrate	56 g
Fett	30 g
Proteine	8 g
Kalium	400 mg
Vitamin A	in Spuren
Vitamin B$_1$	0,1 mg
Vitamin B$_2$	0,35 mg
Vitamin E	1,9 mg
Theobromin*	0,4 g
Nährwert	526 kcal/2 209 kJ

* mit Koffein verwandtes anregendes Alkaloid

NAHRUNGSMITTEL

TEE

Der Teestrauch (*Camellia sinensis*, Familie der Teestrauchgewächse) ist eine Pflanze mit anregenden Inhaltsstoffen, die wegen ihrer jungen Blätter angebaut wird. Der Baum stammt aus den gebirgigen Regionen Südostasiens. Es gibt vielfältige Teesorten, die zu zwei Typen gehören: Der eine, der chinesische Tee, ist ein 1 bis 3 m hoher Strauch mit matten, harten, dunklen und 3 bis 6 cm langen Blättern. Von ihm stammen die seit Urzeiten in China und Japan angebauten kräftigen Sorten. Der andere Typ trägt den Namen eines nördlichen und gebirgigen indischen Staates, nämlich Assam. Hier sind die Pflanzen Bäume von 10 bis 20 m Höhe, deren glänzende, weiche und helle Blätter 15 bis 20 cm lang werden. Die Assam-Teesorten haben den höchsten Ertrag und werden für neue Plantagen verwendet. In allen äquatorialen und tropischen Regionen findet man Teepflanzen verschiedenster Formen und Sorten. Hohe Niederschlagsmengen, möglichst auf das ganze Jahr verteilt, eine durchschnittliche Temperatur von 15 bis 20 °C und große Höhe sind die günstigsten Voraussetzungen für hohen Ertrag und Qualität. Die Teepflanzen, die im siebten Jahr nach der Pflanzung die erste Vollernte liefern, können 45 bis 50 Jahre lang abgeerntet werden.

HERSTELLUNG

Pflücken. Es beeinflußt die endgültige Qualität des Tees in hohem Maße: je jünger die gepflückten Triebe sind, um so besser wird das Endprodukt sein. Die Triebe der jungen Blätter werden alle zehn Tage von Hand gepflückt. Der junge Endtrieb, Pekoe genannt, ist der begehrteste Teil, und man pflückt ihn mit zwei oder fünf Blättern. Das manuelle Pflücken gewährleistet eine bessere Qualität. Die Erträge sind sehr unterschiedlich und betragen im Durchschnitt 1 bis 1,2 t trockenen Tee pro Hektar. Die Teeplantagen, auch die modernsten, haben einen hohen Bedarf an Arbeitskräften, vor allem für das Pflücken. Man stellt grünen und schwarzen Tee her, die von den gleichen Blättern stammen, jedoch verschieden behandelt werden.

Herstellung von grünem Tee. Die Teeblätter müssen wenige Stunden, nachdem sie gepflückt wurden, verarbeitet werden. Dieser Sachzwang erfordert die Nähe zu einer Verarbeitungsfabrik oder gegebenenfalls eine handwerklich betriebene Teeherstellung, die bei grünem Tee noch weit verbreitet ist. Die Blätter, die nicht welk sein dürfen, werden mit trockener Hitze oder Dampf behandelt, um jede spätere Fermentation zu verhindern. Sie werden dann gerollt, getrocknet und geschnitten, anschließend sortiert und verpackt.

Teeverbrauch
(wichtigste Länder, in kg/Einwohner/Jahr)

Katar	3,54	Ägypten	1,44
Großbritannien	3,06	Sri Lanka	1,43
Irland	2,85	Australien	1,39
Irak	2,69	Jordanien	1,05
Kuwait	2,18	Japan	0,91
Türkei	1,98	UdSSR	0,75
Neuseeland	1,92	Indien	0,53
Hongkong	1,73	USA	0,35
Saudi-Arabien	1,67	BR Deutschland	0,25
Tunesien	1,61	Frankreich	0,15

Manchmal werden sie mit Farbstoffen oder Aromastoffen versetzt. Der grüne Tee ist mit etwa 10 bis 20 % an der weltweiten Teeproduktion beteiligt. Er wird vor allem in Japan, China und Vietnam hergestellt.

Herstellung des schwarzen Tees. Die erste Phase der Verarbeitung ist das Welken der Blätter auf Rosten an der Luft, das etwa fünfzehn Stunden dauert. Die Blätter, die dadurch einen Teil ihres Wassers verloren haben, werden weich und von mechanischen Rollanlagen gerollt, so daß die Blattmasse zum drei- oder vierstündigen Fermentieren vorbereitet werden kann, das durch Trocknen bei einer Temperatur von 60 bis 90 °C in Trockenanlagen unterbrochen wird. Das Fermentieren fördert die Entwicklung des dem schwarzen Tee eigenen Aromas. Wie beim grünen Tee kann vor der Verpackung ein Aroma hinzugegeben werden, wie es die Chinesen traditionsgemäß mit *Jasminblüten* usw. tun.

Indien, China und Sri Lanka liefern den größten Teil der Weltproduktion.

EINTEILUNG

Je nach Form und Größe der Blätter wird der Tee in Sorten eingeteilt.

Wichtigste Sorten schwarzen Tees.
Blatt-Tee. *Flowery Orange Pekoe (FOP)*: kleine, 5 bis 8 mm große gerollte Blätter aus den Endtrieben der Zweige. ☐ *Orange Pekoe (OP)*: etwas größere Blätter von 8 bis 15 mm. ☐ *Pekoe Souchong (PS)*: sehr große gerollte Blätter. ☐ *Pekoe (P)*: vom zweiten Blatt, geringere Qualität.
Broken-Tee. *Broken Orange Pekoe (BOP)*: Tee von sehr guter Qualität. ☐ *Broken Pekoe (BP)*: geringere Qualität. ☐ *Broken Tea (BT)*: unregelmäßige Stücke, Tee von sehr geringer Qualität.
Tee mit feinen zerbrochenen Blättern. *Fannings*: kleine Stücke. ☐ *Dust*: noch kleinere Stücke.

Wichtigste Sorten des grünen Tees. *Gunpowder*: First-flush-Tee, einer der besten Tees. ☐ *Chun Mee*: in sich gerolltes Blatt von etwa 1 cm, ausgezeichnete Qualität. ☐ *Natural Leaf*: ganze und flache Blätter, ergibt einen sehr milden Tee. ☐ *Matcha*: grüner Tee in Pulverform mit starkem und bitterem Geschmack (Japan).

Die vornehmen Herren. So bezeichnen die Professionellen die Tees mit einer genau festgelegten Herkunft wie bei den großen Weinen. Von den *Ceylon-Tees,* die alle sehr beliebt sind, seien diejenigen aus der Provinz Uva genannt: Cannavarella, Uva Highlands und aus der Provinz Dimbula: Diyagama. Von den *Indischen Tees,* deren Qualitäten aufgrund der riesigen Größe des Landes sehr unterschiedlich sind und bei denen die Teesorten aus dem Norden die beliebtesten sind, insbesondere der Darjeeling (Höhe von 2 000 m an den Hängen des Himalaja) oder der Assam-Tees. Bei den *Chinesischen Tees* haben die Teesorten aus Yunnan den besten Ruf. Es werden auch lösliche Tees (›Instant‹) hergestellt. Für eine 150 ml fassende Tasse werden 1,5 g Tee verwendet.

GESCHICHTE

Der in Europa seit Anfang des 17. Jh., in Frankreich erst etwas später, um 1650 bekannte Tee blieb auf dem Festland lange Zeit ein Getränk für die oberen Gesellschaftsschichten, während er in England Mitte des 18. Jh. zum meistverbreiteten Getränk in allen sozialen Schichten wurde. In Amerika wurde der Tee von den englischen und holländischen Einwanderern eingeführt. Heute ist der Tee nach Wasser und Milch das weltweit verbreitetste Getränk.

ZUSAMMENSETZUNG

Die Blätter enthalten Alkaloide, darunter das Theobromin, und sein Isomer, das Theophyllin, sowie vor allem das Koffein (früher als Thein bezeichnet), das in der Regel in höherer Konzentration vorhanden ist als das Koffein im Kaffee: 1,10 bis 5,6 % im Tee gegenüber 0,8 bis 2 % im Kaffee. In den Teeblättern sind auch Gerbstoffe und ein ätherisches Öl enthalten, das bei der Fermentation des schwarzen Tees auftritt und für das Teearoma charakteristisch ist.

A, C · Die Teepflanze.
Dieser Strauch verträgt stark saure Böden (pH 5) und gedeiht auf relativ armen Böden. Er benötigt sehr viel Wasser und gut verteilte Niederschläge (1 500 mm pro Jahr). Er wird häufig von Hand an den Endtrieben und -knospen beschnitten, um später das Pflücken zu erleichtern. Die Steuerung der Beschnitte des Baums entscheidet über die Qualität des Tees.
Die Teeblätter (C) sind immergrün, hart, spitz und gezähnt. Sie sind je nach Sorte mehr oder weniger groß (3 bis 11 cm Länge), dick oder weich. Die jungen Blätter oder *Pekoe* sind behaart. Grüner und schwarzer Tee werden aus denselben Blättern hergestellt.

B, D · Die Blüte und die Frucht.
Die weißen oder rosafarbenen Blüten entwickeln sich in den Blattachseln. Die 3 cm großen runden Früchte sind holzige Kapseln mit ein bis drei braunen Samen.

NAHRUNGSMITTEL

KAFFEE

Kaffee ist der Samen oder die Bohne des Kaffeestrauches, die, wenn sie geröstet oder gemahlen wird, zur Zubereitung des gleichnamigen Getränkes dient. Der aus Äthiopien stammende Kaffee kam über Arabien und Konstantinopel nach Venedig. Von dort verbreitete er sich trotz zahlreicher behördlicher Verbote und ärztlicher Warnungen seit etwa 1650 über ganz Europa.

Der Kaffeestrauch (Familie der Rötegewächse) wächst in über hundert Arten wild in Afrika. Nur zwei Arten werden angebaut: der Arabische Kaffee *(Coffea arabica)*, ein Strauch von 10 bis 12 m Höhe, der wild in den hochgelegenen Wäldern (1300 bis 2000 m) im Südwesten Äthiopiens, im Süden des Sudan und in Nordkenia wächst. Er wurde im 17. Jh. vom Jemen über den Hafen Moka nach Ceylon und Indonesien, zur Bourbon-Insel (Réunion) und dann nach Amerika verbreitet.

Die andere Art, der Robusta-Kaffee *(Coffea canephora)*, stammt von den Ufern des Flusses Lomani in Zaire. Seine Zuchtform Robusta wurde 1901 in Java eingeführt, als die traditionellen Arabicasorten durch die Rostkrankheit zerstört worden waren. Arabica ist die am weitesten verbreitete Sorte: Die gesamte Produktion Süd- und Mittelamerikas, die 60 % der Weltproduktion ausmacht, ist aus ihr hervorgegangen. Die Robusta wird eher in Afrika und Indonesien angebaut.

Heute stellt Kaffee die größte landwirtschaftliche Produktion für den Export dar. Im Welthandel steht er an zweiter Stelle nach dem Erdöl. Brasilien, Kolumbien, die Elfenbeinküste, Mexiko und Indonesien sind die Hauptproduzenten.

Kaffeeverbrauch
(wichtigste Länder, in kg/Einwohner/Jahr, 1983)

Finnland	11,3	Australien	4,0
Schweden	10,4	Italien	3,5
Norwegen	9,2	Großbritannien	3,4
Dänemark	9,1	Neuseeland	3,3
Niederlande	8,7	Spanien	3,2
BR Deutschland	7,9	Brasilien	2,9
Schweiz	7,7	Griechenland	2,8
Belgien	6,9	Südafrika	2,6
Frankreich	6,4	Kolumbien	2,6
Österreich	6,3	Japan	1,7
USA	4,6		

HERSTELLUNG

Die Kaffeepflanze liefert über einen ziemlich langen Zeitraum im Jahr kleine Früchte oder *Kirschen*, die einen süßen, angenehm schmeckenden Pflanzenschleim enthalten, der zwei Samen oder Bohnen *(Silberhautkaffee)* umschließt, wobei die Silberhaut die obere Hülle der Samen ist. Die Kirschen müssen richtig reif sein, bevor sie (meist von Hand) gepflückt werden.

Die Herstellung des grünen Kaffees oder Rohkaffees erfordert eine Reihe von Arbeitsgängen, um die Hornschalen zu entfernen. Bei einer Verarbeitungsart ist Feuchtigkeit erforderlich: Die Samen werden durch Untertauchen sortiert; anschließend werden sie durch Schälmaschinen von der Hornhaut befreit, dann fermentiert, wodurch das restliche Fruchtfleisch und die Silberhäute entfernt werden können; die Körner werden dann getrocknet und poliert. Das Trocknen an der Sonne auf Lattenrosten in Schichten von 4 bis 5 cm Dicke dauert etwa drei Wochen. Anschließend müssen die Samen nur noch mit Hilfe von Stößeln oder Schälmaschinen geschält werden.

Rösten. Der grüne Kaffee muß geröstet werden, damit er sein volles Aroma entfalten kann. Das Rösten geschieht sehr schnell, etwa 12 bis 15 Minuten bei hohen Temperaturen (200 bis 230 °C). Ein neues, ›hochintensives‹ Röstverfahren reduziert die erforderliche Zeit auf 90 Sekunden. Das Rösten kann in handwerklich betriebenen Röstereien erfolgen, die mit einem Röster in Form einer ›Kugel‹ arbeiten, einer waagerechten Kugel oder einem Zylinder, der zur Hälfte mit Kaffee gefüllt wird und sich gleichmäßig um eine Wärmequelle dreht. Die industriellen Kaffeeröstereien lagern die Sorten des grünen Kaffees in Trichtersilos, von wo aus sie, nachdem sie eventuell gemischt wurden, in den Röstern gelangen. Mit dem Rösten nimmt der Kaffee die endgültigen Aromanoten an, die von 150 bis 300 verschiedenen Stoffen herrühren.

VERBRAUCHSFERTIGER KAFFEE

Die Kaffeemischungen im Handel entsprechen drei Kategorien:
– die sogenannten Schonkaffees, die ausschließlich von der Art *Arabica* kommen und sehr schonend zubereitet werden;
– die brasilianischen Kaffeesorten, auch von der Art *Arabica,* aber von durchschnittlicher Qualität und weniger begehrtem Aroma;
– die aus Afrika stammenden Kaffeesorten *Robusta*, mit neutralerem Geschmack, die jedoch immer beliebter werden.

Im Einzelhandel wird der Kaffee als Bohne, gemahlen oder löslich verkauft. Der lösliche Kaffee ist ein auf zwei Arten hergestelltes Pulver: durch Sprühtrocknen oder Gefriertrocknen. Die älteste Sprühtechnik ist eine Methode, bei der ein in winzige Tröpfchen zerstäubter Kaffee-Extrakt im oberen Teil eines Turms bei Hitze getrocknet wird. Diese Methode benötigt weniger Energie als die neuere Gefriertrocknung, die die Firma Nestlé entwickelt hat. Bei der Gefriertrocknung wird bei niedrigen Temperaturen das Wasser entzogen, wobei das Wasser im Kaffee-Extrakt direkt zu Eiskristallen sublimiert wird. Die Gefriertrocknung hat bessere Ergebnisse bei der Aromabewahrung. Die sprühgetrockneten und gefriergetrockneten Produkte teilen sich den Markt für löslichen Kaffee zu etwa gleichen Teilen. Heute ist eine Vielzahl von Pulverkaffeesorten im Handel.

DIE ZICHORIE

Die Zichorie *(Cichorium intybus,* Familie der Korbblütler), eine einjährige Pflanze, ist eine Zuchtform der wilden Zichorie, deren bitter schmeckende Blätter als Salat verzehrt oder in der Pharmazie wegen ihrer entschlackenden Wirkung verwendet werden. Weltweit wird die Zichorie auf etwa 30 000 ha angebaut. Frankreich baut sie auf 2 500 ha im Nord-Pas-de-Calais an. Die mechanisch wie Rüben geernteten Wurzeln der Zichorie werden getrocknet und vor dem zweistündigen Rösten bei 140 °C geschnitzelt. Durch diesen Vorgang entwickelt sich der gleichzeitig bittere und karamelartige Geschmack. Das Endprodukt wird als Pulver oder als Flüssigextrakt vermarktet. Die Zichorie, die in Zeiten großer Knappheit ein Ersatzprodukt für Kaffee (›Preußischer Kaffee‹) war, wird heute nur noch selten zusätzlich zu Kaffee verwendet.

DAS KOFFEIN

Koffein ist ein Alkaloid, das Trimethylxanthin, das in Kaffee (0,8 bis 2 %), Tee (1,10 bis 5,6 %) und der Kolanuß (2 bis 3 %) vorhanden ist. Es spielt eine stimulierende Rolle, indem es den Blutdruck, die Aktivität im Gehirn und die Nierentätigkeit erhöht. Sein Mißbrauch kann zu einer akuten oder chronischen Vergiftung führen, dem Koffeinismus. Die handelsüblichen Kaffees enthalten 1 bis 1,3 % Koffein (Arabica) und 2 bis 3 % (Robusta). Mit verschiedenen Lösungsmitteln kann das Koffein entfernt werden. Es wird dann für pharmazeutische Zwecke gewonnen. Die entkoffeinierten Kaffees haben heute ein den richtigen Kaffees ziemlich ähnliches Aroma.

A · Der Kaffeestrauch.

Die Kaffeepflanzen sind 6 bis 8 m hohe, durch Beschneiden auf 2 m Höhe verkleinerte Sträucher. Sie benötigen ziemlich hohe Temperaturen (20 bis 25 °C) und hohe Luftfeuchtigkeit. Es ist eine Pflanze des Halbschattens, die vor Wind und niedrigen Temperaturen geschützt werden muß. Es wird mehrmals geerntet, und hierzu sind zahlreiche Arbeitskräfte nötig, die einen hohen Anteil am Gestehungspreis des Kaffees haben. Das Problem der Mechanisierung der Ernte ist noch nicht gelöst. *Coffea arabica* ist die am meisten angebaute Art. *Coffea canephora* kommt an zweiter Stelle.

B, C · Blüten, Früchte, Samen.

Die weißen Kaffeeblüten sind in Gruppen in der Blattachsel angeordnet. Die Früchte sind kleine rote ›Kirschen‹, die jeweils zwei je nach Sorte unterschiedlich große Samen umschließen. Die Samen werden vom Fruchtfleisch getrennt, dann geschält, sortiert und in Säcke gefüllt: Dies ist der ›grüne Kaffee‹, von dem man den Kurs bestimmt und der als solcher verkauft und exportiert wird. Der ›grüne Kaffee‹ wird dann geröstet.

NAHRUNGSMITTEL

WASSER, LIMONADE, COLA

WASSER

Wasser ist lebenswichtig. Es dient den für Tiere und Pflanzen zum Leben notwendigen Elementen als Transportmittel. Es hat einen großen Anteil am Bau der Lebewesen: bei Knochen 22 bis 34 %, bei den Eingeweiden 70 bis 80 % und bei den Nervengeweben 82 bis 94 %. Die gesamte Menge an Süßwasser auf der Erde überschreitet jeglichen vorstellbaren Bedarf der Menschen, ein Großteil jedoch ist unzugänglich oder nicht zu nutzen. Der Rest ist nach Orten, Jahreszeiten oder Jahren ungleichmäßig verteilt. Das Wasser, das wir normalerweise verwenden, nämlich das aus Seen, Flüssen und der Wasserdampf der Atmosphäre, ist weniger als 1 % der verfügbaren Gesamtmenge.

Und dennoch wird in etwa dreißig Ländern bis Ende des Jahrhunderts der Wasserbedarf die verfügbaren erneuerbaren Ressourcen übersteigen, obwohl die weltweite Nachfrage nach Wasser den Voraussagen entsprechend unter der verfügbaren Gesamtmenge bleiben soll. Für die Länder, die sich einer chronischen Wasserknappheit gegenübersehen, scheinen zwei Strategien möglich zu sein: versuchen, die Vorräte zu steigern und die Nachfrage zu steuern, damit das Wasser die dringendsten Bedürfnisse mit einem optimalen Ergebnis befriedigen kann.

Aufbereitung des Wassers. Das für den menschlichen Gebrauch bestimmte Wasser muß trinkbar sein, darf also die Gesundheit desjenigen, der es trinkt, nicht gefährden. Es muß deshalb einer Reihe von Kriterien in bezug auf Farbe, Geruch und Geschmack, Sauberkeit und Bakteriologie genügen. Der Mineralstoffgehalt darf 2 g pro Liter nicht überschreiten und muß dabei die Konzentration von Elementen bis zu einem bestimmten Anteil beibehalten.

In den meisten Wasserwerken werden die verschiedenen Vorgänge durch physikalisch-chemische Verfahren durchgeführt. Das Wasser wird zunächst desinfiziert (Vorozonisieren, Vorchloren, ultraviolette Strahlen), in der Regel danach geklärt, was eine Koagulation (Fällung von Eisen- oder Aluminiumverbindungen), Ausflockung, manchmal Dekantation und dann Schnellfilterung umfaßt.

Desinfektion und Klären reichen im allgemeinen zur Entfernung von unerwünschten biologischen, mineralischen und organischen Stoffen aus. Chlorung, Ozonisierung oder ultraviolette Bestrahlung nach Beendigung der Aufbereitung wirken vorbeugend gegen spätere Verunreinigungen durch Mikroben.

Manchmal sind zusätzliche Reinigungen erforderlich, um spezifische Stoffe wie Nitrate, Eisen und Mangan zu beseitigen.

Der Geschmack des Wassers wird auch durch die Wassertemperatur beeinflußt, die zwischen 7 und 12 °C liegen sollte. Wasser mit einer Temperatur über 16 °C schmeckt nicht mehr erfrischend.

Mineralwässer. Mineralwässer sind natürliche, aus natürlichen oder künstlich erschlossenen Quellen gewonnene Wässer, die in 1 kg mindestens 1 000 mg gelöste Salze oder 250 mg freies Kohlendioxid enthalten und am Quellort abgefüllt werden. Sie werden manchmal durch Belüftung ›enteisent‹ sowie mit Kohlensäure versetzt. Beides muß auf dem Etikett angegeben werden.

Säuerlinge sind Mineralwässer mit einem natürlichen Gehalt von mindestens 1 000 mg freiem Kohlendioxid in einem Kilogramm. Weitere Zusätze sind nicht erlaubt.

Sprudel sind Säuerlinge, die aus einer natürlichen oder künstlich erschlossenen Quelle unter natürlichem Kohlensäuredruck hervortreten. Als Sprudel werden auch Mineralwässer bezeichnet, die mit Kohlensäure versetzt worden sind.

Mineralarme Wässer sind ebenfalls aus natürlichen oder künstlich erschlossenen Quellen gewonnene Wässer. Sie werden, ohne willkürliche Veränderung außer einem Kohlendioxidzusatz, am Quellort in für die Verbraucher bestimmte Gefäße abgefüllt.

Verbrauch von Mineral- und Quellwasser in Europa
(wichtigste Länder, in Liter/Einwohner/Jahr, 1987)

Frankreich	78,0	Schweiz	53,0
BR Deutschland	65,5	Spanien	28,0
Belgien	63,4	Finnland	7,6
Österreich	62,0	Großbritannien	1,9
Italien	53,5		

KOHLENSÄUREHALTIGE GETRÄNKE

Der Ausdruck ›alkoholfreies Erfrischungsgetränk‹ (weniger als 1 Vol.-% Alkohol) bedeutet dasselbe wie der amerikanische ›Softdrink‹ und umfaßt alle Getränke ohne Alkohol außer den Mineralwässern und den Fruchtsäften. Man unterscheidet:
– **Limonaden**, mit Kohlensäure versetzte, süße, klare, farblose Getränke, denen natürliche Zitronenextrakte zugefügt wurden (eventuell auch von anderen Zitrusfrüchten) und die durch Zitronen-, Wein- oder Milchsäure einen säuerlichen Geschmack erhalten;
– die klaren oder trüben **Fruchtsaftgetränke mit Kohlensäure**, denen Zucker und Kohlensäure zugesetzt wurde und die, abgesehen von natürlichen Extrakten (Orange, Zitrone, Mandarine usw.), zugelassene synthetische Farbstoffe enthalten. Die ›Bitters‹ sind eine Form dieser Getränke, deren Bitterkeit auf Extrakten des Quassiaholzbaumes beruht, während diejenige der ›Tonics‹ aus bitteren Extrakten mit Chinin stammt;
– die süßen und mit Kohlensäure versetzten **Colas**, die sich von den oben genannten Fruchtsaftgetränken dadurch unterscheiden, daß sie Cola, Karamel, Phosphorsäure und Koffein enthalten, obwohl einige Firmen ihre Cola sowohl mit als auch ohne Koffein anbieten.

Herstellung. Zur Herstellung von Limonaden und kohlensäurehaltigen Fruchtsaftgetränken benötigt man Trinkwasser, Zucker (zwischen 70 und 100 g/l), organische Säuren (um zum Schluß einen pH-Wert von etwa 3 zu haben), Farbstoffe und natürliche Aromastoffe. Je nach hergestelltem Produkt sind diese Aromastoffe entweder lösliche Essenzen (Limonaden, klare Fruchtsaftgetränke) oder Pasten und Massen (ätherische Öle mit einem Zusatz von pflanzlichen Gummis) für die trüben Produkte.

Als Zucker kann Saccharose, Glucosesirup oder Süßstoff, der erst kürzlich zugelassen wurde, genommen werden. Vereinzelt wird Traubenzucker (Glucose) zugesetzt.

Die kohlensäurehaltigen Getränke bieten durch das Fehlen von Luft, den hohen Gehalt an Kohlensäure (6 bis 7 g/l) und eine starke Säure den Mikroben keine günstigen Bedingungen. Ein Viertelliter kohlensäurehaltiges Fruchtsaftgetränk oder Limonade hat etwa 120 Kalorien, die von der Saccharose herrühren. Als Folge der Genehmigung, synthetische Süßstoffe (Aspartam, Saccharin) zu verwenden, und aufgrund der geänderten Lebensweise der Verbraucher beobachtet man eine große Ausdehnung des Marktes für kalorienarme Getränke.

Verbrauch von kohlensäurehaltigen Getränken in Europa
(wichtigste Länder, in Liter/Einwohner/Jahr, 1985)

BR Deutschland	77,2	Irland	48,6
Belgien	68,2	Dänemark	41,2
Spanien	53,0	Frankreich	27,0
Großbritannien	49,6		

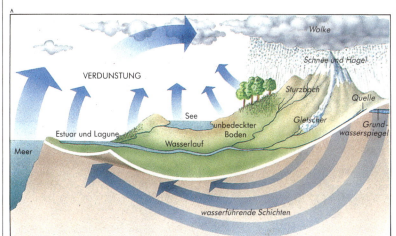

▲ Das Wasser in der Welt.

Fast das ganze Wasser ist salzig (95,5 %) oder in Inlandeis und Gletschern (2,2 %) enthalten. Bleiben also 2,3 % verwendbares Süßwasser. Das Wasser ist eine erneuerbare Ressource. Es verdampft aus den Meeren, fällt anschließend als Regen, Schnee oder Hagel und fließt durch die Flüsse oder wasserführenden Schichten ab.

Der offensichtliche Wasserreichtum hat lange Zeit den Eindruck erweckt, daß es eine unerschöpfliche Ressource ist, und natürlich erlag der Mensch der Versuchung, es zu verschwenden. Die Bewässerung ist zu reichlich, und es gibt riesige Leckagen in den Versorgungsnetzen der Städte (die Hälfte der Nutzmenge in Paris). Das Wasser wird heute ebenso wie die Erze als eine wirtschaftliche Ressource angesehen. Man schätzt jedoch, daß bis zum Jahr 2000 die Wasserentnahmen um 200 bis 300 % steigen werden. Die Verfügbarkeit wird nicht mehr konstant sein. Diese Überlegungen führen zu Einsparung und zum rationellen Umgang mit Wasser.

1057

NAHRUNGSMITTEL

FRUCHTSÄFTE UND FRUCHTSAFTGETRÄNKE

Der Markt für alkoholfreie Erfrischungsgetränke umfaßt eine sehr große Anzahl von Produkten mit verschiedenen Eigenschaften und Verwendungsmöglichkeiten. Er unterscheidet sich dabei von allen anderen Marktsegmenten: ein relativ geringer Pro-Kopf-Verbrauch trotz stetiger Zunahme in den letzten zehn Jahren und gleichzeitig die größte Vielfalt von Produkten in äußerst unterschiedlichen Aufmachungen. Einige dieser Produkte (Fruchtsäfte, Fruchtsaftkonzentrate, Fruchtnektare) unterstehen bei der Produktion Verordnungen, andere, wie die kohlensäurehaltigen oder -freien Fruchtsaftgetränke, berufen sich in dieser Hinsicht auf den sachgemäßen Einsatz der Grundstoffe.

Fruchtsäfte müssen zu 100 % aus Saft bestehen. Fruchtnektare müssen einen Fruchtsaftanteil von mindestens 50 %, Fruchtsaftgetränke aus Zitrusfrüchten von 6 % enthalten. Fruchtsäfte enthalten deshalb mehr Mineralstoffe, Vitamine und Fruchtsäuren als Fruchtnektare oder Fruchtsaftgetränke. Ohne Kennzeichnung dürfen Fruchtsäften bis zu 15 g Zucker pro Liter zugesetzt werden. Das Zusetzen von Farb- und Aromastoffen ist untersagt; Färbung und Trübung dürfen nur aus dem verwendeten Saft stammen. Eine Konservierung ist verboten. Viele Fruchtsäfte tragen den Hinweis ›aus Konzentraten‹ hergestellt. Fruchtsaftkonzentrate sind meist pasteurisiert oder sterilisiert. Im Gegensatz zum Obst enthalten sie keine Ballaststoffe mehr.

TECHNOLOGIE

Die Herstellung von Säften und Fruchtsaftgetränken kann in zwei Phasen untergliedert werden: zunächst eine erste industrielle Verarbeitung, die aus den Früchten die Säfte und Konzentrate herstellt; dann folgen die Fabriken, die aus diesen Grundstoffen das Endprodukt herstellen.

Extraktion, Raffinieren und Klären der Säfte. In den meisten Ländern können eine Vielzahl von Früchten nur in einem kurzen Zeitraum im Jahr geerntet werden. Nach ihrer Ankunft in der Fabrik zur ersten Verarbeitung und nach dem Sortieren und sorgfältigem Reinigen werden die Früchte in die Extraktionsmaschinen gegeben. Dies sind entweder hydraulische Pressen (Auspressen von Apfelschnitzeln) oder Schneckenpressen (Tomaten, Ananas) oder auch spezielle Extraktoren für die zu verarbeitende Fruchtsorte. Dies gilt für Orangen, die einzeln gepreßt werden müssen.

Dabei soll ein Zerquetschen der Schale vermieden werden, weil dieses den Extraktsäften zu viele ätherische Öle hinzufügen würde.

Nach der Saftgewinnung wird dann die Flüssigkeit raffiniert, um die festen Partikel (wie Stücke von Schalen oder Haut und Kerne) zu entfernen. Das Raffinieren umfaßt auch die Arbeitsgänge, mit denen die Säfte hergestellt werden, die klar (Apfel- und Traubensaft) und nicht trübe sein müssen (Orange, Aprikose).

Das Klären fördert das Absetzen von löslichen Kolloiden wie Pektine, Fruchtschleim und albuminhaltige Stoffe, die durch die Bildung eines feinmaschigen Netzes die Entfernung der kleinen schwebenden Partikel ermöglichen. Die hier eingesetzten Verfahren sind die klassischen, in der Weinproduktion und Brauerei angewandten Techniken. Durch Kälte entwickeln sich die Weinsäurekristalle im Traubensaft und setzen sich dann ab; plötzliches Erhitzen führt zur Veränderung und Gerinnung der Proteine; heute werden die Pektine immer mehr durch Enzyme niedergeschlagen. Eine Entlüftung ist manchmal notwendig, um Oxidationsreaktionen vorzubeugen. Nach dem Niederschlag wird die Flüssigkeit in der Regel zentrifugiert, die endgültige Reinheit jedoch erst nach dem Filtrieren auf Celluloseplatten oder Kieselgur erreicht.

Bestimmte Fruchtsäfte werden nicht klar, sondern mit Fruchtfleisch auf den Markt gebracht (Ananas, Zitrusfrüchte, Tomate) und werden folglich nicht geklärt. Deswegen muß jede natürliche Gerinnung vermieden werden, die aus der Wirkung der eigenen Pektinenzyme der Frucht entstehen könnte. Diese Deaktivierung der Pektinenzyme wird mit Hilfe einer geeigneten Wärmebehandlung durchgeführt.

Zeitweilige Stabilisierung und Konzentration. Da die Fabrik nicht sofort die gesamte Obsternte aufnehmen kann, muß man den Most nach der Extraktion lagern und später verarbeiten. Das einfachste und gleichzeitig wirtschaftlichste Mittel ist der Einsatz eines Antiseptikums, das man nach der Lagerzeit entfernen kann. Das Schwefeldioxid, dessen Verwendung gesetzlich geregelt wird, ist praktisch das einzige hierzu verwendete Produkt (insbesondere für Traubensaft), denn es kann durch eine korrekte Entschwefelung entfernt werden; Schwefel hat darüber hinaus gute oxidationshemmende Eigenschaften. So erhält man durch die Verarbeitung von Trauben ›halbvergorene Säfte‹.

Vom reinen Fruchtsaft gewinnt man durch Entzug von Wasser die Konzentrate sowie ein ›aromatisches Wasser‹, aus dem man die Aromen zurückgewinnen kann. Die Konzentrate

geben durch Wiederauffüllen mit Wasser Fruchtsäfte; sie werden häufig auch in Fruchtsaftgetränken oder Fruchtnektaren verwendet.

Verpackung. Bei Fruchtsäften oder Nektaren werden Verpackungen aus Karton oder Glas sowie Metalldosen (die nur noch für die Fruchtsäfte verwendet werden) eingesetzt. Bei den Fruchtsaftgetränken werden kleine Gefäße (Dosen, kleine Glasflaschen oder Kartons) meistens außer Haus verbraucht, während die großen Gefäße (Pfandflaschen mit 1 l Fassungsvermögen) im Getränkevertrieb den größten Anteil ausmachen.

Das Abfüllen kann bei Wärme erfolgen, wodurch der Behälter, die Flüssigkeit und die Restluft im Flaschenhals selbst pasteurisiert werden können, bevor die Flasche hermetisch geschlossen wird. Man zieht es allerdings vor, kleine Glasfläschchen kalt zu füllen, zu verschließen und sie dann mit heißem Wasser zu pasteurisieren. Die jüngste der Abfülltechnologien, das sterile und kalte Abfüllen (aseptische Verpackung) erfordert umfangreiche mikrobiologische Vorkehrungen, darf jedoch als die Verpackung der Zukunft gelten.

BEZEICHNUNGEN

Die Bezeichnungen sind sehr genau getrennt. Man unterscheidet:

– **Fruchtsäfte**, die durch mechanische Verfahren aus Früchten gewonnen werden, gärfähig, aber nicht vergoren sind und die für die Frucht charakteristische Farbe, Aroma und Geschmack haben. Sie können auch aus Fruchtsaftkonzentraten durch Auffüllen des Anteils an Wasser, der dem Saft bei der Konzentration entzogen wurde, sowie durch Wiederherstellen des Aromas hergestellt werden;

– **Fruchtsaftkonzentrate**, die aus Früchten entstehen, indem man ihnen physikalisch einen bestimmten Anteil ihres Wassers entzieht;

– **Fruchtnektare**, unvergoren, aber gärfähig, die durch Hinzufügen von Wasser und Zucker zum Fruchtsaft oder Fruchtsaftkonzentrat werden;

– **Fruchtsaftgetränke**, das heißt Getränke mit Fruchtsaft oder auch Getränke mit Fruchtfleisch, die aus Trinkwasser und Fruchtsaft, Fruchtsaftkonzentrat oder einer Mischung aus beidem hergestellt werden und mindestens 6 % Saft enthalten. Die Getränke, die aus Zubereitungen durch einfaches Auffüllen mit Wasser hergestellt und dann der oben genannten Definition entsprechen, können auch Fruchtsaftgetränke genannt werden;

– **Sirup** ist ein einfaches Produkt: Wasser, Zucker, ein Aroma (Fruchtsaftkonzentrat oder ätherische Öle), eine Farbe (natürlich oder durch einen zugelassenen Lebensmittelfarbstoff). 1976 hatte die Aktion der Verbraucherorganisationen das Auftauchen von farblosen Sirups zur Folge; Trinken ist jedoch ein Vergnügen, zu dem auch in hohem Maße die Farbe und das Aussehen des Getränks gehören. Unter dem Druck der Nachfrage kehrte man zu gefärbten Sirups zurück.

^ · Fruchtsaft-herstellung

(Labels in figure: Filtern, Pektin-extraktion, Äpfel aus dem Lager, Waschen, Sortieren, Zurück-gewinnen des Aromas, Pasteurisieren, Klären, Filtern, Pressen, Zerkleinern, Konzentration, Aromakonzentrat, Apfelsaftkonzentrat, Abkühlen, zur Verpackung und Lagerung)

Verbrauch von Fruchtsäften in der Welt (wichtigste Länder, in Liter/Einwohner/Jahr, 1985)

Land	l/E/Jahr	Land	l/E/Jahr
USA	30,0	Spanien	6,0
Schweiz	25,0	Japan	4,0
BR Deutschland	25,0	Frankreich	3,5
Niederlande	17,5		

NAHRUNGSMITTEL

APFELWEIN

In Mitteleuropa, das ein besonders geeignetes Klima für den Apfelanbau besitzt, ist die Apfelbaumkultur sehr verbreitet, sowohl in Hinblick auf die zahlreichen für Apfelwein (in Frankreich Cidre genannt) geeigneten Apfelsorten als auch in Hinblick auf die Größe der Anbaugebiete. Bei der industriellen Verarbeitung der für Apfelwein geeigneten Apfelsorten wird eine ganze Palette von alkoholischen und alkoholfreien Getränken produziert: natürlich Apfelwein, aber auch Apfelsaft, Apfelsaftkonzentrat, Calvados, sonstige Apfelbranntweine, Most.

Für Apfelwein, der unterschiedliche Namen trägt, verwendet man verschiedene Grundstoffe, die traditionellen Apfelsorten für Apfelwein aromatisch, ein wenig bitter sein und genügend Gerbstoffe enthalten müssen, um den Geschmack, die Herbheit und den Körper des Produktes festzuhalten (in den USA werden meist Tafeläpfel eingesetzt).

In der Apfelweinerzeugung steht Frankreich an zweiter Stelle, wobei etwa 30–40 % der gesamten Apfelernte in Großbetrieben verarbeitet werden.

Obstgärten. Hier gibt es zwei große Kategorien: den *privaten Obstgarten,* der den Bedarf eines Betriebes decken soll, wo die geeigneten Apfelsorten mit Tafeläpfeln und sogar anderen Obstbäumen gemischt angebaut werden, und den *gewerblichen Obstgarten,* der wiederum nach zwei Prinzipien angelegt wird: Bei dem einen wird der Baum zusammen mit Gras angebaut, was einen relativ geringen Obstertrag zur Folge hat; das andere ist der intensive Obstanbau, wo allein dem Baum Boden und Pflege durch den Menschen zugute kommen. Das Gras in einem Obstgarten bietet bestimmte Vorteile, indem es die Früchte, wenn sie fallen, schützt, dem Boden Humus liefert und seine Durchlässigkeit erhöht; wenn es jedoch zu hoch wächst, hält es die Feuchtigkeit, begünstigt Pilzkrankheiten und nimmt das Wasser und die Nährstoffe auf, die der Baum benötigt.

HERSTELLUNG

Zur Herstellung von Apfelwein braucht man eine Mischung mehr oder weniger reifer Früchte, die zwischen Oktober und Mitte Dezember geerntet werden.

Lagerung und Reinigung. Die Lagerung der Früchte ist je nach Land unterschiedlich; in den Vereinigten Staaten und Kanada erfolgt sie in senkrechten Wannen, was Platz einspart, aber Probleme bei der Konservierung aufwirft; in Frankreich werden die Äpfel auf zementierten und geneigten Böden gelagert. Die Früchte werden durch einen Wasserstrahl zum Waschen transportiert; die verfaulten Äpfel werden von Hand ausgelesen oder zerplatzen unter dem Wasserdruck. Mit dem sorgfältigen Waschen wird jegliche Spur von Faulstellen, Erde und Insekten sowie anhaftende Pflanzenschutzmittel entfernt; das Waschen endet mit einer Spülung in Trinkwasser; die Früchte tropfen auf dem Weg zu den Raspel- oder Zerkleinerungsmaschinen ab.

Extraktion des Saftes. Beim Raspeln werden die Äpfel durch Zerquetschen der Zellwände zu feinen Stücken (Schnitzeln) zerkleinert, wobei etwas Saft frei wird. Diese Schnitzel kommen dann in eine Presse, wo etwa 700 l Saft pro Tonne Äpfel ausgepreßt werden. Nach dem Pressen hat man also reinen Saft, der später geklärt wird, sowie das Mark, das trotz des hohen Druckes, dem es ausgesetzt war (20 kg/cm^2), noch 20 bis 30 % Saft enthält, der noch gewonnen werden kann.

Zur Gewinnung des Restsaftes nimmt man eine Diffusion (Ausspülung in entgegenströmendem Wasser) vor. Dieser wird zu dem vorher gewonnenen reinen Saft gegeben und bildet dann den Most. Der reine Saft und der Diffusionssaft können entweder gemischt oder getrennt auf einem Zentrifugen- oder Rüttelsieb verarbeitet werden, bevor sie geklärt werden. Diese Klärung beruht auf dem Einsatz von Enzymen, den Pektinasen, die das kolloidale Gleichgewicht stören und die Viskosität absenken. Das Klären wird mit Hilfe von Bindemitteln wie Gelatine oder seit kurzem durch Membranfilterung vollendet. Zur Erleichterung der Konservierung kann der geläuterte Saft auch in Mehrzweckverdampfern konzentriert werden.

Das Aroma des Apfelsaftes enthält mehr als 200 Bestandteile, von denen die flüchtigen mit Hilfe von Destillation und Rektifikation gewonnen werden. Das endgültige Konzentrat der flüchtigen Aromabestandteile wird bei niedrigen Temperaturen (4–5 °C) gelagert und dann vor der Vermarktung unter das Konzentrat gemischt oder in Getränken oder Kompotten verwendet.

Gärung. Sie betrifft ausschließlich den Apfelwein. Durch die natürlich vorhandenen Hefepilze beginnt der Most von selbst nach 1–2 Wochen zu gären. Er wird zentrifugiert, wenn er noch Zucker enthält; ein Teil gärt bei Umgebungstemperatur, während der andere, der in eine Kühlkammer kommt, sehr langsam gärt. Wenn die Gärungsgeschwindigkeit zunimmt, wird sie durch Filtern oder Zentrifugieren verlangsamt, da der Most möglichst lange Zeit gären soll, damit das ganze Jahr über Apfelwein mit einem entsprechenden Zuckergehalt verfügbar ist.

Der Apfelwein, dessen Alkoholgehalt gering und dessen pH-Wert relativ hoch ist, ist gegen mikrobiologische Veränderungen ziemlich anfälliges Getränk. Deswegen wird er vor seiner Vermarktung pasteurisiert.

CIDRE

In Frankreich ist Apfelwein, *Cidre,* eine Spezialität, von der es verschiedene Arten gibt. Cidre wird aus der Gärung von Most aus frischen Äpfeln oder einer Mischung aus frischen Äpfeln und Birnen mit oder ohne Wasserzugabe gewonnen. Der Apfel- oder Birnenmost kann teilweise aus Mostkonzentraten bestehen, mit dem Vorbehalt, daß der Konzentratanteil nicht über 50 % des Gesamtvolumens des verarbeiteten Mostes liegt. Der Cidre aus reinem Saft muß ohne Wasser hergestellt worden sein.

Die Bezeichnung *Cidre bouché* ist auf den Cidre beschränkt, der einen Kohlendioxidanteil von höchstens 3 g/l bei dem aus natürlicher Gärung entstandenen Cidre und von 4 g/l bei den anderen Cidretypen hat.

Die Bezeichnungen *Cidre doux* und *Cidre bouché* gelten jeweils für die Cidrearten mit einem Alkoholgehalt von höchstens 3 % und einem Gehalt an Restzucker von mindestens 35 g/l. Bei den Cidres bouchés gelten die gleichen Eigenschaften, jedoch mit einem Gehalt an Restzucker von mindestens 42 g/l.

Die Bezeichnungen ›trocken‹ und ›halbtrocken‹ geben Zuckergehalte von weniger als 28 g/l beim trockenen und zwischen 28 und 42 g/l beim halbtrockenen Cidre an.

Es gibt Cidresorten mit hohem Alkoholgehalt, die durch die Gärung von Most gewonnen werden, der mit Zucker, Konzentrat oder Alkohol angereichert wurde.

Apfelweinproduktion in der Welt
(wichtigste Länder, in Mio. Liter, 1985)

Großbritannien	316,8	Australien	13,8
Frankreich	104,7	Belgien	7,8
BR Deutschland	84,5	Spanien	7,7
Kanada	15,1	Irland	7,0

▲ · **Mostäpfel.**
Es gibt viele Apfelsorten, die zur Herstellung von Apfelwein verwendet werden: Insgesamt sind es mehrere Hunderte, darunter Béclan, Bisquet, Duret, Fréquin, Saint-Martin usw. Einige sind süß, andere eher herb. Es gibt auch wirklich saure Sorten. Die Kunst der Apfelweinherstellung besteht darin, eine harmonische Mischung zu erreichen. Nach dem Ernten der reifen Äpfel werden diese einige Tage lang auf einem Haufen liegengelassen, bevor sie zerkleinert und gepreßt werden.

NAHRUNGSMITTEL

BIER

Bier ist ein aus kohlenhydrathaltigen (vor allem stärkehaltigen) Materialien durch geeignete Aufbereitung mit Wasser und anschließender alkoholischer Gärung gewonnenes und mit Hopfen aromatisiertes Getränk.

GRUNDSTOFFE

Die wesentlichen Bestandteile zur Herstellung von Bier sind in Deutschland v. a. Gerstenmalz, Wasser, Hopfen und Hefe, für obergäriges Bier auch Weizenmalz. Außerdem werden (besonders in anderen Ländern) auch ungemälztes Getreide und weitere stärkehaltige Materialien sowie (zuckerhaltige) Ersatzstoffe für die Bierherstellung verwendet.

Ungemälztes Getreide und Ersatzstoffe. In Form von ungemälztem Getreide werden in der Brauerei v. a. Reis und Mais, daneben auch Weizen und sogar Gerste verwendet. Der Weizen kann zur Herstellung besonderer Biere wie ›Lambic‹ aus Brüssel oder ›Peterman‹ aus Löwen dienen. In Afrika verwendet man Maniok- oder Sorghumstärke.

Zu den in der Brauerei verwendeten Ersatzstoffen zählen v. a. Zucker wie Saccharose und Glucose; mit ihnen werden sehr helle Biere mit manchmal stärkerem Geschmack erzielt. Karamelisierter Zucker (Zuckercouleur) ermöglicht die Herstellung von besonders dunklen oder mittelfarbigen und aromatischen Bieren.

Wasser. Als man die Zusammensetzung des Wassers noch nicht beeinflussen konnte, verdankte das Bier seinen Ruf in hohem Maße der Wasserqualität der jeweiligen Region (z. B. Pilsen, Dortmund, München). Generell muß das verwendete Wasser bakteriologisch vollkommen einwandfrei sein; daneben spielen die Art und Qualität der in ihm gelösten Mineralstoffe eine wichtige Rolle, da sie Enzymreaktionen bei der Bierherstellung beeinflussen sowie die Bitterkeit und die Stabilität des Produktes verändern. Heute kann man durch Filtrieren, Entcarbonisieren und Demineralisieren die Wasserqualität beeinflussen und verfügt so über einen Rohstoff mit konstanter Qualität.

Hopfen und Hefe. Seit dem 15. Jh. bedient man sich in der Brauerei der weiblichen Blüten einer zweihäusigen Pflanze, des Hopfens, um dem Bier eine angenehme Bitterkeit zu geben und es durststillend zu machen. Die Hochblätter der weiblichen Blüte oder Zapfen haben an ihrer Basis kleine gelbe und glänzende Drüsen, die Lupulin speichern. Diese Substanz enthält bittere Harze und ätherische Öle, die Wirkstoffe des Hopfens. Die bitteren Harze des Hopfens umfassen die sehr bitteren Alphasäuren (Humulon) und die Betasäuren (Lupulon). Das Lupulin enthält auch ätherische Öle (Myrcen, Humulen), die selbst in Spuren zum Aroma des Biers beitragen.

Die Qualität und die Art der Hefe bestimmen Geschmack und Aroma des Bieres sowie seine biologische Stabilität. Die Brauhefe ist ein winzig kleiner Pilz aus der Gruppe der Schlauchpilze. In der Regel wirken die obergärigen Hefen (*Saccharomyces cerevisiae*) zwischen 15 und 25 °C und haben die besondere Eigenschaft, am Ende der Gärung an die Oberfläche zu steigen, während die untergärigen Hefen (*Saccharomyces uvarum*), die weltweit mehrheitlich eingesetzt werden, zwischen 8 und 12 °C gären und sich nach Beendigung der Gärung als Flocken am Boden der Bottiche absetzen.

Wenn die obergärigen Hefen auch häufig würzigere Biere hervorbringen, so garantieren die untergärigen Hefen eine bessere Stabilität. Vermehrt werden die Hefen allgemein durch Gäranlagen in Laboratorien; hierbei spielt heute in wachsendem Maße die Züchtung von Hefen in Reinkulturen (d. h. ausgehend von einer einzigen Hefezelle) eine wichtige Rolle.

MÄLZEREI

Durch das Mälzen wird die Gerste (oder der Weizen) in Malz umgewandelt, einen krümeligen Rohstoff mit hohem Gehalt an Enzymen, der als Extrakt in Wasser löslich ist. Diese Umwandlung des Getreidekorns in Malz erfolgt in drei Phasen: Einweichen, Keimen und Darren.

Einweichen. Hierbei soll das Korn mit Wasser bis zu einem Wassergehalt von 45 % aufgequollen werden, damit es keimen kann. Durch das Einweichen erhält das Korn auch den notwendigen Sauerstoff für die Entwicklung des Keimlings; gleichzeitig ist es jedoch unerläßlich, das durch die Atmung entstehende Kohlendioxid zu entfernen. Das Einweichen erfolgt in zylindrischen Behältern mit einem Fassungsvermögen von 150 bis 200 t Gerste; es dauert in 13 bis 15 °C warmem Wasser etwa 55 Stunden.

Keimen. In dieser Phase werden die Enzyme gebildet und aktiviert, die zum Abbau der Zellwände des Mehlkörpers, zur Lösung der Stärke bei der Würzezubereitung und zur Überführung der Stärke in vergärbare Zucker notwendig sind. Die wichtigsten Enzyme sind die Amylasen, Maltasen und Proteasen. Besonders wichtig sind zunächst der Angriff der Enzyme auf die Zellwände des Mehlkörpers, was zu deren Zerfall führt, und dann der Abbau der komplexen Moleküle des Korns, vor allem die der Proteine, deren Aminosäuren später für die Ernährung der Hefe erforderlich sind.

Während der Keimung muß die Kornschicht so belüftet werden, daß die Keimtemperatur kontrolliert wird, Wärme und Kohlendioxid, die durch die Atmung entstehen, beseitigt werden und Wasserdampf zugeführt wird, der für die Erhaltung der Luftfeuchtigkeit erforderlich ist. Die Anlagen sind deshalb mit Kühlvorrichtungen versehen, durch die entweder das Wasser für die Luftfeuchtigkeit oder die Luft gekühlt werden können. Während der Keimung lockert man die Gerste durch Wendevorrichtungen; dadurch wird die Verwirrung der Wurzelfasern (Verfilzung) verhindert. Nach der Keimung, die ungefähr 6 Tage bei einer Durchschnittstemperatur von 15 °C dauert, erhält man ›Grünmalz‹, das zwischen den Fingern zerreibbar ist.

Darren. Bei diesem Arbeitsgang wird das Malz getrocknet, um seinen Wassergehalt auf 4 % zu senken und ihm je nach gewünschtem Malz ein besonderes Aroma und eine besondere Farbe zu geben (helles Malz, Münchner Malz, Karamelmalz). Das Darren umfaßt zwei Stadien: Zunächst erfolgt das Trocknen mit 50–60 °C heißer Luft, das 16 Stunden dauern kann, und dann das 4stündige ›Rösten‹ bei 80–85 °C. Durch das Trocknen wird die Keimung wie auch der Abbau der Kornbestandteile durch den Wasserentzug gestoppt, während das ›Rösten‹ mit der Beendigung des Trocknens dem Malz seine Farbe und sein Aroma gibt. Nach dem Darren kommt das trockene Malz auf eine Entkeimungsmaschine, die die Wurzeln abreißt und die Triebe ansaugt. Anschließend wird das Malz in einer Schrotmühle gemahlen.

Produktion und Verbrauch von Bier in der Welt
(wichtigste Länder, 1987)

	Verbrauch Liter/Einwohner/Jahr	Produktion in Mio. Liter
BR Deutschland	146,6	9 274,4
DDR	140,0	2 500,0
Tschechoslowakei	133,4	2 222,8
Neuseeland	123,5	408,7
Belgien	120,0	1 399,0
Australien	111,3	1 876,5
Großbritannien	108,1	5 989,7
Niederlande	96,0	1 754,7
USA	90,8	22 929,7
Kanada	82,0	2 311,4
Spanien	62,0	2 500,0
Südafrika	43,1	1 800,0
Frankreich	40,4	1 989,4
Japan	40,3	5 350,0
Mexiko	34,2	3 153,7
Brasilien	31,6	4 750,0
UdSSR	17,8	5 000,0
Nigeria	11,3	700,0
China	3,8	5 000,0
Welt		104 416,7

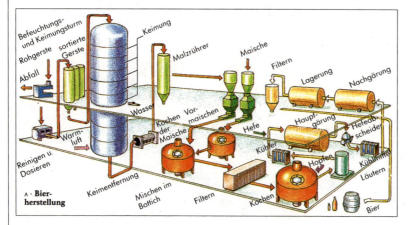

▲ Bierherstellung

NAHRUNGSMITTEL

BRAUEREI

Brauen. Die Brauerei beginnt mit dem Vormaischen, das heißt dem Mischen des Mahlgutes und des Brauwassers in Bottichen; die erhaltene Mischung heißt Maische. Diese Maische wird dann stufenweise erhitzt; dabei werden zunächst noch Gerüstsubstanzen abgebaut, später die Proteine zu Peptiden und Aminosäuren hydrolysiert und zuletzt die Stärke zu löslichen, vergärbaren Zuckern (Maltose, Glucose) oder Dextrinen abgebaut (›verflüssigt‹). Diese Arbeiten dauern ungefähr eine Stunde bei einer Temperatur zwischen 45 und 75 °C. (Ungemälztes Getreide wie Reis oder Maisgrütze wird in einem anderen Bottich mit einem Malzzusatz verarbeitet, der genügend Amylasen liefert, um die Stärke zu verflüssigen.)

Bei der Maischeverarbeitung werden zwei Methoden angewendet: das Dekoktionsverfahren, bei dem ein Teil der Maische in einem Kessel zum Kochen gebracht und dann mit dem Rest der Maische vermischt wird, so daß die gesamte Maischemasse die gewünschte Temperatur erhält (deutsche Methode), und das Infusionsmaischverfahren, bei dem man die gesamte Maische bis 75 °C erhitzt (englisches Verfahren).

Aus der Maische erhält man durch Filtrieren (›Läutern‹) den löslichen Extrakt, die ›Würze‹; dabei wird die zuerst ablaufende trübe Lösung solange zurückgegeben, bis sie klar abläuft. Die Filterrückstände, die ›Treber‹, sind ein eiweißreiches Viehfutter.

Verarbeitung der Würze. Bei der weiteren Verarbeitung wird die gereinigte Würze mit Hopfen (100 bis 400 g pro hl) versetzt und in der ›Sudpfanne‹ (Würzepfanne) zwischen 30 Minuten und 2 Stunden gekocht. Dabei werden die Inhaltsstoffe des Hopfens gelöst und die Malzenzyme inaktiviert; gleichzeitig wird die Würze sterilisiert. Nach dem Kochen kühlt man die Würze auf etwa 7 °C ab und belüftet sie mit steriler Luft, die für die Vermehrung der Hefepilze mit Beginn der Gärung unerläßlich ist. Auf die Belüftung folgt sofort die Zugabe der Hefe (500 g pro hl).

Als ›Stammwürze‹ wird der Extraktgehalt (d. h. die Menge der gelösten Stoffe) in der Würze bezeichnet. Sie variiert je nach Biersorte von weniger als 8 % bei einfachen Schankbieren bis über 16 % bei Starkbieren.

Gärung. Sie umfaßt zwei Phasen: zunächst die Hauptgärung, die je nach dem Extraktgehalt der Würze (Stammwürze) bei einer Temperatur von 8–10 °C 5 bis 10 Tage dauert; dann die Nachgärung (oder Lagergärung), die sich bei einer Temperatur von 1 °C über 2 bis 8 (sogar 12) Wochen erstreckt. Die Hauptgärung wird in offenen oder geschlossenen quaderförmigen Bottichen oder zylindrischkonischen Tanks durchgeführt, bei denen es möglich ist, das durch die Hefe gebildete Kohlendioxid zu entfernen. Nach einer latenten Phase vermehrt sich die Hefe sehr rasch und baut dabei die Glucose und die Maltose unter Bildung von Alkohol und Kohlendioxid ab. Bei der Gärung bilden sich auch flüchtige Aromastoffe, die den Geschmack des Bieres mitbestimmen.

Die Nach- oder Lagergärung läßt das Bier reifen, reichert es auf natürliche Weise mit Kohlendioxid an (4,5 bis 5 g CO_2/Liter) und führt zum Absetzen unlöslicher Bestandteile.

Filtern. Durch Filtrieren wird das Bier geklärt und dabei von der Hefe sowie den unlöslichen Bestandteilen befreit; anschließend wird es in Abfülltanks gelagert.

▲ · Biere.
Ein Bier zeichnet sich durch drei Faktoren aus: seinen durch Hopfen und Gerbstoffe verursachten leicht bis (sehr) bitteren Geschmack; seinen ›Glanz‹ als Ergebnis seiner Klarheit und Transparenz, der beweist, daß es gut verarbeitet und gut gefiltert wurde; seinen Schaum, der stabil und fest sein muß. Das helle Bier wird zwischen 7 und 9 °C serviert. Es sollte nicht direkt aus dem Kühlschrank kommen, damit man seinen Geschmack gut wahrnehmen kann. Das braune Bier wird zimmerwarm getrunken. Die Flaschen müssen stehend gelagert werden. Offenes Bier wird schnell schal. Für die gängigen Biere sind Ballongläser mit Fuß oder zylindrische Pokale geeignet. Sehr schaumige Biere werden besser aus Tulpengläsern und schmalen hohen Gläsern getrunken. (Von rechts nach links: Dortmunder Pils, Bier einer belgischen Abtei, Altbier, helles Münchener Bier.)

Abfüllen und Pasteurisieren. Mit Hilfe von automatisch gesteuerten Abfüllvorrichtungen, die große Durchflußmengen erreichen müssen, insbesondere für kleine Flaschen (bis zu 100 000 Flaschen pro Stunde), wird das Bier in Flaschen, Fässer oder Dosen abgefüllt. Damit das Bier eine lange biologische Stabilität (von mehreren Wochen oder sogar mehreren Monaten) erhält, kann es vor oder nach dem Abfüllen durch Hitzeeinwirkung pasteurisiert werden. Vorteilhafter ist eine Kaltentkeimung, bei der das Bier durch Sterilfiltration von verderbniserregenden Mikroorganismen befreit wird.

BIERSORTEN

Die Biere gliedern sich in drei große Gruppen: untergärige Biere, obergärige Biere und spontan vergorene Biere.

Obergärige Biere. Zu ihnen gehören die meisten der sogenannten ›Spezialbiere‹; sie werden in der Regel mit dem Infusionsmaischverfahren gebraut. Die Gärung dauert bei ihnen bei einer Temperatur von 15 bis 20 °C höchstens 6 Tage. Zu den obergärigen Bieren gehören in Deutschland das helle ›Weizenbier‹ (hergestellt aus Weizen- und Gerstenmalz) sowie das mittelfarbige bis dunkle ›Altbier‹ (aus Gerstenmalz mit hohem Hopfenzusatz). Aus dunklem Malz hergestellte obergärige Biere finden sich besonders im Norden Frankreichs, in Belgien und überall in England. Sie haben Namen wie *Porter*, *Stout* und *Ale*, wobei die *Bitter Ales* ungefähr 80 % des Bierverbrauchs in den englischen Pubs ausmachen. Der *Stout*, das Nationalgetränk der Iren, wird aus geröstetem Malz gebraut, was ihm seine schwarze Farbe und seinen halb süßen, halb karamelartigen Geschmack gibt, zu dem die Bitterkeit des Hopfens hinzukommt.

In Belgien werden die ›Trappisten-Biere‹ durch eine erneute Gärung in der Flasche gewonnen. Dies sind dunkle Biere mit einer Hefeablagerung, weswegen die Flaschen stehend aufbewahrt und vorsichtig ausgeschenkt werden müssen. Die hellen Biere aus der Gegend um Löwen werden aus Gerste und Weizen gebraut.

Untergärige Biere. Sie müssen bei einer Temperatur von 6 bis 10 °C etwa 10 Tage gären. Man unterscheidet helle, mittlere und dunkle Typen, wobei heute die hellen Biere (etwa 90 %) überwiegen. Sie leiten sich vom ursprünglichen ›Pilsener‹ (nach der tschechischen Stadt Pilsen, heute Plzeň) und vom ›Dortmunder‹ ab. Pilsener (›Pils‹) ist zum Gattungsbegriff für stark gehopftes, kräftig bitteres Bier, Dortmunder für ein stärkeres, hoch vergorenes, mild bitteres Bier geworden.

Der mittelfarbige Typ leitet sich vom ›Wiener Bier‹ ab; es ist auch als ›Märzen-Bier‹ bekannt. Die dunklen Biere leiten sich vom ursprünglichen ›Münchener‹ Typ ab; sie sind malzaromatisch und süßlich mit weniger Hopfenzeichnungen.

Bei allen Biersorten sind dabei zahlreiche, durch die Stammwürzegehalte, die Gärführung usw. bedingte Variationen möglich.

Spontan vergorene Biere. Sie umfassen die typischen belgischen Biere wie *Lambic*, *Geuze* und *Kriek*. Ihre noch sehr handwerkliche Herstellungsmethode besteht darin, daß man die Gärung sich spontan (das heißt, durch eine jeweils brauereieigene Mikroflora) in großen Lagerfässern entwickeln läßt und keine Hefe zusetzt. Die Gärung kann bis zu 2 Jahre dauern. Das Bier heißt dann *Lambic* und kann als solches getrunken werden. Das *Geuze* ist das Ergebnis der Mischung verschieden alter Lambics (ein, zwei oder drei Jahre) und besitzt heute meist kontrollierte Herkunftsbezeichnungen. *Kriek* (oder *Kriek Lambic*) ist ein mit Kirschen, die 4 bis 8 Monate in das Bier eingelegt werden, gefärbtes und aromatisiertes Lambic.

ALKOHOLARME BIERE

Wichtig ist die Entwicklung von Biersorten, die gegenüber normalen Bieren (mit 4 % bis über 6 % Alkohol) einen verringerten Alkoholgehalt haben. Zu diesen gehören im Prinzip die lange bekannten ›Nährbiere‹, die ›alkoholarm‹ oder ›alkoholfrei‹ hergestellt werden, jedoch einen hohen Extraktgehalt (unvergorene Zucker, Dextrine usw.) haben. Durch geeignete Verfahren ist es heute möglich, ›Leichtbiere‹ mit etwa 2 % Alkohol und geringem Extraktgehalt herzustellen, die geschmacklich den normalen Bieren gleichen, daneben aber auch nährstoffreduziert sind. ›Diätbiere‹ für Diabetiker haben zwar einen verminderten Extraktgehalt, besitzen jedoch dafür einen erhöhten Alkoholgehalt.

NAHRUNGSMITTEL

WEIN

Der Wein ist »ein natürliches Produkt biologischen Ursprungs, das aus den biochemischen Veränderungen der Weintraube hervorgeht und mit Wasser und einer Vielzahl mineralischer und organischer Stoffe (darunter Alkohol) gebildet wird, wobei die einen normalerweise in der reifen Weintraube vorhanden sind und die anderen durch die Gärung der Hefe oder andere chemische Reaktionen gebildet werden«. Diese Definition (von J. Ribereau-Gayon) ergänzt die der Europäischen Gemeinschaft: »Wein ist ein ausschließlich durch die vollständige oder teilweise alkoholische Gärung frischer, gekelterter oder ungekelterter Weintrauben oder aus Traubenmost (Saft) gewonnenes Produkt«.

So richtig diese Definitionen sind, so ist Wein doch vor allem ein Spiegelbild seines Herkunftsgebietes, ja seines Weinberges. Er bezieht seinen Charakter von dem Ort, an dem die Reben wuchsen, aus denen er bereitet wurde; er ist so die Synthese vieler natürlicher Faktoren eben dieses Ortes, v.a. von Boden, Klima und Witterung. Daneben ist aber der Anteil des Menschen nicht weniger wichtig. Seine Arbeit in Weinberg und Keller entscheidet letztendlich über die Qualität des Weines.

Wie bei allen Pflanzen gibt es auch bei der Weinrebe (Vitis) zahlreiche Arten. Die wirtschaftlich wichtige ist die Echte Weinrebe (Vitis vinifera), aus deren beiden wildwachsenden Unterarten, z.T. auch durch Einkreuzung anderer wilder Arten, die zahlreichen Sorten der Kulturrebe entstanden sind (Burgunderfamilie, Riesling, Silvaner). Dazu kamen später Rebsorten, die durch Kreuzung von Edelreben entstanden sind, sogenannte Neuzüchtungen (z.B. Müller-Thurgau, Kerner). Jede dieser Rebsorten reagiert auf Bodenart und -typ sowie die klimatischen Bedingungen einer bestimmten Lage anders. Es liegt am Menschen, die jeweils am besten geeignete Rebsorte herauszufinden.

Geschichtliches. Wahrscheinlich ist die Weinrebe Anfang des Quartärs im heutigen Armenien aufgetaucht. Die dort ansässigen Menschen haben wohl schnell den besonderen Reiz des (vermutlich versehentlich) vergorenen Saftes ihrer Früchte festgestellt und wohl auch die Pflanze kultiviert. Mit Sicherheit haben die Sumerer im 4. Jahrtausend v. Chr. im Zweistromland Weinbau getrieben.

Im 2. Jahrtausend v. Chr. kam der Weinbau – vermutlich über die Phönizier – nach Griechenland, von dort durch griechische Kolonisten nach Italien und Südfrankreich, von dort mit den Römern in die von ihnen eroberten Gebiete – bis in den Norden Europas. Seine sowohl stärkende als auch berauschende Wirkung machten den Wein bald zu einem heiligen Getränk. Religiöse Ideen verwoben sich mit ihm und machten ihn im Laufe der Zeit auch zu einem Symbol. So zählte der Wein bei den Römern zu den Opfergaben, und in den christlichen Kirchen wurde er zum unverzichtbaren Bestandteil der Eucharistiefeier. Im ersten Jahrtausend befanden sich die Weinberge und die Kenntnisse über Rebbau und Weinbereitung daher fast ausschließlich im Besitz von Klöstern und kirchlichen Institutionen. Mit den Veränderungen in Lebensweise und -standard wurde der Wein zu einem Statussymbol, v.a. als Bestandteil einer guten Mahlzeit. Heute spielt Wein in der gehobenen Gastronomie eine wichtige Rolle, soll doch seine Besonderheit das Gericht geschmacklich abrunden. So wurde Wein zum Symbol der Kunst des angenehmen Lebens.

WEINBEREITUNG

Die Weinbeere, deren Fleisch immer farblos ist (Ausnahme: Färberrebe) und deren Haut je nach Rebsorte die unterschiedlichsten Farben annehmen kann, von blaßgelb über alle Grüntöne bis rot und schwarzblau, umfaßt feste Bestandteile (Stiel, Kerne, Haut) und einen fast flüssigen, das Fleisch. Die festen Anteile geben dem Wein seinen Gerbstoffgehalt, die Haut zusätzlich die Farbe. Das Fleisch enthält die meisten der über Geschmack und Körper des Weines entscheidenden Stoffe, v.a. den Zucker, der durch die Hefe in Alkohol umgesetzt wird (bei manchen Weinen weniger, bei vielen ganz). Nach der Art der Kelterung und der anschließenden Behandlung erhält man die verschiedenen Weintypen.

Rotweine. Nach der Weinlese werden die roten Trauben entrappt, d.h. von den Stielen befreit, und vorsichtig zerquetscht (gemaischt). Diese Maische wird in große Bottiche oder Tanks gefüllt und der Gärung überlassen, wobei der Haut Farbstoffe, den Kernen auch Gerbstoffe entzogen werden. Um die Farbausbeute zu erhöhen, kann die Maische auch für kurze Zeit erhitzt werden. Wie lange der Wein auf der Maische gärt, meistens zwischen zwei und vierzehn Tagen, hängt davon ab, was für einen Wein der Kellermeister erzielen will. Um einen leichten, schnell reifenden Rotwein zu erhalten, wird der Wein schon nach wenigen Tagen von der Maische getrennt. Der bei dieser Trennung von selbst ablaufende Wein ist der Vorlauf (Vin de goutte); der durch das anschließende Auspressen der Maische erhaltene Preßwein ist dunkler und herber. Beide Weine werden meist nicht gemeinsam weiterverarbeitet. Die Gärung kann mit der Trennung beendet sein, sie kann aber auch im Faß weitergehen. Nach Beendigung der Gärung werden Rotweine höherer Qualität noch eine lange Zeit im Holzfaß gelagert; z.T. werden hierzu (zumindest für einen Teil der Zeit) neue Eichenfässer, sogenannte Barriques, genommen. Dieser Barrique-Ausbau kann aber auch die Eigenart des Weines beeinträchtigen; sein Geschmack wird von einem deutlichen Holzton überlagert.

Neben dieser traditionellen Methode muß die Kohlensäure-Maische-Gärung (Macération carbonique) erwähnt werden, die mit ganzen, nicht zerquetschten Trauben in geschlossenen, mit Kohlensäure gesättigten Behältern durchgeführt wird. Bei dieser Methode erhält man leichte und fruchtige Weine, die jung getrunken werden. Mit dieser Methode wird z.B. der Beaujolais primeur hergestellt.

Roséweine. Sie werden wie Rotweine hergestellt, sie gären jedoch nur wenige Stunden auf der Maische, um nur einen beschränkten Austausch von Farb- und Gerbstoffen zu erlauben. Wenn auch ihr Geschmack dem des Weißweins ähnelt, so nähern sie sich in ihrer chemischen Zusammensetzung den Rotweinen. Roséweine aus nur einer Rebsorte von mindestens Qualitätsweinstandard heißen in Deutschland Weißherbst. Außer beim Champagner ist es verboten, Roséwein durch Mischen von Weiß- und Rotweinen herzustellen. Rote und weiße Trauben dürfen aber zusammen gekeltert werden, das ergibt den Rotling (in Württemberg: Schillerwein).

Bestandteile des Weins*

	Gramm pro Liter
Wasser	750–900
Ethylalkohol	45–160
Glycerin	4–20
Arabinose	0,36–2
Pektine und Polysaccharide	3–5
Polypeptide	2–4

	Weißwein mg pro Liter	Rotwein mg pro Liter
Nikotinsäureamid (Vitamin)	800–900	800–900
Pantothensäure (Vitamin)	1 200–1 500	1 200–1 500
Glutaminsäure (Aminosäure)	200	221
Threonin (Aminosäure)	111	187
Weinsäure	3–7	2–5
Anthocyane (Farbstoffe)	–	0–0,5
Tanin	–	0,1–5
Kalium	1–2,5	0,07–1,6
Calcium	0,05–0,2	0,05–0,2
Schwefelanionen	0,15–0,7	0,15–0,7

*nach P. Ribereau-Gayon. Wein enthält außerdem noch viele weitere Stoffe in sehr geringen Mengen.

▲ · **Weinerntemaschine.** Die Erntanlage liegt zwischen dem stelzenartigen Fahrgestell; ihr Hauptteil sind zwei Metallstäbe (keulenförmig oder als Bogen gespannt), die sehr schnell hin und her schwingen und dabei die Trauben von den Stöcken schütteln. Diese werden vom schrägen Boden des Ernteraumes auf ein Förderband geleitet, das sie zum Sammelbehälter transportiert; dabei werden die mitgeernteten Blätter durch Ventilatoren weggeblasen. Der Einsatz solcher Maschinen setzt ebene bis wenig geneigte Rebanlagen mit großem Rebzeilenabstand voraus. 1990 waren in Deutschland rund 800 solcher Maschinen im Einsatz, die bereits 20 % der Ernte einfahren; regional sogar bis zu 70 %. In Frankreich arbeiten bereits über 8 000 Weinerntemaschinen.

NAHRUNGSMITTEL

Weißweine. Nach der Lese werden die Trauben entrappt, gemaischt und sofort gekeltert, d. h. der Most aus der Maische gepreßt. Der Most wird dann von in ihm enthaltenen Verunreinigungen befreit *(Vorklärung)*, und die Gärung des reinen Traubensaftes kann beginnen. Die Gärung ist beendet, wenn der gesamte in den Beeren enthaltene Zucker in Alkohol (und Kohlensäure) umgewandelt ist (der Wein ist durchgegoren) oder wenn die Hefen vorher aufgebraucht sind (im Wein bleibt ein Rest von Zucker erhalten). Die Gärung kann auch willkürlich beendet werden (durch Stoppen mittels Schwefel oder durch Ausfiltern der Hefen), um einen hohen Zuckergehalt des Weines zu erreichen. Eine andere Methode, den Zuckergehalt zu erhöhen, ist die Beigabe von ›Süßreserve‹, das ist unmittelbar nach der Kelterung zurückbehaltener und damit unvergorener Traubensaft.

Besondere Weinbereitungsarten.

Die französischen Vins doux naturels (wörtlich: natursüße Weine) und die Likörweine sind Weine, deren Gärung absichtlich durch Hinzufügen von Alkohol in den Most beendet wurde, wodurch dieser einen Teil seines unvergorenen Zuckers bewahrt. Diese ›gespriteten‹ Weine haben daher auch einen hohen Alkoholgehalt (um 16–17 Vol.-%).

Strohweine sind Weine aus Trauben, die auf Strohmatten oder Holzgestellen nachgetrocknet wurden (z. B. an der Sonne). Dieser Vorgang bewirkt eine Zuckerkonzentration der Trauben. Diese in Deutschland verbotene Methode wird gelegentlich noch in Frankreich und Spanien praktiziert.

Auslese, Ausbruch, Beerenauslese und Trockenbeerenauslese sind Weine, deren Süße auf natürlichen Vorgängen beruht. Sie werden aus überreifen und edelfaulen Beeren bereitet, deren Wasser als Folge eines Pilzbefalls im Reifestadium, nämlich mit Botrytis cinerea, die die Beerenhaut zerstört, teilweise verdunstet ist; Trockenbeeren sind fast ganz eingetrocknet (rosinenartig). Diese hohe Zuckerkonzentration kann von der Hefe nicht vollständig umgesetzt werden; es bleibt eine ›Restsüße‹ im Wein, dessen Geschmack auch meist den typischen ›Botrytiston‹ aufweist.

Die französischen Vins liquoreux, edelsüße Weine, sind die Entsprechung der deutschen Beeren- und Trockenbeerenauslese; bedeutendster Vertreter ist der Sauternes.

Eiswein ist Wein aus vollreifen Trauben, die in gefrorenem Zustand (bei mindestens −7 °C) geerntet und ungemaischt gekeltert wurden. Da viel Wasser ausgefroren ist, hat der Most eine hohe Konzentration von Zucker, aber auch von Extraktstoffen und Säure.

Bei der Abfüllung ›sur lie‹ (wörtlich: auf der Hefe) erfolgt die Abfüllung auf Flaschen direkt vom Gärbehälter, d. h. der Wein ist nicht vorher von der am Boden abgesetzten Resthefe getrennt (›abgestochen‹) worden. Dadurch bleibt etwas von der natürlichen Kohlensäure im Wein enthalten. Diese hat die Eigenschaft, im Mund ein Gefühl der Frische zu erzeugen. Weine aus wenig säurehaltigen Trauben erhalten so die notwendige saure ›Struktur‹.

Rotling ist ein Wein, der aus roten und weißen Trauben gemeinsam gekeltert und dann wie Weißwein weiterbehandelt wurde.

Schaumweine, auch Sekt genannt, sind Weine, die durch eine zweite Gärung einen hohen Gehalt an Kohlensäure haben (im Überdruck); diese wird durch Zugabe von in Wein gelöstem Zucker, versetzt mit Reinzuchthefen, hervorgerufen. Dem fertigen Schaumwein wird dann nochmals Wein-Zucker-Lösung zugegeben (Dosage), deren Zuckergehalt die Geschmacksrichtung – von brut über sec bis doux (von trocken bis süß) – ergibt. Traditionell erfolgt die zweite Gärung in der Flasche (Flaschengärung), wobei sich im Laufe von 60 Tagen die Hefe – durch tägliches Rütteln unterstützt – am Korken der schräg nach unten gelagerten Flaschen (auf den sogenannten Rüttelpulten) absetzt. Nach dieser Zeit wird die Hefeablagerung entfernt (die Flasche wird degorgiert) und die Geschmacksdosage zugegeben. Dieses Verfahren wird weltweit bei allen qualitätvollen Schaumweinen angewandt; also außer bei Champagner z. B. bei den französischen Crémants, den italienischen Spumanti, den spanischen Cavas und vielen deutschen Sekten. – Bei einfachen Schaumweinen wird heute die viel billigere Großraumgärung in geschlossenen Tanks durchgeführt. Das heute vieldiskutierte Transvasierverfahren vermittelt zwischen beiden. Die Flaschengärung wird bereits nach Tagen beendet, indem der Flascheninhalt – unter Gegendruck, um die Kohlensäure zu erhalten – in Tanks umgefüllt (›transvasiert‹) wird, in denen sich dann schnell die Hefe absetzt. Nach der Dosage der Gesamtpartie im Tank erfolgt dann die filtrierte Abfüllung auf die Flaschen.

Perlweine sind Weine, die merklich (1 bis 2,5 bar) natürliche Kohlensäure enthalten oder mit Kohlensäure versetzt (›imprägniert‹) wurden. In Frankreich heißt dieser Wein Pétillant, in Italien Frizzante.

Arbeiten im Weinkeller.

Anreicherung, Lesegutaufbesserung, in Frankreich Chaptalisation. Dem Most wird eine bestimmte Menge Zucker hinzugegeben, um den Alkoholgehalt des zukünftigen Weines zu ›heben‹. Diese Praxis ist häufig in schlechten Jahren erforderlich; sie ist in Deutschland und Österreich nur bei Tafelweinen und einfachen Qualitätsweinen erlaubt.

Alkoholische Gärung. Die Gärung ist ein chemischer Vorgang, bei dem der Zucker durch Hefen in Alkohol und Kohlendioxid, das entweicht und dabei das Blubbern verursacht, umgewandelt wird. Durch diesen Vorgang wird Traubensaft zu Wein.

Apfel-Milchsäure-Gärung (Malolaktische Gärung). Hierbei handelt es sich nicht um eine Gärung, sondern vielmehr um einen biologischen Säureabbau, bei dem Apfelsäure in mildere Milchsäure umgewandelt wird. Sie bewirkt eine geschmacklich spürbare Senkung der Säure.

Schönung. Hierbei wird dem Wein ein Mittel hinzugefügt, das die im Wein enthaltenen feinen Verunreinigungen bindet und dabei langsam auf den Boden sinkt, wo es beim Umfüllen zurückbleibt. Dieses Verfahren dient nicht nur der Klärung, sondern auch der Stabilisierung des Weines.

Filtrierung. Bei dieser Maßnahme läuft der Wein durch einen Filter aus Zellstoff oder Kieselgur, der seine Verunreinigungen zurückhält. Zu starkes Filtern kann jedoch schaden, da auch Geschmacksstoffe mit ausgefiltert werden.

Schwefel. Die Zugabe kleiner Mengen von Schwefeldioxid zum Wein ist notwendig, um ihn gesund und lagerfähig zu halten, d. h. vor allem, ihn vor Oxidation (die einen Verfall des Geschmacks bewirkt) und vor der Entwicklung krankheitserregender Mikroorganismen zu schützen. Je mehr Restzucker ein Wein enthält, um so höher muß die Schwefelzugabe sein. Die zulässigen Höchstmengen werden durch Verordnungen niedrig gehalten; sie liegen weit unter der gesundheitlich bedenklichen Grenze.

Ausbau. Hierunter versteht man alle Maßnahmen, um den fertigen Jungwein zu einem geschmacklich abgerundeten trinkfertigen Wein werden zu lassen; hierbei ist besonders der Ausbau im Holzfaß von Bedeutung, da in ihm der Wein allmählich ›reifen‹ kann.

WEINBEURTEILUNG

Eine Weinprobe ist die Kunst, einen Wein zu beurteilen. Bis heute besitzen allein die menschlichen Sinne eine ausreichende Wahrnehmungsgenauigkeit, um über die Qualität eines Weines zu urteilen.

Grundlage der Beurteilung ist die sensorische Prüfung, bei der sich der Prüfer über Klarheit und Farbe, vor allem aber über Geruch und Geschmack des Weines ein Bild machen muß, wobei Rebsorte, Leseort, Ausbaumethode und Alter des Weines berücksichtigt werden müssen. Diese ›Weinverkostung‹ erfordert konzentrierte Aufmerksamkeit und eine gute Weinkenntnis, da letztlich eine Beurteilung stets ein Vergleich mit den gängigen Normen und mit anderen, dem Beurteiler bekannten Weinen ist. Sie erfordert also ein gutes Weingedächtnis, das sich derjenige, der den Wein probiert, durch eigene Erfahrungen angeeignet hat. Die Beurteilung von Spitzenrotweinen ist besonders verantwortungsvoll, da der Konsument mit einer bestimmten Herkunftsangabe, vor allem bei französischen Rotweinen, ganz bestimmte Erwartungen verknüpft, die außerdem bei jedem Jahrgang anders sind. Daher werden von Fachleuten immer wieder Weinverkostungen durchgeführt, deren Ergebnisse meist in Zeitschriften veröffentlicht werden. Ein besonderes Problem hierbei ist es, die geschmacklichen Eindrücke in Worte zu fassen. Das dafür entwickelte Vokabular der ›Weinansprache‹ bedient sich gewöhnlicher Wörter, die aber eine andere, eine genau festgelegte, weinspezifische Bedeutung haben. Deshalb sind Probeberichte so schwer zu lesen.

△ · **Wie man Wein probiert.** Um einen Wein richtig bewerten zu können, sollte man ihn bei einer Temperatur von 19 bis 20 °C verkosten. Das Glas muß glatt, durchsichtig und farblos sein, damit Farbe und Klarheit richtig beurteilt werden können. Seine Öffnung sollte enger sein als der gerundete innere Teil, damit sich das Aroma konzentriert. Das Glas wird am Fuß oder am Stiel gehalten, niemals am Glas selbst. Die Weinprobe läuft in drei Schritten ab: optische Prüfung, Geruchsprüfung (s. Bild) und Geschmacksprüfung.

1063

NAHRUNGSMITTEL

WEINE DER WELT. FRANKREICH

Mit einer Jahresproduktion von durchschnittlich 73 Millionen Hektoliter liegt Frankreich unter den weinproduzierenden Ländern an zweiter Stelle (hinter Italien). Neben einfachem Tafelwein (Vin de Table, Anteil an der Weinproduktion 52 %), werden Landwein (Vin de Pays; 14 %), Qualitätswein (Vin délimité de qualité supérieure, abgekürzt V.D.Q.S.; Anteil 4 %) und vor allem Qualitätsweine mit kontrollierter Herkunftsbezeichnung (Appellation contrôlée, abgekürzt A.C.; Anteil 30 %) erzeugt. Von letzteren gibt es über 250; einige der bekanntesten werden im folgenden dargestellt. Die Qualitätsnormen des 1936 geschaffenen A.C.-Systems fordern im wesentlichen: Die verwendeten Trauben müssen aus dem genau abgegrenzten Gebiet (von Flächen, die im Kataster eingetragen sind) stammen. Der Wein darf nur aus Reben, die für dieses A.C.-Gebiet zugelassen sind, bereitet werden. Bei der Ernte darf eine bestimmte Traubenmenge pro Hektar nicht überschritten werden. Der natürliche Alkoholgehalt muß einen festgesetzten Mindestwert erreichen (Mindestmostgewicht). Wein wird in fast allen Départements (außer im Norden) angebaut, die Schwerpunkte liegen jedoch in Languedoc-Roussillon (mit über einem Drittel der Rebfläche und fast der Hälfte der Weinproduktion), im Großraum Bordeaux und im Loiretal.

CHAMPAGNE

Das Weinbaugebiet Champagne umfaßt eine Fläche von 25 000 ha, vor allem in den Départements Marne und Aube, wo auf kreidehaltigen Böden rund 125 Millionen Hektoliter Wein erzeugt werden, und zwar zum Großteil Schaumwein, der seinen Kohlensäuregehalt durch eine monatelange zweite Gärung in der Flasche erhält. Dieser so bereitete Schaumwein darf sich als einziger auf der ganzen Erde Champagner nennen. Sein Grundwein wird aus den Rebsorten Chardonnay (weiß) sowie den roten Spätburgunder (Pinot noir) und Müllerrebe (Pinot Meunier) gewonnen; ihre Mischung, die Cuvée, entscheidet über die Qualität. Die Appellation Champagne ist den Champagnern vorbehalten; die sogenannten ›stillen‹ Weine, d. h. die nicht moussierenden Rot-, Rosé- und Weißweine, tragen die Appellation Coteaux Champenois (nur der ›Rosé des Riceys‹ hat eine eigene Appellation).

Der Wein aus der Champagne erfuhr erst 1668 wirtschaftlichen Aufschwung, als Dom Pérignon Verwalter des Klosters in Hautvillers wurde: Ihm schreibt man (zu Unrecht, wie manche sagen) die Erfindung der Méthode champenoise zu. Champagner wird aber überall auf der Welt mehr als Symbol für glückliche Stunden denn als Wein angesehen.

ELSASS

Das 12 000 ha große elsässische Weinbaugebiet erstreckt sich über 120 km auf der zum Oberrheingraben exponierten Hügelzone am Fuße der Vogesen; hier sind sehr verschiedenartige Böden anzutreffen, und in den sehr sonnigen Lagen gelangen die Trauben dank milden Spätsommern zur vollen Reife. Typisch für das Elsaß ist der sortenreine Ausbau der Weine. Die ›edlen‹ Rebsorten des Elsaß sind Riesling, Gewürztraminer, Muskateller (Muscat) und Ruländer (Pinot gris, früher Tokay d'Alsace genannt), dazu kommen Silvaner, Auxerrois und Weißburgunder sowie als einzige rote Rebsorte Spätburgunder (Anteil 5 %). 1975 wurde die Appellation Alsace Grand Cru geschaffen, die Weine aus den edlen Rebsorten umfaßt, die in Spitzenlagen gewachsen sind, die schon im Mittelalter bekannte Namen trugen (z. B. Brand de Turckheim, Hengst de Wintzenheim). Der Verschnitt einfacher Weine ergibt den beliebten Edelzwicker. Die Elsässer Weine zählen zu den vielfältigsten Weinen Frankreichs.

BURGUND

Das Weinbaugebiet Burgund erstreckt sich über 285 km von Joigny im Département Yonne bis L'Arbresle nördlich von Lyon, im Département Rhône. Alle Rotweine der Appellation Bourgogne werden ausschließlich aus der Rebsorte Spätburgunder (Pinot noir) gewonnen. Der Gamay, die Traube des Beaujolais, tritt im Norden nur in der Appellation Bourgogne Passe-Tout-Grains, einer Mischung mit Pinot noir, auf. Die Weißweine werden in erster Linie aus der Rebsorte Chardonnay bereitet, die auf den kalkhaltigen Böden Burgunds ihren besten Geschmack entwickeln. Die hier erzeugten Weine gehören zu den besten trockenen Weißweinen der Welt. Für die Rebsorte Aligoté, aus der frische und ausdrucksvolle Weißweine bereitet werden, wird die Appellation Bourgogne Aligoté verwendet.

Das Weinbaugebiet Burgund umfaßt fünf große Gebiete: Chablis im Norden, wo sich der älteste Weinberg Burgunds befindet, ist für seine trockenen und gehaltvollen Weißweine berühmt; seine Grands Crus, die in Spitzenlagen über dem Dorf wachsen, besitzen ein Höchstmaß an Ausdruck. Weiter südlich, an der Côte d'Or um Dijon, erstrecken sich die berühmten Weinberge der Côte de Nuits und der Côte de Beaune: Hier folgt eine Gemeinde mit berühmtem Namen der anderen, von Gevrey-Chambertin über Meursault bis Puligny-Montrachet. Diese Namen begründeten durch den Geschmack und die Klasse ihrer großen Rot- und Weißweine den weltweit guten Ruf des Burgunders. Weiter südlich, bei Chalon-sur-Saône, liegen die Appellations Rully, Mercurey, Givry und Montagny der Côte Chalonnaise. Anschließend, etwa ab Tournus, folgt das Mâconnais, dessen Spitzengebiete bei Mâcon liegen, Pouilly-Fuissé und eine Reihe von Orten mit eigener Appellation (Mâconnais village).

Beaujolais, das südlichste Weinbaugebiet Burgunds, repräsentiert ein anderes Burgund, wird doch der Beaujolais ausschließlich aus Gamaytrauben bereitet. Über etwa 80 km (bei 12 km Breite) erstreckt sich das 21 500 ha große Weinbaugebiet am rechten Saôneufer, dessen höhere Qualitäten aus etwa 40 Dör-

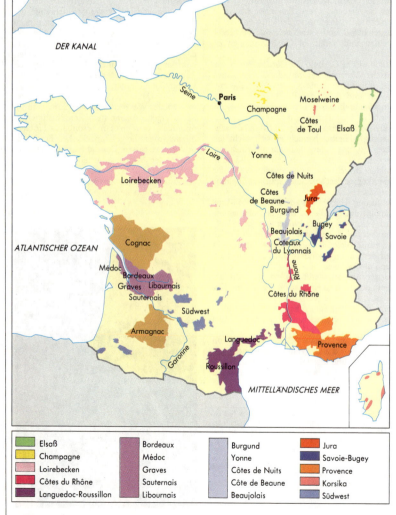

NAHRUNGSMITTEL

fern im Nordteil (Beaujolais village) stammen. Die zehn Dörfer mit den Spitzenlagen bilden eigene Appellations: Saint-Amour, Juliénas, Chénas, Moulin-à-Vent, Fleurie, Chiroubles, Morgon, Regnié, Côte-de-Brouilly und Brouilly.

Eine Spezialität dieses Gebietes ist der Beaujolais primeur, ein nach der Methode der Kohlensäuremaischegärung (Macération Carbonique) hergestellter Wein, der schon zwei Monate nach der Lese trinkfertig ist. Er darf ab 15. November auf den Markt gebracht werden. Diesem Vorteil dürfte er wohl seine steigende Beliebtheit verdanken; jährlich werden über 1,2 Millionen Hektoliter von ihm verkauft.

BORDEAUX

Das Weinbaugebiet von Bordeaux mit seinen 90 000 ha umfassenden Rebflächen liefert jährlich etwa 3–5 Millionen Hektoliter Wein, v. a. bereitet aus den hier typischen Rotweintrauben Cabernet-Sauvignon, Cabernet Franc und Merlot und den Weißweinreben Sémillon, Sauvignon und Muscadelle. Das Bordelais, das das Département Gironde umfaßt, wird in mehrere unterschiedlich große Gebiete geteilt.

Médoc. Auf der Halbinsel zwischen Gironde und Atlantik bildet ein 80 km langer und 2–5 km breiter Streifen an der Gironde eines der besten Rotweingebiete der Erde, gegliedert in Médoc (im Norden) und Haute-Médoc, in dem sechs Orte eigene Appellations bilden: Margaux, Moulis, Listrac-Médoc, Saint-Julien, Pauillac und Saint-Estèphe. Diese Médocweine sind ohne jeden Zweifel die berühmtesten und geschätztesten Rotweine der Welt.

Graves. Südlich an das Médoc, etwa ab Bordeaux, schließt sich Graves an, ein altes Weinbaugebiet, in dem große, elegante Rot- und Weißweine gekeltert werden. Die Appellation Graves umschließt im Norden, bei Bordeaux, die eigenständige Appellation Pessac-Léognan sowie im Süden bei der Stadt Langon die Appellations Sauternes und Barsac für in Frankreich fast konkurrenzlose Weine: süße, körperreiche, fruchtige, goldgelbe Weine, die den deutschen Beeren- und Trockenbeerenauslesen entsprechen. Pro Jahr werden selten mehr als 40 000 hl Sauternes erzeugt.

Entre-deux-Mers. Dieses Gebiet liegt zwischen den Flüssen Garonne und Dordogne. In der Appellation Entre-deux-Mers werden im zentralen Teil leichte und frische Weißweine bereitet. Unmittelbar am Ufer der Garonne liegen die Appellations Premières Côtes de Bordeaux für Rot- und süße Weißweine sowie im Süden, gegenüber von Sauternes, Sainte-Croix-du-Mont und Loupiac, ebenfalls für edelsüße Weine.

Saint-Émilion und andere Appellations nördlich der Dordogne. In der Umgebung von Libourne befinden sich die alten und berühmten Weinbaugebiete Saint-Émilion (mit seinen sogenannten Satelliten Montagne, Lussac, Parsac und Puisseguin), Pomerol (mit Lalande) sowie (rechts der Isle) Fronsac (mit Canon). Um diese berühmten Weinbaugebiete der großen, gehaltvollen und langlebigen Rotweine herum gruppieren sich viele weitere weniger bekannte Gebiete, so die Côtes de Franc und die Côtes de Castillon. Im Norden, östlich der Gironde, liegen die Weinbaugebiete von Blaye und Bourg.

RHONETAL

Im Rhonegraben liegen zwei Weinbauregionen: Die nördliche erstreckt sich von Vienne bis Valence, die südliche von Montélimar bis Avignon. Im nördlichen Teil werden auf Granitböden starke, sehr rassige und langlebige Rotweine aus einer einzigen Rebsorte, der Syrah, erzeugt, z. T. auf steilen, terrassierten Hängen (Côte-Rôtie, Hermitage, Cornas), in den Appellations Saint-Joseph und Crozes-Hermitage auch Weißweine aus den Rebsorten Roussanne und Marsanne; Weißweine aus der Rebsorte Viognier werden in der Appellation Condrieu bereitet. Den südlichen Bereich bildet die große Appellation Côtes-du-Rhône, die viele Dörfer eine Unterappellation bilden, sowie die kleinen Appellations Gigondas, Châteauneuf-du-Pape, Lirac und Tavel, letztere für einen der führenden Roséweine Frankreichs. Hier werden meist schwere und würzige Rotweine erzeugt. Eine Spezialität sind die leicht gespriteten Vins doux naturels von Baumes-de-Venise (aus Muskateller) und Rasteau (aus Grenache).

LOIRETAL

Bei ihrem 1 000 km langen Lauf durchfließt die Loire mit ihren Zuflüssen eine Reihe von Weinbaugebieten mit unterschiedlichen Rebbeständen und verschiedenen Ausbautraditionen. An ihrem Oberlauf und dem ihres Zuflusses Allier liegen die Weinbaugebiete der Auvergne und des Forez, darunter auch die Appellation Saint-Pourçain, mit ihren spritzigen Weißweinen und leichten Rotweinen.

Weiter nördlich folgen die zentralfranzösischen Weinbaugebiete mit ihren kalkhaltigen und lehmigen Hängen: beiderseits der Loire Sancerre und Pouilly-sur-Loire (berühmt ist der Blanc Fumé, ein im Eichenfaß gelagerter Weißwein mit Feuersteinaroma) sowie Reuilly, Quincy und Ménétou-Salon. Die trockenen und frischen Weißweine werden aus der Sauvignontraube erzeugt, die hier ihren besten Geschmack erreicht, einige Rotweine und Roséweine aus der Spätburgundertraube.

Weiter flußab folgen die Weinberge von Orléans, Blois und der Touraine um Tours mit den Appellationen Vouvray und Montlouis. Dies ist die Region Val de Loire mit Weißweinen aus den Rebsorten Chenin und Pineau de la Loire, aber auch großen Rotweinen aus der Cabernet-franc-Traube: Chinon und Bourgueil.

Im anschließenden Gebiet des Anjou, um Saumur und Angers, werden trockene und liebliche Weißweine hergestellt sowie der rote Saumur Champigny und die leicht süßen Roséweine Rosé d'Anjou und Cabernet d'Anjou.

Südlich und südwestlich von Angers liegen die idyllischen Weinberge, aus deren Reben die vollmundigen, körperreichen Weißweine erzeugt werden; berühmt sind die aus den Appellations Coteau du Layon und Coteau de l'Aubance sowie die kleinen Bonnezaux und Quarts de Chaume südlich der Loire. Am rechten Loireufer liegt die ebenfalls sehr kleine Appellation Savennières, deren liebliche Weißweine zu den besten Frankreichs zählen.

Am Unterlauf schließlich in der Gegend um Nantes, v. a. an den Nebenflüssen Sèvre und Maine, liegt das Gebiet des Muscadet, eines frischen, trockenen Weißweins, der meist ›sur lie‹, d. h. direkt vom Gärfaß, abgefüllt wird.

JURA

Am Westfuß des Gebirgszuges des Jura erstreckt sich dieses schmale Weinbaugebiet um Lons-le-Saunier und Arbois östlich von Burgund, dessen bemerkenswertester Wein der Vin jaune ist, dem die Appellation Château-Chalon vorbehalten ist.

Dieser Wein, der nur aus der Savagnintraube bereitet wird, entwickelt dank einer speziellen Vinifizierungsmethode einen eigentümlichen, charakteristischen, sanft-bitteren Nußgeschmack. In seiner ›Clavelin‹ genannten Flasche kann er bis zu einem Jahrhundert lang haltbar sein.

DER SÜDEN

In der **Provence**, der wohl ältesten Weinbauregion des Landes, werden von 20 000 ha Rebland jährlich etwa 1 Mio. hl. Wein erzeugt, v. a. Roséweine. Es bestehen eine Reihe von kleinen Appellations, so z. B. Cassis, das für seinen trockenen, säurearmen Weißwein bekannt ist, Bellet (bei Nizza) und Palette für große Rot- und feine Weiß- und Roséweine sowie Bandol, der große Wein der Provence: Auf den Restanque genannten Terrassen wachsen Reben, aus denen ein schwerer, vielseitiger Rotwein von großer Klasse gekeltert wird, der lange lagerbar ist.

Die Weinbauregion **Languedoc-Roussillon** ist eine der größten der Erde: Auf über 370 000 ha Rebland, das v. a. mit Rotweinreben bestanden ist, werden jährlich etwa 23–25 Millionen Hektoliter Wein erzeugt. In manchen Jahren entspricht das fast 10 % der Weltweinerzeugung, jedoch wurde bisher fast nur Alltagswein produziert. Heute steht die Languedoc in einem großen Umstrukturierungsprozeß; viele Winzer bemühen sich um neue Rebbestände und Ausbaumethoden. So konnten schon einige Gebiete als Appellation contrôlée anerkannt werden, z. B. Fitou dank seinem Rotwein, in dem die Carignantraube dominiert, Corbières und Minervois. Im Roussillon werden auch sehr gefragte Likörweine (Vins doux naturels) erzeugt: Banyuls, Rivesaltes und Maury. Aus der Gegend südlich von Carcassonne kommt ein Schaumwein, von dem immer wieder behauptet wird, er sei der älteste Schaumwein überhaupt: der Blanquette de Limoux, erzeugt nach der klassischen Methode der Flaschengärung; erwähnt wird er immerhin bereits 1388. Insgesamt beläuft sich der Anteil der A. C.-Weine heute auf fast 15 % (ein Fünftel davon Weißweine). Zunehmend gewinnen auch gediegene Landweine an Bedeutung.

Im **Südwesten**, im erdrückenden Einflußbereich der Weine des Bordelais, gibt es weitere 25 größere Appellations. Die bekannteste dürfte Bergerac sein, die an das Bordeauxgebiet anschließt und ähnliche Weine produziert; Monbazillac ist der edelsüße Wein dieser Region. Nennenswert sind u. a. außerdem: Buzet, bis 1911 Lieferant von ›Bordeauxweinen‹, Cahors am Lot, wo ausschließlich Rotweine aus der Sorte Malbec (hier Auxerrois genannt) erzeugt werden, Gaillac am Tarn, ein sehr altes und vielseitiges Weinbaugebiet, in dem auch moussierende Weine nach einer eigenen Methode bereitet werden, Madiran im Armagnacgebiet mit seinen kernigen Rotweinen, die mit Bordeauxweinen konkurrieren können, sowie Jurançon in der Umgebung von Pau, ursprünglich ein süßer Weißwein (heute zunehmend trocken), der durch König Heinrich IV. berühmt wurde.

1065

NAHRUNGSMITTEL

WEINE DER WELT

DEUTSCHLAND

Deutsche Weine werden meist sortenrein ausgebaut, d.h. sie werden aus einer einzigen Rebsorte erzeugt; Cuvéeweine gewinnen jedoch zunehmend an Bedeutung. Die Weine werden in der Regel durch eine fruchtige Säure und einen niedrigen Alkoholgehalt geprägt, was in der nördlichen Lage ihres Produktionsgebietes begründet liegt; außerdem weisen sie in den einzelnen Jahren als Folge des von Jahr zu Jahr recht unterschiedlichen Witterungsverlaufes spürbare qualitative und geschmackliche Unterschiede auf. Weinbau wird daher vor allem im klimatisch begünstigten Südwesten betrieben, das heißt am Rhein und seinen Nebenflüssen (Ahr, Mosel, Nahe, Main, Neckar).

In Deutschland stehen rund 94 000 ha Rebland in Ertrag; durchschnittlich werden pro Jahr etwa 9,4 Millionen Hektoliter Wein erzeugt (1983 waren es 13,2 Mio. hl, 1985 nur 5,4 Mio. hl). Die wichtigsten Rebsorten sind Müller-Thurgau (Anteil an der gesamten Rebfläche knapp 25 %), Riesling (20 %), Silvaner (8 %), Kerner (7 %) und Scheurebe (4,4 %) sowie Spätburgunder (4,6 %), die als wichtigste Rotweinrebe ein Drittel des Areals dieser Reben einnimmt. Weitere Rebsorten, in der Reihenfolge ihrer Bedeutung, sind bei den weißen Bacchus, Ruländer, Morio-Muskat, Faberrebe, Huxelrebe, Gutedel, Ortega, Elbling, (Gewürz-)Traminer, Weißburgunder, Ehrenfelser, Optima u.a., bei den roten Portugieser, Trollinger, Müllerrebe, Lemberger u.a.

Deutsche Weine werden in drei Güteklassen erzeugt; Tafelwein (Anteil nur etwa 2–4 %), Qualitätswein bestimmter Anbaugebiete (QbA; Anteil 70–80 %) und Qualitätswein mit Prädikat; die Prädikate sind Kabinett, Spätlese, Auslese, Beerenauslese, Trockenbeerenauslese und daneben Eiswein. Die Zuordnung zu diesen Qualitätsstufen erfolgt nach der Leseart und dem Mostgewicht des Lesegutes (Ausgangsmostgewicht). Entsprechend den klimatischen Bedingungen liegen die unteren Grenzwerte der Ausgangsmostgewichte für die einzelnen Kategorien in den nördlichen Gebieten niedriger als in den südlichen; frühreife Sorten müssen höhere Werte erreichen als spätreifende. Für alle Qualitätsweine ist eine amtliche Prüfung (chemische Analyse, sensorische Prüfung) vorgeschrieben, aufgrund derer die amtliche Prüfungsnummer erteilt wird. Weine, die nicht den Normen entsprechen, werden abgelehnt, jene, die nicht die Mindestanforderungen der jeweiligen Stufe erreichen, abgestuft. Freiwillig ist die Anstellung von Weinen bei der Deutschen Landwirtschaftsgesellschaft zur Erlangung des Deutschen Weinsiegels (rot, grün für halbtrocken, gelb für trocken) aufgrund einer zusätzlichen sensorischen Prüfung.

Die Weinbaugebiete: Seit 1971 bestehen in der Bundesrepublik Deutschland elf genau umgrenzte Weinbaugebiete; zu diesen kommen jetzt noch die sächsischen Gebiete Saale-Unstrut und Elbtal. Die größten Weinbaugebiete sind Rheinhessen (Spitzenlagen an der Rheinfront um Nierstein und Oppenheim) und Rheinpfalz (Spitzenlagen an der Mittelhaardt um Forst und Deidesheim), auf die beide je etwa ein Viertel der deutschen Weinproduktion entfällt. Zu den renommiertesten Weinen gehören die Rieslinge von den Steillagen der Mosel und die Rheingauer Rieslinge (im Rheingau liegen u.a. das ehemalige Kloster Eberbach, ein altes Zentrum der Weinkultur, und Schloß Johannisberg). Das Weinbaugebiet Baden ist das ausgedehnteste und daher vielseitigste. Seine südlichen Bereiche im klimatisch begünstigten südlichen Oberrheingraben (Ortenau, Kaiserstuhl-Tuniberg, Breisgau, Markgräflerland) gehören daher als einzige deutsche zur europäischen Weinbauzone B, in der höhere Mindestanforderungen an Qualitätsweine bestehen. Frankenweine, die meist in den für sie typischen Flaschen, den Bocksbeuteln, auf den Markt kommen, werden besonders wegen ihrer Fruchtigkeit, verbunden mit einem charakteristischen Bodenton, geschätzt. Deutsche Rotweine kommen v.a. von der Ahr, dem Rotweingebiet im äußersten Norden, und aus Württemberg, das auch für seine lokalen roten Rebsorten Trollinger und Lemberger bekannt ist, ferner aus den ›Rotweininseln‹ Assmannshausen und Ingelheim, beide am Rhein, und dem Acher- und Bühler Tal der Ortenau.

ÖSTERREICH

Mit einer Jahresproduktion von durchschnittlich 2,8 Mio. hl Wein ist Österreich zwar nur ein kleines Weinland, doch dank dem neuen Weingesetz von 1986 mit seinen hohen Qualitätsnormen (u.a. Ertragsbeschränkung, hohe Mindestmostgewichte für Qualitätsweine, Verbot der Süßreserve) haben seine meist sortenrein ausgebauten Weine schnell an Bedeutung gewonnen. Zum Anbau zugelassen sind 33 Rebsorten (darunter 22 weiße), größere Bedeutung haben aber nur etwa ein Dutzend. Unter den weißen Sorten sind dies Grüner Veltliner, mit einem Rebflächenanteil von 34 % die wichtigste Rebsorte, deren ›rescher‹ Wein mit dem leicht pfeffrigen Ton als der österreichische Wein schlechthin gilt, sowie Müller-Thurgau und Welschriesling, ebenfalls eine für Österreich typische Rebsorte. Bei den roten Rebsorten sind es Blauer Portugieser, Zweigelt und Blaufränkisch. Aus klimatischen Gründen bleibt der Weinbau auf den Osten des Landes beschränkt, nämlich die Bundesländer (Weinbauregionen) Burgenland, Steiermark, Niederösterreich und Wien, in denen mit rund 55 000 ha Rebland 13 Weinbaugebiete ausgewiesen sind. Größte Region ist Niederösterreich (Anteil 60 %), in der das wohl bekannteste Weinbaugebiet, die Wachau, und so berühmte Weinorte wie Krems an der Donau, Langenlois und Retz liegen, und auch (in der Thermenregion, dem Weinbaugebiet südlich von Wien) Gumpoldskirchen, berühmt für seine alkoholreichen, vollen Weißweine aus den heimischen Rebsorten Neuburger, Rotgipfler und Zierfandler. Die Weißweine aus dem nördlichen Burgenland verdanken dem Neusiedler See, d.h. seiner temperaturausgleichenden Wirkung, ihre Qualität: extraktbetont und vollmundig mit feinem Aroma. Mittel- und Südburgenland (Pinkataler Weinstraße) sind v.a. Rotweingebiete.

Die frischen, säurebetonten Weine aus der südlichen Steiermark wachsen zu zwei Dritteln in Hanglagen; sie sind daher oft überdurchschnittliche ›Bergweine‹. Bemerkenswert ist hier der beachtliche Anteil an für Österreich neuen Rebsorten wie Chardonnay, hier auch Morillon genannt, und Sauvignon, hier auch Muskat-Sylvaner genannt, sowie von etlichen Spezialitäten: Klöcher Traminer, Riesling von den Steilhängen des Sausals (Zentrum Kitzeck, die höchstgelegene Weinbaugemeinde Europas, bis 560 m über dem Meeresspiegel), vor allem aber der weststeirische Schilcher, ein Roséwein aus der Rebsorte Blauer Wildbacher. Die Wiener Weine, jährlich rund 28 000 hl, werden fast ausschließlich als ›Heuriger‹ (Wein der letzten Ernte) in den beliebten Heurigenlokalen der Wiener Vorstädte getrunken.

SCHWEIZ

In der Schweiz werden im Jahr durchschnittlich etwa 1,2 Mio. hl Wein erzeugt, zu 70 % trockener, ansprechender Weißwein mit mittlerem Alkoholgehalt. Der bekannteste dürfte der Fendant aus dem Wallis sein, der ebenso wie der berühmte Dézaley von einer kleinen Lage über dem Genfer See, aus der wichtigsten Rebsorte (Anteil 60 %), der Chasselas (Gutedel), bereitet wird. Unter den Rotweinen sind der Merlot aus dem Tessin in Hanglagen und der Dôle aus dem Wallis führend, letzterer wird ganz oder hauptsächlich aus Spätburgunder bereitet, der wichtigsten Rotweinrebe (Anteil 30 %), aus der auch der Roséwein (hier Süßdruck genannt) Œil de Perdrix vinifiziert wird. Von den insgesamt etwa 14 000 ha Rebland liegen über drei Viertel in den Kantonen der Westschweiz, Wallis (hier stehen allein ein Drittel der Reben), Waadt, Genf und Neuenburg, an den Hängen des Juras, des Rhonetals und des Genfer Sees (La Côte und Lavaux westlich bzw. östlich von Lausanne, Chablais östlich von Montreux und um Aigle) und des Jura. Im Wallis, bei Visperterminen, findet sich auch der höchstgelegene Weinberg Europas (1 200 m ü.M.). Die Ostschweizer Weine kommen aus den Kantonen Zürich, Schaffhausen, Graubünden, Aargau, Thurgau und St. Gallen.

Die deutschen Weinbaugebiete

	Rebfläche in Hektar	Anteil Weißwein in %	Ertrag im langjährigen Mittel in 1 000 Hektoliter	Anteil an der deutschen Weinproduktion in %
Ahr	430	29	35	0,4
Baden	14 900	76	1 200	12,8
Franken	5 300	96	400	4,3
Hessische Bergstraße	380	97	29	0,3
Mittelrhein	750	98	61	0,6
Mosel-Saar-Ruwer	12 800	100	1 500	16,0
Nahe	4 500	97	370	4,0
Rheingau	2 900	93	225	2,4
Rheinhessen	24 800	94	2 250	24,0
Rheinpfalz	22 600	88	2 300	24,5
Württemberg	9 600	49	940	10,0
Saale-Unstrut und Elbtal	~700	~80	~60	~0,6

NAHRUNGSMITTEL

ITALIEN

In der Antike nannten die Griechen Italien auch ›Oenotria‹, das ›Land des Weins‹. Dies zeigt, daß die Weinrebe dort damals schon eine wichtige Rolle spielte. Später dann erfolgte im Rahmen der Eroberung neuer Gebiete die Ausbreitung der Weinrebe. Heute steht Italien mit einer Rebfläche von rund 1,4 Mio. ha weltweit an zweiter Stelle nach Spanien und vor der UdSSR und Frankreich, ist aber der größte Produzent von Wein – und außerdem der größte Produzent von Tafeltrauben. Die Weinberge, die fast 10 % der landwirtschaftlich genutzten Fläche ausmachen, stehen in allen Regionen des Landes, v. a. aber in Apulien, auf Sizilien, in Venetien und in der Emilia-Romagna, auf die zusammen über 50 % der gesamten Weinproduktion entfallen. Die meisten Weine, zu 75 % Rotweine, sind Tafelweine unterschiedlicher Güte, oder sie dienen als Verschnitt- oder Sekt- und Wermutgrundweine. Nur 12 % sind Qualitätsweine mit kontrollierter Herkunfsbezeichnung (Denominazione di origine controllata, Abk. DOC) und der auch eine Qualitätsgarantie umfassenden Denominazione di origine controllata e garantita (DOCG), die erst für sechs Weine besteht.

Wichtige heimische Rotweinreben sind Nebbiolo, Sangiovese, Barbera, Dolcetto, Grignolino, Freisa und Lambrusco, wichtige Weißweinreben Trebbiano, Verduzzo, Vernaccia, Muskateller, Malvasia und Albana. Weine werden reinsortig ausgebaut, typisch sind aber auch aus verschiedenen Rebsorten gekelterte Weine (z. B. Chianti, Frascati). Die meisten Weine sind durchgegoren. Ein Teil der Weine wird leicht schäumend hergestellt (frizzante), ein Teil wird ›gespritet‹ und z. T. mit pflanzlichen Aromastoffen versehen (z. B. Vermouth), aus vielen wird Schaumwein (spumante) hergestellt.

Bekannte Weine. Der im hügeligen Piemont aus den wertvollen Nebbiolotrauben produzierte Barolo gehört zu den besten Rotweinen Italiens. Piemont liefert auch den Schaumwein Asti Spumante. Der Valpolicella ist ein Rotwein aus Venetien mit rubinroter Farbe und feinem Duft. Der Lambrusco ist ein leicht schäumender (frizzante) Wein aus der Umgebung von Modena. Der berühmte Chianti kommt aus der Toskana, der classico aus vier Gemeinden zwischen Florenz und Siena. Der Lacrima Christi stammt von den Hängen des Vesuvs. Der beliebte Frascati aus Latium ist ein meist trockener Weißwein. Auf Sizilien wird unter anderem der weithin bekannte Marsala, ein Likörwein, produziert.

Weinverbrauch
(in Litern pro Einwohner, 1987)

Frankreich	75,1	Bulgarien	22,0
Italien	70,0	Australien	21,0
Portugal	64,3	Dänemark	20,6
Luxemburg	58,2	Belgien	20,2
Argentinien	58,1	Jugoslawien	17,4
Spanien	53,5	Neuseeland	13,7
Schweiz	47,7	Niederlande	13,7
Chile	35,0	UdSSR	13,0
Österreich	32,8	Zypern	12,6
Griechenland	31,8	Tschechoslowakei	12,3
Uruguay	28,0	Schweden	11,5
BR Deutschland	25,0	Großbritannien	10,5
Ungarn	22,0	Südafrika	10,5

Quelle: O.I.V. (Office international de la vigne et du vin, Paris).

GRIECHENLAND

In Griechenland wurde in der Antike an den Küsten Weinbau und Olivenanbau in Mischkultur betrieben. Heute gibt es in Griechenland etwa 200 000 ha Rebland, das insgesamt mit einheimischen Rebsorten bepflanzt ist, die auf kalkhaltigen Böden gedeihen. Das vom Mittelmeer beeinflußte Klima mit trockenem Herbst ermöglicht ein volles Ausreifen der Trauben. Die Weinproduktion beläuft sich auf 5 500 000 hl, von denen ein Fünftel exportiert wird. Auch in Griechenland gibt es Qualitätsweine aus gesetzlich umschriebenen Herkunftsgebieten. Die Weinanbauregionen sind der Peloponnes und die Ionischen Inseln, Zentralgriechenland, Epirus, Thessalien, Makedonien, Thrakien, die Ägäischen Inseln und Kreta. Der bekannteste Wein ist der Retsina, ein geharzter Landwein, für den im Rahmen der EG die Bezeichnung ›traditioneller Wein‹ geschaffen wurde, um seine Herstellung auch weiterhin zu ermöglichen. Dieser trockene Weißwein verdankt seinen Charakter dem Harz der Aleppokiefer, das man seit alters her vor und während der Gärung hinzugibt (maximal 1 kg pro Hektoliter), um die Oxidation zu verhindern. Außerdem wurde Griechenland durch seine Likörweine bekannt, so den Mavrodaphne und den Muskat von Samos und von Patras.

PORTUGAL

Der Weinbau in Portugal geht auf die Phönizier zurück; später förderten die Römer die Weinproduktion. Heute produziert Portugal jährlich rund 9,5 Mio. hl Wein von einem Rebareal von 360 000 ha. Aus der 1756 abgegrenzten Region Douro stammt der bekannte Portwein, ein alkoholreicher (20–25 Vol.-% Alkohol) roter oder weißer Dessertwein, der aus mehreren Rebsorten von verschiedenen Weinbergen unter Zusatz von Traubenmost und Alkohol bereitet wird, meist werden auch Weine mehrerer Jahrgänge miteinander verschnitten. Portwein aus nur einem (guten) Jahrgang heißt Vintage Port. Late Bottled Vintage ist ein Jahrgangswein, der mehrere Jahre vor der Abfüllung in Holzfässern gelagert hat. Portweine werden in vielen Geschmacksrichtungen hergestellt, von extra trocken (extra dry) bis sehr süß (very sweet). Da Portwein mit dem Alter seine Farbe verändert, ist diese auch ein Qualitätsmerkmal. Roter Port wird mit dem Alter heller: Full – Red – Ruby – Tawny – Light Tawny, weißer Port wird dunkler. – Aus dem Nordwesten des Landes stammen die Vinhos Verdes, meist säurereiche und alkoholarme, leicht moussierende Weißweine. Die Region Dão nordwestlich des Gebirges Serra da Estrêla liefert kräftige, tanninreiche, meist trockene Rotweine; der weiße Dão ist einfacher. Der Moscatel de Setúbal aus der Region an der Mündung des Flusses Sado ist ein süßer dunkelgelber Dessertwein mit 18 bis 20 % Alkohol und sehr feinem Aroma. Schließlich ist noch der Madeira, ein Likörwein von der Insel Madeira im Atlantik zu nennen, der trocken bis süß sein kann, je nach verwendeter Rebsorte.

AUSTRALIEN

Der australische Weinbau hat sich in den letzten Jahrzehnten enorm entwickelt. Mittlerweile können die Spitzenprodukte neben die Frankreichs und Kaliforniens gestellt werden, zumal hauptsächlich klassische Rebsorten kultiviert werden: Riesling, Chardonnay, Sémillon bei den weißen, Cabernet, Syrah (hier Shiraz genannt) und Grenache bei den roten. Von der Rebfläche (65 000 ha) befinden sich Dreiviertel im Südosten des Landes, in den Bundesstaaten Victoria, Neusüdwales und Südaustralien. Letzterer erzeugt 60 % der Weine; sein berühmtestes Gebiet ist das Barossa Valley nahe Adelaide.

SÜDAFRIKA

Kapwein, genau gesagt Constantia-Dessertwein, konkurrierte früher mit Portwein. Heute kommen zahlreiche kräftige und alkoholreiche Weine sowie Likörweine aus dem Küstengebiet und dem Hinterland von Kapstadt auf den Weltmarkt, so Steen, Hermitage, Hanepoot und andere sortenreine Weine.

▲ · **Die italienischen Weinbaugebiete.**
Spitzenweine kommen v. a. aus Piemont (Barolo, Barbaresco) mit den Zentren Asti und Alba, der Toskana (Brunello di Montalcino, Vino Nobile di Montepulciano, Chianti), aus Venetien (Bardolino, Valpolicella, Soave) und Friaul (Verduzzo, Tocai), des weiteren u. a. aus der Lombardei (u. a. Grumello und Sassella aus dem Veltlin), aus Umbrien (Orvieto) und Latium (Frascati) sowie aus Südtirol (St. Magdalener, Gewürztraminer), dem Trentin (Marzemino, Teroldego) und Sizilien (Marsala).

1067

NAHRUNGSMITTEL

WEINE DER WELT

SPANIEN

Spanien, der drittgrößte Weinproduzent der Erde nach Italien und Frankreich, produziert jährlich von 1 800 000 ha Rebland 30 bis 40 Millionen Hektoliter Wein. Dieses sehr alte Weinland, das lange Zeit hindurch als Produzent von überwiegend Massenweinen galt, setzt sich bei einer neuen Produzentengeneration immer mehr mit Qualitätsprodukten durch. Grundlage dafür war die Bildung genau umgrenzter Anbaugebiete seit 1972, nach dem Vorbild der für das Sherrygebiet 1935 erlassenen Verordnung. Ende 1990 waren 37 Gebiete mit zusammen 620 000 ha Rebland als Denominación de Origen (DO) anerkannt. Der Kontrollrat (Consejo regulador), in dem sich Landwirte, Grundbesitzer und Vertreter der Regierung befinden, wacht aber nur über die äußeren Bedingungen: Rebsortiment, Hektarertrag, Herstellungsmethoden, Alterungstechniken u. ä.; die Qualität des Weines garantiert allein der Produzent.

Große Weinanbaugebiete. Bekanntester spanischer Wein ist der Sherry, ein aufgespriteter und damit alkoholreicher Wein, der meist als Aperitif oder Dessertwein getrunken wird. Er stammt aus der Umgebung von Jerez de la Frontera im äußersten Süden des Landes. Es gibt ihn in verschiedenen Geschmacksrichtungen, zu denen die unterschiedlichen Qualitäten der Ausgangsweine ausgebaut werden. Dies geschieht im sogenannten Solera-Criadera-Verfahren, bei dem ältere Weine immer wieder mit jüngeren gemischt werden. In großen, Kathedralen ähnelnden Kellern liegen dafür die Faßreihen in bis zu fünf Stockwerken übereinander. Auf die Flasche gefüllt wird nur aus der untersten Faßreihe, der Solera, und nur höchstens ein Drittel des Inhalts. Aus den darüberliegenden Reihen, den Criaderas, werden die jeweils darunterliegenden Fässer wieder aufgefüllt, jedoch stets nur zu zwei Dritteln bis drei Vierteln ihres Fassungsvermögens, damit sich auf einer nicht zu kleinen Weinoberfläche immer wieder der für die Geschmacksbildung notwendige Hefeflor entwickeln kann. So entstehen vier Grundtypen von Sherry: Fino, blaßgelb und trocken; Amontillado, weniger trocken und dunkler; Oloroso, körperreich und leicht süß; Cream, goldbraun und süß. Manzanilla, oft als eigener Wein angesehen, ist ein besonders leichter und trockener Fino aus Sanlúcar de Barrameda, gereift unter einem besonders dichten Hefeflor. – Das Nachbargebiet Montilla-Moriles, früher wichtiger Weinlieferant für Jerez, produziert heute ausgezeichnete Sherryweine unter eigenen Namen.

Das Weinbaugebiet Rioja am oberen Ebro, das Ende des 19. Jh. in großem Stil von französischen Investoren geschaffen wurde, nachdem die Reblaus im Bordelais die Rebanlagen vernichtet hatte, liefert die anerkannt besten Rotweine Spaniens, die lange im Holzfaß lagern. Auch das Nachbargebiet Navarra ist für seine qualitätvollen Rotweine bekannt, liefert aber auch spritzige Weißweine. Das Penedès, das größte Weinbaugebiet Kataloniens, südwestlich von Barcelona, ist Spaniens wichtigster Weißweinproduzent. Zwei Drittel der Weine werden jedoch nach dem Champagnerverfahren zu Schaumwein weiterverarbeitet; durch diese ausgezeichneten Cavas ist das Penedès in den letzten Jahren sehr bekannt geworden. Tarragona ist zwar das vielseitigste Weinbaugebiet Kataloniens, als ›Tarragona‹ bekannt wurden jedoch v. a. die süßen, aufgespriteten Rotweine. Auch der Málaga ist ein Likörwein; zu seiner Bereitung werden u. a. auch eingedickter Most (Arrope) und mit Alkohol versetzter Traubensaft verwendet.

VEREINIGTE STAATEN

Da die von den Siedlern in der Neuen Welt vorgefundenen wilden Weinrebenarten keine zufriedenstellenden Weine lieferten, wurden schrittweise europäische Reben eingeführt; jedoch erst die Anpflanzung spanischer Rebsorten durch spanische Missionare ab 1770 in Kalifornien brachte größere Erfolge. Aber erst mit dem Engagement von Europäern Anfang der 1970er Jahre setzte dann die heute so beachtliche Entwicklung ein. Größter Weinbau treibender Staat der USA ist Kalifornien mit 131 000 ha Rebland für Kelttertrauben (dazu kommen große Areale für Tafeltrauben); dieses erstreckt sich vom Redwood Valley nahe dem Lake Mendocino im Norden bis zum Weinbaugebiet Cucamonga nördlich von San Diego in sehr unterschiedlichen Klimazonen (von sehr kalt bis sehr warm), grob gegliedert in die feuchteren und im Norden recht kühlen Bereiche in Küstennähe und die sehr warmen Täler im Binnenland (v. a. das San Joaquin Valley). Zu den ersteren gehören u. a. die Rebanlagen des Napa Valley, von Sonoma, Mendocino und Monterey. Zum zweiten Bereich gehören die Rebanlagen von Modestro, Madera, Fresno, Tulare und Bakersfield. Typisch für den kalifornischen Weinbau sind sowohl Großunternehmen (die zehn größten beherrschen zwei Drittel des Marktes) als auch kleine Privatkellereien für Spitzenweine; fast überall kommt modernste Kellereitechnik zum Einsatz. – Im Bundesstaat New York werden auf rund 20 000 ha Rebland jährlich 1 600 000 hl Wein, v. a. aus einheimischen Rebsorten, vinifiziert. Illinois produziert in dem durch den Michigansee gemäßigten Klima jährlich 350 000 hl Wein. Weitere Anbaugebiete finden sich in den Bundesstaaten Oregon und Washington.

SÜDAMERIKA

Argentinien ist einer der größten Weinproduzenten der Erde, durchschnittlich 22 Millionen Hektoliter pro Jahr. In der Provinz Mendoza am Fuße der Anden erntet man die größte Menge, hier liegen 70 % der Rebflächen des Landes, weitere 20 % in der Nachbarprovinz San Juan. Peru produziert ausschließlich für den Eigenbedarf bestimmte Weine (jährlich etwa 95 000 hl von 13 000 ha Rebland), hauptsächlich um Ica nahe der Küste südlich von Lima. Die Anbaugebiete in Brasilien, die hauptsächlich auf der Niederlassung von Deutschen und Italienern beruhen, liegen im Süden des Landes. Das Weinbaugebiet Serra gaucha (30 000 ha in Rio Grande do Sul liefert 90 % der gesamten Weinproduktion. In Uruguay werden rote Tafelweine für den Massenkonsum produziert.

UdSSR

Der sowjetische Weinbau hat in den letzten Jahren eine erstaunliche Entwicklung durchlaufen. Die Anbaufläche ist von 400 000 ha 1950 auf 1,3 Mio. ha angestiegen, womit die UdSSR unter den Staaten der Erde über die drittgrößte Weinbaufläche verfügt. Die Produktion erreicht jährlich etwa 33 Millionen Hektoliter Wein. Die alten, kleinen Rebanlagen weichen zunehmend riesigen Staatsbetrieben. Die Anbaugebiete der UdSSR liegen vor allem an der Küste des Schwarzen Meers von der Moldauischen SSR bis nach Armenien sowie am Westufer des Kaspischen Meeres, wo besonders Dessertweine produziert werden. Von der Krim kommen die auch bei uns bekannten Krimsekte. Die besten Weine produziert Georgien; seine Hauptstadt Tiflis ist Zentrum der Sektherstellung.

▲ **Spanische Weine.**
Die renommiertesten spanischen Rotweine stammen aus Rioja, aber auch trockene, lagerfähige Weißweine stammen von hier. Das Gebiet von La Mancha liefert rund die Hälfte der spanischen Weinproduktion, große Mengen werden aber weiterverarbeitet: zu Branntwein, Weinessig, Arrope u. a. Das Penedès produziert vor allem frische Weißweine mit geringem Alkoholgehalt sowie eine große Menge von Schaumwein, in Spanien Cava genannt. Andalusien ist für seine verschiedenen Sorten von Sherry berühmt sowie für den Málaga.

Weinproduktion ausgewählter Länder
(in 1000 Hektoliter, 1987)

Italien	75 822	Jugoslawien	6 085
Frankreich	69 440	Chile	4 433
Spanien	38 283	Griechenland	4 342
Argentinien	26 018	Australien	4 026
UdSSR	23 000	Bulgarien	3 592
USA	18 373	Ungarn	3 263
Portugal	11 116	Brasilien	2 417
BR Deutschland	8 942	Welt	325 142
Südafrika	6 888	Europa	257 137

Quelle: O.I.V. (Office international de la vigne et du vin, Paris).

NAHRUNGSMITTEL

ALKOHOL

Äthylalkohol oder Äthanol, üblicherweise einfach Alkohol genannt, ist eine farblose, leicht verdunstende Flüssigkeit, die sich in jedem Verhältnis mit Wasser mischt und viele organische und anorganische Verbindungen löst. Man findet ihn in zahlreichen vergorenen Getränken (darunter Wein), in Branntweinen und Likören; außerhalb der Herstellung alkoholischer Getränke wird er auch in vielen Industriebereichen verwendet, z. B. in Pharmazie und Parfümerie, zur Herstellung von Lösungsmitteln, Reinigungsmitteln usw. 1854 wurde Äthylalkohol erstmals von Berthelot synthetisch hergestellt.

Der Äthylalkohol (CH_3-CH_2OH) nimmt leicht Wasser auf; deshalb gibt es keinen reinen (›absoluten‹) Alkohol, solange noch Spuren von Wasser in der Umgebung vorhanden sind. Beim Mischen mit Wasser wird Wärme frei, und es findet eine Volumenverringerung von bis zu 4 % statt. Methylalkohol oder Methanol (CH_3OH) hat ähnliche Eigenschaften wie Äthylalkohol, ist jedoch wesentlich giftiger. Er ist in ›Fusel‹ (schlechtem Branntwein) enthalten, dessen Genuß schwere oder sogar tödliche Vergiftungen hervorrufen kann.

Äthylalkohol kann entweder durch Gärung und anschließende Destillation aus zucker-, stärke- und zellulosehaltigen Stoffen gewonnen oder synthetisch hergestellt werden.

ALKOHOLISCHE GÄRUNG

Die zur Gewinnung des Alkohols verwendeten Rohstoffe müssen gärungsfähige Zucker wie Saccharose enthalten, die durch Mikroorganismen in Äthanol und Kohlendioxid verwandelt werden können. Zur Gärung werden in der Regel Hefen, besonders Saccharomyces, zugesetzt, doch können auch andere Mikroorganismen eine Gärung hervorrufen (Bakterien, Schimmelpilze). Bei den Stärke oder Zellulose enthaltenden Rohstoffen müssen die Stärke und die Zellulose zunächst durch Hydrolyse, das heißt durch Spaltung mit Wasser, in gärungsfähige Zucker zerlegt werden.

Zuckerhaltige Rohstoffe. Es werden zahlreiche zuckerhaltige Pflanzen(teile) verwendet: Zuckerrübe und Zuckerrohr, Äpfel, Birnen, Pflaumen, Kirschen und Trauben, daneben auch die Nebenprodukte, die bei der Verarbeitung dieser Pflanzen zu anderen Zwecken anfallen. So werden viele Alkoholika und Branntweine aus der Melasse der Zuckerfabriken und den Rückständen bei der Weinherstellung (Hefen, Maische) und der Apfelweinherstellung gewonnen. Bei handwerklichen Methoden begnügt man sich damit, den Rohstoff zu zerstampfen und zu zermahlen und den so erhaltenen Most gären zu lassen, der oft schon die zur Gärung notwendigen Hefen enthält, die dann spontan beginnt (bei Früchten). In der Industrie wird der Zucker in Form eines süßen Saftes ohne schwebende Stoffe extrahiert. Die Gärung erfolgt in Bottichen aus Holz, Zement oder Stahl nach der Impfung mit Hefereinkulturen, die einen guten Alkoholertrag geben.

Stärkehaltige Rohstoffe. Hier wird häufig Getreide eingesetzt: Weizen und Gerste in Europa, Mais in den Vereinigten Staaten; daneben werden auch Kartoffeln verarbeitet. Das Rohprodukt wird zunächst zerquetscht und gekocht, um eine Maische zu gewinnen, dann wird die Stärke verzuckert, das heißt, durch Hydrolyse in Zucker umgewandelt. Die Verzuckerung wird durch Malz (gekeimtes Getreide) erreicht, das verzuckernde Amylase enthält. Dies geschieht in Maischebottichen, in denen die stärkehaltige Maische mit 10 % verdünntem Malz versetzt wird. Die Maische wird dann zum Gären gebracht.

Zellulosehaltige Rohstoffe. Die Hydrolyse der Zellulose ist schwieriger; sie wird durch Einwirkung von Säuren bei hoher Temperatur erreicht. Für die Verarbeitung sind Nadelhölzer am besten geeignet; die höchsten Erträge liegen bei 300 l Alkohol pro 1 t Holz (Kiefer). Die Säfte der sauren Hydrolyse werden vor dem Gären abgekühlt und neutralisiert.

DESTILLATION

Unabhängig von der Art der Rohstoffe erhält man nach der Gärung ein Produkt mit 2 bis 10 % Alkohol, das Brennwein heißt. Dieses Produkt wird zur Abtrennung des Alkohols entweder in einer Destillierblase oder in Destilliersäulen destilliert.

Destillierblase. Diese Vorrichtung besteht in ihrer einfachsten Form im wesentlichen aus einer Brennblase, einem Destillieraufsatz und einem Kondensator; sie ist für die handwerkliche Destillation geeignet. Der Brennwein wird in der Brennblase zum Sieden gebracht, und die dadurch entstehenden Dämpfe gelangen durch den Destillieraufsatz in den Kondensator und werden dort niedergeschlagen. In dem Maße, in dem sich der Alkohol im Wein verringert, verlieren die abgegebenen Dämpfe ihren Alkoholgehalt; das erste Destillat muß deshalb meist einer weiteren Destillation unterworfen werden, um den Alkoholgehalt zu steigern. Diese Methode ist zeitaufwendig und kostspielig, gibt jedoch ausgezeichnete Branntweine (Cognac).

Destilliersäulen. Sie werden zur industriellen Herstellung von Alkohol, aber auch zur Gewinnung von Trinkbranntwein eingesetzt, arbeiten kontinuierlich und ermöglichen sehr hohe Erträge an hochprozentigem Alkohol. Das Prinzip dieser Apparate besteht darin, einen kontinuierlichen Gegenstrom zwischen Brennwein und Dämpfen im Inneren eines großen senkrechten Zylinders zu erzeugen. Die Dämpfe reichern sich an Alkohol an, während sich der Wein erschöpft und an der Säulenbasis ohne Alkohol austritt. Der Kontakt zwischen den beiden Phasen wird durch perforierte Platten (›Böden‹) erreicht, auf denen der Wein durch die Schwerkraft abläuft. Die alkoholhaltigen Dämpfe werden in einem nachgeschalteten Kühler kondensiert.

ALKOHOLSYNTHESE

Synthetischer Alkohol kann aus verschiedenen Kohlenwasserstoffen hergestellt werden, meist geht man jedoch von Äthylen ($CH_2=CH_2$) aus, das man durch Cracken von Erdöl(fraktionen) gewinnt. Das Äthylen wird durch Anlagerung von Wasser oder durch Umsetzung mit Schwefelsäure über Äthylsulfat zu Äthylalkohol umgesetzt. Synthetischer Alkohol wird in den meisten Industrieländern hergestellt, doch ist seine Bedeutung mit steigenden Erdölpreisen zurückgegangen.

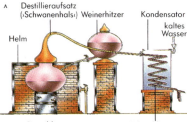

▲ **Die Destillierblase der Charente.**

Die Brennblase mit dem Wein wird über offenem Feuer erhitzt. Über ihr liegt ein Destillieraufsatz (›Helm‹) mit gebogenem Rohr (›Schwanenhals‹), in den die Dämpfe aufsteigen. Das Rohr durchquert zunächst einen Weinerhitzer, dann mündet es in den wassergekühlten Kondensator, in dem sich das Destillat in der Rohrschlange niederschlägt. Man benötigt 9 Liter Wein, um 1 Liter Cognac zu erhalten.

ALKOHOLARTEN

Absoluter oder wasserfreier Alkohol. Praktisch 100 %iger Alkohol, der nur noch geringe Spuren von Wasser enthält.

Weißer Alkohol. Klarer Branntwein, der vor allem aus Steinfrüchten hergestellt wird.

Trinkbarer Alkohol. Jeder Branntwein (auch Synthesealkohol), der zur Herstellung von Genuß- oder Nahrungsmitteln (Liköre, Süßwaren) verwendet werden kann.

Denaturierter Alkohol. Alkohol, der absichtlich mit einem Produkt vergällt wurde, das ihn für den Verzehr ungeeignet macht.

Industriealkohol. Alkohol, der vorwiegend in der Industrie verwendet wird.

Natürlicher Alkohol. Branntwein, der durch die Gärung und Destillation von landwirtschaftlichen Produkten gewonnen wurde.

Rektifizierter Alkohol. Besonders gereinigter Alkohol, der entweder durch mehrfach wiederholte einfache Destillation (wobei die Verunreinigungen mit Vorlauf und/oder Nachlauf entfernt werden) oder durch Einschalten von Destilliersäulen (Rektifiziersäulen) gewonnen wird.

Branntwein. In technischem Sinn jeder Alkohol (Äthylalkohol), unabhängig von der Art seiner Gewinnung. Im engeren Sinn alkoholisches Getränk, das durch Destillation vergorener Produkte (Weine, Apfelweine, Trester, Melasse, Früchte) gewonnen wird und besondere Aromastoffe enthält; diese Branntweine dürfen nicht rektifiziert werden, da sonst ihr Aroma verloren geht. Sie werden häufig mit dem Namen ihrer Herkunftsregion bezeichnet: Cognac, Armagnac, Calvados.

Rohbranntwein. Alkohol, der durch die in ihm enthaltenen Verunreinigungen und flüchtigen Stoffe einen Geschmack und Geruch hat, die ihn für den Verzehr ungeeignet machen. Die Rohbranntweine müssen rektifiziert werden, um trinkbar zu werden.

Likör. Aromatisches alkoholisches Getränk, das durch Extraktion pflanzlicher Produkte (ganze Pflanzen, Früchte, Blätter, Samen, Schalen, Wurzeln) mit Alkohol, unter Zugabe von Zucker, Sirup, Karamel oder Honig sowie von Fruchtsäften, Essenzen, ätherischen Ölen und sonstigen Aromastoffen hergestellt wird.

NAHRUGSMITTEL

ALKOHOL

SORTEN, MARKEN

Aquavit ist der Branntwein Nordeuropas, der aus destillierten Kartoffeln oder Getreidekörnern hergestellt wird. Das Destillationsprodukt wird rektifiziert und entweder mit Aroma versehen oder so belassen. Man findet ihn unter dem Namen *Akvavit* in Dänemark und Norwegen, *Branvin* in Schweden, *Brennivin* in Island, *Wodka* in Polen, Finnland und Rußland.

Armagnac ist das Ergebnis der langsamen und kontinuierlichen Destillation von Weißweinen, die in festgelegten Gebieten Frankreichs, den Départements Gers, Landes und Lot-et-Garonne produziert werden. Das Armagnacgebiet teilt sich in drei Produktionsregionen auf: Bas-Armagnac, Tenarèze und Haut-Armagnac. Der Wein wird mit kontinuierlicher Blasendestillation in einem einzigen Arbeitsgang destilliert. Die Branntweine von 60 Vol.-% werden sofort zum Lagern in Eichenfässer gefüllt. Wenn sie ihr Alter erreicht haben, mischt man Branntweine verschiedenen Alters, um ein homogenes Produkt zu erhalten. Durch Hinzufügen von destilliertem Wasser wird der Alkoholgehalt für die Vermarktung auf ungefähr 40 % gesenkt. Der Armagnac kann ein Jahrgangsbranntwein sein, wenn er aus Branntweinen ein- und desselben Jahrgangs stammt.

Arrak ist der Name verschiedener Branntweine in zahlreichen Ländern Asiens, Afrikas und Amerikas. Ursprünglich bezeichnete Arrak in Zentralasien jeden aus Trauben, Getreide und Datteln destillierten Alkohol. In Indien wurde er durch die Destillation der Zukkerrohrmelasse hergestellt, die man mit einer aus Reis hergestellten Hefe hatte gären lassen. Der chinesische Arrak ist ein Branntwein aus verzuckertem und mit besonderer Hefe vergorenem Reis. In Turkestan wird er aus Weizen oder Hirse gewonnen.

Boukha. Tunesischer Branntwein aus Feigen. Diese werden getrocknet, dann eingelegt und in einem Säulendestillierapparat destilliert.

Bourbon. In den Vereinigten Staaten durch Destillieren einer Getreidemischung, die mindestens 51 % Mais enthalten muß, hergestellter Branntwein. Er wird in neuen Fässern aus Weißeiche gealtert, deren Innenraum verkohlt ist. Diese Technik gibt dem Branntwein einen weichen Geschmack und seine schöne goldene Farbe. Der Bourbon ist in den Vereinigten Staaten zu einem echten Nationalgetränk geworden.

Cachaça. Name, den die Brasilianer dem Rum gegeben haben.

Calvados. Er wird durch Destillieren des Cidre in der Normandie hergestellt. Er verdankt seinen Namen dem Département Calvados. Der Cidre wird mit Nachlaufdestilliervorrichtungen, ›der Charente‹, hergestellt. Wie der Cognac läuft die Produktion in zwei Phasen ab, bei der ersten Destillation ergibt es den ›Vorlauf‹; dieses sind neue Destillate, und man trennt von der Branntweine vom Anfang und vom Ende des Destillierens und behält nur die Mitte dazwischen. Die berühmteste Herkunftsbezeichnung des Calvados ist die der Region Auge, die eine Garantie dafür ist, daß der Branntwein aus dem besten Gebiet des Herkunftsbereichs ist.

Cognac. Der weltweit bekannte Cognac stammt ausschließlich aus der Destillation der

Weißweine, die aus der Charente (mit stark kalkhaltigen Böden, Hauptstadt ist Cognac) hervorgegangen sind, und nach der Charente-Methode in einer Nachlaufblase zweimal destilliert werden. Das erste Erhitzen ergibt den Vorlauf mit 27 bis 30 Vol.-%, der dann noch einmal in die Brennblase gegeben wird und zwölf Stunden lang sehr gleichmäßig erhitzt wird. Dann wird der Branntwein vom Beginn und vom Ende der Destillation abgeschieden und nur die Mitte behalten. Nur dieser Branntwein mit 69 bis 72 Vol.-% wird gelagert. Das Cognac-Gebiet umfaßt ungefähr die Départements Charente-Maritime und Charente. Seine Produktion teilt sich in sechs Anbaugebiete auf: Grande Champagne, Petite Champagne, Borderies, Fins Bois, Bons Bois und Bois ordinaires.

Genever. Der Wacholderschnaps oder Genever ist der einzige traditionelle Branntwein aus Getreide und Darrmalz. Dabei wird vor allem Roggen, auch Weizen, Hafer und Gerste verwendet. Die traditionelle Destillation erfolgt in kleinen Brennblasen in drei aufeinanderfolgenden Durchläufen. Nach den beiden ersten Destillationen werden die Wacholderbeeren hinzugefügt, dann folgt die dritte Destillation, die einen Branntwein mit 38 Vol.-% ergibt.

Bei einer anderen Methode werden die beiden ersten Destillationsläufe durch einen Durchgang in einer Säulendestillieranlage ersetzt.

Der traditionelle französische Genever enthält viele nichtalkoholische Elemente, die ihm seinen Charakter geben. Er wird in Eichenfässern gelagert, bevor er auf den Markt kommt. Man trinkt ihn mit Eis nach dem Essen.

Gin. Der zur Herstellung von Gin verwendete Alkohol ist in den meisten Fällen ein hochprozentiger Getreidebranntwein, es werden jedoch auch andere Alkoholika (aus Zuckerrübe oder Zuckerrohr) und andere Branntweine verwendet. Der Grundalkohol wird durch Hinzufügen von demineralisiertem Wasser gemildert. Das Aroma stammt aus pflanzlichen Organen, vor allem Wacholder und Koriander, aber auch aus Süßholz, Wurzeln und Rinde von Ginster oder den Wurzeln der Engelwurz. Die übliche Methode besteht darin, daß der Alkohol mit den Aromastoffen erneut destilliert wird, die sich entweder in einem in die Flüssigkeit getauchten Beutel oder an der Stelle befinden, wo sich die Dämpfe konzentrieren.

Der Gin, der noch immer das am meisten verbreitete alkoholische Getränk in England ist, wo man ihn häufig mit Eis, Tonicwater und einer Zitronenscheibe trinkt, hat sich eine große Anhängerschaft erobert.

Ouzo, griechischer Likör aus Branntwein, Anissessenz und Zucker. Er wird pur, als Likör oder mit Wasser, durch das er milchig wird, getrunken.

Raki. In der Türkei ein Trauben- oder Pflaumenbranntwein mit Anisaroma.

Rum. Er kann entweder das Produkt der Destillation des Zuckerrohrsaftes sein, das dann einen feinen und eleganten Rum ergibt, oder das Produkt der Destillation von Melassen und Sirup aus der Zuckerherstellung, der Schlempe, und heißt dann *Industrierum*. Nach dem Ernten des Zuckerrohrs werden die Stengel zermahlen, um ihren Saft zu extrahieren, und dieser wird nach Beimpfung mit Hefe zum Gären gebracht. Die Gärung dauert zwischen 36 und 48 Stunden. Danach wird er in kontinuierlicher Blasendestillation destilliert, was einen Branntwein zwischen 65 und 75

Vol.-% ergibt. Dieser wird in Eichenfässern mindestens 3 Jahre oder manchmal 15 oder 20 Jahre gelagert. Der ›weiße Rum‹ wird in einem Bottich gelagert, um eine Einfärbung zu verhindern. Die berühmtesten Rumsorten sind die von Martinique und Gouadeloupe, die sehr fein sind und einen vollen Geschmack haben. Jamaika produziert sehr schwere Rumsorten, Haiti einen sehr mit großer Feinheit. Puerto Rico, einer der größten Produzenten der Welt, produziert die klassischen weißen oder braunen Rumsorten. Guyana bringt dunkelfarbige Rumsorten ohne Fruchtigkeit hervor, Trinidad einen wenig charaktervollen Rum. Kuba produziert einen leichten und feinen Rum, der praktisch nicht mehr exportiert wird.

Sake. Der aus Japan stammende Sake, der durch die Gärung von Reis entsteht und gefiltert wird, wird warm aus Tassen oder kleinen Gläsern getrunken.

Sliwowitz, Pflaumenbranntwein aus Jugoslawien, sehr verbreitet in Mitteleuropa. Die mit den zur Gärung gebrachten Früchten zerkleinerten Kerne ergeben einen sehr leichten bitteren Geschmack. Der Sliwowitz wird nach der Lagerung in Holzfässern, durch die er seine goldgelbe Farbe erhält, getrunken.

Tequila, mexikanischer Branntwein aus der Destillation der Agave. Die Agavenfrucht, die etwa fünfzig Kilogramm wiegt, wird gedämpft, zerkleinert und ausgepreßt. Der Saft wird mit Zucker und Hefe vergoren. Anschließend wird er zweimal destilliert.

Tresterbranntwein. Die Tresterbranntweine sind das Ergebnis der Destillation der Rückstände aus der Traubenmaische, die entweder gewaschen oder ungewaschen verwendet werden. Es ist ein kräftiger und voller Branntwein, den nur eine sehr lange Lagerung in Holzfässern mildern kann. Die besten kommen aus der Bourgogne, der Champagne, dem Bugey.

Whisky. Der Whisky kann aus der Destillation zahlreicher Getreide in jeder beliebigen Region der Welt erzeugt werden. Dieser Branntwein kann allerdings nur groß und rassig sein, wenn er aus seinem Herkunftsland Schottland stammt, das den großen Scotch Whisky produziert. Die meisten exportierten Scotch Whiskys sind Blends, das heißt durch Destillation von Gersten- oder Maiskörnern hergestellt. Nur das reine Malz ist das Ergebnis der Gerstendestillation. Die Produktion der ›Pur Malt‹ ist auf vier Gebiete aufgeteilt: die Highlands, die einen feinen und delikaten, den berühmtesten Whisky der Welt, hervorbringen; die Inseln Islay und Jura an der vom Wind umtobten Westküste, die urtümliche, von dem schwarzen Torf aus Algen und Meeresresten geprägte Whiskys produzieren; Campbeltown, dessen Malze ein kräftiges Aroma haben; die Lowlands, deren im allgemeinen leichte und feine Malze im wesentlichen für den Blend verwendet werden.

Wodka. Der wirklich echte Wodka stammt aus Rußland oder Polen. Dieses traditionelle Getränk wird vor, während und nach den Mahlzeiten getrunken. Heute ist er zu einem internationalen Branntwein geworden, der in der ganzen Welt getrunken und produziert wird. Mit Kaviar und Räucherfischen kommen seine Qualitäten am besten zur Geltung. Er ist eigentlich geruchlos, denn er wird bis zur Geschmacklosigkeit destilliert. Sein Reiz liegt also in der aufpeitschenden Wirkung seines Alkohols. Er kann mit Aromastoffen versetzt sein.

NAHRUNGSMITTEL

ERNÄHRUNG IN DER ZUKUNFT

GESTERN, MORGEN

Früher hing die Nahrung vom Ort und von den Jahreszeiten ab. Die ganze Geschicklichkeit der Hausfrau bestand darin, unterschiedliche Gerichte mit eintönigen Grundstoffen zu kochen: Kartoffeln, Kohl, Rüben oder Steckrüben. Heute verfügen wir für unsere Ernährung über eine Produktpalette, die jederzeit und überall erhältlich ist: zu Hause, am Arbeitsplatz, in den kleinen Läden oder in Supermärkten, in Restaurants jeder Größe, in Zügen und Flugzeugen. Noch nie waren unsere Möglichkeiten in der Ernährung so groß. Morgen werden sie noch umfassender sein.

Allerdings steht zu befürchten, daß diese Zunahme der industriell hergestellten Nahrungsmittel mit einer Verflachung der ernährungsphysiologischen und vor allem gastronomischen Qualitäten einhergeht. Diese Befürchtung ist umso gerechtfertigter, als die Bevölkerungen der entwickelten Länder heute außerordentlich vielfältige und reichhaltige Nahrungsmittel besitzen. Die herausragende Stellung Frankreichs in der Gastronomie beispielsweise ist unbestritten, und die Statistiken über die Lebenserwartung (79,7 Jahre für Frauen und 71,5 Jahre für Männer) stellen die Franzosen auf den zweiten Platz der Weltrangliste hinter die Japaner, was ein Beweis für die Qualität ihrer Ernährung ist.

Gefahr für die Vielfalt? Eine der großen Fragen der Zukunft ist nun, ob die Länder, in denen sich eine herausragende Ernährung entwickelt hat und erhalten wurde, wie Frankreich, Italien und China, ihre Originalität und Qualität erhalten können, wenn die wirtschaftlichen Sachzwänge ihre Ernährung in ein internationales Gemisch umwandeln. Trotz der Tendenzen der allgemeinen Verflachung kann man doch annehmen, daß ein System der Landwirtschaft und Nahrungsmittelproduktion wie das französische System mit seinen Landwirten, Industrien, Vertriebsorganisationen, Gastronomen und Verbrauchern die ausländischen Methoden und Produkte aufnehmen und dennoch seine nationale gastronomische Besonderheit beibehalten kann.

Der unendlichen Vielfalt des Bedarfs und des Vergnügens am Essen eines jeden Menschen wird in der Zukunft eine Palette noch vielfältigerer Produkte gegenüberstehen, die sich durch ihre Herkunft, ihren Geschmack, ihr Aroma, ihre Struktur, ihre ernährungsphysiologische Zusammensetzung, ihren Zubereitungsgrad (lose, roh, kochfertig, gekocht), ihre Verpackung (angefangen bei der Minipackung bis zur Maxipackung für Restaurants oder Großküchen) unterscheiden werden.

Diese Nahrungsmittel der Zukunft werden mehr noch als heute nahrhaft, gesund, attraktiv, angenehm und bequem sein. Über eine lange Zeit hinweg müssen die Produkte alle diese Qualitäten haben oder sie erhalten, sonst müssen sie verschwinden, obwohl diese Eigenschaften aufgrund der wechselnden Mode, der wissenschaftlichen Erkenntnisse und der individuellen Bedürfnisse in Frage gestellt werden können.

Der Verbraucher von morgen. Die Beobachtung des Verhaltens und soziologische Untersuchungen zeigen ganz klar die Richtungen, die der Verbraucher eingeschlagen hat: einerseits schnelle tägliche Mahlzeiten, die aus gesunden Lebensmitteln bestehen, standardisiert, billig und von der Nahrungsmittelindustrie und Restaurantketten zubereitet sind, und andererseits die festlichen Essen mit großer Vielfalt, die die traditionelle gastronomische Qualität, unterschiedliche Zubereitungen und geschmackliche Raffinesse bieten. Die Zunahme der Mahlzeiten, die am Arbeitsplatz eingenommen werden und die mit einer gewissen Eintönigkeit der Gerichte einhergeht, geht in diese Richtung: Sie verstärkt das Bedürfnis, in regelmäßigen Abständen den ursprünglichen Geschmack wiederzufinden, und dies in einer nicht alltäglichen Umgebung. So bestätigt sich diese Zweiteilung, aber auch die Komplementarität, zwischen einem alltäglichen Gericht, das von den Kantinen und den Schnellrestaurants geboten wird, und einer außergewöhnlichen, luxuriösen und teuren Mahlzeit, die die traditionellen Aufgaben der Treffen mit geladenen Gästen übernimmt. Also muß in den Techniken der Zubereitung der Grundstoffe, der Nahrungsmittel und der Mahlzeiten die tiefgreifendste Änderung der Ernährung der Zukunft gesucht werden, viel mehr als in den sozialen Ernährungsformen.

WOHLDOSIERTE KALORIEN

Die Nahrhaftigkeit eines Nahrungsmittels, also sein eigentliches Wesen, kann heute paradoxerweise ein Verkaufshindernis sein: Während man vor kurzer Zeit noch die Vorteile des Zuckers als Energielieferant pries, wird er heute mehr und mehr durch kalorienfreie Süßstoffe ersetzt. Beim Käse, dessen Fettgehalt früher ein Zeichen von Qualität war, bei der Butter, bei Fertiggerichten, überall ist diese Tendenz zur Kalorienarmut, also zur Verringerung des Nährwerts, festzustellen. Die Verringerung der Kalorien geht hier mit der Anreicherung mit Vitaminen, dort mit Mineralstoffen oder anderswo mit Aromastoffen einher. Diese Alchimie der Ernährung wird dazu führen, daß wir wissenschaftlich nach den Bedürfnissen und dem Geschmack der Verbraucher dosierte Nahrungsmittel erhalten. Dies wird besonders deutlich bei den Fertiggerichten, wo unter der Aufsicht des Küchenchefs und eines Fachmanns für Ernährung in angenehmer Form und unterschiedlichen Geschmacksrichtungen ein Teil oder die Gesamtheit des täglichen Bedarfs für die Ernährung eines immer gezielter gesuchten Publikums geliefert wird: nicht nur die Ernährung des Sportlers im allgemeinen, sondern diejenige, die dem internationalen Champion angemessen ist, oder die für den Sprinter oder den Marathonläufer. Durch diese Aufteilung des Marktes werden Produkte angeboten, die immer mehr einem präzisen Nahrungsbedarf angepaßt sind.

LEICHT ZUZUBEREITEN, SCHÖN ANZUSEHEN

Die Nahrungsmittelindustrien suchen ständig nach einer bequemen Anwendung. Im Extremfall führt dies zur Abschaffung der Küche und zu einem Angebot fertiger Gerichte, die nur noch aufgewärmt werden müssen, was in der Packung selbst geschieht, wobei diese Packung dann als Unterlage dienen kann und somit den Teller ersetzt und schont; dies vermeidet nicht etwa die unbeliebte Arbeit des Spülens, sondern des Einräumens und Ausräumens der Spülmaschine. In einer einzigen Generation hat die Nahrungsmittelindustrie diejenige Zeit um die Hälfte verringert, die eine Hausfrau zum Zubereiten der Mahlzeiten aufwendet. Viele Indizien zeigen, daß diese Entwicklung fortschreiten wird.

Die Marketingspezialisten haben jedoch das bewußte oder unbewußte Schuldgefühl der Familienmütter festgestellt, die Tiefkühlkost oder Fertiggerichte verwenden und immer weniger Zeit für die Zubereitung des Essens für die Familie aufwenden. Um dieses Gefühl abzubauen, finden die Methoden, die die Zubereitung persönlicher machen, immer breitere Verwendung: eine Sauce hier, Kräuter dort oder ein Vorname auf einer Geburtstagstorte.

▲ · Nahrungsmittelforschung: Verarbeitung von Pflanzenproteinen.

Aus Pflanzen (z. B. Soja, Luzerne) gewonnene Proteine sind amorph und eignen sich deshalb kaum für die Verarbeitung zu Lebensmitteln. Eine Möglichkeit besteht darin, den Proteinen durch ›Texturieren‹ (Verspinnen oder Extrudieren) Form und Struktur und damit eine fleischähnliche Konsistenz zu geben. Beim ›Proteinspinnen‹ werden die Proteine zunächst in Natriumcarbonat mit einem pH-Wert von 12 bis 12,5 gelöst; die so erhaltene zähflüssige Lösung wird durch eine in ein Bad mit Essigsäure eingetauchte Spinndüse gepreßt. Am Ende der Spinndüse setzen sich die Proteine als Faden ab. So erhält man Fadenstränge aus geronnenem Protein, die zu einem Seil zusammengefaßt werden. Das Produkt wird dann gekocht und weiterverarbeitet, wobei man Erzeugnisse mit weicherer oder festerer Konsistenz herstellen kann.

NAHRUNGSMITTEL

ERNÄHRUNG IN DER ZUKUNFT

Aufmachung. Die Packung, die mit dem Nahrungsmittel eine Einheit bildet, hat nicht nur eine schützende Aufgabe. Sie ermöglicht die Aufteilung, um immer kleinere Portionen zu vermarkten, die häufig eine weitere Verpackung für mehrere als Einheit verkaufte Produkte erfordern. Im Zuge der Abfallvermeidung wird die Nahrungsmittelindustrie gefordert sein, hierüber nachzudenken.

Die Packung liefert auch Informationen: Sie ist bunt, trägt ein Etikett oder Aufdrucke, die die Marke und die Eigenschaften des Produktes angeben. Die Packung kann auch bequem für den Transport und das Öffnen, sogar für den Verzehr selbst sein, wie es der Fall bei den Bierdosen ist, bei denen kein Glas mehr benötigt wird.

Die Packung sendet dem Verbraucher eine Botschaft, unabhängig davon, ob sie aus Metall, Holz, Glas, Kunststoff, Pappe oder morgen vielleicht aus eßbarem Material ist, wie wir dies heute schon bei den Würsten erleben. Deren Hülle besteht nämlich nicht mehr aus Därmen oder aus Kunststoff, sondern aus verdaulichen, aus Kollagen hergestellten Stoffen.

EIN NATURERSATZ

Die Entdeckungen der Biologie und vor allem der Biotechnologie werden tiefgreifende Umwälzungen im Nahrungsmittelbereich mit sich bringen, indem sie Genmanipulationen an Kulturpflanzen, Haustieren und Mikroorganismen ermöglichen. In den kommenden Jahren wird der Wettbewerb zwischen der traditionellen Landwirtschaft und der industriellen, biochemischen oder biologischen Richtung sehr lebhaft werden.

Die Produktion lebender Stoffe aus Haushaltsmikroben in Industrielabors ist bereits Realität, so daß Vitamine und Aminosäuren produziert werden können, aber der Gestehungspreis ist noch zu hoch, was ihren einzigen Einsatz in der Pharmazie erklärt.

Die Kultur von heute pflanzlichen und morgen tierischen Geweben kann beachtliche Perspektiven der industriellen Nahrungsmittelproduktion eröffnen. Diese bereits mehrere Jahrzehnte alte Technik, die zunächst auf die Labors der Pflanzenphysiologie beschränkt blieb, breitet sich sehr schnell aus. Ob Einzellerproteine aus Grünalgen in größeren Mengen in der menschlichen Ernährung verwendet werden können, wird von der Möglichkeit ihrer Weiterverarbeitung abhängen.

Essen aus dem Labor. Es ist heute absolut möglich, im Labor das zu erhalten, woraus man Apfelkompott macht, ohne jemals Apfelbäume anzupflanzen, oder Kirschenkompott ohne Kirschen. Die ersten industriellen Produktionen umfaßten kostspielige Produkte: In Frankreich erhält man neue, ›in vitro‹ gezüchtete Fenchelsorten, was eine Reduktion der Importe von Anisessenzen des Sternanis aus China erlaubte. In Kalifornien arbeiten die Forscher an der Kultur von Vanillezellen, um ein Vanillearoma herzustellen, das auch noch den Vorteil hat, natürlich zu sein. In verschiedenen Ländern befassen sich die Forschungen mit der Herstellung von Kakaobutter.

Die Gewebekultur wird sicher in der Zukunft große Umwälzungen hervorrufen. Kurzfristig scheint vor allem der pharmazeutische Bereich der am meisten betroffene zu sein: Es wurden vielversprechende Ergebnisse für die Herstellung von Morphin, Kodein und krebsbekämpfenden Stoffen erzielt. Bei allen diesen Produkten ist die Rentabilität natürlich keinesfalls mit der der klassischen Nahrungsmittel zu vergleichen.

NAHRUNGSMITTEL AUS ANDEREN LÄNDERN

Die Neuheit in der Ernährung kommt nicht nur von der technologischen Innovation. Auch die Bedeutung der Einführung von Produkten aus anderen Ländern und anderen Traditionen muß hier hervorgehoben werden. Daß auf unserem Tisch Produkte zu finden sind, die in einem anderen Klima wuchsen, ist eine Konstante der Geschichte. Es waren zunächst Pflanzen oder Tiere, deren geschmackliche und ernährungsphysiologische Qualitäten oft mit angenommenen oder tatsächlichen heilenden Eigenschaften verbunden wurden. Dies war der Fall bei den Gewürzen aus Asien, bei vielen Pflanzen aus Amerika, Kaffee, Schokolade und vor kurzem erst bei Zitrusfrüchten, Bananen, Ananas, oder auch bei Coca-Cola, die 1896 in den Vereinigten Staaten von dem Apotheker Pomberton unter dem Namen ›French wine cola‹ als ein exotisches Produkt mit äußerst verdauungsfördernden Eigenschaften geschaffen und in Europa und vielen anderen Ländern im Zweiten Weltkrieg durch die GIs eingeführt wurde, die wie mit dem Kaugummi einen Hauch des ›American Way of Life‹ mit sich brachte und damit anregende, ja sogar aphrodisische Eigenschaften hatte.

Heimisch gewordene Produkte, Produkte anderer Provenienz. Bei diesen Importen können zwei Kategorien unterschieden werden: diejenigen, die alltäglich und weitverbreitet sind, und diejenigen, die wirklich exotisch bleiben. In der ersten Kategorie ist einer der jüngsten Erfolge bei der aus Neuseeland stammenden Kiwi festzustellen, die in einigen europäischen Ländern jetzt immer mehr angebaut wird und nun mit der Herstellung von Kiwiwein durch Gärung typische europäische Veränderungen durchmacht. Auch eine andere aus Neuseeland stammende Frucht beginnt in Europa heimisch zu werden, nämlich die Nashi, die in Japan durch Kreuzung eines Apfels, dessen Aussehen und Bißfestigkeit sie besitzt, mit einer Birne, deren Geschmack sie hat, gezüchtet wurde. Es gibt davon etwa zwanzig Sorten, von denen drei versuchsweise angebaut werden. Die exotischen Importprodukte finden sich häufig auf lokalen Märkten in den Vierteln, in denen die Bevölkerung lebt, die daran gewöhnt ist, sie zu essen, und dann in Restaurants, die für ein Land typische Gerichte anbieten und immer mehr zunehmen, gleichgültig, ob es sich um heute traditionelle Betriebe wie Pizzerias oder italienische oder südländische Restaurants, chinesische oder vietnamesische Restaurants, die amerikanischen Fast-Food-Ketten oder um japanische oder koreanische Restaurants handelt. Die Tier- und Pflanzenarten, aus denen diese Produkte gefertigt sind, sind unzählig. Es werden wilde Tiere oder manchmal gezähmte Tiere wie Nabelschweine, Gazellen, afrikanische und andere Antilopen verwendet. In Südisrael wird der Strauß nicht nur wegen seiner Haut und seiner sehr begehrten Federn gezüchtet, sondern auch wegen seines Fleisches, das sehr wenig Fett und Cholesterin enthält. Wir entdecken Spieße mit Kaimanfleisch nach der Art Guayanas, Giraffenhals, Elefantenrüssel oder Zebrasteak, eingelegte Termiten oder Rattenpfeffer. Wir lassen uns von den Pygmäenstamm Aka in der Zentralafrikanischen Republik inspirieren, die die Larven des Käfers der Palmen essen oder Raupenspieße zubereiten. Man will die Mexikaner imitieren, die aus der Baumwanze *(Xumiles)* eine Soße machen und Ameiseneier essen.

TRADITION UND VERGNÜGEN

Je unterschiedlicher die geographische Herkunft der Nahrungsmittel ist und je mehr ihre Herstellung von der Industrie übernommen wird, um so lauter fordert die Öffentlichkeit eine Rückkehr zur Natur, die im übrigen häufig mit einer Rückkehr zur alten Art verwechselt wird. Das Studium von Texten über Brot über zweitausend Jahre hinweg zeigt, daß jede Generation den Methoden der Brotbäckerei von früher nachgeweint hat. Schlaue Handwerker finden alte Rezepte und Produkte wieder und bilden sich so eine treue Kundschaft. Pflanzen, die früher angebaut oder geerntet wurden, werden vielleicht rehabilitiert wie der Ölraukensalat, der einen scharfen Geschmack hat und die Magensekretion fördert, oder auch der Pastinak, ein mit der Karotte verwandter Doldenblütler mit weißfleischiger Wurzel, der von den Römern sehr gern gegessen wurde.

Ewige Gastronomie. Die Industrialisierung tut im übrigen dem Prestige der Gastronomie keinen Abbruch. Außergewöhnliche Getränke und Gerichte gehören immer zu Festen und Zeremonien: Das traditionelle Menü der berühmtesten Mahlzeit von Literaten bei Drouant anläßlich der Verleihung des Prix Goncourt umfaßt Belugakaviar, Hummer, Wild, Gänsestopfleber, Produkte, die in unserer Zeit zur Zubereitung besonderer Gerichte dienen. Eine konstante Tendenz zur Diversifizierung der Nahrungsmittel ist die immer größere Verbreitung von Prestigeprodukten, die sich immer erneuern müssen, um noch ein Ausdruck des Besonderheit zu bleiben. Der Champagner ist ein Symbol für diese Entwicklung: In dem Maße, in dem seine Kundschaft größer wurde, mußte man zum Erhalt seiner besonderen Aura Flaschentypen erfinden wie die weiße oder gefärbte Flasche, den rosa Champagner oder den Jahrgangschampagner, Champagnerverschnitte oder besondere Bezeichnungen, mit denen eine gewisse Überlegenheit erhalten werden konnte. Die Erfindung von Prestigeprodukten ist Teil unserer Eßkultur.

Vor allem Vergnügen. So kann man wie in der Vergangenheit für die Zukunft voraussagen, daß die Nahrungsmittel sowohl die Lust an Neuem als auch physiologische Bedürfnisse befriedigen müssen oder auch eine bequeme Anwendung bieten und durch ihre organoleptischen Eigenschaften Vergnügen bringen müssen: Farbe, Struktur oder Konsistenz, Geruch, Geschmack. Die Skala dessen, was das Essen an Vergnügen bieten kann, ist unendlich, ebenso wie die Phantasie der Industrie oder Köche, dieses Vergnügen zu wecken oder zu befriedigen oder glauben zu machen, daß dieses oder jenes Nahrungsmittel zu einer schlanken Linie, Gesundheit, Intelligenz oder Glück verhilft. Dieser mit dem Vergnügen verbundene hedonistische Aspekt wird auch in Zukunft die Ernährung durch Pillen verhindern, die einige Science-fiction-Filme wie ein Alptraum durchziehen. Selbst wenn technologisch die Herstellung hochkonzentrierter Produkte möglich ist, sie werden nur zu außergewöhnlichen Gelegenheiten, wenn es unbedingt notwendig ist, aus medizinischen Gründen oder des Überlebens willen eingenommen. Im Alltag wird der Verbraucher nicht darauf verzichten wollen, ausreichend, gesund und vielfältig zu essen und dieses Vergnügen drei- bis viermal pro Tag zu wiederholen.

15

SPORT

In der heutigen Welt und insbesondere in den Medien und im Fernsehen nimmt der Sport
einen breiten Raum ein. Der Begriff ›Sport‹ selbst deckt jedoch sehr unterschiedliche körperliche
Aktivitäten ab, die nicht überall in gleichem Maße bekannt und verbreitet sind. In diesem
Kapitel werden die wichtigsten Sportarten aufgeführt, die weltweit von
Mannschaften oder einzeln, von Profis oder Amateuren
ausgeübt werden und die sowohl olympische als auch andere Sportarten umfassen.
Dabei wurde versucht, Text und Illustration (Photographien oder Zeichnungen) eng miteinander
zu verbinden, um so besser die Regeln und die wichtigsten technischen Gesten
zu erklären. Ebenso wurde darauf geachtet, daß das für die wichtigsten
Sportarten oder diejenigen, die besonders ›technisch‹ sind, spezifische
Vokabular definiert wird. Schließlich braucht der Sport von Natur aus den
Wettkampf und Leistungen. Deswegen wurde den Siegerlisten ein angemessener Platz eingeräumt,
ohne jedoch den Anspruch auf Vollständigkeit zu erheben.

INHALT

OLYMPISCHE SPIELE 1074

LEICHTATHLETIK
LEICHTATHLETIK 1076
ZEHNKAMPF, SIEBENKAMPF,
MARATHONLAUF, CROSS-COUNTRY,
GEHEN 1081
TRIATHLON, FÜNFKAMPF 1081

TURNEN 1082

GEWICHTHEBEN 1084

TRAMPOLIN 1084

SCHIESSEN 1085

BOGENSCHIESSEN 1085

BOXEN 1086
GROSSE NAMEN, GLOSSAR 1087

RINGEN 1088

FECHTEN 1089

KAMPFSPORT 1090

JUDO 1091

TENNIS 1092

BADMINTON 1096

SQUASH 1096

TISCHTENNIS 1097

GOLF 1098

KRICKET 1099

BASEBALL 1099

FUSSBALL 1100

RUGBY 1102

RUGBY XIII 1103

AMERICAN FOOTBALL 1104

BASKETBALL 1104

HANDBALL 1106

VOLLEYBALL 1107

FELDHOCKEY 1108

BOULES 1108

SCHWIMMEN 1109

WASSERBALL 1112

KANU-KAJAK 1112

RUDERN 1113

SEGELN 1114

WINDSURFEN 1115

WASSERSKI 1116

NORDISCHER SKISPORT 1117

ALPINER SKISPORT 1118

BOBSPORT 1120

CURLING 1120

EISHOCKEY 1121

EISKUNSTLAUF 1122

EISSCHNELLAUF 1123

REITSPORT
POLO, PFERDERENNEN 1123
REITEN 1124

AUTOMOBILSPORT 1126

MOTORRADSPORT 1128

RADSPORT
DIE BAHN, QUERFELDEINRENNEN 1129
STRASSENRENNEN 1130

FALLSCHIRMSPRINGEN 1132

DRACHENFLIEGEN, SEGELFLUG 1123

BERGSTEIGEN 1134

Siehe auch
Körper und Gesundheit, S. 974 bis 976, Abschnitt über Sport und Leistung.

Redaktion und Texte
Réné Oizon, Generalsekretär der Redaktion;
Anne Charrier, Herausgeberin bei der Librairie Larousse.

SPORT

OLYMPISCHE SPIELE

Die Olympischen Spiele sind die größte sportliche Veranstaltung der Welt und vereinen die besten Sportler in über zwanzig Disziplinen. Eigentlich gibt es im gleichen Jahr zwei Olympische Spiele, nämlich die Winterspiele (die erst seit 1924 ausgetragen werden) für den Winter- und Eissport und die Sommerspiele, die wesentlich wichtiger sind und alle anderen Sportarten umfassen. Die Anzahl und die Art der Disziplinen hat sich bei den Spielen verändert, einige sind verschwunden (wie Polo, Rugby oder Tauziehen), bei noch vorhandenen Sportarten wurden Prüfungen abgeschafft (wie der Hochsprung aus dem Stand bei der Leichtathletik) und viele wurden neu eingeführt. Tennis (nach mehr als 60 Jahren wieder hinzugekommen) und Tischtennis sind die jüngsten Neuzugänge seit 1988.

Ursprünglich und lange Zeit hindurch blieben die Olympischen Spiele zumindest offiziell den Amateuren vorbehalten. Heute zeigt die Aufnahme des Tennis, daß der Gedanke, Sport auf hohem Niveau und zugegebene oder verdeckte Professionalität zu vereinen, akzeptiert wurde. Das IOK hat schließlich zugegeben, daß der Sport nicht einer begünstigten gesellschaftlichen Elite vorbehalten ist. Nachdem dieser Konflikt beigelegt ist, bedrohen andere Probleme wie der Gigantismus und die Politik das Weiterbestehen der Spiele.

Die Olympischen Spiele werden (vom IOK) nicht an ein Land, sondern an eine Stadt vergeben (die in der Regel sechs Jahre im voraus bestimmt wird; seit 1986 ist bekannt, daß Barcelona die Sommerspiele von 1992 ausrichten wird); diese Stadt muß dafür einen riesigen Geldbetrag aufwenden und dabei auf private Firmen und Abgaben der Medien (vor allem Fernsehen) zurückgreifen. Der Haushalt zur Organisation der Spiele in Los Angeles (1984) wurde auf 500 Millionen Dollar geschätzt. Daraus geht jedoch klar hervor, daß nur große Metropolen die Spiele ausrichten können und daß deren Organisation (zumindest die der Sommerspiele) in kleinen Ländern ausgeschlossen ist. Politischer Druck war immer mehr oder weniger diskret vorhanden, insbesondere wenn es um die Auswahl der Städte ging.

Der Einmarsch der Sowjets in Afghanistan 1979 veranlaßte die amerikanischen und andere westliche Sportler, nicht an den Olympischen Spielen in Moskau (1980) teilzunehmen. Als Gegenreaktion haben die Sowjetunion und fast alle Ostblockländer die Spiele von Los Angeles 1984 boykottiert. Die Auswahl Seouls für 1988 wurde aufgrund der Teilung Koreas in zwei feindlich gesonnene Staaten nicht einstimmig getroffen, und die Idee, Nordkorea mit einigen Sportarten zu beauftragen, wurde nicht verwirklicht.

C · Pierre de Coubertin.
Er wurde 1863 in Paris geboren und starb 1937 in Genf. Er wird übereinstimmend als der Erneuerer der Olympischen Spiele angesehen. Die Idee dazu förderte er 1892, versammelte 1894 an der Sorbonne Vertreter aus 14 Nationen in einem ›Kongreß zur Wiederherstellung der Olympischen Spiele‹ und schlug Athen vor, um symbolisch an die Tradition anzuschließen. Pierre de Coubertin übernahm die Präsidentschaft des IOK von 1896 bis 1925, also fast 30 Jahre, die bisher längste Amtszeit eines Präsidenten. Er erhielt 1912 die olympische Goldmedaille für Literatur (›Ode an den Sport‹).

D · Olympische Fahne.
Die Olympische Fahne hat in ihrer Mitte fünf Ringe (die ›olympischen Ringe‹), die miteinander verbunden sind und deren Farben (blau, gelb, schwarz, grün und rot) die fünf Kontinente darstellen. Dies ist ein Symbol für die Vereinigung der fünf Kontinente bei den Olympischen Spielen. Die 1914 angenommene Olympische Fahne wurde 1920 zum ersten Mal entfaltet.

Medaillen.
Die Sieger bei den Spielen werden nur mit Medaillen belohnt: die *vergoldete Silbermedaille,* die fälschlicherweise *Goldmedaille* genannt wird, für den Sieger (bei den Winterspielen in Calgary bestand die ›Goldmedaille‹ zu 92,5 % aus Silber mit einer dünnen Schicht aus Gold), die *Silbermedaille* für den zweiten und die *Bronzemedaille* für den dritten Platz. Bei der Siegerehrung wird die Nationalhymne des Landes, aus dem der Sieger stammt, gespielt, und die Flaggen der Länder der Medaillengewinner werden gehißt.

DAS GELÖBNIS

Das olympische Gelöbnis wurde erstmalig bei den Spielen in Antwerpen 1920 von dem belgischen Fechter Victor Boin gesprochen. Mit leichten Änderungen heißt es nun wie folgt: ›Im Namen aller Wettkämpfer verspreche ich, daß wir bei den Olympischen Spielen als loyale Konkurrenten die Regeln einhalten werden, in dem Wunsch, daran in einem ritterlichen Geist zum Ruhm des Sports und zu Ehren unserer Mannschaften teilzunehmen‹.

OLYMPISCHE SPIELE UND OLYMPIADEN

Die Ausdrucksweise ›Olympische Spiele‹ bezeichnet den sportlichen Wettkampf selbst. Die Sommerspiele dauern ebenso wie die Winterspiele ungefähr fünfzehn Tage. Der Begriff ›Olympiade‹ steht für den Zeitraum von 4 Jahren zwischen den Olympischen Spielen. Da die Spiele während der Weltkriege nicht stattgefunden haben, waren die XXI. Olympischen Spiele (in Seoul) die Spiele der XXIV. Olympiade.

B · Paavo Nurmi
(1897–1973) ist der größte finnische Athlet. Er war Olympiasieger im 1 500-m- und 5 000-m-Lauf im Jahr 1924 und über 10 000 m 1920 und 1928.

Der olympische Wahlspruch.
Citius, Altius, Fortius (›schneller, höher, stärker‹). Er gibt der Hoffnung der Teilnehmer Ausdruck.

A · Emil Zatopek.
Der 1922 geborene Tschechoslowake errang vier olympische Titel, 3 davon (5 000 m, 10 000 m und Marathon) 1952. Er war auch der erste Sportler, der in einer Stunde über 20 km (20,052 km) lief (1951).

E · Jesse Owens
(1918–1980) ist der schwarze amerikanische Sprinter, der vier Medaillen bei den Olympischen Spielen von Berlin 1936 errang (100 und 200 m, 4 × 100 m und Weitsprung).

F · Robert Beamon.
Der 1946 geborene farbige Amerikaner erreichte bei den Spielen von Mexiko 1968 die Weite von 8,90 m. Bis 1990 war dieser Rekord noch immer nicht gebrochen.

SPORT

DIE MODERNEN OLYMPISCHEN SPIELE

Sommerspiele	Winterspiele
1896 Athen (GR)	
1900 Paris (F)	
1904 St. Louis (USA)	
1908 London (GB)	
1920 Antwerpen (B)	
1924 Paris (F)	Chamonix (F)
1928 Amsterdam (NL)	St. Moritz (CH)
1932 Los Angeles (USA)	Lake Placid (USA)
1936 Berlin (D)	Garmisch-Partenkirchen (D)
1948 London (GB)	St. Moritz (CH)
1952 Helsinki (SF)	Oslo (N)
1956 Melbourne (AUS)	Cortina d'Ampezzo (I)
1960 Rom (I)	Squaw Valley (USA)
1964 Tokio (J)	Innsbruck (A)
1968 Mexiko (MEX)	Grenoble (F)
1972 München (D)	Sapporo (J)
1976 Montreal (CDN)	Innsbruck (A)
1980 Moskau (SU)	Lake Placid (USA)
1984 Los Angeles (USA)	Sarajevo (YU)
1988 Seoul (ROK)	Calgary (CDN)
1992 Barcelona (E)	Albertville (F)
1994	Lillehammer (N)
1996 Atlanta (USA)	

INTERNATIONALES OLYMPISCHES KOMITEE

Das Internationale Olympische Komitee (IOK; Sitz: Lausanne) wurde 1894 durch die Initiative des Barons Pierre de Coubertin gegründet. Seine Mitglieder sind 29 internationale Verbände und 164 nationale olympische Komitees. Nur die nationalen olympischen Komitees, die vom IOK anerkannt sind, sind befugt, Teilnehmer an den Olympischen Spielen zu benennen.

Das *Komitee* zählt etwa 100 Mitglieder und bildet sich selbst durch die Wahl von Persönlichkeiten, die es für qualifiziert hält. Nur ein Mitglied pro Nation, mit Ausnahme der großen Länder (höchstens zwei Mitglieder), wird zugelassen. Die Mitglieder werden auf Lebenszeit gewählt. Der unter den Mitgliedern des IOK für 8 Jahre gewählte Präsident kann für vier Jahre wiedergewählt werden.

OLYMPISCHE SPIELE

Sommerspiele	Winterspiele
Leichtathletik	Biathlon*
Rudern	Bobsport*
Basketball	Eishockey*
Boxen*	Rodeln
Kanurennsport	Eiskunstlauf
Radsport	Eisschnellauf
Reiten	Alpiner Skisport
Fechten	Nordische Kombination
Fußball*	Skispringen*
Turnen	Langlauf
Rhythmische Sportgymnastik**	
Gewichtheben*	
Handball	
Feldhockey	
Judo*	
Ringen*	
Schwimmen	
Synchronschwimmen**	
Moderner Fünfkampf*	
Wasserspringen*	
Tennis	
Tischtennis	
Schießen	
Bogenschießen	
Segeln	
Volleyball	
Wasserball*	

* Disziplin nur für Herren
** Disziplin nur für Damen

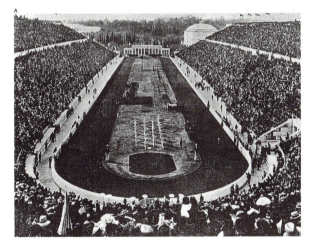

A · Das panathenäische Stadion.
Für die ersten Olympischen Spiele der Neuzeit baute Griechenland das frühere panathenäische Stadion, das im 4. Jh. v. Chr. erbaut und dann zerstört worden war, naturgetreu wieder auf. Das neue Stadion ist eine genaue Wiedergabe des alten, sowohl in der Form (längliches Oval) als auch im verwendeten Material (weißer Marmor aus dem Pentelikon).

C · Das olympische Feuer.
Es wird in Olympia entzündet und dann durch Staffelläufer in die Stadt der Spiele getragen. Es kommt während der Eröffnungsfeier ins Stadion (der letzte Läufer auf dem Weg ins Stadion ist häufig ein berühmter Sportler aus dem Land, in dem die Spiele stattfinden) und brennt dort während der Dauer der Spiele.

B · Die Eröffnungsfeier.
Bei dieser festlichen Veranstaltung steht der Einmarsch der Mannschaften der Nationen im Mittelpunkt. Traditionsgemäß eröffnet Griechenland die Parade, die anderen Länder folgen in alphabetischer Reihenfolge mit Ausnahme des Landes der ausrichtenden Stadt, das traditionsgemäß an letzter Stelle kommt. Danach wird das olympische Feuer in das Stadion getragen.

LEICHTATHLETIK

Die Leichtathletik ist ein ›natürlicher Sport‹: Laufen, Werfen, Springen. Seit 1896 ist sie auch die grundlegende Sportart der Olympischen Spiele, womit auch erklärt ist, warum sie erst sehr spät (1983 in Helsinki) ihre eigenen Weltmeisterschaftsspiele organisiert hat.

Sie wird von der IAAF (International Amateur Athletic Federation) geleitet, die 1912 (kurz nach den Olympischen Spielen) gegründet wurde und 181 Verbände umfaßt (mehr als es Nationen gibt, da einige politisch abhängige Gebiete der Antillen und Ozeaniens angeschlossen sind). Diese sind untergliedert in sechs kontinentale Regionen (Afrika, Asien, Europa, Ozeanien, Mittel- und Nordamerika, Südamerika). Die IAAF hat ihren Sitz in London; sie betreut nicht nur die Leichtathletik im engeren Sinne, sondern auch das Gehen und den Cross-Country.

Wettbewerbe. Die Leichtathletik vereint in ein und demselben Stadion die Läufe und die technischen Disziplinen, die ihrerseits in Stoß und Wurf (Kugel, Diskus, Speer und Hammer) und Sprungarten (Hoch- und Weitsprung, Dreisprung und Stabhochsprung) unterteilt sind. Die ›klassischen‹ Läufe sind diejenigen über 100 m, 200 m, 400 m, 800 m, 1 500 m, 5 000 m und 10 000 m auf ebener Bahn, und über 110 m und 400 m bei Hürdenlauf sowie 3 000 m beim Hindernislauf, zu denen zwei Staffelläufe hinzukommen: 4 × 100 m und 4 × 400 m. Von Damen nicht ausgeübte Disziplinen sind der 3 000-m-Hindernislauf, das Hammerwerfen (in anderen Wurfdisziplinen wiegen die Geräte weniger als bei den Herren) und der Stabhochsprung. Anstatt 110-m-Hürden werden 100-m-Hürden (mit niedrigeren Hürden als bei den Herren) gelaufen. Die Läufe über 100 bis 400 m werden auf Bahnen (mit einer Mindestbreite von 1,22 m) ausgetragen. Hierbei ist die Startlinie gestaffelt, um die ungleiche Länge der Kurven auszugleichen. Weitere Wettkämpfe sind der Zehn- und der Siebenkampf sowie der Marathonlauf.

A, B, C · Hürden. Das Problem besteht darin, den Schritt zwischen den Hürden so zu bemessen, daß diese mit dem gleichen Sprungbein und in ausreichender Entfernung angegangen werden, damit man vor dem Hindernis nicht stolpert (z. B. bei 110 m Hürden).

Beim Hürdenlauf über 110 m (wie auch bei 400 m und 100 m für Damen) müssen 10 Hürden übersprungen werden. Beim Hürdenlauf über 100 m für Damen haben die Hürden eine Höhe von 0,84 m; bei derselben Disziplin über 400 m beträgt sie 0,762 m; beim 400-m-Hürdenlauf für Herren liegt sie bei 0,914 m.

D · Sprint. Der Start der Wettkämpfe über 100 bis 400 m (und oft über 800 m) erfolgt mit Hilfe von Startblöcken, die bei kurzen Distanzen eine wesentlich stärkere Beschleunigung ermöglichen. Die Startphase ist oft vorentscheidend für den Lauf.

E · Weitsprung. Dies ist der natürlichste der Wettkämpfe mit einem Anlauf vor einem Absprungbalken mit einer Breite von 20 cm. Jedes Übertreten macht den Versuch ungültig.

F · Dreisprung. Ein Sprung auf einem Bein (Aufkommen mit dem Sprungbein), ein Schrittsprung (Aufkommen auf dem anderen Fuß) und ein Sprung folgen aufeinander.

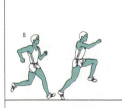

Stabhochsprung. Zur Sicherstellung eines optimalen Anlaufs kann der Sportler wie beim Weitsprung Markierungen am Rand der mindestens 45 m langen Bahn anbringen.

Weitsprung. Nachdem der Springer nach etwa 40 m seine Absprunggeschwindigkeit erreicht hat, versucht er, mit seinem Sprungbein genau den Absprungbalken zu treffen.

Dreisprung. Der Anlauf beim Dreisprung ist ähnlich dem Anlauf beim Weitsprung, die Sprunggrube ist jedoch wesentlich weiter vom Absprungbalken entfernt: mindestens 11 m, international 13 m.

Die Bahnen. Eine Leichtathletikbahn für internationale Wettkämpfe muß 8 Bahnen umfassen; außer beim 100-m-Lauf ist der Start verschieden gestaffelt.

Hochsprung. Die Länge des Anlaufs aus der halbkreisförmigen Anlauffläche soll mindestens 20 m, wenn möglich 25 m betragen. Der Sportler läuft am Schluß fast parallel zu Latte an.

Ziel. Die Ziellinie liegt am Endpunkt einer geraden Linie von etwa 100 m. Häufig sind die letzten fünf Meter vor dem Ziel am Boden gekennzeichnet.

Kugelstoßen. Die Kugel muß innerhalb eines Stoßsektors aufkommen, dessen Winkel etwa 65° beträgt. Dieser Stoßsektor hat einen Radius von weniger als 25 m.

G · Das Leichtathletikstadion. Das Gelände wird häufig mit einer Theaterbühne verglichen, auf der gleichzeitig mehrere Wettkämpfe ausgetragen werden, z. B. in einer Lauf- und einer Sprungdisziplin.

Hammerwerfen. Hammerwerfen erfolgt in einem Schutzgitter mit einem Wurffeld (die Würfe können 80 m überschreiten) von etwa 60° (früher 90°).

Speerwerfen. Beim Speerwerfen wird auf einer 4 m breiten Bahn angelaufen, der Anlauf muß jedoch so nahe wie möglich an der Wurflinie gebremst werden.

1076

SPORT

A · Hochsprung

Dies ist der *Fosbury flop* nach dem Namen seines ›Erfinders‹, des Amerikaners Dick Fosbury, des Olympiasiegers von 1968 in Mexiko. Ein halbkreisförmiger Anlauf geht einem Sprung mit dem Rücken zur Latte voraus. Dieser Stil ist heute der am meisten verbreitete und liefert eine eindeutige Erklärung für die zahlreichen neuen Rekorde von Herren und Damen nach 1970.
Vor 1968 herrschte der *Bauchwälzer* vor, der so heißt, weil der Springer die Latte überwälzte und sich über ihr ›einrollte‹.

B · Stabhochsprung.

Dieser Wettkampf vereint Geschwindigkeit und Kraft (den Stab so schnell wie möglich zu tragen), Entspannung und Gelenkigkeit (um zu springen und die Latte zu überqueren). Die beiden letzten Eigenschaften führten zum Aufkommen der Stäbe aus Glasfasern (Ende der 50er Jahre), die wie ein Katapult wirken und verantwortlich für die Steigerung der Rekorde sind.

C · Kugelstoßen.

Gestoßen wird mit einer Metallkugel mit einem Gewicht von 7,260 kg für Herren (Durchmesser 11 bis 13 cm) und von 4 kg für Damen (Durchmesser 9,5 bis 11 cm) aus einem Kreis mit einem Durchmesser von 2,135 m, an dessen vorderem Teil ein Stoßbalken befestigt ist. Dieser Stoß erfordert Stoßgeschwindigkeit und natürlich Kraft.

D · Speerwerfen.

Der Speer ist bei Herren 2,60 bis 2,70 m lang und wiegt 800 g, bei Damen ist er 2,20 bis 2,30 m lang und wiegt 600 g. Der Schwerpunkt muß zwischen 0,90 bis 1,06 m von der Speerspitze bei Herren und zwischen 0,80 und 0,95 m bei Damen entfernt sein. Die Spitze muß immer zuerst auf dem Boden aufkommen.

E · Diskuswerfen.

Der Diskus hat die Form einer am Rand abgeflachten Linse und wiegt für Herren 2 kg und für Damen 1 kg. Der Werfer, der sich in einem Kreis mit 2,50 m Durchmesser bewegt, nutzt die Zentrifugalkraft, indem er sich möglichst schnell mehrere Male um sich selbst dreht, um das Gerät zu werfen.

F · Hammerwerfen.

Dies ist eine Metallkugel (wie beim Kugelstoßen), die durch einen Stahldraht mit einem Griff verbunden ist, das gesamte Gerät erreicht eine Länge von etwa 1,20 m und ein Mindestgewicht von 7,260 kg. Der Wurf erfolgt nach mehrmaligem Drehen (was Geschwindigkeit und Kraft erfordert), aus einem u-förmigen Schutzgitter (Öffnung von 6 m Breite), um die Sicherheit zu gewährleisten.

1077

SPORT

LEICHTATHLETIK

OLYMPISCHE SPIELE

Männer

100-m-Lauf (in s)

1896 T. Burke (USA) 12,0
1900 F. Jarvis (USA) 11,0
1904 A. Hahn (USA) 11,0
1908 R. Walker (ZA) 10,8
1912 R. Craig (USA) 10,8
1920 C. Paddock (USA) 10,8
1924 H. Abrahams (GB) 10,6
1928 P. Williams (CDN) 10,8
1932 E. Tolan (USA) 10,3
1936 J. Owens (USA) 10,3
1948 H. Dillard (USA) 10,3
1952 L. Remigino (USA) 10,4
1956 R. Morrow (USA) 10,5
1960 A. Hary (D) 10,2
1964 R. Hayes (USA) 10,04
1968 J. Hines (USA) 9,95
1972 V. Borsow (SU) 10,14
1976 H. Crawford (TT) 10,06
1980 A. Wells (GB) 10,25
1984 C. Lewis (USA) 9,99
1988 C. Lewis (USA) 9,92

200-m-Lauf (in s)

1900 J. Tewksbury (USA) 22,2
1904 A. Hahn (USA) 21,6
1908 R. Kerr (CDN) 22,6
1912 R. Craig (USA) 21,7
1920 A. Woodring (USA) 22,0
1924 J. Scholz (USA) 21,6
1928 P. Williams (CDN) 21,8
1932 E. Tolan (USA) 21,2
1936 J. Owens (USA) 20,7
1948 M. Patton (USA) 21,1
1952 A. Stanfield (USA) 20,7
1956 R. Morrow (USA) 20,6
1960 L. Berruti (I) 20,5
1964 H. Carr (USA) 20,3
1968 T. Smith (USA) 19,83
1972 V. Borsow (SU) 20,0
1976 D. Quarrie (JA) 20,23
1980 P. Mennea (I) 20,19
1984 C. Lewis (USA) 19,80
1988 J. De Loach (USA) 19,75

400-m-Lauf (in s)

1896 T. Burke (USA) 54,2
1900 M. Long (USA) 49,4
1904 H. Hillman (USA) 49,2
1908 W. Halswelle (GB) 50,0
1912 C. Reidpath (USA) 48,2
1920 B. Rudd (ZA) 49,6
1924 E. Liddell (GB) 47,6
1928 R. Barbuti (USA) 47,8
1932 W. Carr (USA) 46,2
1936 A. Williams (USA) 46,5
1948 A. Wint (JA) 46,2
1952 G. Rhoden (JA) 45,9
1956 C. Jenkins (USA) 46,7
1960 O. Davis (USA) 44,9
1964 M. Larrabee (USA) 45,1
1968 L. Evans (USA) 43,86
1972 V. Matthews (USA) 44,66
1976 A. Juantorena (C) 44,26
1980 W. Markine (SU) 44,60
1984 A. Babers (USA) 44,27
1988 C. Lewis (USA) 43,87

800-m-Lauf (in min)

1896 E. Flack (AUS) 2:11,0
1900 A. Tysoe (GB) 2:01,2
1904 J. Lightbody (USA) 1:56,0
1908 M. Sheppard (USA) 1:52,8
1912 J. Meredith (USA) 1:51,9
1920 A. Hill (GB) 1:53,4
1924 D. Lowe (GB) 1:52,4
1928 D. Lowe (GB) 1:51,8
1932 T. Hampson (GB) 1:49,7
1936 J. Woodruff ((USA) 1:52,9
1948 M. Whitfield (USA) 1:49,2
1952 M. Whitfield (USA) 1:49,2
1956 T. Courtney (USA) 1:47,7
1960 P. Snell (NZ) 1:46,3
1964 P. Snell (NZ) 1:45,1
1968 R. Doubell (AUS) 1:44,3
1972 D. Wottle (USA) 1:45,9
1976 A. Juantorena (C) 1:43,47
1984 J. Cruz (BR) 1:43,0
1988 P. Ereng (EAK) 1:43,45

1 500-m-Lauf (in min)

1896 E. Flack (AUS) 4:33,2
1900 C. Bennett (GB) 4:06,2
1904 J. Lightbody (USA) 4:05,4
1908 M. Sheppard (USA) 4:03,4
1912 A. Jackson (GB) 3:56,8
1920 A. Hill (GB) 4:01,8
1924 P. Nurmi (SF) 3:53,6
1928 H. Larva (SF) 3:53,2
1932 L. Beccali (I) 3:51,2
1936 J. Lovelock (NZ) 3:47,8
1948 H. Eriksson (S) 3:49,8
1952 J. Barthel (L) 3:45,2
1956 R. Delaney (IRL) 3:41,2
1960 H. Elliott (AUS) 3:35,6
1964 Pp. Snell (NZ) 3:38,1
1968 K. Keino (EAK) 3:34,9
1972 P. Vasala (SF) 3:36,3
1976 J. Walker (NZ) 3:39,17
1980 S. Coe (GB) 3:38,4
1984 S. Coe (GB) 3:32,53
1988 P. Rono (EAK) 3:35,96

5 000-m-Lauf (in min)

1912 H. Kolehmainen (SF) 14:36,6
1920 J. Guillemot (F) 14:55,6
1924 P. Nurmi (SF) 14:31,2
1928 V. Ritola (SF) 14:38,0
1932 L. Lehtinen (SF) 14:30,0
1936 G. Höckert (SF) 14:22,2
1948 G. Reiff (B) 14:17,6
1952 E. Zátopek (CS) 14:06,6
1956 V. Kuts (SU) 13:39,6
1960 M. Halberg (NZ) 13:43,4
1964 R. Schul (USA) 13:48,8
1968 M. Gammoudi (TN) 14:05,0
1972 L. Viren (SF) 13:26,4
1976 L. Viren (SF) 13:24,76
1980 M. Yifter (ETH) 13:21,0
1984 S. Aoutia (MA) 13:05,59
1988 J. Ngugi (EAK) 13:11,70

10 000-m-Lauf (in min)

1912 H. Kolehmainen (SF) 31:20,8
1920 P. Nurmi (SF) 31:45,8
1924 V. Ritola (SF) 30:23,2
1928 P. Nurmi (SF) 30:18,8
1932 J. Kusocinski (PL) 30:11,4
1936 I. Salminen (SF) 30:15,4
1948 E. Zátopek (CS) 29:59,6
1952 F. Zátopek (CS) 29:17,0
1956 V. Kuts (SU) 28:45,6
1960 P. Bolotnikow (SU) 28:32,2
1964 W. Mills (USA) 28:24,4
1968 N. Temu (EAK) 29:27,4
1972 L. Viren (SF) 27:38,4
1976 L. Viren (SF) 27:40,38
1980 M. Yifter (ETH) 27:42,7
1984 A. Cova (I) 27:47,54
1988 B. Boutayeb (MA) 27:21,46

110-m-Hürdenlauf (in s)

1896 T. Curtis (USA) 17,6
1900 A. Kraenzlein (USA) 15,4
1904 F. Schule (USA) 16,0
1908 F. Smithson (USA) 15,0
1912 F. Kelly (USA) 15,1
1920 E. Thompson (CDN) 14,8
1924 D. Kinsey (USA) 15,0
1928 S. Atkinson (ZA) 14,8
1932 G. Saling (USA) 14,6
1936 F. Towns (USA) 14,2
1948 W. Porter (USA) 13,9
1952 H. Dillard (USA) 13,7
1956 L. Calhoun (USA) 13,5
1960 L. Calhoun (USA) 13,8
1964 H. Jones (USA) 13,6
1968 W. Davenport (USA) 13,3
1972 R. Milburn (USA) 13,24
1976 G. Drut (F) 13,30
1980 T. Munkelt (DDR) 13,39
1984 R. Kingdom (USA) 13,20
1988 R. Kingdom (USA) 12,98

400-m-Hürdenlauf (in s)

1900 J. Tewksbury (USA) 57,6
1904 H. Hillman (USA) 53,0
1908 C. Bacon (USA) 55,0
1920 F. Loomis (USA) 54,0
1924 F. Morgan-Taylor (USA) 52,6
1928 D. Burghley (GB) 53,4
1932 R. Tisdall (IRL) 51,7
1936 G. Hardin (USA) 52,4
1948 R. Cochran (USA) 51,1
1952 C. Moore (USA) 50,8
1956 G. Davis (USA) 50,1
1960 G. Davis (USA) 49,3
1964 W. Cawley (USA) 49,6
1968 D. Hemery (GB) 48,1
1972 J. Akii-Bua (EAU) 47,82
1976 E. Moses (USA) 47,64
1980 V. Beck (DDR) 48,70
1984 E. Moses (USA) 47,75
1988 A. Phillips (USA) 47,19

3 000-m-Hindernislauf (in min)

1920 P. Hodge (GB) 10:00,4
1924 V. Ritola (SF) 9:33,6
1928 T. Loukoka (SF) 9:21,8
1932 V. Iso-Hollo (SF) 10:33,4
1936 V. Iso-Hollo (SF) 9:03,8
1948 T. Sjöstrand (S) 9:04,6
1952 H. Ashenfelter (USA) 8:45,4
1956 C. Brasher (GB) 8:41,2
1960 Z. Krzyszkowiak (PL) 8:34,2
1964 G. Roelants (B) 8:30,8
1968 A. Biwott (EAK) 8:51,0
1972 K. Keino (EAK) 8:23,6
1976 A. Gärderud (S) 8:08,02
1980 B. Malinowski (PL) 8:09,70
1984 J. Korir (EAK) 8:11,80
1988 J. Kariuki (EAK) 8:05,51

Hochsprung (in m)

1896 E. Clark (USA) 1,81
1900 I. Baxter (USA) 1,90
1904 S. Jones (USA) 1,80
1908 H. Porter (USA) 1,90
1912 A. Richards (USA) 1,93
1920 R. Landon (USA) 1,93
1924 H. Osborn (USA) 1,98
1928 R. King (USA) 1,94
1932 D. McNaughton (CDN) 1,97
1936 C. Johnson (USA) 2,03
1948 J. Winter (AUS) 1,98
1952 W. Davis (USA) 2,04
1956 C. Dumas (USA) 2,12
1960 R. Schavlakadze (SU) 2,16
1964 V. Brumel (oder Broumel) (SU) 2,18
1968 R. Fosbury (USA) 2,24
1972 Y. Tarmak (SU) 2,23
1976 J. Wszola (PL) 2,25
1980 G. Wessig (DDR) 2,36
1984 D. Mögenburg (D) 2,35
1988 G. Avdeienko (SU) 2,38

Weitsprung (in m)

1896 E. Clark (USA) 6,35
1900 A. Kraenzlein (USA) 7,18
1904 M. Prinstein (USA) 7,34
1908 F. Irons (USA) 7,48
1912 A. Gutterson (USA) 7,60
1920 W. Pettersson (S) 7,15
1924 H. de Hart-Hubbard (USA) 7,44
1928 E. Hamm (USA) 7,73
1932 E. Gordon (USA) 7,64
1936 J. Owens (USA) 8,06
1948 W. Steele (USA) 7,82
1952 J. Biffle (USA) 7,57
1956 G. Bell (USA) 7,83
1960 R. Boston (USA) 8,12
1964 L. Davies (GB) 8,07
1968 R. Beamon (USA) 8,90
1972 R. Williams (USA) 8,24
1976 A. Robinson (USA) 8,35
1980 L. Dombrowski (DDR) 8,54
1984 C. Lewis (USA) 8,54
1988 C. Lewis (USA) 8,72

Stabhochsprung (in m)

1896 W. Hoyt (USA) 3,30
1900 I. Baxter (USA) 3,30
1904 C. Dvorak (USA) 3,50
1908 E. Cooke und A. Gilbert (USA) 3,71
1912 H. Babcock (USA) 3,95
1920 F. Foss (USA) 4,09
1924 L. Barnes (USA) 3,95
1928 S. Carr (USA) 4,20
1932 W. Miller (USA) 4,31
1936 E. Meadows (USA) 4,35
1948 O. Smith (USA) 4,30
1952 R. Richards (USA) 4,55
1956 R. Richards (USA) 4,56
1960 D. Bragg (USA) 3,70
1964 F. Hansen (USA) 5,10
1968 B. Seagren (USA) 5,40
1972 W. Nordwig (DDR) 5,50 m
1976 T. Slusarski (PL) 5,50
1980 W. Kozakiewicz (PL) 5,78
1984 P. Quinon (F) 5,75
1988 S. Bubka (SU) 5,90

Dreisprung (in m)

1896 J. Connolly (USA) 13,71
1900 M. Prinstein (USA) 14,47
1904 M. Prinstein (USA) 14,35
1908 T. Ahearne (GB) 14,91
1912 G. Lindblom (S) 14,76
1920 V. Tuulos (SF) 14,50
1924 A. Winter (AUS) 15,53
1928 M. Oda (J) 15,21
1932 C. Nambu (J) 15,72

SPORT

1936	N. Tajima (J) 16	
1948	A. Ahman (S) 15,40	
1952	A. Da Silva (BR) 16,22	
1956	A. Da Silva (BR) 16,35	
1960	J. Schmidt (PL) 16,81	
1964	J. Schmidt (PL) 16,85	
1968	W. Sanejev (SU) 17,39	
1972	W. Sanejev (SU) 17,35	
1976	W. Sanejev (SU) 17,29	
1980	J. Uddmae (SU) 17,35	
1984	A. Joyner (USA) 17,26	
1988	C. Markow (BG) 17,61	

Kugelstoßen (in m)

1896	R. Garret (USA) 11,22
1900	R. Sheldon (USA) 14,10
1904	R. Rose (USA) 14,81
1908	R. Rose (USA) 14,21
1912	P. McDonald (USA) 15,34
1920	V. Pörhölä (SF) 14,81
1924	C. Houser (USA) 14,99
1928	J. Kuck (USA) 15,87
1932	L. Sexton (USA) 16,00
1936	H. Woellke (D) 16,20
1948	W. Thompson (USA) 17,12
1952	P. O'Brien (USA) 17,41
1956	P. O'Brien (USA) 18,57
1960	W. Nieder (USA) 19,68
1964	D. Long (USA) 20,33
1968	R. Matson (USA) 20,54
1972	W. Komar (PL) 21,18
1976	U. Beyer (DDR) 21,05
1980	W. Kisseljow (SU) 21,35
1984	A. Andrei (I) 21,26
1988	U. Timmermann (DDR) 22,47

Diskuswerfen (in m)

1896	R. Garrett (USA) 29,15
1900	R. Bauer (H) 36,04
1904	M. Sheridan (USA) 39,28
1908	M. Sheridan (USA) 40,89
1912	A. Taipale (SF) 45,21
1920	B. Niklander (SF) 44,68
1924	C. Houser (USA) 46,15
1928	C. Houser (USA) 47,32
1932	J. Anderson (USA) 49,49
1936	K. Carpenter (USA) 50,48
1948	A. Consolini (I) 52,78
1952	S. Iness (USA) 55,03
1956	A. Oerter (USA) 56,36
1960	A. Oerter (USA) 59,18
1964	A. Oerter (USA) 61,00
1968	A. Oerter (USA) 64,78
1972	L. Danek (CS) 64,40
1976	W. McWilkins (USA) 67,50
1980	W. Raschtschupkin (SU) 66,64
1984	R. Danneberg (D) 66,60
1988	J. Schult (DDR) 68,82

Hammerwerfen (in m)

1900	J. Flanagan (USA) 49,73
1904	J. Flanagan (USA) 51,23
1908	J. Flanagan (USA) 51,92
1912	M. McGrath (USA) 54,74
1920	R. Ryan (USA) 52,87
1924	F. Tootell (USA) 53,30
1928	P. O'Callaghan (IR) 51,39
1932	P. O'Callaghan (IR) 53,92
1936	K. Hein (D) 56,49
1948	I. Németh (H) 56,07
1952	J. Csermák (H) 60,34
1956	H. Connolly (USA) 63,19
1960	W. Rudenkow (SU) 67,10
1964	R. Klim (SU) 69,74
1968	G. Zsivótzky (H) 73,36
1972	A. Bondartschuk (SU) 75,50
1976	J. Sedych (SU) 77,52
1980	J. Sedych (SU) 81,80
1984	J. Tiainen (SF) 78,08
1988	S. Litwinow (SU) 84,80

Speerwerfen (in m)

1908	E. Lemming (S) 54,83
1912	E. Lemming (S) 60,64
1920	J. Myyrä (SF) 65,78
1924	J. Myyrä (SF) 62,96
1928	E. Lundqvist (S) 66,60
1932	M. Järvinen (SF) 72,71
1936	G. Stöck (D) 71,84
1948	T. Rautavaara (SF) 69,77
1952	C. Young (USA) 73,78
1956	E. Danielsen (N) 85,71
1960	W. Tsybulenko (SU) 84,64
1964	P. Nevala (SF) 82,66
1968	J. Lusis (SU) 90,10
1972	K. Wolfermann (D) 90,48
1976	M. Németh (H) 94,58
1980	D. Kula (SU) 91,20
1984	A. Haerkoenen (SF) 86,76
1988	T. Korjus (SF) 84,28

Zehnkampf
(in Punkten; alle Leistungen nach der seit 1964 gültigen internat. Punktewertung umgerechnet)

1912	J. Thorpe (USA) 6756
1920	H. Lövland (N) 5970
1924	H. Osborn (USA) 6668
1928	P. Yrjölä (SF) 6774
1932	J. Bausch (USA) 6896
1936	G. Morris (USA) 7421
1948	R. Mathias (USA) 6826
1952	R. Mathias (USA) 7731
1956	M. Campbell (USA) 7708
1960	R. Johnson (USA) 8001
1964	W. Holdorf (D) 7887
1968	W. Toomey (USA) 8193
1972	N. Awilow (SU) 8454
1976	B. Jenner (USA) 8618
1980	D. Thompson (GB) 8495
1984	D. Thompson (GB) 8797
1988	C. Schenk (DDR) 8488

4 × 100-m-Staffel (in s)

1912	GB 42,4
1920	USA 42,2
1924	USA 41,0
1928	USA 41,0
1932	USA 40,0
1936	USA 39,8
1948	USA 40,6
1952	USA 40,1
1956	USA 39,5
1960	D 39,5
1964	USA 39,0
1968	USA 38,2
1972	USA 38,19
1976	USA 38,33
1980	UdSSR 38,26
1984	USA 37,83
1988	UdSSR 38,19

4 × 400-m-Staffel (in min)

1908	USA 3:29,4
1912	USA 3:16,6
1920	GB 3:22,2
1924	USA 3:16,0
1928	USA 3:14,2
1932	USA 3:08,2
1936	GB 3:09,0
1948	USA 3:10,4
1952	Jamaika 3:03,9
1956	USA 3:04,8
1960	USA 3:02,2
1964	USA 3:00,7
1968	USA 2:56,1
1972	Kenia 2:59,8
1976	USA 2:58,65
1980	UdSSR 3:01,1
1984	USA 2:57,91
1988	USA 2:56,16

20-km-Gehen (in Std.)

1956	L. Spirin (SU) 1:31:27,4
1960	W. Golubnitschi (SU) 1:34:07,2
1964	K. Matthews (GB) 1:29:34,0
1968	W. Golubnitschi (SU) 1:33:58,4
1972	P. Frenkel (DDR) 1:26:42,6
1976	D. Bautista (MEX) 1:24:30,8
1980	M. Damilano (I) 1:23:35,5
1984	E. Canto (MEX) 1:23:13,0
1988	J. Pribilinec (CS) 1:19:57,0

50-km-Gehen (in Std.)

1932	T. Green (GB) 4:50:10,0
1936	H. Whitlock (GB) 4:30:41,4
1948	J. Ljunggren (S) 4:41:52,0
1952	G. Dordoni (I) 4:28:07,8
1956	N. Read (NZ) 4:30:42,8
1960	D. Thompson (GB) 4:25:30,0
1964	A. Pamich (I) 4:11:12,4
1968	C. Höhne (DDR) 4:20:13,6
1972	B. Kannenberg (D) 3:56:11,6
1980	H. Gauder (DDR) 3:49:24,0
1984	R. Gonzalez (MEX) 3:47:26,0
1988	W. Iwanenko (SU) 3:38:29,0

Marathonlauf (in Std.)

1896	S. Louis (GR) 2:58:50,0
1900	M. Theato (F) 2:59:45,0
1904	T. Hicks (USA) 3:28:53,0
1908	J. Hayes (USA) 2:55:18,4
1912	K. McArthur (ZA) 2:36:54,8
1920	H. Kolehmainen (SF) 2:32:35,8
1924	A. Stenroos (SF) 2:41:22,6
1928	A. El Quafi (F) 2:32:57,0
1932	J. Zabala (RA) 2:31:36,0
1936	K. Son (J) 2:29:19,2
1948	D. Cabrera (RA) 2:34:51,6
1952	E. Zátopek (CS) 2:23:03,2
1956	A. Mimoun (F) 2:25:00,0
1960	A. Bikila (ETH) 2:15:16,2
1964	A. Bikila (ETH) 2:12:11,2
1968	N. Wolde (ETH) 2:20:26,4
1972	F. Shorter (USA) 2:12:19,8
1976	W. Cierpinski (DDR) 2:09:55,0
1980	W. Cierpinski (DDR) 2:11:03,0
1984	C. Lopez (P) 2:09:21,0
1988	G. Bordin (I) 2:10:32,0

Frauen

100-m-Lauf (in s)

1928	E. Robinson (USA) 12,2
1932	S. Walasiewicz (PL) 11,9
1936	H. Stephens (USA) 11,5
1948	F. Blankers-Koen (NL) 11,9
1952	M. Jackson (AUS) 11,5
1956	B. Cuthbert (AUS) 11,5
1960	W. Rudolph (USA) 11,0
1964	W. Tyus (USA) 11,4
1968	W. Tyus (USA) 11,0
1972	R. Stecher (DDR) 11,07
1976	A. Richter (D) 11,08
1980	L. Kontratjewa (SU) 11,06
1984	E. Ashford (USA) 10,97
1988	F. Griffith-Joyner (USA) 10,54

200-m-Lauf (in s)

1948	F. Blankers-Koen (NL) 24,4
1952	M. Jackson (AUS) 23,7
1956	B. Cuthbert (AUS) 23,4
1960	W. Rudolph (USA) 24,0
1964	E. McGuire (USA) 23,0
1968	I. Szewinska (PL) 22,5
1972	R. Stecher (DDR) 22,4
1976	B. Eckert (DDR) 22,37
1980	B. Wöckel (DDR) 22,03
1984	V. Briscoe-Hooks (USA) 21,81
1988	F. Griffith-Joyner (USA) 21,34

400-m-Lauf (in s)

1964	B. Cuthbert (AUS) 52,0
1968	C. Besson (F) 52,0
1972	M. Zehrt (DDR) 51,08
1976	I. Szewinska (PL) 49,29
1980	M. Koch (DDR) 48,88
1984	V. Briscoe-Hooks (USA) 48,83
1988	O. Brysgina (SU) 48,65

800-m-Lauf (in min)

1928	L. Radke-Batschauer (D) 2:16,8
1960	L. Schewtsowa (SU) 2:04,3
1964	A. Packer (GB) 2:01,1
1968	M. Manning (USA) 2:00,9
1972	H. Falck (D) 1:58,6
1976	T. Kasankina (SU) 1:54,94
1980	N. Olisarenko (SU) 1:53,43
1984	D. Melinte (RO) 1:57,60
1988	S. Wodars (DDR) 1:56,10

1500-m-Lauf (in min)

1972	L. Bragina (SU) 4:01,4
1976	T. Kasankina (SU) 4:05,48
1980	T. Kasankina (SU) 3:56,56
1984	G. Dorio (I) 4:03,25
1988	P. Ivan (RO) 3:53,96

3000-m-Lauf (in min)

1984	M. Puica (RO) 8:35,96
1988	T. Samolenko (SU) 8:26,53

10000-m-Lauf (in min)

1988	O. Bondarenko (SU) 31:05,21

80-m-Hürdenlauf, seit 1972
100-m-Hürdenlauf (in min)

1932	M. Didrikson (USA) 11,7
1936	T. Valla (I) 11,7
1948	F. Blankers-Koen (NL) 11,2
1952	S. Strickland de La Hunty (AUS) 10,9
1956	S. Strickland de La Hunty (AUS) 10,7

SPORT

LEICHTATHLETIK

1960	I. Press (SU) 10,8
1964	K. Balzer (D) 10,5
1968	M. Caird (AUS) 10,3
1972	A. Ehrhardt (DDR) 12,,0
1976	J. Schaller (DDR) 12,77
1980	W. Komissowa (SU) 12,56
1984	B. Fitzgerald-Brown (USA) 12,84
1988	J. Donkowa (BG) 12,38

400-m-Hürdenlauf (in s)

1984	N. El Moutawakel (MA) 54,61
1988	D. Flintoff-King (AUS) 53,17

Hochsprung (in m)

1928	E. Catherwood (CDN) 1,59
1932	J. Shiley (USA) 1,66
1936	I. Csák (H) 1,60
1948	Coachman (USA) 1,68
1952	E. Brand (ZA) 1,67
1956	M. McDaniel (USA) 1,76
1960	I. Balas (RO) 1,85
1964	I. Balas (RO) 1,90
1968	M. Rezkova (CS) 1,82
1972	U. Meyfarth (D) 1,92
1976	R. Ackerman (DDR) 1,93
1980	S. Simeoni (I) 1,97
1984	U. Meyfarth (D) 2,02
1988	L. Ritter (USA) 2,03

Weitsprung (in m)

1948	V. Gyarmati (H) 5,69
1952	Y. Williams (NZ) 6,24
1956	E. Krzesinska (PL) 6,35
1960	W. Krepkina (SU) 6,37
1964	M. Rand (GB) 6,76
1968	V. Viscopoleanu (RO) 6,82
1972	H. Rosendahl (D) 6,78
1976	A. Voigt (DDR) 6,72
1980	T. Kolpakowa (SU) 7,06
1984	A. Cusmir-Stanciu (RO) 6,96
1988	J. Joyner-Kersee (USA) 7,40

Kugelstoßen (in m)

1948	M. Ostermeyer (F) 13,75
1952	G. Sybina (SU) 15,28
1956	T. Tyschkjewitsch (SU) 16,59
1960	T. Press (SU) 17,32
1964	T. Press (SU) 18,14
1968	M. Gummel (DDR) 19,61
1972	N. Tschischowa (SU) 21,03
1976	I. Chistowa (BG) 21,16
1980	I. Slupianek (DDR) 22,41
1984	C. Losch (D) 20,48
1988	N. Lissowskaja (SU) 22,24

Diskuswerfen (in m)

1928	H. Konopacka (PL) 39,62
1932	L. Copeland (USA) 40,58
1936	G. Mauermayer (D) 47,63
1948	M. Ostermeyer (F) 41,92
1952	N. Romaschkowa (SU) 51,42
1956	O. Fikotova (CS) 53,69
1960	N. Ponomarjewa (SU) 55,10
1964	T. Press (SU) 57,27
1968	L. Manoliu (RO) 58,28
1972	F. Melnik (SU) 66,62
1976	E. Schlaak (DDR) 69,0
1980	E. Jahl (DDR) 69,96
1984	R. Stalman (NL) 65,36
1988	M. Hellmann (DDR) 72,30

Speerwerfen (in m)

1932	M. Didrikson (USA) 43,68
1936	T. Fleischer (D) 45,18
1948	H. Bauma (A) 45,57
1952	D. Zatopkova (CS) 50,47
1956	I. Jaunzeme (SU) 53,86
1960	E. Osolina (SU) 55,98
1964	M. Penes (RO) 60,54
1968	A. Németh (H) 60,36
1972	R. Fuchs (DDR) 63,88
1976	R. Fuchs (DDR) 65,94
1980	M. Colón (C) 68,40
1984	T. Sanderson (GB) 69,56

Fünfkampf (in Punkten)

1964	I. Press (SU) 5 246
1968	I. Becker (D) 5 098
1972	M. Peters (GB) 4 801
1976	S. Siegl (DDR) 4 745
1980	N. Tkatschenko (SU) 5 083

Siebenkampf (in Punkten)

1984	G. Nunn (AUS) 6 390
1988	J. Joyner-Kersee (USA) 7 291

WELTMEISTER UND WELTREKORDE

	Weltmeister 1987	Weltrekorde
Herren		
100 m	C. Lewis (USA) 9,93 s	1988 C. Lewis (USA) 9,92 s
200 m	C. Smith (USA) 20,16 s	1979 P. Mennea (Italien) 19,72 s
400 m	T. Schönlebe (DDR) 44,33 s	1988 H. Reynolds (USA) 43,29 s
800 m	B. Konchella (Kenia) 1:43,06 min	1981 S. Coe (Großbritannien) 1:41,73 min
1 000 m		1981 S. Coe (Großbritannien) 2:12,18 min
1 500 m	A. Bile (Somalia) 3:36,80	1985 S. Aouita (Marokko) 3:29,46 min
1 Meile		1985 S. Cram (Großbritannien) 3:46,32 min
2 000 m		1987 S. Aouita (Marokko) 4:50,81 min
3 000 m		1989 S. Aouita (Marokko) 7:29,45
5 000 m	S. Aouita (Marokko) 13:26,44 min	1987 S. Aouita (Marokko) 12:58,39 min
10 000 m	P. Kipkoech (Kenia) 27:38,63 min	1989 A. Barrios (Mexiko) 27:08,23 min
20 000 m		1976 J. Hermens (Niederlande) 57:24,24
1 Stunde		1976 J. Hermens (Niederlande) 20,944 km
110-m-Hürden	G. Foster (USA) 13,21 s	1989 R. Kingdom (USA) 12,92 s
400-m-Hürden	E. Moses (USA) 47,46 s	1983 E. Moses (USA) 47,02 s
3 000-m-Hindernis	F. Panetta (Italien) 8:08,57 min	1989 P. Koech (Kenia) 8:05,35 min
Hochsprung	P. Sjöberg (Schweden) 2,38 m	1989 J. Sotomayor (Kuba) 2,44
Weitsprung	C. Lewis (USA) 8,67 m	1968 B. Beamon (USA) 8,90 m
Stabhochsprung	S. Bubka (UdSSR) 5,85 m	1988 S. Bubka (UdSSR) 6,06 m
Dreisprung	C. Markow (Bulgarien) 17,92 m	1985 W. Banks (USA) 17,97 m
Kugelstoßen	W. Günthör (Schweiz) 22,23 m	1990 R. Barnes (USA) 23,12 m
Diskuswerfen	J. Schult (DDR) 68,74 m	1986 J. Schult (DDR) 74,08 m
Hammerwerfen	S. Litwinow (UdSSR) 83,06 m	1986 J. Sedych (UdSSR) 86,74 m
Speerwerfen	S. Räty (Finnland) 83,54 m	1990 S. Backley (Großbritannien) 90,98 m
Zehnkampf	T. Voss (DDR) 8 680 Punkte	1984 D. Thompson (Großbritannien) 8 847 Punkte
4 × 100 m	USA 37,90 s	1990 Frankreich 37,79 s
4 × 400 m	USA 2:57,29 min	1968 und 1988 USA 2:56,16 min
20-km-Gehen	M. Damilano (Italien) 1:20:45 Std.	1984 E. Canto (Mexiko) 1:18:40 Std. (Bahn)
50-km-Gehen	H. Gauder (DDR) 3:40:53 Std.	1979 R. Gonzales (Mexiko) 3:41:38,4 Std. (Bahn)
Marathon	D. Wakihuru (Kenia) 2:11:48 Std.	1988 B. Densimo (Äthiopien) 2:06:49 Std. (nur Weltbestleistung)
Damen		
100 m	S. Gladisch (DDR) 10,9 s	1988 F. Griffith-Joyner (USA) 10,49 s
200 m	S. Gladisch (DDR) 21,74 s	1988 F. Griffith-Joyner (USA) 21,34 s
400 m	O. Brysgina (UdSSR) 49,38 s	1985 M. Koch (DDR) 47,60 s
800 m	S. Wodars (DDR) 1:55,26 min	1983 J. Kratochvilova (CSSR) 3:52,47 min
1 500 m	T. Samolenko (UdSSR) 3:58,56 min	1980 T. Kasankina (UdSSR) 3:52,47 min
1 Meile		1989 P. Ivan (Rumänien) 4:15,61 min
3 000 m	T. Samolenko (UdSSR) 8:38,73 min	1984 T. Kasankina (UdSSR) 8:22,62 min
5 000 m		1986 I. Kristiansen (Norwegen) 14:37,33 min
10 000 m	I. Kristiansen (Norwegen) 31:05,85 min	1986 I. Kristiansen (Norwegen) 30:13,74 min
100-m-Hürden	G. Sagortschewa (Bulgarien) 12,34 s	1988 J. Donkowa (Bulgarien) 12,21 s
400-m-Hürden	S. Busch (DDR) 53,62 s	1986 M. Stepanowa (UdSSR) 52,94 s
Hochsprung	S. Kostadinowa (Bulgarien) 2,09 m	1987 S. Kostadinowa (Bulgarien) 2,09 m
Weitsprung	J. Joyner-Kersee (USA) 7,36 m	1988 G. Tschistjakowa (UdSSR) 7,52 m
Kugelstoßen	N. Lissowskaja (UdSSR) 21,24 m	1987 N. Lissowskaja (UdSSR) 22,63 m
Diskuswerfen	M. Hellmann (DDR) 71,62 m	1988 G. Reinsch (DDR) 76,80 m
Speerwerfen	F. Whitbread (Großbritannien) 76,64 m	1988 P. Felke (DDR) 80,00 m
Siebenkampf	J. Joyner-Kersee (USA) 7 128 Punkte	1988 J. Joyner-Kersee (USA) 7 291 Punkte
4 × 100 m	USA 41,58 s	1985 DDR 41,37 s
4 × 400 m	DDR 3:18,63 min	1988 UdSSR 3:15,18 min
10-km-Gehen	I. Strakowa (UdSSR) 44:12 min	1987 K. Saxby (Australien) 42:52 min
Marathon	R. Mota (Portugal) 2:25:17 Std.	1985 I. Kristiansen (Norwegen) 2:21:06 Std. (nur Weltbestleistung)

SPORT

TRIATHLON
PENTATHLON

ZEHNKAMPF

Dies ist die herausragendste Disziplin in der Leichtathletik der Herren. Sie umfaßt zehn Wettkämpfe (vier Läufe, drei Sprünge und drei Wurfdisziplinen), die an zwei Tagen in der folgenden Reihenfolge ausgetragen werden: 100 m, Weitsprung, Kugelstoßen und 400 m am ersten Tag; 110 m Hürden, Diskuswerfen, Stabhochsprung, Speerwerfen und 1500 m am zweiten Tag. Die Wettkämpfe werden nach Punkten gemäß einer internationalen Tabelle bewertet, die jeder erfüllten Leistung eine gewisse Punktzahl zuteilt. Sieger ist der Sportler, der die höchste Punktzahl nach allen zehn Wettkämpfen erreicht.

Bei dieser anstrengenden Disziplin, die von dem Athleten Geschwindigkeit, Kraft und Technik sowie natürlich Kondition erfordert, haben sich einige Sportler besonders hervorgetan, vor allem der Amerikaner R. Mathias und der Brite D. Thompson, die beide zweimal hintereinander bei den Olympischen Spielen siegten.

SIEBENKAMPF

Dies ist der dem Zehnkampf entsprechende Mehrkampf für Damen, der ebenfalls an zwei Tagen ausgetragen wird und sieben Prüfungen umfaßt: drei Läufe (100 m Hürden, 200 m und 800 m), zwei Sprünge (Hoch- und Weitsprung) und zwei Wurfdisziplinen (Kugelstoßen und Speerwerfen). Bis 1981 trugen die Damen lediglich einen *Fünfkampf* aus, 200-m-Lauf und Speerwerfen kamen dann hinzu. Die Wertung erfolgt ähnlich wie beim Zehnkampf.

MARATHONLAUF

Der Marathonlauf ist ein auf die Geschichte zurückgehender Wettkampf, der an die große Leistung eines griechischen Läufers erinnert, der von Marathon, einem Ort in Attika, 490 v. Chr. nach Athen entsandt wurde, um den Athenern den Sieg über die Perser zu verkünden. Er wird über 42,195 km ausgetragen, die nach den Olympischen Spielen in London 1908 festgelegt wurden und die genau der Entfernung zwischen Windsor und London entsprechen.

Vor allem die Hitze hat bereits bei diesem Wettkampf Dramen verursacht, aber eine besondere Vorbereitung hat ihn so human gemacht, daß die Marathonläufe zugenommen haben (viele große Städte organisieren ihn jährlich, und der wahrscheinlich berühmteste Marathonlauf [in New York] lockt Teilnehmer aus der ganzen Welt an). Heute nehmen auch Damen an diesem Wettkampf teil.

Aufgrund der unterschiedlichen Strecken gibt es keinen offiziellen Weltrekord, aber die besten Leistungen liegen bei 2:10 Stunden (das bedeutet eine durchschnittliche Geschwindigkeit von 20 km/Stunde). Der Marathonlauf für Damen wurde olympische Disziplin; die hier gelaufenen Zeiten liegen im übrigen nicht sehr viel über denen der Herren. 1988 hat die Olympiasiegerin, die Portugiesin Rosa Mota, die Schwelle von 2:30 Stunden deutlich unterschritten.

CROSS-COUNTRY

Der Cross-Country (wörtlich übersetzt *Querfeldeinlauf*) wird vor allem im Winter auf unterschiedlichem und manchmal schlammigem Gelände (jedoch zunehmend auf Wettkampfbahnen) ausgetragen. Diese Disziplin zieht die Mittel- (über 1500 m) und Langstreckenläufer an, wobei einige die Leichtathletiksaison auf der Piste vorbereiten wollen, andere sich ihr dagegen ernsthafter widmen, vor allem seit der Einrichtung einer jährlichen Weltmeisterschaft, die auf den ›Cross der Nationen‹ folgt.

Der Cross-Country, eine Sportart der ›schlechten Jahreszeit‹, wird bei den Olympischen Spielen nicht ausgetragen. Die erreichten Zeiten sind aufgrund der sehr verschiedenartigen Strecken und der unregelmäßigen klimatischen Bedingungen nicht vergleichbar.

GEHEN

Zunächst einmal ist Gehen eine absolut natürliche Übung. Aber das Gehen in der Leichtathletik ist streng geregelt: Das schrittweise Vorankommen muß so erfolgen, daß ein ununterbrochener Kontakt mit dem Boden besteht. Dies führt zu einer besonderen Hüftbewegung, die auf den ersten Blick recht ungewöhnlich erscheint.

Bei den Olympischen Spielen gibt es zwei Wettkämpfe, über 20 km (auf einer Bahn) und über 50 km (wo nur Start und Zieleinlauf im Stadion stattfinden). Die aufsehenerregendsten Wettkämpfe sind jedoch die langen Entfernungen auf der Straße, wo der Wettkampf Paris–Colmar der Strecke Paris–Straßburg (oder Straßburg–Paris) über eine Entfernung von etwa 500 km ersetzt hat.

TRIATHLON

Dies ist ein moderner (Ende der 70er Jahre in den USA entstandener) Sport, der jedoch einen wachsenden Zulauf verzeichnet, und dies trotz der Anforderungen, die eine Folge von drei schwierigen Wettkämpfen stellt: Schwimmen, Radfahren und Leichtathletik.

Das Prinzip ist einfach: Sieger wird derjenige, der die geringste Zeit in diesen drei Wettkämpfen erreicht, die ohne Pause aufeinanderfolgen.

Die Normen sind nicht einheitlich. Es gibt allerdings ein Verhältnis, das zwischen den einzelnen Wettbewerben eingehalten werden muß: Die Strecke beim Radfahren ist um das 30- bis 50fache länger als beim Schwimmen und um das 3- bis 3,5fache länger als der Lauf. Ein Triathlon kann beispielsweise aus einem Schwimmwettbewerb über 2000 bis 3000 m, einem Radrennen über 100 bis 120 km und einem Lauf über eine Strecke von 30 bis 42 km (Marathonstrecke) bestehen. Man stelle sich die gewaltige Anstrengung (und die Trainingsstunden) vor, die erforderlich sind, um eine solche Aneinanderreihung zu überstehen. Dies ist nur für einen Vollathleten möglich.

MODERNER FÜNFKAMPF

Der moderne Fünfkampf ist 1912 in Stockholm aus einer Idee von Pierre de Coubertin entstanden, die von den Schweden modifiziert wurde, die sich die Schwierigkeiten eines Militärkuriers in Ausübung seiner Mission vorstellten.

Daraus leiten sich die fünf Wettkämpfe des modernen Fünfkampfes ab: Reiten, Fechten, Schwimmen, Schießen und Laufen (der Pentathlon des antiken Griechenlands bestand aus vier leichtathletischen Wettbewerben und einem Ringkampf).

Jeder Wettbewerb hat eine Leistungsnorm (die überschritten werden kann) von 1000 Punkten: 1:43 Min. für Springreiten mit 15 Hindernissen; 70 % der Treffer beim Fechten; 3:54 Min. für 300 m Freistilschwimmen; 194 Punkte von dem möglichen Höchstwert von 200 Punkten beim Pistolenschießen auf ein 25 m entferntes bewegliches Ziel; 14:15 Min. bei Geländelauf über 4000 m.

Es gibt eine Wertung für den einzelnen Sportler und eine Wertung der Nation (5 Sportler). Der Fünfkampf findet an 5 Tagen mit jeweils einem Wettbewerb in der oben angegebenen Reihenfolge statt.

OLYMPISCHE SPIELE FRAUEN (Fortsetzung von S. 1080)

	4 × 100-m-Staffel (in s)		4 × 400-m-Staffel (in min)
1928	Kanada 48,4	1972	DDR 3:23,0
1932	USA 47,0	1976	DDR 3:19,23
1936	USA 46,9	1980	UdSSR 3:20,2
1948	Niederlande 47,5	1984	USA 3:18,29
1952	USA 45,9	1988	UdSSR 3:15,18
1956	Australien 44,5		
1960	USA 44,5		
1964	Polen 43,6		Marathonlauf (in Std.)
1968	USA 42,8	1984	J. Benoit (USA) 2:24:52
1972	BRD 42,8	1988	R. Mota (P) 2:25:40
1976	DDR 42,55		
1980	DDR 41,60		
1984	USA 41,65		
1988	USA 41,98		

OLYMPISCHE SPIELE, MODERNER FÜNFKAMPF

	Einzelwertung (in Punkten)		
1912	G. Lilliehöök (S) 27	1980	A. Starostine (SU) 5568
1920	G. Dyrssen (S) 18	1984	D. Masala (I) 5469
1924	B. Lindman (S) 18	1988	J. Martinek (H) 5404
1928	S. Thofelt (S) 47		Mannschaftswertung
1932	J. Oxenstierna (S) 32		(in Punkten)
1936	G. Handrick (D) 16	1952	Ungarn 166
1948	W. Grut (S) 16	1956	UdSSR 13645,5
1952	L. Hall (S) 32	1960	Ungarn 14863
1956	L. Hall (S) 4833	1964	UdSSR 14961
1960	F. Németh (H) 5024	1968	Ungarn 14525
1964	F. Török (H) 5116	1972	UdSSR 15968
1968	B. Ferm (S) 4964	1976	Großbritannien 15559
1972	A. Balczo (H) 5412	1980	UdSSR 16126
1976	J. Pyciak-Peciak (PL) 5520	1984	Italien 16060
		1988	Ungarn 15886

SPORT

TURNEN

Das Turnen wird vor allem in Europa (insbesondere in der UdSSR und Rumänien), in Ostasien (China und Japan) und Nordamerika, viel weniger jedoch in Westasien, Afrika und Südamerika praktiziert. Im Internationalen Turnerverband sind weniger als 100 Nationen vertreten. Dennoch ist das Turnen eine der großen olympischen Sportarten, und es werden regelmäßig Welt- und Kontinentalmeisterschaften mit Mannschafts- und Einzelwertungen ausgetragen. Als Kunstturnen ist es seit 1896 olympische Disziplin. Zum Turnen gehören das Boden- und das Geräteturnen.

Der Olympische Zwölfkampf der Herren besteht aus je einer Pflicht- und Kürübung im Bodenturnen, am Seitpferd, an den Ringen, im Pferdsprung, an Barren und Reck. Der Olympische Achtkampf der Damen umfaßt je eine Pflicht- und Kürübung im Pferdsprung, am Stufenbarren, auf dem Schwebebalken und im Bodenturnen.

Zum Turnen gehörten früher auch Turnspiele, von denen einige (z. B. Handball) im 20. Jh. zu eigenen Sportarten geworden sind. Zu den Sonderformen des Turnens zählen auch das orthopädische Turnen, das Sonderturnen für Behinderte und die Säuglingsgymnastik.

D, E · Ringe.
Ein ausschließlich den Herren vorbehaltenes Turngerät, das vor allem Kraft erfordert. Die 2,50 m vom Boden entfernten Ringe (Abstand voneinander: 50 cm) sind an Seilen befestigt, die an einem Träger vom 5,50 m Höhe hängen. Dies ist eine undankbare Disziplin, wahrscheinlich weniger spektakulär als das Boden- und Barrenturnen, da der Erfolg der Übung nicht von der Bewegung abhängt, sondern eher von statischen Elementen; ein Schwingen der Seile soll vermieden werden.

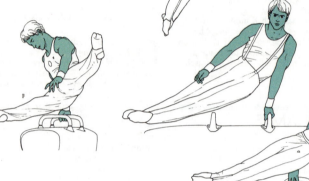

A · Sprungpferd.
Eine von Herren (1,35 m vom Boden bis zur höchsten ›Spitze‹ des Pferdes) und Damen (nur 1,20 m) praktizierte Übung mit einer Anlaufstrecke, die höchstens 25 m lang sein darf, und bei der die Hand das Pferd berühren muß. Für die Wertung wird auch der Anflug bis zum Berühren mit der Hand berücksichtigt.

F · Seitpferd.
Ein Turngerät nur für Herren. Auf dem höchsten Punkt des Pferdes (1,10 m über dem Boden) sind zwei Griffe angebracht (11 cm hoch und 40 cm voneinander entfernt). Die Figuren umfassen natürlich das Scheren, aber die Übungen mit geschlossenen Beinen müssen überwiegen.

Ein Erfolg am Seitpferd erfordert Gelenkigkeit und Geschwindigkeit. Er hängt von der Qualität der aufeinanderfolgenden Bewegungen in einem konstanten Rhythmus ab.

B · Schwebebalken.
Dies ist ein Turngerät für Damen mit einer Länge von 5 m, dessen Basis 1 m vom Boden entfernt ist (der Balken ist 20 cm dick) und auf dem die Turnerin 70 bis 90 Sekunden Zeit für ihre Darbietung hat. Die Schwierigkeit besteht darin, daß der Balken nur 10 cm breit ist.

C · Bodenturnen.
Die Übungen am Boden werden von Turnern und Turnerinnen auf einer quadratischen Matte (12 m Seitenlänge, mit einem Randstreifen von 0,50 m) absolviert. Die Darbietung muß eine harmonische und rhythmische Einheit ergeben, die aus dem Wechsel von Sprüngen und Schrittfolgen sowie Gelenkigkeit entstehen. Die Turner haben 50 bis 70 Sekunden, die Damen 70 bis 90 Sekunden Zeit.

SPORT

A · **Stufenbarren.**
Ein Turngerät für Damen. Die zwei Holme sind 1,55 bzw. 2,35 m vom Boden entfernt (sie sind 2,40 m lang) mit einer waagerechten Entfernung von 0,60 bis 1,05 m. Das Hauptproblem besteht bei der Aufeinanderfolge der Figuren im Übergang von einem Holm auf den nächsten.

B · **Parallelbarren.**
Ein Turngerät ausschließlich für Herren (wie die Ringe, das Seitenpferd und das Reck). Die 3,50 m langen Holme sind 1,75 m vom Boden entfernt und der Abstand zwischen ihnen schwankt zwischen 42 und 52 cm. Die Übung besteht in einem Wechsel aus Schwüngen über oder unter die Holme mit einem Seitenwechsel; sie umfaßt das Lösen mindestens einer der beiden Hände sowie eine Kraftübung.

C · **Reck.**
Noch ein Turngerät für Herren, das 2,55 m über dem Boden liegt. Zwischen den beiden Pfosten befindet sich eine 2,40 m lange Stange. Dies ist eine Übung mit Schwung, bei der Über- und Unterschwünge vorkommen müssen. Sie muß auch einen fliegenden Teil mit Lösen beider Hände umfassen.

OLYMPISCHE SPIELE, Turnen

Männer

Zwölfkampf, Einzelwertung
- 1900 G. Sandras (F)
- 1904 J. Lenhardt (A)
- 1908 A. Braglia (I)
- 1912 A. Braglia (I)
- 1920 G. Zampoir (I)
- 1924 L. Stukelj (YU)
- 1928 G. Miez (CH)
- 1932 R. Neri (I)
- 1936 A. Schwarzmann (D)
- 1948 V. Huhtanen (SF)
- 1952 W. Tschukarin (UdSSR)
- 1956 W. Tschukarin (UdSSR)
- 1960 B. Schachlin (UdSSR)
- 1964 Y. Endo (J)
- 1972 S. Kato (J)
- 1976 N. Andrianow (UdSSR)
- 1980 A. Ditjatin (UdSSR)
- 1984 K. Gushiken (J)
- 1988 W. Artemow (UdSSR)

Zwölfkampf, Mannschaftswertung
- 1920 Italien
- 1924 Italien
- 1928 Schweiz
- 1932 Italien
- 1936 Deutschland
- 1948 Finnland
- 1952 UdSSR
- 1956 UdSSR
- 1960 Japan
- 1964 Japan
- 1968 Japan
- 1972 Japan
- 1976 Japan

Frauen

Achtkampf, Einzelwertung
- 1952 M. Gorochowskaja (UdSSR)
- 1956 L. Latynina (UdSSR)
- 1960 L. Latynina (UdSSR)
- 1964 V. Čáslavská (CS)
- 1968 V. Čáslavská (CS)
- 1972 L. Turischtschewa (UdSSR)
- 1976 N. Comaneci (RO)
- 1980 J. Dawydowa (UdSSR)
- 1984 M. L. Retton (USA)
- 1988 J. Schuschunowa (UdSSR)

Achtkampf, Mannschaftswertung
- 1928 Niederlande
- 1936 Deutschland
- 1948 Tschechoslowakei
- 1952 UdSSR
- 1956 UdSSR
- 1964 UdSSR
- 1968 UdSSR
- 1972 UdSSR
- 1976 UdSSR
- 1980 UdSSR
- 1984 Rumänien
- 1988 UdSSR

RHYTHMISCHE SPORT-GYMNASTIK

Sie wird auch *moderne Gymnastik* oder *Wettkampfgymnastik* genannt und ist eine Sportart für Frauen, die mit Musikbegleitung und leichten Geräten wie Ball, Band, Seil und Keule ausgeübt wird. Kürübungen dauern 60 bis 90 Sekunden. Seit 1963 werden Weltmeisterschaften durchgeführt. Seit den Olympischen Spielen von 1984 ist die Sportart olympische Disziplin.

SPORT

GEWICHTHEBEN

Beim Gewichtheben werden Hanteln mit genau festgelegten Eigenschaften verwendet. Mindestabstand zwischen den Scheiben: 1,31 m; Durchmesser der Stange: 28 mm. Die Stange trägt Scheiben mit einem gestaffelten Gewicht von 1,25 bis 50 kg (die schwersten sind innen), wobei leichtere Scheiben zum Brechen eines Rekords verwendet werden können (der allerdings, wenn er anerkannt werden soll, den vorherigen Rekord um mindestens 500 g überschreiten muß). Jeder Sportler hat Anspruch auf drei Versuche mit demselben Gewicht. Als Wettkampf wird das Gewichtheben nur in den Techniken des beidarmigen Reißens und Stoßens ausgeübt. Das Drücken wurde nach den Olympischen Spielen in München 1972 abgeschafft.

Außergewöhnliche Leistungen. 1912 hob der Deutsche Guerner ein Gewicht von 359 kg 1 cm vom Boden. 1957 trug der Amerikaner Paul Anderson kurzzeitig 272,6 kg auf seinem Rücken. Die ›Apollon-Achse‹, eine riesige Stange mit etwa 5 cm Durchmesser mit zwei Wagenrädern und einem Gewicht von 162,4 kg wurde zwischen den beiden Weltkriegen von dem Franzosen Ch. Rigoulot gehoben.

WELTREKORDE (Stand Mitte 1990; in kg)

Fliegengewicht (bis 52 kg)
Reißen	S. Marinow (Bulgarien)	120
Stoßen	I. Iwanow (Bulgarien)	155
Olymp. Zweik.	I. Iwanow (Bulgarien)	272,5

Bantamgewicht (bis 56 kg)
Reißen	Liu Shoubin (China)	134,5
Stoßen	N. Terziski (Bulgarien)	171
Olymp. Zweik.	N. Schalamanow (Bulgarien)	300

Federgewicht (bis 60 kg)
Reißen	N. Süleymanoglu (Türkei)	152,5
Stoßen	N. Süleymanoglu (Türkei)	190
Olymp. Zweik.	N. Süleymanoglu (Türkei)	342,5

Leichtgewicht (bis 67,5 kg)
Reißen	I. Militossjan (UdSSR)	160
Stoßen	M. Petrow (Bulgarien)	200,5
Olymp. Zweik.	M. Petrow (Bulgarien)	355

Mittelgewicht (bis 75 kg)
Reißen	A. Gentschew (Bulgarien)	170
Stoßen	A. Warbanow (Bulgarien)	215,5
Olymp. Zweik.	A. Warbanow (Bulgarien)	382,5

Leichtschwergewicht (bis 82,5 kg)
Reißen	A. Slatew (Bulgarien)	183
Stoßen	A. Slatew (Bulgarien)	225
Olymp. Zweik.	J. Wardanjan (UdSSR)	405

Mittelschwergewicht (bis 90 kg)
Reißen	B. Blagoew (Bulgarien)	195,5
Stoßen	A. Schrapatyj (UdSSR)	235
Olymp. Zweik.	W. Solodow (UdSSR)	422,5

Erstes Schwergewicht (bis 100 kg)
Reißen	N. Vlad (Rumänien)	200,5
Stoßen	A. Popow (UdSSR)	242,5
Olymp. Zweik.	J. Zacharewitsch (UdSSR)	440

Zweites Schwergewicht (bis 110 kg)
Reißen	A. Kurlowitsch (UdSSR)	215
Stoßen	J. Zacharewitsch (UdSSR)	250,5
Olymp. Zweik.	J. Zacharewitsch (UdSSR)	455

Superschwergewicht
Reißen	A. Krastew (Bulgarien)	216
Stoßen	L. Taranenko (UdSSR)	266
Olymp. Zweik.	L. Taranenko (UdSSR)	475

A · **Stoßen.**

Der vor der Hantel hockende Gewichtheber macht die gleiche Anfangsbewegung wie beim Reißen (senkrechtes Anheben der Stange und dann Anheben, indem er seinen Körper unter die Stange bringt). Allerdings ist der Abstand zwischen seinen Händen an der Stange geringer. Diese wird dann zu den Schultern gezogen (der Gewichtheber läßt sie mit gebeugten Armen auf dem Schlüsselbein oder den Deltamuskeln ruhen). Nachdem er sich aufgerichtet hat, erfolgt das *Umsetzen*. Dann macht er einen Ausfallschritt, um die Hantel mit ausgestreckten Armen in einer raschen Bewegung über den Kopf zu heben.

B · **Reißen.**

Der Gewichtheber nimmt die Hantel mit voneinander entfernten Händen und hebt dann die Hantel bis in Brusthöhe. Anschließend geht er in die Hocke und bringt den Körper unter die Hantel, die er mit gestreckten Armen halten muß. Nun stabilisiert er das Gewicht über seinem Kopf, bevor er sich mit gestreckten Armen aufrichtet.

TRAMPOLIN

Das Trampolinturnen besteht darin, Sprünge und akrobatische Figuren auszuführen, indem man auf einem durch Stahlfedern gespanntem Tuch springt; es ist eine neuere Sportart. Der internationale Verband wurde erst 1964 gegründet, und die erste Weltmeisterschaft wurde im gleichen Jahr durchgeführt.

Von den wichtigeren Sportlern dieser Disziplin seien die Amerikanerin J. Wills (fünfmalige Weltmeisterin von 1964 bis 1968), der Amerikaner Jacobs (Weltmeister 1967 bis 1969) und der Franzose Tison (Weltmeister 1974 und 1976) genannt.

Es gibt Einzelwettkämpfe und Wettbewerbe zwischen Mannschaften (vier Turner oder vier Turnerinnen), die Pflicht- und Kürübungen umfassen und praktisch nach dem gleichen System bewertet werden wie beim Turnen. Heute werden auch Synchronwettbewerbe mit zwei Trampolinen veranstaltet, die parallel, natürlich in gleicher Höhe und in einem Abstand von 2 m aufgestellt sind. Jeder Wettkämpfer muß zehn verschiedene Figuren (z. B. Hocke, Schere, Salto, Schraube; Sprünge wie Adolph, Barani, Cody Fliffis) ausführen, wobei der Springer seine Vorführung auf beiden Füßen stehend nach der Ausführung des letzten Sprunges beendet.

C · **Trampolinturnen.**

Das Tuch muß sich 1,15 m über dem Boden befinden, eine Länge zwischen 4,22 und 4,32 m und eine Breite zwischen 2,09 und 2,19 m haben. Die lichte Höhe der Hallen muß mindestens 7 m betragen, das heißt, 6 m über dem Tuch. Diese Höhe ist für einige Figuren wie diesen Rückwärtssprung mit Strecken des Körpers am höchsten Punkt der Bahn erforderlich.

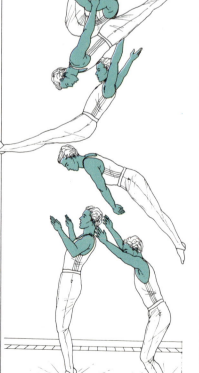

SCHIESSPORT

Das Schießen mit Feuerwaffen wird von der *Union Internationale de Tir* betreut, in der über 100 Nationen vertreten sind. Die Wettkämpfe sind vielfältig: man kann mit einer Pistole, einem Revolver, einem Kleinkalibergewehr oder mit einer Schrotflinte stehend, kniend oder liegend schießen.

Als olympische Sportarten sind dreizehn Wettbewerbe anerkannt: Kleinkalibergewehr, liegend (Herren); Kleinkalibergewehr, Dreistellungskampf (Herren); Kleinkaliberstandardgewehr, Dreistellungskampf (Damen); laufende Scheibe, 50 m (Herren); Luftgewehr, 10 m stehend (Herren); Luftgewehr 10 m stehend (Damen); Luftpistole, 10 m stehend (Herren); Luftpistole, 10 m stehend (Damen); freie Pistole, 50 m (Herren); Schnellfeuerpistole, 25 m (Herren); Kleinkalibersportpistole, 25 m (Damen); Trapschießen; Skeetschießen.

A · Pistole für 10 m.
Dies ist eine Luftpistole, mit der man bei einem Wettbewerb 60 Schuß in maximal 2:15 Stunden abgibt. Das Pistolenschießen auf 10 m Entfernung ist eine zur Einführung in Schußwaffen geeignete Disziplin.

B · Freie Pistole.
Hier geht es darum, 60 Schuß des Kalibers .22 mit langem Lauf (in höchstens 2:30 Stunden) in 6 Folgen von jeweils 10 Schuß auf ein festes Ziel in 50 m Entfernung zu schießen (die 10 auf der Zielscheibe hat einen Durchmesser von 50 cm).

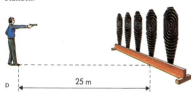

C · Kleinkaliber-Dreistellungskampf (3 × 40).
120 Schuß müssen auf ein Ziel abgegeben werden: 40 Schuß ›liegend‹ in 1:30 Stunden, 40 Schuß ›stehend‹ in 2 Std. und 40 Schuß ›kniend‹ in 1:45 Stunden.

Freies Kleinkaliber 3 × 20.
Gleicher Wettbewerb wie oben beschrieben für Damen und Jugendliche, bei dem es darum geht, 20 Schuß in jeder der drei Stellungen abzugeben.

D · Pistolenschießen, olympisches Zeitschießen.
Die Waffe ist eine Pistole (Kaliber .22, Langlauf). Es müssen zwei Serien mit 30 Schuß auf jede der 5 drehenden Zielscheiben in 25 m Entfernung abgegeben werden. Jede Serie ist unterteilt in ›Unterserien‹ von 5 Schuß (1 pro Zielscheibe).

E · Englisches Match.
Abgabe von 60 Schuß in liegendem Anschlag (in höchstens 1:30 Stunden) mit einem Kleinkaliber (.22, Langlauf) auf eine 50 m entfernte Zielscheibe (die 10 hat hier einen Durchmesser von 12 mm). Dem eigentlichen Wettbewerb gehen Testschüsse, die ›Versuche‹ voraus (hier 15).

OLYMPISCHE SPIELE IN SEOUL (1988)

Herren

Freie Pistole
S. Babii (Rumänien) 660 Punkte

Schnellfeuerpistole
A. Kuzmin (UdSSR) 698 Punkte

Luftpistole
T. Kiriakow (UdSSR) 687,9 Punkte

Kleinkalibergewehr (liegend)
M. Varga (Tschechoslowakei) 703,9 Punkte

Luftgewehr (10 m, stehend)
G. Maksimović (Jugoslawien) 695,6 Punkte

Kleinkalibergewehr (Dreistellungskampf)
M. Cooper (Großbritannien) 1 279,3 Punkte

Laufende Scheibe
T. Heiestad (Norwegen) 689 Punkte

Trapschießen
D. Monakow (UdSSR) 222 Treffer

Skeetschießen
A. Wegner (DDR) 222 Treffer

Damen

Luftpistole (10 m, stehend)
J. Sekarić (Jugoslawien) 489,5 Punkte

Sportpistole
N. Salukwaze (UdSSR) 690 Punkte

Kleinkaliberstandardgewehr (Dreistellungskampf)
S. Sperber (Bundesrepublik Deutschland) 685,8 Punkte

Luftgewehr
I. Chilowa (UdSSR) 498,5 Punkte

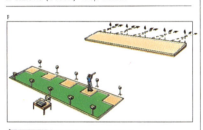

F, G · Trapschießen.
Fünf Schußpositionen (wo die 6 Schützen, die ein ›Team‹ bilden, aufeinanderfolgen) in 15 m Entfernung von einem Graben, aus dem die 200 Tauben geworfen werden (und in Serien zu 25 geschossen werden). Im Graben sind 5 Gruppen mit 3 Taubenwurfvorrichtungen. Die Tauben werden in einem Winkel und einer Geschwindigkeit geworfen, die der Schütze nicht kennt.

H, I · Skeetschießen.
Von den beiden 40 m voneinander entfernten Wurfhütten, die eine höher (*Pull* genannt), die andere niedriger (oder *Mark*) starten die Tauben in festgelegten und konstanten Bahnen. Der Schütze geht von einer der 7 gleichweit entfernten Schießstände, die einen Halbkreis bilden, zum nächsten (mit einem 8. Stand in der Mitte des Halbkreises). Im Gegensatz zum Trapschießen darf der Schütze vor dem Auftauchen der Taube die Waffe noch nicht im Anschlag haben, allerdings wird dieses Hindernis durch die Regelmäßigkeit der Bahnen ausgeglichen. Der Wettbewerber schießt ›Einfache‹ (eine einzige Taube aus einer der beiden Hütten) oder ›Doppelte‹ (zwei gleichzeitig geworfene Tauben).

BOGENSCHIESSEN

Der Bogen, eine Jagd- und Kriegswaffe (die noch heute von einigen Indianerstämmen in Amerika benutzt wird), wird seit dem 19. Jh. in Europa sportlich eingesetzt. Der ausgefeilte ›Sportbogen‹ hat wenig gemein mit dem primitiven Bogen. Das Bogenschießen ist eine olympische Disziplin. Es untersteht der *Fédération de Tir à l'arc* (1931 gegründet), die etwa sechzig Nationen umfaßt, mehrere Millionen Mitglieder hat und Weltmeisterschaften veranstaltet.

Disziplinen. Beim sog. *olympischen Bogenschießen* werden runde Schießscheiben, die in konzentrische bunte Ringe mit einem Wert von 1 bis 10 unterteilt sind, verwendet. Die beiden wichtigen Typen von Schießscheiben haben einen Durchmesser von 122 und 80 cm. Die Scheiben, deren Neigungswinkel etwa 15 °C beträgt, müssen mit ihrem Mittelteil 1,30 m über dem Boden liegen. Für die Herren betragen die Entfernungen 90, 70, 50 und 30 m, für die Damen 70, 60, 50 und 30 m. Beim *Geländeschießen* wird über eine Strecke von mehreren Kilometern auf gestaffelte Ziele (14 oder 28) geschossen. Das *Jagdschießen* erfolgt auf Ziele, die aus Tierimitationen bestehen (21 oder 42). Beim ›Beursault‹ (praktiziert in Frankreich) wird auf eine Zielscheibe mit 45 cm Durchmesser und 3 Ringen geschossen.

J · Der Bogen.
Der manchmal sehr ausgefeilte Bogen ist durch eine einzige Sehne verbunden, die an den beiden parallel zulaufenden Endpunkten befestigt ist.

K · Der Pfeil.
Dies ist ein langes Rohr mit einer Spitze, natürlich mit Federn. Man kann seinen Besitzer durch seinen eingeprägten Namen oder Anfangsbuchstaben seines Namens oder irgendein anderes Zeichen herausfinden.

L · Das Schießen.
Eine Hand hält den Körper des Bogens genau unterhalb des Pfeils. Die Sehne wird gespannt und durch die andere Hand zurückgehalten, die den Schuß durch Loslassen der Sehne auslöst.

1085

SPORT

BOXEN

Das moderne Boxen, ein Nachkomme des griechisch-römischen Faustkampfes, ist im 18. Jh. in England entstanden (von daher stammt auch der Name *englisches Boxen* im Gegensatz zu dem *französischen Boxen*, bei dem auch die Füße eingesetzt werden). Die wichtigsten Regeln wurden jedoch erst 1867 von einem Journalisten, J. G. Chambers, auf Anregung des Marquis von Queensberry festgelegt: Damals tauchten die ersten Gewichtskategorien (erst drei), die Dauer der Runden (3 Minuten mit einer Minute Pause) und die längste Zeit für einen Niederschlag (10 Sek.) auf.

Das Boxen wird von Amateuren (olympische Sportart) sowie von Profis ausgeübt. Man stellt fest, daß die Gewichtsklassen manchmal voneinander abweichen und daß das Höchstgewicht der vergleichbaren Kategorien nicht immer das gleiche ist.

Das Amateurboxen untersteht der einflußreichen *Associaction Internationale de la Boxe Amateur* (A.I.B.A.); das professionelle Boxen teilt sich auf mehrere, miteinander rivalisierende Organisationen auf, insbesondere auf die *World Boxing Association* (WBA), das *World Boxing Council* (WBC) und die *International Boxing Federation,* so daß es in der Regel in derselben Gewichtsklasse mehrere Weltmeister gibt (zur Zeit beim Schwergewicht jedoch nur einen). Diese ›Komplikationen‹ sowie Manipulationen bei der Organisation und den Ergebnissen der Wettkämpfe (bei denen sehr hoch gewettet wird) trugen und tragen dazu bei, daß das Boxen seine Attraktivität als Massensport verhältnismäßig stark eingebüßt hat.

Schon bei den olympischen Spielen der Antike war Boxen ein wichtiger Wettkampf. Die ersten Boxkämpfe der modernen olympischen Spiele wurden 1908 in Saint Louis ausgetragen. Seither war das Boxen (mit Ausnahme von Stockholm 1912) jeweils Bestandteil des olympischen Programms. Seit 1975 werden Weltmeisterschaften für Amateure durchgeführt.

GEWICHTSKLASSEN IN EUROPA

Klasse	über ... bis ... einschließlich
Halbfliegengewicht	nicht anerkannt
Fliegengewicht	48 kg bis 50,802 kg
Bantamgewicht	50,803 kg bis 53,524 kg
Federgewicht	53,525 kg bis 57,153 kg
Superfedergewicht	57,154 kg bis 58,967 kg
Leichtgewicht	58,968 kg bis 61,235 kg
Superleichtgewicht	61,236 kg bis 63,503 kg
Weltergewicht	63,504 kg bis 66,678 kg
Junior-(Super-)Mittelgewicht	66,679 kg bis 69,853 kg
Mittelgewicht	69,854 kg bis 72,575 kg
Halbschwergewicht	72,576 kg bis 79,379 kg
Leichtschwergewicht	79,380 kg bis 86,183 kg
Schwergewicht	über 86,184 kg

Es darf kein Kampf zwischen zwei Boxern zugelassen werden, deren Gewichtsunterschied die Differenz übersteigt, die die Kategorie des leichteren Sportlers eingrenzt.

A · Ausweichen.

Dies ist die Kunst, die Schläge des Gegners zu vermeiden. Dabei wird der Körper rasch bewegt oder einfach der Oberkörper gedreht (Auspendeln). Das zu niedrige Ausweichen, das den Ausweichenden mit seinem Kopf unterhalb der Gürtellinie seines Gegners bringt, ist verboten.

D · Gerade.

Dieser sehr lange und schnell ausgeführte Schlag ist die Verteidigungswaffe schlechthin und wird am häufigsten ausgeführt. Damit kann der Gegner auf Distanz gehalten und eventuell ein Angriff durch Haken mit beiden Händen vorbereitet werden. Der beim Linkshänder mit der linken und beim Rechtshänder mit der rechten Hand ausgeteilte Schlag erfolgt mit der Hand und vorgestrecktem Fuß.

B · Konter.

Dies ist eine sehr wichtige Waffe für einen Boxer mit schnellen Reflexen. Es handelt sich dabei um einen Schlag, der nach dem Angriff des Gegners geschlagen wird und vorher trifft. Dieser Schlag ist äußerst wirkungsvoll, da seine Geschwindigkeit sich um den gegnerischen Schwung vergrößert.

E · Aufwärtshaken.

Er erfolgt von unten nach oben (im Gegensatz zum Haken, der leicht nach unten geht), wobei das Körpergewicht auf der Seite der schlagenden Hand liegt. Der Aufwärtshaken ist vor allem ein Schlag zur Abwehr eines gegnerischen Angriffs oder eine Möglichkeit, sich aus einer Umklammerung zu befreien.

F · Boxhandschuhe.

Bei den Amateuren darf das Gewicht des Leders nicht über dem der Polsterung liegen.

C · Haken.

Der Schlag muß mit dem Körpergewicht auf dem entgegengesetzten Bein in einer schnellen Drehbewegung mit der größten Kraft aus der Schulter heraus ausgeführt werden. Dies ist ein Angriffsschlag, der den Gegner erschüttern oder sogar kampfunfähig machen soll. Bei einer Serie von Haken (abwechselnd Links- und Rechtshaken) ist dieser Schlag voll wirksam.

G · Grundstellung.

Dies ist die Stellung des Boxers im Ring: ein Fuß und eine Hand nach vorn, wobei die andere Hand ein beweglicher Schutz gegen die gegnerischen Schläge ist. Der *Rechtsausleger* bezeichnet die Stellung des linkshändigen Boxers, die genau umgekehrt ist, das heißt rechter Fuß und rechte Faust sind vorn. Einige, ihrer Reflexe sichere Boxer, die den Gegner provozieren wollen, kämpfen ohne Grundstellung mit ihren Fäusten in Hüfthöhe.

SPORT

GROSSE NAMEN

Ali (Cassius Clay, später Muhammad) [Vereinigte Staaten, *1942]. Er begann seine Karriere mit dem Olympiasieg 1960 im Halbschwergewicht. Nach Erringung des Weltmeistertitels im Schwergewicht (1964) änderte Clay seinen Namen. 1967 wurde ihm sein Titel aberkannt, weil er aus Protest gegen den Vietnamkrieg und die Rassendiskriminierung den Militärdienst verweigerte. 1974 erneut Weltmeister, verlor er den Titel 1980 endgültig, ein Jahr später beendete er seine Karriere. Der trotz seines Gewichtes recht schnelle Ali war auch außerhalb des Boxringes berühmt.

A · Cassius Clay.

Carpentier (Georges) [Frankreich, 1894–1975]. Er war einer der größten französischen Boxer. Mit einem eleganten Stil und ausgefeilter Technik wurde er 1920 Weltmeister im Halbschwergewicht. Großen Bekanntheitsgrad erlangte er mit der (ehrenhaften) Niederlage 1921 gegen J. Dempsey, als er versuchte, im ersten ›Jahrhundertkampf‹ den Weltmeistertitel für alle Gewichtsklassen zu erringen.

B · Georges Carpentier.

Dempsey (William Harrison, genannt Jack) [Vereinigte Staaten, 1895–1983]. Er war 1919 bis 1926 Weltmeister aller Klassen (auch durch seinen Sieg über G. Carpentier 1921), abgelöst wurde er durch G. Tunney.

Joe Louis (Joseph Louis Barrow) [Vereinigte Staaten, 1914–1981], einer der größten Boxer im Schwergewicht in der Geschichte des Boxens. Er hielt den Weltmeistertitel in dieser Klasse von 1937 bis 1949 (verteidigte ihn 25mal siegreich) und blieb von 1936 bis 1950 ungeschlagen.

Marciano (Rocco Francis Marchegiano, genannt Rocky) [Vereinigte Staaten, 1923–1969], einer der wenigen Unbesiegten in der Boxgeschichte. Er siegte in weniger als 10 Jahren in 49 Kämpfen, davon 43mal durch K.o. (elfmal in der ersten Runde). Er war von 1952 bis 1956 (als er sich zurückzog) Weltmeister im Schwergewicht.

Monzón (Carlos) [Argentinien, *1942]. Durch seine Widerstandskraft und seine außergewöhnliche Schlagkraft konnte er die Kategorie des Mittelgewichts in den 70er Jahren beherrschen und sich als der echte Nachfolger von ›Sugar Ray‹ Robinson durchsetzen. Er war von 1970 bis 1977 Weltmeister im Mittelgewicht.

Robinson (Walker Smith, genannt Sugar Ray) [Vereinigte Staaten, 1920–1989]. Er hatte alle Qualitäten: einen perfekten Stil und eine immense Schlagkraft. Seine Karriere dauerte von 1940 bis 1965. Der Weltmeister im Weltergewicht von 1946 gab 1951 diesen Titel ab und wurde stattdessen Weltmeister im Mittelgewicht (mit Unterbrechung bis 1960). Robinson bestritt insgesamt 202 Berufswettkämpfe, von denen er 175 gewann.

Schmeling (Max) [Deutschland, *1905], erfolgreichster und populärster deutscher Boxer, der als erster Deutscher einen Weltmeistertitel gewann (1930 im Kampf gegen J. Sharkey). 1932 verlor er den Titel nach Niederlage gegen den gleichen Gegner. 1936 konnte Schmeling J. Louis besiegen, unterlag ihm jedoch zwei Jahre später im Weltmeisterschaftskampf. 1948 trat das deutsche Boxidol schließlich zurück.

Tyson (Michael, genannt Mike) [Vereinigte Staaten, *1966], gewann als bis dahin jüngster Boxer 1986 gegen T. Berbick die WBC-Schwergewichtsweltmeisterschaft, 1987 diejenige der WBA (gegen J. Smith) und der IBF (gegen T. Tucker). Seit 1978 war Tyson damit erster Titelträger aller Verbände. Nachdem er des öfteren seinen Titel verteidigt hatte, unterlag er 1990 seinem Landsmann Douglas.

WELTMEISTER (Stand Ende 1989)

Klasse	World Boxing Association	World Boxing Council	International Boxing Federation
Halbfliegengewicht	Yuh Myung-woo (Südkorea)	H. Gonzales (Mexiko)	M. Kittikasem (Thailand)
Fliegengewicht	F. Bassa (Kolumbien)	S. Chitilada (Thailand)	D. McAuley (Großbritannien)
Superfliegengewicht	K. Galaxy (Thailand)	N. Konarow (Ghana)	J. Polo (Kolumbien)
Bantamgewicht	L. Espinosa (Philippinen)	R. Perez (Mexiko)	O. Canizáles (USA)
Superbantamgewicht	J. J. Estrada (Mexiko)	D. Zaragoza (Mexiko)	F. Bénichou (Frankreich)
Federgewicht	A. Esparragoza (Venezuela)	J. Fenech (Australien)	J. Paez (Mexiko)
Superfedergewicht	B. Mitchell (Südafrika)	A. Nelson (Ghana)	J. Molivia (Puerto Rico)
Leichtgewicht	E. Rosario (Puerto Rico)	P. Whitaker (USA)	P. Whitaker (USA)
Superleichtgewicht	J. M. Coggi (Argentinien)	J. C. Chavez (Mexiko)	M. Taylor (USA)
Weltergewicht	M. Breland (USA)	M. Storling (USA)	S. Brown (USA)
Superweltergewicht	J. Jackson (Jungferninseln)	J. Mugabi (Uganda)	G. Rosi (Italien)
Mittelgewicht	M. McCallum (Jamaika)	R. Duran (Panama)	M. Nunn (USA)
Supermittelgewicht	In Chul-baek (Südkorea)	S. R. Leonard (USA)	Titel vakant
Halbschwergewicht	V. Hill (USA)	J. Harding (Australien)	C. Williams (USA)
Leichtschwergewicht	R. Daniels (USA)	C. de León (Puerto Rico)	G. McCrory (Großbritannien)
Schwergewicht	M. Tyson (USA)	M. Tyson (USA)	M. Tyson (USA)

GLOSSAR

Abbruch. Unterbrechung des Kampfes durch den Schiedsrichter, wenn er der Meinung ist, daß ein Boxer in einer zu hohen Klasse kämpft oder verletzt ist, und eine Fortsetzung des Kampfes gefährlich werden könnte.

Boxhandschuhe. Bei den Amateuren wiegen sie 228 g (8 Unzen). Bei den Profis haben sie ein Gewicht von 171 g (6 Unzen), außer beim Mittel-, Halbschwer- und Schwergewicht (228 g oder 8 Unzen).

Knockdown. Dies ist das Fallen auf die Matte, wo der Boxer weniger als 10 Sekunden liegenbleibt und dann den Kampf wiederaufnehmen kann, nachdem er ›angezählt‹ wurde.

Knockout (abgekürzt **K.o.**). Der Boxer bleibt 10 Sekunden am Boden (der Schiedsrichter zählt langsam bis 10 und zeigt mit den Fingern die abgelaufenen Sekunden an). Der Kampf ist beendet.

Punktwertung. Bei jeder Runde wird jedem Boxer (höchstens 5 oder 10 bei Profikämpfen, 20 bei den großen Wettkämpfen für Amateure) eine bestimmte Punktzahl gegeben, deren Summe das Ergebnis des Kampfes bestimmt, wenn dieser nicht vorher unterbrochen wurde. Der Sieger erringt dann einen Punktsieg. Der Schiedsrichter und seine Punktrichter bewerten die Schläge (die den Gegner wirklich treffen), die Technik und die Beachtung der Regeln.

Ring. Dies ist ein durch drei Reihen Seile eingegrenztes Quadrat, dessen Seitenlänge zwischen 4,90 und 6,10 m liegen muß. Der Boden des Ringes befindet sich zwischen 0,91 und 1,22 m über dem Hallenboden. Er muß mit Filz oder Gummi oder einem elastischen Material bedeckt sein, das mit einer Plane straff ausgelegt wird.

Runde. Zeitraum von 3 Minuten, in denen sich die Boxer gegenüberstehen. Anfang und Ende jeder Runde werden durch einen Gong angezeigt. Die Zahl der Runden ist je nach Bedeutung der Kämpfe unterschiedlich: drei bei Amateurwettkämpfen, zwischen sechs und zwölf (früher fünfzehn) bei den Profikämpfen. Zwischen jeder Runde gibt es eine Pause von einer Minute.

Werfen des Handtuchs. Vom Sekundanten oder dem Manager des Boxers entschiedener Abbruch des Kampfes, indem er ein Handtuch in den Ring wirft. (Er greift aus denselben Gründen wie beim Abbruch durch den Schiedsrichter ein, wenn ein Boxer zu sehr unterlegen ist).

RINGEN

Dieser Sport, eine Disziplin der antiken und modernen Olympischen Spiele, umfaßt das Ringen in griechisch-römischem Stil und das Freistilringen (hierbei ist der Einsatz der Beine bei einigen Griffen erlaubt, während der griechisch-römische Ringkampf nur Griffe oberhalb der Gürtellinie zuläßt); das Ziel besteht darin, den Gegner mit beiden Schultern am Boden zu halten.

Beide Stilrichtungen unterstehen der 1912 gegründeten *Fédération Internationale de Lutte Amateur*. Diese erkennt heute zehn Gewichtsklassen an. Die Kampfdauer beträgt zwei Runden von jeweils 3 Minuten (mit einer Minute Pause dazwischen) auf einer Matte von 9 m Durchmesser und einem umlaufenden Streifen von 1 m Breite, der Teil der Kampffläche ist. Der Kampf kann durch einen Wurf (oder Fall) beendet [der Schiedsrichter klopft mit der Hand auf die Matte, wenn ein Ringer die Schultern 1 Sekunde lang am Boden hatte] oder auch durch Punkte entschieden werden, die bei einigen Griffen und ihren Folgen vergeben werden.

Der Ringkampf wird vorwiegend in den osteuropäischen Ländern und Ostasien praktiziert.

OLYMPISCHE SPIELE 1988 (Seoul)

Freistilringen

48 kg	T. Kobayashi (Japan)
52 kg	M. Sato (Japan)
57 kg	S. Beloglasow (UdSSR)
62 kg	J. Smith (Vereinigte Staaten)
68 kg	A. Fadsajew (UdSSR)
74 kg	K. Monday (Vereinigte Staaten)
82 kg	Hun Myung-woo (Südkorea)
90 kg	M. Khadartsew (UdSSR)
100 kg	V. Puscasu (Rumänien)
130 kg	D. Gobedischwili (UdSSR)

Griechisch-römischer Stil

48 kg	V. Maenza (Italien)
52 kg	J. Roenningen (Norwegen)
57 kg	A. Side (Ungarn)
62 kg	K. Madjidow (UdSSR)
68 kg	L. Dschulfalakian (UdSSR)
74 kg	Kim Young-nam (Südkorea)
82 kg	M. Mamiaschwili (UdSSR)
90 kg	A. Komtschew (Bulgarien)
100 kg	A. Wronski (Polen)
130 kg	A. Karelin (UdSSR)

A · Über die Brust werfen.
Es ist schwierig durchzuführen, und wird durch Umfassen der Taille des Gegners erreicht (ein Beugen der Beine und eine Neigung nach hinten erleichtern das Hochheben), das Kippen erfolgt dann nach einer starken Rückendurchbiegung.

B, C · Über die Schulter werfen.
Dabei wird der Arm unter die Schulter des Gegners gelegt, und die andere Hand hält das Handgelenk. Das Werfen wird durch ein Ziehen an der Schulter und gleichzeitiges Lösen des Gegners vom Boden möglich. Dieser fällt auf den Rücken mit den Schultern am Boden, und in dieser Stellung ist ein Schultersieg durchführbar.

D, E · Werfen durch Hochheben der Beine (mit Reißen und nach hinten Schwingen).
Die Hand geht unter die Schenkel des Gegners, der dann hochgehoben und in der Luft gehalten und dann fast parallel zum Boden umgedreht wird, wo er anschließend auf den Rücken geworfen wird, bevor man versucht, ihn festzuhalten.

F · Werfen durch Hochheben der Beine (mit Reißen und nach hinten Schwingen mit Kippen).
Häufig muß der Gegner senkrecht hochgehoben werden, bevor er um 90° gekippt wird, anschließend erfolgt das Werfen.

G · Werfen durch Hochheben der Beine (mit einem Reißen bei doppeltem Hochheben der Beine).
Der Gegner wird ›am Arm gegriffen‹; das letzte Werfen wird häufig durch ein Spreizen der Beine erleichtert, durch das der Schwerpunkt absinkt.

H · Verschiebung durch Hochheben der Beine.
Der Angreifer hebt das Bein des Gegners an und zieht es zu sich heran, anschließend stößt er ihn in eine Position, in der dieser keine Standfestigkeit mehr hat.

I · Verschieben nach hinten mit doppeltem Hochheben der Beine.
Der Angreifer hat seine Füße nach hinten gestellt, bevor er die Schenkel seines Gegners umfaßt und ihn mit Schulter und Brust stößt, um ihn auf den Boden zu werfen.

J · Werfen über die Schulter.
Dieses Werfen erfolgt über eine doppelte Kontrolle der Beine an den Knien, wobei der Gegner eine Pirouette über den Angreifer dreht und dann auf den Rücken fällt.

K · Hochheben.
Der Ringer am Boden greift den Arm und wirft den Gegner, indem er ihn nach links aus dem Gleichgewicht bringt.

L · Doppelter Seitenhieb.
Dies ist ein Kampfbeispiel, bei dem sich ein Ringer anfangs auf ein oder beide Knie niederläßt. Hier findet eine Drehung durch das Greifen der Arme des Gegners statt.

M · Verschieben nach vorn durch ein Anheben der Beine.
Der Angreifer stellt sich seitlich dem Gegner gegenüber. Er greift dann ein Bein, legt einen Arm von hinten um das Knie und greift mit dem anderen den Knöchel. Dann hebt der Angreifer den Gegner rasch hoch und biegt gleichzeitig den Körper nach hinten.

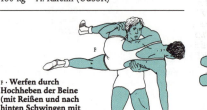

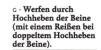

SPORT

FECHTEN

Fechten wird mit dem Florett (lange Zeit die einzige Waffe für Damen), dem Degen (für Damen seit kurzem möglich) und dem Säbel (noch immer eine Domäne der Herren) praktiziert. Die Wettkämpfe werden auf einer Fechtbahn ausgetragen. Dabei muß der Gegner an den je nach Waffe unterschiedlichen Flächen getroffen werden: Beim Degenfechten ist der gesamte Körper des Gegners die Trefffläche, beim Florettfechten lediglich der Oberkörper (ohne Kopf und Arme), und beim Säbelfechten schließlich muß man praktisch über der Gürtellinie (einschließlich Kopf und Arme) treffen. Die Begegnungen umfassen fünf bis zehn Treffer bei einer durchschnittlichen Dauer von 6 Minuten. Die Treffer werden bei Florett und Degen durch einen Elektromelder und beim Säbel durch einen Obmann (Schiedsrichter) mit Unterstützung von Seitenrichtern angezeigt.

C · **Florett.**
Dies ist, wie der Degen, eine Stoßwaffe, Treffer können nur mit der Spitze erzielt werden. Das Florett ist eine leichte Waffe (etwa 500 g); die Klingenlänge beträgt 90 cm.

D · **Säbel.**
Der Säbel ist ebenfalls eine leichte Waffe (gleiches Gewicht: etwa 500 g), bei dem die Treffer mit der Spitze und der flachen Seite der Klinge erzielt werden. Dies ist eine Stoß- und Hiebwaffe.

E · **Degen.**
Die Treffer müssen mit der Spitze erzielt werden, die im allgemeinen einen der ›herausragenden‹ Körperteile anpeilt (Hand, Unterarm, Knie, Fuß).

G, H · **Haltung der Hand.**

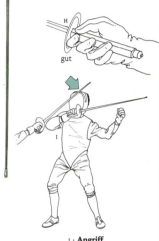

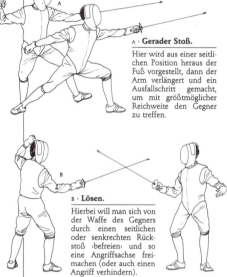

A · **Gerader Stoß.**
Hier wird aus einer seitlichen Position heraus der Fuß vorgestellt, dann der Arm verlängert und ein Ausfallschritt gemacht, um mit größtmöglicher Reichweite den Gegner zu treffen.

B · **Lösen.**
Hierbei will man sich von der Waffe des Gegners durch einen seitlichen oder senkrechten Rückstoß ›befreien‹ und so eine Angriffsachse freimachen (oder auch einen Angriff verhindern).

F · **Ausfallangriff.**
Beim Ausfallangriff wird der gerade Stoß eingesetzt, der Entspannung und Schnelligkeit erfordert, um das Zurückweichen oder den Gegenangriff des Gegners zu vermeiden.

I · **Angriff auf den Kopf.**
Der Angriff auf den Kopf (auch beim Degen zulässig) wird im allgemeinen mit dem Säbel durch einen Schneidenhieb (Hieb) und nicht durch die Spitze (Stoß) ausgeführt.

J · **Angriff auf das Bein.**
Der Angriff auf das Bein (oder den Fuß) erfolgt nur beim Degen; er muß sehr schnell durchgeführt werden, da die Gefahr eines Konters gegen die obere Hälfte des Körpers sehr groß ist.

OLYMPISCHE SPIELE

Herren

Florett

	Einzel	Mannschaft
1896	E. Gravelotte (F)	
1900	C. Coste (F)	
1904	R. Fonst (C)	Cuba
1912	N. Nadi (I)	
1920	N. Nadi (I)	Italien
1924	R. Ducret (F)	Frankreich
1928	L. Gaudin (F)	Italien
1932	G. Marzi (I)	Frankreich
1936	G. Gaudini (I)	Italien
1948	J. Buhan (F)	Frankreich
1952	C. d'Oriola (F)	Frankreich
1956	C. d'Oriola (F)	Italien
1960	W. Schdanowitsch (SU)	UdSSR
1964	E. Franke (PL)	UdSSR
1968	I. Drimba (RO)	Frankreich
1972	W. Woyda (PL)	Polen
1976	F. Dal Zotto (I)	Bundesrepublik Deutschland
1980	W. Smirnow (SU)	Frankreich
1984	M. Numa (I)	Italien
1988	S. Cerioni (I)	UdSSR

Säbel

	Einzel	Mannschaft
1896	J. Georgiadis (GR)	
1900	G. de la Falaise (F)	
1904	M. Diaz (C)	
1908	J. Fuchs (H)	Ungarn
1912	J. Fuchs (H)	Ungarn
1920	N. Nadi (I)	Italien
1924	S. Pósta (H)	Italien
1928	O. Terszyánszky (H)	Ungarn
1932	G. Piller (H)	Ungarn
1936	E. Kabos (H)	Ungarn
1948	A. Gerevich (H)	Ungarn
1952	P. Kovács (H)	Ungarn
1956	R. Kárpáti (H)	Ungarn
1960	R. Kárpáti (H)	Ungarn
1964	T. Pézsa (H)	UdSSR
1968	J. Pawlowski (PL)	UdSSR
1972	W. Sidjak (SU)	Italien
1976	W. Krowopuskow (SU)	UdSSR
1980	W. Krowopuskow (SU)	UdSSR
1984	J.-F. Lamour (F)	Italien
1988	J.-F. Lamour (F)	Ungarn

Degen

	Einzel	Mannschaft
1900	R. Fonst (C)	
1904	R. Fonst (C)	
1908	G. Alibert (F)	Frankreich
1912	P. Anspach (B)	Belgien
1920	A. Massard (F)	Italien
1924	C. Delporte (B)	Frankreich
1928	L. Gaudin (F)	Italien
1932	C. Cornaggia-Medici (I)	Frankreich
1936	R. Riccardi (I)	Italien
1948	L. Cantone (I)	Frankreich
1952	E. Mangiarotti (I)	Italien
1956	C. Pavesi (I)	Italien
1960	G. Delfino (I)	Italien
1964	G. Kriss (SU)	Ungarn
1968	G. Kulcsár (H)	Ungarn
1972	C. Fenyvési (H)	Ungarn
1976	A. Pusch (D)	Schweden
1980	J. Harmenberg (S)	Frankreich
1984	P. Boisse (F)	Bundesrepublik Deutschland
1988	A. Schmitt (D)	Frankreich

Damen

Florett

	Einzel	Mannschaft
1924	E. Osiier (DK)	
1928	H. Mayer (D)	
1932	E. Preis (A)	
1936	I. Schacherer-Elek (H)	
1948	I. Elek (H)	
1952	I. Camber (I)	
1956	G. Sheen (GB)	
1960	H. Schmid (H)	UdSSR
1964	I. Ujlaki-Rejtö (H)	Ungarn
1968	E. Novikova (SU)	UdSSR
1972	A. Ragno Lonzi (I)	UdSSR
1976	E. Schwarczenberger (H)	
1980	P. Trinquet (F)	Frankreich
1984	L. Jujie (CHN)	Bundesrepublik Deutschland
1988	A. Fichtel (D)	Bundesrepublik Deutschland

1089

SPORT

KAMPFSPORT

Die Kampfsportarten sind Kampftechniken mit den Händen allein oder mit Waffen, die vorwiegend aus dem Fernen Osten stammen (vor allem aus Japan). Ihre Philosophie geht jedoch häufig über die rein physische Ebene und die anatomische und physiologische Kenntnis des menschlichen Körpers hinaus. Ihre Gründer haben ihnen immer einen charakterbildenden, mitunter auch religiösen Inhalt gegeben. Durch die Verbreitung einer gewissen Anzahl asiatischer Kampfsportarten konnte diese Dualität nicht immer bewahrt werden (die auch manchmal im Ursprungsland ins Hintertreffen geraten ist).

Aikido. Dieses japanische Wort kann wörtlich übersetzt werden als ›der Weg der göttlichen Harmonie‹. Dieser mit bloßen Händen betriebene Kampfsport ist defensiv und zielt darauf ab, einen Angriff abzuwehren, indem der Gegner zu Boden geworfen und dann durch Drücken der Glieder oder der lebenswichtigen Punkte neutralisiert wird. Aikido wurde um 1925 von Ueshiba Morihei geschaffen und wird nicht in Wettkämpfen ausgetragen.

Dojo. Japanisches Wort, das wörtlich übersetzt den ›Ort des Weges‹ heißt und den Trainingsraum bezeichnet, wo die Kampfsportarten ausgeübt werden.

Eskrima. Kampfsport der Philippinen, bei denen Stock, Säbel, Dolch und die Techniken mit bloßen Händen eingesetzt werden.

Hsing-i. Sehr alter chinesischer Kampfsport, dessen Bewegungsabläufe sich an den Bewegungen von Tieren orientieren. Die Bewegungen werden in gerader Linie ausgeführt.

Jiu-Jitsu, ›die Kunst der Gelenkigkeit‹. Dieser japanische Kampfsport, ein Mittel zum Angriff und zur Verteidigung, kennt keine Regeln (er ist kein Wettkampfsport). Die Technik des Jiu-Jitsu vereint Würfe, Würgegriffe, Hebel und Schläge (Atemi) auf die empfindlichen Teile des Gegners, der kampfunfähig gemacht werden soll.

Karate. Dies ist nach Judo der bekannteste Kampfsport. Er kommt aus Okinawa und hat sich zunächst (nach 1920 und vor allem nach 1945) auf den großen Inseln Japans und dann in der ganzen Welt verbreitet. Er wird mit bloßen Händen praktiziert und will den Gegner, allerdings fiktiv, kampfunfähig machen, wobei die Schläge vor dem Auftreffen abgebremst werden. Der Kampf dauert 2 bis 3 Minuten und wird in einem Quadrat von 8 m Seitenlänge ausgetragen. Die Angriffsziele sind der *Jodan* (Oberteil des Körpers: Kopf und Hals) und der *Chudan* (mittlerer Teil des Körpers: Brust, Bauch, Rücken); die Schläge werden mit der Faust oder dem Fuß ausgeteilt. Es gibt fünf Gewichtsklassen (leicht: unter 65 kg; mittelleicht: 65 bis 70 kg; mittel: 70 bis 75 kg; mittelschwer: 75 bis 80 kg; schwer: über 80 kg). Auf nationaler und internationaler Ebene werden regelmäßig Wettkämpfe ausgetragen (Karate ist allerdings keine olympische Disziplin). In Deutschland sind die Karateka im 1976 gegründeten *Deutschen Karate-Verband* zusammengeschlossen.

Kendo, ›Weg des Schwerts‹. Diese japanische Kampfsportart ist eine Art Fechten, bei der die Gegner mit einem Bambusschwert fechten und durch eine Montur aus Helm und einer steifen Weste geschützt werden.

Kung-Fu, ›Schüler‹ oder ›der die Perfektion erreicht hat‹. Dieser chinesische Kampfsport, der eine Form der Körperkultur wie auch ein Kampfsport mit bloßen Händen ist, erinnert an Karate. Er findet eher in der Luft als unter Zuhilfenahme von Beintechniken statt.

Sumo. Dies ist mehr als ein echter Kampfsport, und zwar eine alte Form des Ringkampfes aus Japan, bei dem Grifftechniken verwendet werden. Es geht darum, den Gegner aus dem ›Ring‹ zu werfen; die Kampfvorbereitung umfaßt ein ausführliches Ritual.

Tai-chi-chuan oder **Tai-chi.** ›Die Faust des höchsten Pols‹ ist eine chinesische Praxis von Körperbewegungen nach einem langsamen und äußerst genauen Ablauf.

GLOSSAR

Dan. Grad, nach dem die schwarzen Gürtel unterschieden werden. Die Dans werden vom 1. bis zum 6. auf nationaler Ebene vergeben. In Japan tragen die 6. und 7. den weißen und roten Gürtel; die 8. und 9. Dans den roten Gürtel und der 10. Dan den breiten weißen Gürtel.

Gürtel. Seine Farbe bestimmt den Grad des Judoka. Die Rangfolge ist wie folgt: weiß, gelb, orange, grün, blau, braun, schwarz.

Ippon. Punkt, der den Kampf beendet; er wird vergeben für einen Wurf über den Rücken und für 30 Sekunden langes Festhalten am Boden. Einen Ippon gibt es auch bei Aufgabe oder Disqualifizierung (Hansoku-Make) des Gegners.

Judogi. Bekleidung (oft Kimono genannt) für Judo, die aus einer Jacke und einer Hose aus festem Leinen besteht.

Kampf. Er dauert zwischen 3 und 20 Minuten (mit möglicher Verlängerung). Der Kampf wird durch einen Schiedsrichter und zwei Richter geleitet. Er kann durch Ippon, Waza-Ari-Awasete-Ippon (2 Waza-ari) oder Punkte beendet werden. Die Entscheidung berücksichtigt dann mehr oder weniger deutliche Vorteile beim Kampf: Waza-Ari [fast Punkt]; Yuko [großer Vorteil]; Koka [kleiner Vorteil].

Tatami. So heißt die Matte (ein Quadrat mit einer Seitenlänge von 14 bis 16 m, davon 9 bis 10 m Seitenlänge für den Kampf) oder die Reisstrohmatte.

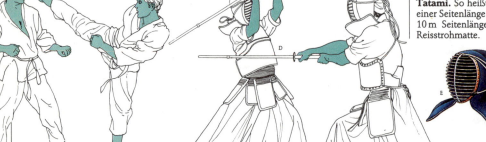

A · **Aikido.**
Dieser Kampfsport erfordert Gelenkigkeit. Alle Techniken sind entgegengesetzte Reaktionen auf einen Angriff des Gegners.

B · **Hsing-i.**
Der Vorführer zeigt die sog. ›Tiger‹-Position. Die gespreizten Arme stellen die zwei Kiefer des gähnenden Mauls dieses Tieres dar, und die Finger zeigen die Schneidezähne.

C · **Karate.**
Klassischer Angriff gegen den Kopf mit dem linken Fuß. Das Bein wird für den ›Schlag‹ angespannt.

D, E · **Kendo.**
Es besteht die Gefahr unabsichtlicher Verletzungen. So sind die Ziele stets systematisch geschützt. Eine steife Weste mildert die Schläge gegen die Brust. Ein Metallhelm schützt vor allem das Gesicht.

JUDO

Judo ist die bekannteste Kampfsportart mit bloßen Händen und wird von etwa zwölf Millionen Personen betrieben. Nach dem Ersten Weltkrieg entwickelte sich das Judo in Europa aus dem zur sportlichen Übung gewordenen Jiu-Jitsu. Anfangs gab es keine Gewichtsklassen, bei gleichem oder vergleichbarem technischen Niveau gab jedoch das Gewicht den Ausschlag. So wurden Gewichtsklassen geschaffen, die dann allmählich immer zahlreicher und differenzierter wurden. Judo verdankt seinem japanischen Ursprung das Ritual und das Vokabular. Seit 1964 steht Judo (mit Ausnahme 1968) auf dem olympischen Programm.

A · Hiza-guruma. Dies ist eine Art Rollen des Gegners um ein Knie, wobei mit den Armen und einer Körperdrehung eine Drehbewegung durchgeführt wird, die den Gegner aus dem Gleichgewicht bringt.

B · De-ashi-barai. Beintechnik, bei der der Kämpfer versucht, den vorgesetzten Fuß des Partners mit der Fußsohle wegzustoßen (wegzufegen), wenn dieser belastet wird.

C · Ko-soto-gari. Beintechnik mit kleiner Außensichel. Diese Technik, die sehr schnell und ohne ›sichtbare‹ Vorbereitung durchgeführt werden muß, überrascht den Gegner.

D · Ko-uchi-gari. Dies ist eine kleine Innensichel, die jedoch große Kraft erfordert. Diese Beintechnik wird häufig bei statischen Gegnern angewandt.

E · Ko-soto-gake. Ziemlich heikle Beintechnik, die in einem kleinen äußeren ›Anhaken‹ besteht, das sich von der Sichel (Ko-soto-gari) unterscheidet.

F · Tsuri-goshi. Gehobene Hüfte, indem der Gürtel des Gegners ergriffen wird. Dieses Technik ist häufig ein Konter auf einen Angriff des Gegners.

G · Sumi-gaeshi. Technik, bei der der Gegner durch Hochheben des rechten Beines nach hinten auf die Matte geworfen wird.

H · Tani-otoshi. ›Fall in das Tal‹; wird mit einem Spreizen der Beine ausgeführt; der so zu Fall gebrachte Gegner wird über den Rücken geworfen.

I · O-soto-guruma. Spektakulärer Wurf, der in einer gleichzeitigen Sichel beider Beine des Gegners besteht, der dann heftig auf den Boden geworfen wird.

J · Uki-waza. Wurf, bei dem man sich zu Boden fallen läßt und den Gegner mit sich zieht, um ihn dann über die Schulter zu kippen.

OLYMPIASIEGER

Herren

Superleichtgewicht (bis 60 kg)
- 1980 T. Rey (F)
- 1984 S. Hosokawa (J)
- 1088 Kim Jae-Yup (ROK)

Halbleichtgewicht (60–65 kg)
- 1980 N. Soloduchin (SU)
- 1984 Y. Matsuoka (J)
- 1988 Lee Kyung-Keun (ROK)

Leichtgewicht (65–71 kg)
- 1964 T. Nakatani (J)
- 1972 T. Kawaguchi (J)
- 1976 H. Rodriguez (C)
- 1980 E. Gamba (I)
- 1984 Byung Keun Ahn (ROK)
- 1988 M. Alexandre (F)

Halbmittelgewicht (71–78 kg)
- 1972 T. Nomura (J)
- 1976 W. Newzorow (SU)
- 1980 S. Kabareli (SU)
- 1984 F. Wieneke (D)
- 1988 W. Legien (PL)

Mittelgewicht (78–86 kg)
- 1964 I. Okano (J)
- 1972 S. Sekine (J)
- 1976 I. Sonoda (J)
- 1980 J. Röthlisberger (CH)
- 1984 P. Seisenbacher (A)
- 1988 P. Seisenbacher (A)

Halbschwergewicht (86–95 kg)
- 1972 S. Tschotschoschwilij (SU)
- 1976 K. Ninomiya (J)
- 1980 R. Van De Walle (B)
- 1984 Ha Hyoung Zoo (ROK)
- 1988 M. Aurelio (BR)

Schwergewicht (über 95 kg)
- 1964 I. Inokuma (J)
- 1972 W. Ruska (NL)
- 1976 S. Nowikow (SU)
- 1980 A. Parisi (F)
- 1984 H. Saito (J)
- 1988 H. Saito (J)

Allkategorie
- 1964 A. Geesink (N)
- 1972 W. Ruska (NL)
- 1976 H. Uemura (J)
- 1980 D. Lorenz (DDR)
- 1984 Y. Yamashita (J)

WELTMEISTER

Damen

bis 48 kg
- 1980 J. Bridge (GB)
- 1982 K. Briggs (GB)
- 1984 K. Briggs (GB)
- 1986 K. Briggs (GB)
- 1987 Z. Li (CHN)
- 1989 K. Briggs (GB)

48 bis 52 kg
- 1980 E. Horovat (A)
- 1982 L. Doyle (GB)
- 1984 K. Yamaguchi (J)
- 1986 D. Brun (F)
- 1987 S. Rendle (GB)
- 1989 S. Rendle (GB)

56 bis 61 kg
- 1980 G. Winkelauer (A)
- 1982 A. M. Rodriguez Burns (USA)
- 1986 A. Hugues (GB)
- 1987 C. Arnaud (F)
- 1989 C. Arnaud (F)

56 bis 61 kg
- 1980 R. Staps (NL)
- 1982 M. Rottier (F)
- 1984 N. Hernández (YV)
- 1986 D. Bell (GB)
- 1987 D. Bell (GB)
- 1989 C. Fleury (F)

61 bis 66 kg
- 1980 E. Simon (F)
- 1982 B. Deydier (F)
- 1984 B. Deydier (F)
- 1986 B. Deydier (F)
- 1987 C. Schreiber (D)
- 1989 E. Pierantozzi (I)

66 bis 72 kg
- 1980 J. Triadou (F)
- 1982 B. Classen (D)
- 1984 I. Berghmans (B)
- 1986 I. De Kok (NL)
- 1987 Y. Tanabe (J)
- 1989 I. Berghmans (B)

über 72 kg
- 1980 M. de Cal (I)
- 1982 N. Lupino (F)
- 1984 R. Motta (I)
- 1986 F. Gao (CHN)
- 1987 F. Gao (CHN)
- 1989 F. Gao (CHN)

Allkategorie
- 1980 I. Berghmans (B)
- 1982 I. Berghmans (B)
- 1984 I. Berghmans (B)
- 1986 I. Berghmans (B)
- 1987 F. Gao (CHN)
- 1989 E. Rodrígues (C)

WELTMEISTER

Herren

Superleichtgewicht
- 1979 T. Rey (F)
- 1981 Y. Moriwaki (J)
- 1983 K. Tletseri (SU)
- 1985 S. Hosokawa (J)
- 1987 Kim Jae-Yup (ROK)
- 1989 A. Totikaschwili (SU)

Halbleichtgewicht
- 1979 N. Soloduchin (SU)
- 1981 K. Kashiwazaki (J)
- 1983 N. Soloduchin (SU)
- 1985 J. Sokolow (SU)
- 1987 Y. Yamamoto (J)
- 1989 R. Becanovic (YU)

Leichtgewicht
- 1965 H. Matsuda (J)
- 1967 T. Shigeoka (J)
- 1975 Y. Minami (J)
- 1979 K. Katzuki (J)
- 1981 Park Chonk-hat (ROK)
- 1983 H. Nakanishi (J)
- 1985 Byung Keun Ahn (ROK)
- 1987 M. Swain (USA)
- 1989 T. Koga (J)

Halbmittelgewicht
- 1967 H. Minatoya (J)
- 1975 W. Newzorow (SU)
- 1979 S. Fujii (J)
- 1981 N. Adams (GB)
- 1983 N. Hikage (J)
- 1985 N. Hikage (J)
- 1987 H. Okada (J)
- 1989 Kim Byung Yu (ROK)

Mittelgewicht
- 1965 I. Okano (J)
- 1967 E. Maruki (J)
- 1975 S. Fujii (J)
- 1979 D. Ultsch (DDR)
- 1981 B. Tschoulouyan (SU)
- 1983 D. Ultsch (DDR)
- 1985 P. Seisenbacher (A)
- 1987 F. Canu (F)
- 1989 F. Canu (F)

Halbschwergewicht
- 1967 N. Sato (J)
- 1975 J.-L. Rougé (F)
- 1979 T. Kubuluri (SU)
- 1981 T. Kubuluri (SU)
- 1983 A. Preschel (DDR)
- 1985 H. Sugai (J)
- 1987 H. Sugai (J)
- 1989 K. Kurtanidse (SU)

Schwergewicht
- 1965 A. Geesink (NL)
- 1967 W. Ruska (NL)
- 1975 S. Endo (J)
- 1979 Y. Yamashita (J)
- 1981 Y. Yamashita (J)
- 1983 Y. Yamashita (J)
- 1985 Yong Chul Cho (ROK)
- 1987 G. Weritschew (SU)
- 1989 N. Ogawa (J)

Allkategorie
- 1956 S. Natsui (J)
- 1958 K. Sone (J)
- 1961 A. Geesink (NL)
- 1965 I. Inokuma (J)
- 1967 M. Matsunaga (J)
- 1969 M. Shinomaki (J)
- 1971 M. Shinomaki (J)
- 1973 K. Ninomiya (J)
- 1975 H. Uemura (J)
- 1979 S. Endo (J)
- 1981 Y. Yamashita (J)
- 1983 H. Saito (J)
- 1985 Y. Masaki (J)
- 1987 N. Ogawa (J)
- 1989 N. Ogawa (J)

SPORT

TENNIS

Tennis ist aus dem alten französischen Spiel Jeu de Paume hervorgegangen. Es erhielt um 1874 seine Regeln durch einen britischen Offizier, W. C. Wingfield. Es war von 1896 bis 1924 eine olympische Disziplin und wurde 1988 in Seoul erneut ins Programm aufgenommen. Im Gegensatz zu zahlreichen Sportarten gibt es jedoch keine weltweiten oder kontinentalen Wettkämpfe (keine Welt- oder Europameisterschaft zum Beispiel). Die wichtigsten Wettkämpfe bestehen in vier Turnieren, die jährlich aufeinanderfolgen: die in Paris (Roland-Garros-Stadion) ausgetragene Internationale Meisterschaft von Frankreich (auf Asche); die Internationale Meisterschaft von England (Wimbledon) auf Rasen; das Turnier in den Vereinigten Staaten in New York (Flushing Meadow) und die Australischen Meisterschaften auf schnellem Boden. Zu diesen Turnieren kam vor kurzem das *Masters-Turnier* hinzu, bei dem (in der Regel) die acht Ersten der Weltrangliste spielen.

Diese Rangliste wird durch die Ergebnisse bei allen sog. ›Grand-Prix-Turnieren‹ ermittelt, bei denen eine bestimmte Punktanzahl nach dem Spiel vergeben wird. Sie wird ständig aktualisiert; die Ergebnisse eines Turniers annullieren diejenigen des gleichen Turniers aus dem Vorjahr. Die Gesamtheit der Spielresultate eines Jahres ergibt dann den besten Spieler oder die beste Spielerin (die Nr. 1) der Welt. Diese Ranglisten werden bei den Herren von A.T.P. *(Association of Tennis Professionals)* und bei den Damen von der WITA *(Women International Tennis Association)* ermittelt. Der Sport wird von der ITF *(International Tennis Federation)* geleitet, die 1977 die berühmte F.I.L.T. *(Fédération Internationale de lawn tennis)* ablöste.

Der einzige große Wettkampf für die (nationalen) Mannschaften bleibt bei den Herren der berühmte Davis-Cup, bei dem sich in fünf Spielen (vier Einzel und ein Doppel) zwei Länder mit zwei bis vier Spielern gegenüberstehen (je nach der Zusammensetzung des Doppels, das entweder mit den gleichen Spielern wie beim Einzel oder mit ein oder zwei anderen Spielern ausgetragen wird).

Schläger und Ball. Der Schläger kann aus Holz (Esche oder Buche), Metall (Stahl, Duraluminium, Titan) oder aus synthetischen Fasern sein. Die bespannte Fläche (mit Nylon oder natürlichem Rinder- oder Schafsdarm), der Kopf, hat eine in gewissen Grenzen unterschiedliche Größe. Der Ball muß eine Sprunghöhe zwischen 1,346 und 1,473 m haben, wenn er aus einer Höhe von 2,54 m fällt. Er besteht aus Gummi, das mit Filz oder Nylon überzogen ist.

Punktezählung. Bei einem Tennismatch müssen zwei oder drei *Sätze* gewonnen werden. Ein Satz ist dann gewonnen, wenn ein Spieler 6 Spiele gewonnen und gleichzeitig mindestens 2 Spiele Vorsprung hat (6:4). Steht es nach 10 Spielen 5:5, kann der Satz ›regulär‹ nur noch dadurch entschieden werden, daß einer der Akteure zwei weitere Spiele nacheinander gewinnt (7:5). Steht es nach 12 Spielen 6:6, wird der *Tie-Break* (›Unentschieden-Brecher‹) angewandt (außer manchmal bei Sätzen, die ›matchentscheidend‹ sind). Der Sieger im Tie-Break ist der Spieler, der als erster 7 Punkte erreicht hat (mit einem Mindestvorsprung von 2 Punkten, was manchmal dazu führt, daß über die 7 Gewinnpunkte hinaus gespielt werden muß).

Beim Spiel müssen mindestens 4 Punkte (›15, 30, 40‹ und ›Spiel‹) gewonnen werden, allerdings immer mit der Verpflichtung eines Vorsprungs von 2 Punkten, was dann auch zu *40 beide* führen kann, woraufhin ein *Vorteil* folgt, der gewonnen werden muß, um mit dem nächsten Punkt das Spiel zu beenden.

Einige Begriffe oder Ausdrücke.

As: Aufschlagpunkt, ohne daß der Gegner den Ball berühren konnte.
Break (machen): ein gegnerisches Aufschlagspiel gewinnen.
Doppelfehler: der Spieler macht zwei fehlerhafte Aufschläge.

E · **Lenglen (Suzanne)**
[Frankreich, 1899–1938]. Sie hat das Damentennis auf unvergleichliche Weise beherrscht. Zwischen 1919 und 1926 verlor sie keinen einzigen Satz, abgesehen von einer Niederlage nach Aufgabe. Sie gewann sechsmal in Wimbledon.

GROSSE SPIELER

Becker (Boris)
[Deutschland, *1967]. ›Bumm-Bumm-Boris‹ schaffte den Durchbruch in Wimbledon, wo er 1985 der jüngste Sieger war. Mit seinem übermächtigen Aufschlag und ausgezeichneten Volley, natürlich am liebsten auf Rasen, hat er seinen Sieg 1986 und 1989 wiederholt und 1988 beim Tennis-Masters gewonnen.

Borotra (Jean)
[Frankreich, *1898]. Der ›springende Baske‹ absolvierte eine lange Karriere, die vor allem durch Siege in Wimbledon (1924, 1926) und einen Erfolg bei der Internationalen Meisterschaft Frankreichs (1931) geprägt war, wozu noch Erfolge beim Davis-Cup mit den anderen ›Musketieren‹ (Cochet, Lacoste und Brugnon) hinzukommen.

B · **Vorhandschlag.**

Einer der Grundschläge im Tennis. Bei einem Rechtshänder muß der linke Fuß vorangestellt werden, der Spieler soll jedoch mindestens 1 m von der Aufprallstelle entfernt sein, um genug Raum zu haben. Das Körpergewicht muß vom rechten Fuß (Bereitschaftsstellung) beim Schlagen auf den linken verlagert werden, um die notwendige Kraft zu erhalten. Der Vorhandschlag kann herkömmlich mit senkrecht zum Boden gehaltener Schlägerfläche oder als Topspin (überrissen) gespielt werden; seltener ist die flach unterschnittene Vorhand (Slice).

A · **Aufschlag.**

Der Aufschlag ist einer der Grundschläge im Tennis. Er bietet die Möglichkeit, durch ein As direkt einen Punkt zu machen. Der Spieler hat für jeden Punkt zwei Aufschlagversuche, wodurch er beim ersten Versuch größere Risiken eingehen kann. Der Ball wird geschlagen, wenn er auf dem höchsten Punkt der Flugbahn ist. Das Körpergewicht wird nach vorne verlagert, um dem Schlag die größtmögliche Kraft zu verleihen.

D · **Lob.**

Der Lob kann defensiv oder offensiv gespielt werden. In beiden Fällen geht es darum, den Ball über den ans Netz gegangenen Gegner hinwegzuschlagen. Dieser Schlag ist schwer durchzuführen. Der Ball muß außerhalb der Reichweite des nähergekommenen Gegners geschlagen werden, soll natürlich noch innerhalb des Platzes aufkommen.

C · **Rückhandschlag.**

Der Rückhandschlag ist ebenfalls ein Grundschlag, der aber schwieriger durchzuführen ist, da er weniger natürlich erscheint. Der Schläger wird zunächst nach hinten gebracht mit einem Zurückweichen des linken Beins bei einem Rechtshänder. Beim Schlagen kommt der Schläger in dem Augenblick nach vorn zurück, wo er sich rechtwinklig zum Boden und in Höhe des rechten Beins befindet. Am Ende dieser Bewegung wird der Schläger gehoben, und der Spieler steht wieder frontal zum Netz und bereitet sich auf den nächsten Schlag vor. Wie bei der Vorhand kann auch der Rückhandschlag herkömmlich oder (seltener) überrissen gespielt werden; häufig wird der flach unterschnittene Rückhand, der Slice, angewendet.

1092

SPORT

Cochet (Henri)
[Frankreich, 1901–1987]. Wahrscheinlich der begabteste der ›Musketiere‹, viermaliger Sieger der Internationalen Meisterschaft in Frankreich, zweimaliger Sieger in Wimbledon (1927, 1929) und derjenige Spieler, der die einzigen französischen Siege beim Davis-Cup errang (von 1927 bis 1932).

Evert (Chris)
[Vereinigte Staaten, *1954]. Ihre Siegesliste ist beeindruckend: sieben Siege in Paris (1974, 1975, 1979, 1980, 1983, 1985 und 1986), sechs in der Internationalen Meisterschaft der USA (1975 bis 1978, 1980 und 1982) und drei in Wimbledon (1974, 1976 und 1981).

Lacoste (René)
[Frankreich, *1904]. Das ›Krokodil‹, ein sehr begabter Spieler, hat insbesondere die Meisterschaften von Frankreich (1925, 1927 und 1929), von England (1925, 1928) und der USA (1926, 1927) gewonnen und war an den beiden französischen Siegen im Davis-Cup (1927 und 1928) beteiligt.

Laver (Rodney, genannt Rod)
[Australien, *1938]. Dieser Spieler bleibt deswegen berühmt, weil er zwei Grand Slams gewonnen hat (indem er im gleichen Jahr die Internationalen Meisterschaften Frankreichs, Großbritanniens, der USA und Australiens gewann), nämlich 1962 (als Amateur) und 1969 (als Profi).

Lendl (Ivan)
[Tschechoslowakei, *1960]. Der Grundlinienspieler mit einer einwandfreien physischen Kondition hat bereits dreimal in Frankreich (1984, 1986 und 1987) und in Flushing Meadow (1985 bis 1987) gesiegt. Sein letztes Ziel ist noch ein Sieg in Wimbledon.

McEnroe (John)
[Vereinigte Staaten, *1959]. Sicher einer der begabtesten und spektakulärsten Spieler der Tennisgeschichte. Die Qualität seiner Bewegungsabläufe beim Aufschlag und Volley erklärt seine Erfolge bei den Meisterschaften in den USA (1979 bis 1981, 1984) und in Wimbledon (1981, 1983 und 1984), aber auch seine Niederlagen im Roland-Garros-Stadion, wo der Sand ihm nicht behagte.

Navratilowa (Martina)
[Vereinigte Staaten, tschechoslowakischer Abstammung, *1956]. Die Linkshänderin und ausgezeichnete Volleyspielerin hat zahlreiche Erfolge errungen, vor allem Siege in Wimbledon (1978, 1979, 1982 bis 1987), zwei im Roland-Garros-Stadion (1982 und 1984) und vier in Flushing Meadow (1983, 1984, 1986 und 1987).

Perry (Frederick John)
[Großbritannien, *1909]. In vier Jahren hatte er eine beneidenswerte Siegesliste: drei Siege in Wimbledon (1934 bis 1936), drei in Forest Hills (1933, 1934 und 1936), einen in Paris (1935) und in Australien (1934), vier Siege für Großbritannien beim Davis-Cup (von 1933 bis 1936), ohne einen Satz bei den acht Einzeln in den vier Finalspielen zu verlieren.

Borg (Björn)
[Schweden, *1956]. Im Gegensatz zu Becker war er ein Grundlinienspieler, ein unermüdlicher Rückschläger. Er konnte fünfmal hintereinander in Wimbledon gewinnen (von 1976 bis 1980), außerdem errang er noch sechs Siege im Roland-Garros-Stadion (1974 und 1975, 1978 bis 1981). Er hat sich aber nie bei den Internationalen Meisterschaften der USA durchsetzen können.

E · **Graf (Steffi)**
[Deutschland, *1969]. Sie ist die bis heute erfolgreichste deutsche Tennisspielerin. Während der Zeit, als sie ununterbrochen Weltranglistenerste war (1987 bis Anfang 1991), dominierte sie das Damentennis in ungewöhnlicher Weise. 1988 konnte S. Graf den Grand Slam sowie die Goldmedaille bei den Olympischen Spielen in Seoul gewinnen.

C · **Tilden (William Tatem)**.
[Vereinigte Staaten, 1893 bis 1953]. Er war die Nr. 1 der Weltrangliste in den 20er Jahren, insbesondere mit drei Siegen in Wimbledon (1920, 1921, 1930) und sieben bei den Internationalen Meisterschaften der USA. Mit der Mannschaft der USA war er 1920 bis 1926 Davis-Cup-Sieger.

A · **Flugball**.
Beim Flugball oder Volley wird der Ball vor dem Aufprall geschlagen. Dies ist in den meisten Fällen ein offensiver Schlag, der in zumindest relativer Nähe des Netzes erfolgt und schnelle Reflexe erfordert. Der Flugball kann niedrig (mit einem Biegen der Knie, dann ist es meistens ein abgebremster Volley) oder hoch (als Gegenschlag) geschlagen werden. Der Flugball kann natürlich mit der Vor- oder der Rückhand durchgeführt werden.

B · **Schmetterball (Smash)**.
Der Smash ist der Rückschlag eines zu niedrigen Lob. Im allgemeinen ist er eine Art zu hoher Volley, kann jedoch nach dem Aufprall erfolgen. In seiner Technik erinnert er an den Aufschlag, mit einer Ausnahme, daß er häufig näher am Netz mit wesentlich größeren Winkeln geschlagen wird. Ein gelungener Smash führt meist zum Punktgewinn.

Passierschlag und Stoppball.
Es gibt noch weitere Schläge wie z. B. den *Passierschlag*, bei dem der Ball an dem ans Netz gegangenen Gegner vorbeigeschlagen werden soll. Der *Stoppball* ist ein mit Vor- oder Rückhand gespielter kurzer Ball, der ›verdeckt‹ und unerwartet sein muß und gegen den vom Netz weit entfernten Gegner verwendet wird.

Die Linien.
Die Bezeichnungen der Linien sind auf nebenstehendem Spielfeldplan genannt. Ein Ball, der die Linie berührt, ist gut, kommt er außerhalb auf, ist er ›out‹ (Fehler).

F · **Der Tennisplatz**.
Der Tennisplatz hat eine einheitliche Größe, jedoch unterschiedliche Auflagen, die das Spiel stark beeinflussen. Der *Sandplatz* ist eine rauhe Fläche, auf der der Ball langsamer abspringt. Auf *Rasen* (wie in Wimbledon) ist der Ball sehr schnell, und die Schlagwechsel dauern nicht lange. Zementboden (Flushing Meadow) bewirkt eine mittlere Geschwindigkeit (allerdings deutlich schneller als beim Sand) ebenso wie bei den vielen synthetischen Flächen der Tennishallen (wo das Holz praktisch verschwunden ist).

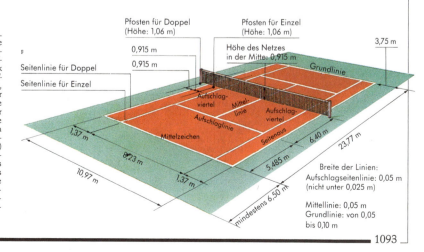

1093

SPORT

TENNIS

INTERNATIONALE MEISTERSCHAFTEN VON ENGLAND

Herreneinzel

1877 S. Gore (GB)
1878 P. F. Hadow (GB)
1879 J. T. Hartley (GB)
1880 J. T. Hartley (GB)
1881 W. Renshaw (GB)
1882 W. Renshaw (GB)
1883 W. Renshaw (GB)
1884 W. Renshaw (GB)
1885 W. Renshaw (GB)
1886 W. Renshaw (GB)
1887 H. F. Lawford (GB)
1888 E. Renshaw (GB)
1889 W. Renshaw (GB)
1890 W. J. Hamilton (GB)
1891 W. Baddeley (GB)
1892 W. Baddeley (GB)
1893 J. Pim (GB)
1894 J. Pim (GB)
1895 W. Baddeley (GB)
1896 H. S. Mahony (GB)
1898 R. F. Doherty (GB)
1899 R. F. Doherty (GB)
1900 R. F. Doherty (GB)
1901 A. W. Gore (GB)
1902 H. L. Doherty (GB)
1903 H. L. Doherty (GB)
1904 H. L. Doherty (GB)
1905 H. L. Doherty (GB)
1906 H. L. Doherty (GB)
1907 N. E. Brookes (AUS)
1908 A. W. Gore (GB)
1909 A. W. Gore (GB)
1910 A. F. Wilding (NZ)
1911 A. F. Wilding (NZ)
1912 A. F. Wilding (NZ)
1913 A. F. Wilding (NZ)
1914 N. E. Brookes (AUS)
1919 G. L. Patterson (AUS)
1920 W. T. Tilden (USA)
1921 W. T. Tilden (USA)
1922 G. L. Patterson (AUS)
1923 W. M. Johnston (USA)
1924 J. Borotra (F)
1925 R. Lacoste (F)
1926 J. Borotra (F)
1927 H. Cochet (F)
1928 R. Lacoste (F)
1929 H. Cochet (F)
1930 W. T. Tilden (USA)
1931 S. B. Wood (USA)
1932 H. E. Vines (USA)
1933 J. H. Crawford (AUS)
1934 F. J. Perry (GB)
1935 F. J. Perry (GB)
1936 F. J. Perry (GB)
1937 J. D. Budge (USA)
1938 J. D. Budge (USA)
1939 R. L. Riggs (USA)
1946 Y. Petra (F)
1947 J. A. Kramer (USA)
1948 R. Falkenburg USA)
1949 F. R. Schroeder (USA)
1950 J. E. Patty (USA)
1951 R. Savitt (USA)
1952 F. A. Sedgman (AUS)
1953 E. V. Seixas (USA)
1954 J. Drobny (CS)
1955 M. A. Trabert (USA)
1956 L. A. Hoad (AUS)
1957 L. A. Hoad (AUS)
1958 A. J. Cooper (AUS)
1959 A. Olmedo (PE)
1960 N. A. Fraser (AUS)
1961 R. G. Laver (AUS)
1962 R. G. Laver (AUS)
1963 C. R. McKinley (USA)
1964 R. S. Emerson (AUS)
1965 R. S. Emerson (AUS)
1966 M. Santana (E)
1967 J. D. Newcombe (AUS)
1968 R. G. Laver (AUS)
1969 R. G. Laver (AUS)
1970 J. D. Newcombe (AUS)
1971 J. D. Newcombe (AUS)
1972 S. R. Smith (USA)
1973 J. Kodeš (CS)
1974 J. Connors (USA)
1975 A. R. Ashe (USA)
1976 B. Borg (S)
1977 B. Borg (S)
1978 B. Borg (S)
1979 B. Borg (S)
1980 B. Borg (S)
1981 J. McEnroe (USA)
1982 J. Connors (USA)
1983 J. McEnroe (USA)
1984 J. McEnroe (USA)
1985 B. Becker (D)
1986 B. Becker (D)
1987 P. Cash (AUS)
1988 S. Edberg (S)
1989 B. Becker (D)
1990 S. Edberg (S)

Dameneinzel

1884 M. Watson (GB)
1885 M. Watson (GB)
1886 B. Bingley (GB)
1887 C. Dod (GB)
1888 C. Dod (GB)
1889 B. Hillyard geb. Bingley (GB)
1890 L. Rice (GB)
1891 C. Dod (GB)
1892 C. Dod (GB)
1893 C. Dod (GB)
1894 B. Hillyard (GB)
1895 C. Cooper (GB)
1896 C. Cooper (GB)
1897 B. Hillyard (GB)
1898 C. Cooper (GB)
1899 B. Hillyard (GB)
1900 B. Hillyard (GB)
1901 C. Sterry geb. Cooper (GB)
1902 M. E. Robb (GB)
1903 D. Douglass (GB)
1904 D. Douglass (GB)
1905 M. Sutton (USA)
1906 D. Douglass (GB)
1907 M. Sutton (USA)
1908 C. Sterry (GB)
1909 D. P. Boothby (GB)
1910 D. Lambert-Chambers geb. Douglass (GB)
1911 D. Lambert-Chambers (GB)
1912 E. W. Larcombe (GB)
1913 D. Lambert-Chambers (GB)
1914 D. Lambert-Chambers (GB)
1919 S. Lenglen (F)
1920 S. Lenglen (F)
1921 S. Lenglen (F)
1922 S. Lenglen (F)
1923 S. Lenglen (F)
1924 K. McKane (GB)
1925 S. Lenglen (F)
1926 K. Godfree geb. McKane (GB)
1927 H. N. Wills (USA)
1928 H. N. Wills (USA)
1929 H. N. Wills-Moody (USA)
1930 H. N. Wills-Moody (USA)
1931 C. Aussem (D)
1932 H. N. Wills-Moody (USA)
1933 H. N. Wills-Moody (USA)
1934 D. E. Round (GB)
1935 H. N. Wills-Moody (USA)
1936 H. Hull Jacobs (USA)
1937 D. E. Round (GB)
1938 H. N. Wills-Moody (USA)
1939 A. Marble (USA)
1946 P. Betz (USA)
1947 M. E. Osborne (USA)
1948 A. L. Brough (USA)
1949 A. L. Brough (USA)
1950 A. L. Brough (USA)
1951 D. J. Hart (USA)
1952 M. Connolly (USA)
1953 M. Connolly (USA)
1954 M. Connolly (USA)
1955 A. L. Brough (USA)
1956 S. J. Fry (USA)
1957 A. Gibson (USA)
1958 A. Gibson (USA)
1959 M. E. Bueno (BR)
1960 M. E. Bueno (BR)
1961 A. Mortimer (GB)
1962 J. R. Susman (USA)
1963 M. Smith (AUS)
1964 M. E. Bueno (BR)
1965 M. Smith (AUS)
1966 B. J. King (USA)
1967 B. J. King (USA)
1968 B. J. King (USA)
1969 A. Jones (GB)
1970 M. Court geb. Smith (AUS)
1971 E. Goolagong (AUS)
1972 B. J. King (USA)
1973 B. J. King (USA)
1974 C. Evert (USA)
1975 B. J. King (USA)
1976 C. Evert (USA)
1977 V. Wade (GB)
1978 M. Navratilova (CS)
1979 M. Navratilova (CS)
1980 E. Cawley geb. Goolagong (AUS)
1981 C. Evert Lloyd (USA)
1982 M. Navratilova (USA)
1983 M. Navratilova (USA)
1984 M. Navratilova (USA)
1985 M. Navratilova (USA)
1986 M. Navratilova (USA)
1987 M. Navratilova (USA)
1988 S. Graf (D)
1989 S. Graf (D)
1990 Z. Garrisson (USA)

INTERNATIONALE MEISTERSCHAFTEN DER USA

Herreneinzel

1881 R. D. Sears (USA)
1882 R. D. Sears (USA)
1883 R. D. Sears (USA)
1884 R. D. Sears (USA)
1885 R. D. Sears (USA)
1886 R. D. Sears (USA)
1887 R. D. Sears (USA)
1888 H. W. Slocum (USA)
1889 H. W. Slocum (USA)
1890 O. S. Campbell (USA)
1891 O. S. Campbell (USA)
1892 O. S. Campbell (USA)
1893 R. D. Wrenn (USA)
1894 R. D. Wrenn (USA)
1895 F. H. Hovey (USA)
1896 R. D. Wrenn (USA)
1897 R. D. Wrenn (USA)
1898 M. D. Whitman (USA)
1899 M. D. Whitman (USA)
1900 M. D. Whitman (USA)
1901 W. A. Larned (USA)
1902 W. A. Larned (USA)
1903 H. L. Doherty (GB)
1904 H. Ward (USA)
1905 B. C. Wright (USA)
1906 W. J. Clothier (USA)
1907 W. A. Larned (USA)
1908 W. A. Larned (USA)
1909 W. A. Larned (USA)
1910 W. A. Larned (USA)
1911 W. A. Larned (USA)
1912 M. E. McLoughlin (USA)
1913 M. E. McLoughlin (USA)
1914 R. N. Williams (USA)
1915 W. M. Johnston (USA)
1916 R. N. Williams (USA)
1918 R. L. Murray (USA)
1919 W. M. Johnston (USA)
1920 W. T. Tilden (USA)
1921 W. T. Tilden (USA)
1922 W. T. Tilden (USA)
1923 W. T. Tilden (USA)
1924 W. T. Tilden (USA)
1925 W. T. Tilden (USA)
1926 R. Lacoste (F)
1927 R. Lacoste (F)
1928 H. Cochet (F)
1929 W. T. Tilden (USA)
1930 J. H. Doeg (USA)
1931 H. E. Vines (USA)
1932 H. E. Vines (USA)
1933 F. J. Perry (GB)
1934 F. J. Perry (GB)
1935 W. L. Allison (USA)
1936 F. J. Perry (GB)
1937 J. D. Budge (USA)
1938 J. D. Budge (USA)
1939 R. L. Riggs (USA)
1940 W. D. McNeill (US)
1941 R. L. Riggs (USA)
1942 F. R. Schroeder (USA)
1943 J. R. Hunt (USA)
1944 F. A. Parker (USA)
1945 F. A. Parker (USA)
1946 J. A. Kramer (USA)
1947 J. A. Kramer (USA)
1948 R. A. Gonzales (USA)
1949 R. A. Gonzales (USA)
1950 A. Larsen (USA)
1951 F. A. Sedgman (AUS)
1952 F. A. Sedgman (AUS)
1953 M. A. Trabert (USA)
1954 E. V. Seixas (USA)
1955 M. A. Trabert (USA)
1956 K. R. Rosewall (AUS)
1957 M. J. Anderson (AUS)
1958 A. J. Cooper (AUS)
1959 N. A. Fraser (AUS)
1960 N. A. Fraser (AUS)
1961 R. S. Emerson (AUS)
1962 R. G. Laver (AUS)
1963 R. H. Osuna (MEX)
1964 R. S. Emerson (AUS)
1965 M. Santana (E)
1966 F. S. Stolle (AUS)
1967 J. D. Newcombe (AUS)
1968 A. R. Ashe (USA)
1969 R. G. Laver (AUS)
1970 K. R. Rosewall (AUS)
1971 S. R. Smith (USA)
1972 I. Nastase (RO)
1973 J. D. Newcombe (AUS)
1974 J. Connors (USA)
1975 M. Orantes (E)
1976 J. Connors (USA)
1977 G. Villas (RA)
1978 J. Connors (USA)
1979 J. McEnroe (USA)
1980 J. McEnroe (USA)
1981 J. McEnroe (USA)
1982 J. Conners (USA)
1983 J. Conners (USA)
1984 J. McEnroe (USA)
1985 I. Lendl (CS)
1986 I. Lendl (CS)
1987 I. Lendl (CS)
1988 M. Wilander (S)
1989 B. Becker (D)
1990 P. Sampras (USA)

Dameneinzel

1887 E. F. Hansell (USA)
1888 B. L. Townsend (USA)
1889 B. L. Townsend (USA)
1890 E. C. Roosevelt (USA)
1891 M. E. Cahill (USA)
1892 M. E. Cahill (USA)
1893 A. Terry (USA)
1894 H. Helwig (USA)
1895 J. Atkinson (USA)
1896 E. H. Moore (USA)
1897 J. Atkinson (USA)
1898 J. Atkinson (USA)
1899 M. Jones (USA)
1900 M. McAteer (USA)
1901 E. H. Moroe (USA)
1902 M. Jones (USA)
1903 E. H. Moroe (USA)
1904 M. G. Sutton (USA)
1905 E. H. Moore (USA)
1906 H. Homans (USA)
1907 E. Sears (USA)
1908 M. Barger-Wallach (USA)
1909 H. Hotchkiss (USA)
1910 H. Hotchkiss (USA)
1911 H. Hotchkiss (USA)
1912 M. K. Browne (USA)
1913 M. K. Browne (USA)
1914 M. K. Browne (USA)
1915 M. Bjurstedt (N)
1916 M. Bjurstedt (N)
1918 M. Bjurstedt (N)
1919 H. Hotchkiss Wightman (USA)
1920 M. Bjurstedt Mallory (USA)
1921 M. Bjurstedt Mallory (USA)
1922 M. Bjurstedt Mallory (USA)
1923 H. N. Wills (USA)
1924 H. N. Wills (USA)
1925 H. N. Wills (USA)
1926 M. Bjurstedt Mallory (USA)
1927 H. N. Wills (USA)
1928 H. N. Wills (USA)
1929 H. N. Wills-Moody (USA)
1930 B. Nuthall (GB)
1931 H. N. Wills-Moody (USA)
1932 H. Hull Jacobs (USA)
1933 H. Hull Jacobs (USA)
1934 H. Hull Jacobs (USA)
1935 H. Hull Jacobs (USA)
1936 A. Marble (USA)
1937 A. Lizana (USA)
1938 A. Marble (USA)
1939 A. Marble (USA)
1940 A. Marble (USA)
1941 S. P. Cooke (USA)
1942 P. Betz (USA)
1943 P. Betz (USA)
1944 P. Betz (USA)
1945 S. P. Cooke (USA)
1946 P. Betz (USA)
1947 A. L. Brough (USA)
1948 M. E. Osborne du Pont (USA)
1949 M. E. Osborne du Pont (USA)
1950 M. E. Osborne du Pont (USA)
1951 M. Connolly (USA)
1952 M. Connolly (USA)
1953 M. Connolly (USA)
1954 D. J. Hart (USA)
1955 D. J. Hart (USA)
1956 S. J. Fry (USA)
1957 A. Gibson (USA)
1958 A. Gibson (USA)
1959 M. E. Bueno (BR)
1960 D. R. Hard (USA)
1961 D. R. Hard (USA)
1962 M. Smith (AUS)
1963 M. E. Bueno (BR)
1964 M. E. Bueno (BR)
1965 M. Smith (AUS)
1966 M. E. Bueno (BR)
1967 B. J. King (USA)
1968 V. Wade (GB)
1969 M. Court geb. Smith (AUS)
1970 M. Court (AUS)
1971 B. J. King (USA)
1972 B. J. King (USA)
1973 M. Court (AUS)
1974 B. J. King (USA)
1975 C. Evert (USA)
1976 C. Evert (USA)
1977 C. Evert (USA)
1978 C. Evert (USA)
1979 T. Austin (USA)
1980 C. Evert Lloyd (USA)
1981 T. A. Austin(USA)
1982 C. Evert Lloyd (USA)
1983 M. Navratilova (USA)
1984 M. Navratilova (USA)
1985 H. Mandlikova (CS)
1986 M. Navratilova (USA)
1987 M. Navratilova (USA)
1988 S. Graf (D)
1989 S. Graf (D)
1990 G. Sabatini (RA)

INTERNATIONALE MEISTERSCHAFTEN VON FRANKREICH

Herreneinzel

1891 Briggs (F)
1892 J. Schopfer (F)
1893 L. Riboulet (F)
1894 A. Vacherot (F)
1895 A. Vacherot (F)
1896 A. Vacherot (F)

SPORT

(Herreneinzel)

1897 P. Ayme (F)
1898 P. Ayme (F)
1899 P. Ayme (F)
1900 P. Ayme (F)
1901 A. Vacherot (F)
1902 A. Vacherot (F)
1903 M. Decugis (F)
1904 M. Decugis (F)
1905 M. Germot (F)
1907 M. Decugis (F)
1908 M. Decugis (F)
1909 M. Decugis (F)
1910 M. Germot (F)
1911 A. H. Gobert (F)
1912 M. Decugis (F)
1913 M. Decugis (F)
1914 M. Decugis (F)
1920 A. H. Gobert (F)
1921 J. Samazeuilh (F)
1922 H. Cochet (F)
1923 P. Blanchy (F)
1924 J. Borotra (F)
1925 R. Lacoste (F)
1926 H. Cochet (F)
1927 R. Lacoste (F)
1928 H. Cochet (F)·
1929 R. Lacoste (F)
1930 H. Cochet (F)
1931 J. Borotra (F)
1932 H. Cochet (F)
1933 J. H. Crawford (AUS)
1934 G. von Cramm (D)
1935 F. J. Perry (GB)
1936 G. von Cramm (D)
1937 H. Henkel (D)
1938 J. D. Budge (USA)
1939 W. D. McNeill (USA)
1946 M. Bernard (F)
1947 J. Hasboth (H)
1948 F. A. Parker (USA)
1949 F. A. Parker (USA)
1950 J. E. Patty (USA)
1951 J. Drobny (CS)
1952 J. Drobny (CS)
1953 K. R. Rosewall (AUS)
1954 M. A. Trabert (USA)
1955 M. A. Trabert (USA)
1956 L. A. Hoad (AUS)
1957 L. A. Hoad (AUS)
1958 M. G. Rose (AUS)
1959 N. Pietrangeli (I)
1960 N. Pietrangeli (I)
1961 M. Santana (E)
1962 R. G. Laver (AUS)
1963 R. S. Emerson (AUS)
1964 M. Santana (E)
1965 F. S. Stolle (AUS)
1966 A. D. Roche (AUS)
1967 R. S. Emerson (AUS)
1968 K. R. Rosewall (AUS)
1969 R. G. Laver (F)
1970 J. Kodeš (CS)
1971 J. Kodeš (CS)
1972 A. Gimeno (E)
1973 I. Nastase (RO)
1974 B. Borg (S)
1975 B. Borg (S)
1976 A. Panatta (I)
1977 G. Vilas (RA)
1978 B. Borg (S)
1979 B. Borg (S)
1980 B. Borg (S)
1981 B. Borg (S)
1982 M. Wilander (S)
1983 Y. Noah (F)
1984 I. Lendl (CS)
1985 M. Wilander (S)
1986 I. Lendl (CS)
1987 I. Lendl (CS)
1988 M. Wilander (S)
1989 M. Chang (USA)
1990 A. Gomez (EC)

Dameneinzel

1897 Masson (F)
1898 Masson (F)
1899 Masson (F)
1900 Prevost (F)
1901 P. Girod (F)
1902 Masson (F)
1903 Masson (F)
1904 K. Gillou (F)
1905 K. Gillou (F)
1906 F. Fenwick (F)

1907 de Kermel (F)
1908 F. Fenwick (F)
1909 J. Matthey (F)
1910 J. Matthey (F)
1911 J. Matthey (F)
1912 J. Matthey (F)
1913 M. Broquedis (F)
1914 M. Broquedis (F)
1920 S. Lenglen (F)
1921 S. Lenglen (F)
1922 S. Lenglen (F)
1923 S. Lenglen (F)
1924 D. Viasto (F)
1925 S. Lenglen (F)
1926 S. Lenglen (F)
1927 K. Bouman (NL)
1928 H. N. Wills (USA)
1929 H. N. Wills-Moody (USA)
1930 H. N. Wills-Moody (USA)
1931 C. Aussem (D)
1932 H. N. Wills-Moody (USA)
1933 M. C. Scriven (F)
1934 M. C. Scriven (F)
1935 H. Sperling (DK)
1936 H. Sperling (DK)
1937 H. Sperling (DK)
1938 R. Mathieu (F)
1939 R. Mathieu (F)
1946 M. E. Osborne (USA)
1947 P. C. Todd (USA)
1948 N. Landry (F)
1949 M. E. Osborne du Pont (USA)
1950 D. J. Hart (USA)
1951 S. J. Fry (USA)
1952 D. J. Hart (USA)
1953 M. Connolly (USA)
1954 M. Connolly (USA)
1955 A. Mortimer (GB)
1956 A. Gibson (USA)
1957 S. J. Bloomer (GB)
1958 Z. Körmöczi (H)
1959 C. C. Truman (GB)
1960 D. R. Hard (USA)
1961 A. S. Haydon (GB)
1962 M. Smith (AUS)
1963 L. R. Turner (AUS)
1964 M. Smith (AUS)
1965 L. R. Turner (AUS)
1966 P. F. Jones (GB)
1967 F. Durr (F)
1968 N. Richey (USA)
1969 M. Court geb. Smith (AUS)
1970 M. Court (AUS)
1971 E. Goolagong (AUS)
1972 B. J. King (USA)
1973 M. Court (AUS)
1974 C. Evert (USA)
1975 C. Evert (USA)
1976 S. Baker (GB)
1977 M. Jausovec (YU)
1978 V. Ruzici (RO)
1979 C. Evert Lloyd (USA)
1980 C. Evert Lloyd (USA)
1981 H. Mandlikova (CS)
1982 M. Navratilova (USA)
1983 C. Evert Lloyd (USA)
1984 M. Navratilova (USA)
1985 C. Evert Lloyd (USA)
1986 C. Evert Lloyd (USA)
1987 S. Graf (D)
1988 S. Graf (D)
1989 A. Sánchez (E)
1990 M. Seles (YU)

INTERNATIONALE MEISTERSCHAFTEN VON AUSTRALIEN

Herreneinzel

1905 R. W. Heath (AUS)
1906 A. F. Wilding (NZ)
1907 H. M. Rice (AUS)
1908 F. B. Alexander (USA)
1909 A. F. Wilding (NZ)

1910 R. W. Heath (AUS)
1911 N. E. Brookes (AUS)
1912 J. C. Parke (GB)
1913 E. F. Parker (AUS)
1914 A. O'Hara Wood (AUS)
1915 F. G. Lowe (AUS)
1919 A. R. F. Kingscote (AUS)
1920 P. O'Hara Wood (AUS)
1921 R. H. Gemmell (AUS)
1922 J. O. Anderson (AUS)
1923 P. O'Hara Wood (AUS)
1924 J. O. Anderson (AUS)
1925 J. O. Anderson (AUS)
1926 J. B. Hawkes (AUS)
1927 G. L. Patterson (AUS)
1928 J. Borotra (F)
1929 J. C. Gregory (GB)
1930 E. F. Moon (AUS)
1931 J. H. Crawford (AUS)
1932 J. H. Crawford (AUS)
1933 J. H. Crawford (AUS)
1934 F. J. Perry (GB)
1935 J. H. Crawford (AUS)
1936 A. K. Quist (AUS)
1937 V. B. McGrath (AUS)
1938 J. D. Budge (USA)
1939 J. E. Bromwich (AUS)
1940 A. K. Quist (AUS)
1946 J. E. Bromwich (AUS)
1947 D. Pails (AUS)
1948 A. K. Qust (AUS)
1949 F. A. Sedgman (AUS)
1950 F. A. Sedgman (AUS)
1951 R. Savitt (USA)
1952 K. McGregor (AUS)
1953 K. R. Rosewall (AUS)
1954 M. G. Rose (AUS)
1955 K. R. Rosewall (AUS)
1956 L. A. Hoad (AUS)
1957 A. J. Cooper (AUS)
1958 A. J. Cooper (AUS)
1959 A. Olmedo (PE)
1960 R. G. Laver (AUS)
1961 R. S. Emerson (AUS)
1962 R. G. Laver (AUS)
1963 R. S. Emerson (AUS)
1964 R. S. Emerson (AUS)
1965 R. S. Emerson (AUS)
1966 R. S. Emerson (AUS)
1967 R. S. Emerson (AUS)
1968 W. W. Bowrey (AUS)
1969 R. G. Laver (AUS)
1970 A. R. Ashe (USA)
1971 K. R. Rosewall (AUS)
1972 K. R. Rosewall (AUS)
1973 J. D. Newcombe (AUS)
1974 J. Connors (USA)
1975 J. D. Newcombe (AUS)
1976 M. Edmondson (AUS)
1977 (Jan.) R. Tanner (USA)
1977 (Dez.) V. Gerulaitis (USA)
1978 G. Vilas (RA)
1979 G. Vilas (RA)
1980 B. Teacher (RA)
1981 J. Kriek (ZA)
1982 J. Kriek (ZA)
1983 M. Wilander (S)
1984 M. Wilander (S)
1985 S. Edberg (S)
1986 nicht ausgetragen
1987 S. Edberg (S)
1988 M. Wilander (S)
1989 I. Lendl (CS)
1990 I. Lendl (CS)
1991 B. Becker (D)

Dameneinzel

1922 M. Molesworth (AUS)
1923 M. Molesworth (AUS)
1924 S. Lance (AUS)
1925 D. Akhurst (AUS)
1926 D. Akhurst (AUS)
1927 E. F. Boyd (AUS)
1928 D. Akhurst (AUS)
1929 D. Akhurst (AUS)
1930 D. Akhurst (AUS)
1931 C. Buttsworth (AUS)
1932 C. Buttsworth (AUS)
1933 J. Hartigan (AUS)
1934 J. Hartigan (AUS)
1935 D. E. Round (GB)
1936 J. Hartigan (AUS)
1937 N. Wynne (AUS)

1938 D. M. Bundy (AUS)
1939 V. Westacott (AUS)
1940 N. Bolton (AUS)
1946 N. Bolton (AUS)
1947 N. Bolton (AUS)
1948 N. Bolton (AUS)
1949 D. J. Hart (USA)
1950 A. L. Brough (USA)
1951 N. Bolton (AUS)
1952 T. C. Long (AUS)
1953 M. Connolly (USA)
1954 T. C. Long (AUS)
1955 B. Penrosa (AUS)
1956 M. Carter (AUS)
1957 S. J. Fry (USA)
1958 A. Mortimer (GB)
1959 S. J. Reitano (AUS)
1960 S. Smith (AUS)
1961 S. Smith (AUS)
1962 S. Smith (AUS)
1963 S. Smith (AUS)
1964 S. Smith (AUS)
1965 S. Smith (AUS)
1966 S. Smith (AUS)
1967 N. Richey (USA)
1968 B. J. King (USA)
1969 M. Court geb. Smith (AUS)
1970 M. Court (AUS)
1971 M. Court (AUS)
1972 S. V. Wade (GB)
1973 M. Court (AUS)
1974 E. Goolagong (AUS)
1975 E. Goolagong (AUS)
1976 E. Cawley geb. Goolagong (AUS)
1977 (Jan.) G. Reid (AUS)
1977 (Dez.) E. Cawley (AUS)
1978 C. O'Neil (AUS)
1979 B. Jordan (USA)
1980 H. Mandlikova (CS)
1981 M. Navratilova (USA)
1982 C. Evert Lloyd (USA)
1983 M. Navratilova (USA)
1984 C. Evert Lloyd (USA)
1985 M. Navratilova (USA)
1986 nicht ausgetragen
1987 H. Mandlikova (CS)
1988 S. Graf (D)
1989 S. Graf (D)
1990 S. Graf (D)
1991 M. Seles (YU)

MASTERS

Herreneinzel

1970 S. R. Smith (USA)
1971 I. Nastase (RO)
1972 I. Nastase (RO)
1973 I. Nastase (RO)
1974 G. Vilas (RA)
1975 I. Nastase (RO)
1976 M. Orantes (E)
1977 J. Connors (USA)
1978 J. McEnroe (USA)
1979 B. Borg (S)
1980 B. Borg (S)
1981 I. Lendl (CS)
1982 I. Lendl (CS)
1983 J. McEnroe (USA)
1984 J. McEnroe (USA)
1985 I. Lendl CS)
1986 I. Lendl (CS)
1987 I. Lendl (CS)
1988 B. Becker (D)
1989 S. Edberg (S)
1990 A. Agassi (USA)

Dameneinzel

1971 B. J. King (USA)
1972 C. Evert (USA)
1973 C. Evert (USA)
1974 E. Goolagong (AUS)
1975 C. Evert (USA)
1976 E. Cawley geb. Goolagong (AUS)
1977 C. Evert (USA)
1978 M. Navratilova (CS)
1979 M. Navratilova (CS)
1980 T. Austin (USA)

1981 M. Navratilova (USA)
1982 S. Hanika (D)
1983 M. Navratilova (USA)
1984 M. Navratilova (USA)
1985 M. Navratilova (USA)
1986 M. Navratilova (USA)
1987 S. Graf (D)
1988 G. Sabatini (RA)
1989 S. Graf (D)
1990 M. Seles (YU)

DAVIS-CUP

1900 USA
1902 USA
1903 Großbritannien
1904 Großbritannien
1905 Großbritannien
1906 Großbritannien
1907 Australien
1908 Australien
1909 Australien
1911 Australien
1912 Großbritannien
1913 USA
1914 Australien
1919 Australien
1920 USA
1921 USA
1922 USA
1923 USA
1924 USA
1925 USA
1926 USA
1927 Frankreich
1928 Frankreich
1929 Frankreich
1930 Frankreich
1931 Frankreich
1932 Frankreich
1933 Großbritannien
1934 Großbritannien
1935 Großbritannien
1936 Großbritannien
1937 USA
1938 USA
1939 Australien
1946 USA
1947 USA
1948 USA
1949 USA
1950 Australien
1951 Australien
1952 Australien
1953 Australien
1954 USA
1955 Australien
1956 Australien
1957 Australien
1958 USA
1959 Australien
1960 Australien
1961 Australien
1962 Australien
1963 USA
1964 Australien
1965 Australien
1966 Australien
1967 Australien
1968 USA
1969 USA
1970 USA
1971 USA
1972 USA
1973 Australien
1974 Südafrika
1975 Schweden
1976 Italien
1977 Australien
1978 USA
1979 USA
1980 CSSR
1981 USA
1982 USA
1983 Australien
1984 Schweden
1985 Schweden
1986 Australien
1987 Schweden
1988 BRD
1989 BRD
1990 USA

SPORT

BADMINTON

Dem Abkömmling des alten französischen Federballspiels wurde 1873 im Badminton House (in England) von den Offizieren der Indischen Armee wieder zu Ehren verholfen. Der 1934 gegründete internationale Verband hat mehr als 80 Mitgliedsländer und organisiert alle drei Jahre eine Weltmeisterschaft. In Deutschland ist Badminton seit 1950 Wettkampfsport, 1953 wurde der *Deutsche Badminton-Verband* (DBV) gegründet. Die Spiele werden nach Gewinnsätzen ausgetragen, die in der Regel 15 Punkte für Herren und 11 Punkte für Damen umfassen. Ein Fehler (Ins-Aus-Schlagen des Balls, Netzball oder Nichterreichen des Balles in der eigenen Hälfte) gibt einen Punkt, wenn er von dem nicht aufschlagenden Spieler oder der nicht aufschlagenden Mannschaft begangen wird. Begeht die aufschlagende Partei einen Fehler, bekommt einfach der Gegner das Aufschlagrecht (wie beim Volleyball).

A · Schläger und Federball.
Der Schläger ist leicht, schlank und biegsam (100 bis 125 g), jedoch mit seinem Metall-, Karbonfaser- oder Graphitrahmen robust. Der Federball muß zwischen 4,73 und 5,50 g wiegen und 16 an der Basis aus Kork oder Kunststoff befestigte Federn haben.

B · Der Aufschlag.
Der Aufschlag spielt eine wichtige Rolle, weil nur der Aufschlagende Punkte machen kann, ferner durch seine Flugbahn, die dem Gegner keine Möglichkeit zu einem guten Rückschlag geben darf. Es gibt zwei Aufschlagarten: den langen Aufschlag, der so heißt, weil der Ball fast senkrecht bei der hinteren Aufschlaglinie aufkommt, und den kurzen Aufschlag, bei dem er flach geschlagen wird und kurz hinter der vorderen Aufschlaglinie aufkommt. Es geht darum, zu flache (bei langem Aufschlag) oder zu hohe (bei kurzem Aufschlag) Flugbahnen zu vermeiden, die zu einem offensiven Return führen können. Vor dem Aufschlag ist kein Unterschied festzustellen, ob er lang oder kurz sein wird.

C · Schmetterball.
Beim Schmetterball wird der Federball so stark wie möglich in Richtung Boden geschlagen. Natürlich wird er mit einer hohen Stellung des Schlägers vorbereitet, anschließend streckt der Spieler den Arm zum Schlagen des Balles aus und senkt den Schläger mit einem starken Abwinkeln des Handgelenks. Dieses hängt mit der Suche nach einer möglichst kurzen Flugbahn zusammen, die dem Smash seine volle Wirksamkeit verleiht.

D · Drop.
Der Drop ist ein so ausgeführter Stoppball, daß der Federball so nahe wie möglich am Netz auf der gegnerischen Seite aufkommt, also praktisch senkrecht fällt. Dies wird häufig gegen einen weit vom Netz entfernten Gegner versucht. Er kann direkt den Fehler herbeiführen oder auch indirekt, da der vom Gegner nur unter schwierigen Bedingungen gespielte Return leicht mit einem Schmetterball gekontert werden kann.

E · Das Spielfeld oder Court.
Das Badmintonfeld ist wesentlich kleiner als der Tennisplatz. Das Gewicht des Federballes beträgt nur etwa ein Zehntel eines Tennisballes. Das Netz aus Schnüren in quadratischen Maschen ist höher (1,55 m) als beim Tennis, praktisch in Schulterhöhe.

Maschen von 15-20 mm

die Seitenstreifen werden lediglich beim Doppel verwendet

SQUASH

Das Squash breitet sich rasch aus. Dieses Spiel erfordert Reflexe, Wendigkeit und Widerstandskraft, was eine ausgezeichnete körperliche Kondition voraussetzt, trotz (oder auch wegen) der relativ geringen Abmessungen (kaum 62 m²) des Spielfeldes.

In der Regel spielen zwei Gegner bestenfalls fünf Spiele in einem rechteckigen Squashcourt. Der erste Spieler, der 9 Punkte erreicht, hat das Spiel gewonnen, aber wie beim Badminton kann nur der aufschlagende Spieler Punkte machen (wenn dieser einen Fehler macht, geht das Aufschlagrecht einfach an den Gegner). Der Ball muß gegen die Vorderwand über die Aufschlaglinie geschlagen werden und dann, wenn er nicht als Flugball geschlagen wird, auf dem Boden in dem Viertel an der Rückwand gegenüber der Aufschlagwand aufkommen. Der Return (vom Rückspieler) ist gut, wenn der Ball, bevor er zweimal den Boden berührt hat, direkt oder indirekt (nach einem ersten Schlag gegen die Seitenwand) gegen die Vorderwand über der Metallplatte und ohne den Boden berührt zu haben, geschlagen wird.

Die britische Herkunft des Squash erklärt seine anfängliche Entwicklung in Großbritannien und den früheren britischen Kolonien. Die besten Spieler der Welt waren Briten, Australier, Neuseeländer und Pakistani. In Großbritannien liegt die Anzahl der Squash-Spieler bei 3 Millionen und übersteigt damit die Zahl der Golf- oder Fußballspieler. Im übrigen Europa kam Squash zunächst in Schweden, dann in der Bundesrepublik Deutschland (über 300 000 Spieler) auf. In Frankreich verbreitete es sich in den 80er Jahren sehr rasch. In Deutschland gibt es den *Deutschen Squash Rackets Verband;* international ist die *International Squash Rackets Federation* (ISRF) tätig.

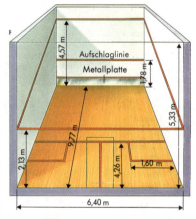

F · Das Spielfeld.
Die Vorderwand und die Seitenwände müssen weiß und glatt und so beschichtet sein, daß sie das Auftreffen der Gummibälle aushalten. Die Rückwand kann wie die anderen gestaltet oder verglast sein, damit man zuschauen kann.

G · Der Schläger.
Der Schläger ist höchstens 685 mm lang. Die Maße der Bespannung des Rahmens dürfen 215 mm (Längsrichtung) und 184 mm (Querrichtung) nicht überschreiten. Das Gesamtgewicht des Schlägers darf nicht über 225 g liegen.

TISCHTENNIS

Das 1981 vom IOK als olympische Sportart anerkannte Tischtennis wurde erstmalig bei den Olympischen Spielen von Seoul 1988 ausgetragen, über 60 Jahre nach der Gründung der *International Table Tennis Federation* 1926 und der ersten Weltmeisterschaft 1927.

Der weiße (aber matte und als einziger beim Wettkampf zugelassene) oder gelbe Ball aus Zelluloid oder Kunststoff hat einen Durchmesser von 38 mm und ein Gewicht von 2,5 g. Die Partie wird auf 3 oder 5 Gewinnsätze gespielt, die dann beendet sind, wenn ein Spieler 21 Punkte erreicht hat; er verlängert sich eventuell, bis ein Mindestvorsprung von 2 Punkten erreicht ist. Es spielen zwei Spieler (Einzel) oder zwei Paare (Doppel: Herrendoppel, Damendoppel oder gemischtes Doppel).

B · Beschichtungen.

Noppen auf Holz: Beschichtung für Anfänger, geeignet für einfache, für Wettkämpfe uninteressante Spiele.

Noppen auf Schaumgummi: Das Schaumgummi macht den Ball schneller, und die Noppen ermöglichen eine gewisse Kontrolle.

Lange Noppen: Beschichtung, die auf Holz oder auf Schaumgummi aufgebracht wird; ist für einen Konterstil geeignet; erfordert eine ausgezeichnete Technik sowie lange Gewöhnungszeit.

Glatter Schläger (Noppen im Inneren): Beschichtung, mit der das Spiel schnell wird, oder die (je nach Beherrschung) den vom Gegner gewünschten Effekt zunichte macht (sog. ›Antitop-Beschichtung‹).

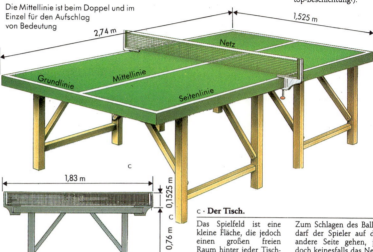

A · Der Schläger.
Es gibt keine Regeln, die die Größe, die Form oder das Gewicht des Schlägers festlegen. Allerdings muß die Platte aus einer gleichmäßig dicken, flachen und harten Holzplatte aus einem Stück bestehen. Der Belag muß auf jeder Schlägerseite eine andere Farbe haben (tatsächlich sind nur rot und schwarz bei internationalen Wettkämpfen zugelassen) und nicht dicker als 2 mm sein.

C · Der Tisch.
Das Spielfeld ist eine kleine Fläche, die jedoch einen großen freien Raum hinter jeder Tischseite erfordert (beim Wettkampf 6 bis 8 m). Zum Schlagen des Balles darf der Spieler auf die andere Seite gehen, jedoch keinesfalls das Netz berühren, da er sonst einen Punkt verliert.

WELTMEISTER, EINZEL

	Herren	Damen
1927	R. Jacobi (H)	M. Mednyanszky (H)
1928	Z. Mechlovits (H)	M. Mednyanszky (H)
1929	F. J. Perry (GB)	M. Mednyanszky (H)
1930	G. V. Barna (H)	M. Mednyanszky (H)
1931	M. Szabados (H)	M. Mednyanszky (H)
1932	G. V. Barna (H)	A. Sipós (H)
1933	G. V. Barna (H)	A. Sipós (H)
1934	G. V. Barna (H)	M. Kettnerová (CS)
1935	G. V. Barna (H)	M. Kettnerová (CS)
1936	S. Kolář (CS)	R. H. Aarons (USA)
1937	R. Bergmann (A)	
1938	B. Váňa (CS)	T. Pritzi (A)
1939	R. Bergmann (GB)	V. Depretrisová (CS)
1947	V. Váňa (CS)	G. Farkas (H)
1948	R. Bergmann (GB)	G. Farkas (H)
1949	J. Leach (GB)	G. Farkas (H)
1950	R. Bergmann (GB)	A. Roseanu (RO)
1951	J. Leach (GB)	A. Roseanu (RO)
1952	H. Satoh (J)	A. Roseanu (RO)
1953	F. Sidó (H)	A. Roseanu (RO)
1954	I. Ogimura (J)	A. Roseanu (RO)
1955	T. Tanaka (J)	A. Roseanu (RO)
1956	I. Ogimura (J)	T. Okawa (J)
1957	T. Tanaka (J)	F. Eguchi (J)
1959	Guo Duanrong (China)	K. Matsuzaki (J)
1961	Zhuang Zedong (China)	Jiu Zhonghui (China)
1963	Zhuang Zedong (China)	K. Matsuzaki (J)
1965	Zhuang Zedong (China)	N. Fakazu (J)
1967	N. Hasegawa (J)	S. Morisawa (J)
1969	S. Ito (J)	T. Kowada (J)
1971	S. Bengtsson (S)	Liu Huijing (China)
1973	Xi Ending (China)	Hu Yulan (China)
1975	I. Jonyer (H)	Yung Sun-kim (Nordkorea)
1977	M. Kohno (J)	Yung Sun-kim (Nordkorea)
1979	S. Ono (J)	Ge Xinai (China)
1981	Guo Yuehua (China)	Tong Ling (China)
1983	Guo Yuehua (China)	Cao Yanhua (China)
1985	Jiang Jialiang (China)	Cao Yanhua (China)
1987	Jiang Jialiang (China)	He Zhili (China)
1989	J. O. Waldner (S)	Qiao Hong (China)

WELTMEISTER, MANNSCHAFT

	Herren	Damen
1927	Ungarn	
1928	Ungarn	
1929	Ungarn	
1930	Ungarn	
1931	Ungarn	
1932	Tschechoslowakei	
1933	Ungarn	
1934	Ungarn	Deutschland
1935	Ungarn	Tschechoslowakei
1936	Österreich	Tschechoslowakei
1937	USA	USA
1938	Ungarn	Tschechoslowakei
1939	Tschechoslowakei	Deutschland
1947	Tschechoslowakei	Großbritannien
1948	Tschechoslowakei	Großbritannien
1949	Ungarn	USA
1950	Tschechoslowakei	Albanien
1951	Tschechoslowakei	Albanien
1952	Japan	Japan
1953	Großbritannien	Rumänien
1954	Japan	Japan
1955	Japan	Rumänien
1956	Japan	Rumänien
1957	Japan	Japan
1959	Japan	Japan
1961	China	Japan
1963	China	Japan
1965	China	China
1967	Japan	Japan
1969	Japan	UdSSR
1971	China	Japan
1973	Schweden	Südkorea
1975	China	China
1977	China	China
1979	Ungarn	China
1981	China	China
1983	China	China
1985	China	China
1987	China	China
1989	Schweden	China

OLYMPISCHE SPIELE

Herren

1988 Einzel: Nam Kyu (Südkorea)
Doppel: Long Can – Wei Quingguang (China)

Damen

1988 Einzel: Chen Jing (China)
Doppel: Jung Hwa – Yang Young-ja (Südkorea)

GLOSSAR

Aufschlag: den Ball ins Spiel bringen; der Aufschlag ist mit den neuen Materialien immer wichtiger geworden, mit denen die vom Rückschläger schwer beherrschbare Drehung des Balles erhöht werden kann.

Block: Hier wird der Ball als Konter sofort nach dem Aufkommen genommen (als halber Flugball).

Stoppball: kurzer, nahe ans Netz geschlagener Ball; dieser Schlag wird verwendet, wenn der Gegner weit vom Tisch entfernt ist.

Top-spin (oder Top): Der Ball wird von unten nach oben geschlagen, was ihm eine Drehbewegung (nach vorn) und eine größere Beschleunigung gibt. Der durch eine höhere Geschwindigkeit des Armes geschlagene Top-spin hat den Schmetterball ersetzt.

Treibball: Hier wird der Ball zurückgeschlagen, indem er von unten ›gestoßen‹ wird.

SPORT

GOLF

Golf wird auf einem Golfplatz *(Course)* mit natürlichen (Bäche oder Wäldchen) oder künstlichen (Bunker: teilweise mit Sand gefüllte Vertiefungen) Hindernissen gespielt, auf dem 18 Löcher (Durchmesser 10,8 cm) angelegt sind. Die Entfernung zwischen den Löchern schwankt zwischen 100 und 500 m, die Gesamtlänge des Parcours liegt bei 6 bis 7 km. Spielgedanke ist, einen Ball mit einem Durchmesser zwischen 41 und 42,7 mm und mit einem Höchstgewicht von 46 g mit Hilfe von *Clubs* (Schläger) mit möglichst wenig Schlägen in jedes dieser Löcher zu schlagen. Es gibt zwei Wettkampfarten, das *Match Play* und das *Medal Play*. Die vier wichtigsten jährlich stattfindenden Wettkämpfe sind das Masters Turnier, die von der amerikanischen *Professional Golfers Association* veranstaltete PGA-Championship, das British Open und das American Open. Es gibt auch Mannschaftswettkämpfe mit zwei Spielern, z. B. den Canada Cup.

B · **Golfschläger.** Der Spieler darf höchstens 14 Schläger verwenden. Hier unterscheidet man: den *Putter,* der am Green zum Einlochen eingesetzt wird (1); die *Eisen* (2) mit einem Stahlkopf und einem schmalen Rückteil, die die Bälle hoch schlagen, die bei ihrem Aufprall rasch gestoppt werden; die *Holzschläger* (3) mit Kopf aus Holz, Kunststoff oder leichtem Material und mit einer breiten Seite, die vor allem bei langen und flachen Flugbahnen verwendet werden.

A · **Der Drive.** Der Drive ist ein weiter Schlag am Abschlag eines Loches. Der ›abschlagende‹ Spieler visiert den Ball, führt dann eine Schwingbewegung aus (Schwung) und schlägt den Ball mit der größtmöglichen Geschwindigkeit (durch den Schwung steht der Spieler, der vorher seitlich stand, nun in der Flugrichtung des Balles).

C · **Golfplätze.** Der bekannteste ist wahrscheinlich der Golfplatz Saint Andrews in Schottland, der 1457 geschaffen wurde. Der renommierteste Parcour ist der 6 340 m lange *Old Course* mit riesigen Greens. In Deutschland entstand der erste Golfplatz mit 18 Löchern im Jahre 1899 in Bad Homburg v. d. H.

D · **Putting.** Putting ist das Einlochen, das eine vollkommene Beherrschung und auch Kenntnis des Spiels erfordert und dabei eine eventuelle Neigung sowie die Qualität des Grases auf dem Green berücksichtigt. Auf dem gesamten Platz gibt es keine zwei völlig gleichen Greens.

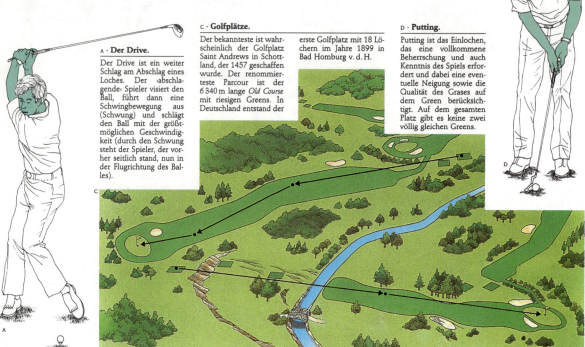

GROSSE TURNIERE UND GROSSE GOLFER

American Open (US Open). Es wurde 1900 erstmalig veranstaltet (Sieger war der Brite H. Vardon). Bis heute gab es nur vier Jahre, in denen kein Amerikaner siegte (also 1900, dann 1965, 1970 und 1981).
British Open. Dies ist das älteste der großen Golfturniere, da es erstmalig 1860 veranstaltet wurde (Sieger wurde der Brite W. Park). Bis heute hat erst ein einziger Franzose (A. Massy) beim British Open gesiegt.
Masters Turnier. Dies ist das jüngste der großen Turniere, stammt aber immerhin aus dem Jahr 1934. Hier ist die amerikanische Überlegenheit nicht so eindeutig.
PGA-Championship der USA. Dieses Turnier der amerikanischen Professional Golfers Association wird seit 1916 ausgetragen.

Zu den besten Golfern aller Zeiten gehören v. a. Amerikaner. Darunter sind Jack Nicklaus (zwanzig Titel in den vier großen Turnieren), Ben Hogan (der 1953 beim Masters, US Open und British Open siegte), A. Palmer (fünf große Titel von 1960 bis 1962) und T. Watson (fünf Siege beim British Open) zu nennen. Unter den ›Ausländern‹ ragt der Südafrikaner G. Player heraus (der 1965 beim US Open und 1962 beim USPGA siegte), der Brite H. Vardon bleibt wegen seiner sechs Siege (1896, 1898, 1899, 1903, 1911 und 1914) beim British Open berühmt, und aus unseren Breiten sind der Spanier S. Ballesteros und der Deutsche B. Langer zu nennen.

GLOSSAR

Albatros: Einlochen mit 3 Schlägen unter Par.
Birdie: Einlochen mit einem Schlag unter Par.
Eagle: Einlochen mit 2 Schlägen unter Par.
Fairway: (gemähter) Teil des Parcours zwischen Abschlag und Green.
Green: Gelände mit kurzem, besonders gepflegtem Gras um das Loch.
Par: Anzahl der Schläge (je nach Loch 3 bis 5, 63 bis 74 insgesamt), die ein guter Spieler für einen durchschnittlichen Parcours benötigt.
Rough: ungemähtes Gelände am Rande des Fairways.
Tee: kleiner Aufsatz, auf den der Ball zum Abschlag gelegt wird.

KRICKET

Dieser aus England stammende Sport (im ersten Match standen sich 1719 die Grafen von Kent und Middlesex gegenüber) hat sich kaum verbreitet; man spielt es vor allem in Australien, Indien und auf den britischen Antillen.

Beim Kricket spielen zwei Mannschaften mit jeweils elf Spielern gegeneinander, die abwechselnd schlagen und ihr Tor verteidigen (s. Bild). Ein Spieler (der *Werfer* oder *Bowler*) schlägt den Ball zum gegnerischen Tor, der Schlagmann versucht den Ball zu stoppen und ihn möglichst weit wegzuschlagen. Während die auf dem Spielfeld verstreute gegnerische Mannschaft (ausgenommen die Torwächter, die den Werfer überwachen und versuchen, den Ball zu bekommen) versucht, den Ball zurückzuerhalten, legt der Schlagmann eine möglichst weite Entfernung zwischen den Toren zurück (jede Strecke zählt einen Punkt). Wenn der Werfer den Ball verfehlt, wird er durch ein Mannschaftsmitglied ersetzt. Wenn alle Spieler beider Mannschaften zweimal Werfer waren, werden die Punkte gezählt. Eine Partie kann über 6 Stunden am gleichen Tag dauern, und ein vollständiges Match wird häufig mehrere Tage lang gespielt (bis zu 6 Tagen bei internationalen Wettkämpfen).

B · **Die Tore.**

Sie sind 70 cm hoch und werden aus drei in die Erde gesteckten Stäben gebildet. Zwei Querhölzer von höchstens 16 cm Länge sind am oberen Teil befestigt und verbinden diese Stäbe untereinander.

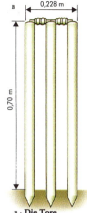

A · **Schlagkeule und Ball.**

Die Schlagkeule ist höchstens 96 cm lang und 108 mm breit. Das Gewicht des Balles muß um 179 g betragen (Umfang zwischen 23 und 24 cm). Der Ball wird nach jeweils 200 Punkten ausgetauscht.

C, D · **Das Spielfeld.**

Das Spiel findet auf einem großen ebenen Gelände statt (mindestens 135 × 155 m), das das eigentliche Spielfeld, ein Rechteck mit 20,11 m Seitenlänge und 2,64 m Breite, umgibt. Das Kricket wird mit Schlägern aus Holz, mit lederumwickelten Korkbällen und zwei 20 m voneinander entfernten Toren, die damit die Länge des Feldes begrenzen, gespielt. Das Ziel des Spiels besteht darin, das von der gegnerischen Mannschaft verteidigte Tor zu zerstören.

Punktzählung.

Die Schlagmänner (vor jedem Tor steht einer) erhalten Punkte durch Laufen, indem sie sich auf halbem Wege kreuzen, nachdem einer von beiden den Ball weit weggeschlagen hat, oder wenn sie der Ansicht sind, daß der schlechtgeworfene Ball nicht sofort gefangen werden kann. Manchmal werden auch Strafpunkte vergeben.

Schlagmann.

Seine Aufgabe besteht darin, möglichst viele Punkte zu machen und zu vermeiden, ins ›Aus‹ (*out*) zu kommen. Der Schlagmann muß seinen Platz abtreten, wenn: der vom Werfer geworfene Ball das Tor trifft; das Tor während eines Laufes zerstört wird; ein Gegner den Ball vor dem Aufkommen fängt, den er geschlagen oder berührt hat; wenn er sein eigenes Tor trifft und umstürzt; wenn er den Ball mit der Hand berührt; wenn er den Ball zweimal schlägt außer zur Torvermeidung; wenn er den Ball nicht geschlagen hat und ihn mit seinem Körper stoppt, da er sonst das Tor erreicht hätte; wenn er einen Gegner behindert.

BASEBALL

Dieser vom Kricket abgeleitete Sport hat sich in den Vereinigten Staaten (wo er Anfang des 19. Jh. entstand) und seit 1945 auch in Japan ausgebreitet. Beim Baseball stehen sich zwei Mannschaften mit jeweils 9 Spielern gegenüber. Die Spieler der Schlagmannschaft, die Punkte machen kann, kommen für ihren Versuch einzeln auf das Spielfeld. Die Spieler der gegnerischen Mannschaft sind auf dem ganzen Feld verteilt, auf dem ein quadratisches Feld mit 27,50 m Seitenlänge (›Diamant‹) markiert ist.

Ein Spieler macht für seine Mannschaft einen Punkt, wenn er das Quadrat vollständig umrundet. Er darf an den Ecken – den *Malen* oder *Bases* – haltmachen, vorausgesetzt, es ist kein Mitglied der gegnerischen Mannschaft dort. Um sich das Recht zu erwerben, loszulaufen, muß ein an einer Ecke des Quadrats stehende Spieler der angreifenden Mannschaft (*Batter*) mit einer Art Keule von 1 m Länge, die ›Schlagholz‹ (*Bat*) genannt wird, den Ball, den der gegnerische Werfer ihm zugeworfen hat, außerhalb der Reichweite der gegnerischen Mannschaft schlagen.

Die in der Defensive kämpfende Mannschaft versucht durch rasches Fangen des geschlagenen Balls und schnelles Zuspielen an den Mitspieler an dem Mal, auf das der Batter zuläuft, den ›Run‹ zu unterbinden. Kann ein Abwehrspieler den *Batter* außerhalb eines Mals mit dem Ball berühren, ist dieser ›Aus‹.

Wenn drei Spieler einer Mannschaft verloren haben, da sie nicht starten konnten oder auf der Strecke gestoppt wurden, werden die Rollen getauscht, und die andere Mannschaft bemüht sich nun, Punkte zu machen.

Wenn drei Spieler jeder Mannschaft ›aus‹ sind, ist ein Durchgang beendet und ein neuer beginnt, wobei die Spieler, die nicht am Schlagholz waren, vor den anderen kommen. Die Partie hat 9 Durchgänge. Es werden die Läufe (und nicht die Durchgänge) gezählt. Die Mannschaft mit den meisten Läufen hat gewonnen. Bei Gleichstand nach neun Durchgängen wird das Spiel so lange fortgesetzt, bis ein Durchgang mit einer unterschiedlichen Punktzahl die Entscheidung herbeiführt.

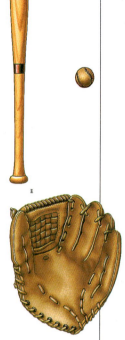

E · **Ball, Schlagkeule und Handschuh.**

Der Baseballschläger unterscheidet sich stark vom Kricketschläger. Er ist eine Art Keule, die nicht länger als 106 cm bei einem maximalen Durchmesser von 6,98 cm sein darf. Der Ball ist mit einem Gewicht von 141 bis 149 g ziemlich leicht und hat einen Umfang zwischen 22,5 und 23,5 cm.

Punktzählung.

1 Punkt für jeden vollendeten Lauf eines Spielers um das Quadrat. Die Mannschaften schlagen 9mal abwechselnd, wobei die Gastmannschaft beginnt. Wenn drei Schlagmänner aus sind, ist der Durchgang für diese Mannschaft beendet. Ein Schlagmann wird Läufer und beginnt seinen Lauf um das Quadrat, wenn er, nachdem er den Ball geschlagen hat, zum ersten Mal kommt (oder sogar zu den weiteren), bevor die Gegner den Ball nicht dorthin geschickt haben; wenn der Werfer ihm vier schlechte Bälle wirft; wenn der Fänger ihn behindert oder der Ball ihn trifft; wenn der Fänger den Ball dreimal verfehlt.

Seine Partner, die bereits an den Malen stehen, müssen gleichzeitig mit ihm loslaufen, denn es darf nur ein Spieler an jedem Mal stehen.

F · **Das Spielfeld.**

Es ist ein Quadrat von 27,5 m Seitenlänge. Im entferntesten Winkel des Feldes (oberhalb des 4. Mals oder *Home-Base*) befindet sich das Schlägerfeld des Schlagmannes. Es ist zweigeteilt (eine Seite für Rechtshänder, die andere für Linkshänder), und ihm gegenüber, kurz vor dem Mittelpunkt des Quadrates, befindet sich in 18,43 m Entfernung das Wurfmal, von wo aus der Werfer operiert.

Ins-Aus-Bringen des Schlagmannes.

Der Schlagmann ist aus, wenn er drei für gut erklärte Bälle aus dem Spielfeld schlägt (›falscher‹ Schlag); wenn der Ball, nachdem er geschlagen wurde, im Flug gefangen wird; wenn er das erste Mal nicht erreichen kann, weil er berührt wurde oder der Ball vor ihm da war; wenn er, bevor zwei seiner Mannschaftsmitglieder aus sind, dem Ball eine Richtung außerhalb der Reichweite seiner auf dem Feld verteilten Gegner gibt.

SPORT

FUSSBALL

Dies ist weltweit der wohl populärste Sport. Während er in Europa, Südamerika und im größten Teil Afrikas überragende Bedeutung besitzt, ist er in Asien weniger verbreitet. In Nordamerika versucht er sich durchzusetzen, die Wahl der Vereinigten Staaten als Austragungsort der Weltmeisterschaft 1994 dürfte seine Verbreitung dort begünstigen.

Er wird von der FIFA (Fédération Internationale de Football Association) geleitet, die 1904 gegründet wurde und ihren Sitz in Zürich hat; ihr gehören über 150 Nationalverbände mit mehr als 30 Millionen Spielern an. Die FIFA ist für das größte Sportereignis (abgesehen von den Olympischen Spielen), die Fußballweltmeisterschaft, zuständig, die alle vier Jahre organisiert wird und deren Qualifikationsspiele sich über zwei Jahre erstrecken. Das Weltmeisterschaftsturnier bestritten zuletzt 24 Mannschaften. Jeder kontinentale Verband führt Kontinentalmeisterschaften durch; die UEFA, der Europäische Fußballverband, veranstaltet in jedem Jahr verschiedene Pokalwettbewerbe für Vereinsmannschaften.

B · Kopfballspiel.
Das Kopfballspiel war zumindest anfangs eine Spezialität der Briten. In der Nähe der Tore hat es bei Flanken, Freistößen oder Eckbällen eine große Bedeutung. Natürlich sind große Spieler begünstigt, aber auch kleinere können mit guter Sprungkraft und Technik effektives Kopfballspiel praktizieren.

C, D · Dribbeln.
Das Dribbeln ist die Umgehung eines Hindernisses. Den Namen verdankt es der Aktion, bei der ein Gegner umgangen wird und so der Alleingang weiter durchgeführt oder der Ball einem freistehenden Mitspieler abgegeben werden kann.

A · Grätschen.
Mit dem Grätschen kann der Ball in den Beinen des Ballbesitzers geblockt werden und nach Möglichkeit diesem abgenommen werden. Es wird mit einem oder beiden Beinen, stehend oder liegend (Hineingrätschen) ausgeführt und ist leider oft gefährlich für den Ballbesitzer, vor allem, wenn es (unzulässigerweise) von hinten erfolgt.

E, F · Vom Angriff zur Verteidigung.
Die Verteilung der elf Spieler auf dem Spielfeld hat sich im Lauf der Zeit oftmals verändert, v. a. in Richtung auf eine stärkere Verteidigung (in dem Bestreben, nicht zu verlieren), was allmählich den Wunsch, Tore zu schießen, überdeckte. Im WM-System gab es fünf Stürmer (drei sog. Spitzenstürmer und zwei Halbstürmer); das 4–2–4 System und dann die Anordnung 3–2–4–1 kennzeichnen die Etappen zur Verringerung auf zwei oder einen Stürmer, wodurch natürlich eine hohe Dichte in der Mitte des Feldes erreicht wird. Die Anzahl der pro Begegnung geschossenen Tore hat praktisch überall abgenommen, und die spektakuläre Seite ist zurückgegangen.

Diese Entwicklung muß mit den enormen finanziellen Einsätzen bei internationalen, aber auch nationalen Wettkämpfen in Zusammenhang gebracht werden.

Die Einnahmen in den Stadien nehmen einen immer kleineren Platz in den Haushalten der Klubs ein, die größtenteils durch das Sponsoring der großen Industrie- und Handelsunternehmen und die hohen Gebühren für Fernsehübertragungen abgesichert sind.

theoretische Verteilung der Spieler bei Spielbeginn: oben in 4-2-4 Anordnung, unten mit 3 Stürmern, 4 Verteidigern und einem Libero

1100

SPORT

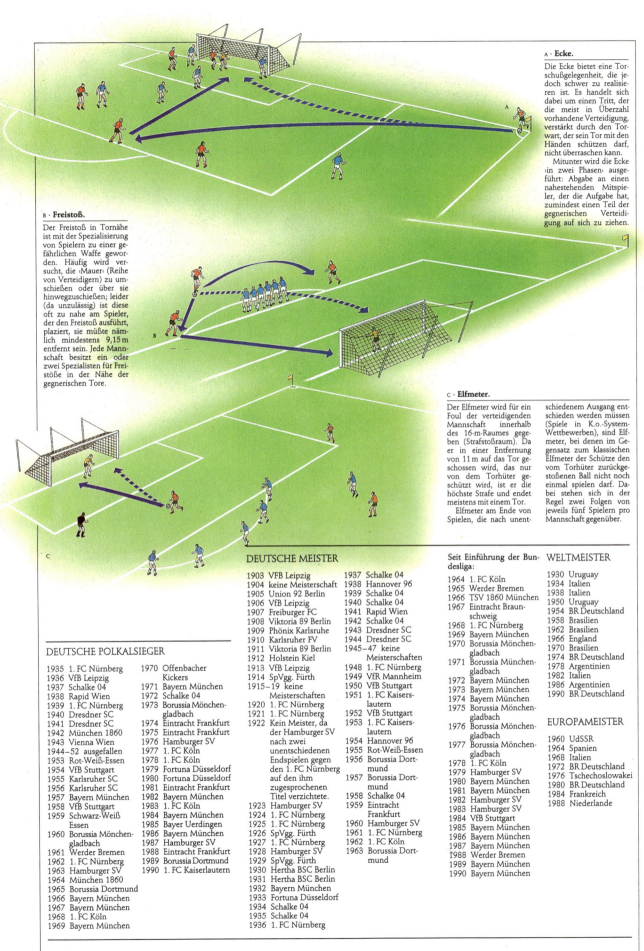

A · Ecke.
Die Ecke bietet eine Torschußgelegenheit, die jedoch schwer zu realisieren ist. Es handelt sich dabei um einen Tritt, der die meist in Überzahl vorhandene Verteidigung, verstärkt durch den Torwart, der sein Tor mit den Händen schützen darf, nicht überraschen kann.
Mitunter wird die Ecke ›in zwei Phasen‹ ausgeführt: Abgabe an einen nahestehenden Mitspieler, der die Aufgabe hat, zumindest einen Teil der gegnerischen Verteidigung auf sich zu ziehen.

B · Freistoß.
Der Freistoß in Tornähe ist mit der Spezialisierung von Spielern zu einer gefährlichen Waffe geworden. Häufig wird versucht, die ›Mauer‹ (Reihe von Verteidigern) zu umschießen oder über sie hinwegzuschießen; leider (da unzulässig) ist diese oft zu nahe am Spieler, der den Freistoß ausführt, plaziert, sie müßte nämlich mindestens 9,15 m entfernt sein. Jede Mannschaft besitzt ein oder zwei Spezialisten für Freistöße in der Nähe der gegnerischen Tore.

C · Elfmeter.
Der Elfmeter wird für ein Foul der verteidigenden Mannschaft innerhalb des 16-m-Raumes gegeben (Strafstoßraum). Da er in einer Entfernung von 11 m auf das Tor geschossen wird, das nur von dem Torhüter geschützt wird, ist er die höchste Strafe und endet meistens mit einem Tor.
Elfmeter am Ende von Spielen, die nach unentschiedenem Ausgang entschieden werden müssen (Spiele in K.o.-System-Wettbewerben), sind Elfmeter, bei denen im Gegensatz zum klassischen Elfmeter der Schütze den vom Torhüter zurückgestoßenen Ball nicht noch einmal spielen darf. Dabei stehen sich in der Regel zwei Folgen von jeweils fünf Spielern pro Mannschaft gegenüber.

DEUTSCHE POLKALSIEGER

- 1935 1. FC Nürnberg
- 1936 VfB Leipzig
- 1937 Schalke 04
- 1938 Rapid Wien
- 1939 1. FC Nürnberg
- 1940 Dresdner SC
- 1941 Dresdner SC
- 1942 München 1860
- 1943 Vienna Wien
- 1944–52 ausgefallen
- 1953 Rot-Weiß-Essen
- 1954 VfB Stuttgart
- 1955 Karlsruher SC
- 1956 Karlsruher SC
- 1957 Bayern München
- 1958 VfB Stuttgart
- 1959 Schwarz-Weiß Essen
- 1960 Borussia Mönchengladbach
- 1961 Werder Bremen
- 1962 1. FC Nürnberg
- 1963 Hamburger SV
- 1964 München 1860
- 1965 Borussia Dortmund
- 1966 Bayern München
- 1967 Bayern München
- 1968 1. FC Köln
- 1969 Bayern München
- 1970 Offenbacher Kickers
- 1971 Bayern München
- 1972 Schalke 04
- 1973 Borussia Mönchengladbach
- 1974 Eintracht Frankfurt
- 1975 Eintracht Frankfurt
- 1976 Hamburger SV
- 1977 1. FC Köln
- 1978 1. FC Köln
- 1979 Fortuna Düsseldorf
- 1980 Fortuna Düsseldorf
- 1981 Eintracht Frankfurt
- 1982 Bayern München
- 1983 1. FC Köln
- 1984 Bayern München
- 1985 Bayer Uerdingen
- 1986 Bayern München
- 1987 Hamburger SV
- 1988 Eintracht Frankfurt
- 1989 Borussia Dortmund
- 1990 1. FC Kaiserlautern

DEUTSCHE MEISTER

- 1903 VFB Leipzig
- 1904 keine Meisterschaft
- 1905 Union 92 Berlin
- 1906 VfB Leipzig
- 1907 Freiburger FC
- 1908 Viktoria 89 Berlin
- 1909 Phönix Karlsruhe
- 1910 Karlsruher FV
- 1911 Viktoria 89 Berlin
- 1912 Holstein Kiel
- 1913 VfB Leipzig
- 1914 SpVgg. Fürth
- 1915–19 keine Meisterschaften
- 1920 1. FC Nürnberg
- 1921 1. FC Nürnberg
- 1922 Kein Meister, da der Hamburger SV nach zwei unentschiedenen Endspielen gegen den 1. FC Nürnberg auf den ihm zugesprochenen Titel verzichtete.
- 1923 Hamburger SV
- 1924 1. FC Nürnberg
- 1925 1. FC Nürnberg
- 1926 SpVgg. Fürth
- 1927 1. FC Nürnberg
- 1928 Hamburger SV
- 1929 SpVgg. Fürth
- 1930 Hertha BSC Berlin
- 1931 Hertha BSC Berlin
- 1932 Bayern München
- 1933 Fortuna Düsseldorf
- 1934 Schalke 04
- 1935 Schalke 04
- 1936 1. FC Nürnberg
- 1937 Schalke 04
- 1938 Hannover 96
- 1939 Schalke 04
- 1940 Schalke 04
- 1941 Rapid Wien
- 1942 Schalke 04
- 1943 Dresdner SC
- 1944 Dresdner SC
- 1945–47 keine Meisterschaften
- 1948 1. FC Nürnberg
- 1949 VfR Mannheim
- 1950 VfB Stuttgart
- 1951 1. FC Kaiserslautern
- 1952 VfB Stuttgart
- 1953 1. FC Kaiserslautern
- 1954 Hannover 96
- 1955 Rot-Weiß-Essen
- 1956 Borussia Dortmund
- 1957 Borussia Dortmund
- 1958 Schalke 04
- 1959 Eintracht Frankfurt
- 1960 Hamburger SV
- 1961 1. FC Nürnberg
- 1962 1. FC Köln
- 1963 Borussia Dortmund

Seit Einführung der Bundesliga:

- 1964 1. FC Köln
- 1965 Werder Bremen
- 1966 TSV 1860 München
- 1967 Eintracht Braunschweig
- 1968 1. FC Nürnberg
- 1969 Bayern München
- 1970 Borussia Mönchengladbach
- 1971 Borussia Mönchengladbach
- 1972 Bayern München
- 1973 Bayern München
- 1974 Bayern München
- 1975 Borussia Mönchengladbach
- 1976 Borussia Mönchengladbach
- 1977 Borussia Mönchengladbach
- 1978 1. FC Köln
- 1979 Hamburger SV
- 1980 Bayern München
- 1981 Bayern München
- 1982 Hamburger SV
- 1983 Hamburger SV
- 1984 VfB Stuttgart
- 1985 Bayern München
- 1986 Bayern München
- 1987 Bayern München
- 1988 Werder Bremen
- 1989 Bayern München
- 1990 Bayern München

WELTMEISTER

- 1930 Uruguay
- 1934 Italien
- 1938 Italien
- 1950 Uruguay
- 1954 BR Deutschland
- 1958 Brasilien
- 1962 Brasilien
- 1966 England
- 1970 Brasilien
- 1974 BR Deutschland
- 1978 Argentinien
- 1982 Italien
- 1986 Argentinien
- 1990 BR Deutschland

EUROPAMEISTER

- 1960 UdSSR
- 1964 Spanien
- 1968 Italien
- 1972 BR Deutschland
- 1976 Tschechoslowakei
- 1980 BR Deutschland
- 1984 Frankreich
- 1988 Niederlande

SPORT

RUGBY

Rugby, das 1823 durch eine Abspaltung aus dem englischen ›Football‹ in dem College Rugby (daher der Name) entstand, ist noch kein sehr verbreiteter Sport. Es wird im wesentlichen auf den britischen Inseln (die vier Rugbynationen bilden: England, Schottland, Wales und Irland [hier vereinigt]), in Frankreich und in den früheren britischen Kolonien der südlichen Erdhalbkugel (Australien und Neuseeland, Südafrika) gespielt. Es gibt allerdings auch einige ›Brückenköpfe‹ in anderen Kontinenten (in Südamerika Argentinien, in Asien Japan und in Ozeanien die Fidschiinseln) und sogar im Süden (Italien) und Osten (Rumänien) Europas. Das ›Turnier der Fünf Nationen‹ (die vier britischen Mannschaften und Frankreich) ist der große jährliche Wettkampf. Eine Weltmeisterschaft im Rugby wird seit 1987 ausgetragen.

Die Partie, bei der sich zwei Mannschaften mit fünfzehn Spielern gegenüberstehen, wird in zwei Halbzeiten von je 40 Minuten gespielt. Der ovale Ball hat die folgenden Maße: Länge in der Längsachse 28 bis 30 cm; Umfang der Länge 76 bis 79 cm; Umfang der größten Breite 58 bis 62 cm; sein Gewicht liegt zwischen 400 und 440 g.

B · Versuch.
Der Versuch ist das Ziel des Spiels. Er zählt vier Punkte (zu denen zwei Punkte für den *Erhöhungstritt* hinzukommen). Er gilt als gelungen, wenn man den Ball auf den Boden hinter der Mallinie (im Malfeld) der gegnerischen Mannschaft legt oder den Boden berührt.
Der Wert des Versuches hat in der Geschichte des Rugby zugenommen, um ein offenes Spiel zu fördern und den offensiven Spielgeist zu belohnen. Dies ist natürlich die spektakulärste Phase einer Begegnung.

A · Paß.
Beim Paß wird der Ball an einen besser plazierten Mitspieler abgegeben. Dies ist die Art des sichersten Vorankommens. Der Paß wird in den meisten Fällen von den hinteren Reihen eingesetzt.

D · Fassen.
Das Fassen ist das Stoppen des Ballbesitzers (und zwar nur des Ballbesitzers), das in der Regel durch Umfassen seiner Beine mit den Armen durchgeführt wird, um sein Vorankommen zu bremsen. Dies ist eine wichtige Aktion der Verteidigung, die das Eindringen des Gegners stoppt (oder verzögert).

C · Freifang.
Beim Freifang wird der von einem Gegner getretene Ball mit beiden Füßen auf dem Boden angenommen, und man ruft dabei ›Mark‹. Ein anschließender Fußtritt (zur Befreiung oder zum Weiterbefördern) kann heute nur noch von einem Spieler der verteidigenden Mannschaft innerhalb ihres 22-m-Raumes erfolgen.

1,2,3 : Stürmer 1. Reihe
4,5 : Stürmer 2. Reihe
6,7,8 : Stürmer 3. Reihe
9 : Gedrängehalb
10 : Verbinder
11 : 3/4-Spieler linker Flügel

12,13 : 3/4-Spieler Mitte
14 : 3/4-Spieler rechter Flügel
15 : Schlußmann

E, F · Das Spielfeld.
Eine durchgezogene Linie in 22 m Entfernung vor jeder Malstange ist deutlich zu sehen. Nur hinter dieser Linie darf ein Spieler der verteidigenden Mannschaft direkt durch Seitenaus klären (das heißt, daß der Ball den Boden nicht berührt, bevor er ins Aus geht).
Die 10-m-Linie kennzeichnet die Grenze, über die der Ball beim Antritt (am Spielanfang, nach der Halbzeit oder nach Veränderung der Marke) getreten werden muß.
Die durchbrochene 5-m-Linie parallel zur Seitenauslinie kennzeichnet die Mindestentfernung, die zwischen dem einwerfenden Spieler und dem ersten Stürmer beim Annehmen liegen muß.

FÜNF-NATIONEN-TURNIER

1910	England	1961	Frankreich
1911	Wales	1962	Frankreich
1912	England, Irland	1963	England
1913	England	1964	Schottland, Wales
1914	England	1965	Wales
1920	England, Schottland, Wales	1966	Wales
1921	England	1967	Frankreich
1922	Wales	1968	Frankreich
1923	England	1969	Wales
1924	England	1970	Frankreich, Wales
1925	Schottland	1971	Wales
1926	Irland, Schottland	1973	Wales, Frankreich, England, Schottland, Irland
1927	Schottland, Irland	1974	Irland
1928	England	1975	Wales
1929	Schottland	1976	Wales
1930	England	1977	Frankreich
1931	Wales	1978	Wales
1947	Wales, England	1979	Wales
1948	Irland	1980	England
1949	Irland	1981	Frankreich
1950	Wales	1982	Irland
1951	Irland	1983	Frankreich, Irland
1952	Wales	1984	Schottland
1953	England	1985	Irland
1954	England, Frankreich, Wales	1986	Frankreich, Schottland
1955	Frankreich, Wales	1987	Frankreich
1956	Wales	1988	Frankreich, Wales
1957	England	1989	Frankreich
1958	England	1990	Schottland
1959	Frankreich		
1960	Frankreich, England		

SPORT

RUGBY XIII

Man nennt es auch ›Spiel XIII‹. Dieser Sport entstand 1895 aus einer Spaltung innerhalb der englischen *Rugby Union*. Im Gegensatz zum ›klassischen Rugby‹ (auch ›Rugby XV‹) hat man hier nur sechs Stürmer (die Flügelstürmer der dritten Reihe des Rugby XV fallen weg); die Verteilung der anderen Spieler, die Dauer der Begegnung und die Maße des Spielfeldes und des Balles bleiben gleich.

Allerdings weichen die Spielregeln ab. Die Einwürfe sind hier durch Gedränge ersetzt. Jeder Spieler in Ballbesitz, der vom Gegner blockiert wird, wird *gehalten* und spielt auch selbst das *Hakeln*. Diese Änderungen wurden eingeführt, um ein klareres, schnelleres und weniger verzetteltes Spiel als beim Rugby XV zu erreichen.

Auch die Punktzählung weicht leicht vom Rugby XV ab: Der Versuch zählt ebenfalls 4 Punkte (zu denen 2 Punkte für einen eventuellen Erhöhungstritt hinzukommen), der *Straftritt* (oder *Maltritt*) zählt nur zwei Punkte und der *Drop* nur einen. Beim Rugby XIII benötigt man vier gelungene *Drops,* um einen Versuch ohne Erhöhungstritt und sechs Drops, um einen Versuch mit Erhöhungstritt auszugleichen, während beim Rugby XV vier Drops drei Versuchen ohne Erhöhungstritt oder zwei Versuchen mit Erhöhungstritt entsprechen. Der Versuch hat hier also eindeutig Vorrang.

A · Falltritt.
Der Falltritt wird meistens in offensiver Absicht ausgeführt, um die zu weit nach vorne gekommene gegnerische Verteidigung zu umgehen, oder wenn die Verteidigung auf dem Feld ungünstig ist. Dies ist ein ›taktischer‹ Tritt.

B · Drop.
Durch einen Drop soll der Ball zwischen die Malstangen (und über die Querstange) der gegnerischen Mannschaft getreten werden; der Ball wird dabei fallen gelassen und in dem Moment getreten, in dem er den Boden berührt. Dieser Tritt zählt drei Punkte und wird häufig am Ende eines Gedränges versucht, wenn die Verteidigung keine Zeit hatte, den Ballbesitzer zu ›überwinden‹.

C · Einwurf.
Beim Einwurf wird der Ball mit den Händen wieder ins Spiel gebracht. Dies erfolgt zwischen einer Aufstellung der Spieler in Reihen, deren Zahl von acht auf zwei fallen kann, wenn die einwerfende Mannschaft einen sog. ›kurzen‹ Einwurf beschließt. Weil Einwürfe so häufig geschehen, sind sie ein wichtiges Mittel zur Beherrschung des Spieles.

F · Hakeln.
Beim Hakeln gibt der blockierte Spieler mit einem Hackentritt den Ball an einem Spieler hinter ihm ab.

D · Gedränge.
Das Gedränge ist der erneute Spielbeginn auf dem Feld nach einem kleineren Regelverstoß. Dabei stehen sich die Stürmer beider Mannschaften gebückt gegenüber und versuchen, den vom Gedrängehalbspieler in die Mitte geworfenen Ball zu bekommen. Die Begriffe *geschlossenes* oder *geordnetes Gedränge* werden verwendet, um es vom offenen Gedränge zu unterscheiden.

Offenes Gedränge.
Das offene Gedränge ist eine ›spontane‹ Gruppierung am Aufprallpunkt des Balles. Im Spielverlauf tritt es häufig nach einem Tritt auf, wobei sich die Spieler allmählich um den Ball sammeln. Oft führt das offene Gedränge zu einem geordneten (geschlossenen) Gedränge, wenn der Ball nicht aus dieser Gruppe herausgespielt wird.

E · Maul.
Ein Maul ist eine Art offenes Gedränge, bei dem die Spieler stehen und der Ball den Boden nicht berührt.

Durch ein Maul können die Stürmer durch Gruppierung festgehalten werden. Das Vorankommen kann dann durch eine ›Entwicklung‹ zwischen den Stürmern erfolgen, oder der Ball kann an die hinteren Reihen weitergegeben werden.

SPORT

AMERICAN FOOTBALL

Er ähnelt, wenn auch recht entfernt, mehr dem Rugby als dem Fußball und wird darüber hinaus mit der Hand und einem ovalen Ball gespielt. Dieser 1827 in Harvard eingeführte Sport hat sich kaum außerhalb der Vereinigten Staaten verbreitet, wo seine Anhängerschaft jedoch gleichbleibend groß ist.

Der American Football wird von zwei Mannschaften mit jeweils 11 Spielern sowie vielen Ersatzspielern gespielt, was wegen der Strategie und der Härte des Vorgehens notwendig ist. Man kann zum Beispiel, um dem Ballträger den Weg freizumachen, jeden beliebigen Spieler blocken. Das Spiel dauert eine Stunde, aufgeteilt in zwei Halbzeiten von einer halben Stunde (mit etwa 15 Minuten Pause), die ihrerseits in Viertelzeiten mit einer Pause von 1 bis 2 Minuten dazwischen aufgegliedert sind.

Wie beim Rugby werden Punkte erzielt, wenn der Ball (auch durch Paß) hinter die gegnerische Torlinie getragen (6 Punkte) oder durch einen Schuß oder Sprungtritt über die Querlatte des Tors getreten wird (3 Punkte). Wenn eine letzte Strecke von 2 oder 3 m überwunden ist, erhält man einen zusätzlichen Punkt. Der Ball kann in jede Richtung geworfen werden, aber jeder Fußtritt wird durch Ballabgabe an den Gegner bestraft; diese kann im übrigen bei einem hohen, raumgewinnenden Tritt günstig und sogar vorteilhaft sein. Der Antritt am Spielanfang wird mit dem Fuß vollzogen.

Jedes Jahr treffen in den Vereinigten Staaten eine bestimmte Anzahl der besten Mannschaften in der Endphase in Wettkämpfen aufeinander, den *Bowls*, von denen der berühmteste heute der *Orange Bowl* ist (erstmalig 1933 ausgetragen). Das Finale ist ein nationales Ereignis.

A, B, C · Ausrüstung.
Der American Football ist ein Sport des Körperkontakts (wenn nicht sogar ein Kampfsport) und erfordert eine Spezialausrüstung, um die Risiken einzuschränken, ohne sie allerdings zu beseitigen: Beim American Football gab es im Spielverlauf, vor allem anfangs, Tote (18 Tote während der Saison 1905). Auf dem Bild sieht man, daß die Gelenke (Schultern, Ellenbogen, Handgelenke und Knie) und der Kopf besonders geschützt sind. Die Härte des American Football und die komplizierten Regeln sind die Erklärung für das Mißlingen einer internationalen Verbreitung dieses Sports trotz der neuen Möglichkeiten der Medien.

D, E · Spielfeld.
Das Spielfeld (91 × 49 m) ist in Streifen von 4,50 m unterteilt (daher sein Spitzname ›Grill‹), und eine Mannschaft, die in vier durch einen Rückpaß erfolgten Versuchen nicht um zwei Bereiche vorankommen konnte, gibt den Vorteil des Angriffs an die gegnerische Mannschaft ab. Das Spiel wird an dem Ort oder zu dem Augenblick abgebrochen, an dem der Ballträger den Boden mit etwas anderem als den Füßen oder Händen berührt. Die Torpfosten haben nur eine Querstange, die aus Sicherheitsgründen immer in Mannshöhe gepolstert ist.

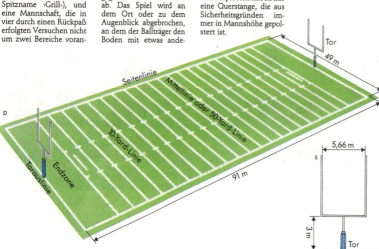

BASKETBALL

Dieser Sport wurde von Dr. Naismith 1891 im College von Springfield (Massachusetts) geschaffen. Basketball wird seit 1936 bei den Olympischen Spielen gespielt und ist eine der am häufigsten praktizierten Sportarten der Welt (über 100 Millionen Spieler und Spielerinnen, mehr als 150 Länder sind Mitglieder der *Fédération Internationale de Basketball Amateur* (F.I.B.A.). Abgesehen von den Olympischen Spielen werden (seit 1950) Welt- und Kontinentalmeisterschaften ausgetragen. Bei den jährlichen europäischen Wettkämpfen treffen die besten Klubs Europas aufeinander (Europapokal seit 1958).

In der Halle oder auf dem Spielfeld stehen sich zwei Mannschaften mit fünf Spielern (die ersetzt werden und dann ins Spiel zurückkommen können) in einem Spiel von zwei Halbzeiten von jeweils 20 Minuten gegenüber. Der Spielgedanke ist, einen runden Ball (Gewicht: zwischen 600 und 650 g; Umfang: 75 bis 78 cm) durch einen Korb zu werfen. Die im Spielverlauf gelungenen Korbwürfe zählen 2 Punkte (3 Punkte, wenn der Wurf aus über 6,25 m Entfernung gelang); einen Punkt gibt es für einen gelungenen Freiwurf (der einen Fehler des Gegners bestraft).

Die Regeln sind streng. Die Spieler dürfen nach der Ballannahme nur zwei Bodenkontakte (›Schritte‹) machen, danach muß entweder gepaßt oder gedribbelt werden. Ein Spieler, der fünf Fouls begangen hat, wird vom Spielfeld geschickt, darf jedoch ersetzt werden. Die Mannschaft im Ballbesitz darf ihn nicht länger als 30 Sekunden behalten, ohne einen Wurf auf den Korb auszuführen. Hier ist auch noch anzuführen, daß es der angreifenden Mannschaft nicht erlaubt ist, den Ball in ihre Spielhälfte zurückzuspielen, und daß sich ein angreifender Spieler nicht länger als drei Sekunden im gegnerischen Freiwurfraum aufhalten darf. Jede Mannschaft kann pro Halbzeit zwei Auszeiten (Spielunterbrechungen) in Anspruch nehmen.

Ursprünglich war Basketball ein Amateursport. Die besten Spieler gibt es seit langer Zeit in den Vereinigten Staaten (wo es getrennte Meisterschaften für Profis und Amateure gibt) und seit kurzem auch in Europa Profis, bedingt vor allem durch die Zunahme von Wettkämpfen zwischen Städten verschiedener Länder. Diese Wettkämpfe haben übrigens zahlreiche amerikanische Spieler nach Europa gezogen (die besten bleiben in den USA).

OLYMPISCHE SPIELE	WELTMEISTERSCHAFTEN
Herren	**Herren**
1936 USA	1950 Argentinien
1948 USA	1954 Brasilien
1952 USA	1967 UdSSR
1956 USA	1970 Jugoslawien
1960 USA	1974 UdSSR
1964 USA	1978 Jugoslawien
1968 USA	1982 UdSSR
1972 UdSSR	1986 USA
1976 USA	1990 Jugoslawien
1980 Jugoslawien	
1984 USA	**Damen**
1988 UdSSR	1953 USA
	1957 USA
Damen	1959 UdSSR
1976 UdSSR	1964 UdSSR
1980 UdSSR	1967 UdSSR
1984 USA	1971 UdSSR
1988 USA	1975 UdSSR
	1979 UdSSR
	1983 UdSSR
	1986 USA
	1990 USA

SPORT

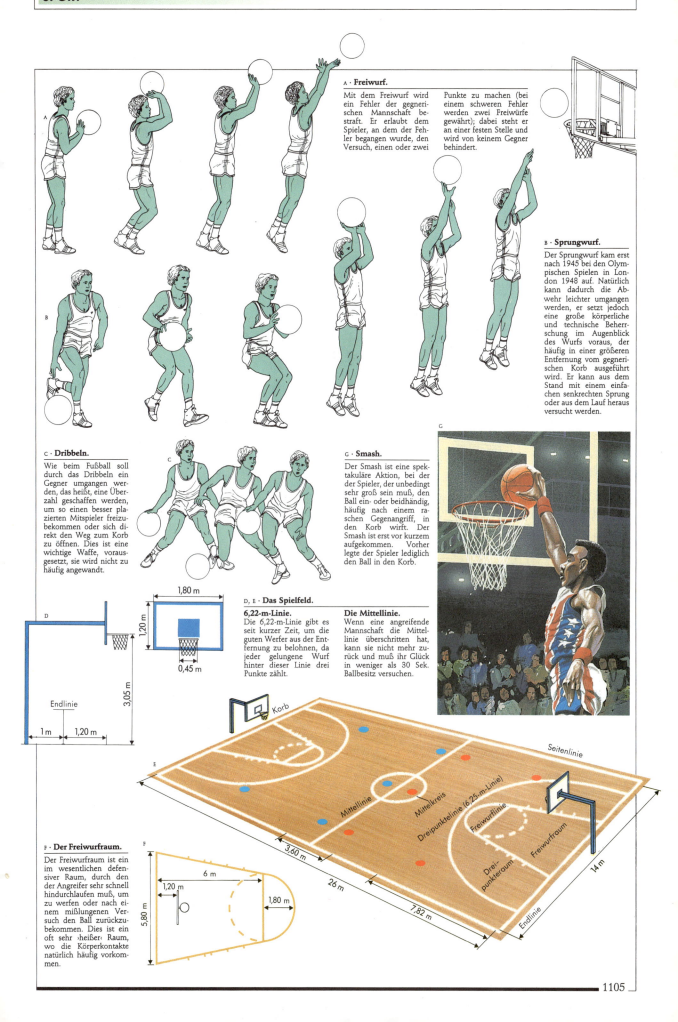

A · Freiwurf.
Mit dem Freiwurf wird ein Fehler der gegnerischen Mannschaft bestraft. Er erlaubt dem Spieler, an dem der Fehler begangen wurde, den Versuch, einen oder zwei Punkte zu machen (bei einem schweren Fehler werden zwei Freiwürfe gewährt); dabei steht er an einer festen Stelle und wird von keinem Gegner behindert.

B · Sprungwurf.
Der Sprungwurf kam erst nach 1945 bei den Olympischen Spielen in London 1948 auf. Natürlich kann dadurch die Abwehr leichter umgangen werden, er setzt jedoch eine große körperliche und technische Beherrschung im Augenblick des Wurfs voraus, der häufig in einer größeren Entfernung vom gegnerischen Korb ausgeführt wird. Er kann aus dem Stand mit einem einfachen senkrechten Sprung oder aus dem Lauf heraus versucht werden.

C · Dribbeln.
Wie beim Fußball soll durch das Dribbeln ein Gegner umgangen werden, das heißt, eine Überzahl geschaffen werden, um so einen besser plazierten Mitspieler freizubekommen oder sich direkt den Weg zum Korb zu öffnen. Dies ist eine wichtige Waffe, vorausgesetzt, sie wird nicht zu häufig angewandt.

G · Smash.
Der Smash ist eine spektakuläre Aktion, bei der der Spieler, der unbedingt sehr groß sein muß, den Ball ein- oder beidhändig, häufig nach einem raschen Gegenangriff, in den Korb wirft. Der Smash ist erst vor kurzem aufgekommen. Vorher legte der Spieler lediglich den Ball in den Korb.

D, E · Das Spielfeld.

6,22-m-Linie.
Die 6,22-m-Linie gibt es seit kurzer Zeit, um die guten Werfer aus der Entfernung zu belohnen, da jeder gelungene Wurf hinter dieser Linie drei Punkte zählt.

Die Mittellinie.
Wenn eine angreifende Mannschaft die Mittellinie überschritten hat, kann sie nicht mehr zurück und muß ihr Glück in weniger als 30 Sek. Ballbesitz versuchen.

F · Der Freiwurfraum.
Der Freiwurfraum ist ein im wesentlichen defensiver Raum, durch den der Angreifer sehr schnell hindurchlaufen muß, um zu werfen oder nach einem mißlungenen Versuch den Ball zurückzubekommen. Dies ist ein oft sehr ›heißer‹ Raum, wo die Körperkontakte natürlich häufig vorkommen.

1105

SPORT

HANDBALL

Handball, ein vom europäischen Festland und nicht aus England stammender Sport, wurde zuerst im Freien mit elf Spielern gespielt. Heute wird er jedoch fast ausschließlich in der Halle mit 2 Mannschaften mit jeweils 7 Spielern gespielt (ein Austausch während des Spiels ist möglich).

Das Match wird in 2 Halbzeiten von 30 Minuten ausgetragen. Dabei müssen möglichst viele Tore mit einem Ball erzielt werden, der einen Umfang von 58 bis 60 cm besitzt und für die Herren 425 bis 475 g wiegt (für Damen und Jugendliche 54 bis 56 cm und 325 bis 400 g). Der Ball darf nicht länger als 3 Sek. (auch am Boden) von einem Spieler gehalten werden, der nicht mehr als 3 Schritte mit dem Ball machen darf, ohne ihn abzugeben oder auf den Boden springen zu lassen.

Der Torwart ist der einzige, der sich im Torraum aufhalten darf. Die angreifende Mannschaft muß versuchen, ein Tor zu erzielen, ohne den Torraum zu betreten oder bevor sie ihn betritt, woraus sich die Merkmale der beiden wichtigen Wurfarten (Fallwurf und Sprungwurf) ergeben. Wie beim Eishockey gibt es Hinausstellungen (für 2 Minuten), drei Hinausstellungen haben den endgültigen Ausschluß (sog. ›Disqualifizierung‹) zur Folge.

Hallenhandball ist seit 1972 (für Herren) und seit 1976 (für Damen) olympische Disziplin. Der internationale Dachverband IHF hat seinen Sitz in Basel.

A · Fallwurf.

Mit dem Fallwurf kann die Entfernung zwischen dem Werfenden und dem Ziel verkürzt werden, indem das Loslassen des Balles hinausgezögert wird. Der Fallwurf kann nach vorn (bei einem Freiwurf, bei einer unbedeutenden Strafe oder auch bei einem Siebenmeterwurf) erfolgen, wo nur ein Spieler dem Torwart gegenübersteht. Im Spielverlauf wird er oft auf der Seite des Wurfarms oder auf der entgegengesetzten Seite des Wurfarms ausgeführt (Knickwurf, in der Regel zur Umgehung der Behinderung durch den Verteidiger zwischen dem Ballträger und dem Tor).

B · Siebenmeterwurf.

Hiermit wird ein schweres Foul geahndet, vor allem, wenn ein eindeutiges Foul eines Spielers den Gegner am Torwurf hindert. Wie bei der Ausführung des Freiwurfes muß ein Fuß des Spielers Kontakt mit dem Boden behalten.

C · Sprungwurf.

Der Sprungwurf ähnelt gewissermaßen dem Weitsprung, natürlich hat man hier den Ball in der Hand: verschieden langer Anlauf, Stop vor dem ›Hindernis‹, also ein Gegner oder die Torraumlinie, schließlich Wurf auf das Tor, bevor der Spieler wieder den Boden berührt (vor allem wenn er in den Torraum eindringt). Im Gegensatz zum Fallwurf wird der Sprungwurf ausschließlich während des Spiels, häufig am Ende eines Gegenangriffs ausgeführt.

D, E · Das Spielfeld.

Der Torraum ist der ausschließlich dem Torwart vorbehaltene Raum, kein anderer Spieler (Partner oder Gegner) darf dort eindringen, sonst wird er mit Freiwurf oder Siebenmeterwurf (bei einem Verteidiger) bestraft. Dagegen kann der Torwart auch diesen Torraum verlassen (jedoch nicht mit dem Ball in der Hand) und am Spiel teilnehmen. Er untersteht denselben Regeln wie die Feldspieler.

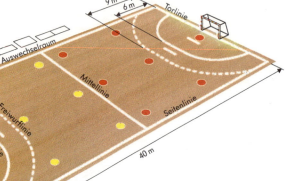

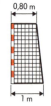

OLYMPISCHE SPIELE

Herren	**Damen**
1936 Deutschland	1976 UdSSR
1972 Jugoslawien	1980 UdSSR
1976 UdSSR	1984 Jugoslawien
1980 DDR	1988 Südkorea
1984 Jugoslawien	
1988 UdSSR	

SPORT

VOLLEYBALL

Bei diesem Ende des 19. Jh. in den USA entstandenen Sport stehen sich zwei Mannschaften mit je sechs Spielern (oder Spielerinnen) in 2 oder 3 Gewinnsätzen von jeweils 15 Punkten gegenüber. Zum Satzgewinn ist im Prinzip ein Zwei-Punkte-Vorsprung erforderlich (also 15:13, 16:14, 17:15), beim Stande von 16:16 entscheidet seit 1988 jedoch der nächste Punkt. Ein Punkt kann nur von der aufgebenden Mannschaft gemacht werden (außer im 5. Satz). Abgesehen von einem Austausch von Spielern kann jede Mannschaft zwei kurze Spielunterbrechungen oder Auszeiten pro Satz fordern.

A · Aufgabe von oben.

Die Aufgabe von oben wird über dem Kopf geschlagen. Sie kann eine ›Flatteraufgabe‹ sein, das heißt, daß der Ball ziemlich sanft, jedoch wirksam geschlagen wird, oder auch eine ›Schmetteraufgabe‹. Hier springt der Aufschlagende, um den Ball kräftig zu schlagen, der eine schnell abfallende Flugbahn über das Netz haben soll.

B · Aufgabe von unten.

Die Aufgabe von unten ist heute kaum noch üblich, sie ist ein Spielbeginn ohne große Risiken, der jedoch den Nachteil hat, daß der Ball der gegnerischen Mannschaft angeboten wird, die dann ganz ruhig ihren Angriff vorbereiten kann.

C · Konter oder Block.

Der Konter oder Block ist eine Waffe, um einen Schmetterball abzuwehren. Er kann mit einem, zwei oder sogar drei Spielern durchgeführt werden, die ihre Arme, ohne das Netz zu berühren, in das Gegenfeld strecken dürfen, wenn der Ball geschmettert wurde. Ein wirkungsvoller Block erfordert eine vollkommene Synchronisierung der Springer.

D · Schmetterball.

Beim Schmettern wird versucht, den Ball unerreichbar ins gegnerische Feld zu plazieren. Entweder wird direkt am Netz geschmettert, oder es wird mit einer weiträumigeren Bewegung, im allgemeinen in größerer Entfernung vom Netz, geschlagen. Der Schmetterball ist natürlich ein Angriff, um ›den Punkt zu machen‹ (oder die Aufgabe zurückzuerhalten). Ein großer Spieler hat eindeutig Vorteile, das Timing und die Zuspielqualität sind jedoch auch entscheidend.

WELTMEISTER

Herren	Damen
1949 UdSSR	1952 UdSSR
1952 UdSSR	1956 UdSSR
1956 Tschechoslowakei	1960 UdSSR
1960 UdSSR	1962 Japan
1962 UdSSR	1967 Japan
1966 Tschechoslowakei	1970 UdSSR
1977 DDR	1974 Japan
1974 Polen	1978 Kuba
1978 UdSSR	1982 China
1982 UdSSR	1986 China
1986 USA	1990 UdSSR
1990 Italien	

WELTCUPSIEGER

Herren	Damen
1965 UdSSR	1973 UdSSR
1969 DDR	1977 Japan
1977 UdSSR	1981 China
1981 UdSSR	1985 China
1985 USA	1989 Kuba
1989 Kuba	

OLYMPIASIEGER

Herren	Damen
1964 UdSSR	1964 Japan
1968 UdSSR	1968 UdSSR
1972 Polen	1972 UdSSR
1976 Polen	1976 Japan
1980 UdSSR	1980 UdSSR
1984 USA	1984 China
1988 USA	1988 UdSSR

E · Das Spielfeld.

Vor dem Beginn des Spiels stellen sich die sechs Spieler nach Belieben auf, müssen jedoch im Uhrzeigersinn immer dann eine Position weiterrücken, wenn ihre Mannschaft Aufschlagrecht erhält. Die Angriffszone ist 27 m² groß und liegt zwischen der Mittellinie und der Angriffslinie, wo nur die drei Netzspieler den Ball schlagen dürfen. Jede Mannschaft darf den in ihr Feld gespielten Ball jeweils nur dreimal berühren und muß ihn dann in das gegnerische Lager schlagen, sonst begeht sie einen Fehler und verliert so den Punkt oder die Aufgabe.

F · Netz.

Das Netz (in der Mitte) ist bei den Herren 2,43 m und bei den Damen 2,24 m hoch. Im Gegensatz zum Tennis darf eine Aufgabe, bei der der Ball das Netz berührt und in das gegnerische Feld fällt, nicht wiederholt werden, sondern zählt als Fehler, und die Aufgabe wechselt zur anderen Mannschaft.

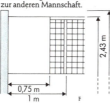

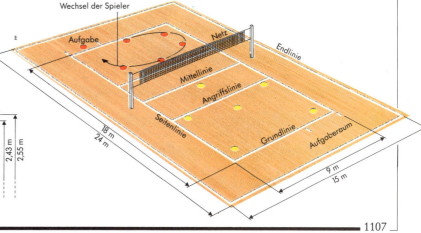

FELDHOCKEY

Das Feldhockey wird auf einem Platz von 91,40 m (100 Yards) Länge und 55 m (60 Yards) Breite gespielt. Dabei stehen sich zwei Mannschaften mit je elf Spielern gegenüber (deren Torwart als einziger den Ball mit dem Fuß stoßen oder treten darf). Mit Hilfe eines abgeflachten Schlägers muß der Lederball (23 cm Umfang) in das gegnerische Tor geschlagen werden.

Die Tore sind 3,66 m lang und 2,14 m hoch, der Schußkreis hat einen Radius von 14,63 m. Das Spiel wird in zwei Halbzeiten von jeweils 35 Minuten (mit einer fünfminütigen Pause dazwischen) gespielt.

Die Ähnlichkeiten mit dem Fußball sind offensichtlich (auch hier gibt es Freistöße, Ecken, Strafstöße, die dem Elfmeter gleichkommen), aber das Feldhockey hatte nicht den gleichen Erfolg. Seit 1908 ist es eine olympische Disziplin und Damen und Herren zugänglich. Es wird jedoch kaum gespielt, es sei denn in Großbritannien, einigen ehemaligen britischen Kolonien (wie Pakistan, Indien, Australien und Neuseeland) sowie Deutschland und den Niederlanden. Internationale Dachorganisation ist die Fédération Internationale de Hockey mit Sitz in Brüssel, in Deutschland sind die Hockeyspieler im Deutschen Hockey-Bund (DHB) zusammengefaßt.

A · Der Schläger.

Er hat einen gekrümmten Kopf aus Holz ohne scharfe Kanten. Dieser hat eine flache Seite, mit der allein der Ball geschlagen werden darf. Das Gewicht des Schlägers kann zwischen 340 und 794 g liegen. Der Schläger wird in der Regel mit beiden Händen gehalten und darf nicht über Schulterhöhe hochgehoben werden. Der vor den Spielern plazierte Ball wird meist mit kleinen Schlägen vorangetrieben, kann aber auch durch einen Push weit nach vorn geschlagen werden, was (allerdings mit weniger Schwung) dem Drive beim Golf ähnelt; er kann also ein Schuß oder ein langer Paß auf einen besser stehenden Mitspieler sein.

C · Torwart.

Bei harten Bällen, die mit großer Geschwindigkeit geschlagen werden können, ist der Torwart gefährdet. Deswegen hat er eine Spezialausstattung, vor allem ein Paar gepolsterter Beinschützer, die praktisch bis zum halben Oberschenkel reichen, ein Paar gepolsterter Handschuhe, die durch Armschützer bis zum halben Arm verlängert sind, und schließlich einen Gesichtsschutz wie beim Eishockey.

D, E · Dribbeln oder Ballführen.

Der Ball muß sehr nahe beim Schläger bleiben. Hierzu wird er mit kleinen Schlägen vorwärtsgetrieben, der Schläger mit einer Hand ziemlich weit unten am Griff gehalten. Der Dribbler, den den Ball nicht ansehen sollte, kann natürlich mit der Vor- und der Rückhand den Ball antreiben, der dann eine Zick-zack-Bahn nimmt.

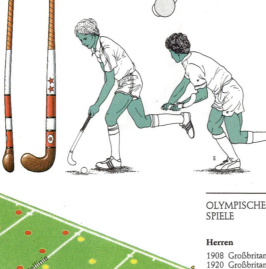

B · Das Spielfeld.

Die Maße des Spielfeldes erinnern an seinen britischen Ursprung (Länge 100 Yards und Breite 60 Yards). Sie entsprechen in etwa denen des Fußballfeldes. Die Torhöhe ist (um 30 cm) niedriger als das Fußballtor, und es ist etwa nur halb so breit. Die 14,63-m-Linie (16 Yards), die sog. Schußkreislinie, grenzt den Raum ab, wo der Angreifer den Ball geschlagen oder abgelenkt haben muß, damit das Tor gültig ist. Die Viertellinie (22,90 m oder 25 Yards) ist eine Linie, auf die sich die Spieler, außer dem Ballbesitzer, bei der Ausführung einer kurzen Ecke zurückziehen.

OLYMPISCHE SPIELE

Herren

1908 Großbritannien
1920 Großbritannien
1928 Indien
1932 Indien
1936 Indien
1948 Indien
1952 Indien
1956 Indien
1960 Pakistan
1964 Indien
1968 Pakistan
1972 BRD
1976 Neuseeland
1980 Indien
1984 Pakistan
1988 Großbritannien

Damen

1980 Simbabwe
1984 Niederlande
1988 Australien

BOULE

Das Boulespiel (Boule lyonnaise) findet auf einem Gelände mit 27,50 m Länge und 2,50 bis 4 m Breite statt. Dabei stehen sich in der Regel zwei Mannschaften mit je vier Spielern gegenüber (Quadrettes), und jeder Spieler hat zwei Kugeln. Jede Mannschaft muß nun möglichst viele Bälle dem Ziel näher als die gegnerischen Kugeln bringen (das Cochonnet, zwischen 12,50 und 17,50 m von der Wurflinie entfernt). Jede so plazierte Kugel zählt 1 Punkt. Die Spiele sind nach einer bestimmten Punktzahl, die zwischen 9 und 18 schwankt, beendet.

Die Kugeln müssen einen Durchmesser von 90 bis 110 mm und ein Gewicht von 700 bis 1 300 g haben. Es gibt eigentlich zwei Kategorien von Spielern, die Zielspieler und die Werfer, die damit eine bestimmte Aufgabe in Zusammenhang mit der Art und Weise, wie die Kugel geworfen wird, erfüllen.

F · Anspielen der Zielkugel.

Dabei soll die Kugel so nahe wie möglich an die Zielkugel gebracht werden. Der Spieler nimmt keinen Anlauf, hockt sich häufig sogar hin und läßt die Kugel, anstatt sie zu werfen, eher rollen, wobei er Unebenheiten oder leichte Neigungen des Geländes und mögliche Hindernisse (Umgehen anderer Kugeln) berücksichtigt. Die Kugel muß am Cochonnet ›sterben‹ (langsam ausrollen).

G · Wurf.

Der Wurf ist vielleicht am sehenswertesten. Dabei muß eine Kugel des Gegners (die man vorher bezeichnet haben muß), die zu gut plaziert ist oder den Zielspieler daran hindert, die Zielkugel anzuspielen, fortgestoßen werden. Der Werfer nimmt Anlauf und wirft seine Kugel in die Höhe, damit sie bei oder auf der anvisierten Kugel aufkommt und diese direkt oder nach einer kurzen Rollstrecke nach dem Aufkommen auf dem Boden wegtreibt.

H · Das Spielfeld.

Das Spielfeld wird Rahmen, häufig auch Lyoner Rahmen genannt. Man führt die Bezeichnung zurück auf den 1921 gegründeten Lyoner Boule-Verband.

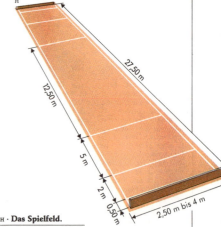

SPORT

SCHWIMMEN

Der Schwimmsport ist wahrscheinlich nach der Leichtathletik die zweite olympische Disziplin mit einer fast vergleichbaren Vielfalt von Prüfungen, die nach Entfernung und hier auch nach Stil unterschieden werden. Die F.I.N.A. (Fédération Internationale de Natation Amateur) wurde 1908 gegründet, die ersten Weltmeisterschaften wurden jedoch erst 1973 aufgrund der großen Bedeutung von Spielen für diese Disziplin ausgetragen. Die Schwimmer nehmen seit 1896 an olympischen Spielen teil.

Die internationalen Wettkämpfe finden in Becken von 50 m Länge, 21 m Breite und einer Mindesttiefe von 1,80 m statt. Das Becken ist in 8 Bahnen (durch Schwimmschnüre begrenzt) mit Mindestbreiten von je 2,50 m unterteilt. Das Wasser muß eine Temperatur von mindestens 24 °C haben.

▲ · **Schwimmer und Schauspieler.** Der Amerikaner John (genannt Johnny) Weissmuller (1904–1984) war der erste Mann, der 100 m in weniger als einer Minute schwamm und fünfmal Olympiasieger wurde, bevor er dann die Rolle des *Tarzan* im Film übernahm.

WELTMEISTER UND WELTREKORDE

	Weltmeister 1986	Weltrekorde (in s bzw. min)		
Herren				
50 m	T. Jager (USA)	1989	T. Jager (USA)	22,12
100 m	M. Biondi (USA)	1988	M. Biondi (USA)	48,42
200 m	M. Groß (D)	1989	G. Lamberti (I)	1:46,69
400 m	R. Henkel (D)	1988	U. Dassler (DDR)	3:46,95
1 500 m	R. Henkel (D)	1991	J. Hoffmann (D)	14:50,36
100-m-Rücken	I. Polianski (SU)	1988	D. Berkoff (USA)	54,91
200-m-Rücken	I. Polianski (SU)	1985	I. Polianski (SU)	1:58,14
100-m-Brust	V. Davis (CDN)	1991	N. Rozsa (H)	1:01,45
200-m-Brust	J. Szabo (H)	1991	M. Barrowman (USA)	2:11,23
100-m-Schmetterling	P. Morales (USA)	1986	P. Morales (USA)	52,84
200-m-Schmetterling	M. Groß (D)	1991	Stewart (USA)	1:55,69
200-m-Lagen	T. Darnyi (H)	1989	D. Wharton (USA)	2:00,11
400-m-Lagen	T. Darnyi (H)	1991	T. Darnyi (H)	4:12,36
4 × 100 m	USA	1988	USA	3:16,53
4 × 200 m	DDR	1988	USA	7:12,51
4 × 100-m-Lagen	USA	1988	USA	3:36,93
Damen				
50 m	T. Costache (RO)	1988	W. Yang (China)	24,98
100 m	K. Otto (DDR)	1986	K. Otto (DDR)	54,73
200 m	H. Friedrich (DDR)	1986	H. Friedrich (DDR)	1:57,55
400 m	H. Friedrich (DDR)	1988	J. Evans (USA)	4:03,85
800 m	A. Strauß (DDR)	1989	J. Evans (USA)	8:16,22
100-m-Rücken	B. Mitchell (USA)	1984	I. Kleber (DDR)	1:00,59
200-m-Rücken	C. Sirch (DDR)	1986	B. Mitchell (USA)	2:08,60
100-m-Brust	S. Gerasch (DDR)	1987	S. Hörner (DDR)	1:07,91
200-m-Brust	S. Hörner (DDR)	1988	S. Hörner (DDR)	2:26,71
100-m-Schmetterling	K. Greßler (DDR)	1981	M. Meagher (USA)	57,93
200-m-Schmetterling	M. Meagher (USA)	1981	M. Meagher (USA)	2:05,96
200-m-Lagen	K. Otto (DDR)	1981	U. Geweniger (DDR)	2:11,73
400-m-Lagen	K. Nord (DDR)	1982	P. Schneider (DDR)	4:36,10
4 × 100 m	DDR	1986	DDR	3:40,57
4 × 100-m-Lagen	DDR	1984	DDR	4:03,69
4 × 200 m	DDR	1987	DDR	7:55,47

OLYMPIASIEGER

Herren

100-m-Freistil
1896 A. Hajós (H) 1:22,2
1904 Z. Halmay (H) 1:02,8
1908 C. Daniels (USA) 1:05,6
1912 D. Kahanamoku (USA) 1:03,4
1920 D. Kahanamoku (USA) 1:00,4
1924 J. Weissmuller (USA) 59,0
1928 J. Weissmuller (USA) 58,6
1932 J. Miyazaki (J) 58,2
1936 F. Csík (H) 57,6
1948 V. Ris (USA) 57,3
1952 C. Scholes (USA) 57,4
1956 J. Henricks (AUS) 55,4
1960 J. Devitt (AUS) 52,2
1964 D. Schollander (USA) 53,4
1968 M. Wenden (AUS) 52,2
1972 M. Spitz (USA) 51,2
1976 J. Montgomery (USA) 49,99
1980 J. Woithe (DDR) 50,40
1984 R. Gaines (USA) 49,80
1988 M. Biondi (USA) 48,63

200-m-Freistil
1900 F. Lane (AUS) 2:25,2
1904 C. Daniels (USA) 2:44,2
1968 M. Wenden (AUS) 1:55,2
1972 M. Spitz (USA) 1:52,8
1976 B. Furniss (USA) 1:50,29
1980 S. Kopliakow (SU) 1:49,81
1984 M. Groß (D) 1:47,44
1988 D. Armstrong (AUS) 1:47,25

400-m-Freistil
1904 C. Daniels (USA) 6:16,2
1908 H. Taylor (GB) 5:36,8
1912 G. Hodgson (CDN) 5:24,4
1920 N. Ross (USA) 5:26,8
1924 J. Weismuller (USA) 5:04,2
1928 A. Zorilla (RA) 5:01,6
1932 C. Crabbe (USA) 4:48,4
1936 J. Medica (USA) 4:44,5
1948 W. Smith (USA) 4:41,0
1952 J. Boiteux (F) 4:30,7
1956 M. Rose (AUS) 4:27,3
1960 M. Rose (AUS) 4:18,3
1964 D. Schollander (USA) 4:12,2
1968 M. Burton (USA) 4:09,0
1972 B. Cooper (AUS) 4:00,3
1976 B. Goodel (USA) 3:51,93
1980 W. Salnikow (SU) 3:51,93
1984 G. Di-Carlo (USA) 3:51,23
1988 U. Dassler (DDR) 3:46,95

1 500-m-Freistil
1904 E. Rausch (D) 27:18,2
1908 H. Taylor (GB) 22:48,4
1912 G. Hodgson (CDN) 22:00,0
1920 N. Ross (USA) 22:23,2
1924 A. Charlton (AUS) 20:06,6
1928 A. Borg (CH) 19:51,8
1932 K. Kitamura (J) 19:12,4
1936 N. Terada (J) 19:13,7
1948 J. McLane (USA) 19:18,5
1952 F. Konno (USA) 18:30,0
1956 R. Rose (AUS) 17:58,9
1960 J. Konrads (AUS) 17:19,6
1964 R. Windle (AUS) 17:01,7
1968 M. Burton (USA) 16:38,9
1972 M. Burton (USA) 15:52,6
1976 B. Goodell (USA) 15:02,40
1980 W. Salnikow (SU) 14:58,27
1984 M. O'Brien (USA) 15:05,20
1988 W. Salnikow (SU) 15:00,40

100-m-Rücken
1904 W. Brack (D) 1:16,8
1908 A. Bięberstein (D) 1:24,6
1912 H. Hebner (USA) 1:21,2
1920 W. Kealoha (USA) 1:15,2
1924 W. Kealoha (USA) 1:13,2
1928 G. Kojac (USA) 1:08,2
1932 M. Kiyokawa (J) 1:08,6
1936 A. Kiefer (USA) 1:05,9
1948 A. Stack (USA) 1:06,4
1952 Y. Oyakawa (J) 1:05,4
1956 D. Theile (AUS) 1:02,2
1960 D. Theile (AUS) 1:01,9
1964 nicht durchgeführt
1968 R. Matthes (DDR) 58,7
1972 R. Matthes (DDR) 56,6
1976 J. Naber (USA) 55,49
1980 B. Baron (S) 56,53
1984 B. Carey (USA) 55,79
1988 D. Suzuki (J) 55,05

200-m-Rücken
1900 Hoppenberg (D) 2:47,0
1964 J. Graef (USA) 2:10,3
1968 R. Matthes (DDR) 2:09,6
1972 R. Matthes (DDR) 2:02,8
1976 J. Naber (USA) 1:59,19
1980 S. Wladar (H) 2:00,23
1984 R. Carey (USA) 2:01,93
1988 I. Polianski (SU) 1:59,37

100-m-Brust
1968 D. McKenzie (USA) 1:07,7
1972 N. Tagushi (J) 1:04,9
1976 J. Hencken (USA) 1:03,11
1980 D. Goodhew (GB) 1:03,34
1984 S. Lundquist (USA) 1:01,65
1988 A. Moorhouse (GB) 1:02,04

200-m-Brust
1908 F. Holman (GB) 3:09,2
1912 W. Bathe (D) 3:01,8
1920 H. Malmroth (S) 3:04,4
1924 R. Skelton (USA) 2:56,6
1928 Y. Tsuruta (J) 2:48,8
1932 Y. Tsuruta (J) 2:45,4
1936 T. Hamuro (J) 2:42,5
1948 J. Verdeur (USA) 2:39,3
1952 J. Davies (AUS) 2:34,4
1956 M. Furukawa (J) 2:34,7
1960 W. Mulliken (USA) 2:37,4
1964 I. O'Brien (AUS) 2:27,8
1968 F. Muñoz (MEX) 2:28,7
1972 J. Hencken (USA) 2:21,5
1976 D. Wilkie (GB) 2:15,11
1980 R. Zoulpa (SU) 2:15,85
1984 V. Davis (CDN) 2:13,34
1988 J. Szabo (H) 2:13,52

100-m-Schmetterling
1968 D. Russel (USA) 55,9
1972 M. Spitz (USA) 54,3
1976 M. Vogel (USA) 54,36
1980 P. Arvidsson (S) 54,92
1984 M. Groß (D) 53,08
1988 A. Nesty (SME) 53,0

200-m-Lagen
1968 C. Hickcox (USA) 2:12,0
1972 G. Larsson (S) 2:07,2
1976 nicht durchgeführt
1980 nicht durchgeführt
1984 A. Baumann (CDN) 2:01,42
1988 T. Darnyi (H) 2:00,17

400-m-Lagen
1964 R. Roth (USA) 4:45,4
1968 C. Hickcox (USA) 4:48,4
1972 G. Larsson (S) 4:32,0
1976 R. Strachan (USA) 4:23,68
1980 A. Sidorenko (SU) 4:22,89
1984 A. Baumann (CDN) 4:17,41
1988 T. Darnyi (H) 4:14,75

4 × 100-m-Freistilstaffel
1964 USA 3:33,2
1968 USA 3:31,1
1972 nicht durchgeführt
1980 nicht durchgeführt
1984 USA 3:19,03
1988 USA 3:16,53

4 × 100-m-Lagenstaffel
1960 USA 4:05,4
1964 USA 3:58,4
1968 USA 3:54,9
1972 USA 3:48,2
1976 USA 3:42,22
1980 Australien 3:45,70
1984 Australien 3:39,30
1988 USA 3:36,93

4 × 200-m-Freistilstaffel
1908 Großbritannien 10:55,6
1912 Australien 10:11,2
1920 USA 10:04,4
1924 USA 9:53,4
1928 USA 9:36,2
1932 Japan 8:58,4
1936 Japan 8:51,5
1948 USA 8:46,0
1952 USA 8:31,1

SPORT

SCHWIMMEN

1956 Australien 8:23,6
1960 USA 8:10,2
1964 USA 7:52,1
1968 USA 7:52,3
1972 USA 7:35,8
1976 USA 7:23,22
1980 UdSSR 7:23,50
1984 USA 7:15,69
1988 USA 7:12,51

Damen

50-m-Freistil
1988 K. Otto (DDR) 25,49

100-m-Freistil
1912 F. Durack (AUS) 1:22,2
1920 E. Bleibtrey (USA) 1:13,6
1924 E. Lackie (USA) 1:12,4
1928 A. Ossipowich (USA) 1:15,0
1932 H. Madison (USA) 1:06,8
1936 H. Mastenbrock (NL) 1:05,9
1948 G. Andersen (DK) 1:06,3
1952 K. Szöke (H) 1:06,8
1956 D. Fraser (AUS) 1:02,0
1960 D. Fraser (AUS) 1:01,2
1964 D. Fraser (AUS) 59,5
1968 J. Henne (USA) 1:00,0
1972 S. Neilson (USA) 58,6
1976 K. Ender (DDR) 55,65
1980 B. Krause (DDR) 54,79
1984 C. Steinseifer (USA) 55,92
  und N. Hogshead (USA) 55,92
1988 K. Otto (DDR) 54,93

200-m-Freistil
1968 D. Meyer (USA) 2:10,5
1972 S. Gould (AUS) 2:03,6
1976 K. Ender (DDR) 1:59,26
1980 B. Krause (DDR) 1:58,33
1984 M. Wayte (USA) 1:59,23
1988 H. Friedrich (DDR) 1:57,65

400-m-Freistil
1924 M. Norelius (USA) 6:02,2
1928 M. Norelius (USA) 5:42,8
1932 H. Madison (USA) 5:28,5
1936 H. Mastenbroek (NL) 5:26,4
1948 A. Curtis (USA) 5:17,8
1952 V. Gyenge (H) 5:12,1
1956 L. Crapp (AUS) 4:54,6
1960 C. von Saltza (USA) 4:50,6
1964 V. Duenkel (USA) 4:43,3
1968 D. Meyer (USA) 4:31,8
1972 S. Gould (AUS) 4:19,0
1976 P. Thümer (DDR) 4:08,89
1980 I. Diers (DDR) 4:08,76
1984 T. Cohen (USA) 4:07,10
1988 J. Evans (USA) 4:03,85

800-m-Freistil
1968 D. Meyer (USA) 9:24,0
1972 K. Rothhammer (USA) 8:53,7
1976 P. Thümer (DDR) 8:37,14
1980 M. Ford (AUS) 8:28,90
1984 T. Cohen (USA) 8:24,95
1988 J. Evans (USA) 8:20,20

100-m-Schmetterling
1956 S. Mann (USA) 1:11,0
1960 C. Schuler (USA) 1:09,5
1964 S. Stouder (USA) 1:04,7
1968 L. McClements (AUS) 1:05,5
1972 M. Aoki (J) 1:03,3
1976 K. Ender (DDR) 1:00,13
1980 C. Metschuck (DDR) 1:00,42
1984 M. Meagher (USA) 59,26
1988 K. Otto (DDR) 59,00

200-m-Schmetterling
1968 A. Kok (NL) 2:24,7
1972 K. Moe (USA) 2:15,6
1976 M. Pollack (DDR) 2:11,41
1980 I. Geissler (DDR) 2:10,44
1984 M. Maegher (USA) 2:06,90
1988 K. Nord (DDR) 2:09,51

100-m-Rücken
1924 S. Bauer (USA) 1:23,2
1928 M. Braun (NL) 1:22,0
1932 E. Holm (USA) 1:19,4
1936 D. Senff (NL) 1:18,9
1948 K. Harup (DK) 1:14,4
1952 J. Harrison (ZA) 1:14,3
1956 J. Grinham (GB) 1:12,9
1960 L. Burke (USA) 1:09,3
1964 C. Ferguson (USA) 1:07,7
1968 K. Hall (USA) 1:06,2
1972 M. Belote (USA) 1:05,8
1976 U. Richter (DDR) 1:01,83
1980 R. Reinisch (DDR) 1:00,86
1984 T. Andrews (USA) 1:02,55
1988 K. Otto (DDR) 1:00,89

200-m-Rücken
1968 L. Watson (USA) 2:24,8
1972 M. Belote (USA) 2:19,2
1976 U. Richter (DDR) 2:19,2
1980 R. Reinisch (DDR) 2:11,77
1984 J. DeRover (NL) 2:12,38
1988 K. Egerszegi (H) 2:09,29

100-m-Brust
1968 B. Bjedov (YU) 1:15,8
1972 C. Can (USA) 1:13,6
1976 H. Anke (DDR) 1:11,16
1980 U. Geweniger (DDR) 1:10,22
1984 P. Van Staveren (NL) 1:09,88
1988 T. Dangalakowa (BG) 1:07,95

200-m-Brust
1924 L. Morton (GB) 3:33,2
1928 H. Schrader (D) 3:12,6
1932 C. Dennis (AUS) 3:06,3
1936 H. Maehata (J) 3:03,6
1948 N. Van Vliet (NL) 2:57,2
1952 E. Székely (H) 2:51,7
1956 U. Happe (D) 2:53,1
1960 A. Lonsborough (GB) 2:49,5
1964 G. Prosumenschtschikowa (SU) 2:46,4
1968 S. Wichman (USA) 2:44,4
1972 B. Whitfield (AUS) 2:42,7
1976 M. Koschewaja (SU) 2:33,35
1980 L. Katschuschite (SU) 2:29,54
1984 A. Ottenbrite (CDN) 2:30,38
1988 S. Hoerner (DDR) 2:26,71

200-m-Lagen
1968 C. Kolb (USA) 2:24,7
1972 S. Gould (AUS) 2:23,1
1976 nicht ausgetragen
1980 nicht ausgetragen
1984 T. Caulkins (USA) 2:12,64
1988 D. Hunger (DDR) 2:12,59

400-m-Lagen
1964 D. De Varona (USA) 5:18,7
1968 C. Kolb (USA) 5:08,5
1972 G. Neall (AUS) 5:03,0
1976 U. Tauber (DDR) 4:42,77
1980 P. Schneider (DDR) 4:36,29
1984 T. Caulkins (USA) 4:39,24
1988 J. Evans (USA) 4:37,76

4 × 100-m-Freistilstaffel
1912 Großbritannien 5:52,8
1920 USA 5:11,6
1924 USA 4:58,8
1928 USA 4:47,6
1932 USA 4:38,0
1936 Niederlande 4:36,0
1948 USA 4:29,2
1952 Ungarn 4:24,4
1956 Australien 4:17,1
1960 USA 4:08,9
1964 USA 4:03,8
1968 USA 4:02,5
1972 USA 3:55,2
1976 USA 3:44,82
1980 DDR 3:42,71
1984 USA 3:43,43
1988 DDR 3:40,63

4 × 100-m-Lagenstaffel
1960 USA 4:41,1
1964 USA 4:43,9
1968 USA 4:28,3
1972 USA 4:20,8
1976 DDR 4:07,95
1980 DDR 4:04,67
1984 USA 4:08,34
1988 DDR 4:03,74

A · Kraulschwimmen.
Das Kraulen ist zu einem Synonym für Freistilschwimmen geworden. Der Schwimmer liegt flach auf dem Bauch. Seine Arme kommen in Hüfthöhe abwechselnd aus dem Wasser und tauchen in der Längsachse des Körpers vor dem Kopf wieder ein. Unter Wasser arbeitet der Arm in 3 Phasen: ein kurzes Aufstützen, dann die Zugphase bis Schulterhöhe, daran anschließend die Druckphase bis zum Austritt aus dem Wasser. Die vertikale Wechselbewegung der unteren Gliedmaßen sichert das allgemeine Gleichgewicht und trägt zum Vorankommen bei.

B · Brustschwimmen.
Der Körper muß auf Brust und Schultern parallel zur Wasseroberfläche gestreckt sein. Die Armbewegungen (wie auch die der Beine) müssen gleichzeitig und in derselben horizontalen Ebene erfolgen. Die Hände müssen von der Brust aus nach vorn gestoßen und unter Wasser nach hinten gedrückt werden.

C · Schmetterlingsschwimmen.
Die Arme müssen zusammen nach oben über die Wasseroberfläche gestoßen und gleichzeitig nach hinten gezogen werden. Der Körper liegt auf der Brust auf, die Schultern müssen parallel zur Wasseroberfläche sein. Gleichzeitige vertikale Bewegungen von Beinen und Füßen sind erlaubt.

D · Rückenschwimmen.
Die Konkurrenten starten nicht mit einem Sprung, sondern richten sich im Wasser mit dem Rücken zur Bahn und den Händen an den Startblöcken aus. Beim Startzeichen stoßen sie sich ab und schwimmen während des ganzen Wettkampfes auf dem Rücken. Die normale Position des Rückens kann eine Rollbewegung des Körpers einschließen, die jedoch 90° von der Horizontalen aus nicht überschreiten darf.

SPORT

SPORT

WASSERBALL

Beim Wasserball stehen sich zwei Mannschaften mit sieben Spielern (darunter ein Torwart) gegenüber, die sich durch die Farbe ihrer Kappen unterscheiden (dunkel oder hell, rot für die Torwarte). Der Ball hat einen Umfang zwischen 0,68 und 0,71 cm und ein Gewicht von 400 bis 450 g. Eine Begegnung verläuft in 4 Viertelzeiten von jeweils sieben Minuten effektiver Spielzeit; in den dazwischenliegenden Ruhezeiten werden die Seiten gewechselt. Die Wassertiefe beträgt mindestens 1,80 m.

A · Vorantreiben.
Der Spieler nimmt den Ball vor sich mit, indem er ihn hält oder stößt, darf jedoch den Ball nicht mit beiden Händen (dies darf nur der Torwart) noch unter Wasser halten. Beim Werfen richtet er sich auf (B), manchmal auch um ein Kontern des Gegners zu verhindern. Man darf ein Tor werfen, den Ballbesitzer stören, aber ohne ihn zu stoßen oder zu ziehen, und sich auf ihn stützen. Die Fehler sind unter Wasser schwer zu erkennen (C).

Das Spiel ist nicht sehr spektakulär, und trotz seiner Beibehaltung bei den Olympischen Spielen ist Wasserball ein ziemlich wenig gespielter Sport geworden.

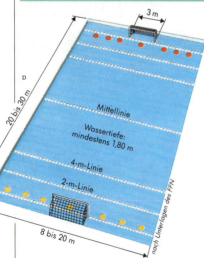

D · Das Spielfeld.
Die unterschiedlichen Markierungen zur Anzeige der Torlinie, der 2- und der 4-m-Linie müssen auf jeder Seite auftauchen und während des gesamten Spiels deutlich sichtbar bleiben. Das Tor ist 3 m breit und die obere Torlatte liegt 90 cm über der Wasseroberfläche.

Die Fehler.
Ein Fehler innerhalb der 4-m-Zone wird durch einen Freiwurf in dieser Entfernung geahndet. Die 2-m-Linie dient dazu, die Endpunkte festzulegen, von denen aus die Ecken geworfen werden.

KANU–KAJAK

Kanu und Kajak unterscheiden sich dadurch, daß das erste durch ein einfaches Stechpaddel, der zweite durch ein doppeltes Paddel angetrieben wird. Sie unterscheiden sich vom Ruderboot durch eine Ruderbewegung ohne die Hilfe eines Festpunktes in einem völlig wasserdichten Boot, ein Merkmal, das vor allem auf den Strecken in fließenden Gewässern mit zeitweiliger Überwindung von Stromschnellen beruht.

Kanu und Kajak sind Olympische Disziplinen (allerdings wird der Kanusport bei den Spielen nicht von Damen ausgeübt). Das Kanu ist ein Einer (C1) [F] oder ein Zweier (C2) [G]. Es gibt ein Kanu mit sieben Plätzen (C7), das jedoch keine olympische Disziplin ist. Die Wettkämpfe werden über 500 und über 1 000 m ausgetragen. Der Kajak ist ein Einer (K1) [H], ein Zweier (K2) [I] oder ein Vierer (K4) [J], und die Wettkämpfe finden bei Herren über 500 m (K1 und K2) und 1 000 m (K4) und über nur 500 m bei Damen statt.

Es können drei Arten von Wettkämpfen ausgetragen werden: Rennsport, stromabwärts fahren und Slalom (zur Zeit wird allerdings nur das Rennen bei den Olympischen Spielen praktiziert).

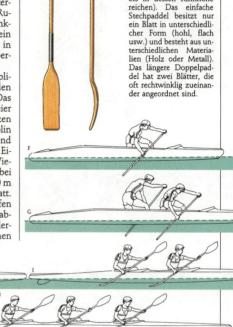

E · Paddel.
Das Paddel muß an die Größe des Benutzers angepaßt sein (das stehende Paddel muß im Prinzip bis in dessen Kinnhöhe reichen). Das einfache Stechpaddel besitzt nur ein Blatt in unterschiedlicher Form (hohl, flach usw.) und besteht aus unterschiedlichen Materialien (Holz oder Metall). Das längere Doppelpaddel hat zwei Blätter, die oft rechtwinklig zueinander angeordnet sind.

OLYMPIASIEGER

Herren

1 000-m-Kajak-Einer
- 1936 G. Hradetzky (A) 4:22,9
- 1948 G. Fredriksson (S) 4:33,2
- 1952 G. Fredriksson (S) 4:07,9
- 1956 G. Fredriksson (S) 4:12,8
- 1960 E. Hansen (DK) 3:53,0
- 1964 R. Peterson (S) 3:57,13
- 1968 M. Hesz (H) 4:03,58
- 1972 A. Schaparenko (SU) 3:48,06
- 1976 R. Helm (DDR) 3:48,20
- 1980 R. Helm (DDR) 3:48,77
- 1984 A. Thompson (NZ) 3:45,73
- 1988 G. Barton (USA) 3:55,27

500-m-Kajak-Einer
- 1976 V. Dika (RO) 1:46,41
- 1980 V. Parfenovitch (SU) 1:43,43
- 1984 L. Ferguson (NZ) 1:47,84
- 1988 Z. Gyulay (H) 1:44,82

1 000-m-Kajak-Zweier
- 1936 Österreich 4:03,80
- 1948 Schweden 4:07,30
- 1952 Finnland 3:51,10
- 1956 Deutschland 3:49,60
- 1960 Schweden 3:34,70
- 1964 Schweden 3:38,54
- 1968 UdSSR 3:37,54
- 1972 UdSSR 3:31,23
- 1976 UdSSR 3:29,01
- 1980 UdSSR 3:26,72
- 1984 Kanada 3:24,22
- 1988 USA 3:32,42

500-m-Kajak-Zweier
- 1976 DDR 1:35,87
- 1980 UdSSR 1:32,38
- 1984 Neuseeland 1:34,21
- 1988 Neuseeland 1:33,98

1 000-m-Kajak-Vierer
- 1964 UdSSR 3:14,67
- 1968 Norwegen 3:14,36
- 1972 UdSSR 3:15,07
- 1976 UdSSR 3:08,76
- 1980 DDR 3:13,76
- 1984 Neuseeland 3:02,28
- 1988 Ungarn 3:00,20

1 000-m-Canadier-Einer
- 1936 F. Amyot (CDN) 5:32,1
- 1948 J. Holeček (CS) 5:42,0
- 1952 J. Holeček (CS) 5:56,3
- 1956 L. Rotman (RO) 4:05,3
- 1960 J. Parti (H) 4:33,03
- 1964 J. Eschert (D) 4:35,14
- 1968 T. Tatai (H) 4:36,14
- 1972 I. Patzaichin (RO) 4:08,94
- 1976 M. Ljubek (YU) 4:09,51
- 1980 L. Ljubenow (BG) 4:12,36
- 1984 U. Eicke (D) 4:06,32
- 1988 I. Klementijev (SU) 4:12,78

500-m-Canadier-Einer
- 1976 A. Rogow (UdSSR) 1:59,23
- 1980 S. Postrechin (UdSSR) 1:53,37
- 1984 L. Cain (CDN) 1:57,01
- 1988 O. Heukrodt (DDR) 1:56,42

1 000-m-Canadier-Zweier
- 1936 Tschechoslowakei 4:50,1
- 1948 Tschechoslowakei 5:05,1
- 1952 Dänemark 4:38,3
- 1956 Rumänien 4:47,4
- 1960 UdSSR 4:17,04
- 1964 UdSSR 4:04,65

- 1968 Rumänien 4:07,18
- 1972 UdSSR 3:52,60
- 1976 UdSSR 3:52,76
- 1980 Rumänien 3:47,65
- 1984 Rumänien 3:40,60
- 1988 UdSSR 3:48,36

500-m-Canadier-Zweier
- 1976 UdSSR 1:45,81
- 1980 Ungarn 1:43,38
- 1984 Jugoslawien 1:43,67
- 1988 UdSSR 1:41,77

Damen

500-m-Kajak-Einer
- 1948 K. Hoff (DK) 2:31,9
- 1952 S. Saimo (SF) 2:18,4
- 1956 E. Dementjewa (SU) 2:18,9
- 1960 A. Seredina (SU) 2:08,08
- 1964 L. Chwedosjuk (SU) 2:12,87
- 1968 L. Pinajewa-Chwedosjuk (SU) 2:11,09
- 1972 L. Rjabtschinskaja (SU) 2:03,17
- 1976 C. Zirzow (DDR) 2:01,05
- 1980 B. Fischer (DDR) 1:57,96
- 1984 A. Andersson (S) 1:58,72
- 1988 W. Zwetkowa-Geschewa (BG) 1:55,19

500-m-Kajak-Zweier
- 1960 UdSSR 1:54,76
- 1964 Deutschland 1:56,95
- 1968 Bundesrep. Deutschland 1:56,44
- 1972 UdSSR 1:53,50
- 1976 UdSSR 1:51,15
- 1980 DDR 1:51,88
- 1984 Schweden 1:45,25
- 1988 DDR 1:43,46

SPORT

RUDERN

Das Rudern als sportliche Disziplin hat sich in der ersten Hälfte des 19. Jh. in Großbritannien, vor allem in den Universitäten, entwickelt. Die berühmte Begegnung der beiden Achter von Oxford und Cambridge stammt aus dem Jahr 1829, und die königlichen Regatten von Henley werden seit 1839 ausgetragen. In Deutschland wurden seit den 30er Jahren des 19. Jh. zahlreiche Rudervereine gegründet; der Deutsche Ruderverband entstand 1883, seinen Sitz hat er heute in Hannover. 1893 wurde von Belgien, Italien, Frankreich und der Schweiz ein internationaler Verband gegründet, und bei der Erneuerung der Olympischen Spiele fand das Rudern kurze Zeit später seinen Platz (allerdings wurde das Rudern für Damen erst 1976 zugelassen).

Die Rennstrecke ist 2 000 m lang in markierten Bahnen, deren konstante Breite zwischen 12,5 und 15 m liegen muß. Es gibt acht (olympische) Wettkämpfe für Herren und sechs für Damen (diese nehmen nicht am Zweier mit Steuerfrau und am Vierer ohne Steuerfrau im Riemenboot teil).

Es ist interessant, die Zeiten bei Booten mit der gleichen Anzahl an Ruderern, jedoch mit verschiedenen Ausrüstungen mit oder ohne Steuermann zu vergleichen. Bei den Olympischen Spielen von Seoul 1988 schaffte der Vierer mit Steuermann die 2 000 m in (ungefähr) 6 Min. 11 Sek., der Vierer ohne Steuermann in 6 Min. 3 Sek. und der Doppelvierer in 5 Min. 53 Sek.

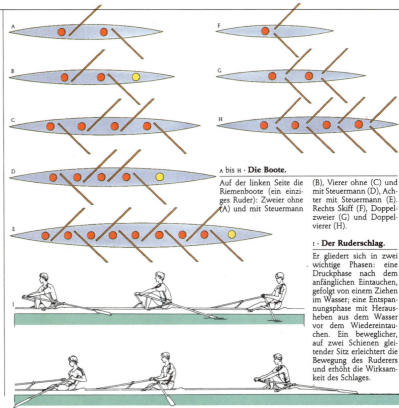

A bis H · **Die Boote.**
Auf der linken Seite die Riemenboote (ein einziges Ruder): Zweier ohne (A) und mit Steuermann (B), Vierer ohne (C) und mit Steuermann (D), Achter mit Steuermann (E). Rechts Skiff (F), Doppelzweier (G) und Doppelvierer (H).

I · **Der Ruderschlag.**
Er gliedert sich in zwei wichtige Phasen: eine Druckphase nach dem anfänglichen Eintauchen, gefolgt von einem Ziehen im Wasser; eine Entspannungsphase mit Herausheben aus dem Wasser vor dem Wiedereintauchen. Ein beweglicher, auf zwei Schienen gleitender Sitz erleichtert die Bewegung des Ruderers und erhöht die Wirksamkeit des Schlages.

OLYMPIASIEGER

Herren

Einer
1900 M. Barrelet (F) 7:35,6
1904 F. Greer (USA) 10:08,5
1908 H. Blackstaffe (GB) 9:26,0
1912 W. Kinnear (GB) 7:47,6
1920 J. Kelly (USA) 7:35,0
1924 J. Beresford (GB) 7:49,2
1928 H. Pearce (AUS) 7:11,0
1932 H. Pearce (AUS) 7:44,4
1936 G. Schäfer (D) 8:21,5
1948 M. Wood (AUS) 7:24,4
1952 J. Tjukalow (SU) 8:12,8
1956 W. Iwanow (SU) 8:02,5
1960 W. Iwanow (SU) 7:13,96
1964 W. Iwanow (SU) 8:22,51
1968 A. Wienese (NL) 7:47,08
1972 J. Malyschew (SU) 7:10,12
1976 P. Karppinen (SF) 7:29,3
1980 P. Karppinen (SF) 7:09,61
1984 P. Karppinen (SF) 7:00,24
1988 T. Lange (DDR) 6:49,86

Doppelzweier
1904 USA 10:03,2
1920 USA 7:09,0
1924 USA 7:45,0
1928 USA 6:41,4
1932 USA 7:17,4
1936 Großbritannien 7:20,8
1948 Großbritannien 6:51,3
1952 Argentinien 7:32,2
1956 UdSSR 7:24,0
1960 Tschechoslowakei 6:47,50
1964 UdSSR 7:10,66
1968 UdSSR 6:51,82
1972 UdSSR 6:01,77
1976 Norwegen 7:13,20
1980 DDR 6:24,33
1984 USA 6:36,87
1988 Niederlande 6:21,13

Zweier ohne Steuermann
1904 USA 10:57,0
1908 Großbritannien 9:41,0
1920 Italien 7:56,0
1924 Niederlande 8:19,4
1928 Deutschland 7:06,4
1932 Großbritannien 8:00,0
1936 Deutschland 8:16,1
1948 Großbritannien 7:21,1
1952 USA 8:20,7
1956 USA 7:55,4
1960 UdSSR 7:02,2
1964 Kanada 7:32,9
1968 DDR 7:26,5
1972 DDR 6:53,1
1976 DDR 7:23,31
1980 DDR 6:48,1
1984 Rumänien 6:45,39
1988 Großbritannien 6:36,94

Zweier mit Steuermann
1900 Niederlande 7:34,2
1924 Schweiz 8:39,0
1928 Schweiz 7:42,6
1932 USA 8:25,8
1936 Deutschland 8:36,9
1948 Dänemark 8:00,5
1952 Frankreich 8:28,6
1956 USA 8:26,1
1960 Deutschland 7:29,14
1964 USA 8:21,33
1968 Italien 8:04,81
1972 DDR 7:17,25
1976 DDR 7:58,99
1980 DDR 7:05,99
1984 Italien 7:05,99
1988 Italien 6:58,79

Doppelvierer
1976 DDR 6:18,65
1980 DDR 5:49,81
1984 DDR 5:57,55
1988 Italien 5:53,37

Vierer ohne Steuermann
1900 Frankreich 7:11,0
1904 USA 9:53,8
1908 Großbritannien 8:34,0
1920 Großbritannien 7:08,6
1928 Großbritannien 6:36,0
1932 Großbritannien 6:58,2
1936 Deutschland 7:01,8
1948 Italien 6:39,0
1952 Jugoslawien 7:16,0
1956 Kanada 7:08,8
1960 USA 6:26,26
1964 Dänemark 6:59,30
1968 DDR 6:39,18
1972 DDR 6:24,27
1976 DDR 6:37,42
1980 DDR 6:08,17
1984 Neuseeland 6:03,48
1988 DDR 6:03,11

Vierer mit Steuermann
1900 Deutschland 5:59,0
1912 Deutschland 6:59,
1920 Schweiz 6:54,0
1924 Schweiz 7:18,4
1928 Italien 6:47,8
1932 Deutschland 7:19,0
1936 Deutschland 7:16,2
1948 USA 6:50,3
1952 Tschechoslowakei 7:33,4
1960 Deutschland 6:39,12
1964 Deutschland 7:00,44
1968 Neuseeland 6:45,62
1972 Bundesrep. Deutschland 6:31,85
1976 UdSSR 6:40,22
1980 DDR 6:14,51
1984 Großbritannien 6:18,64
1988 DDR 6:10,74

Achter
1900 USA 6:09,8
1904 USA 7:50,0
1908 Großbritannien 7:52,0
1912 Großbritannien 6:15,0
1920 USA 6:02,6
1924 USA 6:33,4
1928 USA 6:03,2
1932 USA 6:37,6
1936 USA 6:25,4
1948 USA 6:25,9
1956 USA 6:35,2
1960 DDR 5:57,18
1964 USA 6:18,23
1968 Bundesrep. Deutschland 6:07,0
1972 Neuseeland 6:08,94
1976 DDR 5:58,29
1980 DDR 5:49,05
1984 Kanada 5:41,32
1988 Bundesrep. Deutschland 5:46,05

Damen

Einer
1976 C. Scheiblich (DDR) 4:05,56
1980 S. Toma (RO) 3:40,69
1984 V. Racila (RO) 3:40,68
1988 J. Behrendt (DDR) 7:47,19

Zweier ohne Steuerfrau
1976 Bulgarien 4:01,22
1980 DDR 3:30,49
1984 Rumänien 3:32,60
1988 Rumänien 7:28,13

Doppelzweier
1976 Bulgarien 3:44,36
1980 UdSSR 3:16,27
1984 Rumänien 3:26,75
1988 DDR 7:00,48

Vierer mit Steuerfrau
1976 DDR 3:45,08
1980 DDR 3:19,27
1984 Rumänien 3:19,38
1988 DDR 6:56,00

Doppelvierer
1976 DDR 3:29,99
1980 DDR 3:15,32
1984 Rumänien 3:14,11
1988 DDR 6:21,06

Achter
1976 DDR 3:33,32
1980 DDR 3:03,32
1984 USA 2:50,80
1988 DDR 6:15,17

SPORT

SEGELN

Segeln, das früher unter dem Namen Yachting praktiziert wurde, hat als Sport eine spektakuläre Erneuerung mit der Entwicklung und Ausbreitung der großen Transatlantikrennen und Weltumseglungen, allein oder im Team, mit einer Besatzung, deren Anzahl erheblich schwanken kann, erfahren. Ebenso regelmäßig werden Rekorde bei Ozeanüberquerungen versucht und gebrochen, immer wieder allein oder zu mehreren.

Eines der berühmtesten Rennen bleibt das Transatlantikrennen mit Einzelpersonen, bei dessen erster Auflage 1960 der Brite F. Chichester siegte. Der Franzose É. Tabarly war zweimal Sieger bei diesem alle vier Jahre stattfindenden Wettkampf.

Das Segelrennen hat die Größe und das Aussehen der Boote verändert; vergrößert wurden die Ausmaße und die Segelfläche, daneben kam es zu einer allgemeinen Verbreitung von Booten mit mehreren Rümpfen (Katamarane mit zwei Rümpfen und Trimarane mit drei Rümpfen).

Das Segelrennen scheint zu einer westeuropäischen Spezialität zu werden. Die Regatta, ein Rennen auf küstennahen Strecken, die durch Bojen oder Markierungen abgesteckt werden, bleibt die große Wettkampfdisziplin beim Segeln mit Wettkämpfen von hohem Bekanntheitsgrad. Hier muß der America Cup nach dem Namen des ersten Bootes genannt werden, das ein Rennen um die Insel Wight gewann, das zwischen Amerikanern und Briten 1851 stattfand. Seit 1870 wird der Cup alle vier Jahre ausgetragen und ist seitdem fast ständig im Besitz der Vereinigten Staaten geblieben (insbesondere in dem des New York Yacht Club).

Die Abbildungen zeigen im wesentlichen die als ›Standard‹ geltenden Boote bei den letzten Olympischen Spielen in Südkorea 1988.

E · 470er.

Die 470er Jolle verdankt ihren Namen ihrer Länge (4,70 m). Es ist ein Zweimann-Schwertboot, das gute athletische Qualitäten erfordert, zumindest am Wind, und die Besonderheit hat, diesen Sport für Damen bei den Olympischen Spielen geöffnet zu haben. Es gab nämlich eine 470er für Herren und eine 470er für Damen bei den Olympischen Spielen von 1988 (Wettkämpfe in Pusan).

D · Das Finn-Dingi.

Das Finn-Dingi ist ein Einmann-Schwertboot und tauchte bei den Olympischen Spielen von 1952 in Helsinki auf. Es ist 4,50 m lang mit einer Besegelung von 10 m² und erfordert hohe technische und athletische Qualitäten wegen der Kraft seines einzigen Großsegels.

F · Flying Dutchman.

Der Flying Dutchman ist wahrscheinlich das bekannteste Schwertboot. Das Zweimann-Segelboot ist ein Standardboot der Olympischen Spiele seit den Spielen in Rom 1960. Es ist 6 m lang mit einer Besegelung von etwa 22 m² (ein Marconi-Großsegel, ein Focksegel und ein Spinnaker) und erfordert von seiner Besatzung ein perfektes Zusammenspiel und physische Vorbereitung unter Berücksichtigung seiner Ausmaße und der Segelfläche.

A · Spinnaker.

Der Spinnaker ist das große, leichte und stark gebauschte Dreieckssegel, das die Boote beim Vorm-Wind-Segeln und beim Raumschotsegeln setzen. Der Spinnaker treibt das Boot sehr gut vorwärts, ist jedoch mit seiner großen Fläche, die auf die Mastspitze wirkt, schwierig zu trimmen: Seitliche Belastung kann zu starkem Krängen führen und die Geschwindigkeit des Bootes verlangsamen.

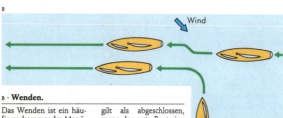

B · Wenden.

Das Wenden ist ein häufig vorkommendes Manöver, bei dem einige Regeln zu beachten sind, wenn sich ein zweites Boot in der Nähe befindet. Ein wendendes Boot muß seine Wendung beendet haben, bevor das nächste ankommt. Das Manöver gilt als abgeschlossen, wenn das erste Boot eine neue Richtung eingeschlagen hat. Da es nicht sofort wieder seine volle Geschwindigkeit erreicht, kann das zweite Boot, das schnell herankommt, gezwungen sein, seine Richtung zu verändern.

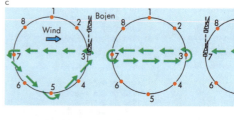

C · Olympische Strecke.

Acht numerierte Bojen bilden einen Kreis von 1 Seemeile (1 852 m) Radius. Der Startpunkt wird in Abhängigkeit von der Windrichtung festgelegt. Die Boote folgen mit einem Startpunkt an der Boje 3 einer dreieckigen Strecke am Wind, dann vollführen sie ein Kreuzen mit Rückkehr zum Am-Wind-Segeln, gefolgt von einem letzten Kreuzkurs mit Ankunft an der Boje, die dem Startpunkt genau entgegengesetzt liegt.

SPORT

WINDSURFEN

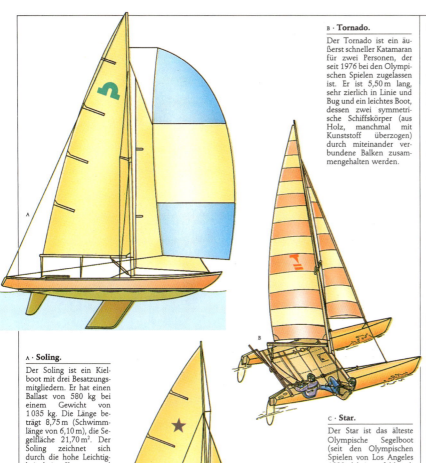

B · Tornado.
Der Tornado ist ein äußerst schneller Katamaran für zwei Personen, der seit 1976 bei den Olympischen Spielen zugelassen ist. Er ist 5,50 m lang, sehr zierlich in Linie und Bug und ein leichtes Boot, dessen zwei symmetrische Schiffskörper (aus Holz, manchmal mit Kunststoff überzogen) durch miteinander verbundene Balken zusammengehalten werden.

A · Soling.
Der Soling ist ein Kielboot mit drei Besatzungsmitgliedern. Er hat einen Ballast von 580 kg bei einem Gewicht von 1035 kg. Die Länge beträgt 8,75 m (Schwimmlänge von 6,10 m), die Segelfläche 21,70 m². Der Soling zeichnet sich durch die hohe Leichtigkeit beim Kreuzen und die Möglichkeit des Wendens praktisch auf der Stelle aus.

C · Star.
Der Star ist das älteste Olympische Segelboot (seit den Olympischen Spielen von Los Angeles 1932 dabei, es fehlte allerdings 1976). Es ist ein Zweimann-Kielboot mit einer Länge von 6,89 m und großer Segelfläche (25,85 m² Besegelung). Das hochempfindlich auf das Steuer reagierende Boot erfordert also eine technische Beherrschung, aber auch ein solides athletisches Potential, wenn man das Verhältnis seiner Größe und der Segelfläche in Betracht zieht. Dieses ist nämlich größer als beim Soling, der wesentlich länger ist.

Die jüngste Errungenschaft der Olympischen Spiele 1984 in Los Angeles, das Windsurfen, besteht aus einem unsinkbaren Schwimmkörper aus Kunststoff (halbfest) mit einem Segel, das an einem beweglichen Mast befestigt ist.

Das Surfbrett, das von den Amerikanern Hoyle Schweitzer und Jim Drake erfunden und unter dem Namen Windsurfer verbreitet wurde, ist mindestens 3,50 m lang und sehr leicht (zwischen 15 und 20 kg). Es hat nur eine geringe Stärke und deswegen kaum Tiefgang. Es hat ein abnehmbares Schwert, das zu seiner Stabilität beiträgt, sowie eine hintere Finne, durch die es nicht seitlich gleiten kann. Da es kein Ruder besitzt, werden Richtungsänderungen ausschließlich mit Hilfe des Segels vollführt, das mit der Hand am Gabelbaum (oder *Wishbone*) gehalten wird. Das Erlernen des Surfens ist nicht einfach, es erfordert athletische Qualitäten und Gleichgewichtssinn. Seit Ende der 70er Jahre hat die Sportart jedoch eine spektakuläre Entwicklung durchgemacht.

D · Geschwindigkeit und Gleichgewicht.
Windsurfen bei hoher Geschwindigkeit (bis zu 70 km/h) erfordert großes Geschick.

E · Ein Surfbrett und seine Ausrüstung: Gabelbaum (oder Wishbone) [1], Mastfuß (2), Brett (3), Schwert (4), Finne (5).

OLYMPIASIEGER

Herren

Drachen
1948 Norwegen
1952 Norwegen
1956 Schweden
1960 Griechenland
1964 USA
1972 Australien

Finn-Dingi
1952 P. Elvström (DK)
1956 P. Elvström (DK)
1960 P. Elvström (DK)
1964 W. Kuhweide (D)
1968 V. Mankin (SU)
1972 S. Maury (F)
1976 J. Schumann (DDR)
1980 E. Rechardt (SF)
1984 R. Coutts (NZ)
1988 J. L. Doreste (E)

Flying Dutchmann
1960 Norwegen
1964 Neuseeland
1968 Großbritannien
1972 Großbritannien
1976 Bundesrep. Deutschland
1980 Spanien
1988 Dänemark

Soling
1972 USA
1976 Dänemark
1980 Dänemark
1984 USA
1988 DDR

Windglider
1984 S. Van Den Berg (NL)
1988 B. Kendall (NZ)

Tornado
1976 Großbritannien
1980 Brasilien
1984 Neuseeland
1988 Frankreich

470er
1976 Bundesrep. Deutschland
1980 Brasilien
1984 Spanien
1988 Frankreich

Tempest
1972 UdSSR
1976 Schweden

Star
1932 USA
1936 Deutschland
1948 USA
1952 Italien
1956 USA
1960 UdSSR
1964 Bahamas
1968 USA
1972 Australien
1980 UdSSR
1984 USA
1988 Großbritannien

Damen

470er
1988 USA

ATLANTIK-REGATTA FÜR EINHAND-BOOTE

(seit 1960 alle vier Jahre)
1960 F. Chichester (GB)
1964 E. Tabarly (F)
1968 G. Williams (GB)
1972 A. Colas (F)
1976 E. Tabarly (F)
1980 P. Weld (USA)
1984 J. Fauconnier (F)
1988 P. Poupon (F)

1115

SPORT

WASSERSKI

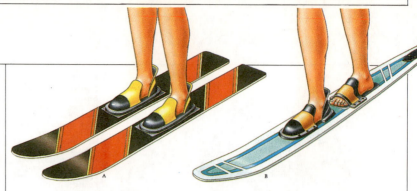

Der Wasserskisport ist in den 20er Jahren in den Vereinigten Staaten aufgekommen, sein Wegbereiter war Ralph Samuelson. Heute wird in Nord- und Südamerika und in Westeuropa, in der südlichen Hemisphäre (Australien, Südafrika) Wasserski gelaufen, und der Sport verbreitet sich nun in Osteuropa und Ostasien (Japan, Taiwan). Insgesamt sind etwa vierzig Nationen Mitglieder der Union de ski nautique, die jährlich Weltmeisterschaften ausrichtet (seit 1949).

Die Wettkämpfe umfassen drei Disziplinen: den *Slalom* (160 bis 175 cm langer Ski), das *Figurenlaufen* (kürzere, 93 cm bis 1 m lange, jedoch breitere und leichtere Ski ohne Kiel, um Drehungen zu erleichtern) und *Springen* (schwerere und dickere Ski). Es gibt aber auch Geschwindigkeitsrennen; der Rekord über 1 km liegt bei über 160 km/h.

A, B · Von zwei Skiern zum Monoski.

Das Wasserskilaufen wird mit zwei Skiern oder einem Ski (Monoski) durchgeführt, wobei vom Gleichgewicht auf zwei parallelen Skiern auf ein neues Gleichgewicht auf beiden, hintereinander auf denselben Ski gestellten Beinen übergegangen wird. Der Übergang von zwei Skiern auf einen einzigen erfolgt durch Loslassen eines Ski auf dem Wasser. Dies erfordert ein vollkommenes Gleichgewicht auf dem Stützfuß. Das freie Bein muß zunächst, nach hinten gestreckt, die Wasseroberfläche streichen und dann nach vorn gezogen werden (der Spann wird in die Kniekehle des tragenden Beines gedrückt). Anschließend läßt man den freien Fuß an der Wade bis zum Ski hinabgleiten. Wenn er diesen berührt, müssen beide Knie gebeugt werden, der hintere Fuß bleibt flach auf dem Ski. Der Slalom wird nur mit dem langen Monoski, der eine Hohlkehle an der Unterseite besitzt, durchgeführt.

D · Drehung.

Die Drehung (auch 180° genannt) wird mit zwei Skiern oder Monoski durchgeführt. Anfangs ist das Körpergewicht auf beide Füße verteilt, die Knie sind leicht gebeugt, der Oberkörper gerade und die Arme sind gestreckt. Die Drehung erfolgt durch eine komplette Rotation der Skier, Herumdrehen der Füße und der gebeugten Knie; der Griff wird ganz nah herangezogen; bei der Drehung läßt die äußere Hand den Griff los und nimmt ihn im Rücken wieder auf. Die Drehung kann (mit derselben Technik) von vorn nach hinten oder von hinten nach vorn erfolgen.

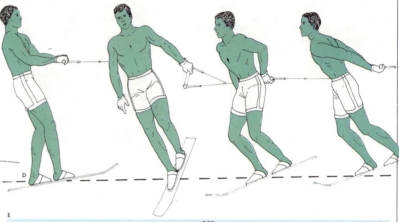

C · Barefoot.

Das Barefoot (Barfußwasserski) wird mit blanken Fußsohlen auf dem Wasser praktiziert. Diese Disziplin, die eine minimale Zugkraft von etwa 60 km/h erfordert, wird als Wettkampf in den drei klassischen Disziplinen (Slalom, Figurenlaufen und Springen) eingesetzt.

E · Slalom.

Der Slalom wird nur mit Monoski gefahren. Der Parcours, die 259 m lange und 23 m breite ›Bahn‹, hat ein Eingangstor, 3 rechts und 3 links zu umfahrende Bojen und ein Ausgangstor. Die Entfernung zwischen dem Boot und den Bojen beträgt 11,50 m. Nach jedem vollständig ausgeführten Durchgang wird die Geschwindigkeit des Bootes bis auf 55 km/h für Damen und 58 km/h für Herren erhöht; dann wird das Seil allmählich von 18 m auf 10,50 m verkürzt. Sieger ist der Wasserskiläufer, der die meisten Bojen mit dem kürzesten Seil umfahren hat.

F · Springen.

Für Anfänger muß die Schanze ziemlich niedrig sein (etwa 1,30 m). Beim Auftreffen auf die Schanze müssen Kopf und Oberkörper gerade sein, der Griff sehr nah mit nach vorn geneigtem Becken und gebeugten, nach vorn gerichteten Knien gehalten werden, und die Füße stehen flach auf den Skiern. Während der Sprungphase darf man nie auf das Wasser sehen. Beim Aufkommen wird der Aufprall durch eine Beugung der Beine aufgefangen. Im Wettkampf hat man Sprünge von über 60 m registriert. Bei einer Geschwindigkeit des Bootes von etwa 40 km/h hat das Seil eine Länge von 23 m.

NORDISCHER SKISPORT

Der aus Nordeuropa stammende Nordische Skisport wird auf einem Gelände mit kaum ausgeprägten Hängen durchgeführt und umfaßt den *Langlauf* (über Entfernungen von 10 bis 50 km für Herren und von 5 bis 30 km für Damen), die *Nordische Kombination* (Addition von Punkten aus einem Skilanglauf über 15 km und einem Sprung), den *Skisprung* und den *Biathlon* (Skilauf, der in regelmäßigen Abständen von Schießständen unterbrochen wird). Auch in den Alpen hat der Langlauf an Boden gewonnen, der berühmteste Wettkampf bleibt jedoch der Wasalauf, ein Langlauf, der jährlich in Schweden über eine Entfernung von 85,8 km veranstaltet wird.

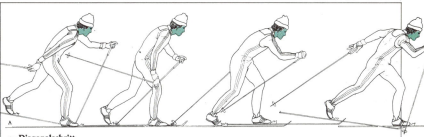

A · Diagonalschritt.
Er wird auch *Grundschritt* genannt und ähnelt eigentlich dem Schritt des Gehers. Dabei wird erst ein Ski nach vorn gestoßen, dann der andere mit jeweils dem Arm an der entgegengesetzten Seite. Beim Gleiten werden die Glieder auf eine Ebene gebracht, bevor ein neuer Zyklus beginnt. Es gibt vier aufeinanderfolgende Phasen: ein Aufstützen auf den Boden, dann ein Stoß mit dem hinteren Bein, eine Gewichtsverlagerung nach vorn und schließlich ein Gleiten auf dem vorderen Bein.

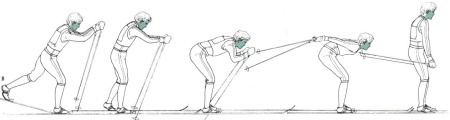

B · Doppelstockschub.
Er wird in der Regel bei einem leichten Abhang verwendet und dient zum Geschwindigkeithalten. Dabei werden beide Stöcke gleichzeitig gestoßen und die Beine gebeugt, während die Skier in gleicher Höhe sind.

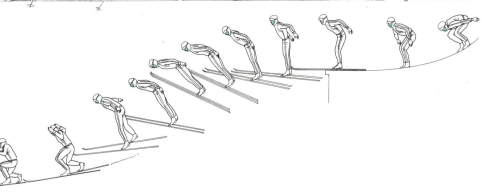

C · Skisprung.
Dieser ausschließlich den Herren vorbehaltene, äußerst spektakuläre Wettkampf wird auf einer Schanze von 70 oder 90 m ausgetragen, wobei der Sprung nach Länge (manchmal über 100 m) und auch nach Stil bewertet wird (das heißt, die Bewertung des Gleichgewichthaltens während des Fluges, das auch in gewissem Sinne die Sprunglänge beeinflußt). M. Nykänen hat 1988 bei den Olympischen Spielen einen Doppelsieg errungen.

OLYMPIASIEGER

Spezialspringen

1924 J. Tullins Thams (N)
1928 A. Andersen (N)
1932 B. Ruud (N)
1936 B. Ruud (N)
1948 P. Hugsted (NO)
1952 A. Bergmann (N)
1956 A. Hyvärinen (SF)
1960 H. Recknagel (D)
1964 V. Kankkonen (SF) 70 m
     T. Engan (N) 80 m
1968 J. Raška (CS) 70 m
     W. Bjeloussow (SU) 90 m
1972 Y. Kasaya (J) 70 m
     W. Fortuna (PL) 90 m
1976 H. G. Aschenbach (D) 70 m
     K. Schnabl (A) 90 m
1980 A. Innauer (A) 90 m
     J. Tormanen (SF) 90 m
1984 J. Weißflog (DDR) 70 m
     M. Nykänen (SF) 90 m
1988 M. Nykänen (SF) 70 m
     M. Nykänen (SF) 90 m

Skispringen (Mannschaft)

1988 Finnland

OLYMPIASIEGER

Biathlon

10 km (in min)

1980 F. Ullrich (DDR) 32:10,69
1984 E. Kvalfoss (N) 30:53,08
1988 F.-P. Roetsch (DDR) 25:08,01

20 km (in Std.)

1960 K. Lestander (S) 1:33:21,6
1964 W. Melanin (SU) 1:20:26,8
1968 M. Solberg (N) 1:13:45,9
1972 M. Solberg (N) 1:15:55,5
1976 N. Kruglow (SU) 1:14:12,26
1980 A. Aljabjew (SU) 1:08:16,31
1984 P. Angerer (D) 1:11:52,07
1988 F.-P. Roetsch (DDR) 56:33,03

Langlauf

Herren

15 km (in Std. bzw. min)

1924 T. Haug (N) 1:14:31,0
1928 J. Gröttumsbraaten (N) 1:37:01,0
1932 S. Utterström (S) 1:23:07,0
1936 E. A. Larsson (S) 1:14:38,0
1948 M. Lundström (S) 1:13:50,0
1952 H. Brenden (N) 1:01:34,0
1956 H. Brenden (N) 49:39,0
1960 H. Brusveen (N) 51:55,5
1964 E. Mäntyranta (SF) 50:54,1
1968 H. Groenningen (N) 47:54,2
1972 S. A. Lundback (S) 45:28,2
1976 N. Baschukow (SU) 43:58,47
1980 T. Wassberg (S) 41:57,63
1984 G. Svan (S) 41:25,06
1988 M. Dewjatjarow (SU) 41:18,09

30 km (in Std.)

1956 V. Hakulinen (SF) 1:44:06,0
1960 S. Jernberg (S) 1:51:03,90
1964 E. Mäntyranta (SF) 1:30:50,7
1968 F. Nones (I) 1:35:39,2
1972 W. Wedenin (SU) 1:36:31,2
1976 S. Saweljew (SU) 1:30:29,38
1980 N. Simjatow (SU) 1:27:02,80
1988 A. Prokurorow (SU) 1:24:26,03

50 km (in Std.)

1924 T. Haug (N) 3:44:32,0
1928 P. Hedlund (S) 4:52:03,3
1932 V. Saarinen (SF) 4:28:00,0
1936 E. Viklund (S) 3:30:11,0
1948 N. Karlsson (S) 3:47:48,0
1952 V. Hakulinen (SF) 3:33:33,0
1956 S. Jernberg (S) 2:50:27,0
1960 K. Hämäläinen (S) 2:59:06,3
1964 S. Jrenberg (S) 2:43:52,6
1968 O. Ellefsaeter (N) 2:43:14,8
1972 P. Tyldum (N) 2:43:14,8
1976 I. Formo (N) 2:37:30,05
1980 N. Simjatow (SU) 2:27:24,60
1984 T. Wassberg (S) 2:15:55,08
1988 G. Svan (S) 2:04:30,09

Damen

5 km (in min)

1964 K. Bojarskich (SU) 17:50,5
1968 T. Gustafsson (S) 16:45,2
1972 G. Kulakowa (SU) 17:00,5
1976 H. Takalo (SF) 15:48,69
1980 R. Smetanina (SU) 15:06,92
1984 M. L. Hämäläinen (SF) 17:04,02
1988 M. Matikainen (SF) 15:04,0

10 km (in min)

1952 L. Wideman (SF) 41:40,0
1956 L. Kosyrjewa (SU) 38:11,0
1960 M. Gusakowa (SU) 39:46,6
1964 K. Bojarskich (SU) 40:24,3
1968 T. Gustafsson (S) 36:46,5
1972 G. Kulakowa (SU) 34:17,8
1976 R. Smetanina (SU) 30:13,41
1980 B. Petzold (DDR) 30:31,54
1984 B. Hämäläinen (SF) 31:44,02
1988 W. Wentsene (SU) 30:08,3

20 km (in Std. bzw. min)

1984 M. L. Hämäläinen (SF) 1:1:45,00
1988 T. Tichonowa (SU) 55:53,06

SPORT

ALPINER SKISPORT

Der alpine Skisport, der sich vom nordischen Skisport durch die Charakteristik seiner Disziplinen unterscheidet, hat mit der Entwicklung des Wintersports einen enormen Aufschwung genommen. Die Ausübung ist natürlich lokal durch das Vorhandensein von Schneeflächen begrenzt. Seine Geschichte erklärt die lange Vorherrschaft der Skifahrer der europäischen Alpenländer (Schweiz, Frankreich, Österreich, später Italien), die heute zumindest teilweise von Skifahrern aus Nordamerika (Kanada und Vereinigte Staaten) angefochten wird.

Der alpine Skisport mit seinen 4 Disziplinen (Abfahrtslauf, Slalom, Riesenslalom und Superriesenslalom) für Herren und Damen ist eine der Hauptattraktionen der Olympischen Winterspiele. Es finden jedoch auch regelmäßig (seit 1931) Weltmeisterschaften statt, während 1966 ein World Cup eingeführt wurde, ein regelmäßiger Wettkampf, bei dem die wichtigsten Veranstaltungen der Saison berücksichtigt werden.

In der Geschichte des alpinen Skisports ragen zwei Persönlichkeiten heraus, nämlich der Österreicher T. Sailer und der Franzose J.-C. Killy. Beiden (mit 12 Jahren Abstand, 1956 beim ersten und 1968 beim zweiten) ist es gelungen, die drei damals vergebenen Goldmedaillen zu gewinnen: Abfahrtslauf, Slalom und Riesenslalom.

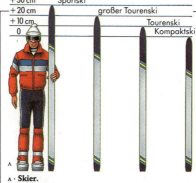

A · Skier.
Sie unterscheiden sich im wesentlichen in ihrer Länge, angefangen beim längsten Wettkampf- oder auch Leistungsski (der häufig an die Größe und Morphologie des Skifahrers sowie an jede Art von Wettkampf angepaßt ist), über den Kompaktski (nicht so lang wie der Skifahrer) für den Anfänger (auf weniger schwierigen Hängen), den Tourenski und den Langlaufski. Das Holz ist im Inneren des Skis immer vorhanden, hinzu kommen weitere moderne Materialien wie Karbonfasern, Kevlar (eine Aramidfaser) und Polyurethan.

B · Schuhe.
Sie sind der wichtigste Bestandteil der Ausrüstung und unterscheiden sich durch ihre Verschlußart: vorn (z. T. wie bei Schnürschuhen), hinten (durch einen auf einem Gelenk befestigten Stab), überlappt (der Sitz des Fußes wird durch Verformung der Schale mit Hilfe von Schleifen unterschiedlicher Menge gewährleistet).

C, D · Stemmschwung.
Diese Art Drehung beruht auf der Verlagerung des Körpergewichts von einem Ski auf den anderen, der Begriff besagt im übrigen ›sich aufstützen‹. Der Stemmschwung ist eine Drehung, mit der der Schwung gebremst werden kann, ein Hochstemmschwung folgt auf einen Tiefstemmschwung, um so eine Kurve anzugehen und dabei die Geschwindigkeit besser unter Kontrolle zu haben.

E · Umsteigeschwung.
Der Skifahrer verstärkt seinen Druck auf den oberen Ski durch eine Beugung (der untere Ski kann voll aufgesetzt sein: das Steuern der Drehung wird durch den Halt des äußeren Skis gewährleistet). Nach Beendigung des Beugens setzt der Skifahrer gleichzeitig seinen Stock, verlegt den unteren Ski nach außen und verlagert auch sein Gewicht auf den entsprechenden Fuß. Der innere Ski wird dann herangezogen, während das äußere Bein seinerseits gebeugt wird.

F · Wedeln.
Das Wedeln ist ein schneller Wechsel von Drehungen, wobei sich der Skifahrer etwas von der Fallinie entfernt. Hier geht es um Rhythmus, da der Skifahrer von einem Stützpunkt zum nächsten springt. Es gibt mehrere Varianten des Wedelns, darunter das Wedeln bei Wettbewerben, das eine gute Technik erfordert, sowie das Wedeln zum Abbremsen, das die gleiche Geschicklichkeit auf steilen Hängen verlangt, wo die Geschwindigkeit kontrolliert werden muß.

G · Ei-Stellung.
Dies ist eine aerodynamische Position, die in den 60er Jahren entwickelt wurde, um die Geschwindigkeit zu erhöhen.

GLOSSAR

Ausgleichen: Beugebewegung der Beine, durch die der Schanzeneffekt eines Buckels aufgefangen werden kann (wobei die Skier mit dem Schnee Kontakt halten) oder die Skier entlastet werden, um die Drehung zu erleichtern.

Bergwärts: Raum oder Ski, der dem Gipfel (vom Skifahrer aus) näher ist.

Jet-Schwung: Richtungswechsel in Hochstellung und leichte Rücklage.

Kante: Metallwinkel entlang der Lauffläche des Ski.

Schuß: direkte Abfahrt auf der geraden Fallinie.

Skiwachs: Produkt, mit dem die Skier bestrichen werden, um sie gleitfähiger zu machen.

Standplatte: mittlerer Teil des Ski (an dem die Bindungen befestigt sind).

Talwärts: Raum oder Ski, der dem Tal (vom Skifahrer aus) näher ist.

Umsprung: Richtungsänderung am Steilhang, bei der die Stöcke bei der Skispitze eingesetzt werden, der Läufer sich kräftig auf die Stöcke stützt, die geschlossenen Beine anzieht, dreht und vor dem Aufsetzen der Ski wieder streckt.

KUNSTSKIFAHREN

Manchmal auch *Skiakrobatik* (englisch *Free-style*) genannt, eine sportliche Disziplin, die das *Ballett* (Folge von Figuren, bei der Gleichgewicht und Stil vorrangig sind), den *Hot-Dog* (Buckelpistenfahren) und das *Springen* (Skifahren mit Figuren, die nach einem Schanzensprung ausgeführt werden) umfaßt.

SPORT

A · Abfahrtslauf.
Der Höhenunterschied beträgt mindestens 800 m für Herren und mindestens 500 m für Damen. Beim Abfahrtslauf der Herren werden häufig durchschnittliche Geschwindigkeiten von über 100 km/h erreicht. Dies ist die wichtigste Prüfung im alpinen Skisport, wobei eine immer größere Geschwindigkeit angestrebt wird. Die beiden berühmtesten Abfahrten sind die des Hahnenkamm (in Kitzbühel, Österreich, 3 510 m lang) und des Lauberhorns (in Wengen, Schweiz, 4 260 m lang, Höhenunterschied 1 012 m).

B · Slalom.
Der Slalom oder Spezialslalom wird bei den Herren auf einer Piste mit einem Höhenunterschied von 180 bis 220 m und bei den Damen von 130 bis 180 m ausgetragen und umfaßt das Durchfahren von Toren (bei Herren 50 bis 75, bei Damen 45 bis 60). Er besteht stets aus zwei Durchläufen auf unterschiedlichen Pisten. Sieger ist derjenige, der die beste Zeit gefahren ist. Die Kurven sind ziemlich scharf, und die Skier können schnell die Piste abnutzen.

C · Riesenslalom.
Der Höhenunterschied ist größer als beim Spezialslalom (für Herren 200 bis 500 m), und die Tore sind weiter von einander entfernt und breiter. Die Toranzahl beträgt 15 % des Höhenunterschieds der Piste in Metern. Die Piste muß eine Mindestbreite von 30 m haben und ist wie eine Abfahrtspiste ausgezeichnet. Der Skifahrer fährt in stärker gebeugter Haltung als beim Spezialslalom und sucht sich manchmal Haltungen, die die Geschwindigkeit erhöhen (wie beim Abfahrtslauf).

D · Superriesenslalom.
Dieser in den 80er Jahren eingeführte Wettkampf (als Disziplin bei der Weltmeisterschaft ab 1987 und den Olympischen Spielen ab 1988), auch Super-G genannt, bildet einen Kompromiß zwischen dem Abfahrtslauf und dem Riesenslalom. Die Höhenunterschiede liegen für Herren zwischen 500 und 650 m und für Damen zwischen 400 und 500 m. Die Anzahl der zu durchfahrenden Tore liegt bei den Herren zwischen 35 und 65 und bei den Damen zwischen 30 und 50.

WELTCUP

Herren

1966–67	J.-C. Killy (F)
1967–68	J.-C. Killy (F)
1968–69	K. Schranz (A)
1969–70	K. Schranz (A)
1970–71	G. Thöni (I)
1971–72	G. Thöni (I)
1972–73	G. Thöni (I)
1973–74	P. Gros (I)
1974–75	G. Thöni (I)
1975–76	I. Stenmark (S)
1976–77	I. Stenmark (S)
1977–78	I. Stenmark (S)
1978–79	P. Lüscher (CH)
1979–80	R. Wenzel (FL)
1980–81	P. Mahre (USA)
1981–82	P. Mahre (USA)
1982–83	P. Mahre (USA)
1983–84	P. Zurbriggen (S)
1984–85	M. Girardelli (L)
1985–86	M. Girardelli (L)
1986–87	P. Zurbriggen (CH)
1987–88	P. Zurbriggen (CH)
1988–89	M. Girardelli (L)
1989–90	M. Girardelli (L)

Damen

1966–67	N. Greene (CDN)
1967–68	N. Greene (CDN)
1968–69	G. Gabl (A)
1969–70	A. Jacot (F)
1970–71	A. Pröll (A)
1971–72	A. Pröll (A)
1972–73	A. Pröll (A)
1973–74	A. Moser-Pröll (A)
1974–75	A. Moser-Pröll (A)
1975–76	R. Mittermaier (D)
1976–77	L. M. Morerod (CH)
1977–78	H. Wenzel (FL)
1978–79	A. Moser-Pröll (A)
1979–80	H. Wenzel (FL)
1980–81	M. T. Nadig (CH)
1981–82	E. Hess (CH)
1982–83	T. McKinney (USA)
1983–84	E. Hess (CH)
1984–85	M. Figini (CH)
1985–86	M. Walliser (CH)
1986–87	M. Walliser (CH)
1987–88	M. Figini (CH)
1988–89	V. Schneider (CH)
1988–89	V. Schneider (CH)

WELTMEISTER

Herren

Abfahrt
- 1987 P. Müller (CH)
- 1989 H. Tauscher (D)

Spezialslalom
- 1987 F. Wörndl (D)
- 1989 R. Nierlich (A)

Riesenslalom
- 1987 P. Zurbriggen (CH)
- 1989 R. Nierlich (A)

Super G
- 1987 P. Zurbriggen (CH)
- 1989 M. Hangl (CH)

Kombination
- 1987 M. Girardelli (L)
- 1989 M. Girardelli (L)

Damen

Abfahrt
- 1987 M. Walliser (CH)
- 1989 M. Walliser (CH)

Spezialslalom
- 1987 E. Hess (CH)
- 1989 M. Svet (YU)

Riesenslalom
- 1987 V. Schneider (CH)
- 1989 V. Schneider (CH)

Super G
- 1987 M. Walliser (CH)
- 1989 U. Maier (A)

Kombination
- 1987 E. Hess (CH)
- 1989 T. McKinney (USA)

OLYMPIASIEGER

Herren

Abfahrt
- 1952 Z. Colo (I)
- 1956 T. Sailer (A)
- 1960 J. Vuarnet (F)
- 1964 E. Zimmermann (A)
- 1968 J.-C. Killy (A)
- 1972 B. Russi (CH)
- 1976 F. Klammer (A)
- 1980 L. Stock (A)
- 1984 W. Johnson (USA)
- 1988 P. Zurbriggen (CH)

Slalom
- 1952 O. Schneider (A)
- 1956 T. Sailer (A)
- 1960 E. Hinterseer (A)
- 1964 J. Stiegler (A)
- 1968 J.-C. Killy (F)
- 1972 F. Ochoa (E)
- 1976 P. Gros (I)
- 1980 I. Stenmark (S)
- 1984 P. Mahre (USA)
- 1988 A. Tomba (I)

Riesenslalom
- 1952 S. Eriksen (N)
- 1956 T. Sailer (A)
- 1960 R. Staub (CH)
- 1964 F. Bonlieu (F)
- 1968 J.-C. Killy (F)
- 1972 G. Thöni (I)
- 1976 H. Hemmi (CH)
- 1980 I. Stenmark (S)
- 1984 M. Julen (CH)
- 1988 A. Tomba (S)

Kombination
- 1936 F. Pfnür (D)
- 1952 S. Eriksen (N)
- 1956 T. Sailer (A)
- 1960 G. Périllat (F)
- 1964 L. Leitner (D)
- 1968 J.-C. Killy (F)
- 1972 G. Thöni (I)
- 1976 G. Thöni (I)
- 1980 P. Mahre (USA)
- 1984 nicht ausgetragen
- 1988 H. Strölz (A)

Damen

Abfahrt
- 1952 T. Beiser-Jochum (A)
- 1956 M. Berthold (CH)
- 1960 H. Biebl (D)
- 1964 C. Hass (A)
- 1968 O. Pall (A)
- 1972 M.-T. Nagig (CH)
- 1976 R. Mittermaier (D)
- 1980 A. Moser-Pröll (A)
- 1984 M. Figinni (CH)
- 1988 M. Kiehl (D)

Slalom
- 1952 A. Mead-Lawrence (USA)
- 1956 R. Colliard (CH)
- 1960 A. Heggtveit (CH)
- 1964 C. Goitschel (F)
- 1968 M. Goitschel (F)
- 1972 B. Cochran (USA)
- 1976 R. Mittermaier (D)
- 1980 H. Wenzel (FL)
- 1984 P. Magoni (I)
- 1988 V. Schneider (CH)

Riesenslalom
- 1952 A. Mead-Lawrence (USA)
- 1956 O. Reichert (D)
- 1960 Y. Rüegg (CH)
- 1964 M. Goitschel (F)
- 1968 N. Greene (CDN)
- 1972 M.-T. Nadig (CH)
- 1976 K. Kreiner (CDN)
- 1980 H. Wenzel (FL)
- 1984 D. Amstrong (USA)
- 1988 V. Schneider (CH)

Kombination
- 1936 C. Cranz (D)
- 1952 nicht ausgetragen
- 1956 M. Berthod (CH)
- 1960 A. Heggtveit ((CDN)
- 1964 M. Goitschel (F)
- 1968 N. Greene (CDN)
- 1972 A. Pröll (A)
- 1976 R. Mittermaier (D)
- 1980 H. Wenzel (FL)
- 1984 nicht ausgetragen
- 1988 A. Wachter (A)

SPORT

BOBSPORT

Dies ist ein spektakulärer, manchmal gefährlicher Sport, der auf einer Art Schlitten (beim Wettkampf mit 2 oder 4 Plätzen), der schnell auf natürlichen oder meistens künstlichen Eisbahnen gleitet, ausgeübt wird. Die Bahn muß (bei Wettkämpfen immer) eine Mindestlänge von 1 200 oder 1 500 m mit einem natürlichen Gefälle von mindestens 8 % haben, das Gefälle des steilsten Abschnittes darf jedoch nicht mehr als 15 % sein. Der Bobsport ist eine Disziplin der Olympischen Winterspiele seit ihrer Gründung (1924). Aufgrund des Gerätes und vor allem des erforderlichen Geländes ist Bobfahren heute ein Sport für einen ziemlich kleinen Kreis. Die Siegerlisten der Olympischen Spiele zeigen, daß bislang nur relativ wenige Länderteams die Titel unter sich ausmachen.

Der Bobschlitten ist mit zwei Paar Stahlkufen ausgestattet, von denen die erste die Steuerkufe mit Hilfe einer Steuervorrichtung ist. Gebremst wird mit zwei starken, hinten angebrachten Stahlkrampen, die vom letzten Mann bedient werden. Das Gewicht mit Besatzung darf beim Zweier 390 kg, beim Vierer 630 kg nicht überschreiten.

CURLING

Curling ist ein Spiel mit Steinen, die auf Eis gleiten. Es ist ein altes Spiel, das sich zunächst auf den im Winter zugefrorenen Seen Schottlands, dann in Kanada und Anfang dieses Jahrhunderts schließlich in den Alpen ausbreitete. Heute sind die Länder Nordamerikas und Nordeuropas (Schweden, Norwegen) überlegen, werden aber manchmal von der Schweiz geschlagen. Es kann unter freiem Himmel auf natürlichem Eis gespielt werden, Wettkämpfe finden jedoch auf künstlichen Plätzen in der Halle statt.

Bei dem Spiel stehen sich zwei Mannschaften von 4 Spielern gegenüber. Jeder Spieler hat 2 Steine; die Steine werden wechselweise von den gegnerischen Mannschaften gespielt. Dabei müssen die Steine so nahe wie möglich am Ziel plaziert werden, wobei eventuell gegnerische Steine umgangen oder weitergeschlagen werden. Ein Spiel besteht in der Regel aus zehn Durchgängen. Die Mannschaft hat in einem Durchgang gesiegt, deren Stein oder Steine dem Zentrum des Zielkreises am nächsten sind. Diese Mannschaft erhält je einen Punkt für jeden Stein, der näher am Zielkreis liegt als der bestplazierte Stein der gegnerischen Mannschaft.

B · **Fegen.**

Das Fegen hat zum Ziel, durch Erwärmen des Eises den Gleitwiderstand des Steins zu verringern. Es kann zwischen den Mittellinien von den Spielern der Mannschaft, die ihren Stein gespielt hat, durchgeführt werden. Nur die Kapitäne oder ihre Vertreter sind berechtigt, jenseits dieser Linie zu fegen.

A · **Technik des Bobfahrens.**

Der Start erfolgt mittels Anschieben des Bobs durch die Mannschaft auf einer Strecke von 15 m (vor der Zeitmessung am Start) mit einem Gefälle von höchstens 2 %. Die Gesamtlänge der Bobschlitten darf 2,70 m (beim Zweier) und 3,80 m (Vierer) nicht überschreiten. Das Höchstgewicht des Schlittens (der Ballast tragen darf) liegt bei 390 kg beim Zweierbob und bei 630 kg beim Viererbob.

OLYMPIASIEGER

Zweier	Vierer
1932 USA 8:14,74	1924 Schweiz 5:45,54
1936 UdSSR 5:29,29	1928 USA 3:20,05 (im Fünfer)
1948 Schweiz 5:29,02	1932 USA 7:53,68
1952 Bundesrepublik Deutschland 5:24,54	1936 Schweiz 5:19,85
1956 Italien 5:30,14	1948 USA 5:20,01
1964 Großbritannien 4:21,90	1952 DDR 5:07,84
1968 Italien 4:41,54	1956 Schweiz 5:10,44
1972 Bundesrepublik Deutschland 4:57,07	1964 Kanada 4:14,46
1976 DDR 3:44,42	1968 Italien 2:17,38
1980 Schweiz 4:09,36	1972 Schweiz 4:43,07
1984 DDR 3:25,56	1976 DDR 3:40,43
1988 UdSSR 3:53,48	1980 DDR 3:59,92
	1984 DDR 3:20,22
	1988 Schweiz 3:47,51

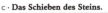

C · **Das Schieben des Steins.**

Hierbei ist der Arm gestreckt und vollführt eine Pendelbewegung. Das Schieben wird durch ein Gleiten über einige Meter über das Eis vorbereitet, wobei der obere Teil des Körpers gesenkt wird. Der Stein muß mit einer horizontalen Rotation von zwei oder drei Umdrehungen über die zu überquerende Distanz geschoben werden. Dies ist der eigentliche ›Curl‹ (von dem der Sport seinen Namen hat), der auch manchmal dazu dient, den Stein eine Kurve beschreiben zu lassen, um einen anderen zu umgehen. Der Stein muß sehr sanft losgelassen, praktisch auf das Eis gesetzt werden.

E · **Die Spielbahn.**

Die Bahn hat eine Gesamtlänge von etwa 42 m und eine durchschnittliche Breite von 4,30 m. Die durchschnittliche Entfernung, die ein Stein zurücklegen muß, beträgt etwa 38 m.

D · **Der Stein.**

Der Stein aus Granit muß abgerundet sein. Sein Gewicht einschließlich Griff darf 19,96 kg nicht überschreiten. Sein Umfang darf höchstens 91,44 cm (1 Yard) und seine Höhe muß mindestens 11,43 cm betragen. Wenn ein Stein auf der Strecke bricht, so zählt das größte Stück für den Durchgang.

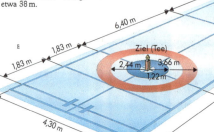

SPORT

EISHOCKEY

Das aus Kanada stammende Eishockey gilt als schnellstes Mannschaftsspiel der Welt. Gespielt wird es auf einer Eisbahn von zwei Mannschaften mit jeweils sechs Spielern (ein Torwart, fünf Feldspieler; außerdem gibt es 12 bis 16 Auswechselspieler), die auf Schlittschuhen mittels eines Schlägers einen Puck in das gegnerische Tor zu stoßen oder zu schlagen versuchen. Dieser Sport wird von der 1908 gegründeten International Ice Hockey Federation betreut. Das Eishockey ist seit der Gründung der Olympischen Winterspiele eine olympische Disziplin (1924).

Das Spiel ist in drei Drittel von jeweils 20 Minuten effektiver Spielzeit (mit Pausen von 15 Minuten dazwischen) unterteilt. Jede Mannschaft verfügt über (maximal) 20 Spieler mit häufigen Rotationen während eines Spielstopps oder auch während des Spiels (›fliegende Wechsel‹). Eine Mannschaft besteht aus einem Torhüter, zwei Verteidigern und drei Stürmern (Mittel- und Flügelstürmer).

C · **Schuß.**
Es gibt zwei wichtige Varianten. Der sehr kräftige *Schlagschuß* (*slapshoot* oder *slap*) beendet eine weit ausholende Bewegung. Das *Schlenzen* ist eine viel langsamere Bewegung, wobei, wie der Name schon andeutet, der Schläger über das Eis gleitet, bevor er den Puck anstößt. Dies ist ein genauerer Schuß in einer mittleren Entfernung vom gegnerischen Tor, der jedoch mehr Zeit zur Ausführung erfordert.

D · **Start nach vorn.**
Dies ist das klassische, sehr häufig während eines Spiels eingesetzte Starten. Der Spieler neigt sich nach vorn, um ein Ungleichgewicht des Schwerpunktes zu schaffen, und spreizt dabei die Schlittschuhe nach außen (den einen um 90°). Während der Bewegung verlagert sich das Körpergewicht zur Seite immer oberhalb des schwunggebenden Schlittschuhs.

B · **Schläger und Puck.**
Der Schläger besteht aus zwei Teilen, dem Griff und der Schaufel. Diese ist breiter, steuert den Puck und ist häufig mit einem schwarzen Bezug versehen, der besser am Eis haftet und damit zum ›Verstecken‹ des Pucks beiträgt. Dieser Puck ist die schwarze, 2,54 cm (1 amerikanischer Zoll) dicke Hartgummischeibe (oder aus einem anderen zugelassenen Material), deren Gewicht zwischen 156 und 170 g liegen muß.

E · **Kurven.**
Scharfe Kurven sind ebenfalls sehr häufig. Dabei wird die Richtung unter Beibehaltung der größtmöglichen Geschwindigkeit geändert. Kopf, Arm und Schläger werden in die gewünschte Richtung gelenkt, man gibt den Schlittschuhen keinen Schwung mehr und versucht durch angemessene Schlittschuhstellung und Körperhaltung die Wirkung der Zentrifugalkraft aufzufangen. Das Kurvenfahren bei hoher Geschwindigkeit erfordert gute Körperbeherrschung und Lauftechnik.

F, G · **Die Spielfläche.**
Die Spielfläche ist in drei Zonen unterteilt, zwei blaue Linien begrenzen die Angriffszone (oder Verteidigungszone für die andere Mannschaft); in der Mitte befindet sich die rote Mittellinie. Der Puck muß immer vor den Spielern in die Angriffszone übergehen. Ein Paß darf nur eine Linie überqueren. Ein Spieler darf den Puck aus seinem eigenen Verteidigungsdrittel nicht direkt über die gegnerische Torlinie spielen. Dies ist ein unerlaubter Weitschuß, der durch ein neues Anspiel in der Verteidigungszone derjenigen Mannschaft, die den Regelverstoß begangen hat, bestraft wird.

A · **Ausrüstung.**
Eishockey ist ein manchmal sehr hartes Spiel mit großem Körpereinsatz. Dies macht eine Schutzausrüstung mit Beinschützern (von Strümpfen bedeckt), dicken Hosen (vom Nabel bis über die Knie), Ellenbogen- und Schulterpolstern, Handschuhen und einem Helm (manchmal, vor allem beim Torhüter, mit einem Gesichtsschutz) erforderlich. Die Rauheit des Eishockeys erklärt die häufigen Strafen. Ein Spieler, der bestraft wurde, weil er regelwidrig einen Gegner angestoßen oder geschlagen hat, wird für einen variablen Zeitraum ausgeschlossen und nicht ersetzt. Er setzt sich auf die Strafbank. Man unterscheidet kleine Strafen (2 Minuten Bank, die unterbrochen werden, wenn die gegnerische Mannschaft ein Tor schießt), mittlere und schwere Strafen (5 und 10 Minuten, die vollständig verbüßt werden müssen).

OLYMPIASIEGER

1920 Kanada
1924 Kanada
1928 Kanada
1932 Kanada
1936 Großbritannien
1948 Kanada
1952 Kanada
1956 UdSSR
1960 USA
1964 UdSSR
1968 UdSSR
1972 UdSSR
1976 UdSSR
1980 USA
1984 UdSSR
1988 UdSSR

SPORT

EISKUNSTLAUF

Eiskunstlauf ist ein sehr sehenswerter Sport, und das Fernsehen hat seine Anhängerschaft beträchtlich vergrößert. Er umfaßt eine Einzelprüfung von Herren und Damen sowie den Paarlauf.

Der Einzellauf setzte sich bis 1989 aus drei Teilen in der folgenden Reihenfolge zusammen: die *Pflichtfiguren* (vorbestimmte Bewegungen, wie ja auch der Name bereits sagt), die in einer Folge mit steigendem Schwierigkeitsgrad ausgeführt werden; das *Kurzprogramm* (höchstens 2 Minuten), das sich aus Pflichtsprüngen und -pirouetten mit vom Tänzer selbst gewählter musikalischer Begleitung zusammensetzt, und die *Kür* (maximal 4 bis 4,5 Minuten), bei der sich der Tänzer schließlich ohne Zwänge (außer der Zeit) frei ausdrücken kann. Die Pflichtfiguren sind ab 1. 7. 1990 aus dem Programm genommen, das Kurzprogramm durch das ›Originalprogramm‹ ersetzt worden.

Die Bewertung ist von 0 bis 6 gestaffelt (mit möglichen Dezimalstellen). Es gibt eine einzige Note für die Pflichtfiguren, zwei Noten für das Kurzprogramm (eine zur Bewertung der Pflichtübungen, die andere zur Beurteilung der Darbietung des Programms und seines Ablaufs), und zwei Noten auch für die Kür (eine Note für den technischen Wert, die andere für die künstlerische Darbietung).

Originalprogramm und Kür haben bei der Bewertung nicht das gleiche Gewicht. Sowohl bei Herren und Damen als auch im Paarlauf zählt das Originalprogramm 33,3 % (Faktor 0,5), die Kür 66,6 % (Faktor 1).

Es gibt Strafnormen für praktisch jede Art Fehler. Dies ist jedoch kein Hindernis dafür, daß manchmal bei der Bewertung überraschende Abweichungen, auch bei der Note für den technischen Wert bei der Kür, vorkommen. Zum Ausgleich dieses Nachteils werden die beste und die schlechteste Note der Jury nicht berücksichtigt, und der Durchschnitt wird aus den anderen Noten errechnet.

In Deutschland wird der Eiskunstlauf von der Deutschen Eislauf-Union (DEU) betreut, Weltdachverband ist die International Skating Union (ISU), gegründet 1892, mit Sitz in Davos.

A · Lutz.
Der Lutz ist ein Sprung nach rückwärts, der Läufer kommt auch rückwärts (auf dem anderen Bein) wieder auf. Der Läufer vollführt mindestens eine Drehung in der Luft. Der Lutz kann einfach, doppelt oder dreifach gesprungen werden.

B · Rittberger.
Beim Rittberger erfolgt der Anlauf rechts-rückwärts-auswärts; nach einer, zwei oder drei Umdrehungen (doppelter, dreifacher Rittberger) wird rückwärts auf dem Absprungbein aufgesprungen.

C · Axel.
Der Axel ist ein Kantensprung mit Absprung nach vorn auf einem Bein und Aufkommen rückwärts auf dem anderen Bein, wobei sich der Läufer eineinhalb Mal in der Luft dreht. Der Axel wird einfach, doppelt oder dreifach gesprungen.

Flip.
Der Flip wird mit einem Ansprung rückwärts und beiden Beinen durchgeführt, von denen das eine gestreckte Bein in das Eis hackt. Der Läufer vollführt eine ganze Drehung in der Luft. Der Flip wird einfach, doppelt oder dreifach gesprungen.

Salchow.
Der Salchow wird mit einem Bein (rückwärtseinwärts) gesprungen, wobei man mit dem anderen Bein (rückwärtsauswärts) wieder aufkommt. Der Läufer vollführt in der Luft eine Drehung. Der Salchow kann einfach, doppelt oder dreifach gesprungen werden.

OLYMPIASIEGER

Eisschnellauf

Herren

500 m (in s)

1924	C. Jewtraw (USA)	44,0
1928	C. Thunberg (SF)	43,4
	B. Evensen (N)	43,4
1932	J. Shea (USA)	43,4
1936	I. Ballangrud (N)	43,4
1948	F. Helgesen (N)	43,1
1952	K. Henry (USA)	43,2
1956	J. Grischin (SU)	40,2
1960	J. Grischin (SU)	40,2
1964	R. McDermott (USA)	40,1
1968	E. Keller (D)	40,3
1972	E. Keller (D)	39,4
1976	J. Koulikow (SU)	39,17
1980	E. Heiden (USA)	38,03
1984	S. Fokitschew (SU)	38,19
1988	U.-J. Mey (D)	36,45

1 000 m (in min)

1976	P. Mueller (USA)	1:19,32
1980	E. Heiden (USA)	1:15,18
1984	G. Boucher (CDN)	1:15,80
1988	N. Guljajew (SU)	1:13,03

1 500 m (in min)

1924	C. Thunberg (SF)	2:20,8
1928	C. Thunberg (SF)	2:21,1
1932	J. Shea (USA)	2:57,5
1936	C. Mathiesen (N)	2:19,2
1948	S. Farstad (N)	2:17,6
1952	H. Andersen (N)	2:20,4
1956	J. Grischin (SU)	2:08,6
1960	R. Aas (N)	2:10,4
1964	A. Antson (SU)	2:10,3
1968	C. Verkerk (NL)	2:03,4
1972	A. Schenk (NL)	2:03,0
1976	J. Storholt (N)	1:59,38
1980	E. Heiden (USA)	1:55,44
1984	G. Boucher (CDN)	1:58,36
1988	A. Hoffmann (DDR)	1:52,06

5 000 m (in min)

1924	C. Thunberg (SF)	8:39,0
1928	I. Ballangrud (N)	8:50,5
1932	I. Jaffee (USA)	9:40,8
1936	I. Ballangrud (N)	8:19,6
1948	R. Liaklev (N)	8:29,4
1952	H. Andersen (N)	8:10,6
1956	B. Schilkow (SU)	7:48,7
1960	W. Kositschkin (SU)	7:51,3
1964	K. Johannesen (N)	7:38,4
1968	F. Maier (N)	7:22,4
1972	A. Schenk (NL)	7:23,6
1976	S. Stensen (USA)	7:24,48

10 000 m (in min)

1924	J. Skutnabb (SF)	18:04,8
1932	I. Jaffee (USA)	19:13,6
1936	I. Ballangrud (N)	17:24,3
1948	A. Seyffarth (S)	17:26,3
1952	H. Andersen (N)	16:45,8
1956	A. Ericsson (S)	16:5,0
1960	K. Johannesen (N)	15:46,6
1964	J. Nilsson (S)	15:50,1
1968	J. Hoeglin (S)	15:23,6
1972	A. Schenk (NL)	15:01,3
1976	P. Kleine (NL)	15:50,59
1980	S. Heiden (USA)	14:28,13
1984	I. Malkow (SU)	14:39,90
1988	T. Gustafson (S)	13:48,20

Damen

500 m (in s)

1960	H. Haase (D)	45,9
1964	L. Skoblikowa (SU)	45,0
1968	L. Titowa (SU)	46,1
1972	A. Henning (USA)	43,3
1976	S. Young (USA)	42,76
1980	K. Enke (DDR)	41,78
1984	C. Rothenburger (DDR)	41,02
1988	B. Blair (USA)	39,10

1 000 m (in min)

1960	K. Gousseva (SU)	1:34,1
1964	L. Skoblikowa (SU)	1:32,6
1968	C. Geijssen (NL)	1:32,6
1972	M. Pflug (D)	1:31,4
1976	T. Awerina (SU)	1:28,43
1980	N. Petroussewa (SU)	1:24,1
1984	K. Enke (DDR)	1:21,61
1988	C. Rothenburger (DDR)	1:17,65

1 500 m (in min)

1960	L. Skoblikowa (SU)	2:25,2
1964	L. Skoblikowa (SU)	2:22,2
1968	K. Mustonen (SF)	2:22,4
1972	D. Holum (USA)	2:20,8
1976	G. Stepanskaja (SU)	2:16,58
1980	A. Borckink (NL)	2:10,95
1984	K. Enke (DDR)	2:03,42
1988	Y. Van Gennip (NL)	2:00,68

3 000 m (in min)

1960	L. Skoblikowa (SU)	5:14,3
1964	L. Skoblikowa (SU)	5:14,9
1968	J. Schut (NL)	4:56,2
1972	S. Baas-Kaiserg (NL)	4:52,1
1976	T. Awerina (SU)	4:45,19
1980	B. E. Jensen (N)	4:32,13
1984	A. Schöne (DDR)	4:24,79
1988	Y. Van Gennip (NL)	4:11,94

OLYMPIASIEGER

Eiskunstlauf

Herren

1908	U. Salchow (S)
1920	G. Grafström (S)
1924	G. Grafström (S)
1928	G. Grafström (S)
1932	K. Schäfer (A)
1936	K. Schäfer (A)
1948	R. Button (USA)
1952	R. Button (USA)
1956	H. Jenkins (USA)
1960	D. Jenkins (USA)
1964	M. Schnelldorfer (D)
1968	W. Schwarz (A)
1972	O. Nepela (CS)
1976	J. Curry (GB)
1980	R. Cousins (GB)
1984	S. Hamilton (USA)
1988	B. Boitano (USA)

Damen

1908	M. Syers (GB)
1920	M. Mauroy (S)
1924	H. Planck-Szabo (A)
1928	S. Henie (N)
1932	S. Henie (N)
1936	S. Henie (N)
1948	B. Scott (CDN)
1952	J. Altwegg (GB)
1956	T. Albright (USA)
1964	S. Dijkstra (NL)
1968	P. Fleming (USA)
1972	T. Schuba (A)
1976	D. Hamill (USA)
1980	A. Pötzsch (DDR)
1984	K. Witt (DDR)
1988	K. Witt (DDR)

Paare

1908	A. Hübler/H. Burger (D)
1920	L./W. Jakobsson (SF)
1924	H. Engelmann/A. Berger (A)
1928	A. Joly/P. Brunet (F)
1932	A. Joly/P. Brunet (F)
1936	M. Herber/E. Baier (D)
1948	M. Lannoy/P. Baugniet (B)
1952	R./P. Falk (D)
1956	E. Schwarz/K. Oppelt (A)
1960	B. Wagner/R. Paul (USA)
1964	L. Bjeloussowa/O. Protopopow (SU)
1968	L. Bjeloussowa/O. Protopopow (SU)
1972	I. Rodnina/A. Ulanow (SU)
1976	I. Rodnina/A. Saitsew (SU)
1980	I. Rodnina/A. Saitsew (SU)
1984	E. Walowa/O. Wasiljew (SU)
1988	E. Gordejewa/S. Grinkow (SU)

SPORT

EISSCHNELLAUF REITSPORT

Dies ist der älteste Eissport und ein Nachkomme der Läufe auf den gefrorenen Seen und Wasserläufen im Norden, dann auf den Kanälen in Holland (wo ein sehr berühmter Wettkampf ausgetragen wird, wenn die winterlichen Voraussetzungen gegeben sind). Die offiziellen Wettkämpfe werden über eine Entfernung von 500 (übrigens der einzige echte Schnellauf), 1 000, 1 500, 5 000 und 10 000 m für Herren und von 500, 1 000, 1 500, 3 000 und 5 000 m für Damen ausgetragen. Sie finden auf 6 m breiten 400-m-Bahnen statt. Die Wettläufer starten paarweise (durch Los ermittelt) und laufen nach Zeit, wobei sie die Bahn nach jeder Runde wechseln (der Läufer der Außenbahn hat bei einer Begegnung Vorfahrt). Die Ausbreitung dieser Sportart ist durch die relative Seltenheit der Wettlaufbahnen begrenzt.

POLO

Die britische Armee hat im 19. Jh. das aus Asien stammende Polospiel in Großbritannien eingeführt. Dabei stehen sich zwei Mannschaften mit vier Spielern auf wendigen, schnellen Poloponys (Stockmaß maximal 1,50 m) gegenüber. Die Spieler versuchen mittels eines langen Schlägers (etwa 1,30 m) in der rechten Hand, einen Holzball (8 cm Durchmesser und etwa 120 bis 135 g Gewicht) durch Schwingen zu schlagen. Das Spiel ist in 4, 6 oder 8 Abschnitte von je siebeneinhalb Minuten mit Pausen von drei Minuten dazwischen unterteilt. Indien, Pakistan, Mexiko, Chile, Argentinien, Großbritannien und die Vereinigten Staaten sind die Länder, in denen diese Sportart am weitesten verbreitet ist.

PFERDERENNEN

Die Leidenschaft für Pferderennen ist sehr alt und schon beim berühmten Wagenrennen im alten Rom nachgewiesen. England hat im 12. Jh. unter Richard Löwenherz diesen Rennen Regeln gegeben. In diesem Land wurde um 1750/51 der Jockey-Club gegründet, der in der ganzen Welt eine vorrangige Rolle bei den Regeln und der Rennkontrolle spielt.
1840 wurde nach englischem Vorbild der Norddeutsche Jockey-Club gegründet, der 1867 vom Union-Club abgelöst wurde. Seit 1949 kontrolliert das Direktorium für Vollblutzucht und Rennen e. V. (Sitz in Köln) die Zucht von Galopprennpferden und die Rennveranstaltungen. Bekannte Pferderennbahnen in Deutschland befinden sich in Baden-Baden, Dortmund, Gelsenkirchen, Köln und Krefeld. Die *Trabrennen* werden in Deutschland im Gespann (der Traber zieht einen Sulky) ausgetragen; Trabrennen unter dem Sattel gibt es hier praktisch nicht. Die Organisation von Traberzucht und -sport liegt beim Hauptverband für Traberzucht und Rennen in Bonn. Wichtigste Trabrennbahnen sind in Gelsenkirchen, Recklinghausen, Mönchengladbach, Dinslaken, München-Daglfing und Straubing.

Die wichtigsten Rennen in jedem Jahr sind in Deutschland der ›Preis der Diane‹ für Stuten (über 2 200 m), das ›Derby‹ (über 2 400 m), das ›Henckel-Rennen‹ (über 1 600 m) und das ›Schwarzgold-Rennen‹ für Stuten (über 1 600 m), in Frankreich der Große Preis des Jockey-Clubs, der Preis des Arc-de-Triomphe und der Preis des Präsidenten der Republik. In Großbritannien sind die populärsten Rennen das Derby von Epsom und der Gold Cup in Ascot. Wenn man in ein und demselben Jahr in den drei großen Klassikern für die dreijährigen Pferde, nämlich der 2 000 Guineas Stakes von Newmarket, das Derby von Epsom und der Saint Leger von Doncaster siegt, hat man die ›Triple Crown‹ errungen. In den Vereinigten Staaten fällt der gleiche Titel der Triple Crown, der seit 1919 elfmal errungen wurde, dem Sieger des Kentucky Derbys, des Preakness Stakes von Pimlico und des Belmont Stakes zu. Von den Pferderennbahnen in den Vereinigten Staaten sollten der Belmont Park und Aqueduct bei New York, Santa Anita und Hollywood Park bei Los Angeles, Pimlico bei Baltimore, Arlington Park bei Chicago und Churchill Downs bei Louisville genannt werden.

A · **Schlittschuhe.**
Dies sind speziell für den Eisschnellauf konstruierte Schlittschuhe, deren über den Schuh hinausragende Kufe bis zu 50 cm lang sein kann.

E · **Das Spielgerät.**
Der Schläger ist eine Art Rohrstock mit einem Griff mit Schlaufe. Er endet in einem 25 cm langen Schlagkopf in verschiedenen Formen (zylindrisch oder zigarrenförmig).
Der Ball ist aus Weidenholz oder Bambus.

B, C · **Die Grundschritte.**
Die Technik ist natürlich nicht so komplex wie beim Eiskunstlauf. Es werden drei Grundschritte unterschieden: der Laufschritt für die gerade Strecke, der Kreuzschritt zum Auffangen der Zentrifugalkraft in den Kurven und die Schritte am Start des Rennens, um in Schwung zu kommen.

D · **Das Rennen.**
Mit nach vorn gebeugtem Oberkörper kommt der Läufer anscheinend ohne Kraftanstrengung vorwärts, indem er abwechselnd einen Schlittschuh vor den anderen setzt. Die Arme werden in gerader Linie hinter den Rücken gestreckt, um weniger Luftwiderstand zu bieten. Bei Kurven werden die Arme bewegt, um die größtmögliche Geschwindigkeit beizubehalten und gleichzeitig zu vermeiden, aus der Kurve getragen zu werden.

F · **Vorhanddrive vorwärts.**
Alle Vorhanddrives werden durch Schwingen des Schlägers im Uhrzeigersinn durchgeführt: der Vorhanddrive vorwärts rechts (rückwärts links).

G · **Rückhanddrive vorwärts.**
Alle Rückhanddrives werden durch Schwingen des Schlägers gegen den Uhrzeigersinn vollführt. Der Rückhanddrive vorwärts erfolgt auf der linken, der Rückhanddrive rückwärts auf der rechten Seite.

H · **Jockey.**
Das Idealgewicht des Jockey liegt bei etwa 53 kg. Das Gewicht, das das Pferd tragen muß, also Jockey, Sattel und Zaumzeug, wird für jeden Wettkampftyp genau festgelegt. Der heutige Reitstil der Jockeys wurde 1898 aus den Vereinigten Staaten eingeführt. Er umfaßt: kurze Steigbügel und Zügel, über den Hals gebeugter Körper, Fußspitze auf den Boden gerichtet.

SPORT

REITSPORT

REITEN

Die Verwendung des Pferdes als Zugpferd und ›Kampfmittel‹ reicht bis in das 2. Jahrtausend v. Chr. zurück, aber erst im 12. Jh. begann man, die Pferde auch zu reiten. Die Hauptverwendung der Pferde blieb bis Anfang des 20. Jh. ihr kriegerischer Einsatz. Allerdings hat sich ab dem 15. Jh. eine gebildete Reitart in der Manege an den europäischen Höfen (Spanien, Italien, Frankreich) entwickelt und verbreitet. Damit soll das Pferd ohne äußerlich sichtbare Krafteinwirkung durch entsprechende Hilfengebung gehorsam gemacht werden, so daß es die vom Reiter geforderten Gangarten und Aufgaben ausführt. Im 20. Jh. hat sich der Reitsport zum Breitensport entwickelt, der das Reiten in der Freizeit (z. B. im Gelände) sowie das Reiten als Leistungssport (z. B. Dressur, Springen, Vielseitigkeit) umfaßt. Seit 1900 ist Reiten in das Programm der Olympischen Spiele aufgenommen.

B · Der Parcours.
Es handelt sich um eine Reihe von verschiedenen Hindernissen, die in einer bestimmten Reihenfolge übersprungen werden müssen. Jeder Parcoursfehler führt zur Disqualifizierung des Reiters.
Im wesentlichen werden die Hochsprung- (Gatter, Mauer, Zäune, Hecke mit Barriere usw.) und die Weitsprunghindernisse (Oxer, Triplebarre, Graben usw.) unterschieden.

A · Sprung.
Der Sprung umfaßt drei Phasen: den Anlauf, den Flug und das Aufkommen.
Der Anlauf: Während des letzten Auftretens vor dem Hindernis wird die Geschwindigkeit in dem Moment, in dem die Hinterhand aufgesetzt wird, verringert; während die Vorderbeine aufsetzen, streckt sich, die Halspartie und erhebt, sich gleichzeitig mit dem Ansprung der Hinterbeine. Der Sprungtritt beginnt mit dem Schlagen der Hinterbeine und dann ihrem Strecken, wodurch das Pferd nach oben und vorn getrieben wird. Das Pferd löst sich vom Boden, sein Hals streckt sich, und die Vorderbeine sind eingeknickt.
Der Flug: Das Pferd befindet sich nun mit völlig gestrecktem Hals über dem Hindernis. Dann beginnt die Kippbewegung, die Vorderbeine strecken sich aus, und der Hals richtet sich wieder auf.
Das Aufkommen: Eine Vorderhand berührt wieder den Boden. Der Hals richtet sich auf, um den Fall abzufangen, dann streckt er sich, während die andere Vorderhand aufgesetzt wird und die Hinterbeine aufkommen.

Mauer.
Die Mauer ist ein Hochsprunghindernis aus leichten Kästen, deren First abgerundet ist, um eine Verletzung des Pferdes zu vermeiden. Wenn sie sehr hoch ist, heißt sie Mächtigkeitsmauer.

Graben.
Der Graben ist ein Weitsprunghindernis, dem im allgemeinen eine kleine Sprunghecke vorausgeht, die im Fluge überwunden werden muß. Wenn das Wasser aufspritzt, zählt dies als Fehler.

Dreierkombination.
Dies ist eine Kombination aus drei Hindernissen, die in drei Sprüngen mit jeweils ein oder zwei Galoppschritten dazwischen übersprungen werden. Hier ein Oxer (1), dann eine Triplebarre (2) und dann ein Rick (3).

Gatter, Rick.
Um diese Hindernisse unter guten Bedingungen zu überspringen, muß man sie mit einem ausgeglichenen Pferd angehen und die Antritte verkürzen, wodurch die Sprungkraft der Hinterbeine erhöht wird.

Ziel

Start

Triplebarre.
Die Triplebarre ist ein Weitsprunghindernis, das aus mehreren vertikalen Ebenen in steigender Höhe besteht. Dies ist ein ansteigendes, schräg abgestuftes Hindernis mit Stangen oder Latten. Der Zwischenraum zwischen den Ebenen kann mit einer Hecke gefüllt werden. Die Triplebarre ist ein Flughindernis, das das Pferd mit Anlauf angehen muß.

Oxer mit Wassergraben.
Die Angst vor dem Wasser erklärt die meisten Ausbrecher oder Verweigerungen beim Angehen dieses Hindernisses, das übrigens nicht mehr Schwierigkeiten bereitet als ein einfacher Oxer. Der Reiter muß jedem Zeichen einer Unsicherheit des Pferdes vorbeugen.

Doppelhindernis.
Das Doppelhindernis ist eine Kombination von zwei Hindernissen, hier ein Hochsprunghindernis (1) und ein Oxer (2), die zwischen 7 und 12 m voneinander entfernt sind. Dieses Hindernis ist schwieriger, wenn zuerst der Oxer kommt. Das Pferd muß sich strecken, um den Oxer zu überspringen, und sich schnell für den dann folgenden Sprung sammeln.

Gartenzaun.
Der Gartenzaun gehört zu den klassischen Hochsprunghindernissen.

Polnischer Oxer.
Beim polnischen Oxer kommt zum einfachen Oxer die schwierige Führung des Pferdes hinzu, dessen Bahn des Angehens an das Hindernis den Sprungtritt genau in die Mitte der Ebene des ersten Oxers führen muß.

Oxer.
Der Oxer ist ein Weitsprunghindernis mit zwei vertikalen Ebenen (mit Stangen); die Breite des Hindernisses hängt von dem Wettkampfniveau ab und kann bis zu 3 m betragen.

1124

SPORT

Dressur. Die Dressur ist zunächst einmal die Gesamtheit aller reiterlichen Lektionen, die man das Pferd während des Reitens ausführen läßt; sie ist auch die Suche nach der vollkommenen Übereinstimmung zwischen dem Paar Reiter/Pferd, die jederzeit die Ausführung von immer schwierigeren Lektionen ermöglicht. So erfordert die Dressur, eine olympische Disziplin, einen hohen Ausbildungsstand bei Pferd und Reiter. Der Fortschritt bei der Arbeit zeigt sich in der Ausführung von Dressuraufgaben mit wachsendem Schwierigkeitsgrad bis zu den Figuren der Hohen Schule, die z. B. von den Pferden der Spanischen Hofreitschule beherrscht werden.

Vielseitigkeitsreiten. Die traditionelle Disziplin des Reitsports diente ursprünglich dazu, die Qualität der Militärpferde zu vergleichen. Sie wurde nämlich von der französischen Kavallerie Anfang des Jahrhunderts unter der Bezeichnung Meisterschaft der Militärpferde gegründet. Heute ist sie die spektakulärste und umfassendste Disziplin des Reitsports. Sie umfaßt drei Wettkämpfe: Dressur, Geländereiten und Springen.

Der Geländeteil kann einen hohen Schwierigkeitsgrad erreichen. Auf eine Wegestrecke (4 bis 5 km auf Wegen und Pfaden) folgt eine Hindernisstrecke (Rennbahn) von 3 000 bis 4 000 m, die mit einem sehr schnellen Galopp durchmessen wird und etwa zehn Hindernisse umfaßt; anschließend muß wieder eine Wegestrecke von 6 bis 9 km Länge vergleichbar mit der ersten zurückgelegt werden, gefolgt von einer Querfeldeinstrecke über 6 bis 7 km auf unterschiedlichem Boden mit ungefähr 30 festgelegten Hindernissen, die ausgehend von natürlichen Gegebenheiten eingerichtet werden.

Das Dressurreiten, mit dem das Vielseitigkeitsreiten eröffnet wird, hat zum Ziel, Gehorsam, Ausdruck und Durchlässigkeit des Pferdes und das gute Verständnis zwischen Pferd und Reiter zu prüfen. Das Springreiten am Tag nach der sehr anstrengenden Geländeprüfung soll die Erholungsfähigkeit und die Aufmerksamkeit der Pferde prüfen. Bei den beweglichen Hindernisstangen, die weniger beeindruckend als die am Vortag übersprungenen festen Hindernisse sind, ist keine Unaufmerksamkeit erlaubt.

A, B, C, D · **Gangarten der Hohen Schule.**

Man unterscheidet die Schulsprünge, darunter die Croupade (A) und die Courbette (C), und die höheren Gangarten. Diese weniger spektakulären Gangarten umfassen die Piaffe (B) und den Seitwärtsgang. Die Piaffe (B) erfordert vom Pferd eine hohe Konzentration und eine vollkommene Sammlung: Es muß seine diagonal gegenüberliegenden Gliedmaßen mit Kraft im Rhythmus heben und dabei auf der Stelle stehen bleiben. Beim Seitwärtsgang (D), einer Arbeit von zwei Bahnen, geht das Pferd diagonal, parallel zu sich selbst. Hier ein linker Seitwärtsgang: Die rechte Vorderhand geht vor die linke Vorderhand, das rechte Bein des Reiters schiebt die Hüften des Pferdes nach links.

E · **Natürliches Hindernis beim Querfeldeinreiten.**

Durchquerung einer Furt, deren Eintritt noch durch ein Hochsprunghindernis über dem tieferliegenden Hindernis erschwert ist. Diese Kombination erfordert ein großes Vertrauen des Pferdes zu seinem Reiter. Wenn nämlich auch der Reiter am Vortag vor dem Wettkampf das Gelände erkunden konnte, so entdeckt das Pferd die Hindernisse erst in dem Moment, in dem es sie überspringt. Bei einem tieferen Hindernis springt es los, bevor es sieht, wo es aufkommen wird. (*Vielseitigkeitsreiten bei den Olympischen Spielen von Seoul, 1988*)

WELTCUPSIEGER

Springreiten

1979	H. Simon (A)
1980	C. Homfeld (USA)
1981	M. Matz (USA)
1982	M. Smith (USA)
1983	N. Dellojoio (USA)
1984	M. Deslauriers (CDN)
1985	C. Homfeld (USA)
1986	L. Burr-Lenehan (USA)
1987	K. Burdsall (USA)
1988	I. Millar (CDN)
1989	I. Millar (CDN)
1990	J. Whitaker (GB)

Dressurreiten

1986	A. Jensen (DK)
1987	C. Stückelberger (CH)
1988	C. Stückelberger (CH)
1989	M. Otto-Grepin (F)
1990	S. Rothenberger (D)

OLYMPIASIEGER

Springreiten, Einzel

1912	J. Carion (F)
1920	T. Lequio (I)
1924	A. Gemuseus (CH)
1928	F. Ventura (CS)
1932	T. Nishi (J)
1936	K. Hasse (D)
1948	H. Mariles Cortés (MEX)
1952	P. Jonquères d'Oriola (F)
1956	H. Winkler (D)
1960	R. d'Inzeo (I)
1964	P. Jonquères d'Oriola (F)
1968	W. Steinkraus (USA)
1972	G. Mancinelli (I)
1976	A. Schockemöhle (D)
1980	J. Kowalczyk (PL)
1984	J. Fargis (USA)
1988	P. Durand (F)

Springreiten, Mannschaft

1912	Schweden
1920	Schweden
1924	Schweden
1928	Spanien
1936	Deutschland
1948	Mexiko
1952	Großbritannien
1956	Deutschland
1960	Deutschland
1964	Deutschland
1968	Kanada
1972	Bundesrep. Deutschland
1976	Bundesrep. Deutschland
1980	UdSSR
1984	USA
1988	Bundesrep. Deutschland

Dressurreiten, Einzel

1900	C. Haegeman (B)
1912	C. Bonde (S)
1920	J. Lundblad (S)
1924	E. Linder (S)
1928	C. Langen (D)
1932	F. Lesage (F)
1936	H. Pollay (D)
1948	H. Moser (CH)
1952	H. Saint-Cyr (S)
1956	H. Saint-Cyr (S)
1960	S. Filatov (SU)
1964	H. Chammartin (CH)
1968	I. Kizimow (SU)
1972	L. Linsenhoff (D)
1976	C. Stückelberger (CH)
1980	E. Theurer (AUS)
1984	R. Klimke (D)
1988	N. Uphoff (D)

Dressurreiten, Mannschaft

1928	Deutschland
1932	Frankreich
1936	Deutschland
1948	Frankreich
1952	Schweden
1956	Schweden
1964	Deutschland
1968	Bundesrep. Deutschland
1972	UdSSR
1976	Bundesrep. Deutschland
1980	UdSSR
1984	Bundesrep. Deutschland
1988	Bundesrep. Deutschland

Vielseitigkeit, Einzel

1912	A. Nordlander (S)
1920	H. Mörner (S)
1924	A. van der Voort van Zijp (NL)
1928	F. Pahud de Mortanges (NL)
1932	F. Pahud de Mortanges (NL)
1936	L. Stubbendorff (D)
1948	B. Chevalier (F)
1952	H. von Bixen-Finecke (S)
1956	P. Kastenman (S)
1960	L. Morgan (AUS)
1964	M. Checcoli (I)
1968	J. Goyon (F)
1972	L. Linsenhoff (D)
1976	E. Coffin (USA)
1980	F. Roman (I)
1984	K. Stives (USA)
1988	M. Todd (NZ)

Vielseitigkeit, Mannschaft

1912	Schweden
1920	Schweden
1924	Niederlande
1928	Niederlande
1932	USA
1936	Deutschland
1948	USA
1952	Schweden
1956	Großbritannien
1960	Australien
1964	Italien
1968	Großbritannien
1972	Großbritannien
1976	USA
1980	UdSSR
1984	USA
1988	Bundesrep. Deutschland

SPORT

AUTOMOBILSPORT

Der Automobilsport entstand kurz nach der Entwicklung der ersten Kraftfahrzeuge. Das erste offiziell organisierte Rennen geht auf 1894 zurück (zwischen Paris und Rouen). Der Wettkampf hat sich jedoch vor allem nach dem Zweiten Weltkrieg ausgebreitet: Die Fahrer-Weltmeisterschaft wurde 1950 gegründet. Es gibt zwei Hauptarten von Wettkämpfen, die Rennen auf Rennbahnen und die Rallyes.

Bahnrennen. Sie umfassen das reine Geschwindigkeitsfahren wie die Großen Preise der Formel 1 und die Dauerrennen, von denen das berühmteste noch immer das 24-Stunden-Rennen von Le Mans ist. In den Wettkämpfen der Formel 1 messen sich die schnellsten Fahrzeuge mit nur einem Sitzplatz, deren Leistung allerdings beschränkt und deren Ausrüstung genau festgelegt ist. So wurden Motoren mit Turbolader, die die Wettkämpfe beherrschten, ab der Saison 1989 verboten. Die Formel-1-Rennwagen haben nunmehr einen unaufgeladenen Motor, ein Mindestgewicht von 500 kg, einen Hubraum von 3,5 Litern und maximal 12 Zylinder.

Die großen Rennstrecken.
Es gibt etwa dreißig größere Rennstrecken, auf denen die bekanntesten Bahnrennen ausgetragen werden: Le Castellet und Le Mans in Frankreich; der Nürburgring und der Hockenheimring in Deutschland; Spa-Francorchamps und Zolder in Belgien; Monza und Imola in Italien; Brands Hatch und Silverstone in Großbritannien; Daytona Beach, Long Beach, Phoenix, Detroit und Indianapolis in den USA; Zandvoort in den Niederlanden; Zeltweg in Österreich; Jarama (Madrid) und Jerez in Spanien; Estoril in Portugal; Adelaide in Australien; Suzuka in Japan; Budapest in Ungarn; Montreal in Kanada; Rio de Janeiro und Sao Paulo in Brasilien; Kyalami in Südafrika; Buenos Aires in Argentinien; Mexiko City und Monaco.

Fahrerweltmeisterschaft (Formel 1).
Sie wird mit etwa fünfzehn Wertungsläufen des Großen Preises (1990: 16) ermittelt, für die Punkte nach den erhaltenen Plätzen vergeben werden: 10 (für den ersten Platz), 6, 4, 3, 2, 1.
Die Rennen des Großen Preises finden auf Bahnen mit einer durchschnittlichen Länge von ungefähr 4 km über Entfernungen zwischen 250 und 320 km statt, wobei die Dauer des Rennens nicht über zwei Stunden liegen darf. Dabei messen sich eine begrenzte Anzahl von Teilnehmern (etwa 25), die nach den Testläufen vom Tag vor dem Rennen ausgewählt werden.
Der Start erfolgt in einer Reihenfolge (Startfolge), die durch das Ergebnis der Qualifikationsläufe festgelegt ist. Der Fahrer mit der besten Zeit nimmt die *pole position* in der ersten Reihe, 8 bis 10 m vor dem zweitbesten, ebenfalls in der ›ersten Reihe‹ plazierten Fahrer ein. Eine Ampel schaltet von rot auf grün und gibt den Weg für die Fahrer frei, die sich nach dem *Warm-up* (Runde zum Warmfahren) aufgestellt haben. Der Start ist ein wichtiger Augenblick des Rennens, vor allem auf den Bahnen, wo das Überholen schwierig ist. An großen Fahrernamen sind v. a. zu nennen: Rudolf Caracciola, Bernd Rosemeyer, Juan Manuel Fangio, Jack Brabham, Jim Clark, John ›Jackie‹ Stewart, Nikolaus ›Niki‹ Lauda, Nelson Piquet, Alain Prost und Ayrton Senna.

A · **Der Größte.**
Fangio bleibt wahrscheinlich der größte Name in der Geschichte des Automobilsports. Auf jeden Fall ist seine 5malige Fahrerweltmeisterschaft ein unerreichter Rekord.

B · **Paris–Madrid.**
Louis Renault mit einem *Renault* bei dem tragischen Rennen Paris–Madrid 1903, das nach zahlreichen Unfällen (darunter auch Marcel Renault) mit mehreren Opfern nicht weiter als bis Bordeaux kam. Dieses Rennen steht ein Vierteljahrhundert lang für die die großen Rennen von Stadt zu Stadt.

C · **Le Mans.**
Die Vierundzwanzig Stunden von Le Mans sind heute gegenüber den Formel-1-Rennen, die die besten Fahrer anlocken, in den Hintergrund getreten. Ihre Geschichte ist jedoch lang und manchmal dramatisch. Hier der Zieleinlauf bei einem der ersten Rennen.

D · **Start.**
Der Start bei einem Großen Preis ist wohl einer der gefährlichsten Augenblick des Rennens. Dabei will man eine möglichst gute Position erreichen und unter den besten Bedingungen die Kurve am Ende der Geraden angehen.

E · **J. Clark.**
Die glänzende Karriere dieses berühmten Fahrers fand ein plötzliches Ende durch einen Unfall am Hockenheimring.

SPORT

DIE GROSSEN FAHRER

A · Fangio (Juan Manuel)
[Argentinien, *1911]. Er bleibt der Rekordmann bei den Siegen in der Fahrerweltmeisterschaft mit 5 Siegen, darunter 4 hintereinander (1951 und 1954 bis 1957).

Clark (Jim)
[Großbritannien 1936 bis 1968, auf dem Hockenheimring verunglückt]. Einer der Begabtesten seiner Generation, Sieger von 25 Großen-Preis-Rennen, zweimaliger Weltmeister der Fahrer (1963 und 1965).

B · Lauda (Niki)
[Österreich, *1949]. Er hat dreimal den Weltmeistertitel der Fahrer errungen (1975, 1977 und schließlich 1984), dazwischen lagen ein schwerer Unfall am Nürburgring (1976) und ein zeitweiliger Rückzug (von 1979 bis 1981).

Senna (Ayrton)
[Brasilien, *1960]. Der große Spezialist der *Pole positions* wurde 1988 und 1990 Weltmeister der Fahrer, als er sich jeweils nach einem engen Duell mit seinem Teamgefährten Alain Prost durchsetzte.

C · Prost (Alain)
[Frankreich, *1955]. Er war dreimal Weltmeister der Fahrer (1985, 1986 sowie 1989) und hält den Rekord der Siege bei Grand-Prix-Rennen (Ende 1990 45 Siege).

Rallyes. Dies sind Straßenrennen mit häufigen Prüfungen auf für den Verkehr geschlossenen Straßen, insbesondere für die Sonderprüfungen. Die Rallyes werden heute mit Tourenwagen oder Produktionswagen, von denen (mindestens) 5 000 Stück hergestellt wurden und deren Motorleistung auf 300 PS begrenzt ist, ausgetragen.

Seit etwa zwanzig Jahren haben die Rallyes immer mehr zugenommen. Zu nennen sind die Akropolis-Rallye, die Rallye von Korsika und Großbritannien, die Safari (Kenia), die Rallye Paris–Dakar und natürlich die älteste (1911) und noch immer berühmteste, die Rallye Monte Carlo. Es gibt eine Weltmeisterschaft der Fahrer und der Marken.

D · Rallye.
Einige Rallyes werden auf verschneiten Straßen (zumindest teilweise, wie die Rallye Monte Carlo) gefahren. Dazu sind spezielle Reifen und vor allem ein an diese Verhältnisse angepaßtes Fahren erforderlich.

24 STUNDEN VON LE MANS

1923 *Chenard et Walcker* (F): A. Lagache, R. Léonard
1924 *Bentley* (GB): J. Duff, F. Clément
1925 *La Lorraine* (F): G. de Courcelles, A. Rossignol
1926 *La Lorraine* (F): R. Bloch, A. Rossignol
1927 *Bentley* (GB): D. Benjafield, S. C. H. Davis
1928 *Bentley* (GB): W. Barnato, B. Rubin
1929 *Bentley* (GB): W. Barnato, H. R. S. Birkin
1930 *Bentley* (GB): W. Barnato, G. Kidston
1931 *Alfa Romeo* (I): Lord Howe, H. R. S. Birkin
1932 *Alfa Romeo* (I): R. Sommer, L. Chinetti
1933 *Alfa Romeo* (I): R. Sommer, T. Nuvolari
1934 *Alfa Romeo* (I): L. Chinetti, P. Étancelin
1935 *Lagonda* (GB): F. S. Hinmarsh, L. Fontes
1937 *Bugatti* (F): J. P. Wimille, R. Benoist
1938 *Delahaye* (F): E. Chaboud, J. Tremoulet
1939 *Bugatti* (F): J. P. Wimille, P. Veyron
1949 *Ferrari* (I): L. Chinetti, Lord Selsdon
1950 *Talbot-Lago* (F): L. Rosier, J.-L. Rosier
1951 *Jaguar* (GB): P. D. C. Walker, P. Whitehead
1952 *Mercedes-Benz* (D): H. Lang, F. Riess
1953 *Jaguar* (GB): T. Rolt, D. Hamilton
1954 *Ferrari* (I): J. F. Gonzales, M. Trintignant
1955 *Jaguar* (GB): M. Hawthorn, Y. Bueb
1956 *Jaguar* (GB): R. Flockhart, N. Sanderson
1957 *Jaguar* (GB): R. Fockhart, Y. Bueb
1958 *Ferrari* (I): P. Hill, O. Gendebien
1959 *Aston-Martin* (GB): C. Shelby, R. Salvadori
1960 *Ferrari* (I): P. Frere, O. Gendebien
1961 *Ferrari* (I): O. Gendebien, P. Hill
1962 *Ferrari* (I): O. Gendebien, P. Hill
1963 *Ferrari* (I): Scarfiotti, L. Bandini
1964 *Ferrari* (I): J. Guichet, L. Vaccarella
1965 *Ferrari* (I): J. Rindt, M. Gregory
1966 *Ford* (USA): C. Amon, B. McLaren
1967 *Ford* (USA): D. Gurney, A. J. Foyt
1968 *Ford* (USA/GB): P. Rodriguez, L. Blanchi
1969 *Ford* (USA/GB): J. Ickx, J. Olivier
1970 *Porsche* (D): H. Herman, R. Attwood
1971 *Porsche* (D): H. Marko, G. Van Lennep
1972 *Matra-Simca* (F): H. Pescarolo, G. Hill
1973 *Matra-Simca* (F): H. Pescarolo, G. Larousse
1974 *Matra-Simca* (F): H. Pescarolo, G. Larousse
1975 *Gulf-Mirage* (GB): J. Ickx, D. Bell
1976 *Porsche* (D): J. Ickx, G. Van Lennep
1977 *Porsche* (D): J. Ickx, Barth Haywood
1978 *Renault-Alpine* (F): D. Pironi, J.-P. Jaussaud
1979 *Porsche* (D): K. Ludwig-B., D. Whittington
1980 *Rondeau* (F): J. Rondeau, J.-P. Jaussaud
1981 *Porsche* (D): J. Ickx, D. Bell
1982 *Porsche* (D): J. Ickx, D. Bell
1983 *Porsche* (D): A. Holbert, H. Haywood, V. Schuppan
1984 *Porsche* (D): H. Pescarolo, K. Ludwig
1985 *Porsche* (D): K. Ludwig, P. Barrilla, J. Winter
1986 *Porsche* (D): H. Stuck, D. Bell, A. Holbert
1987 *Porsche* (D): H. Stuck, D. Bell, A. Holbert
1988 *Jaguar* (GB): J. Lammers, J. Dumfries, A. Wallace
1989 *Mercedes* (D): J. Mass, M. Reuteur, S. Dickens
1990 *Jaguar* (GB): J. Nielsen (DK), P. Cobb (USA), M. Brundle (GB)

FORMEL-1-KONSTRUKTIONS-WELTMEISTER

1950 *Alfa Romeo*: G. Farina (I)
1951 *Alfa Romeo*: J. M. Fangio (RA)
1952 *Ferrari*: A. Ascari (I)
1953 *Ferrari*: A. Ascari (I)
1954 *Maserati*: J. M. Fangio (RA)
1955 *Mercedes-Benz*: J. M. Fangio (RA)
1956 *Ferrari*: J. M. Fangio (RA)
1957 *Maserati*: J. M. Fangio (RA)
1958 *Ferrari*: M. Hawthorn (GB)
1959 *Cooper-Climax*: J. Brabham (AUS)
1960 *Cooper-Climax*: J. Brabham (AUS)
1961 *Ferrari*: P. Hill (USA)
1962 *BRM*: G. Hill (USA)
1963 *Lotus-Climax*: J. Clark (GB)
1964 *Ferrari*: J. Surtees (GB)
1965 *Lotus-Climax*: J. Clark (GB)
1966 *Repco-Brabham*: J. Brabham (AUS)
1967 *Repco-Brabham*: D. Hulme (NZ)
1968 *Lotus-Ford*: G. Hill (GB)
1969 *Matra-Ford*: J. Stewart (GB)
1970 *Lotus-Ford*: J. Rindt (AUS)
1971 *Tyrell-Ford*: J. Stewart (GB)
1972 *Lotus-Ford*: E. Fittipaldi (BR)
1973 *Tyrell-Ford*: J. Stewart (GB)
1974 *McLaren-Ford*: E. Fittipaldi (BR)
1975 *Ferrari*: N. Lauda (A)
1976 *McLaren-Ford*: J. Hunt (GB)
1977 *Ferrari*: N. Lauda (A)
1978 *Lotus-Ford*: M. Andretti (USA)
1979 *Ferrari*: J. Scheckter (ZA)
1980 *Williams-Ford*: A. Jones (AUS)
1981 *Brabham-Ford*: N. Piquet (BR)
1982 *Williams-Ford*: K. Rosberg (SF)
1983 *Brabham-BMW*: N. Piquet (BR)
1984 *McLaren-Porsche-TAG*: N. Lauda (A)
1985 *McLaren-Porsche-TAG*: A. Prost (F)
1986 *McLaren-Porsche-TAG*: A. Prost (F)
1987 *Williams-Honda*: N. Piquet (BR)
1988 *McLaren-Honda*: A. Senna (BR)
1989 *McLaren-Honda*: A. Prost (F)
1990 *McLaren-Honda*: A. Senna (BR)

1127

SPORT

MOTORRADSPORT

Im Motorradsport finden wie im Automobilsport jährlich Rennen um ›Große Preise‹ statt. Die Rennfahrzeuge sind für Geschwindigkeitsrennen auf Bahnen in folgende Kategorien eingeteilt: 80 cm³ (bis 1984 50 cm³), 125 cm³, 250 cm³ und 500 cm³. Es gibt auch einen Wettbewerb für Maschinen mit Beiwagen.

Eine Mischung zwischen Geschwindigkeitsrennen und Ausdauertests sind die Rallyes, die manchmal gleichzeitig für Autos wie bei der Paris–Dakar stattfinden, die Straßenrennen (Tour de France) oder die Langzeitrennen, wie der berühmte Bol d'or mit 24 Stunden.

Es gibt aber noch weitere sehr spezialisierte Wettkämpfe wie das Enduro-Rennen (Langstreckenrennen), Trial und der schon ältere Moto-Cross.

Der gesamte Motorradsport wird von der 1949 in London gegründeten Fédération Internationale Motocycliste (F.I.M.), mit Sitz in Genf, betreut, die jedoch seit Anfang des Jahrhunderts schon Vorläufer hatte. In Deutschland gehören die Motorradsportler dem Deutschen Motorsport-Verband an.

MOTORRADWELTMEISTERSCHAFTEN

500 cm³

Jahr	Fahrer	Maschine
1949	R. L. Graham (GB)	AJS
1950	U. Masetti (I)	Gilera
1951	G. Duke (GB)	Norton
1952	U. Masetti (I)	Gilera
1953	G. Duke (GB)	Gilera
1954	G. Duke (GB)	Gilera
1955	G. Duke (GB)	Gilera
1956	J. Surtees (GB)	MV Augusta
1957	L. Liberati (I)	Gilera
1958	J. Surtees (GB)	MV Augusta
1959	J. Surtees (GB)	MV Augusta
1960	J. Surtees (GB)	MV Augusta
1961	G. Hocking (ZA)	MV Augusta
1962	M. Hailwood (GB)	MV Augusta
1963	M. Hailwood (GB)	MV Augusta
1964	M. Hailwood (GB)	MV Augusta
1965	M. Hailwood (GB)	MV Augusta
1966	G. Agostini (I)	MV Augusta
1967	G. Agostini (I)	MV Augusta
1968	G. Agostini (I)	MV Augusta
1969	G. Agostini (I)	MV Augusta
1970	G. Agostini (I)	MV Augusta
1971	G. Agostini (I)	MV Augusta
1972	G. Agostini (I)	MV Augusta
1973	P. Read (GB)	MV Augusta
1974	P. Read (GB)	MV Augusta
1975	G. Agostini (I)	Yamaha
1976	B. Sheene (GB)	Suzuki
1977	B. Sheene (GB)	Suzuki
1978	K. Roberts (USA)	Yamaha
1979	K. Roberts (USA)	Yamaha
1980	K. Roberts (USA)	Yamaha
1981	M. Lucchinelli (I)	Suzuki
1982	F. Uncini (I)	Suzuki
1983	F. Spencer (USA)	Honda
1984	E. Lawson (USA)	Yamaha
1985	F. Spencer (USA)	Honda
1986	E. Lawson (USA)	Yamaha
1987	W. Gardner (AUS)	Honda
1988	E. Lawson (USA)	Yamaha
1989	E. Lawson (USA)	Honda
1990	W. Rainey (USA)	Yamaha

A · Geschwindigkeitsrennen

ähneln den Automobilrennen und finden manchmal auch auf den gleichen Rennstrecken mit etwa gleich hoher Geschwindigkeit statt (zumindest in der Klasse mit 500 cm³). Das Motorrad ist die Domäne der japanischen Konstrukteure, man findet sie jedoch praktisch nie im Sattel, wo die Amerikaner (Lawson), die Australier (Gardner) und die Europäer (Deutsche, Italiener, Briten und Franzosen) das Feld beherrschen.

B · Die Ideallinie.

Die aerodynamische Haltung ermöglicht eine höhere Geschwindigkeit.

C · Moto-Cross.

Er wird auf einer geschlossenen Rennstrecke mit unebenem, häufig schlammigem, jedoch trotzdem befahrbarem Gelände ausgetragen. Die normale Mindestlänge der Strecke liegt bei 1500 m mit einer Rundenbestzeit, die über 2 Minuten liegen muß. Die Breite der Startlinie liegt zwischen 80 und 125 m und darf nicht abrupt enger werden oder in ein erstes gefährliches Hindernis münden, das zu einem Stau führen könnte. Das Gelände darf nicht zu rutschig sein (in diesem Falle müssen Umleitungen um die schwierigen Teilstrecken eingerichtet werden), aber auch nicht zu trocken (hier ist eine Berieselung vorgesehen, natürlich mit Ausnahme der Brems- und Beschleunigungsstrecken, wo dies zu gefährlich ist).

D · Trial.

Der Trial ist ein spektakulärer Sport auf einer in der Regel noch holprigeren Strecke als beim Moto-Cross, von dem er sich vor allem dadurch unterscheidet, daß die Geschwindigkeit hier nicht die Hauptrolle spielt. Es ist v. a. ein Geschicklichkeitswettbewerb, insbesondere mit Non-stop-Strecken (in der Regel 20 bis 30 m lang), auf denen sich der Fahrer nicht mit dem Fuß abstützen oder zurückfahren darf (sonst gibt es Strafpunkte). Die Maschine muß einen wirksamen Schalldämpfer und Schutzverkleidungen haben, bei einem Sturz oder bei Verlust der Gewalt über die Maschine müssen alle gefährlichen, hervorstehenden Teile geschützt sein.

E · Enduro-Rennen.

Dies ist ein Wettkampf für Ausdauer und Beständigkeit. Er kann auf Wald- und Feldwegen und auf Stränden (aber so wenig wie möglich auf Asphalt) ausgetragen werden. Beim Enduro gibt es Verbindungsstrecken, die mit einer bestimmten Geschwindigkeit gefahren werden müssen, und Spezialprüfungen. Einige Enduro-Rennen können sich über 6 Tage erstrecken. Sie werden in den gleichen Kategorien wie bei den Geschwindigkeitsrennen ausgetragen. Die Motorräder müssen die Vorschriften der Straßenverkehrsordnung erfüllen, um so mehr, als der Wettkampf, zumindest teilweise, auf öffentlichen Straßen stattfindet.

SPORT

RADSPORT

Der Radsport ist noch kein wirklich weltweit praktizierter Sport, da er in einem großen Teil Asiens und vor allem in Afrika kaum oder gar nicht ausgeübt wird. Allerdings hat er seit kurzem ein internationales Niveau erreicht, wie dies der Sieg eines Amerikaners bei der Tour de France 1986 und die Teilnahme von Kolumbianern bei diesem Wettkampf bewies, der heute auch von Damen auf einer sehr abgemilderten und verkürzten Strecke ausgetragen wird.

Beim Radsport gibt es Profis und Amateure, zumindest in Westeuropa, da theoretisch alle Radfahrer aus Osteuropa Amateure sind. Dieser Sport wird sehr stark von Unternehmen gesponsert, deren Tätigkeit häufig in keinem Zusammenhang mit dem Fahrrad steht. Früher vertraten die Mannschaften eine Radmarke. Es gab auch, vor allem bei der Tour de France, Nationalmannschaften.

Der Radsport hat zwei große Disziplinen, das Straßenrennen und das Bahnrennen, dazu kommt eine Variante, das Querfeldeinfahren, das im übrigen relativ wenig ausgetragen wird.

DIE BAHN

Das Bahnrennen hatte seine goldene Zeit vor allem mit dem Zeitfahren, dem Steherrennen und früher auch mit den berühmten 6-Tage-Rennen.

Die Verbreitung überdachter Bahnen hat ihm örtliche Schwerpunkte (zum Beispiel in Berlin) gegeben. Es gibt zahlreiche Prüfungen: Zeitfahren, Verfolgungsrennen, Steherrennen, Tandemrennen, Mannschaftsrennen, dazu kommen das Fliegerrennen und das Keirinrennen, ein Geschwindigkeitsrennen, bei dem die Konkurrenten hintereinander in ausgeloster Reihenfolge hinter einem Kraftrad herfahren, das sich beim Einläuten der letzten Runde entfernt, damit sich die Konkurrenten im Sprint über die letzte Runde messen können.

Die 6-Tage-Rennen sind wesentlich humaner geworden, und die Mannschaften bestehen heute aus zwei oder drei Fahrern. Die Rennzeiten wurden verringert, was den Namen 6-Tage-Rennen eigentlich hat bedeutungslos werden lassen.

QUERFELDEINRENNEN

Wie der Name bereits sagt, ist dies eine Kombination von Radrennen, was vorherrschen muß, und Laufstrecken, wenn das Gelände mit dem Fahrrad nicht zu befahren ist. Der Fahrer trägt dabei sein Rad auf der Schulter. Eigentlich handelt es sich um eine Wintersportart, die auf unebenem, in der Regel schlammigem Gelände (Feld und Wald) ausgetragen wird. Ursprünglich sollte das Querfeldeinrennen vor allem die physische Kondition im Winter trainieren. Tatsächlich hat es aber nie die besten Radfahrer angelockt, wie sich dies auch in der Siegerliste der Weltmeister zeigt.

A

B

C

A · Steherrennen.
Das Steherrennen hat mit 70 km/h alle vorstellbaren Geschwindigkeiten übertroffen. Hierzu braucht man ein Fahrrad, dessen kleineres Vorderrad an der hinten am Motorrad befestigten Stange fast ›klebt‹. Hierzu ist ein völliges Einvernehmen zwischen dem Fahrer und dem Steher erforderlich, da dieser nicht zu schnell fahren darf, weil er sonst riskiert, den Radfahrer zu verlieren und ihm damit praktisch jegliche Chance auf einen Sieg nimmt.

C · Fliegerrennen.
Das Fliegerrennen ist die klassische Disziplin im Bahnrennsport über zwei oder drei Runden (mit 2, manchmal 3 Konkurrenten). Eigentlich ist es sehr häufig nur ein Sprint von etwa 200 m (in 11 Sekunden), nach einer im allgemeinen langsamen Fahrt (häufig mit Stehversuchen), wobei jeder Fahrer vermeidet, die Führung zu übernehmen. Am Schluß soll der Gegner durch einen plötzlichen Start überrascht werden, der hierbei erzielte Vorsprung ist dann vom Gegner nicht mehr aufzuholen.

D · Querfeldeinrennen.
Dies ist ein typisches Bild eines Fahrers, der sein Rad auf den steilsten Abschnitten auf der Schulter trägt.

Tandem.
Das Tandemfahren ist ein interessanter Wettkampf, er begeistert jedoch nur wenige Fahrer. Es ist eine einfache Abwandlung des Fliegerrennens, was natürlich ein vollkommenes Verständnis zwischen den beiden Mannschaftsmitgliedern erfordert.

B · Die Bahn.
Die früher im Freien liegenden, zementierten Bahnen hatten eine Länge von 400 m. Die Verbreitung der Hallenwettbewerbe (auf Holzbahnen) hat dieses Maß verkürzt, manchmal auf 200 m oder sogar darunter. Sie umfaßt jedoch noch immer überhöhte Kurven, mit denen die Fliehkraft aufgefangen werden soll, die die Fahrer bei voller Geschwindigkeit nach außen trägt.

E · Verfolgungsrennen.
Beim Verfolgungsrennen stehen sich zwei Konkurrenten (über 5 km bei Profis) oder zwei Mannschaften (mit jeweils 4 Fahrern) gegenüber, die von genau entgegengesetzten Punkten aus starten. Wie der Name schon sagt, besteht das Ziel darin, den Gegner einzuholen (was das Rennen unterbricht) oder zumindest den am Start gemessenen Abstand zu verringern (in den meisten Fällen). Der Italiener Coppi und der Franzose Rivière haben sich in dieser Disziplin ausgezeichnet.

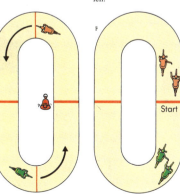

F · Zweiermannschaftsrennen.
Bei diesem Wettbewerb im Bahnfahren bilden 2 Fahrer eine Mannschaft und lösen einander durch Handauflegen ab. Gewertet wird nach Punkten und Überrundungen. Dies ist ein spektakulärer, aber bei vielen Fahrern auch verwirrender Wettkampf, der für den Zuschauer schwer zu verfolgen ist.

1129

SPORT

RADSPORT

STRASSENRENNEN

Das Straßenrennen bleibt trotz der Humanisierung der Wettkämpfe und der Verbesserung des Materials ein entbehrungsreicher Sport. Die großen Etappenrennen wie auch die wichtigsten Eintagesrennen von Stadt zu Stadt stehen oft im Mittelpunkt der Sportberichterstattung.

Große Etappenrennen. Die wichtigsten Etappenrennen sind zunächst die ›Tour de France‹ (1903 gegründet), der ›Giro d'Italia‹ (seit 1909) und die ›Spanien-Rundfahrt‹ (erstmals 1935; seit 1955 jährlich), die jeweils etwa drei Wochen dauern. Es gibt weitere, kürzere Rennen von einer Woche, ›die kleinen Landesrundfahrten‹ (Schweiz) oder ›Regionalrennen‹ (das ›Dauphiné libéré‹) oder andere Strecken (›Paris–Nizza‹ und ›Rund um den Henningerturm‹).

Große Klassiker. Die begehrtesten Klassiker bleiben ›Paris–Roubaix‹ (seit 1896), ›Mailand–San Remo‹ (1907), die ›Lombardei-Rundfahrt‹ (1894), die ›Flandernrundfahrt‹ (1913), ›Wallonienrundfahrt‹ (1936). Klassiker wie der große ›Preis der Nationen‹ (Zeitfahren) oder das (zumindest früher) berühmte ›Paris–Bordeaux‹ (etwa 600 km), wo der Fahrer zumindest auf einem Teil der Strecke die Hilfe eines motorisierten Stehers in Anspruch nehmen kann, muß man gesondert betrachten. Natürlich kann zu den Klassikern auch die Weltmeisterschaft im Straßenrennen gerechnet werden, die an einem einzigen Tag ausgetragen wird.

A · Paris–Roubaix.
Dies ist ein legendäres Rennen, vor allem in seiner Endstrecke, der ›Hölle des Nordens‹, die so genannt wird, da sie häufig noch aus gepflasterten Abschnitten besteht. Hier werden Mensch und Rad noch in hohem Maße gefordert, vor allem bei Regen, der eine darüber hinaus oft noch enge Straße rutschig und gefährlich macht.

B · Bordeaux–Paris.
Ein weiteres legendäres Rennen im Radsport. Die Schwierigkeit liegt natürlich in der Länge der Strecke (etwa 600 km), die nicht völlig durch die Hilfestellung (nur auf einem Teil der Strecke) von einem motorisierten Steher ausgeglichen wird. Dieses Rennen zieht heute eigentlich nicht mehr die besten Radsportler an.

C · Tour de France.
Die ›Tour‹ bleibt das bekannteste Rennen im Radsport. Seit ihrer ersten Veranstaltung Anfang des Jahrhunderts hat sie eine lange Geschichte von Glanztaten geschrieben. Drei Männern, zwei Franzosen (Jacques Anquetil und Bernard Hinault) und einem Belgier (Eddy Merckx), ist es gelungen, jeweils fünf Siege zu erringen, was schwer zu übertreffen und zu wiederholen sein wird.

D · Der Sturzring.
Der Sturzring ist ein mit dickem Leder versehenes Metallgeflecht, das den Kopf des Rennfahrers bei Stürzen schützen soll. Der Zwischenraum zwischen den gepolsterten Bügeln soll nicht mehr als 4,5 cm betragen. Sturzringe müssen bei allen Bahn-, Rundstrecken- und Querfeldeinrennen getragen werden, bei Straßenrennen nur von Amateuren.

F · Schuhe.
Sie müssen weich und leicht sein, aber auch widerstandsfähig (dicke Ledersohle).

E · Handschuhe.
Um einen besseren Griff am Lenker zu gewährleisten, werden stets fingerlose Handschuhe getragen.

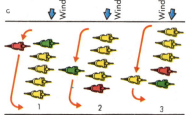

G · Windschattenfahren.
Das Windschattenfahren ist eine Fahrtechnik, die bei ungünstigem Wind möglichst wenig Angriffsfläche bieten soll. Die Sportler staffeln sich senkrecht zum Wind und schützen sich gegenseitig, wobei jeder sich einmal an der Spitze direkt dem Wind aussetzt. Das Windschattenfahren ist dann besonders wirksam, wenn die Mannschaft gut harmonisiert.

SPORT

Eddy Merckx
(Belgien, *1945).

ENTWICKLUNG DES STUNDEN-WELTREKORDS

- 1893 H. Desgrange (F) 35,325 km (Paris)
- 1894 J. Dubois (F) 38,220 km (Paris)
- 1897 M. Van den Eynde* (B) 39,240 km (Paris)
- 1898 W. Hamilton (USA) 40,791 km (Denver)
- 1905 L. Petit-Breton (F) 41,110 km (Paris)
- 1907 M. Berthet (F) 41,520 km (Paris)
- 1912 O. Egg (CH) 42,360 km (Paris)
- 1913 M. Berthet (F) 42,741 km (Paris)
- 1913 O. Egg (CH) 43,525 km (Paris)
- 1913 M. Berthet (F) 43,775 km
- 1914 O. Egg (CH) 44,247 km (Paris)
- 1933 M. Richard (F) 44,777 km (Saint-Brieuc)
- 1935 G. Olmo (I) 45,090 km (Mailand)
- 1936 M. Richard (F) 45,398 km (Mailand)
- 1937 M. Slaats (NL) 45,558 km (Mailand)
- 1937 M. Archambaud (F) 45,840 km (Mailand)
- 1942 F. Coppi (I) 45,871 km (Mailand)
- 1956 J. Anquetil (F) 46,159 km (Mailand)
- 1956 E. Baldini (I) 46,393 km (Mailand)
- 1957 R. Rivière (F) 46,923 km (Mailand)
- 1958 R. Rivière (F) 47,346 km (Mailand)
- 1967 F. Bracke (B) 48,093 km (Rom)
- 1968 O. Ritter (DK) 48,653 km (Mexiko)
- 1972 E. Merckx (B) 49,431 km (Mexiko)
- 1984 F. Moser (I) 51,151 km (Mexiko)

*Amateur

STRASSEN-WELTMEISTER

Herren

- 1927 A. Binda (I)
- 1928 G. Ronsse (B)
- 1929 G. Ronsse (B)
- 1930 A. Binda (I)
- 1931 L. Guerra (I)
- 1932 A. Binda (I)
- 1933 G. Speicher (F)
- 1934 K. Kaers (B)
- 1935 J. Aerts (B)
- 1936 A. Magne (F)
- 1937 E. Meulenberg (B)
- 1938 M. Kint (B)
- 1946 H. Knecht (CH)
- 1947 A. Middelkamp (NL)
- 1948 B. Schotte (B)
- 1949 R. Van Steenbergen (B)
- 1950 B. Schotte (B)
- 1951 F. Kubler (CH)
- 1952 H. Müller (D)
- 1953 F. Coppi (I)
- 1954 L. Bobet (F)
- 1955 S. Ockers (B)
- 1956 R. Van Steenbergen (B)
- 1958 E. Baldini (I)
- 1959 A. Darrigade (F)
- 1960 R. Van Looy (B)
- 1961 R. Van Looy (B)
- 1962 J. Stablinski (F)
- 1963 B. Beheyt (B)
- 1964 J. Janssen (NL)
- 1965 T. Simpson (GB)
- 1966 R. Altig (D)
- 1967 E. Merckx (B)
- 1968 V. Adorni (I)
- 1969 H. Ottenbros (NL)
- 1970 J.-P. Monseré (B)
- 1971 E. Merckx (B)
- 1972 M. Basso (I)
- 1973 F. Gimondi (I)
- 1974 E. Merckx (B)
- 1975 H. Kuiper (NL)
- 1976 F. Maertens (B)
- 1977 F. Moser (I)
- 1978 G. Knetemann (NL)
- 1979 J. Raas (NL)
- 1980 B. Hinault (F)
- 1981 F. Maetens (B)
- 1982 G. Saronni (I)
- 1983 G. LeMond (USA)
- 1984 L. Criquielion (B)
- 1985 J. Zoetemelk (NL)
- 1986 M. Argentin (I)
- 1987 S. Roche (IRL)
- 1988 M. Fondriest (I)
- 1989 G. LeMond (USA)
- 1990 J. Dhaenens (B)

Damen

- 1985 J. Longo (F)
- 1986 J. Longo (F)
- 1987 J. Longo (F)
- 1988 nicht ausgetragen
- 1989 J. Longo (F)
- 1990 C. Marsal (F)

BAHN-SPRINTER-WELTMEISTER

- 1895 I. Protin (B)
- 1896 P. Bourillon (F)
- 1897 W. Arend (D)
- 1898 G. A. Banker (USA)
- 1899 M. Taylor (USA)
- 1900 E. Jacquelin (F)
- 1901 T. Ellegaard (DK)
- 1902 T. Ellegaard (DK)
- 1903 T. Ellegaard (DK)
- 1904 I. Lawson (USA)
- 1905 G. Poulain (F)
- 1906 T. Ellegaard (DK)
- 1907 E. Friol (F)
- 1908 T. Ellegaard (DK)
- 1909 V. Dupré (F)
- 1910 E. Friol (F)
- 1911 T. Ellegaard (DK)
- 1912 F. Kramer (USA)
- 1913 W. Rutt (D)
- 1920 R. Spears (AUS)
- 1921 P. Moeskops (NL)
- 1922 P. Moeskops (NL)
- 1923 P. Moeskops (NL)
- 1924 P. Moeskops (NL)
- 1925 E. Kaufman (CH)
- 1926 P. Moeskops (NL)
- 1927 L. Michard (F)
- 1928 L. Michard (F)
- 1929 L. Michard (F)
- 1930 L. Michard (F)
- 1931 F. Hansen (DK)
- 1932 J. Scherens (B)
- 1933 J. Scherens (B)
- 1934 J. Scherens (B)
- 1935 J. Scherens (B)
- 1936 J. Scherens (B)
- 1937 J. Scherens (B)
- 1938 A. Van Vliet (NL)
- 1939 nicht ausgetragen
- 1946 J. Derksen (NL)
- 1948 A. Van Vliet (NL)
- 1949 R. Harris (GB)
- 1950 R. Harris (GB)
- 1951 R. Harris (GB)
- 1952 O. Plattner (CH)
- 1953 A. Van Vliet (NL)
- 1954 R. Harris (GB)
- 1955 A. Maspes (I)
- 1956 A. Maspes (I)
- 1957 J. Derksen (NL)
- 1958 M. Rousseau (F)
- 1959 A. Maspes (I)
- 1960 A. Maspes (I)
- 1961 A. Maspes (I)
- 1962 A. Maspes (I)
- 1963 S. Gaiardoni (I)
- 1964 A. Maspes (I)
- 1965 G. Beghetto (I)
- 1966 G. Beghetto (I)
- 1967 P. Sercu (B)
- 1968 G. Beghetto (I)
- 1969 P. Sercu (B)
- 1970 G. Johnson (AUS)
- 1971 L. Loevesijn (NL)
- 1972 R. Van Lancker (B)
- 1973 R. Van Lancker (B)
- 1974 S. Patterson (DK)
- 1975 J. Nicholson (AUS)
- 1977 K. Nakano (J)
- 1978 K. Nakano (J)
- 1979 K. Nakano (J)
- 1980 K. Nakano (J)
- 1981 K. Nakano (J)
- 1982 K. Nakano (J)
- 1983 K. Nakano (J)
- 1984 K. Nakano (J)
- 1985 K. Nakano (J)
- 1986 K. Nakano (J)
- 1987 K. Nakano (J)
- 1988 S. Pate (AUS)
- 1989 C. Golinelli (I)
- 1990 M. Hübner (DDR)

TOUR DE FRANCE

- 1903 M. Garin (F)
- 1904 H. Cornet (F)
- 1905 L. Trousselier (F)
- 1906 R. Pottier (F)
- 1907 L. Petit-Breton (F)
- 1908 L. Petit-Breton (F)
- 1909 F. Faber (L)
- 1910 O. Lapize (F)
- 1911 G. Garrigou (F)
- 1912 O. Defraye (B)
- 1913 P. Thys (B)
- 1914 P. Thys (B)
- 1919 F. Lambot (B)
- 1920 P. Thys (B)
- 1921 L. Scieur (B)
- 1922 F. Lambot (B)
- 1923 H. Pélissier (F)
- 1924 O. Bottecchia (I)
- 1925 O. Bottecchia (I)
- 1926 L. Buysse (B)
- 1927 N. Frantz (L)
- 1928 N. Frantz (L)
- 1929 M. Dewaele (B)
- 1930 A. Leducq (F)
- 1931 A. Magne (F)
- 1932 A. Leducq (F)
- 1933 G. Speicher (F)
- 1934 A. Magne (F)
- 1935 R. Maes (B)
- 1936 S. Maes (B)
- 1937 R. Lapébie (F)
- 1938 G. Bartali (I)
- 1939 S. Maes (B)
- 1947 J. Robic (F)
- 1948 G. Bartali (I)
- 1949 F. Coppi (I)
- 1950 F. Kubler (CH)
- 1951 H. Koblet (CH)
- 1952 F. Coppi (I)
- 1953 L. Bobet (F)
- 1954 L. Bobet (F)
- 1955 L. Bobet (F)
- 1956 R. Walkowiak (F)
- 1957 J. Anquetil (F)
- 1958 Ch. Gaul (L)
- 1959 F. Bahamontes (E)
- 1960 G. Nencini (I)
- 1961 J. Anquetil (F)
- 1962 J. Anquetil (F)
- 1963 J. Anquetil (F)
- 1964 J. Anquetil (F)
- 1965 F. Gimondi (I)
- 1966 L. Aimar (F)
- 1967 R. Pingeon (F)
- 1968 J. Janssen (NL)
- 1969 E. Merckx (B)
- 1970 E. Merckx (B)
- 1971 E. Merckx (B)
- 1972 E. Merckx (B)
- 1973 L. Ocaña (E)
- 1974 E. Merckx (B)
- 1975 B. Thévenet (F)
- 1976 L. Van Impe (B)
- 1977 B. Thévenet (F)
- 1978 B. Hinault (F)
- 1979 B. Hinault (F)
- 1980 J. Zoetemelk (NL)
- 1981 B. Hinault (F)
- 1982 B. Hinault (F)
- 1983 L. Fignon (F)
- 1984 L. Fignon (F)
- 1985 B. Hinault (F)
- 1986 G. LeMond (USA)
- 1987 S. Roche (IRL)
- 1988 P. Deigado (E)
- 1989 G. LeMond (USA)
- 1990 G. LeMond (USA)

GIRO D'ITALIA

- 1909 L. Ganna (I)
- 1910 C. Galetti (I)
- 1911 C. Galetti (I)
- 1912 Atala (C. Galetti, G. Micheletto, E. Pavesi) (I)
- 1913 C. Oriani (I)
- 1914 A. Calzolari (I)
- 1919 C. Girardengo (I)
- 1920 G. Belonni (I)
- 1921 G. Brunero (I)
- 1922 G. Brunero (I)
- 1923 G. Girardengo (I)
- 1924 G. Enrici (I)
- 1925 A. Binda (I)
- 1926 G. Brunero (I)
- 1927 A. Binda (I)
- 1928 A. Binda (I)
- 1929 A. Binda (I)
- 1930 L. Marchisio (I)
- 1931 F. Camusso (I)
- 1932 A. Pesanti (I)
- 1933 A. Binda (I)
- 1934 L. Guerra (I)
- 1935 U. Bergamaschi (I)
- 1936 G. Bartali (I)
- 1937 G. Bartali (I)
- 1938 G. Valetti (I)
- 1939 G. Valetti (I)
- 1940 F. Coppi (I)
- 1946 G. Bartali (I)
- 1947 F. Coppi (I)
- 1948 F. Magni (I)
- 1949 F. Coppi (I)
- 1950 H. Koblet (CH)
- 1951 F. Magni (I)
- 1952 F. Coppi (I)
- 1953 F. Coppi (I)
- 1954 C. Clerici (CH)
- 1955 F. Magni (I)
- 1956 C. Gaul (L)
- 1957 G. Nencini (I)
- 1958 E. Baldini (I)
- 1959 C. Gaul (L)
- 1960 J. Anquetil (F)
- 1961 A. Pambianco (I)
- 1962 F. Balmanion (I)
- 1963 F. Balmanion (I)
- 1964 J. Anquetil (F)
- 1965 V. Adorni (I)
- 1966 G. Motta (I)
- 1967 F. Gimondi (I)
- 1968 E. Merckx (B)
- 1969 F. Gimondi (I)
- 1970 E. Merckx (B)
- 1971 G. Pettersson (S)
- 1972 E. Merckx (B)
- 1973 E. Merckx (B)
- 1974 E. Merckx (B)
- 1975 F. Bertoglio (I)
- 1976 F. Gimondi (I)
- 1977 M. Pollentier (B)
- 1978 J. Demuynck (B)
- 1979 G. Saronni (I)
- 1980 B. Hinault (F)
- 1981 G. Battaglin (I)
- 1982 B. Hinault (F)
- 1983 G. Saronni (I)
- 1984 F. Moser (I)
- 1985 B. Hinault (F)
- 1986 R. Visentini (I)
- 1987 S. Roche (IRL)
- 1988 A. Hampsten (USA)
- 1989 L. Fignon (F)
- 1990 G. Bugno (I)

SPANIEN-RUNDFAHRT

- 1935 G. Deloor (B)
- 1936 G. Deloor (B)
- 1941 J. Berrendero (E)
- 1942 J. Berrendero (E)
- 1945 D. Rodriguez (E)
- 1946 D. Langarica (E)
- 1947 E. Van Dijck (B)
- 1948 B. Ruiz (E)
- 1950 E. Rodriguez (E)
- 1955 J. Dotto (F)
- 1956 A. Conterno (I)
- 1957 J. Loroño (E)
- 1958 J. Stablinski (F)
- 1959 A. Suarez (E)
- 1960 F. De Mulder (B)
- 1961 A. Soler (E)
- 1962 R. Altig (D)
- 1963 J. Anquetil (F)
- 1964 R. Poulidor (F)
- 1965 R. Wolfshohl (D)
- 1966 F. Gabica (E)
- 1967 J. Janssen (NL)
- 1968 F. Gimondi (I)
- 1969 R. Pingeon (F)
- 1970 L. Ocaña (E)
- 1971 F. Bracke (B)
- 1972 J. M. Fuente (E)
- 1973 E. Merckx (B)
- 1974 J. M. Fuente (E)
- 1975 A. Tamanes (E)
- 1976 J. Pesarrodona (E)
- 1977 F. Maertens (B)
- 1978 B. Hinault (F)
- 1979 J. Zoetemelk (NL)
- 1980 F. Ruperez (E)
- 1981 G. Battaglin (I)
- 1982 M. Lejarreta (E)
- 1983 B. Hinault (F)
- 1984 E. Caritoux (F)
- 1985 P. Delgado (E)
- 1986 A. Pino (E)
- 1987 L. Herrera (E)
- 1988 S. Kelly (IRL)
- 1989 P. Delgado (E)
- 1990 M. Giovannetti (I)

1131

SPORT

FALLSCHIRMSPRINGEN

Fallschirmspringen ist ein vollwertiger Sport geworden, der sich heute nicht mehr auf den Einsatz einer Ausrüstung zum Begrenzen der Fallgeschwindigkeit beschränkt. Bei freiem Fall erreicht der Körper eine Geschwindigkeit von ungefähr 200 km/h, die durch den Fallschirm um etwa 90 % verringert wird.

Fallschirmspringen umfaßt etwa zwölf Wettkämpfe: Zielspringen (einzeln oder in Gruppen), Paraski (Zielsprung und Riesenslalom), Stilspringen (einzeln), Relativspringen (4, 6 und 16 oder in großer Formation), Kappen-Formationsspringen (4 oder 8 Springer oder in großer Formation).

Paraski.
Beim Paraskiwettbewerb werden Skiwettbewerbe (zwei Riesenslaloms) und Fallschirmspringen (mindestens 2 Zielsprünge) kombiniert.

Diese Disziplin, die an den Biathlon im nordischen Skisport erinnert (hier wird jedoch das Schießen durch den Sprung und der Langlauf durch den Slalom ersetzt) wird selbstverständlich in bergigen Gebieten ausgeübt.

A · **Kappen-formationsspringen.**
Das Kappenformationsspringen erfolgt mit offenem Fallschirm (in der Regel 4 oder 8 Springer). Die Springer haken sich mit den Füßen in die Haupttragegurte des jeweils unteren Springers ein. Beim Wettkampf werden feste und freie Sequenzen, Drehungen und Geschwindigkeitsspringen (Springer müssen sich möglichst schnell vereinen und mindestens zwanzig Sekunden zusammenbleiben) miteinander kombiniert.

C · **Formationsspringen.**
Beim Formationsspringen muß eine Reihe vorgeschriebener Formationen in einer durch Los bestimmten Reihenfolge durchgeführt werden. Die Sprünge werden in Höhen von 2750 bis 3000 m durchgeführt. Natürlich erfordert diese Disziplin ein gemeinsames Training sowie eine gute Technik jedes Wettkämpfers.

B · **Figurenspringen.**
Das Figurenspringen (aus 2000 m Höhe) ist ein freier Fall, in dem der Wettkämpfer die Zeit haben muß, eine Folge von sechs vorgeschriebenen Figuren zu vollführen.

D · **Paragliding.**
Es ähnelt dem freien Flug. Die Bauweise des Schirms ermöglicht das Starten von mittleren oder steilen Hängen. Er kann also für Flüge im Gebirge eingesetzt werden (ohne Einsatz eines Flugzeugs, was wirtschaftlich interessant ist), oder zum Training für das Zielspringen auf im Tal vorbereitete Ziele verwendet werden.

E · **Gurtzeug.**
Mit dem Gurtzeug soll vor allem die Belastung auf den Körper verteilt werden. Am Gurtzeug ist die Verpackung befestigt, in der sich der nach dem jeweiligen Gerätehandbuch gepackte Fallschirm befindet. Nach dem Absprung erfolgt die Öffnung des Schirms entweder automatisch oder manuell durch den Springer selbst.

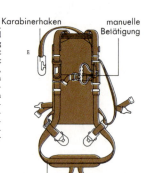

Karabinerhaken — manuelle Betätigung
Hauptriemen — Schenkelriemen

F · **Aufsteigendes Fallschirmspringen.**
In Urlaubsorten (v. a. am Meer) angebotenes Freizeitvergnügen. Hierbei wird der am Fallschirm Hängende durch ein Motorfahrzeug (Boot u. a.) oder eine Winde in die Luft gezogen.

G · **Zielspringen.**
Nach einem Sprung aus einer Standardhöhe von 1000 m muß eine Nullscheibe von 5 cm Durchmesser in der Mitte eines Zieles getroffen werden. Beim Einzelwettbewerb bestimmt jeder Springer seinen Absetzpunkt. In einer Mannschaft springen die 4 Partner beim gleichen Durchgang, öffnen ihre Fallschirme jedoch mit einer kleinen zeitlichen Verzögerung, um zu vermeiden, das Ziel zur selben Zeit zu treffen. Das Mannschaftsresultat ergibt sich aus dem Zusammenzählen der Abstände jedes Wettkämpfers von der Nullscheibe.

SPORT

DRACHENFLIEGEN, SEGELFLUG

Der freie Flug ist ein mit einem *freien Fluggerät* betriebener Luftsport, der wegen der Form des Fluggeräts auch *Drachenfliegen* genannt wird. Beim Segelflug nutzt das *Segelflugzeug* die Luftströmung. Das *Ultraleichtflugzeug*, das jüngste in dieser Reihe des Luftsports, ist ein kleines Fluggerät in vereinfachter Konzeption, ein Ein- oder Zweisitzer mit einem Leergewicht bis zu 115 kg beim Einsitzer und bis zu 150 kg beim Zweisitzer und einem Motor von ungefähr zwanzig bis vierzig PS.

B · Ultraleichtflugzeuge.
Das Ultraleichtflugzeug kam in den 70er Jahren in Kalifornien auf und hat sich rasch zu zwei Typen von Flugzeugen herausgebildet. Der erste leitet sich vom Drachenfliegen ab und behält die Steuerung durch direkte Einwirkung auf den Flügel bei (*hängendes* System). Der zweite hat eine eher klassische Aerodynamik mit Flügeln, Leitwerk und Steuerrudern für 2 oder 3 Achsen. Es gibt einsitzige und zweisitzige (vor allem zum Lernen) Ultraleichtflugzeuge. Ihr Aufbau besteht in der Regel aus Rohren aus Leichtmetall und aus einem Motor, der heute häufig speziell für diesen Sport konzipiert wird. Die Fluggeschwindigkeit schwankt zwischen 40 und 80 km/h. Start und Landung auf Gras benötigen nur eine Bahn von etwas mehr als zehn Meter.

C · Drachenfliegen.
Das Drachenfliegen beruht auf der Ausnutzung von Luftströmungen (vor allem aufsteigenden Strömungen). Es erfordert also gute Kenntnisse im Bereich der Aerodynamik und der Aerologie. Die Handhabung des Drachens erfolgt mit Hilfe des Trapezes (oder Dreiecks), des wichtigsten Teils des Aufbaus, mit einer Segelfläche von ungefähr 17 bis 25 m². Dieser aus den Forschungen des Amerikaners Francis Rogalle in den 40er Jahren entstandene Sport verbreitete sich erst in den 60er Jahren durch einen weiteren Amerikaner (R. Miller) und zwei Österreicher (Bennet und Moyes). Er kam nach 1970 nach Europa.

starkes Gefälle: normaler Flugwinkel

abnehmendes Gefälle: gefährlicher Start

zunehmendes Gefälle leichter Start

geringes Gefälle: geringer Winkel

A · Drachenfliegen.
Der Start erfolgt nach einem Anlauf auf einem ziemlich steilen Hang gegen den Wind, ein Gefälle von ungefähr 20° und Gegenwind von etwa 15 km/h sind günstige natürliche Bedingungen.

D · Das Segelflugzeug.
Die Möglichkeit, eine geringe Sinkgeschwindigkeit in ruhiger Luft zu erhalten, erfordert, daß das Segelflugzeug eine große aerodynamische Feinheit, lang gestreckte Flügel besitzt und insgesamt ausreichend leicht konstruiert ist, um in der Luft zu schweben oder zu gleiten; es muß allerdings auch ziemlich stabil sein, wenn es in Zonen mit starken Turbulenzen kommt.

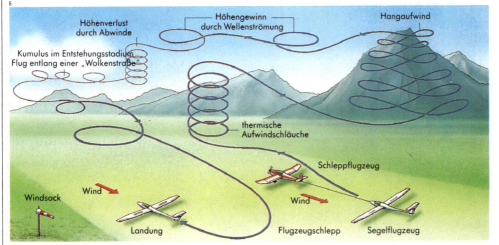

E · Segelflug.
Die Kunst des Segelfliegens beruht auf der Suche und dem Ausnutzen von aufsteigenden Luftströmungen. Das Segelflugzeug kann jedoch nicht allein die notwendige Geschwindigkeit und Höhe erreichen, um in eine aufsteigende Zone zu kommen. Es muß also vorher durch eine Motorwinde angezogen oder in den meisten Fällen durch ein Schleppflugzeug angeschleppt werden, wobei das Schleppseil von dem Segelflieger an der gewünschten Stelle und Höhe freigegeben wird.

1133

SPORT

BERGSTEIGEN

Die Geschichte des Bergsteigens ist etwas mehr als zwei Jahrhunderte alt. Sie begann eigentlich mit der Besteigung des Mont Blanc durch J. Balmet und M. G. Paccard 1786. Im 19. Jh. wurden fast alle Gipfel der Alpen bestiegen: der Großglockner (1800), die Jungfrau (1811), der Monte Rosa (1855) sowie das berühmte Matterhorn (1865). Die Briten (Whymper, Tyndall, Mummery) waren mit der Unterstützung der ersten großen Bergführer (Almer, Anderegg, Burgener) die ersten Pioniere dieses Abenteuers. Außerhalb Europas wurden der Aconcagua (höchster Gipfel der Anden), der Mount Cook (Neuseeland) und der Kilimandscharo (höchster Berg Afrikas) noch vor der Jahrhundertwende bezwungen. Den Himalaja und vor allem ›die 14 Achttausender und höheren Berge‹ wollten viele besteigen, allerdings gelang dies jedoch erst 1950. Anschließend wurden sie alle sehr rasch bezwungen (das ›Dach der Welt‹, der Mount Everest 1953, durch E. Hillary und Tenzing Norgay, lange nachdem Mallory und Irvine 1924 in Gipfelnähe starben). Da es keine neuen Gipfel mehr zu erstürmen gibt, hat sich das Bergsteigen seit einiger Zeit der Suche nach schwierigeren Wegen, Winterbesteigungen und Besteigungen ohne Sauerstoffgeräte (v. a. R. Messner) zugewandt.

DIE GROSSEN NAMEN

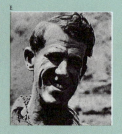

E · **Sir Edmund Hillary.**
Der Neuseeländer war mit dem Sherpa Tenzing Norgay der erste Bezwinger des Mount Everest 1953.

F · **Reinhold Messner.**
Der Italiener hat zwischen 1970 und 1986 alle 14 Achttausender bestiegen.

G · **Walter Bonatti.**
Der Italiener war 1965 der erste, der im Winter das Matterhorn direkt von der Nordseite bestieg.

A · **Karabinerhaken.**
Dies ist ein ovaler Leichtmetallring mit einer beweglichen Klinke, der zur Verbindung eines Seils mit einem Felshaken oder Steigeisen bei den Sicherungsmanövern oder bei künstlichem Klettern verwendet wird.

B · **Seil.**
Die früheren Hanf- oder Manilahanfseile wurden durch weichere, leichtere, nicht verschleißbare Nylonseile ersetzt, die die Energie des Falls beim Sturz eines Bergsteigers besser abfangen. Man verwendet vor allem die 40 m langen einfachen Sicherungsseile (11 mm Durchmesser) und das 70 bis 80 m lange und zweifarbige Doppelseil mit 9 mm Durchmesser.

C, D · **Klemmkeil.**
Der Klemmkeil aus Stahl oder Leichtmetall wird zur Sicherung an einer Felswand verwendet. Er übernimmt die Aufgabe des Felshakens und wird in einer Spalte befestigt, wo er sich unter Zugwirkung verkeilt. Wenn er gut gesetzt ist, ist die Absicherung wirksam und verunstaltet den Fels im Gegensatz zum Haken nicht. Die Klemmkeile kamen in den 50er Jahren auf und sind heute in großer Vielfalt zu erhalten.

H, I · **Hammer.**
Zwischen Eispickel und Hammer sind die Unterschiede manchmal sehr fein. Es gibt übrigens eine Kombination von beiden, mit der sowohl verankert als auch Haken gesetzt werden können. Der Eishammer hat einen kurzen Griff (ca. 50 cm) und besitzt eine typische, sehr stark nach unten gekrümmte Klinge.

J · **Eisschrauben.**
Die Eisschraube ist ein langer Haken aus Metall, den man in den Schnee oder das Eis treibt und an dem ein Karabinerhaken zur Absicherung befestigt wird. Die traditionellen, mit dem Hammer eingeschlagenen Schrauben wurden allmählich durch Eisschrauben ersetzt, die sich nicht so leicht losreißen.

K · **Eispickel.**
Der für Schnee- und Eisklettern verwendete Eispickel besteht aus einem Stiel, der an einem Ende in einer mit einer Fassung befestigten Pike, am anderen Ende in einer Art Hacke, die aus einer Pinne und einer Spitze gebildet wird, endet. Der Kopf des Pickels hat ein Loch zum Durchziehen eines Karabinerhakens.

L · **Schuhe.**
Sie dienen zum Schutz und zum Vorankommen und gehören zur Grundausstattung. Die Schuhe mit Plastikschalen haben die klassischen Lederschuhe ersetzt, da sie den Vorteil haben, undurchlässig, leicht und schnelltrocknend zu sein, allerdings auch einen Nachteil bei der Transpiration haben. So wird jedes Mal, wenn das Gelände es zuläßt, der Stiefel durch einen leichteren, weniger hohen Schuh ersetzt, wenn man nicht mit bloßen Füßen klettert.

M · **Handschuhe.**
Die Handschuhe aus dünnem Leder sind für Felsen und Eis geeignet, Wollhandschuhe dagegen für Schnee. Fausthandschuhe schützen besser vor Kälte als Fingerhandschuhe, sind jedoch bei heiklen Griffen und bei technischen Problemen von Nachteil.

N · **Felshaken**
dienen als Verankerungspunkte zum Ausruhen oder Abseilen, als Absicherungspunkte (vom Seilersten zur Absicherung seines Fortkommens gesetzt) und als Stützpunkte bei künstlichem Klettern.

1134

SPORT

A · Stemmen.

Diese Technik, die auch von Höhlenkundlern und zum Hinaufklettern in einem Kamin oder Riß angewandt wird, besteht darin, daß man auf die Wände Kräfte in entgegengesetzter Richtung ausübt und so vorankommt. In einem Kamin drücken Rücken und Hände gegen die Füße, man kommt weiter, indem der Rücken mit Abstützen der Hände nach oben geschoben wird.

B · Absichern.

Das Absichern umfaßt alle Techniken, mit denen man auf schwierigem Gelände mit einem Minimum an Risiko vorankommt. Der Führer der Seilschaft sichert, nachdem er über eine schwierige Passage geklettert ist, den zweiten Bergsteiger, indem er ihn am Halteseil festhält (ohne zu ziehen). Desgleichen wird der erste bei seinem Aufstieg durch den zweiten gesichert, der sich bereit hält, einen eventuellen Sturz zu bremsen. Für eine effiziente Absicherung ist es nötig, daß die Bergsteiger über gute Plätze als Ruhepunkt oder Stützpunkte verfügen. Wenn diese Bedingung nicht erfüllt ist, so kann durch den Einsatz von Stahlhaken die Sicherung wesentlich wirksamer gemacht werden. Ein Bergsteiger kann sich selbst sichern, wenn er sich ausruht, indem er sein Seil oder eine Schlinge um eine Felsnase oder einen Haken schlingt: dies ist die Selbstsicherung.

C · Seilschaft.

Die Seilschaft umfaßt alle Bergsteiger, die zum Aufstieg durch das gleiche Seil miteinander verbunden sind. In der Regel gibt es Zweier- oder Dreierseilschaften. Die schnellere und sicherere Zweierseilschaft wird umkehrbar genannt, da jeder Bergsteiger abwechselnd die Führung übernimmt. Bei einer Dreierseilschaft geht der Sicherste voraus (dies ist der ›Seilschaftsführer‹), der Schwächste ist in der Mitte. Beim Abstieg geht der Sicherste als letzter, um seine beiden Gefährten zu sichern.

E · Eisgehen.

Auf hartem Firn oder Eis ist die Verwendung von Steigeisen (heute abnehmbare Sohlen mit Stahlstiften, die unter den Schuhen durch Nylonseile befestigt werden) unumgänglich. Die Steigeisen können heute an alle Schuhe angepaßt werden. Es gibt zwei Techniken des Eisgehens. Einmal werden die Füße flach aufgesetzt, und bei der zweiten werden sie mit der Spitze nach vorn gesetzt. Die erste Technik wird natürlich dann verwendet, wenn der Hang steiler, fast senkrecht ist. Die Stellung mit Spitzen nach vorn erfordert ein bestimmtes Gefühl dafür, wie sie gesetzt werden müssen, denn nur ein Teil der Spitzen (in der Regel nur 4) dringt in den Firn oder das Eis ein.

D · Abseilen.

Abseilen ist eine Technik, mit der an einer senkrechten oder überhängenden Wand ein schneller Abstieg mit einem Doppelseil, das in der Mitte an einem Haken, einem Seilring oder einem Felsvorsprung befestigt ist, möglich ist. Man verwendet heute immer öfter das Abseilen am Karabinerhaken oder im Dülfersitz an einem Gehänge. Nach Beendigung des Abstiegs zieht der Bergsteiger an einem der beiden Enden und holt das Seil ein.

1135

SPORT

BERGSTEIGEN

Das Freiklettern im Alleingang mit einer sehr leichten Ausrüstung und bloßen Händen (manchmal auch Füßen) hat an Boden gewonnen. Es handelt sich darum, natürliche Haltepunkte zu suchen, um sehr schnell Berge hinaufzuklettern, deren Höhe hier von geringerer Bedeutung ist. Diese Form des leichten Bergsteigens wurde zuerst in den Mittelgebirgen und manchmal an weniger bedeutenden Hügeln (Klippen) praktiziert. Die Battertfelsen bei Baden-Baden eignen sich vorzüglich zum Freiklettern. Aber seit Anfang der 80er Jahre hat das freie Klettern (im Sommer) auch die großen Touren des Hochgebirges erreicht.

A, B · **Die Suche nach Halt.**
Dies ist die wichtigste Technik des Kletterns, mit der die Felsspalten und die kleinsten Vorsprünge ausgenutzt werden können, wobei man sich gleichzeitig der Festigkeit des Halts versichert, was natürlich von der Beschaffenheit des Gesteins abhängt, die je nach Klima sehr unterschiedlich sein kann.

C, D · **Die Vielfalt des Kletterns.**
Bei ›normalem‹ Gelände ist der sichere Tritt gewährleistet, man muß jedoch auch Passagen mit Überhängen überqueren. Links unten sieht man eine Anklammerung mit Entgegensetzung des Zugfußes, wobei eigentlich der Hacken eingesetzt wird. Dieser ist in den modernen Kletterschuhen oft verstärkt.

GROSSE DATEN DES BERGSTEIGENS

Gipfel	Erstbesteigung
Mont Blanc (Alpen)	1786
Mont Rose (Alpen)	1855
Eiger (Alpen)	1858
Marmolada (Alpen)	1864
Matterhorn (Alpen)	1865
Kilimandscharo (Afrika)	1889
Aconcagua (Anden)	1897
McKinley (Alaska)	1913
Annapurna (Himalaja)	1950
Fritz Roy (Anden)	1952
Mount Everest (Himalaja)	1953
K2 (Himalaja)	1954
Kangchendzönga (Himalaja)	1955
Carstenz-Pyramide (Indonesien)	1962

Hier sind nur die Daten der Erstbesteigung auf den Normalrouten angegeben. Man könnte auch die Daten der Besteigung in der Direttissima, ohne Sauerstoffgerät, mit leichter Ausrüstung, der ersten Winterbesteigung und der ersten Einzelbesteigung anfügen.

E · **Helm.**
Der leichte, aber feste Schutzhelm soll den Kopf vor Steinschlag und Sturz schützen.

F · **Talk.**
Er wird beim freien Klettern häufig verwendet, um einen besseren Halt zu bekommen und ein Abrutschen zu vermeiden.

1136

16

STILE, KLEIDERMODE, UNIFORMEN

Die Form eines Gegenstands oder eines (zivilen oder militärischen) Kleidungsstücks
ist nicht ohne Belang. Gegenstände und Kleidungsstücke sind Zeugen der Zeit
und des kulturellen Wandels und somit echte Zeitdokumente.
Sie geben uns Aufschluß über den Geschmack, die Lebensweise (oder Kriegsführungsmethoden)
ihrer Träger und über die zu ihrer Herstellung angewendeten Techniken.
Diesen ›Dokumenten‹ gebührt daher ein fester Platz in diesem Nachschlagewerk.
Die zahlreichen Abbildungen in diesem Kapitel sollen es dem Leser ermöglichen,
Gegenstände, Kleidungsstücke und Uniformen leicht zu erkennen und in ihren zeitlichen
und räumlichen Zusammenhang einzuordnen. Angesichts der enormen Vielfalt
von Stilen, Kleidermoden und Uniformen mußten wir eine Auswahl treffen.
Unser Ziel ist es, dem Leser einen internationalen und repräsentativen Überblick zu geben.

INHALT

STILE DES MITTELALTERS *1138*

STILE DER RENAISSANCE *1139*

ERSTE HÄLFTE DES 17. JH. *1140*

ZWEITE HÄLFTE DES 17. JH. *1141*

**STILE DES 18. JH.:
LOUIS-QUINZE, ROKOKO** *1142*

18. JH.: KLASSIZISMUS *1143*

STILE DES 19. JH.: EMPIRE *1144*

19. JH.: HISTORISMUS *1145*

1900: JUGENDSTIL *1146*

ART DECO UND MODERNISMUS *1146*

DESIGN *1147*

KLEIDERMODE DER ANTIKE
NAHER OSTEN, ÄGYPTEN *1148*
GRIECHENLAND, ROM UND
BYZANZ *1149*

KLEIDUNG: EUROPA
MITTELALTER *1150*
RENAISSANCE *1151*
17. JAHRHUNDERT *1152*
18. JAHRHUNDERT *1153*
19. JAHRHUNDERT *1154*
HAUTE COUTURE *1156*
MODEVIELFALT *1157*

**UNIFORMEN DER NATO UND DES
WARSCHAUER PAKTES** *1158*

UNIFORMEN: DIE ANTIKE
GRIECHISCHE ARMEEN *1160*

**VON DEN RÖMERN BIS ZU DEN
FRANKEN**
DIE RÖMER, DIE GALLIER *1161*
DIE FRANKEN *1161*

UNIFORMEN: MITTELALTER
DIE EINFÜHRUNG DER UNIFORM *1162*
RÜSTUNGEN *1162*

RENAISSANCE
DIE EUROPÄISCHEN HEERE DES
16. JAHRHUNDERTS *1163*

17. BIS 18. JAHRHUNDERT
DIE ÜBLICHEN UNIFORMEN *1164*

19. JAHRHUNDERT
DAS NAPOLEONISCHE HEER *1165*
TSCHAKO, KÄPPI, PICKELHAUBE *1166*

UNIFORMEN: 1914–1918
FRANZÖSISCHE ARMEEN *1167*
DEUTSCHE ARMEEN *1167*

UNIFORMEN: 1939–1945
KHAKI *1168*

Siehe auch
Werke und Meisterwerke, S. 680 ff., für Meisterwerke der Kunst
und *Zeichen und Codes,* S. 1228 ff., für einen Einblick in die Wappenkunde.

Redaktion und Texte
Astrid Bonifacj, Redaktionsassistentin (Kleidermode);
Élisabeth Delaunay (Redaktionsassistentin) und Gilbert Gatellier (Leiter der Redaktion) [Stile];
Madeleine Delpierre (ehemalige Hauptkonservatorin am Musée de la Mode et du Costume der Stadt Paris);
Philippe Faverjon, Leiter der Redaktion (Uniformen).

STILE, KLEIDERMODE, UNIFORMEN

STILE DES MITTELALTERS

Romanischer Schrank aus dem 12. Jh., eines der ältesten französischen Möbelstücke.

Französisches Buffet aus dem 15. Jh., knüpft an den Flamboyantstil der gotischen Architektur an. Oberer Teil mit Fialen und Anhänglingen; Füllung mit geschnitztem Blumendekor.

Gotischer Prunkstuhl. Frankreich, um 1480.

Falthocker im antiken Stil aus Metall und Leder.

Faltstuhl aus dem 14. Jh., Italien.

Stabelle, Schemel, 15. Jh.

Niedriger Hocker.

Große flämische Anrichte, 15. Jh., mit Schnitzereien verziert.

← **Gotische Sitzbank,** ›Wendebank‹, 15. Jh. Die Rückenlehne läßt sich kippen.

↑ **Französische Truhe,** 13. Jh., mit Schmiedeeisenbeschlägen in Form von Pflanzenranken verziert. Die transportable Truhe war das wichtigste Möbelstück des feudalen Mittelalters.

Sitzbank, ↑ insbesondere am Tisch verwendet.

← **Französische Truhe,** 15. Jh., Holz und Eisen. Der Deckel wird mit zwei Schließblechen befestigt; als Beschläge dienen symmetrische Pflanzenarabesken von großer Eleganz.

›**Faltwerk**‹, → gotische Möbelverzierung.

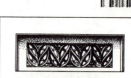

Orbevoie, gotische Verzierung, → nach dem Maßwerk der Kirchenfenster geschnitzt (Rückenlehne des oben abgebildeten Prunkstuhles).

Romanische Beschläge und Bänder (12. Jh.) einer Tür der ↓ Kirche von Roussillon.

Gotisches Schloß ↓ mit Schließblech, Eisen.

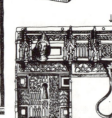

Unter den Möbeln im mittelalterlichen Abendland scheint der Schrank ausschließlich in Kirchen gestanden zu haben, während die Truhe sehr vielseitig verwendet wurde: Sie diente auch als Sitzgelegenheit oder als Tisch und konnte aufwendig verziert sein. Buffets (eine Art aufgestockte Truhe) und Dressoirs (mit Ablageflächen zum Aufstellen kostbarer Gegenstände) traten vor dem 15. Jh. kaum in Erscheinung. Es gab verschiedene Sitzmöbel, angefangen bei Schemeln und Bänken, die einfacher waren als der Prunkstuhl, der dem Herren vorbehaltene Sitz mit hoher Rückenlehne. In der Gotik lehnte sich das Schnitzwerk einiger Möbelstücke an das Maßwerk an (Lanzett- oder Flamboyantstil). Ende des 12. Jh. trat die weltliche Goldschmiedekunst die Nachfolge der früheren klösterlichen Goldschmiede an.

Das Abendmahl in einem gotischen Raum: eine Miniatur aus einer flämischen Handschrift (15. Jh.) des *Miroir de l'humaine salvation* (Musée Condé, Chantilly). Die Einrichtung umfaßt einen Geschirrschrank, einen Faltstuhl, Stühle, Schemel; Wasserkannen, Teller, Messer usw.

Wasserkanne aus zisilliertem, emailliertem Silber. Paris, 14. Jh.

Vergoldeter Tafelaufsatz in Form eines Schiffes. Salzgefäß, Flandern, 15. Jh.

← **Glaskrug,** grünes Glas. Frankreich, 15. Jh.

Löffel → aus Silber, Paris, Anfang des 14. Jh.

STILE, KLEIDERMODE, UNIFORMEN

STILE DER RENAISSANCE

Armlehnstuhl mit trapezförmiger Sitzfläche, um 1570.

Armlehnstuhl. Frankreich, Mitte 16. Jh.

Spanischer Tisch mit Streben, die durch eine Eisenkonsole mit der Tischplatte verbunden sind.

Deutscher Schrank, zweigeschossig, reiches Schnitzwerk, Werk von Peter Flötner, 1541.

Französischer Schrank, mit Aufsatz, 2. Hälfte des 16. Jh.

Italienisches Kabinett, mit Einlegearbeiten, Venedig, 16. Jh.

Geschirrschrank mit stumpfen Ecken, Frankreich, 1524.

Englischer Geschirrschrank mit Schnitzwerk und Einlegearbeiten, elisabethanische Epoche.

Italienischer Stuhl im ›Zangen‹- oder Savonarolastil.

Sgabello, italienischer Brettschemel.

Stuhl mit Rückenlehne, Frankreich, Ende des 16. Jh.

Detail eines italienischen Cassone (Truhe), mit Eierstab (unten), d. h. abwechselnd ei- und pfeilspitzförmigen Verzierungen, Wappen, Maskaronen, Akanthusblättern usw.

← **Aufwendig gestaltete Stützen:** Bei der linken Säule mit korinthischem Kapitell handelt es sich um den Bettpfosten eines englischen Prunkbettes aus der 2. Hälfte des 16. Jh.; daneben der mittlere Pilaster eines französischen Schrankes von Hugues Sambin mit Karyatide und Blütenmotiven.

Muschel, → Detail eines spanischen *Vargueño* (Kabinettschrank).

Rückenlehne eines deutschen Stuhles, Ende des 16. Jh. Der Einsatz in der Mitte und die Verzierung bewirken eine optische Täuschung: Die (ebene) Rückenlehne scheint eine Muschelnische aufzuweisen; darüber ein ›Gesims‹ und ein Giebel mit Voluten.

Spanische Wasserkanne aus Silber, mit Medaillons und Arabesken; Ausguß in Form eines Schwanenhalses.

Venezianisches Glas mit Henkeln aus blaugrünem, gesponnenem Glas (Anfang 17. Jh.).

Salzgefäß von König Franz I. von Benvenuto Cellini, feuervergoldetes Silber, mit Figurinen des Neptun und der Amphitrite (Kunsthistorisches Museum, Wien).

Silberbesteck, Deutschland (Nürnberg).

Nautiluspokal, Meeresschnecke, in vergoldetes Silber gefaßt (Nürnberg, um 1580).

Im 15. Jh. setzte in Italien ein Wandel in den dekorativen Künsten ein. Man verwarf die gotischen Formen und knüpfte systematisch an die Ornamentik der römischen Antike an. Diese Verzierungen, die südlich der Alpen nie völlig in Vergessenheit geraten waren, umfaßten Arabesken und Grotesken, Laubwerk, Medaillons, mythologische Gestalten sowie architektonische Formen und Dekors, die den Schreinern und Ebenisten (Kunstschreinern) als Vorbild dienten (Pilaster, kleine Säulen, Gebälk, Giebeldreieck usw.). Im 16. Jh. wurde die Kunst der Renaissance zunehmend komplexer und verbreitete sich in ganz Europa. Phantasie und Pracht kennzeichneten die manieristischen Werke, die ab 1540–1550 für die Fürsten Frankreichs, der Niederlande, Deutschlands, Böhmens usw. gefertigt wurden.

STILE, KLEIDERMODE, UNIFORMEN

ERSTE HÄLFTE DES 17. JAHRHUNDERTS

Schreibtisch (Louis-treize) mit Einlegearbeiten aus Zinn und Edelhölzern.

Sessel (Louis-treize) aus gedrechseltem Holz. Frankreich, Mitte 17. Jh.

Tisch (Louis-treize), geschnitzt, H-förmiger Steg mit einer Verzierung in Form eines Kreisels.

Faltstuhl, geschnitzt. Nördliche Niederlande.

Schrankbett. Nördliche Niederlande (Holland), 1626.

Schrank im Louis-treize-Stil mit hohem Kranz, einer Schublade und breiten, abgeflachten Kugelfüßen. Zwei Türen mit Füllungen in Form geschliffener Diamanten.

Guéridon zum Abstellen von Leuchtern; Bein aus gedrechseltem Holz. Louis-treize-Stil.

Holländischer Tisch mit reichem Schnitzwerk: Die als Vasen gestalteten Tischbeine und der Stil der Verzierungen greifen die Kunst der Renaissance auf.

Französischer Prunksessel, um 1650. Hohe geneigte Rückenlehne; Füße z. T. gedrechselt, H-förmiger Steg, vorne mit Traverse. Aufkommen von geschwungenen, ›funktionellen‹, gerundet auslaufenden Armlehnen. Seidenbezug über der Polsterung.

Geschliffener Diamant, Verzierung in Form von Facetten, die im Licht changieren. Es existieren viele Varianten dieses in starkem Relief hervortretenden Motivs, z. B. in Sternform.

Flämischer Kabinettschrank (Antwerpen, 1650), prunkvoll mit Giebeln, Statuetten und kleinen Gemälden auf Marmorgrund verziert. Barocke Atlanten bilden das Untergestell.

›Kreisel‹, Motiv aus gedrechseltem Holz als Stegverzierung bei vielen Tischen.

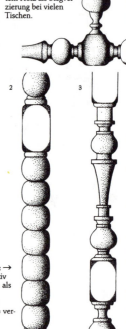

Drechselarbeiten: Füße mit Spiralmotiv (1), als Perlstab (2), als Baluster (3). Die gedrechselten Teile sind durch ›Würfel‹ verbunden.

Holländische Wasserkanne aus getriebenem Silber, von Adam van Vianen (um 1620). Verzierung im sog. ›Ohrenstil‹.

Deutsches Bierseidel aus geschnitztem Elfenbein in einer Silberfassung.

Fayence aus Nevers: großer Teller mit mehrfarbigem Dekor. *(Entführung der Europa)*

Französische Pendeluhr aus vergoldetem ziseliertem und durchbrochenem Kupfer, steht auf vier kleinen Löwen. Oben eine Statuette der Fama.

Der Stil der Zeit, der in Frankreich nach König Ludwig XIII. (Louis-treize-Stil) benannt wird, ist durch eine gewisse Massivität und eine starre Viereckigkeit der Formen gekennzeichnet. Es war die Zeit der gedrungenen Möbelfüße aus gedrechseltem Holz und der reichen Verzierungen an hochwertigen Möbeln, welche die aus der Renaissance übernommenen Motive – Figuren, Pflanzen, geometrische Formen – erdrückten. Das italienische, flämische oder spanische Kabinett mit seinen zahlreichen Fächern und Schubladen für kostbare Gegenstände war das Prunkmöbel schlechthin. Die Goldschmiede des deutschsprachigen Raums wurden ihrem Ruf der vollendeten Kunstfertigkeit weiterhin gerecht. Die Fayencekunst nahm Anregungen aus Italien (Majolika; in Nevers) und auch schon aus China (Delft) auf.

STILE, KLEIDERMODE, UNIFORMEN

ZWEITE HÄLFTE DES 17. JAHRHUNDERTS

Schrank, dem französischen Ebenisten André Charles Boulle zugeschrieben, um 1675. Schlichte Bauform, prächtige Marketerie (farbiges Holz, Kupfer, Zinn) und vergoldete Bronze auf Ebenholzgrund.

Bergère (Louis-quatorze), Ohrensessel, um 1670. Die Füße sind anmutig geschwungen.

Französischer ›Faltstuhl‹, geschnitztes, vergoldetes Holz, Ende der Regierungszeit Ludwigs XIV.

Ruhebett aus England; geschnitztes Nußbaumholz, Liegefläche aus Rohrgeflecht.

Sessel (Louis-quatorze) aus geschnitztem und vergoldetem Holz, um 1680. Sich nach unten hin verjüngende Beine, X-förmiger Steg aus vier sich in der Mitte treffenden Teilstegen.

Großer Schrank aus Norddeutschland, um 1700. Mächtiger Kranz auf drei Pilastern; Türfüllungen mit üppigem Schnitzwerk verziert.

Niederländischer Sekretär, mit herunterklappbarer Schreibfläche; darüber Bücherschrank mit zwei Türflügeln.

Schreibtisch, A. C. Boulle zugeschrieben, im ›Mazarin‹-Stil.

Französische Kommode mit Einlegearbeiten in Blumenmuster, Beinverkleidungen aus Bronze.

Tallboy, englisches Möbel, aus zwei aufeinandergesetzten Kommoden bestehend. Queen-Anne-Stil, Anfang des 18. Jh.

Deutscher Fürstentisch, (Augsburg) mit zisilliertem Silber verziert.

Kleiner englischer Wandtisch mit geschwungenen Beinen, um 1710.

Drei Stuhlfüße. Links der Fuß eines englischen Queen-Anne-Stuhls: Ein ›Claw-and-ball‹-Fuß (Kralle hält eine Kugel) [1]; ›Pad foot‹ (Fuß auf einem Polster) [2]; rechts Louis-quatorze-Fuß mit gespaltenem Huf [3].

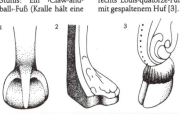

Akanthusblatt: Das klassische Motiv wird um einen konkaven und einen konvexen Bogen bereichert.

Viereckiger Baluster, Renaissancemotiv, zeugt von einer gewissen Starrheit des Louis-quatorze-Stils.

Sonne, Schlüsselmotiv der Verzierungen zur Zeit Ludwigs XIV.

Rautenmotiv mit kleinen Blüten. Hintergrundmotiv vieler Dekors.

Lambrismotiv, geschnitzt, mit einer Muschelschale und drapiertem Querbehang (Lambrequin) [in Nachahmung eines Behangs mit Festons und Quasten].

Englische Kaffeekanne aus Silber, um 1700.

Streudose aus ziseliertem Silber, Frankreich, 1714.

Kommode von Boulle (1709) im Schloß von Versailles: barocke Üppigkeit der Sphingen aus vergoldeter Bronze und Rankenornamente aus Kupfer auf Schildpattgrund.

Trinkglas, sog. ›Römer‹, mit ausladendem Fuß, Deutschland oder Niederlande.

Platte aus Moustiers, Fayence mit Arabesken- und Girlanden-Dekor.

Der in Frankreich nach König Ludwig XIV. (Louis-quatorze-Stil) benannte majestätische und würdevolle Stil beeinflußte ganz Europa; selbst England, das sich meist an niederländischen Vorbildern orientierte, übernahm diesen Stil als ›Queen-Anne-Stil‹. Der zunächst streng durchkomponierte, etwas überladene Stil gewann gegen Ende der Regierungszeit Ludwigs XIV. an Anmut und Bewegung. Neue Möbel entstanden, wie z. B. der ›Mazarin‹-Schreibtisch und die Kommode oder – in Holland – der Schreibschrank. Am Hof waren die Möbel mit Laubwerk aus getriebenem Silber verziert. Der Ebenist (Kunstschreiner) A. C. Boulle fertigte meisterhafte Marketerien aus Edelholz, Schildpatt, Kupfer und Zinn und vervollkommnete die Pracht seiner Möbel noch durch Verzierungen aus vergoldeter Bronze.

1141

STILE, KLEIDERMODE, UNIFORMEN

STILE DES 18. JH.: LOUIS-QUINZE, ROKOKO

Sessel (Louis-quinze), leicht, sog. ›Cabriolet‹, mit gebogener Rückenlehne.

Venezianischer Tisch. Das italienische Rokoko gibt ebenso wie das französische Rocaille die gerade Linie auf und schafft eine innige Verbindung von Form und Verzierung.

Beispiel für ein Louis-quinze-Dekor: geschnitzter Lambris aus einem herrschaftlichen Pariser Stadthaus. Hauptmotive sind Musikinstrumente, Muscheln und Blumenkörbe.

← **Kabinettsekretär**, England, im Chippendalestil.

Englischer Stuhl Chippendale, aus Mahagoni, Rokokostil mit Bandornamenten, um 1760–1770.

Eckschrank (Louis-quinze) mit fernöstlichem Lackdekor.

Französischer Schreibtisch (Bureau plat), Régence, vom Ebenisten Ch. Cressent.

Duchesse in ›Schiffform‹, Ruhebett im Louis-quinze-Stil, aus geschnitztem Nußbaumholz (um 1740, mit Rohrgeflecht)

Dumbwaiter → (stummer Diener) aus England, Guéridon für den Speiseraum mit drei Abstellflächen, aus Mahagoni.

Standuhr (Louis-quinze). Die geschwungene Form dieses Möbelstücks sowie die formbetonenden Bronzeteile sind Kennzeichen eines kraftvollen, ungekünstelten Rocaillestils. →

Schreibtisch (Louis-quinze) spitzgewölbt; als Kommode, verziert mit Marketerien und vergoldeter Bronze. ↓

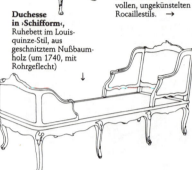

← **Französischer Tisch im Régencestil.** Rechteckige Tischplatte und geschweifte Beine mit Rollwerk; Dekor weicher als im Louis-quatorze-Stil.

Französisches Konsoltischchen (Louis-quinze). Seine geschweifte Tischplatte ruht auf einer reich geschnitzten Zarge; das Ganze wird auf jeder Seite von einem S-förmigen Bein gestützt. Der Steg ist mit einer Muschel in Durchbrucharbeit verziert.

Italienischer Konsoltisch aus geschnitztem und vergoldetem Holz: Die Formen und mehr noch die Ornamentik beginnen zu wuchern.

Intarsien mit geometrischem Muster in drei verschiedenen Holztönen. Auch Pflanzenmotive sind beliebt.

Großer Salon im Hôtel de Roquelaure, in Saint-Germain in Paris; Louis-quinze, um 1730. Die hölzerne Wandverkleidung (und die Deckenwölbung) ist mit feingearbeitetem vergoldetem Schnitzwerk auf weißem Grund verziert.

Der Régencestil (um 1715–1730) kündigte sich durch weichere Formen und eine dezentere und geschwungenere Ornamentik an. Die Sitzmöbel hatten gewölbte Beine und ›armbrustartige‹ Zargen. Die phantasievoll geschweiften Formen des *Rocaille*-Dekors prägten den Louis-quinze-Stil bis in die Jahre 1750–1760. Viele neue Möbel kamen hinzu, die insbesondere für die Damen bestimmt und mit feinen Marketerien, mit Malereien, Lack oder Porzellantafeln verziert waren. In Deutschland und Italien wurden Möbel und Einrichtungsgegenstände (Spiegelrahmen usw.) in einem ausufernden Rokokostil gefertigt. In England veröffentlichte der Ebenist Thomas Chippendale ab 1754 ein illustriertes Vorlagenwerk von Modellen in den verschiedensten Stilen (Rocaille, ›chinesischer‹, neugotischer Stil, usw.).

← **Böhmischer Deckelhumpen aus Glas**, mit Radschliff und Gravur. Die tschechische Glasherstellung ist im 17. und 18. Jh. marktbeherrschend.

Silberne Terrine des Goldschmieds François-Thomas Germain (Mitte des Jahrhunderts).

›**Trembleuse**‹, Tasse und Untertasse aus Weichporzellan aus Saint-Cloud; reliefiertes Pflanzendekor, mit Gold punktiert.

Englische Teekanne aus Silber, um 1735. Auch im Barock finden sich sehr schlichte, zweckbetonte Formen.

1142

STILE, KLEIDERMODE, UNIFORMEN

18. JAHRHUNDERT: KLASSIZISMUS

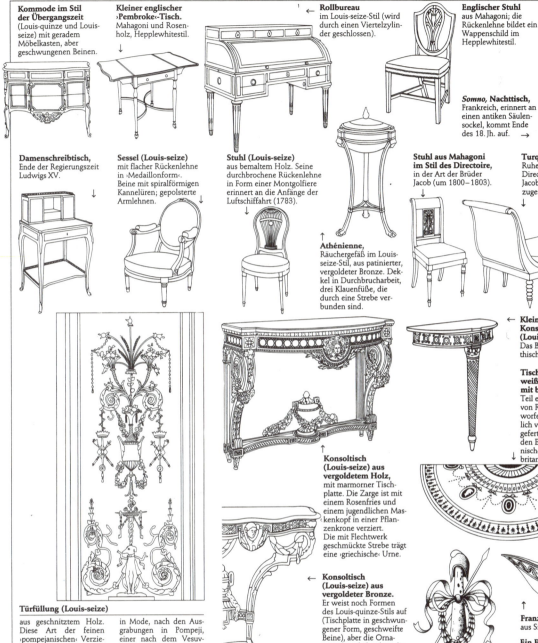

Kommode im Stil der Übergangszeit (Louis-quinze und Louis-seize) mit geradem Möbelkasten, aber geschwungenen Beinen.

Kleiner englischer ›Pembroke‹-Tisch. Mahagoni und Rosenholz, Hepplewhitestil.

Rollbureau im Louis-seize-Stil (wird durch einen Viertelzylinder geschlossen).

Englischer Stuhl aus Mahagoni; die Rückenlehne bildet ein Wappenschild im Hepplewhitestil.

Somno, Nachttisch, Frankreich, erinnert an einen antiken Säulensockel, kommt Ende des 18. Jh. auf.

Damenschreibtisch, Ende der Regierungszeit Ludwigs XV.

Sessel (Louis-seize) mit flacher Rückenlehne in ›Medaillonform‹. Beine mit spiralförmigen Kannelüren; gepolsterte Armlehnen.

Stuhl (Louis-seize) aus bemaltem Holz. Seine durchbrochene Rückenlehne in Form einer Montgolfiere erinnert an die Anfänge der Luftschiffahrt (1783).

Athénienne, Räuchergefäß im Louis-seize-Stil, aus patinierter, vergoldeter Bronze. Deckel in Durchbrucharbeit, drei Klauenfüße, die durch eine Strebe verbunden sind.

Stuhl aus Mahagoni im Stil des Directoire, in der Art der Brüder Jacob (um 1800–1803).

Turquoise, Ruhebett im Stil des Directoire, F. H. Jacob-Desmalter zugeschrieben.

Kleiner, halbrunder Konsoltisch (Louis-seize). Das Bein trägt ein korinthisches Kapitell.

Tischplatte aus weißem Marmor mit bunten Intarsien, Teil eines Konsoltisches, von Robert Adam entworfen (und wahrscheinlich von Th. Chippendale gefertigt): ein Beispiel für den Erfolg des pompejanischen Stils in Großbritannien.

Konsoltisch (Louis-seize) aus vergoldetem Holz, mit marmorner Tischplatte. Die Zarge ist mit einem Rosenfries und einem jugendlichen Maskenkopf in einer Pflanzenkrone verziert. Die mit Flechtwerk geschmückte Strebe trägt eine ›griechische‹ Urne.

Konsoltisch (Louis-seize) aus vergoldeter Bronze. Er weist noch Formen des Louis-quinze-Stils auf (Tischplatte in geschwungener Form, geschweifte Beine), aber die Ornamentik enthält schon die klassischen Elemente des neuen Stils.

Türfüllung (Louis-seize) aus geschnitztem Holz. Diese Art der feinen ›pompejanischen‹ Verzierung mit Grotesken und Laubwerk kam in der zweiten Hälfte des 18. Jh. in Mode, nach den Ausgrabungen in Pompeji, einer nach dem Vesuvausbruch 79 n. Chr. unter Lava begrabenen Stadt.

Französische Sauciere aus Silber, 1770.

Ein Emblem der Französischen Revolution aus der Zeit des Direktoriums.

Ein gewisser Überdruß gegenüber dem Barock und dem Rocaille sowie eine auf den Aufschwung der archäologischen Ausgrabungen zurückgehende neue Sichtweise der griechischen und römischen Antike ab 1760 waren die Faktoren, die für die Veränderung des Geschmacks ausschlaggebend waren. Konkave und konvexe Konturen wichen der Geraden, während gleichzeitig die antike Ornamentik wieder in den Vordergrund trat. In Frankreich folgte nach der ›Übergangszeit‹ (Transition) die ›griechische‹, ›etruskische‹ und ›pompejanische‹ Mode, deren Elemente auch kombiniert wurden. Dem Louis-seize-Stil (der unter dem Direktorium und dem Konsulat fortbestand) entsprach in England der Stil des Architekten Robert Adam, der von dem Ebenisten George Hepplewhite aufgenommen wurde.

Der Adam-Stil: unterer Teil eines Schrankes, von R. Adam für die Residenz Osterley Park bei London entworfen. Das Dekor greift antike Motive auf: vergoldete Bronze und Intarsien aus exotischen Hölzern.

Vase aus Sèvresporzellan (Hartporzellan), 1776. Im Medaillon eine Landschaft mit antiken Ruinen.

Pendeluhr (Louis-seize) in Form einer Lyra, vergoldete Bronze auf blauem Sèvresporzellan.

Sechsarmiger Kronleuchter aus ziselierter und vergoldeter Bronze, Pierre Gouthière zugeschrieben.

1143

STILE, KLEIDERMODE, UNIFORMEN

STILE DES 19. JAHRHUNDERTS: EMPIRE

›Diplomatenschreibtisch‹ im Empirestil, schlichte Gestaltung, Eckpilaster.

Psyche im Empirestil, hoher, drehbarer Standspiegel.

Französischer Spieltisch aus der Restaurationszeit aus Eschenholz, Marketerie aus Amarantholz.

Toilettentisch im Restaurationsstil, 1819, geschliffenes Kristallglas.

Stuhl im Restaurationsstil mit ›gondelförmiger‹, geneigter Rückenlehne.

Blumentisch im Empirestil aus Bronze mit Schwanen- und Palmblattdekor.

Runder Empiretisch auf drei geflügelten Fabelwesen; Sockel in Form eines Kreisbogendreiecks.

Empiresessel mit streng quadratischer Sitzfläche aus bemaltem und vergoldetem Holz.

Englischer Spieltisch im Regencystil mit typisch gestalteten Beinen.

Regencysessel mit Rohrgeflecht, aus Mahagoni mit Kupferintarsien.

Französischer Schemel im Empirestil, mit X-förmigen Beinen und reichem Schnitzwerk.

Bein in Lyraform, Teil des oben abgebildeten Spieltischs aus der Restaurationszeit (Karl X.).

Die ägyptische Mode der Empirezeit: Löwenkopf mit dem *Klaft* der Pharaonen.

Bett in Bootsform im Empirestil mit zwei Kopfenden. Mahagoni mit Beschlägen aus vergoldeter Bronze: Girlanden, Siegesgöttinnen, Füllhörner, aus denen Amorknaben steigen.

Das ›N‹ Napoleons in einem Lorbeerkranz.

Detail eines Empireschreibtisches, Werk von François Honoré Jacob-Desmalter.

Dekorationsmotiv aus einer Ornamentensammlung, die im Ersten Empire veröffentlicht wurde: Neben einer antiken Vase gießen zwei Genien reinigendes Wasser aus; ihre Körper gehen in dichtes Laubwerk über.

Adler, Emblem Napoleons (das andere ist die Biene).

Geflügelte Siegesgöttin mit Trompete und Lorbeerkranz, typisches Empiremotiv.

›Bouillotte‹-Lampe im Empirestil (für Kartenspiele); drei Kerzen, Lampenschirm aus Blech.

Wasserkanne aus feuervergoldetem Silber im Empirestil, von dem Goldschmied Jean-Baptiste Claude Odiot.

Josephines Bett in Malmaison, der kaiserlichen Residenz bei Paris. Werk von Jacob-Desmalter, geschmückt mit Schwänen und Füllhörnern sowie einem Adler am Baldachin.

Kristallkaraffe, geschliffen in Saint-Louis (Moselle); Restaurationszeit.

Bouillonschüssel aus feiner Fayence aus Creil (Oise). Ursprünglich englisches Fertigungsverfahren; um 1806.

Tisanière aus feiner Montereau-Fayence; pastorales Motiv, schwarz aufgedruckt (um 1830).

Der französische Empirestil nahm eine schnelle Entwicklung und beeinflußte sogar Länder wie Rußland und die Vereinigten Staaten. Dieser radikal neoklassizistische Stil, dessen Vorbilder das Rom des Augustus sowie Griechenland und das Ägypten der Pharaonen waren, lehnte die klassische Anmut des Louis-seize ab. Die Möbel waren eckig und wiesen kaum Schmuckleisten auf; Intarsien fehlten, und die ebenen Mahagoni-Oberflächen wurden einzig durch Beschläge aus durchbrochener Bronze mit antiken Motiven verziert. Symmetrie, Erhabenheit, Kostbarkeit bestimmten das Bild – nicht ohne eine gewisse Schwerfälligkeit. Zum Teil galt dies auch für den englischen Regencystil (um 1800–1830). In Frankreich läutete die Restauration die Rückkehr zur Schlichtheit, zur Kurve und zu hellem Holz ein.

1144

STILE, KLEIDERMODE, UNIFORMEN

19. JAHRHUNDERT: HISTORISMUS

← **Sekretär im Stil Louis-Philippe.** Palisander mit Intarsien aus Buchsbaumholz.

Schrank des Zweiten Empire, Ebenholz, verziert mit Marmortafeln und vergoldeter Bronze, um 1867: Nachahmung des Renaissance- und des Louis-seize-Stils.

← **Satztische des Zweiten Empire,** mit chinesischen Motiven; roter Lack und Gold.

Englische Frisierkommode, → 2. Hälfte des 19. Jh., mit aufwendigem, weiß-goldenem Blumendekor auf schwarzem Lack versehen; viktorianisch.

›**Voltairesessel**‹, Louis-Philippe: Bequemlichkeit und Belastbarkeit.

Puff (Zweites Empire) aus geschnitztem und vergoldetem Holz.

›**Indiscret**‹, Polsterkanapee mit drei Sitzen, Zweites Empire.

›**Crapaud**‹, gepolsterter Lehnsessel, um 1865.

Deutscher Stuhl, Biedermeier, lederne Sitzfläche, um 1840.

Englischer Stuhl mit Blütendekor; viktorianischer Stil.

Stil Napoleon III. oder Zweites Empire. →

Das *Saloninterieur* (1866) des Malers Charles Giraud trägt der von den oberen Gesellschaftsschichten der damaligen Zeit bevorzugten Verbindung von Luxus und Bequemlichkeit Rechnung. In dem festlichen Raum im Louis-quatorze- und Louis-seize-Stil wird durch die schweren Vorhänge, die gepolsterten Sitzmöbel und durch Gold- und Grüntöne eine luxuriöse Atmosphäre geschaffen.

Rückenlehnen zweier Louis-Philippe-Stühle:

links durchbrochener, neugotischer Stil; rechts eine Mischung von Renaissancestil, Louis-treize- und barockem Stil (gewebter Bezug).

← **Motive des Louis-Philippe:**
1. Möbel mit Klauenfüßen.
2. Palmblatt.

Kristallglas aus Baccarat (Meurthe-et-Moselle): Briefbeschwerer mit eingearbeiteten Blumen, um 1846–1849.

Französische Pendeluhr → in Kathedralenform, um 1830. Die romantische Sehnsucht nach dem Mittelalter bringt aufwendige Nachahmungen des gotischen Dekors hervor, die für den neugotischen Stil typisch sind.

← **Stil Louis-Philippe:** Bein in Form eines ›Froschschenkels‹; dieser Typ findet sich bei vielen französischen Sitz- und anderen Möbeln dieser Zeit.

Schale mit Deckel, England, Porzellan aus der Manufaktur Minton (in Stoke-on-Trent), Mitte des Jahrhunderts. ↓

Petroleumlampe auf einer antikisierenden Terra-sigillata-Vase, Frankreich, um 1860.

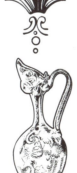

Wasserkanne aus Kristallglas aus Baccarat (1855) mit eingravierten, an die Renaissance anklingenden Arabesken.

Schale aus Silber, Vermeil und Bergkristall. Teil eines um 1867 von dem Goldschmied Émile Froment-Meurice für Napoleon III. angefertigten Tafelaufsatzes; Faune, Amorknaben und Blumendekor (›Kaiserkrone‹ genannte Pflanzen).

Seit etwa 1830 waren die dekorativen Künste in Europa vom Historismus, d. h. dem Rückgriff auf Stile früherer Epochen, geprägt. Diese Tendenz ging auf das aufstrebende Bürgertum zurück, das Innovation in ästhetischen Fragen nicht recht zu schätzen wußte. Der Louis-Philippe-Stil und das deutsche Biedermeier legten großen Wert auf Schlichtheit, während der viktorianische Stil in England und der Stil des Zweiten Kaiserreichs in Frankreich auf Repräsentation bedacht waren. Mechanisierte Fertigungsverfahren führten zu einer Preissenkung bei den Möbeln, die jedoch weiterhin mit Sorgfalt entworfen wurden und an Bequemlichkeit gewannen. Das Kunsthandwerk fertigte Gegenstände, Leuchten, Pendeluhren und Nippsachen in den verschiedensten Stilen und Qualitäten.

1145

STILE, KLEIDERMODE, UNIFORMEN

1900: JUGENDSTIL — ART DECO UND

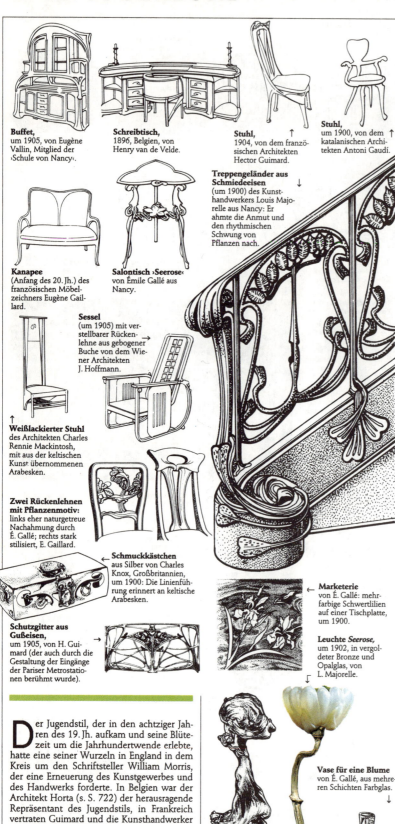

Buffet, um 1905, von Eugène Vallin, Mitglied der ›Schule von Nancy‹.

Schreibtisch, 1896, Belgien, von Henry van de Velde.

Stuhl, 1904, von dem französischen Architekten Hector Guimard.

Stuhl, um 1900, von dem katalanischen Architekten Antoni Gaudí.

Damenschreibtisch, 1926, aus Ebenholz mit Elfenbeinintarsien, von Émile Jacques Ruhlmann.

Chiffonier, um 1912, Vorbote des ›Art deco‹, von Paul Iribe.

Treppengeländer aus Schmiedeeisen (um 1900) des Kunsthandwerkers Louis Majorelle aus Nancy: Er ahmte die Anmut und den rhythmischen Schwung von Pflanzen nach.

Kanapee (Anfang des 20. Jh.) des französischen Möbelzeichners Eugène Gaillard.

Salontisch ›Seerose‹ von Émile Gallé aus Nancy.

Stuhl, 1913, von Paul Follot; zwei verschiedene Holz- und Ledertöne.

Kommode von Jules Leleu, um 1930, mit Intarsien, Perlmutt und vergoldeter Bronze; Erinnerung an das 18. Jh. in Frankreich.

Sessel (um 1905) mit verstellbarer Rückenlehne aus gebogener Buche von dem Wiener Architekten J. Hoffmann.

Weißlackierter Stuhl des Architekten Charles Rennie Mackintosh, mit aus der keltischen Kunst übernommenen Arabesken.

Zwei Rückenlehnen mit Pflanzenmotiv: links eher naturgetreue Nachahmung durch É. Gallé; rechts stark stilisiert, E. Gaillard.

Schmuckkästchen aus Silber von Charles Knox, Großbritannien, um 1900: Die Linienführung erinnert an keltische Arabesken.

Schutzgitter aus Gußeisen, um 1905, von H. Guimard (der auch durch die Gestaltung der Eingänge der Pariser Metrostationen berühmt wurde).

Marketerie von É. Gallé: mehrfarbige Schwertlilien auf einer Tischplatte, um 1900.

Leuchte *Seerose,* um 1902, in vergoldeter Bronze und Opalglas, von L. Majorelle.

Kamingitter mit Springbrunnen aus Schmiedeeisen; Frankreich, um 1925.

Flacon aus graviertem Glas mit stilisierten Nelken, von René Lalique, um 1925.

Silberne Gemüseschüssel von Jean Puiforcat.

Vase für eine Blume von É. Gallé, aus mehreren Schichten Farbglas.

Schreibtischlampe aus ziselierter und vergoldeter Bronze, um 1900, mit den wirbelnden Schleiern der Tänzerin Loïe Fuller als Motiv; Werk des französischen Künstlers Raoul Larche.

Der Jugendstil, der in den achtziger Jahren des 19. Jh. aufkam und seine Blütezeit um die Jahrhundertwende erlebte, hatte eine seiner Wurzeln in England in dem Kreis um den Schriftsteller William Morris, der eine Erneuerung des Kunstgewerbes und des Handwerks forderte. In Belgien war der Architekt Horta (s. S. 722) der herausragende Repräsentant des Jugendstils, in Frankreich vertraten Guimard und die Kunsthandwerker aus Nancy (Majorelle, Gallé u. a.) und Paris (E. Gaillard, René Lalique u. a.) diese Stilrichtung. Der Jugendstil griff auf Elemente der Pflanzenwelt zurück, um phantasievolle Arabesken zu schaffen. Zwei europäische Zentren des Jugendstils entwickelten einen gemäßigteren Stil: die ›Schule von Glasgow‹ in Schottland und die ›Sezession‹ mit J. Hoffmann in Wien (s. S. 726).

Etwa um 1910 löste der Kubismus (s. S. 728) die verschlungenen Linien des Jugendstils ab, die schon die Wiener Schule verworfen hatte (J. Hoffmann, s. o.). Neue Formen entstanden, die 1925 auf der ›Exposition internationale des Arts décoratifs‹ in Paris vorgestellt wurden. Die Mehrheit der Aussteller bevorzugte einen Kunststil zwischen Tradition und Moderne, der als ›Art deco‹ bekannt wurde. Charakteristisch war die Verbindung von Geraden und Kurven, abgestumpften Winkeln und Ecken sowie geometrische Motive. Dieser Strömung standen in der modernen Architektur die Vertreter des ›internationalen Stils‹ gegenüber, die die Funktionalität hervorhoben (s. S. 726): Rietveld, Breuer, Mies van der Rohe, Le Corbusier usw. In den dreißiger Jahren zeichnete sich eine Annäherung der Stile ab.

STILE, KLEIDERMODE, UNIFORMEN

MODERNISMUS DESIGN

›Clubsessel‹,
dreißiger Jahre, Leder- oder Stoffbezug.

Rotblauer Lehnstuhl,
lackiertes Holz, um 1918, von Gerrit Th. Rietveld.

Einrichtung im Baukastensystem
für das Wohnzimmer; aus weißlackiertem Holz mit zusammenklappbarem Tisch. Der Stuhl wird aus glasfaserverstärktem Kunststoff gegossen. Dänemark, um 1970.

Tisch aus den sechziger Jahren,
aus verchromten Rohren mit Glasplatte, von der Italienerin Gae Aulenti.

Ruhesessel,
1955, von dem Amerikaner Charles Eames. Aluminium, Palisander und Leder.

Stahlrohrstuhl *Wassili,*
1925, aus verchromtem Stahlrohr und Leinen oder Leder, von Marcel Breuer, Bauhaus-Dozent.

Freischwingender Stuhl,
1926, von Mies van der Rohe (s. S. 726): Stahlrohr, zwei Lederstreifen.

Stuhl,
1956–57, von dem amerikanischen Architekten Eero Saarinen, von Knoll gefertigt. Weißlackierter Gußaluminiumfuß, Sitzschale aus Polyester und Glasfaser, Polster aus Latexschaum.

A · **Ministersessel** *Lang Chair* (1988)
entworfen von dem französischen Innenarchitekten und Designer Philippe Starck, gefertigt von Aleph-Driade (Italien).

Chaiselongue,
1928, von Le Corbusier (s. S. 726) und der Kunsthandwerkerin Charlotte Perriand. Industriedesign (Stahlrahmen), jedoch Bezug aus Fohlenleder. Sie wurde erst 1966 in Serie gefertigt (durch Cassina).

B · **Kleine Lampe** *Viel Lärm um nichts,*
1984, von dem französischen Designer Sylvain Dubuisson, der sie wie folgt beschreibt: ›Vier Rasierklingen, zwei Goldketten, ein Gummiband, eine Postkarte ...‹.

Motiv auf brochierter Lyoner Seide
im Art-deco-Stil nach einer Zeichnung von P. Iribe.

Die stilisierte Rose
mit fleischigen Voluten ist ein Lieblingsmotiv der Künstler des Art deco.

C · **Sessel** *Bel Air,*
1982, mit Bezug aus roter, gelber, grauer und auberginefarbener Wolle. Werk von Peter Shire, Mitglied des italienischen Memphis-Studios.

Gläserserie mit spitz zulaufendem Hohlfuß,
sehr klare Form, von dem schwedischen Glasmacher Nils Landberg. Gefertigt in Orrefors bei Växjö (Götaland).

Luminaire 1930:
Wandleuchte aus einer flachen Schale in geschwungener Form auf einem gleichmäßig gebogenen Holzträger.

Silberne Teedose,
1930, von dem Schweden Wiven Nilsson: wie bei Puiforcat ein eleganter Purismus, der über den einfachen Funktionalismus hinausgeht.

Teekanne,
um 1935, aus der Goldschmiede Christofle für die Überseeschiffe der *Compagnie générale transatlantique.*

Silberne Teekanne aus dem *Embassy-Service,*
1965 von dem englischen Designer David Mellor geschaffen.

Tafelbesteck
aus Stahl, ›organischer‹ Purismus, entworfen von dem dänischen Architekten und Designer Arne Jacobsen.

In den fünfziger Jahren gab es Bemühungen, ein Design für die Massenfertigung zu entwerfen, das zugleich funktionell und ansprechend sein sollte. Aber nur eine intellektuelle Käuferschicht interessierte sich für dieses Design mit seinen klaren, strengen Linien, das versuchte, mit dem industriellen Aufschwung der sechziger Jahre Schritt zu halten (Eames, Saarinen, zahlreiche italienische Designer, Jacobsen usw.). In Italien begann später eine Erneuerungsbewegung, die u. a. von Ettore Sottsass vertreten wurde: Früher bei Olivetti beschäftigt, arbeitete er am Aufbau des Alchimiastudios in Mailand mit (1976) und gründete 1980 die Gruppe *Memphis.* Heutige Themen sind die ›Postmoderne‹, der Überraschungseffekt, das Amüsante oder gar die Rückbesinnung auf den Symbolismus (wie bei dem Franzosen Starck).

STILE, KLEIDERMODE, UNIFORMEN

KLEIDERMODE DER ANTIKE

NAHER OSTEN

Das Umschlagtuch war zusammen mit der *Tunika* das wichtigste Kleidungsstück der Sumerer, Assyrer und Hethiter. Die Soldaten trugen sie kurz, die Herrscher lang, bei den Frauen waren sie oft mit Fransen verziert. Bei hochrangigen Persönlichkeiten waren die bunten Stoffe reich brochiert oder bestickt. Die Gürtel, die die Gewänder in der Taille zusammenfaßten, präsentierten sich bunt oder perlenbesetzt. Als Kopfbedeckungen waren hohe, zylindrische Tiaren, gerippte Hauben, Stirnbänder, bei den Frauen Schleier, die von einer hohen Haube herabfielen, verbreitet. Die Schmuckstücke waren vielfältig; u. a. wurden goldene Blätter und Blüten auf Lapislazuli gefunden.

ÄGYPTEN

Die ägyptische Kleidung war aus leichtem und kühlem Leinen und somit für das feuchtheiße Klima geeignet. Der *Shenti*, ein um die Hüften gewundener Schurz, war Hauptbekleidung des Mannes. Um etwa 1500 v. Chr. wurde er durch die *Kalasiris* ergänzt, eine weite, halbdurchsichtige, sehr lange Tunika, die mit einem Gürtel mit dreieckiger Schurzplatte gerafft wurde. Dazu kam ein Wickelgewand, das zunächst um die Taille gewickelt und dann auf unterschiedliche Weise über die Schultern drapiert wurde. Die Frauen trugen hauteenge Kleider, die an der Taille mit bunten Perlennetzen verziert waren. Seit der 18. Dynastie waren lange halbdurchsichtige Überwürfe in Mode. Der Schmuck bestand aus Gold, Perlen und ungeschliffenen, farbigen Steinen. Die Priester trugen über dem Shenti eine Schärpe, in die sie Waffen stecken konnten, hochrangige Priester ein Leopardenfell mit einem trapezförmigen Halsschmuck. Den Pharaonen war eine besondere Kleidung vorbehalten, z. B. der *Pschent*, eine Kopfbedeckung, die die Einheit Ober- und Unterägyptens symbolisierte. Die Kopfbedeckung der Königin bestand aus einer Goldschmiedearbeit in Form eines Geiers, dessen Kopf sich über der Stirn erhob.

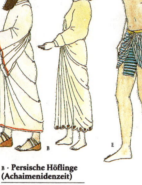

A · Sumerisches Obergewand.

Kaunakes mit breiten herabhängenden Wollzotten. Die Krieger tragen dieses Gewand als Rock unter einem Überwurf, dazu eine Leder- oder Metallmütze.

B · Persische Höflinge (Achaimenidenzeit)

mit einer Tunika, die vorne durch einen Gürtel zusammengehalten wird. Eine Stoffbahn erweitert die Ärmel der Männergewänder. Bei den Frauen sind die Ärmel am Handgelenk verengt.

E, F · Königlicher Lendenschurz. Klaft.

Der dem Pharao vorbehaltene *Lendenschurz* (E) hat weiße und blaue Querstreifen. Der *Klaft* (F), ein Kopftuch aus steifem Stoff, ist bei hochgestellten Persönlichkeiten mit Streifen und einem eingearbeiteten Geier aus Gold verziert.

G · Pharao in Kalasiris

mit einem durchsichtigen Mantel und Sandalen mit hochgebogenen Spitzen.

K, L · Kopfbedeckungen der Königin

mit Geierflügeln. Perücke aus schwarzem Leinen mit spiralförmigen Strähnen oder sehr dünnen Zöpfen. Kleid mit Trägern (K).

C · Babylonischer König

in drei gestickten Tuniken, die übereinander gelegt, genäht und mit Fransen versehen wurden.

D · Assyrischer König

in Tunika und Fransenschal aus Wolle. Seine Tiara besteht aus einer Spitze *(Apex)* und einer Mütze, der *Mitra*.

H · Pharao mit Kopfbedeckung:

blaue Tiara für den Kampf *(Khepash)*, mit einem *Halsschmuck* und dem *Shenti* um die Hüften.

I · Weiße oder ungebleichte Kleidung

für das einfache Volk. Die Frau trägt eine lange Tunika, der Mann den *Shenti*.

J · Opfernde

in einer engangliegenden Hülle, über der ein gesticktes oder perlenverziertes Netz liegt.

STILE, KLEIDERMODE, UNIFORMEN

GRIECHENLAND

Die klassische griechische Kleidung bestand aus nicht zusammengenähten Stoffrechtecken aus Wolle, Leinen oder Baumwolle. Nach dem Einfall des Xerxes und den Kontakten mit Asien wurde auch Seide verwendet. Die Männer legten die kurze Tunika, den sog. *Chiton*, und bei feierlichen Anlässen eine lange Tunika an, die Landbewohner trugen grobe Leder- oder Wollkleidung. Handwerker und Sklaven waren mit der *Exomis* bekleidet, die die rechte Schulter und den rechten Arm unbedeckt ließ. Die Frauen trugen den wollenen dorischen *Peplos* oder die lange leinerne Tunika ionischer Herkunft, die sie geschickt drapierten; der übergeworfene Mantel bedeckte auch den Kopf.

ROM UND BYZANZ

Über einem einfachen Lendenschurz, dem *Subligaculum*, trugen die Männer um 580 v. Chr. die *Toga*. Im Kaiserreich wurden zwischen diesen beiden Kleidungsstücken die *Subucula* und die *Tunica exterior* angelegt. Das *Colobium* war eine ärmellose Tunika, während die *Dalmatika* sehr weite Ärmel besaß. Unter Trajan zog man im Winter *Feminalia* an, eine Art halblange Unterhose. Die Frauen trugen über dem Schurz und dem *Strophium*, dem Vorläufer des Büstenhalters, eine *Subucula* wie die Männer und darüber eine lange *Stola* mit Ärmeln, die von einem Gürtel, der *Zona*, zusammengehalten wurde. Ein über dem Kopf getragenes *Pallium* (Mantel) war Zeichen der Witwenschaft.

K · **Hochrangige Persönlichkeit**

am byzantinischen Hof, mit zwei kurzen Tuniken übereinander und einem an der rechten Schulter zusammengehaltenen Mantel (Chlamys).

L · **Byzantinische Patrizierin**

mit einer durch zwei farbige Streifen verzierten Tunika und einem Brokatschal über den Schultern.

A · **Petasos**,

breiter Reisehut aus Filz.

B · **Dorischer Peplos**,

an den Schultern mit Nadeln zusammengehalten, mit einem Überschlag, mit dem der Kopf bedeckt werden kann, und einem Gürtel in der Taille.

C · **Chiton im ionischen Stil**,

lang und gefältelt, Frauengewand.

D · **Chlamys**,

ein kurzer Reitermantel: 1 × 2 m großes Rechteck, an den Ecken mit kleinen Gewichten beschwert.

E · **Sandale, sog. Carpatina**,

mit schmalen Lederstreifen am Fuß befestigt.

F · **Himation**,

von Männern und Frauen getragener Mantel, der über Kopf und Schultern gelegt werden kann.

G · **Männerchiton**,

bei dem durch Gürtung ein Faltenbausch (Kolpos) entsteht, der wie ein zweiter Gürtel wirkt. Fußbekleidung: *Krepis*.

H · **Römische Toga praetexta**

aus einem ovalen Stück Stoff, etwa 5,60 m lang und 2 m breit, mit einem Purpurstreifen gesäumt.

I · **Römerin mit Stola**

mit *Instita*, einem Zierstreifen am Unterteil und einem Schleier (*Anabola*).

J · **Haartrachten des Kaiserreichs**,

unter den Flaviern glatt und eng am Kopf anliegend, im Nacken zu einem Knoten zusammengefaßt. Über der Stirn aufgetürmte Zöpfe.

1149

STILE, KLEIDERMODE, UNIFORMEN

KLEIDUNG: EUROPA

MITTELALTER

Bis 1050 trug der Mann eine kurze Tunika, seit dem 10. Jh. *Bliaud* genannt, und *Braies* (Gallierhosen), aus denen sich eine Tracht aus kurzer Hose mit eng anliegenden strumpfartigen Hosen entwickelte. Im 12. Jh. sorgte die Kirche dafür, daß der Bliaud länger wurde und sich die Kleidung von Männern und Frauen anglich. Im 14. Jh. kam es zur endgültigen Differenzierung von Frauen- und Männerbekleidung, als für Männer ein kurzes, engliegendes Gewand üblich wurde. Auch die lange und weite Frauenkleidung wurde im 14. Jh. auf den Körper gearbeitet. Unter Karl VIII. und Ludwig XII. von Frankreich standen französische und italienische Mode im Wettstreit miteinander.

H · 13. Jh.:
Paar in langem *Surkot* und *Tasselmantel.* Der Mann trägt als Kopfbedeckung eine *Toque,* die Frau ein *Gebende* (Kinnband).

I · Um 1050:
Dame in *Bliaud* mit Gürtel, der um die Taille geschlungen und vorne gebunden wird, Mantel in Form eines Capes, Schleier als Kopfbedeckung.

A · Gallier
mit *Braies,* Gallierin mit kurzer Tunika und langem Rock.

B, C · Höflinge im 10. Jh.
Mann in kurzer Tunika, *Braies* und Mantel im Stil der Chlamys; Dame in *Stola* und Mantel *(Mafors)* über dem Kopf.

D, E · Ende des 15. Jh.:
Herr in *Oberschenkelhose* mit *Schamkapsel,* Dame in italienischer Robe mit abgebundenen Ärmeln und gestickter Haube. Daneben Dame in französischer Robe mit langen Ärmeln und *Kapuzenhaube.*

F · Unter Karl VI. von Frankreich:
vornehme Dame in offenem *Surkot* über der *Cotte* und *Hörnerhaube;* Herr in *Houppelande* und *Chaperon en casquette.*

G · 15. Jh.:
Herr in *Schecke* mit gefälteltem Rock, Hängeärmeln und *Schulterpuffen;* die Dame mit burgundischer Haube *(Hennin).*

J · 1. Hälfte des 14. Jh.:
Dame in enganliegender *Cotte* mit Hängeärmeln; die Haare zu Schläfenwülsten aufgesteckt.

K · 14. Jh.:
Knappe in taillierter *Schecke* mit verschiedenfarbigen Hälften, *Strumpfhosen, Gugel* (Kapuzenkragen) und *Schnabelschuhen.*

STILE, KLEIDERMODE, UNIFORMEN

RENAISSANCE

Unter italienischem Einfluß wurden geschlitzte und bauschige Ärmel modern. Aus Spanien kamen das *Fischbeinkorsett*, das die Büste einengte, und der *Reifrock*; diese Kleidungsteile veränderten die Silhouette der Frauen. Die französische Kleidung war unter Franz I. prächtig und bunt, unter Heinrich II. und Karl IX. schlichter – es überwog Schwarz mit goldenen Mustern –, unter Heinrich III., der Wämser im Polichinellestil, riesige Halskrausen und Toques bei Männern wie bei Frauen bevorzugte, extravagant. Erst unter Heinrich IV. wurde die Mode wieder einfacher, obwohl die Frauenkleidung, die schon unter seinem Vorgänger recht unförmig wirkte, steif blieb – trotz der großen Spitzenkragen, die über der Schulter hochgestellt wurden (gerade erst in Italien und Flandern erfunden und von Katharina von Medici in Frankreich eingeführt).

A · **Bürgersfrau**
in flachem *Chaperon* mit Nackenschleier.

B · **Am Hof Franz I.:**
Dame in *Basquina* mit wattierter Korsage und einem Unterrock (*Cotte*) über dem kegelförmigen *Reifrock*; der Oberrock ist an den Ärmeln pelzverbrämt.

C · **Unter Karl IX.:**
Dame in einem Kleid mit Puffärmeln und viereckigem Dekolleté und *Brustschleier*.

D · **Franz I.**
in einem geschlitzten *Wams* und Beinkleidern ›en tonnelet‹, mit einer *Schaube*, einem kurzen, ärmellosen Mantel und einem flachen Filzbarett.

E · **Heinrich VIII.**
in Schoßwams und *Zimarra*, einem Mantel mit Puffärmeln. Die Schuhe haben breite Enden in Form von *Bärentatzen*.

F · **Heinrich II.**
in einem Wams mit Goldstickerei, gepolsterten spanischen Hosen, spanischem Mäntelchen und *Toque*. Die Dame trägt ein Männerwams über einem *Corps piqué* (abgestepptes ärmelloses Oberteil mit Blankscheit).

G · **Heinrich III.**
in *Gänsebauchwams* und Beinkleidern ›à lodiers‹. Dame in einem mit Fischbein verstärkten Oberteil und ›Trommelreifrock‹.

H · **Heinrich IV.**
in mit Roßhaar gepolsterten *Trousses* und hohem Hut.

I · **Dame**
mit steifer Krause um die Taille und hochgestelltem Spitzenkragen.

J · **Mignon**
(Günstling) Heinrichs III. in *Culot* (sehr kurze Oberschenkelhosen).

1151

STILE, KLEIDERMODE, UNIFORMEN

KLEIDUNG: EUROPA

17. JAHRHUNDERT

Allmählich setzte sich die französische Kleidermode in ganz Europa durch, wobei Spanien, England und Flandern allerdings noch lokale Gewohnheiten beibehielten. Unter Ludwig XIII. war sie von bemerkenswerter Eleganz, obwohl Richelieu die Verwendung insbesondere von Spitzen aus dem Ausland streng reglementierte. Die Männerbekleidung wurde zu Beginn der Regierung Ludwigs XIV. luxuriöser, zur Zeit der Madame de Maintenon recht schlicht und streng, bevor sie in der Régence Weichheit und Charme zurückgewann und damit zum Ausdruck brachte, daß die Gesellschaft des steifen Zeremoniells am Hofe des Sonnenkönigs überdrüssig geworden war.

A · **Hochzeit Ludwigs XIV.**
Die prächtigen französischen Gewänder stehen in krassem Gegensatz zur spanischen Schlichtheit. (Gemälde von Laumosnier, nach Ch. Le Brun, Musée Tessé, Le Mans)

B · **Unter Ludwig XIII.**
Große Kragen gelten als elegant. Der Mann trägt trichterförmige *Stulpenstiefel* mit kurzem Schaft.

C · **Um 1660:**
Herr im *Rheingrafenrock* mit Spitzenkragen und Spitzenmanschetten (*Canons*) an den Beinen. Dame in mit Schleifen gerafftem *Manteau* (Oberrock) mit Schleppe.

D · **Um 1690:**
Herr in *Justaucorps*. Dame mit *Fontangen* als Kopfbedeckung, in einem Rock mit *Prétintailles* (zu Bandstreifen zusammengesetztes Muster) und einem Oberrock über der *Criarde*.

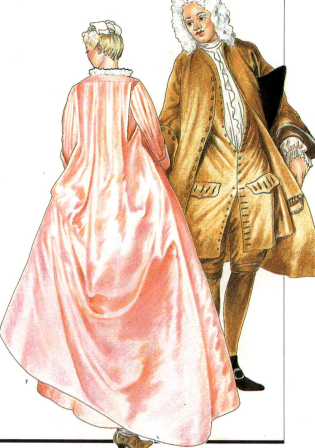

E · **Flämische Kleidung**
In Flandern trägt man weiterhin die Mühlsteinhalskrause und das gewölbte Oberteil, die für dieses Land typisch sind, sowie Spitze aus heimischer Herstellung am Kragenrand und den Ärmelaufschlägen. Bis auf die Haube ähnelt die Kinderkleidung der mütterlichen Bekleidung. (C. de Vos [1584–1651]: Der Maler und seine Familie, um 1621. Musées royaux des Beaux-Arts, Brüssel)

F · **1720:**
Contouche über kleinem, kegelförmigem *Reifrockgestell* (Panier), *Justaucorps*, *Rock* und *Kniehose*, Vorläufer der *Robe* und des *Habit à la française* des 18. Jh.

1152

STILE, KLEIDERMODE, UNIFORMEN

18. JAHRHUNDERT

Unter englischem Einfluß wurde die Mode wieder schlichter. Die *Robe à la française*, die nur bei Hof getragen wurde, wurde außerhalb des Hofes zunächst durch die *Polonaise*, später durch die *Robe à l'anglaise* ersetzt.

A · Um 1750:
Robe à la française mit Rückenfalte und schleifengeschmücktem *Stecker* sowie dazu passendem Unterrock. Die Ärmel sind an den Ellenbogen mit *Engageantes* aus Wäschestoff oder Spitze besetzt. Damen wie Herren tragen das Haar gepudert.

B · Um 1778:
die große *Galarobe à la française* wird bei Hof getragen.

C · Um 1730:
Robe volante über einem Reifrock und *Habit à la française* mit stark bauschigem Schoßteil und bis zum Ellenbogen reichenden Ärmelaufschlägen.

D · Um 1785:
Caraco à l'anglaise und *Frack* mit Stehkragen.

E · Ende des 18. Jh.:
oben: *Pierrot* und *Rock* für die Dame, *Frack* mit Reverskragen für den Herrn (seine Kleidung nimmt die Empiremode vorweg); rechts: einfachere *Robe à l'anglaise* mit Schleppe und Turnüre bei der Dame, geknöpfter bayrischer *Frack* beim Herrn.

F · Um 1778:
Robe à la polonaise (hochgeraffter Oberrock) mit Turnüre; dazu *Lévite* und *Schweizer Hut*. Die Robe à la polonaise ist wie ein Theatervorhang festoniert und wird mit hohem Kopfputz und federgeschmücktem *Pouf* getragen. Der Herr in schlicht geschnittener Kleidung mit reicher Stickerei.

G · Gelenkpanier,
zusammenschiebbar (für enge Türen).

H · Um 1792:
Sansculotte in *Carmagnole* (kurze Jacke), langer Matrosenhose und *phrygischer Mütze*. (Die Sansculotten verdanken ihren Namen der Tatsache, daß sie auf die Kniehosen des Adels verzichteten, die sie als Symbol des Ancien Régime betrachteten)

1153

STILE, KLEIDERMODE, UNIFORMEN

KLEIDUNG: EUROPA

19. JAHRHUNDERT

Seit dieser Zeit folgten nur noch die Frauen der Mode: Sie waren in der bürgerlichen Gesellschaft zum Symbol für den sozialen Aufstieg der von ernsthafter Arbeit beanspruchten Männer geworden. Nach dem antikisierenden Stil, der den aus England kommenden *Spenzer*, eine kurze Jacke, die von Herren wie Damen getragen wurde, in den Vordergrund rückte, kam der Kaschmirschal in Mode, der in der Folge der ägyptischen Expedition nach Frankreich gelangte. Ab 1820 saß die Taille wieder an ihrer natürlichen Stelle, und Korsetts und Unterröcke wurden wieder modern. Die Unterröcke wandelten sich 1856 zur reifengestützten *Krinoline* und griffen damit den Panier des 18. Jh. wieder auf. Die Herrenbekleidung war zu Anfang des Jahrhunderts recht originell: Der Mann trug den *Frack*, der 1790 aufkam, die *Redingote*, deren Stil sich 1820 und 1830 in gewissem Maße an die Damenkleidung anglich, den kegelstumpfförmigen, nach oben breiter werdenden oder röhrenförmigen *Zylinder* sowie Westen. Die Hofetikette, die nach dem Willen Napoleons I. nach den Auswüchsen der Direktoriumszeit den Anstand wiederherstellen, die Luxusindustrie fördern und an das Ancien Régime anknüpfen sollte, verlangte Seide, Samt und Stickereien sowie als Herrenbekleidung den *Habit à la française*, der auch in der Restauration noch getragen wurde. Napoleon III. griff den Prunk seines Onkels auf, paßte sich aber dem Zeitgeschmack an, indem er den Frack wählte. Ab 1860 wurde die Herrenkleidung steif und dunkel; nur für Landpartien wurden hellere Farben getragen.

A · **Incroyable**
im schlecht sitzenden *Frack* mit breitem Revers, kurzer Weste, an der zwei *Châtelaines* (Gürtelketten) hängen, und einer Haartracht, die als *Hundeohren* bekannt ist.

B · **Merveilleuse**
in durchsichtigem Mousselinekleid mit kurzem gereihtem Oberteil, bei dem die Taille unter die Brust gerückt ist.

E · **Erstes Empire:**
Herr im Frack; Dame in Mousselinekleid mit hoher Taille.

F · **1814:**
Dame in Redingote und *Pamelahut* mit hohem Kopf für den Haarknoten. Herr in pelerinenweitem *Carrick*.

G · **1820:**
Ausgehkleidung im *neugotischen ›Troubadour‹-Stil:* Spenzer mit Ballonärmeln, Halskrause und Turban; der Herr im *Leibrock*, dessen Silhouette dem Damenkleid ähnelt.

C, D · **1830:**
neue Modesilhouette mit Wespentaille und *Keulenärmeln*. Nebenstehend, 1835: die Ärmel setzen erst tief auf dem Oberarm an. Die Kindermode orientiert sich an der Damenmode.

H, I · **1845:**
Kleid mit Volants über einem Krinolinengestell mit Roßhaarauflagen und Stoffüberzug. Um 1850 gab es etwa 40 Arten von Krinolinen. Der Herr trägt eine kurze taillierte Redingote.

1154

STILE, KLEIDERMODE, UNIFORMEN

A, B · 1860:
Kleid mit *Pagodenärmeln* und Mousselineunterärmeln über weiter Krinoline. Mädchen in weißem Leinenkleid mit festonierten Volants; unter dem Rock lange Unterhosen. Der Junge trägt eine *Russenbluse*.

C · 1860:
In der Stadt trägt der Herr schlichte, dunkle Kleidung, jedoch ist auf Reisen eine gewisse Originalität erlaubt: helle Pantalons, karierte, gepaspelte *Weste*, gerade geschnittener *Leibrock* mit Reverskragen, flache *Melone*.

D · Krinoline:
1867 hat die *Krinoline* die Form eines Kegelstumpfs und wird ›Crinolineempire‹ genannt, da die Taille zu dieser Zeit nach oben rückt. Sie bestimmt die Silhouette bei diesem Ensemble aus taillierter Jacke und Rock.

E · 1875:
Kleid mit zwei Röcken, bei dem der Oberrock wie bei der *Robe à la polonaise* des 18. Jh. als *Pouf* über dem Gesäß hochgerafft und mit Posamenten im ›Capiton‹-Stil des damaligen Möbelgeschmacks verziert wird.

F · Die Turnüre
kam 1869 auf und wurde bis 1875 zunächst in Form einer Halbkrinoline, die über den Hüften saß, zwischen 1877 und 1879 und ausgeprägter noch zwischen 1880 und 1885 als tiefer angesetzter ›Krebsschwanz‹ und schließlich von 1885 bis 1889 als *Klappsitz* getragen.

G · 1855:
Kleid mit *Reifrock, Kapotthut* mit *Nackenschleier* und *Mantille;* Frack und Weste mit Schalkragen.

H, I · 1880:
unauffällige Turnüre unter zahlreichen Stofflagen und Fältelungen. 1885: enorme Turnüre als *Klappsitz*.

1155

STILE, KLEIDERMODE, UNIFORMEN

KLEIDUNG: EUROPA

HAUTE COUTURE

Die 1857 von Charles Frédéric Worth (britischer Herkunft) geschaffene Pariser Haute Couture war 100 Jahre lang das Vorbild, an dem sich die Mode der ganzen abendländischen Welt orientierte. Sie ging von einem Renaissancestil über zu den verschlungenen Linien des Jugendstils, später zu einer Silhouette in der Art des Ersten Empire, schließlich folgten Haremskleider, bevor nach 1915 Kleidungsstücke aufkamen, die dem modernen Leben und der modernen Ästhetik besser entsprachen.

A, B · 1895
bevorzugen radfahrende Frauen *Keulenärmel* und knielange Pumphosen. *Stiefeletten* zum Schnüren kommen in Mode.

C, D · 1915.
Als die Frauen kriegsbedingt zu arbeiten beginnen, werden die Röcke kürzer. 1915 kommt ein recht weites Modell, die sog. *Kriegskrinoline*, in Mode, zu der ein hoher, geschlossener Kragen und ein kleiner Federhut gehören.
Der dreiteilige Herrenanzug kommt auf. Dazu trägt man eine *Melone* und Gamaschen über den Schuhen.

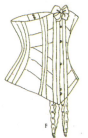

E, F, G · Die Mode um 1900
bevorzugt die S-Form, die mit Hilfe eines Senkrückenkorsetts, das die Brust hebt und die Taille einschnürt, und eines bodenlangen Rocks erreicht wird. Dazu wird ein riesiger Hut getragen.

EIN MODESCHÖPFER

Paul Poiret (1879 bis 1944) war Modeschöpfer, arbeitete aber auch als Maler und Dekorationskünstler. Er befreite die Frau vom Korsett, wobei er zunächst die Linien des Ersten Empire wieder aufgriff und sich später für den Orient begeisterte. Für seine Kundinnen entwarf er Abat-jour-Kleider und Hosenröcke im Stil der Haremsgewänder. R. Dufy entwarf die Motive seiner Druckstoffe. Poiret setzte seine Arbeit nach dem Ersten Weltkrieg fort, schickte seine Mannequins auf Reisen und paßte seine Modelle dem kubistischen Stil an. Allerdings war er nicht bereit, auf eine gewisse Theatralik zu verzichten und auf wirtschaftliche Erfordernisse Rücksicht zu nehmen – Gründe, weshalb sein Stern nach Auftauchen der Art deco nach 1925 zu sinken begann.

H, I · 1913:
Manche Anklänge an den Orient finden sich bei dieser Abat-jour-Robe und einem Kleid, das Rock und Kniehose in der ›Haremshose‹ kombiniert und mit Turban getragen wird.

J · 1921:
›Tolède‹, entworfen für die Schauspielerin Spinelly (*Le Roi*, im Théâtre de l'Atelier).

1156

STILE, KLEIDERMODE, UNIFORMEN

MODEVIELFALT

Nach 1960 brachen junge Modeschöpfer und Konfektionskleidung das Modemonopol der Haute Couture, die sich im übrigen auch den neuen Materialien anpassen mußte. Die Mode wurde vielfältig und ungewöhnlich. Denimjeans, Lycra und sogar Papier, Metall oder Kunststoffe wurden in der Haute Couture verarbeitet.

D, E · 1925:
Mit dem Garçonnestil setzt sich der gerade Schnitt durch: Taille auf Hüfthöhe, knielanges Kleid, Topfhut über kurzem Haar.

F · 1940–1944:
Kostüm mit kurzem Rock und langer taillierter Jacke mit Turban und Umhängetasche für Fahrradfahrten. Die Schuhe haben einen Keilabsatz aus Holz oder Kork.

A · 1920:
Die Damen- und insbesondere die Kinderkleidung wird kürzer. Im Winter tragen die Kinder an den Beinen hohe, geknöpfte Gamaschen aus Leder oder Wollstoff.

B, C · 1930:
Die Kleider, die in der Stadt länger, abends bodenlang getragen werden, sind schräg geschnitten und unterstreichen unauffällig die durch sportliche Betätigung geformten weiblichen Linien.

G, H · Dior und Chanel,
zeitlose Kostüme, 1955, ideale Kleidung für die berufstätige Frau; in krassem Gegensatz zum *New-Look*-Stil stehend, den Christian Dior 1947 entwickelt hatte, um nach dem Krieg und seinen Entbehrungen den Wünschen der Frauen nach Luxus und Weiblichkeit zu entsprechen. Nebenstehend: ›Bar‹, Ensemble mit antaillierter Jacke mit Schößchen und einer Rockweite von 10 m (1947).

I · Balenciaga.
Seine Modelle vereinen die spanische Vorliebe für Schlichtheit und Farbigkeit. Ensemble ›Blauer Skarabäus‹, um 1958–59.

J · Hosenanzug,
gleichermaßen für den Abend, für den Sport und die Stadt geeignet, 1966 von Saint-Laurent.

K · Courrèges
führt ab 1965 den *Minirock*, den *Maximantel*, die hohen Anglerstiefel, dann den enganliegenden Anzug aus weißer Wolle ein: Er verleiht seinen Kreationen einen futuristischen Charakter.

L · Azzedine Alaïa
arbeitet mit Leder oder Maschenmaterial und entwirft enge, den Körper nachzeichnende Kleider, die bisweilen an das alte Ägypten erinnern.

1157

STILE, KLEIDERMODE, UNIFORMEN

UNIFORMEN DER NATO UND DES

Die Uniformen der zwei großen Militärorganisationen, der NATO und des Warschauer Paktes, sind das Ergebnis einer langen Entwicklung und weisen noch heute z. T. Details auf, die an längst vergessene Feldzüge erinnern.

Koalitionskriege und Militärbündnisse brachten die Notwendigkeit mit sich, die Strategien, Taktiken, Waffen und natürlich auch die Uniformen aufeinander abzustimmen.

Im Laufe der letzten 30 Jahre wurden die Truppen der NATO nach und nach mit olivgrünen Uniformen ausgestattet. Abgesehen von der einheitlichen Farbe unterscheiden sich jedoch die Dienstuniformen der einzelnen Bündnispartner in Material und Form und tragen den Eigenheiten und Traditionen der jeweiligen Armeen Rechnung. Im Wintereinsatz befindliche Gebirgsjägertruppen sowie diejenigen Truppen, die in Nordnorwegen eingesetzt werden, sind vorwiegend weiß gekleidet.

Die Uniformen der Truppen des Warschauer Paktes sind weniger einheitlich als die der NATO. Die bulgarische Uniform z. B. hat sich seit 1936 kaum geändert.

STILE, KLEIDERMODE, UNIFORMEN

WARSCHAUER PAKTES

NATO

A · Norwegen.
Oberleutnant der Fallschirmspringer in vorschriftsmäßigem Anzug.

B · Niederlande.
Gefreiter der 104. Kompanie (unter dem Kommando der 1. mechanisierten Division), im voller Marschausrüstung.

C · Dänemark.
Major der königlichen Garde im Ausgehanzug. Dienstgradabzeichen auf den Schulterklappen, Abzeichen der nationalen Zugehörigkeit auf dem linken Ärmel.

D · Bundesrepublik Deutschland.
Infanterist im Kampfanzug mit einem Teil der zusätzlichen ABC-Schutzausrüstung.

E · Großbritannien.
Einfacher Soldat, 3. Fallschirmspringerbataillon, in Irland stationiert. Seine Ausrüstung geht auf ein Modell aus dem Jahre 1958 zurück. Die sonst nicht üblichen längeren Haare haben den Vorteil, daß er sich außerhalb des Dienstes in Zivilkleidung unauffällig bewegen kann.

F · Frankreich.
Oberstleutnant des 1. Marineinfanterieregiments im Dienstanzug. Verbandsabzeichen auf der rechten Brusttasche, Fangschnur an der linken Schulter.

G · Belgien.
Oberleutnant des 4. Panzerbataillons in Kasernenuniform. Dienstgradabzeichen auf den Schulterklappen. Verbandsabzeichen auf der Brusttasche.

H · Luxemburg.
Grenadier des 1. Bataillons der leichten Infanterie in Marschausrüstung (nach amerikanischem Vorbild).

I · Kanada.
Major der Luftlandetruppen in Dienstuniform (vereinheitlichte Uniform für die gesamte Armee).

J · USA.
Marinesoldat, Harrier-Pilot, in Fluguniform. Die ersten amerikanischen Piloten, die Anfang 1970 britische Flugzeuge flogen, trugen die englische Uniform, die samt Maschine geliefert wurde.

K · Portugal.
Befehlshabender des Artilleriekorps in Dienstuniform. Graue Uniform als vorschriftsmäßiger Anzug der Offiziere und Unteroffiziere, mit Dienstgradabzeichen am unteren Ende des Ärmels. Abzeichen der Truppengattung an Kragen und Mütze, Verbandsabzeichen auf der rechten Brusttasche.

L · Spanien.
Hauptmann des 61. Panzerregiments in Ausgehuniform. Dienstgradabzeichen an Mütze und Schulterklappen. Spezialabzeichen auf der rechten Brusttasche: hier ein Panzer über dem Abzeichen der Infanterietruppengattung auf rotem Grund.

M · Italien.
Gefreiter der Fallschirmspringerbrigade ›Folgore‹ in Marschausrüstung. Nur Fallschirmspringer und Marineinfanteristen tragen die Tarnuniform.

N · Griechenland.
Unteroffizier des Kommandoregiments in feldmarschmäßiger Ausrüstung. Die Tarnuniform tragen die Kommandos und die Fallschirmspringer.

O · Türkei.
Artillerie-Kommandant der 65. Infanteriedivision in Dienstuniform. Er trägt die Dienstgradabzeichen auf den Schulterklappen und das Abzeichen der Nationalität auf dem Ärmel.

Warschauer Pakt

P · Tschechoslowakei.
Unteroffizier des Grenzschutzes in Sommeruniform. Am linken Ärmel nationales Abzeichen auf grünem Grund (das Erkennungsmerkmal des Grenzschutzes).

Q · Ehemalige Deutsche Demokratische Republik.
Marinesoldat der Küstenwache in Sommeruniform.

R · Polen.
Gefreiter der motorisierten Infanterie in Sommeruniform (Marschausrüstung). Helm mit Netz, das vor das Gesicht gezogen wird (hier zusammengerollt).

S · Ungarn.
Gewehrschütze der motorisierten Infanterie mit Kampfanzug; hier zusätzlich mit Marsch- sowie ABC-Schutzausrüstung. Da das Sturmgewehr kein Bajonett hat, ist der Soldat mit einem Kampfmesser ausgerüstet.

T · Rumänien.
Gefreiter der Pioniere in Winteruniform (Marschausrüstung). Die Truppengattung ist am Kragenspiegel, der Tresse und dem Abzeichen an den Schulterklappen zu erkennen.

U · Bulgarien.
Leutnant der motorisierten Truppen in einteiliger Tarnuniform.

V · Sowjetunion.
Oberstleutnant der motorisierten Schützentruppen in seiner Winteruniform (Marschausrüstung). Mit dem Mantel aus Schafsleder, den die Offiziere üblicherweise tragen, sind auch die in der Arktis stationierten Soldaten ausgestattet.

1159

STILE, KLEIDERMODE, UNIFORMEN

UNIFORMEN: DIE ANTIKE

GRIECHISCHE ARMEEN

Im Gegensatz zu heute spielte in der Antike die militärische Uniform keine wichtige Rolle. Damals war einzig die Bewaffnung ›uniform‹. Die Griechen z. B. kannten keine Uniformen. Manche Kleidungstücke waren für Soldaten zwar besonders geeignet; diese waren jedoch nicht verpflichtet, sie zu tragen. Abgesehen von der Chlamys, einer Art Mantel, den man sich über die linke Schulter hängte, war die Kleidung dem Geschmack des einzelnen überlassen. Aus den Schriften des Perikles wird deutlich, daß Krieger häufig ein kurzes, faltenloses Gewand trugen, das in der Taille zusammengeschnürt wurde, bis zu den Knien reichte und unten verschiedenfarbige Fransen aufwies. Im Zeitalter des klassischen Griechenland bildeten die Vollbürger die Phalanx der Hopliten: Diese war der Kern der Armee. Nur die Reichsten trugen eine Rüstung. Fast alle waren mit Lanze, Helm, Schwert und großem Schild ausgestattet.

Unter Philipp II. von Makedonien und Alexander d. Gr. wurde anscheinend nicht immer ein Helm getragen. Der Helm war im allgemeinen aus Bronze gearbeitet und manchmal bemalt: Im Grab von Lyson ist ein gelber Helm mit schwarzen und roten Streifen am Rand in der Wandmalerei dargestellt. Die Beinschienen waren für die traditionelle Ausrüstung der griechischen Soldaten besonders kennzeichnend. Der Schild der Perserkriege und des Peloponnesischen Krieges hieß ›Aspis‹; den schweren Schild der Hopliten nannnte man ›Hoplon‹, den leichteren Schild der Söldner ›Pelte‹. Die Sarissa, die Lanze der Fußsoldaten, wurde von Philipp II. in der makedonischen Armee eingeführt. Sie wog 8 kg und war 6,30 m lang. Dies veranlaßte Polybios zu dem Ausspruch: ›Die Griechen haben schon genug damit zu tun, ihre Sarissa auf den langen Märschen zu tragen und gegen die durch die Last entstehende Erschöpfung anzukämpfen‹. Mit der Sarissenphalanx siegte Philipp II. bei Chaironeia (338 v. Chr.) über Theben und Athen.

Persische Krieger, 5. Jh. v. Chr.

B · Ein Angehöriger der ›Garde der Unsterblichen‹ der Großkönige.

C · Feldzeichenträger, bekleidet mit einem bestickten Waffenrock. Die persische Kavallerie und Infanterie wurde von den Skythen gebildet.

D · Bogenschütze, bewaffnet mit einer Lanze oder einem Wurfspieß sowie dem Bogen.

Assyrische Krieger, von 884 bis 610 v. Chr.

E · Reiter, bekleidet mit einem ledernen Brustpanzer. Die assyrische Reiterei verwendete weder Sattel noch Steigbügel.

F · Krieger des Elitekorps der ›Tapferen‹.

Griechische Fußsoldaten, 470 v. Chr.

G · Der Hoplit ist ausgestattet mit dem ›Hoplon‹ (Schild), einer 2 bis 3 m langen Lanze und einem 60 cm langen Eisenschwert, das mit Leder überzogenen Holzscheide steckt.

H · Der Phalanxkrieger ist leichter bewaffnet als der Hoplit.

EINE BLUTROTE TUNIKA

Die griechischen Krieger und ihre Befehlshaber trugen mit Vorliebe auffällige Farben. Die häufig benutze rote Kleidung sollte verhindern, daß der verwundete Soldat sah, wieviel Blut er verlor. Aristoteles zufolge trugen auch die Lakedämonier purpurrote Kleidung, weil sie damit zum einen Würde und Ehre des Kriegers zum Ausdruck bringen wollten, zum anderen sich daran gewöhnen konnten, ohne Furcht Blut fließen zu sehen. Wenn die Lakedämonier mit purpurroten Chlamys kämpften, so war dies ihr eigener Wunsch: Es handelte sich dabei nur um eine Art Mode. Die Soldaten hatten vollkommen freie Hand in der Wahl ihrer Kleidung und waren keinerlei Zwängen unterworfen.

Krieger aus Sparta, 420 v. Chr.

I · Der Helot aus Sparta ist ein Leibeigener, der zum Waffenknecht ausgebildet werden kann. Er kämpft mit dem Wurfspieß und der Schleuder. Essen und Trinken trägt er in einem Beutel aus Ziegenleder.

J · Der Hoplit aus Sparta in voller Kampfausrüstung; er trägt einen ›korinthischen‹ Helm aus Bronze, einen Schild mit dem Zeichen von Sparta und einen Brustschutz aus weißem Linnen.

Makedonischer Phalanxkämpfer, 330 v. Chr.

A · ›Lochagos‹, bewaffnet mit einer 4,5 m langen Lanze, einem Schwert und einem Rundschild, der am Rand nicht verstärkt ist; er trägt einen ›thrakischen‹ Helm und an den Unterschenkeln Beinschienen.

STILE, KLEIDERMODE, UNIFORMEN

VON DEN RÖMERN BIS ZU DEN FRANKEN

DIE RÖMER

Im römischen Heer waren keine Uniformen vorhanden. Zwar besaßen alle Soldaten das ›Sagum‹, das ihnen als Umhang diente, und die ›Lacerna‹, ein offener, halbkreisförmig geschnittener Mantel, doch diese hatten keinen einheitlichen Schnitt oder eine bestimmte Farbe. Nur bei den Waffen waren alle Soldaten uniform ausgerüstet. Zur Unterscheidung der Korps mußten bestimmte Helme, Schilde und Harnische getragen werden. Doch davon abgesehen, gab es für die militärische Bekleidung keine Vorschriften.

DIE GALLIER

Weder das Sagum noch die Hosen der Gallier, der Schultermantel oder das Panzerhemd waren Uniformen. Die Krieger waren im wesentlichen mit den gleichen Waffen ausgerüstet, bei der Kleidung jedoch bestand keine Einheitlichkeit; während die Krieger nun generell Eisenwaffen trugen, gab es in der Kleidung nur einige Details, an denen man erkennen konnte, um welchen Stamm es sich handelte, z. B. Kreuze, Schnüre oder Schärpen.

SCHRECKLICHE GESTALTEN

Der gallische Krieger trat seinem Gegner voller Verachtung und Unerschrockenheit mit entblößtem Oberkörper entgegen. Er vertraute darauf, daß sein Helm dem Feind Furcht einflößte: Wilde Tierköpfe mit geöffneten Mäulern, Adlerschwingen oder Stierhörner dienten als Helmschmuck. Die Führer trugen manchmal eine Art Lederkasack, der mit Metallnägeln besetzt war. Er war weniger Brustschutz als vielmehr ein Kleidungsstück zur Repräsentation des Ranges. Der Mut der Gallier war bekannt, doch die Franken standen ihnen in nichts nach. Manche Soldaten ließen sich den Hinterkopf rasieren, um der Versuchung zu widerstehen, im Laufe des Kampfes dem Feind den Rücken zuzuwenden.

DIE FRANKEN

Miniaturen aus der Zeit der Karolinger beweisen, daß die fränkischen Krieger ähnlich ausgerüstet waren wie die Legionäre des römischen Imperiums und die Byzantiner. Die Soldaten, die als Garde des königlichen und später kaiserlichen Korps eingesetzt wurden, trugen eine Art Uniform: Helm mit Helmbusch (in dieser Art bereits ein Vorläufer der Helme der frühen Neuzeit) und einen weiten Mantel in Purpurrot, der kaiserlichen Farbe. Die Soldaten Karls des Großen, die auf der italienischen Halbinsel das Reich der Langobarden unterwarfen, trugen als Waffen ein Lang- oder Kurzschwert, einen Schild, eine Lanze oder eine Streitaxt. Diese Streitaxt, die Franziska, war eine typische Waffe des fränkischen Kriegers. Für die Gürtel und Wehrgehänge wurden zum Teil prunkvolle Schnallen, für den Umhang Fibeln verwendet. Die Tatsache, daß die Kavallerie unter Karl dem Großen zur Elitetruppe der fränkischen Armee wurde, ist weniger ihrer vorgeschriebenen Ausrüstung als ihrer Wildheit zu verdanken: Die Schlacht war im Grunde nur ein einziges hartes Aufeinanderprallen der feindlichen Fronten. Die ganze Kriegskunst bestand darin, im geeigneten Augenblick am richtigen Ort mit einem möglichst großen Heer vorzustoßen.

Römische Legionäre seit dem 1. Jh. v. Chr.

A · Prätorianer in Paradeuniform. Die Kohorten der Prätorianer, die Leibwache der Kaiser, waren in einem Feldlager in Rom untergebracht. Infolge ihrer Funktion als Schutzgarde hatten sie oft Einfluß auf die Entscheidungen der Kaiser.

B · Feldzeichenträger der Prätorianer in Paradeuniform.

C · Legionär in Marschuniform. Er trägt einen leichten Wurfspieß, einen schweren Wurfspieß und auf dem Rücken seine gesamte Marschausrüstung (daher die Bezeichnung ›marianischer Maulesel‹).

Die Gallier.

D · Gallische Krieger, ausgerüstet mit dem schweren gallischen Helm, dem langen keltischen Schwert und dem römischen Langschild. Sie trugen lange oder kurze Hosen. Die für den gallischen Krieger typischen Gallierhosen waren meist aus Leinen, manchmal jedoch auch aus Leder gearbeitet. Sie bestanden aus zwei zusammengenähten Teilen und wurden in der Taille und am Knöchel mit Lederriemen zusammengeschnürt.

Die Franken, ca. 400 n. Chr.

E · Die Krieger waren mit einer schweren Wurflanze oder einer Streitaxt (›Franziska‹) bewaffnet. Man erkannte sie sofort an dem quergestreiften Waffenrock und an der Haar- und Barttracht (z. B. rasierter Nacken, Schnurrbart). Der fränkische Krieger verfügte mit dem Wurfspieß und der Franziska über zwei Waffen, die er aus großer Entfernung warf: An der Spitze des Wurfspießes befanden sich zwei Widerhaken.

1161

STILE, KLEIDERMODE, UNIFORMEN

UNIFORMEN: MITTELALTER

DIE EINFÜHRUNG DER UNIFORM

Nachdem sich die Kavallerie zur unbestrittenen Königin der Schlachtfelder entwickelt hatte und die Ritter in den Rüstungen nicht zu unterscheiden waren, wurden Erkennungszeichen für die ›Nationen‹ oder die kämpfenden Parteien unerläßlich. Schnüre und Schärpen hatten bis dahin die Uniformen ersetzt. Seit Ludwig dem Heiligen trug der Ritter das Wappen seiner Familie auf dem Panzerhemd; die englischen Ritter aus dem 14. Jh. hatten auf ihrer weißen Tunika ein rotes Kreuz, das schon von weitem zu erkennen war. In der gleichen Zeit bilden die zweifarbigen Umhänge der Bürgerwehr und der Truppen der Bogenschützen die ersten Beispiele für Uniformen. Im 15. Jh. befahl Karl VII. seinen Soldaten, einen gestickten Waffenrock in den Wappenfarben ihres Befehlshabers zu tragen. Die Schottische Garde von Karl VII. war mit einem grün, weiß und rosafarben bestickten Waffenrock bekleidet, während die Bogenschützen von Karl dem Kühnen das Andreaskreuz auf der Brust trugen. Unter Ludwig XI. mußte der Kasack, der den bestickten Waffenrock ablöste, einen bestimmten Schnitt und eine vorgeschriebene Größe haben.

A · **Templer.**
Ritter, der an den Kreuzzügen teilnahm, bekleidet mit einem weißen Mantel mit rotem Kreuz.

B · **Ritter unter Johann II.,**
der bei Poitiers von dem Schwarzen Prinzen (1356) besiegt wurde.

C · **Coutilier,**
Mann aus dem Fußvolk, bewaffnet mit einem Spieß (›coutille‹) mit flacher oder dreieckiger Klinge, der zum Stechen geeignet war.

D · **Fußsoldat,**
bewaffnet mit der Hellebarde. Er unterstützte den Ritter in der Schlacht.

E · **Ritter aus dem 10. Jahrhundert,**
bewaffnet mit Lanze, Schwert und dreieckigem Schild.

F · **Kreuzritter,**
trägt die mit Eisenplättchen besetzte ›Brünne‹.

G · **Kreuzritter,**
ausgestattet mit einer ›normannischen Rüstung‹.

H · **Ritter zu Pferd**
in voller Kriegsausrüstung (1400).

I · **Englischer Bogenschütze.**
In Crécy (1346) siegten die englischen Bogenschützen mit ihren großen Bögen über die Armbrustschützen des Königs von Frankreich. Die Bogenschützen konnten ihre Pfeile achtmal schneller anlegen als die Armbrustschützen.

RÜSTUNGEN

Die Männer von Philipp II. August siegten bei Bouvines dank ihrer langen Panzerhemden über die Welfen und Engländer. Unter Ludwig dem Heiligen trug der Ritter ein Panzerhemd, das bis zu den Knien reichte; der konisch getriebene Helm mit Nasenschutz wurde durch den Topfhelm abgelöst. Angesichts der Verbesserungen der Wurfwaffen, Bögen und Armbrüste war der Ritter des Hundertjährigen Krieges gezwungen, seine Ausrüstung zu ändern. Der Topfhelm wich nach und nach der Beckenhaube mit beweglichem Visier. Mit der Einführung des beweglichen Brustharnisches, der einen absoluten Schutz gewährleistete, war der ganze Körper des Ritters geschützt.

GEFRAGTE RÜSTUNGEN

Kostspielige Rüstungen konnte man an bestimmten Orten in Europa erwerben, v.a. in Frankreich, Deutschland und Italien. Wer hätte nicht alles dafür gegeben, einen ›weißen Harnisch‹ von Missaglia, dem berühmten italienischen Harnischmacher, zu erwerben. Und wenn ihm die Anfertigung zu lange dauerte, konnte er nach Augsburg gehen, wo Colmann wie kein anderer die wertvollen Teile des glänzenden Harnisches polierte und bearbeitete. Oder er ging nach Nürnberg zu dem Harnischmacher Grünewalt, dessen Ruhm weitverbreitet war. Die Rüstungen der Ritter, die in den Turnieren ihr Geschick beweisen wollten, waren von erheblichem Wert und für materieller Anreiz dem des für den Gegner, zu- die Rüstung Unterlegenen fiel.

1162

STILE, KLEIDERMODE, UNIFORMEN

RENAISSANCE

DIE EUROPÄISCHEN HEERE DES 16. JAHRHUNDERTS

Bei der Schlacht von St. Quentin am 25. August 1557 kämpften in den Reihen der Kaiserlichen ungefähr 7 000 englische Soldaten mit einheitlicher Uniformierung. Das französische Heer bot einen ganz anderen Anblick. König Franz I. hatte zur Kleidung keine Vorschriften erlassen; es genügte ihm, daß an einem Ärmel des Kasacks die Farben des Kommandanten zu erkennen waren. Unter König Heinrich II. blieb von dieser Art Uniform nur noch die Schärpe übrig. Nach der Schlacht bei Pavia (24. Februar 1525), bei der König Franz I. von Frankreich besiegt und gefangengenommen wurde, ging man mit weniger schweren Rüstungen in den Kampf. In dieser Zeit gab es die Estradiots vom Balkan, die deutschen Reiter, die Pistoliers und die berühmte leichte Kavallerie. Die deutschen Landsknechte trugen geschlitzte Oberschenkelhosen und Wämser. Das Heer von Franz I., die französischen und schottischen Bogenschützen sowie die schweizerischen Söldner trugen die Farben des Königs, manchmal der Königin, unter König Heinrich II. auch die Farben seiner Geliebten, Diana von Poitiers. Die Pikeniere des Fußvolkes waren mit eisernen Helmen und Brustpanzern ausgestattet. Die weniger geschützten Musketiere trugen den legendären Filzhut. Man verwendete immer noch die prunkvollen Waffen von einst, doch waren sie ausschließlich den Generälen vorbehalten. Die wunderbaren Harnische, die mit Goldnägeln beschlagen und mit der weißen Schärpe besetzt waren, erkannte jeder Soldat als Zeichen des Kommandanten. Die Artilleriesoldaten waren mit der Haube und dem eisernen Brustpanzer besser ausgestattet. Die Aristokraten der Kavallerie und das Fußvolk der Garde trugen einheitliche Bekleidung, die Schweizer Garde war ganz in Rot und Gelb gekleidet.

D · Schweizer Pikenier, bewaffnet mit einer langen Pike (1510). Die Länge der Pike ermöglichte den Soldaten der 4. Reihe, 2 m über die erste Reihe hinaus zu stoßen.

F · Hauptmann der Hellebardiere (1530). Gegen Anfang des 16. Jh. war die Hellebarde nicht mehr so gefährlich, da sie keine Axt mehr hatte. Die Spitze dagegen wurde zu einem Stoßdegen verlängert.

G · Unteroffizier der spanischen Infanterie (1518–1536). Die Hellebarde war bis Ende des 18. Jh. die Waffe der Unteroffiziere. Sie durften einen Federbusch an ihren Helmen tragen.

E · Arkebusier, bewaffnet mit seiner ›Arkebuse‹, die meist zur Verteidigung von Festungen benutzt wurde. Die Arkebuse wurde trotz der Proteste der Adelsreiterei immer häufiger benutzt. Der französische Heerführer Bayard ließ jeden gefangenen Arkebusier hängen.

SCHWERE WAFFEN

Pavia, 24. Februar. Die Niederlage der letzten französischen Ritter im Jahre 1525, der Tapferen von Franz I., ist zum einen auf die Überlegenheit der kaiserlichen Truppen Karls V., zum anderen auf ihre eigenen, zu schweren Harnische zurückzuführen. Die Rüstung des Lanzenreiters war zwar leichter als in den vorangegangenen Jahrhunderten, dennoch mußte sein Pferd etwa 90 kg geschmiedetes Eisen tragen. Hinzu kam noch der ›Roßharnisch‹ des Pferdes. Die Reiter von Franz I. waren trotz ihrer schweren Rüstung, dem geschlossenen Helm mit Straußenfeder und dem Harnisch von einer paradoxen Verletzlichkeit. Da die Pferde nur schwer geführt werden konnten, wurden sie meistens die ersten Opfer der gegnerischen Fußsoldaten.

H · Ritter mit einer deutschen Rüstung (1530). Die geriffelte deutsche Rüstung, nach Kaiser Maximilian I. benannt, wurde ab 1500 eingeführt. Die meisten ›Maximilianer‹ entstanden erst nach Maximilians Tod. Mit der Einführung dieser Rüstung verhalf der Kaiser dem deutschen Handwerk zu neuem Aufschwung.

I · Schweizer Gardist in den Farben der Diana von Poitiers (1559). Als anspruchsvolle Soldaten weigerten sich die Schweizer manchmal, auf unwegsamem Gelände zu kämpfen oder forderten höheren Sold.

J · Arkebusier im italienisch-französischen Krieg.

K · Trommler im italienisch-französischen Krieg.

A · Landsknecht mit einer Sturmhaube (1550). Die Sturmhaube, die sich aus der italienischen Kesselhaube (Hirnkappe) entwickelte, wurde von den *Knappen* verwendet, den bewaffneten Männern der deutschen Lehnsherren, sowie von den Landsknechten.

B · Leichter Kavallerist, bekleidet mit einer niellierten Silberrüstung (1550); nicht so schwer bewaffnet wie ein Angehöriger der schweren Kavallerie.

C · Estradiot (1560), Soldat der aus Griechenland stammenden leichten Kavallerie, der in die Dienste Ludwigs XII. von Frankreich getreten war.

1163

STILE, KLEIDERMODE, UNIFORMEN

17./18. JH.

DIE ÜBLICHEN UNIFORMEN

Die ersten Erlasse für eine allen Truppen der gleichen Waffengattung gemeinsame Uniform wurden in Frankreich von Ludwig XIII. herausgegeben. Man beachtete sie jedoch kaum. Noch unter Ludwig XIV. trugen die Soldaten anfangs die Farben ihres Obersts. Die Frage der Uniformen wurde endgültig vom französischen Kriegsminister Louvois geklärt: Ein neuer Erlaß verpflichtete die Soldaten zum Tragen einer Uniform. Der Minister legte die Einzelheiten fest. Der französische Infanterist trug von nun an einen weißen oder blauen ›Justeaucorps‹ mit breiten Schößen, die bis zur Kniekehle reichten, eine weiße Weste und weiße Kniehosen; Gamaschen und Schuhe vervollständigten die Uniform. Die Uniform der Offiziere unterschied sich nur durch die Qualität des Stoffes und durch die Gold- und Silbertressen, d. h. die Rangabzeichen. Die Uniform der Kavallerie glich der Ausstattung der Infanterie. Die prächtigen Stiefel ersetzten die Gamaschen, die Kniehose war aus Leder und der Hut mit einem Federbusch geschmückt. Infanterist und Kavallerist trugen über der Brust zwei gekreuzte Schulterriemen, der eine für den Säbel, der andere für die Patronentasche. Ähnliche Uniformen wurden in allen europäischen Armeen getragen. Man trug die Uniform jedoch nicht jeden Tag. Bis zu Ludwig XV. führte man Paraden und Exerzierdienste in Zivilkleidung durch. Nur die Haustruppen mußten fast immer in Uniform gekleidet sein. Manche Offiziere der Garde sah man ihren Dienst sogar in Fantasieuniformen ausüben. Der französische Minister Choiseul erließ mehrere Bestimmungen zur Wahl der Farben. Weiß war der Infanterie vorbehalten, blau der Kavallerie, grün den Dragonern. Die Erlasse von 1776 und 1789 unterteilten die Regimenter in sechs Gruppen, die sich durch die Farbe der Aufschläge und den Besatz unterschieden. Die mit einer Handgranate bewaffneten und einer spitzen Mütze bekleideten Grenadiere waren Bestandteil der Infanterie. Die rotgekleidete Garde des Königs und der Prinzen, die Karabiniere und das königliche Kürassierregiment bildeten die Elite der Kavallerie.

C · **Offizier der französischen Kavallerie,** unter Ludwig XIV. (1650).

D · **Trommler des Regiments von Lyon** (um 1720). Jede Kompanie hatte ihren Trommler; manche Regimenter hatten sogar bis zu 68.

E · **Französischer Musketier** der 1. Kompanie des Königshauses (1744). Die Musketiere dienten zu Fuß und zu Pferd und begleiteten den König, wenn er den Hof verließ.

F · **Österreichischer Kürassier** (1760), mit einem Karabiner bewaffnet, der sogenannten ›Büchse‹. Der Kürassier der schweren Reiterei bekam seinen Namen wegen seines Lederwamses (Küraß), das er trug, bevor der Harnisch eingeführt wurde.

G · **Füsilier der österreichischen Infanterie** (1710). Bis auf die graue Farbe unterscheidet sich die Uniform kaum von Zivilkleidung.

H · **Amerikanischer Unabhängigkeitskrieg:** Infanterist in Jägerkleidung (1777).

I · **Amerikanischer Unabhängigkeitskrieg:** Infanterist aus Pennsylvania in blauroter Uniform.

J · **Soldat des französischen Régiment royal** im Marschanzug (1749). Das Gewehr, ein Modell aus dem Jahre 1728, diente zahlreichen Armeen als Vorbild: Es war rund 1,60 m lang, wog 4,1 kg und verschoß 17,5-mm-Kugeln.

A · **Marineartillerist,** Toulon, 1755.

B · **Schweizer Regiment von Courteu** (1767). Mit ihrer blauroten Uniform führten die Schweizer 1771 eine für den Krieg geeignetere Kleidung ein.

VORBILD PREUSSEN

Im Jahre 1670 kam es in Frankreich zu einer wichtigen Neuerung. Die Soldaten wurden nun nicht mehr in den Farben des jeweiligen Regimentskommandeurs, sondern in den Farben des Königs gekleidet. Grau und Weiß waren damit üblich geworden, Form, Modell, Schnitt und Stoff der Uniformen blieben jedoch Gegenstand heftiger, aber unfruchtbarer Diskussionen. Um das Problem zu lösen, orientierte man sich an den Preußen: Die Bekleidung der Grenadiere jenseits des Rheins war 1698 von Kurfürst Friedrich III. von Brandenburg geregelt worden. Das Modell gefiel und wurde eingeführt. Und in der Tat, der brandenburgisch-preußische Grenadier war seit Friedrich III. (als König seit 1701 Friedrich I.) eine beeindruckende Erscheinung.

1164

STILE, KLEIDERMODE, UNIFORMEN

19. JAHRHUNDERT

DAS NAPOLEONISCHE HEER

Die Revolutionskriege führten zu zahlreichen Änderungen an den Uniformen. Man war darauf bedacht, die Uniform so einfach und bequem wie möglich zu entwerfen. Erst führte man den blauen Rock und die langen Gamaschen ein. Der Schnitt der Uniformen wurde akzeptiert; allerdings taten sich die Soldaten schwer, auf Haarpuder und Zöpfe zu verzichten, die die Garde noch lange trug. Im Jahre 1806, als Indigo knapp wurde, überlegte Napoleon, ob er nicht die Infanterie wieder mit einem weißen Rock ausstatten sollte. Doch die Fabrikanten ersetzen Indigo durch Waid; man begnügte sich damit, den Rock zu kürzen, der nun zum ›Westenrock‹ wurde. Dazu trug man eine Ärmelweste, anstatt der Kniehosen lange Hosen, einen grauen Umhang und den Tschako. Ab dem Jahre 1812 hatte der Rock der Linieninfanterie runde statt eckiger Aufschläge; die Gamaschen reichten nur noch bis unters Knie. Die Pelzmützen der Grenadiere wurden durch Tschakos ersetzt. Die spitzen Aufschläge wurden in der leichten Infanterie zu geraden Aufschlägen umgeändert. Der Tschako wurde nun generell verwendet. Zwar schätzte Napoleon die Schlichtheit – die Einfachheit seiner Uniform war bekannt – doch galt das nicht für die ihn umgebenden Offiziere. Hier herrschte heftige Konkurrenz um die prächtigsten Federn, Goldverzierungen oder Pelze. Der französische General Lannes beschrieb Marschall Murat mit den bezeichnenden Worten: ›ein mit Federn geschmückter Hahn‹. Und tatsächlich, ganz gleich ob Marschall, General, Generalstabsoffizier, Ordonnanzoffizier oder Adjutant, alle trugen Federbüsche, goldene oder silberne Achselschnüre, bestickte Uniformen und Rockschnüre. Die Oberste wollten den eigenen Luxus nicht einschränken. Die Tambourmajore der Infanterieregimenter und die Paukenschläger der Kavallerieregimenter verbrauchten manchmal soviel Geld, daß sich Napoleon die Kostenaufstellung zeigen ließ. Die Linieninfanteristen und gegen Ende der Herrschaft Napoleons auch manche Kavallerieregimenter waren dagegen sehr viel einheitlicher gekleidet.

A · Freiwilliger aus dem Jahre 1792
zur Zeit der Schlacht von Valmy.

B · Husar
(1792). Die attraktive Uniform des Husaren veranlaßte viele zu freiwilligem Dienst.

C · Grenadier der Halbbrigaden
(1801). 1793 schlug der französische Politiker und Mathematiker L. Carnot den Zusammenschluß eines Linien- und zweier Freiwilligenbataillone zu einer Halbbrigade vor, um Armee und Nation stärker miteinander zu verbinden.

D · Mamelucke.
Die Mamelucken der Kaiserlichen Garde gingen auf die von Menou in Ägypten geschaffene Formation zurück.

E · Gardist
(1806). Die Kaiserliche Garde nahm an allen Feldzügen Napoleons I. teil.

F · Voltigeur
(1812). Die Voltigeure bildeten Elitekompanien. Sie waren gute Soldaten, die wegen ihrer Körpergröße nicht bei anderen Einheiten aufgenommen werden konnten.

G · Trommler der Pioniere der napoleonischen Garde
(1812). Die Trommler und Musiker waren im allgemeinen in den Farben des Regiments, manchmal aber auch ›entgegengesetzt‹ gekleidet. So trugen z. B. die Musiker eines in Blau gekleideten Regiments, dessen Uniformen rot abgesetzt waren, rote Uniformen mit blauen Aufschlägen.

H · Grenadier der preußischen Garde
(1799). Die Grenadiere Friedrich Wilhelms III. mußten bald ihre schöne Mütze gegen das sogenannte *Kaskett* eintauschen.

I · Royal Horse Guard
(1812). Ein Jahrhundert zuvor hatte die Royal Horse Guard eine allem Brauch zuwiderlaufende Sitte eingeführt: Sie grüßte mit unbedecktem Kopf.

J · Reiteroffizier der napoleonischen Garde
zur Zeit des Rußlandfeldzuges 1812.

MANGEL AN SCHUHEN

Die Schuster wurden in Frankreich in den Dienst der Armee gestellt. Aufgrund des allgemein herrschenden Mangels an Schuhen mußten sie, vor allem in den Wintermonaten, ausschließlich Schuhe für die Armee herstellen. Arbeiteten Schuster für Privatleute, so wurden ihre Produkte beschlagnahmt und sie zu einer Geldstrafe von 100 Livres verurteilt. Die Schuhe sollten eine eckige Kappe haben, und nur ein Soldat durfte solches Schuhwerk besitzen! ›Bei Zuwiderhandelnden wird angenommen, daß Sie die Schuhe von Soldaten abgekauft haben. Sie werden folglich bestraft.‹ Im November 1792 war die Schustergilde gehalten, alle zehn Tage fünf Paar Schuhe abzuliefern.

STILE, KLEIDERMODE, UNIFORMEN

19. JAHRHUNDERT

TSCHAKO, KÄPPI, PICKELHAUBE

Als Ludwig XVIII. wieder den Thron der Bourbonen bestieg, stellte er abermals die blauen und roten Haustruppen, die Gardes de la Porte und das Regiment der Schweizer Garde auf. Im Jahre 1815 trug man wieder den weißen Rock. Im Jahre 1820 allerdings wurde er erneut durch den blauen Rock ersetzt. In der gleichen Zeit führte man blaue Röhrenhosen ein, die im Jahre 1829 durch die berühmten krapproten Hosen abgelöst wurden. Nachdem das Algerienkorps den Waffenrock ausprobiert hatte, führte man ihn im Jahre 1843 allgemein ein. Das Käppi verdrängte, zumindest beim Marschanzug, den Tschako. Im zweiten französischen Kaiserreich wurden die Waffenröcke zu einer Weste mit kleinen Schößen gekürzt. Alle Soldaten waren mit dem grauen, bis zum Knie reichenden Mantel ausgestattet, der sie gegen Regen und Kälte schützen sollte; über die Hosen wurden Gamaschen oder Halbstiefel mit Wickelgamaschen gezogen. Das Säbelkoppel ersetzte nach und nach das Lederzeug. Seit dem Krimkrieg trugen Preußen, Russen und Briten nur noch Waffenröcke, deren erste Modelle übertrieben weite Schöße hatten. Nach und nach wurden die Waffenröcke in allen europäischen und amerikanischen Armeen eingeführt. Den Westenrock verwendete man nur noch bei der britischen Marine, wo er bis zum Zweiten Weltkrieg bei offiziellen Anlässen getragen wurde. Die Erfolge Frankreichs in Nordafrika beeinflußten die anderen europäischen Armeen insofern, als man sich an der französischen Uniform orientierte: In den meisten Armeen verwendete man das Käppi. Während die Franzosen das Käppi trugen, bevorzugte man in Preußen die Pickelhaube (ab 1842). Das Modell der Offiziere unterschied sich von dem der anderen Soldaten durch eine lange, gerillte Spitze. Als in Paris der französische Kriegsminister darauf bestand, daß ›kein einziger Gamaschenknopf fehlen darf‹, sollte ihn 1870 die Niederlage bei Sedan daran erinnern, daß eine Uniform noch keinen Sieg ausmacht.

A · **Berittener afrikanischer Jäger**

(1. Regiment) [1832]. Das afrikanische Jägerkorps, das am 17. November 1831 zusammengestellt wurde, bestand aus Franzosen, Einheimischen und den nur zeitweise eingesetzten Spahi.

B · **Zuave der Garde.**

Im August 1830 stellte Bourmont ein Hilfskorps mit 2 000 Zuaven auf. Damit begann der Einsatz von Eingeborenentruppen in der französischen Armee.

C · **Garde du Corps**

(1820–1830). Die französische Garde du Corps wurde Ende des Mittelalters eingeführt. Nach der Flucht von Ludwig XVI. im Jahre 1791 aufgelöst, wurde sie von Ludwig XVIII. wieder aufgestellt. Im Jahre 1830 wurde sie endgültig abgeschafft.

D · **Offizier der Garde Napoleons III.**

(1860).

E · **Krimkrieg.**

Englischer Infanterist aus dem 19. Regiment.

F · **Amerikanischer Bürgerkrieg.**

Infanterie der Nordstaaten. Für jeden Soldaten waren zwei Mützen, ein Hut, zwei Jacken, drei Hosen, drei Flanellhemden, drei Unterhosen, vier Paar Stiefel, vier Paar Socken, ein Lederkragen, ein Soldatenmantel und eine Decke vorgesehen. Doch in der Praxis bekamen zahlreiche Soldaten oft nur eine zusammengerollte Decke.

G · **Amerikanischer Bürgerkrieg.**

Kavallerieoffizier der Südstaaten. Anfangs wollte die Armee der Konföderierten ihre Soldaten mit dem gleichen Gepäck ausrüsten, das der Unionsarmee vor Ausbruch des Krieges zur Verfügung stand. Freiwillige wurden aber nach und nach mit einem dunkelblauen Hemdkittel, stahlgrauen Hosen und einer Mütze ausgestattet.

H · **Krimkrieg.**

Russischer Infanterist mit Marschausrüstung.

I · **Krimkrieg.**

Ein türkischer Infanterist (1854–55).

DIE EUROPÄISCHE MODE IN AMERIKA

Vor dem Ersten Weltkrieg boten die Miliz und die Freiwilligeneinheiten einen Anblick, der an die ›preußischen Husaren‹ erinnerte. Andere Soldaten waren wie britische Dragoner aus dem Krimkrieg gekleidet. Während des amerikanischen Bürgerkriegs bewahrte die Armee der Nordstaaten ihre ›französische‹ Uniform, trug dazu jedoch die preußische Pickelhaube. Im Jahre 1840 schien der Tambourmajor der amerikanischen Marine direkt aus der französischen Champagne zu kommen. Zur gleichen Zeit trugen die Husaren der brasilianischen Nationalgarde den typischen Husarenrock und dazu die Kopfbedeckung der polnischen Lanzenreiter.

STILE, KLEIDERMODE, UNIFORMEN

UNIFORMEN: 1914–1918

FRANZÖSISCHE ARMEEN

In der Dritten Republik wurden zahlreiche kleinere Veränderungen an der Uniform vorgenommen. Vor Ausbruch des Ersten Weltkrieges hatten die meisten Großmächte beschlossen, ihre Armee mit mehr oder weniger einfarbigen Marschuniformen auszustatten. Nur die Franzosen blieben ihren traditionellen Farben treu. In der Kavallerie allerdings wurden Helm und Brustschutz mit khakifarbenem Stoff überzogen. Die restlichen Truppen waren mehrfarbig gekleidet: Die Hose war rot, ausgenommen die Jäger zu Fuß, die Artillerie und die Pioniere, der Waffenrock oder der Dolman hoben sich durch ihr Dunkelblau ab. Der Infanterist aus dem Jahre 1914 ging also mit ebenso auffälliger Kleidung in den Krieg wie sein Vorfahr auf der Krim. Seine krapprote Hose zog die Aufmerksamkeit des feindlichen Schützen auf sich. Die ›horizontblaue‹ Uniform wurde 1915 eingeführt, und in dieser weniger auffallenden Farbe beendete der Poilu, der französische Frontsoldat, den Krieg. Die Felduniform hat sich allerdings schnell an die Bedingungen in den Schützengräben angepaßt. Der Poilu von Verdun trug einen neutralen Soldatenmantel und eine horizontblaue Tunika, blaue Kniehosen und blaue Wickelgamaschen.

DEUTSCHE ARMEEN

Die deutsche Uniform veränderte sich im Ersten Weltkrieg kaum. Die Pickelhaube jedoch wurde durch den Stahlhelm ersetzt. Die Infanteristen waren seit Ausbruch des Krieges feldgrau gekleidet, das weniger auffällig als das französische Krapprot war. Die graue Kampfuniform hatte die gleiche Qualität wie die Paradeuniform: Die Husaren trugen die mit Schnüren besetzte Attila, die Ulanen den Waffenrock (Ulanka) mit zwei V-förmigen Knopfreihen. Mit Ausnahme der farbigen Biesen war das gesamte Äußere in grau gehalten; zur Unterscheidung dienten Nummern und Ärmelstreifen.

A · Offizier der österreichischen Dragoner
in voller Marschausrüstung. Die in 15 Regimenter gegliederten Dragoner trugen Helme mit elegantem Helmschmuck.

B · Regiment der Guides belges.
Ihre Uniform gleicht der der berittenen Jäger der Garde des ersten französischen Kaiserreiches. Sie trugen sogar den Kalpak.

C · Russischer Unteroffizier.
Die Ausrüstung des Infanteristen bestand aus einer großen Tasche, die außer 60 Reservepatronen folgendes enthielt: einen Trinkbecher aus Metall, drei Paar Socken, Unterhosen und Hemden.

D · Französischer Linieninfanterist
in auffälligen krapproten Hosen, blauem Mantel, Käppi und Marschausrüstung (1882).

E · Amerikanischer Infanterist.
Die ersten amerikanischen Kontingente, die im Jahre 1917 in Frankreich an Land gingen, trugen eine khakifarbene Uniform, die in den USA seit Anfang des 19. Jh. verwendet wurde.

F · Offizier der britischen Kavallerie.
Die Uniform des Kavalleristen gleicht der Uniform des Infanteristen: khakifarbener Anzug mit Drillichjacke und Kniehose.

G · Französischer ›Poilu‹
in horizontblauer Uniform. Seine Notausrüstung bestand aus einer Handmühle und einem Schabeisen sowie einer Schraubenzieherklinge.

H · Deutscher Soldat,
Angehöriger eines Sturmbataillons in Marschausrüstung mit dem 1916 eingeführten Stahlhelm, der ungefähr 3 kg wog. In der rechten Hand des Soldaten ist eine Stielhandgranate zu sehen, wie sie auch noch im Zweiten Weltkrieg Verwendung fand.

I · Italienischer Oberstleutnant.
Die italienischen Truppen, 1915 in den Krieg eingetreten, trugen eine grüne Uniform. Die Mannschaftsstärke der italienischen Armee betrug 3,5 Millionen Mann.

J · Deutscher Ulan (Linienregiment).
Die 1734 erstmals in Preußen aufgestellten Ulanen waren in 19 preußische, 2 bayrische, 3 sächsische und 2 württembergische Regimenter gegliedert.

FRANZÖSISCHES MARSCHGEPÄCK

Da stand er nun, der französische Infanterist aus dem Jahre 1914, in seiner Ausrüstung; gestützt auf sein Gewehr, mit Brotbeutel und Feldflasche am Schulterriemen, Patronentasche am Gürtel und dem Gepäck auf dem Rücken. Beim Marschgepäck handelte es sich um eine ausgeklügelte Konstruktion, die nur ein erfahrener Soldat anlegen konnte. An einem Gestell wurden die zusammengerollte Decke und ein Zelttuch befestigt, in das ein Paar Ersatzschuhe eingewickelt war. Darüber thronte der Eßnapf. Ein kleines trockenes Reisigbündel und das Feldwerkzeug sorgten für das Gleichgewicht. Hinten war mit einem Riemen ein glänzendes Kochgeschirr befestigt: Zur Tarnung mußte man es sehr bald schwärzen.

1167

STILE, KLEIDERMODE, UNIFORMEN

UNIFORMEN: 1939–1945

KHAKI

In den ersten Monaten des Kriegseintritts der USA (1941) trugen die amerikanischen G.I. ähnliche Uniformen wie das Expeditionskorps, das 1917 in Frankreich gelandet war: Gamaschen und Leggins aus festem Stoff traten an Stelle der Wickelgamaschen. Eine Sonderabteilung wurde beauftragt, um die Ausrüstung der G.I. zusammenzustellen, die zur besten Soldatenausrüstung überhaupt wurde. Die britischen Kämpfer waren durchgehend in Khaki gekleidet. Bis auf die ärmellosen Lederwesten und die Blousons war die Uniform mit der aus dem Ersten Weltkrieg fast identisch. Die kaiserlich chinesische Armee führte die erste Uniform im Jahre 1901 während des Boxeraufstands ein. Sie war erst dunkelblau, nach 1918 graugrün und glich später der japanischen Uniform. Das in der kaiserlich japanischen Armee vorzugsweise verwendete Modell war senffarben, nur die Offiziere trugen ›Khaki‹; da die Uniformen jedoch nicht vom Staat gestellt wurden, hatten sie keinen einheitlichen Schnitt und nicht immer die gleiche Farbe. Sie wechselten von Khaki bis zu dunklem Olivgrün. In der Sowjetunion wurde durch einen Erlaß des Präsidiums des Obersten Sowjets am 6. Januar 1943 festgelegt, daß die Rangabzeichen an den Ärmeln und am Kragen durch Schulterklappen ersetzt werden sollten, die durch ihre Abmessungen an die Schulterklappen der alten zaristischen Armee erinnerten. Der Infanterist der deutschen Wehrmacht trug den gesamten Krieg über einen Anzug, dessen Schnitt sich im wesentlichen nicht veränderte. Abweichend war u.a. die Kleidung der Fallschirmjäger, der ›Knollensack‹. Die Farbe der Uniform blieb feldgrau. Gegen Ende der Auseinandersetzungen verarbeitete man mehr Kunstseide als Wolle, so daß die Kleidung nicht mehr so gut gegen die Kälte schützte. Die italienischen Truppen trugen eine Sommeruniform aus khakifarbenem Stoff. Die ersten nach dem Waffenstillstand zwischen Italien und den Alliierten im September 1943 aufgestellten Truppen der Badoglio-Regierung wurden mit britischen Uniformen ausgestattet.

G · **Offizier der französischen Pioniere** in Paradeuniform mit Prunksäbel.

H · **Marokkanischer Schütze.** Er war an den Kämpfen 1944 in Frankreich beteiligt. Seine Uniform wies berberische und europäische Elemente auf.

I · **Britischer Fallschirmspringer.** Die im Jahre 1940 aufgestellten britischen Fallschirmspringer hatten ihren ersten großen Einsatz in Sizilien. Bei der Luftlandeoperation im September 1944 erlitten sie große Verluste.

J · **Amerikanischer Infanterist** in Sommeruniform. Er trägt den neuen Helm H1, bei dem man sich am deutschen Helm orientiert hatte. Den H1 zog man über ein ›Futter‹, das aus einer kleinen, leichten Mütze bestand, die auch ohne Helm getragen wurde.

A · **Offizier der japanischen Marine.** Im Kampf trugen die Soldaten eine leichte Mütze, die unter dem Helm getragen werden konnte.

B · **Chinesischer Infanterist** in der für die chinesische Armee typischen eng anliegenden Winteruniform.

C · **Truppenhelferin der Landstreitkräfte** des Freien Frankreich.

D · **Sowjetischer Soldat** der Arbeitermiliz. Die Arbeitermiliz, die zur Verteidigung Moskaus aufgestellt wurde, erlitt enorme Verluste, da sie militärisch kaum ausgebildet war.

E · **Sowjetischer Soldat** im Tarnanzug. Für die meisten Soldaten wurde das Rekrutierungsalter auf 18 Jahre herabgesenkt, für Schüler der höheren Schulen lag es sogar bei 17 Jahren. Nach einer 4- bis 12monatigen Kampfausbildung gingen sie als einfache Soldaten an die Front.

F · **Infanterist der Wehrmacht** mit dem Standardgewehr der Wehrmacht, dem Mausergewehr Modell 98.

DIE UNIFORMEN DES FREIEN FRANKREICHS

Im Jahre 1944 zeigten die Armeen des Freien Frankreichs ein buntes Bild: Die aus Afrika kommenden Soldaten trugen französische, englische und amerikanische Uniformen; auch die 2. Panzerdivision von Leclerc sah amerikanisch aus; die aus Großbritannien übergesetzten französischen Truppen hatten ein typisch britisches Äußeres. Manche Regimenter allerdings hatten auch noch die vollständige alte französische Ausrüstung. Die marokkanischen Schützen trugen die komplette Ausrüstung von 1935, den Umhang und die Hosen von 1938. Sie waren mit den Karabinern von 1916 bewaffnet. Die Soldaten des Pazifikbataillons trugen eine marineblaue Uniform mit einer khakifarbenen Feldmütze.

GESELLSCHAFTSSPIELE

Spiele aller Art sind, wie die anderen scheinbar ›ernsthafteren‹ Tätigkeiten auch,
Teil des kulturellen Erbes der Menschheit. Manche der ›Gesellschaftsspiele‹ sind
sogar zu sogenannten ›Spielen bestimmter Kulturen‹ geworden:
Assoziiert man nicht Go mit Japan, und denkt man nicht bei Poker automatisch an die USA?
Oder bei Belote an Frankreich? Die Spiele haben ihr eigenes Leben und ihre eigene Geschichte:
Manche gibt es schon seit Jahrhunderten, andere, wie Monopoly, Scrabble oder die ›Kriegsspiele‹,
erst seit kurzer Zeit. Spiele sind ein Spiegel ihrer Zeit.
Es ist somit selbstverständlich, daß das vorliegende Werk ein Kapitel über Spiele enthält.
Die wichtigsten Spiele werden hier mit ihrem Ablauf, ihren Regeln und gegebenenfalls
mit ihrer Auswertung dargestellt. Wir haben uns auf allgemeine Schilderungen beschränkt,
wobei geschichtliche Hinweise nicht fehlen durften.

INHALT

STRATEGIE- UND DENKSPIELE
SCHACH *1170*
GLOSSAR *1171*
DAME *1172*
GO *1172*
DOMINO *1173*
BACKGAMMON *1173*
MAH-JONGG *1173*
MÜHLE *1174*

KARTENSPIELE
GESCHICHTE *1174*
KARTENSPIELE AUS ALLER WELT *1174*
GLOSSAR *1175*
BRIDGE *1176*
GLOSSAR DES BRIDGE *1177*
SKAT *1177*
SKATGLOSSAR *1178*
TAROCK *1178*
POKER *1179*

KASINOSPIELE
ROULETTE *1180*
BOULE *1180*
BAKKARAT *1181*
BLACK JACK *1181*
DREISSIG UND VIERZIG *1181*

WÜRFELSPIELE
WÜRFEL *1182*
421 *1182*
WÜRFELPOKER *1182*
CRAPS *1182*

ANDERE SPIELE
DIE BEKANNTESTEN SPIELE DER
HEUTIGEN ZEIT *1183*
BILLARD *1184*

Redaktion und Texte
Nathalie Kristy, Micael Freund,
Guy de Laubadère

GESELLSCHAFTSSPIELE

STRATEGIE- UND DENKSPIELE

SCHACH

Als Strategie- und Denkspiel, bei dem der Zufall wenig zu suchen hat, ist Schach gleichermaßen Zerstreuung, Kunst und Denksport. Es ist aber auch eine Wissenschaft, die sich ständig weiterentwickelt.

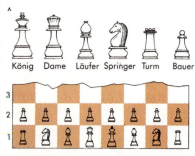

A · Grundstellung zu Beginn des Spiels.

Grundsätzliches. Das Spiel wird auf einem quadratischen Schachbrett mit 64 Feldern gespielt, auf denen jeder Spieler, wenn er am Zug ist, einen seiner Steine fortbewegt. Zu Beginn besitzen beide Parteien 16 Steine, nämlich 8 Bauern und 8 Figuren: einen König, eine Dame (oder Königin), zwei Türme, zwei Läufer und zwei Springer. Ziel des Spieles ist, den gegnerischen König zu erbeuten: Ein König steht im *Schach*, wenn er von einem gegnerischen Stein bedroht wird, der ihn im nächsten Zug schlagen könnte; läßt sich das Schach nicht abwenden (durch Schlagen, Dazwischenziehen oder Ausweichen), ist der König *schachmatt* und die Partie beendet.

Ein Spiel besteht selten aus mehr als 60 Zügen, im Durchschnitt werden zwischen 25 und 40 Züge gemacht. Bei erfahrenen Spielern ist es auch selten, daß ein Spiel bis zum Schachmatt geht: Meistens endet das Spiel mit einer Aufgabe oder durch Remisvereinbarung. Bei Turnieren wird eine Zeitgrenze festgesetzt: So beträgt bei den Weltmeisterschaften die Spielzeit für jeden Spieler für 40 Züge zweieinhalb Stunden. Beim sogenannten *Blitzschach* wird die Bedenkzeit für die gesamte Partie auf 5 Minuten begrenzt. Überschreitet einer der Spieler die Bedenkzeit, so hat er verloren.

Gangart der Steine. Die *Türme* bewegen sich in gerader Linie nach vorne oder zur Seite. Der *Läufer* bewegt sich auf einer Diagonalen; bei der *Dame* werden die Möglichkeiten von Turm und Läufer kombiniert. Der *König* kann sich ein Feld weit in alle Richtungen bewegen. Der *Springer* geht zwei Felder waagerecht oder senkrecht und dann jeweils ein Feld nach rechts oder links. Im Gegensatz zu den anderen Figuren kann der Springer Felder überspringen, die besetzt sind.

Alle Steine außer den *Bauern* können auch rückwärts ziehen. Die Bauern bewegen sich in gerader Linie immer um ein Feld nach vorne. Nur bei ihrem ersten Zug können sie zwei Felder vorrücken. Sie müssen, anders als die anderen Steine, beim Schlagen einen anderen Zug machen. Der zu schlagende Stein muß sich ein Feld diagonal vor dem Bauern befinden. Wenn man bei einem Zug den gegnerischen König bedroht, warnt man den Mitspieler und verkündet: ›Schach!‹.

Umwandlung der Bauern. Wenn ein Bauer auf der letzten Reihe im gegnerischen Lager angelangt ist, kann man ihn in irgendeine Figur der eigenen Farbe, mit Ausnahme des Königs, umwandeln. Meist tauscht man ihn gegen eine Dame ein. So kann man je nach der Anzahl von Bauern, die die achte Reihe erreichen, mit zwei oder mehr Damen spielen.

Es gibt noch zwei besondere Züge, nämlich die *Rochade* und das *Schlagen-en-passant*.

Rochade. Bei ihr werden gleichzeitig der König und einer der Türme bewegt. Das geht so: Man zieht den König zwei Felder in Richtung des Turms, der dann auf das erste Feld gesetzt wird, das der König passiert hat. Es gibt die *kleine Rochade*, bei der der Turm um zwei Felder nach links bewegt wird, und die *große Rochade*, bei der der Turm drei Felder nach rechts rückt. Eine Rochade ist nur möglich, wenn folgende Bedingungen erfüllt sind: König und Turm wurden vorher nicht bewegt; der König steht nicht im Schach; es stehen keine Figuren zwischen Turm und König; die vom König zu passierenden Felder werden nicht vom Gegner bedroht.

Das Schlagen-en-passant. Dies ist ein Bauernzug. Er kann verwendet werden, wenn ein Bauer aus seiner Ausgangsstellung auf der zweiten Reihe zwei Felder nach vorne zieht und dort neben einem gegnerischen Bauern zu stehen kommt. Dieser kann den gezogenen Bauern im nächsten Zug so schlagen, als ob er nur ein Feld nach vorne gezogen wäre.

Bezeichnungen und Symbole. Um die Position der Steine auf dem Schachbrett anzuzeigen und zu notieren, ordnet man jedem Feld einen Buchstaben und eine Zahl zu:
Die Zahlen bezeichnen die *Reihen* der waagerechten Felder, von Weiß aus gesehen, mit 1 bis 8;
die *Linien*, das sind die vertikalen Felder, werden von links nach rechts mit den Buchstaben *a* bis *h* bezeichnet;
die Figuren werden durch ihren großgeschriebenen Anfangsbuchstaben gekennzeichnet: K(önig), D(ame), T(urm), L(äufer) und S(pringer). Die Bauern erhalten keine Bezeichnung;
ein Zug wird mit dem Anfangsbuchstaben der Figur (entfällt bei den Bauern), dem Ausgangsfeld und dem Zielfeld bezeichnet (bei der abgekürzten Notation wird nur das Zielfeld – eventuell mit Ergänzungen – angegeben);
ein einfacher Zug wird durch — wiedergegeben, das Schlagen durch ×, Schach durch ein nachgestelltes + und Matt durch ein nachgestelltes ≠;
große und kleine Rochade werden durch die Zeichen 0–0–0 bzw. 0–0 angezeigt;
ein Ausrufezeichen kennzeichnet in kommentierten Partien einen guten, ein Fragezeichen einen schlechten Zug.

Remis. Ein Spiel endet Remis, wenn keiner der Spieler mehr genug Figuren besitzt, um den gegnerischen König matt zu setzen. Wenn eine Partei zum Beispiel außer dem König nur noch einen oder zwei Springer besitzt, so hat sie in aller Regel keine Gewinnchancen mehr. Remis endet ein Spiel auch bei einem

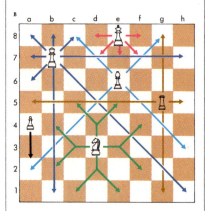

B · Zugmöglichkeiten beim Schachspiel.

GROSS- UND WELTMEISTER

Weltmeister. Das Turnier in London im Jahre 1851 kennzeichnete den Beginn der modernen internationalen Wettkämpfe. 1886 wurde mehr oder minder offiziell ein Weltmeister ausgerufen. Der Kampf um den Titel wird heute alle drei Jahre zwischen dem Titelverteidiger und seinem Herausforderer ausgetragen.

Hier einige der großen Spieler aus den vergangenen Jahrhunderten: Der Spanier Ruy López (zweite Hälfte des 16. Jh.), die Italiener Leonardo da Cutri (1512 bis 1585) und Gioacchino Greco (um 1600 bis um 1635), die Franzosen F. A. D. Philidor (1726–1795), A. H. L. Lebreton Deschapelles (1780–1847) und Charles Mahé de La Bourdonnais (1797–1840), der Brite Howard Staunton (1810–1874), der Deutsche Adolf Anderssen (1818–1879) und der Amerikaner Paul Morphy (1837 bis 1884).

Weltmeister	›Ära‹
Adolf Anderssen (D)	1851–1858
Paul Morphy (USA)	1858–1962
Adolf Anderssen (D)	1862–1866
Wilhelm Steinitz (A)	1866–1894
Emanuel Lasker (D)	1894–1921
José Raúl Capablanca (C)	1921–1927
Aleksandr Aljechin (SU)	1927–1935
Max Euwe (NL)	1935–1937
Aleksandr Aljechin (SU)	1937–1946
Mikhail Botwinnik (SU)	1948–1957
Wassili Smyslow (SU)	1957–1958
Mikhail Botwinnik (SU)	1958–1960
Mikhail Tal (SU)	1960–1961
Mikhail Botwinnik (SU)	1961–1963
Tigran Petrosjan (SU)	1963–1969
Boris Spasskij (SU)	1969–1972
Robert Fischer (USA)	1972–1975
Anatoli Karpow (SU)	1975–1985
Garry Kasparow (SU)	1985–

Großmeister. Es gibt eine Einteilung der Spieler nach ihren Turnierergebnissen, wofür sie sogenannte *Elo-Punkte* (nach dem Erfinder) erhalten. Jedes Jahr gibt die *Fédération internationale des échecs* (F.I.D.E.) die Elo-Liste der weltbesten Spieler, also vor allem der internationalen Großmeister, heraus.

Spitzenstand gemäß der im Januar 1991 veröffentlichten Elo-Liste: Kasparow (2 800), Karpow (2 725), Gelfand (2 700), Iwantschuk (2 695), Barejew (2 650), Gurewitsch (2 650), Ehlwest (2 650), Judasin (2 645), Salow (2 645) und Baljawski (2 640). Die besten nicht für die UdSSR startenden Spieler waren Andersson (2 640) und Kamsky (2 640). Weltmeister G. Kasparow ist bislang der einzige Spieler, der 2 800 Elo-Punkte erreichte.

GESELLSCHAFTSSPIELE

Patt. Dies tritt ein, wenn der am Zug befindliche Spieler zwar nicht im Schach steht, aber keinen Zug machen kann, ohne seinen König ins Schach zu setzen. Schließlich kann ein Spiel auf Verlangen eines Spielers als unentschieden erklärt werden, wenn sich dieselbe Position dreimal wiederholt oder wenn jeweils 50 Züge erfolgt sind und keine Figur geschlagen oder kein Bauer gezogen wurde (von der letzten Regel werden im Turnierschach gewisse Ausnahmen zugelassen).

Die Hierarchie der Figuren. Der Wert einer Figur wird von ihrer Beweglichkeit und somit von ihrer Position auf dem Schachbrett bestimmt. Man kann jedoch jeder Figur einen theoretischen Wert zuteilen und somit eine Hierarchie unter den Figuren erstellen. Der Wert von Figuren wird in ›Bauerneinheiten‹ ausgedrückt. Ein Läufer und ein Springer haben einen Wert von etwa 3 Bauern, ein Turm ist etwas weniger als 5 Bauern wert und eine Dame 9 Bauern. Hierbei handelt es sich um Näherungswerte: Zwei Läufer haben mehr Angriffsmöglichkeiten als zwei Springer oder ein Bauer und ein Turm; ein Bauer kann auf die siebte Reihe gelangen und möglicherweise zu einer Dame werden. Dort ist er gefährlicher als zu Beginn des Spiels. In blockierten Stellungstypen, in denen es viele unbewegliche Bauern gibt, ist der Springer dem Läufer überlegen. Dieser wiederum zeigt seine Stärke beim Spiel auf beiden Flügeln, wenn ihn keine Bauern behindern.

Spielverlauf. Das Schachbrett wird so zwischen die beiden Spieler gelegt, daß jeder zu seiner rechten ein weißes Feld hat. Weiß ist *am Zug*, beginnt also das Spiel. Jeder Spieler bewegt jeweils, außer bei der Rochade, einen Stein, wenn er am Zug ist. Wer einen Stein berührt hat, muß ihn, wenn möglich, auch ziehen (›Pièce touchée, pièce jouée‹, zu deutsch ›Berührt, geführt‹). Wenn die Figur losgelassen wird, gilt der Zug als ausgeführt und kann nicht mehr zurückgenommen werden. Ein Spieler kann jedoch die Position einer Figur auf dem Schachbrett korrigieren, wenn dies dem Gegner vorher mit ›J'adoube‹ (franz. = ich berühre) angekündigt wird. Wenn sich kein Remis ergibt, endet das Spiel mit einem Matt, wenn ein Spieler aufgibt oder seine Zeit überschreitet.

GLOSSAR

Abzugsschach: Schach durch eine Figur, die nicht bewegt worden ist, sondern durch den Zug einer anderen freigegeben wurde.
Blindspiel: Spiel, bei dem einer der beiden Spieler spielt, ohne das Schachbrett zu sehen.
Dauerschach: Folge von schachbietenden Zügen, die sich nicht unterbrechen läßt.
Decken: Schützen einer Figur durch Dazwischenziehen einer anderen.
Diagonale: schräge Linie von Feldern gleicher Farbe.
Doppelbauer: Zwei Bauern derselben Farbe befinden sich auf derselben Linie. Steigerung hiervon: der Tripelbauer.
Doppelschach: Abzugsschach, bei dem zusätzlich die abziehende Figur auch noch Schach bietet.
Endspiel: Endphase der Schachpartie, in der nur noch wenig Material auf dem Brett ist.
Eröffnung: Anfangsphase der Partie mit den ersten fünf bis fünfzehn Zügen. Hierzu gibt es ein bestimmtes Repertoire.
Fesseln: Festsetzen einer Figur, deren Bewegung den Verlust von Material zur Folge hätte oder den König ins Schach stellen würde.
Fianchetto: ein Läufer, der auf einem der Felder b2, b7, g2 oder g7 steht und somit entlang einer großen Diagonalen wirkt.
Freibauer: Bauer, der auf seiner und auf den benachbarten Linien keinen gegnerischen Bauern mehr vor sich hat.
Gabel: gleichzeitiger Angriff auf zwei Figuren durch einen Bauern oder eine minderwertigere Figur (mit Materialverlust verbunden).
Gambit: Opfer eines Bauern.
Linie: Zu den Spielern senkrecht, in einer Geraden liegende Felder bilden eine Linie.
Qualität: Wertunterschied zwischen Turm und Läufer oder Springer.
Reihe: Kette von Feldern, die parallel zu den Spielern liegen.
verbundene Bauern: Bauern derselben Farbe auf benachbarten Linien, die in derselben Reihe oder auf nebeneinanderliegenden Reihen stehen.
Zeitnot: Situation eines Spielers, der nur noch wenig Zeit für seine letzten Züge hat.
Zugzwang: Ein Spieler hat nur noch die Wahl zwischen nachteiligen Zügen.

PROBLEME UND STUDIEN

Schachprobleme sehen so aus, daß man mit einer gewissen Anzahl von Zügen das Matt erreichen muß. Der Text lautet normalerweise etwa so: ›Weiß zieht und setzt in *x* Zügen matt‹. Der erste Zug der Lösung heißt *Schlüssel*. Er ist notwendig, damit keiner der Steine überflüssig ist und damit es nur eine Lösung gibt. Es ist übrigens üblich, daß der Schlüssel keinen Zug des Königs noch das Schlagen eines Steines beinhaltet.

Bei der Studie dagegen ist die Anzahl der Züge nicht festgelegt. Hier kann der Text lauten: ›Weiß zieht und gewinnt‹ oder ›Schwarz zieht und erreicht Remis‹.

Beim Problemschach gibt es Kompositions- und Lösungswettbewerbe.

EINE GLANZPARTIE

Anderssen (Weiß)
Kieseritzky (Schwarz)
London 1851

1. e4 e5 2. f4 e5×f4 3. Lc4 Dh4+ 4. Kf1 b5 5. L×b5 Sf6 6. Sf3 Dh6 7. d3 Sh5 8. Sh4 Dg5 9. Sf5 c6 10. g4 Sf6 11. Tg1 c6×Lb5 12. h4 Dg6 13. h5 Dg5 14. Df3 Sg8 15. L×f4 Df6 16. Sc3 Lc5 17. Sd5 D×b2 18. Ld6 L×Tg1 19. e5 D×Ta1+ 20. Ke2 Sa6 21. S×g7+ Kd8 22. Df6+ S×Df6 23. Le7#.

Diese Partie erhielt den Namen ›Die Unsterbliche‹.

GESCHICHTE

Das Schachspiel, das wahrscheinlich im 5. Jh. in Indien entstand, wurde zu viert von jeweils zwei Parteien zu zwei Spielern gespielt. Man würfelte, um die zu bewegende Figur zu bestimmen. Mitte des 6. Jh. wurde das Spiel in den Iran gebracht und von den Arabern übernommen, die es in Nordafrika und Spanien verbreiteten. Bald eroberte Schach ganz Europa. Zur gleichen Zeit änderten sich die Regeln, vor allem die der Bewegung der Figuren. Im 13. Jh. wurden die Würfel endgültig abgeschafft. Die Rochade sowie die heutige Gangart der Dame entstanden im 16. Jh.

▲ · **Schach.**

Das Schachspiel kam über die Araber nach Spanien, von wo aus es in Europa eingeführt wurde. (Zwei Frauen beim Schachspiel, ›Buch der Spiele‹ von Alfonso el Sabio, 1282. Bibliothek Escorial)

GESELLSCHAFTSSPIELE

STRATEGIE- UND DENKSPIELE

DAME

Das Damespiel, wie wir es heute kennen, wurde im Mittelalter in Deutschland bekannt. Im folgenden werden die in Deutschland geltenden Regeln angegeben. Allerdings muß gesagt werden, daß es viele Varianten dieses Spiels gibt.

Es wird von zwei Spielern auf einem Schachbrett, also auf einem Brett mit 32 weißen und 32 schwarzen Feldern gespielt. In Deutschland wird nur auf den schwarzen Feldern gespielt, wobei das Brett so gelegt wird, daß jeder Spieler zu seiner Rechten ein weißes Feld hat. Die beiden Spieler besitzen je zwölf Steine, Weiß für den einen, Schwarz für den anderen, die sie zu Beginn des Spiels auf den schwarzen Feldern der drei ihnen am nächsten liegenden Reihen plazieren.

Ziehen und Schlagen der Steine. Beim Ziehen und Schlagen werden die Steine immer nur diagonal vom Ausgangsfeld aus bewegt. Es wird immer nur um ein Feld vorgezogen, ein Zurückziehen ist nicht möglich. Beim Schlagen allerdings kann ein gegnerischer Stein diagonal übersprungen werden, wenn das Zielfeld frei ist. Es kann solange geschlagen werden, wie dies durch die Anordnung der freien Felder möglich ist.

Erreicht ein Stein die achte Reihe, so wird er in eine Dame umgewandelt. Die Damen werden durch zwei aufeinanderliegende Steine derselben Farbe gekennzeichnet. Damen können beim Ziehen diagonal so viele Felder nach vorwärts oder rückwärts ziehen (und auch schlagen), wie dies möglich ist. Auch Damen dürfen nie über einen Stein ihrer eigenen Farbe springen.

Wenn ein Zug das Schlagen ermöglicht, so muß dies ausgeführt werden; wird dies übersehen, so kann der Gegner den entsprechenden Stein wegnehmen. Sind mehrere Züge möglich, so muß der Spieler den Zug machen, der ihm die meisten Steine einbringt.

Gewinn des Spiels. Es gewinnt der Spieler, der entweder alle Steine des Gegners erbeutet hat oder diesen so blockiert, daß er keinen Zug mehr ausführen kann. Beim Schlagdamespiel gewinnt ein Spieler nur dann, wenn er alle Steine des Gegners geschlagen hat.

Das englische ›Draughts‹ und das amerikanische ›Chequers‹ werden nach ähnlichen wie den hier geschilderten Regeln gespielt, während das vor allem in Frankreich populäre *polnische Damespiel* auf einem Feld mit 100 Feldern gespielt wird.

GO

Dieses Strategiespiel ist im Fernen Osten sehr beliebt; es entstand vermutlich in China vor mehr als 3000 Jahren. Im 7. Jh. n. Chr. wurde es in Japan eingeführt und erlebte dort eine weite Verbreitung. Von den Militärs wurde es als Einführung in die Kriegskunst benutzt, aber auch die buddhistischen Priester trugen zu seiner Verbreitung bei. Im 17. Jh. wurde die Akademie *Go-in* gegründet, in der Spieler ausgebildet wurden. Heute wird dieses Spiel in Japan von Millionen gespielt, darunter einige Berufsspieler, die in internationale Kategorien eingeteilt sind (*Dan* und *Kyu*). Ende des 19. Jahrhunderts eroberte das Gospiel das Abendland. Es verbreitete sich zuerst in Österreich und in Deutschland, nach 1945 auch in den USA und in Frankreich.

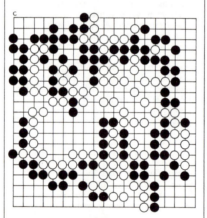

C · Gospielbrett mit Spielposition.

Spielbrett und Steine. Go wird auf einem quadratischen Brett (›Ban‹) gespielt, das 19 senkrechte und 19 waagerechte Linien enthält, also 361 Schnittpunkte aufweist. Für Anfänger wird ein kleineres Brett mit nur 9 auf 9 Linien verwendet. Jeder der beiden Spieler verfügt theoretisch über eine unbegrenzte Anzahl von *Steinen*: Der eine Spieler besitzt die weißen, der andere die schwarzen Steine. Bei ihrem Zug legen die Spieler jeweils einen ihrer Steine auf einen Schnittpunkt.

Spielverlauf. Ziel des Spieles ist das Bilden von *Augen*, das heißt von leeren Bereichen, die von Steinen derselben Farbe eingerahmt sind. Jeder Schnittpunkt in einem Territorium bedeutet einen Punkt für den Spieler, dessen Steine das Territorium einrahmen. Es gewinnt der Spieler, der bei Spielende mindestens einen Punkt mehr als sein Gegner aufweisen kann. Das Spiel ist dann beendet, wenn jeder freie Schnittpunkt des Brettes entweder zum schwarzen oder zum weißen Territorium gehört.

Die Steine auf dem Gitter können zwar nicht bewegt, wohl aber genommen werden, wenn die waagerecht und senkrecht neben einem Stein liegenden Schnittpunkte (›Freiheiten‹) sämtlich von gegnerischen Steinen besetzt sind. Das Wegnehmen eines Steines bringt einen Punkt ein. Diese Punkte werden am Ende des Spieles zu den Territoriumspunkten hinzugezählt.

Steine derselben Farbe, die horizontal oder vertikal miteinander verbunden sind, werden *Ketten* genannt. Diese Ketten können wie Steine weggenommen werden, wenn alle an die Kette stoßenden Schnittpunkte von gegnerischen Steinen besetzt sind.

Man spricht vom *Atari* für einen Stein oder eine Kette, wenn der Gegner ihn/sie mit einem Zug erbeuten kann, wenn also nur noch eine *Freiheit* (ein benachbarter Schnittpunkt) existiert. Zu Beginn hat ein Stein vier, drei oder zwei Freiheiten, je nachdem, ob er im Innern, am Rand oder in einer Ecke des Brettes plaziert wird.

A · Zugmöglichkeiten auf dem Damebrett.

B · Position der Steine bei Spielbeginn.

D · **Go.** Das wahrscheinlich in China entstandene Go kennt in Asien eine Beliebtheit, die mit der großer Sportveranstaltungen im Westen vergleichbar ist. (*Chinesinnen beim Gospiel*, 18. Jh., Museum für Östliche Kunst, Rom)

GESELLSCHAFTSSPIELE

Selbstmord und Ko. Beim Gospiel muß man zwei Grundregeln unbedingt beachten. Die erste verbietet einem Spieler, sich in eine Position zu begeben, in der er augenblicklich einen Stein oder eine Kette verlieren würde, es sei denn, daß ein solcher Zug ihm erlaubt, selbst einen Stein zu nehmen und somit der Bedrohung zu entgehen. Beim Go gibt es keine ›Opfer‹ wie beim Damespiel oder beim Schach.

Die zweite Regel untersagt die unendliche Wiederholung von Zügen, die aus aufeinanderfolgenden Steinwegnahmen resultieren könnte (›Ko‹). Diese Regel legt also fest, daß man auf dem Gobrett nicht die Situation wiederherstellen darf, die vor dem letzten Zug herrschte. Will man einen Stein ›wieder fangen‹, muß man mindestens einen Zug abwarten.

Ende des Spiels. Eine Partie ist normalerweise dann beendet, wenn jeder der freien Schnittpunkte zu einem weißen oder schwarzen Territorium gehören. Allerdings können sich auch Situationen ergeben, in denen keine der beiden Parteien mehr setzen kann (›Seki‹). Für diesen Fall verfügt jeder der beiden Spieler über eine uneinnehmbare Steinekonfiguration, die bei der Wertung der Territoriumspunkte nicht gerechnet wird.

DOMINO

Das Dominospiel entstand im 18. Jahrhundert in Europa. Es besteht aus 28 Steinen, die in zwei gleich große Felder aufgeteilt sind. Jedes Feld trägt null bis sechs Punkte (Augen) in allen möglichen Kombinationen (es gibt auch Varianten, in denen die Felder bis zu neun Augen tragen). Die Dominosteine mit identischen Hälften werden als *Pasch* bezeichnet. Wie Karten oder Würfel können Dominosteine zu einer Vielzahl von Spielen verwendet werden, z.B. zu Matador-(Kardinal-)Domino, Muggins, Fünf alle oder auch zu Geschicklichkeitsspielen.

Spielverlauf. Bei dem üblichen, als *Domino* bezeichneten Spiel werden die Steine verdeckt auf dem Tisch gemischt. Jeder der zwei bis vier Spieler zieht sieben Steine, wobei die eventuell verbleibenden Steine als Grundstock verwendet werden können. Der erste Spieler deckt einen seiner Steine auf. Die folgenden Spieler legen nun nacheinander einen Stein an das eine oder andere Ende, wenn die aneinanderstoßenden Hälften die gleiche Punktzahl aufweisen. Es gewinnt der Spieler, der als erster alle Steine legen kann. Seine Punktzahl addiert sich aus den Augen auf den verbleibenden Steinen seiner Mitspieler. Beim Matadordomino müssen die Steine immer so angelegt werden, daß sich die Augenzahlen aneinandergrenzender Steinhälften zu sieben addieren.

BACKGAMMON

Als Variante der Spiele *Jacquet, Puff* oder *Tricktrack* ist Backgammon ein Würfelspiel, bei dem zwei Spieler, ›Weiß‹ und ›Schwarz‹, versuchen, ihre 15 Steine vor dem Gegner aus dem Spiel zu bringen.

Der Spielplan, *Tricktrack* (im Englischen auch *Board*) genannt, besteht aus 24 zackenförmigen Feldern (Zungen genannt) in vier Abteilungen (Vierteln). Jeder Spieler hat vor sich zwei Viertel, die *erstes* und *letztes Viertel* von Weiß (bzw. von Schwarz) genannt werden. Die Steine werden von Zunge zu Zunge bewegt, die weißen Steine gegen den Uhrzeigersinn, die schwarzen Steine im Uhrzeigersinn. Die Anzahl der zu ziehenden Felder wird durch die beiden Würfel ermittelt.

Spielverlauf. Zeigen die beiden Würfel verschiedene Augenzahlen, so kann der Spieler entweder zwei Steine um jeweils die Augenzahl eines Würfels bewegen oder einen Stein um die gesamte Summe der Würfelaugen. Würfelt der Spieler ein Pasch, so kann er die Punktzahl verdoppeln und ein bis vier Steine bewegen. Man darf einen besetzten Zacken überspringen und beliebig viele Steine derselben Farbe auf einem Zacken plazieren. Ein Stein kann jedoch nicht auf einem Feld mit zwei oder mehr gegnerischen Steinen liegen.

Schlagen. Wird ein Zacken nur von einem Stein besetzt, kann dieser, gelangt ein gegnerischer Stein auf die fragliche Zunge, geschlagen werden. Geschlagene Steine werden auf der Schranke (Grenze zwischen dem ersten und letzten Viertel einerseits und dem zweiten und dritten Viertel andererseits) aufgestapelt. Geschlagene Steine müssen direkt im nächsten Zug wieder ins Spiel gebracht werden. Es ist möglich, in einem Zuge mehrere Steine zu schlagen. Ein Spieler kann keinen seiner Steine bewegen, solange einer davon auf der Schranke liegt. Er muß diesen zuerst wieder ins Spiel bringen. Ist ihm das nicht möglich, weil zum Beispiel die ersten sechs Felder von gegnerischen Steinen besetzt sind, so muß er auf seinen Zug verzichten. Ein Spieler, der ziehen kann, darf jedoch nicht auf seinen Zug verzichten. Ein Stein wird aus dem Spiel herausgespielt, wenn er ein Feld über das letzte Feld des letzten Viertels der eigenen Farbe hinauszieht. Ein Spieler kann dies erst dann tun, wenn er alle seine Steine in diesem letzten Viertel angesammelt hat.

Ende des Spiels. Das Spiel ist beendet, wenn einer der Spieler alle seine Steine hinausgespielt hat. Hat der Gegner zu diesem Zeitpunkt noch keinen Stein draußen, ist das Spiel *gammon*. Verbleibt noch ein gegnerischer Stein auf der Schranke oder im letzten Viertel des Siegers, dann endet das Spiel *backgammon*.

MAH-JONGG

Das Spiel Mah-jongg, das im 19. Jh. in China aufkam und auch als *Chinesisches Domino* bezeichnet wird, war bis zum Sturz der Kaiserdynastie (1911) dem Hof vorbehalten. Es verbreitete sich schnell im gesamten Land, kam dann in die Vereinigten Staaten und erreichte schließlich Europa.

Steine, Figurensteine, Geld. Das Spiel besteht aus 144 Teilen, genannt *Steine,* die wie folgt unterteilt sind:
einfache Steine: vier Bambusgruppen (von 1 bis 9), vier Zahlengruppen (1 bis 9) und vier Kreis- oder Radgruppen (1 bis 9);
einfache Figurensteine: vier Ostwinde, vier Südwinde, vier Westwinde und vier Nordwinde;
höhere Figurensteine: vier rote Drachen, vier grüne Drachen, vier weiße Drachen;
höchste Figurensteine: vier Blumen und vier Jahreszeiten.

Das Geld besteht aus dünnen und flachen Stäbchen mit unterschiedlichem Wert (2, 10, 100 und 500 Punkte).

Ziel des Spieles. Als Denkspiel ähnelt das Mah-jongg dem Rommé. Man spielt zu viert. Der Gewinner, der Spieler, der Mah-jongg ausruft, ist derjenige, der zuerst durch Zukauf eines 14. Steines zu den 13 zu Beginn des Spieles ausgeteilten Steinen eine Gewinnfigur (Spielbild) herstellen kann. Zu diesen zählen: ›Pong‹ (drei gleiche Steine), ›Kah-Ongg‹ (auch ›Gang‹ genannt: vier gleiche Steine) und ›Tschi‹ (drei Steine mit fortlaufender Nummer). Daneben gibt es noch andere Gewinnkombinationen, die sogenannten *großen Spiele*. Diese sind sehr zahlreich; das chinesische Spiel erlaubt nur einige davon. Darunter: *Kopf und Schwanz* (Dreier- und Viererpaschs aus 1 oder 9 plus irgendein Paar), das *vierfache Glück* (die vier Winde und ein beliebiges Paar), die *drei großen Weisen* (drei Drachen und einen anderen Dreier- oder Viererpasch sowie ein beliebiges Paar) usw.

C · **Eine Partie Mah-jongg.**
Die dünnen und flachen Stäbchen stellen eine Form von Spielgeld dar. *(Privat)*

D · **Mah-jongg.**
Die Spielelemente des Mah-jongg heißen *Steine*; teilweise sind sie aus besonders wertvollen Materialien gefertigt. *(Privat)*

C

D

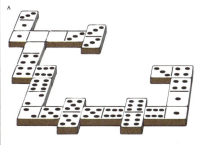

A · **Domino: Szene aus einer Partie.**

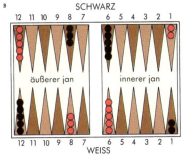

B · **Backgammon: Ausgangsstellung.**

1173

GESELLSCHAFTSSPIELE

KARTENSPIELE

MÜHLE

Das Mühlespiel, das manchmal auch ›Große Mühle‹ genannt wird, ist bei uns sehr populär. Ein Vorläufer des heutigen Mühlespiels, die Radmühle, war schon bei den Römern bekannt. Mühle wird von zwei Personen gespielt (›Weiß‹ und ›Schwarz‹), wobei jeder Spieler neun Steine erhält, die abwechselnd gesetzt werden. Wer beginnt, entscheidet das Los.

Spielfeld und Spielziel. Die Steine werden beliebig auf die Ecken und Kreuzungspunkte des netzartigen Mühlefeldes gelegt.

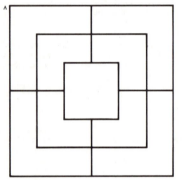

A · Mühlebrett.

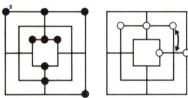

B · Mühlespiel. Situation beim Spiel: links zwei geschlossene und eine offene Mühle, rechts eine Zwickmühle.

Sind beiderseits alle Steine gesetzt, so wird gezogen: Die Steine können sich von ihrem Ausgangspunkt auf einen durch eine Linie mit diesem verbundenen Punkt bewegen, wenn der Zielpunkt nicht schon besetzt ist. Verloren hat derjenige Spieler, der nur noch zwei Steine besitzt oder dessen Steine zugunfähig (eingemauert) sind.

Spielverlauf. Gelingt es einer Partei, eine Mühle zu bilden, das heißt, drei Steine in einer senkrechten oder waagrechten Linie zu postieren, so darf diese einen Stein des Gegners vom Brett nehmen. Eine Ausnahme hiervon bilden diejenigen Steine, die sich in einer geschlossenen Mühle befinden: Diese dürfen nicht weggenommen werden. Besonders wirkungsvoll sind Zwickmühlen: Das sind Kombinationen von zwei Mühlen, die durch Bewegung eines Steines abwechselnd geschlossen werden. Mit Hilfe einer Mühle, die mehrfach geöffnet und geschlossen wurde, können mehrere Steine geschlagen werden. Besitzt ein Spieler nur noch drei Steine, so darf er mit diesen von einem beliebigen Punkt auf einen beliebigen Punkt springen.

GESCHICHTE

Die Kartenspiele sind vermutlich nach der Erfindung des Papiergeldes im Orient entstanden, entweder in China oder in Indien. Die Chinesen sollen die Dominoaugen auf Karton gedruckt haben, wodurch sie Karten mit verschiedenen Punktwerten erhielten. Dann kamen die Bilder hinzu, die sich am Vorbild des chinesischen Papiergeldes orientierten. Die ältesten erhaltenen Karten stammen aus dem 15. Jahrhundert, sie ähneln vermutlich den nur aus Beschreibungen bekannten Karten aus dem 10. Jahrhundert. Die Historiker verbinden das Auftauchen der Karten im Abendland mit den Reisen Marco Polos in den Orient.

Schon zu Anfang gab es mehrere Reihen von *Farben*. Auf den ersten Karten traten *Keulen, Münzen, Kelche* und *Schwerter* auf, die heute noch auf den sogenannten ›spanischen‹ Spielen zu finden sind, die man in Italien, Spanien und Südwestfrankreich verwendet.

Auf den deutschen Karten finden sich *Herz, Schelle, Eichel* und *Laub* (oder *Grün*). In Frankreich kamen Ende des 15. Jahrhunderts *Treff, Pik, Herz* und *Karo* auf, die nach England exportiert wurden, wo jedoch Treff und Pik als *Clubs* und *Spades* bezeichnet werden, was an die Keulen und Schwerter der ›spanischen‹ Spiele erinnert.

In der Bundesrepublik Deutschland gab es bis 1980 noch eine Spielkartensteuer, die auf Kartenblätter erhoben wurde (1980: 7,2 Millionen DM). Berühmte Sammlungen von Spielkarten befinden sich im Deutschen Spielkartenmuseum (Leinfelden-Echterdingen), im Bayrischen Nationalmuseum (München) und im Germanischen Nationalmuseum.

Bilder. Ihre heutigen Namen (König, Dame, Bube) sind erst Ende des 17. Jahrhunderts festgelegt worden; sie entstammen der mittelalterlichen Gesellschaft und sind in den verschiedenen Ländern unterschiedlich. Die Könige standen ursprünglich für die vier Reiche: jüdisch, griechisch, römisch und fränkisch.

KARTENSPIELE AUS ALLER WELT

Aluette. Spiel aus Spanien, abgeleitet vom Tarot; wird mit 48 speziellen Karten gespielt: Die Farben werden durch die Kategorien *Keule, Kelch, Münze* und *Schwert* ersetzt. Ziel des Spieles ist es, dem Mitspieler durch Zeichensprache die eigenen Karten mitzuteilen.
Barbu (der Bärtige). Spiel jüngeren Ursprungs (Anfang des Jahrhunderts), bei dem die Anforderungen von sieben verschiedenen Kontrakten zu erfüllen sind, die jeweils eigene Regeln und Ziele besitzen.
Belote. Das populärste Kartenspiel in Frankreich, das von zwei bis vier Spielern gespielt wird und bei dem es eine Trumpffarbe und Stiche gibt.
Bridge. Siehe S. 1176–1177.
Canasta. Spiel aus Südamerika für vier Spieler und zwei Spiele von 52 Karten und vier Jokern. Ziel des Spieles ist das Ablegen der eigenen Karten, indem diese zu Serien der gleichen Punktzahl formiert werden, die drei *(Drilling)* bis sieben *(Canasta)* Karten enthalten.
Cribbage. Spiel aus England, sehr populär in den angelsächsischen Ländern, wird zu zweit mit 52 Karten gespielt. Ziel des Spieles ist Punktgewinn durch Kartenkombinationen.
Doppelkopf. Dem Schafskopf ähnliches, aus Norddeutschland stammendes Kartenspiel für vier Personen, wobei die beiden Spieler mit den Kreuz-Damen (außer bei Solospielen) eine Partei bilden. Außer bei Ansagen wird erst im Laufe des Spiels klar, wer mit wem eine Partei bildet. Das macht den besonderen Reiz dieses Spieles aus.
Ecarté. Tauchte zu Beginn des 19. Jahrhunderts in Frankreich auf. Es handelt sich um ein Spiel mit Stichen, bei dem jeder der beiden Spieler die Möglichkeit hat, bestimmte Karten abzulegen; gilt als Glücksspiel.
Gin-Rommé. Eine Variante des Rommé, die zu zweit mit zwei Spielen von 52 Karten und ohne Joker gespielt wird. Man versucht, alle seine Karten durch Bilden von Kombinationen aus mindestens drei Karten (Drilling oder Folge) abzulegen.
Jaß. Aus Polen stammendes, vor allem in der Schweiz sehr beliebtes Kartenspiel für zwei bis vier Mitspieler, das mit 36 Karten (dem ›Jaßblatt‹) gespielt wird. Höchste Karte ist der Trumpf-Unter, der ›Jaß‹ genannt wird. Sieger sind die beiden Spieler, die die höchsten Punktzahlen aus Melden und Stichen erreichen.
Mau-Mau. Ein einfaches Kartenspiel, bei dem es darum geht, durch Ablegen und Anlegen die eigenen Karten loszuwerden.

GESELLSCHAFTSSPIELE

Patience. Ein Spiel für eine Person, bei dem der Spieler versucht, alle Karten in bestimmter Reihenfolge oder Kombination zu legen. Das Gelingen wurde früher als gutes Zeichen für die Zukunft bewertet und wird als das ›Aufgehen‹ der Patience bezeichnet. Es gibt viele Formen: Familie, Figurenpatience, Die Elf, Die Eisenbahn, Die Uhr usw.

Piquet. Wohl eines der ältesten französischen Kartenspiele, soll schon unter Karl VII. entstanden sein. Dieses Spiel um Stiche wird von zwei Spielern mit 32 Karten gespielt.

Poker. Siehe S. 1179.

Rommé. Ein um 1900 entwickeltes Kartenspiel für drei bis sechs Mitspieler mit zweimal 52 französischen Karten sowie vier Jokern; es kommt darauf an, durch Ziehen neuer Karten vom Talon und durch Ablegen sowie Anlegen bei den Mitspielern seine Karten möglichst schnell zu bestimmten vollständigen Gruppen (z. B. ununterbrochene Folgen von Karten einer Farbe) zu formieren. Derjenige, der keine Karten mehr auf der Hand hat, ist Sieger. Er meldet ›Rommé‹.

Schafkopf. Eines der ältesten deutschen Kartenspiele. Wird meist von vier Spielern, die zwei Parteien bilden, mit 32 deutschen Karten gespielt. Außer bei Solospielen ist Herz Trumpf; die höchsten Karten sind Dame (= Ober) und Bube (= Unter).

Sechsundsechzig. Wurde angeblich 1652 erfunden. Spiel für zwei bis vier Personen. Die Trumpffarbe wechselt, Sieger ist, wer zuerst mit seinen Stichen 66 Punkte erreicht.

Siebzehn-und-vier (17 und 4). Kartenglücksspiel, bei dem das Ziel ist, Karten mit genau 21 Punkten auf der Hand zu sammeln.

Skat. Siehe S. 1178.

Tarock. Siehe S. 1178.

Whist. Stammt aus England und ist wohl mehr als 300 Jahre alt. Wird von vier Teilnehmern gespielt; die Gegenübersitzenden bilden jeweils eine Partei. Gelegentlich wird es auch mit drei Spielern und einem Strohmann gespielt und ähnelt insofern dem Bridge. Gespielt wird mit der Whistkarte zu 52 Karten.

GLOSSAR

Abheben: Aufteilen des Kartenstapels nach dem Mischen nebst anschließendem Wiederzusammenlegen. Soll vor allem vor unerlaubten Manipulationen des Gebers schützen.
Ablegen: überflüssige Karten ablegen.

c · Spielkarten.
In England heißen Kreuz und Pik *Clubs* und *Spades*, was an die Keulen und Schwerter der ›spanischen‹ Spiele erinnert.

Ansagen: Erklärung eines Spielers vor dem Spiel (Wert, Trumpffarbe, Spielkombinationen, usw.).
Anspiel: Ausspielen der ersten Karte einer Partie.
Aufdecken: Alle Karten zeigen.
Auflegen der Trumpffarbe: Der Geber dreht die oberste Karte des Talon um. Deren Farbe ist die Trumpffarbe.
Austeilen oder Geben: Verteilung der Karten zu Spielbeginn.
Bedienen oder Bekennen: eine Karte in der geforderten Farbe zu einer ausgespielten Karte dazulegen.
Bildkarte: Karte mit König, Dame oder Bube (beim Tarock König, Dame, Reiter und Bube).
Blank sein: von einer Farbe keine Karten im Blatt haben.
Blatt: Karten, die ein Spieler auf der Hand hält.
Farbe: Es gibt vier Farben. Bei französischen Karten heißen sie Treff (Kreuz), Pik, Herz, Karo, bei deutschen Eichel, Grün (Schippen), Herz, Schellen.
Fehlfarbe: Alle Farben, die nicht Trumpf sind.
Figurenkarten: Bildkarten und As.
Geben: soviel wie austeilen.
Geber: derjenige Spieler, der die Karten austeilt.
Joker: Karte, die für jede andere Karte eingesetzt werden kann.
Kontrakt: Anzahl der zu machenden Stiche.
Passen: sich nicht weiter am Melden oder Reizen beteiligen.
Schneiden: nicht die höchste Karte oder ein Trumpfkarte spielen, sondern eine niedrigere Karte, um den Stich nicht zu machen.
Stapel: soviel wie Talon.
Stechen: eine Trumpfkarte einbringen.
Stich: Karten, die in einem Umlauf gespielt werden. Der Stich geht an denjenigen Spieler, der die höchste Karte (das kann auch ein Trumpf sein) gelegt hat.
Talon oder Stapel: Karten, die nach dem Austeilen übrig bleiben.
Trumpf oder Atout: Karten einer Farbe oder auch bestimmte Karten (z. B. Tarockkarten), deren Wert über dem aller anderen Karten liegt.

KARTENLESEKUNST

›Weil die Kartenlesekunst immer noch sehr beliebt ist, andererseits aber viele Menschen nicht daran glauben, werden wir hier nur aus Neugier die wichtigsten Regeln der *Kartenlesekunst* anführen, wie sie die Meister der Wahrsagekunst veröffentlicht haben; wir sind davon überzeugt, daß unsere Leser und Leserinnen diese Zeilen nur aus Neugier für die sogenannte Kunst der Kartenleger lesen. Zuerst sei die besondere Bedeutung der Karten erläutert: Der Herz König ist Ihnen wohlgesonnen; wenn er jedoch auf dem Kopf steht, bedeutet dies, daß er an seinen guten Absichten gehindert wird. Die Herz Dame ist eine ehrliche und gütige Frau, aber auch ihre guten Absichten werden behindert, wenn sie auf dem Kopf steht. Der Herz Bube ist ein Kämpfer, der in Ihre Familie drängt und der Ihnen, sofern er nicht auf dem Kopf steht, ebenfalls von Nutzen sein wird. Das Herz As bedeutet eine angenehme Nachricht, ist es von Bildkarten umgeben, dann bedeutet es ein Fest. Die 10 verkündet eine Überraschung, 9 eine Versöhnung, 8 ist Zeichen für viel Freude an den Kindern, 7 steht für eine gute Heirat. Karo ist im Gegensatz zu Herz keine günstige Farbe. Hier ist der König ein Mann, der Ihnen schaden will; die Dame eine bösartige Frau, die schlecht von Ihnen spricht; der Bube ein Kämpfer, der Ihnen Böses will oder schlechte Neuigkeiten bringt. Das As ist ein Brief, 10 eine ungewollte Heirat, 9 ein finanzieller Verlust; 8 kündet von Schwierigkeiten, aber die 7 verspricht einen Lotteriegewinn. Pik ist noch schlechter als Karo: Der König dieser Farbe *(Monstrum horrendum)* ist ein Kommissar oder ein Richter, steht er auf dem Kopf, bedeutet er einen verlorenen Prozeß; die Dame ist eine Witwe, die Sie betrügen möchte; der Bube ein Freund, der Sie verraten wird; das As kündet von einer großen Trauer; 10 verheißt eine Haftstrafe; 9 einen Verzug bei den Geschäften; 8 eine schlechte Neuigkeit; 7 Streit und Ärger. Kreuz ist da schon etwas tröstlicher: Der König ist ein gerechter Mann, der sehr nützlich sein wird; die Dame ist eine Frau, die Sie gerne hat, wenn sie aber auf dem Kopf steht, ist sie eifersüchtig; der Bube verheißt eine Heirat; das As bedeutet Gewinn und Profit; die 10 Erfolg bei den Geschäften; die 9 Erfolg in der Liebe; die 8 bedeutet große Hoffnungen und die 7 Schwächen in der Liebe ...‹

(Auszug aus dem Artikel *Kartenlesekunst* im *Grand Dictionnaire universel du XIX siècle* von Pierre Larousse [1866–1876])

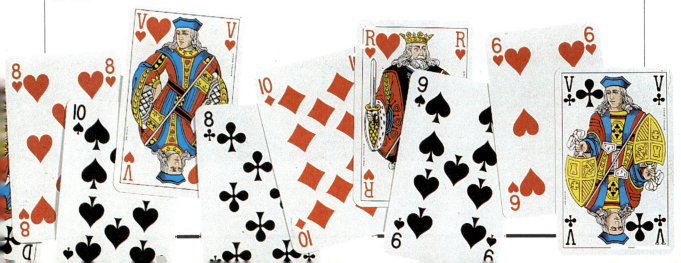

GESELLSCHAFTSSPIELE

KARTENSPIELE

BRIDGE

Das Bridge hat heute den Rahmen eines gewöhnlichen Kartenspiels gesprengt; es ist in einigen Ländern zu einem Massenphänomen geworden. Daneben gibt es auch internationale Wettbewerbe. Dieser Erfolg gründet sich auf der Natur des Spiels: Durch Überlegen und Nachdenken kann man den Zufall besiegen, der bei den meisten anderen Spielen mitmischt. Bridge ist eine Wissenschaft, deren Gesetze es zu kennen gilt, und deren Anwendung wiederum einer Kunst entspricht. Das Spiel ist nicht schwierig, aber es ist nicht leicht, es gut zu spielen.

Das Ziel ist ganz einfach: Jede der Parteien möchte die größtmögliche Anzahl von Stichen erreichen.

Spielregeln. Bridge wird mit vier Teilnehmern gespielt, wobei jeweils die beiden sich gegenübersitzenden Spieler ein Team bilden. Man braucht ein Spiel mit 52 Karten, die einzeln im Uhrzeigersinn ausgeteilt werden; begonnen wird mit dem Spieler links vom Gebenden.

Jeder Spieler ordnet seine 13 Karten nach Farbe und Wert. Es gilt folgende Hierarchie: As, K, D, B, 10, 9, 8 usw. Die Rangordnung der Farben lautet wie folgt: Ohne-Trumpf, Pik, Herz, Karo und Treff. Ohne-Trumpf wird als fünfte Farbe betrachtet.

Das Spiel verläuft in zwei Phasen: dem *Bieten* und der *Spieldurchführung*. Während des Bietprozesses versucht jedes Team, seine Trumpffarbe und die ›Höhe‹ des Kontrakts, also die Anzahl der Stiche, die es mit diesem Trumpf machen will, durchzubringen. Beim Bieten haben die Spieler im Uhrzeigersinn das Wort. Dieser Vorgang verläuft nach festgelegten Konversationsregeln. Ein Stich enthält vier Karten; insgesamt gibt es 13 Stiche. Kontrakte mit weniger als sieben Stichen sind nicht interessant. Höchstkontrakte mit 12 oder 13 Stiche werden als *Kleinschlemm* und *Großschlemm* bezeichnet.

Wenn das Bieten (›Auktion‹) abgeschlossen ist, beginnt der Spielverlauf. Der Kontrakt wird von demjenigen Spieler der angreifenden Partei, der beim Reizen die Trumpffarbe angegeben hat, gegen die beiden Verteidigungsspieler gespielt. Ersterer wird *Alleinspieler* genannt, sein Partner, der *Strohmann,* spielt nicht aktiv mit.

Die beiden Spielerpaare werden mit *Nord–Süd* und *West–Ost* bezeichnet. Der Spieler, der links vom Alleinspieler sitzt, heißt auch *Senior,* sein Partner *Junior,*

Die erste Karte, die *Anspielkarte,* wird vom Senior gespielt. Sobald sie auf dem Tisch liegt, legt der Strohmann sein Blatt offen auf den Tisch. Der Alleinspieler nimmt die Karte des Strohmanns, die er spielen möchte; die Karten des Strohmanns werden *Tisch* genannt. Ein Spieler muß Farbe bekennen. Kann er das nicht, kann er einen Trumpf ausspielen, muß aber nicht: Er kann auch irgendeine Karte abwerfen. Bei einem Ohne-Trumpf-Spiel gibt es kein Übertrumpfen.

Wenn nach dem Ausspielen der Strohmann seine Karten aufgedeckt hat und der Junior sowie der Alleinspieler gespielt haben, gehört der Stich dem Spieler, der die höchste Karte oder den höchsten Trumpf gelegt hat. Dieser Spieler spielt nun aus, danach kommen die anderen Mitspieler im Uhrzeigersinn dran. Nach jedem Stich spielt also der Spieler aus, der den Stich gemacht hat, wobei man immer wieder von neuem Farbe bekennen muß. Jedes Team sammelt seine Stiche. Diese werden verdeckt abgelegt, aber so, daß man leicht die Anzahl der Stiche erkennen kann.

Nach Ende des Spiels zählt jedes Team die Anzahl seiner Stiche und ihre Punkte; je nach Anzahl der durch den Kontrakt geforderten Punkte werden diese aufgeschrieben. Man braucht 100 Punkte in einer Partie und zwei Partien (›Manchen‹) zu je 100 Punkten oder einen Durchgang, um einen *Robber* oder *Rubber* zu erzielen.

Das Reizen oder Bieten. Durch den Bietprozeß wird der Kontrakt festgelegt. Wenn ein Spieler das Wort hat, kann er zwischen mehreren Möglichkeiten wählen:
– Passen;
– Reizen: Reizen besteht aus der Angabe einer Zahl von 1 bis 7 und einer Farbe. Die Zahl gibt die Ebene des Reizens an, also die Anzahl der geplanten Stiche weniger 6. Die angegebene Farbe ist der Trumpfvorschlag des Spielers. So bedeutet ›ein Karo‹ sieben Stiche mit Karo als Trumpf, ›sieben Ohne-Trumpf‹ einen großen Schlemm ohne Trumpf, also 13 Stiche.
– Kontrieren der letzten gegnerischen Meldung (was den Wert des Spieles bei der Abrechnung verdoppelt);
– Rekontrieren, wenn der Gegner die Meldung des Partners kontriert hat, was den Wert des Spieles vervierfacht. Wenn alle vier Spieler passen, wird Null gespielt.

Das erste Reizen wird *Eröffnung* genannt, der, der bietet, ist der *Melder.*

Jedes Gebot muß das vorherige übertreffen. Das letzte Gebot (das heißt dasjenige, auf das hin alle drei Mitspieler passen) wird zum Kontrakt.

Technik des Reizens. Die Kunst des Reizens besteht darin, daß man dem Partner auf diese Weise sein Blatt mitteilt. Das Meldesystem der Spieler ist ein Code, mit dem sie so sparsam wie möglich Auskunft über die Wahl des endgültigen Kontrakts geben. Jedes Team muß die Gegner vor Beginn des Spiels über das verwendete Bietsystem (es gibt deren mehrere) informieren.

Die Farben Treff und Karo werden höher bewertet als Pik und Herz; am meisten gilt das ›Ohne-Trumpf-Spiel‹ (siehe auch unten Blattbewertung).

Spielverlauf. Gleich nach dem Ausspielen muß sich der Alleinspieler Zeit zur Planung seines Spiels nehmen. Er zählt seine sicheren Stiche und überlegt, wie er die anderen Stiche machen kann, damit er seinen Kontrakt erfüllt. Die bekanntesten Verfahren hierbei sind *Hochspielen, Schnitt* und *Impaß*.

Hochspielen. Dies bedeutet, daß man eine Farbe zur beherrschenden Farbe macht, auch wenn sie dies zu Spielbeginn nicht war. Man entledigt sich hierbei einer Farbe, indem man den Gegner mit den Figurenkarten die Stiche machen läßt: Die verbleibenden niedrigen Karten sind dann stark. Wenn zum Beispiel der Alleinspieler zusammen mit dem Strohmann acht Karten in Herz mit Dame als höchster Karte besitzt, danach den Buben und die 10, kann er dem Gegner As und König entlocken. Wenn die beiden Gegner bedient haben, bleibt nur noch ein Herz, das auf die 10 fällt, der Rest der Herzkarten wird somit beherrschend, wenn die Gegner nicht trumpfen: Sei es, weil Herz Trumpf ist, Ohne-Trumpf gespielt wird oder kein Trumpf mehr im Spiel ist.

Schnitt. Durch einen ausgeklügelten Umgang mit den Trümpfen kann man durch den Schnitt zusätzliche Stiche machen. Angenommen, es wird ein Herz-Kontrakt gespielt und der Strohmann hat nur zwei Treff, aber der Alleinspieler besitzt dafür Treff As, König und 2. Nachdem die beiden Figurenkarten gespielt wurden, spielt er die 2. Der Strohmann, der nun kein Treff mehr besitzt, kann mit einem kleinen Trumpf schneiden. Dieser kleine Treff würde sonst mit einem Trumpf des Alleinspielers fallen. Somit wird ein zusätzlicher Stich erzielt, was nicht möglich gewesen wäre, wenn die Trümpfe vor Treff gespielt worden wären.

Impaß. Wenn der Alleinspieler beispielsweise As und Dame einer Farbe besitzt, kann er den König erbeuten, wenn sich dieser im Blatt des Spielers zu seiner Rechten befindet. Dafür muß der Alleinspieler nur eine niedrige Karte des Strohmannes ausspielen. Legt der Gegner den König, so nimmt der Alleinspieler

▲ · **Bridge.** Bridge ist eines der am weitesten verbreiteten Kartenspiele der Welt. Seine moderne Form, das Kontraktbridge, ist jedoch erst um 1926 aufgetaucht. Das Spiel ist zu einem gesellschaftlichen Phänomen geworden: Überall gibt es Klubs, und es werden internationale Turniere abgehalten. In manchen großen Hotels gibt es sogar ein Bridgezimmer.

GESELLSCHAFTSSPIELE

das As, wenn der Gegner ›passieren‹ läßt, spielt er die Dame. Wenn der Alleinspieler auch noch den Buben hat, kann er den Impaß noch einmal durchführen.

Einige Hinweise. Die folgenden Regeln beanspruchen keine Allgemeingültigkeit, geben aber doch in vielen Situationen wertvolle Anhaltspunkte:

– Besitzt man drei höhere Karten einer Farbe in Folge, so spiele man die höchste Karte aus.

– Besitzt man zwei oder drei niedrige Karten, so spielt man auch hier die höchste aus.

– Besitzt man vier oder mehr nicht unmittelbar aufeinander folgende Karten in einer Farbe, so spielt man die vierthöchste aus.

– Hält man As/König oder König/Dame in einer Farbe, spielt man den König aus.

– Die zweite Hand spielt niedrig.

– Die dritte Hand spielt hoch.

Bewertung des Blattes. Hierfür gibt es mehrere Systeme. Ein einfaches und bewährtes System geht auf Ely Culbertson zurück. Grundsätzlich sind zwei Faktoren zu würdigen:

– Enthält das Blatt ausreichend viele Karten einer ›langen‹ Farbe, die man dann zum Trumpf machen könnte?

– Enthält das Blatt genügend hohe Karten, das heißt Figuren (unter Einschluß des Asses), mit denen man mit einiger Sicherheit Stiche machen wird?

Die Berechnung beruht nun darauf, bestimmte Kombinationen mit Figurenstichen zu bewerten:

– As und König in einer Farbe ergeben 2 Figurenstiche;

– As und Dame in einer Farbe ergeben 1,5 Figurenstiche;

– König und Dame in einer Farbe ergeben 1 Figurenstich;

– König, Bube und 10 in einer Farbe ergeben ebenfalls 1 Figurenstich;

– ein besetzter König (das heißt ein König, zu dem eine weitere Karte gleicher Farbe kommt) ergibt 0,5 Figurenstiche;

– zwei besetzte Damen verschiedener Farbe ergeben 0,5 Figurenstiche;

– Dame, Bube, plus eine weitere Karte in einer Farbe ergeben ebenfalls 0,5 Figurenstiche.

Neben diesen zu erwartenden Figurenstichen werden noch bestimmte Kombinationen mit 0,25 Figurenstichen bewertet. Hierzu gehören: besetzte Dame, Bube mit einer höheren Figur gleicher Farbe, eine Karte alleine in einer Farbe. Es gelten folgende Faustregeln:

– Mit weniger als 2,5 Figurenstichen sollte man passen.

– Mit 2,5 Figurenstichen kann man 1 ansagen, wenn man in einer Farbe mindestens vier Karten – darunter einige Figuren – besitzt (›lange Farbe‹).

– 2 kann man ansagen, wenn man eine lange Farbe hat und mehr Figurenstiche erwarten darf, als man Stiche sicher abgeben wird.

– 3 oder 4 sagt man an, wenn man ein entsprechend gutes Blatt hält, das garantiert, daß man die meisten der angesagten Stiche aus eigener Kraft machen kann.

Anschreiben. In einer normalen Partie, die *Robber* genannt wird, ist die Partei Sieger, die zwei *Manche* gewinnt. Für eine *Manche* benötigt man mindestens 100 Punkte.

Die Auswertung wird auf einem Blatt eingetragen, das in zwei Kolonnen mit einem Querstrich in der Mitte unterteilt ist. Der Spieler, der anschreibt, setzt über die linke Spalte ein ›Wir‹, über die rechte ›Sie‹. In jeder Spalte werden dann die Punkte der entsprechenden Partei eingetragen. Über dem Strich stehen die Figurenpunkte, unter dem Strich die Anzahl der Stiche gemäß Gebot.

In die Zeile der Stiche schreibt man zugunsten des Alleinspielers für jeden gereizten und erfüllten Stich:

– Treff: 20 Punkte
– Karo: 20 Punkte
– Herz: 30 Punkte
– Pik: 30 Punkte
– Ohne-Trumpf: 40 Punkte für den ersten und 30 Punkte für jeden weiteren Stich.

Gerechnet werden nur die Punkte der durch den Kontrakt geforderten Stiche. Macht eine Partei Überstiche, werden diese in die Zeile für Figurenpunkte geschrieben.

Eine *Manche* kann mit einem einzigen Stich gewonnen werden, wenn die Partei 5 Treff, 5 Karo, 4 Pik, 4 Herz oder 3 ›Ohne-Trumpf‹ reizt und erfüllt.

Hat eine Partei eine *Manche* erreicht, befindet sie sich ›in der Gefahrenzone‹. Dann wird ein waagerechter Strich auf dem Blatt gezogen; die Teilkontrakte der anderen Partei können von dieser nun nicht mehr zum Erreichen der nächsten Manche benutzt werden.

In der Zeile der Figurenpunkte werden die Prämien und Strafen aufgeschrieben.

Prämien
Überstiche
– unkontriert, Nichtgefahr oder Gefahrenzone: normaler Stichwert der gereizten Farbe;
– kontriert bei Nichtgefahr: 100
– kontriert bei Gefahrenzone: 200
– rekontriert bei Nichtgefahr: 200
– rekontriert bei Gefahrenzone: 400
Kontrierte Kontrakte (oder rekontrierte)
– erfüllt: 50
Schlemms, angesagt und erfüllt
– Kleinschlemm bei Nichtgefahr: 500
– Kleinschlemm bei Gefahrenzone: 750

– Großschlemm bei Nichtgefahr: 1 000
– Großschlemm bei Gefahrenzone: 1 500
Prämien für Figurenstiche
– vier der fünf obersten Trümpfe beim Farbenspiel: 100
– alle fünf obersten Trümpfe beim Farbenspiel: 150
– vier Asse bei Ohne-Trumpf: 150
Gewinn des Spiels
– Gewinn in zwei Manchen: 700
– Gewinn in drei Manchen: 500

Strafen
pro Unterstich (nicht kontriert)
– bei Nichtgefahr: 50
– bei Gefahrenzone: 100
erster Unterstich kontriert
– bei Nichtgefahr: 100
– bei Gefahrenzone: 200
jeder folgende Unterstich kontriert
– bei Nichtgefahr: 200
– bei Gefahrenzone: 300

Wurde rekontriert, dann verdoppeln sich die Strafpunkte des kontrierten Spiels.

Die erste Partei, die 100 Kontraktpunkte erreicht, gewinnt eine Manche. Wenn eine Partei zwei Manchen gewonnen hat, ist das Spiel beendet. Dann werden die Punkte jeder Spalte zusammengezählt und durch Vergleich wird der Sieger der Partie ermittelt: Also kann man das Spiel verlieren, selbst wenn man zwei Manchen gewonnen hat.

GLOSSAR DES BRIDGE

Appell: Karte eines Spielers, die dem Partner die von ihm verlangte Karte anzeigt.
Chicane: Fehlen jeglicher Karte einer Farbe.
Double: nur zwei Karten einer Farbe in einem Blatt.
Figur: eine der fünf höchsten Karten einer Farbe: As, König, Dame, Bube, 10.
Fit: Eine Partei besitzt mindestens 8 Karten einer Farbe.
Gabel: eine unterbrochene Folge von Figuren in einer Hand, zum Beispiel As–Dame.
Gambit: freiwilliges Opfern eines Stichs.
Gefahrenzone: Darin befindet sich eine Partei, wenn sie schon eine Manche gewonnen hat.
Großschlemm: Kontrakt auf der Siebenerstufe; der Alleinspieler verpflichtet sich, alle 13 Stiche zu machen.
Kleinschlemm: Kontrakt auf der Sechserstufe; der Alleinspieler verpflichtet sich, zwölf Stiche zu machen.
Sichere Karte einer Farbe: eine Karte, mit der man sicher einen Stich machen kann.
Single: eine Einzelkarte in einer Farbe des Blattes.
Sprung: Ansage, bei der man eine oder mehrere Bietstufen überspringt.
Trick: jeder Stich über dem sechsten Stich.

GESCHICHTE DES BRIDGE

Die heutige Form des Bridge, das Kontraktbridge, besteht seit 1926 und wurde von dem Amerikaner Harold Vanderbilt eingeführt, der damit die ältere Form des Plafondbridge, die gegen Ende des 19. Jahrhunderts aufgetaucht war und wahrscheinlich aus dem Whist hervorgegangen ist, ersetzte.

Diese drei Spiele haben zwar einen fast identischen Spielverlauf, unterscheiden sich jedoch im Bietprozeß und in der Wertung. Beim Whist wird die Trumpffarbe durch die letzte ausgeteilte Karte ermittelt. Beim Bridge wählen die Parteien selbst den Trumpf. Unterschiede zwischen den beiden Bridgeformen bestehen in der Wertung und in den zugrunde liegenden Philosophien: Beim Kontraktbridge gilt es, den geforderten Kontrakt zu erfüllen, während man sich bei der anderen Form, bei der es hohe Prämien für zusätzliche Stiche gibt, um die höchstmögliche Stichzahl bemüht, auch wenn diese nicht gefordert ist.

Bridge ist heute weltweit sehr beliebt, vor allem in den angelsächsischen und skandinavischen Ländern und in Frankreich. Es werden internationale und Europameisterschaften ausgetragen. Die *World Bridge Federation* veranstaltet alle 4 Jahre eine Bridgeolympiade.

SKAT

In Deutschland ist Skat das beliebteste Kartenspiel überhaupt. Das Skatspiel um 1815 herum in der Kartenmacherstadt Altenburg in Thüringen entwickelt. Es zeigt Elemente des Wendischen Schafskopfs, des Tarocks und des L'Hombre-Spiels. Der erste Deutsche Skatkongreß beschloß 1866 die erste Deutsche Skatordnung, die seither vielfach geändert wurde. Der 1899 gegründete *Deutsche Skatverband* trägt regelmäßig Meisterschaften im Einzel- und im Mannschaftswettkampf aus.

GESELLSCHAFTSSPIELE

KARTENSPIELE

Spielbeginn und Reizen. Skat wird von drei Spielern mit französischen oder deutschen Karten (32 Karten) gespielt. Oft bestehen Skatrunden aus vier Teilnehmern, in diesem Falle setzt immer der Kartengeber aus (er bleibt allerdings in die Wertung mit einbezogen). Der Geber teilt jedem Spieler zehn Karten aus, zwei Karten bilden den ›Skat‹ (Talon). Danach beginnt das Reizen. Den Farben werden dabei folgende Grundwerte zugeschrieben: Kreuz (Eicheln) 12, Pik (Grün) 11, Herz (Rot) 10, Karo (Schellen) 9. Grand (siehe Glossar) hat den Grundwert 24. Die Maximalzahl, die ein Spieler reizen kann, ergibt sich aus der Konstellation der Buben (Wenzel, Unter), die er in der Hand hält. Diese ist mit dem Zahlenwert derjenigen Farbe, die er zum Trumpf machen will, zu multiplizieren. Die Buben stehen in der festen Reihenfolge Kreuz, Pik, Herz, Karo. Hat man beispielsweise Kreuz-, Pik und Herzbube so kann man ›mit drei‹ reizen, Pik- und Karobube erlauben nur das Reizen mit ›ohne einen‹. Entscheidend ist also, wie viele Buben in ununterbrochener Folge man hat (›mit‹) oder nicht hat (›ohne‹). Die Zahl, die man anhand der Buben errechnet, ist stets um eins zu erhöhen (›Mit drei, Spiel [auch: gespielt] vier.‹).

Beispiel. Will man Karo zum Trumpf machen und verfügt man über Herz- und Karobube, so kann man bis 27 reizen. Dies errechnet sich nach dem Schema: ›Ohne zwei, Spiel drei mal Karo (9) ist gleich 27‹. Vorhand beginnt mit dem Reizen. Normalerweise sagt sie alle möglichen Zahlenwerte auf bis hin zu der von ihr errechneten Obergrenze. Im Beispiel sind das: 18, 20, 22, 23 (für Null, siehe Glossar), 24, 27. Mittelhand muß jeweils mit ›ja‹ oder ›passe‹ antworten, je nachdem, ob sie mitgehen will oder nicht. In dem Moment, in dem Vorhand oder Mittelhand paßt, wird Hinterhand in das Reizen mit einbezogen. Es verbleibt schließlich ein Spieler, der Alleinspieler. Passen alle drei Spieler, so wird entweder neu gegeben oder Ramsch (siehe Glossar) gespielt.

Spielverlauf. Der Alleinspieler darf, muß aber nicht (siehe unter Handspiel im Glossar), die beiden Karten des Skats aufnehmen und zwei andere dafür verdeckt ablegen. Diese zählen in der Endabrechnung zu seinen Gunsten. Anschließend gibt er das Spiel, das er spielen möchte, bekannt. Meist geschieht das dadurch, daß er die Trumpffarbe benennt (z. B. Pik); es gibt aber Möglichkeiten wie Grand (nur Buben sind Trumpf) und Null (Spiel ohne alle Trümpfe). Durch Ansagen von ›Schneider‹ oder ›Schwarz‹ (siehe Glossar) kann der Alleinspieler den Wert des Spiels erhöhen. Sind die Gegner überzeugt, sie könnten das Spiel gewinnen, so dürfen sie durch die Ansage ›kontra‹ den Spielwert verdoppeln. Der Alleinspieler kann hierauf ›re‹ (gelegentlich auch: ›recontra‹) antworten, was zu einer weiteren Verdoppelung führt.

Außer beim Nullspiel sind die Buben (in der oben angegebenen Reihenfolge) immer Trümpfe. Hinzu kommen (außer beim Grand und Ramsch) die Karten einer Farbe in der Reihenfolge As, 10, König, Dame, Bube, 9, 8, 7. Beim Nullspiel steht die 10 zwischen Bube und 9. Vorhand beginnt mit dem Ausspiel. Beim Skat muß bedient werden; einen Trumpfzwang gibt es nicht. Derjenige Spieler, an den der Stich fällt, spielt als nächster aus.

Ziel des Spieles. Im Normalspiel gewinnt der Alleinspieler wenn er 61 Augen durch seine Stiche erreicht; den beiden Gegenspielern genügen bereits 60 Augen. Dabei gelten folgende Werte: As = 11 Augen, Zehn = 10 Augen, König = 4 Augen, Dame = 3 Augen, Bube = 2 Augen. Die anderen Karten zählen alle 0 Augen.

Haben die Gegenspieler ›kontra‹ angesagt, so müssen sie 61 Augen erreichen; entsprechend bei ›re‹. Ein Spiel, in dem der Einzelspieler ›Schneider‹ angesagt hat, ist für diesen gewonnen, wenn die Gegenspieler 30 Augen oder weniger erzielen. Bei ›Schwarz‹-Ansage dürfen die Gegner keinen Stich erhalten.

Abrechnung. Gewinnt der Alleinspieler, so wird der Spielwert für ihn positiv notiert, verliert er, so wird der doppelte Spielwert (Ausnahme: Handspiele) negativ angeschrieben. Beispiele:
– ›Mit zwei, gespielt drei, Schneider vier mal Kreuz‹ ergibt 48. Kommt noch ein Kontra hinzu, so beträgt der Spielwert 96, mit einem Re sogar 192. Schneider und Schwarz zählen bei der Abrechnung auch ohne Ansage. Sagt der Alleinspieler ›Schneider‹ oder ›Schwarz‹ an, kann dies aber nicht einlösen, so zählt das Spiel als für ihn verloren.
– ›Ohne vier, gespielt fünf, Hand sechs mal Grand‹ ergibt 144.

SKATGLOSSAR

Durchmarsch: Ergibt sich, wenn ein Spieler beim Ramsch alle Stiche macht. Er erhält dann 120 Punkte gutgeschrieben.
Grand: Spiel, bei dem nur die Buben Trumpf sind. Alle anderen Karten zählen in der gewöhnlichen Reihenfolge.
Guckispiel: Ein Spiel, bei dem der Alleinspieler den Skat aufnimmt. Gegensatz: Handspiel.
Handspiel: Ein Spiel, bei dem der Alleinspieler den Skat nicht aufnimmt, Dieser zählt dennoch für ihn bei der Endabrechnung. Erhöht den Spielwert, wird aber bei Verlust nur einfach berechnet. Gegensatz: Guckispiel.
Hinterhand: Der Spieler, der rechts vom Geber sitzt (bei vier Spielern). Sonst der Geber.
Jungfrau: Ein Spieler, der beim Ramsch keinen Stich macht. In diesem Falle wird wie bei Kontra der Spielwert verdoppelt.
Mauern: Ein Spieler bleibt beim Reizen absichtlich unter den Möglichkeiten seines Blattes. Gilt als unfein.
Mittelhand: Der Spieler, der zwischen Vor- und Hinterhand sitzt.
Null: Spielart, bei der es keine Trümpfe gibt und der Alleinspieler keinen Stich erhalten darf. Spielwert: 23.
Ouvert: Spielart, bei der der Alleinspieler seine Karten nach dem ersten Stich auflegt. Die Skatordnung kennt den Null-ouvert (46 Punkte) und den Grand-ouvert (36 Punkte).
Ramsch: Wird gespielt, wenn alle drei Spieler zu Spielbeginn passen. Hier sind, wie beim Grand, nur Buben Trumpf, allerdings besteht das Spielziel darin, möglichst wenig Augen zu erhalten. Die Augen des Skates werden dem letzten Stich oder dem Verlierer zugeschlagen. Der Wert des Spieles ist die Augenzahl des Verlierers.
Schieberamsch: Variante des Ramsch, bei der die Spieler nacheinander den Skat aufnehmen und dafür andere Karten ablegen.
Schneider: 30 Augen oder weniger erreichen.
Schwarz: Keinen Stich machen.
Vorhand: Der Spieler links vom Geber.

TAROCK

Das Tarock gilt als Vorfahr aller europäischen Kartenspiele und tauchte um das 15. Jh. in Norditalien auf. Tarock wird heute noch viel in Österreich gespielt; das sogenannte bayrische Tarockspiel hat mit dem eigentlichen Tarockspiel kaum Gemeinsamkeiten.

Karten. Tarock wird zu dritt mit einem speziellen Spiel aus meist 54 Karten gespielt, davon 32 herkömmliche Spielkarten. In den gewöhnlichen Farben gilt folgende Reihenfolge: Vier, Drei, Zwei, As, Bube (auch Fußknecht genannt), Reiter (auch Cavall genannt), Dame, König (rote Farben) bzw. Sieben, Acht, Neun, Zehn, Bube, Reiter, Dame und König (schwarze Farben). Der Reiter ist eine Besonderheit der Tarockkarten.

Die übrigen 22 Karten werden als *Tarocks* bezeichnet. Ihr Wert steigt entsprechend der aufgedruckten Zahl von I bis XXI; die höchste Tarockkarte (*Sküs* genannt) besitzt keine Ziffer. Tarock I heißt *Pagat,* Tarock XXI *Mond.*

Spielbeginn und Bieten. Der Kartengeber legt zuerst sechs Karten in den Talon. Anschließend bekommt jeder Mitspieler in zwei Gängen jeweils acht Karten. Erhält ein Spieler keine einzige Tarockkarte, so legt er sein Blatt auf, und es wird neu gegeben.

Vorhand meldet entweder ›Ich spiele‹ oder ›Weiter‹. Im zweiten Fall geht das Melderecht auf Mittelhand über; sagt auch dieser Spieler ›Weiter‹, so meldet Rückhand. Die Meldungen werden von den Mitspielern durch ›gut‹ bestätigt. Nach dem Melden werden die Karten des Talons in zwei Gruppen zu drei Karten aufgedeckt. Der Alleinspieler tauscht verdeckt drei seiner Karten gegen eine dieser beiden Gruppen aus. Die Werte dieser drei Karten werden am Spielende zu seinen Stichen hinzuaddiert; die drei anderen Karten zählen für seine Gegenspieler. Bei einem Solospiel bleibt der Talon unangetastet.

Ansagen. Der Alleinspieler kann vor Beginn des Ausspiels folgende Aussagen machen, die den Wert des Spieles erhöhen: Pagat (der letzte Stich muß mit dem Pagat gemacht wer-

▲ · **Tarock.**
Das Tarock ist der Vorfahr der Kartenspiele und wird erst seit relativ kurzer Zeit dazu verwendet, ›in die Zukunft‹ zu sehen. Nebenstehend einige Trümpfe eines alten Tarockspiels. Die recht hohen, schmalen Karten wurden ursprünglich von Hand gezeichnet. (Nationalbibliothek, Paris)

1178

den), Valat (kein Stich darf abgegeben werden) und Valat-Pagat (Kombination von Pagat und Valat).

Kontrieren und Erhöhen des Spielwertes. Übernimmt eine Hand durch ›Ich spiele‹, so kann der nachfolgende Spieler ›Ablösung‹ anbieten, was den Wert des Spiels um einen Punkt erhöht. Dieses Angebot kann mit ›mein Spiel‹ abgelehnt werden. Daneben gibt es die Möglichkeit, nach dem Ablegen der Talonkarten zu kontrieren, was den Spielwert verdoppelt. Hierauf ist rekontra (Vervierfachung des Spielwertes) und subkontra (Verachtfachung) möglich. Wollen die Mitspieler nicht kontrieren, so antworten sie mit ›gut‹.

Spielverlauf. Vorhand spielt aus. Farbe und Tarock müssen bekannt werden; mit Tarock kann eine Farbe also nur gestochen werden, wenn die ausgespielte Farbe im Blatt nicht vorhanden ist. Alle Tarocks gelten als Trümpfe, wobei ihre Rangfolge durch die Zahlenfolge I bis XXI festgelegt wird. Der oberste Trumpf ist der Sküs. Es besteht kein Stechzwang. Derjenige Spieler, an den der Stich gegangen ist, spielt als nächster aus.

Abrechnung. Ist das Spiel beendet, werden zunächst die Augenzahlen jedes Stiches ermittelt. Dabei gelten folgende Zählwerte:
- König, Pagat, Mond, Sküs 5 Punkte;
- Dame 4 Punkte;
- Reiter 3 Punkte;
- Bube 2 Punkte;
- alle anderen Karten 1 Punkt.

Zusatzpunkte gibt es für die Kombinationen:
- Königstrull (drei Könige) 2 Punkte;
- Tarocktrull (I, XXI, Sküs) 2 Punkte;
- Köpfe (zwei Karten aus dem Tarocktrull) 1 Punkt.

Derjenige Spieler, der 36 Punkte erzielt, ist Sieger des Spiels. Ihm werden drei Punkte (Grundwert) gutgeschrieben. Für ein angesagtes Pagat gibt es fünf Sonderpunkte, unangesagt vier; eine Soloansage erhöht den Grundwert auf acht Punkte, die Sonderpunkte werden verdoppelt. Bei angesagtem Valat ist der Grundwert zu verachtfachen, bei unangesagtem zu vervierfachen; die Sonderpunkte bleiben hiervon unberührt.

Varianten. Das in Frankreich weitverbreitete Tarot wird mit 52 gewöhnlichen Karten und 26 Tarocks gespielt. Seine Regeln weichen von denen des österreichischen Tarocks ab. Eine Variante des letzteren ist das **Königsrufen**, bei dem der durch den Bietvorgang ermittelte Spieler seinen Mitspieler ›ruft‹, indem er einen König benennt. Ebenfalls mit Tarockkarten wird **Zego** gespielt.

POKER

Ursprünge. Poker wird als das Nationalspiel der USA angesehen. Dort kam es zu Beginn des 19. Jh. in New Orleans bei den Nachkommen französischer Siedler auf. Zuerst wurde es in Louisiana sehr populär, dann verbreitete es sich im ganzen Land: auf den Schaufelraddampfern des Mississippi, in den Saloons des Wilden Westens, bei den Soldaten der Nord- und der Südstaaten im Sezessionskrieg und schließlich in den Spielerkreisen von Chicago, New York und anderer Städte. Zuletzt erreichte es dann Europa.

Auch wenn das moderne Poker im Fernen Westen der USA entstand, erinnern seine Regeln doch an einige der ältesten Spiele in Europa (16. oder 17. Jh.): an das italienische *Frusso* oder das französische *Prime*, das erst zu *Ambigu* und dann zu *Bouillotte* wurde.

Regeln. Poker ist ein reines Kombinationsspiel. Im Unterschied zu Belote und Bridge werden die Karten nicht im eigentlichen Sinn ausgespielt. Man spielt vielmehr in separaten Runden um Geld. Gewinner ist der, der nach dem Bieten, bei dem unter Umständen einige Spieler ausscheiden, die beste Kombination besitzt. Allerdings liegt genau in dieser Tatsache das Interessante und Komplexe des Pokers, da nicht unbedingt das beste Blatt gewinnt: Wenn ein Spieler nach dem Bieten ohne Gegner ist, gewinnt er den Einsatz, egal, wie sein Blatt aussieht. Umsicht, Selbstbeherrschung und das sprichwörtliche *Poker-face*, erlaubte List und der *Bluff* beeinflussen erheblich den Ausgang einer Partie.

Spieler, Karten, Geld. Poker kann mit zwei bis sechs Spielern gespielt werden. Man braucht 52 Karten, zu denen manchmal ein Joker hinzugefügt wird. Im allgemeinen nehmen vier oder fünf Spieler daran teil. Es gilt folgende Hierarchie unter den Karten: As, König, Dame, Bube, 10, 9, 8, 7, 6 und so weiter. In einigen Fällen kann das As die niedrigste Karte ersetzen.

Jeder Spieler hat seinen Einsatz vor sich, und vor Spielbeginn wird der Mindesteinsatz festgelegt.

Kombinationen. *Pair* (Paar): zwei Karten desselben Werts; *Two pairs* (zwei Paare): zwei Paare; *Triplet* (Dreier, Drilling): drei Karten desselben Werts; *Straight* (gemischte Sequenz): fünf aufeinanderfolgende Karten verschiedener Farbe; *Flush* (Farbe): fünf Karten derselben Farbe; *Full house* (volle Hand): ein Drilling und ein Paar; *Vierer:* vier Karten desselben Werts; *Straight flush* (Farbensequenz, Straße): fünf Karten derselben Farbe in Folge.

Bei zwei Kombinationen desselben Typs siegt die mit den höheren Karten. Bei zwei ›vollen Händen‹ siegt der höhere Drilling. Bei zwei identischen Paaren wird nach den verbleibenden Karten entschieden.

Spielverlauf. Die Partie kennt zwei Phasen: nach dem Geben zuerst eine Phase, in der mit den Anfangskarten gespielt wird, und dann eine Phase mit ausgetauschten Karten. Der Geber, der bei jeder Runde wechselt, verteilt an jeden Spieler fünf Karten, die einzeln im Uhrzeigersinn ausgegeben werden. Nach den Einsätzen und den Geboten können die Spieler einige ihrer Karten (null bis fünf) austauschen (›kaufen‹). Sie erhalten dann neue Karten aus dem Talon. Will ein Spieler keine neuen Karten, meldet er: ›Bedient‹. Dann beginnt die zweite Phase mit zwei möglichen Versionen: Poker mit *fortlaufendem* ›*Topf*‹ oder *Blindpoker*.

Partie mit fortlaufendem ›Topf‹. Vor dem Geben setzt jeder Spieler den gleichen Einsatz, die Summe bildet den ›Topf‹. Nach dem Sichten ihrer Karten können die Spieler entweder *passen* oder *eröffnen* (›poken‹), das heißt einen ersten Einsatz machen. Ist der ›Topf‹ somit eröffnet, können die anderen Spieler passen, *mitgehen* (einen Einsatz wie der Eröffnende machen) oder *überbieten* (einen höheren Einsatz bringen). Das Bieten ist dann abgeschlossen, wenn der höchste Einsatz ausgeglichen wurde. Nun bleiben nur die Spieler mit dem höchsten Einsatz im Spiel. Man nimmt wieder neue Karten, und das Wetten geht weiter. Die Prozedur ist dieselbe, die Spieler können passen, mitgehen oder überbieten.

Blindpoker. Nach dem Austeilen und vor Einsicht in die Karten (daher die Bezeichnung ›blind‹) setzt der erste Spieler irgendeinen Einsatz, den ›Blind‹, der ihm das Recht gibt, als letzter zu melden. Dieser Einsatz kann vom nächsten Spieler verdoppelt *(Double-blind)* und von dem wiederum nächsten noch einmal überboten *(Over-blind)* werden. Jeder sieht dann seine Karten ein; es beginnt der Spieler rechts von dem, der die letzte Meldung gemacht hat. Im weiteren verläuft das Spiel wie oben beschrieben.

Ende der Runde. Das Spiel kann auf dreierlei Weise enden:
Keiner hat eröffnet (Partie mit fortlaufendem ›Topf‹), oder niemand ist beim Blindpoker mit demjenigen, der den ersten Einsatz setzt, mitgegangen: Die Einsätze bleiben auf dem Tisch, und die nächste Runde beginnt mit den Einsätzen in den ›Topf‹.
Ein Spieler bleibt ohne Gegner: Er gewinnt die Einsätze, ohne seine Karten zu zeigen.
Einsätze und Übergebote sind bei mindestens zwei Spielern gleich. Man legt die Karten auf den Tisch und die beste Kombination gewinnt. (Um die Karten des Gegners ›sehen‹ zu können, muß man immer mit dessen Einsätzen mithalten.)

Andere Formen des Spiels. Es gibt vor allem in den angelsächsischen Ländern unzählige Varianten des Poker.

In den USA sind vor allem zwei Versionen verbreitet: das **Draw-poker**, das dem Poker in Frankreich gleicht, und das **Stud-poker**, bei dem einige Karten offen ausgeteilt werden.

∧ **Poker.** Spiel der Pioniere, der Abenteurer und der Gesetzlosen, aber auch der Räuber, aber vor allem ein ›Männerspiel‹. Um das Poker rankt sich eine ganze Mythologie, die oft das Kino inspiriert hat. Szene aus dem Film *Die Schlacht bei Furnace Creek* von Bruce Humberstone, 1948.

GESELLSCHAFTSSPIELE

KASINOSPIELE

ROULETTE

Roulette besteht zum einen aus einer Drehscheibe (›Maschine‹), in der eine bewegliche Scheibe mit einer bestimmten Anzahl von numerierten Kästchen untergebracht ist, zum andern aus einem Setzbrett (›Tableau‹), auf dem wiederum die gleichen Zahlen zu finden sind und auf dem die Spieler ihre Einsätze plazieren.

Prinzip des Spiels. Nachdem einer der Croupiers (Spielleiter) die Mitspieler durch die Meldung ›Faites vos jeux‹ (Ihren Einsatz, bitte) zum Setzen aufgefordert hat, dreht er den Zylinder in einer bestimmten Richtung und wirft eine Kugel in entgegengesetzter Richtung hinein. Die Spieler können setzen, bis der Croupier meldet: ›Rien ne va plus‹ (Nichts geht mehr). Die Kugel bleibt in einem der Kästchen liegen und ermittelt so die Gewinnzahl.

Bei der verbreitetsten Form, dem französischen Roulette, gibt es 37 Kästchen mit den Zahlen 0 bis 36. Außer der 0, die grün unterlegt ist, sind diese Kästchen abwechselnd rot und schwarz, und zwar so, daß die geraden und die ungeraden sowie die hohen und die niedrigen Zahlen hinsichtlich ihrer Farbe gut gemischt sind.

Man unterscheidet zwei Setzarten: die einfachen Chancen und die Mehrfachchancen.

Einfache Chancen. Davon gibt es sechs: *Rot* und *Schwarz*, *Gerade* und *Ungerade* (0 ist ausgeschlossen), *Manque* (die Zahlen von 1 bis 18) und *Passe* (die Zahlen von 19 bis 36).

Zahlenchancen. Davon gibt es neun:
Plein: ein einzelnes Feld des Tableaus, Gewinnauszahlung: das 35fache des Einsatzes;
Cheval (Reiter): zwei Felder des Tableaus; Gewinn: 17facher Einsatz;
Transversale pleine: drei aufeinanderfolgende Felder des Tableaus; Gewinn: elffacher Einsatz;
Carré: vier Felder des Tableaus; Gewinn: achtfacher Einsatz;
Transversale simple: sechs aufeinanderfolgende Felder des Tableaus; Gewinn: fünffacher Einsatz;

B · **Französisches Roulette.**
C · **Amerikanisches Roulette.**

Colonne: deckt zwölf Zahlen ab; der Einsatz wird in die zu den Kolonnen gehörigen Rechtecke gelegt; zweifacher Einsatz bei Gewinn;
Dutzend: deckt zwölf Zahlen ab; der Einsatz wird auf die Rechtecke mit den Bezeichnungen P *(Douze premier)*, M *(Douze milieu)* und D *(Douze dernier)* gelegt; Gewinn: doppelter Einsatz.

Alle Einsätze bei Mehrfachchancen sind verloren, wenn die 0 fällt.

Der mathematische Vorteil für die Bank liegt bei 1,35 % für die einfachen und bei 2,7 % für die Mehrfachchancen.

A · **Das Kasino in Monte Carlo,** Spielerhochburg an der Côte d'Azur. In Frankreich werden die im Kasino zulässigen Spiele durch Verordnung festgelegt.

BOULE

Die kleine Schwester des Roulette in Frankreich. Beim Boule gibt es nur neun Zahlen. Die einfachen Einsätze betreffen Gerade und Ungerade, Rot und Schwarz, Passe (6 bis 9) und Manque (1 bis 4). Bei Erfolg erhält man den doppelten Einsatz, bei 5 ist alles verloren. Die weiteren Möglichkeiten sind *Plein* (siebenfacher Einsatz bei Gewinn) und *Cheval* auf zwei Zahlen (vierfacher Einsatz). Der Vorteil der Bank beträgt 11,11 %.

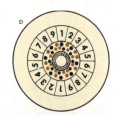

D · **Boule: Rad und Tableau für die Einsätze.**

STRATEGIEN

Hierbei handelt es sich um Einsatzstrategien, die letztendlich dem Spieler einen Gewinn bringen müssen. Doch für die Praxis sind sie nicht geeignet, da sie entweder unendlich viel Zeit oder unvorstellbare Summen erfordern. Man könnte zum Beispiel bei jedem Verlust seinen Einsatz verdoppeln und bei einem Gewinn wieder bei null beginnen. Somit würde man sicher einen Gewinn erspielen (zumindest, bei einfachen Chancen, den Einsatz erwirtschaften), aber schon nach einigen Runden würde man den zulässigen Höchsteinsatz übertreffen.

Eine interessante Variante dieser Gewinnstrategie ist die *ansteigende Folge von d'Alembert*. Hierbei wird bei jedem Verlust der Einsatz um eine Einheit erhöht, bis der Spieler die Gewinnzone erreicht. Wenn ein Spieler, der sich nach diesem System richtet, in den ersten fünf Runden verliert, beträgt sein Verlust 1 + 2 + 3 + 4 + 5 Einheiten, also insgesamt 15 Einheiten. Im nächsten Spiel setzt er dann 6 Einheiten ein. Wenn er gewinnt, hat er nur noch 9 Einheiten verloren. Er setzt in diesem Falle im nächsten Spiel 5 Einheiten. Gewinnt er erneut, ist er wieder da, wo er angefangen hat, wobei er fünfmal verloren und dreimal gewonnen hat.

GESELLSCHAFTSSPIELE

BAKKARAT

Dieses Spiel kommt ursprünglich aus Italien und wurde ab dem 15. Jahrhundert in der Provence und im Languedoc gespielt. Verbreitet hat es sich erst im 19. Jahrhundert, als es schließlich seine heutige Form fand.

Bakkarat ist ein reines Glücksspiel, bei dem sich der *Bankhalter,* der die Karten austeilt, und die Mitspieler *(Ponteure)* gegenüberstehen. Ziel des Spieles ist, die höchstmögliche Punktzahl zu erzielen: Alle Karten vom As (das 1 zählt) bis zur 9 haben einen Zahlenwert. Die anderen (10, Bube, Dame, König) zählen 0. Bei Zahlen über 10 werden nicht die Zehner, sondern nur die Einer gezählt. Ziel ist es, sich so weit wie möglich der 9 zu nähern.

Es gibt bei diesem Spiel verschiedene Formen, die häufigsten in den Kasinos sind *Banco* an zwei Tischen und *Chemin de fer* (Eisenbahn).

Banco. Die Spieler (höchstens zwölf) sitzen an zwei Tischen, dazwischen der Bankhalter. Der Bankhalter legt eine Summe in die Bank, und die Mitspieler tätigen ihrerseits ihre Einsätze, wobei sie jedoch die Summe in der Bank nicht überbieten dürfen. Will ein Spieler diesen Höchsteinsatz allein halten, ruft er ›Banco‹.

Wenn alle Einsätze erfolgt sind, verteilt der Bankhalter die Karten, zwei pro Tisch und Spieler rechts und links von ihm und zwei für sich selbst. Solange die Spieler gewinnen, erhalten sie Karten und entscheiden für den gesamten Tisch. Wenn sie verlieren, kommt der nächste Spieler an die Reihe.

Der oder die Spieler, der/die 8 (›klein‹) oder 9 (›groß‹) erreicht, deckt/decken ihre Karten auf: Wenn nicht Gleichstand mit dem Bankhalter besteht, erhalten sie ihren Gewinn, und die Karten werden eingesammelt. Wenn keiner eine reine 8 oder 9 zieht, können die Spieler eine weitere Karte verdeckt ziehen; der Bankhalter bekommt als letzter eine Karte. Mit weniger als 5 Punkten muß ein Spieler ›ziehen‹ (eine Karte verlangen). Mit 6 oder 7 Punkten muß er ›halten‹ (keine dritte Karte verlangen). Bei 5 Punkten hat er die Wahl zwischen Ziehen und Halten.

Wenn kein Spieler neu zieht, muß der Bankhalter bei 6 halten und bei weniger als 6 ziehen. Wenn die Spieler gezogen haben, der Bankhalter bei 7 hält, weniger als 3 zieht oder wenn seine Punkte zwischen 3 und 6 liegen, muß er sich nach einer vorgefertigten ›Zugtabelle‹ richten, die ihm das ›beste‹ Verhalten nach der gezogenen Karte diktiert.

Ist die Situation der Mitspieler an den beiden Tischen nicht gleich, kann der Bankhalter Interesse daran haben, gegen den einen zu ziehen, während er gegen den anderen halten möchte. In diesem Fall fällt er seine Entscheidung für den Tisch mit den höchsten Einsätzen. Bei Gleichstand werden die Einsätze annulliert.

Chemin de fer (Eisenbahn). Im Unterschied zum Spiel an zwei Tischen, wo der Bankhalter festgelegt wird, sind hier die Spieler (höchstens neun) nacheinander die Bankhalter. Wenn die Einsätze gemacht sind, verteilt der Bankhalter zwei Karten an den Mitspieler mit dem höchsten Einsatz und gibt sich selbst zwei andere Karten. Der Bankhalter verliert die Bank, wenn er die Runde verliert.

BLACK JACK

Als Variante des französischen Spiels *Einundzwanzig* und des deutschen ›17 und 4‹ ist Black Jack zum beliebtesten Kartenspiel in den Kasinos geworden.

Ziel des Spieles ist es, so nah wie möglich an die 21 zu kommen, ohne darüber zu gelangen. Das As zählt, je nach Belieben des Spielers, 1 oder 11, die Bildkarten zählen 10, und die anderen Karten haben ihren Zahlenwert. *Black Jack* erzielen heißt, mit den beiden ersten Karten 21 zu erreichen.

Es werden fünf oder sechs Spiele mit 52 Karten verwendet, die gemischt und in einen Kartenschlitten gesteckt werden. Nachdem die Spieler gesetzt haben, verteilt der Croupier an jeden Spieler (höchstens sieben) eine Karte, sich selbst bedient er zuletzt. Dann gibt er eine zweite Karte und bietet weitere an. Jeder Spieler kann beliebig viele Karten verlangen.

Übertrifft ein Blatt die 21, hat es verloren. Der Croupier sammelt dann sofort die Karten des entsprechenden Spielers ein. Wenn alle Spieler bedient sind, zieht der Croupier für sich selbst noch eine oder mehrere Karten, wobei er folgende Regeln beachtet: bei 17 Punkten oder mehr hält er; bei 16 Punkten oder darunter zieht er, bis er mindestens 17 hat. Bei einem As muß der Croupier dafür 11 Punkte zählen, wenn er dadurch mindestens 17 erreicht. Andernfalls kann er dem As wie die anderen Spieler 1 oder 11 Punkte geben.

Die Zahlungen sind gleich mit dem Einsatz, es sei denn, ein Spieler hat einen Black Jack. In diesem Fall erhält er das 1,5fache des Einsatzes. Black Jack gewinnt auch dann, wenn eine andere Kombination mit mehr als zwei Karten ebenfalls 21 erreicht hat.

Hat ein Spieler mit seinen ersten beiden Karten neun, zehn oder elf Punkte erreicht, kann er seinen Einsatz verdoppeln.

DREISSIG UND VIERZIG

Dieses Spiel wird seit dem Ende des 15. Jahrhunderts erwähnt. Es heißt auch ›Rot und Schwarz‹ und wird mit sechs Spielen zu 52 Karten gespielt, die gemischt und vom Croupier in einen Kartenschlitten gelegt werden. Ein Spieler ist der Bankhalter, die anderen sind die Mitspieler.

Es gibt vier mögliche Einsätze: *Rot, Schwarz, Farbe, Gegenteil.* Wenn die Mitspieler ihre Einsätze auf den Tisch gelegt haben, legt der Bankhalter zwei Kartenreihen aus. Die erste Reihe wird ›Schwarz‹ genannt, die andere ›Rot‹. As zählt 1 Punkt, Figuren 10 Punkte, die anderen Karten je nach Zahlenwert. Sobald die Summe der Karten der ersten Reihe 30 übersteigt, geht der Bankhalter zur zweiten Reihe über. Wenn auch die Summe dieser Reihe 30 übersteigt, verkündet er die Gewinnfarbe, also Rot oder Schwarz. Gewonnen hat die Farbe, deren Summe der Zahl 30 am nächsten liegt, also die Reihe mit der niedrigeren Augenzahl.

Hatte die zu Beginn des Spieles zuerst umgedrehte Karte die Farbe der Gewinnreihe, so gewinnen die Spieler, die auf *Farbe* gesetzt haben. Andernfalls gewinnen die, die auf *Gegenteil* gesetzt haben.

Alle Einsätze sind einfache Einsätze, das heißt, die Gewinnsumme entspricht der des Einsatzes.

Ergeben beide Reihen die gleiche Summe, ist die Runde null, es sei denn, diese Zahl beträgt 31. In diesem Fall bleiben die Einsätze ›gesperrt‹ für die nächste Runde auf dem Tisch. Die verlorenen Einsätze werden dann von dem Bankhalter eingesammelt und die Gewinneinsätze werden einfach zurückgegeben.

B · **Die Spiele im Kasino.**
›Die Bank ist gesprengt‹ (Zeichnung von 1909). Die Spiele im Kasino lassen sich wie folgt unterteilen:
— ›Spiele gegen die Bank‹ (das Kasino spielt gegen die Spieler, streicht alle ihre Verluste ein und zahlt ihre Gewinne aus): *Roulette, Boule, Dreißig und Vierzig, Dreiundzwanzig, Black Jack, Craps;*
— ›Zirkelspiele‹ (die Spieler spielen untereinander, und das Kasino erhält einen Prozentsatz der Gewinne): *Bakkarat, Écarté.*
Seit einiger Zeit gibt es auch Spielautomaten in den Kasinos.

A · **Bakkarat-Tisch.**

GESELLSCHAFTSSPIELE

WÜRFELSPIELE

WÜRFEL

Würfel bestanden früher aus Knochen; heute sind sie aus Elfenbein, Holz oder Plastik. Auf allen sechs Seiten des Würfels befinden sich Vertiefungen (ihre Anzahl reicht von 1 bis 6). Gegenüber der 1 liegt die 6, der 2 liegt die 5 gegenüber und der 3 die 4. Somit ergibt die Summe zweier gegenüberliegender Seiten immer 7. Die Würfel läßt man nach dem Schütteln aus einem Würfelbecher rollen; die nach oben zeigende Seite gilt. Fällt ein Würfel nicht flach, dann ›brennt er‹, und der Wurf muß wiederholt werden.

Würfel kannte man im alten Ägypten, im Orient und in Indien. Die Griechen, die ihre Entstehung Palamedes aus der Zeit der Belagerung von Troja zuschrieben, waren leidenschaftliche Würfler. Die Römer liebten sie ebenfalls, Kaiser Claudius schrieb eine Abhandlung über das Würfeln. Der Überlieferung nach sollen die römischen Soldaten unter dem Kreuz um das Gewand Jesu gewürfelt haben. Im Mittelalter waren die Würfel in ganz Europa sehr beliebt.

Die Wahrscheinlichkeitsrechnung begann mit dem Studium des Würfelspiels und der Chancen für Gewinn und Verlust. Es ist auch noch interessant, daß das französische Wort *Hasard* (Zufall) von dem arabischen Wort *Al-zahr* stammt, was soviel wie *Spielwürfel* bedeutet.

421

Diese Variante des ›Zanzi‹ ist das beliebteste Würfelspiel in Frankreich. Mit drei Würfeln muß man die beste Kombination werfen. Die Reihenfolge der Kombinationen von oben nach unten lautet:
– 421 (4, 2 und eine 1 [letztere wird auch oft als As bezeichnet]);
– 2 Asse und der Betrag des dritten Würfels;
– Dreierpasch oder ›Zanzi‹ (3 gleiche Augenzahlen);
– Folgen oder Straßen, also 6-5-4, 5-4-3, 4-3-2, 3-2-1;
– die anderen Möglichkeiten in abnehmender Reihenfolge, beginnend mit 6-6-5 bis 2-2-1.

Das Spiel verläuft in zwei Phasen: Bei der *Charge* nimmt der Verlierer soviele Jetons aus dem Pott, wie es der Augenzahl der besten Kombination des Gegners entspricht. Bei der *Decharge* gibt der Gewinner dem Verlierer eigene Jetons. Gewinner ist, wer als erster alle Jetons abgegeben hat. Bei Gleichstand wird mit einem einzigen Wurf gestochen und entschieden.

A · 421: eine Gewinnkombination.

WÜRFELPOKER

Zu diesem Spiel braucht man fünf besondere Würfel, auf denen keine Augen, sondern Bilder sind (siehe unten Abbildung B). Die Reihenfolge von oben nach unten: As, König, Dame, Bube, 10 und 9. Wie beim Kartenpoker handelt es sich um ein Kombinationsspiel, wobei das As die Rolle des Jokers übernimmt.

Die Kombinationen lauten in der Abfolge von oben nach unten:
– *Poker:* 5 gleiche Seiten;
– *Viererpasch:* 4 gleiche Seiten;
– *Full house:* ein Dreierpasch und ein Paar;
– *große Straße* (As, König, Dame, Bube, 10) oder *kleine Straße* (König, Dame, Bube, 10, 9);
– *Dreierpasch:* 3 gleiche Seiten;
– *zwei Paare*;
– *ein Paar*, also zwei gleiche Seiten.

Bei diesem Spiel geht es um Einsätze. Die Spieler (zwei oder mehr) würfeln der Reihe nach. Wenn sie wollen, können sie ein zweites Mal mit allen oder mit einigen der Würfel würfeln. Der Spieler mit der besten Kombination gewinnt.

B · Würfelpoker: Aussehen der Würfelseiten.

Seit Urzeiten versucht der Mensch, die Gesetze des Zufalls zu meistern. Das 3000 Jahre alte hinduistische Werk *Mahabharata* erzählt die Geschichte eines fanatischen Würfelspielers, der, nachdem er seinen gesamten Besitz verloren hatte, sich selbst aufs Spiel setzte. Schon früh begann der Kampf gegen das

STAAT UND SPIEL

Glücksspiel. In Griechenland, genauer in Sparta, wurde das Würfelspiel verboten. Im Römischen Reich war der Einsatz von Geld bei Würfelspielen untersagt. 813 schloß das Mainzer Konzil diejenigen von der Kommunion aus, die dem Glücksspiel anhingen. Ludwig IX., der Heilige, verbot 1254 sogar die Herstellung von Würfeln. Doch die meisten Staaten begriffen bald, daß es besser ist, das Glücksspiel zu reglementieren und an ihm zu verdienen.

Die öffentliche sowie die in geschlossenen Gesellschaften gewohnheitsmäßig betriebene Veranstaltung von Glücksspielen ohne behördliche Erlaubnis wird in der Bundesrepublik Deutschland mit Freiheitsstrafe bis zu zwei Jahren oder Geldstrafe bedroht; strafbar (Freiheitsstrafe bis zu sechs Monaten oder Geldstrafe) ist auch die Beteiligung hieran. Nach dem Jugendschutzgesetz dürfen Kinder und Jugendliche (unter 18 Jahren) Spielhallen nicht betreten und an öffentlich veranstalteten Glücksspielen nicht teilnehmen. Verstöße gegen dieses Verbot können zu Lasten der Veranstalter oder Gewerbetreibenden als Ordnungswidrigkeit verfolgt werden. In einigen Orten sind Spielbanken zugelassen.

Der Fiskus ist in der Bundesrepublik Deutschland finanziell an Glücksspielen durch die Glücksspielbesteuerung beteiligt: 1. durch die Rennwett- und Lotteriesteuer (einschließlich Sportwettsteuer); 2. durch die Konzessionsabgabe der Zahlenlotto und Fußballtoto betreibenden Unternehmen; 3. durch die Spielbankabgabe. 1986 betrugen die öffentlichen Einnahmen aus Spiel- und Wettunternehmen insgesamt 3,7 Mrd. DM.

CRAPS

Craps entstand aus einem alten englischen Spiel, dem *Hasard*.

Man spielt mit zwei Würfeln und einer beliebigen Anzahl von Spielern, die wechselweise ›Ponteur‹ und ›Lanceur‹ sind. Beim Würfeln geht es darum, eine bestimmte Augenzahl zu erzielen. Die anfänglich getätigten Einsätze liegen auf einem Tableau, auf dem alle möglichen Kombinationen der beiden Würfel angezeigt sind.

Der erste würfelnde Spieler wird ›Lanceur‹ genannt. Vor seinem ›ersten‹ Wurf muß er auf einen Gewinnwurf für ihn wetten und die anderen Spieler zum Setzen bewegen. Sind die Einsätze gemacht, dann würfelt der Lanceur. Die beiden obenliegenden Seiten bestimmen die Augenzahl.

Nach dem ersten Wurf sind drei Fälle möglich: Hat der Lanceur 2, 3 oder 12 Punkte geworfen (auch ›Craps‹ genannt), verliert er automatisch; hat er 7 oder 11, gewinnt er automatisch. Hat er 4, 5, 6, 8, 9 oder 10, muß er solange weiterspielen, bis er wieder diese Augenzahl würfelt (dann gewinnt er) oder eine 7 hat (dann verliert er). Gewinnt der Lanceur, spielt er erneut, wenn nicht, ist der nächste Spieler an der Reihe, der dann zum Lanceur wird.

Man kann bei diesem Spiel auch auf die Kombination wetten.

C · **Jackpot.**
Die *Spielautomaten*, die auch *Jackpots* genannt werden (*Slotmachines* auf Englisch) haben überall in den Kasinos Einzug gehalten. 1988 zählte man in Las Vegas schon über 50 000 solcher Automaten, die respektlos auch ›einarmige Banditen‹ genannt werden.

GESELLSCHAFTSSPIELE

ANDERE SPIELE

DIE BEKANNTESTEN SPIELE DER HEUTIGEN ZEIT

Diplomatie. Einer der großen Klassiker der Strategie- und Allianzspiele. Der Spielplan stellt das politische Europa um 1900 dar. Jeder Spieler ist ein Staatschef und versucht, mit seinen Armeen den größten Teil Europas zu erobern. Für einen Gewinn sind Allianzen unbedingt erforderlich. Verhandlungen, Versprechungen und Verrat: Alles ist erlaubt. Jeder Spieler schreibt heimlich den Vorrückplan für seine Einheiten auf, und der Schiedsrichter wertet dann die Zettel aus.

Verliese und Drachen → Rollenspiele.

Zahlenlotto: Glücksspiel, dessen Name sich aus dem italienischen Wort *Lotto,* was Schicksal bedeutet, ableitet; kommt aus Genua. Dort loste man mit gekennzeichneten Kugeln die Namen der Mitglieder des ›Kollegiums der Alten‹ aus.

Jeder Spieler erhält einen oder mehrere Kartons (insgesamt enthält das Spiel 24 Kartons), die in 27 numerierte Felder (drei Reihen mit neun Feldern) aufgeteilt sind. Diese Felder werden mit den Kugeln der entsprechenden Nummer belegt, die der Spieler aus dem Haufen zieht. Wer seine Tafeln zuerst gefüllt hat, gewinnt.

Mastermind (Superhirn). Mastermind wurde 1970 von dem israelischen Ingenieur M. Meirowitz vorgestellt und wurde zu einem der beliebtesten Denkspiele: Es wird von zwei Spielern gespielt, wobei der eine einen ›Code‹ aus vier Farben bildet, den der Gegner durch Nachfragen herausfinden muß.

Monopoly. Dieses Spiel gilt als der Vorläufer aller modernen Gesellschaftsspiele und wurde 1935 von dem Amerikaner Charles Darrow entwickelt. Wie viele andere war er ein Opfer der Wirtschaftskrise von 1929 geworden und wollte mit diesem Spiel ein Symbol schaffen. Der ursprüngliche Spielplan, der noch in den Vereinigten Staaten und bei Weltmeisterschaften verwendet wird, zeigt die Stadt Atlantic City. Das Spiel existiert heute in 19 Sprachen und in über 100 Ausführungen in mehr als 80 Ländern. Ziel des Spiels ist es, Immobilien zu kaufen, zu mieten oder zu verkaufen, bis ein Spieler ein Monopol hat. Monopoly-Meisterschaften werden in verschiedenen Ländern veranstaltet; alle zwei Jahre findet sogar eine Weltmeisterschaft statt.

Kreuzworträtsel. Die Engländer schreiben die Erfindung der ›Crosswords‹ Albert Wynne im 19. Jahrhundert zu. Die Kreuzworträtsel wurden jedoch überwiegend in den USA entwickelt. Das erste moderne Kreuzworträtsel erschien am 21. Dezember 1913 in der Sonntagsbeilage der *New York World.*

Man muß dabei eine bestimmt Anzahl von Wörtern finden, deren Definitionen angegeben sind. Diese Wörter werden waagerecht oder senkrecht in ein Raster mit weißen Feldern für die einzelnen Buchstaben und mit schwarzen Feldern (die die Wörter trennen) eingetragen. Die Wörter werden von rechts nach links beziehungsweise von oben nach unten gelesen.

Nim. Ein Spiel mit Steinchen, meistens mit Streichhölzern. Jeder Spieler muß jeweils Streichhölzer von einer der vier Reihen mit 1, 3, 5 oder 7 Streichhölzern wegnehmen, wobei er nicht das letzte Hölzchen nehmen sollte. Der Film *Letztes Jahr in Marienbad* von A. Resnais hat dieses Spiel bekannt gemacht. Deshalb heißt es manchmal auch *Spiel von Marienbad.* Zahlreiche Varianten sind bekannt.

Gänsespiel. Dieses Spiel war im 17. und 18. Jahrhundert groß in Mode und soll von Palamedes während der Belagerung von Troja erfunden worden sein. Der vollständige Name des Spiels lautete im 17. Jahrhundert ›Das noble, von den Griechen erneuerte Gänsespiel‹. Man spielt es mit zwei Würfeln auf einem Spielplan mit 63 illustrierten, in einer Spirale angeordneten Feldern. Auf neun Feldern ist eine Gänsefigur eingezeichnet. Gewinner ist der, der als erster das letzte Feld erreicht, ohne in die ›Fallen‹ geraten zu sein.

Othello. Ein Brettspiel für Strategie und Taktik, das von dem im 19. Jahrhundert in England entstandenen *Reversi* abstammt. 1971 wurde es von dem Japaner Goro Hasegawa neu aufgelegt und ist heute nach dem Go das beliebteste Spiel in Japan. Gespielt wird auf einem Brett mit 8 × 8 Feldern und 64 umdrehbaren Steinen (jede Seite hat eine andere Farbe). Ziel des Spieles ist es, die größtmögliche Anzahl von Feldern mit Steinen der eigenen Farbe zu erreichen.

Rollenspiele. Das erste Rollenspiel *Verliese und Drachen* wurde 1974 in den USA von Gary Gigax erfunden. Er ließ sich dabei von den Romanen *Herr der Ringe* und *Bilbo der Hobbit* des englischen Schriftstellers J. R. R. Tolkien inspirieren. Das Spiel hatte bald großen Erfolg. Zu Beginn der 80er Jahre kam es auch über den Atlantik und hat in Europa Tausende begeisterter Anhänger gefunden. Heute gibt es zahlreiche Rollenspiele (*Top secret, Aftermath, Call of Cthulhu, Scotland Yard* und andere), aber *Verliese und Drachen* bleibt doch eines der verbreitetsten.

Bei diesem sehr sozialen Spiel übernimmt jeder Spieler die Rolle einer Figur, die verschiedene Abenteuer zu bestehen hat und von einem ›Spielleiter‹ betreut wird. Dieser ist gleichzeitig Regisseur und Schiedsrichter und denkt sich eine Szene aus (Schloß, mittelalterliche Stadt), bestimmt eine Handlung (Sturz eines Tyrannen, Rettung einer Prinzessin) und charakterisiert die Helden. Während des gesamten Spiels können die Spieler Handlungsvorschläge machen. Der Spielleiter teilt mit, was passiert.

Scrabble. Ein 1946 in den USA patentiertes Buchstabenspiel. Es stammt von dem Amerikaner James Brunot, der sich an einem Spiel orientierte, das 1931 von dem arbeitslosen Architekten Alfred Butts erfunden worden war. Heute hat das Spiel auf der ganzen Welt mehr als 10 Millionen Anhänger. Mit zufällig gezogenen Buchstaben, die auf ein Brett gelegt werden, werden Wörter gebildet, wobei die Buchstaben sich in schon bestehende Wörter einpassen lassen müssen (ähnlich wie beim Kreuzworträtsel). Die Wertung hängt vom Wert des Buchstabens, von seiner Stellung und von seiner Lage auf dem Brett ab. Bei offiziellen Wettbewerben verwendet man *Scrabble Duplicate,* bei dem der Zufall ausgeschaltet wird. Dann benutzen alle Spieler die gleiche Buchstabenfolge.

Trivial Pursuit. Ein 1982 von den Kanadiern Chris Haney und Scott Abbot erfundenes Wissensspiel, das 1984 nach Europa kam. 1987 waren auf der Welt schon 50 Millionen Exemplare verkauft. Durch die Beantwortung von Fragen, von denen das Spiel 6 000 enthält, muß man das Zielfeld über einen Parcours erreichen.

Wargames. Moderne Variante des *Kriegsspiels,* das von Soldaten im 19. Jahrhundert gespielt wurde, um vergangene Schlachten zu analysieren und die zukünftigen vorzubereiten. Wargames sind Simulationsspiele, die häufig historische Schlachten darstellen und Strategie sowie Taktik erfordern. Die ersten Wargames tauchten um 1959 in den USA auf. Heute gibt es mehr als 300, darunter *Austerlitz, Waterloo, Yom Kippur* (Simulation des Konfliktes von 1973) und *Admiralität* (Simulation der Seeschlachten des Zweiten Weltkriegs).

Die Kriegsspiele werden auf einem Spielplan gespielt, der ein historisches Schlachtfeld zeigt und in achteckige oder viereckige Felder aufgeteilt ist. Die Figuren stellen die Armeen dar, dazu gehören auch ein oder mehrere Würfel.

Monopoly   **Scrabble**   **Trivial Pursuit**

GESELLSCHAFTSSPIELE

BILLARD

BILLARD

Dieses Spiel um Geschicklichkeit und Selbstbeherrschung ist heute unter der Schirmherrschaft der BWA (*Billard World Association*) ein Berufssport geworden. Sein derzeitiger Erfolg könnte das Billard wieder so beliebt machen, wie es zwischen den beiden Kriegen war, als der legendäre Champion Roger Conti in der ganzen Welt 1880 Titel sammelte und es allein in Frankreich 200 000 Billards gab. Heute dominieren der Belgier Raymond Ceulemans und der Franzose Francis Conesson in dieser Disziplin, die außerhalb Europas noch in Südamerika und Japan gespielt wird.

Ursprünge und Geschichte. Dieser Volkssport ist von edler Herkunft. Dem Historiker Georges Troffaes zufolge sollen die Tempelritter nach ihrer Rückkehr vom Kreuzzug das Billardspiel im Abendland eingeführt haben. Damals hieß das Spiel *Palle-mail* und wurde auf der Erde mit gebogenen Stöcken gespielt (*Mails*). Als *Ballyards* in England, *Vilorta* in Spanien und *Boccia* in Italien wird dieses Spiel gelegentlich in den Werken von Shakespeare und François Villon erwähnt. Franz I. und Maria Stuart gehörten zu seinen Anhängern; Richelieu schrieb auch im Lehrplan seiner ›Königlichen Akademie für den Adel‹: Mathematik, Fechten, Geschichte und Billard. Billard wird seit dieser Zeit auf einem Eichentisch gespielt. Ludwig XIV., der jeden Abend Billard spielte, machte den damaligen Champion Michel Chamillart zu seinem Bittgesuchsmeister, dessen (inoffizielle) Grabinschrift Bände spricht: ›Hier ruht der berühmte Chamillart / Protonotar durch die Gnade des Königs / am Billardtisch ein Held er war / als Minister taugte er wenig.‹

Seine heutige Form erlangte das Billard erst 1823, als Mingaud das *Stoßleder* für die Spitze des *Queues* (das ist der Spielstock) einführte.

Karambolagebillard. Das französische Billard wird heute auf Tischen mit 2,10 m bis 2,85 m in der Länge und halber Breite sowie mit 3 Kugeln (zwei weiße und eine rote) mit etwa 210 g Gewicht und einem Durchmesser von 62 mm gespielt. Bei der *freien Partie* wählt

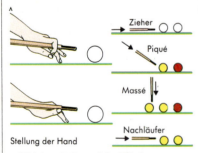

A · **Wichtigste Stoßarten beim Billard.**

jeder Spieler eine der beiden weißen Kugeln (eine davon wird *angespielt*) und muß mit ihr, um den Punkt zu machen und um weiterspielen zu dürfen, in irgendeiner Reihenfolge die beiden anderen Kugeln treffen. Jeder Stoß muß so geplant sein, daß die Kugeln für den nächsten Stoß günstig zu liegen kommen. Gelingt ein derartiger Stoß, *Rappel* genannter Stoß, kann man die drei Kugeln an der Bande sammeln und sie mehrere Male um den Tisch bewegen. Diese Position, die auch *amerikanische Position* genannt wird, führt oft zu *Serien* (Anzahl aufeinanderfolgender Stöße). Stoßarten: Beim *Zieher* wird die Kugel unterhalb des Äquators getroffen, beim *Nachläufer* darüber; *Karambolagen* werden durch den *Effet* erzielt; *Piqué* und *Massé* sind durch Kopfstöße (Stoß auf die Kugel von oben) erzeugte Rückwärts- bzw. Vorwärtseffets. Das *Cadrespiel* ist eine Variante der freien Partie: Hier sind die Fußpunkte der Linien an den Banden zusätzlich mit Quadraten versehen. Der Spieler darf im Verlauf einer Serie keine zwei aufeinanderfolgenden Karambolagen innerhalb eines solchen Feldes ausführen, ohne daß nicht wenigstens eine der Kugeln dieses Feld verlassen hätte. Beim *Bandenspiel* muß mindestens eine Bande berührt werden, bevor der Punkt gemacht wird; beim *Dreibandspiel*, das als einzige Variante bei Wettkämpfen der Berufsspieler gespielt wird, muß der Spielball wenigstens dreimal eine oder verschiedene Banden berührt haben, bevor der Punkt gemacht wird. Beim *Kunststoß* schließlich müssen Pflicht-

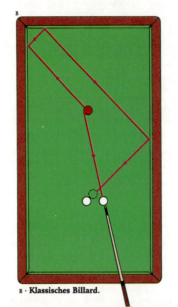

B · **Klassisches Billard.**

C · **Amerikanisches Billard.**

figuren in einer festgelegten Reihenfolge gespielt werden.

Andere Billardformen. Zwar wird das Karambolagebillard auch in den USA und in Großbritannien gespielt, die Spielszene wird dort jedoch von zwei anderen Varianten beherrscht: dem *Poolbillard* und dem *Snooker*. Das sind Weiterentwicklungen der ursprünglichen Billardform, bei der man die Kugeln in Mulden an der Peripherie einschießen mußte. Das **Snooker** wird auf einem Tisch mit sechs Löchern und einer Länge von 3,90 m mit 22 Kugeln gespielt: 15 rote Kugeln, eine gelbe, eine grüne, eine blaue, eine braune, eine rosafarbene und eine schwarze sowie eine ›Stoßkugel‹ (die die Spieler stoßen), die weiß ist. Bei diesem Spiel geht es darum, zuerst eine rote Kugel (die einen Punkt bringt), dann eine farbige Kugel (gelb: 2 Punkte; grün: 3 Punkte; braun: 4 Punkte; blau: 5 Punkte; rosa: 6 Punkte; schwarz: 7 Punkte) hinauszuspielen. Letztere wird sofort wieder auf den Tisch gelegt; das Spiel geht solange weiter, bis alle roten Kugeln hinausgespielt wurden.

Das **Pool-Billard** wird mit einer (weißen) Stoßkugel und fünfzehn von 1 bis 15 numerierten Kugeln gespielt, die beim Hinausspielen ihre jeweilige Punktzahl bringen. Zu Beginn werden die numerierten Kugeln in Dreiecksformation gelegt. Ein Spieler ist noch einmal am Stoß, wenn einer der beiden folgenden Fälle vorliegt: Eine oder mehrere Kugeln verschwinden in einem oder mehreren Löchern; zwei Kugeln werden hinausgespielt und die weiße Kugel berührt mindestens eine Bande. Wird die weiße Kugel hinausgespielt, gibt es einen Strafpunkt. Sieger ist der Spieler, der zuerst 61 Punkte erreicht. Die Gewinne, die von den Berufsspielern eingenommen werden, sind mit denen der Tennischampions vergleichbar.

GLOSSAR

Ball. Die Billardkugeln.
Effet. Beeinflussung der seitlichen Laufrichtung des Spielballes beim Stoß.
Kopfstoß. Kugel wird senkrecht von oben gestoßen.
Maske. Position, bei der die drei Kugeln auf einer Linie liegen und die Kugel des Spielers außen ist.
Massé. Kugel erhält beim Kopfstoß einen Vorwärtseffet.
Nachläufer: Stoßen der Kugel oberhalb ihres Zentrums.
Piqué. Kugel erhält beim Kopfstoß eine Rückwärtseffet.
Queutage. Fehler, bei dem die Kugeln nicht gestoßen, sondern geschoben werden.
Rappel. Sammeln der drei Kugeln durch einen geschickten Stoß.
Rückprall. Karambolage, nachdem der Spielball mindestens eine Bande berührt hat.
Serie. Folge von erfolgreichen Stößen.
Spielball. Die Kugel, die ein Spieler gewählt hat.
Streifstoß oder Kicks. Ungewollte Ablenkung der Kugel durch Streifen mit der Queuespitze.
Vollspiel und Feinspiel. Eine Kugel voll, d. h. zentral, spielen; eine Kugel streifen.
Zieher. Stoßen des Spielballs unterhalb ihres Zentrums.

18

FORMELN UND FAKTEN

Unter einer Formel versteht man in Wissenschaft und Technik einen durch Kurzzeichen
(Formelzeichen) gebildeten Zusammenhang, meistens in Form einer mathematischen Gleichung,
in der die entsprechenden Größen durch mathematische Zeichen miteinander verknüpft sind.
Mit Hilfe von Formeln können also Zusammenhänge ohne größere
verbale Erläuterungen dargestellt und vor allem auch Berechnungen durchgeführt werden.
Dieses Kapitel enthält die wichtigsten *Formeln* und *Fakten* aus den Bereichen *Mathematik, Physik* und *Chemie*.
Dabei werden auch die für das Verständnis dieser Formeln notwendigen Erklärungen gegeben. Es gibt eine Tabelle mit
den mathematischen Zeichen und Symbolen sowie eine Doppelseite mit den
Maßeinheiten aus den genannten Disziplinen. Das Kapitel ›Formeln und Fakten‹
wäre jedoch nicht vollständig, würde man nicht auch die *Wirtschaft* hinzunehmen. Aus diesem
wichtigen Bereich sind neben einigen geläufigen Formeln auch die Definitionen der
wichtigsten Begriffe zusammengestellt.

INHALT

GESETZLICHE EINHEITEN
EINHEITEN DES INTERNATIONALEN
MASSSYSTEMS *1186*
WICHTIGE ANGLOAMERIKANISCHE
MASSEINHEITEN, INTERNATIONALES
EINHEITENSYSTEM (SI),
NATURKONSTANTEN *1187*

CHEMIE
EINTEILUNG DER ELEMENTE *1188*
ALLGEMEINES *1189*
NOMENKLATUR DER
ANORGANISCHEN CHEMIE *1189*
NOMENKLATUR DER
ORGANISCHEN CHEMIE *1190*

PHYSIK
WELLEN *1191*
OPTIK *1191*
AKUSTIK *1193*
MECHANIK *1193*
WÄRMELEHRE *1194*
ELEKTRIZITÄT *1195*
MAGNETISMUS *1197*

MATHEMATIK
MATHEMATISCHE SYMBOLE,
MENGENLEHRE *1198*
KOMBINATORIK, ARITHMETIK *1199*
ALGEBRA *1200*
ANALYSIS *1201*
GEOMETRIE *1204*
STATISTIK, WAHRSCHEINLICHKEIT *1207*

WIRTSCHAFT
SOZIALPRODUKT, VOLKSEINKOMMEN,
GESAMTNACHFRAGE *1209*
PRODUKTIONSPOTENTIAL
UND GESAMTNACHFRAGE,
PREISINDEX, GELD *1210*
BANKEN UND BÖRSENWESEN *1211*
AUSSENWIRTSCHAFT *1212*
BETRIEBLICHES RECHNUNGSWESEN
1213
DER STAATSHAUSHALT *1215*
STEUERN, ABGABEN *1216*

Redaktion und Texte
Nicolas Witkowski, Wissenschaftsjournalist, Dozent der Physik;
Patrick Tissier, Wirtschaftswissenschaftler, Dozent an der Universität Paris-X (Nanterre).

FORMELN UND FAKTEN

GESETZLICHE EINHEITEN

EINHEITEN DES INTERNATIONALEN EINHEITENSYSTEMS

(Gesetz über Einheiten im Meßwesen vom 2. Juli 1969, im Kraft getreten am 5. Juli 1970, mit Übergangsfristen bis 31. Dezember 1977 und 31. Dezember 1985 für bestimmte Einheiten.)

Basiseinheiten des Internationalen Einheitensystems (SI) sind in halbfetten **GROSSBUCHSTABEN** gesetzt.
Kohärent abgeleitete Einheiten des Internationalen Einheitensystems sind in normalen GROSSBUCHSTABEN gesetzt.
International üblichen Einheiten, die gesetzlich zugelassen sind, aber nicht zum Internationalen Einheitensystem gehören, sind in Kleinbuchstaben gesetzt.
Einheiten, die gesetzlich nicht mehr zugelassen sind, wurden mit einem Sternchen * gekennzeichnet.

VORSÄTZE FÜR DEZIMALE VIELFACHE ODER TEILE VON EINHEITEN

Exa	E	10^{18}	1 000 000 000 000 000 000	Trillionenfache	Dezi	d	10^{-1}	0,1		Zehntel
Peta	P	10^{15}	1 000 000 000 000 000	Billiardenfache	Zenti	c	10^{-2}	0,01		Hundertstel
Tera	T	10^{12}	1 000 000 000 000	Billionfache	Milli	m	10^{-3}	0,001		Tausendstel
Giga	G	10^{9}	1 000 000 000	Milliardenfache	Mikro	μ	10^{-6}	0,000 001		Millionstel
Mega	M	10^{6}	1 000 000	Millionenfache	Nano	n	10^{-9}	0,000 000 001		Milliardstel
Kilo	k	10^{3}	1 000	Tausendfache	Piko	p	10^{-12}	0,000 000 000 001		Billionstel
Hekto	h	10^{2}	100	Hundertfache	Femto	f	10^{-15}	0,000 000 000 000 001		Billiardstel
Deka	da	10^{1}	10	Zehnfache	Atto	a	10^{-18}	0,000 000 000 000 000 001		Trillionstel

I. EINHEITEN DES RAUMES

Länge
METER . . . . m
Seemeile . . . . 1 852 m

Fläche
QUADRAT-
METER . . . . . m²
Ar . . . . a . . . . . 100 m²
Hektar . . . . ha . . . . 10 000 m²
Wirkungs-
querschnitt
Barn . . . . b . . . . . 10^{-28} m²

Volumen
KUBIKMETER m³
Liter . . . . l . . . . . . 0,001 m³

ebener Winkel
RADIANT . . . rad . . . . 1 m/1 m
Vollwinkel . . . . 2 π rad
Gon . . . . gon . . . . π/200 rad
Grad . . . . ° . . . . π/180 rad
Minute . . . . ′ . . . . π/10 800 rad
Sekunde . . . . ″ . . . . π/648 000 rad

Raumwinkel
STERADIANT sr . . . . . 1 m²/1 m²

II. EINHEITEN DER MASSE

Masse
KILOGRAMM kg
(Vorsätze werden
mit Gramm
kombiniert)
Tonne . . . . t . . . . . 1 000 kg
GRAMM . . . . g . . . . 0,001 kg
metrisches Karat kt . . . . . 0,000 2 kg
Dalton* . . . . . . 1,66018 · 10^{-24} g
atomare
Masseneinheit u . . . . . 1,66057 · 10^{-24} g

längenbezogene
Masse
KILOGRAMM
DURCH METER kg/m
Tex . . . . tex . . . . 1 g/km

Flächenbelegung
KILOGRAMM
DURCH
QUADRAT-
METER . . . . kg/m²

Dichte
KILOGRAMM
DURCH
KUBIKMETER kg/m³

spezifisches
Volumen
KUBIKMETER
DURCH
KILOGRAMM m³/kg

III. EINHEITEN DER ZEIT

Zeit
SEKUNDE . . s
Minute . . . . min . . . . 60 s
Stunde . . . . h . . . . . 3 600 s
Tag . . . . d . . . . . 86 400 s
astronomisches
Jahr . . . . . a . . . . . 31 556 925,9747 s

Frequenz
HERTZ . . . . Hz 1/s

IV. EINHEITEN DER MECHANIK

Geschwindigkeit
METER DURCH
SEKUNDE . . . m/s
Knoten . . . . kn . . . . 1 852/3 600 m/s
KILOMETER
DURCH
STUNDE . . . . km/h . . . . 1/3,6 m/s

Winkel-
geschwindigkeit
RADIANT
DURCH
SEKUNDE . . . rad/s

Drehzahl
UMDREHUNG
DURCH
SEKUNDE . . . U/s

Beschleunigung
METER DURCH
QUADRAT-
SEKUNDE . . . m/s²

Winkel-
beschleunigung
RADIANT
DURCH
QUADRAT-
SEKUNDE . . . rad/s²

Kraft
NEWTON . . . N

Drehmoment
NEWTON-
METER . . . . N · m

Grenzflächen-
spannung
NEWTON
DURCH
METER . . . . N/m

Energie, Arbeit
JOULE . . . . . J
Kilowattstunde kWh . . . . 3,6 MJ
Elektronvolt . . eV . . . . . 1,60218 · 10^{-19} J

Leistung
WATT . . . . . W

Druck
PASCAL . . . . Pa
Bar . . . . bar . . . . . 100 000 Pa
Millimeter
Quecksilbersäule* mm Hg . . 133,322 Pa

dynamische
Viskosität
PASCAL-
SEKUNDE . . . Pa · s
Poise* . . . . . . P . . . . 0,1 Pa · s

kinematische
Viskosität
QUADRAT-
METER DURCH
SEKUNDE . . . m²/s
Stokes* . . . . . St . . . . . 0,0001 m²/s

V. EINHEITEN DER ELEKTRIZITÄT

elektrische
Stromstärke
AMPERE . . . A

elektrische
Spannung,
elektrisches
Potential
VOLT V

V. EINHEITEN DER ELEKTRIZITÄT

Leistung
WATT . . . . . W . . . . . 1 V · A

elektrischer
Widerstand
OHM . . . . . Ω . . . . . 1 V/A

elektrischer
Leitwert
SIEMENS . . . S . . . . . 1 A/V

elektrische
Feldstärke
VOLT DURCH
METER . . . . V/m

elektrische
Ladung,
Elektrizitätsmenge
COULOMB . . C . . . . . 1 A · s
Amperestunde Ah . . . . . 3 600 C

elektrische
Kapazität
FARAD . . . . F . . . . . 1 C/V

elektrische
Induktivität
HENRY . . . . H . . . . . 1 Wb/A

Magnetfluß
WEBER . . . . . Wb . . . . . 1 V · s

magnetische
Feldstärke
AMPERE DURCH
METER . . . . A/m

magnetische
Spannung
AMPERE . . . . A

VI. EINHEITEN DER THERMODYNAMIK

Temperatur
KELVIN . . . . K

Celsius-
Temperatur
GRAD
CELSIUS . . . . °C

Wärmemenge,
Wärmeenergie
JOULE . . . . . J

Wärmestrom
WATT . . . . . W . . . . . . 1 J/s

Wärmekapazität,
Entropie
JOULE DURCH
KELVIN . . . . J/K

spezifische
Wärmekapazität
JOULE DURCH
KILOGRAMM
UND KELVIN J/(kg · K)

VII. EINHEITEN DER LICHTTECHNIK

Lichtstärke
CANDELA . . . cd

Beleuchtungs-
stärke
LUX lx

FORMELN UND FAKTEN

VII. EINHEITEN DER LICHTTECHNIK

Leuchtdichte
CANDELA
DURCH
QUADRAT-
METER . . . . . cd/m²

Lichtstrom
LUMEN . . . . . lm

VIII. EINHEITEN DER OPTIK

Strahlungsfluß
WATT . . . . . W

Strahlstärke
WATT DURCH
STERADIANT W/sr

Strahlungsfluß-
dichte
WATT DURCH
QUADRAT-
METER . . . . . W/m²

Bestrahlung
JOULE DURCH
QUADRAT-
METER . . . . . J/m²

Brechwert
optischer Systeme
1 DURCH METER
(oder Dioptrie)   m⁻¹ (oder dpt)

IX. EINHEITEN DER RADIOAKTIVITÄT

Aktivität
radioaktiver Stoffe
BECQUEREL . . Bq
Curie* . . . . . Ci . . . . . $3,7 \cdot 10^{10}$ Bq

Ionendosis von
Röntgen- oder
Gammastrahlen
COULOMB
DURCH
KILOGRAMM   C/kg
Röntgen* . . . . R . . . . . $2,58 \cdot 10^{-4}$ C/kg

Energiedosis
GRAY . . . . . Gy
Rad* . . . . . . rd . . . . . 0,01 Gy

Äquivalentdosis
SIEVERT . . . . Sv
Rem* . . . . . . rem . . . . . 0,01 Sv

X. EINHEIT DER STOFFMENGE

MOL . . . . . mol

XI. WÄHRUNGSEINHEIT

Deutsche Mark   DM
Pfennig . . . . 0,01 DM

WICHTIGE ANGELSÄCHSISCHE MASSEINHEITEN

englische Bezeichnung	Zeichen	deutsche Bezeichnung	Wert	Umrechnung
LÄNGE				
inch	in (oder ″)	Zoll	25,4 mm	
foot	ft (oder ′)	Fuß	0,3048 m	12 in
Yard	yd	Yard	0,9144 m	3 ft
fathom	fm	Faden	1,8288 m	2 yd
statute mile	m (oder mile) . .	Landmeile	1,609 km	1,760 yd
nautical mile		britische Seemeile	1,853 km	6 080 ft
international nautical mile .		internationale Seemeile	1,852 km	
MASSE – AVOIRDUPOIS-SYSTEM (HANDEL)				
grain	gr	Grän	64,799 g	
ounce	oz avdp	Unze	28,349 g	
Pound	lb	Pfund	453,592 g	16 oz
TROY-SYSTEM (EDELMETALLE, -STEINE)				
pennyweight	dwt		1,555 g	24 gr
troy ounce	oz tr	Troy-Unze	31,103 g	
VOLUMEN				
US liquid pint	liq pt	amerikanisches Pint . . .	0,473 l	
pint	UK pt	britisches Pint	0,568 l	
US Gallon	US gal	amerikanische Gallone	3,785 l	8 liq pt
Imperial Gallon	UK gal	britische Gallone	4,546 l	8 UK pt
US bushel	US bu	amerikanischer Scheffel	35,239 l	
bushel	bu	britischer Scheffel	36,369 l	8 UK gal
US barrel (Erdöl) . . .	US bbl	Faß (Erdöl)	58,987 l	42 US gal
KRAFT				
poundal	pdl		0,1382 N	
LEISTUNG				
horse power	hp	Pferdestärke	745,7 W	
TEMPERATUR				
Fahrenheit degree	°F	Grad Fahrenheit	einer Temperatur von t Grad Fahrenheit entsprechen $5/9 (t-32)$ Grad Celsius 212 °F entsprechen 100 °C 32 °F entsprechen 0 °C	
WÄRME, ENERGIE, ARBEIT				
British thermal unit	Btu		1 055,06 J	

INTERNATIONALES EINHEITENSYSTEM (SI)

Das internationale Einheitensystem (abgekürzt: SI) wurde ab 1960 von den Staaten der sogenannten Meterkonvention eingeführt. Die Basiseinheiten des Systems sind: Meter, Kilogramm, Sekunde, Ampere, Kelvin, Mol und Candela.

NATURKONSTANTEN

Soweit als möglich werden die SI-Basiseinheiten auf der Grundlage von ein bis zwei fundamentalen Naturkonstanten definiert.

Elementarladung
$e = 1,602\,177\,33 \cdot 10^{-19}$ C;
Vakuumlichtgeschwindigkeit
$c = 2,997\,924\,658 \cdot 10^{8}$ m · s⁻¹;
elektrische Feldkonstante
$\varepsilon_0 = 8,854\,188 \cdot 10^{-12}$ F · m⁻¹;
magnetische Feldkonstante
$\mu_0 = 4\pi \cdot 10^{-7}$ N · A⁻².
Der Wert der magnetischen Feldkonstanten wurde so gewählt, daß die elektrischen und magnetischen Einheiten kohärent werden:
$\varepsilon_0 \cdot \mu_0 \cdot c^2 = 1$.
Plancksches Wirkungsquantum
$h = 6,626\,075\,5 \cdot 10^{-34}$ J · s;
Boltzmann-Konstante
$k = 1,380\,65 \cdot 10^{-23}$ J · K⁻¹;
Gravitationskonstante
$G = 6,672\,59 \cdot 10^{-11}$ m³ · kg⁻¹ · s⁻²;
Avogadro-Konstante (Anzahl der Atome oder Moleküle in einem Mol eines Gases)
$N = 6,022\,136\,7 \cdot 10^{23}$ mol⁻¹.
Weitere Konstanten:
universelle Gaskonstante
$R = 8,314\,51$ J · mol⁻¹ · K⁻¹;
molares Volumen des idealen Gases (bei 273,15 K und 101 325 Pa)
$2,241\,383 \cdot 10^{-2}$ m³ · mol⁻¹;
atomare Masseneinheit
$u = 1,660\,54 \cdot 10^{-27}$ kg.

Unter Ludwig XVI. wurde unter dem Einfluß von Lavoisier und Condorcet beschlossen, eine neue Längeneinheit festzulegen. Ausgeführt wurde dieser Beschluß erst während der Französischen Revolution. Das Meter wurde 1795 von der Nationalversammlung als der zehnmillionste Teil des durch die Pariser Sternwarte gehenden Erdmeridian-

ABENTEUER METER

quadranten festgelegt. Somit mußte man einen Teil dieses Meridians vermessen, um das Meter genau festlegen zu können.

Die Astronomen Jean-Baptiste Delambre und Pierre Méchain trafen sich nach sieben Jahren und einer Vielzahl von astronomischen und geodätischen Beobachtungen. Delambre war in Dünkirchen gestartet, Méchain in Barcelona. Das Ergebnis dieser Anstrengungen war das Urmeter. Seit 1983 ist das Meter auf der Grundlage der Vakuumlichtgeschwindigkeit definiert.

1187

FORMELN UND FAKTEN

CHEMIE

EINTEILUNG DER ELEMENTE

Der Russe Dimitri Iwanowitsch Mendelejew (1834–1907) und der Deutsche Lothar Meyer (1830–1895) erkannten 1869 gleichzeitig und unabhängig voneinander, daß die 63 damals bekannten Elemente sich periodisch wiederholende Eigenschaften hatten; aus diesem Grunde setzten sie diese in der Reihenfolge des zunehmenden Atomgewichts in eine Tabelle ein.

Die Aufstellung des Periodensystems darf als Musterbeispiel einer wissenschaftlichen Intuition gelten. Dabei störte es nicht, daß einige Systemfelder leer blieben. Dafür wurden noch nicht bekannte Elemente vorhergesagt. Drei der vorhandenen Lücken wurden noch zu Lebzeiten Mendelejews durch die Entdeckung von Gallium, Germanium und Scandium gefüllt.

Die gesamte bekannte Materie, auch die, die man nur mit Hilfe der leistungsfähigsten Teleskope sieht, ist aus Kombinationen dieser etwa hundert Elemente aufgebaut.

Die Frage, warum sich alle Elemente in eine solche Tabelle einteilen lassen, wurde erst später mit Hilfe der Quantenphysik geklärt. Wolfgang Pauli bewies 1925, daß sich die Elektronen eines Atoms nur auf bestimmten Energieniveaus befinden können (siehe unter ›Optik‹ sowie Kapitel ›Entdeckungen und Erfindungen‹) und daß ihre maximale Anzahl auf jedem Niveau einem einfachen Gesetz gehorcht. Das erste, dem Kern am nächsten liegende Niveau kann zwei Elektronen aufnehmen, das zweite Niveau $2 \cdot 2^2 = 8$, das dritte $2 \cdot 3^2 = 18$ usw. Das erklärt auch, warum die erste Reihe der Tabelle nur zwei Elemente aufweist, nämlich Wasserstoff und Helium mit 1 bzw. 2 Elektronen, und warum die Einteilung 18 Gruppen umfaßt. Die letzte Gruppe mit den ›Edelgasen‹ verfügt jeweils über eine vollständige Füllung der äußeren Elektronenschale: Helium (He) hat 2 Elektronen; Neon (Ne) hat $2 + 8 = 10$, Argon (Ar) hat $2 + 8 + 8 = 18$.

Der Zusammenhang zwischen der Elektronenanzahl in der äußeren Schale und dem chemischen Verhalten rührt daher, daß nur die Elektronen der Außenschale an chemischen Reaktionen teilnehmen, da die anderen fester an den Kern gebunden sind. Die Elemente in einer Spalte haben dieselbe Anzahl von Elektronen in der äußeren Elektronenschale und weisen somit ähnliche Eigenschaften auf.

Flüssige Elemente. Unter normalen Temperatur- und Druckbedingungen liegen nur drei Elemente in flüssigem Zustand vor: Brom, Quecksilber und Francium. Elf Elemente sind gasförmig: Wasserstoff, Stickstoff, Sauerstoff, Fluor, Chlor und die sechs Edelgase. Alle anderen Elemente befinden sich unter Normalbedingungen im festen Aggregatzustand.

Radioaktive Elemente. Alle Actinoide sowie die Elemente von Polonium bis zum Element 109 und das Technetium sind radioaktiv. Die Elemente am Ende des Periodensystems sind schwer zu isolieren. Das Fermium zum Beispiel konnte bislang nie in einer zum Wiegen ausreichenden Menge präpariert werden. Die Elemente mit einer Ordnungszahl über 105 wurden mit Hilfe von Teilchenbeschleunigern entdeckt: Die Synthese eines Atoms dauert etwa eine Woche, sein Zerfall nur Sekundenbruchteile!

Name der Elemente. Die Bezeichnungen der Elemente sind meist dem Griechischen entnommen; manche sind nach ihrem ›Entdecker‹ bzw. dem Ort ihrer Entdeckung benannt. Die kleine schwedische Stadt Ytterby hält hier mit vier Elementen den Rekord: Erbium, Terbium, Ytterbium und Yttrium.

Preis der Elemente. Der Kilogrammpreis eines Elementes hängt von seiner Seltenheit sowie von seiner wirtschaftlichen und strategischen Bedeutung ab. 1984 waren die radioaktiven Elemente die teuersten: Das Kilogramm Berkelium würde 249 Millionen Dollar kosten, das Kilogramm Technetium nur 58 000 Dollar.

Scandium	50 000 $ pro Kilo
Krypton	30 000 $ pro Kilo
Caesium	25 000 $ pro Kilo
Platin	15 000 $ pro Kilo
Gold	11 000 $ pro Kilo

A · Die Zusammenstellung von Mendelejew.

B · Das Periodensystem der Elemente.

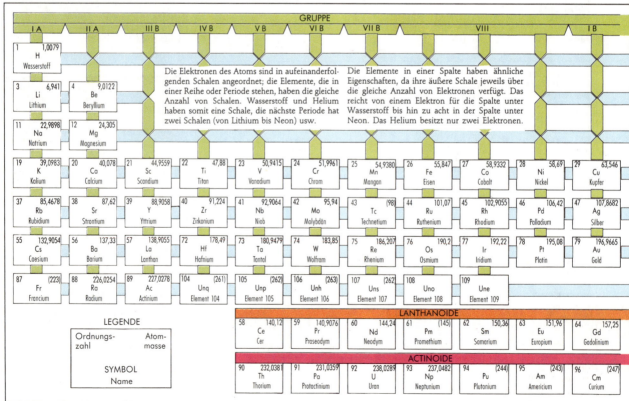

FORMELN UND FAKTEN

ALLGEMEINES

Bei der Verbindung von Atomen zu Molekülen treten durch die Verformungen der Elektronenhüllen chemische Bindungskräfte auf. Die Ionen des Moleküls erreichen dadurch die besonders stabile Elektronenkonfiguration (Achterschale) eines Edelgases.

Ionische Bindung. Natrium (Na) zum Beispiel gibt leicht ein Elektron ab; dadurch wird es zum Ion Na$^+$, das dieselbe Achterschale wie das Neon (Ne) hat. Chlor (Cl) nimmt dagegen leicht ein Elektron auf und wird dadurch zum Ion Cl$^-$, dessen Achterschale der des Argons (Ar) gleicht. Das erklärt die Bildung von Ionenverbindungen wie Na$^+$Cl$^-$, das Natriumchlorid (Kochsalz). Die Elemente wie Natrium (also alle Metalle) sind elektropositiv, weil sie Elektronen abgeben. Elemente wie Chlor, die Elektronen aufnehmen, sind elektronegativ.

Kovalente Bindung (Atombindung). Sie tritt bei Nichtmetallen auf, am reinsten bei zweiatomigen Molekülen gasförmiger Elemente, z. B. beim molekularen Wasserstoff (H$_2$). Beide Elektronen gehören dabei gleichanteilig zu den zwei Wasserstoffkernen, wodurch die stabile Elektronenkonfiguration des Heliums (Zweierschale) entsteht. Bei Mehrfachbindungen in der organischen Chemie treten mehrere gemeinsame Elektronenpaare auf.

Metallbindung. Sie tritt bei Metallen und Metallegierungen auf. Dabei erstreckt sich der Aufenthaltsraum der bindenden Elektronen über alle vorhandenen Metallatome (siehe Abschnitt ›Elektrostatik‹). Die freibeweglichen Elektronen erklären die hohe Leitfähigkeit.

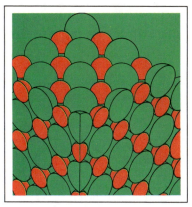

A · Struktur von Kochsalz.

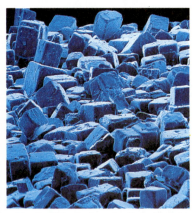

B · Die räumliche Struktur der Kochsalzkristalle (Ansicht unter dem Mikroskop) findet sich auch in der regelmäßigen Anordnung der Chlor- und Natriumionen wieder.

Säuren und Basen. Eine Säure bildet beim Lösen in Wasser H$^+$-Ionen; eine Base erzeugt in wäßriger Lösung OH$^-$-Ionen. Die Reaktion zwischen einer Säure und einer Base (hier Salzsäure und Natronlauge) liefert normalerweise ein Salz und Wasser, z. B.

$$HCl + NaOH \rightarrow NaCl + H_2O.$$

Die Stärke einer Säure, also die Konzentration der H$^+$-Ionen, wird mittels des pH-Werts ausgedrückt:

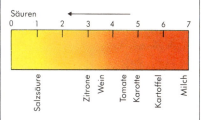

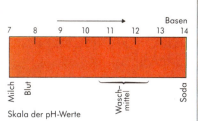

Skala der pH-Werte

C · **pH-Wert** = $-\log [H_3O^+]$. Eine saure Lösung z. B. mit der Konzentration $[H_3O^+] = 10^{-2}$ mol/l hat den pH-Wert 2.

NOMENKLATUR DER ANORGANISCHEN CHEMIE

Das elektropositive Element wird in Verbindungen stets vorangestellt: KCl, NaCl, SiC ...

Die Anzahl der Atome in einer Verbindung wird durch griechische Vorsilben angegeben: mono-, di-, tri-, tetra-, ...

Wenn die elektronegative Molekülkomponente einwertig ist, verwendet man das Suffix -id: H$_2$S ist Hydrogensulfid (Schwefelwasserstoff). Sauerstoffverbindungen sind Oxide: ClO$_2$ ist Chlordioxid.

Sind im Säureanhydrid des Salzes vier Sauerstoffatome gebunden, verwendet man das Suffix -at: CuSO$_4$ ist Kupfersulfat.

Einige häufig vorkommende Radikale tragen das Suffix -yl: CO ist das Carbonylradikal; OH das Hydroxylradikal.

Positive Ionen (Kationen). Sie haben normalerweise dieselbe Bezeichnung wie das Atom, aus dem sie durch Elektronenabgabe entstanden sind: Cu^{2+} ist das Kupferion.

Entsteht das Ion durch Anlagerung von H$^+$ an eine Verbindung (H$_2$O; PH$_3$), verwendet man das Suffix -onium: H$_3$O$^+$ ist das Oxoniumion (Hydroniumion); PH$_4^+$ ist das Phosphoniumion. NH$_4^+$ ist das Ammoniumion.

Negative Ionen (Anionen). Sie entstehen, wenn ein Atom oder ein Molekül Elektronen aufnimmt, also mehr Elektronen vorhanden sind als zur Neutralisierung der positiven Kerne notwendig sind. Nach der Zahl der überschüssigen Elektronen spricht man von einfach, zweifach usw. geladenen Anionen.

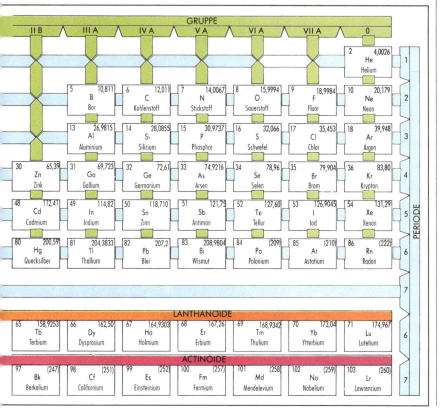

CHEMIE

Salze. Sie entstehen durch Neutralisationsreaktionen zwischen Säuren und Basen, z. B. von Salpetersäure (HNO_3) mit Kalilauge (KOH) zu KNO_3 (Kaliumnitrat) oder von Schwefelsäure (H_2SO_4) mit Kalkwasser

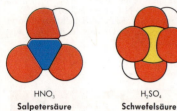

HNO_3
Salpetersäure

H_2SO_4
Schwefelsäure

($Ca[OH]_2$) zu Calciumcarbonat (Gips, $CaSO_4$). Die Salze von sauerstofffreien Säuren haben die Endung -id, z. B. KCN (Kaliumcyanid, Cyankali) oder NaCl (Natriumchlorid). In den Neutralsalzen sind alle $^+$-Ionen der Säure durch andere Kationen ersetzt. Bei unvollständigem Ersatz der H^+-Ionen in mehrbasigen Säuren entstehen saure Salze.

NOMENKLATUR DER ORGANISCHEN CHEMIE

Die organische Chemie befaßt sich ausschließlich mit den Kohlenstoffverbindungen (mit Ausnahme der wasserstofffreien Chalkogenide und deren Abkömmlingen), die die Grundlage aller Lebewesen bilden.

Die azyklischen Kohlenwasserstoffe, die nur einfache kovalente Bindungen enthalten, sind die Alkane (Suffix -an); diejenigen mit mindestens einer Doppelbindung heißen Alkene (Suffix -en); die mit einer Dreifachbindung werden als Alkine (Suffix -in) bezeichnet. Ihre Namen richten sich nach der Anzahl der Kohlenstoffatome in der unverzweigten Kette: (1) meth-, (2) eth-, (3) prop-, (4) but-, (5) pent-, (6) hex-, usw.

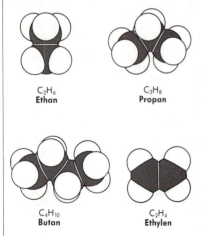

C_2H_6 Ethan

C_3H_8 Propan

C_4H_{10} Butan

C_2H_4 Ethylen

Weist die Kohlenstoffkette eines Kohlenwasserstoffes eine Verzweigung auf, stellt man dem Namen der längsten möglichen Kette den der Seitengruppen voraus. Zur Benennung dieser Gruppen verwendet man das Suffix -yl: $—CH_3$, Methyl $—C_2H_5$, Ethyl.

$CH_3—CH—CH_3$
       |
       CH_3 heißt Methylpropan.

WICHTIGSTE FUNKTIONELLE GRUPPEN
Die Buchstaben R, R', und R'' bezeichnen die Gruppen Methyl-, Ethyl- usw., oder jede andere Gruppe, die eine kovalente Bindung hat.

	charakteristische Gruppe	Nomenklaturbeispiel	
Alkohole	R—OH	C_6H_5—OH Phenol C_2H_5—OH Ethanol	
Aldehyde	R—C(=O)H	CH_3—C(=O)H Acetaldehyd	
Carbonsäuren	R—C(=O)OH	CH_3—C(=O)OH Ethansäure	
Ester	R—C(=O)O—R'	CH_3—C(=O)O—C_2H_5 Ethylethanoat	
Ketone	R,R'>C=O	CH_3—C(=O)—C(=O)—CH_3 Butanidion	
Amine	oder R—NH_2 / R,R'>NH / R,R',R''—N	NH_2—C_6H_{12}—NH_2 Hexamethylendiamin $(C_2H_5)_3 \equiv N$ Triethylamin	
Amide	R—C(=O)NH_2	C_3H_7—C(=O)NH_2 Butanamid	

Bei den Molekülen numeriert man die Kohlenstoffatome der Hauptkette von links nach rechts und fügt diese Nummer dann dem von dort abgehenden Seitenzweig an:

$CH_3–CH–CH–CH_2–CH_3$
① ② ③ ④ ⑤
   | |
CH_3 C_2H_5

ist 2-Methyl-3-Ethyl-Pentan.

Diese funktionellen Gruppen verleihen den Verbindungen charakteristische Eigenschaften.

Isomerie. Isomere sind Verbindungen, die bei identischer Summenformel unterschiedliche physikalische und chemische Eigenschaften aufweisen, weil sie unterschiedlich strukturiert (Strukturisomerie) oder räumlich angeordnet sind (Stereoisomerie). So gibt es zwei Isomere des Dichlorethylens:

Cl, H > C=C < Cl, H   cis-

H, Cl > C=C < Cl, H   trans-

Spiegelbildisomere drehen die Ebene des polarisierten Lichts in entgegengesetzte Richtungen:

Glyceraldehyd ›R‹ (von *rectus*, rechts)

Glyceraldehyd ›S‹ (von *sinister*, links)

Die Position der funktionellen Gruppen an einem Ring wird durch die Vorsilben ortho-, meta- und para- angegeben.

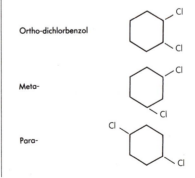

Ortho-dichlorbenzol

Meta-

Para-

PHYSIK

AMINOSÄUREN MIT PROTEINEN

Das bekannteste Protein ist sicherlich der DNS-Faden, der den genetischen Code eines Lebewesens enthält. Chemisch gesehen handelt es sich um eine Gruppierung von Proteinen, die wiederum aus der Kombination einer begrenzten Anzahl von Aminosäuren entstanden sind. Diese Verbindungen enthalten gleichzeitig eine Aminogruppe und eine Carboxylgruppe:

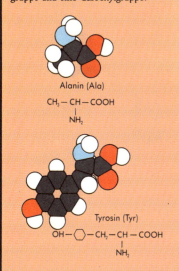

Alanin (Ala)
$CH_3 — CH — COOH$
          |
        NH_2

Tyrosin (Tyr)
$OH — \bigcirc — CH_2 — CH — COOH$
                          |
                        NH_2

Die Verbindung aus Alanin und Glycin (Gly) ergibt durch Abscheidung von Wasser ein Protein:

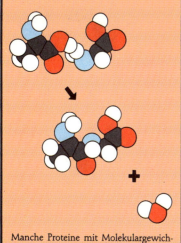

Manche Proteine mit Molekulargewichten von über 1 Million bestehen aus Zehntausenden von Aminosäuren.

WELLEN

Unabhängig davon, ob sich Wellen in Materie oder im Vakuum ausbreiten, sie werden immer durch eine ›Störung‹ erzeugt. Wasserwellen entstehen aus dem Zusammenwirken von Wind und atmosphärischem Druck; der Schall ergibt sich z. B. durch die Vibration der Enden einer Stimmgabel; die Radiowellen, die sich auch im Vakuum ausbreiten, werden durch die Oszillation von Elektronen in einer Antenne erzeugt.

Eine Welle ist gekennzeichnet durch ihre Ausbreitungsgeschwindigkeit v und ihre Wellenlänge λ:

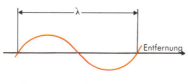

oder ihre Frequenz f:

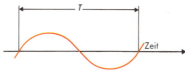

$f = 1/T$ (T ist die Periode).

Diese drei Größen sind verknüpft durch die Gleichung:

$$\lambda = v/f$$

Bei der Wellenausbreitung zeigen sich vier typische Erscheinungen:
- Reflexion und Brechung (Refraktion; siehe unten ›Optik‹);
- Beugung (Diffraktion) einer Welle, wenn sie durch eine Öffnung hindurchgeht, deren Größe etwa der Wellenlänge entspricht;

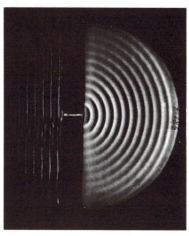

A · **Beugung:** Durch die Beugung einer ebenen Welle an einem Spalt entsteht eine kreisförmige Welle.

- Interferenz: Sie tritt z. B. an der Oberfläche einer Flüssigkeit auf: Zwei Erregungszentren rufen eine Reihe von Zonen hervor, wo sich die Flüssigkeit nicht bewegt.

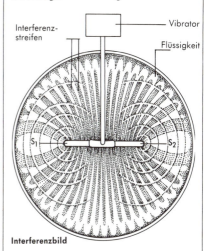

Interferenzbild

B · Das Aufeinandertreffen von kreisförmigen Wellen, die in den beiden Punkten S_1 und S_2 mit demselben Vibrator erzeugt werden, zeigt sich in einem Interferenzbild mit einer Schar von Hyperbeln, deren Brennpunkte S_1 und S_2 sind.

OPTIK

Das sichtbare Licht ist nur ein Teilbereich im Spektrum der elektromagnetischen Wellen, die sich im Vakuum alle mit der folgenden Geschwindigkeit ausbreiten:

$c = 299\,792\,458$ m/s.

Jedes angeregte Atom kann Licht abstrahlen. Die Anregung (Energieaufnahme) wirkt sich auf das Atom so aus, daß ein oder mehrere seiner Elektronen auf ein höheres Energieniveau wechseln. Die daraufhin mehr oder weniger schnell eintretende Rückkehr des Elektrons auf sein ursprüngliches Energieniveau ist verknüpft mit der Abstrahlung der aufgenommenen Energie in Form von elektromagnetischen Wellen. Die Frequenz der ausgestrahlten Welle hängt wie folgt von der freiwerdenden Energie ab: $\boxed{E = hf}$, wobei E die Energie (in Joule), h die ›Plancksche Konstante‹ und f die Frequenz (in Hertz [Hz]) ist.

Schon das einfachste Beispiel, das Wasserstoffatom, zeigt die Entsprechung zwischen den Energieniveaus des Atoms und den abgestrahlten Frequenzen bzw. Wellenlängen (siehe Abbildung A auf Seite 1192).

Die Untersuchung von Wellenlängen fällt in den Bereich der Spektroskopie. Der Regenbogen ist ein Beispiel für ›natürliche Spektroskopie‹: Die in der Atmosphäre schwebenden Wassertropfen zerlegen das Sonnenlicht in eine unendliche Anzahl von Wellenlängen, die von Violett (0,35 µm) bis Rot (0,7 µm) reichen. Im Labor wird Licht mit Prismen oder Gittern zerlegt.

C · Tabelle der elektromagnetischen Wellen.

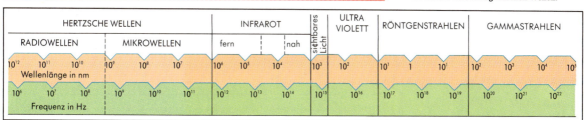

FORMELN UND FAKTEN

PHYSIK

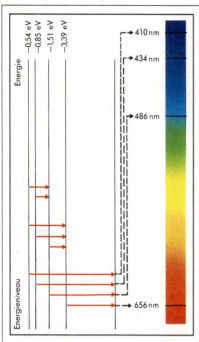

A · Entsprechung zwischen den Spektrallinien des Wasserstoffs und den Übergängen zwischen den Energieniveaus des Wasserstoffatoms.

B · **Spektrum des Heliums:**

C · **Spektrum des Neons:**

D · **Spektrum des Eisens:**

Diese jeweils unterschiedlichen Spektren sind wie Visitenkarten der chemischen Elemente.

Eigenschaften des Lichts.

- Reflexion (an einem Spiegel)
$i = r$

i = Einfallswinkel
r = Reflexionswinkel

- Brechung (an der Oberfläche eines transparenten Mediums) $\sin i / \sin r = n$

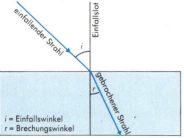

i = Einfallswinkel
r = Brechungswinkel

E · Die Form der Polarlichter zeigt die Struktur des Magnetfeldes der Erde.

POLARLICHTER

Die Polarlichter sind häufig grün oder violett. Diese Lichterscheinungen entstehen durch die Anregung von Molekülen in den hohen atmosphärischen Schichten der Polarregionen durch den ›Sonnenwind‹, einen Strom von Teilchen, die ständig von der Sonne abgegeben werden. Die Moleküle, die im wesentlichen aus Stickstoff und Wasserstoff bestehen, strahlen bei ihrer Rückkehr in den Grundzustand violettes (die intensivste, vom Stickstoff abgegebene Wellenlänge) oder (beim Sauerstoff) grünes Licht ab.

Die Zahl n, die relative Brechzahl, ist gleich dem Verhältnis zwischen der Lichtgeschwindigkeit im ersten Medium und der Lichtgeschwindigkeit im zweiten Medium.

Einige absolute Brechzahlen
(bezogen auf Vakuum)

Luft	1,00
Wasser	1,33
Linse des Auges	1,42
Benzol	1,50
Methan	1,52
Glas	1,52
Diamant	2,40

- Beugung (Diffraktion);
- Interferenzen:
Abstand i zweier Streifen:

$i = \lambda \cdot D/a$ (λ Wellenlänge des Lichts).

Optische Instrumente.

- Die Prismen dienen zur Zerlegung, Ablenkung oder Reflexion des Lichts.

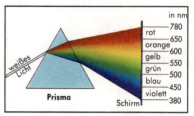

G · Brechung des weißen Lichts durch ein Prisma (die Brechzahl des Prismas und der Brechungswinkel hängen von der Wellenlänge des Lichtstrahls ab).

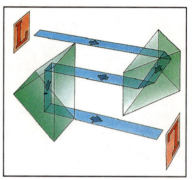

H · Umkehrung eines Bildes mit Hilfe zweier Prismen (Verfahren, das bei der Photographie verwendet wird).

Der Winkel D, um den ein Lichtstrahl durch ein Prisma mit dem ›brechenden Winkel‹ A abgelenkt wird, ergibt sich durch: $D = i + i' - A$, wobei i und i' für Einfallswinkel und Ausfallswinkel des Strahls stehen.

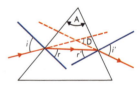

I · Weg eines Lichtstrahls in einem Prisma.

- Sammellinsen (Konvexlinsen) und Zerstreuungslinsen (Konkavlinsen) sind durch ihre Brennweite oder ihren Brechwert charakterisiert. Der Brechwert einer Sammellinse ist positiv, der einer Zerstreuungslinse negativ. Er wird in Dioptrien angegeben.

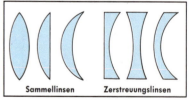

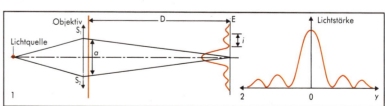

F1. Interferenz zweier Lichtstrahlen (S_1 und S_2 Spalte, E Auffangschirm).

F2. Intensitätsverteilung des Lichts auf dem Auffangschirm (Interferenzstreifen).

1192

FORMELN UND FAKTEN

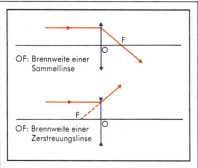

A · **Brennweiten.**

Die geometrische Konstruktion des Bildes $A'B'$ eines Objektes AB durch eine Linse S mit den Brennpunkten F und F' zeigt zwei Dinge:
– Ein zur optischen Achse paralleler Strahl wird in Richtung eines Brennpunktes abgelenkt;
– ein Strahl, der durch den optischen Mittelpunkt verläuft, wird nicht abgelenkt.
Es gilt stets: $1/\overline{SA'} - 1/\overline{SA} = 1/\overline{OF'}$. $\overline{SA}$ kann positiv, negativ oder Null sein.
Eine Sammellinse erzeugt ein reelles Bild, eine Zerstreuungslinse ein virtuelles Bild.
Linsen verursachen Abbildungsfehler (Aberrationen), die man durch die Kombination mehrerer Linsen korrigiert.

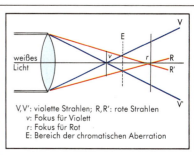

V,V': violette Strahlen; R,R': rote Strahlen
v: Fokus für Violett
r: Fokus für Rot
E: Bereich der chromatischen Aberration

C · **Chromatische Aberration:** Auf einem von v nach r verschobenen Schirm sieht man einen hellen Fleck mit einem Hof, der von Rot nach Blau wechselt; der Durchmesser des kleinsten sich dabei ergebenden Flecks ist ein Maß für die chromatische Aberration.

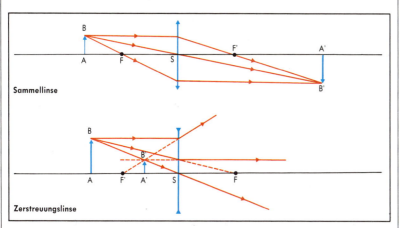

B · Bildkonstruktion bei einer Sammellinse (a) und einer Zerstreuungslinse (b).

D · Im Objektiv eines Photoapparates werden die Abbildungsfehler durch Kombination mehrerer Sammel- und Zerstreuungslinsen korrigiert.

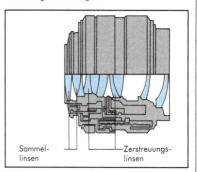

AKUSTIK

Schallgeschwindigkeit. Der Schall breitet sich in Form mechanischer Schwingungen oder Wellen aus, wobei die Ausbreitung an ein Medium gebunden ist. Die Ausbreitungsgeschwindigkeit ist abhängig vom Medium:

Medium	Schallgeschwindigkeit
Luft (bei 0 °C, 1,013 bar)	331 m/s
Wasserstoff	1 261 m/s
Wasser	1 482 m/s
Stahl	5 050 m/s
Quarz	5 370 m/s

Hörbereich. Die für das menschliche Ohr wahrnehmbaren Töne haben Frequenzen zwischen etwa 20 Hz und 20 kHz; einige Tiere sind in der Lage, Ultraschall mit höheren Frequenzen zu hören.

Schallfrequenzen
Fledermaus, Delphin — 100 kHz
Hund — 35 kHz
Katze — 25 kHz
Mensch — 20 kHz
Vogel — 10 kHz

Lautstärke. Die Messung der Lautstärke wird unter Bezug auf die geringste wahrnehmbare Schallintensität ($I_0 = 10^{-16}$ W/m²) vorgenommen, wobei eine logarithmische Skala verwendet wird:
$L_I = 10 \cdot \log I/I_0$ ist die Lautstärke in Dezibel (dB).

Lautstärke in dB	Schall
20	Murmeln
60	Gespräch
90	Hupen
120	Flugzeugmotor
150	Überschallknall

MECHANIK

Geschwindigkeit. Die Position eines sich bewegenden Gegenstands kann durch Angabe seines Abstandes s auf seinem Wege – gemessen von einem ›Ursprung‹ O aus – erfolgen.
• Die Durchschnittsgeschwindigkeit zwischen zwei Zeitpunkten t_1 und t_2 ist:
$$v_m = \frac{s_2 - s_1}{t_2 - t_1}$$
• Die momentane Geschwindigkeit ist der Grenzwert der Durchschnittsgeschwindigkeit, wenn $t_2 - t_1$ gegen Null geht. Man definiert sie als Vektor, dessen Richtung die Tangente an die Bahn ist; er zeigt auch in Bewegungsrichtung und hat den Betrag:
$$v = ds/dt$$

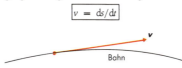

• Drehbewegungen lassen sich durch die Winkelgeschwindigkeit ω (die Änderung $d\theta$ des im Bogenmaß gemessenen Winkels θ in der Zeit dt: $d\theta/dt$) beschreiben, mit der der Körper um eine Achse rotiert. Für die Geschwindigkeit v eines Punktes im Abstand r von der Achse gilt:
$$v = r \cdot d\theta/dt = r \cdot \omega.$$

• Das Trägheitsprinzip, das zuerst von Galilei und später von Newton formuliert wurde, besagt, daß es bei der Bewegung eines kräftefreien Körpers in diesem genau einen Punkt gibt, dessen Geschwindigkeitsvektor nach Betrag und Richtung konstant bleibt. Dieser Punkt ist das Trägheitszentrum, der Schwerpunkt des Körpers. Ein Körper behält deshalb seine Geschwindigkeit solange bei, bis eine Kraft auf ihn einwirkt.

E · **Schwerpunkte einiger homogener Körper.**

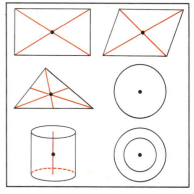

Das Trägheitszentrum eines Systems aus n Körpern mit den Massen $m_1, m_2 ..., m_n$ und den Trägheitszentren $G_1, G_2, ..., G_n$ berechnet sich nach der Formel:
$$(m_1 + m_2 + ... + m_n)\overrightarrow{OG} = m_1 \overrightarrow{OG_1} + m_2 \overrightarrow{OG_2} + ... + m_n \overrightarrow{OG_n},$$
wobei O ein beliebiger Punkt ist.

Beschleunigung. Die Beschleunigung $\boldsymbol{a}$ ist die zeitliche Änderung der Geschwindigkeit nach Betrag und/oder Richtung:
$$\boldsymbol{a} = d\boldsymbol{v}/dt$$

FORMELN UND FAKTEN

PHYSIK

Bei einer geradlinigen Bewegung mit konstanter Geschwindigkeit ist $a = 0$. Bei einer Kreisbewegung mit konstanter Winkelgeschwindigkeit tritt eine zum Kreismittelpunkt gerichtete Normalbeschleunigung (Radialbeschleunigung) a_n auf. Die senkrecht zur Normalbeschleunigung in Richtung der Bahntangente gerichtete Beschleunigungskomponente heißt Tangentialbeschleunigung a_t.

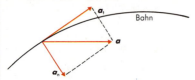

Impuls (Bewegungsgröße). Das Produkt aus der Masse m und der Geschwindigkeit $\mathbf{v}$, $\mathbf{p} = m \cdot \mathbf{v}$ heißt Impuls; sein Betrag wird in kg · m/s angegeben.

Der Impulssatz besagt, daß in abgeschlossenen Systemen, auf die von außen keine Kräfte wirken, der Gesamtimpuls zeitlich konstant bleibt.

Beispiele:
– Zerplatzen eines ruhenden Gegenstandes in mehrere Teile.
Vor der Explosion ist die Bewegungsgröße des Gegenstandes gleich Null. Nach der Explosion muß dies genauso sein. Die Teile mit den Massen $m_1, m_2, ..., m_n$ und den Geschwindigkeiten $\mathbf{v}_1, \mathbf{v}_2, ..., \mathbf{v}_n$ müssen sich also wie folgt verhalten:

$$m_1\mathbf{v}_1 + m_2\mathbf{v}_2 + ... + m_n\mathbf{v}_n = 0.$$

Diese Gleichung zeigt insbesondere, daß sich nicht alle Teile in dieselbe Richtung entfernen können.
– Abschuß einer Rakete.
Vor dem Start ist die Bewegungsgröße einer Rakete mit der Masse M gleich Null. Gleiches gilt, wenn sie sich mit einer Geschwindigkeit $\mathbf{V}$ fortbewegt und nach hinten eine Masse m verbrannten Gases mit der Geschwindigkeit $\mathbf{v}$ ausstößt:

$$M\mathbf{V} + m\mathbf{v} = 0,$$

also $\mathbf{V} = -m \cdot \mathbf{v}/M$. Das bedeutet, daß sich die Rakete in entgegengesetzter Richtung zum ausgestoßenen Gas fortbewegt.

Bleibt die Bewegungsgröße eines Systems nicht erhalten, dann ist das System einer Krafteinwirkung unterworfen, die als die Ableitung des Vektors der Bewegungsgröße nach der Zeit definiert wird: $\mathbf{F} = d\mathbf{p}/dt$; die Einheit der Kraft ist das Newton (N).
Da $\mathbf{p} = m\mathbf{v}$ und $d\mathbf{p}/dt = m \cdot d\mathbf{v}/dt$ gilt, erhält man:

$$\mathbf{F} = m \cdot \mathbf{a}.$$

Beispiel: Im Schwerefeld der Erde (Erdbeschleunigung $g = 9,80665$ m/s^2) wirkt auf eine Masse m eine Kraft $\mathbf{G}$ (ihr Gewicht), also $\mathbf{G} = m \cdot \mathbf{g}$.

Kräfte.
• Gleichgewicht eines Systems, das n Kräften unterworfen ist:

$$\mathbf{F}_1 + \mathbf{F}_2 + ... + \mathbf{F}_n = 0.$$

• Drehmoment eines um eine Achse drehbaren Systems:

$$\mathbf{M} = \mathbf{r} \times \mathbf{F},$$

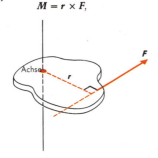

wobei $\mathbf{F}$ die Kraft und $\mathbf{r}$ der von der Drehachse zum Angriffspunkt der Kraft gerichtete Vektor ist. M wird in N · m (Newtonmeter) angegeben.
• Gleichgewichtszustand eines um eine Achse drehbaren Systems, das n Kräften unterworfen ist:

$$\mathbf{M}_1 + \mathbf{M}_2 + ... + \mathbf{M}_n = 0.$$

• Allgemeiner Gleichgewichtszustand eines Systems:

$$\Sigma \mathbf{F} = 0; \quad \Sigma \mathbf{M} = 0.$$

• Arbeit und Leistung.
Wirkt eine Kraft $\mathbf{F}$ längs eines Weges von A nach B, so ist die von ihr verrichtete Arbeit $W = \mathbf{F} \cdot \overrightarrow{AB}$ oder, bei einem Wegelement dx, d$W = \mathbf{F} \cdot$ dx. Einheit der Arbeit ist das Joule (J).
Die Leistung ist in der Physik definiert durch $P = dW/dt$ oder $P = W/t$, wobei t für den Zeitraum steht, in dem die Kraft wirkt.
– Kraft, die parallel zur Fortbewegungsrichtung wirkt:

$$W = F \cdot x \qquad P = F \cdot v$$

– Kraft, die aufgewendet wird, um eine Feder um die Länge x zu dehnen: $F = k \cdot x$ (k ist die *Federkonstante*):

$$W = 1/2 \, kx^2$$

– Drehmoment, um einen Draht (mit der Torsionskonstante C) um einen Winkel θ zu drehen:

$$M = C\theta, \quad W = 1/2 \, C\theta^2, \quad P = M\omega.$$

Energie.
• Ein Körper, der durch eine Translationsbewegung mit der Geschwindigkeit v bewegt wird, besitzt die kinetische Energie $E_k = 1/2 \, mv^2$, die in Joule (J) angegeben wird. Ein Körper, der mit der Winkelgeschwindigkeit ω um eine feste Achse gedreht wird, hat die kinetische Energie:

$$E_k = 1/2 \, J\omega^2.$$

J ist das Trägheitsmoment des Körpers.

A · Trägheitsmomente einiger homogener Körper.

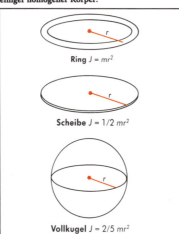

Ring $J = mr^2$

Scheibe $J = 1/2 \, mr^2$

Vollkugel $J = 2/5 \, mr^2$

• Die Änderung der kinetischen Energie eines Körpers ist gleich der Arbeit der von außen auf ihn einwirkenden Kräfte:

$$E_k - E'_k = W.$$

So kann man z. B. eine Kraft bestimmen, wenn man die Geschwindigkeitsänderung kennt, die sie hervorruft. Besitzt ein Fahrzeug mit einer Geschwindigkeit von 20 m/s einen Bremsweg von 10 m, beträgt die Bremskraft (als konstant angenommen) $1/2 \, m \cdot 20^2 - 0 = 10 \cdot F$; hat das Fahrzeug eine Masse von 600 kg, so ergibt sich:

$$F = 12\,000 \text{ N}.$$

• Selbst wenn ein Körper im Ruhezustand ist, kann er eine Energie, nämlich potentielle Energie (Lageenergie), besitzen.

Einige potentielle Energien:
– Körper der Masse m auf der Höhe h:

$$E_p = mgh,$$

– Feder, die um die Länge x gestreckt ist: $E_p = 1/2 \, kx^2$ ($k =$ Federkonstante),
– Draht, der um einen Winkel θ gedreht wird: $E_p = 1/2 \, C\theta^2$ ($C =$ Torsionskonstante);
– zwei Körper mit den Massen m_1 und m_2, die voneinander den Abstand r haben: $E_p = -Gm_1m_2/r$; hierbei ist G die Gravitationskonstante (siehe auch Physikalische Konstanten S. 1187), die für die Schwerkraft auf der Erde maßgebend ist. Für die Anziehungskraft zwischen zwei beliebigen Körpern gilt: $F = Gm_1m_2/r^2$.

Diese von Newton entdeckte Formel ermöglicht zum Beispiel die Berechnung der Masse M der Erde. Die Anziehungskraft der Erde auf einen Körper der Masse m an ihrer Oberfläche ist gleich dem Gewicht dieses Körpers: $GMm/r^2 = mg$, wenn r der Erdradius ist (etwa 6 400 km). Somit erhält man: $M = g \cdot r^2/G$, also etwa $6 \cdot 10^{24}$ kg.
• Die mechanische Energie $E = E_k + E_p$ ist in einem in sich geschlossenen System zeitlich konstant. In diesem Fall kann die kinetische Energie nur in potentielle Energie und umgekehrt verwandelt werden. Bei exakter Berechnung dürfen die Reibungsverluste nicht vernachlässigt werden.

B · Beispiel des Pendels.

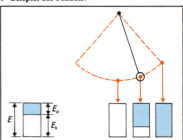

WÄRMELEHRE

Wenn die mechanische Energie eines Systems nicht erhalten bleibt, dann ist dieser Energieverlust einer Wärmeentwicklung aufgrund von Reibungskräften zuzuschreiben. Die mechanische Energie, die im Bereich der Atome des Systems eine ›geordnete‹ Energie ist, verwandelt sich in eine ungeordnete Form von Wärmebewegung dieser Atome.
• Die **Wärmemenge** (in Joule), die erforderlich ist, um die Temperatur eines Körpers mit der Masse m um $\Delta\theta$ zu erhöhen, beträgt $Q = mc\Delta\theta$, wobei c die stoffabhängige spezifische Wärme ist.

Spezifische Wärme (in kJ · kg^{-1} · K^{-1})	
Wasser	4,18
Ether	2,26
Kupfer	0,38
Aluminium	0,89
Luft	1,00
Wasserstoff	14,17

(Die Zahlen für die beiden letzten Gase gelten bei konstantem Druck)

Je höher die spezifische Wärme einer Substanz, desto schwieriger ist es, seine Temperatur zu erhöhen.
• Die **Thermodynamik** beruht auf einer ursprünglich von Nicolas Léonard Sadi Carnot (1796–1832) in seinem Werk *Réflexion sur la puissance motrice du feu* (etwa: Überlegungen zur Antriebskraft des Feuers) gemachten Fest-

FORMELN UND FAKTEN

stellung. Carnot hatte eine grundsätzliche Asymmetrie der Natur bemerkt: Es ist zwar möglich, Arbeit vollständig in Wärme umzuwandeln, umgekehrt läßt sich Wärme aber nur teilweise in Arbeit umsetzen. Mit anderen Worten: Die Energie tendiert dazu, sich zu verlieren.

Die **Hauptsätze der Thermodynamik** lassen sich wie folgt zusammenfassen: Wärme kann in Arbeit umgewandelt werden, jedoch nie vollständig (erster Satz), denn dies ginge nur am absoluten Nullpunkt, und dieser ist unerreichbar (zweiter Satz)!

– **Wärmekraftmaschinen.** Eine Wärmekraftmaschine kann nur zwischen zwei Wärmezuständen mit unterschiedlichen Temperaturen funktionieren (Konsequenz aus dem zweiten Satz).

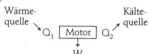

Bei diesem Schaubild wird der Wärmeaustausch durch die Pfeile angezeigt: der ›Motor‹ nimmt die Wärmemenge Q_1 auf, gibt Q_2 ab und liefert die Arbeit W. Sein Wirkungsgrad ist $\eta = W/Q_1$.

– **Kühlschränke, Wärmepumpen:**

Wärme- Kälte-
quelle quelle
Q_1 → System → Q_2
     ↓
     W

Das gezeigte Schema entspricht entweder einem Kühlschrank (wenn man die Wärmemenge Q_2 betrachtet) oder einer Wärmepumpe (wenn man die Wärmemenge Q_1 betrachtet, die an der warmen Quelle abgegeben wird).

ELEKTRIZITÄT

Elektrostatik. Die Elektrostatik ist die Lehre von den ruhenden elektrischen Ladungen. Da jedes Atom elektrisch neutral ist (es besitzt ebenso viele negative Elektronen wie positive Protonen), kommt es nur zu einer Ladung, wenn entweder ein Überschuß oder ein Defizit an Elektronen erzeugt wird. In der Nähe einer Ladung kann das elektrostatische Feld durch seine Kraftlinien dargestellt werden.

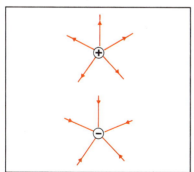

A · Feldlinien des elektrostatischen Feldes punktförmiger Ladungen.

In der Entfernung r von einer Ladung Q beträgt die Feldstärke

$$E = \frac{1}{4\pi\varepsilon_0} \cdot \frac{Q}{r^2}, \quad \text{mit} \quad \varepsilon_0 = 8{,}85 \cdot 10^{12} \text{ F/m}$$

(Q wird in Coulomb (C), r in Metern und E in V/m ausgedrückt).

Sind zwei Ladungen vorhanden, dann ist das Feld komplexer (siehe Abbildung).

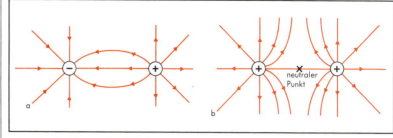

B · Aussehen des elektrostatischen Feldes bei zwei entgegengesetzten Ladungen (a) und bei zwei gleichartigen Ladungen (b). Die Pfeile zeigen die Richtung, in die sich eine freie positive Ladung bewegen würde.

Auf eine Ladung Q' in einem Feld E (das durch die Ladung Q hervorgerufen wird) wirkt die Kraft $F = Q'E$, also

$$F = \frac{1}{4\pi\varepsilon_0} QQ'/r^2,$$

wobei r der Abstand beider Ladungen ist.

– Ladungen mit dem gleichen Vorzeichen stoßen sich ab, Ladungen mit entgegengesetzten Vorzeichen ziehen sich an.

• **Kondensator:** Zwischen zwei parallelen Leiterplatten ist das Feld ›homogen‹. Die Potentialdifferenz zwischen diesen Ebenen beträgt $U = E \cdot d$, wobei d der Abstand beider Platten ist.

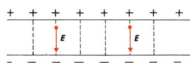

Eine solche Vorrichtung wird Kondensator (Symbol ⊣⊢) genannt. Wenn jede der beiden Platten die Ladung Q trägt, beträgt die Kapazität des Kondensators: $C = Q/U$.

Die üblichen Kondensatoren bestehen aus zwei Leiterplatten, zwischen denen sich eine ›dielektrische Schicht‹ (Isolator) befindet. Ist e die Dicke der dielektrischen Schicht und ε_r seine ›relative Dielektrizitätskonstante‹, dann beläuft sich die Kapazität auf $C = \varepsilon_0\varepsilon_r s/e$, wobei s für die Oberfläche einer Leiterplatte steht.

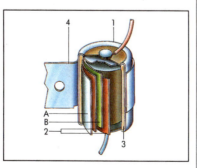

C · **Detail eines ›Papierkondensators‹:** A und B Metallfolien. 1. Isoliergehäuse; 2. Isolierpapier; 3. Paraffin; 4. Befestigungslasche.

Relative Dielektrizitätskonstante einiger Nichtleiter

Luft	1
Papier	2,5
Glas	5,5
Glimmer	8
Keramik	zwischen 10 und 200

• **Schaltungen mit Kondensatoren**
– in Reihe:

$$1/C = 1/C_1 + 1/C_2$$

– parallel:

$$C = C_1 + C_2$$

• Von einem Kondensator gespeicherte Energie:

$$W = 1/2\ CU^2.$$

Die in sehr regelmäßigen Kristallen angeordneten Atome der Metalle sind durch eine ›metallische Bindung‹ miteinander verknüpft. Sie besitzen Elektronen, die sich frei in dem Kristall bewegen können und Leiterelektronen genannt werden. Ihre Energieniveaus verbinden sich zu praktisch fortlaufenden Bändern. Die dem Kern nächsten Elektronen befinden sich in dem Valenzband, die Leiterelektronen im Leitungsband.

LEITER, ISOLATOREN UND HALBLEITER

Bei einem Leiter überschneiden sich diese beiden Bänder, und die Elektronen können sich vom einen Band ins andere bewegen. Bei einem Isolator sind die beiden Bänder durch ein breites, unüberwindbares Band getrennt: Da die Valenzelektronen nicht in das Leitungsband gelangen können, kann kein Strom fließen. Bei einem Halbleiter (wie beim Germanium oder Silicium) liegt eine Zwischenform dieser beiden Strukturen vor. Die Bänder liegen näher beieinander als bei einem Isolator, und die Elektronen können zwischen den Bändern wechseln.

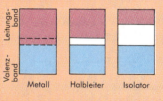

Elektrischer Strom (Gleichstrom).

Stromstärke und Spannung. Der elektrische Strom wird durch das Fließen von Elektronen erzeugt. Als Stromstärke bezeichnet man die elektrische Ladung, die pro Zeiteinheit durch einen Leiterquerschnitt fließt:

$$I = Q/t.$$

I wird in Ampere (A) gemessen.

Die Spannung zwischen zwei Punkten eines Stromkreises ist die Potentialdifferenz zwischen diesen Punkten. Für sie schreibt man U; sie wird in Volt (V) angegeben.

1195

FORMELN UND FAKTEN

PHYSIK

Durch zwei Regeln kann man I und U in einem Schaltkreis bestimmen.
— Die Verzweigungsregel:

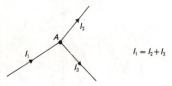

$I_1 = I_2 + I_3$

Die Summe der Ströme, die im Punkt A einfließen, ist gleich der Summe der Ströme, die von A ausgehen.
— Die Maschenregel:

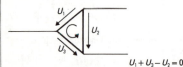

$U_1 + U_3 - U_2 = 0$

Wenn eine Richtung festgelegt ist, werden die Spannungen positiv oder negativ gezählt, je nachdem, ob sie die gleiche Richtung haben oder nicht.
— Elektrische Leistung: $P = U \cdot I$ (P wird in Watt [W] angegeben).

Widerstand (Symbol —▭—).
• Das Ohmsche Gesetz: Ist R der Widerstand (in Ohm: Ω) im betrachteten Teil des Schaltkreises, so gilt:

$$U = R \cdot I$$

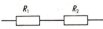

• Der Widerstand eines zylindrischen Drahtes mit dem Querschnitt s, der Länge l und dem spezifischen Widerstand ϱ beträgt: $R = \varrho \cdot l/s$.
• Änderung des Widerstands in Abhängigkeit von der Temperatur: $R_\theta = R_0 (1 + a\theta)$. R_θ ist der Widerstand bei $\theta\,°C$; R_0 ist der Widerstand bei $0\,°C$; a ist der Temperaturkoeffizient des Leiters.

Stoff	spezifischer Widerstand	a (K^{-1})
Kupfer	$1{,}6 \cdot 10^{-8}$	$4 \cdot 10^{-3}$
Aluminium	$2{,}6 \cdot 10^{-8}$	$4{,}5 \cdot 10^{-3}$
Eisen	$8{,}5 \cdot 10^{-8}$	$7 \cdot 10^{-3}$
Nickeleisen	$80 \cdot 10^{-8}$	$0{,}9 \cdot 10^{-3}$

• **Schaltungen mit Widerständen**
— in Reihe: $R = R_1 + R_2$,

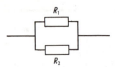

— parallel: $1/R = 1/R_1 + 1/R_2$.

• In einem Widerstand abgegebene Energie: $W = R \cdot I^2 \cdot t$.

Strom- und Spannungsquellen. So nennt man Vorrichtungen, die elektrische Energie liefern (z. B. Batterien). Schaltzeichen:

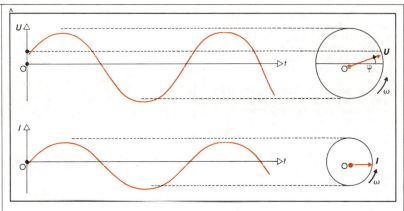

Häufig benutzt man für sie unterschiedliche Ersatzschaltbilder.
— Für eine ›Ersatzspannungsquelle‹:

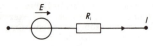

— Für eine ›Ersatzstromquelle‹:

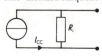

• Zusammenschaltung zweier gleichartiger Strom- oder Spannungsquellen mit den ›Urspannungen‹ E' und den inneren Widerständen R_i'

— in Reihe: $E = 2E'$, $R_i = 2R_i'$,
— parallel: $E = E'$, $R_i = 1/2\,R_i'$.

• Die Kennlinie eines Schaltelements ist die Kurve, die die Spannung in Abhängigkeit von der Stromstärke darstellt.

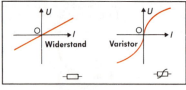

A · *Links*: sinusförmige Darstellung; *rechts*: Darstellung von Fresnel.

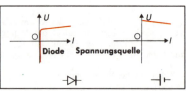

Elektrischer Strom (Wechselstrom). U und I sind Sinusfunktionen der Zeit:

$$U = U_{\text{eff}} \cdot \sqrt{2} \sin(\omega t + \varphi),$$
$$I = I_{\text{eff}} \cdot \sqrt{2} \sin \omega t.$$

φ ist der Phasenverschiebungswinkel zwischen der Spannung und der Stromstärke, U_{eff} und I_{eff} sind ihre Effektivwerte, ω ist die Winkelgeschwindigkeit, die mit der Frequenz f durch die Beziehung $\omega = 2\pi f$ verknüpft ist.
Es können zwei gleichwertige Darstellungsarten verwendet werden: die Sinusdarstellung und die ›Darstellung nach Fresnel‹, die U und I als Vektoren wiedergibt, die sich mit der Winkelgeschwindigkeit ω drehen (siehe Zeichnung A oben auf der Seite).
• Ohmsches Gesetz: $U = Z \cdot I$.
Z ist die ›Impedanz‹ und wird in Ω angegeben.
Beim Wechselstrom unterscheidet man drei Formen der elektrischen Leistung:
— die Scheinleistung $S = U_{\text{eff}} \cdot I_{\text{eff}}$,
— die Wirkleistung $P = U_{\text{eff}} \cdot I_{\text{eff}} \cdot \cos \varphi$,
— und die Blindleistung $Q = U_{\text{eff}} \cdot I_{\text{eff}} \cdot \sin \varphi$.
Impedanz und Phasenverschiebung schwanken je nach dem betrachteten Zweipol:

Zweipol	Impedanz	Phasenverschiebung	Fresnel-Diagramm
Widerstand R	R	0	I, U parallel
Induktivität L	$L\omega$	$+\pi/2$	U voraus $+\pi/2$
Kapazität C	$1/C\omega$	$-\pi/2$	U nach $-\pi/2$
Reihenschwingkreis $R\,L\,C$	$\sqrt{R^2 + (L\omega - 1/L\omega)^2}$	$\tan \varphi = \dfrac{L\omega - 1/C\omega}{R}$ (Resonanzfrequenz: $f = \dfrac{1}{2\pi\sqrt{LC}}$)	U_L, U_R, U_C, I

FORMELN UND FAKTEN

MAGNETISMUS

Eine Magnetnadel in der Nähe eines Leiters, durch den der Strom I fließt, zeigt ein ›Magnetfeld‹ B an, das wie das elektrostatische Feld durch seine Feldlinien dargestellt werden kann.

• **Geradliniger Leiter**

$B = \dfrac{\mu_0 \cdot I}{2\pi a}$ mit $\mu_0 = 4\pi \cdot 10^{-7}$ H/m.

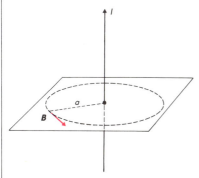

Die Richtung von B ergibt sich durch die ›Korkenzieherregel‹. Ein Korkenzieher, der sich in die Richtung von I bewegt, dreht sich in der Richtung B.

• **Kreiswindung** (Radius r)

Feld im Zentrum: $B = \dfrac{\mu_0 \cdot I}{2\pi r}$.

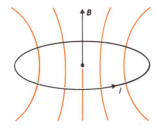

• **Flachspule** (Radius r, n Windungen)

Feld im Zentrum: $B = \dfrac{\mu_0 \cdot nI}{2\pi r}$.

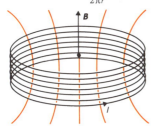

• **Solenoid** (n Windungen, Länge l)

Feld im Zentrum: $B = \dfrac{\mu_0 \cdot nI}{l}$.

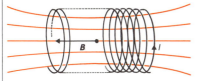

• **Magnetfluß** durch eine Windung (der Fläche S): $\Phi = B \cdot S$.

Der die Fläche repräsentierende Vektor S steht senkrecht auf ihr, sein Betrag ist gleich der von der Windung umschlossenen Fläche.

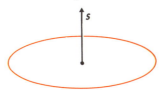

Ein beweglicher Kreisstrom, der in ein Magnetfeld gebracht wird, richtet sich so aus, daß der seine Fläche durchsetzende magnetische Fluß ein Maximum annimmt.

• **Elektromagnetische Kraft**, die auf ein geladenes Teilchen mit der Ladung q wirkt, das sich in einem Magnetfeld B mit der Geschwindigkeit v bewegt: $F = q(v \times B)$.

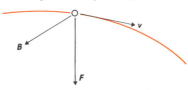

Ein Elektronenstrahl kann daher durch ein Magnetfeld abgelenkt werden; dies kann man beobachten, wenn man sich mit einem Magneten einem Fernsehgerät nähert.

Die Richtung von F ergibt sich aus der ›Dreifingerregel‹ der rechten Hand:

Daumen/Kraftrichtung; Zeigefinger/Stromrichtung; Mittelfinger/Feldrichtung.

• **Kraft**, die auf einen stromdurchflossenen Leiter (Stromstärke I, Länge l) in einem Magnetfeld wirkt: $F = I(l \times B)$.

Diese Kraft ist die Grundlage für die Wirkungsweise von Elektromotoren und elektrischen Meßinstrumenten.

• **Magnetische Energie**:
$$E = U_m \cdot \Phi.$$
U_m ist die magnetische Spannung.

• **Elektromagnetische Induktion**. Dieses Phänomen ist besonders wichtig, denn es ist die Voraussetzung für jegliche Stromerzeugung.

Ein Magnet, der in die Nähe einer geschlossenen Windung gebracht wird, bewirkt darin einen ›induzierten Strom‹. Allgemeiner gesagt: Jede Änderung des magnetischen Flusses führt zu einer induzierten elektromotorischen Kraft e gemäß $e = -\Delta\Phi/\Delta t$.

Die Lenzsche Regel erklärt das Minuszeichen in dieser Formel: Die induzierte Spannung ist so gerichtet, daß das Magnetfeld des durch sie erzeugten Induktionsstroms der Ursache der Induktion entgegenwirkt.

• **Induktivität** (Symbol ⌇⌇⌇).

Der magnetische Fluß Φ ist der Stromstärke I proportional; der Proportionalitätsfaktor ist die Induktivität $L = \Phi/I$.

– Die elektromotorische Kraft einer Induktivität ist also: $e = -L\,dI/dt$,

– aufgenommene Energie: $W = \tfrac{1}{2}L \cdot I^2$,

– Induktivität einer Spule (n Windungen; Querschnitt s, Länge l): $L = \mu_0 n^2 s/l$.

A · **Die Dreifingerregel.**

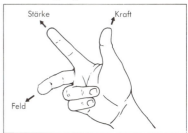

MAGNETE UND MAGNETFELDER

Das magnetische Feld eines Stabmagneten ähnelt, von den Proportionen einmal abgesehen, dem der Erde. Das erdmagnetische Feld, das auch ›Magnetosphäre‹ genannt wird, erstreckt sich weit über die Mondumlaufbahn hinaus. Sein asymmetrisches Aussehen ist durch die Einwirkung des Sonnenwindes bedingt (siehe Polarlichter, Seite 1192). Das Magnetfeld der Erde entsteht wahrscheinlich durch die sich bewegende leitende Materie im Kern des Planeten.

Der Ursprung des Magnetfeldes der Dauermagneten hängt mit der entsprechenden Ausrichtung der Atome zusammen, die sich wie kleine Spulen verhalten, durch die ein Strom fließt (die Elektronen).

B · Kraftlinien des Magnetfeldes eines Stabmagneten.

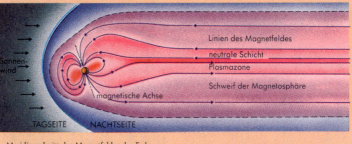

C · Meridianschnitt des Magnetfeldes der Erde.

FORMELN UND FAKTEN

MATHEMATIK

MATHEMATISCHE SYMBOLE

Symbol — Erklärung

Mengenlehre

$\in$	Element von; z. B. $a \in \{a,b\}$
$\notin$	nicht Element von; z. B. $c \notin \{a,b\}$
$\subseteq$	Teilmenge von
$\subset$	echte Teilmenge von; z. B. $\{a\} \subset \{a,b\}$
$\cup$	Vereinigung; z. B. $\{a\} \cup \{b\} = \{a,b\}$
$\cap$	Durchschnitt; z. B. $\{a,b\} \cap \{b,c\} = \{b\}$
$\emptyset$	leere Menge

Arithmetik, Algebra

$=$	gleich
$\equiv$	identisch
$\triangleq$	entspricht; z. B. $\pi \triangleq 180°$
$\neq$	ungleich
$<$	kleiner als; z. B. $a < b$
$>$	größer als; z. B. $b > a$
$\leq$	kleiner als oder gleich; z. B. $a \leq 0$ (a ist kleiner als oder gleich 0)
$\geq$	größer als oder gleich; z. B. $a \geq 0$ (a ist größer als oder gleich 0)
$+$	plus
$-$	minus
$\cdot, \times$	mal; z. B. $3 \cdot 4$, 3×4
$:, /, -$	geteilt durch; z. B. $3:4$, $2/3$, $\frac{3}{5}$
$a\|b$	a ist Teiler von b; z. B. $3 \| 12$
$\sum_{i=1}^{n} a_i$	Summe; z. B. $\sum_{i=1}^{3} a_i = a_1 + a_2 + a_3$
$\prod_{i=1}^{n} a_i$	Produkt; z. B. $\prod_{i=1}^{3} a_i = a_1 \cdot a_2 \cdot a_3$
a^n	n-te Potenz von a; z. B. $a^3 = a \cdot a \cdot a$
$\sqrt{a}$	Quadratwurzel aus a
$\sqrt[n]{a}$	n-te Wurzel aus a
$n!$	n-Fakultät; z. B. $3! = 1 \cdot 2 \cdot 3$
$\binom{n}{k}$	n über k (Binomialkoeffizient)
$|a|$	absoluter Betrag von a; z. B. $|-7| = 7$
$\log_b$	Logarithmus zur Basis b
$\log$	Logarithmus zur Basis 10
$\ln$	natürlicher Logarithmus, zur Basis e
e	$e = 2{,}718\ldots$
i	imaginäre Einheit, $i^2 = -1$
$\mathbf{a} \cdot \mathbf{b}, (\mathbf{a},\mathbf{b})$	Skalarprodukt zweier Vektoren
$\mathbf{a} \times \mathbf{b}, [\mathbf{a},\mathbf{b}]$	Vektorprodukt zweier Vektoren
$(a_{ik}) = A$	Matrix mit Koeffizienten a_{ik}
$|a_{ik}| = \det A$	Determinante einer quadratischen Matrix A
$\equiv \pmod{m}$	kongruent modulo m; z. B. $12 \equiv 2 \pmod{5}$

Analysis

(a,b)	offenes Intervall $a < x < b$
$[a,b]$	abgeschlossenes Intervall $a \leq x \leq b$
∞	unendlich
π	Pi = 3,14159…
$\to$	gehen gegen, streben nach
$\lim$	Grenzwert
$\approx$	ungefähr gleich, gerundet
d	Differential
$\frac{dy}{dx}, y', f'(x)$	dy nach dx, Differentialquotient, Ableitung
$\frac{d^n y}{dx^n}, y^{(n)}$	n-te Ableitung
∂	partielle Ableitung
∇	Nabla-Operator
Δ	Laplace-Operator
δf	Variation von f
$\int f(x)dx$	unbestimmtes Integral
$\int_a^b f(x)dx$	bestimmtes Integral

Geometrie

$\sim$	ähnlich
$\cong$	kongruent
$\triangle$	Dreieck; z. B. $\triangle ABC$
$\parallel$	parallel
$\not\parallel$	nicht parallel
$\perp$	senkrecht
$\angle, \wedge$	Winkel; z. B. $\angle ABC$, $\widehat{ABC}$
$°$	Grad (Altgrad); z. B. $90°$ ist der rechte Winkel
$'$	(Bogen-)Minute, $60' = 1°$
$''$	(Bogen-)Sekunde, $60'' = 1'$
^{g}	Neugrad; z. B. 100^g ist der rechte Winkel
$\overset{\frown}{AB}$	Bogen AB
$\hat{a}$	Bogen a
$\overline{AB}$	Strecke AB
$\overrightarrow{AB}$	Pfeil AB
sin	Sinus
cos	Kosinus
tg, tan	Tangens
cotg	Kotangens
arcsin $= \sin^{-1}$ usw.	Arkussinus usw.
sh usw.	Sinus hyperbolicus usw.

Logik

$\sim$ oder $\neg$	nicht (Negation)
$\wedge$ oder $\&$	und (Konjunktion)
$\vee$	oder (Disjunktion)
$\to$ oder $\Rightarrow$	wenn …, dann (Subjunktion, Implikation)
$\leftrightarrow$ oder $\Leftrightarrow$	genau dann, wenn (Äquivalenz)
$\exists$	es existiert (Existenzquantor)
$\forall$	für alle (Allquantor)

MENGENLEHRE

›Unter einer Menge verstehe ich jede Zusammenfassung wohl unterschiedenener Objekte aus unserer Anschauung oder unseres Denkens …‹ Dieser Satz des deutschen Mathematikers Georg Cantor (1845–1918) markiert den Anfang der Mengenlehre, auf der die gesamte Mathematik aufgebaut werden kann.

Grundbegriffe. Es gibt deren drei.
Elementbeziehung: Das Element a gehört zu der Menge E, geschrieben: $a \in E$.
Enthaltensein: Wenn eine Menge A in einer Menge E enthalten ist, so ist jedes Element von A auch ein Element von E. Man schreibt: $A \subset E$.
Leere Menge: Symbol $\emptyset$, dieses ist die Menge, die kein Element enthält.

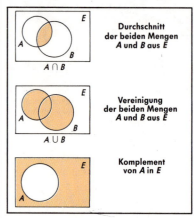

▲ · Schematische Darstellung des Durchschnitts, der Vereinigung und des Komplements von Mengen.

Mengenoperationen. Ausgehend von gegebenen Mengen ist es möglich, mit Hilfe dreier Operationen neue Mengen zu konstruieren.
Durchschnitt zweier Mengen: Das ist diejenige Menge, deren Elemente in beiden Mengen zugleich enthalten sind:

$$x \in E \cap F \Leftrightarrow x \in E \text{ und } x \in F.$$

Vereinigung zweier Mengen: Das ist diejenige Menge, deren Elemente in mindestens einer der beiden Mengen enthalten sind:

$$x \in E \cup F \Leftrightarrow x \in E \text{ oder } x \in F.$$

Eine Familie nichtleerer Untermengen einer Menge E bildet eine *Zerlegung* von E, wenn die Untermengen paarweise einen leeren Durchschnitt haben und ihre Vereinigung ganz E ergibt.
Kartesisches Produkt zweier Mengen E und F: Diese Menge, geschrieben $E \times F$, besteht aus den Paaren (x, y), wobei gilt:

$$(x, y) \in E \times F \Leftrightarrow x \in E \text{ und } y \in F.$$

Durchschnitt und Vereinigung besitzen folgende Eigenschaften.
– Kommutativität: $E \cap F = F \cap E$,
– Assoziativität:
$\quad E \cap (F \cap G) = (E \cap F) \cap G$,
– Distributivität:
$\quad E \cap (F \cup G) = (E \cap F) \cup (E \cap G)$,
– Idempotenz: $E \cap E = E$.

Abbildungen (von einer Menge in eine andere). Eine Abbildung von E nach F ordnet jedem Element x aus E ein und nur ein Element y aus F zu:

$$\forall x \in E : x \overset{f}{\mapsto} y = f(x) \in F.$$

FORMELN UND FAKTEN

Es ist möglich, mehrere Abbildungen miteinander zu verknüpfen. Seien E_1, E_2, E_3 drei Mengen, f eine Abbildung von E_1 nach E_2 und g eine Abbildung von $f(E_1) \subset E_2$ nach E_3. Die zusammengesetzte Abbildung aus f und g, geschrieben $g \circ f$, ist folgende:

$$\forall x \in E_1 : x \overset{f \circ g}{\mapsto} g(f(x)) = (g \circ f)(x) \in E_3.$$

Besondere Abbildungen:
– identische Abbildung: $f(x) = x$;
– surjektive Abbildung: $f(E) = F$;
– injektive Abbildung: Jedes Element von F besitzt höchstens ein Urbild in E (die Bilder von zwei verschiedenen Elementen aus E sind verschieden);
– bijektive Abbildung: Jedes Element von F besitzt ein und nur ein Urelement in E (bijektive Abbildungen sind injektiv und surjektiv).

Zahlenmengen. $\mathbb{N}$ ist die Menge der **natürlichen Zahlen**: $0, 1, 2, 3, ...$; $\mathbb{Z}$ ist die Menge der **ganzen Zahlen**: $..., -2, -1, 0, 1, 2, 3, ...$ $\mathbb{Q}$ ist die Menge der **rationalen Zahlen** und $\mathbb{R}$ diejenige der **reellen Zahlen**. $\mathbb{R}$ enthält sowohl die rationalen als auch die irrationalen Zahlen. Eine rationale Zahl ist eine ganze Zahl oder ein Bruch. Jede rationale Zahl kann durch eine endliche Dezimalzahl ($+3$, $-0,7$) oder eine unendliche periodische Dezimalzahl ($^5/_7 = 0,714285714285...$) dargestellt werden. Einer **irrationalen Zahl** entspricht eine unendliche, nichtperiodische Dezimalzahl ($\pi = 3,14159...$; $\sqrt{2} = 1,414213...$). $\mathbb{C}$ ist die Menge der **komplexen Zahlen**.

Verknüpfungen. Die Addition und die Multiplikation von Zahlen sind Beispiele für Verknüpfungen. Allgemein sind **innere Verknüpfungen** Abbildungen von $E \times E$ nach E und **äußere Verknüpfungen** Abbildungen von $E \times F$ nach E.
Für eine innere Verknüpfung $*$ kann einer oder mehrere der folgenden Punkte zutreffen:
– Kommutativität: $x * y = y * x$,
– Assoziativität: $x * (y * z) = (x * y) * z$,
– neutrales Element e: $x * e = e * x = x$,
– inverses Element: $x * y = y * x = e$,
– Distributivität (definiert für zwei Verknüpfungen $*$ und $\S$ auf derselben Menge):
$$x * (y \,\S\, z) = (x * y) \,\S\, (x * z).$$

Algebraische Strukturen

Gruppe: eine Menge G mit der Verknüpfung $*$, die folgende Eigenschaften besitzt:
– Assoziativität:
$$\forall a, b, c \in G : (a * b) * c = a * (b * c),$$
– Existenz des neutralen Elements e:
$$\exists e \in G, \forall a : a * e = e * a = a,$$
– Existenz des inversen Elements a':
$$\forall a \in G, \exists a' : a' * a = a * a' = e,$$
Eine Gruppe wird **abelsch** genannt, wenn die Verknüpfung $*$ kommutativ ist.
Beispiele: $\mathbb{R}$, $\mathbb{Q}$ und $\mathbb{Z}$ sind Gruppen bezüglich der Addition; $\mathbb{Q}$ und $\mathbb{R}$, jeweils ohne die Null, sind Gruppen bezüglich der Multiplikation.

Ring: eine Menge R mit zwei inneren Verknüpfungen ($+$ und $\cdot$), die folgende Eigenschaften besitzt:
– R ist eine abelsche Gruppe bezüglich der Addition. (Das neutrale Element ist 0.)
– Die Multiplikation ist assoziativ
$$\forall a, b, c \in R : (a \cdot b) \cdot c = a \cdot (b \cdot c)$$
– und distributiv bezüglich der Addition
$$\forall a, b, c \in R : a \cdot (b + c) = a \cdot b + a \cdot c;$$
$$(a + b) \cdot c = a \cdot c + b \cdot c.$$
Der Ring heißt **Ring mit Eins**, wenn bezüglich der Multiplikation ein neutrales Element (1) existiert, und **kommutativ**, wenn die Multiplikation kommutativ ist. **Beispiele:** $\mathbb{Z}$, $\mathbb{Q}$, $\mathbb{R}$.

Körper: eine Menge K mit zwei Verknüpfungen ($\cdot$ und $+$), die folgende Bedingungen erfüllen:
– K ist eine abelsche Gruppe bezüglich der Verknüpfung $+$;
– K ohne die Null ist eine abelsche Gruppe bezüglich der Verknüpfung $\cdot$ (insbesondere existiert für jedes Element ungleich Null auch das inverse Element bezüglich $\cdot$);
– Distributivität:
$$\forall a, b, c \in K : a \cdot (b + c) = a \cdot b + a \cdot c;$$
$$(a + b) \cdot c = a \cdot c + b \cdot c.$$

Beispiel: $\mathbb{R}$, die Menge der reellen Zahlen, ist ein Körper, da jede reelle Zahl r ungleich Null ein inverses Element $1/r$ besitzt.

Vektorraum: Siehe Abschnitt ALGEBRA.

KOMBINATORIK

Auf wie viele verschiedene Arten kann man die Elemente einer Menge anordnen? Je nachdem, ob man die Reihenfolge der Elemente berücksichtigt oder nicht, gibt es drei Antworten auf diese Frage:

Permutationen: unterschiedliche Anordnungen von n Objekten unter Berücksichtigung der Reihenfolge. Ihre Anzahl $p(n)$ beträgt $p(n) = n!$ (lies: n Fakultät), wobei $n! = 1 \cdot 2 \cdot 3 \cdot ... \cdot n$ ist.
Beispiel: Mit den Ziffern 1, 2, 3, ..., 8 kann man $8! = 40320$ achtstellige Zahlen bilden, so daß jede Ziffer ein und nur ein Mal in jeder Zahl vorkommt.

Variationen: unterschiedliche Anordnungen von p Objekten aus einer Menge mit n unterschiedlichen Objekten, wobei die Reihenfolge berücksichtigt wird. Ihre Anzahl lautet:
$$v(n, p) = n(n-1)(n-2) ... (n-p+1)$$
$$= n!/(n-p)!$$
Wenn Wiederholungen erlaubt sind, gilt:
$$v(n, p) = n^p.$$
Beispiel: Die Blindenschrift setzt sich aus 6 Punkten zusammen, die stark hervorgehoben sind oder nicht. Man kann daraus $2^6 = 64$ Symbole konstruieren: Das ist die Anzahl der Variationen mit Wiederholungen von 2 Objekten zu Gruppen aus 6 Elementen.

Kombinationen: unterschiedliche Anordnungen von p verschiedenen Objekten aus einer Menge mit n Objekten ohne Berücksichtigung der Reihenfolge. Ihre Anzahl beträgt:
$$k(n, p) = v(n, p)/p(n) = n!/(p!(n-p)!)$$
Beispiel: Beim Bingo werden 5 unterschiedliche Zahlen aus 90 gewählt. Es gibt
$$k(90, 5) = 43949268$$
mögliche Kombinationen.
Mit der Formel
$$k(n, p) = k(n-1, p) + k(n-1, p-1)$$
kann man schrittweise $k(n, p)$ berechnen, wobei man das **Pascalsche Dreieck** benutzt.
$k(n, p)$ ist die Zahl, die in der $(n+1)$-ten Zeile und der $(p+1)$-ten Spalte steht.

```
1
1   1
1   2   1
1   3   3   1
1   4   6   4   1
1   5   10  10  5   1
1   6   15  20  15  6   1
```

Anstatt $k(n, p)$ schreibt man häufig $\binom{n}{p}$ (›Binomialkoeffizient‹).

ARITHMETIK

Zahlensysteme. Die ersten Zahlensysteme, aufgekommen um 3300 v. Chr. in Mesopotamien, waren nicht vom Typ des heute benutzten Dezimalsystems. Obwohl sich im Laufe der Zeit die 10 als **Basis** durchgesetzt hat, ist es möglich, jede Zahl auch durch irgendeine andere Basis darzustellen. Im Zahlensystem zur Basis 2, auch **Dualsystem** genannt (siehe Abschnitt Algebra), sieht beispielsweise die Zahl 23 so aus:

$$23 = 2^4 \cdot 1 + 2^3 \cdot 0 + 2^2 \cdot 1 + 2^1 \cdot 1 + 2^0 \cdot 1,$$
$$\text{ergibt } 16 + 0 + 4 + 2 + 1.$$

Im Dualsystem wird die Zahl 23 somit als 10111 geschrieben. Die Zahl 7424 läßt sich im Dezimalsystem darstellen als

$$7 \cdot 10^3 + 4 \cdot 10^2 + 2 \cdot 10^1 + 4 \cdot 10^0.$$

Eigenschaften der reellen Zahlen. Der Betrag einer reellen Zahl entspricht der vorzeichenlosen Zahl; man schreibt hierfür $|a|$.
– Addition von reellen Zahlen:
$$a + b = b + a.$$
– Multiplikation:
$$ab = ba;$$
$$(a + b)c = ac + bc;$$
$$(a + b)(c + d) = ac + ad + bc + bd.$$
– Division:
$$(a + b) : c = a : c + b : c.$$

Brüche. Ein Bruch ist der Quotient zweier ganzer Zahlen: a/b, wobei a **Zähler** und b ($\neq 0$) **Nenner** des Bruchs genannt wird.

Es gilt: $\dfrac{a}{b} \cdot c = \dfrac{ac}{b}$; $\dfrac{a}{b} : c = \dfrac{a}{bc}$.

Um einen Bruch zu vereinfachen, teilt man Zähler und Nenner durch dieselbe Zahl (›Kürzen‹). Die größtmögliche Zahl, die hier verwendet werden kann, ist der **größte gemeinsame Teiler**, abgekürzt g. g. T.

Beispiel: $\dfrac{225}{175} = \dfrac{45 \cdot 5}{35 \cdot 5} = \dfrac{9 \cdot 5 \cdot 5}{7 \cdot 5 \cdot 5}$

Der g. g. T. ist $5 \cdot 5 = 25$. Damit findet man

$$\frac{225}{175} = \frac{9}{7}.$$

Um Brüche mit verschiedenen Nennern zu addieren, muß man sie vorher so verändern, daß sie den gleichen Nenner, den sog. **Hauptnenner**, besitzen. Als Hauptnenner verwendet man meist das **kleinste gemeinsame Vielfache** oder k. g. V.

Beispiel: $\dfrac{3}{8} + \dfrac{5}{14} = \dfrac{3 \cdot 7}{8 \cdot 7} + \dfrac{5 \cdot 4}{14 \cdot 4}$,

ergibt: $\dfrac{21}{56} + \dfrac{20}{56} = \dfrac{41}{56}$. Das k. g. V. ist 56.

Allgemein gilt: $\dfrac{a}{b} + \dfrac{c}{d} = \dfrac{ad + bc}{bd}$.

Teilbarkeitsregeln. Eine Zahl ist teilbar:
– durch 10, dann und nur dann, wenn am Ende mindestens eine Null steht;
– durch 100, wenn sie mindestens mit zwei Nullen endet;
– durch 5, wenn die Endziffer 0 oder 5 ist;
– durch 2, wenn die Endziffer gerade ist;
– durch 3, wenn die Summe der Ziffern (Quersumme) ein Vielfaches von 3 ist;
– durch 9, wenn die Quersumme ein Vielfaches von 9 ist;
– durch 11, wenn entweder die Summe der Ziffern an den geraden Stellen gleich der Summe der Ziffern an den ungeraden Stellen ist (Beispiel: 121), oder falls die Differenz dieser beiden Summen ein Vielfaches von 11 ist (Beispiel: 627, da $6 + 7 = 13$ und $13 - 2 = 11$).

1199

FORMELN UND FAKTEN

MATHEMATIK

Dreisatz. Mit ihm kann man Probleme des folgenden Typs lösen: 1 kg Orangen kostet 4 DM; wieviel kosten 100 g (0,1 kg)?

$$\frac{x}{4} = \frac{0,1}{1} \; ; \; x = 0,4 \, \text{DM}.$$

Allgemein erhält man $x = ac/b$, wenn man die Gleichung $x/c = a/b$ nach x auflöst.

Potenzen und Wurzeln

Potenzen: a ›hoch n‹ (als Formel: a^n) ist die Zahl $a \cdot a \cdot \ldots \cdot a$ (n Faktoren), d.h. das n-fache Produkt der Zahl a mit sich.

$(ab)^n = a^n b^n$; $(a/b)^n = a^n/b^n$,

$a^n a^p = a^{n+p}$; $a^n/a^p = a^{n-p}$,

$(a^n)^p = a^{np}$; $a^{-n} = 1/a^n$; $a^0 = 1$.

Wurzeln: Die ›n-te Wurzel‹ (als Formel: $\sqrt[n]{a}$) einer Zahl ist die $1/n$-Potenz dieser Zahl:

$\sqrt[n]{a} = b \Leftrightarrow a = b^n$; $\sqrt[n]{a} = a^{1/n}$,

$\sqrt[np]{a} = \sqrt[n]{\sqrt[p]{a}}$; $\sqrt[np]{a^{nq}} = \sqrt[p]{a^q} = a^{q/p}$.

Wichtige Gleichungen

$(a \pm b)^2 = a^2 \pm 2ab + b^2$,

$a^2 - b^2 = (a+b)(a-b)$,

$ab = \dfrac{(a+b)^2}{4} - \dfrac{(a-b)^2}{4}$,

$(a \pm b)^3 = a^3 + 3ab^2 + 3a^2b \pm b^3$,

$(a + b + \ldots + n)^2 = \Sigma \, a^2 + 2 \, \Sigma \, ab$,

mit $\Sigma \, a^2 = a^2 + b^2 + \ldots$

und $\Sigma \, ab = ab + ac + bc + \ldots$

$(a + b + \ldots + n)^3$

$= \Sigma \, a^3 + 3 \, \Sigma \, a^2b + 6 \, \Sigma \, abc$

$x^n - a^n = (x - a)(x^{n-1}$
$\qquad + ax^{n-2} + a^2 x^{n-3} + \ldots + a^{n-1})$.

Magische Quadrate sind Zahlenquadrate mit folgender Eigenschaft: Die Summe der Zahlen in jeder Zeile, jeder Spalte und jeder Diagonalen ist gleich. Dabei sollen alle Zahlen zwischen 1 und n^2 genau einmal auftreten (n Größe des Quadrats). Zwei Beispiele:

8	1	6
3	5	7
4	9	2

1	12	7	14
8	13	2	11
10	3	16	5
15	6	9	4

Es gibt weder eine Grenze für die Dimension der magischen Quadrate noch eine allgemeine Konstruktionsanleitung.

MAGISCHE UND LATEINISCHE QUADRATE

Lateinische Quadrate. Ein lateinisches Quadrat ist ein Zahlenquadrat, bei dem jede Zahl in jeder Spalte und jeder Zeile genau einmal vorkommt.

0	2	1
2	1	0
1	0	2

1	2	3	4	5
3	4	5	1	2
5	1	2	3	4
2	3	4	5	1
4	5	1	2	3

Primzahlen. Eine Zahl, die als Teiler nur 1 und sich selbst zuläßt, wird ›Primzahl‹ genannt. Auf Eratosthenes (276–195 v.Chr.) geht ein Verfahren zum Auffinden von Primzahlen zurück (das nach ihm benannte ›Sieb‹); aber es existiert keine Formel zum exakten Berechnen beliebig großer Primzahlen. Man weiß nur, daß es unendlich viele gibt. Die größte momentan bekannte Primzahl ist: $391\,581 \times 2^{216\,193} - 1$, eine Zahl mit 65 087 Ziffern.

Es existieren zu diesem Thema mehrere Sätze wie ›Jede Primzahl ist Summe der Quadrate zweier natürlicher Zahlen‹ (Fermat, 17. Jh.) und viele Hypothesen, die noch zu beweisen wären, wie die folgenden: ›Jede gerade Zahl ist die Summe zweier Primzahlen‹ (Goldbach, 18. Jh.); ›Jede ungerade Zahl ist die Summe dreier Primzahlen‹ (Winogradow, 20. Jh.). Die Primzahlen, die lange Zeit als wirklichkeitsfremde Mathematik galten, haben in den letzten Jahren überraschende Anwendungen in der Kryptographie gefunden.

Die Primzahlen bis 1 000:

1	79	193	317	457	601	743	887
2	83	197	331	461	607	751	907
3	89	199	337	463	613	757	911
5	97	211	347	467	617	761	919
7	101	223	349	479	619	769	929
11	103	227	353	487	631	773	937
13	107	229	359	491	641	787	941
17	109	233	367	499	643	797	947
19	113	239	373	503	647	809	953
23	127	241	379	509	653	811	967
29	131	251	383	521	659	821	971
31	137	257	389	523	661	823	977
37	139	263	397	541	673	827	983
41	149	269	401	547	677	829	991
43	151	271	409	557	683	839	997
47	157	277	419	563	691	853	
53	163	281	421	569	701	857	
59	167	283	431	571	709	859	
61	173	293	433	577	719	863	
67	179	307	439	587	727	877	
71	181	311	443	593	733	881	
73	191	313	449	599	739	883	

ALGEBRA

Während die Arithmetik die Lehre von den Zahlen und ihren Verknüpfungen ist, interessiert sich die Algebra für die Struktur von Verknüpfungsgebilden. Das Wort *Djabr* bedeutet im Arabischen soviel wie ›Reduzierung‹, ›Auflösung‹ (von Gleichungen). Die Babylonier konnten schon Gleichungen ersten und zweiten Grades lösen, solche dritten Grades wurden wahrscheinlich erstmals im 11. Jahrhundert in der Schule von Omar-e Chajjam beherrscht.

Algebraische Gleichungen

Gleichung ersten Grades:
$$ax + b = 0$$
Lösung: $x = -b/a$.

Gleichung zweites Grades:
$$ax^2 + bx + c = 0$$
Für die Lösung kann man die **Diskriminante** Δ heranziehen: $\Delta = b^2 - 4ac$.
Wenn $\Delta > 0$, gibt es zwei reelle Lösungen:

$$x_1 = \frac{-b + \sqrt{\Delta}}{2a} \; ;$$

$$x_2 = \frac{-b - \sqrt{\Delta}}{2a}.$$

Wenn $\Delta = 0$, gibt es nur eine einzige Lösung: $x = -b/2a$. Wenn $\Delta < 0$, gibt es zwei konjugierte komplexe Lösungen:

$$x_1 = \frac{-b + i\sqrt{\Delta}}{2a} \; ;$$

$$x_2 = \frac{-b - i\sqrt{\Delta}}{2a}.$$

Die Koeffizienten einer quadratischen Gleichung hängen nach dem **Satz von Vieta** mit deren Lösungen x_1 und x_2 so zusammen: $x_1 x_2 = c/a$ und $x_1 + x_2 = -b/a$.

Gleichung dritten Grades:
$$ax^3 + bx^2 + cx + d = 0$$

Durch die Substitution $x = y - b/3a$ erhält man: $y^3 + py + q = 0$.
Aus der Substitution $y = u + v$ folgt:
$$(u^3 + v^3) + (u + v)(3uv + p) + q = 0.$$
Hierzu äquivalent ist das System:
$$\begin{cases} u^3 + v^3 = -q \\ (uv)^3 = (-p/3)^3. \end{cases}$$

u^3 und v^3, deren Summe $-q$ und deren Produkt $-p^3/27$ ist, sind somit Lösungen (siehe Gleichung zweiten Grades [Satz von Vieta]) von $z^2 + qz - p^3/27 = 0$.

Man hat somit das Ausgangsproblem auf das Auflösen einer Gleichung zweiten Grades in z zurückgeführt. Wenn $4p^3 + 27q^2 \geq 0$, besitzt die Gleichung eine reelle Lösung und zwei komplexe. Wenn $4p^3 + 27q^2 < 0$, gibt es drei reelle Lösungen.

Für Gleichungen, deren Grad größer als 4 ist, existiert kein allgemeingültiges Lösungsverfahren mit Hilfe von Wurzeln.

Lineare Gleichungssysteme. Ein solches System lösen heißt, Paare (x, y) zu finden, die allen Gleichungen einzeln genügen.

Im Falle eines Systems mit zwei Gleichungen genügt es im allgemeinen, eine der Variablen zu eliminieren. Beispiel:

(1) $\begin{cases} x + y = -3 \\ (2) \quad -2x + y = 6 \end{cases}$

aus (1) folgt: $x = -3 - y$; für x in (2) eingesetzt ergibt dieser Term: $y = 0$, woraus folgt $x = -3$.

System mit n Gleichungen und n Unbekannten (Beispiel mit $n = 2$):

$$\begin{cases} a_{11}x_1 + a_{12}x_2 = b_1 \\ a_{21}x_1 + a_{22}x_2 = b_2. \end{cases}$$

Die Lösung erfolgt mit der **Determinante** des Systems:

$$D = \begin{vmatrix} a_{11} & a_{12} \\ a_{21} & a_{22} \end{vmatrix} = a_{11}a_{22} - a_{12}a_{21}.$$

Wenn $D = 0$ ist, ist das Gleichungssystem nicht immer lösbar.
Wenn $D \neq 0$ ist, existiert nur eine Lösung. Man erhält sie, indem man im Zähler die der fraglichen Variablen entsprechende Spalte der Determinante durch b_1 und b_2 ersetzt.

$$x_1 = \frac{\begin{vmatrix} b_1 & a_{12} \\ b_2 & a_{22} \end{vmatrix}}{D} \qquad x_2 = \frac{\begin{vmatrix} a_{11} & b_1 \\ a_{21} & b_2 \end{vmatrix}}{D}$$

*Beispiel mit $n = 3$

$$\begin{cases} 3x_1 - 3x_2 + x_3 = 0 \\ \quad\quad 4x_2 - x_3 = 5 \\ 2x_1 - 2x_2 + x_3 = 1 \end{cases}$$

$$D = \begin{vmatrix} 3 & -3 & 1 \\ 0 & 4 & -1 \\ 2 & -2 & 1 \end{vmatrix} = 4$$

Man erhält

$$D = \begin{vmatrix} a_{11} & a_{12} & a_{13} \\ a_{21} & a_{22} & a_{23} \\ a_{31} & a_{32} & a_{33} \end{vmatrix}$$

$= a_{11}a_{22}a_{33} - a_{11}a_{23}a_{32} - a_{12}a_{21}a_{33}$
$+ a_{12}a_{23}a_{31} + a_{13}a_{21}a_{32} - a_{13}a_{22}a_{31}$

$$x_1 = \frac{\begin{vmatrix} 0 & -3 & 1 \\ 5 & 4 & -1 \\ 1 & -2 & 1 \end{vmatrix}}{4} = 1 \; ;$$

$$x_2 = \frac{\begin{vmatrix} 3 & 0 & 1 \\ 0 & 5 & -1 \\ 2 & 1 & 1 \end{vmatrix}}{4} = 2 \; ;$$

$$x_3 = \frac{\begin{vmatrix} 3 & -3 & 0 \\ 0 & 4 & 5 \\ 2 & -2 & 1 \end{vmatrix}}{4} = 3.$$

1200

FORMELN UND FAKTEN

Matrizen. Ein System von m linearen Gleichungen mit n Unbekannten kann auch in Matrizenschreibweise gelöst werden. Man erhält dann die Gleichung $AX = B$ mit

$$A = \begin{pmatrix} a_{11} & a_{12} & \dots & a_{1n} \\ a_{21} & \dots & & a_{2n} \\ & & \vdots & \\ a_{m1} & & \dots & a_{mn} \end{pmatrix}$$

$$X = \begin{pmatrix} x_1 \\ x_2 \\ \vdots \\ x_n \end{pmatrix} \qquad B = \begin{pmatrix} b_1 \\ b_2 \\ \vdots \\ b_n \end{pmatrix}$$

Regeln für das Rechnen mit Matrizen:
– Addition

$$\begin{pmatrix} a_{11} & a_{12} \\ a_{21} & a_{22} \end{pmatrix} + \begin{pmatrix} b_{11} & b_{12} \\ b_{21} & b_{22} \end{pmatrix} = \begin{pmatrix} a_{11} + b_{11} & a_{12} + b_{12} \\ a_{21} + b_{21} & a_{22} + b_{22} \end{pmatrix}$$

– Multiplikation mit einer reellen Zahl

$$c \begin{pmatrix} a_{11} & a_{12} \\ a_{21} & a_{22} \end{pmatrix} = \begin{pmatrix} ca_{11} & ca_{12} \\ ca_{21} & ca_{22} \end{pmatrix}$$

– Multiplikation zweier Matrizen

$$\begin{pmatrix} a_{11} & a_{12} \\ a_{21} & a_{22} \end{pmatrix} \cdot \begin{pmatrix} b_{11} & b_{12} \\ b_{21} & b_{22} \end{pmatrix} =$$
$$\begin{pmatrix} a_{11}b_{11} + a_{12}b_{21} & a_{11}b_{12} + a_{12}b_{22} \\ a_{21}b_{11} + a_{22}b_{21} & a_{21}b_{12} + a_{22}b_{22} \end{pmatrix}$$

– **Einheitsmatrix** E. Für sie gilt:
$$A \cdot E = E \cdot A = A$$
$$E = \begin{pmatrix} 1 & 0 \\ 0 & 1 \end{pmatrix}$$

Vektorräume. Im Mittelpunkt der linearen Algebra steht der Begriff des Vektorraums, eine algebraische Struktur, die ebenso in der Geometrie wie in der Physik benötigt wird. Zur Einführung des Begriffs untersuchen wir die Eigenschaften der Lösungen eines ›homogenen‹ linearen Gleichungssystems, d. h. eines linearen Gleichungssystems der folgenden Art:

$$\begin{cases} a_{11}x_1 + a_{12}x_2 + \dots + a_{1n}x_n = 0 \\ \dots\dots\dots\dots\dots\dots\dots\dots\dots\dots\dots\dots\dots \\ \dots\dots\dots\dots\dots\dots\dots\dots\dots\dots\dots\dots\dots \\ a_{m1}x_1 + a_{m2}x_2 + \dots + a_{mn}x_n = 0 \end{cases}$$

Sind $(x_1, x_2, ..., x_n)$ und $(y_1, y_2, ..., y_n)$ Lösungen dieses Systems, so auch ihre Summe $(x_1 + y_1, ..., x_n + y_n)$ und das Produkt aus einer Lösung und einem Faktor b $(bx_1, bx_2, ..., bx_n)$. Die Lösungen eines homogenen Systems bilden demnach eine Menge von Elementen, die untereinander addiert oder mit Zahlen multipliziert werden dürfen und dann immer noch zu dieser Menge gehören. Sie bilden einen **Vektorraum**. Sind $\mathbf{u}$ und $\mathbf{v}$ solche Elemente (**Vektoren** genannt, ihre wichtigsten Eigenschaften werden im Abschnitt Geometrie zusammengestellt) und a und b Zahlen, **Skalare** genannt, so gelten die folgenden Relationen (›Vektorraumgesetze‹):

$$a(\mathbf{u} + \mathbf{v}) = a\mathbf{u} + a\mathbf{v}$$
$$(a + b)\mathbf{u} = a\mathbf{u} + b\mathbf{u}$$
$$a(b\mathbf{u}) = (ab)\mathbf{u}$$
$$1 \cdot \mathbf{u} = \mathbf{u}$$

Komplexe Zahlen. Ein Beispiel für die Struktur eines Vektorraums wird durch die Menge der komplexen Zahlen gegeben: Eine komplexe Zahl hat die Form $z = a + ib$, wobei a und b reelle Zahlen sind, und $i^2 = -1$ ist. Jede komplexe Zahl kann durch einen Punkt M (oder durch einen Vektor $\mathbf{OM}$) in der ›komplexen Ebene‹, die durch eine reelle Achse und eine imaginäre Achse aufgespannt wird, dargestellt werden. Der **Betrag** der komplexen Zahl $z = a + ib$ ist $\varrho = \sqrt{a^2 + b^2}$;

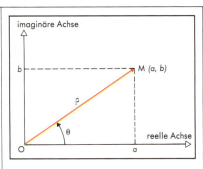

θ, wobei tg $\theta = b/a$ gilt, ist das **Argument** von z. Allgemein läßt sich jede komplexe Zahl als $z = a + ib$ oder $z = \varrho(\cos\theta + i\sin\theta)$ schreiben.

* Addition zweier komplexer Zahlen:
$$z_1 + z_2 = (a_1 + a_2) + i(b_1 + b_2),$$
oder
$$z_1 + z_2 = \varrho'(\cos\theta' + i\sin\theta'),$$
mit
$$\varrho' = \sqrt{(a_1 + a_2)^2 + (b_1 + b_2)^2};$$
$$\text{tg}\,\theta' = \frac{b_1 + b_2}{a_1 + a_2}.$$

* Produkt zweier komplexer Zahlen:
$$z_1 z_2 = (a_1 a_2 - b_1 b_2) + i(a_2 b_1 + a_1 b_2)$$
$$z_1 z_2 = \varrho_1 \varrho_2 [\cos(\theta_1 + \theta_2) + i\sin(\theta_1 + \theta_2)].$$

Für eine komplexe Zahl mit dem Betrag 1, die man in die n-te Potenz erhebt, gilt die Formel von De Moivre:
$$(\cos\theta + i\sin\theta)^n = \cos n\theta + i\sin n\theta.$$

* Konjugiert komplexe Zahl:
$\bar{z} = a - ib$ ist die konjugiert komplexe Zahl zu $z = a + ib$. Man erhält: $z\bar{z} = a^2 + b^2$.

Boolesche Algebra. Da sie nur zwei Elemente benutzt, 0 und 1, hat die Boolesche Algebra in bezug auf ihre Anwendbarkeit große Bedeutung auf Gebieten, die nach dem ›Alles-oder-nichts-Prinzip‹ arbeiten, beispielsweise bei Stromkreisen oder elektronischen Geräten. Diese Algebra enthält drei Grundoperationen:
Die **logische Summe** (Symbol $\vee$) hat den Wert 1, wenn wenigstens eine der Variablen den Wert 1 hat. Es gilt immer: $x \vee x = x$;
das **logische Produkt** (Symbol $\cdot$) hat den Wert 1 dann und nur dann, wenn beide Variablen den Wert 1 besitzen. Es gilt immer: $x \cdot x = x$.
Tafel für diese Operationen:

Die **Verneinung** ist eine einstellige Operation (Symbol $\bar{x}$). Das Ergebnis ist 1, wenn die Variable den Wert 0 hat, und 0 sonst.

Graphentheorie. Die Graphentheorie ist im 18. Jh. zum Teil aus Problemen der Kombinatorik (s. Abschnitt Kombinatorik), zum Teil aus denen der Topologie (s. Abschnitt Geometrie) hervorgegangen. Das berühmte Königsberger Brückenproblem, das von Leonhard Euler gelöst wurde, lautet: Ist es möglich, einen Spaziergang so zu planen, daß jede Brücke ein einziges Mal überquert wird? (Abb. A, Figur 1)
Wandelt man die Gebiete a b c d in ›Ecken‹ um und die Brücken zu ›Kanten‹, so erhält man einen Graphen (Figur 2). Da bei mehreren Ecken die Anzahl der Kanten, die in ihnen zusammentreffen, ungerade ist, ist das Brückenproblem unlösbar.

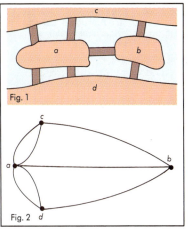

A · Schema (Figur 1) zu den ›Königsberger Brücken‹ und der dazugehörige Graph (Figur 2).

Das **Vierfarbenproblem** ist ein weiteres Grundproblem der Graphentheorie. Wie kann man beweisen, daß vier Farben genügen, um eine ebene Landkarte zu färben? Die (bejahende) Lösung wurde erst 1976 dank der Benutzung von leistungsstarken Computern, die eine große Anzahl von elementaren Graphen testen konnten, gefunden. Paradoxerweise ist es viel einfacher zu zeigen, daß sieben Farben genügen, um die Oberfläche eines Torus (eines ›Fahrradschlauches‹) zu färben, als zu zeigen, daß diese Aussage auch bei der Kugel zutrifft.

B · Färbungsprobleme in der Topologie.

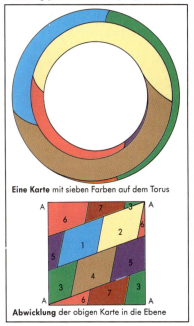

Eine Karte mit sieben Farben auf dem Torus

Abwicklung der obigen Karte in die Ebene

ANALYSIS

Funktionen. Was ist eine Funktion? 1755 sprach Leonhard Euler von einer ›Variablen‹, die von einer anderen Variablen abhängt. Heute schreibt man lieber $x \mapsto y = f(x)$. Hierdurch wird ausgedrückt, daß die Funktion f jedem reellen x genau ein reelles y zuordnet. Eine Funktion kann durch eine Wertetabelle, einen Graphen oder einfach durch eine Funktionsgleichung dargestellt werden.

1201

FORMELN UND FAKTEN

MATHEMATIK

Trigonometrische Funktionen: Jedem Winkel α, dargestellt im Kreis mit dem Radius der Länge 1, ordnen die Funktionen Sinus (sin) und Kosinus (cos) eine Zahl zwischen -1 und $+1$ zu, die Funktionen Tangens (tan oder tg) und Kotangens (cotg) eine Zahl zwischen $-\infty$ und $+\infty$.

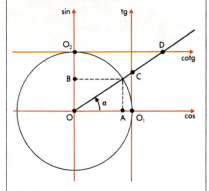

$\cos \alpha = \overline{OA}$ $\text{tg } \alpha = \overline{O_1C}$
$\sin \alpha = \overline{OB}$ $\text{cotg } \alpha = \overline{O_2D}$

Wichtige Werte für die trigonometrischen Funktionen:

x	0	$\pi/6$	$\pi/4$	$\pi/3$	$\pi/2$
$\sin x$	0	$1/2$	$\sqrt{2}/2$	$\sqrt{3}/2$	1
$\cos x$	1	$\sqrt{3}/2$	$\sqrt{2}/2$	$1/2$	0
$\text{tg } x$	0	$\sqrt{3}/3$	1	$\sqrt{3}$	$+\infty$
$\text{cotg } x$	$+\infty$	$\sqrt{3}$	1	$\sqrt{3}/3$	0

Funktionsgraphen:

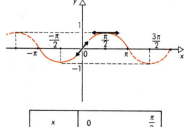

x	0	$\frac{\pi}{2}$
$(\sin x)'$	1	$+$	0
$\sin x$	0		1

Funktion Sinus: Funktionsgraph und Wertetabelle für $x \mapsto \sin x$ sowie für die Ableitung.

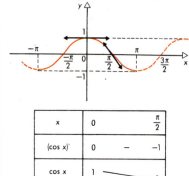

x	0	$\frac{\pi}{2}$
$(\cos x)'$	0	$-$	-1
$\cos x$	1		0

Funktion Kosinus: Funktionsgraph und Wertetabelle für $x \mapsto \cos x$ sowie für die Ableitung.

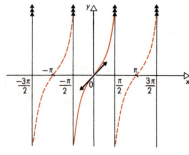

x	0	$\frac{\pi}{2}$
$(\text{tg } x)'$	1	$+$	
$\text{tg } x$	0		$+\infty$

Funktion Tangens: Funktionsgraph und Wertetabelle für $x \mapsto \text{tg } x$ sowie für die Ableitung.

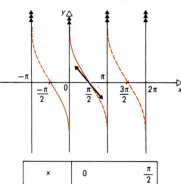

x	0	$\frac{\pi}{2}$
$(\text{cotg } x)'$		$-$	-1
$\text{cotg } x$	$+\infty$		0

Funktion Kotangens: Funktionsgraph und Wertetabelle für $x \mapsto \text{cotg } x$ sowie für die Ableitung.

Exponentialfunktion. Man bezeichnet sie auch manchmal als die ›Funktion des natürlichen Wachstums‹, da viele natürliche Vorgänge, wie das Wachstum eines Waldes oder einer Population, durch die Exponentialfunktion dargestellt werden können.
Man schreibt: $y = e^x$, wobei für die **Eulersche Zahl** e gilt: $e = 2{,}718281828459\ldots$

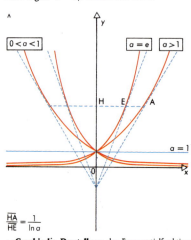

$\dfrac{\overline{HA}}{\overline{HE}} = \dfrac{1}{\ln a}$

A · **Graphische Darstellung** der Exponentialfunktion für verschiedene Werte von a.

Allgemein kann man die Exponentialfunktion auch zu einer beliebigen positiven Basis a definieren: $y = a^x$. Die Funktionsgraphen hängen dann vom Wert für a ab.

Logarithmusfunktion. Die Logarithmusfunktion ist die inverse Funktion zur Exponentialfunktion.
$x = a^y \Rightarrow y = \log_a x$
$x = e^y \Rightarrow y = \ln x$ (ln: natürl. Logarithmus)
Wichtige Eigenschaften:
$\log_a a = 1$; $\ln e = 1$
$\log_a x^n = n \log_a x$; $\log_a xy = \log_a x + \log_a y$
$\log_a x = \ln x / \ln a$; $\log_a b \cdot \log_b a = 1$.

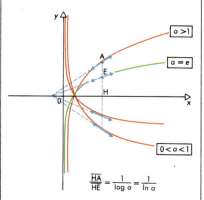

$\dfrac{\overline{HA}}{\overline{HE}} = \dfrac{1}{\log a} = \dfrac{1}{\ln a}$

Potenzfunktion: Sie ist für $x > 0$ definiert. Die Schreibweise lautet:

$$y = x^u \text{ oder } y = e^{u \cdot \ln x}.$$

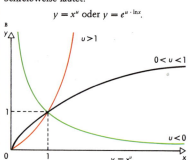

B · **Graphische Darstellung** der Potenzfunktion für verschiedene Werte von u.

Inverse trigonometrische Funktionen:
$x = \sin y \Rightarrow y = \arcsin x$ (Arkussinus x)
Man definiert analog die Funktionen
$\arccos x$, $\arctg x$, $\arccotg x$.
– Es gilt: $\arccos x + \arcsin x = \pi/2$
$\arctg x + \arccotg x = \pi/2$

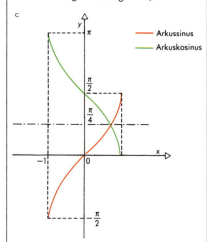

C · **Graphische Darstellung** von $y = \arccos x$ und $y = \arcsin x$.

1202

FORMELN UND FAKTEN

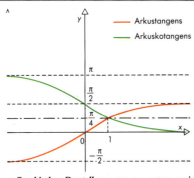

A · **Graphische Darstellung** von $y = \arctg x$ und $y = \arccotg x$.

Hyperbolische Funktionen (Hyperbelfunktionen): Es handelt sich hierbei um:

$$\ch x = \frac{e^x + e^{-x}}{2}; \quad \sh x = \frac{e^x - e^{-x}}{2};$$

$$\th x = \frac{\sh x}{\ch x}; \quad \coth x = \frac{\ch x}{\sh x}.$$

(Cosinus hyperbolicus [auch: cosh x], Sinus hyperbolicus [sinh x], Tangens hyperbolicus [auch tanh x] und Cotangens hyperbolicus). Es gilt:
$$\ch x + \sh x = e^x$$
$$\ch x - \sh x = e^{-x}.$$

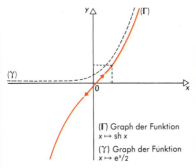

(Γ) Graph der Funktion $x \mapsto \sh x$
(γ) Graph der Funktion $x \mapsto e^x/2$

x	0		$+\infty$
$(\sh x)'$	1	+	
$\sh x$	0		$+\infty$

Die Funktion **Sinus hyperbolicus**: graphische Darstellung und Wertetabelle für $x \mapsto \sh x$ sowie für die Ableitung.

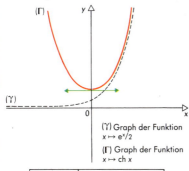

(γ) Graph der Funktion $x \mapsto e^x/2$
(Γ) Graph der Funktion $x \mapsto \ch x$

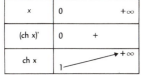

x	0		$+\infty$
$(\ch x)'$	0	+	
$\ch x$	1		$+\infty$

Die Funktion **Cosinus hyperbolicus**: graphische Darstellung und Wertetabelle für $x \mapsto \ch x$ sowie für die Ableitung.

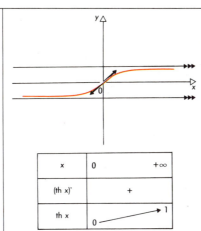

x	0		$+\infty$
$(\th x)'$		+	
$\th x$	0		1

Die Funktion **Tangens hyperbolicus**: graphische Darstellung und Wertetabelle für $x \mapsto \th x$ sowie für die Ableitung.

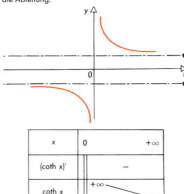

x	0		$+\infty$
$(\coth x)'$		–	
$\coth x$	$+\infty$		1

Die Funktion **Cotangens hyperbolicus**: graphische Darstellung und Wertetabelle für $x \mapsto \coth x$ sowie für die Ableitung.

Ableitungen. Die Ableitung einer Funktion $y = f(x)$ ist der Grenzwert des Differenzenquotienten
$$\frac{f(x + \Delta x) - f(x)}{\Delta x},$$
für $\Delta x \to 0$.
Für diesen Grenzwert schreibt man auch:
$y' = f'(x) = dy/dx$;
dy und dx sind die ›Differentiale‹ von y und x. Geometrisch entspricht der Ableitung einer Funktion an einer Stelle die Steigung der Tangente an den zugehörigen Funktionsgraphen an dieser Stelle.

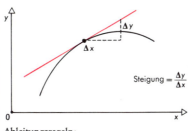

Steigung $= \frac{\Delta y}{\Delta x}$

Ableitungsregeln:

Funktion	Ableitung
$u + v + w$	$u' + v' + w'$
uv	$uv' + u'v$
$\dfrac{u}{v}$	$\dfrac{vu' - uv'}{v^2}$
$\sqrt{u}$	$\dfrac{u'}{2\sqrt{u}}$
e^u	$u' e^u$

Ableitungen der gebräuchlichsten Funktionen

Funktion	Ableitung
konstante Funktion	Nullfunktion
$x \mapsto ax + b$	$x \mapsto a$
$x \mapsto ax^2 + bx + c$	$x \mapsto 2ax + b$
$x \mapsto \dfrac{a}{x}$	$x \mapsto \dfrac{-a}{x^2}$
$x \mapsto x^n$	$x \mapsto n \cdot x^{n-1}$
$x \mapsto \sqrt{x}$ ($\forall x \in \mathbb{R}^{+*}$)	$x \mapsto \dfrac{1}{2\sqrt{x}}$
$x \mapsto a_n x^n + \ldots + a_1 x + a_0$	$x \mapsto n a_n x^{n-1} + \ldots + a_1$
$x \mapsto e^x$	$x \mapsto e^x$
$x \mapsto a^x$	$x \mapsto a^x \cdot \ln a$
$x \mapsto \ln x$	$x \mapsto \dfrac{1}{x}$
$x \mapsto \log_a x$	$x \mapsto \dfrac{1}{x \cdot \ln a}$
$x \mapsto \sin x$	$x \mapsto \cos x$
$x \mapsto \cos x$	$x \mapsto -\sin x$
$x \mapsto \tg x$	$x \mapsto 1 + \tg^2 x = \dfrac{1}{\cos^2 x}$
$x \mapsto \cotg x$	$x \mapsto -(1 + \cotg^2 x) = \dfrac{-1}{\sin^2 x}$
$x \mapsto \arcsin x$	$x \mapsto \dfrac{1}{\sqrt{1 - x^2}}$
$x \mapsto \arccos x$	$x \mapsto \dfrac{-1}{\sqrt{1 - x^2}}$
$x \mapsto \arctg x$	$x \mapsto \dfrac{1}{1 + x^2}$
$x \mapsto \arccotg x$	$x \mapsto \dfrac{-1}{1 + x^2}$
$x \mapsto \sh x$	$x \mapsto \ch x$
$x \mapsto \ch x$	$x \mapsto \sh x$
$x \mapsto \th x$	$x \mapsto 1 - \th^2 x = \dfrac{1}{\ch^2 x}$
$x \mapsto \coth x$	$x \mapsto 1 - \coth^2 x = \dfrac{-1}{\sh^2 x}$

Integrale. Um den Inhalt einer durch eine Kurve begrenzten Fläche zu bestimmen, suchten die Griechen ein Quadrat mit gleichem Inhalt. Diese Technik der ›Quadratur‹ wurde mit Erfolg von Archimedes angewendet und durch Descartes, Leibniz und Newton perfektioniert. Sie gibt einen einfachen Zugang zu dem Begriff des Integrals.
Das Integral einer Funktion $f(x)$ zwischen den Grenzen a und b wird geschrieben als:
$$\int_a^b f(x)\,dx.$$
Dies ist der Flächeninhalt, den die Kurve mit der x-Achse zwischen a und b einschließt.

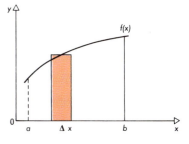

1203

FORMELN UND FAKTEN

MATHEMATIK

Man kann das Integral als Grenzwert von Summen von Rechtecksinhalten berechnen. Das Berechnen eines Integrals ist jedoch viel einfacher, wenn man die **Stammfunktion** $F(x)$ von $f(x)$ benutzt. Der Wert des Integrals von $f(x)$ über dem Intervall $[a, b]$ ist die Differenz der Werte der Stammfunktion $F(x)$ an den Grenzen.

Stammfunktionen wichtiger Funktionen (einfachheitshalber wurde die Integrationskonstante weggelassen):

$$\int x^m \cdot dx = \frac{x^{m+1}}{m+1}; \; m \neq -1$$

$$\int \frac{dx}{x} = \ln|x|$$

$$\int \frac{dx}{x+a} = \ln|x+a|$$

$$\int \cos x \cdot dx = \sin x$$

$$\int \sin x \cdot dx = -\cos x$$

$$\int \frac{dx}{\cos^2 x} = \operatorname{tg} x$$

$$\int \frac{dx}{\sin^2 x} = -\operatorname{cotg} x$$

$$\int \ln x \cdot dx = x \cdot \ln x - x$$

$$\int e^x \cdot dx = e^x$$

$$\int \operatorname{ch} x \cdot dx = \operatorname{sh} x \quad \int \operatorname{sh} x \cdot dx = \operatorname{ch} x$$

$$\int \frac{dx}{\operatorname{ch}^2 x} = \operatorname{th} x \quad \int \frac{dx}{\operatorname{sh}^2 x} = -\operatorname{coth} x$$

$$\int \frac{dx}{\sqrt{1-x^2}} = \arcsin x = \frac{\pi}{2} - \arccos x.$$

Folgen und Reihen. Der griechische Philosoph Zenon von Elea (um 450 v. Chr.) behauptete, daß der schnelle und tapfere Achilles nicht in der Lage sei, eine Schildkröte, die einen Meter Vorsprung hat und zwölfmal langsamer ist als er, einzuholen. Seine Begründung war die folgende:
Wenn Achilles einen Meter zurückgelegt hat, hat die Schildkröte $1/12$ m zurückgelegt. Wenn Achilles diese $1/12$ m gelaufen ist, ist die Schildkröte $1/12^2$ m vorangekommen, usw.
Die Strecke, die von Achilles bis zu dem Punkt zurückgelegt werden müßte, wo er die Schildkröte einholen sollte, ist demnach:

$$1 + 1/12 + 1/12^2 + 1/12^3 + \dots$$

Es handelt sich um eine geometrische Reihe, deren Summe $12/11$ beträgt: Achilles holt also sehr wohl die Schildkröte ein!
Eine Reihe $u_0 + u_1 + \dots + u_n$ ist **konvergent**, wenn ihre Summe für n gegen unendlich einen endlichen Wert besitzt, **divergent**, wenn dies nicht zutrifft. Eine **arithmetische Folge** ist eine Folge der Art: $u_n = u_{n-1} + r$; die Differenz r zweier aufeinanderfolgender Glieder ist hier somit konstant. Die Zahlen von 1 bis 100 bilden eine arithmetische Folge mit der Differenz 1. Die Summe dieser Folgenglieder kann man so berechnen:

$$\begin{array}{r} 1 + 2 + 3 + \dots + 50 \\ 100 + 99 + 98 + \dots + 51 \\ \hline 101 + 101 + 101 + \dots + 101 \end{array}$$

Das ergibt insgesamt 50 mal $101 = 5\,050$.

Für die Summe der ersten n Glieder gilt:

$$\frac{(u_1+u_n)n}{2} \quad \text{oder} \quad \frac{[2u_1+(n-1)r]n}{2}.$$

Eine **geometrische Folge** ist eine Folge der Art $u_n = u_{n-1} \cdot q$, wobei q konstant ist. Die Summe der ersten n Glieder mit $u_n = u_1 \cdot q^{n-1}$ lautet hier:

$$u_1 \cdot \frac{q^n - 1}{q - 1}.$$

Summen von Folgen ganzer Zahlen:

$$S_1 = 1 + 2 + 3 + \dots + n = \frac{n(n+1)}{2}$$

$$S_2 = 1^2 + 2^2 + 3^2 + \dots + n^2$$
$$= \frac{n(n+1)(2n+1)}{6}$$

$$S_3 = 1^3 + 2^3 + 3^3 + \dots + n^3$$
$$= \left[\frac{n(n+1)}{2}\right]^2 = (S_1)^2$$

$$1 + 3 + 5 + \dots + (2n-1) = n^2$$
$$2 + 4 + 6 + \dots + 2n = n(n+1).$$

Reihenentwicklung einer Funktion:
Eine Funktion kann durch die Taylorsche Formel zur Entwicklungsstelle x als Reihe dargestellt werden:

$$f(a+h) = f(a) + hf'(a)$$
$$+ \dots + h^n/n! \, f^{(n)}(a) + \varepsilon$$

$f^{(n)}$ ist die n-te Ableitung von f und ε das sog. Restglied, das gegen 0 geht; speziell für die Entwicklungsstelle $x = 0$ erhält man:

$$f(x) = f(0) + xf'(0)$$
$$+ \dots + x^n/n! \, f^{(n)}(0) + \varepsilon$$

ε geht gegen 0, wenn x gegen 0 geht.

Häufig benötigte Reihenentwicklungen:

$$e^x = 1 + \frac{x}{1!} + \frac{x^2}{2!} + \dots + \frac{x^n}{n!} + \dots$$

$$a^x = 1 + \frac{x \ln a}{1!} + \frac{(x \ln a)^2}{2!}$$
$$+ \dots + \frac{(x \ln a)^n}{n!} + \dots$$

$$\cos x = 1 - \frac{x^2}{2!} + \frac{x^4}{4!}$$
$$- \dots + (-1)^n \frac{x^{2n}}{(2n)!} + \dots$$

$$\sin x = x - \frac{x^3}{3!} + \frac{x^5}{5!}$$
$$- \dots + (-1)^n \frac{x^{2n+1}}{(2n+1)!} + \dots$$

$$\operatorname{ch} x = 1 + \frac{x^2}{2!} + \frac{x^4}{4!} + \dots + \frac{x^{2n}}{(2n)!}$$

$$\operatorname{sh} x = x + \frac{x^3}{3!} + \frac{x^5}{5!}$$
$$+ \dots + \frac{x^{2n+1}}{(2n+1)!}$$

Diese Reihenentwicklungen gelten für alle Werte von x.

$$\frac{1}{1-x} = 1 + x + x^2 + \dots + x^n + \dots$$

$$\frac{1}{1+x} = 1 - x + x^2$$
$$- \dots + (-1)^n x^n + \dots$$

$$\ln(1+x) = x - \frac{x^2}{2} + \frac{x^3}{3}$$
$$- \dots + (-1)^{n+1} \frac{x^n}{n}$$

$$\ln(1-x) = -x - \frac{x^2}{2} - \frac{x^3}{3} - \dots - \frac{x^n}{n}$$

$$(1+x)^m = 1 + mx + \frac{m(m-1)}{2!} x^2$$
$$+ \dots + \frac{m(m-1) \dots (m-n+1)}{n!} x^n + \dots$$

wobei m reell ist (sog. **Binomialreihe**). Diese Reihenentwicklungen gelten nur für $|x| < 1$.

DIE ZAHL π

$\pi = 3{,}14159\,26535\,89793\,23846\dots$
Man kann die Zahl π mit Hilfe einer Reihenentwicklung berechnen:
$\arctan x = x - x^3/3 + x^5/5 - x^7/7 + \dots$
Für $x = 1$ erhält man speziell die Leibnizsche Reihe
$\pi/4 = 1 - 1/3 + 1/5 - \dots$
Mit besseren Algorithmen und leistungsstarken Rechnern hat man bisher π auf mehr als 2 Milliarden Stellen genau berechnet.

GEOMETRIE

Koordinatensysteme: In der Geometrie werden hauptsächlich drei Koordinatensysteme verwendet:
● **Kartesische Koordinaten:** In einem orthonormierten System (die x-, y- und z-Achse stehen paarweise senkrecht aufeinander und die Basisvektoren $\mathbf{i}$, $\mathbf{j}$, $\mathbf{k}$ besitzen den Betrag 1) wird jeder Punkt $M(x,y,z)$ festgelegt durch seinen Ortsvektor

$$\overrightarrow{OM} = \mathbf{OM} = x\mathbf{i} + y\mathbf{j} + z\mathbf{k}.$$

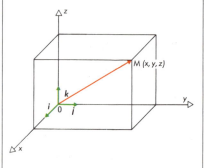

● **Polarkoordinaten:** Im orthonormierten System $(O, \mathbf{i}, \mathbf{j})$ wird jeder Punkt $M(\varrho, \theta)$ durch $\mathbf{OM} = \varrho\mathbf{u}$ festgelegt, wobei $\mathbf{u}$ der Einheitsvektor in Richtung der Geraden OM und ϱ der Betrag von $\mathbf{OM}$ ist.

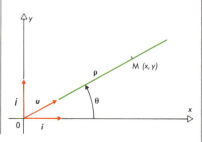

1204

FORMELN UND FAKTEN

- **Kugelkoordinaten:** In dem orthonormierten System $(O, \mathbf{i}, \mathbf{j}, \mathbf{k})$ sind die Kugelkoordinaten $(\varrho, \theta, \varphi)$ eines Punktes M folgendermaßen festgelegt: ϱ Länge des Ortsvektors $\mathbf{OM}$; θ = orientierter Winkel zwischen x-Achse und der Spurgeraden D; φ = orientierter Winkel zwischen z-Achse und $\mathbf{OM}$.

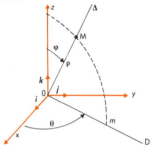

Vektoren. Ein Vektor $\mathbf{v}$ (oder $\vec{v}$) wird durch drei Komponenten in einem orthonormierten System definiert: $\mathbf{v}(x, y, z)$. Er wird mit einem Pfeil dargestellt. Ein Vektor besitzt eine Richtung und einen bestimmten Betrag (Länge).

- Multiplikation mit einem Skalar:

- Addition zweier Vektoren:

$$\mathbf{v} = \mathbf{v}_1 + \mathbf{v}_2.$$

- Skalarprodukt zweier Vektoren:

$$\mathbf{v}_1 \cdot \mathbf{v}_2 = x_1 x_2 + y_1 y_2 + z_1 z_2.$$

- Vektorprodukt zweier Vektoren:
$\mathbf{v} = \mathbf{v}_1 \times \mathbf{v}_2$ besitzt die Koordinaten

$$y_1 z_2 - z_1 y_2;\ z_1 x_2 - x_1 z_2;\ x_1 y_2 - y_1 x_2.$$

$\mathbf{v}$ steht senkrecht auf der durch $\mathbf{v}_1$ und $\mathbf{v}_2$ aufgespannten Ebene.

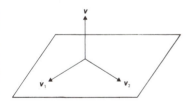

- Spatprodukt aus drei Vektoren:

$$(\mathbf{v}_1 \times \mathbf{v}_2) \cdot \mathbf{v}_3.$$

Geraden und Winkel

- Der Winkel zwischen zwei Halbgeraden wird als $\alpha = (Ox, Oy)$ geschrieben.

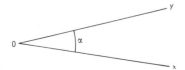

- Die **Winkelhalbierende** ist die Menge der Punkte, die von den beiden Halbgeraden eines Winkels gleich weit entfernt sind.

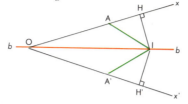

- **Wechselwinkel** entstehen, wenn zwei Geraden von einer dritten geschnitten werden:

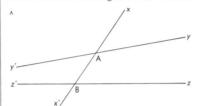

A · **Innere Wechselwinkel** sind:
(Ax', Ay') und (Bx, Bz)
(Ay, Ax') und (Bz', Bx)
Äußere Wechselwinkel sind:
(Ax, Ay) und (Bx', Bz')
(Ax, Ay') und (Bx', Bz)
Wechselwinkel an Parallelen sind gleich.

- Die **Mittelsenkrechte** einer Strecke ist die senkrecht auf ihr stehende und durch ihren Mittelpunkt verlaufende Gerade.

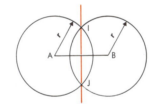

Mittelsenkrechte von [AB]: geometrische Konstruktion.

B · **Geometrische Konstruktion einer Mittelsenkrechten.**

- **Strahlensatz:** Wird ein Paar von S ausgehender Strahlen von zwei Parallelen g_1 und g_2 geschnitten, so verhalten sich die Abschnitte auf dem einen Strahl wie die entsprechenden Abschnitte auf dem anderen Strahl (1. Strahlensatz). Die Abschnitte auf den Parallelen verhalten sich wie die entsprechenden Scheitelabschnitte auf den Strahlen (2. Strahlensatz).

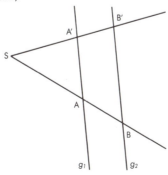

Es gilt: $\dfrac{SA'}{SB'} = \dfrac{SA}{SB}$ (1. Strahlensatz)

und $\dfrac{SA}{SB} = \dfrac{AA'}{BB'}$ sowie $\dfrac{SA'}{SB'} = \dfrac{AA'}{BB'}$ (2. Strahlensatz).

Dreiecke. Die Winkelsumme im Dreieck beträgt 180°. Markante Linien im Dreieck sind:
- seine drei **Mittelsenkrechten**, die sich in O, dem Mittelpunkt seines Umkreises, schneiden;
- seine drei **Seitenhalbierenden**, die sich in G, seinem Schwerpunkt, schneiden;
- seine drei **Höhen**, die sich im Höhenschnittpunkt H schneiden;
- seine drei **Winkelhalbierenden**, die sich im Mittelpunkt des Inkreises schneiden;
- seine drei **Winkelhalbierenden** der Außenwinkel, die sich paarweise in den Mittelpunkten der Ankreise schneiden.

C · **Markante Linien im Dreieck.**

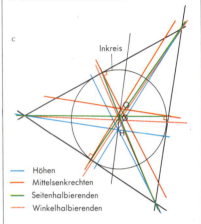

— Höhen
— Mittelsenkrechten
— Seitenhalbierenden
— Winkelhalbierenden

Die drei Punkte O, G, H liegen immer auf der **Eulerschen Geraden**; es gilt: $OH = 3 \cdot OG$.

Wichtige Beziehungen in einem Dreieck:

$$\dfrac{a}{\sin \hat{A}} = \dfrac{b}{\sin \hat{B}} = \dfrac{c}{\sin \hat{C}} = 2R$$

$$a^2 = b^2 + c^2 - 2bc \cdot \cos \hat{A}$$

$$bc \sin \hat{A} = 2S$$

$$abc = 4RS.$$

$$a = b \cdot \cos \hat{C} + c \cdot \cos \hat{B}$$

$\hat{A}$: Winkel bei A
$\hat{B}$: Winkel bei B
$\hat{C}$: Winkel bei C
a: Länge der Seite BC
b: Länge der Seite AC
c: Länge der Seite AB
S: Flächeninhalt
R: Radius des Umkreises

- **Satz des Pythagoras:** In einem rechtwinkligen Dreieck ist der Flächeninhalt des Quadrates über der Hypotenuse gleich der Summe der Flächen der Quadrate über den Katheten.

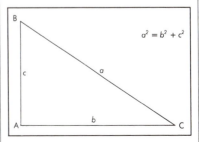

$$a^2 = b^2 + c^2$$

Trigonometrie. Für die trigonometrischen Funktionen, wie sie im Abschnitt ›Analysis‹ definiert wurden, gelten die folgenden Formeln (t eine reelle Zahl):

1205

MATHEMATIK

- **Formeln für den doppelten Winkel:**

$\sin(2t) = 2\sin t \cdot \cos t;$

$\cos(2t) = 2\cos^2 t - 1;$

$\operatorname{tg}(2t) = \dfrac{2\operatorname{tg} t}{1 - \operatorname{tg}^2 t}.$

- **Formeln für den dreifachen Winkel:**

$\sin(3t) = 3\sin t - 4\sin^3 t;$

$\cos(3t) = 4\cos^3 t - 3\cos t;$

$\operatorname{tg}(3t) = \dfrac{3\operatorname{tg} t - \operatorname{tg}^3 t}{1 - 3\operatorname{tg}^2 t}.$

- **Additionstheoreme:**

$\sin(a+b) = \sin a \cdot \cos b + \sin b \cdot \cos a;$

$\cos(a+b) = \cos a \cdot \cos b - \sin a \cdot \sin b;$

$\operatorname{tg}(a+b) = \dfrac{\operatorname{tg} a + \operatorname{tg} b}{1 - \operatorname{tg} a \cdot \operatorname{tg} b}.$

- **Formeln für Differenzen:**

$\sin(a-b) = \sin a \cdot \cos b - \sin b \cdot \cos a;$

$\cos(a-b) = \cos a \cdot \cos b + \sin a \cdot \sin b;$

$\operatorname{tg}(a-b) = \dfrac{\operatorname{tg} a - \operatorname{tg} b}{1 + \operatorname{tg} a \cdot \operatorname{tg} b}.$

- **Formeln, die Produkte enthalten:**

$2\sin a \cdot \sin b = \cos(a-b) - \cos(a+b);$

$2\sin a \cdot \cos b = \sin(a+b) + \sin(a-b);$

$2\cos a \cdot \cos b = \cos(a+b) + \cos(a-b).$

- **Formeln für Summen oder Differenzen:**

$\sin p + \sin q = 2 \cdot \sin \dfrac{p+q}{2} \cdot \cos \dfrac{p-q}{2};$

$\sin p - \sin q = 2 \cdot \sin \dfrac{p-q}{2} \cdot \cos \dfrac{p+q}{2};$

$\cos p + \cos q = 2 \cdot \cos \dfrac{p+q}{2} \cdot \cos \dfrac{p-q}{2}.$

- **Formeln mit** $\theta = \operatorname{tg} \dfrac{t}{2}$:

$\sin t = \dfrac{2\theta}{1+\theta^2};\ \cos t = \dfrac{1-\theta^2}{1+\theta^2};$

$\operatorname{tg} t = \dfrac{2\theta}{1-\theta^2}.$

Dieser Parameterwechsel ist beispielsweise bei der Auflösung von Gleichungen der Form $a \cdot \cos x + b \cdot \sin x + c = 0$ nützlich.

- **Formeln zur Linearisierung:**

$\sin^2 t = \dfrac{1 - \cos 2t}{2};\ \cos^2 t = \dfrac{1 + \cos 2t}{2};$

$\sin^3 a = \dfrac{3}{4}\sin a - \dfrac{1}{4}\sin 3a;$

$\cos^3 a = \dfrac{1}{4}\cos 3a - \dfrac{3}{4}\cos a.$

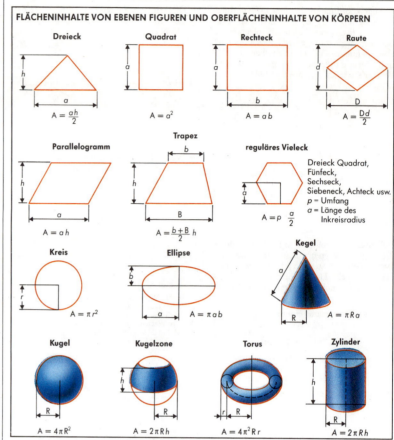

FLÄCHENINHALTE VON EBENEN FIGUREN UND OBERFLÄCHENINHALTE VON KÖRPERN

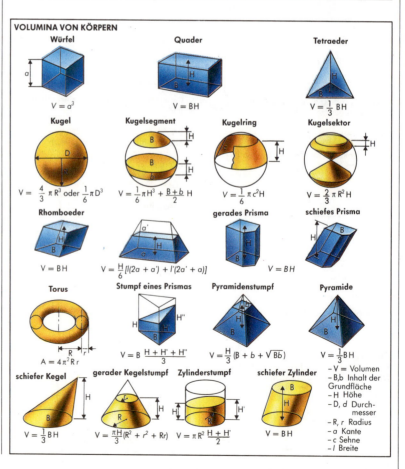

VOLUMINA VON KÖRPERN

FORMELN UND FAKTEN

Normalformen für Kurven und Flächen
- **Gerade:** $ax + by + c = 0$
Gerade durch die Punkte $M_1(x_1, y_1)$ und $M_2(x_2, y_2)$ [Zweipunkteform]:

$$\frac{x - x_1}{x_2 - x_1} = \frac{y - y_1}{y_2 - y_1}.$$

Abstand eines Punktes (x_1, y_1) von einer Geraden:

$$d = \frac{|ax_1 + by_1 + c|}{\sqrt{a^2 + b^2}}.$$

Schnittwinkel zweier Geraden:
$$\begin{cases} a_1 x + b_1 y + c_1 = 0 \\ a_2 x + b_2 y + c_2 = 0 \end{cases}$$
$$\operatorname{tg} \theta = \frac{a_1 b_2 - a_2 b_1}{a_1 a_2 + b_1 b_2}.$$

- **Ebene:** $ax + by + cz + d = 0$
Abstand eines Punktes M_1 von einer Ebene:

$$d = \frac{|ax_1 + by_1 + cz_1 + d|}{\sqrt{a^2 + b^2 + c^2}}.$$

Schnittwinkel zweier Ebenen:

$$\cos \theta = \frac{|a_1 a_2 + b_1 b_2 + c_1 c_2|}{\sqrt{a_1^2 + b_1^2 + c_1^2} \cdot \sqrt{a_2^2 + b_2^2 + c_2^2}}.$$

- **Kreis** mit Mittelpunkt (a, b) und Radius r:
$(x - a)^2 + (y - b)^2 - r^2 = 0$,
falls der Mittelpunkt der Ursprung ist:
$x^2 + y^2 - r^2 = 0$.
- **Kugel** mit dem Mittelpunkt (a, b, c) und dem Radius r:
$(x - a)^2 + (y - b)^2 + (z - c)^2 - r^2 = 0$.
- **Kegelschnitte:** Diese Kurven (zu denen auch der Kreis gehört) erhält man, wenn man einen Doppelkegel mit einer Ebene, die nicht durch die Kegelspitze verläuft, schneidet.
Ellipse: $x^2/a^2 + y^2/b^2 - 1 = 0$.
Hyperbel: $x^2/a^2 - y^2/b^2 - 1 = 0$.
Parabel: $y^2 = 2px$ (p ist der Parameter).

- **Quadriken.** Das sind Flächen, deren Hauptschnitte Kegelschnitte sind.

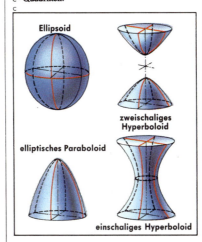

C · **Quadriken.**

Spezielle Kurven.
- Die Archimedische Spirale besitzt in Polarkoordinaten die Gleichung $\varrho = a\theta$.
- Die logarithmische Spirale $\varrho = a^\theta$.
- Die Kardioide $\varrho = 1/2 a(1 + \cos\theta)$.
- Die Hundekurve ist die von einem Hund bei der Verfolgung eines Hasen durchlaufene Kurve, wenn der Hase bei seiner Flucht einen Kreis beschreibt.

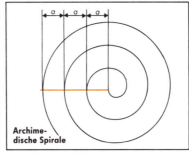

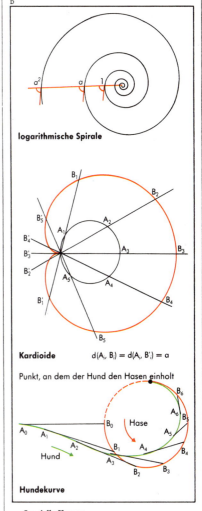

D · **Spezielle Kurven.**

STATISTIK, WAHRSCHEINLICHKEIT

Die Wahrscheinlichkeit eines Ereignisses ist der Quotient aus der Anzahl der günstigen Fälle und der Anzahl der möglichen Fälle. Vorausgesetzt wird dabei, daß alle Fälle gleichwahrscheinlich sind.
Die **Zufallsvariable** ist eine Variable X, die einen gegebenen Wert mit einer gegebenen Wahrscheinlichkeit annimmt.
Die **Verteilungsfunktion**, geschrieben $F(x)$, ist die Wahrscheinlichkeit, daß X kleiner als ein gegebener Wert x ist.
Die **Wahrscheinlichkeitsdichte** $f(x) = F'(x)$ ist die Wahrscheinlichkeit, daß X zwischen den beiden ›Werten‹ x und $x + dx$ liegt.
Falls man die Funktion $F(x)$ nicht kennt, kann man mit bestimmten Größen die Zufallsvariable näherungsweise beschreiben:
- Der **Erwartungswert** oder **Mittelwert** wird als

$$m = E(X) = x_1 p_1 + x_2 p_2 + \ldots + x_n p_n$$

definiert, wobei p_n die Wahrscheinlichkeit ist, daß X den Wert x_n annimmt;
- die mittlere quadratische Abweichung $E(X^2)$;
- die **Varianz** $\sigma^2 = E[(X - E(X))^2]$ ist ein Maß für die Abweichung einer Zufallsvariablen von ihrem Erwartungswert;

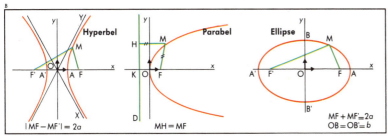

A · Die Kegelschnitte als Schnittfiguren einer Ebene mit einem Doppelkegel.

B · Kegelschnitte (F, F': Brennpunkte; A, A': Scheitel; M: Punkt auf dem Kegelschnitt; D: Leitlinie; OX, OY: Asymptoten der Hyperbel).

1207

MATHEMATIK

• Die **Standardabweichung** σ ist als Quadratwurzel aus der Varianz definiert.
Beispiel: Wirft man einen Würfel, so ist die Wahrscheinlichkeit, eine bestimmte Augenzahl zu erhalten, gleich $1/6$:
– Erwartungswert:

$$m = 1 \cdot 1/6 + 2 \cdot 1/6 + \ldots + 6 \cdot 1/6 = 3{,}5$$

– Varianz:

$$\sigma^2 = (1 - 3{,}5)^2 \cdot 1/6 + (2 - 3{,}5)^2 \cdot 1/6 + \ldots + (6 - 3{,}5)^2 \cdot 1/6 = 2{,}92$$

– Standardabweichung: $\sigma = \sqrt{2{,}92} \approx 1{,}71$.
Wirft man zwei Würfel, so ist der Erwartungswert $m = 3{,}5 + 3{,}5 = 7$; die Varianz beträgt $\sigma = 2{,}92 + 2{,}92 = 5{,}84$.

Spezielle Verteilungen. Bestimmte Wahrscheinlichkeitsverteilungen treten häufiger auf. Man verwendet sie manchmal in ihrer **standardisierten** Form: Die Variable lautet dann

$$\frac{X - m}{\sigma},$$

wobei m der Erwartungswert für X und σ die Standardabweichung ist.
Binomialverteilung: Sie gibt die Wahrscheinlichkeit an, bei einer n-maligen Ziehung von Kugeln k weiße Kugeln zu erhalten, wobei die Trefferwahrscheinlichkeit für eine weiße Kugel p ist:
– Wahrscheinlichkeitsdichte:

$$f(k) = \binom{n}{k} p^k (1-p)^{n-k}$$

– Erwartungswert: np,
– Varianz: $np(1-p)$.
Beispiel: Die Wahrscheinlichkeit für die Geburt eines Jungen sei $p = 0{,}515$. Mit Hilfe der Binomialverteilung kann man die Wahrscheinlichkeit berechnen, daß eine Familie mit $n = 6$ Kindern $k = 0, 1, 2, \ldots, 6$ Jungen hat:

Anzahl der Jungen

0 1 2 3 4 5 6

Wahrscheinlichkeit (in %)

1,3 8,3 22 31,2 24,8 10,5 1,9

Normalverteilung: Das ist die bekannteste Wahrscheinlichkeitsverteilung.
– Wahrscheinlichkeitsdichte:

$$f(x) = \frac{1}{\sigma \sqrt{2\pi}} e^{-(x-m)^2/2\sigma^2}$$

in standardisierter Form ($m = 0$ und $\sigma = 1$):

$$f(x) = \frac{1}{\sqrt{2\pi}} e^{-x^2/2}$$

– Erwartungswert: m, standardisiert 1;
– Varianz: σ^2, standardisiert 1.
Poisson-Verteilung: Sie gibt die Wahrscheinlichkeit, daß Ereignisse gleicher Art in einer bestimmten Zeit n-mal auftreten, an. Dabei ist a ein Parameter, der gleich dem Mittelwert der Zufallsvariablen während der betrachteten Zeit ist.

$$P_n = \frac{a^n}{n!} e^{-a},$$

– Erwartungswert: a, Varianz: a.
Die Poissonverteilung stellt einen Grenzfall der Binomialverteilung unter der Voraussetzung dar, daß das fragliche Ereignis sehr selten auftritt. Mit Hilfe der ersteren kann man die Wahrscheinlichkeit für das Auftreten von Pannen bei der Telekommunikation oder von seltenen Ereignissen in der Meteorologie abschätzen.
X^2-Verteilung (Chi-Quadrat): Das ist die Wahrscheinlichkeitsverteilung der Variablen $X = X_1^2 + X_2^2 + \cdots + X_n^2$, wobei $X_1, X_2, \ldots X_n$ unabhängige Variablen mit dem Mittelwert 0 und der Varianz 1 sind.

– Wahrscheinlichkeitsdichte:

$$f_n(x) = \frac{1}{2^{n/2} \Gamma(n/2)} \cdot x^{(n/2)-1} \cdot e^{-x/2} \quad \text{mit} \quad \Gamma(n) = \int_0^\infty x^{n-1} \cdot e^{-x} dx,$$

– Erwartungswert: n, Varianz: $2n$.

Verteilungsfunktion der Normalverteilung

$$F(x) = \frac{1}{\sqrt{2\pi}} \int_{-\infty}^{x} e^{-u^2/2} du$$

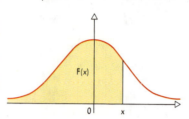

Wahrscheinlichkeitsdichte der Normalverteilung

$$f(x) = \frac{1}{\sqrt{2\pi}} e^{-x^2/2}$$

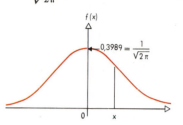

$0{,}3989 = \frac{1}{\sqrt{2\pi}}$

x	$F(x)$	x	$F(x)$	x	$F(x)$
−3,00	0,001	−0,64	0,261	0,68	0,752
−2,90	0,002	−0,62	0,268	0,70	0,758
−2,80	0,003	−0,60	0,274	0,72	0,764
−2,70	0,003	−0,58	0,281	0,74	0,770
−2,60	0,005	−0,56	0,288	0,76	0,776
−2,50	0,006	−0,54	0,295	0,78	0,782
−2,40	0,008	−0,52	0,302	0,80	0,788
−2,30	0,011	−0,50	0,309	0,82	0,794
−2,25	0,012	−0,48	0,316	0,84	0,800
−2,20	0,014	−0,46	0,323	0,86	0,805
−2,15	0,016	−0,44	0,330	0,88	0,811
−2,10	0,018	−0,42	0,337	0,90	0,816
−2,05	0,020	−0,40	0,345	0,92	0,821
−2,00	0,023	−0,38	0,352	0,94	0,826
−1,95	0,026	−0,36	0,359	0,96	0,831
−1,90	0,029	−0,34	0,367	0,98	0,836
−1,85	0,032	−0,32	0,374	1,00	0,841
−1,80	0,036	−0,30	0,382	1,02	0,846
−1,75	0,040	−0,28	0,390	1,04	0,851
−1,70	0,045	−0,26	0,397	1,06	0,855
−1,66	0,048	−0,24	0,405	1,08	0,860
−1,62	0,053	−0,22	0,413	1,10	0,864
−1,58	0,057	−0,20	0,421	1,12	0,869
−1,54	0,062	−0,18	0,429	1,14	0,873
−1,50	0,067	−0,16	0,436	1,16	0,877
−1,48	0,069	−0,14	0,444	1,18	0,881
−1,46	0,072	−0,12	0,452	1,20	0,885
−1,44	0,075	−0,10	0,460	1,22	0,888
−1,42	0,078	−0,08	0,468	1,24	0,892
−1,40	0,081	−0,06	0,476	1,26	0,896
−1,38	0,084	−0,04	0,484	1,28	0,900
−1,36	0,087	−0,02	0,492	1,30	0,903
−1,34	0,090	0,00	0,500	1,32	0,907
−1,32	0,093	0,02	0,508	1,34	0,910
−1,30	0,097	0,04	0,516	1,36	0,913
−1,28	0,100	0,06	0,524	1,38	0,916
−1,26	0,104	0,08	0,532	1,40	0,919
−1,24	0,107	0,10	0,540	1,42	0,922
−1,22	0,111	0,12	0,548	1,44	0,925
−1,20	0,115	0,14	0,556	1,46	0,928
−1,18	0,119	0,16	0,564	1,48	0,930
−1,16	0,123	0,18	0,571	1,50	0,933
−1,14	0,127	0,20	0,579	1,54	0,938
−1,12	0,131	0,22	0,587	1,58	0,943
−1,10	0,136	0,24	0,595	1,62	0,947
−1,08	0,140	0,26	0,603	1,66	0,952
−1,06	0,145	0,28	0,610	1,70	0,955
−1,04	0,149	0,30	0,618	1,75	0,960
−1,02	0,154	0,32	0,626	1,80	0,964
−1,00	0,159	0,34	0,633	1,85	0,968
−0,98	0,164	0,36	0,641	1,90	0,971
−0,96	0,169	0,38	0,648	1,95	0,974
−0,94	0,174	0,40	0,655	2,00	0,977
−0,92	0,179	0,42	0,663	2,05	0,980
−0,90	0,184	0,44	0,670	2,10	0,982
−0,88	0,189	0,46	0,677	2,15	0,984
−0,86	0,195	0,48	0,684	2,20	0,986
−0,84	0,200	0,50	0,691	2,25	0,988
−0,82	0,206	0,52	0,698	2,30	0,989
−0,80	0,212	0,54	0,705	2,40	0,992
−0,78	0,218	0,56	0,712	2,50	0,994
−0,76	0,224	0,58	0,719	2,60	0,995
−0,74	0,230	0,60	0,726	2,70	0,997
−0,72	0,236	0,62	0,732	2,80	0,997
−0,70	0,242	0,64	0,739	2,90	0,998
−0,68	0,248	0,66	0,745	3,00	0,999
−0,66	0,255				

$\pm x$	$f(x)$	$\pm x$	$f(x)$	$\pm x$	$f(x)$
0,00	0,398	1,34	0,162	2,68	0,011
0,02	0,398	1,36	0,158	2,70	0,010
0,04	0,398	1,38	0,153	2,72	0,009
0,06	0,398	1,40	0,149	2,74	0,009
0,08	0,397	1,42	0,145	2,76	0,008
0,10	0,397	1,44	0,141	2,78	0,008
0,12	0,396	1,46	0,137	2,80	0,007
0,14	0,395	1,48	0,133	2,82	0,007
0,16	0,394	1,50	0,129	2,84	0,007
0,18	0,392	1,52	0,125	2,86	0,006
0,20	0,391	1,54	0,121	2,88	0,006
0,22	0,389	1,56	0,118	2,90	0,006
0,24	0,387	1,58	0,114	2,92	0,005
0,26	0,385	1,60	0,110	2,94	0,005
0,28	0,383	1,62	0,107	2,96	0,005
0,30	0,381	1,64	0,104	2,98	0,004
0,32	0,379	1,66	0,100	3,00	0,004
0,34	0,376	1,68	0,097	3,02	0,004
0,36	0,373	1,70	0,094	3,04	0,003
0,38	0,371	1,72	0,090	3,06	0,003
0,40	0,368	1,74	0,087	3,08	0,003
0,42	0,365	1,76	0,084	3,10	0,003
0,44	0,362	1,78	0,081	3,12	0,003
0,46	0,358	1,80	0,079	3,14	0,003
0,48	0,355	1,82	0,076	3,16	0,002
0,50	0,352	1,84	0,073	3,18	0,002
0,52	0,348	1,86	0,070	3,20	0,002
0,54	0,344	1,88	0,068	3,22	0,002
0,56	0,341	1,90	0,065	3,24	0,002
0,58	0,337	1,92	0,063	3,26	0,002
0,60	0,333	1,94	0,060	3,28	0,001
0,62	0,329	1,96	0,058	3,30	0,001
0,64	0,325	1,98	0,056	3,32	0,001
0,66	0,320	2,00	0,054	3,34	0,001
0,68	0,316	2,02	0,051	3,36	0,001
0,70	0,312	2,04	0,049	3,38	0,001
0,72	0,307	2,06	0,047	3,40	0,001
0,74	0,303	2,08	0,045	3,42	0,001
0,76	0,298	2,10	0,044	3,44	0,001
0,78	0,294	2,12	0,042	3,46	0,001
0,80	0,289	2,14	0,040	3,48	0,000
0,82	0,285	2,16	0,038	3,50	—
0,84	0,280	2,18	0,037	3,52	—
0,86	0,275	2,20	0,035	3,54	—
0,88	0,270	2,22	0,033	3,56	—
0,90	0,266	2,24	0,032	3,58	—
0,92	0,261	2,26	0,031	3,60	—
0,94	0,256	2,28	0,029	3,62	—
0,96	0,251	2,30	0,028	3,64	—
0,98	0,246	2,32	0,027	3,66	—
1,00	0,242	2,34	0,025	3,68	—
1,02	0,237	2,36	0,024	3,70	—
1,04	0,232	2,38	0,023	3,72	—
1,06	0,227	2,40	0,022	3,74	—
1,08	0,222	2,42	0,021	3,76	—
1,10	0,217	2,44	0,020	3,78	—
1,12	0,213	2,46	0,019	3,80	—
1,14	0,208	2,48	0,018	3,82	—
1,16	0,203	2,50	0,017	3,84	—
1,18	0,198	2,52	0,016	3,86	—
1,20	0,194	2,54	0,015	3,88	—
1,22	0,189	2,56	0,015	3,90	—
1,24	0,184	2,58	0,014	3,92	—
1,26	0,180	2,60	0,013	3,94	—
1,28	0,175	2,62	0,012	3,96	—
1,30	0,171	2,64	0,012	3,98	—
1,32	0,166	2,66	0,011		

FORMELN UND FAKTEN

WIRTSCHAFT

SOZIALPRODUKT, VOLKSEINKOMMEN, GESAMTNACHFRAGE

Um die wirtschaftliche Situation eines Landes beurteilen und um Vergleiche über die Zeit hinweg sowie mit anderen Ländern anstellen zu können, braucht man eine Gesamtsicht der Wirtschaftstätigkeit. Das Produktionsergebnis eines Landes in einer bestimmten Periode und damit die wirtschaftliche Leistung diese Landes wird statistisch durch das Sozialprodukt erfaßt und gemessen. Dabei müssen je nach Art und Umfang der registrierten Wirtschaftstätigkeit sowie je nach Art der Fragestellung verschiedene Sozialproduktbegriffe unterschieden werden.

Sozialproduktbegriffe. Mißt man den Wert aller in einer bestimmten Periode im Inland erzeugten Endprodukte (im Sinne von Produkten, die nicht wieder im heimischen Produktionsprozeß verbraucht wurden), so erhält man das *Bruttoinlandsprodukt (BIP) zu Marktpreisen.* Es stellt das zu den jeweiligen Marktpreisen bewertete Produktionsergebnis aller im Inland eingesetzten Produktionsfaktoren dar. Errechnen läßt es sich aus den Produktionskonten der verschiedenen Wirtschaftssektoren als Summe der Nettoproduktionswerte (Bruttoproduktionswerte abzüglich Vorleistungen) aller im Inland tätigen Unternehmen und anderen Wirtschaftssektoren (Entstehungsberechnung). Da jedoch nicht alle im Inland existierenden Unternehmen auch Inländern gehören und umgekehrt Inländer auch aus dem Ausland Einkommen beziehen, muß man, um zum gesamten Produktionsergebnis der Inländer – dem *Bruttosozialprodukt (BSP) zu Marktpreisen* – zu gelangen, beim Bruttoinlandsprodukt die Erwerbs- und Vermögenseinkommen der Ausländer im Inland abziehen und die Erwerbs- und Vermögenseinkommen der Inländer aus dem Ausland hinzuaddieren. Das Bruttosozialprodukt mißt die wirtschaftliche Leistung der Bewohner eines Landes (also auch z. B. der ausländischen Arbeitnehmer, die hierbei als Inländer zählen) und stellt den international üblichen Gradmesser der wirtschaftlichen Leistungsfähigkeit eines Landes dar.

Gesamtnachfrage. Dieser volkswirtschaftlichen Gesamtleistung steht eine *Gesamtnachfrage* gegenüber. Sie setzt sich zusammen aus der Nachfrage von In- und Ausländern (einschließlich des Staates) nach Konsumgütern und nach Investitionsgütern zur Erhaltung und zur Erweiterung des volkswirtschaftlichen Produktivvermögens sowie aus der Nachfrage des Auslands nach inländischen Gütern, die durch Exporte befriedigt wird. Andererseits decken Importe einen Teil der Inlandsnachfrage. Die um die Importe verminderte Ausgabensumme von In- und Ausländern für Konsum- und Investitionsgüter sowie für Exporte muß wiederum dem Bruttosozialprodukt zu Marktpreisen exakt entsprechen (Verwendungsrechnung); denn neben dem Ausland gibt es nur die heimische Erzeugung als Bedarfsdeckungsmöglichkeit.

Soll die erreichte Produktionskapazität erhalten bleiben, so ist nicht das gesamte Bruttosozialprodukt frei verfügbar. Denn in diesem Fall wird ein Teil davon zum Ersatz abgenutzter Produktionsanlagen, das heißt zu Ersatzinvestitionen, benötigt. Als rechnerische Größe für die in einer Periode im Produktionsprozeß verbrauchten Produktionsanlagen dienen die Abschreibungen. Zieht man diese vom Brutto-

sozialprodukt zu Marktpreisen ab, so ergibt sich das *Nettosozialprodukt zu Marktpreisen.*

Volkseinkommen. Berücksichtigt man schließlich, daß bei der Produktion von Sachgütern und Dienstleistungen die Einkommen der Wirtschaftssubjekte entstehen, so wird klar, daß sich das Sozialprodukt auch als Summe aller Einkommen ergibt. Die Summe der Erwerbs- und Vermögenseinkommen aller Inländer, das heißt die Summe aller von Inländern empfangenen Löhne, Gehälter, Mieten, Gewinne und dergleichen, ergibt das *Volkseinkommen.* Diese Größe umfaßt somit alle für die Zurverfügungstellung von Produktionsfaktoren empfangenen Entgelte und wird deshalb auch als *Nettosozialprodukt zu Faktorkosten* oder als *Wertschöpfung* bezeichnet. Das Volkseinkommen errechnet sich daher auch als die Summe der Wertschöpfungen aller Wirtschaftssektoren im Inland, korrigiert um den Saldo der Erwerbs- und Vermögenseinkommen zwischen Inländern und Ausländern.

Sozialprodukt der Bundesrepublik Deutschland 1989 in Mrd. DM

Entstehung des Sozialprodukts

Bruttowertschöpfung	2 076 270
+ Nichtabzugsfähige Umsatzsteuer	137 560
+ Einfuhrabgaben	23 200
= Bruttoinlandsprodukt zu Marktpreisen	2 237 030
+ Saldo der Erwerbs- und Vermögenseinkommen zwischen In- und Ausland	22 370
= Bruttosozialprodukt zu Marktpreisen	2 260 400

Verwendung des Sozialprodukts

Privater Verbrauch (Konsum)	1 213 360
+ Staatsverbrauch	418 320
+ Bruttoanlageinvestition	462 930
+ Vorratsinvestitionen	25 120
+ Außenbeitrag (Exporte/Importe)	140 670
Bruttosozialprodukt zu Marktpreisen	2 260 400

Verteilung des Sozialprodukts

Einkommen aus unselbständiger Arbeit	1 176 090
+ Einkommen aus Unternehmertätigkeit und Vermögen	575 010
= Nettosozialprodukt zu Faktorkosten (Volkseinkommen)	1 751 100
+ Indirekte Steuern	278 360
./. Subventionen	45 760
= Nettosozialprodukt zu Marktpreisen	1 983 700
+ Abschreibungen	276 700
= Bruttosozialprodukt zu Marktpreisen	2 260 400

Wohlstand. Die Größe Sozialprodukt pro Kopf der Bevölkerung wird häufig im nationalen zeitlichen und im internationalen Vergleich als Wohlstandsindikator verwendet. Dieser Maßstab hat eine Vielzahl von Mängeln. Im zeitlichen Vergleich bedarf er einer Inflationsbereinigung. Im internationalen Vergleich bewirken zum Teil schon geringfügige Änderungen der Wechselkurse, daß sich die Reihenfolge der Nationen ändert. Die zur Sozialprodukterstellung aufgewandte Arbeitszeit, die Arbeitsintensität und auch die gegebene Arbeitslosigkeit werden nicht berücksichtigt. Das in einer Volkswirtschaft vorhandene Vermögen kommt in der Maßzahl nicht zum Ausdruck, ebenso nicht die Art der Wirtschafts- und Gesellschaftsordnung mit ihren Freiheitsrechten. Letztlich bestimmt der private Konsum die gegenwärtige Wohlfahrt wesentlich mit, während private und öffentliche Investitionen diese Konsum- und Wohlfahrtswirkung erst in der Zukunft haben. Während nichtmarktliche Leistungen (Hausarbeit, Hobbytätigkeit) durch das Sozialprodukt nicht erfaßt werden, erhöht ihr Ersatz durch marktliche Leistungen das Sozialprodukt.

Unter einer volkswirtschaftlichen Gesamtrechnung versteht man die kontenmäßige Erfassung der Güter- und Einkommensströme in einer Volkswirtschaft. Die volkswirtschaftliche Gesamtrechnung hat die Aufgabe, bei Abschluß einer Wirtschaftsperiode ein möglichst umfassendes, übersichtliches und hinreichend gegliedertes quantitatives Gesamtbild des wirtschaftlichen Geschehens zu geben. Sie stellt ein umfassendes Instrument der Wirtschaftsbeobachtungen dar und dient als wesentliche Grundlage für gesamtwirtschaftliche Analysen und Prognosen.

Ausgangspunkt für die volkswirtschaftliche Gesamtrechnung ist das Konzept des Wirtschaftskreislaufs, bei dem unter anderem die Vielzahl der Unternehmen und Haushalte in Sektoren zusammengefaßt wird, die ihrerseits wiederum durch Güter-, Geld- und Leistungsströme miteinander verbunden sind. Da eine Darstellung dieser Ströme in einem volkswirtschaft-

VOLKSWIRTSCHAFTLICHE GESAMTRECHNUNG

lichen Kreislaufschema bei einer Aufspaltung in eine größere Anzahl von Sektoren nicht mehr anschaulich ist, ist eine kreislauftheoretische Analyse der Zusammenhänge zwischen der Produktion, der Einkommensentstehung, der Einkommensverteilung und der Einkommensverwendung sowie der Finanzierungsvorgänge nur noch möglich im Rahmen einer nationalen Buchhaltung.

In der volkswirtschaftlichen Gesamtrechnung werden drei Sektoren unterschieden: der Unternehmenssektor, der staatliche Sektor und der private Haushalte. Alle drei Sektoren sind in Teilsektoren aufgespalten, und zwar der Unternehmenssektor in die eigentlichen Produktionsunternehmen, die Kreditinstitute und die Versicherungsunternehmen, der staatliche Sektor in die Teilsektoren Gebietskörperschaften und Sozialversicherung und der Sektor private Haushalte in die Teilsektoren private Haushalte im engeren Sinne und private Organisationen ohne Erwerbscharakter. In diesem letzten Teilsektor sind Organisationen wie Kirchen, politische Parteien und Gewerkschaften, Verbände und Vereine zusammengefaßt. Für jeden Teilsektor werden sieben Konten geführt, in denen die ökonomischen Aktivitäten Produktion, Einkommensentstehung, Einkommensverteilung, Einkommensumverteilung, Einkommensverwendung, Vermögensbildung sowie die Aufnahme und Gewährung von Krediten getrennt erfaßt werden. Damit ergeben sich bei der Aufspaltung in sieben Teilsektoren insgesamt 49 Konten. Diesen wird noch ein zusammengefaßtes Güterkonto vorgeschaltet und ein zusammengefaßtes Konto der übrigen Welt nachgeschaltet. Erfaßt und verbucht werden in der volkswirtschaftlichen Gesamtrechnung alle monetären Ströme zwischen den einzelnen Sektoren.

WIRTSCHAFT

PRODUKTIONSPOTENTIAL, GESAMTANGEBOT

Das Produktionspotential oder gesamtwirtschaftliche Leistungsvermögen gibt die Produktionsleistung an, die von einer Volkswirtschaft in einer Periode erbracht werden kann. Da Produktion ein Zusammenwirken der Produktionsfaktoren Arbeit, Kapital und Boden erfordert, hängt das Produktionspotential ab von 1) Menge und Qualität der verfügbaren Produktionsfaktoren; 2) deren technischen Kombinationsmöglichkeiten; 3) der Wirtschaftsstruktur.

Unter dem *Produktionspotential* wird aber in der Regel nicht das Produktionsergebnis verstanden, das kurzfristig bei maximaler Auslastung der Produktionsfaktoren und damit auch der Kapazität möglich wäre. Vielmehr kommt nur das Produktionsvolumen in Betracht, das unter normalen Arbeitsbedingungen möglich erscheint; der Grund hierfür ist nicht zuletzt ein wirtschaftspolitischer, da kurzfristige Mobilisierungen aller Kapazitätsreserven von kosten- und preissteigernden Sonderschichten, Überstunden, verringerten Wartungszeiten der Anlagen und Reibungsverlusten bei der Vorratswirtschaft begleitet sein können. Entsprechend seinen Bestimmungsfaktoren hängt die Veränderung des Produktionspotentials primär von der Veränderung des Bestands an Kapital (durch Investitionen) und an Arbeitskräften, von deren Arbeitszeit sowie vom technischen Fortschritt und vom Strukturwandel ab.

Gesamtangebot. Während das Produktionspotential die mögliche Inlandsproduktion angibt, zielt das *gesamtwirtschaftliche Angebot* auf die in einer Periode tatsächlich verfügbare Gütermenge ab. Da sich die Produktionspläne der Unternehmen primär an der in einer Periode als absetzbar erachteten Menge orientieren, wird das gesamtwirtschaftliche Angebot letztlich von der erwarteten Gesamtnachfrage bestimmt. Das Produktionspotential stellt somit eine nur kurzfristig überschreitbare Obergrenze des möglichen Inlandsangebots dar. Allerdings erweitert sich das tatsächliche Angebot bei Außenhandel um die Einfuhr, ebenso wie die Gesamtnachfrage auch die vom Ausland nachgefragten Güter umfaßt.

Ein Vergleich des Produktionspotentials mit der tatsächlich erzeugten Gütermenge (Bruttoinlandsprodukt) läßt erkennen, inwieweit die Produktionskapazitäten voll oder nur zum Teil ausgelastet sind, und gibt damit Aufschluß über die konjunkturelle Situation eines Landes. Entspricht die tatsächliche Produktion dem Produktionspotential oder liegt sie sogar leicht darüber, so befindet sich die Volkswirtschaft in einer Phase der Hochkonjunktur oder des Booms. Ist die tatsächliche Produktion dagegen wegen mangelnder Nachfrage geringer als das Produktionspotential, so befindet sich die Volkswirtschaft in einer konjunkturellen Erholungs- oder auch Schwächephase, die durch unterausgelastete Produktionsanlagen und Arbeitslosigkeit gekennzeichnet ist.

PREISINDEX

Eine Antwort auf die Frage, wann von Inflation gesprochen werden kann, verlangt neben Informationen über Einzelpreise einen zusammenfassenden zeitlichen Vergleich. Dieser wird dadurch erschwert, daß er sich auf sehr unterschiedliche Dinge beziehen muß; so kann es nötig sein, eine Preiserhöhung für den Liter Benzin, einen unveränderten Preis für die Tageszeitung und eine Preissenkung für einen Taschenrechner gegeneinander ›aufzurechnen‹, um einen Eindruck von der allgemeinen Preisentwicklung zu gewinnen. Das ›Aufrechnen‹ bliebe zum Beispiel den Verbrauchern überlassen, wenn ihr Urteil über die Preisentwicklung über eine repräsentative Umfrage ermittelt würde; allerdings wären ihre ›Aufrechnungen‹ im einzelnen nicht nachprüfbar und ihre Meinung möglicherweise beeinflußbar.

Als Ausgangspunkte für einen zusammenfassenden, nachvollziehbaren Vergleich von Einzelpreisentwicklungen bieten sich Wertangaben an. Aber beobachtbare Wertänderungen können sowohl auf Preis- als auch auf Mengenänderungen zurückgehen. Der Einfluß von Preis- auf Wertänderungen ist nur erkennbar, wenn ein unverändertes Mengengerüst, ein ›Warenkorb‹, mit den in verschiedenen Perioden beobachteten Preisen bewertet und die jeweiligen Gesamtwerte miteinander verglichen werden. Die Vergleichbarkeit läßt sich noch verbessern, indem das Verhältnis zwischen jedem Gesamtwert und dem Wert für eine Basisperiode ermittelt wird. Mit 100 multipliziert entsteht ein Preisindex, der für jede Periode die Preisniveauänderung gegenüber dem Basisjahr (mit der Indexziffer 100) anzeigt; Preisveränderungen zwischen anderen Perioden ergeben sich durch Division der entsprechenden Indexzahlen.

Preisindizes sind ebenfalls unvollständige Inflationsmaße, weil die von ihnen angezeigten Preisniveauänderungen von der Wahl der Basisperiode und des ›Warenkorbes‹ (des Wägungsschemas) abhängen. Ein verbreitetes, relativ umfassendes, verbrauchernahes Inflationsmaß ist der *Preisindex für die Lebenshaltung*. Hier wird der Warenkorb überwiegend nach den Wirtschaftsrechnungen von rund 1 000 Haushalten ermittelt. Diese führen im Auftrag des Statistischen Bundesamtes Buch über ihre monatlichen Ausgaben. Da ihre durchschnittliche Verbrauchsstruktur unter anderem von ihrem Einkommen sowie ihrer Größe und Zusammensetzung abhängen dürfte, werden Preisindizes für mehrere Haushaltstypen ermittelt. Die laufende Beobachtung des Ausgabeverhaltens erlaubt ständig kleinere Korrekturen der Warenkörbe; in größeren Abständen wird mit einer vollständigen Revision versucht, Änderungen im Verbraucherverhalten und im Angebot zu berücksichtigen. Wichtige Formeln sind Laspeyres- und Paasche-Index.

Geldmenge (in Milliarden DM)	1970	1989
Bargeldumlauf (ohne Kassenbestände der Kreditinstitute)	37	147
+ Sichteinlagen inländischer Nichtbanken	71	304
= Geldmenge M 1	108	451
+ Termingelder inländischer Nichtbanken mit Befristung unter 4 Jahren	65	325
= Geldmenge M 2	173	776
+ Spareinlagen inländischer Nichtbanken mit gesetzlicher Kündigungsfrist	118	479
= Geldmenge M 3	291	1 255

Quelle: Deutsche Bundesbank.

Der von der amtlichen Statistik verwendete Volumenindex, der auf den Statistiker Ernst Louis Étienne Laspeyres zurückgeht,

$$V_l = \frac{\sum_{i=1}^{n} p_{0i} \cdot q_{ti}}{\sum_{i=1}^{n} p_{0i} \cdot q_{0i}} \cdot 100$$

mißt die Veränderung von n (zum Beispiel Güter-)Mengen q_{ti} ($i = 1, 2, ..., n$) im Zeitablauf ($t = 1, 2, ...$), wobei zur Gewichtung die Preise p_{0i} dieser Mengen im Basiszeitraum $t = 0$ genommen werden. Er gibt somit als Preisindex die prozentuale Veränderung der Ausgaben für einen in der Basisperiode zusammengestellten ›Warenkorb‹ an. Demgegenüber mißt der nach Hermann Paasche genannte Preisindex die prozentuale Wertänderung eines in der Vergleichsperiode zusammengestellten Warenkorbs.

GELD

Der Bestand der in einer Volkswirtschaft zum Geld zählenden Aktiva wird als *Geldmenge* bezeichnet. Dazu zählen vor allem die in Umlauf befindlichen Banknoten und Münzen (Bargeld) sowie die Sichteinlagen bei Banken (Buchgeld) ohne die Kassenbestände der Kreditinstitute und deren Guthaben bei der Notenbank (Barreserve). Die Geldmenge spielt eine zentrale Rolle in der Geldtheorie, in der Änderungen der Zinsen, des Wechselkurses, des Preisniveaus und der Produktion mit Änderungen der Geldmenge in Zusammenhang gebracht werden. Allerdings gibt es keine allgemein akzeptierte ein-

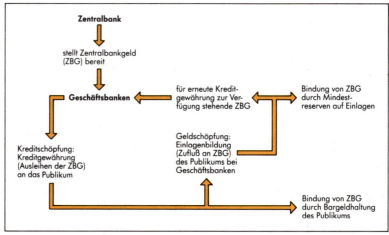

∧ · **Die Rolle der Banken bei der ›Geldschöpfung‹.**

FORMELN UND FAKTEN

heitliche Abgrenzung der Geldmenge. Als *Zentralbankgeldmenge (Geldbasis)* bezeichnet man die Summe bestimmter Passiva der Zentralbank, insbesondere den Bargeldumlauf und die Zentralbankeinlagen von Kreditinstituten. Die Zentralbankgeldmenge ist ein wichtiger Aspekt für die Bestimmung der Geldmenge im Prozeß der Geldschöpfung.

Geldwirkungen. Die Analyse von Geldnachfrage und Geldangebot bildet die Grundlage für die Theorie der Geldwirkungen. *Geldnachfrage* bezeichnet dabei die Bereitschaft der Wirtschaft, einen bestimmten Umfang an Geld zu halten (Kassenhaltung). Allgemein nimmt die Geldnachfrage mit steigendem Einkommen und sinkendem Zins zu. *Geldangebot* bezeichnet die Bereitschaft des Bankensystems, Passiva zu halten, die zum Geld zählen. Das Geldangebot hängt vor allem vom durch die Notenbank bereitgestellten Zentralbankgeldvolumen sowie von den im Bankgeschäft erzielbaren Zinsen ab. Mit steigender Zentralbankgeldmenge und zunehmenden Kreditzinsen (abnehmenden Einlagenzinsen) steigt meist das Geldangebot.

Die Geldwirkungen werden kontrovers diskutiert. Ausgangspunkt ist die offenkundige Beziehung $Y \cdot P = u \cdot M$. Danach ist der Nominalwert des Gesamteinkommens einer Volkswirtschaft, der sich als Produkt aus dem Realeinkommen *(Y)* und dem Preisniveau *(P)* berechnen läßt, stets gleich dem Produkt aus der nominalen Geldmenge *(M)* und deren Umlaufgeschwindigkeit *(u)*. Hierbei kann der Quotient $Y \cdot P/u$ als Geldnachfrage und M als Geldangebot betrachtet werden.

Die *Quantitätstheorie* geht von zwei Annahmen aus: Das Realeinkommen (und damit das Beschäftigungsvolumen) ist unabhängig von Bewegungen des Preisniveaus, kann also aus monetärer Sicht als konstant betrachtet werden; die Umlaufgeschwindigkeit ist nicht zinsabhängig, sondern konstant. Unter diesen Bedingungen führen Veränderungen der Geldmenge zu proportionalen Variationen des Preisniveaus, während Zinssatz und Realeinkommen unverändert bleiben. Der *Geldwert* $(1/P)$ bewegt sich umgekehrt zur Geldmenge. Geld ist insofern ›neutral‹, als es auf realwirtschaftliche Variable (Beschäftigung, Realeinkommen) nicht wirkt (›Geldschleier‹). Geldpolitik kann somit nur auf die Entwicklung des Preisniveaus gerichtet sein.

Die *Liquiditätspräferenztheorie* nimmt dagegen eine positive Verknüpfung zwischen Preisniveau und Realeinkommen an und unterstellt, daß die Umlaufgeschwindigkeit positiv vom Zins abhängt. Unter diesen Bedingungen zeigt eine Zunahme der Geldmenge drei Effekte: Das Preisniveau steigt, das Zinsniveau sinkt und das Realeinkommen steigt. Geld ist so gesehen nicht ›neutral‹: Geldpolitik kann nicht nur auf die Entwicklung des Preisniveaus, sondern auch auf die Entwicklung des Realeinkommens und damit auf die Beschäftigung gerichtet sein.

BANKEN UND BÖRSENWESEN

Banken sind Unternehmen für Geldanlage und Finanzierung sowie für die Durchführung des bargeldlosen Zahlungsverkehrs. Nach allgemeinem Sprachgebrauch sind Banken weitgehend identisch mit Kreditinstituten, doch wird zuweilen auch der Begriff Bank dem der Sparkasse gegenübergestellt und die Bezeichnung Kreditinstitut als Oberbegriff verwendet.

Bankgeschäfte. Als Bankgeschäfte gelten vor allem Einlagen-, Kredit-, Diskont-, Effekten-, Depot-, Investment-, Garantie- und Girogeschäfte. Betriebswirtschaftlich werden die Bankgeschäfte eingeteilt in *Aktivgeschäfte* (Gewährung von Kontokorrent-, Diskont-, Lombard-, Aval- und Akzeptkrediten sowie von langfristigen Krediten mit oder ohne Sicherung durch Grundpfandrechte), *Passivgeschäfte* (Entgegennahme von Sicht-, Termin- und Spareinlagen, Ausgabe von Sparbriefen, Pfandbriefen, Kommunalobligationen) und *Dienstleistungsgeschäfte* (Zahlungsverkehrs- und Inkassogeschäfte, Wertpapiergeschäfte wie Effektenhandel für fremde Rechnung, Depot-, Emissions-, Geldwechselgeschäfte; Anlageberatung, Vermögensverwaltung, Beratung in Finanzierungsfragen, Treuhänderaufgaben).

Arten von Banken. Nach der Art der Bankgeschäfte wird unterschieden zwischen Universalbanken, auch Geschäftsbanken genannt (Universalbanksystem), und Spezialbanken (Trennbanksystem). *Universalbanken* betreiben praktisch alle Bankgeschäfte, mit Ausnahme der Notenausgabe. *Spezialbanken* haben sich dagegen auf bestimmte Geschäfte spezialisiert: 1) Depositenbanken (zum Beispiel in Großbritannien, in den USA) betreiben vorwiegend das Einlagen- und Kreditgeschäft, daneben auch Zahlungsverkehrsgeschäfte; Gründungs-, Emissions- und Beteiligungsgeschäfte werden von ihnen grundsätzlich nicht vorgenommen; 2) Effektenbanken oder Finanzierungsbanken dienen vor allem der Unternehmensfinanzierung; 3) Hypothekenbanken und öffentlich-rechtliche Grundkreditanstalten, auch Realkreditinstitute genannt, beschaffen sich ihre Finanzmittel vorwiegend durch Ausgabe von Pfandbriefen und Kommunalobligationen; ihre Finanzmittelanlage besteht in der Vergabe von Hypothekenkrediten und Kommunaldarlehen; 4) Schiffspfandbriefbanken, die den Schiffbau durch Gewährung von Schiffshypothekarkrediten finanzieren; 5) Außenhandelsbanken; 6) Teilzahlungsbanken; 7) Kreditinstitute mit Sonderaufgaben, die insbesondere Aufgaben des öffentlichen Interesses erfüllen. Nach der Rechtsform unterscheidet man zwischen privaten, öffentlich-rechtlichen und genossenschaftlichen Kreditinstituten.

Volkswirtschaftliche Bedeutung. Die volkswirtschaftliche Bedeutung der Banken liegt vor allem in der Vermittlungsfunktion von Angebot und Nachfrage nach Geld und Kapital, wobei die Banken eine Transformation in mehrfacher Hinsicht vornehmen: 1) Fristentransformation, indem kürzerfristig überlassene Gelder (Sicht-, Termin-, Spareinlagen) für längerfristige Kredite verwendet werden; 2) Losgrößentransformation, das heißt Umwandlung der vielfach relativ kleinen Beträge der Einleger, besonders der Sparer, in die für Kreditnehmer notwendigen größeren Summen; 3) Risikotransformation, indem die von Kunden den Banken überlassenen Gelder auf eine große Zahl Kreditsuchender verteilt werden, so daß sich das Ausfallrisiko insgesamt verringert; zudem sorgen Sicherungseinrichtungen der einzelnen Kreditinstitutgruppen dafür, daß kein privater Einleger bei einer Bankinsolvenz sein Geld verliert (Einlagensicherung). Darüber hinaus übernehmen die Banken die volkswirtschaftlich wichtige Abwicklung des bargeldlosen Zahlungsverkehrs und bieten wichtige Beratungsleistungen für Unternehmen und Privatpersonen. Aufgrund ihrer besonderen Stellung und Bedeutung für die Gesamtwirtschaft unterliegen die Banken in den meisten Ländern einer staatlichen Kontrolle (Bankenaufsicht).

Notenbank. Ursprünglich wurde jede Bank, die das Recht zur Ausgabe von Banknoten hatte, als Notenbank bezeichnet. Heute ist in fast allen Staaten dieses Notenausgaberecht bei einer vom Staat errichteten und/oder kontrollierten *Zentralnotenbank (Zentralbank, Nationalbank)* monopolisiert (Notenprivileg, Notenausgabemonopol). Aufgaben einer solchen Zentralnotenbank sind: Versorgung der Wirtschaft mit Zahlungsmitteln, Erleichterung der Abwicklung des Zahlungsverkehrs, Regulierung des Geldvolumens entsprechend den Bedürfnissen der Wirtschaft, Sicherung der Stabilität des inneren und äußeren Wertes der Währung (nach Auffassung des Keynesianismus auch Einbeziehung in die antizyklische Konjunkturpolitik), Ausgleich der Zahlungsbilanz, Verwaltung der nationalen Währungsreserven. Notenbanken sind letzte Refinanzierungsquelle der Kreditinstitute (›Bank der Banken‹), übernehmen wirtschaftsstatistische Aufgaben, sind in die Bankenaufsicht einbezogen, fungieren als ›Hausbank‹ des Staates (zum Beispiel Abwicklung des Giroverkehrs für den Staat) und übernehmen auch die Vertretung eines Landes bei internationalen Währungsinstitutionen und -konferenzen.

Effekten. Dies ist die Bezeichnung für Wertpapiere, die leicht übertragbare Urkunden über Mitgliedschafts-, Forderungs- oder Anteilsrechte sind, sich wegen ihrer Vertretbarkeit (Fungibilität) zum Handel an der Börse eignen und der Kapitalanlage dienen. Die wichtigsten Arten sind Aktien, also Wertpapiere über Mitgliedschaftsrechte (Teilhabereffekten), Schuldverschreibungen auf den Inhaber, besonders Pfandbriefe sowie Obligationen öffentlich-rechtlicher Körperschaften oder von Industrieunternehmen (Gläubigereffekten), schließlich Zertifikate über einen Anteil an einem Investmentfonds.

Die *Aktie* ist der Anteil des Aktionärs am Grundkapital einer Aktiengesellschaft (AG). Die Summe der Nennbeträge aller Aktien ist gleich dem Betrag des Grundkapitals der Aktiengesellschaft. Die Aktie verkörpert gleichzeitig die Gesamtheit der durch die Mitgliedschaft des Aktionärs (aus Mitunternehmerschaft) entstehenden Rechte und Pflichten. Sie ist ein Wertpapier, in dem die Mitgliedschaftsrechte verbrieft sind. In der Bundesrepublik Deutschland sind Aktien überwiegend Inhaberaktien, die durch formlose Übereignung von Hand zu Hand gehen. Der Markt, an dem sie im großen gehandelt werden, ist die Börse (Aktienmarkt). Die auf den Namen des Aktionärs laufenden Namensaktien sind schwerer übertragbar. Die Stellung des Aktionärs ist auf seiner Kapitalbeteiligung aufgebaut. Seine Rechte sind Vermögensrechte: Gewinnanteilsrecht (Dividende), Bezugsrecht bei Ausgabe neuer Aktien und Anteilsrecht am Abwicklungserlös bei Auflösung der Aktiengesellschaft sowie Mitverwaltungsrechte: Recht auf Teilnahme an der Hauptversammlung, Stimmrecht und Auskunftsrecht.

Festverzinsliche Wertpapiere, Rentenpapiere, Rentenwerte oder *Renten* sind mittel- und langfristige Schuldverschreibungen, die neben der Rückzahlungsverpflichtung einen für die gesamte Laufzeit gleichbleibenden, bereits bei der Emission festgelegten Zinsertrag verbriefen (zum Beispiel öffentliche Anleihen, Pfandbriefe, Kommunal- und Industrieobligationen). Die Zinszahlung erfolgt halbjährlich oder (heute überwiegend) jährlich, die Tilgung zu einem im voraus festgelegten Termin oder nach einem bestimmten Tilgungsplan (zum Beispiel etappenweise durch Auslosung). Renten werden in kleiner Stückelung – meist ab 100 DM Nennwert – emittiert und während ihrer Laufzeit an den Börsen, am sogenannten Rentenmarkt, gehandelt.

1211

FORMELN UND FAKTEN

WIRTSCHAFT

Kurszettel. Der Kurszettel (Kursblatt) ist eine regelmäßig veröffentlichte Liste der Kurse von Wertpapieren, Devisen und Waren. Im amtlichen Kurszettel werden Wertpapiere und Waren notiert, die zum Handel an der Börse offiziell zugelassen sind. Kurszettel des geregelten Marktes und des Freiverkehrs enthalten Kurse von Wertpapieren und Waren, die entweder zum amtlichen Börsenhandel nicht zugelassen sind oder außerhalb der amtlichen Börsenzeiten gehandelt werden und im amtlichen Kurszettel nicht erscheinen. Der Effektenkurszettel führt die Notierung, die Kursbewegungen sowie andere Börsenvorgänge in abgekürzter Form auf, die jeweils den Einzelnotierungen als Erläuterungen beigefügt sind (siehe nebenstehende Übersicht von Kurszusätzen und -hinweisen). Man unterscheidet zwischen Kursen, zu denen Abschlüsse (Umsätze) zustande gekommen sind *(bezahlte Kurse),* und Kursen, zu denen nur Angebot und Nachfrage vorlag, ohne daß Abschlüsse getätigt wurden. Steht dem Angebot keine Nachfrage gegenüber, spricht man von *Briefkurs;* ist zwar Nachfrage vorhanden, aber kein Angebot, so spricht man von *Geldkurs.*

Der Kurszettel gibt nicht nur Aufschluß über die am Tag und am Vortag festgestellten Kurse, sondern enthält auch die Merkmale der dort aufgeführten Papiere. Die Wertpapiere sind nach ihren Börsennamen aufgeführt. Das gilt besonders für Schuldverschreibungen, denen Gattungsnamen, zum Beispiel der Jahrgang der Ausgabe, Reihe, Serie und Emission, beigefügt sind. Die den einzelnen Aktien vorgeordneten Spalten geben Aufschluß über die Höhe des Aktienkapitals in Millionen DM und über Kapitalberichtigungen, über die letzte Dividende sowie den Tag der Hauptversammlung. In einer anderen Spalte ist das Geschäftsjahr des betreffenden Papieres vermerkt.

AUSSENWIRTSCHAFT

Zahlungsbilanz. Die Staaten leben nicht voneinander isoliert in einem abgeschlossenen System. Sie unterhalten in Form von Waren- und Kapitalaustausch wirtschaftliche Beziehungen zu anderen Ländern. Die Gesamtheit dieser Transaktionen mit dem Ausland wird in der Zahlungsbilanz dargestellt.

Die *Zahlungsbilanz* verzeichnet verschiedene Ströme und die Änderungen zwischen zwei gegebenen Zeitpunkten. Entsprechend der Art der Transaktionen wird die Zahlungsbilanz, die von der Deutschen Bundesbank erstellt und veröffentlicht wird, in folgende Teilbilanzen untergliedert: 1) Die *Handelsbilanz* enthält die Warenströme an das Ausland (Ausfuhr, Export) und die Warenströme vom Ausland (Einfuhr, Import). 2) In der *Dienstleistungsbilanz* werden die ›unsichtbaren‹ Exporte und Importe (zum Beispiel Touristenverkehr, Transportleistungen, Kapitalerträge, Patent- und Lizenzgebühren) verbucht. 3) In der *Übertragungsbilanz (Bilanz der unentgeltlichen Leistungen)* werden unter anderem Entwicklungshilfe, Zahlungen an internationale Organisationen und Überweisungen ausländischer Arbeitnehmer erfaßt. 4) Die *Bilanz des kurzfristigen Kapitalverkehrs* ist die Aufzeichnung von Änderungen der Forderungen und Verbindlichkeiten zwischen Inländern und Ausländern mit einer ursprünglich vereinbarten Laufzeit bis zu einem Jahr. 5) In der *Bilanz des langfristigen Kapitalverkehrs* werden die Forderungen vom Inland an das Ausland (zum Beispiel Kreditgewährung) und die Forderungen von Ausländern an Inländer (zum Beispiel Kreditaufnahme eines inländischen Unternehmers

bei einer ausländischen Bank) ausgewiesen. 6) Die *Devisenbilanz* ist jene Teilbilanz der Zahlungsbilanz, die die Veränderungen des Gold- und Devisenbestandes der Zentralbank ausweist. Aus dieser Bilanz ist zu entnehmen, ob ein Zahlungsbilanzgleichgewicht (außenwirtschaftliches Gleichgewicht) vorliegt. 7) Da die statistische Erfassung der einzelnen Posten der Teilbilanzen unvollständig und mit Ermittlungsfehlern behaftet ist, wird die im Regelfall auftretende Restgröße als Saldo gesondert registriert.

Aus den Zahlungsbilanz sind Auskünfte über die Verflechtung der heimischen Volkswirtschaft mit dem Ausland und über strukturelle Entwicklungen der internationalen Transaktionen im Zeitverlauf zu entnehmen. Sie dient somit den Trägern der Wirtschaftspolitik als Orientierungshilfe, da wirtschaftspolitische Maßnahmen häufig durch die Zahlungsbilanzsituation bedingt bzw. beeinflußt werden. Zur Verbesserung des Informations-

Die wichtigsten Kurszusätze und Kurshinweise auf dem Kurszettel

bez., bz., b = bezahlt; zum angegebenen Kurs sind Abschlüsse erzielt worden, Angebot und Nachfrage haben sich ausgeglichen.

G, g = Geld; zum angegebenen Preis war Nachfrage vorhanden, doch stand dem kein Angebot gegenüber, so daß es nicht zu Abschlüssen kam. Gleichbedeutend mit G ist ›gefragt‹ oder ›gesucht‹.

B, Br = Brief; zum angegebenen Preis bestand Angebot, aber zu diesem Preis kam keine Abschlüsse. Für Brief werden auch die Abk. P (Papier) oder W (Ware) verwandt.

bez. G, bz. G, bG = bezahlt Geld; Abschlüsse erfolgten, doch konnte ein Teil der Nachfrage nicht befriedigt werden.

bez. B, bz. B, bB = bezahlt Brief; Abschlüsse erfolgten, doch konnte ein Teil des Angebots nicht untergebracht werden, so daß noch Material verfügbar blieb.

etw., et., e = etwas; zum angegebenen Preis sind nur kleine Posten gehandelt worden; wird besonders vermerkt, um dem Kurs keine der Sachlage nicht entsprechende Wichtigkeit beizulegen.

etw. bz. = etwas bezahlt; nur kleinere Abschlüsse erfolgten.

etw. bz. G = etwas bezahlt Geld; kleinere Abschlüsse erfolgten, relativ viel Nachfrage blieb unbefriedigt.

etw. bz. B = etwas bezahlt Brief; kleinere Abschlüsse erfolgten, doch konnte verhältnismäßig viel Angebot nicht untergebracht werden. Entsprechend: **etw. bz. P** = etwas bezahlt Papier.

E = beim Kurs: Einheitsnotierung; beim Aktienkapital: Kapitalentwertungskonto.

F = zur fortlaufenden Notierung zugelassen (Berlin, Frankfurt).

J = Jungscheine.

N = neue Aktien ausgegeben, aber noch nicht lieferbar.

n = nur bestimmte Nummern oder Serien lieferbar.

T = Taxkurs, geschätzter Kurs, keine Umsätze.

V = Verlosung oder variable Notierung.

– = zur Zeit ohne Notiz; aus wichtigem Grund auf Anordnung des Börsenvorstandes oder der Zulassungsstelle gestrichen; keine Abschlüsse (man kennt hier auch: – m. N. = gestrichen mangels Nachfrage; – m. M. = gestrichen mangels Material; oder – G = gestrichen Geld, wegen überwiegender Nachfrage; – B = gestrichen Brief, wegen überwiegenden Angebots).

* = kleine Beträge ohne Umsatz (Düsseldorf).

o. U. = ohne Umsatz (Berlin).

■ = der Kurs wurde berichtigt.

◐, + = Stücknotiz in DM je Aktie.

● = zum Optionshandel zugelassen.

X = Kapitalzusammenlegung. Kurs bezieht sich noch auf die alten Aktien.

□, r, rat., rep. = rationiert oder repariert; das Angebot (**ratB**) oder die Nachfrage (**ratG**) konnte im bekanntgegebenen nicht befriedigt werden, sondern nur in bestimmtem Verhältnis zum bekundeten Bedarf oder zum vorhandenen Material.

Δ = Gesellschaften mit Vorzugsaktien, die an der Börse nicht amtlich gehandelt werden.

exDiv, exD = im Kurs ist die Dividende für das letztvergangene Geschäftsjahr nicht mehr enthalten.

exB = nach Kursabschlag für Bezugsrecht (auch **exBR, exBez**) oder für Berichtigungsaktien (auch **exBA**).

☑ = Gesellschaft hat die Insiderrichtlinien nicht anerkannt.

Kl. = Kleinigkeiten; Hamburger Börse; Zusatz bei Umsätzen, die unter den börsenmäßigen Schlüssen lagen.

wertes können verschiedene Teilbilanzen zusammengefaßt werden. So ergibt der Saldo der zusammengefaßten (konsolidierten) Handels- und Dienstleistungsbilanz den *Außenbeitrag* einer Volkswirtschaft an. Die Konsolidierung des Handels-, Dienstleistungs- und Übertragungsbilanz wird als *Leistungsbilanz (Bilanz der laufenden Transaktionen)* bezeichnet. Eine aktive (passive) Leistungsbilanz ist dann gegeben, wenn die Summe aus Warenexport, Dienstleistungsexport und empfangenen Übertragungen größer (kleiner) ist als die Summe aus Waren- und Dienstleistungsimport zuzüglich der geleisteten Übertragungen.

Die Bilanz der laufenden Transaktionen erfaßt alle definitiven Geschäfte eines Landes, also alle Geschäfte, die (im Gegensatz zu den Kapitalbewegungen) später nicht zu einem Fluß in umgekehrter Richtung führen. Durch den Saldo dieser Bilanz kann man erkennen, ob ein Land über seine Verhältnisse lebt oder nicht. Da die Zahlungsbilanz zwangsweise ausgeglichen dargestellt wird – entsprechend

den Buchhaltungsregeln – ist ein Defizit der laufenden Transaktionen ein Anzeichen für einen Überschuß bei den Kapitalbewegungen. Umgekehrt zeigt ein Land, das bei den laufenden Transaktionen einen Kredit verzeichnet, daß hier eine überschüssige Sparkapazität vorhanden ist.

In der *Kapitalbilanz* werden die Bewegungen des langfristigen Kapitalverkehrs brutto, das heißt getrennt nach Zunahme (Neuanlage) und Abnahme (Tilgung, Liquidation) von Forderungen bzw. Verbindlichkeiten, dargestellt. Der kurzfristige Kapitalverkehr zeigt lediglich die bereinigten Nettobestandsveränderungen an kurzfristigen Forderungen und Verbindlichkeiten. Als Saldo der Kapitalbilanz erhält man die Zu- oder Abnahme des Nettoauslandsvermögens bzw. der Nettoauslandsschulden. Es hat sich gezeigt, daß ein Überschußsaldo bei den Kapitalbewegungen allgemein einem Defizit bei den laufenden Transaktionen entspricht. Dieses Ungleichgewicht

wird also mit Hilfe von Fremdmitteln finanziert, die später zurückgezahlt werden müssen. Ein Land, das sich im Ausland hoch verschuldet, verbessert so seine Kapitalbilanz. Im Gegensatz dazu kann ein Negativsaldo in dieser Bilanz ein Zeichen dafür sein, daß dieses Land sehr hohe Investitionen im Ausland tätigt; dieser Export von Kapital kann zu späteren Einkünften führen.

Die *Grundbilanz* umfaßt die Ergebnisse der Bilanz der laufenden Transaktionen und die langfristigen Kapitalbewegungen. Sie zeigt die von kurzfristigen Schwankungen bereinigte charakteristische außenwirtschaftliche Situation einer Volkswirtschaft auf.

Außenwirtschaftliches Gleichgewicht. Dies ist ein Zustand, in dem sich bei konstanten Wechselkursen die Zahlungsbilanz im Gleichgewicht befindet, ohne daß die Notenbank zahlungsbilanzbedingte Transaktionen vornehmen müßte, ohne daß Außenhandel und Zahlungsverkehr beschränkt sind, ohne

FORMELN UND FAKTEN

daß Eingriffe zur Stützung des Wechselkurses erfolgen und ohne daß sich unmittelbare Nachteile für die übrigen binnenwirtschaftlichen Ziele (zum Beispiel Preisniveaustabilität) ergeben. Da die Zahlungsbilanz als statistische Übersicht immer ausgeglichen ist, kommt den Teilbilanzen besondere Bedeutung zu. Je nachdem, ob nur der langfristige oder auch der kurzfristige Kapitalverkehr einbezogen wird, bedeutet *außenwirtschaftliches Gleichgewicht,* daß die Grundbilanz (Leistungs- und langfristige Kapitalbilanz) ausgeglichen ist oder der Saldo der Gold- und Devisenbilanz null beträgt (keine Änderung der Währungsreserven). Um ein außenwirtschaftliches Gleichgewicht zu erreichen, muß die Bundesrepublik Deutschland einen Überschuß in der Handels- und Dienstleistungsbilanz erwirtschaften, um die in der Regel hohen Defizite in der Übertragungsbilanz (unter anderem bedingt durch Heimatüberweisungen ausländischer Arbeitnehmer, Entwicklungshilfezahlungen) und teilweise in der Kapitalbilanz ausgleichen zu können.

Wechselkurs. Der Wechselkurs ist der Preis einer Währung, ausgedrückt in einer anderen Währung (Preis der Inlandswährung je Einheit ausländischer Währung, zum Beispiel 1,50 DM je US-Dollar). Bei der Mengennotierung gibt der Wechselkurs die Menge an inländischer Währung an, die zum Erhalt einer ausländischen Währungseinheit erforderlich ist.

Der Wechselkurs ist somit eine Größe, die die inländischen Preise der im Ausland produzierten Güter (Importgüter) ebenso wie die in ausländischen Währungseinheiten ausgedrückten Preise der exportierten Güter beeinflußt: Er ist somit für das Ausmaß der internationalen Waren- und Dienstleistungsströme mitbestimmend. Je nach Wechselkurssystem unterscheidet man feste und flexible Wechselkurse. Änderungen des Wechselkurses werden in der Regel dann vorgenommen, wenn sich die Zahlungsbilanz im Ungleichgewicht befindet. Bei einer Abwertung (Aufwertung) wird der Kurs der inländischen Währung gegenüber den ausländischen Währungen (Wechselkursparität) vom Staat heraufgesetzt (herabgesetzt). Der Preis für eine ausländische Währungseinheit, ausgedrückt in inländischer Währung, steigt (sinkt). Dadurch fällt (steigt) der Außenwert der inländischen Währung. Das hat zur Folge, daß die Einfuhren teurer (billiger), die Ausfuhren billiger (teurer) werden. Eine Abwertung (Aufwertung) ist immer dann erforderlich, wenn die Zahlungsbilanz über eine längere Zeit defizitär ist (einen Überschuß ausweist). Bei flexiblen Wechselkursen gibt es keine Abwertung durch Paritätsveränderung, sondern eine permanente Ab- bzw. Aufwertung, die sich aus dem Zusammenspiel von Angebot und Nachfrage auf dem Devisenmarkt ergibt.

Freihandel und Protektionismus. Während Freihandel durch das Prinzip der vollkommenen Handelsfreiheit im zwischenstaatlichen Warenverkehr gekennzeichnet ist, beschreibt Protektionismus eine Wirtschaftspolitik, die dem Schutz der Binnenwirtschaft vor ausländischer Konkurrenz dient. Maßnahmen sind unter anderem Zölle, Kontingentierung, Einfuhrbeschränkungen, Devisenbewirtschaftung. Die Entstehung des Freihandels ist auf der Grundlage des Wirtschafsliberalismus in Abkehr vom Protektionismus zu sehen. Die Befreiung des internationalen Warenaustauschs von Kontrollen und Regulierungen und die Durchsetzung des freien Wettbewerbs sollen zu einer internationalen Arbeitsteilung mit optimaler Produktion und größtmöglichem Wohlstand führen. Grundlage ist die *Theorie der komparativen Kosten,* nach der

sich die einzelnen Länder bei freier internationaler Konkurrenz auf die Produktion derjenigen Güter mit den im internationalen Vergleich größten Kostenvorteilen spezialisieren.

BETRIEBLICHES RECHNUNGSWESEN

Buchführung. Die Buchführung (Buchhaltung) ist eine chronologisch und sachlich gegliederte Rechnung, die anhand lückenloser Aufzeichnungen (Belege) die Bestände sowie die Veränderungen der Vermögenswerte, der Fremdkapitalien und des Eigenkapitals sowie die positiven und negativen Erfolgsbeiträge (Aufwendungen und Erträge bzw. Kosten und Leistungen) einer Wirtschaftseinheit erfaßt. Aufgaben der Buchführung sind vor allem Dokumentation der Geld- und Güterbewegungen, Rechenschaftslegung, Schaffung der Grundlagen für die Gewinnermittlung und Besteuerung.

Die Geschäftsbuchführung erfaßt den gesamten Geschäftsverkehr mit der betrieblichen Umwelt anhand der damit verbundenen baren und unbaren Geldbewegung (*Pagatorik*). Sie führt zum Jahresabschluß nach den Grundsätzen von Handels- und Steuerrecht. Die Betriebsbuchführung bildet die betrieblichen Produktions- und Absatzvorgänge ab (Kosten- und Leistungsrechnung, Betriebsergebnisrechnung).

Die *doppelte Buchführung (Doppik)* hat von allen Systemen die größte praktische Bedeutung erlangt und wird in der Wirtschaft beinahe ausnahmslos angewendet. Grundlegende Darstellungsform ist das Konto, ein zweiseitiges Rechnungsschema mit einer Soll- (linke Seite) und einer Habenseite (rechte Seite). Es nimmt Bestand und Veränderungen eines ökonomischen Sachverhaltes (zum Beispiel Zahlungseingänge in bar) getrennt nach positivem und negativem Vorzeichen auf (zum Beispiel Erhöhung des Kassenbestandes oder Verminderung der Forderungen). Die Differenz zwischen der Soll- und der Habenseite, das heißt die Differenz zwischen der Summe aus Anfangsbestand und positiven Veränderungen einerseits sowie negativen Veränderungen andererseits, ergibt den Endbestand *(Saldo).* Nach betriebswirtschaftlichen Überlegungen sollen auf einem Konto im Rahmen der Buchführung nur gleiche ökonomische Sachverhalte erfaßt werden *(reines Konto;* zum Beispiel das Kassenkonto, das ausschließlich Geldeingänge und -ausgänge abbildet); Gegensatz: *gemischte Konten* (zum Beispiel das gemischte Warenkonto, das Bestands- und Erfolgsgrößen beinhaltet). Man unterscheidet weiterhin Bestandskonten (Konten der Bilanz, zum Beispiel Grundstücke, Forderungen, Waren, Kasse, Eigenkapital, Verbindlichkeiten) und Erfolgskonten (Konten der Gewinn-und-Verlust-Rechnung, zum Beispiel Umsatzerträge, Zinserträge, Materialaufwand, Löhne, Gehälter, Steuern). Der Terminus ›doppelte Buchführung‹ kann auf mehrfache Weise gedeutet werden: Der Periodenerfolg wird ›doppelt‹ ermittelt, einmal durch Abschluß der Bestandskonten in der Bilanz, zum anderen durch Abschluß der Erfolgskonten in der Gewinn-und-Verlust-Rechnung. Jeder Geschäftsvorfall wird doppelt festgehalten, einmal im Grundbuch (zeitliche Ordnung der Bucheintragungen auf Grundlage der Belege) und zum anderen im Hauptbuch (sachliche Ordnung der Buchungen auf Sachkonten). Die doppelte Buchführung geht davon aus, daß jeder Vorgang, der verbucht wird, einen Wertübergang darstellt.

Hauptposten der Zahlungsbilanz der BR Deutschland 1989 in Mrd. DM

A. Leistungsbilanz	
1. Außenhandel	
Ausfuhr	641,3
Einfuhr	493,4
Saldo	+ 148,0
2. Ergänzungen zum Warenverkehr und Transithandel	− 3,0
Saldo des gesamten Warenhandels . .	+ 145,0
3. Dienstleistungen	
Einnahmen	182,5
Ausgaben	188,5
Saldo	− 6,2
4. Übertragungsbilanz	− 34,6
darunter:	
Überweisungen ausländischer Arbeitskräfte	− 7,5
Leistungen an die Europäischen Gemeinschaften	− 12,9
Saldo der Leistungsbilanz	+ 104,2
B. Kapitalbilanz	
1. Langfristiger Kapitalverkehr	
Deutsche Anlagen im Ausland (Zunahme: −)	− 92,2
Ausländische Anlagen im Inland (Zunahme: +)	+ 69,4
Saldo des langfristigen Kapitalverkehrs	− 22,7
2. Kurzfristiger Kapitalverkehr (Nettokapitalexport: −)	
Kreditinstitute	− 56,7
Wirtschaftsunternehmen und Privatpersonen	− 44,5
öffentliche Hand	− 4,3
Saldo des kurzfristigen Kapitalverkehrs	− 105,5
Saldo der Kapitalbilanz	− 128,2
C. Saldo der statistisch nicht aufgliederbaren Transaktionen (Restposten) . . .	+ 5,0
D. Ausgleichsposten zur Auslandsposition der Bundesbank	− 2,6
E. Veränderung der Nettoauslandsaktiva der Bundesbank [A + B + C + D] (Zunahme: +)	− 21,6

Quelle: Deutsche Bundesbank.

Jeder Leistung entspricht eine Gegenleistung. Daher werden zwangsläufig zwei Konten berührt. Zu rechtfertigen ist die doppelte Buchführung insbesondere damit, daß sie wegen der Geschlossenheit ihres Systems hohe Beweiskraft besitzt. Einseitige Additionsfehler fallen notwendigerweise auf.

Ausgangspunkt zum Verständnis der Buchführung ist die *Bilanz.* Sie bildet das in einem Unternehmen investierte Kapital nach seiner Verwendung (Aktiva) und seiner Herkunft (Passiva) ab. Für die Bilanz gilt daher stets: Aktiva = Passiva. Jeder Geschäftsvorfall berührt mindestens zwei Konten und ändert mindestens einen Bilanzposten. Um zu vermeiden, daß jeder Vorfall während eines Jahres zu einer Änderung der gesamten Bilanz führt, werden alle Bilanzposten auf Bestandskonten verteilt, auf denen die Veränderungen gebucht werden. So führt die Bezahlung einer Kundenforderung zu einem Zugang auf dem Kassenkonto (Buchung auf der Sollseite) und zu einem Abgang auf dem Forderungskonto (Buchung auf der Habenseite). Erfolgswirksame Geschäftsvorfälle, zum Beispiel Zahlung von Löhnen (sie bewirken eine Veränderung des Eigenkapitals), werden grundsätzlich nicht unmittelbar auf dem Eigenkapitalkonto erfaßt, sondern im Hinblick auf einen Nachweis einzelner Erfolgsursachen auf verschiedenen Erfolgskonten, die zusammen mit ihrem Abschlußkonto (Gewinn-und-Verlust-Rechnung) Unterkonten des Eigenkapitalkontos darstellen. Der Saldo der Gewinn-und-

1213

FORMELN UND FAKTEN

WIRTSCHAFT

Verlust-Rechnung stellt den Periodenerfolg (Gewinn oder Verlust) dar. Seine Verbuchung auf Bestandskonten des Eigenkapitals bringt die Bilanz zum Ausgleich.

Bilanz. Die Bilanz soll Gläubigern, Kapitaleignern, Arbeitnehmern und Staat zur Orientierung über die Vermögens-, Finanz- und (im Zusammenhang mit der Gewinn-und-Verlust-Rechnung) Ertragslage des Unternehmens dienen.

Form und Inhalt der Bilanz bestimmen sich: 1) nach dem Zweck der Bilanz, wobei nach heute vorherrschender Meinung die Berechnung des tatsächlichen Jahreserfolges im Vordergrund steht; 2) nach den formalen Gesetzen der doppelten Buchführung und nach den aus der Sache entspringenden materiellen betriebswirtschaftlichen Normen sowie den jeweils geltenden handels- und steuerrechtlichen Vorschriften (Handelsbilanz und Steuerbilanz); 3) nach der Art des Unternehmens; 4) nach der Rechtsform des Unternehmens; 5) nach der Anzahl der Unternehmen (insbesondere die konsolidierte Bilanz eines Konzerns).

Für die Aufstellung der Bilanz des Kaufmanns gelten die Grundsätze ordnungsmäßiger Buchführung (GoB). Wichtige materielle Grundsätze für die Bilanz (Grundsätze ordnungsmäßiger Bilanzierung) sind: Richtigkeit und Willkürfreiheit im Sinne von nachprüfbar und korrekt *(Bilanzwahrheit)*, eindeutige und sachlich zutreffende Bezeichnung der Bilanzposten sowie verständliche und übersichtliche Gliederung *(Bilanzklarheit)*, Vollständigkeit des einzelnen Jahresabschlusses, Stetigkeit zwecks Vergleichbarkeit der Jahresabschlüsse über verschiedene Perioden hinweg *(Bilanzkontinuität)* mit dem Spezialfall der formellen (zahlenmäßigen) Übereinstimmung der Schlußbilanz eines Geschäftsjahres *(Bilanzidentität)*, sachlich und zeitlich richtige Abgrenzung sowie Bewertungsregeln.

Nach dem Handelsgesetzbuch hat jeder Kaufmann zu Beginn seines Handelsgewerbes und für den Schluß eines jeden Geschäftsjahres neben dem Inventar eine Bilanz aufzustellen, in die alle Vermögensgegenstände (Anlage- und Umlaufvermögen), Eigenkapital, Schulden und Rechnungsabgrenzungsposten aufzunehmen sowie hinreichend aufzugliedern sind. Die Vermögensgegenstände und Schulden sind zum Bilanzstichtag einzeln zu bewerten. Die Gegenstände des Anlagevermögens sind höchstens mit den Anschaffungs- oder Herstellungskosten anzusetzen, vermindert um planmäßige Abschreibungen bei zeitlich begrenzt nutzbarem Anlagevermögen. Die Gegenstände des Umlaufvermögens sind ebenfalls höchstens mit Anschaffungs- oder Herstellungskosten zu bewerten, sofern diese nicht einen am Abschlußstichtag aus einem Börsen- oder Marktpreis abgeleiteten Wert oder den ihnen zu diesem Zeitpunkt beizulegenden Wert übersteigen.

Auf der Passivseite der Bilanz sind die Verbindlichkeiten mit ihrem Rückzahlungsbetrag anzusetzen.

Gewinn-und-Verlust-Rechnung. Diese Rechnung (GuV, Erfolgsbilanz, Erfolgsrechnung) ist neben der Bilanz Bestandteil des zum Ende einer Rechnungsperiode aufzustellenden Abschlusses der doppelten Buchführung. In ihr werden die Salden der Erfolgskonten, getrennt nach Aufwendungen und Erträgen, einander gegenübergestellt. Die Differenz ist der Erfolg der Periode *(Gewinn* oder *Verlust)*. Die GuV hat die Aufgabe, das Zustandekommen des Erfolgs aus den einzelnen Erfolgsquellen nach Art und Höhe erkennbar zu machen, dadurch einen Einblick in das Zustandekommen des Ergebnisses zu vermitteln und so die Bilanz zu ergänzen. Zu diesem Zweck verlangt das Handelsgesetzbuch die unsaldierte Gegenüberstellung sämtlicher Aufwands- und Ertragsarten (Bruttoprinzip).

Die GuV muß klar und übersichtlich aufgestellt sein. Mangels weiterer Vorschriften, insbesondere eines gesetzlichen Gliederungsschemas für die GuV von Einzelkaufleuten und Personenhandelsgesellschaften, sind diese nur an die Grundsätze ordnungsmäßiger Buchführung gebunden. Die GuV von Kapitalgesellschaften hat dem gesetzlichen Gliederungsschema zu entsprechen, darf aber

Bilanz

Aktivseite

A. Anlagevermögen
I. Immaterielle Vermögensgegenstände:
1. Konzessionen, gewerbliche Schutzrechte u. ä., Rechte und Werte sowie Lizenzen an solchen Rechten und Werten;
2. Geschäfts- oder Firmenwert;
3. geleistete Anzahlungen;
II. Sachanlagen:
1. Grundstücke, grundstücksgleiche Rechte und Bauten einschließlich der Bauten auf fremden Grundstücken;
2. technische Anlagen und Maschinen;
3. andere Anlagen, Betriebs- und Geschäftsausstattung;
4. geleistete Anzahlungen und Anlagen im Bau;
III. Finanzanlagen:
1. Anteile an verbundenen Unternehmen;
2. Ausleihungen an verbundene Unternehmen;
3. Beteiligungen;
4. Ausleihungen an Unternehmen, mit denen ein Beteiligungsverhältnis besteht;
5. Wertpapiere des Anlagevermögens;
6. sonstige Ausleihungen.

B. Umlaufvermögen
I. Vorräte:
1. Roh-, Hilfs- und Betriebsstoffe;
2. unfertige Erzeugnisse, unfertige Leistungen;
3. fertige Erzeugnisse und Waren;
4. geleistete Anzahlungen;
II. Forderungen und sonstige Vermögensgegenstände:
1. Forderungen aus Lieferungen und Leistungen;
2. Forderungen gegen verbundene Unternehmen;
3. Forderungen gegen Unternehmen, mit denen ein Beteiligungsverhältnis besteht;
4. sonstige Vermögensgegenstände;
III. Wertpapiere:
1. Anteile an verbundenen Unternehmen;
2. eigene Anteile;
3. sonstige Wertpapiere;
IV. Schecks, Kassenbestand, Bundesbank- und Postgiroguthaben, Guthaben bei Kreditinstituten.

C. Rechnungsabgrenzungsposten.

Passivseite

A. Eigenkapital
I. Gezeichnetes Kapital;
II. Kapitalrücklage;
III. Gewinnrücklagen:
1. gesetzliche Rücklage;
2. Rücklage für eigene Anteile;
3. satzungsmäßige Rücklagen;
4. andere Gewinnrücklagen;
IV. Gewinnvortrag/Verlustvortrag;
V. Jahresüberschuß/Jahresfehlbetrag.

B. Rückstellungen
1. Rückstellungen für Pensionen und ähnliche Verpflichtungen;
2. Steuerrückstellungen;
3. sonstige Rückstellungen.

C. Verbindlichkeiten
1. Anleihen, davon konvertibel;
2. Verbindlichkeiten gegenüber Kreditinstituten;
3. erhaltene Anzahlungen auf Bestellungen;
4. Verbindlichkeiten aus Lieferungen und Leistungen;
5. Verbindlichkeiten aus der Annahme gezogener Wechsel und der Ausstellung eigener Wechsel;
6. Verbindlichkeiten gegenüber verbundenen Unternehmen;
7. Verbindlichkeiten gegenüber Unternehmen, mit denen ein Beteiligungsverhältnis besteht;
8. sonstige Verbindlichkeiten, davon aus Steuern, davon im Rahmen der sozialen Sicherheit.

D. Rechnungsabgrenzungsposten.

Ein Betrieb ist eine planvoll organisierte Wirtschaftseinheit (Einzelwirtschaft), in der Sachgüter produziert oder Dienstleistungen bereitgestellt werden. Die betriebliche Leistungserstellung dient der Deckung fremden Bedarfs im Gegensatz zum privaten Haushalt, der vorwiegend konsumiert und dessen Produktion auf die Deckung des Eigenbedarfs gerichtet ist. Sowohl die marktbezogenen Funktionen des Betriebes als Anbieter und Nachfrager als auch seine innere Struktur und seine äußeren Beziehungen werden analysiert. Der

DER BETRIEB

Betrieb ist eine Kombination von Produktionsfaktoren (Arbeit, Werkstoffe, Betriebsmittel, Management): seine Eigentümer wollen bestimmte Ziele erreichen (Betrieb als technisch-wirtschaftliche Einheit). Werden nur die für wirtschaftliche Überlegungen wichtigen Tatbestände betrachtet, so kann der Betrieb als eine ökonomische Einheit angesehen werden. Steht dagegen die Produktionstechnik, die zur Erzeugung und Bereitstellung von Gütern und Dienstleistungen benötigt wird, im Vordergrund des Interesses, so wird der Betrieb als eine technische Einheit angesehen.

Betrieb und Unternehmen werden unterschiedlich abgegrenzt: 1) Sie werden als gleichgeordnete Bestandteile einer produktionswirtschaftlichen Einheit aufgefaßt, wobei der Betrieb die Produktionsseite (technisch-wirtschaftliche Seite) und das Unternehmen die Finanzseite (juristisch-finanzielle Seite) darstellt. 2) Der Begriff Betrieb ist der umfassendere; das Unternehmen gilt als Erscheinungsform des Betriebes nur in marktwirtschaftlichen Systemen. 3) Das Unternehmen kann aber auch als der umfassendere Begriff gelten, der neben dem technischen Fertigungsbereich (Betrieb) noch den Finanz- und Absatzbereich umfaßt.

FORMELN UND FAKTEN

Die sogenannte Kostenrechnung bildet zusammen mit der Leistungsrechnung die Betriebsbuchführung (Kosten- und Leistungsrechnung, kalkulatorische Erfolgsrechnung), die im Unterschied zur Geschäftsbuchführung (handels- und steuerrechtlicher Jahresabschluß) auf die Zwecke der Unternehmensführung hin ausgerichtet und in der Regel kurzfristig angelegt ist sowie keine neutralen Aufwendungen und Erträge, wohl aber kalkulatorische Kosten und Leistungen umfaßt. Mit Hilfe der Kostenrechnung wie der Betriebsbuchführung soll der kurzfristige betriebliche Erfolg ermittelt werden. Weiterhin sollen die Wirtschaftlichkeit des Unternehmensprozesses kontrolliert (sowohl im Sinne einer nachträglichen und laufenden Kostenkontrolle als auch im Sinne einer künftigen Kostenplanung) und die notwendigen unter-

KOSTEN-RECHNUNG

nehmenspolitischen Entscheidungen untermauert werden (insbesondere Preiskalkulation, Produktions- und Investitionsprogramm).

Jede Kostenrechnung gliedert sich in Kostenerfassung und Kostenverteilung. Die Kostenerfassung dient der Feststellung verbrauchter Gütermengen und ihrer Bewertung mit geeigneten Preisen. Sie vollzieht sich in der Kostenartenrechnung, bei der die Kosten nach Güter- und Verbrauchsarten eingeteilt werden.

Die Kostenverteilung (Kostenverrechnung) wird in den beiden anschließenden Stufen durchgeführt: der Kostenstellenrechnung und der Kostenträgerrechnung. Kostenstellen sind nach bestimmten Kriterien voneinander abgegrenzte Teilbereiche des Unternehmens, in denen Kosten entstehen, zum Beispiel Abteilungen, Werkstätten, Fertigungsstraßen und Arbeitsplätze. Kostenträger sind die einzelnen Produkte, aus deren Erlösen die Kosten zu decken sind, wobei es sich sowohl um Absatzleistungen als auch um innerbetriebliche Leistungen handeln kann. Die Kosten können direkt oder indirekt verteilt werden. Wenn sich die Kostenarten den Kostenstellen oder Kostenträgern direkt zurechnen lassen, handelt es sich um Einzelkosten; wenn nicht, um Gemeinkosten. Deren genaue Zurechnung auf die Kostenträger mit Hilfe von leistungsgerechten Maßstäben (Umlageschlüsseln) ist vor allem Aufgabe der Kostenstellenrechnung.

Die periodische Kostenträgerrechnung (Kostenträgerzeitrechnung oder kurzfristige Erfolgsrechnung) ermöglicht die Ermittlung des kurzfristigen Betriebserfolgs, indem die Gesamtperiodenkosten nach Kostenträgern gegliedert und den Gesamtperiodenleistungen gegenübergestellt werden. Durch Umdimensionierung der Periodengröße in Stückgrößen wird aus der Kostenträgerzeitrechnung die Kostenträgerstückrechnung (Stückkostenrechnung, Selbstkostenrechnung oder Kalkulation).

wahlweise nach dem Gesamtkostenverfahren oder dem Umsatzkostenverfahren aufgestellt werden. Während beim *Gesamtkostenverfahren* die gesamten Kosten bzw. Aufwendungen den gesamten Leistungen bzw. Erträgen gegenübergestellt werden (einschließlich der noch nicht verkauften Leistungen der Periode), werden beim *Umsatzkostenverfahren* nur die Kosten bzw. Aufwendungen der zur Erzielung der Umsatzerlöse erbrachten Leistungen mit den Umsatzerlösen in Beziehung gesetzt.

DER STAATSHAUSHALT

Der öffentliche Haushalt oder Staatshaushalt umfaßt die öffentliche Finanzwirtschaft mit ihren Einnahmen und Ausgaben. Der finanzwirtschaftliche Bereich wird dabei nicht vollständig erfaßt, da zum Beispiel erwerbswirtschaftliche Bundesunternehmen und Sondervermögen des Bundes lediglich mit ihren Zuführungen oder Ablieferungen zum öffentlichen Haushalt aufgeführt werden. Die geplanten finanzwirtschaftlichen Aktivitäten werden im Haushaltsplan (Solletat) und im mittelfristigen Finanzplan, die in der abgelaufenen Periode tatsächlich entstandenen Ausgaben und Einnahmen in der Haushaltsrechnung (Istetat) erfaßt.

Haushaltsplan. Ein Haushaltsplan (Budget, Etat) ist die Gegenüberstellung der für eine Finanzperiode (Haushaltsjahr) vorgesehenen Ausgaben und Einnahmen öffentlicher Gebietskörperschaften (Bund, Länder, Gemeinden) und ähnlicher Institutionen (Sozialversicherung). Der Haushaltsplan (Solletat) ist der zahlenmäßige Niederschlag der geplanten finanzwirtschaftlichen Aktivitäten der öffentlichen Gebietskörperschaften; er wird vom Parlament im Haushaltsgesetz verabschiedet und ist für Regierung und Verwaltung politisch und rechtlich bindend.

Der Haushaltsplan des Bundes und der Länder umfaßt die Einzelpläne und den Gesamtplan. Die 28 Einzelpläne enthalten die Einnahmen, Ausgaben und Verpflichtungsermächtigungen der einzelnen Ministerien bzw. Verwaltungszweige (Gliederung nach dem Ressort- oder Ministerialprinzip). Der Gesamtplan besteht aus der Zusammenfassung der Einnahmen, Ausgaben und Verpflichtungsermächtigungen der Einzelpläne (Haushaltsübersicht), der Berechnung des Finanzierungssaldos und einer Darstellung der Einnahmen aus Krediten und der Tilgungsausgaben (Kreditfinanzierungsplan).

Wesen und Funktionen des Haushaltsplans ändern sich mit der Stellung des Staates im Wirtschaftsablauf. Angesichts der heute in modernen Industriestaaten gegebenen Bedingungen kann man drei wesentliche Funktionen unterscheiden: 1) Die *administrative Funktion* besteht darin, daß der Haushaltsplan eine Anweisung der Legislative an die Exekutive ist (juristische Funktion) und in detaillierter Form der mit Ausgaben verbundenen Aktivitäten vorschreibt (finanzwirtschaftliche Ordnungsfunktion). Zur Erfüllung dieser traditionellen Hauptfunktion ist der Haushaltsplan in seinem Hauptteil nach dem Ministerialprinzip gegliedert. 2) Die *politische Funktion:* Im Haushaltsplan schlägt sich das Aktionsprogramm der Regierung oder der zwischen Regierungspartei und Opposition erreichte Kompromiß nieder (politische Programmfunktion). Der Haushaltsplan ermöglicht darüber hinaus dem Parlament, das Regierungshandeln zu überprüfen (politische Kontrollfunktion). Der Funktionenplan gibt eine Übersicht

über die Ausgaben, die für jeweils größere zusammengehörige Ausgabenkomplexe vorgesehen sind; er ist damit für die politische Auseinandersetzung über die angestrebten Prioritäten eine bessere Grundlage als der nach dem Ministerialprinzip aufgestellte Plan. 3) Die *ökonomische Funktion* oder volkswirtschaftliche Lenkungsfunktion besteht im Einfluß des Haushalts auf den Ablauf des Wirtschaftsprozesses in kürzer- und längerfristiger Sicht (Maßnahmen der Finanzpolitik). Ein solcher Einfluß geht sowohl von der Größenordnung des Gesamthaushalts als auch von seiner Struktur aus, und zwar sowohl von der Ausgabenseite (z. B. Sozialausgaben) als auch von der Einnahmenseite (z. B. Steuern).

Finanzierungssaldo. Die Differenz zwischen den Einnahmen (ohne Einnahmen aus Krediten am Kreditmarkt, Entnahmen aus Rücklagen, Einnahmen aus kassenmäßigen Überschüssen früherer Jahre und Münzeinnahmen) und den Ausgaben (ohne Ausgaben zur Schuldentilgung am Kreditmarkt, Zuführungen an Rücklagen und Ausgaben zur Deckung eines kassenmäßigen Fehlbetrages früherer Jahre) wird als Finanzierungssaldo bezeichnet.

Der Finanzierungssaldo gibt zunächst an, inwieweit eine Defizitfinanzierung oder Überschußbildung tatsächlich erfolgt ist. Rückschlüsse auf die konjunkturelle Wirkung eines Haushalts sind problematisch: Der absolute Betrag des Finanzierungssaldos besitzt ein unterschiedliches Gewicht je nach der Höhe des Sozialprodukts oder Produktionspotentials: Die Veränderung des Finanzierungssaldos gegenüber dem Vorjahr läßt nicht erkennen, wieweit sie auf bewußten (aktiven) finanzpolitischen Maßnahmen beruht oder nur (passiv) Veränderungen der konjunkturellen Situation widerspiegelt.

Gliederung der Gewinn-und-Verlust-Rechnung

Bei Anwendung des Gesamtkostenverfahrens

1. Umsatzerlöse;
2. Erhöhung oder Verminderung des Bestands an fertigen und unfertigen Erzeugnissen;
3. andere aktivierte Eigenleistungen;
4. sonstige betriebliche Erträge;
5. Materialaufwand:
   a) Aufwendungen für Roh-, Hilfs- und Betriebsstoffe und für bezogene Waren,
   b) Aufwendungen für bezogene Leistungen;
6. Personalaufwand:
   a) Löhne und Gehälter,
   b) soziale Abgaben und Aufwendungen für Altersversorgung und für Unterstützung, davon für Altersversorgung;
7. Abschreibung:
   a) auf immaterielle Vermögensgegenstände des Anlagevermögens und Sachanlagen sowie auf aktivierte Aufwendungen für die Ingangsetzung und Erweiterung des Geschäftsbetriebs,
   b) auf Vermögensgegenstände des Umlaufvermögens, soweit diese die in der Kapitalgesellschaft üblichen Abschreibungen überschreiten;
8. sonstige betriebliche Aufwendungen;
9. Erträge aus Beteiligungen;
10. Erträge aus anderen Wertpapieren und Ausleihungen des Finanzanlagevermögens;
11. sonstige Zinsen und ähnliche Erträge;
12. Abschreibungen auf Finanzanlagen und Wertpapiere des Umlaufvermögens;
13. Zinsen und ähnliche Aufwendungen;
14. Ergebnis der gewöhnlichen Geschäftstätigkeit;
15. außerordentliche Erträge;
16. außerordentliche Aufwendungen;
17. außerordentliches Ergebnis;
18. Steuern vom Einkommen und vom Ertrag;
19. sonstige Steuern;
20. Jahresüberschuß/Jahresfehlbetrag.

FORMELN UND FAKTEN

WIRTSCHAFT

STEUERN, ABGABEN

Die öffentlichen Abgaben sind nicht rückzahlbare Geldleistungen, die ein öffentliches Gemeinwesen von natürlichen und juristischen Personen kraft öffentlichen Rechts fordert. Zu den *Abgaben* gehören Steuern, einschließlich Zölle und Abschöpfungen, die dem Pflichtigen ohne besondere Gegenleistung, sowie Beiträge und Gebühren, die ihm bei Inanspruchnahme oder Veranlassung einer besonderen öffentlichen Leistung (als ›Entgelt‹) auferlegt werden. Die Abgaben unterscheiden sich durch den Zwangscharakter von den Erwerbseinkünften und der öffentlichen Verschuldung (Kreditaufnahme), durch die Nichtrückzahlbarkeit von den Zwangsanleihen. Finanzwissenschaftlich zählen zu den Abgaben auch solche Pflichtleistungen, die nicht oder nicht überwiegend der Einnahmeerzielung (fiskalischer Zweck), sondern (auch) der Verwirklichung wirtschaftspolitischer Ziele dienen (›Lenkungsabgaben‹).

Ein für internationale Vergleiche viel verwendetes Maß für den Anteil des Sozialprodukts, der dem Privatsektor nicht unmittelbar zur Verfügung steht, sondern zunächst durch Zwang vom öffentlichen Sektor an sich gezogen wird, ist die *volkswirtschaftliche Abgabenquote*. Sie ist das rechnerische Verhältnis von Steuern und Sozialabgaben zum Bruttosozialprodukt und setzt sich zusammen aus der Steuer- und der Sozialabgabenquote.

Für die Finanzierung öffentlicher Ausgaben spielen die *Steuern* eine herausragende Rolle. Die wichtigsten Steuern sind: die Einkommensteuer (einschließlich Lohn- und Kapitalertragsteuer) sowie die Umsatzsteuer (Mehrwertsteuer). Das Aufkommen an Einkommen- und Gewerbesteuer steht allen Gebietskörperschaften, das Aufkommen an Körperschaft- und Mehrwertsteuer Bund und Ländern zu (Gemeinschaftssteuern). Wichtige Bundessteuern sind Mineralöl- und Tabaksteuer, wichtige Landessteuern die Kraftfahrzeug-, Vermögen- und Erbschaftssteuer; wichtige Gemeindesteuern sind Grund- und Gewerbesteuer (Gemeindeanteil über 80 %).

Einkommensteuer. Sie ist eine Personensteuer, bei der das Einkommen des einzelnen Steuerpflichtigen (Steuer-)Quelle, Objekt und Bemessungsgrundlage ist. Die moderne Einkommensteuer knüpft an der Einkommensentstehung an, wobei die Art der Einkommensverwendung steuerlich grundsätzlich unbeachtlich ist (Nichtabzugsfähigkeit von Ausgaben der Lebenshaltung). Die Einkommensteuer bemißt sich nach der Höhe des Gesamteinkommens, auf das ein einheitlicher Steuertarif angewendet wird. Maßgeblich für die Steuerbelastung ist das tatsächliche Einkommen. Die Ausgestaltung der Einkommensteuer wird stärker als bei jeder anderen Steuer vom *Leistungsfähigkeitsprinzip* geprägt; dies bedeutet, daß ein Existenzminimum steuerfrei gelassen wird, ferner, daß bei der Berechnung der Bemessungsgrundlage von den (Brutto-)Einnahmen nicht nur die Aufwendungen zur Erzielung der Einnahmen abgezogen (Nettoprinzip), sondern auch bestimmte Abzüge anerkannt werden, die einer Minderung der individuellen Leistungsfähigkeit Rechnung tragen sollen. Dem liegt der Gedanke zugrunde, daß Einkommensteile, über die der Steuerpflichtige nicht frei verfügen kann, keine Leistungsfähigkeit verkörpern (zum Beispiel Zwangsbeiträge zur Sozialversicherung, Krankheitskosten). Aus dem Leistungsfähigkeitsprinzip wird ferner eine mit dem Einkommen ansteigende prozentuale Steuerbelastung abgeleitet *(Progression)*.

Unter allen Abgaben galt die Einkommensteuer lange Zeit als die ›Königin der Steuern‹ und als ideales wirtschafts- und verteilungspolitisches Instrument: Sie ermöglicht es, den individuellen Verhältnissen der Steuerpflichtigen Rechnung zu tragen und gleichzeitig durch gezielte Begünstigung bestimmter Einkommensarten und Formen der Einkommens-(Gewinn-)verwendung das ökonomische Verhalten der Wirtschaftssubjekte zu beeinflussen.

Öffentliche Ausgaben und Einnahmen in der BR Deutschland 1989 (in Mio. DM)

1) Ausgaben der laufenden Rechnung,	940 968
darunter:	
Personalausgaben	232 588
Laufender Sachaufwand	237 648
Zinsausgaben	61 759
Zuweisungen und Zuschüsse	589 770
2) Ausgaben der Kapitalrechnung,	110 918
darunter:	
Baumaßnahmen	46 345
Erwerb von Sachvermögen	16 138
Vermögensübertragungen	51 516
Darlehen	20 580
3) Bereinigte Ausgaben insgesamt	1 051 886
4) Besondere Finanzierungsvorgänge:	
Schuldentilgung am Kreditmarkt	105 736

1) Einnahmen der laufenden Rechnung,	1 017 232
darunter:	
Steuern und steuerähnliche Einnahmen	893 591
Einnahmen aus wirtschaftlicher Tätigkeit	36 427
Laufende Zuweisungen und Zuschüsse	192 438
Gebühren und sonstige Entgelte	67 424
2) Einnahmen der Kapitalrechnung	20 979
3) Bereinigte Einnahmen insgesamt	1 038 211
4) Besondere Finanzierungsvorgänge:	
Schuldenaufnahme am Kreditmarkt	131 010

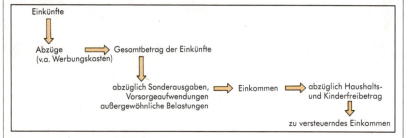

DIE MWSt

Die Mehrwertsteuer (MWSt) als allgemeine Verbrauchsteuer oder Umsatzsteuer ist eine Steuer auf Lieferungen und sonstige Leistungen eines Unternehmens im Inland gegen Entgelt, auf den Eigenverbrauch und auf die Einfuhr von Gegenständen in das Zollgebiet (Einfuhrumsatzsteuer). Grundsätzlich sich: 1. Jede Ware und Dienstleistung, die zu einem bestimmten Preis zum Endverbraucher gelangt, ist steuerlich gleich belastet, unabhängig von der Zahl der vorher durchlaufenen Wirtschaftsstufen; 2. bei jedem Umsatz ist nur die Umsatzsteuer aus dem geschaffenen Mehrwert abzuführen; 3. für den Unternehmer ist die Vor-

Umsatz	Warenwert	Geschaffener Mehrwert	Geschuldete Umsatzsteuer (14 %)	Vom Käufer erstattet	Abzugsfähige Vorsteuer	Abzuführende Zahllast
A an B	200,–	200,–	28,–	28,–		28,–
B an C	300,–	100,–	42,–	42,–	28,–	14,–
C an Verbraucher	450,–	150,–	63,–	63,–	42,–	21,–
Verbraucher						63,–

wird somit der gesamte private und öffentliche Verbrauch von Gütern und Dienstleistungen erfaßt. Steuerpflichtig ist das Unternehmen, das einen Umsatz ausführt, Steuerträger der Endverbraucher, auf den die Umsatzsteuer abgewälzt wird.

Die Mehrwertsteuer ist so gestaltet, daß alle Waren und Dienstleistungen in gleicher Höhe steuerlich belastet sind, wenn sie zum Endverbraucher gelangen (gleicher Steuersatz vorausgesetzt). Das wird dadurch erreicht, daß der Unternehmer das Recht hat, von der von ihm geschuldeten Umsatzsteuer die entrichtete Einfuhrumsatzsteuer und die Steuerbeträge als Vorsteuer abzuziehen, die ihm andere Unternehmer für ihm erbrachte Leistungen in Rechnung gestellt haben. Daraus ergibt steuer nur ein durchlaufender Posten; 4. die Steuer verbleibt erst dann endgültig beim Fiskus, wenn die Ware oder Dienstleistung an den Endverbraucher veräußert wird. Bei Verderb oder Nichtverkauf einer Ware geht der Fiskus leer aus.

In der Praxis wird die Zahllast im Rahmen der monatlich oder vierteljährlich abzugebenden Umsatzsteuervoranmeldung ermittelt. Nach Abschluß des Kalenderjahres muß eine Jahresumsatzsteuererklärung abgegeben werden.

Der allgemeine Umsatzsteuersatz beträgt in der Bundesrepublik Deutschland derzeit 14 %; für Lebensmittel, Personennahverkehr, Bücher, Zeitungen und Zeitschriften sowie für Kunstgegenstände gilt der ermäßigte Steuersatz von 7 %.

19

ZEICHEN UND SYMBOLE

Die Menschen verwenden zur gegenseitigen Verständigung alle möglichen Arten von Zeichen: Laute, Buchstaben des Alphabets, Ideogramme, Gesten, Signale, symbolische Zeichen, konventionelle Zeichen usw. Einige dieser *Zeichen, Zeichensysteme* oder *Codes* sind uns bekannt und vertraut, doch viele bleiben auch geheimnisvoll und sind nicht zu entziffern. Wir haben ihre Bedeutung vergessen, oder wir haben diese einfach nie gekannt. Heute sind wir täglich mit dem Problem der ›Bedeutung‹ konfrontiert. Wir erhalten in jeder Situation und überall eine enorme Menge von *verschlüsselten* Informationen, die wir schnell *entschlüsseln* müssen. Im Zusammenhang mit solchen Entschlüsselungen steht zum Beispiel die Beachtung der Verkehrszeichen, die unmittelbare Folgen für unsere Sicherheit haben kann. Dieses Werk stellt die wichtigsten dieser Codes aus unterschiedlichen Bereichen (internationales phonetisches Alphabet, Morsealphabet), insbesondere auch aus dem praktischen Leben (Strichcode) vor. Auch weniger bekannte und dennoch wichtige Zeichen und Symbole werden aufgeführt, zum Beispiel aus der Heraldik oder aus der Zeichensprache der Gehörlosen.

INHALT

INTERNATIONALES PHONETISCHES ALPHABET
PHONETISCHE ALPHABETE *1218*
DAS INTERNATIONALE PHONETISCHE ALPHABET *1218*
EINTEILUNG DER LAUTE *1218*

BESONDERE ALPHABETE UND SPRACHEN
DIE BLINDENSCHRIFT *1220*
DIE ZEICHENSPRACHE DER GEHÖRLOSEN *1220*
DIE FINGERSPRACHE *1221*

CODES FÜR MILITÄR UND WIRTSCHAFT
MORSEALPHABET *1222*
BOTSCHAFT AN DIE AUSSERIRDISCHEN *1222*
SOS *1222*
WINKERALPHABET *1222*
BUCHSTABIERREGELN *1222*
KORREKTURZEICHEN *1223*
SATZKORREKTUR *1223*
SCHRIFTKLASSIFIKATION *1223*

VERKEHRSZEICHEN
DEUTSCHE KRAFTFAHRZEUG-KENNZEICHEN *1224*
INTERNATIONALE KRAFTFAHRZEUG-KENNZEICHEN *1225*
STRASSENVERKEHR *1225*
BAHNVERKEHR *1227*
LUFTVERKEHR *1227*

HERALDIK
GESCHICHTE *1228*
BLASONIERUNG *1228*
GLOSSAR *1228*
HEROLDSBILDER UND FIGUREN *1229*
KRONEN *1230*
HELME *1230*
KREUZE *1230*

CODES AUS DEM HANDEL/ FORMATE
STRICHCODE *1231*
ISBN, ISSN *1231*
TYPOGRAPHISCHES MASS-SYSTEM *1231*
PAPIERFORMATE *1231*

ABKÜRZUNGEN *1232*

Siehe auch
Alphabete in Arabisch, Armenisch, Kyrillisch, Äthiopisch, chinesische und japanische Ideogramme in *Völker und Sprachen der Erde;* mathematische Zeichen und Symbole in *Formeln und Fakten.*

Wichtigste Mitarbeiter
Herausgebende Sekretäre: Michèle Beaucourt und Yves Garnier.
Texte: Michèle Beaucourt, Jean-Noël Charniot, Historiker, Herausgeber bei Larousse, Jean-Pierre Cuxac, Doktor der Linguistik, Yves Garnier.

ZEICHEN UND SYMBOLE

INTERNATIONALES PHONETISCHES ALPHABET

PHONETISCHE ALPHABETE

Die gesprochenen Sprachen setzen sich aus einer Kette von Lauten zusammen, in der die kleinsten bedeutungsunterscheidenden (aber nicht bedeutungstragenden) Einheiten, die man beim Sprechen und Hören unterscheiden kann, Phoneme genannt werden.

Um die Laute einer Sprache zu umschreiben, werden in den meisten Sprachen graphische Zeichen oder Grapheme verwendet, von denen jedes einzelne in der Regel nur ein Phonem darstellt und die zusammen ein Alphabet bilden. In manchen Kulturen, wie zum Beispiel in der chinesischen, greift man auf das Prinzip der Ideographie zurück, wobei die Zeichen für Gedanken und Begriffe stehen und nicht für Teile der gesprochenen Lautkette. Zwischen den Sprachen, die mittels eines Alphabets umgesetzt werden, bestehen allerdings große Unterschiede. Zum einen verwenden diese Sprachen unterschiedliche Alphabete (griechisch, lateinisch, kyrillisch, arabisch etc.), zum anderen kommt es auch vor, daß innerhalb eines Schriftsystems orthographische Regeln bestehen, nach denen ein und derselbe Laut je nach Sprache in unterschiedlicher Form dargestellt wird: Der durch die Konsonantenverbindung ›sch‹ im deutschen bezeichnete Laut, der zum Beispiel in dem Wort ›Schäfer‹ vorkommt, wird im Italienischen mit ›sc‹ in dem Wort pesce (›Fisch‹) bezeichnet; ferner kann etwa ein und derselbe Laut (gesprochen: t) im Deutschen sowohl als t wie als d geschrieben werden.

Aus Gründen der Vereinheitlichung und zur Erleichterung des Erlernens von Sprachen wurde ein Umschriftsystem für Sprachlaute erarbeitet, das streng den wichtigsten Grundsatz aller phonetischen Alphabete befolgt: Es gibt ›für jeden Laut nur ein einziges Zeichen‹. Dieses System hat für alle Sprachen der Welt Gültigkeit. Es führte zu mehreren phonetischen Umschriftsystemen, wie *Visible Speech* von Bell oder *Alphabetic Notation* von O. Jespersen; das heute jedoch gebräuchlichste ist das ›Internationale phonetische Alphabet‹.

DAS INTERNATIONALE PHONETISCHE ALPHABET

Es wurde 1886 von der *Association Phonétique Internationale* erarbeitet, einer Gruppe von Linguisten, zu denen auch die Briten Daniel Jones und Henry Sweet sowie der Franzose Paul Passy gehörten. Dieses Alphabet, das ursprünglich für den Englischunterricht konzipiert war, wurde im Lauf einiger Jahre aktualisiert und vervollkommnet, damit es sich für das Studium aller Sprachen und den Unterricht in allen Sprachen der Welt eigne.

Da man sich nicht zu weit von unseren Schreibgewohnheiten entfernen wollte, wurden die Buchstaben dem griechischen und lateinischen Alphabet entlehnt, sie erhielten den Lautwert aus den jeweiligen Sprachen und wurden durch verschiedene, eigens geschaffene Zeichen wie /ʃ/ oder /ʒ/ ergänzt. Für die Darstellung der sekundären Lautmerkmale griff man auf die diakritischen Zeichen zurück; dabei handelt es sich um graphische Zeichen, die den phonetischen hinzugefügt werden und somit deren Lautwert verändern. So markiert das Zeichen ʰ Aspiration (Behauchung), das Zeichen ~ Nasalität, und Ligatur wird durch ͡ bei den Affrikaten dargestellt. Die Aspiration ist das Ausstoßen von Atemluft bei der Artikulation einiger Verschlußlaute; sie kommt in den romanischen Sprachen so gut wie gar nicht vor, im Englischen und im Deutschen ist sie jedoch häufig. Die Nasalität, die bestimmten Phonemen eigene Klangfarbe, ist von der Nasalierung zu unterscheiden, die bestimmend bezeichnet die Änderung der Klangfarbe, die ein nachfolgender Konsonant im Hinblick auf den vorangehenden Vokal bewirken kann; sie wird in der internationalen phonetischen Umschrift mit ∞ wiedergegeben. Die Affrikate, die eine sehr enge Verbindung zwischen einem Verschlußlaut (zum Beispiel t) und einem Reibelaut (zum Beispiel z) darstellt, wird entsprechend durch die Aufeinanderfolge zweier Konsonanten umschrieben (zum Beispiel tz). Andere Zeichen wie der Doppelpunkt (:) und die Akzente zeigen im ersten Fall die Länge eines Phonems und im zweiten Fall die Betonung an.

Die phonetische Transkription ist eigentlich eine phonologische Transkription: Sie zeigt nur die Unterscheidungsmerkmale einer Sprache auf, indem sie zwei phonologische (bedeutungsmäßig unterschiedene) Einheiten einander gegenüberstellt.

EINTEILUNG DER LAUTE

Die Einteilung der Laute beruht im wesentlichen auf der Beobachtung der anatomischen und physiologischen Mechanismen bei der Hervorbringung von gesprochener Sprache. Bei der Artikulation von Lauten (Lautbildung oder Phonation) versetzt die Luft aus den Lungen die Stimmbänder in Schwingung, ein dünnes Muskelpaar im Kehlkopf, das die Stimme hervorbringt. Der so gebildete Laut wird auf seinem Weg durch die verschiedenen Höhlungen über dem Kehlkopf (Rachen, Nasenhöhle, Mund) verändert und führt so zur gesprochenen Lautkette.

Bei der Einteilung der Laute kommen zwei Faktoren zum Tragen: zum einen die Art und Weise, wie die Luft durch die Atemwege hindurchströmt (Vibration der Stimmbänder, Verschluß, Nasalität), was als Artikulationsart bezeichnet wird, und zum anderen die Stelle, an der die Verengung der Atemwege am größten ist (hierfür kommen in Frage: Lippen, Zähne, Alveolen, harter oder weicher Gaumen, Spitze, Rücken oder Wurzel der Zunge, Zäpfchen, Rachen, Kehlkopf), was als Artikulationsstelle bezeichnet wird.

Hinsichtlich der Artikulationsart kann eine grundsätzliche Unterscheidung zwischen Vokalen und Konsonanten getroffen werden. Bei der Artikulation von Vokalen kann die Luft ungehindert ausströmen. Bei der Artikulation von Konsonanten wird der Luftfluß zeitweise entweder durch eine Schließung der Mundhöhle gestoppt oder durch eine Verengung oder ein Zusammenziehen der Stimmritze. Während bei der Artikulation von Vokalen die Stimmbänder schwingen (stimmhafte Artikulation), kann man bei den Konsonanten zwei unterschiedliche Gruppen unterscheiden: ›stimmhafte‹ und ›stimmlose‹.

Schließlich sollte noch erwähnt werden, daß manche in europäischen Sprachen nicht existierende Laute, die aber in den afrikanischen Sprachen sehr häufig sind, nicht mit der Luft aus den Lungen erzeugt werden. Sie werden durch heftiges Losreißen der Zunge vom Gaumen erzeugt. Ein Beispiel hierfür sind die Schnalzlaute *(Clics)* aus der Sprache der Zulu und der Hottentotten.

Zeichen der Internationalen Lautschrift

a	helles a	m	m-Laut
ɑ	dunkles a	n	n-Laut
ɐ	abgeschwächtes a	ɲ	nj-Laut
ʌ	abgeschwächtes dunkles a	ŋ	ng-Laut
b	b-Laut	o	geschlossenes o
β	nicht voll geschlossenes b	ɔ	offenes o
ç	Ich-Laut	ø	geschlossenes ö
ɕ	ßj-Laut	œ	offenes ö
d	d-Laut	p	p-Laut
ð	stimmhafter englischer th-Laut	q	hinterer k-Laut
ð	stimmhafter spanischer th-Laut	r	r-Laut
e	geschlossenes e	s	ß-Laut
ɛ	offenes e	ʃ	sch-Laut
ə	Murmellaut	t	t-Laut
f	f-Laut	θ	stimmloser englischer th-Laut
g	g-Laut	u	geschlossenes u
ɣ	geriebenes g	ʊ	offenes u
h	h-Laut	ʉ	zwischen ü und u
i	geschlossenes i	v	w-Laut
ɪ	offenes i	w	englischer w-Laut
ɨ	zwischen i und u ohne Lippenrundung	x	Ach-Laut
		y	geschlossenes ü
j	j-Laut	ʏ	offenes ü
k	k-Laut	ɥ	konsonantisches ü
l	l-Laut	z	s-Laut (›weich‹)
ł	dunkles l	ʑ	sj-Laut (›weich‹)
ʎ	lj-Laut	ʒ	sch-Laut (›weich‹)

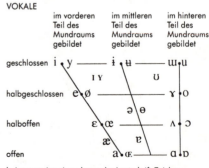

VOKALE

bei paarweiser Anordnung der Lautschrift-Zeichen steht das jeweils rechte Zeichen für einen gerundeten Vokal

1218

ZEICHEN UND SYMBOLE

Konsonanten. Je nach *Artikulationsart* werden die folgenden Konsonanten unterschieden:

Verschluß-, Okklusiv- oder Explosivlaute: Der Kontakt der Lippen (Labialverschluß), die Schließung der Stimmbänder (Stimmritzenverschluß) oder das Anlegen der Zunge (Spitze, Lamina oder Rücken) an den Gaumen (Alveole, harter Gaumen, weicher Gaumen) führen zu einer momentanen völligen Schließung des Stimmkanals. Die Artikulation eines Verschlußlautes umfaßt normalerweise drei Phasen: die Ausgangsstellung der Artikulationsorgane oder Implosion, eine mehr oder weniger lange Schließung und danach die schnelle Öffnung, die auch Explosion oder Metastase genannt wird.

Frikative, Reibelaute oder Spiranten: Sie entstehen durch eine bedeutende Verengung des Stimmkanals, so daß die lautbildende Luft gewirbelt wird und mit einem Reibegeräusch weiterfließt.

Nasallaute: Durch die Öffnung des Gaumensegels fließt der Luftstrom aus dem Kehlkopf gänzlich durch die Nasenhöhlen und führt zu einer akustischen Kopplung des Stimmkanals mit der Nasenhöhle, wo sich die spezifischen Resonanzen bilden.

Laterale: Sie sind Verschlußlaute, für deren Artikulierung der Kontakt zwischen einem unteren Artikulationsorgan (meist die Zunge) und einem oberen Artikulationsorgan (Zähne oder Gaumen) nur in der Mitte der Mundhöhle entsteht und die Luft zu beiden Seiten dieses Hindernisses mit einem leichten Reibungsgeräusch durch die Mundwände vorbeiströmt.

Vibranten oder geschlagene Laute: Bei ihrer Artikulation wird ein freier Luftstrom durch eine oder mehrere Schließungen aufgrund der Vibration eines Artikulationsorgans (Zungenspitze, Lippen, Zäpfchen) unterbrochen.

Halbkonsonanten oder Halbvokale: Laute, die zwischen dem am meisten geöffneten Konsonanten und dem am meisten geschlossenen Vokal liegen.

Je nach *Artikulationsstelle* unterscheidet man:

Labiale oder Lippenlaute: An ihrer Bildung sind die Lippen aktiv beteiligt. Bei den bilabialen Verschlußlauten sind die Lippen zusammengepreßt. Bei den Labiodentalen oder Lippenzahnlauten nähern oder berühren sich Unterlippe und obere Schneidezähne.

Dentale oder Zahnlaute: Sie entstehen durch Annäherung der Unterlippe, der Zungenspitze oder des Zungenrückens an die oberen Schneidezähne. Je nach Art des unteren Artikulationsorgans unterscheidet man die Labiodentale (mit den Lippen artikuliert), die Apicodentale, die mit der Spitze (lateinisch ›apex‹) der Zunge erzeugt werden, die sich in die Öffnung zwischen die oberen und die unteren Schneidezähne schiebt *(Interdentale)* oder die Alveolen berührt *(Apicoalveolare),* und schließlich die prädorsalen Alveolare, bei der der vordere Teil des Zungenrückens die Alveolen berührt. Die retroflexen Dentallaute, bei denen sich die Zungenspitze gegen den Gaumen hebt, finden sich in den indischen und arabischen Sprachen sowie in einigen relativ isoliert liegenden Gegenden Europas (Sizilien, Sardinien, südliches Korsika).

Palatale oder Gaumenlaute: Sie umfassen die Präpalatale *(vordere Gaumenlaute),* die Mediopalatale *(mittlere Gaumenlaute)* und die Postpalatale *(hintere Gaumenlaute).* Bei der Artikulation der Gaumenlaute bildet die Zunge an unterschiedlichen Stellen des Gaumens (vorderer, mittlerer, hinterer Gaumen) eine Verengung.

Velare oder Gaumensegellaute: Unter diesem Begriff werden vier Konsonantengruppen zusammengefaßt. Danach unterscheidet man die eigentlichen Velare, deren Artikulationsstelle im Bereich des Gaumensegels oder des weichen Gaumens liegt, die Uvulare oder Zäpfchenlaute, die am Ende des weichen Gaumens in Höhe des Zäpfchens artikuliert werden, ferner die Pharyngale oder Rachenlaute, wobei die Zungenwurzel gegen die Gaumenwand bewegt wird. Vor allem in Sprachen wie Arabisch finden sich diese Phoneme. Schließlich gibt es die Laryngale oder Kehllaute, die im Kehlbereich entstehen.

Vokale. Je nach *Artikulationsart* müssen drei Aspekte beachtet werden:
– die Öffnung, also die Distanz zwischen Zunge und Gaumenhöhle. Danach kann man die Vokale in vier Kategorien einteilen: geschlossen, halbgeschlossen, halboffen, offen;
– die Bewegung der Lippen: Werden die Lippen vorgeschoben, so handelt es sich um gerundete oder labialisierte Vokale; bleiben die Lippen auseinandergezogen oder in neutraler Stellung, so spricht man von ungerundeten oder nicht labialisierten Vokalen;
– die Stellung des Gaumensegels: Bei angehobenem Gaumensegel spricht man von Vokalen, bei einem abgesenkten Gaumensegel von nasalen Vokalen.

Die Definition der *Artikulationsstelle* beruht auf dem Raum, der in der Mundhöhle von der Zunge eingenommen wird. Entsprechend wird unterschieden zwischen:
– den vorderen oder palatalen Vokalen, bei deren Artikulation sich die Zunge im vorderen Bereich der Mundhöhle befindet. Im Deutschen unterscheidet man zwei Formen palataler Vokale: die gerundeten ([y] in ›Wüste‹, [u] in ›rund‹, [ø] in ›lösen‹, [œ] in ›Löß‹, [o] in ›loben‹ und [ɔ] in ›Lotterie‹) und die ungerundeten ([i] in ›Miene‹, [e] in ›Leben‹ und [ɛ] in ›Wetter‹);
– den hinteren oder velaren Vokalen, zu deren Artikulation sich die Zunge in Richtung des weichen Gaumens, des Zäpfchens oder des Rachens bewegt.

Internationales phonetisches Alphabet (Stand 1989)*

KONSONANTEN

	Bilabiale	Labiodentale	Dentale	Alveolare	Postalveolare	Retroflexe	Palatale	Velare	Uvulare	Pharyngale	Glottale
Verschluß-laute	p b		t d			ʈ ɖ	c ɟ	k g	q ɢ		ʔ
Nasale	m	ɱ	n			ɳ	ɲ	ŋ	N		
gerollte Laute	ʙ		r						R		
geschlagene Laute			ɾ			ɽ					
Reibelaute	ɸ β	f v	θ ð	s z	ʃ ʒ	ʂ ʐ	ç ʝ	x ɣ	χ ʁ	ħ ʕ	h ɦ
Laterale (gerieben)			ɬ ɮ								
nicht geriebene Dauerlaute und Halbvokale		ʋ		ɹ		ɻ	j	ɰ			
Laterale (nicht gerieben)			l			ɭ	ʎ	L			
emphatischer Laut (Preßlaut)	p'		t'		t'	c'	k'	q'			
Implosions-laut	ɓ ɓ		ɗ ɗ			ʄ ʄ	ɠ ɠ	ɠ ɢ			

Im Rahmen der schraffierten Felder kommen entsprechende Artikulationen nicht vor.

* Reproduktion mit Erlaubnis der International Phonetic Association

ZEICHEN UND SYMBOLE

BESONDERE ALPHABETE UND SPRACHEN

DIE BLINDENSCHRIFT

Die Blindenschrift oder Braille-Schrift wird von den Blinden auf der ganzen Welt in allen Sprachen verwendet. Es handelt sich um einen alphabetischen Code von 1 bis 6 Punkten, die in einem Rechteck von 2 Punkten in der Breite und drei Punkten in der Höhe angeordnet sind (zwischen zwei Braille-Punkten liegen 2 bis 2,5 mm). Die zehn ersten Buchstaben des Alphabets haben nur auf den ersten beiden horizontalen Zeilen reliefartig hervorgehobene Punkte, die zehn nächsten nehmen dieses Bild wieder auf und zeigen links auf der unteren Zeile einen hervorgehobenen Punkt, die fünf folgenden Buchstaben haben das Bild wie die ersten, wobei auf der unteren Zeile zwei hervorgehobene Punkte stehen. Durch andere Kombinationen kann man die Buchstaben zusammen mit diakritischen Zeichen (Akzente usw.) und die Interpunktion wiedergeben. Zahlen werden durch die ersten zehn Buchstaben des Alphabets zusammen mit einem numerischen Zeichen dargestellt, einem Zeichen, das auch vor der Transkription von mathematischen Symbolen steht. Beim Lesen läßt man die Kuppen der beiden Zeigefinger über das Relief gleiten. Das Schreiben erfolgt mit einfachen Mitteln: Man benutzt eine Platte und einen Lochdorn oder eine Maschine. In einigen Sprachen wurden auch Kürzel eingeführt. Die sperrige Größe der Bücher in Blindenschrift hat zur Erfindung von elektronischen Maschinen geführt, durch die eine große Anzahl von Informationen auf Band gespeichert und in Blindenschrift auf einer Tastplatte wiedergegeben werden kann.

DIE ZEICHENSPRACHE DER GEHÖRLOSEN

Dieser Begriff umfaßt eine Reihe von zeichenhaften Sprachen. Sie werden von Menschen mit angeborener Taubheit, erworbener Taubheit oder nahezu vollständiger Gehörlosigkeit verwendet.

Die Bildhaftigkeit der Zeichen. Die Bildhaftigkeit ist die Grundlage aller Zeichensprachen. Unter Bildhaftigkeit versteht man nicht nur die Ähnlichkeit zwischen Geste und bezeichnetem Gegenstand, sondern auch den Bezug zwischen grammatikalischen Strukturen dieser Sprachen und der realen Tätigkeit oder Praxis.

Die Zeichen. Sie werden mit einer oder mit zwei Händen umschrieben. Jedes Zeichen besteht aus vier Parametern: einer Konfiguration, einer orientierenden Ausrichtung, einer Bewegung der Hand (oder der Hände), die sich ihrerseits im Verhältnis zum Körper bewegt. Diese Parameter werden gleichzeitig ausgeführt.

Die meisten Gehörlosen können sich mit Hörenden mündlich verständigen, untereinander unterhalten sie sich meist mit Hilfe der Gebärdensprache.

Der Raum. Die Zeichensprachen sind ihrem Charakter nach raumgreifende, dreidimensionale Sprachen. Zum Beispiel kann man das Zeichen ›(ein) Buch‹ rechts (oder links oder vorne) vom Körper situieren. Um dann anschließend von diesem Buch zu sprechen, genügt es, wenn man mit dem Zeigefinger auf die Stelle zeigt, wo das Zeichen ›Buch‹ plaziert wurde.

A · Louis Braille.

Louis Braille (1809 bis 1852), der im Alter von fünf Jahren aufgrund eines Unfalls erblindet war, besucht die königliche Institution für Blinde, die 1784 von Valentin Haüy gegründet worden war. Mit nur 16 Jahren schlägt er ein Schreibsystem mit hervorgehobenen Punkten für Blinde vor. Da die Braille-Schrift besser als die bis dahin verwendete einfache Buchstabenreliefschrift für Blinde geeignet war, verbreitete sie sich rasch in der ganzen Welt.

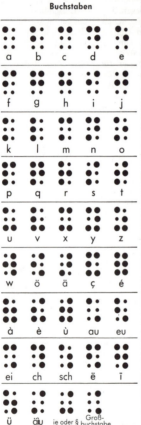

B · Die Blindenschrift.

Jeder Buchstabe besteht aus Teilen der Grundform von sechs Punkten (zwei Reihen mit je drei Punkten); Zahl und Folge der Punkte werden bei den einzelnen Buchstaben verändert.

C · Die Nutzung des Raums.

Viele Zeichen werden an einer bestimmten Stelle am Körper plaziert. Jeder Bereich ist hier eingezeichnet. Wird bei der Berührung des Körpers mit der Hand einer dieser eingegrenzten Bereiche durchbrochen, kann das Zeichen vom Empfänger nicht mehr verstanden werden. Die Zeichensprache kennt eine zweifache Artikulation: Wie in den gesprochenen Sprachen haben die Zeichen eine Bedeutung (wie die Wörter) und werden durch Elemente ohne Bedeutung (wie die Phoneme) ausgedrückt. Diese Elemente werden unter vier Parametern zusammengefaßt:
a) die Stellung der Hand oder der Hände in Höhe des Körpers (Zeichnung oben);
b) Konfiguration oder Form der Hand/der Hände;
c) Ausrichtung der Hand/Hände im Raum;
d) ausgeführte Bewegung. Jedes Zeichen mit Bedeutung ist eine Einheit, die sich aus mindestens einem Element jedes Parameters zusammensetzt; diese Elemente werden gleichzeitig dargestellt. Dadurch erhält jedes Zeichen seine Einzigartigkeit.

Die gehörlosen Menschen scheinen sich von jeher mittels Gesten verständigt zu haben: Hinweise darauf finden sich schon bei dem griechischen Philosophen Platon. Doch erst der Abbé de l'Épée (1712–1789), der zufällig mit gehörlosen Menschen in Berührung

ABBÉ DE L'ÉPÉE

kam, hat die visuell-gestenhafte Sprache für solche Menschen geschaffen. Er hatte folgenden Gedanken: Wenn man die gehörlosen Kinder in einer Institution zusammenfaßt, werden sie, um sich zu verständigen, von sich aus eine Gebärdensprache entwickeln. Diese Sprache, die im Laufe der Jahre immer weiter entwickelt wurde, sollte später die Sozialisation dieser Kinder, ihre Eingliederung in die Schule und das Erlernen einer bestimmten natürlichen Sprache erleichtern.

Charles Michel erstellte auf eigene Kosten einen Lehrplan und nahm bei sich zu Hause viele gehörlose Kinder auf: Als er starb, waren es achtzig Kinder. Während des gesamten 19. Jh. eröffneten wohltätige Organisationen in ganz Frankreich ähnliche Einrichtungen. Später wurde das von Charles Michel geschaffene Erziehungsmodell in den meisten anderen europäischen Ländern und in den Vereinigten Staaten nachgeahmt.

1220

ZEICHEN UND SYMBOLE

Die Klassifikatoren. Jedes Zeichen kann, unabhängig davon, wofür es steht, im Raum durch das Äquivalent der es wieder aufnehmenden Pronomina, die ›Klassifikatoren‹ genannt werden, plaziert werden: Diese beziehen sich auf die Form des behandelten Gegenstandes und werden durch eine besondere Form der Hand dargestellt. Nachdem zum Beispiel der Sprechende das Zeichen ›Auto‹ signalisiert hat, muß er es nicht mehr wiederholen. Indem er den Klassifikator, der durch die flache Hand dargestellt wird, verwendet, zeigt er an, daß es sich um das Auto handelt, von dem er gerade gesprochen hat. Es gibt viele Stellungen der Hand, die als Klassifikatoren verwendet werden.

Das Abstrahieren. Die Bildhaftigkeit der Zeichensprache ist dem Abstrahieren keinesfalls hinderlich. In die Gehörlosensprache kann zum Beispiel jede beliebige Rede (über Technik oder Philosophie) übersetzt werden. Die sogenannten ›abstrakten‹ Zeichen werden häufig auf der Grundlage einer kulturellen Metapher gebildet: ›Intelligenz‹ wird zum Beispiel durch das Zeichen ›Gehirn von beeindruckender Größe‹ dargestellt.

Die Mimik. Der Gesichtsausdruck spielt eine beherrschende Rolle. Abgesehen von der Tatsache, daß fast alle Zeichen von einem bestimmten Gesichtsausdruck begleitet sind, werden mimische Mittel zu syntaktischen Zwecken eingesetzt, womit zum Beispiel eine Frage, der Konditional, der Konjunktiv oder die Intensität dargestellt werden.

Der Körper. Schließlich kommt, vor allem beim Erzählen, die Rolle des gesamten Körpers zum Tragen. Jede Person in einer Geschichte wird zu Beginn durch eine allgemeine Haltung des Körpers und der Hände sowie durch einen typischen Gesichtsausdruck dargestellt. Im Verlauf der Geschichte zeigt dann eine bestimmte Bewegung des Körpers und der Hände sowie des Gesichtes in der mimischen Anfangsstellung, daß es nun wieder um diese Person geht.

A · Prinzip der Bildhaftigkeit.

Das hier gezeigte Zeichen, das ›Blitz‹ oder ›Gewitter‹ bedeutet, verdeutlicht das Prinzip der Bildhaftigkeit: die Ähnlichkeit zwischen Zeichen und Gegenstand, die durch die Handbewegung erreicht wird. Viele Zeichen basieren auf diesem Modell.

Das Ausbildungsmodell von Charles Michel, das von den meisten Staaten Europas und den Vereinigten Staaten übernommen wurde, war im Laufe des 19. Jh. heftiger Kritik ausgesetzt. Man berief sich darauf, daß sich die gehörlosen Kinder, da sie zuerst eine Gebärdensprache lernten, in den ersten Jahren der Schulausbildung nicht auf die Erlernung der gesprochenen Sprache konzentrierten. Das Abbauen der Gehörlosigkeit (als Methode, durch die diese Kinder langsam sprechen lernen) erfolgte, wenn es in diesen Einrichtungen praktiziert wurde, auf der Grundlage der geschriebenen Sprache, die diesen Kindern schon bekannt war.

AUSBILDUNG GEHÖRLOSER KINDER

Im Jahre 1880 fordert ein internationaler Kongreß von Spezialisten auf dem Gebiet der Erziehung gehörloser Kinder in Mailand die Abschaffung der Gebärdensprache. Dieser Forderung entsprechend wurden zum Teil sehr tiefgreifende Konsequenzen gezogen: Man ging sogar so weit, den Schulkindern bei Strafe die Gebärdensprache als Mittel der Kommunikation untereinander ganz zu verbieten. Als Grund für diese Entscheidung wurde angegeben, daß die Zeichensprache beim Kind das Erlernen der gesprochenen Sprache verzögere und dadurch die Sprachentwicklung beeinträchtige.

Nach dem Kongreß in Mailand und bis zum Ende der 70er Jahre unseres Jahrhunderts versuchte man sich darauf zu verständigen, daß die gehörlosen Kinder zum Erwerb von Kenntnissen zuerst einmal die gesprochene Sprache erlernen sollten (mittels Ablesens von den Lippen, was oft ›Stück für Stück‹ vor sich geht), eine lange und schwierige, da künstliche Lernmethode. Seit kurzem wird auf Betreiben von Ländern wie Schweden und den Vereinigten Staaten, die sich dieser Idee nie so richtig angeschlossen hatten, diese Methode auch in anderen Ländern wieder zunehmend in Frage gestellt.

DIE FINGERSPRACHE

Bei der Fingersprache, einer Form der Gebärdensprache, handelt es sich um ein Alphabet, das mit der Hand dargestellt wird und mit dem in gewisser Weise die Wörter im Raum ›geschrieben‹ werden. Das Prinzip ist einfach: Jeder Buchstabe des Alphabetes wird mittels einer bestimmten Stellung der Hand dargestellt. Die Wörter werden so geschrieben, daß die Hand ebenso viele Konfigurationen zeigt, wie das geschriebene Wort Buchstaben enthält. Dieses im Jahre 1620 von dem Spanier Juan Pablo Bonnet erfundene Alphabet wurde, mit nationalen Abänderungen, bei der Ausbildung gehörloser Menschen eingesetzt. Vor allem Charles Michel, Abbé de l'Épée, der Begründer des Taubstummenunterrichts, nutzte diese Gebärdensprache. 1770 begründete er die erste Taubstummenanstalt; 1776 entwickelte er ein erstes System ›methodischer Gebärden‹. Zur Bezeichnung von Eigennamen (Ortsnamen, Personennamen) verwenden Gehörlose heute einen Subcode aus dieser Zeichensprache.

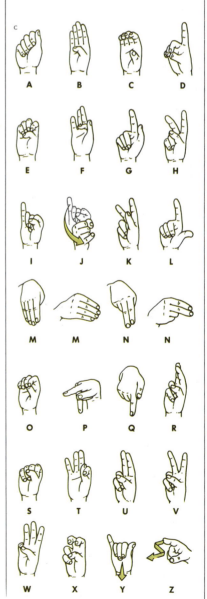

B · Syntax und Klassifikation.

Die hier gezeigten Zeichen stehen für den folgenden Satz: ›Zwei Personen nehmen an den Enden eines langen Tisches einander gegenüber Platz‹. Das Zeichen für ›Tisch‹ wird durch den Klassifikator der Form (langer, rechteckiger Gegenstand) mit beiden Händen dargestellt. Das entspricht dem Speichern einer Information. Im Verlauf der Rede genügt es dann, den Klassifikator für die Form eines anderen Objekts (z. B. ›klein und rund‹ für einen Apfel) *auf* (oder *unter*) den Klassifikator für den Tisch zu plazieren, wenn man damit ausdrücken will, daß sich ein Gegenstand *auf* (oder *unter*) diesem Tisch befindet. An jedem Ende dieses ›Tisches‹ zeigen die beiden Hände durch einen anderen Klassifikator (sitzende Personen) die an der Handlung Beteiligten an.

ZEICHEN UND SYMBOLE

CODES FÜR MILITÄR UND WIRTSCHAFT

MORSEALPHABET

Der von C. F. Gerke vorgeschlagene Telegraphencode wurde nach S. Morse benannt. Jedes zu übermittelnde Zeichen, jeder Buchstabe des Alphabets, wird in diesem Code durch eine Kombination der beiden einfachen Zeichen Punkt und Strich dargestellt. Die kürzesten Kombinationen wurden den häufigsten Zeichen zugeordnet. Als Sender dient die handbetätigte Morsetaste, die eine lokale Stromquelle im Rhythmus der Zeichen an die Leitung schaltet und damit die abgehenden Stromstöße erzeugt. Der Empfänger zeichnet die Stromstöße über einen elektromagnetisch betätigten Schreibstift auf. Das Morsealphabet ist – außer im Amateurfunk – völlig von den Telekommunikationsdiensten verdrängt worden.

```
A •—         J •———       S •••
B —•••       K —•—        T —
C —•—•       L •—••       U ••—
D —••        M ——         V •••—
E •          N —•         W •——
F ••—•       O ———        X —••—
G ——•        P •——•       Y —•——
H ••••       Q ——•—       Z ——••
I ••         R •—•        É ••—••

1 •————      6 —••••
2 ••———      7 ——•••
3 •••——      8 ———••
4 ••••—      9 ————•
5 •••••      0 —————
```

Punkt [.] •—•—•—
Komma [,] ——••——
Doppelpunkt oder
Divisionszeichen [:] ———•••
Fragezeichen oder bitte kommen [?] ••——••
Bindestrich
oder Subtraktionszeichen [—] —••••—
Schrägstrich oder Divisionszeichen [/] —••—•
Gleichheitszeichen [=] —•••—
verstanden •••—•
Fehler ••••••••
Kreuz oder Additionszeichen [+] •—•—•
bereit zur Aufnahme —•—
Wartezeichen •—•••
Stop ••• —•—
Anfangszeichen —•—•—
(der Übermittlung)
Multiplikationszeichen [x] —••—

SAMUEL MORSE

Bis ins Alter von 42 Jahren führte Samuel Morse das Leben eines einflußreichen und schaffensfreudigen Malers. Sein Ruhm gründete sich auf ein Portrait von La Fayette, den er in Washington getroffen hatte. 1826 hatte er in New York eine Gesellschaft der Schönen Künste gegründet, die später die *National Academy of Design* werden sollte, und der er von 1826 bis 1845 vorstand. 1832, bei der Rückkehr von einer Europareise, wo er die Kunstsammlungen Englands, Frankreichs und Italiens besucht hatte, kam ihm die Idee, die Elektrizität zur Übermittlung von Depeschen zu nutzen. Die erste öffentliche Vorführung des Morsetelegraphen fand am 11. Januar 1832 statt, am 24. Mai 1844 nahm die erste Telegraphenverbindung zwischen Washington und Baltimore den Betrieb auf. Die Erfindung von Samuel Morse steht für den Eintritt der Menschheit ins Zeitalter der Telekommunikation. Der Morsetelegraph wurde zuerst in Österreich, Preußen und der Schweiz eingeführt. Doch erst mit der Aussendung des ersten SOS-Rufes ging das System Morses wirklich in die Geschichte ein. Morse, der 1791 in Charlestown (Massachusetts) geboren wurde, starb 1872 in New York.

SOS

Diese Zeichenfolge wird als Notsignal gesendet. Oft wird fälschlicherweise gesagt, daß es sich um die Abkürzung des englischen Ausdrucks *Save our souls* (Rettet unsere Seelen) handele. Es sollen aber keine Seelen gerettet werden, sondern Körper. Die Impulsfolge ••• ——— ••• ist nur aufgrund ihrer einfachen Merkbarkeit und Dechiffrierbarkeit gewählt worden. Die Buchstaben S-O-S bedeuten an sich überhaupt nichts.

WINKERALPHABET

Um sich bei Tag in geringer Entfernung von einem Gebäude zum anderen zu verständigen, werden bei der Marine die internationalen Winkzeichen verwendet. Jeder Buchstabe des Alphabets wird in einer besonderen Stellung der Arme zum Körper dargestellt. Verdeutlicht wird diese Bewegung noch durch eine kleine Fahne in jeder Hand.

BOTSCHAFT AN DIE AUSSERIRDISCHEN

Die Lage der Erde im Universum hat nichts Außergewöhnliches. Man kann somit davon ausgehen, daß es auch auf anderen Planeten Leben gibt. Da es schwierig ist, mit den Außerirdischen direkten Kontakt aufzunehmen, hat man daran gedacht, ihnen mittels elektromagnetischer Signale Informationen zu übermitteln. Diese Signale bewegen sich mit Lichtgeschwindigkeit und sind somit schneller als jedes Raumschiff.

Schematische Darstellung einer Botschaft, die am 16. November 1974 in Richtung des Kugelsternhaufens M 13 mit dem Radioteleskop von Arecibo *(Puerto Rico)* gesendet wurde.

— Zahlen von 1 bis 10
— Atommasse von Wasserstoff, Kohlenstoff, Stickstoff, Sauerstoff und Phosphor
— Formeln der Saccharide und der Nucleotidbasen der DNS
— Anzahl der Nucleotiden in der DNS
— Doppelhelix der DNS
— menschliches Wesen
— Körpergröße des Menschen
— Erdbevölkerung
— Sonnensystem
— Radioteleskop von Arecibo: Sender der Botschaft
— Durchmesser des Teleskops

BUCHSTABIERREGELN

Will man am Telefon einen Eigennamen buchstabieren und soll es am anderen Ende keine Mißverständnisse geben, so präzisiert man vorsichtigerweise ›D wie Dora, O wie Otto, T wie Theodor‹ usw., wobei diese Buchstabierregeln national jeweils typisch zusammengestellt sind. Gleiches gilt für die Funkverbindungen im Luftverkehr. Damit nun für alle dasselbe gilt, wurde 1956 von der NATO und der ICAO ein internationaler Code ausgearbeitet:

A	Alpha	J	Juliett	S	Sierra
B	Bravo	K	Kilo	T	Tango
C	Charlie	L	Lima	U	Uniform
D	Delta	M	Mike	V	Victor
E	Echo	N	November	W	Whiskey
F	Foxtrott	O	Oscar	X	X-ray
G	Golf	P	Papa	Y	Yankee
H	Hotel	Q	Quebec	Z	Zoulou
I	India	R	Romeo		

ZEICHEN UND SYMBOLE

CODES FÜR MILITÄR UND WIRTSCHAFT

KORREKTUR-ZEICHEN

Egal wie sorgfältig ein Schriftsteller oder ein Journalist ein Buchmanuskript oder einen Artikel ausarbeitet – beim Absetzen des Manuskriptes entsteht eine mehr oder weniger große Zahl von Fehlern. Deshalb werden von den abgesetzten Manuskriptseiten *Korrekturfahnen* an den Verlag geschickt, die im Verlag und vom Autor des Manuskriptes gelesen *(Autorenkorrektur)* und, wo erforderlich, korrigiert werden. Unabhängig davon wird der Rohsatz schon in der Setzerei von berufsmäßigen *Korrektoren* überprüft *(Hauskorrektur).* Diese Kontrolle schließt die Beseitigung von Fehlern in Grammatik und Rechtschreibung ebenso ein wie die von technischen Fehlern. Dazu zählen falsche Auszeichnungen (zum Beispiel kursive oder halbfette Buchstaben), falsche Schrift, vertauschte Zeilen, falsche oder fehlende Wortzwischenräume, falsche Spaltenbreite u. a. Beim modernen Computersatz müssen vor allem die Silbentrennungen sorgfältig überprüft werden, da auch das beste Silbentrennungsprogramm nicht jeden Einzelfall richtig beurteilen kann. Außerdem soll eine Folge von zu vielen Silbentrennungen vermieden werden. Damit nun die Korrekturanweisungen des Autors, des Redakteurs oder des Korrektors vom Setzer schnell, richtig und ohne Rückfragen ausgeführt werden können, müssen alle Beteiligten eine gemeinsame und jedem verständliche Zeichensprache, die *Korrekturzeichen,* verwenden. Sie sind im Normblatt DIN 16511 zusammengestellt. Für viele wird aber der DUDEN leichter zugänglich sein; auch dort sind sie aufgeführt.

SCHRIFT-KLASSIFIKATION

Seit der Erfindung des Buchdrucks mit beweglichen Lettern durch J. Gutenberg hat die Anzahl verschiedener Schriftarten erheblich zugenommen. Deshalb muß man sie in große ›Familien‹ einteilen. In Deutschland erfolgt die Einteilung seit 1964 nach DIN 16518 in elf Gruppen.

Aa Bb Cc Gg Mm Rr Ss
Schneidler-Mediäval

Gruppe I, venezianische Renaissance-Antiqua: Die Achse der Rundungen ist links geneigt. Die An- und Abstriche (Serifen) sind schwach abgerundet.

Aa Bb Cc Gg Mm Rr Ss
Garamond

Gruppe II, französische Renaissance-Antiqua: Die größeren Unterschiede der Strichdicke lassen diese Schrift eleganter und dynamischer erscheinen. Ein besonderes Merkmal ist der waagerecht liegende Strich beim e. In der venezianischen Renaissance-Antiqua liegt der Strich dagegen schräg.

Aa Bb Cc Gg Mm Rr Ss
Baskerville

Gruppe III, Barock-Antiqua (Vorklassizistische Antiqua): Die Serifen sind nicht oder nur

schwach ausgerundet und werden bei den Minuskeln unten waagerecht, oben abgeneigt angesetzt. Die Rundungsachse ist fast senkrecht.

Aa Bb Cc Gg Mm Rr Ss
Walbaum

Gruppe IV, klassizistische Antiqua: Charakteristisches Merkmal sind die kontrastreichen Unterschiede zwischen Haar- und Grundstrichen. Die Rundungsachse steht senkrecht.

Aa Bb Cc Gg Mm Rr Ss
Memphis

Gruppe V, serifenbetonte Linearantiqua: Die serifenbetonte Linearantiqua zeigt einheitlich starke Haar- und Grundstriche (zumindest optisch). Die ausgeprägte Betonung der Serifen ist allen Schriften der Gruppe eigen.

Aa Bb Cc Gg Mm Rr Ss
Futura

Gruppe VI, serifenlose Linearantiqua: Die serifenlose Linearantiqua (auch unter dem Namen Groteskschrift bekannt), ist in der Strichstärke überwiegend einheitlich (zumindest optisch), umfaßt jedoch auch Schriften mit unterschiedlichen Strichstärken.

Aa Bb Cc Gg Mm Rr Ss
Sabon Antiqua normal

Gruppe VII, Antiquavarianten: Die Antiquavarianten umfassen die den bisher genannten Antiquaschriften nicht zugeordneten Schriften. Ihre Strichführung weicht vom Charakter der anderen Antiquagruppen ab.

Aa Bb Cc Gg Mm Rr Ss
Künstlerschreibschrift

Gruppe VIII, Schreibschriften: Die sogenannten Schreibschriften werden zu dekorativen Zwecken benutzt.

Aa Bb Cc Gg Mm Rr Ss
Time-Script halbfett

Gruppe IX, handschriftliche Antiqua: Aus der Antiqua und der kursiven Antiqua wurden die Drucktypen der sog. handschriftlichen Antiqua als künstlerische Abwandlung entwickelt.

Aa Bb Cc Gg Mm Rr Ss
Zentenar-Fraktur

Gruppe X, gebrochene Schriften: Die Fraktur ist die eleganteste Form der gebrochenen Schriften. Sie hat meist schwungvolle Versalien und schmallaufende Minuskeln.

کو ’سونونائپ‘ سشینون کی

Gruppe XI, fremde Schriften: Diese Gruppe umfaßt die Schriften, die ihren Ursprung nicht in der römischen Capitalis haben.
Beispiele: Bilderschriften, griechische und kyrillische Schriften sowie weitere Alphabetschriften, hebräisch und arabisch.

SATZKORREKTUR

Kegel und Dickte.
Ein gedruckter Buchstabe, der zu einer *Schrift* gehört (Gesamtheit von Buchstaben mit identischem ›Schriftbild‹) hat zwei Parameter, die ihn kennzeichnen:
– seinen *Kegel:*
die Höhe der Buchstaben, gemessen von der Unter- bis zur Oberlänge;
– seine *Dickte:*
die Breite eines Buchstabens. Die Schriftgröße wird in typographischen Punkten angegeben (1 Punkt = 0,376 mm), wobei häufig noch die alten Bezeichnungen für die Schriftgrößen verwendet werden. Derselbe Buchstabe kann gerade in der Grundschrift (in den meisten Fällen), **fett**, halbfett oder *kursiv* gesetzt werden.
So ist es möglich, Wörter oder Passagen im Text hervorzuheben, um diesen klar zu strukturieren, damit ›die Botschaft gut herüberkommt‹.

ANMERKUNG. – Die Korrekturen müssen, nötigenfalls durch verschiedenartige Verweise, immer vom Text ausgehend, entweder von links nach rechts am rechten Rand oder von rechts nach links am linken Rand an-

Jedes eingezeichnete Korrekturzeichen ist auf dem Rand zu wiederholen. Die erforderliche Änderung ist rechts neben das wiederholte Korrekturzeichen zu zeichnen.
Falsche Trennungen werden am Zeilenschluß und folgenden Zeilenanfang angezeichnet.
Fehlende Buchstaben werden angezeichnet, indem der vorangehende oder folgende Buchstabe durchgestrichen und zusammen mit dem fehlenden wiederholt wird. Es kann auch das ganze Wort oder die Silbe durchgestrichen und auf dem Rand berichtigt werden.
Fehlende Wörter (Leichen) werden in der Lücke durch Winkelzeichen ⌐ gemacht und auf dem Rand angegeben.
Überflüssige Buchstaben oder **Wörter** werden durchgestrichen und auf dem Rand durch ⌿ (für: deleatur, d. h. ›es werde getilgt‹) angezeichnet.
Fehlende oder **überflüssige** **Satzzeichen** werden wie fehlende oder überflüssige Buchstaben angezeichnet.
Fehlender Wortzwischenraum wird mit Z bezeichnet. **Zu weiter Zwischenraum** wird durch ⌒ , **zu enger Zwischenraum** durch ⌄ angezeichnet. Soll ⌒ ein **Zwischenraum ganz wegfallen**, so wird dies durch zwei Bogen ohne Strich angedeutet.
Aus Versehen falsch Korrigiertes wird rückgängig gemacht, indem man die Korrektur auf dem Rand durchstreicht und Punkte unter die fälschlich korrigierte Stelle setzt. Ausradieren der Anzeichnung ist unzulässig.

gezeigt werden. Bei Einzelblättern sollte man immer den rechten Rand benutzen; der linke Rand wird nur bei zweispaltigen Texten verwendet.

ZEICHEN UND SYMBOLE

VERKEHRSZEICHEN

DEUTSCHE KRAFTFAHRZEUGKENNZEICHEN

A	Augsburg	EH	Eisenhüttenstadt	HHM	Hohenmölsen	MHL	Mühlhausen	RS	Remscheid
AA	Aalen (Württ.)	EI	Eichstätt	HGN	Hagenow	MI	Minden (Westfalen)	RSL	Roßlau
AB	Aschaffenburg	EIL	Eisleben	HGW	Hansestadt Greifswald	MIL	Miltenberg	RT	Reutlingen
ABG	Altenburg	EIS	Eisenberg	HI	Hildesheim	MK	Märkischer Kreis	RU	Rudolstadt
AC	Aachen	EL	Emsland	HIG	Heiligenstadt	MM	Memmingen	RÜD	Rüdesheim (Rhein)
AE	Auerbach	EM	Emmendingen	HL	Hansestadt Lübeck	MN	Mindelheim	RÜG	Rügen
AIC	Aichach	EMD	Emden	HM	Hameln	MOS	Mosbach (Baden)	RV	Ravensburg
AK	Altenkirchen (Ww.)	EMS	Bad Ems	HN	Heilbronn	MR	Marburg (Lahn)	RW	Rottweil
AM	Amberg (Oberpf.)		(Rhein-Lahn-Kreis)	HO	Hof (Saale)	MS	Münster	RZ	Ratzeburg
AN	Ansbach (Mittelfr.)	EN	Ennepe-Ruhr-Kreis	HOL	Holzminden	MSP	Main-Spessart	S	Stuttgart
ANA	Annaberg	ER	Erlangen	HOM	Homburg	MTK	Main-Taunus-Kreis	SAD	Schwandorf
ANG	Angermünde	ERB	Erbach (Odenwald)	HOT	Hohenstein-Ernstthal	MÜ	Mühldorf (Obb.)	SAW	Salzwedel
ANK	Anklam	ERH	Erlangen-Höchstadt	HP	Heppenheim	MYK	Mayen-Koblenz	SB	Saarbrücken
AÖ	Altötting	ES	Esslingen (Neckar)		(Bergstraße)	MZ	Mainz	SBG	Strasburg
APD	Apolda	ESA	Eisenach	HR	Homberg	MZG	Merzig-Wadern	SBK	Schönebeck
ARN	Arnstadt	ESW	Eschwege	HRO	Hansestadt Rostock	N	Nürnberg	SC	Schwabach/Stadt
ART	Artern	EU	Euskirchen	HS	Heinsberg/Kreis	NAU	Nauen	SCZ	Schleiz
AS	Amberg-Sulzbach	EW	Eberswalde	HSK	Hochsauerlandkreis	NB	Neubrandenburg	SDH	Sondershausen
ASL	Aschersleben	F	Frankfurt (Main)	HST	Hansestadt Stralsund	ND	Neuburg (Donau)	SDL	Stendal
AT	Altentreptow	FB	Friedberg (Hessen)	HU	Hanau	NDH	Nordhausen	SDT	Schwedt
AU	Aue	FD	Fulda	HV	Havelberg	NE	Neuss	SE	Bad Segeberg
AUR	Aurich/Land	FDS	Freudenstadt	HWI	Hansestadt Wismar	NEA	Neustadt (Aisch)	SEB	Sebnitz
AW	Ahrweiler	FF	Frankfurt (Oder)	HX	Höxter	NEB	Nebra	SEE	Seelow
AZ	Alzey	FFB	Fürstenfeldbruck	HY	Hoyerswerda	NES	Bad Neustadt (Saale)	SFA	Soltau-Fallingbostel
B	Berlin	FG	Freiberg (Sachsen)	HZ	Herzberg	NEW	Neustadt (Waldnaab)	SFB	Senftenberg
BA	Bamberg	FI	Finsterwalde	IGB	St. Ingbert	NF	Husum (Nordfriesl.)	SFT	Staßfurt
BAD	Baden-Baden	FL	Flensburg	IL	Ilmenau	NH	Neuhaus	SG	Solingen
BB	Böblingen (Württ.)	FLÖ	Flöha	IN	Ingolstadt	NI	Nienburg (Westf.)	SGH	Sangerhausen
BBG	Bernburg	FN	Friedrichshafen	IZ	Itzehoe	NK	Neunkirchen (Saar)	SHA	Schwäbisch Hall
BC	Biberach (Riß)	FO	Forchheim (Oberfr.)	J	Jena	NM	Neumarkt (Oberpf.)	SHG	Schaumburg
BED	Brand-Erbisdorf	FOR	Forst	JB	Jüterbog	NMB	Naumburg	SHL	Suhl
BEL	Belzig	FR	Freiburg (Breisgau)	JE	Jessen	NMS	Neumünster	SI	Siegen
BER	Bernau	FRG	Freyung	K	Köln	NOH	Nordhorn	SIG	Sigmaringen
BGL	Berchtesgadener Land	FRI	Friesland (Kreis Jever)	KA	Karlsruhe	NOM	Northeim (Hann.)	SIM	Simmern
BI	Bielefeld	FRW	Bad Freienwalde	KB	Korbach	NP	Neuruppin		(Rhein-Hunsrück-
BIR	Birkenfeld (Nahe)	FS	Freising	KC	Kronach	NR	Neuwied (Rhein)		Kreis)
BIT	Bitburg-Prüm	FT	Frankenthal (Pfalz)	KE	Kempten (Allgäu)	NU	Neu-Ulm (Donau)	SL	Schleswig
BIW	Bischofswerda	FTL	Freital	KEH	Kelheim	NW	Neustadt (Weinstr.)	SLF	Saalfeld
BL	Balingen (Württ.)	FÜ	Fürth	KF	Kaufbeuren/Stadt	NY	Niesky	SLN	Schmölln
BM	Bergheim (Erft)	FW	Fürstenwalde	KG	Bad Kissingen	NZ	Neustrelitz	SLS	Saarlouis
BN	Bonn	G	Gera	KH	Bad Kreuznach	OA	Oberallgäu	SLZ	Bad Salzungen
BNA	Borna	GA	Gardelegen	KI	Kiel	OAL	Ostallgäu	SM	Schmalkalden
BO	Bochum	GAP	Garmisch-Partenk.	KIB	Kirchheimbolanden	OB	Oberhausen	SN	Schwerin
BOR	Borken (Westf.)	GC	Glauchau	KL	Kaiserslautern	OBG	Osterburg	SO	Soest
BOT	Bottrop	GDB	Gadebusch	KLE	Kleve	OC	Oschersleben	SÖM	Sömmerda
BRA	Brake (Unterweser)	GE	Gelsenkirchen	KLZ	Klötze	OD	Bad Oldesloe	SON	Sonneberg
BRB	Brandenburg	GER	Germersheim	KM	Kamenz	OE	Olpe	SP	Speyer
BRG	Burg	GF	Gifhorn	KN	Konstanz	OF	Offenbach (Main)	SPB	Spremberg
BS	Braunschweig	GG	Groß-Gerau	KO	Koblenz	OG	Offenburg (Baden)	SR	Straubing
BSK	Beeskow	GHA	Geithain	KÖT	Köthen	OH	Eutin (Ostholstein)	SRB	Strausberg
BT	Bayreuth	GHC	Gräfenhainichen	KR	Krefeld	OHA	Osterode (Harz)	SRO	Stadtroda
BTF	Bitterfeld	GI	Gießen	KS	Kassel	OHZ	Osterholz-Scharmbeck	ST	Steinfurt
BÜS	Büsingen	GL	Bergisch-Gladbach	KT	Kitzingen	OL	Oldenburg (Oldbg.)	STA	Starnberg
BÜZ	Bützow		(Rh.-Berg-Kreis)	KU	Kulmbach	OR	Oranienburg	STB	Sternberg
BZ	Bautzen	GM	Gummersbach	KÜN	Künzelsau (Württ.)	OS	Osnabrück	STD	Stade
C	Chemnitz		(Oberberg. Kreis)	KUS	Kusel	OVL	Obervogtland	STL	Stollberg
CA	Calau	GMN	Grimmen	KW	Königs-Wusterhausen		(Klingenthal und	SU	Siegburg
CB	Cottbus	GNT	Genthin	KY	Kyritz		Oelsnitz)		(Rhein-Sieg-Kreis)
CE	Celle	GÖ	Göttingen	L	Leipzig	OZ	Oschatz	SÜW	Südl. Weinstraße
CHA	Cham (Oberpfalz)	GP	Göppingen	LA	Landshut (Bayern)	P	Potsdam	SW	Schweinfurt
CLP	Cloppenburg	GR	Görlitz	LAU	Lauf (Pegnitz)	PA	Passau	SZ	Salzgitter
CO	Coburg	GRH	Großenhain	LB	Ludwigsburg	PAF	Pfaffenhofen (Ilm)	SZB	Schwarzenberg
COC	Cochem (Mosel)	GRM	Grimma	LBS	Lobenstein	PAN	Pfarrkirchen (Ndb.)	TBB	Tauberbischofsheim
COE	Coesfeld (Westf.)	GRS	Gransee	LBZ	Lübz	PB	Paderborn	TET	Teterow
CUX	Cuxhaven/Land	GRZ	Greiz	LC	Luckau	PCH	Parchim	TG	Torgau
CW	Calw	GS	Goslar	LD	Landau (Pfalz)	PE	Peine	TIR	Tirschenreuth
D	Düsseldorf	GT	Gütersloh	LDK	Lahn-Dill-Kreis	PER	Perleberg	TÖL	Bad Tölz
DA	Darmstadt	GTH	Gotha	LER	Leer (Ostfriesland)	PF	Pforzheim	TP	Templin
DAH	Dachau	GÜ	Güstrow	LEV	Leverkusen	PI	Pinneberg	TR	Trier
DAN	Dannenberg (Elbe)	GUB	Guben	LG	Lüneburg	PIR	Pirna	TS	Traunstein (Obb.)
DAU	Daun	GVM	Grevesmühlen	LI	Lindau (Bodensee)	PK	Pritzwalk	TÜ	Tübingen
DBR	Bad Doberan	GW	Greifswald/Kreis	LIB	Bad Liebenwerda	PL	Plauen	TUT	Tuttlingen
DD	Dresden	GZ	Günzburg	LIF	Lichtenfels	PLÖ	Plön (Holstein)	UE	Uelzen (Bz. Hann.)
DE	Dessau	H	Hannover	LL	Landsberg (Lech)	PN	Pößneck	UEM	Ueckermünde
DEG	Deggendorf	HA	Hagen	LM	Limburg (Lahn)	PS	Pirmasens	UL	Ulm
DEL	Delmenhorst	HAL	Halle	LN	Lübben	PW	Pasewalk	UN	Unna
DGF	Dingolfing	HAM	Hamm	LÖ	Lörrach	PZ	Prenzlau	VB	Vogelsbergkreis
DH	Diepholz/Land	HAS	Hassfurt	LÖB	Löbau	QFT	Querfurt	VEC	Vechta
DL	Döbeln	HB	Hansestadt Bremen	LSZ	Bad Langensalza	QLB	Quedlinburg	VER	Verden (Aller)
DLG	Dillingen (Donau)	HBN	Hildburghausen	LU	Ludwigshafen (Rh.)	R	Regensburg	VIE	Viersen
DM	Demmin	HBS	Halberstadt	LUK	Luckenwalde	RA	Rastatt	VK	Völklingen (Saar)
DN	Düren	HC	Hainichen	LWL	Ludwigslust	RC	Reichenbach	VS	Villingen (Schwarzw.)
DO	Dortmund	HD	Heidelberg	M	München	RD	Rendsburg	W	Wuppertal
DON	Donauwörth	HDH	Heidenheim (Brenz)	MA	Mannheim	RDG	Ribnitz-Damgarten	WAF	Warendorf
DT	Detmold	HDL	Haldensleben	MAB	Marienberg	RE	Recklinghausen	WB	Wittenberg
DU	Duisburg	HE	Helmstedt	MB	Miesbach	REG	Regen	WBS	Worbis
DÜW	Bad Dürkheim	HEF	Bad Hersfeld	MC	Malchin	RH	Roth	WDA	Werdau
DW	Dippoldiswalde	HEI	Heide (Holstein)	MD	Magdeburg	RIE	Riesa	WE	Weimar
DZ	Delitzsch	HER	Herne	ME	Mettmann	RL	Rochlitz	WEN	Weiden (Oberpf.)
E	Essen	HET	Hettstedt	MEI	Meißen	RM	Röbel (Müritz)	WES	Wesel
EB	Eilenburg	HF	Herford	MER	Merseburg	RN	Rathenow	WF	Wolfenbüttel
EBE	Ebersberg b. München	HG	Bad Homburg	MG	Mönchengladbach	RO	Rosenheim	WHV	Wilhelmshaven
ED	Erding		(Obertaunus-Kreis)	MGN	Meiningen	ROS	Rostock/Kreis	WI	Wiesbaden
EF	Erfurt	HH	Hansestadt Hamburg	MH	Mülheim (Ruhr)	ROW	Rothenburg (Wümme)	WIL	Wittlich

ZEICHEN UND SYMBOLE

INTERNATIONALE KRAFTFAHRZEUGKENNZEICHEN

WIS	Wismar/Kreis	A	Österreich	ETH	Äthiopien	MC	Monaco	RWA	Ruanda
WK	Wittstock	ADN	Jemen	F	Frankreich	MEX	Mexiko	S	Schweden
WL	Winsen (Luhe)	AFG	Afghanistan	FDI	Fidschi	MS	Mauritius	SD	Swasiland
WLG	Wolgast	AL	Albanien	FL	Liechtenstein	MW	Malawi	SF	Finnland
WM	Weilheim (Obb.)	AND	Andorra	FR	Färöer	N	Norwegen	SGP	Singapur
WMS	Wolmirstedt	AUS	Australien	GB	Großbritannien	NA	Niederländ. Antillen	SME	Surinam
WN	Waiblingen	B	Belgien	GBA	Alderney	NIC	Nicaragua	SN	Senegal
WND	St. Wendel	BD	Bangladesh	GBG	Guernsey	NL	Niederlande	SU	Sowjetunion
WO	Worms	BDS	Barbados	GBJ	Jersey	NZ	Neuseeland	SY	Seychellen
WOB	Wolfsburg	BG	Bulgarien	GBM	Insel Man	P	Portugal	SYR	Syrien
WR	Wernigerode	BH	Belize	GBZ	Gibraltar	PA	Panama	T	Thailand
WRN	Waren	BR	Brasilien	GCA	Guatemala	PAK	Pakistan	TG	Togo
WSF	Weißenfels	BRN	Bahrain	GH	Ghana	PE	Peru	TJ	China
WST	Westerstede (Ammerland)	BRU	Brunei	GR	Griechenland	PL	Polen	TN	Tunesien
WSW	Weißwasser	BS	Bahamas	GUY	Guyana	PNG	Papua-Neuguinea	TR	Türkei
WT	Waldshut	BUR	Birma	H	Ungarn	PY	Paraguay	TT	Trinidad und Tobago
WTM	Wittmund/Kreis	C	Kuba	HK	Hongkong	QA	Katar	USA	Vereinigte Staaten
WÜ	Würzburg	CDN	Kanada	HKJ	Jordanien	RA	Argentinien	V	Vatikanstadt
WUG	Weißenburg (Bay.)	CH	Schweiz	I	Italien	RB	Botswana	VN	Vietnam
WUN	Wunsiedel	CI	Elfenbeinküste	IL	Israel	RC	Taiwan	WAG	Gambia
WUR	Wurzen	CL	Sri Lanka	IND	Indien	RCA	Zentralafrikan. Rep.	WAL	Sierra Leone
WW	Westerwald	CO	Kolumbien	IR	Iran	RCB	Kongo	WAN	Nigeria
WZL	Wanzleben	CR	Costa Rica	IRL	Irland	RCH	Chile	WD	Dominica
Z	Zwickau	CS	Tschechoslowakei	IRQ	Irak	RFC	Kamerun	WG	Grenada
ZE	Zerbst	CY	Zypern	IS	Island	RH	Haiti	WL	Saint Lucia
ZI	Zittau	D	Deutschland	J	Japan	RI	Indonesien	WS	West-Samoa
ZP	Zschopau	DK	Dänemark	JA	Jamaika	RIM	Mauretanien	WV	Saint Vincent und die Grenadinen
ZR	Zeulenroda	DOM	Dominikan. Rep.	K	Kambodscha	RL	Libanon		
ZS	Zossen	DY	Benin	KWT	Kuwait	RM	Madagaskar	YU	Jugoslawien
ZW	Zweibrücken	DZ	Algerien	L	Luxemburg	RMM	Mali	YV	Venezuela
ZZ	Zeitz	E	Spanien	LAO	Laos	RN	Niger	Z	Sambia
		EAK	Kenia	LAR	Libyen	RO	Rumänien	ZA	Republik Südafrika
		EAT	Tansania	LB	Liberia	ROK	Süd-Korea	ZRE	Zaire
		EAU	Uganda	LS	Lesotho	ROU	Uruguay	ZW	Simbabwe
		EC	Ecuador	M	Malta	RP	Philippinen		
		ES	El Salvador	MA	Marokko	RSM	San Marino		
		ET	Ägypten	MAL	Malaysia	RU	Burundi		

STRASSENVERKEHR

Die im Straßenverkehr üblichen Verkehrszeichen wurden in einer internationalen Vereinbarung (Genf, 1968) geregelt. In der Bundesrepublik Deutschland sind die gültigen Verkehrszeichen in der Straßenverkehrsordnung (StVO) aufgeführt.

Gefahrzeichen

Gefahrstelle (Zusatzschilder: schlechter Fahrbahnrand und Wintersport) — Kreuzung oder Einmündung — Kurve (rechts) — Doppelkurve (zunächst rechts) — Gefälle (Zusatzschild: auf 400 m)

Steigung — unebene Fahrbahn (Zusatzschild: in 50 m Entfernung) — Schleudergefahr bei Nässe oder Schmutz — Steinschlag — Seitenwind — verengte Fahrbahn — einseitig (rechts) verengte Fahrbahn

Baustelle — Gegenverkehr — bewegliche Brücke — Ufer — Lichtzeichenanlage — Fußgängerüberweg — Kinder

Radfahrer kreuzen — Tiere — Wildwechsel — Flugbetrieb — Bahnübergang mit Schranken oder Halbschranken — unbeschrankter Bahnübergang (mit dreistreifiger Bake: in 240 m Entfernung) — Bahnübergang in 160 m (a) bzw. 80 m Entfernung (b)

ZEICHEN UND SYMBOLE

VERKEHRSZEICHEN

Vorschriftzeichen

Bahnübergang — Vorfahrt gewähren! — Halt! Vorfahrt gewähren! (Zusatzschilder: in 100 m abknickende Vorfahrt) — Gegenverkehr hat Vorfahrt — vorgeschriebene Fahrtrichtung (a rechts, b hier rechts, c geradeaus und rechts) — Einbahnstraße — rechts vorbeifahren

Verbot für Fahrzeuge aller Art — Verbot für Kraftwagen — Verbot für LKW über 2,8 t und Zugmaschinen — Verbot für Fahrzeuge, deren Gewicht (a), Achslast (b), Breite (c), Höhe (d), Länge (e) eine bestimmte Grenze überschreitet (jeweils einschließlich Ladung) — Einfahrverbot — Schneeketten sind vorgeschrieben

Sonderwege für Radfahrer (a), Reiter (b) und Fußgänger (c) — Verbot für Fahrzeuge mit einer Ladung von mehr als 3000 l wassergefährdender Stoffe — zulässige Höchstgeschwindigkeit — vorgeschriebene Mindestgeschwindigkeit — Halteverbot (mit Zusatzschild: auch auf dem Seitenstreifen) — eingeschränktes Halteverbot

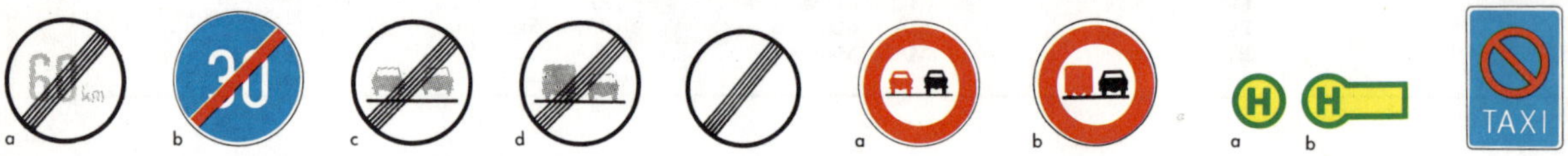

Ende der zulässigen Höchstgeschwindigkeit (a), der vorgeschriebenen Mindestgeschwindigkeit (b), des Überholverbots für Kraftfahrzeuge (c) und für LKW (d) — Ende sämtlicher Streckenverbote — Überholverbot für Kraftfahrzeuge (a) und LKW mit einem Gesamtgewicht über 2,8 t (b) — Haltestellen für Straßenbahnen (a) und Kraftfahrlinien (b) — Taxistand

Richtzeichen

Vorfahrt — Vorfahrtstraße (Zusatzschild: abknickende Vorfahrt) — Ende der Vorfahrtstraße — Vorrang vor dem Gegenverkehr — Ortstafel (a Vorder-, b Rückseite) — Seitenstreifen nicht befestigt

Parkplatz — Autobahn — Kraftfahrstraße — Ausfahrt von der Autobahn — Ende der Autobahn — Ende der Kraftfahrstraße — Fußgängerüberweg — Einbahnstraße — Fußgängerunter- oder überführung

Nummernschild für Bundesstraßen (a) und Europastraßen (b) — Wegweiser auf Bundesstraßen (a) zur Autobahn (b) und für bestimmte Verkehrsarten (c) — Richtgeschwindigkeit

Vorwegweiser mit Einordnungshinweis (a) und zur Autobahn (b) — Vorwegweiser auf Autobahnen — Entfernungsbake zur Ausfahrt auf Autobahnen — Entfernungstafel auf Autobahnen — Umleitung — Bedarfsumleitung für Autobahnverkehr — Pannenhilfe

ZEICHEN UND SYMBOLE

BAHNVERKEHR

Die hier dargestellten Signale gehören zum klassischen Signalsystem, das entlang den Gleisen montiert ist. Die Signalgebung kann mechanisch erfolgen, ist jedoch in den meisten Fällen ein Lichtsignal. Das modernste Signalsystem sind die Stellwerksignale, bei dem die Angaben den Lokführern nicht mehr durch Signale entlang den Gleisen, sondern in Form von codierten Strömen übermittelt werden. Sie werden von Meßfühlern, die sich an der Spitze des Zuges befinden, aufgenommen und erscheinen auf der Instrumententafel. Dieses System bietet sich für hohe Geschwindigkeiten (über 200 km/h) an und wurde zuerst auf der Hochgeschwindigkeitsstrecke zwischen Paris und Lyon (T.G.V. Südosten) eingesetzt.

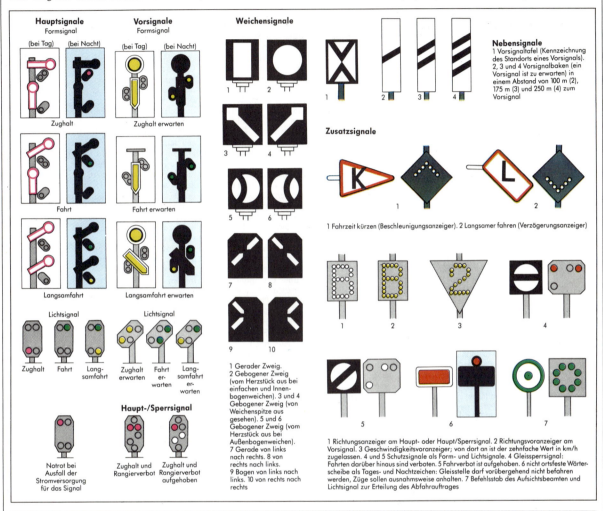

LUFTVERKEHR

Auf allen Flugplätzen befindet sich ein Signalfeld, das vor allem für Luftfahrzeuge von Nutzen ist, deren Funkgerät ausgefallen ist. Auf diesem Feld ist die Landerichtung und die Richtung der Platzrunde angezeigt (links oder rechts der Landebahn). Auf jeder Landebahn ist die Landebahnrichtung als zweistellige Zahl angegeben: der 10. Teil des auf magnetisch Nord bezogenen Winkels in Grad (zum Beispiel 20 für 200° und 02 für 20°). Sind zwei parallele Landebahnen vorhanden, so sind diese mit dem Buchstaben L (links) oder R (rechts) gekennzeichnet. Die Landebahnen sind mit Markierungen und Befeuerungsanlagen für den Nachtflugverkehr ausgestattet. Die Luftfahrzeuge selbst führen an vorgeschriebenen Stellen Positionslichter und Warnblinkleuchten.

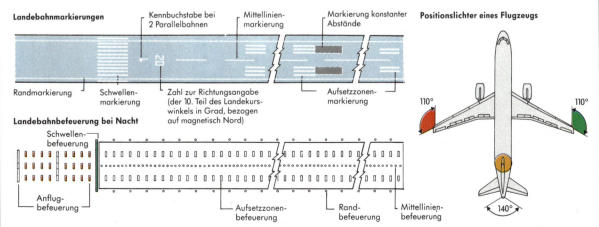

ZEICHEN UND SYMBOLE

HERALDIK

GESCHICHTE

Gegenstand der Heraldik sind die Regeln der Wappenführung und der Wappendarstellung sowie die Geschichte des Wappenwesens.

Seit der Antike haben die Krieger auf ihre Schilde und Helme Erkennungszeichen angebracht (von Homer beschriebene Schilde, bemalte Schilde der römischen Truppen); doch diese Zeichen wurden nicht vererbt und wurden nach festen Regeln gewählt.

Um die Mitte des 12. Jh. kam ein neuer, den Kopf völlig umschließender Helm auf. Da die Ritter somit nicht mehr zu erkennen waren, malten sie auf ihre Schilde eine Figur (Tier, Pflanze, geometrisches Muster), die gegen Ende des 12. Jh. vererbbar wurde. Sie symbolisierte zuerst den, dem sie zugeschrieben wurde, dann seine Besitztümer und schließlich die gesamte Familie. Ab dem 13. Jh. durften auch Frauen, Geistliche, Stadtbürger, Handwerker und Bauern Wappen verwenden; wenig später wurde dieses Recht auch weltlichen und religiösen Gemeinschaften sowie Institutionen zuerkannt. Doch zu keiner Zeit und in keinem Land war das Tragen von Wappen ein Privileg einer sozialen Klasse. Bis zum Ende des 18. Jh. konnte jeder ein Wappen annehmen und es nach seinem Gutdünken verwenden, alleinige Bedingung dabei war nur, daß das gewählte Wappen nicht schon von anderen geführt wurde.

Da Wappen sowohl den Besitz kennzeichneten als auch ein Zierelement darstellten, wurden sie seit dem 13. Jh. in vielfältiger Form an Gebäuden, Gegenständen (z. B. auf Münzen) und auf der Kleidung angebracht. Häufig hilft heute nur die Untersuchung eines Wappens, um einen Gegenstand zeitlich und örtlich einzuordnen, um seine Besitzer festzustellen und um seine Geschichte nachvollziehen zu können. Die moderne Heraldik betrachtet Wappen als ein System von Zeichen, mit denen der Platz des Einzelnen in der Gruppe und der der Gruppe in der Gesellschaft festgestellt werden kann. Die Heraldik ist ein Hilfsmittel für Archäologen, Historiker und Numismatiker; sie ist in ihrer künstlerischen Ausformung (Wappenkunst) eng mit der Kunstgeschichte verknüpft.

BLASONIERUNG

Die Wappen, deren Aufbau heraldischen Vorschriften unterliegt, werden nach festen Regeln beschrieben (blasoniert). Der Schild ist der Kernbestandteil eines Wappens, mitunter steht er auch allein. Die Blasonierung (Beschreibung) eines Wappenschildes erfolgt vom Gesichtspunkt des Schildträgers aus. Was dem Betrachter also rechts erscheint, wird deshalb heraldisch als links bezeichnet und umgekehrt. Auf dem Schild befinden sich die heraldischen Tinkturen (Metalle, Farben, Pelzwerk). Die Metalle sind Gold und Silber, die Farben Rot, Purpur, Blau, Grün, Schwarz und Orange. Zum heraldischen Pelzwerk gehören Kürsch, Hermelin und Eisenhütlein (Feh) in verschiedener Anordnung. Das Feld ist die Fläche des Wappens, auf der die Figuren und die Schildteilungen dargestellt sind.

In der modernen Heraldik wird nach dem System des Heraldikers D. L. Galbreath blasoniert. Begonnen wird mit dem Schildfeld, bei mehreren Feldern wird zuerst die Farbe des oberen Feldes genannt (bei Schrägteilungen die des oberen Platzes). Die Reihenfolge ist rechts vor links und oben vor unten. Nach den Farben werden die Heroldsbilder blasoniert, wobei auch die Heroldsbilder wieder mit gemeinen Figuren belegt sein können. Greift ein Heroldsbild über ein anderes, so wird zuerst das untere erwähnt.

Die Stellung einer gemeinen Figur im Wappenfeld wird nur dann gemeldet, wenn sie von der heraldisch üblichen abweicht (aufrecht oder waagerecht). Bei drei Figuren ist die normale Anordnung 2.1. (zwei oben, eine unten). Andere Stellungen müssen angegeben werden. Bei mehreren Figuren im Feld nennt man zuerst die wichtigste und ordnet die anderen Figuren der Hauptfigur mit den entsprechenden heraldischen Begriffen, wie begleitet, besteckt, überhöht, zu. Bei aufgelegten Schilden ist die Reihenfolge der Blasonierung Hauptschild – Mittelschild – Herzschild. Schildhaupt und -fuß folgen zuletzt. Hier als Beispiel das Wappen der Grafen von Dunois (siehe Abbildung auf Seite 1229):
Blau mit drei goldenen Lilien, silbernem Turnierkragen und schwarzem Bastardfaden.

GLOSSAR

Balken: häufig verwendetes Heroldsbild, das durch zwei Teilungslinien im Feld entsteht, wobei der mittlere Platz stets andersfarbig gegenüber dem oberen und unteren sein muß.
Beizeichen: spezielle Darstellungen im Wappen zur Kennzeichnung von Nebenlinien oder jüngeren Familienmitgliedern. Bekannteste Beizeichen sind der Turnierkragen und der Faden, wobei der Bastardfaden die uneheliche Geburt des Wappeninhabers kennzeichnete.
Blasonieren: Beschreiben der Wappen nach den Regeln der Heraldik.
Bord: Um den Schildrand gelegte Einfassung, die sich vom Schild in Farbe, Metall oder Pelzwerk unterscheiden muß.
Büffelhörner: am Wappenhelm paarweise angebrachte Hörner, die zur Helmzier zählen.
Devise: auf einem Band unterhalb des Wappens angebrachter Wahlspruch.
falsche Wappen: Wappen, die nicht nach den heraldischen Regeln erstellt wurden, die zum Beispiel Metall auf Metall zeigen (Wappen des Königreiches Jerusalem, siehe gegenüberliegende Seite) oder Farbe auf Farbe. Auf einem farbigen Feld muß eine Darstellung in Metall stehen und umgekehrt.
gemeine Figur: alle Wappendarstellungen, die nicht zu den Heroldsbildern gehören (Figuren, Gegenstände).
heraldische Schraffuren: graphische Darstellungsformen, mit denen bei einfarbigen Wappenzeichnungen die verschiedenen Tinkturen zweifelsfrei gekennzeichnet werden.
Heroldsbild: abstraktes Schildbild, das bei der Schildteilung durch die Teilungslinien und Schildränder gebildet wird. Im Unterschied dazu stehen die gemeinen Figuren frei im Feld.
Pfahl: Heroldsbild, das durch die zwei- oder mehrmalige Spaltung des Schildes entsteht.
Rautenkranz: grüne Zierleiste, die in gebogener Form über einem Heroldsbild liegt. Das bekannteste Beispiel ist das sächsische Stammwappen.
Schildhalter: Figuren (Menschen, Tiere, Fabelwesen), die einen Wappenschild tragen oder stützen.
Schildteilung: die Einteilung des Wappenschildes bei zusammengesetzten Wappen. Die Schildteilungen werden als Heroldsbilder (Heroldsstücke) bezeichnet und die dabei entstehenden Felder oder Plätze können wiederum einzeln eingeteilt werden.
Tinkturen: Oberbegriff für die heraldischen Farben und Metalle sowie das Pelzwerk.
Wappenbeschreibung: heraldisch korrekte mündliche oder schriftliche Beschreibung (Blasonierung) eines Wappens.

BESTANDTEILE EINES VOLLWAPPENS

Helm.
Die Verwendung eines Helmes mit Helmzier über dem Schild kam ab dem 14. Jh. auf. Oft tritt an die Stelle des Helmes eine Krone.

Schild.
Hauptbestandteil eines Wappens.

Leitspruch (Devise).
Steht am unteren Rand. ›Dieu et mon droit‹ (Gott und mein Recht) ist z.B. die Devise der Könige von England.

Schlachtruf.
Erkennungszeichen aus der Zeit, in der der Helm das Gesicht verdeckte. ›Montjoie Saint Denis!‹ war der Schlachtruf der Könige Frankreichs; er steht auf einem Band über dem Wappen.

Helmdecke.
Der Schild ist mitunter mit einer Helmdecke verziert, die oftmals in Form langer Bänder dargestellt ist. Dies soll die im Kampf entstandenen Schäden an den echten Helmdecken andeuten.

Schildhalter.
Neben dem Schild können Figuren (Menschen, Tiere oder Fabelwesen) stehen. Hier sind es zwei Wilde Männer.

deutscher Schild (Tartsche)

englischer Schild

italienischer Schild (Roßstirnschild)

polnischer Schild

1228

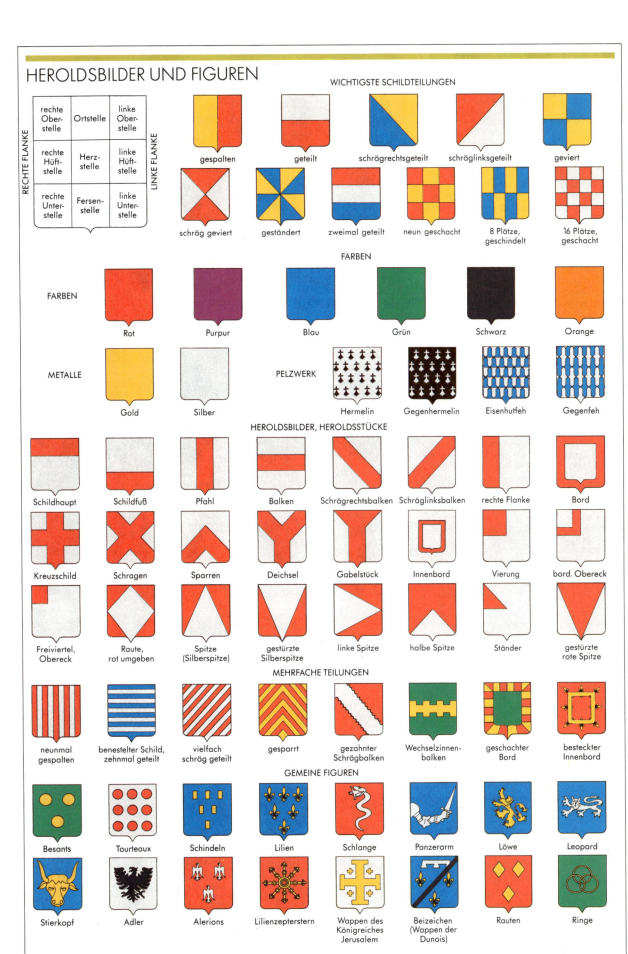

HERALDIK

KRONEN

Ursprünglich wurden die Kronen als einfaches heraldisches Element angesehen, das undifferenziert verwendet wurde. Erst seit dem 14. Jh. zeichnete sich eine Entwicklung ab, bei der die über dem Wappenschild angebrachte Krone auch den Rang des Wappeninhabers ausdrückte. Im 17. Jh. kam es dann zur offiziellen Festlegung der Rangkronen. Man unterscheidet in der deutschen Heraldik folgende Rangkronen: Kaiserkrone, Königskrone, Großherzogskrone, Herzogskrone, Fürstenhut, Fürstenkrone, Grafenkrone, Freiherrenkrone und Adelskrone. In der nationalen Heraldik der europäischen Länder gibt es daneben noch eine Reihe spezieller Rangkronen. Die meisten dieser Kronen sind Erfindungen der Heroldskunst, existierten also in Wirklichkeit gar nicht als Kronen. Das gilt auch für die *Mauerkrone,* die zwar schon in der Antike bekannt war, aber erst durch die napoleonische Heraldik in die Städtewappen eingebracht wurde. Die *Schiffskrone* befindet sich über dem Wappenschild einiger englischer Hafenstädte, und die *Fliegerkrone* ist nur in der italienischen Heraldik vorhanden.

HELME

Der Helm ist etwa seit dem 14. Jh. wichtigster Bestandteil des Oberwappens (über dem oberen Schildrand befindliche Wappenelemente), wobei ein Helm über dem Schild ursprünglich dem Adel vorbehalten war. Die Form der Wappenhelme änderte sich parallel zur Entwicklung der tatsächlichen Helme. Die Topf- und Kübelhelme sind älter als die seit dem 15. Jh. bekannten Stech- und Spangenhelme. In den Wappen werden Helme stahlfarbig oder silbern dargestellt, goldene und Helme ohne Spangen führten nur große alte Dynastengeschlechter. Die Kennzeichnung des Ranges des Wappeninhabers auch durch den Helm ist typisch für die französische und englische Heraldik. Je höher der Rang ist, desto stärker sind die Helmvisiere gegittert. In der deutschen Heraldik ist dies nicht üblich. Bei Turnieren überprüften Herolde in der Helmschau die Helme und Schilde auf ihre heraldische Exaktheit.

KREUZE

Das Kreuz, eine sehr einfache geometrische Form, ist eine der ältesten Zierformen des Menschen. Die Ägypter symbolisierten die Unsterblichkeit der Seele durch das Henkelkreuz. Das Hakenkreuz (Swastika) findet sich schon in der Antike und ebenso in der skandinavischen sowie indischen Kunst. In der christlichen Welt ist das Kreuz Symbol für Christus. Im Wappenwesen kann ein Kreuz sowohl Heroldsbild als auch gemeine Figur sein. Ein Heroldsbild ist es, wenn es mit allen Kreuzenden die Schildränder berührt. Stehen mindestens drei Seiten frei im Schild, ist es eine gemeine Figur. Kreuze können mit Heroldsbildern belegt oder kombiniert werden. Durch Gestaltungsvariationen an den Kreuzenden entsteht eine große Anzahl an Kreuzformen. In der Heraldik sind vor allem das gemeine Kreuz, das Lateinische Kreuz (Passionskreuz) und das Andreaskreuz häufig.

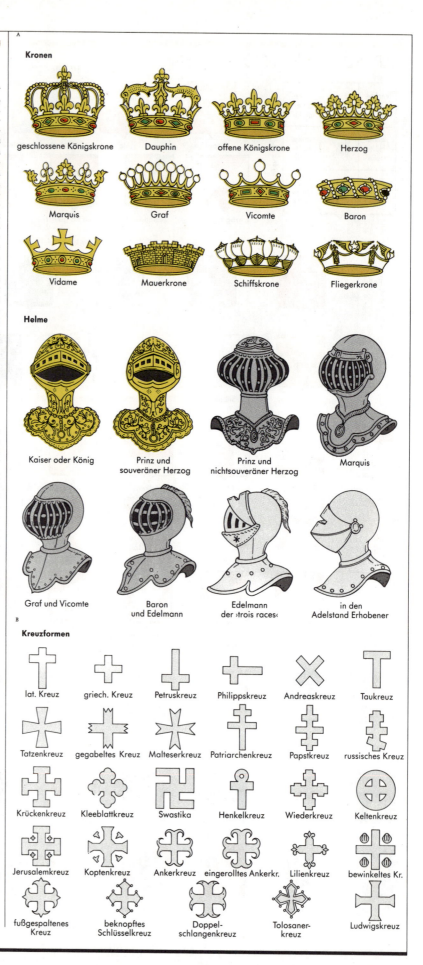

ZEICHEN UND SYMBOLE

CODES AUS DEM HANDEL/FORMATE

STRICHCODE

Der Strichcode ist ein Sondercode, den man mittlerweile auf allen gängigen Konsumgütern findet. Er symbolisiert:
– den Code des Herkunftslandes des Produkts;
– den Code des Herstellers des Produkts;
– den Code des Produkts.

Der Strichcode sieht aus wie eine Reihe von Strichen (vertikal), die unterschiedlich dick sind und unter denen eine Zahl steht.

A · **Strichcode.**
Jeder Buchstabe des Codes ist durch eine festgelegte Wechselfolge von hellen und dunklen Modulen (Strichen) dargestellt. Diese Symbole verlaufen symmetrisch um eine zentrale Trennung; am Ende werden sie von einer Seitentrennlinie begrenzt.

Diese Darstellung mit ›Strichen‹ ermöglicht das automatische Lesen des Codes an Kassen mit Hilfe eines geeigneten Systems: entweder ein Lesestift, der von der Kassiererin gehandhabt wird, oder eine Leseleiste im Kassentisch. Der Strichcode kann sowohl vorwärts als auch rückwärts gelesen werden. Dieser automatische Lesevorgang erfaßt und veranlaßt unmittelbar:
– den Preis des Artikels, den der Kunde an einem Bildschirm verfolgen kann;
– den Druck auf dem Kassenbon mit Preis und Artikeltyp;
– die Anzahl der verkauften Stücke dieses Artikels; diese Information wird an das Computersystem des Geschäftes weitergegeben.

Obwohl es sich bei dem Strichcode nicht um einen Preiscode handelt, wird die Kennziffer des Artikels oft in einer Datei abgelegt. Die Datei liefert sofort Preis und Name des Artikels. Diese Informationen können dann angezeigt und auf dem Kassenbon ausgedruckt werden. Die Vorteile eines solchen Systems für den Händler sind:
– Erleichterung der Auszeichnungsvorgänge im Geschäft oder im Lager;
– ständige Kontrolle der Verkäufe und der Lagerbestände für jeden Artikel;
– schnellere Abwicklung an den Kassen (was auch für den Käufer einen Zeitgewinn bedeutet);
– keine Fehler bei den Preisen (eventuell auch ein Vorteil für den Verbraucher).

Der Strichcode wird in zahlreichen Sektoren in Industrie und Handel verwendet.

B · **Der Strichcode**
ist normiert. Für eine bestimmte Kategorie von Produkten (hier die gängigen Konsumgüter) stellt er sich immer in gleicher Weise dar. Für die Codierung richtet man sich nach einer internationalen Norm. Es gibt feste Regeln hinsichtlich seiner Größe, seiner Anbringungsstelle am Produkt und für seinen Druck.

ISBN, ISSN

Die ISBN- und die ISSN-Nummer muß sich auf allen *Büchern* bzw. auf allen *regelmäßig erscheinenden Veröffentlichungen* (Zeitungen, Zeitschriften, Magazinen) befinden. Somit kann jede beliebige Veröffentlichung erfaßt werden.
• **ISBN** *(International Standard Book Number).* Diese Numerierung ist Büchern vorbehalten. Sie besteht aus 10 Ziffern in vier Gruppen.

ISBN 3-411-51318-8
 a   b   c   d

a. Die erste Gruppe bezeichnet die sprachliche, geographische und nationale Gruppe, in der das Buch veröffentlicht wird. Sie kann bis zu 5 Ziffern umfassen. Die Länder mit den höchsten Produktionen haben einstellige Zahlen. Die Zahl 3 entspricht den deutschsprachigen Ländern;
b. die zweite Zahlengruppe steht für den Herausgeber (411 steht für das Bibliographische Institut & F. A. Brockhaus AG in Mannheim);
c. die dritte Gruppe kennzeichnet das Buch in der Produktion dieses Herausgebers;
d. die letzte Zahl (gelegentlich auch ein Buchstabe) ist die Kontrollzahl für den Computer, der die Richtigkeit der ISBN-Nummer überprüft.
• **ISSN** *(International Standard Serial Number).* Diese Numerierung bezieht sich auf die regelmäßigen Veröffentlichungen. Sie besteht aus 8 Ziffern in 2 Gruppen, die durch einen Bindestrich getrennt sind. Es handelt sich hier um eine einfache Nummer.

DAS TYPOGRAPHISCHE MASS-SYSTEM

Obwohl seit dem 1. 1. 1978 auch in Deutschland im Bereich der Textverarbeitung und im graphischen Gewerbe das metrische Maßsystem verbindlich ist, wird nach wie vor das typographische Maßsystem auf der Basis des Didot- oder typographischen Punktes verwendet. Ein solcher Punkt hat die Dicke von 0,376065 mm. In der Praxis rechnet man mit 0,376 mm oder auch 0,375 mm.

Die Schriftgröße (Schriftgrad) wird in typographischen Punkten angegeben, wobei jeder Schriftgrad noch einen speziellen Namen hat, der bei einigen Schriftgrößen auch weiterhin gebräuchlich ist.

Schrift-größe in Punkten	alte Bezeich-nung	Schriftgröße in mm (nach DIN 16507)
4	Diamant	1,50
5	Perl	1,75
6	Nonpareille	2,25
7	Kolonel (Mignon)	2,75
8	Petit	3,00
9	Borgis	3,50
10	Korpus	3,75
12	Cicero	4,50
14	Mittel	5,25
16	Tertia	6,00
20	Text	8,00
24	Doppelcicero	9,00
28	Doppelmittel	10,50
36	3 Cicero (Kanon)	13,50
48	4 Cicero (Kleine Missal)	18,00
60	5 Cicero (Sabon)	22,50
72	6 Cicero	27,00
84	7 Cicero	31,50

PAPIERFORMATE

Zuerst wurde Papier von Hand hergestellt, also Blatt für Blatt. Zur Kennzeichnung der Formate verwendete man die Namen der Wasserzeichen. Diese Namen waren zahlreich; die Größen waren nicht eindeutig festgelegt. Bei der späteren maschinellen Herstellung von Papier (Produktion in Bändern und nicht mehr blattweise) behielt man allerdings die Namen und die alten Größen weitgehend bei. Bis 1877 galten unterschiedliche Zählmaße für Druck- und Schreibpapier, ab 1877 war dann 1 Ries (Neuries) = 10 Buch = 100 Heft = 200 Lagen = 1 000 Bogen.

Alte deutsche Buchformate. Die alten deutschen Formatbezeichnungen richteten sich nach der Einteilung des Druckbogens in Blatt und damit nach der Zahl der Falzungen. Streng genommen wird also kein Format, sondern ein Teilungsverhältnis angegeben. Die jeweiligen Kurzzeichen für die Formate sind deshalb auf die Blattanzahl bezogen, z. B. wird beim Oktavformat (8°) der Bogen in 8 Blatt (16 Seiten) gefalzt.

Oktodez (18°) 18 Blatt;
Sedez (16°) 16 Blatt, viermal gefalzt;
Duodez (12°) 12 Blatt;
Oktav (8°) 8 Blatt, dreimal gefalzt;
Quart (4°) 4 Blatt, zweimal gefalzt;
Folio (2°) 2 Blatt, einmal gefalzt;
Bogen (1°) 1 Blatt, ungefalzt.

Normformate. Die Bemühungen um eine Normierung führten 1965 zur Festlegung einer ISO-Norm *(International Standard Organization)* für Schreibpapier und einige Arten Druckpapier. Die *Länge* jedes Formats entspricht der Breite des darunter liegenden Formats, die *Breite* der Hälfte der Länge des vorangegangenen Formats.

Das Grundformat A 0 hat eine Fläche von 1 m^2, das Größenverhältnis seiner Seiten ist 2. Eines der gängigsten Formate ist A 4 (210 × 297 mm), das vor allem in Handel, Ausbildung und Verwaltung breite Verwendung findet.

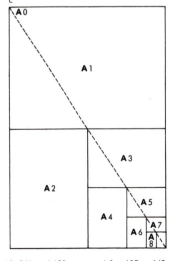

A0	841 × 1 189 mm	A6	105 × 148 mm
A1	594 × 841 mm	A7	74 × 105 mm
A2	420 × 594 mm	A8	52 × 74 mm
A3	297 × 420 mm	A9	37 × 52 mm
A4	210 × 297 mm	A10	26 × 37 mm
A5	148 × 210 mm		

ZEICHEN UND SYMBOLE

ABKÜRZUNGEN

Auswahl häufig verwendeter Abkürzungen

Abk.	Abkürzung
AG	Aktiengesellschaft
allg.	allgemein
A. T.	Altes Testament
bes.	besonders, besonderer
BGB	Bürgerliches Gesetzbuch
BGH	Bundesgerichtshof
BRD	Bundesrepublik Deutschland
ca.	zirka, etwa
d. Ä.	der (die) Ältere
DBP	Deutsche Bundespost
dgl.	dergleichen, desgleichen
d. Gr.	der (die) Große
d. h.	das heißt
d. i.	das ist
d. J.	der (die) Jüngere
dt.	deutsch
ebd.	ebenda
EG	Europäische Gemeinschaft
e. V.	eingetragener Verein
Ew.	Einwohner
f., ff.	folgend, folgende
FH	Fachhochschule
frz.	französisch
gegr.	gegründet
GG	Grundgesetz
ggf.	gegebenenfalls
Ggs.	Gegensatz
GmbH	Gesellschaft mit beschränkter Haftung
habil.	habilitiert
i. a., i. allg.	im allgemeinen
i. d. F. v.	in der Fassung vom
i. d. R.	in der Regel
I. E.	Internationale Einheiten
i. e. S.	im engeren Sinne
Inst.	Institut
i. w. S.	im weiteren Sinne
Jg.	Jahrgang
Jh.	Jahrhundert
jr.	junior
KG	Kommanditgesellschaft
Kr.	Kreis
Kt.	Kanton
Lfg.	Lieferung
LG	Landgericht
MA	Mittelalter
max.	maximal
MdB	Mitglied des Bundestags
MdL	Mitglied des Landtags
Min.	Minute
min.	minimal
Mio.	Million
Mrd.	Milliarde
N	Norden
nat.	national
n. Br.	nördliche Breite
n. Chr.	nach Christi Geburt
Nr.	Nummer
NRW	Nordrhein-Westfalen
N. T.	Neues Testament
O	Osten
o. ä.	oder ähnlich
OHG	offene Handelsgesellschaft
o. J.	ohne Jahr
ö. L.	östliche Länge
OLG	Oberlandesgericht
Pl.	Plural
Ps.	Psalm
rd.	rund
S	Süden
s. Br.	südliche Breite
Sek.	Sekunde
sen.	senior
Sg.	Singular
St.	Sankt
StGB	Strafgesetzbuch
SU	Sowjetunion
svw.	soviel wie
TH	Technische Hochschule
TU	Technische Universität
u. a.	und andere; unter anderem
u. ä.	und ähnlich
u. dgl.	und dergleichen
UdSSR	Union der Sozialistischen Sowjetrepubliken
ü. M.	über dem Meeresspiegel
usw.	und so weiter
v. a.	vor allem
v. Chr.	vor Christi Geburt
vgl.	vergleiche
W	Westen
w. L.	westliche Länge
z. B.	zum Beispiel
z. T.	zum Teil
z. Z.	zur Zeit

Ausgewählte Abkürzungen aus der Technik

AFC	Automatic Frequency Control (automatische Frequenzregelung)
AI	Artificial Intelligence (Künstliche Intelligenz)
ARI	Autofahrer-Rundfunk-Informationssystem
AM	Amplitudenmodulation
ASCII	American Standard Code for Information Interchange (amerikanischer Normcode für den Informationsaustausch)
ATL	Abgasturbolader
BACAT	Barges-on-board-Catamran (Leichterkatamaran)
BASIC	Beginners All-Purpose Symbolic Instruction Code (Programmiersprache)
BCD	Binary Coded Decimal
BESSY	Berliner Elektronspeicherring
Bit	Binary Digit (binäre Ziffer)
BRT	Bruttoregistertonne
BSB	Biochemischer Sauerstoffbedarf
Btx	Bildschirmtext
CAD	Computer Aided Design (computergestützter Entwurf)
CAM	Computer Aided Manufacturing (rechnerunterstützte Fertigung); Computer Assisted Management (rechnerunterstütztes Management)
CAMAC	Computer Aided Measurement And Control (rechnerunterstütztes Messen und Regeln)
CB	Citizens Band (Bürgerband, Sprechfunk mit kurzen Reichweiten)
CCD	Charge Coupled Device (ladungsgekoppeltes Bauelement)
CD	Compact Disc (laserabgetastete digitale Schallplatte)
CERMET	Ceramic Metal (Keramik-Metall-Kompositwerkstoff)
CIM	Computer Integrated Manufacturing (rechnerintegrierte Produktion)
CNC	Computerized Numerical Control (numerische Steuerung mit Rechnerunterstützung)
CPU	Central Processing Unit (Zentrale Verarbeitungseinheit)
DAT	Digital-Audio-Taperecording (digitale Tonbandaufzeichnung)
DESY	Deutsches Elektronensynchrotron
DFÜ	Datenfernübertragung
DIN	Deutsches Institut für Normung e. V. (früher Deutsche Industrie Norm)
DOS	siehe MS-DOS
EC	Eurocity-Zug
EDV	Elektronische Datenverarbeitung
EHF	Extremely High Frequency (Millimeterwellen)
EKD	Eisen-Kohlenstoff-Diagramm
EMK	Elektromotorische Kraft
EMP	Electromagnetic Pulse (elektromagnetischer Impuls)
FCKW	Fluorchlorkohlenwasserstoffe
FET	Feldeffekttransistor
FLOPS	Floating Point Operations Per Second (Gleitkommaoperationen pro Sekunde)
FM	Frequenzmodulation
GAU	Größter anzunehmender Unfall
GFK	Glasfaserverstärkter Kunststoff
HDTV	High Definition Television (Hochauflösendes Fernsehen)
HERA	Hadron-Elektron-Ringanlage
HF	Hochfrequenz
IC	Integrated Circuit (integrierte Schaltung)
	Intercity-Zug
ICE	Inter City Express (Hochgeschwindigkeitszug der Deutschen Bundesbahn)
IDN	Integrated Digital Network (integriertes Text- und Datennetz)
IR	Infrarot
ISDN	Integrated Services Digital Network (diensteintegrierendes Kommunikationsnetz)
ISO	International Standardizing Organization (Internationaler Normenverband)
JET	Joint European Torus (gemeinsames europäisches Torusprojekt, Kernfusionsanlage)
Kfz	Kraftfahrzeug
KI	Künstliche Intelligenz
Kümo	Küstenmotorschiff
KW	Kurzwelle
LAN	Local Area Network (lokales Netz)

Laser	Light amplification by stimulated Emission of radiation (Lichtverstärkung durch induzierte Strahlungsemission)
LASH	Lighters Aboard Ship (Leichtertransportschiff)
LED	Light Emitting Diode (Leuchtdiode)
LEED	Low Energy Electron Diffraction (energiearme Elektronenbeugung)
LKW	Lastkraftwagen
LORAN	Long Range Navigation (Langstreckennavigation)
LSI	Large Scale Integration (Großintegration)
LW	Langwelle
MAC	Multiplexed Analogue Components (gleichzeitig sendende Elemente)
MAK	Maximale Arbeitsplatz-Konzentration
MOS	Metal Oxide Semiconductor (Metall-Oxid-Halbleiterstruktur)
Modem	Modulator/Demodulator
MS-DOS	Microsoft Disk Operating System (Betriebssystem für Personalcomputer der Firma Microsoft)
MTBF	Mean Time Between Failures (mittlere Zeit zwischen Fehlern)
NC	Numerical Control (numerische Steuerung)
NF	Niederfrequenz
NRT	Nettoregistertonne
OCR	Optical Character Recognition (optische Zeichenerkennung)
OSI	Open Systems Interconnection (Verknüpfung offener Systeme)
PAL	Phase Alternating Line (zeilenweise Phasenänderung)
PC	Personal Computer (›persönlicher Rechner‹)
PCM	Pulse Code Modulation (Pulscodemodulation)
PKW	Personenkraftwagen
ppm	parts per million (Teile auf eine Million)
PVC	Polyvinylchlorid
Radar	Radio Detecting and Ranging (Entdecken und Orten mit Radiowellen)
RAM	Random Access Memory (Schreib-Lese-Speicher)
RISC	Reduced Instruction Set Computer (Rechner mit reduzierter Menge von Maschinenbefehlen)
ROM	Read Only Memory (Nur-Lese-Speicher)
SECAM	Sequentiel Couleur à Mémoire (aufeinanderfolgende Übertragung mit Speicherung)
SI	Système International d'Unités (Internationales Einheitensystem)
SKE	Steinkohleneinheit
Sonar	Sound navigation and ranging (Ultraschallortung)
SQUID	Superconducting Quantum Interferometer Device (supraleitendes Quanteninterferometer)
STOL	Short Take-Off And Landing (Kurzstart und -landung)
TA	Technische Anleitung
TDM	Time Division Multiplex (Zeitmultiplex)
TED	Television Disc (Bildplatte)
TNT	Trinitrotoluol
Tri	Trichlorethylen
Ttx	Teletex
TV	Television (Fernsehen)
UHF	Ultra High Frequency (Höchstfrequenz, Dezimeterwellen)
UKW	Ultrakurzwellen
UV	Ultraviolett
VCR	Video Cassette Recording (Videokassettenaufzeichnung)
VHF	Very High Frequency (sehr hohe Frequenz, Meterwellen)
VPS	Video-Programm-System
WAA	Wiederaufbereitungsanlage
WAN	Wide Area Networks (flächendeckende Netzwerke)
Widia	Wie Diamant
WORM	Write once, read many (einmaliges Schreiben, häufiges Lesen)
ZF	Zwischenfrequenz

Nationale und internationale Kraftfahrzeugkennzeichen befinden sich auf den Seiten 1224 und 1225.

1232

Register

Hinweise zur Benutzung

Im Register von MEYERS MEMO findet man Namen von Personen sowie Begriffe, die eine Sache, eine Idee, ein Ereignis bezeichnen.

Will man sich zum Beispiel über eine Person wie Augustinus informieren, sucht man in dem alphabetisch geordneten Register den Namen ›Augustinus‹. Dort findet man:

Augustinus (Heiliger) GESCH 219; LIT 738, RELIG 315, *315*. Was bedeutet das? Die Abkürzungen GESCH 219, LIT 738, RELIG 315, *315* bezeichnen drei Abschnitte in MEYERS MEMO, in denen man Auskünfte zu Augustinus erhält.

GESCH ist die Abkürzung für den Abschnitt ›Weltgeschichte‹; RELIG ist die Abkürzung für den Abschnitt ›Religion und Mythen‹ und LIT ist die Abkürzung für das Kapitel über Literatur innerhalb des Abschnitts ›Meisterwerke‹. Alle im Register verwendeten Abkürzungen sind in der nebenstehenden Übersicht erklärt.

219, 315 und 738 sind die Zahlen der Seiten, auf denen man die gesuchten Informationen findet. In dem oben genannten Beispiel kommt die Seitenzahl 315 zweimal vor, einmal in normaler Schrift, das andere Mal *kursiv* gesetzt. Die *kursiven* Zahlen haben eine zweifache Bedeutung; sie weisen darauf hin, daß es auf der betreffenden Seite ein Bild von Augustinus oder in einer Bildlegende eine Information über Augustinus gibt.

Hinweis:

Im Register von MEYERS MEMO sind nicht alle Nennungen von Personen und Sachen aufgeführt, die in diesem Werk vorkommen; es werden nur die Stellen ausgewiesen, wo wichtige Informationen zu finden sind.

Abkürzungen im Register

UNIV	Das Universum und die Erde
FAUNA	Fauna und Flora, Teil Fauna
FLORA	Fauna und Flora, Teil Flora
KALENDER	Kalender
GESCH	Weltgeschichte
HERRSCHER	Weltgeschichte, Teil Dynastien, Herrscher, Staatsoberhäupter
RELIG	Religionen und Mythen
VOLK	Völker und Sprachen der Erde
LAND	Länder der Erde
WIRTSCH	Weltwirtschaft
ORGINT	Internationale Organisationen
ENTDECK	Entdeckungen und Erfindungen
KUNST	Meisterwerke, Teil Malerei, Bildhauerei, Architektur
THEATER	Meisterwerke, Teil Theater
MUSIK	Meisterwerke, Teil Musik
TANZ	Meisterwerke, Teil Tanz
FILM	Meisterwerke, Teil Film
PHIL	Meisterwerke, Teil Philosophie, Geisteswissenschaften
HIST. WERKE	Meisterwerke, Teil Historische Werke
MEDIEN	Kommunikation und Medien
MED	Körper und Gesundheit
ERNÄHR	Nahrungsmittel
SPIEL	Gesellschaftsspiele
STILE	Stile, Kleidermode, Uniformen, Teil Stile
MODE	Stile, Kleidermode, Uniformen, Teil Kleidermode
UNIF	Stile, Kleidermode, Uniformen, Teil Uniformen
FORMEL	Formeln und Fakten
ZEICHEN	Zeichen und Symbole

A

Aachen (Münster) KUNST 732
Aachen (Vertrag von) [1668] LAND 435
Aal ERNÄHR 1036, *1036*
Aa-Lava UNIV 36
Aalfische ERNÄHR 1035
Aalto (Alvar) KUNST 727
AAPSO → Organisation der Solidarität der afrikanischen und asiatischen Völker
Abaelardus (Petrus) PHIL 820, 831
Abbas I., der Große GESCH 240, 242
Abbasiden, abbasidisch (Kalifen, Kalifat) GESCH 224, 226, 228, 234
– HERRSCHER 281
Abbevillien GESCH 194
Abbildung (mathematische) FORMEL 1199
Abbruch (Boxen) SPORT 1087
Abd al-Asis III. Ibn Saud GESCH 252
Abd Allah RELIG 333
Abdalwadiden, abdalwadidisch (Dynastie, Königreich) GESCH 235, 237
Abd ar-Rahman GESCH 224
Abd ar-Rahman II. GESCH 229
Abd ar-Rahman III. GESCH 229
Abdeckerei ERNÄHR 1028
Abd el-Kader LAND 451
Abd el-Krim LAND 450
Abduktor MED 951
Abd ül-Asis GESCH 248
Abd ül-Hamid II. GESCH 248, 250
Abel (Niels) ENTDECK 876
Abelson (Philip Hauge) ENTDECK 898
Abenaki VOLK 368
Abendländisches Schisma (Großes) RELIG 321, 323, 327
Abendmahl RELIG 311, 330
Aberglaube UNIV 11
Aberration, chromatische FORMEL 1193
Abessinierkatze FAUNA 85
Abfahrtslauf SPORT 1118, *1119*
Abgaben (öffentliche) FORMEL 1216
Abgabenquote FORMEL 1216
Abhängen ERNÄHR 1026, 1034
Abhaya-Mudra RELIG *346*
Ablaß (päpstlicher) RELIG 329
Ablegervermehrung FLORA 142
Ableitung FORMEL 1203
Ableitungsregeln FORMEL 1203
Ablenkkammer UNIV 4

Abomey KUNST 732
Abonnement MEDIEN 914, 925
Aboukir (1798) [Schlacht von] LAND 403
above-the-line (Strategie) MEDIEN 941
Abraham RELIG 304 f., 333
Abraham (Karl) PHIL 820, 834
Abrüstung ORGINT 661
Absatzwege (Theorie der) PHIL 832
Absaugen von Fett MED 978
Abschminken MED 967
Abschreibung FORMEL 1214
Abschwung WIRTSCH 574
Abseilen SPORT *1135*
absolute Datierung UNIV 26
absoluter Nullpunkt ENTDECK 864
– ENTDECK 865
Absolution der Sünden RELIG 318, 320
Abstinenzregel PHIL 838
Abstraktion PHIL 728
Abstraktion, geometrische KUNST 730
absurdes Theater THEATER 769
Abtasten MEDIEN 927
Abtropfen ERNÄHR 1022
Abu Bakr RELIG 333, 337
Abu l-Wafa ENTDECK 857
Abu Mena KUNST 733
ab urbe condita KALENDER 179
Abu Simbel (die Tempel von) KUNST 675
Abu Talib RELIG 333
Abwehr [Psychoanalyse] PHIL 839
Abweichung, chromatische FORMEL 1193
Abweichung (mittlere quadratische) FORMEL 1207
Abwertung FORMEL 1213
Abydos RELIG *290*
Académie MEDIEN 937
Academy Award FILM 818
Acanthodii UNIV 58
a cappella MUSIK 783
AC/DC MUSIK 793
Acetylen ENTDECK 878
Achä (Fürstentum) LAND 430
Achäer GESCH 200
Achaia (Fürstentum) GESCH 234
Achaimeniden GESCH 202
– HERRSCHER 258, *259*
– LAND 500
Achang VOLK 377
Acheuléen GESCH 195
Achill RELIG 295
Achilles und die Schildkröte FORMEL 1204
Achondrit UNIV 12
Achtfüßer FAUNA *109*, 117

Achtfüßer → Krake
Achtmonatsangst MED *959*
Acoma VOLK 368
Acrobaties TANZ 799
Acsády (György) HIST. WERKE 846
Acting-out RELIG 293
Act of Settlement (1701) LAND 403
Actor's Studio THEATER 769
Adad RELIG 293
Adage TANZ 799
Adam RELIG 335
Adam (Adolphe) MUSIK 772
Adam (Robert) KUNST 719
– STILE 1143, *1143*
Adam de la Halle THEATER 764
Adamov (Arthur) LIT 738
Adanson (Michel) ENTDECK 868
Addis Abeba (Konferenz) GESCH 256
Addiermaschine ENTDECK 888
Adduktor MED 951
Adenauer (Konrad) GESCH 254
– LAND 413
Adhan RELIG 335
Adibuddha RELIG 347
Adi Granth RELIG 334
Adioukrou VOLK 356
Adiukru VOLK 356
Adja VOLK 356
Adjer (Tassili der) KUNST 732
Adler (Alfred) PHIL 820, 834
Adler (Dankmar) KUNST 722
Adler [Emblem] STILE *1144*
Adolf-Grimme-Preis MEDIEN 933
Adonai RELIG 305
Adoptianismus RELIG 316
Adorno (Theodor) PHIL 820, 835
Adoua VOLK 356
Adrenalin ENTDECK 892
Adscharen VOLK 386
Advent RELIG 319
Adventisten RELIG 332
Aeneis GESCH 210, *210*
Aérospatiale MEDIEN 937
Aeta VOLK 394
Aetios ENTDECK 855
Afar VOLK 358, *358*
Afar und Issa (französisches Territorium der) LAND 457
Affe FAUNA 68, 70, 116, 121
– UNIV 62
Affekt PHIL 838
Affenlücke UNIV 63
Affinität ENTDECK 864
Afghane FAUNA 80
Afghanistan LAND *501*, 501

Africa Nova GESCH 211
Afrika LAND 449-454
– ORGINT 662, 663 f., 666
– RELIG 310, 316, 337, *337 f.*
– VOLK 357-367
– WIRTSCH 565 f., 571 f.
Afrikanische Entwicklungsbank ORGINT 663
afrikanische Kunst KUNST 696
Afrikanischer Elefant FAUNA 119, *128*
afrikanische Religionen RELIG 338 f.
Afrikanischer Lungenfisch FAUNA 107
Agamemnon RELIG 295
Agape RELIG 311
Agapornis FAUNA *96*
Agassiz (Louis) ENTDECK 878
Agatha (Heilige) RELIG 325
Agave FLORA 139
Agglomeration WIRTSCH 571
Aghlabiden (Dynastie) GESCH 226 f.
Aghtamar (Kirche zum Heiligen Kreuz) KUNST 688
Ägina GESCH 203
Agnelli (Giovanni) MEDIEN 918
Agni RELIG *341*
– VOLK 356
Agnihotra RELIG 341
Agnostizismus PHIL 820
Agon THEATER 762
Agora KUNST 685
Agra KUNST 712
Agrarabschöpfungen ORGINT 659
Agricola GESCH 212, 214
Agricola (Georg) ENTDECK 860
Agulhon (Maurice) HIST. WERKE 846
Ägypten HERRSCHER 258
– LAND *454*, 453 f.
– MODE 1148
Ägypten, altes HERRSCHER 257 f., *257*
– KUNST 732
– RELIG 290-292
Ägypten, byzantinische Zeit HERRSCHER 258
Ägypten, griechische Zeit (Dynastien) HERRSCHER 258
Ägypten, islamische Zeit HERRSCHER 258
Ägypten, römische Zeit HERRSCHER 258
Ägyptenfeldzug (1798–1801) LAND 454
Ägypter FAUNA 84
Ägyptische Kirche RELIG 328
Ägyptische Kirche → Kopten
Ägyptisches Museum [Kairo] KUNST 736
Ahimsa RELIG 341
Ahmed Schah Durrani GESCH 244

1233

REGISTER

Ahnen (Verehrung der) RELIG 348, *348*
Ahornsirup ERNÄHR 1050
Ah Puch RELIG 302
Ährchen ERNÄHR *1 010*
− FLORA 139
Ähre ERNÄHR *1010*
− FLORA 139
Ahriman RELIG 297
Ahura Mazda RELIG 297
Aiakos RELIG 296
AIDS ENTDECK 908-910
− MED 957, 982, 989, *989*, 1004
Aigospotamoi (Schlacht) [405 v. Chr.]
  LAND 430
Aijubiden, aijubidisch (Dynastie)
  GESCH 232, 234
− HERRSCHER 281
Aijubiden (Dynastie) LAND 454
Aiken (Howard H.) ENTDECK 900
Aikido SPORT 1090, *1090*
Ailey (Alvin) TANZ 796
Aimara VOLK 368
Ainu VOLK 377
Airy (George Biddell) UNIV 32, *32*
Aischa RELIG 333, 337
Aischylos LIT 738
− THEATER 762
Aït-Benhaddou KUNST 734
AIU → Israelischer Weltverband
Aix-en-Provence (Festspiel) MUSIK 776
Aja VOLK 356
Ajanta KUNST 692, 733
Akademie der Wissenschaften, Berlin
  ENTDECK 862
Akademie der Wissenschaften, Paris
  ENTDECK 862
Akademie der Wissenschaften, Sankt
  Petersburg ENTDECK 864
Akademismus KUNST 724
Akan VOLK 356
Akanthusblatt STILE *1141*
Akazie FLORA *152, 155*
Akelei FLORA *166*
Akha VOLK 377
Akiba (Rabbi) RELIG 306, 308
Akinari LIT 738
Akkadier GESCH 201
Akkad (Reich) GESCH 201
Akkad (Reich von), Akkader,
  akkadisch KUNST 680 f.
Akkoyunlu (die) GESCH 238
Akkra KUNST 733
Akkulturation VOLK 354
Akkumulation [des Kapitals] PHIL 838
Akkumulator ENTDECK 892
Akne MED 992
AKP-Länder ORGINT 658 f.
Akropolis [von Athen] KUNST 733
− RELIG 296, *296*
Aksum GESCH 219
− LAND 455
− KUNST 733
Aktie FORMEL 1211 f.
− WIRTSCH 584 f.
Aktienindex WIRTSCH 584 f.
Aktienkurs WIRTSCH 584
Aktion der Body-art KUNST 731
Aktium (Schlacht von) LAND 454
Aktiva FORMEL 1213
aktives magnetisches Achslager
  ENTDECK 906
Aktivgeschäft FORMEL 1211
Aktivität [vulkanische] UNIV *38*
Akupunktur ENTDECK 852 f.
− MED 1002
− RELIG 348
Akustik FORMEL 1193
Alaca Hüyük KUNST 681
ALADI → Lateinamerikanische
  Integrationsvereinigung
Alain PHIL 820
Alain-Fournier LIT 738
Alakaluf VOLK 368
Alamein (El-) [Schlacht bei] (1942)
  LAND 404
Alanen GESCH 220
− LAND 433
Alant, Echter FLORA *171*
Alarcos (Schlacht bei) GESCH 232
Alarich GESCH 222
Alaska GESCH 249
− UNIV *44*
Alaskaseelachs ERNÄHR 1035
Ala-ud-din-Khilji GESCH 237
Alaungpaya GESCH 245
Alawiden, alawidisch (Dynastie)
  HERRSCHER 282
Albanien LAND 447
Albatros FAUNA 102
Albatros (Golf) SPORT 1098
Albe RELIG *318*
Albee (Edward) LIT 738
Albéniz (Isaac) MUSIK 772
Alberich RELIG 301
Alberti (Leon Battista) KUNST *708*

Albert I. von Monaco LAND 417
Albertus Magnus ENTDECK 858
Albigenser GESCH 234
− RELIG *321*, 323, 316
Albi (Kathedrale von) KUNST *703*
Albin (Michel) MEDIEN 940
Albinoni (Tomaso) MUSIK 772
Albumen → Eiweiß
Albuquerque (Afonso de) GESCH 241
Alcaçar-Quivir (Schlacht) GESCH 241
Alcalá de Henares KUNST *709*
Alcatel Espace MEDIEN 937
Alcazar-Quivir (Schlacht) [1578] LAND
  433
Alchimie ENTDECK 856, *856*
Alcobaça (Kathedrale von) KUNST *702*
Aldebaran UNIV 16
Alder (Kurt) ENTDECK 896
Aldrich (Robert) FILM 804
Aldrin (Edwin) ENTDECK 904 f.
Ale ERNÄHR 1061
Aleijadinho KUNST *718*
Alemannen GESCH 218, 222
− LAND 424
Alembert (ansteigende Folge von d')
  SPIEL 1180
Alembert (Jean Le Rond d') ENTDECK
  866 f., 869
− PHIL 820
Alencar (José Martiniano de) HIST.
  WERKE 848
Aleppo KUNST 735
Alerce FLORA 145
Alesia GESCH 211
− LAND 418
Aletsch (Gletscher) UNIV 48
Alexander der Große GESCH 204-206
− KUNST 685
− LAND 430
Alexander (Franz) PHIL 820
Alexander (Heiliger) GESCH 216
Alexander I. LAND 437
Alexander III. LAND 437
Alexander II. (Zar) GESCH 248
Alexander V. (Gegenpapst) GESCH 321
Alexander Karadjordjević LAND 447
Alexander Newskij LAND 407, 437
Alexandersittich, Kleiner FAUNA 123
Alexandria GESCH 204, 206, 208
− LIT 750
Alexandria (Leuchtturm) GESCH 206
Alexandria (Patriarchat von) RELIG 328
Alexeieff (Alexandre) FILM 817
Alexej Michailowitsch LAND 437
Alexios I. Komnenos GESCH 230
− KUNST 688
Alexis (Willibald) HIST. WERKE 847
Alfarabi (Abu) PHIL 823, 830
Alfons-Heinrich LAND 433
Alfonsinische Tafeln ENTDECK 858
Alfons V., der Weise GESCH 238
Alfons VI., König von Kastilien und
  León GESCH 230
Alfons XIII. von Kastilien LAND 435
Alfred der Große GESCH 226 f.
Algardi KUNST 716
Algarve LAND 433
Algebra ENTDECK 857
− FORMEL 1200
Algeciras (Abkommen von) [1906]
  LAND 450
Algeciras (Konferenz) GESCH 251
Algemeine Erklärung der
  Menschenrechte ORGINT 648
Algen ERNÄHR 1039
− FLORA 130, *130*, 132
− UNIV 58
Algen, eukaryotische FLORA 130
Algerien KUNST 732
− LAND *451*, 450 f.
− MEDIEN 920
Algerien (Krieg) GESCH 255
− LAND 451
Algonkin VOLK 368
Algorithmus ENTDECK 857
al Hadr → Hatra
Alhambra von Granada KUNST *689*
Ali GESCH 224
− RELIG 333, 337
Ali (Cassius Clay, dann Muhammad)
  SPORT 1087, *1087*
Alia (Ramiz) LAND 447
Alise-Sainte-Reine GESCH 211
Aliyoth RELIG 310
Aljubarrota (Schlacht) LAND 433
Alkan FORMEL 1190
Alken FORMEL 1190
Alkibiades GESCH 204
Alkin FORMEL 1190
Al-Kindi PHIL 830
Alkmene RELIG 294
Alkohol MED 957
Alkohol als Treibstoff ERNÄHR 1018

Alkohol [Getränk] ERNÄHR 1018,
  1069 f.
− MED 963, *963*
Alkoholismus MED 963
− ORGINT 672
Alkuin GESCH 224
Alkylmagnesiumverbindungen
  ENTDECK 892
Allah RELIG 333, 335
Allantois UNIV 60
Allen (Edgar) ENTDECK 896
Allen (Woody) FILM 804, 813
Allende (Salvador) GESCH 256
− LAND 560
Allerheiligen RELIG 319
Allerheiligstes RELIG 307
Allgemeines Zoll- und
  Handelsabkommen (GATT)
  WIRTSCH 604
− ORGINT 649
Alligator FAUNA 105
Allotropie ENTDECK 878
Almanach, chinesischer KALENDER 191
Almohaden GESCH 232-235
Almoraviden GESCH 230 f., 233
− HERRSCHER 281
Almosen RELIG 336
Along (Bucht von) UNIV *43*
Alpen UNIV 40
Alpendistel FLORA *167*
Alpenmurmeltier FAUNA 99
Alpenrose FLORA *157*
Alpensteinbock FAUNA 127
Alpenveilchen FLORA *168*
Alphabet ZEICHEN *1218, 1218,* 1219
Alphastrahlen ENTDECK 892
Alpiner Skisport SPORT 1118 f., *1118*
alpine Stufe FLORA 157
Alta (Küstengebiet von) KUNST 734
Altaier VOLK 386
Altamira (Höhle) GESCH 197, *197*
− KUNST 675
Altamira y Crevea (Rafael) HIST. WERKE
  844
Altarsakrament oder Kommunion
  RELIG 311
Altdorfer (Albrecht) KUNST *711*
Alte Kunst (Museum für) [Brüssel]
  KUNST 736
Altern MED 960, *960*, 980
Altersbestimmung FAUNA 121
Alterschwerhörigkeit MED 960
Alterspyramide WIRTSCH 562, *569*
Altersstruktur WIRTSCH 568
Altersweitsichtigkeit MED 960
Altes Reich GESCH 198 f.
− HERRSCHER 257
− LAND 454
Altes Testament RELIG 304
Althusser (Louis) PHIL 820, 836
Altman (Robert) FILM 804
Altocumulus UNIV *56*
Altostratus UNIV *56*
Aluette SPIEL 1174
Aluminium ENTDECK 876, 888
− WIRTSCH 621, *621*
Alur VOLK 356
Aluridja VOLK 398
Alvin Ailey Dance Theatre TANZ 801
Amadeus, Herzog von Aosta GESCH
  248
Amado (Jorge) LIT 738, *738*
Amaravati KUNST 692
Amarna KUNST 683
Amaryllis FLORA *168*
Amaterasu RELIG 351
Amaury (Konzern) MEDIEN 925
Amazonas UNIV *44*
Amazonen RELIG 294
Amazonit UNIV *28*
Amberbaum FLORA *150*
Ambo VOLK 356
Ambrosiana (Biblioteca) [Mailand] LIT
  750
Ambrosius (Heiliger) RELIG 315
− GESCH 218
Ameise FAUNA 72, *111, 116*
Ameisenbär FAUNA 99
Ameisenjungfer FAUNA 75
Ameisenlöwe FAUNA 75
Ameisensäure ENTDECK 866
Amenophis III. (Echnaton) KUNST 683
Amenophis IV. (Echnaton) GESCH 200
− RELIG 290, 292
Amenorrhoe MED 956
America Cup SPORT 1114
American Ballet Theatre TANZ 801
American Football MEDIEN 935
− SPORT 1104, *1104*
Amerika ORGINT 663
− VOLK 368-376
− WIRTSCH 566, 572
amerikanische Komödie FILM 813
Amerikanische Kurzhaarkatze FAUNA
  85

Amethyst UNIV *28, 29*
Amhara VOLK 356
Ami VOLK 394
Amia VOLK 394
Amida-Buddhismus RELIG 346, 350 f.
Amida Nyorai KUNST *691*
− RELIG 346
Amiens (Frieden von) LAND 403
Amiens (Kathedrale von) KUNST *702*
Amin ENTDECK 880
Amina (Mutter Mohammeds) RELIG
  333
Amin Dada (Idi) GESCH 256
Amin (Samir) PHIL 820
Aminosäure ENTDECK 892, 902
− MED 969
Aminosäuren FORMEL 1191
Ammianus Marcellinus HIST. WERKE
  841
Ammoniak ENTDECK 892
Ammonit UNIV 27, 61, *61*
Amnesty International ORGINT 668,
  669
Amnion UNIV 60
Amontillado ERNÄHR 1068
Amontons (Guillaume) ENTDECK 864 f.
Amoraim RELIG 306
Amoralismus PHIL 820
Amorion (Dynastie von) GESCH 226
amorische (Dynastie) HERRSCHER 261
Amorphophallus titanum FLORA 139
Ampère (André Marie) ENTDECK 874,
  876
Amphetamine MED 963
Amphibien FAUNA 75, 106, 119
− UNIV 59
amphibische Arten FAUNA 99
Amphibol UNIV *29*
Amplitudenmodulation MEDIEN 926
Amri GESCH 197
Amritsar (Goldener Tempel von) RELIG
  344
Amsel FAUNA 104
Amselfeld (Schlacht auf dem) GESCH
  236
Amsterdam KUNST 736
amtlicher Handel WIRTSCH 584
Amulius RELIG 298
Amun, Amun-Re RELIG 290, *290*, 292
Amun (Tempel des) KUNST 683
Amuzgoz VOLK 368
Amyand (C.) ENTDECK 866
Anabola MODE *1149*
anaerobe Bakterien FLORA 141
Anagni (Attentat von) [1303] LAND 428
Anahita RELIG 297
Anakonda FAUNA 106, *119*
Analcharakter PHIL 838
analsadistische Phase PHIL 839
analytische Funktion ENTDECK 898
analytische Mechanik ENTDECK 866
analytische oder angelsächsische
  (Philosophie) PHIL 835
Anämie MED 992
Ananas ERNÄHR 1044
− FLORA *161*
anaphylaktischer Schock MED 986
Anasazi-Kultur GESCH 209, 221, 225,
  233
Anästhesie ENTDECK 880
Anatexis UNIV 30, 40
Anatolien GESCH 196
− KUNST 681
− LAND 493
Anatomie FAUNA 88
Anaxagoras ENTDECK 854
− PHIL 830
Anaximander ENTDECK 854, *854*
Anaximenes ENTDECK 854
− PHIL 830
Anchovis ERNÄHR 1035
Andenpakt ORGINT 663
Andersen (Hans Christian) LIT 738
Anderson (Carl) ENTDECK 897 f.
Anderson (Lindsay) FILM 804
Anderson (Paul) SPORT 1084
Anders (William) ENTDECK 905
Andesit UNIV 37, 39
Andhra oder Satavahana (Dynastie)
  HERRSCHER 278
Andjar → Anjar
Andorn, Gemeiner FLORA *172*
Andorra LAND 431 f.
Andover ENTDECK 905
Andreas (Apostel) RELIG 311
Andrei Jurjewitsch Bogoljubski
  HERRSCHER 271
Andrinopel (Vertrag von) [1829] LAND
  430
Andromeda UNIV 17
Andromedanebel ENTDECK 896
− UNIV 19
Andromediden (Bieliden) UNIV 11
Andrözeum FLORA 139

1234

REGISTER

Äneas RELIG 298
Anemone FLORA *168*
anemophile Bestäubung FLORA 142
Ang Chan GESCH 241
Angelico (Fra) RELIG *314*
Angeln HERRSCHER 269
Angeloi (Dynastie) GESCH 232
– HERRSCHER 261
Angelsächsisch KUNST *698*
– HERRSCHER 268
Angelsächsische Chronik HIST. WERKE
 841
angelsächsische Philosophie
 →analytische Philosophie
Anger (H.) ENTDECK 902
Angeviner HERRSCHER 265
Angina MED 992
Angina pectoris MED 992
Angiolini (Gasparo) TANZ 796, 802
Angiospermen FLORA 131
Angkor GESCH 233, 239
Angkor, Angkor Vat KUNST 675, *693*
– GESCH 227
anglikanische Kirche, Anglikanismus
 RELIG *331*, 332
Anglonormanne FAUNA *89*
Anglo-normannische (Architektur)
 KUNST *700*
Angola LAND 483 f.
Angorakatze FAUNA *85*
Angoulême (Ausstellung von) LIT 760
Angra Manju RELIG 297
Animalkulisten ENTDECK 862 f.
– ENTDECK 866
Animals (The) MUSIK 793
Animismus RELIG 338, *338*
– VOLK 354
Anion FORMEL 1189
Anis FLORA *171*
anisotrop [Materie] UNIV 28
Anisson MEDIEN 914
Anjali-Mudra RELIG *346*
Anjar oder Andjar KUNST 734
Anjou ERNÄHR 1065
Anjou (Haus) HERRSCHER 268
– LAND 444
Ankerhemmung ENTDECK 862
ankh RELIG *291*
Ankole VOLK 363
Anlageinvestition WIRTSCH 582
Anlagevermögen FORMEL 1214
Anleihen FORMEL 1211
An Lushan GESCH 225
Annalen HIST. WERKE 841
Annales d'histoire économique et
 sociale HIST. WERKE 844
Annam LAND 511 f.
anno mundi KALENDER 189
Annone ERNÄHR 1045, *1045*
Annone (Cherimoya) FLORA *161*
annueller Rhythmus MED 952
Anomalie, gravimetrische UNIV 32
Anomalie, magnetische UNIV 34, *34*
Anonyme Alkoholiker ORGINT 672
Anpassung FAUNA 123
Anquetil (Jacques) SPORT 1130
Anschluß (Österreichs) GESCH 252
Anse aux Meadows (historischer
 Nationalpark von) KUNST 732
Ansetzen FLORA 140
Antaisaka VOLK 356
Antarktis UNIV 48
Antenne ENTDECK 890
– MEDIEN 936
Anthemios von Tralleis KUNST *688*
Anthony Island KUNST 732
Anthropologie PHIL 836 f., *837*
– VOLK 354
Anthropologie (Nationalmuseum für)
 [Mexiko] KUNST 736
Anthroposophengesellschaft ORGINT
 672
Anti-Baby-Pille ENTDECK 908
Antibiotikum ENTDECK 900
– MED 1006
Antidepressivum MED 1006
Antielektron ENTDECK 897, 899
Antigoniden, antigonidisch (Dynastie)
 GESCH 206
– LAND 445
Antigonos Monophtalmus GESCH 204
Antigua KUNST 733
Antigua und Barbuda LAND 547 f.
Antikörper ENTDECK 888
– MED 948
Antillen LAND 544-549
Antimaterie UNIV 2, 4
Antineutrino UNIV 2
Antiochia GESCH 204, 217, 230
Antiochia (Ära) KALENDER 179
Antiochia (Patriarchat von) RELIG 328
Antiochos III. GESCH 206
Antioxidantien ERNÄHR 1047
Antipatros GESCH 204
Antiproton ENTDECK 902

Antiquark UNIV 2
Antisemitismus RELIG *310*
Antisepsis ENTDECK 884
Antisthenes PHIL 820
Antizyklone UNIV 51, 56
Antoine (André) LIT 756
– THEATER 768
Antonescu (Ion) LAND 444
Antoninen (Dynastie) GESCH 215
antoninische (Dynastie) HERRSCHER
 260
antoninische (Verfassung) GESCH 216
Antoninussäule GESCH 215
Antoninuswall GESCH 214
Antonioni (Michelangelo) FILM 804
Antonius (Heiliger) GESCH 216
Antwerpen KUNST *709*, 736
Anu RELIG 293
Anuak VOLK 356
Anubis RELIG *291*, 292
Anuradhapura GESCH 229
– KUNST 735
Anyi VOLK 356
Anzus ORGINT 665
Aouach (Tal des) GESCH 195
Apachen VOLK 368
Apameia (Frieden von) GESCH 208
– ORGINT 647
Apartheid LAND 480
Apatit UNIV 29
Apex MODE *1148*
Apex [Himmelsrichtung] UNIV 13
Apfel ERNÄHR 1042, *1042*, 1059, *1059*
– FLORA *160*
Apfelbaum ERNÄHR 1059
Apfel-Milchsäure-Gärung ERNÄHR 1063
Aphrodite RELIG 294 f., *294 f.*, 299
Aphrodite von Knidos KUNST *684*
Apis RELIG 291, *291*
Apoll RELIG 295, *295*, 299
Apollinaire (Guillaume) LIT 738, 759
Apollinaris (Bischof) RELIG 316
Apollinarismus RELIG 316
Apollo ENTDECK 904 f.
– THEATER 763
Apollo von Piräus KUNST *684*
Apollon-Achse SPORT 1084
Apollonia (Heilige) RELIG *324*
Apollonios von Perge ENTDECK 854
Apologeten RELIG 315
Apostel RELIG 311
Apostolische Väter RELIG 315
Apotheke MED 983
Apotheose RELIG 300
Appalachenwald FLORA *150*
Appellation contrôlée ERNÄHR 1064
Appert (Nicolas) ENTDECK 873
Appia (Adolphe) THEATER 769
Aprikose ERNÄHR 1042, *1042*
– FLORA *160*
Aprilscherz KALENDER 184
Aquakultur ERNÄHR 1036
– WIRTSCH 614
Aquamarin UNIV 29
Aquarium FAUNA 95, *95*
äquatoreale Fernrohrmontierung
 ENTDECK 870
äquatoriale Montierung UNIV 23
äquatoriales Klima UNIV 52
Äquatorialguinea LAND 470 f.
Aquavit ERNÄHR 1070
Äquidistanzregel FORMEL 138
Aquino (Corazón) GESCH 255
Aquitanien GESCH 224, 232, 236
– HERRSCHER 283
Äquivalent ENTDECK 872
Ära KALENDER 179
Ära, Alexandrinische KALENDER 179
Ära, Buddhistische KALENDER 179
Ära, Christliche KALENDER 179
Ära der Französischen Revolution
 KALENDER 179
Ära, Jüdische KALENDER 179
Ära, Kapitolinische KALENDER 179
Ära, postkonsulare KALENDER 179
Ära, Spanische KALENDER 179
Araber (Pferd) FAUNA *89*
Araber (Volk) RELIG 333
Arabica FLORA 1056
Arabi Pascha GESCH 248
Arabisch RELIG 333 f.
Arabische Bank für
 Wirtschaftsentwicklung in Afrika
 ORGINT 664
Arabische Demokratische Republik
 Sahara LAND 457
Arabische Halbinsel RELIG 333
arabische Länder ORGINT 664
Arabische Liga ORGINT 662, 664
arabische Ziffern ENTDECK 857
arabisch (Länder der Halbinsel) LAND
 492
Arafa (Berg) RELIG 333, 336
Arago (François) ENTDECK 874 f.
Aragon (Louis) LIT 738, 759, *759*

Aragonien HERRSCHER 266 f.
Arakaner VOLK 377
Aramäer GESCH 200
Aranda VOLK 394
Arapaho VOLK 368
Aratos UNIV 16
Arauak VOLK 368
Araucan LAND 560
Araukaner VOLK 368
Arbeau (Thoinot) →Tabourot (Jehan)
Arbeit FORMEL 1194
– PHIL 838
Arbeitseinkommensquote WIRTSCH 580
Arbeitslosigkeit WIRTSCH 576 f., *577*,
 599, *599*
Arbeitsteilung WIRTSCH 574
Arbeitsunfall MED 964, *964*
Arbuckle (Roscoe, genannt Fatty) FILM
 813
Arc-de-Triomphe (Preis des) SPORT
 1123
Arc-et-Senans KUNST 733
Archaeopteryx UNIV *60*
Archäologie ENTDECK 854
– GESCH 206
Archäologisches Museum (Heraklion)
 KUNST 736
Archäologisches Nationalmuseum
 (Neapel) KUNST 736
Archetypus PHIL 838
Archimedes ENTDECK 854
– GESCH 206
Archimedische Spirale FORMEL 1207,
 1207
Archive HIST. WERKE 846
Arcimboldo (Giuseppe) KALENDER 179
Ardaschir I. GESCH 216
Ardenne (M. v.) MEDIEN 926
Ardennen-Schinken ERNÄHR 1031
Arduino (Giovanni) ENTDECK 868
Arecibo (Radioteleskop von) UNIV 23
Arendt (Hannah) PHIL 820
Ares RELIG 295, *295*, 299
Argand (Jean Robert) ENTDECK 872
Argentinien KUNST 732
– LAND 558 f., *558*
argentinische Weine ERNÄHR 1068
Argon ENTDECK 890
Argonauten RELIG 294
Argos RELIG 296
Argument FORMEL 1201
Arianismus GESCH 219
– RELIG 316, 323
Arie MUSIK 780
Arier GESCH 201
Ariès (Philippe) HIST. WERKE 846
Ariosto (L') LIT 738
Aristarchos von Samos ENTDECK 854
Aristophanes GESCH 204
– LIT 738
– THEATER 762
Aristoteles ENTDECK 854, 859
– FLORA 129
– GESCH 204
– PHIL 820
Arius GESCH 219
– RELIG 316, 323
Arjuna RELIG 342
Arkan RELIG 336
Arkebuse UNIF *1163*
Arkebusier UNIF *1163*
Arkussinus FORMEL 1202
Arlandes (François d') ENTDECK 870
Arles KUNST 733
Armada (›unüberwindliche‹) GESCH
 240
– LAND 435
Armagnac ERNÄHR 1070
Armbrust SPORT 1085
Armenier VOLK 386
armenische (Kirche) RELIG 328
Arminius (Jacobus) RELIG 330
Armlehnstuhl STILE *1139*
Armstrong (Edwin) ENTDECK 894
Armstrong (Louis) MUSIK 788, *789*
Armstrong (Neil) ENTDECK 904 f.
Arnika FLORA *171*
Arnim (Achim von) LIT 755
Arnulf HERRSCHER 284
Aromastoffe ERNÄHR 1048 f., *1048*
aromatische Amine MED 964
Aron (Raymond) PHIL 820
Arp (Hans) LIT *759*
Árpáden (Dynastie) HERRSCHER 444
Arrabal (Fernando) THEATER 769
Arrak ERNÄHR 1070
Arras (Union von) [1579] LAND 414
Arrhenius (Svante) ENTDECK 888
Arrhidaios (Philipp, Ära) KALENDER 179
Arrhythmie MED 988
Arrow (Kenneth) PHIL 820
Arrowroot ERNÄHR 1019, *1019*
Arsakes GESCH 212
Arsakiden GESCH 206, 212
– HERRSCHER 258 f.

Arsakiden (Ära) KALENDER 179
Ars antiqua MUSIK 782
Arsen ENTDECK 862
Arsenal (Bibliothèque de l') [Paris] LIT
 750
Ars nova MUSIK 782
Arsonval (J. Arsène d') ENTDECK 888
Art FAUNA 66
Artaban III. GESCH 213
Artaud (Antonin) LIT 738
– THEATER 769
Artaxerxes III. GESCH 204
Art deco (Stil) STILE 1146, *1147*
Artemis RELIG 295, 299
Arten, aussterbende ORGINT 670
Artenkreuzung FLORA 133, *133*
Art Ensemble of Chicago (The) MUSIK
 788
Arte povera KUNST 731
Arteriosklerose MED 960, 988
Arteriosklerose in den Beinen MED 993
Arthritis MED 993
Arthrose MED 993
Artikulationsart ZEICHEN 1218 f.
Artikulationsstelle ZEICHEN 1218 f.
Art Institute (Chicago) KUNST 736
Artischocke ERNÄHR 1040
– FLORA *159*
Arunta VOLK 394
Arunta →Aranda
Arvalische Brüder RELIG 300
Aryabhata ENTDECK 856
Arzachel ENTDECK 857
Arzneimittel MED 965, 1006
Arzt MED 984
ärztliche Hilfsberufe MED 983
ärztliche Untersuchung vor der
 Eheschließung MED 979
Asam (Egid Quirin) KUNST *716*
Asante VOLK 356
Asante →Ashanti
Asbestose MED 964
Aschanti VOLK 356
Aschanti →Ashanti
Aschariten PHIL 830
Asche UNIV 36
Aschermittwoch RELIG 319
Aschkenasim RELIG 308, 310
Ascolichenes FLORA 130
Ascomyzeten FLORA 130, 162
ASEAN ORGINT 662
– ORGINT 665
Asen RELIG 301
Aserbaidschaner VOLK 386
Ashanti VOLK 356
Ashanti (Königreich) GESCH 243
Ashikaga Takauji GESCH 237
Ashikaga (Zeit) HERRSCHER 280
Ashoka GESCH 207
– HERRSCHER *278*
– RELIG 345
Ashton (Frederick) TANZ 796
asiatische Produktionsweise PHIL 838
Asien ORGINT 666
– RELIG 310, 337
– VOLK 377-385
– WIRTSCH 565, 571 f.
Asimov (Isaac) LIT 738
Askia (Mohammed) LAND 459
Asklepios ENTDECK 852 f., *853*
Äskulap ENTDECK 853, *853*
– RELIG 299
Äskulapnatter FAUNA 127
Asmat KUNST *697*
– VOLK 394
Asmodi RELIG 314
Asmonäer GESCH 208
Aspartam ERNÄHR 1051
Aspdin (Joseph) ENTDECK 876
Aspirin MED 1006
Aspis UNIF 1160
Aspisviper FAUNA 113
Assel FAUNA 117
Asselspinne FAUNA 117
Assiniboin VOLK 368
Assisi (Basilika San Francesco d')
 KUNST 702
Associated Press MEDIEN 925
Association of Tennis Professionals
 (A.T.P.) SPORT 1092
Association Phonétique Internationale
 ZEICHEN 1219
Assoziationismus PHIL 820
Assuan UNIV 53
Assur GESCH 198, 202
– RELIG 293
Assurbanipal GESCH 202
– KUNST 675, 681
Assyrien GESCH 202
– KUNST 681
– RELIG 293
assyrische Krieger UNIF *1160*
assyrische Reiche GESCH 200
As (Tennis) SPORT 1092
Astaire (Fred) FILM 813, *813*

1235

– TANZ 801, *801*
Asterix LIT 760
Asteroid ENTDECK 872 f.
– UNIV 11
Asteroxylon UNIV 59
Asthenosphäre UNIV 26, 34
Asthma MED 988, 993
Astigmatismus MED *949*
Asti Spumante ERNÄHR 1067
Astra MEDIEN 936 f.
– UNIV 11
Astrée ENTDECK 873
Astrolabium ENTDECK 857
– KALENDER 189
Astrologie RELIG 293
Astronaut WIRTSCH 573
Astronomie, astronomisch ENTDECK 857
astronomische Höhe UNIV 21
astronomische Koordinaten UNIV 21, *21*
Asturias (Miguel Ángel) LIT 738
Asturien HERRSCHER 266
Asturische Epoche KUNST 698
Asuka (Zeit) HERRSCHER 279
Atacama UNIV 44
Atahualpa GESCH 241
Ataouat VOLK 377
Atchik VOLK 379
Atchik → Garo
Atemwegserkrankungen MED 988
Atérien GESCH 197
Athanasios RELIG 315
A-tháng → Achang
Äthanol ERNÄHR 1050, 1069
Athapasken VOLK 369
Atheist, Atheismus PHIL 820
– RELIG 352
Athen GESCH 202, 204, 206, 214
– KUNST 736
– RELIG 296
Athen (Herzogtum) GESCH 234, 236
Athene RELIG 295 f., 296, 299
Äther ENTDECK 888
Atherosklerose MED 988
Äthiopien GESCH 241
– KUNST 733
– LAND *455*, 455 f.
Äthiopien (Kirche von) RELIG 328
Athon (Gott) GESCH 200
Athos (Berg) RELIG 327, *327*
Äthylalkohol ERNÄHR 1050, 1069
Äthylen ENTDECK 862, 902
Ätiolischer Bund GESCH 208
Atisha (indischer Buddhist) GESCH 231
Atlanthropus maritanicus → Ternifine (Mensch)
Atlantik-Charta ORGINT 642
Atlantikkrieg GESCH 253
Atlantischer Lungenfisch FAUNA *108*
Atlantischer Ozean UNIV 46
Atman RELIG 341, 343
Atmosphäre UNIV 50 f., *50 f.*
Atmung ENTDECK 870
– MED 946, *946*
Atmung [bei Pflanzen] FLORA *141*
Ätna UNIV 36, 42
Ätolien LAND 430
Atom ENTDECK 854, 873 f., 878, 892, 894
– UNIV 2, *2*
Atombindung FORMEL 1189
Atombombe ENTDECK 900 f.
Atomexplosion ENTDECK *901*
Atomismus, Atomist ENTDECK 872
– PHIL 820
Atomkraftwerk ENTDECK 902
Atomtheorie ENTDECK 872
Atom-U-Boot ENTDECK 902
Aton (Gott) RELIG 290
A. T. P. → Association of Tennis Professionals
Atschang VOLK 377
Attila GESCH 220
Attis RELIG 300
Attitude TANZ 798
Auber (Daniel François Esprit) MUSIK 772
Aubergine ERNÄHR 1041
– FLORA *159*
Aubert de Gaspé (Philippe-Joseph) HIST. WERKE 848
Audimat MEDIEN 934
Audimeter MEDIEN 934
audiovisuelle Medienlandschaft MEDIEN 929-931
Auerhahn FAUNA 103
Auerochse FAUNA 125
Auferstehung RELIG 311, 313, 319
Aufguß FLORA 171
Aufgußtierchen FAUNA 77
Aufkommen (Reiten) SPORT *1124*
Auflage MEDIEN 925
Auflösungsvermögen UNIV 22
Aufnahmewinkel FILM 816

aufrechte Sproßachse FLORA 136
Aufschlag SPORT *1092*, 1096 f.
Aufschwung WIRTSCH 574
Aufteilung des Wappenschildes ZEICHEN 1228
Aufwärtshaken SPORT 1086
Aufwendungen (Betriebsführung) FORMEL 1213
Aufwertung FORMEL 1213
Aufzeichnung, Tonbandaufzeichnung MUSIK 775
Auge FLORA 138
– MED *949*
Augenlinse MED *949*
Augias (Stall des) RELIG 294
Augsburger Bekenntnis RELIG 329 f.
Augsburger Liga LAND 420
Augsburger Religionsfrieden RELIG 331
– GESCH 240
– LAND 412
Augstein (Rudolf) MEDIEN 916, 921 f.
Auguren RELIG 300, *300*
Augustinus GESCH 219
– LIT 738
– RELIG 315, *315*
Augustus GESCH 210, 212 f.
– RELIG 300
Aulard (Alphonse) HIST. WERKE 844
Aulenti (Gae) STILE *1147*
Aumer (Jean-Pierre) TANZ 796
Aurangseb GESCH 243
Aurelian GESCH 216 f.
Aurignacien KUNST 677
– GESCH 196
Aurikel FLORA *166*
Aurikulotherapie MED 1003
Aurobindo (Sri) PHIL 820
Ausbau ERNÄHR 1063
Ausbildungs- und Forschungsinstitut der Vereinten Nationen (UNITAR) ORGINT 652
Ausbreitung der Meeresböden UNIV 34
Ausbruch (Wein) ERNÄHR 1063
Ausdruckstanz TANZ 803, *803*
Ausgabe MEDIEN 924 f.
Ausgaben WIRTSCH 587
Ausgaben (öffentliche) FORMEL 1216
Ausgleichen SPORT 1118
Ausgleichszahlung ORGINT 659
Ausläufer FLORA 136
Ausläufer → Stolon
Auslegerboot VOLK *398*
Auslese (Wein) ERNÄHR 1063
Ausmahlen ERNÄHR 1012
Ausnehmen ERNÄHR 1026, 1032
Ausschließungsprinzip ENTDECK 896 f.
außenwirtschaftliches Gleichgewicht FORMEL 1212
Außenzoll, gemeinsamer ORGINT 659
Ausstattung THEATER 767
Austen (Jane) LIT 738
Auster ERNÄHR 1038, *1038*
– FAUNA *109*
Austerlitz (Schlacht bei) GESCH 246
Austernfischer FAUNA 120
Austernpilz ERNÄHR 1041
Austernzucht ERNÄHR 1038
Austin (John Langshaw) PHIL 820
Australien KUNST 732
– LAND 527, 527 f.
– MUSIK 787
– RELIG *316*, 332
australische Weine ERNÄHR 1067
Australopithecus GESCH 195
– UNIV 62, *62*
– WIRTSCH 573
Austrasien HERRSCHER 283 f.
– LAND 418
Austreibungsperiode MED 957
Austrien HERRSCHER 262
austronesische Sprachen VOLK 395
Ausweichen SPORT *1086*
Auszeit SPORT 1104
Autant-Lara (Claude) FILM 804
Autismus MED 1000
Autobahn ENTDECK 896
– WIRTSCH 632
Autobus ENTDECK 890
Autogenschweißen ENTDECK 892
Autogiro ENTDECK 896
autokatalytische Rückwirkung UNIV 57
autokephale (orthodoxe Kirchen) RELIG 328
Automat ENTDECK 866
automatisches Wechselgetriebe ENTDECK 902
Automobil ENTDECK 890 f.
– WIRTSCH 600, 632, 640
Automobilbranche MEDIEN 942
Automobilsport SPORT 1126 f.
Autotypie MEDIEN 915
Ava GESCH 237
Avalokiteshvara RELIG 350
Avatara Vishnus RELIG 342
Avebury KUNST 735

Ave Maria RELIG 313
Avempace PHIL 830
Avempace oder Ibn Badjdja PHIL 820
Averroes PHIL 830
Averroes oder Ibn Ruschd ENTDECK 857
– PHIL 820
Avery (Oswald Theodore) ENTDECK 900
Avery (Tex) FILM 817, *817*
Avesta GESCH 219
– RELIG 297
Avicebron (Salomon ibn Gabirol, genannt) PHIL 831
– RELIG 308
Avicenna (Ibn Sina) ENTDECK 857
– PHIL 820, 830
Avignon RELIG 321
Aviz (Dynastie) HERRSCHER 267
Avizorden LAND 433
Avocado ERNÄHR 1045, *1045*
Avocadobaum FLORA *161*
Avogadro (Amedeo) ENTDECK 873 f.
Awaren GESCH 222, 224
Awash (Tal des) KUNST 733
Awwakum LAND 437
Axel SPORT *1122*
Axiomatik (der Geometrie) ENTDECK 890
Axolotl FAUNA *106*
Axum → Aksum
Ayacucho (Schlacht bei) GESCH 247
Ayat RELIG 334
Ayers Rock UNIV 45
Ayler (Albert) MUSIK 788
Aymará VOLK 368
Aymé (Marcel) LIT 738
Ayn Djalut (Schlacht bei) GESCH 234
Ayuthia (Königreich von) KUNST 693
Ayutthaya (Königreich) GESCH 237
Azande VOLK 366
Azimut UNIV *21*
azimutale Montierung UNIV 23
Azincourt (Schlacht bei) LAND 419
azonale Böden UNIV 54
Azteken LAND 539
– RELIG 302 f.
– ENTDECK 857
– VOLK 368
– GESCH 235, 239
Azteken (Kalender) KALENDER 181, *181*
Aztlan RELIG 302
Azurit UNIV 28
Azzedine Alaïa MODE *1157*

B

Baade (Walter) ENTDECK 900
Baal RELIG 300
Baalbek KUNST 674, 734
Babangi VOLK 357
Babbage (Charles) ENTDECK 878, *878*
Babel (Turm zu) KUNST 681
Babenberger HERRSCHER 271
Babinga → Pygmäen
Babismus (Bewegung) GESCH 246
Babur GESCH 241
Babylon, Babylonier ENTDECK 853
– GESCH 200, 202, 204, 206, 208
– KUNST 675, 681
– RELIG 293
Baccarat (Kristallglas aus) STILE *1145*
Bacchelli (Riccardo) HIST. WERKE 848
Bacchus RELIG 299
Bach (Carl Philipp Emanuel) MUSIK 772
Bach (Johann Christian) MUSIK 772
Bach (Johann Sebastian) MUSIK 772, *772*, 783
Bachelard (Gaston) PHIL 820
Bachja ben Joseph ibn Paquda PHIL 831
Baciccio KUNST 714
Backgammon SPIEL 1173
Backus (John) ENTDECK 902
Bacon 1029
Bacon (Francis) KUNST 737, *729*
Bacon (Francis) [Philosoph] PHIL 821
Bacon (Roger) ENTDECK 858
– PHIL 821, *821*
Bada Shanren KUNST 690, *690*
Bade- und Trinkkuren MED 1006
Badminton SPORT 1096
Baekeland (Leo) ENTDECK 892
Baez (Joan) MUSIK 793
Baga KUNST 696
Bagasse ERNÄHR 1050
Bagdad KUNST 736
Bagherhat KUNST 732
Bagirmi LAND 460
– VOLK 356

Bagirmi (Königreich) GESCH 241
Bahamas LAND 546 f.
– UNIV 45
Bahia RELIG 339
Bahmaniden, bahmanidisch (Sultanat) GESCH 237
– HERRSCHER 278
Bahmanisultanat GESCH 239
Bahn (Radsport) SPORT *1129*
Bahnar VOLK 377
Bahrain LAND 489
Bai VOLK 377
Baikalsee UNIV 42
Baird (John Logie) ENTDECK 896
– MEDIEN 926
Baja VOLK 357
Bajasid I. GESCH 236
Ba Jin oder Pa Chin LIT 738
Bakelit ENTDECK 892
Baker (Chet) MUSIK 788
Baker-Eddy (Mary) RELIG 332
Bakkarat SPIEL 1181, *1181*
Bakoko VOLK 361
Bako → Koko
Bakongo VOLK 361
Bakota → Kota
Bakterien FAUNA 122
– FLORA 130
– UNIV 58
Bakterien, anaerobe FLORA 141
Baktrien GESCH 206, 208
Baktrier GESCH 208
Bakuba VOLK 361
Balakirew (Milij) MUSIK 772
Balanchine (George) TANZ 796, 803, *803*
Balandier (Georges) PHIL 821
Balante VOLK 356
Balboa (Vasco Núñez de) GESCH 241
Baldr RELIG 301
Baldrian FLORA *173*
Balduin I. GESCH 232
Baldwin (James Mark) PHIL 821
Balenciaga (Cristobal) MODE *1157*
Balfour (Declaration) GESCH 250
Balfour-Erklärung (Balfour declaration) RELIG 310
Balg FLORA 140
Balikatze FAUNA *85*
Balinesen VOLK 394
Balint (Michael) PHIL 821
Balkankriege (1912–13) GESCH 250
– LAND 446
Balken (Heraldik) ZEICHEN 1228
Ball SPIEL 1184
Ball (Baseball) SPORT *1099*
Ballesteros (S.) SPORT 1098
Ballet de l'Opéra de Paris TANZ 801
Ballet du XXe Siècle TANZ 801
Ballet national de Marseille TANZ 801
Ballett TANZ 802 f.
Ballett-Komödie TANZ 802
Ballettkompanien TANZ 801
Ballett-Oper TANZ 802
Ballett-Pantomime TANZ 802
Ballett-Tragödie TANZ 802
ballistisches Pendel ENTDECK 866
Ballungsgebiete WIRTSCH 571, *571*
Balmat (J.) SPORT 1134
Balmer (Johann Jacob) ENTDECK 894
Baluba VOLK 362
Baluba → Louba
Balunda VOLK 362
Baluster STILE *1141*
Balz FAUNA 103
Balzac (Honoré de) LIT 738, *738*
Bambara GESCH 243
– KUNST 696
– VOLK 356
Bambi-Medienpreis MEDIEN 933
Bambus FLORA 137
Bambuti → Pygmäen
Bamileke VOLK 357, *357*
Bamum VOLK 359
Banane ERNÄHR 1044, *1045*
Bananenstaude FLORA *161*
Banc d'Arguin FAUNA 128
Bänder MED 951
Bandkeramik GESCH 198
Bandung (Konferenz) GESCH 255
– ORGINT 665
– WIRTSCH 592
Bandwurm FAUNA 119
Banff-Nationalpark UNIV 44
Bangala VOLK 363
Bangi VOLK 357
Bangladesh HERRSCHER 279
– KUNST 732
– LAND *507*, 506 f.
– RELIG 337
Ban Gu GESCH 213
Banjara VOLK 377
Bank WIRTSCH 583, 603
Bank [Möbel] STILE *1138*
Banken FORMEL 1211

REGISTER

Bankenaufsicht FORMEL 1211
Bank für internationalen Zahlungsausgleich (BIZ) ORGINT 653
Bankgeschäfte FORMEL 1211
Banknoten WIRTSCH 583
Banshan (chinesische Totenstadt) ENTDECK 851
Bantu VOLK 357
Banu Hilal GESCH 231
Banyankole VOLK 363
Baobab FLORA 152, *152*
Bapedi VOLK 364
Baptisten RELIG 332
Bär, Großer UNIV *14*, 16, *17*
Barbados LAND 549
Barber (Samuel) MUSIK 772
Barbieri (Leandro, genannt Gato) MUSIK 788
Barbiturat ENTDECK 892
– MED 965, 1006
Barbu SPIEL 1174
Barbusse (Henri) LIT 738
Barcelona KUNST 733
– SPORT 1074
Barcelona (Grafschaft) HERRSCHER 266
Barde (Priester) RELIG 301
Bardeen (John) ENTDECK 900-902
Bardem (Juan Antonio) FILM 804
Bardo (Vertrag von) GESCH 249
– LAND 452
Bare-foot SPORT *1116*
Bärenhüter UNIV *17*
Bärentatze MODE *1151*
Barfering MEDIEN 944
Bargeld WIRTSCH 583
Bar-Hillel (Yehoshua) PHIL 821
Bari VOLK 357
Barium ENTDECK 872
Bar Kochba (Erhebung von) RELIG 306, 308
Bärlappe FLORA 130, *130*, 132
Barlow (Peter) ENTDECK 876, 880
Barlow (Rad) ENTDECK 876
Barmakiden GESCH 225
Bar-Mizwa RELIG 309, *309*
Barnack (Oskar) ENTDECK 896
Barnard (Christian) ENTDECK 904
Barnard (Edward Emerson) UNIV 11
Barnards Pfeilstern UNIV 14
Barnet (Boris) FILM 804
Barock (Epoche) MUSIK 781
Barock (Kunst) KUNST 712, 716, 718
Baroja (Pío) HIST. WERKE 847
Barolo ERNÄHR 1067
Barometer ENTDECK 861
Baron (Salo Wittmayer) HIST. WERKE 846
Baronius oder Baronio (Cesare) HIST. WERKE 842
Barrakuda FAUNA *108*
Barriere (Reiten) SPORT *1124*
Barriereriff, Großes UNIV *45*
Barry (Charles) KUNST 722
Barsani (Mustafa al-) VOLK 381
Barsch ERNÄHR 1036
Barsoi FAUNA *80*
Bartering MEDIEN 933
Bartgeier FAUNA 127
Barth (Heinrich) GESCH 249
Barth (John) HIST. WERKE 848
Barth (Karl) RELIG 331
Barthes (Roland) PHIL 821, 836
Bartholomäus (Heiliger) RELIG 311, 324
Bartholomäusnacht GESCH 240
Bartók (Béla) MUSIK 772
Barton (Derek H.R.) ENTDECK 904
Bartwurm FAUNA *121*
Barye (Antoine Louis) KUNST 723
Basalt UNIV 30, 34
Basanit UNIV 30
Baschkiren VOLK 386
Baseball SPORT 1099
Basel KUNST 736
Basel (Vertrag von) GESCH 245
Basen FORMEL 1189
Basic Personnality VOLK 354
Basidiolichenes FLORA 130
Basidiomyzeten FLORA 130, 162
Basie (Count) MUSIK 788
Basil II. LAND 448
Basileios II. GESCH 228, 230
Basilikum ERNÄHR 1049
– FLORA *171*
Basilius (Regel des hl.) RELIG 327
Basilius von Caesarea RELIG 315
Basken VOLK 386
Basketball SPORT 1104 f., *1105*
Basket makers (Periode der) GESCH 209
Basoga VOLK 365
Basquina MODE *1151*
Bassai KUNST 733
Basset FAUNA *80*
Basso (Lelio) ORGINT 669

Bast FLORA 136
Bastet RELIG 291
Bastiat (Frédéric) PHIL 821, 832
Basukou VOLK 365
Basuto VOLK 365
Bataille (Nicolas) KUNST 704
Batak VOLK 377
Batalha KUNST 735
Batavier LAND 414
Batavisch (Republik) HERRSCHER 274
Bat (Baseball) SPORT *1099*
Bateke VOLK 365
Bateso VOLK 365
Bateson (Gregory) PHIL 821
Bateson (William) ENTDECK 893
Batetela VOLK 366
Bath KUNST 735
Bath (Festspiel) MUSIK 776
Bathurst LAND 463
Bathyskaph ENTDECK 902
Batista (Fulgencio) GESCH 253, 256
Battani (al-) ENTDECK 857
Batteriehaltung ERNÄHR 1025, 1032
Baty (Gaston) THEATER 771
Bauch [der Galaxis] UNIV 13
Bauchnabel MED 958
Bauchroller SPORT *1077*
Bauchspeicheldrüse MED 946, *949*
Bauchspeicheldrüsenentzündung MED 999
Bauchstück ERNÄHR 1026
Baudelaire (Charles) LIT 738, *739*
Baudot (Émilie) ENTDECK 886
Baudouin de Courtenay (Jan) PHIL 821
Baudouin I. LAND 416
Baudrillard (Jean) PHIL 821
Bauer (A.) MEDIEN 914
Bauer (Bruno) PHIL 821
Bauer, genannt Agricola (Georg) ENTDECK 860
Bauer (Otto) PHIL 833
Bauer (Konzern) MEDIEN 924
Bauern SPIEL 1170
Bauern (Bauernkrieg) RELIG 329
Bauhaus-Gebäude (Dessau) KUNST 726
Baule KUNST 696
– VOLK 357
Baulieu (Étienne-Émile) ENTDECK 908
Baumaralie FLORA *170*
Baumfalke FAUNA 120
Baumwolle, Baumwollpflanze WIRTSCH 626, *626*
Baumwollpflanze FLORA 175, *175*
Bausch (Pina) TANZ 796, 803
Bauxit WIRTSCH 621, *621*
Bavenda VOLK 366
Baya → Gbaya
Bayer (Johann) ENTDECK 860
Bayerischer Wald (Nationalpark) FAUNA 127
Bayliss (W.) ENTDECK 893
Bayreuth (Festspiel) MUSIK 776
bayrischer Frack MODE *1153*
BCG MED 989
Beadle (G.) ENTDECK 899
Beamon (Robert) SPORT *1074*
Beard (Charles Austin) HIST. WERKE 844
Beat MUSIK 793
Beatles (The) MUSIK 793, *793*
Beaufort-Skala UNIV 53
Beaujolais ERNÄHR 1064 f.
Beaujoyeux (Balthazar de) TANZ 796
Beaumarchais LIT 738
Beaune (Archäodrom) GESCH 211
Beauty (Quark) ENTDECK 905
– UNIV 2
Beauvoir (Simone de) LIT 738
Beaverbrook (Lord) MEDIEN 917
Becher (Johann Joachim) ENTDECK 862
Bechet (Sidney) MUSIK 788
Bechterew (Wladimir Michajlowitsch) PHIL 821
Beck (Julian) THEATER 769
Becker (Boris) SPORT 1092
Becker (Jacques) FILM 804
Beckett (Samuel) LIT 738
– THEATER 769
Becque (Henry) LIT 756
Becquerel (Antoine) ENTDECK 875
Becquerel (Henri) ENTDECK 890 f.
Beda Venerabilis HIST. WERKE 841
bedingter Reflex ENTDECK 892
Bednorz (Johannes Georg) ENTDECK 908
Beecher-Stowe (Harriet) LIT 738
Beere FLORA 140
Beerenauslese ERNÄHR 1063
Beethoven (Ludwig van) MUSIK 772
Befreiungstheologie RELIG 352
Befruchtung ENTDECK 886
– MED 955
Befruchtung (Bestäubung) FLORA 142
Begonie FLORA 165
Begriffsschule PHIL 837
Behinderter MED 984

Behring (Emil von) ENTDECK 888
Beichte RELIG 320
Beiderbecke (Bix) MUSIK 788
Beifuß FLORA *154*, *171*
Beijerinck (Martinus Willem) ENTDECK 890
Beilbauchfisch FAUNA 115
Beinkleider MODE 1150, *1150*
Beinschiene UNIF 1160
Beiwagenrennen SPORT 1128
Bei Wei (Königreich) GESCH 219
Beizeichen ZEICHEN 1228
Béjart Ballet Lausanne TANZ 801
Béjart (Claude) ENTDECK 880, *881*
Béjart (Maurice) TANZ 796
Belcanto MUSIK 780, 787
Belemniten UNIV 61
Belgien HERRSCHER 274
– LAND *416*, 416, 419
– MEDIEN 916, 939
– MUSIK 787
Belgrader Konferenz (1961) LAND 447
Belin (Édouard) ENTDECK 892
– MEDIEN 915
Belisar GESCH 220 f.
Belize LAND 539 f.
Bell (Alexander Graham) ENTDECK 886, 894
Bell (Charles) ENTDECK 874
Bell (Jocelyn) ENTDECK 904
– UNIV 15
Bellanger (Claude) MEDIEN 917
Bellavitis (Giusto) ENTDECK 878
Bellini (Ettore) ENTDECK 892
Bellini (Giovanni) KUNST 710
Bellini (Vincenzo) MUSIK 772
Bellonte (Maurice) ENTDECK 896
Bellow (Saul) LIT 738
Belmont Stakes SPORT 1123
below-the-line MEDIEN 941, 942
Belvedere (Wien) KUNST *718*
Bemba VOLK 357
Ben Bella (Achmed) GESCH 256
– LAND 451
Beneden (Edouard Van) ENTDECK 888
Benedikt (Heiliger) RELIG *326*
Benediktiner RELIG *326*
Benedikt XIII. (Gegenpapst) RELIG 321
Benedikt XV. RELIG 322
Benelux ORGINT 654
Beneš (Edvard) LAND 441
Benesh (Joan und Rudolf) TANZ 798
Benesh notation → choreology
Bénévent (Schlacht von) [1268] LAND 427
Bengalen RELIG 341
Ben Gurion (David) GESCH 254
Benin KUNST 732
– LAND 468
– RELIG 339
Benin (Königreich) GESCH 233
Benin (Kultur) KUNST 732
Benioff-Zone UNIV 34, 39
Benjamin (Walter) PHIL 835
Ben Jehuda (Elieser) PHIL 821
Benn (Gottfried) LIT 758
Bennett (J. Gordon) MEDIEN 914, 919
Bentham (Jeremy) PHIL 821
Benveniste (Émile) PHIL 821
Benz (Carl) ENTDECK *891*
Benzoeharz FLORA *176*
Benzol ENTDECK 876, 883
Beo FAUNA 96, *96*
Beobachtungsfenster UNIV *21*
Beratender Ausschuß der EGKS ORGINT 658
Berber FAUNA *89*
– GESCH 225
– VOLK 357
Berberitze FLORA *169*
Berchtesgaden (Nationalpark) FAUNA 127
Berengar II. HERRSCHER 264
Berg (Alban) MUSIK 772
Bergamottöl FLORA *176*
Bergbau WIRTSCH 622-624
Bergen KUNST 734
Bergenie FLORA *166*
Berger (Hans) ENTDECK 896
Bergère FLORA *1141*
Bergius (Friedrich) ENTDECK 896
Bergkarabach VOLK 386
Bergman (Ingmar) FILM 804, *816*
– MUSIK *787*
Bergsteigen SPORT 1134 f.
Bergsteigerhelm SPORT *1135*
Bergsteigerschuh SPORT *1134*
Berg Tai Shan KUNST 732
Bergwaldstufe FLORA 157
Bergwärts SPORT 1118
Beribéri ENTDECK 895
– MED 961, 990
Berio (Luciano) MUSIK 772
Berkeley (Busby) FILM 804
Berkeley (George) PHIL 821
Berlin KUNST 736

Berliner Ensemble THEATER 769
Berliner Kolonialkonferenz [1884–1885] GESCH 248, 249
Berliner Kongreß GESCH 248
– LAND 437
Berliner Mauer GESCH 254
Berlioz (Hector) MUSIK 772 f.
Berlusconi (Silvio) MEDIEN 918, 929, 931
Bernadotte LAND 409
Bernadotte (Haus) HERRSCHER 274
Bernanos (Georges) LIT 738
Bernard (Claude) ENTDECK 880, *881*
Bernard (Henri) MEDIEN 929
Bernardin de Saint-Pierre LIT 738
Berner Übereinkunft ORGINT 650
Bernhard (Thomas) LIT 739
Bernhard von Clairvaux (Heiliger) RELIG *326*
Bernhardiner FAUNA *80*
Bernini KUNST 710, *716*
Bernoulli (Daniel) ENTDECK 866 f.
Bernoulli (Jakob) ENTDECK 864 f.
Bernoulli (Johann) ENTDECK 865
Bernstein (Carl) MEDIEN 919
Bernstein (Eduard) PHIL 833
Bernstein (Leonard) MUSIK 773, 785
Berr (Henri) HIST. WERKE 844
Berry (Chuck) MUSIK 793
Berry (Herzog von) HIST. WERKE *843*
Bertaud (Jean-Paul) HIST. WERKE 844
Bertelsmann (Konzern) MEDIEN 924
Berthollet (Claude Louis) ENTDECK 870, 872
Bertin (Jean) ENTDECK 904
Bertolucci (Bernardo) FILM 804
Bertrand (Aloysius) LIT 739
Bertrand (Gabriel) ENTDECK 890
Bertrand (Marcel) ENTDECK 888
Berufskrankheit MED 964
Beruhigungsmittel MED 963, 965, 1006
Beryll UNIV 29
Berzelius (Jöns Jacob) ENTDECK 876, 878
Bes RELIG 290, *291*
Beschäftigung PHIL 835
Beschlagen FAUNA 91
Beschleunigung FORMEL 1193
Beschneiden FLORA 160
Beschneidung RELIG 305
Bescht RELIG 309
Besenginster FLORA *169*, *172*
Besenheide FLORA *169*
Bespannungsfläche SPORT 1092
Bessarabien LAND 443
Bessel (Friedrich Wilhelm) ENTDECK 878 f.
Best (Charles Herbert) ENTDECK 896
Bestattung RELIG 330
Bestäubung FAUNA 73
– FLORA 142, *142*
Bestäubung, anemophile FLORA 142
Bestäubung, entomophile FLORA 142
Bestäubung, künstliche FLORA 142
Besteck STILE *1139*
bestellter Hochwald FLORA 149
Bestseller LIT 753
Betablocker MED 1006
Beta (-Strahlen) ENTDECK 892
Bete VOLK 357
Betender RELIG *293*
Bethe (Hans Albrecht) ENTDECK 898
Bethe-Weizsäcker-Zyklus ENTDECK *899*
Bethlehem RELIG 312
Bethmale ERNÄHR *1023*
Betrag FORMEL 1201
Betrieb FORMEL 1214
betriebliches Rechnungswesen FORMEL 1213 f.
Betschuanen VOLK 366
Betsileo VOLK 357
Betsimisaraka VOLK 357
Bett STILE *1144*
Bettelheim (Bruno) PHIL 821
Bettelorden → Orden
Bettnässen MED 996
Beugemuskel MED 951
Beugung ENTDECK 874
– FORMEL 1191
Beuteltier UNIV 62
Beutetiere FAUNA 122
Beuve-Méry (Hubert) MEDIEN 916
Beuys (Joseph) KUNST *731*
Bevölkerung ORGINT 651
– WIRTSCH 563-566
Bevölkerungsdichte UNIV 64
– WIRTSCH 564 f.
Bevölkerungsfonds der Vereinten Nationen (UNFPA) ORGINT 651
– WIRTSCH 562
Bevölkerungswachstum WIRTSCH *566*
Bewegung MED 951
Bewegungsgröße FORMEL 1194
Bewegungskrankheit oder Kinetose MED 982

1237

REGISTER

Bewußtsein, Bewußte (das) PHIL 838 f.
Bewußtseinsverlust MED 999
Beza (Theodor) RELIG 329
Bezugsrecht FORMEL 1212
Bhagavata-Purana RELIG 343
Bhakti-marga RELIG 343
Bhil VOLK 377
Bhotia VOLK 377
Bhubaneswar KUNST 692
– RELIG 344
Bhumij VOLK 377
Bhutan LAND 506
Bhutija VOLK 377
Biafra (Krieg) GESCH 256
Białowieża (Nationalpark) KUNST 735
Bianchi (Ed) MEDIEN 943
Biathlon SPORT 1117
Bibel RELIG 293, 304, 329
Biber FAUNA 126
Biblioteca nacional de España
    [Madrid] LIT 750
Bibliothek LIT 750
Bibliothèque Nationale (Paris) LIT 750
Bic ENTDECK 902
Bich (Marcel) ENTDECK 902
Bichat (François Xavier) ENTDECK 872
Bickford (William) ENTDECK 878
Bicot LIT 760
Biedermeier STILE 1145, 1145
Biela-Komet UNIV 11
Biela (Wilhelm von) UNIV 11
Bieliden → Andromediden
Biene ERNÄHR 1053
– FAUNA 72, 74, 111, 112
– FLORA 174
– MED 966
Bienenkorb ERNÄHR 1053
Bienensprache ENTDECK 894
Bienentanz FAUNA 70, 70
Bienvenüe (Fulgence) ENTDECK 890
Bier ERNÄHR 1060 f.
– WIRTSCH 611, 611
Biéri RELIG 339
Bierseidel STILE 1140
Biface KUNST 676, 676
Big Bang ENTDECK 900
Bihar VOLK 383
Bihari VOLK 377
Bilanz FORMEL 1212 f., 1213 f., 1217
– WIRTSCH 583
bilaterale Abstammung VOLK 354
Bilderstreit GESCH 226
Bildplatte ENTDECK 906
Bildung WIRTSCH 639, 639
Bildzusammensetzung ENTDECK 888
Bilharziose MED 990, 1004
bilineare Abstammung VOLK 354
Bilkisgazelle FAUNA 118
Billard SPIEL 1183, 1184
Billard (amerikanisches) SPIEL 1184
Billardkugeln SPIEL 1184
Bill of Rights [1689] LAND 403
Bimsstein UNIV 37
Bindehautentzündung MED 994
Bindung, ionische FORMEL 1189
Bindung, kovalente FORMEL 1189
Binet (Alfred) PHIL 821
Binga → Pygmäen
Bingham (Hiram) KUNST 675
Bini VOLK 358
Binjwar VOLK 377
Binnig (G.) ENTDECK 908
Binomialreihe FORMEL 1204
Binomialverteilung FORMEL 1208
Bioäthanol ERNÄHR 1050
Biogeographie FAUNA 122
biologische Schädlingsbekämpfung
    FAUNA 111
Biolumineszenz FAUNA 114
Biom FAUNA 122
Bioman MEDIEN 930
Biomasse FAUNA 122
Biondo (Flavio) HIST. WERKE 842
Biorhythmen MED 952 f., 952
Biosphäre MED 962
Biot (Jean-Baptiste) ENTDECK 872, 874
Biotop FAUNA 122
Biozönose ENTDECK 886
– FAUNA 122
BIP → Bruttoinlandsprodukt
Birdie SPORT 1098
Birger Jarl HERRSCHER 273
Birke FLORA 144, 148, 155
Birken-Eichen-Wald FLORA 149
Birkenspanner FAUNA 68
Birma LAND 509, 509 f.
– RELIG 345, 347
Birmakatze FAUNA 85
Birmanen VOLK 377
Birnbaum FLORA 175
Birne ERNÄHR 1042, 1043
– FLORA 160
Biró (L.) ENTDECK 898
Biruni PHIL 821, 830
Biruni (al-) ENTDECK 857

Bisamratte FAUNA 123
Bischof RELIG 315, 317, 321
Biserta LAND 452
Bisexualität PHIL 838
Bishop (J.M.) ENTDECK 907
Bismarck (Otto von) GESCH 248
Bison FAUNA 101, 125 f.
Bissel (Melville Reube) ENTDECK 886
Bistum RELIG 318
Bithynien (Königreich) GESCH 206, 210
Bitter ERNÄHR 1057
Bitterkeit ERNÄHR 1061
Bitterling FAUNA 73
Bitterorangenbaum FLORA 161
Bituriger GESCH 211
BIZ → Bank für internationalen
    Zahlungsausgleich
Bizet (Georges) MUSIK 773, 773
Bjørnson (Bjørnstjerne) LIT 739
Black (Conrad) MEDIEN 917
Black (Joseph) ENTDECK 868, 870
Blackett (Christopher) ENTDECK 874,
    877
Blackfoot VOLK 368
Black Jack SPIEL 1181
Black Muslims VOLK 376
Black Panthers VOLK 376
Black Power VOLK 376
Blackton (James Stuart) FILM 817
Blackwell (Ed) MUSIK 788
Blake (William) LIT 739
Blakey (Art) MUSIK 788, 792
Blanchard (Jean-Pierre) ENTDECK 870
Blanquette de Limoux ERNÄHR 1065
Blasco Ibáñez (Vicente) HIST. WERKE
    847
Blase UNIV 13
Blasenentzündung MED 995
Blasenkammer ENTDECK 902
– UNIV 4
Blasentang FLORA 130
Blasinstrumente MUSIK 786
Blasonieren (Heraldik) ZEICHEN 1228
Blastozyste MED 956
Blatt ERNÄHR 1027
– FLORA 138, 138
Blatt, gefiedertes FLORA 138
Blatt, gefingertes FLORA 138
Blatt, gegenständiges FLORA 138
Blatt, gekerbtes FLORA 138
Blatt, gesägtes FLORA 138
Blatt, handförmig geteiltes FLORA 138
Blatt, nierenförmiges FLORA 138
Blatt, paarig gefiedertes FLORA 138
Blatt, pfeilförmiges FLORA 138
Blatt, quirlständiges FLORA 138
Blatt, schildförmiges FLORA 138
Blatt, unpaarig gefiedertes FLORA 138
Blatt, wechselständiges FLORA 138
Blatt, zusammengesetztes FLORA 138,
    138
Blattknospe FLORA 138
Blattlaus FLORA 138
Blattscheide FLORA 138
Blattspreite FLORA 138, 138
Blattstiel FLORA 138
Blauhai FAUNA 120
Blauke (I.) ENTDECK 908
Blaukissen FLORA 166
Blaumeise FAUNA 104
Blauraute FLORA 169
Blauwal FAUNA 99
Blech (I.) ENTDECK 908
– WIRTSCH 622
Blechblasinstrumente MUSIK 784, 786
Blei MED 964
– WIRTSCH 622
Bleiglanz UNIV 29
Bleistift ENTDECK 870
Blenheim-Palast (Woodstock) KUNST
    718
Blériot (Louis) ENTDECK 892 f.
– GESCH 250
Bley (Carla Borg) MUSIK 788
Bley (Paul) MUSIK 788
Bliaud MODE 1150, 1150
Blinddarmentzündung MED 992
Blinddarmoperation ENTDECK 866
Blinde ZEICHEN 1220
Blindschleiche FAUNA 105
Blitzableiter ENTDECK 868
Blixen (Karen) LIT 739
Bloch (Ernst) PHIL 821
Bloch (Marc) HIST. WERKE 844
Block SPORT 1097
Blockfreie WIRTSCH 592
Blondel (André) ENTDECK 890
Bloodhound FAUNA 80
Bloomfield (Leonard) PHIL 821, 836
Blues MUSIK 788
Blum (Léon) LAND 421
Blume [Fleischstück] ERNÄHR 1027
Blumenkohl FLORA 159
Blumenkriege RELIG 303
Blumentisch STILE 1144
Blut ERNÄHR 1028

– MED 946 f., 1008
Blutdruck MED 1008
Blüte FLORA 139
Blütenblatt FLORA 139
Blütenhülle FLORA 139
Blütenkelch FLORA 139
Blütenkirsche, Japanische FLORA 170
Blütenknospe FLORA 139
blütenlose Pflanzen FLORA 129 f.
Blütenpfirsich FLORA 170
Blütenpflanzen FLORA 129, 131
– UNIV 61, 61
Blütenspelze ERNÄHR 1010
Blütenstand FLORA 139
Blütenstand, geschlossener FLORA 139
Blütenteile FLORA 139
Blutgerinnung MED 947
Blutgruppe ENTDECK 890
– MED 947
Bluthochdruck MED 980, 997
Blutkreislauf ENTDECK 860
Blutkuchen ERNÄHR 1028
Blutorange ERNÄHR 1043
Blutplättchen MED 947
Bluttransfusion MED 984
Blutung MED 987, 996
Blutweiderich FLORA 173
Blutwurst ERNÄHR 1031
Boas (Franz) PHIL 821, 837
Boccaccio LIT 739
Boccherini (Luigi) MUSIK 773, 783
Bode (Johann Elert) UNIV 6
Böden UNIV 54
Böden, azonale UNIV 54
Böden, fersiallitische UNIV 54
Böden, intrazonale UNIV 54
Böden, mineralische UNIV 54
Böden, zonale UNIV 54
Bodennitrifikation ENTDECK 888
Bodenschätze WIRTSCH 623
Bodh-Gaya RELIG 345
Bodhidharma GESCH 221
– RELIG 350
Bodhisattva KUNST 690
Bodin (Jean) HIST. WERKE 842
– PHIL 821
Bodleian Library [Oxford] LIT 750
Bodo VOLK 377
Body-art KUNST 731
Boerhaave (Herman) ENTDECK 864
Boethius ENTDECK 856
Boffrand (Germain) KUNST 718
Bogart (Humphrey) FILM 815
Bogazköy KUNST 735
Bogenschießen SPORT 1085, 1085
Bogenschütze GESCH 235
– UNIF 1160
Bogotá GESCH 241
Bohai (Königreich) GESCH 225
Böhm-Bawerk (Eugen von) PHIL 821
Böhmen LAND 441
Böhmen (Glas aus) STILE 1142
Böhmen → Zigeuner
Bohne ERNÄHR 1041
Bohne, Grüne FLORA 159
Bohnenkraut FLORA 173
Bohr (Niels) ENTDECK 892, 894, 894,
    901
Boiardo (Matteo Maria) LIT 739
Boieldieu (François Adrien) MUSIK 773
Boileau (Nicolas) LIT 739
Boin (Victor) SPORT 1074
Bois (Paul) HIST. WERKE 844
Boisbaudran (François Lecoq de)
    ENTDECK 886
Boito (Arrigo) MUSIK 773
Bojana (Kirche von) KUNST 732
Bokassa (Jean Bédel) GESCH 256
Boldo KUNST 147
Bolívar (Simón) GESCH 247
Bolivien KUNST 732
– LAND 556 f.
Böll (Heinrich) LIT 739
Bolland (Jean) HIST. WERKE 842
Bollandisten HIST. WERKE 842
Bologna HERRSCHER 265
Bologna (Konkordat von) RELIG 323
Bolos von Mendès ENTDECK 856
Bolschewiki HERRSCHER 272
Bolschoi-Ballett TANZ 801
Boltzmann (Ludwig) ENTDECK 887
Bolyai (János) ENTDECK 878
Bolzano (Bernard) PHIL 821
Bon RELIG 347
Bonaparte (Louis Napoleon) GESCH
    248
Bonaparte (Napoleon) GESCH 244
Bonatti (Walter) SPORT 1134
Bonbonmasse ERNÄHR 1052
Bonheur du jour STILE 1143
Bonifatius (Heiliger) GESCH 224

Bonifatius IX. RELIG 321
Bonnard (Pierre) KUNST 737
Bonnet (Charles) ENTDECK 866
Bonnet (Juan Pablo) ZEICHEN 1221
Bonsai FLORA 165
Boole (George) ENTDECK 880
Boolsche Algebra FORMEL 1201
Boom WIRTSCH 574
Boorman (John) FILM 804
Booth (William) RELIG 332
Bopp (Franz) PHIL 822
Bora (Katharina von) RELIG 329
Bordeaux (Großes Theater) KUNST 719
Bordeaux-Paris SPORT 1130
Bordeauxweine ERNÄHR 1065
borealer Wald FLORA 144
– UNIV 55
Borg (Björn) SPORT 1093
Borges (Jorge Luis) LIT 739
Borghese (Galerie) [Rom] KUNST 737
Boris Godunow GESCH 240
– HERRSCHER 272
Borke FLORA 137
Borlaug (N.E.) ENTDECK 904
Börlin (Jean) TANZ 796
Borman (Frank) ENTDECK 905
Bornu (Königreich) GESCH 241
Borobudur KUNST 693
Borodin (Aleksandr) MUSIK 773
Bororo VOLK 357, 368
Borotra (Jean) SPORT 1092
Borretsch FLORA 172
Borromini (Francesco) KUNST 712
Börse FORMEL 1211
– WIRTSCH 585
Börse, Börsenplatz WIRTSCH 584 f., 604
Börsengeschäft FORMEL 1211
Börsenkrach [1987] WIRTSCH 597 f.
Börsenkrach (1987) WIRTSCH 604
Börsenkurs FORMEL 1212
– WIRTSCH 584
Börsenmakler WIRTSCH 584
Börsennotierung FORMEL 1211
Borstenkiefer FLORA 137
Borzage (Frank) FILM 804
Bosch (Hieronymus) KUNST 705
Bosch (Robert) ENTDECK 892
Bose (Satyendranath) ENTDECK 896
Bosnien-Herzogewina LAND 446 f.
Boson ENTDECK 908
Bosonen UNIV 2 f., 5
Bosra KUNST 735
Boston KUNST 736
– RELIG 332
Botokuden VOLK 368
Botrytis cinerea ERNÄHR 1063
Botrytiston ERNÄHR 1063
Botswana LAND 482 f.
Botta (Mario) KUNST 727
Botta (Paul Emile) KUNST 674
Botticelli (Sandro) KUNST 710
Botulismus MED 965
Botzmann (Ludwig) ENTDECK 886
Boucher (François) KUNST 718
Boucher de Crèvecœur de Perthes
    (Jacques) KUNST 675 f.
Boucourechliev (André) MUSIK 773,
    783
Bouguer (Pierre) ENTDECK 865 f.
Bouillaud (Jean-Baptiste) ENTDECK 878
Bouillevaux (Charles) KUNST 675
Bouillonschüssel STILE 1144
Bouiti Fang RELIG 339
Boukha ERNÄHR 1070
Boulainvilliers (Henri de) HIST. WERKE
    842
Boule (Kasino) SPIEL 1180, 1180
Boule lyonnaise SPORT 1108
Boule-Spiel SPORT 1108
Boulevard des Verbrechens THEATER
    768
Boulevardtheater THEATER 768
Boulez (Pierre) MUSIK 773
Boulle (André Charles) STILE 1141,
    1141
Boumedienne (Huari) LAND 451
Bouna-Nationalpark FAUNA 128
Bourbaki (Nicolas) ENTDECK 898
Bourbon ERNÄHR 1070
Bourbonen HERRSCHER 262, 265, 267
– LAND 435
Bourdet (Claude) MEDIEN 922
Bourdieu (Pierre) PHIL 822
Bourdon (Eugène) ENTDECK 880
Bourgeoisie PHIL 838
Bourges (Élémir) HIST. WERKE 847
Bourgine (Raymond) MEDIEN 922
Bourgogne (Hôtel de) THEATER 767
Bourguiba (Habib) GESCH 253, 255 f.
– LAND 452
Bourin (Jeanne) HIST. WERKE 848
Bournonville (August) TANZ 796, 802
Bouvines (Schlacht bei) LAND 420
Bowie (David) MUSIK 793, 795
Boxen SPORT 1086

1238

REGISTER

Boxer FAUNA *80*
Boxeraufstand GESCH 249, 251
Boxring SPORT 1087
Boyacá (Schlacht bei) GESCH 247
Boyer (H.) ENTDECK 906 f.
Boyle (Robert) ENTDECK 862 f.
Boyne (Scjlacht bei) [1690] LAND 405
Brønsted (Johannes) ENTDECK 894
Bradbury (Ray Douglas) LIT 739
Bradfield (William) UNIV 11
Bradley (James) ENTDECK 866
Brady (Mathew B.) HIST. WERKE 845
— MEDIEN *921*
Bragança (Dynastie) HERRSCHER 267
Brahe (Tycho) ENTDECK 860
Brahma RELIG 342
Brahmagupta GESCH 222
Brahman RELIG 340, *342*
Brahmana RELIG 341
Brahmane RELIG 340, *341*
Brahms (Johannes) MUSIK 773
Brahui VOLK 377
Braid (James) ENTDECK 868
Braidwood (Robert J.) KUNST 675
Braies MODE 1150, *1150*
Braille (Louis) ENTDECK 878
— ZEICHEN 1220
Brailleschrift ZEICHEN *1220*
Brailleschrift oder Blindenschrift
  ZEICHEN 1220
Brain-Drain WIRTSCH 572
Brainstorming MEDIEN 944
Bramante (Donato) KUNST 708
Brâncuși (Constantin) KUNST 730, 737
Brand (Dollar) MUSIK 788
Brandenburg (Kurfürsten von)
  HERRSCHER 269
Brands Hatch SPORT 1126
Brandt (Georg) ENTDECK 866
Brandt (Willy) LAND 413
Branly (Édouard) ENTDECK 888
— MEDIEN 926
Branntwein ERNÄHR 1069
Brant (Sebastian) LIT 739
Brantôme LIT 739
Brao VOLK 377
Braque (Georges) KUNST 728, 737
Brasília (Parlamentsgebäude) KUNST
  727
brasilianische Weine ERNÄHR 1068
Brasilien KUNST 732
— LAND 553-555, *554*
— MEDIEN 929, 931, 933 f.
— RELIG 339
Brattain (Walter Houser) ENTDECK
  900 f.
Bratwürstchen ERNÄHR 1030
Braudel (Fernand) HIST. WERKE 846
— PHIL 836
Brauerei ERNÄHR 1061
Braun (Karl Ferdinand) ENTDECK 890
Braun (Wernher von) ENTDECK 905
Braunbär FAUNA *100*, 128
Braunerde UNIV 54, *54*
Braunkohle WIRTSCH 619
Brautpreis VOLK 354
Braxton (Anthony) MUSIK 788
Brayton (George B.) ENTDECK 886
Brazza (Pierre Savorgnan de) GESCH
  249
Brazzaville (Konferenz) [1944] GESCH
  253
BRD → Bundesrepublik Deutschland
Bread and Puppet Theatre THEATER
  771, *771*
Break SPORT 1092
Brébart (Maurice) MEDIEN 916
Breccie UNIV 30
Brecht (Bertolt) LIT 739
— THEATER 769, *769*
Brechung FORMEL 1192
Brechungsgesetz ENTDECK 860
— ENTDECK 861
Bréguet (Louis) ENTDECK 878
Bremers (Frédéric) ENTDECK 898
Bremse ENTDECK 876, 886, 902
Brennwein ERNÄHR 1069
Brentano (Clemens) LIT 755
Brentano (Franz) PHIL 822
Brera (Biblioteca del Palazzo di)
  [Mailand] LIT 750
Bresse (Geflügel der) ERNÄHR 1032
Bressehuhn FAUNA 93
Bresson (Robert) FILM 804
Brest-Litowsk (deutsch-russischer
  Waffenstillstand) GESCH 250
Brétigny (Vertrag von) GESCH 236
Breton (André) LIT 739, 759, *759*
Bretonischer Vorstehhund FAUNA 79
Bretton Woods (Konferenz von)
  [1944] ORGINT 649
— WIRTSCH 590
Breuer (Joseph) PHIL 833
Breuer (Marcel) ORGINT *651*

— STILE *1147*
Breuil (Henry) KUNST 676
Brewster (David) ENTDECK 874
Briand-Kellog-Pakt GESCH 250
Briard FAUNA 79
Bridge SPIEL 1176, *1176*
Bridgman (Percy Williams) ENTDECK
  902
Brighella THEATER 765
Brigitte (Sagengestalt) RELIG 301
Brille ENTDECK 858
Brins (R.) ENTDECK 908
Brisson (Pierre) MEDIEN 917
Britannien (römische Provinz) GESCH
  214
Britische Inseln RELIG *331*
British Commonwealth ORGINT 666
British Museum (London) KUNST 736
British Museum [London] LIT 750
British North America Act HERRSCHER
  275
Britten (Benjamin) MUSIK 773
Broch (Hermann) LIT 739
Brocken UNIV 36
Brod (Max) HIST. WERKE 848
Broederlam (Melchior) KUNST 704
Broglie (Louis de) ENTDECK 896 f.
Brokoff (Ferdinand Maximilian) KUNST
  717
Brombeere FLORA *173*
Brömsebro (Frieden von) [1645] LAND
  408, 410
Bronchien MED *947*
Bronchitis MED 988, 993
Brontë (Charlotte) LIT 739
Brontë (Emily) LIT 739
Brontosaurier UNIV 60
Bronzezeit GESCH 198
Brooks (Mel) FILM 813
Brot ERNÄHR 1014 f.
— MED 972
Brotbäckerei ERNÄHR 1014
Brotfruchtbaum FLORA 161
Brotherstellung ERNÄHR 1014
Brown (Clifford) MUSIK 788
Brown (James) MUSIK 793
Brown (Robert) ENTDECK 876, 878
Brown (Trisha) TANZ 796
Browning (Ted) FILM *814*
Brownsche Bewegung ENTDECK 892
Brownsche Molekularbewegung
  ENTDECK 876
Brucellose MED 964
Bruch (mathematischer) FORMEL 1199
Bruch (Max) MUSIK 773
Bruch (Wilhelm) MEDIEN 927
Brüche (Ernst) ENTDECK 898
Brückenechse (Tuatara) FAUNA *105*
Bruckner (Anton) MUSIK 773
Bruegel (›Blumenbruegel‹) KUNST 714
Bruegel der Ältere (Pieter) KUNST 711
Brühl KUNST 732
Brumaire KALENDER 192
Brunei LAND 516
Brunel (Isambard Kingdom) ENTDECK
  880
Brunelleschi (Filippo) KUNST 708, *708*
Brunhilde RELIG 301
Bruno (Giordano) PHIL 822
Bruno (Heiliger) RELIG *326*
Brüssel KUNST 736
Brüssel (Großer Markt) KUNST *713*
Brüssel (Haus van Eetvelde) KUNST 722
Brüssel (Rathaus von) KUNST *703*
Brüssel (Verträge von) [1965] ORGINT
  654
Brüsseler Vertrag (1948) ORGINT 661
Brüsseler Verträge (1965) ORGINT 656
Brust ERNÄHR 1027, 1029
Brüste MED 978
Brustfellentzündung MED 999
Brustplastik MED *978*
Brustschleier MODE *1151*
Brustschwimmen SPORT *1110*
Bruststück ERNÄHR 1026
Brutalismus KUNST 726
Brutknospen [Pflanzen] FLORA 142
Bruttoinlandsprodukt (BIP) FORMEL
  1209
— WIRTSCH 579
Bruttoinvestition WIRTSCH 582
Bruttosozialprodukt WIRTSCH 575, 579
— FORMEL 1209
Bruttosozialprodukt je Einwohner
  WIRTSCH *579*
BSP → Bruttosozialprodukt
Bubastis RELIG 291
Buber (Martin) PHIL 822
Bucer RELIG 329
Bucerius (G.) MEDIEN 916, 921
Buch MEDIEN 914
Buchdruck ENTDECK 858
Buche FLORA 148, *148*, *175*
Buchenwald FLORA 148, *148*
Buchführung FORMEL 1213

Buchführung (doppelte) FORMEL 1213
Buchführung, Grundsätze FORMEL 1214
Buchgeld WIRTSCH 583
Buchmalerei LIT *750*
Buchner (Eduard) ENTDECK 890
Büchner (Georg) LIT 739
Buchsbaumholz FLORA 175
Büchse UNIF *1164*
Buchung FORMEL 1213
Buchweizen ERNÄHR 1010 f., *1011*
— FLORA *158*
Budapest KUNST 733
Buddha GESCH 203, *219*
— KUNST *692*
— RELIG 346
Buddhismus GESCH 203, 208, 221, 223
— RELIG 347, 350-352
Buddhismus der Alten → Theravada
Buddhismus des Großen Fahrzeugs
  RELIG 345, 347, 350
Buddhismus des Kleinen Fahrzeugs
  RELIG 345
Buddhistische Feste RELIG 346
Budé (Guillaume) HIST. WERKE 842
— PHIL 831
Buenos Aires SPORT 1126
Buffalo Bill FAUNA 125
Büffel (Abgrund) KUNST 732
Buffet STILE 1138, *1138*
Buffon (Georges Louis Leclerc, Graf
  von) ENTDECK 866, 868 f., 873
Bug ERNÄHR 1027, 1029
Bugi VOLK 394
Bühne THEATER 762 f., 767
Bujiden oder Buwajiden GESCH 228
Bukarest (Patriarchat von) RELIG 328
Bukhari (al-) RELIG 334
Bukowina LAND 443
Bulgaren (erstes Reich) GESCH 222
Bulgarien KUNST 732
— LAND 448, 447 f.
— MUSIK 787
Bulgarien (Autokephale Kirche von)
  RELIG 328
Bulldozer ENTDECK 896
Bulle FAUNA *92*
Bullinger (Heinrich) RELIG *331*
Bullock (William A.) MEDIEN 915
Bulwer-Lytton (Edward) HIST. WERKE
  847
Buna ENTDECK 898
Bund RELIG 304 f., *304*
Bund der fünf Nationen VOLK 371
Bund, deutscher LAND 423
Bund [jüdische Bewegung] RELIG 310
Bundesrepublik Deutschland
  HERRSCHER 270
— KUNST 732
— LAND 411, 413
— MEDIEN 916, 922-924, 928, 931,
  933, 935 f., *938* f.
— MEDIEN 942
— RELIG 331
— WIRTSCH 570, *580*, 594, 602
Bündnis, französisch-russisches GESCH
  248
Bunraku THEATER 771
Bunsenbrenner ENTDECK 883
Buñuel (Luis) FILM 804, *804*
Bunyan (John) LIT 739
Burbage (James) THEATER 766
Burbonen LAND 420
Burda (Konzern) MEDIEN 916, 924
Bure (Idelette de) RELIG 329
Bureau STILE *1140*
Buren GESCH 247
Burenkrieg (1899–1900) GESCH 249
— LAND 404
Bürgerkrieg (Spanien) HIST. WERKE *845*
Burgess-Schiefer UNIV *58*
Bürgi (Jost) ENTDECK 860
Burgund HERRSCHER 262, 283
Burgund (Dynastie) HERRSCHER 267
Burgunder ERNÄHR 1064
— GESCH 220
Buridan (Johann) ENTDECK 859
Burjaten VOLK 387, *387*
Burkina Faso LAND 458 f.
Burmakatze FAUNA 85
Burroughs (William Steward) ENTDECK
  888
Bürsten FLORA 176
Burundi LAND 476
Busch (Wilhelm) LIT 760
Buschklee FLORA *169*
Buschmänner VOLK 357
Buschogo (Königreich) GESCH 243
Buschwindröschen FLORA *149*
Bush (George) GESCH 256
Bushmen → Buschmänner
Bushnell (David) ENTDECK 870
Busoni (Ferruccio) MUSIK 773
Buße (Sakrament der) RELIG 320
Butler (John) TANZ 796
Butor (Michel) LIT 739

Butter ERNÄHR 1016, 1021
Buttermilch ERNÄHR 1021
Buttern ERNÄHR 1021
Buyi VOLK 377
Buzet ERNÄHR 1065
Buzzati (Dino) LIT 739
Buzzi (Paolo) LIT 758
BWV MUSIK 783
Byblos GESCH 200
— KUNST 734
Byrds (The) MUSIK 793
Byron (Lord) LIT 739, *739*, 755
byzantinische Kunst GESCH 226, 220,
  222, 224, 228, 230, 238
— HERRSCHER 260
— KUNST 688
byzantinischer (Ritus) RELIG 328
Byzanz GESCH 214
— MODE 1149

C

Caatinga FLORA 154
Cabet (Étienne) PHIL 822
Caboto (Giovanni) GESCH 239
Cabral (Amilcar) LAND 464
Cabriole TANZ 798
Cachaça ERNÄHR 1070
CAD (computergestützter Entwurf)
  ENTDECK 907, *907*, 909
Cad'Oro (die) KUNST 703
Caesar (Julius) GESCH 210 f.
— HIST. WERKE 841
— KALENDER 182
— RELIG 300 f.
CAEU → Rat für Arabische
  Wirtschaftseinheit
Cage (John) MUSIK 773
— TANZ 803
Cagniard de La Tour (Charles) ENTDECK
  874
Cahn (J.W.) ENTDECK 908
Cahokia Mounds KUNST 733
Cahors ERNÄHR 1065
Caillié (René) GESCH 247
Cai Lun GESCH 215
Caitanya RELIG 342
Cajetanus (Kardinal) RELIG 329
Calchaqui VOLK 369
Calcit UNIV 29
Calcium ENTDECK 872
— FLORA 141
— UNIV 14
Calder (Alexandre) KUNST 730
Caldera UNIV *36*
Calder Hall ENTDECK 902
Calderón de la Barca (Pedro) LIT 739
Caldwell (Erskine) LIT 739
Caligula GESCH 212
Callas (Maria) MUSIK 785
Calloway (Cab) MUSIK 788
Calmati RELIG 303
Calmette (Albert) ENTDECK 896
Calmette-Guérin-Bazillus MED 980
Calukya (Dynastie) GESCH 222, 229
— HERRSCHER 278
Calvados ERNÄHR 1070
Calvin GESCH 240
— RELIG 329 f., *329*
Calvino (Italo) LIT 739
Camargo (Marie-Anne de Cupis de)
  TANZ 801
Camarguepferd FAUNA 89
Cambridge SPORT 1113
Cambridge (Schule) PHIL 833
Camden (William) HIST. WERKE 842
Camembert ERNÄHR 1023
Camescope MEDIEN 927
Camões (Luís de) LIT 739
Camonica (Val) KUNST 734
Campa VOLK 369
Camp David (Abkommen von) [1978]
  LAND 454
Campin (Robert) KUNST 704
Campoformido (Vetrag von) [1797]
  LAND 427
Camus (Albert) LIT 739
— PHIL 836
Canaletto KUNST 720
Canapote GESCH 199
Canarium decumanum FLORA *143*
Canasta SPIEL 1174
Candolle (Augustin Pyrame de) FLORA
  129, *129*
Candomblé RELIG 339
Candragupta GESCH 204 f.
Candragupta I. GESCH 219
Candragupta II. GESCH 219
Candy MEDIEN 930

1239

REGISTER

Canetti (Elias) LIT 739
Canguilhem (Georges) PHIL 822
Cannes (Filmfestival von) FILM 818
Canoeiro VOLK 369
Canons MODE 1152
Canossa RELIG 321
Canova (Antonio) KUNST 717
Canterbury (Erzbischof von) RELIG 332
Canton (John) ENTDECK 868
Cantor (Georg) ENTDECK 886, 888
Cantus planus MUSIK 782
Cão (Diogo) GESCH 239
Cao Xueqin oder Ts'ao Siue-k'in LIT 739
CAP → Gemeinsame Agrarpolitik
Capa (Robert) HIST. WERKE 845
Cape Coast KUNST 733
Čapek (Karel) LIT 739
Capra (Frank) FILM 804, 813
Caquot (Albert) ENTDECK 894
Caracalla GESCH 216
Caraco MODE 1153
Caracol ENTDECK 857
Caran d'Ache THEATER 771
Caravaggio KUNST 714
Caravaggisten (die) KUNST 714
carbonari LAND 427
Carbonat UNIV 29
Cardano (Geronimo) ENTDECK 860
Cardiocrinum giganteum FLORA 139
Cardona (Kirche Sankt Vincent von) KUNST 699
CARE ORGINT 668
Cari ERNÄHR 1048
CARICOM → Karibische Gemeinschaft
Cari → Curry
Carignano (Palast) [Turin] KUNST 712
Caritas Internationalis ORGINT 668
Carlisten LAND 435
Carlson (Carolyn) TANZ 796
Carlson (Chester F.) ENTDECK 898
Carmagnole MODE 1153
Carnap (Rudolf) PHIL 822, 835
Carnarvon (Lord) KUNST 675
Carné (Marcel) FILM 804
Carnot (Sadi) ENTDECK 876 f., 877
– FORMEL 1194
Carnuter GESCH 211
Caroline (Radio) MEDIEN 929
Carolus (Johannes) MEDIEN 914
Carothers (Wallace Hume) ENTDECK 898
Carpatina MODE 1149
Carpeaux (Jean-Baptiste) KUNST 723
Carpentier (Alejo) LIT 739
Carpentier (Georges) MEDIEN 926
– SPORT 1087
Carpentier (Marc-Antoine) MUSIK 773
Carré (Ferdinand) ENTDECK 886
Carrel (Alexis) ENTDECK 894
Carrel (Armand) MEDIEN 915
Carrey (Jacques) KUNST 674
Carrhae (Schlacht bei) GESCH 210, 212
Carrick MODE 1154
Carrier VOLK 369
Carrol (Lewis) LIT 740
Carry ERNÄHR 1048
Carry → Curry
Cartailhac (Emile) GESCH 197
Cartan (Henri) ENTDECK 898
Carter (Howard) KUNST 675
Carthagena GESCH 206
Cartier (Jacques) GESCH 241
Cartland (Barbara) LIT 753
Carton de Wiart (Henry) HIST. WERKE 847
Cartwright (Edmund) ENTDECK 870
Casamance LAND 461
Cashewbaum FLORA 161
Caso (Alfonso) KUNST 675
Cassandre MEDIEN 940
Cassavetes (John) FILM 804
Cassini de Thury (César François) ENTDECK 866, 867
Cassiodor ENTDECK 856
Cassirer (Ernst) PHIL 822
Castellet (Le) SPORT 1126
Castelseprio (Kirche von) KUNST 698
Castiglione (Baldassarre) PHIL 831
Castro (Fidel) GESCH 256
Catalani (Alfredo) MUSIK 773
Çatal Hüyük GESCH 196
– ENTDECK 851
– KUNST 675
Cateau-Cambrésis (Vertrag von) GESCH 240
– LAND 427
Catherwood (Frederick) KUNST 674
Catilina (Verschwörung) GESCH 210
Cato GESCH 209
Cato der Ältere GESCH 208
Cattell (James McKeen) PHIL 822
Cauchy (Augustin) ENTDECK 874

Cauchy (Augustin-Louis) ENTDECK 876
Caune de l'Arago (Grotte) GESCH 194
Cava ERNÄHR 1068
Cavea THEATER 763
Cavendish (Henry) ENTDECK 870
Cavour GESCH 248
– LAND 427
Cayapa VOLK 369
Cayennepfeffer ERNÄHR 1048
Çayönü GESCH 196
Cazotte (Jacques) LIT 740
CCD (Charge Coupled Device) ENTDECK 904
Cebrián (J. Louis) MEDIEN 916
Celesta MUSIK 786
Céline (Louis-Ferdinand) LIT 740
Cellini (Benvenuto) STILE 1139
Cellulose MED 969
Celsius (Anders) ENTDECK 865 f.
Cembalo MUSIK 784, 786
Cendrars (Blaise) LIT 740
Centre national d'art et de culture Georges-Pompidou LIT 750
Cepheiden ENTDECK 894, 896
Ceres RELIG 299
Ceres [Planet] ENTDECK 873
– UNIV 11
CERN UNIV 4 f., 5
– ORGINT 660
Cernunnos RELIG 301
Cervantes (Miguel de) LIT 740, 740
Cervixschleim MED 955
Cesalpino (Andrea) ENTDECK 860
César FILM 818
Çesme (Schlacht bei) GESCH 244
Ceulemans (Raymond) SPIEL 1184
Ceuta LAND 450
Cewa VOLK 358
Ceylon RELIG 347
Cézanne (Paul) KUNST 725, 737
Chablis ERNÄHR 1064
Chabrier (Emmanuel) MUSIK 773
Chabrol (Claude) FILM 804, 807
Chac RELIG 302
Chacokrieg GESCH 253
Chadidja RELIG 333
Chadwick (James) ENTDECK 898 f.
Chagall (Marc) KUNST 728
– RELIG 304
Chaironeia (Schlacht) [338] LAND 430
Chaka GESCH 247
Chalcha VOLK 380
chaldäisch (Kirchen) RELIG 327
Chaldji GESCH 235
Chalid (König von Saudi-Arabien) RELIG 336
Chalkedon (Konzil von) RELIG 316, 323, 327 f.
Chalkolithikum GESCH 197
Chalkopyrit UNIV 29
Cham GESCH 233
Chamäleon FAUNA 105
Chamberlain (Owen) ENTDECK 902
Chambers (J.G.) SPORT 1086
Chambord (Schloß) KUNST 709
Chamillart (Michel) SPIEL 1184
Chamisso (Adelbert von) LIT 755
Champa (Königreich) GESCH 215, 229, 239
Champagne (Haus) HERRSCHER 266
Champagner ERNÄHR 1064
Champignon FLORA 163
Champlain (Samuel de) GESCH 243
Champmol (Kartäuserkloster zu) KUNST 706
Champollion ENTDECK 872
– KUNST 674
Chan (Buddhismus) RELIG 346, 350 f.
Chan Chan KUNST 695, 735
Chandernagor (Françoise) HIST. WERKE 848
Chandler (Raymond) FILM 815
Chandler (Richard) KUNST 674
Chanel (Coco) MODE 1157
Chanson MUSIK 782
Chanukka oder Lichterfest RELIG 309
Chaoul (Henry) ENTDECK 896
Chaparral FLORA 147
Chaperon MODE 1151
Chaplin (Charlie) FILM 804, 805, 813
Chappe (Claude) ENTDECK 870, 876
Chaptalisation ERNÄHR 1063
Charcot (Jean Martin) ENTDECK 868
– PHIL 822
Chardin (Jean Siméon) KUNST 720, 737
Chardonnet (Hilaire Bernigaud de) ENTDECK 888
Charidjismus, Charidjiten GESCH 222, 225
Charidjiten RELIG 337
Charismi (al-) ENTDECK 857
Charism-Schah GESCH 234
Charles (Ray) MUSIK 788
Charles Michel, Abb' de l'Epée ZEICHEN 1221

Charlier (C. V. L.) UNIV 19
Charlottetown KUNST 733
Charm (Quark) ENTDECK 905, 906
– UNIV 2
Charon RELIG 296
Charon [Mond] UNIV 6, 9
Charpentier (Gustave) MUSIK 773
Charrat (Janine) TANZ 796
Charta 77 LAND 441
Chartier (Alain) LIT 740
Chartres (Kathedrale von) KUNST 701, 702, 704
Chasaren GESCH 222, 224, 228
– LAND 436
Chase (das) [Jazz] MUSIK 792
Chase (Martha) ENTDECK 900
Chassidismus, Chassidim RELIG 309
Chateaubriand LIT 740, 755
Chateaubriand [Fleisch] ERNÄHR 1027
Châtelaine MODE 1154
Châtelperronien (Kultur) GESCH 196
Châtillon-sur-Seine GESCH 205
Chatino VOLK 369
Chaucer (Geoffrey) LIT 740
Chaunu (Pierre) HIST. WERKE 846
Chausson (Ernest) MUSIK 773
Chavín de Huántar KUNST 695
Chavinkultur GESCH 201, 203
Chazaliou (Antoine Marie Rémy) ENTDECK 880
Chazan RELIG 309
Check-up MED 950
Cheddar ERNÄHR 1023
Cheireddin Barbarossa GESCH 241
Chemie FORMEL 1188-1191
Chemie, anorganische FORMEL 1189
Chemie, organische FORMEL 1190
chemische Bindung ENTDECK 894
chemische Kinetik ENTDECK 888
chemisches Element ENTDECK 862, 868
Chen Duxiu PHIL 837
Cheng Zhanggeng THEATER 770
Chénier (André) LIT 740
Chenrezi RELIG 346 f.
Cheops GESCH 198 f., 199
– KUNST 675
Chephren GESCH 198 f., 199
– KUNST 682
Chepre GESCH 290, 291
Cherimoya ERNÄHR 1045, 1045
Cherimoya → Annone
Cherokee VOLK 369
Cherrapunji UNIV 53
Cherry (Don) MUSIK 789
Cherubim oder Engel mit Menschengesichtern RELIG 314
Cherubini (Luigi) MUSIK 773
Chester ERNÄHR 1022 f.
Chevalier (Michel) PHIL 822
Chevreul (Eugène) ENTDECK 876, 879
Chewa VOLK 358
Cheyenne VOLK 369
Chiang Kai-chek GESCH 251
Chianti ERNÄHR 1067
Chicago KUNST 736
Chichén Itzá ENTDECK 857
– RELIG 302
Chichester (Francis) SPORT 1114
Chichimeken LAND 539
– VOLK 370
Chiclegummi ERNÄHR 1045
Chicomecoatl RELIG 302
Chicorée ERNÄHR 1040
– FLORA 158
Chihuahua FAUNA 80
Chilam Balam RELIG 302
Childs (Lucinda) TANZ 796
Chile FLORA 145
– LAND 560, 560
Chilhac GESCH 194
Chilkotin VOLK 370
Chilluk → Shilluk
Chimäre FAUNA 107, 117
Chimbu VOLK 394
Chimú VOLK 370
Chin VOLK 378
China HERRSCHER 276, 277
– KUNST 690, 732
– LAND 520, 518-521
– MEDIEN 920, 930 f., 933
– RELIG 340, 346-350
– SPIEL 1173
– WIRTSCH 571
Chinanteken VOLK 370
Chinesische Mauer GESCH 207, 207, 239
– KUNST 732
Chinesischer Nackthund FAUNA 80
chinesisch (Philosophie) PHIL 837
Chingpo VOLK 380
Chinook VOLK 370
Chio LAND 430
Chippendale (Stil) STILE 1142
Chippendale (Thomas) STILE 1142

Chippewa VOLK 374
Chi-Quadrat FORMEL 1208
Chiquito VOLK 370
Chiricahua VOLK 370
Chiriguano VOLK 370
Chiropraktik MED 1003
Chiton MODE 1149, 1149
Chladni (Ernst Florens) ENTDECK 870
Chlamys MODE 1149
– UNIF 1160
Chlodomir HERRSCHER 283
Chlodwig GESCH 220
– HERRSCHER 283, 283
Chlor ENTDECK 868
Chloroform ENTDECK 878
Chlorophyll ENTDECK 904
– FLORA 141
Chloroplast FLORA 141
Chlorpromazin ENTDECK 902
Chlorwasser ENTDECK 870
Chlothar I. HERRSCHER 283
Chnum GESCH 205
– RELIG 291
Chocó VOLK 370
Choctaw VOLK 370
Chokwe VOLK 358
Chol VOLK 370
Cholesterin MED 969, 980
Chomsky (Noam) PHIL 822
Chona → Shona
Chondrit UNIV 12
Chong VOLK 378
Chons RELIG 292
Chons (Tempel des) RELIG 292
Chontal VOLK 370
Chopin (Frédéric) MUSIK 773, 774
chopper GESCH 195
chopping tool GESCH 195
Choral MUSIK 780, 782
Chorda dorsalis FAUNA 66
Chordatiere FAUNA 66
Chorege THEATER 762
Choreographie TANZ 798
Choreology oder Benesh notation TANZ 798
Chorhemd RELIG 318
Choroscript TANZ 798
Chortí VOLK 370
Chosrau I. GESCH 220
Chosrau II. GESCH 222
Chouei → Shui
Chou → Zhou
Chrétien (Henri) FILM 812
Chrétien de Troyes LIT 740
Christen GESCH 212
– RELIG 315, 316, 320, 352
Christentum RELIG 31 1, 316, 338, 339
Christenverfolgung GESCH 219
– RELIG 315
Christian (Charlie) MUSIK 789
Christian Science (Christliche Wissenschaft) RELIG 332
Christie (Agatha) LIT 753
Christine von Schweden LAND 408
Christo KUNST 731
Christofle (Goldschmiedekunst) STILE 1147
Christophe (Georges, genannt Columbus) LIT 760
Christophorus (Heiliger) RELIG 325
Christrose FLORA 169
Christus → Jesus Christus
Chrom WIRTSCH 622
Chromatographie ENTDECK 892
Chromosom ENTDECK 895
Chromosphäre UNIV 7
Chroniken HIST. WERKE 841
Chronobiologie MED 952
Chronochrom FILM 812
Chronophon FILM 812
Chronophotographie ENTDECK 888
– ENTDECK 888
Chruschtschow (Nikita) GESCH 254
– LAND 438
Chrysalide FAUNA 75
Chrysantheme FLORA 167
Chuang VOLK 385
Chudan SPORT 1090
Chulupi VOLK 370
Chun-qiu (Ch'un ch'iu) RELIG 349
Chuquet (Nicolas) ENTDECK 858
Church (Alonzo) PHIL 822
Churchill [Stadt] UNIV 53
Churchill (Winston) GESCH 252
– LAND 404
– ORGINT 654
Cicero GESCH 210
– RELIG 298
Cidre ERNÄHR 1059
Cilea (Francesco) MUSIK 773
Cimabue KUNST 704
Cimarosa (Domenico) MUSIK 773
CIM (computergestüztes flexibles Planungs- und Fertigungssystem) ENTDECK 907

1240

REGISTER

Cimetidin MED 1006
Ciné-Club MEDIEN 935
Cinemascope ENTDECK 902
– FILM 812
Cinerama FILM 812
Cinq-Mars (Marquis de) HIST. WERKE 848
Cipayas (Aufstand) GESCH 249
Cirrocumulus UNIV 56
Cirrostratus UNIV 56
Cirrus UNIV 56
Cîteaux RELIG 326
Citrin UNIV 29
Citroën ENTDECK 896
Cixi oder Ts'u-hsi GESCH 251
Clactonien-Kultur GESCH 194
Clair (René) FILM 805
Clairaut (Alexis) ENTDECK 866, 869
Clapeyron (Émile) ENTDECK 878, 880
Clapperton (Hugh) GESCH 247
Clapton (Eric) MUSIK 793
Clarín (Leopoldo) LIT 756
Clark (Barney B.) ENTDECK 908
Clark (Jim) SPORT 1126, 1127
Clarke (Arthur C.) ENTDECK 905
Clarke (Kenny) MUSIK 789
Clarkie FLORA 167
Clash MUSIK 793
Claudel (Paul) LIT 740
Claudius GESCH 212
Clausius (Rudolf) ENTDECK 877, 880
Clavius (Pater Christoph Klau) KALENDER 184
Clay (Cassius) → Ali (Mohammad)
Clemens von Rom RELIG 315
Clément (René) FILM 805
Clements (F.E.) ENTDECK 894
Clodion (Claude Michel) KUNST 717
Clontarf (Schlacht bei) [1014] LAND 404
Clothilde GESCH 220
Clouzot (Henri Georges) FILM 805
Clovis-Kultur GESCH 197
Clownfisch FAUNA 73
Club (Golf) SPORT 1098, 1098
Coalbrookdale ENTDECK 871
Cobb (Richard) HIST. WERKE 844
Cobban (Alfred) HIST. WERKE 844
Coca-Cola ERNÄHR 1072
Cochet (Henri) SPORT 1093
Cochinchina GESCH 249
– LAND 511 f.
Cochise-Kultur GESCH 197
Cochran (Eddie) MUSIK 793
Cocker (Joe) MUSIK 793
Cockerell (C.) ENTDECK 902
Cockerspaniel FAUNA 79
Cockroft (John) ENTDECK 899
Cocteau (Jean) FILM 805
– LIT 740
Codex Justinianus GESCH 220
Codex Theodosianus GESCH 220
Codiaeum FLORA 165
Coeur d'Alène VOLK 370
Cognac ERNÄHR 1070
Cohen (Albert) LIT 740
Cohen (S.) ENTDECK 906 f.
Cohl (Émile) FILM 817, 817
Coitus interruptus MED 955
Cola ERNÄHR 1057
Cola (Dynastie) GESCH 227, 229, 231, 233
– HERRSCHER 278
Colbert (Jean-Baptiste) GESCH 243
Cole (Nat King) MUSIK 789
Coleman (Ornette) MUSIK 789
Coleridge (Samuel Taylor) LIT 755
Colette LIT 740
Coleus FLORA 165
Collagen KUNST 731
Collegium musicum MUSIK 784
Collider UNIV 4
Collie FAUNA 79
Collins (Michael) ENTDECK 905
Colobium MODE 1149
Colombina THEATER 765
Colomboplan ORGINT 665
Colourpoint FAUNA 85
Coltrane (John) MUSIK 789, 791
Colt (Samuel) ENTDECK 886
Columban (Heiliger) GESCH 222
columnit MEDIEN 918
Comanchen VOLK 370
Comecon oder Rat für gegenseitige Wirtschaftshilfe GESCH 254
– ORGINT 660
Comédie Française THEATER 767, 767
Comédie italienne THEATER 765
Comic books LIT 760
Comics LIT 760
– MEDIEN 923
Commedia dell'arte THEATER 765
Commedia di zanni THEATER 765
Common Prayer Book RELIG 332
Commonwealth ORGINT 666

Commudus (Kaiser) GESCH 214
Communication Act (Juni 1934) MEDIEN 929
Commynes (Philippe de) HIST. WERKE 842
Como (Sant'Abbondio von) KUNST 700
Comoé (Nationalpark der) KUNST 732
Compact Disc ENTDECK 906
Comparative (Werbung) MEDIEN 944
Compton (Ahhur) ENTDECK 896
Computer ENTDECK 900, 902
Computerbörse WIRTSCH 585
computergestützter Entwurf → CAD
Computergraphik ENTDECK 909
Comte (Auguste) PHIL 832
Comté (Käse) ERNÄHR 1023, 1023
Concept-art KUNST 731
Concerto MUSIK 781
Concorde ENTDECK 904
Concours Lépine ENTDECK 893
Condé (Maryse) HIST. WERKE 848
Condillac PHIL 822
Conductus MUSIK 782
Conesson (Francis) SPIEL 1184
Congonhas KUNST 732
Coninx (Familie) MEDIEN 918
Conques (Ste-Foy zu) KUNST 700
Conrad (Joseph) LIT 740
Conscience (Hendrik) HIST. WERKE 847
Considérant (Victor) PHIL 822
consolamentum RELIG 316
Constable (John) KUNST 724
Constans I. GESCH 218
Constant (Benjamin) LIT 740
Constantinus Africanus ENTDECK 857
Conté (Nicolas Jacques) ENTDECK 870
Conti (Roger) SPIEL 1184
Contouche MODE 1152
Cook (James) GESCH 245
Cooksonia UNIV 59
Coolidge (William David) ENTDECK 894
Cooper (David) PHIL 822
Cooper (James Fenimore) LIT 740
Cooper (Leon) ENTDECK 902
Cooper (Merian C.) FILM 805
Cop (Nicolas) RELIG 329
Copán GESCH 217
– KUNST 733, 733
– RELIG 302
Coppola (Francis Ford) FILM 805
Co-Produktion MEDIEN 932, 935
Coralli (Jean) TANZ 796
Córdoba GESCH 224, 229
Córdoba (Große Moschee) GESCH 229
– KUNST 689, 733
Corea (Chick) MUSIK 789
Coriolis (Gaspard) ENTDECK 878
Corneille (Pierre) LIT 740
Corn-flakes ERNÄHR 1015
Corot (Camille) KUNST 724, 737
Corporate (Werbung) MEDIEN 944
Corps piqué MODE 1151
Corpus Inscriptiorum Latinarum HIST. WERKE 843
Corpus Inscriptiorum Semiticorum HIST. WERKE 843
Corrales THEATER 766
Correggio KUNST 711
Correns (Carl Erich) ENTDECK 890
Cortes (die) LAND 435
Cortés (Hernán) GESCH 241
– RELIG 302
Cortison ENTDECK 900
– MED 1006
Corto Maltes LIT 760
Cosinus hyperbolicus FORMEL 1203
Costa Rica KUNST 732
– LAND 542 f.
Costes (Dieudonné) ENTDECK 896
Cotangens hyperbolicus FORMEL 1203
Cotta (J. F.) MEDIEN 914
Cotte MODE 1150 f.
Coubertin (Pierre de) SPORT 1074, 1075
Coucy (Burg) KUNST 703
Coulomb (Charles Augustin de) ENTDECK 870 f.
Country-music MUSIK 793
Couperin (François, genannt ›le Grand‹) MUSIK 773
Courbet (Gustave) KUNST 724
Cournot (Antoine) PHIL 822
Courrêges (André) MODE 1157
Courtois (Bernard) ENTDECK 874
Coustou (Guillaume) KUNST 717
Coutances (Kathedrale von) KUNST 702
Cowper ENTDECK 882
Coysevox (Antoine) KUNST 716
Crabnebel UNIV 15, 15
Crafts (James Mason) ENTDECK 886
Craig (Edward Gordon) THEATER 769, 771
Cramer (Gabriel) ENTDECK 866
Cranach (Lucas) d.Ä. RELIG 324, 329
Crane (Hart) LIT 740
Cranko (John) TANZ 796

Crapette SPIEL 1174
Craps SPIEL 1182
Creatifs MEDIEN 944
Crécy (Schlacht bei) GESCH 236
– LAND 419
– ENTDECK 858
Crédit agricole MEDIEN 938
Credo oder Glaubensbekenntnis RELIG 313, 327
Cree VOLK 370
Creek VOLK 370
Creole Jazz Band (die) MUSIK 788
Crescas (Chasdai) PHIL 831
Cressent (Charles) STILE 1142
Crevel (René) LIT 759, 759
Criadera ERNÄHR 1068
Criarde MODE 1152
Cribbage SPIEL 1174
Crick (Francis Harry Compton) ENTDECK 900, 902
Cri → Cree
Criollo ERNÄHR 1054
Cromagnonmensch UNIV 63, 63
Cromlech KUNST 679
Cronstedt (Alex Fredrik) ENTDECK 868
Crookes (William) ENTDECK 886, 891
Crosby, Stills, Nash and Young MUSIK 793
Crosland (Alan) FILM 812
Cross-Country SPORT 1076, 1081
Croupade SPORT 1125
Crow VOLK 370
Crown Hall (Illinois Institute of Technology Chicago) KUNST 726
Cruze (James) FILM 815
Cu Chulainn RELIG 301
Cucujos FAUNA 74
Cuénot (Lucien) ENTDECK 893
Cugnot (Joseph) ENTDECK 868 f.
Cuicuilco (Pyramide) GESCH 203
Cukor (George D.) FILM 805
Cullasakaraja (Ära) KALENDER 179
Cullberg (Birgit) TANZ 796
Culloden (Schlacht bei) [1746] LAND 403
Culot MODE 1151
Cultivar FLORA 129
Cumulonimbus UNIV 56
Cumulus UNIV 56
Cuna VOLK 370
Cuprit UNIV 28
Curcuma ERNÄHR 1048
Curie (Paul Jaques) ENTDECK 886
Curie (Pierre) ENTDECK 886
Curie (Pierre und Marie) ENTDECK 891
Curling SPORT 1120
Curlingstein SPORT 1120
Curry ERNÄHR 1048
– FLORA 174
Curtis (Heber Doust) ENTDECK 896
Curtiz (Michael) FILM 805, 812
Custoza (Schlacht von) LAND 427
Cutting Contests MUSIK 792
Cuvier (Georges) ENTDECK 874, 876 f., 877
Cuvilliés (François de) KUNST 719
Cuzco KUNST 735
– RELIG 302
Cyclamat ERNÄHR 1051
Cygnus X-1 ENTDECK 906
– UNIV 15
Cyrenaika GESCH 201
Cyrillos GESCH 226

D

Dackel FAUNA 79
Dada, Dadaismus (Bewegung) LIT 759
– KUNST 728
Dafla VOLK 378
Dagda RELIG 301
Daghuren VOLK 378
Daguerre (Louis Jacques Mandé) ENTDECK 875, 875
Daguerreotypie ENTDECK 878
Dahlie FLORA 168
Dahn (Felix) HIST. WERKE 846
Dahome GESCH 243
Daimler (Adolf) ENTDECK 891
Daimler (Gottlieb) ENTDECK 886, 888, 891
Dajak VOLK 394
Daker GESCH 214
Dakota VOLK 370
Daktylologie ZEICHEN 1221, 1221
Dalai-Lama GESCH 241
– RELIG 347
Dalibard (Thomas François) ENTDECK 868

Dalí (Salvador) KUNST 729
Dallapiccola (Luigi) MUSIK 774
Dalmatika MODE 1149
Dalmatiner FAUNA 80
Dalton (John) ENTDECK 872 f.
Damaskus KUNST 735
Dame SPIEL 1172
– SPIEL 1172
Dämon RELIG 314, 335
Dampflokomotive ENTDECK 872, 873, 874, 876 f.
Dampfmaschine ENTDECK 864, 864, 870
– GESCH 246
Dampfschiff ENTDECK 870, 872, 872
Dampfturbine ENTDECK 888
Dampfwagen ENTDECK 868, 869
Dan SPORT 1090
– VOLK 358
Danakil VOLK 358, 358
danegeld GESCH 226
Danelaw HERRSCHER 268
Dänemark HERRSCHER 268, 273
– LAND 410, 409 f.
– MEDIEN 918
Dani VOLK 394
Daniel HERRSCHER 271
Danilowitschi-Wladimir-Susdal (Fürstentum) HERRSCHER 271
dänisch (Könige) HERRSCHER 268
dänisch-norwegisch (Königreich) HERRSCHER 273
Dankert (Pieter) ORGINT 657
Dannoura (Schlacht bei) GESCH 233
Danse notation Bureau (New York) TANZ 798
Dante Alighieri LIT 740, 740
– RELIG 314
Dão ERNÄHR 1067
Dao-de-jing LIT 349
Darby (Abraham) ENTDECK 871
Darby I. (Abraham) ENTDECK 866
Darby III. (Abraham) ENTDECK 870
Dardanellen (Feldzug) GESCH 250
Dareios I. GESCH 202 f.
Dareios III. GESCH 204
Darfur LAND 461
Darginer VOLK 387
Dargwa VOLK 387
Darién (Nationalpark) KUNST 735
Dariganga VOLK 378, 387
Darío (Rubén) LIT 740
Darmverschluß MED 998
Darren ERNÄHR 1060
Darstellung [Psychoanalyse] PHIL 839
Darwin ENTDECK 883
Darwin-Fink FAUNA 116
Darwinsche Evolutionstheorie FAUNA 67
Dasa VOLK 358
Dasein PHIL 820
Datierung, absolute UNIV 26
Datierung, geologische UNIV 58
Datierung, relative UNIV 26
Datteln ERNÄHR 1044
Dauberval (Jean) TANZ 797
Daudet (Alphonse) LIT 740, 756
Daumier (Honoré) KUNST 737
Dausset (Jean) ENTDECK 902 f.
Davaine (Casimir Joseph) ENTDECK 886, 889
David GESCH 200
David (Louis) KUNST 721, 737
Davies (Marion) MEDIEN 924
Davis (John) GESCH 241
Davis (Miles) MUSIK 789
Davis-Cup SPORT 1092
Davisson (Clinton Joseph) ENTDECK 896, 897
Davy (Edward) ENTDECK 878
Davy (Humphry) ENTDECK 872, 874
Dayak VOLK 394
Daytona Beach SPORT 1126
Daza VOLK 370
DBS → Direct Broadcasting Service
DDT ENTDECK 898
Dearly (Max) THEATER 768
De-ashi-barai SPORT 1091
Death Valley UNIV 53
Debussy (Claude) MUSIK 774, 774
Decauville (Paul) ENTDECK 886
De Chirico (Giorgio) KUNST 728
Decius GESCH 216
– RELIG 315
Deckelkapsel FLORA 140
Deckerinnerung PHIL 839
De Coster (Charles) HIST. WERKE 847
Decroly (Ovide) PHIL 822
Dedekind (Richard) ENTDECK 886
– PHIL 822
Deep Purple MUSIK 793
Defizit WIRTSCH 587, 589, 589
Defoe (Daniel) LIT 740
de Forest (Lee) MEDIEN 926
Degas (Edgar) KUNST 725, 737

1241

REGISTER

– TANZ 796
De Gasperi (Alcide) LAND 427
Degen SPORT 1089
Deich ENTDECK 857
Deinonychos UNIV 60
Dejohnette (Jack) MUSIK 789
Dekade KALENDER 181
Dekalog RELIG 305
Deklination UNIV 21
De Kooning (Willem) KUNST 737
Delacroix (Eugène) KUNST 724
Delamare-Deboutteville (Édouard)
  ENTDECK 888
Delaware VOLK 370
Delbrück (Max) ENTDECK 899
Deleuze (Gilles) PHIL 822
del Ferro (Scipione) ENTDECK 858
Delhi HERRSCHER 278
– KUNST 736
Delhi (Sultanat) GESCH 235, 237
Delibes (Léo) MUSIK 774
Della Porta (Giacomo) KUNST 709
Della Robia (Luca) KUNST 707
Delluc (Louis) FILM 818
Delos GESCH 208
– KUNST 685
Delos (Bund von) GESCH 204
Delphi GESCH 204, 206
– KUNST 675, 733
– RELIG 296
Delphin FAUNA 99, 120 f., 120
Dement (W.) ENTDECK 902
Demenz MED 995
Demeter RELIG 294 f., 296, 299
Demetrios I. Poliorketes GESCH 206
De Mille (Agnes) TANZ 797
De Mille (Cecil B.) FILM 805
Demographie WIRTSCH 562, 566
Demographischer Übergang WIRTSCH
  569
Demokrit ENTDECK 854
– PHIL 830
De Morgan (Augustus) PHIL 822
Dempsey (William Harrison), genannt
  Jack) MEDIEN 926
– SPORT 1087
Demy (Jacques) FILM 805, 807
denaturierter Alkohol ERNÄHR 1069
Dendera RELIG 291
Dengaku THEATER 770
Deng Xiaoping → Teng Hsiao-ping
Denon (Vivant) KUNST 674
Depression MED 995
– WIRTSCH 574
Deprez (Marcel) ENTDECK 888
Derby von Epsom SPORT 1123
Derg LAND 456
Derrida (Jacques) PHIL 822
Désaguliers (Jean Théophile) ENTDECK
  868
Desanti (Jean Toussaint) PHIL 822
De Santis (Giuseppe) FILM 811
Desargues (Girard) ENTDECK 860
Desborough (Spiegel von) KUNST 687
Descartes (René) ENTDECK 860 f., 863
– PHIL 822, 822
deshydrierter Alkohol → reiner
  Alkohol
De Sica (Vittorio) FILM 805, 811
Desiderius (Langobardenkönig) GESCH
  224
Design STILE 1147
Desnos (Robert) LIT 759, 759
Desoxyribonukleinsäure (DNS)
  ENTDECK 900, 902, 903, 904
– FAUNA 66
– UNIV 57
Desrosiers (Léo-Paul) HIST. WERKE 848
Destillation ERNÄHR 1069
Destilliersäule ERNÄHR 1069
Destutt de Tracy (Antoine) PHIL 822
Detektor UNIV 4
Determinante ENTDECK 862, 868
Determinismus PHIL 820
detritisches Gestein UNIV 30
Detroit SPORT 1126
Deuterium ENTDECK 898
Deuteronomium RELIG 304
deutsch (Könige) HERRSCHER 269
Deutsche Bibliothek [Frankfurt] LIT
  750
Deutsche Demokratische Republik
  HERRSCHER 270
– RELIG 331
Deutsche Dogge FAUNA 80
Deutsche Presse-Agentur MEDIEN 925
Deutscher Aktienindex (DAX) WIRTSCH
  585
Deutscher Bund GESCH 246
Deutscher Schäferhund FAUNA 79
Deutsches Reich GESCH 248
– HERRSCHER 269
Deutsches Reitpferd FAUNA 89
Deutsches Rotes Kreuz ORGINT 667
deutsche Weine ERNÄHR 1066

Deutschland HERRSCHER 269-271
– LAND 412
– MUSIK 787
Deutung PHIL 839
Deutzie FLORA 169
Devereux (Georges) PHIL 822
Devisenbilanz FORMEL 1212
Devolutionskriege LAND 420, 435
De Vries (Adriaen) KUNST 737
Dewar (James) ENTDECK 890
Dezimvirn RELIG 300
Dharmapala GESCH 225
Dhyana-Mudra RELIG 346
Diabetes MED 980, 989, 995
Diabetiker MED 973
Diachronie [Linguistik] PHIL 836
Diadochen GESCH 204
– HERRSCHER 225
Diaghilew (Serge de) TANZ 803
Diaguita VOLK 370
Diakon RELIG 315, 318
Diakonat RELIG 318
Dialekt VOLK 354
Dialektik PHIL 820, 838
Dialogschritt SPORT 1117
Diamant UNIV 29
– WIRTSCH 624
Diamant (Baseball) SPORT 1099
Diamantfahrzeug RELIG 345, 346, 347
Diana RELIG 298 f.
Diapause FLORA 140
Diaspor UNIV 29
Diaspora VOLK 354
– RELIG 304, 308
Diastema UNIV 63
Diät MED 972
Diätassistent MED 983
Diätsalz ERNÄHR 1047
Diaz (Bartolomeu) GESCH 239
Díaz de Solís (Juan) GESCH 239, 241
Díaz (Porfirio) GESCH 249, 251
Dichloroethylen FORMEL 1190
Dickens (Charles) LIT 741
dickes Bugstück ERNÄHR 1027
dickes Stück ERNÄHR 1029
Didake RELIG 311
Didelot (Charles) TANZ 797
Diderot (Denis) ENTDECK 868 f.
– LIT 741
Didot MEDIEN 914
Diels (Otto) ENTDECK 896
Dien Bien Phu GESCH 255
Dienstag KALENDER 178
Dienstleistungen WIRTSCH 577, 588
Dienstleistungsbilanz FORMEL 1212
Dienstleistungsgeschäfte FORMEL 1211
Diensynthese ENTDECK 896
Diesel (Rudolf) ENTDECK 890
dies nefasti RELIG 298
Die zehn Gebote → Dekalog
Differentialgetriebe ENTDECK 856
Differentialgleichung ENTDECK 888
Differentialkalkül (absoluter) ENTDECK
  888
Differentialrechnung ENTDECK 862
– ENTDECK 863
Differentiation, magmatische UNIV 30
Diffraktion FORMEL 1191
Diffusionismus PHIL 837
– VOLK 354
Dikotyledonen FLORA 131, 140
Diktatoren (Ära der) HERRSCHER 280
Diktatur des Proletariats PHIL 833, 838
Dill ERNÄHR 1049
Dilthey (Wilhelm) PHIL 822
Dimetrodon UNIV 60
Dimitri Donskoij LAND 437
Dimitrow (Georgi) LAND 448
Dingo FAUNA 78
Dinka VOLK 358, 358
Dinosaurier UNIV 27, 60 f.
Dinosaurier (Provinzialpark der) KUNST
  732
Diode ENTDECK 892, 901
Dioi VOLK 378
Diokletian GESCH 216, 218
– RELIG 315
Diokletian (Ära) KALENDER 179, 187
Diola VOLK 358
Diomedes RELIG 294
Dionysius Exiguus ENTDECK 856
Dionysos RELIG 295 f., 295, 298 f.
Diop (Birago) LIT 741
Diophantos ENTDECK 856
Dior (Christian) MODE 1157
Dioskurides FLORA 129
Diözese RELIG 317 f.
Diplodocus UNIV 60
Diplomatie SPIEL 1183
Dirac (Paul) ENTDECK 896 f.
Direct Broadcasting System (DBS)
  MEDIEN 936
Directoire LAND 421
– STILE 1143

Dire Straits MUSIK 793
Dirigenten MUSIK 785
Diskant MUSIK 782
Diskontsatz WIRTSCH 586
Diskordanz UNIV 26
Diskrimante FORMEL 1200
Diskurides ENTDECK 854
Diskuswerfen SPORT 1076, 1077
Disney (Walt) FILM 805, 817, 817
Disraeli (Benjamin) LAND 403
Distributionalismus PHIL 836
Dithyrambus THEATER 762
Diuretikum MED 1006
Dividenden FORMEL 1211
Divrigi KUNST 735
Dja (Tierschutzgebiet des) KUNST 732
Djabir ENTDECK 856 f.
Djafar GESCH 225
Djami RELIG 336
Djem (El-) KUNST 735
Djemila KUNST 732
Djerma VOLK 358
Djibouti LAND 456 f.
Djihad RELIG 336
Djoser GESCH 198
Djoser (Stufenpyramide des Königs)
  ENTDECK 852
Djumblat (Kamal und Walid) VOLK 379
Djuwaini (Ala od-Din Ata Malek)
  HIST. WERKE 842
Długosz (Jan) HIST. WERKE 842
Dmitri (Falsche) HERRSCHER 272
Dmitri Iwanowitsch Donskoi
  HERRSCHER 272
DNS → Desoxyribonukleinsäure
Dobereiner (Johann Wolfgang)
  ENTDECK 876
Döblin (Alfred) LIT 758
Dobrudscha LAND 443
Dobzhansky (Theodosius) ENTDECK
  898
doctor ecclesiae RELIG 315
Dodds (Johnny) MUSIK 789
Dodsworth (Roger) HIST. WERKE 842
Dogen HERRSCHER 265
Dogmatismus PHIL 820
Dogon KUNST 696
– RELIG 338
– VOLK 358, 359
Dohle FAUNA 72
Doisy (Edward) ENTDECK 896
Dojo SPORT 1090
Doketismus RELIG 316
Dokumentarfilm FILM 814
Dokumentarsendungen (Filme,
  Berichte) MEDIEN 932
Dolby FILM 812
Dolde FLORA 139, 139
Dolde, zusammengesetzte FLORA 139
Doldentraube FLORA 139, 139
Dolet (Étienne) PHIL 831
Dollar WIRTSCH 590, 591, 597
Dollfuss (Engelbert) GESCH 252
Dollond (John Albrecht) ENTDECK 868
Dolmen KUNST 679
Dolo ERNÄHR 1011
Dolomit UNIV 29
Dolomiten UNIV 42
Dolpho VOLK 378
Dolphy (Eric) MUSIK 789
Dolpo VOLK 378
Dolto (Françoise) PHIL 822
Dom VOLK 378
Domagk (Gerhard) ENTDECK 898
Domba VOLK 378
Domestizierung FAUNA 78, 84
Dominica LAND 548
Dominikaner RELIG 326
Dominikanische Republik LAND
  544-546
Dominikus (Heiliger) RELIG 321, 326
Domino SPIEL 1173, 1173
Domino (Fats) MUSIK 793
Domitian GESCH 212
Dompfaff FAUNA 104
Donar → Thor
Donatello KUNST 707
Donati [Komet] UNIV 11
Donaueschingen (Festspiel) MUSIK 776
Donen (Stanley) FILM 805
Dong VOLK 379
Dongola LAND 461
Dongxiang VOLK 379
Donizetti (Gaetano) MUSIK 774
Donnerstag KALENDER 178
Donskoj (Mark) FILM 805
Doors (The) MUSIK 793
Doppelbelichtung FILM 817
Doppelfehler SPORT 1092
Doppelhindernis (Reiten) SPORT 1124
Doppelsternsystem UNIV 15
Doppelstockschub SPORT 1117
Doppelte Besetzung MUSIK 784
doppelte Buchführung FORMEL 1213
Doppler (Christian) ENTDECK 880, 881
Doppler-Effekt ENTDECK 880, 881

– UNIV 18
Dordje RELIG 347
Dordrecht (Synode von) RELIG 330
Dorer GESCH 200, 203
– LAND 428
Dorham (Kenny) MUSIK 789
Dornbusch, brennender RELIG 305
Dornen FLORA 136
Dornstrauchsavanne FLORA 154
Dörpfeld (Wilhelm) KUNST 674
Dörrpflaume ERNÄHR 1042
Dorsch (Kabeljau) FAUNA 108
Dorsey (Tommy) MUSIK 789
Dorval (Marie) THEATER 768
Dorylaion GESCH 230
Dosage ERNÄHR 1063
Dos Passos (John) LIT 741
Dostojewski (Fjodor Michajlowitsch)
  LIT 740, 741
Douala UNIV 53
– VOLK 358
Douaumont GESCH 250
Double-Six MUSIK 789
Dow (Charles Henry) MEDIEN 923
Dow-Jones-Aktienindex WIRTSCH 585
Down (Quark) ENTDECK 905
Dowschenko (Aleksandr) FILM 805
Doyle (Arthur Conan) LIT 741
Drachenfliegen SPORT 1133, 1133
Dracula FILM 814
Dragee ERNÄHR 1052
drahtlose Telegraphie ENTDECK 890
Drais (Karl Friedrich) ENTDECK 874
Draisine ENTDECK 874
Drake (Jim) SPORT 1115
Dramma per musica MUSIK 787
Draper (Henry) ENTDECK 886
Draviden VOLK 379
Draw-poker SPIEL 1179
Drechselarbeiten STILE 1140
Dreibund GESCH 248
Dreieckshandel VOLK 367
Dreierbündnis (Krieg des)
  [1865–1870] GESCH 249
Dreierkombination (Springreiten)
  SPORT 1124
Dreifingerregel FORMEL 1197
Dreikontinentenkonferenz ORGINT 666
Dreikorb RELIG 345
Dreimächtepakt GESCH 252
Drei Reiche (Periode der) HERRSCHER
  276
Dreisatz FORMEL 1200
Dreisprung SPORT 1076, 1076
Dreißig (die) GESCH 204
Dreißigjähriger Krieg (1618–1648)
  GESCH 242
– LAND 412, 415
Dreißig und Vierzig SPIEL 1181
dreiteiliger Anzug MODE 1156
Dresden KUNST 736
Dresdner Bank MEDIEN 937
Dressurreiten FAUNA 95
– SPORT 1125
Dreyer (Carl Theodor) FILM 805, 805
Dreyfus (Affäre) GESCH 248
– MEDIEN 915
Dribbeln SPORT 1100, 1105, 1108
Drinn der Tuareg FLORA 155, 155
Drittes Reich HERRSCHER 270
Dritte Welt ORGINT 659, 668
– WIRTSCH 592 f., 596 f., 597, 602, 605
Drive SPORT 1098
Drogen MED 963
Drogheda LAND 405
Dronte FAUNA 125
Drop SPORT 1096, 1103, 1103
Drossel FAUNA 116
Drücken SPORT 1084
Druckerei, Druck GESCH 231
– MEDIEN 914
Druckerfisch FAUNA 95
Druck-Knopf MEDIEN 934
Druckkorrekturen ZEICHEN 1223
Druck-Volumen-Gesetz der Gase
  ENTDECK 862
Druiden RELIG 301
Druon (Maurice) HIST. WERKE 848
Drusen GESCH 248
– VOLK 379
Dscharai VOLK 380
Dschingis Khan GESCH 235
Dschurdschen (die) GESCH 233
Dsungaren GESCH 245
Duala VOLK 358
Dualismus PHIL 820
Dualsystem FORMEL 1199
Dubček (Alexander) LAND 441
Dubo (Jean-Baptiste, Abbé) HIST. WERKE
  842
Du Bois (William Edward Burghardt)
  VOLK 379
Dubuffet (Jean) KUNST 729, 737
Dubuisson (Sylvain) STILE 1147
Duby (Georges) HIST. WERKE 846

1242

REGISTER

Duccio KUNST 704, *704*
Duchamp (Marcel) KUNST *731*
Duchamp-Villon KUNST 730
Duchesse STILE *1142*
Dugdale (Sir William) HIST. WERKE 842
Dugong FAUNA *99*
Duguit (Léon) PHIL 822
Duhem (Pierre) PHIL 822
Dujardin (Édouard) LIT 757
Dukas (Dynastie) HERRSCHER 261
Dukas (Paul) MUSIK 774
Dulie RELIG 324
Dulwich (College) KUNST 722
Dumas (Alexandre) HIST. WERKE *847*, 848
– LIT 741
– THEATER 768
Dumas (Alexandre) gen. Dumas Fils LIT 741
Dumas (Jean-Baptiste) ENTDECK 876, 878 f.
Dumbarton Oaks (Vorschlag von) ORGINT 642
Dumbwaiter (Stummer Diener) STILE *1142*
Dumézil (Georges) PHIL 836
Dumont (Louis) PHIL 822
Dumont (René) PHIL 822
Dunant (Henri) ORGINT 667
Duncan (Isadora) TANZ *797*, 801
Dunganen VOLK 387
Düngung FLORA 141
Dunhuang oder Tunhuang KUNST 732
Dunlop (John Boyd) ENTDECK 888
Dunn (Douglas) TANZ 797
Dunning-Verfahren FILM 817
Duns Scotus PHIL 831
Dupâquier (Jacques) HIST. WERKE 846
Duparc (Henri) MUSIK 774
Dupont de Nemours (Pierre) PHIL 822
Dupont-Sommer (André) HIST. WERKE 846
Duraluminium ENTDECK 892
Duras (Marguerite) LIT 741
Durchfall MED 961, 982, 995
Durchschnitt (von Mengen) FORMEL 1198
Durchsieben ERNÄHR 1012
Dürer (Albrecht) KUNST *711*
Durham KUNST 735
Durham (Kathedrale zu) KUNST 700
Durkheim (Émile) HIST. WERKE 844
– PHIL 822, *823*, 837
Durrell (Lawrence) LIT 741
Dürrenmatt (Friedrich) LIT 741
Düsenantrieb ENTDECK 888
Dussaud (Frantz) ENTDECK 890
Dusun VOLK 394
Dutilleux (Henri) MUSIK 774
Duvalier (die) GESCH 256
Duvignaud (Jean) PHIL 822
Duwez (Pol) ENTDECK 904
Du You HIST. WERKE 841
Dvaravati (Königreich) GESCH 222
Dvořák (Antonín) MUSIK 774
Dylan (Bob) MUSIK *794*, *794*
Dynamometer ENTDECK 866
Dyola VOLK 358
Dyolof (Reich) GESCH 237
Dysmenhorrhoe MED 954
Dyson (Frank Watson) ENTDECK 901
Dystrophin ENTDECK 908
Dzahchin VOLK 379
Dzakhatchin VOLK 379

E

Ea RELIG 293
Eagle SPORT 1098
Eames (Charles) STILE 1147, *1147*
Eanes (Gil) GESCH 239
Early Bird ENTDECK 905
– MEDIEN 926, 936
Earth-crossers UNIV 11
Earth-grazer (EGA) UNIV 11
East (E. M.) ENTDECK 893
Eastman (George) ENTDECK 886, 888
Ebbinghaus (Hermann) PHIL 822
Ebenengleichung FORMEL 1207
Ebenholz FLORA *175*
Ebers (Papyrus) ENTDECK 852
Eberth (Karl) ENTDECK 886
Ebionismus RELIG 316
Ebla GESCH 198, 200
Ebo-Evangeliar KUNST *698*
EBU → European Broadcasting Union
Eburonen LAND 414
Écarté SPIEL 1174
Echinopluteus FAUNA 75

Echnaton → Amenophis IV.
Echte Ottern FAUNA *106*
Echter Lein FLORA 175
Echte Rochen FAUNA *107*
Echter Reizker FLORA *163*
Echtes Mädesüß FLORA *173*
Eck (Johannes) RELIG 329
Ecke (Fußball) SPORT *1101*
Eckert (John Presper) ENTDECK 900
Eckstine (Billy) MUSIK 789
Eco (Umberto) HIST. WERKE 848
– LIT 741
École freudienne de Paris PHIL 834
Écône (Seminar von) RELIG 352
Eco-Punkte SPIEL *1170*
Ecu (Währung) ORGINT *657*, 659
Ecuador KUNST 733
– LAND 555
Edda (Lieder-) RELIG 301
Eddington ENTDECK 896
Eddington (Arthur Stanley) ENTDECK 894
Eddy (Mary Baker) MEDIEN 919
Ede VOLK 384
Edelstahl ENTDECK 888
Edelstein UNIV 29
edelsüße Weine ERNÄHR *1063*
Eden (Garten) RELIG 314
Edessa GESCH 217, 230, 232
Edfu RELIG *290*
Ediacara UNIV *58*
Edikt, Ewiges GESCH 214
Edinburgh (Festspiel) MUSIK 776
Edison (Thomas) ENTDECK 886 f.
Edo VOLK 358
EDSAC ENTDECK *900*
Edo VOLK 358
Edo (Zeit) HERRSCHER 280
EDSAC ENTDECK *900*
Eduard III. GESCH 236
Edward VII. GESCH 250
Edward (Robert G.) ENTDECK 906
Edwards (Blake) FILM 813
Edwards (Robert G.) ENTDECK 902, 909
Edwin Smith (Papyrus) ENTDECK 852
EEF → Europäischer Entwicklungsfonds
Efeu FLORA *137*
Effekten FORMEL 1211
EFRE → Europäischer Fonds für regionale Entwicklung
EFTA → Europäische Freihandelsassoziation (European Free Trade Association)
EFWZ → Europäischer Fonds für Währungszusammenarbeit
EGA (Earth-grazer) UNIV 11
Egba VOLK 358
Eginhard HIST. WERKE 841
EGKS → Europäische Gemeinschaft für Kohle und Stahl
Egmont (Pakt von) LAND 417
Egolzwil KUNST *679*
Ego-psychology PHIL 834
Ehe RELIG 320, 322
Ehrenfels (Christian von) PHIL 823
Ehrlich (Paul) ENTDECK 892
Ei ERNÄHR *1032*, 1033
– UNIV 60, *60*
EIB → Europäische Investitionsbank
Eibisch FLORA *172*
Eiche FLORA 146, *146-149*, *175*
Eichel SPIEL *1174*
Eichendorff (Joseph Freiherr von) LIT 741
Eichen-Hainbuchen-Wald FLORA 148
Eichhörnchen FAUNA *98*, *121*
Eichler (August Wilhelm) FLORA 129
Eidechsennatter FAUNA *106*
Eier (Vogeleier) FAUNA 74
eierlegend FAUNA 74
Eierprodukt ERNÄHR 1033
Eierstöcke MED *949*, 953
Eierverwertung ERNÄHR 1033
Eiffel (Gustave) STILE *889*
Eiffelturm ENTDECK *889*
– MEDIEN 926
Eigelb oder Vitellus ERNÄHR 1033
Eigenbewegung (der Sterne) UNIV 14, *14*
Eigenfinanzierung → interne Finanzierung
Eigenkapital FORMEL 1213 f.
Eijkman (Christiaan) ENTDECK 895
Eimasse ERNÄHR 1033
Einbalsamierung ENTDECK 852
Einfrieren ERNÄHR 1046
Einhard → Eginhard
einhäusig [Blüte] FLORA 139
Einheitliche Europäische Akte ORGINT 655-657
Einheitsmatrix FORMEL 1201
einjährig [Pflanze] FLORA 166
Einkochen ERNÄHR 1046

Einkommen FORMEL 1211
– WIRTSCH *578*, 580-582
Einkommensteuer FORMEL 1216, *1216*
Einkommensverteilung WIRTSCH 580
Einlagensicherung FORMEL 1211
Einlegen in Salzlake ERNÄHR 1047
Einnahmen (öffentliche) FORMEL 1216
Einnistung MED 956
Einsalzen ERNÄHR 1029, 1047
einsamige Früchte FLORA 140, *140*
Einschaltquote MEDIEN 934
Einsiedler RELIG 327
Einsiedlerkrebs FAUNA 109
Einstein (Albert) ENTDECK 891 f., *892*, 894 f., 901
– ORGINT 669
– UNIV 20
Einstellung FILM 816
Eintagsfliege FAUNA *110*
Einteilungen, typographische ZEICHEN 1223
Einthoven (Willem) ENTDECK 892
Einverleibung PHIL 839
Einwanderungsland WIRTSCH 572
Einwurf SPORT *1103*
Einzeller UNIV 58
Eisai RELIG 351
Eisbrecher (atomgetrieben) ENTDECK 902
Eisen ENTDECK 871
– FLORA 141
– SPORT *1098*
– UNIV 14
– WIRTSCH 620, *620*
Eisenbahn ENTDECK 877, 886, 890
– WIRTSCH 633
Eisenbahnbau WIRTSCH 630
Eisenbeschlag STILE *1138*
Eisenerz WIRTSCH 620
Eisenholzbaum FLORA *170*
Eisenhower (Dwight) GESCH 256
Eisenoxid UNIV 33
Eisenstein (Sergej Michajlowitsch) FILM 806, *806*
Eisen-Stein-Meteorit (Siderolith) UNIV 12
Eisen- und Stahlindustrie WIRTSCH 620, *620*
Eisenzeit GESCH 202, 204, 206
eiserne Lunge ENTDECK 896
Eishockey SPORT 1121
Eiskunstlauf SPORT 1122
Eispickel SPORT *1134*
Eisschraube SPORT *1134*
Ei-Stellung SPORT *1118*
Eiswein ERNÄHR *1063*
Eiszeit UNIV 27
Eiweiße MED 969
Eiweiß oder Albumen ERNÄHR 1033
Eizelle ENTDECK 888
– MED 953, 955, *955*
Eklektizismus KUNST 722
– PHIL 820
Ek (Mats) TANZ 797
Ekoi VOLK 358
Ekzem MED 995
Elagabal GESCH 216
Elam, Elamiten GESCH 198, 208
Elch FAUNA 128
Elche (Dame von) KUNST *687*
El-Djem GESCH 217
Eleaten ENTDECK 854
Elefant FAUNA 72, *101*, 120 f., *121*, 125
Elefant, afrikanischer FAUNA 119, *128*
Elefanteninsel (Höhlen der) KUNST 734
elektrische Fische FAUNA 114
elektrische Kraftübertragung ENTDECK 886
elektrischer Lüfter ENTDECK 888
elektrischer Rasierer ENTDECK 896
elektrischer Strom ENTDECK 874, 876
elektrische Straßenbahn ENTDECK 888
Elektrisiermaschine ENTDECK *867*
Elektrizität FORMEL 1195
– WIRTSCH 618, *618*
– ENTDECK 866
elektroakustische Musik MUSIK 781
Elektrodynamik ENTDECK 876
Elektroenzephalogramm ENTDECK 896
Elektrokardiographie ENTDECK 892
Elektrokinetik FORMEL 1195 f.
Elektrolyse ENTDECK 878, 888
Elektromagnet ENTDECK 876
elektromagnetische Induktion ENTDECK 878
Elektromagnetismus ENTDECK 875
– UNIV 3
Elektromotor FORMEL 1196
Elektron ENTDECK 889, 894, 896 f.
– FORMEL 1188
– UNIV 2, 2, 5
Elektronenbeschleuniger UNIV 5
Elektronenvolt UNIV 4
elektronische Kamera ENTDECK 898

elektronischer Rechner ENTDECK 900, 902
Elektronneutrino UNIV 2
Elektrophorese ENTDECK 899
elektroschwache (Wechselwirkung) UNIV 3
Elektroskop ENTDECK 866
Elektrostatik ENTDECK 867, 870
– FORMEL 1195
Elementarteilchen UNIV 2
Elementbeziehung FORMEL 1198
Element, chemisches FORMEL 1188 f.
Elemente, flüssige FORMEL 1188
Elemente, radioaktive FORMEL 1188
Elemente (Schule der fünf) PHIL 837
Eleonore von Aquitanien GESCH 232
Elephanta (Höhlen von) GESCH 219
Elephantine (Insel) GESCH 205
– RELIG 291
Eleusis RELIG *294*, 296
Elfenbeinküste KUNST 732 f.
– LAND *465*, 465
Elfmeter SPORT *1101*
El Greco KUNST *711*
Elias (Norbert) HIST. WERKE 845
Elinvarlegierung ENTDECK 894
Eliot (Thomas Stearns) LIT 741
Elisabeth LAND 437
Elisabeth I. LAND 402, 405
Elisabeth II. LAND 404
– MEDIEN 926, 933
Elisabethanisch (Theater) THEATER 766
Ellington (Duke) MUSIK *788*, 789
Elliot (James L.) ENTDECK 906
Ellipse FORMEL 1207, *1207*
elliptische Funktionen ENTDECK 876
elliptische Galaxie UNIV 18
Ellora GESCH 225
– KUNST 734
Elmina KUNST 733
El Salvador LAND 540 f.
Elsässer Weine ERNÄHR *1064*
Elster (Julius) ENTDECK 890
El Tajín GESCH 217
Eluard (Paul) LIT *759*, *759*
Elura KUNST *692*
Elysium RELIG 296
Embden-Meyerhof-Parans-Abbauweg ENTDECK 899
Embolie MED 988
Embryo ENTDECK 866
– FLORA 140
– MED 956
– UNIV 60
Emerillon VOLK 370
Emerson (Ralph Waldo) PHIL 823
Emigration WIRTSCH 572
Emmer (Luciano) FILM 811
Emmy Awards (International) MEDIEN 933
Empedokles ENTDECK 854
– PHIL 830
Empfänger, Empfang MEDIEN 926 f.
Empfängnis MED 957
Empfängnisverhütung MED 955, *955*, 1004
Emphysem MED 988
Empire (Stil) STILE 1144
Empirismus PHIL 820
Emulgator ERNÄHR 1046
Enantiomer FORMEL 1190
Encke (Johann Franz) UNIV 11
Encke (Komet) UNIV 11
En-dehors TANZ 799
Endivie ERNÄHR *1040*
Endogamie VOLK 354
endogen (Gestein) UNIV 30
Endokarp FLORA 140
endokrine Drüsen MED *946*, 949
endoplasmatisches Retikulum MED *946*
Endorphin MED 1006
Endoskopie MED *980*
Endosperm FLORA 140
Enduro-Rennen SPORT 1128, *1128*
Energia ENTDECK 908
Energie ENTDECK 880
– FORMEL 1194
– WIRTSCH 615-617, *615*, 619
Energie, kinetische FORMEL 1194
Energie, potentielle FORMEL 1194
Energieerzeugung WIRTSCH 615-619
Energieniveau FORMEL 1194
Enfantin (Barthélemy Prosper) PHIL 823
Engadin-Nationalpark FAUNA 127
Engageantes MODE *1153*
Engel RELIG 314, *314*, 335
Engels (Friedrich) PHIL 823, *826*
Engelwurz ERNÄHR *1049*
– FLORA *170*
England HERRSCHER 268, *268*
– LAND 402 f.
– RELIG 331, 332
Englefield GESCH 197
Englischer Setter FAUNA *79*

1243

REGISTER

Englisches Vollblut FAUNA 89
ENIAC ENTDECK 900
Enkephalin ENTDECK 906
Enkidu RELIG 293
Enlil RELIG 293
Ensor (James) KUNST 725
Entdeckungen (große) ENTDECK 850
Ente ERNÄHR 1032
– FAUNA 93, 102
Entenbrust ERNÄHR 1032
Entente Cordiale GESCH 250
Entenwal FAUNA 117
Entfremdung PHIL 838
Entkolonialisierung ORGINT 663
Entmonopolisierung MEDIEN 928
entomophile Bestäubung FLORA 142
Entrappen ERNÄHR 1062
Entre-deux-Mers ERNÄHR 1065
Entropie ENTDECK 880
– ENTDECK 887
Entstehung FORMEL 1209
Entwicklung (Entwicklungsländer)
   WIRTSCH 566
Entwicklung (wirtschaftliche) WIRTSCH
   573, 575, 593, 596
Entwicklungshilfe ORGINT 667
Entwicklungshilfe (kirchliche) ORGINT
   668
Entwicklungsländer ORGINT 649, 652,
   659, 668
– WIRTSCH 593 f., 596
Entwicklungsprogramm der Vereinten
   Nationen (UNDP) ORGINT 652
Entwicklungstheorie ENTDECK 885
Environment KUNST 731
Enzian, Gelber FLORA 172
Enzyklika RELIG 321 f.
Enzym ENTDECK 890, 896, 899
– FLORA 162
Epagomene (Tage) KALENDER 178
Epakte KALENDER 187
Epaminondas GESCH 204
Ephesus (Beratungen) GESCH 214
Ephesus (Konzile) GESCH 220
– RELIG 316, 323, 327
Éphrussi (Boris) ENTDECK 899
Ephyrula FAUNA 75
Epidaurus (Theater) THEATER 762
Epidermis MED 948
Epigenesis EN TDECK 876
Epigenesistheorie ENTDECK 866
Epigone GESCH 204
Epiktet PHIL 823
Epikur PHIL 823
Epilation MED 977
Epiphanias RELIG 319
Epiphänomen PHIL 820
Epiphyse MED 949
Epiphyt [Pflanze] FLORA 143
Epirus LAND 429 f.
Episiotomie MED 957
Episkopalkirche → anglikanische
   Kirche
Episkopat RELIG 323
Episteln, apostolische RELIG 311
Epistemologie PHIL 820
Epona RELIG 301
Erasistratos ENTDECK 854, 859
Erasmus von Rotterdam PHIL 823, 831
– LIT 741, 741
Eratosthenes ENTDECK 854, 854
Erbfolgekrieg, spanischer LAND 420
Erbgrind FAUNA 86
Erbrechen MED 957, 1001
Erbse FLORA 159
Erbsünde RELIG 320
Erdaltertum UNIV 27
Erdbeben UNIV 37 f.
Erdbebenvorhersage UNIV 37
Erdbeerbaum FLORA 170
Erdbeerbaumfrucht FLORA 160
Erdbeere ERNÄHR 1043, 1043
– FLORA 160
Erde [Planet] UNIV 6, 6, 8-10, 8
Erde-Mond (Entfernung) ENTDECK 868
Erderbse ERNÄHR 1019
Erde-Sonne (Entfernung) ENTDECK 862
Erdferkel FAUNA 101
Erdgas UNIV 30
– WIRTSCH 617, 617
Erdgestalt ENTDECK 866
Erdkern UNIV 26, 26
Erdkröte FAUNA 106
Erdkruste UNIV 26, 26
Erdmantel UNIV 26, 26, 31
Erdmittelalter UNIV 27
– ENTDECK 868
Erdnuß ERNÄHR 1016, 1016
– WIRTSCH 608
Erdöl ORGINT 653
– UNIV 30
– WIRTSCH 589, 597, 597, 616, 616
erdölexportierende Länder WIRTSCH
   596
Erdölkrisen WIRTSCH 597

Erdstrom ENTDECK 880
Erdumfang (Bestimmung des) ENTDECK
   854
Erechtheion KUNST 685
– RELIG 296
Erechtheus RELIG 296
Erektion MED 954
Eremitage (Leningrad) KUNST 736
Eremitentum RELIG 327
Erfrierung MED 982
Ergebnisrechnung FORMEL 1213
Ergotherapeut MED 983
Ergußgestein UNIV 30
Erhaltung der Energie (Satz von der)
   ENTDECK 880
Erhaltung der Masse (Gesetz der)
   ENTDECK 870
Erhaltungsinvestition WIRTSCH 582
Erhuang THEATER 770
Erich HERRSCHER 273
Erich von Pommern LAND 406, 408
Ericsson (John) ENTDECK 878
Erik der Heilige LAND 407 f.
Erik der Rote GESCH 229
Erikson (Erik) PHIL 823
Erinnerung MED 950
Eritrea LAND 455
Erkältung MED 982
Erklärung der Rechte und Pflichten
   der Journalisten MEDIEN 921
Erleuchteter (Buddha) RELIG 345
Ernährung FAUNA 83
– MED 969, 971, 973
– ORGINT 651
– WIRTSCH 638, 638
Ernährungswissenschaft MED 969 f.
Ernst (Max) KUNST 729
– LIT 759
Erntemilben FAUNA 82
Eröffnungsperiode MED 957
Eros PHIL 839
Erosion UNIV 41
Ersatzinvestition WIRTSCH 582
Ersparnisse WIRTSCH 582
Ersticken MED 987
Ertrinken MED 982, 987
Erucasäure ERNÄHR 1017
Erwählung (Theorie der) RELIG 330
Erwartungswert FORMEL 1207
Erwartungswert FORMEL 1207
Erymantische Berge RELIG 294
Erze WIRTSCH 623, 624
Erzengel RELIG 314
Erziehung WIRTSCH 639
Es PHIL 833, 838
ESA MEDIEN 937
ESA → Europäische
   Weltraumorganisation
Esaki Leo ENTDECK 902
Esche FLORA 170
Escher (Maurits Cornelis) ENTDECK 898
Esclangon (Ernest) ENTDECK 898
Escorial (der) KUNST 733
Esel FAUNA 89
ESF → Europäischer Sozialfonds
Eskimo VOLK 370, 371, 372
Eskrima SPORT 1090
Eskualdunak VOLK 387
ESO → European Southern
   Observatory
Espartogras FLORA 176
Espinal FLORA 147
Esquirol (Jean) PHIL 823
Essen (Münster von) KUNST 699
Essener RELIG 304, 307
Essentialismus PHIL 820
Essenz PHIL 836
Essig ERNÄHR 1049
Essiggurke ERNÄHR 1041
– FLORA 159
Eßkastanie FLORA 160
Esther RELIG 309
Estradiot UNIF 1163
Estragon ERNÄHR 1049
Esus RELIG 301
ETA (Euzkadi ta Askatasuna) LAND 435
– VOLK 386
Ethan FORMEL 1190
Ethik PHIL 820
Ethnie VOLK 354
Ethnologie VOLK 354
Ethologie ENTDECK 896
Ethylen FORMEL 1190
Etrusker GESCH 202, 206
– KUNST 686
– RELIG 298
Eucharistie RELIG 318, 320, 320, 322,
   328, 330
Eugenik ENTDECK 909
Eukalyptus FLORA 137, 146
Eukaryoten UNIV 58
eukaryotische Algen FLORA 130
Euklid ENTDECK 854
Euler (Leonhard) ENTDECK 865
– ENTDECK 866 f., 869
Eunice FAUNA 119

Eunomianismus RELIG 316
Eunomios RELIG 316
Eupalinos von Megara ENTDECK 854
Euphorbia (Wolfsmilchgewächs) FLORA
   165
Euratom ORGINT 654-656
Euripides LIT 741
– THEATER 762
Europa LAND 402, 404-412, 414-424,
   426-429, 431-448
– MEDIEN 916, 928, 936, 942
– ORGINT 654 f., 654, 655, 660, 662
– RELIG 310, 320
– WIRTSCH 564, 572, 601
Europa (Satellit) UNIV 9
Europäische Atomgemeinschaft
   ORGINT 654 f.
Europäische Freihandelsassoziation
   (EFTA) ORGINT 660, 662
Europäische Gemeinschaft für Kohle
   und Stahl (EGKS) GESCH 254
– ORGINT 654, 656 f.
Europäische Gemeinschaft (Haushalt)
   ORGINT 658
Europäische Investitionsbank (EIB)
   ORGINT 658 f.
Europäische Kommission ORGINT 654 f.
Europäische Kurzhaarkatze FAUNA 85
Europäische
   Menschenrechtskommission
   ORGINT 660
Europäischer Ausrichtungs- und
   Garantiefonds für die
   Landwirtschaft (EAGFL) ORGINT
   658, 659
Europäischer Entwicklungsfonds
   (EEF) ORGINT 658 f.
Europäischer Fonds für regionale
   Entwicklung (EFRE) ORGINT 658
Europäischer Fonds für
   Währungszusammenarbeit (EFWZ)
   ORGINT 658
Europäischer Rat ORGINT 656, 657
Europäischer Sozialfonds (ESF) ORGINT
   658
Europäisches Flughörnchen FAUNA 115
Europäisches Parlament ORGINT 654,
   657
Europäisches Währungssystem (EWS)
   ORGINT 659
Europäische
   Verteidigungsgemeinschaft ORGINT
   654
Europäische Weltraumbehörde (ESA)
   MEDIEN 937
Europäische Weltraumorganisation
   (ESA) ORGINT 660
Europäische Wirtschaftsgemeinschaft
   (EWG) ORGINT 654, 656-659, 657,
   662
Europarat ORGINT 660
European Broadcasting Union (EBU)
   MEDIEN 933
European Currency Unit → Ecu
European Southern Observatory
   (ESO) ORGINT 660
European Space Agency
   → Europäische
   Weltraumorganisation
Eurovision ENTDECK 902
– MEDIEN 926, 933, 936
Eurydike RELIG 296
Eusebios von Caesarea HIST. WERKE 841
Euskaldunak VOLK 386 f., 386
Eustache (Jean) FILM 806
Eustachio (Bartolomeo) ENTDECK 860
Eustachische Röhre MED 949
Evangelische Allianz ORGINT 671
evangelische Kirche RELIG 329
Evangelisten RELIG 315
Evangelium RELIG 311 f., 312
Evans (Arthur) KUNST 675
Evans (Bill) MUSIK 789
Evans (Gil) MUSIK 789
Evans-Pritchard (Edward) PHIL 823
Everglades-Nationalpark FAUNA 128
– FLORA 133
– UNIV 44
Evert (Chris) SPORT 1093
Evolution ENTDECK 873, 898
– FAUNA 67 f.
– UNIV 59
Evolutionismus VOLK 354
– PHIL 837
Evolutionstheorie, Darwinsche FAUNA
   67
Evolutionstheorie, synthetische FAUNA
   67
Évreux (Haus von) HERRSCHER 266
Ewe VOLK 358
Ewenken VOLK 387
EWG → Europäische
   Wirtschaftsgemeinschaft
EWS → Europäisches
   Währungssystem

ex cathedra RELIG 321
Existentialismus PHIL 836
Existenz PHIL 836
Exodos THEATER 762
Exodus (Buch der Bibel) RELIG 304
Exogamie VOLK 354
exogen (Gestein) UNIV 30
Exokarp FLORA 140
Exomis MODE 1149
Expertensystem ENTDECK 906
Exponentialfunktion FORMEL 1202
Exporte FORMEL 1212
– WIRTSCH 588, 588
Expressionismus FILM 812
– KUNST 726, 728
– LIT 758
extragalaktisches Universum UNIV 18,
   20
Exzision VOLK 354
Ey (Henri) PHIL 823
Eysenck (Hans Jürgen) PHIL 823

F

Faber (Jakob) PHIL 831
Fabian (Heiliger) RELIG 324
Fabismus ERNÄHR 1041
Fabre (Henri) ENTDECK 892
Fabricius (David) ENTDECK 860
Fabry (Charles) ENTDECK 890, 894
Facelifting MED 978
Fächerfisch FAUNA 120
Fachoda GESCH 249
Fadenkreuz ENTDECK 862
Fahrenheit (Daniel Gabriel) ENTDECK
   864 f.
Fährschiff ENTDECK 880
Fahrt FILM 816
Fahrzeugbau WIRTSCH 630
Faijum RELIG 291
Fairness (doctrine) MEDIEN 929
Fairway SPORT 1098
Faisal GESCH 250
Fakhr al-Din GESCH 242
Faksimile MEDIEN 915, 918
Faksimileempfänger MEDIEN 915
Falco (Louis) TANZ 797
Falkland oder Malwinen GESCH 254
Falklandwolf FAUNA 125
Falla (Manuel de) MUSIK 774
Fallgesetz ENTDECK 860 f.
Fallope (Gabriel) ENTDECK 860
Fallschirm ENTDECK 870, 870
Fallschirmspringen SPORT 1132, 1132
Fallschirmspringer UNIF 1168
Falltritt SPORT 1103
Falsches Filet ERNÄHR 1027
Falsifizierbarkeit PHIL 820
Falthocker STILE 1138
Faltstuhl STILE 1138, 1141
Faltwerk STILE 1138
Fanfare MUSIK 784
Fang RELIG 339
– VOLK 358
Fangio (Juan Manuel) SPORT 1126,
   1126
Fan Ku'an KUNST 690, 690
Fanon (Franz) PHIL 823
Fante VOLK 358
Fanum oder Fana RELIG 301
FAO → Organisation für Ernährung
   und Landwirtschaft
Faraday (Michael) ENTDECK 876,
   878-880
Farbe [der Nahrungsmittel] ERNÄHR
   1028
Farbe (Heraldik) ZEICHEN 1228
Farben (bei den Spielkarten) SPIEL
   1175
Farben [Teilchen] UNIV 2
Färberkamille FLORA 167
Farbladung [Quarks] UNIV 3
Farbstoff ERNÄHR 1047
Farce, Farcenspieler THEATER 764, 765
Fard (Wallace D.) VOLK 376
Farel (Wilhelm) RELIG 329
Farman (Henri) ENTDECK 893
Farn FLORA 130, 130, 142
– UNIV 31
Farnese (die) HERRSCHER 265
Farnese (Palazzo) [Rom] KUNST 709
Farrell (Suzanne) TANZ 801
Faruk (König) GESCH 254
Fasan ERNÄHR 1034
Faschoda (Krise) [1898] LAND 404
Fasil Ghebi KUNST 733
Fassbinder (Rainer Werner) FILM 806
Fassen SPORT 1102
Fastenzeit RELIG 319, 336

REGISTER

Fatalismus PHIL 820
Fathepur-Sikri KUNST 734
Fatiha RELIG 334
Fatima (Tochter Mohammeds) RELIG 333
Fatima (Wallfahrtsort) RELIG *319*
Fatimiden, fatimidisch (Kalifen, Kalifat) GESCH 228, 230, 231 f.
– HERRSCHER 281
Faulkner (William) LIT 741
Faultier FAUNA *100*, 120
Fauna FAUNA 67-85, 87-104, 108-110, 112-128
Fauré (Gabriel) MUSIK 774
Faustkeil KUNST *676*
Faustulus RELIG 298
Fauvismus KUNST 728
Fay (Charles François de Cisternay du) ENTDECK 866 f.
Fayard MEDIEN 924
Fayence (Kunst) STILE 1140
FCKW → Fluorchlorkohlenwasserstoff
Februar 1934 (6) LAND 421
Febvre (Lucien) HIST. WERKE 845
Fechner (Gustav Theodor) PHIL 823
Fechtbahn SPORT *1089*
Fechten SPORT *1089*
Feder FAUNA 77
Fédération internationale des archives du film (FIAF) FILM 812
Federball SPORT 1096, *1096*
Federvieh FAUNA 93
Fedtschenko (Gletscher) UNIV 48
Fegefeuer RELIG 314
Fegen (beim Curling) SPORT *1120*
Fehlleistung PHIL 838
Fehlrippe ERNÄHR 1027
Feiertage, hinduistische KALENDER 190
Feiertage, islamische KALENDER 189
Feiertage, jüdische KALENDER 188
Feiertage, katholische KALENDER 186, 188
Feige ERNÄHR 1043, *1043*
– FLORA *160*
Feigenkaktus FLORA *136*
Feinbäckerei ERNÄHR 1014 f., 1018
Feinstrahl FLORA *167*
Feld PHIL 834 f.
Feld (Heraldik) ZEICHEN 1228
Feldhase FAUNA *99*
Feldhockey SPORT 1108, *1108*
Feldspat UNIV 29
Feldzeichenträger UNIF *1160*
Fell FAUNA 83, 87
Fell (Höhle) GESCH 197
Fellini (Federico) FILM 806
Felsensteinkraut FLORA *167*
Felshaken SPORT *1134*
Feminalia MODE 1149
Fen (Kultur) GESCH 195
Fenchel ERNÄHR 1049
– FLORA *172*
Fendant ERNÄHR 1066
Fénelon LIT 741
Fenster KUNST 704
Fenton (Roger) HIST. WERKE 845
Ferdinand III. HERRSCHER 265
Ferdinand II. von Aragonien LAND 435
Ferdinand I. von Habsburg LAND 441
Ferdinand I. von Kastilien LAND 433
Ferdinand von Sachsen-Coburg LAND 448
Ferenczi (Sandor) PHIL 823, 834
Fermat (Pierre de) ENTDECK 860, 862, 867
Fermi (Enrico) ENTDECK 898-901
Fermilab UNIV 5
Fernández (Alejo) GESCH *239*
Fernández (oder Hernández) de Oviedo (Gonzalo) HIST. WERKE 842
Ferner Osten RELIG 340 f.
Fernrohr ENTDECK 861
– ENTDECK *861*
– UNIV 22
Fernsehen ENTDECK 896, 902, 905
– MEDIEN 924, 926-930, 932-940
– WIRTSCH 640
Fernstraßen WIRTSCH 632
Ferranti (Sebastiano Ziani de) ENTDECK 888
Ferrara HERRSCHER 265
Ferrari (Ludovico) ENTDECK 860
Ferreri (Marco) FILM 806
Ferrié (Gustave) MEDIEN 926
Ferromagnetismus (Theorie des) ENTDECK 892
Fersiallitische Böden UNIV *54*
Fessan GESCH 201
Fesselballon ENTDECK 894
Feste, katholische RELIG 319
Feste, römische RELIG 300
Festinger (Leon) PHIL 823
Feta ERNÄHR 1023
Fetialen RELIG 300
Fetisch PHIL 839

– RELIG 338
– VOLK 354
Fetischcharakter der Ware PHIL 838
Fette [Ernährung] MED 969
Fettgehalt ERNÄHR 1020
Fetthenne FLORA *168*
Fettleibigkeit MED 973, 980
fettlösliche Vitamine MED 970
Fettpolster [der Tiere] FAUNA 71
Fettsäure ERNÄHR 1016
– MED 969
Fettsteiß VOLK 354
Fetus MED 956
Feuchtmayer (Johann Michael) KUNST 717
Feuchtwanger (Lion) HIST. WERKE 847
feudale Produktionsweise PHIL 838
Feuer KUNST 677
Feuerbach (Ludwig) PHIL 823
Feuerdorn FLORA *169*
Feuergürtel des Pazifiks UNIV 38
Feuerländer VOLK 371
Feuersalamander FAUNA *106*
Feuerwaffen ENTDECK 858
Feuillade (Louis) FILM 806, 815
Feuillet (Raoul Auger) TANZ 798
Feydeau (Georges) THEATER 768
Feyder (Jacques) FILM 806
Feyerabend (Paul) PHIL 823
Feynman (Richard) ENTDECK 900 f.
FIAF → Fédération internationale des archives du film
Fibonacci ENTDECK 858, *858*
Fibonacci-Folge ENTDECK *858*
Fichte FLORA *145*
Fichte (Johann Gottlieb) PHIL 823
Ficino (Marsilio) PHIL 823, 831
Ficus FLORA *165*
Fidschi LAND 531 f.
Fielding (Henry) LIT 741
Fields (J. C.) ENTDECK 912
Fields (W.C.) FILM 813
Fields-Medaille ENTDECK 912
Figur, gemeine (Heraldik) ZEICHEN 1228
Figuren SPIEL 1170
Figurenspringen SPORT 1132, *1132*
Figur/Grund PHIL 834, *834*
Fikh RELIG 334 f.
Filet ERNÄHR 1026 f.
Filet Mignon ERNÄHR 1027
Filioque (Streit um das) RELIG 313, 327
Film FILM 804-816, 818
Film (Photographie) ENTDECK 888
Filmarchiv FILM 812
Filmburleske FILM 813
Filmfestspiele FILM 818
Filmoper MUSIK 787
Filmtricks FILM 817
Filterung ERNÄHR 1063
Finanzierung WIRTSCH 584
Finanzierungssaldo FORMEL 1215
Finanzintermediär WIRTSCH 584
Finanzpolitik WIRTSCH 587
Fingerhut FLORA *167*
Fingertier FAUNA *125*
Finn-Dinghi SPORT *1114*
Finne SPORT 1115
Finnen VOLK 387
Finnland LAND *407*, 406 f.
– MEDIEN 918, 938
finno-ugrisch VOLK 389
Finsternis UNIV 10, *10*
Firdausi LIT 741
Firmus GESCH 219
Firth (Raymond William) PHIL 823
Fisch ERNÄHR 1035-1037
– FAUNA 95, 107 f., 115, *118*
– MED 971
Fischbandwurm FAUNA 119
Fischbeinkorsett MODE 1151
Fischer (Emil Hermann) ENTDECK 888, 892
Fischer von Erlach (Johann Bernhard) KUNST *718*
Fischerei ENTDECK 1035
Fischfang ERNÄHR 1035
– WIRTSCH 613 f., *613 f.*
Fischfilet ERNÄHR 1037
Fischotter FAUNA 77, 127
Fischreiher FAUNA *102*
Fischschlachterei ERNÄHR 1037
Fischzucht ERNÄHR 1036
– WIRTSCH 614
Fisher (Terence) FILM *814*
Fitzgerald (Ella) MUSIK 789
Fitzgerald (Francis Scott) LIT 741
Fixierung PHIL 839
Fixstern ENTDECK 879
Fizeau (Hippolyte) ENTDECK 880, *881*
Flächeninhalte FORMEL *1206*
Flachfische ERNÄHR 1035
Flachs FLORA *175*
– WIRTSCH 627
Flachsproß FLORA 136

Flachwurzler FLORA 135
Flacius Illyricus HIST. WERKE 842
Flaherty (Robert) FILM 806
Flamboyantstil → Gotik
Flamines RELIG 300
Flamingo FAUNA *102*, 123
Flaminia THEATER 765
flämische Tracht MODE *1152*
Flamsteed (John) ENTDECK 864
Flandern-Rundfahrt SPORT 1130
Flannery (Vaughn) MEDIEN 941
Flaschengärung ERNÄHR 1063
Flash-back FILM 817
Flathead VOLK 370
Flatters (Paul) GESCH 249
Flaubert (Gustave) HIST. WERKE 846
– LIT 741, *741*
flavische (Dynastie) HERRSCHER 260
Flechten FLORA 130
Fleisch ERNÄHR 1024, 1026, 1028
– MED 971
Fleischdünnung ERNÄHR 1027
Fleischer (die Brüder Max und Dave) FILM 817
fleischfressende Pflanzen FLORA 156
Fleischfresser FAUNA 122
Flémalle (der Meister von) KUNST *704*
Fleming (Alexander) ENTDECK 897
Fleming (Victor) FILM 806
Flemming (Walther) ENTDECK 888
Fleurus (Schlacht bei) GESCH 244
– LAND 415
Flieder FLORA 169
Fliege FAUNA *111*
Fliegenpilz FLORA *164*
Fliegerrennen SPORT *1129*
Fliehkraftregler ENTDECK 870
Fließ (Wilhelm) PHIL 823, 834
Flindt (Flemming) TANZ 797
Flip SPORT *1122*
Floh FAUNA *82*, 86, *111*, 121
– MED *966*
Floréal KALENDER 192
Florenz HERRSCHER 264
– KUNST 707, 736
Florenz (Festspiel) MUSIK 776
Florenz (Kirche San Lorenzo) KUNST *708*
Florenz (Konzil von) GESCH 238
– RELIG 323, 327
Florett SPORT 1089, *1089*
Floris de Vriendt (Cornelis) KUNST *709*
Flöte MUSIK 786, *786*
Flourens (Pierre) ENTDECK 876
Flüchtlinge ORGINT 652
Fludd (Robert) THEATER *766*
Flug (Reiten) SPORT *1124*
Flugball SPORT *1093*
Flugfrosch FAUNA 115, *115*
Flughäfen WIRTSCH 635
Flughahn FAUNA 115
Flughörnchen FAUNA 115, *115*
Fluglinien WIRTSCH *635*
Flugmaschine ENTDECK *859*
Flugsaurier FAUNA 115
flugunfähige Vögel FAUNA 104
Flugzeug ENTDECK 892, 894, 898
Flugzeugpark, weltweit WIRTSCH 631
Fluor ENTDECK 888
– MED 968
Fluorchlorkohlenwasserstoffe (FCKW) UNIV 50
– MED 962
Fluorit UNIV 29
Flushing Meadow SPORT 1092
Fluß UNIV 49, *49*
Flußaal FAUNA 71, *107*
Flußbarsch FAUNA *108*
Flußhecht ERNÄHR 1036
Flüssigkristall ENTDECK 890
Flußkrebs FAUNA *109*
Flußmuschel FAUNA 73
Flußpferd FAUNA *101*
Flußwels FAUNA *108*
Flutwellen UNIV 37
Fluxionenrechnung ENTDECK 862, 863
Flying Dutchman SPORT *1114*
Flysch UNIV 31
Föhre FAUNA 144
Foix (Haus) HERRSCHER 266
Fokin (Michail) TANZ 797
Folge (arithmetische) FORMEL 1204
Folge (geometrische) FORMEL 1204
Fol (Hermann) ENTDECK 886
Folksong MUSIK 793
Folkunger HERRSCHER 274
Follikelhormon (Östrogen) ENTDECK 896
Follot (Paul) STILE *1146*
Folsomkultur GESCH 197
Fonio ERNÄHR 1011
Fontaine (André) MEDIEN 917
Fontaine (Hippolyte) ENTDECK 886
Fontaine (Pierre) KUNST *722*
Fontainebleau (Schloß) KUNST *709*

Fontainebleau (Schule von) KUNST 710
Fontane (Theodor) HIST. WERKE 847
– LIT 741
Fontanelle MED 958
Fontangen MODE *1152*
Fontenay KUNST 733
Fontenoy (Schlacht von) [1745] LAND 419
Fonteyn (Margot) TANZ 801
Forastero ERNÄHR 1054
Ford (John) FILM 806, 815, *815*
Ford T ENTDECK 894
Forelle ERNÄHR 1036, *1036*
– FAUNA *107*
Forman (Miloš) FILM 806
Formationsspringen SPORT 1132
Formatio reticularis MED 950
Formel FORMEL 1209-1216
Formel 1 SPORT *1126*
Formen ERNÄHR 1014
Formosa GESCH 249
Forrest (Allan) HIST. WERKE 844
Forschung und Entwicklung (Ausgaben für) WIRTSCH *604*
Forstwirtschaft FLORA 149
– WIRTSCH 614
Forsythe (William) TANZ 797
Forsythie FLORA *169*
Fortpflanzung [beim Menschen] MED 953-955
Fortpflanzung [beim Tier] FAUNA 74
Fortpflanzung, geschlechtliche FAUNA 74
Fortpflanzung, ungeschlechtliche FAUNA 74
Fortran ENTDECK 902
Fortune THEATER 766
Fosbury (Dick) SPORT *1077*
Fossil UNIV 58
– FAUNA 68
Fotomontage KUNST 731
Foucauld (Charles de) GESCH 249
Foucault (Léon) ENTDECK 880
Foucault (Michel) HIST. WERKE 846
– PHIL 823, 836
Fouché (I.L.) ENTDECK 892
Fouetté TANZ 798
Foulani → Peul
Fou-nan → Funan
Fourastié (Jean) PHIL 823
Foureau (Fernand) GESCH 249
Fourier (Charles) PHIL 823
Fourier (Joseph) ENTDECK 874, 876
Fourier-Reihen ENTDECK 876
Fouta Djalon GESCH 245
Fox VOLK 370
Fox (George) RELIG 332
Fox Talbot (William Henry) ENTDECK 878
Foxe (John) HIST. WERKE 842
Foxterrier FAUNA *80*
Frack MODE *1153 f.*
Fraenkel (Adolf Abraham) ENTDECK 896
Fragonard (Jean Honoré) KUNST *721*
Frain (Irène) HIST. WERKE 848
Fraktal ENTDECK 906, *907*
Fraktale ENTDECK 886
France (Anatole) LIT 741
France (Henri de) ENTDECK 902
Francia occidentalis HERRSCHER 262, 269, *285*
Francia orientalis HERRSCHER *285*
Francis (James Bicheno) ENTDECK 880
Franck (César) MUSIK 774
Franco (Francisco) GESCH 252
Franc-Zone ORGINT 664
Franju (Georges) FILM 812
Frank (Jacob) RELIG 308
Franken GESCH 222, 224
– HERRSCHER 269, 283
– UNIF 1161, *1161*
Frankenstein FILM 814
Frankfurter (Schule) PHIL 835
Frankfurter Würstchen ERNÄHR 1030
fränkischer Bogenschütze UNIF *1163*
Frankisten RELIG 308
Franklin (Aretha) MUSIK 794
Franklin (Benjamin) ENTDECK 867 f.
Franklin (Chester M.) FILM 812
franko-flämische Schule MUSIK 782
Frankreich HERRSCHER 262 f., *262 f.*
– KUNST 733
– LAND *418*, 417 f., 420 f.
– MEDIEN 916, 922-924, 928, 931, 934-936, 939, 942
– MUSIK 787
– RELIG 331
– WIRTSCH 580, 594
Frankreich (Karte von) ENTDECK 866 f.
Franz I. GESCH 240
– LAND 420
– MODE 1153
Franz Ferdinand GESCH 250
Franz von Assisi (Heiliger) RELIG *326*

1245

REGISTER

Franz von Lothringen HERRSCHER 271
Franziska UNIF *1161*
Franziskaner RELIG *326*
Franz Josef LAND 423
Französisch-Äquatorialafrika LAND 460
Französische Archäologenschule von
Athen KUNST 675
Französische Bulldogge FAUNA *80*
Französische Revolution GESCH 244
– HERRSCHER 262
französischer Staat HERRSCHER 263
französische Weine ERNÄHR 1064, *1064*
Französisch-Westafrika LAND 457, 463
Frascati ERNÄHR 1067
Frau MED 953-957
Frauenkongregationen RELIG *326*
Frauenmantel FLORA *171*
Frauenzeitschriften MEDIEN 922
Fraunhofer (Joseph von) ENTDECK 874
Frazer (James George) PHIL 823
Fredegarchronik HIST. WERKE 841
Freedom ENTDECK 910
Free Jazz MUSIK 792
Freetown UNIV 53
Frege (Gottlob) PHIL 823
Freiburg (ewiger Friede von) [1516]
LAND 425
Freiburg im Breisgau
(Dominikanerkirche von) KUNST
704
freie Assoziation PHIL 838
Freies Frankreich (Uniformen) UNIF
1168
Freifang SPORT *1102*
Freihandel FORMEL 1213
– WIRTSCH 588
Freiheitsstatue HERRSCHER *275*
– KUNST 733
Freimaurerei ORGINT 671
Freinet (Célestin) PHIL 823
Freire (Paulo) PHIL 823
Freistilringen SPORT 1088
Freistoß SPORT *1101*
Freitag KALENDER 178
Freiverkehr WIRTSCH 584
Freizeitreiten FAUNA 90
Fremdbestäubung FLORA 142
Frequenz FORMEL 1191, 1193
– MEDIEN 926
Frequenzbereiche MEDIEN 926, 928,
936
Frequenzmodulation MEDIEN 926
Frescobaldi (Girolamo) MUSIK 774
Fresneau (François) ENTDECK 866
Fresnel (Augustin) ENTDECK 874, 876
Freud (Anna) PHIL 824
Freud (Sigmund) ENTDECK 868
– PHIL 823, *823*, 833 f.
Freunde (Religiöse Gesellschaft der)
RELIG 332
Freyja RELIG 301
Freyr RELIG 301
Freyssinet (Eugène) ENTDECK 896
Freytag (Gustav) HIST. WERKE 847
Friedel (Charles) ENTDECK 886
Frieden ORGINT *643*
Friedensbüro, internationales ORGINT
669
Friedman (H.) ENTDECK 900
Friedman (Milton) PHIL 824
Friedrich (Caspar David) KUNST 724
– LIT *755*
Friedrich I. Barbarossa HERRSCHER 286
– LAND 412
Friedrich II., der Große GESCH 244, *244*
– LAND 412
– HERRSCHER 287
Friedrich II. (deutscher Kaiser) GESCH
234
– HERRSCHER 264, 286
– RELIG 323
– ENTDECK 859, *859*
Friedrichsburg [1720] (Verträge von)
LAND 408
Friedrich Wilhelm, der Große Kurfürst
HERRSCHER 287
Friedrich Wilhelm I. HERRSCHER 287
Friesen LAND 414
Friesland GESCH 222
Frigg oder Frija RELIG 301
Frisch (Karl von) ENTDECK 894
Frisch (Max) LIT 741
Frisch (Otto Robert) ENTDECK 898, 901
Frisierkommode STILE *1145*
Frizzante ERNÄHR 1063
Fröbel (Friedrich) PHIL 824
Froissart (Jean) HIST. WERKE 842
Froment-Meurice (Émile) STILE *1145*
Fromm (Erich) PHIL 824, 835
Fronde (1648–1652) LAND 420
Fronleichnam RELIG 319
Frons scenae THEATER 763
Frontprojektion FILM 817
Frosch FAUNA *75*, 121
Froschperspektive FILM 816

Frottola MUSIK 782
Frucht ERNÄHR 1042-1045
– FLORA 140, *140*, 160 f.
Fruchtbarkeit WIRTSCH 562
Fruchtbarkeitsziffer WIRTSCH 562
Fruchtblätter FLORA 139
Fruchtdrops ERNÄHR 1052
Früchte, einsamige FLORA 140, *140*
Fruchthülle FLORA 140
Fruchtknoten [Blüte] FLORA 139
Fruchtnektar ERNÄHR 1058
Fruchtpasten ERNÄHR 1053
Fruchtsaft ERNÄHR 1058
Fruchtwasser MED 956
Fructidor KALENDER 192
Frühling und Herbst → Chun-qiu
Frühstücksgetreide ERNÄHR *1015*
Fuad I. GESCH 250
Fuchs FAUNA *76*, 100
Fuchsie FLORA *167*, *169*
Fuchsjagd FAUNA 90
Fuji TV MEDIEN 931
Fujiwara GESCH 227, 229
Fujiwara (Familie) HERRSCHER 279
Fujiyama UNIV *43*
Fulani VOLK 364
Fulbe GESCH 245
– VOLK 364, *364*
Fuller (Loie) TANZ 801
Füllfederhalter ENTDECK 888
Fulton (Robert) ENTDECK 870, 872, *872*
Funan (Königreich) GESCH 215, 222
Fundamentalismus RELIG 320, 332, 352
Fünf Dynastien (Periode der) GESCH
229
– HERRSCHER 276
Fung (Sultanat) LAND 461
– GESCH 241
Funk (Casimir) ENTDECK 894 f.
Funkbake ENTDECK 896
Funktelegraphie ENTDECK *890*
Funktion (hyperbolische) FORMEL 1203
Funktion (mathematische) FORMEL
1201
Funktion (trigonometrische) FORMEL
1202
Funktionalismus PHIL 837
funktionelle Gruppen FORMEL 1190
Funktionenbegriff ENTDECK 866
Furet (François) HIST. WERKE 844
Furetière LIT 741
Fürstentümer (Engel) RELIG 314
Furunkel MED 996
Füsilier UNIF *1164*
Fusion (von Unternehmen) WIRTSCH
585
Fußball MEDIEN 935
– SPORT 1100, *1100*
Fußballkrieg GESCH 256
Füßli (Johann Heinrich) KUNST *721*
Fußpfleger MED 983
Fustel de Coulanges (Numa Denis)
HIST. WERKE 843
Futter [für Vögel] FAUNA 97
Futtereinheit ERNÄHR 1013
Futtermais ERNÄHR 1011
Futurismus KUNST 728
– LIT 758
Fynbos FLORA *147*
Fyt (Jan) KUNST 714

G

Gabel SPIEL *1177*
Gabelbaum SPORT 1115
Gabirol (Salomon ibn) → Avicebron
Gabor (Dennis) ENTDECK 900
Gabriel (Engel) RELIG 333-335
Gabriel (Jacques Ange) KUNST 719
Gabun 471
– RELIG 339
Gadaba VOLK 379
Gadba VOLK 379
Gaddhafi (Moamar al-) LAND 453, 460
Gades (Antonio) TANZ 797
Gagarin (Juri) ENTDECK 904, *904*
Gagausen VOLK 387
Gaia RELIG 294
Gaillac VOLK 1065
Gaillard (Eugène) STILE *1146*
Gaines (W.) MEDIEN *923*
Gainsborough (Thomas) KUNST *721*
Gainsbourg (Serge) MUSIK 794
galaktische Scheibe UNIV 13, *13*
Galápagosinseln FAUNA 128
– KUNST 733
Galapagos-Riesenschildkröte FAUNA
105
Galapagosschildkröte FAUNA 119

Galater, Galatien GESCH 206, 208
Galaxie UNIV 18-20
Galaxie, elliptische UNIV 18
Galaxie, irreguläre UNIV 18
Galaxie, linsenförmige UNIV 18
Galaxie, spiralförmige UNIV 18
Galaxienhaufen UNIV 19
Galaxis ENTDECK 896
– UNIV 13 f., *13*, 16
Galbraith (John Kenneth) PHIL 824
Galen ENTDECK 854
– GESCH 214
Galeotti (Vincenzo) TANZ 797
Galerius GESCH 216, 218
Galibi VOLK 371
Galiläa RELIG 311
Galilei ENTDECK 860 f., 863
– PHIL 824
Galla GESCH 241
– VOLK 359
Galland (Antoine) GESCH 225
Galle (André) ENTDECK 876
Galle (Johann) ENTDECK 880
Gallé (Émile) STILE *1146*
Gallien, Gallier GESCH 206, 211, 220
– HERRSCHER 283
– MODE *1150*
– RELIG 301
– UNIF 1161, *1161*
Gallipoli GESCH 250
Gallischer Hahn HERRSCHER 263
Gallium ENTDECK 886
Gallo (R.) ENTDECK 909
Gallota (Jean-Claude) TANZ 797
Gallup (George) MEDIEN 934, 941
Galois (Évariste) ENTDECK 876, *876*
Galopp FAUNA *91*
Galopp (Rennen) SPORT 1123
Galvani (Luigi) ENTDECK 870 f., *871*
Galván (Manuel de Jesús) HIST. WERKE
848
Galvanoplastik ENTDECK 878
Gama (Vasco da) GESCH 239
Gamaschen MODE *1156* f.
Gamba ERNÄHR 1039
Gambia LAND 462 f.
Gambit SPIEL 1171, 1177
Gamelan MUSIK *782*
Gameten FLORA 142
Gammafunktion FORMEL 1208
Gammastrahlen ENTDECK 890, 892
Gamow (George Anthony) ENTDECK
900, 903
Gana (Reich) GESCH 225
Ganapati RELIG 343
Gance (Abel) FILM 806
Ganda VOLK 359
Gandhara GESCH 208
Gandhi (Indira) GESCH 255
Gandhi (Mahatma) GESCH 251 f., 255
– RELIG 342
Ganesha RELIG 343
Gangarten (des Pferdes) FAUNA 88
Gänge [Geologie] UNIV *31*
Gangsterfilm FILM 815
Gans ERNÄHR 1032
– FAUNA 93, *93*
Gänsebauchwams MODE *1151*
Gänseblümchen FLORA 166
Gänsegeier FAUNA *103*
Gänsekresse FLORA 166
Gänsespiel SPIEL 1183
Ganymed [Satellit] UNIV 9
Ganz (Albert) MEDIEN 924
Gao (Reich) GESCH 239
GAP → Gemeinsame Agrarpolitik
Garamba (Park des Flusses) KUNST 735
Garamenten GESCH 201
García Lorca (Federico) LIT 742
García Márquez (Gabriel) LIT 742
Gardel (Maximilien) TANZ 797
Gardel (Pierre) TANZ 797
Gardist UNIF *1165*
Garibaldi GESCH 248
Garnele ERNÄHR *1039*
– FAUNA 109
Garner (Erroll) MUSIK 789
Garnerin (André) ENTDECK 870
Garnier (Charles) KUNST 722
Garo VOLK 379
Garrigue FLORA 146
Garros (Roland) ENTDECK 894
Gartenbalsamine FLORA *167*
Gartenfuchsschwanz FLORA *167*
Gartenkürbis FLORA 159
Gartensträucher FLORA 168
Gärung ERNÄHR 1046
Gärung (aerob) ERNÄHR 1046
Gärung (alkoholisch) ERNÄHR 1062
– ERNÄHR 1063
Gärung (anaerob) ERNÄHR 1046
Gary (Romain) LIT 742
Gassendi (Pierre) PHIL 824
Gastheorie (kinetische) ENTDECK 867
Gâtinaise [Huhn] FAUNA 93

GATT → Allgemeines Zoll- und
Handelsabkommen
Gattung FAUNA 66
– ENTDECK 862
Gaudí (Antoni) STILE *1146*
Gaugamela GESCH 204
Gauguin (Paul) KUNST 725, 737
Gaulard (Lucien) ENTDECK 888
Gaulle (Charles de) GESCH 252-254
– LAND 421
Gaumontcolor FILM 812
Gauß (Carl) ENTDECK *876*, 878
Gautama RELIG 345
Gautier (Théophile) HIST. WERKE 846
– LIT 742
Gavial FAUNA *105*
Gaye (Marvin) MUSIK 794
Gay-Lussac ENTDECK 872
Gazanie FLORA *167*
Gazelle FAUNA 120
Gazette MEDIEN 914
Gbaya VOLK 357
Gê VOLK 371
Geb RELIG *291*
Gebäckherstellung ERNÄHR *1015*
Gebärmutter MED 953
Gebende MODE *1150*
Geber ENTDECK 856 f.
Gebet RELIG 334, 336
Gebetsriemen RELIG 307
Gebirgskette UNIV 39
Gebirgsklima UNIV 52
Gebirgsmassive UNIV 41
Gebirgsstufe FLORA 157
Gebiß ENTDECK 854
Gebühr MEDIEN 928
Gebühren MEDIEN 928
Geburtenkontrolle RELIG 322 f.
Geburtenrate WIRTSCH 562
Geburt Jesu RELIG 312, *312*, 319
Geburtszange MED 957
Gecko FAUNA *105*, 115, 118
Gedächtnis MED 950
Gedärme ERNÄHR 1028
Gedränge SPORT 1103, *1103*
gedrucktes Schaltbild ENTDECK *901*
Gefieder FAUNA 97
gefiedertes Blatt FLORA 138
gefingertes Blatt FLORA 138
Geflügel ERNÄHR 1032
– WIRTSCH 613
Geflügelzucht ERNÄHR 1032 f.
Gefreiter UNIF *1158*
Gefriertrocknen ERNÄHR 1046
Gegenbesetzung PHIL 839
Gegenkönig HERRSCHER 269
Gegenpapst RELIG 321, 327
gegenständiges Blatt FLORA 138
Gegenübertragung PHIL 839
Gehen SPORT 1076
Gehenna RELIG 314
Gehirn ENTDECK 872
– FAUNA 98
– MED *949*, 950
Gehirnblutung MED 988
Ge Hong ENTDECK 856
Geigenbauer FLORA 175
Geiger (Hans) ENTDECK 894, 896
Geirangerfjord UNIV *45*
Geiserich GESCH 220 f.
Geißblatt FLORA *169*
Geißler (Heinrich) ENTDECK 891
Geisterbeschwörer RELIG 293
Geitel (Hans) ENTDECK *890*
gekerbtes Blatt FLORA 138
Gelber Enzian FLORA *172*
Gelbfieber MED 990
Gelbmützen RELIG 346, 347
Geld PHIL 838
– WIRTSCH 583
Geldangebot FORMEL 1211
Geldanlage WIRTSCH 584
Geldmenge FORMEL 1210, *1210*
Geldnachfrage FORMEL 1211
Geldpolitik WIRTSCH 586
Geldschöpfung FORMEL 1210, *1210*
– WIRTSCH 583
Geldvolumen WIRTSCH 583, *583*
Geldwirkungen FORMEL 1211
Gelée royale ERNÄHR 1053
Gelenk MED 951, *951*
Gelenkschmiere MED *951*
Geliermittel ERNÄHR 1046
gelierte Fleischpastete ERNÄHR 1031
Gell-Mann (Murray) ENTDECK 905
– UNIV 3, *3*
Gemara GESCH 306, *306*
gemäßigte Zone UNIV 41
Gemeiner Andorn FLORA *172*
Gemeinsame Agrarpolitik (GAP)
ORGINT 658, 659
Gemeinsamer Markt ORGINT 654, 656,
659
Gemeinschaft der Heiligen RELIG 319

REGISTER

Gemeinschaft des Propheten
→ Ummat al-Nabi
Gemeinschaft, Französische GESCH 255
Gemeinschaftssteuern FORMEL 1216
Gémier (Firmin) THEATER 769
Gemito (Vincenzo) KUNST 723
Gemüse ERNÄHR 1040 f., *1041*
– FLORA 158
Gemüseerbse ERNÄHR 1041
Gemüsegarten FLORA 158
Gen ENTDECK 893, 895, 903
– MED 960, *960*
Generalbaß MUSIK 781
generalisierte Epilepsie MED 996
Generalversammlung der UNO ORGINT
643 f.
Generatianismus RELIG 316
Genesis (Buch der Bibel) RELIG 304
Genetik ENTDECK 893, 895, 902
genetischer Code ENTDECK 904
genetisches Material ENTDECK 908
Genet (Jean) LIT 742
Genever ERNÄHR 1070
Genf RELIG 329
Genfer Abkommen GESCH 255
Genfer Vereinbarungen (1864) ORGINT
667
genitale Phase PHIL 839
Genius RELIG 298, *298*, *300*
Genmanipulation ENTDECK *908*
Genom ENTDECK 910
Genotyp ENTDECK 893
Gentechnik ENTDECK 906 f., 910
Gentil (Émile) GESCH 249
Genua HERRSCHER 265
Geochemie UNIV 33
Geoffrey of Monmouth HIST. WERKE
842
Geoffroi de Villehardouin HIST. WERKE
842
Geoffroy der Ältere ENTDECK 864
Geoid UNIV 32
geologische Datierung UNIV 58
Geometrie ENTDECK 854
Geometrie (darstellende) ENTDECK 868
Geonim RELIG 308
Geophysik UNIV 32
Geopolitik WIRTSCH 623
Georg I. LAND 430
Georg II. LAND 430
Georg III. LAND 403
Georgien (Kirche von) RELIG 328
Georgien (Wein) ERNÄHR 1068
Georgin (François) GESCH 247
geostationärer Satellit ENTDECK 904 f.
– MEDIEN 926, *937*
Geotropismus FLORA 136
Gepard FAUNA *120*
gepökeltes Frischfleisch ERNÄHR 1029
Gerade SPORT *1086*
Geradengleichung FORMEL 1207
gerader Stoß (Fechten) SPORT *1089*
Geranie FLORA *166*
Gerben ERNÄHR 1028
Gerbert d'Aurillac ENTDECK 857
geregelter Markt WIRTSCH 584
Gergovia GESCH 211
Gerhard (Charles oder Carl) ENTDECK
879
Géricault KUNST 737
Gerichte, internationale ORGINT 653
Gerichtshof der Europäischen
Gemeinschaften ORGINT 654, 657
Gerinnen ERNÄHR 1022, *1023*
Germain (François Thomas) STILE *1142*
Germanicus GESCH 212
Germanien, Germanen RELIG 301
Germer (Lester) ENTDECK 896 f.
Germinal KALENDER 192
Gernrode (Kirche des Heiligen Cyriak)
KUNST *699*
Gernsback (Hugo) ENTDECK 899
Geröllwüste UNIV 41
Gershwin (George) MUSIK 774
Gersonides (Levi ben Gerson,
genannt) PHIL 826, 831
– RELIG 308
Gerste ENTDECK 851
– ERNÄHR 1010 f., 1060
– FLORA *158*
– WIRTSCH 607
Gerstenkorn MED 998
Geruchssinn FAUNA 78
– MED *949*
Geryon RELIG 294
gesägtes Blatt FLORA 138
Gesamtangebot FORMEL 1210
Gesamtnachfrage FORMEL 1209
Gesamtrechnung, volkswirtschaftliche
FORMEL 1209
Geschäftsbank WIRTSCH 583
Geschäftsbanken FORMEL 1211
Geschichte HIST. WERKE 841-848
– PHIL 836
Geschirrschrank STILE *1138 f.*

geschlechtliche Fortpflanzung FAUNA
74
geschlechtliche Vermehrung FLORA 142
Geschlechtsdimorphismus FAUNA 74
Geschlechtskrankheiten MED 989
Geschlechtsorgane MED *946, 953, 953*
Geschlechtsverkehr MED 953 f.
geschliffener Diamant STILE *1140*
geschlossener Blütenstand FLORA 139
Geschmack MED *949*
Geschwindigkeit FAUNA 120
– FORMEL 1193
Geschwindigkeitsrennen SPORT *1128*
Geschwür MED 988, 1001
Gesell (Arnold) PHIL 824
Gesellschaft für bedrohte Völker
ORGINT 668
Gesellschaft für Konsumforschung
MEDIEN 934
Gesellschaftsspiele SPIEL 1170-1184
Gesetzestafeln RELIG 305
Gesicht (Heiliges) RELIG *325*
gespritete Weine ERNÄHR 1063
Gestaltphilosophie PHIL 835
Gestaltpsychologie PHIL 834, *834*
Gestein UNIV 28 ff.
Gestein, detritisches UNIV 30
Gestein, magmatisches UNIV 30, *30*
Gestein, metamorphes UNIV 30 f.
Gestein, organisches UNIV 30
Gestein, schiefriges UNIV 31
Gestein, vulkanisches UNIV 30
gestickter Waffenrock UNIF *1162*
Gesù (Kirche) [Rom] KUNST *709*
Gesundheit MED 962-966
– ORGINT 650
– WIRTSCH 638
Getreide ERNÄHR 1011-1013, 1015
– FLORA 158
Getreidefladen ERNÄHR 1024
Getreidesilo ERNÄHR *1012*
Getrenntgeschlechtlichkeit FAUNA 74
Getz (Stan) MUSIK 789
Geuze ERNÄHR 1061
Gewaltlosigkeit RELIG 341
Gewebe MED 946
Gewicht MED 971
Gewichtheben SPORT 1084
Gewichtsverlust MED 972, 992
Gewichtung FORMEL 1210
Gewindedrehbank ENTDECK 870
Gewinn FORMEL 1213 f.
– WIRTSCH 576, *580*, 582, 598
Gewinn [Psychoanalyse] PHIL 838
Gewinnquote WIRTSCH 580
Gewinn-und-Verlust-Rechnung FORMEL
1214 f.
Gewölle FAUNA 76, *77*
Gewürze ERNÄHR 1048 f., *1048*
– FLORA 174
Gewürzgurke ERNÄHR 1049
Gewürznelke ERNÄHR 1048
– FLORA *174*
Gewürzstoffe ERNÄHR 1048
Gezeitenkraftwerk ENTDECK 904
Gezeitenmühle ENTDECK 857
g. g. T. FORMEL 1199
Ghadames (Oase) KUNST 734
Ghaddafi (Mohammed al) GESCH 256
Ghana GESCH 235
– KUNST 733
– LAND 466 f.
Ghasali (Al-) PHIL 830
Ghasnawiden GESCH 228, 230
Ghetto RELIG 309
Ghetto (Warschau) HIST. WERKE *845*
Ghibellinen GESCH 234
Ghiberti (Lorenzo) KUNST 706
Ghil (René) LIT 757
Ghuriden GESCH 233, 235
G. I. UNIF 1168
Giacometti (Alberto) KUNST *730, 737*
Gia Long GESCH 246
Giambologna KUNST 707
Giant Causeway UNIV 42
Gibbon FAUNA 98
Gibbon (Edward) HIST. WERKE 843
Gibbs (Josiah Willard) ENTDECK 886
Gibbsit UNIV 29
Gicht MED 996
Gide (André) LIT 742
Gift FAUNA 113
Giftdrüse FAUNA 113
Giftschirmling FLORA *164*
Gifttiere FAUNA 112
Gifttrichterling, Weißer FLORA *164*
Giftzähne FAUNA 113
Giganten RELIG 294
Gigantomachie KUNST *685*
Gilbert (William) ENTDECK 858, 860
Gilden THEATER 764
Gilgamesch GESCH 198
– RELIG 293, *293*
Gillespie (Dizzy) MUSIK 789
Gin ERNÄHR 1070

Ginkgo FLORA *133, 151*
Ginkgogewächse FLORA 131, *131*
Gin-Rommé SPIEL 1174
Gioddu ERNÄHR 1020
Giordano (Umberto) MUSIK 774
Giorgione KUNST 710
Giotto KUNST 702, 704, *704*
Gips UNIV 29
Giraffe FAUNA *101*, 120
Girard (Albert) ENTDECK 860
Girardin (Émile de) MEDIEN 914 f., 921
Giraud (Charles) STILE *1145*
Giraudoux (Jean) LIT 742
Girlitz FAUNA *96*
Giro d'Italia SPORT 1130
Girolata (Bucht) KUNST 733
Giryama VOLK 359
Gise ENTDECK 852
Giseh GESCH 198
– RELIG 292
Gitarre MUSIK 795
Gladiatoren RELIG 300
Gladiole FLORA *167*
Gladstone LAND 403, 405
Glanz UNIV 1061
Glas (Herstellung von) ENTDECK *858*
Glas (Trinkglas) STILE *1139, 1147*
Glaser (Donald Arthur) ENTDECK 902
Glasfaserkabel MEDIEN 939
Glasfenster ENTDECK 857
Glasgow (Schule von) STILE 1146
Glashow (Sheldon Lee) UNIV 3
glasierte Maronen ERNÄHR 1053
Glaskraut FLORA *173*
glatter Muskel MED 951
Glatzenbildung MED 977, *977*
Glauben RELIG 311, 313, 322 f., 330,
335
Glaubensbekenntnis RELIG 336
Glaubensbekenntnis → Credo
Gleichgewicht FORMEL 1212
Gleichgewicht (außenwirtschaftliches)
FORMEL 1212
Gleichheitszeichen ENTDECK 860
gleichmäßiger Hochwald FLORA 149
Gleichung (algebraische) ENTDECK
857 f., 860
Gleichungen FORMEL 1200
Gleichungssystem (lineares) FORMEL
1200
Gleitflieger FAUNA 115
Gleitflug ENTDECK 890
Gleithörnchen FAUNA 98
Gletscher UNIV 41, 48
Gletscherhahnenfuß FLORA *157*
Glied MED 953
Gliederfüßler FAUNA 66
Glimmer UNIV 31
Glinka (Michail) MUSIK 774
Globe [Theatre] THEATER 766
Glockenblume FLORA *167*
Glockenspiel MUSIK 786
Gloria (Kathedrale von) KUNST 703
Gloxinia FLORA *129*
Gloxinie FLORA *165*
Glucagon MED 949
Gluck MUSIK 774
Glucose MED 969
Glühkathodenröhre ENTDECK 894
Glühlampe ENTDECK 886 f., *887*
Glühwürmchen FAUNA 114, *114*
Gluon ENTDECK 905
– UNIV 2 f.
Glutaminsäure FLORA 162
Glyceraldehyd FORMEL 1190
Glyndebourne (Festspiel) MUSIK 776
Gnade RELIG 320, 330
Gnafron THEATER 771
Gneis UNIV 31, *31*
Gnoseologie PHIL 820
Gnostizismus RELIG 316
Go SPIEL 1172, *1172*
Goa KUNST 734
Gockel (A.) ENTDECK 894
Godaigo GESCH 237
Godard (Jean-Luc) FILM 806 f.
Goddard (Robert Hutchings) ENTDECK
896
Godechot (Jacques) HIST. WERKE 844
Gödel (Kurt) ENTDECK 898
– PHIL 824, 835
Godin (Louis) ENTDECK 866
Godwin (E.W.) THEATER 769
Godwin (Mary) LIT 755
Goethe LIT 742, *742*, 755
Goffman (Erving) PHIL 824
Gogo VOLK 359
Gogol (Nikolaj) LIT 742
Goiffon (Jean-Baptiste) ENTDECK 865
Gold UNIV 29
– WIRTSCH 582, *597*, 624
Goldbrasse ERNÄHR 1036
Gold Cup SPORT 1123

Goldene Bulle GESCH 236
– HERRSCHER 269
Goldene Horde VOLK 382
Goldener Schnitt ENTDECK *858*
Goldenes Vlies RELIG 294
Goldfisch FAUNA 95
Goldlack FLORA *166*
Goldmark (Peter) ENTDECK 900
Goldoni (Carlo) LIT 742
Goldschmiedekunst STILE *1138*
Goldsmith (Jimmy) MEDIEN 922
Goldsmith (Oliver) LIT 742
Goldstein (Kurt) PHIL 834
Goldwährung WIRTSCH 590
Golf SPORT 1098, *1098*
Golfkooperationsrat ORGINT 665
Golfstrom UNIV 48
Golgatha RELIG 312
Golgi-Apparat MED 946
Goliathkäfer FAUNA 110, *110*
Goll (Yvan) LIT 758
Gombette (Gesetz) GESCH 220
Gombrowicz (Witold) LIT 742
Goncourt (die) LIT 756
Gond VOLK 379
Gondja (Königreich) GESCH 241
Gongsun Long PHIL 837
Gonokokken ENTDECK 886
Gonorrhoe MED 989, 996
Goodman (Benny) MUSIK 789
Goodyear (Charles) ENTDECK 878
Gorbatschow (Michail) GESCH 254
Gordian III. GESCH 216
Gordon (Dexter) MUSIK 789
Gorée (Insel) KUNST 735
Gorgo GESCH 205
Gorgonzola ERNÄHR 1023
Gorilla FAUNA 98, 113
Gorkij (Maksim) LIT 742
Gorm der Alte HERRSCHER 273
Gospel MUSIK 788
Gosplan WIRTSCH 595
Goten GESCH 216-219
Gotisch KUNST 702, *703*, 704 f., 706
gotische Sitzbank STILE *1138*
gotisches Schloß STILE *1138*
Gott (Name) RELIG 305
Götter, griechische und römische
(Entsprechungen) RELIG 299
Götterbaum FLORA 151, *151*
Götterbaumseidenspinner FAUNA 123
Gottesanbeterin FAUNA *110*
Gottfried von Bouillon GESCH 230
Gottwald (Klement) LAND 441
Goubert (Pierre) HIST. WERKE 846
Gouda ERNÄHR 1023, *1023*
Goude (Jean-Paul) MEDIEN *941*
Goudsmit (Samuel Abraham) ENTDECK
896
Goujon (Jean) KUNST 707
Goulian (Mehran) ENTDECK 904
Gounod (Charles) MUSIK 774
Gowan (James) KUNST 727
Goya KUNST 721, 724
– PHIL 834
Gozo (Insel) KUNST 734
Graaf (Reinier de) ENTDECK 862
Graben (Reiten) SPORT *1124*
Gracq (Julien) LIT 742
Graduale [Proprium der Messe] MUSIK
780
Graf (Steffi) SPORT *1093*
Graham (Familie) MEDIEN 919
Graham (George) ENTDECK 864
Graham (Martha) TANZ 797, 803
Gramme (Zénobe) ENTDECK 886
Gramsci (Antonio) PHIL 824, 833
Granada KUNST 733
Granada (Königreich) GESCH 234, 238
Granados (Enrique) MUSIK 774
Granat UNIV 28 f., 29
Granatapfel ERNÄHR 1043
– FLORA *160*
Granate [Waffe] ENTDECK 858
Grand Canyon UNIV 44
Grandes Chroniques de France HIST.
WERKE 842
Granit UNIV 30, *31*
Grant (Frederick) ENTDECK 896
Granth Sahib RELIG 344
Granth Sahib → Adi Granth
Grapefruit ERNÄHR 1043, 1044
Grapefruitbaum FLORA *161*
Grapelli (Stéphane) MUSIK 789
Graphem ZEICHEN 1218
Graphentheorie FORMEL 1201
Grasland UNIV 55
Grasmücke FAUNA 116
Grass (Günter) LIT 742
Grateful Dead MUSIK 794
Gratian GESCH 218
Gratias (D.) ENTDECK 908
Grätschen SPORT *1100*
grauer Star MED 960, 994
Graureiher FAUNA 123

1247

REGISTER

Grauwal FAUNA 126
Graves ERNÄHR 1065
Graves (Robert) HIST. WERKE 846
Gravettien GESCH 196
– KUNST *678*
gravimetrische Anomalie UNIV 32
Gravitation UNIV 3
Gravitationsgesetz ENTDECK 862 f.
Gravitationskontraktion UNIV 15
Gravitationslinse ENTDECK 895, 908
Graviton UNIV 3
Gray (Stephen) ENTDECK 866 f.
Great Smoky Mountains
(Nationalpark der) KUNST 733
Gréban (Arnoul) THEATER 764
Greeley (Horace) MEDIEN 918
Green SPORT 1098
Green (George) ENTDECK 878
Greenpeace ORGINT 670
Greenwich (Sternwarte von) ENTDECK
862
Gregor VII. RELIG *321*
Gregor XII. RELIG 321
Gregor XIII. KALENDER 184
Gregor der Erleuchter (Sankt) GESCH
219
Gregor der Große (Papst) GESCH 222
– LAND 428
Gregor von Nazianz GESCH 219
Gregor von Nyssa RELIG 315, *315*
Gregor von Tours HIST. WERKE 841
Gregorianisch (Gesang) MUSIK 782
Gregorianisch (Kalender) KALENDER 184
Gregory (James) ENTDECK 865
Greifreflex MED *958*
Greifvögel FAUNA 113, 123
Greisenbart FLORA *150*
Grémillon (Jean) FILM 807
Grenadier UNIF 1164, *1165*
Grenznutzen (Schule) PHIL 833
Gresham (Sir Thomas) PHIL 824
Greuze (Jean-Baptiste) KUNST *721*
Greyerzer ERNÄHR 1023
Griaule (Marcel) PHIL 824
Griechenland LAND 429, *429* f.
– MEDIEN 918
– MODE 1149
Griechenland, antikes LAND 429 f.
– RELIG 294-296
Griechenland (Autokephale Kirche
von) RELIG 328
griechische Antike KUNST 684 f.
Griechische Landschildkröte FAUNA *105*
griechisches Feuer ENTDECK 856
Griechisches Schisma RELIG 313
griechische Weine ERNÄHR 1067
Griechisch-römischer Ringkampf
SPORT 1088
Griechisch-Türkischer Krieg (1922)
GESCH 250
Grieg (Edvard) MUSIK 774
Grieß ERNÄHR 1010, 1012
Grießfabrik ERNÄHR 1012
Griffel FLORA 139
Griffith (A.A.) ENTDECK 894
Griffith (David W.) FILM 807, *816*
Griffith (F.) ENTDECK 900
Grignard (Victor) ENTDECK 892
Grigorowitsch (Jurij) TANZ 797
Grihya-sutra RELIG 344
Grille FAUNA 110
Grillparzer (Franz) LIT 742
Grimaldi (Familie) LAND 432
Grimm (Jacob) LIT 742
Grimmelshausen LIT 742
Gringore (Pierre) THEATER 764
Grippe MED 980, 996
Grizzlybär FAUNA 112
Grobgrieß ERNÄHR 1012
Groddeck (Walter Georg) PHIL 824
Grönland UNIV 48
Gropius (Walter) KUNST 726
Großbritannien HERRSCHER 268, 269
– KUNST 735
– LAND 402, *403, 404*
– MEDIEN 917, *922,* 924, 928, 931,
933 f., *939,* 942
– MUSIK 787
– ORGINT 666
– WIRTSCH 570, *580,* 581, 594
große Galarobe à la française MODE
1153
Größe/Gewicht MED 970
Große Hufeisennase FAUNA 127
Größenklassen [von Sternen] UNIV 13
Großer Bär UNIV *14,* 16, *17*
Großer Hund UNIV 16
großer Kollaps UNIV 20
Großer Leuchtkäfer FAUNA 114, *114*
Großer Preis der Nationen SPORT 1130
Großer Schirmling (Parasolpilz) FLORA
163
Großer Sprung nach vorn GESCH 255
Großes Barriereriff UNIV *45*

Großes Fahrzeug →Mahayana
(Buddhismus)
Großes Nachtpfauenauge FAUNA *111*
Groß-Friedrichsburg GESCH 243
Großfußhuhn FAUNA *103*
Groß-Griechenland LAND 429
Großhirn ENTDECK 876
Großmährisches Reich GESCH 226, 228
Großmaulhai FAUNA *118*
Großraumgärung ERNÄHR 1063
größter gemeinsamer Teiler (g. g. T.)
FORMEL 1199
Groß- und Weltmeister SPIEL *1170*
Grotius PHIL 824
Grotowski (Jerzy) THEATER 769
Group Theatre THEATER 769
Grubenlampe ENTDECK 874
Grün SPIEL *1174*
Grün (Farbe) RELIG 318
Grünberg (Carl) PHIL 835
Grundkräfte ENTDECK 909
Grundlagen der Mathematik ENTDECK
892
Gründling FAUNA *108*
Gründonnerstag RELIG 319
Grundregel PHIL 839
Grundschritte (beim Eisschnellauf)
SPORT *1123*
Grundschritt (nordischer Skisport)
SPORT *1117*
Grundumsatz MED 971
Grüne Bohne FLORA *159*
grüne Revolution ENTDECK 904, 905
Grüner Veltliner ERNÄHR 1066
Grünes Heupferd FAUNA *110*
Grünewald (Mathias) KUNST *705*
Grünspecht FAUNA *104*
Gruppe FORMEL 1199
Gruppe der 77 ORGINT 651
Gruppe der 5 oder G5 WIRTSCH 604
Gruppe der 7 oder G7 WIRTSCH 604
Gruppe, lokale UNIV 19
Gruppentheorie ENTDECK 886
Guadalcanal (Schlacht) GESCH 253
Guaicuru VOLK 371
Guaná VOLK 375
Guana →Terena
Guanyin (Kuan-yin) RELIG 346, 350
Guaraní VOLK 371
Guaranty Building KUNST *722*
Guardi (Françesco) KUNST 737
Guardi (Giovanni Antonio) KUNST *721*
Guarini (Guarino) KUNST *712*
Guarnacci (Mario) KUNST 674
Guatemala KUNST 733
– LAND 540
Guavebaum FLORA *161*
Guayaki VOLK 371
Guaycurú VOLK 371
Gudea GESCH 198
– KUNST *680*
Guelfen GESCH 234
– LAND 426
Guericke (Otto von) ENTDECK 862, *862*
Guéridon STILE 1140
Guérin (Camille) ENTDECK 896
Gugel MODE *1151*
Guicciardini (Francesco) HIST. WERKE
842
Guignol THEATER 771, *771*
Guilin UNIV 43
Guillaume (Charles Édouard) ENTDECK
890, 894
Guillaume (Paul) PHIL 834
Guilleragues (Graf von) LIT 742
Guimard (Hector) STILE *1146*
Guinea KUNST 733
– LAND 464
Guinea-Bissau LAND 464
Guitry (Lucien) THEATER 768
Guizot (François) HIST. WERKE 843
Gujar VOLK 379
Gu Kaizhi GESCH 221
Gulag LAND 438
Gummi ERNÄHR 1052
Gundebad GESCH 220
Gundelrebe FLORA *159*
Gundestrup (Gefäß) GESCH 213
Gundestrup (Kessel von) KUNST *687*
Günther (Ignaz) KUNST *717*
Guomindang oder Kuo-min-tang,
Parteiführer HERRSCHER 277
Gupta (Dynastie) GESCH 219
– HERRSCHER 278
– KUNST *692*
Gurage VOLK 359
Gurke ERNÄHR 1041
Gurkha VOLK 379
Gurma VOLK 359
Guro VOLK 359
Gürtel (Judo) SPORT 1090
Gürtelrose MED 1001
Gurtzeug SPORT *1132*
Gurung VOLK 379, *379*
Gurunsi VOLK 359

Gurvitch (Georges) PHIL 824
Gusii VOLK 359
Gustav I. Wasa LAND 407, 408, 410
Gustav II. Adolf LAND 408
Gutäer GESCH 198
Gutenberg (Johannes) ENTDECK 858
– MEDIEN 914
Gutenberg-Diskontinuität UNIV 26, *26*
Güter WIRTSCH 635
Güter (in der Wirtschaft) FORMEL 1209
Güterverkehr WIRTSCH 633
Guth (Alan H.) ENTDECK 908
Guthrie (George James) ENTDECK 878
Guyana LAND 552
Guyton de Morveau ENTDECK 870
Gwynedd (Fürstentum von) KUNST 735
Gymnocrinus FAUNA 118, *118*
Gymnospermen FLORA 131
– UNIV 59
Gynözeum FLORA 139

H

Haab KALENDER 181
Haar MED *948, 967, 977, 977*
Haber (Fritz) ENTDECK 892
Habermas (Jürgen) PHIL 824, 835
Habit à la française MODE *1152* f.
HABITAT →Konferenz über
menschliche Siedlungen
Habré (Hissen) GESCH 256
– LAND 460
Habsburger HERRSCHER 265, 267, 271,
288, *288*
– LAND 412, 422
Hachiman RELIG 351
Hadar GESCH 195
Hades RELIG 295 f., *295*
Hadfield (Robert Abbott) ENTDECK 888
Hadith RELIG 334
Hadjdj RELIG 336
Hadley (John) ENTDECK 866
Hadrian GESCH 214, 217
Hadriansvilla GESCH 214
– KUNST *675*
Hadrianswall GESCH 214, *214*
– KUNST 735
hadronisches Zeitalter UNIV 20
Haeckel (Ernst) ENTDECK 885
Hašek (Jaroslav) LIT 742
Häfen, große WIRTSCH 634
Hafer ERNÄHR 1010 f., *1011*
– WIRTSCH 607
Haferflocken ERNÄHR 1015
Haferwurzel FLORA *159*
Hafsiden GESCH 235, 237, 239
– HERRSCHER 282
Häftlinge ORGINT 667 f., *669*
Haftwurzeln FLORA 135, *135*
Hagelkorn MED 994
Hagen RELIG 301
Hagia Sophia (Konstantinopel) GESCH
222
– KUNST *688*
Hagiographen RELIG 304
Hahn (Otto) ENTDECK 898 f.
Hahn ERNÄHR 1032
Hähnchen ERNÄHR 1032
– FAUNA 93
Hahnemann (Christian Friedrich
Samuel) ENTDECK 870
Hai FAUNA 118
Haida VOLK 371
Haile Selassie I. GESCH 253
– LAND 455
Haitham (Ibn al-) ENTDECK 857
Haiti KUNST 733
– LAND 545
– RELIG 339
Hakeln SPORT 1103, *1103*
Haken SPORT *1086*
Hakenwurm FAUNA 82
Hakim GESCH 230
Håkon IV., VI., VII. HERRSCHER 273
Halacha RELIG 308
Halbgott RELIG 294
Halbleiter ENTDECK 900
– FORMEL 1195
Halbvokal ZEICHEN 1219
Halbwachs (Maurice) PHIL 824
Halbwüste FLORA 154
Hale (George) ENTDECK 892
Hales (Stephen) ENTDECK 866, 869
Halevi (Juda) PHIL 831
Haley (Bill) MUSIK 794
Halfa FLORA *176*
Halit UNIV 29
Hall (Asaph) ENTDECK 886
Hall (Charles Martin) ENTDECK 888

Hall (Edward Twitchell) PHIL 824
Hall (Edwin Herbert) ENTDECK 886
Hall (Granville Stanley) PHIL 824
Haller (Albrecht von) ENTDECK 868
Halley (Edmond) ENTDECK 864, 869,
869
– UNIV 11
Hallstatt GESCH 202
– KUNST *687*
Hallyday (Johnny) MUSIK 794
Halm FLORA 136, *136*
Halo UNIV 13
Hal Saflieni KUNST 734
Hals (Frans) KUNST *714*
– PHIL 822
Halsschmerzen MED 994
Halsschmuck MED *1148*
Halt (Bergsteigen) SPORT *1135*
Halwa ERNÄHR 1052
Ham (J. L.) ENTDECK 862
Hamadou Sékou GESCH 247
Hämatit UNIV 29
Hamburg GESCH 237
Hamburger (Jean) ENTDECK 903
Hamburgische Staatsoper TANZ 801
Hamilkar GESCH 207
Hamilton (William Rowan) ENTDECK
880
Hammadiden GESCH 231, 233
Hammarskjöld (Dag) ORGINT *646*
Hammel ERNÄHR 1026, 1027
– FAUNA 92
Hammer (Bergsteigen) SPORT *1134*
Hammerhai FAUNA *112*
Hammerwerfen SPORT 1076, *1076* f.
Hammett (Dashiell) FILM 815
Hammurapi GESCH 200 f., *201*
– KUNST 681, *681*
– RELIG 293
Hämorrhoiden MED 957, 996
Hampi KUNST 734
Hampton (Lionel) MUSIK 789
Hamster FAUNA 94, *94*
Hamsun (Knut) LIT 742
Han GESCH 207 f., *209,* 213, 215, 229
– VOLK 379
Han (Dynastie) HERRSCHER 276
hanbalitische Pflichtenlehre RELIG 337
Hancock (Herbie) MUSIK 789
Handball SPORT 1106, *1106*
Händel MUSIK 774
Handel, internationaler ORGINT 649,
651
Handel-Mazzetti (Enrica) HIST. WERKE
847
Handelsbilanz FORMEL 1212
Handelsflotten WIRTSCH 634
handförmig geteiltes Blatt FLORA 138
Hand- und Fingersprache ZEICHEN
1221
Hanefismus, Hanefit RELIG 337
Hanf FLORA 175, *175*
Han Feizi PHIL 837
Hanford ENTDECK 901
Han Gaozu GESCH 207
Hängegleiten SPORT *1133*
Hanif RELIG 333
Hanimichi THEATER 770
Haniwa GESCH 221
Hannibal GESCH 201, 206, 209
Hannover (Haus) HERRSCHER 268
Hanse GESCH 234
Hanno GESCH 205
Hansen (Gerhard) ENTDECK 886
Haoma RELIG 297
Hapalemur aureus FAUNA 118
Hapi GESCH 205
Haploidenmethode FLORA 134
Happening THEATER 769
Harald Blåtand GESCH 228
Harald Blauzahn HERRSCHER 273
Harald I. Harfagri LAND 406
Harald Schönhaar GESCH 226
Harappa GESCH 199
– KUNST 675
Harbou (Thea von) FILM 808
Hardy (Godfry Harold) ENTDECK 893
Hardy (Thomas) LIT 742
Hare (Robert) ENTDECK 872
Haremshose MODE *1156*
Häresie RELIG 316
Harfe MUSIK 784
Hargreaves (James) ENTDECK 868
Harlekin THEATER 765, *765*
Harmonie MUSIK 784
Harn MED 948
Harn-Geschlechtsorgane MED *946*
Harninfektion MED 957
Harnisch UNIF 1163
Harnstoff ENTDECK 876, 879
Harnwegsinfektion MED 997
Harris (William Wadé) RELIG 338
Harris (Zellig Sabbetai) PHIL 824, 836
Harrismus RELIG 338
Harrison (John) ENTDECK 866

Harshavardhana GESCH 222
Hart (William S.) FILM 815
Hartholz FLORA 175
Hartlaubwald UNIV 55
Hartmann (Nikolai) PHIL 824
Hartsoeker (Nicolas) ENTDECK 863
Hartung (Hans) KUNST 729
Harun ar-Raschid GESCH 225 f.
Haruspices RELIG 300
Harvey (William) ENTDECK 860
Harzholz FLORA 175
Hasan (Sohn Alis) RELIG 337
Haschemiten HERRSCHER 282
Haschim (Banu) RELIG 333
Haschisch MED 963
Hasdrubal GESCH 206
Hase FAUNA 120
Haselnuß ERNÄHR 1045, 1045
– FLORA 160
Hasenscharte MED 957
Haskala RELIG 310
Haskins (Charles Homer) HIST. WERKE 844
Hasmonäer RELIG 307
Hassaniden (Dynastie) GESCH 243
Hastings (Schlacht bei) GESCH 230
– HERRSCHER 268
– LAND 402
Hathaway (Henry) FILM 807
Hathor RELIG 291, 291
Hatra (al Hadr) KUNST 734
Hatti GESCH 200
Hattusa (Hattuscha) KUNST 681, 735
Haubentaucher FAUNA 102
Hauff (Wilhelm) HIST. WERKE 847
Hauptmann (Carl) LIT 758
Hauptmann (Gerhart) LIT 742, 756
Hauptmann Matamoros (der) THEATER 765
Hausa VOLK 359
Hausapotheke MED 1007
Hausdorff (Felix) ENTDECK 894
Häuser THEATER 764
Haushalt WIRTSCH 587
Haushalte (private) WIRTSCH 578
Haushalt (öffentlicher) FORMEL 1215
Haushaltsdefizit FORMEL 1215
Haushaltsplan FORMEL 1215
Haushaltspolitik WIRTSCH 587
Haushaltssalden WIRTSCH 587, 587
Hauspflege MED 984
Hausschabe FAUNA 110
Haussperling FAUNA 104
Haustierrassen FAUNA 92
Haut MED 948, 948, 960, 967, 977
Häute ERNÄHR 1028
Häuten ERNÄHR 1026
Häutung [bei Insekten] FAUNA 75
Häutung (Schlange) FAUNA 77
Haüy (René Just) ENTDECK 870
Havanna (Konferenz) GESCH 251
Havas (Charles-Louis) MEDIEN 914
Hawaii KUNST 697
– UNIV 45
Hawaiigans FAUNA 126
Hawkins (Coleman) MUSIK 789
Hawks (Howard) FILM 807, 815
Haxe ERNÄHR 1026
Haydn MUSIK 775, 775, 783, 784
Hayek (Friedrich August von) PHIL 824
Hazara VOLK 379
Hazoumé (Paul) HIST. WERKE 848
H-Bombe → Wasserstoffbombe
HDTV MEDIEN 926 f.
Hearst (William Randolph) MEDIEN 915, 921, 924, 925
Heaviside (Oliver) ENTDECK 892
Hebamme MED 983
Hebe RELIG 299
Hebel ENTDECK 851
Hebräer (Volk) GESCH 200
– LAND 496
– RELIG 304
Hecht FAUNA 107
Heda (Willem Claesz.) KUNST 714
Hedjra RELIG 333
Hedley (William) ENTDECK 874, 877
Hedonismus PHIL 820
Hedschra KALENDER 179, 189
Hegel (Friedrich) PHIL 824
Heian (Periode) GESCH 225
Heian (Sekten) RELIG 351
Heian (Zeit) HERRSCHER 279
Heidegger (Martin) PHIL 824
Heidekraut FLORA 172
Heidelbeere FLORA 160
Heider (Fritz) PHIL 824
Heilige der letzten Tage (Kirche Jesu Christi der) RELIG 332
Heiliger Geist (Väter vom) RELIG 326
Heiliger, Heiligkeit RELIG 309, 319, 324 f., 345
Heiliger Krieg RELIG 336
Heiliges Kollegium RELIG 317, 321

Heiliges Römisches Reich Deutscher Nation GESCH 228, 230
– HERRSCHER 264, 269 f., 269
– LAND 412, 418, 426
Heilige Straße RELIG 296
Heiligkeit → Heiliger
Heiligsprechung RELIG 319
Heiligtümer (panhellenische) RELIG 296
Heilpädagoge MED 983
Heilpflanzen FLORA 171, 173
Heilsarmee ORGINT 667
– RELIG 332
Heilverfahren MED 1006 f.
Heimchen FAUNA 110
Heimkehrgesetz RELIG 310
Heimsuchung Mariä RELIG 319
Heine (Heinrich) LIT 742
Heinrich II. MODE 1151
Heinrich II. Plantagenet GESCH 232
Heinrich III. MODE 1151
Heinrich IV. GESCH 230
– HERRSCHER 264
Heinrich IV. RELIG 321
Heinrich IV. (König von Frankreich) LAND 419
– MODE 1151
Heinrich VI. GESCH 238
Heinrich VIII. GESCH 240
– LAND 402, 405
Heinrich VIII. MODE 1151
– RELIG 332
Heinrich der Seefahrer LAND 433
Heinrich von Burgund LAND 433
Heisenberg (Werner) ENTDECK 896 f.
Hektor RELIG 295
Helden RELIG 294
Helena RELIG 295
Heliotrop FLORA 166
Helium ENTDECK 892
helladisch (Kultur) GESCH 198
Hellebarde UNIF 1162
Helm UNIF 1160 f., 1160, 1162, 1166
– ZEICHEN 1228, 1230, 1230
Helmholtz (Hermann von) ENTDECK 880
Helot UNIF 1160
Helsinki (Schlußakte von) ORGINT 661
Helvetius PHIL 824
Helwys (Thomas) RELIG 332
Hemingway (Ernest) LIT 742
Hemiplegie MED 996
Hemlocktanne FLORA 145
Hemmung [bei der Uhr] ENTDECK 856
Hemmung [Uhrmacherei] ENTDECK 864
Hench (Philip Showalter) ENTDECK 900
Henderson (Fletcher) MUSIK 789
Henderson (Thomas) ENTDECK 879
Hendrix (Jimi) MUSIK 794, 795
Henne ERNÄHR 1025, 1032
Hennin MODE 1150
Henry (Joseph) ENTDECK 878
Henze (Hans Werner) MUSIK 775
Hepatitis MED 996
Hepatitis (ansteckende) [Hund] FAUNA 82
Hephaistos RELIG 295
Hepplewhite (George) STILE 1143
Heptarchie LAND 402
Hera RELIG 294-296, 294 f.
herakleianische (Dynastie) HERRSCHER 261
Herakles oder Herkules RELIG 294, 298
Heraklion KUNST 736
Heraklios I. GESCH 222
Heraklit PHIL 830
Heraklius I. LAND 430
Heraldik ZEICHEN 1228-1230
heraldische Schraffuren ZEICHEN 1228
Herauslösen der Knochen ERNÄHR 1026
Herbart (Johann Friedrich) PHIL 824
Herero VOLK 359
Hering ERNÄHR 1035, 1037
– FAUNA 107
Heringsfische ERNÄHR 1035
Herkulaneum KUNST 674
Herkulanum GESCH 212
Herkules → Herakles
Herkules [Sternbild] UNIV 13
Herkuleskäfer FAUNA 110
Herman (Woody) MUSIK 790
Hermes RELIG 295, 296, 299
Hermes [Asteroid] UNIV 11
Hermes (europäischer Raumtransporter) ENTDECK 910
Hermesstab RELIG 295
Hermite (Charles) ENTDECK 886
Hernández de Oviedo (Gonzalo) → Fernández de Oviedo
Hernani LIT 755
– THEATER 768
Herodes I., der Große GESCH 210
Herodot GESCH 201 f., 205

– HIST. WERKE 841
– RELIG 290
Heroin MED 963
Heroldsbild (Heraldik) ZEICHEN 1228
Heron von Alexandria ENTDECK 854, 855
Heronsball ENTDECK 855
Herophilos ENTDECK 859
Héroult (Paul) ENTDECK 888
Herpes MED 997
Herrschaften (Engel) RELIG 314
Herrscher, aufgeklärte GESCH 244
Herschel (William) ENTDECK 870
Hershey (Alfred Day) ENTDECK 900
Hertwig (Oskar) ENTDECK 886, 889
Hertz (Heinrich) ENTDECK 888
– MEDIEN 926
Hertzsprung (Ejnar) ENTDECK 894
Hertzsprung-Russell-Diagramm UNIV 15
Herz MED 954
– SPIEL 1174
Herz, Tränendes FLORA 166
Herzdruckmassage MED 985
Herzegowina LAND 447
Herzfunktionen MED 947
Herzinfarkt MED 988, 997
Herzklopfen MED 999
Herz-Kreislauf-Stillstand MED 985
Herzl (Theodor) RELIG 310
Herz-Lungen-Maschine ENTDECK 902 f., 903, 908
Herzmuschel FAUNA 109
Herzmuskel MED 951
Herzog (Werner) FILM 807, 814
Herzschrittmacher ENTDECK 904
Hesiod LIT 742
– RELIG 294
Hesius (Willem) KUNST 713
Hesperiden (Garten der) RELIG 294
Hesperocyon FAUNA 78
Hess (Victor) ENTDECK 894
Hesse ERNÄHR 1027
Hesse (Harry Hammond) ENTDECK 904
Hesse (Hermann) LIT 742
Hestia RELIG 299
Hesychasmus RELIG 327
Heterosphäre UNIV 50
Hethiter GESCH 200
– KUNST 681
Heupferd, Grünes FAUNA 110
Heuriger ERNÄHR 1066
Heuschrecke FAUNA 71, 110
Heuyer (Georges) MED 1008
Heves (Georg Hevesy de) ENTDECK 894
Hewish (Antony) ENTDECK 904
– UNIV 15
hexagonales Kristallsystem UNIV 28
Hexenschuß MED 998
Hey (James Stanley) ENTDECK 900
Heym (Georg) LIT 758
Heyting (Arend) PHIL 824
Hiatushernie MED 997
Hibiscus FLORA 165, 169
Hickory FLORA 150, 175
Hidatsa VOLK 371
Hidjas RELIG 333
Hieb SPORT 1088
Hieroglyphen ENTDECK 851
– GESCH 200, 200
Hieronymus (Heiliger) RELIG 315, 315, 324
High Church RELIG 332
Higonnet (René) MEDIEN 915
Hijikata Tatsumi TANZ 798
Hilbert (David) ENTDECK 890, 892
Hildebrandt (Johann Lukas von) KUNST 718
Hilferding (Rudolf) PHIL 833
Hilfswerk der Vereinten Nationen für Palästinaflüchtlinge (UNRWA) ORGINT 652
Hillary (Edmund) SPORT 1134
Hilum FLORA 140
Hilverding (Franz) TANZ 802
Himalaya UNIV 40
Himalayaerle FLORA 170
Himalayamohn FLORA 167
Himation MODE 1149
Himbeere ERNÄHR 1043, 1043
– FLORA 160
Himmelfahrt RELIG 319
Himmelskugel UNIV 21, 21
Hinault (Bernard) SPORT 1130
Hinayana (Buddhismus) RELIG 345
Hindemith (Paul) MUSIK 775
Hindenburg (General) GESCH 250
Hindernisrennen SPORT 1123
Hinduismus RELIG 343 f.
Hines (Earl) MUSIK 790
Hintikka (Jaakko) PHIL 824
Hiong-nu → Xiongnu
Hipparchos ENTDECK 855
– GESCH 214
Hippodamos von Milet KUNST 685

Hippokrates ENTDECK 854
– GESCH 204
Hirohito GESCH 251
– LAND 524
Hiroshima ENTDECK 901
Hirsch FAUNA 76, 76
Hirschkäfer FAUNA 110
Hirse ERNÄHR 1010 f.
– FLORA 158
– WIRTSCH 607
Histaminvergiftung MED 965
historischer Roman HIST. WERKE 846
Historisches Drama THEATER 768
Historismus HIST. WERKE 843 f.
– KUNST 722
– STILE 1145, 1145
Historizismus PHIL 820
Hitchcock (Alfred) FILM 807
Hitlahvut RELIG 309
Hitler (Adolf) GESCH 250, 252
– LAND 413
Hitlerputsch GESCH 250
Hittorf (Johann Wilhelm) ENTDECK 891
HIV [Virus] MED 989
Hiza-guruma SPORT 1091
Hjelmslev (Louis Trolle) PHIL 824, 836
HLA-Antigene ENTDECK 902
Hl. Katharina (Kloster auf dem Sinai) RELIG 328
H-Milch ERNÄHR 1020
Hmong → Miao
Ho VOLK 380
Hoa VOLK 380
Hobbes (Thomas) PHIL 824
Hochblatt FLORA 138
Hochheben SPORT 1088
Ho Chi-minh GESCH 252, 255
– LAND 512
Hochofen ENTDECK 858, 866
Hochrippe ERNÄHR 1027
Hochsprung SPORT 1076, 1077
Hochwald, bestellter FLORA 149
Hochwald, gleichmäßiger FLORA 149
Hockenheim SPORT 1126
Hocker STILE 1138
Hockeyschläger SPORT 1108
Hoden MED 949, 953, 1001
Hoe (Richard Marsh) ENTDECK 880
– MEDIEN 914
Hoek van Holland KUNST 726
Hoff (Jacobus Henricus vant) ENTDECK 886
Hoffmann (Erich) ENTDECK 892
Hoffmann (E.T.A.) LIT 742
Hoffmann (Josef) KUNST 726
– STILE 1146
Hofmann (August Wilhelm von) ENTDECK 880
Hofmannsthal (Hugo von) LIT 742
Hofmeister (Wilhelm) ENTDECK 880
Hogan VOLK 374
Hogan (Ben) SPORT 1098
Hogarth (William) KUNST 720
Höhe, astronomische UNIV 21
Höhe (eines Dreiecks) FORMEL 1205
Höhenkrankheit MED 982
Höhenschnittpunkt FORMEL 1205
Hohenstaufen (Haus der) GESCH 232
Hohenzollern HERRSCHER 269, 287, 287
– LAND 412
Höhere Gangarten SPORT 1125
Hohe Schule FAUNA 90, 90
Höhlenbewohner VOLK 354
Hohokamkultur GESCH 215, 221
Hojo (Familie) HERRSCHER 279
Hokusai Katsushika KUNST 691
Holbach (Paul de) PHIL 824
Holbein der Jüngere (Hans) KUNST 711
Hölderlin (Friedrich) LIT 742
Holiday (Billie) MUSIK 790 f.
Holland (Königreich) HERRSCHER 274
– LAND 419
Hölle RELIG 314, 314
Hollerith (Hermann) ENTDECK 886
Holly (Buddy) MUSIK 794
Holm (Hanya) TANZ 798
Holocaust RELIG 307
Hologramm ENTDECK 904
Holographie ENTDECK 900, 907
Holst (Gustav) MUSIK 775
Holstein-Gottorp (Haus) HERRSCHER 274
Holstein-Sonderburg-Glücksburg (Familie) HERRSCHER 273
Holweck (Fernand) ENTDECK 894
Holz FLORA 175
– WIRTSCH 628, 628
Holzblasinstrumente MUSIK 784, 786
Holzschneidekunst ENTDECK 856
Homer GESCH 202
– LIT 743
– RELIG 294
Home Rule GESCH 248, 250
– LAND 405
Homo erectus UNIV 63, 63

1249

REGISTER

Homo habilis UNIV 63, *63*
Homöismus RELIG 316
Homo oeconomicus WIRTSCH 573
Homöopathie ENTDECK 870
– MED 1002
Homosphäre UNIV 50
Homunkulus ENTDECK *862*
Hondschoote (Schlacht bei) GESCH 244
Honduras KUNST 733
– LAND 541
Honegger (Arthur) MUSIK 775
Honen Shonin RELIG 351
Hong Fan RELIG 348
Honig ERNÄHR 1052 f., *1053*
Honiganzeiger FAUNA 73
Honigbiene FAUNA *111*
Honigdachs FAUNA 73
Honigmelone ERNÄHR 1043, *1043*
Honigtau ERNÄHR 1053
Hontañón (Rodrigo Gil de) KUNST *709*
Hooke (Robert) ENTDECK 862 f.
Hoover (Herbert C.) MEDIEN 926
Hopfen ERNÄHR 1060
Hopi VOLK 371
Hopjes ERNÄHR 1052
Hoplit UNIF *1160*
Hoplon UNIF 1160
Hopper (Dennis) FILM 807
Horaz LIT 743
Hörgerätefachmann MED 983
Horizont [Boden] UNIV 54
Horkheimer (Max) PHIL 835
Hormon ENTDECK 893, 896, 904
– MED 949, *949*, 1006
Horn MUSIK 786
Hörnerhaube MODE *1150*
Horney (Karen) PHIL 824
Hornhaut MED *949*
Hornisse FAUNA 112, *112*
Horowitz (Vladimir) MUSIK *785*
Horrorcomics LIT 760
Horta (Victor) KUNST 722
Horton (Lester) TANZ 798
Hör- und Fernsehrundfunk MEDIEN 928
Horus RELIG 290, *290*
Horyuji KUNST *691*
Hosenrock MODE 1156
Hos-hana Rabba KALENDER 189
Hoste (Julius) MEDIEN 916
Hot-Dog SPORT 1118
Hotis (H. G.) MEDIEN 918
Hottentotten VOLK 360
Houdon (Jean-Antoine) KUNST *717*
Houngan RELIG 339
Hounsfield (Godfrey Newbold) ENTDECK 906
Houphouët-Boigny (Félix) GESCH 255
– LAND 465
Houppelande MODE *1150*
Hoxha (Enver) GESCH 254
– LAND 447
Hoyle (Fred) ENTDECK 900
Hoysala (Dynastie) GESCH 231, 233
– HERRSCHER 278
Hrabanus Maurus GESCH 226
Hsi-Hsia GESCH 235
Hsi-Hsia (Dynastie) GESCH 231
Hsing-i SPORT 1090, *1090*
Hsün-tzu → Xunzi
Huacas RELIG 303
Huangdi (Huang-ti) RELIG 348
Huascarán (Park des) KUNST 735
Huaxteken (Huasteken) VOLK 371
Huayna Cápac GESCH 239
Hubbard (Gletscher) UNIV 48
Hubble (Edwin) ENTDECK 896, *896*
– UNIV 18, 20
Hubble-Diagramm UNIV *18*
Hubble-Teleskop UNIV *21*
Hubertusburg (Frieden von) GESCH 244
Hubley (John) FILM 817
Hubschrauber ENTDECK 898
Huch (Ricarda) HIST. WERKE 847 f.
Hudson (Henry) GESCH 243
Hudsonwald FLORA 144
Huei VOLK 380
Huei → Hui
Huf FAUNA 91
Hufeisennase, Große FAUNA 127
Hufeisennase, Kleine FAUNA *100*
Huflattich FLORA *173*
Hufschmied FAUNA 91, *91*
Hügellandstufe FLORA 157
Hugenottenkriege GESCH 240
Hughes (David Edward) ENTDECK 886
Hughes (J.) ENTDECK 906
Hugo (Victor) HIST. WERKE 848
– LIT 743, 755, *755*
– THEATER 768
Hugo Capet HERRSCHER 262
– LAND 418

Huhn ERNÄHR 1025, *1025,* 1032
– FAUNA 93
Hühnerstall ERNÄHR *1032*
Hui RELIG 337
– VOLK 380
Hui Shi PHIL 837
Huitzilopochtli GESCH 237
– RELIG 302 f.
Huizi → Hui Shi
Huizinga (Johan) HIST. WERKE 844
Hūlāgū GESCH 234
Hull (Clark Leonard) PHIL 824
Hüllenspelze ERNÄHR *1010*
Hüllkelch FLORA 139
Hülse FLORA 140
Hülsenfrüchte ERNÄHR 1019
Hulst (Hendrik van de) ENTDECK 900
Humair (Daniel) MUSIK 790
Humanismus HIST. WERKE 842
– PHIL 820, 831
Humanwissenschaften (Geschichte der) PHIL 825, 827
Humanwissenschaften (Werke der) PHIL 820-824, 826, 828 f.
Humboldt (Alexander von) ENTDECK 872
Humboldt (Wilhelm von) PHIL 824
Hume (David) PHIL 824
Hummel FAUNA *111*
Hummer ERNÄHR 1039
– FAUNA *109*
Humpen STILE *1142*
Humphrey (Doris) TANZ 798, 803
Humphrey (Doris) TANZ 798, 803
Humus FLORA 148
Hunabku RELIG 302
Hund ENTDECK 851
– FAUNA 78-83, *78*, 114, 121
Hund, Großer UNIV 16
Hundeartige FAUNA 78
Hundekurve FORMEL 1207, *1207*
Hundeohren MODE *1154*
Hunderassen FAUNA 79
Hundertjähriger Krieg GESCH 236, 238
Hundert-Tage LAND 403, 421
Hundstage KALENDER 180
Hunger ORGINT 649
Hungerblümchen FLORA *166*
Hunnen GESCH 211, 220
– LAND 419
Hunnen, hephtalitische GESCH 221
Hunt (Walter) ENTDECK 880
Hurd (Earl) FILM 817
Hürdenlauf SPORT *1076*
Hus (Jan) GESCH 238
– LAND 441
– RELIG 323, 329
Husain (Sohn Alis) RELIG 337
Husain II. (von Jordanien) GESCH 254
Husainiden (Familie) GESCH 245
Husar UNIF *1165*
Hu Shi PHIL 837
Hu Shih → Hu Shi
Husserl (Edmund) PHIL 824
Huston (John) FILM 807, *807,* 815, *815 f.*
Hut MODE 1151, *1156*
Hutu VOLK 360
Huxley (Aldous) LIT 743
Huygens (Christiaan) ENTDECK 862 f.
– ENTDECK 864
Huysmans (Joris-Karl) LIT 743, 757
Hyäne FAUNA 72, *100*
Hyazinthara FAUNA *103*
Hyazinthe FLORA *168*
hydropneumatische Federung ENTDECK 902
Hydrotropismus FLORA 135
Hygiene MED 958, 967 f.
Hyksos GESCH 199 f.
– HERRSCHER 257
Hypatiuschronik HIST. WERKE 842
Hyperbel FORMEL *1207*
Hyperbel (Gleichung) FORMEL 1207
Hyperbelfunktion FORMEL 1203
Hyperdulie RELIG 319
Hypergonar FILM 812
hyperkalorisch [Diät] MED 972
Hyperlipidämie MED 980
Hypogäum KUNST 679
Hypoglykämie MED 997
Hypophyse MED 949, 950
– UNIV 60
Hypostylon RELIG 292
Hypostylos (Saal) RELIG 344
Hypothalamus MED 948, 949
Hypothermie MED *987*
hypsometrische Kurve UNIV 40

I

IAA → Internationales Arbeitsamt
IAEO → Internationale Atomenergie-Organisation
Iamblichos PHIL 825
IAO → Internationale Arbeitsorganisation
IATA → International Air Transport Association
Iban VOLK 395
Ibéromaurusien GESCH 197
Ibibio VOLK 360
Iblis RELIG 335
Ibn al-Arabi PHIL 825
Ibn Badjdja → Avempace
Ibn Chaldun HIST. WERKE 842
– PHIL 830
Ibn Gabirol → Avicebron
Ibn Ruschd → Averroes
Ibn Sabin PHIL 830
Ibn Sina → Avicenna
Ibn Tufail PHIL 825, 830
Ibo VOLK 360
Ibrahim Pascha GESCH 246
Ibsen (Henrik) LIT 742, 743
ICAO → Internationale Zivilluftfahrtorganisation
ICE (amerikanische Sonde) ENTDECK 908
Ich PHIL 833, 839
Ich-Ideal PHIL 839
Ichspaltung PHIL 838
Ichthyosaurier UNIV 60, *61*
Ichthyostega UNIV 59, *59*
Icres (Fernand) THEATER 768
IDA → Internationale Entwicklungsorganisation
Id al-fitr RELIG 336
ideale Zahlen ENTDECK 880
Ideal-Ich PHIL 839
Idealismus PHIL 820
Idealtheorie ENTDECK 886
Iden KALENDER 182
Identifizierung PHIL 839
Ideogramm GESCH 200, *200*
Ideographie (Schrift) ZEICHEN 1218
Ideologie PHIL 838
Idfu GESCH 206
Idjma RELIG 335
Idlewild KUNST 727
Idoma VOLK 360
Idris Alaoma GESCH 241
Idrisiden GESCH 225
IFC → Internationale Finanzkorporation
Ife GESCH 231
Ifriqiya GESCH 223
– LAND 452
Ifugao VOLK 395
Igala VOLK 360
Igbo → Ibo
Igel FAUNA 98
Ignatius von Antiochia RELIG 315
Ignatius von Loyola (Heiliger) RELIG *326*
Igoroten VOLK 395
Iguaçu UNIV 44
Iguazú KUNST 732
Ihram RELIG 336, *336*
Ijaw VOLK 360
Ijo VOLK 360
Ikhlas RELIG 335
Ikonen RELIG 327 f.
Ikonographie HIST. WERKE *841*
Ikonoklasmus GESCH 224
– RELIG 316, 323
Ikonoskop ENTDECK 898
– MEDIEN 926
Iktinos GESCH 204
Ilias GESCH 202
– RELIG 294 f.
Ilkhane GESCH 234, 236
Illich (Ivan) PHIL 825
illyrische Provinzen LAND 447
ILO → Internationale Arbeitsorganisation
Imad al-Din Zangi GESCH 232
Imaginalscheiben FAUNA 75
Imaginäre (das) PHIL 839
Imamat RELIG 337
Imamiten → Zwölferschiiten
IMF → Internationaler Währungsfonds
Imhotep ENTDECK 852 f.
– KUNST 682
Imkerei ERNÄHR 1053
immergrüne Wälder FLORA 143
Immigration WIRTSCH 572
IMO → Internationale Schiffahrtsorganisation

Imperialismus PHIL 832, 838
Impetigo MED 997
Impetus ENTDECK 859, 861
Impfplan FAUNA 81, 86
Impfung ENTDECK 871, 886
– MED 980
Importe FORMEL 1212
– WIRTSCH 588
Impressionismus KUNST 724
Improvisation [Jazz] MUSIK 792
Impuls FORMEL 1194
Inani RELIG 351
Incipit MUSIK 783
Incroyable MODE *1154*
Index, statistischer FORMEL 1210
Indianapolis SPORT 1126
Indianer ENTDECK *369 f.*, *370 f.*, *372 f.*
Indien HERRSCHER 278 f., *278*
– KUNST 692
– LAND *505*, 503-505
– MEDIEN 920
– RELIG *337*, 342 f., 345, 347
– VOLK 378
– WIRTSCH 571
Indigopflanze FLORA *169*
Indikator (geochemischer) UNIV 33
Indiktionsära KALENDER 179
Indischer Ozean UNIV 46
Indiscret STILE *1145*
Individualismus PHIL 820
Indoarier GESCH 203
Indochina (Krieg) GESCH 255
– LAND 512
indo-griechisch (Dynastie) HERRSCHER 278
Indonesien LAND *516*, 515 f.
– MEDIEN 936
– RELIG *337*, *337*
Induktanz FORMEL 1197
Induktion PHIL 820
Induktion, elektromagnetische FORMEL 1197
Induktivität FORMEL 1197
Induskultur GESCH 197, 199, 203, 205
– KUNST 675
Industrie WIRTSCH 599
Industriealkohol ERNÄHR 1069
Industriediamant ENTDECK 902
Industrieländer WIRTSCH 593 f.
Industrieländer und Entwicklungsländer WIRTSCH 592
industrielle Reservearmee PHIL 838
industrielles Wachstum WIRTSCH *594*
Industrieroboter ENTDECK *910*
Industrieträger MEDIEN 944
Industrieunternehmen WIRTSCH 602
Indy (Vincent d') MUSIK 775
Infanterie UNIF 1163 f., *1166*
Infanterist UNIF *1158, 1160,* 1164, *1164*
Infektionskrankheiten [Hund] FAUNA 82
Infibulation VOLK 354
Infinitesimalrechnung ENTDECK 865
Inflation WIRTSCH 576, 598
Influenzelektrizität ENTDECK 868
Informatik ENTDECK 904
Information MEDIEN 932
Informationstheorie MEDIEN 944
infradianer Rhythmus MED 952
Ingemann (Bernhard Severin) HIST. WERKE 847
Ingersoll (Simon) ENTDECK 886
Ingres (Jean Auguste Dominique) KUNST 724
Inguschen VOLK 387
Ingwer ERNÄHR 1048
– FLORA *174*
Initiation RELIG 338, *338*
Inka GESCH 233, 239
– LAND *556*, 560
– RELIG 302, *302*
Inlandeis UNIV 41, 48
Innereien ERNÄHR 1029
Innovation WIRTSCH 576
Innozenz III. RELIG *321*
Innozenz VII. RELIG 321
Inönü (Ismet) GESCH 252
In Salah UNIV 53
insei-System HERRSCHER 279
Insekten FAUNA 72, 110 f., 123
– FLORA 142
Insel UNIV 47
Inserent MEDIEN 942-944
Insert FILM 816
Instanz [Psyche] PHIL 839
Instita MODE *1149*
Instrumentalmusik MUSIK 781
Insulin ENTDECK 896, 902, 907
– MED 949, 1006
Integral FORMEL 1203
Intellektualismus PHIL 820
Intelligenz FAUNA 98
– MED 950
– ORGINT 672
– UNIV 63

1250

REGISTER

Interamerikanische Entwicklungsbank (IDB) ORGINT 663
Interferenz ENTDECK 872, *872*, 874
— FORMEL 1191
Interferometer ENTDECK 889 f.
Interferon ENTDECK 907 f.
Interlagos SPORT 1126
Interleukin 2 ENTDECK 908
International Air Transport Association (IATA) ORGINT 650
Internationale GESCH 250
— PHIL 833
Internationale Arbeitsorganisation (IAO/ILO) ORGINT 650
Internationale Atomenergie-Organisation (IAEA/IAEO) ORGINT 649
Internationale Bank für Wiederaufbau und Entwicklung WIRTSCH 604
— ORGINT 649
Internationale Bewegung der Rot-Kreuz-Gesellschaften und der Roter-Halbmond-Gesellschaften ORGINT 667
Internationale Energieagentur ORGINT 660
— WIRTSCH 615
Internationale Entwicklungsorganisation (IDA) ORGINT 649
Internationale Fernmelde-Union (ITU) MEDIEN 926
— ORGINT 650
Internationale Finanzkorporation (IFC) ORGINT 649
Internationale Föderation für Menschenrechte ORGINT 668
Internationale Gesellschaft für Menschenrechte ORGINT 668
Internationale Liga für Menschenrechte ORGINT 668
Internationaler Fonds für landwirtschaftliche Entwicklung (IFAD) ORGINT 649
Internationaler Gerichtshof (IGH) ORGINT 642, 646
internationaler Handel WIRTSCH 588, *588,* 589
Internationaler Rundfunk-Verband MEDIEN 926
Internationaler Verband der Zeitungsverleger MEDIEN 925
Internationaler Währungsfonds (IWF/IMF) ORGINT 649
— WIRSCH 604
Internationales Arbeitsamt (IAA) ORGINT 650
Internationales Büro für die Zeit ENTDECK 894
Internationale Schiffahrtsorganisation (IMO) ORGINT 650
Internationales Jahr des Kindes ORGINT 652
Internationales Komitee vom Roten Kreuz ORGINT 667
Internationales Olympisches Komitee (IOK) MEDIEN 935
— SPORT 1074 f.
Internationales Rotes Kreuz GESCH 248
Internationales Währungssystem WIRTSCH 590
Internationale Tennismeisterschaften SPORT 1092
Internationale Union für Naturschutz (IUCN) FAUNA 125
— ORGINT 670
Internationale Zivilluftfahrtorganiastion (ICAO) ORGINT 650
Internodium FLORA *137*
Interpol ORGINT 653
Interregnum (großes) GESCH 234
Intersex FAUNA 74
interstellare Materie UNIV *13, 14*
Intervall [Meteorologie] UNIV 56
Inti RELIG 302
Intrauterinpessar MED *955*
intrazonale Böden UNIV 54
Introjektion PHIL 839
Intrusivgestein UNIV 30
Intrusivgestein → Plutonite
Inuit VOLK 370, *371*, 372
Inuit → Eskimo
Invar ENTDECK 890
Investition WIRTSCH 582
Investitionsquote WIRTSCH 582
Investiturstreit GESCH 230, 232
— RELIG *321*
Investmentzertifikat FORMEL 1211
In-vitro-Fertilisation ENTDECK 909
— MED *1005, 1005*
Io [Satellit] UNIV *9, 9*
Ion FORMEL 1189
Ionesco (Eugène) LIT 743
— THEATER 769, *769*

Ionosphäre ENTDECK 892
— UNIV 50
Ippon SPORT 1090
IRA GESCH 254
— LAND 405
Irak KUNST 734
— LAND 498 f., *498*
Irak (Museum des) KUNST 736
Iran LAND 499
— RELIG *337*, 352
Iran, alter (Dynastien) HERRSCHER 258 f., *258*
— KUNST 734, 681
Irenäus RELIG 315
Irene (Kaiserin) GESCH 224
Iribe (Paul) STILE *1146*
Iridiumgehalt UNIV 61
Iridologie MED *1003*
Iris MED *949*
Iris-Blende FILM 817
Irischer Wolfshund FAUNA *80*
Irland LAND 405, *404* f.
— RELIG 301, 332
Irokesen VOLK 372
Ironbridge ENTDECK 870
— KUNST 735
irrationale Zahlen ENTDECK 886
irreguläre Galaxie UNIV 18
Isabella THEATER 765
Isabella I. (von Kastilien) LAND 435
Isabella II. (von Spanien) GESCH 248
— LAND 435
isaurisch (Dynastie) GESCH 224
Ischias MED *1000*
Ischtar RELIG 293
Ise (Tempel von) KUNST *691*
— RELIG 351
Isfahan KUNST *689*, 734
Isidor von Milet KUNST *688*
Isis RELIG 290, *290* f.
Islam GESCH 223, 225
— HERRSCHER 280-282
— KUNST 689
— ORGINT 670
— PHIL 830
— RELIG 333-339, 342, 346, 352
Islamische Entwicklungsbank ORGINT 664
Islamische Konferenz ORGINT 664
Islamische Weltliga ORGINT 670
Island LAND 409
Ismail I. GESCH 240
— RELIG 337
Ismailiten RELIG 337
Ismail Pascha GESCH 248
Isobare UNIV 56
Isoglucose ERNÄHR *1013, 1051*
Isolator (Körper) FORMEL *1195*
Isolierung PHIL 839
Isomer, Isomerie ENTDECK 878
— FORMEL 1190
Isotop UNIV 33
Isotop, Isotopie ENTDECK 892, 894
Isozaki Arata KUNST 727
Isra RELIG 333
Israel LAND 496, *496*
— RELIG 304, 308, 310
— WIRTSCH 570
Israel (Königreich) GESCH 200
Israelischer Weltverband ORGINT 670
Issos GESCH 204
Istanbul KUNST 735
Italien FILM 811
— GESCH 240, 248
— HERRSCHER 264 f., *264*
— KUNST 734
— LAND *426,* 426
— MEDIEN 918, 922 f., 929, 931, 934, 942
— MUSIK 782, 787
— WIRTSCH 580
Italienisches Rohr FLORA *176*
italienische Weine ERNÄHR *1067, 1067*
Italien-Rundfahrt SPORT 1130
Italiker (Volk) RELIG 298
Itelmen VOLK 387
Itelmen → Kamtschadalen
ITU → Internationale Fernmelde-Union
Itzamná RELIG 302
IUCN → Internationale Union für Naturschutz
Ives (Charles) MUSIK 775
Ives (F. E.) MEDIEN 915
Iwan III. LAND 437
Iwanow (Lew Iwanowitsch) TANZ 798
Iwanowo (Kloster von) KUNST 732
Iwerks (Ub) FILM 817
IWF → Internationaler Währungsfonds
Iwo Jima HIST. WERKE *845*
Ixchel RELIG 302

J

Jabne RELIG 306
Jabroudien GESCH 196
Jacketkrone MED 978
Jackpot SPIEL *1182*
Jackson (Jesse) VOLK 376
Jackson (Jonathan und George) VOLK 376
Jackson (Michael) MUSIK 794
Jacob (François) ENTDECK 904
Jacob-Desmalter STILE *1144*
Jacobi (Carl) ENTDECK 876
Jacobi (Moritz Hermann von) ENTDECK 878
Jacobsen (Arne) STILE *1147*
Jacquard (Joseph Marie) ENTDECK 870, 872
Jacques-Dalcroze (Émile) TANZ 803
Jade UNIV 29
Jagd ERNÄHR *1034*
Jagdfasan FAUNA 123
Jagdschein ERNÄHR *1034*
Jahr KALENDER 178, 180, 184
Jahre, normale KALENDER 189
Jahre, überzählige KALENDER 189
Jahreszeiten KALENDER *178* f.
Jahrhundert KALENDER 178
Jahrhundertwende (Jahr der) KALENDER 178
Jahwe RELIG 305
JAI → Jüdische Agentur für Israel
Jainismus GESCH 203
— RELIG 341
Jajoi-Periode GESCH 207
Jakob I. [König von England] LAND 402
Jakobiten RELIG 328
Jakobsmuschel ERNÄHR *1038, 1038*
Jakobson (Roman) PHIL 825, 836
Jakobus d. Ä. (Sohn des Zebedäus) RELIG 311
Jakobus d. J. RELIG 312
Jakobus d. J. (Sohn des Alphäus) RELIG 311
Jakuten VOLK 387
Jalta (Konferenz) GESCH 252
— LAND 438
— ORGINT 642
Jamaika LAND 546
Jamaika (Konferenz von) [1976] WIRTSCH 591
Jambusenbaum FLORA *161*
James (Henry) LIT 743
James (William) PHIL 825
James I. (König von England) GESCH 198
Jamison (Judith) TANZ 801, *801*
Jamswurzel ERNÄHR *1019, 1019*
Janáček (Leoš) MUSIK 775
Jancsó (Miklós) FILM 807
Janet (Pierre) PHIL 825
Janitscharen GESCH 246
Jankélévitch (Vladimir) PHIL 825
Jansky (Karl) ENTDECK 898
Janus RELIG 299
Japan GESCH 221
— HERRSCHER 279 f., *280*
— KUNST 691
— LAND 524, 523-525
— MEDIEN 930
— RELIG 346 f., 351
— THEATER 770
— WIRTSCH 580, *580*
Japanische Blütenkirsche FLORA *170*
Japanische Mahonie FLORA *168*
Japanische Quitte FLORA *169*
Jarai VOLK 380
Jarama SPORT 1126
Jaroslaw der Weise HERRSCHER 271
Jarrett (Keith) MUSIK 790
Jarry (Alfred) LIT 743
— THEATER 769
Jaruzelski (Wojciech) GESCH 254
Jarvik (Robert K.) ENTDECK 908
Jasdgird III. (Ära) KALENDER 179
Jasmin FLORA *176*
Jason RELIG 294
Jaspers (Karl) PHIL 825
Jaß SPIEL *1174*
Jasset (Victorin) FILM 815
Jat VOLK 380
Jathrib RELIG 333
Jaundé-Abkommen ORGINT 659
Jaurès (Jean) HIST. WERKE 843 f.
— MEDIEN 915, 917
Javamensch GESCH 195
Jayavarman II. GESCH 227
Jayavarman VII. GESCH 233
Jazz MUSIK 788-792
Jean Bodel THEATER 764

Jeanne d'Arc (Johanna von Orleans) LAND 420
Jebero VOLK 372
Jefferson (Thomas) KUNST *719*
Jefferson Airplane MUSIK 794
Jehuda Ha-Nasi (Rabbi) RELIG 306
Jekuno Amlak GESCH 235
Jelängerjelieber FLORA *167*
Jemen LAND 491
— RELIG 337
jemenitische Siedlung VOLK 382
Jena (Schlacht von) [1806] LAND 421
Jenner (Edward) ENTDECK 870 f.
Jeres → Sherry
Jerewan VOLK *386*
Jericho GESCH 196
— KUNST *679*
Jerusalem GESCH 200, 202, 210, 213, 222, 230, 232, 234
— RELIG 307, *307*, 328
Jesaia KUNST *701*
Jeschiwa, Jeschiwot oder Talmudschule RELIG 309
Jesse (Stamm von) RELIG *311*
Jesu (Gesellschaft) RELIG 326
Jesuitenmissionen KUNST 732
Jesus Christus GESCH 213
— KALENDER 179
— RELIG 311 f., 319, 323, 335
Jet Streams UNIV 51
Jeu de Paume SPORT 1092
Jeune-France THEATER 768
Jevons (William Stanley) PHIL 833
JHWH RELIG 305
Jíbaro VOLK 372
Jiddisch RELIG 308
jieqi KALENDER 191
Jin (Dynastie) GESCH 229
Jin oder Kin (Dynastie) GESCH 233
Jiu-Jitsu SPORT 1090
Jívaro VOLK 372
Jnana-marga RELIG 343
Jockey SPORT *1123*
Jockey SPORT 1090
Jod ENTDECK 874
Jodan SPORT 1090
Jodo-shu RELIG 350 f.
Joffroy (René) KUNST 675
Johanan ben Zakkai RELIG 306
Johann II., der Gute GESCH 236
Johann IV. LAND 433
Johann VI. LAND 433
Johanna von Orléans GESCH 238
Johannes (Apostel) RELIG 311 f., *315*
Johannes XII. (Papst) GESCH 254
Johannes XXIII. (Gegenpapst) RELIG 321, *322,* 323
Johannes Chrysostomos GESCH 219
— RELIG 315
Johannes (der Priester) LAND 455
Johannes der Täufer GESCH 213
— RELIG 311
Johannes Eriugena PHIL 828
Johannes Paul II. GESCH 254
Johannes Paul II. RELIG 322, 323
Johannisbeere ERNÄHR *1043, 1043*
— FLORA *160*
Johanniskraut FLORA *168, 173*
Johanniterorden ORGINT 671
Johann ohne Land GESCH 234
Johannssen (Wilhelm Ludwig) ENTDECK 893
Johns (Jasper) KUNST 737
Johnson (James P.) MUSIK 790
Johnson (Lyndon B.) GESCH 256
Johnson (W.) ENTDECK 904
Joint European Torus (JET) ENTDECK 908
Joinville (Jean de) HIST. WERKE 842
Jokichi (Takamine) ENTDECK 892
Joliot-Curie ENTDECK 898
Jolivet (André) MUSIK 775
Jolson (Al) FILM 812
Jom Kippur oder Versöhnungstag KALENDER 189
— RELIG *307* f., 309
Jomon-Kultur GESCH 197
Jones (Donald) ENTDECK 894
Jones (Edward D.) MEDIEN 923
Jones (Elvin) MUSIK 790
Jones (Ernest) PHIL *823,* 825
Jones (Inigo) GESCH 198
— KUNST *713*
Jones (Quincy) MUSIK 790
Jonson (Ben) LIT 743
Jooss (Kurt) TANZ 798
Joplin (Janis) MUSIK 794
Joplin (Scott) MUSIK 790
Jordanien KUNST 734
— LAND 499
Joruba VOLK 366
Josef I. LAND 433
Josef II. LAND 422
Josefismus LAND 422
Joseph (Vater Jesu) RELIG 312
Josephson (Brian David) ENTDECK 904

1251

REGISTER

Josephus Flavius HIST. WERKE 841
– RELIG 307, 311
Jouffroy d'Abbans (Claude) ENTDECK 870, 875
Joule (James Prescott) ENTDECK 880
Jourdain (Gebrüder) MEDIEN 916
Journalismus, Journalist MEDIEN 921
Jovian GESCH 218
jovianische (Dynastie) HERRSCHER 261
Joyce (James) LIT 742, 743
Juckreiz MED 957, 995
Judäa GESCH 208, 210, 213
Judasbaum FLORA 170
Judas Iskariot RELIG 311 f.
Juden GESCH 208, 212, 214
– ORIENT 670
– RELIG 304-310
Juden im Mittelalter (Philosophie) RELIG 308
Judentum RELIG 304-310
Jüdische Agentur für Israel ORIENT 670
jüdische mittelalterliche Philosophie PHIL 830, 831
Jüdischer Weltkongreß (WJC) ORIENT 670
Judo SPORT 1091
Judogi SPORT 1090
jue (Gefäßform) KUNST 690
Jue-che → Juezhi
Juezhi GESCH 208
Jugendstil KUNST 722
– STILE 1146
Juglar (Clément) PHIL 825
– WIRTSCH 574
Jugoslawien KUNST 735
– LAND 445 f.
– RELIG 328
Jugurtha GESCH 209
Jukagiren VOLK 387
Julia (gens) RELIG 298
Julian GESCH 218 f.
Juliana LAND 416
Julianisch (Ära, Epoche) KALENDER 179, 183
Julianisch (Jahr) KALENDER 183
Julianischer Kalender ENTDECK 854
Julirevolution GESCH 246
– MEDIEN 915
julisch-claudische (Dynastie) HERRSCHER 260
Jullian (Camille) HIST. WERKE 843 f.
Jumièges (Abteikirche von) KUNST 699
Jung (Carl Gustav) PHIL 825, 834, 834
Jungfer im Grünen FLORA 167
Jungfernzeugung FAUNA 74
Jungfrau Maria → Maria
Jungtürken GESCH 250
Juni (Juan de) KUNST 707
Juno RELIG 298 f., 299
Juno [Asteroid] ENTDECK 873
Juno [Stern] UNIV 11
Jupiter RELIG 298 f., 299
Jupiter [Planet] UNIV 6, 6, 8 f., 8 f.
Jura ERNÄHR 1065
Jurançon ERNÄHR 1065
Juri Wladimirowitsch Dolgoruki HERRSCHER 271
Jurte VOLK 381
Jussieu (Antoine Laurent de) FLORA 129, 129
Justaucorps MODE 1152
Justin RELIG 315
Justinian GESCH 220 f., 220
– HERRSCHER 261
Jute FLORA 175
– WIRTSCH 627
Juvarra (Filippo) KUNST 719
Juvenal LIT 743
Juventas RELIG 299

K

Kaaba RELIG 333, 333
Kabardiner VOLK 388
Kabbala RELIG 306
Kabelfernsehen MEDIEN 928, 930, 939
Kabeljau ERNÄHR 1035, 1037
– FAUNA 108
Kabinett [Möbel] STILE 1139
Kabinettschrank STILE 1140
Kabre VOLK 360
Kabuki THEATER 770, 770
Kabylen VOLK 360
Kabylischer Kleiber FAUNA 118, 118
Kachin VOLK 380
Kádár (Janos) LAND 445
Kadazan → Dusun
Kadjaren GESCH 244
– HERRSCHER 259

Kaffa VOLK 360
Kaffee ERNÄHR 1056
– WIRTSCH 610, 610
Kaffeekanne STILE 1141
Kaffeekirsche ERNÄHR 1056
Kaffeepflanze ERNÄHR 1056
Kaffernbüffel FAUNA 101
Kafka (Franz) LIT 743, 743
Kagel (Mauricio) MUSIK 775
Kahn (Gustave) LIT 757
Kahn (Jean-François) MEDIEN 922
Kahn (Louis Isidore) KUNST 727
Kaim (Al-) HERRSCHER 280
Kaiman FAUNA 105
Kaingang VOLK 368
Kaiphas GESCH 213
Kairo KUNST 736
Kaiser, chinesische (Namen der) HERRSCHER 276
Kaiser (Georg) LIT 758
Kaiserchronik HIST. WERKE 842
Kaisergranat ERNÄHR 1039, 1039
Kaiserkrone FLORA 166
Kaiserling FLORA 162
Kaiserreich, zweites HERRSCHER 263
Kajak SPORT 1112
Kakadu (Nationalpark) KUNST 732
Kakao ERNÄHR 1054
– WIRTSCH 610, 610
Kakaobaum ERNÄHR 1054, 1054
Kakaobohne ERNÄHR 1054, 1054
Kakaobutter ERNÄHR 1054
Kakaofrucht ERNÄHR 1054, 1054
Kaktus FLORA 154
Kalam PHIL 830
– RELIG 334
Kalasiris MODE 1148, 1148
Kalat Beni Hammad KUNST 732
Kalb ERNÄHR 1025 f., 1026
Kaledoniden UNIV 27
Kalenden KALENDER 182
Kalender KALENDER 178-192
Kalender, ägyptischer KALENDER 180, 180
Kalender, altgriechischer KALENDER 180
Kalender, babylonischer KALENDER 180
Kalender, chinesischer KALENDER 191
Kalender, christlicher KALENDER 186
Kalender, ewiger KALENDER 185, 185, 189
Kalender, fester KALENDER 184
Kalender, gallischer KALENDER 183
Kalender, hinduistischer KALENDER 190
Kalender, islamischer KALENDER 189
Kalender, jüdischer KALENDER 188
Kalender, Julianischer KALENDER 182
Kalender, kambodschanischer KALENDER 190
Kalender, koptischer KALENDER 187
Kalender, laotischer KALENDER 190
Kalender, römischer KALENDER 182
Kalender, tamilischer KALENDER 191
Kalender, universaler KALENDER 186
Kaliä → Kariben
Kali die Schwarze RELIG 342
Kalifat, Kalifen HERRSCHER 280
– RELIG 337
Kalifornien FLORA 145
Kalifornischer Kondor FAUNA 126
Kalifornischer Mohn FLORA 167
kalifornische Weine ERNÄHR 1068
Kalila wa Dimna LIT 743
Kaliña VOLK 369
Kalinga VOLK 395
Kalium ENTDECK 872
– FLORA 141
– UNIV 14
Kalk ENTDECK 851
Kallias (Frieden von) GESCH 204
Kallinikos von Heliopolis ENTDECK 856
Kalmar ERNÄHR 1038
– FAUNA 109, 115
Kalmarer Union GESCH 236
– HERRSCHER 273 f.
– LAND 406, 408, 410
Kalmücken VOLK 387
Kalmus (Herbert T.) FILM 812
kalorienreduziert (Nahrungsmittel) MED 973
Kalorimeter UNIV 4
Kälte MED 987
Kältekonservierung ERNÄHR 1046
Kalu Rin-po-che RELIG 350
Kamakura (Ära der) HERRSCHER 279
– RELIG 346, 351
Kamasutra LIT 749
Kamba VOLK 360
Kambium FLORA 136
Kambodscha LAND 513
– RELIG 340, 345, 347
Kambrium UNIV 58
Kamel FAUNA 100
Kamelie FLORA 168
Kamera ENTDECK 896
– FILM 816

Kamera, elektronische MEDIEN 927
Kamerabewegungen FILM 816
Kamerlingh Onnes (Heike) ENTDECK 892, 894
Kamerun KUNST 732
– LAND 470
– RELIG 339
Kami RELIG 351
Kamikaze GESCH 235
Kamille FLORA 172
Kami no michi RELIG 351
Kamm ERNÄHR 1029
Kamm [Fleischstück] ERNÄHR 1027
Kamm [Schlachterei] ERNÄHR 1026
Kammerspiel FILM 812
Kamm-Muschel ERNÄHR 1038
Kammolch FAUNA 106
Kampaku HERRSCHER 279
Kampanien GESCH 206
Kampfsportarten SPORT 1090
Kamtschadalen VOLK 387
Kanaan GESCH 200
– RELIG 304 f.
Kanaaniter GESCH 198, 200
Kanada HERRSCHER 275
– KUNST 732
– LAND 533-535, 534
– MEDIEN 919, 929, 931, 936, 939
– MUSIK 787
– RELIG 328, 332
– WIRTSCH 580
Kanadagans FAUNA 123
Kanaga RELIG 338
Kana (Hochzeit von) RELIG 319
Kanaken VOLK 395
Kanami THEATER 770
Kanapee STILE 1146
Kanarienvogel FAUNA 96
kandierte Frucht ERNÄHR 1052, 1053
Kandinsky (Wassily) KUNST 728
Kandiszucker ERNÄHR 1051
Kanem GESCH 227, 231, 235, 237
– LAND 460
– RELIG 339
Känguruh FAUNA 100, 121
Kangxi oder K'ang-hsi GESCH 243, 245
Kaninchen ERNÄHR 1025, 1033
– FAUNA 93, 93
Kanishka RELIG 345
Kannenpflanze FLORA 138
Kannibalismus PHIL 838
Kano (Königreich) GESCH 239, 243
Kanon der Medizin ENTDECK 857
Kanone ENTDECK 858
Kanoniker RELIG 326
Kanonisches Recht RELIG 317, 322
Känozoik UNIV 27
Känozoikum (Erdzeitalter) → Tertiär
Kansa VOLK 372
Kant (Immanuel) PHIL 825, 825
Kantakuzenos (Dynastie) HERRSCHER 261
Kantate MUSIK 780
Kante SPORT 1118
Kanu SPORT 1112
Kanu-Kajak SPORT 1112
Kanuri VOLK 360
Kanva (Dynastie) GESCH 211
– HERRSCHER 278
Kap der Guten Hoffnung GESCH 243
Kapern ERNÄHR 1049
Kapetinger HERRSCHER 262
Kapetinger (Dynastie) GESCH 228, 230, 236
Kapillaren (Gefäße) ENTDECK 862
Kapital PHIL 838
Kapitalbilanz FORMEL 1212
Kapitalismus PHIL 832, 838
– WIRTSCH 592
kapitalistisch (Länder) WIRTSCH 592
Kapitalmarkt WIRTSCH 584
Kapitalverkehr FORMEL 1212
Kapitol GESCH 204
– RELIG 298
Kapitolinische Museen (Rom) KUNST 737
Kapitolinische Wölfin RELIG 298
Kaplan (Viktor) ENTDECK 894
Kapotthut mit Nackenschleier MODE 1155
Kappadokien UNIV 43
Kappen-Formationsspringen SPORT 1132, 1132
Käppi UNIF 1166
Kapp-Putsch GESCH 250
Kapsel FLORA 140
Kapuze MODE 1150
Kapuziner RELIG 326
Kap Verde LAND 462
Kapwein ERNÄHR 1067
Karabinerhaken SPORT 1134
Karadjordjević LAND 446
Karaffe STILE 1144
Karagöz THEATER 771, 771

Karaiben VOLK 369
Karaiben → Kariben
Karakalpaken VOLK 388
Karakoyunlu GESCH 238
Karambolabaum FLORA 161
Karamojong VOLK 360
Karamsin (Nikolaj) HIST. WERKE 843
Karat UNIV 29
– WIRTSCH 624
Karate SPORT 1090, 1090
Karatschaier VOLK 388
Karavelle ENTDECK 858
Karbon (Wälder des) UNIV 59
Kardamom ERNÄHR 1048
– FLORA 174
Kardinal, Kardinäle RELIG 317
Kardiner (Abram) PHIL 825
Kardioide FORMEL 1207, 1207
kardiovaskuläre Krankheiten MED 961, 980, 988, 997
Karelien LAND 407
Karelier VOLK 388
Karen VOLK 380
Karettschildkröte, unechte FAUNA 105
Karfreitag RELIG 319
Kariben VOLK 369
Karibische Gemeinschaft oder CARICOM ORIENT 663
Karibischer Gemeinsamer Markt ORIENT 663
Kariera VOLK 395
Karies MED 968, 968
Karikatur MEDIEN 923
Karl I. LAND 443
Karl III., der Dicke GESCH 226
Karl IV. von Luxemburg GESCH 236
– HERRSCHER 269
Karl V. GESCH 240
– HERRSCHER 269, 288
Karl VII. GESCH 238
– UNIF 1162
Karl VIII. GESCH 238
Karl IX. MODE 1151
Karl X. LAND 421
Karl XIV. LAND 409
Karl von Anjou GESCH 235
– HERRSCHER 264
Karl der Große GESCH 224, 226
– HERRSCHER 262, 264, 284 f.
Karl der Kahle GESCH 226
Karl der Kühne GESCH 238
Karl Friedrich von Schleswig-Holstein-Gottorp HERRSCHER 272
Karl Martell GESCH 224
– HERRSCHER 262, 284
Karlowitz (Frieden von) [1699] GESCH 242
– LAND 445
Karlsbad FILM 818
Karlskirche (Wien) KUNST 718
Karlstein (Schloß zu) KUNST 706
Karma RELIG 341, 343
Karma-marga RELIG 343
Karmaten GESCH 228
Karmeliter RELIG 326
Karmeliterinnen RELIG 326
Karnak GESCH 290, 290, 292, 292
Kärnten LAND 422
Karo SPIEL 1174
Karo (Josef) RELIG 308
Karok VOLK 372
Karolinger GESCH 226
– HERRSCHER 262, 264, 269, 284 f., 284
Karolingisch KUNST 698
Karotin FLORA 162
Karotte ERNÄHR 1040
– FLORA 159
Karpfen ERNÄHR 1036, 1036
– FAUNA 108
Karpfenfische FAUNA 95
Karree [Schlachterei] ERNÄHR 1026
Kartäuser (Orden) RELIG 326
Kartäuserkatze FAUNA 85
Kartenlesekunst KUNST 1175
Kartenspiele SPIEL 1174-1179
Kartoffel ERNÄHR 1018, 1018, 1069
– FLORA 137, 159
– WIRTSCH 608, 608
Kartoffelkäfer FAUNA 110
Karwoche RELIG 319
Karyopse FLORA 140
Kasachen VOLK 388
Kasanlak KUNST 732
Kasantzakis (Nikos) LIT 743
Kaschmir RELIG 343
Käse ERNÄHR 1022
– MED 971
Kasein ERNÄHR 1020 f.
Kasinospiele SPIEL 1180, 1181
Kasperle THEATER 771
Kassageschäft WIRTSCH 584

REGISTER

Kassem (Abd al-Karim) GESCH 254
Kassiopeia UNIV 17
Kassiterit UNIV 28
Kaste RELIG 340, 341
– VOLK 354
Kastilien HERRSCHER 266
Kastilien und León HERRSCHER 266
Kasuarinen FLORA 131
Katakomben GESCH 212
Katalaunische Felder (Schlacht) GESCH 220
– LAND 418
Katalonien HERRSCHER 266
Katalyse ENTDECK 876, 878, 892
katalytische Hydrierung ENTDECK 890
Katamaran SPORT 1114
Katar LAND 489 f.
Katastrophenhilfe ORGINT 652
Katastrophentheorie ENTDECK 906
Katechumenat RELIG 320
Katharina II. LAND 437
Katharismus, katharische Häresie RELIG 316, 321, 323
Katharsis PHIL 838
Kathmandu (Tal von) KUNST 734
Kathodenstrahlen ENTDECK 891
Katholikos RELIG 328
Katholische Aktion RELIG 322
katholische Kirche RELIG 317-325, 326
Katholische Könige HERRSCHER 266
katholische Theologie RELIG 323
Kation FORMEL 1189
Katschin VOLK 380
Katsina GESCH 243, 245
Katta FAUNA 98
Katz (Elihu) PHIL 825
Kätzchen FLORA 139
Katze FAUNA 84-86, 114
– MED 966
Katzenartige FAUNA 84
Katzenhai ERNÄHR 1037
– FAUNA 107
Katzenkrallen MED 966
Katzenleukose FAUNA 86
Katzenschnupfen FAUNA 86
Kaudinische Pässe GESCH 204
Kaugummi ERNÄHR 1045, 1072
kaukasische Sprachen VOLK 389
Kauliflorie FLORA 143
Kaulquappe FAUNA 75
Kausalität (Kausalprinzip) PHIL 820
Kautschuk ENTDECK 898
– WIRTSCH 629, 629
Kautschukbaum (Hevea) ENTDECK 866
Kautsky (Karl) PHIL 833
Kavallerie FAUNA 90
– UNIF 1164
Kaviar ERNÄHR 1035
Kavirondo VOLK 360
Kaw VOLK 377
Kawa VOLK 385
Kawabata Yasunari LIT 743
Kawatake Mokuami THEATER 770
Kay (John) ENTDECK 866
Kayah → Karen
Kazan (Elia) FILM 808
Kazembe (Königreich) GESCH 245
Kaziranga-Nationalpark FAUNA 128
– KUNST 734
Kazumi Kurigami MEDIEN 941
Keaton (Buster) FILM 808, 813, 813
Keck-Teleskop UNIV 22, 23
Kefir ERNÄHR 1020
Kegelprojektion UNIV 25
Kegelschnecke FAUNA 112
Kegelschnitte (Gleichungen) FORMEL 1207
Kehle ERNÄHR 1029
Keil ENTDECK 851
Keilschrift ENTDECK 851
– KUNST 674, 683
– RELIG 293
Keimblatt FLORA 140
Keirin SPORT 1129
Kekrops RELIG 296
Kelchblatt FLORA 139
Keller (Gottfried) LIT 743
Kelly (Gene) FILM 805, 813
Kelten LAND 402, 418, 434
– RELIG 301
Keltern ERNÄHR 1062
Kelvin (Lord) ENTDECK 877, 880, 880
Kemal (Mustafa Atatürk) HERRSCHER 280
– GESCH 250, 252
Kemény (Zsigmond) HIST. WERKE 848
Kendall (Edward Calvin) ENTDECK 900
Kendo SPORT 1090, 1090
Kenia FLORA 157
– LAND 476 f.
Kennedy (John F.) ENTDECK 905
– GESCH 256
– MEDIEN 926
Kennelly (Arthur Edwin) ENTDECK 892

Kenton (Stan) MUSIK 790
Kenyatta (Jomo) GESCH 256
– LAND 477
Keoladeo (Nationalpark) KUNST 734
Kepler (Johannes) ENTDECK 860, 861
Keramik ENTDECK 851, 908
– KUNST 679
Kerbel ERNÄHR 1049
Kerbela RELIG 337
Kerberos RELIG 296
Kerkouane KUNST 735
Kern [Atom] UNIV 2, 2
Kern [der Galaxis] UNIV 13
Kern [der Sonne] UNIV 7
Kern [Zell-] ENTDECK 878, 889
Kernenergie ORGINT 649, 654
– WIRTSCH 618, 618
Kernfrucht, zusammengesetzte FLORA 140
Kernreaktion ENTDECK 898 f.
Kernreaktor ENTDECK 900 f.
Kernspaltung ENTDECK 898 f.
Kernspinresonanzspektroskopie (NMR) ENTDECK 906, 908
Kernspintomographie MED 1005, 1005
Kerouac (Jack) LIT 743
Kerschensteiner (Georg) PHIL 825
Kerygma RELIG 311
Kerynitische Hirschkuh RELIG 294
Kesselhaube UNIF 1162
Ketschua VOLK 374
Kette mit beweglichen Gliedern ENTDECK 876
Ketubim RELIG 304
Keule ERNÄHR 1026
Keulenärmel MODE 1154, 1156
Kevlar ENTDECK 908
Keynes (John) ENTDECK 825, 835
Keynesianismus PHIL 835
k. g. V. FORMEL 1199
Khajuraho KUNST 734
Khalkha VOLK 380
Khami KUNST 735
Kharia VOLK 380
Khasa VOLK 384
Khasa → Pahari
Khilji HERRSCHER 278
Khmer LAND 510, 513
– VOLK 380
Khmer, Rote GESCH 255
Khmu VOLK 380
Khoin-Khoin VOLK 360
Khoin-Khoin → Hottentotten
Khomeini GESCH 255
– RELIG 352
Khomeini (Ruhollah) LAND 501
Khond VOLK 381
Khoran (Har Gobind) ENTDECK 904
K'iang VOLK 384
K'iang → Qiang
Kichererbsen ERNÄHR 1041
Kiebitz FAUNA 103
Kiefer FLORA 144, 144, 157
Kieferorthopädie MED 968, 978
Kiel (Vertrag von) LAND 406, 409
Kierkegaard (Sören) PHIL 825
Kiew (Staat) GESCH 226
– HERRSCHER 271, 271
– LAND 436
Kilimandscharo FLORA 133
– UNIV 43
Kilogramm ENTDECK 888
Kilojoule MED 970
Kilokalorie MED 970
Kilwa (Sultanat) GESCH 233
Kimbangu (Simon) RELIG 338
Kimberlit UNIV 31
Kimono SPORT 1090
Kimono → Judogi
Kind MED 959, 979, 982
Kinderkrankenschwesternhelferin MED 983
Kindersterblichkeit WIRTSCH 562
Kinemacolor FILM 812
kinetische Gastheorie ENTDECK 886
Kinetographie → Labanotation
Kinetose → Bewegungskrankheit
King (Martin Luther) VOLK 376
King Kong FILM 814, 814
Kinks (The) MUSIK 794
Kino, Kinematograph ENTDECK 890, 891
– MEDIEN 935, 943
Kinopanorama FILM 812
Kiowa VOLK 372
Kipling (Rudyard) LIT 743
Kippa VOLK 309
Kipping (Stanley) ENTDECK 900
Kirch (Leo) MEDIEN 938
Kirche (Gemeinschaft der Gläubigen) RELIG 311, 315
Kirchengemeinde RELIG 331
Kirchenjahr RELIG 319
Kirchen, lutherische ORGINT 670
Kirchenprovinz RELIG 317

Kirchenslawisch RELIG 328
Kirchenstaat HERRSCHER 265
– LAND 428
– RELIG 321
Kirchenstaaten GESCH 224
Kirchenväter RELIG 315
Kirdi VOLK 361
Kiribati LAND 530 f.
Kirle (Roland) MUSIK 792
Kirow-Ballett TANZ 801
Kirsche ERNÄHR 1042, 1042
– FLORA 160
Kisch GESCH 198
Kishipoten RELIG 351
Kissen-Lava UNIV 31
Kissi VOLK 361
Kitan GESCH 229, 231
Kitchin WIRTSCH 574
Kitty Hawk ENTDECK 893
Kiwi [Frucht] ERNÄHR 1043, 1044
– FAUNA 102
Klaft MODE 1148
Klagemauer RELIG 307
Klammeraffe FAUNA 98
Klan VOLK 354
Klansystem VOLK 354
Klapperschlange FAUNA 106
Klaproth (Martin Heinrich) ENTDECK 870
Klarinette MUSIK 786
Klasse FAUNA 66
Klassenkampf PHIL 832, 838
Klassifikation (Tier- und Pflanzenreich) ENTDECK 866
klassifikatorische Verwandtschaft VOLK 354
Klassifizierung FLORA 129
Klassiker (die fünf chinesischen) RELIG 349 f.
Klassik, klassisch (Epoche) MUSIK 781
Klassizismus STILE 1143
Kleber ERNÄHR 1010, 1013 f.
Kleiber, kabylischer FAUNA 118 118
Kleid MODE 1150, 1152
Kleie [von Weizen, Reis] ERNÄHR 1010, 1012, 1014
Klein (Felix) ENTDECK 886
Klein (Melanie) PHIL 825, 834
Klein (Yves) KUNST 737
Kleinanzeigen MEDIEN 925
Kleinarmenien GESCH 236
Kleinasien LAND 429
Kleine Hufeisennase FAUNA 100
Kleiner Alexandersittich FAUNA 123
Kleiner Leuchtkäfer FAUNA 114
Kleines Fahrzeug → Hinayana
Kleinhirn ENTDECK 876
Kleinkaliber SPORT 1085, 1085
kleinstes gemeinsames Vielfaches (k. g. V.) FORMEL 1199
Kleinzentrale mit automatischer Vermittlung ENTDECK 888
Kleist (Ewald J. von) ENTDECK 866 f.
– THEATER 769, 771
Kleist (Heinrich von) LIT 743
Kleitman (N.) ENTDECK 902
Klemens VII. (Gegenpapst) RELIG 321
Klementine GESCH 210
Klemmkeil SPORT 1134
Kleopatra GESCH 210
Klepash MODE 1148
Klettern SPORT 1134, 1135 f.
kletternde Sproßachse FLORA 136
Kleuber (Herbert) MEDIEN 938
Klima UNIV 52, 53
Klima, äquatoriales UNIV 52
Klima, mediterranes UNIV 52
Klima, ozeanisches UNIV 52
Klima, polares UNIV 52
Klima, subtropisches UNIV 52
Klima, tropisches UNIV 52
Klimaboden UNIV 54
Klimax FAUNA 122
Klimaxboden UNIV 54
Klinger (Max) KUNST 723
Klio (Muse) GESCH 210
Klippschliefer FAUNA 98
Klitoris MED 953
Kljutschewskij (Wassilij) HIST. WERKE 844
Klonierung ENTDECK 907 f.
Klopstock LIT 743
Klotz (August) PHIL 833
Kluana (Nationalpark) KUNST 732
Klystron ENTDECK 898
Knäkente FAUNA 104
Knallgasgebläse ENTDECK 872
Knaus-Ogino-Methode MED 955
Kniehose MODE 1152
Knoblauch ERNÄHR 1049
– FLORA 159
Knochen KUNST 677

– MED 951, 951
Knochenbruch MED 986
Knochendünnung ERNÄHR 1027
Knochenfische ERNÄHR 1035
Knochenmark MED 951
Knock-down SPORT 1087
Knock-out SPORT 1087
Knolle FLORA 137
Knollenblätterpilz FLORA 164
– MED 965
Knollensellerie FLORA 159
Knollp (M.) ENTDECK 898
Knorpel MED 951
Knorpelfische ERNÄHR 1035
Knospe FLORA 136, 137
Knossos GESCH 200
– KUNST 675, 684
Knoten FLORA 137
Knox (Charles) STILE 1146
Knox (John) RELIG 331
Knut I. GESCH 230
Knut I. der Große LAND 406, 410
Knut II. HERRSCHER 273
Knut der Große LAND 402
Ko VOLK 377
Koala FAUNA 100
Koan RELIG 351
Koaxialkabel MEDIEN 939
Kobalt ENTDECK 866
– WIRTSCH 622
Kobra FAUNA 106
Koch (Robert) ENTDECK 886, 888
Köcherfliege FAUNA 75
Kodály (Zoltán) MUSIK 775
Koenig (F.) MEDIEN 914
Koffein ERNÄHR 1055 f.
Koffeinismus ERNÄHR 1056
Koffka (Kurt) PHIL 834
Kofun GESCH 216, 221, 221
Koguryo (Königreich) GESCH 219
Kohl ERNÄHR 1040
– FLORA 158
Kohle ORGINT 654
– WIRTSCH 619
Kohlemikrophon ENTDECK 886
Kohlendioxid ENTDECK 868
– MED 962
Kohlenhydrate MED 969
Kohlenmonoxid MED 962, 965
kohlensäurehaltiges Fruchtsaftgetränk ERNÄHR 1057
kohlensäurehaltiges Getränk ERNÄHR 1057
Kohlensäure-Maische-Gärung ERNÄHR 1062
Kohlenstoffaser ENTDECK 904
Kohlenstoffisotop C 14 ENTDECK 900
Kohlenstoffnuklid C 12 ENTDECK 904
Kohlenwasserstoffe FORMEL 1190
Köhler (Georges) ENTDECK 906
Köhler (Wolfgang) PHIL 834
Kohlweißling FAUNA 111
Koilon (der) THEATER 762
Kojiki HIST. WERKE 841
Koka SPORT 1090
Kokain MED 963
Kokand GESCH 209
Kokardenblume FLORA 167
Kokkolith UNIV 30
Koko VOLK 361
Kokospalme ERNÄHR 1017
Koldewey (Robert) KUNST 675
Kolff (Willem Frank) ENTDECK 900
Kolibri FAUNA 104
Kolkrabe FAUNA 121, 121
Kollaps, großer UNIV 20
Kölliker (Albert von) ENTDECK 889
Kollisionsbeschleuniger UNIV 4
Kolmogorow (Andrej) ENTDECK 898
Kolonie [Vögel] FAUNA 72, 73
Kolosseum KUNST 212
– KUNST 686
Kolumbien KUNST 732
– LAND 550, 550
Kolumbus (Christoph) ENTDECK 858
– GESCH 238 f.
Koma MED 994
Kombination FORMEL 1199
Kombu ERNÄHR 1039
Komet UNIV 11, 11
Komi VOLK 388
Komi-Permjaken VOLK 390
Kommensalismus FAUNA 73
Kommode STILE 1141, 1143, 1146
Kommunikation MEDIEN 913, 944
– FAUNA 70
Kommunismus PHIL 838
– RELIG 340, 350
– WIRTSCH 592
kommunistische (Partei) PHIL 833
Kommunistische Partei der UdSSR HERRSCHER 272
Komnenen (Dynastie) GESCH 230, 232
– HERRSCHER 261
Komödie THEATER 762

1253

REGISTER

Komodowaran FAUNA 119
Kom-Ombo RELIG *291*
Komoren LAND 487
Komplex PHIL 838
komplexe Variable ENTDECK 874
komplexe Zahlen ENTDECK 872
Komposition (Jazz) MUSIK 792
Kompott ERNÄHR 1053
Kompromißbildung PHIL 838
Kompromiß,
  österreichisch-ungarischer (1867)
  LAND 445
Komputus KALENDER 186
Konarak KUNST 734
Konchieren ERNÄHR 1054
Kond VOLK 381
Kondensator ENTDECK 864, 868
Kondensator (elektrischer) ENTDECK
  866 f.
– FORMEL *1195, 1195*
Kondor, Kalifornischer FAUNA 126
Kondratief WIRTSCH 574
Konfekt ERNÄHR 1052
Konferenz über manschliche
  Siedlungen (HABITAT) ORGINT 652
Konfitüre ERNÄHR 1053
Konföderierte Staaten von Amerika
  GESCH 249
Konformationsanalyse ENTDECK 904
Konfusion (Jahr der) KALENDER 183
Konfuzianismus GESCH 205
– PHIL 837
– RELIG 350, 352
Konfuzius GESCH 205
– LAND 519
– PHIL 822
– RELIG 349 f., *349*
Konglomerat UNIV 30
Kongo GESCH 237, 239, 241
– LAND 471, 472
– VOLK 361
kongregationalistische (Kirchen) RELIG
  332
Kongreßpartei GESCH 252
Kong Souen-long → Gongsun Long
Königgrätz (Schlacht bei) GESCH 248
Königlich Dänisches Ballett TANZ 801
Königreich der beiden Sizilien
  HERRSCHER 265
Königsberger Brückenproblem FORMEL
  1201
Königsboa FAUNA 106
Königskerze FLORA *171*
Koninklijke Bibliotheek van België
  [Brüssel] LIT 750
Konjunktur WIRTSCH 574
Konjunkturforschung WIRTSCH 574
Konjunkturzyklus WIRTSCH 574
Konklave RELIG 317
Konquistadoren RELIG 302
Konservendose ENTDECK 873
Konservierungsstoff ERNÄHR 1047
Konservierungsverfahren ERNÄHR
  1046 f.
Konsistorium RELIG 317, 331
Konso VOLK 361
Konsoltisch STILE *1142 f.*
Konsonant ZEICHEN 1218 f.
Konstantin der Große GESCH 216, 218
– KUNST 701
Konstantin II. GESCH 218
Konstantin V. GESCH 224
Konstantin VII. Porphyrogenetes
  GESCH 228
Konstantin IX. Monomachos GESCH
  230
konstantinische (Dynastie) HERRSCHER
  260 f.
Konstantinopel GESCH 219-222, 230,
  238, 248
– HERRSCHER 261
– KALENDER 179
– RELIG 313, 316, 323, 327 f.
Konstantius I. KUNST 701
Konstantius II. GESCH 218 f.
Konstanz (Konzil von) RELIG 321, 323
Konstruktion [Psychoanalyse] PHIL
  839
Konstruktivismus THEATER 769
Konsubstantiation RELIG 330
Konsum WIRTSCH 582
Konsumgesellschaft WIRTSCH 581
Konsumquote WIRTSCH 581
Kontaktbridge SPIEL *1177*
Kontaktmetamorphose UNIV 31
Konter SPORT *1086*
Konter oder Block (Volleyball) SPORT
  1107
kontinentale Kruste UNIV 32
Kontinentalsockel UNIV 46
Kontinentalsperre GESCH 246
Kontinentalverschiebung UNIV 35
Kontinentalverschiebungstheorie
  ENTDECK 894, *895*
– UNIV 35

Konto FORMEL 1213
Kontraktbridge SPIEL *1176*
Konvektionszellen UNIV 35
Konvektionszone UNIV 7
Konventionalismus PHIL 820
Konvergenz FAUNA 67, 100
Konvertibilität [der Währungen]
  WIRTSCH 590
Konzentration MEDIEN 924 f.
– WIRTSCH 576, 599, 601
Konzentrationslager GESCH 252
Konzentrieren ERNÄHR 1046
Konzeptualismus PHIL 820, 831
Konzert MUSIK 775, 781, 784
Koordinaten ENTDECK 860
Koordinaten, astronomische UNIV *21*
Koordinaten (kartesische) FORMEL 1204
Koordination, astronomische UNIV *21*
Kopernikus MEDIEN 936
– ENTDECK 860 f.
Kopffüßer UNIV 61
Kopfgrind MED 1000
Kopfsalat ERNÄHR 1040
– FLORA *158*
Kopfstoß SPIEL 1184
Kopra ERNÄHR 1017
Köprülü (Familie) GESCH 242
Kopten RELIG 328
Koraisch (Stamm) LAND 488
– RELIG 333
Korallen FAUNA 72, 114
– UNIV 29
Koran PHIL 830
– RELIG 333-335, *334*
Korb (Basketball) SPORT 1104
Körbchen FLORA *139, 139*
Körbe FLORA *176*
Korbweide FLORA 176
Kore RELIG *294 f.*
– LAND 525
– RELIG 340, 347
Koreakrieg GESCH 255
Koriander ERNÄHR 1049
– FLORA *172*
Korinth GESCH 202, 208
Korjaken VOLK 388
Kormoran FAUNA *102*
Korn (A.) MEDIEN 915
Kornberg (Arthur) ENTDECK 904
Kornelkirsche FLORA *168*
Körnermais ERNÄHR 1011
Korona UNIV 7
Koronograph ENTDECK 896
Körper FORMEL 1199
Körpergröße/Gewicht MED *958*
Körpertemperatur MED 948
Korrektor ZEICHEN 1223
Korrekturfahne ZEICHEN 1223
Korsch (Karl) PHIL 833
Korund UNIV 29
Koryo (Staat) GESCH 229
Kosinus FORMEL 1202
Kosmee FLORA *168*
kosmische Hintergrundstrahlung
  ENTDECK 904
kosmische Strahlung ENTDECK 894
Kosmologie UNIV *20*
Ko-soto-gake SPORT *1091*
Ko-soto-gari SPORT *1091*
Kossel (Walther) ENTDECK 894
Kossuth (Lajos) LAND 445
Kosten einer Zeitung MEDIEN *925*
Kostenrechnung FORMEL 1215
Koster (Henry) FILM 812
Kosterlitz (H.) ENTDECK 906
Kota VOLK 360
Kotangens FORMEL 1202
Kotel RELIG *307*
Kotelett ERNÄHR 1026 f.
Koto (Kunst der) KUNST *696*
Kotoko VOLK 361
Kotor (Gebiet von) KUNST 735
Kotosch GESCH 199
Kousseri (Schlacht von) LAND 460
Koxinga GESCH 243
Koyré (Alexander) HIST. WERKE 845
– PHIL 825
Kpelle VOLK 361
Kraepelin (Emil) PHIL 825
Kräfte (Engel) RELIG 314
Kräfte, mechanische FORMEL 1194
Kraftfahrzeugdichte WIRTSCH *640*
Krak des Chevaliers GESCH *232*
Krake ERNÄHR 1038
Krake (Achtfüßer) FAUNA *109, 117*
Krampfadern MED *957,* 1001
Kranfahrt FILM 816
Kranich FAUNA 127
Krankengymnastik MED 1007
Krankenhaus MED 984
Krankensalbung oder Letzte Ölung
  RELIG 320

Krankenschwester, Krankenpfleger
  MED 983
Krankheiten MED 988-1001
Krankheiten [Hund] FAUNA 81, 82
Krankheiten [Katze] FAUNA 86
Krankheiten (Vögel) FAUNA 97
Krater UNIV 10
Krätze MED *966,* 996
Kraulschwimmen SPORT *1110*
Krebs ENTDECK 907, 910
– MED 961, 980, 993 f., 1004
Krebse ERNÄHR 1035
Krebsschwanz MODE *1155*
Krebstiere ERNÄHR 1039
– FAUNA 109, 123
Kreditaufnahme FORMEL 1216
Kreditinstitute FORMEL 1211
Kreditschöpfung WIRTSCH 583
Kreis (Gleichung) FORMEL 1207
Kreisel STILE *1140*
Kreiselkompaß ENTDECK 894
Kreisky, Bruno LAND 423
Kreta KUNST 684
– LAND 430
Kreuz SPIEL 1174
Kreuz (Heraldik) ZEICHEN *1230, 1230*
Kreuz- (Verwandtschaft) VOLK 354
Kreuz des Südens UNIV 13, *13,* 16
Kreuzigung RELIG *313*
Kreuzkraut FLORA 157
Kreuzkümmel ERNÄHR 1049
Kreuzotter FAUNA 118
Kreuzworträtsel SPIEL 1183
Kreuzzug, Kreuzfahrer GESCH 234
Kreuzzug, Kreuzritter GESCH 230, 232
– UNIF 1162
Krickente FAUNA 120
Kricket SPORT 1099
kriechende Sproßachse FLORA 136
Krieg, chinesisch-japanischer
  (1894–1895) GESCH 249
Krieg, deutsch-französischer
  (1870–1871) GESCH 248
Krieg Großbritannien-Afghanistan
  GESCH 246
Krieg, indisch-pakistanischer GESCH
  255
Krieg, italienisch-äthiopischer
  (1935–1936) GESCH 253
Krieg, Italienisch-Türkischer
  (1911–1912) GESCH 251
Krieg, österreichisch-preußischer
  GESCH 248
Krieg, Russisch-Japanischer GESCH 251
Krieg, russisch-türkischer GESCH 248
Krieg, Spanisch-Amerikanischer GESCH
  249
Kriege, englisch-birmanische GESCH
  249
Kriege, israelisch-arabische GESCH 254
Kriegsspiel SPIEL 1183
Kriegsverletzte ORGINT 667
Kriek ERNÄHR 1061
Kriminalfilm FILM 815
Krimkrieg GESCH 248
– LAND 437
Krinoline MODE *1154, 1155*
Krippe RELIG *312*
Krise von 1970–1980 WIRTSCH 576
Krise [wirtschaftlich] WIRTSCH 597 f.,
  600
Krishna RELIG 343
Kristall UNIV 28
Kristallgitter UNIV 28
kristallin [Zustand] UNIV 28
Kristallographie ENTDECK 870
Kristallsystem, hexagonales UNIV *28*
Kristallsystem, kubisches UNIV *28*
Kristallsystem, monoklines UNIV *28*
Kristallsystem, tetragonales UNIV *28*
Kristallsystem, triklines UNIV *28*
Kroatien LAND 444, 446
Kroeber (Alfred) PHIL 825
Krokodil FAUNA 112, 119, 121
– UNIV 60
Krokus FLORA *166*
Kroll (Lucien) KUNST 727
Krone (Heraldik) ZEICHEN *1230, 1230*
Krone [Zahn] MED 978
Kronecker (Hugo) ENTDECK 886
Kronleuchter STILE *1143*
Kronlichtnelke FLORA *168*
Kronos RELIG 294
Krösus GESCH 202 f.
Kru VOLK 361
Krummstab RELIG *318*
Kruste, kontinentale UNIV 32
Krustenechse FAUNA 112
Kryometrie ENTDECK 888
Kryptogamen (blütenlose Pflanzen)
  FLORA 129 f.
Krypton ENTDECK 890
Kryptozoologie FAUNA 118
Ksatriya RELIG *341*

Ktesiphon GESCH 214
Kuan-yin RELIG 346
Kuba GESCH 243
– KUNST 732
– LAND 544, *544*
– VOLK 361
Kubilai Khan GESCH 235
– VOLK 382
kubisches Kristallsystem UNIV *28*
Kubismus KUNST 728, 730
– STILE 1146
Kubrick (Stanley) FILM 808, *814*
Kuckuck [Vogel] FAUNA *70,* 104
kufische Schrift RELIG 334
Kugel (Fleisch) ERNÄHR 1027
Kugel (Gleichung) FORMEL 1207
Kugelkoordinaten FORMEL 1205
Kugelschreiber ENTDECK 898, 902
Kugelstoßen SPORT *1076, 1077*
Kuh FAUNA 72
Kuherbse ERNÄHR 1019
Kühlung ERNÄHR 1046
Kühn (Joachim) MUSIK 790
Kuhreiher FAUNA 73
Küken ERNÄHR 1032
Kulaken LAND 438
Kulikowo (Schlacht von) [1380] LAND
  437
Kultur VOLK 354
Kulturanthropologie VOLK 354
Kulturelement PHIL 837
Kulturrevolution LAND 521
– RELIG 350
Kultur- und Naturerbe der Welt KUNST
  732-735
Kumaragupta GESCH 221
Kumis ERNÄHR 1020
Kümmel FLORA *172*
Kummer (Ernst Eduard) ENTDECK
  880
Kumran RELIG 304
Kumüken VOLK 389
Kundalavana (Konzil von) RELIG 345
Kundera (Milan) LIT 743
Kung-Fu SPORT 1090
Kunkel (L.) ENTDECK 908
Kunst, kinetische KUNST 731
Kunst, technologische KUNST 731
Kunstfaser ENTDECK 888
– WIRTSCH 625, *625*
Kunsthistorisches Museum (Wien)
  KUNST 737
künstlerischer Leiter MEDIEN 944
künstliche Befruchtung, in vitro
  ENTDECK 870
künstliche Bestäubung FLORA 142
künstliche Intelligenz ENTDECK 900
künstliche Niere ENTDECK 900
künstliches Herz ENTDECK 908
Kunstmuseum (Basel) KUNST 736
Kunstskilaufen SPORT 1118
Kunststoffe WIRTSCH 629, *629*
Kunst und Wahnsinn PHIL 833
Kuo min-tang GESCH 251, 252
Kupfer WIRTSCH 622
Kuppelhütte VOLK 359
Kürassier UNIF 1164
Kürbis ERNÄHR 1041
– FLORA *159*
Kurden, Kurdistan VOLK 381
Kurienkongregationen RELIG 317
Kurie (römische) RELIG 317, *317, 322*
Kurkuma FLORA *174*
Kurosawa Akira FILM 808
Kurs FORMEL 1212
– WIRTSCH 584
Kurszettel FORMEL 1212
– WIRTSCH 585
Kurtzman (Harvey) MEDIEN 923
Kurukh VOLK 383
Kurve SPORT *1121*
Kurve, hypsometrische UNIV *48*
Kurzsichtigkeit MED *949*
Kusch LAND 461
Kuschiten GESCH 203
Kushana GESCH 213
– HERRSCHER 258
Küstenseeschwalbe FAUNA 71
Küstenstrom UNIV 49
Kütschük Kainardschi (Vertrag von)
  GESCH 244
– LAND 437
Kutteln ERNÄHR 1031
Kuwait LAND 491
Kwakiutl VOLK 372
Kwashiorkor MED 961
Kyalami SPORT 1126
Kyaxares GESCH 202
Kybele RELIG 300
Kybernetik ENTDECK 900
Kykladenkunst KUNST 684
Kylián (Jiří) TANZ 798
Kynoskephalai (Schlacht von) [197]
  LAND 430

1254

REGISTER

Kynoskephales (Schlacht bei) GESCH 208
Kyogen THEATER 770
Kyrene GESCH 203
– KUNST 734
Kyros der Jüngere GESCH 204
Kyros II. GESCH 202

L

Lab ERNÄHR 1021
Labanotation oder Kinetographie TANZ 798, 798
Laban (Rudolf von) TANZ 798, 803
Labdanum FLORA 146
Labiche (Eugène) LIT 743
– THEATER 768
Labmagen ERNÄHR 1028
Laborant MED 983
Laborit (Henri) ENTDECK 902
Labrador FAUNA 79
Labriola (Antonio) PHIL 833
Labrousse (Ernest) HIST. WERKE 844
Labrouste (Henri) KUNST 722
La Bruyère (Jean) LIT 743
Labyrinth oder Innenohr MED 949
La Caille (Nicolas Louis de) ENTDECK 866, 868
Lacan (Jacques) PHIL 825, 825, 834, 836
La Cava (Gregory) FILM 813
Lacerna UNIF 1161
Lachgas ENTDECK 880
Lachs ERNÄHR 1035 f., 1037
– FAUNA 71, 107
Lachsfische ERNÄHR 1035
Lachszucht ERNÄHR 1036
La Cierva y Cordoníu (Juan de) ENTDECK 896
Laclos (Choderlos de) LIT 743
La Condamine ENTDECK 866
Lacoste (René) SPORT 1093
Lacy (Steve) MUSIK 790
Ladakhi VOLK 381
Ladino RELIG 308
Laennec (René) ENTDECK 874
La Fayette (Madame de) LIT 743
La Fontaine (Jean de) LIT 743
Lagasch GESCH 198
Lagerbier ERNÄHR 1061
Lagerlöf (Selma) LIT 743
Lagiden, lagidisch (Dynastie) GESCH 204, 206 f.
– LAND 454
Lagrange (Louis de) ENTDECK 869
Lahore KUNST 735
Lahu VOLK 381
Laing (Ronald) PHIL 825
Lak VOLK 389
Laken VOLK 389
Laktose ERNÄHR 1020
Lakto-Vegetarismus MED 973
Lalibela KUNST 733
Lalique (René) STILE 1146
Lallemand (André) ENTDECK 898
Lalo (Édouard) MUSIK 776
Lamaismus RELIG 347, 350
Lamarck (Jean-Baptiste de) ENTDECK 869, 872 f., 873
La Marsa (Konvention von) [1883] LAND 452
Lamartine LIT 743, 755
Lamas (Mönche) RELIG 346, 347
Lambadi VOLK 377
Lambert (Johann Heinrich) UNIV 25
Lambert (Projektion) ENTDECK 868
Lambesius GESCH 217
Lambeth-Konferenz RELIG 332
Lambic ERNÄHR 1061
Lambris STILE 1141
Lambrusco ERNÄHR 1067
La Mettrie PHIL 825
Lamm ERNÄHR 1026
Lampe STILE 1144-1147
Lamy (François) GESCH 249
Lancaster (Haus) HERRSCHER 268
Land (Edwin Herbert) ENTDECK 900
Land-art KUNST 731
Landberg (Nils) STILE 1147
Länder, ärmste ORGINT 649
Lander (Harald) TANZ 798
Landjäger ERNÄHR 1030
Landois (L.) ENTDECK 890
Landpastete ERNÄHR 1031
Landsat 1 ENTDECK 906
Landschaftsschutzgebiet FAUNA 127
Landsknecht UNIF 1163
Landsteiner (Karl) ENTDECK 890, 898
Landwirtschaft ORGINT 657, 659

– WIRTSCH 593, 606-614
Langdon (Harry) FILM 813
Langer Marsch GESCH 252
Langevin (Paul) ENTDECK 894
Langlauf SPORT 1117
Langley (Samuel Pierpont) ENTDECK 886
Langlois (Charles) HIST. WERKE 843
Langlois (Henri) FILM 812
Langmuir (Irving) ENTDECK 894, 896
Langobarden HERRSCHER 264
Languedoc-Roussillon ERNÄHR 1065
Languste ERNÄHR 1039
– FAUNA 109
Lan Na (Königreich) GESCH 235
Lantian (Mensch) GESCH 195
Lantz (Walter) FILM 817
Lanugobehaarung MED 956
Lan Xang (Königreich) GESCH 237
Lanzettfischchen FAUNA 66
Lao VOLK 381
Laon (Kathedrale von) KUNST 702
Laos LAND 512 f.
– RELIG 347
Lao-tse PHIL 826
Lao Tse RELIG 349
Laozi PHIL 826
– RELIG 349
Lapicque (Louis) ENTDECK 892
Lapilli UNIV 36
Lapislazuli UNIV 29
Lapita (Kultur) GESCH 201
Laplace (Pierre Simon de) ENTDECK 868, 870, 874 f., 874
Lappen ERNÄHR 1027
– LAND 40 6, 407
– VOLK 389, 390
Larbaud (Valery) LIT 744
Lärche FLORA 144
Larche (Raoul) STILE 1146
Laren RELIG 298
Larenschrein RELIG 298
Large Electron Positron Collider (LEP) ENTDECK 906
Lärm MED 964
La Rochefoucauld LIT 744
La Rochelle (Festspiel) MUSIK 776
Larve FAUNA 75
Laryngitis MED 988
Lascaux (Höhle von) KUNST 675, 678
Laser ENTDECK 902, 903
Laskariden (Dynastie) HERRSCHER 261
Las Navas de Tolosa (Schlacht) [1212] LAND 435
– GESCH 234
Laspeyres-Index FORMEL 1210
Lassois, Mont GESCH 205
Lasswell (Harold Dwight) PHIL 826
Late Bottled Vintage ERNÄHR 1067
Lateinamerika ORGINT 663, 666
– RELIG 316, 339
Lateinamerika (gemeinsame Märkte) ORGINT 662, 663
Lateinamerikanische Integrationsvereinigung (ALADI) ORGINT 663
Lateinisches Kaiserreich (von Konstantinopel) GESCH 234
La Tène GESCH 204
Latènezeit KUNST 687
Latenzperiode PHIL 839
Lateran (Konzile) RELIG 320 f., 321, 323
Lateran (Verträge) GESCH 252
– HERRSCHER 265
– LAND 427
– RELIG 321, 322
Laterit UNIV 41
Latimeria UNIV 59
La Tour (Georges de) KUNST 715
Lattuada (Alberto) FILM 811
Laub SPIEL 1174
Laubenvogel FAUNA 116
Laubfrosch FAUNA 106
Laubhüttenfest → Sukkot
Laubwald FLORA 148
– UNIV 55
Laubwälder, sommergrüne FLORA 143, 148
Lauch ERNÄHR 1040
– FLORA 159
Lauda (Niki) SPORT 1127
Laue (Max von) ENTDECK 894
Lauf ERNÄHR 1027
Laufbahn SPORT 1076
Läufigkeit FAUNA 83
Laufvögel FAUNA 68
Laughton (Charles) FILM 808
Laurel und Hardy FILM 813
Laurens (P.) ENTDECK 904
Laurent (Auguste) ENTDECK 878
Laurentius (Heiliger) RELIG 324
Laurentiuschronik HIST. WERKE 842

Laurenziana (Biblioteca) [Florenz] LIT 750
Laus FAUNA 82, 111
– MED 966 f., 967, 999
Lausanne (Vertrag von) GESCH 250
Lausanne (Vertrag von) [1923] LAND 430
Lausanner (Schule) PHIL 833
Lausitzer Slawen VOLK 390
Laussedat (Aimé) ENTDECK 886
Laussel (Venus von) KUNST 678
Lautréamont LIT 744
Lautstärke FORMEL 1193
Lava UNIV 36, 36
La Valetta KUNST 734
Laval (Gustaf de) ENTDECK 886, 888
Lavendel FLORA 172
La Venta GESCH 201
Laveran (Alphonse) ENTDECK 886
Laver (Rodney, genannt Rod) SPORT 1093
Lavigerie (Kardinal Charles Allemand-) RELIG 326
Lavisse (Ernest) HIST. WERKE 844
Lavoisier ENTDECK 868, 870
Lawrence (David Herbert) LIT 744, 745
Lawrence (Ernest Orlando) ENTDECK 896
Lawrowskij (Leonid) TANZ 798
Laxness (Hlldór Kiljan) LIT 744
Layard (Austen Henry) KUNST 675
Lazaret-Grotte GESCH 194
Lazaristen RELIG 326
Lazarsfeld (Paul Felix) PHIL 826
Lazzi THEATER 765
L-Dopa MED 1006
Le (Dynastie) GESCH 239
Leach (Edmund) PHIL 826
Lean (David) FILM 808
Le Bel (Joseph Achille) ENTDECK 886
Leben ERNÄHR 1020
Leben auf der Erde [Entstehung] UNIV 57, 57
Lebendgebärende Kröte FAUNA 106
lebendgebärend [Tier] FAUNA 74
Lebenserwartung MED 961
– UNIV 64
– WIRTSCH 569
Lebensstandard WIRTSCH 573, 638
Leber MED 946
Leberfleck MED 982
Lebermoos FLORA 130, 130
Le Bon (Gustave) PHIL 826
Le Brun (Charles) KUNST 713
Lechfeld (Schlacht) [955] LAND 444
– GESCH 228
Leconte de Lisle (Charles) LIT 744
Le Corbusier KUNST 726
– STILE 1147
Lederhaut MED 948
Lederschildkröte FAUNA 105, 119
Ledoux (Claude Nicolas) PHIL 836
Led Zeppelin MUSIK 794
Lefebvre (Bischof Marcel) RELIG 352
Lefebvre (Georges) HIST. WERKE 844
Lefebvre (Henri) PHIL 826
Lefrançois de Lalande (Joseph Jérôme) ENTDECK 868
Legalisten (Schule der) PHIL 837
Léger (Fernand) KUNST 728, 737
Leghorn [Huhn] FAUNA 93
Le Goff (Jacques) HIST. WERKE 846
Leguan FAUNA 105
Lehár (Franz) MUSIK 776
Lehman (Otto) ENTDECK 890
Lehmbruck (Wilhelm) KUNST 730
Lehn (Jean-Marie) ENTDECK 906
Leibniz (Gottfried Wilhelm) ENTDECK 862
– PHIL 826, 826
Leibrock MODE 1155
Leichenöffnung ENTDECK 858, 860
Leichtathletik SPORT 1076-1081
leichte Kavallerie UNIF 1163
Leidener Flasche ENTDECK 866
Leier [Sternbild] UNIV 17
Leierschwanz FAUNA 104
Lein, Echter FLORA 175
Leinen WIRTSCH 627
Leiris (Michel) LIT 744
Leistenbruch MED 997
Leistung FORMEL 1194
Leistung, elektrische FORMEL 1196
Leistungsbilanz FORMEL 1212
Leistungsfähigkeitsprinzip FORMEL 1216
Leitartikel MEDIEN 918
Leiter (Körper) FORMEL 1195
Leith (Emmet N.) ENTDECK 904
Lejeune (Jérôme) ENTDECK 902
Leleu (Jules) STILE 1146
Le Maire (Jakob) GESCH 243
Lemaître (Frédérick) THEATER 768, 768
Lemaître (Georges) ENTDECK 896
Lemercier (Jacques) KUNST 713

Lémery (Nicolas) ENTDECK 862
Lemming FAUNA 71
Le Monnier (Louis Guillaume) ENTDECK 866, 868
Lemuren RELIG 298
Lemuria RELIG 298
Le Nain (Brüder) KUNST 715
Lenca VOLK 372
Lendenschurz MODE 1148
Lendenstück ERNÄHR 1026
Lendl (Ivan) SPORT 1093
Lenglen (Suzanne) SPORT 1092
Lenin GESCH 250
– HERRSCHER 272
– PHIL 832 f., 832
Lenin (Bibliothek) LIT 750
Leningrad KUNST 736
Leningrad ‹Admiralität› KUNST 722
Leni (Paul) FILM 812
Le Nôtre (André) KUNST 713
Lenz (Gesetz) ENTDECK 878
Lenz (Siegfried) LIT 744
Lenzsche Regel FORMEL 1197
Leo I. (Kaiser) GESCH 220
Leo III., der Isaurier GESCH 224
Leo III. (Papst) GESCH 226
León (Kathedrale von) KUNST 706
León (Provinz) HERRSCHER 266
León (S. Isidoro) KUNST 700
Leonardo da Vinci KUNST 737
Leonardo von Pisa ENTDECK 858, 858
Leoncavallo (Ruggero) MUSIK 776
Leone (Sergio) FILM 808
Leonidas GESCH 204
Leonow (Aleksej) ENTDECK 904 f.
Leontief (Wassily) PHIL 826
León und Galicien (Könige von) HERRSCHER 266
Leopard FAUNA 100
Leopold I. LAND 416
Leopold II. GESCH 249, 251
– LAND 417
Leopold III. LAND 417
Leo XIII. RELIG 322, 322
LEP (Large Electron Positron Collider) ENTDECK 910
– UNIV 4 f., 5
Lepanto (Seeschlacht) GESCH 240
Lepcha VOLK 381
Le Pichon (Xavier) ENTDECK 904
Lepidus GESCH 210
Lépine (Pierre) ENTDECK 902
Lepra ENTDECK 886
– MED 990
Lepraheim ENTDECK 856
Leptis Magna GESCH 215
– KUNST 734
Lepton UNIV 2
leptonisches Zeitalter UNIV 20
Leptospirose FAUNA 82
– MED 966
Lerna (Hydra von) RELIG 294
Leroi-Gourhan (André) KUNST 676, 678
Le Roy (Julien) ENTDECK 866
Le Roy Ladurie (Emmanuel) HIST. WERKE 846
Lesage (Alain René) LIT 744
Lescot (Pierre) KUNST 709
Lescun ERNÄHR 1022
Lesegutaufbereitung ERNÄHR 1063
Leserbefragung MEDIEN 925
Lesgier VOLK 389
Leskem ERNÄHR 1022
Lesotho LAND 481
Lespugue (Venus von) KUNST 678
Lesseps (Ferdinand de) GESCH 249
Lessing (Gotthold Ephraim) LIT 744
Le Tavernier (Jean) GESCH 238
Leto RELIG 295
Leuchtdichtesignal MEDIEN 927
Leuchte STILE 1147
Leuchtkäfer, Großer FAUNA 114, 114
Leuchtkäfer, Kleiner FAUNA 114
Leuchttiere FAUNA 114
Leuchtturm ENTDECK 854
Leukipp ENTDECK 854
Leukippos von Milet PHIL 826
Leukotomie ENTDECK 898
Leutnant UNIF 1158
Levallois-Technik GESCH 194
Levasseur (Émile) ENTDECK 890, 891
Le Vau (Louis) KUNST 713
Le Verrier (Urbain) ENTDECK 880
Levi ben Gerson → Gersonides
Levi Isaak von Berditschew RELIG 309
Levinas (Emmanuel) PHIL 826
Lévi-Strauss (Claude) PHIL 826, 826, 836
Lévite (Kleidungsstück) MODE 1153
Leviten RELIG 307
Levitikus (Buch der Bibel) RELIG 304
Levkoje FLORA 166
Lévy (Lucien) ENTDECK 894
Lévy-Bruhl (Lucien) PHIL 826
Lewin (Kurt) PHIL 826, 834

1255

REGISTER

Lewis (Gilbert) ENTDECK 894, 896
Lewis (Jerry) FILM 808, 813
Lewis (Jerry Lee) MUSIK 794
Lewis (John) MUSIK 790
LeWitt (Sol) KUNST 730
LHC (Large Hadron Collider) UNIV 5
L'Herbier (Marcel) FILM 808
L'Hospital (Guillaume de) ENTDECK 862, 865
Lhuillier (Alberto Ruz) KUNST 675
Li VOLK 381
Liane FLORA 143
Liang (Dynastie) GESCH 221, 229
Liao (Dynastie) GESCH 229, 233
Libanon LAND 495, 495
Libby (Williard Frank) ENTDECK 900
Libelle FAUNA 74, 75, 110, 120
Liber RELIG 299
Liberalismus, liberale Schule WIRTSCH 588
– PHIL 831 f.
Liberia LAND 466
Liberman (Vater) RELIG 326
Libido PHIL 839
Libidostufe PHIL 839
Library of Congress LIT 750
Libyen KUNST 734
– LAND 453
Licht ENTDECK 862, 872, 880, 888
– FORMEL 1191 f.
Lichtäthertheorie ENTDECK 863
Lichtbogen ENTDECK 874
Lichtempfindlichkeit MED 977
Lichtenstein (Roy) KUNST 729
Lichterfest → Chanukka
Lichtgeschwindigkeit ENTDECK 862
Lichtjahr (Lj) UNIV 14
Lichtleiter ENTDECK 906
Lichtleitfaser MEDIEN 939
Lichtmeß RELIG 319
Licinius Crassus GESCH 210
Licinius Licinianus GESCH 219
Licinius Lucullus GESCH 210
Li Dazhao PHIL 837
Liebig (Justus von) ENTDECK 876, 880, 889
Liechtenstein LAND 418
Lied MUSIK 780
Lieder-Edda LIT 744
Lieferant MEDIEN 925
Lieferung frei Haus MEDIEN 925
Lie (Trygve) ORGINT 646
Lifar (Serge) TANZ 798, 803
Liga, Arabische GESCH 252
Liga für Menschenrechte ORGINT 668
Ligeti (György) MUSIK 776, 780
Liguren LAND 426
Li-ji (Li-chi) RELIG 349
Likör ERNÄHR 1069
Likörwein ERNÄHR 1063
Lilienthal (Otto) ENTDECK 890
Lillehei (Clarence Walton) ENTDECK 902
Limba VOLK 361
limbisches System MED 950
Limbour (Georges) LIT 759
Limbu VOLK 381
Limes GESCH 214, 214
Limette ERNÄHR 1044
Limón (José) TANZ 798
Lincoln (Abraham) GESCH 249
– LAND 536
Lindbergh (Charles) ENTDECK 896, 897
Lindblad (Bertil) ENTDECK 896
Linde FLORA 175
Lindemann (Ferdinand von) ENTDECK 888
Linder (Max) FILM 813
Linga oder Lingam RELIG 344
Lingonen GESCH 211
Linguistik PHIL 836
Links SPORT 1098
Linné (Carl von) ENTDECK 866 f., 867
– FLORA 129, 129
Linolensäure ERNÄHR 1016
Linotype MEDIEN 915
Linse FORMEL 1192 f.
Linse [Gemüse] ERNÄHR 1041
linsenförmige Galaxie UNIV 18
Lintong KUNST 675
Lions Club ORGINT 672
Lipide ERNÄHR 1016
– MED 969
Liquidität WIRTSCH 590
Liquiditätspräferenztheorie FORMEL 1211
Lissabon KUNST 735
Lissabon (Vertrag von) [1668] LAND 433
List (Friedrich) PHIL 826
Lisu VOLK 381
Liszt (Franz) MUSIK 775, 776
Li Ta-tchao PHIL 837
Litauen LAND 437
– RELIG 309

Litchi FLORA 161
Literaturkritik PHIL 836
Lithographie ENTDECK 875
– MEDIEN 914
Lithosphäre UNIV 26
lithosphärische Platte UNIV 34, 34
Lithotherapie MED 1003
Little Nemo LIT 761
Little Richard MUSIK 794
Liturgie RELIG 320, 327 f.
Liturgie (Gewänder) RELIG 318
Liu Hui MUSIK 856
Liutprand GESCH 224
Liven VOLK 389
Livingstone (David) GESCH 248, 249
Livius Andronicus THEATER 763
Livius (Titus) GESCH 212
– HIST. WERKE 841
– RELIG 298
Lloyd George LAND 404 f.
Lloyd (Harold) FILM 813
Loa RELIG 339
Loango (Königreich) GESCH 239
Lob SPORT 1092
Lobatschewskij (Nikolaj Iwanowitsch) ENTDECK 876
Lobelie FLORA 168
Lobi VOLK 361
Lobotomie ENTDECK 898
Lochkartenmaschine für statistische Rechnungen ENTDECK 886
Loch, schwarzes UNIV 15, 15, 18
Locke (John) PHIL 826
Loeb (L.) ENTDECK 896
Loeb (Robert Frederick) ENTDECK 898
Loewi (Otto) ENTDECK 894
Löffel STILE 1138
Löffel (Dosierungsangabe) MED 1007
Löffler FAUNA 127
Logarithmus ENTDECK 860
Logarithmusfunktion FORMEL 1202
logischer Empirismus PHIL 835
logischer Positivismus PHIL 835
logisches Produkt FORMEL 1201
logische Summe FORMEL 1201
Logizismus PHIL 820
Logopäde MED 983
Lohgerberei ERNÄHR 1028
Löhne und Gehälter WIRTSCH 580
Lohnkosten WIRTSCH 580
Lohnquote WIRTSCH 580
Loireweine ERNÄHR 1065
lokale Gruppe UNIV 19
Lokapala RELIG 348
Loki RELIG 301
Lokomotive (elektrische) ENTDECK 886
Lokomotivkessel ENTDECK 876
Lolo VOLK 385
Loma VOLK 366
Lombardei-Rundfahrt SPORT 1130
Lombarden GESCH 222, 224
Lomé-Abkommen ORGINT 659
London KUNST 736
London (Konferenz von) [1831] LAND 418
London (Vertrag von) GESCH 246
London (Vertrag von) [1867] LAND 418
Londoner Konvention (1832) LAND 430
Lone Sloane LIT 761
Long Beach SPORT 1126
.onghena (aldassare) KUNST 712
Longmen (Grotte) GESCH 222 f., 223
Longshan (Kultur) GESCH 199
Lönnrot (Elias) LIT 744
Lorbeer ERNÄHR 1049
Lord Howe (Insel) KUNST 732
Lorentz (Hendrik Antoon) ENTDECK 892 f.
Lorenz (Konrad) ENTDECK 896
– FAUNA 72
Lorenzetti (Ambrogio) KUNST 704
Loring (Eugene) TANZ 798
Lorrain (Claude Gellée) KUNST 715
Los Alamos ENTDECK 901
Los Angeles SPORT 1074, 1074
Lösen SPORT 1089
Losey (Joseph) FILM 808
– MUSIK 787
Losfest → Purim
Los Glaciares KUNST 732
Lösungsmittel MED 964
Lothringen HERRSCHER 285
– LAND 416, 418
Loti (Pierre) LIT 744
Louis (Joe) SPORT 1087
Louis (Murray) TANZ 798
Louis (Victor) KUNST 719
Louis-Delluc-Preis FILM 818
Louis-Philippe (Stil) STILE 1145, 1145
Louis-quatorze (Stil) STILE 1141
Louis-quinze (Stil) STILE 1142
Louiss (Eddy) MUSIK 790
Louis-seize STILE 1143

Louis-treize (Stil) STILE 1140
Louma FILM 816
Lounda → Lunda
Louvre (Palast) KUNST 709, 713, 737
Lovell (James) ENTDECK 905
Low Church RELIG 332
Löw (der Hohe Rabbi) PHIL 826
Löwe FAUNA 100
– KUNST 698
Lowell (Percival) ENTDECK 894
Löwen (St. Michael von) KUNST 713
Löwenmaul FLORA 167
Löwenohr FLORA 168
Löwenzahn FLORA 158
Lowry (Malcolm) LIT 744
Lo-yang RELIG 350
Lozi VOLK 364
LSD MED 963
Luba VOLK 362
Luba oder Baluba GESCH 241
– KUNST 696
Luba (Reich) GESCH 239
Lubac (Henry de) RELIG 323
Lubawitsch RELIG 310
Lübeck GESCH 237, 242
– KUNST 732
Lubitsch (Ernst) FILM 808
Luce (Henry) MEDIEN 922
Luchs FAUNA 126 f.
Lucia (Heilige) RELIG 325
Lucretius LIT 744
Lucy KUNST 677
– UNIV 62
Ludi Augustales RELIG 300
Ludi Romani RELIG 300
Ludwig der Heilige → Ludwig IX.
Ludwig I., der Fromme GESCH 226
Ludwig II. LAND 432
Ludwig VIII. GESCH 234
Ludwig IX., der Heilige GESCH 234
– SPIEL 1182
– UNIF 1162
Ludwig XI. GESCH 238
– LAND 420
– UNIF 1162
Ludwig XII. GESCH 240
Ludwig XIII. LAND 420
– MODE 1152
– UNIF 1164
Ludwig XIV. GESCH 243
– MODE 1152
Ludwig XV. LAND 420
Ludwig XVI. HERRSCHER 262
– LAND 420
– UNIF 1164
Ludwig XVIII. HERRSCHER 262
– LAND 423
Luftdruck UNIV 51
Luftfahrt ENTDECK 893
– ORGINT 650
– WIRTSCH 631
Luftkissenfahrzeug ENTDECK 902, 903
Luftkissenzug ENTDECK 904
Luftreifen ENTDECK 880
Luftverkehr WIRTSCH 635
Luftwurzeln FLORA 135, 135
Lug RELIG 301
Lugbara VOLK 362
Lugné-Poe THEATER 769
Luguru VOLK 362
Luhya → Kavirondo
Lukács (György) PHIL 826, 833
.ukas RELIG 312, 315
Lukasiewicz (Jan) PHIL 826
Lukum ERNÄHR 1052
Lully (Jean-Baptiste) MUSIK 776
– TANZ 802
Lumière (Auguste), Lumière (Louis) ENTDECK 890 f.
– FILM 812
– MEDIEN 940
Lumière (Louis) FILM 808
Lumitype MEDIEN 915
Luna 9 ENTDECK 904
lunarer Rhythmus MED 952
Lunation (Mondmonat) UNIV 10
Lunceford (Jimmy) MUSIK 790
Lunda GESCH 243, 245
– VOLK 362
Lunge ERNÄHR 1029
– MED 947
Lungenembolie MED 995
Lungenentzündung MED 988, 999
Lungenfisch, Afrikanischer FAUNA 107
Lungenfisch, Atlantischer FAUNA 108
Lungenödem MED 998
Lunochod 1 ENTDECK 904
Lun-yü (Lunyu) RELIG 349
Luo VOLK 362
Luoyang GESCH 213
– RELIG 350
Luperkalia RELIG 300
Lupine FLORA 166
Lupulin ERNÄHR 1060
Lupu-Pick FILM 812

Luristanbronzen KUNST 681
Lushai VOLK 382
Lustprinzip PHIL 839
Luther (Martin) GESCH 240
– RELIG 329 f., 329
Lutherische Kirchen RELIG 331
Lutherischer Weltbund ORGINT 670
Lutosławski (Witold) MUSIK 776
Lutschstange ERNÄHR 1052
Lutz SPORT 1122
Lützen (Schlacht bei) GESCH 242
Luxemburg LAND 416 f., 417
Luxemburg (Rosa) PHIL 826, 832 f.
Luxemburger Kompromiß ORGINT 657
Luxor RELIG 290
Luya → Kavirondo
Luzern (Festspiel) MUSIK 776
Luziferase FAUNA 114
Luziferin FAUNA 114
L-Wellen UNIV 37
Ly (Dynastie) GESCH 231, 235
Lydien GESCH 202 f.
Lyell (Charles) ENTDECK 878
Lyme-Borreliose MED 966
Lymphe MED 947
Lymphozyten MED 948
Lyon (Konzile von) RELIG 323
Lyot (Bernard) ENTDECK 896
Lysimachos GESCH 204
Lysin FLORA 162
Lysippos KUNST 684
Lysosomen MED 946

M

Maat RELIG 291
Maba VOLK 362
Mabillon (Jean) HIST. WERKE 842
Mac GESCH 241
Macaulay (Thomas Babington) HIST. WERKE 843
Macchie FLORA 146
Macération carbonique ERNÄHR 1062
MAC-Fernsehnorm MEDIEN 926 f.
Machiavelli PHIL 826
Mächte (Engel) RELIG 314
Machu Picchu KUNST 675, 695, 735
Macis ERNÄHR 1048
Maclaurin (Colin) ENTDECK 866
MacLeod (Colin M.) ENTDECK 900
MacMillan (Kenneth) TANZ 798
Macumba RELIG 339
Madagaskar FLORA 154
– LAND 485 f., 486
Madagaskarpalme FLORA 154
Maddox (Richard Leach) ENTDECK 886
Madeira ERNÄHR 1067
Madeleine (Wohnstätte von) KUNST 678
Maderna (Bruno) MUSIK 776
Maderno (Carlo) KUNST 712
Mädesüß, Echtes FLORA 173
Madi VOLK 362
Madiran ERNÄHR 1065
Madonnenlilie FLORA 167
Madrid KUNST 736
Madrid (Hospiz S. Fernando) KUNST 719
Madrigal MUSIK 780, 782
Maelzel ENTDECK 874
Maeterlinck (Maurice) LIT 757
Mafors MODE 1150
Magalhães (Fernão de) GESCH 241
Magar VOLK 382
Magazin MEDIEN 914 f., 922, 932, 943
Magdalénien GESCH 196 f.
Magdeburger Halbkugeln ENTDECK 862, 862
Magellan-Wolke UNIV 19
Magen-Darm-Erkrankungen MED 988
Magendie (François) ENTDECK 874
Magensaft ENTDECK 880
Magenta (Schlacht bei) GESCH 248
Maghew (Henry) MEDIEN 923
Maghreb HERRSCHER 282
– LAND 450
Magie VOLK 355
Magindanao VOLK 395
Magindanau VOLK 395
Magma UNIV 30, 36 f., 38
magmatische Differentiation UNIV 30
magmatisches Gestein UNIV 30, 30
Magnenkammer UNIV 37
Magna Charta GESCH 234
– LAND 402
Magnentius GESCH 218
Magnesium FLORA 141
Magnet ENTDECK 858
– FORMEL 1197

REGISTER

Magnetblasenspeicher ENTDECK 906
Magnetfeld FORMEL 1197
– UNIV 34
Magnetfeld [der Erde] UNIV 32, *32*
magnetisch (Feld) ENTDECK 874
magnetische Anomalie UNIV 34, *34*
magnetische Hysteresis ENTDECK 886
magnetisches Monopol ENTDECK 908
Magnetismus ENTDECK 858
– FORMEL 1197
Magnetit UNIV 28, 29
Magnetnadel ENTDECK 857
Magnetometer ENTDECK 878
Magnetophon (Tonband) MEDIEN 926
Magnetoskop (Video-Recorder) MEDIEN 926
Magnetron ENTDECK 898
Magnetzündung ENTDECK 892
Magnificat RELIG 319
Magnolie FLORA 150, *150, 169f.*
Magnol (Pierre) FLORA 150
Magnus V. Erlingsson LAND 406
Magoun (Horace Winchell) ENTDECK 900
Magyaren LAND 444
Mahabalipuram KUNST 734
Mahabharata LIT 744
– SPIEL *1182*
Mahagoni FLORA 175, *175*
Mahaparinirvana RELIG 345
Mahavira RELIG 341
Mahayana (Buddhismus) RELIG 345, 347, 350
Mahdi RELIG 233
– LAND 461
– RELIG 337
Mah-jongg SPIEL 1173, *1173*
Mahler (Gustav) MUSIK 776
Mähmaschine ENTDECK 878
Mahmud von Ghazni GESCH 228, 231
Mahonie, Japanische FLORA *168*
Mähren LAND 441
Maikäfer FAUNA 110
Mailand GESCH 218
– HERRSCHER 264
– KUNST 734
– RELIG 315
Mailand (Edikt von) GESCH 212, 218
Mailänder Salami ERNÄHR 1030
Mailand-San Remo SPORT 1130
Maiman (Theodore) ENTDECK 902, 903
Maimonides (Moses) PHIL 831
– (Mose Ben Maimon) RELIG 308
Maine FAUNA 85
Maine de Biran PHIL 826
Maipó (Schlacht bei) GESCH 247
Mais ENTDECK 894
– ERNÄHR 1010 f., *1011,* 1069
– FLORA 158
– WIRTSCH 607, *607*
Maische ERNÄHR 1061, 1062
Maisons-Lafitte (Schloß) KUNST 713
Maitreya RELIG 350
Majakowskij (Wladimir) LIT 758
Majapahit GESCH 235, 237
Major UNIF *1158*
Majoran, Wilder FLORA 173
Majorelle (Louis) STILE *1146*
Makadam ENTDECK 870
Makake FAUNA 72, *98,* 116
Makarenko (Anton) PHIL 826
Makarios (Erzbischof) RELIG 328
Makasaren VOLK 395
Makedonien LAND 429 f., 445, 448
Makedonier (Dynastie) GESCH 226, 228, 230
makedonische (Dynastie) HERRSCHER 261
Makkabäer (Erhebung der) GESCH 208
– RELIG 307
Makkabäus (Judas) RELIG 309
Makonde VOLK 362
Makrele ERNÄHR 1035, *1037*
Makrelenartige ERNÄHR 1035
Makrobiotik MED 973
Makromolekül ENTDECK 896
Makroökonomie WIRTSCH 578
Makua VOLK 362
Makuschi VOLK 372
Makuxi VOLK 372
Malachit UNIV 29
Málaga ERNÄHR 1068
Malaien VOLK 395
Malaria ENTDECK 910
– MED 982, 990, 1004
Malawi LAND 478
Malawi (Park des Malawisees) KUNST 734
Malaysia LAND 514 f.
Malazgirt (Schlacht bei) GESCH 230
Malcolm X (Malcolm Little) VOLK 376
Malediven LAND 508
Malewitsch (Kasimir) KUNST *728*
Mali (Reich) GESCH 229, 235, 237, 239
– LAND 457 f.

Malia GESCH 200
malikitische Pflichtenlehre RELIG 337
Malina (Judith) THEATER 769
Malinke LAND 463
– VOLK 362
Malinowski (Bronislaw) PHIL 826, 837
Malinvaud (Edmond) PHIL 826
Mallarmé (Stéphane) LIT 744, 757, *757*
Malle (Louis) FILM 809
Mallee FLORA *146*
Mallowan (Max) KUNST 675
Malpighi (Marcello) ENTDECK 862
Malpighi-Schicht MED *948*
Malraux (André) LIT 744
Malta LAND 679, 734
– LAND 431
Malteserorden ORGINT 671
Malthus (Thomas) PHIL 832
Malus (Étienne Louis) ENTDECK 872
Malvasia (Cornelio) ENTDECK 862
Malve FLORA 167
Malwinen → Falkland
Malz ERNÄHR 1060
Mälzerei ERNÄHR 1060
Mamelucke UNIF 1165
Mamelucken GESCH 234, 236, 238
Mamillarkörper MED 950
Mammoth Cave KUNST 733
Mammut FAUNA 125
– UNIV 64
Mamoulian (Rouben) FILM 812, *813*
Mana VOLK 355
Manapools KUNST 735
Manas KUNST 734
Manco Cápac I. GESCH 233
– RELIG 302
Mandala RELIG 347, *347*
Mandan VOLK 372
Mandapa RELIG 344
Mandarine ERNÄHR 1044
Mandarinenbaum FLORA 161
Mandarinente FAUNA 123
Mandatssystem ORGINT 646
Mande VOLK 362
Mandel ERNÄHR 1045, *1045*
– FLORA 160
Mandelbrot (Benoît) ENTDECK 886, 906, 907
Mandingo LAND 464
– VOLK 362
Mandschu GESCH 243
– VOLK 382
Mandschureiklima UNIV 52
Mandshushri RELIG 346
Manen RELIG 298
Manet (Edouard) KUNST 724, 737
Manetho HERRSCHER 257
Mangan ENTDECK 868
– WIRTSCH 623
Manganknollen ENTDECK 906
Mangbetu VOLK 362
Mango ERNÄHR 1045, *1045*
Mangobaum FLORA 161
Mangold ERNÄHR 1040
– FLORA 159
Mangrove FLORA 156, *156*
Manhattan (-Programm) ENTDECK 901
Mani RELIG 297
Manichäismus RELIG 297
Manierismus KUNST 707
Manifest des Surrealismus LIT 759
Manifest des Symbolismus LIT 757
Manilahanf FLORA 175
Manino (Ludovico) HERRSCHER 265
Maniok ERNÄHR 1013, 1019
Manipuri VOLK 382
Manipuri → Meithei
Mankiewicz (Joseph L.) FILM 809
Mann (Heinrich) HIST. WERKE 848
– LIT 744
Mann (Thomas) LIT 744
Mannit ERNÄHR 1051
Mannoni (Maud) PHIL 826
Mannschaftsrennen SPORT 1129, *1129*
Manometer ENTDECK 864
Mansart (François) KUNST 713
Manschette MODE *1152*
Mansen VOLK 389
Mansen → Wogulen
Mans (Le) SPORT 1126
Mantarochen FAUNA *107, 121*
Manteau MODE *1152*
Mantegna (Andrea) KUNST 710, 737
Mäntelchen RELIG 318
Mantelpavian FAUNA 98
Mantra RELIG 346 f.
Mantua HERRSCHER 265
Mantua (S. Andrea de) KUNST 708
Manuel Komnenos GESCH 232
Manx FAUNA 85
Manyo-shu LIT 744
Manza Mussa LAND 458
Manzanilla ERNÄHR 1068
Manzoni HIST. WERKE 848
– LIT 744, 755

Manzotti (Luigi) TANZ 798
Maori GESCH 237
– VOLK 395
Mao Tse-tung GESCH 252, 255
– LAND 520
– PHIL 833
– RELIG 350
Mao Zedong → Mao Tse-tung
Mapuche VOLK 372
Marabut RELIG 339
Mara (Dämon) RELIG 345, *345*
Marae VOLK 397
Maraldi (Giovanni Domenico) ENTDECK 866
Marathen GESCH 245 f.
– HERRSCHER 279
– VOLK 382
Marathonlauf SPORT 1076, 1081
Marathon (Schlacht bei) GESCH 204
– LAND 429
Marchand (Jean-Baptiste) GESCH 249
Marciano (Rocky) SPORT 1087
Marconi (Guglielmo) ENTDECK 890, *890,* 896
Marco Polo ENTDECK 858
Marcos (Ferdinando) GESCH 255
Marcuse (Herbert) PHIL 826, 835
Marderhund FAUNA 123
Marduk RELIG 293
Maréchal (Maurice) MEDIEN *923*
Marengo (Schlacht bei) GESCH 246
– LAND 427
Mareograph ENTDECK 880
Marey (Étienne Jules) ENTDECK *888*
Margareta (Heilige) RELIG 324
Margarete von Dänemark LAND 406
Margarete von Parma LAND 415
Margarete Waldemarsdotter HERRSCHER 273
Margarine ERNÄHR 1016 f.
– MED 971
Marggraf ENTDECK 866, 868
Marguerite d'Angoulême LIT 744
Mari GESCH 198, *198*
– KUNST 675, 680
Maria oder Jungfrau Maria RELIG 312, *313,* 319, 327
Mariä Himmelfahrt (Fest und Dogma von) RELIG 319, 322, *322,* 327
Maria Magdalena RELIG 313, *313*
Mariana de La Reina (Juan de) HIST. WERKE 842
Marianengraben UNIV 46
Maria Theresia HERRSCHER 271
– LAND 422
Maria von Bethanien RELIG 324
Maria von Burgund LAND 415, 417
Maricourt (Pierre de) ENTDECK 858
Marienfäden FAUNA 75, 115
Marienkäfer FAUNA *110,* 111
Marienverehrung RELIG 319
Mariette (Auguste) KUNST 675
Marignano (Schlacht) GESCH 240
Marihuana MED 963
Marimba MUSIK 782, 786
Marin (Maguy) TANZ 798
Marineartillerist UNIF *1164*
Mariner ENTDECK 904
Marinetti LIT 758, *758*
Mariniden HERRSCHER 282
Marinoni MEDIEN 914 f.
Marionetten THEATER 771, *771*
Mariotte (Edme) ENTDECK 862
Maritain (Jacques) PHIL 827
Marius GESCH 208-210
Marivaux LIT 744
Mark SPORT 1085
Mark I (Rechner) ENTDECK 900
Markasit UNIV 29
Mark Aurel GESCH 214
– KUNST 686
– RELIG 315
Marketerie STILE *1142*
Marketing MEDIEN 941, 944
Markomannen GESCH 214
Marktwirtschaft WIRTSCH 592
Markus RELIG 312
Markus Antonius GESCH 210
Marlboro (Festspiel) MUSIK 776
Marley (Bob) MUSIK 794
Marly (Maschine von) ENTDECK 863, *863*
Marmor UNIV 31
Marne (Schlacht) GESCH 250
Marokko KUNST 734
– LAND 449, *449*
– MEDIEN 920
Maro (Kloster des hl.) RELIG 327
Maroniten GESCH 224
maronitisch (Kirche, Patriarchat) GESCH 224
– RELIG 327
Marrou (Henri Irénée) HIST. WERKE 844
Mars ENTDECK 886, 904
– RELIG 298 f.

– UNIV 6, *6,* 8 f., *8*
Marsala ERNÄHR 1067
Marshall (Alfred) PHIL 833
Marshallplan GESCH 254
Marshmallow ERNÄHR 1052
Martha Graham Dance Company TANZ 801
Martianus Capella ENTDECK 856
Martin (Frank) MUSIK 776
Martin (Sankt) GESCH 218
Martin du Gard (Roger) LIT 744
Martyn (Thomas) MEDIEN 922
Märtyrer RELIG 315, 324 f., 336
Märtyrer (Ära) → Diokletian (Ära)
Martyrium RELIG 324 f., 336
Marx Brothers FILM 809, 813, *813*
Marx (Karl) HIST. WERKE 826, 827, 843
Marxismus PHIL 832
Masaccio KUNST 710
Masai GESCH 362, *362*
Masai VOLK 362, *362*
Mascagni (Pietro) MUSIK 776
Maschenregel FORMEL 1196
Maschinengewehr ENTDECK 888
Maschona VOLK 365
Maschona → Shona
Maser ENTDECK 902
Masern MED 961, 1000
Maske THEATER 763, *765*
– VOLK 355
Maske-Gegenmaske FILM 817
Maskilim RELIG 310
Masoreten RELIG 304, 308
Maspero (Gaston) KUNST 675
Massai VOLK 362, *362*
Massalia GESCH 202
Massenet (Jules) MUSIK 776
Massenspektrographie ENTDECK 894
Massentierhaltung FAUNA 124
Masseur MED 983
Massine (Léonide) TANZ 798
Massinissa GESCH 207, 209
Masson (Antoine) ENTDECK 878
Massy (A.) SPORT 1098
Mastaba KUNST 682
– RELIG 292, *292*
Mastermind SPIEL 1183
Masters-Turnier SPORT 1092
Mastfuß SPORT 1115
Mastixstrauch FLORA *146*
Matabele VOLK 363
Mataco VOLK 372
Match Play SPORT 1098
Materialismus PHIL 820, 832, 838
Materie ENTDECK 876
– UNIV 2-4, *2*
Materie, interstellare UNIV 13, *14*
Mathé (Georges) ENTDECK 902 f.
mathematische Logik ENTDECK 880, 898
mathematische Schule PHIL 833
Mathiez (Albert) HIST. WERKE 844
Matisse (Henri) KUNST *728*
Matorral FLORA *147*
Matriarchat VOLK 355
Matriklan VOLK 355
matrilineare Abstammung VOLK 355
Matrix FORMEL 1201
Matsuri (Fest) RELIG *351*
Matthäus (Apostel) RELIG 311 f., *315*
Mauchly (John William) ENTDECK 900
Maudslay (Henry) ENTDECK 870
Mauer (Hindernis) SPORT *1124*
Mauereidechse FAUNA 105
Mauersegler FAUNA *104,* 120
Mauerwerk ENTDECK 851
Maul ERNÄHR 1031
– SPORT *1103*
Maultier FAUNA 89
Maulwurf FAUNA *99,* 123
Mau-Mau (die) GESCH 255
Mauna Kea UNIV 36
Maupas (Philippe) ENTDECK 906
Maupassant (Guy de) LIT 744, *745*
Maupertuis (Pierre Louis Moreau de) ENTDECK 866 f.
Mauretanien LAND 457
Mauriac (François) LIT 744
Mauritshuis KUNST *713*
Maurya (Reich, Dynastie) GESCH 205, 208
– HERRSCHER 278
Maus FAUNA 94, *94*
Maus (Marcel) PHIL 827
Mawe VOLK 372
Maxim (Hiram Stevens) ENTDECK 888
Maximianus GESCH 218
Maximilian I. (Mexiko) GESCH 249
Maximilian I. von Österreich LAND 415 f.
Maximilian Kolbe (Heiliger) RELIG 323
Maximinus GESCH 216
Maxwell (James Clerk) ENTDECK 886, 893
– UNIV 3, *3*

1257

REGISTER

Maxwell (Robert) MEDIEN *924*
Maya ENTDECK *857*
– GESCH 199, 203, 207, 216 f., 229
– KUNST 694, *694*
– RELIG 302 f., *302*
– VOLK 372
Maya (Kalender) KALENDER 181, *181*
Maya (Prinzessin) RELIG 345
Mayall (John) MUSIK 794
Mayapán RELIG *302*
Maybach (Wilhelm) ENTDECK 886, 888, *891*
Mayer (Robert von) ENTDECK 880, *880*
Mayow (John) ENTDECK 863
Mazarine (Bibliothèque) LIT 750
Mazateken VOLK 373
Mazdaismus GESCH 219
– RELIG 297
Mäzenatentum MEDIEN 944
Mazenod (Bischof) RELIG *326*
Mazilier (Joseph) TANZ 798
Mazzini (Giuseppe) LAND 427
Mbundu VOLK 362
Mbuti → Pygmäen
McAdam (John Loudon) ENTDECK 870
McCarey (Leo) FILM 809
McCarty (Maclyn) ENTDECK 900
Mc Cay (Winsor) FILM 817
McCollum (Elmer V.) ENTDECK 894 f.
McCormick (Cyrus Hall) ENTDECK 878
McCullers (Carson) LIT 744
McEnroe (John) SPORT 1093
McKinley (William) GESCH 251
McLoughlin (John) MUSIK 790
McLuhan (Marshall) PHIL 826
McMillan (Edwin Mattison) ENTDECK 898, 900
Mead (Margaret) PHIL 827
Mechanik FORMEL 1193
mechanische Energie ENTDECK 872
Medaillon → Nußschnitzel
Medal Play SPORT 1098
Mediaplanning MEDIEN 944
Medici HERRSCHER 264
Medici (Palazzo) KUNST 708
Medien GESCH 202, 208
Medienkonzern (Multi) MEDIEN 924
Medina RELIG 333
medische Kriege GESCH 204
mediterranes Klima UNIV 52
Medizin ENTDECK 852, 864
– MED 984
medizinische optische Abbildung ENTDECK 906
Médoc ERNÄHR 1065
Meeraal ERNÄHR 1035, *1037*
– FAUNA *107*
Meeräsche ERNÄHR 1036
Meerbarbe ERNÄHR *1036*
Meerbarsch ERNÄHR *1036*
Meereskunde UNIV 46
Meeresleuchten FAUNA 114
Meeresströmung UNIV 48, *48*
Meerleuchten FAUNA 114
Meerschweinchen FAUNA 94, *94*
Meerssen (Vertrag von) [870] LAND 415
Meerwasser UNIV 46
Megalithkultur KUNST 679
Meganeura UNIV *59*
Meganthropus UNIV 63
Mehemet-Ali LAND 461
Mehl ERNÄHR 1012
Mehlpilz FLORA *163*
Mehlräsling FLORA *163*
Mehmed Ali GESCH 246
– LAND 454
Mehrgarh GESCH 197, 199
mehrjährig [Pflanze] FLORA 166
Mehrwert PHIL 832, 838
Mehrwertsteuer FORMEL 1216
– ORGINT 658
Meiji (Ära) GESCH 249, 251
Mei Lanfang THEATER 770
Meinecke (Friedrich) HIST. WERKE 845
Meisenbach (G.) MEDIEN 915
Meithei VOLK 382
Meitner (Lise) ENTDECK 898 f.
Mekka RELIG 333
Melanchthon RELIG 329
Melanesien KUNST *697*
– VOLK 395-397
Melanin MED 948
Melanozyten MED *948*
Melasse ERNÄHR 1050
Melchit (Bischof) RELIG *328*
Melde FLORA 154, *154*
Méliès (Georges) FILM 809, 812
Melisse FLORA *174*
Melk (Stift) KUNST 718
Melka Kontouré GESCH 195
Mellahs RELIG 310
Mellan (Claude) ENTDE CK 860
Mellor (David) STILE *1147*
Melodie MUSIK 780

Melodram MUSIK 780
Melone MODE *1155*
Melpomene (Muse) GESCH *210*
Melville (Herman) LIT 744, *745*
Melville (Jean-Pierre) FILM 809
Membranophone MUSIK 786
Memphis KUNST 732
– RELIG 291, *291*
Mena (Pedro de) KUNST *716*
Menander THEATER 762
Mencius oder Meng-tzu PHIL 827
Mendaä de Neira (Alvaro de) GESCH 241
Mende LAND 464 f.
– VOLK 362
Mendel (Gregor) ENTDECK 885, 890, 893
Mendelejew (Dimitri Iwanowitsch) FORMEL 1188, *1188*
Mendelssohn-Bartholdy (Felix) MUSIK 776
Mendelssohn (Moses) PHIL 827
– RELIG 310
Mendel von Witebsk RELIG 309
Menderes (Adnan) GESCH 254
Menelaos RELIG 295
Menelik II. LAND 455
Menge (leere) FORMEL 1198
Mengenlehre ENTDECK 886, 892
– FORMEL 1198
Mengenlehre (axiomatische) ENTDECK 896
Menger (Carl) PHIL 833
Meng-tzu → Menzius
Meng-zi → Menzius RELIG 350
Mengzi → Menzius
Menhir KUNST 679
Meni → Semang
Menik → Semang
Meningitis MED 998
Mennoniten RELIG 332
Menno Simons RELIG 332
Menomini VOLK 373
Menopause MED 954
Menora RELIG *309*
Menotti (Gian Carlo) MUSIK 777
Mensa international ORGINT 672
Mensch FAUNA 68, 121
– UNIV 63
Menschenopfer RELIG 303
Menschenrechte ORGINT 647, 660, 667 f.
Menschenrechtskonvention ORGINT 647 f.
Menstruation MED 954, *954*
Menzius RELIG 350
Meo VOLK 382
Meo → Miao
Merante (Louis) TANZ 799
Mercator-Projektion ENTDECK 860
– UNIV 25, *25*
Merce Cunningham Dance Company TANZ 801
Mercer (John) ENTDECK 880
Merchandising MEDIEN 933
Merckx (Eddy) SPORT 1130, *1131*
Mergenthaler (Ottmar) ENTDECK 888
– MEDIEN 915
Merguez ERNÄHR 1030
Mérida THEATER 763
Merill (Joseph) MEDIEN 919
Mérimée (Prosper) HIST. WERKE 848
– LIT 744
– THEATER 768
Merina VOLK 362
Mering (Joseph von) ENTDECK 892
Meriniden GESCH 237
Merinos FAUNA 92
Merinoschafe WIRTSCH 627
Merkmale [erworbene] FAUNA 67
Merkur RELIG 299, 301
– UNIV 6, *6*, 8, *8*
Merleau-Ponty (Maurice) PHIL 827
Meroë GESCH 203, 219
– LAND 461
Merowinger HERRSCHER 262, 283
– KUNST 698, *698*
– LAND 419
Merril (A.J.) ENTDECK 900
Merril (J.P.) ENTDECK 902 f.
Merrill (Stuart) LIT 757
Mersenne (Marin) PHIL 827
Merton (Robert King) PHIL 827
Meru VOLK 362
Merveilleuse MODE *1154*
Merz (Mario) KUNST *731*
Merzerisation ENTDECK 880
Mesa Verde KUNST 733
Mesmer (Franz Anton) ENTDECK 868
Mesokarp FLORA 140
Meson ENTDECK 898 f.
Mesopause UNIV 50
Mesopotamien GESCH 212
– KUNST 680
– RELIG 293

Mesosphäre UNIV 50
Mesotherapie MED 1003
Mesozoikum UNIV 27, 60
– ENTDECK 868
Mesrob GESCH 220
Messe MUSIK 780
– RELIG 320, *320*
Messenger-RNS ENTDECK 904
Messeraal FAUNA 114
Messermuschel ERNÄHR *1038*
Meßgewand RELIG *318*
Messiaen (Olivier) MUSIK 777
Messianismus, messianisch RELIG 308, 311
– VOLK 355
Messias RELIG 308, 311
Messidor KALENDER 192
Messier (Charles) ENTDECK 870
– UNIV 11
Messner (Reinhold) SPORT *1134*
Metallbindung FORMEL 1189
Metalle (Heraldik) ZEICHEN 1228
Metallkunde ENTDECK 864
Metamorphose FAUNA 75
– UNIV 40
metamorphes Gestein UNIV 30 f.
Metaphysik PHIL 820
Meteor Crater UNIV *12*
Meteorit ENTDECK 870, 872
– UNIV 12, 61
Meteorologie ORGINT 650
Meteosat ORGINT 650
Meter ENTDECK 870, 888, 902
Methanol ERNÄHR 1069
Methansynthese ENTDECK 892
Methodisten RELIG 332
Methodius GESCH 226
Methuen (Vertrag von) [1703] LAND 433
Methylalkohol ERNÄHR 1069
Meton-Zyklus KALENDER 180, 187
metrisch (System) ENTDECK 870, 878
Metro ENTDECK 888, *890*
Metronom ENTDECK 874
Metropolit RELIG 317, 328
Metropolitankirchen (orthodoxe) RELIG 328
Metropolitan Museum of Art (New York) KUNST 736
Metschnikow (Élias) ENTDECK 888
Meunier (Antoine) TANZ 802
Meunier (Constantin) KUNST 723
Mewati VOLK 382
Mexiko KUNST 734
– LAND 538, *538*
Mexiko-City KUNST 736
Meyer (Conrad Ferdinand) HIST. WERKE 848
Meyer (E.) MEDIEN 919
Meyerbeer (Giacomo) MUSIK 777
Meyerhold (Wsewolod) THEATER 769
Miao VOLK 382
Michail Fjodorowitsch HERRSCHER 272
Michaux (Henri) LIT 744
Michelangelo KUNST 674, 707
Michelet (Jules) HIST. WERKE 843 f.
Michelin (Édouard) ENTDECK 890
Michelozzo KUNST 708
Michelson (Albert) ENTDECK 888, *888*, 892 f.
Michener (James Albert) HIST. WERKE 846, 848
Mickey FILM *817*
Mickey Mouse LIT 760
Mickiewicz (Adam) LIT 744
Micmac VOLK 373
Mictlan RELIG 303
Midway Islands (Schlacht bei den) GESCH 253
Miesmuschel ERNÄHR 1038
– FAUNA *109*
Mies van der Rohe (Ludwig) KUNST 726
– STILE *1147*
Mieszko I. GESCH 228
Mignon MODE *1151*
Mignon → Nußschnitzel
Migräne MED 998
Migration WIRTSCH 572
Mihrab RELIG *336*
Mikir VOLK 382
Mikrobe ENTDECK 886, 889
Mikrochirurgie MED *1005*
Mikrocomputer ENTDECK 906
Mikronesien, Mikronesier VOLK 395-397
Mikroökonomie WIRTSCH 578
Mikroprozessor ENTDECK 906
Mikroskop, Mikroskopie ENTDECK 860, *862*, 898, 908
Mikrostecklingsvermehrung FLORA 134
Milch ERNÄHR 1020 f.
– MED 971
Milch, entrahmte ERNÄHR 1020
Milch, erhitzte ERNÄHR 1020

Milch, fermentierte ERNÄHR 1020
Milch, getrocknete ERNÄHR 1020
Milch, konzentrierte ERNÄHR 1020
Milch, pasteurisierte ERNÄHR 1020
Milch, rohe ERNÄHR 1020
Milch, sterilisierte ERNÄHR 1020
Milch, teilentrahmte ERNÄHR 1020
Milchdrüsen FAUNA 101
Milchpulver ERNÄHR 1020
Milchstraße UNIV 15
Milet GESCH 208
– KUNST 685
Milhaud (Darius) MUSIK 777
Mill (John Stuart) PHIL 832
Millais (John Everett) KUNST 724
Millaud (Polydore) MEDIEN 914
Millenarismus VOLK 355
Miller (Experiment von) UNIV 57
Miller (Stanley Lloyd) ENTDECK 902
Miller (William) RELIG 332
Millionenstädte WIRTSCH 571
Milstein (Cesar) ENTDECK 906
Milton (John) LIT 744
Milvische Brücke (Schlacht) GESCH 218
Milzbrand ENTDECK 886
Mimamsa RELIG 342
Mimose FLORA *170*
Mina RELIG 336
Minakshi (Tempel von) KUNST *692*
Minamoto (Familie) GESCH 229, 233
– HERRSCHER 279
– LAND 524
Minangkabau VOLK 395
Minarett RELIG *336*
Mindel-Riss GESCH 195
Mindestreserve WIRTSCH 583, 586
Mineral UNIV 28, 57
mineralische Böden UNIV 54
Mineralstoffe MED 969
Mineralwasser ERNÄHR 1057
Minerva RELIG 298 f., *299*
Ming GESCH 237
– HERRSCHER 276, *277*
– LAND 519
Mingdi (Ming-ti) RELIG 350
Mingus (Charlie) MUSIK 789, *790*
Minimal art KUNST 730
Ministerrat der Europäischen Gemeinschaften ORGINT 654 f.
Ministrant RELIG *320*
Minjan RELIG 309
Minkowski (Hermann) ENTDECK 892
Minnelli (Vincente) FILM 809
minoisch (Zeitalter) GESCH 200
Minos RELIG 296
Minoszeit GESCH 198
Minton (Porzellan aus) STILE *1145*
Minze ERNÄHR 1049
– FLORA *172*
Mir ENTDECK 910
Miradj RELIG 333
Mirakelspiele THEATER 764
Miranda [Satellit] UNIV 9, *9*
Mischling FAUNA *80*
Mischna GESCH 306, *306*
Mishima Yukio LIT 744
Mishmi VOLK 382
Mispel FLORA 160, *169*
Misquito VOLK 373
Mißbildung MED 957
missi dominici HERRSCHER 284
Missionare RELIG 316, *326*, 339
Mississippiwälder FLORA *150*
Mistra KUNST 736
Mistral (Frédéric) LIT 744
Mitanni GESCH 200
Mitchell (Margaret) HIST. WERKE 848
– LIT 744
Mithaq GESCH 335
Mithras RELIG 297, 300, *300*
Mithräum RELIG 300, *300*
Mithridates I. GESCH 208
Mithridates VI. Eupator, der Große GESCH 208, 210
Mitla GESCH 195
Mitochondrien MED *946*
Mitose ENTDECK 886
Mitra MODE *1148*
– RELIG 317 f., 340
Mitsogo VOLK 362 f.
Mitte (Weg der) RELIG 345
Mittelalter KUNST 698
– MODE 1150
– MUSIK 782
– STILE 1138
Mittelamerika ORGINT 663
– WIRTSCH 565
Mittelasien GESCH 209
Mittelsenkrechte FORMEL 1205
Mittelwert FORMEL 1207
Mitterrand (François) GESCH 254
– LAND 421
Mittlerer Osten RELIG 337, *337*
Mittleres Reich GESCH 198
– HERRSCHER 257

REGISTER

- LAND 454
Mittwoch KALENDER 178
Mixed Pickles ERNÄHR 1049
Mixteken VOLK 373
Mizo VOLK 382
Mizoguchi Kenji FILM 809
Mizwot RELIG 309
Mnaidra (Tempel von) KUNST *679*
Mnouchkine (Ariane) THEATER 769
Moai KUNST *697*
Moas FAUNA 125
Moawija RELIG 337
Möbius (Karl) ENTDECK 886
Mobutu (Sese Seko) GESCH 256
Moçambique LAND 480 f.
Moche GESCH 209
- KUNST 695
- VOLK 373
Mochica → Moche
Moctezuma II. RELIG 302
Modern Art (Museum of) [New York] KUNST 737
Modern Dance TANZ 803, *803*
Moderne Kunst (Nationalmuseum für) [Paris] KUNST 737
Moderner Fünfkampf SPORT 1081
Modernismus STILE 1147
Mo Di (Schule des) PHIL 837
Modigliani KUNST 737
Mogao (Grotten von) KUNST 732
Mogollonkultur GESCH 207, 229
Moguln (Dynastie) GESCH 241
- HERRSCHER 278
Mohács (Schlacht) GESCH 240
Mohammed GESCH 222
- RELIG 333, *333*, 335
Mohammed II. GESCH 238
Mohammed III. ibn Abel Allah GESCH 245
Mohammed V. GESCH 255
mohammedanisch (Ära) KALENDER 179
Mohammed Bello GESCH 247
Mohammed Resa Pahlewi GESCH 252
Mohawk VOLK 373
Mohenjo-Daro GESCH 199
Mohikaner VOLK 373
mohistische Schule PHIL 837
Mohn, Kalifornischer FLORA *167*
Moholy-Nagy (László) KUNST *731*
Mohorovičić-Diskontinuität UNIV 26
Mohrenhirse FLORA 158
Mohrenkopfpapagei FAUNA *96*
Mohssche Härteskala UNIV 28
Moi VOLK 382
Moira RELIG 294
Moissac (Kloster zu) KUNST 700
Moissan (Henri) ENTDECK 888, 890
Moissejew (Igor) TANZ 799, 801
Moivre (Abraham de) ENTDECK 865
Moke (Henri) HIST. WERKE 847
Moken VOLK 382
Moldau LAND 443
Molekül ENTDECK 873 f., 896 f.
- UNIV 2
Molekülwolken UNIV 14
Molière LIT 744, *745*
- THEATER 767
Molke ERNÄHR 1022
Molnija MEDIEN 930, 936 f.
Moloch FAUNA *105*
molokatische Gärung ERNÄHR 1063
Molybdän FLORA 141
Mommsen (Theodor) HIST. WERKE 843
Mon VOLK 382
Monaco LAND 432
Monat KALENDER 178, 183
Monbazillac ERNÄHR 1065
Mönche RELIG *326, 327, 328*, 347, 350
Mönchsorden → Orden
Mond ENTDECK 861, 902, 904
- MEDIEN 926, 930
- UNIV 9 f., *10*
Mondfisch FAUNA *108*
Mondino dei Liucci ENTDECK 859
Mondkalender KALENDER 178
Mondkrater UNIV *10*
Mondmonat KALENDER 178
- UNIV *10*
Mondphase UNIV *10*
Mondrian (Piet) KUNST *728*
Mondzyklus UNIV *10*
Monet (Claude) KUNST *725, 737*
Monge (Gaspard) ENTDECK 868
Mongolei LAND 522 f.
Mongolen GESCH 234 f., 237
- VOLK 382
mongolische Dynastie HERRSCHER 259
Mongolismus → Trisomie 21
Monismus PHIL 820
Moniz (Egas) ENTDECK 898
Monk (Thelonious Sphere) MUSIK 790, *792*
Monnet (Jean) ORGINT *654*
Monod (Jacques) ENTDECK 904
Monodisch MUSIK 782

monoklines Kristallsystem UNIV *28*
monoklonaler Antikörper ENTDECK 906
Monokotyledonen FLORA 131, 140 .
Monomotapa GESCH 239, 241
Monophysitismus RELIG 316, 323
Monopol MEDIEN 926, 928, 931
Monoski SPORT *1116*
Monotheismus RELIG 304, 333
Monotheletismus RELIG 316, 323
Monroe (James) GESCH 247
Monroe (Marylin) FILM *807*
Monstera FLORA *161, 165*
Monsunwald FLORA 151
Montag KALENDER 178
Montage FILM 816
- KUNST 731
Montagnais VOLK 373
Montagnier (Luc) ENTDECK 908 f.
Montaigne LIT 745
- PHIL 831
Montcalm de Saint-Véran (Louis Joseph, Marquis de) GESCH 245
Montchrestien PHIL 827
Monte Albán GESCH 203, 217
- KUNST 675, 734
Monte-Carlo MEDIEN 933
Monte Carlo SPIEL *1180*
Monteilhet (Hubert) HIST. WERKE 847
Montenegro LAND 446 f.
Montereau (Fayence) STILE *1144*
Montesquieu HIST. WERKE 842
- LIT 745
Montessori (Maria) PHIL 827
Monteverdi (Claudio) MUSIK 777
Montezuma II. KUNST 674
Montfaucon (Bernard de) HIST. WERKE 842
- KUNST 674
Montgolfier (Joseph und Étienne de) ENTDECK 870
Montgolfiere ENTDECK 870, *870*
Montherlant (Henry de) LIT 745
Montierung, äquatoriale UNIV *23*
Montierung, azimutale UNIV *23*
Montilla-Moriles ERNÄHR 1068
Montreal SPORT 1126
Montreux MUSIK 776
Mont-Saint-Michel KUNST 733
Monty (Python) FILM 813
Monumenta Germaniae Historia HIST. WERKE 843
Monza SPORT 1126
Monzón (Carlos) SPORT 1087
Moon (Sekte) RELIG 352
Moore (Henry) KUNST *730*
- ORGINT *651*
Moor Hall (Chester) ENTDECK 866
Moose FLORA 130
Móra (Ferenc) HIST. WERKE 847
Moralitäten THEATER 764
Moräne UNIV 48
Moräus LAND 430
Moravia (Alberto) LIT 745
Morbidität MED 961
Morchel FLORA *162 f.*
Mordowzev (Daniil) HIST. WERKE 848
Mordwinen VOLK 389
More (Sir Thomas, hl.) PHIL 829, 831
Moréas (Jean) LIT 757
Moreno (Jacob Levy) PHIL 827
Moreno (Roland) ENTDECK 906
Morgan (Lewis Henry) PHIL 827, 837
Morgan (Thomas Hunt) ENTDECK 889, 892-895
Morgan (W.J.) ENTDECK 904
Morgarten LAND 424
Móricz (Zsigmond) HIST. WERKE 848
Mörike (Eduard) LIT 745
Morin (Edgar) PHIL 827
Morley (Edwards Williams) ENTDECK 888 f.
Mormonen RELIG 332
Moro VOLK 397
Morphium MED 963
Morphofalter FAUNA *111*
Morris (William) STILE 1146
Morse (Samuel) ENTDECK 878, *878, 880*
- ZEICHEN 1222, *1222*
Mortadella ERNÄHR 1030
Morteau-Würstchen ERNÄHR 1030
Mortillet (Gabriel de) KUNST 676
Morton (Jelly Roll) MUSIK 790
Moruzzi (Giovanni) ENTDECK 900
Moscatel de Setúbal ERNÄHR 1067
Moschee RELIG 336, *336*
Mose de Leon RELIG 306
Moses GESCH 200
- RELIG 305, *305*
Mosi LAND 459
- VOLK 363
Moskau HERRSCHER 271 f.
- KUNST 736
- ORGINT 642
- SPORT 1074

Moskau (Patriarchat von) RELIG 328
Moskau (Reich) HERRSCHER 272
Mossadegh (Mohammad) GESCH 254
Mößbauer (Rudolf) ENTDECK 902
Mosse (Rudolf) MEDIEN 915
Mossi → Mosi
Motette MUSIK 782
Mo-Ti → Mo Di
Motivac MEDIEN 934
Motivationsstudien MEDIEN 941
Moto-Cross SPORT 1128, *1128*
Motoori Norinaga RELIG 351
Motor ENTDECK 886, 888, 890, 896
- SPORT 1126
Motorrad SPORT *1128*
Motorradsport SPORT 1128
Moundang VOLK 363
Mounier (Emmanuel) PHIL 827
Mount-McKinley-Nationalpark FAUNA 128
Mount Saint Helens UNIV *39*
Moustérien GESCH 195, 197
Moustiers (Teller aus) STILE *1141*
Mouthe (La) KUNST 675, 677
Möwe FAUNA *102*, 116
Moyroud (Louis) MEDIEN 915
Mozarella ERNÄHR 1023
Mozart MUSIK *776, 777, 783*
Muddy Waters MUSIK 794
Mudra RELIG 346
Muezzin RELIG *335*, 336
Mufflon FAUNA 127
Muhammad (Elijah) VOLK 376
Muhammad von Ghor GESCH 233
Mühle SPIEL 1174
Mühlenbetrieb ERNÄHR *1012*
Muisca VOLK 373
Mulao VOLK 383
Muldbjerg GESCH 198
Mulga FAUNA 146
Müller (Erwin Wilhelm) ENTDECK 896
Muller (Jennifer) TANZ 799
Müller (Karl Alexander) ENTDECK 908
Müller (Paul Hermann) ENTDECK 898
Müllerei ERNÄHR *1012*
Mulligan (Gerry) MUSIK 790
multinationale Banken WIRTSCH 603
multinationale Unternehmen WIRTSCH 576 f., 585, 588, 599-603, 605
multiple Proportionen (Gesetz der) ENTDECK 872
multiple Sklerose MED 1000
Mumifizierung RELIG 292
Mumps MED 998
Munch (Edvard) KUNST 725
München KUNST 736
- MUSIK 776
Münchner Abkommen (1938) GESCH. 252
- LAND 404, 421
Munda VOLK 383
Mundan, Mundang VOLK 363
Mundigak GESCH 197
Mund-zu-Mund-Beatmung MED 985
Mund-zu-Nase-Beatmung MED 985
Mungo-See GESCH 197
Münster (Vertrag von) [1648] LAND 415
Müntzer (Thomas) RELIG 329
Muong VOLK 383
Muräne FAUNA 108
Murasaki Shikibu LIT 745
Murat (Joachim) UNIF 1165
Muratori (Lodovico Antonio) HIST. WERKE 842
Murdoch (Rupert) MEDIEN 917, *924*, 938
Mureybat GESCH 196
Murle VOLK 363
Murmeltier FAUNA *71*
Murnau (Friedrich Wilhelm) FILM 809, 812, 814, *814*
Murngin VOLK 397
Muromachi (Zeit) HERRSCHER 280
Murut VOLK 397
Mus ERNÄHR 1053
Muscadet ERNÄHR 1065
Muscheln ERNÄHR 1039
Museen der Welt KUNST 736
Musen RELIG 295
Museum of Art (Philadelphia) KUNST 737
Musgu VOLK 363, *363*
Musical FILM 813
Musik MUSIK 772-778, 780-782
Musikfestspiele MUSIK 776
Musikgattungen MUSIK 780
Musiknotation MUSIK 783, *783*
Musikwettbewerbe MUSIK 785
Musil (Robert) LIT 745
Muskat ERNÄHR 1048
- FLORA *174*
Muskeln MED *946, 951, 951*
Musketier UNIF *1164*
Muskulatur [der Katze] FAUNA 84

Müsli ERNÄHR 1015
Muslime RELIG 333-337, *337 f.*, 339, 342
Muslimische Religion → Islam
Muslimliga GESCH 251 f.
Musö → Lahu
Musschenbroek (Petrus van) ENTDECK 866 f.
Musset (Alfred de) LIT 745
- THEATER 768
Mussolini (Benito) GESCH 250, 252
- LAND 427
Mussorgskij (Modest) MUSIK *776, 777*
Mustafa Kemal → Atatürk
Müstair KUNST 735
Mutasiliten PHIL 830
Mutation ENTDECK 892
- FAUNA 68
Mutsuhito GESCH 249
- RELIG 351
Muttermilch MED 958
Mutterschutz MED 984
Muzdalifa RELIG 336
MWSt → Mehrwertsteuer
Mykene GESCH 200
- KUNST 675, *685*
Mykerinos GESCH 198 f., *199*
- KUNST 682
Myon UNIV 2
Myonneutrino UNIV 2
Myrdal (Karl Gunnar) PHIL 827
Myriokephalon (Schlacht bei) GESCH 232
Myrte FLORA *169*
Mysterienspiele THEATER 764, *764*
Mystik, Mystiker RELIG 309, 323, 334
Mythos, Mythologie RELIG 294
- VOLK 355
Myxomatose FAUNA 94
Myxomyzeten FLORA 130
Mzab (Tal des) KUNST 732

N

Nabokov (Vladimir) LIT 745, *745*
Nabonassar (Ära) KALENDER 179
Nachgeburtsperiode MED *957, 957*
Nachrichten im Fernsehen MEDIEN 926
Nachrichtenmagazin MEDIEN 915, 922, *922*
Nachrichtensendung MEDIEN 932
Nachtfalter FAUNA 110
Nachtpfauenauge, Großes FAUNA *111*
Nachtrag (Rechnungsunterlage) FORMEL 1213
Nachträglichkeit PHIL 838
Nachtraubvögel FAUNA 77
Nachtviole FLORA *167*
Nackam (Alexander) ENTDECK 858
Nacktschnecke FAUNA *109*
Nadelhölzer FLORA 131, 145
Nader (Ralph) MEDIEN 941
Nadir (Schah) GESCH 244
Naga VOLK 383
Naganasanen VOLK 389
Nagasaki ENTDECK 901, *901*
Nagetiere FAUNA 94
Nagy (Imre) LAND 445
Nahanni (Nationalpark des Flusses) KUNST 732
Naher Osten MODE 1148
- RELIG 337, *337*
Nahman von Breslau RELIG 309
Nähmaschine ENTDECK 876
Nahrungskette FAUNA 122
Nahrungsmittel WIRTSCH 596
Nahrungsmittel der Zukunft ERNÄHR 1071 f.
Nahrungspyramide FAUNA 122
Nahrungsmittelzusatz ERNÄHR 1029, 1046
Nahsi VOLK 383
Nahua VOLK 373
Naksch-e Rustam GESCH *217*
Nama VOLK 363
Nambicwara VOLK 373
Namche Bazar VOLK 383
Namibia LAND 482
Nam Viet (Königreich) GESCH 207
Nanak (Guru) RELIG 344
Nancy KUNST 733
Nancy (Schule von) STILE *1146*
Nandi VOLK 363
Nangking (Vertrag von) GESCH 246
Nantes (Édikt von) GESCH 240, 242
- LAND 419
Nanzhao GESCH 225
Naos RELIG *292, 296*
Napier (John) ENTDECK 860

1259

REGISTER

Napoleon I. GESCH 246
– HERRSCHER 262, 274
– LAND 415, 421, 435
– STILE 1144
– UNIF 1165
Napoleon II. HERRSCHER 263
Napoleon III. GESCH 248
– HERRSCHER 263
– LAND 421
Nara GESCH 225
– HERRSCHER 279
Nara (Sekte) RELIG 351
Naramsin GESCH 198
– KUNST 680
Naranco (Santa Maria de) KUNST 698
Narayana RELIG 342
Narbe FLORA 139
Narmer GESCH 196
– KUNST 682
Narrenposse THEATER 764
Narses GESCH 221
Narzißmus PHIL 839
Nashorn FAUNA 101, 120
Nasi RELIG 306
Nasiriya VOLK 384
Nasir od-Din GESCH 248
Naskapi VOLK 374
Nassau (Familie) LAND 418
Nasser (Gamal Abd el) GESCH 254
– LAND 454
Nataraja RELIG 342
Natchez VOLK 374
Nathan von Gasa (Rabbi) RELIG 308
National Association for
   Advancement of Colored Peoples
   VOLK 376
Nationalbank FORMEL 1211
Nationalbibliothek (Wien) LIT 750
Nationale Forschungs- und
   Gedenkstätten der klassischen
   deutschen Literatur LIT 750
National Gallery (London) KUNST 736
National Gallery of Art KUNST 737
Nationalmuseum [Athen] KUNST 736
Nationalmuseum [Delhi] KUNST 736
Nationalmuseum [Seoul] KUNST 737
Nationalmuseum [Tokio] KUNST 737
Nationalpark FAUNA 126 f.
Nationalsozialismus MEDIEN 928
NATO (Nordatlantisches Bündnis)
   GESCH 254, 256
– ORGINT 661 f., 661
– UNIF 1158
Natoufien GESCH 196
Natrium ENTDECK 872
– MED 970
– UNIV 14
Natter FAUNA 113
Naturalismus LIT 756
– THEATER 768
Naturdenkmal UNIV 42
Naturjahr KALENDER 184
Naturpark FAUNA 127
Naturphilosophie ENTDECK 877
Naturschutz ORGINT 669
Naturschutzgebiet FAUNA 126 f.
Natur-, Umwelt- und Tierschutz
   ORGINT 670
Naumburg (Dom zu) KUNST 706
Nauru LAND 530
Nautiluspokal STILE 1139
Navajo VOLK 374, 374
Navarino (Schlacht bei) GESCH 247
Navarra ERNÄHR 1068
– HERRSCHER 266
Navarro (Fats) MUSIK 790
Navelorange ERNÄHR 1043
Navratilova (Martina) SPORT 1093
Naxi VOLK 383
Nazareth RELIG 312
Nazareth (Kirche von) KUNST 701
Nazcakultur GESCH 209
– KUNST 695
Nazitum LAND 413
Ndebele VOLK 363
Neapel KUNST 736
Neapel (Königreich) HERRSCHER 265
Nebbiolo ERNÄHR 1067
Nebel [interstellarer Materie] UNIV 15,
   15
Nebelkammer ENTDECK 894
Nebenblatt FLORA 138
Nebennieren ENTDECK 898
– MED 949
Nebenschilddrüse MED 949
Nebiim RELIG 304
Nebukadnezar GESCH 202
– RELIG 308
Necho II. GESCH 202
Needham (John Turberville) ENTDECK
   868
Negidalen → Sibirier
Negritos VOLK 383
Nehavend (Schlacht bei) GESCH 222
neheh RELIG 291

Neil (A.S.) PHIL 827
Neisser (Albert) ENTDECK 886
Nektanebos II. GESCH 204
Nektarine ERNÄHR 1042
Nelke FLORA 166
Nelkenrevolution GESCH 254
– LAND 433
Nelson (Admiral Horatio) LAND 403
Nemea RELIG 294
Nemeskéri (János) HIST. WERKE 846
Nemirowitsch-Dantschenko
   (Wladimir Iwanowitsch) THEATER
   768
Nemrut Dağ KUNST 735
nengo HERRSCHER 279
Nenzen VOLK 389
Neodarwinismus ENTDECK 888
– FAUNA 67
Neoglyphea FAUNA 118
Neoimpressionismus KUNST 724
neoklassische Wirtschaftslehre PHIL
   833
Neokonfuzianismus GESCH 231
Neolamarckismus FAUNA 67
Neolithikum ENTDECK 851, 851
– GESCH 196, 198, 201
– KUNST 676, 679
Neon ENTDECK 890
Neopilina FAUNA 117
Neorealismus FILM 811
Neotamia FAUNA 116
Neotenie FAUNA 75
NEP LAND 437
Nepal LAND 505 f.
Nephron MED 948
Neptun ENTDECK 880, 881
– RELIG 298 f.
– UNIV 6, 6, 8 f., 8
Neptunium ENTDECK 898
Nereid (Satellit) UNIV 9
Nereiden (Nymphen) RELIG 296
Nergal RELIG 293
Nerine FLORA 168
Nernst (Walther) ENTDECK 892
Nero GESCH 212 f.
Nertschinsk (Vertrag von) GESCH 243
Neruda (Pablo) LIT 745
Nerval (Gérard de) LIT 745
Nervensystem MED 946, 949
Nervi (Pier Luigi) ORGINT 651
Nessbar KUNST 732
Nesselsucht MED 1001
Nesseltiere FAUNA 66
Nestbau FAUNA 74
Nestorchronik HIST. WERKE 842
Nestorianismus, nestorianische Kirche
   RELIG 316, 327 f.
Nestorius GESCH 220
– RELIG 316, 323
Nestroy (Johann Nepomuk) LIT 745
Nettoinvestition WIRTSCH 582
Networks MEDIEN 930
Netz ERNÄHR 1029
Netze MEDIEN 931
Neue Abstraktion KUNST 728
Neue Industrieländer WIRTSCH 593,
   596, 601 f., 605
Neuer Realismus KUNST 730 f.
Neuer Staat (Estado Novo) HERRSCHER
   267
Neues Reich GESCH 201
– HERRSCHER 257
– LAND 454
Neue Welle, Nouvelle Vague FILM 807
Neue Weltwirtschaftsordnung ORGINT
   651
Neufrankreich HERRSCHER 275
Neugotik (Stil) MODE 1154
– STILE 1145
Neuilly (Vertrag von) LAND 431, 448
Neukaledonier VOLK 396
Neumann (Alfred) HIST. WERKE 848
Neumann (Johann Balthasar) KUNST
   718
Neumann (John von) ENTDECK 900
Neumeier TANZ 799
Neumen MUSIK 783
Neumonat KALENDER 181
Neunauge FAUNA 107
Neuntöter FAUNA 76
Neurath (Otto) PHIL 835
Neuroleptikum ENTDECK 902
– MED 1006
Neuron MED 949 f., 960
Neurose MED 998
Neurotherapie MED 1003
Neurotransmitter MED 950
Neuseeland KUNST 734
– LAND 529, 529
– RELIG 316
Neustrien HERRSCHER 262, 283
– LAND 419
Neutralität (Psychoanalyse) PHIL 839
Neutrino ENTDECK 898 f.
Neutron ENTDECK 898 f.

– UNIV 2
Neutronenbombe ENTDECK 906
Neutronenstern ENTDECK 898
– UNIV 14
Nevers (Fayence aus) STILE 1140
Nevers (St.-Étienne von) KUNST 700
Newar VOLK 383
Newcomen (Thomas) ENTDECK 864 f.,
   864
New Deal GESCH 253
New Hampshire [Huhn] FAUNA 93, 93
Newman (John Henry) RELIG 323
Newman (Randy) MUSIK 794
New Orleans GESCH 245
Newton ENTDECK 862-864
– UNIV 3, 3
New York KUNST 736
– MUSIK 776
New York City Ballet TANZ 801, 803
New York Yacht Club SPORT 1114
Ngabaka → Gbaya
Ngala VOLK 363
Ngan Lu-chan → An Lushan
Ngbaka → Gbaya
NGO → Organisationen,
   nichtstaatliche
Ngô Đinh Diêm GESCH 255
Ngoni VOLK 363
Nguyen (Dynastie) GESCH 246
Niagarafälle UNIV 45
Nibelungen RELIG 301
Nibelungenlied LIT 745
NIC → Neue Industrieländer
Nicäa (Konzile) GESCH 219, 224
– KALENDER 187
– RELIG 313, 316, 323
Nicaragua LAND 542
nichteuklidische Geometrie ENTDECK
   866, 876, 878, 881
nichtrostender Stahl ENTDECK 894
Nickel ENTDECK 868
– WIRTSCH 623
Nickeloxid UNIV 33
Nicklaus (Jack) SPORT 1098
Nicol (William) ENTDECK 876
Nicolle (Charles) ENTDECK 892
Niedere Epoche HERRSCHER 257
Niederlande HERRSCHER 274, 274
– LAND 414, 415
– MEDIEN 918, 938 f.
– MUSIK 787
– RELIG 331 f.
Niederschläge UNIV 53
Niederwald FLORA 149
Nielsen (Arthur) MEDIEN 934
Nielsen (Carl) MUSIK 777
Niemeyer (Oscar) KUNST 727
Niepce de Saint-Victor (Abel) ENTDECK
   880
Niepce (Nicéphore) ENTDECK 874 f.,
   875
Nieren MED 948, 948
nierenförmiges Blatt FLORA 138
Niereninsuffizienz MED 998
Nierenkolik MED 994
Nietzsche PHIL 827
– RELIG 297
Niger LAND 459
Nigeria LAND 469, 468 f.
Nihongi HIST. WERKE 841
Nihon-shoki HIST. WERKE 841
Nijinska (Bronislava) TANZ 799
Nijinsky (Waslaw) TANZ 799, 801
Nika (Aufstand) GESCH 220
Nikephoros Botaneiates HERRSCHER 261
Nikephoros Phokas GESCH 228
Nikolais (Alwin) TANZ 798 f., 803
Nikolaus I. (Papst) GESCH 226
Nikolaus I. (Zar) LAND 437
Nikolaus II. GESCH 248
– LAND 437
Nikolaus von Kues ENTDECK 858 f.
Nikopolis (Schlacht von) LAND 444
Nikotinsucht MED 963, 980
Nil GESCH 205
– KALENDER 180
Nilhecht FAUNA 114
Nilkrokodil FAUNA 105
Nilometer GESCH 205
Nilsson (Wiven) STILE 1147
Nim SPIEL 1183
Nimbostratus UNIV 56
Nimrud KUNST 675
Nimwegen (Vertrag von) [1678] LAND
   435
Ningyo-joruri THEATER 770
Ninive GESCH 202
Niokolo-Koba-Nationalpark FAUNA 128
– KUNST 735
Nipkow (Paul) ENTDECK 888
Nippur (Tafel von) KUNST 852
Nirenberg (Marshall) ENTDECK 903 f.
Nirvana RELIG 346
Nitrat MED 962
Nitroglycerin ENTDECK 880

Ni Tsan KUNST 690
Nivelle (Robert) GESCH 250
Nivelles (St.-Gertrud-Kirche von)
   KUNST 699
Nivôse KALENDER 192
Nixon (Richard) GESCH 256
– MEDIEN 919, 926
Nixtamalisation ERNÄHR 1011
Ni Zan KUNST 690
Njörd RELIG 301
Nkole VOLK 363
Nkrumah (Kwame) GESCH 255
No THEATER 770
Nobelpreis ENTDECK 911
Nofretete HERRSCHER 258
– KUNST 683, 683
Nogaier VOLK 389
Nok (Kultur) GESCH 205
– KUNST 696
Nolde (Emil) KUNST 728
Nöldeke (Theodor) HERRSCHER 258
Nollet (Jean Antoine) ENTDECK
   866-868
No-Maske THEATER 770
Nomenklatur (binäre) ENTDECK 867
Nominalismus PHIL 821, 831
Nonen KALENDER 182
Nonne RELIG 326
Nono (Luigi) MUSIK 777
Noone (Jimmie) MUSIK 790
Nootka VOLK 374
Nordafrika MEDIEN 920
– RELIG 337, 337
– WIRTSCH 565
Nordamerika RELIG 316
Nordamerika (Autokephale Kirche
   von) RELIG 328
Nordatlantikvertrag → NATO
Norddeutscher Bund GESCH 248
Nordirland LAND 405
Nordische Kombination SPORT 1117
Nordischer Rat ORGINT 660
Nordischer Skisport SPORT 1117
Nordkaper FAUNA 125
Nordkorea LAND 525 f.
Nördliche und Südliche Dynastien
   (Periode der) HERRSCHER 276
Nordmannstanne FLORA 131
Nordmolin ENTDECK 857
Nord-Süd-Gefälle WIRTSCH 593
Nori ERNÄHR 1039
Normalverteilung FORMEL 1208, 1208
Normand (Mabel) FILM 813
Normannen GESCH 226
normannisch (Dynastie) HERRSCHER
   265
normannisch (Könige) HERRSCHER 268
Nornen RELIG 301
Norodom Sihanuk GESCH 252
North (Norbert) TANZ 799
Northcliffe (Lord Alfred Harmsworth)
   MEDIEN 914 f., 917, 921
Norton (Modell) FORMEL 1196
Norwegen HERRSCHER 273
– KUNST 734
– LAND 406, 405 f.
– MEDIEN 918, 938
Notenbank FORMEL 1211
– WIRTSCH 586
Nothofagus FLORA 145
Notstandsstreitkräfte der Vereinten
   Nationen (UNEF) ORGINT 652
Noumenon PHIL 821
Nova UNIV 15
Novalis LIT 755
Novedrate KUNST 727
Noverre TANZ 799, 802
Nowgorod HERRSCHER 271
NTSC (National Television System
   Committee) MEDIEN 927
Nuba VOLK 363
Nubien LAND 461
Nucleinsäure ENTDECK 889
Nuer VOLK 363
Nugat ERNÄHR 1053
Null ENTDECK 856
Numantia GESCH 208
Numeri (Buch der Bibel) RELIG 304
Numidien GESCH 211
Numitor RELIG 298
numen, numina RELIG 298 f.
Nuntius RELIG 317, 321
Nuoc-Mam ERNÄHR 1037
Nupe VOLK 363
Nürburgring SPORT 1126
Nurejew (Rudolf) TANZ 801
Nurharchi GESCH 243
Nurmi (Paavo) SPORT 1074
Nürnberg (Lorenzkirche) KUNST 703
Nürnberger Prozesse GESCH 252
Nuß ERNÄHR 1026
Nußbaum FLORA 175
Nußfrucht FLORA 140
Nußkern ERNÄHR 1045

Nußschnitzel oder Medaillon oder Mignon ERNÄHR 1026
Nut RELIG 291
Nutation ENTDECK 866
Nutria FAUNA 101, 123, *123*
Nyakyusa VOLK 363
Nyamwezi VOLK 363
Nyanja VOLK 363
Nyantatom PHIL 837
Nylon ENTDECK 898
Nymphen RELIG 296
Nzambia-Pongo RELIG 339

Oak Ridge ENTDECK 901
OAPEC → Organisation Arabischer Erdölexportierender Länder
OAS → Organisation Amerikanischer Staaten
Oaxaca KUNST 734
Obeid (El-) GESCH 196
Oberkampf ENTDECK 868
Oberrock MODE *1152*
Oberschale ERNÄHR 1026
Oberschenkelhosen MODE *1150 f.*
Obervolta LAND 459
Objekt [Psychoanalyse] PHIL 839
Objektiv ENTDECK 878
Obligation FORMEL 1211
Oboe MUSIK 786
Oboler (Arch) FILM 812
Obrenović LAND 446
Observatorium UNIV 24, *24*
Obstgarten ERNÄHR 1059
Oc RELIG 301
Ochs (A. s.) MEDIEN 918
Ochse FAUNA 92
Ockham (William von) ENTDECK 859
Odaenatus GESCH 216
Odermennig FLORA *171*
Odin RELIG 301
Ödipus RELIG 294
Ödipuskomplex PHIL 839
Odoaker GESCH 220
Odyssee (die) RELIG 295
Odysseus GESCH 202, *202*
Œil de Perdrix ERNÄHR 1066
Oersted ENTDECK 874-876
Offenbach (Jacques) MUSIK 777
Offenbarung RELIG 323
Offenmarktpolitik WIRTSCH 586
öffentliche Abgaben FORMEL 1216
öffentliche Ausgaben FORMEL 1216
öffentliche Einnahmen FORMEL 1216
— WIRTSCH 587
öffentlicher Dienst MEDIEN 928
öffentlicher Haushalt FORMEL 1215
öffentliche Schulden FORMEL 1216
Office de justification de la diffusion (O.J.D.) MEDIEN 925
Office de justification des tirages (O.J.T.) MEDIEN 925
Offizier UNIF 1164
Öffnung ZEICHEN 1219
Öffnungsfrucht FLORA 140
Offsetdruck ENTDECK 892
— MEDIEN 915
Offshore (Bohrung) ENTDECK 888
Ogaden LAND 456
Ogilvy (David) MEDIEN 940, 944
Ohm (Georg Simon) ENTDECK 875 f.
Ohmsche Regel FORMEL 1196
Ohnmacht MED 1000
Ohr MED *949*
Ohrenentzündung MED 999
Ohrenqualle FAUNA 112
Ohrid (Gebiet von) KUNST 735
Ohrwurm FAUNA *110*
Oiraten → Kalmücken
OJD → Office de justification de la diffusion
Ojibwa VOLK 374
OJT → Office de justification des tirages
Ökologie ENTDECK 894
— FAUNA 122
ökologische Nische FAUNA 122
Ökosystem ENTDECK 898
— FAUNA 122
— MED 962
Oktavian GESCH 210
Ökumene RELIG 322, 331
ökumenische Konzile RELIG 323
Ökumenischer Rat der Kirchen ORGINT 670
— RELIG 331
Ölbaumgewächse FLORA 131
Oldenbourg (Zoé) HIST. WERKE 848

Oldenburg (Haus) HERRSCHER 273
Olduvaischlucht UNIV 62, 63
Olduwai GESCH 195
Olinda KUNST 732
Oliphant (Mark Laurence Elwin) ENTDECK 900
Olive ERNÄHR 1016
— FLORA *160*
Olivenbaum ERNÄHR *1016*
— FLORA 146
Olivenöl ERNÄHR 1016
— WIRTSCH 608
Oliver (King) MUSIK 790
Olivin UNIV 29
Olmeken GESCH 199, *201*
— KUNST 694
— LAND 538
— VOLK 374
Olmi (Ermanno) FILM 809
Oloroso ERNÄHR 1068
Ölpalme ERNÄHR 1017
Ölpflanzen ERNÄHR 1016
— WIRTSCH 608, *608*
Olymp THEATER 767
Olymp (Berg) RELIG 294 f.
Olympia GESCH 204
— KUNST 674
— RELIG 296
Olympiaden-Ära KALENDER 179
Olympische Fahne SPORT *1074*
Olympische Götter RELIG 294 f.
Olympische Medaillen SPORT *1074*
Olympischer Schießstand SPORT *1085*
Olympischer Wahlspruch SPORT *1074*
Olympisches Becken SPORT 1109
Olympisches Feuer SPORT 1075
Olympisches Gelöbnis SPORT *1074*
Olympische Spiele GESCH 202, 218
— MEDIEN 926, 935 f.
— RELIG 296
— SPORT 1074 f.
Omaha VOLK 374
Omaijaden, omaijadisch GESCH 222, 224 f., 229
— HERRSCHER 280 f., *281*
Oman KUNST 734
— LAND 491
Omar RELIG 337
Omar-e Chajjam ENTDECK 857
Ometecutli RELIG 302
Omituo fo RELIG 346, 350
Omo (Tal) GESCH 195
— KUNST 733
O'Neill (Eugene) LIT 745
Oninkrieg GESCH 239
Onkogen ENTDECK 907, 910
Ono Yasumaro HIST. WERKE 841
Ontologie PHIL 821
Onza FAUNA 118, *118*
Oort (Jan Hendrick) ENTDECK 896, 902
Opal UNIV 29
Oparin (Aleksandr) ENTDECK 898
OPEC → Organisation Erdölexportierender Länder
Oper MUSIK 780, 7,87
Opéra-Comique MUSIK 787
Opera dei puppi THEATER 771, *771*
Operation bei offenem Herzen ENTDECK 903
Operette MUSIK 787
Ophiolite UNIV 31
Ophüls (Marcel) FILM 809
Ophüls (Max) FILM 809
Opium MED 963
Oppenheimer (Robert) ENTDECK 901
Optik ENTDECK 857
— FORMEL 1191 f.
Optiker MED 983
Optisches Theater FILM 817
optische Täuschungen PHIL 834 f.
Opus (Nummer des) MUSIK 783
Orakel RELIG 296
orale Phase PHIL 839
Orange ERNÄHR *1043*, 1044
Orange KUNST 733
— THEATER 763
Orangefuchsiger Rauhkopf FLORA *164*
Orangenblume FLORA *169*
Orang-Utan FAUNA *98*
Oranien-Nassau HERRSCHER 274
Oranten KUNST *687*
Oraon VOLK 383
Oraon → Kurukh
Oratorium MUSIK 780
Orbevoie STILE *1138*
Orchester MUSIK 784, *784*
Orchestra THEATER 762 f.
Orchidee FLORA 142
Orczy (Emmuska, Baroness) HIST. WERKE 848
Orden (Mönch) RELIG 326
Ordinarium [der Messe] MUSIK 780
Ordination RELIG 318, 320, 328
Ordination oder Sakrament der Priesterweihe RELIG 331

Ordnung [Tier] FAUNA 66
Ordóñez de Montalvo (García) LIT 745
Oresme (Nikolaus von) ENTDECK 858
Orff (Carl) MUSIK 777
Organisation Amerikanischer Staaten (OAS) GESCH 256
— ORGINT 662 f.
Organisation der Solidarität der afrikanischen und asiatischen Völker (AAPSO) ORGINT 666
Organisation der Solidarität der afrikanischen, asiatischen und lateinamerikanischen Völker (OSPAALA) ORGINT 666
Organisation der Vereinten Nationen für Ernährung und Landwirtschaft (FAO) ORGINT 649, *649*
— WIRTSCH 638
Organisation der Vereinten Nationen für Industrielle Entwicklung (UNIDO) ORGINT 650
Organisation der Vereinten Nationen (UNO) ORGINT 642, 644
Organisationen, internationale ORGINT 641-668, 670-672
Organisationen, internationale wissenschaftliche ORGINT 660
Organisationen, nichtstaatliche (NGO) ORGINT 667 f., 670-672
Organisationen, nicht staatliche oder private ORGINT 641
Organisationen, pazifistische ORGINT 669
Organisation Erdölexportierender Länder (OPEC) ORGINT 653
— WIRTSCH 597, *597*, 616
Organisation für Afrikanische Einheit (OAE) ORGINT 256
— ORGINT 663
Organisation für die Befreiung Palästinas (PLO) ORGINT 664
Organisation für wirtschaftliche Zusammenarbeit und Entwicklung (OECD) ORGINT 660
Organisation für wirtschaftliche Zusammenarbeit in Europa (OEEC) ORGINT 660
Organisation mittelamerikanischer Staaten ORGINT 663
organisches Gestein UNIV 30
Organotherapie MED 1003
Organum MUSIK 782
Orgasmus MED 954
Orgnac (Höhle von) UNIV 42
Oribasios ENTDECK 856
orientalische Kirchen RELIG 327
Orientierungspreis ORGINT 659
Origenes, Origenismus RELIG 315 f., 323
Orion UNIV 17
Orischa RELIG 339
Orléans (Häuser von) HERRSCHER 262
Ornithischier UNIV 60
Orodes GESCH 212
Orogenese UNIV 26
Oromo VOLK 359
Oromo → Galla
Orotschen → Sibirier
Orpheus RELIG 296
Orthikon MEDIEN 926
Ortho- (Verwandtschaft) VOLK 355
orthodoxe Kirchen RELIG 327 f., 331
Orthoklas UNIV 28
Orthoptist MED 983
Orthostaten KUNST 681
Orwell (George) LIT 745
Oryxantilope FAUNA *101*, 126
Osage VOLK 374
Osborne (Thomas B.) ENTDECK 894 f.
Oscar FILM 818
Oshima Nagisa FILM 809
Osiris RELIG 290, *290*
Osman Dan Fodio GESCH 247
Osmanen GESCH 236
— HERRSCHER 282, *282*
— LAND 430, 445, 447, 449-451, 453 f., 493-495, 498
Osmose ENTDECK 866
O-soto-guruma SPORT *1091*
OSPAALA → Organisation der Solidarität der afrikanischen, asiatischen und lateinamerikanischen Völker
Osseten VOLK 389
Ostafrikanisches Grabensystem UNIV 39
Osteoporose MED 960, 999
Osterglocke FLORA *166*
Osterinseln KUNST 697
Ostern KALENDER 186 f.
— RELIG 319
Österreich HERRSCHER 271, *271*, 288
— LAND 423, 422 f.
— MUSIK 787

Österreichischer Erbfolgekrieg GESCH 244
österreichische Weine ERNÄHR 1066
Österreich-Ungarischer Ausgleich (1867) GESCH 248
— LAND 423
Österreich-Ungarn LAND 423, 445
Osteuropa ORGINT 661
— WIRTSCH 595
Ostgoten GESCH 220, 222
Ostia (Via) ENTDECK 856
Ostindische Kompanie (englische) GESCH 243, 246
Ostjaken VOLK 389
Ostkirchen RELIG 313
Ostmark LAND 423
Ostpolitik LAND 413
Östrogen ENTDECK 896
Oströmisches Reich (Kaiser des) HERRSCHER 261
Ost-Rumelien LAND 448
Östrus FAUNA 87
Ostsee GESCH 237
Oszillograph ENTDECK 890
Otaniemi KUNST 727
Othello SPIEL 1183
Othman GESCH 222
— RELIG 337
Otman RELIG 334
Otomí VOLK 374
Ottern, Echte FAUNA *106*
Otto (Nikolaus) ENTDECK 886
Otto I. GESCH 228
— HERRSCHER 264
Otto IV. von Braunschweig HERRSCHER 264
Ottokar I. Přemysl LAND 441
Otto von Bayern LAND 430
Otto von Freising HIST. WERKE 842
Ouchy (Friede von) LAND 453
Oud (Jacobus Johannes Pieter) KUNST 726
Oudry (Jean-Baptiste) KUNST 720
Oueddei (Goukouni) LAND 460
Ouro Preto KUNST 718, 732
Ouzo ERNÄHR 1070
Ovambo VOLK 356
Overweg (Adolph) GESCH 249
Ovid LIT 745
— RELIG 298
Oviedo KUNST 733
Ovimbundu VOLK 362
ovipar FAUNA 74
Ovisten ENTDECK 862
— ENTDECK 863
ovovivipar FAUNA 74
Owen (Richard) ENTDECK 880
Owen (Robert) PHIL 827
Owens (Jesse) SPORT *1074*
Oxer SPORT 1124
Oxford SPORT 1113
Oxforder Vorschriften LAND 402
Oxid UNIV 29
Oyampi VOLK 374
Oyo (Königreich) GESCH 233
Ozean UNIV 47
Ozeanien KUNST 697
— LAND 527-532
— RELIG 310
— VOLK 394-398, *394*
ozeanisches Klima UNIV 52
Ozeanographie UNIV 46
Ozeanologie UNIV 46
Ozon ENTDECK 878, 894
— UNIV 50
Ozonloch UNIV 50
Ozouf (Mona) HIST. WERKE 844
Ozu Yasujirō FILM 809

paarig gefiedertes Blatt FLORA *138*
Paarungsverhalten FAUNA 74
Paasche-Index FORMEL 1210
Pabst (Georg Wilhelm) FILM 809
Pabst von Ohain (Hans) ENTDECK 901
Paccard (M.G.) SPORT 1134
Pachacutec GESCH 239
— RELIG 302
Pachelbel (Johann) MUSIK 777
Pacioli (Luca) ENTDECK 858
Pack-shot MEDIEN 944
Paddel SPORT *1112*
Paddy ERNÄHR 1010
Padua HERRSCHER 265
Pagan GESCH 231, 235
Paganini (Niccolo) MUSIK 777
Page (Ruth) TANZ 799
Pagnol (Marcel) FILM 809

REGISTER

- LIT 745
Pagode KUNST 690
Pagodenärmel MODE 1155
Pahari VOLK 384
Paharpur KUNST 732
Pahlewi (Dynastie) GESCH 250
- HERRSCHER 259
- LAND 500 f.
Pahoehoe-Lava UNIV 36
Pa-i → Shui
Pai VOLK 377
Paier GESCH 215
Paik (Nam June) KUNST 731
Paikche (Königreich) GESCH 219
Paiute VOLK 374
Pakistan HERRSCHER 279
- LAND 501-503
- RELIG 337
Pala (Dynastie) GESCH 227
- HERRSCHER 278
Palaiologen HERRSCHER 261
Palanco (Jesús de) MEDIEN 916
Paläodemographie HIST. WERKE 846
Paläographie HIST. WERKE 842
Paläolithikum GESCH 197
- KUNST 676, 678
Paläomagnetismus UNIV 32
Paläontologie ENTDECK 876
Paläosibirier VOLK 390
Paläozoikum ENTDECK 868
- UNIV 27
Palästina LAND 496
- RELIG 309 f., 311
Palästinensische
  Befreiungsorganisation (PLO)
  GESCH 254
Palatin (Berg) RELIG 298
Palaung VOLK 384
Palazzeschi (Aldo) LIT 758
Palenque GESCH 217, 223
- KUNST 675, 734
- RELIG 302
Palikur VOLK 374
Palisander FLORA 175
Palissy (Bernard) ENTDECK 860
Palladio (Andrea) KUNST 709
Pallas ENTDECK 873
- UNIV 11
Pallava (Dynastie) GESCH 227
- HERRSCHER 278
Pallium MODE 1149
- RELIG 317 f.
Palme (Olof) LAND 409
Palmer (A.) SPORT 1098
Palmer (Robert R.) HIST. WERKE-844
Palmfarn FLORA 131
Palmfarngewächse FLORA 131
Palmiter ENTDECK 908
Palmkernöl ERNÄHR 1017
Palmöl ERNÄHR 1017
Palmyra GESCH 216
- KUNST 674, 735
PAL (Phase Alternative Line) MEDIEN
  926 f.
Pamelahut MODE 1154
Pamir GESCH 208, 209
Pampa FLORA 153
Pampelmuse ERNÄHR 1043, 1044
Pampelmusenbaum FLORA 161
Panama LAND 543
Panamakanal ENTDECK 894
- GESCH 249, 251
Panathenäen RELIG 296, 296
Panathenäisches Stadion SPORT 1075
Panckoucke ENTDECK 869
Panda FAUNA 100
- ORIGINT 670
Pandora RELIG 295
Pandya GESCH 237
- HERRSCHER 278
Pane (Gina) KUNST 731
Pangäa UNIV 27, 35
Pangermanismus LAND 413
Pangwe VOLK 358
Panhard (René) ENTDECK 890, 891
Panier MODE 1152 f.
Panini PHIL 827
Panipat (Schlacht von) GESCH 245
Pan Kou → Ban Gu
Pannonien LAND 444
Pano VOLK 374
Pantalone THEATER 765
Pantanassa (die) KUNST 688
Pantheismus PHIL 821
Pantheon (in Paris) KUNST 719
Pantheon (in Rom) KUNST 686
Pantherpilz FLORA 164
Pantschen-Lama RELIG 347
Panzerfisch UNIV 58
Panzerwels FAUNA 95
Papageien FAUNA 96, 121
Papago VOLK 374
Papaya ERNÄHR 1045
Papayabaum FLORA 161
Paphos KUNST 732

Papias RELIG 315
Papier ENTDECK 854
- MEDIEN 914 f.
Papierboot [Tier] FAUNA 74
Papierholz FLORA 175
Papiernautilus FAUNA 74
Papin (Denis) ENTDECK 862, 864 f., 864
Papinscher Topf ENTDECK 864
Pappos von Alexandria ENTDECK 856
Paprika ERNÄHR 1048
- FLORA 174
Papst RELIG 317, 317, 321-323
päpstliche Legaten RELIG 321
päpstliche Unfehlbarkeit RELIG 323
Papua VOLK 398
Papua-Neuguinea LAND 528 f.
Papyrus ENTDECK 852
Par SPORT 1098
Parabasis THEATER 762
Parabel (Gleichung) FORMEL 1207, 1207
Paracas GESCH 201, 205
- KUNST 695
Paradies RELIG 314, 314
paradigmatisch (Achse) PHIL 836
Paradschanow (Sergej) FILM 809
Parafiski FORMEL 1215
Paragliding SPORT 1132
Paraguay LAND 558
Paraklet RELIG 327
Parallaxe eines Sterns ENTDECK 879
Parallelbarren SPORT 1082, 1083
Parascha RELIG 309
Parasiten FAUNA 75, 82
Parasiten [Katze] FAUNA 86
Parasitismus FAUNA 73
Parasit, Parasitose MED 982
Paraski SPORT 1132
Parasolpilz FLORA 163
Parcours (beim Springreiten) SPORT
  1124
Paré (Ambroise) ENTDECK 860, 861
Pareci VOLK 374
Pareto (Vilfredo) PHIL 833
Pariahund FAUNA 78
Parias RELIG 341
Paris HERRSCHER 262
- KUNST 737
- RELIG 295
Paris-Dakar (Rallye) MEDIEN 935
Pariser Kommune GESCH 248
Pariser Vertrag (1898) LAND 435
Paris (Festspiel) MUSIK 776
Paris (Frieden von) GESCH 244 f.
Paris (Konferenz) GESCH 255
Paris (Notre-Dame de) KUNST 706
Paris (Observatorium von) ENTDECK
  862
Paris (Oper) KUNST 722
Paris-Roubaix SPORT 1130, 1130
Paris (Universität) GESCH 234
Paris (Vertrag) LAND 443
Paris (Verträge von) GESCH 254
Paris (Vertrag von) LAND 432
Paris (Vertrag von) [1947] LAND 427
Paris (Vertrag von) [1951] ORIGINT 654
Park (W.) SPORT 1098
Parker (Charlie) MUSIK 790, 790
Parkinson-Krankheit MED 999
Parlament, europäisches ORIGINT 656
Parma GESCH 240
Parma-Schinken ERNÄHR 1031
Parmenides ENTDECK 854
- PHIL 830
Parmentier ERNÄHR 1018
Parmesan ERNÄHR 1023
Parnell (Charles Stewart) LAND 405
Parodos THEATER 762
Parole PHIL 836
Parrot (André) KUNST 675
Parsec (pc) UNIV 14
Parsen RELIG 337
Parsons (Charles) ENTDECK 888, 890
Parsons (Talcott) PHIL 827
Parsons (William) ENTDECK 896
Partei, kommunistische in China
  GESCH 252
Parthenogenese ENTDECK 866, 880
Parthenon GESCH 204
- KUNST 674, 684 f.
- RELIG 296, 296
Parther GESCH 210, 212-214
- HERRSCHER 259
Parthische Ära KALENDER 179
Partita MUSIK 781
Parvovirose FAUNA 82
Pas à terre TANZ 799
Pascal ENTDECK 860, 862
- LIT 745
Pascalsches Dreieck FORMEL 1199
Pasch (Moritz) PHIL 827
Paschtunen VOLK 383, 383
Pas de deux TANZ 802
Pasolini (Pier Paolo) FILM 809
Passah → Pessach
Passion MUSIK 780

- RELIG 312
Passiva FORMEL 1213
Passivgeschäft FORMEL 1211
Pasternak (Boris) LIT 745
Pasteur (Louis) ENTDECK 886, 889
Pasteurisieren ERNÄHR 1046
Pastille ERNÄHR 1052
Pastillenherstellung ERNÄHR 1052
Pastinak FLORA 159
Pastis ERNÄHR 1049
Pastor RELIG 331
Pastrone (Giovanni) FILM 809
Patagium FAUNA 115
Patagonier VOLK 375
Pataliputra (Konzil von) RELIG 345
Patandschali PHIL 827
Pathanen VOLK 383, 383
Patience SPIEL 1175
Patinkin (Don) PHIL 827
Patriarch RELIG 328
Patrilineage VOLK 355
patrilineare Verwandtschaft VOLK 355
Patrimonium Petri RELIG 321
Patschuliöl FLORA 176
Pat Sullivan FILM 817
Pattadakal (Park) KUNST 734
Pauken MUSIK 786
Paul I. LAND 430
Paul VI. RELIG 317, 322, 323
Pauli ENTDECK 896-898
- FORMEL 1188
Paulownia FLORA 170
Paulus (Apostel) GESCH 212
- RELIG 311, 325
Paumotu VOLK 398
Pavelić (Ante) LAND 447
Pavia (Kartause von) KUNST 708
Pavia (Schlacht) GESCH 240
Pawlow (Iwan Petrovitsch) ENTDECK
  892
Pawlowa (Anna) TANZ 801
Pawnee oder Pawni VOLK 374
Pazifikpakt ORIGINT 665
Pazifischer Ozean UNIV 46
Paz (Octavio) LIT 745
Peano (Giuseppe) PHIL 827
Pear VOLK 384
Pearl Harbor GESCH 253, 253
Pearson (Arthur) MEDIEN 917
Peć (Patriarchat von) RELIG 328
Pechblende UNIV 29
Pech Merle (Höhle von) KUNST 678
Pecqueur (Onésiphore) ENTDECK 880
Pedi VOLK 364
Pedologie UNIV 54
Pegasus UNIV 17
Péguy (Charles) LIT 745
Peierls (Rudolf) ENTDECK 901
Peirce (Charles Sanders) PHIL 827
Peisistratos THEATER 762
Peking GESCH 249
- KUNST 690
- RELIG 348
Pekingoper THEATER 770, 770
Pekoe ERNÄHR 1055
Pektin ERNÄHR 1053
Pelagius, Pelagianismus RELIG 316
Peligot (Eugène Melchior) ENTDECK 880
Pelikan FAUNA 102
Pelit UNIV 30
Pellagra MED 961, 990
Pellico (Silvio) LIT 755
Pelotaspiel KUNST 733
- RELIG 303, 303
Pelte UNIF 1160
Peltier (Jean Charles) ENTDECK 878
Pelzmütze UNIF 1165
Pelzrobbe FAUNA 126
Pelzwerk (Heraldik) ZEICHEN 1228
Pembroke (Tisch) STILE 1143
Pemón VOLK 374
Penaten RELIG 298
PEN-Club LIT 750
Pende RELIG 338
- VOLK 364
Pendel ENTDECK 862
Penduluhr STILE 1140, 1145
Penderecki (Krzysztof) MUSIK 777
Penedès ERNÄHR 1068
Penelope RELIG 295
Penicillin ENTDECK 896
Penicillium FLORA 130, 162
Penis MED 953
Penn (Arthur) FILM 809
Penn (William) GESCH 243
Pennsylvania (Universitätsgebäude)
  KUNST 727
Penny-Presse MEDIEN 940
Pentadrachme GESCH 207
Pentarchie RELIG 328
Pentateuch RELIG 304
Penzias (Arno) ENTDECK 904
- UNIV 20
Pepel VOLK 364
Pepi II. GESCH 198

Peplos MODE 1149, 1149
Pepper (Art) MUSIK 790
Percheron FAUNA 89
Percier (Charles) KUNST 722
Perdriel (Claude) MEDIEN 922
Perestroika LAND 438
Péret (Benjamin) LIT 759, 759
Pérez de Cuellar (Javier) ORIGINT 646
Pergament ENTDECK 854
- GESCH 222
Pergamon GESCH 206, 208
- KUNST 685
Pergolesi (Giambattista) MUSIK 777
Peridotit UNIV 31, 31
Perikarp FLORA 140
Perikles GESCH 204
Periode der Frühlinge und der Herbste
  GESCH 203
Periodensystem der chemischen
  Elemente ENTDECK 897
- FORMEL 1188
Periost MED 951
Periskop ENTDECK 892
Perlauster FAUNA 109
Perle UNIV 29
Perleidechse FAUNA 105
Perlen FAUNA 109
Perlhuhn ERNÄHR 1032
- FAUNA 93, 93
Perlmutter FAUNA 109
Perlwein ERNÄHR 1063
Permjaken VOLK 390
Permoser (Balthasar) KUNST 716
Permutation FORMEL 1199
Péron (Juan) GESCH 256
Pérot (Alfred) ENTDECK 890
Perrault (Charles) LIT 745
Perrault (Claude) KUNST 713
Perret (Jacques) ENTDECK 902
Perriand (Charlotte) STILE 1147
Perrot (Jules) TANZ 799
Perroux (François) PHIL 827
Perry (Frederick John) SPORT 1093
Persephone RELIG 294 f., 296
Persepolis GESCH 202, 204
- KUNST 681, 734
Perserkatze FAUNA 85
Persien → Iran
Personalismus PHIL 821
Personenverkehr WIRTSCH 633
Perspektive FILM 816
Peru KUNST 735
- LAND 555 f., 556
peruanische Weine ERNÄHR 1068
Peshawar KUNST 734
Peshva HERRSCHER 279
Pessach oder Passah RELIG 309
Pessi VOLK 361
Pessoa (Fernando) LIT 745
Pest ENTDECK 865, 865, 890
- GESCH 236
- MED 966
Pestalozzi PHIL 827
Pétain (Philippe) GESCH 250, 252
- HERRSCHER 263
Petasos MODE 1149
Peter der Große GESCH 244
- HERRSCHER 272
- LAND 437
Peter I. (Kaiser Brasiliens) GESCH 247
- LAND 433
Peter I. Karadjordjević LAND 446
Peter II. HERRSCHER 272
Peter III. LAND 437
Petermännchen FAUNA 112
Petersen (Nis) HIST. WERKE 847
Petersilie ERNÄHR 1049
Peters-Projektion UNIV 25, 25
Pétillant ERNÄHR 1063
Petipa (Lucien) TANZ 800
Petipa (Marius) TANZ 800, 802
Petit (Roland) TANZ 800
Petra KUNST 734
Petrodworez KUNST 718
Petronius LIT 746
Petrus (Apostel) GESCH 212
- RELIG 311, 317, 321, 324
Petrus Peregrinus ENTDECK 858, 858
Petschenegen GESCH 230, 232
Petunie FLORA 167
Petzval (Joseph) ENTDECK 878
Peul VOLK 364
Pevsner (Antoine) KUNST 730
Peyrony (Denis) KUNST 676
Pfadfinder ORIGINT 672
Pfälzischer Erbfolgekrieg GESCH 242
Pfalz-Zweibrücken (Haus) HERRSCHER
  274
Pfandbriefe FORMEL 1211
Pfeffer ERNÄHR 1048 f.
- FLORA 174
Pfeifenstrauch FLORA 169
Pfeiffer-Drüsenfieber MED 998
Pfeil (Bogenschießen) SPORT 1085
pfeilförmiges Blatt FLORA 138

Pferd ENTDECK 852
– ERNÄHR 1027
– FAUNA 88, 91, 121
Pferdefleisch FAUNA 91
Pferdepolo SPORT 1123
Pferderennbahn SPORT 1123
Pferderennen FAUNA 90
– SPORT 1123
Pfifferling FLORA 163
Pfingsten RELIG 311, 318 f.
Pfingstrose FLORA 166
Pfirsich FLORA 160
Pflanzen FLORA 129, 143-176
– UNIV 58
Pflanzen, aromatische ERNÄHR 1049
Pflanzen, blütenlose FLORA 129 f.
Pflanzen, fleischfressende FLORA 156
Pflanzenanatomie FLORA 135-142
Pflanzenfresser FAUNA 122
Pflanzenheilkunde MED 1003
Pflanzenreich FLORA 129
pflanzliche Zelle FLORA 141
Pflaume ERNÄHR 1042, 1042
– FLORA 160
Pflege FAUNA 83, 91
Pflege [Katze] FAUNA 87
Pflichtfiguren SPORT 1122
Pflimlin (Pierre) ORGINT 657
Pfropfen FLORA 142
Phagozytose ENTDECK 888
Phaistos GESCH 200
Phalanger FAUNA 115
phallische Phase FAUNA 839
Phanerogamen (Blütenpflanzen) FLORA
  129, 131
Phänomenologie PHIL 821, 836
Phantasie PHIL 839
phantastische Film (der) FILM 814
Pharao HERRSCHER 257
– RELIG 291
Pharisäer RELIG 307, 311
Pharmazeutisch-technischer Assistent
  MED 983
Pharos (Insel) ENTDECK 854
Pharsalus GESCH 210
Pharyngitis MED 988
Pheromone FAUNA 70
Phidias GESCH 204
– KUNST 684
– RELIG 296
Philadelphia KUNST 733, 737
Philadelphia (Kontinentalkongreß
  von) GESCH 245
Philae RELIG 291
Philipon (Charles) MEDIEN 923
Philipp I. GESCH 230
Philipp V. LAND 435
Philipp August GESCH 232, 234
– LAND 402, 406
Philipp der Gute LAND 418
Philipp der Kühne LAND 415
Philipp der Schöne LAND 415, 420
Philipp II. von Makedonien GESCH 204
– LAND 430
Philipp von Orleans LAND 420
Philipp von Schwaben HERRSCHER 264
Philipp II. von Spanien LAND 414, 416,
  433, 435
Philipp VI. von Valois GESCH 236
Philippinen LAND 517, 1167
Philippinen (Seeschlacht bei den)
  GESCH 253
Philippus (Apostel) RELIG 311
Philippus Arabs GESCH 216
Philips (L.N.) ENTDECK 904
Philodendron FLORA 165
Philokrates (Friede von) LAND 430
Philon von Alexandria PHIL 827, 830
Philosophie PHIL 820 f.
Phlogiston ENTDECK 870
Phlogistontheorie ENTDECK 862 f.
Phobos [Satellit] UNIV 9
Phoibos RELIG 295, 299
Phokas (Dynastie) HERRSCHER 261
Phonem ZEICHEN 1218
Phönikien, Phöniker GESCH 200, 203
– KUNST 681
Phonograph ENTDECK 886, 886, 890
Phosphate WIRTSCH 622
Phospholipide MED 969
Phosphor FLORA 141
– MED 964
Photios GESCH 226
– RELIG 323
Photoeffekt ENTDECK 888, 892, 894
Photoemulsion ENTDECK 886
Photogrammetrie ENTDECK 886
Photographie ENTDECK 874 f., 875, 878,
  880
Photometrie ENTDECK 865
– ENTDECK 866, 868
Photon UNIV 2 f.
Photoplatte ENTDECK 886
Photo-Reportage MEDIEN 921
Photosetzmaschine ENTDECK 906

– MEDIEN 915
Photosphäre UNIV 7
Photosynthese FLORA 141, 141
Phototropismus FLORA 136, 137
Phou Lao VOLK 381
Phou Lao →Lao
Phra Narai GESCH 243
Phratrie VOLK 355
phrygische Dynastie HERRSCHER 261
phrygische Mütze MODE 1153
Phuan VOLK 384
pH-Wert ENTDECK 892
– FORMEL 1189
Phya Tak GESCH 245
Phycomyzeten FLORA 130
Physik FORMEL 1191-1197
Physiokraten PHIL 831
Phytoplankton FAUNA 122
Piacenza HERRSCHER 265
Piaffe SPORT 1125
Piaget (Jean) PHIL 827, 827, 834
Pianisten (große) MUSIK 785
Piano MUSIK 786
Piano (Renzo) KUNST 727
Pianoforte MUSIK 781, 786, 786
Piazzi (Giuseppe) ENTDECK 872 f.
– UNIV 11
Pibul Songgram GESCH 252
Picasso (Pablo) KUNST 728, 728, 737
– ORGINT 651
Piccard (Auguste) ENTDECK 898, 900
Pico della Mirandola ENTDECK 858
– PHIL 831
Piemont-Sardinien HERRSCHER 265
Piero della Francesca KUNST 710
Piéron (Henri) PHIL 827
Pierrot MODE 1153
Pietro da Cortona KUNST 712
Piezoelektrizität ENTDECK 886
Pigalle (Jean-Baptiste) KUNST 717
Pik SPIEL 1174
Pikeniere UNIF 1163
Pikten HERRSCHER 269
Piktogramm GESCH 197, 200
Pilâtre de Rozier ENTDECK 870
Pilatus (Pontius) GESCH 213
– RELIG 311 f.
Pilgerfahrt RELIG 336
Pille ENTDECK 902
– MED 955
Pillow-Lava UNIV 31
Pilon (Germain) KUNST 707
Pilze ERNÄHR 1041
– FLORA 130, 162
– MED 965
– UNIV 58
Pilzzucht ERNÄHR 1041
Pima VOLK 374
Pinakothek (Alte) KUNST 736
Pincus (Gregory G.) ENTDECK 902
Pindar LIT 746
Pinel (Philippe) PHIL 827
Pinguin FAUNA 102
Pinie FLORA 147
Piniennuß FLORA 160
Pink Floyd MUSIK 795
Pinochet (Augusto) GESCH 256
– LAND 560
Pinter (Harold) LIT 746
– THEATER 769
Pinyin-Umschrift (System) HERRSCHER
  276
Pipe UNIV 31
Pippin der Kleine GESCH 224
Pippin der Kurze LAND 419
Pippiniden HERRSCHER 284
Pippin von Herstal LAND 419
Pirandello LIT 746, 746
– THEATER 769
Piranesi (Giovanni Battista) KUNST 721
Piranha FAUNA 108
Piräus GESCH 204
Piro VOLK 374
Piroge VOLK 398
Pisa KUNST 700
Pisa (Dom) KUNST 706
Pisanello (Antonio) KUNST 705
Pisano (Giovanni) KUNST 706
Piscator (Erwin) THEATER 769
Pistaziengewächs FLORA 147
Pistole SPORT 1085, 1085
Pitcher SPORT 1099
Pitchpin FLORA 175
Pithecanthropus GESCH 195
Pitjandjara VOLK 398
Pitot (Henri) ENTDECK 866
Pitot-Rohr ENTDECK 866
Pitt LAND 403
Pitton de Tournefort FLORA 129
Pitt (William der Jüngere) LAND 244
Pius IV. RELIG 321
Pius V. RELIG 313, 321
Pius X. RELIG 320, 322, 322
Pius XI. RELIG 321 f., 322

Pius XII. RELIG 319, 321, 322, 323
Piwnica (Armand) ENTDECK 904
Pixii (Hippolyte) ENTDECK 878
Pizarro (Francisco) GESCH 241
– RELIG 302
Place (Victor) KUNST 674
Plaige RELIG 350
Plakat MEDIEN 940, 943
Plakataffäre RELIG 329
Planck (Max) ENTDECK 890 f., 894
Planet UNIV 6-8, 6-8
Plantagenet (Dynastie) GESCH 236
– HERRSCHER 268
– Land 402, 420
Planwirtschaft WIRTSCH 592, 595
Plassey (Schlacht bei) GESCH 245
Platane FLORA 175
Platereskenstil KUNST 708
Plato KUNST 204
Platon PHIL 827
Platte, lithosphärische UNIV 34, 34
Plattentektonik ENTDECK 904
– UNIV 34 f., 38
Plattfische ERNÄHR 1035
Plautus GESCH 208
– THEATER 763
Player (G.) SPORT 1098
Plazenta MED 956
Plazentasäugetiere UNIV 62
Plechanow (Georgij) PHIL 833
Plesiosaurier UNIV 60
Pleumeur-Bodou ENTDECK 905, 905
Plinus RELIG 311
Plombières, Zusammenkunft von
  GESCH 248
PLO →Palästinensische
  Befreiungsorganisation
Pluche (Abbé) ENTDECK 865
Plücker (Julius) ENTDECK 891
Plumb (Lord) ORGINT 657
Pluralismus MEDIEN 928
Plutarch HIST. WERKE 841
– LIT 746
Pluto [Planet] UNIV 6, 6, 8
Pluton RELIG 295
Plutonite UNIV 30
Plutonium ENTDECK 900
Pluviôse KALENDER 192
Pneumatophore FLORA 136, 150, 156
Pneumokoniose MED 964
Pneumothorax MED 999
Pocken ENTDECK 856 f., 871, 886
Pocken (Impfung) ENTDECK 870
Podsol UNIV 54
Poe (Edgar) LIT 746
Poggendorff ENTDECK 880
– PHIL 835
Poilu LIT 1167
Poincaré (Henri) ENTDECK 888, 890 f.
Poincaré (Raymond) LAND 422
Pointe TANZ 799
Poiret (Paul) MODE 1156
Poisson (Denis) ENTDECK 878
Poisson-Verteilung FORMEL 1208
Poitiers (Baptisterium von) KUNST 698,
  698
Poitiers (Notre-Dame-la-Grande von)
  KUNST 700
Poitiers (Schlacht von) GESCH 224
– LAND 418 f.
Poivilliers (Georges) ENTDECK 894
Poker SPIEL 1179, 1179
Polanski (Roman) FILM 809
polares Klima UNIV 52
Polarisation [des Lichts] ENTDECK 872,
  874
Polarkoordinaten FORMEL 1204
Polarlicht FORMEL 1192, 1192
Polen KUNST 735
– LAND 440, 438-440
– MUSIK 787
– RELIG 309
Pole position SPORT 1126
Police (Gruppe) MUSIK 795
Polieri (Jacques) THEATER 769
Poliklet KUNST 684
Poliomyelitisviren ENTDECK 902
Polisario GESCH 256
Pollack (Sydney) FILM 809
Pollaiuolo (Antonio del) KUNST 707
Pollen FLORA 139
– UNIV 64
Pollensack FLORA 139
Pollensammeln FLORA 142, 142
Pollock (Jackson) KUNST 729
Polo FAUNA 90
Polonium ENTDECK 890
Polonnaruva GESCH 735
Pol Pot GESCH 255
Polyacrylfaser ENTDECK 900
Polyandrie VOLK 355
Polybios HIST. WERKE 841
Polygynie VOLK 355

Polymerie ENTDECK 878
Polynesien KUNST 697
– VOLK 396-398
polyphone Musik MUSIK 782
Polystyrol ENTDECK 898
Pombal (Marquis de) LAND 433
Pomeranzenbaum FLORA 161
Pomeranzenöl FLORA 176
Pompeius GESCH 210
Pompeji GESCH 212
– KUNST 674, 686
– STILE 1143
Pompidou (Georges) LAND 421
Ponce de León GESCH 241
Poncelet (Jean Victor) ENTDECK 876
Ponchielli (Amilcare) MUSIK 777
Ponge (Francis) LIT 746
Pons (Jean-Louis) UNIV 11
Pont du Gard KUNST 733
Ponte (Maurice) ENTDECK 898
Pontifex RELIG 300
Pontius Pilatus →Pilatus
Pontormo (Jacopo da) KUNST 737
Pontos GESCH 206, 208
Pontus GESCH 213
Ponty (Jean-Luc) MUSIK 790
Pop-art KUNST 728, 730 f.
Popeye LIT 761
Popow (Aleksander Stepanowitsch)
  ENTDECK 890
– MEDIEN 926
Popper (Karl) PHIL 827, 835
Popul Vuh RELIG 302
Poroja VOLK 384
Porphyrios PHIL 831
Porr VOLK 384
Porro (Ignazio) ENTDECK 880
Portal (Michel) MUSIK 790
Porta Nigra KUNST 718
Port Arthur GESCH 251
Porter ERNÄHR 1061
Porter (Edwin S.) FILM 815
Portland (Zement) ENTDECK 876
Porto (Golf von) KUNST 733
Portugal HERRSCHER 266 f.
– KUNST 735
– LAND 432 f.
– MEDIEN 918
portugiesische Weine ERNÄHR 1067
Portulan ENTDECK 858
Portwein ERNÄHR 1067
Porzellan ENTDECK 856
Poseidon RELIG 295, 295, 299
Position TANZ 799
Positivismus HIST. WERKE 835, 842, 844
– PHIL 832
Positron ENTDECK 896, 898
– UNIV 2, 5
Postmodern Dance TANZ 803
Postmoderne STILE 1147
Post (Pieter) KUNST 713
Postumus GESCH 216
Potala von Lhasa RELIG 347
Potawatomi VOLK 374
Potenz FORMEL 1200
Potenzfunktion FORMEL 1202
Pothisarat GESCH 241
Potiguara VOLK 374
Potlatch VOLK 355
Potoí VOLK 240
Potosí KUNST 732
Pottwal FAUNA 99, 117
Pouf MODE 1155
Poulenc (Francis) MUSIK 777
Poulsen (Valdemar) ENTDECK 890
P'ou-mi VOLK 384
Pound (Ezra Loomis) LIT 746
Poussin (Nicolas) KUNST 715
Powell (Bud) MUSIK 790
Powhatan VOLK 374
PPT →Ständiges Völkergericht
Präacheuléen GESCH 195
prächaldäische (Kirchen) RELIG 328
Prachtfink FAUNA 104
Prades (Festspiel) MUSIK 776
Prädestination RELIG 330
Pradier (James) KUNST 723
Prado (Museum des) KUNST 736
Präferenzsystem, allgemeines
  ORGINT 659
Präformationstheorie ENTDECK 866
Prag (Festspiel) MUSIK 776
Prager Fenstersturz LAND 441
Prager Frühling GESCH 254
– LAND 441
Prager Schule PHIL 836
pragmatische Sanktion von Bourges
  LAND 419
Pragmatismus PHIL 821
präindusinisch (Phase) GESCH 197
Prajapati RELIG 344
Präkambrium UNIV 27, 58
präkolumbisch KUNST 694 f.
präkolumbische Kulturen LAND 538
praktischer Arzt MED 983

1263

REGISTER

Prämonstratenser RELIG *326*
Prandtauer (Jakob) KUNST *718*
Präraffaelismus KUNST 724
Prärie FLORA 153, *153*
– UNIV 55
Präservativ MED *955*
Präsoan-Mensch GESCH 195
Pratihara (Dynastie) GESCH 227
Prätorianer UNIF *1161*
Pratt (John Henry) UNIV 32
Pravaz (Charles Gabriel) ENTDECK 880
prävedische (Religionen) RELIG 340
Praxinoskop FILM 817
Praxiteles GESCH 204
– KUNST 684
Predigerorden → Dominikaner
Predigt RELIG 318, 330, *332*
Preis FORMEL 1210
– WIRTSCH *576, 598*
Preise WIRTSCH 581
Preminger (Otto) FILM 809
Přemysliden LAND 441
Presbyter RELIG 315
Presbyterianismus RELIG *331*
Presbyterium RELIG 331
Presley (Elvis) MUSIK *793, 795*
Presseagenturen MEDIEN 925
Presse (Druck) MEDIEN 914
Presse (Information) MEDIEN 914-925,
940, 943
Presse-Inserat MEDIEN 943, *943*
Pressen ERNÄHR *1023*
Pressevertrieb MEDIEN 925
Preßkopf ERNÄHR 1031
Preßkuchen [vom Getreide] ERNÄHR
1017
Preßluft ENTDECK 880
Preßlufthammer ENTDECK 886
Prétintailles MODE *1152*
Preußen HERRSCHER 269
– LAND 412
Prévert (Jacques) LIT 746
Prévost (Abbé) LIT 746
Prévost (Françoise) TANZ 800
Prévost (Jean Louis) ENTDECK 876
Priamos RELIG 295
Priester RELIG 300, 318, 320, 330
Priesterkongregationen oder
Priestergesellschaften RELIG 326
Priesterschaft RELIG 318
Priestertum RELIG 329 f.
Priestley (Joseph) ENTDECK 868, 870
Prigogine (Ilya) PHIL 827
Primärmarkt WIRTSCH 584
Primaten UNIV 62
Primaticcio KUNST 709
Primzahl FORMEL 1200
Prince MUSIK 795
Prinzhorn (Hans) PHIL *833*
Prisma ENTDECK 862, 876
– FORMEL 1192, *1192*
Prismenfernglas ENTDECK 880
private Haushalte WIRTSCH 578, *581*
privater Verbrauch WIRTSCH 581
Privatisierung WIRTSCH 587
Prix Italia MEDIEN 933
Probabilismus PHIL 821
Probus GESCH 216
Process-art KUNST 731
Produkt (logisches) FORMEL 1201
Produktion FORMEL 1209
– PHIL 835
– WIRTSCH 579
Produktionsfaktoren FORMEL 1214
– WIRTSCH 579
Produktionspotential FORMEL 1210
Produktionsweise PHIL 838
Produktivität WIRTSCH 573, 598, *598*
Produktivitätszuwächse WIRTSCH 573
Profil [Boden] UNIV 54
Programme MEDIEN 931
Projektion [Kartographie] UNIV 25, *25*
Projektion [Psychoanalyse] PHIL 839
Prokaryoten UNIV 58
Proklos ENTDECK 856
Prokofjew (Sergej) MUSIK 777
Prokop HIST. WERKE 841
Promenadenmischung FAUNA *80*
Prometheus RELIG 295
Pronaos RELIG *296*
Pronis (Jacques) GESCH 243
Prony (Marie Riche de) ENTDECK 876
Propaganda MEDIEN 926
Propan FORMEL *1190*
Prophet (der) → Mohammed
Propheten (Buch der Bibel) RELIG 304
prophetische Bewegungen RELIG 338
Proprium [der Messe] MUSIK 780
Propyläen RELIG *296*
Prosperität WIRTSCH 574
Prost (Alain) SPORT *1127*
Prostata MED 953
Prostatadenom MED 992
Protagoras PHIL 830
Proteaceen FLORA *147*

Protein ENTDECK 892
Proteine FORMEL 1191
– MED 969
Protektionismus FORMEL 1213
– WIRTSCH *588*
Protestantismus, Protestant RELIG
329-331
Proteusgewächse FLORA 131
Protevangelium des Jakobus RELIG 312
Proton UNIV 2 f.
Protonenbeschleuniger UNIV 5
Protonensynchroton ENTDECK 906
Protoplastenfusion FLORA 134
Protuberanzen [der Sonne] UNIV 7
Proudhon (Pierre Joseph) PHIL 827
Proust (Marcel) LIT 746, *747*
Prouvost (Jean) MEDIEN 915
Provence ERNÄHR 1065
Provinz, römische LAND 402
Provinzen, illyrische LAND 446
Proxima Centauri UNIV 6, 14
Prunkwinde FLORA *168*
Przewalskij (Nikolai) GESCH 249
Przewalski-Pferd FAUNA 199
Psalmen MUSIK 782
Psalmodie RELIG 334
Pschent MODE *1148*
Psellos (Michael) HIST. WERKE 841
Psyche STILE *1144*
psychiatrischer Notfall MED 987
psychischer Apparat PHIL 838
Psychoanalyse PHIL 833 f., 838 f.
psychoanalytische Behandlung PHIL
833
psychomotorische Entwicklung MED
958 f.
Psychopharmaka MED 1006
Psychose MED 999
Psychostasie oder Wiegen der Seele
RELIG 292
Ptah RELIG 291, *291*
Pteranodon FAUNA *115*
– UNIV 60
Pteridophyten FLORA 130
Ptolemäer GESCH 206
Ptolemaios I. Soter GESCH 204, 207
Ptolemaios II. Philadelphos ENTDECK
854
Ptolemäus (Claudius) ENTDECK 854 f.,
855
– GESCH 214
– UNIV 16
Pubertät MED 953, 959
Public Relations (PR) MEDIEN 944
Puccini (Giacomo) MUSIK 777
Puck SPORT *1121*
Pudel FAUNA *79*
Pudowkin (Vsevolod) FILM 809
Puebla KUNST 734
Pueblo VOLK 374
Pueblo (Kultur) GESCH 231, 235
Puerto Hormiga GESCH 199
Pufendorf (Samuel) PHIL 827
Puff STILE *1145*
Puget (Pierre) KUNST 716
Puiforcat (Jean) STILE *1146*
Pulcinella THEATER 765, *765*, 771
Pulitzer (Joseph) MEDIEN 915, 919, 921,
921
Pulitzer (Preis) MEDIEN 921
Pull SPORT 1085
Puls MED 1008
Pulsar ENTDECK 904
– UNIV 15
Pumi VOLK 384
Punan VOLK 398
Punch THEATER 771
Punische Kriege GESCH 206, 209
Punt (Land) LAND 456
Pupille MED *949*
Puppenstadium FAUNA 75
Purcell (Henry) MUSIK 777
Purgatorius UNIV 62, *62*
Purim oder Losfest RELIG 309
Puriguá (Park von) KUNST 733
Purkinje (Zellen) ENTDECK 878
Purpurgranadilla FLORA *161*
Puschkin HIST. WERKE 848
– LIT 746
Push SPORT *1108*
Pushpabhuti (Dynastie) HERRSCHER 278
Pute ERNÄHR 1032
Putenküken ERNÄHR 1032
Putter, Putting SPORT *1098*
Puyi VOLK 377
P-Wellen UNIV 32, 37
Pygmäen VOLK 364
Pylon (eines Tempels) RELIG 292
Pyramide ENTDECK *852*
– GESCH 199
– KUNST 682
– RELIG 292, *292, 303*
Pyrenäen (Vertrag) LAND 419
Pyrenäen-Nationalpark FAUNA 127

Pyreolophore ENTDECK 875
Pyrit UNIV 29
Pyroxen UNIV 29
Pyrrhon PHIL 828
Pyrrhus GESCH 206
Pythagoräer ENTDECK 854
Pythagoras GESCH 202
– PHIL 830
Pythagoras (Lehrsatz des) ENTDECK
852, 1205
Pythia RELIG 296
Python FAUNA *106, 119*

Q

Q 470 SPORT *1114*
Qadirijja (Bruderschaft) GESCH 232
Qadisiyya (Schlacht bei) GESCH 222
Qasr-e Chirin (Friede von) oder Friede
von Zuhab GESCH 242
Qasr (oder Qusayr) Amra KUNST 734
Qi (Dynastie) GESCH 221
Qiang VOLK 384
Qin (Dynastie) GESCH 207
– HERRSCHER HERRSCHER 276, 277
Qin Shi Huangdi GESCH 207
– RELIG 348
Qiráat RELIG 334
Qiyas RELIG 335
Quaden GESCH 214
Quadratur des Kreises ENTDECK 888
Quadrik FORMEL 1207, *1207*
Quagga FAUNA *125*
Quäker RELIG 332
Qualität SPIEL *1171*
Qualitätswein bestimmter
Anbaugebiete ERNÄHR 1066
Qualle FAUNA 75, 112, 119
Quant ENTDECK 890 f., 894
Quantenchromodynamik ENTDECK 905
– UNIV 3
Quantenelektrodynamik ENTDECK
900 f.
Quantenfeldtheorie ENTDECK 901
Quantitätstheorie FORMEL 1211
Quarks ENTDECK 904 f.
– UNIV 2 f., *2*
Quartär UNIV 27, 64
Quartett MUSIK 781, *781*
Quarton (Enguerrand) KUNST *705*
Quarz UNIV *28, 29*, 31
Quarz-Armbanduhr ENTDECK 904
Quasar ENTDECK 902
– UNIV 18
Quasikristall ENTDECK 908
Quasimodo (Salvatore) LIT 746
Quastenflosser FAUNA *68, 107*
Quaternionen ENTDECK 880
Quebec GESCH 245
– MEDIEN 929
Quechua VOLK 374
Quecke FLORA 176, *176*
Quecksilber MED 964
Queen Anne (Epoche) STILE 1141
Quelle [hydrothermale] UNIV 38
Quellwasser ERNÄHR 1057
Queneau (Raymond) LIT 746
Querfeldeinfahren SPORT 1129, *1129*
Querfeldeinreiten SPORT *1125*
Quesnay (François) PHIL 831
Quetelet (Adolphe) PHIL 828
Quetzalcóatl KUNST 694
– RELIG 302 f., *302*
Quetzalcoatlus UNIV 60
Quimby (Fred) FILM 817
Quinault VOLK 374
Quindezimvirn RELIG 300
Quine (Willard) PHIL 828
Quin Shi Huangdi KUNST *674*, 675
quirlständiges Blatt FLORA 138
Quit India GESCH 252
Quito KUNST 733
Quitte FLORA *160*
Quitte, Japanische FLORA *169*

R

Rabbinat von Jerusalem (Großes) RELIG
310
Rabbiner, Rabbi RELIG 304, 306 f., *309*
Rabe FAUNA 116
Rabelais LIT 746

– PHIL 831
Rabenkrähe FAUNA *104*
Rabha VOLK 384
Rachet (Gui) HIST. WERKE 846
Rachidun RELIG 337
Rachmaninow (Sergej) MUSIK 777
Racine (Jean) LIT 746
Rad ENTDECK 851
Radama I. GESCH 247
Radar ENTDECK 898 f., *899*
Radcliffe-Brown (Alfred Reginald) PHIL
828, 837
Radiguet (Raymond) LIT 746
Radikal ENTDECK 878
Radio WIRTSCH 640
radioaktive Partikel MED 962
Radioaktivität ENTDECK 890 f., 898
Radioastronomie UNIV 21
Radioempfänger ENTDECK 894
Radiogalaxie UNIV 18
Radiographie ENTDECK 891
Radiointerferometer UNIV 23
Radiolarien UNIV 30
Radiolarit UNIV 30
Radiologie MED 1004
Radioteleskop ENTDECK 898
– UNIV 21, 23
Radium ENTDECK 890 f.
Radsport MEDIEN 935
– SPORT 1129-1131
Raffael KUNST *708, 711, 737*
Raffinierung ERNÄHR 1017
Rafflesia arnoldii FLORA 139, *139*
Ragdoll FAUNA *85*
Ragnarök RELIG 301
Ragtime MUSIK 788
Rahda RELIG 343
Rahewin HIST. WERKE 842
Rahmen-Radiogoniometer ENTDECK
892
Raider WIRTSCH 585
Rainbow Warrior ORGINT 669
Rajbanshi VOLK 384
Rajputen GESCH 237
– VOLK 384
Rakete ENTDECK 858, 892, 896
Rákóczi (Ferenc) [Franz II.] LAND 445
Raleigh (Walter) GESCH 241
Rallye SPORT 1127, *1127*
Ramadan KALENDER 189
– RELIG 336
Ramalina fraxinea FLORA *130*
Raman (Chandrasekhara Venkata)
ENTDECK 896
Ramanuja RELIG 342
Ramayana LIT 746
Rameau (Jean-Philippe) MUSIK 777
Ramose KUNST *683*
Ramsay (William) ENTDECK 890
Ramsden (Jesse) ENTDECK 870
Ramses II. GESCH 200
– KUNST *682*
Ranavalona GESCH 247
Ranger 7 ENTDECK 904
Rangordnung FAUNA *72*
Rank (Otto) PHIL 828, 834
Ranke (Leopold von) HIST. WERKE 843
Ranken FLORA 136
rankende Sproßachse FLORA 136
Raoult (François) ENTDECK 888
Rapallo (Vertrag von) LAND 447
Raps ERNÄHR 1017
Ras KUNST 735
Raschi (Rabbi) RELIG 306, 308
Rashtrakuta (Dynastie) GESCH 225, 227
– HERRSCHER 278
Rasi (al-) ENTDECK 856
Rassam (Ormuzd) KUNST 675
Ras Schamra KUNST 675
Rasse FAUNA 66
Rassendiskriminierung (Konvention
der UNO über die Abschaffung
der) ORGINT 647
Rastatt (Vertrag von) GESCH 244
– LAND 418, 435
Rastrelli (Bartolomeo) KUNST *718*
Rasur MED 977
Rateau (Auguste) ENTDECK 892
Rat für Arabische Wirtschaftseinheit
(CAEU) ORGINT 664
Rat für gegenseitige Wirtschaftshilfe
(RGW) ORGINT 660
Rationalisierungsinvestition WIRTSCH
582
Rationalismus PHIL 821
Rätoromanen VOLK 390
Ratspensionäre von Holland
HERRSCHER 274
Ratte FAUNA *98*
– MED *966*
Raubkatzen FAUNA 125
Raubmöwe FAUNA 113
Raubtiere FAUNA 112, 122, *122*
Räuchergefäß STILE *1143*
Räuchern ERNÄHR 1029, 1037

1264

REGISTER

Rauchschwalbe FAUNA 104
Räude FAUNA 86
Rauhkopf, Orangefuchsiger FLORA 164
Raum ENTDECK 881
Raumfähre ENTDECK 908
Raumfahrt WIRTSCH 631
Rauminhalte FORMEL 1207
Raum-Zeit-Welt ENTDECK 893, 895
Raupe FAUNA 75, 75
Rauschenberg (Robert) KUNST 731
Rauschgiftabhängigkeit MED 1001
Ravana RELIG 342
Ravel (Maurice) MUSIK 778
Ravenna GESCH 220 f., 220, 224
– HERRSCHER 264
– LAND 426
Rawlinson (Henry) KUNST 674
Ray (John) ENTDECK 862
Ray (Nicholas) FILM 809
Ray (Satyajit) FILM 809
Rayleigh (John William) ENTDECK 890
Raymond (Henry J.) MEDIEN 914, 918
Raynal (Guillaume, Abbé) HIST. WERKE 843
Rayonnantstil KUNST 702
Re RELIG 290, 291
Reagan (Ronald) GESCH 256
Reaktionsbildung PHIL 839
Realismus KUNST 724
– PHIL 821, 831
Realitätsprinzip PHIL 839
Réaumur (René Antoine Ferchault de) ENTDECK 864-866
Rebe ERNÄHR 1062
Reber (Grote) ENTDECK 898
Rebhuhn ERNÄHR 1034
– FAUNA 103
Reccared I. LAND 434
Rechenmaschine ENTDECK 860, 878
Rechner ENTDECK 906
Rechnungshof der Europäischen Gemeinschaften ORGINT 657
Rechnungswesen (betriebliches) FORMEL 1213 f.
Recht auf Information MEDIEN 914
Rechtehandregel FORMEL 1197
Rechtfertigung aus dem Glauben RELIG 329 f.
Reck SPORT 1082, 1083
Reconquista LAND 434
Recorde (Robert) ENTDECK 860
Reddi VOLK 384
Redding (Otis) MUSIK 795
Redi (Francesco) ENTDECK 862
Redingote MODE 1154, 1154
Reduktionen GESCH 243
Redwood (Nationalpark) KUNST 733
Reed (Sir Carol) FILM 809
Refinanzierung WIRTSCH 583, 586
Reflektor UNIV 22
Reflexion FORMEL 1192
Reflexotherapie MED 1003
Reformation GESCH 240
– LAND 425
– MUSIK 782
– RELIG 329
Reformationskirchen RELIG 329, 331 f.
Reformator RELIG 329
Refraktion (Regel) FORMEL 1192
Refraktor UNIV 22
Refusniks RELIG 310, 310
Regatta SPORT 1114
Regel MED 954
Regelwiderstand ENTDECK 880
Regen, saurer UNIV 61
Regenbogen FORMEL 1191
Régence (Stil) STILE 1142
Regency (Stil) STILE 1144
Regenwald, tropischer FLORA 143
– ORGINT 670
– UNIV 55
Regenwurm FAUNA 123
Régnier (Henri de) LIT 757
Régnier (Mathurin) LIT 746
Regression PHIL 839
Regularkanoniker RELIG 326
Reich (Wilhelm) PHIL 828
Reiche (der Lebewesen) UNIV 58
Reichenbach (Hans) PHIL 828
Reifen ENTDECK 890
– ERNÄHR 1022, 1023
Reifikation PHIL 821
Reifrock MODE 1151, 1151
Reihe FORMEL 1204
Reihe (geometrische) FORMEL 1204
Reims (Kathedrale von) KUNST 702, 706
Reinhardt (Django) MUSIK 790
Reinhardt (Max) THEATER 769
Reiniger (Lotte) FILM 817
Reis ERNÄHR 1010 f., 1010, 1069
– FLORA 158
– WIRTSCH 606 f., 607
Reis-Crispies ERNÄHR 1015
Reisehut RELIG 295

Reiseverkehr WIRTSCH 637
Reisfabrik ERNÄHR 1012
Reißen SPORT 1084, 1084
Reisz (Karel) FILM 809
Reiten SPORT 1124
Reiter von Madara (der) KUNST 732
Reitsport SPORT 1123-1125
Reizen SPIEL 1176, 1178
Reizker, Echter FLORA 163
Réjane THEATER 768
Rejang VOLK 398
Rektaszension UNIV 21
rektifizierter Alkohol ERNÄHR 1069
relative Datierung UNIV 26
Relativismus PHIL 821
Relativitätstheorie ENTDECK 892, 892, 894 f.
Relativspringen SPORT 1132
Relief UNIV 40 f.
Relikt [Pflanze] FLORA 157
Remarque (Erich Maria) LIT 746
Rembrandt KUNST 714, 737
Remington (Philo) ENTDECK 886
Remus RELIG 298
Renaissance KUNST 707-711
– MODE 1151
– MUSIK 782
– STILE 1139
Renaissance, karolingische HERRSCHER 284
Renan (Ernest) HIST. WERKE 843
Renaudot (Théophraste) MEDIEN 914
Renault (Louis) WIRTSCH 1126
Renault (Mary) HIST. WERKE 846
René Sualem (genannt Rennequin) ENTDECK 863
Reni (Guido) KUNST 714, 737
Renier de Huy KUNST 701
Renoir (Auguste) KUNST 725
Renoir (Jean) FILM 810, 810
Rente WIRTSCH 582
Rentenpapiere FORMEL 1211
Rentenwerte FORMEL 1211
Reprivatisierung WIRTSCH 587
Reptilien FAUNA 105 f., 118 f., 121
– UNIV 59 f.
Republik (Dritte) HERRSCHER 263
– LAND 421
Republik (Fünfte) HERRSCHER 263
– LAND 421
Republik (Vierte) HERRSCHER 263
– LAND 421
Republik (Zweite) HERRSCHER 263
– LAND 421
Republik (Zweite, Spanien) HERRSCHER 267
Requiem oder Totenmesse MUSIK 780
Resa Khan GESCH 250
Resa Schah GESCH 252
Reseda FLORA 167
Reservat VOLK 355
Residualgestein UNIV 30
Resnais (Alain) FILM 810
Resolution der UNO ORGINT 645, 647
Respighi (Ottorino) MUSIK 778
Ressourcen, natürliche ORGINT 670
Restauration HERRSCHER 262 f.
Restauration (Stil) STILE 1144
Restglied FORMEL 1204
Restif de La Bretonne (Nicolas) LIT 746
Restsüße ERNÄHR 1063
Retortenbaby ENTDECK 908 f.
Retsina ERNÄHR 1067
– ERNÄHR 1067
Retté (Adolphe) LIT 757
Rettich ERNÄHR 1040
Rettungsdienst MED 984
Rettungswesen ORGINT 667
Reuchlin (Johannes) PHIL 831
Reverskragen MODE 1155
Revisionismus PHIL 833
Révolution française HIST. WERKE 844
Revolution, industrielle und technologische GESCH 246
– WIRTSCH 576, 599 f.
Revolution, russische GESCH 250
Revolutionskalender KALENDER 192
Revolver ENTDECK 878
– SPORT 1085
Reynaud (Émile) FILM 817
Reynolds (Joshua) KUNST 721
Rezession WIRTSCH 574
Rezitativ (Stil) MUSIK 781
RGW → Comecon
Rhadamanthys RELIG 296
Rhadé VOLK 384
Rhea RELIG 294
Rhea Silvia RELIG 298
Rheingrafenrock MODE 1152
Rheinisch-deutsches Kaltblut FAUNA 89
– MED 957
rheumatisches Fieber MED 988
Rhind (Papyrus) ENTDECK 852 f.
Rhinoplastik MED 978, 978

Rhizom FLORA 137
Rhodeländer [Huhn] FAUNA 93
Rhodochrosit UNIV 28
Rhododendron FLORA 168, 170
Rhoneweine ERNÄHR 1065
Rhyolith UNIV 30, 37
Rhythm and Blues MUSIK 793
Ribera (Pedro de) KUNST 719
Ribosomen MED 946
Ricardo (David) PHIL 832
Ricci-Curbastro (Gregorio) ENTDECK 888
Richard I. Löwenherz GESCH 232, 233
Richardson (James) GESCH 249
Richardson (John) HIST. WERKE 848
Richardson (Samuel) LIT 746
Richelieu (Kardinal) GESCH 242
Richter-Skala UNIV 37
Richtlinie ORGINT 1035
Ricoeur (Paul) PHIL 828
Riel (Louis) GESCH 249
Riemann (Bernhard) ENTDECK 876
Riemenschneider (Tilman) KUNST 706
Riese (Stern) ENTDECK 894
Riesenalk FAUNA 125
Riesenfaultier FAUNA 125
Riesengecko FAUNA 118
Riesengürteltier FAUNA 125
Riesenhai FAUNA 107, 112, 119
Riesenkalmar FAUNA 117
Riesenkürbis FLORA 159
Riesenrötling FLORA 164
Riesenmuschel FAUNA 119
Riesensalamander FAUNA 106, 119
Riesenwanze FAUNA 110
Riesenwasserhuhn FAUNA 125
Rietveld (Gerrit T.) STILE 1147
Rifkrieg GESCH 251
Rift UNIV 39, 39
Rigel UNIV 16
Rigoulot (Charles) SPORT 1084
Rigveda RELIG 297, 340
Rijksmuseum KUNST 736
Rijswijk (Friedensschlüsse von) GESCH 243
Rijswijk (Verträge von) GESCH 242
Rila (Kloster von) KUNST 732
Rilke (Rainer Maria) LIT 746
Rillette ERNÄHR 1031
Rimbaud (Arthur) LIT 746
Rimini HERRSCHER 265
Rimskij-Korsakow (Nikolaj) MUSIK 778
Rind ENTDECK 851
– ERNÄHR 1027
– FAUNA 92, 92
– WIRTSCH 612 f., 612
Rinde FLORA 137
Rinderrippe ERNÄHR 1027
Ring FORMEL 1199
Ringe SPORT 1082, 1082
Ringelblume FLORA 166, 173
Ringelnatter FAUNA 106
Ringeltaube FAUNA 103
Ringelwürmer FAUNA 66
Ringgebirge UNIV 10
Rioja ERNÄHR 1068
– ERNÄHR 1068
Risorgimento LAND 427
Rispe FLORA 139
Rißpilz, Ziegelroter FLORA 164
Ritter (Johann Wilhelm) ENTDECK 872
Ritterling FLORA 162
Rittersporn FLORA 167
Ritus VOLK 355
Rivers (William Halse) PHIL 828
Rivette (Jacques) FILM 807
Rivoli (Schlacht bei) GESCH 244
Roach (Max) MUSIK 790
Roastbeef ERNÄHR 1027
Roationspresse (Druck) MEDIEN 914
Robbe FAUNA 125
Robbe-Grillet (Alain) LIT 746
Robbins (Jerome) TANZ 800
Robe MODE 1152, 1153
Robe à la française MODE 1153, 1153
Robert (L.-N.) MEDIEN 914
Robert Guiscard HERRSCHER 264 f.
Robertianer GESCH 226
Roberval ENTDECK 862
Robie House (Chicago) KUNST 726
Robin (M.) ENTDECK 904
Robins (Benjamin) ENTDECK 866
Robinson (Ray Sugar) SPORT 1087
Roboter ENTDECK 904, 908
Robusta ERNÄHR 1056
Rocaille (Dekor) STILE 1142
Rocha (Gláuber) FILM 810
Rochen ERNÄHR 1035, 1036
Rochen, Echte FAUNA 107
Rochon (Alexis de) ENTDECK 870
Rochus (Heiliger) RELIG 325
Rock MODE 1153
Rockmusik MUSIK 793-795
Rodenbach (Georges) LIT 757, 757
Rodin (Auguste) KUNST 723

Rodrigo (Joaquín) MUSIK 778
Roemer (Olaf) ENTDECK 862 f.
Rogallo (Francis) SPORT 1133
Rogers (Carl) PHIL 828
Rogers (Ginger) FILM 813
Rogers (Richard) KUNST 727
Roggen ERNÄHR 1010 f., 1011
– FLORA 135, 158
– WIRTSCH 607
Rohalkohol ERNÄHR 1069
Rohault (Jacques) ENTDECK 865
Roheim (Géza) PHIL 828
Rohmer (Éric) FILM 807, 810
Rohrblattinstrumente MUSIK 786
Rohrer (H.) ENTDECK 908
Rohr, Italienisches FLORA 176
Rohrkolben FLORA 156
Rohrzucker (Zuckerrohr) ERNÄHR 1051
Rohstoffe WIRTSCH 589, 589
Rojas (Fernando de) LIT 746
Rokoko KUNST 712, 718
– STILE 1142
Rolando (Luigi) ENTDECK 872
Rolandslied (das) LIT 740
Rolland (Romain) LIT 746
Rollbureau STILE 1143
Rolle ENTDECK 852
Rollenspiele SPIEL 1183
Rolling Stones (The) MUSIK 794, 795
Rollins (Sonny) MUSIK 791
Rollsiegel ENTDECK 680
Rom GESCH 202, 204, 206, 208, 210, 214, 220
– HERRSCHER 260 f., 260 f., 269
– KALENDER 179
– KUNST 686, 699, 708, 712, 737
– LAND 426, 428
– MODE 1149
– RELIG 321
Roma VOLK 390
Romains (Jules) LIT 746
Romanisch (Kunst) KUNST 699, 700 f.
Romano (Giulio) KUNST 709
Romanow (Dynastie) HERRSCHER 272
Romanow-Holstein-Gottorp (Dynastie) HERRSCHER 272
Romantik KUNST 724
– LIT 755
– MUSIK 781
– TANZ 802
– THEATER 768
Römer (Trinkglas) STILE 1141
Römerstraße ENTDECK 856
Römische Ära KALENDER 179
römische Legionäre UNIF 1161
Römische Republik HERRSCHER 260
römischer Legionär UNIF 1161
Römisches Reich → Rom
Römische Verträge [1957] ORGINT 654, 655
Rommé SPIEL 1175
Rommel (Erwin) GESCH 253
Romulus und Remus HERRSCHER 261
– RELIG 298
Roncevaux GESCH 224
Ronchamp (Kapelle) KUNST 726
Rong → Lepcha
Ronsard (Pierre de) LIT 746
Röntgenassistent MED 983
Röntgenstrahlen (X-Strahlen) ENTDECK 890 f., 894
Röntgen (Wilhelm Conrad) ENTDECK 890 f.
Roosevelt (Franklin Delano) GESCH 252 f.
– ORGINT 642
Roquebrune LAND 432
Roquefort ERNÄHR 1023, 1023
Roquelaure (Hôtel de) STILE 1142
Roquepertuse (Oppidum von) KUNST 687
Rorschach (Hermann) PHIL 828
Roscelin PHIL 831
Rosch Ha-Schana KALENDER 189
– RELIG 309
Rose FLORA 134, 134, 166
Rosenberg (S.) ENTDECK 908
Rosenkranz RELIG 319
Rosenkreuzer ORGINT 672
Rosenöl FLORA 176
Rosenroman LIT 746
Rosenthal (J.O.) HIST. WERKE 845
Rosenzweig (Franz) PHIL 828
Rosettenpflanze FLORA 136
Rosette (Stein von) KUNST 674
Rosetti (Franco) ENTDECK 899
Roséwein ERNÄHR 1062
Rosi (Franceso) FILM 810
Roskilde (Frieden von) LAND 408, 410
Rosmarin ERNÄHR 1049
– FLORA 173
Rosny d.Ä. HIST. WERKE 846
Ross (Harold) MEDIEN 923
Rosse (William Parsons, Earl of) ENTDECK 880, 880

1265

REGISTER

Rossellini (Roberto) FILM 810 f.
Rossini (Gioacchino) MUSIK 778
Roßkastanie FLORA 170
Rosso KUNST 711
Rostand (Edmond) LIT 746
Rösten FLORA 175
Rostovtzeff (Mikhail) HIST. WERKE 844
Rostow (Walt Whitman) PHIL 828
rot [Farbe] RELIG 318
Rota (Gerichtshof) RELIG 320
Rotary International ORGINT 672
Rotationsdruckmaschine ENTDECK 880
Rotationspresse MEDIEN 915
Rotauge ERNÄHR 1036
rote Blutkörperchen ENTDECK 862
– MED 947 f.
Rote Johannisbeere FLORA 160
Röteln MED 957, 1000
Roterden UNIV 54
roter Riese UNIV 14
roter Überriese UNIV 14
Rotes Kreuz ORGINT 667
Rote Taubnessel FLORA 136
Rotfeder ERNÄHR 1036
Rotfuchs FAUNA 100
Roth (Joseph) LIT 746
Rothenburg ob der Tauber (St. Jakob in) KUNST 706
Rothirsch FAUNA 101
Rothko (Mark) KUNST 729, 737
Rotling ERNÄHR 1063
Rotmützen RELIG 347
Rotonda (Villa la) [Vicenza] KUNST 709
Rotse VOLK 364
Rotten (Johnny) MUSIK 795
Rotwein ERNÄHR 1062
Roubillac (Louis-François) KUNST 717, 737
Rouch (Jean) FILM 810
Rouen (Justizpalast von) KUNST 703
Rough SPORT 1098
Roulade ERNÄHR 1030
Roulette SPIEL 1180, 1180
Rous-Sarkom ENTDECK 907
Rousseau (der ›Zöllner‹) KUNST 725
Rousseau (Jean-Jacques) LIT 746
Roussel (Albert) MUSIK 778
Rowland (Henry Augustus) ENTDECK 886
Roxy Music MUSIK 795
Royal African Company GESCH 243
Royal Chitwan (Park) KUNST 734
Royal Society ENTDECK 862
Rozebeke (Schlacht von) LAND 415
Ruanda VOLK 364
– LAND 475 f.
Rübe FLORA 159
Rubel (Ira W.) ENTDECK 892
Rubens (Peter Paul) KUNST 714
Rubikon GESCH 210
Rubin UNIV 29
Rückenmarksanästhesie MED 957
Rückenmarksnerven ENTDECK 874
Rückensaite (Chorda dorsalis) FAUNA 66
Rückenspeck ERNÄHR 1029
Rückenstück ERNÄHR 1026, 1029
Rückhanddrive (Polo) SPORT 1123
Rückhand (Tennis) SPORT 1092
Rückprojektion FILM 817
Rückseite [Tiefdruckgebiet] UNIV 56
Rückwirkung, autokatalytische UNIV 57
Rückzug der Zehntausend GESCH 204
Rude (François) KUNST 723
Rudel FAUNA 72
Rudern SPORT 1113, 1113
Rudolf I. von Habsburg GESCH 234
Rugby MEDIEN 935
– SPORT 1102 f., 1102
Ruhebett STILE 1141
Ruhlmann (Émile Jacques) STILE 1146
Ruhu (Scheich) MEDIEN 920
Ruisdael (Jacob Van) KUNST 715
Rum ERNÄHR 1070
Rum (Sultanat) GESCH 230, 236
– LAND 493
Rumai → Palaung
Rumänien LAND 443, 442 f.
– RELIG 328
Rumpsteak ERNÄHR 1027
Rum-Seldschuken GESCH 234
Runde SPORT 1087
Rundfunk ENTDECK 894
– MEDIEN 926, 928 f.
Rundfunkalphabet, phonetisches ZEICHEN 1222, 1222
Rundfunkausstrahlung MEDIEN 930-932, 934, 943
Rundfunkverteilung MEDIEN 930
Rundfunkwerbung MEDIEN 940 f.
Rundi VOLK 364
Rundsiegel GESCH 196
Rurikiden HERRSCHER 271

– LAND 436
Rusafa VOLK 385
Ruska (Ernst) ENTDECK 898
Russell (Bertrand) ORGINT 669
– PHIL 828, 835
Russell (Charles) RELIG 332
Russell (Henry Norris) ENTDECK 894
Russenbluse MODE 1155
russisch-türkischer Krieg GESCH 244
Rußland-Deutschland-Pakt LAND 438
Rußland, russisch HERRSCHER 271 f.
– LAND 436 f.
Rüstung UNIF 1162 f., 1163
Rutebeuf THEATER 764
Rutherford (Daniel) ENTDECK 868
Rutherford (Ernest) ENTDECK 892, 894
Ruwenzori FLORA 133
Ryobu-Shinto RELIG 351

S

Sørensen (Søren) ENTDECK 892
Saaditen (Dynastie) GESCH 241, 243
Saadja RELIG 308
Saadja Gaon PHIL 830
Saal der Barke (in einem ägyptischen Tempel) RELIG 292
Saarinen (Eero) KUNST 727
– STILE 1147, 1147
Saba (Königreich) GESCH 205
Sabatier (Paul) ENTDECK 890, 892
Sabbat RELIG 305, 309
Sabbatai Zwi RELIG 308
Sabbatianer RELIG 308
Säbel SPORT 1089
Sabellianismus RELIG 316
Sabellius RELIG 316
Sabratha KUNST 734
Sacabandaspis janvieri UNIV 58
Saccharin ERNÄHR 1051
Saccharose ERNÄHR 1050
– MED 969
Saccheri (Giovanni Girolamo) ENTDECK 866
Sacerdotium und Imperium (Streit) GESCH 232
Sacharow (Adrejan) KUNST 722
Sacharow (Rostislaw) TANZ 800
Sachmet RELIG 291
Sachsen GESCH 218
– LAND 402, 414
Sackkrebs FAUNA 108
Sackmaulfisch FAUNA 117
Sadaq RELIG 336
Sadat (Anwar as-) LAND 454
Sadduzäer RELIG 307, 311
Sade (Marquis de) LIT 747
Sa'di LIT 747
Sadomasochismus PHIL 839
Sadowa (Schlacht von) [1866] LAND 412, 423
Safawiden GESCH 240
– HERRSCHER 259
Safed RELIG 306, 308 f.
Saflor KUNST 732
Safran ERNÄHR 1049
Safran ERNÄHR 1049
– FLORA 174
Saft FLORA 141, 141
Saftigkeit ERNÄHR 1028
Saga RELIG 301
Sagarmatha (Park) KUNST 734
Sägerochen FAUNA 107
Sagittarius A UNIV 13
Sagopalme ERNÄHR 1019
Sagoskin (Michail) HIST. WERKE 848
Sagum UNIF 1161
Sagunt GESCH 206
Sahagun (Bernardino de) RELIG 302
Sahelzone LAND 457-461
Sahne ERNÄHR 1021
Saiditen GESCH 226
Saigaantilope FAUNA 126
Sailendra (Dynastie) GESCH 227
Sailer (Toni) SPORT 1118
Saint Andrews SPORT 1098
Saint-Benoît-sur-Loire KUNST 699
Saint Christopher and Nevis LAND 547
Saint-Clair-sur-Epte (Vertrag von) GESCH 228
Saint-Cloud (Weichporzellan aus) STILE 1142
Saint-Denis (Basilika von) KUNST 701
Saint-Denis (Kirche von) KUNST 702
Saint Denis (Ruth) TANZ 800
Sainte-Beuve LIT 747
Sainte Geneviève (Bibliothek, Paris) KUNST 722

– LIT 750
Sainte-Marthe (Scévole und Louis) HIST. WERKE 842
Saint-Émilion ERNÄHR 1065
Saintes (Festspiel) MUSIK 776
Saintes-Maries-de-la-Mer RELIG 324
Saint-Exupéry LIT 747
Saint-Germain-en-Laye (Vertrag von) [1919] LAND 423, 427
– LAND 441, 447
Saint-Hilaire (Étienne Geoffroy) ENTDECK 877
Saint-John Perse LIT 747
Saint Kilda KUNST 735
Saint-Laurent (Yves) MODE 1157
Saint-Léon (Arthur) TANZ 798, 800
Saint Lucia LAND 548
Saint-Michel-de-Cuxa KUNST 699
Saint Paul's Cathedral (London) KUNST 713
Saint-Pol-Roux LIT 757
Saint-Saëns (Camille) MUSIK 778
Saint-Savin-sur-Gartempe KUNST 733
Saint-Simon (Claude Henri de) PHIL 828
Sais GESCH 204
Saiteninstrumente MUSIK 786
Saka-Ära KALENDER 179
Sakalava VOLK 364
Sakalaven VOLK 364
Sake ERNÄHR 1070
Sakkara ENTDECK 852 f.
– GESCH 198
– KUNST 682, 682
Sakrament RELIG 320, 328, 330
Sakrament der Weihe → Ordination
Säkularinstitute RELIG 326
Saladin GESCH 232
– LAND 454
Salam (Abdus) ENTDECK 904
– UNIV 3
Salami ERNÄHR 1030
Salamis (Schlacht bei) GESCH 204
Salat ERNÄHR 1040
– RELIG 336
Salatgurke FLORA 159
Salazar (António de Oliveira) GESCH 254
– LAND 433
Salbei ERNÄHR 1049
– FLORA 142, 168, 173
Salböl (heiliges) RELIG 320
Salchow SPORT 1122
Salerno (Schule von) ENTDECK 856, 858 f.
Salisbury (Kathedrale von) KUNST 702
Saljut ENTDECK 906, 910
Salk (Jonas Edward) ENTDECK 902
Sallé (Marie) TANZ 800 f., 801
Sallust HIST. WERKE 841
Salmler FAUNA 95
Salmonellose MED 965
Salomon GESCH 202
Salomonen LAND 530
Salomoninseln VOLK 395
Salos (Juan de) MEDIEN 916
Salpeterkrieg (1879–1883) GESCH 249
Salpetersäure FORMEL 1190
Salutati (Coluccio) PHIL 831
Salvador KUNST 732
Salvi (Nicola) KUNST 717
Salz ERNÄHR 1047
– MED 970
Salzburg (Festspiel) MUSIK 776
Salze FORMEL 1190
Salzen ERNÄHR 1022, 1023, 1037
Salzgarten ERNÄHR 1047
Salzgefäß STILE 1139
Sama UNIV 398
Samain (Albert) LIT 757
Samaniden GESCH 226
Sambesi UNIV 43
Sambia LAND 484
Samen FLORA 133, 140, 140
– VOLK 389, 390
Samenbläschen MED 953
Samen → Lappen
Samenmantel FLORA 140
Samenschale FLORA 140
Samenzelle ENTDECK 888
Sammellinse FORMEL 1192
Samniter GESCH 204, 206, 210
Samoa LAND 532
Samojeden VOLK 390
Samory Touré GESCH 249
Samos (Tunnel von) ENTDECK 854
Samrês → Pear
Samsara RELIG 341, 342
Samskara RELIG 344
Samstag KALENDER 178
Samudragupta GESCH 219
Samuelson (Paul Anthony) PHIL 828
Samuelson (Ralph) SPORT 1116
Samurai RELIG 351
Samvat (Ära) KALENDER 179

Sanaa KUNST 735
San Agustín KUNST 695
San Andreas Fault UNIV 35, 39, 39
Sanchi KUNST 692
Sand UNIV 30
Sand (George) LIT 747, 747
Sandage (Allan Rex) ENTDECK 902
– UNIV 18
Sandawe VOLK 364
Sandelholz FLORA 176
Sandelholzbaum FLORA 131
Sandelholzgewächse FLORA 131
Sanders (Pharoah) MUSIK 791
Sandia-Kultur GESCH 197
Sandinisten GESCH 256
Sandino (César Augusto) GESCH 251
Sandstein (Sand) UNIV 30
Sandwespe FAUNA 111, 116
San Francisco (Vertrag) GESCH 255
San Franzisco (Charta, Konferenz) [1945] ORGINT 642, 643
Sangallo der Jüngere (Antonio da) KUNST 709
Sanger (Frederick) ENTDECK 902
Sänger, Sängerinnen MUSIK 785
Sanhadja LAND 457
San Ildefonso (Vertrag von) GESCH 245
Sankara RELIG 342
Sankt-Bartholomäus-Nacht (Massaker von) [1572] LAND 420
Sankt Calixtus (Katakomben des) GESCH 212
Sankt Gallen (Abtei von) KUNST 735
Sankt Martin (Kloster) 284
Sankt-Peter (Basilika) KUNST 709, 712
San Lorenzo GESCH 197
San Marino LAND 427
San Pedro de La Nave KUNST 698
Sansan UNIV 62
Sansculotte MODE 1153
Sanskrit GESCH 201
– RELIG 340
Sansovino (Jacopo) KUNST 709
Santa Anna (Antonio López de) GESCH 247
– LAND 539
Santal VOLK 384
Santa Maria della Salute KUNST 712
Sant'Angelo in Formis KUNST 701
Sant' Apollinare Nuovo KUNST 688
Santee VOLK 374
Santiago de Compostela (Abtei von) KUNST 701
Santo Domingo LAND 545
Santuola (Marcelino Sanz de) GESCH 197
– KUNST 675
San Vitale GESCH 220, 221
Sao (Kultur) GESCH 229
Saora VOLK 384
São Tomé e Príncipe LAND 472
Saphir UNIV 29
Sapir (Edward) PHIL 828
Sapote ERNÄHR 1045, 1045
Sapotillbaum FLORA 161
Saprophyten FLORA 162
Sara VOLK 364
Sarajewo (Attentat) [1914] GESCH 250
– LAND 423, 446
Sardine ERNÄHR 1035, 1036
Sarek-Nationalpark FAUNA 128
Sargon I. GESCH 198
Sarissa UNIF 1160, 1160
Sarkala ENTDECK 857
Sarnath GESCH 219, 219
Saroszyklus UNIV 10
Sartre (Jean-Paul) LIT 747
– MEDIEN 917
– PHIL 828, 828, 836
Sarugaku THEATER 770
Sarzec (Ernest de) KUNST 675
Sassafras FLORA 176
Sassaniden GESCH 216, 220, 222 f.
– HERRSCHER 258, 259
– KUNST 681
Sassaniden (Ära) KALENDER 179
Satan RELIG 314
Satanspilz MED 965
Satansröhrling FLORA 164
Satelliten als Relaisstation MEDIEN 936
Satelliten für Direktempfang MEDIEN 936 f.
Satellit (künstlicher) ENTDECK 902 f., 903
– MEDIEN 926, 928, 930, 933, 936-938
– UNIV 9, 21
Satie (Erik) MUSIK 778
Sattel STILE 1147
– FAUNA 91
Saturn ENTDECK 862, 906
– RELIG 298
– UNIV 6, 6, 8, 8
Saturnalien RELIG 300
Saturn V ENTDECK 905
Satyrn RELIG 295

REGISTER

Satz MUSIK 783
– SPORT 1092
Satz des Pythagoras FORMEL 1205
Saubohne ERNÄHR 1041
– FLORA *159*
Sauciere STILE *1143*
Saud der Große GESCH 246
Saudi HERRSCHER 282
Saudi-Arabien LAND *488,* 488
Sauersack ERNÄHR 1045
Sauersack → Sternannone
Sauerstoff ENTDECK 868
– UNIV 58
Säugetiere FAUNA 98-101, 115, 118 f.,
123
– UNIV 60, 62
Säugling MED 958
Säuglingssterblichkeit WIRTSCH 562
Saugreflex MED *958*
Saura (Carlos) FILM 810
Säure ENTDECK 878
– FORMEL 1189
Säure-Base-Begriff ENTDECK 894
saurer Regen UNIV 61
Sauria (Charles) ENTDECK 878
Saurischier UNIV 60
Saussure (Ferdinand de) PHIL 828, 836
Saussure (Nicolas Théodore de)
ENTDECK 872
Sauternes ERNÄHR 1065
Sauvage (Frédéric) ENTDECK 878
Sauveur (Joseph) ENTDECK 865
Sauvy (Alfred) PHIL 828
Savanne FLORA 152, *152*
– UNIV *55*
Savart (Félix) ENTDECK 874
Savary (Jérôme) THEATER 769
Savasorda von Barcelona ENTDECK 857
Savery (Thomas) ENTDECK 864 f.
Savignac (Raymond) MEDIEN *940*
Savoyen (Herzogtum, Haus)
HERRSCHER 265
– LAND 427
Saxaul FLORA *155*
Say (Jean-Baptiste) PHIL 832
Scalfari (E.) MEDIEN 918
Scaliger HIST. WERKE 842
– KALENDER 183
Scandola (Schutzgebiet von) KUNST
733
Scanner ENTDECK 906
Scarlatti (Domenico) MUSIK 778, 783
Scarron (Paul) LIT 747
Schabuot oder Wochenfest RELIG 309
Schach SPIEL 1170 f.
Schachbrett SPIEL 1170, *1170*
Schachtelhalm FLORA 130, *130, 132,
173*
Schädel MED *951*
Schädelverletzung MED 1001
Schädlingsbekämpfung, biologische
FAUNA 111
Schaeffer (Claude) KUNST 675
Schaf ENTDECK 851
– ERNÄHR 1025, 1026, *1027*
– FAUNA 92
– WIRTSCH 612, *612*
Schafgarbe FLORA *167, 171*
Schafiite 1 RELIG 337
Schahada RELIG 337
Schah-e Sindah KUNST *689*
Schaitan RELIG 335
Schakuhühnen FAUNA 118
Schal MODE *1148,* 1154
Schall FORMEL 1193
– ENTDECK 866, 872, 876
Schallgeschwindigkeit ENTDECK 866
– FORMEL 1193
Schallplatte ENTDECK 900
Schally (Andrew V.) ENTDECK 904
Schalotte FLORA *159*
Schaltjahr KALENDER 183
Schaltmonat (Jahr mit) KALENDER 188
Schamane RELIG 340
– VOLK 355
Schamanismus RELIG 340
– VOLK 355
Schamasch RELIG 293
Schapur I. GESCH 216 f., *217*
Schapur II. GESCH 219
Schärfentiefe FILM 816
Scharia RELIG 335
Schattenspiel THEATER 771, *771*
Schaube MODE *1151*
Schaudinn (Fritz Richard) ENTDECK 892
Schaufelstück ERNÄHR 1027
Schaumwein ERNÄHR 1063
Schauspieler THEATER 762, *762,* 765,
766
Schechina RELIG *307*
Schecke MODE *1150*
Scheele (Carl Wilhelm) ENTDECK 868,
870
Scheibe, galaktische UNIV 13, *13*
Scheidendiaphragma MED *955*

Scheidenstreifling FLORA *163*
Scheidung RELIG 320
Scheinakazie FLORA *170*
Scheinbuche FLORA 145
Scheineller FLORA *169*
Scheler (Max) PHIL 828
Schelf UNIV 46
Schelle SPIEL 1174
Schellfische ERNÄHR 1035
Schelling (Friedrich von) PHIL 828
Schemel STILE *1144*
Schibam KUNST 735
Schiefer UNIV 31
schiefriges Gestein UNIV 31
Schiele (Egon) KUNST 737
Schienenverkehr WIRTSCH 633
Schießpulver ENTDECK 858
Schiffbau WIRTSCH 631
Schiffschronometer ENTDECK 866, *866*
Schiffshalter FAUNA 73
Schiffsschraube ENTDECK 878
Schiismus, Schiiten GESCH 222
– RELIG 337, *337*
Schilbung RELIG 301
Schilcher ERNÄHR 1066
Schild ZEICHEN 1228, *1228*
– UNIF 1160, *1162*
Schilddrüse MED *949*
Schilddrüsenüberfunktion MED 997
Schilddrüsenunterfunktion MED 957,
997
schildförmiges Blatt FLORA 138
Schildhalter (Heraldik) ZEICHEN *1228*
Schildkröte UNIV 60
Schiller (Friedrich von) LIT 747, *747*
Schiller-Nationalmuseum LIT 750
Schillerwein ERNÄHR 1062
Schilluk VOLK 364
Schimmelfichte FLORA *144*
Schimpanse FAUNA 70, 98, 113, *116*
Schinkel (Karl Friedrich) KUNST 722
Schinken ERNÄHR 1029
Schinken (gekochter) ERNÄHR 1031
Schirmherrschaft MEDIEN 933, 944
Schirmling, Großer (Parasolpilz) FLORA
163
Schisma (großes Abendländisches)
GESCH 236, 238
Schiwkow (Todor) LAND 448
Schizophrenie MED 1000
Schlachtabfall ERNÄHR 1028 f.
Schlachten FAUNA 124
Schlachterei ERNÄHR 1026-1028
Schlachthof ERNÄHR 1026, *1028,* 1032
Schlachtruf ZEICHEN 1228
Schlachtung ERNÄHR 1026, 1032
Schlaf ENTDECK 902
– MED 950, 953, 967
Schläfenwülste MODE *1150*
Schlafkrankheit MED 990
Schlafmittel MED 1006
Schläger SPORT 1092, 1096, *1096,*
1099, *1121, 1123*
Schlagholz (Baseball) SPORT 1099
Schlaginstrumente MUSIK 784, *786*
Schlagschuß SPORT *1121*
Schlagzeug MUSIK 782, *792*
Schlange FAUNA 105, 112
– MED *966*
– UNIV 60
Schlangengurke FLORA *159*
Schleicher (August) PHIL 828
Schleiden (Mathias Jacob) ENTDECK
878 f.
Schleie ERNÄHR 1036
– FAUNA 108
Schleierkraut FLORA *167*
Schleifenblume FLORA *167*
Schlesien LAND 441
Schleswig-Holstein LAND 410
Schlick (Moritz) PHIL 828, 835
Schliemann (Heinrich) KUNST 675
Schließfrucht FLORA 140
Schlinge SPORT *1122*
Schlittschuh SPORT *1123*
Schlittschuhlaufen SPORT 1123
Schloesing (Jean-Jacques) ENTDECK 888
Schlöndorff (Volker) FILM 810
Schmackhaftigkeit ERNÄHR 1028
Schmalz ERNÄHR 1017
Schmeling (Max) SPORT 1087
Schmerz MED 995
Schmetterball SPORT *1096*
Schmetterling FAUNA 75, 110
Schmetterlingsfisch FAUNA 115
Schmetterlingsschwimmen SPORT *1110*
Schmetterlingsstrauch FLORA *169*
Schmidt (Bernhard) ENTDECK 896
Schminken MED 977
Schminkpalette KUNST 682
Schmuckkästchen STILE *1146*
Schmuckstein UNIV 29
Schmutzgeier FAUNA 116, *116*
Schnabelschuhe MODE *1150 f.*
Schnabeltier FAUNA *99,* 112

Schnake FAUNA 111
Schnaps ERNÄHR 1018
Schnecke FAUNA 74, 120
Schneeball FLORA *169*
Schneeglöckchen FLORA 168
Schneeleopard FAUNA 121, *126*
Schneestolz FLORA *166*
Schneider SPIEL 1178
Schnellschütz ENTDECK 866
Schnepfenaal FAUNA 117
Schnepfenfeld (Schlacht auf dem)
GESCH 236
Schnittlauch ERNÄHR 1049
Schnittwinkel (zweier Ebenen) FORMEL
1207
Schnittwinkel (zweier Geraden)
FORMEL 1207
Schnitzel ERNÄHR 1026
Schnitzler (Arthur) LIT 747
Schnupfen MED 1000
Schnurbaum FLORA *170*
Schnurkeramik GESCH 198
Schoedsack (Ernest B.) FILM 805
Schöffer (Nicolas) THEATER 769
Schokolade ERNÄHR 1054
Scholastik PHIL 831
Scholem (Gershom) PHIL 828
Schönbein (Christian Friedrich)
ENTDECK 878
Schönberg MUSIK 778, *778,* 781
Schöne Künste (Königliches Museum
für) [Antwerpen] KUNST 736
Schöne Künste (Museum der)
[Boston] KUNST 736
Schongauer (Martin) KUNST 705
Schönheitschirurgie MED 978
Schönheit und Gesundheit MED 977 f.
Schönung (bei der Weinbereitung)
ERNÄHR 1063
Schopenhauer (Arthur) PHIL 828
Schoschonen → Shoshone
Schößlingvermehrung FLORA 142, *142*
Schostakowitsch (Dmitrij) MUSIK 778
Schote FLORA 140
Schottland HERRSCHER 269
– LAND 402
– RELIG 331 f.
Schraffuren (heraldische) ZEICHEN
1228
Schrank STILE *1138-1140, 1145*
Schrankbett STILE *1140*
Schreiber KUNST 682
Schreibmaschine ENTDECK 886, 904
Schreibschrank STILE *1141*
Schreibtisch STILE *1140, 1142-1144*
Schreitreflex MED *958*
Schrieffer (Robert) ENTDECK 902
Schrift GESCH 196, 200
– KUNST *681*
Schrift, demotische GESCH 200
Schrift, hieratische GESCH 200
Schriftkunst KUNST 680
Schrödinger (Erwin) ENTDECK 896 f.
Schrot ERNÄHR 1014
Schrotflinte SPORT 1085
Schu RELIG 291
Schubert (Franz) MUSIK 778, 783
Schubertiade MUSIK 777
Schubkarre ENTDECK 858
Schuh (des Radsportlers) SPORT *1130*
Schui VOLK 385
Schulbildung WIRTSCH 639
Schulden (öffentliche) FORMEL 1216
– FORMEL 1211
Schuldverschreibung WIRTSCH 584
Schule des Reinen Landes → Jodo-shu
Schulsprünge SPORT *1125*
Schulter ERNÄHR 1026
Schulternieder lage SPORT 1088
Schulterpuffe MODE *1150*
Schuman (Robert) ORGINT 654, *654*
Schumann (Robert) MUSIK 777, 778
Schumpeter (Joseph Alois) HIST. WERKE
846
– PHIL 828
– WIRTSCH 574
Schuppenflechte MED 999
Schuppentier FAUNA *99*
Schußfahrt SPORT 1118
Schuß-Gegenschuß FILM 817
Schutzanpassungen FAUNA 100
Schütz (Heinrich) MUSIK 778
Schütze UNIF *1168*
Schutzpatron RELIG 325
Schwabe (Heinrich Samuel) ENTDECK
880
– UNIV 7
Schwalbe FAUNA 71
Schwalbenfisch FAUNA 115, *115*
Schwalbenschwanz FAUNA *111*
Schwan FAUNA *102*
– UNIV 17
Schwangerschaft MED 956 f., *957,* 976,
979
Schwangerschaftsstreifen MED *957*

Schwann (Theodor) ENTDECK 878 f.
Schwärmer FAUNA *111*
Schwarz SPIEL 1178
Schwarzamerikaner VOLK 376
Schwarzdrossel FAUNA 116
Schwarze Johannisbeere ERNÄHR 1043,
1043
– FLORA *160*
Schwarzerden UNIV 54
schwarzer Körper ENTDECK 891
schwarzes Loch ENTDECK 906
– UNIV 15, *15,* 18
Schwarznessel FLORA *171*
Schwarzpulverzündschnur ENTDECK
878
Schwarzwurzel ERNÄHR 1040
Schwebebalken SPORT 1082, *1082*
Schweden HERRSCHER 273 f.
– LAND 407-409
– MEDIEN 918, 938
– MUSIK 787
Schwedische Akademie der
Wissenschaften ENTDECK 911
Schwefel FLORA 141
– UNIV 29
Schwefeloxid MED 962
Schwefelsäure FORMEL 1190
Schwefelung ERNÄHR 1063
Schweif [Kometen] UNIV 11
Schwein ENTDECK 851
– ERNÄHR 1025, 1025, 1029 f.
– WIRTSCH 612 f., *612*
Schweinefuß ERNÄHR 1029
Schweineohr ERNÄHR 1029
Schweineschmalz ERNÄHR 1031
Schweineschwanz ERNÄHR 1029
Schweinswal FAUNA 127
Schweißdrüsen MED *948*
Schweitzer (Hoyle) SPORT 1115
Schweiz ERNÄHR 1023
– KUNST 735
– LAND 424, 423, 425
– MEDIEN 918, 934, 938
– MUSIK 787
– RELIG 331
Schweizer Eidgenossenschaft GESCH
234
Schweizer Gardist UNIF *1163*
schweizer Weine ERNÄHR 1066
Schwelle UNIV 46
Schwellenländer WIRTSCH 593, 596
schweres Wasser ENTDECK 898
Schwerpunkt FORMEL 1205
Schwert SPORT 1115
Schwertfisch FAUNA 108
Schwertlilie FLORA 156, *166*
Schwesternhelferin MED 983
Schwimmblase FAUNA 108
Schwimmen SPORT 1109-1111
Schwinger (Julian Seymour) ENTDECK
900 f.
Schwingpflug ENTDECK 851
Schwung SPORT *1118*
Sciascia (Leonardo) LIT 747
Science-fiction-Film MEDIEN 814
Scientology Church MEDIEN 919
Scipio Aemilianus GESCH 209
Scipio Africanus GESCH 206
Scola (Ettore) FILM 810
Scorsese (Martin) FILM 811
Scott (Sir Walter) HIST. WERKE 846, *847,*
848
– LIT 747, 755
Scotus Eriugena → Johannes Scotus
Eriugena
Scrabble SPIEL 1183, *1183*
Scripps (Edward Wyllis) MEDIEN 925
Seaborg (Glenn) ENTDECK 900
Searle (John Rogers) PHIL 828
SEATO → Südostasienpakt
Sebastian (Heiliger) RELIG 324
Sebek, Suchos RELIG 291
SECAM (Système en Couleur avec
Mémoire) ENTDECK 902
– MEDIEN 926, 927
Sechs Dynastien (die) HERRSCHER 276
Sechs-Tage-Rennen SPORT 1129
Secrétan (Charles) PHIL 828
Sedang VOLK 384
Sédillot (Charles) ENTDECK 886
Sedimentgestein UNIV 30
See FAUNA 122
– UNIV 49
Seeadler FAUNA 127
Seeanemone FAUNA 73, *73,* 121
Seebarsch → Wolfsbarsch
Seebeck (Thomas) ENTDECK 875
See-Dayak → Iban
Seehäfen WIRTSCH 634
Seehecht ERNÄHR 1035, *1037*
Seehund FAUNA *99,* 127
Seeigel ERNÄHR 1039, *1039*
Seelachs ERNÄHR 1035
Seelenwanderung RELIG 343
Seeotter FAUNA 116, *116,* 126

1267

REGISTER

Seepferdchen FAUNA *108*
Seepocke FAUNA *109*
Seerose FLORA *156*
Seerose [Tisch] STILE *1146*
Seeschiffahrt ORGINT 650
Seespinne ERNÄHR *1039*
Seeteufel ERNÄHR *1037*
− FAUNA *108*
Seeverkehr WIRTSCH 634, *634*
Seevölker GESCH 200
Seezunge ERNÄHR 1035 f.
− FAUNA *108*
Seferis (Giorgios) LIT 747
Segelfliegen SPORT 1133, *1133*
Segelflugzeug SPORT *1133*
Segeln SPORT 1114 f.
Seghers (Anna) LIT 747
Segner (Johann Andreas von) ENTDECK
    868
Ségou GESCH 243
Segovia KUNST 733
Segrè (Emilio) ENTDECK 899, 902
Seguin (Marc) ENTDECK 877
Sehschärfe MED 992
Seide WIRTSCH 627
Seidenraupe FAUNA *75*
Seidenstrasse GESCH 208
Seil SPORT *1134*
Seilschaft SPORT *1135*
seismische Welle UNIV 32, *32, 37*
Seismogramm UNIV 37
Seismologie UNIV 32, 37
Seitenhalbierende FORMEL 1205
Seitpferd SPORT 1082, *1082*
Seitwärtsgang SPORT *1125*
Sekigahara (Schlacht bei) GESCH 243
Sekretär STILE *1145*
Sekt ERNÄHR 1063
Sekten RELIG 307, 332, 350-352
Sekundärmarkt WIRTSCH 584
Sekunde ENTDECK 904
Selbstbestäubung FLORA 142
Selbstinduktion ENTDECK 878
Selbstmedikation MED 1007
Selbstmord MED 987, 989
Seldschuken GESCH 230, 234
− HERRSCHER 281
Selentschukskaja ENTDECK 906
− UNIV 22
Seleukiden GESCH 204, 206, 208, *209,*
    212
− HERRSCHER 258 f.
Seleukiden (Ära) KALENDER 179
Seleukos GESCH 204
Seligsprechung RELIG 319
Selim I. HERRSCHER 280
Selim III. GESCH 246
Selim (Moschee) KUNST *689*
Selkupen → Samojeden
Sellerie ERNÄHR 1040
Semang VOLK 398
Sembène (Ousmane) FILM 811
Seminolen VOLK 374
Semstwo LAND 437
Sender MEDIEN 926, 935
Seneb (Mastaba des) KUNST *683*
Senefelder (Alois) ENTDECK 875
− MEDIEN 914
Senegal KUNST 735
− LAND 461, 461 f.
Senf ERNÄHR 1049
Senghor (Léopold Sédar) GESCH 255
− LAND 462
− LIT 747
Senkung UNIV 41
Sennett (Mack) FILM 813
Senoi VOLK 384
Sensualismus PHIL 821
Senufo VOLK 364, *365*
Seoul KUNST 737
Sephardim RELIG 308, 310
Septimus Severus GESCH 214-216
Sequenz FILM 816
− MUSIK 780
Sequoia FLORA 145, *145*
Serapeum RELIG 291
Seraphim RELIG 314
Serbien LAND 446
Serbien (Autokephale Kirche von)
    RELIG 328
Serengeti (Nationalpark) KUNST 735
Serer VOLK 364
serielle Musik MUSIK 781
Serpentin UNIV 29
Serpuchow UNIV *5*
Serres (Michel) PHIL 828
Servan-Schreiber (Gebrüder) MEDIEN
    922 f.
Servet (Michel) RELIG 329
Sesam ERNÄHR 1016
Sesostris III. KUNST 682
Sessel STILE *1140-1145*
Sesshu KUNST *691*
Seth RELIG *290 f.*

Seu-ma Ts'ien RELIG 349
Seurat (Georges) KUNST *725*
Seuse (Heinrich) RELIG 323
Severer (Dynastie) HERRSCHER 260
Severus Alexander GESCH 216 f.
Sévigné (Madame de) LIT 747, *747*
Sevilla GESCH 239
Sèvres (Vertrag von) [1920] LAND 430
Sex Pistols (The) MUSIK 795
Sextant ENTDECK 866
Sextus Empiricus PHIL 828
Sexualhormone MED 953
Sexualität MED *954*
Seychellen KUNST 735
− LAND 487
Seyfert (Carl K.) UNIV 18
Sezession (Wien) STILE 1146
Sezessionskrieg (1861−1865) GESCH
    249
Sforza HERRSCHER 264
Sgabello → Stabelle
Shadows (The) MUSIK 795
Shakespeare LIT 747, *747*
− THEATER 766
Shakyamuni (Buddha) RELIG 346
Shamash GESCH *201*
Shan VOLK 385
Shan (Dynastie) GESCH 237
Shang KUNST 675
Shang oder Yin GESCH 201
− HERRSCHER 276
Shanidar ENTDECK 851
Shapley (Harlow) ENTDECK 894, 896
Shar Pei FAUNA *80*
Shaw (George Bernard) LIT 747
Shawn (Ted) TANZ 800
Shawnee VOLK 375
Shechtman (D.) ENTDECK 908
Sheelot RELIG 308
Shelley (Mary) LIT 747
Shelley (Percy Bysshe) LIT 748, *755*
Shema Israel RELIG 304
Shenti MODE 1148, *1148*
Sheol RELIG 314
Shephard (Alan) ENTDECK 904
Shepp (Archie) MUSIK 791
Sherbro VOLK 364
Sherpa VOLK 385
Sherrington (Charles Scott) ENTDECK
    890
Sherry ERNÄHR 1068
Shetlandpony FAUNA 89, *89*
Shien → Bete
Shigatse RELIG 347
Shih-ching → Shi-jing
Shiitake ERNÄHR 1041
Shi-jing (Shih-ching) RELIG 348, 349
Shikamatsu Monzaemon LIT 748
Shilluk VOLK 364
Shimazaki Toson LIT 748
Shingon (Sekte) RELIG 351
Shinto RELIG 351, *351*
Shire FAUNA 89
Shire (Peter) STILE *1147*
Shite THEATER 770, *770*
Shiva KUNST *692*
− RELIG 342, *344*
Shockley (William) ENTDECK 900 f.
Shogun GESCH 233
Shogune, Shogunat HERRSCHER 279 f.
Shona (Sohona) VOLK 365
Shorter (Wayne) MUSIK 791
Shoshone VOLK 375
Showa (Ära) GESCH 251
Shoyo Daishi RELIG 351
Shrivijaya (Königreich) GESCH 222,
    231, 235, 237
Shriwijaja → Shrivijaya
Shu Han (Königreich) GESCH 216
Shui VOLK 385
Shu-jing RELIG 349
Shunga (Dynastie) HERRSCHER 278
Siam LAND 511 f.
Siamkatze FAUNA *85*
Sian Ka'an (Schutzgebiet der
    Biosphäre von) KUNST 734
Sibelius (Jean) MUSIK 779
Siberian Husky FAUNA *79*
Sibirier VOLK 390
Sibyllinische Bücher RELIG 298
Sicheltanne FLORA 151
Sicherheitsnadel ENTDECK 880
Sicherheitsrat der UNO ORGINT 644 f.,
    647
Sicherheitsventil ENTDECK 862
Sichern SPORT *1135*
Siddharta RELIG 345
Siderit UNIV 12, 29
Siderolit UNIV 12
Sidi Okba KUNST *689*
Sidon GESCH 200
Sieben ERNÄHR 1012
Siebenbürgen LAND 443, 445
Siebenerschiiten → Ismailiten
Siebenjähriger Krieg GESCH 244 f.

Siebenkampf SPORT 1076, 1081
Siedentopf (Henry) ENTDECK 892
Siegfried RELIG 301
Siemens (Werner von) ENTDECK 886
Siena (Palazzo Pubblico) KUNST 703
Sienkiewicz (Henryk) HIST. WERKE
    847 f.
− LIT 748
Sierra Leone LAND 464 f.
Sigirija KUNST 735
Sigismund Wasa LAND 408
Sikh HERRSCHER 279
Sikhs (die) RELIG 344, *344*
Sikorsky (Igor) ENTDECK 898
Sikuler LAND 426
Silber WIRTSCH 624
Silberfischchen FAUNA *110*
Silberhornkraut FLORA *166*
Silene RELIG *295*
Silhouettenimitation SPORT 1085
Silicat UNIV 29, 33
Silicium MED 964
− UNIV 29
Silikon ENTDECK 898
Silikose MED 964
Silizium → Silicium
Silla (Königreich) GESCH 222, 229
Silung → Moken
Silver (Horace) MUSIK 791
Silverius (Papst) GESCH 221
Silverstone SPORT 1126
Sima Guang oder Ssu-ma Kuang HIST.
    WERKE 842
Sima Qian GESCH 211
− HIST. WERKE 841
− RELIG 349
Simbabwe KUNST 735
− LAND 484 f.
Simbabwe (Ort) GESCH 219
Simenon (Georges) LIT 748, *753*
Simeon I., der Große GESCH 228
Simiand (François) HIST. WERKE 844
− PHIL 829
Simon (Claude) LIT 748
Simon → Petrus (Apostel)
Simon (Richard) HIST. WERKE 842
Simon Zelotes (Apostel) RELIG 311
Simonie GESCH 323
Simplon-Tunnel ENTDECK 892
Simpson (James Young) ENTDECK 880
Sinagua (Kultur) GESCH 221
Sinai LAND 454
Sinai (Kirche vom Berg) RELIG 328
Sinan KUNST *689*
Sinanthropus GESCH 195
Sinfonie MUSIK 781
sinfonische Dichtung MUSIK 781
Singapur LAND 513 f.
− UNIV 53
Singasari (Königreich) GESCH 235
Singhalesen VOLK 385
Singspiel MUSIK 787
Sinnesorgane MED 949
Sinn Féin LAND 404 f.
Sinningia (Gloxinie) FLORA *129, 165*
Sinope [Satellit] UNIV 9
sinotibetische (Sprachen) VOLK 377
Sinsheimer (Robert Louis) ENTDECK 904
Sintra (Pedro de) LAND 464
Sinus FORMEL 1202
Sinus hyperbolicus FORMEL 1203
Sinusitis MED 1000
Sioux VOLK 375
Sira RELIG 333
Sirene ENTDECK 874
Siriden (Dynastie) GESCH 229
− HERRSCHER 281
Sirius KALENDER 180
− UNIV 16
Sirup ERNÄHR 1058
Sisal FLORA 175
Sismondi (Jean Charles) PHIL 829
Sisovath GESCH 251
Sitkakiefer FLORA 137
Sitter (Willem de) ENTDECK 894
sitzende Lebensweise MED 980
Sitzmöbel STILE *1138 f.*
Sizilianische Vesper GESCH 234
− HERRSCHER 265
Sizilien (Königreich) HERRSCHER 265
Sjöström (Victor) FILM 811
Skalar FORMEL 1201
Skalarprodukt FORMEL 1205
Skala, stratigraphische UNIV 26
Skalenbarometer ENTDECK 862
Skandagupta GESCH 221
Skanderbeg LAND 447
Skandinaven, Skandinavien HERRSCHER
    273
Skandinavier, Skandinavien RELIG *331*
Skanien LAND 410
Skarabäus RELIG 290, *291*
Skat SPIEL 1177
Skeetschießen SPORT 1085, *1085*
Skelett [der Katze] FAUNA 84

Skelett (des Pferdes) FAUNA 88
Skiballet SPORT 1118
Skinner (Burrhus Frederic) PHIL 829
Skischuh SPORT *1118*
Skisprung SPORT 1117, *1117*
Skiwachs SPORT 1118
Sklaven (Dynastie der) HERRSCHER 278
Sklavenhandel VOLK 367
Sklavenhändler VOLK 367
Sklaverei GESCH 249
Škocjan (Höhlen von) KUNST 735
Skorbut MED 961, 990
Skorpion FAUNA 114, 120
− MED *966*
Skoten GESCH 218
Skrjabin (Aleksandr N.) MUSIK 779
Skylab ENTDECK 906
Skyr ERNÄHR 1020
Slalom SPORT 1118, *1119*
Slalom (Wasserski) SPORT *1116*
Slánský LAND 441
Slap SPORT *1121*
Slapshoot SPORT *1121*
Slave VOLK 375
Slawen LAND 436, 441, 443
− VOLK 390
Slipher (Vesto Melvin) ENTDECK 894
Sliwowitz ERNÄHR 1070
Slogan MEDIEN 944
Slowakei LAND 441, 444
Slowenien LAND 446
Sluter (Claus) KUNST 706
Smaragd UNIV *28, 29*
Smaragdeidechse FAUNA *105*
Smash SPORT 1093, *1105*
Smeraldina THEATER 765
Smetana (Bedřich) MUSIK 779
Smith (Adam) PHIL 831
Smith (Al) MEDIEN 926
Smith (Bessie) MUSIK 791
Smith (Joseph) RELIG 332
Smith (Patti) MUSIK 795, *795*
Smith (Wh.) MEDIEN 938
Snellius (Willibrod) ENTDECK 860
Snooker SPIEL 1184
Snorri Sturluson LIT 748
Soane (John) KUNST 722
Soankultur GESCH 195
Soboul (Albert) HIST. WERKE 844
Sobrero (Ascanio) ENTDECK 880
Società Dantesca Italiana LIT 750
Sodbrennen MED 957
Soddy (Frederick) ENTDECK 892, 894
Sofortmaßnahmen MED 985 f.
Soft Machine MUSIK 795
Soga VOLK 365
Sohar RELIG 306
Sohona → Shona
Soissons (Schlacht) GESCH 220
Soja ERNÄHR 1016, *1016*
− WIRTSCH 608
Sokoto (Kalifat von) GESCH 247
Sokrates GESCH 204
− PHIL 829
Soldat UNIF 1158, *1164, 1167 f.*
Soldatenkaiser HERRSCHER 260
Soleilhac GESCH 194
Solenoid FORMEL 1197
Solera-Criadera-Verfahren ERNÄHR
    1068
Solferino (Schlacht bei) GESCH 248
Solidarität GESCH 254
Solimena (Francesco) KUNST 720
Soling SPORT 1115
Solipsismus PHIL 821
Solist MUSIK 785
Solokonzert MUSIK 784
Solon LAND 429
Solschenizyn (Aleksandr) LIT 748
Solutréen GESCH 196
Soma RELIG 340 f.
Somal VOLK 365
Somali LAND 456
Somalia LAND 456
Sombart (Werner) PHIL 829
Sommeraster FLORA *167*
Sommerfeld (Arnold) ENTDECK 894
sommergrüner Laubwald FLORA 143,
    148
Sommermalve FLORA *168*
Somno STILE *1143*
Somoza GESCH 256
− LAND 542
Sonagramm FAUNA 70
Sonate MUSIK 781
Sonderziehungsrechte ORGINT 649
− WIRTSCH 590, 604
Song GESCH 231, 233, 235
− HERRSCHER 276
Songhai GESCH 239, 241
− LAND 458 f.
− VOLK 365
Sonne MED 977
− UNIV 6, 7
Sonne-Mond-Kalender KALENDER 178

REGISTER

Sonnenblume ERNÄHR *1016*, 1017
– FLORA *168*
– WIRTSCH 608
Sonnenbrand MED 982
Sonnenfackeln UNIV 7
Sonnenflecken UNIV 7
– ENTDECK 880, 892
Sonnenflügel FLORA *168*
Sonnenkalender KALENDER 178
Sonnensystem ENTDECK 868, 870
– UNIV 6-11, *6*
Sonnenuhr ENTDECK 852
Sonnenwind UNIV 7
Sonnenzyklus KALENDER 187
Sonni Ali Ber LAND 458 f.
Sonntag KALENDER 178
Sonntagsbuchstabe KALENDER 186
Sonntagszeitung MEDIEN 917
Sophisten PHIL 830
Sophokles LIT 748
– THEATER 762
Sophrologie MED 1003
Sopočani (Kloster von) KUNST 735
Sorben VOLK 390
Sorbit ERNÄHR 1051
Sorel (Georges) PHIL 829
Sorghum ERNÄHR 1010 f.
– WIRTSCH 607
Sorokin (Pitrim) PHIL 829
Sororat VOLK 355
Sorte [Botanik] FLORA 129
SOS ZEICHEN 1222
Sosigenes KALENDER 182
Sosso GESCH 235, 245
Sostratos von Knidos ENTDECK 854
Sotatsu Nonomura KUNST *691*
sothiakisch (Periode) KALENDER 180
Sothis KALENDER 180
Sotho GESCH 247
– VOLK 365
Soto (Jesús Rafael) KUNST *731*
Sottsass (Ettore) STILE 1147
Soubeiran (Eugène) ENTDECK 878
Soubise (Hôtel de) KUNST *718*
Soufflot (Germain) KUNST *701*
Souillac (Ste-Marie de) KUNST *701*
Soundiata Keita LAND 458
Soupault (Philippe) LIT *759*, *759*
Southern Christian Leadership
  Conference VOLK 376
Sou Tong-p'o → Su Shi Su Dongpo
Sowjetunion (UdSSR) ERNÄHR 1068
– HERRSCHER 272
– LAND 436 f., *438*
– MEDIEN 920, 922, 930 f., 936, 938
– MUSIK 787
– ORGINT 657, *657*
– RELIG *310*, 337
– VOLK 387-391
– WIRTSCH 570 f., 594, *595*
Sozialismus, sozialistische (Staaten)
  PHIL 832
– WIRTSCH 592 f., 595, *595*
Sozialleben FAUNA 72
Sozialprodukt FORMEL 1209
Spa SPORT *1124*
Spa Francorchamps SPORT 1126
Spallanzani ENTDECK 868, 870
Spaltöffnung FLORA 138
Spanien HERRSCHER 266 f., *267*
– KUNST 733
– LAND 433-435
– MEDIEN 916, 938
– PHIL 831
– RELIG 308
Spanien-Rundfahrt SPORT 1130
spanisch-amerikanischer Krieg [1898]
  MEDIEN 924
spanische Hosen MODE *1151*
Spanischer Erbfolgekrieg GESCH 244
Spanische Schwarzwurzel ERNÄHR
  1040
spanische Weine ERNÄHR 1068, *1068*
Spannbeton ENTDECK 896
Spannrippe ERNÄHR 1027, 1029
Spannung ENTDECK 876
– FORMEL 1195
Sparen WIRTSCH 582
Spargel ERNÄHR 1040
– FLORA *159*
Sparneigung PHIL 835
Sparquote WIRTSCH 581
Sparta GESCH 202
– LAND 429
– UNIF *1160*
Spartakus GESCH 210
Sparteriewaren FLORA 176
Spatprodukt FORMEL 1205
Spearman (Charles) PHIL 829
Speerwerfen SPORT 1076, *1076* f.
Speichergestein UNIV 30
Speicherkarte ENTDECK 906
Speisebrei MED 946 f.
Speisefett ERNÄHR 1016 f.
Speiseöl ERNÄHR 1016 f.

Speke (John Hanning) GESCH 249
Spektralklassen UNIV 14
Spektrallinie UNIV 14
Spektroskop ENTDECK 874
Spektroskopie FORMEL 1191
Spektrum UNIV 14
Spekulation WIRTSCH 585
Spencer (Herbert) PHIL 829
Spengler (Oswald) HIST. WERKE 844
Spenzer MODE 1154, *1154*
Sperling FAUNA 123
Spermatozoen ENTDECK 862
Spermium MED 953, 955, *955*
Sperry (Elmer Ambrose) ENTDECK 894
Speyer KUNST 699, *699* f.
Speyer (Reichstag zu) RELIG 329
Spezialbanken FORMEL 1211
Sphynx FAUNA *85*
Spicules UNIV 7
Spiegelteleskop ENTDECK 862, *863*
– UNIV 22
Spielautomat SPIEL *1181* f.
Spielbahn (Curling) SPORT *1120*
Spielberg (Steven) FILM 811
Spiele (in Rom) RELIG 300
Spielfeld (Badminton) SPORT *1096*
Spieltisch STILE *1144*
Spiel XIII SPORT 1103
Spierstrauch FLORA *169*
Spin ENTDECK 896 f.
Spinat ERNÄHR 1040
– FLORA *158*
Spinnaker SPORT *1114*
Spinne FAUNA 75, 115
Spinnenpflanze FLORA *167*
Spinoza (Baruch de) PHIL 828, 829
Spirulina ERNÄHR 1039
Spiritualismus PHIL 821
Spitz (René) PHIL 829
Spitzhörnchen FAUNA *66*
Spitzmaus FAUNA 112
Split KUNST 735
Spoelberch de Lovenjoul (Bibliothek)
  [Paris] LIT 750
Sponsoring MEDIEN 933, 944
Spontini (Gaspare) MUSIK 779
Sporenschlacht oder Schlacht bei
  Kortrijk GESCH 236
Sport MED 974-976
– MEDIEN 922, 935
– SPORT 1074-1078, 1080 f.,
  1083-1088, 1090-1100, 1102-1104,
  1106-1134
Sportbogen SPORT 1085, *1085*
sportlicher Wettkampf RELIG 296
Spot MEDIEN 933, 944
Sprache FAUNA 70
– UNIV 63
– VOLK 355
Sprachwissenschaft PHIL 836
Sprechgesang MUSIK 780
Sprenggelatine ENTDECK 886
Spreu ERNÄHR *1010*
Springbock FAUNA 120 f.
Springen (Wasserski) SPORT 1116
Springer (Axel Caesar) MEDIEN 916,
  921, 938
Springer (Konzern) MEDIEN 924
Springfield SPORT 1104
Springreiten FAUNA 90
Springsteen (Bruce) MUSIK 795
Sprint SPORT *1076*
Spritze ENTDECK 880
Sproßachse FLORA 136, *137*
Sproßachse, aufrechte FLORA 136
Sproßachse, kletternde FLORA 136
Sproßachse, kriechende FLORA 136
Sproßachse, rankende FLORA 136
Sproßachse, windende FLORA 136, *136*
sproßbürtige Wurzeln FLORA 135
Sprung (Reiten) SPORT *1124*
Sprungpferd SPORT 1082, *1082*
SPS (Superprotonensynchrotron) UNIV
  4 f.
Spulengalvanometer ENTDECK 888
Spulwurm FAUNA 82
Spuren [von Tieren] FAUNA 76
– FLORA 141
– MED 969
Spurenelemente ENTDECK 890
Spurenelementetherapie MED 1003
Sputnik ENTDECK 902 f., *903*
Squash SPORT 1096
Squid ENTDECK 908
Sri Lanka KUNST 735
– LAND 508
– RELIG 344 f.
SSC (Superconducting Super Collider)
  ENTDECK 910
– UNIV 4 f.
Ssu-ma Ch'ien HIST. WERKE 841
Ssu-ma Kuang → Sima Guang
Staat FORMEL 1215 f.
– PHIL 838

– WIRTSCH 586
Staatliche Museen Preußischer
  Kulturbesitz KUNST 736
Staatshaushalt FORMEL 1215
Staats (Léo) TANZ 800
Staatsquote WIRTSCH 587
Staatsverschuldung WIRTSCH 587
Stabat mater MUSIK 780
Stäbchen MED *949*
Stabelle STILE *1039*, *1138*
STABEX ORGINT 659
Stabheuschrecke FAUNA 110, *110*
Stabhochsprung SPORT 1076, *1076* f.
Stabilitätspolitik WIRTSCH 587
Stachelhäuter FAUNA 66
Stadtbevölkerung WIRTSCH 570, 571
Städtebildung WIRTSCH 570
Stadtstaat KUNST 680
Staël (Madame de) LIT 748, 755
Stahl ORGINT 654
– WIRTSCH 620, *620*
Stahl (Georg Ernst) ENTDECK 862 f., 870
Stahlbrücke ENTDECK 870
Stahlpakt [1939] GESCH 252
– LAND 427
Stalin GESCH 252, 254
– HERRSCHER 272
– ORGINT 642
Stalingrad (Belagerung von) GESCH 252
Stalinismus PHIL 833
Stall [Pferd] FAUNA 91
Stamm FAUNA 66
– FLORA 136, *137*
– VOLK 355
Stammbaum des Tierreichs FAUNA *69*
Stammfunktion FORMEL 1204
Standardabweichung FORMEL 1208
Standardatmosphäre UNIV 50
Standards [des Jazz] MUSIK 792
Ständiger Internationaler Gerichtshof
  ORGINT 646, 653
Ständiger Schiedsgerichtshof in Den
  Haag ORGINT 653
Ständiges Völkergericht (PPT) ORGINT
  669
Standuhr STILE *1142*
Stanford (Geradeausbeschleuniger)
  UNIV 4
Stangensellerie FLORA *158*
Stanhope (Lord) MEDIEN 914
Stanislawski THEATER 768 f.
Stanley (Henry Morton) GESCH *248*,
  249
Stanley (Wendell Meredith) ENTDECK
  898
Staphylokokken ENTDECK 886
– MED 965
Star FAUNA *104*
– SPORT *1115*
Starck (Philippe) STILE 1147, *1147*
Starewitsch (Wladislaw) FILM 817
Stark (Johannes) ENTDECK 894
Stärke ERNÄHR 1013
– MED 969
stärkehaltige Pflanzen ERNÄHR 1019
Stärkeherstellung ERNÄHR 1013
Stärkemehl ERNÄHR 1018
Stärkemehlherstellung ERNÄHR 1018
Starkstromverletzung MED *986*
Starling (E.) ENTDECK 893
Starr (I.) ENTDECK 903
Startblöcke SPORT *1076*
Stater GESCH 203, *203*
statische Elektrizität ENTDECK 886
statistische Mechanik ENTDECK 886
Statthalter HERRSCHER 274
Staubbeutel FLORA 139
Staubblatt FLORA 139
Staubfaden FLORA 139
Staubschweif [Komet] UNIV 11
Staudinger (Hermann) ENTDECK 896
Staufer (Dynastie) HERRSCHER 265, 286,
  286
Staupe FAUNA *82*
Staurolith UNIV *28*
Staustrahltriebwerk ENTDECK 901
Stavisky (Affäre) LAND 421
Steatopygie VOLK 354
Stechmücke FAUNA *111*
– MED 966
Stechpalme FLORA *148*
Stechrochen FAUNA 112
Stecker MODE *1153*
Stecklingsvermehrung FLORA 142, *142*
Steckrübe FLORA *159*
Stefano da Verona oder Stefano da
  Zevio KUNST *705*
Steherrennen SPORT 1129, *1129*
Steiermark LAND 422
Steigbügel ENTDECK 854
Steinadler FAUNA *103*, 120
Steinbeck (John) LIT 748
Steinbock FAUNA 127
Steinbutt ERNÄHR 1035 f., *1037*
Steiner (Rudolf) ORGINT 672

– PHIL 829
Steinfrucht FLORA 140
Steingarnele ERNÄHR 1039, *1039*
Steinkauz FAUNA *125*
Steinkohle UNIV 30
– WIRTSCH 619, *619*
Steinkohleeinheit (SKE) WIRTSCH 615
Steinmeteorit UNIV 12
Steinpilz FLORA *162*
Steinsalz ERNÄHR 1047
– UNIV 29 f.
Stekel (Wilhelm) PHIL 834
Stella (Frank) KUNST *729*, 737
stellares Zeitalter UNIV 20
Stellersche Seekuh FAUNA 125
Stelzenkrabbe FAUNA 119
Stemmschwung SPORT *1118*
Stempel FLORA 139
Stempel → Gynäzeum
Stendhal LIT 748, 755
Stenkil HERRSCHER 273
– LAND 408
Stenochoreographie TANZ 798
Stensen (Niels) ENTDECK 862
Stepanow (Wladimir) TANZ 798
Stephan Dušan GESCH 236
Stephanus (Heiliger) RELIG 324
Stephens (John Lloyd) KUNST 674
Stephenson (George) ENTDECK 874,
  876 f., *877*
Steppe UNIV 55
Steppenklima UNIV 52
Steppenlilie FLORA *166*
Steptoe (Patrick Ch.) ENTDECK 906, 909
Sterberate WIRTSCH 562
Sterblichkeit MED 961, *961*
Stereochemie ENTDECK 886
– FORMEL 1190
Stereoskop ENTDECK 878
Sterilisieren ERNÄHR 1046
Sterkfontein GESCH 195
Stern UNIV 14 f.
Sternanis ERNÄHR 1049
Sternannone ERNÄHR 1045
Sternberg (Josef von) FILM 811, 815
Sternbild UNIV 16
Sterne (Laurence) LIT 748
Sterngröße UNIV 13
Stethoskop ENTDECK *874*
Stettin (Frieden von) [1570] LAND 410
Steuer FORMEL 1216
– WIRTSCH 587
Steuerquote WIRTSCH 587
Stevens (Robert) ENTDECK 878
Stevens (Stanley Smith) PHIL 829
Stevenson (Robert Louis Balfour) LIT
  748
Stichling FAUNA *108*
Stickstoff ENTDECK 868
– FLORA 141
Stickstoffoxid MED 962
Stiefelette MODE *1156*
Stifter (Adalbert) HIST. WERKE 848
– LIT 748
Stile STILE 1138-1147
Stile recitativo MUSIK 780
Stil, internationaler KUNST 726
Stilton ERNÄHR 1023
Stimme MUSIK 783
Stirling (James) KUNST *727*
Stirner (Max) PHIL 829
St.-Lorenzwald FLORA 150
Stöcker PHIL 1035
Stockfisch ERNÄHR *1037*
Stockhausen (Karlheinz) MUSIK 779
Stockrose FLORA *167*
Stoclet-Palast (Brüssel) KUNST 726
Stokowski (Leopold) MUSIK 784
Stola MODE 1149, *1150*
– RELIG *318*
Stolon (Ausläufer) FLORA 136
Stonehenge GESCH 198, *198*
– KUNST 679, 735
Stoney (George Johnstone) ENTDECK
  890
– FAUNA 124
Stopfen der Gänse ERNÄHR 1033, *1033*
Stopfleber ERNÄHR 1033, *1033*
Stoppball SPORT 1097
Stoppschlag SPORT 1093
Stör ERNÄHR 1035, *1036*
– FAUNA *107*, 119
Storchschnabel FLORA *168*
Storm (Theodor) LIT 748
Stoßen SPORT 1084, *1084*
Stoßleder (Billard) SPIEL *1184*
Stout ERNÄHR 1061
St. Petersburg LAND 437
Straftritt SPORT 1103
Strahlensatz FORMEL 1205
Strahlung MED 969
Strahlungsgürtel ENTDECK 902
Strahlungszone UNIV 7
Strahov (Altes Kloster) KUNST *719*
Straits Settlements GESCH 246

1269

REGISTER

Stralsund (Vertrag) GESCH 236
Strandfloh FAUNA 109
Strandklaffmuschel ERNÄHR 1038
Strandschnecke ERNÄHR 1038
– FAUNA 109
Strange [Quark] UNIV 2
– ENTDECK 905
Strasburger (Eduard) ENTDECK 889
Straßburg MUSIK 776
– RELIG 329
Straße der Riesen KUNST 735
Straßenverkehr WIRTSCH 632
Straßmann (Friedrich) ENTDECK 898
Strategiespiele SPIEL 1170, 1172
Stratigraphie ENTDECK 862
stratigraphische Skala UNIV 26
Stratocumulus UNIV 56
Stratopause UNIV 50
Stratosphäre UNIV 50
Stratus UNIV 56
Strauß FAUNA 102, 119
Strauß (Johann) MUSIK 779
Strauss (Richard) MUSIK 779
– RELIG 297
Strawinsky (Igor) MUSIK 778 f.
Strawson (Peter Frederick) PHIL 829
Streckmuskel MED 951
Streichergruppe MUSIK 784
Streichholz ENTDECK 878
Streichinstrumente MUSIK 784, 786
Streitende Reiche HERRSCHER 276
Streptokinase FLORA 162
Streptokokken ENTDECK 886
Streptomyzin MED 957
Streß MED 962, 980
Strettweg (Kultwagen von) KUNST 687
Streudose STILE 1141
Stricklava UNIV 36
Striegeln FAUNA 91
Strindberg (August) LIT 748, 758, 758
– THEATER 769
Stroheim (Erich von) FILM 810, 811
Strohwein ERNÄHR 1063
Strom UNIV 49
– WIRTSCH 618, 618
Stromatolithen UNIV 27, 57
Stromstärke FORMEL 1195
Strontium ENTDECK 872
Strophium MODE 1149
Strowger (Almon B.) ENTDECK 888, 890
Struensee (Johann Friedrich von) LAND 410
Struktur PHIL 836
Strukturalismus PHIL 836
Strukturwandel WIRTSCH 575, 577
Struve (Friedrich Georg Wilhelm von) ENTDECK 879
Stuarts HERRSCHER 268 f.
Stubbs (William) HIST. WERKE 843
Studenica (Kloster von) KUNST 735
Studley Royal (Park von) KUNST 735
Stud-poker SPIEL 1179
Stufe, alpine FLORA 157
Stufe, subalpine FLORA 157
Stufenbarren SPORT 1082, 1083
Stufenlinse ENTDECK 876
Stuhl STILE 1139, 1142 f., 1145
Stupa RELIG 346
Sture (die) LAND 408
Sturgeon (William) ENTDECK 876
Sturmhaube UNIF 1163
Sturzring SPORT 1130
Stuttgarter Ballett TANZ 801
Stymphalos (See) RELIG 294
Styx RELIG 296
Suaheli LAND 456
– VOLK 365
Subduktionszone UNIV 34, 35, 39
Subligaculum MODE 1149
Sublimierung PHIL 839
Subordinatianismus RELIG 316
Substantialismus PHIL 821
Substanz PHIL 821
Substitution PHIL 839
subtropisches Klima UNIV 52
Subucula MODE 1149
Sud FLORA 171
Südafrika LAND 479, 479 f.
Südafrikanische Union GESCH 251
südafrikanische Weine ERNÄHR 1067
Südamerika LAND 556-560
– WIRTSCH 565
Sudan LAND 460 f.
– RELIG 339
Südarabien LAND 455
Südkorea GESCH 526, 526
Südostasien RELIG 347
– VOLK 378
Südostasienpakt (SEATO) GESCH 255
Südweiser ENTDECK 856
Sue (Eugène) LIT 748
Sueben GESCH 220
– LAND 433 f.
Sueton HIST. WERKE 841
– RELIG 311

Suezkanal GESCH 248, 254
– LAND 454
Sufi RELIG 335
Suharto (Kemusu) GESCH 255
Sui (Dynastie) GESCH 222
– HERRSCHER 276
Suite (in der Musik) MUSIK 781
Sukarno (Achmed) GESCH 252, 255
Sukhothai GESCH 235
Sukkot oder Laubhüttenfest RELIG 309, 309
sukkulent FLORA 136
Suku VOLK 365
Sukuma VOLK 365
Sulaiman der Prächtige GESCH 240
Sulaiman Solong GESCH 243
Sulfat UNIV 29
Sulfid UNIV 29
Sulfonamid ENTDECK 898
Sulla GESCH 209 f.
Sullivan (Louis) KUNST 722
Sultane HERRSCHER 280
Sultan-Hasan-Moschee in Kairo (Medrese) KUNST 689
Suluk → Tausug
Sulzberger (A. H.) MEDIEN 918
Sumer, Sumerer ENTDECK 853
– GESCH 198
– KUNST 681
– RELIG 293
Sumi-gaeshi SPORT 1091
Summe (logische) FORMEL 1201
Sumner (James Batcheller) ENTDECK 896
Sumo SPORT 1090
Sumpfschildkröte FAUNA 105
Sumpfzypresse FLORA 150
Sundaer VOLK 398
Sundarbans (Park der) KUNST 734
Sung (Dynastie) GESCH 221, 229
Sunna, sunnitischer Islam RELIG 333-337
Sun Ra MUSIK 791
Sunset Crater GESCH 231
Sun Yatsen GESCH 251
– LAND 520
Suovetaurilia RELIG 299
Super-8-Film ENTDECK 904
Superconductive Super Collider → SSC
Superga (Basilika von) KUNST 719
Superhaufen, lokaler UNIV 19
Supernova ENTDECK 908
– UNIV 15, 15
Superprotonensynchrotron → SPS
Superriesenslalom SPORT 1118 f.
supraleitender Magnet ENTDECK 910
Supraleiter, Supraleitfähigkeit ENTDECK 894, 902, 908
Supraleitung UNIV 5
Suprematsakte RELIG 332
Sura RELIG 308
Sure RELIG 334
Surfbrett SPORT 1115
Surfen SPORT 1115
Surimi ERNÄHR 1037
Surinam LAND 552 f.
Surkot MODE 1150
Surrealismus, surrealistisch KUNST 728
– LIT 759
Susanoo RELIG 351
Susdal HERRSCHER 271
Su Shi Su Dongpo oder Sou Tong-p'o GESCH 231
Süßchruck ERNÄHR 1066
Sussex [Huhn] FAUNA 93, 93
Süßkartoffel ERNÄHR 1019, 1019
Süßstoffe ERNÄHR 1051
– MED 973
Süßwaren ERNÄHR 1052, 1054
Süßwarenherstellung ERNÄHR 1052
Sutherland (J.E.) ENTDECK 904
Svedberg (T.) ENTDECK 899
Sverker HERRSCHER 273
Sverker (die) LAND 408
Sveti Pantaleimon KUNST 688
Swaggart (Jimmy) RELIG 332
Swahili → Suaheli
Swaminathan (M.S.) ENTDECK 905
Swammerdam (Jan) ENTDECK 862 f.
Swan [Theatre] THEATER 766, 766
Swart Krans GESCH 194
Swasi (Swazi) VOLK 365
Swasiland LAND 481 f.
Swazi → Swasi
S-Wellen UNIV 32, 37
Sweschtari KUNST 732
Swift (Jonathan) LIT 748
Swing MUSIK 788, 792
Sybillinische Bücher RELIG 300
Syene GESCH 205, 205
Sylviornis UNIV 64
Symbiose FAUNA 73
Symbole (mathematische) FORMEL 1198

symbolische Ordnung PHIL 839
Symbolismus KUNST 724
Synagoge RELIG 309 f.
Synapse MED 950
Synchronie PHIL 836
Synchronisierungsimpulse MEDIEN 927
Synchrotron ENTDECK 900, 906
Synchrozyklotron ENTDECK 900
Syncom 3 ENTDECK 905
Synedrium RELIG 306
Synge (John Millington) LIT 748
Synkretismus RELIG 352
Synode RELIG 317, 323, 331
Synözie FAUNA 122
syntagmatisch (Achse) PHIL 836
Synthet UNIV 29
Synthetik WIRTSCH 625, 625
synthetische Evolutionstheorie FAUNA 67
Syon House (London) KUNST 719
Syphilis MED 957, 989, 1000
Syphiliserreger ENTDECK 892
Syrah ERNÄHR 1065
Syrakus GESCH 202, 206
Syrien KUNST 735
– LAND 497, 498
Syrisch RELIG 327
Syrische Kirche des Westens RELIG 328
Syrjänen → Komi
SYSMIN ORGINT 659
Systematik FAUNA 66 f.
– ENTDECK 860
Szasz (Thomas) PHIL 829
Szene FILM 816
Szientismus PHIL 821
Szintigraphie MED 1004
Szintillationskamera ENTDECK 902

T

Ta-ang → Palaung
Tabak FLORA 167
– MED 957
– WIRTSCH 609
Tabari (Muhammed ibn Djarir al-) HIST. WERKE 841
Tabarly (Éric) SPORT 1114
Tabinshweti GESCH 241
Tabourot (Jehan), genannt Thoinot Arbeau TANZ 798
Tabu VOLK 355
Tacana VOLK 375
Tacitus GESCH 214
– HIST. WERKE 841
– RELIG 301, 311
Tadrart Acacus KUNST 734
Tadschiken VOLK 385, 391
Tadsch Mahal KUNST 734
Tafelaufsatz in Form eines Schiffes STILE 1138
Tafelbesteck STILE 1147
Tafelwaage ENTDECK 862
Tafna (Vertrag von La) LAND 451
Tafraoute VOLK 366
Tafsir RELIG 334
Taft-Hartley (Gesetz) GESCH 256
Tag KALENDER 178
Tagalen VOLK 398
Taglioni (Filippo) TANZ 800
Taglioni (Maria) TANZ 801
Tagore (Rabindranath) LIT 748
Tahert GESCH 225, 229
Tahull (S. Maria) KUNST 701
Tai → Thai
Tai (Nationalpark) KUNST 732
Taibei KUNST 737
Tai-Chi SPORT 1090
Tai-Chi-Chuan SPORT 1090
taifas GESCH 230
Taiga FLORA 144
Taine (Hippolyte) HIST. WERKE 843
Taipingrevolte GESCH 249
Taira GESCH 233
Taira (Klan) GESCH 229
Taiwan LAND 521 f.
Taiwan: Präsidenten der Republik HERRSCHER 277
Taizu GESCH 237
Taj Mahal KUNST 689
Takamine Jokichi ENTDECK 893
Talavera (Schlacht) LAND 403
Talg ERNÄHR 1017, 1028
Talgdrüsen MED 948
Talk SPORT 1136
Talking Heads MUSIK 795
Tallboy STILE 1141
Talmud PHIL 830
– RELIG 306, 306, 308
Tamang VOLK 385

Tamerlan → Timur Lang
Tamilen RELIG 344
– VOLK 385
Ta Na Kha RELIG 304
Tandem SPORT 1129, 1129
Tang (Dynastie) GESCH 222, 225, 227, 229
– HERRSCHER 276
Tange (Kenzo) KUNST 727
Tangens FORMEL 1202
Tangens hyperbolicus FORMEL 1203
Tani-otoshi SPORT 1091
Tanis HERRSCHER 257
Tanjore → Thanjavur
Tannaiter RELIG 306
Tanne FLORA 145, 157, 175
Tannenberg (Schlacht bei) GESCH 238, 250
Tanner (Alain) FILM 811
Tansania KUNST 735
– LAND 477 f.
Tanz MUSIK 781
– TANZ 796-801
Tao, Taoismus GESCH 205
– RELIG 348 f., 352
Tao-te ching → Dao-de-jing
Tapa KUNST 697
Tapioka ERNÄHR 1019
Tarahuamara VOLK 375
Taranis RELIG 301
Tarasken VOLK 375
Tarde (Gabriel de) PHIL 829
Tardeguet el-Rahla GESCH 195
Tarent GESCH 208
Tarik LAND 434
Tarkowskij (Andrej) FILM 811
Tarn (Schlucht) UNIV 42
Tarock SPIEL 1178, 1178
Tarpan FAUNA 125
Tarquinier GESCH 202
Tarski (Alfred) PHIL 829, 835
Tartaglia (Nicolo) ENTDECK 860
Tartaren LAND 437
Tartarus (Abgrund des) RELIG 296
Tarzan LIT 761
Taschenkrebs ERNÄHR 1039, 1039
– FAUNA 109
Tasman (Abel Janszoon) GESCH 243
Tasselmantel MODE 1150
Tassili N'Ajjer GESCH 201
– KUNST 679
Tasso (der) LIT 748
Tasteninstrumente MUSIK 786
Tastsinn MED 949
Tatami SPORT 1090
Tataren VOLK 385
Tati (Jacques) FILM 811, 813
Tatum (Art) MUSIK 791
Tatum (E.) ENTDECK 899
Täubling FLORA 163
Taubnessel, Rote FLORA 136
Taucher FAUNA 102
Taufe RELIG 318, 320, 328, 330, 332
Taufik GESCH 248
Tauon UNIV 2
Tauonneutrino UNIV 2
Tau pastoral KUNST 701
Tausendundeine Nacht GESCH 225
– LIT 748
Tausug (Suluk) VOLK 398
Tau Suluk → Tausug
Tautavel GESCH 194
– UNIV 63
Taviani (Brüder) FILM 811
Tawny Port ERNÄHR 1067
Taxila KUNST 734
Taylor (Cecil) MUSIK 791
Taylor (Paul) TANZ 803
Tay Son (die) GESCH 245
Tazoult GESCH 217
Tchaldiran (Schlacht von) VOLK 381
Tchantchès THEATER 771
Tchen-la (Königreich) GESCH 222
Teakbaum FLORA 151, 151
Tebessa GESCH 217
Technicolor FILM 812
technologische Revolution WIRTSCH 576
Teda VOLK 366
Tee ERNÄHR 1055
– WIRTSCH 610, 610
Tee (Golf) SPORT 1098
Teedose STILE 1147
Teekanne STILE 1142, 1147
Teepflanze ERNÄHR 1055, 1055
Tefillin RELIG 307
Teheran (Konferenz) GESCH 252
Tehuacán GESCH 197
Tehuelche VOLK 375
Teichhuhn FAUNA 103
Teiglockern ERNÄHR 1014
Teigstück ERNÄHR 1014
Teigwaren ERNÄHR 1012, 1013
Teigwarenherstellung ERNÄHR 1012
Teilbarkeitsregeln FORMEL 1199

REGISTER

Teilchenbeschleuniger ENTDECK 876
– UNIV 4
Teilchenphysik → CERN
Teilhard de Chardin PHIL 829
Teilung FLORA 142
Teke VOLK 365
Tektit UNIV 12
Tektonik ENTDECK 862, 888
Telefon ENTDECK 886, *887*
– WIRTSCH 640
Telegraphie, drahtlose MEDIEN 926
Telegraph, Telegraphie ENTDECK 870, *876*, 878, 886 f.
– MEDIEN 914
Telekommunikation MEDIEN 930, 936 f.
– ORGINT 650
Telekommunikationsnetz MEDIEN 939, *939*
Telemach RELIG 295
Teleologie PHIL 821
Teleskop ENTDECK 896
– ENTDECK *880*
– UNIV 21 f.
Telleth RELIG 308 f.
Tellier (Charles) ENTDECK 886
Tello KUNST 675
Telstar ENTDECK 904 f.
– MEDIEN 926
Temne VOLK 366
Tempel RELIG 292, *296, 303*, 344
Tempel (Wilhelm) UNIV 11
Templer RELIG 323
– UNIF 1162
Tempo MUSIK 783
Tendai (Sekte) RELIG 351
Tène (La) LAND 424
Teng Hsiao-ping GESCH 255
Tennis MEDIEN 935
– MEDIEN 935
– SPORT 1092-1095
Tennisplatz SPORT 1093
Tenno HERRSCHER 279
Tennyson (Alfred) LIT 748
Tenochtitlán GESCH 237
– RELIG 302, *303*
Tensoranalysis ENTDECK 888, 895
Tenzin Gyatso RELIG 347
Teotihuacán GESCH 205
– KUNST 734
– RELIG 302
Tè (Palazzo del) KUNST *709*
Tepexpán GESCH 197
Teppichkehrmaschine ENTDECK 886
Teppichmuschel ERNÄHR 1038, *1038*
Tequila ERNÄHR 1070
Terena VOLK 375
Terentium GESCH 208
Terentius THEATER 763
Termingeschäft WIRTSCH 584
Termite FAUNA 72 f., *110*
Termitenhügel FAUNA 72
Ternifine (Mensch) GESCH 195
Terra Amata GESCH 194, *194*
Terrae UNIV 10
Terre des Hommes ORGINT 668
Terrine ERNÄHR 1031
– STILE *1142*
Tertiär [Zeitalter] UNIV 27, 62
Tertullian ENTDECK 856
– RELIG 315
Teruel KUNST 733
Tesaka → Antaisaka
Tescha be Av RELIG 309
Teshuvot RELIG 308
Tesla (Nikola) ENTDECK 888
Teso VOLK 365
Testament (Neues) RELIG 311
Testimonial MEDIEN 944
Testosteron MED 953
Tetela VOLK 3**6**6
Tetley (Glen) TANZ 800
Teton-Dakota VOLK 375
tetragonales Kristallsystem UNIV *28*
Tetragramm RELIG 305
Tetrarchie HERRSCHER 260
Tetricus GESCH 216
Tetzel (Josef) RELIG 329
Teufel RELIG 314
Teufelei KUNST *705*
Teutates RELIG 301
Tevatron UNIV *5*
Texel FAUNA 127
Textil WIRTSCH 625-627
Tezcatlipoca RELIG 302 f., *302 f.*
T.G.V. (Train à Grande Vitesse) ENTDECK 908
Thackeray LIT 748
Thaddäus (Apostel) RELIG 311
Thai VOLK 385
Thailand LAND *510*, 510 f.
– RELIG 345, 347
Thales ENTDECK 854, 858
– GESCH 202

– PHIL 830
Thamugadi GESCH 217
Thanatos PHIL 839
Thanjavur oder Tanjore KUNST 734
Thant (U) ORGINT *646*
Tharp (Twyla) TANZ 800
Tharu VOLK 385
Thatta KUNST 735
Theater THEATER 762-769
Theater nach italienischem Muster THEATER *767*
Théâtre d'Art (das) LIT 757
Théâtre de l'Œuvre (das) LIT 757
Théâtre-Libre (das) LIT 756
– THEATER 768
Theben GESCH 198, 200, 204
– HERRSCHER 257
– KUNST 733
– LAND 430
– RELIG 290, *290*
Themistokles GESCH 204
Thenard (Louis Jacques) ENTDECK 874
Theoderich I. GESCH 220
theodosianische (Dynastie) HERRSCHER 261
Theodosius GESCH 218 f.
Theodosius II. GESCH 220
Theokrit LIT 748
Theon von Alexandria ENTDECK 856
Theophrast FLORA 129
Theorie, allumfassende UNIV *3*
Theorie, große vereinheitlichte UNIV 3
theosophische Gesellschaft ORGINT 672
Theravada (Buddhismus) RELIG 345, 347
Theresia von Avila (Heilige) RELIG 323
Thermidor KALENDER 192
Thermodynamik ENTDECK 876-878, 880, 886, 892
– FORMEL 1194 f.
Thermometer ENTDECK 860
– ENTDECK 865
Thermopause UNIV 50
Thermopylen GESCH 208
Thermosphäre UNIV 50
Thesaurisierung WIRTSCH 582
Theseus RELIG 294
Thessalien LAND 430
Thetysmeer UNIV 27
Theuderich HERRSCHER *283*
Thévenin (Modell) FORMEL 1196
Thibaudeau (Einteilung) ZEICHEN 1223
Thibaud (Jean) ENTDECK 894
Thierry (Augustin) HIST. WERKE 843
Thiers (Adolphe) HIST. WERKE 843 f.
– MEDIEN 915
Thimonnier ENTDECK 876
Thinitenzeit GESCH 196
thinitisch (Epoche) HERRSCHER 257
Thom (René) ENTDECK 906, *907*
Thomas KUNST 733
Thomas von Aquin (Heiliger) RELIG 323, *326*
Thompson (J. Walter) MEDIEN 941, *941*
Thomson (George Paget) ENTDECK 896 f.
Thomson (Joseph John) ENTDECK 890 f., 894, 897
Thomson (Roy) MEDIEN 917
Thomson (William) ENTDECK 880
Thonga → Tsonga
Thora RELIG 304, *309*
Thorarollen oder Sefer Thora RELIG *309*
Thorndike (Edwin Lee) PHIL 829
Thor oder Donar RELIG 301
Thorvaldsen (Bertel) KUNST 723
Thot RELIG 291 f., *291*
Thrakien LAND 429 f., 448
Thrombose MED 988
Throne (Engel) RELIG 314
Thueris RELIG 290
Thuja plicata FLORA 145
Thukydides HIST. WERKE 841
Thumelé THEATER 762
Thunfisch ERNÄHR 1035, *1036*
Thurstone (Louis Leon) PHIL 829
Thymian ERNÄHR 1049
– FLORA *173*
Thyreotropin ENTDECK 896
Thysdrus GESCH 217
Tiahuanaco GESCH 209, 223
– KUNST 695
Tianzi RELIG 348
Tiara MODE 1148, *1148*
Tiberias GESCH 213
Tiberius GESCH 210, 212
Tibet RELIG 343, 345-347
Tie-break SPORT 1092
Tiefdruck MEDIEN 915
Tiefdruckgebiet UNIV 56
Tiefdruckzentrum UNIV *51*
Tiefgefrieren ERNÄHR 1046
Tiefsee (Tiere) FAUNA 114, 117

Tiefseeanglerfisch FAUNA 117
Tiefseebecken UNIV 46
Tiefseerücken UNIV 34, 38, 46
T'ien tseu → Tianzi
Tientsin (Verträge von) GESCH 249
T'ien tseu → Tianzi
Tientsin (Verträge von) GESCH 249
Tiepolo (Giambattista) KUNST 720
tierische Elektrizität ENTDECK 871
Tierkult RELIG 291
Tierreich FAUNA 66
Tierschutz FAUNA 122-128
Tierschutzvereine FAUNA 124
Tier, Tiere FAUNA 66-105, 107-126
– MED 966
– RELIG 291
– UNIV 58
Tierversuche FAUNA 124, *124*
Tierzüchtung ERNÄHR 1024
Tiger FAUNA *100*
Tigerhai FAUNA 112
Tigerritterling FLORA *164*
Tigre VOLK 365
Tikal GESCH 203, 207, 217
– KUNST 694
– RELIG 302
Tikal (Nationalpark von) KUNST 733
Tikuna VOLK 375
Tilden (William Tatem) SPORT *1093*
Tilgung FORMEL 1211
Tilsit (Vertrag von) [1807] LAND 437
– VOLK 357
Timbuktu GESCH 245
Timgad GESCH 215, 217, *217*
Tim und Struppi LIT 760
Timuride GESCH 238
Timur-Leng (Tamerlan) GESCH 236, 238
– KUNST *689*
Tinbergen (Jan) PHIL 829
Tinguely (Jean) KUNST 730
Tinktur FLORA 171
Tinkturen (Heraldik) ZEICHEN 1228
Tintenfisch ERNÄHR 1038
Tipasa KUNST 732
Tiridatus II. (oder III.) GESCH 219
Tirol LAND 422
Tirso de Molina LIT 748
Tirthankara RELIG 341
Tiryns GESCH 200
Tisanière STILE *1144*
Tisch STILE *1139-1142*, 1144 f.
Tischtennis SPORT 1097
Tiselius (A.) ENTDECK 899
Tiso (Josef) LAND 441
Titan UNIV 14
Titanen (die) RELIG 294
Titchener (Edward Bradford) PHIL 829
Titius-Bode (Gesetz) UNIV 6
Tito (Josip Broz) GESCH 254
– LAND 447
Titus (Kaiser) GESCH 212
Tiv VOLK 365
Tiya KUNST 733
Tizian KUNST *711*
Tlachtli RELIG 303
Tlaloc GESCH 205
– RELIG 302
Tlingit VOLK 375
Toba VOLK 375
Tobruk (Eroberung von) GESCH 253
Tocqueville (Alexis de) HIST. WERKE 843 f.
Todd (A. O.) FILM 812
Todestrieb PHIL 839
Toepffer (Rodolphe) LIT 760
Toffee ERNÄHR 1052
Toga MODE 1149
Togo LAND 467
Toilettentisch STILE *1144*
Tojolabal VOLK 375
Tokio KUNST 727, 737
Tokugawa Jeyasu GESCH 243
Tokugawa (Zeit) HERRSCHER 280
Tolkien LIT 748
Tollan RELIG 302
Toller (Ernst) LIT 758
Tollund (Mensch von) GESCH 213, *213*
– FAUNA 81 f., 86
– MED 966
Tollwut ENTDECK 889
Tolman (Edward Chace) PHIL 829
Tolstoj (Aleksej Konstantinowitsch) HIST. WERKE 848
Tolstoj (Aleksej Nikolaiwitsch) HIST. WERKE 848
Tolstoj (Leo) LIT 748, *748*
Tolteken GESCH 227, 229, 231
– LAND 539
– RELIG 302
– VOLK 375
Toma VOLK 366
Tomar KUNST 735

Tomasi di Lampedusa (Giuseppe) LIT 748
Tomate ERNÄHR 1041
– FLORA *159*
Tombaugh (Clyde William) ENTDECK 896
Tomographie ENTDECK 896
Tomonaga (Shinichirō) ENTDECK 901
Tonalpohualli KALENDER 181
Tonantzin RELIG 302
Tonerde ENTDECK 868
Toneri HIST. WERKE 841
Tonga LAND 532
Tongaer VOLK 398
Tong-hiang → Dongxiang
Tonic ERNÄHR 1057
Tonking LAND 511 f.
Tönnies (Ferdinand) PHIL 829
Tontaubenschießen → Skeetschießen
Toone THEATER 771
Top SPORT 1097
Topas UNIV *28, 29*
Töpferei ENTDECK 851
Topfhelm UNIF 1162
Tophet RELIG 314
Topik PHIL 839
Topologie ENTDECK 890, 894
Top (Quark) ENTDECK 905
Top-spin SPORT 1097
Toque MODE *1150 f.*
Tor (Kricket) SPORT 1099, *1099*
Toraja VOLK 398
Tordalk FAUNA *102*
Tordesillas (Vertrag von) [1494] GESCH 238
– LAND 433
Torf UNIV 54
Torfmenschen GESCH 213
Tornado SPORT *1115*
Tornay (Serge) PHIL 837
Torricelli (Evangelista) ENTDECK 861
Torschuß SPORT *1101*
Torso PHIL 839
Toscana (Herzogtum) HERRSCHER 264
Toscanini (Arturo) MUSIK 785
Tosefta RELIG 306
Tossafisten RELIG 308
Toskana (Herzogtum) HERRSCHER 264
Totale FILM 816
Totem, Totemismus VOLK 355
Totenbuch RELIG 290, 292
Totes Meer (Handschriften vom) RELIG 304
Totonaken GESCH 217
– LAND 539
– VOLK 375
Toucouleur VOLK 366
Touen-houang → Dunhuang
Toulouse-Lautrec (Henri) KUNST 737
– MEDIEN 940
Tour TANZ 799
Touraine (Alain) PHIL 829
Tour de France SPORT 1130, *1130*
Touré (Sékou) GESCH 255
– LAND 463
Tourismus ORGINT 653
– WIRTSCH 636 f., *637*
Tournedos ERNÄHR 1027
Tournefort (Pitton de) ENTDECK 862
Tournier (Michel) LIT 748
Tournus (Abtei von) KUNST *699*
Tou Yeou → Du You
Townes (Charles Hard) ENTDECK 902
Toxoplasmose FAUNA 87
– MED 957
Toynbee (Arnold) HIST. WERKE 844
Toyotomi Hideyoshi GESCH 241
– LAND 524
Trab FAUNA *90*
– SPORT *1123*
Tracheitis MED 988
Trade Union Act (1871) LAND 403
Traduzianismus RELIG 316
Trafalgar (Schlacht von) [1805] GESCH 246
– LAND 403, 421
Tragédie en musique oder Tragédie lyrique MUSIK 787
Tragflügelboot ENTDECK 894
Trägheit FORMEL 1193
Trägheitsgesetz ENTDECK 861
Trägheitsmomente FORMEL 1194
tragikomisches Ballett TANZ 802
Tragödie THEATER 762
Tragzeit FAUNA 121
Trajan GESCH 212, 214 f., 217
Trajanssäule GESCH 215, *217*
– KUNST 686
trakische (Dynastie) HERRSCHER 261
Trakl (Georg) LIT 758
Traktus [Teil der Messe] MUSIK 780
Trampolin SPORT *1084*
Trampolinturnen SPORT 1084
Trance RELIG 339
Tran (Dynastie) GESCH 235
Tränen MED *949*

1271

REGISTER

Tränendes Herz FLORA *166*
Transatlantikrennen ohne Besatzung SPORT 1114
transfinite Zahlen ENTDECK 888
Transformator ENTDECK 878, 888
Transformismus ENTDECK 873, *873*
Transformverwerfung UNIV 35, 39
Transistor ENTDECK 900
Transistorempfänger MEDIEN 926
Transition (Epoche) STILE 1143
Transpiration FAUNA *141*
Transplantation ENTDECK 902-904
Transport FAUNA 83
Transsubstantiation RELIG 330
Transuran ENTDECK 898
Transvasierverfahren ERNÄHR 1063
transzendental PHIL 821
Transzendenz (von π) ENTDECK 888
Trappisten RELIG 326
Trappistenbier ERNÄHR 1061
Trapschießen SPORT 1085
Traube ERNÄHR 1062
Traube [Blüte] FLORA 139, *139*
Traube [Frucht] FLORA *160*
Trauerarbeit PHIL 839
Traumarbeit PHIL 839
Travers (Morris William) ENTDECK 890
Traverse ENTDECK 858
Třeboň (Meister von) KUNST 704
Treibball SPORT 1097
Trek (großer) GESCH 247
Trembleuse STILE *1142*
Trepanation ENTDECK 851
Tresca (Salvadore) KALENDER 192
Tresterbranntwein ERNÄHR 1070
Tres Zapotes GESCH 201, 211
Tretiakow (Galerie) KUNST 736
Treuhandgebiete der UNO ORGINT 646
Treuhandrat der UNO ORGINT 646
Treuhandschaft ORGINT 646
Treverer GESCH 218
Trevithick (Richard) ENTDECK 872 f.
Triakade KALENDER 181
Trial SPORT 1128, *1128*
Trianon (Kleiner) KUNST *719*
Trianon (Vertrag von) [1920] LAND 423, 441, 447
Triathlon SPORT 1081
Tribonius GESCH 221
Trichine FAUNA 82
Triclinio, Tomba di (Grab des Gastmahles) KUNST *686*
Trieb FLORA *137*
– PHIL 839
Triebfeder ENTDECK 858
Trient (Konzil von) RELIG 320, 323
Trier GESCH 218, *218*
– KUNST 732
Triglycerid MED 969
triklines Kristallsystem UNIV *28*
Trilobiten UNIV *58*
Trilpu RELIG 347
Trimaran SPORT 1114
Trinidad und Tobago LAND 549
Trinitario ERNÄHR 1054
Trinitatisfest RELIG 319
trinkbarer Alkohol ERNÄHR 1069
Triode MEDIEN 926
Tripelentente GESCH 250
– LAND 437
Tripitaka (die) GESCH 221
– RELIG 345
Triple Crown SPORT 1123
Tripoli (Grafschaft von) GESCH 232
Tripolitanien LAND 453
Tripolje (Kultur) GESCH 198
Tripper MED 989
Trisomie 21 ENTDECK 902
– MED 957
Tristão (Nuno) LAND 464
Triumphbogen (Paris) KUNST *722*
Trivial Pursuit SPIEL 1183, *1183*
Trnka (Jiří) FILM 817
Trockenerbsen ERNÄHR 1041
Trocknen ERNÄHR 1029
Tro-Cortesianus (Codex) KALENDER *181*
Trogtal UNIV *41*
Troja KUNST 675
Trojanischer Krieg RELIG 295
Trommelfell MED *949*
Trommler UNIF *1163-1165*
Trompete MUSIK 786, *786*
Trompetenbaum FLORA 151, *170*
Trompetenschnecke ERNÄHR 1038, *1038*
Troodhos (Gebiet von) KUNST 732
Tropen THEATER 764
tropisch (Jahr) KALENDER 178
tropische Pflanzen (eßbare) ERNÄHR 1019
tropischer Regenwald FLORA 143
tropischer Wald UNIV *55*
tropisches Klima UNIV *52*
Tropopause UNIV 50

Troposphäre UNIV 50
Trotzki (Leo) GESCH 252
– HERRSCHER 272
Trounson (A.) ENTDECK 909
Trousses MODE *1151*
Troyes (Talmudschule von) RELIG 308
Troyes (Vertrag von) [1420] LAND 420
Trubezkoj (Nikolaj) PHIL 829, 836
Truffaut (François) FILM 807, 811
Trüffel ERNÄHR 1041
– FLORA *163*
Truhe STILE 1138, *1138*
Truhe (Cassone) STILE *1139*
Trujillo (Rafael) GESCH 253, 256
Trumpler (Robert Julius) ENTDECK 896
Truthahn ERNÄHR 1032
Truthuhn FAUNA 93
Truth [Quark] UNIV 2
Ts'ai-luen → Cai Lun
Tschad LAND 459 f., *459*
– VOLK *363*
Tschaikowskij (Pjotr Iljitsch) MUSIK 779
Tschako UNIF *1165 f.*
Tschechoslowakei LAND 441, 440 f.
– MUSIK *787*
Tschechow (Anton) LIT 748
Tschen Tu-hsiu → Chen Duxiu
Tscherenkow (-Effekt) ENTDECK 898
Tscherkessen VOLK 391
Tschermak (Erich E.) ENTDECK 890
Tschernobyl GESCH 254
Tschernyschewkij LIT 748
Tschetschenen VOLK 391
Tschin VOLK 378
Tschoga Zanbil KUNST 734
Tschong VOLK 378
Tschorten RELIG *346*
Tschuang VOLK 385
Tschu Hi → Zhu Xi
Tschuktschen VOLK 391
Tschuwaschen VOLK 391
Ts'u-hsi → Cixi
Tsimihety VOLK 366
Tsogo → Mitsogo
Tsonga VOLK 366
Tsukuba KUNST 727
Tsunamis UNIV 37
Tsuri-goshi SPORT *1091*
Tsuruya Namboku THEATER 770
Tswana VOLK 366
Tuareg LAND 459
– VOLK 366
Tuatara FAUNA *105*
Tuberkulose ENTDECK 856, 888
– MED 988, 1001
Tuberose FLORA *176*
Tubu LAND 459
– VOLK 366
Tucholsky (Kurt) LIT 748
Tucumán (Kongreß von) GESCH 247
Tudor (Antony) TANZ 800
Tudors HERRSCHER 268
Tughluq (Dynastie) HERRSCHER 278
Tukan FAUNA *104*
Tukulor VOLK 366
Tula KUNST 694
– RELIG *302*
Tule Springs GESCH 197
Tulpe FLORA *166*
Tulpenbaum FLORA *170*
Tulum ERNÄHR 1022
Tuluniden GESCH 226, 228
Tumormarker MED 1004
Tundra FLORA 144, 155, *155*
– UNIV *55*
Tunesien LAND 452, 451 f.
– MEDIEN 920
Tung → Dong
Tungusen VOLK 387
Tunica exterior MODE 1149
Tunika MODE 1148
– UNIF 1166
Tunis KUNST 735
– LAND *452*
Tunneldiode ENTDECK 902
Túpac Amaru I. GESCH 241
Tupí-Guaraní VOLK 375
Tupinamba VOLK 375
Tupolew Tu-144 ENTDECK 904
Turanier VOLK 391
Turbolader (Motor) SPORT 1126
Turboluftstrahltriebwerk ENTDECK 900 f.
Turbopropellertriebwerk ENTDECK 894, 901
Turgenjew (Iwan Sergejewitsch) LIT 748
Turing-Maschine ENTDECK 898, 900
Turkana-See GESCH 195
Türkei KUNST 735
– LAND *494*, 493 f.
Türken VOLK 385
Türkis UNIV *29*
türkisch (Dynastien) HERRSCHER 259

Turkmenen VOLK 391
Türkvölker VOLK 391
Turmalin UNIV *29*
Turm des Schweigens RELIG 297, *297*
Turmfalke FAUNA *103*
Turnen SPORT 1082 f.
Turner (Frederick Jackson) HIST. WERKE 843
Turner (Ted) MEDIEN 930
Turner (William) KUNST 724, 737
Turpin (Ben) FILM 813
Turpin (Raymond) ENTDECK 902
Tut-ench-Amun KUNST 675
– RELIG 290
Tutsi VOLK 360, 366
Tuvalu LAND 531
Tuwinen VOLK 391
Twain (Mark) LIT 748
Twa → Pygmäen
Twig (S.) ENTDECK 906
Tylor (Edward Burnett) PHIL 829, 837
Tyndall (John) ENTDECK 886
Tyner (McCoy) MUSIK 791
Tyo (Königreich) GESCH 239
Typhus ENTDECK 886
– FAUNA 86
Typhuserreger ENTDECK 892
Tyrannosaurus UNIV 60, *60*
Tyros KUNST 734
Tyrus GESCH 200
Tyson (Mike) SPORT 1087
Tzara (Tristan) LIT 759
Tzeltal VOLK 375
Tzolkin KALENDER 181
Tzotzil VOLK 375

U

Uaxactún GESCH 217
– RELIG 302
Ubayd Allah al-Mahdi GESCH 229
Übelkeit MED *957*
Überblendung FILM 817
Überdeterminierung PHIL 839
Übergangsobjekt PHIL 839
Übergangsriten VOLK 355
Über-Ich PHIL 833, 839
Übernahme (eines Unternehmens) WIRTSCH 585
Überriese, roter UNIV 14
Überschallflug ENTDECK 900
Überschiebung UNIV 391
Überseekabel ENTDECK 886
Übertragung PHIL 833, 839
Übertragungsbilanz FORMEL 1212
Uccialli (Vertrag von) [1889] LAND 455
Udiheischen → Sibirier
Udmurten VOLK 391
UdSSR → Sowjetunion
Ueshiba Morihei SPORT 1090
Uffizien KUNST 736
Uganda LAND 475
Ugarit KUNST 675
UHF-Bereiche MEDIEN 926
Uhlenbeck (George) ENTDECK 896
Uhu FAUNA *103, 127*
Uighuren VOLK 385, 391
Uigur GESCH 225
Uiguren VOLK 385, 391
Ujung Kulon FAUNA 128
Uki-waza SPORT *1091*
Ukrainer VOLK 391
ukrainisch (Kirche) RELIG 327
Ulan UNIF *1167*
Ullstein (Leopold) MEDIEN 915
Ulster LAND 405
ultradianer Rhythmus MED 952
Ultraleichtflugzeug SPORT 1133
Ultramikroskop ENTDECK 892
Ultraschalldiagnostik MED 1004
Ultraschalluntersuchung MED 956, *956*
Ultraviolett ENTDECK 872
Ultrazentrifugierung ENTDECK 899
Ultschen → Sibirier
Uluru (Nationalpark) KUNST 732
Umbanda RELIG 339
Umberto I. GESCH 250
– LAND 427
Umcodierer MEDIEN 927
Umfrage MEDIEN 934
Umgehung (Circumambulation) KUNST *692*
Umhüllung (luftdicht) ERNÄHR 1046
Umklammerungsreflex MED *958*
Umkreismittelpunkt FORMEL 1205
Umlaufgeschwindigkeit FORMEL 1211
Umlaufsatellit ENTDECK 905
Umlaufvermögen FORMEL 1214

Umma RELIG 335
Ummat al-Nabi RELIG 335
Umra RELIG 336
Umsatzsteuer FORMEL 1216
Umschlagtuch MODE 1148
Umschreiber MEDIEN 915
Umverteilung WIRTSCH 580, 587
Umwandlung ENTDECK 894
Umweltprogramm der Vereinten Nationen (UNEP) ORGINT 652
Umweltverschmutzung MED 962, *962*
Unabhängigkeitskrieg, Zweiter GESCH 247
Unbefleckte Empfängnis Marias RELIG 319, 327
Unbeflecktes Herz Mariä (Gesellschaft vom) RELIG 326
Unberührbare RELIG *341*
Unbewußte (das) PHIL 833, 839
UNCTAD → Welthandelskonferenz
UNDP → Entwicklungsprogramm der Vereinten Nationen
Undset (Sigrid) HIST. WERKE 848
– LIT 749
Unechte Karettschildkröte FAUNA *105*
UNEF → Notstandsstreitkräfte der Vereinten Nationen
UNEP → Umweltprogramm der Vereinten Nationen
UNESCO KUNST 732
– ORGINT 650, *651*
Unfälle MED 966, *986*
Unfehlbarkeit des Papstes RELIG 321
UNFICYP → UN-Friedenstruppe auf Zypern
UNFPA → Bevölkerungsfonds der Vereinten Nationen
UN-Friedenstruppe auf Zypern (UNFICYP) ORGINT 652
Unfruchtbarkeit bei der Frau MED 1005
Ungaretti (Giuseppe) LIT 749
Ungarn KUNST 733
– LAND 445, 444 f.
– MUSIK 787
Ungeschehenmachen [Psychoanalyse] PHIL 838
ungeschlechtliche Fortpflanzung FAUNA 74
UNICEF ORGINT *652*
uniert (Kirchen) RELIG 327
unilineare Abstammung VOLK 355
Unionsakte (1800) LAND 405
UNIVAC I ENTDECK 902
Universalbanken FORMEL 1211
Universalempfänger MED 947
Universalien (Streit) PHIL 831
Universalspender MED 947
Universität der Vereinten Nationen (UNU) ORGINT 652
Universum (Ausdehnung des) UNIV 18, 20, *20*
UNO → Organisation der Vereinten Nationen
UNO-Friedenstruppe im Libanon GESCH 255
unpaarig gefiedertes Blatt FLORA 138
Unternehmen FORMEL 1209, 1213-1215
– WIRTSCH 576, 578, 582, 585
Unternehmensfusion WIRTSCH 577
Unternehmenskonzentration WIRTSCH 576, 585
Unternehmensübernahme WIRTSCH 585
Unteroffizier UNIF *1158, 1167*
Unterseeboot ENTDECK 870
Unterwelt RELIG 296
Unzertrennliche FAUNA *96*
Upanishaden RELIG 341
Upatnieks (Suris) ENTDECK 904
Up (Quark) ENTDECK 905
UPU → Weltpostverein
Ur GESCH 198
– HIST. WERKE *841*
– KUNST 675, *680*
– RELIG 293
Uran (Uranium) ENTDECK 870, 880, 891
– WIRTSCH 618
Uranos RELIG 294
Uranus [Planet] ENTDECK 870, 906, 908
– UNIV *6, 6, 8 f., 8 f.*
Uraon VOLK 385
Urban VI. RELIG 321
Urease ENTDECK 896
Urey (Harold) ENTDECK 898
Urfé (Honoré d') LIT 749
Urheberrechte ORGINT 650
Uri LAND 424
Urin MED 1007
Urknall ENTDECK 900

1272

REGISTER

— UNIV 3, 20
Urlaub MED 982
Ur-Nansche KUNST 680
Urnes KUNST 734
ursprüngliche Zweifüßigkeit FAUNA 68
Urszene PHIL 839
Uruguay LAND 558
Uruk GESCH 196, 198
— KUNST 680
— RELIG 293
Urzeugung ENTDECK 862
USA → Vereinigte Staaten
Usbeken VOLK 391
Ustacha LAND 447
Utamaro Kitagawa KUNST 691
Ute VOLK 375
Utilitarismus PHIL 821
Utopie PHIL 821
Utrecht (Frieden von) GESCH 245
Utrecht (Union von) [1579] LAND 415
Utrecht (Vertrag von) GESCH 244
— LAND 435
Uxmal RELIG 302

V

Vaduz LAND 418
Vairocana (Buddha) GESCH 223, 223
— RELIG 351
Vaishali (Konzil von) RELIG 345
Vaisya RELIG 341
Vajravahi RELIG 347
Vajrayana (Buddhismus) RELIG 345, 346, 347
Val-de-Grâce KUNST 713
Valdivia (Kultur) GESCH 199
Valdivia (Pedro de) GESCH 241
Valens GESCH 218 f.
Valentin de Boulogne KUNST 737
Valentinian I. GESCH 218 f.
Valentinian II. GESCH 218
valentinische (Dynastie) HERRSCHER 260 f.
Valerian GESCH 216 f., 217
Valéry (Paul) LIT 749
Valla (Lorenzo) HIST. WERKE 842
— PHIL 831
Vallebona (Alessandro) ENTDECK 896
Vallin (Eugène) STILE 1146
Vallonnet-Grotte GESCH 194
Vallum GESCH 214
Valmy (Schlacht von) [1792] LAND 421
Valois LAND 420
Valois (die) HERRSCHER 262
Valois (Ninette de) TANZ 797
Valpolicella ERNÄHR 1067
Vampyroteuthis FAUNA 114
Van Allen (James Alfred) ENTDECK 902
Vanbrugh (John) KUNST 718
Van Campen (Jacob) KUNST 713
Van Dantzig (Rudi) TANZ 800
Van de Cappelle KUNST 737
Van de Graaf (Robert Jemison) ENTDECK 896
Vanderbilt (Harold) SPIEL 1177
Vandermonde (Alexandre) ENTDECK 868
Van der Waals ENTDECK 886
van de Velde (Henry) STILE 1146
Van Dijk (Peter) TANZ 800
Van Dyck (Anthonis) KUNST 714
Vanen RELIG 301
Van Eyck (Jan) KUNST 705
Van Gennep (Arnold) PHIL 829
Van Gogh (Vincent) KUNST 725, 737
van Helmont (Jan Baptist) ENTDECK 860
Vanille ERNÄHR 1049
— FLORA 174, 174
Vanini (Lucilio, Deckname Julius Caesar) PHIL 829
Van Lang GESCH 203, 207
van Leeuwenhoek (Antonie) ENTDECK 862 f., 862
Van Lerberghe (Charles) LIT 757
Van't Hoff (Jacobus Henricus) ENTDECK 888
Van Tieghem (Philippe) FLORA 129
Vanuatu LAND 531
Varada-Mudra RELIG 346
Varda (Agnès) FILM 807, 811
Vardon (H.) SPORT 1098
Varèse (Edgard) MUSIK 779
Vargueño [Kabinettschrank] STILE 1139
Varian (Russell H.) ENTDECK 898
Varianz FORMEL 1207
Variation FORMEL 1199
Variationsrechnung ENTDECK 866

Variete-Sendungen MEDIEN 932
Varignon (Pierre) ENTDECK 864
Variskiden UNIV 27
Varna (Schlacht bei) LAND 444
Vasco de Gama LAND 433
Vase für eine Blume STILE 1146
Vatable (François) RELIG 329
Vater (Figur des) PHIL 834
Vaterunser RELIG 313
Vaticana (Biblioteca) LIT 750
Vatikan LAND 428
Vatikan (Bibliothek) LIT 750
Vatikan (Museum) KUNST 674
Vatikan (Stadt) KUNST 735
— RELIG 317
Vatikanisches Konzil, Erstes RELIG 321, 323
Vatikanisches Konzil, Zweites RELIG 254, 318-320, 322, 323, 352
Vatikanstadt RELIG 321
Vatsyayana RELIG 341
Vaucanson (Jacques de) ENTDECK 866
Vaucouleurs (Guillaume de) UNIV 19
Vaughan (Sarah) MUSIK 791
Vaux (Festung) GESCH 250
Vaux-le-Vicomte KUNST 713
Veblen (Thorstein) PHIL 829
Vedanta RELIG 342
Veda, Vedismus RELIG 341
Vega Carpio (Lope de) LIT 749
vegetarische Ernährung MED 969
Vegetarismus, strenger MED 973
Vegetation UNIV 55
vegetative Vermehrung FLORA 142
Veilchen FLORA 176
Veilchenastrild FAUNA 96
Veil (Simone) ORGINT 657
Veji GESCH 204
Vektor ENTDECK 878
— FORMEL 1201, 1205
Vektorprodukt FORMEL 1205
Vektorraum FORMEL 1201
Velázquez (Diego) GESCH 241
— KUNST 715
Veloziped ENTDECK 885
velum THEATER 763
Velvet Underground (The) MUSIK 795
Venda VOLK 366
Vendémiaire KALENDER 192
Vendosme (Buchhändler) ex Verhoeven (Abraham) MEDIEN 914
Venedig HERRSCHER 265
— LAND 426
— RELIG 309
Venedig (Filmfestspiele von) FILM 818
Venetien LAND 427
Venezuela LAND 551 f., 551
Ventôse KALENDER 192
Venus ENTDECK 904
— KUNST 678
— RELIG 299
— UNIV 6, 8, 8
Venusmuschel ERNÄHR 1038
Venusmuschelzucht ERNÄHR 1038
veränderlicher Stern ENTDECK 860
Verarbeitung (psychische) PHIL 839
Verätzung MED 993
Verbindlichkeiten FORMEL 1214
Verbotene Stadt KUNST 690, 732
Verbrauch WIRTSCH 581
Verbrennung MED 985
Verbruggen (Hendric) KUNST 716
Verbundwerkstoff ENTDECK 908
Vercingetorix GESCH 211
— LAND 418
Verdauung, Verdauungskanal MED 946, 946 f., 947
Verdi (Giuseppe) MUSIK 778 f.
Verdichtung PHIL 839
verdickte Wurzeln FLORA 135
Verdickungs- und Geliermittel ERNÄHR 1046
Verdrängung PHIL 833, 839
Verdun GESCH 250, 250
Verdun (Vertrag von) [843] GESCH 226
— LAND 415, 417
Vereinheitlichung, große UNIV 3
Vereinigte Arabische Emirate LAND 490
Vereinigte Niederlande (Republik der) HERRSCHER 274
Vereinigtes Königreich → Großbritannien
Vereinigte Staaten (USA) ERNÄHR 1068
— FLORA 145
— HERRSCHER 275
— KUNST 733
— LAND 536, 535-537
— MEDIEN 918, 922-924, 929 f., 933-936, 938 f.
— MUSIK 787
— ORGINT 657, 661, 663
— RELIG 310, 328, 332
— VOLK 370, 376
— WIRTSCH 580, 580, 594, 605

Vereinigte Staaten von Europa ORGINT 654, 654
Vereinigung (der Wechselwirkungen) ENTDECK 910
Vereinigung (große) ENTDECK 909
Vereinigung (von Mengen) FORMEL 1198
Vereinte Nationen (Charta) ORGINT 643, 644
Vereinte Nationen (Haushalt) ORGINT 647, 647
Vereinte Nationen (Mitglieder) ORGINT 642
Vereinte Nationen (Präambel) ORGINT 644
Vereinte Nationen (UNO) GESCH 253 f.
— ORGINT 642
Vererbung ENTDECK 885, 890, 892
— MED 960
Verfahren der kontrollierten Atmosphäre ERNÄHR 1046
Verfolgungsrennen SPORT 1129, 1129
Verga (Giovanni) LIT 756
Vergano (Aldo) FILM 811
Vergaser ENTDECK 888, 898
Vergiftung MED 965, 985
Vergil GESCH 210
— LIT 749
vergleichende Anatomie ENTDECK 874
Verhaeren (Émile) LIT 757
Verhalten [Hund] FAUNA 83
Verismus KUNST 728
Verkehr WIRTSCH 632-635
Verklärung Jesu RELIG 319
Verknüpfung (mathematische) FORMEL 1199
Verkündigung RELIG 319
Verlaine (Paul) LIT 749
Verletzung MED 986
Verleugnung PHIL 839
Verliese und Drachen SPIEL 1183
Vermeer (Johannes) KUNST 714
Vermehrung, geschlechtliche FLORA 142
Vermehrung, vegetative FLORA 142
Vermouth ERNÄHR 1067
Verneinung FORMEL 1201
— PHIL 839
Verne (Jules) LIT 748, 749
Verona HERRSCHER 265
Verona (Festspiel) MUSIK 776
Veronal ENTDECK 892
Veronika (Heilige) RELIG 325
Verrocchio (Andrea del) KUNST 707
Versailles (Schloß) KUNST 713
Versailles (Vertrag von) [1783] GESCH 250 f.
— LAND 403, 435
Verschieben (im Ringkampf) SPORT 1088
Verschiebung PHIL 839
Verschuldung [Dritte Welt] WIRTSCH 597
Versicherung [Hund] FAUNA 83
Versöhnungstag → Jom Kippur
Verstaatlichung WIRTSCH 587
Verstädterung WIRTSCH 570 f.
Verstellflügelflugzeug ENTDECK 904
Verstopfung MED 957, 995
Versuch SPORT 1102, 1103
Verteidigung (Fußball) SPORT 1100
Verteilung FORMEL 1209
— WIRTSCH 580, 587
Verteilungsfunktion FORMEL 1207
Verteilungspolitik WIRTSCH 580
Vérteszöllös GESCH 194
Verträge, Römische GESCH 254
Vertrieb MEDIEN 942
Vertugadin MODE 1151
Verwandtschaft VOLK 355
Verwendung FORMEL 1209
Verwerfung PHIL 839
Very Large Array (VLA) UNIV 23
Verzweigungsregel FORMEL 1196
Vesal (Andreas) ENTDECK 860, 860
Vespasian GESCH 212
Vespucci (Amerigo) GESCH 239
Vesta RELIG 298 f.
Vesta UNIV 11
Vestalinnen RELIG 300
Vestris (Gaetano) TANZ 801
Vesuv GESCH 212
Vetiveröl FLORA 176
Veto-Recht ORGINT 645, 647
Vézelay KUNST 733
Vézelay (Ste-Madeleine) KUNST 701
Vézère KUNST 733
Vian (Boris) LIT 749
Vicens Vives (Jaume) HIST. WERKE 846
Vicenza HERRSCHER 265
Vichy-Regime LAND 421
Vico (Giambattista) HIST. WERKE 842
— PHIL 829

Victoria and Albert Museum KUNST 736
Video-art KUNST 731
Videoclip MEDIEN 927, 927
Videokassette ENTDECK 906
— MEDIEN 926
Videokonferenz ENTDECK 906
Video-Recorder MEDIEN 932
Videotex ENTDECK 906
Vidie (Lucien) ENTDECK 880
Vidikon MEDIEN 927
Vidor (King) FILM 811
Viehfutter ERNÄHR 1013
Viehhaltung ERNÄHR 1025
Viehhaltung (extensive) ERNÄHR 1024
Viehhaltung (intensive) ERNÄHR 1024 f.
Viehtrieb ERNÄHR 1024
Viehwirtschaft WIRTSCH 612
Viehzucht ERNÄHR 1024
— WIRTSCH 612, 612
Vielfraß FAUNA 128
Vielseitigkeitsreiten FAUNA 90
— SPORT 1125
Vieraugengaukler FAUNA 108
Viererbund LAND 403
Vierfarbenproblem FORMEL 1201
Viertakt ENTDECK 885
Viertel (fünftes) ERNÄHR 1028
Vierte Welt ORGINT 668
Vierundzwanzig Stunden von Le Mans SPORT 1126, 1126
Viète (François) ENTDECK 860
Vietnam GESCH 203, 255
— LAND 512, 511 f.
Vigano (Salvatore) TANZ 800
Vigny (Alfred de) HIST. WERKE 848
— LIT 749, 755
— THEATER 768
Vigo (Jean) FILM 811
Vijayanagar (Reich, Königreich) GESCH 237, 239
— HERRSCHER 278
Viking (Sonde) ENTDECK 906
Viktor Amadeus II. HERRSCHER 265
Viktor-Emmanuel II. GESCH 248
Viktor-Emmanuel III. LAND 427
Viktoria LAND 403
Viktoria (Königin) GESCH 249
viktorianisch (Stil) STILE 1145, 1145
Világos (Schlacht von) LAND 445
Vilia-Vüli ERNÄHR 1020
Villafranchium GESCH 194
Villa-Lobos (Heitor) MUSIK 779
Villa Madama (Rom) KUNST 708
Villanova-Kultur GESCH 202
Villanovier, villanovisch LAND 426
Villa (Pancho) LAND 539
Villard (Paul) ENTDECK 890
Villermé (Louis René) PHIL 829
Villiers de L'Isle-Adam (Auguste de) LIT 749
Villiers de L'Isle-Adam (Philippe de) LIT 757
Villon (François) LIT 749
Vincent (Gene) MUSIK 795
Vinci (Leonardo da) ENTDECK 858-860, 859
Vinhos verdes ERNÄHR 1067
Vin jaune ERNÄHR 1065
Vins doux naturels ERNÄHR 1063, 1065
Vins liquoreux ERNÄHR 1063
Vinzenz von Paul (Heiliger) RELIG 326
violett [Farbe] RELIG 318
Violine MUSIK 784, 786
Violoncellisten MUSIK 785
Violoncello MUSIK 786
Violonisten MUSIK 785
Viper FAUNA 113, 113
— MED 966
Viracocha RELIG 302
Virginia GESCH 241
Virus ENTDECK 890, 898
Virus-B-Hepatitis ENTDECK 906
Visconti HERRSCHER 264
Visconti (Luchino) FILM 811
Vishnu RELIG 342
Vistavision FILM 812
Vitalismus PHIL 821
Vitamin ENTDECK 894 f.
— ERNÄHR 1016
— FLORA 162
— MED 970
Vitez (Antoine) THEATER 769
Vitoria (Schlacht bei) [1813] LAND 403
Vitrac (Roger) LIT 759
Vitruv KUNST 708
Vivaldi (Antonio) MUSIK 779, 783
vivipar FAUNA 74
Vix GESCH 205
— KUNST 675, 687
VLA → Very Large Array
Vlákou (Heléni) MEDIEN 918

1273

REGISTER

Vögel FAUNA 66, 70, 96 f., 102-104, 118 f., 121, 123
– UNIV 60, 62
Vogeleier FAUNA 104
Vogelgesang FAUNA 70
Vogelkirsche FLORA 170
Vogelspinne FAUNA 120
Vogelzug FAUNA 70, 71, 104
Vokal ZEICHEN 1218 f.
Völkerbund GESCH 250
– ORGINT 642, 643
Völkermord (Nationalsozialisten) RELIG 310
Völkerrechtserklärung ORGINT 669
Volkseinkommen WIRTSCH 1209
Volksrepublik China: Präsidenten der Republik HERRSCHER 277
volkswirtschaftliche Gesamtrechnung FORMEL 1209
– WIRTSCH 578
Volkszählung WIRTSCH 562
Volleyball SPORT 1107
Vollkornbrot ERNÄHR 1014
Volta (Alessandro) ENTDECK 870
Voltaire GESCH 244
– HIST. WERKE 843
– LIT 749, 749
Volta-Säule ENTDECK 870
Volterra KUNST 674
Voltigeur UNIF 1165
Voltigieren FAUNA 90
Voluntarismus PHIL 821
vomitoria THEATER 763
Vorbewußte (das) PHIL 839
Vorderer Orient KUNST 680 f.
vorgeburtliche Erkrankungen MED 1004
Vorhanddrive (Polo) SPORT 1123
Vorhand (Tennis) SPORT 1092
Vorname RELIG 325
Vorsokratiker PHIL 830
Vortag KALENDER 182
Vorteil SPORT 1092
Vouet (Simon) RELIG 325
Vouillé (Schlacht bei) GESCH 220
Vovelle (Michel) HIST. WERKE 844
Vox (Einteilung) ZEICHEN 1223
Voyager ENTDECK 906, 908
Vrancx (Sebastiaan) GESCH 242
Vries (Hugo de) ENTDECK 890, 892
Vulgata RELIG 324
Vulkan RELIG 299
– UNIV 36, 36, 38
Vulkanasche UNIV 36
Vulkangebiet UNIV 38
Vulkaninsel UNIV 38
Vulkanisation ENTDECK 878
vulkanisches Gestein UNIV 30
Vulkanit UNIV 30
Vulkansee UNIV 49
Vulva MED 953

W

Wa VOLK 385
Waage ENTDECK 852
Wacholder FLORA 146
Wachstum MED 958-960
Wachstum [des Hundes] FAUNA 83
Wachstum (wirtschaftliches) WIRTSCH 575, 579
Wachtel ERNÄHR 1032
Wadai LAND 460
Wagaku-sha (Schule der) RELIG 351
Wagenrennen RELIG 300
Wagenstraße GESCH 201, 203
Wagner (Richard) MUSIK 779, 779
– RELIG 301
Wagram (Schlacht bei) GESCH 246
– LAND 421
Wahabiten (Reform) GESCH 246
Wahn MED 1000
Wahrnehmung PHIL 834
Wahrscheinlichkeit FORMEL 1207
Wahrscheinlichkeitsdichte FORMEL 1207
Wahrscheinlichkeitsrechnung ENTDECK 862, 864 f., 898
Währungen (der Welt) WIRTSCH 591
Währungspolitik WIRTSCH 586
Waits (Tom) MUSIK 795
Wajda (Andrzej) FILM 811
Wakame ERNÄHR 1039
Waki THEATER 770
Waksman (Selman Abraham) ENTDECK 900
Wal ERNÄHR 1017, 1035
– FAUNA 71
Walachei LAND 443

Wald FLORA 148, 149, 151
Wald, borealer FLORA 144
– UNIV 55
Wald, immergrüner FLORA 143
Wald, tropischer UNIV 55
Waldemar I., der Große LAND 410
Waldemar II. LAND 410
Waldenser (die) RELIG 323
Walder (Francis) HIST. WERKE 848
Waldheim (Kurt) ORGINT 646
Waldkauz FAUNA 103
Waldmeister FLORA 148
Waldron (Mal) MUSIK 791
Waldschnepfe FAUNA 103
Wales HERRSCHER 269
Walfang FAUNA 125
Walhai FAUNA 112, 119
Walhalla RELIG 301
Walkman MEDIEN 926
Walküre RELIG 301
Wallace (Lew) HIST. WERKE 846
Waller (Fats) MUSIK 791
Wallis ERNÄHR 1066
Wallon (Henri) PHIL 829
Wallonien-Rundfahrt SPORT 1130
Walnuß ERNÄHR 1045, 1045
– FLORA 160
Walpole (Horace) LAND 403
Walras (Léon) PHIL 833
Walsh (Raoul) FILM 812
Walson (John) MEDIEN 939
Waltari (Mika) HIST. WERKE 846 f.
– LIT 749
Walters (Charles) FILM 813
Walton (Ernest) ENTDECK 899
Walzwerk ENTDECK 858
Wams MODE 1151
Wandalen GESCH 220 f.
– LAND 419, 434
Wanderheuschrecke FAUNA 110, 110
Wandertaube FAUNA 125
Wanderung [der Menschen] WIRTSCH 572
Wanderung [von Tieren] FAUNA 71
Wanderung, dorische GESCH 200, 203
Wang Shi-fu LIT 749
Wang Wei KUNST 690
Wankel (Felix) ENTDECK 896
Wanze FAUNA 111
Wapishana VOLK 375
Wappen ZEICHEN 1228 f., 1229
Wappen, unklare ZEICHEN 1228
Wappenknecht (Heraldik) ZEICHEN 1228
Waräger GESCH 226
– LAND 408, 436
Waran FAUNA 105
Warao VOLK 375
Waraqa ibn Nawfal RELIG 333
Warburg (Emil) ENTDECK 886
Ware PHIL 838
Wargames SPIEL 1183
Warhol (Andy) KUNST 737
Wärme FORMEL 1194
Wärmeausdehnung der Gase (Gesetz der) ENTDECK 872
Wärmemotor FORMEL 1195
Wärmepumpe FORMEL 1195
Warm-up SPORT 1126
Warna (Schlacht bei) GESCH 238
Warner (Brothers) FILM 812
Warschauer Pakt GESCH 254
– LAND 438
– ORGINT 661, 661 f.
– UNIF 1158
Wartburg RELIG 329
Wasa (Haus) HERRSCHER 274
Wasalauf SPORT 1117
Waschbär FAUNA 123
Waschungen RELIG 336, 336
Washington KUNST 737
Washington (Booker T.) VOLK 376
Washington (George) GESCH 245
Washington (Friede von) [1979] LAND 454
Washington (Konferenz) [1921–1922] GESCH 251
Washingtoner Artenschutzübereinkommen FAUNA 126
Wasser ERNÄHR 1057, 1057, 1060
– FLORA 141
– MED 962, 970
– UNIV 33
Wasser (Synthese) ENTDECK 870
Wasserball SPORT 1112
Wasserbestäubung FLORA 142
Wasserfloh FAUNA 109
Wasserflugzeug ENTDECK 892
Wasserfrosch FAUNA 106
Wasserführung UNIV 49
Wasserkanne STILE 1138-1140, 1144 f.
Wasserkraft WIRTSCH 619
Wasserlinse FLORA 156
Wassermelone ERNÄHR 1043

– FLORA 159
Wassermenge UNIV 49
Wasserschlange, Weibliche UNIV 16
Wasserschlauch FLORA 156
Wasserski SPORT 1116, 1116
Wasserstoff UNIV 14
Wasserstoffbombe (H-Bombe) ENTDECK 901 f.
Wasserstoffperoxid ENTDECK 874
Wasserturbine ENTDECK 880, 894
Wasseruhr ENTDECK 852
Wassy (Massaker von) GESCH 240
Watergate (Affäre) GESCH 256
– MEDIEN 915, 919
Waterloo (Schlacht bei) LAND 403
Waterman (L.E.) ENTDECK 888
Watson (James Dewey) ENTDECK 900, 902
Watson (John Broadus) MEDIEN 941
– PHIL 829
Watson (T.) SPORT 1098
Watson-Watt (Robert Alexander) ENTDECK 898 f.
wattassidisch (Dynastie) GESCH 239
Watteau (Antoine) KUNST 720, 737
Wattenmeer (Nationalpark) FAUNA 127
Watt (James) ENTDECK 864, 864, 868, 870
Watt (W.) ENTDECK 904
Wayang THEATER 771, 771
Wayne (John) FILM 815
Waza-Ari-Awasete-Ippon SPORT 1090
Waza-Park FAUNA 128
Weather Report MUSIK 791
Weaver (John) TANZ 800, 802
Weaver (Warren) ENTDECK 899
Webb (Chick) MUSIK 791
Weber (Carl Maria von) MUSIK 779, 779
Weber (J.J.) MEDIEN 914
Weber (Max) HIST. WERKE 844
– PHIL 829
Weber (Wilhelm) ENTDECK 876, 878
Webern (Anton von) MUSIK 779
Webster (Ben) MUSIK 791
Webstuhl ENTDECK 851, 866, 868, 870, 872
Wechselkurs FORMEL 1213
– WIRTSCH 590 f.
wechselständiges Blatt FLORA 138
Wechselstromgenerator ENTDECK 888
Wechsel [Tiere] FAUNA 77
Wechselwinkel FORMEL 1205
Wechselwirkungen UNIV 3
Wedda VOLK 385
Wedekind (Frank) LIT 758
Wedeln SPORT 1118
Wegener (Alfred) ENTDECK 894 f., 895
– UNIV 35
Wegener (Paul) FILM 812
Wegerich FLORA 173
Weibliche Wasserschlange UNIV 16
weicher Schanker MED 989
Weichholz FLORA 175
Weichtiere FAUNA 66, 109, 119, 121
Weide FLORA 155, 176
Weidman (Charles) TANZ 800
Weierstraß (Karl) ENTDECK 899
Wei (Königreich) GESCH 216
Weill (Kurt) MUSIK 779
Weil (Simone) PHIL 829
Weimarer Reichsverfassung GESCH 250
Weimarer Republik HERRSCHER 270
Wein ERNÄHR 1062
– ERNÄHR 1063-1068
– MED 972
– WIRTSCH 611, 611
Weinanbaugebiet WIRTSCH 611
Weinbereitung ERNÄHR 1062
Weinbergschnecke FAUNA 109
Weinberg (Steven) ENTDECK 904
– UNIV 3
Weinberg (W.) ENTDECK 893
Weinberg-Salam-Theorie ENTDECK 904
Weinlesemaschine ERNÄHR 1062
Weinprobe ERNÄHR 1063
Weinrebe ERNÄHR 1062
Weintraube ERNÄHR 1043, 1043
Weismann (August) ENTDECK 888, 889
weiß [Farbe] RELIG 318
Weiss (Pierre) ENTDECK 892
Weissager RELIG 293
Weißbrot ERNÄHR 1014
Weißbuche FLORA 149
Weißbüscheläffchen FAUNA 98
Weißdorn FLORA 171
weiße Blutkörperchen MED 947 f.
Weißer Berg (Schlacht) [1620] LAND 441
Weißer Gifttrichterling FLORA 164
Weiße Rübe ERNÄHR 1040
– FLORA 159
weißer Zwerg UNIV 14 f.
Weiße Väter RELIG 326
Weißgerberei ERNÄHR 1028

Weißhai FAUNA 112, 113
Weißherbst ERNÄHR 1062
Weißling ERNÄHR 1037
Weissmuller (Johnny) SPORT 1109
Weißstorch FAUNA 102, 127
Weißwein ERNÄHR 1063
Weißwurz FLORA 137
Weitraum-Zistensänger FAUNA 116
Weitsichtigkeit MED 949
Weitsprung SPORT 1076
Weizen ENTDECK 851
– ERNÄHR 1010, 1010, 1012, 1069
– FLORA 158
– WIRTSCH 606, 606
Weizen-Crispies ERNÄHR 1015
Welle, seismische UNIV 32, 32, 37
Wellen ENTDECK 888
– FORMEL 1191, 1191
– MEDIEN 926
Wellen, elektromagnetische MEDIEN 926
Wellengleichung ENTDECK 896
Wellen, Hertzsche MEDIEN 926
Wellensittich FAUNA 96
Wellentheorie des Lichts ENTDECK 863, 874
Welles (Orson) FILM 812
– MEDIEN 924
Wellington (Herzog von) LAND 403, 433
Wells (Herbert George) LIT 749
Wells (Horace) ENTDECK 880
Wels FAUNA 119
Welt (Ära) KALENDER 179
Weltall (expandierendes) ENTDECK 896
Weltbank ORGINT 649
– WIRTSCH 604
Weltbevölkerung, Entwicklung WIRTSCH 566
Weltbund der Baptisten RELIG 332
Weltenergiekonferenz WIRTSCH 615
Welternährungshilfe ORGINT 652
Welternährungsprogramm (WFP) ORGINT 652
Welternährungsrat ORGINT 651
Weltfonds zugunsten der natürlichen Umwelt (WWF) ORGINT 670
Weltfriedensrat ORGINT 669
Weltgesundheitsorganisation (WHO) ORGINT 650
Welthandel ENTDECK 588 f., 588
Welthandelskonferenz (UNCTAD) ORGINT 651
Welthungertag ORGINT 649
Weltkinderhilfswerk (UNICEF) ORGINT 652
Weltkirchenrat → Ökumenischer Rat der Kirchen
Weltkrieg, Erster GESCH 250 f., 250
Weltkrieg, Zweiter GESCH 253
Weltmeer UNIV 46
Weltorganisation der Pfadfinderbewegung ORGINT 672
Weltorganisation für geistiges Eigentum (WIPO) ORGINT 650
Weltorganisation für Meteorologie (WMO) ORGINT 650
Weltpostverein (UPU) ORGINT 651
Weltraumpaarflug ENTDECK 904
Weltraumstation ENTDECK 906
Welttourismus-Organisation ORGINT 653
Weltverband der Pfadfinderinnen ORGINT 672
Weltwährungssystem WIRTSCH 590 f., 597, 604
Weltwetterwacht ORGINT 650
Weltwirtschaft WIRTSCH 604
Weltwunder, die Sieben GESCH 199
Weltzeit ENTDECK 894
Wenden SPORT 1114
– VOLK 390
Wenders (Wim) FILM 812
Werbeagentur MEDIEN 941 f., 944
Werbekampagne MEDIEN 943
Werberaum MEDIEN 944
Werbesendung MEDIEN 944
Werbeslogan MEDIEN 944
Werbespot MEDIEN 943, 943
Werbestelle MEDIEN 944
Werbeträger MEDIEN 943
Werbung MEDIEN 928 f., 933 f., 940-944
Werchojansk UNIV 53
Werfel (Franz) LIT 758
Werfen (im Ringkampf) SPORT 1088
Werfer (Kricket) SPORT 1099, 1099
Werg FLORA 175
Werkstoffe ENTDECK 908, 908
Werkzeug FAUNA 116
– UNIV 64
Werkzeuge KUNST 676
Wertheimer (Max) PHIL 834
Wertow (Dsiga) FILM 811
Wertpapier FORMEL 1211, 1212
– WIRTSCH 584

1274

REGISTER

Wert (Theorie) PHIL 832 f.
Wertheorie PHIL 838
Wesley (John) LAND 403
– RELIG 332
Wespe FAUNA 73, *111*, 112
– MED *966*
Wessex HERRSCHER 268
Westafrikanische Wirtschaftsgemeinschaft ORGINT 663
Weste MODE *1155*
Western FILM 815
Westernsattel FAUNA *91*
Westeuropäische Union (WEU) ORGINT 661
Westfälischer Friede GESCH 242
Westfälischer Schinken ERNÄHR 1031
Westfälische Verträge (1648) LAND 408, 412
Westgoten GESCH 220, 222, 224
– LAND 433 f.
Westgothen LAND 419
West-Highland-White-Terrier FAUNA 80
Westinghouse (George) ENTDECK 886
Westland und Mount Cook (Nationalpark) KUNST 734 f.
Westminster KUNST 735
Westminster (Palace) KUNST 722
Westminsterstatut GESCH 253
Weströmisches Reich GESCH 220
– HERRSCHER 260
West 1976 VI [Komet] UNIV *11*
Wetterkarte UNIV 56, *56*
Wettfahrten SPORT 1114
Wheatstone (Charles) ENTDECK 878
Wheeler (Mortimer) KUNST 675
Wheeler (Schuyler Skoats) ENTDECK 888
Whisky ERNÄHR 1070
Whist SPIEL 1175, 1177
Whitehead (Alfred North) PHIL 829
Whitman (Walt) LIT 749
Whittle (Frank) ENTDECK 900 f.
Who (The) MUSIK 795
WHO → Weltgesundheitsorganisation
Wicke FLORA *167*
Wickel FLORA 139
Widerspruch PHIL 838
Widerstand ENTDECK 876
– FORMEL 1196
Widerstand [Psychoanalyse] PHIL 839
Widor (Charles-Marie) MUSIK 772
Wiedergeburt RELIG 343
Wiederholung (Dressur) SPORT 1125
Wiederholungszwang PHIL 839
Wiedertäufer RELIG 332
Wiegen der Seele → Psychostasie
Wieliczka (Salzminen von) KUNST 735
Wien KUNST 737
– RELIG 323
Wien (Wilhelm) ENTDECK 891
Wiene (Robert) FILM 812
Wiener (Alexander Solomon) ENTDECK 898
Wiener Kongreß [1814–1815] GESCH 246
– HERRSCHER 274
– LAND 416, 417, 425
Wiener (Kreis) PHIL 835
Wiener (Norbert) ENTDECK 900
Wiener Schule MUSIK 781
Wies (Kirche) KUNST 732
Wiesenralle FAUNA 120
Wigman (Mary) TANZ 800 f., *801*, 803
Wikinger GESCH 224, 227, 229
– LAND 406, 410, 418
Wild ERNÄHR 1034, *1034*
Wilde (Oscar) LIT 749
Wilder (Billy) FILM 812
Wilder (Thornton Niven) HIST. WERKE 847
Wilder Majoran FLORA *173*
Wildgans FAUNA *71*
Wildkatze FAUNA 127
Wildschwein FAUNA 76, *76*, *99*
Wilhelm I. GESCH 248
– HERRSCHER 274
– LAND 412, 416
Wilhelm II. GESCH 248, 250
– HERRSCHER 287
Wilhelm der Eroberer GESCH 230
– LAND 402
Wilhelmine LAND 416
Wilhelm Tell LAND 424
Wilhelm von Conches PHIL 824
Wilhelm von Ockham PHIL 824, 831
Wilhelm von Oranien LAND 415
Willandra (Seengebiet) KUNST 732
Willedson (S.) ENTDECK 908
Willendorf (Venus von) KUNST *678*
Williams (Tennessee) LIT 749
Williams (Tony) MUSIK 791
Wilm (Alfred) ENTDECK 892
Wilson (Bob) THEATER 769

Wilson (Charles Thomson Rees) ENTDECK 894
Wilson (Mount) ENTDECK 896
Wilson (Robert) ENTDECK 904
– UNIV 20
Wilson (Teddy) MUSIK 791
Wilson (Thomas Woodrow) GESCH 251
Wimbledon SPORT 1092
Wimperchen FAUNA 77
Winckelmann (Johann Joachim) KUNST 674
Winckler (Johann Heinrich) ENTDECK 868
Wind UNIV 53
windende Sproßachse FLORA 136, *136*
Windhund FAUNA 120
Windpocken MED 1001
Windschattenfahren SPORT *1130*
Windsor HERRSCHER 268
Wingfield (W.C.) SPORT 1092
Winkel FORMEL 1205
Winkelhalbierende FORMEL 1205
Winkzeichen ZEICHEN 1222
Winnebago VOLK 375
Winnicott (Donald Woods) PHIL 829
Winterblüte FLORA *168*
Winterjasmin FLORA *169*
Winterling FLORA *166*
Winterschlaf FAUNA 71
WIPO → Weltorganisation für geistiges Eigentum
Wirbel MED *951*
Wirbellose FAUNA 66, 119
Wirbelsäule MED *951*
Wirbeltiere FAUNA 66
– UNIV 60
Wirkung (Prinzip der kleinsten) ENTDECK 866
– ENTDECK 867
Wirren, Zeit der HERRSCHER 272
Wirtschaft FORMEL 1209-1216
– PHIL 831-833, 835
– WIRTSCH 562, 565 f., 570-575, 587, 589-638, 640
wirtschaftliche Entwicklung WIRTSCH 573, 575 f., 596
wirtschaftliches Wachstum WIRTSCH 575, *579*
Wirtschaftskreislauf FORMEL 1209
– WIRTSCH 578, *578*
Wirtschaftskrise WIRTSCH 576
Wirtschaftspolitik WIRTSCH 586
Wirtschaftspresse MEDIEN 923
Wirtschaftssubjekt FORMEL 1209
– WIRTSCH 578
Wirtschaftssystem WIRTSCH 592
Wirtschafts- und Sozialausschuß (der EWG) ORGINT 657
Wirtschafts- und Sozialrat der UNO (ECOSOC) ORGINT 645
Wirtschaftswissenschaften WIRTSCH 573
Wise (Robert) FILM 812
Wiseman (Nicholas Patrick) HIST. WERKE 847
Wisent FAUNA 127
Wishbone SPORT 1115
Wissenschaft und Technik ENTDECK 851-910
Wittenberg RELIG 329
Wittfogel (Karl) PHIL 835
Wittgenstein (Ludwig) PHIL 829, 835
Witz (Konrad) KUNST 705
WJC → Jüdischer Weltkongreß
Wladimir HERRSCHER 271
– LAND 436
Wladimir der Große GESCH 228
Wladimir-Susdal (Fürstentum) GESCH 232
– LAND 436
Wladislaw II. Jagiello GESCH 236
WMO → Weltorganisation für Meteorologie
W-Nationalpark FAUNA 128
Woche KALENDER 178
Wochenfest → Schabuot
Wochenzeitschriften MEDIEN 922 f., 925
Wodaabe VOLK 357
Wodka ERNÄHR 1018, 1070
Wodu RELIG 339, *339*
Wodun RELIG 339
Wogenscky (André) THEATER 769
Wogulen VOLK 389
Wöhler (Friedrich) ENTDECK 876, 879
Wohlstand WIRTSCH 575
Wolf FAUNA 66, 76, 78, *100*, 112, 126 f.
Wolf (Hugo) MUSIK 779
Wolff (Rudolf) UNIV 7
Wolff (Kaspar Friedrich) ENTDECK 866
Wolfram ENTDECK 870
Wolframglühlampe ENTDECK 894
Wolfsbarsch ERNÄHR 1036, *1036*
– FAUNA *108*
Wolfsmilchgewächs FLORA *154*

Wolke UNIV 56
Wolke [interstellarer Materie] UNIV 14 f.
Wolle WIRTSCH 627, *627*
Wollfett WIRTSCH 627
Wolof VOLK 363
Woluwe-Saint-Lambert KUNST 727
Wonder (Stevie) MUSIK 795
Wood KUNST 674
Wood Buffalo (Park) KUNST 732
Woodward (Bob) MEDIEN 919
Woodward (Robert Burns) ENTDECK 904
Woolf (Virginia) LIT 749
Woolley (Leonard) KUNST 675
Wordsworth (William) LIT 749
World Saxophone Quartet MUSIK 791
World Wildlife Fund for Nature (WWF) FAUNA 125
– ORGINT 670
Worms (Konkordat) GESCH 232
– LAND 426
– RELIG 323
Worms (Reichstag zu) RELIG 329
Worth (Charles Frédéric) MODE 1156
Wostok 1 ENTDECK 904, *904*
Wostok 2 ENTDECK 905
Wotan RELIG 301
Wotjaken → Udmurten
Wounded Knee VOLK 371
Wrangell-Saint-Elias (Nationalpark) KUNST 732
Wren (Christopher) KUNST 713
Wright (Frank Lloyd) KUNST 726
Wright (Orville und Wilbur) ENTDECK 892 f., *893*
Wucher RELIG 323
Wudi (Wu-ti) GESCH 208
– RELIG 348
Wu (Königreich) GESCH 216
Wulamba → Murngin
Wunder RELIG 312, 319
Wunderblume FLORA *168*
Wundt (Wilhelm) PHIL 829
Wuppertaler Tanztheater TANZ 801, 803
Wurf SPORT 1099
Würfel SPIEL 1182
Würfelpoker SPIEL 1182
Würfelspiele SPIEL 1182
Würgerfeige FLORA *143*
Wurm FAUNA 121
Wurmbehandlung [beim Hund] FAUNA 81
Würm (Eiszeit) GESCH 197
Wurst ERNÄHR 1030, *1030*
Würstchen ERNÄHR 1030, *1030*
Wurstherstellung ERNÄHR 1029
Wurstwaren ERNÄHR 1030 f., *1031*
Württemberg LAND 412
Wurtz (Adolphe) ENTDECK 880
Würzburg KUNST 732
Würzburg (Residenz) KUNST *718*
Wurzel FLORA 135 f.
– FORMEL 1200
Wurzelknollen FLORA 135, *135*
Wurzeln, sproßbürtige FLORA 135
Wurzeln, verdickte FLORA *135*
Wurzelstock (Rhizom) FLORA *137*
Würzstoffe ERNÄHR 1049
Wüste UNIV 41
– FLORA *155*
Wüste (Versammlung in der) RELIG *330*
Wüstenklima UNIV 52
Wüstenkultur GESCH 197, 205, 207
Wuwei RELIG 349
WWF → World Wildlife Fund
Wyandotte [Huhn] FAUNA 93, *93*
Wyclif (John) RELIG 329
Wyler (William) FILM 812

X

Xenakis (Iannis) MUSIK 779
Xenon ENTDECK 890
Xenophanes PHIL 829
Xenophon GESCH 204
– HIST. WERKE 841
Xeres → Sherry
Xerographie ENTDECK 898
xerophil [Pflanze] FLORA 146
Xerxes I. GESCH 204
Xhosa VOLK 366
Xia (Dynastie) GESCH 199
Xi'an (Pagode von) KUNST *690*
Xi Jin (Dynastie) GESCH 216, 221
Xianbei (Stämme) GESCH 219
Xiongnu GESCH 207, 213, 215, 219

Xiongu GESCH 208
Xipe Totec RELIG 302
Xipi THEATER 770
Xunzi (Hsün-tzu) RELIG 350
Xylit ERNÄHR 1051
Xylographie GESCH 225, 229, 231
Xylophon MUSIK 786

Y

Yachting SPORT 1114
Yacouba → Dan
Yadava GESCH 237
– HERRSCHER 278
Yahgan VOLK 375
Yajurveda RELIG 340
Yakima VOLK 375
Yamana VOLK 375
Yang RELIG 837
– RELIG 349
Yang (Chen N.) ENTDECK 853
Yangshao-Kultur GESCH 197
Yangsheng RELIG 348
Yankton VOLK 375
Yanomami → Yanomani
Yanomani (Yanomami) VOLK 375
Yao VOLK 366, 385
Yaqui VOLK 375
Yardbirds (The) MUSIK 795
Yaşar Kemal LIT 749
Yazata RELIG 297
Yazilikaya KUNST 681, *681*
Yeager (Charles) ENTDECK 900
Yeats (William Butler) LIT 749
Yellowstone-Nationalpark FAUNA 126, *127*, 128
– KUNST 733
Yerkes-Observatorium ENTDECK 890
– UNIV 22
Yersin (Alexander) ENTDECK 890
Yi VOLK 385
Yi-jing (I-ching) Buch der Wandlungen RELIG 349
Yin ENTDECK 853
– GESCH 201
– PHIL 837
– RELIG 348 f.
Ylang-Ylang-Öl FLORA *176*
Ymer ERNÄHR 1020
Yoga RELIG 342, 346
Yoghurt ERNÄHR 1021
York HERRSCHER 268
Yorkshire-Terrier FAUNA *79*
Yoruba VOLK 366
Yosemite (Nationalpark von) KUNST 733
Young (Edward) LIT 749
Young (Lester) MUSIK 791
Young (Thomas) ENTDECK 872, 880
Yourcenar (Marguerite) HIST. WERKE 847
– LIT 749
Ysop FLORA *172*
Yuan (Dynastie) GESCH 235
– HERRSCHER 276
Yucca FLORA *154*, *165*
Yukawa (Hideki) ENTDECK 898
Yuko SPORT 1090
Yumkaax RELIG 302
Yunglo oder Yungle GESCH 239

Z

Zaddik, Zaddikim RELIG 309
Zaghlul (Sad) LAND 454
Zagoué GESCH 233
– LAND 455
Zagreb-Schule FILM 817
Zahl, goldene KALENDER 187
Zahl, komplexe FORMEL 1201
Zahlenlotto SPIEL 1183
Zahlensystem ENTDECK 852
Zählrohr ENTDECK 894
Zahlungsbilanz FORMEL *1213*
– WIRTSCH 588
Zahlungsbilanzdefizit FORMEL 1212
Zahn MED *957* f., *968*, 968, 978
Zahnarzt MED 983
Zahnbelag MED 968
Zahnersatz MED 968
Zahnfleisch MED *957*, *968*
Zahnfleischentzündung MED 968
Zahnkarpfen FAUNA 95
Zahnstein MED 968, *968*

1275

REGISTER

Zahntechniker MED 983
Zaid ibn Haritha RELIG 333
Zaiditen RELIG 337
Zaire KUNST 735
– LAND 474, 473-475
Zakat RELIG 336
Zama (Schlacht bei) GESCH 209
Zambelli (Carlotta) TANZ 802
Zande VOLK 366
Zandvoort SPORT 1126
Zangiden GESCH 232
Zapfen MED 949
Zápolya (Johann) LAND 445
Zapoteken GESCH 217
– KUNST 694
– LAND 539
– VOLK 375
Zappa (Frank) MUSIK 795
Zapping MEDIEN 944
Zar HERRSCHER 272
Zarathustra RELIG 297
Zarma → Djerma
Zartheit ERNÄHR 1028
Zatopek (Emil) SPORT 1074
Zauberei RELIG 338
– VOLK 355
Zaubernuß FLORA 169
Zaumzeug FAUNA 91
Zavattini (Cesare) FILM 811
Zazen RELIG 351
Zeami THEATER 770
Zebra FAUNA 101
Zebrafink FAUNA 96
Zecke FAUNA 82
– MED 966
Zeeman (Karel) ENTDECK 897
Zeeman (Pieter) ENTDECK 890 f.
Zehnkampf SPORT 1076, 1081
Zeichen, diakritisches ZEICHEN 1218
Zeichensprache der Gehörlosen
    ZEICHEN 1220, 1220 f.
Zeichentrick MEDIEN 930
Zeichentrickfilm FILM 817
Zeiss (Carl) ENTDECK 879
Zeitalter, hadronisches UNIV 20
Zeitalter, leptonisches UNIV 20
Zeitalter, stellares UNIV 20
Zeitlose FLORA 168
Zeitlupe FILM 817
Zeitnot SPIEL 1171
Zeitraffer FILM 817
Zeitungspapier WIRTSCH 628
Zeitungsvertriebsgesellschaften MEDIEN
    925
Zeitzone ENTDECK 888
Zelle ENTDECK 862, 878 f.
– MED 946, 946
Zelle, pflanzliche FLORA 141
Zellfurchung ENTDECK 866
Zellkern MED 946
Zellknospung [bei Tieren] FAUNA 74
Zellmembran MED 946

Zellteilung FAUNA 74
Zellulitis MED 978
Zellulose ERNÄHR 1069
Zeltweg SPORT 1126
Zeman (Karel) FILM 817
Zement WIRTSCH 628, 628
Zen RELIG 346, 350 f.
Zenobia GESCH 216
Zenon GESCH 220
Zenon von Elea ENTDECK 854
– PHIL 830
Zensur PHIL 838
Zentralafrikanische Zoll- und
    Wirtschaftsunion ORGINT 664
Zentralamerika LAND 538
Zentralamerikanische Konföderation
    GESCH 247
Zentralbank FORMEL 1211
– WIRTSCH 583, 586
Zentralbankgeld WIRTSCH 583
Zentralbankgeldmenge FORMEL 1211
Zentrifugalkraft ENTDECK 862
Zentrifuge (Separator) ENTDECK 886
Zeppelin (Ferdinand Graf von)
    ENTDECK 890
Zerberus FAUNA 294
Zerfallsvariable FORMEL 1207
Zerfuss (Bernard) ORGINT 651
Zerlegen [Fleisch] ERNÄHR 1026
Zermelo (Ernest) ENTDECK 892
– PHIL 829
Zerstreuung (große) RELIG 308
Zerstreuungslinse FORMEL 1192
Zeugen Jehovas ORGINT 671
– RELIG 332
Zeus RELIG 294-296, 299
Zeus von Olympia (Tempel des) KUNST
    684
Zhang Juzheng oder Chang Kiu-cheng
    GESCH 241
Zheng He oder Cheng Ho GESCH 239
Zhengzhou KUNST 675
Zhou (Dynastie) GESCH 201
Zhoukoudian (Höhlen) GESCH 195
– KUNST 732
Zhou oder Chou (Dynastie) HERRSCHER
    276
Zhou Xinfang THEATER 770
Zhuang VOLK 385
Zhuang-zi (Chuang-tzu) RELIG 349
Zhu Xi oder Chu Hsi PHIL 829
Zichorie ERNÄHR 1056
Ziege ENTDECK 851
– FAUNA 92, 92
Ziegelroter Rißpilz FLORA 164
– WIRTSCH 612
Ziegler (Karl) ENTDECK 902
Ziehbrunnen ENTDECK 852
Zielscheibe SPORT 1085
Zielspieler SPORT 1108
Zierbäume FLORA 170

Zierinitiale LIT 750
Zigeuner VOLK 390
Zikade FAUNA 110, 111
Zimarra MODE 1151
Zimmermann (Bernd Alois) MUSIK 779
Zimmermann (Johann Baptist) KUNST
    720
Zimt ERNÄHR 1048
– FLORA 174
Zimt- oder Rahmapfel ERNÄHR 1045
Zink FLORA 141
– WIRTSCH 622
Zinn WIRTSCH 623
Zinnemann (Fred) FILM 812
Zins FORMEL 1211
– WIRTSCH 586
Ziolkowski (Konstantine
    Edouardowitch) ENTDECK 888, 892,
    892
Zionismus GESCH 252
– LAND 496
Zirbeldrüse MED 949
Ziriden, ziridisch (Dynastie) GESCH 231
– LAND 452
zirkadianer Rhythmus MED 952
Zirkonium ENTDECK 870
Zirkulation [atmosphärische] UNIV 51
Zisterzienser RELIG 326
Zistrose FLORA 146, 146
Zitrone ERNÄHR 1044
Zitronenbaum FLORA 131, 161, 175
Zitronensäurezyklus ENTDECK 899
Zitronenstrauch FLORA 168
Zitrusfrüchte ERNÄHR 1044, 1044
– WIRTSCH 609, 609
Zitteraal FAUNA 114
Zitterpappel FLORA 170
Zitterrochen FAUNA 114, 114
Zoë GESCH 230
Zola (Émile) LIT 749, 749, 756
– MEDIEN 915
– THEATER 768
Zolder SPORT 1126
Zölibat der Priester RELIG 318, 328
Zölle ORGINT 662
Zollerngraben UNIV 39
Zollpolitik ORGINT 649
Zolltarif, gemeinsamer externer
    ORGINT 655
Zollunionen ORGINT 655, 657, 659,
    662
Zollverein LAND 412
Zona MODE 1149
zonale Böden UNIV 54
Zone, gemäßigte UNIV 41
Zönobit RELIG 327
Zoogeographie FAUNA 122
Zoolatrie RELIG 291
Zooplankton FAUNA 122
Zorilla (José) LIT 755
Zoroaster RELIG 297

Zoroastrismus RELIG 297
Zosimos von Panopolis ENTDECK 856,
    856
Zou (Dynastie) GESCH 229
Zuave UNIF 1166
Zucchini ERNÄHR 1041
– FLORA 159
Zuchttiere MED 966
Züchtungslehre ERNÄHR 1024
Zucker ENTDECK 866, 888
– ERNÄHR 1050 f., 1051
– MED 969
– WIRTSCH 609, 609
Zuckermelone FLORA 159
Zuckerrohr ERNÄHR 1050, 1050
– WIRTSCH 608
Zuckerrübe ERNÄHR 1050, 1050
– WIRTSCH 608
Zuckerrübensaft ERNÄHR 1050
Zuckmayer (Carl) LIT 749
Zuhab (Friede von) → Qasr-e Chirin
Zulu GESCH 247
Zunge [Schlachterei] ERNÄHR 1031
Zusammenarbeit, internationale
    ORGINT 644, 645
zusammengesetzte Dolde FLORA 139
zusammengesetzte Kernfrucht FLORA
    140
zusammengesetztes Blatt FLORA 138,
    138
Zuschauerforschung MEDIEN 934
Zuschauerreihen THEATER 762 f.
Zwang PHIL 839
Zweifüßigkeit, ursprüngliche FAUNA 68
Zweig (Stefan) LIT 749
zweihäusig [Blüte] FLORA 139
zweijährig [Pflanze] FLORA 166
Zweipunkteform FORMEL 1207
Zweites Empire (Stil) STILE 1145
Zwerg (Stern) ENTDECK 894
Zwerg, weißer UNIV 14 f.
Zwergkaninchen FAUNA 94, 94
Zwet (Michail) ENTDECK 892
Zwickmühle SPIEL 1174
Zwieback ERNÄHR 1015
Zwiebackherstellung ERNÄHR 1015
Zwiebel ERNÄHR 1049
– FLORA 136, 159
Zwittertum FAUNA 74
zwittrig [Blüte] FLORA 139
Zwölferschiiten GESCH 240
– RELIG 337
Zwölftonmusik MUSIK 781
Zworykin (W. K.) MEDIEN 926
Zyklone UNIV 56
Zyklotron ENTDECK 896
– UNIV 4
Zylinder MODE 1154
Zypern KUNST 679, 732
– LAND 494 f.
Zypern (Kirche von) RELIG 328
Zytoplasma MED 946

1276

BILDQUELLENVERZEICHNIS

In dieser Übersicht sind, nach Seiten geordnet, die Namen
der Photographen und Organisationen, z. B. Photoagenturen,
Museen, Institute, genannt, die Vorlagen
für die Abbildungen geliefert haben und die die Rechte für die Bilder besitzen.

Seite 3 : C, BBC – Hulton Picture Library. D, UPI/Bettmann Newsphotos. E, Menzel (Peter) – Cosmos. **4** : A, C, Cern. B, Steele (Kim)-NYS – Fovea. **5** : D, Cern. **7** : B, National Optical Astronomy Observatories. C, Sacramento Peak Observatory. D, Delaye (Y.). **8** : A, B, D, E, F, G, JPL-NASA. C, ESA. H, Lick Observatory-University of California. I, Lowell Observatory. **9** : A, B, C, JPL-NASA. **10** : D, IPS. F, Rapho. **11** : B, Koutchmy (S.) – C.N.R.S.-Institut d'astrophysique. **12** : A, IPS-Coll. P.P.P. **13** : C, F, National Optical Astronomy Observatories. D, Observatoire de Haute-Provence. E, Anglo-Australian Telescope Board. **15** : A, B, Anglo-Australian Telescope Board. C, Smithsonian F.L. Whipple Observatory. **18** : B, C, D, National Optical Astronomy Observatories. E, ESO. **19** : A, National Optical Astronomy Observatories. **21** : F, Perkin-Elmer. **22** : A, Yerkes Observatory. B, A.P.N. C, University of Hawaii. D, ESO. **23** : A, Astronomical Society of the Pacific. B, NRAO. **24** : B, Lick Observatory-University of California. C, E, G, National Optical Astronomy Observatories. D, Kitt Peak National Observatory-Cerro Tololo Inter-American Observatory. F, California Institute of Technology and Carnegie Institution of Washington. H, Hale Observatories-W.C. Miller-California Institute of Technology. I, J, Pichardie (J.-P.) – Fotogram-Stone. **28** : A, B, C, D, E, F, G, Bariand (N.). H, I, J, K, P, Larousse (M.N.H.N., Paris). Q, Larousse (E.N.S.M., Paris). **29** : A, Larousse (M.N.H.N., Paris). B, Larousse (E.N.S.M., Paris). **31** : A, B, G, H, Mével (C.). Tomsich – Ricciarini. D, Serrette (D.) – Muséum national d'histoire naturelle, Paris. E, Larousse (M.N.H.N., Paris). F, Obert (D.). **36** : B, De Pietro Press-International. C, Gèze (B.). D, Mével (C.). **39** : A, Krafft – Explorer. B, Hall (G.). C, Gerster – Rapho. **41** : A, Noailles – Explorer. **42** : A, Gaël (A.). B, Choppy – Atlas-Photo. C, Hétier. D, Gohier (F.). E, Bavaria Verlag – Vloo. F, Lambert – Rapho. **43** : A, Schultess – Rapho. B, Huet – Hoa-Qui. C, Actualité. D, Hiroji Kubota – Magnum. E, Arnandie – Pitch. F, Bouriant – A.A.A. **44** : A, F, Gohier (F.). B, Maylin (M.L.). E, Edel – Sidoc. D, Devez (A.R.) – Larousse. E, Vogel – Rapho. G, Boutin. **45** : A, Pillonel – Fotogram. B, D, Friedel – Rapho. C, Ferrero (J.-P.). E, Everts – Rapho. F, Glaou – Atlas-Photo.

Seite 57 : B, Boureau (Pr.). D, Balouet (J.C.). **58** : D, Serrette (D.) – Muséum national d'histoire naturelle, Paris. **59** : D, Serrette (D.) – Muséum national d'histoire naturelle, Paris. **60** : B, Havard (A.) – Muséum du Havre. **61** : B, D, Serrette (D.) – Muséum national d'histoire naturelle, Paris. C, Oster (J.) – Musée de l'Homme, Paris. D, Lessing – Magnum. **63** : B, C, D, E, F, Oster (J.) – Musée de l'Homme, Paris. G, Lumley (H. de) – Musée de l'Homme, Paris. **64** : A, Musée de l'Académie des sciences, Leningrad. B, Balouet (J.C.). C, Leroi-Gourhan (A.). **66** : A, Varin-Visage – Jacana. B, König (R.) – Jacana. **68** : A, Sundance – Jacana. B, Chaumeton (H.) – Jacana. **70** : B, Varin (J.-P.) – Jacana. **71** : A, Petit (P.) – Jacana. B, Gohier (F.) – Jacana. **72** : A, Tollu (B.) – Jacana. B, Kerneis (F.) – Jacana. **73** : B, König (R.) – Jacana. **74** : A, Ross (K.) – Jacana. B, Hervy (J.-P.) – Jacana. **76** : A, Varin-Visage – Jacana. **77** : A, Labat (J.M.) – Jacana. B,

Heuclin (D.) – Pitch. **87** : A, Lanceau – Cogis. B, Mero – Jacana. **90** : A, Lacz (G.). B, Cogis. **91** : A, Sioen (G.) – C.E.D.R.I. B, Varin – Cogis.

Seite 113 : B, Amsler (K.) – Jacana. **114** : A, Rouxaime – Jacana. **116** : A, Gohier (F.) – Jacana. C, Varin (J.-P.) – Jacana. **120** : B, Ricard (M.) – C.E.D.R.I. **121** : C, Arthus-Bertrand (Y.) – Jacana. **123** : A, Patel (J.L.) – Pitch. B, Varin (J.-P.) – Jacana. **124** : A, Bougrain-Dubourg – Cogis. **126** : A, Varin-Visage – Jacana. **127** : A, Gohier (F.) – Jacana. **128** : B, Dhuit (G.) – Pitch. **129** : A, C, Larousse. B, Musée national, Stockholm. D, Descat (A.) – Bamboo. **138** : D, Loup (M.) – Jacana. **142** : D, Thomas (J.-P.) – Jacana. E, Volot (R.) – Jacana. **143** : A, B, Hayon – Pitch.

Seite 151 : A, Larousse. **152** : A, Champroux (J.-P.) – Jacana. **175** : A, B, C, D, E, F, G, Larousse. **179** : A, B, C, D, Lauros-Giraudon. **180** : A, Musée du Louvre, Paris. **181** : A, Roland – Artephot. B, Oronoz – Artephot. **183** : A, Musée de la Civilisation gallo-romaine, Lyon. **185** : A, A.D.P.C. – Artephot. **186** : A, B, Saint John's College, Cambridge. **188** : A, Atelier audiovisuel, Paris – Artephot. B, L.L. **189** : A, B, Musée de l'Institut du monde arabe, Paris. C, Varga – Artephot. **190** : A, Michaud (R. et S.) – Rapho. **191** : A, L.L. B, Bibliothèque nationale, Paris. **192** : A, Charmet (J.-L.) – Explorer. B, L.L. **194** : A, Lénars (Ch.). **197** : A, Réunion des musées nationaux. **198** : A, Gerster – Rapho. **199** : A, Ross (J.-G.) – Rapho.

Seite 200 : A, Shogakukan. B, Ross (J.-G.) – Rapho. **201** : A, Held (S.). B, Lessing – Magnum. C, Thomas (A.) – Explorer. **202** : A, Staatsbibliothek, Berlin. **203** : A, Dagli Orti. B, Bibliothèque nationale, Paris. **205** : A, Giraudon. B, Gerster – Rapho. **206** : A, Scala. **207** : A, Held (S.). B, Bibliothèque nationale, Paris. **209** : A, Roger-Viollet. B, Michaud (R. et S.) – Rapho. **210** : A, Lauros-Giraudon. **211** : A, Truchot (R.) – Explorer. **212** : A, Lessing – Magnum. **213** : A, Silkeborg Museum (Danemark). **214** : A, Fiore. **215** : A, Lauros-Giraudon. B, Fiore – Explorer. **217** : A, Dagli Orti. B, Nou (J.-L.). **218** : A, Irmer (H.V.). **219** : A, Held (S.). **220** : A, Dagli Orti. **221** : A, Giraudon. **223** : A, Held (S.). B, Kutschera (C.). **224** : A, Dagli Orti. **225** : A, Bibliothèque nationale, Paris. **226** : A, Bibliothèque nationale, Paris. **227** : A, Vikingskipshuset, Oslo. **228** : A, Bildarchiv Jürgens. **229** : A, Michaud (R. et S.). **230** : A, Holle Bildarchiv, Baden-Baden. **231** : A, Larousse. **232** : A, Dagli Orti. **233** : A, Burgerbibliothek, Berne. **234** : A, Bibliothèque nationale, Paris. **235** : A, B, Michaud (R. et S.) – Rapho. **236** : A, Dagli Orti. **237** : A, Fonds E.R.L. – Sipa. **238** : A, Bibliothèque nationale, Paris. **239** : A, Dagli Orti. **240** : A, Larousse. **242** : A, Lauros-Giraudon. **244** : A, Roger-Viollet. **246** : A, Walker Art Gallery, Liverpool. **247** : A, Lauros-Giraudon. **248** : A, Larousse.

Seite 250 : A, Moreau – Larousse. **253** : A, US Navy. **258** : A, Dagli Orti. B, Pictor-Aarons. C, Séroussi (V.). **259** : D, Charmet (J.-L.). E, Lénars (Ch.). **261** : A, Lessing – Magnum. B, Scala. **263** : A, Giraudon. B, Fonds E.R.L. – Sipa Diffusion. C, Lauros-Giraudon. **267** : A, Charniot (P.). **269** : A, Larousse. **275** : B, Barbier (B.) – Diaf. **277** : C, Lénars (Ch.). **279** : A, Held (S.). **280** : A, Charmet

(J.-L.). **281** : A, Bibliothèque nationale, Paris. **283** : A, Ravaux (P.), Amiens. **284** : A, Bibliothèque nationale, Paris. **285** : A, Candelier-Brumaire – Artephot. **290** : A, B, Dagli Orti. C, Giraudon. **291** : L, Giraudon. **292** : B, Giraudon. **293** : B, Lauros-Giraudon. C, Scala. **294** : D, Lessing – Magnum. **297** : A, Édimedia. B, Papigny. C, Seynes (de) – Rapho. **298** : A, Lessing – Magnum. B, Dagli Orti. **299** : A, Scala. B, Josse (Hubert).

Seite 300 : A, B, Dagli Orti. **301** : A, B, Lauros-Giraudon. **302** : A, Freund (G.). B, Tétrel – Explorer. **303** : B, C, Scala. **304** : A, Réunion des musées nationaux. B, Starcky – Rapho. **305** : A, Atelier audiovisuel, Paris. **306** : B, Daniel Franck, Paris. **307** : C, Spiegel – Rapho. **308** : A, Roger-Viollet. **309** : A, Black Star – Rapho. B, Daniel Franck, Paris. **311** : B, Lauros-Giraudon. **312** : A, Scala. **313** : A, Scala. **314** : A, C, Scala. B, Réunion des musées nationaux. **315** : A, B, Scala. C, Bibliothèque nationale, Paris. D, Lauros-Giraudon. **317** : B, C.I.R.I.C. **319** : A, Goussé – Rapho. **320** : A, Boubat (E.) – Top. B, Tournus (R.). **321** : A, Scala. B, Lauros-Giraudon. **322** : A, Cané. B, Alinari – Bibliothèque nationale, Paris. C, Rol. D, Delius. E, Karsh – Imapress. F, Keystone. G, Berry – Magnum. H, Pontificia Fotografia-Felici, Rome. **323** : A, Scala. **324** : F, Lauros-Giraudon. **325** : D, Lauros-Giraudon. **327** : A, Silberstein – Rapho. **328** : A, C.I.R.I.C. B, Launois – Rapho. C, Mayer (F.) – Magnum. **329** : A, Dagli Orti. B, Josse (Hubert). **330** : A, C.I.R.I.C. **332** : A, Suau (A.) – Black Star – Rapho. **333** : B, Michaud (R. et S.) – Rapho. **334** : A, Bibliothèque nationale, Paris. **335** : A, Koch (P.) – Rapho. **336** : A, Abbas – Gamma. **338** : A, Errington – Hutchison Library. C, Englebert – Rapho. **339** : A, Beebe – Image Bank. **341** : A, Réunion des musées nationaux. B, Michaud (R. et S.) – Rapho. **342** : A, Réunion des musées nationaux. B, Nou (J.-L.). C, Nou (J.-L.) – Lauros-Giraudon. **343** : A, Bibliothèque nationale, Paris. B, Michaud (R. et S.) – Rapho. **344** : A, Lauros-Giraudon. C, Habans (P.) – Sygma. **345** : A, Réunion des musées nationaux. **346** : A, Held (S.). F, Boutin – Explorer. G, Koch (P.) – Rapho. H, Weisbecker – Explorer. **347** : A, Réunion des musées nationaux. B, Lénars (Ch.). C, Sioen – C.E.D.R.I. **348** : A, Atlan – Sygma. B, Held (S.). C, Gerster – Rapho. D, Michaud (R. et S.) – Rapho. **349** : A, Michaud (R. et S.) – Rapho.

Seite 350 : A, Adamini – Gamma. **351** : A, Lénars (Ch.). B, Dagli Orti. **357** : A, Duchêne (J.-P.) – Diaf. B, Boireau – Rapho. **358** : A, Muller (Kal) – C.E.D.R.I. B, Cat – C.E.D.R.I. **359** : B, Gerster – Rapho. C, Pinsard (A.) – C.E.D.R.I. **362** : A, Sappa (Ch.) – C.E.D.R.I. **363** : A, Boireau – Rapho. B, Mopy – Rapho. **364** : A, Pinsard (A.) – C.E.D.R.I. **365** : A, Barbier (B.) – Diaf. B, Held (A.) – Artephot. **366** : A, Sierpinski (J.) – Scope. **367** : A, Bulloz. **374** : A, Durand (J.-P.) – Diaf. **376** : A, Camera Press-Parimage – Imapress. **379** : A, Schoenahl (M.) – Diaf. **380** : A, Sioen (G.) – C.E.D.R.I. B, Schoenahl (M.) – Diaf. **381** : A, Degroise (J.) – Diaf. **382** : A, Jef – Rapho. **383** : A, Sauvageot (Cl.). B, C, Schoenahl (M.) – Diaf. **384** : A, Vuillomenet (J.-P.) – Rapho. **385** : A, Martel (O.) – Rapho. **386** : A, Remy. B, Sioen (G.) – C.E.D.R.I. **387** :

1277

BILDQUELLENVERZEICHNIS

A, Remy. **390 : A**, Blouin (D.) – Diąf. **391 : A, B**, Sappa (Ch.) – C.E.D.R.I. **397 : A**, Hinz (H.).

Seite 643 : A, NYT. **B**, IPS-Coll. P.P.P. **D**, Organisation des Nations unies. **646 : A**, IPS. **B**, Erwitt – Magnum. **C**, Laffont (J.-P.) – Sygma. **D**, Walker – Gamma. **E**, Morvan (R.) – Gamma. **649 : A**, L.L.

Seite 651 : A, Arthus-Bertrand (Y.) – Explorer. **B**, Claude (M.) – Unesco. **C**, Bernath (J.-C.) – Unesco. **652 : A**, L.L. **B**, Mingam (A.) – Gamma. **654 : A**, Keystone. **655 : A**, L.L. **657 : A**, Deville – Gamma. **B**, Muscat (J.) – Gamma. **C**, L.L. **666 : A**, Shelley-Spooner – Gamma. **667 : A**, L.L. **C**, Gad-Borel Boissonnas. **668 : A**, Gellie (Y.) – Gamma. **669 : A, C**, L.L. **670 : A**, L.L. **671 : A**, Fiorepress – Explorer. **B, C**, L.L. **672 : A**, Yan – Rapho. **674 : A**, Musées du Vatican. **B**, Éditions du Tournesol-Xinhua News Agency. **677 : A**, Cinello (M.) – C.E.D.R.I. **B**, Oster (J.) – Musée de l'Homme, Paris. **C**, Musée de l'Homme, Paris. **D**, Lauros-Giraudon. **E**, Lénars (Ch.). **F**, Tendron (G.). **G**, Ponsard (D.) – Musée de l'Homme, Paris. **678 : A**, L.L. **B, F**, Lessing – Magnum. **C, G**, Vertut (J.). **D**, Musée de l'Homme, Paris. **E**, Delon (R.). **H**, D.R. **679 : A**, By courtesy of Miss K. Kenyan. **B**, Musée national suisse, Zurich. **C**, Ekdotike Athenon – Artephot. **D**, Lauros-Giraudon. **E**, Lajoux (J.D.). **F**, Éditions Gallimard. **G**, Lénars (Ch.). **680 : A**, Giraudon. **B**, C.N.M.H.S., Paris. **C**, Gerster – Rapho. **D**, Réunion des musées nationaux. **E**, Lénars (Ch.). **F**, Larousse. **G**, Lessing – Magnum. **681 : A, G**, Giraudon. **B**, Larousse. **C**, Lénars (Ch.). **D**, Loirat – Explorer. **E**, Ricciarini. **F**, British Museum, Londres. **682 : A, F, I**, Giraudon. **B, C**, Lauros-Giraudon. **D**, Ross – Rapho. **E**, Held (S.). **G**, Hirmer. **H**, Anderson – Giraudon. **683 : A**, Held (S.). **B**, Tétrel. **C**, Levassort (M.). **D**, Giraudon. **E**, Audrain-Samivel – Rapho. **F**, Dagli Orti. **684 : A**, Lessing – Magnum. **B**, Hassia. **C, E, F, H**, Giraudon. **D**, Percheron. **G**, Held (A.) – Artephot. **I**, Ekdotike Athenon – Artephot. **685 : A**, Pergamon Museum, Berlin. **B**, Zuber (R.). **C**, Maylin (M.L.). **D**, AKG, Berlin – Artephot. **E**, Hayaux du Tilly (M.) – Rapho. **F**, Pubbli Aer Foto – Artephot. **686 : A**, Percheron. **B**, Lénars (Ch.). **C**, Fotorapida, Terni. **D**, Ray-Delvert. **E**, Scala. **F**, Prud'homme – Larousse. **G**, Alinari – Giraudon. **687 : A**, Giraudon. **B**, Darr (D.). **C**, Oronoz – Artephot. **D**, Roland – Artephot. **E**, D.R. **F**, Lauros-Giraudon. **G**, British Museum, Londres. **688 : A**, Percheron. **B**, Thomas (A.). **C**, Pralong (A.). **D**, Thomas (A.) – Explorer. **E**, Silberstein – Rapho. **F**, Lauros-Giraudon. **G**, Stanimirovitch. **689 : A**, D.R. **B**, Bottin (J.). **C**, Michaud (R. et S.). **D**, Levassort (M.). **E**, Boudot-Lamotte. **F**, Oronoz – Artephot. **G**, Ray-Delvert. **H**, Everts – Rapho. **690 : A, H**, Lauros-Giraudon. **B**, Mathelin (M.). **C**, Held (S.). **D**, Gauthier (R.). **E**, Shogakukan. **F**, Réunion des musées nationaux. **G**, Lorenzo. **691 : A**, Ogawa – Artephot. **B**, Réunion des musées nationaux. **C**, Shogakukan – Artephot. **D**, Ambassade du Japon. **E**, Zauho Press – Artephot. **F**, Shogakukan. **G**, Ader, Picard, Tajan. **692 : A**, Roland – Artephot. **B**, Borromeo – Giraudon. **C, F, H**, Nou (J.-L.). **D, E**, Brunel (Fr.). **G**, Lauros-Giraudon. **I**, Lénars (Ch.). **693 : A**, Bottin (J.). **B**, Riboud – Magnum. **C**, Haas (Cynthia) – Sipa. **D**, Larousse. **E**, Lauros-Giraudon. **F**, Boisselier (J.). **G**, Vorontzoff – Unesco. **694 : A**, Musée de l'Homme, Paris. **B**, Lénars (Ch.). **C, F, G**, Giraudon. **D**, Thomas (A.) – Explorer. **E**, Bottin (J.). **695 : A**, Musée ethnographique, Munich. **B**, Held (S.). **C**, Gohier (F.). **D**, Maylin (M.L.). **E, F, H**, Lénars (Ch.). **G**, Dagli Orti. **696 : A, B, C, G, H, I**, Held (A.) – Artephot. **D**, Lénars (Ch.). **E**, Hoa-Qui. **F**, Réunion des musées nationaux. **697 : A**, Lénars (Ch). **B**, Musée de l'Homme, Paris. **C, F, G, I**, Lénars (Ch.). **D, E**, Fleming. **H**, Hinz. **698 : A**, Munchow (Ann). **B**, Algar. **C**, Scala. **D**, Mas. **E**, Bibliothèque nationale, Paris. **F**, Chirol. **G**, Lauros-Giraudon. **H**, British Museum, Londres. **I**, Faillet – Artephot. **699 : A**, Chapman – Fotogram. **B**, Boulat – Sipa-Press. **C, E, H, I**, Gallimard/L'Univers des Formes. **D**, A.C.L., Bruxelles. **F**, Lauros-Giraudon. **G**, Bildarchiv Foto Marburg.

Seite 700 : B, Tétrel. **C**, Doisneau – Rapho. **D**, Scala. **E**, Jeiter – Bavaria. **F**, Kersting – Artephot. **G**, Yan. **H**, Oronoz – Artephot. **I**, Allemand – Artephot. **701 : A**, Zodiaque. **B, E**, Scala. **C**, Tétrel. **D**, British Museum, Londres. **F**, Victoria and Albert Museum, Londres. **G**, Faillet – Artephot. **H**, Promophot – Artephot. **I**, Oronoz – Artephot. **702 : A**, Feuillie – C.N.M.H.S., Paris. **B**, Salou – Explorer. **C, E**, Phedon-Salou – Artephot. **D**, Bernard (Jean). **F**, Gerster – Rapho. **G**, Larousse. **H**, Bottin (J.). **I**, Moes – Pix. **J**, Scala. **703 : A**, Charbonnier – Rapho. **B**, Prud'homme – Larousse. **C**, Roland – Artephot. **D**, Scala. **E**, Everts – Rapho. **F**, Office du tourisme allemand. **G**, Delu – Explorer. **704 : A, B, G**, Scala. **C**, Anderson – Giraudon. **D, F, I**, Lauros-Giraudon. **E**, Giraudon. **F, I**, Lauros-Giraudon. **H**, Fabbri. **J**, Metropolitan Museum of Art, New York. **705 : A, E**, Scala. **B**, Held (A.) – Artephot. **C**, Fabbri. **D**, Lauros-Giraudon. **F**, Réunion des musées nationaux. **G**, Bridgeman – Giraudon. **H, I**, Giraudon. **706 : A**, C.N.M.H.S., Paris. **B**, Staatliche Bildstelle, Berlin. **C**, Sioen (G.) – C.E.D.R.I. **D**, Larousse. **E, H**, Scala. **F**, Lauros-Giraudon. **G**, Giraudon. **I**, Schneiders – Artephot. **707 : A, B**, Brogi – Giraudon. **C, J**, Scala. **D**, Nimatallah – Artephot. **E**, Anderson – Giraudon. **F**, Oronoz – Artephot. **G**, Lauros-Giraudon. **H, I**, Giraudon. **708 : A, B, C, D, E, F**, Scala. **G**, Garanger. **709 : A, D, E, F**, Scala. **B**, Anderson – Giraudon. **C**, D.R. **G**, Giraudon. **H**, Dagli Orti. **I**, Everts – Rapho. **J**, Larousse. **K**, Berger – Rapho. **710 : A, B, C, D, E**, Scala. **F**, Réunion des musées nationaux. **G**, National Gallery, Londres. **711 : A, C, D, G**, Scala. **B**, Nimatallah – Artephot. **E**, Lauros-Giraudon. **F**, Bridgeman Art Gallery. **H**, Meyer. **I**, Blauel (J.) – Artothek. **712 : A**, Pubbli Aer Foto – Artephot. **B, E, F, G**, Scala. **C**, Nimatallah – Artephot. **713 : A**, Lauros-Giraudon. **B**, Moes – Pix. **C**, Beaujard. **D, E, G**, Larousse. **F**, Everts – Rapho. **H**, Giraudon. **I**, Kersting – Artephot. **J**, Bottin (J.). **K**, Berger – Rapho. **714 : A, B, D**, Scala. **C**, Blauel. **E**, Musée des Beaux-Arts, Strasbourg. **F**, Rijksmuseum, Amsterdam. **G**, Lauros-Giraudon. **H**, Nimatallah – Artephot. **I**, A.C.L., Bruxelles. **J**, Candelier – Lauros-Giraudon. **K**, Anders (Jörg) – Staatliche Museen Preussischer Kulturbesitz, Berlin. **715 : A**, Musée du Prado, Madrid. **B, C, G**, Giraudon. **D**, Rijksmuseum, Amsterdam. **E, F**, Lauros-Giraudon. **716 : A, F**, Scala. **B**, Lauros-Giraudon. **C**, Alinari – Giraudon. **D**, A.C.L., Bruxelles. **E**, Bulloz. **G**, Automobile Club, Dresde. **H**, Fabbri – Artephot. **717 : A, C**, Lauros-Giraudon. **B**, Everts – Rapho. **D, J**, Giraudon. **E**, Candelier – Lauros-Giraudon. **F**, Radio Times, Hulton Picture Library, Londres. **G**, Phedon-Salou – Artephot. **H**, Réunion des musées nationaux. **I**, Hirmer Verlag, Munich. **718 : A**, Schneiders – Artephot. **B**, Marmounier. **C**, Takase (Ken) – Artephot. **D, G**, Lauros-Giraudon. **E**, Boutin – Explorer. **F**, Kappelmeyer – Bavaria. **H**, Everts – Rapho. **719 : A**, Steffen (Don Carl) – Rapho. **B**, Scala. **C**, Algar. **D**, Yan – Dieuzaide. **E**, Fleming. **F**, Garanger (Marc) – Larousse. **G**, Tétrel – Explorer. **H**, Lauros-Giraudon. **I**, Sioen (G.) – C.E.D.R.I. **720 : A, E**, Lauros-Giraudon. **B**, Scala. **C**, National Gallery, Londres. **D**, D.R. **F**, Giraudon. **G**, Levassort (M.). **H**, Bridgeman – Giraudon. **I**, Réunion des musées nationaux. **721 : A, B, G, I**, Lauros-Giraudon. **C**, Scala. **D**, Bibliothèque nationale, Paris. **E**, Goethe Museum, Francfort. **F**, National Gallery, Londres. **H**, Nimatallah – Artephot. **722 : A**, Lauros-Giraudon. **B**, Chicago Architectural Photo Co. **C**, Bridgeman – Giraudon. **D**, Leperre. **E**, Boudot-Lamotte. **F**, Goulstan (D.) - Coleman (B.) Ltd. **G**, Actualit. **H**, Revault – Pix. **I**, Takase (Ken) – Artephot. **723 : A**, Bulloz. **B**, Lauros-Giraudon. **C**, Musée Thorvaldsen, Copenhague. **D, F, I**, Giraudon. **E**, Larousse. **G**, Scala. **H**, A.C.L., Bruxelles. **724 : A**, Faillet – Artephot. **B**, Bridgeman – Giraudon. **C**, Staatliche Museen Preussischer Kulturbesitz, Nationalgalerie, Berlin. **D, E, H, J**, Lauros-Giraudon. **F**, Giraudon. **G**, Nebb (John). **I**, Snark International. **725 : A, E**, Art Institute, Chicago. **B**, Réunion des musées nationaux. **C, F**, Giraudon. **D**, Larousse. **G, I**, Lauros-Giraudon. **H**, Musée Kröller-Müller, Otterloo. **J**, Scala. **726 : A**, Réalité – Top. **B**, Wiekart (K.), Amsterdam. **D**, Bildarchiv Foto Marburg. **E**, Sarramon (Ch.). **F**, Tajan (Daniel). **727 : A**, Lehtikuva Oy, Helsinki. **B**, TWA. **C**, Williams Inc. (Lawrence S.) – Université de Pennsylvanie. **D**, Puig. **E**, Einzig (R.) – Arcaid. **G**, Tange (Kenzo). **H**, Bastin (Ch.) et Evrard (J.). **I**, C.C.I.-Rayon. **J**, Ishimoto (Y.) – Éditions Hermann (1986). **728 : A, B**, Musée d'Art moderne, New York. **C**, Giraudon. **D**, Plassart – Artephot. **E**, Stedelijk Museum, Amsterdam. **F**, Lauros-Giraudon. **G**, Scala. **H**, M.N.A.M., C.N.A.C. Georges-Pompidou, Paris. **I**, Philadelphia Museum of Art. **J**, Dräyer (W.) – Kunsthaus, Zurich. **729 : A**, L.L. **B**, M.N.A.M., C.N.A.C. Georges-Pompidou, Paris. **C**, Lauros-Giraudon. **D**, Bridgeman – Giraudon. **E**, Réunion des musées nationaux. **F**, Held (A.) – Artephot. **G**, Hatala – M.N.A.M., C.N.A.C. Georges-Pompidou, Paris. **H**, Cuming (Prudence) – Tate Gallery, Londres. **I**, Galerie Daniel Templon, Paris. **J**, Museum of Modern Art, New York. **730 : A**, Kunsthalle, Mannheim. **B**, Hyde (J.) – M.N.A.M., C.N.A.C. Georges-Pompidou, Paris. **C**, Réunion des musées nationaux. **D**, Lauros-Giraudon. **E**, Larousse. **F, G**, M.N.A.M., C.N.A.C. Georges-Pompidou, Paris. **H**, Galerie Maeght. **I**, University of Saint Thomas, Art Department, Houston. **J**, Beville (Henry). **731 : A**, Philadelphia Museum of Art. **B**, D.R. **C**, M.N.A.M., C.N.A.C. Georges-Pompidou, Paris. **D**, Shunk Kender. **E**, Nationalmuseum, Stockholm. **F**, Morain (A.). **G**, Galerie Stadler, Paris. **H**, Galerie Sonnabend. **I**, Van Assche (Christine). **738 : A, B**, Larousse. **739 : A**, Giraudon. **B**, Larousse. **740 : A**, Ramos (D.). **B**, Scala. **C**, B.S.I. **741 : A**, Scala. **B**, Nadar. **742 : A**, Presse und Informationsamt der Bundesregierung, Bonn. **B**, Gyldendal Forlag. **C**, Freund (G.). **743 : A**, Alpenland, Vienne. **745 : A**, Elliot – British Council. **B, C**, Lauros-Giraudon. **D**, IPS. **E**, Karsh-Camera Press – Imapress. **746 : A**, Rigal. **747 : A**, Harlingue – Roger-Viollet. **B**, Lauros-Giraudon. **C**, Mary Evans Picture Library – Explorer Archives. **D**, Bulloz. **748 : A**, A.P.N. **B**, Nadar. **749 : A**, Josse (Hubert). **B**, Nadar.

Seite 750 : A, Bibliothèque nationale, Paris. **753 : A**, Giniès – Sipa-Press. **B**, Snowdon-Camera Press – Imapress. **C**, Andanson – Sygma. **754 : A**, Giraudon. **B**, Bert (Sabourin succ.). **755 : A**, Art Council of Great Britain. **B**, National Portrait Gallery, Londres. **C**, L.L. **756 : A**, Giraudon. **757 : A**, Nadar – Collection Sirot-Angel. **B**, Larousse. **C**, Collection Sirot-Angel. **758 : A**, Nationalmuseum, Stockholm. **B**, A.P.N. **C**, Caminada. **759 : A**, Lauros-Giraudon. **760 : A, B, C, D, E**, L.L. **F**, Bibliothèque nationale, Paris. **761 : A**, Bibliothèque nationale, Paris. **B, C**, L.L. **762 : B**, Chuzeville. **763 : B**, Brogi-Giraudon. **C**, Marmounier. **764 : A**, Oppenheim (G.L.W.). **B**, Bibliothèque nationale, Paris. **765 : A**, Lauros-Giraudon. **766 : A**, Centre culturel américain. **B**, British Council. **768 : A**, Bibliothèque nationale, Paris. **B**, D.R. **769 : A**, Édition de l'Arche. **B**, Bernand. **770 : A**, Lauros-Giraudon. **B**, Shogakukan. **C**, Held (S.). **771 : A**, Hemmett. **B**, Gamet – Rapho. **C**, Centre culturel italien, Palerme. **D**, Huguier – Explorer. **E**, Treatt. **772 : A**, Giraudon. **B**, Artephot. **C**, Bibliothèque nationale, Paris. **773 : A**, Collection Sirot-Angel. **B**, Larousse. **774 : A**, Archives photographiques, Paris. **B**, Dagli Orti. **C**, Bisson (L.A.). **775 : A**, E.T. Archives Unit 9, Londres. **B**, Bibliothèque nationale, Paris. **776 : A**, Musée Mozart, Salzbourg. **B**, Festival de Salzbourg. **C**, Bernand. **777 : A**, Museen der Stadt, Vienne. **B**, Bibliothèque nationale, Paris. **778 : A**, Manuel. **B**, Salmi (Sylvia). **C**, Roger-Viollet. **779 : A**, Bayreuther Festpiele Bildarchiv. **B**, Deutsches Theatermuseum (Fonds Clara Ziegler), Munich. **780 : A**, Germanisches Nationalmuseum, Nuremberg. **B**, Faumerois (R.). **C**, Zentralbibliothek, Zurich. **781 : A**, Edelmann (Ursula), Francfort. **782 : A**, Hétier. **B**, Hoa-Qui. **783 : A**, Martin (Claude). **784 : A**, Larousse. **C**, Stepanek (R.). **785 : A**, Lido (Serge). **B**, Agence Intercontinentale. **C**, Bibliothèque nationale, Paris. **D**, Stager (J.) - Globe Photos – Holmes-Lebel. **786 : H**, Larousse. **787 : A**, Bibliothèque nationale, Paris. **B, C**, Kipa. **788 : A**, Roger-Viollet. **B**, Hot Club de France. **789 : A, B**, Leloir (J.-P.). **790 : A**, Gottlieb (William) – David Redfern Photography. **791 : A, B**, Leloir (J.-P.). **792 : A, B, C**, Leloir (J.-P.). **793 : A**, Lewis – Kipa. **B**, Kipa. **794 : A**, Simonpietri – Sygma. **B**, Leloir (J.-P.). **C**, David Redfern Photography. **795 : A, B, C, D**, Leloir (J.-P.). **796 : A**, Réunion des musées nationaux. **797 : A**, A.F.P.

Seite 801 : A, Larousse. **B**, Ullstein. **C**, Capitol Film – Collection Passek (J.-L.). **D**, Masson (Co-

BILDQUELLENVERZEICHNIS

lette). **802** : A, Rigal. B, Larousse. C, Bibliothèque nationale, Paris. **803** : A, Lipnitzki. C, Masson (Colette) – Kipa. **804** : A, Cinémathèque française. **805** : A, D.R. B, Artistes Associés. **806** : A, Cinémathèque française. **807** : A, D.R. B, Collection Christophe L. **808** : A, U.F.A. **810** : A, Collection Christophe L. B, MGM – Collection Passek (J.-L.). **813** : A, D.R. – Collection Passek (J.-L.). B, D.R. C, MGM – Collection Nogueira (Rui). **814** : A, D.R. – Collection Marinie (A.). B, D.R. C, MGM – Collection Passek (J.-L.). **815** : A, C, Collection Christophe L. B, D.R. **816** : A, George Eastman House, Rochester (É.-U.) – IPS. B, Warner Bros. C, Svenska Filminstitutet – Collection Passek (J.-L.). **817** : A, © by Walt Disney Productions. B, Collection Christophe L. C, D.R. D, © by Walt Disney Productions – Collection Christophe L. **821** : A, Larousse. **822** : A, Lauros-Giraudon. **823** : A, Manuel. B, Halberstadt, Hambourg. **825** : A, Staatlisches Kant Gymnasium, Berlin. B, British Council. C, Top. **826** : A, C.F.L. – Giraudon. B, A.F.P. C, Pinkan et Gehler, Leipzig. **827** : A, Saunat – Gamma. **828** : A, Andanson – Sygma. B, Gemeentemuseum, La Haye. **832** : A, Presse-Sports. B, Josse (Hubert). **833** : A, D.R. **834** : A, Karsh-Camera Press – Imapress. B, Giraudon. **836** : A, Charmet (J.-L.). **837** : A, Tornay (S.) – Musée de l'Homme, Paris. **841** : A, Percheron – Artephot. **843** : A, Giraudon. **845** : A, Capa (R.) – Magnum. B, Roger-Viollet. C, Rosenthal (J.O.) – Imapress. **847** : A, B, Charmet (J.-L.).

Seite 851 : A, Mellaart (J.). B, Réunion des musées nationaux. C, Lauros-Giraudon. **852** : A, Dagli Orti. B, Boyer-Viollet. **853** : A, Dagli Orti. **855** : B, Dagli Orti. **856** : A, Dagli Orti. B, Charmet (J.-L.). **857** : A, Bright – Rapho. B, Dagli Orti. **858** : B, British Library, Londres. C, Bodleian Library, Londres. **859** : A, Bibliothèque nationale, Paris. B, Lauros-Giraudon. **860** : B, Lauros-Giraudon. **861** : B, Lauros-Giraudon. C, Scala. **862** : A, Boyer-Viollet. B, Josse (Hubert). C, Bibliothèque universitaire de Médecine, Paris. **863** : A, Bevilacqua – Ricciarini. B, Lauros-Giraudon. **864** : A, Lauros-Giraudon. **865** : A, Dagli Orti. **866** : A, BBC – Hulton Picture Library. **867** : A, Larousse. B, Tallandier. C, Deutsches Museum, Munich. **869** : A, Lauros-Giraudon. B, Larousse. C, Roger-Viollet. **870** : A, Roger-Viollet. B, Giraudon. **871** : A, Charmet (J.-L.). B, Josse (Hubert). C, Lauros-Giraudon. **872** : A, BBC – Hulton Picture Library. B, Explorer. **873** : A, Larousse. B, BBC – Hulton Picture Library. **874** : A, L.L. B, Josse (Hubert). **875** : A, Charmet (J.-L.). **876** : A, Deutsches Museum, Munich. B, Charmet (J.-L.). **877** : A, Charmet (J.-L.). B, Bibliothèque nationale, Paris. C, Mary Evans Picture Library. **878** : A, Science Museum, Londres. B, Charmet (J.-L.). **879** : B, Larousse. **880** : A, B, Ann Ronan Picture Library. **881** : A, Charmet (J.-L.). B, Lauros-Giraudon. **882** : A, Mary Evans Picture Library. **883** : A, Nadar (F.). C, Deutsches Museum, Munich. **885** : B, Keystone-IBA. D, Roger-Viollet. **886** : A, Larousse. **887** : A, Charmet (J.-L.). B, Bildarchiv Preussischer Kulturbesitz, Berlin. C, Ann Ronan Picture Library. **888** : A, C, Boyer-Viollet. **889** : A, Roger-Viollet. B, Petit (Pierre). **890** : A, R.A.T.P. B, Marconi Company Ltd. **891** : A, Science Photo Library – Cosmos. B, Larousse. C, Keystone-IBA. **892** : A, A.P.N. B, Bildarchiv Preussischer Kulturbesitz, Berlin. **893** : A, Musée de l'Air et de l'Espace,

Le Bourget. **894** : A, AM Fotographi APS. **895** : A, D.R. B, IPS-Coll. P.P.P. **896** : A, Bourke White (M.) – Time-Life Picture Agency. **897** : A, Imperial War Museum. B, Associated Press. **898** : A, NYT. B, Haags Gemeentemuseum, La Haye – © 1989 M.C. Escher Heirs/Cordon Art-Baarn-Holland. **899** : B, Imperial War Museum.

Seite 900 : A, IPS-Coll. P.P.P. **901** : A, Larousse. B, US Air Force. **902** : A, Fotogram-Stone. B, Keystone. **903** : A, Paris-Match. B, Hughes Aircraft Company. C, Agence Tass. **904** : A, A.P.N. B, NASA. **905** : A, SIC « Postes, Télécom et Espace ». **906** : A, Revy (J.-C.). **907** : A, Daimler-Benz. C, Peter – Jerrican. **908** : A, Institut Pasteur. B, Mark Godfrey-Archive – Rapho. **909** : A, Bouville (C.) – CCETT. **910** : A, C.N.E.S. B, Rhône-Poulenc. C, D, Peugeot S.A. E, Relations publiques Citroën. **914** : A, Bibliothèque nationale, Paris. B, Larousse. **915** : A, « L'Aurore ». B, Lauros-Giraudon. C, Larousse. **916** : A, Griffiths (P.J.) – Magnum. **917** : A, Larousse-© by « Times Newspapers Ltd » 1989. B, Larousse-© by « Die Welt » 1989. C, Larousse. **921** : A, C, Roger-Viollet. B, IPS-Coll. P.P.P. **922** : A, L.L.-© by Spiegel-titels mit Logo NR48/88 « Ware Kunst » vom 28 ; © Maya. B, C, D, E, L.L. **923** : A, E, Larousse. B, D, L.L. C, Bibliothèque nationale, Paris. F, Larousse-© 1988 by E.C. Publications Inc. **924** : © A, D.R. **926** : A, Lapi-Viollet. B, Sioen (G.) – C.E.D.R.I. **927** : B, C, Pimentel (J.) – Kipa. D, T.D.I. **929** : A, Keystone. B, Arthus-Bertrand (Y.) – Explorer. **930** : A, NASA. B, TF1 (Club Dorothée). **935** : A, Larousse-© by C. Charillon, Paris, 1989. B, Halstead – Gamma. **940** : A, B, Giraudon. C, Agence Ogilvy et Mather. D, Agence DDB. **941** : A, Agence CLM/BBDO. B, Kazumi Kurigami. C, L.L. **943** : A, B, C, D, Agence MAO.

Seite 951 : A, F, Wegmann (Pr.) – C.N.R.I. B, E, G, Révy (J.-C.) – C.N.R.I. **955** : B, Nilsson (Lennart). **956** : B, Pol (A.) – C.N.R.I. **972** : A, Scala. **977** : A, B, C.N.R.I. **979** : A, Pratt-Pries – Diaf. **980** : A, Gremet (V.) – C.N.R.I. **983** : A, Freed (L.) – Magnum. **989** : A, C.N.R.I.

Seite 1005 : C, Rozencwajg (R.) – Diaf. **1012** : A, Régent (B.) – Diaf. **1013** : A, Studio 111. **1014** : A, Studio 111. **1015** : A, Larousse. **1018** : B, Studio 111. **1021** : A, Larousse. **1023** : A, Sioen (G.) – C.E.D.R.I. B, Marmounier – C.E.D.R.I. C, D, Sudres (J.-D.) – Scope. **1024** : A, Faure (D.) – Scope. **1025** : A, Scope. B, Vivier (A.) – Scope. **1028** : A, Guillard (J.) – Scope. **1030** : A, B, Studio 111. **1031** : A, Studio 111. **1032** : A, Sioen (G.) – C.E.D.R.I. **1033** : A, B, Sudres (J.-D.) – Scope. **1034** : A, Studio 111. **1037** : A, Guillard (J.) – Scope. **1041** : A, Fleurent (C.) – Top. **1044** : A, Larousse. **1047** : A, Guillard (J.) – Scope. **1048** : A, Studio 111.

Seite 1051 : A, Cedus. **1052** : A, Candi Press–Cedus. **1053** : A, Le Bot (A) – Diaf. **1059** : A, Guillard (M.) – Scope. **1061** : A, Nüttgens (R.) – Zefa. **1062** : A, Sioen (G.) – C.E.D.R.I. **1063** : A, Barde (J.L.) – Scope. **1066** : A, Larousse (1, 2, 3, 4). A, L.L. (5). **1071** : A, Nicolas (C.) – I.N.R.A. **1074** : A, F, Presse-Sports. B, Roger-Viollet. C, Sports Agence Magazine. D, Duclos/Guichard/Gouver – Gamma. E, D.R. **1075** : A, Roger-Viollet. B, Bade (Bruno) – Vandystadt. C, Duclos/Guichard/Gouver – Gamma.

1085 : L, Defail – Sports Agence. **1087** : A, Sipa-Press. B, Meurisse – Collection Sirot-Angel. **1092** : E, Meurisse – Roger-Viollet. **1093** : C, A.F.P. D, Presse-Sports. E, Bugain (J.-C.) – S.A.M.

Seite 1103 : D, E, Presse-Sports. F, Tissier – Vandystadt. **1109** : A, Presse-Sports – L'Équipe. **1120** : A, Vandystadt (Gérard) – Vandystadt. **1125** : E, Legros/Lecoq – Presse-Sports. **1126** : A, Presse-Sports. B, C, Collection Viollet. D, Bakalian – Gamma. E, Presse-Sports – L'Équipe. **1127** : A, Keystone. B, Aschendorf (G.) – Vandystadt. C, Asset (B.) – Vandystadt. D, Behar (P.) – Vandystadt. **1128** : A, Presse-Sports. B, Guichaoua (Y.) – Vandystadt. C, Fotogram-Stone. D, D'Awang – Vandystadt. E, Sampers (E.) – Presse-Sports. **1129** : A, Peric – S.A.M. B, Carol (F.) – Sygma. C, D, Presse-Sports. **1130** : A, Winning – Vandystadt. B, C, Presse-Sports. **1131** : A, Winning – Vandystadt. **1132** : A, Auscape – Vandystadt. C, Sauvage (G.) – Vandystadt. D, Le Bozec (Ch.) – Vandystadt. **1133** : B, Asset (B.) – Vandystadt. C, Vandystadt. **1134** : E, Keystone. F, Chappaz (S.) – Vandystadt. G, Presse-Sports. L, Belden (D.) – C.E.D.R.I. **1135** : A, Rebuffat. B, E, Belden (D.) – C.E.D.R.I. C, Roy (Ph.) – Explorer. D, Petitjean (B.) – Explorer. **1136** : A, B, D, Belden (D.) – C.E.D.R.I. C, Errath (Ch.) – Explorer. **1138** : Lauros-Giraudon. **1139** : Meyer. **1140** : Rijksmuseum, Amsterdam. **1141** : Giraudon. **1142** : Lauros-Giraudon. **1143** : Fleming. **1144** : Giraudon. **1145** : Lauros-Giraudon. **1146** : Giraudon–Musée d'Orsay, Paris. **1147** : A, Starck (Ph.). B, Ecart International/Edition. C, Memphis 82.

Seite 1152 : A, Lauros-Giraudon. E, A.C.L., Bruxelles. **1157** : G, Clarke (Henry) – « Vogue » France. H, Maywald (W.) I, Fribourg (Ch.) – Musée de la Mode et du Costume, Paris. J, Newton (Helmut). K, Courrèges (André). L, Hispard (M.) – « Elle ». **1171** : A, Dagli Orti. **1172** : D, Dagli Orti. **1173** : C, D.R. D, Bretagne (P. de). **1174** : B, Larousse. **1176** : A, Pratt-Pries – Diaf. **1178** : A, Charmet (J.-L.). **1179** : A, Collection Christophe L. **1180** : A, Charles (J.M.) – Scope. **1181** : B, Roger-Viollet. **1182** : C, Burri (R.) – Magnum. **1188** : A, A.P.N. **1189** : B, Scharf (David) – SPL – Cosmos. **1191** : A, Palais de la Découverte, Paris. **1192** : B, C, D, D.R. E, C.R.P.E. – C.N.R.S.

Seite 1220 : A, Larousse. **1222** : B, Larousse.

© **by A.D.A.G.P. Paris 1990** : 304 A – 725 G – 728 B, F, H – 729 B, E, G, H, J – 730 B, F, E, G, H – 731 A, E, F – 759 A – 940 A – 1157 H.

© **by S.P.A.D.E.M. Paris 1990** : 263 C – 651 C – 680 B – 702 A – 706 A – 725 A – 726 E, G – 728 A, G, I, J – 729 C, I – 730 C – 731 C – 881 B – 922 A – 923 E – 929 B.

© **COSMOPRESS, Genève – A.D.A.G.P. Paris 1990** : 729 A.

© **DEMART PRO ARTE B. V.-A.D.A.G.P. Paris 1990** : 729 D.

Rechte vorbehalten : 307 A – 359 A – 651 B – 652 A – 669 A, C – 679 F – 727 D, F – 728 E – 729 F – 730 A, I, J – 731 B, D, F, G, H, I – 755 C – 817 B, C – 833 A – 847 A, B – 1147 B – 1156 H – 1157 G, J, L.

Ergänzungen zum Bildquellenverzeichnis für die deutsche Ausgabe:
Seite 738: dpa. 743: Arthothek. 745: Ritz (W.).
747: Kindlers Malerei Lexikon. 921: dpa. 1231: Kahnt (H.).

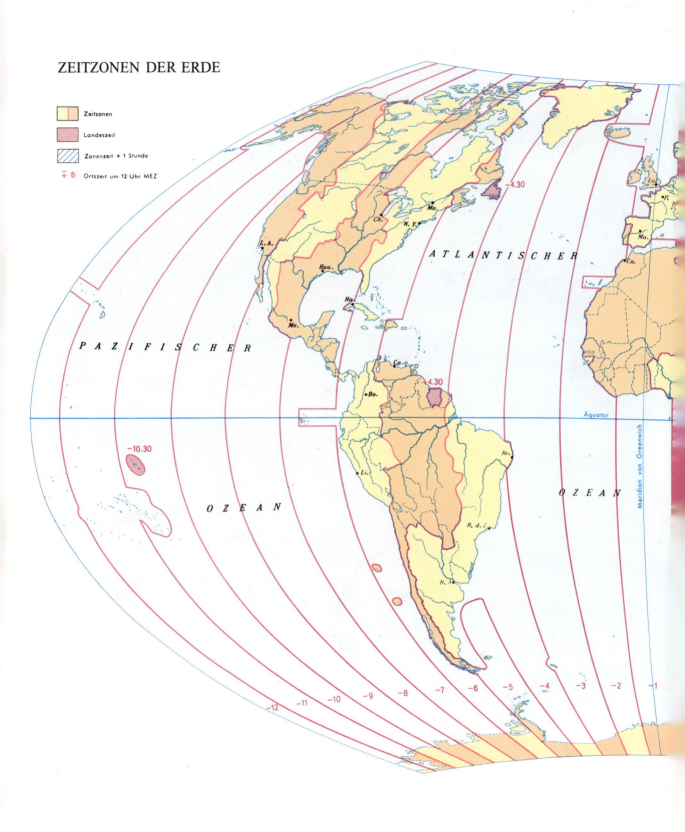